dtv

vjb

Lexikon des Mittelalters
V

Hiera-Mittel bis Lukanien

Deutscher Taschenbuch Verlag

Band 1: Aachen – Bettelordenskirchen
Band 2: Bettlerwesen – Codex von Valencia
Band 3: Codex Wintoniensis – Erziehungs- und Bildungswesen
Band 4: Erzkanzler – Hiddensee
Band 5: Hiera-Mittel – Lukanien
Band 6: Lukasbilder – Plantagenêt
Band 7: Planudes – Stadt (Rus')
Band 8: Stadt (Byzantinisches Reich) – Werl
Band 9: Werla – Zypresse
Anhang: Stammtafeln, integriertes Großregister

Oktober 2002
Deutscher Taschenbuch Verlag GmbH & Co. KG,
München
www.dtv.de
© Coron Verlag Monika Schoeller & Co., Lachen am Zürichsee
1999
Das Werk ist urheberrechtlich geschützt.
Sämtliche, auch auszugsweise Verwertungen bleiben vorbehalten.
Umschlagkonzept: Balk & Brumshagen
Umschlaggestaltung unter Verwendung eines Ausschnittes aus dem Teppich von Bayeux
(© AKG, Berlin)
Druck und Bindung: Druckerei C. H. Beck, Nördlingen
Gedruckt auf säurefreiem, chlorfrei gebleichtem Papier
Printed in Germany · ISBN 3-423-59057-2

INHALTSVERZEICHNIS

	Seite
Herausgeber und Berater mit ihren Fachbereichen	VII
Redaktion	VIII

	Spalte
Stichwörter von Hiera-Mittel bis Lukanien	1–2208
Mitarbeiter des fünften Bandes	2209
Übersetzer des fünften Bandes	2221
Verzeichnis der Abbildungen	2221
Erscheinungsdaten der Lieferungen	2221

DIE HERAUSGEBER UND BERATER MIT IHREN FACHBEREICHEN IM LEXIKON DES MITTELALTERS

Alphabetische Reihenfolge. Stand: Oktober 1991

BAUTIER, ROBERT-HENRI, Paris: *Französische Geschichte im Spätmittelalter*

BERGHAUS, PETER, Münster (Westf.): *Numismatik*

BIEDERMANN, HERMENEGILD M. OSA, Würzburg: *Geschichte der Ostkirche*

BINDING, GÜNTHER, Köln: *Die mittelalterliche Baukunst in Europa in formaler, typologischer und stilistischer Hinsicht*

BRIESEMEISTER, DIETRICH, Berlin: *Romanische Literaturen und Sprachen (Teilbereich)*

BRÜCKNER, WOLFGANG, Würzburg: *Volkskunde*

BRÜHL, CARLRICHARD, Düsseldorf: *Langobarden; Italien im Hochmittelalter (unter Mitarbeit von THEO KÖLZER, Gießen)*

BRUNHÖLZL, FRANZ, München: *Mittellateinische Sprache und Literatur*

BULLOUGH, DONALD A., St. Andrews: *Englische Geschichte im Hochmittelalter*

VAN CAENEGEM, RAOUL, Gent: *Englische Rechtsgeschichte*

CAVANNA, ADRIANO, Milano: *Italienische Rechtsgeschichte*

CONTAMINE, PHILIPPE, Paris: *Französische Geschichte im Spätmittelalter; Kriegswesen*

CORSTEN, SEVERIN, Bonn: *Schrift-, Buch- und Bibliothekswesen*

DILG, PETER, Marburg a. d. Lahn: *Geschichte der Botanik*

ELBERN, VICTOR H., Berlin: *Kleinkunst*

ENGELS, ODILO, Köln: *Geschichte der Iberischen Halbinsel*

ENGEMANN, JOSEF, Bonn: *Archäologie der Spätantike und des Frühchristentums*

VAN ESS, JOSEF, Tübingen: *Arabische Welt*

FAHLBUSCH, FRIEDRICH BERNWARD, Warendorf: *Städtewesen*

FAROQHI, SURAIYA, München: *Geschichte der Osmanen*

FASOLI, GINA, Bologna: *Geschichte Italiens im Spätmittelalter*

FERLUGA, JADRAN, Münster (Westf.); Motovun: *Byzantinische Geschichte und Kultur*

FLECKENSTEIN, JOSEF, Göttingen: *Frühmittelalter*

FRANK, KARL SUSO OFM, Freiburg i. Br.: *Patristik*

FRENZ, THOMAS, Passau: *Heraldik*

GABRIEL, ERICH, Wien: *Belagerungsgeräte, Feuerwaffen*

GAMBER, ORTWIN, Wien: *Waffenkunde, Rüstungswesen*

GERRITSEN, WILLEM P., Utrecht: *Mittelniederländische Literatur*

GRUBER, JOACHIM, München: *Spätantike, Westgoten*

HÄGERMANN, DIETER, Bremen: *Technik und Materielle Kultur*

HAMANN, GÜNTHER, Wien: *Geschichte der Geographie und der Reisen im Mittelalter*

HARRIS, JENNIFER, Manchester: *Kostümkunde*

HÄUSSLING, ANGELUS A. OSB, Maria Laach, Benediktbeuern: *Liturgie*

HEINZELMANN, MARTIN, Paris: *Hagiographie*

HELLMANN, MANFRED, München: *Geschichte Rußlands, Litauens und der baltischen Ostseeländer*

HERDE, PETER, Würzburg: *Historische Grundwissenschaften*

HINZ, HERMANN, Tübingen: *Archäologie des Mittelalters*

HÖDL, LUDWIG, Bochum: *Philosophie und Theologie des Mittelalters*

HÜNEMÖRDER, CHRISTIAN, Hamburg: *Geschichte der Zoologie*

JUNG, MARC-RENÉ, Zürich: *Romanische Literaturen und Sprachen (Teilbereich)*

JÜTTNER, GUIDO, Berlin: *Geschichte der Mineralogie und Alchemie*

KLEMM, CHRISTIAN, Zürich: *Tafelmalerei*

KROESCHELL, KARL, Freiburg i. Br.: *Rechts- und Verfassungsgeschichte*

KÜHNEL, HARRY, Krems a. d. Donau: *Realienkunde des Mittelalters*

LÜBKE, CHRISTIAN, Berlin: *Geschichte Ostmitteleuropas im Hoch- und Spätmittelalter*

LUDAT, HERBERT, Gießen: *Geschichte Ostmitteleuropas im Hochmittelalter*

LUDWIG, KARL-HEINZ, Bremen: *Technik und Materielle Kultur*

MAKSIMOVIĆ, LJUBOMIR, Beograd: *Geschichte Südosteuropas*

MEINHARDT, HELMUT, Gießen: *Philosophie und Theologie des Mittelalters*

MERTENS, VOLKER, Berlin: *Deutsche Literatur*

MEYER, WERNER, Basel: *Kriegswesen*

MORAW, PETER, Gießen: *Deutsche Geschichte im Spätmittelalter*

MORDEK, HUBERT, Freiburg i. Br.: *Kanonisches Recht; Kirchengeschichte und Kirchenverfassung*

VON MUTIUS, HANS-GEORG, München: *Geschichte des Judentums*

NEUENSCHWANDER, ERWIN, Zürich: *Geschichte der Mechanik, Mathematik und Astronomie*

NEWTON, STELLA M., London: *Kostümkunde*

ONASCH, KONRAD, Halle (Saale): *Russische Kunst*

OURLIAC, PAUL, Toulouse: *Romanisches Recht (unter Mitarbeit von DANIELLE ANEX-CABANIS, Toulouse)*

PÁSZTOR, EDITH, Roma: *Häresien*

PATSCHOVSKY, ALEXANDER, Konstanz: *Häresien*

PATZE, HANS, Göttingen: *Deutsche Geschichte im Spätmittelalter*

PLOTZEK, JOACHIM M., Köln: *Buch-, Wand- und Glasmalerei; Mosaikkunst*

REINLE, ADOLF, Zürich: *Skulptur*

RESTLE, MARCELL ST., München: *Byzantinische Kunst*

RICHTER, MICHAEL, Konstanz: *Keltologie*

RILEY-SMITH, JONATHAN, London: *Geschichte der Kreuzzüge*

ROBBINS, ROSSELL H. †, *Altenglische Literatur; Mittelenglische Literatur*

ROBERG, BURKHARD, Bonn: *Kirchengeschichte und Kirchenverfassung*

RÖSENER, WERNER, Göttingen: *Agrar- und Siedlungsgeschichte*
ROSSI, LUCIANO, Zürich: *Romanische Literaturen und Sprachen* (Teilbereich)
RÜEGG, WALTER, Veytaux: *Humanismus; Universitäten, Schulwesen*

SAUER, HANS, Würzburg: *Altenglische Literatur; Mittelenglische Literatur*
SCHIPPERGES, HEINRICH, Heidelberg: *Geschichte der Medizin*
SCHMID, HANS, München: *Geschichte der Musik*
SCHMITZ, RUDOLF, Marburg a. d. Lahn: *Geschichte der Pharmazie*
SCHRAMM, MATTHIAS, Tübingen: *Geschichte der Optik*
SCHULZE, URSULA, Berlin: *Deutsche Literatur*

SCHWENK, SIGRID, Göttingen: *Jagdwesen*
VON SEE, KLAUS, Frankfurt a. Main: *Skandinavische Literatur; Politische und Rechtsgeschichte Skandinaviens* (unter Mitarbeit von HARALD EHRHARDT)
SEMMLER, JOSEF, Düsseldorf: *Mönchtum*
SPRANDEL, ROLF, Würzburg: *Handel, Gewerbe, Verkehr, Bergbau, Bankwesen*
STOOB, HEINZ, Münster (Westf.): *Städtewesen*
STOREY, ROBIN L., Carlisle: *Englische Geschichte im Spätmittelalter*
SVEJKOVSKÝ, FRANTIŠEK, Chicago: *Slavische Literaturen*

TIETZE, ANDREAS, Wien: *Geschichte der Osmanen*

VERHULST, ADRIAAN, Gent: *Agrar- und Siedlungsgeschichte; Geschichte der Niederlande*
VISMARA, GIULIO, Mailand: *Italienische Rechtsgeschichte*
VONES, LUDWIG, Köln: *Geschichte der Iberischen Halbinsel*

WEIMAR, PETER, Zürich: *Römisches und gemeines Recht*
WERNER, KARL FERDINAND, Paris/ Rottach-Egern: *Geschichte Deutschlands und Frankreichs im Hochmittelalter*

ZAPP, HARTMUT, Freiburg i. Br.: *Kanonisches Recht*
ZERNACK, KLAUS, Berlin: *Geschichte Ostmitteleuropas im Spätmittelalter*

REDAKTION LEXIKON DES MITTELALTERS

Projektleitung

Dr. GERNOT GIERTZ

Redaktion München

Dr. Mag. phil. GLORIA AVELLA-WIDHALM
Dr. LISELOTTE LUTZ
ROSWITHA MATTEJIET, M. A.
ULRICH MATTEJIET, M. A.

Arbeitsstelle Lexikon des Mittelalters
am Historischen Seminar der Universität Zürich

Dr. CHARLOTTE GSCHWIND-GISIGER
Dr. THOMAS MEIER

H

FORTSETZUNG

Hiera-Mittel, gr. ἡ ἱερά (ἀντίδοτος) 'Heiligmittel', lat. hiera, mlat. yera (so →Antidotarium Nicolai), arab. *iyā-raǧ*; auf →Galen zurückgehende Pulvermischungen zum Einnehmen, deren grundsätzl. reinigende Wirkung in humoralpatholog. Sinne sich durch Verkneten mit Honig steigern ließ (→Elektuarien). Die großen H., nach der Herstellung 6 Monate abgelagert, waren nach →Saladin v. Ascoli bis zu 4 Jahre haltbar. Bleibende Bedeutung gewannen die Rezepturen der ebenfalls galen. hiera picra (gr. ἱερὰ πικρά, 'Heiligbitter', arab. *iyāraǧ fiqrā*) mit dem Hauptbestandteil →Aloe als Latwerge, alkohol. Elixier oder Drogenmischung zum Ansetzen mit Weingeist (Species hierae picrae, Species ad longam vitam, seit 18. Jh. auch Species Suecicae 'Schwedenkräuter'). F.-J. Kuhlen
Lit.: I. M. FELLMANN, Q.krit. und begriffsanalyt. Unters. zur arab.-pharm. Lit. [Diss. Bonn 1983] – M. ENGESER, Der »Liber Servitoris«, 1986 – U. HAGENSTRÖM, Schwedenkräuter, PharmZ 132, 1987, 296–299 – s. a. Lit. zu →Elektuarien.

Hierarchie, kirchl. → Kirche, -verfassung

Hierokles. 1. H., Platoniker, 1. Hälfte 5. Jh., aus Alexandria. Wesentl. Elemente seines Denkens entstammen vorneuplaton. Tradition: Zweiteilung der Philosophie in eine prakt. und eine theoret. und damit die Setzung verschiedener Lebensziele; Seelenlehre mit dreistufigem Aufstieg zur Schau des Intelligiblen. Erhalten: Auszüge einer Schrift über Vorsehung u. Willensfreiheit (Photios bibl. cod. 214, 251); Komm. zum pythag. »Carmen aureum«, dessen ma. Benutzung (Einsetzen der Überl.) 925 auf Veranlassung des →Arethas) sich aus der Nähe zu chr. Vorstellungen (Schöpfungslehre) erklärt. →Platonismus. J. Gruber
Ed.: →Photios–F. W. KÖHLER, 1974 [C. aur.] – *Übers.*: DERS., 1983 [C. aur.] – *Lit.*: RE VIII, 1479–1487 – F. W. KÖHLER, Textgesch. von H.' Komm. zum C. aur. der Pythagoreer [Diss. Mainz 1965] – TH. KOBUSCH, Stud. zur Philos. des H. v. Alexandreia, 1976 – I. HADOT, Ist die Lehre des H. vom Demiurgen christl. beeinflußt? (Fschr. C. ANDRESEN, 1979), 258–271 – N. AUJOULAT, Le néo-platonisme alexandrin. H. d'Alexandrie, 1986.

2. H., frühbyz. Autor des 6. Jh. Über sein Leben ist nichts bekannt; Konstantin VII. bezeichnet ihn als Grammatiker. H. erstellte um 535 den συνέκδημος ('Reisebegleiter', 'Vademecum'), ein profanes Verzeichnis der Provinzen und Städte des Reiches, das eine wichtige Q. für die polit.-administrative Gliederung vor der arab. Invasion darstellt und – neben Stephanos v. Byzanz – von →Konstantin VII. (περὶ τῶν θεμάτων) benutzt wurde. →Byz. Lit., A.II,2; →Geographie II.
Ed.: E. HONIGMANN, 1939 – *Lit.*: RE VIII, 2, 1487–1489 – Tusculum-Lex., 1982³, 338 – A. H. M. JONES, The Cities of the Eastern Roman Provinces, 1971², app. III, 514–521.

Hieronimus (Ier[r]onimus), Bf. v. →Lausanne seit 878/879, † spätestens Ende Nov. 892, wurde in polit. schwieriger Situation gewählt: Papst Johannes VIII., der Unterstützung v. a. gegen die Sarazenen suchte, betrieb H.' Einsetzung zunächst mit Hilfe Kg. →Bosos v. Provence, dann mit derjenigen Ks. →Karls d. Dicken. H. wurde zum Bf. proklamiert zw. dem 10. Juni 878 (Datum des Briefes Johannes' VIII. an Ebf. →Theodoricus v. Besançon wegen der Lausanner Sedisvakanz) und dem 15. Okt. 879 (Mitunterzeichnung H.' als »Lausannensis episcopus« beim Wahlakt v. →Mantaille zugunsten Bosos). 881 wurde H. von Karl d. Dicken, der auf die Unterstützung eines eigenen Kandidaten verzichtete, anerkannt, die Kirche v. Lausanne mit kgl. Schenkungen (Gütern und Bauten in den Diöz. Lausanne und Genf, u. a. Kirche v. St-Prex) bewidmet (28. Febr. 881, 6. Aug. 885, 21. Dez. 888, 2. Sept. 890, 27. April 892). H. übte bis zu seinem Tode das Bf. samt aus; die Designation des Archidiakons Ragemfredus zu H.' Lebzeiten blieb wirkungslos, zum Nachfolger wurde Boso eingesetzt (Weihe: 4. Dez. 892). Unter H.' Episkopat kam das Bm. Lausanne 888 an das durch den →Welfen Rudolf I. (→Rudolfinger) begründete transjuran. Kgr. (Hochburgund). G. Coutaz
Q.: M. BESSON, Contribution à l'hist. du dioc. de Lausanne sous la domination franque 534–888, 1908, 45–56, 138–163 – *Lit.*: Helvetia Sacra I, 4, red. P. BRAUN, 1988, 100 [Bibliogr.].

Hieronymiten, ein angebl. nach dem Mönchsideal des hl. →Hieronymus lebender religiöser Orden, Mitte des 14. Jh. durch Zuzug it. Eremiten unter dem Einfluß von Franziskanertertiaren entstanden. Gregor XI. approbierte am 18. Okt. 1373 das erste Kl. in Lupiana (Prov. Guadalajara) mit Verpflichtung auf die →Augustinusregel unter Beibehaltung eremit. Züge. Die ausschließl. auf der Iber. Halbinsel gegr. Häuser waren rechtl. autonom, bis Benedikt XIII. 1414 den H. ein Generalkapitel gab, das immer in Lupiana stattfand, und den Orden von der Zuständigkeit des Ortsbf.s eximierte. 1428 spalteten sich die *isidros* (benannt nach dem Kl. S. Isidoro del Campo) mit Zustimmung Martins V. ab; der ehemalige General der H., Lope de Olmedo, konzipierte an Stelle der Augustinusregel eine aus den Schriften des hl. Hieronymus zusammengestellte neue Regel. Doch bahnte sich 1492 eine Wiedervereinigung der sieben Kl. des Seitenzweiges mit dem Hauptzweig an, die 1567 abgeschlossen wurde. Die H., die schon im 14. Jh. zu den führenden Kräften der Kath. Reform in Aragón und Kastilien zählten, wurden von Kgn. →Isabella und Kard. →Cisneros gefördert. Nikolaus V. wollte ihnen 1453 alle Eremitengemeinschaften des hl. Hieronymus in der lat. Kirche anschließen. O. Engels
Lit.: DHEE II, 1229–1231 – J. DE SIGÜENZA, Hist. de la Orden de San Jerónimo, ed. J. CATALINA GARCÍA, 2 Bde, 1907–09 – J. REVUELTA SOMALO, Los Jerónimos, 1982 – J. R. L. HIGHFIELD, The Jeronimites in Spain, 1373–1516, JEH 34, 1983, 513–533.

Hieronymus
1. H., Priester, Theologe, Kirchenlehrer, * 347/348 in Stridon/Dalmatien, † 30. Sept. 419/420 in Bethlehem.

[1] *Leben*: Sophronius Eusebius H., Sohn einer wohlhabenden, christl. Familie (Ep. 7,5) kam zum Studium nach Rom, wo ihn die klass. Lit. (Ep. 22,30) und die Stadt faszinierten. Dort wurde er getauft (Ep. 15,1). Nach kurzem Aufenthalt in Trier schloß er sich um 370 einer Asketengemeinschaft in Aquileia an. Von dort aus brach er in den O auf. Nach längerem Aufenthalt in Antiochien zog er sich in die Wüste zurück, wo er Hebräisch lernte. Der begeisterte Lobredner der Wüste (Ep. 14) scheiterte als Eremit (Ep. 17). In Antiochien wurde er zum Priester geweiht, ohne sich an die Ortskirche binden zu lassen. Nach Wanderjahren kam er 382 zu Papst Damasus nach Rom, der den gelehrten und mit den ö. Kirchenverhältnissen vertrauten Mann in seinen Dienst nahm (»Sekretär«, deshalb seit dem MA als Kard. dargestellt). Im Auftrag des Papstes begann er mit der Revision des lat. Bibeltextes. Als geistl. Lehrer wirkte er v. a. unter den röm. Aristokratinnen, die sich zu einem asket. Leben entschlossen hatten. Als scharfer Kritiker des stadtröm. Klerus machte er sich

unbeliebt (Ep. 22; 40; 45). Nach dem Tode des Papstes mußte er Rom verlassen (Ep. 45,3.6). Über Zypern, Antiochien, Alexandrien kam er nach Bethlehem, wo er sich 386 endgültig niederließ. Die Römerin Paula und ihre Tochter Eustochium folgten ihm. Mit ihrem Vermögen gründete er ein Mönchs- und Nonnenkl. (Ep. 108, 6–14). Er verließ den Ort nicht mehr, griff jedoch mit seiner gewandten Feder in alle kirchl. Streitfragen ein.

In seinem langen und bewegten Leben schuf H. ein immenses Werk. Hebr. und griech. Wissen vermittelte er dem lat. Westen. Sein lit. Schaffen führte die christl. Latinität zu ihrem Höhepunkt in spätantiker Zeit. Das gesamte Œuvre ist immer entschieden persönlich geprägt, weithin von angriffslustiger und überlegener Polemik erfüllt, nicht selten oberflächl., aber auch von tiefer bibl. und geistl. Theologie bestimmt. Peinl. wirkt seine Verleugnung des Origenes, dessen Werk er viel verdankte, und ebenso seine Feindschaft mit dem einstigen Freund Rufinus v. Aquileia.

[2] *Werke:* Revision und Neuübers. des lat. Bibeltextes führten zu einem für das MA verbindl. bibl. Einheitstext (Vulgata; →Bibelübersetzungen). Seine Übersetzungstheorie stellt H. in Ep. 57 (395/396) dar. Zur Arbeit am Bibeltext kommen exeget. Hilfsmittel: »De situ et nominibus locorum hebraicorum« (eine freie Bearbeitung des Onomasticons des →Eusebios v. Kaisareia) und »Liber de nominibus hebraicis« (nach einer griech. Vorlage). Die Bibelauslegung begann H. mit Übers. exeget. Werke des Origenes. In eigenen Komm. hat H. die Bücher des AT (Psalmen, v. a. die Propheten, u. a.) und weite Teile des NT ausgelegt. In den »Quaestiones hebraicae in Genesim« (392) begründete er den Vorrang der veritas hebraica gegenüber der Septuaginta. Die exeget. Werke werden v. a. wegen des reichen hist.-archäolog. Wissens geschätzt. Erst in jüngerer Zeit wird auch der theol.-spirituelle Gehalt dieser Philologia sacra erkannt und in der Bibelerklärung des H. ein Höhepunkt (neben Augustinus) der lat. Exegese gesehen. – Die dogmat.-polem. Schriften ergaben sich aus dem Eingreifen in kirchl.-theol. Streitfragen: »Contra Joannem Hierosolymitanum« (396) und »Contra Rufinum« (401/402) gehören in den Streit um Origenes. Die »Dialogi contra Pelagianos« (415/416) greifen in den Gnadenstreit ein. Die Schriften gegen Helvidius (383) und Jovinian (393) verteidigen die Jungfräulichkeit Marias und das asket., ehelose Leben. In »Contra Vigilantium« (406) wird H. zum Anwalt christl. Hl.n- und Reliquienverehrung. In diesen Kampfschriften zeigt sich H. als satir. Polemiker, der seine Position rücksichtslos verteidigt, ohne Argumente seiner Gegner ernst zu nehmen. – Hist. Schriften: Durch die Überarbeitung und Fortsetzung der Chronik des Eusebios (378) wurde H. zum Wegbereiter der Chronologie des MA. »De viris illustribus« (393) ist der älteste christl. Schriftstellerkatalog. – Monast. Schriften: Die drei Mönchsviten des Paulus v. Theben (H. entdeckt diese legendäre Figur als »ersten Mönch« vor dem Antonius des Athanasius), des Hilarion und Malchus. Übers. der Regeln und Katechesen des Pachomius und einiger Schriften seiner Schüler. Diese Pachomiana latina beeinflußte das frühe lat. Mönchtum. Dazu gehören auch mehrere Briefe: Ep. 14; 22; 52; 54; 125; 130; u. a. – Die etwa 120 erhaltenen Briefe zeigen den meisterhaften Stilisten und Literaten. Inhaltl. entsprechen sie dem gesamten Schaffensgebiet und weiten es aus: Christl. Erziehungslehre (Ep. 107), Nachrufe auf Verstorbene (Ep. 66; 77; 108; 127; u. a.), dazu Anteilnahme an persönl.-familiären Ereignissen. Bevorzugte Adressatinnen waren die Frauen seines röm. Bekanntenkreises. Das Ansehen des H. zeigt sich in reicher pseudoepigraph. Lit. Ein Hl.nkalender (5. Jh., Oberitalien) nahm als Martyrologium Hieronymianum seinen Namen an. Bibelkomm., exeget. Arbeiten und v. a. Briefe sind ihm fälschl. zugeschrieben worden (CPL 623a–642). Im 9. Jh. wurden zwei H.viten verfaßt (BHL 3869–3870). Für das ganze MA blieb H. die große Lehrautorität, bes. in Bibelfragen, dazu auch für das asket.-monast. Leben (mehrere spätma. Ordensgründungen auf seinen Namen; →Hieronymiten). Die Humanisten schätzten v. a. den Literaten (Erasmus, Ep. 141: lebendiger, tiefste Religiosität atmender Stil). Seine andauernde Wirkung kann auch an der H.-Ikonographie abgelesen werden (→Kirchenväter). K. S. Frank

Ed.: MPL 22–30 – CSEL 49 – CCL 72–78 – Dt. Auswahlübers.: BKV –
Lit.: CCL 72 [Bibliogr. bis 1958] – DSAM VIII, 901–918 – TRE XV, 304–315 – J. STEINMANN, H., 1961 – J. OPELT, H.' Streitschriften, 1973 – J. N. D. KELLY, Jerome, 1975 – P. JAYE, L'Exégèse de S. Jérôme, 1985 – E. F. RICE, S. Jerome in the Renaissance, 1985 – D. RUSSO, S. Jérôme en Italie, étude d'iconogr. et de spiritualité, 1987 – C. WIEBEL, Askese und Endlichkeitsdemut in der it. Renaissance, 1988.

[3] *Musikhistorische Bedeutung:* Ein in seiner Echtheit äußerst umstrittener Brief an einen nicht weiter bekannten Dardanus ist die älteste und lange Zeit einzige Schrift des MA, in der eine größere Reihe von Musikinstrumenten behandelt wird. Die einem Teil der bis in die Karolingerzeit verfolgbaren Überl. beigegebenen Zeichnungen wurden als »instrumenta Hieronymi« unverändert bis ins vorige Jh. im Musikschrifttum übernommen. H. Schmid

Lit.: R. HAMMERSTEIN, Instr. Hieronymi, AMW XVI, 1959, 117–134.

2. H. v. Salamanca (gen. de Viscius), *Bf. v. Valencia*, † 1120 in Salamanca, ⌑ ebd., neue Kathedrale (dort seit 1744 seine Gebeine); Kleriker aus dem Périgord, den →Bernhard, Ebf. v. Toledo, 1096 in sein Domkapitel berief und 1097/98 zum Bf. v. Valencia bestimmte, kurz nachdem der →Cid dort seine Eigenherrschaft errichtet hatte; Urban II. erteilte ihm persönl. die Weihe. Mit der Zerstörung →Valencias (1102) wechselte er nach →Salamanca über, wo er als erster Bf. der →Reconquista auch die späteren Diöz.n d →Ávila (b. 1105) und →Zamora (b. 1120, gegen d. Willen d. Bf.s v. Astorga) betreute. O. Engels

Lit.: DHEE II, 1229 – R. MENÉNDEZ PIDAL, La España del Cid II, 1929 – L. SERRANO, El obispado de Burgos y Castilla primitiva, I, 1935, 371f. – J. F. RIVERA RECIO, La Iglesia de Toledo en el siglo XII (1086–1208), I, 1966, 251f.

3. H. Brunschwig → Brunschwig

4. H. v. Mondsee → Mondsee

5. H. de Moravia, Musiktheoretiker des 13. Jh., von dem außer einem umfangreichen Musiktraktat nichts Näheres bekannt ist. In diesem Traktat, dessen Entstehung durch ein Thomas-v.-Aquin-Zitat einerseits und das Todesjahr des Besitzers der einzigen erhaltenen Hs. andererseits zw. 1272 und 1304 einzugrenzen ist, bezeichnet H. sich als Angehörigen des OP. Da sich diese Hs. von Anfang an in Paris befand, nimmt man an, daß H. (zumindest zeitweise) dem dortigen Konvent St. Jacques angehörte. Der von ihm selbst als Kompilation bezeichnete Traktat stützt sich in seinem ersten, allg. Musikfragen und die liturg. Einstimmigkeit behandelnden Teil in oft recht umfangreichen Zitaten auf →Isidor v. Sevilla, al-→Fārābī, →Johannes Afflighemensis, →Johannes de Garlandia, →Richard v. St. Victor, →Thomas v. Aquin und v. a. →Boethius; im zweiten Teil werden vier Traktate über Mensuralmusik komplett von einem Anonymus sowie von Johannes de Garlandia, →Franco v. Köln und →Petrus Picardus übernommen, des weiteren von Boethius die Darlegung von Notenschrift und Tonsystem der Antike. Wieweit diejenigen Abschnitte, für die kein unmittelbar übernommener Text nachgewiesen ist, eigene Formulierungen der damals geläufigen Musiklehre sind, ist v. a. für die Chorallehre (Tonarten, Mutationen usw.) strittig. H. selbst zuerkannt werden im allg. die Kap. 24 und 25 mit Kompositions- und Vortragsregeln für den Choral sowie das den Traktat abschließende Kap. 28 über die Saiteninstrumente Rubeba und Viella. H. Schmid

Ed.: S. CSERBA, H. de M. O. P., Tractatus de Musica, Freiburger Stud. zur Musikwiss., H. 2, 1935 – *Lit.*: NEW GROVE [Lit.].

6. H. v. Prag, Anhänger von Joh. →Hus und Verfasser mehrerer hussit. Traktate, * nach 1370 in Prag, † 30. Mai 1416 in →Konstanz, erlangte 1398 als einer der ersten Hus-Schüler den Grad eines Bacc. an der Univ. →Prag. 1399–1400 in →Oxford, brachte er Abschriften von Werken John →Wyclifs nach Prag, die in Universitäts- und Hofkreisen breites Echo fanden. Nach Rückkehr von einer Jerusalemreise (1401–04) wirkte H. als Mag. an den Univ. Paris (1405–06), Heidelberg und Köln (1406), mußte aber jedesmal wegen seiner wyclifist. Gesinnung weichen. Als ein Mitglied der radikalen hussit. Gruppe der Prager Mag. wurde er durch seine wyclifist. Verteidigungsreden bekannt, hatte enge Beziehungen zum Hof Kg. →Wenzels, den er im Konflikt mit dem Ebf. v. Prag um die Vorbereitung des Konzils v. →Pisa und die Beseitigung des Papstschismas unterstützte. Als eine der führenden Persönlichkeiten der böhm. Universitätsnation (→Nationes) nahm H. am Kampf um die Stimmenänderung an der Univ. teil (→Kuttenberger Dekret, Auszug der dt. Mag. und Studenten).
Nach Versuchen, die verbotene Lehre Wyclifs auch in Buda und Wien öffentl. zu verteidigen, wurde er mit dem Bann belegt. H. gehörte 1412 zu den Initiatoren der Prager Unruhen gegen den päpstl. Ablaßhandel, die zur offenen Konfrontation der reformer. und kath. Kräfte führten. Danach hielt er sich am poln. und dann am litauischen Hof Hzg. →Witowts auf und suchte engere Kontakte zur orth. Kirche (1412–14). Nach Hus' Verhaftung auf dem Konzil v. →Konstanz entschloß er sich, ihn persönlich bei der Verteidigung zu unterstützen, wurde nach der Ankunft in Konstanz (1415) aber noch vor Hus' Verurteilung selbst in Haft genommen. Nachdem er während seines Prozesses zunächst seine wyclifist. Ansichten widerrufen hatte, bekannte er sich wieder zur Lehre von Wyclif und Hus und wurde als Ketzer verbrannt. M. Polívka

Lit.: F. M. BARTOŠ, Čechy v době Husově, 1947 – F. ŠMAHEL, Jeronym Pražký, 1966.

7. H. v. Prag, Gegner der →Hussiten (gen. auch Johannes Sylvanus, Eremita, Mníšek, Polonus), * vor 1370, † 17. Juli 1440 in Venedig; Mag. theol. der Univ. Prag, 1393–1410, persönl. Prediger des Kg.s Wladysław II. Jagiello, nahm an der Christianisierung →Litauens teil. Seit 1413 einflußreiches Mitglied des →Kamaldulenserordens. Während seiner Palästinareise (1428–30) sondierte er Möglichkeiten für eine Einigung der gesamten Christenheit. H. war Anhänger der Kirchenreform und des Konziliarismus, aber entschiedener Gegner der Hussiten; er verfaßte mehrere theol. u. antihussit. Schri. M. Polívka

Lit.: J. B. Mittarelli – A. Costadoni, Annales Camaldunenses ordinis sancti Benedicti, 1755ff. – J. BIDLO, Češti emigranti v Polsku v dobé husitské, 1895.

8. H. (Iohannes) **de Werdea** OSB, v. Mondsee, aus Donauwörth, * um 1420, 1445 Mag. an der Wiener Univ., 1451 Eintritt (mit Ordensnamen Iohannes) in →Mondsee, seit 1463 Prior; Förderer der Melker Reform, 1475 in →Niederaltaich; verfaßte zahlreiche, zum größten Teil noch ungedruckte, wiss. und asket. Werke, Predigten, Briefe, Gedichte sowie monast., hist. Kollektaneen. →Otlohs Vita des hl. Wolfgang wurde von H. kommentiert und in Hexameter gefaßt. G. Bernt

Ed.: B. Pez, Bibl. ascetica II, Regensburg 1723, 173–226 (Tract. de profectu religiosorum) – ZKTh 20, 1896, 179–186 (Epistola . . . ad Chr. Tesenpacher) – AnalHym 35, 64–78 (Gedichte) – AASS Nov.II 535 (Vita s. Wolfgangi metr.) [kurzer Auszug] – Ma. Bibliothekskat. Österreichs V, 77–82 [Titel in den Kollektaneen exzerpierten Werke] – *Lit.*: Repfont V, 473 – L. GLÜCKERT, SBGM 48, 1930, 99–201 [mit ausführl. Schriftenverz.] – Ma. Bibl.-Kat. Österr. V, 72–77.

Higden, Ranulph OSB, engl. Historiograph, seit 1299 Mönch von St. Werburgh in Chester, † ca. 1363/64. H. schrieb von etwa 1327 an eine kompilator. Weltgesch. mit enzyklopäd. Zügen (»Polychronicon«), in sieben Büchern. Der Bericht führt von der Schöpfung bis in die Lebenszeit H.s (die Hss. enden zw. 1340 und 1352), doch wird die Zeitgesch. nur knapp behandelt. H. greift auf zahlreiche Autoren zurück (u. a. →Eusebios, →Orosius, →Beda Venerabilis, →Vincenz v. Beauvais). Er will belehren und unterhalten (auch durch Exempla, Wundergeschichten, Anekdoten), zeigt Interesse für die Eigenheiten der Völker und beklagt die Zurücksetzung der engl. Sprache. Sein Werk wurde mehrfach fortgesetzt (engl. Übers. von John →Trevisa). – Außerdem verfaßte H. zwei Predigthandbücher (»Ars componendi sermones«, »Speculum curatorum«; ungedr.). K. Schnith

Ed.: Polychronicon, hg. C. BABINGTON – J. R. LUMBY (RS 41), 9 Bde, 1865–86 – *Lit.*: J. TAYLOR, The Universal Chronicle of R. H., 1966 – A. GRANSDEN, Hist. Writing in England II, 1982 – M. JENNINGS (Proc. Leeds Philos. and Lit. Soc. 16, 1977) – J. TAYLOR, Engl. Hist. Lit. in the Fourteenth Century, 1987.

Higueruela, La, Schlacht v. Bei H. errang der Condestable v. Kastilien, Álvaro de →Luna, der bereits 1429 die Infanten v. →Aragón besiegt hatte, am 1. Juli 1431 einen in der Geschichtstradition Spaniens berühmten Sieg über den naṣrid. Herrscher v. →Granada, der gerade seinen Vorgänger, Muḥammad VIII., gestürzt hatte. Infolge des Sieges konnte der von Kastilien unterstützte Yūsuf ibn-al-Mawl am 1. Juli 1432 als Emir die Macht in Granada übernehmen, das damit – wie schon im 13. Jh. – der Krone Kastilien tributpflichtig wurde. Doch gelang Muḥammad IX. nach der Ermordung seines Gegners rasch die Rückkehr auf den Thron. L. Suárez Fernández

Lit.: L. SUÁREZ FERNÁNDEZ, Juan II y la frontera de Granada, 1954 – L. SECO DE LUCENA PAREDES, Las campañas de Castilla contra Granada en el año 1431, Revista del Inst. de Estudios Islámicos en Madrid IV, 1–2, 1956, 79–120 – J. TORRES FONTES, Nuevas noticias sobre Muhammad VIII el Pequeño, Misc. de Est. árabes y hebraicos, 1960, 127–133 – s. a. →Granada (bes. M. A. LADERO QUESADA, 1979²).

Higumenos → Hegumenos

Hikanaten → Heer, B.I

Hilandar, serb. Kl. auf dem →Athos. An vierter Stelle der Hierarchie der Athos-Kl.; jedes fünfte Jahr stellt es den Protos (Oberhaupt) auf dem Athos. H. trägt seinen Namen nach dem ersten Stifter Georgios Helandarios (2. Hälfte 10. Jh.). Am Ende des 11. Jh. verödet, wurde das Kl. 1198 erneuert von →Stefan (Kl. name Simeon) Nemanja, dem Begründer der serb. Dynastie der Netmanjiden, und seinem Sohn →Sava, zu der Zeit bereits Mönch im Kl. Vatopedi. Nemanja gab dem Kl. Besitzungen; Sava erstellte das Typikon nach dem Vorbild des Euergetes-Kl. in Konstantinopel und paßte es den serb. Gegebenheiten an. Mit der Zeit entwickelte sich in H. die koinobit. Lebensform; in bedingt eigenständigen, allerdings mit H. verbundenen Kellia pflegten kleine Gruppen von Mönchen die Idiorrhythmie. Dank der Förderung von Kg. Stefan Uroš II. Milutin erlebte H. Ende des 13. und Anfang des 14. Jh. einen großen Aufschwung (1293 Bau einer neuen, dreischiffigen Hauptkirche mit polychromen Fassaden, Erneuerung des Refektoriums, Befestigung.) Der Grundbesitz des Kl. in Serbien und auf dem Athos wuchs im Laufe des 14. Jh. durch Schenkungen serb. Herrscher (auch der Nemanjidennachfolger) und Adliger stark an und übertraf schließlich bei weitem den Besitz aller anderen serb. Kl. Nach Errichtung der türk. Herrschaft über den Athos 1430 und dem Ende serb. Staatlichkeit lag die Fürsorge für H. beim serb. Episkopat (ab 1557 beim wiedererrichteten serb. Patriarchat), bei den russ. Zaren und rumän. Fs. en. Vom 13. bis zum Ende des 17. Jh. war H. das wichtigste kulturelle, lit. und künstler. Zentrum zur Vermittlung byz.-griech. Geisteslebens zu den Serben. Viele Würdenträger der serb. Kirche erhielten dort ihre theol. Ausbildung, nahmen hohe Stellungen in der Hierarchie des Athos ein, bevor sie an die Spitze der serb. Kirche oder eines der Bm. er traten. Bereits seit der Zeit von Sava Nemanjić blühten in H. Hss. produktion und Übersetzungstätigkeit aus dem Griech. ins Serbische. Im 13. und 14. Jh. entfalteten dort →Domentijan, →Teodosije, →Danilo II., Nikodim u. a. ihre lit. Tätigkeit. In H. sind große Kunstschätze aus Architektur, Skulptur, Wand- und Ikonenmalerei und Kunsthandwerk erhalten. Die 1320-21 entstandenen Fresken in der Hauptkirche gehören zu den klass. Werken aus der Blütezeit der Paläologen-Renaissance. Von der ungefähr 200 Ikonen umfassenden Sammlung in H. stammen 30 Exemplare aus dem 13. u. 14. Jh. - →Athos, →Čin v. H. V. J. Djurić

Lit.: D. BOGDANOVIĆ, V. J. DJURIĆ, D. MEDAKOVIĆ, H., 1976 – V. J. DJURIĆ, La peinture de Chilandar à l'époque du roi Milutin, Hilandarski zbornik. 4, 1978, 31–64 – DERS., Les portraits de souverains dans le narthex de Chilandar. L'histoire et la signification, ebd. 7, 105–132 – S. KADAS, Mont Athos, 1979, 57–61 – V. ĆOROVIĆ, Sveta Gora i H. do XVI veka, 1985 – S. PETKOVIĆ, H., 1989.

Hilarianus, Q. Iulius, 4. Jh., wahrscheinl. Bf. in Africa proconsularis. Aus einem früheren Werk sind 397 seine Schriften »De ratione Paschae et mensis« (Osterfestberechnung) und »De cursu temporum« (auch »De mundi duratione«) entstanden. Die zweite Schrift ist ein chronograph. Abriß der Weltgesch., die unter chiliast. und apokalypt. Gesichtspunkt in 6 Perioden von 1000 Jahren eingeteilt wird. Die Geburt Christi wird in die Mitte des 6. Milleniums gesetzt, von Christi Tode bis zum Ende der Welt und dem anschließenden Regnum Christi rechnet H. noch 470 Jahre. J. M. Alonso-Núñez

Ed.: MPL 13, 1097–1114 – C. FRICK, Chronica minora I, 1892, 153–174 – *Lit.:* CPL 2279–2280 – RE X, 614, Nr. 274 – F. CUMONT, La fin du monde selon les mages occidentaux, RHR 103, 1931, 29–96 – E. J. J. KOCKEN, De theorie van vier wereldrijken en de overdracht der wereldheerschappij tot op Innocentius III, 1949f. – K. H. SCHWARTE, Die Vorgeschichte der augustin. Weltalterlehre, 1966, 169–176.

Hilarion. 1. H. v. Gaza, Mönch in Palästina, * Ende des 3. Jh., † 371. Die einzige Q. ist die H.-Vita des →Hieronymus (um 396). Vielleicht verfügte Hieronymus über Nachrichten von Epiphanios v. Salamis (vgl. Vita 1). Sozomenos, Hist. eccl. III 14; V 10 hängt von Hieronymus und möglicherweise von einer gr. Tradition über H. ab. – Nach Hieronymus lernte der junge H. das asket.-monast. Leben der Ägypter bei →Antonius kennen und brachte es dann in seine Heimat (Wüste v. Majuma). Der Ruhm als Wundertäter veranlaßte ihn zur Wanderaskese; auf Zypern soll er gestorben sein. – Die Historizität ist kaum zu bezweifeln, andererseits bietet die Vita des H. keine hist. brauchbare Auskunft. Seit dem frühen MA wird H. als Hl. verehrt. Fest: 21. Okt. K. S. Frank

Ed.: MPL 23, 29–54 – Vita dei Santi, hg. CH. MOHRMANN, 1975, 70–143 [mit Übers.] – M. FUHRMANN, Christen in der Wüste, 1983 [dt. Übers.] – *Lit.:* BHL 3879/80 – D. J. CHITTY, The Desert a City, 1966 – H. KECH, Hagiographie als chr. Unterhaltungslit., 1977 – W. BERSCHIN, Biographie und Epochenstil im lat. MA, 1986, 133–156.

2. H. → Ilarion

Hilarius

1. H. (Hilarus), hl. (Fest: 28. Febr.), *Papst* 461–468, † 29. Febr. 468, ⌑ Rom, S. Lorenzo fuori le mura; stammte aus Sardinien. Er war unter Leo I. Diakon in Rom und zählte zu den röm. Legaten auf dem II. Konzil v. →Ephesos (449). Als Nachfolger Leos I. betonte er die röm. Vorrangstellung auf Grund der »sollicitudo apostolica« (JK 555) und des »sanctus apostolatus« (Brief der Bf. e der Prov. Tarragona; THIEL, 155–157; LP I, 242). Energisch griff er in Angelegenheiten der gall. (gegen Mamertus v. Vienne) und der span. Kirche ein. Die röm. Synode des Jahres 462 unterstrich das Veräußerungsverbot für kirchl. Güter und führte dafür den Begriff der 'alienatio' ein (JK 554). K. S. Frank

Ed.: A. THIEL, Epistolae Romanorum pontificum genuinae I, 1868, 126–174 – *Lit.:* G. LANGGÄRTNER, Die Gallienpolitik der Päpste im 5. und 6. Jh., 1964 – W. ULLMANN, Gelasius I., 1981, 109–116.

2. H., *Bf. v. Arles* 429/30–449, * 401, † 5. Mai 449, ⌑ St-Genès (St-Honorat) auf Alyscamps ebd., Epitaph erhalten. Aus bedeutender Familie des n. Gallien, von wo ihn sein Verwandter →Honoratus in seine Gründung, Kl. →Lérins, holte, wo er mit führenden Vertretern der asket. Bewegung Galliens in Berührung kam: u. a. →Eucherius v. Lyon, →Vincentius, →Salvianus, Maximus und →Faustus v. Riez, →Lupus v. Troyes (mit H.' Schwester Piminiola verheiratet). 429/430 von Honoratus in Zusammenwirkung mit der gall. Präfektur als Nachfolger designiert, stützte sich als Bf. auf die unter Papst Zosimus 417/418 erfolgte (von dessen Nachfolgern aber widerrufene) Privilegierung der Kirche v. Arles und griff im Einverständnis mit den militär. und zivilen Behörden Galliens mit Bf. sernennungen und Disziplinarverfahren auch außerhalb der engeren Arler Einflußbereichs ein. Von seinen Konzilien sind die Akten von Riez, Orange, Vaison (439, 441, 442) erhalten, denen auch die des 2. Konzils v. Arles (443/444?) zuzurechnen sein dürften. Daneben bezeugen zahlreiche Bf. sinvestituren, Erstbesetzungen (Gründungen?) von Bm. ern (u. a. Toulon, Antibes, Avignon, Carpentras, Uzès) eine bewußte aristokrat. Personalpolitik im gesamtgall. Rahmen, die gegen it. (röm.)-zentralist. Interessen gerichtet war. Nach der Absetzung des Metropoliten v. Besançon durch H. entkleidete Leo d. Gr. ihn der Metropolitanrechte (JAFFÉ, 407, Urteilsbestätigung durch die Novelle XVII Valentinians III. 8. Juli 445 an →Aetius, der H. unterstützt haben dürfte). – In seiner Stadt wirkte der strenge Asket H. v. a. als Lehrer, Prediger und Autor. Nach einer Vita ca. 475, wohl von seinem Schüler Honoratus v. Marseille) hat H. neben dem Sermo zum Todestag des Honoratus v. Arles (BH 3975) Predigten zu allen Jahresfesten, eine Expositio symboli, Briefe wie auch Verse verfaßt (davon 4 bei →Gregor v. Tours, De cursu stellarum ratio unter dem Titel De fonte Gratianopolitano erhalten). Zuschreibungen: Passio und Wunderbericht über den hl. Genesius v. Arles (BHL 3306/7), Passio des Machabäer (BHL 5112), In Genesim ad Leonem papam, De Evangelio. Trotz seiner Verurteilung durch Papst Leo als Hl. stark verehrt, hat H. spätere Legendenbildung angeregt. M. Heinzelmann

Lit.: S. CAVALLIN, Vitae ss. Honorati et H. ep. Arelat., 1952 – H. FUHRMANN, Stud. zur Gesch. ma. Patriarchate, ZRGKanAbt 39, 1953, 112–176 – DERS., Die Fabel von Papst Leo und Bf. H., AK 43, 1961, 125–162 – M. HEINZELMANN, Die »Affäre H. v. A.« und gallo-röm.

Identität im 5. Jh. (Fifth-Century Gaul: A Crisis of Identity?, ed. J. DRINKWATER, H. ELTON [im Dr.]).

3. H., hl., Bf. v. →*Poitiers* seit 350 (?), † 367/368, erster der großen Bf.e des 4. Jh., die wesentl. Grundlagen für das chr. Denken des Okzidents schufen. Als unerschütterl. Verteidiger der Rechtgläubigkeit gegen einen aggressiven, sich auf die ksl. Macht stützenden Arianismus (→Arius) war H. der Inbegriff des Widerstandes des w. Klerus gegen die Heterodoxie. Seine von der Verteidigung des Nicaenums ausgehende reich entfaltete schriftsteller. Aktivität ließ ihn in verschiedenen Genera zum Pionier chr. Lit. werden, mit starker Wirkung auf das ma. Denken und noch auf einige Reformatoren des 16. Jh.

Mit H. manifestierte sich, angeregt durch die erbitterte Auseinandersetzung mit dem Arianismus, das Selbstverständnis des chr. Gallien. Der heidn. erzogene und wohl erst als Erwachsener zum kath. Christentum konvertierte H. hat seinen intellektuellen und religiösen Weg in der Praefatio seines Hauptwerks »De Trinitate« in stilisierter Weise nachgezeichnet. Dem Druck der Arianerbf.e und des Ks.s Constantius II. stemmte sich H. öffentl. entgegen und scharte durch sein kompromißloses Festhalten an der rechten Glaubenslehre die Mehrheit des gall. Episkopats um sich. Gleichsam zum Athanasius des W geworden, mußte er 356 nach Phrygien ins Exil gehen, nahm an den Konzilien v. Seleukia (359) und Konstantinopel (360) teil und vertiefte seine Bildung durch den unmittelbaren Kontakt mit dem chr. Orient, was in seiner Verbundenheit mit dem Nicaenum zum Ausdruck kommt. Ein offener Brief an Constantius II. hatte die Erlaubnis (oder den Befehl) zur Rückkehr ins Westreich zur Folge. In seinen letzten Lebensjahren bekämpfte H. die arianerfreundl. Bf.e in Gallien.

Das Werk des H. besticht durch seine sprachl. Präzision, dokumentiert die Weite der antik. bibl. und christl. geprägten Bildung seines Verfassers und – durch intellektuelle Kraft und ausgeprägten Formwillen – zugleich die außergewöhnl. Persönlichkeit des H. Vor dem Ausbruch des Konflikts mit den Arianern hatte er den – ersten erhaltenen – Matthäus-Komm. verfaßt, der mit den Methoden der grammat. 'narratio' eine theol. Gesamtschau entwirft auf der Grundlage der exeget. Traditionen des Okzident (→Tertullian, →Cyprian), ohne daß ein Einfluß östl. Bibelinterpretation (v. a. Traditionen des →Origenes) ausgeschlossen werden kann. H. deutet die »evangel. Realität« als hist. Vollendung einer »präfigurierten Wahrheit«. Das Werk wurde von der theodosian. Epoche bis in die Karolingerzeit viel gelesen und noch im 12.–13. Jh. von den größten Denkern des lat. W zitiert. Nach seiner Rückkehr aus dem Exil verfaßte H. nach dem Vorbild des Origenes einen Psalmenkomm., in dem er die Psalmen auf Christus hin verstand.

Der Kampf gegen den Arianismus äußerte sich in Werken von stärker theol. und polem. Charakter. Minutiös wies H. den Arianern ihre exeget. Irrtümer nach und schlug mit seinem Werk »De Trinitate« (12 B.) eine Brücke zw. den theol. Traditionen des O und des W (→Trinität). Er stellte die Präzision der Juristensprache und die dialekt. Strenge der rhetor. Argumentation in den Dienst seines genuin theol. Denkens. Dem Kampf gegen den Arianismus diente auch eine Reihe kleinerer Schriften: »De synodis« (Vermittlung eingehenderer Kenntnis der oriental. Konzilien), ein mit nahezu taciteischer Vehemenz abgefaßter antiarian. Traktat »Liber adversus Valentem und Ursacium« (nur fragm. erhalten), Invektiven gegen Ks. Constantius II. (»Ad Constantium imperatorem«, verf. 360; »In Constantium Imperatorem«, verf. 361) sowie der »(Liber) Contra Auxentium« (→Auxentius v. Mailand), die an ciceronian. Anklagereden denken lassen.

Wohl nach H.' Rückkehr aus dem Exil entstanden Werke stärker pastoralen Inhalts: »Tractatus mysteriorum«, eine kleine Slg. (katechet.?) Predigten über bibl. Episoden. Drei Hymnen (Fragm.) dokumentieren einen ersten Versuch, diese Gattung, die im griech. O, v. a. im Zusammenhang mit häret. bzw. antihäret. Propaganda, gepflegt wurde, im lat. Bereich einzubürgern, wobei sich H. noch klass. Vorbilder (so des Horaz in Frgm. 1) bediente. Die Korrespondenz des H. und mehrere andere, v. a. exeget. Schriften sind verloren.

Als Exeget und trinitar. Theologe, als Polemiker, Kirchengeschichtsschreiber und Hymnograph zählt der in der ma. Tradition als 'confessor', 'doctor' und 'sanctus' gerühmte H. zu den größten Neuschöpfern im altchristl. Okzident. Seine weitverbreitete Verehrung wurde durch →Venantius Fortunatus gefördert, während der Ruhm des Theologen durch die breite Rezeption seiner wichtigsten Werke und durch die Zuschreibung von 16 Pseudoepigraphen bezeugt wird. J. Fontaine

Ed.: MPL 9–10, MPLS 1 – CSEL 17 (Matth.); 22 (psalm.); 65 (Exc., ad Const., hymn.) – CCL 62, 62A (Trin.) – SC 19 bis (myst.); 254; 258 (Matth.); 334 (in Const.) – *Lit.*: DSAM VII, 466–499; XV, 315–321 – RE VIII, 1600–1604 – Repfont V, 481–484 – H. de P. évêque et docteur, hg. E.-R. LABANDE, 1968 – H. et son temps, hg. DERS., 1969 – J. DOIGNON, H. avant l'exil [Thèse d'État, Paris, 1971] – Hb. der lat. Lit. der Antike, hg. R. HERZOG – P. G. SCHMIDT, V, 1989, § 582, 447–480 [H. DOIGNON, grundlegend; Lit.].

4. H. v. Angers → Hilarius v. Orléans

5. H. Litomericensis (v. Leitmeritz, Litoměrický), * um 1412, † 31. Dez. 1468; 1451 Mag. art. der Univ. Prag, wo er zu den Calixtinern (→Utraquisten) gehörte. Während Theologiestudien in Bologna und Padua (1452–55) gab H. seine hussit. Auffassung auf, gewann danach mehrere Kirchenämter, wurde 1461 zum Administrator der kath. Kirche in Böhmen ernannt. Im Konflikt zw. Papst Pius II. und Kg. →Georg v. Podiebrad (1462) nahm H. an der Organisation der antihussit. Opposition in Böhmen teil und verfaßte mehrere antihussit. Schriften. M. Polívka

Lit.: Repfont V, 480f. – J. HEJNIC – M. POLÍVKA, Plzeň v husitské revoluci..., 1987.

6. H. v. Orléans (v. Angers), 'H. der Engländer', * vielleicht um 1075, † um 1150. Grammatiklehrer, zw. Angers und Orléans wechselnd, ca. 1116 Kanoniker von Le Ronceray, vielleicht Schüler →Abaelards, ab ca. 1145 anscheinend in Paris, dort ist →Wilhelm v. Tyrus sein Schüler. Von H. sind rhythm. Verse mit zweisilbigem Reim, v. a. preisende und huldigende Gedichte an Nonnen (mit gelegentl. Bitte um lit. und materielle Gegengaben) und an schöne Knaben sowie drei Spiele (Lazarus, Nikolaus und Daniel) und eine Briefslg. überliefert. Sein Gedicht an Abaelard (»Lingua servi...« mit frz. Refrain) zeigt Beziehung zu Carm. Buran. 95 und 117. H. scheint Einfluß auf die Liebesdichtung des 12. Jh. ausgeübt zu haben (etwa Carm. Buran. 116–121). – Ob H. v. O. ident. ist mit dem Urheber eines weit verbreiteten Hymnenkomm. ist nicht erwiesen. G. Bernt

Ed.: N. HÄRING, Die Gedichte und Mysterienspiele des H. v. O., SM 17, 1976, 924–968 – DERS., Hilary of O. and his Letter Collection, SM 14, 1973, 1088–1122 – W. BULST, M. L. BULST-THIELE, H. ii Aurelianensis Versus et Ludi; Epistolae. Ludus Danidis Belovacensis (Mlat. Stud. u. Texte 16), 1989 – *Lit.*: N. HÄRING, SM 14, 1068–1088; ebd. 17, 915–924 – SZÖVÉRFFY, Annalen, 76.

Hild(a) → Whitby

Hildebald (Hildibold, Hiltipald, 'Aaron'), Ebf. v. →Köln

vor 787, zugleich Leiter des Kl. →Mondsee und des Stiftes in→Bonn, † 3. Sept. 818 in Köln, ◻ St. Gereon, Köln; 791 an der Spitze der →Hofkapelle Karls d. Gr., einer seiner bedeutendsten Berater; erster der Geistlichkeit des Reiches, wird erstmals 794/795 als Ebf. bezeichnet. Der Titel verbleibt seinen Kölner Nachfolgern als Ergebnis der Aufteilung der sächs. Missionsbm. er zw. Mainz und Köln zu Beginn des 9. Jh. Der vielfach abwesende 'sacri palatii archiepiscopus' (Synode v. Mainz 813) erwarb seinem Sitz neue Bedeutung. 799 führte er Papst Leo III. zu Karl nach →Paderborn. Auch nach Karls Tod (814) wahrte H. seine Stellung. Unter Ludwig d. Fr. holte er 816 feierl. Papst Stephan V. nach Reims ein. Förderer der Kölner Dombibliothek, soll er den Neubau des Domes begonnen haben.
W. Schäfke

Q.: F. W. OEDIGER, Die Reg. der Ebf. e v. Köln I, 1954–61 – *Lit.*: LThK² V, 340f. – NDB IX, 118 – F. W. OEDIGER, Gesch. des Ebm.s Köln I, 1972², 85ff. – R. SCHIEFFER, Der Bf. zw. Civitas und Kg.shof (4.–9. Jh.), (Der Bf. in seiner Zeit, hg. P. BERGLAR–O. ENGELS, 1986), 17–39 [Lit.] – DERS.–W. WEYRES, Die vorgot. Bf.skirchen in Köln, 1987, 119ff.

Hildebert v. Lavardin, mlat. Autor, * 1056 Lavardin (Loir-et-Cher), † 1113 Tours, Leiter der Domschule Le Mans, 1085 Bf. v. Le Mans; 1125 Ebf. v. Tours. Schon vor der Bf.swahl als Dichter berühmt, zeichnete H. sich danach vermehrt als Prosaschriftsteller aus. Seine Briefe wurden als Stilmuster im ganzen MA nachgeahmt, aber auch als moralphilos. und kanonist. Kompendium benutzt. (→Petrus v. Blois hat sie in der Schule auswendig gelernt.) Tatkräftig setzte er sich für die Reform und »Freiheit« der Kirche ein, was ihn als Bf. mit dem engl. Kg. Wilhelm II., als Ebf. mit dem frz. Kg. Ludwig VI. in Konflikt brachte und ihn mit →Ivo v. Chartres, →Bernhard v. Clairvaux und der Kurie verband. Er war wiederholt in Rom. Innerhalb der gregorian. Reform bezog er einen mehr von administrativen Interessen als radikalen Ideen bestimmten, vermittelnd-»liberalen« Standpunkt. In Le Mans und in Tours förderte er wirtschaftl. Aufschwung und Bautätigkeit (u. a. stammen Teile beider Kathedralen aus seiner Planung). Der Armutsprediger →Heinrich v. Lausanne brachte das Volk von Le Mans gegen den kultivierten Bf. auf. Durch seine lit. Tätigkeit stand er in z. T. freundschaftl. Beziehung zu →Anselm v. Canterbury, →Berengar v. Tours, →Wilhelm v. Champeaux, →Marbod v. Rennes und →Reginald v. Canterbury sowie zu mehreren Frauen des engl. Kg.shauses, wie →Mathilde, der Gattin Heinrichs I., und Adela v. Blois (→5. A.). H. gilt dank seiner Meisterschaft in Vers und Prosa seit je als mlat. »Klassiker«: inclytus et prosa versuque per omnia primus (Laurentius v. Durham). Aufgrund seines Ruhmes wurden ihm zahlreiche unechte Werke zugeschrieben (noch in MPL abgedruckt). Viele Darstellungen H.s beziehen sich trotz weitgehend abgeschlossener Sichtung der echten Werke bis heute darauf. Kontrovers bleibt nicht die Echtheit der von A. B. SCOTT herausgegebenen carmina, sondern die Unechtheit *aller* von ihm aus dem Kanon ausgeschlossenen. Aufgrund des sicheren Bestands bleibt v. a. wichtig: H.s Bedeutung für den stilist. Klassizismus und dem. Stoizismus in der sog. »Renaissance des 12. Jh.«, seine für die »humanist.« und höf. Kultur wegbereitende Höherbewertung rein menschl. Perfektion (wie er sie z. B. in zwei Gedichten auf Rom an der heidn. Antike bewunderte) und der zwischenmenschl. Beziehungen, v. a. zw. den Geschlechtern (Freundschaftsideal, Fürstinnenpreis, Konsenstheorie im Eherecht). Seine ma. Berühmtheit beruht auch auf der formvollendeten Behandlung vorgegebener theol., liturg. und hagiograph.

Stoffe in metr. Versen (bibl. Epigramme, De mysterio missae, Leben der hl. Maria Aegyptiaca), gereimten Rhythmen (Trinitätshymne Alpha et Omega), Prosa (Predigten, Hl.nviten Hugos v. Cluny und der Kgn. Radegundis) und im Prosimetrum (De querimonia ... carnis et animae).
P. v. Moos

Ed.: MPL 171 (Sichtung der echten Werke durch P. v. MOOS, DSAM VII, 503f. und 'H. v. L.' [s. u.], 359–377) – A. B. SCOTT, A Crit. Ed. of the Poems of H. of Le Mans [Diss. masch. Oxford, 1960] – DERS., H.i Cenoman. episc. carmina min., 1969 [Rez. J. ÖBERG, CCMéd, 14, 1971, 193–396] – A. B. SCOTT, D. F. BAKER, A. G. RIGG, The 'Biblical Epigrams' of H. of Le Mans, MSt 47, 1985, 272–316 – *Lit.*: P. v. MOOS, H. v. L., 1965 [frühere Lit.] – A. B. SCOTT, The Biblical Allegories of H. of Le Mans, Sacris Erudiri 15, 1965, 404–424 – DERS., The Poems of H. of Le Mans ..., Mediev. and Renaiss. Stud. 6, 1968, 42–83 – P. v. Moos, Consolatio, 1971, I, 414–427; II, 238–247 – J. ÖBERG – G. ORLANDI, Doppia redazione nei 'Carmina minora' di Ildeberto?, StM 15, 1974, 1019–1049 – O. ZWIERLEIN, Par tibi, Roma, nihil, MJb 11, 1976, 92–94 – B. K. BRASWELL, Zu H. v. L., Carm. min. 36. 14, Latomus 23, 1979, 235–236 – P. v. MOOS, Par tibi, Roma, nihil..., MJb 14, 1979, 119–126 – W. WILLIAM-KRAPP, Eine bisher unbekannte Verslegende von der hl. Maria Aegyptiaca ..., ZDPh 98, 1979, 372–401.

Hildebrandslied, ahd. Dichtung eines unbekannten Verf.s. Auf der Vorderseite des ersten und der Rückseite des letzten Bl. einer lat. theol. Hs. des Kl. Fulda (jetzt Kassel, Cod. theol. 2° 54) sind 68 Verse eines →Stabreimgedichts eingetragen, die die einzige Überlieferung eines dt. Heldenliedes (→Heldendichtung) darstellen. Mitten in Vers 68 bricht die Aufzeichnung allerdings ab. Das Überlieferte handelt von der Begegnung Hildebrands mit seinem Sohn Hadubrand zw. zwei feindl. Heeren. Hadubrand erkennt den Vater, der ihn und seine Mutter als Gefolgsmann Theoderichs (Dietrichs) vor 30 Jahren verlassen mußte, nicht und mißtraut als Krieger Odoakars den werbenden Worten Hildebrands. Vielmehr reizt er den Vater zum Zweikampf, dessen Ausgang in der Hs. nicht mehr überliefert ist, aus nord. Q. aber erschlossen werden kann: Hildebrand tötet den Sohn (einen glückl. Ausgang gestaltet indes eine spätma. dt. Balladenfassung, das »Jüngere H.«; →Ballade, B. II, 1).

Die Fabel des H.s gehört zum Sagenkreis um →Dietrich v. Bern, genauer in den Zusammenhang von Dietrichs »Heimkehr«. Den hist. Einfall →Theoderichs in Italien 489 und seinen Kampf gegen →Odoakar deutet der Text als Rache für eine frühere Vertreibung, womit er zu erkennen gibt, daß er trotz seiner deutl. Reflexe auf Verhältnisse der Völkerwanderungszeit von den Ereignissen selbst schon entfernt ist. Die Frage nach dem Alter des Urtexts, der bis zu seiner Aufzeichnung, wohl gegen Ende des 1. Drittels des 9. Jh., eine längere mündl. Tradition durchlaufen haben muß, stellt sich auch angesichts einiger innerer Widersprüche des Überlieferten. Einerseits folgt das H. in heroischer Haltung und Komposition einer genuin germ. Heldenliedtradition; der Konflikt zw. Kriegerehre und Verwandtenliebe wird sogar exzessiv gesteigert, und der Einsatz formaler Mittel, insbes. die Verteilung narrativer und dialog. Teile, bezeugt ein hohes künstler. Bewußtsein. Andererseits sind die unregelmäßig gebauten Stabreimverse (darunter acht isolierte »Halbverse«) sowie die (freilich oberflächl.) Christlichkeit in den Gottesanrufungen eher als Kennzeichen einer Spätzeit zu deuten. Die sprachl. Form, eine extreme Dialektmischung, verweist aber auch auf Verderbnisse durch die Überlieferung. Neben eindeutig nd. Formen finden sich ebenso eindeutige bair. Elemente. Die bislang immer noch plausibelste Erklärung dieses Befundes geht von der Entstehung des Liedes im langob. Oberitalien aus und rechnet mit einer »Wanderung« über Bayern nach →Fulda mit seinem nd. Missionsgebiet (G. BAESECKE). Dort hätte es unter Abt→Hrabanus Maurus durchaus auf ein aktuelles Interesse stoßen können: als poet. Kommentierung des Konflikts→Ludwigs d. Fr. mit seinen Söhnen 829/833 (H. D. SCHLOSSER). In jedem Fall bezeugt das H. eine aristokrat.-krieger. Haltung mit der deutl. Tendenz, den Usurpator Theoderich in eine unanstößige Ahnenreihe germ. Herrscher zu stellen. Im trag. Schicksal der Helden des H.s spiegelt sich gleichsam die Brüchigkeit dieser Tendenz.

H. D. Schlosser

Ed.: H. BROSZINSKI, Das H., 1984 – H. D. SCHLOSSER, Ahd. Lit., 1989³, IV.1 [mit Übers.] – *Lit. [Auswahl]:* Verf.-Lex.² III, 1240–1256 [K. DÜWEL] – K. LACHMANN, Über das H. (Kleine Schr. zur dt. Philol., 1876), 407–448 – H. PONGS, Das H., Überlieferung und Lautstand im Rahmen der ahd. Lit. [Diss. Marburg 1913] – H. DE BOOR, Die nord. und dt. Hildebrandssage, ZDPh 49, 1923, 149–181 – A. HEUSLER, Das alte und das neue H., Preuß. Jbb. 208, 1927, 143–152 [= Kl. Schr. I, 1943, Neudr. 1969, 1–11] – G. BAESECKE, Das H., 1945 – W. P. LEHMANN, Das H., ZDPh 81, 1962, 24–29 – I. REIFFENSTEIN, Zu Stil und Aufbau des H.s (Fschr. H. SEIDLER, 1966), 229–254 – H. VAN DER KOLK, Das H., 1967 – H. KUHN, Stoffgesch., Tragik und formaler Aufbau im H. (DERS., Text und Theorie, 1969), 113–125, 358–360 – R. SCHÜTZEICHEL, Ahd. Wortstud.: Zum H., FMASt 3, 1969, 71–77 – W. HOFFMANN, Das H. und die idg. Vater-Sohn-Kampf-Dichtungen, PBB (Tübingen) 92, 1970, 26–42 – K. v. SEE, Germ. Heldensage, 1971 – U. SCHWAB, *Arbeo laosa*, 1972 – F. NORMAN, Three Essays on the H., 1973, 33–49, 51–82 – S. GUTENBRUNNER, Von Hildebrand und Hadubrand, 1976 – H. D. SCHLOSSER, Die Aufzeichnung des H.s im hist. Kontext, GRM 28, 1978, 217–224 – R. LÜHR, Stud. zur Sprache des H.s, 1981 – B. MEINEKE, *chind* und *barn* im H. vor dem Hintergrund ihrer ahd. Überlieferung, 1987.

Hildegaersberch, Willem van, mndl. Dichter, zw. 1383 und 1408 in den Rechnungen des Gf. en v. Holland als Vortragskünstler erwähnt, trat auch vor Hzg. →Wilhelm I. v. Geldern, im OSB Kl. →Egmond, in Middelburg und Utrecht auf. Die unter seinem Namen überlieferten Gedichte (ca. 120) üben subtile Kritik an Machthabern und Gesellschaft.

A. M. J. van Buuren

Hss.: J. DESCHAMPS, Catalogus Middelnederlandse hss. uit Europese en Amerikaanse bibl., 1972², Nr. 40, 43 – *Ed.:* W. BISSCHOP – E. VERWIJS, Gedichten van W. v. H., 1870 [Nachdr. 1981] – *Lit.:* F. P. VAN OOSTROM, De vrijheid van de Middelnederlandse dichter (Ic ga daer ic hebbe te doene, red. J. J. TH. M. TERSTEEG et alii, 1984), 45–62 – DERS., Achtergronden van een nieuwe vorm..., 1984, 48–72 – DERS., Het woord van eer, 1987 – T. MEDER, TNTL, 1988, 161–194.

Hildegard v. Bingen, hl., * 1098 bei Alzey, † 1179 im Kl. Rupertsberg; Eltern: der Edelfreie Hildebert v. Bermersheim und Mechthild, von klein auf visionär begabt, wurde H. 8-jährig der Reklusin Jutta v. Spanheim in der Frauenklause auf dem →Disibodenberg anvertraut und lebte im Schatten des dortigen Benediktinerkl.: Studium der Vulgata, lat. Kirchenväter, 1113/14 Ablegung der Gelübde OSB, persönl. Prägung durch Liturgie und Stundengebet, Arbeit im Kräutergarten. 1136 nach Juttas Tod zur Magistra der zum Konvent angewachsenen Frauengemeinschaft gewählt. 1147–52 gegen den Widerstand der Mönche Bau des Frauenkl. auf dem Rupertsberg b. Bingen, Umsiedlung dorthin. Erst 1158 Behebung der materiellen Not durch Vergleich mit den Mönchen v. Disibodenberg. Um 1160 1. Predigtreise: Mainz, Wertheim, Würzburg, Kissingen, Ebrach, Bamberg. 2. Reise: Trier, Metz, Lothringen. Zw. 1161 und 1163 3. Reise per Schiff: Boppard, Andernach, Siegburg, Köln (Auseinandersetzung mit dem Katharertum), Werden. Letzte Reise nach Maulbronn, Hirsau, Kirchheim, Zwiefalten. Schon zu Lebzeiten als prophet. Mystikerin verehrt, starb H. nach einem Leben voller Krankheit im Kl. Rupertsberg. – Persönl. Eigenart: nicht-ekstat. Mystik, bis in math. Einzelheiten ausgearbeitete Beschreibung und Deutung ihrer Visionen, die Kenntnis der zeitgenöss. Theologie zeigen, Selbstverfremdung als ungelehrte Frau, die sich als »Schwache« von Gott erwählt weiß und unbelehrt von den Größen ihrer Zeit (doctrina carnalium magistrorum), unmittelbar berührt vom göttl. Licht, die mysteria divina in mystica visione schaut und verkündet. Myst. Prophetie als weibl. Wirkmöglichkeit genutzt, da das Kirchenrecht, 1 Tim 2,9ff. folgend, weibl. Lehren verbot.

Werke: Visionstrilogie. 1. »Liber Scivias«, im Jahrzehnt nach 1141 entstanden. 1147/48 auf der Synode v. Trier auf Anregung →Bernhards v. Clairvaux durch dessen Schüler, Papst Eugen III., approbiert. Das Werk folgt von der Welterschaffung bis zum Eschaton der Heilsgesch.: Die durch den Sündenfall gestörte anfängl. Harmonie der kosm. Elemente und Kräfte muß durch die Erlösung wiederhergestellt werden. In der Weltallvision (I, 3) verwendet H. die Vorstellung vom Weltenei (auch im alten China, Mithraskult, Schule v. Chartres), dessen Dotter die Erde als Ort des Menschen ist. Im Zusammenspiel der 3 oberen Planeten und der Sonne sieht sie die Inkarnation Christi (auch ohne Sündenfall) gespiegelt (vgl. Rupert v. Deutz). In 2 großen allegor. Gestalten, Synagoge (I, 5) und Ecclesia (passim), aber auch im Bild einer Stadt beschreibt die Phasen des Geschichtsverlaufs. H.s Trinitätsvision (II, 1), 2 verschiedenfarbige konzentr. Kreise mit der saphirblauen Menschengestalt in ihrer Mitte, hat evtl. Dante beeinflußt. Die Erklärung der Vision schließt weibl. Gottessymbolik ein. »... materna dilectio amplexionis Dei quae nos ad vitam enutrivit et quae in periculis auxiliatrix nostra est.« H.s Ecclesia erträgt Unvollkommenheit an ihren Gliedern ebenso wie Verfolgung und führt die Menschen durch die Katastrophen der Weltgesch. Ihre zykl. Geschichtsauffassung erklärt den Wechsel von dunklen und hellen Phasen (Zeit der Wiederkehr der Evasschuld – der Geburt des sol Christus aus der aurora Maria). Der kosm. Endkampf, die Versöhnung von Synagoge und Ecclesia, Heimkehr der Heidenvölker, Reinigung der kosm. Elemente und Stillstand der Himmelsbewegung, beschließen dieses zu allen Zeiten bekanntgeste Werk H.s. – 2. »Liber vitae meritorum«, zw. 1158 und 1163 entstanden. Auseinandersetzung zw. virtutes und vitia, in der Tradition der Psychomachia des Prudentius. Kosm. Szenarium: eine überdimensionale Gestalt (Vir Deus, nach CHRISTEL MEIER = Christus) dreht sich im Lauf der Visionen nach den 4 Himmelsrichtungen. Aus seinem Mund sprüht die Feuerwolke der Tugenden, die den Reden der Laster widerstehen. Männl. wie weibl. Symbolik kommt sowohl in positiver wie negativer Bedeutung vor. – 3. »Liber divinorum operum« oder »De operatione Dei«, entstanden im Jahrzehnt nach 1163. Revision der kosmolog. heilsgesch., eschatolog. Anschauungen aus H.s Altersicht. Visionsreihe (2–4) makro-mikrokosm. Entsprechungen, die Menschengestalt mit kreuzförmig ausgebreiteten Armen inmitten der kosm. Sphären, das Kosmosrad überragt von einer männl. Gottesgestalt und umarmt von der weibl. dargestellten »divina caritas«. Die Verhältnisgleichheit zw. menschl. Leib und Kosmos ist für H. der Ausdruck von Ganzheit und gewährleistet, daß das Wissen um Gut und Böse als Gabe des Schöpfers den Menschen in einer Welt lebensfähig macht.

In den 50er Jahren entstand H.s »Liber subtilitatum diversarum naturarum creaturarum«, nach H. SCHIPPERGES erst im Zuge der hs. Überlieferung geteilt in a) »Liber simplicis medicinae«, gen. Physica, und b) »Liber compositae medicinae«, gen. Causae et curae. a) Beschreibung von Pflanzen, Elementen, Steinen, Tieren, Metallen in ihren heilvollen und unheilvollen Kräften, b) Beschreibung des menschl. Leibes in seinen Funktionen, große Unbefangenheit in bezug auf Sexualität, Therapieanweisung für Krankheiten. Sakramentalienhaftes Verständnis von Naturheilmitteln. – Sonstiges: Briefwechsel (mit vielen autobiograph. Zeugnissen), u. a. mit Päpsten, Ks. Friedrich I. Barbarossa, männl. und weibl. Ordensoberen (→Tenxwind), Domkapiteln, aber auch persönl. Freund/inn/en. Erklärungen der Benediktinerregel, der Evangelien, des Credo, Lösung ihr vorgelegter theol. Fragen, Hl.nviten, v. a. aber ein umfassendes lyr. und musikal. Opus (Ordo virtutum, Hymnen, Sequenzen). – Philos. theol. Bedeutung H.s: Hochschätzung der Materie gegen übertriebenen Neuplatonismus und manichäisch-dualist. Strömungen. Im Unterschied zur Scholastik Gleichrangigkeit der männl. und weibl. Gottebenbildlichkeit und Einbeziehung des Leibes in diese. Jungfräulichkeit und Mutterschaft werden nicht polarisiert, sondern in gegenseitiger Bedingtheit gesehen. Neben Einflüssen der augustin. Konkupiszenzlehre Beschreibung der Ehe als »caro una in coniunctione caritatis«. Patriarchal. jurist. Bestimmungen zunächst wiederholt, dann umgedeutet: Die Frau ist »viro subiecta«, indem sie seinen Samen aufnimmt und in ihrem Leib ein Kind bildet. H. läßt nicht nur wie Paulus die Frau um des Mannes willen, sondern auch ihn um ihretwillen geschaffen sein. Die Frau ist bei H. nicht schlechthin schwach, sondern »mollioris roboris«, so wie männl. Stärke durch »mansuetudo« modifiziert sein muß. Ihr Menschen- und Gottesbild sind ausgeglichen und analogiebewußt. E. Gössmann

Bibliogr.: W. LAUTER, H.-Bibliogr., 1970, 1984 – *Ed. und Übers.*: Opera, MPL 197 – J. B. PITRA, Analecta sacra 8, 1882 – Causa et curae, ed. P. KAISER, 1903 [Nachdr. 1980] – Heilkunde, übers. und erl. v. H. SCHIPPERGES, 1957 – Briefwechsel, übers. und erläut. v. A. FÜHRKÖTTER, 1965 – Welt und Mensch (De operatione Dei), übers. v. H. SCHIPPERGES, 1965 – Lieder, ed. P. BARTH, 1969 – Der Mensch in der Verantwortung (Liber vitae meritorum), übers. und erl. v. H. SCHIPPERGES, 1972 – Wisse die Wege, übers. v. M. BÖCKELER, 1975 – Scivias, ed. A. FÜHRKÖTTER – A. CARLEVARIS, CC cont. med. 43, 43 A, 1978 – Das Buch von den Steinen, nach dem Q. übers. und erl. v. P. RIETHE, 1979 – Naturkunde: ..., nach dem Q. übers. und erl. v. P. RIETHE, 1980 – *Lit.*: DSB VI, 396–398 – THORNDIKE II, 124–154 – B. WIDMER, Heilsordnung und Zeitgeschehen in der Mystik␣h.s v. B., 1955 – M. SCHRADER – A. FÜHRKÖTTER, Die Echtheit des Schrifttums der hl. H. v. B., 1956 – B. MAURMANN, Die Himmelsrichtungen im Weltbild des MA: H. v. B., Honorius Augustodunensis, u. a. Autoren, MMS 33, 1976 – M. SCHMIDT, H. v. B. als Lehrerin des Glaubens (H. v. B., hg. PH. BRÜCK, 1979) – I. MÜLLER, Die pflanzl. Heilmittel bei H. v. Bingen, 1982 – P. DRONKE, Women Writers in the MA, 1984 – A. HAVERKAMP, Tenxwind v. Andernach und H.v.B. (Institutionen, Kultur und Ges. im MA. Fschr. J. FLECKENSTEIN, hg. L. FENSKE, W. RÖSENER, TH. ZOTZ, 1984), 515–548 – E. GÖSSMANN, The Philosophical Anthropology of H. v. B., Mystics Quarterly 13, 1987, 146–154 – B. NEWMAN, Sister of Wisdom, St. H.'s Theology of the Feminine, 1987 – CH. MEIER, Prophetentum als lit. Existenz, hg. G. BRINKER-GABLER, Dt. Literatur von Frauen, 1, 1988.

Hildegrim →␣Halberstadt

Hildemar v. Corbie (v. Civate) OSB, aus Frankreich, 821/826 Mönch in Corbie, 841 in Brescia, dann Civate, † vermutl. um 850, Urheber des ersten erhaltenen Komm. zur →Regula Benedicti (in drei Rez. überliefert). Ferner sind ein Sermo über die acht Hauptlaster, zwei Briefabhandlungen und wenige Verse erhalten. H. verband monast. Geist mit einem nahen Verhältnis zu den Klassikern und hoher lit. Kultur; er war von Bedeutung für das Fortleben des Terenz. G. Bernt

Ed.: Pauli Warnefridi diac. in s. Regulam commentarium ..., Montecassino, 1880 [Rez. a] – R. MITTERMÜLLER, Vita et Regula s. Benedicti una cum expos. Regulae, III, Expos. regulae ab H. o tradita, 1880 [Rez. b] – HAFNER [s. Lit.], Beilagen [Rez. a, b, c, Auszüge] – *Sermo*: P. G.

SCHMIDT, AAM, N.F. 99, 1988, 348–350 – *Briefe*: MGH Epp. V 320, 355 – *Gedichte*: HAFNER [s. Lit.], 148 – IMU 22, 1979, 375f. (MGH PP V, 559f.) – IMU 17, 1974, 39 – *Lit.*: Repfont V 492–494 – P. G. SCHMIDT [s. Ed.], 347f.

Hildeprand. 1. H., Neffe des langob. Kg.s →Liutprand, befehligte das langob. Heer in dem Feldzug gegen den byz. →Exarchat, in dem →Ravenna eingenommen, jedoch kurz darauf von den Venezianern zurückerobert wurde (732). H. wurde gefangengenommen und erst gegen Lösegeld freigelassen. Als Liutprand schwer erkrankte, erhoben stark antibyz. Gruppierungen H. zum Kg. Nach seiner Genesung beteiligte Liutprand seinen Neffen an der Herrschaft. Nach dem Tode Liutprands (Jan. 744) trat H. seine Nachfolge an, wurde aber im Sept./Okt. 744 von dem Hzg. v. Friaul, →Ratchis, gestürzt. S. Gasparri

Q. und Lit.: Paulus Diaconus, Hist. Lang., MGH SRL VI, 1878, 54–55, 183–184 – C. BRÜHL, Cod. Dipl. Longob., III/1, 1973 (Fonti, 64), n. 18, 80–85 – P. DELOGU, Il regno longob. (Storia d'Italia I, 1980), 156–163.

2. H., Hzg. v. Spoleto → Spoleto

Hildericus → Vandalen

Hildesheim, Bm.; Stadt in Niedersachsen, nw. des Harzes, an der Innerste-Furt des →Hellweges.
I. Bistum – II. Stadt.

I. BISTUM: [1] *Gründung und Aufbau*: Im Zuge der kirchl. Eingliederung Sachsens in das Frankenreich entstand seit dem frühen 9. Jh. unter Ludwig d. Fr. das Bm. H. als Teil der Kirchenprovinz →Mainz. Ausgehend von der Missionsstation in Elze, wo ursprgl. die Gründung eines ostfäl. Bm.s beabsichtigt war, wurde der endgültige Bf.ssitz in H. eingerichtet. Die Konstituierung fand im Sommer 815 auf der Reichsversammlung in Paderborn statt, als der aus Reims stammende Kanoniker Gunthar zum ersten Bf. v. H. (815–ca. 834) eingesetzt wurde und ein Schutz- und Immunitätsdiplom Ludwigs d. Fr. erhielt. Möglicherweise bestanden in der Gründungs- und Aufbauphase patenschaftl. Beziehungen zum austras. Bm. →Reims, worauf die Übernahme des Marien-Patroziniums für Bm. und Dom sowie der Name des Bf.ssitzes, der in der Form ›Hilduinesheim‹ wahrscheinl. auf den Abt →Hilduin v. St-Denis zurückgeht, hinzuweisen scheinen.

Die Ansätze zum Aufbau sowohl des Diözesangebietes als auch des Bf.ssitzes reichen bis in die Gründungszeit zurück, als auf dem späteren Domhügel über der Innerste die ersten kirchl. Bauten der Bf.ssiedlung entstanden (vgl. Abschnitt II). Gegenüber diesen älteren Bauten bildete sich im Umkreis des Bf.ssitzes eine eigene, von der Fläche her jedoch kleinste sächs. Diözese. Sie umfaßte schließlich den Bereich zw. den Flußläufen der Leine im W und der Oker im O, der Aller im N sowie dem Harz im S. Bes. an der Grenze zum Bm. Mainz ist es seit Ausgang des 10. Jh. mit dem Ebf. v. Mainz zu langjährigen Auseinandersetzungen um den kirchl. Besitz des Reichsstifts →Gandersheim (sog. Gandersheimer Streit) gekommen, die vor Kg. und Papst ausgetragen und erst auf dem Merseburger Hoftag 1030 zugunsten von H. wegen seiner dort seit alters genutzten kirchl. Rechte entschieden wurden.

Zumindest bis zum 13. Jh. blieben die Grenzen des H.er Bm.s nahezu unbestritten, während sich im Bereich der Diöz. eine planvolle Kirchenorganisation entwickelte. Seit dem 11. Jh. quellenmäßig bezeugt, beruhte die Parochialverfassung auf den alten Tauf- und Urkirchen und deren Tochterkirchen. Ihre Anzahl vergrößerte sich seit dem 12. Jh. vornehm. im Zusammenhang mit dem allg. Landes- und Siedlungsausbau erhebl. (Ende des 15. Jh.:

334 Kirchen in der Diöz.). Entsprechend hatte auch die Zahl der auf das Domkapitel ausgerichteten Sendsprengel zugenommen (um 1500: 34 Archidiakonate).

Die Bf.e waren schon früh um den Ausbau einer Landesherrschaft bemüht. Dafür bildete der engere Bereich um den Bf.ssitz den Kern eines Territoriums, in dem die Bf.e dank ihrer polit. Umsicht und mit kgl. Unterstützung die weltl. Gewalt weitgehend in ihren Besitz bringen und eine herzogähnl. Stellung einnehmen konnten. Schon um 1100 waren die meisten Gf.en zw. mittlerer Leine und Oker zu Lehnsleuten der H.er Bf.e geworden, und außerdem hatten die Bf.e die gfl. Burgen, die sich im engen Ring um den Bf.ssitz gruppierten und einen Kranz schützender Burgbezirke bildeten, mit abhängigen Ministerialen besetzt (»H.er Burgenvieleck«); die Bf.e konnten neue Burgen erwerben oder ausbauen und einige Städte (Dassel, Peine) in ihren Besitz bringen. So erreichte das Hochstift um 1300 seine flächenmäßig größte Ausdehnung und wurde im Laufe des 14. Jh. nur noch durch den Erwerb einiger kleinerer Bezirke abgerundet. Damals ging der Einfluß der Bf.e in der Stadt H. bereits deutl. zurück, weshalb sie in ihre v. 1310 und 1350 errichteten neuen Wasserburgen Steuerwald und Marienburg im N und S der Stadt zurückzogen.

Territorial blieb das Hochstift H. im wesentl. auf den Kernraum der Diöz. zw. Leine und Oker beschränkt. Allerdings war es nahezu allseitig von den welf. Stammlanden umgeben, was zu wiederholten Auseinandersetzungen mit den Hzg.en v. →Braunschweig führte und die polit. Gesch. des Bm.s in dem späten MA nachhaltig beeinflußte. Die Schlacht v. Dinklar (1367) mit dem Sieg des H.er Bf.s über den Hzg. v. Braunschweig sowie die H.er Stiftsfehde (1519–23), die den Verlust eines großen Teils des Hochstifts zur Folge hatte, sind dafür kennzeichnende Beispiele.

[2] *Bischöfe:* Über den allg. polit. Rahmen hinaus haben die H.er Bf.e v. a. als Kirchen- und Kl.gründer, als Organisatoren geistl. Funktionen und weltl. Herrschaftsrechte des Bm.s, aber auch als Förderer von Kunst und Wissenschaft eine herausragende Rolle gespielt. Die Domschule wurde bereits von Bf. Altfrid (851–874) gegr. Die unter Bf. Walbert (903–919) vollzogene Trennung des umfangreichen Kirchengutes zw. Bf. und Domkapitel gab beiden eine gewisse Unabhängigkeit in materieller Hinsicht und sicherte ihnen einen ständig wachsenden Einfluß, wobei das 10. und 11. Jh. unter den großen Bf.en →Bernward (993–1022), Gründer des Benediktinerkl. St. Michael und bedeutender Kunstförderer (Bernward-Türen, Bernward-Kreuz, Bernward-Säule), →Godehard (1022–38) und →Hezilo (1054–79) zugleich den künstler. Höhepunkt brachte. Damals trat auch die Annalistik hervor: mit den um 1030 im Michaelskl. entstandenen »Annales Hildesheimenses«, die mit Unterbrechungen bis 1137 fortgesetzt wurden; mit dem bald nach dem Tode von Bf. Hezilo begonnenen und bis ins 15. Jh. ergänzten »Chronicon episcoporum Hildesheimense« sowie mit der um 1080 entstandenen »Fundatio ecclesiae Hildesheimensis«, die die sagenhaften Anfänge des Bm.s beschreiben.

Dieser Aufstieg beruhte nicht zuletzt auf der Einbeziehung des Bm.s in die Reichspolitik. Unter den →Liudolfingern bestand eine enge Verbindung zw. Domkapitel und Hofkapelle, H. galt als Heimatdiöz. der →Ottonen. Nach Bernward waren auch die Bf.e Dithmar (1038–44), Azelin (1044–54) und Hezilo Mitglieder der Hofkapelle und Kanzler. Unter den Saliern standen die H.er Bf.e aufgrund ihrer Zuständigkeit für den Nordharzraum und den zum Diözesansprengel gehörenden Goslarer Pfalzbezirk ebenfalls im Dienste des Reiches, in den wechselvollen Auseinandersetzungen zw. Staufern und Welfen nahm die H.er Kirche abermals für das Reich Partei. Besondere Bedeutung erlangte der H.er Dompropst und spätere Kanzler Friedrich Barbarossas, →Rainald v. Dassel. Mit nur geringen Einbußen konnten die H.er Bf.e ihre unabhängige und reichsunmittelbare Stellung bis zum Untergang des Stauferreiches behaupten.

II. STADT: H. verfügt über eine vielzellige ältere Topographie und geht in seinen Anfängen auf eine doppelte Wurzel zurück: auf den an einer Furt des Hellweges oberhalb der Innerste errichteten Bf.ssitz und auf eine, aus mehreren Stadtanlagen bestehende bürgerl. Siedlung. Mittelpunkt des Bf.ssitzes war die auf einem Hügel über der Innerste gelegene Domburg mit dem 872 geweihten ersten massiven Marien-Dom. Um die Domburg, die um 1000 die erste Mauer erhalten hatte, entstanden unter Bf. Bernward und seinen Nachfolgern bis zur Mitte des 12. Jh. vier weitere, kreuzförmig angeordnete Stiftsimmunitäten: St. Michael im N, St. Moritz jenseits der Innerste im W, das Godehardstift im S und das Kreuzstift im O. Spätestens seit der Wende zum 10. Jh. entstand n. des Domhügels zw. dem Dombezirk und dem Michaeliskl. eine Marktsiedlung, die um 1030 in der etwas weiter n. gelegenen Andreaskirche bereits eine eigene, als Marktkirche bezeichnete Pfarrkirche und 1217 ein Rathaus besaß. Ein größerer Marktplatz mit dem neuen, zw. 1268 und 1290 erbauten Rathaus wurde n. der Andreaskirche angelegt. Dadurch hatte die Altstadt im mittleren 13. Jh. ihre endgültige Ausdehnung erreicht, die zusammen mit dem Dombezirk und den übrigen kirchl. Anstalten von der seit 1167 erwähnten Stadtmauer räuml. umschlossen wurde. Zunächst unterstand die Altstadt dem Bf. und dem bfl. advocatus, bis sie sich im 13. Jh. aus der bfl. Vormundschaft befreien konnte. 1236 wurde erstmals der H.er Rat gen., die Rechte der Stadt wurden 1249 bestätigt.

Außerhalb der Mauer entstand aus einer Niederlassung von fläm. Siedlern (durch das Moritzstift 1196) in der Innerste-Niederung w. vor der Stadt die Dammstadt als zweite Stadtanlage mit eigener Nikolaipfarre, Befestigung und Gemeindeorganen. Anfang des 13. Jh. entwickelte sich im SO vor der Stadt die bfl. Neustadt als Gründung des Dompropstes mit eigener Pfarrkirche St. Lamberti, selbständigem Markt, Rathaus und Verfassung.

Das Nebeneinander der verschiedenen Stadtteile und Bürgergemeinden führte zu Auseinandersetzungen zw. Bf. und Domkapitel auf der einen, Alt-, Damm- und Neustadt auf der anderen Seite. Die Altstadt, die sich nicht nur in ihrer rechtl. Bewegungsfreiheit, sondern auch in ihrer wirtschaftl. Entfaltung behindert sah, schloß sich seit der Mitte des 13. Jh. mit dem sächs. →Städtebund vornehml. gegen den Bf. zusammen. Der Einfluß der Bf.e ging in der Stadt, abgesehen von der geistl., deutlich zurück. Ihren Höhepunkt erreichten die Auseinandersetzungen schließlich 1322, als die Altstädter Bürger die kirchlicherseits begünstigte Dammstadt vollständig zerstörten, so daß sie dauernd wüstfiel. Alt- und Neustadt blieben zunächst selbständig und wurden erst 1583 zu einem städt. Gemeinwesen mit ca. 10000 Einw. und einer Fläche von 75,4 ha vereinigt.

Die Funktion H.s als Bf.ssitz beeinflußte nachhaltig Entwicklung und innere Struktur der Stadt. Die wirtschaftl. Blüte im 13.–15. Jh. beruhte vornehml. auf dem Tuchhandel und dem Vertrieb der Brauereierzeugnisse. Seit 1293 hielt sich H. bis ins 17. Jh. eng zur Hanse.

E. Plümer

Q.: UB des Hochstifts H. und seiner Bf.e, hg. K. JANICKE–H. HOOGEWEG, 1–6, 1896–1911, UB der Stadt H. in 9 T.en, hg. R. DOEBNER, 1881–1907 – *Lit.: zu [1]:* A. BERTRAM, Gesch. des Bm.s H. I, 1899 – H. W. KLEWITZ, Stud. zur territorialen Entwicklung des Bm.s H. (Stud. und Vorarb. zum Hist. Atlas Niedersachsens 13, 1932) – W. HEINEMANN, Das Bm. H. im Kräftespiel der Reichs- und Territorialpolitik, vornehml. des 12. Jh. (Q. und Darstellungen zur Gesch. Niedersachsens 72, 1968) – H. GOETTING, Die H.er Bf.e von 815–1221 (GS NF 20, 1984) – *zu [II]:* Bibliogr. zur dt. hist. Städteforsch., hg. H. STOOB, 1986 (= Städteforsch. B I), 648–653 – J. H. GEBAUER, Gesch. der Stadt H. I, 1922 – DERS., H. (Niedersächs. Städteatlas, 2. Abt., 1. Lfg., 1933) – DERS., Gesch. der Neustadt H., 1937 – DERS., Gesch. des Handels und des Kaufmannsstandes in der Stadt H., 1950.

Hildesheimer Annalen (Annales Hildesheimenses) → Hildesheim

Hildesheimer Briefsammlung, wahrscheinl. von →Bernhard v. Hildesheim († um 1088) zusammengestellt und heute bis auf vier Parallelüberlieferungen nur noch in der Hs. Hannover XI 671 saec. XVI erhalten. Diese Slg. besteht aus Materialien verschiedener Herkunft, einige greifen auch in die Zeit vor Bernhards Amtsführung zurück. Der wegen seines Aufbewahrungsortes als Hannoverscher Briefsch. bezeichnete Codex enthält außerdem Briefe →Meinhards v. Bamberg (NN. 61–81), einer Gruppe um →Gregor v. Tours (NN. 82–1047) und einer Schlußgruppe (NN. 105–111), die nach ERDMANN ebenfalls in der Vorlage als Corpora von Bernhard zusammengeführt worden sind, doch trifft die Bezeichnung 'H.B.' nur für die Stücke NN. 1–60 zu. Der Hauptteil der H.B. gehört den Jahren 1075–85 an, aus späterer Zeit ist kein Stück mehr bekannt; als Absender und Empfänger fällt bes. →Hezilo v. Hildesheim (1054–79) auf, doch gibt es Briefe auch anderer Personen, teils polit., teils unpolit. Inhalts. Eine Ordnung – weder eine zeitl., noch eine andere – ist nicht erkennbar; offenbar wurde die Slg. aus Originalen, Konzepten und Abschriften zusammengesetzt; an einer Reihe von Briefen dürfte Bernhard als Autor beteiligt gewesen sein. F.-J. Schmale

Lit.: C. ERDMANN, Stud. zur Brieflit. Dtl.s im 11. Jh. (MGH Schr. 1, 1938) – Briefslg.en der Zeit Heinrichs IV., bearb. C. ERDMANN – N. FICKERMANN (MGH Epp. DK 5, 1950), 16–106 [Neudr. 1977] – J. AUTENRIETH, Die Domschule v. Konstanz zur Zeit des Investiturstreits, 1956, 135–142.

Hildibold (Hildibald, Hildebald), Bf. v. →Worms seit 5. Jan. 979, † 3./4. Aug. 998, ▢ Neuhausen b. Worms, Kollegiatstift St. Cyriakus; eine Herkunft aus hess. Adel (SCHAAB) ist nicht nachweisbar. Fraglich ist, ob H. aus der Wormser Domschule hervorgegangen ist. Ende Okt. 977 Leiter der dt. Kg.skanzlei Ottos II., behielt er als erster Kanzler das Amt auch nach der Erhebung zum Bf. bis zu seinem Tode. 984–994 war er an der Vormundschaftsregierung für Otto III. beteiligt. Auf dem I. Italienzug Ottos III. (April 996) geleitete H. Bruno (→Gregor V.) zur Inthronisation nach Rom. H., der die Domschule und den territorialen Ausbau seines Bm.s förderte, veranlaßte die Fälschung oder Verfälschung von 18 Kg.surkk. des 7.–10. Jh. für die Wormser Kirche. Zweck dieser Aktion waren die Ausdehnung des bfl. Bannbezirks (Worms und seine Vorstädte) sowie die Sicherung und Erweiterung von Besitz- und Rechtstiteln (Wormsgau, Ladenburg, Lobdengau, →Wimpfen). H. Seibert

Q.: H. Boos, Mon. Wormatiensia (Q. zur Gesch. der Stadt Worms III, 1893) – *Lit.:* NDB IX, 135 – J. LECHNER, Die älteren Kg.surkk. für das Bm. Worms und die Begründung der bfl. Fs.enmacht, MIÖG 21, 1901, 361ff., 529ff. – JDG O. II.; JDG O. III. 1, 2, 1902–54, passim – M. SCHAAB, Die Diöz. Worms im MA, Freiburger Diöz. Archiv 86, 1966, 161ff. – J. FLECKENSTEIN, Die Hofkapelle der dt. Kg.e, II (MGH Schr. 16/II, 1966), 69ff., 74ff. – H. SEIBERT, Wormatia (GAMS, Ser. 5, IV, 4) [im Dr.].

Hilduin. 1. H., Bf. v. →Lüttich, dann v. →Verona, schließlich Ebf. v. →Mailand, † 24. Juli 936. Kleriker von Lütticher Herkunft, wurde H. nach dem Tode Bf. Stephans († 19. Mai 920) zum Bf. erhoben. Mit Hilfe des princeps v. Lotharingien, →Giselbert, und des dt. Kg.s Heinrich I. wurde H. von Ebf. Hermann v. Köln geweiht. Doch trat ein Gegenkandidat in Gestalt des Abtes v. →Prüm, →Richer, auf, unterstützt vom westfrk. Kg. Karl III. 'dem Einfältigen' (der anfängl. für H. eingetreten war). Dieser Streit war bedingt durch die strateg. Bedeutung der Diöz. Lüttich, die im Zentrum der Besitzungen Giselberts lag und zu der die Pfalz →Aachen gehörte. Papst Johannes X. beendete den Konflikt, indem er das Bm. Richer zusprach, den er selbst weihte (4. Nov. 921). Exkommuniziert, fand H. schließlich Zuflucht bei Kg. →Hugo v. Italien, durch den er 928 das Bm. Verona, 931 das Ebm. Mailand erhielt. J.-L. Kupper

Lit.: H. ZIMMERMANN, Der Streit um das Lütticher Bm. vom Jahre 920/921. Gesch., Q. und kirchenrechtshist. Bedeutung, MIÖG 65, 1957, 15–52 – H. BÜTTNER, Heinrichs I. SW- und W-Politik, 1964, 14–18, 22–23, 93 – GAMS, Ser. V., Tom. 1, 1982, 61–62 – J. CH. PICARD, Le souvenir des évêques. Sépultures, listes épiscopales et culte des évêques en Italie du Nord des origines au Xe s., 1988, 102, 742.

2. H. v. St-Denis, Gelehrter und einflußreicher Prälat von vornehmer Abstammung, † 855/861; Abt v. →St-Denis (als solcher bezeugt seit 814) und weiterer Kl., darunter St-Germain-des-Prés in →Paris und St-Médard in →Soissons, für das er 826 Reliquien des hl. →Sebastian erwarb. Im Amt des Erzkaplans Ks. Ludwigs d. Fr. begegnet er seit 819. Als Anhänger der Reichseinheitspolitik (→Ordinatio imperii) und des von ihr begünstigten Ks.s Lothar I., mit dem er schon 824 in Rom gewesen war (→Constitutio Romana), beteiligte er sich am Aufstand von 830 gegen Ludwig, der ihm daraufhin das Hofamt entzog und ihn verbannte; auch die Kl. büßte er ein. H. konnte bald aus seinem Exil in →Corvey zurückkehren und St-Denis wiedererlangen, doch als er nach Ludwigs Tod 840 erneut für Lothar Partei ergriff, verlor er die Abtei, die im Machtbereich Karls d. Kahlen lag, endgültig. Er begab sich zu Lothar, als dessen Erzkanzler er 844–855 bezeugt ist. 842 zum Ebf. v. Köln designiert, konnte er seine Weihe nicht durchsetzen. Nach Lothars Abdankung 855 scheint er sich ins Kl. →Prüm zurückgezogen zu haben.

Die vom byz. Ks. übersandte Slg. der Schriften des Ps. Dionysios Areopagites ließ Ludwig d. Fr. unter H.s Aufsicht ins Lat. übertragen; diese sehr mangelhafte Übers. fand geringe Verbreitung. Ebenfalls in Ludwigs Auftrag verfaßte H. eine Lebensbeschreibung des mit Dionysios Areopagites gleichgesetzten hl. Bf.s Dionysius v. Paris. Eine Hexameterbearbeitung dieses Werks soll auch von H. stammen; starke Nachwirkung war nur der Prosafassung beschieden. Ferner hat H. bei der Abfassung der →Gesta Dagoberti sowie des letzten Abschnitts der →Reichsannalen eine Rolle gespielt. →Dionysius, hl.
J. Prelog

Ed.: Corpus Dionysiacum: G. THÉRY, Études dionysiennes II, 1937 – Vita Dionysii: MPL 106, 23–50 – MGH Epp. V, 327–337 – Versfassung: in Vorbereitung [M. LAPIDGE] – *Lit.:* BRUNHÖLZL I, 410–414, 565 – Repfont V, 494–497 [Lit.] – M. LAPIDGE, The Lost 'Passio Metrica S. Dionysii' by H. of St-Denis, MJb 22 (1987), 1989, 56–79.

Hillel. 1. H. II. → Chronologie, E.

2. H. ben Samuel, geb. um 1220, gest. vor 1300, wirkte als Arzt, Talmudist und Philosoph in verschiedenen it. Städten. Gegen den radikalen, auch innerjüd. wirksamen Averroismus (→Averroes) hielt er an der Vorstellung von der Unsterblichkeit der Einzelseele fest, die er mit Hilfe von Argumenten des →Thomas v. Aquin verteidigte. Anders als →Maimonides plädierte er auch für eine wortwörtl. Deutung bibl. Wundergeschichten und prophet. Visionsberichte. H.s Anschauungen zu Seele und Intellekt sind in seinem philosoph. Hauptwerk »Sefär tagmulei ha-nefesch« (ed. J. SERMONETA, 1981) ausführl. dargelegt. H.-G. v. Mutius

Lit.: H. und M. SIMON, Gesch. der jüd. Philosophie, 1984, 159f. – J. GUTTMANN, Die Philosophie des Judentums [Nachdr. 1985], 213ff.

Hilton, Walter, engl. Mystiker, Eremit und Augustiner-Chorherr in Thurgarton, † 1396. Sein Hauptwerk »The Scale of Perfection« befaßt sich mit der Notwendigkeit des »reforming in faith« (vita activa) und des »reforming in faith and feeling« (vita contemplativa). Teil I orientiert sich an der bernhard.-franziskan. →Mystik, während Teil II auch Anklänge an →Dionysios Are(i)opagites, Johannes →Tauler, Heinrich →Seuse und die →»Cloud of Unknowing« aufweist. H.s Texte betonen die spirituelle Unterweisung, so die lat. und me. Briefe (z. B. an einen Eremiten, über »Mixed Life« und »The Song of Angels«). Er verfaßte auch einen Anti-Wyclif-Traktat über Bilderverehrung, Psalmenkommentare und Übers. franziskan. Texte. W. Riehle

Bibliogr.: NCBEL I, 521f. – Ed.: F. KURIYAGAWA, W.H.'s Eight Chapters on Perfection, 1967 – Lit.: DSAM VII, s. v. – J. H. MILOSH, The Scale of Perfection and the English Mystical Trad., 1966 – J. P. H. CLARK, Downside Review 95–103, 1977–85.

Himara (lat. Chimaera, gr. Χιμαίρα, it. C[h]imarra), Hauptort der gleichnamigen Landschaft am Fuße des akrokeraun. Küstengebirges s. von →Avlona (Valona) in →Albanien. Bereits bei Plinius d. Ä. gen., war H. Fluchtsiedlung der illyr. Chaoner und wurde von Justinian I. befestigt. 1020 ist in einer Urk. Basileios' II. ein Bm. H. erwähnt, das wohl bis zu Beginn des 14. Jh. bestand. Im 13. Jh. gehörte H. zunächst zum Despotat →Ep(e)iros, wurde 1258 vom Admiral Manfreds v. Sizilien, Philipp Chinardo, besetzt und kam 1271 zum von Karl I. v. Anjou proklamierten 'Regnum Albaniae'. 1358 gehörte H. zum Despotat von Avlona und →Kanina, das 1372 Balša II. (→Balša) durch Heirat erwarb. Die türk. Eroberung dürfte gleichzeitig mit der von Avlona (1417) erfolgt sein. In der Türkenzeit war H. Zentrum zahlreicher Aufstandsbemühungen. P. Bartl

Lit.: A. DUCELLIER, La façade maritime de l'Albanie au MA, 1981.

Himelrîche, vom, mhd. hymn. Lobgedicht eines anonymen Verfassers aus der 2. Hälfte des 12. Jh., das v. a. die Freuden der jenseitigen Welt preist (Titel vom ersten Herausgeber SCHMELLER). Auf Grund dialektaler und graphematischer Übereinstimmungen mit der »Windberger Interlinearversion zum Psalter« wird es in der Abtei OPraem →Windberg lokalisiert. Die rhythmisch frei gefügten Verse, der hymn. Redehaltung entsprechen, sind metrisch verschieden gedeutet und in die Nähe der Langzeilen des →Kürenbergers oder des »Titurel« →Wolframs v. Eschenbach gerückt worden. Eine Untergliederung der 436 Verse in stroph. Einheiten ist umstritten. Auf ein einleitendes Lobgebet folgt eine kurze Erwähnung von Firmament und Erde und dann ein an Gott gewandter ausführl. Preis des Himmelreichs. Es werden zwar traditionelle Elemente der Jenseitsdarstellung, bes. aus der Apokalypse, verarbeitet, doch die selbständige Schilderung des zukünftigen Lebens macht den bes. Charakter des Werks aus. Die Freuden bestehen – wie in anderen Jenseitsdarstellungen – aus der Abwesenheit ird. Dinge und Verrichtungsnotwendigkeiten (wie Decke, Bademantel, Heizung, Schmuck). Die Konkretisierung im Negativverfahren verleiht dem Text seine Anschauungskraft und weist auf die Andersartigkeit des Himmelreichs. Ohne Weltverachtung vermittelt das Gedicht Zuversicht auf die Gnade Gottes und die ewige Seligkeit.
U. Schulze

Ed.: Kleinere geistl. Gedichte des 12. Jh., ed. A. LEITZMANN, 1910, 20–77 – Die relig. Dichtungen des 11. und 12. Jh., I, ed. F. MAURER, 1964, 372–395 – Lit.: Verf.-Lex.² IV, 18–21 [H. FREYTAG; Lit.] – H. FREYTAG, Komm. zur frühmhd. Summa theologiae, 1970, 39–41, 135f. – DE BOOR-NEWALD I, 1979⁹, 192–194 – R. HÄVEMEIER, D.H., 1981 – G. VOLLMANN-PROFE, Gesch. der dt. Lit. 1, 2, 1986, 145–147.

Himerios, griech. Rhetor des 4. Jh. Nach rhetor. Ausbildung in Athen lehrte und deklamierte er dort und in anderen Städten des O, hielt sich 362 bei Ks. →Iulianus in Antiocheia auf und blieb auch unter den chr. Nachfolgern Heide. 73 Titel von Reden sind überliefert, 32 teilw. verstümmelt erhalten, die den unpolit. Rhetorikbetrieb der Zeit widerspiegeln. Die Thematik ist vielfältig (Trauer und Hochzeit, Begrüßung und Abschied von Schülern, Klagen über Gegner, Deklamationen vor hohen Beamten, Historisches), die in rhythmisierter Prosa gehaltene Sprache gekünstelt (was die Kritik des →Libanios hervorrief) und mit zahlreichen Zitaten aus der frühgriech. Epik und Lyrik durchsetzt. J. Gruber

Ed.: A. COLONNA, 1951 – Lit.: KL. PAULY II, 1149f. [Lit.] – RE VIII, 1622–1635 – G. CUFFARI, I riferimenti poetici di Imerio, 1983.

Himmel

I. Theologisch-kosmologisch – II. Frömmigkeitsgeschichtlich.

I. THEOLOGISCH-KOSMOLOGISCH: Die ma. Theologie behandelte die Fragen über den H. kosmolog. und theol. im Schöpfungstraktat in der Auslegung des Sechstagewerkes (→Hexaemeron) aufgrund dessen Auslegung durch die Väter (→Basilius, →Hieronymus, →Augustinus, →Johannes Damaskenos) sowie →Beda und →Hrabanus Maurus. Während im 12. Jh. (Schule v. →Chartres) Plato mit seiner Betonung eines einzigen Prinzips (Weltseele, Natur) die Autorität in den Fragen der Kosmologie war, trat im 13. Jh. der Einfluß des Aristoteles in den Vordergrund. Das von der ma. Scholastik übernommene aristotel.-ptolemäische Weltbild kennt 8 H. (7 Planetensphären und die →Fixsterne). Die Theologen faßten die 8 H. oft in einem Gestirnh. (caelum sidereum) zusammen. Die Planetensphären sind 7 konzentr. Kreise, deren Mittelpunkt die Erde ist, um die sie kreisen. Der Fixsternh. umgrenzt die Planetensphären und hält sie zusammen (→Astronomie). Als Aufbaustoff der H.swelt wurde seit der Antike der →Aether (quinta essentia) angenommen; die sublunar. Welt begründen die 4 →Elemente. Diese quinta essentia ist unveränderlich und unvergänglich, und dem entspricht die Kreisbewegung der H. Die supra- und die infralunar. Welt sind streng geschieden. Die aristotel. Lehre, die Gestirne seien beseelt, hat die Scholastik abgelehnt, sie betrachtete diese als große Maschine (machina mundana). Die H.sbewegungen erklärten →Bonaventura, →Thomas, →Joh. Duns Scotus u. a. ma. Scholastiker nicht aus den Gravitationsgesetzen der ird. Körper, sondern auf Grund eines intelligenten Prinzips. Gott bewegt die H. durch die Engel (→Dynamik; →Planetenbewegung).

Der Gestirnh. der philos. Kosmologie ist aber nur der Vorraum des höheren, nur im Licht des Glaubens erkennbaren H.s der Engel, der nach Beda und Strabo als das erste Schöpfungswerk Gottes (Gen 1, 1) gilt. Durch die Sentenzen des →Petrus Lombardus (II d. 2 c. 4) und deren Komm. wurde diese Lehre Gemeingut der Schulen. Das →Empyreum, das von den Theologen jenseits der 8 H. situiert wird, ist der H. der Engel und der Seligen. Er bildet die

Grenze des Universums in der ihm eigenen Unbewegtheit, Lichtfülle und Gleichförmigkeit. Feuerh. wird er genannt, nicht weil er aus dem Element Feuer bestünde, sein Baustoff ist die quinta essentia, sondern weil er ganz Licht ist. Die Theologen zählen mitunter 10 H. oder sie nehmen die 8 Sphären als den einen Gestirnh. und errechnen mit den beiden zusätzl. 3 H., die ihrerseits in Beziehung gesetzt werden zur äther. Natur des H.s: das caelum empyreum ganz leuchtend, das c. cristallinum ganz durchsichtig, das c. sidereum teils durchsichtig, teils leuchtend. Der H. der Engel und der Seligen ist eine theol. Forderung, die dadurch begründet wird, daß auch die Seligen einen Ort des Haltes und der Ruhe brauchen. Der unveränderl., unvergängl. und lichtvolle H. des Empyreums ist nach →Thomas v. Aquin eine Vorgabe der künftigen Herrlichkeit auch der körperl. Schöpfung, vergleichbar mit der beatitudo der Engel, in welcher die geistige Kreatur die Glorie im voraus empfangen hat. Die endzeitl. Verklärung der Schöpfung ist eine kosm. Dimension. Der kosmolog. Einfluß des Empyreums auf den ersten bewegten H. wird von den Theologen unterschiedl., aber insgesamt zurückhaltend beurteilt. Der höchste H. ist (aristotel. gesprochen) der locus schlechthin, der allem Körperlichen Halt und Grenze gibt. →Bonaventura sah dies sehr anschaulich: die H.sbewegungen kreisen um den unbewegten Mittelpunkt, die Erde, und zwar innerhalb des Empyreums, das als unbewegtes continens et locans vorgestellt wird.

Die theol. Aussagen über den H. als Ort der Seligen erhalten auch dadurch ihren metaphor. Charakter, daß ebenso Gott selbst als »Ort« des Lebens der Seligen angesprochen wird. Thomas v. Aquin findet es einfach lächerlich, der Seele oder sonst einem geistigen Wesen einen körperl. Ort zuzuweisen. Das selige Leben im H. wird von den ma. Theologen nicht im Zusammenhang mit dem H., sondern im Traktat über die »Letzten Dinge« (→Seligkeit) betrachtet. Auch das gebräuchl. Bildwort (Joh 14,2) von den »vielen Wohnungen« des H.s sagt nichts über den H. als Ort aus, sondern illustriert die verschiedenen Stufen der Seligkeit. Wenn aber umgekehrt die scholast. Theologie auch vom »caelum s. Trinitatis« spricht, wohl wissend, daß Gott über allen H.n thront (Ps 8,2 Vulg.), so wird vollends deutlich, daß der H. Gottes nicht einfach ein gegenständl. Ort ist, sondern das Woher der Schöpfungsoffenbarung Gottes bezeichnet und das Woraufhin der Vollendung des Universums angibt. In dieser Sicht erhält das Bildwort vom H. als Ort kosmolog. Bedeutung (→Kosmologie; →Weltbild). N. Wicki
S. a. →Paradies (Islam; Judentum)

Lit.: DThC II, 2 c. 2503–2508 - A. SCHMID, Die peripatet.-scholast. Lehre von den Gestirngeistern, Athenäum 1, 1862, 549–589 - C. BAEUMKER, Witelo, BGPhMA III, 2, 1908 - J. M. PARENT, La doctrine de la création dans l'École de Chartres, 1938 - N. WICKI, Die Lehre von der himml. Seligkeit in der ma. Scholastik von Petrus Lombardus bis Thomas v. Aquin, 1954 - A. HOFFMANN, Die Letzten Dinge, Dt. Thomasausg. 36, 1961.

II. FRÖMMIGKEITSGESCHICHTLICH: Analog zu dem komplexen Bild, das die Bibel vom Jenseits vermittelt, ist die Auffassung vom H. im MA nicht einheitlich. Das H.szelt des kosmolog. Weltverständnisses und der jenseitige H. stehen miteinander in Beziehung; der H. liegt über der Erde, wie dies vielfach, z. B. in den Darstellungen der →H.fahrt Christi oder auch in dem Gedanken der H.sleiter anschaul. Ausdruck findet. Wesentl. Elemente der Konkretisierung waren die Vorstellungen vom himml. Paradies und vom himmlischen Jerusalem (Offb 21,22), die bereits das AT miteinander identifizierte. Visionäre schauten die Gefilde der Seligen in der Lieblichkeit der Pflanzen- und Tierwelt, die jedoch - vgl. den »campus letitie« der Visio Tnugdali (→Tundalus) - auch als Vorfeld zum H.reich für die boni non valde betrachtet sein können, und die in weiter Ebene gelegene Stadt mit ihren prachtvollen Gebäuden. Auch als Kirchengebäude wird der H. bis hinein in die populäre Exempellit. materialisiert, wie andererseits die Kirchenarchitektur selbst als Abbild des H.s aufgefaßt ist. Auf der Grundlage der Bibel (vgl. 2. Kor 12,2–4) erscheint der H. abgestuft; die Vision des →Adamnán († 704) kennt, wie die Apokryphen, sieben H., während nach einer Illustration der Weltchronik des Hartmann →Schedel (1493) jenseits der neunten Sphäre, im →Empyreum, Gott und seine Hl.n wohnen (vgl. auch die Paradieseskonzeption bei →Dante). Dazu werden die zur Seligkeit gelangten Abgeschiedenen in Gruppen nach ihrem Verdienst zusammengefaßt und unterschiedl. ausgezeichnet, wie dies Gregor d. Gr. (Dial. 4,35) vorgegeben hatte. Die Visio Wettini sondert Priester, Märtyrer und Jungfrauen, die Visio Tnugdali erblickt in drei durch hohe Mauern getrennten Räumen fromme Laien, Abgeschiedene, die sich in der Verachtung der Welt bewährt hatten, Mönche und Nonnen. Wieder einen eigenen Bereich bilden die neun Engelchöre, die 24 Ältesten und die Propheten, die Apostel, die Märtyrer, Bekenner und Jungfrauen, denen es gewährt ist, die Herrlichkeit Gottes zu schauen. In der konkreten Darstellung sind die Ausstattung und das Gerät, etwa die Einzelwohnungen der Seligen, gemäß der Beschreibung des himml. Jerusalem in der Offb aus kostbaren Materialien. Licht durchflutet den H. und Wohlgeruch erfüllt seine Stätten (vgl. Gregor, Dial. 4,36). Die Bewohner sind weiß gekleidet und gelegentl. durch spezielle Attribute, Kronen, Blütenkränze, Zepter, ausgezeichnet. In der Tradition der →Legenda aurea kann die Gewandung symbol. die Gruppen des H.svolkes charakterisieren, die Märtyrer treten als Ritter, die Bekenner als Priester auf. Wesentl. Inhalt des Daseins im H. ist die Liturgie. Viele Schilderungen rühmen den Wohlklang des Chorgesangs und Musizierens im Jenseits, die musica caelestis, wobei Ambrosius mit anderen den Lobgesang der Engel neben die Sphärenharmonie als Schöpferlob stellt. Noch im populären Predigtschrifttum des SpätMA ist der alte Gedanke des himml. Reigens gegenwärtig.
B. Deneke

Lit.: E. PETERS, Q. und Charakter der Paradiesvorstellungen in der dt. Dichtung vom 9.–12. Jh., Germanist. Abh. 48, 1915 - R. HAMMERSTEIN, Die Musik der Engel, 1962 - R. HUGHES, Heaven and Hell in Western Art, 1968 - H. SPILLING, Die Visio Tnugdali..., 1975 (Münchener Beitr. zur Mediävistik und Renaissance-Forsch. 21) - R. R. GRIMM, Paradisus coelestis. Paradisus terrestris..., 1977 - P. DINZELBACHER, Klassen und Hierarchien im Jenseits (Soziale Ordnungen im Selbstverständnis des MA, hg. A. ZIMMERMANN, 1. Halbbd, Misc. Mediaev. 12/1, 1979), 20–40 - P. W. TAX, Die große H.sschau Mechthilds v. Magdeburg und ihre Höllenvision..., ZDA 108, 1979, 112–137 - A. ROSENBERG, Engel und Dämonen..., 1986².

Himmelfahrt Christi. In Apg 1,9–11 wird Jesus vor den Augen der Apostel emporgehoben und von einer Wolke verhüllt. Ebd. 1,3: 40 Tage nach der Auferstehung, ebd. 1,12: auf dem Ölberg. Zwei plötzl. erscheinende Männer in weißen Gewändern erklären den Aposteln die Aufnahme Jesu in den Himmel und verkünden seine Wiederkehr. Hier wie in kürzeren Hinweisen des NT (u. a. Mk 16,19; Lk 24,51) wird der Vorgang stärker als passive Aufnahme bezeichnet, während in der frühchristl. Lit. und die →Symbola bald auch Q. für den aktiven Aufstieg Christi einsetzen (PÖHLMANN). Die H.C. setzt das antike Weltbild mit einem über der Erde befestigten →Himmel als Wohnsitz 'überird.' Wesen (Götter, Selige) voraus und knüpft an griech.-röm. (→Apotheose, →Herakles) und atl.-jüd. Entrückungsvorstellungen an (z. B. H. des →Elias). Die liturg. Feier der H.C. hat sich erst im 4. Jh. von Ostern bzw. Pfingsten gelöst.

Ikonographie: [1] *Frühchristlich:* Bei frühen Darstellungen der H.C. sind hauptsächl. zwei unterschiedl. Typen zu trennen, die seit langem als 'w.' und 'ö.' bezeichnet werden. Darstellungen des w. Typs setzen im späten 4. Jh. ein: Sarkophag v. Servanne; Elfenbeintafel in München, Bayer. Nat. Mus. (um 400, H.C. über dem Auferstehungsbild der →Frauen am Grabe); Steinreliquiar in Ravenna, Mus. Arcivesc. (Abb.: Tsuji). Sie zeigen Christus, der im Beisein weniger Apostel (in Ravenna Frauen) einen Berg hinaufschreitet und von der →Hand Gottes am Handgelenk ergriffen wird. Untyp. ist die H.C. auf der Holztür in S. Sabina, Rom: Christus von Engeln emporgezogen. Die frühesten Beispiele des ö. Typs (der im MA auch die w. Kunst stark beeinflußte, s. u.) erscheinen – vom nicht eindeutigen Kuppelmosaik in H. Georgios, Thessalonike, abgesehen – im 6. Jh.: syr. Rabulacod. von 586, Florenz; palästinens. Pilgerampullen; Nischenmalereien aus Bawīt, Kairo (Abb.: Ihm). Die Bilder sind zweizonig: oben Christus in Rundclipeus oder Mandorla von Engeln getragen, unten 12 Apostel mit oder ohne Maria, in der Rabulaminiatur auch die beiden weißgekleideten Männer aus Apg 1,10f. Die hier dem stehenden, in den Nischen aus Bawīt dem thronenden Christus beigegebenen Motive aus der Vision des →Ezechiel und der Apk zeigen vermutl. eine Vermischung der H.C.-Darstellung mit der zeitlos-endzeitl. Theophanie Christi (von einigen völlig von der H.C. entfernten Nischen in Bawīt abgesehen).
J. Engemann

[2] *Abendländisches Mittelalter:* Das zweizonige H.sbild mit Christus in der Mandorla überwiegt in der roman. Kunst. Das Evangeliar Heinrichs d. Löwen, Helmarshausen, um 1175, Cod. Guelf. 105, Noviss. 2°, zeigt die H.C. in ungewöhnl. geometr. Ordnung, verbunden mit bibl. und allegor. Gestalten, die die Göttlichkeit Christi und seine H. bezeugen, überhöht durch die Darstellung Gottvaters in der mit Christus wesensgleichen Gestalt. – Auch die Moses-Christus-Typologie bereicherte die Darstellung der H.C.: das Buch, d. h. die Gesetze des Neuen Bundes, wird in manchen Darstellungen auffällig hervorgehoben, z. B. Evangeliar aus Poussay, Reichenau, um 980, Paris, BN, Cod. lat. 10914, fol. 66v; Essener Elfenbeinrelief des Buchdeckels der Äbt. Theophanu, Köln, 1040/50. – Giottos H.C. in der Arena-Kapelle zu Padua, 1305/07, faßt eigenständig die Elemente der ma. Darstellungstradition zusammen. – Zu Anfang des HochMA wird ein weiteres H.sbild formuliert, in dem der Entrückung überdeutl. dargestellt ist: Von Christus sind nur noch ein Teil seines Gewandes und seine Füße zu sehen, die von oben herabkommende lichte Wolke verdeckt seine Gestalt, z. B. Bernwardsevangeliar, Hildesheim, 1011/14, Emailplatte des sog. Klosterneuburger Altars, 1181. Dieser Bildtypus wird oft mit dem Bildmotiv der Fußspuren Christi kombiniert, angeregt wohl durch die Berichte der Jerusalem-Pilger (in der H.kirche auf dem Ölberggipfel zeigte man die Fußspuren Christi); er ist bes. in der spätgot. dt. Kunst verbreitet (z. B. Veit Stoß, Marienkirche, Krakau 1477/89, A. Dürer, Kleine Holzschnittpassion, 1509/11). Die monumentalen Künste (Fresken, Kuppelmosaiken, Figurenportale) der Gotik verleihen der Darstellung der H.C. neue Dimensionen, ohne die überlieferten Typen zu bereichern.
G. Jászai

[3] *Osten:* Bereits im Rabulacod. von 586 wird durch Beigabe imperialer Bildelemente und Einbeziehung der Vier Wesen aus der Prophetenvision der Parousie- und Theophaniecharakter der H.C. im Anschluß an Apg 1,11 betont. Damit hat sie im mittelbyz. Bildprogramm eine wichtige Rolle, häufig sogar an zentraler Stelle in der (einer) Kuppel: Göreme, Kap. 29 (Ende 9. Jh.), Thessalonike, H. Sophia (Ende 9. Jh.), Konstantinopel, Apostelkirche (2. Hälfte 9. Jh.?, zerstört), H. Lukas (1. Viertel 11. Jh.), S. Marco in Venedig (Ende 12. Jh.). In Provinzen und benachbarten Regionen hat die H.C. stets bes. Aktualität bewahrt (z. B. Trapezunt, Kappadokien).
M. Restle

Lit.: zu [1]: LCI II, 268–276 – RByzK II, 1224–1262 – TRE IX, 680–690; XV, 330–334, 334–341 [PÖHLMANN], 341–344 – H. SCHRADE, Zur Ikonographie der H.C., Vortr. Bibl. Warburg 1918/29, 1930, 66–190 – H. GUTBERLET, Die H.C. in der bildenden Kunst von den Anfängen bis ins hohe MA, 1935 – C. IHM, Die Programme der chr. Apsismalerei vom 4. bis zur Mitte des 8. Jh., 1960 – S. TSUJI, Les portes de Sainte-Sabine, CahArch 13, 1962, 13–28 – P. v. MOORSEL, Analepsis? (Stud. zur spätantiken und byz. Kunst F. W. DEICHMANN, 1986), 137–141 – zu [2]: LCI III, 1970, 268–276 – RGG III, 315f. – E. T. DEWALD, The iconogr. of the Ascension, American J. of Archaeology, 2. Ser. 19, 1915, 277–319 – G. SCHILLER, Ikonographie der chr. Kunst 3, 1971, 141–164 – zu [3]: RByzK, a. a. O. – O. DEMUS, The Mosaics of San Marco in Venice I, 1984, 171–195.

Himmelfahrt des Elias → Elias, II.

Himmelfahrt Mariens → Maria, Mariologie

Himmelpfort (Coeli Porta, Porta Coeli, Hemelporten), Abtei OCist bei Lychen in der Mark Brandenburg (Bez. Neubrandenburg), von Mgf. Albrecht III. 1299 als Grablege für sich und seine Nachfahren gestiftet; letztes Tochterkl. v. Lehnin. Zahlreiche Besitzungen in der Mark Brandenburg und in Mecklenburg sicherten die Einkünfte. Im 14./15. Jh. förderte H. die Ansiedlung von Bauern. Die Äbte wurden im 15. Jh. kfsl. Räte. Im 14./15. Jh. gab es Auseinandersetzungen mit den benachbarten Städten und Rittern der Umgebung. Nach der Säkularisierung durch Kfs. Joachim II. übernahmen 1541 kfsl. Kommissare den Kl.besitz. Von den Kl.gebäuden blieben u. a. Chor und Querschiff der Backsteinbasilika aus dem 14. Jh. erhalten.
K. Spahr

Lit.: LThK² V, 365f. – G. ABB, Das Zisterziensermönchskl. H. (Das Bm. Brandenburg, T. 1, 1929 [GS I, 1]), 323f. – L. H. COTTINEAU, Rép. topo-bibliogr. des abbayes et prieurés, I, 1939, 1418 – J. A. SCHMOLL gen. EISENWERTH, L'église cistercienne de H. (Mél. ST. BERNARD, 1954), 359ff.

Himmelsbrief. Fingierte Briefe, als schriftl. Offenbarung einer Gottheit vom Himmel gefallen oder gesandt, begegnen religionsgeschichtl. schon in den ältesten Schriftkulturen. Judentum, Christentum und Islam berufen sich auf Gesetzesaufzeichnungen Gottes bzw. Allahs (Exodus 31,18; 32,15f.; 34,1; Dtn 4,13; 9,10; vgl. 2 Kor 3,3. Koran Sure 85,22f.; 10,38; 98,3). Im MA bezeichnet H. oder 'Sonntagsbrief' ein in Rom oder Jerusalem gefundenes Schreiben Christi, in dem dieser die Sonntagsheiligung sowie andere Gebote einzuhalten fordert und Sündern mit vernichtenden Strafen droht. In der ältesten erhaltenen Q., einem Brief des Bf. Licinianus v. Cartagena (letztes Viertel 6. Jh.), wird der H. als unecht und – wegen des strengen Arbeitsverbotes an Sonntagen – judaisierend abgelehnt. Trotz kirchl. Verurteilungen war der H., wohl von einem lat. Archetyp ausgehend, in vier lat. Redaktionen und in Prosa- und Versfassungen in allen europ. Volkssprachen weit verbreitet. Die oriental. Versionen umfassen einen sog. ersten Brief in den Rezensionen der gr. Redaktion sowie einen zweiten in der syr., häufiger überlieferten Redaktion. H. e sind in ma. Predigten, eschatol. Slg.en, Chroniken oder als eigenständige

Gedichte erhalten. Wohl unter dem Einfluß des christl. H.s verfaßte →Abraham ben Meir Ibn Ezra 1158 einen hebr. Sabbatsbrief. H. e ohne das Thema der Sonntagsheiligung erscheinen als Motive in weltl. und geistl. Lit.; polit. und reformator. Streitschriften können ihre Form annehmen. Im Volksglauben (bis in das 20. Jh.) sind H.e auch Schutzbriefe. S. Schmolinsky

Lit.: DACL III, 1534–1546 – EM II, 784–789 – HWDA IV, 21–27 – RGG III, 338–339 – TRE XV, 344–346 – Verf.-Lex.² IV, 28–33 – M. BITTNER, Der vom Himmel gefallene Brief Christi in seinen morgenländ. Versionen und Rezensionen, DÖAW, Phil.-hist. Kl. 51, 1906, 1–240 – R. PRIEBSCH, Letter from Heaven on the Observance of the Lord's Day, 1936 – L.-K. JOST, Wulfstanstud., 1950, 221–236 – W. R. JONES, The Heavenly Letter in Medieval England, Mediaevalia et Humanistica, NS 6, 1975, 163–178.

Himmel und Hölle, frühmhd. kunstvolles Prosastück vom Anfang des 12. Jh., das im Überlieferungsverbund mit →»Bamberger Glauben und Beichte« erhalten ist und wohl vom gleichen Verf. stammt. Ob dieser Heimo v. Hirsau war (so SCHRÖBLER) und der Text damit in den Rahmen der Hirsauischen Reformbewegung gehört, bleibt unsicher. Die Beschreibungen des 'himelrîche', einer glanzvollen Stadt mit geistl. Bedeutung, und des 'hellerîche', eines finsteren Todesortes, machen die beiden Teile aus, die aber syntakt. unterschiedl. gestaltet sind: Hauptsatzreihung mit anaphor. Einleitungen im Himmelsteil, kaum satzmäßig abgesetzte Nominalketten im Höllenteil. Gegenüber dem ruhig gegliederten Himmelsbild erscheinen die prägnanten, z. T. einmaligen Substantivballungen der Höllenschilderung bedrängend. Durch die Verteilung von Tugenden und Sünden auf die beiden Bereiche wird die Verbindung zum Credo und zur Beichte geschlagen, indem die alternative Aussicht ins Jenseits aus der Lebensführung resultiert. Ob der Text eine Predigt darstellt, ob er in der Liturgie oder nur in frommer Gebetsgemeinschaft Verwendung fand, ist verschieden beurteilt worden. U. Schulze

Ed.: Denkmäler dt. Prosa des 11. und 12. Jh., ed. F. WILHELM, 1914 [Neudr. 1960], Nr. VIII – Lit.: Verf.-Lex.² IV, 21–24 [D. R. McLINTOCK; Lit.] – DE BOOR-NEWALD I, 1979⁹, 149f. – I. SCHRÖBLER, Zu H. und H. (Fschr. G. BAESECKE, 1941), 138–152 – D. R. McLINTOCK, H. und H. Bemerkungen zum Wortschatz (Stud. zur frühmhd. Lit., hg. L. P. JOHNSSON u. a., 1974), 83–102.

Himmerod, Abtei OCist (Rheinland-Pfalz, Krs. Bernkastel-Wittlich), alte Erzdiöz. Trier, Filiation von →Clairvaux. Die 1134 vom hl. →Bernhard auf Bitten des Ebf.s →Albero v. Trier entsandten Mönche, unter denen sich der sel. David (†1179) befand, ließen sich nach zweimaligem Ortswechsel 1138 im Salmtal nieder, wo das Kl., bes. durch den Weinbau, schnell an Bedeutung gewann. Die Kl.kirche wurde 1178 geweiht, 1189 erfolgte die Besiedlung →Heisterbachs als einziger Gründung. →Caesarius v. Heisterbach berichtet ausführl. über H. Mehrere Frauenkl. wurden der Aufsicht des H.er Abtes unterstellt. Wirtschaftl. Niedergang und Rückgang der Kl.zucht folgten am Ende des 13. Jh. und hielten bis zur Reform um 1450 an. Bedeutend waren Skriptorium und Bibliothek, die 1453 angebl. ca. 2000 Bde besaß, von denen heute noch 145 verstreut überliefert sind. J. Simon

Lit.: LThK² V, 366 – C. WILKES, Die Zisterzienserabtei H. im 12. und 13. Jh., 1924 – L. H. COTTINEAU, Rép. topo-bibliogr. des abbayes et prieurés I, 1935, 1420 – A. SCHNEIDER, Die Cistercienserabtei H. im SpätMA, 1954 – DERS., Vita b. Davidis monachi Hemmenrodensis, AnalCist 11, 1955, 27–44 – A. THIELE, Echternach und H., 1964 – A. SCHNEIDER, Skriptorium und Bibl. der Abtei H., 1974.

Himmlische Jerusalem, das, mhd. Gedicht in 470 – z. T. unreinen – Reimpaarversen, um 1140 im obdt. Raum entstanden, in der Vorauer Hs. vollständig und der Millstätter Hs. fragmentar. überliefert. Es bringt die allegor. Ausdeutung der Himmelsstadt auf Grund von Offb 21, umrahmt von Prolog und Epilog. Anrufung Gottes, Bestimmung des Gegenstandes, Berufung auf die Johannes-Vision leiten den Hauptteil ein, in dem die Zwölf Tore Jerusalems nach den verschiedenen Himmelsrichtungen auf die Lebensalter und die Beziehung des Menschen zu Gott ausgelegt werden. Die Edelsteinallegorese stellt die Verbindung zw. den ma. litholog. geläufigen Qualitäten und ihrer spirituellen Deutung auf christl. Tugenden her. In Abwehr weltl. Gedichte rechtfertigt der Epilog die geistl. Dichtung und verheißt das ewige Leben in der himml. Stadt denen, die sich für den rechten Weg auf Erden entscheiden.

Den Traditionszusammenhang für die Edelsteinallegorese bilden Bedas Steintraktate, die auch in dichter. Umsetzung rezipiert wurden. Als Quelle wurde Ps.-Hugo v. Fouilloy, speziell in der erweiterten Form eines Berner Traktats des 11./12. Jh. ermittelt (CH. MEIER), der predigtmäßig, d. h. hörerbezogen, umgestaltet wurde. Das Interesse an dem Thema ist für den deutschsprachigen Verfasser mit anderen Dichtungen vom Weltende bzw. von den jenseitigen Reichen zusammenzusehen (→»Himmel und Hölle«, »Vom→Himelrîche«). U. Schulze

Ed.: Faks. der Vorauer Hs., ed. K. K. POLHEIM, II, 1958 – Faks. der Millstätter Hs., ed. A. KRACHER, 1967 – Die religiösen Deutungen des 11. und 12. Jh., II, ed. F. MAURER, 1965, 143–152 – Kleinere dt. Gedichte des 11. und 12. Jh., ed. A. WAAG-W. SCHRÖDER, I, 1972, 92–111 – Lit.: Verf.-Lex.² IV, 36–41 [CH. MEIER; Lit.] – F. OHLY, Zum Text des H.J., ZDA 86, 1955/56, 79f. – DERS., Zum H.J., ZDA 90, 1960, 36–40 – H. FREYTAG, Die Beziehungen der Himmelsrichtungen im H.J., PBB (Tübingen) 93, 1971, 139–150 – H.-F. RESKE, Jerusalem caelestis – Bildformeln und Gestaltungsmuster, 1973, 89–154 [Lit.] – CH. MEIER, Zur Quellenfrage des H.J. Ein neuer Fund, ZDA 104, 1975, 204–243 – DIES., Gemma spiritualis, I, 1977 – W. HAUG, Gebet und Hieroglyphe, ZDA 106, 1977, 163–183 – DE BOOR-NEWALD, I, 1979⁹, 191f.

Himmlisches Jerusalem, nach Offb 21,2 »die heilige Stadt, das neue Jerusalem«, das Paradies, ist ein enorm wichtiger und komplexer Begriff für die Ikonographie des MA, weil nahezu alle chr. Kunst auf das H.J. verweist. Einflußgebend für die bildl. Fixierung war insbes. die Schilderung in Offb 21,10 bis 22,5, die teilweise auf atl. Beschreibungen zurückgreift: gold- und edelsteinleuchtend, mit 12 Toren der 12 Stämme Israels, auf dem Fundament der 12 Apostel; im Zentrum Christus oder das Lamm Gottes, zuweilen ergänzt durch verschiedene Paradiesmotive (Lebensbrunnen, Paradiesflüsse usw.). Erste Darstellung auf frühchr. Mosaiken (Rom, S. Pudenziana, 402/417), dann in der ma. Buch- und Wandmalerei (Bamberger Apokalypse, um 1020; St-Chef, dép. Isère, Emporenkapelle, 2. Hälfte 11. Jh.; Braunschweig, Vierungsgewölbe des Doms, um 1270), auf Wirkteppichen (Apokalypse v. Angers, 1377/78) und z. B. auch in Flügelretabeln (Jan van Eyck, Genter Altar, Innenseite, 1432). Die Gleichsetzung des H.J. mit dem Kirchengebäude ist seit frühchr. Zeit belegt und bes. verbreitet in der Gotik. Dies gilt für den Innenraum, für Teile des Außenbaus (Chor, Portal) und bisweilen für die Ausstattung, wie etwa Fensterrosen (Chartres, um 1220), Reliquienschreine, architekton. eingefaßte got. Monstranzen, die sog. »Radleuchter« (Hildesheimer Dom, Aachener Münster, Abteikirche zu Komburg) usw. Die Bedeutung »H.J.« kann, nach Augustinus civ. Dei II, 19, Hrabanus Maurus u. a., auch auf die gesamte Stadt übertragen werden; vgl. dazu die toskan. und oberit. Stadtbaukunst des Trecento.

M. Grams-Thieme

Lit.: LCI II, 394–399 – J. SAUER, Symbolik des Kirchengebäudes und

Hinkmar. 1. H., Bf. v. →Laon 858-871, * ca. 835/838, † 879; erzogen am Hofe seines Onkels →Hinkmar v. Reims und von ihm gefördert. 868 kam es zum Konflikt mit Karl d. Kahlen um Laoner Kirchengut. In dieser Auseinandersetzung vertrat H. als erster in größerem Umfang Rechtssätze →Pseudo-Isidors, mit dessen Werkstatt er wohl in Verbindung stand. So geriet er in scharfen Gegensatz zu Hinkmar v. Reims. Er appellierte mehrmals an Papst →Hadrian II. und forderte eine Reise nach Rom. Den Diözesanklerus belehrte er über seine bfl. Vollgewalt und verhängte für den Fall seiner Verhaftung durch den Kg. das →Interdikt über die Diöz. (April 869). Dieses trat in Kraft, als man ihn tatsächl. festnahm, doch hob Hinkmar v. Reims es wieder auf. Aus der Haft entlassen, stellte H. ein Werk aus den pseudoisidor. Dekretalen zusammen (Juni/Juli 869). Diese Schrift legte er seinem Onkel auf dem Konzil v. Attigny (Juni 870) vor, nachdem er ihm zuvor bereits den »Pittaciolus«, ebenfalls eine Slg. pseudoisidor. Inhalts, hatte übergeben müssen. Als er in Verdacht geriet, mit dem aufständ. Kg.sohn →Karlmann zu paktieren, wurde er am 14. Aug. 871 auf der Synode v. Douzy abgesetzt. Papst Johannes VIII. erlaubte 876 die Wahl eines Nachfolgers. 878 wurde H. teilweise rehabilitiert.

R. Große

Lit.: WATTENBACH-LEVISON-LÖWE, 539f. – H. FUHRMANN, Einfluß und Verbreitung der pseudoisidor. Fälschungen, I, 1972, 219-224; III, 1974, 625-756–J. DEVISSE, Hincmar, archevêque de Reims 845-882, II, 1976, 728-785 – P. R. McKEON, H. of Laon and Carolingian Politics, 1978 – H. FUHRMANN, Fälscher unter sich: Zum Streit zw. Hinkmar v. Reims und H. v. Laon (Charles the Bald: Court and Kingdom, hg. M. GIBSON–J. NELSON, 1981), 237-254 – W. HARTMANN, Die Synoden der Karolingerzeit im Frankenreich und in Italien, 1989, 321-327.

2. H., Ebf. v. →Reims seit April 845, † 21. oder 23. Dez. 882 in Épernay, ◻ Reims, St-Remi. [1] *Leben*: Als frk. Adliger in St-Denis erzogen, gelangte H. durch seinen Abt →Hilduin schon unter →Ludwig d. Frommen an den Ks.hof und schloß sich nach dessen Tod →Karl d. Kahlen an, der ihn zum Nachfolger des 835 abgesetzten und 840/841 zeitweilig restituierten Ebf.s →Ebo machte. In Reims stand H. zunächst vor der Aufgabe, die während der Vakanz eingetretenen Verluste an Kirchengut auszugleichen und seine Autorität auch bei dem von Ebo geweihten Klerus durchzusetzen; er trat seit 852 mehrfach als Diözesangesetzgeber auf (→»Capitula episcoporum«) und widmete sich energ. der Leitung seiner Kirchenprovinz. Auf den Synoden der westfrk. Episkopats gewann er bald eine führende Stellung, die sich erstmals im Prädestinationsstreit gegen →Gottschalk v. Orbais zeigte und 858 auch polit. ins Gewicht fiel, als es ihm gelang, seine Mitbrüder im Widerstand gegen den Einfall des ostfrk. Kg.s →Ludwig d. Deutschen zu einen. Seit 860 verfocht er dann in der Eheaffäre →Lothars II. den Standpunkt des kanon. Rechts ebenso wie das polit. Interesse des Westreiches und bewirkte, daß die dynast. Konsolidierung Lotharingiens am Verdikt Papst →Nikolaus' I. scheiterte. Keine päpstl. Billigung fanden jedoch sein Einschreiten gegen den Suffragan →Rothad v. Soissons (862), der als erster die wohl in Kreisen von H.s Gegnern entstandenen →Pseudoisidor. Fälschungen nach Rom gebracht zu haben scheint, sowie seine Ablehnung einer neuen Verhandlung über Ebos Kleriker, die H. 866 zum Einlenken nötigten (Wulfad v. Bourges). Einen grundsätzl. Streit um die Befugnisse der Metropoliten und die Geltung pseudoisidor. Rechts trug er seit 868 mit seinem Neffen →Hinkmar v. Laon aus. 869 unterstützte er Karl d. Kahlen beim Versuch der Annexion des Mittelreiches, doch lehnte er dessen Ks.politik und Italienzüge (875/877) scharf ab und widersetzte sich 876 auch der Schaffung eines päpstl. Vikariats für Gallien und Germanien (→Ansegis v. Sens). Nach Karls Tod (877) wurde H. vollends zum Hüter des Westfrankenreiches, sicherte durch seine Krönung die Nachfolge →Ludwigs II. d. Stammlers und trat 879 nachdrückl. für das Thronrecht von dessen Söhnen →Ludwig III. und →Karlmann ein, die einer inzwischen annullierten Ehe entstammten. Bis zuletzt in seinem metropolitanen Selbstbewußtsein ungebeugt (Streit um die Bf.swahl in →Beauvais 881/882), starb er auf der Flucht vor den Normannen.

[2] *Werke*: H.s kirchenpolit. Tätigkeit war eng verknüpft mit regem literar. Schaffen, bei dem er meist aus aktuellem Anlaß die Fülle seiner patrist. und kanonist. Belesenheit ausbreitete, aber nur in einigen Fällen längerfristige Wirkung entfaltete. Neben theol. Lehrschriften wie »De praedestinatione dei et libero arbitrio« und »De una et non trina deitate« (beide gegen Gottschalk v. Orbais) sind v. a. materialreiche Rechtsgutachten kennzeichnend, u. a. die »Collectio de ecclesiis et capellis« (zum →Eigenkirchenwesen), »De divortio Lotharii regis et Theutbergae reginae«, die sog. »Quaternionen« von 868 (zum Kirchengut), das »Opusculum LV capitulorum« (gegen Hinkmar v. Laon), »De iure metropolitanorum«. Dazu kommen eine umfangreiche, nur zum geringeren Teil erhaltene Korrespondenz sowie H.s maßgebl. Mitwirkung an vielen Synodalschreiben und an der Formulierung des ältesten bekannten →Ordines für die Kg.skrönung. Einen weiteren Schwerpunkt bilden paränet.-zeitkrit. Werke, die wiederholt die kgl. Amtsführung und die →Zweigewaltenlehre betreffen (»De regis persona et regio ministerio«, »De fide Carolo servanda«, »De ordine palatii«), aber auch Postulate der allg. Moral erheben (»De cavendis vitiis et virtutibus exercendis«). Als Zeithistoriker durchaus subjektiven Zuschnitts betätigte sich H. bei der Fortsetzung der »Annales Bertiniani« von 861 bis 882, und auch seine hagiograph. Arbeiten, die »Vita Remigii« und die »Visio Bernoldi«, standen sichtl. im Dienst unmittelbarer Ziele der Reimser Kirche und ihres Oberhirten. Eher schulmäßig wirken die wenigen überlieferten Gedichte. Der Ausbau von Bibliothek und Skriptorium in Reims, der mit H.s vielfältigem Œuvre einherging, erlaubt streckenweise die Rekonstruktion seiner Arbeitsweise an Hand erhaltener Codices.

R. Schieffer

Lit.: H. SCHRÖRS, H., Ebf. v. Reims, 1884 [mit der Zitierliste »Registrum Hincmari«] – WATTENBACH-LEVISON-LÖWE, 516-525 – J. DEVISSE, H., archevêque de Reims 845-882, I-III, 1975/76 – Repfont V, 498-508 [Ed. und Lit.] – TRE XV, 355-360 [Ed. und Lit.]; seither: M. MEYER-GEBEL, Zur annalist. Arbeitsweise H.s v. Reims, Francia 15, 1987, 75-108 – H. v. Reims, De divortio Lotharii, hg. L. BÖHRINGER, (MGH Conc. 4, Suppl. 1) [im Dr.] – H. v. Reims, Collectio de ecclesiis et capellis, hg. M. STRATMANN (MGH Fontes iur. Germ. in us. schol. 14, 1990) – DIES., H. v. Reims als Verwalter von Bm. und Kirchenprovinz [im Dr.].

Hinojosa (Finojosa), kast. Adelsfamilie, nannte sich nach H. del Campo (Prov. Soria), ist seit Mitte des 12. Jh. nachweisbar (Übertragung des →Señorío v. Deza durch Kg. Alfons VIII. v. Kastilien-Léon an seinen Gefolgsmann Miguel Muñoz de H.; dort durch ihn Gründung der Zisterze Cántavos, der späteren Abtei Sta. María de →Huerta). Die Zweige des Geschlechts knüpften Beziehungen zu bedeutenden Familien (v. a. →Haro, Álvarez de Asturias) und erwarben im 13 Jh. Besitzungen im Umkreis der eroberten Stadt →Jerez de la Frontera (Torre de H.). Infolge der Auseinandersetzungen zw. Alfons X. und Sancho IV. verlor eine Linie ihre kast. Besitzungen, so daß einige Mitglieder der Familie nicht mehr zu den →*Ricos Hombres*, sondern nurmehr zu den *Caballeros* gezählt wurden. Die im Laufe des 14. Jh. aus dem Kreis der großen Adelsgeschlechter ausgeschiedene Familie ist im 15. Jh. noch im Stadtpatriziat v. Jerez zu fassen. Bedeutende Mitglieder waren: Martín de H., Abt v. Sta. María de Huerta und Bf. v. →Sigüenza; Nuño Sánchez, →*Alférez mayor* Alfons VIII.; Ebf. Rodrigo →Jiménez de Rada v. Toledo (über seine Mutter Eva); Gonzalo de H., Bf. v. →Burgos. L. Vones

Lit.: H. SANCHO DE SOPRANIS, Hist. social de Jerez de la Frontera al finde la Edad Media, 3 Bde, 1959 – S. DE MOXO, De la nobleza vieja a la nobleza nueva, Cuadernos de Hist. 3, 1969, 130-133 [Stammtafel] – J. PÉREZ-EMBID WAMBA, El Cister en Castilla y León, 1986, 272 f., 340-342.

Hinrichtung → Strafe

Hinterflüge → Harnischschulter

Hintersteg → Sattel

Hinterzeug, hinter dem Sattel angehängter Teil des Pferdegeschirrs, entweder aus einem gegabelten Schweifriemen mit Schlaufe bestehend oder aus einem Schweifriemen und einem sog. Umgang, welche untereinander mittels Hängeriemen verbunden sind. Im Früh- und HochMA kam man häufig ohne das H. aus. Bedeutung erlangte das H. erst mit der Entwicklung prunkvoller Reitzeuge vom 14. Jh. an. Spätgot. →Roßharnische hatten oft ein ähnl., jedoch beschupptes H. O. Gamber

Hiob → Iob

Hippodrom → Konstantinopel

Hippokrates

I. Antike Voraussetzungen – II. Rezeption im abendländischen MA.

I. ANTIKE VORAUSSETZUNGEN: H. ist eine schwer faßbare Persönlichkeit von vielfach rätselhafter Wirkungsgesch., tätig um 440/410, der Ärzteschule v. Kos zugehörig, bereits seit dem 4. Jh. v. Chr. Symbolfigur des Arzttums (Arist., Politik 7, 1326a14–16). H.-Glossen sowie -Komm. sind seit dem 3. Jh. v. Chr. bezeugt, zunächst in Kos, dann in der Schule v. Alexandria, wo die ersten Gesamt-Komm. entstehen (Zeuxis, Herakleides), denen die erste Gesamt-Ausgabe der hippokrat. Schriften von Dioskurides d. J. und Artemidor Kapiton (frühes 2. Jh. n. Chr.) zugrunde liegt. Dieses in Alexandria seit dem 3. Jh. v. Chr. zusammengetragene sog. 'Corpus hippocraticum' ('C. h.') umfaßt mindestens 60 Texte unterschiedl. Herkunft und verschiedenen Alters (6. Jh. v. Chr. bis 1./2. Jh. n. Chr.). H.' Verfasserschaft der 410 anzusetzenden älteren koischen Texte (Progn., Epidem. I und III) hat sich bisher nicht zwingend nachweisen lassen. Mit gleicher oder größerer Wahrscheinlichkeit am 'C. h.' beteiligte Autoren sind Polybos (De nat. hom.), Thessalos und weitere koische Ärzte des 5./4. Jh. v. Chr. – Ps. epigrapha wurden (über das 'C. h.' hinaus) dem »göttlichen« H. schon im Hellenismus untergeschoben; textkrit. sowie exeget. Bemühungen um das Schriftgut führten seit dem 1. nachchr. Jh. zu H.-Glossaren (Erotian, Ps.-Galen); doxograph. Zusammenfassungen setzten seit dem Frühhellenismus ein, Werkverzeichnisse sind erst seit späterer Zeit bezeugt und begleiten die im Hellenismus aufkommende Echtheitskritik. Daneben entstanden prosopograph. Schriften (Genealogien, Chronographien, Viten) und der aus Wandermotiven, Novellen u. a. zusammengestückte H.-Briefroman.

Trotz vereinzelter H.-Kritik ist H. seit dem 1. nachchr. Jh. allgemein anerkannte Berufungsinstanz (Athenaios v. Attaleia). Lehrcorpora hippokrat. Schriften lassen sich seit späthellenist.-frühbyz. Zeit nachweisen; →Galen, der in der Tradition hellenist. H.-Exegese steht, hat mit seinen H.-Komm. und seiner doxograph. H.-Rezeption entscheidend das H. bild und die H. tradierung der Spätantike, der Byzantiner sowie des islam. Kulturkreises bestimmt. Letzterer hat die abendländ. H.-Rezeption in maßgebender Weise beeinflußt.

II. REZEPTION IM ABENDLÄNDISCHEN MA: 1. Das 'Corpus hippocraticum': Das abendländ. MA hat – im Gegensatz zu den byz. und arab. Ärzten – niemals über das gesamte hippokrat. Schriftencorpus verfügt. Für vorsalernitan. Zeit lassen sich vier aus dem (spätantik-) frühma. Unterricht hervorgegangene Textgruppen nachweisen, in zwei Fällen schon von →Cassiodor bezeugt (Hippocrates atque Galienus latina lingua conversi, Hippocratis De herbis et cibis), mit mutationsreicher Textgesch., De septimanis, De aëre, Prognostikon, De nat. hom. [fragm.], De victu I-II, Aphor. I mit byz.-ravennat. Komm.; De morb. mul. [De conceptu] in zwei Bearb. sowie im 'Kleopatra'-Kompendium. – Durch Salerner Übers. aus dem Arab. (→Articella) und durch die toletan. Galen-Rezeption wird der Textbestand reicher, wobei in den beiden arabist. Rezeptionswellen die indirekte Transmission (Galen-Komm.) überwiegt und Mehrfachübers. gang und gäbe ist. Am wirkungsmächtigsten waren Afforismi hypocratis cum commento Galieni; Liber pronosticorum hypocratis in duplici traduccione cum commento; libri tres de regimine acutorum [= De ratione victus in acutis] cum duplici traduccione et commento; bedeutend waren daneben das 6. 'Epidemien'-Buch (übertragen durch →Simon v. Genua), die Deaëre-Übers. Isaaks (→Marcus) v. Toledo und Einzelzitate. Die Übertragungen einer dritten Rezeptionswelle (aus dem Griech.) im 13.–14. Jh. (→Burgundio v. Pisa, →Bartholomaeus v. Messina, →Arnald v. Villanova, Niccolò da Reggio), konnten sich – von Ausnahmen abgesehen (Taddeo →Alderotti) – an den Univ. gegen die kurrikular fest verankerte Konkurrenz des älteren Rezeptionsguts nicht durchsetzen. Prosopograph. waren genealog. Abrisse und H.-Viten in vorsalernitan. Zeit verfügbar; der 'hippokrat. Eid' wurde im 8./9. Jh. über mehrere deontolog. Kurztexte rekonstruiert. – 2. Unter den *Pseudohippokratika* am einflußreichsten waren die →Capsula eburnea und der Aderlaßtraktat Phlebotomia mit verzweigter landessprachiger (u. a. me.) Wirkungsgesch.; weitere frühma. Ps. epigrapha sind u. a. Zwölfmonatsregeln, Epistula de sanguine cognoscendo (→Blutschau), Branntweintraktate. In den *Landessprachen* zeigt sich ein ähnliches, vom lat. Fachschrifttum geprägtes Bild mit Betonung des Praxisbezugs (→Ortolf v. Baierland; →Diagnostik). Zahlreich sind die ps. epigraph. Zuschreibungen ('Arzenîbuoch Ipocratis', 11. Jh. [→Arzneibuch], →Bartholomäus; Monatsregeln). Obwohl schon Cassidor H. für den Studienplan von Vivarium vorgeschlagen hatte und →Friedrich II. ('Konstitutionen v. Melfi', 1231/41) »die echten Bücher des H. und Galen in ... Kollegien ... zu lehren« anordnete, spielte das nur fragmentar. verfügbare 'C. h.' im *med. Unterricht* des MA eine zu vernachlässigende Rolle. Die durch den autoritativen Stellenwert der Texte mitbedingte und schon antik vorgegebene Wort-für-Wort-Übersetzung hippokrat. Schriften behinderte sogar den Fortschritt einer Medizin, die in ihrer Fachsprache seit Constantinus zukunftsweisende Strukturen entwickelt hatte. – Als Verkörperung des Prinzips einer rational-wiss. Heilkunde wurde H. zur Zielscheibe einer wissenschaftsfeindl. Alternativmedizin (Naturheilkunde-Bewegung des ma. Schlesien, Antihippocrates des Krakauer Mönchsarztes Niklas v. Mumpelier, um 1275). – Im ausgehenden MA nimmt sich der Humanismus auch des 'C.h.' an, was nach 1500 zum Wiedergewinnen eines »hist. H.« und textkrit. Bemühungen um die Schriften führt. Allerdings bleibt das moderne H.bild hellenist. geprägt. G. Keil

Lit.: [allg.]: P. Kibre, H. latinus, 1985 – Bibliogr. des textes médicaux latins. Antiquité et haut MA, hg. G. Sabbah–K.-D. Fischer et al., 1987, 94–107 – Verhandl. des Ve Coll. Internat. Hippocrat., hg. G. Baader–R. Winau, SudArch, Beih. 27, 1990, 355–439 [F. Kudlien, U. Weisser, G. Baader, V. Nutton] – [speziell]: W. Wiedemann, Unters. zu dem frühma. med. Briefbuch des Cod. Brux. 3701-15 [Diss. Berlin 1976], 150f. – G. Strohmaier, Der arab. H., SudArch 64, 1980, 234–249 – G. Keil, H. mit dem Arzneigefäß, Apoth.-J. 5, 1983, 11, 32–36 – O. Riha, Frühma. Monatsdiätetik, Würzburger med.hist. Mitt. 5, 1987, 371–380 – Das Lorscher Arzneibuch, hg. G. Keil, 1989 – [landessprachig]: Verf.-Lex.²I, 505; IV, 415–417; VI, 1128–1133; VII, 73 – G. Keil, Der dt. Branntweintraktat des MA, Centaurus 7, 1961, 61–64 – D. Blanke, Die ps.hippokrat. 'Epistula de sanguine cognoscendo' [Diss. Bonn 1974] – Fschr. W. F. Daems, 1982 [R. Jansen-Sieben; F. Lenhardt] – L. E. Voigts–M. R. McVaugh, A Latintechn. Phlebotomy and its Me. Translation (Transactions Amer. Phil. Soc. 74,2), 1984.

Hippolytus v. Rom, röm. Presbyter und Theologe; im röm. Kalender als Märtyrer verehrt, Fest: 13. Aug.; * vor 170 (Kleinasien?), † 235 im Exil auf Sardinien, wirkte in Rom seit dem ausgehenden 2.Jh. Er kam mit Calixt I. (212–217) in Konflikt (Ref. IX; X) und wurde Bf. einer rigorist. Sondergemeinde (Ref. prol. 6; IX 12,21), 235 nach Sardinien verbannt. H.' Werk ist nur teilweise erhalten und sein genauer Umfang bis heute umstritten. Zu erwähnen sind: Refutatio omnium haeresium, Komm. zum Hld (älteste kirchl. Auslegung), Komm. zum Buch Daniel (die Weltreiche aus Dan 7 werden auf das babylon., pers., mazedon. und röm. Reich gedeutet), Chronik (von der Erschaffung der Welt bis zum Jahr 234), wendet sich wie der Dan.-Komm. gegen eine enthusiast. Naherwartung, Canon Paschalis (Ostertabelle); die für die altkirchl. Gemeindeordnung und Liturgie wichtige Traditio apostolica wird ebenfalls H. zugeschrieben. – Auf den Cathedraseiten einer 1551 in Rom aufgefundenen kopflosen Marmorstatue (Philosophin?) stehen Titel von H.-Schriften. K. S. Frank

Werke: CPG I, 1870–1925 – Altaner-Stuiber, § 45 – Lit.: TRE XV, 381–387 – Ricerche su Ippolito, 1977 – J. Frickel, Das Dunkel um H.v.R., 1988.

Hippo Regius. Der von den Phöniziern im 12. Jh. v. Chr. an der Mündung des Seybouse im heut. Algerien gegr. Ort, im 2. Jh. v. Chr. zweite Residenz der numid. Kg.e (daher Beiname Regius), behielt seine Bedeutung als wichtiger Hafen und Handelsplatz auch in der Kaiserzeit (Ruinen von Theater, Thermen, Forum, Villen mit reicher Mosaikausstattung, chr. Basilika mit Baptisterium, zahlreiche Inschriften). Unter den seit 259 bezeugten Bf.en ragt die →Augustinus hervor, die während der Belagerung von H. durch die →Vandalen 430 starb. 533 von den Byzantinern zurückerobert, wurde H. Mitte des 7. Jh. von den Arabern verwüstet und im MA als Friedhof benutzt. J. Gruber

Lit.: Kl. Pauly II, 1160 – RE VIII, 1721f. – The Princeton Enc. of Classical Sites, hg. R. Stillwell u. a., 1967, 394–396 [Lit.].

Hird (anorw. *hirð*), Kriegergefolgschaft von Kg. und Adel in den nord. Ländern; in den dän. Q. des 11. und 12.Jh. und den norw. des 12. und 13.Jh. Verband mit eigener Aufnahmezeremonie für neue Mitglieder und regelmäßigen Zusammenkünften; obzwar in Schweden nicht belegt, hatten auch dort Kg.e und Adel 'Gefolgschaften' *(mæn)*. Die H., in mehrere Gruppen und Rangklassen gegliedert (Beschreibung in der norw. →Hirðskrá), war Gerichtshof für ihre Mitglieder, später auch kgl. Ratsversammlung.

Ursprgl. eine an die Person des Kg.s gebundene Organisation von Kriegern, herrschte zw. der H. und dem Kg. ein Vertragsverhältnis, das von beiden Parteien aufgekündigt werden konnte. Mit zunehmender Zentralisierung der nord. Reiche entwickelte sich die H. – im 12. Jh. in Dänemark, im 13.Jh. in Norwegen – zur Organisation auch der Reichsaristokratie, deren Mitglieder sich häufig nicht mehr ständig in unmittelbarer Umgebung des Kg.s aufhielten. Die Anbindung an den Kg. galt immer mehr als unauflösbar, und es entstand eine Ideologie, die v. a. die Unterwerfung des Hirdmannes unter den Kg. und seine Dienstpflicht gegenüber dem Kg. betonte. Die H. entwickelte sich so zum organisator. Mittelpunkt einer im Dienste des Kg.s stehenden Reichsaristokratie. Dieser Dienstadel grenzte sich vom Rest der Bevölkerung ab durch militär. und administrativen Kg.sdienst sowie durch Privilegien. Die Mitgliedschaft konnte nunmehr auch erblich werden. Damit wurde die Institution der H. in zunehmendem Maße überflüssig. In Dänemark verlor sie im Laufe des 13. Jh. an Bedeutung, in Norwegen und Schweden seit dem 14. Jh., auch wenn noch im 15. Jh. vereinzelt Hinweise auf eine H. vorhanden sind. S. Bagge

Lit.: KL VI, 1961 – K. E. Löfqvist, Om riddarväsen och frälse i nordisk medeltid, 1935 – O. J. Benedictow, Norge. Den nordiske adel i senmiddelalderen..., 1971 – K. Helle, Norge blir en stat, 1974 – I. Skovgaard-Petersen u. a., Danmarks hist. 1, 1977.

Hirðskrá, schriftl. Aufzeichnung des Rechts *(skrá)* der norw. Kg.sgefolgschaft (→Hird) und der damit verbundenen Dienstpflichten. Die in mehreren Hss. erhaltene Version entstand 1274–77, beruht aber wohl auf älteren Vorlagen aus der Zeit um 1200. Die H. enthält u. a. Bestimmungen über Thronfolge, Kg.shuldigung, Organisation der Hird, Rangstufen innerhalb der Hirdmitglieder etc., betont v. a. Gehorsam und Treue der Gefolgsleute gegenüber dem Kg. und gibt – neben dem norw. 'Kg.sspiegel' (→Fürstenspiegel, B. IV) – die offizielle Ideologie der Gefolgschaftstreue am deutlichsten wieder. S. Bagge

Ed.: Norges gamle Love II, 1848 – H. Das norw. Gefolgschaftsrecht, ed. R. Meissner, 1938 – Lit.: KL VI, 580–582 – →Hird.

Hire, Étienne de Vignolles, La → La Hire

Hireçon, Thierry d' (eigtl.: Thierry Larchier), † 18. Nov. 1328, ◻ Kartause Val-St-Esprit in Gosnay (von ihm gestiftet); stammte aus Hérison (dép. Allier), war Kleriker des Gf.en Robert II. v. Artois (seit 1293), gelegentl. in Diensten Kg. Philipps des Schönen, Vertrauter der Gfn. →Mahaut v. Artois (seit 1302) und eigtl. Regent der Gft. →Artois; am 27. Jan. 1328 zum Bf. v. →Arras erhoben. Th. de H., der dank der Großzügigkeit seiner Gönner großen Pfründen- und Grundbesitz anhäufte, hinterließ ein Archiv (Arch. dép. du Pas-de-Calais, sér. A) von hohem agrargesch. Quellenwert. B. Delmaire

Lit.: J.-M. Richard, Th. d'H., agriculteur artésien, BEC, 1892 – P. Bougard, La fortune et les biens de Th. de Hérisson, ebd., 195 – B. Delmaire, Le dioc. d'Arras du XIe au XIVe s., 1988 [Thèse de doctorat, ungedr.].

Hirmoi, Hirmologion → Liturgische Bücher

Hirn → Seele

Hirnhaube (it. *cervelliera*), vielleicht in Italien entstandene flache Abart der →Haube des 13. und frühen 14. Jh. Sie war oftmals in das →Hersenier eingearbeitet. Bei Söldnern erhielt sich eine aus Eisen getriebene oder lederne, beschuppte H. bis ins 16. Jh.   O. Gamber

Hirsau, Abtei OSB und Zentrum monast. Reform, im nö. Schwarzwald, an der Nagold (Baden-Württ., Lkrs. Calw). Eine erste Gründung mit Reliquien eines hl. Aurelius (cella s. Aurelii) erfolgte als adliges Eigenkl. 830 durch Bf. Noting v. Vercelli und Erlafried (wohl Vorfahren der späteren Gf.en v. →Calw), verfiel aber bis zum Ende des 10. Jh. wieder. Der Reformpapst →Leo IX. aus der Familie der Egisheimer (→Dagsburg) beauftragte auf seiner Deutschlandreise 1049 seinen Neffen, Gf. Adalbert II. v. Calw († 1099), mit der Neuerrichtung des alten Aurelius-Kl. Ab 1059 entstanden Kirche und Kl.gebäude, das Kl. wurde mit Mönchen aus dem gorz. geprägten →Einsiedeln besetzt. Anstelle des bereits 1069 wieder abgesetzten ersten Abtes, Friedrich, wurde der in St. Emmeram zu →Regensburg durch →Otloh geformte →Wilhelm (Abt v. H.: 1069–91) berufen, der den Ausbau H.s zum Reformkl. vorantrieb, zunächst auf der Grundlage der in St. Emmeram dominierenden gorzisch-lothr. Reform (→Gorze). Wilhelms Bestreben war es, für sein dem Hl. Stuhl unterstelltes Kl. die »integra libertas coenobii« zu erreichen. Dieses Ziel konnte er gegen anfängl. Widerstand des Gf.en 1075 mit dem – heute als echt anerkannten – »H.er Formular« durchsetzen. Die Stellung H.s umfaßte – bei Verzicht des Gf.en auf Kl.herrschaft (s. a. →Eigenkirche) – freie Abtswahl und freie Vogtswahl, allerdings mit der bezeichnenden Einschränkung, daß der Vogt (nach den Maßstäben der Idoneität) aus der Stifterfamilie zu wählen war und die →Bannleihe – gleichsam im Sinne überkommener Rechtsvorstellungen der Reichskirche – durch den Kg. zu erfolgen hatte. Als Garant dieser Rechtsordnung fungierte der Papst.

Nachdem bereits 1076 durch den päpstl. Legaten Bernard cluniacensis. Vorstellungen an H. vermittelt worden waren, erschloß Wilhelm sein Kl., namentl. durch seine Beziehungen zu →Ulrich v. Zell, dem Einfluß Clunys (s. a. →Cluny, Cluniazenser, B. III, 2); dies prägte die wohl 1083–88 entstandenen H.er Konstitutionen, die eingehende Weisungen für den streng geregelten Ablauf des monast. Lebens (u. a. »Signa loquendi«), den liturg. Dienst, Ämterwesen und Organisation der Kl.gemeinschaft (unter Einschluß von →Konversen) umfassen.

Wilhelm formte H. zu dem neben →Siegburg und →St. Blasien (→Fruttuaria) bedeutendsten Reformzentrum im dt. Bereich. In einer Zeit großer Konversionsbereitschaft, namentl. des Adels, erreichte die Ausstrahlung H.s mehr als 120 Kl. (JAKOBS). Als wichtige hirsauisch geprägte Reformkl. sind u. a. zu nennen: →Schaffhausen, →St. Georgen (Schwarzwald), →Petershausen (Konstanz), →Corvey und →Pegau, →Berge (Magdeburg), Prüfening (→Regensburg), Michelsberg (→Bamberg), →Admont. Einen Kl. verband hat H. – im Gegensatz zu Cluny – nicht geschaffen. Der Zusammenhalt war in gemeinsamen Idealen und im Totengedenken begründet. Die einzelnen, kraft 'traditio Romana' dem päpstl. Stuhl unterstellten Kl. verbleiben gleichwohl im Einflußbereich weltl. Dynasten, da die meisten Stifterfamilien – entgegen der ursprgl. Intention – fakt. ihre erbl. Vogteirechte wahrten und diese zum Auf- und Ausbau ihrer landesherrl. Gewalt nutzten. Die (in den ursprgl. Konstitutionen intendierte) stärkere Eigenständigkeit gegenüber der bfl. Gewalt (»Selbstinvestitur« des Abtes) wurde wieder zurückgedrängt; →Exemtion genossen die H.er Kl. nicht.

Während des →Investiturstreits fest im Lager der Gregorianer verwurzelt (1075 Begegnung Wilhelms mit →Gregor VII.), unterstützten die H.er, nicht zuletzt durch ihre Predigt, das Reformpapsttum gegen die Anhänger des Ksm.s. Das noch unter Wilhelm aus der Talaue am rechten Nagoldufer auf eine Anhöhe der linken Flußseite verlegte Kl. gewann durch den Neubau der Kl.gebäude und der Kirche St. Peter und Paul (1082–91) auch baugesch. vorbildhafte Geltung (→Hirsauer Bauschule). Das bedeutende Skriptorium (→Buchmalerei, A. XI) und die Entstehung von lat., vielleicht auch dt. geistl. Lit. im Umkreis der H.er Reform weisen auf die wichtige Rolle H.s im 11./12. Jh. hin.

Allmähl. Bedeutungsverlust setzte im 12., v. a. aber seit der Mitte des 13. Jh. ein. Reformbestrebungen unter Abt Friedrich II. (1403–28) und seinen Nachfolgern, durch die H. zunächst der →Melker Reform, dann jedoch der →Bursfelder Kongregation (1458) angeschlossen wurde, führten zu einer Nachblüte (Bautätigkeit, hist. Werke des →Johannes Trithemius). Ständ. gesehen, traten seit ca. 1450 anstelle von Söhnen niederadliger Familien stärker der württ. Ehrbarkeit entstammende Mönche hervor. 1534–35 erfolgte die Auflösung durch Hzg. Ulrich.
    U. Nothhelfer

Lit.: LThK² V, 381 f. – TRE XV, 388–390 – H. JAKOBS, Die H.er, 1961 [grundlegend] – K. SCHREINER, Sozial- und standesgesch. Unters. zu den Benediktinerkonventen im ö. Schwarzwald, 1964 – H. BÜTTNER, Abt Wilhelm und die Entwicklung der Rechtsstellung der Reformkl. im 11. Jh., Zs. für württ. Landesgesch. 25, 1966, 321–333 – W. IRTENKAUF, H. Gesch., Kultur, 1966² – K. U. JÄSCHKE, Zur Eigenständigkeit der Junggorzer Reformbewegung, ZKG 81, 1970, 17–43 – R. KOTTJE, Kl.bibliotheken und monast. Kultur der 2. Hälfte des 11. Jh., ebd., 145–162 – J. WOLLASCH, Mönchtum des MA zw. Kirche und Welt, 1973 – K. SCHREINER, H. (Germania Benedictina V, 1975), 281–303 – P. BECKER, Die hirsauische Erneuerung des St. Eucharius kl. in Trier (Fschr. K. HALLINGER, 1983), 185–306 – K. SCHREINER, H., Urban II. und Johannes Trithemius, DA 43, 1987, 469–530 – DERS., Consanguinitas, 1989, 175–305.

Hirsauer Bauschule, seit dem späten 19. Jh. und bes. 1937–50 definierte baul. Eigenart der von der Hirsauer Reform erfaßten Kl. Die Kirchenbauten der von Hirsau aus reformierten Kl. bilden innerhalb der roman. Architektur eine bes. Gruppe, die sich an die Peter-und-Paul-Kirche in Hirsau (1082–91) anschließt und eine den bes. liturg. Bedürfnissen des Reformordens entsprechende Raumordnung von Cluny übernimmt: Dreizellenchor, w. Vorkirche mit Türmen, Abtrennung der Vierung als chorus maior und das 1. Langhaus als chorus minor, Verzicht auf die Krypta. Die Merkmale der oberrhein. geprägten Hirsauer Kirche (Säulenbasilika mit steilen Raumverhältnissen, Osttürmen, flachem Chorschluß, Flachdecke) lassen sich auch in Tochtergründungen nachweisen, wurden aber örtl. abgewandelt.   G. Binding

Lit.: M. EIMER, Über die sog. H.B., Bll. für württ. Kirchengesch. NF 41, 1937, 1–56 – W. HOFFMANN, Hirsau und die »H.B.«, 1950 – R. STROBEL, Die Hirsauer Reform und das Würfelkapitell mit Ecknasen, Zs. für württ. Landesgesch. 30, 1971/72, 21–116 – P. F. LIEFEN, Die Ordensreform der Hirsauer und die Auswirkungen auf die Kl. architektur [Diss. Aachen 1981] – G. BINDING–M. UNTERMANN, Kleine Kunstgesch. der ma. Ordensbaukunst in Dtl., 1985, 113–132.

Hirsch → Rotwild

Hirse → Getreide

Hirt. Die Arbeit selbständiger H.en (Bauern, sogar Adlige) mit eigenem Vieh war angesehen. H.enbauern wirkten im Gebiet der alpinen H.enkultur in polit. Zusammenschlüssen staatsbildend. Aus der Wanderung von H.ennomaden (→Transhumanz) ergaben sich rechtl. Fragen von Gericht, Steuer- und Wirtschaftsprivilegien, Nutzung unbestellter Ländereien, des freien Durchzuges usw. Eine einheitl. Regelung, wie sie Alfons X. 1273 in León und Kastilien, dann für die übrige Iber. Halbinsel erließ (→Mesta), fehlt für die dt. Gebiete.

Die Arbeit unselbständiger H.en (Berufshierarchie abgestuft) beruht bis ins hohe MA auf Eigentum, Leihe oder Miete. H.en waren oft von Ding-, Heer-, Jagd- und Abgabepflichten befreit. Alam. und langob. Volksrechte und ländl. Rechtsquellen gewährten ihnen bes. strafrechtl. Schutz. Landesherrl. Privilegien schützten sie vor Nachteilen der →Unehrlichkeit. H.en schlossen sich auf der Iber. Halbinsel seit dem 14., im dt. Sprachbereich seit dem 15. Jh. in →Bruderschaften und →Zünften zusammen. Vgl. auch→Schäfer, →Viehhaltung, →Weide.   L. Carlen

Lit.: P. ARBOS, La vie pastorale dans les Alpes françaises, 1922 – W. JACOBEIT, Schafhaltung und Schäfer in Zentraleuropa, 1961 – R. WILDHABER, H.enkulturen in Europa, 1966 – L. CARLEN, Der H.eneid, ÖZVK 1969, 26–34 – L. FÖLDES, Viehwirtschaft und H.enkultur, 1969 – L. CARLEN, Das Recht der H.en, 1970 – R. G. SCHÖLLER, Der gemeine H.e, 1973 – L. CARLEN, Les Communautés des pasteurs en Allemagne, Autriche et Suisse, RecJean Bodin XLIV, 1987, 113–127.

Hirtendarstellungen → Bukolik; →Kindheitsgeschichte Jesu; →Guter Hirt

Hirtendichtung (Schäfer-, Pastoraldichtung) beschreibt das bedürfnislose Dasein friedvoller Hirten und Schäfer in einem→locus amoenus. Die auftretenden Personen bedienen sich der Alltagssprache, in Vers oder Prosa, oftmals mit lyr. Einlagen. Beinhaltet ist die Idee eines goldenen Zeitalters, das fern jeder zeitl. oder örtl. Einengung durch Stadtleben oder Gesellschaftszwänge auf dem Lande wiederzuerstehen vermag. Die H. hat seit der Antike vielfältige Bearbeitungen (→Ekloge, Idylle, →Pastourelle, Schäferroman) erfahren, so daß Gattungsbegrenzungen schwerfallen. – In der griech. Lit. begründet Theokrit die Gattung (→Bukolik, A.I). Das problemat. Verhältnis der H. zur Wirklichkeit verdeutlicht in der röm. Lit. Vergil, der die meisten seiner »Eklogen« trotz Einbindung in ein ideallandschaftl. Arkadien offenhält für Bezüge zu zeitgenöss. Ereignissen.

Mit dem gleichen Ziel, zeitgesch. Anspielungen zu verschlüsseln, wird die lat. Ekloge u. a. von →Dante, →Petrarca und→Boccaccio, dann auch von→Joh. Gerson wieder gepflegt (→Bukolik, A.III).   H. Klüppelholz

In den *roman.* Sprachen tritt die H. im 13.Jh. zuerst in Frankreich auf. Neben der afrz. lyr. →Pastourelle (Dialog zw. Ritter und Hirtin) finden sich rein pastorale Gedichte, d. h. ohne höf. Partner, in idyll. wie in iron.-rustikaler Ausprägung. Erste dramat. Pastorale ist das Singspiel »Jeu de Robin et Marion« von →Adam de la Halle. Im 14. Jh. wird im »Dit de Franc Gontier« von →Philippe de Vitry erstmals das Lob der glückl. Arbeit auf dem Lande gesungen, ein Gegensatz zum Leben am Hof. Noch bis weit in die NZ hinein bedient sich die Hofkritik der Hirtenstaffage. H. wird in Boccaccios »Ameto« (1340) mythologisch, bei E. →Deschamps didaktisch, bei Oton de Grandson ein Dialog über die Liebe, bei →Christine de Pisan autobiographisch. Im 15.Jh. tritt die H. in den verschiedensten Gattungen auf: Im »Pastoralet« (nach 1422; ed. J. BLANCHARD, 1983) wird der Krieg zw. den Häusern Burgund und Orléans pastoral beschönigt. In der dramat. Dichtung werden einerseits die Hirtenszenen der Weihnachtsspiele (→Geistliches Spiel) zu beschaul. oder komischen »intermezzi« ausgebaut, wie man sie auch bei den →Joyeuses entrées gezeigt hat; andererseits entstehen »bergeries dramatiques« mit polit. Ausrichtung. Ebenfalls in den Joyeuses entrées, aber auch bei S. →Gréban und→M. d'Auvergne, erscheint der Kg. als guter Hirt. H. trifft man bei J. →Molinet, G. →Cretin und bei J. →Lemaire de Belges (»Illustrations de Gaule et singularités de Troye«: Jugend des Paris). Ende des 15. Jh. entstehen die für die Renaissance maßgebenden Gattungsmodelle der Schäferromans (»Arcadia« von →Sannazaro) und des Schäferdramas (»Orfeo« von →Poliziano in Italien, »Eglogas« von Juan del→Encina in Spanien).   M.-R. Jung

Lit.: T. G. ROSENMEYER, The Green Cabinet. Theocritus and the European Pastoral Lyric, 1969 – Europ. Bukolik und Georgik, hg. K. GARBER, 1976 – R. BÖSCHENSTEIN-SCHÄFER, Idylle, 1977² – J. BLANCHARD, La pastorale en France, aux XIVe et XVe s., 1983.

Hišām → Omayyaden

Ḥisbā, im religiös-moral. Sinne Bezeichnung der Tugend, von der muslim. Religion Gebotenes durchzusetzen und von ihr Verbotenes zu verhindern. Zu ihrer Ausübung ist kein öffentl. Amt notwendig. Rechtsgelehrte, die sich in Spanien seit dem 11. Jh., im Nahen O seit dem 12. Jh. mit der Ḥ. befaßten, gestatteten jedoch nicht, daß einzelne Muslime sich wegen der Ḥ. einer funktionierenden Staatsgewalt in den Weg stellten. Daneben bezeichnet Ḥ. ein Amt, dessen Inhaber unter Aufsicht des Kadis für Ordnung auf dem städt. Markt zu sorgen hatte (Schutz der Käufer vor Übervorteilung, Aufsicht über Benutzung korrekter Maße und Gewichte). Im osman. Bereich war der Inhaber der Ḥ. zuständig für die Durchsetzung staatl. festgelegter Preise und wurde mit Abgaben der Handwerker entschädigt. Osman. Marktaufseher *(muḥtesib)* waren meist Steuerpächter, die aus ihrem Amt einen Gewinn herauszuwirtschaften versuchten.   S. Faroqhi

Lit.: EI², s. v. – Ö. L. BARKAN, Tarih Vesikaları, I, 5; II, 7, 9, 1942 – H. INALČIK, JEH 29, 1969.

Hispalis → Sevilla

Hispana, Collectio, bedeutendste kanonist. Slg. vor dem →Decretum Gratiani; ihre Grundlage bildeten v. a. die iber. kanon. Sammlungen des 6. Jh. (Capitula Martini, Epítome Hispano, Colección de Novara, Liber Egabrensis usw.). Von der chronolog. aufgebauten Fassung, der »Hispana sistemática« (im 8. Jh. zusammengestellt), sind drei Rezensionen bekannt: 1. die Isidoriana, im Umkreis →Isidors v. Sevilla entstanden, mit 41 Dekretalen des →Dionysius Exiguus; 2. die Juliana, zur Zeit →Julians v. Toledo (um 681) verfaßt, die die Isidoriana um die Konzilien v. →Toledo (IV–XII) und das II. Konzil v. →Braga erweitert; 3. die Vulgata, 694 und 702 ausgearbeitet, die weitere Konzilien, u. a. von Toledo (XIII–XVII), →Konstantinopel (682) und →Mérida (666) enthält. Die »H. sistemática«, in einer lat. Fassung und einer arab. Übers. erhalten, beeinflußte die »Collectio →Dacheriana« und →Pseudo-Isidor.   A. García y García

Ed. und Lit.: G. MARTÍNEZ DÍEZ – F. RODRÍGUEZ, La Colección Canónica Hispana, I–IV, 1966–88.

Hispania, von den röm. Eroberern geprägte Bezeichnung für die Iber. Halbinsel (gr. Iberia oder Celtica) etymolog. umstrittener Herkunft (vielleicht von punisch *span* 'Land der Kaninchen'), von aber über die sekundäre Ableitung 'Spania' der ursprgl. geogr., schließlich den frühneuzeitl. Einheitsstaat benennende Begriff 'España' (Espanna, Espanya, Espanha) herrührt.   L. Vones

[1] *Spätantike:* H. (seit der späteren Ks.zeit sehr selten auch Spania) bezeichnete unter den Römern zunächst den ö. Teil, seit Ende der Republik die ganze Iber. Halbinsel; erscheint auch auf Münzen verschiedener Ks. (z. B. Galba, Vespasian, Hadrian, Antoninus Pius) als geogr. Begriff. Polit.-administrativ verwendeten die Römer mit der Einrichtung der Provinzen 197 v. Chr. H. ulterior für den sw. (später H. Baetica/→Baetica; unter Augustus Abtrennung der Provinz Lusitania/→Lusitanien), H. citerior für den ö.

Teil (später oft nur H. bzw. H. citerior Tarraconensis/ →Tarragona); durch deren Teilung zu Beginn des 4. Jh. (Gallaecia, Carthaginiensis) gab es fünf Provinzen; später kamen noch die Balearen als eigene Provinz hinzu; zusammengefaßt bildeten sie (mit der →Mauretania Tingitana) die dioecesis Hispaniarum unter einem vicarius, der wiederum dem praefectus praetorio Galliarum unterstand. Für die Finanzverwaltung der Spätantike war der rationalis Hispaniae bzw. der comes rei privatae Hispaniae zuständig. Mit dem Einbruch germ. Stämme (409) verblieb nur noch die H. Tarraconensis unter röm. Herrschaft, die 476 durch die →Westgoten beendet wurde.

Die ersten röm. Städtegründungen erfolgten seit dem 2. Jh. v. Chr. mit der Romanisierung im S und O, dann v. a. durch Caesar und Augustus, später durch die Flavier, als Vespasian ganz H. das latin. Recht verlieh. Mit Ausnahme des N war H. spätestens im 3. Jh. n. Chr. voll romanisiert und urbanisiert. Viele Senatoren stammen seit der Mitte des 1. Jh. n. Chr. aus H., ebenso nochmals im 4. Jh., bes. unter der theodosian. Dynastie. Die ersten Hinweise auf das Christentum finden sich Mitte des 3. Jh. (Martyrium des Fructuosus 259 in Tarraco; Cyprianbrief); das Konzil v. →Elvira am Anfang des 4. Jh. zeigt zahlreiche Bf.sgemeinden im S und O, in die n. Landesteile gelangt die christl. Religion stärker erst im späteren 5. Jh. Herausragende Gestalten des frühen Christentums sind Bf. →Hosius (Ossius) v. Córdoba, der Dichter →Prudentius sowie der Historiker →Orosius, ferner →Priscillianus. Den Zusammenhang zw. Großgrundbesitzern, polit.-militär. Machtträgern und Klerus zeigt ein neu entdeckter Augustinusbrief (CSEL 87, 2, 6 ep. 11). W. Eck

[2] *Mittelalter:* Während →Isidor v. Sevilla in panegyr., aber auch ermahnender Weise als Prolog zur Gotengesch. die »Laus Spaniae« (auch: »De laude Sp.ae«) sang – ohne daß hier voreilige Rückschlüsse auf ein span. Nationalgefühl im modernen Sinne gezogen werden sollten, wenn auch der »urspr[g]l. rein geogr. Begriff H. einen polit. Inhalt« erhielt und man gegen Ende des 7. Jh. die Existenz einer »'span. Nation' des Westgotenreiches« (CLAUDE) postuliert –, während also Isidor von der Errichtung einer »totius Spaniae monarchia« (Hist., 62) sprach und noch im 9. Jh. eine anonyme Laus (ed. J. LECLERCQ, Hispania Sacra 2, 1949, 97f.) die isidorian. 'mater Spaniae' wiederstehen ließ, wurde vor der H.-Begriff nach der arab. Eroberung seine einheitsbildende Vorstellungskraft. Man verwandte ihn wieder rein geogr. und verengte ihn ztw. sogar auf den islam. Machtbereich oder die zurückeroberten Gebiete, in denen vor den Mauren geflohene hispani angesiedelt wurden, benutzte 'espanesco' zudem als Äquivalent für maurisch. Im Zuge der →Reconquista, der schon früh Klagen über den Verlust der H. vorausgingen (Crónica mozárabe del 754), fand im astur. Reich entstehenden Neogoticismus (→Goticismus) und der Wiederbelebung der alten westgot. Ks.idee durch die leones. Kg.e fand der Begriff Eingang in den Ks.- und Kg.stitel ('imperator totius H.ae'; 'rex H.ae'; 'H.arum rex'), wobei sich das Ksm. auch auf die 'omnes Spaniae nationes' bzw. das 'Spaniarum regnum' erstrecken sollte. Seit der Mitte des 11. Jh. wurde der H.-Begriff im übergreifenden Sinne in der Historiographie und in der Urkk.sprache wieder allg. so heimisch, daß die alten Provinzialbezeichnungen 'H. citerior' und 'H. ulterior' häufig verwendet werden, aber auch die Formen 'H. superior', 'H. inferior', 'H. maior' usw. nachzuweisen sind. Über die Gesch.sschreibung des 13. Jh., v. a. über die alfonsin. Chronistik und ihre Ableitungen (→Chronik, K.I), erfuhr der vernacularsprachl. Gebrauch des H.-Begriffs, häufig in seiner pluralisierten Form 'las Españas', lit. Verbreitung, wie auch der Gedanke Isidors von einer span. Monarchie neben dem eines 'principatum H. ae' und eines 'regnum H.ae' aufgegriffen wird, in der Romanceversion der Chronik des →Lucas v. Túy als 'monarchia del reino de Espanya' auftaucht und →Alfons v. Cartagena den 'monarcha hispaniarum' liefert. Die H.-Idee erlebte bis hin zu den Humanisten des 15. Jh. eine Kontinuität und konnte nach der Vollendung der Reconquista in polit. Hinsicht verstärkt wirksam werden. L. Vones

Lit.: *zu [1]:* DEAR III, 754–941 – J. J. VAN NOSTRAND, Roman Spain. An Economic Survey of Ancient Rome, III, ed. T. FRANK, 1937 [Neudr. 1975], 119ff. – K. F. STROHEKER, Germanentum und Spätantike, 1965 [mehrere Aufsätze] – Hist. de España I, ed. A. CABO–M. VIGIL, 1973 – Hist. de España Antigua, II: H. Romana, ed. A. MONTENEGRO, J. M. ROLDAN, J. M. BLAZQUEZ, 1978 – J. ARCE, El último siglo de la España Romana (284–409), 1982 – J. FONTAINE, Culture et spiritualité en Espagne du IVe au VIIe s., 1986 – *zu [2]:* H. MESSMER, H.-Idee und Gotenmythos, 1960 – J. SVENNUNG, Zur Gesch. des Goticismus, 1967 – D. CLAUDE, Gentile und territoriale Staatsideen im Westgotenreich, FMASt 6, 1972, 1–38 – C. RODRÍGUEZ ALONSO, Las Hist. de los Godos, Vándalos y Suevos de Isidoro de Sevilla, 1975 – J. A. MARAVALL, El concepto de España en la edad media, 1981[3] – S. TEILLET, Des Goths à la nation gothique, 1984 – A. CASTRO, Sobre el nombre y el quién de los españoles, 1985.

Hisperica Famina ('Westliche Sprüche'), anonyme, in Irland wohl um die Mitte des 7. Jh. oder kurz darauf entstandene Werke; aus den verschiedenen, mit Ausnahme des A-Texts unvollständig überlieferten Fassungen kann geschlossen werden, daß die H.F. in Kl.schulen verfaßt wurden, greifen sie doch als Themen Studien und alltägl. Leben in einer christl. Umgebung lebender Schüler und Lehrer auf. Der Inhalt ist bunt gemischt. Der A-Text beginnt mit einem Dialog bzw. einer Reihe von Dialogen zw. konkurrierenden Studenten oder Studentengruppen. Es folgt eine ausführl. Schilderung des Tagesordnung, dann kleine Abh. über Naturerscheinungen und Gegenstände des Alltags, schließl. die Darstellung einer Schlacht. Die einzelnen Abh. scheinen Beispiele von Schulübungen, vielleicht Muster für solche zu sein. Im Gegensatz zum einfachen Inhalt ist die Sprache der Texte äußerst schwierig. Der Wortschatz besteht aus Archaismen und Neubildungen sowie gr., hebr. und selbst kelt. Lehnwörtern. Der Form nach steht die H.F. der Poesie näher als der Prosa. Die Zeilen sind stark vom Hyperbaton geprägt; es fehlen jedoch feste Silbenzahl und nachweisbares Betonungssystem. Die Q. sind vorwiegend Glossare und einige Werke →Isidors; es gibt auch Reminiszenzen an Vergil und Caelius Sedulius. Dem Wortschatz der H.F. sind einige weitere Gedichte, u. a. die »Lorica von Laidcenn«, die »Rubisca« und der »St.-Omer-Hymnus« eng verwandt. M. W. Herren

Ed.: F. J. H. JENKINSON, The H.F., 1908 – M. W. HERREN, The H.F.: I. The A-Text, 1974; II. Related Poems, 1987 – B. BISCHOFF, Der Barbarinus Latinus 477 ['E-Text'], St Ans 63, 1975, 47–49.

Histoire ancienne, erste frz. Prosa-Kompilation der alten Gesch. (Name P. MEYER, 1885). Inhalt: 1. Von der Genesis bis zum Tod Josephs (Q.: →Petrus Comestor, →Josephus, etc.); 2. älteste Zeit Assyriens und Griechenlands (Q.: →Orosius); 3. Theben (Q.: afrz. Thebenroman); 4. Minotaurus, →Amazonen, →Herkules (Q.: Orosius); 5. Troja (Q.: →Dares); 6. Aeneas (Q.: Vergil, nicht der afrz. →Aeneasroman); 7. Gesch. Roms bis Pompejus (Q.: Orosius, etc.); darin eingeschoben: Meder und Perser, die Bücher Jdt und Est, dann →Alexander d. Gr. (Q.: Valerius, Epitome). Der Autor (Wauchier de Denain?), der für Roger IV., Kastellan v. Lille († 1230), arbeitete, versah den Text mit moralisierenden Verseinlagen, die später weggelassen wurden. Erhalten sind über 60 meist illustr. Hss., von denen die ältesten in →Akkon angefertigt wurden. Im 14. und 15.Jh. wurden der H.a. noch die →Faits des Romains angehängt (17 Hss.). Um 1340 entstand in Neapel die sog. zweite Redaktion, in welcher die Trojalegende nach Dares durch eine Prosabearbeitung des Trojaromans von →Benoît de Sainte-Maure ersetzt wurde (13 Hss., z. T. reich illustr.), →Trojadichtung. M.-R. Jung

Ed.: M. C. JOSLIN (nur Gen), 1980 – *Lit.:* DLFMA – P. MEYER, Romania 14, 1885, 36–81 – B. WOLEDGE, Bibliogr. des romans et nouvelles en prose fr. antérieurs à 1500, 1954, Suppl. 1975 – F. AVRIL, Trois mss. napolitains de Charles V et de Jean de Berry, BEC 127, 1969, 291–328 – J. FOLDA, Crusader Mss. Illumination at Saint-Jean d'Acre, 1275–1291, 1976 – R. E. BLUMENFELD-KOSINSKI, The Tradition of the Old French »Roman de Thèbes«, 1980, 169–214 – J. MONFRIN, Les translations vernaculaires de Virgile au m.â. (Lectures médiév. de Virgile, 1985), 189–249 – D. OLTROGGE, Die Illustrationszyklen zur »H.a. jusqu'à César« (1250–1400), 1989.

Histoire des ducs de Normandie et des rois d'Angleterre, afrz. Chronik über die Gesch. der →Normandie und die Feldzüge Ludwigs, des Sohnes Kg. Philipps II. August, nach England (1213–20). Zuzuschreiben wohl dem sog. Anonymus v. Béthune, einem im Dienst Gf. Roberts VII. v. Béthune stehenden Spielmann, der Verf. einer »Chronique des rois de France« ist. Lebendiger Tonfall der H. wie direkte Ansprache eines Publikums weisen auf die Nähe zur mündl. Vortragsform hin.
P. Bourgain

Ed.: F. MICHEL, 1840 (SHF) – O. HOLDER-EGGER, MGH SS 25, 702–717 [Ausz.] – *Lit.:* MOLINIER, 2217 – DELISLE, HLF 32, 189–194 – D. TYSON, Patronage of French Vernacular Writers..., Romania 100, 1979, 205f.

Historia de antiquitate regum Norvagensium, von Theodoricus Monachus zw. 1177 und 1188 verfaßte, Ebf. →Eysteinn Erlendsson gewidmete lat. Chronik über die norw. Kg.e bis 1130; in knapper, trockener Sprache gehalten und geprägt vom geistl. Gesch.sdenken der Zeit. Dies zeigt sich v. a. in Stoffauswahl, Haltung gegenüber geschilderten Ereignissen und in zahlreichen Abschweifungen, in denen die norw. Gesch. mit den großen Problemen und Ereignissen der Christenheit verknüpft wird. Umstritten ist das Ausmaß der Stellungnahme zu aktuellen kirchenpolit. Fragen. Viele Hinweise auf die klass. Lit. lassen auf eine wohl im Ausland erworbene Ausbildung des sonst unbekannten Verf.s schließen. Seine Q. sind weitgehend unbekannt, möglicherweise stützt er sich aber – neben mündl. Überlieferung – auf frühe isländ. Gesch.s-werke; sein Werk (nur überliefert in einer Ausg. von 1684, die auf einer seither verlorenen Hs. fußt) beeinflußte z. T. die spätere norw. Gesch.sschreibung. S. Bagge

Ed.: Mon. hist. Norvegiae, ed. G. STORM, 1880 – *Lit.:* A. O. JOHNSEN, Om Theodoricus (Det norske vitenskapsakad. i Oslo. Avhandlinger, 1939) – J. S. TH. HANSSEN, Theodoricus Monachus and European Lit., Symbolae Osloenses 41, 1949 – S. BAGGE, Theodoricus Monachus..., Scandinavian Journal of Hist., 1989 [im Druck].

Historia Augusta, Slg. von 30 Biographien röm. Ks., Thronanwärter und Usurpatoren von Hadrian bis Numerian (117–285), mit Lücken von 244–253 und in den Viten der Valeriani und Gallieni. 6 Verfassernamen (seit Casaubonus [1603] als Scriptores historiae Augustae bezeichnet) sind überliefert. Heute wird die überwiegend Ende 4./Anfang 5.Jh. datierte H.A. als Werk eines einzigen unbekannten Autors angesehen, der der heidn. Senatsaristokratie nahestand und offensichtl. eine antichr. Tendenz verfolgte, indem er die Toleranz der guten heidn. Ks. gegenüber den Christen im Vergleich mit der Intoleranz der chr. Ks. gegenüber den Heiden betont (STRAUB). Wenn auch von den zahlreichen eingefügten Dokumenten nachweisl. nur eines echt ist (Commod. 18,2), enthält die H.A. dennoch, oft als einzige Q., wertvolle hist., antiquar. und jurist. Nachrichten. Darstellung und Aufbau der Viten sind von Sueton (→Biographie) beeinflußt; in sie fügte der Verf. unterhaltende romanhafte Elemente (Wundergesch., Anekdoten). J. Gruber

Die Hss. hängen alle von dem vermutl. oberit. Vat. Pal. lat. 899 (Anfang 9.Jh.) ab, der noch vor Mitte des 9.Jh. für Fulda kopiert wurde (Bamberg Class. 54). Kenntnis der H.A. ist im MA selten: in spätkarol. Zeit bei →Sedulius Scottus, vereinzelt im 12.Jh. (kaum bei →Johannes v. Salisbury, vielleicht bei →Gottfried v. Viterbo); häufiger wieder benützt seit dem it. Frühhumanismus, z. B. bei →Petrarca, der den gen. Palatinus besaß. Ed. pr. Mailand 1475 (B. Accursius). F. Brunhölzl

Ed.: E. HOHL, 2 Bde, 1971² – D. MAGIE [mit engl. Übers.], 3 Bde, 1921/32 – L. AGNES [mit it. Übers.], 1960 – P. SOVERINI [mit it. Übers.], 2 Bde, 1983 – *Übers.:* E. HOHL, 2 Bde, 1976/85 – *Lit.:* KL. PAULY II, 1191–1193 [Lit.] – RE VIII, 2051–2110 – N. H. BAYNES, The H.A. Its Date and Purpose, 1926 – J. STRAUB, Heidn. Gesch.sapologetik in der chr. Spätantike, 1963 – Beitr. zur H.A.-Forsch., Antiquitas, R.4, 1963ff. (24 Bde) – R. SYME, Emperors and Biography, Stud. in the H.A., 1971 – DERS., H.A. Papers, 1983 – Texts and transmissions, ed. L. D. REYNOLDS, 1983, 354ff. – J.-P. CALLU, O. DESBORDES, C. BERTRAND, L'H.A. et l'historiographie médiéval, Rev. d'hist. des textes 14/15, 1984/85, 97–130 – B. BISCHOFF, Lorsch im Spiegel seiner Hss., 1989², 130f. u. ö.

Historia Compostellana (siue de rebus gestis D. Didaci Gelmirez primi Compostellani archiepiscopi), von FLÓREZ (1765) eingeführter Titel der ausführlichsten Q. zur Gesch. des nordwestspan. Raumes in der Hälfte des 12.Jh. Die eigtl. als 'registrum' bezeichnete und in verschiedenen Redaktionen im Thesauriat der Kirche v. Santiago de Compostela auf Anordnung des Ebf.s →Diego Gelmírez († 1140) bis ca. 1138/39 geführte, unvollendet gebliebene Chartularchronik vereinigt in rechtssichernder Absicht Translations-, Fundations- und Mirakelberichte, eine Schilderung der Entdeckung des Apostelgrabes, eine Vielfalt weiterer Überlieferungsformen (darunter Eidesformeln, Diözesanstatuten, Akten von Provinzialkonzilien, fiktive Reden, Schatzverzeichnisse, Altar- und Kirchweihberichte, Kanonikerlisten) sowie auch später hinzugefügte 'Gestae' der Bf.e v. Iria-Compostela mit einer Vielzahl in vollem Wortlaut inserierter Dokumente aus dem Kathedralarchiv (u. a. 89 mit wenigen Ausnahmen sonst nirgends überlieferte Papsturkk., Mandate und Kardinalschreiben). Diese Elemente wurden mit einer minuziösen Beschreibung der Taten des Diego Gelmírez und des unter ihm erreichten Rechtsstandes der Jakobskirche verflochten, wobei man vor narrativen Verzerrungen, Auslassungen und (Ver-)Fälschungen inserierter Dokumente nicht zurückschreckte. Als letzte Zielsetzung der H.C. ist die endgültige Absicherung des 1120/24 erlangten Metropolitanstatus der Jakobskirche, wahrscheinl. sogar die Begründung ihres auf der Apostolizität des Sitzes beruhenden Anspruches auf die Primatialstellung innerhalb der span. Kirche in Konkurrenz zu →Toledo und auf die Einrichtung eines Patriziats mit Vorherrschaft über die westl. Kirchen anzusprechen.

Bei der in zahlreichen Hss. seit dem 13.Jh. überlieferten H.C. (FALQUE) unterscheidet zwei große Überlieferungsstränge) sind unabhängig von verschiedenen Interpolationen zwei unterscheidbare Redaktionen auszumachen (Reg. I = B. I, Kap. 4–45, und das nach 1120 entstandene Reg. II = restl. Teile von B. I sowie B. II und III), als deren Verf. hauptsächl. der Thesaurar Nuño Alfonso und der aus Frankreich stammende Magister Giraldus zu gelten haben. V. a. letzterer zeichnete sich durch sprachl. Meisterschaft und Belesenheit in antiker und christl. Lit. und

Philosophie aus. Oft postulierte mögl. Anteile weiterer Autoren beruhen entweder auf ihrer Verfasserschaft inserierter, aber nicht urspgl. für die H.C. hergestellter Materialien oder sind, wie im Falle des späteren Compostellaner Kardinals Pedro Marcio (vgl. LÓPEZ ALSINA), nicht mit letzter Sicherheit nachweisbar. Als historiograph. Monument steht die H.C. im span. HochMA einzigartig da.
L. Vones

Ed.: E. FALQUE, H.C., CChrCM LXX, 1988 [mit Einl.] – *Lit.*: Repfont V, 515 f. [Lit.] – L. VONES, Die H.C. und die Kirchenpolitik des nw.-span. Raumes 1070–1130, 1980 – F. LÓPEZ ALSINA, La ciudad de Santiago de Compostela en la alta edad media, 1988 – s.a. Lit. zu →Diego II. Gelmírez.

Historia Daretis Frigii de origine Francorum. Die Hss.-Klasse IV (nach KRUSCH) der →Fredegar-Chronik hat in Kap. II,4 im Zusammenhang mit der trojan. Herkunftssage der →Franken (s. a. →Trojaner) einen Auszug aus diesem sonst nicht überlieferten Werk eingeschoben, der die Trojasage schildert und gegen Ende die Genealogie 'Pherecides – Frigio – Francus und Vassus' (der 'Freie' und der 'Vasall'?) gibt. 'Francus' entspricht dem kriegstüchtigen rex 'Francione nomen, per quem Franci vocantur' (Fredegar II, 5). Die wenig geschickte Einfügung geht wohl auf den 2. Fortsetzer Fredegars zurück. →Dares Phrygius.
U. Nonn

Ed.: B. KRUSCH, MGH SRM II, 194–200 – *Lit.*: Repfont V, 517 [Lit.] – E. ZÖLLNER, Gesch. der Franken bis zur Mitte des 6. Jh., 1970, 5 f. – A. KUSTERNIG, Einl. (AusgQ, IVa), 1982, 8.

Historia ducum Veneticorum, kurze ven. Chronik, deren Entstehung aufgrund der Bezugnahme auf die Zeit, in der Askalon (Palästina) sich im Besitz der Kreuzfahrer befand, auf die Jahre 1239–1247 datierbar ist. Sie umfaßt die Periode vor der Wahl des Ordelaffo Falier zum Dogen (1102) bis zum Tode des Pietro →Ziani (1229). Der Herausgeber ergänzte den fehlenden Teil (zu den Jahren 1178–1203) durch die entsprechenden Passagen aus der »Venetiarum historia« (14. Jh.). Die Hist. d., das Werk eines zweifellos gebildeten Anonymus, das die ven. Geschichte unter rein polit. Gesichtspunkten beschreibt, zählt zu den vollkommensten Schöpfungen der ma. ven. Historiographie.
M. Pozza

Q.: H. SIMONSFELD, MGH SS XIV, 72–89, 94–97 – *Lit.*: G. CRACCO, Società e Stato nel Medioevo veneziano (s. XII–XIV), 1967, 90–100 – G. ARNALDI – L. CAPO, I cronisti di Venezia e della Marca Trevigiana dalle origini alla fine del sec. XIII (Storia della cultura veneta I, 1976), 407–411.

Historia Lausiaca → Palladios

Historia Monachorum in Aegypto, wichtige Q. für das ägypt. Mönchtum in der Form eines Reiseberichts durch die ägypt. Mönchssiedlungen. Zugrunde liegt ein griech. Text (vielleicht von einem Archidiakon Timotheus v. Alexandria vor 400 verfaßt). →Rufinus v. Aquileia hat diesen Text in selbständiger Bearbeitung ins Lat. übertragen, der nach Inhalt und Aufbau verwandt ist mit der Historia Lausiaca des →Palladius. In der ma. Mönchslit. wurde die Schrift häufig zitiert und mit anderen Texten aus dem frühen Mönchtum verbunden.
K. S. Frank

Ed. und Lit.: Griech. Text: A. J. FESTUGIÈRE, 1961 – dt. Übers.: K. S. FRANK, Mönche im frühchristl. Ägypten, 1967 – Lat. Text: E. SCHULZ-FLÜGEL, 1990 [Lit.].

Historia Norvegiae, lat. Chronik über die norw. Kg.e vom Geschlecht der →Ynglinge bis →Olaf II. d. Hl. († 1030), mit dem die einzige erhaltene Hs. (in den 1850er Jahren in Schottland aufgefunden) abbricht; enthält zudem eine geogr. Beschreibung Norwegens und der Inseln im W. In kunstfertigem Latein verfaßt, weist sie Bezüge zur klass. Lit. auf und ist von kirchl. Gesch.sauffassung geprägt. Sie nützt über weite Strecken dieselben Q. wie andere frühe norw. Gesch.swerke, doch bleibt unklar, ob der Autor diese kannte. Nichts deutet auch auf eine Beeinflussung späterer Verf. hin. Eine genaue Datierung ist unmöglich; verschiedene Autoren stellen den einem trotz zahlreicher Versuche nicht identifizierbaren Agnellus (Unguellus) gewidmeten Text zeitl. zw. 1170 und 1210.
S. Bagge

Ed.: Mon. hist. Norvegiae, ed. G. STORM, 1880 – *Lit.*: KL VI, 585–587 – E. SKARD, Målet i H.N. (Det norske vitenskapsakademi i Oslo. Skrifter, Kl. II, nr. 5, 1930) – J. S. TH. HANSSEN, Omkring H.N. (Det norske vitenskapsakademi i Oslo. Avhandlinger Kl. II, nr. 2, 1949) – S. ELLEHØJ, Den ældste norrøne historieskrivning, 1965.

Historia Roderici, Chronik des 12. Jh. (Name von Herausgebern geprägt, in Hss. 'Gesta Roderici Campidocti'). Der Verfasser, möglicherweise ein aus Aragón oder Katalonien stammender Geistlicher, rühmt in seinem hist. zuverlässigen Werk die Taten des →Cid (Rodrigo Díaz de Vivar, † 1099) und stellt dessen – ihm allerdings nur unvollständig bekannte – Kriegszüge in den Mittelpunkt. Die Datierung schwankt (R. DOZY: 1150/1170, M. MENÉNDEZ PELAYO: 1140, R. MENÉNDEZ PIDAL: vor 1110, A. UBIETO ARTETA: 1144/1147); MENÉNDEZ PIDAL sieht in dem Text eine Zusammenfassung mehrerer unzusammenhängender Fragmente. – Die Chronik ist in drei Hss. (heute in der Bibl. der R. Academia de la Historia, Madrid) überliefert: das meistedierte Ms. ist I, vom Ende des 12./ Anfang des 13. Jh., aus S. Isidoro de →León (A-189); S, vom Ende des 15./Anfang des 16. Jh., aus der Salazar-Sammlung (G-1); M, eine Kopie der Hs. A-189, aus dem 18. Jh. I und S gehen auf ein gemeinsames Vorbild zurück, das aber nicht das Original ist. Der Zusammenhang zw. dieser lat. Chronik und der kast. Chronik ist unbestreitbar.
E. Falque

Ed.: R. MENÉNDEZ PIDAL, La España del Cid, II, 1929, 1969⁷, 906–971 – E. FALQUE, Cartas entre el conde Berenguer de Barcelona y Rodrigo Díaz de Vivar (H.R. 38–39), Habis 12, 1981, 123–137 – Dies. [Neued. der Chronik, in Vorber.] – *Übers.*: (kast.): E. FALQUE, Traducción de la H.R., Boletín de la Institución Fernán González 62, num. 201, 1983, 339–375 – *Lit.*: Repfont IV, 738–740 [ält. Ed., Lit.] – K. HOFMANN, Zu den Cidquellen, RF 2, 1886, 351–354 – A. UBIETO ARTETA, La »H.R.« y su fecha de redacción, Saitabi 11, 1961, 245–246 – R. MENÉNDEZ PIDAL, 1969⁷, s. o. – J. HORRENT, Hist. y poesía en torno al »Cantar del Cid«, 1973.

Historia septem sapientum → Sieben Weise

Historia Silense, irreführende Bezeichnung eines nach 1110 entstandenen span. Geschichtswerks. Der Verf. war Mönch des Kl. »domus Seminis« (Korruptel?), das nicht mit →Santo Domingo de Silos gleichzusetzen ist. Er wollte die Taten Alfons' VI. verherrlichen, doch der erhaltene Text seiner mit den Zeiten des Arianismus beginnenden Darstellung der hispan. Geschichte aus leones. Perspektive bricht mit dem Tod von Alfons' Vater Ferdinand I. v. León (1065) ab, ist also nur die Einleitung. Als Vorbild diente ihm insbes. →Sallust. Die Chronik des →Sampirus v. Astorga übernahm er ganz.
J. Prelog

Ed.: H.S., ed. J. PÉREZ DE ÚRBEL – A. GONZÁLEZ RUIZ-ZORRILLA, 1959 – *Lit.*: Repfont V, 542 f. [Lit.] – J. M. CANAL SÁNCHEZ-PAGIN, Crónica silense o Crónica Domnis sanctis?, CHE 63–64, 1980, 94–103.

Historia Welforum, lat. Hausgesch. der (süddt.) →Welfen, verfaßt um 1170 am Hofe →Welfs VI., vermutl. von einem Hofgeistlichen (Kaplan). Unter Rückgriff auf ältere genealog. Hausüberlieferung will der Verf. die »generationes principium nostrorum« (d. h. der Welfen) darstellen. Er beginnt mit den ältesten, ihm gesichert erscheinenden Spitzenahnen karol. Zeit, verknüpft sie nur knapp mit der frk. Trojanersage (→Troja, -dichtung, -sage) und hebt

– bei Zurücktreten der allg. Reichsgesch. – die königsgleiche Stellung dieser hochadligen Familie hervor, die in Konfrontation mit Herrscher und Adel Landesherrschaft im bayer.-schwäb. Bereich ausübt. Die Verbindungen der Welfen nach Sachsen seit→Heinrich d. Schwarzen werden nur gestreift. Die H. W. darf als bedeutendstes Zeugnis historiograph. →Memoria und des Selbstverständnisses des Welfenhauses kurz vor dem Erlöschen seines süddt. Zweiges gelten. Die welf. Hauskl. (→Weingarten, Steingaden, Altomünster) haben sie als wichtigen Teil ihrer eigenen Überl. verstanden und tradiert. P. Johanek
Ed.: L. Weiland, MGH SS 21, 458–471 – MGH SS rer. Germ., 1869, 12–44 – E. König, H. W. (Schwäb. Chr. der Stauferzeit I, 1938) – *Lit.:* Wattenbach-Schmale I, 1976, 298–302 [ält. Lit.] – Verf.-Lex.² IV, 61–65 [P. Johanek] – G. Althoff, Anlässe zur schriftl. Fixierung adligen Selbstverständnisses, ZGO 134, 1986, 40f. – O. G. Oexle, Adliges Selbstverständnis und seine Verknüpfung mit dem liturg. Gedenken..., ebd., 47–75.

Historien → Reimoffizium

Historienbibel, dt. Prosabearbeitung des Bibelstoffs auf der Grundlage der Vulgata, der »Historia scholastica«, des »Speculum historiale«, dt. Weltchroniken (→Rudolf v. Ems, →»Christherre-Chronik«, Jans →Enikel, →Heinrich v. München, →Sächs. Weltchronik, →Jakob Twinger v. Königshofen, »Buch der Könige alter ê und niuwer ê«), des »Marienlebens« Bruder Philipps u. a. Quellen. Die im späten 14. und bes. im 15. Jh. v. a. in Oberdeutschland weit verbreitete H. (über 100 Hss.) läßt sich in zehn wiederum untergliederte Gruppen einteilen, die in Textbestand, Quellenbezug und Wortlaut stark variieren. Der Gruppe Ia ist eine Übers. des Hld in Reimpaaren integriert, womit wohl die Differenz dieser 'Dichtung' zur durch Prosa dokumentierten 'Wahrheit' des übrigen Texts betont werden soll. Die H., deren Abgrenzung zu Prosachroniken mitunter problemat. ist, wurde, oft reich illustriert, in adligen und patriz. Laienkreisen, aber auch in Kl. bis zum Aufkommen gedruckter Bibelübers. als Erbauungs- und Geschichtsbuch benutzt. N. H. Ott
Ed.: J. F. L. Th. Merzdorf, Die dt. H. des MA, BLV 100/101, 1870 [Nachdr. 1963] – H. Vollmer, Materialien zur Bibelgesch. II, 1, 2, 1925/27; III, 1927; IV, 1929 – E. Liljebäk, Die Loccumer H., 1923 – *Lit.:* Verf.-Lex.² IV, 67–75 [C. Gerhardt] – A. Stedje, Die Nürnberger H., 1968 – F. Hutz, Vorauer Volksbibel. Faks. Ausg. ... des Cod. 273 ... der Stiftsbibl. Vorau. Interimskomm., 1989 – G. Kornrumpf, Die österr. H.n IIIa und IIIb, Vestigia bibliae 9/10, 1987/88 [im Druck] – U. v. Bloh-Völker, Die bibelen der alten vnd der newen E ... mit den figuren gemolet [Diss. masch. 1988; ersch. in Vestigia bibliae].

Historiographie (s. a. →Chronik)
A. Antike Voraussetzungen, Byzanz und Südosteuropa – B. Westlich-abendländischer Bereich – C. Judentum – D. Arabischer und osmanischer Bereich

A. Antike Voraussetzungen, Byzanz und Südosteuropa
I. Antike Voraussetzungen – II. Byzanz – III. Südosteuropa.

I. Antike Voraussetzungen: Am Anfang der griech. Lit. kommt dem Epos (Homer; zur Homer-Rezeption im MA s. →Homer, →Ilias Latina; →Trojadichtung usw.) auch die Aufgabe zu, Überlieferung zu tradieren. Hesiod führt das genealog. Element in seine Lehrgedichte ein. Außer in Mythographie und Genealogie hat die frühgriech. H. ihre Wurzeln in der (ionischen) Schilderung fremder Länder (Periplus). Herodot, der »pater historiae« (Cic. leg. 1, 5), vollendete mit der Darst. der Perserkriege diese erste Phase und schuf grundlegende Charakteristika der lit. Form der H. (Prooemium, Einlage frei formulierter Reden, geogr.-ethnogr. Exkurse etc.). Von daher war H. während der ges. Antike lit. Prosa mit hohem Anspruch, bei stärkerem Bemühen um Darstellung und Komposition als um objektive Quellenkritik. Das Werk des Thukydides, der mit der Darst. d. Peloponn. Krieges die erste auf unparteiischer Prüfung der Zeugnisse beruhende Monographie verfaßte, blieb als Darstellung selbsterlebter Zeitgesch. vorbildlich bis in die frühbyz. Zeit (→Prokopios), Daneben entwickelte sich die Lokalgesch., Chronographie und Kulturgeschichte. Xenophon setzt mit den »Hellenika« Thukydides fort und begründet damit eine in der ant. H. gern geübte Praxis, durch welche Darstellung und Methode eines Vorgängers gleichzeitig als verpflichtend anerkannt werden. Von der hellenist. H. ist nur das auf Rom konzentrierte, universalhist. ausgerichtete und auf »pragmat.« Erklärung bedachte Werk des Polybios (ca. 200–120) in umfangreichen Teilen erhalten. Die (griech.) H. der Kaiserzeit knüpft in Thema und Form an den Hellenismus an. Historiograph. Zeugnis röm.-hellenist. beeinflußter jüd. Kultur ist das Werk des Flavius →Josephus (37-ca. 95). Die in byz. Zeit noch zu großen Teilen bekannte röm. Gesch. des Cassius Dio (ca. 155–235) wurde von Johannes Xiphilinos und →Konstantin VII. Porphyrogennetos exzerpiert. In universalhist. Tradition steht die Chronik des Dexippos (bis 269/270), die bei →Eunapios und in der byz. Weltchronik Fortsetzung fand (→Johannes Malalas, →Johannes v. Antiocheia). Die in der modernen Forschung eingeführten Begriffe der 'rhetor.' oder 'tragisierenden' H. betonen bestimmte Aspekte der hellenist. H. wie pathet. Darstellung von Schlachten oder schicksalsbedingten Wechselfällen.

Die röm. H., von Anfang an eine Domäne der röm. Senatsaristokratie mit dem Ziel polit. Wirksamkeit, beginnt Ende des 3. Jh. v. Chr. mit Werken in griech. Sprache. M. Porcius Cato (234–149) eröffnet mit seinen »Origines« die röm. H. in lat. Sprache, die dann in der von den Griechen geschaffenen Darstellungsformen von der älteren und der jüngeren Annalistik fortgesetzt wird. →Sallust (86–35) stellt sich bewußt in die Tradition des Thukydides. Der Augusteer →Livius (59–17 n. Chr.) stellt eine monumentale Darstellung der Gesch. Roms 'ab urbe condita' bis in seine Zeit. →Tacitus (ca. 55–120) stellt Zeitgesch. und Kaisergesch. in einem pointiert archaisierenden Stil mit dezidierter Objektivitätsabsicht (sine ira et studio) dar. Rom und seine Politik bilden bei diesen Klassikern d. röm. H. das ausschließl. Thema. Der Commentarius findet mit den Schriften →Caesars (100–44) seine Vollendung. Das umfangreiche kulturgesch. Werk des →Varro (116–27) dient noch den Kirchenvätern (Augustinus) als wichtige Quelle. Die im Auszug des →Iustinus überlieferte Universalgesch. des Pompeius Trogus hat mit ihrem Gedanken der →'Translatio imperii' die Weltreichslehre der Spätantike und des MA stark beeinflußt. Das Thema der Alexandergesch. (→Alexander d. Gr.) wird durch die romanhafte Darstellung des im MA beliebten →Curtius Rufus wiederaufgenommen. Zur Exempla-Lit. gehören die neun Bücher des →Valerius Maximus, exzerpiert in der Spätantike durch Iulius Paris und Ianuarius Nepotianus. Im MA häufig gelesen war das aus Livius geschöpfte Geschichtswerk des →Florus. Die stadtröm. senator. Kreise des 4. Jh. (→Symmachus) bemühten sich in Rückbesinnung auf die röm. Vergangenheit um Neuausgaben der Klassiker (u. a. Livius). Die Annalen des Tacitus setzt →Ammianus Marcellinus fort. Wohl Ende des 4. Jh. entsteht die romanhafte →Hist. Augusta. Die jetzt verbreitete Tendenz zur Epitomierung (→Epitome) schafft kompendienhafte H. (Aurelius Victor, →Eutropius, Rufius Festus) und eine verbreitete Chronographie (→Chronik A). – Zu den christl. Geschichtskonzeptionen (Eusebios, Orosius) s. a. Abschnitt B. I. J. Gruber

Lit.: Kl. Pauly II, 777–781 – LAW 1064–1078 – Y.-M. Duval, Les métamorphoses de l'h. aux IVe et Ve s. (Actes du VIIe congr. de la F.I.E.C. II, 1984), 137–182 – HAW VIII, 5, 1989, bes. 173–211 [jeweils mit Lit.].

II. Byzanz: Die beiden Gruppen der byz. H., die sich nicht immer klar trennen lassen, sind die Chroniken (→Chronik, N), zur Trivialliteratur gehörend und 'Weltgeschichte' von Adam bis zur jeweiligen Gegenwart behandelnd, und die auf höhere Ansprüche berechneten Gesch.swerke, die sich auf Darstellung eines bestimmten Abschnitts der Gesch. konzentrieren und zumeist selbst erlebte Ereignisse ausführl. wiedergeben. Während die letzteren, nach antikem Vorbild der Rhetorik verpflichtet, die Hochsprache verwenden, bedienen sich die Chronisten eines niedrigeren Sprachniveaus, das von der Umgangs- bis zur Volkssprache reicht.

Die für den modernen Historiker erfreuliche Tatsache, daß die byz. Historiographen ihre Werke an jene eines Vorgängers zeitl. anzuschließen pflegen, reicht bis in die frühbyz. Zeit zurück. Freilich sind →Eunapios, →Olympiodoros, →Priskos und →Malchos nur fragmentar. überliefert. Erst von →Zosimos (Wende 5./6. Jh.) und →Prokopios (6. Jh.) liegen abgeschlossene Darstellungen vor: Zosimos noch überzeugter Heide, Prokopios bereits im Dienst des Christen Justinian, zu dessen Person und Regierung er aus Gründen seiner sozialen Herkunft ein ambivalentes Verhältnis hat; aber gerade die Diskrepanzen im Bild Justinians bei Prokopios sind für die Zustände in der absoluten Monarchie aufschlußreich. Der alternative Entwurf einer konstitutionellen Monarchie (Petros) ist leider nur in Fragmenten überliefert. Die Jahrzehnte bis zum Ausgang der Spätantike behandeln →Agathias, →Menandros Protektor und →Theophylaktos Simokattes. Für die sog. dunklen Jahrhunderte (7.–9. Jh.) sind wir auf die Chroniken angewiesen. Abgesehen von dem noch in das Jh. gehörigen →Johannes Malalas reichen →Johannes v. Antiocheia und das →Chronicon Paschale in die erste Hälfte des 7. Jh. hinein. Die Chronik des →Theophanes reicht bis 813, der kämpfer. Antiikonoklast Patriarch →Nikephoros I. beendet sein Breviarium mit 769. Die Fortsetzung des Theophanes ist deutl. im Dienste der Propaganda der Makedon. Dynastie geschrieben, während Joseph →Genesios seine »Kaisergeschichte« weniger einseitig im Anschluß an Theophanes von 813 bis 886 führt. Die sog. Chronik des Logotheten (→Symeon Magistros) reicht bereits bis in die Mitte des 10. Jh. →Leon Diakonos schildert mit den Protagonisten der Zeit, Nikephoros →Phokas und →Johannes I. Tzimiskes, die Gesch. der beginnenden byz. Reconquista im O. An ihn schließt der Polyhistor und gewiegte Politiker Michael →Psellos mit seiner »Chronographie« an, die genau ein Jh. (976–1078) umfaßt. Für die zweite Hälfte des 11. Jh. gibt Michael →Attaleiates eine interessante Vergleichsmöglichkeit, da er, in anderer berufl. und gesellschaftl. Position als Psellos, ein krit. Bild jener Zustände zeichnet, die zur Katastrophe von →Mantzikert führten. Noch einmal an Theophanes knüpft Johannes →Skylitzes mit seiner Ks.chronik an (811–1057); sein Werk hat im Cod. Matritensis eine für die byz. Überlieferung einmalig reiche Bilddokumentation erfahren. Nicht nur die gesch. Ereignisse der Komnenenzeit (Kreuzzüge, Zweifrontenkrieg), sondern auch die soziokulturellen Verhältnisse (Blüte des Militäradels) treten in den Werken des Nikephoros →Bryennios, der →Anna Komnene und des Johannes →Kinnamos (Darstellung 1143–80) entgegen. Die Chroniken des Johannes →Zonaras und Michael →Glykas Sikidites reichen hingegen nur bis zum Tod Alexios' I. (1118).

Hier beginnt das Gesch.swerk des Niketas →Choniates, das in schwierigem rhetor. Stil, von hoher Warte aus geschrieben, die dramat. Ereignisse bis zur Eroberung Konstantinopels durch die Kreuzfahrer (1204) lebendig vor Augen führt. Georgios →Akropolites zeichnet die Geschichte des Ks.reichs v. Nikaia während der Lateinerherrschaft (1204–61) zum Großteil wie sein Vorgänger aufgrund von Autopsie. An ihn schließt Georgios →Pachymeres mit einer umfangreichen Darstellung der Regierungen der ersten beiden Palaiologenks., →Michael VIII. und →Andronikos II., an (1261–1308). Die Bedrohung des Reichs durch die →Osmanen wirft düstere Schatten voraus, die sich in der pessimist. Grundstimmung des Autors äußern, der der Kirchengesch. weiten Raum gibt. Die »Röm. Geschichte« des Nikephoros →Gregoras (37 B.) ist trotz der überlangen theol. Diskussionen (Auseinandersetzungen mit Gregorios →Palamas) eine wichtige Q. für die Jahre 1308–58. →Johannes VI. Kantakuzenos schrieb im Grunde Memoiren, in denen er seinen polit. Weg rechtfertigen wollte, nachdem er 1354 abdanken mußte; die Darstellung reicht von 1320–56.

Vier Historiographen sind bereits der Endepoche des byz. Reichs und seiner Eroberung durch die osman. Türken 1453 zuzurechnen: Laonikos →Chalkokondyles, der die Ereignisse bis 1463 beschreibt, →Dukas, der nach dem Ende von Byzanz in die Dienste der genues. →Gattilusi trat, Gregorios →Sphrantzes, der Memoiren einschließl. seines Tagebuchs als sog. Chronicon minus hinterließ, und Michael →Kritobulos, der als erster, von der Macht der Ereignisse überwältigt, die Zeit von 1451–67 ganz aus türk. Sicht beschrieb. Für ihn ist der Eroberer →Mehmed II., dem er sein Werk widmet, bereits an die Stelle des byz. Ks.s getreten. Für die wenigen Vertreter der Kirchengesch. und für die Darstellung wichtiger hist. Einzelereignisse vgl. →Byz. Literatur.   H. Hunger

Lit.: Hunger, Profane Lit. I, 234–504 – →Chronik, N – →Lit. zu den gen. Autoren.

III. Südosteuropa: Geringe eigenständige H., das oft miteinander verquickte Gattungsschema erschweren eine gesonderte Behandlung nach Quellenwert.

[1] Slowenen: Ersatz für Eigenständiges bieten einschlägige Stellen der →Conversio Bagoariorum et Carantanorum, bei →Paulus Diaconus, »Hist. Langobardorum«, der →Fredegar-Chronik (→Chronik, P.I; →Slowenen).

[2] Kroaten: »Vita Joannis confessoris episcopi traguriensis et eius miracula« (12., zweite Redaktion: 13. Jh.), »Hist. translationis sancte Anastasie« (804), »Hist. sancti Christophori martiris« (Anfang 14 Jh.), →Anonymus, ung., →Simon v. Keza, »Gesta Hungarorum«; →Chronicon pictum Vindobonense und →Johannes Diaconus, →Chronicum venetum (11. Jh.) berichten über dalmat. Städte und die soziale und staatsrechtl. Situation der Kroaten im MA (→Kroaten, Kroatien).

[3] Serben: Den engen Bindungen zw. Mönchtum, Herrschaft und Dynastie verdankt der Staat des Nemanjiden →Stefan Nemanja eine aus hagiograph. Ansätzen (→Hagiographie, C. II) sich entwickelnde dynast. H., mit einer auf eigenen göttl. Auftrag, Erb- und Blütscharisma sich berufenden Herrschaftsideologie. Aus Urkundenarengen stammend, prägt sie die Topik und das Gedankengefüge der Herrscherbiographien (→Biographie, VIII) und wird von Schriftstellern bald stärker (→Stefan d. Erstgekrönte, Viten-Slg. des →Danilo II.), bald schwächer propagiert, wie bei →Domentijan und →Konstantin Kostenecki, in dessen Vita des Despoten →Stefan Lazarević Landeskunde und hist. Quellenwert überwiegen (→Serben, Serbien).

[4] *Bulgaren:* Nur der Kult des bulg. Zaren →Peter (927-969) zeigt in der H. stärkere Bindung zw. Herrschertum und Mönchtum (Draganov minej, 13. Jh.) und →Evtimij v. Tŭrnovo, →Gregor Camblak und →Konstantin Kostenecki berichten vom 2. Bulg. Reich (1185-1393) (→Bulgaren, Bulgarien). – Über Südslaven berichtet byz. H.: →Prokopios, →Theophylaktos Simokattes, →Konstantin VII. Porphyrogennetos, Nikephoros →Bryennios, →Anna Komnene, Johannes →Kinnamos, Niketas →Choniates, Georgios→Pachymeres, Theodoros→Metochites, Nikephoros→Gregoras, →Johannes VI. Kantakuzenos, Johannes→Zonaras u. a. St. Hafner

Ed. und Lit.: zu [1]: F. Kos, Gradivo za zgodovino Slovenec v srednjem veku, 1-5, 1902-28 – M. Kos, Zgodovina Slovenec, 1955 – *zu [2]:* F. Šišić, Priručnik izvora hrvatske istorije, 1, 1, 1914 – F. Rački, Scriptores rerum chroaticarum, 1880 – *zu [3]:* Istorija srpskog naroda, 1,2, 1981, 1982 – G. Ch.Soulis, The Serbs and Byzantium during the Region of Tsar Stephen Dušan, 1984 – Vizantijski izvori naroda Jugoslavije, 1, 1955-4, 1971, 6, 1986 – R. Samardžić, Pisci srpske istorije, 1, 2, 1976, 1981 – *zu [4]:* Istorija na Bŭlgarija, 1, 1979; 2, 1981; 3, 1983 – Grucki izvori za bŭlgarskata istorije, 1, 1954-9, 1974 – s. a. Lit. zu →Biographie, VIII, →Chronik, P.I., →Hagiographie, C.II.

B. Westlich-abendländischer Bereich
I. Allgemein – II. Skandinavische (isländische und norwegische) Historiographie.

I. Allgemein: Die H. des MA knüpft an die heidn.-spätantike Geschichtsschreibung an, welche nicht zyklisch, sondern vorwiegend linear dachte und im Imperium Romanum das Ziel der Gesch. sah. Der chr. Konzeption zufolge war die Gesch. endlich, Gott ihr Lenker. Hiermit verband sich ein gewisser Fortschrittsglaube (Kirchengesch. des →Eusebius, →Orosius). Die Weltreichslehre sah im röm. Reich das letzte der Weltreiche, welches bis zum Erscheinen des →Antichrist Bestand haben würde. Daneben bot die →Weltzeitalterlehre die Möglichkeit, das Imperium als ein Reich unter anderen einzuordnen und an seiner Stelle die Kirche zur Trägerin universaler, völkerumspannender Einheit zu machen.

Das Verständnis des Begriffes 'Geschichte' schloß an →Isidor v. Sevilla an, der die (mit Grammatik und Rhetorik verbundene) 'historia' definierte als »narratio rei gestae, per quam ea, quae in praeterito facta sunt, dinoscuntur« (Etym. I, 41). Ziel der H. war demnach, Wahres zu berichten, das sich auf vergangene Ereignisse bezog. Es kam darauf an, die 'res gestae' als in der Überlieferung enthaltene Fakten zu sammeln und zu sichten. Die Gesch. sollte Lehrmeisterin (»vitae magistra«) sein, den Guten zur Ermunterung, den Bösen zur Warnung. Darüber hinaus wurde die Erkenntnis unveränderl., ewiger Wahrheit erstrebt, insofern es um die von der göttl. Vorsehung bewirkten Ereignisse u. deren heilsgeschichtl. Bedeutung ging (→Heilsplan, -geschichte). Auf dieser höheren Ebene war das Geschichtsbild bibelexeget. geprägt. Die moderne Forsch. hat verschiedene Gattungen innerhalb der ma. H. herauszuarbeiten versucht. Als Haupttypen gelten: →Chronik (umfassende Darstellung anhand einer bestimmten Konzeption), →Annalen (an der Jahresfolge orientierte Aufzeichnungen) und →Vita (→Biographie, zumeist Darstellung des exemplar. Handelns einer Persönlichkeit); daneben nennt man etwa →Gesta (Tatenrichte) und (germ.) Volks- oder →Stammesgesch. Diese Einteilung wird aber den Anliegen der ma. H. und ihrer sowohl formalen wie inhaltl. Vielfalt nicht voll gerecht. Zw. den »Gattungen« gab es zahlreiche Übergänge. Die Geschichtsschreiber wollten Chronik und Annalen nicht grundsätzl. voneinander scheiden, weil beiden das Prinzip eigen war (oder sein konnte), die vorhandenen Nachrichten über die Abfolge der Zeiten in chronolog. Ordnung darzubieten. Das annalist. angelegte Werk läßt sich geradezu als die Idealform der Chronik (= series temporum; Isidor v. Sevilla) verstehen. Nicht selten mündeten die komputist. chronolog. Fragestellungen der Theologen in erzählende Chronistik ein (→Chronologie, →Beda Venerabilis), die somit den Zahlenwiss. des Quadrivium (→Artes liberales) nahestand. Historiograph. Werke wurden bis in das HochMA fast ausschließ. von Klerikern und Mönchen abgefaßt, meist in lat. Sprache. Vom 12./13. Jh. an begegnen auch volkssprachl. Werke in größerer Zahl.

Die frühma. H. setzte spätantike Chroniken fort, die als vorbildl. empfunden wurden (v. a. die mit der Schöpfung einsetzende Weltchronik des→Hieronymus). Große Aufmerksamkeit wurden daneben der →Hagiographie zuteil. Zwar stellten die Heiligenviten oder -legenden primär die Berufung ihres Helden zur 'sanctitas' heraus, doch wurden – in unterschiedl. Maß – auch hist. Handlungsabläufe miteinbezogen. Eine Sonderstellung nimmt die germ., oft an völkerwanderungszeitl. Ereignisse anknüpfende Geschichtsdichtung ein (→Heldendichtung). Aus der germ. Überlieferung schöpfen auch die Volksgeschichten der Goten, Franken, Angelsachsen und anderer Stämme, doch können diese Werke ebenso in der Tradition der Weltchronik (→Gregor v. Tours) oder der Kirchengesch. (Beda Venerabilis) stehen. In Rom festigte sich seit dem 6. Jh. der Brauch, über die Taten der Päpste fortlaufend zu berichten (→Liber Pontificalis), wodurch ein Vorbild für die spätere Gesta-Lit. entstand. Diese schuf, insofern sie die Sukzession kirchl. Amtsträger behandelte, Bm.s und Kl.geschichten (z. B. »Gesta abbatum« von→Fontenelle). Namentl. im Frankenreich erwuchs während des 8./9. Jh. aus prakt. Bedürfnissen eine reichhaltige Annalistik (→Reichsannalen), die den Wechsel der geistl. und weltl. Großen ebenso verzeichnete wie polit.-militär. Vorgänge und das Naturgeschehen (Prodigia). Man darf hier von der Neuschöpfung einer »Gattung« sprechen. Die →Karol. Renaissance lenkte den Blick zurück auf das Altertum. Neben die Heiligenbiographie trat der Typus der Herrschervita, als →Einhard in Anlehnung an die Augustus-Biographie Suetons das Leben Karls d. Gr. beschrieb. In der Ottonenzeit erfaßte die Vitenlit. den für diese Epoche charakterist. Typus des »Reichsbischofs« (→Ruotger). Vom 10 Jh. an findet sich gelegentl. Schriften mit selbstbiogr. Zügen (→Autobiographie). Gesten-Berichte würdigten nun nicht selten eine einzelne Persönlichkeit (→Wipo, »Gesta Chuonradi«), gelegentl. auch die Leistungen eines Stammes (→Widukind v. Corvey). Die Weltchronik trat vom 9. bis zum frühen 11. Jh. eher zurück.

Das HochMA brachte eine Weitung des geogr. Gesichtskreises (→Kreuzzüge), damit zusätzl. Perspektiven für die H. Die Annalistik trat vielfach zurück. In zahlreichen Kl. entstanden Gründungsgeschichten (fundationes), welche – oft auf Urk. gestützt – die eigene Rechtsposition sichern sollten. Die Weltchronistik wurde wiederaufgenommen. V. a. die dt. Universalhistoriker neigten dazu, im sal.-stauf. Imperium den Nachfolger des röm. Reiches zu sehen (→Frutolf v. Michelsberg). In Westeuropa wurde die christl. Universalgesch. eher auf das 'Sacerdotium'/Papsttum bezogen, mitunter auch die Traditionslinie der »Kirchengesch.« fortgesetzt (→Hugo v. Fleury, »Hist. ecclesiastica«). Mit dem Geschichtssymbolismus der Frühscholastik (→Scholastik) erreichte das ma. Geschichtsdenken einen Höhepunkt. Von der Erfassung des Stofflichen ausgehend, suchte die H. nun über die Erkenntnis symbol. Bezüge zum Abbild des Göttlichen vorzudringen (→Hugo v. St. Victor, →Otto v. Freising). Die Hochscholastik wandte sich im Zuge der Aristoteles-

Rezeption (→Aristoteles) von solcher Geschichtsschau ab. Schon das späte 12. Jh. sah Ansätze zu nüchterner »hist. Kritik« auf vergleichender Basis (→Wilhelm v. Newburgh). Im 13. Jh. zwang der angewachsene Faktenbestand die Geschichtsschreiber, über Auswahlprinzipien nachzudenken und ihre Arbeitsweise von neuem zu reflektieren. Soweit die traditionelle Universalgeschichtsschreibung weitergeführt wurde, wandelte sie sich teilweise in überaus materialreiche Zeitgesch., der die Einheitlichkeit der Komposition verlorenging (→Matthäus Paris). Parallel zu der gelehrten H. brachte das HochMA in verschiedenen Ländern hist. oder mit der Historie verknüpfte Dichtungen hervor, oft in der Volkssprache (z. B. Heldendichtung, →Chanson de geste, →Reimchronik). Die Grenze zwischen Dichtung und H. ist nicht immer leicht zu ziehen.

Im SpätMA setzte sich die Auflösung der historiograph. Formen weiter fort. Im Zusammenhang hiermit erschienen neue, inhaltsbezogene Titel (Beispiele: »Flores historiarum« d. →Roger Wendover, »Ypodigma Neustriae« des Thomas →Walsingham). Die Kl.geschichten zeigten eine Tendenz, die Geschicke der Gründerfamilie ausführl. zu berücksichtigen, so daß die Schwelle zu »dynast.« H. überschritten wurde. Vielfach machten sich genealog. Interessen geltend (→Genealogie). Verschiedene Kg.s- u. Fs.enhöfe förderten die Abfassung legitimierender Reichs- und Landeschroniken (→Chroniques [Grandes] de France, →Braunschweiger Reimchronik, Ulrich →Fuetrer [Bayern]). Die aufkommenden →Stadtchroniken zeugen vom hist. Interesse breiterer Laienschichten. Die Bettelorden steuerten Universalchroniken bei, die nach Papst- und Kaiserreihen gegliedert waren, aber →Exempel und Anekdoten in Fülle aufnahmen (Martinschroniken, →»Flores temporum«). Es handelte sich um Gebrauchslit. etwa für Juristen oder Prediger. Allg. ist für die spätma. H. das Vordringen empir.-realist. Beschreibung charakteristisch. Verstärkt aufgegriffene Themen waren z. B. der Ursprung von Völkern oder Städten in ferner Vergangenheit oder – im Kontrast hierzu – Alltagsereignisse, das Selbsterlebte, die selbstgestaltete (→Karl IV., Autobiogr.) oder erlittene Zeitgeschichte. Die H. des 14./15. Jh. ist oft als unergiebig und rückschrittl. abgewertet worden. Doch liegen in ihr Neuansätze, die der (Früh-) Humanismus aufnahm und ausgestaltete. Die Frühhumanisten griffen erneut auf die Antike zurück. Sie wollten die »Quellen« möglichst vollständig sammeln und dann auswerten, ließen die H. aber auch zur »Lobrede« bestimmter Dynastien oder Bürgerschaften werden und näherten sich, insoweit sie den Blick auf die – als vorbildhaft verstandene – Frühepoche des eigenen Volkes richteten, der »Nationalgeschichte«. K. Schnith

Lit.: H. GRUNDMANN, Geschichtsschreibung im MA, 1965 – L. BOEHM, Der wissenschaftstheoret. Ort der historia im MA (Fschr. J. SPÖRL, 1965), 663–693 – O. ENGELS, Gesch.: Begriffsverständnis im MA (Gesch. Grundbegriffe, Hist. Lex. ..., hg. O. BRUNNER u. a., Bd. 2, 1975), 610–624 – B. GUENÉE, Hist. et Culture hist. dans l'Occident médiéval, 1980 – F.-J. SCHMALE, Funktion und Formen ma. Geschichtsschreibung, 1985 [Lit.] – Geschichtsschreibung und Geschichtsbewußtsein im späten MA, hg. H. PATZE, 1987 [Lit.].

II. SKANDINAVISCHE (ISLÄNDISCHE UND NORWEGISCHE) HISTORIOGRAPHIE: Die H. im isländ.-norw. Bereich ist geprägt von der komplexen Wechselwirkung zw. beiden Lit., wobei die isländ. insgesamt als aktiverer Teil erscheint. Im Norwegen des 12. Jh. war der ebfl. Sitz →Drontheim ein Zentrum lit.-historiogr. Aktivitäten (→Eysteinn Erlendsson), aufgrund des Kontaktes zu St-Victor in Paris mit dezidiert victorinisch-geistl. Geschichtsperspektive. Erst im 13. Jh. wurde der norw. Königshof zum Mittelpunkt des lit. Lebens. Es ist auffällig, daß die wichtigsten Darstellungen der norw. Geschichte von Isländern am norw. Hof verfaßt wurden. Doch auch in Bezug auf dän. (→Knýtlinga saga, →Skjöldunga saga) und frühe schwed. Kg.gsgesch. (→Ynglinga saga) sowie die Gesch. der →Färöer, der Orkney-Jarle (→Orkneyinga saga) und →Grönlands (einschl. 'Vinlands', →Amerika) erweisen sich die Isländer als »Chronisten des Nordens«, wobei das Bestreben, die Heidenzeit (nach dem bibl. christl. Typus-Antitypus-Schema) in den Geschichtsverlauf einzuordnen, ein bes. Charakteristikum bildet.

Die isländ. Geschichtsschreibung, in der volkssprachl. Werke überwiegen, setzt im 11. Jh. mit →Saemundr Sigfússon inn fróði (1056–1133) ein (nicht erhaltene kurze lat. Gesch. der norw. Kg.e). Ein erster Höhepunkt ist das ca. 1125 verf. »Islendigabók« des →Ari enn fróði, dessen sorgfältige Quellenangaben und chronolog. Methode Vorbildcharakter erlangten. Ältestes erhaltenes volkssprachl. Geschichtswerk Norwegens ist →»Ágrip af Nóregs konunga sǫgum«, verf. unter Benutzung der →»Hist. de antiquitate rerum Norvagensium« (nicht aber der →»Hist. Norvegiae«). Christianisierung und Kirchengesch. Islands behandeln neben dem Islendingabók insbes. die »Hungrvaka« (verf. nach 1200) und die →Kristni saga (verf. Mitte 13. Jh.) sowie eine Reihe weiterer sog. »→Biskupa sǫgur«, desgleichen die (meist verlorenen) Biographien des Kg.s →Olav Tryggvason.

Im 13. Jh. entstehen die großangelegten Königssagakompilationen (→Konunga sǫgur) von der myth. Vorzeit bis zur Schlacht bei Re (1177), neben dem Ágrip insbes. →»Morkinsinna« (Anfang 13. Jh.), →»Fagrskinna« und als Höhepunkt die »Heimskringla« des →Snorri Sturluson. Der Zeitraum nach 1177 wird von Sagas über einzelne Kg.e abgedeckt (→Sverris saga; →Sturla Þórðarson). Ein bes. Werk der isländ. H. ist das →»Landnámabók«, eine – auch biograph.-topograph. – detaillierte Beschreibung der Besiedlung Islands.

Die meisten der im 13. Jh. niedergeschriebenen »Isländersagas« (→Saga) können als stark fiktionale Texte nur sehr bedingt der H. zugerechnet werden, galten aber dem MA durchaus als Geschichtsstoff. Stärker historiograph. Züge tragen die Schilderungen der Bürgerkriegszeit (→Sturlunga saga). Auch entwickelte sich eine volkssprachl. Annalistik (erhaltene Fassungen ab Ende des 13. Jh., fortgeführt bis ins 14. Jh., bzw. 1430 und 1578). Zur H. Dänemarks und Schwedens →Chronik J.

H. Ehrhardt

Lit.: J. JÓHANNESSON, Islands Hist. i Mellomalderen, 1969 – K. HELLE, Norge blir en stat, 1974, 13–27 [Lit.] – Neues Hb. d. Lit. 8, 1978, 487ff. [G. W. WEBER]; 7, 1981, 535 ff. [K. SCHIER] – G. W. WEBER, Intellegere historiam. Typological perspectives of Nordic Prehistory (Tradition og Historieskrivning, Acta Jutlandica LXIII: 2, Human. ser. 61), 1987, 95–141.

C. Judentum

Die Geschichtsschreibung spielte im ma. Judentum keine sonderlich große Rolle. Bedeutende Werke sind: der vor 1000 im Irak verfaßte »Iggeret de-Rav Scherira Gaon«, der die Entstehung von Mischna und →Talmud sowie die Wirksamkeit der jüd. Gesetzesgelehrten Palästinas und Babyloniens von 200 n. Chr. bis zu seiner Zeit beschreibt. Ins frühe 10. Jh. ist das »Sefär Josippon« aus Süditalien zu datieren, eine stark legendäre, auf der lat. Josephusüberlieferung u. a. Quellen basierende Darstellung der Gesch. des Judentums zur Zeit des zweiten Tempels. Ganz anderen Charakter besitzt die um die Mitte des 11. Jh. in derselben Gegend geschriebene »Megillat Achimaᶜatz«, eine mit dem 9. Jh. einsetzende Familiengesch. der in Süditalien und Sizilien beheimateten Sippe Achimaʿatz, zugleich Darstellung der polit. Wirren zw. Byzantinern und Muslimen und ihrer Auswirkungen auf die jüd. Gemeinden. Das wohl bedeutendste Geschichtswerk des ma. Judentums, »Sefär haqqabäläh«, wurde von →Abraham ben David im 12. Jh. in Spanien verfaßt, umspannt die Zeit von den bibl. Anfängen Israels bis zur Verfolgung durch die →Almohaden und beschreibt insbes. die sukzessive Entwicklung der jüd. Gesetzesgelehrsamkeit in Palästina, Babylonien, Ägypten, dem Maghrib, Spanien und Südfrankreich von der Antike bis zum HochMA. Seine Darstellung beeinflußte Abraham →Zacutos 1504 in Tunis vollendetes »Sefär Yuchasin« nachhaltig, der sich darüber hinaus aber auch als erster jüd. Geschichtsschreiber mit der Gesch. nichtjüd. Völker beschäftigte.

Im dt.-jüd. Kulturbereich entstanden bes. seit dem 12. Jh. martyrolog. Chroniken, die mit genauen Zahlen- und Datenangaben, aber z. T. legendenhaften Ausschmückungen über die mit dem 1. Kreuzzug (→Kreuzzüge) einsetzenden Judenverfolgungen berichteten. Der frömmigkeits- und mentalitätsgesch. Aussagewert der meisten Werke dieses in SpätMA und früher Neuzeit, z. T. auch in Gedichtform, gepflegten Genres überwiegt insgesamt den realgesch. Quellenwert. →Chronik, R.

H. G. v. Mutius

Ed. und Lit.: Iggeret Rav Scherira Gaon, hg. B. M. LEWIN [Nachdr. 1972] – Sefer Josippon, hg. D. FLUSSER, 1980/81 – Megillat Achimaʿatz, hg. B. KLAR, 1943–44 – The Book of Tradition by Abraham Ibn Daud, hg. G. D. COHEN, 1967 – Sefer Yuchasin ha-schalem, hg. Z. PHILIPOWSKY, A. H. FREIMANN, 1962–63 – Sefer Gezerot Aschkenaz we-Sorfat, hg. A. M. HABERMANN, 1946 – Mediaeval Jewish Chronicles and Chronological Notes, hg. A. NEUBAUER, 1887–95.

D. Arabischer und osmanischer Bereich
I. Arabischer Bereich – II. Osmanischer Bereich.

I. ARABISCHER BEREICH: Schon vor→Mohammed kannten die Araber aus Prosa und Vers gemischte stammesgesch. Überlieferungen (Ayyām al-ʿArab, ʾ[Kampf-]Tage der Araberʾ]; allerdings bestand keine äußere Chronologie, sondern diese wurde durch wichtige Konflikte jeweils neu konstituiert. Die Abgrenzung von Realität und Legende ist schwierig. Ähnl. Einschränkungen gelten für die frühe Stammesgenealogie. Verhaftung mit Partikularinteressen und häufige Rückprojektionen setzten sich in der frühislam., erst allmähl. schriftlich werdenden Geschichtsüberlieferung fort. Die Authentizität des in den Großkompilationen des 9. Jh. enthaltenen Materials aus den ersten beiden islam. Jhh. stellt sich daher weiterhin als umstrittenes Forschungsproblem. Die Leistung der Verf. des 9. Jh. (u. a. Ibn Saʿd, Ibn Hišām, al-Balāḏurī – alle überragend – aṭ-→Ṭabarī, gest. 923), spiegelt sich in ihrer nachmaligen klass. Geltung. Annalistisch, bzw. nach Herrschern gegliedert, arbeiten ihre Werke nicht nur die Gesch. der islam. →*Umma* (Gemeinde) auf, für die im Verständnis der Muslime des MA außerdem immer die Biographik (→Biographie, IX) zuständig bleibt, sondern stellen sie in einen welt- und heilsgesch. Zusammenhang von der Erschaffung der Welt bis zum Jüngsten Gericht. Die in islam. Sinn bibl.-prophet. Vorgesch. des Islam wird mit der sasanidisch-iran. Tradition parallelisiert; auch Griechen und Römer, sowie später andere Völker, haben in diesem Schema ihren (nachgeordneten) Platz. Enger mit der griech.-syr. Tradition verbunden, entwickelt sich auch die chr.-arab. Historiogr. (→Eutychios, →Barhebraeus). Universalgesch. Chronologie wird bes. von Astronomen gepflegt (al-→Bīrūnī). In den folgenden Jhh. fächert sich die zunächst nur arab., seit der Mitte des 10. Jh. auch pers.

H. zunehmend auf; neben und oft an die Stelle von Universal- und Reichsgesch. (Ibn al-Aṯīr, gest. 1233; mit philosoph. Grundlegung →Ibn Ḫaldūn, gest. 1408), deren Horizont die gesamte Ökumene umfassen kann (al-→Masʿūdī, gest. 956; Rašīd ad-Dīn, gest. 1315), treten Fortschreibungen von Werken wie dem aṭ-Ṭabarīs, deren Interesse sich bisweilen regional stark verengt, sowie eine Fülle von teils äußerst faktenreichen Regional-, Stadt- und Dynastiegesch., die sowohl in (hist.) Geo-Topographie (al-Bīrūnīs »Indien«, ca. 1030) wie Biographie ausgreifen; Verf. waren nicht selten wohlinformierte, hochrangige Zeitgenossen (Kreuzzüge!).

L. Richter-Bernburg

Ed. und Lit.: al-Bīrūnī, The Chronology of ancient Nations (übers. E. SACHAU, 1879) – al-Bīrūnī, India, 2 Bde, 1888–1910 – The Cambridge Hist. of Iran V, 1968, 621–625 [J. RYPKA]; VI, 1986, 920–928 [Z. SAFA] – P. CRONE-M. COOK, Hagarism, 1977 – J. WANSBROUGH, The Sectarian Milieu, 1978 – A. M. H. SHBOUL, al-Masʿudi and his world, 1979 – Ibn Khaldun, 1982 – A. A. DURI, übers. I. CONRAD, The Rise of Hist. Writing among the Arabs, 1983 – Enc. Iranica I, 1985, 971 b–972 a; IV, 1987, bes. 282 a–287 a – A. AL-AZMEH, Hist. et narration dans l'h. arabe, Annales, 1986, 411–431 – The Hist. of al-Tabari, ed. E. YAR-SHATER, 1989 [Einf.: F. ROSENTHAL, I, 3–164].

II. OSMANISCHER BEREICH: Die osman. H. nimmt ihren Ausgang von der arab. und pers. verfaßten Geschichtsschreibung der Selǧuqen-, Mongolen- und Emiratszeit (→Dānišmend-nāme; →Aqsarāyī; →Enverī). Wichtig für deren Vermittlung ist die türk. Oguzen- bzw. Selǧuqengesch., die Yazıgıoǧlu Alī 1423 für →Murād II. aus pers. Standardwerken (→Ibn Bībī; Rašīd ad-Dīn) kompilierte, mit Einschüben, durch die die oguzische Abstammung der →Osmanen bewiesen und damit die Vorrangstellung ihres Sultans gegenüber Timuriden und Türkmenen (→Aq Qoyunlu) legitimiert wurde. Derartige Überlieferungen (→Dede Qorqut) prägen die seit dem 15. Jh. entstehende osman. Weltgeschichtsschreibung. Selǧuqische Traditionen setzen auch die ersten Sammlungen von amtl. Schreiben, *inšā*, und Briefen, *mektūbāt*, fort. Die Chronistik (→Aḥmedī, →Ḏursun), zu deren Vorläufern die →Geschichtskalender zählen, kennt fließende Übergänge zu Textarten wie »Siegesschreiben«, →Ġazavāt, →Biographie und Genealogie. Anatol. Vorläufern, so den pers. Viten der Mevlevī-Scheiche des Aflākī, folgten die Heiligenleben (*menāqibnāme*; →Aq Šems ed-Dīn). Ihre klass. Ausprägung erfuhren alle Gattungen der H. und Biographie im 16. Jh. Nun inserierten die Verfasser zur Beglaubigung auch →Urkunden, die ihrerseits zu Komplexen zusammengefügt wurden.

B. Flemming

Q. und Lit.: Ş. TEKIN, Menāhicü l-Inǧā, 1971 – V. L. MÉNAGE, WZKM 68, 1976, 31–45 [Lit.] – C. IMBER, Turcica XIX, 1987 – B. FLEMMING, Journal of Ottoman Stud., VII-VIII, 1988, 123–137 – →Chronik, S. II; →Biographie X.

Historische Romanzen → Romanzen

Historisches Lied. [1] *Definition:* Das h. L. ist aus aktuellen gesch. Situationen entstandene Dichtung, die über die Ereignisse informiert, sie kommentiert und bewertet. Dabei ist der jeweilige Standpunkt des Verf.s meist klar zu erkennen: Er ergreift als Augenzeuge oder Teilnehmer an den polit., sozialen oder religiösen Auseinandersetzungen seiner Zeit Partei, will die Rezipienten aufklären, beeinflussen und möglicherweise auf seine Seite ziehen. Aufgrund dieser konkreten propagandist. Wirkungsabsicht ist Dichtung dieser Art nicht mit ästhet. Maßstäben zu messen, sondern aus ihren aktuellen tagespolit. Bezügen her zu beurteilen. Trotz seiner Bindung an Parteistandpunkte ist das h. L. (besser zu bezeichnen als: hist. Ereignislied oder polit. Gelegenheitsdichtung) eine wichtige Geschichtsqu., da es durch seine Gleichzeitigkeit mit hist.

Ereignissen und die Unmittelbarkeit der Aussage vielfach einen lebendigen Ausdruck hist. Meinungsstreites und der subjektiven Beurteilung hist. Vorgänge darstellt.

[2] *Verbreitung:* Da das h. L. auf Propagierung eines Parteistandpunktes und damit auf Wirkung in der Öffentlichkeit ausgelegt ist, stehen die Verf. stets im Bunde mit Personen und Institutionen, die eine rasche Verbreitung der Aussagen gewährleisten. Beim gesungenen L. sind es v. a. fahrende Sänger, Spielleute und Musikanten, die als Multiplikatoren in Frage kommen. Auf Eingängigkeit und leichte Rezipierbarkeit berechnet ist daher auch der Sprachstil. H. L.er beginnen in der Regel mit sog. »journalist.« Eingängen wie »Was wöllen wir aber heben an?«, »Vernement abentiurlichiu mär«, »Nu hörent jemerlliche clag« oder »Will gi horen wor dar geschah«, sie benutzten ausgiebig die jeweiligen regionalen Mundarten und geläufiges sprachl. Formelgut und lehnen sich durch Benutzung von Dialog und Beschränkung auf wenige handelnde Personen häufig an die Strukturen der ma. Volksballaden (→Ballade) an. H. L.er bedienen sich im Kontrafakturverfahren oft präexistenter, gängiger Melodien, was ihre Wirkung über den Tag hinaus fördert. Im Unterschied zur älteren Forsch. (SOLTAU, LILIENCRON), sind h. L.er jedoch nur dann als →Volkslieder zu bezeichnen, wenn sie volkläufig wurden und noch lange nach dem besungenen Ereignis weiterlebten.

[3] *Quellen:* Ma. h. L.er sind üblicherweise aus Hss. bekannt. Nach Einführung des →Buchdrucks spielte seit dem letzten Viertel des 15. Jh. der →Einblattdruck eine zunehmend wichtigere Rolle als Träger und Vermittler hist. Lieddichtung (Liedpublizistik). Mit dem Flugblatt steht den Verf.n von hist.-polit. Liedern nunmehr ein Medium zur Verfügung, das durch Mauueranschlag, öffentl. Vorlesen, Vorsingen und Abschreiben weit aus größere Publizität garantiert. Sebastian →Brant hat als erster engagierter »Journalist« die publizist. Möglichkeiten des illustrierten Flugblattes erkannt und für seine propagandist. Zwecke genutzt (u. a. 1493).

[4] *Inhalte:* Manche Forscher stellen an den Beginn der hist. Lieddichtung das →Ludwigslied von 881/882. Aber erst mit dem 14. Jh. setzt eine dichtere schriftl. Überlieferung h. L.er ein. Im Mittelpunkt des Genres stehen Beschreibungen von Kriegern und Schlachten (z. B. 'Böhmenschlacht' v. →Dürnkrut, 1278), daneben finden sich Lieder zum Lobpreis oder zur Verspottung von berühmten Zeitgenossen (z. B. auf die Seeräuber Stortebeker [Störtebeker] und Goedeke Michel, 1402) oder Klagen um den Tod von Fs.en (z. B. auf den lux. Hzg. →Wenzel v. Brabant, 1383). Manche Ereignisse wie die →Soester Fehde von 1446–47 sind durch eine ganze Reihe von Liedern dokumentiert. Am ausführlichsten jedoch wird die spätma. Gesch. der schweizer. →Eidgenossenschaft, von der Schlacht v. →Sempach (1386) bis zu den Mailänder Feldzügen (1530), von hist.-polit. Lieddichtung begleitet. Die zahlreichen eidgenöss. h. L.er sind ein aufschlußreicher Indikator für das wachsende öffentl. Interesse an den polit. Vorgängen. Durch die Propagierung von Heldenfiguren wie →Winkelried, Rudolf Stüssi oder Wilhelm →Tell sollten die L.er, in bewußtem Rückgriff auf Formeln und Motive des ält. dt. Heldenepos, einen Beitrag zur Konsolidierung des jungen Staatsgebildes leisten. Das 16. Jh. gilt allgemein als Blütezeit des h. L.es, doch dies wohl nur infolge der besseren Überlieferung der Zeit nach 1500.

R. W. Brednich

Q.: F. v. SOLTAU, Ein Hundert Dt. Hist. Volkslieder, 1845 – R. FRH. v. LILIENCRON, Die hist. Volkslieder der Deutschen vom 13. bis ins 16. Jh., 1, 1865 [Neudr. 1966] – L. TOBLER, Schweizer. Volkslieder, 2 Bde, 1882–84 [Neudr. 1975] – K. STEIFF-G. MEHRING, L.er und Sprüche Württembergs, 1899–1912 – R. W. BREDNICH, Die Liedpublizistik im Flugblatt des 15. bis 17. Jh., 2 Bde, 1974–75 – *Lit.*: P. ROTH, Die neuen Zeitungen in Dtl. im 15. und 16. Jh., 1914 [Neudr. 1963] – Reallex. der dt. Lit.gesch. 1, 1958, 666–669 [F. SEEMANN] – H. TRÜMPY, Bem. zum alten Tellenlied, Basler Zs. für Altertumskunde 65, 1965, 113–132 – J. M. RAHMELOW, Das Volkslied als publizist. Medium und hist. Q., Jb. für Volksliedforsch. 14, 1969, 11–26 – V. SCHLUMPF, Die frumen edlen Puren. Unters. zum Stilzusammenhang zw. den hist. Volksliedern der alten Eidgenossenschaft und der dt. Heldenepik, 1969.

Histria → Istrien

Hita, arcipreste de → Ruiz, Juan

Ḥiṭṭīn → Ḥaṭṭīn

Hitto, 6. Bf. v. →Freising, 811/812–835, † 835, entstammte als Angehöriger der →Huosi dem bayer. Hochadel, ▱ Freising, Domkrypta (Sarkophag erhalten). Vermutl. schon Kleriker seit 791, seit 794 Diakon am Freisinger Dom, häufig Zeuge in Freisinger Urkk. Als Bf. v. Freising erstmals 812 erwähnt (sein Vorgänger und Verwandter Atto, † 810). – H. wurde ein außerordentl. aktiver und erfolgreicher Bf., der auch Wert auf äußere Repräsentation legte. Über 300 Traditionsurkk. sind aus H.s Amtszeit erhalten. Zum Zwecke der Besitzsicherung legte H.s Notar Cozroh für die Freisinger Domkirche ein erstes →Traditionsbuch an, das bis 744 zurückreicht. Unter H. erreichte das Freisinger Skriptorium einen bes. Höhepunkt (ca. 40 Codices). H. hat offensichtl. die bfl. Oberherrschaft über seine (meist ehem. adligen Eigen-)Diözesankl. zu einem für Freising positiven Abschluß gebracht (u. a. Schliersee [817], Schäftlarn [821, 828] und →Innichen). – H.s Neffe →Erchanbert wurde sein Nachfolger.

W. Störmer

Q.: TH. BITTERAUF, Die Traditionen des Hochstifts Freising, I, 1905, nrr. 300–367 – *Lit.*: B. BISCHOFF, Die südostdt. Schreibschulen und Bibl. in der Karolingerzeit, I, 1960² – K. SCHMID, Religiöses und sippengebundenes Gemeinschaftsbewußtsein, DA 21, 1965, 42–49, 59–69 – G. MAYR, Ebersberg – Gericht Schwaben (= Hist. Atlas von Bayern, T. Altbayern 48, 1989), 61–69 – →Freising [H. STAHLEDER; J. MASS].

Hlothhere, Kg. v. →Kent seit Juli 673, † 6. Febr. 685, Bruder von Ecgberht, dem er als Kg. folgte. Ecgberhts Sohn Eadric bekämpfte H. später und trat dessen Nachfolge an. Bei dem Angriff der Südsachsen auf Kent 685, der von Eadric veranlaßt wurde, fand H. den Tod. Ags. Gesetze, die im »Textus Roffensis« (→»Codex R.«) enthalten sind, scheinen von H. und Eadric erlassen worden zu sein. Eine Landübertragung H.s in Thanet an Brihtwold, Abt v. Reculver, ist für 679 in der ältesten, in England erhaltenen Urk. überliefert. →Ags. Recht.

P. H. Sawyer

Lit.: K. P. WITNEY, The Kingdom of Kent, 1982 – N. P. BROOKS, The Early Hist. of the Church of Canterbury, 1984.

Hoccleve, Thomas, 1369?–1426?, me. →Chaucernachfolger, von Beruf *clerk* im Privy Seal Office in London, Verfasser von ca. 13 000 Versezeilen mit zunächst religiösem, nach 1402 eher sozialem und polit. Anliegen, häufig autobiograph. durchsetzt. 1416 litt H. vorübergehend an einer Geisteskrankheit. Die Spätgedichte (1421/22) sind dem Mäzen →Humphrey, Duke of Gloucester, zuzuordnen, dem Statthalter des späteren Kg.s Heinrich V.; letzterem ist auch H.s Hauptwerk, der »Fürstenspiegel« »Regement of Princes« (1411), gewidmet. – H. wird neuerdings als eigenständiger Autor von Format gesehen. Dieses

Urteil stützt sich auf seine weltl. Dichtung. In »Letter of Cupid« setzt sich H. krit.-iron. mit dem Feminismus der →Christine de Pisan auseinander, indem er für den von ihr angegriffenen →Jean de Meung (→Rosenroman) und für →Chaucer Partei ergreift; »La Male Règle de T.H.« ist als Parodie der Bußdichtung (→Beichtformeln, C.III) verstanden worden: Der Autor scheint zunächst zerknirscht über sein »ausschweifendes« Londoner Junggesellenleben, doch fehlt es ihm eher an Mitteln als an Moral. Wie hier spielt H. auch in »Regement of Princes« mit seiner Autor- und Erzählerrolle und mit dem Verhältnis von Fiktion und hist. Wirklichkeit. Auch grübler. Selbstreflexion ist H. nicht fremd (vgl. »The Complaint of H.«, 1421). →Gesta Romanorum, III. M. Markus

Bibliogr.: Manual ME 3/VIII, 1972, 746–756, 903–908 – NCBEL I, 646f. – *Ed.*: F. J. Furnivall – I. Gollancz, H.'s Works: The Minor Poems, EETS ES 61, 73, 1892–1925 [rev. Nachdr. 1970] – F. J. Furnivall, H.'s Works: The Regement of Princes..., EETS ES 72, 1897 [Nachdr. 1973] – M. C. Seymour, Selections from H., 1981 – *Lit.*: J. Mitchell, T.H., 1968 – G. Hagel, T.H., 1984 – J. Mitchell, H. Stud., 1965–81 (Fifteenth-Century Stud.: Recent Essays, hg. R. Yeager, 1984), 49–64.

Hochburgund → Burgund, Kgr.

Hochelten, Burg und Stift am Niederrhein (Nordrhein-Westfalen) zw. Emmerich und Arnheim auf einer 60 m hohen Endmoräne. Auf dem 500 m langen Plateau lag auf der Westspitze eine durch einen Wall abgetrennte Fluchtburg, auf der Osthälfte eine durch Sohlgraben zweigeteilte Burg (944 erstmals urkundl. erwähnt), die 967 von dem Gaugf.en Wichmann v. Hamaland in ein freiadliges Damenstift umgewandelt wurde. Archäolog. ließ sich eine erste, wohl um 880 entstandene Anlage nachweisen. Bei der Burg, die zu Beginn des 10.Jh. errichtet wurde, bestanden alle Bauten aus Holz, teilweise mit verputzten Gefachen. Um einen freien Platz lagen im N und NO eingetiefte Fachwerkhäuser, im O die Burgkapelle und im S der Palas. Die Umwehrung bestand aus Holzbalken, Flechtwerk und Sandschüttungen, die mit Lehmplaggen belegt waren. 962 erfolgte der Anbau eines Rundbaues mit Westemporenkapelle an die Holzkirche, 967–980 die Errichtung der Stiftsanlage mit Kreuzgang aus Stein, dreischiffiger Basilika und Palas, während der 1. Hälfte des 12.Jh. die Erneuerung der Kirche von W nach O (Westturm, Langhaus 1129 geweiht; Ostquerschiff mit Apsis). Nach der Zerstörung 1585 begann 1660 ein reduzierter Wiederaufbau. G. Binding

Lit.: G. Binding, W. Janssen, F. K. Jungklaass, Burg und Stift Elten am Niederrhein (Rhein. Ausgrabungen 8, 1970).

Hochfinanz. Das Wort 'Finanz' (financia, zu mlat. *finis*, afrz. *fin*, me. *fin*, 'endgültige Vereinbarung über eine Geldzahlung', dann 'Geld' und 'Zahlung' schlechthin) für ein Geldgeschäft im herrschaftl. und gerichtl. Bereich kam im 13.Jh. in W-Europa in Umlauf; in Deutschland begegnet es wohl nicht vor der Mitte des 14.Jh. und als Lehnwort erst im Nhd. des 16.Jh. Im Plural bezeichnet es in Frankreich seit dem 14.Jh. auch den Staatshaushalt, und so wird es heute allg. verstanden (vgl. auch →Finanzwesen). – Im Gegensatz dazu bezieht sich erst seit W. v. Stromers Unters. von 1970 gebräuchl. gewordene Begriff 'H.' auf das Geschäftsgebaren der Kaufleute, die Fs.en und Kg.en Kredite gewährten; ob auch Städten, bleibt unklar, denn eine (strenge) Definition findet sich nur bei W. v. Stromer (s. u.). Erläutert wird H. als polit. Finanz, als Kreditgewährung an die Hochadel (im Gegensatz zu Krediten mit Rittern, Bürgern, Städten) oder als Geldhandel der großen Bankhäuser (im Gegensatz zum Kleinkredit der Wechsler, →Juden, →Lombarden,

→Kawertschen). Bei der Entwicklung der H. werden drei Phasen unterschieden: 1. Bis Ende des 13.Jh. nahmen Kg.e und Fs.en nur vorübergehend und für außerordentl. Zwecke Kredite auf. Kreditgeber waren neben Bürgern (vgl. die Bankiers von →Arras) vielfach noch geistl. Grundherren (Kl., →Ritterorden). Da die Kreditnehmer mangels regelmäßiger Geldeinnahmen ihre Anleihen nur mühsam verzinsen und tilgen konnten, mußten die Kaufleute stattdessen oft mit geldwerten Privilegien und Exportlizenzen zufrieden sein oder Ämter, Regalien und Steuern in Pacht nehmen. – 2. Hohe regelmäßige Geldeinkünfte erlaubten den Kg.en und Fs.en in W-Europa seit der Mitte des 13.Jh. auch die regelmäßige Aufnahme von Krediten. Als Kreditgeber traten die großen Firmen der it. Gewerbestädte in den Vordergrund (z. B. Buonsignori, Salimbeni aus Siena; →Bardi, →Frescobaldi, →Peruzzi, Pucci aus Florenz), die alsbald v. a. den Kreditbedarf der engl. Krone deckten. – 3. In Deutschland wurden die Formen der ersten Phase erst um die Mitte des 14.Jh. überwunden, als obdt., insbes. Nürnberger Handelshäuser den polit. Aufstieg der Kg.e aus dem Hause →Luxemburg finanzierten. W. v. Stromer schränkt den Begriff 'H.' ausdrückl. auf die Geldgeschäfte der wenigen ganz großen Kaufleute ein, die mit den Methoden und Machtmitteln der Wirtschaft systemat. in die große Politik eingreifen konnten, um sich für ihre Geld- und Kreditleistungen Handelsvorteile, Bergbau- und Gewerbekonzessionen sowie Monopole zu sichern und damit ihre Wirtschaftsimperien auszubauen (vgl. bes. den Aufstieg der →Fugger und →Welser). E. Pitz

Lit.: Hb. der europ. Wirtschafts- und Sozialgesch. II, 1980, 1–149 – G. Bigwood, Les financiers d'Arras, RBPH 3, 1924; 4, 1925 – E. B. Fryde–M. M. Fryde, Public Credit (The Cambridge Economic Hist. of Europe 3, 1963) – W. v. Stromer, Oberdt. H. 1350–1450, T.I–III (VSWG Beih. 55–57, 1970) – H., Wirtschaftsräume, Innovationen (Fschr. W. v. Stromer, T. 1–3, 1987).

Hochgebet → Messe

Hochgerichtsbarkeit → Gericht, Gerichtsbarkeit

Hochkönig (High-king; ir. *ardrí*), ranghöchster, über den anderen Kg.en des ma. →Irland stehender Herrscher. Die Vorstellung von nationaler Souveränität (und, damit zusammenhängend, eines geeinten Kgtm.s) ist in der ir. Frühzeit – trotz des Begriffs der *cóiceda* (→cóiced) als Gesamtbezeichnung für die Provinzen Irlands – kaum erkennbar. Der polit. Ehrgeiz der mächtigeren ir. Kg.e seit dem 7.Jh. war von dem Bestreben geleitet, die vorhandenen, ledigl. lit. faßbaren Vorstellungen von einem Hochkgtm. in polit. Realität umzusetzen. Das Fehlen des Begriffs des *ardrí* in den Rechtstraktaten wurde lange als Anzeichen dafür gewertet, daß im Rechtsleben ein solches Amt unbekannt war. Hier treten vielmehr der Kleinkg. (*rí tuaithe*) und der höherrangige Provinzialkg. (*rí cóicid*) hervor. Doch wurde der Titel des *rí Temro*, der am altberühmten Kg.ssitz v. →Tara (Mide) haftete, offenbar schon seit der Mitte des 7.Jh. benutzt, um den Anspruch der →Uí Néill auf eine angebl. althergebrachte gesamtir. Hochkönigswürde zu untermauern. →Adamnanus v. Hy († 704), 9. Abt v. →Iona, bezeichnet diese als 'das Vorrecht der Monarchie über das Kgr. des ganzen Irland'. Die Tatsache, daß der älteste Beleg für den Titel rí Temro aber nicht bei den Uí Néill, sondern bei einem Kg. der →Cruthin im nö. Irland erscheint, zeigt, daß die Vorstellung einer übergeordneten Würde des Tara-Kgtm.s durchaus über den Bereich der Herrschaftsüberlieferung und Propaganda der Uí Néill hinausreichte.

Die Uí Néill vermochten jedoch seit dem 8.Jh. den Titel

des H.s unter Ausschaltung von Konkurrenten zu monopolisieren; ihre Kg.e heißen daher in den Annalen *rí hÉrenn*, in lat. Texten 'rex Scottorum, totius Scotiae regnator, rex Hiberniae'. Ihr polit. Wollen entwickelte in den folgenden Jahrhunderten starke Eigendynamik; Kg.e anderer Provinzen, v.a. des südl. gelegenen →Munster, bestritten den Uí Néill die Vorrangstellung. Doch auch die mächtigsten Herrscher v. Munster wie Cathal mac Finguine († 742), →Feidlimid mac Crimthain († 847) und schließlich →Brian Bóruma († 1014) konnten ihre Vorrangstellung nicht zum dynastisch und institutionell abgesicherten Herrschertum über Irland ausbauen. Somit blieben Ansätze zu monarch. Staatlichkeit, wie sie sich in anderen westeurop. Ländern ausbildeten, in Irland gering; das Hochkgtm., das bis in die Zeit des späten 12. Jh., als das anglonorm. Vordringen das polit. und soziale Leben Irlands stark veränderte, fortbestand, war stets vorwiegend ein Ehrenvorrang, keine monarch. Institution.

D. Ó Cróinín

Lit.: F. J. BYRNE, The Rise of the Uí Néill and the High-Kingship of Ireland, 1969 – DERS., Irish Kings and High-Kings, 1973.

Hochkreuz. Der Begriff – erstmals in den »Annals of the Four Masters« s. a. 957 in bezug auf das H. in →Clonmacnoise erwähnt – bezeichnet heute allg. die großen Steinkreuze, die im →Irland des 8.–12. Jh. errichtet wurden. (Die brit. Kreuze werden dagegen üblicherweise nicht als H.e bezeichnet.)

In Irland sind über 200 (dekorierte) H.e von mehr als 1,50 m ursprgl. Höhe erhalten, viele von ihnen fragmentarisch. Zwei Gruppen sind erkennbar: 1. die H.e des 8.–10. Jh., im wesentl. aus dem ö., n., zentralen und sö. Irland; 2. diejenigen des 12. Jh., vorwiegend (aber nicht ausschließl.) aus dem Gebiet westl. des Shannon. Die besser erhaltenen H.e stehen auf einer steinernen Basis; das größte Exemplar (Monasterboice) erreicht 6,45 m. Im Zentrum befindet sich bei vielen H.en ein Ring, der wahrscheinl. sowohl baul. als auch symbol. (kosm.?) Bedeutung hatte. Manche H.e besitzen nur an den Köpfen der Kreuze erhabene Bossen. Andere, wie das H. in Ahenny, sind überreich mit geometr. und Tierornamenten geschmückt, die offensichtl. auf Metallarbeiten zurückgehen. Einige der bekanntesten H.e (z. B. Kells, Monasterboice, Durrow, Clonmacnoise, Armagh, Arboe) kombinieren diese Ornamente mit figürl. gestalteten Feldern (meist Szenen des AT und NT, einschließl. der Apokryphen, z. T. auch Leben der hl. Paulus und Antonius). Oft sind Szenen dargestellt, die die Hilfe Gottes für die Guten illustrieren, oder es werden kirchl. Lehren (Passion, Tod u. Auferstehung Christi in Clonmacnoise) verbildlicht. Die H.e der Ahenny-Gruppe werden oft auf das 8. Jh. datiert, während die großen »Scripture Crosses« meist als Werke des 10. Jh. gelten; neueren Forsch. zufolge ist für beide Gruppen eher eine Entstehung im 9. Jh. anzunehmen. Auswahl und Komposition der bibl. Szenen dürften sich an karol. Fresken orientieren. Dagegen kennen die H.e des 12. Jh. nur selten bibl. Szenen, sondern zeigen die Figur Christi sowie örtl. Bf.e oder Äbte in Hochrelief, verbunden mit geometr. und Tierornamenten.

P. Harbison

Lit.: P. HARBISON, The High Crosses of Ireland, 3 Bde [im Dr.].

Hochmeister (magister [generalis]; in der dt. Form *ho[e]meister* erst seit dem frühen 15. Jh. stärker gebräuchlich), Oberhaupt des →Dt. Ordens. In der Frühzeit des Ordens wird der 'magister'-Titel, zunächst nur vereinzelt, verwandt (für die Vorsteher des Akkoner Spitals), von den Statuten aber nicht ohne weiteres übernommen. Nach den sog. Gesetzen des Dt. Ordens (1235–64) ist der 'magister' mit Befugnissen und Vorrechten ausgestattet, und in den während der Überarbeitung der Regel entstandenen Gewohnheiten des Dt. Ordens dient 'magister' durchgängig zur Bezeichnung des Ordensvorstehers ('magister generalis' aber erst 1251 belegt). Nach der Verlegung des Hauptsitzes nach Preußen ging das Amt des preuß. →Landmeisters im H.amt auf. Aufgrund der Statuten, die den H. mit Ehrenvorrechten (u.a. Insignien, eigenes Wappen, Gefolge, Marstall, Kasse) ausstatten, stellen sich die – nicht genau definierten – Amtsfunktionen als eingebunden in den korporativen Rahmen dar (starke Position des jährl. großen Kapitels). Doch wurde der H. faktisch zum Landesherrn in Preußen und gewann die Autorität im Gesamtorden. Nach →Tannenberg geriet das H.amt in die Krise (u.a. Absetzung →Heinrichs v. Plauen 1413/14, sog. Städtekrieg von 1453–66). Der an einen Rat (seit →Paul v. Rusdorf), an →Landstände und Orden gebundene H. verlor die Autorität im Gesamtorden. An der Wende vom 15. zum 16. Jh. folgte eine letzte Variante der Verfürstlichung durch die Wahl von reichsfsl. Söhnen (Wettiner, Hohenzollern).

C. A. Lückerath

Lit.: O. SCHREIBER, Die Personal- und Amtsdaten der H., Oberländ. Gesch. Bll. 3, 1909–13, 615–762 – E. MASCHKE, Der dt. Ordensstaat, 1935 – E. E. STENGEL, H. und Reich, ZRGGermAbt 58, 1938, 178ff. – K. FORSTREUTER, Vom Ordensstaat zum Fsm., 1951 – K. MILITZER, Die Entstehung der Deutschordensballeien im Reich, 1970, 6–33 – C. A. LÜCKERATH, De electione magistri, Preußenland 9, 1971, 33–47 – →Dt. Orden.

Hochmeisterchronik. Nach den z.T. internen historiograph. Werken des →Dt. Ordens (→Peter v. Dusburg, →Nikolaus v. Jeroschin, →Johannes v. Posilge u.a.) entstand im 15. Jh. die H. im engeren Sinne. Die dt., die Jahre 1190–1433 umfassende, nach →Hochmeistern gegliederte Ältere H. (Zamehl'sche Chronik, um 1440) betont den Heidenkampf als Herrschaftslegitimation. Nach 1455 fortges. von Georg v. Egloffstein für die Jahre 1433–55, wurde sie insgesamt Vorbild für die Jüngere H. und die städt. Chronistik Preußens. Laurentius →Blumenau schrieb eine nicht abgeschlossene Chronik des Dt. Ordens (bis 1449). Aus dem Kampf des Ordens gegen die Stände erwuchs um 1460 die Schrift »Gesch. von wegen eines Bundes« (1440–62), die die Q. für die um 1500 entstandene kleine lat. H. bildet. Letzter Ausläufer der Ordenschronistik ist die sog. Jüngere H. aus der Ballei Utrecht (nach 1490).

C. A. Lückerath

Lit.: Verf.-Lex.² I, 286–288; IV, 922f. – W. WIPPERMANN, Der Ordensstaat als Ideologie, 1979 – →Deutschordenslit. [bes. K. HELM – W. ZIESEMER, 1951; O. ENGELS, 1966].

Höchstes Gut → Gut, höchstes

Hochzeit (ahd. *diu hoha gizit*, mhd. *hochzit, hochgezit*), zunächst jedes hohe weltl. und kirchl. Fest, seit dem 13. Jh. allmähl. auf die Bezeichnung der Vermählungsfeier eingegrenzt. Bei der Begründung der →Ehe sind Verlobung und Vermählung seit der frk. Zeit getrennte, als Vertrag und dessen Erfüllung aufeinander bezogene Rechtshandlungen, die indessen in kurzer Zeit aufeinander folgen können. Das Zustandekommen der förml. Vereinbarung fand, wie bei anderen Vertragsabschlüssen, im Handschlag zw. Bräutigam und Brautvater, im Handgeld oder im Umtrunk der Parteien (Wein-, Bierkauf, auch »lovelbier«) symbolhaften Ausdruck. Unter diesen Brauchelementen diente der Handschlag oder stellvertretend (z. B. schwäb. Verlöbnisformel des 12. Jh.) auch die Gabe von Handschuhen zur wechselseitigen Bekräftigung der Verbindung zw. Braut und Bräutigam. Die Gewohnheiten beim Vertragsabschluß, daneben die in manchen norddt.

Städten übliche Verkündigung der Verabredungen in den Kirchen, boten Ansätze für eine festl. Ausgestaltung der Verlobung, wie sie in Nürnberg als »Lautmerung« (ursprgl. »Verkündigung«) seit Ende 14. Jh. bezeugt ist und in manchen Brauchmotiven, z. B. in den traditionellen Geschenken zw. den Brautleuten oder an diese, wohl der Vermählungsfeier korrespondiert. Der →Ruodliebroman kennt, wenn auch außerhalb der eigtl. Vermählung, schon früh den Ringtausch, der seit dem 13. Jh. (mutatio anulorum bei der Verlobung von Otto IV. und Beatrix, 1209; Kudrundichtung) die zunächst übliche einseitige Ringgabe an die Braut, wahrscheinl. unter dem Einfluß der Kirche ablöste, die den Ringwechsel in ihr Trauungszeremoniell aufnahm. Der Gebrauch des Ringes folgt röm. Gewohnheiten und ließ sich – bezogen auf die Ehe – sinnbildl. deuten (Johannes Herolt, Johann Ulrich Surgant, 15. Jh.). Kirchgang und Brautmesse konnten bisweilen erst nach dem Beilager stattfinden (vgl. Nibelungenlied). Die Forderung nach der Segnung der Ehe in der Kirche, die der Corrector des Burchard v. Worms (1000–25) erhob, v. a. die in der ersten Hälfte des 13. Jh. einsetzenden Verbote des Zusammengebens der Brautleute durch Laien, konnten gemäß dem Leitsatz »consensus facit nuptias« Laien- oder auch Selbsttrauungen nicht gänzl. verhindern. Die Beteiligung der Kirche an der Vermählung führte zu der seit Ende des 11. Jh. vom nfrz. Küstengebiet her sich ausbreitenden Sitte, die Trauhandlung in facie ecclesiae (→Brautportal) vorzunehmen, wie dies in Nürnberg bis zur Einführung der Reformation 1525 die Regel war. Bes. Sorge der weltl. und kirchl. Obrigkeit galt in der Unterdrückung der »winkeltruwen«, der matrimonia clandestina, der Öffentlichkeit der Eheschließung; ihr dienten über alle Repräsentationsbedürfnisse hinaus als Festmotive die Aufzüge zur Kirche oder zur Stätte des H.smahls, das mancherorts, bes. für die oberen Schichten städt. Bevölkerung, im Festsaal des Rathauses veranstaltet wurde. Der rechtl. Bedeutung des Beilagers für das Zustandekommen der Ehe entsprechend, konnte die Anwesenheit von Zeugen beim Besteigen des Ehebettes, der symbol. Bettsetzung (Enea Silvio Piccolomini 1452: »mos teutonicus«), Bestandteil des H.srituals sein. H.sordnungen regelten seit dem 13. oder 14. Jh. in den Städten die Ausgestaltung des Festes und bezeugen zugleich das Bestreben, die Feier durch großzügige Bewirtung, durch Musik und Tanz, durch Freigebigkeit herauszuheben. Kriterien für die geforderten Eingrenzungen des Aufwandes bildeten zunächst die Höhe der Mitgift oder, wie in Göttingen 1367, die Kleiderausstattung der Braut. Einschränkungen betrafen zumeist die Gaben zw. Braut und Bräutigam, sonstige Geschenke, insbes. aber Zahl der Festgäste, der Speisefolgen, die Quantitäten von Bier und Wein. Auch versuchten diese Ordnungen die Ausdehnung des Festes, für die zwei, höchstens drei Tage eine Norm bildeten, zu begrenzen. s. a. →Brautkleidung. B. Deneke

Zur Vermählung in Byzanz, im Judentum und im Islam →Ehe.

Lit.: O. ZALLINGER, Die Eheschließung im Nibelungenlied und in der Gudrun, 1923 (SAWPH 199, 1) – DERS., Die Ringgaben bei der Heirat und das Zusammengeben im ma. dt. Recht, 1931 (SAWPH 212, 4) – H. MEYER, Die Eheschließung im »Ruodlieb« und das Eheschwert, ZRGGermAbt 52, 1932, 276–293 – R. KÖSTLER, Ringwechsel und Trauung, ZRGKanAbt 22, 1933, 1–35 – A. JEGEL, Altnürnberger H.sbrauch und Eherecht, bes. bis zum Ausgang des 16. Jh. (Mitt. des Vereins für Gesch. der Stadt Nürnberg 44, 1953), 238–274 – G. J. NEUMANN, H.sbrauchtum in Westfalen vom 14.–18. Jh. unter bes. Berücksichtigung der Städte (Westfalen 33, 1955), 212–223 – I. SCHWARZ, Die Bedeutung der Sippe für die Öffentlichkeit der Eheschließung im 15. und 16. Jh. (bes. nach norddt. Q.) (Q. zur Kirchen- und Rechtsgesch. 13), 1959 – E. LORZER, Eheschließung und Werbung in der 'Kudrun' (MTG 37), 1971 →Ehe, Lit. (OPTET, RITZER, WEIGAND, SCHRÖTER).

Hochzeit, die, mhd. geistl. Gedicht in 1089 Vv. mit predigthaften Zügen, in einer Millstätter Hs. aus der 2. Hälfte des 12. Jh. überl., wohl um 1160 verfaßt; trotz Überlieferungsverbund und sprachl. Berührungen mit »Vom Rechte« ist die Entstehungsgegend umstritten. – Nach einem programmat. Prolog, der die Gesch. eines reichen Kg.s und deren Sinndeutung ankündigt, wird von einem mächtigen Herrn im Gebirge erzählt, der sich gegen den Aufstand seines Gesindes zu wehren versucht; doch als die Bestrafung keine Ruhe bringt, soll ein künftiger Erbe das Plans durchsetzen. Zur Verwirklichung des Plans erfolgen die Werbung um eine Braut aus dem Tal und eine prächtige Hochzeit. Dieser 1. Teil besitzt erzähler., z. T. auch anschaul. Eigenständigkeit gegenüber der folgenden, auf Gottes Erlöserwerk zielenden Allegorese, die mehrere Deutungsstränge enthält und auf bestimmte Komplexe konzentriert ist (Braut und Bräutigam bezeichnen die menschl. Seele, Bräutigam bezeichnet auch Maria, das Hochzeitsfest das ewige Leben im Himml. Jerusalem). Ohne bestimmte einzelne Quelle sind in dem Text verschiedenartige Elemente (weltl. Brautwerbungsmotivik, Hohelied-Allegorese, Apokalypse-Auslegung) aufgenommen. Der unbekannte, theol. geschulte geistl. Verf. weist den Weg zu den ewigen Freuden über die Erfüllung der Pflichten in der von Gott geordneten Welt. U. Schulze

Ed.: Faks. der Millstätter Hs., ed. A. KRACHER, 1967, 142ʳ–154ᵛ – Die rel. Dichtungen des 11. und 12. Jh., ed. F. MAURER, II, 1965, 182–223 – Kleinere dt. Gedichte des 11. und 12. Jh., II, 1972, 132–170 – Lit.: Verf.-Lex.² IV, 77–79 [P. GANZ; Lit.] – P. F. GANZ, D.H.: fabula und significatio (Stud. zur Lit., hg. L. P. JOHNSON u. a.), 1974, 58–73 – H. F. RESKE, Jerusalem caelestis, Bildformen und Gestaltungsmuster, 1973, 157–211 (GAG 95) – H. KUHN, Allegorie und Erzählstruktur (Formen und Funktionen der Allegorie, hg. W. HAUG, 1979), 206–218.

Hochzeit zu Kana → Wunder Christi

Hochzeitsbild. In ma. bibl. oder hagiograph. Zyklen wird als Inbegriff der Hochzeit die 'dextrarum iunctio', d. h. das Zusammenlegen der Hände der Brautleute durch eine meist zw. ihnen stehende (geistl.) Person (schon in den Langhausmosaiken von S. Maria Maggiore in Rom, Hochzeit von Jakob und Moses, 5. Jh.), auch das Anstecken des Rings oder das Hochzeitsmahl dargestellt. Davids Hochzeit mit Michal ist ausführl. im Bamberger Psalmenkomm. des →Petrus Lombardus (späteres 12. Jh.) geschildert. Die Hochzeit zu Kanaa bot Anlaß zur Darstellung des Mahls in Evangelienzyklen. Die apokryphe Erzählung von der Hochzeit Marias und Josefs wird als dextrarum iunctio dargestellt; in der Arena-Kapelle in Padua fügt →Giotto den Hochzeitszug hinzu. Vermählungen anderer Hl. er werden häufig als dextrarum iunctio bzw. durch das Anstecken des Rings an den Finger der Braut verbildlicht, so z. B. im Hedwig-Cod. (→Hedwig v. Schlesien) von 1353 (Malibu) oder im Theodolinde-Zyklus im Dom v. Monza (1444; mit Darstellung des Hochzeitsmahls). Dasselbe Bildschema findet sich bei der myst. Hochzeit des hl. →Franziskus (i. F.) im Gewölbe der Unterkirche von S. Francesco in Assisi (um 1330), wo der Hl. der Personifikation der Armut den Ring an den Finger steckt. Im späten MA wird die myst. Vermählung der hl. →Katharina v. Alexandrien beliebtes Bildmotiv, bei dem das meist von Maria gehaltene Jesuskind der Hl. n den Ring ansteckt.

Außerhalb des bibl.-hagiograph. Bereichs gibt es H. er z. B. in Zyklen der 7 Sakramente (→Rogier van der Weyden, Antwerpen) und in Rechtshss. (→Decretum Gratiani, →Sachsenspiegel; meist dextrarum iunctio). Auch in hist. Schr. werden wichtige Hochzeiten gelegentl. dargestellt, z. B. das Hochzeitsmahl Ks. Heinrichs V. und der Mathilde v. England in der Chronik →Ekkehards v. Aura (Cambridge) oder die Vermählung (dextrarum iunctio) Fulcos v. Anjou mit Kgn. Melisende in einer spätgot. frz. Hs. der »Hist. de la conquête de Jérusalem« des →Wilhelm v. Tyrus (Paris). Singulären Rang nimmt das H. von Giovanni →Arnolfini und der Giovanna Cenami des Jan van →Eyck von 1434 ein (London), das das Paar mit ineinandergelegten Händen (die Rechte der Braut in der Linken des Bräutigams, dessen Rechte erhoben) im Brautgemach zeigt. U. Nilgen

Lit.: LCI I, 318–26; II, 299–306; IV, 5–9; VI, 286; VII, 295f. – RDK II, 1130–34; IV, 775f. – A. HEIMANN, Die Hochzeit von Adam und Eva im Paradies nebst einigen anderen H.ern, Wallraf-Richartz-Jb. 37, 1975, 11ff.

Hochzeitshaus, gelegentl. Bezeichnung für ein bürgerl. Gebäude mit großem Saal für Festlichkeiten (z. B. Tanzhaus in Rothenburg, Gürzenich in Köln), Fritzlar 1580/90). G. Binding

Hodigitria → Ikonen

Hodo, Mgf. der sächs. Ostmark, einer der Nachfolger →Geros I., zu dessen Verwandtschaft er gehörte; † 13. März 993, ⌐Nienburg (Saale). H., ein Vertrauter Ottos I. und Erzieher Ottos II., erlitt in einer Grenzfehde 972 bei →Cidini eine Niederlage durch Cidibur, den Bruder →Mieszkos I., und war an der Bekämpfung des Slavenaufstands 983 beteiligt. Er konnte nicht die Nachfolge seines Sohnes Siegfried gegen die Ansprüche →Geros II. sichern. H. Ludat

Q. und Lit.: CH. LÜBKE, Reg. zur Gesch. der Slaven an Elbe und Oder, T. I–V, 1984–88; vgl. T. V: Register, bes. Nr. 117, 129, 162, 278f.

Hoechstetter, bedeutende Kaufmannsfamilie in →Augsburg, stammte aus dem Donauraum um Hochstädt, als Ministerialienfamilie seit Mitte des 12. Jh. nachweisbar. Der gesicherte Augsburger Stamm beginnt mit dem Gewandschneider, Bleicher und Kaufmann *Ulrich* (1390–1453). Dessen Sohn *Ulrich* (1422–97) wurde Zunftmeister und Mitglied des Kleinen Rats und sicherte seinen Söhnen den weiteren Aufstieg in die führende Kaufmannsschicht. Der bedeutendste von ihnen war *Ambrosius*, der mit seinen Brüdern *Georg* und *Hans* ein Unternehmen aufbaute, das, Warenhandel und Bankgeschäft verbindend, mit seinen Niederlassungen nach Venedig, Antwerpen, Lissabon, dem Weichselraum, Böhmen und, über Anleihen an das Haus Habsburg gegen Kupfer- und Silberlieferungen, nach Tirol ausgriff. Der Konkurrenzkampf mit →Fuggern und →Welsern (zuletzt das Streben nach dem Quecksilbermonopol) führte 1529 zum Zusammenbruch. Ambrosius starb 1534 im Schuldgefängnis. Die Familie erlebte im Laufe des 16. Jh. einen neuen Aufstieg. H. Kellenbenz

Lit.: NDB IX, 302–305 [Lit.] – F. BLENDINGER, Zur Gesch. der Messinghütte am Steinenberg (Fschr. HASSINGER, 1977) – H. KELLENBENZ, Schwäb. Kaufherren im Tiroler Bergbau (Beitr. zur Ausst. Schwaben/Tirol, 1989) – R. PALME–E. WESTERMANN, Die Messinghütte Pflach bei Reutte im 16. Jh. (ebd.).

Hoeke, kleine Hafenstadt am →Zwin, 12 km nö. →Brügge (heut. Belgien, Prov. Westflandern, Gemeinde Damme). Ursprgl. ein kleines Dorf, entwickelte sich H. um die Mitte des 13. Jh. zum Sitz der Kaufleute der dt. →Hanse, nachdem die hans. Verhandlungen mit der Gfn. v. Flandern über eine autonome Handelskolonie am Zwin (1252–53) gescheitert waren. Trotz bescheidener Dimensionen erlangte H. städt. Rechte (zw. 1255 und 1274) und besaß in der 2. Hälfte des 13. und im 14. Jh. eine gewisse wirtschaftl. Bedeutung, die es im 15. Jh. infolge des Niedergangs des Brügger Handels wieder verlor. Nach dem Abzug der Hansen (Ende 15. Jh.) allmähl. Absinken H.s zur ländl. Siedlung. Kirchl. von der Pfarrei Oostkerke abhängig, wurde Ende des 13. Jh. eine eigene Pfarrkirche (St. Jakob) geschaffen. M. Ryckaert

Lit.: W. STEIN, Über die ältesten Privilegien der Dt. Hanse in Flandern, HGbll, 1902, 53ff. – A. DE SMET, L'origine des ports du Zwin (Études d'Hist. H. PIRENNE, 1937), 137–139.

Hoeken und Kabeljauwen (Entstehung und Bedeutung der Bezeichnungen umstritten), Parteien in den Gft. en →Holland und →Seeland (ca. 1350 bis ca. 1500). Bei wechselnder polit. Orientierung und Zusammensetzung ist die Verbindung von bestimmten Adelsfamilien und städt. Führungsgruppen, insbes. für die K., hervorzuheben. Die beiden Parteien entstanden in Zusammenhang mit dem Erbfolgestreit nach dem Tode des kinderlosen Gf.en Wilhelm IV. (1345). Ein Teil der Städte und einige angesehene Adlige wie Jan van →Egmond und Gerard van Heemskerk, die den Kern der K. bildeten, lehnten die hohen finanziellen Abfindungsforderungen der Gfn. Margarete, Gattin Ks. Ludwigs des Bayern, ab und betrieben die gewaltsame Thronerhebung ihres Sohnes Wilhelm (V.), während andere Adelsfamilien wie die Brederode Margarete als der legitimen Gfn. die Treue hielten. Seit 1350 polarisierten sich die Verhältnisse durch Einungen der H. (5. Sept. 1350) und der K. (12. Juni 1351). Gf. Wilhelm V. der mit Hilfe der K. an die Macht gekommene Gf. Wilhelm V. schickte ab Mitte 1352 mehr als 500 H. in die Verbannung.

Eine neue Periode verschärfter Spannungen setzte 1392 ein: Während Gf. →Albrecht sich mit den K. verbündet hatte (Einung vom 17. Okt. 1391, unter Einschluß dreier seeländ. Städte), stützte sich sein frondierender Sohn Wilhelm (VI.) auf die H. Nach der Ermordung des Geliebten Albrechts (1392) brachen heftige Fehden zw. den beiden Gruppierungen aus; Wilhelm und zahlreiche H. wurden zeitweilig verbannt und enteignet. Als Gf. (seit 1404) stützte sich Wilhelm VI. weiterhin auf die H., desgleichen seine Tochter →Jakobäa im Thronstreit von 1417–28. Ihre Gegner, Johann v. Bayern und Hzg. Philipp der Gute v. Burgund, standen dagegen an der Spitze der K. Im Friedensschluß ('Delfter Söhne', 3. Juli 1428) wurden weitere Parteibildungen verboten. Die burg. Herrschaft (seit 1433) war bestrebt, eine parität. Machtverteilung zw. H. und K., auch in den Stadträten, durchzusetzen, doch konnten die H. mehrfach die Macht an sich reißen (1440–45, 1472–76, 1477, 1480–81). Es war v. a. die Schwäche der Grafengewalt, die in den noch wenig urbanisierten Gebieten die Parteibildung begünstigte, da so die Adelsfamilien ihre Fehden auf Landesebene austragen konnten. W. P. Blockmans

Lit.: H. P. H. JANSEN, Hoekse en Kabeljauwse twisten, 1966 – H. M. BROKKEN, Het ontstaan van de Hoekse en Kabeljauwse twisten, 1982 – Vete, partijstrijd en staatsmacht in Holland tijdens de late middeleeuwen, hg. J. W. MARSILJE, 1990.

Hof, -formen. Im folgenden werden die vorröm. Befunde nicht behandelt; zu den Hausformen s. →Haus, →Bauernhaus.

[1] In den *röm. Provinzen* erscheint auf dem Lande der Einzelhof, die villa rustica, als Betriebseinheit. Nördl. der Alpen findet sich als Wohnhaus meist eine Porticus-villa mit Eckrisaliten an der Stirnseite eines H.es, der an beiden Seiten von Wirtschaftsgebäuden eingefaßt wird. Hofmauern, Gräben oder Zäune schließen das Areal ab. Die Größe der H.e, die selten bekannt ist, schwankt zw.

kleinen Stellen (Kolonen) und Latifundien, zw. ca. 100 ha und ca. 5000 Morgen.

[2] In der *Germania libera* besteht in N-Deutschland, im Bereich der heut. Benelux-Staaten und in Skandinavien der H. meist aus einem Gebäude, der Wohnstallhalle. Die Abgrenzung des H.es in den kleinen Weilern läßt sich nur dann sicher nachweisen, wenn Zäune oder andere Grenzen entdeckt werden, die bes. in Jütland als Zäune, in Skandinavien als Steineinfriedungen erhalten sind (→Einfriedung). Die H.e erscheinen in lockerer Anordnung, reihen sich aber auch z. B. an Prielen. Die Hofstellen (und auch →Dörfer) können verlegt werden. Frühzeitig erscheinen Einzelhöfe, entweder in Einödlage (Sostelid, Norwegen) oder vermutl. als Herrenhöfe. Sie treten auch im Dorf durch bes. Baumaßnahmen (Palisaden; wie in Hodde, Dänemark) oder andere Funktionen (Feddersen Wierde) als Großbauern- oder Häuptlingsh.e hervor. Neben dem aus einer Halle bestehenden skand. *gaard* gibt es auch H.e mit mehreren Häusern (Oksbøl, 5. Jh.). Vielfach liegt ein großes Haus parallel zu einem Haupthaus. In Jütland ist die Bildung von H.en mit dem meist in der Mitte stehenden Haupthaus und Wirtschaftsgebäuden (Scheunen, Ställe, Werkstätten, Grubenhäuser, Speicher [*staklade*]) in der Wikingerzeit gut belegbar. Mit der Wikingerzeit tritt in Nordeuropa das Blockhaus an die Stelle der Hallen, das zusammen mit einer z. T. größeren Zahl von Nebengebäuden lockere Vielhausgehöfte bildet. Das Bohlenhaus *(bulhus)* erscheint s. der Nadelwaldzone. Hallenbauten treten erst im hohen MA wieder in Westfalen auf.

[3] Die Vielhausgehöfte gibt es auch bei *Alamannen, Bayern und Franken* seit der Merowingerzeit, sie bestehen aus kleinen Wohnhäusern ohne Ställe sowie Speichern, Grubenhäusern und Scheunen (Gladbach-Neuwied, München-Englschalking, Eching). Der in Oberparbing-Kreuzhof ergrabene H. ist seither dem Viereckhof (später de »frk. H.« bezeichnet) angenähert. Es handelt sich vermutl. um einen Adelshof. Ein Vierkanthof kann in Königshagen (Harz) für das 12.–13. Jh. nachgewiesen werden. Aus dieser Zeit sind auch Vierkanthöfe in der Wüstung Store Valby belegbar.

[4] Im *slav. Bereich* sind H.e schwer zu umschreiben (s. a. →dvor). Die Agglomeration von als Wohnhäuser benutzten Grubenhäusern oder Halberdhütten in Dessau-Mosigkau oder Brežno kann mehrere H.e oder auch den »H.« einer Großfamilie darstellen, was auch von Borschewo am Don angenommen wird. In Böhmen und Niederösterreich stehen die schmalen Rechteckhäuser dicht an der Straße, der Hofplatz wird teils von Wirtschaftsgebäuden eingefaßt (Thaya, Mstěnice).

[5] In *Britannien* sind bis in die röm. Kaiserzeit zahlreiche einheim. Rundhütten über Steinringen erhalten. Sie werden auch in Gruppen von Mauern umgeben und bilden also H.e. Eine Abfolge wie in Goltho (Lincolnshire) ist typisch: Anfangs Rundhütten, dann ein Hiatus und Neusiedler in mittelsächs. Zeit in Rechteckbauten ohne Ställe. Rechteckige Pfostenbauten, die mit Wirtschaftsbauten H.e bilden, sind mehrfach gefunden worden. Die ma. Siedlung Caldecote hat ein Wohnhaus mit zwei seitl. Scheunen, in Gomeldon entwickelt sich aus einem Kleinhaus ein *longhouse* (Wohnstallhaus) und dann ein Hof mit Nebengebäuden. Wohnstallhallen kontinentaler Prägung, die Gehöfte bilden, können bisher in Britannien nicht nachgewiesen werden.   H. Hinz

Lit.: M. STENBERGER u. a., Vallhagar. A Migration Period Settlement on Gotland, Sweden, 1955 – H. HINZ, Röm. Leben auf germ. Boden, 1967 – W. SAGE, Die frk. Siedlung v. Gladbach-Neuwied, 1969 – P. DONAT, Haus, H. und Dorf in Mitteleuropa im 7.–10. Jh., 1980 – S. ERIXON, Svensk Bygnadskultur, 1982 – H. CLARKE, The Archaeology of Medieval England, 1984 – F. FELGENHAUER, Beitr. zur MA-Archäologie in Österreich I, 1985, 1ff. – V. NEKUDA, Mstěnice, 1985 – A. BERG, Norske Gardstun, 1986 – H. HINZ, Dorfarchäologie – Siedlungsforsch. auf dem Lande, Archäologie in Dtl., 1987 – DERS., Ländl. Hausbau in Skandinavien vom 6.–14. Jh., 1989.

Hof. [1] *Zum Begriff:* Der H. im Sinne von Kg.s- oder Fs.enhof ist im MA ein komplexes Herrschafts- und Sozialgebilde. Neben den kulturellen Aspekten (→Kultur und Gesellschaft, höf.) sind bes. die sozialen, polit. und administrativen Elemente des H.es zu beachten. Mit dem im HochMA weit verbreiteten Begriff 'curia' wurde der H. sowohl in personaler (H.staat, H.gesellschaft) als auch in institutioneller Hinsicht (H.gericht, →H.kapelle) bezeichnet; seit dem 11. Jh. drängte das Wort 'curia' näml. frühere Bezeichnungen für den Kg.s- und Fs.enhof wie 'palatium', 'aula' und 'domus' allmähl. zurück. Neben dem Kg.shof (→curia regis) und dem H. des Papstes (curia Romana; →Kurie, röm.) traten parallel zum hochma. Herrschaftsausbau die H.e der weltl. und geistl. Magnaten (curia ducis, principis, episcopi, abbatis) immer stärker in den Vordergrund. Hinsichtl. der Größe des H.es ist zw. einem engeren und einem weiteren H. zu unterscheiden. Zum H. im engeren Sinne gehörten jene Personen, die sich ständig in der Umgebung des Kg.s bzw. Fs.en aufhielten und als Träger der ministeria am H. fungierten (→H.ämter, →H.kapelle). Zum H. im weiteren Sinne zählten die geistl. und weltl. Großen, die bei H.tagen den H. aufsuchten und nur zeitweise am H. verweilten.

[2] *Frühmittelalter:* Modellcharakter für die Kg.shöfe im hochma. Europa besaß zweifellos der H. Karls d. Gr. Über die Organisation des karol. H.es informiert am besten die in der Zeit um 882 verfaßte Schrift →Hinkmars v. Reims »De ordine palatii«. Neben den geistl. H.beamten, unter denen der oberste Kapellan und der Kanzler bes. hervorragten, gehörten zum karol. Kg.shof zahlreiche weltl. ministri (→H.ämter), in deren Händen die Durchführung der H.- und Reichsverwaltung lag. Zu diesen ständig am H. weilenden Personen kamen weltl. und geistl. Große hinzu, die sich nur sporad. am H. aufhielten und dem Kg. als consiliarii dienten. Die umfangreichen Kompetenzen der H.beamten verfolgten nach Hinkmar den Zweck, den Kg. soweit wie mögl. von den alltägl. Sorgen der H.haltung zu entlasten und für die Hauptaufgaben der Reichsverwaltung freizuhalten.

[3] *Hochmittelalter:* Die otton. Kg.e haben wesentl. Elemente der karol. H.struktur übernommen, so v. a. die H.kapelle, die Kanzlei und die Einrichtung von weltl. H.ämtern. Der Aufbau des dt. Kg.shofes hat sich im Laufe des 11. und 12. Jh. aber infolge der sozialen und polit. Veränderungen wesentl. gewandelt. Der →Investiturstreit hatte zur Folge, daß die H.kapelle im 12. Jh. ihr früheres Gewicht verlor, während die H.kanzlei an Bedeutung gewann. Unter den Staufern erhielten die Kanzler einen vermehrten Einfluß auf die H.- und Reichsverwaltung und wurden zu wichtigen Stützen der Kg.sherrschaft. Neben den edelfreien Herren traten seit dem 11. Jh. die Vertreter der aufsteigenden →Ministerialität zunehmend in den Vordergrund und übernahmen als Inhaber von H.ämtern wichtige Aufgaben in der Verwaltung. – Seit dem 12. Jh. zeigte sich am frz. Kg.shof ein Gefüge von Ämtern, das von den verschiedenen Grundbedürfnissen des Kg.s und seines H.es geprägt war. Die H.kleriker bildeten zusammen mit der unterschiedl. weltl. Gruppierungen die *entourage* des Kg.s. Im Laufe des HochMA differenzierte sich der frz. Kg.shof in H.gericht, Rechen-

kammer und engeren polit. Rat. Im hochma. England wurden unter Kg. Heinrich II. das Kg.sgericht ausgebaut und die Kompetenzen der Rechenkammer erweitert. Die →»Constitutio domus regis« aus der Zeit Kg. Stephans v. Blois gibt Auskunft über den Aufbau des Kg.shofes, die Anordnung der H.ämter und den Kreis der kgl. familia.

[4] *Spätmittelalter:* Im spätma. Dtl. war der Kg.shof weiterhin das entscheidende Medium, mit dem der Kg. das Reich zu beherrschen suchte. Der H. des Kg.s war aber nicht nur ein Zentrum der Verwaltung, sondern auch Ausweis kgl. Existenz, Basis des Dienstes am Kg. und »festliche Lebensform einer höfischen Gesellschaft« (P. MORAW). Der Kg.shof bildete gegenüber Hausmacht und Reich eine abgehobene Einheit, die auf die Person des Kg.s bezogen war; die Glieder des H.es gehörten der familia (»H.gesinde«) des Kg.s an. Im Zuge der Territorialisierung gewannen die H.e der weltl. und geistl. Fs.en im SpätMA wachsende Bedeutung. Anders als auf die Dauer im Reich bildeten sich in den Territorien feste →Residenzen heraus, in denen die Fs.enhöfe zentriert waren. Die H.e der Landesherren erfüllten somit die Funktion institutionalisierter Herrschaftszentren; ihre Einrichtung diente dazu, Herrschaft von Mittelpunkten aus neu zu organisieren. Die zunehmende Verschriftlichung in Recht und Verwaltung erforderte feste Residenzen, in denen Kanzlei und landesherrl. Ämter besser verankert waren. Neben dem Kg.shof waren Fs.enhöfe wichtige Pflegestätten literar. Kultur und höf. Lebensformen, die zur Verbreitung neuer Wertvorstellungen und Verhaltensweisen dienten.

W. RÖSENER

Lit.: H. PATZE, Die Bildung der landesherrl. Residenzen im Reich während des 14.Jh. (Stadt und Stadtherr im 14.Jh., hg. W. RAUSCH, 1972), 1–55 – E. BOURNAZEL, Le gouvernement capétien au XIIᵉ s., 1975 – J. FLECKENSTEIN, Die Struktur des H.es Karls d. Gr. im Spiegel von Hinkmars De ordine palatii, Zs. des Aachener Geschichtsvereins 83, 1976, 5–22 – P. MORAW, Die Verwaltung des Kgtm.s (Dt. Verwaltungsgesch. I, 1983), 22ff. – H. JAKOBS, Kirchenreform und HochMA, 1984, 138ff. – J. BUMKE, Höf. Kultur, 1986 – K. SCHREINER, »H.« (curia) und »höfische Lebensführung« (vita curialis) als Herausforderung an die christl. Theologie und Frömmigkeit (Höf. Lit., H.ges., höf. Lebensformen um 1200, hg. G. KAISER–J. D. MÜLLER, 1986), 67–138 – K.-H. SPIESS, Kg.sh. und Fs.enh. (Fschr. A. BECKER, 1987), 203–234 – curia regis.

Hofämter. [1] *Frühmittelalterliche Grundlagen:* Die H. des HochMA haben ihre Vorläufer in den Haus- und H.n, die bereits in den germ. Reichen hervortreten. Am Hof der Merowingerkg.e finden sich z. B. neben einigen kleineren H.n die wichtigen H. des →Marschalls, des →Kämmerers, des →Mundschenken, des →Seneschalls und des →Hausmeiers. Die Position des Hausmeiers erlangte dabei allmähl. eine immer größere Bedeutung, so daß er schließl. zum mächtigsten Hofbeamten avancierte. Ähnlich wie die H. in den anderen germ. Reichen gehen die merow. H. teils auf röm., teils auf germ. Ursprünge zurück. Über die H. am karol. Kg.shof unterrichtet die Schrift →Hinkmars v. Reims »De ordine palatii« (um 882 verfaßt). Neben den geistl. Hofbeamten (→Hofkapelle) beschreibt Hinkmar v. a. die weltl. Hofbeamten mit ihren unterschiedl. Funktionen: Kämmerer (camerarius), Seneschall (senescalcus), Mundschenk (buticularius), Marschall (comes stabuli), Pfgf. (comes palatii), Quartiermeister (mansionarius) und einige Oberjäger. Bes. Gewicht besaß der Kämmerer, der zusammen mit der Kgn. für die gesamte Haushaltsführung des Hofes verantwortl. war. Neben den Haupthofbeamten gab es etliche niedere Hofbeamten, die zusammen mit den zahlreichen sonstigen Hofbediensteten größtenteils den höheren Amtsinhabern als Helfer zugeteilt waren.

[2] *Hofämter am hochmittelalterlichen Königshof:* Am dt. Kg.shof bildeten sich unter den Ottonen vier Haupth. (Truchseß, Marschall, Mundschenk, Kämmerer) heraus, die sich später zu den vier Erzämtern des Reiches entwikkelten. Beim Krönungsmahl Ottos I. in der Aachener Pfalz (936) wurden z. B. die vier H. von den vier anwesenden Stammeshzg.en in feierl. Form ausgeübt. Im Laufe des 12.Jh. gelangten die vier Erzh. in die Hand der mächtigen weltl. Fs.en, was im →Sachsenspiegel bestätigt wurde. In der →Goldenen Bulle von 1356 befinden sich dann die vier H. des Reiches im erbl. Besitz der vier weltl. Kfs.en. Außerdem gab es am dt. Kg.shof im alltägl. Hofdienst ebenfalls vier Haupth., die seit dem 11.Jh. vorwiegend von →Ministerialen versehen wurden. Unter den Staufern begegnen uns in den H.n etliche Reichsdienstmannen, die in der kgl. Reichsverwaltung wichtige Stellungen einnehmen.

Am frz. Kg.shof ist seit dem ausgehenden 11.Jh. ebenfalls eine Vierzahl von H.n nachzuweisen. Da die großen Kronvasallen über die H. Einfluß auf die Herrschaft des Kg.s zu gewinnen trachteten, suchten die frz. Kg.e im 12.Jh. die Kompetenzen der H. einzuschränken und ihre Erblichkeit zu verhindern. Seit der norm. Eroberung Englands wurde der engl. Kg.shof nach dem Vorbild der kontinentalen Hofhaltungen ausgerichtet und bes. im 12. und 13.Jh. institutionell ausgebaut (→»Constitutio domus regis«).

[3] *Hofämter an Fürstenhöfen:* Nach dem Vorbild des dt. Kg.shofes haben die weltl. und geistl. Reichsfs.en im Laufe des 12. und 13.Jh. an ihren Höfen ebenfalls vier H. eingerichtet. In einer frühen Phase, die sich etwa zw. 1130 und 1150 erstreckte, entwickelten sich die H. sowohl an den Höfen der drei rhein. Ebf.e als auch an den Höfen herausragender weltl. Reichsfs.en. Die Hauptphase der H.genese ist aber in der 2. Hälfte des 12.Jh. anzusetzen, als sich die H. an den meisten weltl. und geistl. Fs.enhöfen im Reich entfalteten und die Vierzahl der H. zu einem Kennzeichen fsl. Hofhaltung wurde. Einfache Gf.en und kleine Abteien hatten um 1200 zwar häufig auch Hofbeamte aufzuweisen, doch verfügten sie in der Regel nicht über alle vier H. Diese in ihrer vollständigen Zahl an ihren Höfen zu haben, ist im HochMA ein Vorrecht der Reichsfs.en geworden, wie dies im →Schwabenspiegel ausdrückl. vermerkt wird. Die H.bildung an den dt. Fs.enhöfen stand dabei in einem engen Zusammenhang mit der Entstehung des Reichsfürstenstandes. Instruktive Detailangaben zur H.struktur an einem weltl. Fs.enhof enthält das Hennegauer H.verzeichnis (»ministeria curie Hanoniensis«) aus der Zeit um 1212. Die veränderte Struktur der H. an den Fs.enhöfen im ausgehenden 13.Jh. spiegelt sich in der niederbayer. Hofordnung von 1294. Das Amt des Hofmeisters, das sich in der 2. Hälfte des 13.Jh. an vielen Fs.enhöfen herausbildete, stand jetzt an der Spitze der H. Der Hofmeister beaufsichtigte die gesamte Hofhaltung und erteilte den ihm unterstellten Hofbeamten Anweisungen für den tägl. Dienst.

W. RÖSENER

Lit.: HRG II, 197–200 – P. SCHUBERT, Die Reichsh. und ihre Inhaber bis zur Wende des 12.Jh., MIÖG 34, 1913, 427–501 – P. E. SCHRAMM, Gesch. des engl. Kgtm.s im Lichte der Krönung, 1937, 62ff. – BOSL, Reichsministerialität, passim – P. E. SCHRAMM, Der Kg. v. Frankreich, 1960², 163ff. – I. LATZKE, Hofamt, Erzamt und Erbamt im ma. dt. Reich [Diss. Frankfurt a. M. 1970] – J. FLECKENSTEIN, Die Struktur des Hofes Karls d. Gr. im Spiegel von Hinkmars De ordine palatii, Zs. des Aachener Geschichtsvereins 83, 1976, 5–22 – E. BOSHOF, Reichsfürstenstand und Reichsreform in der Politik Friedrichs II., Bll. für dt. Landesgesch. 122, 1986, 41–66 – W. RÖSENER, H. an ma. Fs.enhöfen, DA 45, 1989.

Hoffnung. Im ntl., v. a. paulin. Sprachgebrauch umfaßt H. drei Elemente: Heilserwartung, Gottvertrauen und Geduld (ThWbNT II, 1935, 527). Erst in der patrist. Theologie (z. B. →Zeno v. Verona) wurde die H. zusammen mit Glauben und Liebe erörtert. Augustinus Enchiridion ad Laurentium de fide, spe et caritate (MPL 40, 231–290; CCL 46, 49–114), das für das Systemverständnis der späteren Theologie vorbildl. geworden ist (vgl. Paschasius Radbertus, De fide, spe et caritate [MPL 120, 1387–1490]), betont nicht die Abgrenzungen, sondern das korrespondierende Zueinander der Tugenden in der christl. Lebensform. Diese integrale Tugendlehre blieb auch in der frühscholast. Theologie erhalten. →Alanus ab Insulis ordnete in seinem Traktat über die Tugenden (ed. O. Lottin, Ps. et mor. VI, 27–92) die übernatürl. des Glaubens, Hoffens und Liebens der Gottesverehrung (→Religio) zu, die er der Tugend der →Gerechtigkeit unterstellte. Durch die übernatürl. Tugenden werden die natürl. gnadenhaft überformt. Im 13. Jh. traten die sog. theol. Tugenden und die Kardinaltugenden mehr und mehr auseinander (z. B. bei Wilhelm v. Auxerre, Philipp d. Kanzler). Jene göttl. Tugenden beziehen sich auf das ungeschaffene, höchste Gut, diese zielen auf kreatürl. Güter. – Während für →Abaelard (Theol. Scholarium c. 18) und seine Schule die H. als spezif. Teil zum Glauben gehört, ist für →Petrus Lombardus und sein theol. Lehrbuch des MA (Sent. III d. 26, c. 1 ed. 159) die H. die Tugend der vertrauensvollen Erwartung und Sehnsucht der geistl. und ewigen Güter. In allen Sentenzenkomm. wurde die H. zusammen mit Glauben und Lieben behandelt. Entsprechend dem scholast. Verständnis des Tugendaktes bestimmte →Thomas v. Aquin als Gegenstand der H. das künftige ewige Gut (S. th. II^a II^{ae} q. 17 a. 1). In der H. wird Gott in doppelter Weise gesehen: (materialiter) als das höchste erstrebte Gut, (formaliter) als der Weg und die Gnadenhilfe, das erstrebte Gut zu erlangen. Nach Thomas ist die H. Frucht des Glaubens (ebd. a. 6–7). Durch die göttl. Liebe wird die H. vervollkommnet, die ihrerseits den Christen befähigt, in der Liebe voranzukommen (ebd. a. 8). Auf dem Weg der H. gelangen die Glaubenden zur vollkommenen Liebe, die Gott um seiner selbst willen liebt. Nach Thomas (Quaest. disp. De spe a. 3) hat die H. ihren Ort in der wohlwollenden Liebe, dem sehnsüchtigen Streben nach dem ewigen Leben in Gott. Dieser Unterschied in der Theologie zieht sich durch die spätere Tradition. – Neben der Analyse des Wesens der H. beschreiben Thomas und die ma. Theologen die Weisen der H.: Vertrauen, Sehnsucht, Erwartung und Geduld. →Bonaventura schrieb (Sent. III d. 26 a. 2 q. 4): die H. läßt vertrauen und im Vertrauen läßt sie erwarten. In den Kreisen der →Begarden und Beginen wurde die H. auf Vollendung als Haben derselben verstanden (dagegen die kirchl. Bestimmungen des Konzils v. Vienne 1312, vgl. Denzinger-Schönmetzer, 891). Meister →Eckhart (Reden der Unterweisung c. 14) und die Lehrer der myst. Theologie unterwiesen die Glaubenden in der großen H. der Zuversicht, des Vertrauens und der Geduld. Verlangen und Erwarten verfälschen die Tugend der Gelassenheit (vgl. Propos. 9 der Verurteilung der Errores Eckharts, Denzinger-Schönmetzer, 959). Die spätma. Frömmigkeit suchte in der Fürsprache der Hl. n (v. a. Marias) und der Kirche, aber auch in den Verdiensten der Gnade Motive der H.

M. Gerwing

Lit.: DSAM IV, 1208–1223 – LThK^2 V, 416–424; X, 76–79 – O. Lottin, Psychologie et Morale ... III, 1949, 99–252 – N. M. Glenn, Thomist 20, 1957, 27–74 – S. Pinkaers, RevThom 58, 1958, 405–442, 623–644 – Ch. A. Bernard, Théol. de l'espérance selon s. Thomas d'Aquin, 1961 (BiblThom. 34, Lit.) – L. Ballay, Der H. sbegriff bei Augustinus, 1964 – M. A. Segui Servols, Est. Lul. 10, 1966, 141–152; 11, 1967, 141–152; 14, 1970, 153–161; 16, 1972, 30–36 – K. M. Weschitz, Elpis. H., 1979 – La speranza, Atti Congr. Pontific. Ateneo »Antonianum« ... 1982, II, 1984 – J. P. Renard, »In caritate non ficta« ... Bibliogr. de Mgr. Ph. Delhaye, 1983, 151–163 [Lit.] – J.-G. Bougerol, La théol. de l'espérance aux XIIe et XIIIe s., 2 Bde, 1985.

Hofgerichtsurkunden. Die Schriftlichkeit des gerichtl. Verfahrens wurde bereits im →Mainzer Reichslandfrieden von 1235 gefordert. Von den in der Hofgerichtskanzlei (→Kg. s- und Hofgericht, →Hofrichter) von Anfang an geführten Geschäftsbüchern hat sich nur ein geringer Teil erhalten. Das Urkk. material muß deshalb aus den Archiven der ehemaligen Prozeßparteien zusammengesucht werden. Bekannt sind heute etwa 2000 mit dem Hofgerichtssiegel versehene Urkk., die sich nach Typen folgendermaßen einteilen lassen: Achturteile (es war dies die wichtigste Urkk. art; die Ausstellung war ausschließl. dem Kg. vorbehalten), Anleiteerteilungen (Einweisung des Klägers in die Güter des geächteten Beklagten), Bestätigungen mittels Inserierung (→Insert) und Vidimierung (→Vidimus), Privilegien (diese standen nicht immer in Zusammenhang mit konkreten Hofgerichtsverfahren oder wurden aus Anlaß des Prozesses verkündet), Absolutionen, Urteile (die inhaltl. vielschichtigste Gruppe), Schiedssprüche, Ladungen, Mandate (zur Unterstützung von Urteils- und Achturkk.). Ein seltener Typ war das →Reskript. Es wird angenommen, daß zur Herstellung der Reinschrift →Konzepte angefertigt oder wenigstens protokollartige Aufzeichnungen über das Gerichtsverfahren verwendet wurden. Die Reinschrift nahm der Hofgerichtsnotar selbst oder (in späterer Zeit) ein Hilfsschreiber vor. Seit Karl IV. sind die Namen der verantwortl. Notare aus Kanzleivermerken bekannt. Die Art der Besiegelung scheint sich in vielen Fällen nach bestimmten Regeln gerichtet zu haben. Aufgrund des deutschrechtl. Sachverhalts wurden die H. in der Regel in dt. Sprache ausgefertigt. Lat. abgefaßte H. kommen nur gelegentl., aber noch unter Ludwig d. Bayern und Karl IV. vor. Seit Rudolf v. Habsburg ist die Herausbildung relativ weniger einheitl. Formulare (→Formelslg. en) zu beobachten.

A. Gawlik

Lit.: Bresslau I, 71f.; II, 295f., 388 – HRG IV, 615–626 – H. Wohlgemuth, Das Urkk. wesen des dt. Reichshofgerichts 1273–1378, 1973 – F. Battenberg, Gerichtsschreiberamt und Kanzlei am Reichshofgericht 1235–1451, 1974 – Ders., Das Hofgerichtssiegel der dt. Ks. und Kg. e 1235–1451, 1979 – Ders., Reichsacht und Anleite im SpätMA, 1986 – B. Diestelkamp – U. Rödel, Die Zeit Rudolfs v. Habsburg 1273–1291 (Urkk. reg. zur Tätigkeit des dt. Kg. s- und Hofgerichts bis 1451, III, 1986) – F. Battenberg, Die Zeit Ludwigs d. Bayern und Friedrichs d. Schönen 1314–1347 (ebd. IV, 1987) – Ders., Fälschung und kgl. Hofgericht (MGH Schr. 33, III, 1988).

Hofhaltung →Residenz, →Hofordnung, →Hôtel du roi

Höfische Kultur (Literatur, Gesellschaft, Sitte) →Kultur und Gesellschaft, höfische

Hofkapelle (capella regis), die zentrale geistl. Institution des Kg. shofes; allg. der geistl. Hof des Kg. s, ursprgl. eine karol. Schöpfung, die sich im Laufe des MA auf alle Höfe Europas ausgebreitet hat.

I. Allgemein, Frankenreich, Deutsches Reich – II. Königreich Sizilien – III. Frankreich – IV. England.

I. Allgemein, Frankenreich, Deutsches Reich: [1] Der *Begriff* 'capella' umfaßt drei Bedeutungen, die drei Komponenten der H. entsprechen: eine dingl., eine räuml. und eine persönliche. Die Grundbedeutung ist dingl. Natur; sie geht auf die Mantelreliquie des hl. →Martin (cappa s. Martini) zurück, die 679 im Besitz des Merowingerkg. s →Theuderich III. bezeugt ist (Pertz, nr. 49; Pardessus II, nr. 394). 710 ist diese auf den karol. Hausmeier →Grimoald übergegangen und bildet zusammen mit anderen Reliquien unter den Karolingern den kgl. Reliquienschatz, den die geistl. und weltl. Großen im ganzen Abendland noch im 9. Jh. von den Kg.en als capella übernahmen. Die bes. Bedeutung der Mantelreliquie erweist sich darin, daß die frk. Kg.e sie »ob adiutorium victoriae« mit in die Schlacht nahmen (Walahfrid Strabo, MGH Cap. 2, 515). Seit 765 ist capella auch in räuml. Bedeutung bezeugt, näml. für das oratorium der Kg.spfalz (Vita Sturmi, MGH SS 2, 574), d. h. der Name wird vom Reliquienschatz auf den kirchl. Ort seiner Aufbewahrung übertragen, und da die Reliquien den wandernden Kg.shof begleiten, wurden um 800 bereits alle Pfalzoratorien capellae genannt; schließlich geht der Name seit der 1. Hälfte des 9. Jh. auf alle kgl. →Eigenkirchen und von diesen auch auf die Eigenkirchen der Magnaten über. Wie die räuml., so geht auch die persönl. Bedeutung eindeutig auf die dingl. capella zurück. Sie tritt in Gestalt des capellanus auf, der zuerst 741 in Verbindung mit dem karol. Hausmeier erscheint. Dadurch, daß dieser das Kgtm. erlangt, wird der capellanus zum Hofgeistlichen, d. h. Kleriker im Dienst und im Gefolge des Kg.s. →Walahfrid Strabo bezeugt ausdrückl., daß sich das Wort 'capellanus' von der cappa s. Martini ableitet (MGH Cap. 2, 515). Die capellani tauchen fortan regelmäßig in der Umgebung des Kg.s auf und bilden eine eigene Gemeinschaft, die als solche ebenfalls capella, capella regia oder palatii genannt wird.

[2] Die H. der *Karolingerzeit* ist ein typ. Produkt des →Gottesgnadentums, das sich in ihr Grundformen geschaffen hat, die seine gesamte weitere Geschichte begleiten. Sie ist charakterisiert durch den Funktionszusammenhang von Hofgeistlichkeit, kgl. Reliquienschatz und Pfalzkapellen, in dem sich die Aufgaben widerspiegeln, die das Kgtm. der H. zuwies, um damit den Bedürfnissen seiner in Gott begründeten Herrschaft zu genügen. Dementsprechend ist nicht nur die Obhut der Reliquien, sondern v. a. die Durchführung des herrscherl. Gottesdienstes ihre erste und vornehmste Aufgabe. Doch weist bereits Kg. Pippin der H. in der Tätigkeit der →Beurkundung eine weitere wichtige Aufgabe zu, und in zunehmendem Maße wurden Kapelläne auch zu diplomat. und zu Verwaltungsaufgaben herangezogen. Es ist ein entscheidender Vorgang, daß die schriftl. Verwaltungstätigkeit im Unterschied zur Merowingerzeit jetzt ausschließl. in die Hände der Kapelläne überging. Die Urkundenschreiber, als Kapelläne gewöhnl. Notare genannt, erhalten einen eigenen Ressortleiter, der den Titel Kanzler führt und ständig an Bedeutung gewinnt. Er bleibt aber, wie alle anderen Kapelläne, weiterhin dem obersten Kapellan, seit 825 Erzkapellan (archicapellanus) genannt, unterstellt. Trotz einzelner Schwankungen erwies sich die H. in ihrer Organisation als ein so wirkungsvolles Herrschaftsinstrument des Kgtm.s, daß sie den Zerfall des Karolingerreiches überlebte.

[3] *Im hohen Mittelalter:* Es ist charakterist. für die Nachfolgestaaten des großfrk. Reiches, daß sich ihre Verselbständigung sich in der Bildung eigener H.n mit einem eigenen Erzkapellan an der Spitze widerspiegelt, der im W und S den Titel schon bald mit dem des Erzkanzlers vertauscht. England und Spanien schlossen sich ihrem Vorbild an. Sie alle zehrten vom karol. Erbe, bildeten es jedoch nach ihren eigenen Bedingungen fort. Den entschiedensten Gebrauch machten seit Otto d. Gr. die dt. Kg.e und Ks. davon: sie bauten die H. bewußt in die Reichskirche ein, indem sie die Kapelläne möglichst aus den Domkapiteln (→Kapitel) holten, denen sie als Kanoniker weiterhin angehörten, wodurch die Domkapitel zugleich für den Unterhalt der H. nutzbar wurden. Nicht weniger wichtig war, daß die Kg.e dann möglichst viele der adligen Kapelläne auf Bf.sstühle zu erheben suchten, um diese damit enger an den Hof zu binden. Diese Verbindung wurde durch den →Investiturstreit geschwächt, mit dem die Anziehungskraft der H. abzunehmen begann. Während die →Kanzlei, zuvor ein Aufgabengebiet der H., sich seit dem 12. Jh. in eine eigenständige Behörde zu verwandeln begann, büßte die H. ihre polit. Aufgaben und ihre polit. Bedeutung ein, die nun auf die Kanzlei übergingen. Bezeichnend dafür ist, daß der Ebf. v. Mainz, dem es gelungen war, das Erzkapellanat an seinen Erzstuhl zu binden, sich seit der Mitte des 11. Jh. nur noch Erzkanzler nannte: der Titel des Erzkapellans wird aufgegeben. Während der Ebf. v. Mainz sich auf die Oberleitung beider Institutionen beschränkte, ging die tatsächl. Leitung in andere Hände über, näml. die der Kanzlei in die des Kanzlers, der unter die polit. bestimmenden Figuren aufrückt; die Leitung der H. übernahm dagegen einer der Kapelläne, der sich capellarius nannte, später auch capellanus maior (so in Sizilien), in England: decanus *(dean)*, in Österreich: Hofpfarrer. Es ist offenkundig, daß die Gewichte sich von der H. in die Kanzlei verschoben hatten; die große Zeit der H. war vorbei.

[4] *Spätmittelalter:* Im SpätMA stellt die H. gegenüber der herrschaftl. Institution des hohen MA nur mehr ein Restgebilde dar, in ihren Aufgaben auf die geminderten religiösen Bedürfnisse des Kgtm.s reduziert, ohne engere Einbindung in die Reichskirche oder einer der kgl. Kirchen, daher auch in ihrer Zusammensetzung ohne überragende Mitglieder. Wie sie im dt. Reich ihre größte Bedeutung erlangt hatte, so hat sie in ihm auch am längsten fortbestanden: eine exemte höf.-kirchl. Institution, die dem Herrscher bis zum Ende des alten Reiches zur Verfügung stand.
J. Fleckenstein

Lit.: H.-W. Klewitz, Cancelleria, DA 1, 1937 – Ders., Kgtm., H. und Domkapitel im 10. und 11. Jh., AU 16, 1939 – R. Elze, Die päpstl. Kapelle im 12. und 13. Jh., ZRGKanAbt 26, 1950 – F. Hausmann, Reichskanzler und H. unter Heinrich V. und Konrad III. (MGH Schr. 14, 1956) – J. Fleckenstein, Die H. der dt. Kg.e (ebd. 16/1, 2, 1959/66) – N. Grass, Pfalzkapellen und Hofkirchen in Österreich, ZRGKanAbt 46, 1960; 47, 1961 – Ders., Zur Rechtsgesch. der abendländ. Kg.skirche (Fschr. K. S. Bader, 1965) – R. Schieffer, H. und Aachener Marienstift, RhVjbll 51, 1987.

II. Königreich Sizilien: Die Bedeutung der H. in →Sizilien ist gegenüber etwa Deutschland deutl. geringer, weil eine auf byz.-arab. Vorgaben beruhende Verwaltungsstruktur fortbestand und ausgebaut wurde, die die H. v. a. auf kirchl. Aufgaben reduzierte. Wie schon die langob. Fs.en Unteritaliens besaßen auch die Normannen Hofkirchen (älteste Hofkirche: von Roger I. begründete Capella S. Mariae im Palast von →Messina; bedeutendste: von Roger II. gestiftete Cappella Palatina in →Palermo) als der Diözesangewalt entzogene →Eigenkirchen, deren Ausstattung als kgl. Sondervermögen galt. Den vom Herrscher ernannten Geistlichen oblag der kirchl. Dienst am Hof. Die einem magister capellanus (in weltl. Hinsicht: →Kanzler bzw. →Kämmerer) unterstellten capellani fungierten unter den frühen Normannenherrschern bei Bedarf auch als Notare, bevor sich unter →Roger II. die 'laisierte' – Kanzlei verselbständigte; als erster Kanzler Rogers amtierte bezeichnenderweise noch der magister capellanus Guarin, und noch in stauf. Zeit sind gelegentl. Kapelläne als Notare oder sogar als Kanzler bezeugt. Bf.spromotionen von capellani sind nicht selten, wie überhaupt sich die allg. Verhältnisse der Kapelläne kaum von jenen Deutschlands unterschieden (hohes Ansehen,

Pfründen, erbl. Vermögen, Verwendung im Kg.sdienst außerhalb von Kapelle und Kanzlei); mehrfach bezeugte hohe Abkunft war wohl ähnl. wichtig wie in Deutschland.

Th. Kölzer

Lit.: H. M. SCHALLER, Die stauf. H. im Kgr. Sizilien, DA 11, 1954, 462–505 – C. BRÜHL, Diplomi e cancelleria di Ruggero II, 1983, 40ff.

III. FRANKREICH: Wie bereits die H. der Karolinger war auch diejenige der frühen Kapetinger eng mit der Kanzlei (→Chancellerie) verbunden, bis zum Ende des 11. Jh. Im Laufe des 12. Jh. verselbständigte sich die H. infolge der gewachsenen polit. Bedeutung des Kanzlers. Die mobile H., bestehend aus Klerikern, die dem Kg. bei seinen Ortswechseln folgten, entwickelte sich seit der Regierung Philipps II. August (1180–1223), in Abhebung von den bei den kgl. Residenzen fest etablierten Palastkapellen (St-Nicolas und Notre-Dame in Paris, Sainte-Chapelle Ludwigs d. Hl.). Von der Regierung Philipps V. (1285–1314) an unterrichten die →Ordonnances des →Hôtel du roi über das Personal der H., die, unter der Leitung eines *maitre-chapelain*, zwei *chapelains*, zwei bis drei *clercs de chapelle*, drei bis vier *sommeliers* (Kellerer) und einige *valets* (Diener) umfaßte. Von der kgl. H. gesondert waren die Ämter der →Aumônerie und des →Confesseur du roi. Zum Hôtel de la reine gehörten zwei Kapellane, von denen einer auch als Almosenier fungierte. Aufgrund päpstl. Bullen des 13. und 14. Jh. genossen die kgl. Kapellane zahlreiche geistl. Privilegien; 1343 und 1351 erhielt der Meister der H. (principalior capellanus, *premier chapelain*) gleiche Rechte wie der Confessor (Absolutions- und Sakramentenerteilung für die Angehörigen des kgl. Heeres und der Hofhaltung); mehrere premiers chapelains stiegen zur Bischofswürde auf. Wie die H. der Hzg.e v. →Burgund gewann auch die frz. H. im 15. Jh. (seit Karl VII.) musikal. Bedeutung, v.a. durch Johann →Ockeghem. Am Ende des MA erfolgte eine zunehmende Integration aller geistl. Hofämter, die seit der Regierungszeit Karls VIII. unter der Oberleitung des *grand aumônier du roi* vereinigt waren.

X. de la Selle

Lit.: F. ROBIN, Les chapelles seigneuriales et royales françaises du temps de Louis XI (La France à la fin du MA, hg. B. CHEVALIER–PH. CONTAMINE, Actes du coll. internat. du C.N.R.S., Tours 1983) – CL. BILLOT, Les Stes-Chapelles (XIIIᵉ-XVIᵉ s.), RHEF 73, 1987, 229–248 – X. DE LA SELLE, Le service des âmes à la cour... [Thèse, masch., Éc. des chartes, Paris 1990].

IV. ENGLAND: Die Kg.e der →Angelsachsen verfügten – deutlich erkennbar in der Regierungszeit Eduards d. Bekenners – über abhängige clerici regis oder presbyteri regis, doch fehlte dieser Geistlichkeit im Unterschied zu der karol. H. wohl eine festere Organisationsform. Dies schließt nicht aus, daß Hofkleriker zu diplomat. Aufgaben herangezogen wurden und das kgl. Schriftwesen betreuten (→writ). In Einzelfällen läßt sich der Aufstieg in ein hohes geistl. Amt nachweisen; eine »Pflanzschule für Bischöfe« entstand im Umkreis des ags. Hofes allerdings nicht.

Die norm. Eroberung Englands 1066 brachte eine neue Weichenstellung. Unter Kg. Wilhelm I. wurden die einheim. Hofkleriker nach und nach durch Geistliche kontinentaler Herkunft abgelöst. Es entstand eine →curia regis, die anfängl. die drei Abteilungen *Chapel Royal* (Ch. R.), *Hall* und *Chamber* umfaßte. Als Vorsteher der (mit dem Hof umherziehenden) Ch. R. war der →Kanzler für den Sakralbereich (gottesdienstl. Handlungen, Reliquienwesen) verantwortlich. Daneben gehörte die Schreibtätigkeit zu seinem Sektor. In einer wohl zu Anfang der Regierung Kg. Stephans v. Blois verfaßten Beschreibung des kgl. Hofhalts (→Constitutio Domus Regis) zählt der cancellarius zu den bestbesoldeten Beamten (5 s. pro Tag); unter ihm steht ein magister scriptorii (= Siegelbewahrer [2 s.]); außerdem werden ein capellanus custos capelle et reliquiarum und vier servientes capelle (→*serjeants*) genannt. Die Zahl der capellani war freilich wesentl. größer. Vermutl. gehörten auch die *King's Scribes* zum Personal der Ch. R. Der→»Dialogus de Scaccario« I, 5 berichtet von der Tätigkeit des Kanzlers und des »clericus, qui preest regis scriptorio« (also wohl des magister scriptorii) im Rahmen des kgl. Rechnungshofes. Beide Würdenträger sind nicht auf den Bereich der Ch.R. beschränkt. Im Laufe des 12. und 13. Jh. verselbständigten sich mehrere Departments des Hofes (→Exchequer, →Chancery). Die Ch.R. aber blieb funktionsgemäß dem Kg. eng verbunden. Nicht wenige Kapläne wurden auf Bf.sstühle berufen. Die geistl. Wahlen sollten in der capella regis abgehalten werden (→Clarendon, Konstitutionen v.). Noch in der Zeit Johanns Ohneland folgte die Ch.R. dem Kg. auf seinen Reisen. Später wurde sie zunehmend seßhaft. Im ausgehenden MA erwuchsen der Ch.R. vielerlei zusätzl. Aufgaben. Vom frühen 14. Jh. an läßt sich erkennen, daß die zur Ch.R. gehörigen Knaben in den Fächern Musik und Grammatik unterrichtet wurden. Um dieselbe Zeit kamen organisator. Verbindungen zw. der Ch.R. und den Univ. zustande (King's Hall, →Cambridge). Während des →Hundertjährigen Krieges dienten Kleriker der Ch.R. dem engl. Kgtm. als Propagandisten seines Anspruches auf die frz. Krone. Die Ch.R. wurde zeitweise auch durch die Aufnahme unbemittelter Kleriker personell erweitert. – Schon seit der ags. Epoche sind auch »Kleriker der Königin« nachweisbar.

K. Schnith

Q. und Lit.: Regesta Regum Anglo-Normannorum, I-IV, 1913–69 [Einl.] – Dialogus de Scaccario, ed. C. JOHNSON, 1950 [mit Constitutio Domus Regis]; ed. M. SIEGRIST, 1963 – Liber regie capelle, ed. W. ULLMANN (Henry Bradshaw Soc. XCII, 1961) – I. D. BENT, The Early Hist. of the English Ch.R., ca. 1066–1327 [Cambridge Univ., masch., 1969] – F. BARLOW, The English Church 1066–1154, 1979 – C. GIVEN-WILSON, The Royal Household and the King's Affinity, 1986 [Lit.].

Höflichkeit →Kultur und Gesellschaft, höfische; →Verhalten(-snormen)

Hofmark, räuml. fest abgegrenzter Bezirk im Kfsm. Bayern (bis zu den Montgelasschen Reformen), umfaßte ein oder mehrere Dörfer, in denen die meist angesessene H.sherrschaft die sog. H.sgerechtigkeit ausübte (Niedergericht, Steuerveranlagungs- und Musterungsrecht, Polizei und Verwaltung, Niederjagd usw.). Der teils auf die ma. Dorfgerichte und Immunitäten, teils auf landesherrl. Privilegierungen (z. B. →Otton. Handfeste, 1311) zurückgehenden H., in der sich bisweilen ältere Ehaftrechte erhalten konnten, eignete →Immunität vom landesherrl. Landgericht; im übrigen unterstand sie jedoch der fsl. Landeshoheit. Der Besitz der H.sgerechtigkeit, die ein dingl. Recht war, berechtigte zur Mitgliedschaft im alten Landtag (Landschaft).

P. Fried

Lit.: S. HIERETH, Die bayer. Gerichts- und Verwaltungsorganisation vom 13. bis 19. Jh., 1950 – P. FRIED, Bayern in miniature: die altbayer. H. (Blutenburg, Beitr. zur Gesch. der H. Menzing, 1983) – DERS., Die ländl. Gemeinde in Südbayern... (Die ländl. Gemeinde. Schr.reihe der Arbeitsgemeinschaft Alpenländer, 1988).

Hofnarr → Spielleute, Narren

Hofordnung. [1] *Zum Begriff:* H.en sind herrscherl. Regulativa, die den verschiedensten Bereichen der Hof- und Landesverwaltung einen schriftl. fixierten normativen Rahmen verleihen. Als Ausdruck eines überlegenen fsl. Herrschaftsanspruches intendieren sie weniger die Selbstbindung des Fs.en als vielmehr die strikte Bindung der am Fs.enhof lebenden Normadressaten. H.en entspringen keinem ledigl. aktuellen Regelungsbedürfnis, sondern dokumentieren einen allg. Trend zur Normativität herrschaftl. Handelns. Die Übergänge zu Regierungs- und Verwaltungsordnungen sind z. T. fließend.

[2] *Früh- und Hochmittelalter:* Bis in die 2. Hälfte des 13. Jh. sind H.en im oben beschriebenen Sinne nicht vorhanden. Die aus Früh- und HochMA überlieferten und von der Forsch. zuweilen als H.en bezeichneten Q. haben mit der (wenngleich nicht homogenen) Quellengattung »H.« nur wenig gemein: »De ordine palatii« von →Hinkmar v. Reims (um 882) ist eine Beschreibung des Hofes Karls d. Gr. für den jungen Kg. →Karlmann, der »Liber de ceremoniis« des →Konstantin VII. Porphyrogennetos (Mitte 10. Jh.) ein reines Zeremonienbuch mit zusätzl. Informationen über Religion, Kirche, Wissenschaft, Kunst und Kultur. Im 13. Jh. ist die Ordnung des Fs.enhofes Gegenstand des Hennegauer Hofämterverzeichnisses (»ministeria curie Hanoniensis«, 1212/14, unter Mitwirkung von →Giselbert v. Mons), von allg. Abhandlungen zur Haushaltsführung (»Rules« des Bf.s →Robert Grosseteste v. Lincoln, um 1240; vgl. den →»Dialogus de Scaccario«, 1177-79) sowie eines Haus- bzw. Herrschaftsvertrages (Niederbayern, 1293/94; ähnl.: Pommern, 1321). Als Vorläufer späterer H.en kann (mit Einschränkungen) lediglich die ca. 1136 für den engl. Kg.shof erlassene →»Constitutio domus regis« gelten.

[3] *Spätmittelalter:* Spätma. H.en sind überliefert aus Frankreich ab 1261 (→Ordonnance, →Hôtel du roi), aus Aragón ab 1276/77 (vgl. Kastilien, →»Siete Partidas«, nach 1250), aus England ab 1279, aus Burgund ab 1407, aus den Territorien des Dt. Reiches (Ausnahme: Brabant, 1407/15) ab Mitte des 15. Jh.: Sachsen, Tirol, Bayern, Kurköln, Brandenburg, Kleve, Jülich, Württemberg, Pommern; ab Anfang des 16. Jh. für Wien und 1499 für den →Dt. Orden. Die Gründe für die auffällige Phasenverschiebung sind nicht hinreichend geklärt; sie dürften jedoch in engem Zusammenhang stehen mit dem jeweiligen Grad der Fortentwicklung des →Hofes zu einem relativ geschlossenen, komplexen sozialen System, mit der Herausbildung von →Residenzen, mit dem Vordringen der Geldwirtschaft und mit der zunehmenden Verschriftlichung von Hofwirtschaft, Hof- und Landesverwaltung. Die spätma. H.en weisen in Hinsicht auf Inhalt, Form und Ausfertigung erhebl. Unterschiede auf: Zwar beziehen sich H.en prinzipiell auf alle Kardinalfunktionen des Hofes (Organisation des tägl. Lebens, Aufrechterhaltung der Sicherheit, Regierung und Verwaltung, personelle Integration, Repräsentation), doch sind die einzelnen Regulativa nur selten als »vollständig« zu betrachten. Dies ist u. a. zurückzuführen auf das Fehlen bzw. auf frühe Abspaltungen (in England und Frankreich) von Verwaltungsinstitutionen/Behörden und anderen Einrichtungen des Hofes, auf die Existenz spezieller Ordnungen für einzelne Arbeits- und Lebensbereiche (Kanzleiordnung, Rentkammerordnung, Zeremonienordnung etc.; vgl. Sonderordnannz für einzelne Hofämter, Burgund 1389, die Vielzahl spezieller Verwaltungsordnungen im Byz. Reich seit dem 4. Jh., ferner →*qānūn-nāme* im Osman. Reich, 15./16. Jh.) sowie auf die unterschiedl., den H.en zugrundeliegenden Zielsetzungen (fiskal. Motive, statist. Feststellungen, Kodifizierung von Rechten und Pflichten, Haushaltskonsolidierungen, Delegation von Verwaltungsangelegenheiten, Effektivierung von Abläufen, Etablierung von Kontrollmechanismen, Prachtentfaltung etc.). In formaler Hinsicht reicht die Palette von kurzen listenartigen Aufstellungen bis hin zu umfassenden Regulativkonvoluten mit (z. T. detaillierten) Beschreibungen von Amtsbereichen und einzelnen Dienstvorschriften (Aragón um 1300; »Leges Palatinae«, Mallorca 1337; Dauphiné 1340; Burgund 1468/69; »Black Book«, England 1471/72). Ausgefertigt wurden H.en als schlichte Arbeitsexemplare, als Kompilationen verschiedener Stücke und Hände, als Hefte, in Buchform und auch als Prachths. (»Leges Palatinae«). Anlässe für eine Änderung von H.en oder für das Erstellen neuer H.en waren u. a. Herrscher- und Personalwechsel, Verwaltungsreformen und die Etablierung eines neuen Hofstaates (für Fs.en, Prinzen, Witwen). Die unter den H.en zweifellos vorhandenen Interdependenzen bedürfen ebenfalls noch genauerer Erforschung. Sicher erscheinen diesbezügl. z. Zt. ledigl. Einflüsse frz. Vorbilder auf den Hof der Anjou in Süditalien und auf die Dauphiné, burg. Einflüsse auf die Entstehung des »Black Book«, brandenburg. auf Pommern (und eventuell Mecklenburg) und die Benutzung der »Leges Palatinae« in Aragón und möglicherweise in Burgund.   K.-H. Ahrens

Lit.: A. KERN, Dt. H.en des 16. und 17. Jh., 2 Bde, 1905/07 – CARRERAS Y CANDI, Ordenanzas para la casa y corte de los reyes de Aragón, 1906 – TH. FELLNER – H. KRETSCHMAYR, Die österr. Zentralverwaltung, Abt. I, Bd. 2, 1907 – K. SCHWARZ, Aragon. H.en im 13. und 14. Jh., 1914 – K. FORSTREUTER, Die H.en in der letzten Hochmeister in Preußen, Prussia 31, 1929, 223-231 – F. HASENRITTER, Die pommerschen H.en als Q. für die Hof- und Landesverwaltung, BStNF 39, 1937, 147-182 – A. R. MYERS, The Household of Edward IV, the Black Book and the Ordinance of 1478, 1959 – J. VERPEAUX, Pseudo-Kodinos, 1966 – K. DILGER, Unters. zur Gesch. des osman. Hofzeremoniells im 15. und 16. Jh., 1967 – N. OIKONOMIDÈS, Les listes de préséance byz. des IXe et Xe s., 1972 – W. PARAVICINI, Ed. der burg. H.en, Francia 10, 1982, 131-166; 11, 1983, 257-301; 13, 1985, 191-211; 15, 1987, 183-231 – Q. SCHENA, Le leggi palatine di Pietro IV d'Aragona, 1983 – A. R. MYERS, Some Household Ordinances of Henry VI, 1985, 231-249 – D. STARKEY u.a., The English Court, 1987 – W. PARAVICINI, The Court of the Dukes of Burgundy: a Model for Europe? (The Court at the Beginning of the Modern Age, hg. R. G. ASCH – A. M. BIRKE, 1990) – →Hof, →Hôtel du roi.

Hofpfalzgraf (comes [sacri] palatii). Das jüngere H.enamt (Palatinat) knüpft sicher nicht an das karol.-otton. →Pfgf.enamt an, wie bisweilen die ältere Forsch. annahm. Seit der Mitte des 12. Jh. übertrug der Ks. in Reichsitalien Teile seiner ksl. Reservatrechte (→Comitiva) in Form von Sonderprivilegien an einzelne Adlige oder Bf.en oder damit in jedem Fall den Pfgf.entitel zu verleihen; andererseits sind frühe Titelverleihungen nicht immer mit der Comitiva verbunden. Unter Karl IV. wurde das H.enamt unter dem Einfluß der Rezeption des röm. Rechts zu einer bis zum Ende des Alten Reiches fortlebenden Einrichtung des Reichsstaatsrechts, die um 1350 auch in die dt. Reichsteile Eingang fand. Unter Karl IV. erhielt das Amt eine feste Form. Gleichzeitig bildete sich in der Hofkanzlei ein entsprechendes Privilegienformular aus. Dabei ist festzuhalten, daß sich hinsichtl. der Anwendung der verschiedenen Titel weder inhaltl. noch rechtl. oder in regionaler Hinsicht Unterschiede feststellen lassen. Die Ks. waren jedoch mit der Verleihung des Palatinats bis zum Tode Maximilians I. sehr zurückhaltend, wobei die Mehrzahl der ca. 440 Privilegien erst ausgefertigt wurde. Den Umfang der hofpfgfl. Befugnisse (Comitiva) legte in jedem einzelnen Fall die ksl. Ernennungsurk. fest, wobei seit Kg. Ruprecht zwei Rangstufen zu unterscheiden sind. Das große Palatinat, das meist erbl. war und keine regionalen Einschränkungen enthielt und erst gegen Ende des 15. Jh. häufiger verliehen wurde, berechtigte die Inhaber aufgrund ihrer »comitiva maior«, sog. Unteroder Vizehofpfgf.en zu ernennen, denen nur die »comitiva minor« des kleinen Palatinats zustand und deren Amt zumeist nicht erbl. war und verschiedenen Beschränkungen unterlag. Um den sich seit der Mitte des 15. Jh. häufenden Klagen gegen den Mißbrauch der pfgfl. Rechte zu begegnen, setzte Friedrich III. 1486 Bf. Matthias v. Seckau als ksl. Kommissar zur Überprüfung der Tätigkeit der H.en ein. – Neben dem Ks. beanspruchte auch der Papst seit dem 13. Jh. das Recht, H.en (comes papalis) zu ernennen, die jedoch außerhalb Italiens nur selten begegnen; dagegen sind die päpstl. Legaten häufiger mit hofpfgfl. Rechten ausgestattet. P.-J. Schuler

Lit.: HRG II, 212f. – FICKER, Italien II, §§ 244–248, 253–260, 265f. – J. ARNDT, H.en-Register I, 1964, V–XXIV; ebd. II, 1971, V–XXXVII – →Comitiva.

Hofrat. Der Kg. wurde zunächst in institutionell ungefestigter Form beraten, wobei der Weg zur Verfestigung noch wenig geklärt ist. Für die Kg.e des SpätMA war der H. (Hofmeister, Kammermeister, Hofmarschall, Kanzler und Hofräte) die wichtigste Institution am Hofe mit ungeteilter Zuständigkeit für Regierung, Verwaltung, Rechtsprechung, Hof-, Hausmacht- und Reichssachen. Erst die Reformbestrebungen Ks. Maximilians I. brachten eine festere Ausformung mit der ersten H.sordnung von 1497/98 (tägl. Sitzungen, Mehrheitsentscheid bei weniger wichtigen oder gerichtl. Fragen, jedoch keine Ortsfestigkeit).

In den dt. Territorien bildete sich ein H. mit dem Werden des modernen Staates heraus; das persönl. Regiment des Fs.en wurde so durch eine noch undifferenzierte, aber schon zur Institutionalisierung drängende Zentralverwaltung ersetzt und die →Hofämter als polit. Instanzen abgedrängt. Frühestens seit 1300 traten consiliarii (aus Adel, Ministerialität und höherer Geistlichkeit) in lockerer Weise in landesherrl. Dienst, woraus sich seit Mitte des 14. Jh. fast allg. ein ständiger, in manchen Territorien von den Ständen beeinflußter Beraterkreis am Hofe entwickelte. Seit der Mitte des 15. Jh. begann der H. die festeren Formen einer kollegialen Behörde anzunehmen, in der nach und nach differenziertere Kompetenzverteilung, geregelter Vorsitz, Regelmäßigkeit der Sitzungen und feste Mitgliederzahl (etwa ein halbes Dutzend) üblich wurde. Das Eindringen weltl. Juristen bürgerl. Herkunft brachte einen neuen Denkstil in die Arbeitsweise des H.s, um 1500 wurden in mehreren Territorien H.sordnungen erlassen. K. Blaschke

Lit.: Dt. Verwaltungsgesch. I, hg. K. G. A. JESERICH u. a., 1983, 36–38, 105–118, 307–330.

Hofrecht (lat. ius curiae, ius curtis, lex familiae; mhd., mnd. *hovreht/hoffrecht, hofsbrauch, hofsordnung*).

Das mit der Entfaltung der →Grundherrschaft seit karol. Zeit gewachsene H. tritt in schriftl. fixierter Form erst seit der Wende des 10. zum 11. Jh. in Erscheinung (Wormser Hofrecht 1023/25 [→Burchard v. Worms], Recht der →Limburger Kl.leute 1035, H./Zensualenrecht v. →Weingarten 1094, H. v. Münchweier 1. Hälfte 12. Jh.), also v. a. in Verbindung mit den großen geistl. Grundherrschaften der Bm.er, Abteien und großen Stiftskirchen. Es verzeichnet im wesentl. die Verpflichtungen und Rechte der diesem Herrschaftsbereich unter- und eingeordneten Personengruppen, die unter dem Begriff der →familia (H.sverband) erfaßt werden.

Neben der Regelung von →Abgaben und Leistungen behandeln die H.e vorrangig drei Rechtsbereiche: 1. das Besitzrecht in Verbindung mit dem Erb- und Eherecht, wobei die Offenheit innerhalb des H.sverbandes (freies Erbrecht, Inwärtseigen, freies Eherecht) und, im Gegensatz dazu, die klare Abgrenzung nach außen typisch sind; 2. die ständ.-rechtl. Differenzierung innerhalb der familia. Sie erstreckt sich von den →mancipia/Manzipien (einfachen Mägden und Knechten) auf unterster Ebene über die am Herrenhof beschäftigten und zu tägl. Leistungen verpflichteten Diener und Fachkräfte, weiterhin auf die auf Leiheland sitzenden Bauern bis hin zu den sich relativ frei entfaltenden →Zensualen (Zinsleuten) und anfangs auch auf die gehobene Gruppe der →Ministerialen. Die Verselbständigung der Ministerialität (→Dienstrechte) trug seit der Wende vom 11. zum 12. Jh. dazu bei, zw. dem H. im engeren Sinne und dem H. im weiteren Sinne zu unterscheiden; 3. die gesonderte Gerichtsbarkeit als wesentl. Element des H.s. Sie hatte ihren Platz im Hofgericht, das Immunitätsrechte genoß und vom →Vogt oder dem villicus/→Meier, →Schultheiß abgehalten wurde. Die dem H. unterstellten Leute waren somit gerichtl. eximiert und unterstanden nur in besonderen Fällen (Todesstrafe, →handhafte Tat) der »öffentl.« Gerichtsbarkeit.

Sowohl bei der Urteilsfindung im gerichtl. Verfahren als auch bei der Rechtsfixierung der H.e selbst (→Satzung, →Weistum) waren die Hofgenossen entweder als →Schöffen oder Befragte beteiligt, also das genossenschaftl. neben dem herrschaftl. Element vertreten. So ist der Wandel von der Hofgenossenschaft zur Dorfgemeinde (→Dorf), wie er sich im Laufe des 12./13. Jh. vielfach vollzog, eher ein gleitender Prozeß gewesen, der im SpätMA (15. Jh.) oft eine rückläufige Tendenz aufwies.

Auch die Stadtentwicklung war zumindest vom 10. bis zum Beginn des 12. Jh. stark vom H. geprägt, das gilt bes. für die →Bischofsstädte. Die von K.-W. NITZSCH (1859) formulierte H.stheorie wurde v. a. von G. v. BELOW (um 1890) scharf zurückgewiesen. Der neueren Forsch. geht es nicht mehr um die Frage der Fortentwicklung des H.s zum Stadtrecht (→Stadt), sondern stärker um das Problem der Überwindung der älteren Rechtsbindungen durch kommunale Bewegungen und Stadtrechtsverleihungen.
K. Schulz

Lit.: DtRechtswb V, 1320ff., 1162ff. – HRG II, 214ff. – K. W. NITZSCH, Ministerialität und Bürgertum, 1859 – G. L. v. MAURER, Gesch. der Fronhöfe, der Bauernhöfe und der Hofverfassung in Dtl., I–IV, 1862f. – G. v. BELOW, Ursprung der dt. Stadtverfassung, 1892 – G. SEELIGER, Die polit. und soziale Bedeutung der Grundherrschaft im frühen MA, 1904 – A. DOPSCH, Herrschaft und Bauer in der dt. Ks.zeit, 1939 – Cambridge Econ. Hist. I, 6 und 7, 1966².

Hofrichter, ständig amtierender, in der Regel nicht selbst urteilender Vorsitzender eines am Hof (→curia) eines Herrschaftsinhabers tagenden Gerichts (→Kg.s- und Hofgericht). Ein institutionalisiertes H.tum entstand zuerst am Großhofgericht des norm. Kgr.es Sizilien. Im →Mainzer Landfrieden von 1235 wurde das Amt für das Hl. Röm. Reich rezipiert und auf den Vorsteher des am Kg.shof tagenden Gerichts übertragen. Es sollte ein Freier für zumindest ein Jahr zum H. eingesetzt und zusammen mit dem ihm beigegebenen Hofschreiber aus dem Achtschatz entlohnt werden. Er hatte alle Klagen entgegenzunehmen und zu verhandeln. Ausgenommen waren nur Fs.ensachen und Angelegenheiten der Hohen →Gerichtsbarkeit, die dem Kg. vorbehalten blieben. Bis zum Ende des Gerichts 1451 sind H. mit z. T. längeren Amtszeiten nachweisbar, seit Rudolf v. Habsburg ständig und seit ca. 1330 unter Assistenz von jeweils zwei jurist. geschulten Hofschreibern. Das Amt wurde in gleicher Weise von territorialen Hofgerichten eingeführt, seit dem späten 15. Jh. auch in landesherrl. Gerichten. Im Reich wurde es seit Friedrich III. mehr und mehr durch den Kammerrichter abgelöst. F. Battenberg

Lit.: HRG IV, 53–55 – A. SCHULTE, Der hohe Adel des dt. H.s (Fschr. G. v. HERTLING, 1913), 532–542 – W. E. HEUPEL, Der siz. Großhof unter Ks. Friedrich II., 1940 – F. BATTENBERG, Die Zeit Ludwigs d. Bayern und Friedrichs d. Schönen 1314-1347 (Urkk.reg. zur Tätigkeit des dt. Kg.s- und Hofgerichts bis 1451, V, 1987) [Einl.].

Hofschule → Schulwesen

Hofschule Karls d. Kahlen (838/840-877), letzte der drei großen karol. Hofschulen. Die Gruppe besteht aus 12 Hss., davon 6 Evangeliare (in chronolog. Reihenfolge: München, Schatzkammer der Residenz: Gebetbuch; Darmstadt, Hess. Landesbibl. Hs. 746; Paris, BN lat. 323; Paris, BN lat. 324; Wolfenbüttel, Herzog-August-Bibl. 13 Aug. 4°: Psalter in tiron. Noten; Paris, BN lat. 17436; lat. 1152: Psalter Karls d. K.; Paris, Bibl. de l'Arsenal Ms. 1171; Paris, BN lat. 270; lat. 1141; München, Bayer. Staatsbibl. Clm 14000: Codex Aureus von St. Emmeram; Paris, BN lat. 2292); z. T. sind sie durch Inschriften, Widmungen und sonstige Kriterien eng wie auch bildl. Darstellungen mit Karl d. K. verbunden, im übrigen schließen Text, Schrift (Hauptmeister Liuthard) und Buchschmuck sie eng zusammen. Die Tätigkeit der Schule beginnt nach der Mitte des 9. Jh. und endet mit dem Tod Karls. Seit KOEHLER-MÜTHERICH werden die Hss. in die Residenzlandschaft um Aisne und Oise (Compiègne und Soissons) lokalisiert (ältere Provenienz-Hypothesen ebd. 13 ff.). Kennzeichnend für die künstler. Ausstattung der Hss. ist der Wunsch nach Prachtentfaltung, bes. hervortretend bei dem Hauptwerk, dem Codex Aureus von St. Emmeram; in der Ornamentik wie in den Bildern wurden unterschiedl. Vorlagen verarbeitet (»Eklektizismus«), wesentl. Einflüsse kamen aus Metz, Reims und Tours, auch aus der Hofschule→Karls d. Gr. K. Bierbrauer

Lit.: W. KOEHLER – F. MÜTHERICH, Die H. K.d.K. (Die Karol. Miniaturen 5, 1982).

Hofstaat → Hofordnung, →Residenz, →Hôtel du roi

Hoftag → placitum, →Reichs- und Hoftag

Hofzeremoniell → Zeremoniell

Ḫōǧa, osman. Titel, von neupers. ḫwâǧa, im Türk. mindestens seit dem 15. Jh. 'chodscha' (heute hodscha) gesprochen, diente für Personen gehobenen Standes: Gelehrte, Lehrer, Kaufherren, Herren (gegenüber ihren Sklaven), Eunuchen eines herrschaftl. Hauses. Im Türk. konnte der Titel vor oder nach dem Namen stehen, vgl. Ḫōǧa Naṣreddīn oder →Naṣreddīn Ḫōǧa. A. Tietze

Höhbeck (Krs. Lüchow-Dannenberg, Niedersachsen). Die Vietzer Schanze auf dem H. gilt als das in den Annales regni Francorum 789 erstmals erwähnte Kastell Hobuoki, das gegen die →Wilzen am Elbufer angelegt wurde. Durch mehrfache Grabungen ist auf der isolierten Höhe mit Steilhang zur Elbe hin ein schmal-rechteckiges Erdwerk nachgewiesen, mit Funden aus karol. Zeit. Der breite Holz-Erde-Wall wurde durch einen karol. Spitzgraben, der am Steilufer fehlte, gesichert. An einer Schmalseite bot eine Bachschlucht Schutz. Das Tor erhielt eine Pfostenarmierung, ein zweiflügeliges Kammertor und vielleicht einen Torturm. Die Innenbebauung ist durch Sandentnahmen und ältere eisenzeitl. Spuren zerstört, so daß keine klaren karol. Strukturen zu erkennen sind. Die früher als curtis bezeichnete Anlage ist ein echtes Kastell. H. Hinz

Lit.: A. v. OPPERMANN-C. SCHUCHHARDT, Atlas vorgesch. Befestigungen Niedersachsens, 1888-1916, 9, Nr. 30 – E. SPROCKHOFF, Kastell H. (Neue Ausgrabungen in Dtl., 1958), 518-531 – R. v. USLAR, Stud. zu den frühgesch. Befestigungen zw. Nordsee und Alpen, 1964, 51-54.

Hohelied, das (Auslegung). Die Beschreibungen der Liebe von Mann und Frau im bibl. Hld inspirierten die jüd. und die christl. Theologie des MA zu Auslegungen, die im und über dem Wortsinn andere Schriftsinne angezeigt sahen und die Einzeldeutungen innerhalb gemeinsam anerkannter hermeneut. Fundamentaloptionen frei gestalteten.

In der jüd. Theologie gab es zuweilen auch rein profanerot. Deutungen. Doch herrschte im ganzen wohl die von Hos 1-3; Jer 2,2; 3,1.20; Ez 16; Jes 50,1; 54.6, Midraschim, Targumim, Talmud und verstreuten rabbin. Texten angeregte geschichtl.-allegor. Auslegung vor, die vom Hld her auf verborgene Sinndimensionen der sich in geschichtl. Ereignissen darstellenden Liebesbegegnungen Gottes und Israels hinweisen sollte (→Raschi; →Abraham ibn Ezra). Dazu kamen myst. und theosoph. geprägte kabbalist.-allegor. Auslegungen (Ezra v. Gerona; →Zohar) und philos.-allegor. Auslegungen, die sich u. a. auf die Kommunikation zw. göttl. und menschl. Intellekt bezogen (→Levi ben Gerson). Da die jüd. Auslegung im Hld Anspielungen auf die Befreiung Israels aus der ägypt. Knechtschaft und auf die messian. Erlösung zu finden glaubte, wurde es jedes Jahr zum Passahfest im synagogalen→Gottesdienst – vielfach am →Sabbat jener Festwoche – verlesen.

Unter jüd. Einfluß, der auch im MA weiterwirkte, beschritt die christl. Theologie ähnl. und eigene Auslegungswege. Der Mann und die Frau des Hld wurden auf den als »Bräutigam« (Mk 2,19 f.; Joh 3,29) erschienenen Gottessohn Jesus Christus und die als Jungfrau, Braut und Fraugepriesene Kirche (2 Kor 11,2; Eph 5,22-33; Offb 19,7; 21,2.9; 22,17) gedeutet. Die stärksten Impulse gab Origenes, der in der Überzeugung, daß im Christentum eine den Wortsinn übersteigende Auslegung nur im Wirkungsbereich des Geistes Gottes (vgl. 1 Kor 2,10-15) zu einer persönl. gelebten und erfahrenen »geistl. Einsicht« (Komm. zu Hld 1,1, GCS, Orig. 8,98,10) werden kann, die Frau des Hld nicht nur kollektiv als Kirche, sondern und mehr als individuelle »kirchl. Seele« deutete und so als zweiten Auslegungsweg den der christl. Brautmystik öffnete. Der dritte Weg zeichnete sich in den Hinweisen ab, in denen Ambrosius die Frau des Hld als Maria, die zweite Eva und das Urbild der Kirche, darstellte.

Zw. 700 und 1500 sah die Ostkirche ihre Aufgabe u. a. in der meditativen Aneignung, Bewahrung und Weitergabe des reichen, in Originalwerken und Katenen vorliegenden Erbes der Hld-Auslegung (Origenes; →Gregor v. Nyssa; →Neilos v. Ankyra; →Theodoret v. Kyros; →Maximos Homologetes). In der Westkirche, die lange weithin von ostkirchl. Anregungen gelebt hatte, kam es dagegen, wie mehr als 200 – meist nur hs. – erhaltene Komm. bezeugen, zu Phasen erstaunl. produktiver Erneuerung. Daher gehörte das Hld neben Ps und Paulusbriefen lange zu den am meisten komm. bibl. Büchern. Die hermeneut. Fundamentaloption verlangte wie in der alten Kirche, daß die Auslegung sich zuerst an der Christus–Kirche–Beziehung auszurichten hatte. Diese Beziehung prägte denn auch vom 8. bis zum 11. Jh. die monast. (→Beda; →Haimo), im 12. Jh. die frühscholast. (→Anselm v. Laon; Glosssa) und vom 13. zum 15. Jh. die hoch- und spätscholast. Komm. (→Wilhelm v. Auvergne, →Hugo v. St. Cher, →Johannes Peckham, →Aegidius Romanus, →Augustinus v. Ancona). →Nikolaus v. Lyra rezipierte hingegen auch jüd. Auslegungen und bezog die ersten sechs Kap. des Hld auf Gott und Israel und die letzten zwei auf Christus und die Kirche. Auf dem zweiten Auslegungsweg (myst. Einung zw. Christus und der kirchl. Existenz realisierenden Seele) gab es im 12. Jh. einen einzigartigen Aufschwung. Die 86 Predigten des →Bernhard v. Clairvaux zu Hld 1,1-3,1, ein Meisterwerk myst. Theologie, inspirierten im 12. Jh. weitere myst. Komm. (→Wilhelm v. St. Thierry, →Gilbert v. Hoyland, Johannes v. Ford). Auch später fühlten sich viele Ausleger von diesem Weg angezogen (→Thomas Gallus, Petrus Johannis →Olivi, →Richard Rolle, →Johannes Gerson), der auch in der Frauenmystik (→Mechthild v. Magdeburg) als der alles übersteigende Weg galt. Vom 12. Jh. an wagten aber einige Ausleger auch den dritten Weg zu betreten, der ganz von der Christus-Maria-Beziehung geprägt war (→Rupert v. Deutz, →Honorius Augustodunensis, →Philipp v. Harvengt, →Wilhelm v. Newburgh, →Alanus ab Insulis, St. Trudperter Hld, →Alexander Neckam). →Dionysius d. Kartäuser bot in seinem zw. 1453 und 1457 verfaßten Komm. die vollständigste Übersicht über die drei Wege der ma. westkirchl. Hld-Auslegung. H. Riedlinger

Lit.: DSAM II, 86–109 – RBMA XI, 166–182 [Initien, Ed. und Hss.] – TRE XV, 503–513 – F. OHLY, Hld-Stud., 1958 – H. RIEDLINGER, Die Makellosigkeit der Kirche in den lat. Hldkomm. des MA, 1958 (BGPhMA 38,3) – U. KÖPF, Hldauslegung als Q. einer Theol. der Mystik (Grundfragen christl. Mystik, hg. M. SCHMIDT–D. R. BAUER, 1987), 50–72.

Hohelied, das (dt. Lit. des MA). Die deutschsprachige Auseinandersetzung mit dem Hld setzt (wie im Falle der meisten bibl. Bücher) in ahd. Zeit mit →Glossen ein. Autor der ersten Übers. und volkssprachl. Kommentierung ist Abt →Williram v. Ebersberg († 1085). Dem Bibeltext stellt er links seine Erklärung in lat. Versen und rechts seine lat.-dt. Mischprosa zur Seite. Die Auslegung ist ekklesiolog.: Die Rollen des Hld werden auf Christus, Kirche und Synagoge gedeutet. Um die Mitte des 12. Jh. schuf ein anonymer Verfasser unter Benutzung von Willirams Werk in einem nicht bekannten oberd. Kl. das »St. Trudperter Hld« (benannt nach der Provenienz der Hs. Wien, ÖNB 2719). Der theol. Gehalt ist gegenüber Williram grundlegend geändert: das Verhältnis zwischen 'sponsus' und 'sponsa' wird auf das zw. Gott und individueller menschl. Seele bestehende gedeutet, dessen höchste Vervollkommnung die myst. Vereinigung ist. Anklänge an das Hld und Zitate daraus sind in der dt. Lit. des MA zahlreich; eine systemat. Erfassung fehlt. Prominente Beispiele des 13. Jh. für die Adaption von Teilen des Hld außerhalb von Übersetzungen und Kommentierungen im engeren Sinne sind Frauenlobs »Marienleich« (→Heinrich v. Meißen) und →Bruns v. Schönebeck »Hld«. Umsetzungen des bibl. Buches in dt. Verse bieten →Historienbibeln. Im 15. Jh. entstanden mehrere volkssprachl. Auslegungen. →Hohelied, das (Auslegung); (Ikonographie). H. U. Schmid

Lit.: Verf.-Lex.² IV, 83–91 [K. RUH] – A. FISCHER, Brun v. Schönebeck, 1893 – Ahd. Glossen I, 549–553 – A. LESCHNITZER, Unters. über das »Hld in Minneliedern«, 1924 – H. MENHARDT, Das St. Trudperter Hld, 1934 – E. H. BARTELMEZ, The »Expositio in Cantica Canticorum« of Williram Abbot of Ebersberg, 1967 – K. STACKMANN-K. BERTAU, Frauenlob (Heinrich v. Meißen), Leichs, Sangsprüche, Lieder, 1. T., 1981, 236–283.

Hohelied, das (Ikonographie). Bilder zum Hld sind im MA fast immer textgebunden: im O-Initial des Hld in Bibel- oder Kommentar-Hss. werden seit dem 11. Jh. Sponsus und Sponsa stehend oder thronend und zuweilen sich umarmend und küssend dargestellt (z. B. Alardus-Bibel in Valenciennes, um 1100; Beda-Komm. zum Hld in Cambridge, um 1130). In der Bibel des Stephan Harding in Dijon (frühes 12. Jh.) segnet der thronende Christus die Braut-Ecclesia und verstößt die Synagoge. Auch kommt die Sponsus suchende Sponsa (Bibel in Reims, um 1100) oder die allein thronende Braut-Ecclesia, seit dem späten 12. Jh. auch Maria mit dem sie liebkosenden Kind,

vor (Bibel in Lyon). Singulär ist die auf 2 Bildseiten verteilte Darstellung des Zuges der Gläubigen zu Ecclesia und dem Kreuz bzw. der Erwählten zum im O-Initial thronenden Christus in einer auf der Reichenau Ende des 10. Jh. entstandenen Kommentar-Hs. in Bamberg. Ausführlichere, dem komplexen Text entsprechende Bildzyklen enthält eine Gruppe südd. Hss. des Hld-Komm. des →Honorius Augustodunensis aus dem 12.–13. Jh. Ein ndl. Blockbuch von etwa 1465 mit 32 Holzschnitten zum Hld zeigt die anhaltende Beliebtheit der Thematik.
U. Nilgen

Lit.: LCI I, 318–324; II, 308–312 – RDK II, 1110–1124 – D. V. BURGSDORFF, Mitt. der österr. Galerie 7, 1963, 5–18.

Hohenaltheim, Synode v. (916), erste kbl. Kirchenversammlung in Dtl. in nachkarol. Zeit. Unter Vorsitz des päpstl. Legaten, Bf. Petrus v. Orte, trat am 20. Sept. 916 in der Johanniskirche zu H. im Ries eine namentl. nicht bekannte, wohl vornehml. aus Schwaben, Bayern und Franken bestehende Gruppe von Bf.en zusammen, um nach briefl. Ermahnung Papst Johannes' X. über kirchl. Mißstände zu beraten. Die nicht in den Akten, aber in der kanonist. Überlieferung erwähnte Anwesenheit Kg. Konrads I. erscheint möglich. Die 38 Beschlüsse beinhalten: Eigenermahnungen der Synodalen, Schutz von Kirchengut und -dienern, Zehnt, Schutz des Kg.s und Bf.s mit Bußen für Aufrührer und Eidbrüchige, kirchl. Disziplinarfälle, bfl. Mißstände im Reich. V. a. die Kg.sparagraphen haben das Interesse der Forsch. auf die Synode gelenkt: Während früher hieraus ein von →Pseudo-Isidor geprägtes Selbstbewußtsein des Episkopats gelesen wurde, das den Kg. (christus domini) gegen seine Gegner (hier den schwäb. Hzg. →Erchanger und den bayer. Hzg. →Arnulf) schützen zu sollen sich zuschreibt, und hierin die Tendenz zur Überordnung der Kirche über das Kgtm. erkannt wurde, wird heute der Einfluß Pseudo-Isidors gering veranschlagt und eher die Rolle des Papstes betont.
Th. Zotz

Q.: MGH Conc. 6,1, 1–40 [E.-D. HEHL] – Lit.: H. FUHRMANN, Die Synode v. H. (916) – quellenkundl. betrachtet, DA 43, 1987, 440–468 – H. WOLTER, Die Synoden im Reichsgebiet und in Reichsitalien von 916 bis 1056, 1988.

Hohenburg, Mgf. v. → Markgraf v. Hohenburg

Hohenlohe, frk. Adelsgeschlecht, erstmals 1153 nach dem Ansitz Weikersheim gen., 1178 im Besitz der namengebenden Burg Hohlach bei Uffenheim, welche die Handelsstraße Augsburg-Frankfurt kontrollierte. Aufgestiegen in stauf. Gefolge, erwarben die H. 1232/35 Langenburg, um 1250 Öhringen (Grablege), später auch Waldenburg, Möckmühl (1445 an Kurpfalz verkauft) und Neuenstein. Trotz mächtiger Nachbarn (→Würzburg, Ansbach), mehrfacher Erbteilungen und Schenkungen bes. an den →Dt. Orden, beherrschten die H. am Ausgang des MA ein ansehnl. Territorium (Erbeinung von 1511). Sie verfügten bes. im 13. Jh. über eine bemerkenswerte Position in der Reichskirche (zwei Hochmeister des Dt. Ordens, je ein Bf. in Bamberg und Würzburg, frk. Domkapitel).
A. Wendehorst

Q.: H.isches UB, hg. K. WELLER–CH. BELSCHNER, 3 Bde, 1899–1912 – Bibliogr.: Frk. Bibliogr. II/1, hg. G. PFEIFFER, 1969, Nr. 21781–2023 – Lit.: LDG 548f. – NDB IX, 484–486 – K. WELLER, Gesch. des Hauses H., 2 Teile, 1903/08 – W. ENGEL, Würzburg und H., 1949 – F. ULSHÖFER, Die H.ische Hausverträge und Erbteilungen [Diss. Tübingen, 1960] – H. PRINZ ZU H.-SCHILLINGSFÜRST–F. K. ERBPRINZ ZU H.-WALDENBURG, H. Bilder aus der Gesch. von Haus und Land, 1965.

Hohentwiel, Burg im südl. Hegau, oberhalb von Singen (Lkr. Konstanz), als ein Kristallisationspunkt des von den →Alaholfingern →Erchanger und Berthold angestrebten schwäb. Hzm.s im Kampf mit Bf. →Salomo III. v. Konstanz befestigt (914), gleichsam hzgl. Gegenposition zur Kg.spfalz →Bodman, zu deren Fiskus der H. vermutl. gehört hat. 915 von Kg. Konrad I. vergebl. belagert. Nach Erchangers Hinrichtung 917 an Hzg. →Burchard I. v. Schwaben gelangt, später Besitz →Burchards II. und →Hadwigs, die hier das Benediktinerkl. St. Georg gründeten (vor 973; 1005 von Kg. Heinrich II. nach Stein a. Rh. verlegt). 973–994 diente der H. der 'ducissa' Hadwig als Witwensitz und hzgl. Vorort. Durch zwei Aufenthalte (nach Hadwigs Tod 994, 1000) machte Otto III. sein Recht an diesem Reichsguttitel geltend. Adelheid, Gattin Kg. Rudolfs, hat, vielleicht in Wahrnehmung hzgl. Rechte, 1077–79 mehrfach am traditionellen Vorort H. geweilt. Auf ungeklärte Weise gelangte der H. an den →Zähringer →Berthold (5. B.), ztw. verfügte allerdings auch der Heinrich IV. anhängende Abt v. →St. Gallen, Ulrich v. Eppenstein, über den H., nach dem sich seit Beginn des 12. Jh. Adlige nannten: 1121 der Abt v. St. Gallen, Heinrich v. Twiel, nach seiner Vertreibung die bis dahin nach Singen gen. Herren v. Twiel als Gefolgsleute der Zähringer. Um die Mitte des 13. Jh. in der Hand Ulrichs v. Klingen, gen. v. Twiel, 1300 an das Konstanzer Ministerialengeschlecht v. Klingenberg verkauft, gelangte der H. 1521 an die Hzg. e v. Württemberg. Th. Zotz

Lit.: H., hg. H. Berner, 1957 – Th. Zotz, Der Breisgau und das alem. Hzm. (VuF Sonderbd. 15, 1974) – H. Maurer, Der Hzg. v. Schwaben, 1978 – G. Person, Die Herren v. Singen-Twiel ... (Singener Stadtgesch. 2, hg. H. Berner, 1990).

Hohenzollern, nach der Zollernburg (Schwäb. Alb, Gem. Zimmern) ben. Dynastie. Angehörige des Geschlechts werden erstmals 1061 genannt. Nichtfsl. Abkunft begünstigte die Bildung von Herkunftssagen. Der den Staufern verbundene Gf. Friedrich III. (I.) wurde 1191/92 nach dem Aussterben der Gf.en v. →Raabs von Kg. Heinrich VI. mit der Bgft. →Nürnberg belehnt. Seine Söhne teilten 1204 den Besitz: Konrad I., der die um 1200 erloschenen Gf.en v. Abenberg beerbt hatte, erhielt die Gft. Nürnberg und begründete die frk. Linien bzw. die brandenburg.-preuß., Friedrich IV. (II.) erhielt die schwäb. Stammbesitzungen. Der durch oft nachdrückl. Unterstützung der Reichsgewalt begünstigte Aufstieg der H. in →Franken setzte sich fort nach dem Aussterben der Hzg.e v. →Andechs-Meraniern (1248), aus deren Erbmasse sie zunächst nur →Bayreuth gewinnen konnten. Das frk. Herrschaftsgebiet, seit Mitte des 13. Jh. meist von der →Cadolzburg aus regiert, vergrößerten sie durch das Reichslehen Wunsiedel (1285), durch den Kauf von Ansbach (1331) und den Erwerb von Schwabach (1364) und Gunzenhausen (1368). 1363 erreichte Burggf. Friedrich V. bei Ks. Karl IV. die Erhebung in den →Reichsfs.enstand. Die Erbbestimmungen von 1372 und 1385 teilten die stark zerstückelten frk. Besitzungen in zwei Gebiete: das Land unter dem Gebirge (Residenz zunächst Cadolzburg, dann Ansbach) und das Land auf dem Gebirge (Residenz Plassenburg, 1340 mit →Kulmbach aus dem Erbe der Gf.en v. →Orlamünde gewonnen). 1373 kauften die H. das seit dem meran. Erbfolgestreit beanspruchte Hof von den →Vögten v. Weida und vermehrten in den letzten Jahrzehnten des 14. und Anfang des 15. Jh. ihre Erwerbungen durch Wassertrüdingen, →Feuchtwangen, Uffenheim, Crailsheim und Erlangen. Grablege der frk. H. war das Kl. →Heilsbronn. Der allmähl. Rückzug aus Nürnberg (1427 Verkauf der Burggf.enburg an die Reichsstadt) stand im Zusammenhang mit der polit. Umorientierung der H. nach der Belehnung →Friedrichs VI. (I.) (12. F.) mit der Mark →Brandenburg (1415), die ihre Position in Franken wie im Reich stärkten und den Grund für den Aufstieg Brandenburg-Preußens legte. Die von Kfs. Albrecht Achilles (→8. A.) erlassene →Dispositio Achillea (1473) beschränkte die Erbfolge auf eine brandenburg. Linie, der die Kurwürde vorbehalten blieb, und zwei frk. Linien. Den schwäb. H., seit der 2. Hälfte des 13. Jh. durch zahlreiche Teilungen, Erbstreitigkeiten, Verpfändungen, schließlich Zerstörung der Stammburg durch die schwäb. Reichsstädte (1423) geschwächt, gelang erst ab Ende des 15. Jh. die Konsolidierung und Vergrößerung der Herrschaft. A. Wendehorst

Bibliogr.: Frk. Bibliogr., hg. G. Pfeiffer, I, 1965, Nr. 1161–1526; Nr. 6147–6476; Nr. 7615–8363; II/1, 1969, Nr. 22035–22088; II/2, 1970, Nr. 35101–35175 – W. Bernhardt–R. Seigel, Bibliogr. der H.ischen Gesch., Zs. für H.ische Gesch. 10/11, 1974/75 – *Q.:* Cod. diplomaticus Brandenburgensis, hg. A. F. Riedel, 41 Bde, 1838–69 – Mon. Zollerana, 8 Bde, Registerbd., 1852–90 – H.ische Forsch., 1–8, 1892–1902; Forts.: Q. und Forsch. zur Dt., insbes. Hohenzoller. Gesch. 1–6, 1903–15 – *Lit.:* NDB IX, 496–501 – A. F. Riedel, Gesch. der Preuß. Kg.shauses, 2 Bde, 1861 – L. Schmid, Die älteste Gesch. des erl. Gesammthauses der Kgl. und Fsl., 3 Bde, 1884–88 – O. Hintze, Die H. und ihr Werk, 1916[8] – A. Schwammberger, Die Erwerbspolitik der Burggf.en v. Nürnberg in Franken [–1361], 1932 – R. Seigel, Die Entstehung der schwäb. und frk. Linie des Hauses H., Zs. für H.ische Gesch. 5, 1969, 9–44 – G. Schumann, Die Mgf.en v. Brandenburg-Ansbach, Jb. des Hist. Vereins für Mittelfranken 90, 1980 – R. Seyboth, Die Mgf.en v. Brandenburg und Kulmbach unter der Regierung Mgf. Friedrichs d. Ä. (1486–1515), 1985 – R.-M. Kiel, Die Hauschronik der Gf.en v. Zollern, Arch. für Gesch. v. Oberfranken 68, 1988, 121–148 – R. Seyboth, Nürnberg, Cadolzburg und Ansbach als spätma. Residenzen der H., JbffL 49, 1989, 1–25 – →Brandenburg.

Hohe Pforte (türk. *Babıâli*), v.a. im 19. Jh. gebräuchl. Bezeichnung für die osman. Regierung nach ihrem Sitz neben dem Topkapı Saray zu Istanbul. Als pars pro toto ist 'Tor', ähnl. wie 'Schwelle', meist mit Epitheta wie 'des Glücks' oder 'erhaben' versehen, verbreitetes Symbol für den Herrschersitz. Seit dem 16. Jh. Bezeichnung für die Ratsversammlung beim Sultan, ist H. Pf. in der speziellen Bedeutung 'Sitz des osman. Großwesirs' seit 1718 offiziell belegt. C. P. Haase

Lit.: EI², s. v. Bāb-i ʿālī.

Hohe Straße, bedeutender Verkehrsweg zw. dem Rhein-Main-Gebiet und dem schles.-poln. Raum, zuerst 983 urkundl. belegt. Die H.S. führte von dem hohen MA von Frankfurt a. M. über Erfurt, Naumburg, Leipzig, Großenhain, Bautzen und Görlitz nach Breslau mit Fortsetzung über Krakau und Lemberg nach Kiev. 1252 wird sie als »strata regia« bezeichnet, ein Hinweis auf ihre verfassungsrechtl. Sonderstellung. Zollstellen und Niederlagsrechte behinderten den Verkehr. 1462 versuchte die kursächs. Straßen- und Zollordnung, den strengen Straßenzwang durchzusetzen; →Leipzig wurde mit dem ksl. Messeprivileg von 1497 der hervorragende Handelsplatz an der H.S. K. Blaschke

Lit.: B. Reissig, Beitr. zur Gesch. des Handels und Warenverkehrs auf der hohen Landstraße in den Wettin. Landen bis ins 16. Jh. [Diss. Leipzig 1938].

Höhle. Die in vorgesch. Zeit weit verbreitete Nutzung von natürl., z. T. künstl. verbesserten H.n als Wohn-, Nutz- und Grabraum lebte im Mittelmeerraum und im Nahen Osten nicht selten auch in gesch. Zeit fort, bisweilen bis über das MA hinaus. Hieraus sind zahlreiche H.nmotive zu erklären, z. B. das Vorkommen von H.n in griech.-röm. Mythen und ihre Verwendung als Kultraum (Zeus, Hermes, Dionysos, Mithras, Nymphen u. a.); die Beliebtheit in Sagen und Märchen (Beispiele Hünnerkopf): H.n von Zwergen, Riesen und →Drachen und als Schatzhort (schon im 1. Jh. bei Phädrus, Fabulae 4, 21

Schatzh. eines Drachen; spätere Beispiele für Schatzh.n GRIMM, 542–548); H.n als Wohnung für wiedererwartete Helden wie →Friedrich Barbarossa im Kyffhäuser (GRIMM, 537–540); H. als Schauplatz ntl. Ereignisse und H. als Zuflucht für christl. Einsiedler. Die beiden letztgen. Gruppen führten zur Anlage von →H.nkirchen. Bes. aufschlußreich für antike Traditionen ist, da nicht im NT erwähnt, die Lokalisierung der →Geburt Christi in einer H. seit dem 2. Jh. (Justinus Martyr, Dial. c. Tryph. 78; Protoev. Jacobi 18, 1), die frühchr. und ma. Darstellungen des Themas bes. im O stark beeinflußt hat. →Gregor v. Nyssa schlug sogar eine Brücke zw. dem platon. Höhlengleichnis (Pol. 7,514–517) und der Geburtsgrotte (vgl. DANIÉLOU). J. Engemann

Lit.: HWDA IV, 175–183 [R. HÜNNERKOPF] – J. GRIMM, Dt. Mythologie, 1835 – E. BENZ, Die H. in der alten Christenheit und in der ö.-orthodoxen Kirche, Eranos-Jb. 22, 1954, 365–432 – J. DANIÉLOU, Le symbole de la caverne chez Grégoire de Nysse, Mullus (Fschr. TH. KLAUSER, 1964), 43–51.

Höhlenkirchen, -klöster, -malerei. Als früheste H. können das Grab Christi und die Geburtsgrotte in Bethlehem angesehen werden, frühe Verehrung genossen auch das Mariengrab, die Grotte der Kreuzauffindung u. a. Der christl. ging häufig pagane Kultnutzung voraus. Eine Höhle als Geburtsort Christi ist erstmals bei Justinus Mart. (Dial. Tryph., um 160) belegt, während das Grab Christi bereits Mt 27,60; Mk 15,46; Lk 23,53 als Felsengrab beschrieben wird. Über diesen u. a. Höhlen entstanden ab dem 4. Jh. große Memorialbauten. In Gegenden, wo Troglodytensiedlungen üblich waren, werden wohl auch Kirchen unterird. angelegt. Später stehen H. häufig in Verbindung mit Kl. bzw. H.kl. Ausgangspunkt für solche sind Eremiten (wie bereits die Mönchsväter Antonius und Paulus), die sich mit Vorliebe in einsame Höhlen, Steinbrüche oder aufgelassene Gräber zurückzogen. Das Höhlenmotiv scheint zum Topos des Anachoretentums geworden zu sein. Dabei ist die Höhle bereits früh ein hl. Ort für die Gläubigen, bei dem Wohn- und Sakralbereich zusammenfallen. Oft scharen sich weitere Eremiten in unmittelbarer Nähe um ihr Vorbild, so daß ganze H.kl., meist in Bergwände eingeschnitten, entstehen, die dann auch durch oberird. Bauwerke gesichert bzw. ergänzt werden können. Ist anfangs die kaum veränderte Naturhöhle vorherrschend, so werden den H. zunehmend auch Züge gebauter Architektur verliehen und entsprechende Raumformen künstl. geschaffen (Apsiden, Tonnengewölbe, Kuppeln, auch aus dem Felsen herausgearbeitete Säulen mit Kapitellen, Refektoriumssäle mit halbrunden Trapezai und Sitzbänken); sogar Fassadengliederungen werden aus dem Fels gearbeitet.

Malerei dient ursprgl. wohl nur zur Vergegenwärtigung des Kreuzzeichens. Allem Anschein nach hat man aus dem Repertoire anikonischer christl. Grabmalereien (z. B. Bab Sbā in Homs, Grabkammern in Konstantinopel) geschöpft, zu dem einfaches lineares Ornament verschiedenster Art gehörte (von einer Verbindung solcher anikon. Malereien mit der Zeit des Ikonoklasmus wird heute Abstand genommen). Derartige schlichte Dekorationen sind weit in die mittelbyzantinische Zeit hinein belegt.

Bereits früh wird allerdings in Q. auch von Ikonen, vor denen Kerzen brennen, in Anachoretenhöhlen berichtet (Joh. Moschos, pratum sp. cap. 180, MPG 87, 3052, vor 613). So sind vermutl. auch bald ikonenartige Einzelbilder in anikon. Malereien eingefügt worden, bei ein einfacheren Werken häufiges Dekorationssystem. Ähnlich wie die aufwendige gebaute Kirchenarchitektur Vorbild für die Gestaltung von H. war, ist auch das byz. Bildprogramm bald nach dem Bilderstreit in die H.malerei übernommen worden, die sich insgesamt wohl parallel zu Mosaik und Wandmalerei entwickelte wie auch deren Stileigenheiten mit den Sonderausprägungen der jeweiligen Kunstlandschaften folgte. Daneben sind naturgegeben Absinken in Provinzialismus und Weiterführung des älteren, schlichten Dekorationssystems bes. charakteristisch.

Beliebt sind H. bzw. -kl. und -malereien im kopt. Ägypten sowie in Äthiopien, seltener in Syrien, wohl aber in Palästina und bes. in Kleinasien (Latmos, bithyn. Olymp, Kappadokien und Pontos) und Georgien (David Garedza u. a.), seltener in Griechenland und auf den Inseln, wohl aber in Bulgarien, Rumänien und Rußland (→Kiev). Im W sind bes. Süditalien (v. a. Apulien, Basilikata) und Spanien hervorzuheben. M. Restle

Lit.: RByzK III, 247–252 [Lit.] – M. RESTLE, Die Byz. Wandmalerei in Kleinasien, 1967 – C. D. FONSECA, Civiltà rupestre in Terra ionica, 1970 – V. PACE, Pittura bizantina in Italia meridionale (I Bizantini in Italia, hg. G. CAVALLO, 1982).

Hohlpfennig (nd. *hale Penninge*, lat. denarii concavi). Die →Brakteaten, typ. für die Zeit des regionalen Pfennigs im 12./13. Jh., fanden seit dem 14. Jh. ihre Fortsetzung in den H.en, die bedeutend geringer in Durchmesser und Gewicht, z. T. bis zum 17. Jh. geprägt wurden. Die H.e können als Scheidemünze der Zeit des →Groschens und der frühen NZ angesehen werden. H.e begegnen v. a. in N-Deutschland, Nieder- und Obersachsen, Thüringen und Hessen. P. Berghaus

Lit.: F. V. SCHROETTER, Wb. der Münzkunde, 1930, 269–273 – B. KLUGE, Probleme der Brakteatenforsch. (Forsch. und Ber. 19, 1979), 127–138.

Hohlringheller, einseitiger rhein. →Heller mit einem wulstartigen Hohlring als Rand, entstanden um 1420; in zeitgenöss. Q. als »Morgin« (Möhrchen), gelegentl. auch als »Lübsche« (Lübecker) bezeichnet. Als Vierschildheller mit den Wappen der vier rhein. Kfs.en wurden H. um 1464–81 und 1502–21 geprägt. Die H. erscheinen bis in das 16. Jh. P. Berghaus

Lit.: F. V. SCHROETTER, Wb. der Münzkunde, 1930, 273, 722.

Ho(h)nstein, im 12. Jh. erbaute Burg; Sitz eines der bedeutendsten Adelsgeschlechter am Südharz; ältester bekannter Sproß ist der 1154 urkdl. bezeugte comes Adelger. Die zunächst nach dem Stammsitz Ilfeld gen. Familie trug seit 1182 den Namen 'v. H.' Sie besaß ausgedehnte Wälder im →Harz, aus ehem. Krongut Güter in der Goldenen Aue, im →Eichsfeld und bis in den Raum um →Erfurt. Im 13. Jh. nahm sie Lehen von den Lgf.en v. →Thüringen, von →Mainz und →Fulda, auch verfügte sie über eigene Ministerialen. Neben dem Hauskl. Ilfeld stand ihr die Vogtei über das Kl. Homburg zu, im Südharz hatte sie Forstrechte inne und nahm einen Kupferzins ein. Die Gft. Klettenberg wurde stückweise zw. 1238 und 1267 erworben, 1259 begann der Vorstoß gegen den Besitz der Gf. v. Schwarzburg, an die jedoch im 14. Jh. Sondershausen und Frankenhausen verlorengingen. Seit 1315 war die Gft. in zuletzt drei Linien geteilt. K. Blaschke

Lit.: K. MEYER, Die Gf.en v. H., Zs. des Harzvereins 28, 1895, 397–541 – K. MASCHER, Reichsgut und Komitat am Südharz im HochMA, Mitteldt. Forsch. 9, 1957, 46–70 – H. EBERHARDT, Landgericht und Reichsgut im n. Thüringen, BDLG 95, 1959, 67–108.

Hojeda Alonso de → Ojeda

Hólar, nordisländ. Bf.ssitz, 1106 am Hof H. im Hjaltadalur eingerichtet, zuständig für das 'Nordviertel', während das südisländ. Bm. →Skálholt die übrigen 'Viertel' des Landes umfaßte. Bm.svisitationen wurden in H. jährlich, in Skálholt im Dreijahresrhythmus durchgeführt. Ab 1122/33 galten in Island einheitl. kirchenrechtl. Bestimmungen ('Christenrecht'). Das Christenrecht von Skálholt (1275) wurde 1354 auch in H. eingeführt. In H. wurde bald nach 1106 eine für die isländ. Priesterausbildung bedeutsame Schule gegründet, die die lit. Aktivitäten der Kl. Þingeyrar und Munkaþverá nachhaltig beeinflußte. Der bis ca. 1480 erworbene ausgedehnte Grundbesitz H.s wurde bis 1550 auf rund ein Viertel aller Höfe im Bm. verdoppelt (10% des isländ. Grundbesitzes).

In der sog. Freistaatl. Periode (930–1262/64) stammten die Bf.e v. H. meist aus dem Umkreis weniger Häuptlingsgeschlechter, von denen drei bis 1248 die Wahl der isländ. Bf.e bestimmten. 1238–62/64 residierten ausschließl. Norweger als Bf.e in H. Nach der Eingliederung Islands in die norw. Herrschaft erhielt H. zwar erneut isländ. Bf.e, bis zur →Kalmarer Union (1397) waren sie jedoch in der Regel norw., danach meist dän. Herkunft. Der in H. geweihte letzte kath. Bf. Islands, Jón Arason, wurde 1550 enthauptet. →Island.   J. V. Sigurdsson

Lit.: J. HELGASON, Islands kirke ..., 1925 – B. LÁRUSSON, The Old Icelandic Land Registers, 1967 – J. JÓHANNESSON, Islands hist. i mellomalderen, 1969 – M. STEFÁNSSON, Kirkjuvald eflist, Saga Islands II, 1975, 55–144 – DERS., Frá goðakirkju til biskupskirkju, ebd. III, 1978, 109–257 – J. L. BYOCK, Medieval Iceland ..., 1988 [Lit.] – J. V. SIGURÐSSON, Frá Goðorðum til ríkja ..., 1989.

Holbein, Hans, d. Ä., * um 1465 Augsburg, † 1524 ebd. (?), schwäb. Maler. Nach der Lehrzeit (Ulm?) am Oberrhein und in Köln, wo H. →Rogier van der Weydens Columba-Altar sah, und vielleicht in den Niederlanden. Um 1490 entstehen in Augsburg zwei Miniaturen für eine Vita St. Simperti (London), die das Reichskl. St. Ulrich und Afra Ks. Maximilian überreichte, und wohl für den gleichen Auftraggeber ein Afra-Altar (Eichstätt, Basel). – 1493 signierte er mit dem Bildschnitzer M. →Erhart in Ulm den sog. Weingartner Altar (4 Marienszenen im Augsburger Dom). 1494 Heirat und Gründung der Augsburger Werkstatt, aus der bis 1516 elf große Altarwerke und mehrere Einzeltafeln hervorgingen, und in der u. a. sein Bruder Sigmund, Leonhard Beck, Martin Schaffner und die Söhne Ambrosius (* 1495) und Hans (* 1497/98) tätig waren. In folgenden Jahren dürften die 12 Tafeln der Grauen Passion (Donaueschingen) entstanden sein. 1501 malte er zusammen mit 4 Flügel des Hochaltars der Dominikaner in Frankfurt (heute: ebd., Basel, Hamburg). 1502 schuf er in Zusammenarbeit mit A. →Daucher und dem versippten G. →Erhart den Altar für die Abtei Kaisheim (München). Nach diesem Höhepunkt spätgot. Stilisierung kündigt sich mit dem Realismus des Votivbildes des U. Schwarz (1508, Augsburg) eine Umorientierung zur Renaissance an, die sich vom Katharinenaltar (1512, Augsburg) zum Sebastiansaltar (1516, München) steigert und 1519 in dem für den Augsburger Handelsherrn G. Königsberger gemalten »Lebensbrunnen« (Lissabon) triumphiert. Sein letztes Lebensjahrzehnt dürfte er zw. dem Oberrhein, wo er 1509 und 1516/17 in Isenheim bezeugt ist und seine Söhne tätig waren und Augsburg geteilt haben.

H. ragt unter seinen dt. Zeitgenossen durch seine maler. Kultur hervor und erreicht als erster ein einheitl. raumtoniges Kolorit; von den expressiven Spätgotikern ist er der menschl. differenzierteste. Einzigartig ist sein physiognom. Interesse und Einfühlungsvermögen, wie es etwa 150 Zeichnungen (Basel, Berlin u. a.) von Personen aller Schichten bezeugen. Die wenigen Porträts (Basel, Slg. Thyssen, Frankfurt ...) führen unmittelbar zur Bildniskunst seines Sohnes.   Ch. Klemm

Lit.: CH. BEUTLER – G. THIEM, H.H.d.Ä., Die spätgot. Altar- und Glasmalerei, 1960 – N. LIEB – A. STANGE, H.H.d.Ä., 1960 – H.H.d.Ä. und die Kunst der Spätgotik, Ausst. Kat. Augsburg 1965 – B. BUSHART, H.H.d.Ä., 1987.

Holcot, Robert → Robert Holcot

Holderness, Earls of, erst in der NZ auftretender Adelstitel, der mit dem dritten Earl (Conyers Darcy, seit 1682) an Abkömmlinge der großen engl. und angloir. Familie →D'Arcy kam.   M. C. Prestwich

Lit.: Peerage VI, 535–538.

Holderness, Lordship of, ehem. Herrschaft im Gebiet von H., einem flachen Wiesen- und Weideland im sö. Yorkshire, zw. dem Fluß Hull, der Mündungsbucht des Humber und der Nordsee. Der Name ist skand. Ursprungs. 1066 gab es in diesem Gebiet drei →*hundreds*, die vor 1166 zu einem →*wapentake* zusammenwuchsen. Die Herrschaft von H. wurde nach der norm. Eroberung geschaffen. Während 1066 das Land noch im Besitz von vielen kleinen Grundbesitzern war, gehörte H. 1086 einem Lehnsherrn, Drogo de la Bevrière, der wie viele der führenden Adelsfamilien H. aus Flandern stammte. 1087 kam H. an Odo, den ersten Gf.en v. →Aumale. Die Herrschaft umfaßte nun als Lehnsbesitz sowohl H. selbst als auch die Gebiete der Gf.en jenseits des Humber in Lincolnshire (insgesamt Land für 20 Ritterlehen, 10 in Yorkshire und 10 in Lincolnshire). Im 12. Jh. wurde der Besitz in Yorkshire eine Art Pfgft. Die Gf.en verfügten über einen eigenen →*steward* (zuerst 1115 belegt), ein →*bailiff* hielt das Gericht des wapentake ab. Sie besaßen das Recht, →*writs* zurückzuweisen, ausgenommen waren jedoch die writs des kgl. →*sheriff* und des kgl. →*coroner*. Der bedeutendste der Gf.en, Wilhelm I. »the Fat« († Aug. 1179), war Earl v. Yorkshire während der Regierung Kg. Stephans v. Blois und galt als der eigtl. Kg. n. des Humber. Er gründete die OCist-Abtei →Meaux und die *boroughs* Hedon und Skipsea. Nach ihm wurde auch der »Earl's Dyke« benannt, ein Langwall, der die n. Grenze des wapentake bildete. Nach dem Tod des letzten Gf.en v. Aumale (1260) ging H. in den Besitz der engl. Krone über.   E. J. King

Lit.: B. ENGLISH, The Lords of H. 1086–1260, 1979 – VCH Yorkshire: The East Riding, V, 1984, 1–5 – P. DALTON, William Earl of York and Royal Authority in Yorkshire in the Reign of Stephen, The Haskins Soc. Journal 2, 1990.

Holland, bedeutende engl. Familie, die wohl aus Lancashire stammte. Im 12. Jh. hatte sie Land zu Lehen auf dem *manor* v. Upholland in der Nähe von Wigan (NW-England, Gft. Lancashire), im 13. Jh. konnte sie ihren Besitz durch Heirat erweitern und dehnte ihre Ansprüche auf Leicestershire aus. Am Ende des Jahrhunderts gehörte sie dem Ritterstand an. Im 14. Jh. erfolgte jedoch der entscheidende Aufstieg der H.s, bedingt durch kgl. und adlige Förderung sowie durch eine reiche Heirat.

Sir *Robert* H. (* um 1270, † 1328), der Urenkel des ersten bekannten Familienmitglieds, war einer der Gefolgsleute von →Thomas, Earl of Lancaster, dem führenden Opponenten gegen Eduard II. Als enger Vertrauter des Earl wurde er von der Beteiligung an der Hinrichtung von Piers →Gaveston 1313 freigesprochen und durch einen persönl. →*writ* zum Parlament geladen (Juli 1314). 1322, nach der Erhebung des Earl gegen Eduard II., sagte H. ihm jedoch die Gefolgschaft auf und verweigerte dem Earl die Zuführung eines Truppenkontingents, wodurch H. der Katastrophe v. →Boroughbridge entging. Doch wurde er von Anhängern des Earl sechs Jahre später, nach der Entthronung Eduards II., als Verräter an seinem Herrn ermordet, sein Haupt dem neuen Earl of Lancaster gesandt.

Robert (* 1312, † 1373), der älteste Sohn H.s, nahm an den Feldzügen Eduards III. in Frankreich teil und starb, ohne einen männl. Erben zu hinterlassen. Der jüngere Sohn, *Thomas* († 1360), schlug eine bedeutende militär. Laufbahn ein und leitete so den schnellen Aufstieg der Familie in den engl. Hochadel ein. Er kämpfte bei →Sluys 1340, in der Bretagne und in der Normandie und nahm an den Feldzügen von 1346-47 (→Crécy, →Calais) teil. Der einäugige, von →Froissart wegen seiner Tapferkeit auf vielen Feldzügen (Preußenreise, Granada, Frankreich) gerühmte Thomas H. verkörperte als eines der ersten Mitglieder des →Hosenbandordens beispielhaft das Ritterideal des Hofes Eduards III. Er heiratete 1339 Johanna v. Kent, Tochter →Edmunds, Earl of Kent, und Enkelin von Eduard III. Die Ehe wurde wegen der Minderjährigkeit Johannas zunächst heiml. geschlossen und die folgenden Streitigkeiten um die Rechtmäßigkeit erst im Nov. 1349 durch einen päpstl. Nuntius zugunsten H.s entschieden. Aus der Ehe gingen zwei Söhne, *Thomas* und *John*, hervor. Nach H.s Tod heiratete Johanna v. Eduard d. »Schwarzen Prinzen«, den ältesten Sohn von Eduard III. Der aus dieser Ehe stammende Sohn Richard (II.) bestieg 1377 den Thron. Die verwandtschaftl. Beziehung zu seinen Halbbrüdern Thomas und John erklärt den weiteren Aufstieg der Familie H.

Thomas († April 1397) erbte das Earldom v. Kent, diente unter dem Schwarzen Prinzen in den sechziger Jahren des 14. Jh. und nahm an den Feldzügen Richards II. gegen Schottland 1385 und gegen Irland 1394 teil. Sein gleichnamiger Sohn und Erbe spielte eine bedeutende Rolle am Hofe Richards II. (→Kent, Earls of; →Surrey, Duke of). John H. († 1400) diente einige Zeit unter →John of Gaunt während des Feldzuges nach Kastilien, kehrte aber 1387 vorzeitig zurück und scheint Verbindungen zu den Opponenten gegen Richard II. aufgenommen zu haben. Unter dem Fünferausschuß der Lords →Appellant wurde H. 1388 Earl of →Huntingdon. In den neunziger Jahren des 14. Jh. stand er jedoch in der Gunst Richards II. Mit seinem Neffen, *Thomas* v. Kent, gehörte er zu der Gruppe der Adligen, die die Gegner Richards II. 1397 des Verrats anklagten. Beide wurden von Richard II. mit Landschenkungen aus dem eingezogenen Besitz der Opponenten belohnt, und John erhielt sogar den Titel eines Duke of →Exeter. Nach der Absetzung des Kg.s mußten sie jedoch die Landübertragungen von 1397 wieder zurückgeben, auch verloren sie ihre Dukedoms. Im Jan. 1400 waren sie an der Verschwörung von Richards Anhängern gegen Heinrich IV. beteiligt, wurden aber nach deren Scheitern hingerichtet. Thomas v. Kents Erbe wurde 1403 wieder in sein Earldom eingesetzt, starb aber ohne Nachkommen 1408. *John* († 1447), der Erbe des Earl of Huntingdon, erhielt sein Earldom 1417 zurück. Zu seinem Lebenslauf und zu der weiteren Gesch. der Familie H. s. →Exeter, Dukes of.
A. Tuck

Lit.: J. R. MADDICOTT, Thomas of Lancaster 1307-1322, 1970 – A. TUCK, Richard II and the English Nobility, 1973 – R. BARBER, Edward Prince of Wales and Aquitaine, 1978.

Holland, Gft. in den Niederlanden
A. Früh- und Hochmittelalter – B. Spätmittelalter

A. Früh- Hochmittelalter
'H.' (Holtland) war ursprgl. der Name der waldreichen Geestrücken n. und s. der Mündung des →Rheins. Wahrscheinl. bezeichnete 'H.' dann das später als 'Rijnland' bezeichnete Gebiet, das neben dem Kennemerland eine der Kernzonen der späteren Gft. war. Durch die Dynastie der Gf.en v. H. erfuhr der Landschaftsname weitere Verbreitung; seit 1101 begegnet er als Bezeichnung der Gft. zw. der Mündung der →Maas und dem Kennemerland; später wurden auch das Kennemerland und das Waterland in ihn miteinbezogen (so in den →Egmonder Annalen). Die Verbreitung des Namens 'H.' bezeugt die Ausgliederung dieses Gebiets aus dem Verband des alten →Friesland; bis ins 11. Jh. wurden die Bewohner von H. noch als 'Frisiones (occidentales)', die Gf.en als 'comites Fresonum' bezeichnet. Mit der polit. Verselbständigung H.s ging eine sprachl.-kulturelle Eigenentwicklung Hand in Hand, die schließlich zum Bruch mit den fries. Landestraditionen führte.

Über die Machtverhältnisse in frk. Zeit ist nichts bekannt. Nach der Ermordung des norm. Hzg.s v. Friesland, →Gottfried († 885), erhielt einer der Mörder, Gerulf, dessen Gft.en. Gerulfs Sohn Dietrich I. († nach 939) folgte dem Vater im Kennemerland und Rheinmündungsgebiet nach. Er stiftete das Hauskl. →Egmond. Die hohe Stellung der mit den Gf.enhäusern v. →Flandern und →Luxemburg verschwägerten Familie. Gft.endynastie (zu den bedeutendsten Mitgliedern waren im 10./frühen 11. Jh. die Gf.en →Dietrich II., † 988, und →Dietrich III., † 1039, sowie Ebf. →Egbert v. Trier) erklärt sich vielleicht aus Verwandtschaft mit den →Immedingern (v. WINTER), doch wohl auch aus der polit. und wirtschaftl. Schlüsselposition im Rheinmündungsgebiet.

Die Ausdehnungspolitik der Gf.en v. H. erfolgte in mehrere Richtungen: Im S führte die eigenmächtige Einrichtung eines gfl. Zolls in Vlaardingen an der Maas- und Waalmündung durch Dietrich III. zum Konflikt mit dem Bf. v. →Utrecht, was eine holl. Expansion bis nach →Dordrecht einleitete; die Hegemonie in diesem Raum wurde schließlich durch Dietrich V. (1061-91) und seinen fläm. Schwiegervater →Robert I. gesichert. Überdies belehnte Robert I. Dietrich V. mit →Seeland in der Westerschelde, was einen langjährigen Streit zw. Flandern und H., das sich der Lehnsbildung an Flandern zu entziehen suchte, auslöste. Der Vertrag v. Brügge (1167), der die Lehnshoheit Flanderns bestätigte, eine Teilung der seeländ. Einkünfte vorsah und den fläm. Kaufleuten in H. Zollfreiheit einräumte, bildete den vorläufigen Schlußpunkt dieser Auseinandersetzungen und blieb – trotz wiederholter späterer Kämpfe (bes. 1246-58) – bis zum Ende des 13. Jh. in Kraft.

Auch im O und in Mittelfriesland gerieten die Gf.en v. H. in Konflikt mit den Bf.en v. Utrecht, die bis zum frühen 12. Jh. Rückhalt beim Reich fanden. Nachdem Kg. Heinrich III. 1046 und 1047 gegen Dietrich IV. (1039-49) erfolglos zu Felde gezogen war, gab es erst nach dem Tode Floris' I. (1049-61), dessen minderjähriger Sohn Dietrich V. unter mütterl. Vormundschaft stand, Aussichten zu einer Zerschlagung der lästigen westfries.-holl. Sondergewalt: 1064 übertrug Heinrich IV. im Rahmen seiner Lotharingien-Politik die Gft.en westl. der Vlie und im Rijnland dem Bf. v. Utrecht; 1071 schlug der königstreue Hzg. →Gottfried der Bucklige v. Niederlothringen den letzten Widerstand nieder. Nach Gottfrieds Ermordung (1076), durch die sich die Situation völlig wandelte, verstanden es Dietrich V. und sein Sohn Floris II. (1091-1122) jedoch, ihre Gft.en zurückzugewinnen, wobei das Rijnland zwar zunächst noch unter bfl. Lehnshoheit verblieb, unter Dietrich VI., dem Neffen Kg. Lothars, jedoch wieder reichsunmittelbar wurde. →Floris III., dessen Bruder Balduin 1178 Bf. v. Utrecht wurde, Dietrich VII. (1190-1203) und →Floris V. verstärkten, nicht zuletzt dank ihrer Finanzkraft, ihren Einfluß im Bm., bis Floris V.

sich schließlich mehrerer Territorien des Stifts Utrecht (Amstelland, Gooiland, Woerden) bemächtigen konnte und so die endgültige Ostgrenze der Gft. absteckte. Die Kg.swürde →Wilhelms II. (1234-56, Kg. seit 1247) hatte für die Gesch. H.s kaum Bedeutung.

Die Stellung W-Frieslands (etwa die heutige Prov. Noordh., n. Alkmaar) im 10.-11. Jh. ist nicht ganz deutlich. Wahrscheinlich hatten die Gf.en v. H. hier die Gft.srechte inne; diese gingen 1064 an den Bf. v. Utrecht über. Doch hielten die Gf.en ihren Anspruch aufrecht und führten seit 1132 eine Reihe von Feldzügen gegen die ihre Unabhängigkeit verteidigenden Westfriesen (so 1256 Kg. Wilhelm, der dabei umkam). Die Unterwerfung gelang erst Gf. Floris V. (1287). Während weitergehende Herrschaftsziele (Erringung der Gft. in Mittel-Friesland) scheiterten, erhielt W-Friesland eine auch in der Intitulatio der Gf.en (Gf. v. H. und Seeland, Herr v. Friesland) zum Ausdruck gebrachte Sonderstellung. Die holl. Expansion im N kam damit zum Abschluß.

Ebenso wichtig wie die äußere Ausdehung war die Binnenkolonisation, die seit dem 10. Jh. die ö. der Geestrücken gelegenen großen Moorflächen erfaßte, zunächst im N, im Gebiet ö. der Kennemer Geest. Herrschte hier zunächst eine freie Organisation vor, so erfolgte die Urbarmachung im späteren Südh. im wesentl. unter obrigkeitl. Lenkung. Sie erschloß den Gf.en zum einen erhebl. Einkünfte (Verkaufserlös von Rodungsland an →Locatoren, Erhebung von Zehnten und Gefällen), zum anderen führte dieser Vorgang zu starken sozialen Wandlungen: Im Ausbaugebiet entstand ein genossenschaftl. organisierter Untertanenverband, der mit der Obrigkeit durch gemeinsame Interessen verbunden war; hierzu trugen auch die Entwässerungs- u. Deichgenossenschaften, gefördert v. a. von Wilhelm I. (1203-22) und Floris V., bei. Auch das Altsiedelland wurde von dieser Entwicklung mitgerissen, so daß um 1300 in H. die Unfreiheit größtenteils verschwunden war (V. D. LINDEN). Der schon für 1107 (Gesta Abb. Trud., MGH SS X, 281) bezeugte sprichwörtl. Reichtum der Gf.en beruhte zum einen auf den Einkünften des Landesausbaus, zum anderen auf Zolleinnahmen, die zw. 1018 (Zölle in Vlaardingen) und 1179 (Verleihung des Zolls in Geervliet durch Friedrich I.) allerdings nur indirekt, so durch den Vertrag v. Brügge, erschlossen werden können.

Ausgehend vom Zoll zu Geervliet schufen die Gf.en ein weitgespanntes Netz von Wasserzöllen, zentriert auf Dordrecht, die älteste Stadt H.s (1220 erstes Stadtrecht). Im Zuge seiner städtefreundl. Politik verlieh das Gf.enhaus eine Reihe von Stadtrechten (→Haarlem 1245, →Delft 1246, Alkmaar 1254; wohl auch →Leiden), doch waren die holl. Städte, mit Ausnahme der Fernhandelsstadt Dordrecht, in dieser Zeit erst regionale Marktzentren. D. P. BLOK

Q.: A. C. F. KOCH – J. G. KRUISHEER, Oorkondenboek van H. en Zeeland tot 1299, I-II, 1970-86 – *Lit.*: Algemene Geschiedenis der Nederlanden, I-II, 1949-50; I-III [neue Ausg.], 1981-82 – I. H. GOSSES, De vorming van het graafschap H., 1946, 239ff. – D. P. BLOK, H. und Westfriesland, FMASt 3, 1969, 347ff. – J. M. VAN WINTER, Ansfried en Dirk. Naamkunde 13, 1981, 39ff. – D. P. BLOK, Het mondingsgebied van de Oude Rijn, Rotterdam Papers 5, 1986, 169ff.

B. Spätmittelalter
I. Allgemeine und politische Geschichte – II. Sozial- und Wirtschaftsentwicklung.

I. ALLGEMEINE UND POLITISCHE GESCHICHTE: [1] *Unter Floris V.:* In der Regierungszeit des mächtigen Gf.en →Floris V. (1263-96) stellten sich als übergreifende polit. Probleme: die schwache territoriale und institutionelle Struktur, die dem Adel und dem freien nordholl. Bauerntum noch starke autonome Handlungsspielräume beließ; der Druck von seiten der benachbarten Fsm.er Flandern und Utrecht; die für die holl. Schiffahrt lähmenden Kämpfe mit den Friesen. Auch die in Landesgemeinden *(waarschappen)* zusammengeschlossenen Bauern des Kennemerlandes leisteten der landesherrl. Gewalt Widerstand (1274, 1346, 1404, 1426, 1491-92). Floris V. führte 1276 und – mit größerem Erfolg – seit 1282 mehrere Feldzüge gegen die W-Friesen, die sich zwar 1289 unterwarfen, denen aber das gleiche Landrecht wie den Kennemern eingeräumt werden mußte. Der Konflikt mit Flandern entzündete sich erneut an den strittigen Rechten über Seeland (1290 Gefangennahme Floris' V. durch →Gui de Dampierre v. Flandern). Floris V. wechselte im Zuge dieses Konflikts 1296 vom engl. zum frz. Bündnis über, was zu seiner Ermordung führte. Nachdem auch sein einziger Sohn 1299 verstorben war, kämpften mehrere Prätendenten um die Herrschaft, unter ihnen die seeländ. Adligen→Wolfert van Borselen und Jan van Renesse. Den Sieg trug der Gf. v. →Hennegau, Johann v. →Avesnes, davon, der somit die drei großen Gft.en Hennegau, Seeland und Holland in seiner Hand vereinigte.

[2] *Das Haus Hennegau:* Johann war mächtig genug, um die umkämpften Herrschaften an der Grenze zum Stift Utrecht zurückzugewinnen; eine Ausschaltung des in Flandern herrschenden konkurrierenden Hauses →Dampierre gelang ihm nicht. Der Sieg der fläm. Stadtmilizen über Frankreich (→Kortrijk, 1302) fand 1303 ein Nachspiel im Einfall der Flamen nach H. und Utrecht; einziges polit. Ergebnis war die Beteiligung der Dordrechter und Utrechter Zünfte am Stadtregiment. Unter Wilhelm III. (1304-37), der zumeist in Hennegau residierte, wurden dauerhafte Verwaltungsinstitutionen geschaffen. Im gfl. Rat saßen mächtige Adelsfamilien wie die Wassenaar, Duvenvoorde und Polanen. Kanzlei und Finanzverwaltung erfuhren erste Ansätze einer Professionalisierung. Wilhelm IV. (1337-45) verkörperte ein krieger. Ritterideal. Er finanzierte seine zahlreichen militär. Unternehmungen (u. a. Teilnahme im Hennegau am Hundertjährigen Krieg, »Heidenkampf« in Granada und Palästina sowie auf drei Litauerreisen) durch hohe Subsidien, die er mit Privilegien vergalt, u. a. durch Beteiligung von Stadtbürgern am gfl. Rat.

Nachdem der Gf. 1345 kinderlos auf einem Frieslandfeldzug gefallen war, belehnte Ks. Ludwig der Bayer 1346 seine Gemahlin Margarete, Schwester Wilhelms IV., mit den Gft.en H., Seeland und Hennegau. Demgegenüber versuchte Eduard III. v. England, die Rechte seiner Gattin Philippa auf Seeland durchzusetzen. Die hohe Steuerlast rief den Widerstand der führenden Handelsstadt Dordrecht und der Kennemer Bauerngemeinden hervor. Auch angesichts des Versagens der Gf.en in den Kriegen mit Friesland und Utrecht strebte der in die großen Parteien der →Hoeken und Kabeljauwen gespaltene Adel nach verstärkter Teilhabe an der Macht; 1351 entführten Anhänger der Kabeljauwen den Sohn der Gfn. Margarete aus dem Hennegau nach Delft und erhoben ihn dort als Gf. Wilhelm V.

Die institutionelle Schwäche, die häufige Abwesenheit der Gf.en und die verbreitete Stadtsässigkeit der Adligen, die gemeinsam mit dem Patriziat – ohne starkes Gegengewicht von seiten der Zünfte – die Städte beherrschten, waren die auslösenden Momente für eine von Rivalitäten und Parteikämpfen beherrschte Situation, die bis zum Ende des 15. Jh. andauerte. Wilhelm V., der sich zunächst noch erfolgreich in den Brabanter Erbfolgekrieg eingeschaltet hatte, verlor infolge einer Geisteskrankheit die Regierungsfähigkeit. Die vereinigten landständ. Gremien setzten seinen Bruder →Albrecht v. Niederbayern-Straubing zum Regenten ein; Residenz war das nichtstädt. Den Haag. Durch die dynast. Verbindung zw. den →Wittelsbachern (Straubinger Linie) und dem burg. Zweig der Valois, der Flandern erworben hatte, festigten sich die Verbindungen zw. den zentralen Fsm.ern der Niederlande. Eine wichtige Etappe bildete hierbei die Doppelhochzeit von 1385. Die holl. Städte bewilligten für einen neuen Krieg gegen Friesland (1395–1401) erstmals eine fünfjährige →Bede. Anschließend schalteten Albrecht und sein Sohn Wilhelm (VI.) in einem langen, mit großem militär. Aufgebot geführten Krieg den mächtigen 'Kabeljauwen' Jan van Arkel, Besitzer großer Domänen an der Grenze zu Geldern, Utrecht und Brabant, aus (1401–12). Die gfl. Politik, die einseitig die Politik der Hoeken begünstigte, führte in 17 Kriegsjahren zu schweren fiskal. Lasten der Städte.

Die Frage der Nachfolge Wilhelms VI. löste neue Kontroversen aus, auch angesichts des abenteuerl. Ehelebens der Erbtochter →Jakobäa (1417–33). Mit Unwillen sah Ks. Sigmund die wachsende Machtposition →Burgunds in den Niederlanden, die sich durch die Heirat Jakobäas mit Hzg. →Johann IV. v. Brabant noch verstärkte. Auf Betreiben des Ks.s und begünstigt durch die Mißstimmung gegen Wilhelm VI. und die Vorherrschaft der Hoeken, konnte sich der Onkel von Jakobäa, der Lütticher Elekt Johann v. Bayern, mit Unterstützung der Städte zum Regenten H.s und zugleich zum Führer der Kabeljauwen aufschwingen (seit Ende 1416).

Nachdem die Belagerung des eng mit den Kabeljauwen verbundenen Dordrecht durch Jakobäa im Sommer 1418 gescheitert war, handelte Hzg. Philipp der Gute v. Burgund einen Waffenstillstand aus, der eine gemeinsame Regierung Johanns v. Bayern und Johanns IV. v. Brabant vorsah, mit Besetzung des Rates durch je vier Mitglieder der beiden Parteien. Es gelang Johann v. Bayern, die Städte auf seiner Seite zu halten, während Jakobäa, nachdem ihre längst gescheiterte Ehe auf Initiative des Ks.s von Papst Martin V. aufgelöst worden war, nach England floh und dort Hzg. Humphrey v. Gloucester heiratete.

Nach dem Tode Johanns v. Bayern († 5. Jan. 1425, angebl. durch Giftmord) kehrte Jakobäa zurück und suchte mit Hilfe der Hoeken und einer von ihrem Gemahl entsandten engl. Flotte die Macht zurückzugewinnen. Nach schweren Niederlagen (Brouwershaven) gegen die überlegene burg. Streitmacht ließ sich Jakobäa im Juli 1428 ('Delfter Söhne') herbei, die fakt. Machtausübung an Hzg. Philipp und die landständ. Versammlung ihrer Gft.en H., Seeland und Hennegau abzutreten.

[3] *Das Haus Burgund:* Am 12. April 1433 trat Jakobäa ihre Gft.en auch nominell an Philipp ab. Unter burg. Herrschaft wurden führende Mitglieder des holl. und seeländ. Adels in den hzgl. Rat (→Conseil) und den Orden vom →Goldenen Vlies aufgenommen. Die hzgl.-burg. Statthalter entstammten zumeist dem großen Hennegauer Adel, v. a. den →Lannoy und →Lalaing. In einigen Städten wie Dordrecht, Amsterdam und Alkmaar wurde der von Hoeken beherrschte Rat durch ein gemischtes Gremium ersetzt. Doch begünstigte etwa Guillaume de Lalaing (1440–45) erneut die – zur Steuerleistung willigeren – Hoeken; dieser Politik folgte auch die Regierung Karls d. Kühnen seit 1470. Um 1447 setzte auch im Rat der Gft. Holland – wie vorher schon in Flandern und Brabant – eine Spezialisierung ein; die Gliederung in Rechnungshof und Gerichtshof (später als 'Hof von H.' bezeichnet) führte zu einer ausgewogeneren Administration, Finanzverwaltung und Justizpflege. Während der 1457–63 auftretenden Spannungen zw. Hzg. Philipp und seinem Sohn Karl (d. Kühnen) suchte dieser wiederholt Zuflucht in H., schuf sich hier Freundschaftsbeziehungen und erwarb Güter. Nach dem Tode Hzg. Karls (1477) bildete sich auch in H. eine starke antizentralist. Reaktion. Hzgn. Maria (1477–82) wurde zum Erlaß eines »Großen Privilegs« genötigt, das – nach dem Vorbild der Privilegien für die südniederländ. Territorien – die Rückkehr zu lokalem Gewohnheitsrecht, Selbstverwaltung, Entlassung der fremden Beamten und Bekämpfung der Korruption zum Gegenstand hatte. 1480–81 kam es zu mehreren Aufständen, die Ehzg. Maximilian mit überlegener Truppenmacht rasch unterdrückte.

II. SOZIAL- UND WIRTSCHAFTSENTWICKLUNG: Das demograph. Wachstum des 13. Jh. beruhte wesentl. auf einer systemat. Binnenkolonisation der Marschen und Torfmoore. Ein rechtwinkliges Kanalnetz teilte das Land in Parzellen gleicher Größe; die Dränierung führte zur Senkung des Bodenniveaus, was den →Deich- und Dammbau erforderlich machte. In den so entstandenen Poldern verbreitete sich seit ca. 1408 von Alkmaar aus die Entwässerung durch Windmühlen (→Mühle). Die exekutiven, administrativen und jurist. Aufgaben des Deichbaus, einschließl. der Instandhaltung der Kanäle, Schleusen und Brücken, wurden wahrgenommen von den Deichgenossenschaften *(waterschappen)*, die seit ca. 1200 unter Oberhoheit der Grafengewalt auftreten und erstmals 1226 in Spaarndam (Zuiderseegebiet) faßbar sind. Die Beteiligung aller Einwohner wurde durch strikt proportionale Lastenverteilung, scharfe Sanktionen und kollektive Verantwortlichkeit gesichert. Die großen Deichgenossenschaften, an denen in wachsendem Maße bürgerl. Grundbesitzer Anteil hatten, bildeten ein natürl. Hindernis für jeden Versuch einer Zentralisierung der Verwaltung.

Seit der Mitte des 14. Jh. verzeichneten die Städte in H. trotz krisenhafter Mortalität ein demograph. Wachstum. Globale Bevölkerungszahlen sind jedoch erst für 1514 greifbar. Sie legen eine Gesamteinwohnerzahl von ca. 270 000 nahe, mit einer Bevölkerungsdichte von mindestens 66 Einwohnern pro km² und einem Anteil von ca. 45% städt. Bevölkerung. Diesem hohen Verstädterungsgrad stehen die relativ geringen Dimensionen der einzelnen Städte gegenüber (Leiden 14 000, Haarlem und Delft 12 000, Amsterdam 11 400). Das städt. Wachstum dürfte im wesentl. auf Zuwanderung aus dem ländl. Bereich beruhen, bedingt durch rasche Erschöpfung der im 12.–13. Jh. urbar gemachten Böden, die nicht oder nicht mehr in ausreichendem Maße Brotgetreide lieferten. Die Zurückverwandlung von Getreideland in Weidegebiete setzt Vertreibung oder Abzug des agrar. Bevölkerungsüberschusses voraus. Die Folge war eine stärkere Verlagerung auf gewerbl. Tätigkeit, namentl. die schon in älterer Zeit von der bäuerl. Küstenbevölkerung betriebenen Schiffahrt, den See- und Flußhandel und die Fischerei. Der →Schiffbau, verteilt auf etwa 10 größere Werften entlang der Küste, entwickelte sich zu einem blühenden Gewerbezweig. Einige der hierzu notwendigen Grundstoffe wurden im Lande selbst erzeugt (Hanf, Leinwand), andere dagegen importiert (Holz, Teer und Pech bevorzugt aus dem Baltikum, Metalle aus dem Rhein- und Maasland). Die Kontakte mit der dt. →Hanse intensivierten sich; seit ca. 1400 trat heftige Konkurrenz zu den wendischen Hansestädten auf; v. a. auf den Gebieten der Bierbrauerei (→Bier- und Brauwesen), der →Textilverarbeitung (u. a. Leidener Tuche), des Salzhandels (Transport v. →Baiensalz) sowie des Weinexports und Getreideimports im Ostseeraum. Die Bedeutung des alten Stapelplatzes Dordrecht sank zugunsten →Amsterdams und anderer nordholl. Städte. Nachdem Holländer und Hansen bereits 1438–41 einen Kaperkrieg geführt hatten, mußte die Hanse 1474 darauf verzichten, ihren holl. Konkurrenten Restriktionen aufzuerlegen. W. P. BLOCKMANS

Lit.: Algemene Geschiedenis der Nederlanden, Bd. 2–4, 1980–82 – T. S. JANSMA, Raad en Rekenkamer in H. en Zeeland tijdens Philips van Bourgondië, 1932 – A. G. JONGKEES, Kerk en staat in H. en Zeeland onder de Bourgondische hertogen, 1942 – N. J. M. KERLING, Commercial Relations of H. and Zeeland with England from the late 13th Century to the Close of the MA, 1954 – M. R. THIELEMANS, Bourgogne et Angleterre. Relations politiques et économiques entre les Pays-Bas bourguignons et l'Angleterre, 1435–67, 1966 – J. H. MUNRO, Wool, Cloth and Gold. The Struggle for Bullion in Anglo-Burgundian Trade, 1340–1478, 1973 – K. SPADING, H. und die Hanse im 15. Jh., 1973 – D. E. H. DE BOER, Graaf en Grafiek. Sociale en economische ontwikkelingen in het middeleeuwse 'Noordholland' tussen 1345 en 1415, 1978 – R. W. UNGER, Dutch Shipbuilding before 1800, 1978 – W. PREVENIER – J. G. SMIT, Bronnen voor de geschiedenis van de dagvaarten van H. tot 1433, 1987 – De Hollandse stad in de dertiende eeuw, hg. E. H. P. CORDFUNKE u. a., 1988 – De Nederlanden in de late middeleeuwen, hg. D. E. H. DE BOER – J. W. MARSILJE, 1987 – R. W. WAALE, De Arkelse Oorlog (1401–12), 1990.

Hölle

I. Biblisch-theologisch – II. Volksglaube – III. Judentum.

I. BIBLISCH-THEOLOGISCH: Die ma. Theologie schöpfte ihre Anschauungen über die H. (infernus, inferi, gehenna) aus einem breiten patrist. Traditionsstrom (→Johannes Chrysostomus, →Augustinus, →Gregor d. Gr.), der u. a. von →Isidor v. Sevilla und →Julianus v. Toledo (Prognosticum) weitergeleitet und bei →Beda (Hist. eccl. V, 12) wie (später) bei →Honorius Augustodunensis (Eluc. III, 13) u. a. auch bildhaft-volkstüml. Stoffen aus der Visionslit. (Visio s. Pauli; Visio Tnugdali) vermengt wurde. Dabei wurde die Existenz der H. als ewige Verwerfung nicht problemat. empfunden (wie die durchgängige Ablehnung des Origenes im MA zeigt). Bes. erörtert wurden die Fragen nach dem Ort der H., der Zahl der Strafen, ihrer Art (→Hugo v. St. Victor: körperl. Leiden durch materielles Feuer – seel. Qualen: De sacr. christ. fidei II, 16, 3; ebenso →Petrus Pictaviensis), aber auch theol. belangvollere Fragen über das Verhältnis von zeitl. Sünde und ewiger Strafe (→Robert v. Melun: Quaest. de div. pag., q. 65) und die Vereinbarkeit von Gottes Gerechtigkeit und Barmherzigkeit. Die theol. Grundlagen der nur geringfügig variierenden Anschauungen bestanden in einer realist. Interpretation der ntl. Gerichtsaussagen, in der anthropolog. Einheitserfassung von Leib und Seele, in der streng vertretenen Wahrheit von Sünde und Vergeltung wie in physikal.-kosmolog. Voraussetzungen. Vom Realismus der H.nauffassung ging nur →Johannes (Scotus) Eriugena mit seinen naturphilos. Erklärungen über die Geistverwandlung der Körper ab (De div. naturae V, 30), dessen Spiritualismus aber u. a. →Paschasius Radbertus und →Prudentius v. Troyes entschieden widersprachen. Eine lose Reihung der Argumente patrist. Beweisstoffe bot →Petrus Lombardus mit dem Eingeständnis der menschl. Nichtwissens bezügl. des Ortes und der Beschaffenheit des ewigen Feuers ohne spezielle Offenbarung (Sent. IV d. 44 c. 6).

In der Hochscholastik erfahren diese Grundsätze im Rahmen der nun gefällten kirchl. Lehrentscheidungen (4. Laterankonzil 1215; Dog. Konstitution Benedikt XII. 1336: DENZINGER-SCHÖNMETZER, 801, 1002) eine spekulative, differenzierte Betrachtung. Die Frage nach der Existenz der H. wird von Bonaventura mit der nach einer ewigen Strafe gleichgesetzt (Sent. IV d. 44 p. 2 a. 1 q. 1) und das Problem nach der Angemessenheit und Notwendigkeit mit dem Hinweis auf die Ordnung des Universums beantwortet. Aus dem Wesen der Sünde, die (subjektiv) des Menschen ewige Bestimmung betrifft und die gegen ein unendl. Gut verstößt, folgt ewige Bestrafung, nicht aus Rache, sondern aus der Liebe Gottes zur Gerechtigkeit. Die Gerichtsaussagen der Schrift sind so wenig wie die Lohnverheißungen nur Anregungsmittel, sonst wäre der Glaube eitel. In der Frage nach dem Ort der H. werden Konvenienzgründe für einen »körperl. Ort« angeführt, aber mit Albertus eine gewisse Zurückhaltung empfohlen, in der man über die Auffassung der Tradition nicht hinausgehen solle (De resurr. Tr. III q. 5). Dagegen erfahren umfängl. Behandlungen die Fragen nach den H.nstrafen, wobei die poena damni von der poena sensus unterschieden wird (Thomas v. Aquin S. th. I. II. q. 87 a. 4). Das Hauptinteresse liegt auf den Fragen nach der Natur des Feuers wie nach seinen Wirkungen (v. a. auf die leibberaubte Seele vor dem Endgericht) und darauf, wie Erkenntnis- und Willensstand des Bösen betroffen werden. Das damit aufgegebene Problem der Realität des Feuers und seines Erleidens wollte Albertus u. a. noch mit der Auffassung vom Affiziertwerden allein durch das »Sehen« lösen. Dies erschien dem Aquinaten zu wenig schrift- (Mt 25, 41) wie traditionsgemäß. Trotz seiner gleichnishaften Deutung des höll. »Wurmes« (Mk 9, 46) und des »Heulens« (Suppl. q. 70 a. 3) blieb er bei einer realist. Interpretation des Feuers, das als Instrument der göttl. Strafgerechtigkeit den Geistern nach ihrer Freiheitsanlage die Pein der »Fesselung« (ebd.) zufügt. Dagegen postulierte →Heinrich v. Gent zur Erklärung der Wirkung des körperl. Feuers auf den Geist einen von Gott auf übernatürl. Weise eigens eingesenkten →Habitus (Quodl. VIII q. 34). Gegen beide entwickelt →Johannes Duns Scotus eine subtile Theorie von der im intellektuellen Strebevermögen durch die erzwungene Betrachtung des Feuers entstehenden Traurigkeit (Sent. IV d. 44 q. 2 n. 8–10). Ähnl. urteilte →Petrus Aureoli, während →Durandus das Unbefriedigende aller Erklärungsweisen zugab (Sent. IV d. 44 q. 11).

Die Strenge dieser Lehre wird nicht gemildert durch die aus der Tradition bekannten Versuche seitens der »misericordes«, die eine zeitweilige Unterbrechung der Strafe für möglich halten (so →Praepositinus v. Cremona und →Gilbert v. Poitiers). Auch die Suffragien hält Thomas nur in dem Sinn für wirksam, daß Gott auf außerordentl. Wege den inferi Kenntnis vom Gebet der Gläubigen vermittle (Suppl. q. 71 a. 5). Die zentrale Frage nach dem Verhältnis von Gerechtigkeit und Barmherzigkeit Gottes beantwortet Thomas (Suppl. q. 99 a. 2 ad 1) mit dem Hinweis auf die umgreifende Heilsordnung der Weisheit Gottes. So bleibt trotz des starken Interesses an der spekulativen Durchdringung des Gegenständlichen an der H. das theol.-theozentr. Leitmotiv erkennbar, das auch eine Verselbständigung des H.nthemas verhinderte.

L. Scheffczyk

Lit.: HDG IV, 7b [i. Dr.] – TRE XV, 449–454 – J. SCHWANE, Dogmengesch. III, 1882, 475–480 – F. RADECKE, Die eschatolog. Anschauungen Bernhards v. Clairvaux, 1915 – Die dt. Thomasausg., 35 und 36 [komm. v. A. HOFFMANN], 1958, 1961 – A. E. BERNSTEIN, Esoteric Theology. William of Auvergne on the Fires of Hell and Purgatory, Speculum 57, 1982, 509–531 – N. F. PALMER, »Visio Tnugdali«. The German and Dutch Translations and their Circulation in the Later MA, 1982 – J. B. RUSSEL, Lucifer ..., 1984.

II. VOLKSGLAUBE: Auch wenn die Lage der H., z. B. in Visionslit., häufig unbestimmt blieb oder der Strafort sich nach mancher Auffassung am Rande der Welt befindet, lokalisierte man zumeist diesen unter der Erde, in äußerster Distanz zum →Himmel. Die gängige Bezeichnung als infernum (Ableitung von infra bei Augustinus) verdeutlicht diesen Sachverhalt ebenso wie die Anschauung, daß Vulkane den Zugang zur H. bilden (erstmals Gregor Dial. 4,30). In den Ausgestaltungen der H.nvorstellung werden Andeutungen der Bibel weiter entfaltet; aus der Ps 87,5 erwähnten Senke (lacus) wird eine Landschaft aus schlammigen Gräben und Tälern, schmutzigen Gewässern mit Schwefel und Feuer; ebenso bot die Offb (Pfuhl von Feuer und Schwefel [z. B. 20,10] oder rauchender Schacht des Abgrundes [puteus, 9,2]) auch für den Ofen als H.nrequisit Hinweise. Analog zum jüd. oder zum antiken Totenreich wird die H. durch Finsternis charakterisiert. Unzählig sind nach →Caesarius v. Heisterbach (Dial. mir. 12,1) die Strafen in der H. (pix, nix, nox, vermis, flagra, vincula, pus, pudor, horror). In Entsprechung zu den Sündenarten ist die H. in zahlreiche Straforte eingeteilt (Gregor Dial. 4,35). Die Visionäre berichten von einer Gliederung der Verdammten nach ird. Ständen. Die Pein steht explizit oder in übertragenem Verständnis in Verbindung zum Delikt des Sünders. Hantierungen gewerbl. Lebens (z. B. Schmiede, nach antikem Gedankengut [Vulcanus] oder Eisenschmelze [Visio Godescalci, c.21] geben der Pein Anschaulichkeit. H.ngeister, die neben den üblichen Merkmalen (→Teufel) mit Krallen und Mäulern (Schnäbeln) als Marterwerkzeuge ausgerüstet sind, vollziehen die Strafen. Ungeheuer oft einer in den Einzelcharakteristiken häufig hist. schwer ableitbaren Provenienz spezielle Folterungen. Die Vorstellung, daß die H.nstrafe bei geringeren Sünden zeitl. begrenzt sei, wird mit der Ausformulierung der Lehre vom →Fegfeuer aufgegeben.   B. Deneke

Lit.: J. BAUTZ, Die H., 1905² – M. LANDAU, H. und Fegfeuer..., 1909 – A. RÜEGG, Die Jenseitsvorstellungen vor Dante und die übrigen lit. Voraussetzungen der »Divina Commedia«, 1945 – H.-W. RATHDEN, Die H.nvorstellungen in der mhd. Lit. [Diss. Freiburg i. Br. 1956] – J. KROLL, Gott und H. ..., 1963 – D. D. R. OWEN, The Vision of Hell. Infernal Journeys in Medieval French Lit., 1970 – P. DINZELBACHER, Vision und Visionslit. im MA, 1981.

III. JUDENTUM: Im nachbibl. Judentum ist die H. (Gehinnom, urspgl. »Tal des Sohnes von Hinnom«, Tal bei Jerusalem, in dem Menschenopfer dem Gott Moloch dargebracht wurden) Strafort für die Frevler nach dem Gericht. Wie der Himmel, so ist auch sie in 7 Abteilungen geteilt, die nun der Schwere der Sünde entsprechen. Die unterschiedl. Vorstellungen – Feuer, Finsternis, Qualen – wirken neben den rabbin. Traditionen – »gewöhnl.« jüd. und heidn. Sünder werden nur 12 Monate in der H. gerichtet, hören danach jedoch zu existieren auf, die H.nqualen werden jeden Sabbat ausgesetzt, nur Häretiker, die andere zum Abfall bewegen, sind für immer der H.nstrafe verfallen – bis ins MA und die NZ. Sie bleiben jedoch hinter den christl. Darstellungen lit. und v. a. in der religiösen Akzentuierung deutl. zurück, wie das »Machbarot« des →Immanuel b. Salomo von Rom, dessen Abhandlung über Himmel und H. (Tophet we-Eden) von →Dante beeinflußt ist. Einige ma. Religionsphilosophen erklärten mit →Maimonides »H.« als Symbol für das Fehlen des Ewigen Lebens (Jad. Tesh. 8; 1,5). →Josef Albo sieht in »H.« den Zustand jener Seele, die aufgrund ihres Strebens nach materiellen Gütern keine Möglichkeit nach dem Tod hat, eine Zufriedenheit im nicht-materiellen Leben zu erlangen (Iqqarim IV, 33), während die kabbalist. Anschauung der Seelenwanderung jene Läuterung sieht, die dem Seelenfunken eine Rückkehr zu seinem Ursprungsort in dem →Sefirot ermöglicht.   R. Schmitz

Lit.: R. CHARLES, Eschatology. 1963² – L. JACOBS, Principles of the Jewish Faith, 1964.

Hollen, Gottschalk, OESA, * ca. 1411 in Körbecke b. Soest, † ca. 1481 in Osnabrück. Nach Ordenseintritt ca. 1425 in Herford und Studium in Perugia sowie Siena wirkte H. seit ca. 1450 als Lektor und Prediger zumeist im Osnabrücker Kl., 1465 als Distriktsvikar in Westfalen. Das theol. Werk H.s, eines Vertreters der via antiqua, ist stark pastoral orientiert und behandelt u. a. die Sakramentenlehre (Sentenzenkommentar 1457) sowie Probleme der Moralthoel. (»De septem peccatis mortalibus«, »De officio missae«, ca. 1461). Bekanntheit erlangte H. durch das »Praeceptorium divinae legis« (1461–68), das der Priesterunterweisung diente, und durch zahlreiche Sermones, die die hohe theol. Bildung H.s spiegeln. Sozialgesch. aufschlußreich sind die verwendeten →Exempla mit nüchterner Kritik an kirchl. Mißständen.   D. Berg

Lit.: DSAM VII, 588ff. – NDB IX, 541 – Verf.-Lex.² IV, 109ff. – ZUMKELLER, Manuskripte, 119ff. – W. ECKERMANN, G.H., 1967 – A. SCHRÖER, Die Kirche in Westfalen vor der Reformation, II, 1967, 411 [Register] – T. BECKMANN, Das ehem. Aug. Erem. Kl. zu Osnabrück, 1970, 45ff. – A. KUNZELMANN, Gesch. der dt. Aug. Erem., V, 1974, 192.

Höllen (bzw. Hades)fahrt Christi.
I. Osten – II. Westen.

I. OSTEN (Byzanz): Darstellung der Auferstehung der Voreltern Adam und Eva sowie der Gerechten des Alten Bundes (daher meist: Anastasis) und des Sieges des Erlösers über die Höllenmächte (Q. v. a. das apokryphe Nikodemusev.), das wichtigste Osterbild der O-Kirche, um 700 zum erstenmal greifbar (Niello der Staurothek Fieschi Morgan, New York). a) Descensus-Typus, bei dem Christus auf Adam und Eva zugeht, die Hand Adams ergreift und seinen Fuß auf das Haupt des Hades setzt; b) sog. Kontrapost-Typus, bei dem Christus bereits wieder nach oben schreitet, allerdings zurückblickt und Adam nach sich zieht. Letzterer ist breit erst ab dem 10. Jh. belegt (von antiken bzw. spätantiken Kompositionen inspiriert?), während der Descensustyp bis ins 14. Jh. (Trapezunt, Theoskepastos) hinein durchgehend, auch bei Hauptdenkmälern (Chios Nea Moné, Sopočani), vorkommt. Die Auswahl der Assistenzfiguren nimmt bei beiden Typen im Laufe der Zeit zu, wie sich auch verschiedene Varianten und symmetr. Kompositionen entwickeln. Eine Sonderform zeigen die Randpsalterien des 9. Jh., die teilweise beide Typen nebeneinander oder gar vermischt zeigen, was sich auch in späteren Psalterillustrationen wieder begegnet. Die Verbreitung des Themas in den Provinzen (Kappadokien) und Randgebieten (z. B. Georgien) wie in Italien erfolgte früh und behielt dort jeweils (auch im W) seine Bedeutung. Im slav. Kunstkreis werden die erzähler. Elemente zunehmend betont.   M. Restle

Lit.: RByzK I, 142–148 – RÉAU II.2, 532–537.

II. WESTEN: Im W gilt die H.C. nur in stark von Byzanz beeinflußten Bereichen wie Italien ztw. als typ. Osterbild. N. der Alpen ist das Thema seltener verbildlicht, obwohl die Erwähnung im Apostol. Glaubensbekenntnis ihm dauernde Gültigkeit sichert. Die H.C. taucht z. Z. des griech. Papstes Johannes VII. (705–707) in Rom (S. Maria Antiqua und Alt St. Peter) auf und ist vom 8. und 9. Jh. ab in Italien verbreitet (z. B. Exultetrollen). Die karol. Kunst übernimmt den Bildinhalt in abgekürzter (Utrecht-Psalter) bzw. abgewandelter Form: Die Gerechten entsteigen nackt den Höllenflammen (Utrecht-Ps., Müstair); außer Tartarus und Mors bevölkern weitere Teufel die Hölle oder flüchten vor dem gewaltsam einbrechenden Christus und seinen Engeln (Stuttgarter Ps.). Seit der Jt.wende wird bes. im ags. Einflußbereich, später auch allgemeiner, der Tartarus durch ein riesiges Höllenmaul dargestellt, aus dem die erlösten Seelen aufsteigen (Tiberius-Ps., um 1050; St-Albans- und Winchester-Ps., um 1130/50). Die Hölle wird gelegentl. aber auch als brennende Burg oder Ofen wiedergegeben (Warmundus-Sakramentar, um 1000; Holkham-Bible, um 1320/30). Christus, manchmal vom guten Schächer begleitet (Evangeliar in Nonantola, 13. Jh.), schreitet meist auf die Hölle zu. →Nikolaus v. Verdun dagegen greift am Klosterneuburger Altar (1181) auf den byz. Kontrapost-Typus zurück, behält aber die im W übliche Nacktheit der Stammeltern bei und stellt auch Christus nur mit einem Tuch bekleidet dar, Einzelzüge, die in der got. Kunst vielfach aufgenommen werden. Seit dem 14. Jh. löst sich auch die it. Darstellungsweise des Themas stärker von den byz. Typen und bezieht w. dramat. Elemente mit ein, die im späten MA allgemein weiter ausgemalt werden. U. Nilgen

Lit.: LCI II, 322-331; VI, 69 – RDK I, 162-167.

Hollenstedt (Krs. Harburg, Niedersachsen). Der bei H. archäolog. bezeugte frühgesch. Burgwall (Rundwall in der üblichen Holz-Erde-Technik) wird mit dem in den frk. Reichsannalen erwähnten »locus qui dicitur Holdonstat« gleichgesetzt, an dem Karl d. Gr. 804 Verhandlungen mit dem dän. Kg. →Gudfred führte. In der Gemarkung ist auch ein Kammergrab aus der 2. Hälfte des 8. Jh. archäolog. nachgewiesen, dessen Ausstattung (Holzkammer, Waffenbeigaben, Reste des Sattelzeugs, ein Reitpferd) auf einen Toten der gehobenen Schicht hinweist. H. Hinz

Lit.: F. Stein, Adelsgräber des achten Jh. in Dtl., 1967, 344 – C. Ahrens, Unters. an der karol. Burg bei H., Harburger Jb. 13, 1968/72, 72 ff. – Sachsen und Angelsachsen, Ausstellungskat., hg. C. Ahrens, 1978.

Hollingstedt, wahrscheinl. ehemaliger Schiffslandeplatz, der von der Nordsee über Eider und Treene erreichbar war. Eine Besiedlung ist dort seit dem 11. Jh. nachweisbar (heute Dorf in Schleswig-Holstein, Name erscheint im 15. Jh.). Es wurde angenommen, daß der Handel von Westeuropa nach Skandinavien seit dem 7. Jh. über die kurze Landverbindung zw. H. und →Haithabu verlief und H. als Nordseehafen von Haithabu diente. Eine Neubearbeitung der Keramik aus H. hat gezeigt, daß die Siedlung zum Verkehrsraum der Nordsee gehörte und nur im 11. Jh. gleichzeitig mit Haithabu existierte. Deshalb ist wohl eher zu vermuten, daß H. Nordseehafen v. →Schleswig war. D. Hoffmann

Lit.: D. Hoffmann, H. Lüdtke, D. Unverhau, R. Zölitz und U. Heinrich, H. – Unters. zum Nordseehafen von Haithabu/Schleswig, Ausgrabungen Haithabu 25, 1987 [Lit.].

Holme, kleine Insel in der →Düna oberhalb →Rigas, später nach dem Patron der Kirche Martinsholm (lett. Martinsala 'Martinsinsel') gen., und zweitälteste Steinburg an der unteren Düna in von →Liven dicht besiedeltem Gebiet, 1186 erbaut, an drei Seiten durch eine bis zu 3 m dicke Steinmauer, an der vierten gegen die Düna von einer Holzpalisade geschützt. Kirche und Friedhof lagen außerhalb der Mauer. Ende 12. und Anfang 13. Jh. wurden an den Mauern Schuppen, Vorrats- und kleine Wohnhäuser errichtet. Aus dieser Zeit sind nur liv. Altsachen vorhanden. Als die Burg danach alleiniger Besitz des Rigaer Domkapitels war, wurden längs der Mauer Holzgebäude, inmitten des vorderen freien Hofes ein größeres Gebäude mit gemauertem Fundament errichtet. Aus dieser Periode kamen fast nur Gegenstände aus dt. Besitz zutage. M. Hellmann

Q.: Heinrich v. Lettland I, 7, 9; II, 2, 4, 7, 9; IV, 2, 3; VI, 5; VII, 4; X, 2, 4, 5-9, 11, 14; XXIII, 8; XXIX, 8 – Lit.: E. Mugurevičs, Ma. Siedlungen und Veränderungen der Siedlungsstruktur am Unterlauf der Daugava ..., Lübecker Schr. zur Archäologie und Kulturgesch. 7, 1983, 17-178 [Lit.].

Holobolos Manuel (Maximos), * um 1240, † 1296/1310. Als junger ksl. Sekretär wegen Kritik an der Blendung →Johannes' IV. (1261) an Nase und Lippen verstümmelt, zog sich M. H. in das Petra-Kl. zu Konstantinopel zurück. Ab 1265 Rhetor, Lehrer an der Patriarchatsschule. 1273 neuerl. Zerwürfnis mit dem Ks. (u. a. wegen der Unionsfrage), Verbannung in ein Kl. in Nikaia, Vorwurf der Magie. Ab 1283 wieder in Konstantinopel, Protosynkellos, Teilnehmer an Synoden gegen die Kirchenunion. – *Werke:* u. a. 20 Hymnen an Michael VIII. und Andronikos II. für die weihnachtl. Prokypsis-Zeremonie, religiöse Epigramme, Reden und Briefe. Philolog. und philos. wichtig sind seine komm. Ausg. der Figurengedichte des Theokrit, der Komm. zu den aristotel. Analytica priora (B. I) und die Boethius-Übers. en. Eine Homilie auf Mariä Verkündigung ist nur in slav. Übers. erhalten.

W. Hörandner

Ed. (Auswahl): F. J. Boissonade, Anecd. Gr. V, 1833, 159-182 – M. Treu, M. H., BZ 5, 1896, 538-559 – Ders., M. H. orationes I. II, Progr. Victoria-Gymn. Potsdam 1906, 1907 – X. Siderides, M. Ὁλοβώλου ἐγκώμιον εἰς Μιχαὴλ H', EEBS 3, 1926, 168-191 – L. Previale, Un panegirico ined. per Michele VIII, BZ 42, 1943, 1-49 – F. Sbordone, Il comm. di M. Olobolo ai Carmina fig. graec. (Misc. G. Galbiati, II, 1951), 169-171 – D. Nikitas, Eine byz. Übers. von Boethius' »De hypotheticis syllogismis«, 1982 – Lit.: PLP IX, 1989, Nr. 21047 – A. Heisenberg, Aus der Gesch. und Lit. der Palaiologenzeit, SBA PPH 1920/10, 112-132.

Holstein, Gft., später Hzm.

I. Früh- und Hochmittelalter – II. Spätmittelalter.

I. Früh- und Hochmittelalter: H. bildete mit →Stormarn und →Dithmarschen einen der norddt. Gaue →Sachsens und war seit 810 dauernd in das frk., dann Dt. Reich einbezogen, unterstand kirchl. dem Ebm. Hamburg-Bremen, gehörte seit dem 10. Jh. mit Stormarn zum 'Markendukat' der →Billunger, die dort Lehnsgf.en (bezeugt seit Ende 11. Jh.) einsetzten. Hzg. →Lothar (III.) belehnte 1111 Adolf I. v. Schauenburg (→Schaumburger) mit den beiden Gft.en. Noch unter seinem Sohn Adolf II. (1130-1164) war der gfl. Einfluß in durch urtüml. Verhältnisse geprägten nordelb. Bereich, dem bis zur Mitte des 12. Jh. Grundherrschaft und Lehnswesen noch weithin fremd waren, gering. Wichtigste Rechts- und Verfassungsinstitutionen waren das ungebotene *Goding*, unter Vorsitz d. *Overboden* (Repräsentanten der Gaue), und das *Lotding* (gebotenes Viertelsding, später in mehrere Kirchspielsdinge aufgeteilt), unter Vorsitz jeweils eines *Boden*. Recht gesprochen wurde nach der erst kodifizierten Form des sächs. Rechtes ('Holstenrecht'). Overbode und Boden führten im Kampf das Gau- bzw. Viertelsaufgebot an. Sie ergänzten sich aus den über die freien Bauern (Laten fehlten in Nordelbien) an Ansehen, Einfluß und wohl auch Besitz herausragenden Familien des »Volksadels«, der an Macht und Rang wohl noch auf der Stufe geringerer sächs. Adelsfamilien vor der frk. Eroberung stand. Eine entscheidende Änderung setzte erst ein, als Hzg. →Heinrich der Löwe das von den Holsten 1138/39 selbständig eroberte abodrit. →Wagrien 1143 dem Gf.en übertrug (kirchl. Bm. →Lübeck) und dieser eine Landesherrschaft in dem sich herausbildenden Territorium H. zu errichten vermochte. Die ztw. Unterbrechung der schauenburg. Herrschaft nach der Niederlage Adolfs III. (1164-1201) und die Eingliederung Nordelbiens in das dän. Ostseeimperium (1201-25/27) bedeutete verfassungsrechtl. keine Zäsur, da der Lehnsgf. Waldemars II., →Albrecht v. Orlamünde, den Ausbau der Landesherrschaft fortsetzte. Nach der Rückkehr der Schauenburger führte Adolf IV. (1225-39) diesen Prozeß zu einem gewissen Abschluß.

Die Gf.en förderten die Siedlung dt. Bauern in Wagrien und erwarben hier zunächst selbst größere Grundherrschaften. Volksadel und südelb. Adelsgeschlechter wurden nach Wagrien gezogen. Durch Ausgabe von Lehen schufen die Gf.en sich aus ihnen eine Lehnsmannschaft. Als Groß-Lokatoren zogen die Adligen dt. Bauern ins Land, die mit den Wagriern verschmolzen und den Landesausbau vorantrieben (s. a. →Elb- und Ostseeslaven, →Kolonisation und Landesausbau). Gleichzeitig wurde (v. a. durch freie Bauern) der Landesausbau der Elbmarschen befördert. Im Neusiedelland entstanden nun neben dem gfl. Besitz auch größere →Grundherrschaften adliger Lokatoren (→Locator), aber auch der Bf.e, Domkapitel und Kl. Machtzentren der Gf.en waren die Burgen, um die sich 'Vogteien' (später 'Ämter') bildeten (→Vogt, Vogtei). Auch Gerichtsbarkeit und Heeresaufgebot unterstanden nun den Gf.en. Bei den Einkünften standen in erster Stelle die →Beden (die 'ordentl.' Bede, d. h. der gfl. Anteil an den Gerichtsgefällen; später nach deren Übereignung an weltl. und geistl. Grundherren die 'außerordentl. Bede' in – militär. – Notsituationen oder bei dynast. Erfordernissen).

Seit Mitte des 12. Jh. erfaßte auch der Urbanisierungsprozeß Nordelbien. Adolf II. legte 1143 (Neu-)→Lübeck an (1159 an Heinrich d. Löwen abgetreten), Adolf III. 1188 die Neustadt →Hamburg. Auch in ihr schwand der gfl. Einfluß bald auf ein Minimum. Im 13. Jh. wurden die ma. holstein. Landstädte (Itzehoe, →Plön, →Oldenburg, →Kiel, Oldesloe, Rendsburg, Neustadt, Lütjenburg, Wilster, Krempe) gegr. oder vom Markt zur Stadt erhoben. Ihre wirtschaftl. Bedeutung war wegen der Nähe Lübecks und Hamburgs gering. Trotz Ratsverfassung (lübisches bzw. hamburg. Recht) blieb gfl. Einfluß deutl. erhalten.

II. SPÄTMITTELALTER: Nach dem Sturz Heinrichs des Löwen (1180/81) und dem Ende der Herrschaft Waldemars II. (1225/27) wurden die Schauenburger faktisch selbständige Lehnsherren. Nominell waren zunächst der Hzg. e. v. Sachsen (nach der Teilung: S.-Lauenburg), später (seit 1434) die Bf.e v. Lübeck ihre Landesherren. Erst 1474 erreichte Kg. Christian I. als Landesherr die Erhebung H.s zum Reichslehen und Hzm. Ztw. schwächten Landesteilungen die schauenburg. Herrschaft (1272 und 1294/97). Doch nach Beseitigung der Kieler Linie (1315/21) teilten sich Gerhard III. v. Rendsburg und Johann III. v. Plön deren Landesteil. Die Pinneberger Linie blieb hiervon ausgeschlossen und behauptete neben der Gft. Schaumburg in Westfalen in H. nur geringen Besitz bei Hamburg.

Seit Mitte des 13. Jh. unterstützten die Schauenburger die mit ihnen mehrfach verschwägerten Hzg.e v. →Schleswig bei ihrem Bestreben gegenüber den dän. Kg.en, im Hzm. der Landesherrschaft zu gewinnen und faßten durch Erwerb von Pfandlehen Fuß im Raum zw. Eider und Schlei. Zw. 1326 und 1386 gelang es den Gf.en v. Holstein-Rendsburg, schrittweise das Hzm. →Schleswig zu erwerben und 1410-1435 im Kampf zu behaupten (→Gerhard III. [2.G.], →Gerhard VI. [3.G.], →Adolf VIII.). Nach Aussterben der Plöner Linie fiel 1390 auch deren Gebiet an die Rendsburger. Versuche zur Eroberung Dithmarschens (1319, 1404, 1500) scheiterten; erst 1559 gelang die Einverleibung.

Während der häufigen Auseinandersetzungen mit Dänemark um Schleswig waren die Gf.en laufend auf Hilfe ihres selbstbewußten Adels angewiesen. Weithin waren im 15. Jh. die landesherrlichen Ämter an ihn verpfändet (→Pfand-, -schaftspolitik). Dazu erwarb der holstein. Adel in Schleswig Landbesitz, auf Kosten des einheim. schleswigschen Adels, so daß schließlich nördl. wie südl. der Eider dieselben Adelsgeschlechter über entscheidenden Einfluß verfügten. Im fsl. Rat (bezeugt seit dem 13. Jh.) saßen im 15. Jh. nicht zuletzt Vertreter der großen Familien des Landesadels. Nach dem Erwerb Schleswigs gab es für beide Lande einen gemeinsamen Rat. Seit der Personalunion mit Dänemark nach der Wahl Christians I. (1460) entstand auch (bezeugt seit 1462) ein gemeinsamer Landtag (→Landstände), bestehend aus der »schleswigholstein. Ritterschaft«, der hohen Geistlichkeit beider Lande und Abgesandten der größeren Städte. Verschiedene von den Landesfürsten ausgestellte Privilegien (Bedepriveleg für Holstein 1422; Ripener Urkunde und Kieler »Tapfere Verbesserung« 1460, →Ripen, Vertrag v.; Privileg von 1524) garantierten Adel und Prälaten wichtige Rechte, insbes. Sicherung der Wahlrechts von Rat und Landtag, Abstimmung fsl. Regierungshandlungen mit dem Rat, Beachtung des Indigenats bei Besetzung der hohen Amtsstellen, dauernde staatl. Gemeinsamkeit beider Lande, Vermeidung von Erbteilungen, Bedebefreiung des Adels (außer in Sonderfällen) und dessen Zustimmung bei Besteuer. adliger Untertanen, adlige Zollprivilegien (u.a. Ausfuhr landwirtsch. Produkte). Die freien Bauern waren auf dem Landtag nicht vertreten, doch die bäuerl. Selbstverwaltung in den holstein. Kirchspielen blieb bestehen. Dem holstein. Adel wuchs die Gerichtsbarkeit über die abhängigen Bauern durch Gewohnheitsrecht zu. Neben dieser Entwicklung trugen auch eine Wüstungsperiode (→Wüstung) seit Mitte des 14. Jh., später gute Konjunkturen für Agrarprodukte und der Geldgewinn des Adels aus der Beteiligung an den schleswigschen Kriegen (»Unternehmeradel« bei Nutzung von Pfandbesitz, Lösegeldern, bei Landerwerb und Handel mit Agrarprodukten) zur Arrondierung und Ausdehnung des Landbesitzes der großen Adelsgeschlechter und zur Festigung der meist in Osth. liegenden Grundherrschaften (2.H. 15. und 16. Jh.) bei (→Gutsherrschaft).

E. Hoffmann

Lit.: GSH [Beitr. von H. JANKUHN, W. LAMMERS, E. HOFFMANN; mit ausführl. Lit.].

Holtrop, wüst gewordene Burg (Krs. Bergheim, Nordrhein-Westfalen), 1196 zuerst genannt. Durch Grabungen wurde eine älteste zweiteilige Burg, trotz einiger spätkarol. Scherben wohl erst aus dem 10. Jh., nachgewiesen. Hauptburg mit fast quadrat. Fachwerkturm (eingegrabene Pfosten, Schwellriegel in zwei Phasen) und hakenförmige Vorburg waren durch Wassergräben und Palisaden geschützt. Der Steinausbau erfolgte Ende des 12. Jh., zunächst nur die Ecken, dann die ganze Wand. Hocheingang nicht nachgewiesen; keine Mottenaufschüttung. H. Hinz

Lit.: W. PIEPERS, Burg H., Bergheimer Beitr., 1960 – H. HINZ (Kirche und Burg in der Archäologie des Rheinlandes, 1962), 156-160.

Holunder (Sambucus nigra/Caprifoliaceae). Der bereits in den ältesten Teilen des »Corpus hippocraticum« erwähnte H. wurde zusammen mit dem nah verwandten Attich med. vielfach genutzt; dabei bezieht etwa das »Circa instans« (ed. WÖLFEL, 52f., 141) außer den schon bei Dioskurides (Mat. med. IV, 173) gen. Heilanzeigen noch die Fieber-Therapie mit ein und empfiehlt v. a. den Gebrauch der Rinde. In der Bauchchirurgie nähte man durchtrennte Darmschlingen über leicht resorbierbaren H. holzröhren (→Roger Frugardi III, 27). Auch als Färbemittel und in der spätma. Küche fand der *holder* oder *holler* (Gart, Kap. 346) Verwendung ('vlier-bessen'-Gelee). Schließlich spielte die Pflanze bes. im dt. Volksglauben eine hervorragende Rolle. G. Keil

Lit.: MARZELL IV, 57–82 – DERS., Heilpflanzen, 246–253 – HWDA IV, 261–276 – H. LEHMANN, Beitr. zur Gesch. von Sambucus nigra ... [Diss. Basel 1935] – TH. NAUPP, Ein neuentdecktes altes Rezept aus einer Kl.bibliothek, Der Schlern 63, 1989, 460.

Holyrood, ehem. Augustinerabtei bei →Edinburgh, 1128 von Kg. →David I. v. Schottland gegr. Der erste Abt Alwin war kgl. Kaplan, der wahrscheinl. Verbindung zum Augustinerpriorat Merton in Surrey (um 1117 gegr.) hatte, von dem aus H. mit Kanonikern besiedelt wurde. Mit der Gründung beabsichtigte Kg. David wohl die Verbindung eines kgl. Herrschaftszentrums mit einem bedeutenden Kl. eines anerkannten Ordens, nach dem Vorbild von Roxburgh, →Stirling und →Dunfermline. H. erhob den Anspruch, ein Fragment des echten Hl. Kreuzes zu besitzen (schott.: »haly rude«; engl.: »holy rood«), das von dem mehr verehrten »Black Rood« der hl. →Margarete (Mutter Davids I.) unterschieden wurde. H. erhielt reiche Schenkungen vom Kg. und dem lokalen Adel sowie die Erlaubnis, einen *burgh* (Handelsort) zu gründen (Canongate), der unmittelbar ö. des kgl. burgh von Edinburgh lag. Abgesehen von Verwüstungen infolge von engl. Kriegszügen (bes. 1322, 1385 und dann im 16. Jh.), entfaltete sich das monast. Leben. Vor der Reformation hatte H. über 20 Kanoniker. Die Konventgebäude, seit Kg. Jakob III. zunehmend als kgl. Residenz genutzt, wurden von Jakob IV. ausgebaut (nw. Turm erhalten). G. W. S. Barrow

Q. und Lit.: Liber cartarum Sancte Crucis (Bannatyne Club, Edinburgh 1840) – F. C. EELES, The H. Ordinale, 1916 – Inventory of the City of Edinburgh (Royal Comm. on Ancient Monuments of Scotland, 1951) – I. B. COWAN – D. E. EASSON, Medieval Religious Houses, Scotland, 1976.

Holzbau. Der ma. H. wird nach konstruktiven Merkmalen in Massivbau und Skelettbau geschieden. Im Massivbau kennen wir in den Alpenländern und in Nord- und Nordosteuropa den Blockbau oder Schrotbau, bei dem liegende behauene oder unbehauene Hölzer zu tragenden Wänden geschichtet sind und durch mehr oder weniger komplizierte Holzverbindungen zusammengehalten werden. Der Blockbau ist in den Alpen und auf dem Balkan seit Bronzezeit und Hallstattzeit, im Baltikum und in Finnland mittelbar (Blockbaulehm) seit röm. Kaiserzeit und Völkerwanderungszeit, in Skandinavien seit dem 7. Jh. bezeugt. In Nord- und Mitteleuropa kennen wir den Palisadenbau, bei dem die Wände aus eingegrabenen Hölzern bestehen, sowie den Ständer- und Stabbau, bei dem auf Schwellen aufgesetzte senkrechte Hölzer die tragende Wand bilden. Beim Skelettbau besteht das tragende Gerüst aus untereinander verbundenen senkrechten, waagerechten und schrägen Hölzern; die von ihnen eingeschlossenen Gefache sind beim Ständerbohlenbau mit aussteifenden Holzbohlen und im →Fachwerkbau mit flexiblem Material (lehmbeworfenes Flechtwerk, Mauerwerk aus Bruchstein oder Backstein) geschlossen. Die beim südwestdt. H. anzutreffende Mischbauweise bezeugt die enge Verwandtschaft zw. Ständerbohlen und Fachwerkwand. In den europ. Landschaften, in denen langwüchsige Nadelhölzer, v. a. Lärche und Fichte, vorherrschen, entwickelt sich der Blockbau, der Fachwerkbau hingegen in den Landschaften mit überwiegendem Laubholzvorkommen.

Die Herstellung der Bauhölzer umfaßt mechan. Formveränderungen wie Spalten, Beilen, Sägen, Bohren und Fräsen. Die Holzbearbeitung mit der beidseitig angeschliffenen Axt geht bis in die Vorzeit zurück; später wurde die Axt nur noch zum Fällen und Spalten benutzt, während das einseitig angeschliffene Beil, bes. in der Form des Breitbeils, zum Behauen und Glätten von Balken und Bohlen gebraucht wurde. Die lange zweihändige eiserne Schrotsäge oder Bundsäge benutzte man schon in der Antike zum Ablängen, ebenso die leichtere Spannsäge mit einem gespannten dünnen eisernen Blatt, das drehbare Sägeblatt wurde aber erst im MA eingeführt. Die Rahmensäge, seit röm. Zeit zur Herstellung von Bohlen und Brettern benutzt, wird im 14./15. Jh. von der Gattersäge abgelöst. Holzverbindungen werden mit dem Beitel und dem Klöpfel, dem Dexel oder der Hohlaxt hergestellt. Das Bauholz wurde im Wald entästet, entrindet und teilweise schon grob behauen (bewaldrechtet) zur Verminderung des Transportgewichtes. Auf dem Zimmermannsplatz (Zulage) wurden die Hölzer für ihre Aufgabe im Bauverband mit Beil und Säge einschließlich ihrer Holzverbindungen vorbereitet; die Balkenseiten wurden zumeist gebeilt, um auf diese Weise die Poren gegen die Feuchtigkeitseinwirkungen zu schließen.

Holzverbindungen bilden die techn. Grundlage der Holzkonstruktionen, sie dienen zu zimmermannstechn. Verlängerung (Stoß, Blatt), Verbreiterung (Spundung, Nut und Feder), Verdickung (Verdübeln, Verzahnen, Verschränken), Winkelverbindung in einer Ebene (Stoß auf Gehrung, Blatt, Zapfen, Versatzung, Verzinkung) und Winkelverbindung nicht in einer Ebene (Kamm, Seitenzapfen, Klaue). G. Binding

Lit.: HOOPS² II, 95–99 – KL, s. v. knuttimring, korsvirke, stavverk – RDK VI, 938–992 – M. CLEMMENSEN, Bulhuse, studier over gammel dansk Træbygnbngskunst, 1937 – H. PHLEPS, Der Blockbau, 1942 – J. HANSEN, H.kunst, 1969 – R. HAUGLID, Laftehusets opprindelse og eldste historie, 1980 – K. KLÖCKNER, Der Blockbau, 1982 – G. BINDING, U. MAINZER, A. WIEDENAU, Kleine Kunstgesch. des dt. Fachwerkbaus, 1989⁴ [Lit.] – →Fachwerkbau.

Holzhandel. Der Handel mit Holz war im MA auf lokaler, regionaler und internat. Ebene von großer Bedeutung. Er wurde begünstigt durch starke Nachfrage (u. a. für öffentl. Bauwesen und →Baugewerbe, →Schiffsbau, →Bergbau, →Hüttenwesen, Papiermühlen [→Papier], Färberei [→Farbe], →Heizung, →Tischlerei) und eine ungleiche räuml. Verteilung der Waldungen (Holzarmut in dichtbesiedelten Gebieten, z. B. Flandern). Quantität und Qualität des gehandelten Holzes unterlagen häufigen Schwankungen, u. a. infolge von Rodungen (z. B. Rückgang des Sundhandels mit Holz am Ende des 15. Jh., wohl durch Entwaldung des Weichsel- und unteren Dünauraumes), aber auch durch polit. Ereignisse sowie durch steigende Transportkosten. Ein umfassender Überblick über Umfang, Bedeutung und Praktiken des ma. H.s ist nach dem bisherigen Forschungsstand nicht möglich, da eine systemat. Erforschung (unter Einschluß der archäolog. und dendrochronolog. Befunde) noch aussteht.

Das FrühMA kannte wohl H. auch über weite Strecken; so importierte im 6. Jh. der Patriarch v. Alexandria Schiffbauholz aus Italien, und die islam. Arsenale in Spanien und Afrika verarbeiteten Holz von den n. Mittelmeerküsten (Provence, Italien, Korsika). Für das Frankenreich ist Holzexport bekannt, so von Bauholz aus dem Elsaß nach Friesland (Ermoldus Nigellus); darüber hinaus sind Holzfuhren im Rahmen der →Frondienste belegt, so z. B. für die Abtei →Prüm, die Holz aus ihren z. T. weitentfernten Domänen (Ardennen, Elsaß, Umland v. Metz und Worms) bezog. Doch erst seit dem 11.–13. Jh. werden die Konturen des Handels mit Holz, dessen Herkunftsgebiete

v. a. N-Europa und der s. Teil Dtl.s waren, deutlicher erkennbar.

Einen Aufschwung erlebte der H. im 14. Jh. mit der stärkeren Öffnung des Ostseeraums für den europ. Handel. H. bildete neben dem Getreidehandel (→Getreide) einen Handelsschwerpunkt der →Hanse, die Holz aus dem Einzugsbereich der Weser, aus Pommern, Norwegen, dem Weichselbecken und Litauen v. a. nach England und in den fläm.-ndl. Bereich (u. a. nach →Brügge) lieferte.

Einen wichtigen Wirtschaftsfaktor bildete der H. v. a. in Preußen mit seinem Haupthandelsplatz →Danzig, von wo aus die auf Narev und Bug, dann auf der Weichsel geflößten Eichen-, Buchen- und Fichtenstämme aus dem Hzm. →Masovien weiterverschifft wurden. Einige bedeutende, oft zur städt. Führungsschicht zählende Kaufleute betrieben H. im großen Stil, so z. B. das Hamburger Ratsmitglied Winand Miles († 1301), aber auch Patrizier, etwa in Toulouse und Straßburg. Wichtige internat. Holzlieferanten waren neben dem hans. Bereich u. a. das Maasland, das Moselland und Savoyen, von wo aus im 14. Jh. das Holz für den Bau des Papstpalastes in Avignon bezogen wurde. Ein oft regional und manchmal zeitlich begrenzter H. ist ebenfalls belegt, so z. B. 1318-20 für den Galeerenbau auf einer Werft in Capelles bei Narbonne, wo Holz aus dem Minervois, Narbonnais u. a. südfrz. Gebieten verarbeitet wurde. Eine systemat. und rationellere grundherrl. Waldnutzung (→Wald) führte im 14.-15. Jh. auch zu einer Intensivierung der lokalen H.s (vgl. die engl. *manors* und die frz. Grangien).

Der Holztransport erfolgte vorzugsweise auf den weniger kostspieligen Wasserwegen (→Flößerei, Seeschiffahrt). Aus diesem Grund waren waldreiche, von Häfen oder schiffbaren Flüssen weitab liegende Regionen (u. a. die westl. und nördl. Midlands in England) benachteiligt gegenüber verkehrsmäßig begünstigten Waldregionen, auch wenn deren Produkte von ihren Bestimmungsorten weit entfernt waren. Insbes. der Fernhandel mit Holz machte eine weiträumige Transportorganisation, ein entwickeltes Netz von Handelsbeziehungen und Zentren der Verteilung und Veredelung notwendig. Im Hansebereich fungierten mehrere Städte in Holland und im ö. Zuiderseegebiet als Verteiler: Dordrecht, Amsterdam, Deventer, Kampen, Kieldrecht, Zutphen. – Über die Preisentwicklung des H.s ist wenig bekannt. Es kann vorausgesetzt werden, daß die Hochpreisentwicklung zu Spekulation (→Fürkauf) und stärkerer Verwertung lokaler Ressourcen führte. J.-P. Sosson

Lit.: Spezialliit. fehlt weithin – Hb. der europ. Wirtschafts- und Sozialgesch. II, 1980, 35, 669, 776; III, 1986, 204, 215, 221, 270, 863 – A. BUGGE, Den Norske Traelasthandels Hist. I, 1925 – F. FIRBAS, Spät- und nacheiszeitl. Waldgesch. Mitteleuropas n. d. Alpen, 2 Bde, 1949 – H. RUBNER – F. REINHOLD, Das natürl. Waldbild Europas als Grundlage für den europ. Waldbau, 1953 – F. MAGER, Der Wald in Altpreußen als Wirtschaftsraum, 2 Bde, 1960 – M. MALOWIST, L'approvisionnement des ports de la Baltique en produits forestiers pour les constructions navales aux XIVᵉ et XVᵉ s. (Le navire et l'économie maritime du Nord de l'Europe du MA au XVIIIᵉ s., 1960), 25-40 – CH. HIGOUNET, Les forêts du Vᵉ au XIᵉ s., Sett. cent. it. 13, 1965 (1966), 343-398 – J.-P. SOSSON, Les travaux publics de la ville de Bruges, XIVᵉ-XVᵉ s., 1977, 102-112 – PH. DOLLINGER, La Hanse, 1981³ – E. SCHUBERT, Der Wald: wirtschaftl. Grundlage der spätma. Stadt (Mensch und Umwelt im MA, hg. B. HERRMANN), 1986, 257-274 – The Cambridge Economic hist. of Europe, II: Trade and Industry in the MA, 1987², 15, 31, 61, 63, 135, 173f., 202f., 210, 239, 315, 321, 326, 367, 434, 550, 575, 579, 602, 697, 767, 770.

Holzkirche, Bauweise früher Kirchen n. der Alpen, bes. im dt. (7.-10. Jh.) und skand. Gebiet (bis 12./13. Jh.). Über die zumeist allein archäol. nachgewiesenen Pfostenlöchern oder Schwellbalkenspuren können unterschiedl. Konstruktionen als Block-, Ständer- oder Pfostenbau in vielen Spielarten ergänzt werden. Bei den mit Schwellbalken errichteten Bauten sind für Elten am Niederrhein um 930 eine Fachwerkwand mit vermörtelter Flechtwerk-Ausfachung, für Paderborn und Rheinhausen-Hochemmerich Verputz, sonst häufig Stabwände nachgewiesen. Bei den Pfostenkirchen sind über den Aufbau der Wände zumeist keine Hinweise beobachtet worden. Der →Stabkirchenbau ist vorrangig in Skandinavien verbreitet, aber auch bis Basel nachweisbar; der Konstruktionskern ist ein Gerüst aus einem, vier oder mehr, auf einem Schwellengerüst aufstehenden Ständern (Masten), die gegeneinander durch Reihung von Andreaskreuzen und hufeisenförmigen Zwischenlagern versteift waren und ein mehrteiliges Raumgeviert trugen, umlaufende Seitenräume und der Altarraum waren angeschlossen. Die Wände bestanden aus senkrechten Hölzern (Stabwand). In Mitteleuropa entwickelte sich der →Fachwerkbau und blieb bestimmend, in einzelnen Gegenden bis ins 18. Jh. (Hessen). Der Grundriß besteht zumeist aus einem quasirechteckigen Saal und einem eingezogenen Rechteckchor, bei den Pfostenkirchen vereinzelt auch dreischiffig oder gar zweischiffig (Gemonde, 8./10. Jh.). G. Binding

Altrußland: Die 1045-50 aus Stein erbaute Sophienkathedrale im Kreml' von Novgorod besaß in einem minder bedeutenden Stadtviertel eine aus »Eichenholz« (*iz duba*) 989 errichtete (1045 abgebrannte) Vorläuferin. Entgegen der älteren Forsch. (HAMILTON) wird für sie das Vorbild nord. H.n nicht mehr angenommen. Die bereits in der Kiever Rus' weit verbreiteten H.n waren nach dem autochthonen Prinzip des Hausblockbaus *(izba)* errichtet. K. Onasch

Lit.: S. ZABELLO, V. IVANOV, P. MAKSIMOV, Russkoe Derevjannoe Zodčestvo, 1942 – G. H. HAMILTON, The Art and Architecture of Russia, 1954, 21, 268, Anm. 6 – Gesch. der Russ. Kunst I, 1957, 68f.; II, 1958, 12ff. – Frühe H.n im n. Europa, hg. C. AHRENS, 1982 [Lit.] – A. S. KOMEČ, Drevnerusskoe Zodčestvo konca X – načalo XII v., 1987, 236 – G. BINDING, U. MAINZER, A. WIEDENAU, Kleine Kunstgesch. des dt. Fachwerkbaus, 1989² [Lit.].

Holzschnitt → Graphik

Holzschnitzkunst

I. Frühchristliche und byzantinische Kunst – II. Abendländisches Mittelalter.

I. FRÜHCHRISTLICHE UND BYZANTINISCHE KUNST: Beispiele aus Spätantike und MA im O sind aufgrund der prekären Erhaltungsbedingungen meist selten und eher aus späterer Zeit bekannt. Bes. günstige Bedingungen bot, wie schon im Altertum, Ägypten mit seinem trockenen Klima. Mit Schnitzerei verziertes Holz wurde mit Dach bis zur Ausstattung mit Möbeln vorwiegend in der Architektur eingesetzt. In der Kleinkunst bzw. im Kunsthandwerk spielte Holz zweifellos eine große Rolle als Material für Gebrauchsgegenstände, von denen aber vorzugsweise wohl nur die aus wertvollerem Material (Elfenbein) für erhaltenswert erachtet wurden (Ausnahme wieder Ägypten). Daß die frühchristl. und byz. H. auf den jeweiligen spätantiken Vorbildern basiert, darf angenommen werden. Durch Schnitzereien verzierte Holzbalken in Dachkonstruktionen und als Zuganker sind sicher häufiger gewesen, als es die wenigen erhaltenen Beispiele (Dachstuhl der Basilika des Katharinenkl. Sinai mit Stiftungsinschrift Justinians I., Zuganker der →Hagia Sophia) belegen. Türen mit Reliefschnitzereien sind sowohl als Eingangstüren (Rom, S. Sabina, 5. Jh.; Svanetien/Georgien, 10./11. Jh.; Olympiotissa in Elasson/Griechenland, neuerdings vor 1296 dat.; →Rilakl. 14. Jh., Bukarest, Kunstmus., 1453;

Split, 13. Jh. mit Verarbeitung ö. und w. Vorbilder) wie als Türen von Templa (Alt Kairo, Abu Sarga, 9./10. Jh., London Brit. Mus.) erhalten. Seltener ist Holzmobiliar aus Kirchen wie Lesepulte, Bf.s- bzw. Abtssitze (z. B. Kreta, Hist. Mus. Herakleion, aus Kl. Balsamonero, 15. Jh.), ganz zu schweigen von profanem Mobiliar. Bei Ikonen sind einfache profilierte Rahmen häufig. Ab dem 13. Jh. allerdings tauchen Werke auf, bei denen die Hauptfigur im Relief aus dem Holz geschnitzt wird (Athen, Byz. Mus.: Georgsikone, Ohrid, stark fragm. Klemensikone sowie verschiedene Beispiele aus Italien, z. B. Hodegitria in Alba Fucense). Templa bzw. Ikonostasen erhielten zusehends reicheres geschnitztes Holzrahmenwerk, wobei das bekrönende Kreuz wohl am ehesten und frühesten entsprechende Auszeichnung erfuhr. Der Höhepunkt dieses Sektors der H. liegt allerdings im 17. Jh.   M. Restle

Lit.: A. GOLDSCHMIDT, Die Kirchenthür des Hl. Ambrosius in Mailand, 1902 – G. H. SOTIRIOU, La sculpture sur bois dans l'art byz. (Mél. CH. DIEHL, 1930), 171–180 – G. DE FRANCOVICH, A Romanesque School of Wood Carvers in Central Italy, Art Bull. 19, 1937, 5–57 – A. HADJIMIHALI, La sculpture sur bois, L'Hellénisme Contemporain, 1950 – R. F. HODINOTT, The Tradition of Wood Carving in Macedonia, Burlington Magazine 96, 1953, 278–282 – N. ČUBINAŠVILI, Die ma. H. Georgiens, 10. und 11. Jh., 1958 [russ.] – A. VASILIEV, Altbulg. Holzschnitzerei, Iskustvo 12, 1962, 76–82 – G. JEREMIAS, Die Holztür der Basilika S. Sabina in Rom, 1980.

II. ABENDLÄNDISCHES MITTELALTER: Holz war im MA der wichtigste, allgemein gebrauchte Werkstoff. H. wird die Schnitzarbeit an →Fachwerkbauten, →Möbeln, Vertäfelungen, →Plastiken, →Retabeln oder →Chorgestühlen genannt, unabhängig davon, ob es sich dabei um runde Skulptur, Relief, Durchbrucharbeit, Flachschnitt, Kerbschnitt oder Ritztechnik handelt. Bildhauer, Zimmerleute und Drechsler stellten sie her. Ihr heute noch gebräuchl. Werkzeug bildet eine Wange des Chorgestühls aus Pöhlde ab (1284, Niedersächs. Landesgalerie Hannover). – In nord. Mooren und in Kirchen blieben aus dem frühen und hohen MA u. a. erhalten: Schiff, Wagen und Schlitten des Oseberg-Fundes (9. Jh., Norwegen), Truhen in Terracina (8. Jh., Lazio), S. Valeria ob Sitten/Sion (12./13. Jh., Schweiz) und Kl. Wienhausen (13. Jh., Niedersachsen), Schränke in der Cappella Sancta Sanctorum (um 800, Rom), Halberstadt (Domschatz) und Wienhausen (13. Jh.), ein →Faltstuhl aus Stift Admont (13. Jh., Mus. für angew. Kunst, Wien), eine Thronbank aus Kungsåra (um 1200, Statens Hist. Mus., Stockh.), die Rücklehne eines Thronsitzes im Dom zu Minden oder ein Altarschrein im Kl. Loccum (beide 1. Hälfte 13. Jh.). In der Gotik war das Schnitzen oder Ritzen der Vorderwände von Truhen und Schränken allgemein üblich und ist vielfach zu belegen. – Das Schnitzen kleiner Geräte galt als nicht zunftfähig, es stand jedermann frei. Hausgeräte, es in Unmengen gegeben hat, wurden auch in Heimarbeit hergestellt: Gefäße, Teller, Löffel, Schreibgriffel, Haarnadeln, Spindeln, Kästchen, Spielzeug u. a. m. Waren sie unbrauchbar, wanderten sie ins Feuer oder in eine Kloake, worin viele bei Altstadtgrabungen wiedergefunden wurden. – Für kirchl. Gebrauch waren Altarpulte bestimmt, z. B. ein reich geschnitztes vom Ende des 13. Jh. in der Marienkirche Salzwedel (DDR). – Kleine, ursprgl. profane Kästen verzeichnete KOHLHAUSSEN als »Minnekästchen« seit der 2. Hälfte des 12. Jh. In der Form (Walmdachdeckel mit abgeplattetem First) ahmen sie byz. und it. Elfenbeinkästen nach. Ihr charakterist. Dekor bestand um 1200 aus in die Wände eingelassenen Ornamentgittern über goldenem Grund. Die besten Stücke erhielten zusätzl. sog. Holzmosaik, Vergoldung und Farben (Kästchen im Domschatz von Essen). Die folgenden vergrößern die geschnitzten Gitter bis zu glatter Laubsägearbeit oder heben Ornamente und Figuren aus den vertieften Feldern der Wände aus. Letzteres ist die Technik der Minnekästchen im engeren Sinne vom 14. bis ins 16. Jh.: kleine Flachdeckelkästen mit vertieften Feldern, darin Ranken, Tiere, menschl. Figuren (Liebespaare und sog. wilde Leute) vor Rautengrund, um sie herum Schriftbänder, deren Texte Liebesbegehren und verschämte Abwehr dokumentieren. Solche Kästchen stammen überwiegend aus dem SW Deutschlands und aus der Schweiz, wo sie auch entstanden sein dürften. Viele wurden sehr flüchtig geschnitzt. (Die feinsten, aus Buchsholz geschnitzten erwiesen sich neuerdings als Fälschungen aus der Zeit der Romantik.) Die im Innern mit rotem Leder ausgeklebten Exemplare dienten wohl als Futterale für Liebesgaben, die meisten blieben jedoch innen roh. Bei mehreren ragen sogar die spitzen Nägel des verzinnten Eisenbeschlages so weit in das Innere, daß man diese Kästchen nicht benützen konnte. Was uns lediglich eine Erinnerung an Brautzeit und Hochzeit? – Andere Brautgeschenke können Spiegel und Kämme aus Buchsholz gewesen sein. Freilich sind Zweifel angebracht, ob die überreich in durchbrochenen got. Ornamenten geschnitzten Prunkkämme aus Frankreich, die man in vielen Museen findet, nicht erst nach dem Ende des MA entstanden. Das harte und dichte Buchsholz aus den Mittelmeerländern wurde zu allen Zeiten für Miniaturschnitzereien bevorzugt, u. a. auch für Rosenkranzperlen, sog. Betnüsse (geschnitzte Altarschreinchen im Format einer Walnuß, meistens Flandern 15. Jh.), für Dolch- und Messergriffe, v. a. für die Laffen von Löffeln mit silbernem Stiel (allg. spätgot.), auch für die Fassungen von Augengläsern (Italien, seit ca. 1300, sog. Nietbrillen, gefunden u. a. im Kl. Wienhausen).   H. Appuhn

Lit.: H. KOHLHAUSSEN, Minnekästchen im MA, 1928 – E. BORN, Die Kunst zu Schnitzen, Technik der Schnitzerei und Holzbildhauerei, 1985.

Holzschuher, bedeutendes Nürnberger Patriziergeschlecht, das den Ministerialen der Nürnberger Burggf.en entstammte und 1228 mit *Heinrich* erstmals belegt ist. Schnell gelang ihnen der gesellschaftl. und wirtschaftl. Aufstieg (schon 1259 pachtete *Arnold* H. das »Amt« Fürth der Bamberger Dompropstei auf drei Jahre). Seit 1319 fast ununterbrochen im Rat, waren die H. als Schöffen an Land- und Stadtgericht sowie als Kirchenpfleger tätig und verfügten im 14. und 15. Jh. über reichen Lehensbesitz in der Umgebung Nürnbergs, hauptsächl. von den Mgf.en, aber z. B. auch vom Hochstift Würzburg. Daneben betätigten sie sich als Tuchhändler und Gewandschneider. Das 1304–07 lat. abgefaßte Handlungsbuch der aus vier Teilhabern bestehenden Familienhandelsfirma ist das früheste Beispiel für einfache kaufmänn. Buchführung in Oberdeutschland (→Buchhaltung) und dokumentiert einen regen Handel mit v. a. aus Flandern kommenden Tuchen, die neben Rauchwaren meist auf Borg verkauft wurden. Daneben gibt es Ansätze zu förml. Geldgeschäften. Die H. betrieben im 14. Jh. Gewürzhandel im großen Stil. Die erfolgreichen Bemühungen des *Berthold* H. um das »Ungarn-Privilegien« für →Nürnberg (1337–83) ermöglichten den Einstieg als Unternehmer im ung. Montanwesen, später auch in Thüringen (1485). Seit dem 14. Jh. waren die H. in allen von Nürnberger Kaufleuten besuchten Gegenden Europas tätig.   D. Rödel

Lit.: NDB IX, 579 – Verf.-Lex. II, 482ff. – A. CHROUST – H. PROESLER, Das Handlungsbuch der H. in Nürnberg von 1304–1307 (Veröff. der Ges. für frk. Gesch. X/1, 1934) – W. KRAFT, Zum »H.buch« (Mitt. des Vereins für die Gesch. der Stadt Nürnberg 32, 1934), 5–37 – W. SCHULTHEISS, Eine Gewürzhandelsrechnung und ein Finanzierungsgeschäft des Nürnberger Rats von 1350 (ebd. 50, 1960), 11–52 - Beitr. zur Wirtschaftsgesch. Nürnbergs, 2 Bde, 1967 - W. AMMAN, Die wirtschaftl. Stellung der Reichsstadt Nürnberg im SpätMA, 1970 - W. v. STROMER, Oberdt. Hochfinanz 1350–1450 (VSWG Beih. 55–57, 1970).

Holztür → Tür

Homagium → Lehen, Lehnswesen

Homburg a. d. Unstrut, Schlacht b. (9. Juni 1075). In Reaktion auf die Erstürmung und Plünderung der Harzburg durch sächs. Bauernhaufen (→Sachsenaufstand, 1073) rüstete →Heinrich IV. im Frühjahr 1075 zu einem Feldzug gegen die Sachsen. Von Breitungen a. d. Werra aus stieß das von den dt. Stämmen mit Unterstützung der Böhmen gebildete Reichsheer gegen die an der Unstrut lagernden Sachsen und Thüringer vor. In einem Überraschungsangriff unter Führung der Schwaben, die hier erstmals ein Vorstreitrecht geltend machten, wurde das zahlenmäßig überlegene sächs.-thür. Heer völlig aufgerieben und das im Lager zurückgebliebene Fußvolk grausam niedergemetzelt. Erst ein weiterer militär. Vorstoß im Herbst konnte die sächs. Fs.en zur Unterwerfung zwingen. T. Struve

Lit.: JDG H. IV. und H. V., Bd. 2, 1894, 495–506, mit Exkurs V, 874–884 [Q.] - GEBHARDT⁹ I, 332 - K.-G. CRAM, Iudicium belli (AKG, Beih. 5, 1955), 120f., 139f., 212ff. - Gesch. Thüringens II, 1 (Mitteldt. Forsch. 48/II, 1, 1974), 15 - W. GIESE, Der Stamm der Sachsen und das Reich, 1979, 159f.

Homens de paratge, sozialer Stand im spätma. →Katalonien und →Valencia, in etwa den katal. *donceles*, den aragon. *generosos* oder den kast. →*infanzones* entsprechend. Die →Fueros v. Valencia bezeichnen als H. die Söhne von Vätern, die zwar ritterl. Vorrechte genossen, aber (noch) nicht zum Ritter geschlagen worden waren. H. waren somit als Angehörige namhafter und angesehener Geschlechter definiert, die unterhalb der Magnaten, höheren Adligen *(nobles)* und Ritter *(caballeros)* rangierend, über ein Allod sowie einen befestigten, turmbewehrten Wohnsitz (domus) verfügten und die Fähigkeit hatten, im kgl. Heer mit Pferd und Waffen zu dienen. Sie hatten Zugang zum nächsthöheren Stand, dem militär. aktiven caballeros, und verfügten über die gleichen Rechte, ohne aber zum Ritterschlag zu gelangen. Der Stand der H. war im übrigen in der entstehenden sozialen Hierarchie nicht genau definiert; auf den →Cortes zählte er zum *brazo militar*. Unter Kg. Johann I. (1387–95) versuchten die H., sich zusammen mit anderen mittleren und niederen Adelsgruppierungen als 'kgl.' Stand der *caballeros, h. y generosos* oder auch als *caballeros y gentilhombres* zu konstituieren, was – nicht zuletzt wegen des hochadligen Widerstandes – ohne durchschlagenden Erfolg blieb. Carmen Battle

Lit.: →Katalonien, →Valencia, →infanzones.

Homer

I. Lateinisches MA – II. Byzantinische Literatur.

I. LATEINISCHES MA: Das lat. MA kennt die Werke, die mit dem Namen H.s verbunden sind, nicht. Was an lat. Hexametern ihm zugeschrieben wird, entstammt so gut wie immer der →Ilias Latina (auch Homerus de bello Troiano; 1. Jh. n. Chr.), die länger als ein Jt. den Stoff der Ilias vermittelte. Die spätantiken Prosaerzählungen eines →Dictys Cretensis und eines →Dares Phrygius haben ebenfalls die Kenntnis vom Trojan. Krieg weitergegeben. Von der Odyssia des Livius Andronicus ist nichts ins MA gelangt. Benützung der dem Ausonius zugeschriebenen Periochae Homeri Iliadis et Odyssiae läßt sich (bis Dante) nicht feststellen; zudem setzt ihre hs. Überlieferung erst im 14./15. Jh. ein. Trotz dieser insgesamt dürftigen Möglichkeiten, auch nur den Inhalt der homer. Epen kennenzulernen, erlischt die aus der Antike überkommene Hochachtung vor dem Namen H.s in den Jahrhunderten, da die originalen Werke verloren waren, nicht. Immer wieder wird sein Name genannt, auch dort, wo der Vorrang christl. Dichter vor heidn. Lit. betont wird. Am Hofe Karls d. Gr. bezeichnet man den Franken →Angilbert als Homerus (wobei nicht klar ist, welcher Eigenschaft er diese Auszeichnung verdankt). Oft werden H. und →Vergil in einem Atemzug genannt; in Aufzählungen heidn. Autoren ist er fast immer der einzige Grieche. Sehr häufig erscheint sein Name in Hyperbeln verschiedenster Ausprägung (seit Hieronymus bis zum Archipoeta); siehe KULLMANN, 9. – Um 1360 werden auf Drängen →Petrarcas Ilias und Odyssee von →Leonzio Pilato ins Lat. übersetzt. E. Heyse

Lit.: MANITIUS, I–III [Register] - BRUNHÖLZL, I [Register] - Die Textüberl. der antiken Lit. und der Bibel, hg. H. HUNGER u. a., 1961 [Register] - W. KULLMANN, Bem. zum H.bild des MA (Fschr. J. AUTENRIETH, 1988), 1–15.

II. BYZANTINISCHE LITERATUR: H., für die Byzantiner *der* Dichter, stand auf allen Stufen des Bildungsablaufes an führender Stelle. Der Elementarschüler lernte große Partien der beiden Epen auswendig, der Adept der Rhetorik übte sich in Progymnasmata und Umarbeitungen homer. Motive (metapoieseis) und sammelte einen Zitatenschatz für eigene lit. Arbeiten. Das Synonymenlexikon des Ps.-Ammonios enthält unter insges. 525 Lemmata über 100 H.-Zitate. H.s Schildbeschreibung war das Vorbild für jede →Ekphrasis. Mit seinen Versen und deren Fragm. schuf man in frühbyz. Zeit die Homerokentra, Collagen, in denen auch Heidnisches und Christliches in bunter Mischung auftrat (→Cento [3]). Die patrist. Abwertung H.s mit seiner moral. anstößigen Götterwelt wurde in den mittelbyz. Jahrhunderten nicht mehr so ernst genommen bzw. durch die bis ins Altertum zurückreichende Mythenallegorie relativiert. Man unterschied drei Methoden der Mythenallegorie, die pragmat.-hist. (mytholog. Figuren als hist. Personen), die psycholog. (Götter als seel.-geist. Funktionen) und die physikal. (Götter als kosm.-meteorolog. Erscheinungen). Den Höhepunkt der Mythenallegorie in Byzanz bezeichnet J. →Tzetzes (12. Jh.), der neben den sog. Carmina Iliaca (mit Partien aus dem ep. Kyklos) die beiden großen Epen in ca. 10000 Fünfzehnsilbern allegor. paraphrasierte. – Auf höherer Ebene steht der in Prosa gehaltene riesige H.-Komm. des →Eustathios v. Thessalonike (12. Jh.). – Das Jahrhundert der Komnenenherrschaft (1081–1185) mit der ritterl. Lebensauffassung des byz. Feudaladels war der Pflege homer. Traditionen bes. günstig. Neben ›Anna Komnene, die ihre »Alexias« unter dem Eindruck der Ilias schrieb (u. a. über 50 Iliaszitate), sind N. →Bryennios, J. →Kinnamos und K. →Manasses charakterist. Vertreter dieser Zeit und ihrer Mentalität. →Niketas Choniates nahm die Farben für die Charakterisierung seines »Favoriten« und ewigen Exulanten Andronikos Komnenos von dem homer. Odysseus. H.s Bedeutung für die byz. Lit. und Philologie blieb auch in der Palaiologenzeit aufrecht. So schrieb Matthaios v. Ephesos (1. Hälfte 14. Jh.) drei Abhandlungen aus dem Bereich der Odysseetradition und pflegte die Mythenallegorie in seinen Briefen. Noch im 15. Jh. verfaßte Th. →Gazes eine Ilias-Paraphrase. Daß die homer. Welt, über die Chroniken in mehrfachen Brechungen und auf verschiedenem Niveau tradiert, in breiten Kreisen der spätbyz. Zeit lebendig war, beweisen mehrere Produkte der volkssprachl. Lit. (byz. Achilleis, Hermoniakos [Metaphrase der Ilias], Gedicht über den Trojan. Krieg). H. Hunger

Lit.: H. HUNGER, Allegor. Mythendeutung in der Antike und bei J.

Tzetzes, JÖBG 3, 1954, 35–54 – Eustathios, Ilias, ed. M. v. D. VALK, 4 Bde, 1971–87 – R. BROWNING, H. in Byzantium, Viator 6, 1975, 15–33.

Homilie, Homiliar, -illustrationen: *Osten:* Ein H. ar ist eine Hs. mit einer Slg. von →Predigten (= H.n), in der Regel eines berühmten Kirchenvaters. Der fruchtbarste unter ihnen, →Johannes Chrysostomos, ist Vorbild für alle. Von ähnl. Bedeutung ist →Gregor v. Nazianz. Auch nach der Väterzeit wurden H.n geschrieben und gesammelt.

Illustriert werden nur die bedeutendsten »klassischen« Slg.en (Ioh. Chrysostomos, Gregor v. Nazianz). Erst am Ende der mittelbyz. Zeit entstand ein letzter Bildzyklus zu den Marienpredigten des →Jakobus v. Kokkinobaphu (12. Jh.). Gemeingut aller H.are sind Verfasserbild und Lehrszene(n) (Vorbilder: Autoren- bzw. Evangelistenbilder). Zum Autor können inspirierende Figuren (Paulus, Matthäus, im Zusammenhang mit den H.n zu den Paulusbriefen und Matth.-Ev.) wie auch Dedikations- bzw. Ks. porträts treten (z. B. Par. gr. 510 [Gregor]: Basileios I. mit Fam.; Sin. 364 [Chrys.]: Konstantin IX. Monomachos mit Zoe und Theodora). Christus erscheint als Inspirator bei Gregor wie beim lehrenden Chrysostomos. Gelegentl. Einfluß der Hymnograph.-Ill. (Joh. Chrys. als »Quelle der Weisheit« Cod. Ambros. A 172 sup.).

Einer eingehenden Ill. der Chrys.-H.n stand vermutl. der außerordentl. Umfang dieses Werkes im Wege. Im wesentl. sind nur im Cod. 111 Nat. Bibl. Athen Miniaturen innerhalb des Textes der H.n vorhanden, die meist unmittelbar auf den Inhalt der Predigten bezogen sind und vorwiegend aus dem Verband atl. und ntl. Zyklen geschöpft werden. Andere Hss. zeigen nur vereinzelt Miniaturen; einige führen »erzählende Initialen« zum Anfangstext(wort) einer H. oder auch mit Genreszenen ein (z. B. Par. gr. 806 u. 654).

Bei dem besser überschaubaren Werk des Gregor v. Naz. unterscheidet man die Gesamtausg. (aller 45 erhaltenen H.n) und die sog. liturg. Ausg. (Auswahl von 16 H.n in der Reihenfolge des Kirchenjahres. Bedeutendstes Beispiel ist der Cod. gr. 510 (BN Paris), der für Ks. Basileios I. geschrieben und illuminiert wurde. Die Illustration (41 Miniaturseiten jeweils vor den H.n) folgt dem Inhalt der Predigten und schöpft aus atl. und ntl. Zyklen, importiert Szenen aus den Apostel- und Hl.nviten ebenso wie aus hist. Q. (Gesch. Konstantins d. Gr. und Julians, Konzil v. 381). Die übrigen Hss. der Gesamtausg. beschränken sich auf Verfasserbild und Lehrszene(n) (Mailand, Ambros. E 49–50 inf.).

Für die liturg. Ausg. (36 erhaltene Hss.) wird eine eigene Bildredaktion mit einem aus Sin. 339, Moskau Hist. Mus. Cod. 146 und Par. gr. 543 zu rekonstruierenden Archetyp angenommen [wohl 10. Jh., Konstantinopel, größte Wirkung erst 11./12 Jh.). Die Miniaturen folgen dem liturg.-kalendar. Ordnungsprinzip der Gruppe. Ihre Themen scheinen denselben Bereichen entnommen wie die Vollausg., folgen aber gelegentl. anderen Kompositionsvorlagen. – Anzuschließen sind hier auch illustr. Komm. zu den H.n des Gregor (z. B. Jerusalem Cod. Hag. Taphu 44) und die einigen Hss. der liturg. Ausg. beigegebenen Komm. des Ps.-Nonnos mit mytholog. und auch bukol. Szenen (Vorlagen aus spätantiker Tradition). In die Gregor-H.n oder auch in ein Menolog eingeschoben ist eine irrtüml. Joh. Damaskenos, in Wirklichkeit wohl Joh. v. Euroia zuzuschreibende H. mit Ill. (Jerusalem Cod. Hag. Taphu 14 bzw. Athos Esphigm. 14, Autorenbild des Joh. Damaskenos mit Mönchen, atl., ntl. wie mytholog. Szenen). – Die in Vat. gr. 116 und Par. gr. 1208 erhaltenen H.n des Jakobos v. Kokkinobaphu sind mit 71 Miniaturen aufwendig illuminiert. Neben dem Eingangsbild, das den Autor im Kreise der Väter unter den Homiletikern zeigt, sind die Themen v. a. den apokryphen Marienevg. entnommen (mit Bezug zum AT und insbes. den Propheten).

M. Restle

Zum Westen s. →Predigt(-Sammlungen)

Lit.: RByzK III, 252–264 – C. STORNAIOLO, Miniature delle Omilie di Giacomo Monaco etc., 1910 – A. EHRHARD, Überl. und Bestand der hagiogr. und homilet. Lit. der griech. Kirche, 1937ff. – S. DER NERSESSIAN, The Illustr. of the H.s of Gr. of Naz.: Par. gr. 510, DOP 16, 1962, 195–228 – G. GALAVARIS, The Illustr. of the Liturgical H.s of Greg. Naz., 1969 – BECK, Kirche, 1977².

Homobonus v. Cremona, hl., * um 1120, † 13. Nov. 1197, ▭ Cremona, S. Eligio, Sohn eines Schneiders und Kleiderhändlers aus Cremona; H. war verheiratet, hatte viele Kinder und übte das Gewerbe seines Vaters aus, wobei er sich den Bedürftigen gegenüber als sehr großzügig erwies. Etwa mit 50 Jahren erlebte er eine innere Wandlung: von da an führte er eine Josefsehe, gab seine Arbeit auf und verwendete seinen Reichtum für die Pflege Armer und Kranker. Seine Viten, denen diese Einzelheiten zu entnehmen sind, entstanden alle wahrscheinl. erst nach seinem Tod und seiner Kanonisation durch Innozenz III. (1199). In der päpstl. Bulle werden dagegen nur seine karitative Tätigkeit und seine Spiritualität hervorgehoben. (H. widmete sich auch der Bekehrung von Häretikern und der Pazifikation der Faktionen der Stadt.) Sein Kult, der auch außerhalb Italiens eine gewisse Verbreitung fand, setzte sich allerdings nur langsam durch, obwohl er dem spirituellen Bedürfnis der Zeit voll entsprach.

G. Barone

Lit.: Bibl. SS IX, 1173–1175 – LThK V, 460 – A. VAUCHEZ, La sainteté en Occident aux derniers siècles du MA, 1988², ad ind. – DERS., Homebon (Hist. des saints et de la sainteté chrét. VI, 1986), 179–184 – DERS., Le »trafiquant céleste«: St. Homebon de Crémone (Fschr. M. MOLLAT, 1987), 115–122.

Homoiousios, Homoiousianer. Mit dem Terminus h. ('wesensähnlich', 'ähnl. dem Wesen nach') sollte gegen die Lehre des Konzils v. →Nikaia 325 (→Homoousios) ausgesagt werden, daß zw. Vater und Sohn (Logos) nur eine Wesensähnlichkeit bestehe. Dabei wurden verschiedene Grade dieser Ähnlichkeit vertreten: ähnlich in allem (κατὰ πάντα), oder gemäß der Schrift und in allem, oder nur: gemäß der Schrift. Dem Begriff haftete damit eine gewisse Unbestimmtheit an. Es gelang dieser Richtung, in der Auseinandersetzung mit →Arius und dessen Anhängern für einige Zeit bes. Einfluß zu gewinnen. Auf der westl. Synode v. Rimini (359) und der entsprechenden ostl. v. Seleukeia (360) vermochten sie fast alle Bf.e für die »Einheitsformel« »Der Sohn ist dem Vater gemäß der Schrift und in allem ähnlich« einzunehmen. Nur Papst Liberius und einige wenige Bf.e lehnten sie ab. →Athanasius baute auf der Synode v. Alexandreia 362 eine Brücke zu dieser Richtung und gewann viele für Nikaia. Statt als »Semiarianer« sind sie richtiger als »Homoiousianer« zu bezeichnen, da sie den Arianismus ablehnen. Hauptvertreter: →Basileios v. Ankyra, Georgios v. Laodikeia, →Eustathios v. Sebaste, →Silbanos v. Tarsos.

H. M. Biedermann

Lit.: DThC I/2, 1799–1834 – LThK I, 842–848 – TRE III, 692–719 [Lit.] – I. ORTIZ DE URBINA, Nizäa und Konstantinopel (Gesch. der ökumen. Konzilien I, 1964) – A. GRILLMEIER, Jesus der Christus im Glauben der Kirche, 1979.

Homoousios ('gleichen Wesens'), zuerst in gnost. Schriften des 2. Jh. begegnender Terminus, der über die Alexandriner (Clemens, Origenes) in die christl. Theologie gelangte. Das 1. ökumen. Konzil (→Nikaia 325) definierte damit die Wesensgleichheit des Sohnes (Logos) mit dem

Vater gegen die Irrlehre des →Arius. Der Sohn ist »Gott von Gott ... gezeugt, nicht geschaffen, eines Wesens (ὁμοούσιος) mit dem Vater«. Das Dogma der Kirche schließt damit jede Wesensungleichheit des »eingeborenen Sohnes« gegenüber dem Vater aus, ebenso jede Geschöpflichkeit. Das Konzil berief sich – ebenso wie Arius – ganz auf die Hl. Schrift, bediente sich jedoch ohne Bedenken dieses unbibl. Ausdrucks, um die kirchl. Lehre gegen jede Zweideutigkeit abzusichern. – Homoousianer hießen in der nachfolgenden theol. Auseinandersetzung, die fast das ganze 4. Jh. dauerte, die Vertreter der nikän. Lehre. Auf dem Konzil wurden sie angeführt von →Hosius (Ossius) v. Córdoba, der dem Konzil präsidierte und vielleicht wesentl. zur Aufnahme des Terminus beitrug. Die endgültige Überwindung der Häresie brachten →Basileios, →Gregorios v. Nyssa und →Gregorios v. Nazianz.

H. M. Biedermann

Lit.: LThK V, 467f. – TRE III, 692–719 [Lit.] – I. Ortiz de Urbina, Nizäa und Konstantinopel (Gesch. der ökumen. Konzilien I, 1964) – A. Grillmeier, Jesus der Christus im Glauben der Kirche I, 1979, 356–413.

Homosexualität

I. Westlicher Bereich – II. Byzantinisches Reich – III. Islamischer Bereich.

I. Westlicher Bereich: 'H.' ist ein 1868/69 durch K. M. Kertbeny geprägter Neologismus zur Bezeichnung eigenständiger gleichgeschlechtl. Grundneigungen und Praktiken. Im MA wurden sexuelle Kontakte zw. Männern bzw. Frauen (nach Röm 1,26f.) als heidn. Laster, als sündhaftes Abweichen von gottgewollten und naturgesetzl. Verhaltensnormen angesehen und mit den Begriffen »vitium sodomiticum«, »peccatum contra naturam«, »stumme Sünde«, »rote, rufende Sünde« oder »Ketzerei« vage umschrieben. Genauere Definitionen finden sich z. B. bei →Thomas v. Aquin, für den das »vitium sodomiticum« als »concubitus ad non debitum sexum« zu den vier widernatürl. Unzuchtssünden (Selbstbefriedigung, Bestialität, Anal- und Oralverkehr) zählt (S. th. II.II q 154 a. 11/12). Auf der Basis der Novellen Justinians von 538 und 559 (Nov. 77; 141) und der »Kapitularien« des sog. →Benedictus Levita (9. Jh.) wurde ein Syndrom charakterist. Schuldzuweisungen entwickelt, das sowohl den Untergang der Städte Sodom und Gomorrha (in zweifelhafter Auslegung von Gen 19), als auch Fremdvölkereinfälle, Erdbeben, Hungersnöte, Pestwellen und (insbes. im Spät-MA) Überschwemmungskatastrophen als Rache Gottes für die Taten der Sünder »wider die Natur« interpretierte. In den früh- und hochma. →Bußbüchern wird die H. ohne bes. Hervorhebung im Rahmen der sonstigen Sexualdelikte mit verschiedenen Kirchenstrafen belegt. Theologen aus der Zeit des »Reformpapsttums« fordern eine schärfere Strafpraxis (→Petrus Damiani). Das III. Lateranense von 1179 bestimmt, daß überführte Kleriker degradiert (→Degradation) oder ins Kl. gewiesen, Laien aber aus der Kirchengemeinschaft ausgeschlossen werden (X 5.31.4).

Aus dem HochMA, bes. aus dem Bereich des anglonorm. Kgtm.s, sind zahlreiche literar. Zeugnisse einer Freundschaftskultur bekannt (z. B. →Ælred v. Rievaulx), die z. T. homoerot. Charakter annahmen (vgl. Boswell, 1980). Der Vorwurf der H., bereits seit der Antike (→Priscianus) als wirksames Stilmittel der publizist. Kampagne eingesetzt, konnte seit dem 13. Jh. – mit und ohne realen Bezug – polit. funktionalisiert werden und auch prominente Personen treffen (vgl. u. a. →Bonifatius VIII., →Templer, →Eduard II. v. England, →Richard II. v. England, →Magnus VII. Eriksson v. Schweden, →Johannes XXIII.).

In vielen kommunalen Archivbeständen des späten MA finden sich Hinweise auf die Existenz von »Sodomitern« (sodomitae, sodomitici u. ä.; so z. B. in Augsburg, Köln, Avignon, Paris, Florenz, Rom, Venedig u. a.) und auf deren Verfolgung. Ein einheitl. Vorgehen ist nicht festzustellen. Während in Florenz und Venedig die Repressionsmaßnahmen durch die Einrichtung spezif. Verfolgungsbehörden (collegium contra sodomitas in Venedig), durch die Ausschreibung von Belohnungsgeldern, durch die Kontrolle »übler Stätten« oder durch das Verbot des Tragens von Männerkleidung durch Prostituierte v. a. im 15. Jh. ausgedehnt wurden, verzichtete z. B. der Kölner Rat trotz ausgedehnter Ermittlungen in einem Homosexuellenskandal 1484 auf jede strafrechtl. Verfolgung. Insgesamt ergibt sich der Eindruck, daß Verstümmelungs-, Ehren-, Geld- und Exilstrafen (insbes. für Minderjährige und passive Partner) häufiger verhängt wurden als Todesurteile. In Venedig wurden z. B. im 15. Jh. ca. 70 öffentl. Hinrichtungen vollzogen (meist Feuertod bzw. Enthauptung mit anschließender Verbrennung). Die Todesstrafe für Frauen wegen analoger Delikte konnte für die Zeit des MA bislang nicht nachgewiesen werden. – Die zunehmende Dämonisierung und Kriminalisierung der H. wurde unterstützt durch Volksprediger (→Berthold v. Regensburg, →Geiler v. Kaisersberg, →Dietrich Kolde, →Bernardinus v. Siena, Vincent→Ferrer, →Savonarola).

B.-U. Hergemöller

Lit.: A. Karlen, The Homosexual Heresy, Chaucer Review 6, 1971, 44–63 – H. J. Kuster, Over Homoseksualiteit im middeleeuws West-Europa [Diss. Utrecht 1977] – M. Goodich, The unmentionable Vice, 1979 – J. Boswell, Christianity, Social Tolerance and Homosexuality, 1980 – G. Bleibtreu-Ehrenberg, H., 1981 – R. Trexler, La Prostitution florentine au XVe s., Annales 36, 1981, 983–1015 – Sexual Practices and the Medieval Church, hg. V. L. Bullough – J. Brundage, 1982 – P. J. Payer, Sex and the Penitentials, 1984 – M. Lever, Les Bûchers de Sodome, 1985 – G. Ruggiero, The Boundaries of Eros, 1985 – B.-U. Hergemöller, Die »unsprechliche stumme Sünde« in Kölner Akten des ausgehenden MA (Gesch. in Köln 22, 1987), 5–51 – The Pursuit of Sodomy, hg. K. Gerard – G. Hekma, Journal of Homosexuality 16, Nos. 1/2, 1988.

II. Byzantinisches Reich: In die justinian. Kodifikation (533/534) wurden frühere gegen die H. gerichtete Bestimmungen aufgenommen (u. a. D. 47.11.1.2.; 48.6.3.4.; C. 9.9.30; I. 4.18.4). Außerdem erließ Justinian zwei (eher ermahnende) Novellen (77 und 141). In der Praxis ging er jedoch – den Geschichtsschreibern Prokop, Joh. Malalas, Theophanes u. a. zufolge – mit äußerster Brutalität (Verstümmelung) gegen die H. vor. In den isaur. und makedon. Gesetzbüchern (Ecloga 17.38; Eisagoge 40.66; Proch. Nomos 39.73) wurde dem Homosexuellen mit Ausnahme der noch nicht zwölfjährigen Partner die Todesstrafe angedroht (vgl. C. 9.9.30). Von einigen eher nebensächl. Digestenstellen abgesehen, fanden die einschlägigen früheren Strafbestimmungen in die Basiliken keinen Eingang, was für den Vorrang anderer Straftaten in der Rechtspraxis spricht. Von den östl. Kirchenvätern sprachen sich v. a. Basilius (c. 7 und 62) und Gregor v. Nyssa (c. 4) gegen die H. aus, die wie Ehebruch zu behandeln sei (15jährige Exkommunikation). Unter Berücksichtigung der verschiedenen Erscheinungsformen der (männl.) H. setzten sich in der späteren Bußpraxis (vgl. »Kanonikon« und »Kanonarion« des Ps.-Nesteutes) differenzierte und v. a. mildere Sanktionen durch. Hinsichtl. der (nur in kirchl. Quellen gen.) weibl. H. läßt sich ein breiter Strafrahmen feststellen. Die gleichgeschlechtl. Beziehungen waren in Byzanz sicher durchaus verbreitet. Insbes. auf die H. wurde der Topos bezogen, daß alles Übel dieser Welt auf sexuelle Ausschweifungen zurückzuführen sei, trotzdem finden sich keine Belege dafür, daß die strengen Strafen der weltl. Gesetze auch wirkl. Anwendung fanden. Sp. Troianos

Lit.: E. CANTARELLA, Etica sessuale e diritto. L'omosessualità maschile a Roma, Rechtshist. Journal 6, 1987, 263–292 – D. DALLA, »Ubi Venus mutatur«. Omosessualità e diritto nel mondo romano, 1987 – E. CANTARELLA, Secondo natura. La bisessualità nel mondo antico, 1988 – Sp. TROIANOS, Kirchl. und weltl. Rechtsq. zur H. in Byzanz, JÖB 39, 1989, 29–48.

III. ISLAMISCHER BEREICH: Die nach dem atl. →Lot im Arab. als *Liwāṭ* bezeichnete Sodomie wird durch →Koran (7:81–83; 26:165; 27:54–55) und →Ḥadīṯ verdammt, von den Juristen gemeinsam mit ehebrecher. Verkehr (*zinā*) als schweres Sittlichkeitsverbrechen behandelt, wobei in der Rechtspraxis allerdings strenge Beweisregeln die Ahndung praktisch verhinderten. Trotz des religiös-moral. Verdikts wurden Transvestiten *(muḫannaṯ)* und Homosexuelle *(lūṭī)* in den elem. byz. und iran. Ländern von der islam. Obrigkeit geduldet, insbes. im städt. und höf. Bereich, wie Literaturzeugnisse homoerot. Inhalts zeigen (Abu Nuwās, gest. 813 in Bagdad; »Mufāḫarat al-ǧawārī wa'lġilmān«, ein geistreiches Streitgespräch zw. Homo- und Heterosexuellen von Ǧāḥiẓ, gest. 868/869 in Baṣra). Homosexuelle Kontakte, üblicherweise zw. älteren Männern und heranwachsenden Knaben, wurden durch die Geschlechtertrennung in den muslim. Städten gefördert; das jurist. und populäre moral. Schrifttum warnt vor Verführung u. a. in Schulen und Ṣūfī-Bruderschaften. In Liebesgedichten der arab., später der pers. und türk. Lit. werden bevorzugt Knaben angesprochen, da die erot. Schilderung der Frau als unziemlich gilt und der fiktionale Schauplatz der erot. Poesie in maskuliner Sphäre, namentl. in der Schenke, angesiedelt ist. Homoerot. Züge in der Dichtung sind oft nur Topoi. Aufgrund lit. Belege erscheint Bisexualität noch bis ins 16. Jh. in der muslim. Oberschicht als schickliche oder gar empfohlene Verhaltensweise, wobei die homoerot. Komponente öffentl. stärker hervortritt, das heterosexuell geprägte häusl.-private Leben dagegen geringere Beachtung erfährt. Sexuelle Exzesse jeder Art werden mißbilligt (vgl. den osman. Geschichtsschreiber Muṣṭafā ʿĀlī). C. H. Fleischer

Lit.: EI², s. v. Liwāṭ – G.-H. BOUSQUET, L'Éthique sexuelle de l'Islam, 1966 – Society and the Sexes in Medieval Islam, hg. A. L. AL-SAYYID MARSOT, 1979 – C. H. FLEISCHER, Bureaucrat and Intellectual in the Ottoman Empire: The Historian Mustafa Âli, 1986 – C. IMBER, Zinā in Ottoman Law (Contributions à l'hist. économique et sociale de l'Empire ottoman, 1983), 59–92 – J. BALDAUF, Die Knabenliebe in Mittelasien, Bačabozlık, 1988.

Homṣ (Hemesa, Emesa), Stadt im n. →Syrien, in islam. Zeit Sitz eines Emirats. – Die am Orontes in der klimat. begünstigten, seit frühgesch. Zeit besiedelten Senke zw. →Libanon und Ǧabal Anṣāriyya gelegene Siedlung wurde wahrscheinl. durch Seleukos I. (304–281 v. Chr.) zur hellenist. Stadt. Unter röm.-byz. Herrschaft war H. seit Beginn des 5. Jh. n. Chr. Bf.ssitz und – nach der Auffindung des angebl. Hauptes →Johannes d. T. – Metropole. 637 öffnete H., nach dem Rückzug der Reichsgewalt aus Syrien infolge der Niederlage des Ks.s Herakleios am Yarmūk, kampflos in →Arabern die Tore. Die prosperierende Stadt war unter den →Omayyaden Zentrum einer Provinz *(ǧund)*. In abbāsid. Zeit (seit 750) residierten hier Prinzen der Dynastie als Gouverneure. Den →Abbāsiden folgten die Dynastien der Ṭūlūniden, →Ḥamdāniden (944–1016) und Mirdāsiden, die in der 2. Hälfte des 11. Jh. der Herrschaft der ägypt. →Fāṭimiden weichen mußten. 1090 fiel H. an den Sultan der →Selǧūqen, Malikšāh, der es als Militärlehen weitervergab. In der Folgezeit war H., dessen Herren rasch wechselten, ein wichtiges Bollwerk gegen die Kreuzfahrer. Nach Zangī (→Zengiden) bemächtigte sich →Nūraddīn der Stadt, die er 1164 als Lehen an seinen Emir Asadaddīn Šīrkūh verlieh. →Saladin, der sich 1175 in den Besitz von H. gesetzt hatte, gab es vier Jahre später an die Asadī-Dynastie zurück. Im Febr. 1260 eroberten die →Mongolen H. Nach deren Niederlage an der →Goliathsquelle setzte der mamlūk. Sultan Quṭuz den vorherigen Stadtherren al-Ašraf Mūsā wieder in seine Herrschaft ein. Mit ihm erlosch 1262 die Asadī-Dynastie. H. verlor unter mamlūk. Statthaltern die polit. Selbständigkeit und wurde nach der osman. Eroberung (1516) zur unbedeutenden Provinzstadt. P. Thorau

Lit.: EI² III, 397–401 – R. DUSSAUD, Topographie hist. de la Syrie, 1927, 103ff. – C. CAHEN, La Syrie du Nord à l'époque des croisades, 1940.

Honau, auf einer Rheininsel gelegenes Kl. (Baden-Württemberg, Krs. Kehl), kurz vor 722 (720/721?) vom elsäss. Hzg. Adalbert (→Etichonen) gestiftet und reich dotiert. Ursprgl. überwiegend von ir. Mönchen besetzt, befolgte H. vermutl. von Anfang an die im Frankenreich gebräuchl. →Regula mixta. Das von karol. Hausmeiern und Kg.en in Nachfolge der elsäss. Hzg.e geförderte Kl. wurde sicher Anfang des 9. Jh. – vermutl. jedoch schon früher – durch Aufnahme frk. Mönche frankisiert. Trotz Herrschernähe erscheint H. nach 817 in keiner der Verbrüderungslisten der elsäss. Kl. Es dürfte daher bald nach 817 in ein Kanonikerstift (im 11. Jh. urkdl. bezeugt) verwandelt worden sein. Der auf der Rheininsel und am linken Rheinufer liegende Besitz H.s wurde vom Bm. →Straßburg übernommen. Das Stift wurde 1290 nach Rheinau, 1398 nach Alt-St. Peter in Straßburg verlegt. Tochtergründungen sollen die Michaelstifte in Lautenbach und Beromünster sein. I. Eberl

Lit.: A. M. BURG, H., Germania Benedictina V, 1975, 313ff. [Lit.] – I. EBERL, Das Iren-Kl. H. und seine Regel (Die Iren und Europa im frühen MA, hg. H. LÖWE, 1982), 219ff. – F. PRINZ, Frühes Mönchtum im Frankenreich, 1988² – DERS., H., Alsatia monastica [im Ersch.].

Hondschoote, Ort und Textilzentrum des 14.–16. Jh. (→Textilien, -verarbeitung) in der Gft. Flandern (seit 1668 zu Frankreich, dép. Nord, arr. Dünkirchen), gehörte zur fläm. Burggft. →Bergues-St-Winnoc (St. Winoksbergen), war bis 1127/28 größtenteils im Besitz der →Erembalde und kam nach deren Sturz an die Propstei v. St. Donatian zu →Brügge. H. entwickelte sich seit dem 14. Jh. zu einem Zentrum der sog. *Sayetterie*, die mit vorwiegend aus Schottland und Deutschland importierter geringwertiger →Wolle ein leichtes Tuch (dt. *zeuge*, engl. *worsted*, *says*) herstellte, dessen Export nach Italien bereits um 1330 belegt ist (vgl. →Pegolotti: »saje de Dondiscatto«) und das zunächst über Brügge (1408: exklusiver Exporthafen), seit ca. 1500 über Antwerpen in den Mittelmeerraum gelangte. 1374 erhielt H. vom Gf.en v. Flandern ein Privileg für seine Sayetterie, das es v. a. im 15. Jh. zu nutzen verstand. Hatte H. im 15. Jh. 2500 Einw. (1469) und eine Jahresproduktion von 4500 Stück Tuch (Anfang 15. Jh.), so war es um die Mitte des 16. Jh. auf 14–15 000 Einw. angewachsen und produzierte eine jährl. Stückzahl von ca. 100000 Tuchen. A. Verhulst

Lit.: E. COERNART, La draperie-sayetterie d'H., 1930 – H. VAN WEVERKE, H. (H.-E. DE SAGHER, Recueil de documents relatifs à l'hist. de l'industrie drapière en Flandre, II, 2, 1961), 342–605.

Honfleur, Hafenstadt in der →Normandie (dép. Calvados, arr. Pont-l'Évêque) am linken Ufer der Seinemündung (→Seine), bei der Einmündung der Claire, gegenüber von →Harfleur. Das geschützte H., das sein Stadtbild mit den charakterist. tiefen Hafenbecken bewahrt hat, war während des →Hundertjährigen Krieges über längere

Zeiträume in engl. Hand (1356–61, 1419–50). Der Chronist D. Pedro Niño bezeichnet H. 1405 als guten und wohlbefestigten Hochseehafen mit reichem Marktverkehr. H. unterhielt Handelsbeziehungen mit Spanien (Wolle), der Bretagne (Salz), dem Baltikum (1486 Roskilde/Dänemark) und dem Mittelmeerraum (1490) sowie seit dem späten 15. Jh. mit den Überseegebieten (Cabo Verde/W-Afrika: Georges Bissipat 1483; Brasilien: Paulmier de Gonneville, 1503; Amerika: wohl 1506, gesichert seit 1515; Verrazano, 1524, 1529 u. a.). M. Mollat

Q. und Lit.: CH. BRÉARD, Les Archives d'H., 1885 – DERS. – PH. BARREY, Doc. relatifs à la Marine normande (XVe–XVIe s.) (Mél. Soc. Hist. Norm., 6e sér.), 1906 – J. MALLON, Un port normand au MA: H. du XIIIe s. à la fin du XVe (Pos. th. Éc. ch., 1926) – M. MOLLAT, Le commerce maritime normand à la fin du MA, 1952 – DERS. – J. HABERT, Giovanni et Girolamo Verrazano..., 1982 – C. VINCENT, Charités bien ordonnées. Les confréries normandes (XIIIe–XVIe s.), 1988.

Honig, ein für den ma. Menschen hochwertiges, durch seine Süße ein wohlschmeckendes Nahrungsmittel. »Milch und H.« wurde symbolhaft für ein paradiesgleiches Leben gebraucht. H. wurde meist in Verbindung mit anderen Stoffen aufgenommen, wobei die wichtigsten Zubereitungsarten waren: das Verkneten mit Mehl zu H. fladen, H. kuchen usw.; das Versetzen mit Wasser zwecks Vergärung zu →Met. Ferner sind Speisen und →Bier sowie →Wein mit H. gesüßt worden. H. wurde von den städt. Gewerben der Lebzelter und Metbrauer verarbeitet. Zur Konservierung, v. a. zum Kandieren von Früchten, ist H. überwiegend im Byz. Reich und in den arab. Ländern genutzt worden, wo der Verbrauch ebenso wie in Osteuropa allg. höher war als in Nord- und Mitteleuropa. Als Heilmittel war der H. zum inneren wie zum äußeren Gebrauch geeignet, und seine effektive Wirkung bei der Behandlung von Infektionen und Wunden ließ ihn schließl. bei fast allen Krankheiten Anwendung finden, im arab. Bereich auch als →Aphrodisiacum. Zahlreiche Rezepte auf der Basis von H. sind überliefert, die z. T. auf antike Praktiken zurückgehen (vgl. die Schriften von Plinius). Häufig wurde das kranke Vieh mit H. kuriert. Der außerordentl. große Bedarf an H. führte zur Intensivierung von Bienenjagd und -haltung, zur Erhebung von H. abgaben und zu einem schwunghaften H. handel (→Bienen). Die Herkunft des H.s wurde jedoch nicht auf die Bienen zurückgeführt, sondern – wurzelnd in autochthonen und antiken Traditionen – allein im Nektar gesehen als einem vom Himmel fallenden Tau, der von den Bienen ledigl. abgesammelt wurde. Der Ursprung der »lebensspendenden Kraft« des H.s war damit in einer überird. Sphäre verankert. Zu heidn. Kult- und Bestattungsfeiern gehörte fast stets der H.; in Nord- und Osteuropa ist beim Totenmahl auch nach der Christianisierung an ihm als Opfergabe festgehalten worden, die Lippen eines Neugeborenen wurden mit H. bestrichen. Die christl. Kirche bewirkte die Verbreitung der zahlreichen H.-Metaphern des AT und NT, der Kirchenväter sowie bestimmter antiker Schriftsteller und bereicherte sie um neue; abgewandelt fanden sie rasch im weltl. Schrifttum Eingang. Auch die theol. Schriften des Islam priesen im Anschluß an den Koran (Sure 16, 69) nachdrückl. die Heilkraft des H.s und verwandten gleichfalls H.-Metaphern; in besonderem Maße bedienten sich ihrer aber die arab. Dichter. – Die Himmelsherkunft des H.s ließ ihn schließl. bei Heil-, Schadens- und Sympathiezauber, der Vertreibung böser Geister usw. vielfache Verwendung finden.

Lit.: →Bienen – HWDA IV, s. v. H. – A. FRANZ, Die kirchl. Benediktionen im MA, I, 1909 – M. RODINSON, Recherches sur les documents arabes relatifes a la cuisine, REI, 1949 – E. SIGERIST, A Hist. of Medicine, I, 1951 – T. FAHD, L'abeille et le miel dans l'ancienne poesie arabe (Traité de biologie de l'abeille, V, hg. R. CHAUVIN, 1968) – H.-J. SPITZ, Die Metaphorik des geistigen Schrifttums, 1972 – G. FOLCH, Die Biene und ihre Erzeugnisse in der Pharmazie der Vergangenheit, Apimondia, 1974 – E. ZANDER, A. KOCH, A. MAURIZO, Der H., 1978 – E. CRANE, A Book of Honey, 1980.

Honor → Honor imperii, →Honour

Honorantie civitatis Papie, aus zwei Teilen bestehende wichtige Q. zur Wirtschafts-, Sozial- und Verfassungsgesch. des it. 10. Jh. und v. a. zur zentralen Finanzverwaltung am Paveser Kg.shof. Die eigtl. »H.« (um 1400, aus der Entstehungszeit der unikalen Überlieferung) bilden nur den Prolog und Epilog zu den wichtigeren »Instituta regalia et ministeria camere regum Longobardorum«, die v. a. die Einnahmen der camera regis beleuchten und dabei wichtige Angaben liefern über den Handelsverkehr in O-Italien, die Münzprägung in →Pavia und →Mailand sowie verschiedene Gewerbe. Auf älteren Unterlagen basierend, handelt es sich bei diesem Text um eine komplizierte Melange verschiedener Textstufen der drei Dezennien vor ca. 1020. Die Schlußredaktion von ca. 1010/20 stammt wohl von Gisulf, dem Sohn des magister camere Ariald († 988/989), der dem Vater nach der mißglückten Reform der camera regis unter Ksn. →Theophanu 991–1004 im Amt nachgefolgt sein dürfte. Th. Kölzer

Lit.: C. BRÜHL – C. VIOLANTE, Die »H. c. P.«, 1983 [krit. Ed., Faks., Komm.].

Honoratioren, städt. → Patriziat

Honoratus. 1. H., hl., Bf. v. Arles (427/428–429/430), † 16. Jan. 429/430, ▢ St-Genès (Alyscamps), 1381 Reliquientranslation nach Lérins (danach Umbenennung der Insel in St-Honorat). Gegen den Willen seiner in n. Gallien beheimateten Familie, die (wohl im 4. Jh.) das Konsulat bekleidet hatte, trachtete H. früh nach Taufe und Askese. Nach einer Orientreise um 400 vom Bf. v. Fréjus zum Priester ordiniert, gründete er 400/410 auf der Insel Lérins (bei Cannes) ein Kl. (congregatio monachorum), in dem sich viele hervorragende Vertreter der gall. asket. Bewegung zusammenfanden (vgl. →Hilarius v. Arles). Nach der Ermordung des Bf.s Patroclus v. Arles (426) wurde H. gegen den Willen seiner Gemeinde Bf. v. Arles. Nach ca. 2 Amtsjahren designierte er auf dem Sterbebett in Gegenwart mehrerer gall. Präfekten seinen Verwandten Hilarius zum Nachfolger. M. Heinzelmann

Lit.: Vies des Saints I, 324–326 – S. CAVALLIN, Vitae ss. H. et Hilarii ep. Arelat., 1952 – F. PRINZ, Frühes Mönchtum in Frankenreich, 1965, 47ff. – E. GRIFFE, La Gaule chrétienne à l'époque romaine, II, 1966², 239–244 – R. NÜRNBERG, Askese als sozialer Impuls (Hereditas 2), 1988, 99ff.

2. H., Bf. v. Marseille, † nach 492. – Schüler des →Hilarius v. Arles. Er gilt gewöhnl. als Verf. der Vita Hilarii, einer rhetor. Biographie. K. S. Frank

Ed.: S. CAVALLIN, Vitae Ss. Honorati et Hilarii, 1952 – Lit.: F. E. CONSOLINO, Ascesi e mondanità nella Gallia tardoantica, 1979, 61–68.

Honoré → Maître Honoré

Honoria, Tochter von Constantius III. und →Galla Placidia, * 417/418, von ihrer Mutter schon vor 437 mit dem Titel 'Augusta' geehrt, aber wegen Bruchs des ihr auferlegten Keuschheitsgelübdes ztw. nach Konstantinopel geschickt. Nach ihrer Rückkehr ins Westreich ließ sie durch einen Eunuchen dem Hunnenkg. →Attila heimlich ein Heiratsangebot übermitteln (um 444), wurde aber nach Bekanntwerden des Planes von ihrem Bruder →Valentinian III. rasch mit dem Consular Flavius Herculanus vermählt. Der in seinen Hoffnungen auf eine Mitregentschaft im Westreich betrogene Attila fiel in Gallien ein (→Katalaun. Felder, 451). Über H.s weiteres Schicksal ist nichts bekannt. R. Klein

Lit.: RE VIII, 2291f. – J. B. BURY, Iusta Grata H., Journal of Roman Stud. 9, 1919, 1ff. – W. SCHULLER, Frauen in der röm. Gesch., 1987, 105.

Honor imperii, von RASSOW als Jurist. Zentralbegriff der Reichspolitik in den ersten Regierungsjahren Friedrich Barbarossas gedeutet, im Gebrauch der Reichskanzlei ohne Unterbrechung aber schon seit der späten Salierzeit verwendet. Seit 1105/06 zeigt der Begriff die Tendenz, über die Person des Herrschers hinaus das Reich als eine institutionelle Größe zu kennzeichnen und gleichzeitig Besitz und konkrete Rechte des Reiches anzusprechen. Seit dieser Zeit steht h. i. in Analogie zu ähnl. Begriffen wie status regni oder →corona. O. Engels

Lit.: P. RASSOW, H.I., 1961², 60–62, 78–81 – G. WOLF, Der »h.i.«, Miscellanea Mediaevalia 6, 1969, 189–207 – G. KOCH, Auf dem Wege zum Sacrum Imperium, 1972, 140–146, 247–275 – O. ENGELS (Fschr. A. BECKER, 1987), 236f.

Honorius

1. H., weström. Ks. seit 392, * 384 in Konstantinopel, † 423 in Ravenna; jüngerer Sohn→Theodosius' d. Gr., 386 erstmals Konsul, 393 Augustus, vom Vater auf dem Sterbebett dem Bf. →Ambrosius v. Mailand und dem Heermeister →Stilicho anvertraut (Jan. 395). H., der seit 402 im geschützteren →Ravenna residierte, war lange von Stilicho abhängig (Ehen mit dessen Töchtern Maria, † 408, und Thermantia; beide kinderlos), schloß sich aber schließlich der antigerm. Reaktion an, die Stilichos Sturz herbeiführte (408). Zum neuen Vertrauten des Ks.s wurde der General Constantius (III.), den H. mit seiner Schwester →Galla Placidia vermählte und 421 zum Mitregenten (Augustus) erhob. Er konnte ebensowenig wie vorher Stilicho die Westprovinzen zurückgewinnen; Tiefpunkt der Regierung H.' war die Einnahme Roms durch →Alarich (410), dessen Friedensangebot des Ks. mehrfach abgelehnt hatte. Die Plünderung der Ewigen Stadt rief zw. heidn. und christl. Denkern heftige Kontroversen hervor (→Hieronymus, →Orosius, →Augustinus). Innenpolit. bekämpfte der persönl. fromme Ks. die Reste des Heidentums (Tempelzerstörungen, Verbrennung der →Sibyllin. Bücher, endgültiges Verbot der Gladiatorenspiele) sowie häret. Gruppen (→Donatisten), steigerte die Privilegien des Klerus und ließ nur noch kath. Glaubensangehörige zum Hofdienst zu. Ein Schisma in Rom (418–419) entschied H. in eigener Verfügungsgewalt zugunsten →Bonifatius' I. R. Klein

Lit.: RE VIII, 2277–2291 – JONES, LRE, 182ff. – A. DEMANDT, Die Spätantike. Röm. Gesch. von Diocletian bis Justinian (HAW, 1989), 137ff.

2. H. I., *Papst* 625–638, † 12. Okt. 638 in Rom; entstammte einer vornehmen Familie Kampaniens, sein Vater war Konsul. H. förderte die Mission bei den →Angelsachsen und veranlaßte Kirchenbauten und Kirchenrenovierungen in Rom. Sein Privileg für →Bobbio (628) wurde beispielhaft für alle folgenden päpstl. Schutzprivilegien, die Kl. erhielten. Energisch gegenüber seinen Untergebenen, gelang es ihm gleichwohl nicht, das aquilejisch-istr. Schisma beizulegen.

Besaß H. schon im Umgang mit der span.-westgot. Kirche wenig Geschick, so hatte seine Meinungsäußerung in der theol. Streitfrage der »Ein-Energien-Lehre« fatale Folgen. Als →Sergios, Patriarch v. Konstantinopel, H. mitteilte, daß es in dieser Frage zu einer Einigung mit den →Monophysiten und →Sophronios, dem späteren Patriarchen v. Jerusalem, gekommen sei (künftig sollte nur von dem einen Herrn Jesus Christus gesprochen werden, der das Göttliche und Menschliche wirke), bekannte H. in zwei Briefen an Sergios satzhaft einen Willen Jesu Christi. Nach dem Tode des Papstes wurde unter dem Einfluß griech. Theologen (v. a. des →Maximos Homologetes) die Lehre von den zwei Willen und zwei Energien in Christus erarbeitet (→Monotheletismus, →Ekthesis pisteōs) und auf dem VI. ökumen. Konzil (680/681) als orthodox anerkannt, davon abweichende Äußerungen als häret. gebrandmarkt und H. als Häretiker verurteilt. 682 bestätigte Leo II. diese Beschlüsse. Gegen die Verurteilung des H. regten sich v. a. im lat. Westen Widerstände, wobei die einen das Anathem unter dem Papst als Fälschung der Griechen qualifizierten und andere in ihr einen error facti sahen. Heftige Kontroversen um die Causa Honorii entspannen sich auf dem I. Vatikanischen Konzil (1869/70). An der Tatsächlichkeit der Verurteilung des H. gibt es kaum noch Zweifel. Umstritten ist ledigl. deren Stellenwert. G. Kreuzer

Q. und Lit.: DThC VII, 93–132 – LThK² V, 474f. – TRE XV, 566–568 – G. KREUZER, Die H.frage im MA und in der NZ, 1975 [Q.: v. a. 17–57, 80–101] – P. CONTE, Nota su una recente appendice sulla questione di Onorio, RSCI 37, 1983, 173–182 – F. CARCIONE, Enérgheia, Thélemae Theokínetos nella lettera di Sergio, patriarca di Costantinopoli, a papa Onorio Primo, OrChrP 51, 1985, 263–276 – E. ZOCCA, Onorio I e la tradizione occidentale, Augustinianum 27, 1987, 571–615.

3. H. (II.) (Cadalus), *Gegenpapst* 28. Okt. 1061–31. Mai 1064, * 1009/10 bei Verona, † 1071/72 in Parma; stammte aus vornehmer Veroneser Familie, 1045 Bf. v. Parma. Auf Betreiben der röm. Adels und lombard. Reichsbf. e erhob der dt. Hof (Regentschaft der Ksn. →Agnes) zu Basel am 28. Okt. 1061 Bf. Cadalus als H. II. zum Papst gegen →Alexander II. Versuche, H. in Rom zu inthronisieren, führten nicht zum Ziel. Nach dem Staatsstreich v. Kaiserswerth (→Heinrich IV.) wurde Alexander II. auf Veranlassung Ebf. →Annos v. Köln auf der Synode zu Mantua allg. anerkannt, die Wahl des (abwesenden) Cadalus verworfen (31. Mai 1064). Cadalus mußte sich nach Parma zurückziehen, hielt aber seine Ansprüche bis zum Tode aufrecht. G. Schwaiger

Q.: JAFFÉ² I, 593f. – RI III, 2, 92f., Nr. 227 [Lit.] – K. REINDEL, Die Briefe des Petrus Damiani (MGH Epp. DK IV/2, 1988), Nr. 88f. – Lit.: DHGE XI, 53–99 – V. CAVALLARI, Cadalo e gli Erzoni (Studi Storici Veronesi Luigi Simeoni 15, 1965), 59–170 – M. STOLLER, Eight Anti-Gregorian Councils, AHC 17, 1985, 252–321 – T. STRUVE, Ksm. und Romgedanke in sal. Zeit, DA 44, 1988, 424–454 – →Alexander II.

4. H. II. (Lambert), *Papst* seit 15. Dez. 1124, † 13. Febr. 1130; stammte aus einfacher Bologneser Familie und war als Kard.bf. v. Ostia (seit 1117) einer der Unterhändler des →Wormser Konkordates (1122). Die Umtriebe des Kanzlers →Haimerich und die Unterstützung der →Frangipani ermöglichten die anfechtbare Wahl. Der Versuch, →Roger II. v. Sizilien von der Herrschaft in Unteritalien militär. abzuhalten, mißlang; 1128 mußte ihn H. mit dem Hzm. →Apulien belehnen. Lothar III. genoß die päpstl. Unterstützung (Exkommunikation des stauf. Gegenkg.s Konrad [III.] 1128). Die Absetzung des Abtes Oderisius v. →Montecassino (1126) wegen territorialpolit. Gegensätze und die endgültige Ausschaltung des Abtes →Pontius v. Cluny (1126) sind nicht mit prinzipieller Distanz zum Benediktinerorden zu erklären. 1126 bestätigte H. den Prämonstratenserorden. W. Maleczek

Q.: JAFFÉ² II, 823–839 – LP II, 327, 379; III, 170 – Liber Pontificalis ... del card. Pandolfo, ed. U. PŘEROVSKY II, SG 22, 1978, 750–756 – Lit.: DThC VII, 132–135 – HEFELE-LECLERCQ V, 645–675 – R. SOMERVILLE, Pope H. II, Conrad of Hohenstaufen, and Lothar III, AHP 10, 1972, 195ff. – R. HÜLS, Kard.e, Klerus und Kirchen Roms 1049–1130, 1977, 106f.

5. H. III. (Cencio Savelli), *Papst* seit 18. Juli 1216 (Wahl in Perugia; Weihe: 24. Juli; Inthronisierung: 4. Sept. im Lateran), * vor 1160, † 18. März 1227 in Rom; stammte aus röm. Adelsgeschlecht, seit 1188 →Kämmerer und als solcher Verfasser des →»Liber censuum«, seit 1193 Kard. Im Mittelpunkt seines Pontifikats stand die Realisierung des von seinem Vorgänger →Innozenz III. initiierten Kreuzzugs, der 1217 begann, aber nach einigen Erfolgen durch das herrische Auftreten des päpstl. Legaten →Pelagius im Aug. 1221 in der Katastrophe v. Manṣūrā endete. H. III. gab der Nichtbeteiligung Friedrichs II. die Hauptschuld an dieser Niederlage. Erst 1225 verpflichtete sich Friedrich (Vertrag v. S. Germano), die Kreuzfahrt bis Aug. 1227 anzutreten. Bereits anläßlich der Ks. krönung durch H. III. am 22. Nov. 1220 hatte Friedrich II. die staatsrechtl. Trennung des Kgr.es →Sizilien vom Reich bestätigt, während der Papst die augenblickl. Personalunion beider Reiche anerkannt hatte. Neben der Auseinandersetzung um die »unio imperii ad regnum« kam es auch um den →Kirchenstaat zum Streit, als Friedrich dessen Souveränität antastete. H.' Versuche, zw. England und Frankreich zu vermitteln (Frieden v. →Kingston-on-Thames, 12. Sept. 1217), blieben ohne dauerhaften Erfolg; der Albigenserkreuzzug (→Albigenser, II) stagnierte nach dem Tode →Simons v. Montfort. Zukunftweisend war die Approbation der neuen →Bettelorden (→Dominikaner, →Franziskaner, →Karmeliter). H. förderte Univ. und deren Studienordnungen; die während seines Pontifikats ergangenen →Dekretalen wurden in der »Compilatio quinta« gesammelt.   B. Roberg

Q. und Lit.: LThK² V, 476f. – TRE XV, 568–571 – POTTHAST, I, 468–679 – MGH Epp. Saec. XIII, I, 1883, 1–260 – Medii Aevi Bibl. Patristica, ed. C.-A. HOROY, 4 Bde, 1879–82 – P. PRESSUTTI, Reg. Honorii Papae III, 2 Bde, 1888–95 – Acta Honorii III et Gregorii IX, coll. A. L. TAUTU, 1950 – J. E. SAYERS, Papal Government and England during the Pontificate of H. III (Cambridge Stud. in Medieval Life and Thought, Third Ser. 21, 1984) – H. HAGENEDER, H. III. und Leopold VI. v. Österreich i. J. 1219 (Fschr. FR. HAUSMANN, hg. R. HÄRTEL, 1987), 399–402.

6. H. IV. (Jacobus Savelli), *Papst* seit 2. April 1285 (Wahl in Perugia; am 20. Mai Konsekration und Krönung in Rom), * ca. 1210, † 3. April 1287 in Rom; Großneffe Honorius' III. H. residierte stets in Rom. Er erbte von Martin IV. den Konflikt um Sizilien (→Siz. Vesper), in dem eine Vermittlung zw. Anjou und Aragón anstrebte. H. einigte sich hinsichtl. der Reichsrechte (→Regalien) in Italien mit Rudolf v. Habsburg, dessen Erbreichspläne von H.' Legaten auf dem Reichstag v. Würzburg (1287) vertreten und von den geistl. (Kur-)Fs.en scharf bekämpft wurden. Er unterstützte die →Bettelorden, verbot die →Apostoliker und ging gegen die →Spiritualen vor.
                                                                                                          B. Roberg

Q.: POTTHAST II, 1795–1824 – OD. RAYNALDUS, Annales Ecclesiastici, ed. A. THEINER, 1285, § 14 (vol. 22) – 1287, § 18 (vol. 23) – Les registres d'H. IV, ed. M. PROU, 1888 – RI VI, 1, passim – *Lit.:* LThK² V, 477.

7. H., hl. (Fest: 30. Sept.), *Ebf. v. →Canterbury* 627/632–653, † 653, ◻ Canterbury, St. Peter und Paul; der letzte der Missionsgefährten des hl. →Augustinus aus Rom, mit der die Bf.swürde in Canterbury innehatte. In Lincoln von Bf. →Paulinus v. York geweiht, erhielt H. das →Pallium von Papst Honorius I. Er förderte die Bekehrung der Ostangeln, indem er den in Burgund ordinierten →Felix als Bf. v. Ostanglien zu Kg. →Sigeberht sandte. Später weihte er auch die Nachfolger auf dem Bf.sstuhl, Thomas und Berhtgils. Als 633 Paulinus und →Æthelburh nach Kent flohen, nahm H. sie auf und setzte bald Paulinus als Bf. v. →Rochester ein. Er weihte 644 dessen Nachfolger, den aus Kent stammenden Ithamar, zum Bf.
                                                                                                          N. P. Brooks

Q. und Lit.: Beda, Hist. eccl., ed. B. COLGRAVE–R. A. B. MYNORS, 1969, II, 17–20; III, 14, 20, 25; V, 19 – N. P. BROOKS, The Early Hist. of the Church of Canterbury, 1984, 65–67.

8. H. Augustodunensis, 1. Hälfte des 12. Jh., Verf. von theol., philos. und enzyklopäd. Hbb., Streitschriften zur Kirchenreform und bibl. Komm. Urkdl. Nachrichten und namentl. Erwähnungen in ma. Lit. fehlen; das Werk selbst weist die Autorennamen H. und Henricus auf (so v. a. frühe engl. Hss.), bezeichnet den Autor u. a. als monachus, inclusus und solitarius und nennt Mönche v. Canterbury, einen Abt Christian, einen (Mönch?) Thomas und einen Propst Gottschalk als Adressaten. Die (wohl nicht authent.) Notiz im Schlußkap. von »De script. eccl.« – H. Augustodunensis ecclesiae presbyter et scholasticus – ist irreführend, da Autun zur fragl. Zeit keine Domschule besaß und das Werk keine Beziehung zu Burgund aufweist (ENDRES). (Weitere Deutungen: Augsburg [FLINT, 1982], Canterbury [BAUERREISS], Regensburg [SANFORD], »Stadt des himmlischen Königs« [GARRIGUES, 1973].) H. war Benediktinermönch (GARRIGUES, 1977) und später Inkluse. Er dürfte um 1100 in Canterbury die theol. Summe »Elucidarium« und wenig später das für die Hld-Exegese wichtige »Sigillum« geschrieben haben. Auch die Erstfassg. des »Inevitabile« (Über den freien Willen; Zweitfassg. nicht vor 1109) und die Predigtslg. »Speculum ecclesiae« weisen noch Beziehungen zu England auf. Die »Summa totius«, ein Abriß der Weltgesch. bis zur Gegenwart, ist in Deutschland entstanden und später verkürzt Eingang in den 3. T. des enzyklopäd. Hb. »Imago mundi« (1. T.: Geographie, Meteorologie, Astronomie; 2. T.: Chronographie), dessen 1. Fassg. bereits um 1110 hs. bezeugt ist. Einige Jahre zuvor muß H. nach Deutschland gekommen sein, wo er sich am Kampf um die →Gregorian. Reform beteiligte, teils mit Streitschriften gegen Mißstände, v. a. aber mit Werken, die dem reformwilligen Klerus theol. und philos. Grundwissen vermittelten, wie z. B. »Clavis physicae« (vereinfachender Auszug aus →Johannes Scotus, »De divisione naturae«), »Gemma animae« und »Sacramentarium« (Erklärungen zur Liturgie). Kleinere geistl. Schriften traten hinzu. Diese Arbeitsphase dürfte um 1130 mit »De script. eccl.« (bis IV 16 incl.) abgeschlossen worden sein. In der letzten Lebensphase (bis um 1157 nach ENDRES, GARRIGUES, 1986/87), die H. wohl als Inkluse bei Weih St. Peter in Regensburg verbrachte, entstanden der Ps.komm. und der Komm. zum Hld. – H. trug viel zur Erneuerung des geistigen Lebens v. a. in S-Deutschland und Österreich bei. Zwar entnimmt er fast alles – mit Vereinfachungen – seinen Vorlagen (Augustinus, Hieronymus, Gregor d. Gr., Isidor, Beda, Amalar v. Metz, Johannes Scotus, Anselm), aber in der Auswahl, Behandlung und Anordnung des Materials werden die entscheidenden Impulse der Zeit spürbar: die neue, frühscholast. Theologie, die Entwicklung hin zur systemat. Summe, das Streben nach Natur- und Welterkenntnis und generell das Bemühen um Rationalität. – Wirkung erzielte H. v. a. in der bildenden Kunst und der volkssprachl. Lit. Das »Elucidarium« wurde in fast alle europ. Sprachen übersetzt (→Lucidarius); die »Imago« wirkte auf die afrz. »Image du monde«.
                                                                                                          B. K. Vollmann

Ed. und Lit.: Repfont V, 555–558 – TRE XV, 571–578 [Lit.] – Verf.-Lex.² IV, 122–132 [Lit.] – J. A. ENDRES, H.A., 1906 – E. M. SANFORD, Speculum 23, 1948, 397–425 – Y. LEFÈVRE, L'Elucidarium et les Lucidaires, 1954 – R. BAUERREISS, SMGB 67, 1956, 306–313 – V. I. J. FLINT, RevBén 82, 1972, 63–86, 215–242; ebd. 92, 1982, 148–158 – P. LUCENTINI, Clavis physicae, 1974 – M.-O. GARRIGUES, Angelicum 50, 1973, 20–49 – DIES., RHE 70, 1975, 388–425 [Lit.] – DIES., Rech. August. 12, 1977, 212–278 – DIES., Stud. monast. 19, 1977,

27–46; ebd. 25, 1983, 31–71; ebd. 28, 1986, 75–130; ebd. 31, 1989, 7–48 – V. I. J. FLINT, Imago mundi, AHDL 57, 1982 [1983], 1–153 – M.-O. GARRIGUES, L'œuvre d'H.A.: inventaire critique, Abh. der Braunschweig. Wiss. Ges. 38, 1986, 7–138; 39, 1987, 123–228.

Honour (lat. honor), wichtiger Begriff der anglo-norm. Feudalität (→Lehen, Lehnswesen), der kaum präzis zu definieren ist und in der Regel ein von der Krone zu Lehen gehendes Besitztum eines großen Herrn (→Baron, III) bezeichnet. Ein h. verfügte üblicherweise über einen Hof als Gerichts-, Verwaltungs- und gesellschaftl. Zentrum. Die als »caput honoris« bezeichnete Hauptresidenz des Inhabers war in der Regel eine befestigte →Burg. H.s konnten nicht geteilt oder mit anderen Besitzungen zusammengefaßt werden; zu ihnen gehörte oft Streubesitz in mehreren Gft.en. Im 11. und 12. Jh. wurde der Begriff zunehmend auf alle Besitztümer, die ihrem Inhaber einen bes. Status verliehen, übertragen. Heinrich I. bezeichnete sein Kgr. England in der Gesamtheit als 'h.', doch wurde h. auch für das Lehen eines einzelnen Ritters gebraucht. Es konnten ca. 100 h.s in England nachgewiesen werden, zu den größten gehörten z. B. →Eye, →Clare, →Richmond und Tickhill. M. C. Prestwich

Lit.: F. M. STENTON, The First Century of English Feudalism 1066–1166, 1932.

Honstein → Ho(h)nstein

Ho(o)rn, Petrus (Pieter), Biograph von Gerhard (Geert) →Gro(o)te, dem Begründer der →Devotio moderna, * 1424 in Hoorn, † 1479. In →Deventer wurde er von den →Brüdern vom gemeinsamen Leben unterrichtet, deren religiöser Gemeinschaft er 1442 beitrat. Nach Empfang der Priesterweihe wurde er im dortigen Bruderhaus librarius. Die von ihm verfaßte »Vita magistri Gerardi Magni« steht in enger Beziehung zu der Lebensbeschreibung Gro(o)tes durch →Thomas a Kempis. Die Abhängigkeit der beiden Viten voneinander ist seit der Herausgabe des Textes durch KÜHLER Gegenstand einer intensiven Diskussion. Ihre mögliche Rückführung auf eine verlorengegangene frühere Vita wurde inzwischen aufgegeben, doch ist die Verwandtschaft beider Texte unverkennbar.
L. Breure

Ed. und Lit.: P.H., Vita magistri Gerardi Magni, ed. W. J. KÜHLER (Nederlands Archief voor Kerkgeschiedenis 6, 1909), 325–370 – J. v. GINNEKEN, Geert Groote's levensbeeld naar de oudste gegevens bewerkt, 1942, 14–17 – TH. P. v. ZIJL, Gerard Groote, Ascetic and Reformer, 1963, 18–24 – R. R. POST, The Modern Devotion, 1968, 190–195 – G. EPINEY-BURGARD, Gérard Grote et les débuts de la dévotion moderne, 1970, passim.

Hopfen (Humulus lupulus L./Moraceae). Die in Mitteleuropa seit dem 8. Jh. kultivierte ('humlonariae' [Hopfengärten] in einer Schenkungsurk. Pippins von 768) und ahd. *ho(p)pho* oder *hopfo* (STEINMEYER-SIEVERS 3, 579; 5,41), mlat. *humulus* und *lupulus* gen. Pflanze diente v. a. zur Bereitung von →Bier, wobei man deren konservierende Wirkung nutzte (Hildegard v. Bingen, Phys. I, 61; Albertus Magnus, De veget. VI, 361). Med. spielte der *hoppen* (Gart, Kap. 215) hingegen nur eine untergeordnete Rolle. P. Dilg

Lit.: MARZELL II, 902–907 – K. und F. BERTSCH, Gesch. unserer Kulturpflanzen, 1947, 234–239.

Hoqueton (engl. *aketon*), von arab. *al-quṭn* ('Baumwolle') abgeleitete frz. Bezeichnung für einen gefütterten und abgesteppten Stoffpanzer des 13. und 14. Jh., der entweder als Unterlage für den →Ringelpanzer oder als dessen billiger Ersatz diente. O. Gamber

Hoquetus → Motette

Horae canonicae → Stundengebet

Horaz im Mittelalter. Der röm. Dichter Q. Horatius Flaccus erfreute sich von Anfang an hoher Wertschätzung und hat diese durch alle Jahrhunderte behalten. Frühzeitig wurde sein Werk in der Schule behandelt und seit der frühen Ks.zeit wiederholt kommentiert (erhalten nur Pomponius Porphyrio 3. Jh. [?] und die sog. pseudacron. Scholien). Schon in der Ks.zeit scheint eine Entwicklung eingesetzt zu haben, welche für die folgenden Jahrhunderte bestimmend wurde: gegenüber den Satiren (sermones) sowie den epistulae und der sog. ars poetica traten die anspruchsvolleren lyr. Gedichte der Oden und Epochen mehr zurück, ohne geradezu vergessen zu werden. Die Folge davon war, daß H.ens lyr. Dichtungen zu einem Fortbestehen der antiken Lyrik nicht beigetragen haben, das MA von ihm nicht einmal die lyr. Formen (die durch Boethius und Prudentius vermittelt wurden) gelernt hat. Von H.ens Werk sind mehrere Exemplare ins MA gelangt, teils mit dem reinen Text, teils mit Scholien. Vom 6. bis ins frühe 9. Jh. ist H. außerordentl. selten gewesen (ungewiß z. B., ob →Venantius Fortunatus mehr als die ars poetica kannte, woraus er einen Vers zitiert; →Isidor zitiert aus Grammatikern, →Columbanus aus einer Spruchslg.); noch →Alkuin, in der Hofgesellschaft Karls d. Gr. 'Flaccus' zubenannt, hat H. offenbar nicht unmittelbar gekannt. Langsam verbreitet sich die Kenntnis: seit etwa Mitte des 9. Jh. in Auxerre (→Heiric, dann →Remigius) sowie bei Iren im Kreise des →Sedulius Scottus, die ihn auf dem Festland auffinden (Bern 363). Aber erst seit dem 10. Jh. wird H. häufiger und gern zitiert (→Ecbasis captivi). Er steht von nun an an vorderster Stelle unter den antiken Dichtern, neben →Vergil. Seine Beliebtheit nimmt stark zu und erreicht wohl im 12. Jh. ihren Höhepunkt. Aber fast immer sind es die hexametr. Dichtungen, die man kennt und aus denen man zitiert, und hier wiederum Verse sentenziösen Inhalts; Kenntnis der lyr. Dichtungen bleibt immer eine Ausnahme, zumal wenn die Vertrautheit ein Maß erreicht hat wie in den Odae Quirinalium des →Metellus v. Tegernsee (Mitte 12. Jh.). Wohlbekannt ist auch die sog. ars poetica, aus der gewisse Grundsätze die ma. Ästhetik beherrschen, ohne daß deshalb von dem Werk mehr als diese Grundsätze bekannt oder im speziellen Fall nachweisbar sein müßten. Seit dem Auftreten neuerer Dichtungslehren heißt die a.p. des H. (vornehml. gegenüber der poetria nova des →Galfridus de Vino Salvo) poetria vetus. Über die allgemeinen ästhet. Vorstellungen hinaus ist der formale Einfluß der Dichtungen des H. immer gering geblieben; zu allen Zeiten aber gehörten gnom. Sätze aus den Werken des Dichters zu den meistzitierten, auch dann noch, als mit dem 13. Jh. die unmittelbare Kenntnis antiker Autoren fast allg. zurückging. Zwar bezeichnet Hugo v. Trimberg 1280 noch Satiren, Episteln und ars poetica als die bekannteren Werke, aber es halten zumeist doch nur Florilegien und Spruchslg. en ein Minimum an Kenntnis des Autors wach, bis im Laufe des 14. Jh. Vertreter des frühen Humanismus in Italien und auch in Frankreich wieder das vollständige Werk zu gewinnen suchen. F. Brunhölzl

Humanismus: Für →Petrarca ist H. nicht mehr wie noch für →Dante der Satiriker, sondern der Dichter der Oden und zählt zu den Lieblingsautoren. Seine Biographie etabliert →Polentone 1425 in den Scriptorum illustrium latinae linguae libri XVIII. 1482 publiziert →Landino den ersten H.komm., dem bald weitere folgen. Ariost schreibt zw. 1495 und 1500 lat. Gedichte in Metren der horaz. Lyrik. Der frz. Humanismus entdeckt H. in der 2. Hälfte

des 14. Jh., der dt. ein Jh. später, indem →Celtis 1486 in seiner Ars verificandi als Neuerung die horaz. Metren einführt.
W. Rüegg

Lit.: MANITIUS, I–III [Register] – R. SABBADINI, Le scoperte dei codici latini e greci, 1905/14 – G. CURCIO, Q. Orazio Flacco, studiato in Italia dal sec. XIII al XVIII, 1913 – Gesch. der Textüberl. der antiken und ma. Lit., 1961 – E. SCHÄFER, Dt. H., 1976 – Texts and transmission. A survey of the latin classics, ed. L. D. REYNOLDS, 1983, 182ff.

Hörige, Hörigkeit. [1] *Hörige:* Die Wortformen »hörig« und »H.« ('hörend auf', 'gehorsam') in der Bedeutung von herrschaftl. Abhängigkeit und der Zugehörigkeit zu einer →Grundherrschaft tauchen erst seit dem 14. Jh. auf und erscheinen v. a. in nd. Q., bes. in Westfalen. Entsprechend der Verschiedenartigkeit der Abhängigkeitsformen begegnen in den Q. vielfältige H.ngruppen, wie Altarh., Amtsh., Dingh., Eigenh., Gerichtsh., Grundh., Hofh., Vogth., Zinsh. etc. In der wiss. Lit. werden mit dem Sammelbegriff »H.« ebenfalls sehr verschiedenartige Gruppen von untertänigen Personen erfaßt, so v. a. die von einem Leibherrn abhängigen Leute (Eigenleute, Eigenbhs.), die einer Grundherrschaft zugehörigen Bauern (Grundholde, Hofh.), die einer Schutzgewalt unterstehenden Personen (Schutzh., Vogtleute) oder auch die Wachszinser (Zerozensualen, Altarh.). Der Kreis der H.n erweiterte sich im frühen und hohen MA zunehmend um Freie, die sich in den Schutz mächtiger weltl. und geistl. Grundherren begaben. Charakteristisch für die H.n ist es, daß sie zu bestimmten →Frondiensten und →Abgaben verpflichtet sind und unter dem →Hofrecht stehen. Die H.n waren im Rahmen der Grundherrschaft an die Scholle gebunden (glebae adscripti) und konnten deshalb von ihren Herren mit den Grundstücken verkauft werden; umgekehrt aber durften sie nicht ohne das zugehörige Land veräußert werden. Die H.n vererbten ihre Schollenbindung an ihre Kinder. Sie konnten neben dem Land ihres Grundherrn auch noch Grundstücke von fremden Grundherren oder freieigene Ländereien innehaben, so daß sich eine große Vielfalt bäuerl. Besitzverhältnisse ergab.

[2] *Der Begriff der »Hörigkeit«* wird in der wiss. Lit. in unterschiedl. Bedeutung gebraucht. Die Unschärfe der Definition hängt v. a. damit zusammen, daß mit der Hörigkeit vielfältige rechtl., soziale und wirtschaftl. Formen bäuerl. Abhängigkeit benannt werden, die in den einzelnen Regionen sehr verschiedenartig in Erscheinung treten. Hörigkeit im weiteren Sinne bezeichnet allg. die herrschaftl. Abhängigkeit der bäuerl. Bevölkerung von Leib-, Grund- und Gerichtsherren. Mit dem Sammelbegriff konkurrieren Termini wie »Unfreiheit«, →»Leibeigenschaft« oder »Knechtschaft«, die ebenfalls allg. die herrschaftl. Unterordnung der →Bauern charakterisieren. Seit dem späten 18. Jh. taucht die Bezeichnung »Hörigkeit« bes. in agrarhist. Darstellungen als Begriff für die bäuerl. Abhängigkeit in der generellen Bedeutung auf (vgl. N. KINDLINGER, J. MÖSER). Hörigkeit im engeren Sinne bezeichnet die dingl. Gebundenheit eines Bauern im Rahmen einer Grundherrschaft im Unterschied zur persönl. Bindung, die häufig mit dem Begriff der Leibeigenschaft charakterisiert wird. Hörigkeit in diesem Sinne meint daher die herrschaftl. Abhängigkeit, in die ein Bauer durch die Übernahme von grundherrl. Landstücken gerät; der Grundholde wird dadurch in seiner →Freizügigkeit eingeschränkt (Schollenbindung) und ist seinem Grundherrn zu bestimmten Abgaben und Diensten verpflichtet.
W. Rösener

Lit.: zu [1]: DtRechtswb V, 1552f. – GRIMM, DWB IV, 2 – HRG II, 241 – TH. KNAPP, Gesammelte Beitr. zur Rechts- und Wirtschaftsgesch., 1902, 346ff. – DERS., Neue Beitr., 1919, 108ff. – *zu [2]:* N. KINDLINGER, Gesch. der dt. Hörigkeit, 1819 (Justus Mösers sämtl. Werke 6, hg. L. SCHIRMEYER, 1944), 163ff. – CH.-E. PERRIN, Le servage en France et en Allemagne, 1955, 213ff. – G. v. BELOW, Gesch. der dt. Landwirtschaft des MA, 1966, 86ff. – F. LÜTGE, Gesch. der dt. Agrarverfassung, 1967.

Hormisda, Papst 514–523, wurde von Ks. Anastasios I. aufgefordert, das →Akakian. Schisma zu überwinden (Coll. Avell. ep. 107), sandte aber vergeblich zwei Legationen nach Konstantinopel. Der Ks. erkannte zwar das Chalcedonense (→Chalkedon) und die Briefe von Papst Leo I. an, war aber nicht zur Verurteilung des Akakios bereit (ep. 125, 8.10), auf der H. bestand (ep. 126,7). Trotzdem fand der 'Libellus H.ae' auch im O Zustimmung (ep. 116b). Erst unter Ks. Justin I. (seit 518) wurde die Union geschlossen; Bf. Johannes v. Konstantinopel übernahm den Libellus samt der Verurteilung des Akakios (ep. 159,3ff.). Den Nachfolger des Johannes, Epiphanios, machte H. sogar zu seinem »Vikar« für den O. H. lehnte die neue Glaubensformel der skyth. Mönche, die im Chalcedonense keine ausreichende Sicherheit gegen den →Nestorianismus sahen, ab (ep. 231,10). Seine Briefe enthalten wenig lehrhafte Teile (DENZIGER-SCHÖNMETZER, 366–369 aus ep. 236 eher Ausnahme), beweisen aber das große Ansehen des H. und seines Amtes auch im O. Er selbst traute auch in Fragen des freien Willens und der Gnade Gottes jedem sorgfältigen Leser des Apostels (Paulus) ausreichende Einsicht zu (ep. 231,14).
H.-J. Vogt

Q.: Epistulae imperatorum pontificum ... Avellana quae dicitur collectio, pars II, ed. O. GUENTHER (CSEL 35 II, 1898) – Le Liber Pontificalis, ed. L. DUCHESNE, I, 1955² – *Lit.:* W. HAACKE, Die Glaubensformel des Papstes H. im Acacian. Schisma, AnalGreg 20, 1939 – C. CAPIZZI, Sul fallimento di un negozio di pace ecclesiastica fra il Papa Ormisda e l'Imperatore Anastasio I..., Storia Critica 17, 1980, 23–54.

Hormuz, Stadt auf iran. Seite am Eingang zum arab.-pers. Golf, mit zugehörigem Hafen. Seit dem ausgehenden MA verlassen; von der heut. Stadt H. auf der gleichnamigen Insel in der Straße von H. zu unterscheiden. Die Anfänge von H. reichen in die Antike. Der Aufstieg setzte mit der arab. Eroberung im 7. Jh. ein. Nach Berichten ma. oriental. und europ. Reisender wie z. B. →al-Idrīsī, Yāqūt und →Marco Polo war H. eine prosperierende Stadt und als Hafen von größter Bedeutung, da es auch wichtige Station des Seeweges von →Baṣra nach →Indien und →China war. Neben Kupfer, Eisen und Indigo werden v. a. Pferde genannt, die von Ḫurāsān über H. nach Indien exportiert wurden. Zunächst Teil des arab. Großreichs der →Omayyaden und der →Abbasiden, geriet H. seit etwa 1100 unter den Einfluß arab. Lokaldynastien. Zunehmende Überfälle marodierender Stämme des Hinterlandes veranlaßten um ca. 1300 den damaligen Herrscher Quṭbaddīn, H. aufzugeben. Er siedelte die gesamte Bevölkerung auf die gegenüberliegende, völlig unfruchtbare Insel Ǧarūn um und gründete hier eine neue Stadt, die alsbald aufblühte, während das festländ. H. verfiel. Aufgrund der wirtschaftl. und strateg. Bedeutung besetzten die Portugiesen 1507 Stadt und Insel.
P. Thorau

Q.: Yāqūt, Mu'ǧam al-buldān, ed. WÜSTENFELD, IV, 968 – Marco Polo, ed. YULE-CORDIER, 1905, I, 107 – *Lit.:* EI¹ II, 345–347 [R. STÜBE] – EI² III, 584–586 [L. LOCKHART].

Hornbach, ehem. Abtei OSB (1558 säkularisiert), s. von Zweibrücken (Rheinland-Pfalz), früher Diöz. Metz, kurz vor 742 gegr., im Zusammenwirken →Pirmins, Bf. Sigibalds v. Metz und eines Gf.en Warnharius, der wohl der Familie der →Widonen zugezählt werden darf. H. wurde mit vermutl. auf Kg.sgut zurückgehenden Besitz im Bliesgau und um Pirmasens ausgestattet. Infolge der Verehrung des hier begrabenen Pirmin († um 750/753) wechselte das Patrozinium B. Mariae Virg. zu Pirminius (erstmals 828 belegt). Das widon. Hauskl. ging auf die jüngeren →Salier (→Otto v. Kärnten) über, nach deren Erlöschen an die ältere sal. Linie und wurde 1087 von Heinrich IV. dem Bm. Speyer geschenkt. Vermutl. übertrug Bf. Bruno v. Speyer († 1123) die Vogtei über H. seinem Bruder aus dem Hause der Gf.en v. →Saarbrücken, von denen sie 1182/88 zur Ausstattung einer jüngeren, sich rasch nach →Zweibrücken benennenden Linie verwendet wurde. Die Vogtei, nun fester Bestandteil der Gft. Zweibrücken, kam 1394 an die Kurpfalz, 1410 an das Fsm. Pfalz-Zweibrücken. Die →Hirsauer Reform wurde 1179 eingeführt, eigene Münzen wurden von ca. 1120–ca. 1230 geprägt. Reste des roman. Westbaues sind erhalten. – Die bei dem Kl. gelegene Siedlung (1237 befestigt) wurde 1352 von Karl IV. nach Hagenauer Recht gefreit.

H.-W. Herrmann

Q. und Lit.: A. NEUBAUER, Reg. des ehem. Benediktinerkl. H. (Mitt. des Hist. Vereins Pfalz 27, 1904) [Nachtr. und Berichtigungen: C. PÖHLMANN, Abh. der saarpfälz. Landes- und Volksforsch. 1, 1937, 49–60] – A. DOLL, Das Pirminskl. H., Archiv für mittelrhein. Kirchengesch. 5, 1953, 108–142 – H. DELLWING-H. E. KUBACH, Die Kunstdenkmäler der Stadt und des ehem. Landkrs.es Zweibrücken II, 1981, 559–615 [Lit.].

Horne-Buch → Buchmalerei, skandinavische (Abschnitt A.XII)

Horngroschen, so gen. nach der Thüringer Helmzier (zwei Büffelhörner; →Zimier), wurde in der Nachfolge des →Meißner Groschens 1465 als »hohe Währung« eingeführt und bis 1469 in den Münzstätten Colditz und Freiberg, später auch in Gotha, Leipzig, Oelsnitz und Wittenberg geprägt. 20 H. wurden auf den rhein. →Gulden gerechnet, 9 Pfennige oder 18 Heller auf den H. Der H. zeigt beiderseits ein Wappen mit Helmzier (Sachsen bzw. Thüringen). P. Berghaus

Lit.: G. KRUG, Die meißn.-sächs. Groschen 1338 bis 1500, 1974, 92f.

Hornscher Gulden, ein unter dem Lütticher Bf. Johann IX. v. Horn (1484–1506) geprägter →Gulden von bes. schlechter Qualität, der auf die Hälfte des rhein. Guldens absank. In Preußen und Polen war der H.G. Kollektivname für die schlechten ndl. Gulden. P. Berghaus

Lit.: F. v. SCHROETTER, Wb. der Münzkunde, 1930, 275f.

Horodło, Ort am Bug, wo am 2. Okt. 1413 der poln. Kg. Władysław II. Jagiełło, der litauische Gfs. →Witowt und poln. und litauische Große eine Verstärkung der poln.-litauischen Union (→Radom-Wilna) vereinbarten. Die Unionsurk. der Monarchen, zugleich Landesprivileg für die litauischen →Bojaren, regelte das Verhältnis →Litauens zu →Polen. Jagiełło bezeugt, daß Litauen erneut dem Kgr. Polen einverleibt und ewig verbunden sei; nach dem Tod Jagiełłos oder Witowts sollte jede Seite ihren Herrscher nur mit gegenseitiger Zustimmung wählen; die polit. Eigenstellung Litauens wurde bekräftigt, doch waren conventiones et parlamenta der barones et nobiles beider Länder vorgesehen. Nach poln. Vorbild richtete man zwei →Wojewodschaften in →Wilna und Troki ein. Der Akt gewährte einzelnen litauischen Geschlechtern Rechte und Freiheiten, bestätigte ihren Besitz und bekräftigte die Verpflichtungen zu Burgenbau, Kriegsdienst und Abgaben von den Bojarengütern. Die kath. Kirche Litauens erhielt nach poln. Muster vollständige →Immunität. Die Urk. der poln. Großen verkündete für 47 litauische Geschlechter Wappengemeinschaften mit poln. Adligen. Die litauischen Herren erklärten in ihrer Urk. Annahme der poln. Wappen, gelobten der poln. Krone und der →Szlachta Treue und verpflichteten sich zu gemeinsamem Vorgehen bei der Wahl eines neuen Herrschers und zur Hilfeleistung im Kriegsfall. Die Union zerbrach nach dem Tod Witowts 1430, als die Litauer ohne poln. Zustimmung →Svidrigaila auf den Thron beriefen, doch setzten die Polen ihre Erneuerung 1432 und 1434 durch.

J. Ochmański

Q.: Akta unii Polski z Liwą, 1385–1791, ed. S. KUTZREBA – W. SEMKOWICZ, 1932, Nr. 49–51 – Lit.: J. BARDACH, Stud. z ustroju i prawa Wielkiego Księstwa Litewskiego XIV–XVII w., 1970, 40–42 – Z. IVINSKIS, Lietuves isterija iki Vytauto Didzieje mirties, 1978, 366–369.

Horologion → Liturgische Bücher

Horoskop beschreibt als astron. Grundlage für astrol. Tätigkeit den Zustand des Himmels zu einem bestimmten Zeitpunkt, den der Astrologe (→Astrologie) dann nach den Regeln seiner Disziplin untersucht, um zu einer astrol. Deutung des Himmelszustandes zu gelangen. Alle Arten von Ereignissen können zum Gegenstand einer Horoskopstellung werden (z. B. die Geburt oder ein bedeutendes Ereignis im Leben einer Person oder ein bemerkenswertes hist. Geschehen wie eine Stadtgründung, Kriegs- oder Naturereignisse). Konkret kann das H. als Aufzählung aller erlangten Daten dargeboten werden, doch gewöhnl. hat es die Form einer aus zwölf geometr. Figuren bestehenden graph. Darstellung. Bis zum 15. Jh. werden diese zu einem Quadrat gestaltet, wobei es verschiedene Anordnungen gab, bei denen die Figuren Dreiecke sind. Die zwölf Dreiecke repräsentieren den Himmelszustand (figura celi) zum gewählten Zeitpunkt. Ist ein Zentralquadrat vorhanden, dient es gewöhnl. zur Angabe oder Bestimmung dieses Zeitpunkts. Im ausgehenden MA und im 16. Jh. zog man kreisförmige, ebenfalls unterschiedl. aufgebaute Zeichnungen zur Darbietung der H.e vor.

Die Daten, in der Gesamtheit die »figura celi« bilden, sind von zweierlei Art: einerseits Aufenthaltsorte der →Planeten und bes. Punkte des →Tierkreises, andererseits Schnittpunkte des Tierkreises mit einer vorgegebenen Einteilung des unbewegl. Himmelsgewölbes als Bezugssystem. Diese vorgegebene Einteilung schafft im eigtl. Sinne die zwölf himml. Häuser. Es gibt mehrere Definitionen der Häuser, die auf einer Einteilung von Horizont begrenzten Himmelshalbkugel in zwölf Kugelsegmente beruhen; sie unterscheiden sich in der Wahl der Pole, in denen die Segmente zusammentreffen, und durch die Wahl des Großkreises, auf dem die Einteilung vorgegeben wird. J. NORTH hat sieben derartige Definitionen gezählt, die jedoch im MA in unterschiedl. Maße Verwendung fanden. Die vier gebräuchlichsten sind: I. Die Punkte, an denen die Segmente zusammentreffen, sind die Pole des →Äquators, und die Einteilung wird auf der tägl. Kreisbahn der Sonne vorgegeben. – II. Die Treffpunkte sind der Süd- und der Nordpunkt des Horizonts des Orts, und die Einteilung wird auf dem ersten Azimut vorgegeben. – III. Treffpunkte wie bei II, aber Einteilung auf dem Äquator. – IV. Treffpunkte sind die Pole der →Ekliptik, und die Einteilung erfolgt von der Ekliptik aus. – Die Einteilungen II, III und IV stehen das ganze Jahr über fest, während I sich von Tag zu Tag ändert. IV geht auf die Antike zurück, sie wurde von →Firmicus Maternus verwendet und von Cardano im 16. Jh. erneuert. III benutzte →Abraham (ben Meir) ibn Ezra und im 15. Jh. →Regiomontanus, der ihr eine Vorrangstellung verschaffte, so daß sie auf den →Astrolabien des späten 15. und des 16. Jh. sehr häufig erscheint, und zwar in Gestalt von Linien, die neben den Linien der ungleichen Stunden verlaufen und sich im Schnittpunkt des Horizonts und der Mitternachtslinie treffen. Für II trat→Campanus v. Novara ein, doch war I vom 13. bis zum 15. Jh. die häufigste Einteilung.

Gemäß den Definitionen I, II und III beginnt das erste Haus immer am Horizont, und die Anfänge der Häuser 1, 4, 7 und 10 stimmen stets überein, welche Definition man auch wählt. Der wichtigste Ort in einem H. ist indes der Anfang des ersten Hauses; seine Bestimmung zieht diejenige der übrigen Anfänge mit math. Konsequenz nach sich. Dieser Ort ist der Aszendent, d. h. der Ort des Tierkreises, der sich zum betreffenden Zeitpunkt am Horizont befindet. Ins H. übertragen, erscheint jedes der zwölf Häuser als geometr. Figur, und zwar pflegt dem ersten Haus die Figur in der Mitte der linken Seite der »figura celi« zu entsprechen; die übrigen Häuser folgen im Gegenuhrzeigersinn aufeinander. Die Grade und Minuten der Orte im Tierkreis, an denen sich die Überschneidungen mit den Häusern finden, sind im H. in jeder Figur angegeben, beispielsweise entlang ihrer ersten Seitenlinie. Diese Überschneidungen ergeben sich somit aus verschiedenen Parametern, die entweder nur vom Astrologen und dem Ratsuchenden abhängen oder dem Ereignis (Tag und Stunde), dessen H. erstellt wird, zugeordnet sind. Zu beachten ist, daß bei der Schnelligkeit der tägl. Bewegung für jede ins Auge gefaßte Stunde die »figura celi« sich beträchtl. ändert.

Das H. umfaßt auch alle Angaben über den jeweiligen Ort der Planeten in den Häusern. Den Planeten entsprechen zunächst die Orte im Tierkreis, an denen sie sich zum Zeitpunkt der H.stellung aufhalten; die Einfügung des Tierkreises in das Häusersystem führt dann zur Verbindung der Planeten mit den Häusern. Daher ist es üblich, die Planetensymbole in den Häuserfiguren einzutragen und die Zahl für den jeweiligen Ort im Tierkreis hinzuzufügen. Oft ist auch angegeben, ob der Planet rechtläufig, rückläufig oder stillstehend ist. Außer den Planeten sind auch einige bes. Stellen des Tierkreises von rein astrol. Bedeutung wie die »pars fortune« oder die »pars amicitie« verzeichnet. Vom Mond abgesehen, bewirken die relativ langsamen Bewegungen der Planeten von Tag zu Tag kaum merkl. Änderungen der Planetenstellung im Tierkreis, nicht aber in bezug auf die Häuser.

Sowohl in den Hss. als auch in den Drucken des 15. und 16. Jh. sind die H.e sehr zahlreich, teils verstreut – nicht nur im wiss. Schrifttum –, teils systemat. dargeboten; vom 15. Jh. an haben sich ganze H.slg.en erhalten, die in der Art von polit. oder wiss. Dokumentationsakten angelegt wurden.
E. Poulle

Lit.: [Auswahl]: O. Neugebauer – H. B. v. Hoesen, Greek Horoscopes (Memoirs of the American Philos. Soc., 48, 1959) – E. Poulle – O. Gingerich, Les positions des planètes au MA, application du calcul électronique aux tables alphonsines (Acad. des inscriptions et belleslettres, comptes rendus des séances, 1967), 531–548 – E. Poulle, Horoscopes princiers des XIVe et XVe s., Bull. de la Soc. nat. des antiquaires de France, 1969, 63–77 – D. Pingree, Political Horoscopes from the Reign of Zeno, DOP 30, 1976, 133–150 – B. Goldstein – D. Pingree, Horoscopes from the Cairo Geniza, Journal of Near Eastern Stud. 36, 1977, 113–144 – D. Pingree – W. Madelung, Political Horoscopes relating to late 9th-century calids, Journal of the Eastern Stud. 36, 1977, 247–275 – B. Goldstein – D. Pingree, More Horoscopes from the Cairo Geniza, Proceedings of the American Philos. Soc. 125, 1981, 155–189 – J. North, Horoscopes and Hist. (Warburg Inst. Surveys and Texts, XIII, 1986).

Horsiese, † um 380, schloß sich um 320 →Pachomius an, als dieser in Tabennese (Oberägypten) den Weg zum Koinobitentum fand. Er wurde Oberer des Kl. in Scheneset (Chenoboskeion) und 346, nach dem Tod des Pachomius, dritter Generalabt der pachomian. Kl.verbands im Hauptkl. Pbow. Der urprgl. kopt. Liber Orsiesii (erhalten nur in der lat. Übers. des Hieronymus [404] nach einer griech. Version) wurde von →Benedikt v. Aniane ganz in seinen Codex Regularum und mit größeren Abschnitten in seine Concordia Regularum aufgenommen.
Th. Baumeister

Q. und Lit.: A. Boon, Pachomiana lat., 1932, 109–147 – L. Th. Lefort, Œuvres de s. Pachôme et de ses disciples, CSCO 159–160, Script. Copt. 23–24, 1956, 63–99 [kopt.; frz. Übers.] – H. Bacht, Das Vermächtnis des Ursprungs I, 1972 – CPG II, 1974, 66f. – Th. Baumeister, Die Mentalität des frühen ägypt. Mönchtums, ZKG 88, 1977, 145–160, hier 152ff. – Ph. Rousseau, Pachomius, 1985, Register s. v. Horsiesius.

Hortulanus (Ortolain; Ortholanus; Pseud. Joh. Garlandinus), alchem. Schriftsteller Mitte des 14. Jh. H. hatte mit lat. Wiedergabe und Komm. zur spätantiken, dann arab. →»Tabula smaragdina« großen Einfluß auf die Theorie der →Alchemie. Die häufige Datierung auf das 11./12. Jh. oder auf den Grammatiker und Dichter →Johannes de Garlandia (13. Jh.) (u. a. Schmieder; Schelenz) ist unbegründet. Der lat. Text der Tabula (Mikro-Makrokosmos-Denken und Alchemie) ist seit dem 12. Jh. (Hugo Sanctelliensis-Santalla) nachgewiesen, doch erst durch den Komm. des H. bes. weiter verbreitet worden. Weitere Werke zur Alchemie sowie ein frühes Wörterbuch der alchem. Termini werden ihm bzw. auch in den Drucken Joh. Garlandinus (Pseudo-) zugeschrieben.
G. Jüttner

Werke: Hortulani philosophi super Tabulam Smaragdinam Hermetis Commentarius (De Alchimia, Sammelbd.), Nürnberg 1561 – [zuschreibbar:] Compendium Alchemiae J. Garlandii Angli ... cum Dictionario eiusdem artis ..., Basel 1560 – Lit.: J. Ruska, Tabula Smaragdina (Akten der v. Portheim Stiftung 16), 1926 – Thorndike III, c.XI: Ortolanus, 176–190 (vgl. auch IV, VI), 1934ff.

Hortulus animae (dt.: Seelengärtlein). Verbindungsglied zw. ma. und nz. →Gebetbüchern, gilt als meist verbreitetes Andachtsbuch des ausgehenden MA; zw. 1494 (vermuteter Erstdruck in Basel) und 1523 sind wenigstens 103 gedr. Ausg. sicher bezeugt; daneben hs. Überlieferung. Mit der Reformation bricht die breite Rezeption ab, im kath. Bereich werden Inhalt und Struktur des H.a. v. a. in Gebetbüchern des 17. Jh. weiter tradiert. Die zunächst lat., dann vermehrt dt. Ausg. sind reich illustriert. Das subjektive Gebet tritt im H.a. in den Vordergrund. Die herkömml. Tagzeiten der →Stundenbücher treten bis auf das Marianische bzw. Kreuzoffizium zurück. Weitgehender Verzicht auf Psalmen, stattdessen neben dem Kalender zahlreiche Gebete zu Hl.n, Bittgebete in persönl. und allg. Anliegen, Gebete für den Tagesablauf, Meß- und Beichtgebete, Vorbereitung auf den Tod, Sterbegebete.
K. Küppers

Lit.: Seelengärtlein. H.a. Cod. Bibl. Pal. Vindob. 2706, hg. F. Dörnhöffer, Nachdr. 1907–11 – F. X. Haimerl, Ma. Frömmigkeit im Spiegel der Gebetbuchlit. Süddtl.s, 1952 – M. C. Oldenbourg, H.a., 1973 [Lit.].

Hortus deliciarum → Herrad v. Landsberg

Hortus sanitatis, Kräuterbuch-Inkunabel, dem →»Gart der Gesundheit« nachgestaltet, zugleich der typolog. Vorbild des →»Herbarius Mogontinus« verpflichtet. Zugrunde liegt ein zunächst hsl. überlieferter, in fünf Segmente gegliederter (herbae; animalia in terris, aves, pisces; lapides pretiosi) Textkern, der 1072 Drogenmonogr.en umfaßt (Kräuter: 530 Kap.). Der vermutl. dt. Verf. wirkte um 1450 und kompilierte sein Material großflächig aus leicht verfügbaren, meist enzyklopäd. Q., deren halbalphabet. Stoffanordnung er zusätzl. einem ökolog. Gliederungsprinzip unterwarf. Diesen 'Urhortus' hat der Mainzer Drucker Jak. Meydenbach zu einem lat. Gegenstück des »Gart« gestaltet, während er beim Register das

→»Promptuarium medicinae«, beim Epilog die Bücheranzeigen Heinrich Eggesteins nachahmte. Auch die Ill. entstammen dem »Gart« oder verwenden zumindest die gleiche Q. (→»Secreta Salernitana«) und beziehen ferner als Vorlage →Musterbücher sowie →Spielkarten mit ein.

Meydenbachs Erstdruck (1491) folgten ein zweiter (Straßburg 1497) und vier weitere latein. Drucke (1499–1538; Straßburg, Venedig). Eine frz. Übertragung erschien um 1500 in Paris (Nachdr. 1539). Die dt. Übers. von Johann Prüß (Straßburg, 1507/09) umfaßt nur die Animalia sowie die mineral. Drogen und wurde, zunächst dem »Gart der Gesundheit« angehängt, in zwei Bearb.sschritten (Groß-'Gart'-Red. b₃, Frankfurt a. M. 1533/35) mit ihm verschmolzen.   G. Keil

Ed.: H. S. [Faks. d. 5. lat. Aufl., Würzburg 1978] — *Lit.*: Verf.-Lex.² II, 1084–92; IV, 154–164 – G. KEIL, 'Gart', 'Herbarius', 'Hortus' ... (Fschr. W. F. DAEMS [Würzburger med. Forsch. 24], 1982, 589–635).

Hose, im MA auf die zunächst in Verbindung mit der *Bruech* getragenen Beinlinge angewendet. Zur Ausbildung der eigtl. H. kommt es nach 1500 durch die Trennung der →Beinkleider in eine oberschenkellange H. und in Strümpfe, die unterhalb des Knies vom Strumpfband gehalten wurden oder an die H. angenestelt bzw. angenäht waren. Der als vorderer Verschluß dienende H.latz wird vergrößert und zur →*Braguette* ausgebildet. Um größere Bewegungsfreiheit zu erzielen, wird die H. geschlitzt und das darunter sichtbare Unterfutter kontrastierend andersfarbig gestaltet. Statt der Schlitze konnte man die H. auch durch einen Überzug zieren, wobei sich dieser vermutl. aus der sehr stark geschlitzten, ungefütterten H. entwikkelt hatte. Durch die Trennung von Futter- und Überzugh. war es aber mögl., beide Kleidungsteile beliebig zu kombinieren und so eine größere Vielfalt in der Kleidung ohne Mehraufwand zu erreichen. Die Pluderh. der Landsknechte ist ein bes. auffallend ausgestaltetes, mit Längs- und Querschlitzen versehenes Kleidungsstück.   E. Vavra

Lit.: S. F. CHRISTENSEN, Die männl. Kleidung in der südtt. Renaissance, 1934 – L. C. EISENBART, Kleiderordnungen der dt. Städte zw. 1350 und 1700 (Göttinger Bausteine zur Gesch.swiss. 32, 1962).

Hosenbandorden (Order of the Garter), ältester weltl. →Ritterorden. Durch den Verlust der meisten Urkk. vor 1416 bleiben die Anfänge des H.s unklar. Dies hat zur Entstehung von Legenden geführt. Nach einem ersten, gescheiterten Anlauf von 1343–44 in Gestalt einer arthurian. Gesellschaft *(table ronde)* für 300 Ritter wurde der H. zw. 1347 und 1349 von Kg. →Eduard III. v. England gestiftet; Ordenspatron wurde der hl. →Georg, Emblem das Hosenband; die Zahl der Ordensmitglieder war auf 26 beschränkt, zu denen der Kg. als Souverän, dessen ältester Sohn (→Eduard, »der Schwarze Prinz«) sowie 24 Ritter gehörten, die am Frankreichfeldzug von 1346–47, v. a. an der Schlacht v. →Crécy, teilgenommen hatten. VALES Hypothese, daß die Zusammensetzung der Ordensmitglieder gleichsam zwei wohlausgewogenen Turniermannschaften entsprach, erscheint plausibel. Das spirituelle Zentrum des H.s wurde die von Eduard zum St. Georgskollegium erweiterte und 1475 neuerbaute kgl. Kapelle in →Windsor, in der jeder Ritter über seinen Chorstuhl mit herald. Emblemen und Bannern verfügte. Die ersten (verlorenen) Statuten dürften auf ein Kapitel vom 23. April 1349 zurückgehen; die heute noch in Kraft befindl. wurden letztmals von Heinrich VIII. einer durchgreifenden Revision unterzogen (1519).

Die Gründungsmitglieder bildeten einen breiten Querschnitt durch die engl. Ritterschaft. Spätere Küren (im MA durch die Gesamtheit der Ordensritter, heute durch den Souverän) setzten die militär. Tradition fort; hohe selbst kgl. Abkunft war und ist nicht allein ausschlaggebend, und etwa ein Viertel der Mitglieder des H.s im MA erlangte nicht die Pairswürde. Hinter der Fassade des ritterl. Zeremoniells (an dem bedingt auch Frauen teilnehmen durften) ist die eigtl. polit. Intention der Durchsetzung der engl. Thronansprüche in Frankreich erkennbar. Darauf weisen Farben (Blau, Gold) und Devise (»Hony soit qui mal y pense«; 'Ehrlos, wer schlecht darüber denkt') hin. Der H. fand als sichtbarer Ausdruck enger, persönl. Bindung an den Monarchen rasch große Wertschätzung. Als erste fremde Fs.en und Kg.e gehörten dem H. an: Johann IV., Hzg. v. Bretagne (1375), Heinrich III., Kg. v. Kastilien (ca. 1402), Erich VII. v. Pommern, Kg. v. Dänemark (1404), und Johann I., Kg. v. Portugal (ca. 1408).

Die Verbindung der weltl. Stiftung mit einer solide ausgestatteten kirchl. Einrichtung, die lange Lebenszeit Eduards III. und sein ritterl. Ansehen begründeten die hohe Geltung des H.s auch unter den nachfolgenden engl. Kg.en. Von Anfang an verfügte der H. über eine Reihe ihm unterstellter Amtsträger (Prälat, Siegelbewahrer, Türhüter); Heinrich V. verlieh 1415 dem kgl. →Herold den Ehrennamen 'Garter'. Der H. wurde zum Vorbild für spätere Ritterorden, insbes. für das →Goldene Vlies des Hzg.s v. Burgund, das aber auch auf den H. zurückstrahlte: Eduard IV. und Heinrich VIII. kopierten in ihren revidierten Ordensstatuten burg. Gebräuche.   M. Jones

Lit.: J. VALE, Edward III and Chivalry, 1982 – D'A. J. D. BOULTON, The Knights of the Crown, 1987.

Hosios Lukas, Kl. bei Levadia (Griechenland), gegr. vom Mönch Lukas († 953), durch →Mosaiken, Malereien und Architektur ein Hauptwerk der mittelbyz. Kunst. Die kleinere, n. Kirche (⚲ Maria) folgt dem klass. Typ der →Kreuzkuppelkirche mit vier Säulenstützen (Kapitelle mit Seraphim- bzw. Cherubimreliefs) für die Kuppeltragebögen der Vierung. Die alte Innenausstattung ist verloren, von der ursprgl. Außenbemalung wurde in Fragment (Josue) entdeckt. Das sw. anschließende Katholikon entstand wenig später (Datierung i. allg. 1. Hälfte 11. Jh.) und zeigt den sog. oktogonalen kreuzförmigen Typ, bei dem die kuppeltragenden Pfeiler mit den Außenwänden verbunden bzw. in sie integriert sind. Die steil proportionierte Kirche (Emporen) hat den größten Teil ihrer Marmorinkrustation, ihres Templons wie ihrer Mosaiken und Wandmalereien erhalten. Unter der Hauptkirche die gleichfalls ausgemalte Krypta mit dem ursprgl. Grab des seligen Stifters und zweier weiterer Äbte. Polychrome Wirkung des Außenbaus (Wechsel zw. Marmor- bzw. Kalkquader, teilweise Spolien und Ziegel) und nach oben zu durch viele Fenster bzw. -gruppen leichter werdende Struktur (die ältere Marienkirche etwas verhaltener) mit reicher Bauskulptur und Reliefplatten.   M. Restle

Lit.: RByzK III, 264–318 [Lit.].

Hosius (Ossius) **v. Córdoba**, * um 257, † 357/358, Bf. v. Córdoba (seit Ende des 3. Jh.), unter Diokletian verfolgt; nahm an Konzil v. →Elvira teil, war Ratgeber Ks. Konstantins in kirchenpolit. Fragen und spielte eine große Rolle auf dem Konzil v. →Nikaia (325). Auf seine Veranlassung wurde die Gleichsetzung von »consubstantialis« mit dem gr. Begriff ὁμοούσιος im nicän. Symbolon aufgenommen. H. war 343 Vorsitzender der Synode v. →Sardika (MPL 8, 1317–28; ed. H. HESS, 1958). H. lehnte das Urteil gegen →Athanasios d. Gr. ab, und 357 unter Druck Konstantins erfolgtes Bekenntnis zum Arianismus (→Arius) erklärte er bald für ungültig. Von H. sind je ein Brief an Konstantin (MPL 8, 1328–32) und an Papst Julius

(MPL 8, 919–922; CSEL 65, 126–139) erhalten. Seine von →Isidor v. Sevilla, De vir. ill., 5 erwähnten Werke »De laude virginitatis« und »De interpretatione vestium sacerdotalium« sind verloren.   J. M. Alonso-Núñez

Lit.: ALTANER-STUIBER⁹, 366 – BARDENHEWER, III, 393–395 – CPL 537–539 – DHEE III, 1844f. – V. C. DE CLERCQ, Ossius of Cordova, 1954 – U. DOMINGUEZ DEL VAL, Osio de C., Revista Española de Teología 18, 1958, 141–165, 261–281 – R. GARCIA VILLOSLADA, Hist. de la Iglesia en España I, 1979, 189–211 – A. LIPPOLD, Bf. Ossius v. Cordova und Konstantin d. Gr., ZKG 92, 1981, 1–15 – J. MADOZ, Osio de C., Estudios eclesiásticos 56, 1981, 371–383.

Hospital

I. Wortgeschichte und Definition – II. Byzantinisches Reich – III. Islamischer und jüdischer Bereich – IV. Abendländischer Bereich.

I. WORTGESCHICHTE UND DEFINITION: H., von dem Adjektiv 'hospitale' (von lat. hospes, 'Gastfreund'; →Gast) abgeleitet, erscheint substantiv. zuerst im 4. Jh. (»h.e pauperum et peregrinorum«), seit der Karolingerzeit ohne Zusatz. H.er waren als karitative Institutionen z. T. nur Almosen- oder Pensionskassen, meist aber mit einer Anstalt und mit Beherbergung verbunden. Sie fußen auf dem christl. Gebot der Nächstenliebe und der Barmherzigkeit und erfuhren seit ihrem Entstehen im 4. Jh. vielfache Veränderungen. Dabei bestand ein enger Zusammenhang zur polit. Ordnung und zu religiösen Strömungen, die auch bestimmten, wer als »pauper« anzusehen war (→Armut). H.er standen zunächst allen Bedürftigen offen und unterschieden sich damit von den röm. Valetudinarien, die vielfach als Teil eines Legionslagers für die gesundheitl. Versorgung der Soldaten bestimmt waren. Im Hoch- und SpätMA unterscheiden sie sich entsprechend von ordensinternen Einrichtungen (Infirmarien; →St. Gallen, Kl. plan), die nur Mitglieder der jeweiligen Gemeinschaft aufnahmen, sowie von →Leprosorien, Lazaretti und Quarantänestationen, die der Isolierung von an Seuchen und Infektionskrankheiten Erkrankten dienten. Im weström. Reich und seinen Nachfolgestaaten wurden zw. dem 4. und 7. Jh. H.er (auch →Xenodochien gen.) meist unter dem Eindruck von Orientreisen gestiftet. Zahlreiche Gründungen erfolgten im Anschluß an die →Institutiones Aquisgranenses (Aachener Regel) von 816, die die endgültige Institutionalisierung der Barmherzigkeit im H. bewirkten. Als bes. hilfsbedürftig galten neben Armen und Pilgern auch alleinstehende Frauen und Kinder, bes. Waisen. In den folgenden Jahrhunderten unterlag das H. einerseits byz. und islam. Einflüssen, andererseits einem Anpassungsprozeß an die ständig neue Legitimation und Verankerung in der Gesellschaft.
         U. Lindgren

II. BYZANTINISCHES REICH: Die Einbindung des Christentums in das röm. Staatsgefüge während des 4. Jh. versetzte die Kirche in die Lage bis Notwendigkeit, das Prinzip der aktiven Nächstenliebe auf breiter Basis zu institutionalisieren. Mit Schwerpunkten in Ägypten und Kleinasien entstanden zunächst in den ö. Reichsteilen Häuser, die sich der Obsorge um den Bruder in Not (vgl. Mt 25, 35f., 40) widmeten. Diese kirchl. verwalteten, des öfteren mit Kl. verbundenen piae →causae (εὐαγῆ ἱδρύματα) waren anfängl. Mischanstalten, jedoch zeichnet sich in den Benennungen ξενοδοχεῖον (Fremdenherberge, →Gasthaus), ὀρφανοτροφεῖον (Waisenhaus), πτωχοτροφεῖον (Armenasyl), γηροκομεῖον (Altersheim), λωβοτροφεῖον (Leprosorium) schon die Spezialisierung ab, welche im 6. Jh. unter Justinian in einer Aufgliederung philantrop. Agenden resultiert. Ξενών und νοσοκομεῖον nehmen dabei fortan primär die Krankenbetreuung wahr. Im Idealfall (Pantokrator-Xenon, 12. Jh.) ist das H. in fallspezif. Abteilungen gegliedert, in denen laut Typikon (ed. GAUTIER) eine strukturierte Ärzteschaft und zahlreiches sonstiges Personal (vom »Pharmazeuten« bis zum »Kochkesselreiniger«) für rund 50 Patienten bereitstand. Quantitativ ist im Byz. Reich ein Stadt-Land-Gefälle feststellbar, aber selbst in den Zentren war das Gesamtbettenvolumen der H. gegenüber der Einwohnerzahl eher bescheiden. Hauskrankenpflege und (bzw. infolge) Spitalsfurcht (Ptochoprodromika IV 87–89; Typikon des Mamas-Kl., cap. 34, ed. Eustratiades, Hellenika 1 [1928]) werden diesbezügl. freilich mildernd gewirkt haben. Schwierigkeiten bei der dauerhaften Gewährleistung einer finanziellen Basis gefährdeten zweifellos den Bestand der H., immerhin aber existierten einzelne Einrichtungen (etwa das Sampson-Xenon in Konstantinopel) über Jahrhunderte. Komplementär zu den H.ern wirkte die durchaus schulmediz. Züge aufweisende chr. Inkubation an den Kultzentren der Ärzteheiligen (→Kosmas und Damian, Kyros und Johannes).
         E. Kislinger

III. ISLAMISCHER UND JÜDISCHER BEREICH: Das erste arab. Bīmāristān wurde 766 in Bagdad vom Kalifen →al-Manṣūr erbaut, der den Leiter der Schule von Ğundīšāpūr, Buḫtīšūʿ b. Ğurğis, bewog, sein Hofarzt zu werden sowie das Krankenhaus und eine diesem angeschlossene Medizinschule zu führen. Indem diese wirtschaftl. gut ausgestatteten Krankenhäuser der ärmeren Bevölkerung gratis offenstanden, dienten sie der Fürsorge und der Möglichkeit, an den dort Aufgenommenen med. Erfahrungen zu sammeln, die reichen Patienten zugute kamen. In den Bīmāristān (→Medizin), die Krankenhaus und Medizinschule, unter Leitung und Mitwirkung hochangesehener Ärzte, vereinigten, wurden die ersten wissenschaftl. Anstalten der Medizingesch. verwirklicht. Im 9.–11. Jh. entstanden in allen größeren Städten der islam. Reiche Krankenhäuser, bei denen die Augenheilkunde und die Pflege von Geisteskranken (→Geisteskrankheiten) eine bes. Rolle spielten. Das größte Bīmāristān von Bagdad hatte im 10. Jh. über 100 Betten und bestand aus verschiedenen Abteilungen, in denen 24 Ärzte tätig waren. Keine Krankenhäuser lassen sich allerdings in →al-Andalus nachweisen. Unklar bleibt der Vorbildcharakter der med. Versorgung durch den zeitl. stark verzögerten Einfluß auf die europ. H.er. – Die Frage, wieweit die kleineren karitativen Einrichtungen, die von Judengemeinden zur Betreuung eigener Gemeindemitglieder unterhalten wurden (Jerusalem, Palermo, um 600; in Deutschland z. B. Regensburg 1210, Köln 1248, Wien um 1379), den H.ern vergleichbar sind, ist noch nicht befriedigend gelöst.

IV. ABENDLÄNDISCHER BEREICH: [1] *Institutionelle Entwicklung:* Die von Ludwig d. Fr. 816 in die Wege geleitete Institutionalisierung der H.idee erhielt im 10. Jh. durch die Trennung von Bf.s- und Kapitelgut ein wirtschaftl. Fundament. Die an den Bf.ssitzen angesiedelten H.er konnten nunmehr eigenes Vermögen ansammeln und wurden der Verwaltung eines Kanonikers unterstellt. Daneben wurden in den erstarkenden Städten neue H.er gestiftet, in denen arme, alte Leute als Brüdern und Schwestern unter einer einfachen Hausordnung zusammenlebten. Bei einem großen Teil dieser Stiftungen trat im 13. Jh. eine Verklösterlichung ein, begünstigt durch eine auf dem IV. Laterankonzil 1215 erlassene Vorschrift, nach der alle geistl. Gemeinschaften, die noch keine Regel hatten, die Augustinerregel (→Augustinusregel) übernehmen sollten. Dieser Vorschrift entgingen allerdings die nun zahlreichen bürgerl. H.stiftungen, die den Räten in den Städten zur Verwaltung übertragen wurden. Für diese gilt zunächst (bis ins 14. Jh.) auch nicht die im Reich seit 1219, in England seit 1279 wirksame →Amortisationsgesetzgebung, die den Neuerwerb von Grundbesitz der →Toten Hand drast. einschränkte. In der 1. Hälfte des 14. Jh. setzte bei einigen dieser Gründungen die selbständige Kassenführung ein, die, sofern erhalten, eine wichtige hist. Q. darstellt. Sie geht teilweise zurück auf die vom Konzil v. →Vienne 1311 angeordnete Neuorganisation der Verwaltung. Die damit in Verbindung gebrachte »Pflegschaftsverfassung« (→Pflegschaft) schrieb den in Städten liegenden, aber unter geistl. Verwaltung stehenden H.ern vor, einen städt. Pfleger in den Vorstand zu nehmen, wodurch die Wahrung bürgerl. Interessen gewährleistet werden sollte. In großen H.ern wurde außerdem in Anlehnung an Kl. oder adlige Gutshöfe eine Ämterteilung mit verschiedenen Aufgabenbereichen durchgeführt. Die Anzahl derjenigen, die den H.betrieb bewirtschafteten, konnte dabei leicht größer als die der »Armen« bzw. Pfründner sein. Von Italien ausgehend, begannen die H.er im 13. Jh., sich Statuten zu geben. Neben den Rechnungsbüchern, die eine wichtige Q. für das Leben im H. darstellen, informieren sie über die Zielsetzungen der H.er. Dazu treten im 15. Jh. vermehrt Notariatsakten als Q., bes. als einige H.er (Barcelona seit 1401) eigene Notare beschäftigten.

In kleineren Städten blieb der einfache H.typ, der nur einem Geistlichen oder einem angesehenen Bürger anvertraut war, erhalten, v. a. in der Form des Pilgerh.s. Ganz anders war die Organisation der H.orden. In Jerusalem gründete Raimon du Puy 1120 in der Tradition der byz. Anstalten ein großes H. und zugleich den →Johanniterorden, dessen Mitglieder auch Krankenpflege in Jerusalem gelobten. Das Haus wurde nach dem Verlust Jerusalems 1291 nach Zypern und 1309 nach Rhodos verlegt. In Europa haben weder die Johanniter noch der →Dt. Orden im MA H.er unterhalten.

Als Pflegeorden einer verbreiteten Hautkrankheit, des Ergotismus, wurde 1095 der →Antoniusorden gegr., der in Vienne sein zentrales H. unterhielt. Aus einigen Niederlassungen erwuchsen später selbständige H.er (Memmingen, vermutl. auch Köln). – Nur ein loser Verband kam durch Unterstellung einiger Hl.-Geist-H.er unter das röm. H. S. Spirito in Sassia zustande. Seine Niederlassungen lagen überwiegend in Frankreich, Italien und Oberdtl. (→Hl.-Geist-Orden).

[2] *Formen der Hilfeleistung:* Die räuml. Verhältnisse der H.er vor dem Jahre 1000 waren bescheiden. Neben der Wohnung des Geistlichen, dem die Anstalt anvertraut war, gab es eine Küche mit Feuerstelle und einen Schlafraum. Eine erste Differenzierung betraf die Erweiterung auf zwei getrennte Schlafräume für Männer und Frauen, bes., als sich dem 11.Jh. die städt. Bevölkerung selbst anfing, die H.er in Anspruch zu nehmen. Die H.er dienten in wachsendem Maße als Altenheime, in die man sich je nach Vermögen einkaufte oder in die man als mittelloser Einw. aufgenommen werden konnte. Eine weitere baul. Differenzierung schuf die Möglichkeit getrennter Unterbringung der armen Alten und der zahlenden Pfründner. Da die Anstalten wie große Haushalte geführt wurden, schlossen sich Wirtschaftsgebäude mit entsprechendem Personal an. Im Mittelpunkt stand eine Kapelle, in größeren Häusern mit einem eigenen Geistlichen.

Gegenüber der Versorgung alter Menschen ging die Fürsorgepflicht an alleinstehenden Frauen und Pilgern im Hoch- und SpätMA zurück, während Waisenkinder teilweise in Kl. oder H.ern Aufnahme fanden (s. a. →Waisenhaus). Eine Ergänzung der Fürsorgeaufgaben wurde die Speisung und finanzielle Unterstützung der Hausarmen, gelegentl. auch das Auszahlen von Pensionen. Neu trat die Versorgung von Geisteskranken auf, die in Barcelona in der 2. Hälfte des 14. Jh. in einem H. nebenher geschah und in Valencia 1409, Zaragoza 1425, Sevilla 1436 und Toledo 1483 zur Einrichtung spezialisierter Häuser führte, während diese Armen im übrigen Europa bestenfalls eingesperrt wurden. Für Kranke, die nicht in der Gemeinschaft, in der sie lebten, gepflegt werden konnten, gab es kaum Hilfe. In den Wirtschaftszentren in Flandern, Norditalien und der Toskana sowie in einzelnen großen Städten wie Barcelona, Paris und Köln mußten die bestehenden H.er seit dem 14. Jh. auch alleinstehende Kranke aufnehmen und pflegen. In →Barcelona besteht seit 1401 ein zentrales *H. General* mit festangestellten Ärzten, einer eigenen Apotheke und professionellem Pflegepersonal. Diese Anstalt wurde nun auch von mittleren und gehobenen Bevölkerungsschichten aufgesucht, sie war also nicht länger ein Armenspital. Im Zuge einer Straffung der Fürsorge wurden in Oberitalien im Laufe des 15. Jh. entsprechende *Ospedali Maggiori* gegr., deren med. Versorgung sich allerdings erst allmähl. modernisierte (Florenz 1419/51, Mailand 1451–56, Lodi 1467, Genua 1472, Rom 1478). Auch im H. in →Beaune wurde für die Versorgung von Kranken nur im Notfall ein →Chirurg oder →Arzt hinzugezogen; die Anstalten waren im MA nicht auf eine geregelte med. Krankenpflege eingerichtet. Dies hängt auch zusammen mit der – abgesehen von Spanien – noch sehr geringen Arztdichte. Ähnliche Nachrichten stammen aus dem großen Pilgerziel Rom, wo das zentrale Ospedale di Santo Spirito in Sassia ursprgl. eine Gründung für sächs. Pilger war. Das große H. der Johanniter in Jerusalem soll geradezu auf Krankenpflege spezialisiert gewesen sein, doch gibt es darüber keine genauen Unterlagen oder Berichte.

Die ältesten noch erhaltenen H.gebäude, oft bedeutende Zeugnisse spätma. Profanarchitektur, z. T. mit reichem Stiftungsbestand an Reliquien und Kunstwerken (z. B. Brügge, Beaune, Tonnerre, Angers, Lübeck, Winchester u. a.), entstammen der Gründungsphase der General- und Großh.er, die 1401 in Barcelona begann und sich in Italien bis ins 16., in Deutschland bis ins 17. Jh. (Julius-Spital, Würzburg) hinzieht.

Während der bisher aufgeführten Formen der Hilfeleistung sich auf städt. H.er beziehen, gab es in ländl. Gegenden weiterhin Pilgerh.er (v. a. für Santiago-Pilger), die meist klein waren, jedoch in Nordspanien (S. Marcos bei León) etwa 100 Betten umfaßten. Sie wurden von Geistlichen oder von klösterl. Gemeinschaften versorgt und boten nur Obdach, Wasser, Brot und Salz. Eine einzigartige Stellung unter den Pilgerh.ern nehmen H. und Kl. Sta. Maria de →Guadalupe ein. In dem von →Hieronymiten betreuten H. fand auch eine ärztl. Behandlung von Kranken statt.

U. Lindgren

Lit.: [allg.; Westen]: R. M. CLAY, The Mediaeval H.s of England, 1909 [Neudr. 1966] – S. REICKE, Das dt. Spital und sein Recht im MA, 1932 – J. IMBERT, Les hôpitaux en droit canonique, 1947 – L. VÁZQUEZ DE PARGA, Las Peregrinaciones a Santiago de Compostela, 1948 – L. QUAGLIA, La maison du Grand-St-Bernard des origines aux temps actuels, 1955 – E. NASALLI ROCA, Il Diritto Ospedaliero nei suoi lineamenti storici, 1956 – C. DAINTON, The Story of England's H.s, 1961 – O. ENGELS, Episkopat und Kanonie im ma. Katalonien, Span. Forsch. 21, 1963 – H. DE MORANT, L'ancien hôpital St-Jean d'Angers, 1964 – D. JETTER, Gesch. des H., I: Westdtl. von den Anfängen bis 1850, 1966; IV: Spanien von den Anfängen bis um 1500, 1980 – M. CANDILLE, L'H. des origines au XI^{e}s., Bull. de la Soc. Franc. Hist. Hôp. 20, 1968, 11–41 – O. HILTBRUNNER, Die ältesten Krankenhäuser, Hippokrates 39, 1968, 501–506 – CH. COURY, L'Hôtel-Dieu de Paris, 1969 – C. PROBST, Der Dt. Orden und sein Medizinwesen in Preußen, 1969 – W. BERGER, Das St. Georgs-H. zu Hamburg. Die Wirtschaftsführung eines ma. Großhaushaltes (Beitr. zur Gesch. Hamburgs, hg. Verein für Hamburg. Gesch. 8, 1972) – L. GRASSI, Lo Spedale di Poveri del Filarete. Storia e restauro (dell'Ospedale Maggiore in Milano), 1972 – G. HARIG-J. KOLLESCH, Arzt, Kranker und Krankenpflege in der gr.-röm. Antike und im byz. MA, Helikon 13–14, 1973–74, 256–292 – A. MISCHLEWSKI, Grundzüge der Gesch. des Antoniterordens, 1976 (= BBU 8) – J. PENNINCK, L'H. St-Jean et le Musée Memling, Bruges, 1976 – U. LINDGREN, Narren und Tiere, SudArch 60, 1976 – DIES., Frühformen abendländ. H.er im Lichte einiger Bedingungen ihrer Entstehung (Hist. Hospitalium 12, 1977) – DIES., Bedürftigkeit – Armut – Not (H.er in Barcelona), 1980 – R. QUADFLIEG, Filaretes Ospedale Maggiore in Mailand, 1981 – Hist. des hôpitaux en France, hg. J. IMBERT, 1982 – U. LINDGREN, Die Verwaltung der Waisenfürsorge in Barcelonas H.ern (ca. 1370–1500) (Hist. Hospitalium 15, 1983–84) – W. MORITZ, 700 Jahre Elisabethkirche in Marburg 1282–1982. Das H. im späten MA. Ausst. des Hess. Staatsarchivs, Marburg, 1983 – Stadt im Wandel, Kat., 1985, 223–249 – D. JETTER, Das europ. H., 1986 – B. GEREMEK, Gesch. der Armut, 1988, bes. 57ff. – J. C. VIZUETE MENDOZA, Guadalupe (1389–1450), 1988 – [zum Byz. Reich]: A. PHILIPSBORN, Die Entwicklung des byz. Krankenhauswesens, BZ 54, 1961, 338–365 – Le typikon du Christ Saveur Pantocrator, hg. P. GAUTIER, RByz 32, 1974, 1–145 – N. F. MARCOS, Los thaumata di Sofronio. Contribución al estudio de la incubatio cristiana, 1975 – K. MENTZU-MEIMARE, Ἐπαρχιακὰ εὐαγῆ ἱδρύματα μέχρι τοῦ τέλος τῆς εἰκονομαχίας, Byzantina 11, 1982, 243–308 – R. VOLK, Gesundheitswesen und Wohltätigkeit im Spiegel der byz. Klostertypika (Misc. Byz. Monac. 28, 1983) – E. KISLINGER, Ks. Julian und die (chr.) Xenodocheia (Fschr. H. HUNGER, 1984), 171–184 – T. S. MILLER, The Birth of the H. in the Byz. Empire, 1985 – E. KISLINGER, Xenon und Nosokomeion – Hospitäler in Byzanz (Hist. Hospitalium 17, 1986/88), 7–16 – [zum arab. und jüd. Bereich]: EI² I, 1222–1226 – Enc. Iranica IV, 257–261 – E. BAY, Islam. Krankenhäuser im MA, 1967 – J. R. MARCUS, Communal Sickcare in the German Ghetto, 1947 [D. H. PHILIPSON, Memorial Publications, I].

Hospitaliter → Antoniter, → Heilig-Geist-Orden, → Johanniter, → Lazariten, → Hospital

Hospites (Singular: hospes '[eingewanderter] Gast'; zur allg. Fragestellung s. a. → Fremde, → Gast). In den Ländern Ostmitteleuropas, insbes. aber in → Ungarn, traten im HochMA Gruppen von h. (tlw. auch → Latini, Saxones gen.) auf (ung. Bezeichnung: *vendég*, 1171). Seit dem 11. Jh. erscheinen als h. vorwiegend »boni homines« (1222), d. h. Kleriker und Ritter; letztere vermittelten den Einheimischen die Kampftechniken der Panzerreiterei und leisteten Heeresdienst (»hospitum legiones«, 1116). Massenhafte Einwanderung brachte im 12. Jh. Bauern ins Land (s. a. → Bauer, D.IX,2); sie wurden mit 'libertas hospitum' ausgestattet: Befreiung von der Amtsgewalt der Kg.srichter, freie Richterwahl mit Ausübung der niederen Gerichtsbarkeit, Freizügigkeit, oft kirchl. Privilegien wie Pfarrerwahl, Zehntbesitz. Am Beginn des 13. Jh. ist das Freiheitssystem der h. ausgeformt. Durch diese bäuerl. Zuwanderer drang das System der → Emphyteusis in Ungarn ein. Im 13.–14. Jh. erhielten auch mit Einheimischen besiedelte Dörfer Gästerecht; alle, die nach diesem Recht lebten, galten nun als h. (»h. tam Hungari quam Teothonici«, 1240). Seit Ende des 14. Jh. wurde das Wort 'h.' nur mehr für Einw. der → »oppida« verwandt.

E. Fügedi

Lit.: E. FÜGEDI, Das ma. Kgr. Ungarn als Gastland (Die dt. Ostsiedlung im MA als Problem der europ. Gesch., hg. W. SCHLESINGER, 1974), 471–508 – A. KUBINYI, Zur Frage der dt. Siedlungen im mittleren Teil des Kgr.es Ungarn (1200–1541) (VuF 18, 1974), 527–566 – J. Szűcs, Megosztott parasztság, 1981.

Hospodine, pomiluj ny ('Herr, erbarme dich unser'), in der 2. Hälfte des 10. Jh. in Böhmen entstandener, bis heute im tschech. Sprachraum als Kirchengesang fortlebender Hymnus (Bitte um Heil, Fülle und Frieden im Lande) in tschech.-kirchenslav. Sprache; insgesamt acht Verse, in schlicht-monumentalem Stil verfaßt und zw. im reimlosen Achtsilber (JAKOBSON, MAREŠ) oder im freien Vers (ŠKARKA). Eine seit 1260 belegte Tradition schreibt ihn dem hl. →Adalbert (Vojtěch) zu. Älteste Hss. aus den 80er Jahren des 14. Jh. (ohne Noten) und vom Ende des 14. Jh. (mit Noten, beide Nat.- und Univ.-Bibl., Prag). Das Incipit wird vom Fortsetzer des Chronisten →Cosmas ad a. 1249, 1279 und 1283 als eine Art Landeshymne zitiert. Karl IV. nahm das Lied in die Krönungsordnung des böhm. Kg.s auf. Die Musikologen datieren die choralartige Melodie verschieden, vom 9. bis ins 12. Jh.

F. W. Mareš

Lit.: R. JAKOBSON, Nejstarší čes. písně duchovní, 1929 – D. OREL, Hudební prvky svatováclavské, Svatováclavský sborník II/3, 1937 – A. ŠKARKA, Nejstarší čes. duchovní lyrika, 1949 – M. WEINGART, Českoslov.typ cirk.slovančiny, 1949 – Z. NEJEDLÝ, Dějiny husitského zpěvu v Čechách, I: Zpěv předhusitský, 1954² – J. RACEK, Sur la question de la génèse du plus ancien chant liturg. tchèque »H.p.ny«, Magna Moravia, 1965 – F. V. MAREŠ, De lingua et versu et origine hymni H. p. ny, Das heidn. und chr. Slaventum, Annales Inst. Slavici, II, 2, hg. F. ZAGIBA, 1970 – H. BIRNBAUM, Zu den Anfängen der Hymnographie bei den Westslaven, I–II (DERS., On Medieval and Renaissance Slav. Writ., 1974) – F. W. MAREŠ, H.p.ny [in Vorber.].

Ḫosrau Ānūširwān, Großkg. des →Sāsāniden-Reiches; →Chosroes I., →Astronomie, Abschn. III.

Hostie (hostia: Opfertier, -lamm) löst bis zum 13. Jh. die Bezeichnung »oblata« für die Gaben für die →Eucharistie ab. →Amalar bezieht »hostia« auf Brot und Wein (Lib. off. Proem. 13), allmähl. (prolept.) Einschränkung allein auf das Brot. Nach der Tradition der ganzen Kirche ist es Weizenbrot, seit dem 9. Jh. setzt sich im Abendland unter Berufung auf ntl. Praxis ungesäuertes Brot (Azymen) durch (beim Schisma 1054 einer der Anklagepunkte gegen die Lateiner). In der Materie und phänotyp. unterscheidet sich die H. nun vom häusl. Brot: kleine, dünne (oft mit einem Kreuz oder einer Darstellung Christi geschmückte) Scheiben »in modum denarii« (Honor. August., Gemma an. I, 35) machen das Brotbrechen überflüssig. Die Bereitung der H. wird rituell ausgestaltet und vom profanen Bereich gelöst: Aufgabe der Kleriker und Mönche (später bes. der Ordensfrauen). Damit einher geht die drast. Rückgang der Kommunionfrequenz (→Kommunion), entsprechend müssen nur wenige H.n (für das Viaticum) im →Tabernakel aufbewahrt werden. Die »Communicatio per visum«, das (An-) Schauen der H. wird zum Schwerpunkt ma. Meßfrömmigkeit, deren rituellen Ausdruck die Elevation (Erheben und Zeigen) der konsekrierten H. (und des Kelches) wird (vorgeschrieben etwa durch Synode v. Paris, zw. 1209/15 unter Pierre de Nemours), beeinflußt u. a. durch die Eucharistielehre →Berengars v. Tours und die Häresie der →Katharer: Gegen alle Zweifel an der Realpräsenz will man schauen, was im Sakrament verborgen ist (→Fronleichnam). Die zahlreichen H.nwunder sind Ausdruck der Ehrfurcht vor der Eucharistie. Man unterscheidet a) →Blutwunder (→Bolsena), b) Verwandlungswunder (u. a. infolge →Hostienfrevel, →Judenfeindschaft), c) Wunder ohne Verwandlung: Engel-, Licht-, Spendungs-, Entziehungs-, Speise-, Unterscheidungs-, Heilungs-, Feuerwunder (BROWE). Damit ist die Nähe zur mag. Auffassung der H. gegeben: »Sie wirkt magisch für die Zwecke, für welche der Besitzer sie brauchen will« (FRANZ, 94). Als Zaubermittel kann sie Schaden zufügen oder abwenden; häufig gelangt man durch H.ndiebstahl in ihren Besitz. H.nwunder und -frevel werden zu Ausgangspunkten von eucharist. →Wallfahrten.

K. Küppers

Lit.: TRE XV, 604–606 – A. FRANZ, Die Messe im dt. MA, 1902 [Nachdr. 1963], 73–114 – E. DUMOUTET, Le désir de voir l'hostie, 1926

– P. Browe, Die Eucharistie als Zaubermittel im MA, AK 20, 1930, 134-154 – Ders., Die eucharist. Wunder des MA, BSHT, NS 4, 1938.

Hostienfrevel, -schändung, seit dem 13. Jh. gegen Juden vorgebrachter Vorwurf, gestohlene Hostien zu durchstechen, zu zertreten oder zu verbrennen. In keinem Fall der Nachprüfung standhaltend, gab er wie der der →Brunnenvergiftung und die →Ritualmordbeschuldigung den Vorwand für schwere Verfolgungen. Eine angebl. H. ist erstmals 1290 in Paris belegt; frühere Hinweise in der Mark Brandenburg (Beelitz 1247, Prignitz 1287) sind quellenmäßig fragwürdig. V. a. in S-Deutschland führte der Vorwurf der H. zu überregionalen Judenverfolgungen: 1298 gingen von Röttingen a. d. Tauber unter dem Adligen 'Kg. Rindfleisch' Pogrome in mehr als 100 Orten Frankens und Schwabens aus; ebenfalls dort nahm die →Armledererhebung ihren Anfang (1336-38). Zu weiteren Pogromen kam es 1338 von Pulkau aus in Niederösterreich und von Deggendorf aus in Niederbayern. Als Täter traten meist untere Schichten unter Führung eines Adligen hervor; Stadtführung und Schutzherren versuchten z. T., die ihnen unterstellten Juden zu schützen, wenn auch ohne großen Erfolg. Nur in Niederbayern beteiligte sich auch der Hzg. aus finanziellen Interessen an der Ermordung von Juden. Nach weiteren Verfolgungen (Posen 1399; Salzburg, Hallein 1404; Wien 1420; Schlesien 1451; Passau 1478; Steiermark 1496) verlor die Beschuldigung der H. an Bedeutung, doch wurden durch Wallfahrten, die sich um 'Hostienwunder' gebildet hatten, weiterhin antijüd. Stereotype tradiert. J. Kirmeier

Lit.: GJ II; III/1 – F. Graus, Pest – Geißler – Judenmorde, 1987 – J. Kirmeier, Juden und andere Randgruppen..., 1988.

Hostienziborium, Gerät zur Aufbewahrung des eucharist. Brotes, nach verschiedenen Vorformen seit Ausgang des MA als kelchförmiges Deckelgefäß bekannt. Der Name selber ist vermutl. abgeleitet von der Aufhängung des Hostienbehälters am →Altarziborium. Die Praxis der Hostienbewahrung am Altar ist seit Ende 8. Jh. nachgewiesen (Admonitio synodalis), aber schon früher anzunehmen. Entsprechende Geräte heißen →Pyxis, →Capsa, →Cuppa, Bustia, Custodia, →Chrismale, Arca, Theca, Tabernaculum, Columba u. a. Gebräuchlichster Typus ist die Pyxis, aus Elfenbein, Metall, Holz oder Textil, rund, oval, viereckig, polygonal, mit einfachem, kuppeligem oder pyramidalem Deckel, oft mit Hinweis »pro sacramento« von der Reliquienpyxis abgehoben. Zum Stellen oder Hängen eingerichtet, wird die Hostienpyxis durch Zufügung eines Ständers mehr und mehr dem Kelch angeglichen. Manche Hängegeräte sind als »eucharistische Tauben« gebildet. Schon um 1000 erwähnt, werden sie im 12.-13. Jh. in Limoges in großer Zahl hergestellt. Zur gleichen Zeit begegnet auch das »tabernaculum« und die Hänge-»cuppa«, oft mit bes. Einsatz für die Hostien. Schon das hohe MA kennt kuppelige Pyxiden mit Ständer und gewölbtem Deckel als unmittelbare Vorform des H.s (St. Maurice; London, Victoria and Albert Mus.). Architekton. Bekrönung solcher Pyxiden legt ihre morpholog. Beziehung zu Reliquienostensorium und Monstranz nahe, mit entsprechender Hl. Grab-Symbolik. Im übrigen gibt es vielfältige, auch figürl. Verzierung am Gefäß zur Hostienbewahrung, ohne erkennbare eigene ikonogr. Tradition. Die Durchsetzung des H.s als kelchartiges Deckelgefäß (Speisekelch) im nachma. Sinne hängt mit der Praxis der Kommunionspendung seit dem Trienter Konzil und damals erlassenen Verordnungen zur Aufbewahrung der Eucharistie im Altartabernakel zusammen. V. H. Elbern

Lit.: LThK² VIII, 909f.; IX, 1308; X, 1364 – J. Braun, Das christl. Altargerät, 1932, 280ff. – P. Skubiszewski, Románskie cyboria w ksztalcie czary z nakrywa, problem genezy, Rocznik Hist. Sztuki 5, 1965, 10ff. – O. Nussbaum, Die Aufbewahrung der Eucharistie, 1979, passim.

Hôtel du roi (de la reine, des princes) bezeichnet seit dem 13. Jh. die Gesamtheit der die Hofhaltung des Kg.s (bzw. der Kgn. und der Prinzen) bildenden Dienste und Ämter. Das am kapet. Hof frühzeitig konstituierte H. diente anderen Höfen (u. a. Neapel, Burgund) als Vorbild. Die Ursprünge des H., das wohl auf die Zeit um oder sogar vor 1200 zurückgeht, liegen im dunkeln. Hauptquellen sind die →Ordonnances de l'Hôtel, deren älteste vom Aug. 1261 datiert, und die erhaltenen Rechnungen. Kern des H. waren die sechs Hofämter (métiers) der Paneterie (→Panetier), Échansonnerie (→Mundschenk), Cuisine, Fruiterie, →Écurie u. Chambre (→Kammer; s. a. →chambellan). Hinzutraten die Fourrière, die dem reisenden Kg. das Quartier vorbereitete und das Botenwesen organisierte, die angesichts der Jagdleidenschaft der Kg.e bes. wichtige Vènerie (→Jagd), die kgl. Garde (→Leibwache) und die →Arbalétriers. In das Umfeld des H. gehören auch die geistl. Hofämter wie →Hofkapelle, →Aumônerie und →Confesseur. Um 1315 löste sich aus der Kammer die →Argenterie, die ursprgl. der engl. →Wardrobe entsprach. An der Spitze dieser Hofämter stand jeweils ein Maître, dem ein Kleriker (→clerc) als Rechnungsführer zugeordnet war und der über Diener (→valets), Kellerer (sommeliers) und Fuhrleute (charretiers) zum Transport der jeweiligen Güter verfügte.

Das Personal des H. wurde das gesamte MA hindurch unmittelbar vom Kg. bestellt. Faktisch waren aber bestimmte Familienverbände aus der kgl. →familia im H. führend (Chambly, →Essarts, →Bouville). Die Leute des H. erhielten vom Kg. Bezüge und Kleidung (Mäntel, Roben, Handschuhe), Verpflegung und Wohnung (soweit sie am Hof lebten) sowie Altersversorgung (durch Renten).

Die Aufwendungen für das H., insbes. Bezüge und Ankäufe für die garnisons (d. h. Nahrungs- und Futterreserven für Mensch und Tier), fielen in den Kompetenzbereich der →Chambre aux deniers.

An der Spitze des H. stand der →Maître de l'H. Anfängl. mit der Koordination der verschiedenen métiers betraut, wuchsen ihm rasch finanzielle Kompetenzen zu, was in der Kumulation mit dem Amt des Maître de la chambre aux deniers zum Ausdruck kam (so bei Baudoin und Mathieu de Roye seit 1305).

Seit dem frühen 14. Jh. umfaßte das H. einen großen Personenkreis, der sich (einschließl. des etwas kleineren H. de la reine und der H.s des enfants oder des princes) auf 500-800 Personen belief (zum Vergleich: avignones. Kurie unter Clemens V.: 300; Kg. v. Aragón 1344: über 200; Kg. Jakob II. v. Mallorca 1337: 150; Kg. v. England 1454: 600). Die entsprechend der Zahl der Bediensteten geleisteten Aufwendungen für das H. waren enorm; sie wuchsen von 150000 livres am Ende des 13. Jh. auf 300000 zu Beginn des 14. Jh. an und überstiegen bei weitem die Kosten der anderen zeitgenöss. Hofhaltungen (z. B. in England unter Eduard III. um 1330 jährl. Ausgaben von über 10000 l., unter Eduard IV., 1461-83, 13000 l.).

Das Bedürfnis der Fs.en nach Repräsentation war die Quelle ständiger Geldsorgen. Folglich waren die Monarchen auf Einsparung am Personal und an den Bezügen bedacht (vgl. bereits die frz. Ordonnanz von 1261). Dem stand jedoch die verbreitete Vorstellung entgegen, daß der Hof stets ein Schauspiel würdiger Repräsentation zu bieten und einem jeden standesgemäßen Empfang zu bereiten habe. Daher steht bei einem anderen Typ der Hofordnung bzw. -ordonnanz der zeremonielle Aspekt im Vordergrund, so in der Ordonnanz des Dauphin →Humbert II. von 1336, mit exakter Regelung der Speisenfolge und der Stoffpreise der Hofkleidung in ständ. Abstufung. Die *Ordenacions* des Kg.s Peter IV. el Ceremonioso v. Aragón (1344) übten starken Einfluß aus, u. a. auf →Burgund, dessen glanzvolles Zeremoniell die Höfe im nördl. Europa (England) nachhaltig prägte.

In bezug auf England ist die starke polit. Rolle des kgl. *household*, der während der langen Kontinentalaufenthalte der Herrscher im 15. Jh. als »Ersatzregierung« fungierte, hervorgehoben worden. Doch auch das H. des Kg.s v. Frankreich, dessen Angehörige dem Monarchen bei seinen Aufenthaltswechseln auf Schritt und Tritt folgten und sein alltägl. Leben teilten, war ein machtvolles Instrument monarch. Politik. →Hofordnung. E. Lalou

Q.: →Ordonnances, →Chambre aux deniers – *Lit.*: J. VIARD, L'hôtel de Philippe VI de Valois, BEC LV, 1894, 464–487, 598–626 – BORELLI DE SERRES, Recherches sur divers services publics, 1895–1904 – P. LEHUGUER, Philippe V de Long. Le mécanisme de son gouvernement, 1931 – F. LOT – R. FAWTIER, Hist. des institutions françaises, Bd 2, 1958, 66–74 – R. CAZELLES, La société politique et la crise de la royauté sous Philippe de Valois, 1958 – B. GUENÉE, L'Occident aux XIVe et XVe s. Les états, 1971.

Houdetot, Robert de, † Febr. 1358, kgl. Ritter und Amtsträger aus norm. Adelsfamilie (H., dép. Seine-Maritime), nahm im Zuge seiner militär. Karriere (Kriege in Flandern, seit 1318; Guyenne, 1324; →Sluis, 1340; Guyenne bis 1350, dann Normandie und Picardie) an den Feldzügen des →Hundertjährigen Krieges teil; 1346 als engl. Kriegsgefangener mit finanzieller Beihilfe des Kg.s ausgelöst. H. war *Maître des Requêtes* →Hôtel du roi und übte hohe Ämter in Gascogne und Languedoc aus (Febr. 1342–1. Okt. 1347 Seneschall v. Agen; seit 1345 →*Gouverneur*, dann →*Capitaine général* des gesamten Languedoc). Vor Febr. 1348 zum *Maître des* →*arbalétriers* ernannt, 1351 *Capitaine générale* in der Normandie, hatte er als kgl. →*commissaire* die Steuerveranlagung in den an →Karl den Bösen v. Navarra abgetretenen Gebieten durchzuführen (1354) und kämpfte gegen die anglo-navarres. Truppen (Pont-Audemer, Conches, Honfleur: Aug. 1357), ohne während der polit. Krise von 1356–58 das Vertrauen der →États zu verlieren. A. Demurger

Q.: Paris, Bibl. Nat., PO 1537 – Journaux du Trésor de Philippe VI, 1899; de Charles IV, 1917, ed. J. VIARD – *Bibliogr.*: G. DUPONT-FERRIER, Gallia Regia, n° 10, 13671, 13754 – *Lit.*: P. ANSELME, Hist. généalogique de la maison de France, 1726–39 [Neudr. 1964], VIII – A. COVILLE, Les États de Normandie au XIVe s., 1894, 273–275 – R. CAZELLES, Société politique, noblesse et couronne sous les règnes de Jean II et Charles V, 1982, 252.

Houppelande → Kleidung

House of Commons, traditionelle, aber verhältnismäßig junge Bezeichnung der gewählten Mitglieder der engl. →Parliaments. Erstmals 1265 (→England, D.I.4) und mit zunehmender Häufigkeit seit der Regierung Kg. Eduards I. wurden Repräsentanten der Gft.en *(shires)* und *→boroughs* in die Parliaments des Kg.s entsandt; sie waren ermächtigt, ihren Wählern die dort getroffenen Entscheidungen zu übermitteln. Seit den dreißiger Jahren des 14. Jh. hielten diese Vertreter, abgesondert von den weltl. und geistl. Herren *(lords)*, Beratungen ab – sofern →Westminster Tagungsort war, im dortigen Kapitelhaus. Diese als 'commons' bezeichneten Abgesandten galten nun als Repräsentanten der *Community of the realm*.

Inzwischen hatte sich ein traditionelles Verfahren bei der Parlamentsmitgliedschaft der Commons ausgebildet:

Den Ehrenplatz nahmen die 'Gft.sritter' *(shire knights)* ein, 74 parität. in allen engl. Gft.en (mit Ausnahme der 'Pfgft.en' →Cornwall und →Durham) gewählte Repräsentanten. Die wahlberechtigten Gft.sgemeinschaften bestanden aus den jeweils nur wenige hundert Personen umfassenden Kreis der *freeholders* (→*freehold*), die an den Gft.sgerichten teilnahmen. Ein Statut v. 1429–30 beschränkte das Wahlrecht *(parliamentary franchise)* auf freeholders mit einem Mindestgrundbesitz im Wert von 40 s p. a. (s. a. →Gentry).

Die andere Gruppe der Commons, näml. die der städt. Repräsentanten, war zahlenmäßig größer, trat aber weniger in Erscheinung. Die Parlamentsvertreter wurden in der Regel von der herrschenden Oligarchie ihrer Stadt nominiert. Während die größeren Städte auch im 15. Jh. weiterhin Stadtbürger in die Parliaments entsandten, gingen kleinere Städte aus Kostengründen zunehmend dazu über, ihre Vertretung nicht stadtsässigen Personen (v. a. weltl. Amtsträgern oder Männern aus dem Umkreis von Magnaten) zu übertragen.

Nach bescheidenen Anfängen als Zeugen und Bittsteller wurden die Commons durch ihre Funktion bei öffentl. Steuerbewilligungen und Gesetzerlassen zu einem wichtigen Bestandteil der Parliaments. Es begann die Entwicklung von Verfahrensweisen und Organisation, nicht zuletzt durch das seit 1376 auftretende Amt des →Speaker. Die Rolle der Commons im SpätMA darf nicht überbewertet werden, da ihr 'house' nur anläßlich der – unregelmäßigen – Tagungen der Parliaments bestand, und auch dann sind eigene Initiativen der Gft.svertreter vergleichsweise selten, der städt. Repräsentanten in noch geringerem Maße erkennbar. R. L. Storey

Lit.: M. MCKISACK, The Parliamentary Representation of the English Boroughs during the MA, 1932 – J. C. WEDGWOOD, Hist. of Parliament (1439–1509), 2 Bde, 1936–38 – J. S. ROSKELL, The Commons in the Parliament of 1422, 1954 – DERS., The Commons and their Speakers in English Parliaments (1376–1523), 1965 – P. JALLAND, The Influence of the Aristocracy on Shire Elections in the North of England, Speculum 47, 1972, 483–507 – The English Parliament in the MA, hg. R. G. DAVIES – J. H. DENTON, 1981 – A. L. BROWN, The Governance of Late Medieval England (1272–1461), 1989, 163f.

Hovedøya (anorw. Maríu klaustr i Hofuðey), norw. Kl. OCist auf der Insel H. bei →Oslo im Oslofjord, gestiftet am 18. Mai 1147 von Mönchen des Kl. Kirkstede (Lincoln); ☿ hl. Maria, hl. Jatmund (Edmund). Zunächst Kirkstede, im ausgehenden MA dem dän. Kl. →Sorø unterstellt, war H. hauptsächl. in der Umgebung von Oslo reich begütert. 1460–80 hielten sich die Mönche des Birgittinerkl. →Munkeliv in H. auf, diejenigen aus H. dagegen in Munkeliv. Der in der nord. Kl.gesch. einmalige Tausch stand wohl im Zusammenhang mit dem Wiederaufbau des 1455 abgebrannten Munkeliv. Mit der Kriegszerstörung H.s am 21. Jan. 1532 endete die Gesch. des Kl. Der Kl.plan entspricht dem zisterziens. Aufbau, ledigl. die Kirche könnte älter sein (G. FISCHER).
G. A. Ersland

Lit.: C. C. A. LANGE, De norske Kl.s hist. i Middelalderen, 1856^2 – N. NICOLAYSEN, Hovedø kl. og dets minder, 1891 – G. FISCHER, Klosteret på H., Fortidsminner LXI, 1974.

Howard, John, Duke of →Norfolk, Begründer des bis heute bestehenden Hzg.hauses, * ca. 1422, ⚔ 1485 in der Schlacht v. →Bosworth; Neffe von John →Mowbray, dem 2. Duke of Norfolk. Bald nach der Thronbesteigung Eduards IV. 1461 zum Günstling des neuen Kg.s aufgestiegen, nahm H. eine bedeutende Stellung im kgl. Haushalt ein und bekleidete zahlreiche Ämter. 1470 als »Lord H.« zum Parliament geladen, war H. in den folgenden

Jahren für den Kg. als Ratgeber, Flottenbefehlshaber und Gesandter tätig. Diese Dienste verschafften ihm reiche Einkünfte. Doch kam es zum Bruch mit dem Kg., als Eduard die Besitzungen der Mowbrays, deren Miterbe H. 1481 geworden war, an seinen jüngeren Sohn Richard, Duke of York, auf Lebenszeit übertrug, den er mit der Mowbray-Erbin verheiratet hatte. H. unterstützte nun Richard (III.), Duke of Gloucester, und erhielt von diesem seinen Erbteil an den Mowbray-Besitzungen sowie den Titel des Duke of Norfolk. Nach H.s Tod wurden Besitz und Titel eingezogen, aber schließlich seinem Sohn übertragen. R. Virgoe

Lit.: Peerage IX – J. M. ROBINSON, The Dukes of Norfolk, 1982.

Höxter, Stadt an der Oberweser (Nordrhein-Westfalen), aus einer etwa 2 km sw. der Abtei →Corvey, unmittelbar an einer Weserfurt des westfäl. →Hellwegs gelegenen Würzburger Missionszelle (gegr. um 820; Kilianskirche) entstanden. Die Furtsiedlung (villa huxori 999) wuchs, behindert durch Gründungen des Kl. (Petrikirche, Aegidienkirche) und trotz schwerer Rückschläge (Flächenbrände zw. 1036 und 1045), allmähl. nach W; seit Mitte des 10. Jh. bestand eine Fernhändlersiedlung n. der Kilianskirche. Bei der Marktsiedlung, die insgesamt vom wirtschaftl. und polit. Gewicht der sie beherrschenden Abtei profitierte, wird 1115 erstmals eine feste Weserbrücke erwähnt; ein zweiter Markt erscheint jetzt nw. der Kilianskirche. Ein erster Abschluß der Entwicklung läßt sich mit einer Holz-Erde-Befestigung um 1150 festlegen, die ca. 14 ha umfaßte. Gleichzeitig wird eine verfaßte Bürgergemeinde greifbar; die vollausgebaute Ratsverfassung ist 1235 nachweisbar (1246 consules). Die Statuten orientieren sich am Dortmunder Stadtrecht. Die immer selbständiger gegen das Kl. agierende Stadt umschloß um diese Zeit das gesamte erweiterte Stadtgebiet mit Fernhändlersiedlung um St. Nikolai, Petrikirche und neuerrichtetem Minoritenkl. St. Marien mit einem großzügigen Mauerring (ca. 38 ha). Nach der 1265 erfolgten Zerstörung der benachbarten Stadt →Corvey wuchs die Einw.zahl bis etwa 1450 auf ca. 2000. H. W. Schüpp

Lit.: H. STOOB (Westfäl. Städteatlas I. Lfg., 1975) – H. RÜTHING, H. um 1500, 1986 [Lit.].

Hoya, Gf.en v. An der mittleren Weser entstand zw. Weser und Hunte seit Ende des 12. Jh. das Territorium Gft. H. Der 1202 erstmals als »comes de Hogen« (wohl aus der Sippe der Gf.en v. Stumpenhausen stammend) bezeugte Heinrich legte seinen Vorort zum nun namengebenden vicus H. (um 1368 Weichbildrechte) und konnte bereits um 1215 die Gft. in Nienburg hinzuerwerben (Stadtwerdung um 1250). Nach einer ersten Teilung 1299 folgte 1343/46 eine endgültige in Oberherrschaft (mit dem Zentrum Nienburg) und Niederherrschaft (mit dem Zentrum H.). Größter Erfolg konsequenter Territorialpolitik im 14. Jh. war der Erwerb der Gft. Alt- und Neubruchhausen (1338, 1384). Ende des 14. Jh. ist eine feste Vogteigliederung erkennbar; im frühen 16. Jh. gliederte sich die Gft. in 14 Amtsbezirke. Nur ansatzweise entwickelten sich Landstände. Die nachgeborenen Gf.ensöhne verfolgten (bes. im 15. Jh.) erfolgreich geistl. Karrieren und wirkten (tlw. als Klever Parteigänger) so in hohem Maße auf die Politik in Westfalen und Niedersachsen ein. 1503 starb die Gf.enlinie der Niederherrschaft aus; die auf eine Erbverbrüderung von 1459 gestützten Ansprüche der anderen Linie konnten nur durch Annahme einer Belehnung seitens der welf. Hzg.e gewahrt bleiben, an die 1582 H. endgültig überging. F. B. Fahlbusch

Q. und Lit.: Hoyer UB, 2 Bde (W. v. HODENBERG), Hannover 1848/55 – G. ERLER, Das spätma. Territorium Gft. H. (1202–1582) [Diss. Göttingen 1972].

Hoyer v. Mansfeld. Wahrscheinl. als Nachkomme eines 1063 gen. gleichnamigen Mitglieds des gfl. Hauses →Mansfeld ist H. seit 1112 als zuverlässiger Parteigänger Ks. Heinrichs V. nachzuweisen, als er aus Groitzscher Besitz die Gaue Nisan (um →Dresden) und →Bautzen und die Burgen Leisnig und Morungen erhielt. H. stand im harten Vorgehen gegen die sächs. Adelsopposition dem Ks. bei, siegte vor dem 9. März 1113 bei Warnstedt nahe Quedlinburg über die Fs.en, die sich daraid erneut zum Angriff stellten. In der Schlacht am →Welfesholz führte H. das Vordertreffen, für den Fall des Sieges soll ihm der Ks. das Hzm. →Sachsen zugesagt haben. Er verlor jedoch Kampf und Leben (Zweikampf mit Gf. Wiprecht d. J. v. Groitzsch). Mit H. beginnt die sicher bezeugte Gesch. der Gf.en v. Mansfeld, er hinterließ einen gleichnamigen Sohn. Der Sage nach war H. 'ungeboren', d. h. aus dem Leibe seiner toten Mutter 'gekrochen' und deshalb unbesiegbar und mit übernatürl. Kräften begabt. K. Blaschke

Lit.: ADB XX, 232f. – R. HOLTZMANN, Sagengesch. zur Schlacht am Welfesholz, SaAn 10, 1934, 71–105 – H. HELBIG, Der wettin. Ständestaat, 1980², 115.

Hrabanus Maurus, Mönch, Lehrer und Abt in →Fulda, Ebf. v. →Mainz, * um 780 in Mainz, † 4. Febr. 856 ebd., ▭ ebd., St. Alban. Eltern: Frk. Adlige Waluram und Waltrat, in oder um Mainz.

[1] *Leben und Wirken:* Wohl spätestens 791 Oblate im Kl. Fulda, 801 zum Diakon, 814 zum Priester geweiht. H., der unter Abt →Baugulf (779–802) kurze Zeit am Hofe Karls d. Gr. und v. a. bei →Alkuin in Tours weilte, wurde zur weiteren Vertiefung der Kenntnisse von Abt Ratger erneut zu Alkuin geschickt, von dem er den Beinamen Maurus (Lieblingsschüler des hl. Benedikt) erhielt, gesandt und noch vor dem Tod Alkuins (804) zum Lehrer in Fulda bestellt. Unter dem Konflikt zw. dem Konvent und Abt Ratger (vgl. Supplex libellus, Beschwerdeschrift der Fuldaer Mönche, 812; Zweitfassung, 816/17, CCM I, 319–327) litt auch H., der in Carm. 20 Ratger um die Rückgabe wertvoller Bücher bat. Nach der Absetzung Ratgers 817 begann unter Abt →Eigil (818–822) H.' große Zeit als Lehrer und Verf. zahlreicher Bibelerklärungen und mehrerer Werke über Fragen der kirchl. Praxis. 822 Abt v. Fulda, blieb er geistiger Anziehungspunkt für Mönche (z. B. →Otfrid v. Weißenburg, →Walahfrid Strabo, →Lupus v. Ferrières) des Ost- und Westfrankenreiches. Von seinem ausgeprägten Sinn für Verwaltung zeugen die seit 824 regelmäßigen Eintragungen verstorbener Mönche in die Fuldaer Totenannalen, das Verzeichnis der Namen aller Konventualen von 825, die schon zuvor einsetzende fortlaufende Archivführung, die auf H.' Veranlassung begonnenen Cartulare mit topograph. geordneten Abschriften von Urkk. über Grundbesitz des Kl., seine Sorge um Ausbau der Bibliothek und um Pflege der Schrift (Übergang von der ags. zur karol. Minuskel, Ende der 20er Jahre), Kirchen- und Kapellenbau sowie der Erwerb zahlreicher Reliquien. Reichspolit. Verfechter der Reichseinheit, ergriff H. 832–835 für Ludwig d. Fr., nach 840 für Lothar Partei. Nach dessen Niederlage (→Fontenoy) resignierte er 841/842 als Abt und zog sich auf den Petersberg bei Fulda zurück. Zw. 843 und 845(?) mit Ludwig d. Dt. versöhnt (Widmung einiger Werke), wurde H. im Juni 847 zum Ebf. v. Mainz erhoben. Unter seiner Leitung fanden die →Mainzer Synoden von 847, 848 (Verurteilung →Gottschalks v. Orbais) und 852 statt. Er beteiligte sich an den Auseinandersetzungen um Ebf. →Ebo v. Reims, am

→Abendmahlsstreit zw. →Paschasius Radbertus und →Ratramnus v. Corbie und blieb bis zu seinem Tode lit. tätig.

[2] *Literarisches Werk:* Zusammenstellung der Werke vor der ersten Gesamtausgabe bei →Rudolf v. Fulda, »Miracula sanctorum in Fuldenses ecclesias translatorum« c. 15 (bis ca. 842; MGH SS XV 1, 340f.); J. Trithemius, De scriptoribus ecclesiasticis, Basel 1494; Ders., Catalogus illustrium virorum, Mainz 1495; N. Serarius, Moguntiacarum rerum libri V, Mainz 1604, 631-634.

1) Das Erstlingswerk »De laudibus sanctae crucis« (Entstehungszeit unsicher, jedenfalls vor der Priesterweihe 814; ed. mit frz. Übers. M. Perrin, 1988; vollständ. Faks.ausg. des Cod. Vind. 65 K. Holter, Codd. Selecti 33, 1972/73), auf Anregung seines Fuldaer Mitschülers Alkuin und Nachfolgers Hatto, bietet in Buch I einen Zyklus von 28 →Figurengedichten zum Lobe des →Kreuzes, in Buch II eine Prosa-Paraphrase derselben, für die sich H. auf →Prosper v. Aquitanien und →Sedulius beruft. Für die Mönche Fuldas bestimmt, sind von dem Werk schon zu Lebzeiten H.' Exemplare für Ludwig d. Fr., den Papst, die Ebf.e Haistulf und Otgar v. Mainz und Radulf v. Bourges, für Mgf. →Eberhard v. Friaul und die Kl. St. Martin in →Tours und →St. Denis hergestellt worden. 2) Auf Veranlassung von Abt Eigil verfaßte H. das Werk »De institutione clericorum« (ed. A. Knöpfler, 1900) in 3 Büchern, das den Priestern den Sinn ihrer Aufgaben, das Wichtigste über die Sakramente, die bibl. Bücher und Fragen klerikaler Bildung darlegt. Von diesem 819 Ebf. Haistulf gewidmeten Werk stellte H. 852-856 eine gekürzte Fassung »De sacris ordinibus« für den Mainzer Chorbf. Thiotmar her. Vielleicht ist der anonyme, hs. nicht erhaltene, diesem Werk themat. verbundene Traktat »De benedictionibus dei« für Bf. Baturich v. Regensburg, einen ehemaligen Fuldaer Mönch, in dem Fragen des →Stundengebets behandelt werden (MPL 129, 1399-1436; Epp. V, 359f.; vgl. B. Bischoff, Ma. Stud. II, 1967, 77f.), H. zuzuschreiben. 3) Gestützt auf →Beda legte H. im Werk »De computo« (ed. W. M. Stevens, CChrCM 44, 1979, 165-321) 820 ein Hilfsmittel für Fragen der Zeitrechnung in Unterricht und kirchl. Praxis (Berechnung des Ostertermins; christl. Zeitrechnung nach Jahren seit Christi Geburt [→Chronologie C.I.4]) vor. 4) Sein »Commentarium in evangelium Matthei libri VIII«, bereits 821 abgeschlossen, begründet seinen Ruf als Schriftklärer. Bitten um Auslegung weiterer bibl. Texte und eigene Interessen haben H. in der Folge veranlaßt, Komm. zu fast allen Büchern des AT und NT zu verfassen. H. kompilierte v. a. aus Werken von →Augustinus, →Hieronymus, →Ambrosius, →Gregor d. Gr. und Beda und bemühte sich, den hist. Sinn der Bibel zu erschließen, legte aber auf auch den allegor. und im Anschluß an Gregor d. Gr. den tropolog. Sinn dar. 5) »De arte grammatica«, eine wohl im Zusammenhang mit seiner Lehrtätigkeit verfaßte Lehrschrift mit zahlreichen Zitaten aus →Priscian, beeinflußt von Bedas »De arte metrica«. 6) Gelegenheitsschriften: Carmina (Tituli und Epitaphien), Hymnen (Verf. frage bei vielen ungeklärt; wahrscheinl. von H. »Veni Creator Spiritus«); Schriften zu Streitfragen seiner Zeit: »De chorepiscopis« (zur Stellung der Chorbf.e; 829-842 an Ebf. →Drogo v. Metz); »De reverentia filiorum erga patres et subditorum erga reges« anläßlich des Streits zw. Ludwig d. Fr. und seinen Söhnen 833/834; »De oblatione puerorum« bald nach 829 zur Verteidigung der monast. Oblation im Kindesalter gegenüber seinem Schüler Gottschalk v. Orbais wie auch die gegen diesen gerichtete Schrift »De praedestinatione« (Verhältnis von göttl. Vorherbestimmung und menschl. Willensfreiheit). 7) Schriften für die kirchl. Praxis: a) Paenitentialia (MPL 110 und 112) auf Grund von Fragen Ebf. Otgars v. Mainz ca. 841/842 und Bf. Heribalds v. Auxerre 853. H. entnahm die Bußsatzungen gemäß Reformgedanken seiner Zeit weitgehend Slg.en allgemeinkirchl. Rechts (Konzilsbestimmungen, Papstdekretale), griff aber auch die in Reformkreisen abgelehnten älteren Bußbücher zurück und zitierte bemerkenswert häufig die Bibel als Rechtsautorität. Eine Erweiterung von →Halitgars l. IV zu einer 60-Kapitel-Slg. (Hs. Wolfenbüttel, Helmst. 656, s. IX med., aus Mainz) ist H. oder einem seiner Mitarbeiter zuzuschreiben (ed. Kottje, 255-275). Dieselbe Hs. enthält die als Werke H.' edierten Bearb.en Halitgars »De quaestionibus canonum paenitentialium libri tres« und »De vitiis et virtutibus et peccatorum satisfactione« (MPL 112), die vielleicht auf H. zurückgehen, jedoch nicht zu den originär-Hrabanischen Werken gehören; b) Martyrologium (ed. J. McCulloh, CChrCM 44, 1979, 3-161), 843 auf Bitten Abt Ratleiks v. →Seligenstadt verfaßt, Q. v. a. Beda; c) Sermones: Slg. für die höheren Feste auf Bitten Ebf. Haistulfs 822-826 (MPL 110; Widmungsbrief: Epp. V, 391); dreiteiliges Homiliar für die Sonn- und Festtage auf Bitten Ks. Lothars I. ca. 854/855 (ed. nur T. II, MPL 110; Brief Lothars, Widmungsbriefe: Epp. V, 503-506); Sermo für Allerheiligen (Inc. »Legimus«) und für die Feste Kreuzauffindung und -erhöhung (MPL 110, 131-134) für Lothar verfaßt. H.' Q. waren die Kirchenväter, bes. Augustinus und Beda; d) »De disciplina ecclesiastica«, ca. 841/842 für den im thüring. Missionsgebiet wirkenden Mainzer Chorbf. Reginbald, behandelt die Unterweisung Ungetaufter, die wichtigsten Sakramente und Gebete, Tugenden und Hauptlaster; e) »De rerum naturis« (erst seit Erstdrucken »De universo«), bestimmt für seinen ehemaligen Mitschüler →Haimo v. Halberstadt (MPL 111; Widmungsbriefe an Haimo und Ludwig d. Dt.: Epp. V, 470-474), eine →Enzyklopädie (22 B.), die dem Verständnis der Bibel und ihrer geistl. Deutung dienen sollte. Q. waren v. a. →Isidors Etymologien, in der allegor. Deutung folgte H. überwiegend Hieronymus, Augustinus, Gregor d. Gr., Beda und Alkuin. Illustrierte Texte (ältester Repräsentant 1022/23 Monte Cassino) gehen nicht auf H. zurück (anders Reutter, 30-32); f) nach 841, vor 847 verfaßte H. für seinen Nachfolger Hatto »De videndo deum, de puritate cordis et de modo paenitentiae« und den seelsorgl. Fragen behandelnden Brieftraktat »De consanguineorum nuptiis et de magorum praestigiis falsisque divinationibus« (Epp. V, 455-462). 8) Aus H.' letztem Lebensjahr stammen zwei kleine, Lothar II. gewidmete Schriften: a) »De coena« (Widmungsbrief: Epp. V, 506); b) »De anima« (Widmungsbrief: Epp. V, 514f.), eine einem →Fürstenspiegel ähnl. Schrift v. a. über die Kardinaltugenden; Q. v. a. →Cassiodor und →Julianus Pomerius. 9) Volkssprachl. Texte: Von H. verfaßte volkssprachl. Texte sind nicht bekannt, lediglich an wenigen Stellen seiner Werke eingefügte ahd. Worterklärungen, doch gibt es eine Fülle in Fulda geschriebener ahd. Texte, z. B. →Hildebrandslied, Fuldaer Beichte, →Tatian-Übers. (einzige vollständig erhaltene Hs. in ostfrk. Schriftsprache des 9. Jh.; ca. 820-850). 10) H. zugeschriebene Werke: a) »De inventione linguarum«, Zusammenstellung von Alphabeten und Schriftzeichen (Runen). Die Zuschreibung bedarf noch weiterer Untersuchungen ebenso wie die einiger »Vitae sanctorum«. b) So gut wie sicher H. abzusprechen sind: »Glossarium Latino-Theotiscum«, »Abrogans«, wohl auch »Allegoriae in sacram scripturam« und »De passione Domini«.

[3] *Wirkung:* Das Interesse der Nachwelt bekunden die insgesamt ca. 1500 erhaltenen oder in Bibliothekskat. verzeichneten Hss. mit H.' Werken vom 9. bis 16. Jh. Erstdrucke: schon 1467 »De rerum naturis« in Straßburg (A. Rusch); um 1486 »Liber paenitentialis« (ad Otgarium) in Köln (P. Therhoernen); 1503 »De laudibus s. crucis« in Pforzheim auf Anregung Joh. Reuchlins, Vorw. J. Wimpfelings; 1504–05 »De institutione clericorum« und »Comm. in Gen et Ex« ebd. (G. Symler), weitere Werke 1532 in Köln (Joh. Prael), 1534 in Basel und 1544 in Paris.

Die hs. Überlieferung ist allerdings im einzelnen sehr unterschiedl., quantitativ, räuml. und zeitl. Während z. B. von »De laudibus s. crucis« noch mehrere zur Zeit H.' in Fulda gefertigte und nahezu 100 weitere geograph. weit gestreute Hss. aus allen Jahrhunderten des MA (vgl. PERRIN, 27ff.) existieren, beginnt die Reihe der erhaltenen Hss. von »De institutione clericorum« mit 3 Zeugen aus H.' Lebenszeit, endet aber bereits mit Hss. aus dem 12. Jh., v. a. süddt., mittel- und nordfrz. Herkunft. Doch läßt die Gesamtheit der Zeugen seines lit. Schaffens und der Rezeption seiner Werke deutl. erkennen, daß deren Ausstrahlung europ. war. Der ihm in neuerer Zeit oft beigelegte Titel 'Praeceptor Germaniae' ist daher nicht nur unsachgemäße Übertreibung, sondern kann auch den Blick für d. tatsächl. Weite seines Wirkens trüben.   R. Kottje

Ed.: MPL 107–112 (überwiegend Abdruck der ersten Gesamtausg. G. Colvener, 3 Bde, Köln 1626/27) – MGH Epp. Karol. V, 379–531 – MGH PP II, 154–258 – AnalHym 50, 180–209 – Abschriftenslg. zahlreicher, auch verlorener Hss. von J. B. ENHUBER (Clm 15024) – *Lit.:* BRUNHÖLZL I, 325–340; 554–556 – DSAM XII, 1–10 – Repfont V, 561–563 – TRE XV, 606–610 – Verf.-Lex.² IV, 166–196 – *Bibliogr. (bis 1980):* H. SPELSBERG (H.M. und seine Schule, hg. W. BÖHNE, 1980), 210–228 – *Lit. (seit 1980):* R. KOTTJE, Die Bußbücher Halitgars v. Cambrai und des H.M., 1980 – M. SANDMANN, H. als Mönch, Abt und Ebf., Fuldaer Gesch.sbll. 56, 1980, 133–180 – Rabanus M. in seiner Zeit 780–1980, hg. Mittelrhein. Landesmuseum Mainz, red. W. WEBER, 1980 – Die Mal- und Schreibschule des Kl. Fulda im 9. Jh., Ausstellungskat., Fulda 1982 – H.M.-Lehrer, Abt und Bf., hg. R. KOTTJE – H. ZIMMERMANN, AAMz, Einzelveröff. 4, 1982 – R. ETAIX, L'homéliaire composé par Raban Maur pour l'empereur Lothar, Recherches Augustin. 19, 1984, 211–240 – M. REUTER, Text und Bild im Cod. 132 der Bibl. v. Montecassino – 'Liber Rabani de originibus rerum', 1984.

Hradschin → Prag

Hrepp (altisl. *hreppr* 'abgegrenztes Stück Land'), Bezeichnung für die als geogr. Einheit (höchstens zwanzig Vollbauernstellen) definierte weltl. Gemeinde auf →Island, die als selbstverwaltete rechtl.-polit. Einheit mit gesetzl. geregelten Organen und Funktionen unabhängig vom Personenverband des Godentums (*goðorð*; →Gode), von den Dingbezirken (→Ding, II) oder vom Kirchspiel war. Vermutl. vor der Annahme des Christentums um ca. 1000 entstanden, wurde den H. die Bemessung und Erhebung des um 1096 eingeführten Kirchenzehnten übertragen, wobei ein Viertel unmittelbar an den H. zur Versorgung der Gemeindearmen ging (→Armut und Armenfürsorge, B. IV, →Bettlerwesen, I.4). Die H.-Mitglieder unterstützten sich außerdem gegenseitig bei Brandschäden (→Brandversicherung) und Viehseuchen. Zu seinen urprgl. Funktionen gehörte wohl der gemeinsame Abtrieb der Schafe von den Hochweiden im Herbst *(göngur)* und die besitzrechtl. Zuweisung des Viehs anhand der Eignermarken.

Bei ihrer jährl. Zusammenkunft *(samkváma)* wählten die H.-Mitglieder fünf Bauern, ab der Mitte des 12. Jh. ist auch ein Gemeindevorsteher *(hreppstjóri)* belegt. Nach der Eingliederung Islands in das norw. Reich 1262/64 wurden die den H. betreffenden Bestimmungen mit einigen Modifikationen übernommen (→Jónsbók).   H. Ehrhardt

Lit.: KL VII, 17–22 – J. JÓHANNESSON, Islands hist. i mellomalderen, 1969, 67–72 – L. BJÖRNSSON, Saga sveitarstjórnar á Íslandi I, 1972 – H. KUHN, Das alte Island, 1977, 117–120.

Hrotsvit v. Gandersheim, dt. lateinschreibende Dichterin im Stift→Gandersheim, * um 935, † um 975. Obwohl die wenigen Testimonien allein den Werken selbst zu entnehmen sind, manche Werke nur fragmentar. erhalten (Gesta Ottonis, Primordia coenobii Gandeshemensis) oder verloren sind (Heinrich Bodo kannte um 1525 noch Viten der hl. Päpste und Stiftspatrone Anastasius I. und Innozenz I. in Hexametern), steht das Œuvre wie kaum ein anderes des vermeintl. dunklen 10. Jh. fest.

Rikkardis und später Gerberga II., Nichte Ottos I. und seit 959 Äbt. des Stifts, waren die Lehrerinnen der Kanonissin; sie selbst schreibt sich zweimal H. (viermal in obliquen Formen Hrotsvith-), den Namen hrotsvit etymologisiert sie mit clamor validus (Gandeshemensis). Die Überlieferung der Werke besteht wesentl. im cod. Lat. Monacensis 14485, um 1000 (in St. Emmeram, Regensburg, 1493/94 v. K. →Celtis entdeckt und 1501 in Nürnberg erstmals ed.). Von der Hs. existieren Abschriften; für sich steht die Hs. Köln Stadtarchiv W 101* mit den ersten vier Dramen (als Rezension der Verfasserin?) und die Überlieferung der Primordia, die nie im Clm mitüberliefert oder früh abgetrennt waren.

Werke: [1] libellus von acht hagiogr. Verslegenden: 1 historia nativitatis Mariae, 2 ascensio Domini, 3 passio s. Gongolfi mart., 4 passio s. Pelagii mart. in Corduba, 5 lapsus et conversio Theophili, 6 Basilius, 7 passio s. Dionysii mart., 8 passio s. Agnetis virg. et mart. (1 und 2 ex apocryphis, 4 einen Stoff nostris temporibus aufgreifend; 5 gehört mit dem Teufelspakt in die Geschichte der Faustsage, Maria [1] und Agnes [8] rahmen den Zyklus bedeutungsvoll ein; alle hexametrisch [bis auf 3 Gangolf in eleg. Distichen]; 5 verrät, daß die Verslegenden zur Tischlektüre verfaßt sind).

[2] sechs Dramen (dramatica series), in welchen H. Terenz imitiert (non recusavi illum imitari dictando) und durch Exempel von »löblicher Reinheit heiliger Jungfrauen« ein Gegengift zu seiner verführer. Lektüre geben will: 1 conversio Gallicani princ. militiae, 2 passio ss. virginum Agapis, Chioniae et Irenae (Dulcitius), 3 resuscitatio Drusianae et Calimachi, 4 lapsus et conversio Mariae neptis Abrahae erem., 5 conversio Thaidis meretricis (Pafnutius), 6 passio ss. virginum Fidei, Spei et Caritatis (Sapientia) (3 schildert unerlaubte Liebe, Bestrafung, Erweckung vom Tode; 4 und 5 thematisieren die »bekehrte Dirne«; 5 und 6 inserieren »Fäden und Fasern vom Kleid der Philosophie«, also Philosophisches, Musiktheorie und Arithmetik aus und nach Boethius).

[3] zwei hist. Epen: a) gesta Ottonis I., bemerkenswert selbständiger Versuch ohne quellenkrit. Kenntnis und mündl. Traditionen einer otton. Hausgesch. von Heinrich I. 919 bis Otto I. und Otto (II.) 965 (Übersicht bei HOMEYER, Werke 284) und, gleichsam als Vorgeschichte, b) Primordia coenobii Gandeshemensis über Gründung und Anfänge des »ottonischen« Stifts von 846 bis 919.

H. scheint über den lebensgeschichtl. Moment hinaus das lit.-geistig Neue ihrer Schriftstellerei gespürt zu haben. Viele Philologica sind immer noch und wieder zu befragen und zu lösen: die der Q. und Belesenheit (vermutl. weit mehr in Boethius als bisher nachgewiesen), der gereimten Hexameter und Reimprosa (und der Distichen in den Zwischenstücken), überhaupt der Prosodie, Metrik und Stilistik, der Topik der Bescheidenheit als Novizin in litteris und als Frau (nomina deminutiva v. WINTERFELD, 512ff.) und eines unbeirrbaren Selbstbewußtseins, einer möglichen oder gar intendierten Aufführung der Lesedramen usw.; die »Vorreden und Widmungsprologe sind noch nirgends im Zusammenhang gewürdigt worden« (E. SCHULZ schon 1937).

Die Folge der Lesedramen hat die Nachwelt am meisten fasziniert; in der Erstausg. feiert der Humanist Celtis H. in Epigrammen als lit. Ereignis und die Stimme einer Frau aus sonst dürrer aetas (des 10. Jh.) und patria (dem sächs. Deutschland) und stellt die Comedie sex in emulationem Therencii gegen die Ordnung der Hs. voran.   R. Düchting

Ed.: P. v. WINTERFELD, 1902 (MGH SRG [in us. schol.]) – K. STRECKER, 1902, 1930 (Bibl. Teubneriana) – H. HOMEYER, 1970 – einige Einzelausg., mehrere Übers., zuletzt komplett in H. HOMEYER, 1973 – *Lit.:* Verf.-Lex.² IV, 196–210 – A. LYON HAIGHT, Hroswitha of G., 1965 ('comprehensive bibliogr.') – B. NAGEL, H.v.G., 1965 – H. GOETTING, Das Überlieferungsschicksal von H.s Primordia (Fschr. H. HEIMPEL 3, 1972), 61–108 – H. GRIMM, Des Conradus Celtis ed. pr. der Opera Hrosvite von 1501 und Albrecht Dürers Anteil daran, Philobiblon 18, 1974, 3–25 – C. VILLA, La Lectura Terentii I, 1984, bes. 99ff.

Hrs Dobromir, makedon. Magnat um 1200, nach byz. Quellen Valache. Im sö. Makedonien zw. bulg. Reich und Byzanz suchte er Ende 12. Jh. seine Herrschaft auszuweiten. Beim antibyz. Aufstand →Peters II. und →Asens I. in Bulgarien stand er auf der Seite Ks. Alexios' III. Angelos, machte sich also unabhängig und eroberte 1198 →Prosek am Vardar. Ein Heereszug Alexios' gegen die uneinnehmbare Festung im Herbst 1199 mißlang. Dennoch anerkannte H., in byz. Quellen als wild und grausam geschildert, die byz. Oberhoheit. Mit Kamytzes, seinem Schwiegervater, eroberte er aber →Prilep und →Bitolj. Als Alexios erneut gegen H. zog, übergab dieser dem Ks. beide Städte; 1202 unterwarf er sich endgültig. Über sein weiteres Leben ist nichts bekannt.   I. Djurić

Lit.: F. USPENSKIJ, Obrazovanie vtorgo bolgarskogo carstva, 1879 – N. RADOJČIĆ, O nekim gospodarima grada Proseka na Vardaru, Letopis MS 259–260, 1909, 1–19 – P. MUTAFČIEV, Vladetelite na Prosek, SbornBAN 1, 1913 – V. ZLATARSKI, Ansbertovijat »župan ili strap na Bălgarija« ne bil D. Hriz, God. na Sof. Univ. Ist-Filol. fak. XXIX, 6, 1933, 1–20 – P. MUTAFČIEV, Istorija na bălgarski narod II, 1944 – F. GRABLER, Ks.taten und Menschenschicksale... (Byz. Gesch.sschreiber XI, 1958) – B. FERJANČIĆ, Viz. izvori za ist. naroda Jugoslavije IV, 1971, 232ff.

Hruodland → Roland

Hubert Walter → Walter Hubert

Hubertus (Hucbertus u. a.), hl., Bf. v. Tongern-Maastricht-Lüttich, * um 655 (?), † 30. Mai 727; ▭ St. Peter, Lüttich, feierl. Reliquienerhebung 3. Nov. 743 unter Mitwirkung →Karlmanns, Fest: 3. Nov. [1] *Leben:* Einer Adelsfamilie entstammend, verwandt vielleicht mit →Plektrud, der Gattin Pippins II., und wohl verheiratet (sein Amtsnachfolger Florbert wahrschl. leibl. Sohn), folgte H. um 703/705 dem hl. →Lambertus als Bf. nach und verfolgte mit Nachdruck die Reste des Heidentums in den Ardennen. Bevorzugt in →Lüttich residierend, ließ H. am 24. Dez. 717 (718?) die sterbl. Überreste des hl. Lambertus von St. Peter in Maastricht hierher übertragen, was zur – noch informellen – Verlegung des Bf.ssitzes nach Lüttich beitrug. – [2] *Verehrung und Ikonographie:* Die erste Vita, entstanden nach 743, wird trotz der persönl. Beziehungen des Verfassers zu H. mehrfach durch Ungenauigkeit und Anleihe bei der hagiograph. Tradition in ihrer Glaubwürdigkeit geschmälert. Die Vita, die →Jonas v. Orléans anläßl. der Reliquientranslation von 825 in das Ardennenkl. Andagium (später →St-Hubert) verfaßte, ist die erste Umarbeitung der ältesten Vita. Nach Anfängen im frühen 9. Jh. erfuhr der H.-Kult seit dem 10. Jh. starke Verbreitung. In den stark vom Jagdwesen geprägten Ardennen wurde H. schon früh gegen Hundetollwut angerufen. Die wohl der Legende des hl. →Eustachius entlehnte Tradition von der Bekehrung des H. durch einen Hirsch mit einem Kreuz im Geweih tritt erst spät auf (wohl 15. Jh.). H., der als Jagdhl. in vielen Gebieten Europas verehrt wurde (im 15. Jh. Entstehung von Ritterorden und Bruderschaften, →Hubertusorden), zählt in Belgien und den angrenzenden Gebieten noch heute zu den populärsten Hl.n (Weihe des H.-Brotes, 3. Nov.) – Dargestellt als Bf. und als Jäger (mit kreuztragendem Hirsch, Hifthorn, Pferd, Hunden).   M. van Uytfanghe

Lit.: Bibl. SS XII, 736–743 – LCI VI, 547–551 – BNB IX, 591–601 – Vies des saints XI, 102–106 – E. H. VAN HEURCK, Saint H. et son culte en Belgique, Bull. Société verviétoise d'Archéologie 18, 1925, 245–285 – A. COLART, Saint H. et la rage, Guetteur wallon 9, 1932, 163–174 – F. PÉNY, Saint H., premier évêque de Liège, 1961 – F. BAIX, Saint H., sa mort, sa canonisation, ses reliques, Mél. F. ROUSSEAU, 1958, 71–80 – Mél. J. LAVALLEYE, 1970 [J. ROLAND] – A. M. CIMICHELLA, Saint H., patron des chasseurs, 1974 – L. GÉNICOT, Aspects de saint H., Leodium 63, 1978, 5–18 – Saint H. d'Ardenne, Cah. d'Hist., t.3, 1979.

Hubertusorden, →Ritterorden, nach dem Vorbild des burg. Ordens vom →Goldenen Vlies durch Hzg. Gerhard v. →Jülich-Berg (1437–75) gegr., der am 3. Nov., dem Hubertustag, 1444 bei Linnich einen Angriff des Hzg.s Arnold v. Geldern zurückgeschlagen hatte. Die lat. Statuten wurden am 26. März 1445 (Karfreitag) publiziert. Sitz des Ordens war die Stiftskirche zu Nideggen am Nordrand der Eifel. Vorbedingung für die Aufnahme war der Nachweis von je vier adligen Ahnen väterlicher- und mütterlicherseits, was auch für Ehefrauen von Ordensangehörigen galt, die eintreten wollten. Die Mitglieder mußten sich eidl. verpflichten, nichts gegen Ehre und Nutzen des Hzg.s zu unternehmen. Tägl. waren bestimmte Gebete zu sprechen. Öffentl. zeigte sich der Orden vornehml. am Hubertustag und bei Leichenbegängnissen von Mitgliedern. Da das Archiv des Ordens bereits 1542 verloren ging, lassen sich auch nur einigermaßen vollständige Personallisten nicht geben.

Die Ordenskette bestand aus den verschlungenen Tragbändern von zwei Hifthörnern. Das Ordenszeichen, das ständig getragen werden sollte, zeigte über einem Jagdhorn einen Jägerhut, an dem die Bilder des hl. →Hubertus und des kreuztragenden Hirsches angesetzt waren.

Hzg. Wilhelm (1475–1511), der Sohn Gerhards, erließ am 22. Jan. 1476 neue Statuten: Beschränkung der Mitgliederzahl auf 60 Männer, Großmeister war der Hzg., die eigtl. Leitung wurde vier Meistern anvertraut. Während unter Hzg. Gerhard nicht wenige Dynasten dem Orden angehörten, beschränkte ihn sein Sohn im wesentl. auf die Vertreter der jülich-berg. Ritterschaft. Bereits unter Johann v. Kleve, Schwiegersohn und Nachfolger Wilhelms, ist der Orden erloschen.   E. Wisplinghoff

Lit.: E. PAULS, Aus der ältesten Gesch. des H.s am Niederrhein, Zs. des berg. Gesch.svereins 40, 1907, 167ff. – H. LAHRKAMP, Beitr. zur Gesch. des H.s der Hzg.e v. Jülich-Berg und verwandter Gründungen, Düsseldorfer Jb. 49, 1958, 3ff.

Hucbald (Hubaldus, Hucboldus) **v. St-Amand** OSB, Dichter, Musik(theoretik)er, Hagiograph, Lehrer, * um 840, † am 20. Juni 930(?), kam früh ins Kl. →St-Amand, dessen Schule sein Onkel →Milo leitete; Studien an Orten mit ir. Bildungstradition (wohl auch bei →Heiric v. Auxerre) gelten als sicher; Priesterweihe 880. Nach kurzer Lehrtätigkeit in St-Bertin (→Sithiu) folgte er dem Ruf Ebf. →Fulcos nach Reims, um dort, wie →Remigius v. Auxerre, die Studien zu beleben. 906 ist H. wieder in St-Amand nachweisbar. Er hinterließ seinem Kl. 18 Bücher mit überwiegend antiken Autoren. H. gehört zu den geistigen

Größen seiner Zeit, mit lit. Beziehungen u. a. zu Bf. →Stephan v. Lüttich und Ebf. →Hatto I. v. Mainz. Ihm widmete er in 54 Versen das umfänglichste seiner Gedichte, die »Egloga de calvis«, die in 146 Hexametern aus c-anlautenden Wörtern (Parhomoion) die Kahlen preist. Der Kehrvers erinnert an den in Vergils 8. Ekloge. Das Gedicht »De sobrietate« aus Milos Nachlaß widmete er Karl d. Kahlen in 30 Distichen; die »Versus de diebus Aegyptiacis« (Unglückstage) hängen vom gleichnamigen Gedicht Anth. Lat. 680a (ed. RIESE²) ab. An liturg. Dichtung werden ihm mit mehr oder weniger Sicherheit Offizien, Hymnen, Sequenzen und Tropen zugeschrieben, zu denen sich z. T. die Melodie erhalten hat. Dem liturg. Gesang dient auch die (unter H.s Namen einzig echte) musiktheoret. Schrift »De harmonica institutione«, welche die (bes. durch →Boethius vermittelte) antike Theorie an die Erfordernisse zeitgenöss. Sängerpraxis anzupassen suchte. Während sich H.s Notenschrift nicht durchsetzte, wirkten seine Lösungsansätze bei der Adaption des griech. →Tetrachordsystems auf die →Kirchentonarten weiter. Seine hagiograph. Werke (Prosa, dazwischen eingestreute Verse) treffen mit der Neigung zu erbaul. Ausschmückung, rhetor. Putz und zitierfreudiger Gelehrsamkeit den Zeitgeschmack. Als echt gelten: »Vita longior Amati«, »Passio S. Cassiani«, »Passio SS. Cyrici et Iulittae«, »Vita S. Ionati«, »Vita S. Lebuini« (Balderich v. Utrecht gewidmet) und »Vita S. Rictrudis« (Stephan v. Lüttich gewidmet).   F.-J. Konstanciak

Ed.: Gedichte: P. v. WINTERFELD, MGH PP IV, 265-272 (Widmung zu Milos De sobrietate: L. TRAUBE, MGH PP III, 610-612) – *Liturg. Dichtung*: P. STOTZ, Corde sincero resonemus ymnum ... (Fschr. H. F. HAEFELE, 1985), 45-58 [bietet die Nr. n in AnalHymn] – De harmonica institutione: Gerbert I, 104-122 – Y. CHARTIER, La »Musica« d'H. de St-A. [Diss. masch. Paris 1971] – *Viten*: BHL 363-364, 1809-11, 4447-48, 7247; Suppl. novum, hg. H. FROS, 1986, 1626 d, 4812 a-b – *Lit.*: MANITIUS I, 588ff.; II, 812–MGG VI, 821-827–NEW GROVE VIII, 758f.– WATTENBACH-LEVISON-LÖWE, V., 552ff. – R. WEAKLAND, The Compositions of H., Étud. grégoriennes 3, 1959, 155-163 – M. MARKOVITS, Das Tonsystem der abendländ. Musik im frühen MA, 1977 [Index] – P. CH. JACOBSEN, Flodoard v. Reims, 1978, 6ff. – F. DOLBEAU, Le dossier hagiographique de S. Amé, AnalBoll 97, 1979, 80–110 – H. PLATELLE, Le thème de la conversion à travers les œuvres hagiographiques d'H. de St-A., Revue du Nord 68, 1986, 511-529 – P. GODMAN, Poets and Emperors, 1987, 179-181.

Ḥudāvendigār vilāyeti, osman. Prov. im NW→Anatoliens. Seit der Eroberung von →Nikaia/İznik gilt der Raum zw. Marmara-Meer, den Domaniç-Bergen und dem Sakarya-Bogen als 'Herrenbanner' (→ʿĀšıq Pašazāde, Kap. 34: »beg sanǧaǧı«). Der von →Murād I. und einer Reihe seiner Nachfolger geführte, in seldschuk. Zeit gebräuchl. Titel Ḥüdāvendigār (→Ḥunkār) übertrug sich auf die als sultan. 'Kronland' (*ḫāṣṣ*) verwaltete Prov. Bursa innerhalb der in →sanǧaqs aufgeteilten und im Rahmen der →timar-Verwaltung organisierten Großprovinz Anatolu. Die früheste Nennung von 'Provinzen' des H. ist vorläufig eine Stelle bei Aflākī (Mitte 14. Jh.). Das älteste erhaltene Register (1497) läßt erkennen, daß aus den ersten von den Osmanen eroberten byz. Burgen und Marktflecken Gerichtssitze geworden sind. Die bes. Bindung dieser im engsten Sinn osman. Prov. an die Dynastie kommt in zahlreichen Stiftungsgütern für Moscheen und Prinzengräber in →Bursa zum Ausdruck   K. Kreiser

Lit.: EI² V, 44f., s. v. Khudawendigār – H. livası tahrir defterleri I, hg. Ö. L. BARKAN–E. MERIÇLI, 1988.

Hūdiden (arab. *Banū Hūd*), span.-arab. Dynastie, ab 1039 Herren der 'Oberen Mark' (→Mulūk aṭ-ṭawāʾif), Nachfolger der Tuǧībiden. Von ihren sechs Monarchen seien genannt: Aḥmad I. (Abū Ǧaʿfar), Erbauer der Aljafería in ihrer Hauptstadt →Zaragoza, sein Enkel al-Mustaʿīn II., Protektor wie Protégé des →Cid, für dessen kunst- und wissenschaftsfreundl. Hof auch der Arzt Ibn Biklāriš seine Materia medica (»al-Mustaʿīnī«) verfaßte. Sein Nachfolger verlor 1110 das Reich an die →Almoraviden, die ihrerseits 1118 von Alfons I. v. Aragón vertrieben wurden. Der letzte H. (Aḥmad III. ʿZafadola') fiel 1146 bei Chinchilla im Kampf gegen die Christen. Angebl. ihr Nachkomme war Ibn Hūd, im 13. Jh. Gegenspieler der →Naṣriden.   H.-R. Singer

Lit.: EI² III, 542f. – A. TURK, El Reino de Zaragoza en el siglo XI, 1978 – C. EWERT, Span.-islam. Systeme sich kreuzender Bögen, III 1/2, 1978–80 – M. E. SEBASTIAN u. a., La Aljafería de Zaragoza, 1986 – M. MARTIN-BUENO u. a., La Aljafería. Investigación Arqueológica, 1987.

Hue de Rotelande, anglo-norm. Dichter, wohl von Rhuddlan (Flintshire, Nordwales); Autor zweier Versromane in den 1180er Jahren. Der höf. Roman »Ipomedon« (10 578 Achtsilber; ed. A. J. HOLDEN, 1979) erzählt die Gesch. des jungen Sohnes des Kg.s v. Apulien, der, vom Hörensagen in die Hzgn. v. Kalabrien verliebt, ihre Hand nach vielen Abenteuern gewinnt. Der Roman »Protheselaus« (12 741 Achtsilber; ed. F. KLUCKOW, 1924), nach H. eine Übers. aus dem Lat., enthält viele lit. Anspielungen, u. a. auf Thèbes, Eneas, Tristan, Lanval. Themat. zeichnet er mit der Rivalität zw. den Söhnen Ipomedons, Daunus, dem Kg. v. Apulien, und dem jüngeren Protheselaus, dem Fs.en v. Kalabrien, die Tragödie von Theben nach. Der sehr mittelmäßige Roman – die Abenteuer häufen sich willkürl. in einem Mosaik wohlbekannter Situationen und Szenen – endet nach unzähligen Schwierigkeiten mit der Heirat des Helden mit Kgn. Medea v. Kreta und der Besitznahme des Kgr.es Apulien.   H.-E. Keller

Lit.: G. RAYNAUD DE LAGE, L'œuvre de H. de R., GRLMA 4/1, 1978, 280-283; 4/2, 1984, 142f.

Huelgas, Las → Las Huelgas

Huerta, Juan de la, Bildhauer aus Daroca (Aragón), 1437-ca. 1460 in Burgund tätig. Lebensdaten und Werke vor- und nachher unbekannt. 1437 Vertrag mit Gf. Louis de Chalon-Arlay zu drei Familien-Grabmälern mit 6 Gisants und 16 Pleureurs in der Abteikirche Mont-Ste-Marie, Doubs; in der Revolution zerstört, Fragm. einer trauernden Äbt. im Louvre, Paris. 1447/48 Prozeß zw. Auftraggeber und Künstler. 1443 ernennt Hzg. Philipp d. Gute H. zum →»valet de chambre et tailleur d'images« mit Auftrag zu den Grabmälern seiner Eltern in der Kartause Champmol zu→Dijon. H. verzögert diese Arbeiten über die vereinbarte Zeit von vier Jahren hinaus und verschwindet 1457, nachdem er sich u. a. der Gewinnung von Edelmetall in burg. Minen zugewandt hatte. H.s Anteil an den 1466–70 von Antoine Le→Moiturier vollendeten Tumben (heute Mus. Dijon) ist schwer zu bestimmen. In Rouvres-en-Plaine bei Dijon schuf er um 1448 das Grabmal für den hzgl. Schatzmeister Mâchefoing und seine Gattin (erhalten 3 Altarfiguren, die man H. zuschreibt).   A. Reinle

Lit.: THIEME-BECKER, XVIII, 65f. – TH. MÜLLER, Sculpture in the Netherlands, Germany, France and Spain 1400 to 1500, The Pelican Hist. of Arts, 1966, 49, 54–56.

Huerta, Sta. Maria de, Abtei OCist in Spanien (Prov. Soria). Zunächst auf Betreiben des Ebf.s Raimund v. Toledo und des Bf.s Bernhard von Sigüenza 1144 in Cántavos (nahe Deza) gegründet, von Verdun an der Garonne aus besiedelt, gehörte zur Filiation v. →Morimond. Durch Martin v. Hinojosa (1166–85 Abt, dann Bf. v. Sigüenza und seit seiner Resignation 1194 wieder in H.)

nach H. verlegt. Schenkungen sind schon zu 1169 bezeugt, aber erst 1179 erfolgte Grundsteinlegung, 1180/84 die Abgrenzung des Terminus und Verleihung der Immunität. Über das 12. Jh. hinaus übten die →Lara großen Einfluß auf das Kl. aus. Die heute noch erhaltenen Baulichkeiten sind ein Muster zisterziens. Gotik. Das Archiv ist verbrannt, die kopiale Überlieferung nicht fehlerfrei.

O. Engels

Lit.: DHEE III, 1664f. [D. Yanez; Lit., Abstsliste] – A. Manrique, Annales Cistercienses, 1642 – R. Aguilera y Gamboa, El Arzobispo D. Rodriga Ximénez de Rada y H., 1908 – T. Minguella, Hist de la diócesis de Sigüenza, I, 1910 – C. Morales de los Rios, El monasterio de H., Boletín de la Sociedad Española de Excursiones 35, 1927 – J. Gonzalez, El reino de castilla en la época de Alonso VIII, 1960 [ind.] – V. A. Alvarez Palenzuela, Monasterios cist. en Castilla, 1978, 155-162 – Cart. del monasterio de Sta. Maria de H., ed. J. A. Garcin Luján, 1981 [Faks.] – J. Pérez-Embid Wamba, El Cister en Castilla y León, 1986.

Huesca, Bm. und Stadt in →Aragón.
I. Bistum – II. Stadt.

I. Bistum: H. (das iber. Bolskan, röm. Osca, arab. Wasqa) unterstand seit der Zeit Kg. Eurichs (466-484) der Herrschaft der →Westgoten. Um 522 gründete der aus Gallien stammende Abt Victorian (†558) das Kl. S. Martín de Asán. Erster bekannter Bf. ist der bei →Isidor v. Sevilla zitierte Elpidius. Einer seiner Nachfolger, Vinzenz (Bf. bis 570), legte 551 in Asán die Profeß ab. 598 wurde das Konzil v. H. als Versammlung aller Bf. e der Provinz→Tarragona abgehalten. Der letzte bekannte Bf. vor der arab. Eroberung war Abt Audebert v. Asán, u. a. 693 als Bf. auf dem XVI. Toledanum bezeugt.

H. fiel 720 nach langer Belagerung an die Araber, unter deren Herrschaft der zum Islam konvertierte westgot. Adel mangels arab. Siedler jedoch eine mächtige Position behielt; eine chr. (mozarab.) Gemeinschaft unter Führung eines Bf. s und eines Gf. en *(qūmis)* lebte geachtet neben den muslim. Neukonvertiten *(muwalladūn/muladíes)*, die beharrlich gegen die Zentralgewalt in →Córdoba rebellierten und unter dem →Wālī v. H., Muḥammad at-Tawīl (†913), eine ausgedehnte Herrschaft errichteten. Eine zur Auswanderung gezwungene mozarab. Gruppe aus H. besiedelte und christianisierte Mitte des 10. Jh. die Nāhiyat al Yillīq, einen ländl. Bezirk in →Galicien.

Im Nov. 1096 eroberte Kg. Peter I. v. Aragón H. und übergab die Hauptmoschee dem Bf. Peter v. →Jaca, der den Bf.ssitz in H. (anstelle von Jaca) wiedererrichtete (Kathedralpatrozinium: S. Pedro). 1106 wurde hier der große jüd. Dichter und Gelehrte →Petrus Alfonsi getauft. Die Stadt wurde mit Christen, meist aus dem Pyrenäenraum und verschiedenen Gebieten Frankreichs, wiederbesiedelt; →Mudéjares und Juden lebten unangefochten in ihren Vierteln vor den Stadttoren. Einer der bedeutendsten Bf. e war der große aragon. Rechtsgelehrte →Vidal de Canellas († 1252). An der neuen Kathedrale wurde von 1299 bis 1515 gebaut. Peter IV. veranlaßte die Gründung der Univ. H. (fünf Fakultäten: Theol., kan. Recht, Zivilrecht, Medizin, Artes), die vom städt. Concejo und – bis zum 15. Jh. – auch von der Kirche v. H. finanziert wurde. Die Vertreibung der Juden (Juli 1492) versetzte H. und seiner Wirtschaft einen schweren Schlag. A. Durán Gudiol

II. Stadt: Die auf vorröm. Siedlungstradition zurückgehende Stadt wurde in röm. Zeit ummauert und war Münzstätte. Unter arab. Herrschaft war H. Provinzhauptstadt (Madīnat Usqa oder Wasqa) und bildete, mit einer neuen Mauer versehen, die nördlichste Festung von →al-Andalus. Nach der Rückeroberung (1096) erhielt H. oft bestätigte →Fueros, gehörte – trotz der Wiedererrich-

tung des Bm.s – jedoch zum →Realengo und unterstand 1056-1206 kgl. *Tenentes,* zu denen die Institution des adligen *Zalmedina* (aus der arab. Zeit überkommen), ferner eines →*Merino,* →*Justicia,* →*Baile* und – im SpätMA – eines kgl. *Sobrejuntero* hinzutraten. Ende des 12./Anfang des 13. Jh. konstituierte sich ein →*Concejo* (sechs, später acht Schöffen), der zuerst vom Kg. ernannt, seit 1261 von 40 'probi homines' jährl. gewählt wurde. Die städt. Oligarchie verstand es seit Beginn des 14. Jh., die kgl. Macht auf eine Schiedsrichterrolle zu reduzieren. Die Attraktivität des schon früh mit Steuer- und Marktprivilegien ausgestatteten H. zeigt sich auch an den Niederlassungen mehrerer Ritterorden (Templer, Johanniter, Chorherren vom Hl. Grab), seit dem 13. Jh. auch der Franziskaner und Dominikaner. 1495 war H. mit 600 Herdstellen die größte Stadt Aragóns nach →Zaragoza und →Calatayud.

L. Vones

Q. und Lit.: DHEE II, 1107-1110 [A. Durán] – E. M. Meijers, Los fueros de H. y Sobrarbe, AHDE 18, 1947, 35-60 – Hist. de Aragón, 1981-85 [Beitr. von A. Durán Gudiol; A. Ubieto Arteta; Lit.] – Mª. T. Iranzo Muñio – C. Laliena Corbera, El acceso al poder de una oligarquía urbana: el concejo de H., Aragón en la Edad Media 6, 1984, 47-65 – A. Durán-Gudiol, Hist. de los Obispos de H.-Jaca de 1252 a 1328, 1985 – M. I. Falcon Pérez, Las ciudades medievales aragonesas (La ciudad hispánica durante los siglos XIII al XVI, II, 1985), 1159-1200 – A. Sinués Ruiz – A. Ubieto Arteta, El patrimonio real en Aragón durante la Edad Media, 1986, 177f. – A. Durán Gudiol, El castillo-abadía de Monteargón, 1987 – Ders., Los condados de Aragón y Sobrarbe, 1988 – Ders., Los estatutos de la Universidad de H., 1989 – s. a. →Aragón.

Hueste → Fonsado

Hufe (ahd. *h[u]oba, huba, hobinna, haftunna;* lat. mansus, sors, [casa] coloni[c]a, c. massaricia, c. servula, c. aldionaricia, curia lunadium; ags. *hide, sulung;* skand. *bol* usw.), bäuerl. Wirtschaftsbetrieb (Hof[statt] mit dazugehörigem Kulturland), grundlegende Leistungseinheit und funktionales Ordnungselement im Rahmen der frühma. →Grundherrschaft, im Hoch/SpätMA zunehmend (Flächen-)Einheit in Entsprechung zur (Voll-)Bauernstelle.

[1] *Frühmittelalter:* Die Entstehungstheorien verweisen auf die Bedeutung des (Ein-)Familienbetriebes als Vorläufer im Rahmen des Colonats (→Kolonen) oder der Casatierung von Sklaven (Behausung; →Casale) spätestens seit dem 2. Jh. im röm. Kulturkreis und vergleichbaren Vorgängen in germ. besiedelten Gebieten (Tacitus, Germania 25); die Rolle freibäuerl. Höfe ist bisher kaum erforscht. Die Rückführung der H.n auf die spätantike Steuergesetzgebung und die jüngsten Thesen ('Fiskaltheorien'), die ausschließl. eine staatl. Administration als Urheber, Organisator und Leistungsempfänger dieses Elements der Agrarverfassung begreifen, sind ungesichert. Die ersten Hinweise auf Erhebungen des frk. Staates, die auf H.n oder vergleichbare Einheiten (casatae) zurückgreifen, finden sich nicht vor der 2. Hälfte des 8. Jh.

Die begriffl. Entwicklung der einzelsprachl. Termini verläuft unterschiedl., ihre Anwendung in den jeweiligen Quellentexten ist gesondert zu untersuchen. Während ags. *hide* auch 'Familie' konnotiert (terra unius familiae), ist H. (als Begriff in den Gebieten ö. der Vogesen und n. der Maas und bes. im ober- und mitteldt. Raum verbreitet; erste Belege zu Anfang des 8. Jh.) vom semant. Gehalt her zunächst ein Stück Land (kultivierter Ackerboden, Landlos), dann die betriebstechn. Einheit von Hof und Land. 'Mansus' (im Frankenreich vorherrschend, auch ö. des Rheins in Gebrauch; erste Belege 6. Jh.) leitet sich von manere bzw. mansio, also der Wohnstatt, her und bedeutet auch Dauer, Permanenz, sogar hereditas. Der Begriffsinhalt ist zuerst Hofstatt/-reite (area, →curtis, *houastat* usw.; so auch später noch für den Herrenhof verwendet), dann die bäuerl. Betriebseinheit von Hofstatt und dazugehörigem Kulturland. Wo die Begriffe 'H.'/'mansus' nebeneinander verwendet werden (→Hersfeld, →Fulda), ist der mansus eine aus dem Herrenland durch die Behausung von →mancipia entstandene Hofstelle mit folgl. sehr engem Bezug zum Herrenhof, während die H. das an Hintersassen vergebene Land bezeichnet, das zur Existenz einer Bauernfamilie ausreicht. H. ist nicht unbedingt ein geschlossenes Gut: Die Bewirtschaftung von verschiedenen Kulturen, bes. aber Gewannen, bedingt eine zerstreute Lage der Landanteile innerhalb einer →Flur; dazu kommen meist Nutzungsrechte an der →Allmende.

H. meint nicht nur den Bauernhof, sondern auch, wenn nicht vornehml., eine Leistungseinheit im Rahmen der Grundherrschaft. Die ursprgl. als bäuerl. (Ein-)Familienbetrieb angelegte H. konnte sich bes. in Gegenden mit guten Getreideböden im Zuge der Intensivierung der Landwirtschaft auflösen und zur bäuerl. Betriebseinheit werden, die gemeinsam von mehreren Inhabern (foci, socii, manentes, mansionarii; häufig Familienmitglieder) bewirtschaftet wurde; oder die H. wurde aufgeteilt (v. a. in ½ H.). Blockfluren mit ärmeren Böden waren hiervon weniger oder gar nicht betroffen.

Die Einordnung von H.n in die Grundherrschaft wird als H.nordnung/-verfassung bezeichnet. Bes. die Verwaltung großer Grundherrschaften stellte bei der Erhebung von Abgaben und Diensten auf die H. als rein verwaltungstechn. Einheit ab. Aber auch einfacheren Leistungsformen (Pacht, Teilpacht, Geldzinse) diente die H. als Erhebungseinheit. Ab ca. 800 nutzte der frk. Staat H.n für die Bemessung von Beiträgen für Kriegsunternehmungen (hostilicium) und später für Tribute, namentl. an die →Normannen.

Nach sozialen, techn. und wirtschaftl. Gegebenheiten richten sich weitere Ausdifferenzierungen mit bestimmten Leistungsquoten: Am häufigsten wird in den Q. nach Freien- und Unfreienh.n (mansus ingenuilis, m. servilis) klassifiziert, Liten-/Latenh.n können hinzutreten (m. lidilis); obwohl der Status des ursprgl. Inhabers den der Bauernstelle bestimmte, ist schon im 9. Jh. eine Übereinstimmung zw. sozialem Status des Inhabers und H. nicht mehr überall anzutreffen. Es gibt weitere H.n-Typen, nach der Funktion im Rahmen der Grundherrschaft (m. manoperarius, carroperarius; m. paraveredarius; m. ministerialis), nach Herkunft der Inhaber (h. slavensis, slavanisca; m. bawaricus; m. latinus), nach der (vorherrschenden) Leistung (m. stipendiorum, m. censilis, tributalis; m. ad servitium) oder einer bes. Aufgabe (h. piscatoria) unterschieden werden. H.n können auch schlicht als »vergeben« (m. vestitus) oder als nicht voll leistungsfähig, vakant oder unbewirtschaftet (m. absi, deserti, inculti) bezeichnet werden. Bes. groß ist die Kg.sh. (m. regalis, *kunihkgeshuve*). H. wird mitunter auch schon im FrühMA als Flächenmaß aufgefaßt (duos mansos terre; terram X hubarum).

[2] *Hoch- und Spätmittelalter*: Schon im 9. Jh. zeigen sich deutl. Auflösungserscheinungen in der H.nordnung. Das Kapitular v. →Pîtres verbietet 864 Hintersassen, Wirtschaftsflächen der H.n zu veräußern. Ab dem 11. Jh. ist für Frankreich die Auflösung in immer unregelmäßigerç Betriebsgrößen bezeugt; als Erhebungseinheiten dienen nun die einzelnen Ackerstücke (Grundrenten), das Haus (Belastungen auf die Bauernwirtschaft) und die Person oder der Haushalt (→Frondienste). In Gebieten mit Blockfluren bleibt die H.nordnung mitunter bis ins 18. Jh. bestehen.

Ö. von Maas und Rhein ist im Altsiedelland dank der Intensivierung der landwirtschaftl. Produktion eine allg. Verringerung der H.nflächen zu konstatieren. Entsprechend werden halbe, später auch Viertelh.n als Betriebseinheiten (quartalis, quartum, *vierteil*) immer häufiger. Erbrechte beschleunigen diese Entwicklung, doch wird am Prinzip der H.nordnung festgehalten.

Im Rahmen von →Kolonisation und Landesausbau im HochMA, bes. im O mit den Vorläufern in den Weser- und Elbmarschen zu Beginn des 12. Jh., ist die H. zentrales Ordnungsprinzip. Im allg. wird das zur Besiedlung freigegebene Land in H.n eingeteilt, deren Größe je nach Herkunft der Siedler oder des Siedlungsunternehmers und der Bewirtschaftungsart schwanken kann. Die bekanntesten Formen sind die fläm.-holländ. und kulm. H.n (ca. 16,8 ha) sowie die frk. H. (ca. 24,2 ha); in Gebieten mit vorherrschender Viehwirtschaft erreicht die H. über 30 ha (das verbreitete Einheitsmaß von 30 Morgen schwankt schon durch regional unterschiedl. Morgengrößen stark). Die Praxis, die H. auch als regelrechtes Flächenmaß zur Bewertung bäuerl. Güter anzuwenden, setzt sich immer mehr durch. Das System der Flureinteilung in H.n ist speziell im Rahmen der ma. Ostkolonisationen so typ., daß noch 1715 der Preuß. Generalhufenschoß sich der H. als Erhebungseinheit (im Sinne einer Grundsteuer) bedient.
                                        D. Hägermann/A. Hedwig

Lit.: F. LÜTGE, H. und mansus in der mitteldt. Q. der Karolingerzeit, VSWG 30, 1937, 105–128 – A. DÉLÉAGE, La vie rurale en Bourgogne 1, 1941, 253–360 – CH.-E. PERRIN, Observations sur la manse dans la région parisienne, Annales d'hist. sociale 8, 1945, 31ff. – D. HERLIHY, The Carolingian Mansus, EconHR 2/13, 1960, 79–89 – W. KUHN, Fläm. und frk. H.n als Leitform der ma. Ostsiedlung, Hamburger mittel- und ostdt. Forsch. 2, 1960, 146–192 – DERS., Bauernhofgrößen in der ma. Nordostsiedlung, ebd. 4, 1962, 210–267 – F. LÜTGE, Die H.n in der thür.-hess. Agrarverfassung der Karolingerzeit (DERS., Stud. zur Sozial- und Wirtschaftsgesch., 1963), 77–111 – DERS., Gesch. der dt. Agrarverfassung, 1967² – H. v. LOESCH, Die frk. H., I, II, Beitr. zur schles. Rechts- und Verfassungsgesch. (Schr. des Kopernikuskreises 6, 1964), 9–64 – F. ENGEL, Ma. H.nmaße als siedlungsgesch. Q. (DERS., Beitr. zur Siedlungsgesch. und hist. LK, 1970), 116–136 – P. TOUBERT, Les structures du Latium médiéval 1, 1973, 450–549 – J. P. DEVROEY, Mansi absi, Le M-A 82, 1976, 421–451 – S. GISSEL, Bol und Bolverfassung in Dänemark (Unters. zur eisenzeitl. und frühma. Flur in Mitteleuropa und ihrer Nutzung 1, AAG 115, 1979), 134–140 – W. GOFFART, From Roman Taxation to Mediaeval Seigneurie, Speculum 47, 1982, 373–394 – J. BESSMERNY, Les structures de la famille paysanne..., Le Moyen Age 90, 1984, 165–193 – D. HÄGERMANN, Einige Aspekte der Grundherrschaft in den frk. Formulae und in den leges der FrühMA (Le grand domaine, hg. A. VERHULST, 1985), 51–77 – C. HIGOUNET, Die dt. Ostsiedlung im MA, 1986 – H. J. NITZ–P. RIEMER, Die hochma. H.nkolonisation in den Bruchgebieten Oberstedingens, Oldenburger Jb. 87, 1987, 1–34 – W. SCHLESINGER, Vorstud. zu einer Unters. über die H. (Ausgew. Aufsätze von W. SCHLESINGER 1965–79, hg. H. PATZE–F. SCHWIND, VuF 34, 1987), 458–541 – DERS., H. und mansus im liber donationum des Kl. Weißenburg (ebd.), 543–585 – DERS., Die H. in Frankreich (ebd.), 587–614 – J. DURLIAT, Le manse dans le polyptyque d'Irminon (La Neustrie, Beih. Francia 16,1, 1989), 476–504 – U. WEIDINGER, Unters. zur Wirtschaftsstruktur des Kl. Fulda in der Karolingerzeit (Monogr. zur Gesch. des MA 35, 1990) –→Grundherrschaft.

Hufeisen → Pferd, →Schmied

Huflattich (Tussilago farfara L./Compositae). Die mit der Pestwurz (Petasites) verwandte und häufig damit verwechselte Pflanze erscheint schon bei Plinius (Nat. hist. 24, 135; 26, 30) unter den Namen 'farfarus' und 'tussilago'; im MA begegnet sie u. a. als *ungula caballina* bzw. *ross(e)-hub* ('Pferdehuf', während *-lattich*' (aus mlat. *lapatium*) letztlich auf gr. lapathon (Ampfer) zurückgeht. Bereits in der Antike v. a. als schleimlösendes Hustenmittel geschätzt (lat. tussis = Husten), verwendete man *hufflatta*

minor auch gegen Leberleiden (Hildegard v. Bingen, Phys. I, 211) sowie zu kühlenden Umschlägen bei Entzündungen und Verbrennungen (Gart, Kap. 420). P. Dilg
Lit.: MARZELL IV, 850–876 – DERS., Heilpflanzen, 288–290.

Hufschmied → Schmied

Hüftgürtel → Gürtel

Hüfttasche, in der Merowingerzeit am Leibriemen rechts hängende, flache Tasche mit Verschlußklappe. Die H. diente als Behälter für Kamm, Messerchen, Feuerzeug und Münzen. Im HochMA bevorzugte man angehängte Beutel. Die flache H. erschien erst um die Mitte des 14. Jh. wieder, jetzt oft in Körpermitte und zusammen mit dem →Dolch getragen. Um 1400 wurde sie von Taschen mit Klappbügeln abgelöst. O. Gamber

Hugbert, Hzg. v. Bayern → Agilolfinger

Huge Scheppel → Elisabeth v. Nassau-Saarbrücken

Hugeburc, Nonne ags. Herkunft, die unter der Äbt. →Walburga im Kl. →Heidenheim lebte; verwandt mit →Willibald, dem ersten Bf. v. Eichstätt, und mit dessen Bruder Wynnebald (→Wunibald), dem ersten Abt v. Heidenheim, nach dessen Tod (761) sie auf das Festland gekommen war. H. (ihr Name wurde von B. BISCHOFF aus dem Kryptogramm einer Hs. ermittelt) verfaßte aufgrund eines mündl. Berichtes, den sie von Willibald (778) erhalten hatte, dessen Vita und fügte dieser auch die des Wynnebald hinzu. Beide Viten zeigen geringe sprachl. Bildung; als angestrebtes stilist. Vorbild ist →Aldhelm erkennbar.
E. Heyse
Ed.: O. HOLDER-EGGER, MGH SS XV, 1, 1887, 80–117 – Lit.: Verf.-Lex.² IV, 221f. – BRUNHÖLZL I, 240, 544 – B. BISCHOFF, Wer ist die Nonne von Heidenheim?, SMGB 49, 1931, 387f. – E. GOTTSCHALLER, H.v.Heidenheim, Philol. Unters. zu den Hl.nbiographien einer Nonne des 8.Jh. (Münchener Beitr. zur Mediävistik und Renaissanceforsch. 12, 1973) – C. LEONARDI, Una scheda per Hugeburga (Tradition und Wertung, Fschr. F. BRUNHÖLZL, 1989), 22–26.

Hugo (s. a. Hugues)

1. H. Capet (Hugues Capet), Hzg. v. Franzien (→Francia II), seit 987 *Kg. v. Frankreich* (→Frankreich, A. I), aus der Familie der →Robertiner; * 939/941, † 24. Okt. 996, ▢ St-Denis, Sohn Hzg. →Hugos d. Gr. und →Hadwigs, Schwester Ks. Ottos I.; ⚭ 970 Adelheid, Tochter Hzg. Wilhelms (Werghaupt) v. Aquitanien. Den verschieden gedeuteten Beinamen 'Capet' erhielt H. erst im 12. Jh. Der beim Tode seines Vaters (956) noch minderjährige H. trat 960 dessen Nachfolge im Hzm. Franzien an; sein Bruder Otto wurde Hzg. v. Burgund. Als mächtigster Mann im Westfrankenreich, der im Konflikt Kg. Lothars mit den Ottonen zunächst, nach einer Entfremdung 980/981, auf seiten des Karolingers blieb, jedoch eine eigenständige Politik zw. Kg., Ks. und eigenem Hzm. betrieb und schon vor dem Tod Ludwigs V. eine gegen den Kg. gerichtete Koalition mit dem Ebf. →Adalbero v. Reims einging, war H. nach dem Tod des kinderlosen Ludwig der aussichtsreichste Anwärter auf den Kg.sthron. Ende Mai 987 wurde er in Senlis mit Hilfe Adalberos und der robertin. Vasallen zum Kg. gewählt, am 3. Juli in Noyon durch Adalbero geweiht. H. mußte sein Kgtm. dann allerdings jahrelang gegen die Thronansprüche des vom Reimser Ebf. zurückgewiesenen →Karl v. Niederlothringen, des Bruders Lothars, durchsetzen, der sich v. a. auf die Gf.en v. →Troyes, →Blois, →Vermandois und den Ebf. v. →Sens stützen konnte. 991 konnte er Karl in seinen Gewahrsam bringen, wo dieser im folgenden Jahr verstarb. Ein neues Bündnis zugunsten von Karls Sohn Otto 993 unter der Führung Odos v. Blois blieb erfolglos. Als Folge dieser Kämpfe blieben die Auseinandersetzungen um das Ebm. Reims, wo Karl 989 seinen Neffen →Arnulf eingesetzt hatte. Ihm stellte die Synode v. →Verzy (St-Basle) →Gerbert entgegen, der aber auf cluniazens. und päpstl. Widerstand stieß und 995 auf der Synode v. →Mouzon suspendiert wurde. – H., der bereits am 30. Dez. 987 seinen Sohn →Robert zum Mitkg. erheben ließ und die Dynastie der →Kapetinger begründete, knüpfte doch bewußt an die karol. Tradition an (SCHNEIDMÜLLER). Der Dynastiewechsel bedeutete daher keine tiefe Zäsur, fiel jedoch in eine Zeit großer struktureller Veränderungen und stabilisierte mit der Beendigung des langwierigen Machtkampfes zw. Karolingern und Robertinern die Monarchie, während der kgl. Machtbereich auf Fsm. (v. a. um Orléans und Paris) und Krondomäne (v. a. im Oise-Aisne-Gebiet) beschränkt blieb: H. war von einem starken Hzg. zu einem schwachen Kg. geworden (WERNER), der seine Stellung aber v. a. mit diplomat. Mitteln zu sichern wußte (HALLAM). Die Schwächen seiner Regierung (LOT) müssen zudem im Lichte der widrigen Zeitverhältnisse gesehen werden (SASSIER). H.-W. Goetz
Lit.: RHF 10 [Urkk.; Neued. in Vorber.] – F. LOT, Études sur le règne de H.C., 1903 – E. POGNON, H.C., Roi de France, 1966 – W. KIENAST, Der Hzg.stitel in Dtl. und Frankreich, 1968 – L. MEXANDEAU, Les Capétiens, 1969 – HEG I, 1976, 752ff. [K. F. WERNER] – B. SCHNEIDMÜLLER, Karol. Tradition und frühes fr. Kgtm. (Frankfurter Hist. Abh. 22, 1979) – E. M. HALLAM, Capetian France (987–1328), 1980 – L. THEIS, L'avènement d'H.C.: 3 juill. 987, 1984 – Y. SASSIER, H.C., naissance d'une dynastie, 1987 – künftig: H.C. (987–1987). La France de l'An Mil, 3 Bde, 1990/91.

2. H. v. Arles und Vienne, *Kg. v. Italien* 926–947, * um 880, † 948 in Arles. Durch seine Mutter Bertha v. Tuszien Enkel Kg. Lothars II., schwang sich H. unter Ks. Ludwig d. Blinden vom Gf. v. →Arles und →Vienne (seit 903) zum dux und marchio der →Provence und fakt. Regenten des niederburg. Kg.reiches auf (→Burgund, Kgr.). Durch Herkunft und Machtstellung nach Italien gewiesen, folgte er 926 dem Ruf der dortigen Großen und übernahm nach der Vertreibung →Rudolfs II. v. Burgund die it. Kg.swürde. Die noch lebende karol. Tradition des Mittelreiches bestimmte H.s ehrgeizige Ziele, doch gelang ihm weder die Schaffung eines alpenübergreifenden Großreiches noch erreichte er die Ks.krönung. H. sicherte sich nach außen durch Bündnisse mit →Heinrich I. v. Ostfranken (1.H.) und →Romanos I. v. Byzanz; im Innern, wo seine Kg.sherrschaft bemerkenswert stabil war, schuf er schon 931 durch die Erhebung des Sohnes Lothar zum Mitkg. die Voraussetzung für dynast. Kontinuität. Mgf. →Berengar v. Ivrea (2.B.), Anführer der oppositionellen oberit. Adels, verdrängte H. 945 mit Unterstützung Ottos d. Gr. weitgehend aus Oberitalien, mußte jedoch H. und Lothar einstweilen die Kg.swürde belassen. H. rüstete 948 in seinen Stammlanden zum Entscheidungskampf, als er plötzl. starb. Lothars Tod (950) führte 951 zum Eingreifen Ottos d. Gr. H. Zielinski
Q.: I diplomi di Ugo e di Lotario, ed. L. SCHIAPARELLI, Fonti 38, 1–288 – Liutprand v. Cremona, Antapodosis, ed. R. RAU, AusgQ 8, 244–495 – Lit.: HEG 1, § 81, § 85 – →Berengar I.

3. H. III. v. Antiocheia-Lusignan, *Kg. v.* →Zypern 1267–84, *Kg. v.* →Jerusalem 1269–84, Sohn Heinrichs v. Antiocheia, Bruder des Fs.en Bohemund V. v. Antiocheia und der Isabella v. Lusignan, einer Schwester Kg. Heinrichs I. v. Zypern (1218–53). Seit 1261 Regent v. Zypern für seinen Vetter Hugo II.; wohl seit ca. 1264 Regent v. Jerusalem. Nach Hugos II. Tod (1267) wurde er Kg. v. Zypern; die Krone v. Jerusalem gewann er nach der Hinrichtung des Titularkg.s v. Jerusalem, →Konradin

(1268). Sein Recht auf den Jerusalemer Thron wurde angefochten von seiner Verwandten Maria v. Antiocheia, die ihre Ansprüche später an →Karl I. v. Anjou veräußerte. H. war zwar in der Lage, zypr. Hilfsquellen für eine Verteidigung Syriens gegen die vordringenden →Mamlūken unter →Baibars zu mobilisieren und 1272 einen Waffenstillstand zu schließen, doch wurde seine Machtstellung durch die Streitigkeiten um sein Thronrecht untergraben. 1276–77 ließ er es zu, daß →Akkon, die wichtigste Stadt im lat. Syrien, an Karl v. Anjou überging. Alle späteren Versuche H.s, diesen schweren Verlust rückgängig zu machen, blieben erfolglos.   P. W. Edbury

Lit.: J. Riley-Smith, The Feudal Nobility and the Kingdom of Jerusalem (1194–1277), 1972 – P. W. Edbury, The Disputed Regency of the Kingdom of Jerusalem, 1264/66 and 1286, Camden Misc. 27, 1979.

4. H. (Hugus), illegitimer Sohn Karls d. Gr. und seiner Konkubine Regina; ✕ 14. Juni 844; von seinem ältesten Halbbruder →Ludwig d. Frommen 818 zum Eintritt in den geistl. Stand veranlaßt, erscheint darauf als Presbyter im Kl. → Charroux in Poitou, seitdem stets als treuer Anhänger seines ksl. Bruders bezeugt, der ihm zunächst die Abtei →St-Quentin übertrug und ihn nach der schweren Krise von 834 zum Kanzler bestellte. H. fungierte als solcher mit dem auszeichnenden Titel 'sacri palatii nostri archinotarius' oder 'summus notarius' und wurde von Ludwig 836 zusätzl. mit der bedeutenden Abtei →St-Bertin belohnt. Er schloß sich nach dem Tod Ludwigs d. Fr. im Herbst 841 Karl d. K. an, der ihn als seinen ersten Kanzler übernahm. In Karls Dienst im Kampf gegen die Aquitanier am Agout gefallen, wurde er, seinem Wunsch entsprechend, in Charroux bestattet.   J. Fleckenstein

Lit.: Th. Sickel, Acta regum et imperatorum Karolinorum I, 1867 – B. Simon, JDG L.d.Fr. I, 2, 1874/76, s.v. – Ph. Grierson, Hugues de St. Bertin, M-A 35, 5, 1934 – J. Fleckenstein, Hofkapelle I, 1959, s.v.

5. H. Abbas, † 886, aus dem wfrk. Zweig der →Welfen (Vetter Ks. Karls d. K.), zunächst Laienabt v. St-Germain d'Auxerre, rückte nach dem Tod →Roberts d. Tapferen in dessen herausragende Stellung in →Neustrien ein. Als fähiger Heerführer ordnete er die Normannenabwehr und nutzte nach dem Tod Karls d. K. (877) den Rangverlust seines Rivalen →Gauzlin (2. G.). Nach dem Wiedererstarken der →Rorgoniden und →Robertiner mußte H. freilich 880 dem Vertrag v. →Ribemont mit der ofrk. Kgtm. und der Reichsteilung v. Amiens (zw. Ludwig III. und Karlmann) zustimmen. Fakt. Herr im Reich Karlmanns, nach Ludwigs Tod 882 zw. im ganzen wfrk. Reich, trat H. seit 884 gegenüber Gauzlin und dem Robertiner →Odo mehr und mehr zurück. H.s Tod machte den Weg für den Aufstieg der Robertiner frei, die ihre Gft. Paris mit H.s neustr. Herrschaftskomplex vereinen konnten.
                                                              B. Schneidmüller

Lit.: K. v. Kalckstein, Abt H. aus dem Hause der Welfen..., Forsch. zur dt. Gesch. 14, 1874, 37–128 – K. F. Werner, Gauzlin v. St-Denis und die wfrk. Reichsteilung v. Amiens..., DA 35, 1979, 395–462 – Ders., Die Ursprünge Frankreichs bis zum Jahr 1000, 1989, 444ff.

6. H., karol. Thronprätendent in →Lotharingien, † nach 895 in Prümer Kl.haft, Sohn Kg. →Lothars II. und der →Waldrada. Seit 857 versuchte Lothar, dieser Friedelehe (gegen seine kinderlose Ehe mit Theudberga) Anerkennung und H. die Thronfolge im Mittelreich zu verschaffen, übertrug ihm 867 den Dukat des →Elsaß und unterstellte ihn dem Schutz →Ludwigs d. Dt., der im Zuge seiner Teilungsvereinbarung mit →Karl d. K. (→Meerssen, 870) H.s Ansprüche aber überging. In Verfolgung des ihm vom Vater zuerkannten Ziels versuchte H. erstmals 877, sich das Erbe gewaltsam zu verschaffen, blieb aber trotz Unterstützung durch den lotharing. Adel letztlich erfolglos. Mit Ks. →Karl III. unter dem Druck der Normannengefahr ztw. in Einvernehmen, trachtete H. 885, während eines Italienaufenthaltes des Ks.s, erneut nach der lotharing. Krone, wurde in Gondreville gefangengesetzt und geblendet.   Th. Zotz

Lit.: NDB X, 15; XV, 216ff.

7. H. d. Gr., dux Francorum, * um 893, † 16. oder 17. Juni 956 in Dourdan (dép. Essonne), ☐ St-Denis; Sohn des westfrk. Kg.s →Robert I. und der Beatrix v. →Vermandois; Geschwister: Adela (aus einer früheren Ehe des Vaters, ∞ →Heribert II. v. Vermandois), Emma (∞ →Rudolf v. Burgund, westfrk. Kg.); ∞ 1. Judith, Tochter des Gf.en Rotger v. Maine, um 914, 2. Eadhild, Tochter →Eduards d. Ä., Kg. v. Wessex (12. Eduard), 926, 3. →Hadwig, Tochter Kg. Heinrichs I., 937; Kinder: →Hugo Capet, westfrk. Kg.s., Otto, Hzg. v. Burgund, Odo-Heinrich, Hzg. v. Burgund, Beatrix (∞ Friedrich, Hzg. v. Oberlothringen), Emma (∞ Richard I. v. d. Normandie) (alle aus 3. Ehe), Heribert I., Bf. v. →Auxerre (unehelich). Bereits 914 von Karl d. Einfältigen zum Nachfolger in allen honores seines Vaters, des neustr. 'marchio' Robert (seit 922 westfrk. Kg.), bestimmt, unterstützte er nach dessen Tod (923) die Wahl seines Schwagers Rudolf v. Burgund. Selbst wollte H. die Kg.swürde nicht übernehmen, da er dann die direkte Herrschaft über seine zahlreichen Gft.en, v. a. entlang der Loire und im Pariser Raum, sowie seine Abteien (u. a. St-Martin in →Tours, →Marmoutier, →St-Denis) hätte aufgeben müssen. Als Rudolf, der weitgehend auf H.s Unterstützung angewiesen war, 936 starb, ließ er Ludwig IV., den Sohn Karls d. Einfältigen, krönen. Dafür erkannte ihm der Karolinger den Titel eines 'dux Francorum' zu und bezeichnete ihn als 'in omnibus regnis nostris secundus a nobis'; somit war der Kg. durch die Zwischengewalt des Robertiners von den Großen seines Reiches isoliert. Ludwigs Streben nach selbständiger Regierung bewog H. jedoch bereits ein Jahr später zu einem Bündnis mit Otto d. Gr., dessen Schwester er heiratete. In einem ersten Konflikt mit Ludwig IV., der 942 auf dem Fs.entreffen zu →Visé beigelegt wurde, fand H. die Unterstützung Ottos. Ein Jahr später verlieh ihm Ludwig erneut den 'ducatus Franciae' und übertrug ihm das regnum Burgund. Als H. jedoch die Gefangennahme des Kg.s durch die →Normannen (945) nutzte, um von der Kgn. →Gerberga die Preisgabe von →Laon zu erpressen, sah sich Otto d. Gr. zu einem Feldzug gegen H. veranlaßt. 948 entschied die Synode v. →Ingelheim die westfrk. Wirren zugunsten von Ludwig, und eine Trierer Synode verhängte die Exkommunikation über H. Erst 953 wurde in Soissons der Friede zw. H. und dem Kg. wiederhergestellt. Nach Ludwigs Tod (954) konnte Gerberga nur mit Zustimmung H.s die Erhebung ihres Sohnes Lothar erreichen; als Gegenleistung verlieh ihm der junge Kg. den Dukat über Burgund und Aquitanien.
                                                                    R. Große

Lit.: DBF XVII, 1496f. – F. Lot, Les derniers Carolingiens..., 1891 – Ph. Lauer, Le règne de Louis IV d'Outre-Mer, 1900 – F. Lot, Études sur le règne de Hugues Capet et la fin du Xe s., 1903 – Ph. Lauer, Robert Ier et Raoul de Bourgogne, rois de France, 1910 – W. Kienast, Der Hzg.stitel in Frankreich und Dtl., 1968 – Ders., Dtl. und Frankreich in der Ks.zeit I, 1974²; III, 1975² – K. F. Werner, Les origines, 1984, 453ff. [dt.: Die Ursprünge Frankreichs..., 1989, 482ff.] – Y. Sassier, Hugues Capet, 1987, 89ff.

8. H., →Roberts II. v. Frankreich, * 1007, † 17. Sept. 1025, ☐ St-Corneille de Compiègne. Als ältester Sohn Roberts II. aus der dritten Ehe mit Konstanze wurde H. zehnjährig Pfingsten 1017 in Compiègne zum Mitkg. erhoben, gegen fsl. Widerstand und auf Betreiben des Vaters. Gleichwohl unterstreicht die Anwesenheit von drei Ebf.en, elf Bf.en und zahlreichen Großen der Francia die Akzeptanz der neuen Dynastie. Der ztw. Gegensatz zw. H. und seinen Eltern wurde durch Vermittlung →Fulberts v. Chartres beigelegt. Zeitgenöss. Q. betonen die bes. Begabung H.s, den 1024/25 das Angebot des it. Adels zum Kgtm. im regnum Italiae mit der Expektanz auf die Ks.krone erreichte (»te regem Roma petebat«, Epitaph, BOUQUET X, 326). Schon bald nach dieser Einladung starb H. Als Mitkg. folgte ihm 1027 der zweite Sohn Roberts II., →Heinrich I. (18. H.).

B. Schneidmüller

Lit.: C. PFISTER, Études sur le règne de Robert le Pieux (996–1031), 1885.

9. H. der Schwarze (H. Capito), † 17. Dez. 952, ▭ Besançon; Sohn von →Richard d. Justitiar (→Bosonide) und Adelhaid (Adelais), der Schwester Kg. Rudolfs I. v. Burgund. H., belegt seit ca. 900, tritt zunächst im Kgr. Burgund als Gf. v. Portois und Varais auf (um 914). Nach der Wahl seines Bruders →Rudolf zum westfrk. Kg. dehnte H. offenbar seinen Einfluß auf das zur Francia gehörige Burgund aus, besetzte →Langres und ließ die Burgen Clefmont und Vignory erbauen. 936 verweigerte er Kg. Ludwig IV. die Anerkennung; dieser entzog ihm daraufhin Langres und das n. Burgund. Nach dem Bruch Ludwigs IV. mit Hzg. →Hugo d. Gr. (937) verbündete sich H. mit dem Kg., den er bei seinen Feldzügen in Lotharingien unterstützte und dem er seine Territorien jenseits der Saône (später Fgft. →Burgund) unterstellte – auf Kosten des minderjährigen Kg.s Konrad v. Burgund. Doch wurde H. bald von Otto I. genötigt, Frieden mit Hugo d. Gr. zu schließen und sich Konrad zu unterwerfen; 943 mußte Ludwig IV. die burg. Hzg.sgewalt an Hugo d. Gr. übertragen. H. blieb jedoch 'marchio' (auch: 'archicomes') der beiderseits der Saône gelegenen Gebiete. – Der Name von H.s Frau ist unbekannt (vielleicht die mit →Hugo v. Arles verwandte Ermengard?); eine Hypothese schreibt H. zwei Töchter zu, verheiratet mit →Giselbert v. Vergy bzw. Le(u)tald v. Mâcon (beide hatten Gft.en und z. T. Titel H.s inne).

J. Richard

Lit.: M. CHAUME, Origines du duché de Bourgogne, I, 1927 – W. KIENAST, Der Hzg.stitel in Frankreich und Dtl., 1968, 91f. – HEG I, 731–783 [K. F. WERNER].

10. H. III., *Hzg. v. Burgund* seit 1162, † 25. Aug. 1192 in Akkon; Sohn Odos II.; ∞ 1. Alix v. Lothringen, die H. um 1178 verstieß; 2. 1183 Beatrix, Gfn. v. →Albon, die ihm den →Dauphiné in die Ehe brachte; drei Söhne: Odo III., Hzg. v. Burgund; Andreas, Fs. des Dauphiné; Alexander, Ahn der Familie Montaigu. H. stand zunächst unter Vormundschaft seiner Mutter Maria v. Champagne, die er bald exilierte. Er unterstützte Kg. Ludwig VII. in seinem Krieg gegen den Gf.en v. →Chalon (1166), zog dann nach Jerusalem (1171) und gründete nach der Rückkehr die hzgl. Hofkapelle zu →Dijon. H. vergrößerte die hzgl. Domäne, befestigte 1168 →Châtillon-sur-Seine, scheiterte aber beim Versuch einer Erwerbung der Gft. →Langres (1178). Dijon verlieh er das Recht einer →Kommune (1183–87). Kg. Philipp II. August griff gegen den Hzg. persönl. in Burgund ein (1185 Aufhebung der Belagerung v. →Vergy, 1186 Besetzung von Châtillon). Wohl auf Intervention von Friedrich Barbarossa, dem H. 1186 das Homagium leistete, entging H. den Sanktionen von seiten des Kg.s und konnte Vergy zurückgewinnen. Als Helfer Philipps II. auf dem 3.→Kreuzzug führte er die Verhandlungen mit Genua über den Schiffstransport, hatte nach dem vorzeitigen Abzug des Kg.s (1191) den Oberbefehl inne und stand im Konflikt mit →Richard Löwenherz.

J. Richard

Lit.: E. PETIT, Hist. des ducs de Bourgogne, II–III, 1887–89 – J. RICHARD, Les ducs de Bourgogne et la formation du duché, 1954.

11. H. IV., *Hzg. v. →Burgund*, * um 1214, † 27. Okt. 1272, ▭ Cîteaux; Sohn von Odo III. und Alix v. Vergy, Hzg. seit 1218, stand bis zu seiner 1229 gegen den Willen des Kg.s geschlossenen Ehe mit Yolande v. Dreux unter mütterl. Vormundschaft. H. bekämpfte gemeinsam mit dem Hause →Dreux den Gf.en der →Champagne, Tedbald IV. Zweimal auf Kreuzfahrt (1239, 1248: Verteidigung v. →Damiette), unterstützte H. auch später den 'lat.' Ks. v. Konstantinopel. – Neben institutionellen Neuerungen (Baillis, Notare, Kastellane) vergrößerte H. die hzgl. Domäne beträchtlich, u. a. tauschte er 1237 →Salins (bei Wahrung der Souveränität) gegen die Gft.en →Chalon und →Auxonne und bereitete die Erwerbung der Fgft. →Burgund vor. H., der in 2. Ehe Beatrix v. Champagne geheiratet hatte, setzte nach dem frühen Tod seiner ältesten Söhne mit Hilfe Kg. Philipps III. gegen die Erbansprüche der überlebenden Töchter durch, daß Robert II., sein dritter Sohn aus 1. Ehe, den er mit Agnes v. Frankreich verheiratet hatte, das Hzm. erhielt.

J. Richard

Lit.: s. →Hugo III.

12. H. V., *Hzg. v. →Burgund*, * um 1296, † März 1315, ▭ Cîteaux; Sohn von Robert II. und Agnes, einer Tochter Kg. Ludwigs d. Hl.n, seit März 1306 Hzg., 1313 zum Ritter geschlagen. Für den stets kränklichen, ehelos gebliebenen jungen Hzg. (der aber, dem Aufruf Clemens' V. folgend, das Kreuz nahm) regierte effektiv die Mutter. In H.s Regierungszeit wurden die zum Imperium gehörenden Gebiete des Hzm.s als 'bailliage de la Vallée et d'Outre-Saône' konstituiert, um sie so dem Einfluß der frz. Kronbeamten zu entziehen. Deren Übergriffe führten andererseits zur Koalition der burg. Adligen, Prälaten und Städte, die dem frz. Kg. die »Charte aux Bourguignons« abnötigten.

J. Richard

Lit.: →Hugo III.

13. H., *Gf. v. →Chalon*, † 5. Nov. 1039; Sohn von Lambert, Gf. v. Chalon († um 978), und Aélis (von unbekannter Herkunft), übte H. seine Grafenwürde aus, obwohl er dem Klerus angehörte (Kanoniker in Autun 987; Bf. v. →Auxerre 999, dort 1023 Neubau der Kathedrale). H. unterstützte die Ansprüche Kg. Roberts auf das Hzm. →Burgund und wurde vom Gf.en Landricus v. Nevers aus Auxerre vertrieben (1003). Nach dem Sieg des Kg.s gewann H. als dessen Repräsentant in Burgund eine mächtige Position (u. a. Vogtei über St-Bénigne de →Dijon; Abhaltung von Versammlungen für den Gottesfrieden (1016, 1023–24). Er besiegte den Gf.en v. →Mâcon, der →Cluny bedrohte (1013), beschwor aber durch Gefangennahme des Gf.en Rainald II. v. →Burgund die Intervention und öffentl. Demütigung von seiten des Hzg.s der →Normandie herauf. Voll Reue über seine krieger. Aktivitäten, erlangte H. die päpstl. Absolution unter der Bedingung einer Jerusalemwallfahrt (1036). H. schenkte Paray an Cluny und setzte seinen Neffen Tedbald (Thibaud) zum Gf.en v. Chalon ein.

J. Richard

Lit.: M. CHAUNEY, Deux évêques bourguignons de l'an mil, CCMéd 21, 1978, 385–393 – Y. SASSIER, Recherches sur le pouvoir comtal en Auxerrois, 1980 – H. DE CHIZELLE, A propos de la comtesse Aélis, Annales de Bourgogne 58, 1986.

14. H., *Gf. v. Tours*, 1. Hälfte 9. Jh.; karol. Amtsträger, →Etichone; 811 zusammen mit Bf. →Heito v. Basel und Aio v. Friaul Gesandter Karls d. Gr. in Byzanz, trat H. mit dem karol. Herrscherhaus in engste Verbindung, als 821

Lothar, Sohn Ludwigs d. Fr., H.s Tochter Irmingard zur Frau nahm; durch die Heirat der anderen Tochter Adelheid war H. mit den →Welfen verschwägert. H.s bedeutende Stellung im Reich zeigt sich daran, daß er unter den um 824 im Reichenauer Verbrüderungsbuch eingetragenen 'nomina amicorum viventium' die Reihe der Gf.en eröffnete und bei der Taufe des Dänenkg.s →Harald Klak in Ingelheim 826 mit →Matfrid v. Orléans Ksn. →Judith geleitete. 824 und 827 an Feldzügen gegen die Bretonen und die Sarazenen beteiligt, wurde H. 828 seiner Ämter enthoben, da wegen seiner Säumigkeit das frk. Ersatzheer zu spät an der span. Grenze eingetroffen war. Nach→Thegan galt H. als bes. ängstlich; überdies soll er Ks. Lothar zur Untreue gegen seinen Vater angestachelt haben.

Th. Zotz

Lit.: A. KRAH, Absetzungsverfahren als Spiegelbild von Kg.smacht (Unters. zur dt. Staats- und Rechtsgesch. NF 26, 1987) – →Etichonen.

15. H., Pfgf.en v. Tübingen → Tübingen

16. H., Mgf.en v. Tuszien → Tuszien

17. H. (Haug IX.), *Gf. v.* →*Werdenberg*, † 6. Aug. 1508, kam wegen der Grundhaltung seiner den →Habsburgern ergebenen Familie früh (wohl um 1460) als Kammerherr an den Hof →Friedrichs III. und war dank guter jurist. Kenntnisse seit spätestens 1465 ksl. Rat und Beisitzer am →Kammergericht. Er hatte, auch in finanziellen Angelegenheiten, das Vertrauen des Ks.s, war 1476 dessen Oberster Feldhauptmann in den Kämpfen gegen →Ungarn, gleichzeitig ksl. Anwalt und Gesandter (hauptsächl. auf Reichstagen), zuletzt Hauptmann des Reichs. Zur Zeit der Eroberung →Burgunds zählte H. zu den führenden Politikern Friedrichs III. Neben zahlreichen anderen Gunstbeweisen empfing er 1470 Schloß und Herrschaft →Steyr.

H. Koller

Lit.: Eine moderne Biogr. fehlt. – J. N. VANOTTI, Gesch. der Gf.en v. Montfort und v. Werdenberg, 1845 [Nachdr. mit Lit.erg. von K. H. BURMEISTER 1988], 430ff.; dazu Reg. Ks. Friedrichs III., hg. H. KOLLER, Bd. 1ff., 1982ff. – A. NIEDERSTÄTTER, Ks. Friedrich III. und Lindau, 1986, 115ff. – K. NEHRING, Matthias Corvinus, Ks. Friedrich III. und das Reich, 1989².

18. H. Candidus (oder Blancus; Beiname vermutl. wegen auffallender Blässe oder hellem Haar), Kleriker, † nach dem 18. Okt. 1099; stammte aus Remiremont (Bm. Toul) und gehörte zu dem Personenkreis, der 1049 mit Leo IX. nach Rom kam. Er wurde Kard. presbyter v. S. Clemente. Unter Nikolaus II. in Spannungen verwickelt, entschied sich H. nach dessen Tod zunächst mit dem sal. Kg.shof für den Gegenpapst Honorius II., fand dann aber unter Fortdauer seiner hierarch. Stellung zu Alexander II., der ihn nach der Synode v. Mantua (1064) als ersten Kard. legaten auf die Iber. Halbinsel entsandte (gegen eine Legation bereits 1063 spricht sehr HALLER, II, 599f., aus), wo er auf zwei Legationsreisen die Verbindungen Roms zu Aragón und Katalonien nachhaltig verstärken oder gar neu knüpfen konnte. Sein Erfolg begründete die von Gregor VII. postulierte Lehnshoheit des Apostol. Stuhls über Spanien. Die Sanktionierung der →»Usatges« des Gf.en →Raimund Berengar I. durch H. in →Barcelona wird in der Forsch. kontrovers beurteilt. Zentralpunkt der Reformtätigkeit des Legaten waren Kampf gegen die →Simonie und Beseitigung der mozarab. Liturgie (vgl. JAFFÉ, 4691). In Rom nahm H. an der Erhebung Gregors VII. teil, der ihn sogleich abermals nach Spanien entsandte, doch blieb diesmal mit dem Scheitern des kreuzzugsartigen Unternehmens des Gf.en Ebulus v. Roucy die Legation erfolglos. Außerdem führte auch die Feindschaft der Cluniazenser, die auf der Iber. Halbinsel eigene Zielsetzungen tangiert sahen, zum Bruch zw. Papst und Kard. Auf der Reichssynode v. Worms 1076 formulierte H. Bedenken gegen Gregors »Introitus« und »Vita«, wird aber in der Gehorsamsaufkündigung des dt. Episkopats nicht namentl. genannt. Laut Protokoll der röm. Fastensynode (1078) wurde er erneut exkommuniziert. Die Synodalproklamation 1080 in →Brixen unterzeichnete er als erster. Unter Clemens III. (Wibert) zunächst Kard. presbyter v. S. Clemente, wurde H. aber zw. 1085 Mai 10 und 1089 Juni 8 zum Kard. bf. v. Palestrina promoviert. Mehrfach als prominenter Wibertiner bezeugt, unterschrieb H. zuletzt 1099 Okt. 18 eine Bulle seines Papstes. Dann verliert sich seine Spur. Die Angabe, er habe neben dem Kardinalat zeitweilig das Bm. Fermo verwaltet (vgl. GANZER, 38), beruht auf einem Irrtum. – Auch als Verfasser oder Adressat von Streitschriften gegen die Gregorianer trat H. hervor; ein verlorenes Pamphlet bezeugt Lampert v. Hersfeld.

W. Goez

Lit.: JDG H. IV., Bd. 2ff. – H. HOLTKOTTE, H.C. [Diss. Münster 1903] – B. GAFFREY, H.d.Weiße und die Opposition im Kard.skollegium gegen Papst Gregor VII. [Diss. Greifswald 1914] – P. KEHR, Das Papsttum und das Kat. Prinzipat bis zur Vereinigung mit Aragón, AAB, 1926, 1 – DERS., Das Papsttum und die Kgr.e Navarra und Aragón bis zur Mitte des XII. Jh., AAB, 1928, 4 – F. LERNER, Kard. H.C., HZ Beih. 22, 1931 – G. SÄBEKOW, Die päpstl. Legationen nach Spanien und Portugal bis zum Ausgang des XII. Jh. [Diss. Berlin 1931] – J. RAMACKERS, Analekten zur Gesch. des Reformpapsttums und der Cluniazenser, QFIAB 23, 1931–32 – F. VALLS-TABERNER, El cardenal Hug Candid i els Usatges de Barcelona (DERS., Obras selectas 4, 1961) – K. GANZER, Die Entwicklung des auswärtigen Kardinalats im hohen MA, 1963 – R. HÜLS, Kard.e und Klerus und Kirchen Roms 1049–1130, 1977 – T. SCHMIDT, Alexander II. und die röm. Reformgruppe seiner Zeit, 1977 – J. ZIESE, Wibert v. Ravenna (Päpste und Papsttum 20, 1982) – D. MANSILLA, Estudios sobre Alfonso VI..., I, 1987), 31–82.

19. H. v. Salins, *Ebf. v.* →*Besançon*, † 27. Juli 1066, ⌐ Besançon, St-Paul; Sohn des Humbert v. →Salins und der Ermenburg, erzogen in Autun, 1029 Kanoniker in Besançon und Kapellan Kg. Rudolfs III. v. Burgund. Von seinem Taufpaten Ebf. Gautier gefördert, wurde er Cantor, am 7. Nov. 1031 zum Ebf. gewählt. Nach dem Tode Rudolfs III. stand er Kg. Konrad II. und bes. dessen Sohn Heinrich III. nahe, der seinen treuen Anhänger 1042/43 zum →Erzkanzler für Burgund ernannte. Auch die Verleihung der Stadtherrschaft über Besançon durch Heinrich III. ist – trotz ungesicherter urkundl. Grundlage – wahrsch. H. begleitete den Kg. 1046 nach Rom und stand in enger Verbindung zu Leo IX. (päpstl. Weihe der Kathedrale St-Étienne zu Besançon, 1046; Ausübung mehrerer Legationen durch H.). Mit Heinrichs III. Tod war H.s polit. Rolle ausgespielt.

In seiner kirchl. Reformtätigkeit blieb H. trotz seiner Stiftungen für St-Bénigne de →Dijon (die Heinrich III. jedoch widerrief!) und Bindungen an →Cluny strikt der karol. Tradition verpflichtet. So wurden die von H. geförderten Kirchen (St-Étienne, St-Paul, Ste-Marie-Madeleine) mit Kanonikern, nicht mit Mönchen besetzt. Der leutselige, beredte und gebildete Ebf. hinterließ als Zeugnis seiner persönl. Frömmigkeit ein 'liber precum' und veranlaßte die Abfassung zahlreicher liturg. und hagiograph. Werke.

J. Richard

Lit.: B. DE VREGILLE, H. de S., 1981.

20. H. v. Bonnevaux OCist, hl., * 1120 (?) in Châteauneuf d'Isère (Diöz. Valence, dép. Drôme), † 1. April (?) 1194 in Bonnevaux (Diöz. Vienne, dép. Isère), ⌐ ebd.; Sohn des Herrn v. Châteauneuf, Großneffe des hl. →Hugo v. Grenoble. H. studierte in Lyon und war 1138 Novize im Kl. Miroir. →Bernhard v. Clairvaux sandte ihm einen Brief (Nr. 322) und besuchte ihn. Mönch und – seit 1162 –

Abt des Kl. Léoncel (dép. Drôme), wurde H. 1166 zum 6. Abt v. Bonnevaux erhoben. Er wirkte als kontemplativer Denker, Wundertäter, Prediger und Freund der Armen. 1173 gründete er Ulmet-Sauveréal (Diöz. Arles), 1184 Valbenoite (Diöz. Lyon), 1188 Valcroissant (Diöz. Die). Die Affiliation v. →Chalais mißlang (1177). Als Friedensstifter trug H. zur Beendigung des Schismas (→Alexander III.) bei und vermittelte 1177 bei den Verhandlungen, die zum Frieden v. →Venedig führten, sowie zw. Bf. und Gf. v. →Genf (Vertrag v. Aix in Savoyen, 1184). Sein Kult wurde von Pius X. bestätigt.

M. O. Lenglet

Lit.: Vita B. Hugonis, A.N. 1610, L. 1010, n° 16 – Hélinand de Froidmont, Chron., MPL 212, 1078-1081 – Lit.: A. DIMIER, S. Hugues de Bonnevaux, 1941.

21. H. I. v. Semur, hl. (Fest: 29. April), 6. Abt v. →Cluny 1049-1109, * 1024, † 29. April 1109 in Cluny, ⊐ebd.; aus burg. Hochadel (Eltern: Dalmatius v. Semur-en-Brionnais, Halbbruder des Gf.en v. Chalon, und Aremberga; Schwester: Helia, die später verstoßene Frau Hzg. →Roberts v. Burgund). Nach dem Besuch der Kathedralschule in Auxerre (1030/35) oder in Chalon-sur-Saône wurde er mit 15 Jahren gegen den Willen seines Vaters Mönch in Cluny, 1047-49 Prior. Beim Tode Abt →Odilos (1. Jan. 1049) befand sich H. auf einer Reise nach Dtl., wo er bei Ks. Heinrich III. erfolgreich die Interessen Clunys an →Payerne vertrat. Die auch den Zeitgenossen unklaren Umstände der Wahl H.s zum Abt trugen ihm den Simonieverdacht ein, von dem er sich auf dem Konzil in →Reims (1049) zu reinigen wußte. H.s sechzigjähriges Abbatiat ist geprägt von den Baumaßnahmen in Cluny, die auch wegen des unter H. stark angewachsenen Konvents erforderl. wurden (→Cluny, E). Dank der guten Beziehungen H.s zu den Päpsten konnten die Sicherung der Exemtionsrechte der Abtei gegenüber dem Diözesanbf. v. →Mâcon sowie die Festschreibung des Immunitätsbezirks (Bann von Cluny bestätigt 1095) erreicht werden. Das Leben im Kl. – die Consuetudines ließ H. niederschreiben – war einerseits durch liturg. Steigerungen und andererseits durch Prachtentfaltung geprägt. 1088 erhielt H. vom Papst das Recht zum Tragen bfl. Insignien. Die Zahl der Cluny unterstellten oder affiliierten Priorate und Abteien vervielfachte sich unter H. und erstreckte sich auch in Gebiete, in denen Cluny zuvor noch keine oder nur wenige Kl. gehabt hatte. Neu war die Konsequenz, mit der H. die Übernahme von Reformaufträgen mit rechtl. Bindungen an Cluny verknüpfte (z. B. →Lewes). Unter den Neugründungen ist v. a. das Frauenpriorat →Marcigny-sur-Loire (1055) zu nennen. H.s Beziehung zu Heinrich III. gipfelte in der Taufe Heinrichs (IV.) durch H. in Köln (1051). Doch ließ ihn seine Patenschaft nicht zu einem Parteigänger des Ks.s werden, ebensowenig folgte H. vorbehaltlos der päpstl. Politik. 1077 gelang es ihm, in →Canossa zw. Heinrich IV. und Gregor VII. zu vermitteln. Ein weiterer Vermittlungsversuch 1083 in Rom scheiterte. Eine enge Verbindung bestand auch zu Kg. →Alfons VI. v. León-Kastilien, der Kastilien Cluny gegenüber mit 2000 écus pro Jahr für tributpflichtig erklärte. H. und Cluny hatten einen erhebl. Anteil an der Zurückdrängung der mozarab. Liturgie in Spanien (→Cluny, B. II). Seine weitreichenden Verbindungen nutzte H. in erster Linie im Interesse des cluniazens. Kl.verbandes, während er im Tagesgeschehen ohne explizite polit. Ziele blieb und hauptsächl. als Vermittler zu wirken suchte. So stand er eher zurückhaltend hinter der Kreuzzugspolitik des Cluniazenserpapstes Urban II. Unter H. gewann Cluny auch als Wirtschaftsmacht zunehmend an Bedeutung. –

In den sieben Viten, die sein Nachfolger Abt →Pontius in Zusammenhang mit H.s Heiligsprechung (6. Jan. 1120) in Auftrag gab, bleibt H.s Bild relativ unpersönlich. Von seinen Schriften sind nur neun Briefe, u. a. an Wilhelm d. Eroberer, Philipp I. v. Frankreich und Ebf. →Anselm v. Canterbury, sowie einige kurze Texte, u. a. Statuten, Verbrüderungen und eine Predigt, erhalten. N. Bulst

Q.: Viten H.s, MPL 159, 857-928 – Memorials of Abbot Hugh of Cluny (1049-1109), ed. H. E. J. COWDREY, St-Greg 11, 1978, 9-175 – Lit.: DHGE XIII, 49-56 – DSAM VII, 874f. – K. HALLINGER, Klunys Bräuche zur Zeit H.s d. Gr. (1049-1109), ZRGKanAbt 45, 1959, 99-140 – H. DIENER, Das Verhältnis Clunys zu den Bf.en v. in der Zeit seines Abtes H. (1049-1109) (Neue Forsch. über Cluny und die Cluniazenser, 1959), 219-426 – N. HUNT, Cluny under St. Hugh, 1049-1109, 1967 – K. J. CONANT, Cluny, 1968 – H. COWDREY, The Cluniacs and the Gregorian Reform, 1970 – P. SEGL, Zum Itinerar des H.s I. v. Cluny (1049-1109), DA 29, 1973, 206-219 – F. BARLOW, The Canonization and the Early Lives of Hugh I, Abbot of Cluny, AnalBoll 98, 1980, 297-334 – J. H. LYNCH, Hugh I of Cluny's Sponsorship of Henry IV, Speculum 60, 1985, 800-826 – C. B. BOUCHARD, Sword, Miter, and Cloister, 1987 – M. WOESTHUIS, The Origins of Anonymus Primus, AnalBoll 105, 1987, 385-411 – Le gouvernement d'Hugues de Semur à Cluny (Colloque scientifique, Cluny, 1988) [im Dr.].

22. H. v. Die, päpstl. Legat und Vorkämpfer der →Gregorian. Reform, Bf. v. →Die 19. Okt. 1073-81, kurze Zeit nach seiner Konsekration als Bf. (15. März 1074) zum →Legaten ernannt (23. März 1074), Ebf. v. →Lyon ca. 1081-1106, † 7. Okt. 1106 in Susa; Neffe des Hzg.s Hugo I. v. →Burgund, zunächst Mönch im Priorat St-Marcel bei Chalon-sur-Saône, dann 'camerarius' der Kathedrale v. Lyon, wurde anstelle des 'Simonisten' Lancelin zum Bf. v. Die gewählt, bekämpfte kompromißlos jeden weltl. Einfluß im kirchl. Bereich, insbes. im Pfarrwesen (→Eigenkirchenwesen). Auf zahlreichen Konzilien (Anse, 1075; Dijon, 1076; Clermont, 1076; Autun, 1077; Poitiers, 1078; Lyon, 1080; →Avignon, 1080) sprach er Exkommunikationen und Absetzungen gegen 'Simonisten' aus, so gegen die Ebf.e →Manasse v. Reims, Hugo II. v. Besançon, Humbert v. Lyon u. a. Auch als Ebf. v. Lyon (seit ca. 1081) setzte H. seine Reformanstrengungen bis zum Tode Gregors VII. (25. Mai 1085) fort. Viktor III. entzog ihm die Legatenwürde. Erst unter Urban II. wurde H. am 16. Mai 1094 wieder als Legat (nun aber beschränkt auf den Bereich des Lyoner Primats) eingesetzt. Er nahm im Nov. 1095 am Konzil v. →Clermont teil, pilgerte 1095 nach Santiago, 1103 nach Jerusalem. Nach dem »Exordium parvum Cisterciense« unterstützte er 1099 →Robert v. Molesmes. V. Chomel

Lit.: GChr Nova IV, 97-108 – J. CHEVALIER, Essai hist. sur l'Église et la ville de Die, I, 1888 – W. LUEHE, H. v. D. und Lyon, Legat v. Gallien, 1898 – A. FLICHE, La Réforme grégorienne, II, III, 1924-37 – TH. SCHIEFFER, Die päpstl. Legaten in Frankreich, 1935 – B. BLIGNY, L'Église et les ordres religieux dans le royaume de Bourgogne aux XIe et XIIe s., 1960, passim.

23. H., hl., Bf. v. →Grenoble seit 1080 (von Gregor VII. zu Rom konsekriert); * um 1053 in Châteauneuf-d'Isère (dép. Drôme, arr. Valence), † 1. April 1132; entstammte einer Kleinadelsfamilie, Kanoniker der Kathedrale zu Valence. Er fand die Gönnerschaft des päpstl. Legaten →Hugo v. Die, den er 1079-80 zum Reformkonzil v. →Avignon begleitete. Ab 1092 trug er eine Kontroverse mit seinem Metropoliten, dem Ebf. v. →Vienne, Guido v. Burgund, aus, der das an der Grenze zur Diöz. Vienne gelegene Sermorens beanspruchte; der Streit endete 1107 mit einem Schiedsspruch Paschalis' II. Auch konnte H. die Übergriffe des Hauses →Albon, das lange die Vogtei des Bm.s Grenoble besessen hatte, beenden (Teilungsvertrag v. 1116). Er bekämpfte →Simonie und →Nikolaitismus und konnte in jahrzehntelangen Bemühungen das kirchl. Patrimonium wiederherstellen (vgl. das nach ihm benannte Kartular). H. förderte die Gründungen der Regularkanoniker in St-Martin-de-Miséré und St-Joire. Seit 1084 unterstützte er nachhaltig →Bruno v. Köln und ermöglichte ihm in seiner Diöz. die Gründung der →Chartreuse (s. a. →Kartäuser). H. förderte ebenso die Kongregation OSB →Chalais. Noch im Frühjahr 1130 wandte sich der Bf. gegen den Gegenpapst→Anaklet II. – Am 22. April 1134 ließ Papst Innozenz II. H. kanonisieren und seine Vita von→Guigo I. Carthusiensis aufzeichnen.

V. Chomel

Q.: Cart. de l'église cathédrale de Grenoble..., éd. J. MARION, 1869– Vita des Guigo: MPL 153, 759–784; éd. CH. BELLET, 1889; Guigues le Chartreux, Vie de St-Hugues..., übers. M.-A. CHOMEL, mit Einf. von B. BLIGNY, 1984 – *Lit.*: B. BLIGNY, L'Église et les ordres religieux dans le royaume de Bourgogne, 1960 – →Grenoble.

24. H., *Bf. v. Langres*, aus der Familie v. Breteuil, † 1050, studierte mit→Berengar v. Tours unter→Fulbert in →Chartres, wurde dort Kanoniker und mit Hilfe der Krone, ohne kanon. Wahl, Bf. v. Langres (1031–50). Nach Reformen im Geist →Clunys trafen ihn auf der Synode v. Reims (1049) im Beisein von Leo IX. Vorwürfe wie aus einem Lasterkatalog: Simonie, Gewalttätigkeit, Mord, Ehebruch, Sodomie, Verschwendungssucht. H. floh nach begonnener Verhandlung, wurde exkommuniziert, in Rom unter Buße rekonziliiert und starb auf dem Heimweg. In seinem theol. bedeutsamen und für sein Bild positiven Brief an Berengar kritisiert er dessen Eucharistielehre maßvoll von einem heilsrealist. Erlösungsverständnis her.

F. Courth

Q. und Ed.: J.-CHR. DIDIER – PH. DELHAYE, Rech. August. 16, 1981, 289–331 [Lit.]–MPL 142, 1325–1334 – *Lit.*: Catholicisme V, 1034f. – J. GEISELMANN, Eucharistielehre der Vorscholastik, 1939, 309–316 – J. C. DIDIER, Aux débuts de la controverse eucharist. du XIe s., Mél. des Sc. Relig. num. sp. 34, 1977, 82–97.

25. H., hl., OCart, *Bf. v.* →Lincoln seit 1186, * ca. 1135, † 1200, jüngster Sohn des Herrn v. Avalon (Burgund); Priester und Kartäuser. Als Prokurator des Kl. La Grande →Chartreuse, in das er um 1160 eingetreten war, fand er die Beachtung Kg. Heinrichs II., der ihn 1175 nach England zur Reorganisation der Kartäuserkl. Witham (Somerset) berief. Als Bf. v. Lincoln diente h. allen drei angevin. Kg.en ruhmvoll als Diplomat und Leiter bei zahlreichen zeremoniellen Anlässen. Er trat jedoch den Kg.en entgegen, wenn er moral. oder rechtl. Grundsätze verletzt sah. So opponierte er 1191 gegen→William Longchamp, 1194 gegen Hubert→Walter wegen dessen Forderung nach überseeischen Gefolgschaftsdienst. H. wurde noch im Todesjahr kanonisiert.

J. S. Critchley

Q.: Metrical Life of St. Hugh of Lincoln, ed. J. F. DIMOCK, 1860– Magna Vita Sancta Hugonis, ed. D. L. DOUIE – D. H. FARMER, 1961– J. LE NEVE, Fasti Ecclesiae Anglicanae, III, Lincoln, ed. D. E. GREENAWAY, 1977– English Episcopal Acta, Lincoln II (1185–1200), ed. D. M. SMITH, 1980 – *Lit.*: D. KNOWLES, The Monastic Order in England, 1966 – D. H. FARMER, St. Hugh of Lincoln, 1985 – St. Hugh of Lincoln, hg. H. MAYR-HARTING, 1987.

26. H., *Bf. v.* →Porto (auch: Oporto) 1112–36, † 7. Sept. 1136, mutmaßl. frz. Herkunft. Er gelangte höchstwahrscheinl. im Gefolge des cluniazens. Mönches Dalmatius (1094–96: Bf. v. Iria-Compostela) nach Galicien und ist als Kanoniker, Kapellan, 'cardinalis capellanus' und Archidiakon der Kirche von →Santiago de Compostela nachweisbar, bevor er als Vertrauter des Bf.s →Diego Gelmírez auf den Bf.ssitz v. Porto gewählt wurde (Mai? 1112; Priesterweihe und Konsekration: 22./23. März 1113). Immer ein Mitstreiter des Diego Gelmírez bei seinem Bemühen, der Jakobuskirche die kirchenpolit. Vorherrschaft im galic.-ptg. Raum zu verschaffen, erreichte H., der in enger Verbindung zu →Cluny und →Sahagún stand, in Auseinandersetzungen mit dem Bm. →Coimbra sowie der Metropole →Braga und in häufigem Kontakt mit dem kast.-leones. Kg.shaus, der ptg. Gf.enfamilie und dem Papsttum die zeitweilige →Exemtion seines Bm.s, beträchtl. Gebietserweiterungen (1115), die Angliederung der Diöz. →Lamego, die Übertragung des Couto (→Coto) der Stadt Porto (1120) sowie weitere Privilegien. Ein von H. kurz nach 1106 verfaßter Translationsbericht wurde in die →«Hist. Compostellana« inseriert.

L. Vones

Ed. und Lit.: DHP II, 453f. – J. MATTOSO, Le monachisme ibérique et Cluny, 1968 – F. LOPEZ ALSINA, La ciudad de Santiago de Compostela en la alta edad media, 1988 – →Diego Gelmírez [dort: L. VONES, 1980; B. F. REILLY, 1982; R. A. FLETCHER, 1984] – →Hist. Compostellana; →Gonzalo, Bf. v. Coimbra.

27. H., hl., *Bf. v.* →Rouen, →Bayeux, →Paris, † 8. April 730 (?) in →Jumièges, ▭ ebd.; Sohn →Drogos. 713/715 zum Priester geweiht, von seinem Onkel Karl Martell nach seinem Sieg über →Raganfrid (719) als Bf. in Rouen sowie Bayeux und Paris eingesetzt. Ferner erscheint sein Name in den Bf.slisten von →Lisieux und →Avranches. Er leitete die Kl. Jumièges und →Fontenelle. Vielleicht stand er auch den Abteien →St-Denis und La Croix-St-Leufroy (dép. Eure) vor; eine Identifizierung mit dem Abt Hugobert v. St-Médard (Soissons) ist hingegen unwahrscheinlich. Während der Normannenstürme brachte man H.s Leichnam nach Haspres (dép. Nord). Seit dem 9. Jh. wird Bf. H. als Heiliger verehrt (Fest: 9. April).

R. Große

Q.: Vita s. H.nis, MPL 166, 1163–1172 – Gesta s. patrum Fontanellensis coenobii, ed. F. LOHIER – J. LAPORTE, 1936, 37–43 – Vie inédite de S. Hugues, ed. J. VAN DER STRAETEN, AnalBoll 87, 1969, 215–260 – *Lit.*: Catholicisme V, 1023 – J. SEMMLER, Zur pippinid.-karol. Sukzessionskrise 714–723, DA 33, 1977, 2, 19f., 29–31, 33 – F. J. FELTEN, Äbte und Laienäbte im Frankenreich, 1980, 120f.

28. H. v. Bar, *Bf. v. Verdun* → Bar, Hugo v.

29. H. v. Payens, Gründer des →Templerordens, * ca. 1080, † 24. Mai 1136/37, Herr v. Montigny-Lagesse, pilgerte mit seinem Verwandten Gf. Hugo v. Champagne 1104(?) und 1114 in den O. Zuerst sog. Gastritter, gründete er nach einem Überfall auf Pilger (Ostern 1119) eine auf der Versammlung in Nablus Jan. 1120(?) anerkannte geistl. Gemeinschaft von Rittern nach der Augustinerregel, die u. a. mit einem Teil des kgl. Palastes im Templum Salomonis ausgestattet wurde. H. erscheint 1125 erstmals als magister Templi. 1127 im W, hielt er sich u. a. bei →Tedbald v. Blois und →Fulco v. Anjou auf und erhielt auf dem Konzil v. Troyes (13. Jan. 1129) unter Mitwirkung →Bernhards v. Clairvaux eine Regel. Mit Rittern kehrte H. 1129 in den O zurück, doch die Templer erlitten beim Feldzug gegen →Damaskus Dez. 1129 schwere Verluste. In den letzten Jahren H.s empfing der Orden reiche Schenkungen im W, auf dem Konzil v. Pisa 1135 auch päpstl. Schutz für die Almosensammler und entwickelte erste Organisationsformen. H. erhielt einen Brief von →Guigo I. Carthusiensis, und auf seine Bitten verfaßte Bernhard den Traktat »De laude novae militiae«.

R. Hiestand

Lit.: G. SCHNÜRER, Die ursprgl. Templerregel, 1903 – D'ALBON, Cartulaire général de l'Ordre du Temple 1119? – 1150, 1913 – M.-L. BULST-THIELE, Sacrae domus militiae Templi Hierosolymitani magistri, AAG 3.F. 86, 1974, 19–29 – A. J. MARTIN, Le premier grand maître des Templiers était-il Vivarois?, Revue du Vivarais, 1982 – R. HIESTAND, Kard.bf. Matthäus v. Albano, das Konzil v. Troyes und die Entstehung des Templerordens, ZKG 99, 1988, 295–325.

30. H. v. Amiens OSB, 1125 Abt v. Reading (Berkshire), 1130 Ebf. v. Rouen, † 1164. Kirchl. Schriftsteller, schrieb u. a. Contra hereticos sui temporis zur Verteidigung der Kirche, eine Vita s. Adiutoris, De memoria und wahrscheinl. einen Libellus adv. Cistercienses. G. Bernt

Ed.: MPL 192, 1131–1352 – AHDL 25, 1958, 227–294 [tract. in Hexaemeron] – Einzelne Briefe s. Repfont – *Lit.*: LThK² V, 517 – Repfont V, 576 – G. R. EVANS, CM 32, 1971–80, 263–278 [adv. Cisterc.].

31. H. v. Balma (Balmey; auch H. v. Dorche) OCart, 1289–1304 Prior v. Meyriat (Bresse), verfaßte vor 1300 die verbreitete (ca. 100 Hss. erhalten, zahlreiche Übers.) »Theologia mystica« (auch »Viae Sion lugent«, »De triplici via ad sapientiam« gen.), die, irrtüml. →Bonaventura zugeschrieben, die via purgativa, illuminativa und unitiva weist und oft auf Dionysius Areopagita (→Dionysius, hl. C.) rekurriert. Nach H. übersteigt jedoch die Gotteserkenntnis den menschl. Geist. Das Werk beeinflußte die mit →Heinrich Egher v. Kalkar in Verbindung gebrachte Schrift »De cottidiano holocausto spiritualis exercitii«, die myst. Theologie des →Johannes Gerson und den »Tractatus de mystica theologia« des →Nikolaus Kempf, wie überhaupt die späte→Mystik der→Kartäuser.
M. Gerwing

Lit.: DSAM VII, 859–873 – Verf.-Lex.² IV, 225 f. – H. ROSSMANN, Der Tegernseer Benediktiner Johannes Keck über die myst. Theologie ... (Fschr. H. HAUBST, 1978), 330–352 – Die Kartäuser, hg. M. ZADNIKAR, 1983 – Wb. der Mystik, hg. P. DINZELBACHER, 1989, 239f.

32. H. v. Bologna (Ugo Bononiensis), Lehrer der →Ars dictaminis, Kanoniker der Kath. v. →Bologna, schrieb zw. 1119 und 1130 dem ksl. Pfalzrichter D. in Ferrara gewidmete »Rationes dictandi prosaice«. Dieses Werk über den Briefstil (mit zahlreichen Musterbriefen) legt bes. Gewicht auf Grußformeln sowie grammat. und rhetor. Gestaltung der Texte. H. verteidigte das Breviarium des →Alberich v. Montecassino gegen einen Aginulf und →Adalbertus Samaritanus, aus dessen Praecepta er aber auch manches übernimmt. Die Rationes waren das einflußreichste Werk der älteren Bologneser Schule der Ars dictandi. H. M. Schaller

Ed.: L. ROCKINGER, Briefsteller und formelbücher des eilften bis vierzehnten jh. I, 1863, 47–94 – *Lit.*: MANITIUS III, 309 – CH. H. HASKINS, Stud. in mediaeval culture, 1929, 180 – F.-J. SCHMALE, Die Bologneser Schule der Ars dictandi, DA 13, 1957, 16–34 – K. KRAUTTER, Acsi ore ad os ..., AuA 28, 1982, 155–168 – R. KÖHN, Schulbildung und Trivium im lat. HochMA, VuF, 1986, 203–284.

33. H. Cancellarius, über dessen Leben nichts bekannt ist, gilt als Verf. der →Elegienkomödie »De clericis et rustico«: Schilderung des vergebl. Versuchs zweier Studenten, einen Bauern zu übertölpeln (72 Vv., wahrscheinl. Ende des 12. Jh./erste Hälfte des 13. Jh. nach Vorbild der »Disciplina clericalis« [Ex. XIX] des →Petrus Alfonsi entstanden). Die Festlegung des Namens H.C. geht auf E. FARAL zurück, der die von M. JANET aufgrund eines Lesefehlers vorgeschlagene Form H. Racellarius berichtigte (anders noch J. SUCHOMSKI, 1979, 243). Verfasserschaft des →Galfridus de Vino Salvo (FARAL u. a.) ist unwahrscheinlich. F. Bertini

Ed.: M. JANET (G. COHEN, La »comédie« lat. en France au XIIᵉ s., II, 1931), 245–250 – E. FARAL, Le ms. 511 du Hunterian Mus., StM 9, 1936, 29–32 – J. SUCHOMSKI – M. WILLUMAT, Lat. Comediae des 12. Jh., 1979, 45–51, 239–243 – E. CADONI (Commedie lat. del XII e XIII s., II, 1980), 351–380.

34. H. v. Digne OFM, † vor 2. Febr. 1257 in Marseille; ca. 1238–1242 'minister provinciae' der Provence; Bruder der →Douceline. Seiner Bildung u. seines Predigttalents wegen weit beachtet, trat er für strenge→Armut im kl. Leben ein. Er war ein Freund des →Johannes v. Parma, dessen Joachimitismus er zuneigte. →Bonaventura sowie Petrus Johannis →Olivi und→Ubertinus v. Casale griffen seine Armutsvorstellungen gesteigert auf. M. Laarmann

Ed.: A. SISTO, Figure del primo Francescanismo in Provenza..., 1971 [semikrit.] – D. FLOOD (Expos. regulae fratr. minor.), Spicileg. Bonaventur. XIV, 1979 – *Lit.*: DSAM VII, 875–879 – D. V. LAPSANSKI, Perfectio evangelica, VGI 22, 1974 – P. PÉANO, AFrH 79, 1986, 14–19 [Lit.].

35. H. Etherianus (Aetherianus, [H]eterianus, Eteriano), † vor 7. Dez. 1182, studierte in Paris, ging zusammen mit seinem Bruder→Leo Tuscan an den Hof Ks. Manuels I. nach Konstantinopel und war theol. Berater des Ks.s bei dessen Unionsbestrebungen und Verhandlungen mit einer päpstl. Kommission, die 1166 nach Konstantinopel kam. H. vertrat den w. Standpunkt, belegte seine Ansichten (u. a. Lehre vom Ausgang des Hl. Geistes) jedoch mit Stellen aus der griech. Patristik. Die – Papst Alexander III. gewidmete – Hauptschrift »De sancto et immortali Deo« wurde vom Autor selbst ins Griech. übersetzt. – Nach seinem Fortgang aus Konstantinopel wurde H. in Rom zum cardinalis diaconus S. Angeli ernannt und starb kurz darauf. – *Werke:* Adversus Patheronos [uned.] – De haeresibus, quas Graeci in Latinos devolvunt (MPG 140, 541–544) – De sancto et immortali Deo (MPL 202, 227–396 unter dem Titel: De haeresibus, quas Graeci in Latinos devolvunt libri tres). R. Peppermüller

Lit.: DThC VII, 1, 308–310 – LThK V, 512f. – Repfont V, 581f. – A. DONDAINE, Hugues Éthérien et Léon Toscan, AHDL 27, 1952, 67–134 – H. G. BECK, Gesch. der orthodoxen Kirche im Byz. Reich, 1981.

36. H. Falcandus, angebl. Verf. des »Liber de regno Sicilie«, einer v. a. für die Schilderung der »informellen«, am Hofe wichtigen Strukturen bedeutenden Darstellung der siz. Gesch. vom Tod Rogers II. († 1154) bis zum Scheitern Kanzler Stephans v. Perche (1168/69). Tatsächl. dürfte das Werk um 1170 entstanden sein, womöl. Teile wohl schon vor dem Tod Kg. Wilhelms I. († 1166) der Verf. name findet sich nur in der Ed. pr. (Paris 1550), nicht in den Hss. Parallel ist in allen Textzeugen der anonyme Brief an den Palermitaner Thesaurar Petrus aus der Krisenzeit nach dem Tod Wilhelms II. († 1189) überliefert, doch ist die oft vermutete Identität der Verf. bislang nicht nachgewiesen. Die bisherigen Identifizierungsversuche sind allesamt wenig überzeugend, hängen zudem meist von einer verfehlten Spätdatierung (nach dem Tod Papst Alexanders III., 1181) ab. Das gilt auch für den v. a. motivgesch. und stilkrit. Versuch von JAMISON, →Eugenios v. Palermo als Verf. beider Texte z. Zt. Heinrichs VI. nachzuweisen. Sicher scheint, daß es sich um einen Laien handelt, da das ganze Werk von unverhohlener Kritik an der Kirche und ihren führenden Repräsentanten durchtränkt ist. Angesichts des kosmopolit. Charakters des siz. Hofes scheint es selbst in Würdigung der evidenten Vorurteile (Sarazenen, Kalabresen, Apulier usw.) unmöglich, Gewißheit über die Herkunft des Verf. zu erlangen. Die sehr negative Schilderung Kg. Wilhelms I. hat das Bild der Forsch. lange Zeit nachhaltig beeinflußt. Th. Kölzer

Ed.: G. B. SIRAGUSA, Fonti 22, 1897 – *Lit.*: E. JAMISON, Admiral Eugenius of Sicily, 1957 – H. HOFFMANN, H.F. und Romuald v. Salerno, DA 23, 1967, 116–170 – H. ENZENSBERGER, Der »böse« und der »gute« Wilhelm, DA 36, 1980, 385–432.

37. H. v. Farfa OSB, * 973, † 1039 in Farfa. Mit H., der aus dem Kl. S. Quirico in Antrodoco (Diöz. Rieti) kam, setzte die zweite Blütezeit von →Farfa ein. Ende 997 nach Zahlung einer Geldsumme von Gregor V. zum Abt geweiht, wurde H. 999 von Otto III., der ihn zunächst abgesetzt hatte, und Silvester II. bestätigt. Er bemühte sich mit Hilfe der Äbte →Odilo v. Cluny und →Wilhelm v. Dijon (v. Volpiano) in Zusammenarbeit mit Otto III., Heinrich II. und Konrad II. um die Reform des Kl., führte die Consuetudines von →Cluny ein, regelte die Kl. verfassung neu und gewann entfremdeten Kl. besitz zurück. 1009 und 1027 legte er sein Amt zeitweilig nieder, wurde aber von Odilo bewogen, sein als Buße für die simonist. Erhebung verstandenes Reformwerk fortzusetzen.

H. Zielinski

Q. und Lit.: vgl. →Farfa – RI II/5, 809, 885 – Repfont V, 582 – Liber Tramitis aevi Odilonis abbatis, ed. P. DINTER (CCM 10), 1980.

38. H. v. Flavigny, mlat. frz. Chronist, * 1065 bei Verdun, † um 1114; Zögling und dann Mönch in St-Vanne zu →Verdun, wurde von der ksl. Partei (→Investiturstreit) vertrieben und begab sich ins Kl. →Flavigny bei Dijon, wo er sich u. a. →Hugo v. Cluny anschloß. Seit 1096 Abt v. Flavigny, mußte er – inzwischen zur ksl. Partei übergetreten – 1104 erneut weichen und ging nach St-Vanne zurück. Seine ab 1090 verfaßte Chronik in 2 Büchern (»Chronicon Virdunense seu Flaviniense«) behandelt die Ereignisse von der Geburt Christi bis 1102, mit dem Anhang einer Liste der Äbte v. Flavigny. Wegen des Zugangs des Autors zu einer großen Zahl von Q., namentl. polit. Briefen (u. a. Gregors VII.), ist H.s Chronik für den ostfrz. Raum sowie für die Reichs- und Papstgeschichte von hohem Wert. Nur gering verbreitet, ging sie dennoch in die Chronik v. St-Pierre-le-Vif zu →Sens ein. H. war ferner an der Wiederentdeckung von Werken →Senecas (»De beneficiis«, »De clementia«) beteiligt und ist wohl auch der Verfasser eines geistl. Gedichts in 6 Gesängen über die Erschaffung der Welt. P. Bourgain

Ed.: MPL 154, 21–404 – MGH SS 8, 288–503 – Lit.: Repfont V, 583 – R. KÖPKE, Die Q. der Chronik des H., AdG 9, 1847, 240–292 – I. S. ROBINSON, The Dissemination of the Letters of Pope Gregory VII…, JEcH 34, 1983, 175–193.

39. H. v. Fleury (H. v. S. Maria), mlat. frz. Chronist, †zw. 1118 und 1135, Mönch in →Fleury, Autor einer »Hist. ecclesiastica« (auch: »Hist. Francorum«), erhalten in zwei Fassungen: Die erste (von 1109), in 4 Bänden, reicht bis 814; die zweite, besser durchgearbeitet, ist →Adela v. Blois gewidmet und schildert in 6 Büchern die Ereignisse bis 855. Die der Ksn. →Mathilde nach 1114 zugeeignete »Hist. moderna« (Zeitraum 842–1108) fand etwas geringere Verbreitung. In beiden Chroniken zeigt sich H. als ausgezeichneter, aber in den Sehweisen des benediktin. Mönchtums befangener Geschichtsschreiber. An weiteren Werken verfaßte H. die Vita des Bf.s Sacerdos v. Limoges sowie den an →Heinrich I. v. England adressierten »Tractatus de regia dignitate et sacerdotali dignitate«, der eine gemäßigte Haltung gegenüber dem Investiturstreit zeigt. P. Bourgain

Ed.: MGH SS IX, 1851, 337–395, L.d.L. 2, 465–494 – MPL 163, 821–930 – Hist. mod., ed. R. H. BAUTIER – M. GILLES [in Vorber.] – Lit.: Repfont V, 583 – E. SACKUR, Zu den Streitschriften des Deusdedit und H.v.F., AdG 16, 1891, 347–386 – A. WILMART, L'hist. ecclésiastique composée par H. et ses destinataires, RevBén 50, 1938, 293–295 – H. JEDIN, Zur Widmungsepistel der Hist. eccl. (Speculum historiale, 1965), 559–566 – N. LETTINCK, Pour une éd. critique de l'Hist. eccl. de H., RevBén 91, 1981, 386–397 – DERS., Comment les historiens de la première moitié du XIIe s. jugeaient-ils leur temps, Journal des savants, 1984, 51–77.

40. H. de Folieto CSA, * um 1100 in Fouilloy (bei Corbie), † 1172/74 in St-Laurent-aux-Bois (bei Corbie); Prior v. St-Nicolas de Regny (bei Ailly-sur-Noye) im Gründungsjahr 1132, 1152/53 Prior v. St-Laurent-aux-Bois. Unter H.s theol. Schriften (meist unter dem Namen →Hugos v. St-Victor geführt) enthält die umfangreichste »De claustro animae« (MPL 176, 1017–1183; I. GOBRY [Diss. masch. Paris 1965]) in vier B. eine bildhafte Auslegung des Kl. baus und des Lebens darin. »De medicina animae« (ebd., 1183–1202) ist eine Gegenüberstellung von körperl. und seel. Leiden und deren Heilung. »De nuptiis« (ebd., 1203–1218), der misogynen Lit. zuzuzählen, will einen heiratswilligen Freund für die geistige Hochzeit mit der Kirche gewinnen. »De avibus« behandelt Vogelarten und ihre symbol. Bedeutung (die Hss. enden mit I, 51 der fälschl. H. v. St.-Victor zugewiesenen Schrift »De bestiis et aliis rebus«; MPL 177, 13–55). »De rota verae religionis« lobt den vorbildl. geistl. Würdenträger, »De pastoribus et ovibus« stellt die Gefolgschaft Gottes der des Teufels gegenüber (ed. C. DE CLERQ, ALMA 29, 1959, 219–228; 30, 1960, 15–37; 31, 1961, 77–107); »De hypocrita« (Hss. bei M. SANSON–F. ZAMBON, 39) ist eine Invektive gegen die Heuchelei. B. Gansweidt

Lit.: H. PELTIER, Hugues de Fouilloy, RMA 2, 1946, 25–44 – F. OHLY, Schriften zur ma. Bedeutungsforsch., 1972, bes. 48–92 – G. BAUER, Claustrum animae… 1, 1973 – C. D. FONSECA, Hugues de Fouilloy entre l'Ordo antiquus et l'Ordo novus, CCM 16, 1973, 303–309 – N. HÄRING, The 'Liber Avium' of Hugues de Fouilloy, RTh 46, 1979, 53–83 – W. SIMONS, Sacris erudiri 24, 1980, 203–244 – R. GRÉGOIRE, La vocazione sacerdotale…, 1982, 111–123 – M. SANSON–F. ZAMBON, »Pictura« e »Scriptura«, Riv. stor. lett. relig. 23, 1987, 37–67.

41. H. van der Goes → Goes, Hugo van der

42. H. v. Honau, nach eigenem Zeugnis Scholasticus von →Honau, Pf. diakon Ks. Friedrichs I. sowie 1171 und 1179 in dessen Auftrag bei Ks. Manuel I. in Konstantinopel. Er studierte vermutl. bei →Gilbert v. Poitiers, in dessen Tradition seine nur in einer Hs. tradierten Werke stehen: »L. de homoysion et homoeysion« (vor 1179); »L. de diversitate naturae et personae proprietatumque personalium non tam Latinorum quam ex Graecorum auctoritatibus extractus« (spätestens 1182); von den ursprgl. drei Distinktionen ist nur die nahezu vollständige erste erhalten. Hierin benutzt H. gelegentl. das von ihm in zwei Briefen 1171/79 angeregte, fast gleichnamige Werk des →Hugo Etherianus, dieser ihm sowie →Peter v. Wien gewidmet hatte (→Griech. Literatur [3]); »L. de ignorantia« (1180/90). B. Klein-Ilbeck

Ed.: The »L. de differentia naturae et personae« by Hugh Etherian and the Letters Addressed to Him by Peter of Vienna and Hugh of H., ed. N. M. HÄRING, MSt 24, 1962, 1–34 – Liber de div. nat., ed. DERS., AHDL 37, 1962, 103–216 – Liber de ignor., ed. DERS., MSt 25, 1963, 209–230 – Liber de hom., ed. DERS., AHDL 42, 1967, 129–253; 43, 1968, 211–295 – Lit.: Verf.-Lex.² IV, 229–232 – A. DONDAINE, Hugues Éthérien et Léon Toscan, AHDl 27, 1952, 67–134 – DERS., Écrits de la »Petite École« Porrétaine, 1962 – N. M. HÄRING, The Porretans and the Greek Fathers, MSt 24, 1962, 181–209.

43. H. v. Langenstein, mhd. Dichter des späten 13. Jh., entstammte einer Ministerialenfamilie des Hegau (westl. Bodenseeraum), gehörte seit 1271 als Priesterbruder dem →Dt. Orden an. Seine 1293 vollendete umfangreiche Verdichtung »Martina« (32 588 Vv.) behandelt die Passion der hochadligen röm. Märtyrerin Martina, deren 'edilkeit' er als vorbildhaft für den christl. Ritter rühmt. An →Konrad v. Würzburg orientiert, verarbeitet H. in seinem in geblümten Stil verfaßten Werk breites theol. Wissen. Die für die Tischlektüre der – lateinunkundigen – Ritterbrüder bestimmte Dichtung ist ein frühes Beispiel geistl. →Deutschordensliteratur. U. Mattejiet

Lit.: Verf.-Lex.² IV, 233–239 [G. STEER; Ed., Lit.] – A. BORST, Mönche am Bodensee, 1978, passim.

44. H. v. Lucca → Borgognoni, Ugo dei

45. H. v. Mâcon, nicht näher bekannter Autor der um 1250 verfaßten Ritterdichtung »De militum gestis memorabilibus« in 9 inhaltl. nicht verknüpften Büchern (fast 6000 V., eleg. Dist.). Das Grundmuster der Einzelbücher ist die Entwicklung eines Ritters zur Vollkommenheit. Zahlreiche Episoden vereinigen sich zu einem Geschichtenbuch von einer diesseitsbejahenden Ritterwelt. Philos., theol., naturwiss. Digressionen in der Tradition allegor.-didakt. Dichtung – Anticlaudian, Architrenius – sind Gegengewicht zur Handlungsvielfalt. Stoffe aus Roman, Fabliau, Exemplum sind eingearbeitet (z. B. Ritter in der Kapelle, Gang zum Eisenhammer, Engel und Waldbruder, Teufelstöchter; Schwanenritterstoff, Karlmeinet, Erec). Sprachl. Vorbilder sind u. a. →Ovid, →Alanus ab Insulis, →Matthaeus v. Vendôme. Der noch im 13. Jh. verfaßte Komm. des Guido de Grana gestattet mit über 120 Autoren einen Einblick in die zeitgenöss. Schulpraxis.

E. Könsgen

Ed.: E. KÖNSGEN, Die Gesta militum des H.v.M., Mlat. Stud. und Texte 18, 1990.

46. H. v. Montfort (H. XII., Gf. v. →Montfort), Autor lyrischer Texte, * 1357, † 5. Aug. 1423 in Pfannberg (Steiermark), ▭ Bruck an der Mur, Minoritenkl. Sein Leben ist durch Urkunden und Aussagen in seinen Gedichten sehr gut bekannt. H. spielte in den habsburg. Ländern eine bedeutende polit. Rolle, u. a. als Landeshauptmann der →Steiermark (1413–15), in der er durch Heiraten und Erbschaft reichen Besitz hatte. 1377 nahm er an der →Preußenreise Hzg. Albrechts III. teil, 1414 am →Konstanzer Konzil und war Mitglied des →Drachenordens Kg. Sigmunds (wie →Oswald v. Wolkenstein). H. gehört zu den sog. »Liebhaber-Dichtern«; seine Werke sind – neben Streuüberlieferungen – in der kostbaren Pergamentsammlung (UB Heidelberg, cpg 329) überkommen, die H., wahrscheinlich 1414/15, anfertigen und von dem angesehenen Buchmaler Heinrich Aurhaym illuminieren ließ. Sie enthält 40 Stücke, von denen die Forschung der letzten beiden – mit überzeugenden textimmanenten Argumenten – in ihrer Echtheit bezweifelt. H. gliedert sein Werk in Nr. 31, v. 161–176 in 'Reden', 'Briefe' und 'Lieder', also in gesprochene und gesungene lyr. Texte; in verschiedener Mischung handeln sie von Liebe (zumeist zur eigenen Ehefrau), Sünde, Weltabsage, Tod und Gott. H., der als Urheber der Lied-Melodien ausdrücklich seinen Untergebenen Burk(art) Mangolt nennt, verweist ferner darauf, er habe einen Teil der Texte »zu Pferd«, also auf Reisen, verfaßt und wisse um deren formale Mängel. Die Texte, die sich oft durch einen selbstquälerischen Zug auszeichnen, besitzen im Kontext der Lyrik des SpätMA mittlere, jedoch keineswegs geringe Qualität.

U. Müller

Ed.: [Faks.]: E. THURNER-F. V. SPECHTLER-G. F. JONES-U. MÜLLER, 3 Bde, 1978-81 – F. V. SPECHTLER-V. TROST-E. M. VETTER-L. WELKER-W. WERNER, 1988 – *Lit.:* Verf.-Lex.²IV, 243–251 [B. WACHINGER; ält. Ed., Lit.] – A. KAYSER-PETERSEN, H.v.M. Beiträge zum Gattungsproblem im MA [Diss. 1960] – G. MOGZYGEMBA, H.v.M., 1967 – C. KETTER, H.v.M. Eine Biogr. [Diss. masch. Salzburg 1967] – Die Gf.en v. Montfort, Ausst.-Kat. 1982.

47. H. de Novo Castro OM, dt.-lothr. Herkunft (Neufchâteau), wohl nicht aus Newcastle, war um 1321/22 in Paris und im Orden angesehener Mag. theol. und iur. Sein (unveröfftl.) Sentenzenkomm. ist in zahlreichen Hss. erhalten (vgl. V. HEYNCK, 258). Die Vermutung einer zweifachen Redaktion (wenigstens des 2. Buches) ist noch zu prüfen. H. (gen. »doctor subtilis«) verteidigte →Johannes Duns Scotus gegen →Thomas v. Aquin und →Heinrich v. Gent. Petrus Rogerii (später Papst →Clemens VI.) setzte sich krit. mit H. auseinander; →Wilhelm v. Vaurouillon (Vorillon) OM zitierte ihn aber in seiner Sentenzenlesung sehr häufig (1429/30). Von den übrigen Schriften ist sicher echt: »De victoria Christi contra Antichristum« (ed. 1471); sein »Quodlibet« ist verschollen.

L. Hödl

Lit.: V. HEYNCK, Der Skotist H., Gregorianum 43, 1961, 244–270 [Lit. 268–270] – A. MRUK, Periodica de re morali 52, 1963, 19–35 – DERS., Gregorianum 44, 1963, 560–577 – E. BANDI, Il Sovrano e l'Orologiaio. Due immagini di Dio ... con 10 questioni di Ugo Novocastro, 1985.

48. H. v. Oignies, großer maasländ. →Goldschmied der 1. Hälfte des 13. Jh., * vor 1187 in Walcourt. In einer Periode, in der sich im Bm. →Lüttich intensive spirituelle Bewegung vollzog (vgl. z. B. die Stiftung eines Priorats, St-Nicolas, in Oignies durch H.s Brüder), führte H. als hervorragender Zeichner (u. a. eindrucksvoller Jagdszenen) und Toreut, in Beherrschung verschiedenster Techniken und Werkstoffe wie Schmelzkunst, Prägearbeit, Gravierung, Ziselierung, Filigran, Niello, Steinfassung, die von →Nikolaus v. Verdun eingeleitete ästhet. Entwicklung der →Maaskunst zu ihrem Abschluß, im Charakter der beginnenden Gotik. Der Schatz von N. Dame zu →Namur bewahrt drei Meisterwerke H.s: das St.-Peter-Reliquiar von 1238, den Einbanddeckel des sog. H.-Evangeliars und einen Kelch aus vergoldetem und nielliertem Silber, den H. für seinen Bruder Gilles de Walcourt schuf.

J. Philippe

Lit.: F. COURTOY, Le trésor du prieuré d'Oignies et l'œuvre du frère H., Bull. de la Commiss. roy. des monuments III, 1952 – Art mosan, ed. L'Arcade, 1961, 97–100, 274–280 [Bibliogr.] – Rhein und Maas (800–1400), 1972 [A. v. EUW] – Ornamenta Ecclesiae, 1985 [R. DIDIER] – F. ROUSSEAU, Les origines du trésor d'Oignies, o.J.

49. H. (Ugo) de Porta Ravennate (von Ravennas, -atis; daher falsch: »Ravennata«) oder Hugo Alberici, Bologneser Rechtslehrer und Richter, einer der →Quattuor doctores, † 1. Juli 1168 in Bologna. H. wird in der Glossatorenlit. unter der Sigle 'v' viel zitiert. Auf ihn gehen mehrere →Quaestiones disputatae und eine wichtige Sammlung von →Distinktionen zurück. Zu Unrecht wurden ihm ein →Ordo iudiciorum und eine Abh. über den gerichtl. Zweikampf (»Summula de pugna«) zugeschrieben. Er ließ sich bei der Porta Ravegnana in Bologna die Torre Alberici erbauen (FRIED), die 1201 einstürzte.

P. Weimar

Lit.: SAVIGNY IV, 155–170 – E. SECKEL, Distinctiones glossatorum (Fschr. F. v. MARTITZ, 1911), 277ff. (292ff., 310ff.) – H. KANTOROWICZ, Stud. in the Glossators of the Roman Law, 1938 [Neudr. 1969], 103ff. – J. FRIED, Die Entstehung des Juristenstandes im 12. Jh., 1974 – L. FOWLER-MAGERL, Ordo iudiciorum vel ordo iudiciarius, 1984, 41ff.

50. H. Primas v. Orléans, mlat. Dichter, * 1093/94, Todesjahr unbekannt (um 1160?); die Bezeugung als Aurelianensis bezeichnet den Geburts- oder Ausbildungsort. Als gelehrter, geistreicher Dichter und Magister in gewissen Kreisen des Weltklerus geschätzt, zeitweilig materiell gut gestellt, doch im Alter auf Mildtätigkeit angewiesen, lebte er an verschiedenen Orten N-Frankreichs, dazwischen auch in England. Den Ehrentitel Primas, den einer chronikal. Notiz z. J. 1142 zufolge seine consocolastici ihm verliehen, verwendete er in 8 Gedichten, nie seinen eigenen Namen. In Zeugnissen und Zuschreibungen seit dem 13. Jh. fließen Gestalt bzw. Name des Primas mit denen des →Archipoeta, des →Walter Map(es), →Walter v. Châtillon u. a. ineinander bzw. gehen im Sammelnamen 'Golias' auf.

Überlieferung: Für ein Corpus von 23 Gedichten in Hs. Oxford Bodl. Rawlinson G. 109 (12./13. Jh., vgl. RIGG, MSt 43 [1981], 472–497) ist seine Verfasserschaft wahrscheinl.; 10 von ihnen begegnen auch in anderer hs. Überlieferung, das 14. Gedicht (Carm. Bur. 194 I), 'Wasser und Wein', in über 40 Hss., das 2. in zehn. Über unsichere bzw. irrtüml. hs. Zuschreibungen weiterer Gedichte an »Primas« s. MANITIUS und A. G. RIGG, StM III 18, 1977, 72–109. Wieviel unter epigrammat. und anderer verstreuter Kleindichtung (s. LANGOSCH, 292–294, mit Hinweisen von B. BISCHOFF) wirkl. von H. herrührt, entzieht sich dem Beweis. Die ohne Verfassernennung in London BL Harl. 978 (13. Jh.) und der sog. Herdringer Liederslg. des 14. Jh. (ed. BÖMER, ZfdA 49 [1908], 178–185) überlieferte Satire 'De vestium transformatione' (WALTHER, 9027) darf aus inhaltl. und sprachl. Gründen H. zuerkannt werden.

Thema und Intention seiner größeren Dichtungen sind meist ganz auf ein je konkretes Publikum gerichtet und von Emotionen (Zorn, Rachebedürfnis, auch Dankbarkeit) bestimmt; es ging ihm nicht darum, Ereignisse oder Gedanken einer Nachwelt zu dokumentieren. Doch werden durch einige seiner Gedichte gewisse Stationen seines insgesamt im dunkeln liegenden Lebensweges grell beleuchtet: zuerst (vor 1136) mit Nr. 18, seinen Wohltätern im Klerus v. Amiens gewidmet, im Hauptteil aber Preis des →Alberich v. Reims und seiner theol. Schule, ausmündend in Verunglimpfung →Abaelards. Etwas über 50 Jahre alt, übt er in Nr. 16 (1144/45) heftige, bis ins Obszöne gesteigerte Kritik an der Wahl eines Mönchs zum Bf. v. Beauvais, rühmt hingegen das Domkapitel in Sens, das den Bf. aus der eigenen Mitte wählte, und dankt ihm für Gastfreundschaft und Geschenke. Das in lat.-frz. Sprachmischung verfaßte Gedicht wurde wohl öffentl. in Beauvais vorgetragen; einzelne Publikumsreaktionen sind in den Text eingearbeitet. – Als senex schildert er befreundeten Pariser Klerikern (Nr. 15), wie er vor dem Angriff eines wütenden Diakons durch dessen Treppensturz gerettet wurde. – Von einem sittenlosen Capellanus um sein Vermögen gebracht und nach turbulentem Streit aus dem Hospital hinausgeworfen, ruft er die Kleriker eines ihm früher verbundenen Domkapitels als Schiedsrichter an (Nr. 23). – Unklar ist die Realität der Geliebten mit dem idealtyp. Namen Flora, deren Verschwinden er in Nr. 6 beklagt, die er aber in Nr. 7, einer Art Palinodie, als geldgierige Hure darstellt. In krasser Obszönität schildert er in Nr. 8 Alltagselend und Geschäftsgebaren einer meretrix. Kleinere Gedichte und Epigramme handeln vom Weintrinken oder vom Würfelspiel oder vom lebenswichtigen Mantel, der gewünscht, erheischt bzw. in seinem Zustand charakterisiert wird. Fragm.e reichen als gelehrten Repertoires sind erhalten in Nr. 3 (Orpheus und Eurydike), Nr. 10 (Ulixes befragt Tiresias nach zehnjähriger Irrfahrt), Nr. 9 (ein Grieche schildert die überwucherten Ruinen Trojas: Zusammenhang mit 10?). Seine Kennerschaft röm. Dichtung setzt H. P. sprachl. ganz eigenständig um; bes. der Satiriker Horaz regt ihn an.

Formen: Von den 997 Versen der Oxforder Hs. sind 454 metr. (daktyl.), 543 akzentrhythm. Die Hexameter mit 27 Pentametern) sind meist leonin. Die H.T. endgereimt ('caudati') bzw. beides ('unisoni'). In der Rhythmik überwiegt die fallende Achtsilberzeile (Nr. 18; 23), auch kombiniert mit Siebensilbern (Nr. 15; Kleidersatire); sog. Alexandriner (6 6) kadenziert er frei in Nr. 16, wo – ebenso wie bei Nr. 23 – nicht in Strophen, sondern in →Laissen (Reimtiraden) gegliedert wird. D. Schaller

Ed.: Krit. Ed. mit Komm.: W. MEYER, Die Oxforder Gedichte des P. (des Mag. H.v.O.), NGG 1907 [Neudr.: WG, 'Libelli' 288, 1970] – mit dt. Übers.: K. LANGOSCH, Hymnen und Vagantenlieder, 1961³, 148–217, 292–305 – komm. Ed. allein der Oxforder Hs.: C. J. McDONOUGH, The Oxford Poems of Hugh P. and the Arundel Lyrics (Toronto Medieval Latin Texts 15), 1984 [Bibliogr.] – *Lit.*: MANITIUS III, 973–978 – Repfont V, 590f. – K. LANGOSCH, Profile der lat. MA, 1965, 250–294 – Interpretationen von C. J. McDONOUGH: MSt 45, 1983, 400–409 (zu Nr. 16); Traditio 39, 1983, 115–134 (Nr. 18 und 23); Speculum 61, 1986, 806–835 (Nr. 18).

51. H. v. Remiremont → Hugo Candidus

52. H. Ribomontensis, H. v. Amiens (wohl nicht der Ebf. v. Rouen), 12. Jh., verfaßte metr. und rhythm. Dichtungen über den Pentateuch, über den Sündenfall und Erlösung, auf Maria, vielleicht auch ein Gedicht an Gott und einen Brief über die Erschaffung der Seele. G. Bernt

Ed.: J. HUEMER, Zur Gesch. der mlat. Dichtungen H.nis Ambianensis sive R. opusc., 1880 – *Lit.*: R. PEIPER, Philolog. Rundschau I 1881, 477–80 – MANITIUS III, 814–816.

53. H. Ripelin v. Straßburg OP, Theologe und Philosoph, * 1200/1210, † 1268, aus dem angesehenen Straßburger Geschlecht R. (Vater wohl Burkart R.). Nach theol. und philos. Ausbildung im Straßburger Konvent OP Prior des Zürcher Predigerkl. (1232–1242, 1252–1259) und des Straßburger Konvents (1261). In seinem 1260/68 konzipierten »Compendium theologicae veritatis« (CTV), einem für die theol. Praxis wie den Studienbetrieb bestimmten Abriß der Theologie (7. B.), der mehrfach übersetzt und bis ins 16. Jh. benutzt wurde, wird das gesamte theol. Wissen von der Gotteslehre bis zur Eschatologie autoritätsfreudig, bisweilen auch originell abgehandelt. Die Philosophie gilt dabei als nützl. Instrument zur wiss. Erforschung der Welt, naturphilos. und eth. Phänomene. Wichtigste Q.: Augustinus, Dionysius Areopag., Anselm v. Canterbury, Hugo v. St. Victor, Bernhard v. Clairvaux, Petrus Lombardus, Wilhelm v. Auxerre, Bartholomaeus Anglicus, Alexander v. Hales und bes. Bonaventura; Aristoteles (abgesehen von dessen »Metaphysik«), Cicero, Ptolemaeus, Macrobius, Boethius, Remigius v. Auxerre, »Liber XXIV Philosophorum« und Alfredus Anglicus. Spezif. Theorien des Albertus Magnus sind im CTV nicht nachweisbar. B. Mojsisch

Ed.: CTV, in: Albertus Magnus, Opera omnia XXXIV, hg. A. BORGNET, 1895, 1–261 – *Lit.*: Verf.-Lex.² IV, 252–266 – K. SCHMITT, Die Gotteslehre des CTV des H.R.v.S., 1940 – G. BONER, Über den Dominikanertheologen H.v.S., APraed 24, 1954, 269–286 – G. STEER, H.R.v.S. Zur Rezeptions- und Wirkungsgesch. des CTV im dt. SpätMA, 1981 – A. DE LIBERA, Introd. à la Mystique Rhénane..., 1984, 73–98.

54. H. Spechtshart v. Reutlingen → Spechtshart, Hugo

55. H. v. St. Cher (de Sancto Caro) bei Vienne, * um 1190, † 1263 in Orvieto, trat 1225 als Dr. iur. can. und Bacc. theol. in den Dominikanerkonvent St. Jakob zu Paris ein, war zweimal (1227–30; 1236–44) Provinzial der frz. Dominikanerprovinz, 1230–35 als Mag. theol. an der Pariser Univ. Nachfolger →Rolands v. Cremona. Sein Sentenzenkomm. (mehrfach überliefert), seine Glosse zur »Historia scholastica« des →Petrus Comestor sowie rund 30 quaestiones sind nur teilweise ediert. An den in St. Jakob vorgenommenen ersten Bibel-Korrektorien hatte er dank seiner Slg. alternativer Lesarten ebenso maßgebl. Anteil wie an der Entstehung eines bibl. Nachschlagewerkes (»Concordantiae Bibliae dictae de S. Iacobo«, ed. R. H. und M. A. ROUSE, 1974). Überdies verfaßte er Postillen zum AT und NT (»Postillae in Bibliam«; RBMA III, Nr. 3631–3784, ed. Paris 1532–45, Köln 1621 u. ö.), die bis ins 18. Jh. beachtet wurden. Der »Tractatus super missam seu speculum ecclesiae« (einst →Hugo v. St. Viktor zugeschrieben) fand weite Verbreitung in Hss. und Drucken (ed. G. SÖLCH, 1940; frz. und dt. Übers.). Am 28. Mai 1244 von →Innozenz IV. als erster Dominikaner zum Kardinal erhoben und in Deutschland von 1251–53 als päpstl. Legat eingesetzt, vermittelte er im Mendikantenstreit und sorgte sich um geistl. Erneuerung (→Fronleichnam; zu den Sermones vgl. J. B. SCHNEYER, Rep. II, 1970, 768–785). Ab 1256 bekleidete er das Amt des Großpönitentiars.

M. Gerwing

Lit.: Dict. de la Bible II, 1022–26 – DThC VII, 221–239 – RBMA III, Nr. 3604–3784 – TH. KAEPPELI, Scriptores Ordinis Praedicatorum Medii Aevi, II, 1975, 269–281 [Werkverz.] – J. H. H. SASSEN, H. v St. Ch. Seine Tätigkeit als Kardinal 1244–63, 1908 – G. G. SÖLCH, H. v. St. Ch. und die Anfänge der Dominikanerliturgie, 1938 – B. SMALLEY, The Study of the Bible, 1952 – V. DOUCET, Antonianum 27, 1952, 531–580 – J. FISHER, Speculum 31, 1956, 57–69 – W. BREUNING, Die hypostat. Union in der Theologie Wilhelms v. Auxerre, H.s v. St. Ch. und Rolands v. Cremona, 1962 – J. GRÜNDEL, Die Lehre von den Umständen der menschl. Handlung im MA, 1963 – DERS., Schol. 39, 1964, 392–401 – R. E. LERNER, Poverty ... (Fschr. B. SMALLEY, 1985), 157–189.

56. H. v. St-Victor, Theologe und Philosoph, † 11. Febr. 1141 in St-Victor, möglicherweise ostsächs. Herkunft, früh erzogen im regulierten CSA Stift Hamersleben/Diöz. Halberstadt. Jung in das 1113 durch Ludwig VI. gegr. Stift St-Victor in →Paris eingetreten, entfaltete H. eine intensive Wirkung als Lehrer (De institutione novitiorum; MPL 176, 927–9542) und als Verfasser propädeut., exeget., systemat. und spiritueller Werke.

Die Authentizitätsfrage ist für manche Schriften ungeklärt; ein Teil der Texte bei MPL 175–177 (nach Ausg. Rouen 1648) ist unzuverlässig und nicht authentisch (vgl. VAN DEN EYNDE, EHLERS, GOY). – Unter den propädeut. Werken kommt dem Didascalicon de studio legendi (ed. C. H. BUTTIMER, 1939) zentrale Bedeutung zu: Wissenschaftslehre und Einführung in das Studium mit origineller Systematik (Theorik, Praktik, Mechanik, Logik als Untergruppen der sapientia; neben den Artes erhalten handwerkl. Techniken [innerhalb der Mechanik: Weberei, Schmiedekunst, Landwirtschaft, Jagd] bemerkenswert hohen Rang) im ersten, Grundlagen der Exegese im zweiten Teil. De scripturis et scriptoribus sacris (MPL 175, 9–28) behandelt die Lehre vom mehrfachen →Schriftsinn. Exeget. Arbeiten stehen im Zentrum von H.s Werk, weil er richtiges Schriftverständnis als obersten Wert aller Studien ansah. Zahlreiche Komm. zu atl. Schriften (RBMA III, 173–191) wenden die dreistufige Exegese in den Dienst spiritueller Erkenntnis an. Systemat. Hauptwerk H.s ist seine umfassende Darstellung der Heilszeichen des christl. Glaubens (De sacramentis christianae fidei; MPL 176, 173–618): Die sichtbare Welt mit ihrer Gesch. ist ein Zeichensystem, das auf die jenseitige Welt verweist und method. entziffert werden kann. Ehrfurcht vor dieser aus göttl. Licht existierenden Weltordnung (In Hierarchiam coelestem S. Dionysii Areopag.; MPL 175, 923–1154) führte zu einer Reihe von Schriften über Lebensführung (De arca Noe morali: MPL 176, 617–680), Welterkenntnis (De vanitate mundi: MPL 176, 703–740) und die Hinwendung zu Gott (De modo orandi: MPL 176, 977–988). 15 Briefe (u. a. an Bf. Gottfried v. Châlons, →Walter v. Mortagne, Bf. →Johannes v. Sevilla, →Bernhard v. Clairvaux) sind bisher bekannt. Zum Predigtwerk vgl. J. B. SCHNEYER, Repertorium II, 786–813.

H. konstituierte mit seiner Lehrtätigkeit und durch seine hs. weit verbreiteten Arbeiten die Schule v. St-Victor als eine der bedeutendsten im Paris des 12. Jh. Die Wirkung beruht v. a. auf dem spirituellen Gehalt und den method. Anregungen des Werkes, dessen Geschichtskonzeption folgenreich war. Sie ergab sich für H. 1. aus seiner Bewahrung der dreistufigen Exegese, im Gegensatz zur dialekt. Behandlung der Glaubenswahrheiten positives Wissen für die erste Stufe (historia) forderte; 2. aus der Überzeugung, daß Schöpfungs- (opus conditionis) und Erlösungswerk (opus restaurationis) Gottes heilsgesch. aufeinander bezogen sind; 3. aus der Zeichenhaftigkeit aller ird. Befunde und Ereignisse. Auch die »profane« Geschichte ist deshalb als verborgene Botschaft Gottes theol. hochrangig und mit den am Schriftstudium bewährten exeget. Methoden deutbar. Damit hat H. auch auf Historiographie und »Geschichtstheologie« (→Otto v. Freising) gewirkt. →Petrus Lombardus, →Alexander v. Hales, →Bonaventura, →Albertus Magnus stützten sich auf Lehren H.s; bis zur Reformation waren seine spirituellen Werke geradezu populär (→Devotio moderna).

J. Ehlers

Ed.: De tribus maximis circumstantiis gestorum, ed. W. M. GREEN, Speculum 18, 1943, 484–493 – Soliloquium de arrha animae; De vanitate mundi, ed. K. MÜLLER, 1913 – R. BARON, H.S. V. Six opuscules spirituels, SC 155, 1969 – Lit.: DSAM VII, 901–939 – DThC VII, 240–308 – TRE XV, 629–635 – Verf.-Lex.² IV, 282–291 – L. OTT, H. v. St. V. und die Kirchenväter, DT 27, 1949, 180–200, 293–332 – D. LASIĆ, H. de S. V. theol. perfectiva, Studia Antoniana 7, 1956 – R. BARON, Science et sagesse chez H. de S. V., 1957 – D. V. D. EYNDE, Essai sur la succession et la date des écrits de H. de S.-V., Spicileg. Pontif. Ath. Antoniani 13, 1960 – H. R. SCHLETTE, Die Nichtigkeit der Welt, 1961 – J. HOFMEIER, Die Trinitätslehre des H. v. St. V., MthSt 25, 1963 – V. LICCARO, Studi sulla visione del mondo di Ugo di S. Vittore, 1969 – J. CHÂTILLON, Les écoles de Chartres et de St. V., Sett. cent. it. 19.2, 1972, 795–839, 853–857 – J. MIETHKE, Zur Herkunft H.s v. St. V., AK 54, 1972, 241–265 – J. EHLERS, H. v. St. V., Frankfurter Hist. Abh. 7, 1973 – R. GOY, Die Überlief. der Werke H.s v. St. V. (Monogr. zur Gesch. des MA 14), 1976 – G. A. ZINN, Speculum 52, 1977, 38–61 – L. MICCIOLI, Le »arti meccaniche« nelle classificazioni delle scienze di Ugo di S. Vittore e Domenico Gundisalvi, Annali fac. lett. e filosof. (Bari) 24, 1981 – S. ERNST, Gewißheit des Glaubens. Der Glaubenstraktat H.s v. S. V. als Zugang zu seiner theol. Systematik, BGPhThMA 30, 1987 [288–292 Schriftenverz.; 294–306 Lit.].

57. H. v. Trimberg, mhd. und mlat. Autor, * um 1235 wohl in Oberwerrn bei Schweinfurt (Selbstnennung als 'H. de Werna' in den lat. Schriften), † bald nach 1313 in Bamberg. Nachdem H. an einer unbekannten Schule (keiner Universität!) sich eine beachtl. Bildung angeeignet hatte, war er seit ca. 1260 'rector scolarum' an der Stiftsschule St. Gangolf in der Bamberger Vorstadt Teuerstadt. Er lebte in Armut, da ihm als verheiratetem Laien Klerikerpfründen unerreichbar waren.

[1] *Deutsche Werke:* Von den acht dt. Büchern (3 weltl., 5 geistl.), die H. nach eigener Angabe verfaßt hat, ist nur die umfangreiche didakt. Versdichtung »Der Renner« (24611 Vv. ohne Zusätze; 64 Textzeugen, 1 Druck: 1549) aus H.s Spätzeit (abgeschlossen 1300, Nachtr. bis 1313) erhalten. Die anderen deutschsprachigen Werke entstammen der Frühzeit (namentl. bekannt nur der »Samener«, 1266). Im »Renner« wird in – äußerl. – Anlehnung an die Form der Todsündentraktates in sechs Kapiteln über die sieben Kardinaltugenden gehandelt, darauf folgt ein bes. exkursionsreicher Schlußabschnitt (skizzenhaftes moralisiertes Naturbuch; Ausführungen über die dt. Dialekte und die drei hl. Sprachen), der auf das Bußsakrament als Ausweg aus den Sündenverstrickungen, ferner auf Tod und Jüngstes Gericht verweist. Gestalterisch hebt sich H. allerdings durch die freiere themat. Disposition (u. a. Einfügung von Fabeln und Beispielerzählungen) von der systematisch vorgehenden katechet. Traktatliteratur stark ab. Vorbild seiner Gestaltungsweise ist – neben der lat. Satire – die deutschsprachige Tradition didakt. Sprechens (insbes. →Freidank). H.s didakt.-moral. Ansatz charakterisiert sich u. a. durch: scharfe Kirchen- und Gesellschaftskritik, verbunden mit forcierter 'laudatio temporis acti'; Eingehen, trotz letztlich jenseitsbezogener sittl. Orientierung, auf die vielfältigen Ordnungen (alt/jung, arm/reich, Mann/Frau, Berufsstände), durch die der Mensch be-

stimmt wird; theol. Orientierung an den Patres (Augustin) und Bernhard v. Clairvaux; Prinzip gelehrten Zitierens (auch heidn.-antiker Autoritäten). H.s kunsttheoret. Äußerungen kodifizieren im Bereich der dt. Lit. einen Paradigmenwechsel: von der weltl. Großerzähldichtung hin zur geistl. bestimmten Lehre. Die traditionelle Kennzeichnung des »Renners« als 'bürgerlich' hat wenig Wahrscheinlichkeit. H. ist ein religiös geprägter Intellektueller, der den Ständen und Institutionen gegenüber sich um eine gewisse Distanz bemüht und gerade deshalb für ein ständisch weitgefächertes Publikum Anknüpfungs- und Reibungspunkte bieten kann.

[2] *Lateinische Werke:* Von den ca. vier lat. Schriften, die H. nach eigenen Angaben geschrieben hat, sind drei erhalten. H. bevorzugt die Versform, mit auffälliger Mischung von rhythm. Vagantenzeilen und metr. Hexametern. Die »Laurea Sanctorum« (422 Vv.), das einzige lat. Werk mit reicherer Überlieferung (18 Hss.), ist als litaneiartige Reihung von Anrufen an 200 Hl.e, in der Reihenfolge des Hl.enkalenders, für den Schulbereich bestimmt. Der Schullektüre diente auch H.s lat. Hauptwerk, das »Registrum multorum auctorum« (1280, 1032 Vv.), das, jeweils mit Initium, eine krit. Übersicht über ca. 100 Verstexte der Antike und des MA bietet. Für den antiken Teil stark auf →Konrad v. Hirsau zurückgreifend, scheint H. im MA-Teil offenbar weitgehend eigenständig zu sein. Das am wenigsten geglückte Werk H.s ist die Exempelsammlung »Solsequium« (1284; Prosa mit Versrahmung, 166 Gesch.), abgefaßt z. T. aufgrund mündl. (Predigt-)Überlieferung. Einige Gesch. haben Entsprechungen in den →»Gesta Romanorum«. Nicht erhalten ist H.s wohl für den Schulbetrieb wie für Notare/Stadtschreiber bestimmter Briefsteller »Codicellus multarum litterarum prosaice et rithmice«.

H. war als 'auctorista' ein Vertreter der an der lat. Versdichtung orientierten Bildung. Der bedrängten Lage seines Faches angesichts der neuen Universitätsbildung, die im Artes-Bereich die Logik favorisierte, war er sich deutlich bewußt. Als – auch berufsbedingte – Vermittlergestalt zw. lat. und dt. Bildung verkörpert H. einen Autorentyp, der im 14. und 15. Jh. reiche Nachfolge fand (D. →Engelhus, →Konrad v. Megenberg, J. →Rothe). D. Schmidtke

Ed.: Renner: G. EHRISMANN, 4 Bde, 1908/11 [Nachdr. mit Nachw. und Erg. v. G. SCHWEIKLE, 1970/71] – Registrum multorum Auctorum: K. LANGOSCH, 1942 – *Lit.:* Verf.-Lex.² IV, 268–282 [G. SCHWEIKLE; Ed. weiterer Ww., Lit.] – H. RUPP, Zum Renner H.s v. T. (Fschr. M. WEHRLI, 1969), 233–259 – D. SCHMIDTKE, Die künstler. Selbstauffassung H.s v. T., WW 24, 1974, 325–339 – L. ROSENPLENTER, Zitat und Autoritätenberufung im Renner H.s v. T., 1982 – U. PETERS, Lit. in der Stadt, 1983, 286–290 – J. GOHEEN, Mensch und Moral im MA. Gesch. und Fiktion in H. v. T.s »Renner«, 1990 – B. WEISKE, Die »Gesta Romanorum« und das »Solsequium« H.s v. T. (Exempel und Exempelsammlungen, hg. W. HAUG–B. WACHINGER, 1990).

Hugolinus. 1. H. (Presbyteri), Bologneser Rechtslehrer und Praktiker, * Bologna, † ebd., nicht vor 1233; Schüler des →Johannes Bassianus und Lehrer des →Roffredus de Epiphanio, des →Jacobus de Ardizone und des →Odofredus de Denariis. H. schrieb Glossenapparate zu den drei Digesta, dem Codex, den Tres libri und den Institutionen sowie eine Lectura Codicis, erweiterte die Digestensumme von →Azo (»Summa extraordinaria«) und verfaßte →Distinctiones (II.), →Quaestiones disputatae (»Insolubilia«, →Disputation, 2) und →Consilia; eine umfangreiche Slg. von →Dissensiones dominorum aus Azos Schule ist unter seinem Namen bekannt. Mit der Einfügung des →Liber feudorum in das →Corpus iuris civilis (III, 4) wird er zu Unrecht in Verbindung gebracht. P. Weimar

Ed.: →Azo [dort: Azonis ad singulas leges ..., p. 718–812; Summa Azonis ..., p. 384–412] – Le Quaestiones di Ugolino glossatore, ed. V. RIVALTA, 1891 – Dissensiones dominorum, ed. G. HÄNEL, 1834, p. 247–552 – *Lit.:* SAVIGNY V, 45–68 – COING, Hdb. I [Lit.] – J. FRIED, Die Entstehung des Juristenstandes im 12. Jh., 1974 – H. VAN DE WOUW, Zur Textgesch. des Infortiatum, Ius commune 11, 1984, 231ff., 251 – P. WEIMAR, Zur Entstehung der Azoschen Digestensumme (Satura R. FEENSTRA, 1985), 385ff. – G. DOLEZALEK, Rep. mss. veterum Codicis Iustiniani, 1985, 508–511, 770–792 – V. COLLI, Insolubilia H.i, Ius commune 13, 1985, 13–67.

2. H. v. Orvieto, einflußreicher spätma. Augustinertheologe, * nach 1300 in →Orvieto, † 1373 in Acquapendente, ☐ Orvieto, Augustinerkirche (Grabplatte heute in der Pfarrkirche S. Giovenale); 1335–38 Studium in Paris, 1338 Lector, 1348/49 Sententiar, 1352 Mag. theol., 1364 Gründungsmitglied der theol. Fakultät von →Bologna, Verf. ihrer Statuten (ed. F. EHRLE, 1932), 1368 Ordensgeneral, 1370 Bf. v. →Gallipoli, 1371 lat. Patriarch v. Konstantinopel und Administrator des Bm.s →Rimini. H. vertrat eine an der augustin. Gnadenlehre ausgerichtete Theologie, die sich nicht in Spekulationen erschöpft, sondern auf den Menschen und sein Heil bezogen ist. In seinem Sentenzenkomm. (wirkte bis ins 15. Jh. nach, bes. an den neuen Univ.en des dt. Sprachraumes) zitiert er häufig →Augustinus, ist sparsam mit Verweisen auf →Aristoteles, wichtigster Gewährsmann ist ihm →Gregor v. Rimini. Die augustin. Illuminationstheorie, den Exemplarismus, das lumen theologicum, die Auffassung von Prädestination und Reprobation, Urstand und Erbsünde, Rechtfertigung und Verdienst, die Notwendigkeit der Gnade zu jedem moral. guten Akt hat H. in seine Konzeption vom 'deus vita' eingebaut. Der Physikkomm. weist H. als Vermittler zw. Realismus und Konzeptualismus aus. Das Spätwerk »De deo trino« setzt sich mit joachimit. Irrtümern (→Joachim v. Fiore) auseinander. Von H. sind auch zwei theol. Prinzipien und 16 authent. Sermones überliefert; bei 6 weiteren Predigten ist seine Autorschaft unsicher. W. Eckermann

Ed. und Lit.: F. STEGMÜLLER, Der Tractatus de Deo Trino des H.us v. O. ..., Annali della Bibl. Governativa e Libreria Civica di Cremona VII, 1954, 1955, 19–57 – F. CORVINO, Ugolini de Urbe Veteri Tractatus de perfectione specierum, Acme, Annali della Facoltà di Filosofia e Lettere dell' Univ. Statale di Milano 8, 1955, 119–204 – W. ECKERMANN, Der Physikkomm. H.s v. O. ... (SpätMA und Reformation. Texte und Unters., 5, 1972) – H.i de urbe veteri Commentarius in quattuor libros Sententiarum, I–IV, ed. DERS., 1980–88 (Cassiciacum Suppl. VIII–XI) – DERS., Schwerpunkte und Wirkungen des Sentenzenkomm. H.s v. O. OESA, hg. DERS., 1990 (Cassiciacum XLII) [mit neuen Beitr.].

Hugonet, Guillaume, Kanzler v. →Burgund, † 3. April 1477 (enthauptet); entstammte der Familie der Herren v. Saillant (Mâconnais), die hzgl.-burg. und kirchl. (Bm. Mâcon) Amtsträger stellte. Als studierter Jurist (wohl Lic. jur.) diente H. dem Erbprinzen →Karl dem Kühnen (u. a. 1467 als *bailli de* →*Charolais,* wie schon sein Vater), um nach 1467 zum leitenden Staatsmann aufzusteigen (Oberhaupt des Grand-Conseil, seit 22. Mai 1471 Kanzler und Ritter). Schon vor 1467 von Karl wiederholt in diplomat. Mission zu Kg. →Ludwig XI. entsandt, übte H. während der langen Abwesenheiten des Hzg.s gemeinsam mit der Hzgn. die Exekutivgewalt aus. 1476 blieb sein Versuch, den Generalständen höhere Steuerleistungen abzupressen, ohne Erfolg, und er empfing vom Hzg. eine strenge Rüge. Nach Karls Tod wurde H. von Hzgn. →Maria zu einer ihrer vier Vertreter zu den Verhandlungen mit dem frz. Kg. Ludwig XI. berufen. Nicht zuletzt wegen des durch Ludwig XI. geschürten Mißtrauens wurden H. und

Guy de →Brimeu, Herr v. Humbercourt, als Repräsentanten des verhaßten Regimes Karls des Kühnen während eines Volksaufstandes in →Gent verhaftet (14. März 1477) und durch die Genter Schöffen rasch zum Tode verurteilt.

W. P. Blockmans

Lit.: C. PAILLARD, Le procès du chancelier H. et du seigneur d'Humbercourt, 1881 – J. BARTIER, Un discours du chancelier H. aux États généraux de 1473, Bull. de la comm. royale d'Hist. de Belgique 107, 1942 – W. PARAVICINI, Zur Biographie von G.H. (Fschr. H. HEIMPEL, 1972) – P. COCKSHAW, Le personnel de la chancellerie de Bourgogne-Flandre, 1982.

Hugotion, François (verbreitete französierte Namensform für Francesco Uguccione), Bf. v. →Bordeaux, Kard., † 14. Juli 1412 in Florenz. Er stammte aus Urbino, wurde von Urban VI. 1378 zum Bf. v. Faenza nominiert, 1383 nach Benevent, am 28. Aug. 1384 nach Bordeaux transferiert. Treuer Anhänger des röm. Papstes, wurde H. nach Aragón und Kastilien entsandt und verfocht dort erfolglos die Sache →Urbans VI. H., der erst 1389 sein Bm. effektiv in Besitz nahm, wurde Kard. (12. Juni 1405), unter Beibehaltung der Administration seiner Diöz. aus der Ferne. Seit 1408 widmete er sich der Beseitigung des →Abendländ. Schismas (u. a. Begegnung mit Benedikt XIII., Interventionen bei Gregor XII., Englandreise zwecks Verpflichtung →Heinrichs IV. und des engl. Klerus auf die Sache der Union: Synode Sommer 1408). Nach der Wahl →Alexanders V. bemühte sich H. um Friedensvermittlung zw. Frankreich und England. B. Guillemain

Lit.: N. VALOIS, La France et le Grand Schisme d'Occident, 4 Bde, 1896, passim – Hist. de Bordeaux, hg. CH. HIGOUNET, III, 1965, 464-467.

Huguccio (Uguccio, Hugo, Hugutio o. ä.), Grammatiker, Theologe und bedeutendster →Dekretist, * in Pisa (vermutl. in den 1140er Jahren), † 30. April 1210 in Ferrara. Er studierte Theologie und bes. kanon. Recht in Bologna (vielleicht bei →Gandulphus und/oder →Johannes Faventinus), wo er auch als Lehrer tätig war. Am 1. Mai 1190 wurde er Bf. v. Ferrara. Von seinen grammatikal. Werken ist bes. der sog. »Liber derivationum« zu nennen, ein alphabet.-etymolog. Wb., das in über 200 Hss. überliefert ist. Weil H. es bereits in seiner »Agiographia« zitiert, die er im letzten Teil seiner Dekretsumme erwähnt, ist es eher als eines seiner Frühwerke anzusehen. Von seinen theol. Werken wurde die »Expositio symboli apostolorum« in den 1970er Jahren dreimal gedruckt, teils zusammen mit anderen kleineren Werken. Seine großen Werke sind bisher ungedruckt, auch sein kanon. Hauptwerk, die in 45 Hss. überlieferte Summe zum →Decretum Gratiani. Sie stellt den Höhepunkt der frühen Kanonistik an Ausführlichkeit und wissenschaftl. Durchdringung des Stoffes dar. Wahrscheinl. hat H. an ihr bis zu seiner Ernennung zum Bf. v. Ferrara gearbeitet, denn von den »Causae haereticorum« kommentiert er nur die C. 23 bis q. 4 c. 34. Er berücksichtigt alle erreichbaren Q., auch das röm. Recht und die päpstl. →Dekretalen sowie sämtl. Dekretisten vor ihm, mit denen er sich öfter namentl. auseinandersetzt, bes. mit Johannes Faventinus. Die eigene Meinung vertritt er entschieden: »ego autem dico« (o. ä.). Er ist treuer Anhänger des Papstes, spart aber dennoch nicht mit Kritik an einzelnen päpstl. Entscheidungen, wenn sie seiner Meinung nach nicht richtig waren.

H.-Glossen und ihr Verhältnis zum Apparat »Ordinaturus Magister« haben in letzter Zeit bes. Aufmerksamkeit gefunden. H. wurde um 1210/15 mehrfach als Verfasser dieses Apparates angesehen. Da von ihm viele erst für diesen Apparat verfaßte Glossen stammen, darf er als ein Kon-Autor gelten. Weil aber manche seiner frühen Glossen nicht in diesen Apparat eingegangen sind und H. in seiner Summe einzelne in diesem Apparat vertretene Ansichten ablehnt, kann er nicht von ihm stammen, obwohl einzelne dieser Glossen von →Laurentius und in der →Glossa ordinaria ihm fälschl. zugeschrieben werden.

R. Weigand

Lit.: DDC VII, 1355-1362 – KUTTNER, 155-160 – SCHULTE I, 156-170 – A. M. STICKLER, Der Schwertbegriff bei H.: Ephem. I.C. 3, 1947, 201-242 – C. LEONARDI, La vita e l'opera di Uguccione da Pisa Decretista, SG 4, 1956-57, 37-120 – C. RIESSNER, Die »Magnae Derivationes« des Uguccione da Pisa und ihre Bedeutung für die roman. Philol., 1965 – N. HÄRING, Zwei Kommentare von H., Bf. v. Ferrara, SG 19, 1976, 355-416 – G. CREMASCOLI, Uguccione da Pisa: De dubio accentu, Agiographia, Expositio de symbolo apostolorum, 1978 – T. LENHERR, Der Begriff »executio« in der Summa decretorum des H., AKKR 150, 1981, 5-44, 361-420 – S. KUTTNER, Gratian and the Schools of Law, 1140-1234, 1983, passim – R. WEIGAND, H. und der Glossenapparat »Ordinaturus Magister«, AKKR 154, 1985, 490-520 – DERS., Die Glossen zum Dekret Gratians, SG 25/26 [im Dr.], passim, bes. T. II. 9, III. 18.

Hugues. 1. H. de Champfleury, Kanzler v. Frankreich (1151-71), † 4. Sept. 1175, ▢ Paris, St-Victor, stammte aus Champfleury (dép. Marne, arr. Reims, cant. Verzy), trat im Pariser Prozeß gegen →Gilbert v. Poitiers als Zeuge hervor (1147) und war seit 1151 Kanzler. Im Besitz zahlreicher Benefizien (Archidiakon v. Arras, Kanoniker v. Paris, Orléans, Soissons), wurde er 1159 zum Bf. v. Soissons gewählt, ohne hier zu residieren. Als Kanzler nahm er an diplomat. Verhandlungen teil (1158-60 mit England, 1162 mit dem Reich). H. war Empfänger zahlreicher Papstbriefe, v. a. Alexanders III., die das Papstschisma, die Begegnung zw. dem frz. Kg. und dem Ks. sowie den engl.-frz. Frieden (1168) zum Gegenstand hatten. 1171 mußte H. trotz der Intervention der Ebf.e v. Sens und Reims vom Kanzleramt zurücktreten; die Gründe sind mysteriös (Hofintrige oder Gegnerschaft des Papstes?). H. ist Verf. einer Briefslg. (569 Stücke). E. Lalou

Ed. und Lit.: HLF XIII, 536-540 – Recueil des historiens de France XVI, 1-170 – DUCHESNE, Historiae Francorum scriptores, 1641, IV, 557-562 – G. TESSIER, Diplomatique royale française, 1962, 133f.

2. H. (Hugo) III. de Berzé-le-Châtel (dép. Saône-et-Loire), frz. Dichter, * um 1170, † nach 1225 in der Heimat; 1201 mit seinem Vater auf einem Kreuzzug vor Konstantinopel. Von H. überliefert sind sieben afrz. lyr. Gedichte, davon ein Kreuzzugslied, sowie die »Bible« (1028 Achtsilber), die häufig in die Nachfolge von →Guiot de Provins, von LECOY aber in die Nähe der »Vers« des →Thibaut de Marly und des →Helinand de Froidmont gestellt wird. Sie ist eine Art Predigt, die zur rechtzeitigen Vorbereitung auf den Tod mahnt, aus Klagen über den moral. Verfall der Gesellschaft besteht und scharfe satir. Angriffe auf den Niedergang der Stände und die kirchl. Orden enthält. Der Autor bezeichnet sich selbst als ungebildeten Laien, der seine Legitimation allein aus seinen Erfahrungen zieht.

U. Ebel

Ed.: Lyrik: K. ENGELCKE, ASNSL 75, 1896, 147-176 – Bible: F. LECOY, 1983 – Lit.: GRLMA VI – MGG – New Grove – R. W. LINKER, A Bibliogr. of Old French Lyrics, 1979 – F. LECOY, Pour la chronologie de H., Romania 68, 1942-43, 243-254.

Huguet, Jaume (Jaime), katal. Maler, * um 1414 Valls (Tarragona), † 1492 Barcelona, aus einer Künstlerfamilie stammend; anfängl. von Bernat →Martorell bestimmt, den er als führenden Maler Kataloniens ablöst. Vermutl. 1440-47 in Aragón tätig, gründet H. 1448 in Barcelona eine vielbeschäftigte Werkstatt, gleichzeitig setzen die zahlreichen bezeugten, oft vielteiligen →Retabel ein, die den ndl. spätgot. realist. Stil durch prov. und it. Elemente (Gestik, Modellierung) zögernd weiter entwickeln, wobei häufig hierat. Strenge und altertüml. Schmuckreichtum dominieren. Ch. Klemm

Lit.: L. GUDIOL RICART – J. AINAUD DE LASARTE, J.H., 1948 – J. AINAUD DE LASARTE, J.H., 1955.

Huissier *(vissier)*. **1.H.**, 'Türhüter, -steher', dann auch: 'Gerichtsvollzieher'. Der kgl. h. hatte als Hüter der Pfalz die Aufgabe, den Zugang zu bewachen, Durchlaß zu gewähren bzw. unerwünschte Personen fernzuhalten. Als *h.s d'armes* wurde die kgl. →Leibwache bezeichnet. Spezif. Bedeutung erlangten die *h.s de la cour de Parlement*. Diese Amtsträger (unter Philipp IV.: zwei, 1337: acht, 1360: zwölf) hatten die Polizeigewalt in dem Teil des Kg.spalastes, in dem →Parlement gehalten wurde. Seit Ende des 14.Jh. übermittelten sie die Vorladungen und Vertagungen, vollstreckten die Bußen, nahmen zahlungsunwillige Schuldner in Haft usw., waren darüber hinaus mit Untersuchungen, Gutachten und der Abhaltung von Versteigerungen betraut. Gelegentl. hatten sie auch dienstl. Aufträge in entfernten Teilen des Kgr.es durchzuführen. Als Mitglieder des →*Hôtel du roi* erhielten die h.s Bezüge und Amtstracht (Roben, Mäntel). E. Lalou

Lit.: F. AUBERT, Hist. du Parlement de Philippe le Bel à Charles VII (1314–1422), 1887, I, 248–260 – F. LOT – R. FAWTIER, Hist. des institutions françaises au MA, II, 1958, 404.

2.H., Schiffstyp des 12.–15.Jh., versehen mit einer Tür *(huis)* am Heck, oberhalb der Wasserlinie, diente dem zivilen oder militär. Transport von →Pferden. E. Lalou

Lit.: A. JAL, Glossaire nautique, 1848, I, 836.

Huld, -verlust. Der Begriff 'H.' war im ma. Sprachgebrauch mehrdeutig: [1] So wurde das Wort zunächst in einem weiteren Sinne für Ergebenheit und Treue, die der Mann seinem Herrn schuldete, verwandt, ohne dabei auf ein spezif. Rechtsverhältnis hinzuweisen. Zugleich wurde mit H. aber auch der Vorgang selbst, der üblicherweise dieses Treueverhältnis begründete, die Eidesleistung, bezeichnet.

[2] Daneben verstand man aber unter H. im engeren Sinne auch einen Rechtsbegriff des →Lehnswesens, näml. den spezif. lehnrechtl. Treueid (fidelitas), der neben der Mannschaftsleistung (homagium) und der Investitur zu den rechtserheblichen Symbolakten gehörte, die regelmäßig zur Begründung eines Lehnsverhältnisses erforderl. waren. Ursprgl. erfolgte die Treueidleistung in der Form eines Treueversprechens, das durch einen nachfolgenden →Eid bekräftigt wurde. Seit dem 13.Jh. begnügte man sich mit der Eidesleistung allein, die das Treuegelöbnis einschloß und die stehend unter Handauflegung auf die Bibel erfolgte.

[3] Der Mannentreue entsprach endl. auf der Gegenseite die H. im Sinne von →Gnade, die der Herr seinem getreuen Manne gewährte. In Anlehnung an die christl. Vorstellung von der Ungnade Gottes, die für den Sünder Unheil und schwere Strafe bedeutete, führte die sakrale Weihe, die zunächst nur Papst, Ks. und gesalbte christl. Kg.e, später auch andere Herrschaftsberechtigte für sich in Anspruch nahmen, dazu, daß auch deren Ungnade bzw. H.verlust »als ein irdisches Nachbild der Strafe Gottes« (B. DIESTELKAMP) empfunden wurde, wobei die Festsetzung der Strafe im Einzelfall regelmäßig in das Ermessen des Herrn gestellt war. Während so im Früh- und HochMA bereits die Androhung des H.verlustes als wirksames Disziplinierungsinstrument diente, um Wohlverhalten zu erzwingen, erstarrte die Wendung »sub obtentu gratiae nostrae« seit dem 12.Jh. allerdings immer mehr zu einer stereotypen Formel, die sich in dieser Form in Papst- und Ks.urkk. bis in die NZ hinein erhalten hat. K.-F. Krieger

Lit.: DtRechtswb IV, 34ff. – HRG II, 256ff., 259ff. – R. KÖSTLER, H.entzug als Strafe, 1910 [= Kirchenrechtl. Abh. 62].

Huldigung (von mhd. *hulde*: 'Geneigtheit', 'Treue') ist der ein vertragsartiges Verhältnis (Untertanenverband) bestärkende oder begründende Akt der Unterwerfung und Treuebindung an einen Herrn in rechtssymbol. Formen, insbes. durch Leistung eines Treueides (→Treue, →Eid). Davon zu trennen sind die Formen der liturg. oder zeremoniellen Ehrerweisung für den Herrscher (→Laudes regiae, →Adventus regis). Der allg. merow. Untertaneneid (Marc. I. 40) ist als der die kgl. Herrschaft befestigende Fidelitätseid vom Gefolgschaftseid (→Gefolgschaft) abgeleitet (anders ECKARDT) und bis zum Verfall der Kg.smacht in der 2. Hälfte des 7.Jh. bezeugt. Der in Anlehnung an den Vasalleneid 786 anläßl. der Verschwörung des thür. Gf.en Hardrad von →Karl d. Gr. wiederbelebte (Capit. I, 66f.) und bei 'Grundsatzentscheidungen' noch mehrfach praktizierte (802, 806, 812) karol. Untertaneneid hat offenbar den Zerfall des frk. Reiches nicht überlebt. Seither prägten die parallel im Bereich des →Lehnswesens entwickelten H.sformen die Praxis der H. im ostfrk.-dt. Reich (z. B. 936, Otto I.). H. meint jetzt die vasallit. H. (anders SCHLESINGER: »gefolgschaftl. H.«) der noch undefinierten Gruppe der Großen anläßl. der (sich ggf. in Stufen vollziehenden) Kg.serhebung (ergänzt durch die →Akklamation des populus) bzw. →Designation oder nach Empörung und Eroberung (Unterwerfungseid). Sie ist zugleich Ausdruck einer neuen Form von einer auf personalen Bindungen beruhenden Staatlichkeit. Dabei lassen sich bei der Kg.serhebung Wahlakt und H. zunächst nur typolog. trennen, denn jede →Wahl war zugleich auch ein H.sakt, der sogar als Kern der Kg.serhebung gelten konnte (Widukind II, 1 zu 936). Erstmals 1024 (→Konrad II.) sind Kur und H. bei sich wandelndem Wahlverständnis deutl. getrennt. Erstere wird sich im Fortgang des MA als konstitutiver Akt auf den Kreis der →Kurfürsten, letztere auf die Reichsunmittelbaren verengen, wobei seit dem 13.Jh. auch die (nicht verpfändeten) →Reichsstädte einbezogen sind. Analoge H.spraktiken finden sich auch in den Grundherrschaften, Städten (Bürgerh.) und Territorien (Erbh., ggf. nach Bestätigung der Privilegien der →Landstände). Th. Kölzer

Lit.: DtRechtswb VI, 43f. – HRG II, 262–265 – W. SCHLESINGER, Die Anfänge der dt. Kg.swahl, ZRGGermAbt 66, 1948, 381–440 (= DERS., Beitr. zur dt. Verfassungsgesch. des MA, I, 1963, 139–192) – W. KIENAST, Untertaneneid und Treuevorbehalt in Frankreich und England, 1952 – H. MÜLLER, Formen und Rechtsgehalt der H. [Diss. Mainz 1954] – D. CLAUDE, Kg.s- und Untertaneneid im Westgotenreich (Hist. Forsch. W. SCHLESINGER, 1974), 358–378 – U. ECKARDT, Unters. zu Form und Funktion der Treueidleistung im merow. Frankenreich, 1976 – U. REULING, Die Kur in Dtl. und Frankreich, 1979 – U. SCHMIDT, Kg.swahl und Thronfolge im 12.Jh., 1987 – U. REULING, Zur Entwicklung der Wahlformen bei den hochma. Kg.serhebungen im Reich (VuF 37, 1989).

Huldigungsbild, Darstellungen der →Huldigung an Gottheit oder Herrscher. Das frühe Christentum übernimmt die antiken Bildformeln (Huldigung an Christus z. B. in Triumphbogen- und Apsismosaiken und auf Sarkophagen; an Herrscher z. B. an der Basis des Obelisks Theodosius' I.). Im MA wird die Huldigung an Gott v. a. im Bild der Anbetung der →Drei Könige, der 24 apokalypt. Ältesten (→Apokalypt. Motive) und der Verehrung durch Hl.nchöre (→Allerheiligenbild) oder Stifter dargestellt. Die Herrscherhuldigung kann als reales Ereignis oder in symbol. Form verbildlicht werden: In Byzanz gibt es Bilder der Schilderhebung des neugewählten Herrschers neben reinen Repräsentationsbildern des Ks.s, dem in Proskynese gehuldigt wird (z. B. Basileios II. in seinem

Psalter in Venedig, um 1020). Im lat. W hat bes. die otton. Buchmalerei großartige Herrscherbilder mit huldigenden Provinzen oder Großen des Reiches hervorgebracht (z. B. Einzelblatt in Chantilly, Evangeliare Ottos III. in Aachen und München, Sakramentar Heinrichs II.). Im »Liber ad honorem Augusti« des →Petrus v. Eboli (um 1195) wird dieser Bildtypus für Heinrich VI. wiederaufgenommen. Reale Huldigungen sind z. B. auf dem Bildteppich v. →Bayeux (um 1070/80) und im Balduineum (um 1340) dargestellt. S. a. →Bildnis. U. Nilgen

Lit.: A. GRABAR, L'empereur dans l'art byz., 1936 – F. J. HEYEN, Ks. Heinrichs Romfahrt, 1965 – P. E. SCHRAMM, Die dt. Ks. und Kge. in Bildern ihrer Zeit, 1983 [Neudr.].

Hulk → Schiff, -stypen

Hull, Stadt im nö. England (vollständiger Name: Kingston-upon-H., nach Eduard I.), an der Einmündung des Hull in die Mündungsbucht des Humber gelegen, war als Vorhafen von →York im MA einer der bedeutendsten →Häfen der engl. Ostküste. Eduard I. machte H., dessen Areal er von der Abtei→Meaux erworben hatte, zur Basis seiner Feldzüge gegen→Schottland. Im frühen 14. Jh. war H. der drittgrößte Standort des engl. Wollexports (→Wolle). Bedeutendster Kaufmann aus H. war William de la →Pole († 1366), der erste *mayor* v. H. (1331), dessen Nachfahren Earls of→Suffolk wurden. Im späteren MA sank die Bedeutung des Wollhandels, und der Tuchexport (→Textilien) trat an seine Stelle. Seit der Mitte des 15. Jh. lag der Handel in H. v. a. in den Händen dt. Hansekaufleute (→Hanse), die bes. Getreide und Holz aus dem Ostseeraum importierten; wichtig waren auch die Beziehungen zu Island. Die Stadt zählte 1377 (→Poll Tax) 1557 erwachsene Steuerpflichtige. H. erhielt 1299 den Rechtsstatus eines *borough,* 1440 den einer städt. Körperschaft, wodurch es zur Gft. *(county)* mit eigenem → *Sheriff* wurde.
E. J. King

Lit.: VCH York, I, 1969, 11–89 [K. J. ALLISON] – E. B. FRYDE, William de la Pole, 1988.

Hülsenfrüchte (Leguminosae). Bereits im →Capitulare de villis lassen sich drei H. nachweisen: Acker-, Puff- oder Saubohne (Vicia faba L.), Erbse (Pisum sativum L.; vermutl. ahd. *araweiz,* mhd. *erb(e)iz* gen. Feld- oder Futtererbse [slav. *Peluschke*], aus der sich wahrscheinl. die Form der Gartenerbse entwickelte) und Kichererbse (Cicer arietinum L.). Hinzu kommen die Linse (Lens culinaris Medik), weitere Wicken- (Vicia-) und wohl auch verschiedene Lupinen- (Lupinus-)Arten, wogegen die Gartenbohne (Phaseolus vulgaris L.) ('legumina') aus der Neuen Welt stammt. Insgesamt spielen die H. als Lebensmittel wie als Futter eine vergleichsweise untergeordnete Rolle und werden erst seit dem 15. Jh. mit dem intensivierten Anbau von Gemüse in den Q. häufiger genannt. Die Medizin machte relativ selten von den H. n Gebrauch, was z. T. auf bereits antike Vorbehalte zurückzuführen ist (Gart, Kap. 94, 180, 233, 237, 319). Hingegen verwendete die sympathet. Heilkunde v. a. die mit mannigfachen abergläub. Vorstellungen verbundene Erbse. P. Dilg

Lit.: HWDA I, 1470–73; II, 876–885; IV, 463–467; V, 1309 f. – MARZELL I, 986–988; II, 1187–1234 f., 1420–26; III, 795–801; IV, 1114–40 – R. v. FISCHER-BENZON, Altdt. Gartenflora, 1894, 95–102 – K. UND F. BERTSCH, Gesch. unserer Kulturpflanzen, 1947, 165–170 – E. SCHMAUDERER, Stud. zur Gesch. der Lebensmittelwiss., VSWG Beih. 62, 1975, 58–60, 64–73.

Hulthemsche Handschrift, nach einem früheren Besitzer, dem Genter Bibliophilen K. van Hulthem (1764–1832), ben. bedeutendste Sammelhs. der →Mittelniederländ. Lit. (seit 1838 Kgl. Bibl., Brüssel, 15589–623). Die H. H. ist eine Papierhs. von Brabanter Herkunft, um 1410 von einer Hand zweispaltig geschrieben, 241 Bll. (fol. 1 und 3, weitere Bll. fehlen). Der Bestand an Texten vornehml. des 13. und 14. Jh. umfaßt u. a. »Van sente Brandaen«, »Dboec van den houte«, »Tprieel van Troyen«, »Tpaerlement van Troyen« und »Van den groten strijt daer hem her Hector ende Achilles in onderspraken« von Segher Dengotgaf; »De borchgravinne van Vergi«, »Theophilus«; die Schauspiele (→Abele spelen) »Esmoreit«, »Gloriant«, »Lanseloet van Denemerken« und »Vanden winter ende vanden somer«, die Farcen *(kluchten)* »Lippijn«, »Den buskenblaser«, »Die →hexe«, »Drie daghe here«, »Truwanten« und »Rubben«; die Spruchsammlungen »Van alderhande sprockine clein notabel verskine«, »Van vele edelen parabelen ende wiser leren« (ca. 116 Sprüche), eine Bearbeitung von →Freidanks »Bescheidenheit«, sowie »Dit sijn Seneka leren«, auf der Grundlage von Ps.-Seneca. »Liber de remediis fortuitorum«, »Die corte cronike van Brabant«, »De viere mensen wenschen«, inspiriert von der 27. Aventure des →Nibelungenliedes; Gedichte von Augustijnken van →Dordt, Willem van →Hildegaersberch, Boudewijn van der Lore; Reimgebete, Scherzreden, Minnereden, Fabeln und Lieder.
J. Deschamps

Lit.: F. J. MONE, Übersicht der ndl. Volks-Lit. älterer Zeit, 1838 [Nachdr. 1970] – C. P. SERRURE, Het groot H., Vaderlandsch Mus. 3, 1859–60, 139–164 – P. LEENDERTZ, Middelnederlandsche dramat. poëzie, 1907, I–XI – J. DESCHAMPS, Middelnederlandse hss. uit Europese en Amerikaanse bibliotheken, 1972, 131–136 [Lit.].

Hum (auch Zahumlje), Humska zemlja, Territorium an der Adriaostküste zw. Dubrovnik und dem Fluß Neretva. Slav. Hum (lat. Chelmania, Chulmia u. ä.) 'Hügel' bezieht sich auf das eine Zentrum, die hochgelegene Burg Blagaj s. des neuzeitl. Mostar; Zahumlje (lat. Zachulmia u. ä.) 'das Land hinter dem Hügel', Zentrum an der Küste Ston (1333 an Dubrovnik). Im 10. Jh. noch selbständiges slav. (serb.) Herrschaftsgebiet, war H. seit dem 11. Jh. abhängig von Duklja (→Zeta). Nach dessen Unterwerfung durch den serb. Großžupan→Stefan Nemanja um 1185 erhielt H. die Stellung eines Teilfsm.s. Zu dieser Zeit verließ der kath. Bf. v. H. seinen Sitz Ston; das 1300 ggr. Bm. →Korčula übernahm dessen Tradition. 1219 gründete der serb. Ebf. Sava die Eparchie H. mit Sitz in Ston, 1252 verlegt ins Kl. St. Peter-Paul (Prijepolje) am Lim. 1326 besetzte der bosn. Ban H.; nach zeitweiliger Abtretung an die ung. Krone (1357–82) wurde H. durch bosn. Erwerbungen nach SO bis an die Bucht von →Kotor erweitert. →Stefan Vukčić aus der immer selbständiger in H. herrschenden Magnatenfamilie Kosača nahm 1448 den Titel 'Hzg. von hl. Sava' (→'Herzegowina') an. S. a. →Bosnien, →Serbien.
L. Steindorff

Lit.: EJug² V, 466 f. – JIREČEK – J. V. A. FINE, The Early Medieval Balkans, 1983 – DERS., The Late Medieval Balkans, 1987.

Humaniora studia → Humanismus

Humanismus

A. Allgemein und Italien – B. Deutsches Reich – C. Ungarn – D. Frankreich – E. England – F. Niederlande – G. Polen – H. Iberische Halbinsel

A. Allgemein und Italien

I. Begriff – II. Epochenbewußtsein – III. Anfänge 1330–1400 – IV. Studia humanitatis – V. Humanismus an Universitäten – VI. Bücherliebe, Philologie – VII. Geschichte und Gesellschaft – VIII. Dialogische Lebens-, Kunst- und Unterrichtsform – IX. Ausbreitung.

I. BEGRIFF: Das Wort H. wurde 1808 von F. J. NIETHAMMER (»Der Kampf des Philanthropinismus und des Humanismus in der Theorie des Erziehungsunterrichtes unserer Zeit«) geprägt, um den auf Nützlichkeit zielenden Reformen, die seiner Meinung nach die Animalität des Schülers förderten, die auf Spracherziehung, math. Schulung und lit. Bildung beruhende pädagog. Richtung gegenüberzustellen, die den höheren Unterricht seit dem 15. Jh. als studia humanitatis, Humaniora, etc. bestimmt hatte. 1841 wurde das Wort H. auf die Geistesbewegung des 14. bis 16. Jh. angewandt und 1859 von G. VOIGT (»Die Wiederbelebung des classischen Alterthums oder das erste Jahrhundert des Humanismus«) als Epochenbezeichnung aufgefaßt (RÜEGG 1946, 12ff).

Seit J. BURCKHARDTS »Cultur der Renaissance, ein Versuch« (1860) wird der Begriff der Renaissance zur Kennzeichnung der Geistesbewegung und der Epoche des 14. bis 16. Jh. neben und statt demjenigen des H. verwendet. Im allg. unterscheidet man heute zw. der Renaissance als dem umfassenden kulturellen und sozialen Wandel zw. MA und NZ, und dem H. als der Bildungsbewegung, die ihm zugrundeliegt. Elemente dieses Wandels, wie das individuelle Selbstbewußtsein, die naturwiss. Forschung, die →Antikenrezeption, finden sich schon früher, so daß manche Historiker von H. bzw. Renaissance des MA, der Karolingerzeit, des 12. Jh., des Paduaner Kreises um →Mussato sprechen. Stützt man sich jedoch auf das Selbstverständnis der Humanisten, beschränkt sich der H. auf die von →Petrarca um 1330 inaugurierte, im 15. und 16. Jh. in ganz Europa wirksam gewordene neue Bildungsbewegung. Da sie von Italien ausging, wird der it. H. im Rahmen der allg. Entwicklung behandelt.

II. EPOCHENBEWUSSTSEIN: Den Humanisten gemeinsam war das Bewußtsein, eine neue Epoche einzuleiten, in welcher die seit dem Niedergang Roms begrabene Lit. und Kunst zu neuer Blüte erweckt worden seien. Die Zeit zw. Altertum und Gegenwart bezeichneten sie von Petrarca an implizit, seit 1464 explizit als MA (VOSS, 4of.). Die Entstehung des H. fällt in eine Krisenzeit (Schisma, →Hundertjähriger Krieg, Niedergang des Ksm.s und territoriale Machtkämpfe im Reich, Türkengefahr, →Hungersnöte, Finanzkrisen, →Pest). Zur äußeren Bedrohung kam hinzu die innere Verunsicherung der urbanisierten Gesellschaftsgruppen, deren rationale, insbes. schriftl. Kommunikations- und Handelsformen mit den traditionellen Wertvorstellungen in Konflikt geraten waren und die für ihre Persönlichkeitsbildung keine Vorbilder in der mündl. Familienüberlieferung verfügten. Die moderne Forschung reiht den H. ein in die geistigen Bestrebungen des SpätMA, die religiösen und gesellschaftl. Krisen durch die »Suche nach neuen Symbolen der Sicherheit« (OBERMAN, 11) zu überwinden und sieht in ihm nicht mehr wie die Aufklärung den Sieg antiker Weltlichkeit über das ma. Christentum, sondern den Paradigmenwechsel von der aetas Aristotelica des 12. und 13. Jh. zur aetas Ciceroniana, durch sich das Schwergewicht des Welt- und Menschenbildes von der Natur der Dinge auf die Natur des Menschen, vom Erkenntnisstreben auf den Gebrauch des Wortes als »Band und Norm der Gesellschaft« verschob (GILSON, 4).

III. ANFÄNGE 1330-1400: Petrarca leitete diesen Paradigmenwechsel ein mit heftiger Polemik gegen die scholast. Dialektik, Rechts- und Naturwiss., die ihm keinen existenziellen Sinn vermittelten, während er von Stil und Inhalt der Schriften Ciceros und der Konfessionen Augustins menschlich so angesprochen wurde, daß er darin die »neuen Symbole der Sicherheit« für sein Leben fand. Petrarcas individuelles Bildungserlebnis machte Schule. Der Florentiner Staatskanzler →Salutati verhalf dem H. zum Durchbruch: Er inaugurierte die hist.-philolog. Textkritik, die gemeinsame Erörterung wiss. und philo-soph. Fragen in gelehrten Zirkeln, die im 15. Jh. zur Gründung von →Akademien führten. Durch die Berufung von →Chrysoloras 1397 gab er den Anstoß zu Studium, Übers. und systemat. Hss.sammlung griech. Autoren, so daß diese längst vor der Eroberung von Konstantinopel (1453) in Italien heimisch waren. Er legte in Briefen und Schriften die theoret. Grundlagen des H., festigte sie institutionell durch seine über 800 Bände umfassende Bibliothek, die Gelehrten offenstand und in der Laurentiana in Florenz, der Marciana in Venedig und der Vaticana in Rom öffentl. Nachfolger fand. V. a. wirkte er weiter durch die Förderung von →Bruni, →Poggio, →Vergerio, →Loschi, →Niccoli u. a., die nach seinem Tod (1406) zur Verbreitung und Festigung des H. in Italien und darüber hinaus beitrugen.

IV. STUDIA HUMANITATIS: Mit diesem von Cicero geprägten und von Salutati 1369 (Ep. I 106) wiederaufgenommenen Begriff wurde die humanist. Bildung als kybernet. Prozeß umschrieben: In der Auseinandersetzung mit sprachl. geformter fremder humanitas formt der Mensch seine eigene humanitas und bildet sich zum sprachl. mündigen, moral. verantwortl. Menschen. Die studia humanitatis, die mit eruditio moralis gleichgesetzt wurden, beruhen auf der sophist., von Isokrates und Cicero weiterentwickelten Bestimmung des Menschen, der sich vom Tier durch die Sprache unterscheidet, mit Hilfe der Sprache Werte formuliert, die Wirklichkeit sozial konstruiert, das Geheimnis der Transzendenz im Wort Gottes erfährt und in der Dichtung zu umschreiben versucht. Die Humanisten sprachen deshalb von Wiederbelebung nicht des Altertums an sich, sondern der Musen, der antiken Poesie, Beredsamkeit, Bildung, Kunst und der darin konkretisierten menschl. Kreativität. Von manchen wurden antike Formen sklav. nachgeahmt, doch polemisierten führende Humanisten wie Salutati, →Valla, →Erasmus gegen solche distanzlose Nachäffung unter Berufung auf Cicero, nach dem jedes Wort seinen Sinn in der entsprechenden Gemeinschaft hat, so daß sich die Modernen anders ausdrücken müssen als die Alten, ja diesen überlegen sein können (RÜEGG, 1973, 108).

Die studia humanitatis zielten auf die Bildung eines Geistesadels, der den Schwertadel verfeinern und mit den akadem. geschulten Intellektuellen sowie den städt. Handels- und Bankherren gesellschaftl. verbinden könnte. Entsprechende Programme wurden teils in Briefen v. a. an Träger polit. Herrschaft (z. B. von Salutati, Bruni, E. S. Piccolomini, R. →Agricola), teils in akadem. Eröffnungsreden (z. B. von G. →Barzizza, F. →Filelfo, →Peuerbach, →Celtis), v. a. aber in eigenen pädagog. Traktaten (von Vergerio, →Vegio, L. B. →Alberti, →Palmieri, Erasmus) entwickelt und in Schulmodellen einer universalen, Sprache, Musik, Mathematik, Sport umfassenden Persönlichkeitsbildung (von →Guarino und →Vittorino da Feltre) erfolgreich realisiert. Mitte des 15. Jh. waren die studia humanitatis allgemein anerkannt. P. →Luder, der bei Guarino studiert hatte, wurde 1456 von Kfs. Friedrich beauftragt, an der Univ. Heidelberg über »studia humanitatis, id est poetarum oratorum ac hystoriographorum libros« zu lesen (BERTALOT 1,222).

V. HUMANISMUS AN UNIVERSITÄTEN: Der H. entstand außerhalb der Univ. und war getragen von zumeist akadem. gebildeten städt., fsl. und päpstl. Beamten, Notaren und Buchhändlern, Ordensleuten und Kirchenfs.en, aber auch von Herrschern und Condottieri, Bankiers und Großkaufleuten. Daran interessiert, Bildungsformen, die ihnen eine bessere Ausübung und Sinngebung ihrer berufl. und öffentl. Aufgaben erlaubten, in den Univ. einzuführen, sorgten sie dafür, daß die humanist. Studien entweder als bes. Fächer oder durch Humanisten auf den Lehrstühlen für Grammatik und Rhetorik betrieben wurden, so daß in diesen Fächern nicht nur Regeln gelernt und geübt, sondern anhand der Schriften antiker Redner, Dichter, Historiker, Philosophen die stilist. und moral. überzeugende eloquentia erlernt und eine vertiefte persönl. Bildung erworben werden konnte. Humanist. Lehrer waren sehr gefragt. Filelfo erhielt 1432 in Florenz ein um die Hälfte höheres Gehalt als die Inhaber der anderen Lehrstühle; Chrysoloras und →Argyropulos (1457) wurden noch besser honoriert. Das frühere Bild der Humanisten als arme Schlucker, die sich bei reichen Mäzenen einschmeicheln mußten, ist demjenigen angesehener Mitglieder der sozialen Oberschicht gewichen (MARTINES, BURKE).

Die Professionalisierung erfolgte jedoch spät. Erst 1490 findet sich das in Anlehnung an andere Berufsbezeichnungen wie legista, auctorista geprägte umanista in einem Brief des Rektors der Univ. Pisa, 1512 der Titel humanista für den Inhaber des neuen Lehrstuhls der litterae humanitatis an der Univ. Bologna. Von 1515 an wurde er auch für außeruniversitäre Humanisten wie →Manutius und Erasmus gebraucht (CAMPANA). Das späte Aufkommen des Titels kennzeichnet den Widerstand, dem die oft von außen oktroyierten humanist. Hochschullehrer begegneten und der sie zu ihrer oft maßlosen Polemik gegen die Scholastik veranlaßte.

Der H. blieb im 15. Jh. auf die Artistenfakultät beschränkt. Auch wenn Theologen, Juristen und Mediziner dort die humanae litterae studiert, oft auch gelehrt hatten und später weiter pflegten, wurde der H. erst im 16. Jh. im Recht (als mos gallicus), in der Theologie und Medizin wirksam. Innerhalb der →Artes liberales erfaßte er auch die Dialektik, die von Valla und Agricola auf die grammatikal. Grundlagen der Normalsprache und Alltagserfahrung zurückgeführt wurde, und griff auf die Fächer des Quadriviums über, indem für die Entwicklung der Naturwiss. wichtige math. und astronom. Q. erschlossen wurden und bedeutende Humanisten sowohl über lat. Autoren wie über Astronomie oder Musik lasen.

VI. BÜCHERLIEBE, PHILOLOGIE: In Fam. III, 18 charakterisierte Petrarca das neue dialog. Verhältnis zur Lit. und begründete das humanist. Bestreben, sie möglichst vollständig kennenzulernen: Auf Grund der Lektüre bekannter Schriften wurden Suchlisten aufgestellt und teils briefl., teils auf Reisen Hss. aufgespürt. So brachte →Aurispa von Reisen in den O 1405/1423 über 300 griech. Hss. zurück. →Ambrosius Traversari und der spätere Papst Nikolaus V. durchforschten auf ihren Dienstreisen systemat. alle am Wege liegenden Bibliotheken und sicherten viele, v. a. patrist. lat. und griech. Texte. Der päpstl. Sekretär →Poggio fahndete auf dem Konzil v. →Konstanz in schweiz., frz. und dt. Kl. erfolgreich nach verschollenen Texten und kopierte sie für Sammler in Venedig und Florenz. Es entstand ein eigtl. Hss. handel, dessen erfolgreichster Vertreter, der Florentiner Buchhändler →Bisticci 1445 ein halbes Hundert Kopisten beschäftigte. Die Anzahl humanist. Hss. alter Autoren übersteigt diejenige aller früheren Jahrhunderte. Noch mehr gilt dies für die Übers. griech. Autoren der verschiedensten Disziplinen.

Wesentl. trug der H. zu einer leicht lesbaren und ansprechenden Kalligraphie bei (→Humanistenschrift).

V. a. wurde die Eigentümlichkeit eines Werkes wie seines Verfassers Gegenstand textkrit., orthograph., stilist., hist., biograph. Untersuchungen. Angeregt durch Petrarca und Salutati führten sie über Valla, der die →Konstantinische Schenkung als Fälschung entlarvte, aber auch durch seine Verbesserungen am Liviustext und am NT, wie durch seine Elegantiae Latini sermonis (1440) bahnbrechend wurde, bei →Poliziano und →Beroaldus zur Etablierung der Philologie. 1489 erschienen die Cornucopiae →Perottis, ein aus der Kommentierung von Martial hervorgegangenes Sprach- und Sachlexikon der lat. Sprache, 1502 das daraufund auf Vallas Elegantiae aufbauende, bis ins 18. Jh. beliebte Dictionarium des →Calepio. Der →Buchdruck förderte den H. quantitativ durch Verbreitung lit. Werke, von denen bis 1500 rund 500 Titel gedruckt wurden, qualitativ, indem ein krit. edierter Text nicht mehr durch Abschreiber verfälscht werden konnte, wenn Satzkorrektur und Druck fehlerfrei ausgeführt wurden. Neben den unzähligen Herstellern unsorgfältiger Massenware eröffneten Humanisten in enger Zusammenarbeit mit philolog. Kollegen eigene Druckereien, wie →Fichet 1477 an der Sorbonne, J. →Amerbach 1477 in Basel, →Manutius 1490 in Venedig.

VII. GESCHICHTE UND GESELLSCHAFT: Die Bemühungen um die Herstellung und das Verständnis des authent. Textes erforderten hist. Forschung. Indem der Sprachgebrauch, die Vorstellungen der Autoren verschiedener Zeiten unterschieden wurden, erschloß sich die gesch. Tiefe als ein vom Leser perspektivisch dimensionierter Raum. Dies erlaubte, Abhängigkeiten und Fälschungen festzustellen und zu den eigtl. Q. vorzustoßen. Immer stand jedoch die Wirkung auf den Leser im Vordergrund. Für Gesellschaftsschichten, die keine Vorbildmuster im öffentl. Handeln ihrer Vorfahren hatten, bot die schriftl. überlieferte Gesch. verallgemeinerungsfähige Exempel öffentl. bedeutsamer Entscheidungen. Ciceros Definition der Geschichte als Lehrmeisterin des Lebens, Botin der Vergangenheit (De orat. II 36), bestimmte auch die Geschichtsschreibung der Humanisten im 15. Jh. Ihr Interesse galt v. a. der eigenen Stadt oder weiteren Heimat, deren Bild sie von den ma. Legenden und antiken Mythen durch eine auch der modernen Forschung standhaltende hist. Kritik reinigten und durch lit. Gestaltung dem Leser als Hilfe für die Lösung gesellschaftl. und polit. Probleme der Gegenwart präsentierten. So zielte Brunis Hauptwerk »Historia florentini populi« auf die demokrat. Sicherung der Freiheit. Seine vergleichende Untersuchung über das Militärwesen in Griechenland, Rom und Florenz (De militia, 1421) diente der Bekämpfung des Söldnerwesens. Mitte des 15. Jh. besaß jede größere Stadt Italiens eine meist im Auftrag der Behörden in humanist. Stil verfaßte Geschichte. In krit. Auswertung antiker, frühchristl. und ma. Q. sowie systemat. gesammelter Inschriften, Münzen, Denkmäler, Stadtpläne rekonstruierte →Biondo die Vergangenheit der Heimat und begründete die moderne Archäologie. Eine wichtige Rolle in der Historiographie des H. spielten →Biographien in Sammelwerken von Petrarcas De viris illustribus bis →Platinas Vitae pontificum (1475), von Einzelpersönlichkeiten des Altertums (v. a. →Cicero) wie der Gegenwart (z. B. Bruni, Vita di Dante e Petrarca; P. C. →Decembrio, Vita Ph. M. Vicecomitis, Vita F. Sfortiae), Autobiographien (Alberti).

Das in der Geschichtsauffassung dominierende gesellschaftspolit. Hauptanliegen des H. manifestierte sich in den Stadtrepubliken, v. a. in Florenz, wo er zuerst Fuß faßte, als »Bürgerhumanismus« (BARON), als Vorrang der vita activa und des Voluntarismus gegenüber der vita contemplativa und dem Intellektualismus des MA und bildete von Salutati an den Inhalt zahlreicher moral- und sozialeth.-pädagogischer Erörterungen, wie Poggios »De avaritia« (1429), Palmieris »Della vita civile« (1439), Albertis »Della famiglia« (1433-40), Platinas »De optimo cive« (1457-1460). Darin werden Gewinnstreben und Sparsamkeit, rationaler Umgang mit Zeit und Geld, Wohlstand, Ehrbarkeit, Ruhm, Gesundheit als bürgerl. Werte eth. mit der Verantwortung des einzelnen für die Freiheit, den inneren Frieden und die Wohlfahrt der Gemeinschaft verbunden. Neben, ja über den sozial grundlegenden Familien- und Verwandtschaftsverhältnissen wird die Freundschaft als das eigtl. Band der bürgerl. Gesellschaft herausgestellt, da diese Menschen der verschiedensten Herkunft und Ausrichtung vereinige (Palmieri, Buch IV).

VIII. DIALOGISCHE LEBENS-, KUNST- UND DENKFORMEN: Der innere Dialog mit Menschen der Vergangenheit bestimmten Bildungsprogramm und Geschichtsverständnis, Freundschaft als dialog. Interaktion mit Menschen der Gegenwart das Gesellschaftsideal des H. In den Briefen der Humanisten von Petrarca bis Erasmus und Budé ist die Ablösung der ständ. Anredeformen durch das antike Du nur ein äußeres Zeichen für die expliziten Äußerungen, mit denen Fremde unterschiedlichster Herkunft, die sich durch ihr Interesse als Gesprächspartner vorstellten, sofort als Freunde anerkannt wurden. Das wiss. Gespräch zw. Männern versch. Berufe kennzeichnete die in Kl. und Privathäusern wie auch an geistl. und weltl. Höfen sich bildenden sodalitates, contubernia, →Akademien, die bis ins 18. Jh. neben den Univ. das intellektuelle Leben Europas tragen.

→Brief, →Dialog und →Rede waren die typ. Literaturformen humanist. Argumentation. Pädagog. Vorstellungen wurden in Briefen, Reden und Traktaten zumeist an bestimmte Adressaten gerichtet, moralphilos., polit., theol., später auch naturwiss. Fragen oft in Dialogform abgehandelt, in der unterschiedl. Gesichtspunkte oder Lehrmeinungen durch verschiedene Sprecher vertreten sowie durch persönl. Erfahrungen und Reflexionen aktualisiert werden. Diese Darstellungsformen beschränken sich nicht auf die kognitive Erhellung von Sachverhalten, sondern bringen auch den effektiven, ja dramat. Aspekt sozialen Handelns ins Spiel.

Dies ist dem Umschlag der Rhetorik von einer ars ornandi - wie sie im ma. dictamen geübt wurde - zur ciceronischen ars movendi (BURGER, 24) zu verdanken. Dabei stand wie bei Cicero die eth.-polit. Verantwortung des Redners im Vordergrund. Eloquentia, verbunden mit sapientia, die moral. verantwortl. sprachl. Überzeugungsfähigkeit als die der vita activa zugewandte Rolle fand ihren Ausdruck im Titel des orator, den sich die Vertreter der studia humanitatis im 15. Jh. gaben. Sie ergänzten ihn möglichst mit demjenigen des poeta. In der Dichtung, der göttl. inspirierten Sprachgestalt, sahen sie den Inbegriff menschl. Wissens; der Dichterlorbeer galt ihnen als höchste - auch wiss. - Auszeichnung und berechtigte zu akadem. Lehrtätigkeit.

Eigtl. Gegenstand der Philosophie des H. war der Mensch in seiner Selbstverständigung durch den Dialog mit der Welt, andern Menschen, sich selbst. Daraus ergab sich nicht eine bestimmte Philosophie, vielmehr die Aufarbeitung der Originaltexte teils vom MA übernommener Denkschulen, wie der aristotel. oder der verschiedenen Formen der platon., teils wiederentdeckter antiker Strömungen, wie des Epikureismus oder des Skeptizismus. Ihre Antworten auf existentiell bedeutsame Fragen z. B. nach dem Verhältnis von Schicksal und Willensfreiheit, von Vorsehung und Zufall, der Unsterblichkeit der Seele, der Würde des Menschen, dem Vorrang des tätigen oder des kontemplativen Lebens und der damit verbundenen

Wertung von Tugenden und Lastern wie des Erwerbsstrebens, der Askese, der Lust wurden - zumeist in Brief- oder Dialogform - einander gegenübergestellt und nicht log.-dialekt. auf ihren abstrakten Wahrheitsgehalt hin diskutiert, sondern als Ausdruck subjektiver Erfahrungen und Erkenntnisse miteinander und mit der aktuellen Situation konfrontiert. Deshalb legte der H. philos. als »Sprachh.« (APEL) mehr Wert auf überzeugende Argumentation als auf konzeptuelle Präzision. Valla und Agricola bemühten sich um eine Dialektik, die den Syllogismus durch die Logik der Alltagssprache und die Topik der Alltagserfahrung nach den Methoden der Grammatik und Rhetorik ablöste und in den folgenden Jahrzehnten maßgeblich wurde.

Die humanist. Rhetorik und Poetik wirkte sich auch auf die →Renaissance-Kunst aus. Ähnliches gilt für die Musik, in der vom späten Trecento an ein »als humanistisch zu bezeichnendes Interesse an der Sprache« (K. V. FISCHER, 16) zur weittragenden Wirkung gelangte.

IX. AUSBREITUNG: Die studia humanitatis hatten sich in Florenz dank den Bemühungen Salutatis und seiner Nachfolger in der Bildung der polit. und wirtschaftl. Eliten, der höheren Beamten und Gesandten als derart erfolgreich erwiesen, daß sie sich rasch in den vielen urbanen Zentren Italiens, zuerst an den Höfen der Stadtherren, dann in den höheren Schulen und Univ. etablierten. Humanist. Sekretäre, Kanzler, Gesandte wurden die Regel in ganz Italien. Die →Visconti in Mailand, die →Carrara in Padua, die Dogen v. →Venedig förderten den H. nicht weniger als die Päpste oder die Kg. e v. Neapel. Vittorino da Feltre, der 1423 von G. →Gonzaga nach Mantua geholt worden war, vermittelte in seiner Casa gioiosa 1423/1446 Kindern aller Schichten eine umfassende humanist. Bildung. →Guarinos Ruf als humanist. Pädagoge zog Schüler und Studenten aus aller Welt nach Ferrara, darunter R. →Agricola und →Janus Pannonius, Grey und Flemming und den späteren hl. →Bernardinus v. Siena. Nicht unwesentl. trug zur Ausbreitung des Humanismus die Kurie bei, an der Humanisten wie Bruni, →Loschi, Poggio und Panormita (→Beccadelli) als Sekretäre tätig waren und von →Nikolaus V. an die meisten Päpste den H. förderten. Ebenso wichtig waren die Konzilien als Umschlagplätze für neue Ideen. Entscheidend war jedoch neben dem Austausch von Briefen und der damit sich bildenden sancta societas eruditorum (Erasmus, A 141) das Studium bei humanist. Lehrern. Viele Ausländer brachten von ihren Studien aus Italien humanist. Kolleghefte und Bücher nach Hause und setzten sich für die Berufung it. Humanisten an ihre Höfe und Univ. ein. So faßte der H. in der 2. H. des 15. Jh. - wenn auch in unterschiedl. Tempo und Ausmaß - über Italien hinaus Fuß und entwickelte sich im 16. Jh. zu einem europ. Humanismus.   W. Rüegg

Lit.: [allg.]: Bibliogr. intern. de l'H. et de la Renaissance 1, 1969ff. - Dt. Forschungsgemeinschaft, Senatskomm. f. H.forsch., Mitt. 1, (1975) - 16, (1989) - A. BUCK, H., 1988 - L'Epoque de la Renaissance 1400-1600, 1, hg. T. KLANICSAY, E. KUSHNER, A. STEGMANN, 1988-zu [I]: W. RÜEGG, Cicero und der H., 1946- zu [III]: J. VOSS, Das MA im hist. Denken Frankreichs, 1972 - L. WHITE, Death and the Devil (The Darker Vision of Renaissance, hg. R. S. KINSMAN, 1974) - The Pursuit of Holiness in Late Medieval and Renaissance Religion, hg. CH. TRINKAUS - H. A. OBERMAN, 1974, 3-25 [H. OBERMAN]; 177-199 [M. H. BECKER]; 338-366 [CH. TRINKAUS] - E. GILSON, Le message de l'h. (Culture et politique en France à l'époque de l'H. et de la Renaissance, hg. F. SIMONE, 1974) - zu [III]: E. GARIN, Der it. H., 1947 - B. ULLMANN, The H. of Coluccio Salutati, 1963 - W. RÜEGG, Anstöße, 1973 - J. LINDHARDT, Rhetor, Poeta, Historicus, 1979 - zu [IV]: E. GARIN, Gesch. und Dokumente der abendländ. Pädagogik, 2, H., 1966 - G. MÜLLER, Bildung und Erziehung im H. der it. Renaissance, 1969 -

L. BERTALOT, Vorlesungsankündigungen in Dtl. im 15. Jh. (Stud. zum it. und dt. H., hg. P. O. KRISTELLER, 1975) – A. GRAFTON – L. JARDINE, From H. to the Humanities, 1986 – *zu [V]:* A. CAMPANA, The Origin of the Word »Humanist«, JWarburg 9, 1949, 60–73 – G. BILLANOVICH, Auctorista, Humanista, Orator, RCCM 7, 1963, 143–163 – L. MARTINES, The Social World of the Florentine Humanists, 1963 – E. GARIN, La concezione dell'Università in Italia nell'età del Rinascimento (Les Universités europ. du XIVe au XVIIIe s., 1967) – P. BURKE, Culture and Society of Renaissance Italy, 1972 – P. O. KRISTELLER, The Curriculum of the Italian Universities from the MA to the Renaissance, Proceedings of the pmr conference 9, 1984 – *zu [VI]:* H. RÜDIGER, Die Wiederentdeckung der antiken Lit. im Zeitalter der Renaissance (Gesch. der Textüberl., 1961), 1, 511–580 – R. WEISS, The Renaissance Discovery of Class. Antiquity, 1969 – M. LOWRY, The World of Aldus Manutius, 1979 – *zu [VII]:* P. BURKE, The Renaissance Sense of the Past, 1969 – L. MARTINES, Power and Imagination, City-States in Renaissance Italy, 1969 – E. COCHRANE, Historians and Historiography in the Italian Renaissance, 1981 – R. PFEIFFER, Die Klass. Philologie von Petrarca bis Mommsen, 1982 – H. BARON, In Search of Florentine Civic Humanism, 2 Bde, 1988 – *zu [VIII]:* R. SANTINI, Firenze e i suoi oratori nel Quattrocento, 1922 – R. W. LEE, »Ut pictura poesis«, ArtBull 22, 1940, 107–269 – J. R. SPENCER, Ut Rhetorica Pictura, JWarburg 20, 1957, 26–44 – A. CHASTEL, Art et H. à Florence au temps de Laurent le Magnifique, 1959 – K. O. APEL, Die Idee der Sprache in der Tradition des H. von Dante bis Vico, 1963 – C. VASOLI, La dialectica e la retorica dell'Umanesimo, 1968 – D. MARSH, The Quattrocento Dialogue, 1980 – G. KAUFFMANN, Sprache und bildende Kunst in der Renaissance, Wolfenbütteler Mitt. zur Renaissanceforsch. 1, 1981, 237–264 – Musik in H. und Renaissance, hg. W. RÜEGG – A. SCHMITT (Mitt. 7 Komm. f. H.forsch., 1983) – Der Brief im Zeitalter der Renaissance, hg. F. J. WORSTBROCK (ebd. 9, 1983) – Renaissance Eloquence, hg. J. J. MURPHY, 1983 – M. W. FERGUSON, Trials of Desire, Renaissance Defense of Poetry, 1983 – Gesch. der Philosophie in Text und Darstellung 3, hg. ST. OTTO, 1968 – T. KLANICSAY, Celtis und die sodalitas litteraria per Germaniam, Chloe, Beih. zu Daphnis 6, 1987, 79–108 – The Cambridge History of Renaissance Philosophy, hg. CH. G. SCHMITT – Q. SKINNER, 1988 – *zu [IX]:* H. O. BURGER, Renaissance, H., Reformation, 1969 – Itinerarium Italicum, hg. H. A. OBERMAN – TH. A. BRADY, 1975.

B. Deutsches Reich

[1] Der dt. H. nahm seinen Ausgang nicht vom sog. Prager Frühh. am Hofe Karls IV. (so K. BURDACH und Teile der älteren Forsch.), wurzelte auch nicht in autochthonen geistl. und theol. Reformbewegungen (→Devotio moderna, →Antiqui u. a.), so sehr er in deren Kontext trat und, am nachhaltigsten in den Niederlanden und am Oberrhein, Element umgreifender Erneuerung christl. Lebensverständnisses und christl. Erziehung werden konnte. Mit ihrem Anspruch, den Menschen »vervollkommnenden und ihn auszeichnenden Studien« (L. →Bruni) zu umfassen und darin Instrument und Ausdruck einer epochalen Kulturerneuerung zu sein, begannen die Studia humanitatis in Deutschland ab der Mitte des 15. Jh. Fuß zu fassen, vielerorts, aber stets als Rezeption der Italiener. Sozialgesch. zentrierte sich der dt. H. bis um 1520 keineswegs auf die Stadt und ihre Oberschichten. Höfe und Kanzleien bildeten v. a. in der ersten Generation die stärkeren Punkte. Univ. und Schulen von Rang (Schlettstadt, Deventer, Münster) wurden eine unverzichtl. Basis seiner Entwicklung. Wiewohl ein H. als Methode und Lebensinhalt primär der laikalen Intelligenz entsprach, trat zunehmend auch ein Klosterh. in Erscheinung. Unter den herausragenden Humanisten waren Adlige, Patrizier und Personen geringer Herkunft, die noch ihre Karriere suchten. Stände und Institutionen übergreifende Anziehungskraft und Funktion sind konstitutive Merkmale des dt. H. Wirkungsvollster Initiator des frühen dt. H. und Leitgestalt der seit 1443 in Wien als Sekretär und Diplomat →Friedrichs III. tätige Enea Silvio Piccolomini (→Pius II.). Die Anhängerschaft, die der erste authent. Humanist n. der Alpen in den 12 Jahren seines österr. Aufenthalts sammelte, hatte ihr Zentrum in der Wiener Kanzlei, streute sich aber bald von Olmütz und Prag bis in den SW (→Niklas v. Wyle) und die Schweiz. Durch seine Briefe und Brieftraktate wurde er zum gesuchten Musterautor, zu dem in Deutschland bis in die 80er Jahre gelesensten Schriftsteller überhaupt. Als Träger und Mittler der Studia humanitatis traten ebenfalls seit Mitte des 15. Jh. in zunehmender Zahl Juristen und Ärzte hervor, die in Bologna, Padua, Pavia von bedeutenden humanist. Lehrern zugleich für die neue lit. Kultur gewonnen worden waren (beispielhaft: →Albrecht v. Eyb) und in den kleinen Zirkeln humanist. Eliten wirkten, die sich seit den 50er Jahren vornehml. an geistl. Höfen (Eichstätt, Augsburg, Konstanz) bildeten. Den Namen des ersten Anregers an der Mehrzahl der dt. Univ. machte sich der 'Wanderhumanist' P. →Luder, der 1456/1470 Heidelberg, Erfurt, Leipzig, Basel, Wien sein wohl bei →Guarino in Ferrara angeeignetes Bildungsprogramm propagierte. Wanderhumanisten, dt. und it., blieben bis zur Einrichtung eigener humanist. Lehrstühle eine typ. Erscheinung der dt. Univ.

Die breite frühhumanist. Rezeption der Italiener hat ihr wichtigstes Zeugnis in der gewaltigen, gesammelt noch nicht überschaubaren Zahl erhaltener Hss. von Briefen und Werken →Petrarcas, Enea Silvios, →Poggios, Brunis u. a., die damals von dt. Schreibern angefertigt wurden oder aus Italien in dt. Besitzer gelangten. Schüler der Italiener waren ihre frühen dt. Adepten in dem Maße, daß sie bis in die 80er Jahre – ausgenommen R. →Agricola – kaum einen lit. Versuch herausbrachten, den nicht it. Muster gestützt hätten, und auch ihre Briefkünste übten sie in bewußter →Imitatio. Die Zugriffe auf die neuen sprachl. und lit. Paradigmen blieben in der Praxis der dt. Frühhumanisten freilich Akte der Überformung ihres ma. Bildungssubstrats, wie auch in der frühhumanist. Sammelhs. die Symbiose spätma. Schrifttums mit antiken und it.-humanist. Autoren die Regel ist. Die Struktur der frühhumanist. Italienerrezeption (Selektion, Kombination, Transformation) harrt insgesamt noch der Untersuchung.

Auch die frühhumanist. Übers. in die Volkssprache, die, beginnend um 1460 mit Niklas v. Wyle und H. →Steinhöwel, in Deutschland zugleich das Genus der lit. Übers. begründete, galt vornehml. der Aneignung der Italiener. Auf antike Autoren verlagerte sich das Interesse erst der nächsten Übersetzergeneration.

[2] Der Friese R. →Agricola, der in langjährigem Aufenthalt in Pavia und Ferrara den it. H. assimilierte wie kein anderer, faszinierte die ndl. und westfäl. Freunde (A. Hegius, R. v. →Langen), die Heidelberger im Kreis um J. v. →Dalberg und seine Hörer an der Univ. (u. a. K. →Celtis) als wegweisendes Beispiel eines den Italienern ebenbürtigen H. im Norden. Nach seinem frühen Tod wurde der für die Formierung und Selbstbestimmung des dt. H. entscheidende Kopf K. →Celtis. Sein Gedanke der Sodalität als spezif. Form humanist. Kommunikation blieb aktuell bis um 1520. Auch bei der Entwicklung eines dt.-humanist. und darüber hinaus ersten national-kulturellen Selbstbewußtseins wirkte Celtis als Protagonist. Das neue hist. Blickfeld dt. antiquitas, die sich als würdige eigene Größe neben die röm. antiquitas der Italiener zu stellen versprach, rückte ins zentrale Interesse des H. (vgl. a. →Tacitus-Rezeption). Die planvolle Wiedererweckung ma. Schriftsteller des 9.–12. Jh. seit Celtis' →Hrotsvit-Ausgabe (1501), voran der Geschichtsschreiber, an denen sich neben und nach Celtis führend seine Schüler J. Aventin und J. Cuspinian und die Augsburger

Sodalitas um Peutinger beteiligten, war nicht zuletzt der Anfang dt. MA-Wissenschaft.

[3] Der dt. H. stieß auf eine gänzl. von scholast. Herkommen bestimmte Bildungssituation. Er ergriff die Studia humanitatis von Anbeginn als method. und inhaltl. Gegenentwurf, konnte, anders als der it. H., nur in stetem Kampf gegen die Praxis des 'barbarischen' spätma. Lateins und die scholast. Dialektik Terrain erobern. Daher die große Zahl der Appelle und Programme, die in Brief, Traktat, Gedicht, Rede, 'Schülergespräch', Schuldialog und -komödie die iuventus Germaniae für die neue Bildung zu gewinnen trachteten. Die Aufgabe, die geschmähten ma. Lehrbücher zu ersetzen, beanspruchte, ungeachtet der Hilfe der Italiener, die Arbeit zweier Generationen. Die Anpassung des Artesstudiums an humanist. Standards hatte an den Univ., stets abhängig von personellen Konstellationen und der Haltung der Landesherren, jeweils verschiedene Verläufe. Nach 1515 wurde sie rasch allgemein, ohne daß freilich die Studia humanitatis das artist. Curriculum je hätten ablösen können.

[4] Die humanist. Ablehnung der Scholastik führte immer wieder zu persönl. Konflikten mit Vertretern der Schultheologie. Die Legitimierung des H., insbes. die Apologie der notor. als unnütz und lasziv verworfenen heidn. Dichter, wurde zum stehenden Thema. Nach den Auseinandersetzungen schon S. Gossembrots mit K. Säldner (1457/59) und L. Dringenberg (1466), Hermann →Schedels mit H. Lur (1465/66) u. a. trat die Debatte in ihre lebhafteste Phase zw. 1490 und 1515 in Leipzig mit einer Vielzahl von Polemiken humanist. Wortführer bis zum Streit zw. M. Pollich und K. Wimpina, in Tübingen mit H. Bebel, wechselte mit J. Locher in Ingolstadt seit 1503 dann aber auf die Ebene der radikal abrechnenden Satire, erreichte ihren lange erregenden Höhepunkt 1515 mit den »Epistolae obscurorum virorum«. Das Verhältnis des dt. H. zur Scholastik läßt sich indes insgesamt keineswegs an den lit. Persiflagen ablesen, noch weniger das Verhältnis des H. zu Theologie und Frömmigkeit. In den Reihen der Schultheologie selbst war humanist. Bildung nicht prinzipiell fremd, und ihre Vita antiqua (→Antiqui-moderni) teilte mit dem H. die Kritik an einer überintellektualisierten Scholastik und die Forderung textnaher Wissenschaft. Das spezif. humanist. Interesse an Theologie ließ dennoch den scholast. Horizont gänzl. hinter sich, engagierte sich gemäß dem Ruf »ad fontes« für die Rückkehr zur Bibel und zu den Kirchenvätern und für das Studium des Griech. und Hebr. als Voraussetzung theol. Wissens (R. Agricola, J. →Reuchlin, W. →Pirckheimer). Auf eigene Weise der Deutung der christl. Lehre und ihrer Verinnerlichung leitete bei K. Mutian, dem Sammelpunkt des Erfurter H. seit 1505, und bei W. Pirckheimer der Platonismus des M. →Ficino, bei J. Reuchlin eine durch G. →Pico della Mirandola vermittelte kabbalist.-pythagoreische Spekulation.

[5] Als neue und bald überragende Größe begegnete den dt. Humanisten seit dem 1. Jahrzehnt des 16. Jh. der Niederländer →Erasmus v. Rotterdam. Seine scharfe Kritik an Theologie, Kirche, veräußerlichter Religiosität, seine Ausrichtung an den primären Q. des Christentums, seine Wegweisungen zu einer prakt. und persönl. erfüllenden Vita christiana kamen in den Jahren vor der Reformation mit Tendenzen in weiten Teilen des dt. H. überein und verschafften ihm begeisterte Resonanz. Von der Reformation aber wurde der dt. H., der sie mitinitiiert, Luthers Auftreten zunächst gestützt hatte, bald überrollt und als geschichtl. eigenständige Bewegung gebrochen,

Erasmus, der sich der Parteinahme verschloß, durch sie isoliert.

[6] Die hohe Zeit des dt. H. war die Ära →Maximilians I. seit dessen Wahl zum dt. Kg. (1486). Polit. standen die Humanisten zu Ks. und Reich, viele mit nationaler Leidenschaft (S. →Brant, J. Wimpfeling, H. Bebel, Celtis u. a.). Viele auch genossen Maximilians Mäzenatentum oder dienten ihm als publizist. Helfer bei seinen reichspolit. Zielen. Als Träger arrivierter Bildung und Schriftlichkeit, wirksam verfügend über das Mittel des →Buchdrucks, wuchs der dt. H. in den Jahren nach 1500 zur stärksten meinungsbildenden Gruppe. Humanist. Grundorientierungen – Antike als Paradigma, Arbeit an antiken Texten – veränderten alle Wissenschaften; produktiven Anteil hatte der dt. H. v. a. auf dem Gebiet der Mathematik und Astronomie (G. →Peuerbach, J. →Regiomontanus, J. Stabius), mit Verzug auch in der Jurisprudenz (U. Zasius). Antikenrezeption und humanist. Philosophie (M. Ficino) wurden maßgebend für Sujetwahl und Thematiken in der bildenden Kunst, deren große Namen (A. Dürer, P. Vischer) sich im engsten humanist. Ambiente (Pirckheimer, Celtis) bewegten. Mit dem H. konstituierte sich, weithin im Rahmen antiker Gattungen und Formen, die neulat. Dichtung, deren Gründergestalt Celtis die überragende blieb. Die dt. Lit. trat damit, ungeachtet der machtvollen frühreformator. Wendung zur Volkssprache, ungeachtet Ulrichs v. Hutten nationaler Absage an das röm. Latein, in eine neue Epoche der Zweisprachigkeit.   F. J. Worstbrock

Lit.: [allg.]: P. JOACHIMSEN, Der H. und die Entwicklung des dt. Geistes, DVjs 8, 1930, 419–480 [unv. Nachdr. 1969] – L. W. SPITZ, The Religious Renaissance of the German Humanists, 1963 – L'humanisme allemand (1480–1540), hg. J.-C. MARGOLIN, 1979 – Stud. zum städt. Bildungswesen des späten MA und der frühen NZ, hg. B. MOELLER-H. PATZE-K. STACKMANN (AAG.PH 3.F.137), 1983 – E. MEUTHEN, Charakter und Tendenzen des H. (Säkulare Aspekte der Reformationszeit, hg. H. ANGERMEIER, 1983, 217–276) [Lit.] – J. H. OVERFIELD, Humanism and Scholasticism in Later Medieval Germany, 1984 – H. im Bildungswesen des 15. und 16. Jh., hg. W. REINHARD (Kommission für H.forsch., Mitt. 12), 1984 – zu [1]: P. JOACHIMSOHN, Frühh. in Schwaben, Württ. Vjh. für Landesgesch. NF 5, 1896, 63–126, 257–291 – K. GROSSMANN, Die Frühzeit des H. in Wien bis zu Celtis' Berufung 1497, Jb. für Landesgesch. v. Niederösterr. NF 1, 1929, 150–325 – A. REIMANN, Die älteren Pirckheimer, 1944 – O. HERDING, Probleme des frühen H. in Dtl., AK 38, 1956, 344–389 – G. ZIPPEL, Gli inizi dell'Umanesimo tedesco e l'Umanesimo it. nel XV sec., BISI 75, 1963, 345–389 – F. J. WORSTBROCK, Zur Einbürgerung der Übers. antiker Autoren im dt. H., ZDA 99, 1970, 45–81 – A. SOTTILI, I codici petrarcheschi nella Germania occid., 1971–77 – G. ZIPPEL, Enea Silvio P. e il mondo germanico, La Cultura 19, 1981, 267–350 – A. BUCK, Petrarca und die ersten Ansätze zu einem H. in Böhmen, Wolfenbütteler Renaissance Mitt. 8, 1984, 1–7, 53–61 – A. SOTTILI, Giacomo Publicio 'Hispanus' e la diffusione dell'Umanesimo in Germania, 1985 – A. KARNEIN, Petrarca in Dtl. (Fschr. K. v. SEE, 1988), 159–186 – zu [2]: P. JOACHIMSOHN, Gesch.sauffassung und Gesch.sdeutung in Dtl. unter dem Einfluß des H., 1910 [Neudr. 1968] – L. BORCHARDT, German Antiquity in Renaissance Myth, 1971 – F. J. WORSTBROCK, Über das gesch. Selbstverständnis des dt. H., Historizität in Sprach- und Lit.wiss., 1974, 499–519 – J. RIDÉ, L'image du Germain dans la pensée et la litt. allemande de la redécouverte de Tacite à la fin du XVᵉ s., 1977 – zu [3-4]: A. SEIFERT, Logik zw. Scholastik und H., 1978 – DERS., L'integrazione dell'Umanesimo nelle univ. tedesche, Annali Ist. stor. it.-germ. Trento 5, 1979, 25–41 – F. J. WORSTBROCK-F. ANZELEWSKY, Apologia poetarum, 1987, Textbd. – E. MEUTHEN, Kölner Universitätsgesch. 1, 1988, 203–316 – zu [5]: B. MOELLER, Die dt. Humanisten und die Anfänge der Reformation, ZKG 70, 1959, 46–61 – Reformation und H., hg. M. GRESCHAT – J. F. G. GOETERS, 1969 – C. AUGUSTIJN, Erasmus v. Rotterdam, 1986 – L. E. HALKIN, Érasme, 1987 – zu [6]: Johannes Reuchlin, hg. M. KREBS, 1955 – G. HESS, Dt.-lat. Narrenzunft, MTU 41, 1971 – K. H. BURMEISTER, Das Studium der Rechte im Zeitalter des H. im dt. Rechtsbereich, 1974

– N. HOLZBERG, Willibald Pirckheimer, 1981 – H. GRÖSSING, Humanist. Naturwiss., 1983 – D. MERTENS, »Bebelius ... patriam Sueviam ... restituit, Zs. für Württ. Landesgesch. 42, 1983, 145–173 – E. BERNSTEIN, Ulrich v. Hutten, 1988 – s. a. Lit. →Celtis (WUTTKE, 1980).

C. Ungarn

Die Bedingungen für das frühe Erscheinen des H. waren günstig. Durch die in Ungarn regierenden Anjou v. Neapel entstanden bereits im 14. Jh. enge Beziehungen zu Italien. Ludwig d. Gr. (1342–1382) korrespondierte mit →Petrarca und →Salutati. Die Residenz Kg. (ab 1410 Ks.) Sigmunds, Buda, wurde ein Zentrum der europ. Diplomatie, in der die Humanisten eine immer wichtigere Rolle spielten. Infolge der Türkengefahr wurde das Land von Europa und bes. von den Humanisten nicht nur als eine Bastion der Christenheit, sondern auch als Zufluchtsstätte der lat. Zivilisation betrachtet. Die führenden it. Humanisten verfolgten die militär. und polit. Erfolge von Johannes →Hunyadi und seinem Sohn, Kg. →Matthias Corvinus, mit großer Anteilnahme. →Filelfo und →Ambrosius Traversari verbrachten Monate, Branda Castiglione und Giuliano Cesarini Jahre, →Vergerius († 1444 in Buda) Jahrzehnte in Buda. Letzterer war der Anreger und Lehrer der ersten ung. Humanisten. Sein hervorragendster Anhänger, der geborene Kroate Johannes →Vitéz († 1472), Ebf. v. Gran und Kanzler, gründete eine humanist. Bibliothek, emendierte antike Texte, verfaßte humanist. Briefe und Reden und war ein Mäzen vieler ung. und ausländ. Humanisten, darunter sein Neffe →Janus Pannonius, der in Italien ein gefeierter Dichter wurde und nach seiner Rückkehr hohe kirchl. und staatl. Würden bekleidete.

Der größte Förderer des H. in Ungarn, Kg. Matthias Corvinus, gründete die Bibliotheca Corvina (nach dem Vatikan die reichste Slg. von Klassikern des Altertums), umgab sich mit it. und ung. Humanisten, nahm an ihren Symposien teil und unterstützte ihr Wirken im Geist der magnificentia und der liberalitas. An seinem Hof bildete sich aus den Anhängern des Neuplatonismus eine akadem. Vereinigung, die enge Beziehungen zu Marsilio →Ficino und seiner Akademie unterhielt. Im Mittelpunkt des coetus v. Buda standen der zum Kreis des Ficino gehörende Francesco Bandini und Nikolaus (Miklós) Báthory (um 1440–1506), Bf. v. Vác; seine wichtigsten Mitglieder sind der Dichter Péter Garázda (um 1448–1507), der Epistelschreiber und Mäzen Péter→Váradi (um 1450–1501), Ebf. v. Kalosca, sowie Bartolomeo Fonzio, Aurelio Brandolini Lippo, Antonio→Bonfini u. a., die sich kürzer oder länger in Buda aufhielten. Vom Kg. am meisten geschätzt wurde Galeotto Marzio, Epikureer, der Häresie angeklagter Philosoph und Polyhistor, Freund von Janus und Protégé von Vitéz. Sein aus kleinen novellenhaften Anekdoten bestehendes Meisterwerk »De ... dictis ac factis regis Mathiae« (um 1484) übertrifft aus lit. Sicht weit sein Vorbild→Beccadelli. – Matthias ist auch Mittelpunkt der sich im Geiste des H. erneuernden Geschichtsschreibung. Während die »Chronica Hungarorum« (1487) des Johannes →Thuróczy noch viele ma. Züge aufweist, trägt die »Epithoma rerum Hungararum« (1490) des Pietro Ransano bereits humanist. Gepräge, und →Bonfinis »Rerum Ungaricarum decades« (1496) sind neben der Dichtung des Janus Pannonius das zweite Hauptwerk des H. in Ungarn.

Das stark italienbezogene Interesse des ung. H. wich nach dem Tode des Kg.s immer mehr der Orientierung an Mitteleuropa, d. h. Wien und Krakau. Zwischen ung., österr., böhm., schles. und poln. Humanisten kam eine enge Zusammenarbeit zustande, viele von ihnen nahmen an der von→Celtis 1497 gegr. Sodalitas litteraria Danubiana teil. Die neue Generation der Humanisten war nicht mehr auf die Hofkreise und die obersten Schichten der Gesellschaft beschränkt, die studia humanitatis verbreiteten sich an den verschiedensten Schulen, und es entstand eine wesentl. breitere, allerdings auch weniger glanzvolle humanist. Elite. Ihre bekanntesten Vertreter sind der Dichter Jacobus Piso aus Siebenbürgen († 1527), ein geschätztes Mitglied des Freundeskreises von →Erasmus und der röm. Akademie des Coritius; Stephanus Taurinus (um 1480–1519), Verfasser der »Stauromachia«, eines humanist. Epos über den ung. Bauernkrieg von 1514; István Werbőczy (um 1460–1541), Rechtsgelehrter, der erste Systematiker des ung. Rechts, Verfasser des »Tripartitum opus iuris ... regni Hungariae« (1517).

Der frühe H. in Ungarn wurde von Angehörigen verschiedener Nationen getragen, die einen Staatspatriotismus vertraten – nationale Gesichtspunkte werden erst nach 1530 in den Werken der Humanisten wirksam, die in der Mehrheit bereits ung. Abstammung waren.

T. Klaniczay

Lit.: Analecta ad hist. renascentium in Hungaria litt. spectantia, hg. J. ÁBEL, 1880 – Analecta nova ad hist. renascentium in Hungaria litt. spectantia, hg. E. ÁBEL, St. Hegedüs, 1906 – J. HORVÁTH, Az irodalmi müveltség megoszlása. Magyar humanizmus, 1935 – T. KARDOS, A magyarországi humanizmus kora, 1955 – Ausst. Kat. Schallaburg, Matthias Corvinus und die Renaissance in Ungarn, hg. T. KLANICZAY, G. TÖRÖK, 1982.

D. Frankreich

Während des MA finden sich im kulturellen Leben Frankreichs immer wieder Spuren, die nachträgl. als H. bezeichnet werden können, und Präfigurationen dessen, was erst viel später zu hoher Blüte kam. Man spricht selbst von der Renaissance des 12. Jh. oder gar von karol. Renaissance. Dies geht wahrscheinl. zu weit; fest steht jedoch, daß es seit jeher ein Interesse am Altertum gegeben hat (→Antikenrezeption) und daß das antike Denken über →Petrarca z. B. oder über den päpstl. Hof in Avignon Einfluß ausgeübt hat. Im 15. Jh. bündelt die Univ. Paris die verschiedenen Tendenzen und wird zur Wiege des H. 1425 nimmt →Nicolas de Clémenges (Clamanges) in Paris seine Rhetorik-Vorlesungen wieder auf (Ausgangspunkt v. a. Cicero von Seneca) und setzt gleichzeitig auf seine Weise das Werk von →Johannes Gerson u. a. fort: Er verbindet die antike Ideenwelt mit dem religiösen Gedankengut und mit gewissen Formen der Mystik (→Dionysius [Areopagita], →Bernhard v. Clairvaux, →Devotio moderna). Diese bemerkenswerte Kombination bleibt im kulturellen Leben Frankreichs im Umkreis der Univ. lange Zeit wirksam. Das Phänomen ist noch vielschichtiger, da auch der Universalienstreit zw. Nominalisten und Realisten und die Auseinandersetzung mit Platonismus und Aristotelismus sich dort abspielten. Vieles ist dabei aus dem it. H. übernommen.

Daß all dies von großer Bedeutung für das frz. Denken geworden ist, ist v. a. Guillaume →Fichet zu danken. Sein wichtigster Schüler Robert →Gaguin setzte sein Werk fort. Zahlreiche Humanisten ließen sich für kürzere oder längere Zeit in Paris nieder, und es wurde Griech. gelehrt, z. B. von dem byz. Flüchtling Georgios Hermonymos (bei dem Guillaume Budé eine zunächst rudimentäre Kenntnis der Sprache erwarb) und v. a. von Laskaris, der den aus Florenz stammenden platonisierenden H. einführte. Zur selben Zeit (ca. 1476) kam →Beroaldus nach Paris, wo er Lucanus kommentierte, Werke von Vergil herausgab und ausdrückl. seine Bewunderung für Plato aussprach. Der vom jungen Erasmus bewunderte Venezianer Girolamo Balbi veröffentlichte in Paris lat. Epigramme und gab Senecas Tragödien heraus. Auch

→Andrelini wirkte dort als Dichter, Gelehrter und Kommentator.

Giovanni→Pico della Mirandola besuchte mit 21 Jahren (1485–1486) die Pariser Univ. und hielt sich 1487/88 wieder in Paris auf, wo er in dem Kreis um Gaguin verkehrte. Der dem gleichen Kreis angehörende Jacques →Lefèvre d'Etaples trat gewissermaßen Picos Erbe an und wurde der wichtigste Vertreter einer humanist. getönten Bibelforschung, die große Gebiete der antiken Philosophie, Philologie und myst. Exegese miteinbezog.

Neben dieser religiös-philosoph. Richtung entwickelte sich der H. auch in der Literatur. Der wichtigste Vertreter ist Jean→Lemaire de Belges (* ca. 1473), der sich in Lyon, ebenfalls einem Zentrum des H., aufhielt. Die Schlüsselbegriffe seines Werkes »Le temple d'honneur et de vertus« (1503) tauchen bis tief ins 16. Jh. bei vielen Autoren immer wieder auf, wenn auch in abgewandelter Form und mit wechselndem Inhalt. Dasselbe gilt für »La concorde des deux langages« (1511), in dem J. Lemaire de Belges für Gleichwertigkeit des Frz. mit dem It. plädiert. Daraus spricht eine Art von Nationalismus, die sich schnell als kennzeichnend für den frz. H. erweist. Zudem wird hier schon deutl., was später bei du Bellay, mit Hilfe von Nachahmung und Interpretation, als die Überlegenheit der frz. Sprache bezeichnet wird. Durch die Aufnahme naturalist. Denkweisen (aus dem 2. Teil des→Roman de la Rose) unterscheidet sich diese zweifellos orthodoxe Schrift von der religiösen Philosophie vieler Zeitgenossen und bildet so ein Bindeglied zw. dem MA und der späteren humanist. Dichtkunst. S. Dresden

Lit.: A. Renaudet, Préréforme et h. à Paris..., 1953²–French h., ed. L. Gundersheimer, 1969 – H. in France at the end of the MA, A. H. T. Leri (ed.), 1970 – Actes du Coll. sur l'H. Lyonnais..., 1974 – G. Bedouelle, Lefèvre d'Etaples et l'intelligence des Ecritures, 1976 – D. Cecchetti, Il primo Umanesimo francese, 1987 – s. a. Jean→Lemaire de Belges.

E. England

[1] Der engl. H. des 15. Jh. ist stark von Frankreich geprägt; in einigen Bereichen trat ein – z. T. durch Frankreich vermittelter – Einfluß Italiens hinzu, während im letzten Viertel des 15. Jh. burg.-ndl. Einflüsse (erneut mit frz. Färbung) vorherrschen. Aus Italien kamen die meisten Hss., während gedruckte Bücher vorwiegend aus Frankreich (→Buchdruck, B.IV), später aber auch aus Italien bezogen wurden. England besitzt im Bereich der Griech.-studien erst mit Thomas →Linacre († 1524) und Thomas →Morus († 1535), im Bereich der bibl.-hebraist. Studien erst mit John Colet († 1519) humanist. Gelehrte von europ. Rang. Die Rolle des →Erasmus v. Rotterdam als Stimulator und Vorbildfigur ist von eminenter Bedeutung, während der ältere engl. H. eher provinziell bleibt.

[2] Das rückständige Schulwesen erfuhr gegenüber dem Kontinent im 15. Jh. eine starke Aktivierung durch »Grammar« und »Public schools«, in denen neue Lehrmethoden und -inhalte erprobt wurden. Ansätze zur Überwindung klerikaler Dominanz bildete die von Colet (unter erasm. Einfluß) gegr. St. Paul's School in London (1509; erster Schulleiter war der in der griech. und lat. →Grammatik [D.I,2] bewanderte William Lily) sowie die Manchester Grammar School des Hugh Oldham († 1519). Colets Programm sah die Unterweisung in »good Christian life and manners« und »good literature both Latin and Greek« vor, unter möglichst weitgehender Ausschaltung »unchristl.« Bildungsinhalte.

[3] Trotz der Lehrtätigkeit it. Humanisten seit ca. 1450 gewannen humanist. Bestrebungen an den Univ. nur langsam an Boden. Die noch vorwiegend scholast. geprägten Curricula dienten eher der Vorbereitung auf eine geistl. als auf eine weltl. Laufbahn. Erst gegen Ende des 15. Jh. setzten sich humanist. Bildungsinhalte verstärkt durch, wobei weltl. Gründungen (durch Heinrich VII. und Damen der Aristokratie), namentl. in →Cambridge, hierfür den Boden bereiteten.

[4] Die »klassizist.« Ansätze bei einer Gruppe von engl. Franziskanern im frühen 14. Jh. können nicht humanist. genannt werden und blieben ohne Nachwirkung. Nach dem Zeugnis des »Cathologus de libris autenticis et apocrifis« des Henry v. Kirkstead (früher Boston v. Bury zugeschrieben) gab es in den engl. Kl. keinen griech. und einen vergleichsweise geringen kiass.-lat. Hss.bestand. Demgegenüber zeigt der Katalog des Kl. Syon (1504–26) einen reichen Besitz an (lat.) Renaissancelit., Übers. aus dem Griech. und Werke des zeitgenöss. engl. H. Bereits im frühen 15. Jh. findet sich bei John →Lydgate OSB († 1449) ein gleichsam »indirekter« H.: Lydgate bezog sein klass. Wissen v. a. aus →Enzyklopädien und übersetzte →Boccaccios »De casibus« nach einer frz. Fassung.

[5] Neben Prinz→Heinrich (V.) war ein aktiver Gönner früher humanist. Bestrebungen dessen Bruder →Humphrey, Hzg. v. Gloucester († 1447). Er regte 1433 Leonardo →Bruni zur Übers. der aristotel. Politik an, konnte jedoch nur Tito Livio Frulovisi († 1474) und Antonio Beccaria († ca. 1456) als »Poeten und Oratoren« seines Hofhalts gewinnen. Die von diesen – wie auch von Pier Candido→Decembrio – für ihn in Italien erworbenen Hss. schenkte der Hzg. z. T. an Oxford (1435–43/44), das dadurch den reichsten klass. Textbestand außerhalb Italiens erhielt. Auch John →Tiptoft, Earl of Worcester († 1470), begeisterte sich als Übersetzer (u. a. →Cicero [A.IX]), Sammler und Mäzen für den it. H.

Unter den geistl. Großen sind v. a. William Gray († 1478) und Robert Flemmyng († 1483) zu nennen, die sich als Absolventen von Oxford an den Univ. Köln und Padua sowie bei →Guarino Veronese zu Ferrara weiterbildeten, Hss. sammelten und ärmere Humanisten unterstützten. Grays erhaltene Bibliothek (Oxford, Balliol College) zeigt stärker philos.-theol. Ausrichtung, während die Slg. des griech. gebildeten Flemmyng (Oxford, Lincoln College) humanist. Interesse im engeren Sinne offenbart.

[6] Der erste einheim. »Berufshumanist« war der von Gray und Tiptoft geförderte John Free (* ca. 1430, † 1465 in Rom), der zum Kreis um Guarino gehörte, die neulat. Poeten studierte und Synesius' »Lob der Kahlköpfigkeit« übersetzte. Schüler des Guarino war auch John Gunthorpe († 1498), der unter Eduard IV. und Heinrich VII. zum Sekretär und Gesandten aufstieg. Für Oxford, wo ein von George →Neville geförderter Kreis die Griech.studien propagierte, ist v. a. Thomas Chaundler (1418–79) zu nennen. Am wichtigsten war jedoch die Tätigkeit des John Shirwood (ca. 1427–93), dessen Werke im Druck verbreitet und durch Fox für das Corpus Christi College erworben wurden. William Sellyng (ca. 1430–94), später Kathedralprior v. Christ Church in Canterbury, studierte Griech. vermutl. in Bologna, während John Doget (ca. 1437–1501), Verf. eines lat. Phaidon-Komm., in Cambridge wohl weitgehend von den neulat. Platon-Übers. abhängig blieb. Bereits um die Mitte des 15. Jh. beherrschte – neben it. Schreibern – eine Anzahl einheim. Schreiber die lat. →Humanistenschrift, seit dem 3. Viertel des 15. Jh. gab es zunehmend Schreiber für Griechisch.

[7] Lat. Humanistentexte spielen im frühen engl. →Buchdruck eine ganz untergeordnete Rolle (1479 »Nova Rhetorica« des Lorenzo Traversagni bei →Caxton; im selben Jahr Brunis lat. Übers. der aristotel. Ethik bei dem

dt. Drucker Theodoric Rood in Oxford). Griech. Drucke fehlen vor 1612 völlig.

[8] In Oxford waren Italiener zumindest für den Unterricht in den rhetor. Elementen der »studia humanitatis« zuständig: u. a. Stefano Surigone (tätig 1454–71), Pietro Carmeliano (in England seit 1481, kgl. Sekretär, »Lektor« der Druckerei und Universitätslehrer), Cornelio Vitelli (Griech.lehrer seit ca. 1490) sowie der it. Vorbildern folgende blinde Augustiner Bernard André aus Toulouse (ca. 1455–1522). Humanisten dieser Art haben zweifellos die letzte Phase des engl. H., in der dieser europ. Geltung erlangte, befruchtet. William →Grocyn und Thomas Linacre vervollkommneten in Italien ihr bereits in England erlerntes Griechisch. Der wohl in Cambridge ausgebildete John Colet wirkte nach längeren Studienaufenthalten in Frankreich und Italien in Oxford; bei seiner berühmten Vorlesung über die Paulusbriefe stützte er sich auf eingehende Kenntnisse der Gedankenwelt Marsilio Ficinos und Picos della Mirandola, Ciceros und Augustinus' sowie auf neuplaton. Ideen. Colets Einfluß auf den in Paris ausgebildeten Erasmus war beträchtl. und vice versa. Auch mit Fox, Christopher Urswick († 1522) und v. a. Thomas Morus stand Erasmus in engem Kontakt. Morus' Ruf als Humanist wuchs durch Übers. aus dem Griech. (→Epigramme, Lukian) und den lit. Wettstreit mit Erasmus, sein Schlüsselwerk »Utopia« wurde 1516–18 mit Erasmus' aktiver Unterstützung gedruckt. J. B. Trapp

Lit.: *zu [1]*: A. B. EMDEN, Biograph. Register of the Univ. of Oxford to 1540, 1957–74 – DIES., Biograph. Register of the Univ. of Cambridge to 1500, 1963 – W. F. SCHIRMER, Der engl. Frühh., 1963² – R. WEISS, H. in England during the 15th c., 1967³ – D. HAY, England and the Humanities in the 15th c. (Itinerarium Italicum, hg. H. A. OBERMAN – T. A. BRADY JR., 1975), 307–367 [Übersicht] – *zu [2]*: J. SIMON, Education and Soc. in Tudor England, 1966 – N. ORME, English Schools in the MA, 1973 – *zu [3]*: B. SMALLEY, English Friars and Antiquity in the early 14th c., 1960 – *zu [4]*: Duke Humfrey and English H. in the 15th c., Kat., Bodleian Library, Oxford, 1970 [R. W. HUNT – A. C. DE LA MARE] – A. SAMMUT, Unfrede, duca di Gloucestere gli umanisti italiani, 1980 – Duke Humfrey's Library and the Divinity School, Kat., Bodleian Library, Oxford, 1988 [A. C. DE LA MARE] – DIES., Mss. given to the Univ. of Oxford by Humfrey, Duke of Gloucester, Bodleian Library Record, 13.1, 1988, 30–51 – *zu [5]*: Linacre Stud. ..., hg. F. MADDISON, M. PELLING, C. WEBSTER, 1977 – R. MARIUS, T. More, 1984 – Contemporaries of Erasmus ..., hg. P. G. BIETENHOLZ – T. B. DEUTSCHER, 1–3, 1985–87, s. v. André, Fox, Grocyn, Latimer, Lily, Meghen, Pace, Ruthall, Urswick – H., Reform and the Reformation: The Career of Bishop John Fisher, hg. BR. BRADSHAW – E. DUFFY, 1989 – J. B. GLEASON, John Colet, 1989 – J. B. TRAPP, From Guarino of Verona to St. Paul's School (England and the Italian Renaissance, hg. S. ROSSI – D. SAVOIA, 1989).

F. Niederlande

»De lage Landen« umfaßten im 15. Jh. neben dem Gebiet der heutigen Niederlande auch das heutige Belgien, erstreckten sich im O bis Münster und Köln, im S bis Trier und Cambrai und bildeten weder kulturell noch polit. eine Einheit. Die Rezeption des H. und der lat. Literatur verlief darum auf verschiedenen Wegen, vergleichbare Verbindungslinien hängen u. a. mit dem geistigen Hintergrund zusammen, vor dem sich die Rezeption abspielt. So ist z. B. in dem gesamten Gebiet die →Devotio moderna vertreten, die stark an der Buchproduktion und Buchdruckkunst, an gewissen Formen der Philologie, insbes. aber an der verinnerlichten Spiritualität und dem geistigen Leben des Individuums interessiert ist. Humanist. Elemente werden daher u. a. von dieser Geisteshaltung her aufgegriffen. Lat. Schriften werden nach ihrem Inhalt, nach ihrer moral. Bedeutung beurteilt. Bewunderung für die Eleganz und Dichte der lat. Sprache spielt eine sekundäre Rolle.

Die seit langem bestehenden Handelsbeziehungen zw. Italien und den Niederlanden sowie der Aufenthalt it. Diplomaten, Geistlicher und Gelehrter war anfängl. nicht von großem Einfluß, so wenig wie der Besuch →Petrarcas in den Niederlanden (1333). Durch die zunehmende Entwicklung des Bürgertums, die Ausbreitung der Univ. und des Schulbetriebs im allg., wobei Buchdrucker wie Martens eine immer größere Rolle spielten, kann man im 15. Jh. jedoch von einem gewissen H. sprechen. Dann werden auch Reisen in das Heimatland des H. Mode. Vertreter der »Nördlichen Niederlande« entstammen fast ausnahmslos den Kreisen der Devotio moderna oder sind von ihr beeinflußt. →Johannes Wessel Gansfort zog nach jahrelangem Studium in Köln, Heidelberg und Paris (wo er G. →Fichet hörte) nach Rom. Als Kenner der Lehre des Thomas v. Aquin und mit einigen Hebräisch- und Griechischkenntnissen ist er empfänglich für das, was der it. H. ihm zu bieten hat; doch sieht er nach wie vor alle Erkenntnisse des H. im Lichte von Theologie und Bibelkunde.

An Bedeutung übertroffen wird er von R. →Agricola, dem zweifellos vielseitigsten Gelehrten dieser Epoche, bewundert von →Erasmus und E. →Barbaro.

Agricola u. a. vereinigten sich in der sog. Adwerth- (gegenwärtig Aduard-)Akademie, deren Reichweite, trotz großer kultureller Bedeutung für die Niederlande, begrenzt blieb. Bemerkenswert ist, daß hier, aber auch bei einem Mann wie Herbenus Tendenzen sichtbar werden, die unmittelbar an it. Vorbilder erinnern: Lobpreisungen auf (Geburts)städte, größeres Interesse an der Erforschung der Vergangenheit und der eigenen Geschichte, wobei sich ein gewisser Nationalismus zeigt. Das Interesse am it. H. beschränkt sich hierbei fast ausschließl. auf Texte, erst Jahrzehnte später folgt die bildende Kunst. Die größte Bedeutung die nur in kleinem Kreis bekannten »Literarischen« H. liegt wohl in dem starken Impuls, dem die spätere Blütezeit zu verdanken ist. S. Dresden

Lit.: The late MA and the dawn of h. outside Italy, hg. G. VERBEKE – J. IJSEWIJN, 1972 – IJSEWIJN, The coming of h. to the Low Countries (Itinerarium Italicum ..., ed. H. A. OBERMANN – TH. A. BRADY, 1975, 193–301) – E. H. WATERBOLK, Verspreide opstellen, 1981 – Rodolphus Agricola Phrisius, F. AKKERMAN – A. J. VANDERJAGT (eds.), 1988 – De doorwerking van de moderne Devotie, ed. P. BANGE et al., 1988.

G. Polen

Die ersten Ansätze des H. zeigten sich in Polen im zweiten Jahrzehnt des 15. Jh. Sie festigten sich auf der Grundlage des allgemeinen Aufschwungs des geistigen Lebens (Univ. Krakau 1363, Bildung neuer intellektueller Zentren, verstärkte Studien poln. Scholaren, hauptsächl. in Italien). Durch die Vermittlung der poln. Delegation auf dem →Konstanzer Konzil (u. a. P. Włodkowicz, A. Łaskarz, P. Wolfram) gelangten die ersten humanist. Hss. nach Polen, der Hauptstrom jedoch erst während des Konzils v. →Basel.

Der ab den 30er Jahren einsetzende Zufluß von Werken it. Humanisten hinterließ, abgesehen von gelegentl. Zitaten (bei M. Kozłowski und Jan v. Dąbrówka), vorerst keine deutl. Spuren in den Werken der Krakauer Professoren. Characterist. für die Schriftkultur der 1. H. des 15. Jh. sind ma.-humanist. Miszellanhss., die eine Koexistenz von verspäteten Reflexen der frz. Vor-Renaissance des 12.–13. Jh. und dem sich manifestierenden Interesse an der neuen humanist. Lit. zeigen.

Außer Erstlingsversuchen allegor.-didakt. lat. Poesie mit zahlreichen Zitaten antiker Autoren erscheinen in der 2. H. des 15. Jh. gelegentl. Werke mit deutl. humanist. Merkmalen (anonyme lat. Elegie über Andrzej Odrowaz [1465], Poem von M. Kotwicz über den Konflikt zw. Z.

Oleśnicki und M. Gruszczyński; bedeutender in Hexametern verfaßter Dialog über Z. Oleśnicki [nach 1445], der schon deutl. an die bukol. Poesie und den zeitgenöss. christl. H. anknüpft).

Viele noch in ma. Tradition formulierte Thesen zeigen Analogien mit humanist. Gedankengut, wie →Devotio moderna, →Konziliarismus, die heim. Version der buridan. Ethik und des sozial-polit. Gedankens (Krakauer Rechtsschule von Stanisław v. Skalbmierz und Paweł Włodkowicz). Diese Symbiose heterogener Ideen charakterisiert die Wissenschaftskultur Ende des 15. Jh./Anfang 16. Jh.; doch zeichnen sich schon in den 40er Jahren des 15. Jh. deutl. Konturen einer heim., aus den it. Q. schöpfenden Rezeption des H. ab. Sie erfaßte die außeruniversitären intellektuellen Kreise, v. a. den Hof und die Kanzlei des Krakauer Bf.s Zbigniew →Oleśnicki (Sbigneus, ca. 1389–1445). In seiner Umgebung befanden sich einige hervorragende Anhänger des H.: der Diplomat Mikołaj Łasocki (1389–1445), der u. a. mit P. P. →Vergerio, G. →Aurispa, →Poggio und →Guarino Veronese bekannt war und von dem ein humanist. Briefwechsel und Reden erhalten sind; der Sekretär von Oleśnicki, Jan Elgot (1389–1452), in dessen Reden und Briefen sich humanist. Stilistik und ma. ornatus difficilis mischen, u. a. Der mit dem Hof Oleśnickis verbundene Jan →Długosz bezog in seinen »Annales seu cronicae incliti regni Poloniae« das Modell einer großen hist. Komposition aus Livius und entnahm den Werken von Sallust, Justinus, Caesar, Tacitus, Florus, Seneca und Quintilian zahlreiche klass. Reminiszenzen.

An der Krakauer Univ. setzte sich der H. neben dem traditionellen iter italicum auch über Ungarn (s. Abschnitt C) durch. Der spätere Primas v. Ungarn, Jan →Vitez, hatte Kontakte zu Oleśnicki, M. Łasocki, Marcin Bylica v. Olkusz und →Gregor v. Sanok. Dessen Vorlesung über Vergils Eklogen 1439 in Krakau wurde begeistert aufgenommen. Jan v. Ludzisko, Dr. med. in Padua, ab 1441 Prof. an der Med. Fak. Krakau und vermutl. auch Schüler des Guarino, spielte eine bahnbrechende Rolle bei der Verbreitung humanist. Studien. Seine acht erhaltenen Reden gelten als das erste poln. lit. Zeugnis, das bewußt an Topik, Stilistik und Wertesystem des it. H. anknüpft. Humanist. Studien begannen ab Mitte des 15. Jh. schnell in das offizielle Programm der Philos. Fak. einzudringen (1449 Reform der Lehrstühle für Grammatik und Rhetorik, durch Erweiterung des Autorenkatalogs um Valerius Maximus, Vergil, Ovid, Horaz, Terenz, Statius, Martial, Tibull und Properz, bzw. um die Rhetorica ad Herennium u. a.). Die Tätigkeit der beiden Lehrstühle sowie der später begründeten Kollegiaturen der Stiftungen von Mikołaj v. Brzeźnica und Zabowowski trugen zur Erhöhung der lit. und sprachl. Kultur sowie zur Kenntnis der Antike bei.

Dieses Interesse schuf die Basis für die neue Entwicklungsetappe der humanist. Kultur des 15. Jh., die mit der Ankunft des it. Humanisten →Callimachus 1470 in Polen begonnen hatte. Der von ihm begründete Kreis war die erste humanist. Gesellschaft auf poln. Boden. Durch Vorträge trug →Celtis 1489 zu einer weiteren Belebung der humanist. Studien bei, die sich im letzten Jahrzehnt des 15. Jh. durch zunehmendes Interesse an der Epistolographie (zumeist ital. Vorbild) und der humanist. Poetik (erster poln. Modus epistolandi von Jan Ursyn 1491, lat. Übers. der Briefe des Theophylaktos Symokattes 1509 durch N. →Kopernikus; Carminum structura 1496 und Hortulus elegantiorum 1514 von Wawrzyniec Korwin), durch die heim. lat. Poesie und Rhetorik (W. Korwin, J. Sacranus) zeigte. Trotz Repressionen konservativer Kräfte an der Univ. Krakau 1491 ließ sich der Fortschritt des H. nicht hemmen. Auch scholast. Gelehrte wie z. B. Jakub v. Gostynin und →Johannes v. Glogau ahmten die humanist. Stilistik nach. Die Koexistenz verschiedener weltanschaul. Strömungen, Infiltration von humanist. Elementen und ma.-humanist. stilist. Doppelzügigkeit erhielten sich in Polen bis in die ersten Jahrzehnte des 16. Jh.

L. Hajdukiewicz

Lit.: H. BARYCZ, Historia Uniwersytetu Jagiellońskiego w epoce humanizmu, 1935 – S. LEMPICKI, Renesans i humanizm w Polsce, 1952 – M. PLEZIA, Najstarsza poezja polsko-łacińska (do poł. XVI w.), 1952 – Bibliogr. literatury polskiej, Nowy Korbut, T. 1-3, 1963–65 – L. HAJDUKIEWICZ, Czasy renesansowej świetności w: Kraków stary i nowy Dzieje kultury, 1968 – H. SAMSONOWICZ, Złota jesień polskiego średniowiecza, 1971 – S. ZABŁOCKI, Prerenesans w polskiej literaturze XV i XVI w. na tle europejskim w tegoz: Od prerenesansu do oświecenia, 1976 – J. DOMAŃSKI, Początki humanizmu, 1982 – Literatura polska Przewodnik encyklopedyczny, T. 1-2, 1984–86 – s. a. →Callimachus Experiens; K. →Celtis; J. →Długos; →Gregor v. Sanok; →Krakau, Univ.

H. Iberische Halbinsel

Es ist wiederholt bestritten worden, daß H. und Renaissance in Spanien und Portugal Geltung erlangt hätten. Die polit.-gesellschaftl. und bildungsgesch. Voraussetzungen für ihre Wirkung und bes. Ausprägung sind hier freilich im Vergleich zu Italien oder Frankreich sehr verschieden. Die Verbindung der Krone v. Aragón mit Sizilien und Neapel begünstigte in katal. Gebieten früher als in Kastilien Berührungen mit it. Lit. und humanist. Kreisen. Der Hof. v. Neapel wurde unter →Alfons V. als Mäzen seit 1442 zum bedeutendsten Zentrum für den Austausch zw. Italien und Spanien. Zuvor konnte J. →Fernández de Heredia im Zuge der katal. Expansion in das ö. Mittelmeer Verbindungen nach Byzanz vermitteln. Einen wichtigen Kreuzpunkt für frühe Kontakte mit humanist. Strömungen bildete die Kurie in Avignon unter →Benedikt XIII. (Pedro de Luna). In der katal. Lit. zeigen sich bei Bernat →Metge und Antoni →Canals erste humanist. Spuren. In Kastilien fanden die neuen Bildungsideale und -inhalte gegen manche Widerstände unter Kg. →Johann II. Eingang. Juan de →Mena († 1456) versucht sprachl. und formal mit klass. und it. Vorbildern zu wetteifern (u. a. kast. Übers. der Ilias Latina um 1442). Die andere führende Gestalt ist Iñigo López de →Mendoza, Marqués de Santillana († 1458), dessen Bibliothek die frühhumanist. Interessen spiegelt. Er praktiziert erstmals die für Spanien später wichtige idealtyp. Verbindung von Feder und Schwert (Armas y Letras). In seinem Umkreis wirkten Juan de →Lucena mit dem auf Bartolomeo →Facio fußenden Traktat Libro de vita beata (1463), Ferrán Nuñez und Pedro Díaz de Toledo (u. a. Übers. des platon. Phaidon). Der in Italien lebende Fernando de →Córdoba verteidigte auf Anregung →Bessarions ebenfalls die platon. Philosophie. →Alfons(o) v. Cartagena, der mit L. →Bruni korrespondierte, hatte nach Lucenas Worten die Philosophie wieder in Spanien heimisch gemacht. Die →Seneca-Rezeption nimmt breiten Raum ein. Das kast. philos. Schrifttum berücksichtigt vornehml. Bildungsbedürfnisse und Lebensfragen adliger, höf. Kreise. Unter den zahlreichen für sie angefertigten Übers. befinden sich u. a. Werke von Platon, Aristoteles, Seneca, Boethius und Petrarca. Erörterungen über Fortuna, Fama, Gloria, Ehre, Freundschaft, Alter, Schicksal, Unglück, Trost und Unsterblichkeit sind Gemeinplätze des moral.-didakt. Schrifttums für gebildete Laien. Unter den →Kath. Kg. erstarkt die humanist. Bewegung. It. Humanisten lehren in Spanien (Lucius Marineus Siculus, 1460–1526, seit 1486 in Salamanca, Petrus M. Anglerius, 1459–1526, am Hof).

Elio →Nebrija (1442–1522), der nach zehnjährigem Studienaufenthalt in Italien nach Spanien zurückkehrt, unternimmt mit den Introductiones latinae (1481) die philolog. Reform des Lateinunterrichts. Die Regierungszeit der Kath. Kg.e wird nach der Eroberung von →Granada und der Entdeckung Amerikas (1492) als »Aurea aetas« gepriesen, in der die »humanitas« neu erblüht im Wettstreit mit Italien. Die Gründung der Univ. →Alcalá (1498/99) als Gegengewicht zu →Salamanca soll die klass. philolog. Studien stärken. Für die akadem. Verbindungen mit Italien wirkt das 1364 in Bologna von →Albornoz begründete Kolleg S. Clemente als wichtige Brücke. Der →Buchdruck findet in Spanien und Portugal verhältnismäßig spät Eingang und spielt für die Verbreitung des H. kaum eine Rolle. Den Fortbestand der traditionellen ma. Wissenssystematik kennzeichnet die bis in das 17. Jh. aufgelegte enzyklopäd. Kompilation »Visión deleitable de la filosofía« (um 1440) des Alfonso de la →Torre.

Wie in Spanien trägt auch in Portugal der H. christl. Prägung erst im 16. Jh. Früchte. In Portugal entstehen intensivere Kontakte mit dem it. Hof zu Ende des 15. Jh. Ptg. Studenten lernen an it. Univ. und in Paris humanist. Gedankengut kennen. Cataldus Parisius, Schüler des F. →Filelfo, zieht auf Einladung Kg. Johanns II. 1485 an den Hof in Lissabon. Seine Epistolae et orationes (Erstdr. 1500, Lissabon) sind das erste Zeugnis humanist. Schaffens in Portugal. Sein bedeutendster Schüler, der neulat. Dichter Henrique Caiado, geht 1494 nach Italien und veröffentlicht dort Aegloga et epigrammata.

Die neulat. Dichtung ist sowohl in Spanien als auch in Portugal im 15. Jh. schwach ausgeprägt. In der Historiographie ragen Alfonso de Cartagena, Juan de →Margarit und Alonso →Fernández de Palencia hervor. Die in Italien seit Petrarca entwickelte humanist. »Komödie« wurde in Spanien an der Wende zum 16. Jh. bekannt, als auch die (Tragi)comedia de Calisto y Melibea entstand (→Celestina). Diese setzt Gattung, Darstellungstechnik, Aufbau, Figuren und Motive der humanist. Komödie in ein Meisterwerk der Volkssprache um. D. Briesemeister

Lit.: A. RUBIÓ I LLUCH, Joan I humanista i el primer període de l'h. català, EUC 10, 1917/18, 1–107 – J. ALCINA ROVIRA, Poliziano y los elogios de las letras en España (1500–1540), Humanistica Lovan. 25, 1926, 198–222 – A. SORIA, Los humanistas de la corte de Alfonso el Magnánimo, 1956 – N. G. ROUND, Renaiss. culture and its opponents in fifteenth-cent. Castile, MLR 57, 1962, 194–210 – P. E. RUSSELL, Arms versus letters: towards a definition of Spanish fifteenth-cent. h. (Aspects of Renaiss., ed. A. R. Lewis, 1967), 47–58 – K. A. BLÜHER, Seneca in Spanien, 1969 – O. DI CAMILLO, El h. castellano del s. XV, 1976 – K. KOHUT, Der Beitrag der Theologie zum Literaturbegriff in der Zeit Juans II. in Kastilien, RF 89, 1977, 183–226 – F. RICO, Nebrija frente a los bárbaros, 1978 – L. DE SOUSA REBELO, A tradição clássica na lit. portuguesa, 1982 – I. DAS D. FIGUEIREDO MARTINS, Bibliogr. do h. em Portugal no séc. XVI, 1986.

Humanistenschrift. Die seit →Petrarca erkennbaren Bemühungen um eine klar lesbare Schrift (vgl. Ep. fam. XXIII, 19, 8) führten im Florentiner Kreis des Coluccio →Salutati um 1400 mit der Abkehr von got. Schreibgepflogenheiten zur Wiederaufnahme der karol. →Minuskel, die in dieser nachgeahmten Form von der modernen Forsch. H. genannt wird. Die zeitgenöss. Bezeichnung »littera antiqua«, die seit dem 13. Jh. im Gegensatz zu den als »litterae modernae« empfundenen got. Schriften für die karol. Minuskel belegt ist, wirft die bis heute nicht endgültig gelöste Frage auf, ob gewisse Humanisten die karol. Minuskel als eine antike Schrift verstanden haben (vgl. HERDE, 303; FRENZ, 335; STEINMANN, 382). Hauptmerkmale der humanist. Buchminuskel sind: unzialförmiges a, d mit geradem Schaft, g mit ausgeprägter, meist geschlossener Unterschlaufe, in der Frühzeit langes s am Wortende, ct- und &-Ligatur, Vermeidung von Brechungen und Verbindungsschlaufen, Wiederherstellung der Schreibungen ae, ę, oe, nihil (statt nichil). – Schöpfer der durch Schräglage, dünnen Duktus und kleine Anstriche oder Schlingen an den Oberlängen gekennzeichneten humanist. Kursive ist Niccolò →Niccoli. Als Behördenschrift entwickelt sie sich zur »cancelleresca italica«. – Die H. war das Vorbild für die im Buchdruck verwendete Antiqua. P. Ladner

Lit.: B. L. ULLMAN, The Origin and Development of Humanistic Script, 1960 – P. HERDE, Die Schrift der Florentiner Behörden in der Frührenaissance, ADipl 17, 1971, 302–335 – TH. FRENZ, Das Eindringen humanist. Schriftformen in die Urkk. und Akten der päpstl. Kurie im 15. Jh., ADipl 19, 1973, 287–418 – M. STEINMANN, Die humanist. Schrift und die Anfänge des Humanismus in Basel, ADipl 22, 1976, 376–437 – O. MAZAL, Paläographie und Paläotypie, 1984, 24–37, 198–232 – B. BISCHOFF, Paläographie des röm. Altertums und des abendländ. MA, 1986², 195–201 – Renaissance- und H.en, hg. J. AUTENRIETH, 1988.

Humber, tiefeingeschnittene Mündungsbucht *(estuary)* der Nordsee in →England. Die Region um den H., die heutige Gft. Humberside, war bereits in prähist. Zeit besiedelt, lag in der röm. Periode im Einzugsbereich der Via Erminia (Ermine Street) und gehörte zu den frühen Siedlungsräumen der →Angelsachsen. Der H. grenzte die ags. Reiche v. →Northumbrien (s. a. →Deira, →York) im N und →Mercien (s. a. →Lindsey) im S voneinander ab. Die nachfolgende starke skand. Besiedlung ist durch reiche Ortsnamenüberlieferung belegt. Im MA bildete der Raum um den H. ein ertragreiches Agrargebiet mit blühendem Wollexport; wichtige Städte waren →Beverley und die kgl. Gründung →Hull. U. Mattejiet

Humbercourt, Herr v. → Brimeu, Guy de

Humbert

1. H. I. v. →**La Tour** und →**Coligny,** *Dauphin des Viennois* (→Dauphiné), 1282–1306, † 16. Mai 1307. H. konnte nach dem frühen Tod des Dauphin Johann I. als Gemahl der älteren Schwester Johanns I., Anne, die Herrschaft über das Fsm. Dauphiné erringen, mußte sich jedoch in einem langen Krieg gegen seinen Konkurrenten Hzg. Robert II. v. →Burgund durchsetzen (Verträge von 1285, 1289: Verzicht H.s auf die Herrschaft Coligny).

Der Machtantritt des Hauses La Tour markiert einen tiefen Einschnitt in der Gesch. des Dauphiné. Trotz der Protektion Kg. Rudolfs v. Habsburg sah sich H. dem heftigen Druck des Gf.en v. →Savoyen, →Amadeus V., ausgesetzt (1283–86, 1289–93, 1299–1303). Schlichtungsversuche, v. a. von seiten Frankreichs (Karl V. Valois, Kg. Philipp IV.), blieben ohne durchgreifende Wirkung. Andererseits konnte der Dauphin im S seines Fsm.s verstärkten Einfluß – in Konkurrenz mit den Gf.en der →Provence – gewinnen (u. a. Erwerbung mehrerer Herrschaften am Grenzsaum des →Comtat Venaissin). Im Innern wurden Verträge über →Pariage abgeschlossen, v. a. mit den Bf.en v. →Grenoble und →Gap sowie dem Ebf. v. Embrun, während mehrere Burgorte (→burgus) Privilegien erhielten. V. Chomel

Lit.: J. RICHARD, L'accession de la maison de La Tour au Dauphiné de Viennois. La guerre bourguignonne de 1283–85, Bull. phil. et hist., 1951–52, 249–263 – V. CHOMEL, Une consultation inédite de Dinus Mugellanus au sujet d'un arbitrage entre H. et Amédée V (vers 1288), RHDFE 44, 1966, 696–698.

2. H. II., *Dauphin des Viennois* (→Dauphiné) 1333–49, * 1312, † 22. Mai 1355, 2. Sohn des Dauphins Johann II. und der Beatrix v. Ungarn, ⚭ Marie des →Baux, trat 1333 die Nachfolge seines im Kampf gegen →Savoyen gefallenen älteren Bruders Guigo VIII. an. Der junge Fs. beendete zunächst den Krieg mit Savoyen (27. Mai 1334). Während die Eroberung→Viennes (1338) scheiterte, gelang H. die Einverleibung von Romans (Bulle Clemens' VI., 11. Sept. 1344). Im Alpenraum verlieh H. den Talschaften des Briançonnais (→Briançon) Privilegien (1343) und nahm das Homagium Thomas' II. v. →Saluzzo entgegen (31. Okt. 1343). Im Zuge institutioneller Reformen machte H. →Grenoble gegen Widerstände des Bf.s zur administrativen Hauptstadt, mit *Conseil delphinal* (1343), *Chambre des Comptes* und Oberhof *(juge-mage des appelations)*, und gab den *Hôtels* des Dauphins und der Dauphine →Hofordnungen (1336, 1340). Kehrseite seiner ambitionierten Politik war die wachsende Schuldenlast, nicht zuletzt bedingt durch aufwendige Hofhaltung, fromme Stiftungen und ein kostspieliges Kreuzzugsunternehmen (1345–47). 1347 verwitwet und ohne überlebenden Erben, entschloß er sich zum Verkauf des Dauphiné, das er – nach ergebnislosen Verhandlungen mit Kg. Robert v. Sizilien und Papst Benedikt XIII. – an Philipp VI. v. Frankreich veräußerte. Der in drei Verträgen (1343, 1344, 1349) vereinbarte 'transport' erfolgte unter ausdrückl. Wahrung der im 'Statut delphinal' (14. März 1349) zusammengefaßten Rechte und Privilegien des Fsm.s. H. trat in den Dominikanerorden ein, wurde zum Patriarchen 'in partibus' v. Alexandria geweiht und verwaltete das vakante Ebm. Reims. V. Chomel

Lit.: J.-J. GUIFFREY, Hist. de la réunion du Dauphiné à la France, 1868 – P. FOURNIER, Le dauphin H. (Acad. des Inscriptions et Belles-Lettres. Comptes rendus, 1912), 47–68 – U. CHEVALIER, La croisade du dauphin H., 1920 – H. JANEAU, Les institutions judiciaires du Dauphiné de Viennois sous la 3ᵉ race des Dauphins, 1942 – C. REYDELLET-GUTTINGER, La chancellerie d'H. ..., ADipl 20, 1974, 242–383 – s. a. Lit. zu →Dauphiné.

3. H. I. (Weißhand) *v. Savoyen*, Spitzenahn der Gf.en v. →Savoyen, 1000–43 unter dem Namen H.us bzw. Hubertus im Kgr. →Burgund als »comes« belegt ohne nähere Lokalisierung seiner Gft.en. Er hatte Interessen und Besitzungen in den Gft.en →Viennois, Belley, Savoyen, Genevois (→Genf) und Aosta. Seine Familie unterhielt gute Beziehungen zu den Bf.skirchen und Abteien des Kgr.s Burgund. H. spielte eine bedeutende Rolle am Hof Rudolfs III. Nach dem Tod des Kg.s (1032) unterstützte er die Nachfolgeansprüche Ks. Konrads II. Er nahm in hoher militär. Funktion an dem it.-dt. Feldzug des Jahres 1034 teil, den Konrad II. gegen Eudes II., Gf. v. Blois, um den burg. Thron führte. Wahrscheinl. erhielt H. für seine Dienste die Gft. →Maurienne (Moriana), nach der sich seine Nachkommen ursprgl. nannten, bevor sie den Titel »Gf.en v. Savoyen« vorzogen. Der Beiname Weißhand ist erstmals im SpätMA, in einer Zisterzienserchronik von →Hautecombe aus dem 14. Jh., belegt. G. Tabacco

Lit.: C. W. PREVITÉ ORTON, The early Hist. of the House of Savoy, 1912 – F. COGNASSO, Umberto Biancamano, 1928, 1937.

4. H., Kard.bf. v. Silva Candida seit 1050, † 5. Mai 1061; wohl burg. Herkunft, zunächst Mönch in Moyenmoutier, wo er 1026/28 den Anschluß an die Reform →Wilhelms v. Volpiano erlebte. H. fand die Aufmerksamkeit seines Diözesanbf.s Bruno v. Toul, der ihn nach seiner Erhebung zum Papst (→Leo IX.) nach Rom holte und 1050 zum (titulären) Ebf. v. Sizilien sowie zum Kard. machte. Im folgenden Jahrzehnt wirkte H. als wesentl. Berater von vier Päpsten, teils an deren Seite, teils auf Legationsreisen, seit 1057 auch als Kanzler und Bibliothekar der röm. Kirche an der Spitze des päpstl. Schriftwesens. Folgenschwer war die zusammen mit dem Kanzler Friedrich (→Stephan IX.) und Ebf. →Petrus v. Amalfi 1054 übernommene Mission nach →Konstantinopel, die der polit. und kirchl. Einigung dienen sollte, tatsächl. jedoch durch die Bannsentenz der Legaten gegen den Patriarchen →Michael Kerullarios den definitiven Bruch herbeiführte. Auf der Lateransynode v. 1059 trat H. vornehmlich gegen →Berengar v. Tours auf und unterschrieb das Papstwahldekret. Auch am Abschluß des Normannenbündnisses im Aug. 1059 in →Melfi war er beteiligt.

Das Urteil über H.s hist. Bedeutung und seinen Einfluß auf das Reformpapsttum hängt von der Abgrenzung seines literar. Œuvres ab, dessen Umfang von A. MICHEL u. a. stark überschätzt worden ist. Auszuscheiden sind insbes. die →»Sententiae diversorum patrum«, »De ordinando pontifice«, der Brief →Guidos v. Arezzo an →Aribert v. Mailand und die →»Ecbasis cuiusdam captivi per t(r)opologiam«. Sehr fragl. ist ferner die Zuschreibung einiger hagiograph. Werke aus Lothringen, unter denen allenfalls die »Vita s. Deodati«, gewiß aber nicht die Touler »Vita Leonis IX papae« auf H. zurückgeht. Glaubhaft erscheint dagegen seine maßgebl. Mitwirkung an verschiedenen antibyz. Texten im Zuge des Schismas v. 1054, in denen der röm. Standpunkt zum →Filioque, zu den →Azyma, zum Primat u. ä. verfochten wird; Verwendung fand dabei auch eine wahrscheinl. von H. stammende Neufassung der →Konstantin. Schenkung. Fest steht, daß er bereits 1051 briefl. in den Abendmahlsstreit um Berengar eingriff, 1059 dessen Glaubensbekenntnis in Rom diktierte und sich damit dessen Entgegnung »Scriptum contra synodum« zuzog. V. a. aber ist H. als Autor der 1058 abgeschlossenen »Libri tres adversus simoniacos« (MGH L.d.L. I, 95–253) gesichert, in denen er heftig gegen jede Form der →Simonie polemisiert und den von Simonisten gespendeten Sakramenten die Wirksamkeit abspricht. Im 3. Buch weitet sich die Kritik dann aus und zielt überhaupt auf die Dominanz der Laien in der frühma. Kirche, speziell auf die von den Kg.en vorgenommene Investitur mit Ring und Stab, der mit guter Kennerschaft die Normen der kirchenrechtl. Tradition entgegengehalten werden. Zwar fand dies unmittelbar keine erkennbare Resonanz, doch war H. der erste, der das Kernproblem des später ausbrechenden →Investiturstreits theoret. voll erfaßt und argumentativ dargestellt hat. R. Schieffer

Lit.: Repfont V, 614–618 – TRE XV, 682–685 – A. MICHEL, H. und Kerullarios, I–II, 1924–30 – DERS., Die folgenschweren Ideen des Kard.s H. und ihr Einfluß auf Gregor VII., StGreg 1, 1947, 65–92 – J. GILCHRIST, »Simoniaca haeresis« and the Problem of Orders from Leo IX to Gratian, MIC C 1, 1965, 209–235 – H. FUHRMANN, Konstantin. Schenkung und abendländ. Ksm., DA 22, 1966, bes. 100ff. – H. HOESCH, Die kanon. Q. im Werk H.s v. Moyenmoutier, 1970 [dazu H.-G. KRAUSE, HZ 217, 1973, 671ff.] – H.-G. KRAUSE, Über den Verfasser der Vita Leonis IX papae, DA 32, 1976, 49–85 – R. HÜLS, Kard.e, Klerus und Kirchen Roms 1049–1130, 1977, 131–134 – R. SCHIEFFER, Die Entstehung des päpstl. Investiturverbots für den dt. Kg., 1981, 36–47 – J. LAUDAGE, Priesterbild und Reformpapsttum im 11. Jh., 1984, 169–184.

5. H. v. Preuilly (Prulli), OCist, seit 1296 Abt der Zisterzienser in Prulli (Preuilly, Diöz. Sens), † 1298, erklärte als Bakkalar des Ordensstudiums S. Bernhard in Paris im Anschluß an Thomas v. Aquin vor 1294 die Sentenzen. Der unveröffentl. Komm. ist hs. vielfach überliefert (vgl. STEGMÜLLER, Rep. Sent. I, 181–183; DOUCET, Comment. suppl. 45); zu den ebenfalls unveröffentl. philos. Schriften »Sententia super librum Metaphysicae« (Ed.-Vorhaben Bull. Phil. Méd. 30, 1988, 45), einem verschollenen Anima-Komm. und einigen in ihrer Echtheit umstrittenen Schriften vgl. CH. LOHR, Traditio 24, 1968, 244f. Zur »Ars praedicandi« des H. vgl. H. CAPLAN, Mediaeval Artes Praedicandi, 1934, 14. L. Hödl

Lit.: M. GRABMANN, Angelicum 17, 1940, 352-369 – J. GRÜNDEL, Die Lehre von den Umständen ..., BGPhThMA 39.5, 1963, 662-664.

6. H. v. Romans OP (Humbertus de Romanis), * um 1200 in Romans (Dauphiné), † 14. Juli 1277 in Valence. Mag. art. in Paris, trat H. 1224 in den Dominikanerorden ein, wirkte in Lyon (1226 Lector, 1237 Prior), war 1240-44 Provinzial der röm., 1244-54 der frz. Ordensprovinz, 1254-63 Generalmeister. Ausdauernd und friedfertig, trug er wesentl. zur Ausbreitung der dominikan. Mission und zur Verankerung des Ordens in Kirche und Welt bei. Im Mendikantenstreit (1254-58) verteidigte er wirkungsvoll die →Bettelorden; er setzte die stark umstrittene Inkorporation des weibl. Ordenszweiges durch (Regel von 1259) und veranlaßte die Aufzeichnung der Dominikanerliturgie (»Prototypus« 1254-56; →Dominikaner, A.IV). Durch sein Handeln und seine Schriften förderte er Studium, Ordensleben und Predigerausbildung. Für die Mission war die Organisation der »studia linguarum« (1255-56) von Bedeutung. In Hinblick auf das Konzil v. →Lyon (1274) verfaßte er das »Opus tripartitum« (über die drei großen Bereiche der Reform, des Kreuzzuges und des griech. Schismas). M.-H. Vicaire

Ed. und Hss. überl.: Opera de vita regulari, ed. J. J. BERTHIER, 2 Bde, 1888-89 – TH. KAEPPELI, Scriptores ord. Praedicatorum medii aevi II, 1975, 283-295 – Lit.: DSAM VII, 1108-1116 – F. HEINTKE, 1933 (cf. APraed 3, 1933, 262-267) – Cah. de Fanjeaux 8, 1973, 321-354 – 1274, Année charnière..., 1977, 991 [Ind.] – APraed 51 (Ind. 1-50), 1981, 201 – E. T. BRETT, 1984 (cf. RHE 80, 1985, 811s.).

Humbertiner, aus Burgund stammendes, nach röm. Recht lebendes Hochadelsgeschlecht der Gf.en v. →Savoyen, von dem die Seitenlinien der Gf.en v. Savoyen-Achaia (13. Jh.), Bresse (15. Jh.) – später Kg.e v. Sizilien und Sardinien – und Savoyen Carignano (16. Jh.) – später Kg.e v. Sardinien und Italien – abstammen. Benannt nach →Humbert I. Weißhand (um † 1048). S. der Alpen setzte sich die Familie durch die wahrscheinl. durch Ks. Heinrich III. vermittelte Heirat zw. Humberts I. Sohn Otto I. und Adelheid, der Tochter des Mgf.en Odelrich Manfred v. Turin fest, die außer der Mgft. Turin noch die Gft.en Auriate, Bredulo, Asti, Alba, Albenga und Ventimiglia als Erbe in die Ehe einbrachte, die allerdings der Familie zum großen Teil schon unter ihrer Regentschaft (1060-1091) für ihre Söhne Peter I. und Amadeus II. sowie ihren Enkel Humbert II. weitgehend verlorengingen. Schon in dieser Phase setzte die Verschwägerung mit europ. Herrscherhäusern ein, durch welche das Prestige der Familie aufgewertet und die Expansionspolitik unter Humberts II. Nachfolgern begünstigt wurde. Seit ca. 1125 benannten sich die H. nach der Grafschaft Savoyen.
R. Pauler

Lit.: G. TABACCO, Lo stato sabaudo nel Sacro Romano Impero, 1939 – F. COGNASSO, I Savoia, 1971 – G. SERGI, Potere e territorio lungo la strada di Francia, Nuovo Medioevo 20, 1982 – A. M. NADA PATRONE, Il Medioevo in Piemonte, 1986.

Humfred v. Apulien, dritter Sohn →Tankreds v. →Hauteville und der Muriella, † 1057, ▭ SS. Trinità, Venosa. H. half 1043 seinen Brüdern →Wilhelm Eisenarm und →Drogo bei ihrer Eroberung Süditaliens. Nach Wilhelms Tod (1046) unterstützte er Drogo im Kampf um die Gf.enwürde v. Apulien gegen Petrus de Amico, Herrn v. Trani, und verbündete sich danach mit Richard I. Quarrel. Er kontrollierte das Gebiet von Lavello und griff in die Nachfolgekämpfe um →Aversa ein. Zusammen mit →Rainulf v. Aversa und →Argyros vertrat er die Interessen des byz. Ks.s Konstantinos IX. Monomachos gegen G. →Maniakes, ohne in den regulären Dienst des Basileus zu treten. Nach dem gewaltsamen Tod Drogos wählten sich die Normannen H. zum »comes« (Amatus v. Montecassino III, 22). Die Furcht vor dem Erstarken der Macht H.s und seiner Anhänger führte zu einem Interessenbündnis zw. Heinrich III., Papst Leo IX. und Konstantinos IX. Das päpstl. Heer wurde jedoch von H. im Verein mit seinem Bruder →Robert Guiscard und Gf. Richard v. Aversa bei →Civitate (1053) entscheidend geschlagen. Um die eroberten Positionen zu halten, setzte H. seine Brüder Malgerius und Wilhelm in der →Capitanata und im Prinzipat →Salerno als Gf.en ein. H.s Nachfolger wurde Robert Guiscard. P. De Leo

Lit.: F. CHALANDON, Hist. de la domination ... I, 1907, 88ff. – F. HIRSCH – M. SCHIPA, La Longobardia meridionale, 1968, 18ff. – L.-R. MENAGER, Rec. des Actes des Ducs normands d'Italie (1046-1127), I, 1981, 23-26 – H. HOUBEN, Medioevo monastico meridionale, 1987, 90-91, 133-138 – R. A. BROWN, Die Normannen, 1988, 120, 126f.

Humiliaten, religiöse Laienbewegung, deren Ursprünge auf die letzten Jahrzehnte des 12. Jh. zurückgehen, typ. Manifestation der religiösen Unruhe dieses Jh. (R. MANSELLI). Der Name H. ist von ihrer Lebensform und ihrem sozialen Wirken abgeleitet: aus Liebe zu Gott in Demut und Erniedrigung als Laien das Evangelium nachlebend, kleideten sie sich in ungefärbte, rauhe Wollgewänder und stellten diese Tuche her. Obwohl nur Laien und Handwerker, hielten die H. im Kreis der Mitbrüder und auch gegen die Katharer Predigten. Wegen ihrer den Laien untersagten Predigttätigkeit, und da sie sich jeder Kontrolle seitens der kirchl. Autoritäten entzogen, wurden sie von 1184 von Lucius III. (Ad abolendam [JL 15109]) wie die →Waldenser als Häretiker verurteilt. Unter Innozenz III. mit der Kirche wieder ausgesöhnt, erhielten sie vom Papst eine Regel: 1198/99 treten die H. bereits als religiöser Orden mit dreifacher Gliederung in Erscheinung: a) Priester, b) Nonnen, c) in ihren Familien lebende Religiosen (dritter Orden, mit dem unter Beibehaltung der Woll- und Tuchherstellung das spirituelle Bedürfnis der Männer und Frauen wie die antihäret. Tendenzen in geregelte Bahnen gelenkt wurden). In der Approbationsbulle ihres »propositum vitae« (ed. MEERSSEMAN) vom 7. Juni 1201 bezieht sich Innozenz III. kurz auf die häret. Position der H. in der Vergangenheit und geht auf zur Approbation notwendige Veränderungen der ihm vorgelegten Regel ein. Zu dem propositum der Demut und Sanftmut fügt er den Gehorsam gegenüber der kirchl. Obrigkeit hinzu, weiter karitatives Bestreben, das Verbot, Eide zu leisten, die Verpflichtung, widerrechtl. angeeignetes oder durch Wucher erworbenes Gut zurückzugeben, Verzicht auf Zehnt und Abgaben und auf die Liebe zu weltl. Dingen im allgemeinen. Predigttätigkeit innerhalb der Gemeinschaft ist nach Autorisation durch den Diözesanbf. erlaubt, darf sich aber nur auf moral. Appelle (wie Aufrufe zu guten Werken), nicht jedoch auf die Glaubens- oder Sakramentenlehre beziehen.

Die H. verbreiteten sich rasch in der gesamten Lombardei sowie und in Teilen der Toskana und in Umbrien und lieferten den ärmeren Bevölkerungsschichten Wolle und Tuche. Die einzelnen Häuser unterstanden einem Vorsteher (Propst), seit 1246 leitete ein Generalmeister den Orden. 1288 wurden die H. aus der bfl. Autorität herausgenommen. 1291 erhielten die Laien des Dritten Ordens gesonderte Konstitutionen.

Wegen ihrer Vertrauenswürdigkeit und Ehrlichkeit wurden die H. gern zu verschiedenen kommunalen Verwaltungsämtern herangezogen. Der Prokurator der H. in der Toskana, magister Luca Manzoli, wurde 1408 Bf. v. Fiesole und erhielt von Gregor XII. auch die Kard.s-würde.

Ende des 13. Jh. drang in Mailand in den weibl. Zweig des Ordens eine Häresie ein: die Humiliatin Mayfreda v. Pirovano, zuerst Vikarin, dann Nachfolgerin der Guglielma, maßte sich das Recht an, priesterl. Funktionen auszuüben. Der Orden in seiner Gesamtheit blieb jedoch von häret. Tendenzen unberührt.

Im 14. Jh. nahm die Zahl der Mitglieder, vermutl. aus mehreren Gründen, ab: die →Bettelorden erwiesen sich als attraktiver, die Zahl der Dritten Orden vervielfachte sich, auch wirtschaftl. Motive, wie der Rückgang der Nachfrage nach ungefärbtem Tuch, waren maßgebend. Mitte des 14. Jh. produzierte nur noch ein einziges Haus (in Varese) Wolle und Tuch. In Mailand übertrugen die H. aus dem Laienstand ihr Vermögen einem weltl. Hospital, da sie ihre karitative Tätigkeit nicht länger fortsetzen konnten. 1571 wurden die H.orden von Pius V. aufgehoben.

E. Pásztor

Lit.: TRE XV, 691–696 [Lit.] – G. Tiraboschi, Vetera H.orum Monumenta, I–III, 1766–68 – L. Zanoni, Gli Umiliati nei loro rapporti con l'eresia, l'industria della lana ed i comuni nei sec. XII e XIII sulla scorta di documenti inediti, 1911 – G. G. Meersseman, Dossier de l'Ordre de la Pénitence au XIIIᵉ s., 1961 – R. Manselli, Gli Umiliati, lavoratori di lana (Produzione, commercio e consumo dei panni di lana, 1976, Atti 2° sett. di studio Ist. Internaz. di Storia Econ. F. Datini, Prato), 231–236

Humoralpathologie. Die ma. H. ist in ihrem Kern antiken Ursprungs: Den Grundelementen des Empedokles (Feuer, Wasser, Luft, Erde) ordnete bereits Zenon v. Elea (5. Jh. v. Chr.) die sog. Primärqualitäten (heiß, kalt, feucht, trocken) zu. Die Polybos zugeschriebene späthippokrat. Schrift »De natura hominis« (Ende 5. Jh.) begrenzt die Zahl der Körpersäfte ebenfalls auf vier und verbindet jeden einzelnen mit zwei Grundqualitäten: Blut (αἷμα) galt so als feucht und heiß, gelbe Galle (χολή) als trocken und heiß, schwarze Galle (μελαγχολία) als kalt und trocken und Schleim (φλέγμα) als kalt und feucht. Wie Polybos den Körpersäften stellte Aristoteles (De gen. et corr. II, 3) auch den Elementen je ein Primärqualitätenpaar zur Seite (Luft – Blut, Wasser – Schleim, Feuer – gelbe Galle, Erde – schwarze Galle). Die Vermischung (und qualitative Veränderung) der Elemente führt zur Differenzierung der Materie bzw. Entstehung der Stoffe.

Ausgehend von den Qualitäten-Zuordnungen des Polybos bzw. Aristoteles unterstrich Galen (129–199) die Gleichwertigkeit von Elementen und Lebenssäften als Bausteinen des Makro- bzw. Mikrokosmos. Sein Modell der H. wurde für das MA maßgebend. Krankheiten beruhen nach Galen auf Dyskrasien, d. h. Säftefehlmischungen, die pathogene Verhältnisse von heiß, kalt, feucht und trocken hervorrufen (vgl. →Gesundheit). Auf der Grundlage des »Corpus hippocraticum« entstand ein System der Zuordnungen von Farben, Organen, Jahreszeiten, Lebensaltern usw. zu den vier Elementen bzw. Säften und von diesen ausgedrückten Primärqualitäten, welches kanon. Bedeutung gewann. Galen galt auch als Begründer der Komplexionen- oder →Temperamentenlehre, nach der das Überwiegen eines Leibessaftes im menschl. Körper Äußeres, Charakter und Krankheitsdisposition des Individuums bestimmt. Die komplexionenbezeichnenden Termini sanguinicus, cholericus, melancholicus und phlegmaticus lassen sich freil. erst im 12. Jh. nachweisen (→Honorius Augustodunensis, →Maurus v. Salerno). Ungeachtet zahlreicher Ergänzungen (z. B. Isidor v. Sevilla) ergibt sich (unter Berücksichtigung der Temperamentenlehre, der pneumat. Lebensalter-Charakterisierung sowie des spätantiken »membra-principalia«-Modells) für das HochMA folgendes Schema:

elementa:	aer	ignis	terra	aqua
qualitates:	calidum et humidum	calidum et siccum	frigidum et siccum	frigidum et humidum
humores:	sanguis	cholera	melancholia	phlegma
temperamenta:	sanguinicus	cholericus	melancholicus	phlegmaticus
membra:	cor	hepar	splen	cerebrum
colores:	rubeus	citrinus	niger	albus
aetates:	iuvenis	vir	senex	infans
tempora anni:	ver	aestas	autumnus	hiems
genera:	vir			mulier
planetae:	Iupiter	Mars	Saturnus	Luna

Fig. 1: Schema der Humorallehre

Bereits Galen hatte die Primärqualitäten durch eine zusätzl. Unterteilung in vier Intensitätsabstufungen modifiziert, die durch →al-Kindī dann jeweils noch in initium, medium und finis untergliedert wurden (vgl. die →Qualitäten- und Gradelehre der ma. Pharmakologie; →Constantinus Africanus; →Urso; →Arnald v. Villanova). Das Zusammenspiel von humores und den das Vegetativum regulierenden spiritus (→Qūṣtā ibn Lūqā) wurde Thema der Humoralphysiologie. Isaak Iudaeus, Aegidius Romanus u. a. präzisieren die Entstehung der Säfte: In der Leber verwandelt sich der Magen-Chylus (digestio prima) in Blut (dig. secunda), welches in den Organen verbraucht wird (dig. tertia). Die anfallenden Ausscheidungsprodukte (gelbe und schwarze Galle, Urin usw.) können Abszesse und Fieber hervorrufen (→Lanfranc v. Mailand, →Guido v. Arezzo d. J.). Hinsichtl. der Fieber- und Pneumalehre, der therapeut. Konzepte (→Purgantia) sowie der Rolle der Melancholie hat die H. in der ma. Medizintheorie zahlreiche Erweiterungen erfahren, und bes. Bedeutung gewann sie in ihrer substanztheoret. Gestaltung: Bereits Galen hatte zur Deutung der Arzneimittelwirkung aus den Primärqualitäten (qualitates) das dynamist. Konzept der Sekundärqualitäten (virtutes) entwickelt, das über die Salerner Pharmakologie (→Circa instans) sich allgemein durchsetzte und in der Montpellierschen →Theriak-Diskussion Ausgangspunkt für einen synkretist. proprietas-Begriff wurde, der die Eigenschaften zusammengesetzter Arzneimittel aus der Verschmelzung unterschiedl. Komplexionen der Arzneistoffe deutete (Wilhelm v. Brescia) und unter neuplaton. Einfluß sich bei Niklas v. Mumpelier zur virtus occulta ausformte: Von derartigen stoffbzw. dingspezif. »virtutes« leitete Niklas sein Modell der forma specifica ab und führte auf diese sämtl. wahrnehmbaren Eigenschaften einschließl. der elementaren Primär- und Sekundärqualitäten zurück. Der substanztheoret. Ansatz bei →Thomas v. Aquin mit seiner 'qualitätserzeugenden' forma substantialis läßt die Abhängigkeit von der med. H. sichtbar werden. Literarisch hat die spätma. Umbewertung der Melancholie eine Rolle gespielt; in der →Physiognomik fanden die Komplexionstypen ihren Niederschlag, und ikonograph. wurden die Konstitutionstypen in den Zyklus der Temperamentenbilder umgesetzt.

K. Bergdolt/G. Keil

Lit.: R. Klibansky, E. Panofsky, F. Saxl, Saturn and Melancholy, Stud. in the Hist. of Natural Philos., Religion and Art, 1964 – E. Schöner, Das Viererschema in der antiken H., SudArch Beih. 4, 1964 – H. Flashar, Melancholie und Melancholiker in den med. Theorien der Antike, 1966 – R. E. Siegel, Galen's system of physiology and medicine ..., 1968 – G. Harig, Verhältnis zw. den Primär- und Sekundärqualitäten in der theoret. Pharmakologie Galens, NTM 1973, 1, 64–81 – M. Putscher, Pneuma, Spiritus, Geist ..., 1973 – H. H. Beek, Waanzin in de MA, 1974² – F. Lenhardt, Temperamentenbilder (Nürnberger Kod. Schürstab, II, hg. G. Keil, 1983), 182–185 – H. Koelbing, Die ärztl. Therapie, 1985, 12–21 – G. Keil, »Virtus occulta« (Okkulte Wiss. in der Renaissance, hg. A. BUCK, 1990) – →Guido v. Arezzo d.J., Lit. [K. GOEHL].

Humphrey, Duke of →Gloucester, * Aug./Sept. 1390, † 23. Febr. 1447 in Bury St. Edmunds, ▭ St. Albans Abbey; 4. Sohn von Kg. →Heinrich IV. v. England und Mary →Bohun; ∞ 1. seit 1423 mit →Jakobäa (Jacqueline) v. Bayern, Gfn. v. Holland, Seeland und Hennegau, der geschiedenen Frau von Johann IV., Hzg. v. Brabant; 2. seit 1428 mit Eleanor Cobham. 1414 von seinem Bruder Heinrich V. zum Duke of Gloucester und Earl of →Pembroke erhoben, nahm H. an Heinrichs Feldzügen in Frankreich 1415 und 1417-22 teil, fungierte aber in der Zeit von 1419-21 als Keeper v. England. Nach dem Tode seines Bruders sollte H. die Vormundschaftsregierung für seinen minderjährigen Neffen übernehmen, doch wurde er auf Betreiben von Henry →Beaufort von den Lords verdrängt und erhielt in dem Regenschaftsrat nur das Amt des Protektors. H.s erfolgloser Versuch, den →Hennegau zu erobern, wirkte sich störend auf die Beziehungen zw. England und →Burgund aus. Als sich Beaufort mit der Stadt →London überwarf, wurde auch sein Konflikt mit H. 1425 verschärft, da dieser die Stadt unterstützte. Nach der Rückberufung des Regenten in Frankreich, →Johann, Duke of Bedford, konnte ein vorübergehender Friedensschluß in einem Parlament in Leicester 1426 erreicht werden. Das Amt des Protektors verlor mit der Krönung Heinrichs VI. 1429 an Bedeutung, doch wurde H. während des Aufenthalts des Kg.s in Frankreich 1430-32 wieder Keeper. Ein Versuch H.s, Beauforts Machtstellung zu beseitigen, schlug fehl. H. stand seit 1434 erneut an der Spitze des Rates und wurde nach dem Tode Bedfords 1435 potentieller Thronerbe. Als Befehlshaber war er an der Verteidigung von →Calais beteiligt und plünderte 1436 →Flandern. Die Beaufort-Anhänger dominierten seit der Mündigkeit des Kg.s (1436) im Council und verdrängten H. aus dem Rat. Seine zweite Frau wurde 1441 des versuchten Kg.smords mit Hilfe von Zauberei angeklagt, er selbst wegen angebl. Verrats verhaftet. H., der unter mysteriösen Umständen starb, hinterließ keine Erben. Er war kein geschickter Politiker und Staatsmann, förderte aber als erster engl. Adliger humanist. Gelehrte; so beauftragte er Titus Livius Frulovisius, die »Vita Henrici Quinti« zu verfassen. →England, D.IV. R. L. Storey

Lit.: DNB X, 238-245 – Peerage V, 730-737 – K. H. VICKERS, H., Duke of Gloucester, 1907 – R. WEISS, Humanism in England during the Fifteenth Century, 1957 – R. A. GRIFFITHS, The Reign of King Henry VI, 1981.

Ḥunain ibn Isḥāq al-ᶜIbādī → Jo(h)annitius

Hunde
I. Zoologiegeschichte – II. Ikonographie.

I. ZOOLOGIEGESCHICHTE: Obwohl seit der Vorzeit in mehreren, heute schwer bestimmbaren Rassen zur Wacht, Jagd und Repräsentation gezüchtet (ZEUNER, 69-98), waren H. den Laien Versuchen in den theol. gebildeten naturkundl. Enzyklopädikern. Thomas v. Cantimpré (4,13 = Vinzenz v. Beauvais 19,14) unterscheidet nach dem »Liber rerum« die schnellen windhundartigen »leverarii (mlat. statt leporarii) canes«, die Spur- und Hetzhunde mit hängenden Ohren (wohl →Bracken oder →Doggen) und die in zahlreichen Spielarten verbreiteten Hofh. bzw. Schoßh. Ihre Biologie (nach antiken Q.) und ihr Verhalten, bes. zum Menschen, wird beschrieben (z. B. bei Thomas und Alex. Neckam, nat. rer. 2,157), ihre Intelligenz und Treue bewundert (u. a. Isidor 12,2, 25-26, 6,4,24). Nach Isidor und Bibelstellen deutet Hrabanus Maurus (8,1) ihre Eigenschaften meist negativ geistl. aus.

Man schätzte bei H.n neben ihrer guten Nase Schnelligkeit und Tapferkeit. Züchter. Geheimnisse wurden bewahrt und seit der Antike stattdessen Kreuzungen mit anderen Arten der H.- und sogar der Katzenfamilie (Tiger) behauptet. Seit Ps.-Aristoteles (h. a. 9,6 p. 612 a 5-7) wird das Fressen von Kräutern und Gras als Selbstmedikation gedeutet. Volksmed. wird häufig die heilende Kraft der Zunge erwähnt. Den tollwütigen H. suchte man durch Hühnerkot, die menschl. Bißwunde durch Waldrosenwurzel zu heilen (Thomas 4,13 u. a. m.). Weitere z. T. organotherapeut. Verordnungen finden sich u. a. in der »Kyraniden« (DELATTE, 113) und nach Thomas III (BRÜCKNER) bei Konrad v. Megenberg (III. E.9). Ausführl. behandelt →Albertus Magnus (22,28-35) nach z. T. unbekannten Q. Zucht, Ernährung und Krankheiten der →Jagdhunde. Ch. Hünemörder

Q.: →Albertus M., De animal. – →Alexander Neckam – →Ambrosius, Exam. – →Hrabanus Maurus, De univ. – Isidorus Hispal., Etymologiae, ed. W. M. LINDSAY, 2, 1911 – Konrad v. Megenberg, Das Buch der Natur, ed. F. PFEIFFER, 1961 [Neudr. 1962] – Solinus, Collectanea rerum memorab., ed. TH. MOMMSEN, 1895² [Neudr. 1964] – Textes Lat. et vieux français relatifs aux Cyranides, ed. L. DELATTE, 1942 – Thomas Cantimprat., Lib. de nat. rer., 1: Text, ed. H. BOESE, 1973 – Vincentius Bellovac., Speculum nat., 1624 [Neudr. 1964] – Lit.: A. BRÜCKNER, Q.stud. zu Konrad v. Megenberg [Diss. Frankfurt 1961] – K. LINDNER, Von Falken, H.n und Pferden, Dt. Albertus-Magnus-Übers. aus der 1. Hälfte des 15.Jh., 1962 – F. E. ZEUNER, Gesch. der Haustiere, 1967.

II. IKONOGRAPHIE: Entsprechend der ambivalenten Auffassung des H.es wird er entweder dem Guten oder dem Bösen zugeordnet (z. B. 4 Himmelshunde Schlußstein, Münster, Westfäl. Landesmus., 15.Jh.; Höllenh., Portal der Kath. Dax/Landes, 1110/30). Weitverbreitet als Symbol der Treue (z. B. »Verkündigung der Geburt Christi an die Hirten«, »Anbetung der Hl.n Drei Könige«, Monatsbilder, in Szenen der Vita des Moses, des Job, Joachim und Lazarus u. a.). Ferner: Symbol der Glaubenstreue (Aquamanilien, 14.Jh.), Sinnbild der ehel. Treue (vornehml. auf →Grabmälern zu Füßen des oder der Verstorbenen). Symbol verschiedener Tugenden, Laster und Sinne: u. a. Barmherzigkeit, Beredsamkeit, Friede, Gerechtigkeit, Geruchssinn, Glaube, Kontemplation, Liebe, Melancholie, Wahrheit; Gefräßigkeit, Irrglaube, Neid, Undankbarkeit, Unzucht, Hochmut, Feindseligkeit (H. und Katze) Zorn. – Der H. edler Rassen ist oft auch Herrschaftssymbol. Hl.n-Attribut u. a. bei Bernhard v. Clairvaux, Eustachius, Heinrich Seuse, Hubertus, Julianus Hospitator, Margareta v. Cortona, Rochus, Wendelin; auch als Sternbild des Sirius (z. B. Leidener Aratea 830/840). G. Jászai

Lit.: LCI II, 334-336.

Hundert, Hundertschaft. Nach der älteren rechtshist. Lehre haben alle germ. Stämme eine Einteilung in H.schaften gekannt, die man sich zumeist als Unterbezirke der →Gaue vorstellte. Diese Ansicht gilt zwar seit einigen Jahrzehnten als überholt, wirkt aber doch in mannigfachen Versuchen nach, die frk. centena mit sowie mit einigen Nachrichten des Tacitus in einen entwicklungsgesch. Zusammenhang zu bringen. Tacitus erwähnt eine »H.schar« in zwei verschiedenen Funktionen: als Elitetruppe junger Krieger im Heer (Germania cap. 6) und als centeni ex plebe comites, die den germ. Fs.en begleiten, wenn er Gericht hält (Germania cap. 12). Ob sich die frk. centena, die einerseits als Einrichtung der Gesamtbürgerschaft (→Francplegium) zur Bekämpfung von →Diebstählen, andererseits als Gerichtsverband begegnet, hieran anschließen läßt, ist zweifelhaft. Die Amtsbezeichnung des →centenarius entstammt jedenfalls der röm. Beamten- und Militärrangliste. Andererseits läßt sich das engl. →*hundred* nach seinen Funktionen durchaus mit der frk. centena vergleichen. Bes. umstritten sind die ma. Institutionen in Dtl., die auf eine germ. H. zurückgehen könnten. Die Honnschaften und Zendereien am Mittel- und Niederrhein, ländl. Gemeinden ähnl. der sächs. →Burschaft, hängen womögl. durch das Amt ihres Vorstehers, des Honnen oder Zenders, mit der frk. centena zusammen. Auch bei den hochma. Zentgerichten Hessens und Frankens könnte ein solcher äußerl. Zusammenhang gegeben sein. Die alem. Huntaren des 8.–10. Jh. an der oberen Donau und am Bodensee wurden sehr verschieden gedeutet. Ihre Namen sind meist mit Personennamen zusammengesetzt (z. B. Waltramshuntari). So sah man in ihnen einerseits Herrschaften alem. Fs.en oder Kleinkg.e, andererseits frk. Militärsiedlungen, die dann zu Herrschaften ihrer Anführer geworden sind. Aus Friesland sind nur huntari-Namen überliefert. Seit dem 11. Jh. findet sich »huntari« als Bezirksbezeichnung in Schweden. Die drei Volklande von →Uppland geben schon durch ihre Namen Tiundaland, Attundaland und Fjädrundaland zu erkennen, daß sie aus zehn, acht und vier hundari bestanden. Die Funktion war eine militär.: die Ausrüstung und Bemannung von Schiffen. Zeitweilig neigte man dazu, wenigstens das Wort »hundari« auf frk. Kultureinfluß zurückzuführen. Nach gegenwärtiger Ansicht soll es sich jedoch um eine einheim. Institution handeln.

K. Kroeschell

Lit.: DtRechtswb V, 77ff. – HRG II, 271ff. [Lit.] – H. JÄNICHEN, Bezirksnamen des 8.–12. Jh. (Hist. Atlas v. Baden-Württ., Erl. Beiwort zu Karte IV, 3, 1972) – DERS., Baaren und Huntaren (Villingen und die Westbaar, hg. W. Müller [Veröff. des Alem. Inst. Freiburg 32], 1972), 56–65 – TH. ANDERSSON, Die schwed. Bezirksbezeichnungen hund und hundare, FMASt 13, 1979, 88–124.

Hundertjähriger Krieg (Guerre de Cent ans), Bezeichnung für den langen engl.-frz. Konflikt zw. 1337 und 1453, wurde wahrscheinl. 1823 von C. DESMICHELS (»Tableau chronologique de l'hist. du MA«) geprägt und rasch von der Geschichtsschreibung Frankreichs, dann von der anderer Länder (England, Deutschland usw.) übernommen. Intensität, lange Dauer und einheitl. Charakter dieses Konflikts waren bereits den Zeitgenossen, insbes. den Protagonisten, bewußt (vgl. a.: →England, D; →Frankreich, A. VI).

Infolge des Vertrags v. →Paris (1259), der den jurist. Schlußpunkt unter die generationenlange Rivalität zw. →Kapetingern und →Plantagenêts setzte, erkannten die Kg.e v. England für ihr Hzm. →Guyenne die ligische Lehnshoheit des Kg.s v. Frankreich an. Die Situation blieb jedoch nach wie vor heikel, da der frz. Kg. in seiner Eigenschaft als Suzerain im feudalen Fsm. des Kg.-Hzg.s (roi-duc) intervenieren konnte. In diesem Sinne wurden vom frz. Kgtm. zweimal Konfiskationen ausgesprochen (1294 durch Philipp IV., 1324 durch Karl IV.). 1337 entschloß sich Philipp VI. v. Valois zu einer dritten Konfiskation der engl. Besitzungen, wobei der offizielle Rechtsgrund die Aufnahme des aus dem Kgr. Frankreich verbannten Barons →Robert v. Artois durch Kg. Eduard III. v. England war. Der dahinter stehende Beweggrund war jedoch auf frz. Seite der Wunsch, in der Guyenne aktiv einzugreifen, gestützt auf die eigene Lehnshoheit (superioritas und ressortum), auf engl. Seite das Bestreben der Kg.-Hzg.e, die wirtschaftl.-fiskal. äußerst ertragreiche Guyenne so autonom wie mögl. zu regieren.

Entscheidend für den Ausbruch des H.K.s war aber auch das frz. Thronfolgeproblem: Hierbei stand die sich immer stärker festigende frz. Auffassung, daß das Herkommen des Kgr.es (später als 'lex salica' bezeichnet) nicht nur die Töchter, sondern auch deren männl. Deszendenten von der Thronfolge ausschloß, dem engl., offiziell seit 1337–40 formulierten Standpunkt gegenüber, der den Töchtern zwar ebenfalls direkte Thronfolge versagte, nicht aber die Vererbung ihrer Ansprüche an ihre männl. Nachkommen. Gestützt auf diese These, beanspruchte Eduard III. als Enkel Philipps IV. durch seine Mutter Isabella den frz. Thron gegenüber Philipp v. Valois, der Enkel Philipps III. durch seinen Vater Karl v. Valois war.

Allerdings stellt sich die Frage, wieweit die engl. Thronansprüche – als takt. Schachzug – nur territorialen Forderungen Nachdruck verleihen sollten. Tatsächl. hat Eduard III. seinen dynast. Anspruch aber mehrmals ernsthaft vertreten, den Franzosen ein polit. attraktives »Programm« präsentiert und Verbündete sowohl in der öffentl. Meinung als auch bei einer Reihe von Fs.en und Großen gesucht. Auch auf frz. Seite, bei Philipp v. Valois und seinen Nachfolgern, wurde der Streit keineswegs nur als feudale, sondern auch als dynast. Auseinandersetzung ausgetragen.

Nach der frz. Niederlage bei →Crécy (1346) und dem Fall v. →Calais (1347) markiert die Gefangennahme des frz. Kg.s →Johann II. bei →Poitiers (1356) die Wende des Krieges: Um die Freilassung des Kg.s zu erreichen, war die frz. Regierung zu geschickten Verhandeln angewiesen (Verträge v. →Brétigny, 8. Mai 1360, und Calais, 24. Okt. 1360). Die Lösegeldsumme für den Kg. wurde auf 4 Mill. *couronnes d'or* (bzw. 500000 *Pfund Sterling*) festgesetzt, der Kg. v. England erhielt ein stark vergrößertes Hzm. Aquitanien (s. im einzelnen →Guyenne, II) sowie nordfrz. Territorien (Calais, Ponthieu), wodurch gleichsam eine Wiederherstellung des alten →Angevin. Reiches, doch nun mit formeller, voller Souveränität Englands erfolgt war.

Zwar wurde die Abtretung der Territorien verwirklicht, doch bestätigte – entgegen der Vertragsbestimmung – Eduard III. nie seinen Verzicht auf die Anwartschaft des frz. Thrones, ebensowenig wie Johann II. und sein Nachfolger Karl V. je ihren Souveränitätsanspruch über die abgetretenen Gebiete preisgaben. Dies ermöglichte Karl V. 1369 die legale Wiederaufnahme des Krieges, indem er →Eduard, Prince of Wales und Fs.en v. Aquitanien, als einen abgefallenen Vasallen verurteilte. Dieser Krieg brachte dem Valois Erfolg: England wurde auf den Besitz einer Rest-Guyenne, um Bordeaux und Bayonne, sowie auf Calais zurückgedrängt. Von nun an und bis 1419 war es das Bestreben der engl. Politik, eine Wiederherstellung des durch den Vertrag v. Brétigny-Calais geschaffenen Zustands zu erreichen (manchmal mit zusätzl. Forderungen, so u. a. nach dem engl. Sieg v. 1415), während die frz. Seite dem Gegner ein – je nach Lage der Dinge – größeres oder kleineres Fsm. Aquitanien (bzw. Guyenne) anbot, in schwierigen Situationen auch zu weiteren Zugeständnissen bereit war, aber dabei stets auf Wahrung der Lehnsheit der frz. Krone bestand. Sogar eine gewisse fakt. Annäherung vollzog sich am Ende des 14. Jh., als zw. Karl VI. und Richard II. 1389 ein Waffenstillstand, 1396 gar eine Heiratsverbindung (Richards II. mit einer Tochter Karls VI.) zustandekam.

Diese Phase, in der der anglo-frz. Konflik halb entschlafen schien, endete 1415 abrupt, als Heinrich V. v. England so weitgehende Forderungen stellte, daß die von der Gruppierung der Armagnacs beherrschte Regierung (des selbst nicht handlungsfähigen) Karls VI. sie unmöglich annehmen konnte. Es folgte die engl. Invasion (Einnahme von →Harfleur und engl. Sieg bei Azincourt/→Agincourt, 1415; Seesieg v. 1416; Besetzung großer Teile der →Normandie ab 1417). 1418 kam der frz. Kg. Karl VI. unter die Kontrolle Hzg. →Johanns Ohnefurcht v. Burgund, der in der Frage der Souveränität nicht zu Konzessionen bereit war.

Die Lage änderte sich gänzlich mit der Ermordung Hzg. Johanns bei →Montereau (10. Sept. 1419). Nicht zuletzt die Aussicht auf eine dauernde Spaltung Frankreichs zw. →Armagnacs und Bourguignons dürfte Heinrich V. bewogen haben, über die Forderung eines – immer größeren – Gebiets des Kgr.es hinauszugehen und die frz. Kg.sgewalt als solche zu beanspruchen. Dies gab den Anstoß zur »paix finale« v. →Troyes (21. Mai 1420), nach der beim Tod Karls VI. das – in seinen Gesetzen und seiner Integrität nicht angetastete – Kgr. Frankreich an den engl. Kg. (bzw. seine Nachkommen mit Catherine, der Tochter Karls VI.) fallen sollte, unter Übergehung der Ansprüche des Dauphins Karl (VII.). Die beiden Kgr.e England und Frankreich sollten unteilbar sein, das eine Kgr. das andere nicht beherrschen. Hätte der Vertrag v. Troyes Anerkennung gefunden, wäre der H.K. beendet gewesen.

Doch waren die polit. und militär. Kräfte Frankreichs zu einer Annahme nicht bereit; namentl. der Dauphin, seit 1422 Kg., verwarf diese Abmachung kategorisch. Damit setzte sich der Krieg zw. der »Doppelmonarchie« Heinrichs VI. und dem »Kgr. v. Bourges« Karls VII. fort. Der frz. Widerstand fand in →Jeanne d'Arc seine Symbolfigur. Im Vertrag v. →Arras (1435) löste sich →Philipp der Gute, Hzg. v. Burgund, aus der engl. Allianz und erkannte Karl VII. als legitimen Kg. v. Frankreich an. 1435, 1439, 1444 und 1445 fanden diplomat. Verhandlungen zw. dem frz. und dem engl. Kg. statt; doch ließ sich wegen der unüberbrückbaren Gegensätze kein Kompromiß finden. Der H.K. endete durch den tatsächl. Sieg Karls VII., der bis 1453 (Schlacht v. Castillon) alle engl. beherrschten Territorien in Frankreich (einschließl. der Guyenne) erobern konnte, mit Ausnahme von Calais.

Der Konflikt lebte 1475 und 1492, unter Eduard IV. bzw. Heinrich VII., erneut auf; in beiden Fällen wurden starke engl. Expeditionstruppen von Calais aus in Marsch gesetzt, doch konnten – nicht zuletzt infolge von frz. Zahlungen – die Kriegshandlungen wieder beendet werden (Verträge v. →Picquigny und Étaples). Bis 1802 hielt der Kg. v. England formell am frz. Kg.stitel fest; dieser Anspruch wurde im 16. Jh. (so 1513) gelegentl. noch als diplomat. Druckmittel eingesetzt. Gleichwohl gilt, daß mit dem Jahre 1453 für die Franzosen eine neue Ära begann, in welcher der Alpdruck einer engl. Bedrohung überwunden war.

Durch das Wechselspiel der Allianzen griff der H.K. auch auf eine Reihe weiterer westeurop. Länder über: Schottland, Kastilien, Portugal, die Fsm. er der Niederlande. Während des Gr. →Abendländ. Schismas spiegelten die Obödienzen weitgehend die beiden Bündnissysteme wider. Der H.K. war eine gewaltige Konfrontation zweier Monarchien; diese aber stützten sich auf eine »polit. Gesellschaft«, deren Grundeinstellung letztl. das Verhalten der jeweiligen monarch. Regierung bestimmte. Die engl. Monarchie konnte ihre Ansprüche auf die frz. Krone bzw. große Gebiete des frz. Kgr.es über einen so langen Zeitraum nur aufrechterhalten, weil eine sozial und militär. dominierende Schicht in dem Krieg und dem Kontinent eine interessante und einträgl. Lebensform sah. Andererseits stützte sich die frz. Monarchie auf soziale Kräfte, die in den Engländern instinktiv fremde Angreifer sahen, die es zu vertreiben galt.   Ph. Contamine

Lit.: É. Perroy, La guerre de Cent ans, 1945 – A. Leguai, La guerre de Cent ans, 1974 – J. Favier, La guerre de Cent ans, 1980 – C. T. Allmand, The Hundred Years War, 1988 – La »France anglaise« au MA (111ᵉ congr. nat. des sociétés savantes, Poitiers [1986], 1988) – Ph. Contamine, La guerre de Cent ans, 1989⁵ – →England, →Frankreich.

Hundred ('Hundertschaft'), in England territoriale Untergliederung der Gft. (→shire), war im MA Grundeinheit der Steuererhebung sowie der Friedens- und Rechtswahrung und bildete den Ausgangspunkt der untergeordneten Bereiche der Lokalverwaltung.

[1] *Steuererhebung:* Die h.s gingen aus auf Kg.shöfe *(manors)* ausgerichteten Bezirken hervor, in denen die kgl. →feorm erhoben wurde. Als im 10. Jh. die Kg.e v. →Wessex im Zuge ihrer Einigungspolitik die landesweite Steuer des *geld* ausschrieben, wurde jeder dieser Steuerbezirke mit hundert *hides* veranschlagt, wobei einige Bezirke jedoch als *half-hundreds* oder aber *double-hundreds* gezählt wurden. Die Zahl der h.s (im dän. Siedelland *wapentakes* gen.) variierte je nach Gft. von weniger als zehn bis zu über 30. Die Erhebung des →Domesday Book wie die Enquête von 1274–75 über die kgl. Rechte und die Mißstände in der Lokalverwaltung erfolgten auf der Ebene der h.s, die bis ins 19. Jh. eine Grundeinheit der Steuerzumessung blieben. – S. a. →Geld Rolls, →Hundred Rolls.

[2] *Friedens- und Rechtswahrung:* Die Ergreifung von Straftätern und deren Aburteilung im Hundertschaftsgericht *(hundred court)* trat gegenüber der kgl. Bedeutung rasch in den Vordergrund. Nachdem die Polizei- und Gerichtsgewalt in älterer Zeit stärker bei den Gemeinschaften gelegen hatte, ordnete Kg. Edgar um die Mitte des 10. Jh. an, daß alle vier Wochen ein Hundertschaftsgericht tagen solle, das *scir-gemot* ('Grafschaftsgericht') dagegen nur zweimal jährl., das *burh-gemot* ('Borough-Gericht') dreimal jährl. Ein jedes Mitglied der Hundertschaft hatte hier jedem anderen Recht zu stehen und mußte, sofern es beklagt war, den Reinigungseid leisten. Dem *hundred reeve* oblag die Verfolgung von Viehdieben und die Kontrolle der Zehntschaften *(tithings)*, die im Rahmen des *frankpledge* (→francplegium) kollektiv die Spurfolge zu leisten hatten. Zu Beginn des 11. Jh. ist jedoch bereits die →Jury als wichtigstes Element der sich verstärkenden kgl. Gerichtsbarkeit in den Hundertschaftsgerichten erkennbar; ihre Aufgabe war es v. a., Verdächtige dem Hundertschaftsgericht vorzuführen. Die meisten Verbrechen wurden zunächst vor diesem Ding angeklagt, viele auch abgeurteilt, doch blieben die schwersten Fälle dem Gericht des →Sheriffs, der zweimal im Jahr im Rahmen seiner 'tourn' oder 'view of frankpledge' die h.s inspizierte, vorbehalten.

[3] *Entwicklung im späteren Mittelalter:* Die Abhaltung eines *court leet* innerhalb der Hundertschaft zweimal pro Jahr war das wichtigste Privileg im Rahmen der lokalen Gerichts- und Verwaltungsbefugnisse, die zahlreiche private Gerichtsherren von der Krone erwirkt hatten. Auch die städt. Rechtsprechung beruhte auf der *leet*-Gerichtsbarkeit. Seit dem 14. Jh. übten mehr und mehr Justices of the Peace anstelle der Sheriffs die Kontrolle über die h.s aus und benutzten sie als Instrument zur Durchführung der ihnen von der Krone übertragenen zahlreichen öffentl. Aufgaben im Gft.sbereich.   A. Harding

Lit.: H. M. Cam, The H. and the H. Rolls, 1930 – H. R. Loyn, The Governance of Anglo-Saxon England, 1984 – W. L. Warren, The Governance of Angevin England, 1987.

Hundred Rolls (Rotuli Hundredorum, 'Hundertschaftsrollen') gehen auf die Enquête zurück, die Eduard I. 1274 nach seiner Rückkehr vom Kreuzzug anordnete. Sie behandelte die kgl. Rechte in den Gft.en und war die eingehendste Erhebung seit dem →Domesday Book. Die kgl.

Kommissare hatten aufzudecken, wieweit die Einkünfte aus den kgl. Grundherrschaften und der Lokalverwaltung in die Taschen der örtl. Amtsträger flossen. Grundeinheit der Erhebung war die Hundertschaft (→hundred); da 358 der 628 engl. Hundertschaften inzwischen an private Herren übergegangen waren, wurden auch deren Verwalter (→bailiff) mit in die Untersuchung einbezogen. Im Laufe von fünf Monaten wurden die Antworten zu 51 Fragen von den Juries der Hundertschaften gesammelt; die dabei entstandenen Rotuli hießen bei den Zeitgenossen 'Ragman Rolls' und werden von modernen Historikern 'H.R.' genannt. Es sind nur die Erhebungen für einige wenige Gft.en in Mittel- und Ostengland erhalten (ed. Record Comm., 1812–18), die jedoch der sozial- und wirtschaftl. Forschung reiches Material liefern. U. a. ergibt sich aus ihnen, daß Frondienste meist bereits in Form von Geldrenten geleistet wurden und daß im 13. Jh. eine bedeutende Schicht grundbesitzender Bauern existierte. Gegen zahlreiche der durch die Enquête enthüllten Mißstände wurden in den Parlamenten Eduards I. Statuten erlassen.

A. Harding

Lit.: H. M. Cam, The Hundred and the H.R., 1930 – E. A. Kosminsky, Stud. in the Agrarian Hist. of England, hg. R. H. Hilton, 1956.

Hundsgugel, aus einem Visierhelm des frühen 14. Jh. um 1360/70 entstandene Helmform, bestehend aus spitzer →Beckenhaube samt anhängender →Helmbrünne und spitzem Schnauzenvisier mit aufgetriebenen Seh- und Mundschlitzen. Das Visier hing an einem Stirnscharnier (dt. Art) oder absteckbar an zwei Drehbolzen (it. Art). In die Helmspitze konnte ein →Federbusch eingesteckt werden. Im frühen 15. Jh. wurde das Visier entweder klobig oder man verkleinerte die Schnauze. Um 1430 verschwand die H. endgültig.

O. Gamber

Hunedoara (Inidoara, ung. Vajdahunyad, dt. Eisenmarkt u. a.), Stadt und altes Zentrum der Eisenverarbeitung im südl. →Siebenbürgen (heut. Rumänien), 1265 erstmals erwähnt (»archidiaconus de H.«); 1276 Komitat, ein »comes de Huniod« 1341, ein »castellanus de Hunyad« 1364 erwähnt. Die Burg entstand im 14. Jh. und wurde 1409 von Kg. Sigmund v. Ungarn dem valach. Knes Voicu verliehen. Dessen Sohn Joh. →Hunyadi begann um 1440 mit dem Umbau zu einer mächtigen Wehrburg, die er ab 1450 als Hauptresidenz ausgestaltete (Einbau spätgot. Prunkräume); unter Matthias Corvinus weiterer Ausbau. 1458 wurde eine Kathedrale (ō Nikolaus) errichtet. Die Domäne H. hatte im 16.–17. Jh. große Bedeutung.

A. Armbruster

Lit.: C. Mureşan, Iancu de H., 1962 – O. Floca, Hunedoara, 1969 – Judeţul H., 1980 – G. Ionescu, Arhitectura pe teritoriul României de-a lungul veacurilor, 1981.

Hunfridinger, Adelssippe in →Rätien und Alamannien (→Alamannen), seit dem frühen 9. Jh. bezeugt, vermutl. frk. Herkunft; ihr zu den 'primores' Karls d. Gr. zählender erster Vertreter Hunfrid verwaltete zu Beginn des 9. Jh. die Mark →Istrien, amtierte um 807 in Rankweil als Gf. in Rätien und war 808 als →missus Karls in Italien tätig. Mit dem Reichenauer Abt →Waldo erwarb er eine Hl.-Blut-Reliquie für den Ks., konnte sie aber für das von ihm gegr. Frauenkl. Schänis in Gaster in Besitz nehmen. Dieser Hunfrid (oder sein gleichnamiger Sohn?) begegnet 823/824 als 'comes Curiensis' (→Chur, →Churrätien) bzw. 'dux super Redicam' und röm. Gesandter Ludwigs d. Fr. In jener Zeit erfuhr die Herrschaftsbildung der frühen H. in Rätien offenbar Konkurrenz durch den vielleicht den →Welfen zugehörenden rät. Gf.en Roderich und den nach Rätien ausgreifenden Argen- und Linzgaufgf.en Ruadbert (→Udalrichinger). Polit. Einfluß in Rätien hatten um und nach der Mitte des 9. Jh. eher die Welfen, während die H. Ämter außerhalb Rätiens besetzten: in Italien der 846 erwähnte Vasall Lothars I. und istr. Mgf. Hunfrid, der 844 belegte Mgf. Hunfrid v. Toulouse und der 872–876 nachgewiesene Zürichgaufgf. Hunfrid. Durch weitere Komitate haben die H. ihren Einfluß schrittweise nach Alamannien ausgedehnt; der St. Galler Nekrolog führt den wahrscheinl. zur engeren Verwandtschaft der H. gehörenden, 836/838 bezeugten Thurgaufgf.en Adalbert und seinen zw. 854 und 894 u. a. im →Thurgau, Hegau, Alpgau und auf der Baar als Gf. amtierenden Sohn Adalbert 'd. Erlauchten' mit der Bezeichnung 'dux Alamannorum' auf. Diesen Rang strebte der seit Beginn des 10. Jh. als rät. Mgf. belegte Sohn Adalberts, Burchard, in Konkurrenz mit dem der Rheinauer Stifterfamilie entstammenden Pfgf.en Gozbert und mit dem Pfgf.en →Erchanger an, wurde aber 911 getötet. Sein gleichnamiger Sohn (→3. B.) erlangte nach 917 die schwäb. Hzg.swürde.

Th. Zotz

Lit.: NDB X, 66 [Lit.] – O. P. Clavadetscher, Die Einführung der Gft.sverfassung in Rätien..., ZRG KanAbt 39, 1953, 46–111 – M. Borgolte, Gesch. der Gft.en Alemanniens..., VuF 31, 1984 – K. Schmid, Von Hunfrid zu Burkard (Fschr. I. Müller, 1986), 181–209 – Ders., Adelssitze und Adelsgeschlechter rund um den Bodensee, Zs. für Württ. Landesgesch. 47, 1988, 9–37.

Hungersnöte. [1] *Chronologie:* Das Auftreten von H.en stand häufig, doch nicht ausschließl. in chronolog. Zusammenhang mit einem Anstieg von →Epidemien und Kriegshandlungen im MA und in der frühen NZ; dies erschwert die genaue Ursachenfeststellung. Häufigkeit und Intensität von H.en sind mit der wirtschaftl. Konjunkturentwicklung während des MA verbunden. Im FrühMA sind H.e aus dem 6. Jh., v. a. für Gallien (Frankreich) und Italien, belegt, während eines Zeitabschnittes mit wohl rückläufiger Bevölkerungsentwicklung. Doch auch in der Karolingerzeit führte Nahrungsmittelverknappung zu überregionalen H.en (792–793, 805–806, 868). Allg. und weiträumige H.e sind aber erst für das 11. und v. a. das frühe 12. Jh. klar erkennbar (1100, 1125–26, 1145–47), für das 13. Jh. dagegen selten belegt (1225–26, 1270–71). Viele Historiker sehen in der ersten großen H. des 14. Jh. (1315-17), die Gegenstand eingehender Untersuchungen war, den Beginn des konjunkturellen Umschwungs zur langanhaltenden Krise des SpätMA hin (s. a. →Agrarkrise). Aus dem 14. Jh. ist für die meisten europ. Regionen – von der Iber. Halbinsel bis Skandinavien – eine Siebenzahl von H.en bekannt. Auch die darauffolgende Periode verzeichnet noch zahlreiche allg. H.e. Schwerer erfaßbar sind die lokalen H.e (z. B. 1300–50: neun H.e in NW-Spanien).

[2] *Ursachen:* Neben Nahrungsmittelknappheit führten zunehmend auch Preissteigerungen, bedingt durch die zunehmende Verstädterung und die immer größere Marktabhängigkeit, in der allg. rief der Mangel an Brotgetreide Versorgungskrisen hervor, da Brot das Hauptnahrungsmittel der einfachen Bevölkerung (→Ernährung) war. Die H. von 1315–17 entstand durch Mißernten nach andauernden Regenfällen (1315–16) im nördl. Teil Europas. Gingen infolge von H.en die Zahl der Menschen und der Umfang des bewirtschafteten Landes (→Wüstung) stark zurück, konnten auch bei Besserung der Witterungsbedingungen keine ausreichenden Agrarerträge mehr erzielt werden. Verhängnisvoll waren das Zusammentreffen von H.en und →Epidemien (Abwanderung ländl. Arbeitskräfte, oft in die Städte) sowie auch die Beeinträchtigung des Viehbestandes, z. B. durch Viehseuchen, Abschlachten von Zug- oder Nutzvieh

während der H.e (1225/26: Zusammenhänge zw. Viehseuche und H.).

Bereits die H. von 806 dürfte durch die Belastungen der Bevölkerung, die das Heeresaufgebot und seine Versorgung mit sich brachten, mit ausgelöst worden sein. V. a. seit dem 13. Jh. war die flächenhafte Zerstörung von Feldern Bestandteil der Kriegführung, um so den Gegner von seinen Ressourcen abzuschneiden – eine Taktik, die zur Verödung ganzer Landstriche führen konnte (→Hundertjähriger Krieg).

Wohl erst seit dem 13. Jh. kam es zu H.en als Folge von Engpässen der Vorratshaltung und Spekulationskäufen (→Fürkauf) in den Städten. Bes. für die dichtbesiedelten Regionen (v. a. Flandern/Niederlande; vgl. z. B. die fläm. Städte 1437-39) konnte die Verflechtung mit dem internat. →Getreidehandel bei polit.-militär. Konflikten zu Versorgungsschwierigkeiten führen.

Manche Forscher bringen die H.e über die oben skizzierten unmittelbaren Anlässe hinaus in Verbindung mit Veränderungen (Verschlechterungen) des →Klimas. Diese Theorie bleibt als solche umstritten; darüber hinaus ist festzuhalten, daß neben klimat. Faktoren noch andere Momente maßgebend waren. Andere Arbeiten verweisen auf die sozioökonom. und demograph. Strukturen, aufgrund derer ein großer Teil der Bevölkerung dauernd am Rande der Unterernährung lebte.

[3] *Demographische und wirtschaftliche Folgen:* Nicht zuletzt wegen fehlender Q. gibt es erst wenige quantitative Studien über den Zusammenhang von H.en und Mortalität. Vergleichsweise am besten sind die Bevölkerungsverluste der H. von 1315-17 erforscht (in Brügge ca. 5,5%, in Ypern ca. 10% der Gesamtbevölkerung). In einigen Gebieten (z. B. Brabant) verschärften sich die Folgen der H.e durch nachträgl. ausbrechende Epidemien. Die Abgrenzung der Opfer von H.en und Epidemien ist insgesamt schwierig. Eine längerfristige Beeinträchtigung der Bevölkerungsentwicklung durch Hunger dürfte angesichts der insgesamt geringen Häufigkeit von H.en aber nicht erfolgt sein. Unterstrichen wird in der Forsch. vielfach die Bedeutung von H.en für den Ausbruch von Epidemien (»Schwarzer Tod«, 1347). Verschiedene Studien haben weiterhin gezeigt, daß H.e durchaus kein rein städt. Phänomen waren.

[4] *Gegenmaßnahmen:* Blieb die Getreidepolitik des röm. Staates (→annona) in W-Europa im wesentl. auf die Spätantike beschränkt, so sind, abgesehen von karitativer Tätigkeit von Kirchen und Kl.n, präventive Maßnahmen der Städte erst seit dem 13. Jh. bekannt (Dtl., Gebiet der späteren Schweiz). Getreidevorsorge für die Armen wurde auch außerhalb der Notzeiten von zahlreichen Städten aus karitativen Gründen geleistet (in Flandern und Brabant nur Gent mit tägl. Getreideversorgung ab 1337). In Krisenzeiten waren die städt. Behörden um Getreideeinfuhren bemüht. Durch Verordnungen (z. B. Höchstpreise, Verbot des Fürkaufs, Verpflichtung der Kaufleute, Vorräte in Notzeiten auf den Markt zu bringen) sollte der Spekulation begegnet werden. Die oberit. Kommunen verpflichteten die Bauern im →Contado zur Ablieferung von Getreide. Trotz aller Gegenmaßnahmen blieben H.e bis ins 18. Jh. ein weitverbreitetes Phänomen.   E. Thoen

Lit.: F. CURSCHMANN, H.e im MA, 1900 – H. VAN WERVEKE, De middeleeuwse hongersnood, Med. van de Kon. Vl. Ac. voor Wetenschappen, Letteren en Schone Kunsten van Belgie, Klasse der Letteren, 29, 3, 1967 – W. ABEL, Massenarmut und Hungerskrisen im vorindustriellen Europa, 1974 – M. BERTHE, Famines et épidémies dans les campagnes navarraises à la fin du MA, 1984 – M. J. TITS-DIEUAIDE, Le grain et le pain dans l'administration des villes de Brabant et de Flandre au MA (Actes du colloque: L'initiative publique des Communes en Belgique. Fondements hist. [Ancien Régime], 1984) – Determinanten der Bevölkerungsentwicklung im MA, hg. B. HERRMANN–R. SPRANDEL, 1987 – CH. DYER, Standards of Living in the later MA, 1989 – →Ernährung, →Getreide, -handel.

Hünkār, Bezeichnung für den osman. Herrscher, seit der 2. Hälfte des 14. Jh., später allmähl. von *pādišāh* abgelöst. H. < neupers. *ḫ"andkār* < *ḫudāwandgār* 'Herr (Herrscher; Gott)', in der osman. Amtssprache→*ḫudāvendigār* (*sanǧaġi* oder *eyaleti*) ist auch der Name des osman. Kerngebietes um die alte Hauptstadt Brusa (heute→Bursa).   A. Tietze

Lit.: C. ORHONLU, EI² V, 44.

Hunnen, Nomadenvolk. Seine Identität mit den in chin. Q. gen. H(s)iung-nu-Stämmen, denen China vom 4. Jh. v. Chr. bis zum 1. Jh. n. Chr. harte Kämpfe lieferte, ist seit dem 18. Jh. umstritten; Name und Gesch. scheinen sich mit Hilfe syr. und sogdischer Q. trotz einer Überlieferungslücke von zwei Jahrhunderten mit den europ. H. verknüpfen zu lassen. Archäologie (keine Funde vor dem 4. Jh. v. Chr.) und Anthropologie (die nicht seltenen, aber auch nicht allg. mongol. Typen unter den europ. Hunnen belegen keine mongol. Sprache) stützen ihre Identität nur indirekt. Ebenso umstritten und widersprüchl. ist ihre zudem vom modernen polit. Denken entstellte hist. Bedeutung. Aus den Überlieferungen ihrer 80 Jahre lang auf der Verliererseite stehenden griech., röm. und gern. Gegner lassen sich kaum objektive Fakten gewinnen, sprechen doch die meisten Q. von Kriegszügen und Verwüstungen, nicht aber von Leben, Land und inneren Verhältnissen. Noch das heutige H.bild geht auf →Ammianus Marcellinus zurück, der im Widerspruch zur Darstellung des →Priskos (Mitte 5. Jh.), der die H. und Attila aufgrund seiner Reise in ihr Land beschrieb, allein aufgrund antiker Autoren (Herodot, Strabo, Pompeius Trogus) das Bild von Horden zeichnet, die angesichts ihres 'paläolith.' Niveaus zur Errichtung eines Reiches, ja selbst zu einem gelungenen Kriegszug nie fähig gewesen wären.

[1] *Geschichte:* Um 370 überschritten die H. die Wolga, vertrieben die →Alanen und überrannten →Ermanarichs →Ostgotenreich. Im Frühherbst 376 zerstreuten sie →Athanarichs westgot. Heere. Während zweier Jahrzehnte errichteten die H. ein osteurop. Reich und unternahmen erst 395 Erkundungsstreifzüge über den Kaukasus und die untere Donau. Das 400 in der heutigen→Valachei auftauchende, von Uldin geführte hunn. Heer verbündete sich mit den Römern und unterstützte sie in den Auseinandersetzungen mit →Gaina(s) sowie →Alarich I. und Radagaisus. Ein allein durch seine Konsequenzen und aus archäolog. Funden bekannter H.angriff zw. 402 und 404 vertrieb die →Burgunder und Siling-Vandalen von Weichsel und Oder; letztere schlossen sich den Hasding-Vandalen an der oberen Theiß und den →Pannonien benachbarten, flüchtenden Quaden-/Suebengruppen an, die gemeinsam am 1. Jan. 407 in Gallien einbrachen. Nach dem Tode des →Arcadius endete im Sommer 408 das Einvernehmen mit den Oströmern; die H. überfielen mit skir. Hilfstruppen Festungen an der unteren Donau, überschritten diese und besetzten die Festung Castra Martis, doch wurde 412 zw. Konstantinopel und dem hunn. Großkg. Karaton ein Friede geschlossen. Ein erneuter hunn. Angriff richtet sich 422 gegen →Thrakien, und 424 verlegte Großkg. →Ru(g)a den Sitz des H.reiches in die Tiefebene ö. der Theiß. Zw. 425 und 440 schlug der von den H. unterstützte →Aëtius, der ihnen in einem im Namen der weström. Regierung geschlossenen Vertrag wohl i. J. 434 die Provinzen Valeria und Pannonia Prima überließ, die westgot. Belagerer gall. Städte zurück und

vertrieb sie aus N-Gallien, Raetien und Noricum. Ebenfalls mit hunn. Hilfe maßregelte er 437 die Burgunder vor Worms (→Nibelungen, -lied, →Etzel/Atli). Der erneute Angriff Rugas auf Ostrom endete 435 mit dem Friedensschluß bei Castra Constantia (am N-Ufer der Donau gegenüber der Stadt Margus), einem eigtl. Friedensdiktat des neuen Großkg.s Bleda (434-445) und seines Bruders →Attila. Die Angriffe der →Vandalen auf Sizilien und der Perser im O ausnutzend, eroberte Bleda 440/41 die Städte der →Moesia Prima und Pannonia Secunda. 441/42 griff auch Attilas osthunn. Heer mit der Einnahme der Donaustadt Ratiarias (Arčar) in den Krieg ein, und gemeinsam schlugen sie das oström. Heer →Aspars. Der Friedensschluß v. 443 ('1. Frieden des Anatolius') lenkte mit einer einmaligen Entschädigung von 6000 Pfund und jährl. 2100 Pfund Tribut einen wahren Goldstrom ins H.reich. Attila, seit 445 allein an der Macht, überflutete 447 mit seinem und den Heeren seiner Verbündeten den Balkan, erreichte aber nur die Besetzung der Dacia Ripensis und Moesia Prima. Im '2. Frieden des Anatolius' verzichtete Attila im Frühjahr 450 auf die Eroberungen und erneuerte den Frieden von 443. Dahinter verbargen sich seine Vorbereitungen für seinen gall. Krieg (451), den er jedoch nach der Schlacht auf den →Katalaun. Feldern aufgab, um sich über den Rhein zurückzuziehen. Sein Norditalienzug (452) brachte als einziges Erfolg die Einnahme →Aquileias, doch zwang der Angriff des oström. Ks.s Marcianus auf das Reich an der Donau Attila zu raschem Rückzug. Nach Attilas Tod (453) wurde sein ältester Sohn Ellak Großkg.; gegen ihn erhoben sich zunächst seine jüngeren Brüder, dann unter Führung des Gepidenkg.s Ardarich →Gepiden, →Rugier, →Sueben und →Sarmaten. Ellak fiel am Fluß Nedao (nicht lokalisiert) in der zweiten Völkerschlacht, in der auf Seiten der H. noch Ostgoten und Skiren kämpften (455). Die nach O fliehenden H. organisierte Attilas mittlerer Sohn Dengitzik von neuem; er verlor 469 bei einem Angriff auf Ostrom Schlacht und Leben. Mit ihm endet die europ. Gesch. der Hunnen.

Die welthist. Rolle der H. bestand darin, daß sie die erste große Völkerwanderung auslösten. Die ins röm. Reich eindringenden →Westgoten, Vandalen, Sueben, →Burgunder und Alanen flohen vor den H., doch aus dem bestehenden H.reich vermochte kein einziges Volk auszubrechen; die zweite Welle der Völkerwanderung suchte die beiden röm. Reichsteile erst nach dem Zerfall des H.reiches heim. So verdankte das röm. Reich sein Weiterbestehen während einer gewissen Periode der hunn. Freundschaft und Hilfe, bis die schonungslosen Kriege Bledas und Attilas dieser ein Ende setzten.

[2] *Organisation; Archäologie:* Bei den antiken Zeitgenossen herrschte Einigkeit darüber, daß die H. ihre militär. Erfolge der unvergleichl. Kampftechnik der berittenen Bogenschützen verdankten. Nicht zufällig war Machtsymbol, Rang- oder Würdezeichen der mit Goldblech verzierte oder umkleidete 'goldene Bogen', von dem einige Exemplare aus Gräbern hunn. Führer oder Totenopfern zutage kamen. Ihr Reichsaufbau erwuchs aus der Kriegsorganisation. Der Besetzung strateg. Punkte folgte die Schaffung eines Systems von Vasallenkgr.en. An der Spitze des Reiches standen anfangs hochangesehene Heerkg.e, seit Beginn des 5. Jh. autokrat. Großkg.e. Die nicht zum Kreis der obersten Reichsführer gehörenden H.führer trugen eine eigenartige, inner- und mittelasiat. Elemente vermischende Tracht (goldbeschlagene Gürtel, Langschwerter, Stiefel mit goldenen Schnallen, goldene Halsbänder; auch Pferdegeschirr und Sattel waren mit goldenen Schnallen verziert). Die meisten namentl. bekannten Führer trugen alttürk. interpretierbare Namen (Öldin, Karaton, Öktar, Mundzuk, Ajbars, Atakam, Emnitzur, Ellak, Dengitzik, Ultzindur usw.), wobei auch das got. Diminutivsuffix zum türk. Namen hinzutreten konnte (Ruga/Rugila, Blida/Blaedila und Ata-ila/Attila).

Hunn. Grabfelder sind der Archäologie unbekannt. Funde echter Bestattungen der Führungsschicht wurden kaum gemacht, jedoch solche wie bei Beerdigungsriten in geringer Tiefe vergrabenen Brand- oder anderen Opfern (goldene Bogen, goldverkleidete Schwerter, Kleidung, Bewaffnung). Sehenswerteste Stücke sind ca. 20 gegossene Kupferkessel, deren Fundorte vom Ural-Fluß bis Troyes mit verblüffender Genauigkeit Ausgangs- und Endpunkt der H. bewegung bezeichnen. I. BÓNA

Lit.: A. ALFÖLDI, Funde aus der Hunnenzeit und ihre ethnische Sonderung, 1932 – E. A. THOMPSON, A Hist. of Attila and the Huns, 1948 – J. WERNER, Beitr. zur Archäologie des Attila-Reiches I–II, 1956 – C. D. GORDON, The Age of Attila ..., 1960 – F. ALTHEIM, Gesch. der H., 5 Bde, 1961ff. – O. J. MAENCHEN-HELFEN, Die Welt der H. ... 1978 – O. PRITSAK, The Hunnic Language of the Attila Clan, Harvard Ukrainian Stud. VI, 1982 – Ausstellungskat. Germanen, H. und Awaren, Germ. Nat. Mus., 1988 – I. BÓNA, Die H. und ihre Großkg.e [erscheint 1991].

Hunnenschlachtlied, dt. Bezeichnung für das in der altisländ. »Hervarar saga« (Saga von Hervör) überlieferte eddische Heldenlied »Hlǫðskviða« (Lied von Hlǫðr). Hlǫðr, Sohn des Gotenkg.s Heidrek und der Tochter des Hunnenkg.s Humli, wächst bei den →Hunnen auf und beansprucht von seinem Halbbruder Angantýr das halbe Vatererbe. Dieser, bereits Nachfolger des Vaters als Kg. der Goten, bietet ihm nur ein Drittel des Gotenreiches an. Gizur, der Pflegevater Heidreks, beschimpft Hlǫðr als Bastard, worauf Hlǫðr erzürnt ins Hunnenland zurückkehrt und mit Kg. Humli zum Kriegszug gegen die Goten rüstet. Nach einem Sieg über Angantýrs Schwester Hervör wird Hlǫðr in der achttägigen Entscheidungsschlacht von Angantýr getötet. Dieser beklagt den Tod seines Bruders.

Das fragmentar. überlieferte, durch längere Prosapassagen zusammengehaltene Heldenlied gilt, da bereits dem ae. →»Widsith« bekannt und in die »Atlaqviða« (→Atlilieder der Edda) benutzt, als eines der ältesten nord. Heldenlieder und könnte bereits im 9. Jh. entstanden sein.

H. Ehrhardt

Ed.: G. NECKEL – H. KUHN, Edda, 1962, 302ff. – *Übers.:* F. GENZMER, Die Edda, 1987[6] – *Lit.:* R. SIMEK – H. PÁLSSON, Lex. der an. Lit., 1987, 169f. [Lit.].

Hun(o)ald, Hzg. v. Aquitanien →Aquitanien; →Waifar

Huntingdon. [1] *Stadt:* H. (O-England, nw. von Cambridge), in strateg. günstiger Lage am Kreuzungspunkt der Via Erminia (Ermine Street) mit dem Fluß Ouse gelegen, wurde erstmals im 7. Jh. erwähnt. Zunächst in Brückenkopf gegen Godmanchester, wurde der Ort von den Dänen befestigt. 921 als →burh gen., hatte H. 959 eine Münzstätte, die – bei geringer Produktion – bis in die Jahre nach 1140 bestand. Die Kollegiatkirche St. Mary's wurde von Kg. →Edgar 973 der Abtei Thorney verliehen, später aber wieder veräußert. In der frühen Normannenzeit verwendete der Sheriff Eustachius die Kirche zur Ausstattung des 1091 gegr. Priorats H., das später Augustiner-Chorherrenstift wurde und um 1150 das alleinige Recht zur Unterhaltung von Schulen beanspruchte. Die Stadt war in vier Viertel *(wards)* geteilt; sie umfaßte nach dem →Domesday Book 256 Bürger und 100 →bordarii. Obwohl von der ö. Nachbarstadt →St. Ives überflügelt, war H. im

12.–13. Jh mit 16 Pfarrkirchen, drei Hospitälern und einer Webergilde (1131–ca. 1275) eine wohlhabende Stadt. Seit dem späten 12. Jh. wurde H. von seinen Bürgern verwaltet; seit 1295 entsandte es Vertreter ins →Parliament. Im 14.–16. Jh. erfolgte ein deutl. Niedergang; Richard III. inkorporierte H. in Borough H. 1484. J. Barrow

Lit.: W. PAGE, H. Borough (VCH Hunts II, 1932) – C. HART, The Church of St. Mary H. (Proceedings of the Cambridge Antiquarian Soc. 59, 1966).

[2] *Earl, Earldom:* In ags. Zeit dürfte es etwa fünf Inhaber des Titels eines Earl of H. gegeben haben. In der Zeit nach der norm. Eroberung gab es folgende Titelträger: ca. 1090–1111 Simon I. v. St. Liz; seit 1113 bis zu seiner Resignation 1136 →David, den späteren Kg. v. Schottland; 1136 folgte sein Sohn Heinrich v. Schottland; um 1140–53 Simon II.; 1157–65 →Malcolm IV., Kg. v. Schottland; seit 1165 bis zu seiner Absetzung 1174 dessen Bruder →Wilhelm I. (d. Löwe), Kg. v. Schottland; 1174–84 Simon III., Earl of Northampton; 1185–1219 David, Bruder der schott. Kg.e; 1219–37 dessen Sohn John. Dann erlosch der Titel für ein Jahrhundert und wurde erst 1337 William de Clinton verliehen, verschwand aber nach dessen Tod (1354) bis 1377. Nun erhielt Sir Richard d'Angle den Titel, der 1380 wieder erlosch und 1388 John of →Holland übertragen wurde. 1400 wurde er diesem aberkannt, sein Sohn John 1417 formell als Earl of H. wieder eingesetzt. Bei dessen Tod 1447 folgte sein Sohn Heinrich, der den Titel jedoch 1461 verlor. 1471 wurde Thomas →Grey Earl of H., der aber vier Jahre später resignierte. Von 1479–91 war der Titel im Besitz von William →Herbert, Earl of Pembroke, bei dessen Tod er wieder erlosch. Erst 1529 wurde der Titel erneut verliehen. C. T. Allmand

Lit.: Peerage VI, 637–654.

Hunyadi, ung. Adelsfamilie, erstmals 1409 in einer Urk. Kg. Sigmunds erwähnt, in der dem wahrscheinl. aus einer valach. Bojarenfamilie stammenden Hofritter Vajk († vor 1419), Sohn des Serba, Burg und Landgut Hunyad (heute →Hunedoara) in →Siebenbürgen verliehen wurde. Von seinen Kindern sind der spätere Reichsverweser →Johannes H. (d. Ä.), Johannes d. J., Banus v. Severin († vor 1442) und Klara († 1450) bekannt. Aus der Ehe Johannes d. Ä. mit der einer einflußreichen ung. Adelsfamilie entstammenden Elisabeth →Szilágyi gingen die Söhne Ladislaus (* um 1431, † 16. März 1457) und →Matthias Corvinus hervor. Ladislaus erbte von seinem Vater die Würde eines Generalkapitäns v. Ungarn, die der junge Kg. v. Ungarn, →Ladislaus V. Postumus, mit den im Besitz der H. befindlichen kgl. Burgen dem Gf.en Ulrich II. v. →Cilli übertragen wollte. Ladislaus H. vereitelte dies durch Ermordung des Gf.en während einer Ratssitzung in Belgrad (9. Nov. 1456), woraufhin der Kg. ihn in Ofen hinrichten ließ. Während der Regierungszeit seines jüngeren Bruders Matthias, Kg. v. Ungarn 1458–90, erreichte die Familie H. den Höhepunkt wirtschaftl. und polit. Macht. Da beide Ehen von Matthias kinderlos blieben, betrieb der ung. Kg. die Thronfolge seines illegitimen Sohnes Johannes Corvinus (* 2. April 1473, † 12. Okt. 1504), Hzg. v. Liptau und Troppau, Banus v. Kroatien und Slawonien. Die Absicht von Matthias, gegen Ansprüche der Habsburger und Jagiellonen in Ungarn eine Dynastie der H. zu errichten, scheiterte nach seinem Tode an den Partikularinteressen der ung. Magnaten. Mit Johannes, der 1496 Beatrix Gfn. Frangepán († 1510) heiratete, starb die Familie H. aus. Erbe des Familienbesitzes in Siebenbürgen wurde der zweite Gatte der Witwe, Mgf. Georg v. Brandenburg. K. Nehring

Lit.: BLGS I, 166, 314–316, 326f.; II, 193–195; III, 117–119–I. PATAKI, Domeniul Hunedoara la începutul secolului al XVI-lea, 1973 – Schallaburg '82. Matthias Corvinus und die Renaissance in Ungarn 1458–1541, 1982 – K. NEHRING, Matthias Corvinus, Ks. Friedrich III. und das Reich, 1989² [Lit.].

H., Johannes, Feldherr und Reichsverweser v. Ungarn 1446–53, * 1407/09, † 11. Aug. 1456, ▭ Weißenburg (→Alba Iulia), Kathedrale; ⚭ Elisabeth →Szilágyi; Söhne: Ladislaus und →Matthias Corvinus. H. trat um 1430 in den Dienst von Kg. Sigmund, den er auf der Krönungsreise nach Rom bis Mailand begleitete, um am Hof Filippo M. →Viscontis it. Kriegstechniken zu studieren; er setzte seine militär. Karriere unter den ung. Kg.en Sigmund, Albrecht II. und Wladyslaw IV. im Kampf gegen die →Hussiten und →Osmanen fort und drang an der Spitze eines Kreuzzugsheeres 1443 bis →Sofia vor. Der große Plan, im Verbund mit den Herrschern von Albanien, Moldau, Serbien und Valachei die Osmanen aus Europa zu verdrängen, scheiterte mit der Niederlage des chr. Heeres bei →Varna 1444. Im Verlauf der Thronfolgestreitigkeiten in Ungarn wurde H. von den Ständen am 5. Juni 1446 bis zur Mündigkeit des ung. Kg.s Ladislaus V. Postumus zum Reichsverweser gewählt. Als H. von diesem Amt zurücktrat (Jan. 1453), ernannte ihn der junge Kg. zum Generalkapitän des Landes und Verwalter der kgl. Einkünfte. Nach der Niederlage auf dem Amselfeld (→Kosovo-Polje) 1448 widmete sich H. wieder verstärkt der Türkenabwehr. Sein großartiger Sieg über das Heer Sultan →Mehmeds II. bei →Belgrad am 22. Juli 1456 festigte im Abendland seinen Ruhm bis zur legendären Überhöhung. Kurz darauf fiel H. im Lager bei Belgrad (Semlin) der Pest zum Opfer. In seiner verfassungsrechtl. und polit. unsicheren Stellung zw. der Funktion eines Kg.s und der eines →condottiero verstand es H., gestützt auf seine familiaritas, sich gegen verschiedene ung. Adelsparteien durchzusetzen und loyal vier ung. Kg.en zu dienen. Mit der Vermehrung des Familienbesitzes der →Hunyadi in Siebenbürgen und S-Ungarn sicherte H. seinen Söhnen den Aufstieg zum führenden Adelsgeschlecht in Ungarn. K. Nehring

Lit.: L. ELEKES, H., 1952 – E. MÁLYUSZ, A magyar rendi állam H. korában, Századok 91, 1957, 46ff., 529ff. – F. PALL, Skanderbeg et Iancu de Hunedoara, RESE 3, 1965, 433ff. – P. ENGEL, János H.: The Decisive Years of His Career 1440–44 (J. BAK–B. KIRÁLY, From Hunyadi to Rákóczi, 1982), 103ff. – DERS., H. János kormányzó itineráriuma 1446–52, Századok 118, 1984, 974ff. – J. HELD, H., Legend and Reality, 1985.

Huon d'Auvergne, aus linguist. und textgesch. Gründen repräsentativstes Werk der ep. frankovenet. Lit. (→Franko-it. Lit.), hauptsächl. in einer (erst teilweise ed.) franko-venet. Chanson de geste in zwei Redaktionen überliefert (Berlin, DS, Hamilton 337; Padua, Bibl. d. Seminario 32; Turin, Bibl. Naz. N III 19, Anfang 14./ Mitte 15. Jh.). Die zunehmende Durchsetzung der Hss. mit venet. Elementen geht nicht mit der inhaltl. Ausgestaltung der Redaktionen parallel. Eine →Andrea da Barberino zugeschriebene toskan. Prosa-Kurzfassung hängt von einer Version ab, die der Paduaner Redaktion nahesteht. Eine jüngere Redaktion in →Ottava rima, die sich deutl. von der ursprgl. ep. Form gelöst hat (traditionell Michelangelo da Volterra zugeschrieben), geht aufgrund linguist. Kriterien eher auf einen Autor nordit. Provenienz zurück. Die reiche Ausgestaltung mit romanhaften Zügen (v. a. Ugones Höllenfahrt im Auftrag Karl Martells) scheint auf eine Spätdatierung hinzudeuten, zumal in Frankreich entstandene Vorgängertexte fehlen. Allerdings spricht die Erwähnung des »bon alvernatz Uguon«

im Ensenhamen des Guiraut de→Cabrera sowie die – noch nicht eindeutig geklärte – Beziehung zw. H. d'A. und →Huon de Bordeaux wohl für eine frühere Entstehung zumindest des Stoffes in frz. Gebiet. Andererseits scheint die antikapet. Haltung, die sich wiederholt im Text zeigt, auf Tendenzen zu deuten, die Ende des 13./1. H. des 14. Jh. in Mittel- und N-Italien in der Politik und in Rechtsq. in Erscheinung treten. Die Verbindung älterer und jüngerer Elemente harrt also noch der Klärung.

A. Vitale-Brovarone

Lit.: R. Renier, La discesa di Ugo d'Alvernia all'Inferno secondo il cod. franco-it. d. Naz. di Torino, 1883 – A. Tobler, Die Berliner Hs. des H. d'A., SAB. PH 27, 1887, 605-620 – E. Stengel, H. s us A. Höllenfahrt nach der Berl. und Pad. Hs., 1908 – L. A. Meregazzi, L'episodio del Prete Gianni nell' Ugo d'Alvernia, St. Romanzi 26, 1935, 5–69; 27, 1937, 5–87 – A. Vitale-Brovarone, De la chanson de H. d'A. à la Storia di Ugone d'Avernia d'Andrea da Barberino (Charlemagne et l'épopée romane, 1978), 393-403.

Huon de Bordeaux, frz. Roman (→Chanson de geste) aus dem Karlskreis (→Karl d. Gr., lit.). *[1] Handschriftenüberlieferung, Quellen:* Der Roman ist in drei Hss. überliefert, die auf eine gemeinsame Vorlage zurückgeführt werden können: M (Tours), Mitte 13. Jh.; T (BN Turin), 1311; P (BN Paris, fr. 22555), 15. Jh. Zwei neuentdeckte Hss. frgm. gehören anscheinend einer anderen Redaktion an. Die Datierung ist kontrovers (Editor 1216-29, M. Rossi aufgrund inhaltl. Kriterien ca. 1240-60). Entstehungsort wohl →St-Omer. Das Werk umfaßt (in seiner ed. Textgestalt) 10553 assonierende Zehnsilber in 91 Laissen.

Hist. Bezüge auf reales Geschehen der Karolingerzeit oder auf die Pilgerwege sind im »H.« nicht enthalten; die Handlung ist rein fiktiv, ihre Q. sind – neben Anklängen an arthurian. Dichtung – ältere Epen des 'cycle féodal' (»Geste des Lorrains«, »Renaut de Montauban«, »La chevalerie Ogier de Danemarche«). Von diesen älteren Romanen, die das Thema der feudalen Empörung behandeln, weicht »H.« aber in entscheidenden Charakteristika ab.

[2] Handlungsablauf: Auf dem Weg an den Hof von Charlemagne fällt H. in einen Hinterhalt, gelegt von einem Verräter, der auch Charlot, den Sohn des Kg.s, zur Empörung beredet hat. H. erschlägt den von ihm unerkannten Charlot im Kampf. In Paris vor dem Kg. angeklagt, besiegt H. seinen Ankläger im gerichtl. Zweikampf. Dennoch besteht Charlemagne auf Ächtung H.s; erst nach Fürbitte der Barone erlegt er H. eine schier undurchführbare Buße auf: Er soll Charlemagne den Bart und die Zähne des Sarazenenherrschers bringen. Dieses gefährl. Auftrags entledigt sich H. erfolgreich, dank der mag. Kräfte des Zwergenkg.s Auberon, der ihn mit Zauberdingen (Becher und Horn) ausstattet. Gemeinsam mit seiner künftigen Gemahlin, der Tochter des Emirs, Esclarmonde, kehrt H. nach vielen Abenteuern in die Heimat zurück. Hier wird er erneut Opfer grausamer Intrigen; Auberon rettet als getreuer Deus ex machina den Helden vor der Hinrichtung, indem er die Sinne Charlemagnes verwirrt. Am Schluß triumphiert die wahre Gerechtigkeit.

[3] Bedeutung und Nachwirkung: Der klass. Konflikt zw. Kg. und Vasall hat sich im »H.« von der – in den älteren Epen breit entfalteten – Ebene des Krieges auf das jurist. Gebiet verlagert, Ausdruck einer Gewichtsverschiebung: Der Vasall (H.) ist zum bloßen Untertan herabgesunken, der sein Recht vor einem mit manchen tyrann. Zügen ausgestatteten Kg. lediglich noch mit Hilfe des Wunderbaren erringen kann. Unter welchen Momenten aus der satir. Dichtung des mittleren 13. Jh. wendet sich der Roman – aus der Sicht des Adels – gegen die ungerechten Praktiken der kgl. Justizausübung. Das Werk ist somit Ausdruck einer Erneuerung des ep. Genres im Zeichen der Hinwendung zu einer aktuellen Thematik.

Neuartig ist auch die konstitutive Entfaltung des Wunderbaren und Feenhaften; der Zwergenkg. Auberon trägt nicht nur Züge der germ. Volksüberlieferung, angereichert durch einige arthurian. und antikisierende Momente, sondern ist als Beschützer des chr. Glaubens und des Rechts gleichsam »verchristlicht« und verkörpert in seiner übernatürl. Schönheit und naturbeherrschenden Kraft den noch nicht durch die Erbsünde korrumpierten Menschen.

Den zahlreichen Abenteuern H.s im Sarazenenland wie auch der Charakterisierung des Helden selbst fehlt der Zug ins Heroisch-Pathetische und Religiöse; sie stehen (auch durch Einbeziehung kom.-parodist. Handlungselemente) volkstüml. Erzähltraditionen näher als dem Heldenepos. Der in Frankreich spielende Anfangs- und Schlußteil kontrastiert in Aufbau und Darstellungsweise mit der oriental. Abenteuer- und Märchenwelt des Mittelteils.

Der Roman hat – v. a. in seiner Turiner Redaktion – starke, bis ins 18./19. Jh. (Wieland, C. M. v. Weber) reichende Nachwirkung gehabt. Die Turiner Hs. ist bereits mit einer Reihe Erweiterungen und Kontinuationen angereichert (s. Lit.). Aus dem 15. Jh. sind eine stark abweichende Überarbeitung in Alexandrinern (BN Paris, fr. 1451) und eine am Hof v. Burgund entstandene Prosafassg. (1454) überliefert. Darüber hinaus haben zahlreiche Chansons des 14. Jh. feenhafte Elemente aus dem »H.« entlehnt.

M. Rossi

Ed.: P. Ruelle, 1960 – *Kontinuationen:* Auberon: ed. Graf, 1878; ed. J. Subrenat – Esclarmonde, Clarisse et Florent, Yde et Olive, ed. N. Schweigel, 1889 – Esclarmonde, Clarisse, et Florent, Yde et Olive I, Huon et les géants, La Chanson de Croissant, Yde et Olive II, sequels to H. de B. as contained in Turin ms. L. II. 14, ed. B. A. Brewka (Diss. Ab, XXXVII, 77/78, 4810 A) – La Chanson de Godin, ..., ed. F. Meunier, 1958 – H. de B., la version en alexandrins (BN fr 1451), Teiled. T. Hawes, (Thèse 3 cycle Aix-en-Provence, Microfiches Lille [A.N.R.T.], 1988) – K. V. Sinclair, Un nouveau ms. de la version en décasyllabes de H. de B., M-A LXXXV, 1979, 445-64 – A. Vitale-Brovarone, Una nuova redazione di H. de B., Pluteus 1983, 85-128 – *Lit.:* K. Voretzsch, Ep. Stud. I. Die Komposition des »H. de B.«, 1900 – M. Rossi, H. de B. et l'évolution du genre épique au XIIIe s., 1975 – K. C. Mealy, H. de B., a stage in the development of Old French narrative, DissAb XXXV, 74/75, 6102 A – M. Rossi, Loyauté et déloyauté dans H. de B. (Actes du VI. Congr. Int. de la soc. Roncesvals, Aix 1973), 1974 – Dies., Sur Picolet et Auberon dans la Bataille Loquifer (Mél. Wathelet-Willem, 1978), 579-91 – B. F. Beardsmore, The two Auberons, Nottingham Mediaeval Stud. XXIII, 1979, 23-30 – Ders., Auberon and Galopin, Romania CI, 1980, 98-106 – F. Suard, Le cycle de H. de B. (La chanson de geste et le mythe carolingien, Mél. R. Louis, 1982), 1035-50 – M. Rossi, Sur quelques aspects litt. de la chanson en alexandrins de H. de B., (Mél. A. Planche, Annal. de la Fac. des Lettres et Sc. Hum. de Nice, 48, 1984), 429-37.

Huon

1. **H. de Mery**, frz. Dichter, verfaßte 1235/37 das »Tournoiement Antechrist«, eine satir.-allegor. Dichtung in 3544 V. (11 Hss. aus dem 13. und 14. Jh.). Neben die Schilderung eines unentschiedenen Kampfes der Tugenden gegen die vom Antichrist und den antiken Göttern angeführten Laster (→Antichrist, B. III; →Prudentius) treten autobiograph. Elemente (Überwindung der Liebe, Absage an Rittertum, Eintritt ins Kl. St-Germain-des-Prés). H. zitiert →Chrétien des Troyes und →Raoul de Houdenc.

M.-R. Jung

Ed.: G. Wimmer, 1888 – M. O. Bender, 1976 – *Lit.:* GRLMA VI – M.-

R. Jung, Et. sur le poème allégorique en France au MA, 1971, 268–289 – K. Busby, Plagiarism and Poetry in the »T.A.«, NM 84, 1983, 505–521.

2. H. (III.) d'Oisi, Dichter des 12. Jh., Herr v. Oisi und Crèvecoeur, Kastellan v. Cambrai u. Vicomte v. Meaux. Von seinen Dichtungen sind erhalten: ein Kreuzlied, in dem er →Conon de Béthune zu Unrecht tadelt, heil aus dem 3. Kreuzzug heimgekehrt zu sein (1187), sowie ein »Tournoiement des dames« (1189). Dieses lit. Genus, als dessen Erfinder H. angesehen werden kann, erfreute sich auch in der Provence und in Italien einer gewissen Beliebtheit und steht mit lokalen Bräuchen in Zusammenhang (vgl. z. B. in langue d'oil das anonyme »Tournoiement aus dames« sowie die Dichtungen von Richart de Semilli und P. →Gencien und in langue d'oc »Carros« des →Raimbaut de Vaqueiras und »Treva« des Guillem de la Tor). H.s »Tournoiment« (in metr. Hinsicht ein descort) ist in zwei Hss. mit Musiknotation überliefert. Es hat die Gestalt eines choreograph. Librettos: 34 Damen des Hochadels stellen in satir.-parodist. Imitation traditionell männl. Rollenverhaltens unter Leitung des »Mimus choraules« in Tanzform Kampfszenen nach, wobei wahrscheinl. die realen Persönlichkeiten die jeweiligen Figuren der Dichtung verkörperten. A. Pulega

Ed.: A. Jeanroy, Romania 28, 1899, 232–244 – J. Bédier – P. Aubry, Les Chansons de Croisades, 1909, 53ff. – *Lit.*: T. Gérold, La musique au MA, 1932 – H. Petersen Dyggve, NM 35, 1935, 65–84 – A. Pulega, Ludi e spettacoli nel Medioevo, 1970 – H.-H. S. Räkel, DVjs, 47, 1973, 508–550 – Ders., Die musikal. Erscheinungsform der Trouvèrepoesie, 1977 – R. W. Linker, A Bibliogr. of Old-French Lyrics, 1979 – A. Roncaglia, Le corti medievali (Lett. it., hg. A. Asor Rosa, I, 1982, 108ff.) – P. Zumthor, La lettre et la voix, 1987, 269ff. – L. Allegri, Teatro e spettacolo nel Medioevo, 1988.

3. H. le Roi, pikardischer Autor, 13. Jh.; wohl ident. mit Le Roi de Cambrai. Sein Œuvre umfaßt einerseits fromme moralisierende Schr., andererseits leichte Unterhaltung. Zur ersten Gruppe gehören: »Le Abecés par ekivoche« (Komm. des ABC mit moralisierend-christl. Tendenz), »Ave Maria« (Paraphrase des engl. Grußes), »Li Regrès Nostre Dame« (Klagelieder der Mutter Gottes), dazu zwei erzählende Werke, »La Vie de saint Quentin« und die Parabel von den drei Freunden. Zur zweiten Gruppe gehören die beiden Schwänke »Le Vair Palefroi« (nach einem Vorbild im App. der →Fabeln des Phädrus) und »La Male Honte«. Von religiöser Thematik, aber mit satir. Einschlag ist »La descrissions des religions«, eine Darst. der zeitgenöss. Mönchsorden, deren 19 Helinandstrophen (→Hélinand de Froidmont) fast alle mit einem Sprichwort enden. U. Ebel

Lit.: DLFMA – GRLMA VI – H.l.R., Le Vair Palefroi, Conte courtois du XIIIe s. Traduction en français moderne par J. Dufournet, 1976 – P. Harris-Stäblein, Le rôle de la bête dans la structure du »Vair Palefroi« (Actes IVe Coll. Soc. Internat. Renardienne, Évreux 1981, hg. G. Bianciotto – M. Salvat [Publ. de l'Univ. de Rouen 83, 1984]), 575–583.

Huosi. Sie gehören zu den fünf 'genealogiae', die in der →Lex Baiuvariorum (Tit. III) als die primi nach den →Agilolfingern erwähnt werden. Diese bayer. genealogiae erhalten gemäß ihrer 'Ehre' (honor) doppeltes →Wergeld. Bei den H. reicht ein zumindest fiktives Abstammungsbewußtsein bis in die Völkerwanderungszeit zurück. Die polit. Potenz der H. wird bes. im W des bayer. Hzg.sraumes bis weit in das 9. Jh. hinein sichtbar, auch in der mehrmaligen Besetzung des →Freisinger Bf.stuhls und in Kl.gründungen. Im Gegensatz zu →Fagana machen mehrere Q. des 8./9. Jh. ein dichtes genealog. Netzwerk der H. sichtbar, das bis in die Alpen reicht. Die frühen H. entsprechen kaum der Struktur der langob. →Farae. Sie waren offensichtl. wie die anderen genealogiae Herren mächtiger Kriegerverbände, die schon vor der Agilolfingerherrschaft in →Bayern waren und erst allmähl. in das agilolfing. Hzm. integriert werden mußten. W. Störmer

Lit.: →Agilolfinger, →Farae – W. Störmer, Früher Adel, 1973, 44–50 – G. Mayr, Stud. zum Adel im frühma. Bayern, 1974 – R. Wenskus, Sächs. Stammesadel und frk. Reichsadel, 1976 – J. Jarnut, Agilolfingerstud., 1986 – Nibelungenlied und Klage, hg. F. Knapp, 1987 [W. Störmer] – G. Mayr, Ebersberg – Gericht Schwaben (= Hist. Atlas von Bayern, T. Altschwaben 48, 1989), 59–69 – Typen der Ethnogenese unter bes. Berücksichtigung der Bayern, hg. H. Wolfram – W. Pohl, 1990 [W. Störmer].

Hurepoix, Landschaft s. von Paris. In den afrz. Dichtungen des 13. Jh. tritt 'Hérupe' oder 'H.' als Bezeichnung für das alte →Neustrien zw. Loire und Seine, bis zu Anjou und Maine, auf. Dem zunächst als Archidiakonat der Diöz. →Paris (1268) genannte, geograph. unscharfe Begriff 'H.' korrespondierte mit keiner weltl.-jurisdiktionellen Einheit. Er umfaßte einen Teil des Pariser Stadtbereichs, beginnend unter dem Petit Pont (daher auch die Bezeichnung des linken Seineufers als 'H.'), sowie das Gebiet im S der Stadt zw. der Seine bis zu den Landschaften Brie, →Gâtinais und →Beauce. Dourdan war das nichtoffizielle Zentrum dieser Region, das die kgl. →Kastellaneien →Corbeil, Châteaufort und Montlhéry einschloß und allg. durch große Domänen der Kapetinger (→Krondomäne) sowie Güter bedeutender Pariser Familien und Abteien geprägt war. Im Unterschied zur 'Francia' n. von Paris und zur Beauce war H. ein waldreiches, ertragarmes Gebiet mit hohen Niederschlägen. Dünnbesiedelt (nach der Enquête von 1328 nur 6–9 Feuerstätten pro km²), setzte hier nach den Verwüstungen des Hundertjährigen Krieges am Ende des 15. Jh. ein wirtschaftl. Aufschwung ein. O. Guyotjeannin

Lit.: A. Longnon, L'Île de France, Mém. Soc. hist. de Paris I, 1875, 5–12 – L. Gallois, Régions naturelles et noms de pays, 1908, 83–100 – Y. Bezard, La vie rurale dans le sud de la région parisienne de 1450 à 1560, 1929 – G. Fourquin, Les campagnes de la région parisienne à la fin du MÂ, 1964 – Hist. du dioc. de Paris I, 1987, 110–116 [J. Longère].

Hurmuz → Hormuz

Hürne Seyfrid, der → Seyfrid, der hürne

Hus, Johannes (Jan), theol. Denker und Reformator in →Böhmen, * ca. 1371 in Husinec (Südböhmen), † 6. Juli 1415 in Konstanz (auf dem Scheiterhaufen verbrannt). Nach seinem Studium an der Univ. →Prag (seit 1396 Magister) beschäftigte er sich mit den Lehren von Johannes →Milíč v. Kremsier und →Matthias v. Janov, bes. aber mit den Werken John →Wyclifs. 1400 zum Priester geweiht, beklagte er den Verfall der Kirche und den Reichtum der Kl. und Prälaten. Seit 1402 war H. Prediger an der Prager Bethlehemskapelle, die speziell für Predigten in tschech. Sprache errichtet worden war. Vor einer großen Zuhörerschaft aus Prager Bürgern stellte H. die arme apostol. Kirche Jesu Christi der bestehenden gegenüber. Zunächst vom Ebf. Zbyněk Zajíc v. Hasenburg unterstützt, kam es zum Bruch, als H. und seine Anhänger die Lehren Wyclifs gegen die kirchl. Obrigkeit und gegner. Prager Universitätskreise verteidigten. H.' Forderungen verbanden sich mit tschech.-nat. Strömungen. Kg. →Wenzel befürwortete die Verteidigung Wyclifs und die bereits in die Wege geleiteten Universitätsreformen in Prag. Das →Kuttenberger Dekret (1409) führte zum Auszug der dt. Magister und Studenten. H., der Führer der Reformbewegung, wurde zum Rektor der Univ. gewählt, die nun von den tschech. →Wyclifiten beherrscht wurde. Nach der vom Ebf. befohlenen Verbrennung der

Bücher Wyclifs wurde H. geächtet und vor der Kurie angeklagt. Es kam zu heftigen städt. Unruhen, in deren Verlauf dt. Patrizier die Bethlehemskapelle gewaltsam angriffen, H. den päpstl. Ablaßhandel anprangerte und drei seiner Anhänger hingerichtet wurden. Er selbst lehnte eine gewaltsame Durchführung der Reformen ab und zog sich 1412–14 auf die südböhm. Burg Kozí zurück, wo er der Landbevölkerung predigte und seine wichtigsten tschech. Schriften verfaßte. Hatte er sich in seinen früheren, lat. geschriebenen Werken (»Super IV sententiarum«, »Sermones de sanctis«) noch stärker auf traditionell-scholast. Argumente gestützt, so propagierte er nun die →Bibelübersetzung in tschech. Sprache, strebte eine Vereinfachung der Orthographie an, verfaßte Auslegungen der Zehn Gebote und anderer bibl. Texte; in den Postillen wandte er sich an einen breiteren Leserkreis. In seinen Universitätsschriften verteidigte er Wyclif und übernahm, u. a. in »De ecclesia«, lange Passagen aus dessen Werk. Wyclifs Forderung, daß die Hl. Schrift, die älteren Konzilsbeschlüsse und die Kirchenväter die einzigen Quellen der christl. Lehre seien, waren richtungweisend für das Denken von H. Die kirchl. Hierarchie lehnte er ab: Jesus Christus sollte das Haupt der Kirche sein; von Papst, päpstl. Kurie und Prälaten forderte er ein apostol. Leben; das Gesetz Gottes stellte er über die weltl. Gesetze. Allen Handlungen und Befehlen der Obrigkeit, die dem Gesetz Gottes nicht entsprachen, waren Christen keinen Gehorsam schuldig. H. entwickelte sogar die Lehre vom notwendigen Ungehorsam der Christen. Als Johannes XXIII. 1412 über H. den großen Kirchenbann verhängte, bekannte sich dieser zu Jesus Christus als dem »höchsten Richter« in allen Streitfragen des Glaubens. 1414 wurde er vor das Konzil v. →Konstanz geladen. Mit einem Geleitbrief Kg. Sigmunds versehen, glaubte er, dort seine Lehre weitgehend verteidigen zu können, und predigte während der Reise in mehreren dt. Städten und nach der Ankunft in Konstanz. Bald nach den ersten Verhören wurde er jedoch in Gefangenschaft gesetzt. Im Gefängnis stand er in regem Briefwechsel mit seinen böhm. Anhängern, die er zum Ausharren in Treue, Demut und Opferbereitschaft ermahnte; die Einführung des Laienkelches (→Abendmahl) hat er grundsätzl. befürwortet. Als er einen Widerruf der vom Konzil verurteilten Sätze in seinen Schriften ablehnte, wurde er als Ketzer verbrannt und seine Asche in den Rhein gestreut. Sein Freund →Hieronymus v. Prag erlitt ein Jahr später ebenfalls den Feuertod. Der Tod des von seinen Anhängern als Märtyrer verehrten Reformators H. löste in Böhmen die epochale →Hussitenbewegung aus. In der dt. protestant. Tradition als Vorläufer Luthers zumeist positiv gewürdigt, blieb H. in der gesamten böhm. Geschichtsüberlieferung bis in die Gegenwart eine zentrale Symbolfigur unbeugsamen Wahrheits- und Freiheitsstrebens.   J. Macek

Bibliogr.: F. M. BARTOŠ–P. SPUNAR, Soupis pramenů k literární činnosti M. Jana Husa a M. Jeronyma Pražského, 1965 – Ed.: M. Jana Husi Korespondence a dokumenty, ed. V. NOVOTNY, 1920 – Magistri Johannis H. Quodlibet, ed. B. RYBA, 1948 – Magistri Johannis H. Tractatus de ecclesia, ed. S. HARRISON THOMSON, 1956 – Magistri Johannis H. Opera omnia; bisher hg.: Bd. 1, 4, 7, 8, 13, 22, 1959–85 – Lit.: J. SEDLÁK, M. Jan. H., 1915 – V. NOVOTNÝ–V. KYBAL, M. Jan H., 1919–31 – M. VISCHER, J. H., sein Leben und seine Zeit, 1–2, 1940 – F. M. BARTOŠ, Čechy v době Husově, 1947 – M. SPINKA, J. H., 1968 – J. MACEK, Jean H. et les traditions hussites, 1973 – P. DE VOOGHT, L'hérésie de Jean H., 2 Bde, 1975² – A. PATSCHOVSKY, Ekklesiologie bei J. H. (Lebenslehren und Weltentwürfe im Übergang vom MA zur NZ, hg. H. BOOCKMANN u. a.; AAG III, 179, 1989), 370–399.

Husbandry → Agronomie

Husillos (Sta. María de H., de Fusellis), span. Kanonikerstift unweit von →Palencia. Schenkungen sind bereits für 933 bezeugt; Kg. Sancho III. Garcés schenkte die Abtei 1035 der Kirche von Palencia, aber erst die Verpflichtung auf die →Augustinusregel und reiche Dotierung durch Kgn. Urraca im frühen 12. Jh. machten die Abtei zu einem bedeutenden Stift Kastiliens unter dem Einfluß der Aza. Der Abt war stets Dignitär des Kapitels v. Palencia und die Abtei, im übrigen eigenständig, dort in hohem Umfang abgabenpflichtig; das Seniorat v. H. besaß alle Privilegien wie die Kathedrale v. Palencia nach eigenem Titel.
O. Engels

Lit.: DHEE III, 1578 – M. VIELVA, Boletín de la Sociedad Española de Excursiones I, 1907 – S. PRADILLA, ebd. 5, 1912 – R. NAVARRO GARCÍA, Catálogo mon. de la prov. de Palencia, 1930–39 – J. SAN MARTÍN, Rentas de la mitra y cabildo palentinos (Publ. de la Inst. Tello Téllez de Meneses 12, 1956) – J. GONZALEZ, El reino de Castilla en la época de Alfonso VIII, 1960 [Register] – →Palencia.

Husillos, Konzil v., tagte vom 25. März bis zum 21. Juli 1088 unter dem Vorsitz des Kardinallegaten Richard v. Marseille und führender Mitwirkung Alfons' VI. Die Versammlung verfügte die Absetzung des Bf.s Diego Peláez v. →Santiago de Compostela wegen Treubruchs und einen Kompromiß in der strittigen Grenzfrage zw. den Bm.ern →Burgos und →Osma. V. a. die zweite Verfügung hatte ein reiches Nachspiel bis zur Synode v. 1136 in Burgos.   O. Engels

Lit.: DHEE I, 546; III, 1864 – L. SERRANO, El obispado de Burgos y Castilla primitiva I, 1935, 335–338; III, Nr. 31 – L. VONES, Die »Hist. Compostellana« und die Kirchenpolitik des nordwestspan. Raumes 1070–1130, 1980, 108–111 – O. ENGELS, Reconquista und Landesherrschaft, 1989, 333–365.

Húska, Martin (Martínek, gen. Loquis), † (verbrannt) 21. Aug. 1421 in Roudnice, gehörte zu den radikalen Priestern des hussit. →Tábor, die seit 1420 mit chiliastischen, von ihren Gegnern als pikardisch bzw. adamitisch diffamierten Lehren die Einheit Tábors bedrohten. An der Wende 1420/21 gezwungen, Tábor zu verlassen, wurden H.s Anhänger von ihren früheren Bundesgenossen unter Führung Jan →Žižkas gnadenlos verfolgt. H. selbst erlitt von der Hand kath. Gegner den Tod.   M. Polívka

Lit.: J. MACEK, Tábor v. husitském revolučním hnutí II, 1955 – R. LERNER, The Heresy of the Free Spirit in the Later MA, 1972, 119–124 – F. SMAHEL, Dějiny Tábora I, 1988.

Huskarl → Hauskerl

Hussiten

I. Die Hussitenbewegung in Böhmen – II. Wirkung und Einfluß im deutschen Bereich.

I. DIE HUSSITENBEWEGUNG IN BÖHMEN: H. sind die Anhänger der hussit. Volksbewegung, die sich als ein Ausdruck der allg. religiösen sowie sozialen und nationalen Unruhe in →Böhmen nach dem Feuertod von Johannes →Hus (1415) formierte. Als der tschech. Adel bereits 1415 Protestbriefe nach Konstanz sandte und sich im »Hussitenbund«, dem auch Prag beitrat, organisierte, war Kg. →Wenzel außerstande, gegen die ständ. Opposition vorzugehen. Hus' Lehren fanden aber auch Anhänger bei der niederen Geistlichkeit, die die innerkirchl. Mißstände, bes. den Reichtum und den Lebenswandel der Prälaten, kritisierten. Die armen Mesner und Prediger wurden zu Organisatoren der hussit. Bewegung. Auch Niederadlige schlossen sich der Bewegung an und zählten später zu den Führern. Städt. Unterschichten, bes. Randständige, begehrten unter dem Einfluß der Reformprediger immer häufiger gegen den Reichtum der Kl. und Kirchen auf. So vermischten sich religiöse und sozialpolit. Motive in einer allg. Unzufriedenheit. Schnell verbreitete sich die Forderung nach der Darreichung des Laienkelches während des

→Abendmahls, die zunächst von →Jakobell v. Mies (Jakoubek ze Stříbra) und dem dt. H. →Nikolaus v. Dresden praktiziert wurde. Diese Praxis wurde durch das →Konstanzer Konzil verurteilt und schließlich von Wenzel für das ganze Kgr. verboten. Dies verschärfte die seit dem →Kuttenberger Dekret von 1409 herrschende Mißstimmung gegen die Deutschen (bes. an der Universität→Prag [→Nationes]). Als Ergebnis der universitären Diskussionen wurde 1417 eine Deklaration über das hl. Abendmahl in beiderlei Gestalt (»sub utraque specie«) angenommen und dadurch der Kelch zum Symbol der hussit. Reformbewegung (→Utraquisten). Seit dem Frühjahr 1419 pilgerten Anhänger von Johannes Hus zum Berg Oreb in Ostböhmen (→Orebiten), bes. aber zu dem Berg Tábor in Südböhmen (→Taboriten). Am 30. Juli 1419 kam es in der Prager Neustadt zu blutigen Unruhen radikalisierter Randgruppen unter der Führung des Predigers Jan →Želivský, die nicht nur gegen die Kirche gerichtet waren, sondern auch gegen die Ratsherren (sog. »Erster Prager Fenstersturz«). Nach der Revolte wurde Jan →Žižka v. Trocnov, ein verarmter südböhm. Kleinadliger, zum Hauptmann gewählt. Der Tod Kg. Wenzels (16. Aug. 1419), der die Unruhen gewaltsam unterdrücken wollte, ermöglichte den chiliast. Predigern (→Chiliasmus), Einfluß zu gewinnen. Diese radikalen Vertreter der hussit. Volksbewegung predigten die Errichtung des Tausendjährigen Reiches Jesu Christi auf Erden und bereiteten seinen Empfang auf dem böhm. Thron vor. Vergeblich versuchte der Nachfolger Wenzels, Kg. →Sigmund, mit dem gemäßigten Flügel der H. zu verhandeln. Der Versuch der radikalen H., sich mit den Taboriten zu vereinigen, scheiterte, und Žižka, der Prag verlassen mußte, begab sich nach →Pilsen (»Sonnenstadt«). Am 1. März 1420 proklamierte Papst Martin V. den von Sigmund geführten H.-Kreuzzug, der unter Teilnahme der meisten Reichsfs.en und -stände zur Krönung Sigmunds als böhm. Kg. auf dem Hradschin führte. Angesichts des Kreuzzuges einigten sich in Prag die Gruppen, d. h. sowohl die südböhm. Taboriten, die chiliast. Festung →Tábor gegründet hatten, als auch die ostböhm. Orebiten, andere Städte entsandten Bewaffnete. Sigmund gelang es nicht, die Stadt Prag einzunehmen. Nach der Niederlage des Kreuzfahrerheeres auf dem Berge Vítkov (Jan. 1421) und seiner raschen Auflösung war Sigmund zu Verhandlungen bereit. Grundlage waren die von den H. präsentierten sog. »Vier Prager Artikel«: Abendmahl in beiderlei Gestalt; Freiheit der Predigt des Gotteswortes; Verzicht der Kirche auf ihre weltl. Macht sowie Säkularisation des kirchl. Besitzes; Bestrafung der sündigen Geistlichen, v. a. bei →Simonie. Die Forderungen wurden von der röm. Kurie als ketzer. verurteilt; doch erlitten neue Kreuzfahrerheere schwere Niederlagen. Das Zentrum der in verschiedene Gruppen gespaltenen H. (Taboriten und gemäßigte Utraquisten [Calixtiner]) blieb zunächst Prag, bes. seit dem von der Stadt geschaffenen Städtebund (Landtag v. →Čáslav 1421). Dann verlagerten sich die Aktivitäten auf die hussit. →Feldheere unter der Führung Žižkas, der nach innertaborit. Auseinandersetzungen Ende 1421 den radikalen Zweig der Chiliasten (die sog. →Adamiten) liquidieren ließ. Žižka verließ Tábor und machte Ostböhmen zum Zentrum seiner Bruderschaft. Nach seinem Tod versuchte →Prokop d. Gr., die hussit. Gruppen der Taboriten und der Waisen (ehemal. Orebiten) zu vereinigen. Bei seinen Kämpfen gegen die Kreuzfahrerheere benutzte er erfolgreich die von Žižka entwickelte Form der Kriegführung, v. a. mit dem Einsatz von →Wagenburgen (→Heer, Heerwesen, IX). Die Mitglieder der Heere nannten sich selbst →»Boží bojovníci« ('Gottesstreiter'). 1427 begannen die H., propagandist. Manifeste zu verfassen und an ausländ. Univ. und Städte zu senden (Paris, Oxford, Wien, Leipzig u. a.), in denen die »Vier Prager Artikel« erläutert wurden und die Christenheit zum gemeinsamen Kampf gegen Kirche, Papsttum und weltl. Macht aufgerufen wurde. Auf mehreren erfolgreichen Feldzügen drang Prokop d. Gr. weit in das ost- und mitteldt. Reichsgebiet ein. Das Auftreten hussit. Wanderprediger führte in Verbindung mit waldens. Kreisen zur Gründung geheimer hussit. Bünde, so z. B. in Großpolen, in Ungarn (heut. Slovakei) und in einigen Gebieten Dtl.s, mit Wahl eines Hussitenbf.s (Friedrich →Reiser; vgl. Abschnitt II). Nach der Niederlage eines neuen Kreuzfahrerheeres unter der Führung des Kard. legaten Giuliano →Cesarini bei Taus (Domažlice) 1431 war das →Basler Konzil zu auch von Sigmund befürworteten Verhandlungen bereit, die zu den →Basler Kompaktaten (1433) führten. Während die Taboriten die Vereinbarungen ablehnten, kam es zu einer Einigung des konservativen H. mit den Katholiken, und die radikalen Feldheere unter Prokop d. Gr. und anderen Heerführern wurden in der Schlacht v. →Lipany (30. Mai 1434) von einer Koalition des Adels und der Utraquisten vernichtend geschlagen. Erst jetzt wurden die Kompaktaten – und damit der Laienkelch – in Böhmen allg. anerkannt (Ausgleich vom 5. Juli 1436) und das Kgtm. Sigmunds durchgesetzt. Ein erneuter Aufstand der radikalen H. unter Jan →Rohčíč z Dubé wurde niedergeschlagen. Nach dem Tode des zu den »Vier Prager Artikeln« übergetretenen Prager Ebf.s →Konrad v. Vechta († 1431) wählte der böhm. Landtag 1435 den Magister Johann →Rokycana zum Ebf., der jedoch weder vom Basler Konzil noch von Eugen IV. anerkannt wurde. Außerhalb der kath. Kirche festigte die calixtin.-utraquist. Kirche ihre Verwaltung (sog. unteres Konsistorium in Prag). Die Calixtiner fühlten sich immer als Mitglieder der kath. Kirche. Eine radikale Gemeinde bildete sich um Petr →Chelčický, eine der religiösen Gruppen, aus denen die böhm. →Brüdergemeinde hervorging. Zur Nachwirkung der H.bewegung →Böhmen, I, 5; →Georg v. Poděbrad; →Bilderhss., böhm.

Hussitische Literatur und Chronistik: In tschech. Gedichten wurden in der Form von Streitdialogen Kg. Sigmund und der Papst als Feinde der Gottesgesetze und der böhm. Krone verurteilt oder das hussit. Programm vor Jesus Christus als dem höchsten Richter von dem personifizierten Prag verteidigt (Bautzener Hs., 1420). Vavřinec (→Laurentius) v. Březová verfaßte ein lat. Gedicht über d. hussit. Sieg bei Domažlice (Taus) von 1431. In kleinen satir. Gedichten wurden die H. als nicht zu belehrende Ketzer von den Katholiken angeprangert. In einem anderen tschech. Streitgedicht (Wenzel, Havel und Tábor, 1424) wurden die Taboriten kritisiert. Die bedeutendste hussit. Chronik (→Chronik, M.I) ist das lat. Werk von Vavřinec v. Březová, eine tschech. Chronik stellt die Heldentaten von Jan Žižka dar. Eine antihussit. Einstellung zeigt die lat. Chronik des Ritters Bartošek v. Drahonice. Die ältesten Texte der tschech. Annalen (sog. →»Staré letopisy české«), die am Ende der H.bewegung entstanden, zeichnen sich durch eine konservative Tendenz aus.

J. Macek

Bibliogr.: J. K. ZEMAN, The Hussite Movement and Reformation in Bohemia, Moravia and Slovakia (1350-1650), 1977 – *Lit.:* →Böhmen – F. M. BARTOŠ, Husitská revoluce, 1–2, 1965–66 – F. SEIBT, Hussitica, 1965 – H. KAMINSKY, A Hist. of the Hussite Revolution, 1967 – J. MACEK, Jean Hus et les traditions hussites, 1973 – J. KEJŘ, Husité, 1984 – F. ŠMAHEL, La révolution hussite, une anomalie historique, 1985.

II. Wirkung und Einfluss im deutschen Bereich: Schon in der Stabilisierungsphase der wyclifit.-hussit. Reformbewegung in Böhmen wurde deren Anliegen auch außerhalb des Landes verbreitet. →Hieronymus v. Prag trat im Reich insbes. vor den Univ.en in Köln und Heidelberg (1406) sowie in Wien (1410) auf. Die vor Erlaß des →Kuttenberger Dekrets in Prag studierenden deutschsprachigen Magister und Studenten aus dem Reich erlangten für die Vermittlung hussit. Ideen – von Ausnahmen wie Friedrich Eppingen, Peter v. Dresden und Johannes v. Drändorf abgesehen – insgesamt keine größere Bedeutung. Hus selbst fand auf der Reise zum Konzil v. →Konstanz in dt. Städten freundl. Aufnahme, in Sulzbach, Lauf und Nürnberg Gelegenheit zur Darlegung seiner Thesen. In Konstanz hat Hus dann v. a. durch seine Standhaftigkeit, mit der er den Widerruf seiner Überzeugungen ablehnte, die Zeitgenossen beeindruckt. Nach den Prozessen gegen ihn und gegen Hieronymus v. Prag sowie nach dem Erlaß der Bulle »Inter cunctas« durch Papst Martin V. (22. Febr. 1418) ergriffen Bf.e, Synoden und Univ.en im Reich energ. Maßnahmen gegen die hussit. Ketzerei. Seit Beginn der militär. Auseinandersetzungen mit den H. häufen sich die Warnungen vor der H.gefahr in fsl. und städt. Korrespondenzen. Eine Reihe von Magistraten forderte von ihren Bürgern die Leistung eines antiketzer. Eides. Die Emigration von Welt- und Ordensgeistlichen aus Böhmen nach Ausbruch der hussit. Revolution verstärkte den bereits bestehenden antihussit. Interessenblock. Die rigorosen Maßnahmen verhinderten jedoch nicht das Einsickern hussit. Thesen. Als ihre Verkünder fungierten in der Folgezeit vornehml. dt. H. Sie fanden, wie Einzelbeispiele u. a. aus Konstanz oder Zittau zeigen, Anhänger nicht nur in den unteren, sondern auch in den gehobenen Bevölkerungsschichten.

Für die im ersten Drittel des 15. Jh. in Dtl. begegnenden, zumeist aus persönl. Antrieb handelnden hussit. Wanderprediger ist ein einheitl. Missionskonzept nicht zu erkennen. Seit dem zweiten Jahrzehnt bahnt sich die für die spätere Entwicklung typ. enge Zusammenarbeit zw. H. und →Waldensern an, wobei dem mehrfach in Dtl. agierenden engl. →Wycliften Peter Payne eine wichtige Vermittlerrolle zukam. Inquisitionsakten und Chroniken geben Aufschluß über das Wirken der hussit. Prediger, die zumeist auf den Scheiterhaufen endeten: →Nikolaus v. Dresden († um 1417 in Meißen), Johann Buchholz aus Stralsund (1418 in Rostock aufgegriffen), Jakob Bremer († 1420 in Magdeburg), Ulrich Grünsleder aus Vohenstrauß († 1421 in Regensburg), Heinrich Ratgeb aus Gotha († 1423 in Regensburg), Johannes v. Drändorf aus Schlieben und sein Diener Martin Borchard (beide † 1425 in Heidelberg), Peter Turnau aus Tolkemit († 1425 in Udenheim), Johann Fuyger († 1429 in Würzburg). 1429/30 wurden in Freiburg im Üchtland Mitglieder einer Waldensergemeinde inquiriert, die in engen Beziehungen zu H. in Dtl. und Böhmen standen.

Seit 1420 verbreiteten die H. ihre Forderungen, insbes. die »Vier Prager Artikel«, z. T. in deutschsprachigen Manifesten unter den dt. Kreuzfahrern in Böhmen. In der hussit. Offensivphase unter Prokop d. Gr. nutzten sie die Gelegenheit zur Propaganda in den von den →Feldheeren überzogenen dt. Gebieten selbst. Ob bürgerl. Widerstand gegen die Stadtherrschaft (wie in Magdeburg, Passau, Bamberg und Kitzingen) hussit. Einfluß zu verdanken ist, wird man in Zweifel ziehen müssen. Die Bereitschaft vieler Städte zur Zahlung hoher Lösegelder an die hussit. Feldheere erwuchs nicht aus Kooperationsbereitschaft, sondern ist als Notmaßnahme zu verstehen.

Die Propagierung der »Vier Prager Artikel« wurde in Manifesten und Verträgen immer häufiger mit der Forderung nach öffentl. Gehör verbunden. Das am weitesten verbreitete Manifest stellt der von Prokop und anderen Taboritenführern unterzeichnete »Ketzerbrief« von 1430/31 dar, der in zahlreichen Varianten an Reichs- und andere Städte sowie nach England, Frankreich und Spanien verschickt wurde und auch auf dem Basler Konzil kursierte.

Nach Einigung der gemäßigten hussit. Richtung mit der röm. Kirche in den →Basler Kompaktaten, der Niederlage der →Taboriten bei →Lipany (1434) sowie der Unterstellung Tábors unter die Herrschaft Kg. →Georgs v. Poděbrad (1452) bemühten sich Vertreter der radikalen Richtung von ihren Zentren in Tábor und Saaz aus in Zusammenarbeit mit dt. Waldensern und unter ständiger Bedrohung durch die Inquisition um den Aufbau einer taborit.-waldens. Kirche in Dtl. Als Organisator gewann Friedrich →Reiser bes. Bedeutung; wichtige Aktionszentren waren Straßburg und Heilbronn. 1446 wurde in Heroldsberg bei Nürnberg Reiser zum Oberen (Bf.) der Kirche im Exil bestellt; einige Jahre später wurde ihm die Gesamtleitung der hussit.-waldens. Union übertragen. Als weitere Obere begegnen Matthias Hagen, Hans Weiler und Stephan v. Basel, die in der Mark Brandenburg, in Franken bzw. in Österreich predigten. Eine Serie von Inquisitionsprozessen folgte: 1458 in Straßburg, Berlin und Angermünde, 1460 in Eichstätt, 1462 in Altenburg, 1467 in Wien. Der Verlust der Führer (Reiser und Weiler, Hagen sowie Stephan v. Basel wurden verbrannt) dämmte die Aktivitäten der Union weitgehend ein.

Im Laufe des 15. Jh. gab es eine Reihe von Intellektuellen, denen schon von den Zeitgenossen hussit. Neigungen zugeschrieben wurden, z. B. Heinrich Toke (Professor in Erfurt) und Heinrich Steinbach (Professor in Leipzig und dann Domprediger in Bamberg). Johannes v. Lübeck übersetzte zwei umfangreiche Hus-Schr. ins Dt. (Druck 1485 in Lübeck). Die Einwirkung sozialreligiös-hussit. Vorstellungen auf die →Reformatio Sigismundi und das Programm des Hans →Böhm wird heute allg. angenommen, dagegen kann die oft vermutete Kontinuität hussit. Vorstellungen bis in die Zeit der Reformation des 16. Jh. kaum quellenmäßig belegt werden. F. Machilek

Bibliogr.: Zeman (s. o.), 225–230 – *Lit.*: TRE XV, 710–736 – Mezinárodní ohlas husitství, red. J. Macek, 1958 – H. Köpstein, Zu den Auswirkungen der hussit. revolutionären Bewegung in Franken (Aus 500 Jahren dt.-tschsl. Gesch., 1958), 11–40 – Ders., Über den dt. Hussiten Friedrich Reiser, ZfG 7, 1959, 1068–1082 – H. Heimpel, Drei Inquisitionsverfahren aus dem Jahre 1425, 1969 – F. Seibt, Hus und wir Deutschen (Kirche im Osten 13, 1970), 74–103 – K.-V. Selge, Heidelberger Ketzerprozesse in der Frühzeit der hussit. Revolution, ZKG 82, 1971, 167–202 – F. G. Heymann, The Hussite Revolution and Reformation and Its Impact on Germany (Fschr. H. Heimpel, II, 1972), 610–626 – J. Gonnet–A. Molnár, Les Vaudois au MA, 1974 – G. Schlesinger, Die H. in Franken, 1974 – K. Arnold, Niklashausen 1476, 1980 – Přehled dějin Československa, I, 1, red. J. Purš – M. Kropilák, 1980 – M. H. Shank, Unless You Believe, You Shall Not Understand, 1988.

Husterknupp, niederrhein. Burgstelle an der Erft (Gem. Frimmersdorf, Nordrhein-Westfalen). Im FrühMA zunächst ein von einem Wassergraben mit Palisaden umgebener Hof. Vom Ende des 9.–10. Jh. stammen Teile eines Pfostenbaus mit Schwellriegeln und Stabwand (→Holzbau). Später erfolgte die Teilung durch einen Graben und die Aufhöhung der Hauptburg (Kernmotte). Darüber entstand die kegelförmige Hochmotte mit drei Auftragsphasen, von der Vorburg hufeisenförmig umgeben. Dort wurde die Randpalisade durch Holz-Erde-Mauer und Brücke zur Hauptburg ersetzt. Auf der Vorburg befanden sich Fachwerkbauten, auf der Motte stand wohl ein Holzturm. Der Ausbau in Stein begann nach 1192, die Anlage wurde bereits 1244 zerstört. Von dem Neubau des Kölner Ebf.s →Konrad v. Hochstaden sind nur geringe Ziegelreste und Reste einer Tuffsteinkirche erhalten. Urkundl. wurden die Gf.en v. Hochstaden 1080, die Burg 1192 genannt. H. Hinz

Lit.: A. HERRNBRODT, Der H. Eine niederrhein. Burganlage des frühen MA, 1958.

Husting ('behaustes' oder 'gedecktes Ding'), bedeutendster Gerichtshof (→Ding) im ma. →London, der Name geht auf das 10. Jh. zurück und entstand im Zusammenhang mit dem für die engl. Stadtentwicklung so bedeutungsvollen Zustrom dän. Kaufleute. Damals bestanden in London in allg. Ding *(folc-gemot)* und mehrere als h.s bezeichnete Dinge. Kg. Ethelreds Zollordnung (um 1000) kennt wohl bereits ein solches Gericht. Im 12. Jh. verdrängte das einmal wöchentl. (am Montag) tagende h. das nur dreimal jährl. zusammentretende folc-gemot. Das h. wurde zum Gft.sgericht Londons, empfing die kgl. →writs und war zuständig sowohl für Streitfälle um Grundbesitz als auch für Prozesse zw. Kaufleuten. Die Maß- und Gewichtsfestsetzungen des Londoner h. hatten Geltung im ganzen Lande. Seit ca. 1190 führte den Vorsitz ein →mayor v. London, doch bildete sich bald ein gesonderter, tägl. unter dem Vorsitz des mayor tagender Gerichtshof aus, der bes. Schuldnerprozesse entschied, an denen ausländ. Kaufleute beteiligt waren. A. Harding

Lit.: LIEBERMANN, Gesetze, I, 1903, 233, 524, 657, 674; II, 1906, 522 – G. A. WILLIAMS, Medieval London, 1963, 82–84 – C. BROOKE-G. KEIR, London (800–1216), 1975, 249–251.

Hut, Bezeichnung für eine Kopfbedeckung beider Geschlechter, die verschiedenste Formen, Farben und Materialien aufweisen kann und durch das Vorhandensein einer Krempe sowie der steifen Form des Kopfteiles charakterisiert wird. Als von Männern getragener H. besitzt er zusätzl. zu seiner Schutzfunktion noch Symbolcharakter. Er ist Zeichen der Freiheit und der Herrschaft. Im frühen und hohen MA wird er zumeist nur von →Rittern getragen. Je nach Funktion werden entsprechende Materialien verwendet (Leder, Filz, Wolle). Der Schmuck des H.es ist den mod. Gegebenheiten angepaßt, er wird mit Pelz besetzt, mit Borten, Perlen, Gold- und Silberstiften oder Agraffen geschmückt, mit Seidenstoffen gefüttert. Ein typ. Beispiel für bes. kostbare Exemplare sind die Pfauenh. e. Im 14. Jh. dringt die Angewohnheit, H.e zu tragen, in bürgerl. Kreise ein (Kleiderordnung v. Speyer, 1356) und wird zu einem Bestandteil der Reglementierung im Kleidungswesen. Der von Frauen getragene H. wird zunächst in erster Linie als Schutz gegen Sonne und Witterung auf →Reisen getragen. Dabei wird er zumeist auf das Gebende aufgesetzt und mit dem Schleier überdeckt. Als übliche Kopfbedeckung der Frauen setzt sich der H. erst im 16. und 17. Jh. durch. In einigen Städten gehört er im MA zur Außenseiterkleidung (vgl. z. B. →Juden) und dient als Kennzeichen der Dirnen. Stroh- und einfache Filzh.e sind typ. für die unteren Bevölkerungsschichten. E. Vavra

Lit.: L. C. EISENBART, Kleiderordnungen der dt. Städte zw. 1350 und 1700 (Göttinger Bausteine zur Gesch. swiss. 32, 1962) – H.-F. FOLTIN, Die Kopfbedeckungen und ihre Bezeichnungen im Dt. (Beitr. zur dt. Philol. 26, 1963) – B. SCHIER, Von den ma. Anfängen der weibl. Kopftracht (Homenaje F. KRÜGER, II, 1964).

Hüttenwesen. [1] *Allgemein*: H. bezeichnet, in semant. Verkürzung, den weiten techn.-industriellen Bereich der Transformation von Mineralien durch Einsatz von Feuer sowie die Produktion von →Glas ('Glashütte'), wobei weniger die der Verhüttung unterliegenden Erze gemeint sind, sondern die techn. Einrichtungen für die Bearbeitung und deren Phasen, die im ausgehenden MA und in der beginnenden NZ erstmals eingehender beschrieben wurden. Je nach Region, Zeit und Art des verarbeiteten Erzes schwankt das metallurg. Vokabular, das seine Prägung durch den Schmelzofen (furnum), den Einsatz von hydraul. Energie (molendinum), die Anwendung des Pochhammers (martinetum) oder die Herstellung von Halb- oder Fertigfabrikaten in der Schmiede (forgia) erfährt, wobei jeweils die Gesamtheit der an dem betreffenden Ort durchgeführten metallurg. Prozesse umschrieben wird. Der Begriff des H.s schließt somit zwar grundsätzl. keine der mechan. oder chem. Einzelvorgänge aus, die vom Roherz bis zur Fertigstellung eines Halbfabrikats (Barren, Platte, →Blech, →Draht) reichen, doch zeigt sich aufgrund der ikonograph. Zeugnisse, der Buchhaltung der Unternehmen und der archäolog. Befunde, daß der Hauptakzent auf dem zentralen Vorgang des Schmelzens mittels chem. und thermodynam. Prozesse liegt ('Schmelzhütte').

Die Metallurgie des Früh- und HochMA, wie sie sich aufgrund des Traktats des sog. →Theophilus (frühes 12. Jh.) darstellt, war zunächst geprägt von der Weiterführung bestimmter Techniken der antiken Welt. In der 1. Hälfte des 13. Jh. verbreitete sich in Europa der Gebrauch der hydraul. →Energie (→Mühle), v. a. in der Eisenproduktion. In der 2. Hälfte des 15. Jh. übte der gestiegene öffentl. und private Verbrauch an Metallprodukten und der Bedarf an Exportgütern des →Fernhandels einen anregenden Einfluß auf →Bergbau und H. aus. Verstärkte Investitionstätigkeit führte zu techn. Perfektionierung und zur Verbreitung entscheidender →Innovationen, insbes. auf den Gebieten der Eisenschmelze und der Veredlung von silberführenden Kupfererzen. 'Hütte' bezeichnete nun ein komplexes Ensemble von Bauten in einer verwandelten Landschaft: Lagerhäuser und -plätze für Holz und Erze, künstl. angelegte Wasserläufe und -flächen, Verbindungsstrecken, Wohnbauten für techn. und administratives Personal sowie Arbeiter.

[2] *Eisengewerbe*: Seit ca. 1460 häuften sich in Europa die *grosses forges*, d. h. Hüttenwerke, die Hochöfen und Schmiedebetriebe vereinigten und somit das Herausschmelzen des Metalls mit der Veredlung zum Halbfabrikat verbanden. Das vom Maasland ausgehende Verfahren der indirekten Verhüttung erlaubte nun auch die Verarbeitung geringwertiger Erze, die für den älteren Ofentyp (mit niedrigem Schmelzpunkt) unbrauchbar gewesen waren; die durch das hydraul. Gebläse erzielte Hochtemperatur führte andererseits zu einem weitgehend schlackenlosen Ausschmelzen des →Eisens. Das unter hoher Temperatur gewonnene Roheisen wurde allerdings nach den in Wallonien, in der Franche-Comté, in Bergamo und in der Steiermark entwickelten, differenzierteren Veredlungsverfahren zunächst entkohlt und gehämmert und konnte erst dann in Barrenform ausgeschmiedet werden. Die zunehmende Diversifizierung der Verarbeitungsphasen führte nicht zuletzt zu einem starken Anwachsen des Brennholzbedarfs. Der sich ausbreitenden vor- und frühindustriellen Massenproduktion stand in manchen Regionen Europas (z. B. →Elba) eine auf hochwertigen Erzlagern basierende und auf Qualitätsprodukte (→Stahl) spezialisierte traditionelle Metallurgie gegenüber.

[3] *Gewinnung von Silber aus Garkupfer:* Ebenfalls in der 2. Hälfte des 15. Jh. erfuhr die Verarbeitung des silberführenden →Kupfers eine tiefgreifende Erneuerung. Die starke Nachfrage nach →Silber an den führenden Plätzen Europas führte zur raschen Verbreitung der entschei-

den Innovation, Kupfer und Silber durch die Zufuhr von →Blei vollständig voneinander zu trennen. Dieses Verfahren der Garkupferproduktion läßt sich in drei Phasen gliedern: 1. die Fusion von schwarzem Kupfer mit der vierfachen Bleimenge führt bei 990°C zur Verbindung; 2. der unterschiedl. Siedepunkt von Kupfer (1083°C) und Blei (327°C) ermöglicht, beim Erkalten die gesonderte Kristallisation der Skelette des Kupfers und des nun silberführenden Bleis herbeizuführen; 3. die allmähl. Wiedererhitzung im Seigerofen führt zum Abtropfen des silberführenden Bleis von dem kristallisierten Kupfer. Die weitere Veredlung des Kupfers erfolgte im Darrofen, diejenige des Silbers in einem Tiegelofen. Wahrscheinl. wurde die Technik des Seigerns vor ihrer industriellen Nutzung und Verbreitung in Münzwerkstätten im kleinen Kreis angewandt. Einige Forscher vertreten die Auffassung, daß das auf allen Gebieten der Metallurgie führende →Nürnberg diese Technologie seit Mitte des 15. Jh. benutzte, die neuen Forsch. bringen sie dagegen mit der →Slovakei und namentl. mit dem führenden Unternehmer Johann →Thurzo in Verbindung. Eisen und Kupfer waren – gemeinsam mit Wasser und Holz (später mit Kohle) als Energieträgern – die Grundpfeiler der entstehenden Schwerindustrie im industriellen Europa; die großen Enzyklopädien von →Biringuccio und →Agricola haben im Zeichen der Renaissance erstmals die wissenschaftl. und techn. Errungenschaften der Metallurgie und der »feurigen Künste« zusammengefaßt.
Ph. Braunstein

Q. [Auswahl]: →Theophilus – →Biringuccio – →Agricola – Das Schwazer Bergbuch (1556), ed. H. WINCKELMANN, 1956 – Lit.: R. SPRANDEL, Das Eisengewerbe im MA, 1968 – E. WESTERMANN, Das Eislebener Garkupfer und seine Bedeutung für den europ. Kupfermarkt 1460-1560, 1971 – L. SUHLING, Der Seigerhüttenprozeß, 1976 – J. RAMIN, La technique minière et métallurgique des Anciens, 1977 – PH. BRAUNSTEIN, Innovations in Mining and Metal Production in Europe in the Late MA, The Journal of European Economic Hist., 1983, 573-591 – M. SKLADANY, Der Anteil des slowak. Kupferwesens an der Vervollkommnung der Technologie der Verhüttung von Kupfer im 15. Jh., StHistSlov 15, 1986, 9-45.

Huy (wallon. Hu, lat. Hoium, älterer dt. Name Hoei), Stadt im heut. Belgien (Prov. Lüttich), an der →Maas; wohl röm. Ursprungs, doch mit germ. Namen (von *hohi 'Höhe'), war seit dem 7. Jh. ein Castrum mit 634 belegter Kirche, besaß eine Vorstadt mit Metallverarbeitung (goldener Solidus von 630); zwölf monetarii (Münzmeister) sind bekannt. Seit 744 Zollstätte, 862 →portus, seit 940 Sitz eines Gf.en, dessen Gft. 985 dem Reichsbm. Lüttich angeschlossen wurde. Am 26. Aug. 1066 erhielten die 'burgenses' von Bf. →Dietwin den »ältesten Freiheitsbrief im dt. Reich« (H. PLANITZ). An der Spitze der städt. Verwaltung stand der Vogt (bis 1200), der maior (maire, mayeur) und die Schöffen (nach 1330 auf die Rechtsprechung beschränkt); nach 1200 treten die →jurati (mit 2 magistri) auf, seit 1377 die Elf Männer (XI hommes), die die Hospitäler überwachten. Das Kapitel der Kollegiatkirche Notre-Dame, das unmittelbar dem Bf. unterstand, kontrollierte die 16 städt. Pfarreien. Im 13. Jh. umfaßte das Stadtareal ca. 26 ha (Huy-Grande: 21 ha, Outre-Meuse: 5 ha), umgeben von einer um 1200 errichteten Mauer. Später wuchs der bebaute städt. Raum auf ca. 40 ha an. Die Bevölkerung kann für ca. 1300 auf 6000-7000 Einw. geschätzt werden. Der Handel der Stadt, seit 1000 bezeugt (London), erstreckte sich auf das Rheinland (Köln 1103, Koblenz 1104), Frankfurt (1330), Böhmen (Prag 1300) und den Donaubereich bis Ungarn (1345-90), im S auf Lothringen und die →Champagnemessen (→Hanse der 17 Städte) sowie Paris (Lendit-Messe). Import engl. →Wolle wurde bis zum Ende des 13. Jh. betrieben. Die zunächst auf Kupferarbeiten spezialisierte Handwerkstätigkeit (im 12. Jh. →Reiner v. H., Godefroid v. H.) wandte sich nach 1200 der Erzeugung von Tuchen mittlerer Qualität zu.
A. Joris

Lit.: A. JORIS, La ville de H. au MA, 1959 [Lit.] – DERS., H. ville médiévale, 1965 [Lit.] – DERS., H. et sa charte de franchise 1066, 1966 – J. WILLEMS, Le quartier artisanal gallo-romain et mérovingien de Batta à H., Bull. Cercle archéol. Hesbaye-Condroz, 11, 1971 – A. JORIS, Le visage de H., 1976 [Ansichten, Pläne, Lit.].

Huysburg, Kl. OSB bei →Halberstadt. In dem 997 an das Bm. Halberstadt geschenkten Huywald bestand eine Burganlage (civitas, urbs), in der Bf. Burchard I. in der 1. Hälfte des 11. Jh. ein palatium unterhielt. Monast. Lebensformen wurden um 1075 von →Inklusen, die sich seit 1070 bei der Marienkapelle niederließen, eingeführt. Der Reformabt Herrand v. →Ilsenburg förderte H., das 1080 mit dem Recht der Abtwahl selbständig und im Rahmen der→Gorzer Reform 1084 förml. als→Doppelkl. begründet wurde sowie unter Bf. Reinhard (1107-23) die →Augustinerregel erhielt. Es verfügte über eine eigene→Ministerialität. Der Abt, der zu den Beratern des Bf.s gehörte, erhielt 1180 das Recht zum Tragen bfl. Abzeichen. Die Entfernung der Nonnen, 1156 vergebl. verfügt, konnte wohl erst 1411 durchgeführt werden. 1444 trat dem Konvent der→Bursfelder Kongregation bei.
K. Blaschke

Q. und Lit.: F. WIGGERT, Die Urkk. der Benediktiner-Abtei S. Mariae zu H. (Neue Mitt. aus dem Gebiet hist.-antiquar. Forsch. 4, Bd. 1: H., 1838), 1-76 – T. ECKARD, Gesch. des Kl. H., 1904 – Chron. Hujesbergense, ed. O. MENZEL (Stud. und Mitt. OSB 52, 1934), 130-145 – K. BOGUMIL, Das Bm. Halberstadt im 12. Jh., 1972, 67, passim.

Hvar, mitteldalmat. Insel mit gleichnamiger Stadt; slav. Hvar, lat. Faria, Farus, gr. Pharos (Name der 385/384 v. Chr. gegr. griech. Kolonie an der Stelle des heut. Starigrad); it. Lesina (auch slav. Lijesno) jüngere, wahrscheinl. metaphor. Bezeichnung. Nach der slav. Besiedlung im FrühMA gehörte H. zum narentan. Fsm. (→Narentaner). Das wirtschaftl. und polit. Zentrum mit Sitz des Župans lag im Mittelteil der Insel um Starigrad. Um 1145 unterwarf der comes v. →Zadar den Insel. Nach byz. Herrschaft 1165-80 gelangte H. mit dem narentan. Fsm. in Abhängigkeit des ung.-kroat. Kg.s. Die auf den Seehandel orientierte Kommune der erst im 12. Jh. aufblühenden Stadt H. am Westende der Insel löste sich allmähl. von der Herrschaft des Župans. Wahrscheinl. um die Mitte des 13. Jh. siedelte der Bf. des 1145 gegr. Bm.s H. (zuerst unter Zadar, ab ca. 1200 unter →Split) von Starigrad nach H. über. Die Unterwerfung unter →Venedig 1278 bedeutete zugleich Entmachtung des Župans und Ausdehnung der Herrschaft der Kommune über die ganze Insel; der vorkommunale Adel ging im städt. Patriziat auf. Erhalten ist das Statut v. 1331. Nach wechselnder Abhängigkeit seit 1358 (Ungarn, Bosnien, Dubrovnik) blieb die ven. Herrschaft 1420-1797 unangetastet. →Dalmatien.
L. Steindorff

Lit.: EJug², V, 471-475 – G. NOVAK, H. kroz stoljeća, 1972³ – N. DUBOKOVIĆ NADALINI, Članci i rasprave, 1988 – A. GABELIĆ, Ustanak hvarskih pučana..., 1988.

Hwaedberth (Ordensname Eusebius), Abt v. Wearmouth-Jarrow (seit 7. Juni 716), † nach 744, vorher 12 Jahre lang Presbyter. In diese Zeit fällt eine Reise nach Rom zu Papst Sergius. Beda (der in der Hist. abk. 18-20 über H. berichtet) widmete ihm seinen Apokalypsekomm. und »De temporum ratione«. Außer einem Empfehlungsschreiben an Gregor II. für →Ceolfrid, der H. noch vor seiner Abreise im Amt bestätigte, ist von H. eine Slg. von 60 Rätseln erhalten (geistl. Themen, Gegensätze konkreten und abstrakten Inhalts, einzelne Buchstaben, v. a. Tiernamen). H. setzt damit ein durch →Aldhelm und →Tatwine (deren Rätselgedichte er benutzte) sowie durch →Bonifatius für die Angelsachsen charakterist. gewordenes Genus fort.   B. Gansweidt

Ed.: Aenigmata Eusebii, ed. M. DE MARCO, CCL 133 (Tatvini opera), 211–271 – *Lit.*: MANITIUS I, 206 – BRUNHÖLZL I, 203 – W. F. BOLTON, A Hist. of Anglo-Latin Lit. I, 1967, 219–223.

al-Hwārizmī (Muhammad ibn Mūsā), Mathematiker und einer der bekanntesten und einflußreichsten Gelehrten der islam. Welt, pers. Abstammung, wirkte in Bagdad v. a. unter Kalif al-Ma'mūn (813–833). Erhalten sind: 1. eine »Algebra« (arab., z. T. lat. Übers.) mit Grundlagen (Rechnen mit Unbekannten, Gleichungen 1. und 2. Grades, Anwendungsaufgaben – alles ohne Symbole) sowie mit Geometrie- und Erbteilungsaufgaben; 2. die (lat.) »Arithmetik« (nur unvollständige lat. Übers. überliefert) erklärt den Gebrauch der ind. Zahlenzeichen im Stellenwertsystem sowie die arithmet. Operationen und das Wurzelziehen für ganze Zahlen und Brüche; 3. die »astronom. Tafeln« (nur lat. Übers. einer späteren Bearb. überliefert) mit Anweisungen zu ihrer Verwendung; ind. Einfluß ausgeprägt; 4. die »Geographie« gibt nach κλίματα, Längen und Breiten von Ortschaften, Lage von Bergen, Flüssen, Inseln usw.; 5. die »jüd. Zeitrechnung« (ältestes Zeugnis des gebräuchl. jüd. Kalenders); 6. Anleitungen zur Handhabung des Astrolabs; 7. »Über das Gnomon« erklärt die Herstellung einer Sonnenuhr; 8. die »Chronik« (nur Auszüge bei späteren Gesch.sschreibern überliefert) dürfte (rein hist.) Ereignisse von (spätestens) 632 bis (mindestens) 826 beschrieben haben.

Al-H. scheint kaum Neuartiges gefunden zu haben, doch bot er als erster eine klare und breiter zugängl. Darlegung der Grundlagen, wodurch die islam. Wissenschaft einen bedeutenden Antrieb erhielt. Dieselbe Rolle fiel ihm im Abendland durch die Übers. seiner drei erstgenannten Werke im 12. Jh. zu. Aus der lat. Umschreibung seines Namens entstand 'Algorismus' (im MA Bezeichnung für →Rechenkunst) und 'Algorithmus', womit die Mathematik bis heute den Namen al-H.s ehrt.   J. Sesiano

Lit.: DSB VII, 358–365 [Lit.] – SEZGIN IV, 289f.; V, 228–241; VI, 140–143; VII, 128f. – Mukhammad ibn Musa al-Khorezmi, k 1200-letiyu so dnya rozhdeniya, hg. A. P. YUSHKEVICH, 1983 [russ.] – W. KAUNZNER, Über eine frühe lat. Bearbeitung der Algebra al-Khwārizmīs..., AHExSc 32, 1985, 1–16 – E. NEUENSCHWANDER, Reflections on the Sources of Arabic Geometry, Sud Arch 72, 1988, 160–169 – B. HUGHES, Robert of Chesters Lat. Translation of al-Khwārizmīs alJabr (Boethius 14, 1989).

Hwicce, Unterkgr. v. Mercien (→England, A.II,2) seit ca. 680 (erste Erwähnung) – ca. 780. Ein Bm. wurde 680 mit dem Sitz in →Worcester errichtet. Die ma. Grenzen dieser Diöz., die späteren *shires* v. Worcester, →Gloucester und einen Teil von →Warwickshire umfaßte, entsprachen offenbar denen des Kgr.es. Zeitweise teilten sich mehrere Brüder als Mitkg.e die Herrschaft. Trotz unterschiedl. Namen scheinen alle diese Herrscher Mitglieder einer Dynastie gewesen zu sein. Einige der frühesten wurden reges gen., die meisten jedoch als reguli oder subreguli bezeichnet. Ungewiß sind die verwandtschaftl. Beziehungen zw. den später in dem Gebiet von H. herrschenden →ealdormen und der ursprgl. kgl. Familie. H. wurde im 10. Jh. in shires eingeteilt, aber unter Kg. →Ethelred II. konnte Leofwine als »Wicciarum Prouinciarum dux« bezeichnet werden.   P. H. Sawyer

Lit.: H. M. CHADWICK, Stud. on Anglo-Saxon Institutions, 1905, 280–282 – H. P. R. FINBERG, The Early Charters of the West Midlands, 1961, 167–180.

Hy → Iona

Hyazinth (poln.: Jacek), hl., OP, * um 1183, † 15. Aug. 1257 in Krakau; stammte aus dem schles. Geschlecht der →Odrowąż und war verwandt mit dem Bf. Iwo v. Krakau. Zunächst Kanoniker des Domkapitels in Krakau, trat H. 1220 in den Dominikanerorden in Rom ein und begab sich mit anderen Brüdern nach Böhmen und Polen. Die Gründung der Dominikanerkl. in Krakau (1222), Breslau (1226) und Danzig (1227) wird mit H.s Namen verbunden. Im russ.-ostslav. Bereich gründete er die Dominikanerkl. in Kiev (1228) und Galič (1228?, 1238?). Anschließend missionierte er in Pommern und bei den preuß. Pomesaniern (Gründung der Kl. in Kammin 1238? und Elbing 1237). 1594 wurde er kanonisiert. →Dominikaner, VI.   G. Labuda

Ed. und Lit.: Stanislai, De Vita et Miraculis sancti Jacchonis, ed. L. CWIKLIŃSKI, MPH, 1884, 818–903 – B. ALTANER, Die Dominikanermissionen des 13. Jh., 1924 – J. WORONIECKI, Sw. Jacek Odrowąż, 1947 – M. KANIOR, Święty Jacek, Polscy święci, VIII, 1987, 84–122.

Hydatius, Bf. v. Aqua Flaviae (heute Chaves, Portugal), 5. Jh., * in Lemica in Gallaecia (heute Ginzo de Limia, Prov. Orense, Spanien), † kurz nach 468; als Knabe Pilgerfahrt nach Palästina, wo er Hieronymus begegnete; Verf. der »Continuatio Chronicorum Hieronymianorum« (Forts. der Chronik von →Hieronymus, ed. T. MOMMSEN, MGH AA XI, 1894, 1–36; A. TRANOY, SC 218–219, 1974) bis 468 aus der Sicht von Gallaecia mit bes. Interesse für die Iber. Halbinsel (für diese wichtigste Q. seit 428). H. ordnet nach Olympiaden und Ks.jahren, benutzt die hispan. →Ära zur Datierung von Ereignissen. Aus proröm. und anti-barbar. Haltung beschreibt H. die Zersetzung der röm. Macht in der →Hispania und die Entstehung der barbar. Kgr.e. Kirchengeschichtl. interessiert und ausgeprägter Anti-Priscillianist, bekämpft er Ketzer. Ebenfalls von H. ist das »Additamentum ad consularia Constantinopolitana« (»Fasti«; ed. T. MOMMSEN, MGH AA IX, 1892, 197–247), prakt. Abschrift der Konsularchronik von Konstantinopel von 395–468.   J. M. Alonso-Núñez

Lit.: CPL 2263–64 – PLRE II, 574f. – RE IX, 40–43 – Repfont V, 624f. [Lit.] – SCHANZ-HOSIUS IV/2, 109f. – O. SEECK, Idacius und die Chronik von Constantinopel, Jbb. für class. Philologie 35, 1889, 601–635 – C. FRICK, Die Fasti Idatiani und das Chronicon Paschale, BZ 1, 1892, 283–292 – A. BALIL, Aspectos sociales del Bajo Imperio (s. IV–s. VI), Latomus 24, 1965, 886–904 – C. MOLE, Uno storico del V secolo: il vescovo Idazio, Siculorum Gymnasium 27, 1974, 279–351; 28, 1975, 58–139 – L. GARCÍA MORENO, Hidacio y el ocaso del poder imperial..., RABM 79, 1976, 27–42 – E. A. THOMPSON, The End of Roman Spain, Nottingham Mediaeval Stud. 20, 1976, 3–28; 21, 1977, 3–31; 22, 1978, 3–22; 23, 1979, 1–21 – S. TEILLET, Des Goths à la nation gothique, 1984, 207–250.

Hydrostatik → Statik

Hygiene. Seit dem 4. vorchristl. Jh. belegt (→Aristoteles) und seit dem 2. Jh. systematisiert (→Galen), korreliert die Begrifflichkeit der ὑγιεινή τέχνη (bzw. πραγματεία) mit der personifizierten Ὑγιεία und zeigt mit der Semantik von δίαιτα zahlreiche Überlappungen. Ausgerichtet auf das Bewahren der Gesundheit und dem μεσότης-Modell verpflichtet, strebt die humoralpathol. die εὐκρασία an, die als zu erhaltendes Gleichgewicht der stabilisierenden Regelung durch eine Norm bzw. durch ein übergreifendes Gesetz (νόμος) unterworfen wird. Diese Normgebundenheit bringt die ma. H. in Zusammenhang mit der Weltordnung und macht sie zugleich zugängl. gegenüber dem Regulativ von Zucht (παιδεία), die das arab. Modell feiner Lebensart (*adab*) integriert (→Fürstenspiegel, →Secretum secretorum) und ab dem 11. Jh. im Vollbild des Regimen sanitatis zum Ausdruck bringt. Im vorsalernitan. Fachschrifttum erst rudimentär angelegt (→Anthimus-'Brief'; →Diaeta Theodori), liefern die sex res non naturales (→Ars medicinae) das strukturierende Grundgerüst für eine vielschichtige diätet. Lit., die sämtl. Lebensbereiche abdeckt (Gesundheit, Krankheit, ständ. und berufl. Anforderungen, Reisen, Lebensalter, Schwangerschaft, Stillzeit) und auch auf jahreszeitl.-iatromathemat. Bedingtheiten eingeht (regimen temporum anni, r. duodecim mensium [Monatsregeln], *lûtertranc*). Durch zunehmende Berücksichtigung individueller Besonderheiten entwickeln sich Spezialregimina, aus denen unter Anlehnung an die Rechtspraxis im 13. Jh. die Gattung med. →Konsilien hervorgeht (Taddeo →Alderotti, Antonio →Benivieni).

Im System ma. Medizin zw. Theorie und Praxis angesiedelt, hat die H. mit ihrem diätet. Fachschrifttum wesentl. zur Wissensvermittlung an den Laien beigetragen, was sich seit dem HochMA an umfangreicher landessprachiger Rezeption ablesen läßt (→Aldobrandino da Siena, Hiltgart v. Hürnheim, Secretum secretorum, Regimen sanitatis Salernitanum, →Konrad v. Eichstätt). Volkssprachige Regimina-Titel wie »Ordenunge der gesuntheit«, »Regimen vite«, »Büechelin der gesuntheit«, »gezondheidsregels« u. ä. machen deutlich, daß sich gesundheitsbezogenes Ordo-Denken seit dem HochMA mentalitätsprägend durchzusetzen begann, und seit dem SpätMA läßt sich am »Iatromathemat. Hausbuch«, am »Iatromathemat. Gesundheitsbüchlein« Konrad →Türsts und an deren Derivattexten (Bauernkalender, Volkskalender) ablesen, daß weite Bereiche laienmed. Gesundheitsorientierung von hygien. Vorstellungen geprägt waren.

Über die individuelle Gesundheitsführung (mit Ernährungs-, Kleidungs-, Wohnungsh.) hinaus läßt sich die prakt. Umsetzung diätet. Konzepte seit dem 9. Jh. auf dem Gebiet des öffentl. H. nachweisen, die im Interesse des Gemeinwohls Krankheitsursachen zu vermeiden und gesundheitsfördernde Bedingungen zu schaffen sucht. Ihre Auswirkungen werden zuerst im monast. Bereich greifbar (→St. Galler Klosterplan), lassen sich seit dem 11. Jh. am →Burgenbau ablesen und kommen seit dem 12. Jh. in städt., später auch in landesherrl. Verordnungen zum Ausdruck. Sie betreffen die Exkrement- sowie Abfallbeseitigung (→Abort, Müllabfuhr), das Zurückdrängen der ländl. Lebensformen (Verlagerung von Stallungen und Misthaufen von der Gassen- auf die Hofseite; Einschränkung bzw. Verbot der Tierhaltung auf der Straße), die Beseitigung von Aas und Unrat (Straßenpflasterung: Paris um 1185, Prag 1331, Nürnberg 1368, Basel 1387), die Ableitung von Abwässern, die Trinkwasserverordnung (→Brunnen, →Wasserversorgung), die Bereitstellung von →Badstuben, das Überwachen der Lebensmittelqualität, das Gewähren von Bausicherheit, die Sicherung der Krankenversorgung (→Apotheke, →Chirurgie, →Hospital) und der Schutz vor Seuchen (→Aussatz, →Epidemien, →Pest, →Quarantäne, →Syphilis). Gewerbehygien. Maßnahmen blieben die Ausnahme (→Bergrecht; Ulrich →Ellenbog). Trotz starker individueller Schwankungen lassen sich übergreifende Entwicklungen einheitl. Ausrichtung erkennen, wie sie z. B. durch die Pestepidemien von 1348/51 ausgelöst wurden (Kadaverbeseitigung), sich aus der Frambösie/Syphilis-Epidemie ergaben (Schließung von Badstuben und Frauenhäusern [→Prostitution] wegen Furcht vor sexueller Transmission) oder aus der Suchtgefahr infolge Branntweinbrennens resultierten (Konzessionierung, Kontingentierung, verbrauchsbezogene Polizeivorschriften). G. Keil

Lit.: A. G. VARRON, H. in der ma. Stadt, CIBA Zs. 4/46, 1937, 1581–1605 – DERS., Wohnh. im Altertum/MA, ebd. 7/83, 1941, 2882–2897–J. J. JENNY, Kleidung und H., ebd. 8/87, 1943, 3034–3069– W. SCHMITT, Theorie der Gesundheit und 'Regimen sanitatis' im MA [Habil.schr. Heidelberg 1973]– Städt. Versorgung und Entsorgung im Wandel der Gesch., hg. J. SYDOW (Stadt in der Gesch. 8, 1981) – Mensch und Umwelt im MA, hg. B. HERRMANN, 1986 [1989⁴].

Hyginus im Mittelalter. Für das MA war H. ein einziger Gelehrter: C. Julius H., der wahrscheinl. aus Spanien stammende, später in Alexandria und seit 28 v. Chr. in Rom lebende Polyhistor und Präfekt der palatin. Bibliothek. Seine Werke gingen jedoch schon im Altertum unter. Die heute bekannten Fragm. hat das MA indirekt überliefert: die Bruchstücke der landwirtschaftl. Schriften de agricultura und de apibus durch Columella (9,2,1; 9,13,8), die Bruchstücke seiner philolog. Komm. z. B. zu Vergil bei Gellius (1,21,2; 16,6,14 u. a.), die Fragm. der hist. Schriften de viris rebusque inlustrium virorum durch Gellius (1,14,1; 6,1,2), der exempla ebenfalls durch Gellius (10,18,7), vielleicht auch bei Valerius Maximus (TRAUBE s. u.), de familiis Troianis bei Servius (zu Verg. Aen. 6,389), de origine et situ urbium Italicarum ebenfalls bei Servius (in Aen. 3,553; 1,277 u. a.), die Fragm. der antiquar. Schriften de proprietatibus deorum und de dis penatibus durch Macrobius (Sat. 3,8,4; 3,4,13). – Unter den Namen des H. sind zwei Handbücher der späteren Kaiserzeit geraten: 1. Eine Mythologie (Hygini fabulae), die auf griech. Vorlage beruht. Das Werk scheint allein durch ein Exemplar erhalten zu sein, das sich in dem auch sonst als Rückzugsgebiet antiker Lit. wichtigen beneventan. Raum befand; dort entstand die einzige Hs., die vielleicht schon im 11. Jh. in die Freisinger Dombibl. gelangt und dort im 16. Jh. von Jacobus Micyllus seiner ed. pr. zugrunde gelegt wurde (Reste der alten Hs. Clm 6437). – 2. Eine ohne Titel überlieferte Astronomie (astronomica bzw. de astrologia), in der sich die wichtigsten antiken Kenntnisse über die Gestirne und dgl. nebst den Sternsagen finden, ist im Vergleich zur Mythologie ziemlich häufig gewesen: Benutzung seit Isidor (nat. rer.), verhältnismäßig viele Exzerpte; zahlreiche Hss. seit der späteren Karolingerzeit bis zum Ausgang des MA. Das Werk ist einer der wichtigsten Vermittler antiker astronom. Kenntnisse an das MA geworden. – Die Fragmente des Grammatikers H. sind im »Corpus der Agrimensoren« im Cod. Arcerianus (Wolfenbüttel Aug. 2°. 36.23) des 6. Jh. erhalten. F. Brunhölzl

Lit.: MANITIUS, I–III [Register] – L. TRAUBE, Unters. zur Überlieferungsgesch. röm. Schriftsteller, SBA, 1891, 387ff. (= Vorles. und Abhandl. III, 3,10 und 17) – P. LEHMANN, Fragm., AAM 1941 – L. FITZGERALD, H. i Astronomica [Diss. St. Louis Univ. 1967]–Texts and Transmission, ed. L. D. REYNOLDS, 1983.

Hylemorphismus → Form/Materie

Hymiskviða ('Hymirlied'), Götterlied der →Edda, das aus folgenden Hauptepisoden besteht: 1. Die Götter Thor und Týr sollen im Auftrag der übrigen Götter beim Riesen Hymir einen Kessel holen, um in Ägirs Halle Bier zu brauen. Das gelingt ihnen, wobei Thor die Riesen erschlägt. 2. Thor rudert mit Hymir aufs Meer, um Fische zu fangen (Fischzug-Mythos). Während Hymir zwei Wale fängt, ködert Thor mit einem Stierkopf an der Angel die Midgardschlange. Beim Hochziehen des die Erde umschlingenden Ungeheuers bricht Thor durch den Boden des Bootes; entsetzt kappt Hymir die Angelschnur; erst im Endzeitkampf gelingt es Thor, die Schlange zu töten, doch fällt er selbst durch ihren Pesthauch (auch von →Snorri Sturluson in der »Gylfaginning« geschildert). 3. Schließlich wird noch der Mythos der geschlachteten, wieder fehlerhaft zusammengesetzten und daher lahmenden

Böcke Thors (Opferritual?) angesprochen (bei Snorri im Bericht von Thors Fahrt zum Útgarðaloki ausgeführt). Wegen der Märchenmotive und skald. Umschreibungen könnte H. im 12. oder 13. Jh. entstanden sein. H. Ehrhardt
Ed.: G. NECKEL–H. KUHN, Edda, 1962, 88ff. – *Übers.*: F. GENZMER, Die Edda, 1987[6], 62ff. – *Lit.*: R. SIMEK, Lex. der germ. Mythologie, 1984, 200–202, 402–405 [Lit.].

Hymnen, Hymnographie

I. Lateinisches Mittelalter – II. Byzantinische und altkirchenslavische Literatur.

I. LATEINISCHES MITTELALTER: [1] *Begriff*: H., Lobgesänge; speziell Gesänge für die gemeinsamen Gebetszeiten, zunächst der Gemeinde, dann der Mönche und des Klerus (→Stundengebet, →Brevier) zum Lob Gottes (Augustinus, enarr. in Ps 148,17) und seiner Hl.n; gleichstrophig (seit Hilarius, Ambrosius), mit gleicher Melodie der Strophen, durch eine Doxologie beschlossen; Prozessions-H. häufig mit Refrain. Im MA kann *hymnus* auch andere Arten von Lobgesang bedeuten. Vgl. auch →Cantio, →Reimgebet.

[2] *Geschichte*: Reste des ältesten, im 4. Jh. unterdrückten H.-Gesangs sind Gloria in excelsis, Te Deum, Te decet laus. Der wohl nach 360 verfaßte liber hymnorum des →Hilarius v. Poitiers, in verschiedenen Metren, ist bis auf Stücke dreier H. verloren. Die H. des →Prudentius sind zunächst ein lit. Werk, erst nachträgl. in Teilen liturg. verwendet. →Ambrosius v. Mailand fand die klass. Form des H.us: jamb. Dimeter (z. B. Veni redemptor gentium) in 8 Strophen zu 4 Zeilen, mit Doxologie in der letzten Strophe. Entscheidend für die Ausbreitung der H. im Abendland war neben dem poet. Rang dieser H. die Bestimmung →Benedikts (Regula c. 9, 12, 17 etc.), zu den einzelnen Horen einen H.us (auch 'ambrosianum') zu singen. In Rom dagegen wurden H. erst im 12. Jh. angenommen. Die ältesten erhaltenen H. (BULST) haben überwiegend die ambrosian. Form, gelegentl. abweichende Strophenzahl. Daneben sind →Distichon (Venantius Fortunatus), trochäischer Septenar (Chilperich), alkaischer Hendekasyllabus (BULST V8) zu finden. Im 5. und 6. Jh. entstehen unter dem Einfluß des gesprochenen Lateins rhythm. Formen (BULST VI). Reim tritt als Assonanz seit dem 5. Jh. gelegentl. auf (z. B. Sedulius, BULST IV, Venantius Fortunatus, BULST XI 3). In der ir. Hymnik zeigt sich schon im 7./8. Jh. zwei- und dreisilbiger Reim. Die Dichter der karol. Epoche gebrauchen neben der ambrosian. vermehrt andere metr. Strophen, bes. die sapphische (Ut queant laxis); Reim und rhythm. Formen treten vorübergehend zurück. Danach, bis zum Ende des MA, entstehen sowohl metr. als auch rhythm. H. Neben traditionellen Motiven zeigen die H. oft auch Züge ihrer Zeit, wie ab 12. Jh. die Vorliebe für Typologisches oder Anklänge an die Schuldisziplinen. Als kühner Neuerer zeigt sich →Abaelard.

[3] *Überlieferung*: H. sind in der Regel in liturg. Hss. überliefert, daher anonym, selten mit den lit. Werken ihrer Verf. Schon der Umfang des ambrosian. H.-Werks ist nur erschlossen, viele ante Zuschreibungen sind fragl., andere, wie z. B. die an →Gregor d. Gr., falsch. Die liturg. Überl. setzt mit nur wenigen Ausnahmen (→Antiphonar v. Bangor; Vatic. Regin. 11; London, BL, Cotton Vespas. A.1) erst im 9. Jh. ein. Die H. sind gewöhnl. in einem Hymnar gesammelt, später auch auf die einzelnen Offizien verteilt. Einen Grundbestand der bei den Benediktinern gebrauchten H. bietet das sog. 'Alte Hymnar', das im 9. Jh. durch das 'Neue Hymnar' ersetzt wurde. Darüber hinaus sind zahllose spezielle H. in Gebrauch. Neben Irland besaß v. a. Spanien eine eigene H.-Tradition. Das Konzil v. Trient hat die H., im Unterschied zu den Tropen und Sequenzen, in der Liturgie belassen, doch litt in vielen Fällen durch humanist. sprachl. und metr. 'Reinigung' der urspgl. Charakter Einbuße. Der neue Liber hymnarius (1983) greift auf die alten Fass. zurück. – Zu ma. Komm. vgl. GNEUSS. →Geistl. Dichtung, →Liber hymnorum.

G. Bernt

Ed.: AnalHym – W. BULST, Hymni latini antiquissimi..., 1956 – G. M. DREVES–CL. BLUME, Ein Jt. lat. H.dichtung, 1909 – *Lit.*: MGG VI, 993–1018 – CL. BLUME, Rep. repertorii, 1901 – SZÖVÉRFFY, Annalen – U. CHEVALIER, Rep. hymnologicum, 6 Tle, 1892–1921 – J. JULIAN, A dict. of Hymnology, 1907 – F. J. E. RABY, Christian Latin Poetry, 1927 – Ä. LÖHR, Abend und Morgen ein Tag, 1956 – B. STÄBLEIN, Monumenta monodica medii aevi I, 1956 – H. GNEUSS, Hymnar und H. im engl. MA, 1968 – J. SZÖVÉRFFY, Iberian Hymnody, 1971 – SCHALLER–M. LÜTOLF, Register zu den Analecta hymnica medii aevi, 1978 – K. GAMBER, Codd. liturgici latini antiquiores, Suppl., 1988, 218 [Ind.].

II. BYZANTINISCHE UND ALTKIRCHENSLAVISCHE LITERATUR: Die Anfänge der griech. Hymnographie (H.g.) gehen – nicht anders als in den Westkirchen – auf hymn. Texte im NT und im AT zurück (Magnificat, Canticum Symeonis, Gloria in excelsis, Canticum Moysis usw.). Erste zusammenhängende Nachrichten über H. und Gesang im Jerusalemer Gottesdienst finden sich in der Peregrinatio der →Aetheria aus dem Beginn des 5. Jh. und im Altarmen. Lektionar, das den Zustand der liturg. Entwicklung noch vor der Mitte des 5. Jh. erkennen läßt. Maßgebend ist in der vorikonoklast. Epoche der Anteil von Hymnographen und Meloden aus Jerusalem und Syrien an der Bildung der hauptsächl. hymnograph. Gattungen, wobei Namen (oder Herkunftsbezeichnungen) wie Anatolios/Anatolikos sich zeitl. nicht fassen lassen. Auf syr. metr. Homilien fußt die Gattung des →Kontakion, das v. a. von →Romanos Melodos (6. Jh.) gepflegt wurde. Sophronios, Patriarch v. Jerusalem (634–638), verfaßte →Stichera. Unter den Kanones-Dichtern ragt →Johannes Damaskenos (ca. 650–ca. 750) hervor. Nach den ikonoklast. Wirren verlagern sich die Zentren der hymnograph. Tätigkeit nach Konstantinopel (→Theophanes Graptos ca. 775–845, →Theodoros Studites 759–826) sowie nach Süditalien (Josephos Sikelos ca. 810–883, Schule v. Grottaferrata). Noch im 11. Jh. bereicherte der Metropolit v. Euchaita, Iohannes →Mauropus, das Hymnenrepertoire der griech. Kirche. In der Palaiologenzeit pflegen Kirchendichter wie Patriarch →Philotheos Kokkinos v. a. die Gattung der Andachtshymnen (κανόνες παρακλητικοί). Neben Mönchen und kirchl. Würdenträgern haben sich auch Nonnen (Kasia im 9. Jh.), Laien (Theodoros →Daphnopates, Michael →Psellos, sogar Kaiser (→Leon VI., →Konstantinos VII. Porphyrogennetos) als Hymnographen betätigt. – Als Grundprinzipien der byz. H.g. gelten – ohne Rücksicht auf die Quantität der klass. Dichtung – Isosyllabie, Homotonie, Isochronie wie in der Einleitung des Ioannes Zonaros zu seinem Komm. der Kanones anastasimoi des Ioannes Damaskenos dargelegt (vgl. W. CHRIST, AAM, 1870, 75–108). Diese Grundprinzipien gelten in der Adaptierungsmethode zw. Musterstrophe (αὐτόμελον) und nachgeahmter Strophe (προσόμοιον), lassen jedoch Abweichungen zu, die sich musikal., durch das Verhältnis der Neumen zum Text erklären lassen (→Byz., altslav., georg. und armen. Musik). Neben der überwiegenden Zahl der nach diesen metr. Grundsätzen abgefaßten Kirchenhymnen kommt liturg. Gedichten in byz. jamb. Metren (z. B. der Kanon zu Christi Geburt des →Iohannes Monachos) oder den Exaposteilaria anastasima K. Konstantinos' VII. Porphyrogennetos in Fünfzehnsilbern (στίχοι πολιτικοί) Seltenheitswert zu. In jamb. Zwölfsilbern sind auch die meisten Akrostichides in den Kanones abgefaßt. - Vor dem 10. Jh. sind hymnograph. Slg.en hs. nicht erhalten. Als Anordnungsprinzip der alten Slg.en bis etwa zum 12. Jh. gilt die hymnograph. Gattung (Tropologion, Kontakarion, Sticherokathismatarion usw.). Dann erhalten die hymnograph. Hss. eine Anordnung, die dem Ablauf der jeweiligen Offizien gemäß den liturg. Zeiten entspricht. Die Oktoechos enthält die H. für die wöchentl. Offizien in den 8 Tönen. Die Menaia bieten die Kirchenlieder für das unbewegl. Kirchenjahr (von Sept. bis Aug.) und werden entweder in 12, 6 oder zwei Bände eingeteilt. Triodion und Pentekostarion betreffen die Fasten- und die Osterzeit. - Als gesungene Dichtung bietet die byz. H.g. nicht nur Wege zum Verständnis der bibl. Exegese im MA, durch die vielen bibl. Zitate in den H. liefert sie auch einen Beitrag zur bibl. Textgeschichte. Darüber hinaus stehen H.g. und Homiletik in einem wechselseitigen Verhältnis. In H. auf die Märtyrer bzw. zu Christi Geburt wurde aus Homilien des →Basileios v. Kaisareia bzw. des →Gregorios v. Nazianz wörtl. zitiert. Einen bes. Fall der Quellenbenutzung stellen die Anabathmoi am Morgenoffizium des Sonntags dar. Diese H., die als eine Komposition des Theodoros Studites gelten, paraphrasieren die psalmi graduum (Ps 119-133) und wurden bis zum 13. Jh. zw. den entsprechenden Psalmversen gesungen.

Im Zuge der Christianisierung der Slaven wurden die byz. liturg. Bücher ins Altslav. übersetzt. Als älteste umfangreichste Denkmäler dieser Übers. gelten die altruss. Menaia für Sept. bis Nov. aus d.J. 1095-97 (ed. J. JAGIĆ, SPb 1886). Sie tragen an einzelnen Stellen Musikzeichen. Sehr bald haben die Slaven - wie bereits die Georgier früher - das byz. hymnograph. Repertoire sowohl für die neuen Feste slav. Hl.r als auch für den bereits bestehenden liturg. Rahmen bereichert. So enthalten die Jagićer Menaia slav. Kompositionen für den hl. Wenzel v. Böhmen (28. Sept.). Das Offizium für die Protomärtyrer →Boris und Gleb (24. Juli) ist ab dem 11.-12. Jh. (Moskva, CGADA, Sin. tip. 121) erhalten (vgl. E. GOLUBINSKIJ, Istorija russkoj cerkvi I/2, 1904, 508ff.). Bes. im Bereich des Triodion haben altbulg. Hymnographen wie Bf. →Konstantin v. Preslav (9.-10. Jh.) den bisherigen Bestand an Kirchenliedern mit eigenen, durch Akrostichis gekennzeichnete Kompositionen bereichert. Der Biograph des hl. Sava v. Serbien (1175-1235), →Teodosije, verfaßte auch im 13. Jh. einen H.zyklus zu Ehren des ersten Ebf.s Serbiens, der bereits im Cod. Sofia, Kirchl.-hist. Mus. 403 (Ende des 13. Jh.) erhalten ist (ed. D. BOGDANOVIĆ, 1980). - Im slav. Bereich druckte Sv. Fiol bereits 1491 einen Oktoich in Krakau. Durch die verschiedenen Überlieferungsstränge bedingt, enthalten die slav. Druckausg. hymnograph. Slg.en von Moskau und Kiev zahlreiche Texte bz. Herkunft, die im Griech. undiert oder verloren sind.   Ch. Hannick

Ed.: Analecta hymnica graeca e codicibus eruta Italiae Inferioris, 12 Bde, ed. G. SCHIRÒ, 1966-83 - daneben nur liturg. unkrit. Ausg.: PH. VITALI, 1738 - B. KUTLUMUSIANOS, 1843 - J. B. PITRA - N. STEVENSON, 1876-1901 - Lit.: NEW GROVE IV, 363-371 [CH. HANNICK] - TRE XV, 762-770 [CH. HANNICK] - J. B. PITRA, H.g. de l'Église grecque, 1867 - W. CHRIST - M. PARANIKAS, Anthologia graeca carminum christianorum, 1871 - E. BOUVY, Poètes et mélodes, 1886 - W. WEYH, Die Akrostichis in der byz. Kanonesdichtung, BZ 17, 1908, 1-69 - C. EMERAU, Les catalogues d'hymnographes byz., Echos d'Orient 21, 1921, 147-154 - DERS., Hymnographi byz., ebd. 26, 1923, 11-25, 419-439; 27, 1924, 195-200, 275-285, 407-414; 29, 1926, 177-184 - C. KOROLEVSKIJ, L'éd. romaine des ménées grecs (1888-1901), Boll. d. Badia greca di Grottaferrata 3, 1949, 30-40, 135-162, 225-247; 4, 1950, 15-16 - P. N. TREMPELAS, Ἐκλογὴ ἑλληνικῆς ὀρθοδόξου ὑμνογραφίας, 1949 - F. G. SPASSKIJ, Russkoe liturgičeskoe tvorestvo, 1951 - H. FOLLIERI, Initia hymnorum ecclesiae graecae, I-V, bis, StT 211-215bis, 1960-66 - E. WELLESZ, A hist. of byz. music and h.g., 1961² - A. RAES, Les livres liturgiques grecs publiés à Venise, Mél. E. TISSERANT, III, StT 233, 1964, 209-222 - J. SCHATTENMANN, Stud. zum ntl. Prosarhythmus, 1965 - H. LEEB, Die Gesänge im Gemeindegottesdienst von Jerusalem (vom 5. bis 8. Jh.), WBTh 28, 1970 - E. FOLLIERI, The 'Initia hymnorum ecclesiae graecae' - A bibliogr. suppl., Stud. in Eastern Chant 2, 1971, 35-50 - K. METSAKES, Βυζαντινὴ ὑμνογραφία, I, 1971, 1986² - CH. HANNICK, Stud. zu den griech. und slav. liturg. Hss. der ÖNB, Byz. Vindobon. 6, 1972 - J. QUASTEN, Musik und Gesang in den Kulten der heidn. Antike und christl. Frühzeit, LWQF 25, 1973² - J. GROSDIDIER DE MATONS, Romanos le mélode et les origines de la poésie religieuse à Byzance, 1977 - S. KOŽUCHAROV, Tipologičeskie paralleli meždu vizantijskoj i slavjanskoj gimnografijami, Les cultures slaves et les Balkans I, 1978, 254-260 - J. SZÖVÉRFFY, A guide to byz. h.g., A classified bibliogr. of texts and stud., I-II, 1978-79 - P. MATEJIĆ, Bŭlgarskijat chimnopisec Efrem ot XIV vek. Delo i značenie, 1982 - CH. HANNICK, Zur Metrik des Kontakion (Byzantios, [Fschr. H. HUNGER, 1984]), 107-119 - G. POPOV, Triodni proizvedenija na Konstantin Preslavski, Kirilo-Metodievski studii 2, 1985 - CH. HANNICK, Nachschlagewerke für byz. Musik und H.g., Mitt. bl. des Mediävistenverbandes 7, 1990.

Hynek v. Podiebrad (Poděbrad), * 1452, † 1492, Sohn des 'Hussitenkg.s' →Georg (1.G.), Diplomat und Dichter, hinterließ nach einem genußsüchtigen Leben mit den Übers. von →Boccaccio und eigenen Novellen und Gedichten (erhalten im sog. Neuberg-Cod.) die ersten lit. Zeugnisse der →Renaissance in Böhmen. Durch Verwendung des Tschech. stellte er sich außerhalb des latinisierenden tschech. humanist. Adels. Die elf Erzählungen des Decameron übersetzte er aus dt. Vorlagen, auch in seinen eigenen Werken sind zeitgenöss. dt. Vorbilder (sog. Liederbücher) erkennbar. Dominierend ist die Darstellung triebhafter Liebe, bes. in seinem bekanntesten Gedicht »Májový sen« (Maientraum).   J. Vintr

Ed.: Veršované skladby Neuberského sborníku, ed. Z. TICHÁ, 1960 - Lit.: Z. TICHÁ, Dvě kapitoly o básnickém díle Hynka z Poděbrad, 1964 - DIES., K vývoji bádání o literární činnosti Hynka z Poděbrad, ČesLit 20, 1972, 1-36.

Hypat(h)ios

1. **H.**, Neffe des oström. Ks.s →Anastasios, erscheint erstmals 500 als Konsul, kämpfte seit 503 als 'magister militum praesentalis' mit wechselndem Erfolg gegen Persien, wurde 514 in Thrakien von seinem aufständ. got. Feldherrn Vitalianus und den mit diesem verbündeten Hunnen geschlagen, als er den got. →Foederaten ihre Privilegien zu entziehen suchte. Von Anastasios losgekauft, führte H. unter dessen Nachfolger →Justin I. ergebnislose Verhandlungen mit dem Perserkg. →Chosroes I. Im →Nika-Aufstand gegen →Justinian I. wurde er vom Volk in Konstantinopel trotz heftigen Sträubens zum Ks. erhoben (18. Jan. 532), aber nach der Erstürmung des Hippodroms durch →Belisar am folgenden Tag hingerichtet.   R. Klein

Lit.: Kl. Pauly II, 1272 [Lit.] - RE XI, 241f.

2. **H. (I.)**, Bf. v. Ephesos, † vor 541, führender byz. Kirchenpolitiker und Theologe. Orth. Wortführer in der Collatio cum Severianis (532; ACO IV, 2, 169-184), trat H. entschieden für das strikte Verständnis des Konzils v. →Chalkedon ein, lehnte die Echtheit des Dionysios Ps.-Areopagites (→Dionysios, hl., C) ab und berief sich bereits auf das Prinzip der Oikonomia in der Deutung bibl. und patrist. Texte. Als Mitglied der Delegation an Papst Johannes II. gewann er diesen für die Annahme der theopaschit. Formel im Glaubensdekret Justinians (533). Seine (mindestens) 2 B. sind bis auf wenige Frgm. verloren. Die 103 in Katenen erscheinenden H.-Exzerpte sind wahrscheinl. authent. und lassen ihn als Verf. eines Ps.-Komm. zu den Psalmen und den 12 kleinen Propheten vermuten.

Ein Erlaß des H. über das chr. Begräbnis wurde 1904 auf einer Inschrift (35 Zeilen) entdeckt.   H. M. Biedermann

Q.: F. Diekamp, AnalPatr, 109-153 – Lit.: LThK² V, 574 – Beck, Kirche, 372f., 376 – J. Gouillard, H. d'E. ou du Pseudo-Denys à Théodore Studite, RevByz 19, 1961, 63-75 – Das Konzil v. Chalkedon I, hg. A. Grillmeier–H. Bacht, 1975, 661f. – S. Gero, H. of E. on the cult of images (Christianity, Judaism and other Greco-Roman Cults II, 1975), 203-216 – H.-G. Thuemmel, H. v. E. und Julianos v. Adramytion zur Bilderfrage, Byzslav 44, 1983, 161-170.

3. H. (II.), gen. »der Bekenner«, 8. Jh., stammte aus Lydien, genauere Angaben fehlen, Todesjahr unbekannt. Fest: gr.-orth.: 20. Sept., russ.-orth.: 21. Sept.; Martyrolog. Romanum: 29. Aug. Erzogen in einer offenbar geistl. Bildungsstätte (φροντιστήριον), entschied er sich für das Mönchtum. Gerühmt wurden seine strenge Askese, sein Gebetsgeist und seine Demut. In Ephesos zum Bf. geweiht, ohne Angabe des Bf.ssitzes, trat er entschieden für die Verehrung der hl. Ikonen ein. Von Ks. Leon III. deshalb nach Konstantinopel vorgeladen, vertrat er auch da ungebrochen seine Überzeugung. Nach ausgesuchten Martern wurde H. hingerichtet, zusammen mit dem Priester Andreas, mit dem er von Jugend auf verbunden war.

H. M. Biedermann

Lit.: ThEE XI, 958 – ASS Boll. August VI, 514, 1753 – AnalBoll 24, 1905, 386 – gr. Sept. Minäen 183f. (sub 20. Sept.).

4. H., hl., Archimandrit, * um 366 in Phrygien, †446 Rufiniane/Chalkedon. Nach einem asket. Wanderleben ließ sich H. um 400 im aufgelassenen Kl. Rufiniane (gegr. 392) am Rande von Chalkedon nieder. Er stellte das Kl. wieder her und wurde zu seinem angesehenen und einflußreichen Abt: Verteidigung der →Akoimeten und Gegner des →Nestorios. Sein Leben wurde von Callinicus bald nach seinem Tod beschrieben (ed. G. J. M. Bartelink, SC 177, 1971), in deutl. Nachahmung der athanasian. Antoniusvita.   K. S. Frank

Lit.: R. Janin, Les églises et les monastères des grands centres byz., 1975 – E. Wölfle, H. ..., 1986.

Hypathios-Chronik. Nach der ältesten, um 1425 im Kl. des hl. Hypathios in Kostroma entdeckten Hs. ben. historiograph. Kompilation vom Ende des 13. Jh., die aus drei Teilen besteht: 1. Nestorchronik (→Povest' Vremennych let); 2. Kiever Chronik (1117-1200), zusammengestellt aus einigen süd-aruss. Chroniken und Annalen; 3. Halič-Wolhynische Chronik ·(bis 1292), entstanden am Hof Daniels v. Halič, seines Bruders →Vasil'ko Romanovič und dessen Sohn Vladimir, eine einzigartige Quelle zur Gesch. der w. Rus im 13. Jh. Die chronolog. Einordnung des Materials wurde erst im 14./15. Jh. mit irrtüml. Datierungen vorgenommen.   A. Poppe

Ed.: PSRL II², 1908 [Nachdr. 1962] – The Hypatian Cod. Part two. The Galician-Volynian Chronicle, translated and ed. G. A. Perfecky, 1973 – Lit.: D. Tschižhevskij, Über den Stil der Galiz.-Volyn. Chronik, SOF 12, 1953, 78-108 – A. Gensjorskyj, Galicko-Volýnskyj litopis, 1958 – O. Pritsak, The »external hist.« of the texts of the Hypatian Chronicle (Minutes of the Seminar in Ukrainian Stud. held at Harvard Univ. 3, 1973), 14-20 – Slovar knižnikov i knižnosti Drevnej Rusi I, 1987, 235-241 [O. Lichačeva; Lit.] – s. a. →Chronik, O, Lit.

Hypatia, griech. Philosophin in →Alexandria, † März 415. Hauptq. über sie sind neben Socr. hist. eccl. 7, 15, 5, Philostorgius 8,9 und Suda Y 165 sieben Briefe ihres bedeutendsten Schülers →Synesios. H., Tochter des Mathematikers Theon, widmete sich der Mathematik und Astronomie und verfaßte (verlorene) Schriften zu diesen Gebieten. Sie hatte den Lehrstuhl für platon. Philosophie in Alexandria inne, wo sie einen ansehnl. Schülerkreis um sich sammelte und geachtete Lehrtätigkeit entfaltete. Deren Inhalt läßt sich aus der allg. Richtung des alexandrin. →Neuplatonismus erschließen, in dem die metaphys. Spekulationen nicht so ausgeprägt waren wie in anderen Schulen und hinter einer eher nüchternen Platonexegese zurücktraten. Ob ihr polit. Einfluß Ursache für ihre Ermordung durch den chr. Pöbel der Stadt war und welche Rolle dabei Bf. →Kyrillos spielte, ist unklar.

J. Gruber

Lit.: Kl. Pauly II, 1272f. – REIX, 242-249 – R. Asmus, H. in Tradition und Dichtungen, Stud. zur vergleichenden Lit. gesch. 7, 1907, 11-44 – Ch. Lacombrade, Synésios de Cyrène, 1951, 38-46 – H. I. Marrou, Synesius of Cyrene and Alexandrian Neoplatonism (The Conflict between paganism and christianity in the fourth century, hg. A. Momigliano, 1963), 126-150 – J. M. Rist, H., Phoenix 19, 1965, 214-255 – J. Vogt, Begegnung mit Synesios, dem Philosophen, Priester und Feldherrn, 1985, 84-91.

Hyperpyron, auch nomisma h., erstmals 1093 sicher belegte Bezeichnung des durch die Münzreform →Alexios' I. erneuerten →Nomisma mit einem (theoret.) Feingehalt von 20 1/2 Karat (→Münze, -wesen). Alle Hinweise auf frühere Belege dieser Benennung sind fragwürdig. Die Etymologie ὑπὲρ πυρ (aurum coctum) ist Ausdruck der Reinheit und muß gegen Versuche westl. Ableitungen (u. a. Frolow) als richtig aufrechterhalten werden.

P. Schreiner

Lit.: A. Frolow, Les noms des monnaies ..., Byzslav 10, 1949, 243-246 – V. Laurent, Bull. de numismatique byz., RevByz 9, 1951, 200-206 – M. F. Hendy, Coinage and Money in the Byz. Empire, 1969, 34f. – C. Morrisson, Le nomisma hyperpère avant la reforme d'Alexis Ier Comnène, Bull. soc. française de numismatique 28, 1973, 385-387.

Hypnerotomachia Poliphili → Colonna, Francesco

Hypostase (gr. ὑπόστασις) ist im MA ein erklärungsbedürftiges Fremdwort (vgl. Thomas v. Aquin, Summa theol. I, 29, 3, 3. ad 3), das im Lat. kein eindeutiges Pendant gefunden hat (substantia, subsistentia, essentia, persona – vgl. Thomas v. Aquin, ebd. I, 29, 2). Es ist präsent durch die christolog. Formulierung der 'unio hypostatica' (→Hypostatische Union) der göttl. und menschl. Natur in der einen Person (hier = hypostasis) Jesu Christi. Die ma. Erklärungsbedürftigkeit ist aber nicht nur sprachl. bedingt, sondern gründet in einem zumindest partiellen Wissen um eine komplizierte und theol. nicht unbedenkliche vor- und frühchristl. Begriffsgesch. (vgl. Hieronymus, Ep. 15 ad Dam., MPL 22, 357). Der vielfach schwankende Wortgebrauch präzisierte sich bei Plotin und im folgenden Neuplatonismus: Die H. (bei Plotin: Eines, Geist, Seele) sind die Weisen, wie sich das absolut Eine stufenweise an die vielheitl. Welt vermittelt. Gott ist in seinen H.n in der Welt präsent, aber in jeweils verminderter Existenz. Eine trinitar. chr. Theologie (→Trinität) konnte einen solchen H.-Begriff nur unter Eliminierung des Stufungsmoments übernehmen. Das zu leisten war v. a. das Werk des Athanasios, zentral auf der alexandrin. Synode von 362: Die drei H.n sind uns geoffenbarte 'Ausformungen' Gottes, aber weder seinsvermindert noch vielheitl., vielmehr wesensgleich (→Homoousios) mit der einen göttl. Natur (vgl. Ps.-Athanasius, Liber definitionum, MPG 28, 537). Seit dem Konzil v. Chalkedon 451 gelten H. und πρόσωπον (lat. persona) endgültig als gleichbedeutend (Denzinger–Schönmetzer, 300).

H. Meinhardt

Lit.: HWP III, 1255-1259 – [B. Studer] – Kittel VIII, 571-588 [H. Köster] – F. Picavet, H.s Plotiniennes et trinité chrétienne, Annuaire de l'école pratique des Hautes Études, Section des Sciences Religieuses, 1917, 1-52 – H. Dörrie, Ὑπόστασις. Wort- und Bedeutungsgesch., NAG Phil.-hist. Kl., 1955, 3.

Hypostatische Union. Das christolog. Dogma über die H.U. des Konzils v. →Chalkedon 451 (DENZINGER-SCHÖNMETZER nr. 300) besagt die Einheit der göttl. und der menschl. Natur Jesu Christi in der Person des Ewigen Logos. Im Zusammenhang mit diesem Satz definierte das Konzil v. →Vienne 1312 den anthropolog. Satz »anima forma corporis« als »veritas catholica«: der Sohn Gottes ist Fleisch geworden, indem er die durch die Geistseele belebte Leiblichkeit schöpfer. angenommen hat (DENZINGER-SCHÖNMETZER, 900, 902). →Wilhelm v. Alnwick OM († 1333) determinierte in seinen Quaestiones diesen Zusammenhang. L. Hödl

Lit.: →Christologie, →Chalkedon – TH. SCHNEIDER, Die Einheit des Menschen..., BGPhMA NF 8, 1973 (1988).

Hypothek. [1] *Römisches und gemeines Recht:* Das gr. Lehnwort bezeichnet im justinian. und im gemeinen Recht v. a. das im Besitz des Schuldners verbleibende, bloß durch Vereinbarung bestellte Pfand, wird aber auch für das sog. Faustpfand (pignus), das dem Gläubiger übergeben wurde, gebraucht. Der popularisierende »Vocabularius iuris utriusque« von Jodocus (Erfurt 1453) bezeichnet als H. ein verpfändetes Grundstück und als pignus eine verpfändete bewegl. Sache (→Pfand). P. Weimar

Lit.: HEUMANN-SECKEL.

[2] *Deutsches Recht:* Die H. als besitzloses, vom Bestand der zu sichernden Forderung rechtl. abhängiges (akzessor.) Pfand ist dem dt. Recht des MA der Sache nach fremd. Es kennt nur ein Grundpfandrecht mit reiner Sachhaftung, ursprgl. in Gestalt der sog. älteren →Satzung als Pfand mit leiblicher→Gewere des Pfandinhabers, später auch in der Form der besitzlosen sog. jüngeren Satzung mit Eintragung in Gerichts- oder Stadtbücher. Der Terminus 'H.' ('ypotheca') findet sich dagegen seit dem 13. Jh. als Bezeichnung für die in Gestalt der älteren Satzung vollzogenen Reichspfandschaften und neben 'subpignus' *(underpfand)* auch als Name für bestimmte Formen der gewerelosen jüngeren Satzung, v. a. in kirchl. Urkk. In der frühen NZ geht er allg. auf das zunehmend durch römisch-rechtl. Anschauungen modifizierte besitzlose Liegenschaftspfand über. L. Weyhe

Lit.: HRG II, 277–281 [Lit.] – H. PLANITZ, Das dt. Grundpfandrecht, 1936, 70–72.

Hywel Dda, walis. Kg., † 949 oder 950. Sein in Wales einzigartiger Beiname Dda ('der Gute') erscheint erst im späteren 12. Jh., in den Prologen zu den walis. Rechtstexten, die H. (aus unbekannten Gründen) die Kompilation des walis. Rechts zuschreiben. Der von den Zeitgenossen als H. ap Cadell bezeichnete Kg. wird – Zeichen seiner Bedeutung – in den »Annales Cambriae« (Fassung A) zweimal erwähnt: 928 seine Pilgerreise nach Rom, 950 sein Tod; bei diesem Anlaß heißt er »rex Brittonum« (Kg. der Briten, Waliser). Dem Herrscherhaus v. Gwynedd entstammend, erlangte H. durch Heirat mit Elen aus dem Herrscherhaus v. Dyfed ztw. auch dort Einfluß, aber er war wohl niemals Herrscher über alle Waliser. In Urkk. engl. Kg.e erscheint er in den Zeugenlisten stets vor anderen walis. Kg.en; seine Vorrangstellung in Wales ging mit einer in Einzelheiten nicht faßbaren gewissen Abhängigkeit von→Wessex Hand in Hand. M. Richter

Lit.: J. E. LLOYD, Hist. of Wales, 1911, 333ff. – W. DAVIES, Wales in the Early MA, 1982, 106f. und passim – HUW PRYCE, The Prologues to the Welsh Law Books, BBCS 33, 1986, 151–187.

I/J

Jābir → Ǧābir(-Corpus)

Jaca (Iaka, Iacca) wurde 1076 von Kg. Sancho Ramírez bei dem wahrscheinl. verlassenen, um 920 von Galindo Aznar II. gegründeten Kl. S. Pedro als Herrschaftssitz des Kgr.es →Aragón errichtet. Im Sinne seiner Politik einer Eingliederung in die Christenheit erließ er den für das Aragón. Recht grundlegenden →Fuero v. J., ließ über Somport einen ersten Paßweg durch die →Pyrenäen ins →Béarn erschließen und gestaltete den navarres.-aragon. Pilgerweg nach →Santiago de Compostela mit seiner ersten Station in J. Er gab das von Bf. Galindo v. Pamplona 922 im Kl. S. Adrián de Sasau errichtete Bm. Aragón auf und gründete das Bm. J., in dem er seinen Bruder, den Infanten García († 1086), als Bf. einsetzte. Dieser errichtete dort im Kathedralkapitel im Sinne der →Gregorianischen Reform. Nach der Eroberung von →Huesca durch Kg. Peter I. v. Aragón und Navarra wurde der Bf.ssitz in diese Stadt verlegt und beide Bm.er in Personalunion verwaltet (roman. Kathedrale in J., frühes 12. Jh.). J. war kgl. Münze: Jacenser Schilling *(sueldo jaqués)* im Wert von 12 Denaren. Die Stadt wurde mehrfach von Navarra angegriffen (1137, 1141 unter Kg. García Ramírez). Stadtbrände wüteten 1395 und 1440 (Zerstörung der Kathedrale). Die Pest von 1492 und die Vertreibung der Judengemeinde führten zu einer demograph. und wirtschaftl. Krise. Die Handelsstadt, Verkehrsknotenpunkt im Pyrenäenraum, wurde bis 1498 von einem aus 10 Schöffen bestehenden *Concejo* unter Vorsitz einer *justicia* regiert. Dann kamen vier weitere Schöffen und zwei Räte hinzu. 1495 wurden in J. 143 Herdstellen gezählt. A. Durán Gudiol

Lit.: P. RAMÓN DE HUESCA, Teatro hist. de las Iglesias del Reyno de Aragón, VIII, 1802 – J. M. LACARRA, Desarrollo urbano de J. en la Edad Media, EEMCA 4, 1951, 138–155 – A. DURÁN GUDIOL, La Iglesia de Aragón durante los reinados de Sancho Ramírez y Pedro I, 1962 – L. H. NELSON, The foundation of J. (1076)..., Speculum 53, 1978, 688–708 – J. BUESA CONDE, J. Dos mil años de hist., 1982 – A. DURÁN GUDIOL, Hist. de Aragón, 4, 1985 – M. I. FALCÓN PÉREZ, Las ciudades medievales aragoneras (La ciudad hispánica durante los siglos XIII al XVI, 1985), 1169–1173 [Lit.] – A. DURÁN GUDIOL, El hospital de Somport entre Aragón y Béarn, 1986 – J. PASSINI, La structure urbaine de J. aux XIe et XIIe s., Mél. de la Casa Velázquez 24, 1988, 71–97.

Jack Upland, der von dem antiklerikalen Sprecher geführte Name in dem gleichnamigen me. wyclifit. Text, der in zwei Hss. (15. Jh., frühes 16. Jh.) und in einem Druck (STC 5098 [1536?]) erhalten ist. Den Hauptteil bilden 65 gegen die Bettelorden gerichtete Fragen, die auch in einer lat. Version existieren und dort die 1395–97 entstandenen, verteidigenden Antworten des Franziskaners William →Woodford einleiten. Ferner gibt es me., von einem Dominikaner, der sich Mönch Daw nennt, verfaßte Antworten sowie eine me. Erwiderung (»Rejoinder«) von J. U. Diese Texte sind in schlichten alliterierenden Versen in einer einzigen Kopie erhalten. Die Datierung der me. Texte ist sehr schwierig, wahrscheinl. Entstehungszeit: ca. 1390–ca. 1407. A. Hudson

Bibliogr.: A. W. POLLARD u. a., A Short-Title Cat..., I, 1986² – Ed.: J. U., Friar Daw's Reply and U.'s Rejoinder, ed. P. L. HEYWORTH, 1968 – William Woodford... Responsiones contra Wiclevum et Lollardos, ed. E. DOYLE, FStud 43, 1983 – Lit.: A. HUDSON, Printing of Medieval Texts... (Me. Stud., pres. to N. DAVIS, ed. D. GRAY–E. G. STANLEY, 1983), 153–174.

Jacob → Jacobus, Jakob, Giacomo, Jacques usw.

Jacobs, Berta → Bertken, Suster

Jacobus d. Ä. (Maior), Apostel und Märtyrer; Fest: 25. Juli (W), ursprgl. 27./28. Dez., 30. Dez. (astur. Tradition).

[1] *Ältere Überlieferung:* a) *J. im NT:* J. und Johannes, Söhne Zebedäus und der Salome, Jünger Jesu (Mt 4,21–22 u. a.), Berufung zu Aposteln (Mt 10,1–4; u. a.). J. gehört zu den engsten Jüngern Jesu (Mk 5,35–42; Mt 17,1ff., Mt 26,36). Er wurde durch Herodes Agrippa I. um 44 enthauptet (Apg 12,2). b) *Passio:* Clemens v. Alexandria (Euseb., Hist. eccl. I,9: 2–3) erwähnt Predigttätigkeit bei den Juden. Daraus schöpft die »passio modica«, Motiverweiterung in der »passio magna«, die Aufnahme in die »Historia certaminis apostolici« des ps.-Abdias (Ende 6. Jh.) findet, Ende des 7. Jh. in dann im »Pasionario hispánico«. c) *Die lat. Apostelakten und davon abhängige Texte:* Die antike Tradition der kath. Kirche bringt keine Nachricht über einen J.-Kult in einer bestimmten Region. Frühe Zeugnisse begrenzen die Evangelienverkündung durch J. auf Jerusalem, Judea und die 12 Stämme Israels in der Diaspora. Auch Hinweise auf den Begräbnisort fehlen. Erstmals wird J. im »Breviarium Apostolorum« (lat. Übers. der griech.-byz. Akten, Anfang 7. Jh.) mit Spanien in Verbindung gebracht. Die vom »Breviarium« abhängigen Schriften und Slg. en biograph. Charakters (»De ortu et obitu Patrum« z. B.) verbreiten die Missionsnotiz im W und auch in N-Afrika ab Mitte des 7. Jh. (u. a. bei Anselm v. Malmesbury, »Poema de Aris«, 709). Bis ins 8. Jh. war die Missionstätigkeit des J. für die span. Kirche ohne Bedeutung, sie entwickelte sogar eine eigene Tradition auf apostol. Grundlage: Sieben Apostelschüler (»varónes apostólicos«). Erst → Beatus v. Liébana weist in den Apokalypsenkomm. ebenso auf die persönl. Beziehungen des J. zu Spanien hin wie der dem astur. Kg. Mauregatus gewidmete liturg. Hymnus »O dei uerbum«. d) *Das Apostelgrab und die »translatio«:* Unter Bf. Theodemir v. Iria Flavia und dem astur. Kg. Alfons II. (789–842) wurde das mutmaßl. Apostelgrab in einem spätröm. Tradition gebauten Mausoleum aufgefunden. Erste Erwähnung im Martyrolog. des Usuard v. St-Germain-des-Prés († 877). In den Texten des Grabfundes und der »translatio« wird die Evangelisierung Spaniens durch J. nicht erwähnt. Die »traditiones hispanicae« sind erst in der »Historia Compostellana« und im →»Liber Sancti Jacobi« (ed. W. M. WHITEHILL, I, 1944) vollständig.

[2] *Entwicklung des J.-Kultes:* Der J.-Kult hatte von Anfang an eine frz.-europ. und eine span. Dimension, die progressiv mit der Reconquista fortschritt. Der anfängl. lokale/regionale Kult um das Apostelgrab gelangte rasch zu europ. Bedeutung und zog schon im 10. Jh. Pilger von jenseits der Pyrenäen an. Nach kurzer Unterbrechung durch maur. Einfälle (997) wurden im 11. Jh. die Strukturen für den Nationalkult und für die zeitweise größte Pilgerfahrt des MA gelegt: (→Santiago-Pilgerfahrt). – *J.-Kult im Abendland:* Frühe Patrozinien im Rahmen der allg. Apostelpatrozinien sind seit dem 7. Jh. in Europa bekannt. Reliquien werden schon vor dem Grabfund in Ravenna (550), Mérida (7. Jh.), Amiens und Jouarremeaux erwähnt. V. a. im 11. und 12. Jh. werden mit Unterstützung der Reformorden viele J.-Patrozinien eingesetzt. Der Apostel wird Patron der Ritter (»miles Christi«), dann zum Pilger- und Wegepatron und zum Volkspatron mit vielfältigen Patronaten. Zahlreiche J.bruderschaften fördern seit Ende des 14. Jh. J.kult und -wallfahrt.

[3] *Ikonographie:* Abweichend von der normalen ikonograph. Darst. mit den Werkzeugen des Martyriums kennt J. eine Reihe von Sonderformen: als Apostel und Evangelienverkünder (bis ins 14. Jh. alleinige Darst. in →Santiago de Compostela), als Pilger- und Wegepatron (seit dem 12. Jh. außerhalb Compostelas in ganz Europa), als »miles Christi« und später »matamoros« (Ritterorden), als »J. benedictio perarum et baculorum« und »J. coronatio peregrinorum« (Sonderformen des dt. Sprachgebietes seit etwa 1200). Daneben auch zahlreiche Darst. des sog. Hühner- oder Galgenmirakels bes. im dt. Sprachraum. Die J.muschel wurde schon im 12. Jh. zum allg. Pilgerzeichen. R. Plötz

Bibliogr.: J. GUERRA CAMPOS, Bibliogr. (1950–69), Compostellanum XVI, 1971, 575–736 – R. PLÖTZ–K. HERBERS, Bibliogr. Jacob., ebd. XXXI, 1986, 475–479 [dt.] – *Q. und Lit.:* AASS Iul. VI, 5–124 – BHL I, 604–609 und NS, 1986, 438–444 – Bibl. SS VI, 363–381 – DACL VII, 2088–2109 – DHEE IV, 2183–2191 – HWDA IV, 620–629 – LCI VII, 23–39 – LThK² V, 833f. – A. LÓPEZ FERREIRO, Hist. d. l. S. A.M. Iglesia d. S.d.C., 11 Bde, 1898–1909 – Liber Sancti Jacobi, ed. W. M. WHITEHILL, I, 1944 – E. R. LABANDE, Spiritualité et vie litt. de l'Occident XIIe–XIVe s., 1974, XI–XVI – O. ENGELS, Die Anfänge des span. J.-Grabes in kirchenpolit. Sicht, RQ 75, 1980 – J. VAN HEERWARDEN, The Origins of the Cult of S. James, J. of Medieval Hist. 6, 1980 – R. PLÖTZ, Der Apostel J. in Spanien bis zum 9. Jh., SFGG. GAKGS 30, 1982 – K. HERBERS, Der Jakobskult des 12. Jh. und der Liber Sancti Jacobi, 1983 – Ausst.-Kat. Wallfahrt kennt keine Grenzen, München 1984 – Ausst.-Kat. S.d.C. 1000 ans de pèlerinage européen, Gent 1985 – Il pellegrinaggio a S.d.C. e la lett. Jacopea, Atti Perugia 1983, ed. P. CAUCCI V. SAUCKEN, 1985 – M. C. DÍAZ Y DÍAZ, El Cód. Calixtino de la Cat. de Santiago, Monografías de Compostellanum 2, 1988 – Jakobus-Stud. hg. K. HERBERS–R. PLÖTZ, 1, 1988, 2, 3, 4, 1990 [im Dr.].

Jacobus d. J., Apostel (Fest im MA 1. Mai). In der patrist. Tradition (seit Hieronymus) und im MA (Guglielmus Duranti, Rationale div. offic., VII c. 10 n. 3 u. c. 33 n. 1) werden J. Alfaeus (Mk 3,18) und J. minor (Mk 15,40) identifiziert. J. ist der 'minor' nicht an Alter, sondern in der Berufung (nach dem Zebedäiden). Durch Verwandtschaft mit der Mutter Jesu galt er im MA als Herrenbruder (= Vetter). Als 1. Bf. v. Jerusalem empfing er nach den Ps. Klementinen 2 Briefe von Petrus und Clemens, aus denen in den ma. Canonesslg. häufig zitiert wurde (vgl. MPL 130, 19–44).

Verehrung und Darstellung: Mit der Übertragung der Gebeine nach Rom und der Weihe von SS. Apostoli (SS. J. minor et Philippus) durch Johannes III. (561–574) setzte J.' Verehrung im W ein (Reliquien ferner u. a. in Ancona, Dieppe, Friesland). Frühma. und byz. beeinflußte Darst. zeigen J. in Tunika und Mantelpallium, jugendl. und bartlos (Ravenna, S. Giovanni in Fonte, 5. Jh.), ausgenommen einige ö. beeinflußte Darst. als Bf. mit Omophorion und Buch (Fasano, Krypta S. Lorenzo, um 1100). In hoch- und spätma. Darst. erscheint J. ähnl. in langer, gegürteter Tunika mit Mantelpallium. Attribute: Buch und Tuchwalkerstange (Marterwerkzeug [St-Trophime, Arles, um 1180; Chartres, 1210/15; Aachen, Marienschrein, 1237; Reliquienstatuette, Münster, St. Paulus, Hochaltar, 1370/80 u. a.]). Martyriumdarst. z. B. Venedig, S. Marco, Apostelmartyrien, 1210/20. Mehrszenige

Zyklen sind seltener (z. B. Padua, S. Antonio, Fresken des Giusto di Menabuoi, 14. Jh.). G. Jászai

Lit.: LCI VII, 47–51 – W. PRATSCHER, Der Herrenbruder J. und die J. tradition, 1987.

Jacobus (s. a. Jakob, Giacomo, Jacques usw.)

1. J. de Aesculo (Ascoli, Mark Ancona) OFM, 'Doctor profundus', um 1309 Mag. theol. in Paris und Gutachter im kirchl. Prozeß gegen →Margareta Porete (Chart. Univ. Paris II, 681, 143) und 1310 gegen →Ubertino da Casale. Der Sentenzenkomm. des J. ist verloren (RCS I, Nr. 385); hs. erhalten ist aber eine alphabet. geordnete »Tabula operum Scoti« (V. DOUCET, Commentaires..., 1954, 385a). Als Anhänger des Scotus kritisierte er →Robert Cowton, der Scotus und Thomas zu harmonisieren suchte. Die »Quaestiones ordinariae« des J., überlieferungs- und problemgeschichtl. mit dem Quästionenwerk des →Wilhelm v. Alnwick zusammenhängend, sind noch nicht vollständig erforscht. Vom auf 1311–12 datierten Quodlibet (P. GLORIEUX, La litt. quodlibétique II, 1935, 114f.) sind einzelne Quästionen ediert. In den Disputationen klärte J. die Begriffe des 'esse objectivum' bzw. 'possibile objectivum', um die theol. Fragen des ewigkeitl. Erkennens Gottes und der zeitanfängl. Schöpfung zu begründen. L. Hödl

Lit.: P. GLORIEUX, Rép. des maîtres en théol. de Paris aux XIIIe s., II, 1933, Nr. 348 – Z. WLODEK, Stud. Mediewistyczcene 6, 1965, 3–17 – DIES., Mediaevalia philos. Polonorum 12, 1967, 117–134 – T. YOKOYAMA, Wahrheit und Verkündigung I, 1967, 31–74 – L. HÖDL, Die Philosophie im 14. und 15. Jh., 1988, 465–494.

2. J. de Albenga, Lehrer des kanon. Rechts in →Bologna in der 1. Hälfte des 13. Jh.; auf Leben und Tätigkeit finden sich nur spärl., späte und nicht immer zuverlässige Hinweise im »Speculum« des Guillelmus →Durantis (I. D.), im Werk des →Johannes Andreae und bei Abbas Antiquus; J. war nie Bf. v. Faenza. Ein Auftreten als Kanonist i. J. 1210 bezeugt Johannes Andreae. J. war Lehrer von →Henricus de Segusio, schrieb Glossen zum Dekret, zum Apparat des →Tancredus, zur Compilatio I, zur Compilatio IV und verfaßte die →Glossa ordinaria zur Compilatio V. N. Brieskorn

Lit.: DDC VI, 77f. – KUTTNER, 383ff. – SCHULTE I, 205f. – S. KUTTNER, Bernardus Compostellanus Antiquus, Traditio I, 1943, 335 – G. LE BRAS, L'âge classique, 1965, 293.301 – S. KUTTNER, Gratian and the Schools of Law 1140–1234, 1983, 22f.

3. J. Alvarottus → Padua (Rechtsschule)

4. J. Angelus (Jacopo Angeli), it. Humanist, * um 1360 in Scarperia bei Florenz, † 1410/11 in Rom. J. gehörte der ersten Humanistengeneration an, die Griech. lernte (→Humanismus). Nach Studien in Florenz bei G. Malpaghini und angeleitet von C. →Salutati, reiste er nach Konstantinopel, wo er für sich und die florent. Freunde griech. Werke besorgte und Schüler des M. →Chrysoloras wurde. Zusammen mit Salutati u. a. gebührt J. das Hauptverdienst an der Berufung des byz. Gelehrten nach Florenz und den damit verbundenen Impulsen für die humanist. Kultur. Von Chrysoloras »erbte« er vermutl. die unvollendete Übers. der »Geographie« des Ptolemaios, die er während seines langen Romaufenthalts als Scriptor apostolicus (seit 1400) und päpstl. Sekretär fertigstellte. Daneben übertrug er auch einige Viten und kleinere Schriften Plutarchs in der humanist. Methode der »freien«, rhetor. Übers. Von seiner eigenständigen lit. Produktion sind nur zwei lat. Epigramme auf den Tod Salutatis und ein Brief an Chrysoloras erhalten. J. ist die Auffindung des vollständigen Texts der sog. philippischen Reden Ciceros zu verdanken. D. Coppini

Lit.: R. WEISS, Jacopo Angeli da Scarperia (c. 1360–1410/1411), Medioevo e Rinascimento (Fschr. B. NARDI, 1955), 803–827.

5. J. de Ardizone de Broilo ('vom Brühl'), it. Jurist. v. a. Feudist, aus Verona; studierte um 1220 in Bologna unter →Azo und →Hugolinus Presbyteri und scheint später auch selbst gelehrt zu haben. Er bemühte sich um eine bessere Systematik des →Liber feudorum ('Compilatio feudorum secundum Ardizonem' oder 'Ardizon. Rekonzinnation') und legte eine systemat. Slg. weiterer lehenrechtl. Texte (sog. Extravaganten) an. Auf dieser Grundlage verfaßte er eine wichtige Summa feudorum (1227–40). Nach ihm wird die zweite Fassung des Lehenrechtsbuches »Ardizon. Rezension« genannt. P. Weimar

Ed.: Summa super usibus feudorum, Asti 1518 – De decurionibus (Summa Azonis cum emendatione, Pavia 1506 [Neudr. CGIC 2, 1966]), 446–453 – *Lit.:* COING, Hdb. I, 197, 211 – SAVIGNY V, 80–88 – E. A. LASPEYRES, Über die Entstehung und älteste Bearb. der Libri feudorum, 1830, 47–76 – E. SECKEL, Q. funde zum lombard. Lehenrecht (Festgabe O. GIERKE, I, 1910), 47–168.

6. J. de Arena → Padua (Rechtsschule)

7. J. Balduini, Bologneser Rechtslehrer und guelf. gesinnter Staatsmann, † 10. April 1235. J. studierte in Bologna unter →Azo und lehrte ebd. seit 1213 (Doktoreid). Unter seinen vielen erfolgreichen Schülern waren →Odofredus, →Martinus de Fano, Sinibaldo Fieschi (→Innozenz IV.), →Henricus de Segusio (der Kanonist Hostiensis), und Guido de Cumis (→Orléans, Rechtsschule v.); er übte einen starken Einfluß auf die frz. Legistik aus. J. verfaßte jurist. Monographien (»Libellus instructionis advocatorum«, »De obiectionibus contra sententiam«, »De effectu hominie«, »De successione ab intestato«, »De quartis«, »De interesse«) sowie Disputationes und Consilia. Früh zu Staatsgeschäften herangezogen (schon 1210 Schiedsrichter zw. dem Ebf. v. Ravenna und der Stadt Cesena), war er 1229 Podestà von Genua u. redigierte persönl. die erste Kodifikation des Statutarrechts, auf der die Genueser Statuten v. 1306 beruhen. P. Weimar

Ed.: De primo et secundo decreto (Tractatus universi iuris, Venedig 1584), III/2, 136 – *Lit.:* COING, Hdb. I – DBI V, 521–525 [R. ABBONDANZA] – SAVGNY IV, 150–153; V, 99–114 – E. BESTA, Cultura giuridica e legislazione genovese nei secoli XI–XIII (Storia di Genova, III, 1942), 269ff. – E. M. MEIJERS, L'université d'Orléans au XIIIe s. (DERS., Études d'hist. du droit III, 1959), 3–148 – F. LIOTTA, Notizie su J. B. e B. da Saliceto, Studi senesi 76, 1964, 502–517 – J. FRIED, Die Entstehung des Juristenstandes im 12. Jh., 1974, 72.

8. J. de Belvisio, it. Rechtslehrer, * nicht vor 1270, Bologna, † Anfang 1335 ebd., studierte in Bologna unter Franciscus Accursii (→Accursius) und →Dinus de Rossonis Mugellanus. Der Doktorgrad wurde ihm (ähnl. wie →Cino da Pistoia) aus partei- und standespolit. Gründen vorenthalten. 1298 wurde J. aber in Neapel (nicht auch in Aix-en-Provence!) zum Doktor promoviert und wirkte dort als Rechtslehrer, Ratgeber Kg. Karls II. und Richter. 1304 erzwang der Podestà auf Verlangen der Studenten seine Promotion in Bologna. J. lehrte dann ebd., in Padua, Siena und seit 1308 v. a. in Perugia und kehrte 1321 nach Bologna zurück. J. schrieb Komm. (lecturae) zum Autenticum u. zum Liber feudorum, Disputationen u. Consilia. In Hss. des Corpus iuris civilis finden sich zahlreiche ihm zugeschriebene Zusätze zur Glossa ordinaria. Mit der unter seinem Namen oft gedruckten »Practica criminalis« (Ed. pr. Lyon 1515) hat er nichts zu tun. P. Weimar

Ed.: Lectura summam autenticorum consuetudinesque et usus feudorum elucidans, Lyon 1511 – De excommunicatione (Tractatus universi iuris, Venedig 1584), XIV, 378 – *Lit.:* DBI VIII, 89–96 [S. CAPRIOLI] – SAVIGNY VI, 60–67 – E. A. LASPEYRES, Über die Entstehung und älteste Bearb. der Libri feudorum, 1830, 98–102 – D. MAFFEI, Giuristi medievali e falsificazioni editoriali del primo Cinquecento, 1979 [Edd., Lit.].

9. J. de Bolonia (Jacques le Moiste de Boulogne) → Orléans (Rechtsschule)

10. J. Buttrigarius, Bologneser Rechtslehrer, * um 1274 in Bologna, † 9. April 1347 ebd.; 1293 Notar, hat er wohl erst später studiert, bei Martinus Syllimani. Seit 1307 bekleidete er eine besoldete Lehrstelle, seit 1309 als Doktor (→Bartolus war Schüler). Er schrieb v. a. Komm. (lecturae) zum Digestum vetus, dem Codex und dem Institutionentitel De actionibus sowie Monographien (tractatus), Disputationes und Consilia. In vielen Hss. des Corpus iuris civilis finden sich Zusätze zur Glossa ordinaria mit seinem Namen. J. war eine einflußreiche Persönlichkeit in der Stadt und unterstützte die Signorie des Taddeo →Pepoli. Seine drei Söhne, Lorenzo († 1343), Bartolomeo († 1339) und Jacopo jun. († 1348, an der Pest), waren alle Rechtslehrer. Der jüngste, dessen Disputationes kürzl. ediert wurden, war mit einer Enkelin des Kanonisten →Johannes Andreae verheiratet. P. Weimar

Ed.: Lectura super Codice, Paris 1516 – De dote (Tractatus universi iuris, Venedig 1584), IX, 448 – De oppositione compromissi (ebd.), III/1, 206 – De renuniationibus (ebd.), VI/2, 404 – De testibus (ebd.), IV, 6 – Quaestiones et disputationes, Bologna 1557 – In primam et secundam veteris Digesti partem, Rom 1606 – M. BELLOMO, Un'opera ritrovata: Le »Quaestiones« di J.B. jr. (DERS., Aspetti dell'insegnamento giuridico nelle Univ. medievali I, 1974), 83–117 – *Lit.*: DBI XIII, 498–501 [A. TOGNONI CAMPITELLI: Über die Söhne des J.B., ebd., 490f., 502f., M. BELLOMO] – SAVIGNY VI, 68–70 – E. M. MEIJERS, L'univ. d'Orléans au XIIIᵉ s. (DERS., Études d'hist. du droit III, 1959), 117.

11. J. de Cessolis (Cassalis) aus Cessole (Asti), als Dominikaner im Konvent zu Genua 1317–22 nachweisbar, 1318 dort Stellvertreter des Inquisitors Giacomo da Levanto. Sein aus der Praxis des Predigers erwachsenes »Libellus de moribus hominum et de officiis nobilium super ludo scaccorum« (um 1300) ist eine Schachallegorese, in der die Figuren und ihre Bewegungen auf dem Spielfeld als Abbild der Gesellschaft gedeutet und zu krit.-moral. Beschreibung und Unterweisung der verschiedenen Stände und Berufsgruppen genutzt werden. Das vierteilige Werk handelt von der Erfindung des Spiels durch einen Philosophen Xerxes am Hofe des Tyrannen Evilmerodach in Babylon (I), von den Figuren, die beschrieben und als Abbilder der vornehmen (II) und der niederen Stände (III) charakterisiert werden, sowie vom Spielfeld und den Zügen der Figuren (IV); zahlreiche Exempla und Sentenzen unterstützen die Belehrung. Es steht in einer gewissen Tradition der Schachallegorese, die im 13. Jh. in einer »Moralitas de scaccario«, bei Johannes v. Wales, Galvano da Levanto, Guido de Columna, Alfons X. v. Kastilien, in Predigten oder in den »Gesta Romanorum« greifbar wird. J.' Buch, in weit über 250 z. T. ill. Hss. erhalten, wurde seit 1475 vielfach gedruckt; unter den zahlreichen ma. Übers. in sechs Volkssprachen finden sich allein vier dt. Versfassungen (→Schachzabelbuch). P. Ch. Jacobsen

Ed.: F. VETTER, Das Schachzabelbuch Kunrats v. Ammenhausen ... nebst den Schachbüchern des Jakob v. C. und des Jakob Mennel, 1892 – *Lit.*: TH. KAEPPELI, Scriptores Ordinis Praedicatorum Medii Aevi II, 1975, 311–318 [Lit., Hss,. Übers., Drucke] – A. VIDMANOVÁ, Die ma. Gesellschaft im Spiegel der Schachspiels, Misc. Mediaevalia 12,1, 1979, 323–335 – R. A. MÜLLER, Der Arzt im Schachspiel bei Jakob v. C., 1981 – Das Schachbuch des J. de C. Cod. Palatinus Lat. 961. Faks. und Komm.bd. (Codd. e Vaticanis selecti LXXIV), 1988 [Lit.].

12. J. Columbi, it. Jurist und Richter, in Reggio (Emilia) von 1221 bis 1244 urkdl. erwähnt. Er wird allg. als Verf. der Glossa ordinaria (→Apparatus glossarum) zum →Liber feudorum und einer Summa feudorum betrachtet, zu Unrecht. Verf. beider war →Accursius. J.C. war nur Besitzer einer Hs. der ersten (echten) Fassung des Glossenapparates von Accursius, des »liber Jacobi Columbi de Regio«. Dadurch ist schon um das Jahr 1300 bei →Andreas de Isernia der Irrtum entstanden, J.C. habe den Accurs. Apparat verfaßt. J.C. war wahrscheinl. ein Sohn des Rechtslehrers (doctor legum) Columbus, in Reggio urkdl. nachgewiesen von 1199 bis 1204, mit dem er zu Unrecht identifiziert worden ist. Columbus schrieb →Commenta zu den ersten vier Büchern des Codex Iustinianus, bis auf wenige Zitate verschollen, und zum Autenticum (→Corpus iuris civilis), in einem Münchner Kodex (Clm. 13018) großenteils erhalten. P. Weimar

Lit.: DBI XXVII, 138ff. – SAVIGNY V, 89–98 – C. F. DIECK, Literärgesch. des Longobard. Lehenrechts, 1828 [Neudr. 1969], 224ff. – E. A. LASPEYRES, Über die Entstehung und älteste Bearbeitung der Libri feudorum, 1830 [Neudr. 1969], 359–400 – U. GUALAZZINI, La scuola giuridica reggiana nel Medioevo, 1952, 133ff. – P. WEIMAR, Accurse et les Libri Feudorum, RHDFE, 1979, 717f. – DERS., Die Handschriften des Liber feudorum und seiner Glossen, Rivista internaz. di diritto comune 1, 1990.

13. J. v. Dinant (Gft. Namur), Mönch, vielleicht Zisterzienser, ca. 1280–1300 als Rhetoriklehrer in Oberitalien, vermutl. in Bologna, tätig. Neben seinem Hauptwerk, der »Summa dictaminis« (ohne Musterbriefe), sind von ihm überliefert eine Mariendichtung, eine Briefslg. und rhetor. Abhandlungen (»Breviloquium dictaminis«, »Expositio breviloquii«, »Exordia« und »Ars arengandi«). Vielfach benutzt er die →»Rhetorica ad Herennium«, geht aber auch eigene Wege und berücksichtigt bes. die Bedürfnisse des öffentl. Redners. H. M. Schaller

Q. und Lit.: A. WILMART, Anal. Reginensia, StT 59, 1933, 113–151 – P. GLORIEUX, La faculté des arts et ses maîtres au XIIIᵉ s., 1971, 191f. [Werkverz.] – E. J. POLAK, A Textual Study of Jacques de D.'s Summa dictaminis, 1975.

14. J. v. Douai (de Duaco), Vertreter der thomist. Richtung in der Artistenfakultät der Univ. Paris, 1275 ebd. Mag. artium, Procurator nationis Picardorum; Verf. von Komm. zu den aristotel. Schriften »Analytica priora«, »Analytica posteriora«, »Meteora«, »De anima«, »Parva naturalia«. Vertrat die Ansicht, daß der Glaube Vorrang vor der Vernunft habe. Mit der bloßen Vernunft habe Aristoteles nicht zu der Wahrheit gelangen können, daß die einzelnen Menschenseelen von Gott unmittelbar geschaffen werden. J.' Verfasserschaft an dem ihm zugeschriebenen Komm. zur aristotel. Ethik (Ms. Paris BN lat. 14698, fol. 130–164) konnte bisher nicht eindeutig nachgewiesen werden. Ch. H. Lohr

Lit.: CH. H. LOHR, Medieval Lat. Aristotle Comm., Traditio 26, 1970, 139–141 – B. BAZAN (Trois comm. anonymes sur le traité de l'âme d'Aristote, hg. M. GIELE u. a., 1971), 385–387 – A. J. CELANO, The 'Finis hominis' in the Thirteenth-Century Comm. on Aristotle's »Nicomachean Ethics«, AHDL 53, 1986, 23–53 – DERS., Peter of Auvergne's Questions on B. I and II of the »Ethica Nicomachea« ..., MSt 48, 1986, 1–110, bes. 11–23.

15. J. v. Edessa, Bf., * etwa 640 bei Antiochia, † 708, bedeutender Schriftsteller der syr.-orth. Kirche (Jakobiten), v. a. wegen seiner Revision des syr. Textes des AT und dessen Kommentierung und wegen seines Charakters gerne mit →Hieronymus verglichen. Nach dem Eintritt ins Kl. und einem Studium in Alexandria 684 Bf. v. E., gab J. das Amt vier Jahre später wegen Streits wieder auf, wirkte darauf in verschiedenen Kl., bis er zu Ende seines Lebens erneut vier Monate als Bf. v. E. amtierte. Er schrieb eine syr. Grammatik und eine auf der Chronik des →Eusebius aufbauende Chronik, revidierte liturg. Texte, sammelte und formulierte Kirchenrecht, verfaßte philos. Arbeiten und war als Übersetzer tätig. Auch seine Briefe bezeugen das breite Spektrum seiner Interessen.

Th. Baumeister

Lit.: Kl. Wb. des Chr. Orients, 150 – Diz. patristico e di antichità cristiane II, 1508f. [Lit.] – DSAM VIII, 33–35 – LThK² V, 839f. – RGG³ III, 521 – TRE XVI, 468–470 [Lit.] – A. BAUMSTARK, Gesch. der syr. Lit., 1922 [Neudr. 1968], 248–256 – I. ORTIZ DE URBINA, Patrologia Syriaca, 1965², 177–183.

16. J. Faber Stapulensis → Lefèvre d'Étaples

17. J. v. Lausanne OP, † 1321, Mitglied des Dominikanerkonvents zu St. Jakob in Paris, 1311–14 bacc. biblicus, las 1314 die Sentenzen (STEGMÜLLER, RS I, 185f.) und wurde 1317 Mag. theol. Von 1318–21 war er Provinzial v. Frankreich (Francia) und machte sich einen Namen durch seine Postillen zur Hl. Schrift (RBMA III, n. 3889–3969), die 1528 exzerpiert und als opus moralitatum ediert wurden, und durch seine umfangreiche Predigttätigkeit (SCHNEYDER, RS III, 54–157). M. Gerwing

Lit.: DSAM VIII, 45f. – DThC VIII, 298f. – TH. KAEPPELLI, Script. Ord. Praed. II, 323–329.

18. J. v. Lüttich (J. Leodiensis, Jacques de Liège), Musiktheoretiker, * um 1260, † nach 1330 in Lüttich. Sein anonym überliefertes Hauptwerk »Speculum Musicae« (7 B., 521 Kap.), umfangreichster Musiktraktat des MA, ist eine bedeutende Darstellung scholast. Musikauffassung und durch die Kritik an der zeitgenöss. →Ars nova wichtige Q. für diese und die vorangehende →Ars antiqua. Gestützt v. a. auf →Boethius, →Guido v. Arezzo und →Franco v. Köln, vereinigt er (B. 1–5) spekulatives Musikdenken mit prakt. Erörterungen (B. 6–7) über Fragen der modi, differentiae, Notation, über liturg. Repertoire und dessen Ausführung. Das letzte Kap. behandelt ablehnend die mensuralen Neuerungen der Ars nova, wobei er bes. →Johannes de Muris kritisiert, dem sein Werk lange Zeit fälschl. zugeschrieben wurde. H. Leuchtmann

Ed.: CSM I, 1950 – O. STRUNK, Source Readings in Music Hist., 1950, 180–190 – *Lit.:* MGG – RIEMANN – NEW GROVE, s. v. – H. BESSELER, Stud. zur Musik des MA, AMW 7/8, 1925–26 – G. PIETZSCH, Die Klassifikation der Musik ..., 1929 – R. BRAGARD, Le »Speculum musicae« du compilateur Jacques de Liège, CSM 3, 1955–73 – M. HUGLO, Les tonaires, 1971 – Gesch. der Musiktheorie, I, hg. F. ZAMINER, 1985.

19. J. Magni (Jacques Legrand) OESA, * ca. 1360 Toulouse, † 1415 Paris, wirkte an der Univ. Paris, im Orden, am Hof, war auch polit. tätig. Mehrere Werke sind in wenigen Hss. überliefert (z. B. »Sermones«, »Compendium philosophiae«, »De arte memorandi«; »Aristotelis, Senecae, Boecii dicta communiora«, »Abbreviacio des »Reductorium morale« des Petrus Berchorius [→Bersuire]). Berühmt wurde J. durch das »Sophilogium«, eine Unterweisung in der moralis philosophia, in der er zahlreiche Exzerpte aus antiker Lit. anführt (häufig aus →Vinzenz v. Beauvais oder →Johannes Gallensis übernommen); er selbst übersetzte Teile davon ins Frz. (»Archiloge Sophie«, »Livre de bonnes mœurs«; im 15. Jh. wurde es auch ins Dt. übertragen (Verf.-Lex. IV, 224). E. Rauner

Lit.: DSAM VIII, 46–48 – ZUMKELLER, Manuskripte, Nr. 429–431 – E. BELTRAN, AnalAug 30, 1967, 148–209 – DERS., Romania 93, 1972, 460–478 – DERS., Augustiniana 24, 1974, 132–160, 387–414 – DERS., Romania 100, 1979, 483–501; 101, 1980, 530–537 – DERS., RevAug 27, 1981, 141–154 – DERS.-G. DAHA, Archives juives 17, 1981, 41–49 – DERS., Romania 103, 1983, 208–228.

20. I. de Marchia, OFM, hl., Volksprediger, * 1394 in Montepranddone (Marken), † 26. Nov. 1476 in Neapel, ▭ S. Maria la Nova, ebd.; 1726 kanonisiert. Nach Studien in Ascoli und Perugia in Florenz als Notar im Gefolge eines Adligen. 1415 Ordenseintritt in Assisi (Portiuncula); Theologiestudium und Priesterweihe in Florenz. J. wirkte als Prediger zuerst in der Toskana, in Umbrien und in den Marken, wo er im Auftrag Martins V. gegen die sog. Fraticelli dell'Opinione kämpfte. Im Auftrag der Nachfolgepäpste (v. a. Calixtus' III.) propagierte er 1431–58 in den wichtigsten Städten Italiens und des übrigen Europa (u. a. Bosnien, Ungarn) die Verehrung des Namens Jesu und trat für die Observanz ein (→Franziskaner). Unter Pius II. setzte er seit 1458 seine Predigttätigkeit in Italien fort: Er war bemüht, in den Städten als Pazifikator zu wirken, Häretiker zu bekehren und den Wucher durch Errichtung von Leihanstalten (→Montes pietatis) abzuschaffen. Die durch seine Predigt in Brescia (1462) [das in der Passion vergossene Blut Christi habe sich von der Gottheit getrennt und könne deshalb nicht Gegenstand des Kultes sein]) zw. Franziskanern und Dominikanern entfachte Kontroverse entschied Pius II. 1464 zugunsten der Gegner des J. In der Bibl. Com. v. Montepranddone sind die Werke des J. hs. erhalten. D. Ciccarelli

Ed. und Lit.: Bibl. SS VI, 387–395 [mit Werkverz.] – LThK² V, 843 – Picenum Seraphicum VI, 1969; XIII, 1976 – D. LASIC, De vita et oper. S. I. de M., 1974 – S. I. de M., Dial. c. fraticellos addita versione it. saec. XV, ebd., 1975 – DERS., De sanguine Christi, ebd., 1976 – S. CANDELA, S. Giacomo d. Marca nel V centenario d. morte, 1976 – U. PICCIAFUOCO, S. Giacomo d. Marca ..., 1976.

21. J. Pérez v. Valencia OESA (seit 1436), hervorgender Vertreter der →Augustinerschule, * um 1408 Ayora (Spanien), † 30. Aug. 1490 Valencia. Nach Studien in Valencia wirkte er dort als Univ. sprofessor; einige Jahre war er auch Provinzial der aragones.-katal. Augustinerprov. 1468 wurde er zum Titularbf. v. Christopolis ernannt. Seine vorwiegend exeget. Werke (Gesamtausg. Madrid 1749) fanden schon im 15. Jh. in vielen Druckauflagen weiteste Verbreitung. Sein umfangreicher Psalmenkomm. (zw. 1460 u. 1478) stellt eine christolog. Interpretation ad litteram dar. In seiner theol. Lehre steht er dem Augustinismus →Gregors v. Rimini nahe. A. Zumkeller

Lit.: DSAM XII, 1072f. – GINDELE, 222f. – LThK² V, 848f. [ältere Lit.] – TEEUWEN, 195 – W. WERBECK, J. P. v. V. Unters. zu seinem Psalmenkomm., 1959 – ZUMKELLER, Augustinerschule, 249–251 – DERS., Erbsünde, Gnade, Rechtfertigung und Verdienst nach der Lehre der Erfurter Augustinertheologen ..., 1984, 470–477.

22. J. de Pistoia (Pistorio), Vertreter der averroist. Richtung (→Averroes) in der Artistenfakultät der Univ. Bologna, gegen Ende des 13. Jh. ebd. Magister; Verf. einer dem Dichter Guido →Cavalcanti gewidmeten »Quaestio de felicitate« (Mss. Cortona Bibl. Comunale 110, 195–196; Stuttgart, Landesbibl. theol. et philos. Q. 204, 92ᵛ–98ᵛ; Vaticana 2172, 53–55). Er vertrat die aristotel. Meinung, daß die Glückseligkeit des Menschen nicht in der philos. Betrachtung Gottes und der getrennten Substanzen besteht. Die Liebe, der Zorn und das Streben nach Reichtum stehen diesem höchsten Gut im Wege. Die Glückseligkeit kann von dem Philosophen in diesem Leben erreicht werden. Die Freundschaft des J. mit Cavalcanti belegt den Zusammenhang zw. den Bologneser Averroisten und den Dichtern des →Dolce stil nuovo.

Ch. H. Lohr

Lit.: P. O. KRISTELLER, A philos. Treatise from Bologna dedicated to Guido Cavalcani: Magister J. de P. and his »Questio de felicitate« (Medioevo e Rinascimento, Studi in onore di B. NARDI, I, 1955), 427–463.

23. J. de Placentia (de Piacenza), Vertreter der averroist. Richtung (→Averroes) in der Artistenfakultät der Univ. Bologna, 1340–47 ebd. Prof.; Verf. von Komm. zur Ars vetus, zu den aristotel. Topica und »De anima«, zu Petrus Hispanus' (→Johannes XXI.) »Summulae logicales« (Mss. Padua Bibl. Antoniana 391, Venedig Bibl. Marciana lat. VI 97) und »Super fallacias Thomae« (Ms. Padua Bibl. Antoniana 391). Er vertrat die These, daß der

Mensch ein aggregatum von anima intellectiva (aus zwei getrennten Substanzen, dem intellectus agens und dem intellectus possibilis zusammengesetzt) und individuum ist. Die anima intellectiva ist der Motor des aggregatum; durch sie erkennt es die Dinge auf intellektuelle Weise. Die Glückseligkeit des Menschen als Mensch besteht ledigl. in der sinnl. Erkenntnis der Einzeldinge. Ch. H. Lohr

Lit.: Z. KUKSEWICZ, Averroïsme bolonais au XIVe s., Éd. des textes, 1965, 191–195 – CH. H. LOHR, Medieval Lat. Aristotle Comm., Traditio 26, 1970, 145–147.

24. J. de Porta Ravennate, Bologneser Rechtsgelehrter, jüngster der →Quattuor doctores, * in Bologna, † 11. Okt. 1178 ebd.; schrieb Glossen zu Digestum vetus und novum, Codex und Autenticum sowie Distinktionen. Ihm werden der sog. »Tractatus criminum« und eine Summula »Ad legem Iuliam maiestatis« zugeschrieben. Nach einer alten Bologneser Tradition hat er zwei legist. Texte zum Gratian. Dekret beigetragen (C. 16 qu. 3 dict. Grat. 8; 9). P. Weimar

Ed.: G. PESCATORE, Die Glossen des Irnerius, 1888 [Neudr. 1968] [zu C. I, 1–3; 14; 18; 21; Fehldeutung der Sigle J.] – Placentini de accusationibus publicorum iudiciorum (Placentini ... in summam Institutionum ... libri IIII, Mainz 1535 [Neudr. CGIC I, 1973]), 143–158 [Tractatus criminum] – Ad legem Iuliam maiestatis (Rogerii Summa Codicis, ed. G. B. PALMIERI, BIMAE I, 47–233), 214 – *Lit.:* COING, Hbd. I – SAVIGNY IV, 141–154 – E. SECKEL, Distinctiones glossatorum (Fschr. F. v. MARTITZ, 1911 [Separat-Neudr. 1956]), 348f., 352f. – H. KANTOROWICZ, Stud. in the Glossators of the Roman Law, 1938 [Neudr. 1969] – DERS., Il »Tractatus criminum« (DERS., Rechtshist. Schr., 1970), 273–286 – J. FRIED, Die Entstehung des Juristenstandes im 12. Jh., 1974.

25. J. de Promontorio de Campis, genues. Kaufmann, * 1405/10, † 1487 Genua (?), befand sich wohl seit 1430 mit seinem Bruder Gian-Andrea am Hofe Murads II., kehrte 1448 nach Genua zurück, schloß sich dort dem Albergo de Promontorio an, verbrachte nach 1453 auf mehreren Reisen etwa sieben weitere Jahre im Osman. Reich. Berühmt wurden seine »Recollecta«, Aufzeichnungen über das Osman. Reich, die die früheste erhaltene Jahresabrechnung des osman. Staatsschatzes (von 1476/77) enthalten. Ch. K. Neumann

Lit.: F. BABINGER, Die Aufzeichnungen des I. d. P. d. C., 1957 – H. G. MAJER, Ein osman. Budget aus der Zeit Mehmeds des Eroberers, Islam 59, 1982, 40–83.

26. J. de Ravanis → Révigny, Jacques de

27. J. de Theramo (de Palladini, fälschl. ab Ancharano), Kanonist, * um 1350, † 1417, studierte (und lehrte dann wohl auch) kanon. Recht in Padua, Bf. verschiedener it. Diöz. (meist gen.: Tarent, Florenz, Spoleto), verfaßte 1382 sein bekanntes, zur Populär- bzw. Vulgarlit. des röm.-kanon. Prozeßrechts zählendes Werk →»Belial« (→Satansprozesse). J. konnte sich an frühere Bearbeitungen des Stoffes anlehnen (darunter ein fälschl. →Bartolus de Saxoferrato zugeschriebener Satansprozeß), formte sein Werk aber zu einem ausführl. prozessual. Lehrbuch (1559–96 indiziert) aus; zahlreiche Ausg.; Übers. in die dt. und andere Sprachen. H. Zapp

Lit.: Cath. Encycl. VIII, 1910, 262 – LThK[2] V, 848 – SCHULTE II, 377f. – →Belial.

28. J. v. Thérines, Abt v. →Pontigny, theol. Autor, † 18. Okt. 1321, ▭ Pontigny; Dr. theol., 1308 Prof. in Paris, wurde mit einem Gutachten im Templerprozeß (→Templer) beauftragt, war Mönch, dann Abt v. →Chaalis, als solcher Teilnehmer am Konzil v. →Vienne (1311), wo er stark hervortrat. 1317–18 hatte er ein Gutachten über eine Frage Papst Johannes' XXII. zu leisten: »Bedürfen die Zisterzienser der Reformen und können sie zu den Kreuzzugskosten beitragen?«. 1318 Abt v. Pontigny geworden, wurde er aufgefordert zu prüfen, ob die in der Provence verfolgten Minderbrüder häret. Irrlehren verkündeten; sein Gutachten führte letztlich zu ihrer Verbrennung. J. verfaßte zahlreiche Werke (u. a. »Quodlibeta«, »Collationes super Apocalypsim«, »Contra impugnatores exemptionum et compendium contra impugnatores exemptionum«, »Quaestio de exemptionibus, responsio ad quedam que petebant prelati in prejudicium exemptorum«, »Responsio facta Papae Johanni XXII«). Der lange Zeit fälschl. als 'J. v. Thermes' bezeichnete Autor stammt tatsächl. aus Thérines (dép. Oise, cant. Songeons). E. Lalou

Lit.: HLF 34, 1914, 179–219 [N. VALOIS].

29. J. v. Viterbo OESA, bedeutender Vertreter der →Augustinerschule, * bald nach 1250 Viterbo, † 1307/08 als Ebf. v. Neapel. 1288 hielt er in Paris seine Sentenzenlesung und wurde 1293 Magister. 1293–1300 lehrte er in Paris, 1300–02 am Generalstudium der Augustiner in Neapel. In seinem umfangreichen theol. Schrifttum hat er die Lehre des →Aegidius Romanus selbständig weiterentwickelt. A. Zumkeller

Ed.: De regime christiano, ed. H.-X. ARQUILLIÈRE, 1926 – Disput. de Quol., I–IV, ed. E. YPMA, 1968–75 – Qq. de divinis praedicamentis, bis jetzt 2 Bde, 1983–85 – *Lit.:* TEEUWEN, 1182–1204, 3053, 3695–3699, 4700–4702 – GINDELE, 224–227 – D. GUTIÉRREZ, De b. J. Vit. vita, operibus et doctrina theologica, 1939 – A. ZUMKELLER, Die Augustinerschule des MA, AAug 27, 1964, 167–262, hier 196–199.

30. J. de Voragine (Varagine) OP, * wahrscheinl. 1226 in Varazze (bei Genua), † 14. Juli 1298 in Genua, ▭ ebd. S. Maria di Castello. 1244 Ordenseintritt; um 1252 Lector der Theologie, 1260 Prior in Genua, 1267–77 und 1281–86 Provinzial der Lombardei. J. sträubte sich lange, die Wahl zum Ebf. v. Genua anzunehmen, mußte aber schließlich dem Druck Nikolaus' IV. nachgeben und wurde (kurz nach dessen Tod) in Rom am 13. April 1292 geweiht. Er setzte sich für eine Reform des städtl. Klerus ein und vermittelte zw. den Faktionen der Stadt; seinen Bemühungen war jedoch nur kurzer Erfolg beschieden (1295). Sein Nachruhm beruht auf seinem lit. Werk, v. a. auf der wahrscheinl. um 1263/67 verfaßten →Legenda aurea, einer dem Kirchenjahr folgenden Slg. von Hl.nviten, die von Anfang an weite Verbreitung erfuhr, in die Volkssprachen übersetzt und im Lauf des SpätMA erweitert wurde. Sehr bedeutend für die Lokalgesch. ist seine »Chronica de civitate Ianuae« (Chronik Genuas) von den Anfängen bis 1297, deren letzter Teil die einzige Q. für die Stadtgesch. darstellt. Als Chronist bemüht sich J., der Gesch. der Genuesen – dem Anschein nach evangelifern lebende Kaufleute und Seefahrer – aus thomist. Geist heraus universale Bedeutung und Sinngebung zu verleihen. Eine wichtige Rolle nehmen in dem Werk die Bf.e ein; dem berühmtesten von ihnen, dem hl. Syrus (S. Siro), widmete J. auch eine kurze hagiograph. Abhandlung. Von Bedeutung sind ferner seine Predigten (sermones de sanctis, de festis, Fastenpredigten), darunter v. a. die Predigten auf die im Dominikanerorden bes. verehrte hl. Jungfrau Maria. G. Barone

Lit.: DSAM VIII, 62–64 – DThC VIII/1 – LThK V, 849f. – Verf.-Lex.[2] IV, 448–466 – Bibl. SS VI, 422–425 – Jacopo da Varagine (Atti del Convegno, Varazze, 13–14 apr. 1985), 1987.

Jacobusorden (Militia S. i Jacobi, span. Orden von Santiago), gegr. 1170 auf Initiative Kg. Ferdinands II. v. León als Ritterbruderschaft zum Schutz der Stadt Cáceres und zur Unterstützung der leon. →Reconquista. Ebf. Pedro Gudesteiz v. Compostela, 1171 Mitglied, übergab den Brüdern die Fahne des hl. →Jacobus d. Ä. und betraute sie mit 'vasalli et milites S. i Jacobi' mit der Verteidigung der ebfl.

Städte gegen die →Mauren. 1172 traten die adligen fratres de Avila, 1174 die Kleriker v. Loyo in die Bruderschaft ein. Auch die Kg.e v. Portugal und Kastilien versuchten, die Miliz gegen die Mauren zu verwenden, doch wahrte der J. seine Unabhängigkeit.

1175 approbierte Alexander III. den J. als dem Papst direkt unterstellten geistl. Ritterorden zur Verteidigung des Glaubens gegen die →Sarazenen; daneben oblag dem J. die 'cura hospitum et indigentium', die den Schutz des Pilgerwesens nach →Santiago de Compostela noch nicht einschloß. Die Mitglieder rekrutierten sich meist aus dem heim. Adel; auch Verheiratete waren zugelassen. Seit 1186 ist auch ein weibl. Ordenszweig (S. Eufemia de Cozuelos) nachweisbar. In den span. Kgr.en bildeten sich Großkomtureien, denen z. T. Priorate angegliedert waren (Uclés seit 1230 endgültig Zentrum). Ordensoberhaupt war der 'Meister' (magister).. Ihm zur Seite standen die von ihm ernannten 'Dreizehn' mit dem Recht der Wahl und Absetzung des Meisters. Der Prior des Haupthauses vertrat den J. bei Vakanz des Meisteramtes und lud zur Wahl eines neuen Ordensleiters ein. Komture (comendadores) verwalteten die Ordensniederlassungen. Hospitäler dienten der Pflege von Ordensbrüdern und der Betreuung von Leprosen und Jacobspilgern. Das Generalkapitel ('Dreizehn' und Komturen) wählte die Visitatoren und befaßte sich gesetzgeberisch mit allen Ordensangelegenheiten. Nur schlichte Kleidung war erlaubt; wegen des roten Schwertkreuzes als Emblem auf der linken Seite der Cappa wurden die Brüder spätestens ab 1191 'spatarii' genannt.

1269 beteiligte sich der J. am Kreuzzug Jakobs I. v. Aragón. Parallel zur Reconquista verlief die →Repoblación des Ordenslandes durch Gewährung von →Fueros. Die bedeutendsten Güter konzentrierten sich am Oberlauf des Tajo, in der Sierra de Segura, Estremadura und Portugal. Dazu kamen Besitzungen in Frankreich, England, Italien und Konstantinopel.

Die Beziehungen zur Geistlichkeit (Ebf. v. Toledo) waren wegen ungeklärter Zehntfragen im eroberten Land nicht konfliktfrei. Die Zusammenarbeit mit →Templern und →Johannitern wurde 1178, mit dem rivalisierenden Orden v. →Calatrava 1188 geregelt. Nach der Eroberung Andalusiens begann unter Pelayo Pérez Correa (1243–75) die Umwandlung des J. zu einem adligen Versorgungsinstitut; Papst Alexander VI. übertrug 1492 den →Kath. Kg.en die dauernde Verwaltung des J. B. Schwenk

Lit.: D. W. LOMAX, La Orden de Santiago (1170–1275), 1965 – E. GALLEGO BLANCO, The Rule of the Spanish Military Order of St. James 1170–1493, 1971 – J. L. MARTIN, Origines de la Orden Militar de Santiago (1170–95), 1974 – E. BENITO RUANO, Estudios Santiaguistas, 1978 – M. RIVERA GARRETAS, La encomienda, el priorato y la villa de Uclés ..., 1985.

Jacopo

1. J. Bertaldo, erster Beleg 1276, † 1315, Notar und Priester der ven. Pfarre S. Pantaleone, später Cancellarius an der Kurie des Dogen, schließlich Bf. v. Veglia, verfaßte eine grundlegende Abhandlung über das ven. Recht: »Splendor Venetorum Civitatis Consuetudinum« (ed. F. SCHUPFER, BIMAE III, 1895, 98–153). B. beabsichtigte, jenen großen Komplex von Normen des ven. Rechts darzustellen, die zwar in den Statuten nicht schriftl. niedergelegt waren, dennoch als Gewohnheitsrechte wirksam blieben, womit sich diese Normen von einer Rechtsq. ableiteten, der im ven. Rechtssystem große Aktualität zukam. Der Autor erklärt, er habe mit seiner Darlegung Richtern und Advokaten ein prakt. und zuverlässiges Handbuch, bes. in Hinblick auf schwierige Fragen, zur Verfügung stellen wollen. Der unvollendet gebliebene »Splendor« bietet nicht nur ein getreues Bild des ven. Gerichtswesens im 14. Jh. und seiner forens. Gebräuche (z. B. werden die Organisation, die Kompetenzen und die Verfahrensweise der verschiedenen Organe der Rechtsprechung dargestellt), sondern ist auch eine überaus wertvolle Q. für das sehr eigenständige ven. Rechtswesen. A. Cavanna

Lit.: DBI IX, 447f. – E. BESTA, J. B. e lo Splendor Venetorum Civitatis Consuetudinum, NAV XIII, 1897, 109–133 – L. PANSOLLI, La gerarchia delle fonti di diritto nella legislazione mediev. ven., 1970, 205–218 – G. CRACCO, La cultura giuridico-politica nella Venezia della »Serrata« (Storia della cultura veneta II, 1976), 241, 248–255.

2. J. da Bologna (Jacobus de Bononia), it. Komponist und Musiktheoretiker, um 1340–60, * in Bologna, wirkte 1339-49 bis zum Tode Luchino Viscontis in Mailand, dann in Verona unter Mastino II. della Scala († 1351). Um 1350 vertonte er dort als einziger Komponist ein Gedicht des Zeitgenossen Petrarca, den er vielleicht persönl. kannte. Nach dem Tod Albertos Della Scala (1352) verließ er die Stadt und trat vermutl. wieder in die Dienste der Visconti. J.s Madrigaltexte – erhalten sind 33 vorwiegend zweistimmige – Madrigale – erwähnen in krit. Weise zeitgenöss. Komponisten/Theoretiker, namentl. Philipp v. Vitry und Marchetto da Padua. Solche autobiograph. Anspielungen lassen vermuten, daß er auch dichtete, wie sein Musiktraktat und der akadem. Grad eines Magisters eine Stellung als Univ.slehrer denkbar erscheinen lassen. Nach 1360 fehlen Nachrichten über ihn, wenn man ihn nicht mit dem zw. 1378 und 1386 am Hof von Aragón nachweisbarem Jacobo de Bolunga bzw. Jaquet de Bolunya gleichsetzen will. J. galt in N-Italien als bedeutender Komponist, dessen Einfluß bis in die ersten Dezennien des 15. Jh. reichte. Ein zugeschriebenes Porträt des Komponisten enthält der Squarcialupi-Cod. (Hs. Florenz 87, fol. 7ᵛ), die reichste Q. seiner Werke. H. Leuchtmann

Lit.: MGG – NEW GROVE – RIEMANN – A. KÖNIGSLÖW, Die it. Madrigalisten des Trecento, 1940 – W. T. MARROCCO, The Music of J. d. B., 1954 – K. v. FISCHER, Stud. zur it. Musik des Trecento und frühen Quattrocento, 1956 – M. L. MARTINEZ, Die Musik des frühen Trecento, 1963 – M. DEL CARMEN GOMEZ MUNTANÉ, El ars nova en la corona de Aragón o la música en la casa real Catalan-Aragonesa durante los años 1336-1432, 1977.

3. J. (Giacomo) da Forlì (J. della Torre, Jacobus Foroliviensis), * Forlì um 1330, † 1413 Padua, Professor der Logik und Medizin in Bologna (seit 1357) und Padua (nach 1399), einflußreicher Kommentator von →Hippokrates, →Galen und →Avicenna, u. a. Lehrer von Girolamo und Michele →Savonarola. Sein Komm. zur »Ars parva« Galens wurde neben dem des Ali Rodoam und Pietros→Torrigiano de Torrigiani für das 15. Jh. maßgebend. Von seinen Werken wurden gedruckt: »In Aphorismos Hippocratis Expositio« (Venedig 1473); »Super I, II, III Tegni Galeni« (Padua 1475); »Expositio in Avicennae aureum capitulum de generatione embryi ac de extensione graduum formationis foetus in utero« (Venedig 1479); »De intensione et remissione formarum« (Padua 1477); »Quaestiones extravagantes« (Pavia 1484); schließlich »Opera omnia« (Venedig 1547). K. Bergdolt

Lit.: BLA³ V, 611 – SARTON III, 1195 – THORNDIKE-KIBRE, 1831 – E. GURLT, Gesch. der Chirurgie und ihrer Ausübung, I, 1898, 802f. – M. NEUBURGER, Gesch. der Medizin, II, 1911, 487.

Jacopone da Todi OFM, Dichter, * um 1230 in Todi (Umbrien) als Jacopo dei Benedetti, † 1306 (Name in das Martyrolog. Francisc. aufgenommen, Kult nicht offiziell bestätigt). In seiner Jugend Anwalt und Notar; ∞ mit Vanna di Bernardino aus der Familie der Gf.en v. Coldimezzo, deren Tod durch Unglücksfall einer erbaul. hagiograph. Tradition zufolge zu J.s Konversion führte. Nach etwa zehnjährigem Leben der Abtötung und Buße trat er 1278 in den Minoritenorden ein (vermutl. im Konvent v. Pantanelli zw. Todi und Orvieto). Während der ordensinternen Auseinandersetzungen ergriff J. die Partei der →Franziskaner-Spiritualen. Nach dem Zeugnis des →Angelus Clarenus gehörte er der Gesandtschaft der Spiritualen an Papst Coelestin V. kurz nach dessen Wahl an. Nach der Abdankung Coelestins V., der Wahl Bonifatius' VIII. und der erneuten Verfolgung und Exilierung der Spiritualen tadelte J. in heftigen Worten die Wahl der Kurie und die Korruption der Kirche. Am 10. Mai 1297 unterzeichnete er in Lunghezza das Manifest, in dem die Colonna-Kard.e Bonifatius VIII. für abgesetzt erklärten und an ein Konzil appellierten. Nach der Kapitulation der vom Papst daraufhin belagerten Colonna-Burg Palestrina im Sept. 1298 gefangengenommen, wurde J. zu lebenslängl. Klosterhaft verurteilt und im Keller eines Konvents (wohl S. Fortunato in Todi) eingekerkert. Sein aus Sorge um das Seelenheil an den Papst gerichtetes Absolutionsgesuch fand kein Gehör. Erst Benedikt XI. erlöste ihn 1303 von Kerkerhaft und Exkommunikation. Frühen franziskan. Q. zufolge zog J. sich in den Klarissenkonvent S. Lorenzo in Colazzone bei Todi zurück, wo er noch drei Jahre lebte. *Werke:* mehr als 90 volkssprachl. und lat. →Laude, eine myst. Abhandlung (sog. »Tractatus utilissimus«), eine lat. Slg. von Dicta, Hymnen sowie die Sequenz Stabat mater. Die Dichtungen erfuhren noch zu Lebzeiten J.s große Verbreitung. Die ersten systemat. Slg. en der Laude erfolgten jedoch erst nach 1310. J.s Laudarium, ein Werk von unverwechselbarer Originalität, ist geprägt vom tiefen Ernst frühchristl. Tradition und späteren Reformbestrebungen (Paulusbriefe, Augustinus, Ps.-Dionysius, Gregor d. Gr. Gregor VII., Reformgruppen innerhalb des Benediktinerordens, joachimit. messian. Erwartungen, franziskan. Armutsbewegung) in einer Verbindung benediktin. und franziskan. Tradition (von letzterer übernimmt er den Gedanken der apostol. Mission und häufig auch die Technik der Predigt in der Art eines »Spielmanns Gottes«). Die didakt. theol. Komponenten des Laudariums verleihen diesem den Wert eines zur persönl. Askese wie zum Gebrauch der Mitbrüder bestimmten Textes und lassen das alte Bild eines »Gottesnarren« J., der die Massen verleitet, sein intransigentes, extremes Verhalten nachzuahmen, als Verzerrung erscheinen. Jedenfalls sind beide Aspekte, der myst. Dichter in der Bonaventuranachfolge und der Spielmann Gottes, der sich im schlichten Volkston ausdrückt, in J.s komplexer Persönlichkeit vereinigt und auf das gleiche asket. Ziel hin ausgerichtet. E. Menestò

Ed.: Laude: F. Bonaccorsi, Florenz 1490 [ed. pr.] – F. Ugolini, 1947 – F. Ageno, 1953 [mit Tractatus und Dicta] – Poeti del Duecento, hg. G. Contini, II, 1960, 61–166 – F. Mancini, 1974 – *Tractatus und Dicta:* E. Menesto, Le prose latine attribuite a I. da T., 1979 – *Hagiographie, biograph. Notizen:* Le vite antiche di I. da Todi, ed. E. Menesto, 1977 – *Lit.:* A. D'Ancona – F. Novati – A. Gottardi – G. Parodi – M. Casella – N. Sapegno – L. Russo – F. Ageno – C. Contini – I. Baldelli – A. Roncaglia – F. Mancini (I. e il suo tempo. Convegni »Centro di studi sulla spiritualità mediev.« I, Todi, 13–15 ott. 1957) 1959 – Atti convegno storico iacoponico, Todi, 29–30 nov. 1980, hg. E. Menesto, 1981 – Ders., Le laude drammatiche di I. da T.: fonti e struttura (Le laudi drammatiche delle origini: Atti 5° conv. »Centro di studi sul teatro medievale e rinascimentale«, Viterbo, 22–25 maggio 1980), 1981, 105–140.

Jacqueline → Jakobäa

Jacquemart Giélée → Giélée, Jacquemart

Jacquerie, erster großer frz. Bauernaufstand im MA (in der Gerichtssprache 'commotion des non nobles contre les nobles'); Name wahrscheinl. als Fremdbezeichnung abgeleitet vom bäuerl. Kleidungsstück *Ja(c)que*, davon *Jacques Bonhomme* für den Bauern. Die J. erfaßte vom Beauvaisis ausgehend das gesamte Pariser Becken, einen Teil der Picardie sowie Gebiete in der Champagne und in der Normandie. Anlaß war ein Zwischenfall in einem kleinen Dorf im Beauvaisis, St-Leu-d'Esserent, unweit von Creil und Chantilly, wo Bauern am 28. Mai 1358 plündernden frz. Adligen Widerstand leisteten und schließlich mit Unterstützung von Bauern aus den Nachbardörfern vier →*chevaliers* und fünf →*écuyers* töteten. Aus Angst vor Sanktionen schlossen sich die Bauern der umliegenden Dörfer zusammen, was schnell zu einer allg. Aufstandsbewegung führte. Gründe dafür waren die durch die Krise des Schwarzen Todes hervorgerufene Notlage und Teuerung, die Belastungen, die auf die Bauern durch verstärkten Burgenbau zukamen, sowie die Lösegeldzahlungen für die in der Schlacht v. →Poitiers (1356) gefangenen frz. Adligen, die ebenfalls letztl. auf die Bauern zurückfielen. Zudem hatte das unehrenhafte Verhalten weiter Teile des frz. Adels bei der schweren Niederlage in Poitiers zu genereller Adelskritik geführt und die Kluft zw. der wirtschaftl. erstarkten, aber so gut wie rechtlosen Bauernschaft und einer adligen Führungsschicht, die ihren Schutzaufgaben nicht mehr nachkam, erheblich vertieft. Einzelne Städte schlossen sich ebenfalls den Bauern an, doch darf man wohl nicht von einem generellen Solidaritätsbündnis von Städten und Bauern gegen den Adel (Cazelles) sprechen (Paris unter Étienne →Marcel wahrte Distanz). Freiwillig oder unter Zwang – die Überlebenden beriefen sich in den Prozessen und den *lettres de rémission* jeweils auf eine Zwangssituation – übernahmen meist reiche Bauern mit militär. Erfahrung, zu denen auch einige Adlige stießen, die Führung. Unbestrittener oberster Anführer war der reiche und gebildete Grundbesitzer Guillaume Cale, der zusammen mit einem Johanniter offensichtl. vergebl. versuchte, die sich in planlosen Einzelaktionen verzettelnden Bauern zu organisieren. Ziele der Bauern waren die Burgen und Landsitze der Adligen. Die Zahl der dabei getöteten Adligen und ihrer Familien dürfte in der fast ausnahmslos bauernfeindl. Chronistik stark übertrieben sein. Nicht den Personen, sondern dem Besitz und den mit Hoheitsrechten verbundenen Objekten (Mühlen, Fischteiche, Keltern) sowie den Besitztiteln (Grundbücher usw.) galten die gewaltsamen Übergriffe. Ziel der Bauern war also nicht die ihnen polem. unterstellte phys. Vernichtung des gesamten Adels, sondern die Beseitigung seiner als nicht mehr gerechtfertigt empfundenen gesellschaftl. und ständ. Vorrangstellung. Adliger Widerstand gruppierte sich unter Führung Karls II., Kg. v. Navarra, der nach Beseitigung von Guillaume Cale die Jacques mit einem Ritterheer vernichtend schlug (10. Juni 1358). In einer großangelegten Vergeltungsaktion wurden die Jacques sowie auch nicht am Aufstand beteiligte Bauern verfolgt und getötet. Eine Generalamnestie des Kg.s (Aug. 1358) trug zur schnellen Befriedung bei.

N. Bulst

Q.: S. Luce, Hist. de la J., 1894² – M.-Th. de Médeiros, Jacques et chroniqueurs, 1979 – *Lit.:* M. Mollat – Ph. Wolff, Ongles bleus, Jacques et Ciompi, 1970 – M. Dommanget, La J., 1971 – A.-M. Cazalis, 1358. La J. de Paris, 1977 – R. Cazelles, Société, politique, noblesse et couronne sous Jean le Bon et Charles V, 1982 – N. Bulst, 'J.' und 'peasants' revolt' in der frz. und engl. Chronistik (Gesch.sschreibung und Gesch.bewußtsein im späten MA, 1987), 791–819.

Jacques (s. a. Jakob, Jacobus usw.)

1. J. d'Amiens. Aller Wahrscheinlichkeit nach sind unter diesem Namen zwei verschiedene Dichterpersönlichkeiten greifbar. 1. (2. Hälfte des 13. Jh.) Verf. von vier höf.

Canzonen (drei weitere werden ihm zugeschrieben), einer Pastourelle und eines *débat* mit Colin Muset. 2. (wahrscheinl. Ende des 13. Jh.) Verf. einer »Art d'Amours« und von »Remedes d'Amours« in ovid. Tradition.

A. Vitale Brovarone

Ed. und Lit.: G. Körting, Jakes d'A. L'Art d'Amors und Li Remedes d'Amors. Zwei afrz. Lehrgedichte von J. d'A., nach der Dresdener Hs. . . ., 1868 – Ph. Simon, J. d'A., 1895 – L'art d'amours de Jakes d'A. (XIII eeuw), ed. D. Talsma, 1926 – R. W. Linker, A Bibliogr. of Old French Lyrics, Romance Monographs, n. 119, 1979, 175f. – L'»Art d'Amours« de Jakes d'A. Un témoin méconnu du topos médiéval »amors defaut, amors décline«, M-A 92, 1986, 237–263.

2. J. Coeur → Coeur, Jacques

3. J. Le Grand → Le Grand, Jacques

4. J. de Longuyon, Autor der um 1312 verf. Chanson de geste »Les Voeux du Paon« (gereimte Alexandriner). Das in einer größeren Zahl von Hss. als der eigtl. Alexanderroman verbreitete Werk war überaus beliebt. Es berichtet, wie Kg. Alexander den vom Inderkg. Clarus bedrängten Kindern seines edlen Feindes Gadifer du Laris zu Hilfe kommt. Als ein von Porus, dem Sohn des Clarus, erlegter Pfau bei Tisch aufgetragen wird, geloben die Anwesenden bestimmte Taten, die sie in der bevorstehenden Schlacht vollbringen wollen. Der Roman erzählt dann, wie diese Gelübde erfüllt werden. – Eine Fortsetzung, »Le Restor du Paon« von Je(h)an → Brisebar(r)e, behandelt mehrere in »Les Voeux du Paon« ausgelassene Episoden, und vergleicht in Form einer Diskussion die Verdienste der Pfauengelübde miteinander. D. J. A. Ross

Ed.: Les Voeux du Paon, The Buik of Alexander, 1921–29 (Scott. Text Soc., 4 vol.) – Le Restor du Paon, ed. E. Donkin, 1980.

5. J. de Révigny → Révigny, Jacques de

Jadwiga → Hedwig

Jadwinger (russ. *Jatvjagi*, poln. *Jaćwingowie, Jadźwingowie*), auch Sauder gen., balt. Volksstamm im SO des pruß. Siedlungsgebiets; von → Ptolemaios erstmals als Σουδινοί erwähnt. Die Namen *Suduva*' und *Jatva*' werden auf Gewässernamen zurückgeführt. Archäolog. ist eine große Siedlungskontinuität von der späten Bronzezeit bis ins HochMA belegt. Sie waren Ackerbauern, züchteten Schaf, Rind und Pferd (Pferdegräber), lebten in lockeren Weilern und Dörfern nahe von Holz-Erde-Burgen und ließen sich in flachen Hügelgräbern beisetzen. Im 10.–12. Jh. lassen sich Kontakte mit den übrigen → Prußen, den → Litauern, der → Rus' nachweisen. Die soziale Schichtung (domini famosi, nobiles duces, waffentragende Freie, Unfreie/Sklaven) entspricht der der übrigen Prußen. 983 besetzte Fs. → Vladimir d. Hl. ihr Land, 1038 griff sie Fs. → Jaroslav d. Weise an, 1112 Jaroslav, Sohn → Svjatopolks Izjaslavič. 1193 kämpften die J. mit Hzg. Kasimir d. Gerechten v. Polen, 1251–53 gegen eine poln.-russ. Koalition; sie widerstanden dem Litauerkg. → Mindowe. 1260 nahmen sie am pruß. Aufstand gegen den → Dt. Orden teil. Um 1280 wanderte der größte Teil der J. nach Litauen aus, wo sie in → Aukštaite, → Grodno und → Drohicin, in der Umgebung von Ostolenka angesiedelt wurden. 1283 ließ der Ordensmeister Konrad v. Thierberg die letzten J. ins w. → Samland umsiedeln. Ihr Land wurde zur 'Großen Wildnis', und sie verschwanden aus der Gesch. M. Hellmann

Lit.: [zur Sprache]: Hoops² II, 14–20 [Lit.] – SłowStarSłow II, 305–308 [Lit., Karte] – E. Fraenkel, Die balt. Sprachen, 1950, 62ff. – S. Zajączkowski, O nazwach ludu Jadźwingów, ZapTowarzNaukTorun 18, 1952, 175–195 – [zur Archäologie]: C. Engel–W. La Baume, Kulturen und Völker der Frühzeit im Preußenlande, 1937 – A. Kamiński, Materiały do bibliografi archeologicznej Jaćwieży, MatWsr I, 1956, 193–273 – J. Antoniweicz, Neue Forsch. über das Sudauerproblem in Polen, ArchPol 4, 1961, 316–330 – Ders., The Sudovians, 1962 – [zur Gesch.]: H. Łowmiański, Studia nad początkami społeczeństwa i państwa litewskiego 1, 2, 1931/32, passim – S. Zajączkowski, Jotvingų problema istoriografijoje, Lietuvos praeitis I, 2, 1941, 367–468 – Ders., Problem Jaćwieży w historiografii, ZapTowarz NaukToruń 19, 1953, 7–56 – A. Kamiński, Jaćwież-terytorium ludność, stosunki gospodarcze i społeczne, 1953 – G. Rhode, Die Ostgrenze Polens, I, 1956, passim – J. Nalepa, Jaćwięgowie. Nazwa i lokalizacija, 1964.

Jaén, Stadt, Bm. und Kgr. in → Andalusien. Das Hl. Reich *(Santo Reino)* v. J. entstand unter Ferdinand III. v. Kastilien (1217–52) nach Eroberung und Wiederbesiedlung des Gebietes (J. aufgrund eines Vertrags mit Emir Muḥammad I. v. → Granada 1246) und diente bis 1492 als Militärstützpunkt gegen Granada. Damit zu erklären sind die städt. Befestigungen, die vielen Burgen, aber auch die immer wiederkehrenden Kriegszüge und Verwüstungen, die soziale Vorherrschaft des niederen Adels und der Ritterschaft sowie das Auftreten von Söldner- und von Kg.en entsandten Heerführern (z. B. Miguel Lucas de Iranzo 1459–73). Quasi als Schutzschild des Kgr.es fungierten die vier bedeutenden kgl. Städte J., Andújar, Ubeda und Baeza. Große Herrschaften besaßen die Ritterorden v. → Santiago (Bedmar, Segura und die dazugehörigen Komtureien) und → Calatrava (Vilches, Jimena, Sabiote, Canena und seit 1434 Arjona). Der ausgedehnte Adelantamiento v. Cazorla im NO war im Besitz des Ebf.s v. → Toledo. Dagegen waren die Herrschaften des weltl. Adels verstreut und klein (Santisteban gehörte seit 1371 den Benavides v. Baeza, Bailen seit 1349 den → Ponce de León.

In J. und Andújar galt Toledaner Stadtrecht, während Baeza und Ubeda den → Fuero v. Cuenca übernahmen. Ungefähr seit 1330 lag die Macht bei einem in seinen Rechten eingeschränkten Rat (→ *regimiento*). Die städt. Ämter wurden von → *Hidalgos* und *Caballeros villanos* (Bürger, die mit Pferd und Waffen Heerdienst leisteten) bekleidet. Die dem niederen Adel zuzurechnenden Geschlechter dieser Städte, die ihre Spuren in großartigen Renaissancepalästen hinterließen, gehörten verschiedenen Parteien *(bandos)* an (die Carvajal und Janvides in Baeza, die La Cueva und Molina in Ubeda, die → Mendoza, Berrío u. a. in J.), die sich im 15. Jh. erbittert bekämpften. Ein Hochadel fehlte, doch stammten einige der berühmtesten Edlen Kastiliens im 15. Jh. aus J.: Ruy López → Davalos, Condestable Heinrichs III., oder Beltrán → la Cueva, unter Heinrich IV. Hzg. v. Albuquerque.

J. verzeichnete im 15. Jh. einen beachtl. Bevölkerungszuwachs. Das Kgr. zählte um 1500 gegen 180000 Bewohner (J. 18000, Ubeda und Baeza 11000–13000, Andújar 7000). Dies erklärt die große Auswanderungsbewegung nach der Eroberung des Emirates v. Granada und die schnelle Besiedlung der ehemaligen Grenzgebiete. Trotz seines gebirgigen Charakters war das Kgr. J. kein armes Randgebiet. Es umfaßte 14000 km² mit fruchtbaren Auen und Obstanbaugebieten um den → Guadalquivir und die Städte. Weizen und Gerste wurden im gleichen Umfang in die benachbarten Kgr. Granada geerntet (1500 jährl. ca. 450000 hl.). Zudem verfügte J. über eine bedeutende Waldwirtschaft und ausgedehnte Weidegründe, die von eigenen wie durchziehenden Herden (Mesta) genutzt wurden. Baeza besaß ein namhaftes Textilgewerbe und stand in dauernden Handelsbeziehungen zur kast. Hochebene und zu Granada.

Die Bm.sgrenzen entsprachen denen des Kgr.es und nicht der ehem. Diözesaneinteilung. Der Bf.ssitz wurde

1246 nach J. verlegt, aber in Baeza gab es weiterhin eine Kathedrale und wie in Ubeda ein Kollegiatsstift. J. war Suffraganbm. v. Toledo und 1311 in 3 Archidiakonate, 7 Archipresbyterate und an die 75 Pfarreien unterteilt, von denen ca. die Hälfte Pfründen entsprach oder in Stadtvierteln lag (je 11 in J. und Ubeda, 10 in Baeza, 5 in Andújar). 1226–1520 gab es 24 Bf. e.   M.-A. Ladero Quesada

Lit.: J. M. Pérez Prendes, El orígen de los Caballeros de cuantía y los cuantiosos de J. en el siglo XV, Revista Española de Derecho Militar 9, 1960, 111–175 – M.-A. Ladero Quesada, Andalucía en el siglo XV, 1973 – J. Rodríguez Molina, El reino de J. en la baja Edad Media..., 1978 – Mª. García Guzmán, El Adelantamiento de Cazorla en la Baja Edad Media, 1985 – J. Rodríguez Molina, El obispado de Baeza-J...., 1986 – Mª. J. Parejo Delgado, Baeza y Ubeda en la Baja Edad Media, 1988.

Jænberht, Ebf. v. →Canterbury 765–792, vorher Abt des dortigen Kl. St. Augustine, empfing 786 als erster die päpstl. Legaten Theophylakt und Georg, die 786/787 in →Mercien und →Northumbrien Synoden zur Reform der engl. Kirche abhielten. 787 mußte J., wohl unabhängig von diesen Legatensynoden, auf der »Streitsynode« v. →Chelsea die von Kg. →Offa mit päpstl. Billigung betriebene Erhebung →Lichfields zum Ebm. und damit die Teilung seiner Kirchenprovinz Canterbury hinnehmen. Das Vorgehen Offas wurde später von Offas Nachfolger Cœnwulf, der seit 798 die Wiederherstellung des alten Zustands durch Aufhebung Lichfields betrieb, auf Offas Feindschaft gegen J. und die Kenter zurückgeführt, die mit dem Widerstand J.s gegen die merc. Suprematie im Kgr. →Kent zusammenhängt.   H. Vollrath

Lit.: N. P. Brooks, The Early Hist. of the Church of Canterbury, 1984, bes. 117ff.

Jaffa, Stadt und Herrschaft, später Gft., nw. von →Jerusalem. J. (Joppe), das in altorientl. und hellenist.-röm. Zeit eine bedeutende Hafenstadt gewesen war und als Schauplatz bibl. (Einschiffung Jonas') und urchr. (Erweckung der Tabita durch Petrus) Ereignisse galt, war von seinen Bewohnern verlassen, als es von den Kreuzfahrern auf dem Vormarsch auf Jerusalem (→Kreuzzug, erster) im Mai 1099 besetzt wurde. Trotz seines gefährl. Hafens (vgl. den Bericht des Pilgers Theoderich) diente J. als Nachschubbasis, bis 1104 Akkon an seine Stelle trat. J. blieb jedoch bis 1268 ein wichtiger Etappenhafen an den großen Pilgerstraßen. Im Juli 1099 nahm →Gottfried v. Bouillon die Stadt in Besitz (wodurch J. ein Teil der späteren kgl. Domäne wurde) und versah es mit neuen Befestigungswerken und einem Hospital. Ca. 1108/10 übertrug Kg. →Balduin I. v. Jerusalem die Lehnsherrschaft J. an Hugo II. v. Le Puiset (Hugo I. v. J.). Sie umfaßte einen Küstenstreifen und das fruchtbare Hinterland (von Mirabel über Ramle bis →Ibelin). Infolge einer Revolte Hugos von Jaffa (1134) wurde das Lehen von Kg. →Fulco wieder eingezogen, 1151 als Apanage für →Amalrich, den jüngeren Bruder Balduins III., ausgetan und 1153 mit Askalon zur Herrschaft J.-Askalon zusammengefügt, unter Einbeziehung des Küstengebietes bis Gaza. Nachdem Amalrich den Königsthron bestiegen hatte, kam die Herrschaft wieder an die Krondomäne, lediglich 1176–86 war sie an Sybille, die Tochter des Kg.s, übertragen. Nach →Ḥaṭṭīn (1187) ergab sich auch J. kampflos →Saladin. Im Sept. 1191 nahm →Richard Löwenherz die Stadt ein, die ihm als Nachschubhafen dienen sollte und die er zur Seeseite befestigen ließ. Der Kg. belehnte Gottfried v. Lusignan mit der Gft. J. Ein Versuch Saladins, sich am 26. Juli 1192 der Festung zu bemächtigen, wurde von Richard in tollkühnem Handstreich abgewehrt. Bei einem erneuten muslim. Angriff (1197, durch al-ʿĀdil) wurde ein Großteil der Bewohner niedergemacht. Friedrich II. ließ 1228 neue Befestigungen (Zitadelle, Wehrgraben) errichten und schloß hier am 18. Febr. 1229 den Vertrag v. Tel-Ajul-Jaffa, durch den J. an Gautier IV. v. →Brienne kam. Seit Juni 1247 war die Herrschaft in der Hand →Johanns v. Ibelin, der verzweifelte Anstrengungen unternahm, um die drohende muslim. Einnahme abzuwenden (Befestigung 1252/53 durch →Ludwig d. Hl.n, vgl. die Schilderung bei →Joinville; Ausschreibung päpstl. Ablässe und Kollekten zur Hilfe für J.). Zwei Jahre nach dem Tode Gf. Johanns († 1266) ergab sich die Stadt nach nur eintägiger Belagerung →Baibars (7. März 1268).   S. Schein

Lit.: J. Riley-Smith, The Feudal Nobility and the Kingdom of Jerusalem, 1973 – P. W. Edbury, EHR 98, 1983, 115–133 – H. E. Mayer, The Double County of J. and Ascalon: One fief or two? (Crusade and Settlement, hg. P. W. Edbury, 1985), 181–190 – Ders., The Origins of the County of J., Israel Exploration Journal 35, 1985, 35–45.

Jagaila → Jagiełło, Jagiellonen

Jagd. Im MA – und teilweise noch in der frühen NZ – bedeutete »jagen« '(vom Menschen) ein Stück Wild mit oder ohne Hunde verfolgen und es, sobald es eingeholt und gestellt ist, mit der Stichwaffe erlegen'. Dementsprechend war J. die Bezeichnung für diese spezielle Methode der Verfolgung und Erlegung von Wild und stand gleichrangig neben anderen, auf Teilbereiche spezialisierten Begriffen wie Pirsch, Hetze, Fang, →Beizjagd, →Vogelfang etc. Eine ähnl. Spezialisierung der Bezeichnungen je nach der angewandten Technik finden wir heute noch in anderen Sprachen, etwa im Engl.: *hunting, stalking, hawking, fowling* etc. Als Überbegriff für den Tierfang im weitesten Sinne, sozusagen das »Beutegreifen des Menschen«, d. h. »jagen«, »fangen«, »beizen«, »vogelfangen« und »fischen« in allen Formen, unabhängig von der Technik, gleichgültig, ob mit Hunden, mit Fernwaffen oder Nahwaffen, mit Fallen oder Fangeinrichtungen, kurzum mit sämtl. gegebenen Hilfsmitteln, diente Weide oder Weidwerk. Um die notwendige Universalität zu gewährleisten, wird als Hauptstichwort →Weidwerk angesetzt.   S. Schwenk

Jagdhunde. Das MA kennt keine Hunderassen in unserem heut. Sinne, wiewohl bereits seit Xenophon die Züchtung innerhalb eines Rassetyps bekannt ist. Deswegen ist für die ma. J. ihre Funktion bei der Jagd entscheidend und entsprechend für eine Klassifizierung der J. die genaue Kenntnis der ma. Jagdmethoden unabdingbar notwendig. Vom Aussehen der ma. J. zeugen bildl. Darstellungen, etwa in Hss., auf Altarbildern, auf Reliefs, in Skulpturen u. ä.; frühe Hinweise auf ihre Funktion und v. a. auf ihre Wertschätzung finden wir in den Stammesrechten und später in den Jagdtraktaten. Bei der Hetzjagd wurden je nach ihren Fähigkeiten und Eigenschaften unterschiedl. Hunde gebraucht. Bereits das FrühMA scheint eine formgerechte Hetzjagdtechnik entwickelt zu haben, wie sie dann im hochma. Schrifttum in allen Einzelheiten überliefert ist. Die beiden wichtigsten Hetzhunde 'vertragus' und 'segutius', die sich grundsätzl. in ihrer Hetztechnik unterscheiden. Die vertragus-Schläge (→Windhund), auch »hetzende Hunde« gen., erreichen beim Laufen hohe Geschwindigkeiten, jagen das Wild auf Sicht und bringen es dank ihrer überlegenen Schnelligkeit zur Strecke; die Seguser (canis segusius, sigusius, seucis oder seusius), auch »Laufhunde« oder »jagende Hunde« gen., sind in der Regel langsamer als das verfolgte Wild, arbeiten auf Witterung, d. h. auf Geruch, und ermüden das Wild durch ihre Ausdauer. Der vertragus spielte bei den Kelten frühzeitig eine große Rolle und kam zu den Germanen (vgl. Pact. Alam. 157; Lex Alam. 83,3; Lex Sal. 6,2; Lex Baiuv. 20,5; Lex Gundobada 97). Jagdgesch. bes. wichtig sind die Angaben in der Lex Baiuv. 20,5 (»De canibus veltricis qui leporem non persecutum, sed sua velocitate conprehenderit...«), ein Hinweis auf die Technik der Hasenhetze, und in der Lex. Sal. 6,2 (»... aut veltrum porcarium sive veltrum leporarium qui argutarius dicitur...«), ein Beweis, daß das frühe MA bereits zwei Windhundschläge nebeneinander kannte, einen schweren für Schwarz- und wahrscheinl. auch Rotwild und einen leichten für die Feldjagd auf Hasen. Der segutius erscheint bei der Hetzjagd in der Funktion als Leithund und als Meutehund. Der Leithund (Lex. Alam. 83,2: »Illo doctore qui hominem sequenter ducit, quod laitihund dicunt...«) war ursprgl. nur eine Dressurform des Laufhundes, bei der ein zur Riemenarbeit geeigneter Hund mit bes. feiner Nase aus der Meute ausgewählt wurde. Erst später wurden Hunde des im Ardennenkl. St. Hubert gezüchteten Stammes zur Leithundarbeit bevorzugt. Nach erfolgreicher Vorsuche hetzten die Meutehunde (Lex Sal. 6,2: »Si quis vero seusum relicum...«; Lex Baiuv. 20,2: »Si autem seucem doctum quod triphunt vocant...«), angeführt vom Kopfhund (Lex Alam. 6,1: »Si quis canem siusium furaverit aut occiderit, qui magister sit...«), das Stück, bis es zur Strecke gebracht war. Beliebt sind gemischte Meuten, bestehend aus Windhunden und →Bracken, bei der Hasenhetze und beim Überlandjagen.

Zum Aufstöbern des Flugwildes, vornehml. bei der →Beizjagd, diente der Habichtshund (Lex Baiuv. 20,6: »De eo cane qui dicitur hapuhhunt...«; Lex fris. 4,4: »...Canem acceptoricium...«). Schon früh wurden bei Beizjagd und Vogelfang die hierfür bes. wichtigen »vorliegenden« oder »vorstehenden« Hunde erwähnt. Sie alle gehören zur großen Gruppe der Vogelhunde, in der traditionell Vorstehhunde, Pointer, Setter, Wachtel und Spaniels als typ. J. mit hängenden Ohren trotz teils unterschiedl. jagdl. Funktion zusammengefaßt werden.

Bereits ab frühma. Zeit dürften Dachshunde zur Jagd verwendet worden sein: der Teckel (wohl Kreuzung zw. auf Erdarbeit abgerichteten Terriern und kleinen Stöber- und Laufhunden) wurde lange zusammen mit Terriern bei der Erdjagd eingesetzt. Die Terrier, die mit Spitzer und Pintscher zu den ältesten jagdl. geführten Hunden gehören, werden darüberhinaus vorzugsweise bei der Saujagd gebraucht, es sei auch auf den →Biberhund verwiesen. Die Doggen, große Hunde von gedrungenem Körperbau und schwerem Kopf, kamen zur Jagd auf Bären, Auerochsen, Wildschweine und Wölfe zum Einsatz (Lex Alam. 83,3; Lex Baiuv. 20,7). Um einen leichteren Schlag zu erhalten, wurden sie vielfach mit Windhunden ausgekreuzt. Im spätma. frz. Schrifttum erscheinen sie als *alants*, unterschieden in *a. gentil, a. vautre, a. de boucherie*. Hirtenhunde haben in der frühma. Jagd bei der Verfolgung von Wölfen Bedeutung (Lex Alam. 83,4: »Si quis canem pastoralem qui lupum mordet...«; Lex Baiuv. 20,8: »Qui vero pastoralem qui lupum mordet...«). Strittig erscheint, ob der Molosser als Dogge oder vielmehr als Hirtenhund anzusehen ist.   S. Schwenk

Q.: Albertus Magnus, De animalibus II, ed. H. STADLER, BGPhMA 16, 1920 – Thomas v. Cantimpré, Liber de natura rerum, T.I, ed. H. BOESE, 1973 – Lit.: G. LANDAU, Beitr. zur Gesch. der Jagd und Falknerei in Dtl., 1849 – F. KRICHLER, Katechismus der Hunderassen, 1892 – L. BECKMANN, Gesch. und Beschreibung der Rassen des Hundes, 2 Bde, 1894/95 – TH. STUDER, Beitr. zur Gesch. unserer Hunderassen, Naturwiss. Wochenschr. 12, 1897 – DERS., Die prähist. Hunde, Archiv der Schweiz. paläontol. Ges. 28, 1901 – R. FRIESS, Der dt. Wachtelhund, 1921 – O. ANTONIUS, Grundzüge einer Stammesgesch. der Doggen, 1922 – F. ENGELMANN, Der Dachshund, 1925 – R. BERLINER, Die Bildwerke des bayer. Nationalmus., IV. Abt., 1926 – G. RODENWALDT, Vertragus, Jb. des dt. archäolog. Inst.s 48, 1933 – F. RÖHRIG, Das Weidwerk, 1933 – J. WILLMSHAIDE, Die Bracken, Zs. für Hundeforsch., N.F. II, 1936 – G. HOLLUSCHEK, Die Tiroler Bracken, 1952 – K. LINDNER, Das Jagdbuch des Petrus de Crescentiis in dt. Übers. des 14. und 15. Jh., 1957 – DERS., Von Falken, Hunden und Pferden, 1962 – K. ROLFS, Der Jagdgebrauchshund, 1964 – H. SCHULZE, J. einst und jetzt, 1965 – F. E. ZEUNER, Gesch. der Haustiere, 1967 – W.-E. BARTH, Der Hannoversche Schweißhund, 1969.

Jagdtraktate. Als J. werden die auf allen Gebieten der Jagd – etwa Jagd auf Haarwild, Jagd auf Federwild, →Weidwerk, →Beizjagd, →Vogelfang – verfaßten Schriften lehrhaften Inhalts bezeichnet. Die frühesten europ. J. finden sich, von einigen wenigen Werken abgesehen (vgl. das in einem Bibliothekskatalog aus Canterbury, Christ Church, um 1300 aufgeführte »Liber Alvredi Regis De Custodiendis Accipitribus« aus der 2. Hälfte des 9. Jh.; →Asser, »De vita et rebus gestis Alfredi«; →Falkentraktate, IV), nach dem heutigen Stand der Forsch. in der 1. Hälfte des 12. Jh. Damit scheint zw. der antiken Jagdlit., gekennzeichnet durch Xenophon, Grattius Faliskus, Flavius Arrian, Oppian und Marcus Aurelius Olympius Nemesian, von denen drei in gr., zwei in lat. Sprache schrieben, und dem ma. jagdl. didakt. Schrifttum eine Lücke von rund neun Jahrhunderten zu liegen. Eine Ausnahme bildet die allem Anschein nach zahlreiche, aber noch schwer zugängl. didakt. Jagdlit. des islam. Kulturbereichs, wie das durch MÖLLER und VIRÉ vorgelegte, wor. 775 und 785 entstandene Falknereibuch des al-Ghiṭrīf al-Ghassānī beweist, das unserem heut. Wissen nach das älteste arab. Werk über Falknerei darstellt.

Einen wichtigen Teil der J. bilden die Schriften über die →Beizjagd und die Haltung von →Beizvögeln (→Falkentraktate), die rund ein Jahrhundert früher als die Traktate über Jagd auf Haar- und Federwild oder über den Vogelfang einsetzen. Der älteste bisher bekannte Traktat aus dieser Gruppe behandelt unter dem Titel »De arte bersandi« die Pirschjagd auf Rotwild. Der von einem »miles teutonicus« namens Guicennas bzw. Guicennans verfaßte oder zumindest mit ihm in Verbindung zu bringende (vgl. TILANDER, Guicennas, S. 6), in vier Hss. (eine Ende des 13. Jh., drei aus dem 15. Jh.) nur als Fragment überlieferte Text in lat. Sprache stellt ein wichtiges Dokument des frühen, spezif. dt. jagdl. Brauchtums dar. Ebenfalls ins 13. Jh. zu datieren ist das erste in einer europ. Nationalsprache abgefaßte jagdl. Lehrgedicht, die →»Chace dou cerf«. In dieselbe Zeit gehört das größte span. Jagdwerk des MA, »El Libro de la Monteria«, das traditionell Kg. →Alfons XI. zugeschrieben wurde (vgl. die zweibändige Ed. von J. GUTÉRREZ DE LA VEGA, Bibl. Venatoria, 1877), von dem aber H. TJERNELD, ein Schüler G. TILANDERS, nachweisen konnte, daß es bereits von →Alfons X. d. Weisen stammt. Einen Höhepunkt in der Entwicklung der europ. ma. Jagdlit. bilden zwei frz. monumentale, die Jagd insgesamt abhandelnde Werke des 14. Jh.: »Les Livres du roy Modus et de la reine Ratio« von Henry de Ferrières und »Le livre de chasse« von →Gaston Fébus. Zwischen 1354 und 1376 und 1377 von dem zu einer der einflußreichsten Familien der Normandie gehörenden, jedoch bisher nicht endgültig zu identifizierenden Henry de Ferrières verfaßten »Livres«, in denen Personifizierungen von Maß »Modus« und Vernunft »Ratio« sprechen, zerfallen in zwei Teile: »Le livre de déduits«, d.h. »Le livre de chasse«, das sich mit Jagd, Bogenschießen, Fang von Tieren in Fallen, Beizjagd und Vogelfang beschäftigt, und »Le Songe de pestilence«, das Gesellschaftskritik und Ereignisse unter dem frz. Kg. Karl V. schildert. Wir kennen 34, z.T. mit Miniaturen geschmückte Hss. (von denen drei das »Livre de chasse« nicht enthalten), dazu eine gedruckte Quartausg., Chambéry 1486, und mehrere Drucke des 16. Jh. Gaston Fébus, Gf. v. Foix, schrieb »Le Livre de chasse« zw. dem 1. Mai 1387 und wahrscheinl. 1389 in ausgezeichnetem, durch norm.-picard. Ausdrücke gefärbtem Frz.: Nach einer detaillierten systemat. Beschreibung verschiedener Arten von Jagdwild (die vier Jh.e später noch Buffon zitiert) folgen die Jagdhunde, eine Art Lehrbuch mit der Schilderung der einzelnen Phasen der Parforcejagd, spezielle Methoden, verschiedene Arten von Wild zu hetzen, verschiedene andere Jagdmethoden, Pirsch und Hasenfang. Von dem durch method. Klarheit bestechenden Werk sind 46 zw. 1400 und dem 18. Jh. (die meisten im 15. und 16. Jh.) gefertigte Hss. überliefert, und bereits 1406–13 erfolgte durch →Eduard, Hzg. v. York, unter dem Titel »Master of Game« eine Übers. des Anfangs des »Livre« ins Engl. Es ist nachzuweisen, daß Gaston Fébus nicht nur Henry de Ferrières' »Livres«, sondern auch den »Roman des déduits des chiens et des oiseaux« des Gace de la Buigne kannte, ein zw. 1359 und 1373–77 geschriebenes Gedicht von 12000 achtsilbigen Versen, das in einem zweiten profanen Teil ein ausgedehntes Streitgespräch zw. Jägern und Falknern über die Bedeutung ihrer jeweiligen Jagdmethoden enthält. Im Vergleich zu diesen großen frz. Werken nehmen sich die dt. J. vergleichsweise bescheiden aus: Die »Lehre von den Zeichen des Hirsches«, neben der »Dt. Habichtslehre« (→Falkentraktate) das wichtigste ma. Jagdwerk in dt. Sprache, bietet eine Anweisung zur Unterscheidung der Geschlechter beim Rotwild und die Bestimmung ihrer Stärke aufgrund aller hinterlassener Zeichen, vornehml. der Fährten. Dabei handelt es sich um einen bereits im 13. Jh., sicher aber in der 1. Hälfte des 14. Jh. voll entwickelten Erfahrungsschatz, der zunächst mündl. tradiert wird und bei der schriftl. Fixierung spätestens um die Wende vom 14. zum 15. Jh. bereits zum Dogma erstarrt ist. Wir kennen sieben Hss. des 15. und des 16. Jh., eine erste Ed. erfolgte durch Th. G. v. Karajan, 1858, als Anhang zur Ausgabe des »Geheimen Jagdbuchs« von Ks. Maximilian I. Das älteste dt. Zeugnis über den Vogelfang findet sich in einem kleinen, wohl aus dem südbayer.-österr. Raum stammenden Traktat aus unbekannter Feder »Vogelfang und Hasensuche«–, der um die Wende vom 14. zum 15. Jh., eventuell auch schon einige Jahrzehnte früher, aufgezeichnet wurde. Erwähnenswert ist in diesem Zusammenhang eine ältere (Ende des 14. Jh. entstandene, in vier Hss. des 15. Jh. überl.) und eine jüngere (1493 in Speyer gedr.) Übers. des 10. und eines Teils des 9. Buches des »Opus ruralium commodorum« von →Petrus de Crescentiis, das Anweisungen zum Fang wilder Tiere, zum Vogelfang und Vogelschießen sowie Wissenswertes über Wildgehege und Fasane enthält. Das von P. de C. zw. 1304 u. 1309 in lat. Sprache verf., in 12 Bücher gegl. Werk wurde schon um 1350 ins It. und um 1373 ins Frz. übersetzt. Der älteste in England, ursprgl. jedoch in frz. Sprache geschriebene J. ist »L'art de Vénerie de Guillaume Twiti« aus dem 1. Viertel des 14. Jh., von dem drei Hss. (zwei in frz. Sprache aus der 1. Hälfte und der Mitte des 14. Jh., eine in engl. Sprache vom Anfang des 15. Jh.) überl. sind. William Twiti, ein Jäger Kg. Eduards II. v. England, schildert darin die Jagd auf Hasen, Rot-, Dam- und Schwarzwild, Wolf und Fuchs mit Hunden. Unmittelbar davon abhängig ist der in zwei Hss. aus dem 15. Jh. und vom Anfang des 16. Jh. überl. Traktat »Craft of Venery«; beide Traktate sind von Vater und Tochter Dryden erstmals ediert worden. 1394 verfaßte Hardouin de Fontaines Guérin ein Gedicht »Le Trésor de Vénérie«, das Pichon 1855 edierte,

ebenso 1858 die zw. 1481 und 1490 von Jacques de Brézé (aus berühmter norm. Familie stammend) geschriebene »La Chasse«, die in drei Hss. des 15. bis 17. Jh. und in einer Inkunabel überl. ist. Ebenfalls ins 15. Jh. gehört das »Boke of Huntyng« der Dame Julians Barnes, das in einer Hs. des 15. Jh. erhalten ist, 1486 in »The Boke of Saint Albans« erstmals gedr. wurde und die Jagd mit Hunden auf Hasen, Rot-, Schwarz- und Rehwild schildert.

Abschließend sei noch auf das von Ks. Maximilian I. eigenhändig aufgezeichnete, oben erwähnte »Geheime Jagdbuch« hingewiesen und bes. darauf, daß sich in vielen ma. Texten – etwa →Epen, →Allegorien u. a. – jagdl. Schilderungen und Hinweise mit durchaus didakt. Charakter finden. S. Schwenk

Bibliogr.: R. Souhart, Bibliogr. Générale des Ouvrages sur la Chasse, La Vénerie et la Fauconnerie, 1886 – J. Thiébaud, Bibliogr. des Ouvrages Français sur la Chasse, 1934 – *Ed. und Lit.*: The Art of Hunting, ed. H. Dryden, 1844 – Le Trésor de Vénerie Poème composé en 1394, par Messire Hardouin de Fontaines Guérin, ed. H. Pichon, 1855 – Ks. Maximilian's I. »Geheimes Jagdbuch« und »Von den Zeichen des Hirsches«, hg. Th. G. v. Karajan, 1858 – Le livre de la chasse du grand seneschal de Normandye, ed. J. Pichon, 1858 – Alfonso El Sabio, El Libro De La Monteria, ed. J. Gutérrez de la Vega, 2 Bde (Bibl. Venatoria I, 1877) – H. Werth, Afrz. Jagdlehrbücher, ZRPh 12, 1889, 146–191, 381–415; 13, 1890, 1–34 – C. Biedermann, Erg. zu Werth's Afrz. Jagdlehrbüchern, etc., ZRPh 21, 1897, 529–540 – The Craft of Venery, ed. A. Dryden, 1908 – Hunting, Hawking, Shooting Ill. in a Cat. of Books Mss., 4 vol., 1928–37 [Repr.: C. F. G. R. Schwerdt, Hunting, Hawking, Shooting, 4 Bde, 1985] – Les Livres du roy Modus et de la royne Ratio, ed. G. Tilander, I–II, 1932 – Ders., Les Mss. des Livres du roy Modus et de la royne Ratio, 1932 – Ders., Nouveaux Mss. de Modus (Est. dedicados a M. Pidal, I, 1950) – A. Blomqvist, Le Roman des déduits de Gace de la Buigne (Stud. Romanica Holmiensia III, 1951) – De Arte Bersandi, hg. K. Lindner (Q. und Stud. zur Gesch. der Jagd, I, 1954, 1966²) – Die Lehre von den Zeichen des Hirsches, hg. K. Lindner (Q. und Stud. zur Gesch. der Jagd, III, 1956) – Guicennas De Arte Bersandi, hg. G. Tilander (Cynegetica III, 1956) – La Vénerie de Twiti, ed. Ders. (Cynegetica II, 1956) – Das Jagdbuch des Petrus Crescentiis, hg. K. Lindner (Q. und Stud. zur Gesch. der Jagd, IV, 1957) – Dt. J. des 15. und 16. Jh., I, II, hg. Ders. (ebd., V, VI, 1959) – Jacques de Brézé La Chasse Les Dits du Bon Chien Souillard et Les Louanges de Madame Anne de France, ed. G. Tilander (Cynegetica VI, 1959) – Von Falken, Hunden und Pferden, I, II, hg. K. Lindner (Q. und Stud. zur Gesch. der Jagd, VII, VIII, 1962) – Julians Barnes Boke of Huntyng, ed. G. Tilander (Cynegetica XI, 1964) – Gaston Phébus »Livre de Chasse«, ed. G. Tilander (Cynegetica XVIII, 1971) – Gaston Fébus »Livre des Oraisons«, ed. G. Tilander–P. Tucoo-Chala, 1974 – Gaston Phébus »Livre des Oraisons Les Prières d'un Chasseur«, ed. G. Tilander, 1975 – P. Tucoo-Chala, Gaston Phébus, un grand prince d'Occident au XIV s., 1976 – Gaston Phoebus »Le Livre de La Chasse«, vollständige Faks. ausg., 1976 – P. Tucoo-Chala, L'Art de la Pédagogir dans le Livre de Chasse de Gaston Fébus (La Chasse au MA, Actes du Coll. de Nice [22–24 juin, 1979], 1980) – Le Livre du roy Modus, vollständige Faks. ausg. 1989.

Jagiełło, Jagiellonen. [1] *Jagiełło* (lit. Jogaila), Gfs. v. →Litauen, Kg. v. Polen, * 1351, † 1. Juni 1434, ältester Sohn →Olgerds und Julianes, Fsn. v. Tver'; trat 1377 die Herrschaft an, anfangs zusammen mit seinem Oheim Kejstut, Gfs. v. Troki. Zu Konflikten zw. ihnen kam es wegen der Politik gegenüber dem →Dt. Orden wie bezügl. der Zukunft Litauens: J. strebte nach einer Einigung des Staates, der von zwei Zentren (Troki, Wilna) aus regiert wurde. Nach Auseinandersetzungen, die 1381 zum Verlust des Thrones in Wilna führten, vertrieb er Kejstut, der eines geheimnisvollen Todes starb. J. behielt auch die Oberhand über Kejstuts Sohn Witold, doch fand dieser auf Unterstützung des Dt. Ordens und nahm den Kampf um sein väterl. Erbe auf. J. unterlag, und 1384 kam es zu einem Ausgleich. Mit dem Dt. Orden suchte J. mit dem Versprechen der Taufe die Verständigung, und Moskau, Rivale

Litauens im Kampf um die Beherrschung der Rus', wollte er zu einem Bündnis bewegen. Er einigte sich ztw. mit Witold und ging, um der Krise ein Ende zu bereiten, auf den poln. Vorschlag ein, die minderjährige Kgn. →Hedwig (2.H.) zu heiraten und die poln. Krone anzunehmen (Vertrag v. →Krewo, 14. Aug. 1385). Am 15. Febr. 1386 wurde J. in Krakau getauft und nahm den Namen Władysław an; am 18. Febr. erfolgte die Vermählung mit Hedwig, am 4. März die Krönung.

Mit der Gründung des Bm.s Wilna setzte J. die Christianisierung Litauens in Gang. Der Stadt Wilna verlieh er das →Magdeburger Recht, den litauischen →Bojaren gewährte er das Privileg des freien Besitzes ihrer Erbgüter. Nach Witolds zweiter Flucht nach Preußen 1389 und der Aussöhnung mit dem Vetter in Ostrów 1392 vertraute J. diesem die Herrschaft über den litauischen Staat an, während er sich mit der Regierung in Polen begnügte. Häufig auch in Litauen, führte er gemeinsam mit Witold 1417 in Schemaiten das Christentum ein. Den bedrohlichsten Gegner, den Dt. Orden, schlug er bei →Tannenberg 1411 vernichtend. In der Ostpolitik wahrte J. Zurückhaltung, unterstützte aber die Pläne Witolds zur vollständigen Beherrschung der Rus'. Gegenüber der wachsenden Macht Sigmunds, des Kg.s v. Ungarn und Böhmen, spielte er dessen Mißerfolge im Kampf mit den →Hussiten aus und unterhielt deshalb gute Beziehungen mit der Moldau, Pommern und Brandenburg.

In Polen galt J. als ein großer Herrscher. Die Litauer sahen in ihm später einen Verräter der Nation, einen Polonophilen. Sein Ruhm gründete sich auf die Christianisierung Litauens, die Erneuerung der Krakauer Akademie 1400, den Sieg bei Tannenberg und auf seine Rolle als Stammvater der jagiellon. Dynastie.

[2] *Dynastie der Jagiellonen:* J. war viermal verheiratet, zuletzt seit 1422 mit Sofia (Sonka) aus dem litauischen Fs.enhaus Holszańska. Sie gebar ihm zwei Söhne, Władysław und Kasimir. Den poln. Thron erbte Władysław, der nach seiner Wahl zum ung. Kg. in der Türkenschlacht bei →Varna 1444 fiel. Kasimir (IV.) (1427–92), 1440 Gfs. v. Litauen, wurde 1447 auf den poln. Thron berufen. Seiner Ehe mit Elisabeth, Tochter Kg. Albrechts II. (2.A.), entstammten dreizehn Kinder. Er knüpfte mit vielen europ. Dynastien Heiratsverbindungen. Sein Sohn →Kasimir (1458–83) wurde zum Landesheiligen und Patron Litauens, Władysław (1456–1516) war Kg. v. Böhmen und Ungarn. Ihm folgte sein Sohn Ludwig, der in der Schlacht v. Mohács 1526 gegen die Türken fiel. Nach dem Tode Kasimirs IV. wurde sein Sohn Johann Albrecht (1460–1501) Kg. v. Polen, während dessen jüngerer Bruder Alexander seit 1492 in Litauen herrschte und nach dem Tode des Bruders bis 1506 auch das Kgr. Polen regierte. Johann Albrecht und Alexander hinterließen keine Nachkommen. Der poln. und litauische Thron kam 1506 an Sigismund I. (1467–1548). Er hinterließ aus der Ehe mit Bona Sforza Sigismund August, den letzten der J. Der sechste Sohn Kasimirs IV., Friedrich (1468–1503), 1488 Bf. v. Krakau, stieg 1493 zum Kardinal auf.

Die J. beherrschten dank ihrer vielfältigen Verbindungen mit den Monarchenfamilien Europas um 1500 Polen, Litauen, die litauische Rus', Böhmen und Ungarn. Sie strebten nach Aufrechterhaltung eines Gleichgewichts mit den dt. Ksm. und Festigung des Besitzstandes in der Rus'. Deshalb überließ 1515 Sigismund I. im Wiener Vertrag die Kronen Ungarns und Böhmens den Nachkommen aus der Eheverbindung Ludwigs des J. mit dem Haus Habsburg. In der Ostpolitik konnten die J. das Kräftegleichgewicht angesichts der wachsenden Macht Moskaus bewahren. Dieser Konflikt, in den sich auch Polen in der Folge der poln.-litauischen Union von 1501 hineingezogen sah, wurde erst nach langdauernden Kriegen unter der Herrschaft Kg. Stefan Batorys gelöst. Die Nachkommen J.s, die den größten Staat im ö. Mitteleuropa während des 15. und 16. Jh. schufen, legten auch den Grund der jagiellon. Idee, die noch im 20. Jh. in der Vorstellung von 'Polen von Meer zu Meer', d. h. von der Ostsee bis zum Schwarzen Meer, weiterlebte.

J. Ochmański

Q.: Cod. epistolaris Vitoldi magni ducis Lithuniae 1386–1430, ed. A. POCHASKA, 1882 – Cod. epistolaris saeculi decimi quinti, I–III, ed. A. LEWICKI, A. SOKOŁOWSKI, J. SZUJSKI, 1886–92 – Joannis Długossi Hist. ae Polonicae. Opera omnia, XII/XIII, 1886/87 – *Lit.*: A. PROCHASKA, Król Władysław J., I–II, 1908 – J. KRZYŻANIAKOWA, Kancelaria królewska Władysława Jagiełły, I–II, 1972–79 – Z. IVINSKIS, Lietuvos istorija iki Vytauto Didžojo mirties, 1978 – K. BIEDROWSKA-J. OCHMAŃSKI, Władysław J. jako człowiek i osobowość, 1986 – J. KRZYŻANIAKOWA – J. OCHMAŃSKI, Władysław II J., 1990.

Jahr. [1] *Jahresrechnungen:* Grundlage der verschiedenen J.esrechnungen waren zunächst verschiedene Naturphänomene, die sich aber auf Dauer als unzureichend für die Darstellung zeitl. Abläufe erwiesen: a) das Naturj. mit seinen in jedem Land wechselnden und unterschiedl. Vegetationsperioden; b) das Mondj., das aus 12 Mondumläufen mit ca. 354 Tagen besteht; c) das Sonnenj., das durch die Beobachtung der verschiedenen Tageslängen entdeckt wurde; mittels der Tag- und Nachtgleiche war auch eine Begrenzung der J.eszeiten möglich. d) Durch die Verbindung von Mond- und Sonnenj.en entstand das Lunisolarj. (gebundenes Mondj.), dem das Mondj. zugrundeliegt und das man durch ein Schaltsystem mit dem Sonnenj. in Einklang zu bringen suchte. Der Mondumlauf war für das MA auch deswegen bedeutsam, weil das Osterfest vom Frühlingsmond abhängig (→Ostertafel) ist. Für das MA war der »julianische Kalender« Caesars (→Kalender), dem das trop. J. mit 364 1/4 Tagen zugrunde liegt, maßgeblich. Die Kirche hat, aufbauend auf den großen Kirchen- und Heiligenfesten, einen eigenen J.esablauf, der mit dem 1. Adventssonntag einsetzt (→Festkalender, →Kirchenj.).

[2] *Jahresanfänge:* Obgleich die Reihenfolge und Anzahl der →Monate seit der Antike unverändert blieb, kennt das MA fünf verschiedene J.esanfänge (J.esstile). Welcher J.esstil wann und wo zur Anwendung kam, hing von den (z. T. wechselnden) Beurkundungsgewohnheiten des Beurkundungsortes ab: a) der Circumcisionsstil (circumcisio Domini) des julian. Kalenders (annus civilis sive vulgaris) mit dem 1. Jh. wurde in der ma. Urkk. praxis nur zögernd benutzt, war aber für das röm. und kanon. Recht sowie die →Komputistik – und damit für die Ostertafeln – maßgebl.; b) der J.esanfang mit dem 1. März ist vermutl. oriental. Ursprungs und war in den germ. Reichen üblich (vgl. z. B. »Märzfeld«); c) der Annunziationsstil (annunciatio dominica; Jahresanfang am 25. März, dem Fest Mariä Verkündigung) des Marienj.s breitete sich mit dem Marienkult rasch aus; er wurde in der päpstl. Kanzlei, im Bm. Trier und bei den Zisterziensern verwandt. Es gibt zwei Arten des Annunziationsstils, den →calculus Florentinus und den calculus Pisanus; d) der Osterstil (Paschalstil; →Osterfestberechnung): Obwohl Ostern kein festes Datum hat, fand dieser in Gallien aufgekommene Stil in Frankreich (mos Gallicus, stilus Francicus) Verbreitung. Da Ostern zw. dem 22. März und dem 25. April fallen kann, ergeben sich Jahre mit mehr oder weniger als 365 Tagen; gewisse Monatstage können im »Osterj.« fehlen oder doppelt vorkommen, was man mit der Kennzeich-

nung »post« bzw. »ante pascha« auszugleichen suchte; d) der Weihnachtsstil (Nativitätsstil) mit dem 25. Dez.; er wurde schon früh von den Karolingern und Angelsachsen angewandt, später in der dt. Reichskanzlei, in Sizilien, Mailand, Genua, Padua, in Trier und den schweiz. Bm.ern.

[3] *Jahresbezeichnung*: Eine ununterbrochene Reihenfolge von J.en bezeichnet man als →»Ära«. Für das MA sind bedeutsam: →Indiktion, christl. oder dionys. Ära oder →Inkarnationsj.e, Span. →Ära. In ma. →Chroniken und in der Stadt Rom begegnet man auch der Rechnung nach den J.en der Stadt Rom (ab urbe condita, a. U. c.) mit der Varron. Zählung und dem Epochenj. 753 v. Chr. oder der Caton. oder Capitolin. Zählung mit dem Epochenj. 752 v. Chr. Am verbreitetsten war im MA die Gewohnheit, nach dem antiken Vorbild der röm. →Konsulats-, später Ks.j.e die J.e nach den Regierungsj.en der Kg.e und Ks., sog. Herrscherj.e (anni regni nostri), bzw. nach den Päpsten, sog. Pontifikatsj.e, zu bestimmen. Zur Kennzeichnung des J.s und der Epochentage in Urkk. s. →Datierung. – Die Kirche kennt neben dem Kirchenj. noch das →Heilige Jahr. P.-J. Schuler

Lit.: GINZEL III – F. RÜHL, Chronologie des MA und der NZ, 1897 – H. GROTEFEND, Chronologie des MA und der NZ (Grdr. der Gesch.s-wiss., hg. A. MEISTER, 1912²) – →Chronologie, →Datierung.

Jahresdarstellung, Jahreszeiten. Als wichtiger naturbedingter und das Leben der Menschen vielfältig beeinflussender Zeitabschnitt ging das Jahr in die Vorstellungswelt, Symbolik und bildende Kunst ein. Aufgrund von Wetterveränderungen und von Beobachtungen des Sonnenlaufs erfolgte eine Teilung des Jahres in zwei, drei und schließlich in vier Abschnitte – die »Hauptjahreszeiten« Sommer und Winter und die »Zwischenjahreszeiten« Frühling und Herbst, die sich, bedingt durch die klimat. Gegebenheiten, allmähl. im europ. Raum durchsetzte. Maßgebl. für diese Vierteilung sind die Nachtgleichen (21. März, 21. Sept.) und die Sonnenwenden (24. Juni, 25. Dez.). Diese Wendepunkte müssen jedoch nicht unbedingt bindend für die J.z.darstellung sein.

In der kaiserzeitl. und spätantiken Herrscherikonographie beschwören die Personifikationen der vier J.z. auf Münzrückseiten ebenso die »glückl. Zeiten« (felicitas temporum), die der Herrscher bringt, wie die J.z.darstellung auf Triumphbögen oder auf einem Silberteller des Anastasius I. (Fschr. K. WESSEL, 1988, 103–115 [J. ENGEMANN]). Die Übertragung in andere Lebensbereiche zeigen Fußbodenmosaiken in Villen (Aquileia, N-Afrika, Palästina) und (in Verbindung mit Tierkreiszeichen) in Synagogen (Palästina, 4.–6. Jh.).

Die als Sinnbild des ewigen Kreislaufs von Werden und Vergehen, von Leben und Tod und somit auch der Zeit gebrauchte J.z.symbolik war bereits Bestandteil des antiken Bildungsgutes (Ovid, Met. XV, 234f.; Horaz, Carm. IV, 7, 8); J.z.personifikationen waren auch in der Sepulkralkunst üblich (Sarkophage, oft mit Putten und Genien, die saisonbezogene Tätigkeiten ausüben, Katakombenmalerei). Die Kirchenväter übernahmen diese Symbolik und deuteten sie in chr. Sinn um. Sie betrachteten die Erde als Ort der Verbannung, in dem der Mensch dem Wechsel der J.z. ausgeliefert ist. Für ihn, dessen Bestehen größtenteils abhing von einem allzeit günstigen Verlauf der J.z., war das Kommen des Frühlings immer wieder Zeichen für die eigene Rettung. Der Frühling bedeutete Erneuerung des Lebens oder Auferstehung nach dem Tod. Durch Teilnahme am Arbeitsprozeß der J.z. wirkte der ma. Mensch mit an seiner Rettung. So ist es auch nicht verwunderlich, daß die Arbeiten auf dem Land, durch die einerseits materielles, andererseits geistiges Heil erworben wurde, einen festen Platz in der chr. Kunst erhielten.

Bereits im FrühMA werden die J.z. sowohl in der Lit. als auch in der bildenden Kunst zu anderen Vierergruppen in Verbindung gesetzt, wie etwa den Lebensaltern und Winden (jeweils aus der Antike übernommen), den Himmelsrichtungen (Isidor, Etymol. V, 35), den Weltgegenden, Elementen und Tageszeiten (Hrab. Maur., De univ. X, 11) usw. Vielfach sind sie Bestandteil kosmolog. →Weltbilddarstellungen, in denen sie zusammen mit den Monatsbildern und den →Tierkreiszeichen die Zeit verkörpern.

Das Jahr und die J.z. können auf verschiedene Arten dargestellt werden. Seit frühchr. Zeit werden sie durch Blumen, Früchte und Tiere symbolisiert (Rom, Katakomben SS. Pietro e Marcellino, 1. H. 4. Jh.). Häufig ist die Wiedergabe als Personifikation. Die chr. Kunst orientiert sich dabei an dem seit dem 6. Jh. v. Chr. in Griechenland nachweisbaren Typus der Horen (vermittelt durch kaiserzeitl. Vorbilder der Sepulkralkunst), an Vegetationsgottheiten, die mit charakterist. Attributen ausgestattet waren. Auf antike Vorbilder stützen sich auch die ma. kosmolog. Darstellungen, die Annus (lat. »Jahr«) als Zentralfigur zeigen, begleitet von den J.z., den Elementen, evtl. auch den Himmelsrichtungen sowie den 12 Monaten (Stickerei der Kath. v. Gerona, um 975; Ewaldi-Decke in St. Kunibert, Köln, Lesepultbehang (?), Mitte 10. Jh.; Fuldaer Sakramentar, um 975, Göttingen UB, Cod. Theol. fol. 231; Kalenderbl. eines Sakramentars, Ende 10. Jh., ehem. Berlin, Staatsbibl. theol. lat. fol. 192). Die typolog. sowie kompositionelle Vielfalt der antiken J.z.darstellungen reduziert sich im MA auf eine geringe Anzahl meist ganzfiguriger männl., in einer Beschäftigung begriffener Typen mit Attributen, die auf die Natur und die landwirtschaftl. Tätigkeit der jeweiligen J.z. hinweisen, wie etwa: Blumen und junge Tiere, Säen und Graben im Frühling, für den Sommer Garbenbündel und Sichel; Reben, Weinlaub, ein Korb mit Weintrauben und das Keltern und Vorbereiten des Fasses im Herbst, und im Winter ein Stab mit erlegten Vögeln, warme Kleidung und ein wärmendes Feuer. Diese Bilder stehen in engem Zusammenhang mit den Monatsbildern, die insbes. in den Portalprogrammen der oberit. und v. a. der frz. Kathedralen im 12./13. Jh. zu finden sind, in der Monumentalkunst anderer Länder jedoch nur eine geringe Rolle spielten (Portikus v. S. Zeno, Verona; Parma, →Antelami; Vézelay, Chartres, Paris, Reims, Autun, Amiens u. a.). Zu den wenigen ma. Beispielen dieser Art gehören ferner: Bronzereliefs der Augsburger Domtür (11. Jh.), gravierte Bronzeschale (12. Jh.), Rhein. Landesmus. Bonn, J.z.sokkel (12. Jh.), Schnütgen-Mus. Köln. Bedingt durch die neue Einstellung zur Natur, wächst im Lauf des 14. Jh. das Interesse an den J.z.bildern und -folgen. Vermutl. beeinflußt durch die Monatsbilder, bei denen man schon im 9. Jh. eine erzähler. Variante bevorzugt, welche sich im 15. Jh. zu figurenreichen Schilderungen erweitert (Brüder Limburg, Stundenbuch des Duc de Berry, um 1415, Chantilly, Mus. Condé), wird zunehmend die Szene in den Vordergrund gerückt, aus der sich schließlich die Genre- und Landschaftsbilder der J.z. im profan-ikonograph. Bereich entwickeln. M. Grams-Thieme

Lit.: LCI II, 363–370; III, 274–279 – Enc. for Arch. Excavations in the Holy Land, 1–4, hg. M. AVI-YONAH, 1975–78 – O. KOSELEFF, Die Monatsdarst. der frz. Plastik des 12. Jh. [Diss. Marburg 1934] – J. C. WEBSTER, The labors of the months in antique and medieval art, 1938 – G. M. A. HANFMANN, The Seasons Sarcophagus in Dumbarton Oaks, 1951 – A. BOECKLER, Dt. Buchmalerei vorgot. Zeit, 1952 – H. STERN,

Le Calendrier de 354, 1953 – W. NYSSEN, Die Ewalди-Decke aus St. Kunibert in Köln, WRJb 18, 1956, 70–90 – R. KROOS, Zur Ikonographie des J.z.sockels im Schnütgen-Mus., WRJb 32, 1970, 49–66 – I. BEHRMANN, Darst. der vier J.z. auf Objekten der Volkskunst [Diss. Freiburg i. Br. 1975], 1976 – P. KRANZ, Die J.z.sarkophage, 1984 – D. PARRISH, Season Mosaics of Roman North Africa, 1984 – Byz. Mosaiken aus Jordanien, hg. H. BUSCHHAUSEN, 1986.

Jahrmarkt → Messe

Jahr und Tag (lat. annus et dies), eine im dt. MA häufige Zeitbestimmung. Ihre Herkunft ist unklar. Immerhin kennt das röm. Recht ebenso in späteren Konstitutionen prozessuale Jahresfristen wie frühe frk. Konzilien (Orléans 549, Tours 567), während die →Lex Salica (Titel 45) nur Fristen von 10 Tagen bzw. 12 Monaten belegt. »Annus et dies« gemeinsam werden erstmals in zwei salfrk. Formeln (FF 229, 10 bzw. 25, 769–775) genannt. Dem entspricht ein Kapitular Ludwigs d. Frommen von 818/819 (Cap. 1,283), welches das wegen einer Untat in den Bann genommene Gut nach »annus ac dies« dem Kg. zuteilt. (Vgl. weiter Cap. 1,117 [803], Wormser Hofrecht v. 1024 [→Burchard v. Worms], Rheinfrk. Landfriede v. 1179). Am häufigsten werden J. u. T. bei Übereignungen von Grundstücken gen., wo der unangesprochene Erwerber nach J. u. T. die rechte →Gewere erlangt. Auch der Inhalt der Wendung ist umstritten. Nach einer Ansicht ist anfangs der einfache Jahreszeitraum (mit dem Tag als Zugabezahl) gemeint (GRIMM u. a.). Nach anderer Ansicht ist unter J. u. T. von Anfang an die – seit dem 14. Jh. ausdrückl. belegte – Frist von einem Jahr, 6 Wochen und 3 Tagen zu verstehen, welche sich aus der Dingfrist von 6 Wochen (→Ding) und der Dauer eines Gerichtstages von höchstens 3 Tagen ergebe (SCHRÖDER-KÜNSSBERG).
G. Köbler

Lit.: GRIMM, RA I, 307 – SCHRÖDER-KÜNSSBERG, 789 – R. HÜBNER, Dt. Privatrecht, 1930⁵, 17 – F. KLEIN-BRUCKSCHWAIGER, J. u. T., ZRGGermAbt 67, 1950, 441ff. – M. KASER, Das röm. Zivilprozeßrecht, 1966 – L. HARDENBERG, Zur Frist von J. u. T., ZRGGermAbt 87, 1970, 287ff.

Jaime → Jakob

Jajce, Burg und Stadt in →Bosnien, an der Mündung des Flusses Pliva (20 m hoher Wasserfall) in den Vrbas. Die bereits im Äneolithikum besiedelte Region weist Spuren der Römerzeit auf (Mithräum, Nekropole des 4. Jh.). Im MA zum Gau Pliva (Πλέβα), der im 10. Jh. noch zu →Kroatien gehörte. Die Burg, deren älteste Teile ins 13. Jh. datiert werden, wird in den Q. erst zu Beginn des 15. Jh. unter dem Namen 'J.' erwähnt in Verbindung mit dem mächtigen bosn. Landesherrn und Statthalter des Ladislaus v. Neapel, Hrvoje Vukčić Hrvatinić, dem der Ausbau der Burg zur Residenz, die Ummauerung des Suburbiums und die unterird. Grabkapelle ('Katakomben') zugeschrieben werden. Nach seinem Tod (1416) fiel J. an den Kg. Ostoja und diente als eine der kgl. Residenzen (u. a. Krönung des letzten Kg.s v. Bosnien, Stefan Tomašević, 1461–63). Die Vorstadt wurde gern von dalmatin. Kaufleuten besucht; sie besaß zwei kath. Kirchen (St. Maria, St. Katharina) und ein Franziskanerkl. (erhalten got. Turm: St. Lukas). 1463 eroberten die Türken J. Kg. Matthias Corvinus eröffnete im Okt. desselben Jahres die Belagerung und gewann die Stadt an Weihnachten 1463 zurück. Bis 1528 war J. Sitz eines →Banus, der die Grenzverteidigung leitete.
S. Ćirković

Q. und Lit.: C. TRUHELKA, Gesch. und Denkwürdigkeiten von J., 1888 – L. THALLÓCZY–S. HORVÁTH, Jajcza története, MHHDD 40, 1915 – L. THALLÓCZY, Provijest Jajca (banovine, grada i varoši), 1916 – D. KOVAČEVIĆ-KOJIĆ, Gradska naselja srednjovekovne bosanske države, 1978 – Arheološki leksikon Bosne i Hercegovine 2, 1988, 179f.

Jakob

I. Christliche Theologie und Ikonographie – II. Judentum.

I. CHRISTLICHE THEOLOGIE UND IKONOGRAPHIE: [1] *Theologie:* J., atl. Patriarch, Sohn Isaaks (→Abraham) und Rebekkas, Vater von 12 Söhnen, die Israels 12 Stämme begründeten. Der Aufstieg seines Sohnes →Joseph führte zur Übersiedlung J.s nach Ägypten (Gen 46). Typolog. Deutungen von Szenen des Lebens J.s bei frühchr. Autoren wurden im MA oft wiederholt (Stellenang.: KAUFFMANN, 383), bes. der zum Nachteil des älteren Bruders erschlichene Segen Isaaks (Gen 27) und die Bevorzugung des jüngeren Enkels beim Segen J.s (Gen 48) als Typus der Berufung der Christen und der Verstoßung der Juden, die kreuzförmige Haltung der Arme J.s beim Segen als Typus des Kreuzes Christi, die Himmelsleiter im Traum J.s (Gen 28, 11–17) als Bild der Vervollkommnung in den Tugenden, bes. der Mönche (Ende 6. Jh.: 'Himmelsleiter' des →Johannes Klimakos; die Abhängigkeit vom Traum J.s ist auch in ma. Hss. bezeugt; MARTIN, 208f.).

[2] *Ikonographie:* Als Einzelbild erscheint J. unter den Vorfahren Christi (O.: Istanbul, Chorakirche; W.: Darstellungen der →'Wurzel Jesse'). Ausgewählte Szenen der J.serzählung wurden schon in der Synagoge in →Dura-Europos dargestellt (Mitte 3. Jh.: J.s Taum, J. und seine Söhne, J.ssegen), in der chr. Kunst seit dem 4. Jh.: Sarkophage, Katakombe Via Latina (mit der singulären Darstellung des Einzugs J.s in Ägypten), Grabmalerei in Cimitile (frühes 5. Jh.), 'Lipsanothek' v. Brescia. Häufig ist neben den oben als typolog. Beispielen gen. Ereignissen (unter denen der J.ssegen wegen der Kreuzsymbolik seit dem 12. Jh. herausragt) der Kampf J.s mit dem 'Engel' (Gen 32,23–33; nach dem Kampf erhielt J. den Namen Israel. Für die Einzelszenen und auch für die Zyklen, wie in den Langhausmosaiken in S. Maria Magg. in Rom, werden allg. Buchillustr. als Vorlagen angenommen. Die Frage jüd. Vorbilder ist stark umstritten (vgl. zuletzt KOROL, 104ff. zum J.ssegen). Ausgedehntere Zyklen sind als Illustr. in Hss. erhalten: z. B. Wiener Genesis (6. Jh.), Byz. Oktateuche (11./12. Jh.) und Bible moralisée, seit dem 13. Jh. auch in der Kathedralskulptur und Glasmalerei (Beispiele KAUFFMANN, 381).
J. Engemann

Lit.: LCI II, 370–383 [C. M. KAUFFMANN] – RByzK III, 519–525 – J. R. MARTIN, The Illustr. of the Heavenly Ladder of John Climacus, 1954 – B. BRENK, Die frühchr. Mosaiken in S. Maria Maggiore zu Rom, 1975 – R. HAUSSHERR, Rembrandts Jacobssegen, 1976 – L. KÖTZSCHE-BREITENBRUCH, Die neue Katakombe an der Via Latina in Rom, 1976 – D. KOROL, Die frühchr. Wandmalereien aus den Grabbauten in Cimitile/Nola, 1987.

II. JUDENTUM: Die Vollkommenheit J.s schon vom Mutterleib an wird in der nachbibl. jüd. Tradition nicht selten im Kontrast zu Esau hervorgehoben. So studierte er zeitlebens die Tora (bYom 28b) – Esau wurde zum Frevler und Götzendiener –, blieb unbeeinflußt vom bösen Trieb (bBB 17a) und wird als vollkommener Mensch bezeichnet (bShab 33b). Obwohl die Verdienste der Väter den Patriarchen gemeinsam zugesprochen werden, nimmt J. eine gewisse Sonderstellung ein: Abraham wurde um seinetwillen aus Nimrods Feuerofen gerettet (BerR 63,2), das Volk aus der Hungersnot in Ägypten erlöst (BerR 89,9) und ins Land der Verheißung geführt (BerR 76,5). Sein Name ist auf dem himml. Thron eingraviert (bul 91,b). In der kabbalist. Sefirotlehre (→Kabbala) nimmt J. eine »Mittlerfunktion« an, die in der Märkaba-/Metatron-Spekulation wurzelt. Er wird mit der 6. Sefira, der Gotteseigenschaft »Barmherzigkeit«, identifiziert, der Verbindung der 4. und 5. Sefira – Gnade bzw. Gericht – und steht somit als »mittlere Säule« zw. den Patriarchen in der

Märkaba oder ist die Märkaba (Zohar 150a, 173b). In der sabbatian. Bewegung waren die hiermit verbundenen messian. Züge von großer Bedeutung. Neben dieser myst. Spekulation sah die jüd. Religionsphilosophie in der Traumvision der »J.sleiter« (Gen 28) ein Symbol für den Erkennungsprozeß der »höheren« Seele (Abraham ibn Esra) sowie eine Rechtfertigung der Prophetie (Maimonides). J.s Prophetengabe (Gen 49) betrifft zwar auch die Endzeit; die erhaltenen Kenntnisse hierüber sind jedoch der himml. Welt vorbehalten (BerR 96,1). Schon im Bruderstreit, der sich durch die Generationen fortsetzt, wird die heilsgesch. Ordnung typisiert: J./Israel symbolisiert das auserwählte Volk, Esau/Edom die Gott und Israel feindl. Weltvölker. Obwohl J./Israel das Erstgeburtsrecht zukommt, hat Esau/Edom die Herrschaft inne, die sich in der jeweils herrschenden Weltmacht konkretisierte: im islam. Herrschaftsbereich in »Ismael«, im christl. Bereich in »Edom/Esau/Rom«. Sie bleibt solange der heilsgesch. Widerpart, wie Israel infolge seiner Sünde in der Galut leben und büßen muß. Rolf Schmitz

Lit.: S. W. Baron, A Social and Religious Hist. of the Jews, 6, 1971³; 8, 1971³ – J. Maier, Gesch. der jüd. Religion, 1972 – G. Scholem, Kabbalah, 1974 – E. E. Urbach, The Sages, 1975.

Jakob (s. a. Jacobus, Jacques usw.)

1. J. I. 'der Eroberer' (el Conquistador bzw. Conqueridor), *Kg. der Krone→Aragón*, * 2. Febr. 1208 in Montpellier, † 27. Juli 1276 in Valencia, ▢ Poblet; Sohn von Kg. Alfons II. und Maria v. Montpellier; ∞ 1. seit 1221 Eleonore, Tochter Alfons' VIII. v. Kastilien, 1229 annulliert, einziges Kind: Alfons († 1260); 2. seit 1235 Violante, Tochter Andreas' II. v. Ungarn, vier Söhne, fünf Töchter. – Der frühe Tod des Vaters (1213) brachte ihm die Erziehung bei den →Templern in →Monzón ein, der Verzicht des Regenten Sancho v. Roussillon 1218 die verfrühte Selbstherrschaft. Bis zum Ausgleich von 1227 waren seine Jugendjahre von Adelsunruhen erfüllt, die allerdings kleine Schritte in der →Reconquista nicht behinderten. Seitdem erfolgten die großen Eroberungen: 1229/30 →Mallorca, 1232 Menorca (kampfloser Übertritt), 1235 Ibiza (s. a. →Balearen); 1232-38 →Valencia. Durch den Vertrag v. →Tudela (1231) mit Sancho 'el Fuerte' hoffte J. das Kgr. →Navarra beerben zu können. Bis 1246 suchte er im Zusammenwirken mit Ks. Friedrich II. und Heinrich III. v. England den Fortbestand des Grafenhauses v. →Toulouse zu retten und die Expansion der frz. Krone nach Süden einzudämmen, mußte aber im Vertrag v. →Corbeil (1258) bis auf→Montpellier fast alle Rechte in Südfrankreich an Kg. Ludwig IX. abtreten, rettete damit allerdings →Katalonien vor frz. Anspruch. Sein Fernziel richtete sich auf →Sizilien und die nordafrikan. Küste (Förderung des Seehandels durch Schaffung des Seerechts, Libre del Consolat de Mar), kollidierte aber mit ähnl. Plänen seines Schwiegersohns Alfons X. v. Kastilien. Da beide nach Bedarf den Adel des anderen aufwiegeln konnten, hielten sie sich gegenseitig in Schach; um Alfons zu hindern, Sizilien als stauf. Erbe zu erhalten, heiratete 1262 J.s Sohn Peter Kg. Manfreds Tochter →Konstanze (→Siz. Vesper). Aus Furcht vor einem Übergreifen des Maurenaufstands in →Murcia auf Valencia schlug er für Alfons X. 1264-66 den Aufstand nieder, verzichtete aber wegen älterer Vereinbarungen auf eine Annexion Murcias. Seit den 60er Jahren trug er sich mit dem Gedanken eines Kreuzzugs und hatte verschiedene Kontakte mit Monarchen des Vorderen Orients, begegnete aber 1274 auf dem Konzil in →Lyon großer Skepsis. Sein Lebensabend war wieder erfüllt von Adelsrevolten und Maurenaufstand in Valencia. O. Engels

Q.: Jaume, Llibre dels Feyts, ed. J. M. Casacuberta – M. Coll i Alentorn, 1926-62 [kast. Übers. E. Palau, 1958] – Bernat Desclot, Crónica, ed. M. Coll i Alentorn, 1949– Ramon Muntaner, Crónica, ed. Ders., 1927-52 – M. de Riquèr, Hist. de la Lit. catalana I, 1964, 394-429 – F. Soldevila, Jaume I, Bernat Desclot, Ramon Muntaner, Pere III. Les quatre cróniques. Revisió del text, 1971 – A. Huici – M. D. Cabanes Pequort, Doc. de Jaime I de Aragón, I-V, 1976-88 – E. Martínez Ferrando, Catálogo de los doc. del antiguo reino de Valencia, I: Jaime el Conquistador, 1934 – M. Cubells, Doc. dipl. aragoneses, 1259-84, RH 37, 1916, 105-250 – Lit.: Ch. de Tourtoulon, Jaime I le Conquérant, 2 Bde, 1863-67 [grundlegend] – J. Mireti Sans, Itinerari de Jaime I, 1918 – F. Soldevila, Hist. de Catalunya I, 1962², Kap. 11-13 – Congr. de Hist. de la Corona de Aragón I, 1908; X, 1979 – O. Engels, Reconquista und Landesherrschaft, 1989, s. v. [Ind.].

2. J. II. 'der Gerechte', *Kg. der Krone→Aragón*, * 1264, † 2. Nov. 1327 in Barcelona, ▢→Santes Creus (seit 1410); 2. Sohn Peters III. und der Konstanze v. Sizilien. Seine 1291 mit Isabel v. Kastilien (Tochter Sanchoz IV.) geschlossene Ehe wurde wegen verweigerter päpstl. Dispens sofort wieder gelöst, 2. Ehe seit 1295 mit Blanca, Tochter Karls II. v. Anjou (5 Söhne und 5 Töchter), 3. Ehe seit 1315 mit Maria, Tochter Hugos III. v. Zypern, 4. Ehe 1322 mit Elisenda v. →Montcada. Die Königswürde v. Sizilien, seit 1283 das Erbe seines Vaters, wurde ihm vom Papsttum bestritten. Die Wirren, in deren Verlauf er von seinem älteren Bruder Alfons II. 1191 die Krone Aragón übernahm und Sizilien an den jüngeren Bruder Friedrich II. abtrat, beendete 1295 sein Vertrag in Anagni mit Bonifaz VIII. und Karl II. v. Salerno: für seinen Verzicht auf Sizilien erhielt er →Korsika (konnte Genua nicht entrissen werden) und →Sardinien (1326 erobert) als päpstl. Lehen, →Mallorca mußte er wieder in die Eigenständigkeit entlassen. Noch im Glauben, →Sizilien und die Krone Aragón vereinigen zu können, vereinbarte J. 1291 mit Sancho IV. eine Aufteilung N-Afrikas in die aragon. und kastil. Einflußzone, intervenierte aber 1296 in den kast. Thronwirren zugunsten Alfons' de la →Cerda, um 1304 dessen Rivalen Ferdinand IV. im Vertrag v. Ariza anzuerkennen und die nördl. Hälfte des Kgr.es →Murcia (Alicante, Elche, Orihuela) zu erwerben. Unter J. erhielten die →Cortes ihre endgültige Ausformung, ähnlich auch der Hof, und die Unteilbarkeit der aus mehreren Ländern bestehenden Krone Aragón wurde festgeschrieben.

O. Engels

Q.:→Jakob I. – H. Finke, Acta Aragonensia, 3 Bde, 1908-22; Nachtr. und Erg.: SFGG.GAKGS 4, 1933, 355-536; 7, 1938, 336-346 – Lit.: J. E. Martínez-Ferrando, Jaime II de Aragón. Su vida familiar, 2 Bde, 1948 [mit Q.] – F. Soldevila, Hist. de Catalunya, I, 1962², Kap. 15, 16 – L. Klüpfel, Verwaltungsgesch. des Kgr.s Aragón zu Ende des 13. Jh., 1915 – V. Salavert y Roca, Cerdeña y la expansión mediterránea de la Corona de Aragón (1297-1314), 2 Bde, 1956 – J. Lalinde Abadía, La Gobernación general en la Corona de Aragón, 1963 – 369 – Ch.-E. Dufourcq, L'Espagne catalane et le Magrib au XIIIᵉ et XIVᵉ s., 1966 – L. Gonzalez Antón, Las Uniones aragonesas y las cortes del reino, 1283-1301, 2 Bde, 1975 [auch in: AHDE 47, 1977, 523-682] – H. Schadek, Tunis oder Sizilien?, SFGG.GAKGS 28, 1975, 335-349 – J. M. del Estal, Conquista y anexión de las tierras de Alicante, Elche, Orihuela y Guardamar al Reino de Valencia por Jaime II de Aragón (1296-1308), 1982 – O. Engels, Kgtm. und Stände in Spanien während des späteren MA, VuF 32, 1987, 89-94.

3. J. II., *Kg. v.→Mallorca*, * 1243 Montpellier, † 29. Mai 1311 Mallorca, jüngerer Sohn Jakobs I. v. Aragón und Yolantes (Violantes) v. Ungarn; ∞ Esclaramunda v. Foix, 1275; Kinder: →Sancho I. (Nachfolger); →Philipp, der den mallorquin. Kg.shof zu einem Zentrum der →Fraticelli machte; →Ferdinand, Prinz v. Achaia; und Sancha, Gemahlin Kg. Roberts II. v. Sizilien-Neapel. J. wurde am 21. Aug. 1262 als Erbe des Kgr.es Mallorca mit Menorca und einem Teil der Insel Ibiza sowie der Gft.en →Roussillon und →Cerdagne und der Herrschaft von →Montpellier, der Stadt Collioure sowie der Exklaven Vallespir und Conflent eingesetzt. Nach seiner Selbstkrönung (12. Sept. 1276) war J. in der ersten Phase seiner Regierung (1276–98) permanent unter Druck seines ältesten Bruders Peter (III.) und in minderem Maße seiner Nachfolger, zumal ihm sein Anteil ohne Lehnsabhängigkeit von der Krone Aragón überlassen worden war. Desungeachtet wurde er im Vertrag v. Perpignan (19. Jan. 1279) gezwungen, Peter den Lehnseid zu leisten und einem Defensivbündnis gegen Frankreich beizutreten. Damit war die kurze Unabhängigkeit der Krone Mallorca beendet. Als Peter III. im Gefolge der →Sizilian. Vesper 1282 vom Papst abgesetzt wurde, lehnte J. am 20. Juli 1283 ein Hilfegesuch ab und unterstützte die frz. Politik (Geheimvertrag v. Carcassonne, 16. Aug. 1283). Nach dem Scheitern des Kreuzzuges v. →Aragón mußte er die Eroberung Perpignans durch Peter (25. April 1285) und Palmas de Mallorca durch den Infanten Alfons (III.) (19. Nov. 1285), schließlich den Verlust Menorcas (1287) hinnehmen. Eine Herausforderung des Infanten durch J. zum Zweikampf vor Bordeaux blieb ergebnislos. Im Vertrag v. Brignolles-Tarascon (1291) forderte der Kg. v. Aragón die Herrschaft über das Kgr. Mallorca ein, doch brachte schon der Vertrag v. Anagni 1295 die Restitution unter der Bedingung der Lehnsbindung an die Krone Aragón. Nach seiner Rückkehr 1298 widmete sich J. in der zweiten Phase seiner Regierung mit starker Hand dem Landesausbau (v. a. zahlreiche Städte- und Siedlungsgründungen), der Reform des Consell v. Mallorca (1300), der Schaffung eines eigenen Münzsystems (1301) und der Förderung der Handelsbeziehungen.

L. Vones

Lit.: Gran Enc. Catalana VIII, 1975, 734f. – J. E. Martínez Ferrando, La tràgica hist. dels reis de Mallorca, 1960 – F. Sevillano Colom, Mallorca y Castilla 1276–1343, Boletín de la Sociedad Castellonense de Cultura 46, 1970, 321–366 – Ders., De la Cancillería de los reyes de Mallorca, AHDE 42, 1972, 217–289 – G. Alomar, Urbanismo regional en la Edad Media..., 1976 – A. Santamaría Aránchez, En torno a la institucionalización del reino de Mallorca en el siglo XIII, Medievalia 2, 1981, 111–144 – Ders., Creación de la Corona de Mallorca..., Mayurqa 19, 1981 – J. F. Lopez Bonet, Les ordenacions de Jaume II per a l'establiment de noves viles a Mallorca (1300), Estudis Baleàrics 6, 1982, 131–156 – R. Piña Homs, Els reis de la Casa de Mallorca, 1982 – A. Santamaría Aránchez, Enfeudación de la Corona de Mallorca a la Corona de Aragón, XI. Congr. de la Hist. de la Corona de Aragón 4, 1984, 187–211 – A. Riera Melis, La Corona de Aragón y el reino de Mallorca en el primer cuarto del siglo XIV, I, 1986 [Lit.] – s. a. →Mallorca, Kgr.

4. J. III. ('el Desdichado'), Kg. v. →Mallorca, * 5. April 1315 in Catania, ✗ 25. Okt. 1349 bei →Lluchmayor, ▫ Kathedrale Valencia (1900 in die Kathedrale von Mallorca überführt), Sohn →Ferdinands v. Mallorca und der Isabelle de Sabran; ⚭ 1. Konstanze v. Aragón 1336, 2. Violante v. Vilaragut 1347; aus der ersten Ehe stammten Jakob (IV.) und Isabella (⚭ 1358 Johannes Palaiologos, Mgf. v. Montferrat). Nach dem Tod seines Vaters dem Chronisten Ramon →Muntaner anvertraut, gelangte J. an den mallorquin. Hof, wo er von seiner Großmutter Esclaramunda v. Foix und seinem Onkel →Sancho I. erzogen wurde, bis er nach dessen erbenlosen Tod 1324 den mallorquin. Thron bestieg. Mit Rechtsansprüchen Jakobs II. v. Aragón konfrontiert, konnte der minderjährige J. eine krieger. Auseinandersetzung nur mit Hilfe des Papstes vermeiden. Im Ausgleich wurde die Eheschließung mit Konstanze, der Tochter des Infanten Alfons (IV.), verabredet, und J. mußte 1327 Jakob II. und 1329 Alfons IV. den Lehnseid leisten. Mit dem Regierungsantritt Peters IV. (1336–87) traten Pläne zur Wiedereingliederung des Kgr.es Mallorca in die Krone Aragón unter Annullierung der testamentar. Bestimmungen Jakobs I. wieder in den Vordergrund. Peter verstand es, J. außenpolit. zu isolieren, und am 4. Febr. 1342 kam es zur Eröffnung eines Prozesses gegen J. u. a. wegen Nichterscheinens vor den →Cortes und wegen Verbindungen zu den Feinden Aragóns und, nach Versäumnis der Vorladung, zur Kontumazerklärung. Mit Ausnahme des Seniorats von →Montpellier wurde J. Ende Febr. 1343 das Kgr. Mallorca entzogen und 1344 einschließl. seiner festländ. Besitzungen in die Krone Aragón 1344 inkorporiert. Obwohl sich J. am 15. Juli 1344 bei Elne unterwarf, wurde die Forderung nach Verzicht auf die Krone gegen ungenügende Entschädigung aufrechterhalten, so daß J. nach Frankreich floh, einen schlecht vorbereiteten Angriff auf die Gft.en Cerdagne und Conflent unternahm, schließlich Montpellier für 120000 Goldtaler an den frz. Kg. verkaufte (18. April 1349) und mit dem erhaltenen Geld, unterstützt vom Papst, die Rückeroberung Mallorcas versuchte. Seine endgültige Niederlage bei Lluchmayor entschied das Schicksal des Reiches von Mallorca. L. Vones

Lit.: Gran Enc. Catalana VIII, 1975, 735 – Proceso contra el rey de Mallorca, D. Jaime III., 3 Bde (Colleción de doc. de la Corona de Aragón XXIX–XXXI), 1866 – G. Mollat, Jean XXII et la succession de Sanche de Majorque, Revue d'hist. et d'archéol. de Roussillon 6, 1905, 65ff., 97ff. – C. A. Willemsen, Der Untergang des Kgr.es Mallorka..., SFGG.GAKGS 5, 1935, 240–296 – Ders., Jakob II. v. Mallorca und Peter IV. v. Aragon (1336–49), SFGG.GAKGS 8, 1940, 81–198 – Ders., Zur Genesis der ma. Hofordnungen mit bes. Berücksichtigung der Leges Palatinae Jakobs II. v. Mallorka, Personal- und Vorlesungsverz. der Staatl. Akad. Braunsberg, 2. Trimester, 1940 – s. a. Lit. zu →Jakob II. v. Mallorca, →Mallorca, Kgr.

5. J. IV., (Tit.-)Kg. v. →Mallorca und (Tit.-)Prinz v. Achaia, * 24. Aug. 1336 Perpignan, † 16. Jan. 1375 Soria, ▫ ebd., Kirche S. Francisco; Sohn Kg. Jakobs III. v. Mallorca und der Konstanze v. Aragón; ⚭ Kgn. →Johanna I. v. Anjou; wurde 1349 in der Schlacht v. →Lluchmayor, in der sein Vater den Tod fand, gefangengenommen und von Peter IV. v. Aragón als Erbe der Krone Mallorca zuerst in Játiva, seit 1358 in Barcelona in strenger Kerkerhaft gehalten. Nachdem Bemühungen des Papstes, J. freizubekommen, an dessen Weigerung, auf das Kgr. Mallorca zu verzichten, gescheitert waren, gelang diesem Anfang Mai 1362 die Flucht. Schon Ende des Jahres befand er sich, unterstützt von Urban V., in Eheverhandlungen mit der verwitweten Kgn. Johanna I. (Eheschließung am 14. Dez. 1362 durch Prokuratoren vollzogen), die am 16. Mai 1363 in Neapel zur Heirat führten und ihm die Stellung eines Prinzgemahls verschafften. Doch sein zügelloses Temperament und Verhaltensstörungen, die auf die lange Haft zurückzuführen sind, führten schließlich zur Trennung. Immer im Bemühen, sich eine Position aufzubauen, die ihm erlaubte, Peter IV. das Kgr. Mallorca wieder zu entreißen, war sein Leben in der Folgezeit aber von polit. Fehlschlägen geprägt. Nach einem letzten mißglückten Vorstoß nach →Roussillon, ins →Conflent und in die Gft. →Urgel (1374), der von aragones. Truppen nach →Soria abgedrängt wurde, starb J. und hinterließ seine Rechtsansprüche seiner Schwester Isabella v. Montferrat. L. Vones

Lit.: Gran Enc. Catalana VIII, 1975, 737 – C. A. Willemsen, Der Untergang des Kgr.es Mallorka..., SFGG.GAKGS 5, 1935, 240–296 – La correspondance de Pierre Ameilh, archevêque de Naples puis d'Embrun (1363–69), hg. H. Bresc, 1972 – s. a. Lit. zu →Jakob III. v. Mallorca, →Johanna I. v. Anjou, →Mallorca, Kgr.

6. J. I., Kg. v. →Schottland 1406–37, * Dez. 1394 in Dunfermline, † (ermordet) 21. Febr. 1437 in Perth;

3. Sohn von Kg. →Robert III. v. Schottland und Annabella Drummond; ⚭ Joan Beaufort, Enkelin von →John of Gaunt; Sohn: →Jakob II. – Thronerbe wurde J. erst nach dem Tod seines ältesten Bruders David, Duke of Rothesay (März 1402). Er folgte seinem Vater als Kg. am 4. April 1406, 13 Tage nach seiner Gefangennahme durch engl. Seeleute vor Yorkshire während seiner Überfahrt nach Frankreich. Trotz des engl.-schott. Waffenstillstandes wurde der neue Kg. im Londoner Tower von Heinrich IV. eingekerkert und blieb 18 Jahre in Haft. Während der Gefangenschaft des Kg.s regierten J.s Onkel, Robert Stewart, Duke of Albany, und nach dessen Tod sein Sohn Murdoch Stewart als *governors* in Schottland. Die allg. Schwächung Englands nach dem Tod Heinrichs V. (1422) hatte auch die Entlassung J.s 1424 zur Folge. J. stimmte der Zahlung eines Lösegeldes von £ 40000 an England zu. Nach der Krönung am 21. Mai 1424 in Scone versuchte J., die seit 1371 geschwächte kgl. Regierung wiederherzustellen. Er wandte sich gegen den Duke of Albany und dessen Familie, denen er neben Korruption und Gesetzlosigkeit auch vorwarf, sich nicht um seine Befreiung aus der engl. Gefangenschaft bemüht zu haben. Duke Murdoch und einige seiner Verwandten wurden hingerichtet. Der Kg. berief nun regelmäßig und häufig das Parlament ein. Alte Gesetze wurden wieder in Kraft gesetzt, neue Gesetze verabschiedet. Die Rechtsprechung erfolgte präziser und gerechter, Prozesse und Besitz wurden vereinfacht. In den ständig gesetzlosen Highlands konnte sich J. gegen die Führer der →*clans* durchsetzen. Er ließ Alexander MacDonald, Lord of the Isles, einkerkern, der nach seiner Freilassung ein Heer gegen den Kg. sammelte, doch verweigerten viele die Gefolgschaft. J. gelang die Verbesserung der kgl. Finanzen. Er verzögerte die Lösegeldzahlung an England und förderte mit großen Geldsummen Linlithgow palace sowie andere kgl. Residenzen. Obwohl J. von der Mehrheit des Adels und vielen geistl. Würdenträgern unterstützt wurde, hatte er doch Feinde, zu denen Sir Robert Graham, der jüngere Sohn von Patrick Graham, gehörte, der gemeinsam mit einigen Anhängern J. ermordete. – J. war auch literar. tätig und ist wahrscheinl. der Verf. des →»Kingis Quair«. G. W. S. Barrow

Lit.: E. W. M. BALFOUR-MELVILLE, James I, 1936 – R. NICHOLSON, Scotland: the later MA, 1974 – A. GRANT, Independence and Nationhood: Scotland, 1306–1469, 1984.

7. J. II., Kg. v. →Schottland 1437–60, * 16. Okt. 1430 in Holyrood, † 1460 in Roxburgh Castle; Zwillingssohn von Kg. →Jakob I. und Joan Beaufort; ⚭ 1449 mit Marie (Mary), Tochter von Arnold v. Egmont, Hzg. v. Geldern; Sohn: →Jakob III. – Da J. bei der Ermordung seines Vaters noch minderjährig war, übernahm zunächst seine Mutter die Regentschaft, die jedoch bald von Sir Alexander Livingston of Callendar verdrängt wurde, der gemeinsam mit Sir William Crichton, dem *keeper* von Edinburgh Castle und seit 1439 Kanzler, die Herrschaft übernahm und gegen die opponierende →Douglas-Familie vorging. 1440 wurden der 6. Earl of Douglas und sein Bruder hingerichtet. Nach seiner Heirat übernahm J. die Regierungsgewalt und setzte die von seinem Vater begonnene, auf die Stärkung der Krone ausgerichtete Politik fort. Den →*freeholders* wurden Anrufung und Schutz der kgl. Gerichte gewährt. Für einige der Krone ergebene Adelsfamilien und zahlreiche »lords of parliament« schuf der Kg. Earldoms. Eine Bedrohung für das Kgtm. blieb die Douglas-Familie. J. tötete 1452 infolge eines Zornausbruches den 8. Earl of Douglas, verfolgte den 9. Earl und ließ mit Billigung des Parlaments den Familienbesitz konfiszieren. J. starb bei der Belagerung von Roxburgh, das er ebenso wie →Berwick von den Engländern zurückerobern wollte. G. W. S. Barrow

Lit.: →Jakob I. – A. I. DUNLOP, The Life and Times of James Kennedy, Bishop of St Andrews, 1950.

8. J. III., Kg. v. →Schottland 1460–88, * 10. Juli 1451, † 1488; ältester Sohn von Kg. →Jakob II. und Marie (Mary) v. Geldern; ⚭ 1469 mit Margarete, Tochter Kg. Christians I. v. Dänemark; Sohn: →Jakob IV. – Der minderjährige Kg. befand sich, trotz der Stärkung der Krone durch die Rückeroberung von Roxburgh und →Berwick sowie der Niederschlagung einer Verschwörung des Earl of →Douglas und des Lord of the Isles, zunächst in völliger Abhängigkeit der Boyd-Familie. Lord Robert Boyd wurde *chamberlain*, sein Sohn Thomas heiratete die Schwester des Kg.s und erhielt einen Earl-Titel, Sir Alexander Boyd übernahm die Ausbildung J.s. Erst nach seiner Heirat, die Schottland die »northern isles« (→Orkney, →Shetland) einbrachte und die kgl. Geldmittel vergrößerte, hatte J. die volle Regierungsgewalt bis 1482 inne. Durch seine unpopuläre Friedenspolitik gegenüber England, seinen Versuch, auf die Ereignisse auf dem Kontinent Einfluß zu nehmen, und sein skrupelloses Vorgehen bei Besitz- und Nachlaßansprüchen seiner Untertanen verlor J. das Vertrauen des Adels, in dessen Abhängigkeit der Kg. 1482–83 geriet. 1488 wurde das kgl. Heer infolge einer Revolte unter der Führung der Earls v. Angus und Argyll bei Stirling besiegt und J. nach der Schlacht getötet. G. W. S. Barrow

Lit.: →Jakob I. – N. A. T. MACDOUGALL, James III: a political Study, 1982 – L. J. MACFARLANE, William Elphinstone and the Kingdom of Scotland, 1985.

9. J. IV., Kg. v. →Schottland 1488–1513, * 17. März 1473, ✗ 9. Sept. 1513 Flodden Field (Northumberland); ältester Sohn von Kg. →Jakob III. und Margarete, Tochter Kg. Christians I. v. Dänemark; ⚭ Aug. 1503 mit Margarete, Tochter Kg. Heinrichs VII. v. England. – Infolge einer Adelsrevolte auf den Thron berufen, geriet J. während seiner Regierungszeit nicht unter den Einfluß einer Adelsfamilie oder -gruppierung. Mit Unterstützung von William →Elphinstone, Bf. v. →Aberdeen, gründete er die Univ. Aberdeen (1495), verfügte eine weitsichtige »Education Act« (1496) und schuf das Royal College of Surgeons (1505). Die Aufrechterhaltung der →»Auld Alliance« mit Frankreich als Gegengewicht zu der engl. Politik unter Heinrich VII. mußte J. jedoch 1499 unter dem Druck des gemeinsamen Vorgehens von Spanien und England aufgeben. Der 1502 geschlossene Frieden zw. England und Schottland wurde durch J.s engl. Heirat besiegelt, die 1503 zur Union beider Kgr.e führte. Die Politik Heinrichs VIII. und die Bildung der Hl. Liga ließen J. jedoch wieder zu der »Auld Alliance« zurückkehren; und als 1513 der engl. Kg. in Frankreich intervenierte, unterstützte J. Ludwig XII. Ein schott. Feldzug gegen England endete mit der vernichtenden Niederlage der Schotten und dem Tod ihres Kg.s. G. W. S. Barrow

Lit.: →Jakob I. – J. D. MACKIE, The earlier Tudors, 1485–1558, 1952 – R. L. MACKIE, King James IV of Scotland, 1958 – L. J. MACFARLANE, William Elphinstone and the Kingdom of Scotland, 1985 – N. MACDOUGALL, James IV, 1989.

10. J. v. Aragón, Infant, * 1296, † Juli 1334, □ Tarragona, Kathedrale, ältester Sohn Kg. Jakobs II. v. Aragón und der Blanche v. Anjou. Als künftiger Thronfolger von seinem Vater als Generalprokurator in einzelnen Ländern der Krone Aragón eingesetzt (1299–1302 in Aragón und Katalonien, 1309 in Valencia), fiel er spätestens 1313 durch seine trotz überdurchschnittl. Begabung allzu strenge Herrschaftsausübung auf. Aufgrund seines schwer zugängl. Charakters und seiner Menschenscheu war ein Vater-Sohn-Konflikt vorgezeichnet, der sich an der bereits seit 1308 geplanten, polit. begründeten Eheschließung mit der kast. Infantin →Eleonore (3.E.), Tochter Kg. Ferdinands IV., entzündete. Nach anfängl. Weigerung (1316/17) und dem Bekanntwerden seiner vielleicht durch franziskan. Spiritualen geweckten Neigung für das mönch. Leben (1318) gehorchte J. seinem Vater und ließ sich am 18. Okt. 1319 in Gandesa trauen, floh jedoch unmittelbar nach der Zeremonie, ohne die 'copula carnalis' zu vollziehen. Am 22. Dez. 1319 verzichtete er auf seine Thronrechte und nahm in Tarragona den Habit der Johanniter, von denen er am 20. Mai 1320 zum Orden v. →Montesa überwechselte. Als seine Lebensführung in Valencia Anlaß zu Skandalen gab, ließ ihn Jakob II. bis zu seinem Lebensende im Kl. Santas Creus gefangensetzen. L. Vones

Lit.: J. E. MARTÍNEZ FERRANDO, Jaime de Aragón. Su vida familiar, I, 1948, 83–106 – DERS., Els fills de Jaume II, 1950 – DERS., Jaume II o el seny català, 1963², 227ff., 279ff. – J. LALINDE ABADÍA, La Gobernación General en la Corona de Aragón, 1963 – R. SABLONIER, Die aragones. Kg.sfamilie um 1300 (Emotionen und materielle Interessen..., hg. H. MEDICK–D. SABEAN, 1984), 282–317.

11. J. v. Aragón (J. v. Urgel), Infant, † 15. Nov. 1347 Barcelona, Sohn von Kg. Alfons IV. und Teresa de Entenza; ⚭ 1331 Cécile de →Comminges (seit 1336 Erbtochter Gf. Bernhards VIII.); Sohn: Peter. J. erbte die Baronien Entenza und Antillón, nach dem Regierungsantritt seines Vaters die Gft. →Urgel und die Vizegft. Ager. Nachdem sein älterer Bruder Peter (IV.) den Thron bestiegen hatte, wurde er Generalprokurator aller Reiche der Krone (11. Mai 1336). Der Bruch zw. Infant und Kg. wurde eingeleitet, als Peter die Thronfolge seiner Tochter Konstanze zum Nachteil J.s durchsetzte. Seine Absetzung und das Verbot, sich in den größeren Städten Aragóns aufzuhalten, beantwortete J. dadurch, daß er sich an die Spitze der aragon. *Unión* setzte, einer Adelseinung, die die Verteidigung der alten Rechte und →Fueros des Kgr.s gegenüber der Kg.sgewalt durchsetzen wollte. Peter IV. sah sich zum Einlenken gezwungen. Mit dem überraschenden Tod J.s setzte der Niedergang der aragon. Adelsopposition ein (→Epila 1348). L. Vones

Lit.: CH. HIGOUNET, Le Comté de Comminges, 2 Bde, 1949 – R. TASISI MARCA, Pere el Cerimoniós i els seus fills, 1957 – J. LALINDE ABADÍA, La Gobernación General en la Corona de Aragón, 1963 – L. GONZÁLEZ ANTON, Las Cortes de Aragón, 1978, 96–98 – Pedro Garces de Cariñena, Nobilario de Aragón, hg. M. I. UBIETO ARTUR, 1983, 334f.

12. J. II. v. Bourbon, seit 1393 Gf. v. der →Marche, seit 1415 auch Kg. v. →Sizilien, * um 1370, † 24. Sept. 1438, nahm unter Oberbefehl Gf. Johanns v. Nevers am →Kreuzzug nach →Nikopolis teil (1396), kam in türk. Gefangenschaft, aus der er freigelassen wurde, um das Lösegeld für die Mitgefangenen aufzutreiben. Im Bürgerkrieg der →Armagnacs und Bourguignons diente er erst Burgundern, dann Armagnacs. Am 10. Aug. 1415 ⚭ Johanna II., Kgn. v. Neapel. Zunächst Gf. v. →Tarent, führte er seit dem 18. Sept. 1415 den Titel des Kg.s v. →Sizilien (in den Q. heißt er 'le roi Jacques'). Er ließ den Geliebten der Kgn., Pandolfello Alopo, enthaupten und den Constabular Sforza einkerkern. Das Vorgehen J.s und seiner frz. Höflinge führte zur Absetzung und Gefangennahme des Kg.s durch den siz. Adel. Erst die Fürsprache des frz. Kg.s gab ihm Freiheit und Kgtm. wieder (Febr. 1419). J. zog sich seit 1428 unter den Einfluß der hl. →Coletta vom Hofleben zurück und lebte seit 1435 im Franziskanerkl. von Besançon. A. Leguai

Lit.: A. HUART, J. de Bourbon, 1909 – DERS., Le testament de J. de Bourbon, 1911 – E. G. LEONARD, Les Angevins de Naples, 1954.

13. J. v. Aragón (de Aragonia/Valentinensis), Kard.-presbyter v. S. Clemente 1387–91, Kard.bf. v. Sabina 1391–96, † 30. Mai 1396, Sohn des Infanten →Peter v. Aragón und der Johanna v. Foix. J. durchlief die geistl. Laufbahn und wurde am 10. Jan. 1362 Bf. v. Tortosa, am 5. März 1369 Bf. v. Valencia. Als Sohn eines entschiedenen Urbanisten, Vertrauensmann der aragon. Thronfolgers Johann (I.) und infolge des inneraragon. Vater-Sohn-Konflikts stets zu einer vorsichtig taktierenden Haltung gegenüber Kg. Peter IV. gezwungen, war J. schon bald nach dem Ausbruch des Gr. →Abendländ. Schismas aussichtsreicher Kandidat als aragon. Landeskard. an der Kurie (1379 durch Urban VI., 1381 durch Clemens VII. ernannt) und für die Besetzung des Ebm.s →Zaragoza (1381–84). In Zaragoza konnte er sich gegen García Fernández de Heredia nicht durchsetzen, und die endgültige Erhebung zum Kard. erfolgte erst nach langwierigen Verhandlungen Anfang 1387 durch Clemens VII. (Eintritt an der Kurie sogar erst nach dem 19. Jan. 1389), nachdem Johann I. die Regierung angetreten hatte. L. Vones

Lit.: C. EUBEL, Hierarchia cath. ..., I, 1913², 28, 223, 512 – A. IVARS, El bisbe Jaume d'Aragó primer cardenal de Valencia, Almanaque de las prov. de Valencia para 1924, 107ff. – DERS., La »Indiferencia« de Pedro IV de Aragón en el Gran Cisma de Occidente (1378–82), Archivo Ibero-Americano 29, 1928, 24ff. – J. VINCKE, Die Krone Aragón und das große abendländ. Schisma, Personal- und Vorlesungs-Verz. der Staatl. Akademie zu Braunsberg SS 1944, 57ff. – D. EMEIS, Peter IV., Johann I. und Martin v. Aragón und ihre Kardinäle, SFGG.GAKGS 17, 1961, 72–233 – J. P. KERN, Die Besetzung der aragones. Bf.stühle ... (1336–1410), ebd. 32, 1988, 148–263, bes. 222ff.

14. J., gen. v. Znin, *Ebf. v.* →*Gnesen* 1124?–1148?, unterstützte 1124/25 den päpstl. Legaten Aegidius v. Tusculum bei der Bm.sorganisation der poln. Kirche; Errichtung der Bm.er Leslau (Włocławek) und Lebus, 1140 des Bm.s v. Pommern in Wollin, das dem Papst direkt unterstellt wurde. Dem Versuch →Norberts v. Xanten, Ebf. v. Magdeburg, mit Hilfe von zwei päpstl. Bullen das Bm. Posen und später die ganze poln. Kirche dem magdeburg. Metropolitanverband einzugliedern, konnte J. begegnen und von Papst Innozenz II. die Bestätigung sämtl. Besitzungen des Ebm.s Gnesen erhalten (1136). 1138 unterstützte er die Nachfolgeordnung →Bolesławs III. Krzywousty und stellte sich in den nach dem Tod des Fs.en ausbrechenden Kämpfen gegen den Senior Władysław, der 1146 vertrieben wurde. G. Labuda

Lit.: PSB X, 371f. [Lit.] – Z. KOZŁOWSKA-BUDKOWA, Repertorjum polakich dokumentów doby piastowskiej, 1937.

15. J., gen. Swinka, *Ebf. v.* →*Gnesen* 1283–1314, † 4. März 1314; stammte aus dem schles. Rittergeschlecht von Swin (dt.: 'Schweinchen'). Nach 12jähriger Sedisvakanz des ebfl. Stuhls wurde J. durch päpstl. Nominierung am 19. Dez. 1283 zum Ebf. konsekriert. Er berief mehrere Synoden zur Wiederherstellung der Disziplin im Ebm. ein (1285, 1290, 1298, 1306, 1309) und förderte die Besetzung kirchl. Ämter mit Polen. Aktiv griff er in Fehden der Teilfs.en und Bf.e ein, unterstützte →Thomas II., Bf. v. Breslau, und wandte sich gegen Johann Muskata v. Krakau. Er krönte →Přemysl II., nach dessen Tod →Wenzel II. und unterstützte →Władysław Łokietek bei der Zurückdrängung der böhm. Herrschaft in Polen (1300–06). Lit.: PSB X, 347–349. G. Labuda

16. J. Erlandsen, *Ebf. v.* →*Lund* 1254–74, * spätestens 1219, † 18. Febr. 1274 auf Rügen, □ Franziskanerkirche Lund; Sohn des schonischen Großgrundbesitzers Erland und der Caecilia, Nichte des Ebf.s v. Lund, Andreas filius Sunonis. Nach Studien (iur.?, theol.?) im Ausland, die er als Mag. abschloß, wurde J.E. spätestens 1247 Propst v. Lund und erhielt den Ehrentitel des päpstl. Kapellans. Ende 1249 wurde er vom Papst zum Bf. v. →Roskilde ernannt. 1253 zum Ebf. v. Lund postuliert, übernahm er April 1254 das Ebm. Kurz zuvor erließ er als Bf. v. Roskilde und Stadtherr v. Kopenhagen das erste Stadtrecht dieser Stadt, deren Tore er 1253 dem Kg. geschlossen hatte. Als Ebf. wollte J.E. das schonische Kirchenrecht dem kanon. Recht angleichen. Das Kgtm., das um seinen Einfluß auf die Kirchenhörigen und deren Besitz fürchtete, unterstützte die Bauern im Widerstand gegen die ebfl. Reformen. 1258 gab J.E. den Kampf auf und bekam die päpstl. Erlaubnis zur Resignation, wurde aber vor ihrer Realisierung, wahrscheinl. auf kgl. Veranlassung hin, verhaftet (Febr. 1259). Im Sommer 1259 freigelassen, lebte J.E. seit 1261 im Ausland. Auf Drängen der Regierung befahl ihm Papst Urban IV. zu resignieren, was er aber nicht tat. Erst unter Gregor X. wurde die Rückkehr möglich, doch starb er auf dem Heimweg im Febr. 1274; die Hypothese, er sei auf Rügen ermordet worden, entbehrt der Grundlage.

Die Lösung des Streites auf dem Konzil v. Lyon im selben Jahr bedeutete eine Niederlage der J.E.-Partei. Die Haltung des vermutl. von franziskan. Idealen geprägten J.E. in der Auseinandersetzung mit den Bauern und dem Kg. muß als Verteidigung der kirchl. Rechte und nicht als Ausdruck persönl. Habgier gesehen werden. Th. Riis

Lit.: DBL³ IV, 231-233 [Q., Lit.] – K. HØRBY, Velstands krise og tusind baghold 1250-1400 (Danmarkshist., hg. O. OLSEN, V, 1989), 106-115.

17. J. v. Lothringen, Bf. v. →Metz 1239-60, † 24. Okt. 1260, Sohn von Ferri II. (→Friedrich III., 25.F.), Hzg. v. Lothringen (1206/13) und Agnès v. Bar, Bruder der Hzg.e Thiébaut I. (1213-20) und Matthäus II. (1220-51) v. Lothringen. J. war Archidiakon v. Trier und Primicerius in Metz (ab 1223), Primicerius in Verdun und Propst v. St. Lambert zu Lüttich ab 1230, zum Bf. v. Metz gewählt März 1239, geweiht wohl Anfang April. Bis 1244 exkommuniziert wegen unbezahlter Schulden seines Bm.s bei der Kurie, war der Bf. v. a. auf die Sicherung und Mehrung des bfl. Besitzes bedacht, nahm seinen zahlenden Vasallen den Lehnseid ab und verteidigte sein Territorium durch Befestigung von Städten (Épinal, Saarburg, Rambervillers) gegen mächtige Nachbarn (Gf.en v. →Bar, 1253-58, und →Salm). J. gründete zwei Chorherrenstifte (Homburg, 1254; Saarburg, 1257). Er unterstützte das Gegenkgtm. →Heinrichs Raspe und →Wilhelms v. Holland (1247). J. L. Fray

Lit.: ARVEILER-FERRY, Cat. des actes de J. de Lorraine..., Annales de l'Est, Mém. 20, 1957.

18. J. v. Sierck, Ebf. v. →Trier seit 1439, *1398/99, †Mai 1456, □ Trier, Liebfrauen; Sohn Arnolds v. Sierck und der Liese Beyer v. Boppard; Domherr (1413), Scholaster (1423), Dekan bzw. Großarchidiakon (1439) in Trier, Domherr in Metz (1414), weitere Pfründen; Studium in Heidelberg (1414), Florenz und Rom (1420/21). Bereits bei der Doppelwahl 1430 zum Trierer Ebf. gewählt (Verzicht gegen Entschädigung), erlangte er 1439 nach Resignation Rabans den Trierer Erzstuhl. Schon vorher als Rat bzw. Gesandter u. a. für den Hzg. v. Lothringen (dauerhafte Bindung), für Konzil, Kg. und Kurie tätig, wurde der Ebf. zu einer führenden Figur in der Reichs- und Kirchenpolitik (1441/42 auch Übernahme der Reichskanzlei). Mehrfacher Parteiwechsel; als zeitweiliger Anhänger Felix' V. vorübergehend durch Eugen IV. suspendiert (1446/47). Auf Reichsebene verfolgte J. langfristig die Intention, eine institutionelle Stärkung der Kfs.en (Reichsreform) und speziell Kurtriers zu erreichen. Territorialpolit. in einer ungünstigen Ausgangssituation, versuchte er durch geschickte Anwendung jurist.-administrativer, polit.-diplomat. und anderer Mittel (u. a. Koadjutorie in Metz, Heiratspolitik), die Position des Ebf.s zu rekonsolidieren, ferner auch seiner eigenen, ursprgl. ritterl. Familie Vergünstigungen (u. a. Standeserhöhung) und Besitzrechte zu sichern. Insgesamt gehört er zu jenem Typ von Kirchenfs.en, die ihre Karriere weniger der Herkunft als persönl. Fähigkeiten verdankten. R. Holbach

Lit.: ADB XIII, 546-549 – NDB X, 315f. – I. MILLER, J. v. S. 1398/99-1456, 1983 – DERS., Der Trierer Ebf. J. v. S. und seine Reichspolitik, RhVjbll 48, 1984 – DERS., Nachlaßregelung und Testament des Trierer Ebf.s J. v. S., Landeskdl. Vjbll. 31, 1985.

19. J. Ulfsson, Ebf. v. →Uppsala 1469-1515, *um 1437, † 1521; aus niederem Adel; nach Studium in Rostock und Paris 1457-65 Domherr in Uppsala, studierte 1465-70 in Rom, am 18. Dez. 1469, wahrscheinl. ohne Mitwirkung des schwed. Separatkg.s Karl III. Knutsson, Provision von Papst Paulus II. für das seit Dez. 1467 vakante Ebm. Uppsala (Weihe in Rom April 1470). J. trat das Amt im Okt. an und arbeitete nach dem Tod Kg. Karls und der Niederlage →Christians I. am →Brunkeberg (1471) bis 1495 eng mit dem schwed. Reichsverweser Sten →Sture d. Ä. zusammen; es zeichnete sich eine frühe Form eines nationalschwed. Staatskirchentums ab. Das Provinzkonzil v. Arboga 1474, die Gründung der Univ. Uppsala 1477, die Altarsetzung der hl. →Katharina in →Vadstena 1481 und die Gründung der einzigen nord. Kartause Mariefred in Schweden (1493) kennzeichnen sein Wirken, das im Zeichen der →devotio moderna stand und sogar für die moral. Straffung in ndl. Kl. des →Birgittenordens bedeutsam wurde. Mit dem schwed.-russ. Krieg 1495-97 wuchs sein Mißtrauen gegenüber dem schwed. Reichsverweser, und J. – als Ebf. Mitglied des Reichsrates – wandte sich mit maßgebl. Adelskreisen dem dän. Unionskg. Hans zu. Nachdem 1512 Sten Sture d. J. Reichsverweser geworden war, reichte J. sein Rücktrittsgesuch ein, das 1515 vom Papst angenommen wurde. →Dänemark, →Schweden.

T. Nyberg

Lit.: SBL 20, 97-103 – [G. OLSSON] – G. KELLERMANN, J.U. och den svenska kyrkan under äldre sturetiden 1470-97 [Diss. Uppsala 1935] – DERS., Kyrkohistorisk årsskrift 38, 1938, 1-102; 39, 1939, 1-57; 40, 1940, 1-46 – Y. BRILIOTH, Den senare medeltiden 1274-1521 (Svenska kyrkans hist. II, 1941) – T. NYBERG, Brevväxlingen över Ålands hav senhösten 1496, HTSt 77, 1957, 137-151 – DERS., Papst Innocenz VIII. und Skandinavien, AHP 22, 1984, 89-152, bes. 140ff.

20. J. ben Anatoli (J. ben Abba Mari Anatoli), südfrz. jüd. Gelehrter, 1. Hälfte des 13. Jh.; 1231 trat J. in Neapel als Arzt in die Dienste Ks. Friedrichs II. Er übersetzte u. a. den →Almagest, das astronom. Werk →Fargānīs und den Komm. des →Averroes zur Logik des Aristoteles aus dem Arab. ins Hebräische. Ein selbständiges Opus bildet die nach den Wochenabschnitten des Pentateuchs geordnete Homiliensig. »Malmad ha-talmidim«. In seinen Predigten erweist sich J. als überzeugter Anhänger von →Maimonides. Die Wundererzählungen der Bibel legt er rationalist. aus; auch die allegor. Exegese wendet er reichlich an. So deutet er die drei Stockwerke der Arche Noah als die drei Wissenschaften Mathematik, Physik und Metaphysik. Schriftverserklärungen seines ksl. Gönners führt er ebenso an wie diejenigen seines Kollegen →Michael Scotus, wiewohl er Christentum und Islam im Prinzip polem. gegenübertritt. H.-G. v. Mutius

Ed. und Lit.: SARTON II, 565f. – Malmad ha-talmidim, 1866 – C. SIRAT, A History of Jewish Philosophy in the MA, 1985, 226ff.

21. J. Ben Ascher, geb. um 1270 in Deutschland, gest. 1340 in Toledo, siedelte nach 1300 mit seiner Familie nach Spanien über und war als herausragender Kenner des jüd. Gesetzes Autor des nach →Maimonides bedeutendsten ma. jüd. Rechts- und Gesetzbuches, »Arba'ah ha-ṭurim«. Die erste Partie des vierteiligen Riesenwerks, »Orach chajjim«, behandelt die Sabbat- und Feiertagsgesetzgebung sowie die Gebetsordnungen. Es folgt der zweite Teil, »Jorh de'ah«, mit einer Vielfalt von Themen, darunter Speise- und Reinheitsgesetze, Beziehungen zu Nichtjuden und Proselyten, Sklavenrecht, Trauerbräuche u. a. Der dritte Abschnitt, »Eben ha'ezer«, behandelt das Frauen- und Eherecht, also Heirat, Scheidung, Schwagerehe und ehel. Güterrecht (→Ehe, E). Der letzte Teil, »Choschen hamischpat«, bespricht das restl. Zivilrecht, so etwa Darlehens-, Bürgschafts- und Pfandrecht, das Schenkungs- und Kaufrecht, Depositenrecht, Nachbarrecht u. a. vornehml. im innerjüd. Geschäftsverkehr. Auch straf- und prozeßrechtl. Bestimmungen werden dort angesprochen. Die Wirkung des Werkes im SpätMA und in der frühen NZ war bei den jüd. Gemeinden Europas enorm; es bildete die Grundlage für den späteren Schulchan Aruch. H.-G. v. Mutius

Lit.: Arba'ah ha-ṭurim, 7 Bde, 1882 – J. Freimann, Die Ascheriden, Jb. der jüd.-lit. Gesellschaft 13, 1920, 160ff.

22. J. (Kunike) v. Jüterbog (de Paradiso, de Claratumba, de Cracovia, de Erfordia) OCart (seit 1443), Theologe und einflußreicher Reformschriftsteller, * 1381, † 30. April 1465 Erfurt, trat um 1401 in das OCist.-Kl. Paradies bei Meseritz (Bm. Posen) ein; 1324 mag. art., 1432 als einer der ersten Zisterzienser Polens und Deutschlands zum Dr. theol. in Krakau promoviert. Dort lehrte er bis 1441 und setzte sich für die Reform zisterziens. Kl. in Polen ein. Eine Teilnahme am Konzil v. Basel oder am Frankfurter Reichstag 1442/43 ist ungewiß. Wenig später wird er Kartäuser zu Erfurt und beginnt eine umfangreiche lit. Tätigkeit. Sein Werk zur Ekklesiologie, zu Spiritualität, Ethik- und Moraltheologie, Frömmigkeit und Volksglauben (insgesamt rund 150 Titel, unediert; zu den theol.-philos. Schr. vgl. Ch. Lohr, Traditio 26, 1970, 143) weist den Weg zu umfassender Kl.- und Kirchenreform, getragen von einer reflexiven, den einzelnen Menschen betreffenden Spiritualität. M. Gerwing

Lit.: Verf.-Lex.² IV, 478–487 [Lit.] – J. Fijalek, Mistrz Jakub z Paradyza i uniwersytet Krakowski w okresie soboru bazylejskiego, 2 Bde, 1900 – L. Meier, Die Werke des Erfurter Kartäusers J. v. J. in ihrer hs. Überl., 1955 – Die Kartäuser, hg. M. Zadnikar, 1983.

23. J. (Jacob) van Maerlant, fruchtbarster, vielseitigster und einflußreichster mndl. Dichter des 13. Jh., * um 1235 in Flandern (Bruxambach), † der Überl. nach um 1300 in Damme (verlorene Grabinschrift erstmals im 15. Jh. erwähnt); vermutl. in Brugge zum Kleriker ausgebildet, verfaßte er zw. 1257 und 1260 »Alexanders geesten«. Ab 1261 war er in der später mit Brielle zusammengewachsenen Pfarre Maerlant auf der Insel Voorne als Küster tätig, wo er seinen »Graal-Merlijn« Albrecht van Voorne, dem Burggf.en v. Zeeland, widmete. Das Gedicht »Dander Martijn« hat er offenbar in Damme verfaßt; unsicher ist, wann und in welcher Eigenschaft er sich dort niedergelassen hat (wahrscheinl. nach 1266). Kurz nach 1288 stellte er die Arbeit am »Spiegel historiael« ein, schrieb aber, wie man annimmt, nach 1291 noch das Gedicht »Vanden Lande van Oversee«.

Zu J.s frühen, aber nicht überlieferten Werken gehören ein Buch über Traumdeutung, »Sompniarijs«, und ein Lapidarium. Eine didakt. Tendenz ist von Anfang an spürbar in »Alexanders geesten« (ca. 14000 V., in 10 B.), einer Bearbeitung der »Alexandreis« →Walters v. Chatillon mit umfangreichen Einschüben, u. a. geogr. und bibl.-hist. Natur, die J. wahrscheinl. den Glossen seiner Vorlage entnommen hat. Die Gönner müssen am Hof von Holland gesucht werden: Alexander trägt das Wappenzeichen der holl. Gf.en; der Name der Auftraggeberin verbirgt sich in dem Akrostichon Ghtile (Anfangsbuchstaben der ersten 6 B.), in dem man Machtile v. Brabant, Gemahlin Floris' IV., Gf. v. Holland, erkannt hat. Im Auftrag des Voornschen Hofs schreibt J. ca. 1261 seinen Doppelroman »Histoire vanden Grale – Merlijns boec«, eine Versübers. der Prosafassung von Robert de Borons »Joseph d'Arimathie – Merlin«; in letzteres hat J. eine Bearbeitung des »Processus Satanae« eingefügt. Auffallend ist seine krit. Haltung gegenüber seiner afrz. Q.; so bezweifelt er, ob der Gral tatsächl. der Abendmahlskelch ist. Wahrscheinl. ist J.s nur in einer vermutl. stark gekürzten Fassg. des 14. Jh. überlief. Artusroman »Torec« ebenfalls eine Bearbeitung eines afrz. Originals; J.s Verfasserschaft ist kontrovers. Das Thema, die Erziehung eines jungen Ritters zu einem Fs.en von Rang, ist verwandt mit dem der »Heimelijkheid der heimelijkheden«, J.s Bearbeitung des ps.-aristotel. »Secretum secretorum«. Sowohl der Artusroman als der Fürstenspiegel wurden mit der Erziehung des jungen Gf.en v. Holland, Floris V., am Hof von Voorne in Zusammenhang gebracht. Ebenfalls aus J.s Voornescher Periode stammt die »Histoire van Troyen« (über 40000 V.), die zum großen T. auf dem »Roman de Troie« von →Benoit de Sainte-Maure beruht, in den J. aber umfangreiche Entlehnungen aus lat. Schultexten wie »Ilias Latina«, Ovids »Metamorphosen«, Statius' »Achilleis«, Vergils »Aeneis« und dem Troja-Roman seines Vorgängers Segher Diengotgaf eingearbeitet hat. Nicolaas van Cats, Ratsherr Floris' V., ist der Auftraggeber in J.s »Der naturen bloeme«, einer gereimten Naturenzyklopädie, nach Thomas Cantimpratensis' »De natura rerum« übersetzt. Vermutl. ebenfalls für ein adliges Publikum bestimmte er die 1271 vollendete sog. »Rijmbijbel«, eine Versübers. der »Historia scholastica« des →Petrus Comestor, die mit einer auf Flavius Josephus beruhenden »Wrake van Jherusalem« schließt. Einem nicht überlieferten Leben der hl. Clara ließ J., vermutl. 1273 auf Bitte des Utrechter Minoriten Alaerd, »Sinte Franciscus leven« folgen, eine Übers. der »Legenda maior« des →Bonaventura. 1283–88 arbeitete er im Auftrag von Floris V. an der umfangreichen Übers., mit Kürzungen und Einschüben, des »Speculum historiale« des Vinzenz v. Beauvais. Bemerkenswert ist, daß J. in dieses Werk Entlehnungen aus der »Historia regum Britanniae« des Galfredus v. Monmouth aufnimmt, sich aber andererseits über die Lügengeschichten der Artusdichter empört. Das unvollendete, im J. 1113 abbrechende Werk wurde später von anderen Dichtern fortgesetzt. In seinen stroph. Gedichten, verfaßt in sog. »clausulen« von 13 V. pro Strophe mit Reimschema aabaabaabaabb, nimmt J. Stellung zu allerlei gesellschaftl., moral. und religiösen Fragen seiner Zeit. V. a. den drei »Martijn«-Gedichten, Dialogen zw. J. und seinem Freund Martijn, und den leidenschaftl. Anklagen »Der Kerken claghe« und »Vanden Lande van Oversee«, das letztere eine Reaktion auf den Fall Akkons 1291, verdankt J. einen bis ins ausgehende MA anhaltenden Ruhm. W. P. Gerritsen

Ed.: Alex. geesten, ed. J. Frank, 1883 – Hist. van den Grale und Boek van Merline, ed. T. Sodmann, 1980 – Hist. van Troyen, ed. N. de Pauw – E. Gaillard, 1889–92 – Torec, ed. M. und J. Hogenhout, 1978 – Heimelijkh. d. Heim., ed. A. A. Verdenius, 1917 – Der nat. bloeme, ed. E. Verwijs, 1878 [Nachdr. 1980], ed. M. Gysseling,

Corpus Mnl. teksten (bis 1300), Bd. 2, 1981 – Rijmbijbel, ed. M. GYSSELING, Corpus Mnl. teksten (bis 1300), Bd. 3 und 4, 1983 – Franciscus, ed. P. MAXIMILIANUS, 2 Bde, 1954 – Spiegel hist., ed. M. DE VRIES – E. VERWIJS, 4 Bde, 1861–79 [Nachdr. 1982] – Stroph ged., ed. J. VERDAM – P. LEENDERTZ JR., 1918 – *Lit.:* J. TE WINKEL, M.'s werken, 1892 [Nachdr. 1979] – W. P. GERRITSEN, Pollites, Pirrus en Penthiseleye, Compositietechniek in M.'s Hist. v. Troyen, Spel van zinnen, Album A. VAN LOEY, 1975 – C. KNEEPKENS – F. P. VAN OOSTROM, M.'s Alex. geesten en de Alexandreis, Ntg 69, 1976 – W. P. GERRITSEN, J. v. M. and Geoffrey of Monmouth, An Arthurian Tapestry, Essays in mem. of L. THORPE, 1981 – F. P. VAN OOSTROM, J. v. M.: een herwaardering, Literatur 2, 1985 – 190–197 – T. M. NISCHIK, Das volkssprachl. Naturbuch im späten MA (J. v. M. und Konrad v. Megenberg, 1986) – L. JONGEN, Van Achilles tellen langhe, M.'s bewerking van Statius' Achilleis in de Hist. v. Troyen, 1988 – J. KOEKMAN, Torec, een vorstelijk verhaal, Ntg 81, 1988.

24. J. Ben Meir → Tosafisten

25. J. v. Metz OP, verfaßte um 1300/01 und 1302/03 Sentenzenerklärungen, die beide in Schülernachschr. verschiedener Ausarbeitungsformen erhalten sind (12 Hss.; einzelne Quästionen und Textstücke ediert). Sie weisen J. als Denker aus, der in reger Auseinandersetzung mit den zeitgenöss. Lehrmeinungen v. a. der Pariser Magistri (z. B. →Heinrich v. Gent (108. H.), →Aegidius Romanus, →Gottfried v. Fontaines (18. G.), →Petrus v. Alvernia, →Johannes (Quidort) v. Paris) seine philos. und theol. Position zu klären suchte. Bei weitgehender Orientierung an →Thomas v. Aquin weicht er in nicht unwesentl. Lehrstücken von diesem ab (42 Abweichungen in einem wohl von →Herv(a)eus Natalis verfaßten Korrektorium aufgelistet). In manchen seiner Gedankengänge kündigt sich bereits die Denkhaltung der via moderna an. Unmittelbar von ihm beeinflußt sind →Durandus de S. Porciano (5. D.) sowie u. a. auch der Anonymus aus Vat. lat. 985.
Th. W. Köhler

Lit.: L. ULLRICH, Fragen der Schöpfungslehre nach J. v. M. OP..., Erfurter Theol. Stud. XX, 1966 – B. DECKER, Die Gotteslehre des J. v. M. OP..., BGPhMA XLII, H. 1, 1967 – TH. W. KÖHLER, Der Begriff der Einheit und ihr ontolog. Prinzip nach dem Sentenzenkomm. des J. v. M. OP, StAns LVIII, 1971 – R. SCHENK, Die Gnade vollendeter Endlichkeit..., Freiburger theol. Stud. 131, 1988.

26. J. v. Molay → Molay, Jakob v.

27. J. v. Sarug, * ca. 450/451 am Euphrat, † 520/521; studierte 466–473 in der Schule v. Edessa, blieb dann in Hawrā (Bezirk Sarug), dort zum Priester geweiht, 502/503 Periodeutes v. Hawrā, 519 Bf. v. Batnān v. Sarug, geweiht durch den monophysit. Bf. Paulus v. Edessa. J. hat immer syr. geschrieben. Er komponierte ca. 760 memrē oder metr. Homilien und liturg. Hymnen. J. ist optimaler Zeuge für die exeget. Vorstellungen seiner Zeit über beide Testamente.
M. v. Esbroeck

Bibliogr.: KH. ALWĀN, Bibliogr. raisonnée de Jacques de Saroug, Meltho 13, 1986, 313–384 – *Ed. und Lit.:* DSAM VIII, 56–60 – P. BEDJAN, Homiliae selectae Mar Jacobi Sarugensis, 5 Bde, 1905–19 – A. VÖÖBUS, Hsl. Überl. der Memrē-Dichtung des Jaqōb v. Serūg, 4 Bde, 1973–80 – J. RILLIET, Jacques de Sarouc. Six homélies festales en prose (POr 43,4, Nr. 196), 1986.

28. J. v. St. George (St-Georges-d'Espérance), savoy. Festungsfachmann in England, † wahrscheinl. 1308. Von Kg. →Eduard I. zu Burgenbauten herangezogen, die die Eroberung von →Wales sichern sollten, erscheint J. zuerst 1278 in engl. Rechnungen als 'ingeniator'. Zunächst auf den Burgen Flint und Rhuddlan tätig, wurde er nach dem Kriegszug gegen Wales von 1282–83 für das gesamte Burgenbauprogramm verantwortl. (Errichtung von →Conwy und →Harlech, von Beaumaris nach dem walis. Aufstand von 1294–95). Nach Q. belegen ist auch →Caernarfon unter J.s Leitung gebaut worden. Während der späteren Regierungsjahre Eduards I. nahm J. an den schott. Feldzügen teil. Da seine Tätigkeit in dieser Zeit nicht belegbar ist, darf angenommen werden, daß er wohl Holzbauten errichtete. →Burg, C. X. M. C. Prestwich

Lit.: A. J. TAYLOR, Stud. in Castles and Castle-Building, 1985.

29. J. v. Soest (Iacobus de Susato) OP, * ca. 1360 in Schwefe b. Soest, † ca. 1438. Nach Stud. an provinzialen Ordensschulen (seit 1377) lehrte J. seit 1394 an der Univ. Prag, seit 1399 ebd. als theol. Magister. Ab 1400 Praedicator generalis der Saxonia, wirkte J. seit 1405 als Prof. der Univ. Köln, wo er 1407–17 Dekan der theol. Fakultät war. J.s Tätigkeitsfeld erweiterte sich rasch, da er als Confessor des Kölner Ebf.s →Friedrich v. Saarwerden und als Inquisitor in der Kölner Provinz (seit 1409) agierte. Ca. 1422 kehrte J. nach Soest zurück und widmete sich der Reform von Dominikanerkl. Im Zusammenhang mit den Tätigkeiten J.s für den Orden entstand auch sein umfangreiches wiss. Werk. Neben zahlreichen homilet. Schr., z. T. mit enzyklopäd. Charakter, schuf J. diverse »Postillae super Bibliam«, Traktate zur Lage der Kirche im →Abendländ. Schisma und eine Slg. dominikan. Privilegien. Wie alle theol. Schr. J.s waren auch seine Chroniken zur Regional- und Ordensgesch. weniger Ausdruck originären Denkens als des Strebens nach Sicherung tradierten Wissens und dessen Aufbereitung in enzyklopäd. Form für pastorale Zwecke und für die Weiterbildung seiner Mitbrüder. →Dominikaner, B. I. D. Berg

Lit.: Verf.-Lex.[2] IV, 488ff. – J. H. BECKMANN, Stud. zum Leben und literar. Nachlaß J.s v. S., 1929 – A. SCHRÖER, Die Kirche in Westfalen vor der Reformation, 1967, I, 305; II, 15ff. – N. EICKERMANN, Misc. Susatensia II, Soester Zs. 86, 1974, 27–34 – TH. KAEPPELI, Scriptores Ord. Praed. II, 1975, 343ff. – W. P. ECKERT, Gesch. und Wirken des Dominikanerordens in Westfalen, Monast. Westf., hg. G. JÁSZAI, 1982, 122ff. – DERS., J. v. S. (Von Soest – Aus Westfalen, hg. H.-D. HEIMANN, 1986), 125–138.

30. J. Twinger, nach seinem elsäss. Geburtsort »v. Königshofen« gen., Chronist, * 1346, † 27. Dez. 1420; zunächst wohl im Dienst Straßburgs, 1382 Priester, sodann Pfarrer in Drusenheim, 1395 Kanoniker v. St. Thomas in Straßburg, dort Archivar. J. T. legte eine Slg. hist. Materials an (»Lat. Chronik«). Daraus erwuchs sein Hauptwerk, die in drei Rezensionen vorliegende »Dt. Chronik«, eine Fortsetzung und Erweiterung der Chronik von Fritsche →Closener, aus bürgerl.-straßburg. Perspektive für die gebildeten Laien geschrieben. J. T. behandelt in sechs Kapiteln die Zeit vom Weltanfang bis 1393/1415 (u. a. Gesch. der röm. Ks., der Papst- und Kirchengesch., Straßburger Bm.s- und Stadtgesch.). Er verwendet zahlreiche Q. (→Ellenhard d. Gr., →Martin v. Troppau); von etwa 1350 an erzählt er selbständig. J. T. beeinflußte stark die süddt.-schweiz. →Historiographie. Weitere Schr. sind: »Tonarius« (über Choralgesang) und »Vocabularium« (folgt Closener). K. Schnith

Ed.: Chronik: C. HEGEL, Chr. dt. Städte VIII/IX, 1870/71 – *Lit.:* Verf. Lex. IV, 536ff. [Lit.] – K. KÖSTER, J. T. (Schicksalswege am Oberrhein, 1952), 101ff. – F. L. BORCHARDT, German Antiquity in Renaissance Myth, 1971, 293ff. – →Closener.

31. J. Unrest → Unrest, Jakob

32. J. v. Vitry, Prediger und Gesch. sschreiber, * 1160/70, † 1. Mai 1240 in Rom, □ Oignies; stammte aus der Gegend von Reims, studierte in Paris, wo er zunächst als Lehrer wirkte. 1210 ließ er sich zum Priester weihen und lebte seit 1211 in Kl. Oignies (Bm. →Lüttich) als Regularkanoniker, wo er die Frömmigkeitsbewegung des entstehenden Beginentums (→Maria v. Oignies) unterstützte. Der Papst entsandte ihn zur Kreuzpredigt gegen die →Albigenser (1213); wegen seines Ruhmes als Prediger wurde er zum Bf. v. →Akkon gewählt (1216) und zog über Rom, wo er die Anerkennung der Lebensweise der →Beginen erwirkte, ins Hl. Land, zum Schauplatz des 5. Kreuzzuges (→Damiette). Nach kurzem Aufenthalt in Italien (1222-23) verließ er 1225 definitiv den O und gab auch sein Bf. samt zurück. Er diente fortan dem Papsttum in Italien und in m. Europa und wurde 1228 Kard. v. Tusculum. – *Werke*: ca. 450 Predigten in vier selbständigen Slg.en (Sonntagspredigten, Predigten für Hl.enfeste (115), allg. Feste (25) sowie an das Volk (74)). Insbes. die Texte der beiden letztgen. Kategorien entfalten neuartige Predigttechniken, v. a. durch die Einfügung von mehr als 420 →Exempla, deren Kern ein realist. oder anekdot.-unterhaltsamer Text bildet, an den sich eine Belehrung anschließt. Dank seines Ansehens wurde J. zum Klassiker der Exempellit.: seine scharf pointierten, wirklichkeitsnahen Beispielerzählungen wurden von der erbaul. Lit. in großem Umfang nachgeahmt. Die in der Volkssprache vorgetragenen, aber lat. redigierten Predigten sind stilist. sehr einfach gehalten. Sein übriges, stärker lit. gestaltetes Oeuvre beinhaltet folgende Werke: Briefe, geschrieben zw. 1216 und 1224, die in lebendiger Weise auf den Reisen gewonnene Erfahrungen reflektieren (nicht zu einer Slg. vereinigt), Adressaten sind der Papst, Hzg. Leopold VI. v. Österreich, Pariser Magister und religiöse Zirkel in Brabant/Hennegau; ferner eine hist.-hagiograph. Biographie der Maria v. Oignies sowie die »Historia Hierosolimitana abbreviata« (1220 oder 1221-23 verf.); sie umfaßte zwei Teile (der von J. geplante dritte Teil stammt in der uns überkommenen Gestalt nicht von ihm): a) »Historia orientalis«, eine Gesch. von →Jerusalem nebst Beschreibung des Hl. Landes und der islam. Religion; b) »Historia occidentalis«, eine Kirchengesch. des zeitgenöss. Abendlandes, mit Beschreibung und Bewertung der religiösen Orden und Stellungnahme zur moral. Verfassung der Zeit. J., der sich den religiösen Bewegungen der Zeit mit großer Aufmerksamkeit zuwandte, traf 1219 zu Damiette mit dem hl. →Franziskus zusammen; er wurde zu einem der frühesten Zeugen der franziskan. Anfänge, denen er mit großer Sympathie gegenüberstand. P. Bourgain

Ed. und Predigten: J. PITRA, Analecta noviss. Spic. Solesm. II. 1888 – T. Lyngam, 1575 – T. CRANE, 1890 – G. FRENKEN, 1914 – J. GREVEN, 1914 – *Vita Mar. Oing.* AA SS V, 1867, 547-575 – *Epistule:* R. HUYGENA, 1960 – *Historia:* I und II: F. MOSCHUS, 1597; I und III: J. BONGARS, Gesta Dei per Fr. 1047-1145; II: J. F. HINNEBUSCH, 1972 – S. DE SANDOLI, Itinera Hierosolimitana crucesign. III, 300, 1983 – *Lit.:* BNB 39, 1962, 465-475 – P. FUNK, J. v. V. . . . , 1909 – P. GEMELLI, G. da Vitry e le origini del movimento francescano, Aevum 39, 1965, 474-495 – D. D'AVRAY – M. TAUSCHE, Marriage sermons in ad status collectiones, AHDL 47, 1980, 71-119 – A. FORNI, Giacomo da V., predicatore »sociologo«, La Cultura 18, 1980, 34-89 – C. CANNUYER, La date de rédaction de l'H. Or. de J. de V., RHE 78, 1983, 65-72 – A. QUAGLIA, Sulla datazione e il valore della H. Occ. di Giacomo da V., Miscell. francesc. 83, 1983, 177-192.

Jakobäa (Jakoba, Jacqueline) **v. Bayern**, Gfn. v. →Hennegau, →Holland und →Seeland aus dem Hause →Wittelsbach, * 15. Juli 1401, † 9. Okt. 1436, einziges Kind des Gf.en Wilhelm VI. und der Margarete v. Burgund, ∞ 1. Dauphin Johann v. Touraine († 1417), 2. seit 1418 →Johann IV., Hzg. v. Brabant, 3. 1422-25 →Humphrey, Hzg. v. Gloucester, 4. →Wolfert van Borselen. – J., die im Hennegau ohne Schwierigkeiten die Erbfolge antrat, stieß in Holland und Seeland auf den Widerstand der bereits von ihrem Vater bekämpften Partei der Kabeljauwen (→Hoeken und Kabeljauwen). In seiner Eigenschaft als Lehnsherr übertrug Ks. Sigmund die Gft.en an J.s Onkel →Johann v. Bayern, der verstand, die Führung der Kabeljauwen an sich zu reißen. J.s von der Kurie angefochtene Ehe mit ihrem Neffen Johann IV. v. Brabant war ein Fehlschlag, zumal ihr Gatte Holland und Seeland an Johann v. Bayern verpfändete. J. verließ am 11. April 1420 den Brüsseler Hof, floh Anfang 1421 nach England und heiratete dort 1422 den Hzg. v. Gloucester, der auf ihr Betreiben am 26. Okt. 1424 mit Heeresmacht über den Kanal zog und gemeinsam mit J. große Teile von Hennegau eroberte, sie jedoch im April 1425 verließ. J.s Pläne scheiterten am Widerstand Hzg. →Philipps des Guten v. Burgund, der in fünf Feldzügen die ohnehin schwache Position der Gfn. erschütterte und Juni 1427 auch Hennegau eroberte. Er erzwang die fakt. Abtretung der Regierungsgewalt (Delfter Söhne, Juli 1428), benutzte im April 1433 die Klandestinehe der J. mit dem seeländ. Adligen Wolfert van Borselen zur Aberkennung ihrer Titel und zur förml. Inbesitznahme der drei großen Fsm.er. W. P. Blockmans

Lit.: R. VAUGHAN, Philip the Good, 1970.

Jakobell von Mies (Jakoubek ze Stříbra), theol. Denker und Reformator in →Böhmen, * ca. 1370 im Dorf Víchov b. Stříbro (Mies), † 1429. Er studierte ebenso wie sein Freund Johannes →Hus an der Univ. Prag (seit 1397 Magister) und beschäftigte sich intensiv mit den Werken John →Wyclifs, dessen »Dialogus« er ins Tschech. übersetzte. In Anlehnung an die Lehre des Matthias v. →Janov führte J. in Prag 1414 die Darreichung des Laienkelches während des →Abendmahls ein. Er forderte ebenso wie die →Taboriten die Abschaffung der Heiligenbilder in den Kirchen. Nach der Revolte von 1419 bekämpfte er die radikalen Vertreter der →Hussiten und trug zur Ermordung des Prager Predigers Jan →Želivský (1422) bei. Vergebl. versuchte J., einen Ausgleich zw. radikalen und gemäßigten Hussiten zu erreichen. J. Macek

Ed.: Překlad Viklefova Dialogu, ed. M. SVOBODA, 1909 – Výklad na Zjevenie sv. Jana, 1-2, ed. F. SIMEK, 1932-33 – Betlémská kázání z r. 1416, ed. K. SITA, 1951 – *Lit.:* P. DE VOOGHT, Jacobellus de Stříbro († 1429), premier théologien du hussitisme, 1972.

Jakobiten, verbreiteter, aber nicht als Selbstbezeichnung gebräuchl. Name für die Angehörigen der westsyr. Nationalkirche, deren Eigenstand aus der Ablehnung der christolog. Zwei-Naturen-Lehre des Konzils v. →Chalkedon (451) herrührt und deren hierarch. Organisation auf →Jakob Baradai († 578) zurückgeht. Früher wurden gelegentl. auch →»Monophysiten« anderer Nationalitäten als J. bezeichnet. Ihre größte Blüte erlebten die syr. J. im 12. Jh. P. Plank

Lit.: TRE XVI, 474-485 [Lit.] – A. VAN ROEY, Les débuts de l'Église jacobite (Das Konzil v. Chalkedon, hg. A. GRILLMEIER – H. BACHT, II, 1953), 339-360 – P. KAWERAU, Die jakobit. Kirche im Zeitalter der syr. Renaissance, 1955 – W. HAGE, Die syr.-jakobit. Kirche in frühislam. Zeit, 1966 – I. NABE-VON SCHÖNBERG, Die westsyr. Kirche im MA (800-1150) [Diss. Heidelberg 1977].

Jakob(os). 1. J.(os) Baradai(os) (syr. Bŭrdᶜānā 'der Zerlumpte'), Bf. v. →Edessa seit 542/543, † 578; Reorganisator der nicht-chalkedon. Kirche Syriens nach dem Scheitern des antioch. Patriarchen →Severus 518; Mönch und Priester im Kl. Phesiltha im Izla-Gebirge, seit 527/528 unter dem Schutz der Ksn. Theodora in Konstantinopel, auf ihr und des Araberks.en al-Ḥārit Betreiben zum Bf. v. Edessa geweiht mit dem Auftrag, unter der Autorität des in Konstantinopel festgehaltenen alexandrin. Patriarchen Theodosios die großenteils monophysit. gebliebene aramäisch-syr. Bevölkerung in der gesamten Reichsdiözese Oriens und darüber hinaus zu betreuen. Auf steter Flucht vor den Reichsbehörden weihte er eine große Zahl von Priestern, seit 553 auch mindestens 27 Bf.e (darunter seinen Biographen →Johannes v. Ephesos) und zwei Patriarchen und errichtete so eine dauerhafte eigenständige

Hierarchie im Patriarchat v. Antiocheia gegen die bestehende reichskirchl.-chalkedon. Nach dem Tod des Theodosios 566 hatte er große Mühe, die stark divergierende nicht-chalkedon. Bewegung in Lehre und Disziplin zusammenzuhalten. Ein kleiner Teil seiner Korrespondenz ist erhalten (ed. I. B. Chabot, Corpus Scriptorum Christianorum Orientalium 17; 103); weitere Schr. sind wohl zu Unrecht unter seinem Namen überliefert. P. Plank

Q.: Johannes v. Ephesos, Viten der ö. Hll., 49, 50; anonyme Vita (6. Jh.), POr XVIII, 690–697; XIX, 153–158, 228–268 – Lit.: H. G. Kleyn, J. B., de stichter der syr. monophysiet. kerk, 1882 – E. Honigmann, Évéques et évêchés monophysites d'Asie antérieure au VIe s. (Corpus Scriptorum Christianorum Orientalium 127, 1951), 157–245 – I. Engelhardt, Mission und Politik in Byzanz (Misc. Byz. Monacensia 19), 1974, 90–100 – D. D. Bundy, J. B., Muséon 91, 1978, 45–86.

2. I. v. Kokkinobaphu, Mönch des bithyn. Kl. Kokkinobaphos (Anf. 12. Jh.), Verf. von sechs Marienpredigten nach vorwiegend apokryph-legendären Q. zum Marienleben. Erhalten in zwei Prachtcodd. der 1. H. des 12. Jh. (Rom, Vat. gr. 1162 und Paris, BN Cod. gr. 1208 [trockener und von etwas geringerer Qualität, deshalb bisweilen in die 2. H. des 12. Jh. datiert]), beide mit über 70 Miniaturen illustr. (→Homilie) im Stil der hochkomnen. Zeit. Zur selben Gruppe gehören der 1122 für Joh. und Alexios Komnenos geschriebene Vat. Urb. gr. 2 und der sog. Cod. Ebnerianus (Oxford, Bodl. Libr. Cod. Auct. T infra 1.10) u. a. Charakterist. sind schemat. Architektur, üppige, aber abstrakt stilisierte Landschaft sowie harte, schwere Farben. M. Restle

Lit.: C. Stornaiolo, Min. delle omilie di Giacomo Monaco..., 1910 – C. Bréhier, Monuments Piot 24, 1921, 101–128 – Buchthal, Miniature Painting in the Latin Kingdom of Jerusalem, 1957, 16, 42ff. – Byzance et la France médiévale, Kat. BN Paris, 1958, 21–23 – Beck, Kirche, 629.

Jakobsbruderschaft, im weiteren Sinne jede →Bruderschaft (insbes. Zunftbruderschaft) mit dem Apostel →Jacobus als Patron, im engeren Sinn jedoch eine Bruderschaft, die in irgendeinem Zusammenhang mit der Wallfahrt zum Grab des hl. →Jacobus d. Ä. in →Santiago de Compostela stand, wobei sich diese aus ehem. Santiagopilgern zusammensetzen und/oder Hospize für Santiagopilger unterhalten konnte. Entsprechend der Entwicklung der Wallfahrt nach Santiago entstanden solche Bruderschaften v. a. im frz., aber auch im schweiz. Raum. Eine eigene Wallfahrt nach Santiago war jedoch weder unabdingbare Voraussetzung für die Mitgliedschaft (es gab auch Bruderschaften von Nicht-Santiagopilgern mit dem Apostel Jacobus d. J. als Patron), noch unterhielten die J. en in jedem Fall eines der zahlreichen Jakobsspitäler des späten MA. Demnach waren sie möglicherweise in bezug auf Mitgliedschaft und Zielsetzung weniger exklusiv und spezialisiert, als gelegentl. angenommen wurde.

K. Utz Tremp

Lit.: A. Georges, Le pèlerinage à Compostelle en Belgique et dans le Nord de la France, 1971 – K. Tremp-Utz, Eine spätma. J. in Bern, Zs. für Schweiz. Kirchengesch. 77, 1983, 47–93 [Lit.].

Jakobsstab, astronom. Instrument. Alle Instrumente der (tatsächl. oder vermeintl.) astronom. »Beobachtung« im MA maßen die Höhen über dem Horizont. Nur der J. bildet eine Ausnahme, da er den Abstand zw. zwei Gestirnen oder zw. einem Gestirn und einem erkennbaren Punkt des Himmelsgewölbes zu messen erlaubt. Er wurde in der 1. Hälfte des 14. Jh. von →Levi ben Gerson (Gersonides) erfunden und beschrieben, wurde aber wohl nur von seinem Erfinder zu astronom. Beobachtungszwecken benutzt; die wenigen Zeugnisse des 15. Jh. über den J. weisen ausschließl. auf einen Gebrauch dieses Instruments für die prakt. Geometrie hin. Erst im 16.–17. Jh. wurde der J. unter dem Namen 'arbalestrille' im Zeichen der aufkommenden astronom. Navigation entsprechend seiner ursprgl. Bestimmung eingesetzt. E. Poulle

Lit.: E. Zinner, Dt. und Ndl. astronom. Instrumente des 11.–18. Jh., 1967², 207–210 – B. Goldstein, Preliminary Remarks on Levi ben Gerson's Contributions to Astronomy (Proceedings of the Israel Acad. of Sciences and Humanities 3, 1969), 239–254 – Ders., The Astronomical Tables of Levi ben Gerson, 1974, 21–23 – Ders., Levi ben Gerson, On Instrumental Errors and the Transversal Scale, JHA 8, 1977, 107–112 – F. Sezgin, Zur Frage der Entdeckung des astronom. Gerätes »Jakobsstab« [arab.], Zs. für Gesch. der Arab.-Islam. Wiss., 1985.

Jakobus → Jacobus

Jakobusliturgie, die Ordnung der →Liturgie, deren Kern, die →Anaphora des Jacobus, ihre Eigenart in der 2. Hälfte des 4. Jh. in Jerusalem ausgebildet hat. Ihre Benennung nach dem 'Herrnbruder' Jacobus (Gal 2,9) kennzeichnet Kontinuität mit der Jerusalemer Überlieferung. Eine frühe Deutung der J. bietet die 5. mystagog. Katechese des Bf.s →Kyrill (bzw. des →Johannes II.) v. Jerusalem. Charakterist. gegenüber gleichzeitigen Eucharistiegebeten ist die pneumatolog. und konsekrationstheol. profilierte →Epiklese. Als deren Typoi erwähnt die Textgestalt des 8. Jh. das Ruhen des Geistes auf Jesus bei dessen Taufe im Jordan und die Geistsendung an Pfingsten. Seit dem Konzil v. →Chalkedon (451) entwickelt sich die J. bei den →Melkiten unter dem Einfluß Konstantinopels, dagegen eigenständig bei den syr. →»Monophysiten«. Die gr.-sprachige Orthodoxie seit dem 13. Jh. hat die J. nur auf →Zakynthos bewahrt, das heutige Patriarchat v. Jerusalem nutzt sie wieder am Jacobusfest (23. Okt.) neben der sonst üblichen →Chrysostomus- und →Basiliusliturgie.

H.-J. Schulz

Ed.: Brightman – POr 26,2 – O. Heiming, Anaphorae Syr. II, 1953 – A. Hänggi – I. Pahl, Prex Eucharistica, 1968 – S. Heitz, Der Orth. Gottesdienst, 1965 – Lit.: TRE I, 253–256 – A. Rücker, Die syr. J., 1923 – G. Kretschmar, Die frühe Gesch. der Jerusalemer Liturgie, JLH 2, 1956, 22–46 – A. Tarby, La Prière Eucharistique de l'Église de Jérusalem, 1972.

Jakšići, serb. Adelsfamilie in Ungarn. Stammvater war der 'vojvoda' *Jakša Brešćić,* einer der Befehlshaber des Despoten Đurađ Branković (→Brankovići) um die Mitte des 15. Jh. Seine Söhne *Stefan* und *Dmitar* verließen 1464 das inzwischen (1459) eroberte →Serbien und traten in den Dienst des Kg.s v. →Ungarn, →Matthias Corvinus. Sie erhielten das Gut Nagylak im Komitat →Csanád. Die beiden J. werden in den Q. erwähnt als tüchtige Befehlshaber der leichten Reiterei der 'Hussaren', die sich größtenteils aus serb. Flüchtlingen zusammensetzt. Auch die folgende Generation der J., vertreten durch *Marko* so wie den älteren und *Jovan, Dmitar (II.)* und *Petar* der jüngeren Linie, war noch bedeutend. Mit ihren Söhnen starb die Familie im Mannesstamm noch vor Mitte des 16. Jh. aus. Die J. waren verschwägert mit zahlreichen ung., serb., rumän. und poln.-russ. Familien. Für die J. wurde letztmals die Genealogie der →Nemanjiden *(rodoslov)* umgearbeitet und erweitert. S. Ćirković

Lit.: S. Borovszky, A Nagylaki uradalom története, Értékezések a történeti tudományok köréből 18, 1900, 519–564 – S. Stanojević, Nešto o Jakšićima, Nova iskra 3, 1901, 3–9 – J. Radonić, Prilozi za istoriju braće Jakšića, Spomenik 59, 1923, 61–76 – Rodoslovne tablice i grbovi srpskih dinastija i vlastele, 1987, 159–164.

Iamblichos, neuplaton. Philosoph, * ca. 240/250 in Chalkis (Koilesyrien), † ca. 325, Schüler des →Porphyrios. Seine Bedeutung für die weitere Entwicklung des →Neuplatonismus liegt 1. in der Ausgestaltung der Hypostasenlehre (einem nur durch negative Theologie beschreibbaren höchsten Einen sind der Kosmos der Ideen und der denkenden Wesen, die Weltseele und eine Zweiheit weiterer Seelen nachgeordnet), 2. in der Systematisierung der Platonexegese, bei der für die Interpretation jeweils die Erkenntnis der Grundintention des Textes (σκόπος) entscheidend ist, und 3. in der Berücksichtigung der Theurgie, bes. der Chaldäischen Orakel (denen er einen ausführl., verlorenen Komm. widmete), als eines zweiten Heilsweges für den Aufstieg der Seele. So konnte diese Philos. auch mit dem Christentum konkurrieren. Die Schr. des I. sind weitgehend verloren, so daß bes. sein metaphys. System aus späteren Zeugnissen (v. a. →Proklos, →Damaskios) rekonstruiert werden muß. Überliefert sind 1. Schriften zum Neupythagoreismus: Vita des Pythagoras (ed. L. DEUBNER, 1937[1975²]; dt. Übers.: M. v. ALBRECHT, BAW 1963), Mahnschrift zur Philos. (»Protreptikos«, nach dem Vorbild des Aristoteles; ed. H. PISTELLI, 1888; dt. Übers.: O. SCHÖNBERGER, 1984; engl. Übers.: TH. M. JOHNSON, 1988), drei Schr. zur Zahlenlehre (De communi mathematica scientia, ed. N. FESTA, 1891 [1975²]; In Nicomachi arithmeticam introductionem, ed. H. PISTELLI, 1894 [1975²]; Theologumena arithmetica, ed. V. DE FALCO, 1922[1975²]; engl. Übers.: R. WATERFIELD, 1988 [Echtheit umstritten]); 2. »De mysteriis« (über die Geheimlehren der Ägypter; ed. G. PARTHEY, 1857; E. DES PLACES, 1966 [mit frz. Übers.]; dt. Übers.: TH. HOPFNER, 1922 [Nachdr. 1978]; it. Übers.: A. R. SODANO, 1984); 3. Fragmente verschiedener Komm. zu Dialogen Platons (ed. J. M. DILLON, 1973). J. Gruber

Lit.: Kl. PAULY II, 1305–1307 – RE IX, 645–651 – K. PRAECHTER, Richtungen und Schulen im Neuplatonismus (Fschr. C. ROBERT, 1910), 105–156 [= Kl. Schr., 1973, 165–216] – F. W. CREMER, Die chaldäischen Orakel und Jamblich de mysteriis, 1969 – R. T. WALLIS, Neoplatonism 1972, 94–137 – Entretiens Fondation Hardt 21, 1975 – Die Philos. des Neuplatonismus, hg. C. ZINTZEN, 1977, 281–328 – J. F. FINAMORE, I. and the Theory of the Vehicle of the Soul, 1985.

Jamblichus v. Trier → Trier

James → Jakob

Jamometić, Andreas (nach zeitgenöss. it. Schreibweise auch Zamometić) OP, Ebf. v. Krajina (lat. Craynensis) im nordalban.-montenegrin. Grenzgebiet 1476–82, † 13. Nov. 1484; Sproß einer kroat. Adelsfamilie. Er war 1478–81 als Diplomat Ks. Friedrichs III. an der Kurie und im Reich tätig. Nach einem Konflikt mit Papst Sixtus IV. rief J. am 25. März 1482 im Basler Münster ein Konzil aus, das den Papst zur Verantwortung ziehen, die Kirche reformieren und einen Türkenkreuzzug vorbereiten sollte. Die positive Parteinahme Basels und der it. Gegner Sixtus' IV. (Mailand, Florenz) bei distanziertem Abwarten Friedrichs III. veranlaßte den Papst zu intensiven diplomat. Gegenmaßnahmen, die nach der Verhaftung von J. auf ksl. Befehl durch den Basler Rat (21. Dez. 1482) in einjahrelanges Ringen zw. der Kurie, dem Ks.hof und Basel um die Auslieferung und Bestrafung von J. einmündeten. J. beging in der Haft der Basler Selbstmord. J. Petersohn

Q.: Diplomat. Ber. und Denkschr. des päpstl. Legaten Angelo Geraldini, hg. J. PETERSOHN, 1987 – *Lit.:* J. PETERSOHN, Ein Diplomat des Quattrocento: Angelo Geraldini (1422–1486), 1985, 152ff., 167ff. – A. STOECKLIN, Das Ende des Basler Konzilsversuchs von 1482, Zs. für schweiz. Kirchengesch. 79, 1985, 3–118 – J. PETERSOHN, Zum Personalakt eines Kirchenrebellen, ZHF 13, 1986, 1–14 – DERS., Konziliaristen und Hexen, DA 44, 1988, 130ff. – I. H. RINGEL, Ein bisher unbekanntes Exemplar der Konzilsproklamation des A. J. von 1482 im bfl. Archiv Chur, Gutenberg-Jb., 1989, 101–105.

Jan → Johann, Jean

Jan Vysatić → Povest' vremennych let

Janitscharen (*yeñičeri* 'neuer Soldat'), wichtigstes Infanteriekorps der aus dem Staatsschatz Sold empfangenden, zentralisierten osman. Pfortentruppen (*qapu qullari*). Wohl unter Murād I. (1360–89) eingeführt, bildeten sie über Jahrhunderte das Rückgrat des osman. Zentralheers und stärkten auch innenpolit. die Zentralgewalt gegenüber der türk. Aristokratie und feudalen Tendenzen. Die J. stehen in der Tradition der islam. 'Sklaven'-Armeen und wurden v. a. anfangs aus Kriegsgefangenen rekrutiert, deren jeder fünfte dem Staatsschatz zustand (*penčik qanuni*). Schon unter Murād I., mehr noch nach der Niederlage von Ankara 1402 wurde die →'Knabenlese' mit der nachfolgenden Ausbildung bei türk. Bauern und als *agemīoğlan* das vorwiegende Rekrutierungsverfahren. Dieses spezif. osman. 'devširme' war billiger als der Kauf von Militärsklaven und bot bessere Rekrutierungsmöglichkeiten als die Verwendung von Gefangenen. Der Status der J. war dem Sultan gegenüber der des *qul*, also theoret. der eines Sklaven, der zölibatär und kaserniert zu leben hatte, das Korps nicht verlassen und jederzeit hingerichtet werden konnte. Anderseits waren die J. '*askerī*, privilegierte, steuerbefreite Untertanen auch nach Dienstende. Sie bildeten lange Zeit eine recht kleine Truppe, die in Kriegszeiten verstärkt wurde: Anfangs zählten sie 1000, 1389 3000, 1402 rund 10000 Mann (dazu kamen J. in den Prov.en). Gut bewaffnet, ausgebildet und bezahlt, hatten die mit Bogen, Krummesser, Schwert und Schild, seit Anfang des 16. Jh. auch allg. mit Gewehr bewaffneten J. eine militär. überragende Bedeutung. Wie sehr die osman. Herrscher von ihnen abhängig waren, zeigten schon die Revolten der J. 1432 und 1446, ihre Rolle am Ende der ersten Herrschaft Meḥmeds II. 1444 sowie bei der Thronbesteigung Bāyezīds II. und Selims I. Zur Disziplinierung wurden dem J. wiederholt frische Einheiten angegliedert (1451 die *sekbān*, Ende des 15. Jh. die *aǧa bölükleri*) und ihr Oberkommandierender (*yeñičeri ağasi*) nicht aus ihren Reihen gewählt. Dennoch bildete sich ein spezif. Korpsgeist, der seinen Ausdruck u. a. in der engen, aber nicht ausschließl. Anlehnung an die häret. *Bektāšīye*, in Nahrungsritualen und einer polit. Kultur fand, die zw. J. und Sultan eine Beziehung auf Gegenseitigkeit herstellte.
Ch. K. Neumann

Lit.: EI² II, 1085–1091 – IA XIII, 385–395 – UZUNÇARSILI, Kapukulu, I, 143–705 – H. BOWEN, Islamic Society and the West, I, 1950 – H. A. R. GIBB – G. KALDY-NAGY, The first Centuries of Ottoman Military Organization, ActaOrHung 31, 1977, 147–183 – →Knabenlese.

Janov, Matthias v. → Matthias v. Janov

Ianua, im MA Aelius →Donatus zugeschriebene Elementargrammatik in katechet. Form, von SABBADINI 1896 nach dem Initium benannt (Ianua sum rudibus ...); mit den →Disticha Catonis eine Einheit bildend, in einigen Hss. it. Provenienz seit dem späten 13. Jh. überliefert. Breite Wirkung wurde ihr durch zahlreiche Inkunabeldrucke in Italien zuteil, worin sie sogar die Ars minor des Donatus übertraf, mit der die I. quellenmäßig nicht verwandt ist, dagegen mit den Institutiones von →Priscianus und den Regulae des Ps. Remigius. Titel (in Drucken meist 'Grammatices rudimenta'), Textgestalt und -umfang variieren. →Guarino Veronese verwandte die I. im Unterricht; zu Beginn des 15. Jh. wurde sie in Italien ins Gr. übersetzt; Bearbeitungen stammen von →Pomponius Laetus und Antonio Mancinelli ('Donatus melior'). Textpartien drangen in die I. ein, woraus im 16. Jh. eine volkssprachl. Fassung ('Donato al senno') entstand, während die lat. I. ihre Bedeutung verlor.
E. Rauner

Lit.: W. Schmitt, Die I. (Donatus)..., Beitr. zur Inkunabelkunde, 3.F., 4, 1969, 43–80 [Ed.; Lit.] – R. Avesani, Quattro miscellanee..., 1967, 17f., 22.

Janus Pannonius (Kesincei), * 1434 in Kesince/Slavonien, † 27. März 1472 auf Schloß Medve, entstammte einer vornehmen Familie. Der Bruder seiner Mutter, J. →Vitéz, sorgte für seine Ausbildung. 1447 schickte er den Neffen nach Ferrara, wo →Guarino Veronese sein Lehrer wurde. Hier entwickelte sich J. zum Humanisten und Dichter. 1454/55 studierte er auf Wunsch seines Onkels Kanon. Recht in Padua. Nach 11 Jahren in die Heimat zurückgekehrt, wurde er aufgrund seiner Epigramme, Elegien und Panegyrikern allgemein bewundert. Hatte er mit der Liebeslyrik begonnen, so wandte er sich später philos. Fragen zu. Von den Dichtern der Antike übten auf ihn Einfluß aus Vergil, Ovid, Martial, Claudian, von den Humanisten Petrarca. J. beherrschte die dichter. Form, wichtiger war ihm aber der Inhalt. Seinen Standpunkt nahm er im Stoizismus und Neuplatonismus. In seinen Dichtungen kommen sein starkes Gerechtigkeitsgefühl und soziales Empfinden zum Ausdruck. Als Bf. v. Pécs (Fünfkirchen), 1459 von Pius II. bestätigt, wurde er in frommen Kreisen befehdet, klagte aber seinerseits Mißstände unter den Geistlichen an. J. nahm auch Stellung zu Zeitereignissen wie der Eroberung →Konstantinopels. Der Türkenkrieg blieb das wichtigste Geschehen in seinem Leben. Kg. Mathias Corvinus erwählte ihn zu seinem Berater und ernannte ihn zum Viezkanzler. Mit einer Gesandtschaft wurde er nach Rom geschickt, um Türkenhilfe vom Papst zu erbitten. Im Existenzkampf seines Volkes setzte er sich voll ein. Auch seine Dichtung stellte er in seinen Dienst: Ks. Friedrich III. rief er auf, aus seiner Tatenlosigkeit herauszutreten, seinen Kg. hielt er zurück, sich gegen den Fs.en der Moldau zu wenden, statt alle Kräfte für den Türkenkrieg bereit zu halten. Als der Kg. eine Politik begann, die nach ihrer Überzeugung für das Land untragbar war, verschworen sich Onkel und Neffe gegen ihn und wandten sich an Kasimir v. Polen. J. wurde in seiner Stadt Pécs belagert, die sich standhaft hielt. Schwerkrank konnte er noch entfliehen, starb jedoch auf Schloß Medve bei seinen Freunden. R. Stupperich †

Ed. und Lit.: J.i P.i Poemata, Traiecti ad Rhenum 1784 – A. Jenő, Adalékok (Analecta), 1880 – J. Huszti, J.P. 1931 – J.i P.i Carmina selectiora, ed. T. Kardos [mit frz. Übers.], 1973 – M. D. Birnbaum, J.P. Poet und Politician, 1981 – J.iP.i op. omn., ed. S. V. Kova'cs – s. a. Lit. →Humanismus C.

Japan (Zipangu). Das J. bild des SpätMA geht auf →Marco Polo zurück, der während seiner Reisen unter Kublai Khan offenbar bis zur chin. Ostküste gelangte. Es wird angenommen, daß Marcos J. kenntnis aus mündl. Quelle stammt. Er nennt das Land *Zipangu* (nach chin. *pen guó*, 'Land, in dem die Sonne am Horizont hervorkommt'), in chin. Sicht eine weit entfernte Insel mit barbar. Kultur. Innerhalb des durch →Orosius und →Kosmas Indikopleustes tradierten Weltbilds bildete Asien die obere Hälfte einer T-Karte (→Kartographie), in deren oberster Zone die Völker →Gog und Magog und das →Paradies lagen, das – wie bei Kosmas – auch als Insel vor der Ostküste Asiens im Okeanos gedacht sein konnte. Dementsprechend konnten Marco solche Berichte glaubhaft sein, die das Wunderbare des Lebens auf der weit entfernten Insel herauskehrten. Dazu scheint eine Erzählung über die mit Gold gedeckten Häuser in Z. gehört zu haben (vgl. Marco Polos Formulierung, in Z. »troppo e di grande valuta l'oro«).

In der Kartographie des 15. Jh. wird Z. (selten: Zipangri) verzeichnet, zuerst durch Fra →Mauro 1459, am detailliertesten auf Martin →Behaims Globus von 1492 und der Weltkarte des Martin →Waldseemüller von 1507, die den Reichtum der Insel an Edelmetallen hervorheben. Auf der Karte des →Toscanelli, die die W-Küste Europas und die O-Küste Asiens gegenüberliegend darstellte, lag Z. in fast rechteckiger Form und n.-s. Ausrichtung nahezu in der Mitte zw. den beiden Kontinenten, geeignet als Stützpunkt auf dem Seeweg von der europ. W-Küste zur O-Küste Asiens. →Kolumbus, der sowohl einen Frühdruck von Marco Polos Werk wie eine Toscanelli-Karte besaß, wähnte sich auf seiner ersten Reise in der Nähe Z.s (so der Eintrag im »Diario de a bordo« zum 14. Dez. 1492), da er verstanden zu haben glaubte, eine nahegelegene Insel namens 'Cibao' trage viel Gold.

Die Lokalisation von Z., bes. dessen geograph. Verhältnis zu →Amerika, bleibt bis zur Mitte des 16. Jh. umstritten. Z. könnte ö. oder w. →Amerikas gedacht oder auch mit Yucatán gleichgesetzt werden. Erst nach 1550 findet sich die Identifikation »Japan vel Zipangri olim Chryse« (Mercator), die nahegelegt wurde durch das Eintreffen von Portugiesen in Japan 1542 oder 1543. H. Kleinschmidt

Lit.: [Ausw.]: A. E. Nordenskjöld, Facs.-Atlas to the Early Hist. of Cartography, 1889 [Nachdr. 1973] – G. A. Collingridge, The Early Cartography of J., Journal of the Royal Geogr. Soc., 1894, 403–409 – H. Wagner, Die Rekonstruktion der Toscanelli-Karte vom Jahre 1474, NGG, phil.-hist. Kl. 4, 1894 – P. Graf Teleki, Atlas zur Gesch. der Kartographie der Japan. Inseln, 1909 [Nachdr. 1966] – G. E. Nunn, The Geographical Conceptions of Columbus, 1924 – Ders., The Imago mundi and Columbus, AHR 40, 1934/35, 646–661 – R. Almagia, Una carta attribuita a Cristoforo Colombo, Academia dei lincei. Rendiconti. Cl. di scienze morali, storiche e filologiche 1, 1925 – P. Kahle, Die verschollene Columbus-Karte von 1498 in einer türk. Weltkarte von 1513, 1933 – E. Bräunlich, Zwei türk. Weltkarten aus dem Zeitalter der großen Entdeckungen, BSAW 89, 1, 1937 – H. Nakamura, Les chartes du Japon qui servaient de modèle aux cartographes européens, Mon. nipponica 2, 1939, 100–123 – H. R. Wagner, Marco Polo's Narrative Prose Becomes Propaganda to inspire Colón, Imago mundi 6, 1939, 3–13 – L. C. Wroth, The Early Cartography of the Pacific, Papers of the Bibliogr. Soc. of America 38, 2, 1944, 85–268 – W. E. Washburn, J. on Early European Maps, Pacific Hist. Review 21, 1952, 221–236 – K. Enoki, Marco Polo and J., Oriente poliano 1957, 23–44 – C. Sanz, La carta de Colón, 1958 – B. Schleissheimer, Kosmas Indikopleustes [Diss. München 1959] – A. Cortesao – A. Teixeira da Mota, Portugaliae mon. cartographica 1, 1960 – H. Daunicht, Der O nach der Weltkarte al-Huwarisnis, 1970 – A.-D. v. d. Brincken, Mappa mundi und Chronographia, DA 24, 1968, 118–186 – Dies., Die Mongolen im Weltbild der Lateiner, AKG 56, 1975, 117–140 – E. v. Ivanka, Die byz. Weltgesch.sschreibung, Mensch und Weltgesch., hg. A. v. Randa, 1969, 89–109 – G. Podskalsky, Byz. Reichseschatologie 1972 – E. Reichert, Columbus und Marco Polo, ZHF 15, 1988, 1–63.

Jaque, Jaquette (frz.), Bestandteil der zivilen und militär. →Kleidung, in frz. Q. ab der Mitte des 14. Jh. erwähnt; als Charakteristika sind enge Schnittform und das Vorhandensein von Ärmeln anzusprechen. Die J. dürfte im Gegensatz zum →Wams, mit dem sie des öfteren terminolog. vermischt wird, aufgrund der in den Q. erwähnten Stoffmengen weiter über die Taillenlinie hinabgereicht haben. In der zivilen Mode wird die J. bzw. Jaquette über dem Wams getragen. Als Materialien werden kostbare Stoffe erwähnt, wie Seiden und Samte, verziert mit Perlen, Stickereien und Applikationen von Goldschmiedearbeiten. Als Futter dienen Leinen oder Seiden. In militär. Verwendung wird die J. vorzugsweise als Bekleidung der Bogenschützen erwähnt. Materialien sind Woll- oder Leinenstoffe; Verstärkungen durch Einarbeiten von Metallplatten sind möglich. E. Vavra

Lit.: V. Gay, Glossaire archéologique II, 1887, 52f. – J. Evans, Dress in Medieval France, 1952, 29–31 – M. Beaulieu – J. Baylé, Le costume en Bourgogne de Philippe le Hardi à Charles le Téméraire, 1956, 46f.

Jardin de Plaisance et fleur de Rhetoricque, Le, erste gedr. Anthologie der frz. Lit., erschien um 1501 bei A. Vérard in Paris, acht Aufl. bis 1527, illustr. mit Holzschnitten, wie damals üblich, z. T. aus früheren Drucken, enthält 672 Texte der mittelfrz. Lit. (→Frz. Lit., IV), fast alles in Versen. Auf eine typ. Poetik der →Rhétoriqueurs, »Instructif de seconde rethorique« von Regnaud Le Queux folgen, bunt gemischt, längere allegor. Texte gelehrten oder amourösen Inhalts, Episteln, →Streitgedichte, zahlreiche →Balladen und →Rondeaux. Die meisten bekannten Dichter der Epoche sind vertreten: →Guillaume de Machaut, E. →Deschamps, →Christine de Pisan, A. →Chartier, →Charles d'Orléans, →Villon, J. →Molinet, G. →Cretin; daneben erscheinen zahlreiche anonyme Stücke. Einige Texte sind nur im J. überliefert, bes. Balladen und Rondeaux, aber auch die »Forêt de Tristesse« von J. →Milet (in ca. 5000 Vv.). Die Textqualität ist schlechter als bei vergleichbaren hs. Anthologien.

M.-R. Jung

Ed. und Lit.: E. DROZ–A. PIAGET, I, 1910 [Faks. der Erstausg.]; II [Komm.], SATF, 1925.

Jarl, skand. Begriff, dessen Herkunft umstritten ist und der in frühen poet. Texten für freigeborene Männer von hohem Rang und für Tributherrscher (*skattkonungar*; vgl. Skáldskaparmál 53) gebraucht wurde, die Anführer von Wikingerheeren waren und in der Ags. →Chronik als *eorlas* (→Earl) deutlich von Kg.en unterschieden wurden. Im späten 10. und frühen 11. Jh. erkannte das mächtige Geschlecht der J. e v. Hladir (Lade, →Drontheim in Norwegen) die Kg.e v. →Dänemark als ihre Oberherren an. Die »duces« oder »comites« in →Schweden, die im 11. und frühen 12. Jh. gen. werden, waren wohl J.e unter der Oberhoheit der Kg.e der Götar oder Svear, doch gab es nach der schwed. Reichseinigung um die Mitte des 12. Jh. in der Regel nur einen J.; der letzte war der mächtige →Birger J. († 1266). Von 1161 bis zum Ende des 13. Jh. machte in →Norwegen oft ein J. in dem nicht völlig von den Kg.en beherrschten Gebiet die Herrschaft streitig; in unterschiedl. Maße unterstanden die erbl. J.e der →Orkneys der norw. Oberherrschaft. J.e herrschten in den Grenzregionen des Kgr.es Dänemark (Sønderjylland, Halland); vgl. auch →Erling Skakke, der J. in Viken (Oslofjord-Reg.) war. 'J.', in den lat. Q. abwechselnd als dux, comes, prefectus, custos wiedergegeben, wurde im 14. Jh. in Skandinavien durch den Begriff *hertug* ersetzt.

P. H. Sawyer

Lit.: KL VII, 559–566 – P. H. SAWYER, The Making of Sweden, 1989.

Jarlshof, archäolog. bedeutender Siedlungsplatz auf der Südspitze der schott. →Shetland-Inseln. Nach geringen älteren Resten ist eine Siedlung aus der jüngeren Bronzezeit mit rundl. Hüttenzellen (Innennischen in den Trockenmauern) nachweisbar. Um Chr. Geb. entstand ein *Broch* (zylindr. Turm mit Mauertreppen und Hof). Bald wurden *Wheelhouses* (Speichenradhäuser) errichtet, mit ersten Hinweisen auf das Christentum. Die Siedlung dehnte sich über Brochruine und Hof aus. Im frühen 9. Jh. folgte eine Hofstelle norw. Wikinger mit Wohnstallhalle skand. Prägung und *uthus*. Weitere Hallen und Nebenhäuser entstanden quer und parallel zum Haupthaus. Es folgten ein ma. Bauernhaus (House of Sumburgh) und dann der J. als Vierflügelhof mit Innenhof.

H. Hinz

Lit.: J. R. G. HAMILTON, Excavations at J., Shetland, 1956 – A. SMALL, The Norse building Tradition in Shetland (Vestnord. Byggeskikk gjennom to tusend år., hg. B. MYHRE, B. STOKLUND, P. GJÆRDER, 1982).

Jarlyk (von türk. Jarlyġ), aruss. Bezeichnung für Gnadenbriefe der Chane der →Goldenen Horde und der nachfolgenden Chanate (→Krim) für Untertanen und Vasallen. Ab Mitte des 13. Jh. wurde es in den aruss. Ländern zur Regel, daß das Recht zur Herrschaft bes. der Gfs.en von den Chanen durch einen J. gebilligt wurde. Der älteste erhaltene J. war 1393 von Tochtamysch an →Jagiełło adressiert, solche für Moskauer Herrscher erst seit →Ivan III. In Übers. en des 15. Jh. sind sechs Freiurkk. (PRP III, 1955, 463–491) für die aruss. Kirche aus den Jahren 1267–1379 erhalten: Geistliche und in kirchl. Diensten stehende Leute (auch Handwerker usw.) waren damit von Steuern und aller Art Verpflichtungen ausgenommen.

A. Poppe

Lit.: B. SPULER, Die Goldene Horde, 1965² [Lit.] – M. USMANOV, Žalovannye akty Džučieva Ulusa XIV–XVI vv., 1979 [Lit.].

Járnsíða (altisländ. 'Eisenseite'), Gesetzbuch für Island, das bald nach der Eingliederung des Landes in das norw. Reich (1262/64) auf der Basis des 1267/69 revidierten westnorw. Rechts (→Gulaþingslög), aber auch unter Verwendung des alten isländ. Rechts (→Grágás) in Norwegen zusammengestellt und nach erhebl. Widerstand 1271/73 eingeführt wurde. Die wichtigsten Neuerungen betrafen die Einführung der Kg.smacht in Island, die Abschaffung des freistaatl. Godenamtes (→Gode) und die Änderung des Bußensystems. Die gesetzgebende Funktion des isländ. →Allthings blieb unangetastet. Die wenig sorgfältig redigierte J. blieb umstritten und wurde bereits 1281 durch die →Jónsbók ersetzt. →Island.

H. Ehrhardt

Ed.: Norges gamle Love I, ed. R. KEYSER u. a., 1846, 256–300 – *Lit.:* KL VII, 566ff.

Jaromar. 1. J. I., *Fs. v.* →*Rügen,* erste Erwähnung zu 1168, † vermutl. 1217 oder 1218, ▢ möglicherweise in dem von ihm gegr. Nonnenkl. Bergen; ⚭ Hildegard, Tochter von Knut III., Kg. v. Dänemark. J. hinterließ fünf Kinder. Nach dem Fall →Arkonas unterwarfen sich die gemeinsam (?) regierenden Brüder Tezlaw und J. in Garz dem Dänenkg. Waldemar. J. regierte als Vasall des dän. Kg.s ab 1170 (?) allein; er nahm an zahlreichen dän. Feldzügen teil. Der princeps Rugianorum oder praefectus Rugiae wird auf seinen →Hohlpfennigen als Rex Rugianorum bezeichnet. 1187 setzte ihn Knut IV. als Vormund der Söhne des Pommernhzg.s →Bogislaw I. ein. 1194 wurde er mit Tribsees und Wusterhusen belehnt. 1209 erlaubte er dem Kl. Eldena, Dänen, Deutsche und Slaven anzusiedeln.

L. Dralle

Q.: Saxonis Grammatici Gesta Danorum, hg. A. HOLDER, 1886 – Helmoldi presbyteri Bozoviensis cronica Slavorum, hg. B. SCHMEIDLER (MGH SRG [in us. schol.] 32, 1937), II c. 108 – *Lit.:* U. SCHEIL, Zur Genealogie der einheim. Fs.en v. Rügen, 1962 – W. STEFFEN, Kulturgesch. von Rügen, 1963.

2. J. II., *Fs. v.* →*Rügen,* * vermutl. um 1220, † 1260; Sohn Wizlaws I. und Enkel →Jaromars I., ⚭ Eufemia, Tochter des Hzg.s Swantopolk II. v. Pommerellen, Kinder: Wizlaw II., Jaromar III., Margarete (⚭ Erich I., Hzg. v. Schleswig). J. übernahm zw. dem 2. April 1245 und dem 28. Sept. 1246 zunächst als Mitregent seines Vaters die Regierungsgeschäfte. In der Auseinandersetzung zw. dem dän. Kg. →Christoph I. und dem Ebf. v. →Lund ergriff er Partei für die Geistlichkeit. Während des Feldzugs gegen den Kg. wurde er vermutl. von einer Frau ermordet. Das Land Schlawe brachte seine Frau mit in die Ehe.

L. Dralle

Q.: E. JØRGENSEN, Annales Danici medii aevi, 1920 – *Lit.:* →Jaromar I.

Jaromir. 1. J., *Fs. v. Böhmen* 1004–12, 1034, † 4. Nov. 1035; Sohn →Boleslavs II. Seine Regierung fällt in die

Krisenzeit der böhm.-přemyslid. Herrschaftsbildung, in der Polen und das Reich um die Vorherrschaft in Böhmen rivalisierten. Sein älterer Bruder →Boleslav III. ließ J. entmannen, der mit dem jüngeren →Udalrich und seiner Mutter zum bayer. Hzg. dem späteren Kg. Heinrich II., floh. Als nach Thronwirren der poln. Kg. →Boleslaw I. Chrobry selbst die Herrschaft in Böhmen übernahm, führte Heinrich mit einem Heer J., der im Lande (v. a. auf dem Wyschehrad) eigenen Rückhalt besaß, 1004 nach Prag und belehnte ihn dort mit Böhmen. J. leistete dem Kg. bis 1010 mehrmals wertvolle militär. Hilfe bei vier Feldzügen gegen Polen, bis er 1012 von Udalrich gestürzt und vom dt. Kg. als mögl. Druckmittel gegen den neuen Hzg. in Utreht in Gewahrsam genommen wurde. 1034 von Konrad II. dem Udalrich als Mitherrscher aufgezwungen, wurde J. von diesem geblendet und eingekerkert. Nach dem Tode Udalrichs kehrte er nochmals zur Herrschaft zurück, um sie jedoch bald seinem Neffen →Břetislav I. zu übergeben. 1035 fiel J. einem Mordanschlag der mächtigen Adelssippe der Wrschowitze zum Opfer. P. Hilsch

Lit.: Novotný I/1 – B. Krzemieńská, Krize ceského státu na přelomu tisíciletí, ČČH 18, 1970, 497–532 – Dies., Břetislav I., 1986.

2. J. (Gebhard), *Bf. v. Prag* seit 1068, † 26. Juni 1090 in Gran (Ungarn); Sohn →Břetislavs I., Fs. v. Böhmen. Widerstrebend in die geistl. Laufbahn gedrängt, wurde der ehrgeizige und machtbewußte J. gegen den Willen des regierenden Bruders →Vratislav II. zum Bf. gewählt, denn im böhm. Adel besaß er beachtl. machtpolit. Rückhalt. Sein Hauptziel, das Prager Bm. mit dem 1063 durch Hzg. Vratislav abgetrennten Olmützer Bm. wieder zu vereinigen, führte zu langjährigen, teilweise gewalttätigen Auseinandersetzungen, wobei J. die mähr. Teilfs.en, der Hzg. den Olmützer Bf. auf seiner Seite hatte. Der Streit konnte weder von Papst Gregor VII., zu dem J. frühe Kontakte hatte, noch von Kg. Heinrich IV., zu dessen Anhängern sowohl J. wie der Hzg. zählten, endgültig beigelegt werden. J. stand 1077–84 als Kanzler in kgl. Diensten. In seinem Episkopat ist der erste Schritt der Ablösung der böhm. Kirche von der fsl. Gewalt zu sehen; dazu trug auch seine Reform des Prager Domkapitels bei. J. starb auf dem Weg nach Rom. P. Hilsch

Lit.: Novotný, I/2, 1913 – P. Hilsch, Hzg., Bf. und Ks. bei Cosmas v. Prag, (Fschr. H. Löwe, 1978), 356–372.

Jaroslav. 1. J. Osmomysl, *Fs. v. →Halič*, * um 1128, † 1. Okt. 1187; ∞ 1150 Tochter →Jurij Dolgorukijs; erbte von seinem Vater Volodymirko (1141–52 Fs. in Halič) eine polit. verwickelte Situation. In den 1160er Jahren gelang ihm ein relativ beständiger polit. Ausgleich, wozu der Erfolg langjähriger Bemühungen um ein Bm. in Halič 1156 beitrug. Kurz unterstützte J. den byz. Prätendenten →Andronikos I. Komnenos, kehrte aber bald zur Allianz mit Ks. Manuel I. zurück. Die Verbindung mit den Fs.en v. Vladimir-Suzdal' erlaubte nach der Übernahme des Kiever Throns durch →Rostislav Mstislavič den Aufbau friedl. Beziehungen zu den ung., poln. und volhyn. Nachbarn. Es gelang J., den Herrschaftsbereich in sö. Richtung zu festigen und den Einflußbereich bis zum Schwarzen Meer auszubauen.

Im Innern erreichte J. Frieden dank der wirtschaftl. Aufwärtsentwicklung und einem Kompromiß mit den Bojaren. Seine abenteuerl. Liebesgeschichte mit der Priestertochter Anastasia, die 1171 verbrannt wurde, nutzten diese zur Schwächung seiner Herrschaftsposition. J.s nur im →Igor-Lied belegter Beiname wird meist im Sinne des überragenden Verstandes gedeutet. A. Poppe

Lit.: HGeschRußlands I, 494–499 – M. Hruševskyj, Istoria Ukrainy-Rusi 2, 1905, 421–445, 523 – Slovar'-Spravočnik »Slova o polku Igoreve«, vyp. 4, 1973, 38f.

2. J. I. der Weise (Mudryi; Taufname Georg), *Gfs. v. →Kiev* 1019–54, * 978, † 20. Febr. 1054. J. begleitete 988/989 seinen Vater →Vladimir I. auf dem Feldzug gegen →Chersonesos; in Novgorod 1014 am Komplott gegen diesen beteiligt, nahm J. 1015–19 nach dem Tode des Vaters an der Fehde um die Thronfolge in Kiev (→Boris und Gleb) teil. Mit Hilfe →Novgorods und varäg. Truppen besiegte J. den von →Bolesław Chrobry unterstützten →Svjatopolk, errang den Kiever Thron, mußte sich aber weiterhin gegen den Neffen Brjačeslav v. Polock und den Bruder →Mstislav Vladimirovic behaupten. Erst 1036 († Mstislav; Einkerkerung des Bruders Sudislav) gewann J. die Alleinherrschaft im Reich der Rus' (ausgenommen in →Polock). Die vernichtende Niederlage, die J. im selben Jahr den →Pečenegen in der Schlacht bei Kiev bereitete, festigte die Stadt in ihrer Rolle als Hauptstadt, die daraufhin steter Bautätigkeit nach dem Vorbild Konstantinopels gestaltet wurde (1037–46 Bau der von J. gestifteten Sophienerzkathedrale).

J.s Herrschaft ist von intensiver polit. Aktivität gekennzeichnet. Das Staatsgebiet wurde erweitert: im NO im Raum von →Beloozero und an der oberen Wolga (Jaroslavl), in →Estland Verschiebung der Grenze nach W (Eroberung von →Dorpat, gen. Jur'ev); durch Feldzüge gegen →Jadwinger und →Masovier an der oberen Memel (→Grodno) und am mittleren Bug (→Drohičin). Schon um 1031 wurde der Raum w. des oberen und mittleren Bug bis zum San mit →Przemyśl zurückgewonnen. An der s. Steppengrenze wurden in intensiver Kolonisierung zahlreiche Wehrsiedlungen angelegt. In →Jur'ev an der Ros und in →Perejaslavl wurden nach 1036 neue Bm.er gegründet. Vielfältig waren die Kontakte zum Ausland: In Byzanz suchte J. 1043 d. Gegenks. →Maniakes zu unterstützen, was aber wegen dessen Tod und der Niederlage der aruss. Flotte mißlang. Der bereits 1046 geschlossene Friedensvertrag brachte Verschwägerung mit →Konstantin IX. Monomachos (→Vsevolod, →Vladimir II. Vsevolodovič Monomach). Antipoln. Koalition und spätere gemeinsame Unterstützung des poln. Hzg.s →Kasimir I. zeugen von guten Beziehungen zu Konrad II. und Heinrich III. Von J.s Töchtern heiratete Anastasja →Andreas I. v. Ungarn, Elisabeth →Harald Sigurdsson 'den Harten', Anna →Heinrich I. v. Frankreich. Auch skand. Verbindungen bestanden: J. heiratete um 1019 Ingigerd-Irene, Tochter →Olafs II. v. Schweden; verbannte Fs.en, wie →Olaf II. d. Hl. v. Norwegen und sein Sohn →Magnus, fanden Zuflucht an seinem Hof. Kirchenpolit. sehr aktiv, ernannte J. →Ilarion zum Metropoliten; mit ihm zusammen betrieb J. Vladimirs Heiligsprechung und förderte die Verehrung seiner Halbbrüder Boris und Gleb. Das Aufsichtsrecht nutzte J. u. a. zur Bf.sinvestitur (→Luka Židjata). Mithilfe bei der Festigung des Christentums (Bau zahlreicher Kirchen, Freigebigkeit gegenüber Kirchen und Kl., Förderung des Schrifttums (v. a. Übers. aus dem Griech.) lohnten ihm Geistlichkeit und Mönchtum bald nach seinem Tode mit dem Beinamen »der Weise«.

Der älteste Teil der aruss. Gesetzbücher (→Pravda ruskaja) wird J. zugeschrieben; das ihm ebenfalls zugeschriebene Kirchenstatut gehört einer späteren Zeit an. Auch das angebl. Testament J.s über die Thronfolge (in →Povest' vremennych let zu 1054) wurde erst um die Wende des 11. Jh. auf Betreiben Vladimir Monomachs abgefaßt.
A. Poppe

Q.: PSRL I, II, 1920, 190–98 [Neudr. 1962] – *Lit.*: M. Hellmann, Die

Heiratspolitik J.s d. W., FOG 8, 1962, 7-25 - A. POPPE, La dernière expédition russe contre Constantinople, Byzslav 32, 1971, 1-29, 233-268 - M. SVERDLOV, Die polit. Beziehungen zw. der Rus' und Dtl. ... (Russ.-dt. Beziehungen von der Kiever Rus' bis zur Oktoberrevolution, hg. H. LEMKE - B. WIDERA, 1976), 8-17 - H. BIRNBAUM, Yaroslav's Varangian Connection (DERS., Stud. zur Frühkultur der Slaven, 1981), 128-144 [dazu JbGO 32, 1984, 415] - A. POPPE, The Rise of Christian Russia, 1982 [Register].

Jaroslavl', aruss. Burgstadt und Fsm. an der oberen Wolga. Als Wachtburg (3 ha) in der Mündung des Ktorosl, dem Wasserwege nach →Rostov, von →Jaroslav I. d. Weisen während der slav. Kolonisierung des ugrofinn. Merja-Siedlungsgebietes gegründet. In der Nähe von J. liegen Timerevo und zwei weitere skand. geprägte Ortswüstungen mit großen Gräberfeldern (über 1000 Grabhügel) aus dem 9.-11. Jh. (→Waräger, →Gnezdovo). Noch in den 70er Jahren des 11. Jh. vom Christentum kaum berührt, entwickelte sich J. im 12. und in den ersten Jahrzehnten des 13. Jh. zu einer städt. Siedlung mit suburbanen Kl. (darunter das später bedeutende Kl. des Erlösers; zwei erste Steinkirchen 1215-24). Als zweitwichtigste Stadt neben Rostov wurde J. 1218 bei der Teilung des Fsm.s zur Hauptstadt eines neuen und Residenz →Konstantins Vsevolodvič. Von den Tataren 1238 niedergebrannt, beteiligte sich J. bereits 1262 an einem Aufstand gegen die Eroberer. Das sich im Becken von Mologa und Wolga etwa 250 km entlangziehende Fsm. J. (ca. 16 000 km²; im 15. Jh. gegen 150 000 Einwohner) zerfiel im 14. und 15. Jh. in 9 Teilfsm.er, welche bis 1463 nacheinander ins Gfsm. →Moskau inkorporiert wurden; die J.er Fs.n gingen im Moskauer Dienstadel auf. A. Poppe

Lit.: A. EKZEMPLJARSKIJ, Velikie i udel'nyje knjazja severnoj Russi (1238-1505), II, 1891, 63-121 [Repr. 1966] - N. VORONIN, Zodčestvo Severo-Vostočnoj Rusi, 2, 1962, 61-66 - E. DOBROVOL'SKAJA - B. GNEDOVSKIJ, J., Tutajev, 1971 - I. DUBOV, Severo-vostocnaja Rus' v epochu rannego srednevekovja, 1982, 69-78, 124-187 [Timerevo] - V. KUCKIN, Formirovanie gosudarstvennoj territorii severo-vostočnoj Rusi v X-XV vv. M., 1984 [Register].

Jarrow-Wearmouth, zwei ehemalige, eng verbundene Klöster in →Northumbrien. Ihre verkehrsgünstige Lage an den schiffbaren Mündungen von Wear und Tyne machte sie in kurzer Zeit zu geistigen Zentren der brit. Insel. Mit Unterstützung Kg. →Ecgfriths v. Northumbrien gründete →Benedict Biscop zunächst 674 St. Peter zu W. und wurde dessen erster Abt. Mit Hilfe frk. Handwerker ließ er eine steinerne Kirche errichten und gab seinem Kl. eine wahrscheinl. auf der →Regula Benedicti beruhende Regel. Bei seiner 5. Romfahrt konnte er erreichen, daß W. das privilegium exemtionis (→Exemtion) erhielt. 682 gründete Benedict Biscop, wohl wegen des raschen Zulaufs, als Erweiterung von W. das Kl. J., das ebenfalls von Kg. Ecgfrith mit Grundbesitz ausgestattet und von W. aus mit 22 Mönchen besiedelt wurde. Eine bald ausbrechende Seuche überlebten nur der Abt →Ceolfrid und der Knabe →Beda (Venerabilis). Nach dem Tod Benedict Biscops († wohl 690) übernahm Ceolfrid beide Kl. als Abt, und die Zahl der Mönche stieg insgesamt auf 600 an. Bes. bemerkenswert ist die erhaltene Weiheinschrift an der Kirche St. Paul von J. (23. April 685). Neuere Ausgrabungen (R. J. CRAMP) konnten wesentl. zur Erhellung des monast. Lebens in dieser frühen Zeit beitragen. Die von Benedict Biscop mit v. a. vor der Gründung von W. in Vienne erworbenen Codices ausgestatteten →Bibliotheken (A.IV) beider Kl. machten J. in der Zeit Bedas zu einem bedeutenden geistigen Zentrum. Die historiograph. Werke Bedas sind auch die Hauptq. für die Gesch. von J. und W. bis zu Bedas Tod († 735), die weitere Entwicklung bleibt quellenmäßig schwer faßbar. Die Existenz des monast. Lebens hatte wohl schon vor der großen Däneninvasion (867-870) und der Zerstörung der beiden Kl. ein Ende gefunden. Eine Wiederbegründung erfolgte nach 1070, infolge der monast. Restaurationsmaßnahmen durch Aldwin v. Winchester. Obwohl aus J. und Monk-W. die ersten 23 Benediktiner des großen Kathedralpriorats →Durham kamen, blieben beide Kl. von Durham abhängig. Ihre Auflösung erfolgte 1536, bedeutende baul. Überreste sind erhalten. R. B. Dobson

Q.: W. DUGDALE, Monasticon Anglicanum, 1817, I, 501-504 - The Inventories and Account Rolls of ... J. and M.-W., ed. J. RAINE (Surtees Soc., XXIX, 1854) - Venerabilis Baedae Opera Hist., ed. C. PLUMMER, 2 Bde, 1896 - Lit.: H. M. TAYLOR-J. TAYLOR, Anglo-Saxon Architecture, 1965-78 - M. L. W. LAISTNER, Thought and Letters in Western Europe, 1966 - P. HUNTER BLAIR, The World of Bede, 1970 - H. MAYR-HARTING, The Coming of Christianity to Anglo-Saxon England, 1972 - R. B. DOBSON, Durham Priory, 1400-50, 1973 - Famulus Christi, hg. G. BONNER, 1976 - R. J. CRAMP, Monastic Sites (The Archaeology of Anglo-Saxon England, hg. D. M. WILSON, 1976) - P. HUNTER BLAIR, Northumbria in the Days of Bede, 1976.

Jason de Mayno, it. Rechtslehrer, * 1435 Pesaro, † 1519 Pavia, außerehel. Sohn eines exilierten Mailänder Adligen, studierte u. a. bei →Alexander de Tartagnis in Bologna und lehrte seit 1467, meist in Pavia, 1485-88 jedoch in Padua, 1489 in Pisa. Unter seinen Schülern waren →Philippus Devius, Th. →Diplovatatius und der Begründer der humanist. Rechtswiss., A. Alciato (1492-1550). Mit seinen umfangreichen Komm., in denen er aber nur einzelne Abschnitte aus wenigen Titeln des Corpus iuris civilis erläuterte, bildet J. »gleichsam den Schlußstein der alten Zeit« (SAVIGNY). Höchsten Ruhm erlangte er auch als Redner, im Dienst des Hzg.s v. Mailand sogar von Ks. Maximilian und Papst Alexander VI. - nach SAVIGNY freilich »ungemein gedankenleer und geschmacklos«. P. Weimar

Ed.: In primam [secundam] Codicis [Digesti veteris; Infortiati; Digesti novi] partem commentaria, 8 Bde., Ind., Venedig 1579 - Comm. super it. De actionibus Institutionum, Lyon 1540 - Super feudis, Lyon 1546 - Consiliorum sive responsorum... vol. primum [-quartum], Venedig 1581 [414 Nrn.] - Lit.: SAVIGNY VI, 397-418, 518-521 - F. GABOTTO, Giason del Maino e gli scandali universitari del Quattrocento, 1888 - DERS., Nuovi documenti e notizie su G.d.M., 1888 - E. BERTANZA, G.d.M. e l'univ. di Padova, RSI 5, 1888, 193-197 - M. MARIANI, La laurea in legge die G.d.M., BSP 3, 1903, 238-246 - G. DALLA SANTA, Un episodio della vita di G.d.M., NAV 8, 1904, 246-259 - DERS., Ancora di G.d.M. desiderato alla univ. di Padova, NAV 23, 1912, 433-439 - A. BELLONI, Professori giuristi a Padova nel secolo XV, 1986, 221-227 [Nachweis der Reden und weiterer Schr., Ed., Hss.].

Jaspis → Edelsteine

Jassy (rumän. Iaşi), am Bahlui, einem Nebenfluß des Pruth gelegen und seit 1564 Fürstensitz der →Moldau. In ma. Quellen auch als Iasskyi torg (ersterwähnt in der russ. Städteliste v. 1387/92), Iasmarkt (Chronik des →Ulrich v. Richental, 1414, Iasbasar (1424 in →Schiltbergers Reisebericht) oder Forum Filistinorum belegt. - Gesicherte Spuren einer Besiedlung im heutigen Stadtgebiet auf der unteren Bahlui-Terrasse und im Raume Hlincea reichen in das 11.-12. Jh.; Markt und erste Burganlage entstanden nach dem Rückzug der →Goldenen Horde, nicht vor 1365. Der Ortsname geht wohl auf ein Ethnonym – auf die 'Jassen' (→Alanen iran. Abstammung), die 1239/41 vor den →Mongolen nach Ungarn flohen und dort ansässig wurden (vgl. magyar. *jászok*, lat. filisteni) – zurück, einer Gruppe von Wehrhaften. Diese wurden offenbar unter den ersten rumän. Moldaufürsten in →Baia und später in J. angesiedelt. Damit beginnt die ma. Gesch. von J., das vom Durchgangshandel zw. dem Baltikum und dem Schwarzen Meer, zw. Ungarn und Rußland profitierte. Hiervon zeugen mehrere Urkunden des 15. Jh., beginnend mit dem Handelsprivileg für die Lemberger Kaufleute (→Lemberg) von 1408, das eine Zollstelle in J. erwähnt. Entsprechend pluriethnisch war die Bevölkerung. Neben den 'Jassen' gab es eine ansehnl., wohl sich selbst verwaltende Kolonie von Armeniern (1395 Steinkirche), weiterhin Ungarn und vereinzelt Dt. aus →Siebenbürgen, Russen und sporadisch Juden. Die Burg und die in ihrem Bereich von Fs. →Stefan d. Gr. errichtete orth. Kirche Sf. Nicolae (1491/92) zeigen den rumän. Siedlungsraum an, der sich durch Zusiedlung rasch erweiterte. K. Zach

Lit.: H. WECZERKA, Das ma. und frühnzl. Deutschtum im Fsm. Moldau... (13. bis 18. Jh.), 1960 – R. MÖHLENKAMP, Contribuții la istoria orașului Iași în secolele XIV–XV, Anuarul Institutului de istorie și arheologie »A.D. Xenopol« 21, 1984.

Játiva (katal. Xàtiva/e, Exàtiva; lat. Saetabis Augusta Sitabensis, arab. Šāṭiba), Stadt im Kgr. →Valencia (Prov. Valencia, Comarca de la Costera), seit Ende des 6. Jh. westgot. Diöz. J. gehörte unter arab. Herrschaft zur Cora von Valencia, bildete ztw. eine unabhängige Cora; als wichtiger befestigter Platz im 11./12. Jh. oft Fluchtburg almoravid. Machthaber. J. stand unter der Herrschaft eines qāʾid, war arab. Münzstätte und erlebte eine beachtl. wirtschaftl. und kulturelle Prosperität. Mitte 1244 von Jakob I. v. Aragón zurückerobert und bis 1246 übergeben, öffnete der Besitz J.s die Eroberungszone von Alcoy bis Biar. Nachdem die Stadt von Jakob I. mit einem umfangreichen Terminus ausgestattet worden war, führte die chr. Wiederbesiedlung zur Verdrängung der maur. Bevölkerung vor die Mauern und zum Wiederaufbau der alten westgot. Basilika (♂ S. Feliu), doch wurde die 1413 von Papst Benedikt XIII. errichtete Kollegiata die eigtl. Hauptkirche. Wirtschaftl. Schwierigkeiten im SpätMA, die mit dem allmähl. Verfall der in arab. Zeit florierenden Papierindustrie einhergingen, konnten durch die Landwirtschaft auf Bewässerungsbasis nur schwer kompensiert werden, doch gelang es J., den Einfluß auf den Corts (→Cortes) zu halten, bis es im 15. Jh. zu einem Zentrum der Familie →Borja wurde. Gegen Ende des MA wurden 975 Herdstellen von Christen und 262 von →*Mudéjares* gezählt; die *morería* war 1493 mit ca. 1910 Einwohnern die volkreichste des Kgr.s Valencia. L. Vones

Lit.: DHEE II, 1225f. – Gran Enc. Cat. XV, 1980, 711–714 – RE II A, 1727 – FLÓREZ, Espana Sagrada VIII, 45–56 – C. SARTHOU CARRERES, Datos para la hist. de J., 4 Bde, 1933–35 [Neudr. 1976ff.] – P. LÓPEZ ELUM, La población de la morería de J. (1493), Estud. de Hist. de Valencia, 1978, 161–170 – Valencia, Kgr.

Iatromathematike → Astrologische Medizin

Jauer (pol. Jawor), Stadt und Fsm. in Niederschlesien. Die Stadt J. wurde vor 1242 im fruchtbaren Vorland des Bober-Katzbach-Gebirges am Übergang der Straße von Liegnitz nach Böhmen über die Wütende Neiße neben einer älteren slav. Burg und Siedlung als Zentrum dt. Rodungsdörfer planmäßig zu →Magdeburger Recht angelegt, im 14. Jh. mit zahlreichen Privilegien ausgestattet und ummauert und nach 1500 durch den Neumarkt erweitert. Bei der Teilung des Hzm.s Liegnitz 1278 wurde J. Haupt- und Residenzstadt des neugebildeten selbständigen Fsm.s J., das 1346 an Hzg. Bolko II. v. Schweidnitz fiel und bei dessen Tod 1368 über seine Erbnichte Anna v. Schweidnitz-Jauer, die dritte Frau Ks. Karls IV., an die Krone Böhmen kam. In der Burg von J., das im 14. Jh. nicht nur eine polit., sondern auch wirtschaftl. und kulturelle Blüte erlebte (Bau von Rathaus, Kirchen, Spitälern), residierte seit 1368 bis 1741 in Vertretung des böhm. Kg.s ein für das verwaltungsmäßig selbständig bleibende nunmehrige Erbfsm. J., das das Gebiet von J., Löwenberg,
Hirschberg und Bunzlau umfaßte, zuständiger Landeshauptmann. J. J. Menzel

Lit.: DtStb I – Hist. Stätten Schlesien – G. SCHÖNAICH, Die alte Fsm. shauptstadt J., 1903 – DERS., Die Gestaltung des J.schen Stadtbildes, 1938 – Heimatbuch J.-Bolkenhain, hg. A. TOST, 1955 – ST. JASTZĘBSKI, Jawor i okolice, 1972 – Gesch. Schlesiens I, 1988⁵.

Jaufre, einziger aprov. Artusroman (→Artus). Trotz vieler traditioneller Motive derart atypisch, daß er als Kritik dieser Gattung betrachtet werden kann. Die Datierung ist umstritten; die vielen intertextuellen Bezüge zum Werk von →Chrétien de Troyes scheinen aber einen terminus a quo zu liefern. – Der Held J. besiegt nach mehreren Abenteuern den bösen Taulat. Die Haupthandlung ist von zwei analogen Abenteuern umrahmt, die Kg. Artus selbst gegen eine Bestie bzw. gegen einen Riesenvogel zu bestehen hat (Metamorphose des Zauberers und zugleich besten Ritters am Hof), womit die gegenseitige Abhängigkeit von Kg. und Rittertum mit Gabe und Gegengabe exemplifiziert wird. Der einem Kg. v. Aragón gewidmete Roman hebt die Abhängigkeit des Kg.s von seinen Rittern auf, was durch die Gabe J.s an Kg. Artus symbolisiert wird. M.-R. Jung

Ed.: H. BREUER, 1925 – C. BRUNEL, (SATF), 1943 – R. LAVAUD–R. NELLI, Les Troubadours, 1960 [mit frz. Übers.] – J. DELMAS, Un frgm. rouergat du Roman de J., Romania 101, 1980, 271–277 – Lit.: GRLMA IV – M.-R. JUNG, Lecture de J. ribl. M. C. TH. GOSSEN, hg. G. COLÓN–R. KOPP, 1976) – Stud. occitan. in mem. P. REMY, hg. H.-E. KELLER u. a., II, 1986 – T. HUNT, Text and Prétexte: J. and Yvain..., The legacy of Chrétien de Troyes II, hg. N. LACY u. a., 1988 – M.-R. JUNG, J.: »E aiso son novas rials« (Mél. P. BEC, 1990).

Jaufre Rudel → Rudel, Jaufre

Jaume → Jakob

Jaume Roig → Roig, Jaume

Jaxa v. Köpenick. →Albrecht d. Bär verlor nach 1150 die →Brandenburg an J., einem Verwandten des letzten Hevellerfs.en Heinrich →Pribislav. J. soll Herrscher in »Polonia« gewesen sein (MGH SS XXV, 483). Bei der Rückeroberung der Burg durch Albrecht 1157 wird J. in den Q. nicht mehr erwähnt. Er wird aber mit einem slav. Fs.en v. →Köpenick identifiziert, der allein auf Münzen und dort *knes* ('Fürst') *de Copnic* gen. ist. Nach 1150 in Anlehnung an dt. Stücke geprägt, erweisen sie J. als Christen (Palmzweig, Doppelkreuz). Identifizierungen mit anderen Trägern des Namens J. sind problematisch. E. Bohm

Lit.: H.-D. KAHL, Slawen und Dt.e in der brandenburg. Gesch. des 12. Jh., 1964 – H. LUDAT, Legenden um J.v.K. (Slaven und Dt.e im MA, 1983), 27–84.

al-Jayyānī → Ibn Muʿad

al-Jazarī (Ibn al-Razzāz al-J.[Ǧ.]), arab. Gelehrter, seit 1181/82 im Dienst der Urtukiden in Dijar Bekr am Tigris. Er verfaßte 1205/06 sein reich ill. Werk zur Kenntnis der geometr. (mechan.) Anordnungen (»Kitāb fī maʿrifat al-ḥiyal al-handasīya«). Es zerfällt in sechs Teile, die zueinandergehörende Gegenstände, deren Konstruktion und Funktion umfassen (Uhren; Gefäße für Trinkgelage; Aderlaßgefäße; Brunnen; Wasserhebemaschinen; andere Geräte, z. B. Messingtüren, Türschlösser, Vermessungsgeräte etc.). V. a. gestützt auf arab. Vorlagen, vermittelt es den Höhepunkt der ma. arab. Technik. Es erfährt weite Verbreitung im arab. Raum sowie Übers. ins Türk. und Pers. G. Jaritz

Lit.: SARTON II, 623f. – BROCKELMANN, Suppl. I, 902 [Lit.] – A. MIELI, La Science arabe et son rôle dans l'évolution scientifique mondiale, 1938, 155 [Lit.; Neudr. 1966] – D. R. HILL, The Book of Knowledge of Ingenious Mechanical Devices by Ibn al-Razzāz al-J., 1974 [engl. Übers.] – A. Y. AL-HASSAN–D. R. HILL, Islamic Technology, 1986.

Ibāḍiten (arab. al-I/Abāḍiyya), Zweig der →Ḥāriǧiten, die zwar erst Ende des 7. Jh. bezeugt sind, aber sich bereits Anfang des Jh. zusammen mit den Ṣufriten aus quietist. Kreisen in →Baṣra herausbildeten. Ende des Jh. kam es zu Spannungen mit der Regierung. Missionstätigkeiten der I. führten zu Revolten in ʿUmān, in Ḥaḍramaut und im Maġrib. Das geistl. Zentrum in Baṣra wechselte im 9. Jh. nach ʿUmān; ein Imamat in Ḥaḍramaut hielt sich bis Anfang des 11. Jh. Am bedeutsamsten wurde die Rolle der I. im Maġrib. Gegen 730 setzt ihre Propaganda ein, die berber. Hawwāra und Nafūsa werden I., ein Imamat reicht von der großen Syrte bis Algerien. Sammler aller ibāḍit. Gruppen wird das Reich von Tāhart unter den →Rustamiden, das 780–870 seinen Machthöhepunkt (von Tripolis bis Tlemsen) erreicht. Im späten 9. Jh. schwächen innere Zwistigkeiten den Staat, der 909 von den →Fāṭimiden beseitigt wird. Die Reste der I. flohen in die Sahara (Sadrāta, später in den Mzāb), andere finden sich heute auf Dscherba, Ǧabal Nafūsa und in ʿUmān. Tāhart war in seiner Blütezeit Zentrum des Sudanhandels; womögl. waren es ibāḍit. Missionare, die den Islam ins w. Schwarzafrika brachten. Die religiöse Architektur dieser Regionen jedenfalls ist zweifellos von der ibāḍit. beeinflußt. Ihre Doktrinen sind vielgestaltig (→Islam); sie lehnen prinzipiell weltl. Herrschaft *(mulk)* strikt ab und unterscheiden sich ansonsten nicht sehr von der mālikit. Rechtsschule.
H.-R. Singer

Lit.: EI² III, 648–660 – U. REBSTOCK, Die I. im Maġrib. 2./8.–4./10. Jh., 1983 – W. SCHWARTZ, Die Anfänge der I. in Nordafrika, 1983 – F. RODRÍGUEZ, Nuevas aportaciones al estudio del estado rustumí de Tahart, Al-Qanṭara 9, 1988, 209–214.

Ibas (Hībā) v. Edessa, † 28. Okt. 457; Lehrer an der Perserschule; verfaßte Komm., Homilien und Hymnen, übersetzte Werke Theodors v. Mopsuestia, Diodors v. Tarsos und des Aristoteles ins Syr. Erhalten ist nur ein Brief an Mari (vom 2. Konzil v. Konstantinopel 553 verurteilt); Bf. Rabbula vertrieb I. 431 wegen seiner antiochen. Christologie. 435 Bf. v. Edessa: Reorganisation der Schule, Bautätigkeit, Förderung des Thomaskults; 449 von der 'Räubersynode' in Ephesos abgesetzt, 451 vom Konzil v. Chalkedon rehabilitiert.
W. Cramer

Ed. und Lit.: I. ORTIZ DE URBINA, Patrol.², 99f. – DThC XVI/2, 2162f. – Diz. Patr. II, 1735f. – G. F. BLUM, Rabbula v. E., 1969 – E. SCHWARTZ, ACO II 1/3, 32–34; 3/3, 39–43 – J. FLEMMING, Akten 48–52.

Ibelin, weitverzweigte Adelsfamilie des Kgr. es →Jerusalem, stammt von den Vizgf. en v. Chartres ab. *Balian I.* († vor 1155), der Begründer des Hauses, schuf sich eine starke Position im Bereich der Herrschaft →Jaffa (1136 Erwerbung des namengebenden Lehens I./Jabna). Er war Connétable v. Jaffa, schloß sich aber während der Konflikte zw. Kg. →Fulco und den Herren v. Jaffa wiederholt der kgl. Partei an. Nicht zuletzt dank erfolgreicher Heiratspolitik (u. a. Ehe Balians II. mit Maria Komnena, der Witwe Kg. Amalrichs I.) erweiterten die I. ihren Landbesitz (Ramle, Samaria, →Beirut). Nach der Katastrophe v. →Ḥaṭṭīn (1187) versuchte *Balian II.* († 1193), →Jerusalem gegen →Saladin zu halten und konnte nach dem Fall der Stadt den Abzug eines Teils der Christen gegen Lösegeld aushandeln. Im 13. Jh. traten die I. als Wortführer der selbstbewußten →Barone des Kgr. es hervor und verfochten gegenüber der von →Friedrich II. angestrebten Straffung der monarch. Gewalt das Recht der Aristokratie auf Mitentscheidung. Führende Mitglieder der I. waren →*Johann v. I.*, Herr v. Beirut († 1236), sein Neffe →*Johann v. I.*, Gf. v. Jaffa († 1266), der große Rechtsgelehrte (sog. →Assisen v. Jerusalem), sowie *Philipp* († 1227), ein Sohn von Balian II. und Maria Komnena, der als Bailli des Kgr. es →Zypern fungierte. Die I. erloschen im 14. Jh. im Mannesstamm; Nachkommen in weibl. Linie finden sich in den großen Fs. enhäusern des lat. Zypern und Griechenland.
U. Mattejiet

Lit.: W. H. RÜDT DE COLLENBERG, Les Premiers I.s, 1965 – →Jerusalem, Kgr.

Iberien → Georgien

Iberon (Iviron), Athoskl. Nach Ortstradition hat hier die Gottesmutter den Athos betreten. – Als →Athanasios Athonites 963 seine Megiste Laura organisierte, gab es um 980 auch an der Stelle von I. eine Laura. Der Iberer (Georgier) Johannes Thornikios erwarb die Bucht von I. und gründete mit seinen Landsleuten Johannes Varasvates und dessen Sohn Euthymios († 1028) das Kl. der Iberer. Euthymios steht für die Bedeutung des Kl. als Träger und Übermittler von Kultur; als einer der größten Schriftsteller seines Volkes begründete er die Tradition der Übersetzerschule, in der wichtige geistl. Texte ins Georg. übersetzt wurden. Nach dem Mongolensturm über Georgien 1326 wurde der Kontakt zum Athos schwächer. 1355 wurde Griech. zur offiziellen Sprache in I. Auch die griech. Mönche haben die kulturelle Tradition des Kl. weitergeführt, wovon die Bibl. zeugt. Mit seinem Krankenhaus setzte I. eine Tradition des einst benachbarten Lateinerkl. der Amalfitaner fort.
A. M. Wittig

Lit.: ThEE VI, 700–704 – M. TAMARATI, L'Église géorg. des orig. jusqu'à nos jours, 1910, 318–326 – E. A. DES MENDIETA, Le Mont d'Athos, 1955, 143–173 – P. M. TARCHNIŠVILI, Gesch. der kirchl. georg. Lit., StT 185, 1955, 199 – BEDI KARTLISA, Rev. de Kartvélologie, Ét. georg. et caucas., 1983, passim.

Ibiza → Balearen

Ibn ʿAbdūn (ʿAbdalmaǧīd ibn ʿAbdallāh), gest. 1134, hispano-arab. Literat (»adīb al-Andalus«) und Dichter von großer lit. Kultur aus Évora (kannte angebl. das »Kitāb al-Aġānī« auswendig); war Sekretär der →Afṭasiden von Badajoz, trat nach dem Fall der Stadt 1095 in die Dienste der →Almoraviden. Wenige seiner einst gepriesenen Werke haben überlebt, ausgenommen eine lange *qaṣīda* (»al-Bassāma«) über die Tragik großer Männer und Dynastien, speziell der Afṭasiden, von den arab. Literaten hochgeschätzt, aber geringen wirkl. poet. Gehalts, jedoch von hist. Interesse, von Ibn Badrūn aus Silves kommentiert.
H.-R. Singer

Lit.: EI² III, 680f. – R. DOZY, Comm. hist. sur le poème d'Ibn Abdoun par Ibn Badroun, 1864.

Ibn ʿAbdrabbihī (Aḥmad b. Muḥammad), 860–940, Literat und Poet aus Córdoba, von nicht sehr großer Originalität. Sein Hauptwerk ist »al-ʿIqd (al-farīd)«, in 25 B. zu je zwei Teilen gegliedert, ein typ. *adab*-Werk (→Arab. Sprache und Literatur, B. IV, 3), das faktisch eine Anthologie fast nur der Lit. des arab. Ostens bietet und den muslim. Westen – von eigenen Gedichten abgesehen – völlig ignoriert. →Ibn Ḥazm nennt ihn daher nicht, doch preist ihn aš-Šaqundīs »Risālat« 'fī faḍl al-Andalus' ('Lob von al-A.').
H.-R. Singer

Ed.: Al-ʿIqd, I–VII [Kairo 1940–53] – *Lit.*: EI² III, 676f. – SEZGIN II, 681f.

Ibn ʿAmmār (Muḥammad), 1031–86, hispano-arab. Dichter und Wesir obskurer Herkunft aus der Gegend von Silves, ehrgeizig und skrupellos, Parteigänger der →ʿAbbādiden, Freund al-Muʿtamids, der ihm zugetan war, den er aber verriet und ihn schließlich tötete. Seine Gedichte bezeugen seine originäre poet. Begabung.
H.-R. Singer

Q.: Ṣ. ḤĀLIṢ, M. b. ʿAmmār al-Andalusī, 1957 – *Lit.*: EI² III, 705f. – A. NYKL, Hispano-Arabic Poetry, 1946, 154–163 – Ṣ. ḤĀLIṢ, Išbīliya fī qarn al-ḫāmis, 1965.

Ibn al-ʿAwwām (Yaḥyā b. Muḥammad), hispano-arab. Autor, Anfang des 13. Jh. in Sevilla; sein umfangreiches Werk »Kitāb al-Filāḥa« ist die Summe der Kenntnisse seiner bedeutenderen Vorgänger, literarisierender wie praktizierender Agronomen der ʿandalus. Schuleʾ (Abū l-Ḫayr, Ibn Baṣṣāl aṭ-Ṭiġnarī). Als erstes seiner Art in Europa bekannt, weswegen er lange Zeit als bedeutendster Vertreter seines Genre galt. H.-R. Singer

Ed.: I. A. BANQUERI, Libro de agricultura de Ebn el Awam, I–II, 1802 [1988²] – *frz. Übers.*: CLEMENT-MULLET, 1864/67, 1977² – *Lit.*: EI² II, 910f. – B. ATTIÉ, L'ordre chronologique probable des sources directes d'Ibn al-ʿA., Al-Qanṭara 3, 1982, 299–332 – J. VALLVÉ, La agricultura en al-Andalus, ebd., 261–297.

Ibn al-Baiṭār (Ḍiyāʾ, ad-Dīn abū Muḥammad ʿAbdallāh b. Aḥmad; Beiname ʿal-Baiṭārʾ wörtl.: der Tierarzt), hispano-arab. Botaniker, geb. Ende 12. Jh. in Málaga, gest. 1248 in Damaskus. Um 1220 zog er über N-Afrika und Kleinasien nach Ägypten, wo er sich niederließ und vom Sultan →al-Kāmil den Titel eines Chefbotanikers *(raʾīs al-ʿaššābīn)* erhielt. Neben einem Komm. zur »Materia medica« des →Dioskurides und einem Traktat über einfache Heilmittel schrieb er ein Sammelwerk mit Exzerpten aus über 260 griech.-arab. Q. über Pharmakologie und Diätetik (»Kitāb al-Ǧāmiʿ li-mufradat al-adwiya wa-l-aġḏiya«), das hs. weit verbreitet und oft übersetzt wurde, so ins Türk. und Lat. (Cod. lat. 11221 BN Paris). H. Schipperges

Ed.: Anal. medica ex libris mss.; Fasc. prim.: Elenchus materiae medicae Ibn Baitharis Malacensis, ed. F. R. DIETZ, 1833 – *Übers.*: J. v. SONTHEIMER, Große Zusammenstellung über die Kräfte der bekannten einfachen Heil- und Nahrungsmittel..., 2 Bde, 1840/42 – L. LECLERC, Traité des simples par Ibn el-Beithar, 1877 – *Lit.*: M. ULLMANN, Die Medizin im Islam, 1970, 280–283.

Ibn Baškuwāl (span. Pascual), Ḫalaf b. ʿAbdalmalik, hispano-arab. Literat aus Córdoba 1101–83, hervorragender Kenner der Gelehrtenszene von al-Andalus, der mit Bedacht in die Fußstapfen des →Ibn al-Faraḍī trat und eine Forts. von dessen Slg. span.-arab. Gelehrtenbiographien schrieb, die ca. 1500 Lebensläufe – die meisten allerdings sehr kurz – von Literaten des 11./12. Jh. bietet. Von seinen zahlreichen (über 50) Werken haben nur zwei überlebt. H.-R. Singer

Ed.: Kitāb aṣ-Ṣila fī taʾrīḫ aʾimmat al-Andalus, ed. F. CODERA (Bibl. Arabico-Hispanica, I–II, 1883 [1966²] – *Lit.*: EI² III, 733 – M. MEOUAK, Un ms. inédit d'I. B., Arabica 35, 1988, 388–395.

Ibn Baṭṭūṭa, arab. Reisender und Schriftsteller, geb. 25. Febr. 1304 in Tanger, gest. zw. 1368 und 1377. 1325 trat er auf dem Landweg seine 1. Pilgerfahrt nach Mekka an. Anschließend bereiste er den Irak und Persien. Spätere Reisen führten ihn nach Südarabien, Ostafrika und Hormuz, von dort über Mekka und Ägypten nach Kleinasien, Konstantinopel und auf die Krim. Von der Wolga reiste I. B. über Buchara nach Afghanistan und Indien, auf die Malediven, Ceylon, China und Sumatra, bis er schließlich 1349 in Fes eintraf. Etwa drei Jahre später durchquerte er die Sahara und besuchte Niger. Wieder in der Heimat, diktierte er von 1353–57 dem Gelehrten Ibn Ǧuzayy seine Reiseerinnerungen (»Tuḥfat an-nuẓẓār fī ġarāʾib al-amṣār wa-ʿaǧāʾib al-asfār«). Während die traditionellen arab. Reiseberichte bis dahin die Pilgerreise in den Mittelpunkt rückten, tritt diese bei I. B. allmähl. zurück. Anders als →Ibn Faḍlān und →Ibn Ǧubair, die er ausführl. konsultierte, flicht er in seine Beobachtungen auch privates Erleben ein. Sein Stil schwankt dabei zw. nüchterner Beschreibung und einer bisweilen bewußt hochstilisierten Sprache. Im Gegensatz zu späteren Autoren, bei denen oft das literarische Element überwiegt, steht bei I. B. noch die exakte Reisebeschreibung im Vordergrund und verleiht dem Werk bleibenden Wert. P. Thorau

Ed.: C. DEFRÉMERY – B. R. SANGUINETTI [mit frz. Übers.], 4 Bde, 1853–59 – *Engl. Übers.*: H. A. R. GIBB, 2 Bde, 1958–62 – *Lit.*: EI² III, 758f. – H. F. JANSSENS, I. Batouta, 'Le voyageur de l'Islam' 1304–63, 1948.

Ibn Bībī, Kanzleichef des Selǧuqensultans und pers. Autor, gest. nach 1285. Sein Vater hatte als Sekretär und Diplomat dem Chorezmschah und seit 1233 den →Selǧuqen gedient, seine Mutter war eine gelehrte Astrologin. Ibn B. beendete 1281 sein pers. Werk »Die ʿalāʾidischen Befehle über die ʿalāʾidischen Angelegenheiten« (ed. A. S. ERZI, 1956), worin er Zeitgesch. in der anspruchsvollen Kurzprosa seiner Zeit behandelt. Das im Auftrag des Kanzleichefs der →Īlḫāne, ʿAṭā Malik Ǧuwainī, verfaßte Werk setzt Anfang des 13. Jh. ein und schildert die Glanzzeit der anatol. Selǧuqen unter ʿAlāad-Dīn Kaiqobād I., den großen Turkmenenaufstand des Baba Isḥāq und die Mongolenherrschaft in Anatolien, die ein Drittel des Werkes ausmacht, und in die der Aufstieg →Qaramans fällt. Das als Q. zuverlässige, wegen seines Stils schwer lesbare pers. Originalwerk ist erhalten, erfolgreich wurde aber die schon 1284–85 angefertigte pers. Epitome. Die 1423–24 für →Murād II. angefertigte türk. Übers. als Teil 3 von Yazïǧïoǧlu ʿAlīs Selǧuqengesch. führt Ibn B.s Werk bis zum Ende der Ilchanzeit fort. B. Flemming

Ed. und Lit.: M. TH. HOUTSMA, Recueil IV, 1902 [Teiled. der türk. Fassung] – H. W. DUDA, Die Seltschukengesch. des Ibn B., 1959 [Übers. der Epitome].

Ibn Faḍlān, arab. schreibender Schriftsteller des 10. Jh., Angehöriger einer Gesandtschaft des Kalifen →al-Muqtadir an den Kg. der Wolga-Bulgaren, die 921 von Bagdad aufbrach und 922 bei den Bulgaren eintraf. I. F. war ein intelligenter Augenzeuge; seine Beobachtungen über Russen, Chazaren und Bulgaren sind von außerordentl. hist., geogr. und ethnolog. Wert. P. Thorau

Ed.: Risalāt I.F., ed. S. AD-DAHHĀN, 1987 – *Frz. Übers.*: M. CANARD, 1981 – *Lit.*: EI² III, 782 [Lit.].

Ibn al-Faraḍī (ʿAbdallāh b. Muḥammad), hochgeschätzter Cordobeser Gelehrter, 962–1013, der auch im Orient studierte und bei der Eroberung seiner Heimatstadt durch die Berber umkam. Mit ihm setzten die Slg.en hispano-arab. Gelehrtenbiographien ein, wobei die seine durch Genauigkeit und Informationsfülle hervorsticht. H.-R. Singer

Ed.: Taʾrīḫ ʿulamāʾ al-Andalus, ed. F. CODERA (Bibl. Arabico-Hispanica, VII–VIII), 1891 – *Lit.*: EI² III, 762 – M. L. ÁVILA–M. MARÍN, Le Taʾrīḫ ʿulamāʾ al-Andalus d'I. al-F., Cah. d'onomastique arabe, 1988.

Ibn al-Ǧazzar (Abū Ǧaʿfar Aḥmad b. Ibrāhīm b. abī Ḫālid al-Ǧazzār), prakt. Arzt in Kairuan, gest. ebd. um 1004; Schüler des bekannten jüd. Gelehrten Arztes Isḥāq b. Sulaiman al-Isrāʾīlī. Unter seinen Schr. (Abh. über Hygiene, Gerontologie, die Pest in Ägypten etc.) wurde am bekanntesten der »Kitāb Zād al-musāfir« (ʿDer Proviant des Reisendenʾ), unter dem Titel »Viaticum peregrinantis« von →Constantinus Africanus ins Lat. und als »Zedat ha-deraḥīm« von Moses ben Tibbon ins Hebr. übersetzt. Das Werk, als ärztl. Reisebuch oder für Situationen ohne Arzt gedacht, behandelt die Krankheiten des Kopfes, der Brustorgane, des Darmtraktes sowie die Hautleiden. Es beruft sich auf griech. Q. (→Hippokrates, →Galen), byz. Autoritäten (Paulos v. Aigina), aber auch arab. Q. (→Qusṭa ibn Lūqā). Sein Drogenbuch wurde als »Liber fiduciae« 1233 von Stephanus v. Zaragoza ins Lat. übersetzt. H. Schipperges

Lit.: G. DUGAT, Ét. sur le traité de médecine d'Abou Djāfar Aḥmad..., JA V. ser., 1853, 289–353 – G. GABRIELI, Il »Zād al musāfir« di I. al-

Ğ. in un ms. greco Corsiniano, Rendic. d. R. Accad. de Lincei 14, 1905, 29–50 – L. Vogt, Der Liber fiduciae de simplicibus medicinis des I. al-Ğ. in der Übers. des Stephanus v. Saragossa [Diss. Berlin 1941] – A. Dietrich, Medicinalia Arabica, 1966, 63 – M. Ullmann, Die Medizin im Islam, 1970, 147-149.

Ibn Ğubair, Reisender, Schriftsteller, geb. 1145 in Valencia, gest. 1217 auf seiner dritten Reise in Alexandria. Nach seinem Studium Sekretär des Gouverneurs von Granada, trat er 1183 eine Pilgerreise nach Mekka an. Dabei besuchte er u. a. Alexandria, Kairo, Bagdad und Damaskus. Über Akkon und Sizilien 1185 wieder in Spanien, schrieb er seine Reiseeindrücke nieder. Sein Bericht, die Riḥla (ed. W. Wright, 1852; M. J. de Goeje, 1907; M. Gaudefroyle-Demombynes, 1949-56; R. J. C. Broadhurst, 1952), diente späteren Reisenden wie →Ibn Baṭṭūṭa als Vorlage. Er gibt genaue Auskunft über Land und Leute, die Seefahrt im Mittelmeer und ist eine wichtige Q. zur Gesch. der Kreuzfahrerstaaten. P. Thorau
Lit.: EI¹ II, 397 – EI² III, 755 – LexArab, 466f.

Ibn Ğulğul al-Andalusī (Abū Dāwūd Sulaimān b. Ḥassān), Arzt und einer der ersten arab. Medizinhistoriker, geb. 944 in Córdoba, gest. nach 994. Bereits mit 25 Jahren allg. anerkannte med. Kapazität, unterstützte er die Übers. des →Dioskurides durch den griech. Mönch Nikolaus vom Griech. ins Arab. durch eine Korrektur des Originals (Ms. Madrid 233 [Frgm.]). In einer späteren Ergänzung beschrieb er neue, Dioskurides unbekannte Drogen (Oxford Bibl. Bodl. Hyde 34 [Frgm.]). Neben anderen med. Werken, u. a. über den →Theriak und eine Berichtigung der Irrtümer der Quacksalber (beide verloren), schrieb er unter Beiziehung lat. Q. eine Gesch. berühmter Ärzte (ältestes arab. Kompendium von Ärztebiographien; ed. Fu'ād Sayyid, 1955). Für eine unbekannte lat. Übers. eines oder mehrerer seiner Werke spricht, daß →Albertus Magnus ihn zitiert. J. M. Riddle
Lit.: EI² III, 755f. – Sezgin III, 309f. – A. Dietrich, Dioscurides Triumphans II, 40-43; passim.

Ibn Ḥafṣūn (ʿUmar b. Ḥafṣ), gest. 918, bedeutendster der Rebellen gegen das Emirat v. Córdoba, die im letzten Viertel des 8. Jh. dieses fast vernichteten. Von seinem Hauptstützpunkt Bobastro (entweder nord-nö. von Málaga bei Colmenar oder nw. von Álora) eroberte und beherrschte er zw. das Gebiet der Prov. Málaga (Rayyo) und Granada (Ilbīra) bis ans Weichbild von Córdoba, unterstützt v. a. von unzufriedenen →Mozárabern und Muwalladūn (→al-Andalus). Seit er 891 bei Poley/Aguilar vom Emir ʿAbdallāh besiegt wurde, nahm seine Macht ab, zumal mit der Thronbesteigung ʿAbdarraḥmāns III. (912), doch starb er unbesiegt. Sein ältester Sohn Ğaʿfar bekannte sich zum Christentum, was ihn die Unterstützung vieler kostete, und ließ den Vater gemäß dem Glauben seiner Ahnen – er war angebl. Urenkel eines westgot. comes – beisetzen. Die Söhne setzten den Widerstand fort, bis 928 Bobastro unter Ḥafṣ kapitulierte. H.-R. Singer
Q.: Ibn Ḥayyān, Al-Muqtabis, III, ed. M. Antuña, 1937, passim; V, ed. P. Chalmeta, 1979 [Ind.] – Ibn al-Qūṭiyya, Taʾrīḫ, 1868/1926, 90–115 – Ibn ʿIḏārī, Al-Bayān al-muġrib I/2 (ed. Colin/Lévi-Provençal), 1951, 104–171 – Ibn al-Ḫaṭīb, Aʿmāl al-aʿlām, 1956², 11–34 – Ders., Al-Iḥāṭa fī aḫbār Ġarnāṭa, ed. ʿInān, IV, 1977, 38–42 – *Lit.:* EI¹ III, 981f. – J. Vallvé, De nuevo sobre Bobastro, Al-Andalus 30, 1965, 139–174 – F. J. Simonet, Hist. de los Mozárabes, 1967², 513–598.

Ibn al-Haitam, Abū ʿAlī al-Ḥasan ibn al-Ḥasan (in der lat. Überlieferung: Alhazen), arab. Mathematiker, Optiker u. Astronom, geb. 965 Basra, gest. ca. 1040 Kairo. Nach einigen Q. soll Ibn al-H. mit einer vom Fāṭimiden-Kalifen al-Ḥākim angeordneten Nilregulierung gescheitert sein, woraufhin er sich in vorgetäuschten Wahnsinn flüchtete, von dem er erst nach dem Ende des erzürnten Herrschers »genas«. Den Rest seines Lebens habe er dann mit Schreiben, Kopieren und Lehren verbracht. Andere Q. bezeichnen das Kopieren der Elemente Euklids, des Ptolemaischen → Almagest und der »mittleren Bücher« als Tätigkeit Ibn al-H.s zur Bestreitung des Lebensunterhaltes. Seine Autobiographie (1027) enthielt ein umfangreiches Verzeichnis seiner Schriften, daneben existieren noch zwei spätere Listen. In seinem Meisterwerk, dem »Kitāb al Manāẓir« (→Optik), kombinierte al-H. Methoden der Physik mit denen der Mathematik und führte je nach Notwendigkeit induktive, experimentelle und math. Argumente an. Ibn al-H. verwarf die Theorie der Sehstrahlen. Er formulierte demgegenüber die physikal. Theorie des Lichtstrahls und entwickelte ein wohldurchdachtes System der Reflexion und Brechung des Lichts. Der »Kitāb al Manāẓir« war Gegenstand eines Kommentars von al →Fārisī (gest. ca. 1320). Ibn al-H.s Hauptwerk wurde im 12. Jh. nahezu wortgetreu ins Lat. übersetzt. Von seinen zahlreichen kleineren Schriften zur Optik wurde der Traktat über Parabolspiegel ins Lat. übertragen; ein anderes Werk (über das Mondlicht) nimmt Theorien Galileis vorweg. Neben der Behandlung des 'Alhazenschen Problems' im »Kitāb al-Manāẓir« und der Vollendung der »Konika« des Apollonios v. Perge verfaßte Ibn al-H. eine Reihe math. Abhandlungen, in denen er u. a. die Berechnung von Flächen und Rauminhalten vervollkommnete und eine Kritik der Euklidischen Elemente vortrug. Auf dem Gebiet der Astronomie trat Ibn al-H. hervor mit einem Almagest-Kommentar sowie einem Werk über den Aufbau der Welt, das ins Lat. und andere abendländ. Sprachen übersetzt – noch Georg v. →Peuerbach beeinflußt hat; bes. Bedeutung gewann jedoch seine Kritik des ptolemäischen Lehrsystems vom Standpunkt der Physik. R. Lorch
Ed. und Lit.: DSB VI, 189–210 – Sezgin V, 358–374; VI, 251–261; VII, 288[ält. Lit.] – S. Omar, Ibn al-H.s Optics: a Study on the Origins of Experimental Science, 1977 – A. I. Sabra, Ibn al-H.s »Treatise on the Marks Seen on the Surface of the Moon«, Journal for the Hist. of Arabic Science 1, 1977, 160–166 – A. I. Sabra, Ibn al-H.s »Treatise on the Method of Astronomical Observations«, ebd. 2, 1978, 155, 228–294 – S. Omar, Ibn al-H.s Theory of Knowledge and its Significance for Later Science, Arab Stud. Quarterly 1, 1979, 67–82 – A. I. Sabra, Ibn al-H.s Treatise: Solution of Difficulties Concerning the Movement of Iltifāf, Journal for the Hist. of Arabic Science 3, 1979, 388–422 – R. Rashed, La construction de l'heptagone régulier par Ibn al-H., ebd., 387–409 – Ders., Ibn al-H. et la mesure du paraboloide, ebd. 5, 1981, 262–291 – Kitāb al-Manāẓir, ed. A. I. Sabra 1983 – J. P. Hogendijk, Greek and Arabic Constructions of the Regular Heptagon, AHExSc 30, 1984, 197–330 – Ders., Ibn al-H.'s Completion of the Conics, 1985 – On the Resolution of Doubts in Euclid's Elements and Interpretation of Its Special Meanings [Faks.-Ed., 1985] – *zur Autobiogr.:* A. Heinen (Fschr. H. R. Toemer, 1979).

Ibn Ḫaldūn (ʿAbdarraḥmān b. Muḥammad), geb. 1332, gest. 1406, der bedeutendste arab. Historiker des muslim. Westens, entstammte einer arab. Familie, die lange Zeit zu den führenden Geschlechtern →Sevillas zählte und kurz vor 1248 über Ceuta nach Ifrīqiya ausgewandert war. Der in Tunis geborene b. H., der ein äußerst bewegtes Leben führte, Berater von ḥafṣid., zayyānid., merīnid. und naṣrid. Sultanen an den Höfen v. Tunis, Biğāya, Tlemsen, Fes und Granada, schlug ein Angebot Peters I. v. León-Kastilien aus, bei ihm in Sevilla zu bleiben. Der Versuch, in →Granada festen Fuß zu fassen, scheiterte an der Eifersucht →Ibn al-Ḫaṭībs. 1382 verließ er endgültig den Maġrib und ließ sich in Kairo nieder, wo er mehrfach das Amt des malikit. Oberqāḍīs ausübte, hauptsächl. aber lehrte. Im belagerten Damaskus hatte er 1401 die berühmte Unterhaltung mit Tīmūr. Er führte als erster und lange einziger islam. Historiker gleichsam soziolog. und institutionelle Gesichtspunkte in die Geschichtsschreibung ein und formulierte in der »Einleitung« *(Muqaddima)*, entworfen 1375–79 in Algerien, das Lehrgebäude seiner Ideen. Bis ans Lebensende schrieb er an seiner Weltgeschichte (»al-ʿIbar wa-dīwān al-mubtadaʾ wa-l-ḫabar fī ayyām al-ʿArab wa-l-ʿAǧam wa-l-Barbar«) und verfaßte auch eine wertvolle Selbstbiographie (»at-Taʿrīf bi-bn Ḫaldūn«, ed. AṬ-ṬANǦĪ, Kairo 1951; frz. Übers. von A. CHEDDADI, Paris 1980, dazu M. TALBI, Cahiers de la Tunisie 28, 1980, 297–303). Zuerst von türk. Gelehrten des 18. Jh. gewürdigt, gewann er wirklichen Ruhm bei der europäischen Arabistik des 19. Jh. H.-R. Singer

Lit.: EI² II 825–831 – BROCKELMANN, II, 242–245; Suppl. II 342–344 – W. J. FISCHEL (F. ROSENTHAL, The Muqaddimah III, 1958), 483–521.

Ibn Hāniʾ (Muḥammad, ʿal-Andalusī'), 934/938–ca. 973, geb. in →Sevilla und aufgewachsen in al-Andalus, Sohn eines ismāʿīlit. *dāʿī* aus Ifrīqiya, Nachkomme des Muhallabiden Yazīd b. Ḥātim; mußte wegen schiit. Umtriebe das Land verlassen und war zuerst Hofpoet und Panegyriker der Banū Ḥamdūn von Masīla, dann des Fāṭimidenkalifen, mit dem er nach Ägypten zog, wo er später ermordet wurde. Sein dichter. Status ist bedeutend und auch in dokumentar. Hinsicht von Wichtigkeit. H.-R. Singer

Lit.: EI² III, 785f. – SEZGIN II, 654f.

Ibn al-Ḥaṭīb (Muḥammad b. ʿAbdallāh, Lisānaddīn), arab. Schriftsteller, geb. 1313, gest. 1375, aus einer Familie, die über Córdoba, Toledo und Loja nach Granada kam. Im Dienste Sultan Yūsufs I. stieg er rasch zum Haupt der kgl. Kanzlei auf. Mit Muḥammad V. 1358 im Exil in Marokko, kehrte I. al-Ḫ. nach dessen Restitution 1362 auf seinen Posten zurück, gab ihn aber nach einigen Jahren wegen Intrigen auf. Er floh nach Fes, wo er im Gefängnis ermordet wurde. Mit ihm, Verfasser von mehr als 60 Werken, endete die Historiographie in →al-Andalus, denn obwohl er auch med., myst.-philos. und poet. Werke verfaßte, verdankt er seine Berühmtheit doch Werken wie »al-Iḥāṭa fī taʾrīḫ Ġarnāṭa« (ed. M. ʿINĀN, I–IV, 1973²–78), einer Gelehrtengesch. mit wertvoller hist. und topograph. Einl.; »al-Lamḥa al-badriyya fī d-dawla an-Naṣriyya« (Kairo 1928–29), in der Hauptsache einer Slg. naṣrid. Herrscherbiogr. en und den »Aʿmāl al-aʿlām fī-man būyiʿ qabl al-iḥtilām min mulūk al-Islām« (T. 2 ed. E. LÉVI-PROVENÇAL, Hist. de l'Espagne musulmane, 1956²; dt. Übers.: W. HOENERBACH, Islam. Gesch. Spaniens, 1970; T. 3 ed. A. M. AL-ʿABBĀDĪ–M. J. AL-KATTĀNĪ, Al-Maġrib al-ʿarabī fī l-ʿaṣr al-wasīṭ, 1964), aber auch Send- und Staatsschreiben in überaus gesuchtem, preziösem Stil.
H.-R. Singer

Lit.: EI² III, 835–837 – BROCKELMANN II, 260–263; Suppl. II, 372f.

Ibn Ḥauqal (Abū l-Qāsim), einer der bedeutendsten islam. Geographen der sog. Schule von Balḫ in der 2. Hälfte des 10. Jh., aus Nisibis (Mesopotamien), der – vielleicht als fāṭimid. *dāʿī* (Missionar-Propagandist) – ab 943 weite Reisen über große Teile des →*dār al-Islām* unternahm (zuletzt 973 für Sizilien bezeugt) und, auf Autopsie und die Werke seiner Vorgänger gestützt, eine überaus wertvolle Darst. der islam. Welt und angrenzender Regionen (mit Karten) gab. Hervorzuheben sind seine Bemerkungen zur Wirtschaftsproduktion der von ihm behandelten Gebiete. Er veranstaltete mindestens drei Editionen seines Werkes: vor 967, ca. 977 u. die Endredaktion ca. 988. H.-R. Singer

Ed.: Ṣūrat al-arḍ, ed. J. H. KRAMERS, 2 Bde, 1938 – *Übers.:* G. WIET, Configuration de la terre, 2 Bde, 1964 – *Lit.:* EI² III, 768–788 – A. MIQUEL, La géographie humaine du monde musulmane jusqu'au milieu du XIᵉ s., 1967, 299–309 u. ö.

Ibn Ḥayyān (Ḥayyān b. Ḫalaf, 'Fs. der Gesch.sschreiber von al-Andalus', 987/988–1076, aus Córdoba. Der Zerfall des Kalifats löste bei ihm wie bei anderen seiner Zeitgenossen (→Ibn Ḥazm, →Ibn Zaidūn) ein schweres Trauma aus. Sein Werk, eine Gesamtdarst. der Gesch. von al-Andalus, besteht aus zwei grundlegend verschiedenen Teilen, einer Reedition seiner Vorgänger (bes. Aḥmad und ʿĪsā b. Aḥmad ar-Rāzī) unter dem Titel »al-Muqtabis« in 10 Bänden (nach 1058 abgeschlossen), und der Gesch. seiner Zeit, die der *mulūk aṭ-ṭawāʾif*, gen. »al-Matīn«, von angebl. 60 Bänden, dessen schwieriger Stil seine eigene Handschrift trägt. Er ist nur fragmentar. in Zitaten, zumal in Ibn Bassāms »aḏ-Ḏaḫīra fī maḥāsin ahl al-Ǧazīra« (ed. I. ʿABBĀS, 8 Bde, 1975–79) erhalten. H.-R. Singer

Ed.: P. CHALMETA, Al-Andalus 37, 1972, 373–392 – DERS., Al-Muqtabis, V, 1979 – M. J. VIGUERA – F. CORRIENTE, Crónica del califa ʿAbdarraḥmān III. ..., 1981 [span. Übers.] – *Lit.:* EI² III, 798f. – P. CHALMETA, Arabica 29, 1982, 330–335 – M. J. VIGUERA – M. J. VIGUERA, Al-Qanṭara 4, 1983, 429–431 – M. L. ÁVILA, ebd. 5, 1985, 93–108 – A. C. LÓPEZ, ebd. 7, 1986, 475–478 – L. MOLINA, La Crónica Anónima de al-Nāṣir y el Muqtabis, ebd., 19–29.

Ibn Ḥazm (ʿAlī ibn Aḥmad), Literat, Poet, Jurist, Theologe, Philosoph und Religionshistoriker 994–1064, bedeutendster universaler Geist in →al-Andalus; geb. in eine Familie von hohen Staatsdienern, aber bescheidener Herkunft. Sein Leben verlief wegen des Endes der →ʿĀmiriden und des Kalifats v. Córdoba überaus abenteuerl. und gefährlich. Er zog sich schließlich nach Montija(r) bei Huelva, Heimat seiner Vorfahren, zurück und starb dort vereinsamt, von den Autoritäten mißtrauisch überwacht. In der Kindheit eher verzärtelt, wurde sein Charakter, von Natur aus nicht glatt, scharf und bitter, da ihm die erwartete Erfolgslaufbahn versagt blieb. Als Theologe kodifizierte er die Lehren der ẓāhirid. Rechtsschule, als Historiker der religiösen Ideengesch. verfaßte er das monumentale »Kitāb al-Fiṣal fī l-milal«, das eine gründl. Kenntnis der Lehren des Judentums und Christentums zeigt, als Genealoge die wertvolle »Ǧamharat ansāb al-ʿArab«. In die Weltlit. ging er ein mit dem in alle großen Kultursprachen übersetzten »Halsband der Taube« (Ṭauq al-ḥamāma), einem *adab*-Werk (→Arab. Sprache und Literatur, B. IV, 3) von hohem Wert. H.-R. Singer

Q. und Lit.: EI² III, 790–799.

Ibn ʿIḏārī al-Marrākušī (Aḥmad b. Muḥammad), marokkan. Historiker, 2. Hälfte des 13. Jh.; *qāʾid* von Fes, schrieb 1312/13 noch an seinem Werk, das eine umfangreiche Kompilation vieler, meist verlorener Chroniken und anderer Bücher über die Gesch. des Maġribs und al-Andalusʾ seit der arab. Eroberung darstellt. Trotz vieler Mängel im einzelnen – die oft seinen Q. zur Last gelegt werden müssen – gilt, daß man ohne seine Arbeit von vielen Historikern nicht einmal den Namen wüßte und zahllose Fakten unbekannt geblieben wären. H.-R. Singer

Q. und Lit.: EI² III, 805f. – P. CHALMETA, Al-Andalus 37, 1972, 393–404.

Ibn Isḥāq, Muḥammad, arab. Autor, geb. um 704 in Medina, gest. 767/768 in Bagdad, Verf. der ältesten Biographie des Propheten→Mohammed, »Sīrat Rasūl Allāh« ('Biographie des Gesandten Gottes'), die nur in der späteren Bearbeitung des Ibn Hišām (gest. 834) erhalten ist. Das Werk, für das I. in seiner Heimatstadt sowie auf Reisen (Ägypten, Irak) eifrig Material sammelte, ist im frühislam. Genre der *maġāzī* (Erzählungen der Siege des Propheten und seiner Getreuen) verwurzelt, betont aber stärker die »heilsgeschichtl.« Mission des Propheten und

seines Stammes, der Quraiš, zum Wohle der Menschheit. Es hat als autoritatives Werk die klass. arab. →Historiographie des 9. Jh. beeinflußt. U. Mattejiet
Lit.: EI² III, 810ff.; V, 1161-1164 [Ed.; Lit.] – LexArab, 481 – s. a. →Biographie, IX.

Ibn Mardanīš (Muḥammad ibn Saʿd), span. 'Rey Lobo/ Lope', hispano-arab. Söldnerführer einheim. Abstammung *(muwallad)* 1124/25–72, der sich am Ausgang der →Almoravidenherrschaft der span. Levante *(Šarq al-Andalus)* bemächtigte und mit Hilfe seines Schwiegervaters Ibrāhīm ibn Hamušk(o) ('Hemochico') mit den →Almohaden um den Besitz Andalusiens rang. Als dieser 1169 zu den Almohaden überging, begann Ibn M.' Stern zu sinken, und er empfahl vor seinem Tode seinem Sohn, sich zu unterwerfen. Sein 'hispan.' Beiname ist noch nicht sicher gedeutet. H.-R. Singer
Q. und Lit.: EI² III, 864f.

Ibn Muʿāḏ (Abū ʿAbdallāh Muḥammad ibn Muʿāḏ aš-Šaʿbānī, gen. al Ġayyanī, geb. ca. 989, gest. nach 1079, aus Jaén (Ġayyān) stammender hispanoarab. Mathematiker und Astronom, Autor einiger in der Tradition des »Sindhind« und des »Liber de crepusculis« stehender astronom. →Tafeln (»Tabulae Jahen«), in denen er die Höhe der Atmosphäre auf 50 Meilen berechnet. Als Mathematiker schrieb er die »Maqāla fī šarḥ an-nisba« (ed. E. W. B. PLOOIJ, 1950), einen interessanten Komm. zum Begriff der ratio, wie ihn Euklid in Elemente, B. V, darlegt und das »Kitāb maǧhūlāt qisī al-kura« (ed. M. V. VILLUENDAS, 1979), das erste Werk im Okzident, in dem die sphär. Trigonometrie unabhängig von der Astronomie abgehandelt wird. I. M. lebte von 1012–17 in Ägypten, woher er sicher. seine Kenntnis von der revolutionären Ausgestaltung der Trigonometrie bezog, die in der 2. Hälfte des 10. Jh. im Mittleren Osten stattgefunden hatte. In diesem Werk und in »De crepusculis« gibt es Anhaltspunkte, daß I.M. die quadrat. Interpolation gekannt haben muß, und man schloß daraus auf einen mögl. Einfluß des »Kitāb maǧhūlāt« auf das »De triangulis« des →Regiomontanus. J. Samsó
Lit.: DSB VII, 82f. – B. R. GOLDSTEIN, Ibn Muʿadh's Treatise on Twilight and the Height of the Athmosphere, AHExSc 17, 1977, 97–118 – J. SAMSÓ, Notas sobre la trigonometría esférica de Ibn Muʿādh, Awrāq 3, 1980, 60–68 – M. G. DONCEL, Quadratic Interpolations in Ibn Muʿādh, AIHS 32, 1982, 68–77 – N. G. HAIRETDINOVA, On Spherical Trigonometry in the Medieval Near East and in Europe, HM 13, 1986, 136–146.

Ibn Quzmān (Muḥammad ibn ʿĪsā), Mitglied einer bedeutenden Familie Córdobas, nach 1086–1160, der Meister des spanisch-arab. Zağals (*'imām az-zağğālīn'*); in diesem Genre unübertroffen, mußte er sich zeitlebens durch Lobgedichte und witzige Verse durchbringen. Er war offensichtl. des in al-Andalus gesprochenen Romanischen ('Mozarabischen') mächtig, das in seinen Gedichten häufig verwendet wird. H.-R. Singer
Ed.: Todo Ben Q., ed. E. GARCÍA GÓMEZ, 3 Bde, 1972 – F. CORRIENTE, Gramática, Métrica y Texto del cancionero hispanoárabe de Aban Q., 1980 – *Lit.:* EI² III, 849–852.

Ibn Abī Riǧāl Abū l-Ḥasan ʿAlī, arab. Astrologe des frühen und mittleren 11. Jh., lebte am Hof des →Zīriden al-Muʿizz b. Bādīs. Sein berühmtestes Werk, »al-Bāriʿ fī aḥkām an-nuǧūm«, wurde ins Kast. übersetzt und aus diesem von Aegidius de Tebaldi (1256) ins Lat., schließlich auch in Vernakularsprachen übersetzt. In diesen großen Einfluß in der arab., doch mehr noch in der westl. Tradition, in der der Autor als '(Haly) Abenragel' oder 'Albohazen' einging. Das Werk selbst trägt weitgehend kompi-lator. Züge und ist eine Quelle für die älteren Abhandlungen, auf denen es beruht. R. Lorch
Lit.: SEZGIN VII, 186–188 – F. J. CARMODY, Arabic Astron. and Astrol. Sciences in Lat. Trans., 1956, 150–154.

Ibn Rušd → Averroes

Ibn al-Šāṭir, ʿAlā' al-Dīn abū 'l-Ḥasan ʿAli b. Ibrāhīm, syr.-arab. Astronom, geb. ca. 1305, gest. ca. 1375, lebte in Damaskus, von wo aus er bereits mit zehn Jahren nach Alexandria ging, um Astronomie zu studieren. Er war der erfolgreichste in einer Reihe von Astronomen, die bestrebt waren, das Ptolemäische Weltbild von philosophisch anfechtbaren Hypothesen zu befreien. Seine Planetenmodelle, die er in seinem Werk »Nihāyat al-Sūʾl« entfaltete, führten zu starker Übereinstimmung mit der empir. Beobachtung, v. a. hinsichtl. der Entfernung des Mondes; sie entsprachen mathematisch den von →Kopernikus benutzten Modellen, doch konnte ein Einfluß bislang nicht nachgewiesen werden. 1371–72 schuf er eine Sonnenuhr für die Omayyadenmoschee, an der er *muwaqqit* war. R. Lorch
Lit.: DSB XII, 357–364 [ält. Lit.] – L. JANIN – D. A. KING, Ibn al-Shāṭir's Ṣandūq al-Yawāqīt, Journal Hist. Arab. Sc. 1, 1977, 187–256 – The Life and Work of Ibn al-Shāṭir, hg. E. S. KENNEDY – I. GHANEM, 1978 – E. S. KENNEDY u. a., Stud. in the Islamic Exact Sciences, 1983, 50–107 – G. SALIBA, Theory and Observation in Islamic astronomy, JHA 18, 1987, 35–43.

Ibn Sīnā → Avicenna

Ibn Šuhayd (Aḥmad b. a. Marwān), bedeutender andalus. Literat und Dichter, geb. 992, gest. 1035 in Córdoba, aus einer arab., aristokrat. Familie, die unter den →Omayyaden und den →ʿĀmiriden hohe Staatsämter innehatte. Wie → Ibn Ḥazm wurde Ibn S. durch den Zusammenbruch des Kalifats v. Córdoba aus der ihm vorbestimmten Lebensbahn geworfen. Bedeutender noch als seine Gedichte ist sein Jugendwerk, die »Risālat at-tawābiʿ wa-z-zawābiʿ«, eine Phantasie, in der die großen arab. Dichter und Prosaisten der Vergangenheit auftreten und ihn zu eigenen Schöpfungen inspirieren. H.-R. Singer
Q.: J. MONROE, Risālat..., 1971 [engl. Übers.] – J. DICKIE, El Diwan de I.Š. al-Andalusī, Texto y traducción, 1975 – *Lit.:* EI² III, 938–940.

Ibn Ṭufail → Abubacer

Ibn Yūnus, Abū 'l-Ḥasan ʿAlī b. ʿAbdarraḥmān, in →Kairo tätiger Astronom, gest. 1009, schuf das dem Kalifen al-Ḥākim zugeeignete große astronom. Kompendium »az-Zīǧ al-Ḥākimī«, mit dem er das ca. zwei Jh. ältere »Mumtaḥan Zīǧ« ablösen wollte, sowie den »Kitāb Ġayat al-intifāʿ« (mit sehr nützl. →Tafeln). Beide Werke zeichnen sich durch große Genauigkeit der astronom. Berechnungen aus. Der »Zīǧ« beginnt mit ausführl. Listen von Beobachtungen des Autors sowie seiner Vorgänger. Die Problemlösungen des I. Y. in der sphär. Astronomie sind wahrscheinl. von Analemma-Methoden abgeleitet. Seine Tafeln zur Zeitmessung wurden in Kairo bis ins 19. Jh. benutzt. R. Lorch
Lit.: DSB XIV, 574–580 [ält. Lit., Hss.] – SEZGIN V, 342f.; VI, 228–231 – E. S. Kennedy, A Survey of Islamic Astronomical Tables, Trans. Amer. Philos. Soc. 46, 1956, 126, 162–164 – D. A. KING, Spherical Astronomy in Med. Islam: the Hakimi zij of I.Y., 1978 – DERS., I.Y. and the Pendulum: A Hist. of Errors, AIHS 29, 1979, 35–52 – W. HARTNER, Ptolemy and I.Y. on solar parallax, ebd. 30, 1980, 5–26.

Ibn Zaidūn (Aḥmad ibn ʿAbdallāh), Dichter, 1003–70; Sproß einer aristokrat. Familie Córdobas arab. Abstammung, Minister unter Ibn Ǧahwar und dessen Sohn al-Walīd (→Ǧahwariden), zeitweise aber durch Intrigen aus Córdoba vertrieben, beendete sein Leben am Hof der →ʿAbbādiden zu Sevilla. Seine Beziehung zur berühmten

Wallāda, der emanzipierten, aber flatterhaften Tochter des ephemeren omayyad. Kalifen al-Mustakfī, brachte einige der schönsten Liebesgedichte hervor, sein erzwungenes Fernsein von seiner Heimat wehmutsvolle Elegien; alles in allem war er wohl einer der bedeutendsten Dichter der span.-arab. Lit.

H.-R. Singer

Ed. und Lit.: EI² III, 973f. – E. García Gómez, Al-Andalus 4, 1939, 283–316 – A. R. Nykl, Hispano-Arabic Poetry, 1946, 106–121 – H. Pérès, La poésie andalouse en arabe classique au XIᵉ s., 1953 [span. Übers.: Esplendor de al-Andalus, 1983] – W. Hoenerbach, Zur Charakteristik Wallādas, WI 13, 1971, 20–25.

Ibn Zuhr → Avenzoar

Ibrāhīm b. Yaḥyā az-Zarqālī, Abū Isḥāq (Azarquiel), arab. Astronom, geb. im 1. Viertel des 11. Jh., gest. nach 1087, entstammte einer Handwerkerfamilie, bildete sich nach dem Eintritt in den Dienst des Qāḍī Ibn Ṣāʿid v. Toledo selbständig und schloß sich einer Gruppe von Gelehrten an, deren Oberhaupt er wurde. Er baute die von al-Zuhrī beschriebenen Wasseruhren. Nach 1078 ging er nach Córdoba, wo 1087 seine letzte Beobachtung belegt ist. Sein Name ist verbunden mit den berühmten Toledan. →Tafeln (die fast vollständig älteren Tabellen entnommen wurden) und insbes. mit einer Sammlung von Kanones zu diesem Tafelwerk, die in zwei lateinischen Übersetzungen überliefert sind. I. b. Y. ist am besten bekannt durch sein Werk über das Astrolabium universale, das auf der von seinem Zeitgenossen Ibn al-Ḥalaf erfundenen Šakkāzīya-Scheibe beruht. Er beschreibt ein Instrument, das aus zwei übereinander gelagerten Šakkāzīya-Scheiben besteht; statt einer komplizierten Rete empfiehlt er eine Alhidade, ausgerüstet mit einem senkrechten Maß. Seine Beschreibung ist in drei Fassungen erhalten: eine in 100 Kapiteln, sie wurde am Hofe Alfons' X. ins Kast. übersetzt; eine in 60 (60) Kapiteln, die ins Hebr. übersetzt wurde und über die lat. Übers. von → Wilhelm v. England die Astronomen Gemma Frisius und Juan de Rojas (um 1550) beeinflußte; eine weitere Redaktion umfaßte 80 Kapitel. Sein Traktat über die falsche Theorie der Trepidation, der lediglich in hebr. Übers. überkommen ist, hat wohl spätere Autoren, die sich der homozentr. Astronomie zuwandten, beeinflußt. Seine Arbeit über den Almanach des Ammonius (eines Schülers des Theon) wurde zweimal ins Lat. sowie ins Hebr. und verschiedene Vernakularsprachen übersetzt.

R. Lorch

Ed. und Lit.: DSB XIV, 592–595 – J. M. Millás Vallicrosa, Don Profeit Tibbon: Tractat de l'assafea d'Azarquiel, Bibl. Hebraico-Catalana IV, 1933 – E. Zinner, Die Tafeln v. Toledo (Tabulae Toletanae), Osiris 1, 1936, 747–774 – J. M. Millás Vallicrosa, Estudios sobre Azarquiel, 1943–50 – D. A. King, On the Early Hist. of the Universal Astrolabe in Islamic Astronomy, and the Origin of the Term »Shakkāzīya« in Medieval Scientific Arabic, Journal Hist. Arabic Science 3, 1979, 244–257 – Al-Šakkāziyya, Ibn al-Naqqāš al-Zarqālluh, ed. R. Puig, 1986 – F. S. Pedersen (Univ. de Copenhague, Cahiers... 54, 1986), 129–216.

Ibrāhīm ibn Yaʿkūb (auch Abraham Jakobsen), ein jüd. Reisender, der um 965/966 im Auftrag des Kalifen v. Córdoba Länder in West-, Mittel- und Osteuropa bereiste. Nach dem arab. Geographen →al-Qazwīnī war er ident. mit Ibrāhīm ibn Aḥmed al-Ṭurṭūshī aus Tortosa. Bedeutend ist sein Bericht über Völker und Handelsplätze, bes. über die Slawenländer von der Elbe ostwärts über Polen bis Rußland, Ungarn und Bulgarien. In Magdeburg traf er mit Otto I. zusammen. Sein Aufenthalt in den ö. von Böhmen liegenden Ländern ist zweifelhaft. Der Bericht, weder im Orig. noch in Abschriften erhalten, wurde von späteren Geographen überliefert (bes. von al-Qazwīnī und →al-Bākrī), er wird jetzt allg. um 965/966 (nicht um 973) datiert und gilt als zuverlässige Q.

G. Labuda

Ed.: T. Kowalski, Relacja I. i. J. z podróży do krajów słowiańskich w przekazie al-Bekriego, MPH NS, I, 1946 – Lit.: G. Labuda, I. i. J. (Roczn. Hist. 16, 1947), 100–183 – Ch. Warnke, Bemerkungen zur Reise I. i. J.s durch die Slawenländer (Agrar-, Wirtschafts- und Sozialprobleme Mittel- und Osteuropas, hg. H. Ludat, 1965).

Iburg, Burg, OSB Kl. (1803 säkularisiert), Minderstadt, am Paß des ma. Fernweges 15 km s. von Osnabrück nach Münster gelegen (Bm. Osnabrück, Niedersachsen). Auf älterer Bergfeste begann Bf. Benno I. († 1067) einen Burgbau, den sein Nachfolger → Benno II. während des Sachsenaufstandes zur Sicherung des sal. Kgtm.s und des bfl. Landesausbaus fortsetzte. Die anläßl. der Altarweihe 1070 (♂ Clemens) gelobte Kl. gründung erfolgte 1080/81, unterstützt durch → Benediktiner u. a. aus → Mainz und → Siegburg. Das Kl. erreichte niemals die → Exemtion, 1468 schloß es sich der → Bursfelder Kongregation an. Die Burg, bis 1673 bevorzugte Residenz der Osnabrücker Bf. e und noch im 11. Jh. Sitz des Stiftsvogtes und im 14. Jh. des Amtes I., entwickelte sich im SpätMA zum Zentrum der bfl. Territorialherrschaft. Die Anfänge eines Suburbium datieren in das 12. Jh., Mitte des 15. Jh. wurde die Ummauerung vollzogen. Burg und Burgort wurden mit einem Rat unter Leitung des bfl. Amtmannes durch das landesherrl. Weichbildprivileg von 1359 (Anleihen vom Osnabrücker Stadtrecht) zusammengefaßt. M. Tönsing

Q.: Annales Yburgenses, Osnabrücker Gesch.sq. I, ed. H. Forst, 1891, 175–185 – Annales monasterii S. Clementis..., ebd. III, ed. C. Stüve, 1895 – Vita Bennonis II..., ed. H. Bresslau, MGH SRG [in us. schol.], 1902 – UB des Kl. I. (Osnabrücker UB V), ed. H.-R. Jarck, 1985 – Lit.: J. Prinz, Das Territorium des Bm.s Osnabrück, 1934 – C. Haase, Weichbildprivilegien ... (Osnabrücker Mitt. 66, 1954), 103–144 – W. Seegrün, I. (Germ. Benedictina VI, 1979), 253–265 – I., Benediktinerabtei und Schloß, hg. M. G. Schnöckelborg, 1980 – H. Keller, Bf. Benno, I. und die I. er (Osnabrücker Mitt. 93, 1988), 9–24.

Ichtiman, Stadt im westl. Bulgarien, gegr. im 15. Jh., in der Nähe des ma. Siedlung Stiponʿe (Stoponion, Στιπόνιον) und der »βουλγαρικὴ κλεῖσις«, wo am 17. Aug. 986 das bulg. Heer unter → Samuel die byz. Armee des Ks.s Basileios II. vernichtend schlug.

I. Božilov

Lit.: Zlatarski, Istorija I/2, 670–676 – P. Mutafčiev, Starijat drum prez Trajanova vrata (Ders., Isbrani proizvedenija, 2, 1973), 560–583 – Istorija na Bălgarija, 2, 406f.

Iconium → Konya

Ida, erster überlieferter Kg. v. → Bernicia, 547–559; Sohn von Eopa und Enkel von Oessa oder Eosa, der nach einem Chronikfragment (zw. ca. 750 und 850 entstanden) das erste nach Britannien gekommene Mitglied der Dynastie gewesen sein soll. I.s Enkel → Æthelfrith einigte Bernicia mit → Deira. I. gilt deshalb als der Gründer der im 7./8. Jh. in → Northumbrien herrschenden Dynastie. Nach der »Historia Brittonum« konnte I. Din Guayrdi (wohl ident. mit → Bamburgh) in Bernicia eingliedern. Das läßt den späteren Eintrag in der »Historia Brittonum« zweifelhaft erscheinen, nach dem Bamburgh die erste engl. Siedlung war, von der die Entstehung Bernicias ausging.

P. H. Sawyer

Lit.: D. Dumville, The Origins of Northumbria (S. Bassett, The Origins of the Anglo-Saxon Kingdoms, 1989), 218.

Ida. 1. I. v. Herzfeld, hl. (Fest: Münster 24. Sept., Werden 26. Nov., Herzfeld an beiden Tagen), † vielleicht gegen 825, Gemahlin Egberts († vor 820), dux der Sachsen zw. Rhein und Weser; verwandt mit den Karolingern und den großen sächs. Familien des 9. Jh.; die Einzelnachweise blieben hypothetisch. Eine Vita schrieb der Werdener Mönch Uffing anläßl. der 980 erfolgten Translation aus der Grablege in die von I. und Egbert gestiftete Kirche (S. Maria und S. Germanus). Die Stiftung geriet in liudolfingischen, gegen 900 in Werdener Besitz, war nie Kl. und wurde lange vernachlässigt, was die Nachrichtenarmut der späten Vita erklären mag. Egbert erkrankte auf einem Aquitanienzug Karls d. Gr. und wurde in I.s Familie gesund gepflegt, heiratete dann I. mit Karls Zustimmung, der ihn zum dux erhob und beschenkte. Kinder sind nicht durch die Vita, sondern durch andere Q. bezeugt; doch behauptet die Vita keine strikte Enthaltsamkeit des Paares. Als Witwe hat die asket. lebende I. sich der Armenfürsorge gewidmet. Postume Wunder bewirkten die Erhebung der Gebeine.   D. v. d. Nahmer

Lit.: Vita: R. WILMANS, Die Kaiserurkk. der Prov. Westfalen I, 1867, 469–488; dt. Übers. A. AHLKE (I. v. H., Fschr. zur 1000jährigen Wiederkehr ihrer Heiligsprechung, hg. G. JÁSZAI, 1980) – B. KASTEN, Adalhard v. Corbie, 1986 [genealog. Exkurse].

2. I. v. Nijvel/Nivelles, sel., Mystikerin, * um 1198, † 11. Dez. 1231, aus »mittelständischer« Kaufmannsfamilie. Als sie nach dem Tod des Vaters mit 9 Jahren vermählt werden sollte, flüchtete I. zu Beginen; um 1213 trat sie in das Kl. OCist in Kerkom bei Tirlemont ein. Nach der Übersiedlung des Konvents nach Rameige schloß I. Freundschaft mit den Mystikerinnen Ida v. Leeuw und →Beatrijs v. Nazareth. I.s ekstat. Visionen vereinigen tlw. den älteren Typus der Jenseitsreise mit den damals »neuen« myst. Christusbegegnungen oder haben symbol. Gehalt (Unio mystica, Totenerscheinungen aus dem Fegfeuer, Televisionen u. a.). Vita und Frömmigkeit sind typ. für die in Flandern und Brabant beginnende religiöse Frauenbewegung (→Beginen).   P. Dinzelbacher

Q.: Goswin v. Bossut (?), Vita he. C. HENRIQUEZ, Quinque prudentes virgines, 1630, 199–297 (unzuverl.; Erg.: Catal. codd. hagiogr. bibl. reg. Bruxell. II, 1889, 222–226) – Lit.: Bibl. SS VII, 640–642 – DSAM III, 1239–1242 – A. MENS, Ons geestelijk erf 36, 1962, 282–331 – D. STRACKE, ebd. 39, 1965, 430–439 – DERS., ebd. 42, 1968, 172–177 – P. DINZELBACHER, ebd. 52, 1978, 179–194 – DERS., Vision und Visionslit. im MA, 1981, Register s. v. – R. DE GANCK, Ons geestelijk erf 57, 1983, 14–29 – P. DINZELBACHER, ebd. 64, 1990.

ʿĪd al-aḍḥā, ʿĪd al-fiṭr ('Fest des Opfers' und 'Fest des Fastenbrechens'), die beiden großen religiösen →Feste des →Islams, deren Ablauf durch das →islam. Recht geregelt ist, wobei das gemeinsame öffentl. Gebet der Gläubigen (ṣalāt al-ʿīd[ain]) stets einen Hauptbestandteil darstellt. Das von Sonnenaufgang bis Sonnenuntergang dauernde *Fest des Opfers* wird am 10. Ḏū'l-ḥiǧǧa, im 12. Monat des muslim. Jahres, begangen, dem Tag, an dem die Mekkapilger (→Mekka) im Zuge ihrer durch den →Koran vorgeschriebenen Rituale die Opferung eines Schafs im Tal v. Minā bei Mekka vollziehen. Dieser wohl in vorislam. Tradition des Kaʿaba-Heiligtums verwurzelte Opferbrauch erhielt in der Vorstellungswelt des Islams eine neue Sinngebung durch das Gedenken einerseits an die Willigkeit →Abrahams, den Sohn zu opfern, andererseits an die Gnade Gottes, ein Schaf an die Stelle des Sohnes treten zu lassen. Das sich aus dem Verbund der Mekka-Pilgerschaft lösende, in allen islam. Gebieten gefeierte Fest des Opfers sieht die Schlachtung eines – makellosen – Schafes, Kamels oder Rindes vor (heute nur mehr eines Schafes), das bereits Monate vorher als Opfer ausersehen bzw. gekauft und gemästet wird. Sein Fleisch wird zu einem kleineren Teil (ein Drittel) von der opfernden Familie bei einem Festmahl verzehrt, der größere Teil den Armen gespendet. Um die eigtl. Opferhandlung gruppieren sich eine Reihe religiöser Rituale (Verneigung in Richtung der Kaʿaba, Bitte um gnädige Annahme u. a.).

Das *Fest des Fastenbrechens* rangiert gegenüber dem Opferfest ('großes Fest') zwar nur als 'kleines Fest', wird aber weitaus ausgelassener gefeiert, da es die harte Fastenzeit des →Ramaḍān beendet. Der Beginn des viertägigen Fastenbrechens wird bestimmt durch das – von zwei einwandfreien Zeugen gemeldete – Erscheinen der Mondsichel, die das Ende des Ramaḍān und den Beginn des Monats Šauwāl anzeigt. Stark mit dem Gebet um Vergebung der Sünden, Gesundheit und Fruchtbarkeit sowie mit Almosenspenden verbunden, wurde das Fest des Fastenbrechens zum Ausgangspunkt zahlreicher volkstüml. Bräuche (Tragen neuer Kleider, gegenseitige Besuche und Geschenke; gemeinsamer Aufenthalt an den geschmückten Gräbern, z. T. mit Aufschlagen von Zelten auf dem Friedhof; kirmesartige Belustigungen in den Stadtvierteln). Von den Städten der islam. Welt war insbes. →Kairo seit dem MA für seine reichen Festtraditionen berühmt.   U. Mattejiet

Lit.: EI² III, 1007f. – LexArab, 504f.

Idanha, Bm. → Guarda

Idee. Das lat. Wort 'idea' (erst seit Cicero terminolog. fixiert) weist auf den Grundgedanken platon. Philosophierens: die sinnenfähige reale Welt sei einerseits nur uneigentl. und vordergründig, andererseits aber doch in ihrer Abbildlichkeit ein positiver Verweis auf die wahre ideale Wirklichkeit (→Urbild, →Abbild); das real Einzelseiende verdankt sein ganzes Sein zwar der »Teilhabe« (Partizipation) an den Ideen, repräsentiert zugleich aber auch dieses vollkommene ideale Sein im unvollkommenen Realen. Für Platon waren die Ideen zwar vollkommene Begründungen für die Einzelseienden, aber, weil selbst noch vielheitlich, noch keine wirkliche Letztbegründung. Sie wiesen über sich hinaus auf die I. des Guten als letzte begründete Einheit aller Vielheit. Bei den Mittelplatonikern vom I. Jh. v. Chr. an wurde dieser von Platon hinterlassene Dualismus in der Letztbegründung weitergedacht: Die vielen I.n wurden mit dem einen Gott identifiziert, sie wurden zu die vernünftige Vielheit begründenden urbild. Gedanken Gottes. Das damit entstehende Problem des »Einesseins« Gottes war dann zentrales Thema des Neuplatonismus. Vorher hatte schon Philon v. Alexandria († um 50 n. Chr.) vom »Logos des ... welterschaffenden Gottes« (De opib. mundi 24) gesprochen; der »Logos« ist zugleich das Denken Gottes und das, was er denkt, der I.-Kosmos. Bei Augustinus verbindet sich vor- und außerchristl. I.denken mit christl. Trinität und Schöpfungslehre. Gott hat – so Augustinus – alles nach den in ihm enthaltenen Gründen (rationes = I.) geschaffen (De div. quaest. LXXXIII, qu. 46, MPL 40, 30, 50f.). 'Ort' der I.n in Gott ist das Wort Gottes (verbum, λόγος), Jesus Christus, die »zweite Person« in der Gottheit; das Wort ist »Form« aller geformten Dinge (Sermo 117, MPL 38, 662). Bereits vor seiner Funktion als »Form« bei der Erschaffung der Welt ist das »Wort« aber die Aussage, die Gott von sich selbst macht (De trin. 15, c. 14, MPL 42, 1077), I.n sind also Inhalt der Selbsterkenntnis Gottes. Menschl. wahres Wissen bedeutet Wissen von den I.n, die sich ihrerseits in der Selbsterkenntnis Gottes konstituieren; menschl. Erkennen muß somit Teilhabe an dieser göttl. Selbsterkenntnis sein, augustin. Terminus für diese Teilhabe ist die »Erleuchtung – illuminatio« (De trin. 4, c. 2, MPL 42, 889). 'Ort' der Auswirkung dieser göttl. Erleuchtung ist die »memoria – Gedächtnis« des Menschen mit ihren unwandelbaren Wahrheiten (Conf. 10, 10. 12,

MPL 32, 786f.), diese erst ermöglichen wahre Erkenntis, die von den Sinnen nicht geliefert werden kann. Augustinus hat mit dieser großangelegten Synthese die Rezeption der I.n-Metaphysik im lat. MA ermöglicht und vorbereitet; er hat die Breite des Bedeutungsfeldes des Terminus I. abgesteckt, innerhalb dessen sich im MA alle Varianten dieser Metaphysik bewegen. Johannes Scotus Eriugena (9. Jh.) bewegt sich im Rahmen dieser augustin. Vorgabe; er ist aber sehr viel stärker als Augustinus neuplaton. geprägt und deshalb sensibler für die Problematik der Vermittlung von göttl. Einheit und kreatürl. Vielheit, die zu leisten ja die Funktion der I.n ist. 'Vermittlungsinstanz' ist die zweite der vier »species« (mit Vorbehalten kann man →Hypostasen darunter verstehen) in der Dynamik der Weltschöpfung als Ausgang von und Rückkehr zu Gott. Sie ist der Sohn Gottes mit den in ihm geschaffenen I.n als schaffende Urbilder der Welt. Als Sohn ist diese zweite 'Hypostase' dem Vater »völlig gleichewig – omnino coaeternus«, d. i. »gleichwesentlich – coessentialis« (→Homoousie), die I.n dagegen sind nicht »omnino«, sondern nur in dem Sinne gleichewig, daß der Vater die I.n von Ewigkeit her im Sohne geschaffen hat (Joh. Sc. Eriugena, De div. nat., hg. SHELDON-WILLIAMS, II, 82; vgl. H. MEINHARDT, 148ff.). In der Frühscholastik wird für die Schule von Chartres (→Chartres, Schule v.) Platons Dialog »Timaios« (17e–53c, in der Übersetzung und Kommentierung durch →Calcidius) zum nahezu kanon. Text im Themenbereich Schöpfung und Kosmologie. Die »urbildl. Welt = mundus archetypus«, das »Zusammensein der I.n = collectio idearum« – ist Gottes Erkenntnis der zu schaffenden Dinge, der Mensch erkennt sie nur annäherungsweise (Wilh. v. Conches: Glossae super Platonem, hg. JEAUNEAU, 1965, 126. 192. 262. 286). Der Einfluß des »Timaios« zeigt sich in dem für die Schule von Chartres typ. intensiven Interesse für das Problem der Materie (vgl. etwa Gilbert v. Poitiers: Exp. in ... de Trin., hg. N. HÄRING, 1966, 81f.).

Im 13. Jh. markieren Bonaventura und Thomas v. Aquin den Gang der Begriffsgesch. von I. Bonaventura greift zwischenzeitl. zurückgetretene augustin. Aspekte wieder auf. Die I.n als Gegenstand göttl. Selbsterkennens sind von seinem Wesen nicht verschieden, jedoch »bezeichnet den Name I. das göttl. Wesen im Vergleich oder in Beziehung zur Schöpfung – hoc nomen idea significat divinam essentiam in comparatione sive in respectu ad creaturam« (I Sent., d.35, q 3, c.). Trotz ihrer realen Einheit in Gott sind die I.n wegen ihrer Urbildlichkeit in Bezug auf die vielheitl. Welt für unser Erkennen voneinander unterschieden (a. a. O., q 3, c.); der Spannung, die eine solche Aussage rationaler Erkennen bietet, ist sich Bonaventura bewußt (in Hexaem. coll. 12, n.9). – Grund für Sicherheit menschl. Erkennens ist ein Heranreichen (»attingere« – De sci. Christi, q.4, c.) an die I.n; diese sind aber nicht einziger und vollständiger Erkenntnisgrund (das sei die falsche Auffassung der platon. Akademie gewesen – ebd.), vielmehr werden die I.n immer nur zusammen mit den »von dem Vorstellungsbild abstrahierten Wesensbildern der Dinge – rerum similitudines abstractae a phantasmate« erfaßt (ebd.). – Thomas v. Aquin verarbeitet die für ihn vorfindliche christl.-(neu-)platon. Tradition mit dem gerade neu entdeckten Aristotelismus. Die I. sind zwar für Schöpfung und Hervorbringung der Dinge verantwortlich, aber nicht im Sinne einer eigenen Kausalität – die I. ist »jene Form, die aufgrund der Absicht eines Wirkenden, der sich ein Ziel setzt, nachgeahmt wird – forma quam aliquid imitatur ex intentione agentis, qui determinat sibi finem« (De verit. q.3, a.1, c.); sie ist also lediglich ein Moment der das Schaffen Gottes begründenden Erkenntnis. – I.n sind zunächst und primär Prinzip für das Allgemeine; nach einer ideenhaften Begründung auch des Individuellen wird zwar seit Plotin (Enn. V,7) gefragt, zum Durchbruch kommt der Gedanke aber erst in der Spätscholastik bei →Johannes Duns Scotus und den Skotisten. Die Individualität des konkret Einzelseienden ist durch das positive innere Formprinzip der 'haecceitas' begründet, ihr entspricht in Gott eine je eigene distincte I. In den I.n denkt Gott nicht nur Gattungen und Arten, sondern auch jedes Individuum als schaffbar oder geschaffen; 'I.' steht für Intelligibilität eines jeden von Gott erkannten Seienden (Ordinatio, hg. C. BALIĆ I., d.3, p.1, q.4, n.262; d.35, q.un., n.39).

→Wilhelm v. Ockham († 1349) (→Nominalismus) läßt sich trotz seiner Kritik an Duns Scotus auch als dessen partieller Fortführer verstehen. Für ihn gibt es, streng genommen, nur noch I.n von Einzelseienden (Ord. d.35, q.5, ad 3 dub.). Aus der inhaltl. Intelligibilität bei Duns Scotus wird bei Ockham lediglich die Faktizität des Erkanntseins durch Gott: Die I. besitzt nicht etwas Inhaltliches von der Sache (quid rei), sondern nur etwas Namenhaftes (quid nominis, ebd. art. 3). Solche Äußerungen lesen sich isoliert radikaler als im Kontext des ganzen Werkes, legt doch Ockham selbst Wert auf seine inhaltl. Nähe zur platon.-augustin. Tradition. Dennoch lehrt der weitere Gang der Problemgesch., daß mit dieser nominalist. Akzentverschiebung sich die neuzeitl. Verlagerung der I. vom göttl. Denken in die Subjektivität des Menschen vorbereitet. H. Meinhardt

Lit.: HWP IV, 55–101 – B. LUYCKX, Die Erkenntnislehre Bonaventuras, Baeumker-Beitr. 23, 3–4, 1923 – G. MARTIN, Wilhelm v. Ockham. Unters. zur Ontologie der Ordnungen, 1949 – K. BORMANN, Die I.n- und Logoslehre Philons v. Alexandrien [Diss. Köln 1955] – J. J. HENLE, Saint Thomas and Platonism, 1956 – E. GILSON, Johannes Duns Scotus, [dt. Ausg.: W. DETTLOFF], 1959 – A. SCHÖPF, Wahrheit und Wissen. Die Begründung der Erkenntnis bei Augustin, 1965 – H. MEINHARDT, Neuplatonismus, christl. Schöpfungsmetaphysik, Geschichtsphilosophie. Interpretationsthesen zu Eriugena-Texten (Fschr. L. HÖDL 1985), 141–154.

Idiorrhythmie → Mönchtum

al-Idrīsī, arab. Geograph, ca. 1100–ca. 1165, geb. in Ceuta (?), studierte in Córdoba (?). Nach verschiedenen Reisen, die ihn durch Spanien und Portugal nach Kleinasien, N-Afrika, W-Frankreich und vielleicht sogar nach England führten, lebte er wahrscheinl. von ungefähr 1138 an bis zu seinem Tod in Palermo. Sein Ruf als einer der bedeutendsten arab. Geographen des MA gründet sich auf sein Buch ›Kitāb nuzhat al-muštāq fī ᵓḫtirāq al-āfāq‹ ('das Buch der Erholung für den, der sehnsüchtig den Horizont überschreitet'). Im Auftrag Kg. Rogers II. v. Sizilien abgefaßt – deshalb auch unter dem Namen 'Kitāb Ruǧār' (Buch des Roger) bekannt – beschreibt er in 70 Kap. (jeweils 10 für die 7 Klimata, in die die Welt von den arab. Geographen eingeteilt wurde) und 71 Landkarten die Weltkarte, die er ebenfalls im kgl. Auftrag auf eine große silberne Erdscheibe eingraviert hatte. Überraschend genau und lebendig beschreibt al-I. das W-Europa des 12. Jh., N-Afrika und den Balkan. Für die Gebiete, über die er über keine Informationen aus erster Hand verfügte, stützte er sich ausgiebig auf andere geogr. Quellen.

Das einzige exakte Datum, das aus seinem Leben bekannt ist, ist das Jahr 1154, in dem er nach eigener Aussage sein Werk fertigstellte. Das weitgehende Schweigen arab. Q. hängt vielleicht damit zusammen, daß deren Autoren al-I. für einen Renegaten hielten, da er am norm. Kg. shof lebte. P. Thorau

Ed.: al-I., Kitāb nuzhat al muštāq, ed. E. CERULLI u. a., Opus Geographicum, Bde 1–8, 9 [Ind.], 1970–84 – *Übers.*: P. A. JAUBERT, Géographie d'Edrisi, 2 Bde, 1936–40 – *Lit.*: EI² III, 1032–1035 [Lit.] – J. KRATCHKOVSKY, Les géographes arabes des XIe et XIIe s. en Occident (frz. Übers. M. CANARD [Annales de l'Inst. d'Études Orientales de l'Univ. Alger 18/19, 1960/61)], 1–72.

Idrīs-i Bidlīsī, Dichter und Historiker, wohl gebürtiger Kurde, gest. Istanbul 1520. Von den →Aq Qoyunlu mit Kanzleiämtern betraut, flüchtete er 1501/02 aus Persien in die Türkei, wo →Bāyezīd II. ihn mit der Abfassung einer pers. Osmanengesch. beauftragte, jedoch das fertige Werk, »Hašt Biništ« ('Acht Paradiese', nach den behandelten acht Sultanen), nicht akzeptierte. Erst →Selīm I. holte ihn aus Mekka zurück. Das gereimte Nachw. beschreibt die Kämpfe um den Thron vor 1512. Er begleitete Selīm 1514 nach Çaldiran und gewann die Kurdenfs.en für die osman. Sache. Sein Gesch.swerk (unediert) wurde mehr als Vorbild pers. Kanzleistils als wegen seines Inhalts bewundert.   B. Flemming

Lit.: EI², s. v. [V. L. MENAGE].

Idrisiden (arab. al-Adārisa), marokkan. Dynastie, die die Grundlagen der Staatsbildung legte. Idrīs, Ururenkel des Prophetenneffen ʿAlī der ḥasanid. Linie, flüchtete 786 in den Maġrib und ließ sich in Walīla (Volubilis) unter den Awraba-Berbern nieder. Von diesen 789 als Imām proklamiert, unterwarf er in den 3 Jahren seiner Herrschaft chr., jüd. und heidn. Berberstämme Nordmarokkos und gründete Madīnat Fās. Er starb 791, vermutl. an Gift. Sein postumer Sohn Idrīs II. gründete 808 die Residenzstadt al-ʿĀliya am anderen Ufer des Wādī Fās; 818 nahm er eine größere Anzahl Flüchtlinge aus Córdoba auf, die ein eigenes Viertel bewohnten *(ʿidwat al-Andalus)*. Die beiden Städte wuchsen zu Fes *(al-bālī)* zusammen. Er dehnte den Herrschaftsbereich bis Tlemsen und in den Hohen Atlas aus. Nach seinem Tode 828 stürzten 10 Söhne das Land in Anarchie. Unter dem 6. Monarchen (Yaḥyā) entstanden 859 die beiden Hauptmoscheen, die Qarawiyyīn und die der 'Andalusier'. Durch das Eingreifen der Fāṭimiden und der Omayyaden aus Córdoba ging die Herrschaft der I. 974 zu Ende, die durch ihre Bevölkerungs- und Kulturpolitik die Arabisierung und Orientalisierung Marokkos eingeleitet hatten.   H.-R. Singer

Lit.: EI² III, 1031f., 1035–1037 [Bibliogr.] – G. DERDUN, Une nouvelle inscription idrisite (1265 H = 877 J. C.) (Mél. d'Hist. et d'Archéologie de l'Occident Musulman II [Hommage à G. MARÇAIS, 1957]), 67–73 – I. ALʿARABĪ, Dawlat al-Adārisa. Mulūk Tilimsān wa-Fās wa-Qurṭuba, 1983 – S. A. NAṢRALLĀH, Dawlat al-Adārisa fīl-Maġrib. Al-ʿaṣr ad-dahabī 172–223/778–835, 1987 – L. BECK, L'image d'Idris II ... (656–869/1258–1465), 1989.

Idung, Domscholaster in Regensburg, vor 1144 Mönch in Prüfening, verfaßte dort »Argumentum de quatuor questionibus« (→Herbord); vor 1155 Zisterzienser; »Dialogus duorum monachorum«, Dokument des Zwistes der Cluniazenser und Zisterzienser, zugleich persönl. Rechtfertigung.   G. Bernt

Ed.: R. B. C. HUYGENS, Le moîne I. ..., 1980 – *Lit.*: Verf.-Lex.² IV, 362–364 – H. G. SCHMITZ, Kl. Prüfening im 12. Jh., 1975 – A. H. BREDERO, StM ser. III, 22, 1981, 501–585 – DERS., Cluny et Cîteaux au douzième s., 1985 – CCMéd 30, 1987, 370.

Iðunn (an. 'die Verjüngende'), nur in wenigen isländ. Q. (»Haustlöng« des Skalden Thjóðólfr ór Hvíni, 9. Jh.; Snorra Edda, 13. Jh., →Snorri Sturluson; →Lokasenna) erwähnte weibl. Gottheit, die ein Mittel (bei Snorri: Äpfel) gegen das Altern der Götter besitzt. Im sog. Thjazi-Mythos bringt der Riese Thjazi die Göttin mit Lokis Hilfe in seine Gewalt, worauf die nun alternden Götter Loki zwingen, I. wieder zurückzubringen. Möglicherweise ist der Mythos von den verjüngenden Äpfeln der I. im 12./13. Jh. durch die antike Erzählung von den Hesperidenäpfeln (Herakles-Sage) beeinflußt worden.   H. Ehrhardt

Lit.: KL VII, 330ff. – R. SIMEK, Lex. der an. Mythologie, 1984, 205ff. [Lit.].

Jean (s. a. Jehan, Johann, Johannes u. a.)
1. J. I., Kg. v. →Frankreich, * 15. Nov. 1316, † 19. Nov. 1316, ☐ St-Denis, postumer Sohn Kg. →Ludwigs X. und der Clementia v. Ungarn. Der Tod des Neugeborenen machte den Weg für die Königserhebung seines Onkels →Philipp (V.) frei, führte aber zu dem – unbewiesenen – Gerücht, dieser habe den Säugling sterben lassen. Nach einer anderen Version wurde J. entführt und unter dem Namen 'J. de Guccio' heimlich in Siena erzogen. Jahrzehnte später gab sich während der Gefangenschaft Kg. Johanns II. ein Kronprätendent in Italien als J. aus. Dieser wurde in Neapel gefangengesetzt, wo er 1363 starb.   E. Lalou

Lit.: P. LEHUGEUR, Philippe V le Long, 1931.

2. J. II. (Johann der Gute), Kg. v. →Frankreich 1350–64 (sein Beiname 'le bon', der Gute, erscheint wohl erst seit dem 17. Jh., bei Mézeray); Sohn von →Philipp (VI.) v. →Valois und →Jeanne de Bourgogne; * 24. April 1319 auf Schloß Gué de Mauny (bei Le Mans), † 8. April 1364 in London, ☐ St-Denis (Herz im Coelestiner-Konvent zu Paris); 1332 Ritter und Hzg. der →Normandie, vermählt mit Bonne (Guda) v. →Luxemburg († 1349), Tochter Kg. →Johanns v. Böhmen; neun Kinder (alle geb. zw. 1338 und 1348; unter ihnen: →Karl V., Kg.; →Ludwig I., Hzg. v. Anjou; →Jean, Hzg. v. Berry; →Philipp der Kühne, Hzg. v. Burgund). Seit 1336 beteiligt am Krieg in Burgund, 1340–42 mit größerer Machtbefugnis am Krieg gegen →Eduard III. auf den nordfrz. Kriegsschauplatz, dann am Krieg gegen →Jean de Montfort in der →Bretagne. Bei Konferenzen in Avignon (1344) erwarb sich J. Kenntnisse in der Diplomatie. Mit Ämtern und Titeln überhäuft (1344: *lieutenant* seines kgl. Vaters, Hzg. v. Normandie, Gf. v. Poitiers, Anjou, Maine), leitete er 1345–46 die Verteidigung SW-Frankreichs, geriet aber durch militär. Mißerfolge in Gegensatz zu seinem Vater. 1347 wieder in Gnaden aufgenommen, wurde ihm de fakt. Administration der Normandie übertragen. Nach einem erneuten, kurzzeitigen Zerwürfnis mit dem Vater heiratete J. 1350 in 2. Ehe Jeanne, Gf.n v. Boulogne und Auvergne und Witwe des Hzg.s v. →Burgund; hierdurch erlangte er für mehrere Jahre die Verwaltung dieses Hzm.s.

Am 22. Aug. 1350 trat er die Nachfolge des Vaters an, die sich trotz gegenteiliger Befürchtungen (wegen des umstrittenen Dynastiewechsels von 1328) problemlos gestaltete (Königsweihe: Reims, 26. Sept. 1350). Die Anfänge der Regierung J.s waren insgesamt ermutigend. Er gewann die engl. besetzte Gft. →Angoulême zurück, nahm eine Heeresreform in Angriff, setzte durch eine Ordonnanz Preise und Löhne fest und stiftete den Sternenorden, der den Adel aktivieren und enger an die Krone binden sollte.

Es folgten vehemente Auseinandersetzungen J.s mit seinem Schwiegersohn →Karl II., Kg. v. →Navarra und Gf. v. →Évreux, der 1354 J.s Favoriten Charles d'→Espagne ermorden ließ und in bedrohl. Weise mit Eduard III. paktierte (Planung eines Zweifrontenkriegs gegen Frankreich und Aufteilung des Kg.es). Im Vorfeld des wieder aufflebenden engl.-frz. Krieges machte J. zunächst weitreichende Zugeständnisse (Verträge v. →Mantes, 1354, und Guines), während Machtdemonstrationen (Artois, Picardie) und Übergriffe der Engländer (Plünderungszug →Eduards, des Prinzen v. Wales, 1355) die Situation verschärften. Zum Preise großer Zugeständnisse erreichte J. von den →États généraux de Languedoïl eine Zusage für die (faktisch unerschwingl.) Summe von 5 Millionen *livres tournois* zur Ausrüstung von 30000 *hommes d'armes*. Auch die États de Languedoc stimmten Sondersteuern zu. Gegen die Anhänger Karls v. Navarra, der in heftigem Konflikt mit J.s Sohn Karl, seit 1355 Hzg. der Normandie, stand, ging J. mit brutaler Härte vor (Hinrichtung norm. Adliger ohne Gerichtsurteil zu Rouen, 5. April 1356), ließ Karl einkerkern und führte in der Normandie Krieg mit dessen Stützpunkten (→Breteuil-sur-Iton, 1356). Dann vereinigte der Kg. seine Truppen und zog gegen Prinz Eduard, der sich im Gebiet südl. der Loire auf dem Rückzug von einer 'chévauchée' befand. Am 19. Sept. 1356 kam es bei →Poitiers zur Schlacht; sie wurde für Frankreich zur Katastrophe: Das frz. Heer wurde vernichtet; der geschlagene Kg., der – getreu den ethischen Maximen des Sternenordens – die Entscheidung traf, auf dem Schlachtfeld auszuharren statt zu fliehen, kam in engl. Gefangenschaft.

Von den Siegern stets mit kgl. Würde behandelt und während seiner Gefangenschaft (zunächst in Bordeaux, ab Mai 1357 dann in Windsor) mit Zerstreuungen (Hoffeste, Jagden, Würfelspiel) reich bedacht, hatte J. die Regierungsgewalt über sein von Krisen erschüttertes Kgr. faktisch verloren; diese ging faktisch an Karl (V.) über. Aus Besorgnis, in der Gefangenschaft »vergessen« zu werden, war dem Kg. kaum ein Preis für seine Freilassung zu hoch. Die von ihm betriebenen Projekte eines Friedensschlusses wurden wegen ihres drückenden Charakters aber von der frz. Regierung und den États abgewehrt. Erst nach einer neuen, nur teilweise erfolgreichen engl. Invasion 1359 wurde mit den Verträgen v. →Brétigny und Calais (24. Okt. 1360) der Friedensschluß erreicht, der Kg. freigelassen (Einzug in Paris: 13. Dez. 1360).

Der befreite Kg. schrieb durch eine Ordonnanz vom 5. Dez. 1360 den 'franc à cheval' zur Bestreitung des Lösegeldes aus. Nachdem das Jahr 1361 im Zeichen der schleppenden Abwicklung der Friedensbedingungen gestanden hatte, zog J. im Aug. 1362 nach Südfrankreich (Villeneuve-lès-Avignon), traf dort mit Urban V. zusammen und gelobte im März 1363 den Kreuzzug, das letzte große Ziel seines Lebens. Dann regelte er als kgl. Lehnsherr die Angelegenheiten des Hzm.s →Burgund, das er zunächst dem Kronbesitz einverleibte, schließl. aber seinem Sohn Philipp übertrug. Im Sept. 1363 organisierte eine Versammlung in Amiens definitiv die Erhebung der Steuern für die Restzahlung des Lösegeldes. Inzwischen war aber Ludwig v. Anjou, der sich als Geisel für seinen Vater in engl. Gewahrsam befunden hatte, unter Mißachtung eines gegebenen Wortes aus der Haft entwichen. Der Kg., der dies als Verletzung seiner ritterl. Ehre betrachtete, kehrte im Jan. 1364 nach England zurück, wohl auch in der Absicht, die Lösegeldzahlungen neu auszuhandeln, den Konflikt mit Karl v. Navarra und die umstrittene Erbfolge des Hzm.s Bretagne zu regeln und Eduard III. für den Kreuzzug zu gewinnen. Er verstarb in London.

Kg. J., ein guter, ritterl. Gefährte, war andererseits eine Persönlichkeit von Starrsinn und jähzornigem Temperament, trotz schwacher Gesundheit tapferer, allerdings oft glückloser Kriegsmann, zugleich ein Freund der Künste. Bei vielen seiner Untertanen populär, stieß er jedoch in Kreisen des Adels auf starke Opposition, was seine Lage in einer vom Krieg beherrschten Zeit erschwerte. →Frankreich, A. VI.   Ph. Contamine

Lit.: R. Cazelles, La société politique et la crise de la royauté sous Philippe de Valois, 1958 – Ders., J. II le Bon: quel homme, quel roi?, RH 251, 509, 1974, 5–26 – F. Fossier, Le règne de J. le Bon dans les Histoires de France du XIVe au XIXe s.: essai d'historiogr. [Positions des thèses de l'Éc. nat. des chartes, 1975, 85–90] – J. B. Hennemann, Royal Taxation in Fourteenth-Century France: the Captivity and Ransom of John II, 1356–70, 1976 – J. Tricard, J., duc de Normandie et héritier de France: un double échec?, Annales de Normandie 29, 1979, 23–44 – R. Cazelles, Société politique, noblesse et couronne sous J. le Bon et Charles V, 1982 – Ders., Cat. des comptes royaux des règnes de Philippe VI et de J. II, hg. M. Mollat du Jourdin, 1, 1984 – s. a. Lit. zu →Karl V. [R. Delachenal]; →Jean de Berry [F. Lehoux].

3. J. V., *Gf. v.* →*Armagnac* seit 1450, † 1473 in Lectoure. Der ehrlos gewaltsames Vorgehen und die blutschänder. Beziehung zu seiner Schwester Isabelle, die ihm drei Kinder gebar, in scharfen Gegensatz zu Kg. Karl VII. geratene Fs. wurde exkommuniziert und vor dem Parlement v. Paris angeklagt. Am Ende des dreijährigen Prozesses stand die Konfiskation seiner Güter (1460). Nach dem für ihn günstigen Regierungsantritt Ludwigs XI. (1461), den J. zuvor bei der Empörung gegen den Vater unterstützt hatte, nahm J. seine Umtriebe wieder auf, beteiligte sich an mehreren Adelsrevolten (→Ligue du Bien Public, 1465) und trat in eine für das Kgtm. gefährl. Eheverbindung mit Jeanne, der Tochter des Gf.en v. →Foix, ein. Aufgrund der – wohl falschen – Anklage eines Einverständnisses mit England wurde J. erneut zum Güterverlust verurteilt; in sein Land marschierten kgl. Truppen ein. Er wurde unter obskuren Begleitumständen von einem kgl. Bogenschützen getötet.   C. Pailhes

Lit.: Ch. Samaran, La maison d'Armagnac au XVe s., 1907.

4. J. II., *Hzg. v.* →*Berry,* 3. Sohn Kg. →Jeans II. v. Frankreich und der Bonne (Guda) v. Luxemburg; * Nov. 1340, † 15. Juni 1416, ∞ 1.: 1359 Johanna v. Armagnac († 1388), Söhne: Karl (1371–83), Johann (1376–97); Töchter: Bonne (∞ 1. →Amadeus v. Savoyen; 2. Bernhard VII. v. →Armagnac), Marie (∞ 1. Ludwig v. Blois, 2. Connétable Philipp v. Artois, Gf. v. Eu; 3. Johann, Hzg. v. Bourbon); 2.: 1389 die 12jährige Johanna v. Boulogne, Erbin der Gft. Auvergne. – 1356 wurde J. die Gft. →Poitiers und das Amt des →*lieutenant du roi* im Languedoc übertragen. Durch die Verträge v. →Brétigny und Calais (1360) verlor er das an England abgetretene Poitou und wurde als Geisel an den engl. Hof entsandt (1360–66). 1360 erhielt er als →Apanage Berry und →Auvergne, die zur Pairschaft *(duché-pairie)* erhoben wurden. Bei der Wiederaufnahme des Krieges mit England (1369) war er *lieutenant* Kg. →Karls V. in Mittel- und Südfrankreich und erhielt als Apanage erneut die Gft. Poitou. Bis 1380 war er mit der Rückeroberung von Poitou, Saintonge und Angoumois und der Befriedung seiner durch Söldnerbände ausgeplünderten Apanage befaßt. Durch den Tod Karls V. gelangte J. gemeinsam mit seinen Brüdern an die Spitze der frz. Regierung (→Frankreich, A. VI), wobei J. hauptsächl. als Diplomat wirkte. Minderjährigkeit und spätere Erkrankung →Karls VI. ermöglichten dem Hzg. breiten Zugriff auf die kgl. Finanzen. Als *lieutenant* im Languedoc (1380–89) unterdrückte er Aufstandsbewegungen und unterwarf das Land hartem Steuerdruck. Während der Zeit der persönl. Ausübung der Königsgewalt durch Karl VI. stand J. gemeinsam mit seinem Bruder, Hzg. →Philipp d. Kühnen v. Burgund, in Opposition zu den →'Marmousets', war um Beendigung des →Abendländ. Schismas bemüht und ein maßgebl. Befürworter des Gehorsamsentzuges (via subtractionis) Frankreichs. Als →Johann Ohnefurcht seinen Gegner→Ludwig v. Orléans ermorden ließ (1407) und die Macht an sich riß, wurde J. zu einem Mittelpunkt der antiburg. Opposition. Nach der Niederlage v. Azincourt (1415) rief er seinen Schwager, den Connétable →Armagnac, auf, von der Macht Besitz zu ergreifen (s. a. →Armagnacs et Bourguignons).

J. war ein aktiver Vorkämpfer einer effizienteren Staatsverwaltung, wobei er auf hergebrachte Privilegien und den Dialog mit 'ständ.' Kräften mitunter wenig Rücksicht nahm. Er trug zur Errichtung eines permanenten Steuerwesens bei. Seine Klientel besetzte einflußreiche Posten der kgl. Verwaltungsinstitutionen, namentl. im Finanzbereich. J. stand in Verbindung mit Kreisen der großen Pariser Geschäftswelt (Wechsler, Goldschmiede, Hoffinanziers). In seiner Apanage begründete er moderne Verwaltungspraktiken, indem er Appellationsgerichtshöfe (Grand →Jours) und eine →Chambre des comptes aufbaute (Bourges, seit 1379). Bourges, Poitiers und das auvergnat. →Riom wurden von ihm zu regionalen Residenzen ausgebaut. 1400 handelte J. die Abtretung der Auvergne an seine Tochter Marie (∞ Johann v. →Bourbon) unter der Bedingung aus, daß das Hzm. Bourbon bei Ausbleiben eines männl. Erben an die Krone zurückfallen solle. Wegen des frühen Todes seiner beiden Söhne fiel seine Apanage an den Dauphin →Karl (VII.), der hier ab 1418 Zuflucht fand.

Als passionierter Sammler und Kunstfreund zählt J. zu den größten Mäzenen des SpätMA (→Mäzenatentum, →Bibliophilie). Er ließ seine Residenzen (Bourges, Poitiers, Riom), Pariser Stadtpaläste (Nesle, Bicêtre) und Schlösser (Mehun, Lusignan, Nonnette, Dourdan, Étampes) prachtvoll ausbauen. Seine 'Saintes-Chapelles' in Bourges und Riom folgen dem durch das Vorbild von Paris und Vincennes geprägten Modell dynast. Frömmigkeit (→Sainte Chapelle, →Hofkapelle). Die erhaltene 'Grande Salle' des Palasts v. Poitiers ahmt das Pariser Parlement nach. Während von seinen Kunstsammlungen (Goldschmiedearbeiten, Tapisserien) nur die Inventare überkommen sind, blieben aus seiner →Bibliothek die einzigartigen →Stundenbücher der Brüder →Limburg und Jacquemarts de Hesdin erhalten. Die etwa 20 Künstler, die im Gefolge J.s tätig waren, gehören der Richtung der sog. Internationalen Gotik an. F. Autrand

Lit.: F. LEHOUX, J. de France, duc de Berri; sa vie, son action politique (1340-1416), 4 Bde, 1966-68 – M. MEISS, French Painting in the Time of J. de Berry, 3 Bde, 1967 – Les fastes du gothique, Ausst.kat., Paris, 1981 – s. a. Lit. zu →Karl VI.

5. J. I., Hzg. v. →Bourbon 1410-34, * im März 1381, † 5. Jan. 1434, zunächst Gf. v. →Clermont-en-Beauvaisis; ∞ 21. Juni 1400 Marie, Tochter Hzg.s →Jean de Berry. J. leistete seinen ersten Waffendienst in Limousin und Guyenne. Ein tapferer, doch manchmal unbedachter Ritter, stand er zunächst auf seiten des Hzg.s →Johann Ohnefurcht v. Burgund, um nach der Ermordung →Ludwigs v. Orléans zur Stütze der Orléans-Partei zu werden (→Armagnacs et Bourguignons). Nach Übernahme der Herzogswürde (Aug. 1410) war er am Vertrag mit Kg. Heinrich IV. (16. Mai 1412) beteiligt. Doch am 18. Aug. 1412 schloß er – im Zuge einer einstweiligen Versöhnung zw. den beiden Bürgerkriegsparteien – mit Hzg. Jean de Bourgogne eine Heiratsallianz (Ehe seines Sohnes Karl mit Agnès v. Burgund). Im Sommer 1413 zog er mit den anderen Fs.en der Armagnac-Partei in Paris ein. Am 25. Okt. 1415 bei →Agincourt (Azincourt) in engl. Kriegsgefangenschaft, in der er trotz aller Bemühungen um eine Freilassung zeitlebens verblieb. A. Leguai

Lit.: LA MURE, Hist. de ducs de Bourbon, II [Neued. 1868] – A. LEGUAI, Le problème des rançons au XVe s. La rançon de Jean Ier, duc de Bourbon, Cah. d'Hist., 1961 – DERS., Les ducs de Bourbon pendant la crise monarchique du XVe s., 1962.

6. J. II., Hzg. v. →Bourbon, 1456-88, * 1426, † 1. April 1488, erzogen am Hof Kg. Karls VII., dem J. stets treu ergeben war, ∞ 1446 Johanna (Jeanne), Tochter Karls VII., nahm an der Rückeroberung von →Normandie und →Guyenne (Schlachten v. Formigny und Castillon) teil und wurde Gouverneur der Guyenne, die ihm jedoch der Sohn Karls VII., Kg. Ludwig XI., entzog. 1465 reihte sich J. folglich der antikgl. Liga ein (→Ligue du Bien Public), unterlag aber dem ins Bourbonnais eingedrungenen kgl. Heer (Waffenstillstand v. Mozac bei Riom). Im Zuge der nachfolgenden Verhandlungen konnte J. zwar das erstrebte Amt des →Connétable nicht erlangen, wurde aber vom Kg., der ein Zusammengehen des Bourbonnais mit →Burgund fürchtete, mit Gunstbeweisen überhäuft. Doch als 1476 der Niedergang der burg. Macht begann, änderte der Kg. seine Haltung und zwang J., seinem Bruder →Peter v. Beaujeu das →Beaujolais sowie die Gft.en →Clermont-en-Beauvaisis und →Marche abzutreten. Nach dem Tode Ludwigs XI. wurde er von den Beaujeu in den →Conseil royal berufen und endlich zum Connétable ernannt, beteiligte sich aber dennoch an weiteren Aufständen (→Guerre folle). J. war ein Mäzen von Rang, der François →Villon unterstützte u. in seiner Residenz →Moulins bedeutende Bildhauer u. Maler beschäftigte. A. Leguai

Lit.: LA MURE, s. o. – H. SURIREY DE SAINT-REMY, Jean II de Bourbon, duc de Bourbonnais et d'Auvergne, 1944 – A. LEGUAI, Louis XI et le Bourbonnais, Bull. des Amis de Montluçon, 1972.

7. J. I. 'le Roux', Hzg. der →Bretagne, 1237-86, † 1286; Sohn des →Peter 'Mauclerc' v. Dreux. Der seinem sprunghaften Vater ganz unähnl., geschickt und vorsichtig agierende und bis zum Geiz sparsame Hzg. J. setzte dem Konflikt mit Kg. Ludwig d. Hl. ein Ende und trieb in seiner langen Regierungszeit die Zentralisierung der Verwaltung voran (Hôtel ducal und 'Curia' als Keimzelle der späteren Chambre des comptes). Die hzgl. Domäne wurde durch Ankäufe, Erbfälle und Konfiskationen stark ausgedehnt (v. a. Gebiete v. Muzillac, Hédé, Lanvaux, Brest, Dinan und Léon), der Territorialbesitz in acht Balleien (baillies, unter Seneschällen) organisiert; ein besser ausgebildetes Finanz- und Justizpersonal nahm die Verwaltung in die Hand. Auch das Heerwesen wurde gefestigt, diente aber defensiven Zwecken, da J. die Teilnahme an kostspieligen militär. Unternehmungen meist vermied (mit Ausnahme des Tuniskreuzzuges von 1270). Der Hzg. hielt seine vasallit. Verpflichtungen ein, leistete Frankreich den ligischen Lehnseid, nahm aber zugleich auf die Empfindlichkeit Englands Rücksicht. Unter J. erlebte die Bretagne eine Zeit des Friedens und Wohlstandes, der sich im beginnenden Atlantikhandel und im Aufblühen der Städte manifestierte. J.-P. Leguay

Lit.: A. DE LA BORDERIE, Hist. de Bretagne [Nachdr. 1972] – J.-P. LEGUAY – H. MARTIN, Fastes et malheures de la Bretagne ducale, 1982.

8. J. II., Hzg. der →Bretagne, Gf. v. Richmond, 1286-1305, † 1305 durch einen Unfall bei den Krönungsfeiern für Papst Clemens V. zu Lyon; bemerkenswert mehr durch seine Frömmigkeit als durch seine Regierungstätigkeit. Eine Zeitlang vom engl. Lager angezogen (Heirat mit einer Tochter Heinrichs III.) und mit Ämtern und Lehen reich bedacht (Generalkapitän in Aquitanien, Verleihung des engl. 'honor' →Richmond), kehrte Hzg. J. bald in den Bannkreis Frankreichs zurück; er unterstützte loyal seinen ligischen Lehnsherrn Philipp den Schönen (Flandernfeldzug), dessen Zentralisierungsbestrebungen allerdings die Selbständigkeit der Bretagne schmälerten.

J.s Willfährigkeit wurde mit dem Titel eines →Pair de France belohnt (1297). Der Wohlstand der Bretagne blieb erhalten (Seehandel mit →Bordeaux, Befestigung von Städten und Burgen wie Suscinio). J.-P. Leguay

Lit.: →Jean I.

9. J. III. 'le Bon', *Hzg. der* →*Bretagne* 1312–41, Sohn Arthurs II. (1305–12) und der Marie v. Limoges. Ohne ausgeprägte Fähigkeiten, bleibt seine Regierung – trotz der insgesamt friedl. und wirtschaftl. prosperierenden Verhältnisse – überschattet von der verhängnisvollen Entscheidung, zugunsten des Prinzen Gui die Apanage v. Penthièvre zu schaffen. Damit wurde die von den Vorgängern erreichte territoriale Einheit und Zentralisierung erneut in Frage gestellt. Die Treue J.s zu seinen Lehnsbindungen führte die Bretagne in den →Hundertjährigen Krieg. Das Ausbleiben eines Erben trotz dreier Ehen, löste schon zu Lebzeiten des Hzg.s Rivalitäten zw. der Tochter Guis, Jeanne v. Blois-Penthièvre, und ihrem Onkel Jean de Montfort aus. J.-P. Leguay

Lit.: →Jean I.

10. J. IV., *Hzg. der* →*Bretagne*, 1364–99, aus dem Hause →Montfort, kam durch seinen Sieg bei Auray (1364) zur Herrschaft und erlangte die offizielle Anerkennung durch Frankreich (1. Vertrag v. →Guérande, 1365), sah sich aber mit großen Schwierigkeiten konfrontiert, bedingt durch die Zerrüttung des Landes nach zwanzigjährigem Bürgerkrieg, die weiterhin starke Präsenz der Engländer (Brest) und die Konkurrenz der Blois-Penthièvre. Der eng mit England verbundene J. (Erziehung am engl. Hof, zwei Ehen mit engl. Prinzessinnen) blieb bei seinen Untertanen als herrschsüchtiger Ränkeschmied unbeliebt. Ein rasch aufgedeckter Geheimvertrag J.s mit seinem 'père et seigneur' Eduard III. führte zum Bruch mit Kg. Karl V. v. Frankreich, der – unter dem Vorwand der Felonie – Königstruppen unter dem Bretonen →Du Guesclin in die Bretagne entsandte, die den Hzg. 1373 vertrieben. Aus seinem engl. Exil versuchte J. immer wieder die Rückeroberung seines besetzten Hzm.s. 1378 führte schließlich der unbedachte Versuch des frz. Kg.s, das Hzm. durch Parlamentsentscheid als verwirktes Lehen dauernd zu annektieren, in der Bretagne zu so starker 'nationaler' Empörung, daß sich der neue Kg. Karl VI. zur Begnadigung und Wiedereinsetzung des Hzg.s entschloß (2. Vertrag v. Guérande, 1381).

Die erneute Regierung J.s blieb von heftigen Auseinandersetzungen überschattet: Kämpfe mit Olivier de →Clisson, mit Bf.en des Landes, den Bürgern v. St-Malo und selbst den engl. Bundesgenossen, die Brest nicht herausgeben wollten. Gleichwohl hat J. dem Hzm. Bretagne die Konturen eines echten Staatswesens gegeben, mit funktionsfähigen Zentralinstitutionen *(Chancellerie, Chambre des comptes, Conseil)* und regulärem Steueraufkommen *(fouage)* von jährl. über 100000 *livres.* Dies ermöglichte dem Hzg. die Errichtung einer prunkvollen Hofhaltung (Jagdschloß L'Hermine bei Vannes).

J. P. Leguay

Lit.: M. JONES, Ducal Brittany, 1970 – J. KERHERVÉ, L'Etat breton aux XIVe et XVe s., 1987 – s. a. →Jean I.

11. J. V., *Hzg. der* →*Bretagne* 1399–1442, Gf. v. →Richmond (Richemond), † 1442, verlor mit etwa zehn Jahren den Vater. Er entzog sich der Vormundschaft seiner Mutter Johanna v. Navarra, um einer diejenige des Hzg.s v. Burgund, →Philipps d. Kühnen, zu fallen, was im Interesse des frz. Kg.s und der Großen lag. 1404 begann er seine eigtl. Regierung, die üblicherweise als Goldenes Zeitalter gilt; »Er hinterließ sein Land friedlich, reich und voll Überfluß an allen Gütern«, bekennt der Chronist Alain →Bouchard in nostalg. Rückschau. Hauptverdienst J.s ist, die 'Armorica' aus dem →Hundertjährigen Krieg und dem Bürgerkrieg der →Armagnacs et Bourguignons herausgehalten zu haben, um den Preis einer opportunist. Neutralitäts- und Schaukelpolitik. Die Bretagne war Zufluchtsort für Flüchtlinge aus der Normandie und entwickelte sich zum Markt, auf dem sich die Kriegführenden eindeckten, sowie zum wichtigen Zwischenglied auf der großen, umkämpften Seeroute des Atlantik. Dies führte das einst abgelegene und rückständige Land aus seiner Isolation heraus und ließ es zum Schauplatz neuer wirtschaftl. und kultureller Prozesse werden, die durch die aktive Politik des Hzg.s und seines Hofes maßgebl. eingeleitet wurden. Hauptkennzeichen sind die sich festigenden staatl. Fiskal- und Verwaltungsinstitutionen mit zunehmend bürokrat. Zügen, stabile Währung, glanzvolle Hofhaltung.

J. und seine Regierung verdienen freilich nicht ganz das einhellige Lob, das ihnen Zeitgenossen und Nachkommen zukommen ließen: Der Hzg. war eine Persönlichkeit mit negativen Zügen wie Beeinflußbarkeit, Furchtsamkeit, Egoismus und Habgier. Der Bereicherung mächtiger Günstlinge (so des Kanzlers Philippe de Malestroit) und des Handelsbürgertums v. Rennes, Nantes, Vitré und St-Malo stand die elende Lage der einfachen Bevölkerung gegenüber, die unter wachsendem fiskal. Druck, Epidemien und Naturkatastrophen litt. Küsten- und Grenzzonen wurden von bewaffneten Banden geplündert, und selbst im Innern des Landes war der Friede oft gefährdet, wie die Entführung des Hzg.s durch die verfeindeten Penthièvre i. J. 1420 zeigt. J.-P. Leguay

Lit.: G. A. KNOWLSON, Jean V, 1964 – s. a. →Jean I.

12. J. 'sans peur' (Johann 'Ohnefurcht'), *Hzg. v.* →*Burgund*, Sohn von Hzg. →Philipp d. Kühnen und →Margarete v. Flandern, * 28. Mai 1371 in Rouvres, † 10. Sept. 1419 bei Montereau, ◻ Dijon; ⚭ 12. April 1385 zu Cambrai die Wittelsbacherin Margarete v. Bayern, erhielt von seinem Vater die Gft. →Nevers übertragen, nahm 1396 das Kreuz, wurde bei →Nikopolis gefangengenommen und 1398 gegen Lösegeld freigelassen; Hzg. seit 28. April 1404, teilte nach dem Tod der Mutter (21. März 1405) das Erbe mit seinen beiden Brüdern, wobei er sich das Hzm. Burgund, die Freigft. →Burgund, das →Artois und →Flandern vorbehielt. Er konnte dem Hzm. die Gft. →Tonnerre (als Pfandschaft Gf. Ludwigs II. v. →Chalon) einverleiben und war auch bestrebt, die Reichsstadt →Besançon der burg. Freigft. einzugliedern. Dem dynast. Bündnis seines Hauses mit den hennegauisch-holl. Wittelsbachern treu ergeben, unterstützte er den Bf. v. Lüttich, →Johann v. Bayern, im Kampf gegen seine aufständ. Bf.stadt und erwarb sich in der siegreichen Schlacht v. Othée (1408) seinen Beinamen. Danach überließ er die Regierung Burgunds seiner Gemahlin, um sich den Angelegenheiten des Kgr.es →Frankreich zuzuwenden.

Im Konflikt mit dem Hzg. →Ludwig v. Orléans (→Armagnacs et Bourguignons) verdrängte er diesen von der Macht und ließ ihn am 23. Nov. 1407 ermorden. Danach mußte J. für kurze Zeit aus Paris fliehen, kehrte aber zurück und ließ 1408 durch Jean →Petit öffentl. die Rechtfertigung des Mordes verkünden. Er riß die Macht in der Hauptstadt an sich und ließ den *Maître de l'hôtel du roi,* Jean de →Montaigue, hinrichten. Die anderen Fs.en, an ihrer Spitze →Jean de Berry, verbündeten sich gegen ihn, und der offene, nur von kurzen Friedensphasen (Chartres, 1409; Auxerre, 1412) unterbrochene Bürgerkrieg brach aus. J. erließ eine Reformordonnanz gegen die Mißwirtschaft der kgl. Beamten und Hoffinanziers (fälschl. als →Ordonnance cabochienne bezeichnet). Vom Volksaufstand der sog. 'Cabochiens', mit denen J. paktierte (→Caboche, Simon), schließlich überrollt, mußte der Hzg. 1413 die Hauptstadt erneut verlassen; seine Gegner verfolgten trotz seines 1414 in Arras geschlossenen Vertrages seine Anhänger und hinderten sie sogar daran, sich dem frz. Heer anzuschließen, das dann bei Azincourt (→Agincourt) den Engländern unterlag. J.s Feinde bemühten sich auch, auf dem Konzil v. →Basel eine Verurteilung der These Jean Petits über den Tyrannenmord zu erreichen. Der Tod seines Schwiegersohnes, des Dauphins Johann, beraubte J. der Hoffnung, auf dynast. Weise wieder an die Macht zu gelangen; er rief daher die Städte auf, sich um ihn zu scharen, und bildete in Troyes eine Gegenregierung unter Kgn. →Isabella. Am 28. Mai 1418 eroberte er erneut Paris; sein Feind, der Connétable Armagnac, wurde brutal ermordet. Angesichts der Bedrohung der Hauptstadt durch die Engländer, mit denen J. verhandelt hatte, suchte der Hzg. einen Ausgleich mit dem Dauphin→Karl (VII.), der nun zum Haupt der 'Armagnac'-Partei geworden war. Nach einer ersten Unterredung lockte ihn der Dauphin zu einem zweiten Gespräch auf die Brücke v. →Montereau, auf der J. heimtückisch erschlagen wurde. J. Richard

Lit.: R. VAUGHAN, John the Fearless, 1966 – F. AUTRAND, Charles VI, 1986 – B. SCHERB, Les Armagnacs et les Bourguignons, 1988.

13. J. II., *Dauphin des Viennois* (→Dauphiné), * um 1281, † 4./5. März 1318 in Pont-de-Sorgues (Vaucluse), führte seit 1296 den Titel des Gf.en des Gapençais (→Gap), ⚭ Beatrix v. Ungarn, Tochter des Kg.s v. Ungarn, →Karl Martell (→Anjou), trat am 18. April die Erbfolge an. Im N seines Fsm.s empfing er 1308 die Huldigung des Herrn v. →Villars, Humbert V. v. Thoire, eines der mächtigsten Feudaladligen der →Bresse, am 13. Juni 1316 den Lehnseid Wilhelms III., Gf.en v. →Genf. Bestimmend auch für seine Regierung war der Gegensatz zum Gf.en v. →Savoyen; J. schloß mit seinem Souverän, Kg. →Robert v. Anjou, gegen den Savoyer eine Allianz (13. Febr. 1314); dadurch gelang ihm ein Friedensschluß (10. Juni 1314), der den Konflikt für mehrere Jahre dämpfte. Während sein Bruder Guy, Baron v. Montauban, als Generalkapitän Kg. Roberts das Aufgebot des Dauphiné in →Piemont befehligte, stärkte J. seine Macht im Innern des Fsm.s (v. a. Lehnsauftrag mehrerer Allodien seines Vasallen Geoffroy de Clermont, Erwerb der Baronie Mévouillon von dem erbenlosen Raymond de Mévouillon). Er erließ auch zahlreiche *chartes de franchises* für →Grenoble und Gemeinden des Haut-Dauphiné. Dennoch war seine Verschuldung gegen Lebensende allein bei dem Bankhaus der Gianfigliazzi auf 24 000 Goldfl. angewachsen (6. Febr. 1318). J. setzte testamentar. seinen Bruder →Heinrich, den späteren Elekten v. Metz, zum Regenten ein. V. Chomel

Lit.: VALBONNAIS, Hist. de Dauphiné I, 265–280; II, 129–179 – U. CHEVALIER, Regeste dauphinois, III, 863–959; IV, 1–361 – P. VAILLANT, Les affaires des communautés dauphinoises, 1951, 515–524 – I libri della ragione bancaria dei Gianfigliazzi, hg. A. SAPORI, 1945.

14. J. I. v. Grailly, *Gf. v.* →Foix *und Vizgf. v.* →Béarn seit 1412, * um 1382, † 1436. Sohn der Isabelle v. Foix-Béarn und des Archambaud v. Grailly, der als Mitglied einer großen Familie des anglogascogn. Lehnsadels in das zur Vasallität Frankreichs gehörende Geschlecht der Foix einheiratete. J. vermählte sich in 1. Ehe mit Johanna v. →Navarra, deren kinderloser Tod den Erwerb der Krone Navarra vereitelte. Zentral am Geschehen des →Hundertjährigen Krieges beteiligt, setzte J. die profrz. Politik des Gf.en v. Foix geschickt fort, bekriegte im Namen des Kg.s den Gf.en v. →Armagnac und unterstützte während des Bürgerkrieges (→Armagnacs et Bourguignons) zuerst den Dauphin, dann die Burgunder, schließlich erneut den Dauphin und heiratete in 2. Ehe Jeanne, die Tochter des Connétable Karl (Charles) d'→Albret. Die ihm übertragene Würde des kgl. *lieutenant général* nutzte er zur fakt. Herrschaft über weite Teile SW-Frankreichs. Demgegenüber verfolgte er im Béarn, entsprechend den Wünschen der États, eine Politik, die auf Bewahrung der Souveränität und der alten wirtschaftl. Verbindungen des Landes zum anglogascogn. Bereich gerichtet war, und betrieb auch die Interessen seines Hauses jenseits der Pyrenäen, was seinem Enkel schließlich die navarres. Krone eintrug. C. Pailhes

Lit.: L. FLOURAC, Jean Ier, 1884 – P. TUCOO-CHALA-CH. DESPLATS, La principauté de Béarn, 1980.

15. J. (Johann), Maler in →Lüttich, anscheinend Kleriker, tätig am Hofe Bf. →Notkers (972–1008) und sicher auch unter dem Nachfolger Balderich II. Das künstler. Wirken J.s ist eng mit der 1015 gegr. Abtei OSB St. Jakob in Lüttich verbunden, dort wurde er auch beigesetzt. Die um 1050 von einem Mönch aus St. Jakob verfaßte »Vita Balderici« bezeugt die it. Herkunft J.s und schreibt ihm die Ausmalung der Aachener Pfalz (oder zumindest der Pfalzkapelle) im Auftrag →Ottos III. zu. J. Philippe

Lit.: J. PHILIPPE, La peinture murale pré-romane et romane en Belgique, Annales du congrès archéol. et hist. de Tournai, 1949 [Bibliogr.].

16. J. Acart de Hesdin, Hospitalbruder, Autor (vielleicht ident. mit Johannes de Hesdinio, einem Theologen an der Pariser Univ., der 1340–70 Bibelkomm. und eine Streitschrift gegen Petrarca verfaßte), dichtete 1332 für eine ungenannte Dame den →Dit »La Prise amoureuse« (ed. E. HOEPFFNER, 1910), eine allegor. Minnedichtung (paarweise gereimte Achtsilber), in die 9 Ballades und 9 Rondeaux eingelegt sind. J. erzählt Amours Jagd im Jugendwald auf einen zunächst noch im Kindheitsbusch geborgenen Jüngling mit Spürhunden, die die Vorzüge der Geliebten und die Gefühle, die Liebe entstehen lassen, verkörpern. Die der Liebe entgegenstehenden Seelenkräfte und die Sinne, die in Amours Gewalt geraten sind hingegen reine Abstraktionen. Nachdem das Herz gefangengenommen worden ist, wird die Beute weidgerecht zerlegt: Amour bekommt den Leib, die Hunde Eingeweide und Blut, die Dame Herz und Willen des Dichter-Ichs. Amours allegor. Jagd findet sich schon im →Roman de la Rose, dem J. viel entlehnt, während B. Q. für die Sinnenallegorie →Richard v. Fournivals »Bestiaire d'amour« ist. Die formale Altertümlichkeit einiger seiner Rondeaux und Ballades (Anisometrie, Kurzverse, Elfzeiler bzw. zweizeiliger und bezügl. Silbenzahl selbständiger Refrain) stellen J. zw. die ältere lyr. Tradition und die Schule →Guillaumes de Machaut. M. Heintze

Lit.: GRLMA VIII – HLF 37, 412–418 – E. HOEPFFNER, Zur 'Prise amoureuse' von Jehan A. de H., ZRPh 38, 1917, 513–527 – P. WEINGÄRTNER, Q. verhältnis und Allegorie in der Prise amoureuse des Jehan A. de H., 1926.

17. J. d'Anneux, Publizist, † vor 29. Nov. 1329, stammte aus dem Hennegau, war Säkularkleriker und Dr. theol. in Paris. Von seinen Schriften sind erhalten: der lat. Traktat »Contra fratres«, in dem er im Mendikantenstreit gegen die Franziskaner Partei ergreift, und ein frz. verfaßter →Fürstenspiegel (»De regimine principum«) in drei Teilen, mit ausführlicher Widmungsrede an Gf. Wilhelm I. v. Hennegau, in dem der Autor Mißstände (schlechte Ratgeber, Wucher von Lombarden und Juden, Steuerwillkür) aufgreift.

Lit.: HLF XXXV, 455–462.

18. J. d'Arras → Gervasius v. Tilbury, →Melusine

19. J. le Bel, Chronist, * um 1290 in Lüttich, † 15. Febr. 1370, Sohn einer alteingesessenen Familie, seit ca. 1315 Domherr an der Kathedrale St-Lambert, ebd.; ⚭ Marie de Prez, Tochter einer einflußreichen Lütticher Patrizierfamilie; 2 Söhne: Jean und Gilles, Ritter und Domherr. 1327 Teilnahme an Feldzügen in England und Schottland im Dienst Kgn. Isabellas und ihres Sohnes Eduard III. unter Jean de Hainaut (Beaumont). In dessen Auftrag beginnt er seine »Histoire vraye et notable des nouvelles guerres et choses avenues depuis l'an mil CCCXXVI jusques à l'an LXI en France, en Angleterre, en Escoce, en Bretaigne at ailleurs« (ed. J. VIARD-E. DÉPREZ, 2 Bde, 1904-05). Im Mittelpunkt stehen der →Hundertjährige Krieg und die Herrschaft Eduards III. (1327-77), den er bei aller Bewunderung nicht kritik. schildert. Die einzelnen Kap. seiner Chronik entstehen zw. 1352 (1-39), 1358 (40-102) und 1359-61 (103-110). Beherrscht ist die »noble histoire du gentil roy Edowart d'Angleterre« von der militär. Ereignisgesch. Neben den zentralen Geschehnissen und Personen wird auch die Heimatregion des Autors (Hennegau, Brabant, Namur) einbezogen. Dominierendes Subjekt seiner Gesch.sauffassung sind Kg. und Adel, für die er entschieden gegenüber dem Klerus und anderen Schichten Partei ergreift. Den Wahrheitsanspruch seiner Schilderung leitet er aus der Augenzeugenschaft und den Berichten wahrheitsfähiger Akteure ab; die Hauptpersonen im höf. und ritterl. Weltspektakel sind zugleich Garanten der Wahrheit. Seine Chronik beeinflußte→Jean d'Outremeuse und bes. →Froissart, der ganze Passagen z. T. wörtl. übernahm. D. Hoeges

Lit.: GRLMA XI – H. STUDER, Etude descriptive du vocabulaire de J. le B. [Diss. Basel 1971] – D. B. TYSON, J. le B., ..., Journal of Medieval Hist. 12, 1986, 315-332.

20. J. le Boutillier, frz. Jurist, * um 1340 in Pernes bei Arras, † 1395 in Tournai. Als kgl. →Bailli in der Gft. Vermandois, später in Tournai, Mortagne und St-Amand, verfaßte er aufgrund eigener Erfahrungen in der Jurisdiktion die »Somme rurale«, eine locker angeordnete Kompilation des Gewohnheitsrechts des nordfrz.-südnld. Raumes. Während langer Zeit als beliebtes Kompendium der Rechtspflege (z. T. in ndl. Übers.) in dieser Gegend und darüber hinaus sehr gebräuchl., wurde die »Somme« schon bald häufig abgeschrieben und glossiert und seit 1479 oft gedruckt (zuletzt Lyon 1621). Ihre Besonderheit liegt in der geglückten Verbindung von auf Usus und Präzedenz beruhendem ma. Landrecht mit röm. und kanon. legislativer Tradition, sowie in ihrem gutmütigen und ausgewogenen Grundton und der spürbaren Neigung des Autors zu milder Rechtspraxis. Ch. Dröge

Lit.: BNB XI, 545-552 [O. DE MEULENAERE] – DERS., Documents inéd. pour servir à la biogr. de J. l. B., Bull. de la Comm. royale d'hist., XVII, 3, 4 Ser.

21. J. Bretel, frz. Dichter, † 1272, gehörte einer der bedeutendsten Kaufmannsfamilien von Arras an, trat dort 1244 in die »confrérie des jongleurs« ein. Neben mindestens 9 lyr. Canzonen, von denen 7 erhalten sind, verfaßte er 89 Jeux partis, die er mit den angesehensten Dichtern von Arras wechselte, die sich in dem →Puy gruppierten, zu dessen »prince« J.B. gewählt worden war. J. löst sich bewußt von der Thematik der ihm wohlvertrauten höf. Lyrik; der Stil seiner Dichtungen orientiert sich damit an den Kriterien der Dichterschule v. Arras. Diese Tendenz manifestiert sich v. a. in den Jeux partis, in denen die Rivalität zu seinem etwas jüngeren Zeitgenossen →Adam de la Halle so scharfe Töne annimmt, daß die Forsch. wahrscheinl. zu Recht dessen verhaßten Gegner »Robert Sommeillon« mit J.B. identifizierte. A. Vitale Brovarone

Ed. und Lit.: G. RAYNAUD, Les chansons de J.B., BEC 41, 1880, 195-214 – DERS., Mél. de Philologie romane, 1913, 315-331 – O. SCHULTZ-GORA, Ein jeu-parti zw. maistre Jehan und Jehan B., ASNSL 136, 1917, 292-296 – A. LANGFORS, Rec. général des jeux partis fr., 1926 – D. DI CROCA, J.B., AIVSL, Sc. mor. 137, 1978-79, 203-220 – R. W. LINKER, A Bibliogr. of Old French Lyrics, Romance Monographs 133, 1979, 182-188 – s. a. Lit. →Adam de la Halle [J. DUFOURNET, 1974, 170-186].

22. J. Briçonnet d. Ä., kgl. frz. Beamter des →Finanzwesens, * um 1420, † 1493, aus einer in →Tours seit dem Ende des 14. Jh. belegten Familie von Wechslern und örtl. Finanzbeamten. J., der 1431 als *élu des* →*aides* zu Tours an die Stelle seines Vaters Pierre trat, heiratete um 1442 Jeanne Berthelot, Tochter Jean Berthelots, Wechslers und Meisters der →*Chambre aux deniers* der Kgn. 1452 war er mit der Sequestrierung des Besitzes von Jacques →Cœur im Languedoïl befaßt. 1462 war J. der erste *maire* v. Tours nach der von Ludwig XI. auferlegten Reformierung der Stadtverwaltung. Dank der Protektion von Jean Bourré gelangte er 1465, während der *Ligue du Bien public,* in den Königsdienst (Ausbau des Schlosses Langeais) und wurde →*Receveur général des finances* im Languedoïl (1466-75). Er übte mehrere vertrauliche Missionen aus (Überwachung des Prinzen →Charles de France im Hzm. Guyenne, 1469). 1475 geadelt, mischte sich J. nicht – wie sein Bruder Jean d. J. 'le patron' – ins große Handelsgeschäft. Seine Söhne waren: Jean, kgl. Sekretär; Guillaume, Rat am Parlement; →Guillaume, Kard.; Martin, Kanoniker v. St-Martin v. Tours; Robert, Ebf. v. Reims und Kanzler; Pierre, *général des finances*. B. Chevalier

Lit.: G. BRETONNEAU, Hist. généalogique de la maison des B., 1620 – Les affaires de Jacques Cœur, hg. M. MOLLAT, 1952 – B. CHEVALIER, Tours, ville royale ..., 1975, 278-280.

23. J. de Chelles, Baumeister (lathomus magister) des 1258 begonnenen südl. Querschiffs der Kathedrale v. →Paris; sein Nachfolger Pierre de Ch., vermutl. sein Sohn, wurde 1316 nach →Chartres zur Abgabe eines Gutachtens eingeladen. G. Binding

Lit.: THIEME-BECKER XVIII, 460.

24. J. Clopinel → Roman de la Rouse

25. J. de Condé, frz. Dichter, 1. Hälfte des 14. Jh., am Hof Gf. Wilhelms I. d. Guten v. Hennegau; Sohn des Dichters Baudouin de C. Seine 77 erhaltenen Dichtungen umfassen nach den vom Autor selbst gewählten, unscharfen Bezeichnungen folgende Gattungen: →Dit, Conte (längere, erzählende Dichtungen verschiedenen Inhalts einschließl. Fabliaux) und →Lai. Inhaltl. läßt sich J.s Werk gliedern in 8 narrative Werke, 8 moralisierende Erzählungen, 25 ständekrit. Dichtungen, 9 theoret. Dichtungen über Liebe, 14 Dichtungen allg. belehrenden Inhalts, 12 religiöse Dichtungen und seine Gelegenheitsdichtung. J. ist der letzte Lai-Dichter und, neben →Watriquet de Couvin, der letzte Fabliaux-Autor der afrz. Lit. Er verteidigt die gesellschaftl. Führungsrolle des Adels und tritt für die Hochschätzung der Frau ein (Ideal der Minne durch ehel. Liebe ersetzt). Typ. spätma. sind Klagen über den moral. Niedergang der Gesellschaft vor dem Hintergrund einer als ideal empfundenen Vergangenheit sowie die Vergänglichkeits- und Todesthematik. M. Heintze

Q. und Lit.: GRLMA VIII. Begleitreihe I – HLF 35, 421-454 – J. RIBARD, Un ménestrel du XIVᵉ s.: J. de C., 1969 – DERS., Des lais au XIVᵉ s.? J. de C. (Mél. J. FRAPPIER, 1970), 945-955 – J. C. PAYEN, J. de C., Alard de Cambrai et les sources du 'dit', M-A 78, 1972, 523-536 – M. OLSEN, Deux moralisateurs conciliants: J. de C. et Gianbattista

Giraldi Cinthio, Revue Romane 8, 1973, 197-204 – H.-D. MERL, Unters. zur Struktur, Stilistik und Syntax in den Fabliaux Rutebeufs, Gautier Le Leus und J. de C.s, 1976 – Y. G. LEPAGE, La dislocation de la vision allégorique dans la Messe des Oiseaux de J. de C., Revue de l'Univ. d'Ottawa 48, 1978, 195-201.

26. J. Fusoris, berühmter Konstrukteur von astronom. →Instrumenten im Paris des frühen 15. Jh., hatte als Kunden Fs.en aus dem gesamten Europa, v. a. den Leiter der engl. Gesandtschaft von 1414, was dazu führte, daß der Instrumentenbauer wegen Verrats angeklagt wurde. Auf F. gehen mehrere bedeutende lat. und frz. Hss. zurück: Traktate über →Astrolabium, →Äquatorium, Kosmologie, trigonometr. Tafeln, Aufzeichnungen über →Gnomon und →Uhren, ein kleiner Kegelschnittraktat, ein Sternkatalog. Kein anderer Instrumentenbauer des MA hat eine so umfassende Produktion (mehr als 18 Astrolabien) hinterlassen; es sind sogar Teile des für den engl. Gesandten gebauten Äquatoriums aufgefunden worden.
E. Poulle

Lit.: DSB XV, 162–164 – E. POULLE, Un constructeur d'instruments astronomiques au XVe s., J.F., 1963 [ältere Lit.] – G. ARRIGHI, Alcuni inediti del ms lat. 80 della Bibl. di Ginevra, Physis 21, 1979, 341–349 – M. CLAGETT, Archimedes in the MA, 4, 1980, 161–172, 185–199 – E. POULLE, Les instruments de la théorie des planètes selon Ptolémée, 1980, 122–133.

27. J. de Joinville → Joinville

28. J. de Liège, Bildhauer, einer der führenden für frz. Höfe in der zweiten Hälfte des 14. Jh. tätigen südndl. Künstler, bezeugt in Paris für die 1360er und 1370er Jahre (wichtiges Dokument: Nachlaßinventar Ende 1382 mit Verz. von Werken). Etwa ein Dutzend erhaltener Arbeiten, v. a. Grabfiguren, werden ihm zugeschrieben. Am besten bezeugt jene von Kg. Karl IV. und Kgn. Jeanne d'Évreux, aus der Abtei Maubuisson in Paris 1372 (Musée du Louvre), in London (Westminster Abbey) Grabmal der Kgn. Philippa v. Hennegau.
A. Reinle

Lit.: G. SCHMIDT, Beitr. zu Stil und Œuvre des J. de L., Metropolitan Mus. Journal 4, 1971, 81–107 – Kat. Rhein und Maas, Kunst und Kultur 800–1400, 1972, 386 – K. BAUCH, Das ma. Grabbild, 1976, 216f. – Kat. Die Parler, 1978, I, 51 – Kat. Les Fastes du Gothique, le siècle de Charles V, 1981, 115-138.

29. J. de Mailly OP, Kompilator der 1. Hälfte des 13. Jh., wohl Kleriker des Bm.s Auxerre. Hier dürfte er um 1225/30 die 1. Fssg. seines Legendars »Abbreviatio in Gestis et Miraculis Sanctorum« redigiert haben. Nach Ordenseintritt und Übersiedlung nach Metz entstand wohl 1243 eine erweiterte Fssg. der »Abbreviatio« (weitgehend uned., Übers. v. A. DONDAINE, Bibl. d'hist. dominic. 1, 1947), der später von einem anonymen (?) Kontinuator ein speziell auf Metz abgestimmter Zusatz angefügt wurde. Der in Metz verfaßten »Chronica Universalis Mettensis« (MGH SS 24) fügte J. bis 1254 Ergänzungen bei. 1246/1250 erstellte er einen »Catalogus Sanctorum« in chronolog. und systemat. Abfolge, über 660 Namen (uned., kurzer Auszug bei DONDAINE, 1946, 71), und bearbeitete eine »Généalogie de S. Arnould et des rois Francs« (uned., s. ebd.). Die seit dem 13. Jh. auch in frz. Fssg.en verbreitete »Abbreviatio« ist J.s neuartigstes Werk, doch kann er nicht mehr als Begründer dieser Gattung gelten.
G. Philippart

Lit.: Verf.Lex.² V, 644-657 [G. PHILIPPART] – A. PONCELET, AnalBoll 29, 1910, 5–116, bes. 20–24 – A. DONDAINE, Arch. d'Hist. Dominic., 1, 1946, 53–102 – G. PHILIPPART, AnalBoll 92, 1974, 63–78; 106, 1988, 112 – TH. KAEPPELI, Scriptores OP, 2: G-I, 1975, 473-474 – Pélagie la pénitente 2, 1984, 146–152, 185-193.

30. J. de Mandeville → Mandeville

31. J. de Meung → Roman de la Rose

32. J. de la Motte, nordfrz. Trouvère (Lebensdaten unbekannt). Neben sechs mytholog. Balladen verfaßte er auf Anregung des kgl. Goldschmieds Symon de Lille, in dessen Pariser Haus er wohnte, drei Gedichte: 1. »Le regret de Guillaume le Comte de Haynneau« (1339); 2. »Le parfait du paon« (1340), eine unverkennbare Imitation des »Voeux du Paon« von →Jacques de Longuyon; 3. die Traumallegorie »Voie d'Enfer et de Paradis« (Achtsilber in zwölfzeiligen Strophen; 1340), unter dem Einfluß von →Guillaume de Deguillevilles (8.G.) »Pèlerinage de la vie humaine« stehend, ist als eine der asket. purificatio nachempfundene Wanderung von der Hölle zum Himmel strukturiert, in deren Verlauf sich das lyr. Ich von den Sünden befreit und sich die Tugenden aneignet. Die religiös-pädagog. Intention des Werks wird durch die abschließende Mahnung unterstrichen, die Sünde zu meiden und das Gute zu tun. J.s Dichterruf gründete v. a. auf seiner lebhaften Darstellung.
P. Juan i Tous

Lit.: GRLMA VIII – HLF 36, 66–86 – M. A. PETTY [ed.], J. d. l. M., La Voie d'Enfer et de Paradis [Diss. Washington, 1940].

33. J. d'Orbais, erster Baumeister des got. Neubaus der Kathedrale v. →Reims um 1210–20; sein Name war in dem 1778 zerstörten Labyrinth im Mittelschiff der Kathedrale gen. Von ihm stammen der Gesamtplan der Kathedrale und die frühesten bekannten Maßwerkfenster in den Chorumgangskapellen.
G. Binding

Lit.: THIEME-BECKER 18, 466f. – J. P. RAVAUX, Les campagnes de construction de la cathédrale de Reims au XIIIe s., BullMon 137, 1979, 7–66.

34. J. d'Outremeuse (auch J. des Prés), Gerichtsbeamter, Autor, * 2. Jan. 1338 Lüttich, † 25. Nov. 1400 ebd. Sein umfangreiches ep. und hist. Werk ist nur z. T. überliefert und ediert. Das zum Karlszyklus gehörende, verlorene Epos »Ogier le Danois« läßt sich aus seinen anderen Werken rekonstruieren. Ein zweites Epos, die »Geste de Liège« (53 000 Alexandriner erhalten), stellt anhand einzelner Heldengestalten (u. a. Jean de Lanson) die Gesch. der Stadt Lüttich seit ihrer Gründung durch Tongris, einen Nachkommen des Aeneas, dar. Das stark legendenhafte Werk ging in die Prosachronik »Myreur des histors« ein, in der J. die Weltgesch. seit der Sintflut erzählt. Die drei erhaltenen B. (B. 4 verloren), die bis 1340 reichen, behandeln v. a. die Karolingerzeit und die Gesch. Lüttichs; sie stützen sich auf zahlreiche Q., darunter 50 Chroniken, doch ist ihr hist. Wert eher gering. J. verfaßte auch ein Lapidarium (»Trésorier de philosophie naturelle des pierres précieuses«, 1390; 4 B.), das 256 Steine beschreibt. Irrtüml. wurden ihm die »Voyages de Mandeville« zugeschrieben, die er als Q. benutzt hat, sowie eine kurze Chronik der Stadt Lüttich (Zusammenfassung der »Geste« und des »Myreur« aus dem 15. Jh.)
M. Tietz

Ed. und Lit.: DLFMA – GRLMA XI – Ly Myreur des histors. Frgm. du second livre (années 794–826), ed. A. GOOSE, 1965 – DERS., »Ogier Danois«, chanson de geste de J. d'O., Romania 86, 1965, 145-198.

35. J. de Saint-Quentin, Verf. von 24 für den mündl. Vortrag bestimmten religiös-erbaul. »Dits« z. T. märchenhaft-volkstüml. Charakters in vierzeiligen einreimigen Alexandrinerstrophen; 1. Hälfte 14. Jh. Die meisten »Dits« sind nur in Ms. Paris, B.N. fr. 24432 erhalten. Inhaltl. dominieren Marien-Mirakel, in denen häufig der Teufel in Verkleidungen auftritt. Armut, Geiz und Inzest werden als bes. gefährl. Laster hingestellt. Die Q. sind vielfältig: »»Vie des pères«, →Mirakel, →Exempla, →»Legenda aurea«, »Florence de Rome«; direkte Abhängigkeit ist nur vereinzelt nachzuweisen.
M.-R. Jung

Ed.: B. MUNK OLSEN, 1978 (SATF) – *Lit.:* W. KLEIST, Die erzählende Dit-Lit., 1973.

36. J. de Terrevermeille (J. de Terre Rouge), Rechtsgelehrter und Konsul (1399–1400 und 1406/07) in Nîmes, * ca. 1370, † 25. Juni 1430 ebd.; bis 1395 Studium der Rechte in Montpellier, 1420–24 Advokat der frz. Kg.e Karl VI. und Karl VII., bedeutend wegen seiner 1418/19 verfaßten Traktate, die das zu dieser Zeit (→Hundertjähriger Krieg) zerrüttete Frankreich widerspiegeln. Als leidenschaftl. Parteigänger des späteren Kg.s Karl VII., der im Vertrag v. Troyes (21. Mai 1420) von seinen Gegnern (→Philipp d. Gute v. Burgund und Kgn. →Isabella v. Bayern) zugunsten der engl. Kg.e Heinrich V. und VI. von der Thronfolge ausgeschlossen wurde, begründete er das staatstheoret. im status regis und im corpus mysticum verankerte Recht des Dauphin auf die Thronfolge.

P. Thorau

Ed. und Lit.: Johannes de Terra Rubea contra rebelles suorum regum, ed. J. Bonaud [Lyon 1526] – J. de Terre Rouge, Tractatus de iure futuri successoris legitimi in regiis hereditatibus (F. Hotman, Consilia [Arras 1586; App.] – R. E. Giesey, The juristic basis of dynastic right to the French throne, 1961 – J. Barbey, La fonction royale, 1983.

Jeanne (s. a. →Johanna u. a.)

1. J. de Bourgogne, Kgn. v. Frankreich, * 1293, † 21. Jan. 1329 in Roye, Tochter Ottos IV., Gf.en v. Burgund, und der Mahaut (Mathilde), Gfn. v. Artois; Schwester von Blanca, der wegen Untreue verstoßenen 1. Frau Kg. Karls IV. Aufgrund des Ehevertrags vom 2. März 1295 heiratete sie im Jan. 1307 Prinz →Philipp (V.) den Langen (Kg.: 1316–22). Ihr Schwiegervater Philipp der Schöne ließ sie im Zuge des Skandals um die kgl. Schwiegertöchter 1314 auf Dourdan gefangensetzen, doch kehrte sie als unschuldig an die Seite ihres Gemahls zurück. Sie gebar einen Sohn (Ludwig, † 1317) und mehrere Töchter (Johanna, ∞ Otto. Hzg. v. Burgund; Margarete, Ludwig v. Crécy; Isabella, ∞ Guigo, Dauphin; Blanca, Religiose in Longchamps). Nach dem Tod ihres Gatten († 3. Jan. 1322) lebte sie von ihrem Wittum (Senlis, Béthisy, Compiègne, Pierrefonds, Pont-Audemer, Vernon, Beaumont, Asnières, Pont-de-L'Arche u. a.). Sie stiftete das Collège de Bourgogne.

E. Lalou

Q. und Lit.: P. Anselme, 94 – Arch. nat. K 40 n° 28 bis et JJ 60 n° 69 f° 67; J 190 n° 4.

2. J. de Bourgogne, Kgn. v. →Frankreich, * 1293, † 12. Dez. 1349 an der Pest; ▢ St-Denis, ihr Herz in →Cîteaux; Tochter Hzg. Roberts II. v. Burgund und der Agnes v. Frankreich; ∞ Juni 1313 →Philipp (VI.) v. Valois, wurde am 19. Mai 1328 gemeinsam mit ihrem Gemahl zu →Reims inthronisiert. Die intelligente, gebildete und fromme Kgn. wurde oft von ihrem Mann zu Rate gezogen und spielte eine gewisse polit. Rolle. 1338 wurde sie zur Regentin. Die Festigung der Verbindungen Frankreichs mit dem Reich und Burgund sind ihr Verdienst. Dennoch wurde sie von späteren Chronisten als die »male reine boiteuse« geschmäht. Unter ihren mindestens zehn Kindern war Kg. →Jean (II.). Sie machte zwei Testamente: 11. Mai 1329 zu St-Denis, 3. Febr. 1336 zu Carcassonne.

E. Lalou

Lit.: P. Anselme, I, 1226–39, 103f. – F. Barry, La reine de France, 1964 – A. Vallée, J. de B., épouse de Philippe VI de Valois: une reine maudite? (BEC 138), 1980, 94–96.

3. J. de Bourbon, Kgn. v. →Frankreich, * 3. Febr. 1338, † 6. Febr. 1378; Tochter Hzg. Peters I. v. Bourbon (Urenkel Ludwigs IX.) und der Isabella v. Valois, Halbschwester Philipps VI., die 1369 bei Belleperche für drei Jahre in die Gewalt engl. Söldnerverbände geriet. Zunächst verlobt mit →Humbert II., dem Dauphin des Viennois, heiratete J. am 8. April 1350 zu Tain den Dauphin →Karl (V.), Enkel Philipps VI. Die Dos der J. diente zum Ankauf des →Dauphiné von Humbert II. Karl V. und J. hatten acht Kinder; nach dem frühen Tod der ersten drei, sämtl. Töchtern, wurden Befürchtungen laut, daß der Kg. keine Erben haben werde. Schließlich überlebten zwei: →Karl (VI.) und →Ludwig v. Orléans. 1373 litt J. an Geisteskrankheit. – Bei ihrem Leichenzug sind erstmals Elemente des kgl. Begräbniszeremoniells (mit den Präsidenten des Parlaments als Umstand des Sarges) deutl. erkennbar. Von J. sind mehrere Statuen und Porträts erhalten.

F. Autrand

Lit.: R. Delachenal, Hist. de Charles V, 5 Bde, 1909–31 – Les fastes du gothique [Kat.], 1981 – R. Giesey, Le roi ne meurt jamais [frz.], 1987.

4. J. d'Évreux, Kgn. v. →Frankreich, † 4. März 1371 in Brie-Comte-Robert, ▢ St-Denis, Minoritenkl. zu Paris (Leichnam), Maubuisson (Eingeweide), Tochter v. Ludwig v. →Évreux und Margarete v. Artois, ∞ 5. Juli 1324 Kg. →Karl IV. d. Schönen (als dessen 3. Ehefrau) mit päpstl. Dispens, Krönung Pfingsten (11. Mai) 1326. Von ihren drei Kindern ist Blanca (∞ 1344 Philipp v. Frankreich) zu erwähnen. Kgn. bis 1328, lebte J. anschließend von ihrem reichen Wittum mit Wert von 16000 *livres tournois*, bestehend aus Rentenlehen auf →Château-Thierry u. a. Domänen in Valois und Brie (Bray-sur-Seine, Chantemerle, Châtillon-sur-Marne, Coulommiers, Crécy-en-Brie, Pont-sur-Seine, Épernay, Neuilly-saint-Front, Nogent-sur-Seine, Sézanne), deren Schätzung allein von 1325 bis 1329 dauerte. J. war eine Kunstmäzenin hohen Ranges und stiftete Kapelle und Infirmarium der Kartäuser zu Paris.

E. Lalou

Lit.: P. Anselme, Hist. généalogique de la maison de France, 1726–39, I, 112 – Les fastes du Gothique [Kat.], 1981, n 70, 186, 239.

5. J. d'Arc, hl. (J. 'la Pucelle'), * um 1412, † 30. Mai 1431, entstammte einer wohlhabenden Bauernfamilie (Vater: Jacques d'A., Mutter: Isabelle Romée) aus dem zur Kastellanei Vaucouleurs gehörenden Domremy (D.-la-Pucelle, dép. Vosges, arr. Neufchâteau, cant. Coussey) im Barrois mouvant (→Bar), einer durch die Kriegszüge der Burgunder verwüsteten Landschaft des lothr. Bereichs. Im dörfl.-bäuerl. Milieu aufgewachsen, fromm und mildtätig, hatte J. – erstmals wohl 1425 – das Erlebnis einer Stimme (Audition), die sie aufrief, »ein gutes Mädchen zu sein und Gott zu gehorchen«. Weitere Stimmen (hl. Michael, Katharina, Margarete) enthüllten ihr die Mission (s. a. →Vision), in die 'France' zu gehen, die Engländer aus ihr zu vertreiben und →Karl VII. in Reims zum Kg. zu weihen. Durch Vermittlung eines Verwandten, Duran Laxart, wurde 1428 von dem *Capitaine* v. Vaucouleurs, Robert de Baudricourt, empfangen. J., deren Ruf sich zu verbreiten begann, konnte Baudricourt durch ihre Überzeugungskraft dazu bringen, sie zu Pferde mit einer bescheidenen Eskorte nach 'Frankreich' ziehen zu lassen (22. Febr. 1429). Sie passierte eine weite Zone des Einflußbereichs der gegnerischen Burgunder ohne Hindernis und wurde von Karl VII. in →Chinon empfangen (6. März). J. überzeugte ihn durch ein (geheimnisvoll gebliebenes) »Zeichen«. Rasch verbreitete sich ihr Ruhm; Gefühle der Unterlegenheit auf frz. Seite wandelten sich in Hoffnung auf Wiederaufstieg des frz. Kgtm.s und Befreiung von Paris. Nach eingehenden Befragungen durch Kleriker (Chinon, Poitiers) wurden ihr Reinheit der Lebensführung und Rechtgläubigkeit bestätigt. Manche sahen im Erscheinen der Jungfrau die Erfüllung der →Prophetien eines →Beda, →Merlin oder der →Sibylle.

J. erhielt ritterl. Ausrüstung und eine bewaffnete Schar, mit der sie einen Versorgungskonvoi in das hart bedrängte →Orléans begleitete. Schon vom Sammelplatz Blois aus richtete sie an die engl. Heerführer den Befehl, die Belagerung sofort abzubrechen und zu den Ihren zurückzukehren. In kühnem Vorstoß, oft gegen den Rat der Militärs, erkämpfte sie den Zugang nach Orléans (Einzug: 29. April) und zwang die Engländer zur Aufhebung der Belagerung (8. Mai).

Einen Monat darauf eröffnete die kgl. Armee erneut den Krieg (Einnahme v. Jargeau, Beaugency und Meung, Sieg v. →Patay, 18. Juni). Der wegen seines Zauderns von J. heftig getadelte Karl VII. trat trotz seiner geringen Machtmittel, doch beflügelt von dem plötzlich erwachten Enthusiasmus eines Teils seines Adels, den Weg zum »voyage du sacre« an und wurde am 17. Juli in →Reims zum Kg. geweiht.

Der Feldzug wurde fortgesetzt, nun gerichtet auf das von angloburg. Kräften beherrschte →Paris. Nach einer Reihe von Truppenbewegungen, die jedoch nicht zur Entscheidungsschlacht führten, erfolgten Verhandlungen mit dem Hzg. v. Burgund, die diesen im fakt. Besitz v. Paris beließen. J. rückte währenddessen kämpfend in die Nähe der Hauptstadt vor (Compiègne, 18. Aug. 1429; St-Denis, 26. Aug.). Ihr Vorstoß gegen die von Engländern und Burgundern mit Unterstützung des größeren Teils der Pariser Bevölkerung erfolgreich verteidigte Hauptstadt (8. Sept.) erwies sich als schwerer Fehlschlag, der heftige Enttäuschung auslöste. Karl VII., der dem ganzen Unternehmen mit Distanz gegenüberstand, bemühte sich erneut vergeblich um eine Versöhnung mit Burgund.

J.s wichtigste Stütze war der führende Berater des Kg.s Georges de →La Trémoille, der mit Hilfe des von ihr entfachten Enthusiasmus mehrere strateg. wichtige Plätze am Grenzsaum des →Berry erobern wollte (Einnahme von St-Pierre-le-Moûtier, Anfang Nov. 1429, aber Scheitern der Belagerung v. La Charité-sur-Loire, Ende 1429).

Die Jungfrau, die Jan./Febr. 1430 auf La Trémoilles Schloß Sully in erzwungener Untätigkeit zubrachte, zog Ende März erneut gegen Engländer und Burgunder in den Kampf, doch ohne, wie Recht und Herkommen es erforderten, *congé* (→Urlaub) vom Kg. zu nehmen. Sie rückte am 6. Mai in das bedrohte Compiègne ein, wurde aber am 23. Mai bei einem Ausfall von Johann v. Luxemburg, Gf. v. Ligny, einem loyalen Anhänger der engl. Doppelmonarchie, gefangengenommen.

Während die Pariser Universität als Hüterin der Glaubenstreue das Recht forderte, J. zu verhören, kaufte die engl. Regierung unter Hzg. →Johann v. Bedford die Gefangene dem Luxemburger ab und überstellte sie – bei Fortdauer der engl. Gewahrsams – einem Inquisitionstribunal (→Inquisition) unter Vorsitz von Pierre →Cauchon, dem der Vize-Inquisitor v. Frankreich, Jean le Maître, zur Seite stand. Promotor war Jean d'Estivet, als ständige oder gelegentl. Beisitzer fungierten 40–60 Kleriker, einige von ihnen von der Univ. Paris entsandt. Der Prozeß wurde im Schloß v. →Rouen vom 21. Febr. (erste öffentl. Sitzung) bis zum 30. Mai 1431 durchgeführt.

Allein vor ihren haßerfüllten Richtern, hatte J. sich in drei Hauptanklagepunkten zu verantworten: 1. wegen ihrer Stimmen, denen dämon. Ursprung zugeschrieben wurde; 2. wegen des anstößigen Tragens von Männerkleidung; 3. wegen des bes. schwerwiegenden Vorwurfs mangelnden Gehorsams gegenüber der Ecclesia militans und der angebl. unmittelbaren Kontakte mit dem Himmel. – Die am 28. März von Estivet präsentierte Anklageschrift beschuldigte J. in 70 Artikeln schwerster Vergehen und Sünden (u. a. Zauberei und Hexerei, Blasphemie, falsche Weissagung, Grausamkeit, Schamlosigkeit, Hochmut, schismat. Verhalten). Diese am 2. April zu 12 Artikeln zusammengezogene Anklage wurde führenden Theologen und Kanonisten zur Begutachtung vorgelegt, die ihr sämtlich durch Unterschrift beistimmten. Ziel dieses Vorgehens war, von J. ein Eingeständnis ihrer Irrtümer und des dämon. Charakters ihrer Stimmen zu erreichen. Zwei diesbezügl. »wohltätige Ermahnungen« (2., 23. Mai) blieben fruchtlos. Erst am 24. Mai, als man sie auf einem Schafott im Friedhof v. St-Ouen zu Rouen in Gegenwart des Henkers öffentl. der weltl. Gerichtsbarkeit überantwortete, beugte sie sich, indem sie auf den Widerruf – ein vorbereitetes Dokument in frz. Sprache – ein Kreuz zeichnete. J.s Motive für diese Handlung, mit der sie vor der Öffentlichkeit abgeschworen und ihre Schuld eingestanden hatte, sind nicht bekannt.

Sie wurde zu immerwährender Haft verurteilt. Doch unter dem Einfluß der Stimmen, die ihr Verrat vorwarfen, zog sie bereits am 26. Mai ihre seit dem Geständnis abgelegte Männerkleidung wieder an und bezeugte erneut den göttl. Charakter ihres Auftrags. Am 29. Mai wurde sie – nach einer letzten Predigt (durch Nicolas Midi) – auf der Place du Vieux Marché in Rouen verbrannt, ihre Asche in die Seine gestreut. Am 7. Juni verbreiteten Cauchon und mehrere Beisitzer eine – lange als offizielle kirchl. Version geltende – Mitteilung, nach der sie am Morgen ihrer Hinrichtung erneut abgeschworen und gar ihre Feinde, Engländer und Burgunder, um Verzeihung gebeten habe.

Es gibt Hinweise, daß bereits Zeitgenossen im Frankreich Karls VII., aber auch außerhalb, die Gültigkeit des Urteils anzweifelten und in ihm einen polit. Racheakt sahen. Für die Burgunder war das Auftreten der Jungfrau eine betrüger. Inszenierung, möglich nur infolge der Leichtgläubigkeit der Franzosen. Bei den Engländern galt J. dagegen als Hexe, die mit teufl. Mitteln in den Gang der Gesch. eingegriffen habe. Da Karl VII. nicht zulassen konnte, daß er sein Kgtm. einer Ketzerin und Hexe verdankte, ließ er bald nach der Wiedereroberung v. Rouen (1449) durch seinen Rat Guillaume Bouillé an Ort und Stelle Verhöre durchführen (1450), durch welche die Parteilichkeit der Richter und die Leiden ihres Opfers festgestellt wurden. 1452 führten Ebf. Guillaume d'→Estouteville als päpstl. Legat und der kgl. frz. Inquisitor Jean Bréhal Zeugenbefragungen durch. Das nachfolgende Gesuch an die päpstl. Kurie zur Annullierung des Urteils wurde bewußt nicht im Namen des Kg.s, sondern vielmehr der Mutter und Brüder J.s abgefaßt. 1455 antwortete Calixt III. in günstigem Sinne und ließ den Prozeß wiederaufnehmen. Zu den Mitgliedern dieses Inquisitionstribunals zählte namentl. der Ebf. v. Reims, Jean →Jouvenel des Ursins. Befragungen wurden in Paris, Rouen und Orléans bei 115 Zeugen (darunter auch Leuten aus Domremy) durchgeführt, Theologen und Kanonisten als Gutachter herangezogen. Nach Feststellung der Irregularitäten des ersten Prozesses wurde mit dem Endurteil (Rouen, 7. Juli 1456) die Verurteilung aufgehoben. J. wurde 1894 als verehrungswürdig erklärt, 1909 selig-, 1920 heiliggesprochen.

Ph. Contamine

Bibliogr.: Bibliogr. lorraine V, 1989 – *Q.*: J. QUICHERAT, Procès de condamnation et de réhabilitation de J. dite la Pucelle, IV, V, 1847, 1849 – P. DONCOEUR – Y. LANHERS, Doc. et recherches relatifs à J. la Pucelle, 5 Bde, 1952–61 – P. TISSET – Y. LANHERS, Procès de condamnation de J., 3 Bde, 1960–71 – P. DUPARC, Procès en nullité de la condamnation de J., 5 Bde, 1977–88 – *Lit.*: A. BOSSUAT, J., 1968 – M. WARNER, Joan of Arc. The Image of Female Heroism, 1981 – J., une époque, un rayonnement (Colloque d'hist. médiévale, Orléans 1979, 1982) – Actes du colloque J. et le 550ᵉ anniv. du siège de Compiègne (20 mai–25. oct. 1430) (Bull. de la Soc. hist. de Compiègne, 28, 1982) – R. PERNOUD – M.-V. CLIN, J., 1986 – G. KRUMEICH, J. in der Gesch. (Beih. der Francia 19, 1989).

6. J. des Armoises, verführer., wohl mythomane Abenteurerin aus Lothringen, † wohl nach 1457 (letztmals vielleicht 1457 als Männerkleidung tragende Gefangene in Saumur erwähnt). Fünf Jahre nach dem Tod der →Jeanne d'Arc trat sie in der Gegend v. →Metz auf (20. Mai 1436), ließ sich als 'la Pucelle de France' feiern und fand bereitwillige Anerkennung, nicht zuletzt infolge der Komplizenschaft der Brüder von Jeanne d'Arc, Pierre und Jean du Lys, die J. vielleicht sogar (mit Hilfe Roberts de Baudricourt) lanciert hatten. Motive für eine mögl. Unterstützung durch die polit. Gewalt bleiben im dunkeln. Wie die echte Jeanne zeigte sie überraschende ritterl. und krieger. Qualitäten. Zunächst ein Werkzeug der proburgund. Intrigen des Gf. en Robert v. Virneburg, eines Ratgebers der Hzgn. Elisabeth v. Luxemburg, stieg sie durch ihre Heirat (Okt. 1436?) mit dem lothr. Ritter Robert des Armoises, einem Schwager von Baudricourt, zur 'dame J. des A.' auf. Durch Vermittlung von Jean du Lys wurde sie 1439 prunkvoll von den Orléans empfangen (vielleicht Begegnung mit Karl VII.) und kämpfte im gleichen Jahr unter Marschall Gilles de →Rais, dem alten Waffengefährten der Jeanne. Bald darauf, v. a. infolge eines öffentl. Verhörs zu Paris (1440), sank jedoch ihr Stern. Ph. Contamine

Lit.: →Jeanne d'Arc–G. LEFÈVRE PONTALIS, La fausse Jeanne d'Arc, M-A 8, 1895, 97–112, 121–136 – H. PRUTZ, Die falsche Jungfrau v. Orléans, 1911 – A. LEDRU, Les détracteurs de la dame des Armoises..., La Province du Maine, 2ᵉ sér., 10, 1930, 241–261; 11, 1931, 3–27 – J. SCHNEIDER, Un gentilhomme de ville. Sire Nicole Louve ... (La noblesse au M-A, XIᵉ–XVᵉ s., hg. PH. CONTAMINE, 1976), 175–199 – A. ATTEN, Jeanne-Claude des Armoises, ein Abenteurer zw. Maas und Rhein, Kurtrier. Jb., 1979, 151–180.

Jeda'ja Ben Abraham ha-Penini, ca. 1270–1340, jüd. Gelehrter aus S-Frankreich, übersetzte und kommentierte auf Hebräisch Werke von Aristoteles, →al-Fārābī, →Averroes und →Avicenna. Bes. Berühmtheit erlangte sein vielfach gedrucktes philos.-eth. Werk »Bechinat 'olam«. Beherrschende Themen sind die Nichtigkeit der Welt und die Rolle der vom Schöpfer gegebenen Seele, die den Menschen zu Gottesfurcht und Erkenntnis führen soll. Im Streit um die Werke des →Maimonides verteidigte er in einem Brief an Salomon Ben Adret v. Barcelona das freie philos. Studium als Ergänzung zu traditionellen Glaubensinhalten. Auch als Midraschkommentator sowie als Dichter liturg. (→Pijjut) und weltl. Poesie hat er sich einen Namen gemacht. H.-G. v. Mutius

Ed.: Iggeret bechinat 'olam, ed. M. D. FRANK-KAMENIETZKY, 1879 – *Übers.:* J. SCHWAB, L'examen du monde, 1864 – *Lit.:* B. BLUMENKRANZ, Auteurs juifs en France médiévale, 1975, 139ff. – C. SIRAT, Hagut filosofit bimei ha-benaim, 1975, 323ff.

Jedermann → Everyman, →Moralitäten

Jehan (s. a. →Jean, Johann, Johannes u. a.)

1. J. Erart (Erars), frz. Trouvère, * 1200/20, † 1258/59 Arras (?). Doppelte Nennungen in Nachweisen könnten bedeuten, daß damals mehr als ein Musiker dieses Namens wirkte. Namensnennungen in seinen Werken und ein Hinweis bringen ihn in Zusammenhang mit Arras. 25 Gedichte von ihm sind erhalten: chansons courtoises, pastourelles und eine complainte ('serventois'). Die zugehörigen Melodien (in Modalnotation) sind einfach, gern in Barform mit ouvert- und clos-Schlüssen. H. Leuchtmann

Ed.: T. NEWCOMBE, The Songs of J. E., Corpus mensurabilis musicae LXVII, 1975 – *Lit.:* MGG – RIEMANN [Erart] – NEW GROVE [Erart, Troubadours, Trouvères] [Werkliste; Lit.].

2. J. le Teinturier, Dichter aus Arras, verfaßte im letzten Drittel des 13. Jh. in der Tradition von →Martianus Capellas »De nuptiis Mercurii et Philologiae« das Epos »Le mariage des sept arts« (310 Verse, Reimschema: aabb; ed. A. LÅNGFORS, 1923). Im Traum erscheinen dem Dichter die von Grammatik angeführten sieben →Artes liberales und bekunden den Vorsatz, die Tugenden Glauben, Reue, Opferbereitschaft, Gebet, Liebe, Enthaltsamkeit und Beichte zu ehelichen. Namens der Keuschheit rät die Theologie ab, wird aber von der Medizin mit Hinweis auf die von Gott zusammengefügten Ureltern Adam und Eva widerlegt. Die scheinbar ernste Vision endet witzig: angesichts des üppigen Hochzeitsgelages wacht der Dichter, von Durst übermannt, auf. Ein anonymer Dichter hat J.s Werk in 43 zwölfsilbigen Vierzeilern (Reimschema: aaaa) neu bearbeitet und dabei krit. Korrekturen vorgenommen (u. a. Rollentausch von Theologie und Medizin). Vermutete hist. Allusionen beider Versionen konnten noch nicht identifiziert werden. U. Ebel

Lit.: GRLMA VI – M.-R. JUNG, Ét. sur le poème allégorique en France au MA, 1971, 22, 54–57.

Jehan de Paris (Jean de Paris), kurzer frz. Roman eines unbekannten Autors, entstanden 1494/95 anläßl. der Hochzeit Karls VIII. mit Anna v. Bretagne. Einige Episoden knüpfen an reale Ereignisse an (z. B. Ankunft des J. de P.«, im Roman Pseudonym des Sohnes des Kg.s v. Frankreich, am span. Kg.shof: Reminiszenz des Einzugs Karls VIII. in Florenz). Die Thematik erinnert an »Jehan et Blonde« des Philippe de Rémi und an andere lat. und frz. Texte (Gesta Karoli, Chevalier en Cygne), ohne jedoch von ihnen direkt abhängig zu sein. Der Roman enthält Motive aus der Aventiure-Tradition (Schilderung der langen Reise des J. de P. und des Kg.s v. England an den span. Hof) und Anspielungen auf die zeitgenöss. Politik. Es sind 2 Hss. (Anfang 16. Jh.) erhalten sowie mindestens vier Drucke des 16. Jh. (seit 1530); J. de P. wurde auch ins Ndl. übersetzt und fand in der Volksbuchlit. Verbreitung. A. Vitale Brovarone

Bibliogr.: B. WOLEDGE, Bibliogr. des romans et nouvelles en prose fr. antérieurs à 1500, 1954, n. 87, 64; Suppl. 1975, n. 87, 46 – *Ed. und Lit.:* Le roman de J. de P., ed. E. WICKERSHEIMER, 1923 – DIES., Le roman de J. de P., Sources hist. litt. Ét. de la langue, 1925 – M. VALKOFF, Notes sur J. van Parijs et les livres populaires, Neophilologus 24, 1938, 423–430 – CH. NIZARD, Hist. de livres populaires ou de la litt. de colportage, II, o. J., 398–407 – O. JODOGNE, Le »Roman de J. de P.« et le roi Charles VIII., ABelgBull, 5. sér. 65, 1979, 105–120.

Jehannot de l'Escurel (Jehan de Lescurel), frz. Kleriker und Komponist, † 23. Mai 1304 Paris (wegen Ausschweifungen gehängt). Erhalten sind 34 Kompositionen (Ballades, Virelais, Rondeaux, Diz entés) in Ms. des Romans de →Fauvel, mit Ausnahme eines dreistimmigen Rondeaus (das auch in einstimmiger Fassung erscheint) alle einstimmig. Die Werke ähneln in Notation und Stil den Kompositionen im Roman de Fauvel; den Melodien wird sinnl. Reiz und Eingehen auf den Text nachgerühmt.
H. Leuchtmann

Ed.: N. WILKINS, The Works of Jehan de l'E., Corpus mensurabilis musicae XXX, 1966 – *Lit.:* MGG, s. v. – NEW GROVE, s. v. [Werkliste; Lit.].

Jehuda

1. J. Abravanel (Leone Ebreo) →Abravanel, Jehuda

2. J. al-Ḥarisi, geb. um 1165 in Spanien, gest. um 1235 nach jahrzehntelangem unsteten Wanderleben, das ihn über S-Frankreich in den Orient führte. Er übersetzte aus dem Arab. einige Werke des →Maimonides sowie die Maqāmendichtungen des islam. Poeten al-Ḥariri – letztere unter dem Titel »Machberot Itiel« – ins Hebr. Sein wichtigstes Werk bildet das »Sefer Tachkemoni«, eine 50-teilige hebr. Maqāmendichtung, worin der Erzähler Heman der Esrachite, hinter dem sich J. selbst verbirgt, mit dem Abenteurer Cheber dem Keniten seine Erfahrungen austauscht. Das Werk enthält Liebesgedichte, Satiren, pointierte Charakterschilderungen (z. B. Geizhälse), aber auch Mitteilungen über frühere span.-jüd. Dichter und Schilderungen von J. besuchter jüd. Gemeinden (u. a. Barcelona, Toledo, Narbonne, Jerusalem).

H.-G. v. Mutius

Ed. und Lit.: Machberot Itiel, ed. T. CHENERY, 1872 – Sefer Tachkemoni, ed. J. TOPOROWSKY, 1952 – A. M. HABERMANN, Toledot ha-piyyuṭ we-ha-schira, I, 1970, 201ff. – V. E. REICHERT, The Tahkemoni of Juda Al-H., 2 Bde, 1965, 1973 [Übers.].

3. J. ha-Levi (Halevi), ca. 1075 – ca. 1140, gilt als der bedeutendste Dichter und religiöse Denker des span. Judentums seiner Zeit. In seinem arab. geschriebenen Werk »Buch der Widerlegung und des Beweises der verachteten Religion« läßt sich der Kg. des Turkvolkes der →Chazaren auf der Suche nach der wahren Religion einen Philosophen sowie je einen muslim., chr. und jüd. Theologen kommen, die ihm ihre Lehrgebäude vorstellen. Der Dialog mit dem Juden macht den größten Teil des Werkes aus. Darin kritisiert der Autor den philos. Gottesbegriff insbes. der aristotel. Philosophie und betont die emotionale Hingabe an den Schöpfer und das Leben nach dem jüd. Zeremonialgesetz als vollkommensten Weg des Menschen zu Gott. Die Materie ist von Gott entgegen dem aristotel. System ex nihilo erschaffen und alsdann von ihm nach Formen differenziert worden. Die prophet. Offenbarung kommt allein Mitgliedern des jüd. Volkes zu; doch wird sie ihm nur auf dem Boden des Hl. Landes voll zuteil. Die Endzeiterwartung J.s weist universalist. Züge auf: am messian. Heil wird die ganze Menschheit teilhaben.

Das dichter. Schaffen J.s ist von großem Umfang und zerfällt in weltl. und religiöse Poesie (→Pijut) in hebr. Sprache. Neue Textfunde erweitern den bisher bekannten Bestand von Jahr zu Jahr. Zur weltl. Dichtung zählen Liebeslyrik und Elegien über verstorbene Freunde und prominente jüd. Zeitgenossen; bei der liturg. Poesie verdienen die Selichot (Bußgedichte mit Sündenbekenntnis und Bitte um Vergebung) sowie die Zionslieder bes. Beachtung, in denen er seiner persönl. Sehnsucht nach Palästina und Jerusalem Ausdruck verlieh. Auf seiner Pilgerreise ins Hl. Land starb er in Ägypten, ehe er die Davidstadt erreicht hatte.

H.-G. v. Mutius

Ed. und Lit.: Kol schirei rabbi J. ha-L., I/II: Schirei Chol, ed. J. SAMORA, 1948–50² – Kitāb al-radd wal-dalil fi-din al-dalil, ed. D. H. BANETH – H. BEN-SHAMMAI, 1977 – A. M. HABERMANN, Toledot ha-piyyuṭ we-ha-schira, I, 1970, 182ff. – H. und M. SIMON, Gesch. der jüd. Philosophie, 1984, 108ff. – Schirei ha-qodesch le-rabbi J. ha-L., ed. D. JARDEN, 3 Bde, 1986².

4. J. ben Samuel hä Chasid, berühmter jüd. Gelehrter und Rabbiner, gest. 22. Febr. 1217, entstammte der großen Familie →Kalonymos, zog um 1195 von Speyer nach Regensburg, gründete dort eine bedeutende Jeschiva (Schule) und stand mit jüd. Gelehrten in Kontakt. Im Gegensatz zu anderen Denkern seiner Zeit stellte J. nicht so sehr das Studium der →Halacha in den Mittelpunkt, sondern betonte die ethisch-religiöse Dimension der Gottesliebe und des Gebetes. Ein Kernpunkt seines auf Gotteserkenntnis gerichteten myst.-asket. Denkens ist die Forderung, daß die Hingabe an Gott »mit der ganzen Tiefe des Denkvermögens« geschehen muß. J. ist namentlich durch sein Hauptwerk →»Sefär Hasidim«, das die jüd. Tradition stark beeinflußt hat, zu einem wichtigen Repräsentanten ma. dt.-jüd. Mystik geworden. In die jüd. Legenden- und Sagentradition ging J. als frommer Asket und Wundertäter ein.

U. Mattejiet

Lit.: EJud VIII, 945–950 – →Ḥasidismus, aschkenas.

5. J. ben Tibbon (Judah ben Saul ibn T.), geb. ca. 1120, gest. ca. 1190, Ahnherr der Tibboniden, einer bedeutenden jüd. Übersetzer-Familie, die über mindestens vier Generationen hinweg arab. Schriften ins Hebr. übersetzte. Um 1150 aus Granada ins südfrz. Lunel vertrieben, übersetzte er arab. geschriebene Werke jüd. Philosophen und Sprachwissenschaftler, so Schr. von →Bahja ibn Paquda, →Jehuda ha-Levi, →Saadja, Jonah ibn Janah und Salomo ibn →Gabirol. Sein einziges Originalwerk über Rhetorik und Grammatik (»Sod zaḥut ha-lashon«) ging verloren, erhalten ist jedoch sein Testament (»ẓawwāᶜāh«) für seinen Sohn Samuel ben Judah ibn T. mit Ratschlägen zur Kunst des Übersetzens.

H. H. Lauer

Lit.: EJud (engl.) XV, 1130 – HUCA IV, 469–486 – JL IV, 941 – SARTON II, 345f. – STEINSCHNEIDER, Übers. [Ind.].

Jelena, Kgn. v. →Serbien, † 8. Febr. 1314; Gemahlin von Stefan Uroš I. (1243–76); mindestens vier Kinder: die späteren Kg.e Stefan Dragutin und Uroš II. Milutin sowie zwei Töchter. – Trotz mancher Klärungsversuche bleibt J.s Herkunft unsicher. Nach der von →Danilo II. verfaßten Vita stammte sie aus »frz. Geschlecht« (ot plemene fružskago, und die südit. →Anjou haben sie immerhin ihre Verwandte (affinis, consanguinea) genannt. 1277 verwitwet, erhielt sie von ihrem Sohn Dragutin das Land →Zeta mit den Küstenstädten →Kotor, →Bar, Ulcinj und →Skutari. Sie regierte ihr Gebiet selbständig und war an den Konflikten, die seit 1301 zw. ihren Söhnen ausbrachen, unbeteiligt. 1308 wurde sie vom Enkel Stefan Uroš III. (Dečanski) in der Herrschaft abgelöst. J. hat große Verdienste als Stifterin sowohl für die röm. wie für die orth. Kirche: An der Küste ließ sie mehrere Franziskanerkl. erbauen; in Raszien stiftete sie das Kl. →Gradac, ihren Alterssitz.

S. Ćirković

Lit.: M. DINIĆ, Odnos izmedu kralja Milutina i Dragutina, ZRVI 3, 1955, 49–82 – G. SUBOTIĆ, Kraljica J. Anžujska ktitor crkvenih spomenika u Primorju, IstGlas, 1–2, 1958, 131–148.

Jelling, Stadt in Dänemark, an der Ostküste Jütlands, nahe Vejle, mit den bedeutendsten archäolog. Zeugnissen des dän. FrühMA, die die enge Beziehung der Kg.e →Gorm d. A. und →Harald Blauzahn zu dieser Stätte und zugleich die Christianisierung belegen. Die ältesten Reste sind die Fragmente eines Bautasteinmonuments (→Bautastein), möglicherweise ein Grab in Form einer großen Schiffssetzung, und der »Kleine« →Runenstein (zur Inschrift s. →Gorm). Von den zwei sehr großen, kegelstumpfförmigen Grabhügeln ist der Nordhügel möglicherweise der ältere, in dem sich eine große, aus Holz errichtete Grabkammer (für Gorm?) befindet (stark gestörter Fundbestand; Holz stammt aus dendrochronolog. Unters. wohl aus dem Winterhalbjahr 958/959). Der Südhügel (wohl in den 970er Jahren errichtet) enthält keine Grablege. Zw. den Hügeln liegt eine um 1100 erbaute Steinkirche mit Spuren von drei Vorgängerbauten aus Holz, von denen der erste sehr groß war und Skeletteile eines Mannes mittleren Alters (Kg. Gorm?) enthält. An der Südseite dieser Kirche setzte Harald Blauzahn den »großen« Runenstein mit einem Christusbild auf einer Seite und einer Gedenkinschrift für seinen Vater Gorm und seine Mutter Thorwi sowie der Selbstnennung als Harald, »der ganz Dänemark und Norwegen für sich gewann und die Dänen zu Christen machte.« Naheliegend ist, daß Harald die Grabkirche (für Gorm?) erbauen ließ. →Dänemark, C.I.

K. J. Krogh

Lit.: E. DYGGVE, Mindesmærkerne i J., 1964 – K. J. KROGH, The Royal Viking-Age Monuments at J...., Acta Archaeologica, 1953–82, 1983, 183–216 – K. CHRISTENSEN – K. J. KROGH, J.-højene dateret (Nationalmuseets Arbejdsmark, 1987), 223–231.

Jena, Stadt in Thüringen. Kurz vor dem Saaleübergang der Fernstraße von Erfurt nach Zeitz lag das um 830–850 im →Hersfelder Zehntverzeichnis gen. Dorf J. Unmittelbar am Fluß deutet eine Nikolaikirche auf eine wohl um 1100 entstandene Kaufmannssiedlung hin. Zw. beiden Siedlungskernen bildete sich an der Kreuzung mit einer am Westufer der Saale entlangführenden Fernstraße im späten 12. Jh. die Stadt mit der Michaelskirche unter Botmäßigkeit der Herren v. →Lobdeburg. Im 13. Jh. wuchs unter einem lobdeburg. Schultheißen die Selbstverwaltung mit dem seit 1275 bezeugten Rat. Der Weinbau verhalf der Stadt zu beachtl. Wohlstand, so daß sie von den Landesherren 1352 das Münz-, Zoll- und Geleitsrecht, 1406 die Steuerhoheit, 1365 die niedere und 1429 die hohe Gerichtsbarkeit abkaufen konnte. 1286 ließen sich Dominikaner, 1301 Zisterzienserinnen, 1418 Karmeliter nieder. 1331 fiel J. an die →Wettiner, die 1332 das bisher frk. durch das sächs. Stadtrecht v. Gotha ablösten. Das Rathaus wird seit 1368 gen. (Neubau: um 1440).   K. Blaschke

Q. *und Lit.*: UB der Stadt J. und ihrer geistl. Anstalten, 3 Bde: 1182–1580, hg. J. E. A. MARTIN–E. DEVRIENT, 1888–1936 – H. KOCH, Gesch. der Stadt J., 1966.

Jenaer Liederhandschrift → Liederhandschriften

Jenseits, -vorstellungen, -reisen, -brief →Eschatologie, →Fegfeuer, →Gericht, Jüngstes, →Himmel, →Hölle, →Vision, -slit.; →Himmelsbrief, →Teufelsbrief

Jens Grand → Johann Grand

Jenson, Nicolaus, Münzmeister, Druckerverleger und Buchhändler, * um 1430 (?) in Sommevoir bei Troyes (dép. Aube), † Sept. 1480 in Venedig. Im Herbst 1458 sandte der frz. Kg. Karl VII. seinen Münzmeister J. nach Mainz, der dort die neuerfundene Buchdruckerkunst erkunden sollte. J. wandte sich dann nach Venedig, wo er 1470 mit einer schönen Antiqua-Letter zu drucken begann. Er schuf auch formvollendete rundgot. Schriften verschiedener Grade. Seine vielseitige und ausgewogene Produktion und solche anderer Pressen vertrieb er über die um 1475 gegr. Handelsgesellschaft »N.J. sociique«, der u. a. die Frankfurter Kaufleute P. Uglheimer und J. Rauchfaß angehörten. Von den buchhändler. Aktivitäten J.s gibt ein kürzl. entdecktes Frgm. einer Buchhändleranzeige von 1478/79 Kunde. 1480 ging er mit seinem großen Konkurrenten J. de →Colonia eine Gesellschaft ein, die über seinen Tod hinaus bis 1485 bestand.   S. Corsten

Lit.: GELDNER, II, 65f. – K. HAEBLER, Die dt. Buchdrucker des 15. Jh. im Ausland, 1924, 27–33 – B. BREITENBRUCH, Ein Frgm. einer bisher unbekannten Buchhändleranzeige, Gutenberg-Jb., 1987, 138–145.

Jeremias (Prophet) → Propheten

Jeremias. 1. J. (Ieremias), bulg. Priester aus der 2. Hälfte des 10. Jh. Versch. Abschriften des ma. slav. Index librorum prohibitorum nennen ihn einen Schüler des Pop' Bogumil (→Bogomilen) und zählen seine 'häret.' Werke auf, die in sieben südslav. (kyrill. und glagolit.) und russ. Hss. des 14.–16. Jh. erhalten sind. Dabei handelt es sich um einen kompilativen Zyklus mit bibl. Exzerpten außerkanon. Charakters, wahrscheinl. zur Bekämpfung der bogomil. Lehre angefertigt, darunter z. B. eine 'Erzählung über das Kreuzesholz'. Die Absicht des Verfassers scheint schon sehr bald verkannt worden zu sein, da er in der slav. Überlieferung in Reden des Konstantinopler Patriarchen Sisinnios II. (996–998) in bezug auf das Eherecht (cf. GRUMEL-DARROUZÈS, Reg. 804) sowie in einer Epistel des Jerusalemer Mönches Athanasius (11. Jh.) verurteilt wird. Letztere Schrift wurde in die slav. →Kormčija ab dem ausgehenden 13. Jh. aufgenommen und verur-

sachte damit vermutl. die Verzeichnung der Werke des J. in Index der verbotenen Bücher.   Ch. Hannick

Ed.: V. JAGIĆ, Prilozi k historij književnosti naroda hrvatskoga i srpskoga, Arkiv za povjestnicu jugoslavensku 9, 1868, 92–97 – M. SOKOLOV, Materialy i zametki po starinnoj slavjanskoj literature I, 1888, 84–107 – Berlinski sbornik, Vollst. Stud.ausg. von Ms. (slav.), Wuk 48, ed. H. MIKLAS, 1988, 27, f. 78r–94r. – *Übers.*: D. PETKANOVA, Stara bŭlgarska lit., II: Apokrifi, 1981, 274–288, 398f. – *Lit.*: E. GEORGIEV, Literatura na izostreni borbi v srednovekovna Bŭlgarija, 1966, 202–231 – Istorija na filosofskata misŭl v Bŭlgarija I, 1970, 55–58 – Rečnik na bŭlgarskata literatura II, 1977, 21f. [L. GRAŠEVA] – A. DE SANTOS OTERO, Die hs. Überlieferung der altslav. Apokryphen II, 1981, 129ff. – DERS., Ein neuer Textzeuge der Kompilation des Popen J., Cyrillomethodianum 5, 1981, 5–10 – D. PETKOVANOVA, Apokrifni vŭprosi i otgovori, Starobŭlgarska lit. 21, 1987, 3–25 – H. MIKLAS, Kyrillomethodian. und nachkyrillomethodian. Erbe im ersten ostslav. Einfluß auf die südslav. Lit. (Symposium methodianum, 1988), 446f.

2. J. de Montagnone, * 1250/60 in Padua, † 1320/21 ebd. Stammte aus einer Ghibellinenfamilie, Dr. jur. civ., Mitglied des Paduaner Kollegiums der Judices Palatii. Werke: Compendium de significatione vocabulorum medicorum (verloren), Summa commemorialis utilium iuris (Cod. Venet. Marc. Lat. V. 15 = 2353), eine Slg. jurist. Maximen (unvollendet) sowie J.' Hauptwerk, das nach 1295 verfaßte, in mehreren Redaktionen vorliegende Compendium moralium notabilium, ein umfangreiches moral. Florilegium in fünf Teilen, von denen jeder in themat. untergliederte Bücher unterteilt ist. Jeder Abschnitt umfaßt eine bestimmte Anzahl von Zitaten lat. und griech. klass. Autoren (bes. zu beachten sind die in der ursprgl. Fassung fehlenden, nach der »resurrectio Catulli« in Verona hinzugefügten Catull-Zitate); die griech. Klassiker werden in lat. Übers. gebracht; ferner finden sich Zitate aus der Bibel, der Väterlit. und aus. ma. Autoren in Prosa und in Versen sowie aus mündl. Tradition (Sprichwörter in Paduaner Mundart). Im Vorwort gibt J. einen chronolog. Katalog der zitierten Autoren, der durch die bewußte Unterscheidung zw. Klassizität und Postklassizität von Bedeutung ist (die antiken Dichter werden als »Poeta«, die ma. als »Versilogus« bezeichnet; das Ende der Antike ist offenbar mit →Isidor v. Sevilla angesetzt). Der große Erfolg des Werkes in Italien und Deutschland ist durch mindestens 65 erhaltene Hss. belegt.   M. Feo

Ed.: Venedig 1505 – *Lit.*: R. WEISS, Il primo sec. dell'umanesimo, 1949, 13–50 – B. L. ULLMAN, Stud. in the It. Renaissance, 1973², 79–112 – G. BRAGGION, Un indice cinquecentesco d. bibl. di S. Giovanni in Verdara a Padova, IMU 29, 1986, 247–248.

Jérez (J. de la Frontera), 1249 von Ferdinand III. eroberte Stadt im S Andalusiens; nach Aufstand und Vertreibung der Mauren 1264 erneut von chr. Siedlern besiedelt, deren 'Libro de Repartimiento' 1828 Vollbürger nennt (ca. 7000 Einw.; Ende des 15. Jh.: 12 000). Das Stadtrecht übernahm J. von →Sevilla und →Toledo; das Stadtregiment lag in der Hand von Familien des niederen Adels (Dávila, Vera, Cabeza de Vaca, Villavicencio, Villacreces, Zurita, Melgarejo, Gaitán, Rallón, etc.), die in zwei Parteien gespalten waren. Seit Ende des 14. Jh. stand J. unter dem polit. Einfluß regionaler Magnaten wie der →Guzmán, der →Ponce de León und der La →Cerda. Mittelpunkt eines ausgedehnten Gebietes, des 'maur. Streifens' (*banda morisca*), an der Grenze zum Kgr. →Granada, beherrschte J. das Gebiet um den Guadalete und den Unterlauf des →Guadalquivir mit →Cádiz als Vorhafen. Auf seinem Territorium gab es keine Dörfer, und alles Militär war in der Stadt zusammengezogen. J. war Sitz einer Vikarie des Ebm.s Sevilla mit 24 Pfründen, einem Kollegiatsstift, 5 städt. und seit dem 15. Jh. zwei Vorortspfarreien. Die intensive

Landwirtschaft (Vieh, Getreide, Wein) war exportorientiert. M. A. Ladero Quesada

Lit.: H. Sancho de Sopranis, Hist. de J. d. l. F., 1964 – M. González Jiménez – A. González Gomez, El libro del Repartimiento de J. d. F., 1980 – A. González Gomez, La población de J. en el siglo XV, Andalucía Medieval, 1982, 35-47.

Jerpoint, Abtei OCist in Irland (Gft. Kilkenny), gegr. auf Land, das von Domnall MacGillapátraic († 1165), Kg. v. Ossory, wohl nach 1160 geschenkt wurde; die Gründung wurde daher zunächst als 'Abtei v. Ossory' bezeichnet. Die Beziehungen zum →Zisterzienserorden sind für die Frühzeit ungeklärt; nach der 'tabula' wurde J. erst 1180 zisterziensisch (sein Tochterkl. Killenny sogar erst 1185, obwohl dessen Besitzausstattung bereits 1162–65 erfolgt war). Beide Abteien dürften aber schon frühzeitig der Zisterzienserregel gefolgt sein, auch wenn sie dem Orden formell nicht affiliiert waren; etwas später wird J. als Tochterkl. von Baltinglass genannt. Während der 'conspiratio Mellifontis' (→Mellifont) von 1227 wurde es aus disziplinar. Gründen der engl. →Fountains Abbey angeschlossen, doch 1274 seinem alten Status wieder zugeführt. Die Kl. bauten wurden im 15. Jh. neuerrichtet. Bei der Auflösung (1540) zählte J. sieben Mönche; die Besitzungen umfaßten 2000 acres, ein Schloß, neun Grangien und zwei Rektorate. G. MacNiocaill

Lit.: G. MacNiocaill, Na Manaigh Liatha in Éirinn, 1142 – c. 1600, 1959 – C. O Conbhuidhe, The Origins of J. Abbey, Cîteaux. Commentarii Cistercienses 14, 1963 – A. Gwynn – R. N. Hadcock, Medieval Religious Houses: Ireland, 1970 – R. Stalley, The Cistercian monasteries of Ireland, 1987.

Jerusalem
A. Stadtgeschichte, Kirchen und Wallfahrt – B. Königreich und Lateinisches Patriarchat.

A. Stadtgeschichte, Kirchen und Wallfahrt
I. Stadtgeschichte – II. Kirchen – III. Wallfahrt.

I. Stadtgeschichte: Unter byz. Herrschaft (330–638) wandelte sich J. von einer heidn.-spätantiken Stadt (Aelia Capitolina) zu einem blühenden Zentrum der Wallfahrt und fungierte seit der Zeit des Konzils v. →Chalkedon (451) auch als Sitz eines Patriarchen. Bevölkerungszahl und Stadtgebiet gewannen eine neue Dimension. Infolge der Besiedlung des Bereichs jenseits der südl. Mauern wurde dieser Teil der Stadtbefestigung wiedererrichtet und die Davidstadt mit dem Gebiet um den Siloah-Teich wie mit dem Berg Sion verbunden; die von der Ksn. Eudokia um 450 errichtete neue Mauer stand auf dem Mauerzug der zweiten Tempelperiode. Unter Ks. →Herakleios wurde anläßl. der triumphalen Rückführung des Hl. →Kreuzes ein neues Stadttor, das Goldene Tor, angelegt (629). Innerhalb der Mauern war die Stadt, nach dem Zeugnis der Madaba-Mosaikkarte (600), durch den →Cardo in zwei Bereiche geteilt; dieser verlief vom Stephanstor (bzw. Damaskustor) im N bis zum Sionstor im S. Regierungs- und Verwaltungssitz war wie in früheren Zeiten die Zitadelle mit ihren Türmen aus herodian. Zeit. Das wichtigste →Forum der Stadt lag auf dem heut. Muristan, südl. des Hl. Grabes.

614 wurde die Stadt von den Sāsāniden nach 20tägiger Belagerung erobert; zahlreiche Bewohner wurden erschlagen und Bauwerke zerstört. Durch den Vertrag v. 629 kam J. wieder an Byzanz. Die pers. Besetzung markiert einen Einschnitt in die Geschichte J.s. Zahlreiche zerstörte Kirchen wurden unter byz. Herrschaft gar nicht mehr oder in bescheidenerem Umfang wiederaufgebaut (meist durch den bedeutenden Verwalter und Patriarchen Modestos, 614–630/634). Das Vordringen der →Araber, die Byzanz 636 am Yarmuq schlugen, besiegelte auch die byz. Herrschaft über J., das sich dem Kalifen 'Omar 638 zu milden Bedingungen ergab. Nach der muslim. Eroberung durften sich die Juden, die während der röm.-byz. Herrschaft aus J. verbannt gewesen waren, wieder im südl. Stadtviertel bei der Klagemauer niederlassen. Auch siedelten sich muslim. Bevölkerung an. Während der Omayyadenzeit (685–750) entstand das bedeutendste islam. Bauwerk in J., der Felsendom (692). In seiner Nähe wurde seit dem 8. Jh. die Al-Aqṣā-Moschee errichtet. Diese reiche islam. Bebauung des in byz. Zeit zum Kehrichtplatz verfallenen Tempelbergs gründet auf der Verehrung der Muslime für diesen Ort, den Schauplatz der nächtl. Jerusalemreise und der Himmelfahrt →Mohammeds.

Während der islam. Zeit erfolgte wohl ein Bevölkerungsrückgang, ablesbar an der Verkürzung des Mauerzuges, die 968 im Zuge der Verteidigung gegen die drohende Invasion des Ks.s →Nikephoros Phokas erfolgte. Die nach dem Erdbeben von 1033 wiedererrichtete Mauer bezog den Südteil mit dem Berg Sion nicht mehr ein. Die Christen J.s, die den Wiederaufbau der Mauern tragen sollten, zogen es, begünstigt durch eine Intervention des byz. Ks.s, vor, in ein Viertel um die Grabeskirche überzusiedeln. Die Juden, deren Viertel nun ebenfalls außerhalb der Mauern lag, zogen in den nö. Teil der Stadt um. 1008/09 verhängte der Kalif al-Ḥākim (→Fāṭimiden) Repressionsmaßnahmen gegen den chr. Kult (Konfiskation des Kirchengutes, Verbot der Palmsonntagsprozessionen; Zerstörung der Grabeskirche, die 1048 durch Konstantin Monomach wiederaufgebaut wurde). Die Eroberung durch die →Selǧuqen (1071) führte erneut zu schweren Zerstörungen. 1098 wurde J. nochmals von den Fāṭimiden besetzt. Am 15. Juli 1099 eroberte dann das Kreuzfahrerheer die Stadt (→Kreuzzüge). Dem dreitägigen Blutbad, das die Kreuzfahrer unter Muslimen und Juden anrichteten, könnten um 20000 Menschen zum Opfer gefallen sein. Die islam. Heiligtümer (Felsendom, Al-Aqṣā-Moschee) wurden geplündert. Die neuen Herren der Stadt verboten Nichtchristen, Muslimen und Juden, die Ansiedlung. So wurde J. wieder zu einer christl. Stadt und zur Hauptstadt des neuen Kgr.es J. Die Befestigungswerke wurden ausgebaut; so erhielt die Zitadelle einen Wehrgraben, über den an der Ostseite eine Brücke in die Stadt führte. Auch mehrere Stadttore (Damaskustor) wurden wiederaufgebaut. An der NO-Ecke der Stadtmauer wurde ein Wehrturm errichtet (sog. Turm des Tankred). Im inneren Stadtbereich entstanden neue Viertel. Das ehem. Christenviertel hieß nun 'Viertel des Patriarchen'. Das frühere Judenviertel wurde dann von syr. Viertel, besiedelt durch Kg. Balduin I. mit Syrern aus dem Oultrejourdain. Südl. der Grabeskirche, am Muristan, entstand im Viertel der Italiener (Amalfitaner) der Sitz der →Johanniter (Hospitaliter) mit Hospital, Palast der Ritter und den Kirchen St. Johannes Baptista und Sta. Maria Latina. Ein weiteres Viertel gehörte dem mit der Leprosenpflege befaßten Ritterorden der →Lazariten; es lag im nördl. Stadtgebiet zw. Tankredsturm und Stephanstor. Die Kg.e residierten während der ersten drei Jahrzehnte in der ehem. Al-Aqṣā-Moschee (sog. 'Templum Salomonis'), um dann in den sog. Davidsturm, im Außenbereich der Zitadelle, überzusiedeln. Die Al-Aqṣā-Moschee mit dem südl. Teil des Tempelplatzes wurde dann zum Sitz des →Templerordens.

Nach der Katastrophe v. →Ḥaṭṭīn (4. Juli 1187) fiel J. nach vierzehntägiger Belagerung am 9. Okt. 1187. Der Übergabevertrag garantierte den Kreuzfahrern freien Abzug zur Küste, doch nur soweit sie Lösegelder aufzubringen vermochten. →Saladin ließ alle christl. Kreuze an den Kirchen entfernen, erlaubte aber, daß vier syrische Priester weiterhin den Gottesdienst am Grabe Christi versahen. Der Sultan ließ (u. a. durch Besprengen mit Rosenwasser) die Spuren des Christentums an Felsendom u. Al-Aqṣā-Moschee tilgen und beide Bauwerke reich ausschmücken (Fresken, Mosaiken). Saladin ließ Juden offiziell wieder in der Stadt zu, so daß sich erneut eine jüd. Gemeinde bildete, deren Mitglieder zumeist aus Europa und dem Nahen Osten zugewandert waren. 1219 ordnete jedoch der Ayyūbidensultan al-Muʿaẓẓam die Schleifung der Mauern und der Zitadelle v. J. an. In der unbefestigten Stadt setzte Bevölkerungsschwund ein, der erst im 16. Jh. wieder ausgeglichen wurde. 1229 fiel J. aufgrund des zw. Ks. Friedrich II. und Sultan al-Kāmil geschlossenen Vertrags an die Kreuzfahrer zurück (mit Ausnahme des Tempelplatzes). Friedrich II. zog in J. ein und krönte sich selbst in der Grabeskirche (18. März 1229). 1244 wurde die Stadt von einem choresmischen Söldnerheer für den Sultan von Ägypten unter schweren Zerstörungen und Plünderungen zurückerobert. Unter der Herrschaft der →Mamlūken (1260–1516) wurden Baumaßnahmen durchgeführt (Zitadelle, Wasserversorgung, Umgestaltung des Tempelplatzes durch Brunnen, Arkaden, Minarette, Bethäuser und Medresen); J. wurde zu einem Zentrum islam. theol. Bildung. Auch die jüd. Bevölkerung nahm zu: 1485 lebten im Judenviertel, das 1187 im sö. Gebiet (im Bereich des heut. jüd. Stadtteils) lag, ca. 250 Familien.

Seit Mitte des 14. Jh. beherbergte J. auch wieder röm.-kath. Christen, infolge der Gründung der franziskan. →Custodia Terrae Sanctae auf dem Berge Sion (1333), mit Erlaubnis der muslim. Regierung. Es kam zu einer Reihe von Konflikten mit der jüd. Bevölkerung, die das auf dem Berge Sion lokalisierte 'Davidsgrab', das die Franziskaner mit Kapellen (u. a. Coenaculum) umbaut hatten, beanspruchten. Schließlich konfiszierten die Muslime um 1427 die (gleichfalls von ihnen verehrte) Stätte und errichteten eine Moschee.

In der Mamlūkenzeit nahm die Bevölkerung J.s kontinuierlich ab. Hatte sie im 12. Jh. noch ca. 30000 Einw. betragen, so sank sie bis zum Vorabend der osman. Eroberung (1516) auf ca. 10000. Dieser Bevölkerungsverlust sowie die Verarmung breiter städt. Schichten ist nicht zuletzt auf die Mißwirtschaft und den Steuerdruck der Mamlūken zurückzuführen, aber auch auf eine außergewöhnl. Häufung von Katastrophen (Schwarzer Tod, 1348–49). S. Schein

Lit.: F. M. Abel, Hist. de la Palestine, II, 1952 – G. le Strange, Palestine under the Moslems, 1890 – S. D. Goitein, A Mediterranean Society, 1967–81 – R. S. Humphreys, From Saladin to the Mongols, 1977 – The Hist. of J., The Early Islamic Period (638–1099), ed. J. Prawer, 1987 [hebr.] – The Hist. of J. The Crusader and Ayubbid Periods (1099–1244), ed. Ders., 1990 [hebr.].

II. Kirchen: Die gesamte byz. Periode (330–638) stand im Zeichen starker Bautätigkeit, orientiert auf die Errichtung beeindruckender Basiliken über den hl. Stätten der Christenheit. →Konstantin d. Gr. ließ um das Hl. Grab eine Kirchenfamilie errichten; sie umfaßte u. a. die berühmte Rotunde (Anastasis), ein Atrium, die Martyrion-Basilika (→Baukunst, B.I.1). Zw. Tempelplatz und östl. Cardo entstand zum Gedenken an Verurteilung und Geißelung des Herrn eine Hagia-Sophia-Kirche. Unweit hiervon im sö. (heute jüd.) Viertel ließ →Justinian I. die große 'Nea'-Kathedrale erbauen (geweiht 540). Beim 'Hause des Kaiphas' entstand eine Petruskirche, beim 'Gefängnis Christi' oder 'Pilatushaus' die Kirche des 'Pretorium', in der den Pilgern die Geißelsäule gewiesen wurde (später in die Sionsbasilika übertragen). Die Sionsbasilika, die 'Mutterkirche' J.s und Aufbewahrungsort der Dornenkrone, war mit den drei urchristl. Traditionen der Fußwaschung, der Himmelfahrt Mariens und des Pfingstwunders verbunden. Im N der Stadt wurde von Ksn. →Eudokia die Stephansbasilika gestiftet (460). Am Ölberg, dem Ort der Himmelfahrt Christi, entstand vor 380 die Kirche der Ascensio, während auf dem Berggipfel, über der Höhle, in der Christus den Aposteln die Endzeitprophetie verkündet hatte, durch →Helena die dreischiffige Eleona-Kirche errichtet wurde, eines der bedeutendsten Bauwerke der Konstantin. Ära in Jerusalem. Im Gethsemane-Garten ließ →Theodosios d. Gr. 385 eine Basilika bauen.

Viele dieser Kirchen wurden 614 von den Persern zerstört und nach 626 z. T. vom Patriarchen Modestos in bescheidenerem Ausmaß wiederhergestellt. Sie überlebten z. T. die frühe muslim. Periode (638–1099); einige wurden durch die christenfeindl. Maßnahmen al-Ḥākims (1008/09) geschädigt. Aufgrund seiner diplomat. Kontakte zu →Hārūn ar-Rašīd konnte →Karl d. Gr. 810 die Grabeskirche wiederherstellen und eine Kirche mit Pilgerhospiz (Sta. Maria Latina) erbauen lassen. Um 1070–80 erwirkte eine Gemeinschaft von Amalfitaner Kaufleuten die Erlaubnis, diese unter al-Ḥākim zerstörte Kirche wiederaufzubauen und ihr einen Konvent nebst Hospital (geweiht dem hl. Johannes 'dem Almosenier') sowie ein Nonnenkl. (Sta. Maria Magdalena) anzugliedern. Konvent und Nonnenkl. wurden mit it. Benediktiner(inne)n besetzt, während das Hospital schon kurz vor dem 1. Kreuzzug einer Gemeinschaft von Rittern unterstand (→Johanniter).

Während der Kreuzfahrerzeit (1099–1187) wurden die meisten Kirchen aus byz. Zeit wiederhergestellt, doch nur wenige neuerrichtet. 1130–49 entstand der fünfschiffige roman. Neubau der Grabeskirche, der unter einem Dach nun die einzelnen Sanktuarien der Konstantin. Ära vereinte. Gleichfalls zum christl. Hauptheiligtum wurde der ehem. islam. Felsendom, der nun »Templum Domini« genannt wurde. Grabeskirche wie Felsendom wurden mit Augustinerchorherren (→Chorherren v. Hl. Grab) besetzt. Auch in anderen wiederbegründeten älteren Kirchen (Ascensio, St. Maria in Josaphat, Sionskirche), wurden Augustiner angesetzt. Unter den Hospitälern ist namentl. eine Marienkirche (mit Spital) aus dem 12. Jh. zu nennen, aus der, wohl indirekt (über Akkon), der →Dt. Orden hervorgegangen ist. Große Kirchenbauten errichteten auch die Gemeinschaften der Syrer (ansässig seit 1115–16 im ehem. Judenviertel, der 'Juiverie'), Armenier (um 1165: Jakobskathedrale) und Georgier (Hl. Kreuz).

In der Zeit nach der muslim. Eroberung (1187) wurde ein Großteil der kirchl. Bauten in Moscheen oder Medresen umgewandelt, die Grabeskirche dagegen zw. verschiedenen ostkirchl. Glaubensgemeinschaften aufgeteilt. Der röm.-kath. Kult kam nach dem Choresmiereinfall 1244 völlig zum Erliegen. Erst mit der →Custodia Terrae Sanctae hielten 1333 die Franziskaner Einzug, die von ihrer Niederlassung auf dem Sionsberg aus (u. a. Errichtung des 'Coenaculum') die zentralen Aufgaben für das religiöse Leben der abendländ. Wallfahrer und Bewohner wahrnahmen. S. Schein

Lit.: M. de Vogüé, Les Églises de la Terre Sainte, 1860 [Neudr. 1973] – H. Vincent-F. M. Abel, J. nouvelle, 1926 – A. Ovadiah, A Corpus of the Byz. Churches in the Holy Land, 1970.

III. Wallfahrt: Nach archäol. Belegen war J. bereits vor der allg. Christianisierung des röm. Reiches Ziel von Pilgerfahrten. Nach der Umwandlung J.s in eine christl.

Stadt und mit der sich verbreitenden Kunde von der Auffindung des Hl. Grabes und des Wahren Kreuzes wuchs die Zahl der Wallfahrer aus allen Teilen der chr. Welt mächtig an. Zwar betonten Kirchenväter im Anschluß an Paulus, daß dem irdischen J. – im Gegensatz zum →Himml. J. – keine Heilsnotwendigkeit zukomme, doch konnte sich diese Doktrin nicht durchsetzen – zu stark war das Verlangen der Gläubigen, »zu Seiner Wohnstatt zu wallen« (Ps 132,7). Zwei große Kirchenväter verschafften der Wallfahrt eine gleichsam autoritative Grundlage: →Eusebios v. Kaisareia († 340), der als Verehrer →Konstantins wesentl. die byz. Reichstheologie prägte, feierte die von Konstantin geschaffenen Heiligtümer J.s emphatisch als 'Neues J.', das er dem durch die Kreuzigung Christi befleckten 'Alten J.' gegenüberstellte. →Hieronymus († 420) rief die Gläubigen auf, sich die enge Bindung des Apostels Paulus an den Ort J. (Apg 21,13–14; 24,17) zum Vorbild zu nehmen. Die J.-Pilger der frühchr. und frühma. Zeit erlebten J. stark in Begriffen des Neuen Testaments, als Grabesstätte des Heilands und als einzigen Ort, an dem die 'imitatio Christi' auf unmittelbare Weise möglich war. Durch die muslim. Eroberung (638) ging die Wallfahrt zurück, nahm aber im Laufe des 11.Jh. wieder stark zu, bedingt durch die seit dem 8.Jh. in den →Bußbüchern geforderten Bußwallfahrten und mehr noch durch die Gedankenwelt des →Chiliasmus, der J. aufs engste mit der Endzeiterwartung (→Eschatologie) verknüpfte. Die J.-Wallfahrt wurde im 11.Jh. von einem mehr individuellen Phänomen zu einer kollektiven Bewegung: 1026 führte →Richard v. St-Vanne 500 Pilger ins Hl. Land; die große J.-Reise unter Führung dt. Bf.e und Adliger 1064–65 (beschrieben u. a. bei →Lampert v. Hersfeld) soll gar 10000 Pilger umfaßt haben.

Nach der Eroberung J.s durch die Kreuzfahrer (1099) nahm die Wallfahrt neue Dimensionen an; im 12.Jh. durchdrangen Wallfahrt und →Kreuzzug einander. Die religiöse Sinngebung der Wallfahrt wandelte sich; J. und das Hl. Land wurden stärker als Schauplatz des Lebens Christi gesehen. Nicht zuletzt die 'bibl.' Atmosphäre des 1. Kreuzzuges führte zu einer Hinwendung zu den alttestamentl. Traditionen, die nun neben den neutestamentl. standen.

Ließ die Eroberung J.s durch →Saladin (1187) die Wallfahrt zurückgehen, so erlebte sie im 14. und 15.Jh. einen erneuten Aufschwung, bedingt durch eine höher entwickelte äußere Organisation, die Zunahme des →Reisens überhaupt und die wachsende Beliebtheit, die die Wallfahrt nach J. (neben Rom- und Santiago-Wallfahrt) bei Adligen und Bürgern genoß. Goldenes Zeitalter der J.-Wallfahrt war das 15.Jh., wie die große Zahl der Pilgerberichte und -führer (Itineraria, Descriptiones Terrae Sanctae) zeigt (nach R. RÖHRICHT aus dem 15.Jh. allein 400, dagegen aus den Jahren 333–1099 und 1099–1291 nur je 100). Anhand des Reiseberichts von Felix Faber (1441/42–1502) ist auch eine erneute religiöse Akzentverschiebung erkennbar: Die Wallfahrt stand nun im Zeichen der Spiritualität der Franziskaner, die als Kustoden (→Custodia Terrae Sanctae) und Pilgerführer die neutestamentl. Sinngebung und namentl. den Gedanken der Passion betonten.   S. Schein

Lit.: B. J. KÖTTING, Peregrinatio Religiosa, 1950 – J. WILKINSON, Egeria's Travels, 1971 – J. PRAWER, The Latin Kingdom of J. European Colonialism in the MA, 1972, ch. 91 – J. SUMPTION, Pilgrimage. An Image of Medieval Religion, 1975 – J. WILLIAMS, Pilgrims before the Crusades, 1977 – B. DANSETTE, Les pélerinages occidentaux en Terre Sainte: une pratique de la »Devotion moderne« à la fin du M-A?, AFrH 72, 1979, 106–122 – J. PRAWER, J. in the Christian and Jewish Perspectives of the Early MA (Sett. cent. it. XXVI, 1980), 739–812 – S. SCHEIN, La Custodia Terrae Sanctae Franciscaine et les Juifs de Jérusalem à la fin du M-A, REJ 145, 1982, 369–377.

B. Königreich und Lateinisches Patriarchat
I. Königreich – II. Lateinisches Patriarchat.

I. KÖNIGREICH: Die Gründung des Kgr.es J. wurde am 22. Juli 1099, eine Woche nach der Eroberung J.s, von einer Versammlung der Befehlshaber des 1. →Kreuzzuges beschlossen. Der erste Herrscher, →Gottfried v. Bouillon, lehnte den Königstitel ab, doch sein Nachfolger Balduin v. Luxemburg (→Balduin I.) ließ sich Weihnachten 1100 in →Bethlehem krönen. Hierfür wurde die päpstl. Approbation erbeten und gewährt; im übrigen war J. aber nie 'Vasallenstaat' des Hl.n Stuhles oder des neugegründeten lat. Patriarchats, dessen erster kanon. gewählter Inhaber, →Daimbert, allerdings versucht hatte, Gottfried v. Bouillon in eine abhängige Stellung zu drängen. Auch die Anerkennung einer byz. Oberhoheit, wie sie in der Krise von 1171 offensichtlich akzeptiert worden ist, blieb ohne prakt. Auswirkungen.

Zur Zeit seiner größten Ausdehnung, in d. Jahren nach 1153, umfaßte das Kgr. J. ein Gebiet, das im N bis →Beirut, im S noch über al-Darum, einen Ort an der Küstenstraße nach →Ägypten, hinausreichte. Im Binnenland wurde im N, um Beirut, nur ein schmaler Küstenstreifen von Christen beherrscht, während die Herrschaft im S weit ins Landesinnere reichte und mit der mächtigen Herrschaft Oultrejourdain (Transjordanien) sogar das Gebiet östl. des Sees v. Tiberias und des Toten Meeres, bis zum Golf v. Aqaba, umfaßte.

Die Herren der beiden nördl. von Beirut gelegenen Gft.en →Tripoli und →Edessa waren zeitweilig persönlich Vasallen des Kg.s v. J.; ob und wieweit diese Gft.en als solche aber von J. lehnsrechtlich waren, bleibt eine offene Frage. Das Fsm. →Antiochia, das als Vasall des Byz. Reiches konstituiert war, scheint zeitweilig (v. a. während seiner Konflikte mit Byzanz) eine gewisse Oberherrschaft J.s als des mächtigsten der Kreuzfahrerstaaten akzeptiert zu haben.

Die Kreuzfahrer und ihre im Hl. Land ansässigen Nachkommen gründeten zwar einige Siedlungen (*villes-neuves* usw.), die mit Zuwanderern aus Westeuropa zu entsprechendem Recht besiedelt waren, ließen aber im übrigen die Strukturen der einheim. Dörfer unangetastet und nutzten sie als Steuer-und Abgabenquelle, wobei sie die aus muslim. Zeit überkommene effiziente Fiskalverwaltung im wesentl. beibehielten. Da in den Dörfern kaum Domanialland bestand (ein charakterist. Zug der Landwirtschaft in Palästina), blieb das Interesse der neuen Herren an Eigenbewirtschaftung gering. Auch in den Städten wurden die bewährten muslim. Praktiken der Besteuerung von Handel und Gewerbe weiter fortgeführt, die Steuerämter lediglich nach westl. Vorbild mit Jurisdiktionsbefugnissen ausgestattet. Die Maschinerie der islam. Verwaltung war von feudalen Herrschaftsstrukturen überwölbt; auf dieser Ebene traten ausschließl. lat. Christen in Erscheinung, denn nur sie waren vor Gericht und im öffentl. Leben vollberechtigt. Das Lehnswesen war teils durch starke Vorherrschaft des Geld- und Rentenlehens, teils durch einen Typ des Lehens, der in einer Mischung aus Landbesitz, Natural- und Geldleistungen bestand, geprägt. Das Kgr. war in einzelne Herrschaften aufgegliedert, deren Inhaber – vielleicht nach dem Vorbild westl. Markenorganisation – über volle Jurisdiktionsrechte verfügten. Dies zog eine Zersplitterung der polit. Gewalt nach sich, da das Kgtm. nur innerhalb seiner Krondomäne über öffentl. Gerichtshöfe und sonstige wirksame Institutionen der Machtausübung verfügte, im übrigen aber nur mit Rat und Hilfe seiner Kronvasallen regieren konnte. Die *Haute Cour*, die Versammlung der Kronvasallen, war folglich Zentrum der polit. Macht; allerdings wurde dieses Gremium in der Zeit nach 1163 stark vergrößert, da aufgrund der →*Assise sur la ligece* nun auch Aftervasallen zugelassen wurden. Bei bes. Gelegenheiten wurde die Haute Cour zum *Parlement* erweitert, unter Teilnahme von Repräsentanten aller Institutionen des Kgr.es. Da jedoch – außer in wenigen Sonderfällen – keine allg. Steuern erhoben wurden, blieb eine Entwicklung zu 'tiers état' und 'ständ.' Repräsentation aus. Die sich über der ausgeklügelten islam. Bürokratie erhebenden Institutionen einer Zentralverwaltung trugen stets rudimentäre Züge. In einer 'frontier society', in der die Zahl der Ritter begrenzt war (von einer zu vermutenden Gesamtzahl von 700 Rittern konnten nur ca. 500 Ritter mit Lehen ausgestattet werden), wurde stark das Moment des Dienstes betont – zu einem Zeitpunkt, als in Westeuropa feudale Dienste vielfach schon abgelöst oder transformiert worden waren. Auf diesem Hintergrund ist die Entstehung der bedeutenden baronialen Rechtsschule des 13. Jh. zu sehen (s. a. →Johann v. Ibelin; sog. →Assisen v. Jerusalem), in deren Werken ein Bild des Kgr.es entworfen wird, das den Monarchen gleichsam auf die Rolle eines 'Chef seigneur' reduziert.

Demgemäß wurde die Gesellschaft des Kgr.es J. in der älteren Forschung häufig als eine Feudalgesellschaft angesehen, die im wesentl. den Stand des 11. Jh. konservierte. Heute läßt sich allerdings zeigen, daß das Kgtm. gleichwohl über ausgedehnte Rechte und Machtmittel verfügte: Die Krondomäne war größer als die einzelnen Herrschaften und umfaßte auch die ertragreichen Haupthäfen Akkon und Tyros. Ebenso war das Kgtm. in der Lage, die feudalen Strukturen zu seinen Gunsten zu modifizieren, während die einzelnen Herrschaften bald in finanzielle Bedrängnis gerieten.

Mit der Schlacht v. →Ḥaṭṭīn (1187), in der →Saladin das größte Kreuzfahrerheer, das je im Felde stand, vernichtete, geriet die Verteilung der polit. Gewichte ins Wanken. Trotz der Rückeroberung weiter Teile der Küstengebiete in den Jahren nach 1190 erreichte das Kgr. J. nie mehr seine alte Ausdehnung; die Stadt J. war nur mehr für kurze Zeit, 1229–44, in christl. Hand. Doch konnten die Territorialverluste in gewissem Maße durch die reichen Häfen, die infolge des Aufschwungs der transasiat. Handelsverbindungen ihre Blüte erlebten, ausgeglichen werden. Andererseits wurde das Kgr. durch eine Anzahl von Faktoren im 13. Jh. geschwächt: instabile dynast. und polit. Verhältnisse (1186–1228: Anfall der Krone an Herrscherinnen bzw. deren Ehemänner, 1225–69: häufig wechselnde Regentschaften); Aufstieg einer mächtigen Aristokratie (→Baron, V), die sich in schwere Auseinandersetzungen mit →Friedrich II. verwickelte; Thronstreit zw. den →Lusignan und →Karl v. Anjou (1277–86).

Eine sich um die Mitte des 13. Jh. vollziehende Verlagerung des Asienhandels, der nun nicht mehr auf die Häfen des Landes orientiert war, schwächte die Position der Königsgewalt und führte bei den it. Kaufleutegemeinschaften zu heftigen Konflikten. Begünstigt durch die inneren Krisen, konnten die auf ihre straffe Militärmacht gestützten →Mamlūken seit 1263 ihre Herrschaft auf Kosten der Lateiner Zug um Zug ausdehnen. Ihr jahrzehntelanges Vordringen gipfelte in der Einnahme →Akkons (18. Mai 1291); der letzte Außenposten der Lateiner fiel am 14. Aug. 1291. Damit war J. zu einem Titular-Kgtm. geworden, dessen Krone von den Lusignan und den Nachkommen Karls v. Anjou getragen wurde. J. Riley-Smith

Q.: R. RÖHRICHT, Regesta regni Hierosolymitani, 1893; Additamentum 1904 – RHC Lois – Albert v. Aachen, Hist. Hierosolymitana RHC Oc4 – Fulcher v. Chartres, Hist. Hierosolymitana, ed. H. HAGENMEYER, 1913 – Wilhelm v. Tyrus, Chronicon, ed. R. B. C. HUYGENS (CChr LXIII, LXIIIA), 2 Bde, 1986 – La Continuation de Guillaume de Tyr (1184–97), ed. M. R. MORGAN (Doc. relatifs à l'hist. des croisades XIV), 1982 – L'Est. de Eracles empereur, RHC Oc 1-2 – Les Gestes des Chiprois, RHC Arm 2 – *Lit.*: R. RÖHRICHT, Gesch. des Kgr.es J., 1898 – H. E. MAYER, Das Pontifikale v. Tyrus und die Krönung der lat. Kg.e v. J., DOP 21, 1967 – J. PRAWER, Hist. du royaume latin de J., 2 Bde, 1969–70 – M. BENVENISTI, The Crusaders in the Holy Land, 1970 – J. PRAWER, The Latin Kingdom of J., 1972 – H. E. MAYER, Stud. in the Hist. of Queen Melisende of J., DOP 26, 1972 – DERS., Marseilles Levantehandel und ein akkonens. Fälscheratelier des 13. Jh., 1972 – J. S. C. RILEY-SMITH, The Feudal Nobility and the Kingdom of J., 1973 – R. C. SCHWINGES, Kreuzzugsidee und Toleranz: Stud. zu Wilhelm v. Tyrus, 1977 – A Hist. of the Crusades 4, hg. K. M. SETTON u. a., 1977 – H. E. MAYER, Das Siegelwesen in den Kreuzfahrerstaaten, AAM, Phil.-hist. Kl. NF 83, 1978 – J. RICHARD, The Latin Kingdom of J., 2 Bde, 1979 – J. PRAWER, Crusader Institutions, 1980 – R.-J. LILIE, Byzanz und die Kreuzfahrerstaaten, 1981 – D. M. METCALF, Coinage of the Crusades and the Latin East, 1983 – H. E. MAYER, Mél. sur l'hist. du royaume latin de J., Mém. de l'acad. des Inscriptions et Belles-Lettres NS 5, 1984 – DERS., Gesch. der Kreuzzüge, 1985[6] – J. S. C. RILEY-SMITH, The Crusades. A Short History, 1987 – D. PRINGLE, The Red Tower, 1986 – P. W. EDBURY – J. G. ROWE, William of Tyre, 1988 – S. TIBBLE, Monarchy and Lordships in the Latin Kingdom of J., 1989 – M.-L. FAVREAU, Die Italiener im Hl. Land, 1989.

II. LATEINISCHES PATRIARCHAT: Die ersten Kreuzfahrer verließen Europa wohl ohne feste Absicht, ein lat. Patriarchat zu begründen. Sie erwarteten, im Rahmen einer von Byzanz befehligten Streitmacht ins Hl. Land zu ziehen; dies hätte zur vollen Wiederherstellung der orth. Hierarchie in J. geführt. Tatsächlich hat der griech. Patriarch v. J., Symeon, die Kreuzfahrer ein Stück Weges begleitet, und nach der Eroberung v. →Antiochia wurde hier der griech. Patriarch, Johannes IV., wiedereingesetzt. Als die Kreuzfahrer J. erobert hatten, erreichte sie schon bald die Nachricht vom Tode Symeons, und sie wählten am 1. Aug. 1099 einen Lateiner, um so die Lücke zu schließen. In den folgenden Jahrzehnten wurde der Aufbau einer lat. Diözesanstruktur nur langsam betrieben; 1120 amtierten erst vier lat. Bf.e. Bereits 1111 veränderte der Hl. Stuhl in einem umstrittenen Spruch die Grenze zw. den Patriarchaten J. und Antiochia, um sie mit der Nordgrenze des Kgr.es J. zur Deckung zu bringen (unter Einschluß der Kirchenprovinz Tyros, doch ohne deren drei nördl. Diözesen).

Ein um 1100 begonnener Versuch, ein Patrimonium, vergleichbar dem 'Patrimonium Petri', zu begründen, schlug fehl; die Patriarchen kontrollierten lediglich den Bezirk um die Grabeskirche, die einzige Kirche in J. mit 'jus parochiale'. Nach dem Fall J.s (1187) siedelten die Patriarchen in das 1191 zurückeroberte Akkon über, wo sie auch in den Jahren 1229–41, in denen Jerusalem wieder christlicher Herrschaft unterstand, verblieben. 1261 wurde das Patriarchat Jerusalem mit dem Bistum Akkon vereinigt.

Den Patriarchen unterstanden vier Kirchenprovinzen (Nazareth, Tyros, Caesarea, Petra), sie genossen den ihrer Würde entsprechenden Ehrenvorrang. Dennoch hat das Papsttum ihnen kaum mehr Rechte zugebilligt als anderen Inhabern von →Primaten. Wie diese stützten die Patriarchen ihre Macht stark auf die Legatengewalt ('legati nati' seit ca. 1220).

Nach 1291 setzten Titular-Patriarchen die Tradition fort, bis 1847 die Wiederbegründung des lat. Patriarchats erfolgte. J. Riley-Smith

Q.: R. RÖHRICHT, Regesta regni Hierosolymitani, 1893; Additamentum, 1904 – G. BRESC-BAUTIER, Le Cart. du Chapitre de St-Sépulcre de J. (Doc. relatifs à l'hist. des croisades XV), 1984 – *Lit.:* W. HOTZELT, Kirchengesch. Palästinas im Zeitalter der Kreuzzüge, 1940 – G. FEDALTO, La chiesa latina in Oriente, 3 Bde, 1973–78 – H. E. MAYER, Bm.er, Kl. und Stifte im Kgr. J., 1977 – B. HAMILTON, The Latin Church in the Crusader States, 1980 – H. E. MAYER, The Concordat of Nablus, JEcH 33, 1982.

Jerwen (Gerwa), Stammesgebiet (Landschaft) im n. →Estland, an →Harrien-Wierland stoßend. Seit 1211 unternahmen dt. →Schwertbrüder und Kreuzfahrer von →Livland aus Heerfahrten, die 1217/19 zur Eroberung und Annahme des Christentums durch die Jerwer führten. 1220 wurde J. von Revaler Dänen besetzt und einem kurzlebigen Bm. Wierland (Ebm. Lund) angegliedert (1220–27 Bf. Ostrad). Ein Aufstand aller Esten (1222) wurde von Deutschen niedergeworfen, J. kam unter dt. Herrschaft, wurde 1226 vom Vize-Legaten Wilhelm v. Modena mit benachbarten Landschaften unter päpstl. Schutz genommen, 1227 aber den Schwertbrüdern übergeben und 1230 vergebl. vom Vize-Legaten →Balduin v. Alna beansprucht. Bei Gründung Revals 1230 erhielten 40 Bürger Lehngüter in J., doch ist deren Verbleib ungewiß. Nach Vereinigung der Schwertbrüder mit dem →Dt. Orden (1237) blieb J. bei Rückgabe N-Estlands an Dänemark (1238) beim Orden; kirchl. gehörte es zum Bm. Reval (Ebm. Lund). Wie Kurland und später Harrien-Wierland besaß der Dt. Orden J. ohne Obödienzpflicht gegenüber dem Bf. J. wird Vogtei des Ordens mit der Burg und Stadt →Weißenstein. Zahlreiche estn. Freibauern (Landfreie) in J. waren als leichte Reiterei zur Heeresfolge verpflichtet. Von J. aus unterwarf der Orden 1343 den Estenaufstand. H. von zur Mühlen

Q.: →Esten – *Lit.:* P. JOHANSEN, Die Estlandliste des Liber Census Daniae, 1933 – H. LAAKMANN, Estland und Livland in frühgesch. Zeit (BL I, 1939) – E. BLUMFELDT, Über die Wehrpflicht der estn. Landbevölkerung im MA (Fschr. Apophoreta Tartuensia 1949) – R. WITTRAM, Balt. Gesch., 1954 – E. BLUMFELDT, Über die Freibauern in J. zur Ordens- und Schwedenzeit, CommBalt III, 1, 1957 – F. BENNINGHOVEN, Der Orden der Schwertbrüder, 1965 – S. VAHTRE, Jüriöö, 1980.

Jesi, Stadt in Mittelitalien (Prov. Ancona, Marken); seit 247 v. Chr. röm. Kolonie, später Municipium (Aesis). Archäolog. Spuren des Christentums 4./5. Jh.; 680 erster urkundl. belegter Bf. Honestus. Als Teil der byz. Pentapolis Annonaria in den Gotenkriegen verwüstet, später von den Langobarden erobert, wurde J. 756 in die →Pippinische Schenkung einbezogen (bestätigt d. Ludwig d. Fr. 817 und durch Otto III. 1001). Etwa in d. 2. Hälfte des 12. Jh. konstituierte sich J. als freie Kommune und erlebte unter den Staufern (1194 Geburtsort Friedrichs II.) eine Blütezeit (Weihe der neuen Kathedrale S. Settimio 1208, Bau des ersten Mauerrings unter Verwendung röm. Mauern, Anstieg der Einw.zahl durch Zuzug auf rund 3000). Bis zur Niederlage →Manfreds blieb die Stadt mit kurzen guelf. Zwischenspielen ghibellinisch. Unter den Signorien der rivalisierenden Familien Baligani und Simonetti (deren Mitglieder z. T. als päpstl. Vikare oder Capitani fungierten) führte J. mehrfach Kriege gegen Nachbarstädte, v. a. →Fabriano und Ancona und setzte seine Expansionspolitik im Contado fort. Von Kard. →Albornoz 1355 dem Kirchenstaat einverleibt, kam J. erneut an die Simonetti. Auf den päpstl. Vikar Galeotto Malatesta (seit 1408) folgten die Signorien des Braccio da Montone (→Fortebraccio; 1410–24) und des Fr. →Sforza (1433–47). Danach war J. bis 1860 Teil des Kirchenstaats. Eine bedeutende Rolle spielt J. für die Gesch. des Buchdrucks in Italien (Federico de' Conti aus Verona, 1472 »Divina Commedia«). G. Avella-Widhalm

Lit.: W. HAGEMANN, QFIAB 36, 1956, 138–187 – C. URIELI, J. e il suo contado, 1974 – AAVV, Nelle Marche centrali I, 1979 – AAVV, Uomini, insediamenti … nelle Marche dei s. XIII-XVI, 1981 – AAVV, Istituzioni e società nell' alto medioevo marchigiano, 1983.

Jesira (Buch) → Sefär Jetzira

Jesuaten, später »Apostolische Kleriker vom hl. Hieronymus« gen., auf G. →Colombini († 1367) und dessen ersten Gefährten Francesco Vincenti zurückgehende Bewegung, ursprgl. eine Genossenschaft von Laien, die ohne festgelegte Regeln in strenger Buße lebten und sich Werken der Barmherzigkeit widmeten (Krankenpflege, Begraben der Pesttoten); ohne feste Niederlassungen sammelten sie Almosen für die Armen und verrichteten niedrige Arbeiten. Ihre Bezeichnung geht auf ihre häufige Anrufung des Namens Jesu zurück. 1367 erwirkte die bereits 70 Mitglieder zählende Gruppe von Urban V. die mündl. Approbation ihrer Lebensform unter der Auflage, in festen Niederlassungen zu leben und einen bestimmten Habit zu tragen. Nach Colombinis und Vincentis Tod übernahm Girolamo d'Asciano († 1398) die Leitung. Unter ihm wurden zehn Konvente gegründet (Toskana, Umbrien, später in Mittel- und Norditalien). Die im Auftrag seines Nachfolgers Spinello Boninsegna († 1433) von Giovanni Tavelli v. Tossignano (1386–1446) erarbeiteten Konstitutionen, die auf der sog. Regula S. Augustini basierten, aber Eremitentum und Bußcharakter betonten, wurden im Kapitel vom J. 1426 approbiert. Im Lauf des 15. Jh. entstanden weitere zwölf Konvente. Die J. spezialisierten sich bes. auf die Herstellung von Glas, Uhren und Medikamenten (v. a. des Aquavit, der als Pestmittel galt) und stellten Hss. her (Vorbild: hl. Hieronymus). 1425 und 1495 gerieten sie in den Verdacht des Fraticellismus (→Fraticelli). Seit 1511 legten die J. die Gelübde der Augustinereremiten ab. 1668 hob Clemens IX. die J. und verwandte Kongregationen auf (Eremiten vom hl. Hieronymus in Fiesole, Kanoniker von S. Giorgio in Alga, Venedig [→Correr, Antonio]). In ihrer ebenfalls christozentr. Spiritualität unterschieden sich die J. insofern von den ihnen im Armutsideal verwandten Franziskanern, als sie die Einung mit Gott nicht durch die Nachfolge Christi in der Armut, sondern durch die den Menschen auf myst. Weise verwandelnde Liebe suchten.

Die von Caterina Colombini, Giovannis Cousine (Konversion 1361), begr. *Jesuatinnen,* die in Italien acht Kl. besaßen und deren letzte Niederlassung (Lucca) bis 1954 bestand, führten ein ähnl. Leben wie der männl. Zweig der Kongregation, waren jedoch Klausurschwestern.
A. M. Piazzoni

Lit.: DIP IV, 1114–1130 – DSAM VIII, 392–404 – G. DUFNER, Gesch. der J., 1975 – →Colombini [Lit.].

Jesus Christus (s. a. →Christologie)
I. Frühchristentum – II. Abendländisches Mittelalter – III. Byzanz und Einflußbereiche – IV. Judentum.

I. FRÜHCHRISTENTUM: Wie alle Bilder setzten sich Darstellungen Christi erst gegen Widerstand durch (→Bild, →Bilderverbot). Porträtcharakter war wegen fehlender Überl. unmögl. und blieb der Legende vorbehalten (Acheiropoietoi: →Abgar, →Ikone, →Mandylion). Die noch vor wenigen Jahren allg. Ansicht, das früheste und eigtl. Bild Christi im 3. Jh. sei das allegor. gewesen, ist heute aufgegeben (→Fisch, →Guter Hirt, →Orpheus). J.C. erscheint in Grabkunst und Kultraum (nur →Dura-

Europos erhalten) in bibl. Szenen, meist als Wundertäter, jugendl. und bartlos. Im frühen 4. Jh. wird über die ntl. Erzählung hinausgegangen: Sarkophage mit J.C., dem Gläubige huldigen, oder der auf Löwe und →Basilisk (→Aspis und Basilisk) steht. Seit der Jahrhundertmitte verstärkt sich die Tendenz zu Themen aus theol. Reflexion: z. B. 'Gesetzesübergabe' (→Traditio legis), oft mit unterem Lämmerfries (→Agnus Dei, →Apokalypt. Motive), der auf ein monumentales Vorbild weist; 'Passionssarkophage' mit mittlerem Kreuztropaion, ohne Bild der →Kreuzigung (dies erst im 5. Jh. belegt); J.C. mit den 12 Aposteln, bald mit Hinweisen auf das →Weltgericht. Zur Erhöhung Christi, der jetzt auch bärtig erschien, dienten Motive der Herrschersymbolik, die bis ins MA geläufig blieben (z. B. Gemmenthron oder Globus als Sitz, Gold- oder Purpurgewand, →Nimbus, Bekränzung durch die →Hand Gottes, verhüllte Hände von Huldigenden, z. B. bei Empfang oder Darbringung eines →Kranzes; vgl. auch →Akklamationsrichtung), seit dem 5. Jh. Geleit durch →Engel und Beigabe der Vier Wesen (z. B. Apsiden in S. Pudenziana, Rom, Hos. David, Thessaloniki; →Evangelistensymbole). Im →Bildprogramm sind repräsentative Bilder Christi oder von →Maria mit Kind den bibl. übergeordnet; zum Übergang von bibl. Szenen zum zeitlosen Herrschaftsbild Christi vgl. z. B. →Himmelfahrt Christi, →Verklärung Christi. Symbol. Vertretung des Bildes Christi durch das →Christusmonogramm oder das →Kreuz ist selten (z. B. Apsis in S. Apollinare in Classe, Mitte 6. Jh.: Kreuz mit kleinem Christusbild in der Vierung in symbol. Verklärungsbild. Dem 6. Jh. vorausgehende selbständige Bilder Christi blieben nicht erhalten (→Ikone). J. Engemann

Lit.: LCI I, 355–371 – RAC III, 1–24 – RByzK I, 966–1047 – RDK III, 610–633, 720–724 – TRE XVII, 76–78.

II. ABENDLÄNDISCHES MITTELALTER: Als eines der wichtigsten Themen ma. Kunst erlebt die Darst. C.i vielfältige ikonograph. Ausprägungen, die z. T. starkem Wandel unterworfen sind. Zur frühchristl. Tradition reißt die Verbindung rasch ab. Doch konnten ikonoklast. Tendenzen (Libri Carolini) höchstens kurzzeitig die Entwicklung der C.darstellung unterbrechen, so daß eine durchgehende Tradition seit der frühen MA erkennbar ist. In karol. Zeit sind zwei Bildtypen von Bedeutung: J.C., thronend, der z. T. jugendl., mit Tunika und Pallium bekleidet, an altchristl. Darst.en anknüpft (Godescalc-Evangelistar); ansonsten setzt sich im W immer stärker die byz. Variante des bärtigen Gottessohnes durch. Dazu kommt der auf →Aspis und Basilisk tretende C. des 90. Ps., mit Kreuzstab in der Hand, wieder als Bärtiger oder Jugendlicher (Evangeliar aus Lorsch; hier auch stilist. Spätantikes aufnehmend), weiterlebend in otton. und roman. Kunst (Basler Antependium) und wichtig als Formel für →Himmelfahrtsdarst. bis ins 13. Jh. Die Charakteristik des Alters wird dort zur wichtigen theol. Aussage, wo, wie in frühen Genesiszyklen, der Schöpfergott als Jugendlicher gegeben wird (C.-Creator). Die Gestalt des auf der Weltkugel oder dem Regenbogen thronenden Herrn in der Mandorla, mit Buch und Hostie (?) in Händen, durch Kreuznimbus ausgezeichnet und von Evangelisten, Propheten sowie den apokalypt. Wesen begleitet (Maiestas Domini), wie auf streng ornamental (Vivian-Bibel) oder hierarch. gegliederten Buchseiten (Sakramenta-Fragm. aus Metz) erscheint, wird für Darst.en der Wiederkunft J.C.i und des Endgerichts seit dem 10. Jh. zum Gemeingut. Dabei ist C. fast immer nach strengem byz. Schema frontal, seit dem 13. Jh. häufig mit dem nach festen Proportionen konstruierten Gesicht (Vera Ikon, →Veronikalegende) gegeben. In großem Maßstab wird die Maiestas als Schmuck des Apsisgewölbes zum Höhepunkt der Ausmalung des roman. Kirchenraums (Berzé-la-Ville). Die Thematik erfährt bes. Ausprägung in der frz. Bauskulptur seit Anfang des 12. Jh. Der im Zentrum des Tympanons übergroß thronende gekrönte C. erscheint mit den vier Wesen und den 24 Ältesten zum Gericht (Moissac), Engel halten die Mandorla (Autun); in Conques bes. breit erzählt. Hier tritt J.C. als Salvator auf, barhäuptig, seine Wunden vorweisend. Den Neubeginn der Auffassung vom wiederkehrenden C. bildet die Darst. im mittleren Tympanon des Kg.sportals in Chartres: der Herr in vollkommener Schönheit wendet sich den Gläubigen als Menschensohn zu; Grundlage dürften die Schriften →Bernhards v. Clairvaux sein. Die Gerichtsthematik findet an frz. Portalen der Hochgotik Verbreitung (Chartres-Süd, Paris) und lebt, z. T. ausführl. geschildert, bis ins 15. Jh. weiter (Bern); nicht zuletzt in Schnitzaltären und in der Malerei (Lochner, Memling). Die Verbindung von Gerichtsbild und →Deesis ist seit dem späten 12. Jh. im W üblich, u. U. die Herauslösung der Zentralgruppe mit J.C. als Ganzfigurenbild (Genter Altar); vorher auch schon die typ. byz. Wiedergabe des Pantokrators als Halbfigur, teilw. mit begleitenden Hl.n (Hildesheim, St. Godehard). Daneben taucht an der Kathedrale die Figur des →Beau Dieu auf, alte Elemente des Überwinders des Bösen übernehmend. Spätma. Darst.en zeigen J.C. im gleichen Typus als segnenden Salvator (Mstr. E. S., Schongauer). Bilder aus dem Leben C.i (→Wunder Christi – zunehmend in typolog. Gegenüberstellung mit atl. Szenen (→Bible moralisée, →Bibla pauperum) – kommen, z. T. zu Zyklen erweitert, seit karol. Zeit in Buch- und Monumentalmalerei sowie auf Elfenbeinen vor; später auch in Kapitellplastik und Glasmalerei; in der Skulptur dazu an Lettnern, Chorschranken und Kirchenfassaden. Schwerpunkte d. Darst. sind →Kindheitsgeschichte und →Passion (s. a. →Kreuzigung, Auferstehung). Weiterleben dieser Themen bis in Malerei und Holzschnitzkunst des 16. Jh. Einzelne Bilder, wie Taufe oder →Höllenfahrt, belegen noch lange die Gültigkeit alter byz. Formeln für Figuren und Gesamtkomposition. Im Bereich der →Christusmystik entstehen um 1300 neuartige Bilder J.C.i, die, aus szen. Zusammenhang v. a. der Passion gelöst, eine bes. intensive Versenkung ins Leiden des Herrn ermöglichen sollten (→Andachtsbilder, →Gregorsmesse). Palmesel, Auferstehung und →Hl. Grab waren schon vorher zu eigenständigen plast. Bildwerken geworden. Der seit Anfang des 12. Jh. vorkommende sog. Gnadenstuhl (→Dreifaltigkeit), zunächst mit dem Gekreuzigten, kann nach 1400 zu einem Erbärmdebild umgeformt werden. Ebenfalls aus dem Passionsgeschehen genommen, wird die Vera Ikon zum autonomen Bild; im 15. Jh. mit Zügen des leidenden Herrn (Dornenkrone). Als eigenständige Tafel oder als Stich lebt sie im Brustbild J.C.i weiter, der als Heiland segnend erscheint (Kopien nach v. Eyck); häufig zum Diptychon ergänzt um die bittende Maria (Mstr. v. Flémalle). Dürers Übernahme des kanon. C.typus für sein Selbstbildnis von 1500 markiert mit der Parallelsetzung von Künstler und Schöpfer das Ende des MA. K. Niehr

Lit.: AURENHAMMER, 495–562 – LCI III, 393–394, 399–425 – RDK IV, 609–625, 734–739 – TRE XVII, 78–80 – P. HINZ, Deus homo, 1973, 1981 – P. SPRINGER, Trinitas-Creator-Annus, Wallraf-Richartz Jb. 38, 1976, 17–45 – PH. VERDIER, Dominus potens in praelio, ebd. 43, 1982, 35–106.

III. BYZANZ UND EINFLUSSBEREICHE: Der »Porträt«charakter des repräsentativen und autonomen Bildes J.C.i in

Byzanz wird seit dem 6. Jh. durch das Acheiropoeitos-Bild (→Ikone) bestimmt, ein Abdruck des Gesichtes C.i auf einem Tuch (→Mandylion), das J.C. selbst Kg. →Abgar v. Edessa gesandt haben soll (von ähnl. [Tuch]Abdrücken in Memphis und Jerusalem berichten Antonius v. Piacenza und Theodosius Archidiaconus). Durch das Einmauern in die Stadtbefestigung entstand ein wundertätiger Ziegelabdruck (Keramidion). Beide (auch nebeneinander spiegelbildl. dargest.: Cod. Rossanensis gr. 251) schließlich (944 bzw. 968) nach Konstantinopel in die Marienkirche beim Pharos überführt und von dort 1204 nach dem W verschleppt (Ansprüche in Rom, Genua und Paris). Ähnl. Bericht über einen Ikonenabdruck und weitere, sich selbst vermehrende Kopien in Kamuliana, Kleinasien oder auch in der →Veronikalegende. Von der Präsentationsform her gesehen ist das Brustbild J.C. im Rundschild eine Fortsetzung der antiken imago clipeata, eines Porträt- bzw. Ahnenbildes. Zunehmend ausgestattet mit den Attributen bzw. Motiven der Herrschaft- und Triumphsymbolik bzw./und der kosm. Sphäre tritt es in der frühbyz. Kunst ab dem 6. Jh., oft in Zusammenhang mit dem Herrscherbild (Justinus-Diptychon Berlin, Barberinidiptychon Paris, Louvre), aber auch auf liturg. Geräten (Justinuskreuz Rom, Vatikan, Silbervase aus Emesa Paris, Louvre) sowie schließlich im Münzbild (Justitian II.) auf. Die Darst. J.C.i ohne Bart ist im byz. Bereich selten und auf wenige frühe Bilder (z. B. Barberinidiptychon Paris, Hos. David, Thessalonike) bzw. bestimmte Typen (Emanuel, Anapeson, vgl. u.) beschränkt. Die Darst. als alt oder jung zielt auf verschiedene Aspekte, da sie sowohl gleichzeitig (Münzbild Justitians II.) wie auch simultan am selben Denkmal (z. B. H. Stephanos in Kastoria) nebeneinander auftreten kann und vermutl. auf der bei Dionysios Areiopag. (→Dionysios, hl. C.) zitierten Ansicht (De Div. Nom. 10.2, MPG 3, 937) basiert; er werde alt dargestellt, weil er seit altersher sei, jung aber, weil er in Ewigkeit sein werde. Die jeweiligen Beischriften (O On, Pantokrator, Eleemon, Euergetes, Soter, Zoodotes, Psychosostes, Philanthropos, Sophia tu Theu, Chora ton zonton u. a.) bezeichnen keine Bildtypen, sondern wählen Aspekte des Unbegreifbaren und Unumschreibbaren aus. Eine gewisse Ausnahme hierin bilden »*Emanuel*« und »*Alter der Tage*« (nach Dan 7,9ff.), die häufig gemeinsam wie auch zusammen mit »*Pantokrator*« anzutreffen sind (H. Stephanos, Kastoria u. a.), wobei Emanuel dem jung-seit ewig-Aspekt und Alter der Tage dem alt-in Ewigkeit-Aspekt entspricht und beide durch den dritten Aspekt des Demiurgen und Kyberneten des Weltalls ergänzt werden (vgl. Kosmologie des Kosmas Indikopleustes, Cod. Vat. gr. 699, fol. 43, mit Pantokratormedaillon in der Firmamentwölbung des in Funktion befindl. Weltalls). Grundlage des thronenden J.C. ist die Theophanie der Prophetenvision (Ez 10, Is 6) mit ihren Bildelementen (Thron u. a. imperiale Motive, Vier Tierwesen, Feuerräder etc.; viele Darst.en in Mosaik, Wandmalerei, Buchkunst etc., →Himmelfahrt C.i), die schließlich auch ins →Parusie-Bild übernommen wurde. In spätbyz. Zeit wurden weitere Teilaspekte J.C.i im Bild gefaßt: *Melismos* (Verehrung des Kindes auf dem Altar mit Kelch durch Kirchenväter und/oder Engel, ab 13. Jh., z. B. Studenica, Radoslav-Narthex), *Anapeson* (Emanuel liegend, den Kopf in die Hand des aufgestützten Armes gelegt mit offenen Augen und gekreuzten Beinen, ab 12. Jh., z. B. Cod. Stauroniketa 45; teilw. auch mit Passionsinstrumenten (Peribleptos, Mistras), auch mit Löwe - Anspielung auf das Löwengleichnis des Physiologus - →Ezechiel und Isaias; Serb. Psalter München), *Akra Tapeinosis* (J.C. mit geneigtem Haupt, geschlossenen Augen und gekreuzten Beinen, bis zu den Hüften in/vor oder hinter einem Sarkophag, ab 13. Jh., →Gradac, mit Dornenkrone: Kalenić 1341, Ikonen). Vorbild dafür war wohl die Leichentuchreliquie (H. Sindone) der H. Sophia in Konstantinopel, die die Funktion des Mandylions in der Karfreitagsliturgie übernahm; *Engel des Großen Rates* (stehender Emanuel mit Flügeln und den Wundmalen in der Mandorla, umgeben von den Engelscharen und Habakuk; der Text der Schriftrolle entstammt der Homilie Gregors v. Naz. zu Habakuk MPG 36, 624, z. B. Peribleptoskirche Ochrid 1295); J.C. als *Hoherpriester* und Liturg (Abbreviation der Apostelkommunion, in spätbyz. Zeit auch im bfl. Ornat, z. B. Lesnovo). →Deesis.
M. Restle

Lit.: RByzK I, 966-1047 - E. Dobschütz, C.bilder, 1899.

IV. JUDENTUM: Für das ma. Judentum war die Jesusgestalt nur von peripherem Interesse. Seit dem FrühMA existierten in Gestalt der Toledot-Jeschu-Lit., die in zahlreichen hebr. Versionen auf uns gekommen ist, satir.-polem. Erzählungen vom Leben Jesu, die als ausgesprochene Unterhaltungslit. konzipiert waren. J. ist dort Frucht eines Beischlafs, den seine Mutter Mirjam im menstruationsunreinen Zustand mit einem Mann vollzieht, den sie irrtüml. für ihren Bräutigam hält. Als J. erwachsen ist, mißachtet er die Gesetzesgelehrten, entweiht den Sabbat und vollbringt mit Hilfe mag. Künste viele Wunder und Zaubereien, indem er etwa durch die Luft fliegt oder auf einem Mühlstein übers Wasser schwimmt. Nach langem Hin und Her wird J., der sich als Gottessohn und →Messias deklariert, verhaftet, gesteinigt und begraben. Als das Grab plötzlich leer ist, behaupten J.' Jünger dessen Auferstehung und Himmelfahrt, werden aber durch die Exhumierung und Heranschaffung des von einem Dritten versteckten Leichnams widerlegt. In der theol. Auseinandersetzung mit den Christen bestritt die jüd. Seite wie schon in der Toledot-Jeschu-Lit. die Jungfrauengeburt, die Auferstehung und die Messianität Jesu vehement. Gegen diese spreche insbes. der Umstand, daß die messian. Weissagungen des AT mit dem Kommen des Messias den Anbruch einer Friedensära vorausgesagt hätten, die zu Jesu Zeiten und danach gänzl. ausgeblieben sei. →Religionsgespräche. - Zum J.bild des Islam →
H.-G. v. Mutius

Lit.: S. KRAUSS, Das Leben Jesu nach jüd. Q., 1902 - B. BLUMENKRANZ, Die jüd. Beweisgründe im Religionsgespräch mit den Christen in den chr.-lat. Sonderschriften des 5. bis 11. Jh., ThZ 4, 1948, 119ff. - G. SCHLICHTING, Ein jüd. Leben Jesu, 1982.

Jesusgebet, eine Weise der (ständig wiederholten) Anrufung des Namens Jesu, daher 'immerwährendes Herzensgebet' gen., etwa in der Form »Herr Jesus Christus, erbarme dich über mich Sünder!«, oft verbunden mit einer bestimmten Körperhaltung und entsprechender Atemtechnik. In den Anfängen zurückreichend ins 4. Jh., entfaltet bes. durch →Gregorios Sinaites († 1346) und durch den →Hesychasmus, ins russ. Mönchtum eingeführt durch →Nil Sorskij († 1508), wurde es bes. gefördert durch die hoch geschätzte Philokalie des Nikodemos Hagiorites, eine Slg. aus griech. asket.-myst. Schriftstellern des 4.-14. Jh., und deren Übers. ins Kirchenslav. ('Dobrotoljubije') des Paisij Velickovskij (1793). H. M. Biedermann

Lit.: DSAM VIII, 1126-1150 [Lit.] - BECK, Kirche, 364-366, 694f. [Lit.] - I. HAUSHERR, La méthode d'oraison hésychaste, 1927 - J. GOUILLARD, Kleine Philokalie zum Gebet des Herzens, 1957 - E. AMMANN, Die Gottesschau im palam. Hesychasmus, 1986[3] - E. JUNGCLAUSSEN, Aufrichtige Erzählungen eines russ. Pilgers, 1987[16].

Jesus Haly (ʿAlī ibn ʿĪsā), gest. um 1010, Schüler des Arztes ʿAbd Allāh ibn aṭ-Ṭaiyib am Krankenhaus al-

ʿAḍudīya in Bagdad. Sein Hb. für Augenärzte (»Taḏkirat al-kaḥḥālīn«) zählt zu den berühmtesten Werken der ma. arab. Augenheilkunde: Die in drei Büchern gegliederte Abh. beschreibt Bau und Funktion des Auges, seine Krankheiten sowie deren Therapie mit insgesamt 141 Heilmitteln. Bemerkenswert sind die Beobachtungen bei Bindehautentzündung, Star oder Trachom und die Empfehlung von Narkotika bei schmerzhaften Operationen. Für die Beliebtheit des Werks sprechen lat. Übers. seit dem 13./14. Jh. und frühe Drucke (Venedig 1497, 1499, 1500).
H. H. Lauer

Lit.: arab. Mss.: B. BROCKELMANN I, 483, Suppl. I, 884 – ULLMANN, Medizin, 208 [Lit.] – lat. Mss.: THORNDIKE-KIBRE, 163, 397, 404 – Drucke: KLEBS, 494/2, 497/1 – SARTON I, 731f. [Lit.] – Ali ibn Iša, Erinnerungsbuch für Augenärzte, übers. und erl. v. J. HIRSCHBERG – J. LIPPERT (Die arab. Augenärzte I, 1904).

Jeu parti → Streitgedicht

Jeux floraux ('Blumenspiele'), Dichterwettstreit in →Toulouse, begr. 1323 durch sieben Persönlichkeiten der Region (Adlige, Kaufleute, Bürger, Bankiers). Das *Consistori del Gay Saber* ('Konsistorium der Fröhlichen Wissenschaft') wollte so den lit. Niedergang des Languedoc aufhalten und hielt jährl. Anfang Mai den gen. Wettkampf ab, bei dem die besten Dichtungen mit goldenen Veilchen, silbernen Wildrosen und Ringelblumen gekrönt wurden. Erster Preisträger war 1324 Arnaut Vidal aus Castelnaudary. Aus dem 14. und 15. Jh. sind knapp 100 eingereichte Gedichte erhalten. Die Inspiration der Werke mußte den poet.-moral. Regeln der von Guilhem Molinier verfaßten »Leys d'Amors« entsprechen. Der Lobpreis der Geliebten der →Troubadourdichtung wandelt sich allerdings zum reinen Marienlob.
F. Zufferey

Ed. und Lit.: DLFMA, 221, 436 – J.-B. NOULET–C. CHABANEAU, Deux mss. provençaux du XIVᵉ s., 1888 – F. DE GÉLIS, Hist. critique des J.F., 1912 – A. JEANROY, Les Joies du Gai Savoir, 1914 – J. MASSO TORRENTS, Poésies en partie inédites... d'après le ms. de Barcelone, AM 26, 1914, 449-474; 27-28, 1915-16, 5-36 – A. JEANROY, Poésies provençales inédites du XIVᵉ s., AM 52, 1940, 241-279 – F. ZUFFEREY, Bibliogr. des poètes provençaux du XIVᵉ et XVᵉ s., 1981.

Jezeriten → Ezeriten

Jezira (Buch) → Sefär Jetzira

Ifrīqiya → Afrika II

Igel (gr. echinos, lat. e(i-)ricius, erinacius u. ä.), in Europa heim., vor der NZ nicht als Insektenfresser erkanntes Säugetier mit meist nächtl. Lebensweise, von Aristoteles vom Seeigel unterschieden, aber von den ma. naturkundl. Enzyklopädikern (Thomas v. Cantimpré 4,39; Konrad v. Megenberg III A, 26, Bartholomaeus Anglicus 18, 60 u. a.) wie auch arab. Autoren wegen gleicher Namen oft verwechselt. Als anatom. Besonderheit wird die Lage der Hoden wie bei den Vögeln im Körper angegeben; der angebl. doppelte After ist unerklärl. Statt Bauch gegen Bauch begattet sich der I. Rücken gegen Rücken in der arab. und lat. Version (des Michael Scotus) aus sprachl. Mißverständnis (KRUK, 207). Auch das schlechte Hören beruht auf einem Übers.s- oder Schreibfehler. Die Berühmtheit als Wetterprophet stammt von Ps.-Aristoteles und wurde durch Ambrosius weit verbreitet. Das Einigeln und seine Aufhebung durch warmes Wasser beschreibt Thomas nach dem »Liber rerum«, das Sammeln von Obst mit den Stacheln nach Isidor. Der Haut und Stacheln schädigende Urin ist Jägerlat. zur Erklärung der grausamen antiken Tötungsmethode. Die humoraltheoret. Begründung für die Umwandlung der Haare in Stacheln wurde von Thomas ebenso wie das Volksmedizinische vom »Experimentator« übernommen. Dagegen findet sich das ganze organotherapeut. Kapitel von Ps.-Rasis bei Albertus Magnus (22,98–100). Die falsche Gleichsetzung des I.s mit choerogryllus (Klippschliefer) in einer Bibelglosse bei Thomas, Albertus Magnus und Bartholomaeus wird von Vinzenz v. Beauvais diskutiert. Für Hrabanus Maurus ist er Sinnbild der lasterhaften und räuber., aber ängstl. Sünder.
Ch. Hünemörder

Q.: Albertus Magnus, De animalibus, ed. H. STADLER, II, 1920 – Ambrosius, Exameron, CSEL 32/1 – Hrabanus Maurus, De universo [De rerum naturis], MPL 111 – Isidorus Hispalensis, Etymologiae, hg. W. M. LINDSAY, 2, 1911 – Konrad v. Megenberg, Das Buch der Natur, ed. F. PFEIFFER, 1861 [Neudr. 1962] – A. VAN OPPENRAAY, Het eerste boek van Michael Scotus' latijnse vertaling van Aristoteles' De generatione animalium... [Diss. Amsterdam 1988] – Ps.-Rasis, De fac. part. animal., Abubetri... Rhazae... opera exquisitiora, 1544 – Thomas Cantimpratensis, Liber de natura rerum, T. 1, ed. H. BOESE, 1973 – Vincentius Bellovacensis, Speculum naturale, 1624 [Neudr. 1964] – Lit.: R. KRUK, Hedgehogs and their 'chicks', Zs. für Gesch. der Arab.-Islam. Wiss. 2, 1985, 205-234.

Iglau (Iglavia, Jihlava), bedeutende Bergstadt in W-Mähren, nahe der böhm. Grenze; vorstädt. Dorfsiedlung des 12. Jh., erhielt ihre Bedeutung durch die Entdeckung reicher Silberadern um 1240, als die Region aus dem Besitz des Kl. Tischnowitz wieder an den Kg. gelangte. Mit der dynam. Entwicklung I.s verbunden war ein breiter Zustrom dt. Bergleute. Um 1245 wurde auf einem hoch über dem gleichnamigen Fluß gelegenen Vorsprung eine großzügig angelegte Stadt mit außergewöhnl. großem Markt (3600 m²) gegr., in der sich früh Dominikaner (wohl schon 1247, sicher 1257) und Minoriten (kurz vor Mitte des 13. Jh.) niederließen. Städt. Pfarrkirche St. Jakob 1257 (unter Patronat v. →Selau), städt. Spital 1258, Stadtschule nach 1280. Die berühmten I. er Stadt- und Bergwerksprivilegien, erhalten in zwei Ausfertigungen (formell auf 1249 datiert, diplomat. wohl erst in die 1280er Jahre gehörend), geben ursprgl. Verhältnisse wieder (ed. Cod. dipl. regni Boh. IV, Nr. 177). Die lat. Fassung wurde im dt. sächs. →Bergrecht übernommen. I. war während des ganzen MA Appellationsgericht der Bergstädte des böhm. Staates (kodifiziert 1345). Für 1420 wird die Einwohnerzahl der Innenstadt bei sinkender Tendenz auf rund 3700 Personen geschätzt. Während der hussit. Revolution war I. wichtiger Stützpunkt der kath. Partei gegen das Hussitentum. 1425 Judenausweisung. Im 15. Jh. stagnierte I. (u. a. Verfall als Oberhof), doch gelang anscheinend eine wirtschaftl. Belebung (Kontramarkierung fremder Münzen, ztw. eigene Münzprägung). I. anerkannte Kg. Ladislaus Postumus und stand Georg v. Podiebrad zumeist feindl. gegenüber, hielt nachher zum in I. gekrönten Matthias Corvinus. Im Laufe des 15. Jh. emanzipierten sich Rat und Gemeinde vollständig vom kgl. Richter.
I. Hlaváček

Q. und Lit.: J. A. TOMASCHEK, Dt. Recht in Österreich im 13. Jh. auf Grundlage des Stadtrechtes von I., 1858 – DERS., Der Oberhof I. in Mähren und seine Schöffensprüche aus dem 13.–16. Jh., 1868 – A. ZYCHA, Das böhm. Bergrecht, 2 Bde, 1900 – J. MEZNÍK, Jihlavské privilegium a počátky města Jihlavy, Sborník archivních prací 4-2, 1954, 3-28 – F. HOFFMANN, Jihlava v husitské revoluci, 1961 – K. KŘESADLO, Jihlava, 1986.

Ignatios. 1. I., Patriarch v. Konstantinopel, * um 798 (mit dem weltl. Namen Niketas) in Konstantinopel, Sohn des späteren Ks.s Michael I. (Rangabe), † 23. Okt. 877; trat nach der Absetzung seines Vaters (813) ins Kl. ein. Ksn. Theodora ernannte ihn nach dem Tode des →Methodios in unkanon. Weise zum Patriarchen (3. Juli 847). Auseinandersetzungen mit eigenen Bf.en (Gregorios Asbestas) führten zu deren Appell nach Rom (Päpste Leo IV., Benedikt III.) und brachten eine Aktualisierung des Primatgedankens mit sich. Die Abneigung I.' gegen die

Machenschaften des Caesar Bardas und sein Eintreten für Teilnehmer an einer Verschwörung führten zu seiner Absetzung und Verbannung (23. Okt. 858). Dem Versuch einer Wiedereinsetzung gab die Synode 859 in der Apostelkirche nicht statt. Dagegen griff Papst Nikolaus I. den Fall nochmals auf, und I.' Nachfolger →Photios und Ks. Michael III. mußten einer erneuten Synode in Konstantinopel zustimmen (Ostern 861), die mit der endgültigen Amtsenthebung des I. endete. Zwei Monate nach der Absetzung des Photios wurde I. von Ks. Basileios I. erneut zum Patriarchen bestellt (23. Nov. 867). Trotz seiner Bestätigung durch das Konzil 869/870 und durch Papst Hadrian II. war seine Stellung wegen der großen Anhängerschaft des Photios prekär. Seine Haltung im Streit um die kirchl. Zugehörigkeit Bulgariens schuf erneut Spannungen mit Rom, doch ist eine Exkommunizierung durch Papst Johannes VIII. eher unwahrscheinl. Sein Leben, das sich in einer polit. und geistig bewegten Zeit vielfach in kleinl. Streitigkeiten verlor, beschreibt (um 960) →Niketas David.

P. Schreiner

Q. und Lit.: MPG 105, 487–574 [Vita] – LThK² V, 612f. – The Synodicon Vetus, ed. J. Duffy – J. Parker, 1979, Kap. 157–159, 163, 164 – H.-G. Beck, Gesch. der orth. Kirche im byz. Reich, 1980, 96–118.

2. I. Diakonos, Metropolit v. Nikaia, Autor, * um 784, Schüler des Patriarchen v. Konstantinopel, →Tarasios, Mönch, im Dienst des Tarasios Diakon und Skeuophylax in der Kirche der Hl. Sophia; vermittelte im →Bilderstreit, nach dem Tod von →Theophanes Graptos († 11. Okt. 845) Metropolit v. Nikaia. Er verfaßte die Viten der Patriarchen Tarasios (ed. J. A. Heikel, Acta soc. scient. Fennicae 17, 1889, 395–423) und Nikephoros (MPG 100, 41–160; C. de Boor, Nicephori... opuscula hist., 1880, 139–217), die Biographie des Georgios Dekapolites (ed. F. Dvornik, 1926) und Briefe kirchenhist. Inhalts (ed. M. Gedeon, *Néa Βιβλιοθήκη Ἐκκλησιαστικῶν Συγγραφέων Α'*, 1903, 1–14). I. trat auch als profaner und kirchl. Dichter hervor (daher Zuname 'Melodos'). Zu seinen profanen Dichtungen gehören u. a. Paraphrasen der äsop. Fabeln, Elegien, zu den kirchl. Hymnen (u. a. 143 Verse auf Adam; ed. C. F. Müller, 1883) und eine alphabet. Paränese.

E. Konstantinou

Ed.: G. Marengi, Ignatio diacono e i tetrastichi giambici, Emerita 25, 1957, 487–498 – M. Gigante, Un codice inesplorato dei tetrastichi di Ignazio e dei suoi imitatori (Actes de Congr. byz. de Thessalonique, III, 1953), 114–124 – N. Anastasijević, Die Parän. Alphabete in der gr. Lit., 1905, 32–34 – *Lit.:* Beck, Kirche, 511f. – Catholicisme V, 1195f. – Tusculum-Lex.³, 1982, 360f.

Ignorantia → Docta ignorantia

Igny, Abtei OCist (Erzdiöz. Reims, dép. Marne), ca. 1127 gegr. auf Initiative des Reimser Ebf.s Rainald v. Martigny, in Kooperation mit →Bernhard v. Clairvaux; 4. Tochterkl. von →Clairvaux; Kirche 1130 geweiht, 1362–1404 neu erbaut; bedeutendes Zentrum zisterziens. Geisteslebens. Die nahegelegenen Kl. Signy und Valroy wurden 1135 bzw. 1150 von I. aus begründet. Weggefährten und Schüler Bernhards amtierten als Äbte: Guerricus v. I. (1138–56), Autor einer Predigtslg., →Gottfried v. Clairvaux (1156–61), Autor u. a. einer Lebensbeschreibung von Bernhard, und Petrus Monoculus (1169–79). Die Bibliothek (über 200 Hss. im 13. Jh.) bezeugt gleichfalls eine Blüte geistiger Bildung, die in der Tradition der Schule v. →Reims stand. Karl VI. stellte 1421 den Besitz zeitweise unter kgl. Verwaltung; Konflikte mit dem Reimser Ebf. bedrohten die Autonomie der Abtei, zeitweise verließen die Mönche das Kl.

H.-J. Schmidt

Lit.: Dict. des auteurs cisterciens, 1975ff., 279f., 308f., 522, 560f. – P. L. Pechenard, L'hist. de l'abbaye d'I., 1883 – J.-B. Auberger, L'unanimité cistercienne primitive: mythe ou réalité?, 1986, 104f.

Igor. 1. (skand. Ingvar), Fs. v. *Kiev* seit 912/913, † 945/946, Nachfolger →Olegs; nach der Nestorchronik Sohn des legendären norm. Reichsbegründers →Rjurik (aufgrund der überlieferten Lebens- und Herrschaftsdaten umstritten); ∞ Ol'ga aus Pskov 903; Sohn: Svjatoslav. I.s Mutter war evtl. eine Slavin, da sein Sohn einen slav. Namen trägt. In der chronikal. Überlieferung (viele 'Leerjahre') werden der Konflikt mit den →Drevljanen, das erste Auftauchen der reiternomad. →Pečenegen n. des Schwarzen Meeres und zwei (?) Heerfahrten gegen Byzanz hervorgehoben. Ob ein von al-Maʿsūdī für 913/914 berichteter Plünderungszug an die s. Küsten des Kasp. Meeres mit Normannen aus Kiev in Zusammenhang gebracht werden kann, ist unbekannt. Zu Beginn seiner Regierung schlug I. einen Aufstand der Drevljanen nieder, die mit einer Erhöhung ihrer bisherigen Tributleistungen bestraft wurden. Die zunächst freundschaftl. Beziehungen zu den Pečenegen schlugen wahrscheinl. wegen Störungen des Handelsverkehrs durch die Steppennomaden 920 in militär. Auseinandersetzungen um. 941 unternahm I. einen Angriff auf Byzanz, in dessen Verlauf seine Flotte zweimal (bei Hieron und beim Rückzug über das Schwarze Meer) geschlagen wurde. Die Gründe für sein Vorgehen scheinen mit der Nichtbeachtung des Vertrages von 911 durch die Byzantiner zusammenzuhängen. Griech. Q. behaupten, daß I. persönl. an den militär. Operationen der folgenden Jahre in Kleinasien beteiligt war, während er nach aruss. Q. in die Dneprmetropole zurückgekehrt ist. Ungeklärt ist auch, wie man den von arab. Schriftstellern gut bezeugten Angriff auf das ö. Kaukasusgebiet i. J. 943/944 in den Gesamtzusammenhang der erwähnten Kriegsereignisse einzuordnen hat. Vielleicht war das Kaukasusunternehmen gemeinsame Aktion der Rus' und der →Chazaren und ist unabhängig von dem Kampfgeschehen im Schwarzmeerraum, jedenfalls ohne persönl. Beteiligung I.s, erfolgt, der im Herbst 944 mit frisch angeworbenen skand. Söldnern und pečeneg. Hilfskontingenten einen erneuten Vorstoß gegen die Ks.stadt machte. Eine direkte militär. Konfrontation wurde dadurch abgewendet, daß sich die Byzantiner zur Zahlung eines von I. auf Zuraten seiner Gefolgschaft akzeptierten Tributs bereit erklärten. Der anschließende Vertrag übernahm eine Reihe von Vereinbarungen aus dem Jahre 911, beinhaltete jedoch in Teilen eine deutl. Verschlechterung der Position des Kiever Reiches. Dennoch genossen die Kaufleute aus Kiev in Konstantinopel im Vergleich zu allen übrigen Ausländern immer noch bei weitem die größten Handelsprivilegien. Aufschlußreich für die stete Verstärkung des chr. Elements in Kiev ist der Tatbestand, daß unter den Vertragschließenden Christen erwähnt werden, die den Eid durch Kreuzkuß in der Eliaskirche leisteten, während die übrigen mit I. an der Spitze auf ihre Schwerter und Schilde und vor dem Standbild Peruns schworen. Schlußpunkt der Herrschertätigkeit I.s bildete wiederum der Dauerkonflikt mit den Drevljanen. Als er ihnen auf Betreiben seiner 'jüngeren' Gefolgschaft 945/946 abermals erhöhte Tributleistungen abzupressen suchte, wurde er auf Befehl des Drevljanenfs.en Mal erschlagen. Seine Gattin Ol'ga, die dafür grausame Rache übte, übernahm nun die Regentschaft für den noch minderjährigen Svjatoslav.

H. Rüß

Lit.: M. Hellmann, Das Herrscherbild in der sog. Nestorchronik, Speculum Historiale, 1967, 224–236 – J. N. Ščapov, Russkaja Letopisó političeskich vzaimootnošenijach Drevnej Rusi i Vizantii (Feodal'naja

Rossija vo vsemirno-istoričeskom processe, 1972), 201-208 – HGesch-Rußlands I, 1981, 289ff. [H. Rüss; mit weiterer Lit.].

2. I. Svjatoslavič, Fs. v. Novgorod-Severskij seit 1178, * 1150/51, † 1202, Abkömmling der Fürstendynastie v. →Černigov, Sohn von Svjatoslav-Nikolaj Ol'govič v. Černigov und Novgorod-Severskij. Hist. gesehen eine zweitrangige Fürstengestalt, jedoch Held des großruss. Nationalepos (→Igorlied), nahm I. an Fürstenaufstand und Eroberung →Kievs durch →Andrej Bogoljubskij (1169) teil. I. bekämpfte die →Kumanen (Polovcy) zunächst 1171 und obsiegte an der Vorskla. 1185 unternahm er gemeinsam mit seinem Bruder Vsevolod Svjatoslavič, Fs. v. Kursk-Trubčevsk (»buj-tur« des Igorlieds, † 1196), und seinem Neffen Svjatoslav Ol'govič v. Ryl'sk jenen unglückl. Beutefeldzug, der Gegenstand des Igorlieds ist. Bald nach seiner Flucht aus kuman. Gefangenschaft (1186) führte I. weitere Kumanen-Feldzüge durch (1187, 1191). Seit 1198/99 Fs. v. Černigov. G. Birkfellner

Lit.: →Igorlied – vgl. ferner: A. V. Longinov, Istor. Izsledovanie Skazanija o pochode Severskogo knjazja Igorja..., 1892 – N. N. Sarleman', Is real'nogo kommentarija..., TODRL 6, 1948, 111-124 – M. Szeftel, Comm. hist. ..., ed. H. Grégoire u. a., 1948 – A. V. Solov'ev, Istzap 25, 1948, 71-103 – V. G. Fedorov, Voennye voprosy »Slova o p. I.«, 1951 – V. M. Gluchov, TODRL 11, 1955, 22-38 – K. V. Kudrjašov, TODRL 14, 1958, 47-60 – A. A. Zimin, »Slovo o p. I.«. Istočniki. Vramja sozdanija. Avtor. 1-3, 1963 – Ders., Voprosy literatury 3, 1967, 60-74.

Igorlied (aruss. Slovo o polkú Ígoreve syna Svjatoslava vnuka Ol'gova; Lied-Rede von der Heerfahrt I.'s). Einziges, anonym überliefertes aruss. Heldenepos (von weltlit. Bedeutung), entstanden wahrscheinl. um 1186/87 am Kiever Fs.enhof (trotz nordgroßruss. sprachl. Elemente). Text heute bekannt aus Ed. Malinovskij-Kamenskij, 1800, Hs. (wahrscheinl. aus dem 16. Jh.) 1812 verbrannt. Das knappe Epos (218 Sätze) schildert den schlecht vorbereiteten Beutefeldzug des Fs.en→I.' Svjatoslavič v. Novgorod Severskij gegen die Polovcer (Kumanen) 1185 und dessen Folgen: Nach zunächst günstigem Verlauf am 8./9. Mai an der Kajala vernichtend geschlagen, wird I.' gefangen, kann aber nach knapp einem Jahr fliehen; sein Sohn heiratet eine kuman. Prinzessin und wird 1187 aus der Gefangenschaft entlassen. Das episodenhaft-impressionist. Poem (im Text: *pesn'*, Lied) ist in fünf Abschnitte gegliedert: 1. die Einleitung nennt Bojan (die »Nachtigall der alten Zeit«), von dessen Dichtungsweise sich der anonyme höf. Autor absetzt; 2. sog. Traum des Kiever Gfs.en mit eindringl. Mahnung an die Einigkeit der russ. Fs.en und düsteren Zukunftsvisionen; 3. Klage des Dichters über das Geschick I.'s und Aufforderung an die russ. Teilfs.en zur Bekämpfung der Steppenvölker, vermutl. an dieser Stelle Ende des Urtextes (L. Müller); 4. sog. Klage (Plač) der Ehefrau I.'s, Jaroslavna, möglicherweise später hinzugefügt; 5. geglückte Flucht und Heimkehr I.'s mit einem Panegyrikon (Slava) auf die christl. russ. Fs.en und ihren Kampf gegen die Steppennomaden. Das I.l. ist in stark rhythm. Prosa gehalten, der russ. Sprache mit bewegl. Wortakzent bes. adäquat (A. Stender-Petersen). Der Text ist überreich an lit. Kunstmitteln: bevorzugte Wortfelder, Wiederholungen von Syntagmen und Episoden (B. Gasparov, G. Wytrzens), Stabreime, stark emotionalisierte rhetor. Fragen, Parabeln und Metaphern; volkslit. Elemente (in der Forsch. fallweise stark überbetont); symbol. überhöhte Naturschilderungen (u. a. Sonnenfinsternis, auch wichtiges Element der chronol. Einordnung des Textes); Beschreibung von Waffen und Rüstungen. – Die lit. Folgen (Nachdichtungen, Paraphrasen einzelner Episoden) sind beträchtl. und reichen bis an die Gegenwart. In der Forsch. dominant ist die Echtheitsfrage, zuungunsten lit.-poetolog. Probleme: Fast seit Anbeginn der Textkenntnis wurde Skepsis hinsichtl. der Echtheit und der Abfassung Ende des 12. Jh. geäußert. Die teilw. wörtl. Zitate aus dem I.l. in der Zadonščina (→Kulikovozyklus) akzentuieren die Frage nach der Originalität. Die zahlreichen Interpolationsvorschläge stützen den Fälschungsverdacht, die lit.-ästhet. Höherwertigkeit des I.l. spricht dagegen; der Verlust der einzigen Hs., auch die zweifelhaften Erwerbungsumstände durch den Gf.en Musin-Puškin sind für die Lösung des Problems nicht förderlich. Der Streit ist nicht entschieden. G. Birkfellner

Ed. [Auswahl]: V. Peretc, 1926 – H. Grégoire, komm. und frz. Übers., 1948 – L. A. Dimitriev, O. V. Tvorogov, D. S. Lichačev, 1976 [komm., russ. Übers.] – O. A. Deržavina, 1978 – F. P. Filin, 1981 – Übers.: Dt. seit 1803 [J. G. Richter] – A. Luther, 1923 – Nachdichtung: R. M. Rilke, ed. W. Haupt; russ. Prosafassung: D. S. Lichačev, 1960 – H. Raab, 1965 – Glossare: Slovar'-spravočnik »Slova o p. I.«, hg. V. L. Vinogradova, 1965-84 – Glossary of the I.' Tale, hg. T. Čiževska, 1966 – Bibliogr.: L. A. Dimitriev, 1955 – TODRL 1957 [P. N. Popov]; 1958 [R. Jakobson]; 1963 [I. G. Golovenčenko]; 1985 [J. Kondrat'eva, Berichtszeitraum 1968-84, russ. Lit.] – Lit.: J. Klein, Zur Struktur des I.l., 1972 – B. Gasparov, Poetika »Slova o p. I.«, 1984 [reiche Lit.] – Slovo o p. I., B. A. Rybakov, 1985; I. I. Skljarevskij, 1986; A. N. Robinson, 1988.

Igumen → Hegumenos

Iḫšīdiden, ägypt. Dynastie 935/939-969; der Name rührt vom Titel ʿal-Iḫšīd' her (wahrscheinl. von altpers. ʿKg.-Herrscher'), den der Kalif ar-Rāḍi dem Statthalter v. Syrien, Muḥammad ibn Ṭuġġ, verlieh, der sich 935 zunächst noch unter abbasid. Kontrolle auch in Ägypten durchsetzen konnte, dann von 939 bis zu seinem Tod 946 prakt. unabhängig über Ägypten und Syrien herrschte. Nachfolger wurde sein Günstling Kāfūr, ein schwarzer Eunuch, als Vormund seiner beiden Söhne. Nach deren Ableben regierte Kāfūr formell mit dem Einverständnis des Kalifen in Bagdad. Wie sein Vorgänger tolerant gegen Christen und Juden, zeichnete sich Kāfūr als Mäzen aus und behauptete sich wie dieser geschickt gegen die →Ḥamdāniden in N-Syrien und die →Fāṭimiden in N-Afrika. Nach seinem Tod 968 folgte ihm als Statthalter ein Enkel des Muḥammad ibn Ṭuġġ nach; dieser unterlag den Fāṭimiden, die 969 Ägypten eroberten und so der Herrschaft der I. ein Ende bereiteten.
P. Thorau

Lit.: EI² III, 1060; IV, 418f. – G. Wiet, L'Égypte arabe de la conquête arabe à la conquête ottomane 642-1517, 1937.

Jiddisch, seit dem 13. Jh. faßbare Verkehrs- und Literatursprache des aschkenas. Judentums (neben dem Rabbin.-Hebräischen), beruht auf der Grundlage dt. Sprach- und Dialektentwicklung, doch mit starken hebr.-aramäischen Bestandteilen und – in der Neuzeit – slav.-osteurop. Einflüssen. Die Schrift des J. ist die hebräische. Zu den Text- und Literaturzeugnissen s. →Judentum (Sprache und Lit.).

Lit.: EJud IX, 112-180, bes. 112-145 – →Judentum.

Jimena (Exemena, Ximena), Kgn. v. Asturien, höchstwahrscheinl. seit 869 Gemahlin Kg. Alfons' III. v. Asturien, aus mächtiger navarres. Adelsfamilie, doch ist bis heute ungeklärt, ob sie dem in Pamplona-Navarra herrschenden Iñiga-Zweig (als Tochter des García Iniguez) oder dem bald (vielleicht infolge dieser Eheschließung) zur Kg.swürde gelangenden Jimena-Zweig angehörte, obwohl manches für die letztgenannte Möglichkeit spricht. Durch diese Heirat wurde die Ostflanke des astur. Reiches gegen Einfälle cordobes. Truppen und der →Banū Qasī gesichert und die zw. Navarra und Guipúzcoa gelegene Gallia Comata (auch: Vasconia Boscosa) dem astur. Einfluß geöffnet. Spätere Überlieferung (Sampiro, Hist. Silense) gestand J. kgl. Geblüt sowie Herkunft aus westgot. Geschlecht (über den Hzg. v. Kantabrien) zu und sah in ihr eine »consubrina Caroli regis« (d. h. Karls d. Kahlen). Sie war die Mutter der Kg. e García I., Ordoño II. und Fruela II. und scheint nach dem Zeugnis der Urkk. die Stellung einer Mitherrscherin eingenommen zu haben.

L. Vones

Lit.: A. COTARELO VALLEDOR, Hist. critica y documentada de la vida y acciones de Alfonso III el Magno, 1933, 141ff. – J. Mª. LACARRA, Las relaciones entre el reino de Asturias y el reino de Navarra, Estudios sobre la monarquía asturiana, 1949, 223–243 – P. FLORIANO LLORENTE, Los documentos reales del período asturiano su formulario, Asturiensia Medievalia I, 1972, 157–176 – C. SÁNCHEZ-ALBORNOZ, Orígenes de la nación española. El reino de Asturias, III, 1975, 631ff., 655ff. – DERS., Vascos y Navarros en su primera hist., 1976², 296ff., 338ff. – P. GARCÍA TORAÑO, Hist. de el Reino de Asturias (718–910), 1986, 290ff.

Jimeno Garcés → Pamplona

Ikone, -nmalerei, -beschläge

I. Byzanz und Einflußbereiche – II. Altrußland.

I. BYZANZ UND EINFLUSSBEREICHE: I., Kultbild der O-Kirche (griech.-antike Bedeutung: Porträtbildnis, Spiegel- bzw. Abbild, nie Götterbild). Der Bildnischarakter scheint für die Anfänge der I. bestimmend, insbes. das Ks.- bzw. Beamten (Bf.s)bild, vgl. ferner die sog. Mumienbilder, spätantike Porträtbildnisse auf Holztafeln. Im frühen Christentum generell durch das von den Kirchenvätern (Tertullian, De idolatria; Origenes, C. Celsum) und das Konzil v. →Elvira (can. 36) im Anschluß an 2 Kor 5–10 bekräftigte mosaische →Bilderverbot abgelehnt, ist die Verbreitung und Verehrung der I. (→Bilderverehrung) im Anschluß an den Kaiserkult durch die Q. ab dem 6. Jh. bezeugt (Hypatios v. Ephesos, vgl. F. DIEKAMP, OrChrAn 117, 1938, 127ff.; Antonius v. Piacenza: T. TOBLER, Itinera et descriptiones terrae sanctae I, 1877, 104; Joh. Moschos, MPG 87, 3052; Maximus Conf. MPG 90, 156 u. 164, u. a.). Ab der Mitte des 6. Jh. sind auch sog. Acheiropoieta – nicht von Menschenhand gemachte Bilder Christi – aus den Q. bekannt (→Abgar, →Abgarbild); →Jesus Christus), die wundertätig sind, von den Ks.n auf Feldzügen mitgeführt werden und tlw. als Palladien gelten. Früheste erhaltene Beispiele um des 6./7. Jh.: Sinai-Kl.; Bawit. Das Gros der erhaltenen I.n stammt erst aus der Zeit nach dem →Bilderstreit. Zu den ursprgl. Bildnis-I.n treten, vermutl. ebenfalls erst ab dem Bilderstreit, auch solche mit szen. Darstellungen.

Die *äußere Form* der I. ist, gemäß ihren spätantiken Vorläufern, eine rechteckige, flache Holztafel. Erstbeleg angearbeiteter und an- bzw. aufgesetzter *Rahmen* steht nicht fest, Spuren einer Rahmung bereits auf der Marien- und der Petrus-I. im Katharinenkl., Sinai. Die Größe der I.n bedingt oft auch ein Zusammensetzen aus mehreren Brettern, teilw. mit komplizierteren Verbindungstechniken (D. KREIDL, JÖB 28, 1979, 229–240). Vom Rechteck abweichende Form, meist halbrunder oberer Abschluß der Tafel, später auch Spitz- und Kleeblattbögen, ist nicht vor der mittelbyz. Zeit bekannt. Häufig werden Medaillons, Büsten, Einzelfiguren, Szenen und Inschriften auf dem Rahmen plaziert. Erst spät ist der Tondo anzutreffen (K. KREIDL-PAPADOPOULOS, JKS 66, 1970, 90ff.). Doppel-I.n (beidseitig bemalte Tafeln) sind wegen der geringeren Verwerfungsneigung häufig. Bei in die Ikonostase eingesetzten I.n sind die altarseitigen hinteren Flächen der Tafeln gerne bemalt, bevorzugt sind Kreuze, Ornamente, Inschriften u. ä. (SOTIRIOU Nr. 149, 172). Allerdings begegnen auch I.n mit beidseitiger figural-szen. Schmuck (ebd. Nr. 146; I. aus Poganovo, Nationalmus. Sofia, mit Maria und Johannes und der Prophetenvision). Wie bei den Elfenbeinen kommen Diptycha oder Triptycha vor. Die Verbindung mehrerer Tafeln zu Reihen bzw. noch größeren Verbänden mit eigener Rahmung ist durch die Ausgestaltung von →Templon bzw. Ikonostase (→Bilderwand) bedingt. Nach Material und Technik (→Malerbücher) lassen sich auf Stoff gestickte oder gemalte von Bildern auf Holztafeln in Wachs- (vgl. M. RESTLE, Enkaustik, RByzK II, 144–152) oder Temperamalerei, bemalter Keramik, Mosaik- oder Email-I.n unterscheiden; auch Relief-I.n in Elfenbein oder Steatit (I. KALAVREZOU-MAXEINER, Byzantina Vindob. XV, 1985), Holz oder Stein (R. LANGE, Die byz. Relief-I., 1964), ursprgl. wohl bemalt oder zumindest tlw. vergoldet, in gegossenem und/oder getriebenem (Edel-)Metall und tlw. emailliert sind bekannt. Dadurch bedingt wurde der Gattungsbegriff der I. bereits in byz. Zeit zunehmend unscharf.

Die Verzierung von Rahmen und tlw. Goldgrund mit reliefiertem Ornamentmuster ist vermutl. Ausgangspunkt für (Rahmen-)*Beschläge* aus (Edel-)Metall. Solche sind aus frühbyz. Zeit nicht erhalten, doch zeigen Nagelspuren (SOTIRIOU Nr. 24–27) die (spätere?) Verwendung metall. Rahmenbeschläge, die – bei mehreren Bildfeldern auf einer Tafel – auch gitterartig als Teilung angebracht werden konnten (ebd. Nr. 39–41; hier vermutl. ursprgl., da die Bemalung darauf Rücksicht nimmt). Die Thematik der bisweilen aus mehreren Teilen zusammengesetzten Rahmenbeschläge (seit dem 13. Jh. belegt) umfaßt, wie bei den gemalten, Ornament (häufig Durchbrucharbeit), Inschriften sowie Medaillons (oft in Email) mit Büsten oder Szenen. (Bestes Beispiel: Marien-I. Freising, gestiftet vom Bf. und Dishypatos Manuel v. Thessalonike [1235–1261]). Derartige I.n lehnen sich in Typus und Technik eng an kostbare Buch- und Reliquiardeckel an. Außer dem Rahmen kann auch der vergoldete Hintergrund der I. durch eine getriebene Platte und der Nimbus durch einen getriebenen Metallring ersetzt werden. Daneben Rahmen mit Platte und Nimbus in einem Stück (Marien-I.n, Nationalmus. Ochrid). Die Zuwucherung des gemalten Bildes durch kleinteilig ornamentierte Beschläge ist eine Späterscheinung und tlw. durch zunehmende Zerstörung von Bildschichten bedingt (Vladimirskaja: ALPATOFF-LASAREFF, JPKS 1925, 140–155).

Ikonograph. Unterscheidung: a) I.n mit Einzelfiguren; b) I.n mit Figurengruppen (beide jeweils ganz- oder halbfigurig); c) I.n mit szen. Darst., häufig auch mehrere Szenen zu einer Einheit (→Dodekaortion) zusammenfassend; d) Mischtyp: Verbindung von Einzelfiguren in zentralem Bildfeld mit rundum als (und auf) – manchmal sogar doppelten Rahmen – angeordneten Szenengruppen, meist aus der Vita des in der Mitte dargest. Hl.n. Ein anderes Einteilungsprinzip bietet die ikonograph. Thematik, v. a. bei Christus- und Marien-I.n, die nach zusätzl. ikonograph. Typen thematisiert wie auch nach Herkunft der I. n benannt werden: z. B. Hodegetria oder Blacherniotissa (→Marien-I.n). Dabei schloß man auch aus der imperialen Sphäre stammende Repräsentationsbilder (Marien-I. im Katharinenkl. auf dem Sinai), die →Deesis (→Jesus Christus) oder in spätbyz. Zeit myst. Darst. wie die Akra Tapeinosis (→Schmerzensmann), den →Melismos u. a. mit ein. Als Einzelfiguren sind weiterhin Engel (Michael, Gabriel), Väter und Propheten (einschließl. Johannes d. T.) sowie Apostel bzw. Evangelisten neben Hl.n aller Gruppen anzutreffen.

Zu Figurengruppen werden Engel (Michael mit Gabriel), Väter und Propheten (z. B. Moses mit Aaron),

Apostel (Petrus mit Paulus, Petrus mit Andreas u. a.), Hl.npaare bzw. -gruppen zusammengestellt (z. B. Georg mit Demetrios u. a. Kriegerhl. [SOTIRIOU Nr. 30, 31, 47, 69], Kosmas und Damian u. a. Anargyroi [= unentgeltl. behandelnde hl. Ärzte, ebd. Nr. 84, 85]), Kirchenväter, Liturgen oder Bf.e (z. B. Basileios und Joh. Chrysostomos), Märtyrer (z. B. Kyrikos und Julitta), hl. Frauen [ebd. Nr. 50]), Konstantin und Helena zu beiden Seiten des Kreuzes. Daneben auch gemischte Gruppierungen von Hl.n, wie etwa Maria mit der Prophetenvision und den Propheten (ebd. Nr. 54), Apostel mit Kirchenvätern (ebd. Nr. 21), Kirchenväter bzw. Bf.e mit Anachoreten sowie Mönchshl.n (ebd. Nr. 153). Die Varianten von Auswahl und Gruppierung scheinen unbegrenzt, einen festen Rahmen erfordern allerdings die Epistyle von Templa bzw. Ikonostaseis: Deesis und Apostel (SOTIRIOU Nr. 117–124).

Die *Menaion- oder Menolog-I.n* versammeln auf einer Tafel alle Hl.n eines Monats (und die entsprechenden Feste) und ergeben daher in 12 I.n einen Hl.n (bzw. Fest-)Kalender des Kirchenjahres (SOTIRIOU Nr. 126–130, Diptycha: ebd. Nr. 132, 133; Tetraptychon: ebd. Nr. 136–139).

Im strafferen Themenkanon bei den szen. I.n sind atl. Szenen seltener (Philoxenie, Moses (vor dem brennenden Dornbusch), Elias (mit dem Raben), die Jünglinge im Feuerofen, Daniel (in der Löwengrube). Im ntl. Bereich sind, neben Verkündigung (SOTIRIOU Nr. 82), Fußwaschung (ebd. Nr. 33), Kreuzigung (ebd. Nr. 24–27, 64), Himmelfahrt (ebd. Nr. 10), Koimesis Mariens (ebd. Nr. 42) und Parusie (ebd. Nr. 150, 151), Gruppierungen beliebt: Neben den »kanonischen« Dodekaortion-Reihen gibt es mehr oder weniger »freiere« Zuordnungen von Geburt – Himmelfahrt – Pfingsten (ebd. Nr. 17, alle drei mit bes. Theophaniegehalt), von Geburt und Kindheitsszenen (ebd. Nr. 43) sowie von Passionsszenen (ebd. Nr. 49, 66, 145, 146). Seltener sind Wunderszenen aus dem öffentl. Leben (verbunden mit Passionsszenen (ebd. Nr. 146). Szen. Gruppierungen sind auch bei doppelseitigen I.n bekannt (Februar-Menolog mit 11 Passionsszenen, ebd. Nr. 144/145). Hier anzuschließen sind I.n mit Engelszenen (z. B. Michaelswunder v. Chonai, ebd. Nr. 65), »Versammlung aller Engel« (Σύναξις τῶν ἀσωμάτων). In die Menolog-I.n werden Festtagsszenen kalendar. einegebunden. Die gemalten Epistyle (ebd. Nr. 87–116, 125) bedingen einen festeren Gruppenrahmen mit Einschluß der Deesis. Darst. der Konzilien oder Illustration v. Hymnen (→Akathistoshymnos), sind meist erst aus postbyz. Zeit bekannt.

In der Kirche sind I.n vorzugsweise am Templon bzw. an der Ikonostas angebracht. Auf den Proskynetarien, d. h. Ständern, sind Hl.n-I.n, Menolog-I.n u. ä. zur Verehrung (Kerzen, Küssen) wechselnd ausgelegt. Die Haupt-I., meist namengebend und tlw. auch wundertätig, ist in der Regel in die Ikonostas integriert. Weiterhin sind Kathedra und Ambon oft mit I.n geschmückt. Bei fehlender oder nur teilweiser Ausstattung der Kirche mit Mosaik bzw. Wandmalerei übernehmen I.n auch deren Rolle. Die mittelbyz. Terminologie macht dabei in den Q. keinen Unterschied (vgl. Typikon des Pantokratorkl. in Konstantinopel).

Rolle der I. in der Liturgie: Beim Betreten wie vor dem Verlassen der Kirche werden die Haupt-I.n in der untersten Reihe der Ikonostas und die I. auf den Proskynetarien durch Anzünden einer Kerze beim Betreten, Küssen und die oberen Ikonostasreihen durch Bekreuzigen verehrt. Der Gläubige stellt sich dadurch in den »Verband« der Kirche Christi und ihrer Hl.n ein und erinnert sich an die Heils- und Erlösungstaten Christi. Analog dazu beginnt auch die Proskomidie mit dem Gebet vor der Ikonostas und den Proskynetarien. Dabei werden die wichtigsten I.n geküßt. Bei Beginn der eigtl. Liturgie werden die I.n so wie Klerus und Anwesende incensiert, ebenso beim sog. Großen Einzug der hl. Gaben. Am Schluß der Liturgie betet der Priester vor der Haupt-I. Christi der Ikonostas. Bei Sakramenten und Weihungen spielen die I.n eine wichtige Rolle (Beichte vor einer I., Hochzeitszeremoniell, Wöchnerinnensegnung, Taufe, Exequienritual). Die Funktion der I.n bei Prozessionen greift wohl auf den antiken Bereich zurück, wo das offizielle Kaiserbild auf Stangen gestellt (Miniatur des Pilatusurteils im Cod. Rossanensis) bzw. bei der Einholung in die Stadt getragen und wie beim adventus caesaris behandelt wird. Beim Einzug des Ks.s in die Stadt wird ihm eine I. vorangetragen bzw. auf einem Wagen vorausgeführt. Prozessionen und feierl. Einholung v. a. von Acheiropoieta sind quellenmäßig breit belegt. Bei Belagerung wird die wundertätige I. als Palladium in Prozession auf den Mauern herumgetragen. Im privaten Bereich steht die I. im Zentrum der Meditation und des Gebetes (vgl. oben Antonius v. Piacenza).

Die Funktion der I. im theol.-liturg. Bereich läßt sich somit einigermaßen klar umreißen. Der immer weiter ausgreifende und die Grenzen zum Aberglauben mißachtende I.nkult im Bereich öffentl., mönch. wie privater Frömmigkeit ist in seiner Gewichtung für die Gesellschaft von Byzanz und dessen Einflußbereichen schwerer zu beurteilen. An der Theorie eines fast totalitären I.nkultes, derzufolge byz. Kunst tlw. gleichgesetzt war mit I.nmalerei, sind inzwischen großteils berechtigte Korrekturen angebracht worden (H.-G. BECK, Von der Fragwürdigkeit der I., SBA.PPA, 1977).

I.n im eigtl. Wortsinn sind auch *im W* bereits früh belegt, so solche des hl. Symeon Stylites in Rom in apotropäischer Funktion über Eingangstüren (Theodoret, MPG 82, 1473). Eine weitere, dem O parallele Entwicklung scheint durch die tlw. ikonoklast. Tendenzen der Libri Carolini unterbrochen worden zu sein. Die bis dahin entstandenen Typen der Porträt-I.n Christi und Mariens waren davon allerdings wohl nicht betroffen, wie die bis in die NZ reichende Geschichte der Vera Icon und des Lukasbildes zeigen, deren porträttyp. Prägung in szen. Darst. übernommen wurde. Der Adria-Raum spielte als vermittelnder Grenzraum zw. O und W wie auch zw. Orthodoxie und Katholizismus sowie wegen der Interessen Venedigs in der Levante (insbes. den Ion. Inseln, Kreta und Zypern), eine Sonderrolle im Bereich der I.nmalerei. Dies gilt auch für das vom orth. Mönchtum während des MA weiterhin stark geprägte Sizilien und Unteritalien.

M. Restle

Lit.: E. KITZINGER, DOP 8, 1954, 83–150 – W. FELICETTI-LIEBENFELS, Gesch. der byz. I.nmalerei, 1956 – G. u. M. SOTIRIOU, Icones du mont Sinai, 1958 – K. ONASCH, I.n, 1961 – K. WEITZMANN, M. CHATZIDAKIS, K. MIATEV, S. RADOJČIĆ, Frühe I. in Sinai, Griechenland, Bulgarien, Jugoslawien, 1956 – H. P. GERHARD, Welt der I., 1970[3] – K. WEITZMANN, The Monastery of S. Catherine at Mount Sinai, The Icons, I, 1976 – DERS., The Icon, 1978 – G. GALAVARIS, Iconography of Religions XXIV, 8, 1981 – H. BELTING, Bild und Kult, 1990.

II. ALTRUSSLAND: Die aruss. I.nmalerei, nach der »Taufe der Rus'« um 988 zunächst unter byz. Einfluß, fand mit zunehmender Verbreitung in den Schulen der Fsm. er bald eine eigene Sprache in ästhet. und theol. Hinsicht. Der Verlust von I.n durch Feudalkriege und Tatareninvasion erschwert oft Herkunft und Datierung des verbliebenen Bestandes. Zu ihm gehören frühe Meisterwerke feudaler und bäuerl. Patronate (z. B. →Demetrios, II, 2; Georg,

→Drachenkampf III); der Einheit der Kiever Rus' (→Boris und Gleb, III; Große Panhagia, 12. Jh., Kiev, Jaroslavl'?); des Pokrov (Schutzmantel) neben der Valdimirskaja für das aufstrebende→ *Vladimir-Suzdal'*, oder der Gottesmutter (GM) des Höhlenkl. (mit Antonij und →Feodosij, 13. Jh., →Kiev). I. n des Entschlafens der GM (z. B. 13. Jh., →*Novgorod*) galten bis in das 15./16. Jh. als Patronatsbild der Rus'. Zw. »offizieller« und persönl. Verehrung lassen sich kaum scharfe Grenzen ziehen, z. B. Erlöser mit den goldenen Haaren (13. Jh., Kiev, Jaroslavl'?) mit Zügen byz. Lichtmystik, Doppel-(Standarten-)I.: GM des Zeichens/zwei Hl. (12. Jh., Novgorod), Ohne Hand gemalter Christus/Kreuzanbetung (12. Jh., ebd.) mit byz., ein Nikolaus des Aleksej Petrov (1294, ebd.) mit roman. Elementen (È. S. SMIRNOVA, Russkoe Iskusstvo, 1985, 81–105), Verkündigung von Ustjug mit seltenem christolog.-mariolog. Motiv (K. ONASCH, ZSl 33, 1988, 797–804), GM vom Weißen See (13. Jh., Rostov-Suzdal'?). Schon während der Tatareninvasion treten die zentralruss. Fsm. er mit ihren Schulen hervor, während sich in S die eigenständige I. nmalerei der Ukraine entwikkelte. Die Schule des Fsm.s von →*Rostov* verdrängte den Einfluß von Novgorod auf die nordruss. Kunst, z. B. Nikolaus mit Papst Klemens (13. Jh., →Vologda), eine ausdrucksvolle GM vom Kubena-See (14. Jh., ebd.), die »syrjän.« Dreieinigkeit (14. Jh., ebd., s. Lit.: RYBAKOV), ein Ohne Hand gemalter Erlöser von düsterer Eindruckskraft (13. Jh.). Religionsgesch. interessant Boris und Gleb (15. Jh., V. I. ANTONOVA, TODRL 22, 1966, 188–207; K. ONASCH, Gesellschaft und Kultur Rußlands im frühen MA, 1981, 189–195) sowie Ivan, Georgij, Vlasij (13. Jh., Novgorod, mit situationsmilitantem Umfeld). Zeichnen sich die I. n der Novgoroder Schule durch ihre Reserviertheit gegenüber unnötiger Repräsentation aus, so die →*Pskovs* zusätzl. durch ihr düsteres Kolorit, z. B. GM Odigitrija (13. Jh.), Synaxis der GM (14. Jh.), Höllenfahrt (16. Jh.), isokephale Dreieinigkeit (15. Jh.), Geburt Christi (16. Jh., Živopiś Drevnego Pskova, 1971).

Die hier angedeutete Vielfalt der Malschulen und ihrer Arbeiten geriet mit dem 14. Jh. in den komplizierten Prozeß der »Sammlung der russ. Erde« durch die Gfsm. →*Moskau*, dessen Aufstieg und Blüte, seine kirchenpolit. und innerkirchl. Konflikte sich in der I. nmalerei ebenso widerspiegeln wie differenzieren. Erhöhte polit. Anforderungen (religiös-polit. Repräsentation, I. n als diplomat. Geschenke) steigerten künstler. Qualitäten und führten zur klass. Epoche der russ. I. nmalerei. Analoges gilt für die steigende Zahl von Kl. sowie der sozialen Ausdifferenzierung von Kaufleuten und Handwerkern in den Städten (M. N. TICHOMIROV, Drevnerusskie goroda, 1956), ein allmähl. Prozeß, der die I. n auch zu einem Integrationsfaktor werden ließ. Theol. Vertiefung und ästhet. Qualität waren dabei wichtige Elemente. Aus der Vielfalt traditioneller Vorgaben und den Impulsen hochbegabter Persönlichkeiten entstand, was allg. »Moskauer Schule« heißt. Wie →Dionisij Glušickij im monast. Milieu verwurzelt, wuchs Andrej →Rublev über sich hinaus und schuf Werke der Weltkunst, vorab seine »Troica« (→Dreieinigkeit, III). Im Gegensatz zur inneren Ruhe *(hesychia)* seiner Gestalten sind die I. n →Feofan Greks durch Expression und Dynamik ausgezeichnet. Beide Meister haben zur Entstehung der hochragenden russ. →Bilderwand beigetragen (N. LABRECQUE-PERVOUCHINE, L'Iconostase. Une évolution hist. en Russie, 1982). Bedeutende Werke der Moskauer Schule sind u. a. Erlöser mit dem scharfen Blick (Spas jaroe oko, 14. Jh.), GM vom Don/Entschlafen der GM (1392?), Höllenfahrt (14. Jh., Lit.: SMIRNOVA, Nr. 59,

145), Verkündigung (15. Jh.), Vladimirskaja (SMIRNOVA, Nr. 95–98) und Odigitrija (ebd., Nr. 57, 58, 133). Den Ausklang der aruss. I. nmalerei bildete →Dionisij (GM Odigitrija, 1482; Kreuzigung, 1500; Deisusrang, 1502–03; Schule des D.). Auch der Rivale Moskaus, →Tver', hat eine beachtl. I. nkunst hervorgebracht, darunter die Patrone der Rus', Boris und Gleb (Lit.: POPOV-RYNDINA). – Wandel in der semiot. Struktur, Komplizierung der Bildtexte u. a. schufen im 16. Jh. (Schule des Metropoliten Markarij) neue, in die Zukunft weisende Ausdrucksformen. K. Onasch

Lit.: K. ONASCH, I. n, 1961 – W. FELICETTI-LIEBENFELS, Gesch. der russ. I. nmalerei, 1972 – V. N. LASAREW, I. n der Moskauer Schule, 1974 – B. USPENSKY, The Semiotics of Russ. Icon, 1976 – G. V. POPOV – A. V. RYNDINA, Živopiś i Prikladnoe Iskusstvo Tveri, 1979 – A. A. RYBAKOV, Chudožestvennye Pamjatniki Vologdy, 1979 – ST. I. MASLENIZYN, I. n der Schule v. Jaroslawl, 1980 – AAVV, Novgoroder I. n des 12.–17. Jh., 1983 – V. N. LAZAREV, Russkaja Ikonopiś ot istokov do načla XVI veka, 1983 – V. IVANOV, Das Große Buch der Russ. I. n, 1988 – E. S. SMIRNOVA, Moskovskaja Ikona XIV–XVII vekov, 1988.

Ikonion → Konya

Ikonoklasmus → Bilderstreit

Ikonostasis → Bilderwand

Ilarion. 1. I., Metropolit v. Kiev 1051–54, russ. Abstammung. Häufig wird angenommen, daß I., wie der einzige andere Metropolit v. Kiev, der nicht Grieche war, →Klemens v. Smolensk (Mitte 12. Jh.), ohne die Zustimmung des Konstantinopler Patriarchats durch die Bf. ssynode der Kiever Kirchenprov. und durch die Unterstützung des Fs. en →Jaroslav I. eingesetzt wurde. Neuere Forsch. (L. MÜLLER) haben die Unhaltbarkeit dieser Thesen bewiesen, in der der kanon. Vorgang der Einsetzung nicht umfassend erkannt wird. I. war vorher Priester an der Apostelkirche in Berestovo, der Fs. enresidenz bei Kiev. Wahrscheinl. mit dem Tode seines Beschützers, →Jaroslav (20. Febr. 1054), mußte I. den Metropolitenthron verlassen. Von ihm stammen homilet. Werke, die in der hs. Überlieferung sehr früh vereinigt wurden: Rede über das Gesetz und die Gnade (Slovo o zakoně i blagodati), Slg. atl. Sprüche über die Universalität des göttl. Heilplans, Lobrede auf →Vladimir I. d. Hl., dem Vater Jaroslavs, Gebet für das ganze russ. Land mit zwei Glaubensbekenntnissen sowie einer autobiograph. Notiz über die Erhebung auf den Metropolitenthron im Anhang. Die Rede über das Gesetz und die Gnade ist Beispiel der Exegese in der Kiever Rus', die durch die Anwendung der Typologie und der Antithesen charakterisiert wird. Ch. Hannick

Ed.: L. MÜLLER, Des Metropoliten I. Lobrede auf Vladimir d. Hl. und Glaubensbekenntnis (Slavist. Stud. bücher, 2, 1962) – N. N. ROZOV, Sinodal'nyj spisok sočinenij Ilariona – russkogo pisatelja XI v., Slavia 32, 1963, 141–175 – H. ELBE, Die Hs. C der Werke des Metropoliten I., Russia Mediaevalis 2, 1975, 120–161 – A. M. MOLDOVAN, 'Slovo o zakoně i blagodati' Ilariona, 1984 – *Übers.:* K. ROSE, Grund und Quellort des russ. Geisteslebens, 1956, 167–182 – L. MÜLLER, Die Werke des Metropoliten I., Forum slavicum 37, 1971 – *Lit.:* A. POPPE, La tentative de réforme ecclésiastique en Russie au milieu du XIe s., ActaPolHist 25, 1972, 5–31 – L. MÜLLER, Neue Unters. zum Text der Werke des Metropoliten I., Russia mediaevalis 2, 1975, 3–91 – G. PODSKALSKY, Christentum und theol. Lit. in der Kiever Rus' (988–1237), 1982, 84–87, 285 [A. POPPE] – A. POPPE, How the Conversion of Rus' was understood in the eleventh century, Harvard Ukrainian Stud. 11, 1987, 295ff. – N. N. ROGOV, (Slovar' knižnikov i knižnosti drevnej Rusi XI-pervaja polovina XIV v., 1987), 198–204 – J. N. ŠČAPOV (Vvedenie christianstva na Rusi, 1987), 206–210 – N. VODOFF, Naissance de la chrétienté russe, 1988, passim, 414 – CH. HANNICK, Kirchenrechtl. Aspekte des Verhältnisses zw. Metropoliten und Fs. en in der Kiever Rus', Harvard Ukrainian Stud. [im Dr.].

2. I. v. Măglen, Bf. v. Măglen (nördl. von Voden/Edesssa, heute in Griechenland), Mönch, dann Abt eines

unbekannten Kl., gegen 1134 vom Ebf. v. Ochrid, Eustathios, zum Bf. geweiht. I. bekämpfte die →Bogomilen. 1205 wurden seine Reliquien auf Befehl des bulg. Zaren Kalojan in die Hauptstadt →Tŭrnovo übertragen. Der bulg. Patriarch→Evtimij hat eine Vita des I. geschrieben.
I. Božilov

Ed. und Lit.: Stara bǎlgarska literatura 4, 89–108, 531–537 – s. a. →Evtimij [E. Kałužniacki, 1901].

Ilbenstadt, OPraem-Stift in Hessen (zu Niddatal, Wetteraukrs.). Gf. →Gottfried v. Cappenberg († 1127; ◻ I., Stiftskirche, ☿ Maria u. a.) und sein Bruder Otto gründeten aus ihrem Eigenbesitz I. in der Wetterau das zweite dt. Prämonstratenserstift. Sie übertrugen, zweifellos veranlaßt durch Ebf. →Adalbert I. v. Mainz, getreu seiner Kl.politik, zu diesem Zweck der Mainzer Kirche ihre Güter samt Eigenkirche, ausgenommen die Ministerialen. Der Ebf. bestätigte 1123 die Propstei als ebfl. Eigenstift, die ihm stets eng verbunden blieb. Von Beginn an mit Archidiakonatsrechten versehen, erlebte sie im 12./13. Jh. eine erste Blütezeit. Ob I. sogleich als Doppelstift eingerichtet wurde, ist ungewiß; »sorores« werden zuerst 1156–71 gen. Chorfrauenstift Nieder-I. und Chorherrenstift Ober-I. bestanden bis 1803.
K. Heinemeyer

Q.: L. Clemm, Die Urkk. der Prämonstratenserstifter Ober- und Nieder-I., Archiv für hess. Gesch. und Altertumskde NF 14, 1925, 129–223, 617–666; ebd. 15, 1928, 147–224, 385–517 – Ders., Das Totenbuch des Stifts I., ebd. 19, 1936, 169–274 – *Lit.:* W. Dersch, Hess. Kl.buch (Veröff. der Hist. Komm. für Hessen und Waldeck 12, 1940²), 88–90 [Bibliogr.] – F. P. Mittermaier, Zur Gütergesch., Archiv für hess. Gesch. und Altertumskde NF 24, 1952/53, 89–118 – Ders., Die Anfänge..., Archiv für mittelrhein. Kirchengesch. 11, 1959, 9–41.

Ilchāne ('Landesfs.en', aus der Sicht des Großchans), mongol. Herrscher Irans, des Zweistromlandes, Kaukasiens, von Teilen Kleinasiens und Randgebieten Innerasiens (1256–1354) seit der Eroberung durch Hülägü († 1265), einem Enkel→Dschingis Chans; Residenz: Aserbajdžan (Marāġā und Tābrīz), seit 1307 in Solṭānījā bei Qazvīn. Nach Wirren unter den→Selǧuqen (bis 1194) und den Chōrezm-Schāhs (bis 1218) gelangte das Land unter die I.n zu einer gewissen Ruhe und wirtschaftl. Wohlstand. Doch gab es mancherlei Kämpfe, bes. in den suzeränen Staaten S- und O-Irans; auch sorgten ztw. hoher Steuerdruck und der Versuch, 1294 Papiergeld nach chines. Muster einzuführen, für Unruhe.

Die Beseitigung des →Kalifats in Bagdad 1258 und die Oberherrschaft buddhist. I. über islam. Land schien den Bewohnern unerträglich, die sich auch gegenüber den Christen zurückgesetzt fühlten. Der Übertritt Gāzāns (1295–1304) und seines Bruders Ölǧäitü (bis 1316; seit 1310 Schiit) zum Islam führte zur Abkühlung der Beziehungen zum buddhist. Groß-Chan in China. Den Brüdern stand der konvertierte jüd. Arzt Rašīd ad-Dīn (hingerichtet 1318), Verf. einer Weltgesch., die Europa einschloß, als →Wesir zur Seite; seine Reformen in Wirtschaft und Verwaltung waren zumeist nicht von Dauer. Die Konversion der Mongolen führte zu ihrer Verschmelzung mit den ansässigen Türken.

Die I. gerieten bald in Gegensatz zur nomad. geprägten →Goldenen Horde, gewannen dabei Kaukasien, doch wurden ihre Kräfte dadurch stark beansprucht (bis 1357), so daß die dauernde Besetzung Syriens und die Eroberung Ägyptens nicht gelang (Niederlage an der →Goliathsquelle 1260). Die Mamlūken wurden zu Bundesgenossen der Goldenen Horde; ein Ausgleich mit den I.n erfolgte erst 1323. Die I. standen in lebhaften polit. und wirtschaftl. Beziehungen zum Mittelmeerraum (venez. Niederlassung in →Tābrīz), wie auch zu China und Indien. Diese Verbindungen begünstigten eine lebhafte polit. und missionar. Tätigkeit der Päpste und Ludwigs IX. d. Hl., die die z. T. nestorian. Mongolen zu Katholiken und Gegnern der Muslime (damit zu Helfern der Kreuzfahrer) zu machen hofften; sie galten längere Zeit als die Kämpfer des Priesters→Johannes. Mehrere Herrscherinnen und einige I. waren (wenigstens in ihrer Jugend) →Nestorianer, die unter ihrem Katholikos Jaballāhā III. (1281–1317), einem Osttürken, großen Einfluß am Hofe gewannen. Nach seinem Tode setzte sich der Islam endgültig durch. Zu den byz. Ks.n bestanden Heiratsverbindungen (orth. Kirche in Tābrīz).

Seit 1335 zerfiel der Staat unter endlosen Bürgerkriegen zahlreicher Prätendenten. 1354 endete die mongol. Herrschaft; es setzten sich verschiedene sunnit. und schiit. Teildynastien durch. Eine Reihe von Fremdwörtern im Pers. zeugt sprachl. noch von der mongol. Herrschaft; durch die Annahme des Islam erfolgte die Festigung türk. Einsprengsel.
B. Spuler

Lit.: B. Spuler, Die Mongolenzeit, 1953 – A. J. Boyle, The Saljuq and Mongol Periods (The Cambridge Hist. of Iran, 5), 1968 – B. Spuler, Die Mongolen im Iran, 1985⁴.

Ildefons v. Toledo, hl., Ebf. v. →Toledo seit 657, † 667, * ca. 607, aus adliger Familie, Mönch, später Abt im Kl. Agli bei Toledo, nahm an den Konzilien v. Toledo 653 und 655 teil. Sein Werk »De virorum illustrium scriptis« (ed. C. Codoñer, 1972), Forts. von »De viris illustribus« →Isidors v. Sevilla, vermittelt vierzehn Biographien, davon nur acht von Schriftstellern, aber insgesamt sieben von Bf.en v. Toledo, und ist eigtl. dem Ruhm des ebfl. Sitzes v. Toledo gewidmet. I. verfaßte auch die apologet. Schrift »De virginitate perpetua beatae Mariae« (ed. V. B. Garcia, 1937), »De cognitione baptismi« (bedeutende Q. für die Gesch. der Taufe in Spanien), »De itinere deserti« und Briefe.
J. M. Alonso-Núñez

Ed.: CPL 1247–1257 – MPL 96, 51–330 – *Lit.:* Brunhölzl, I, 99–103, 523 – DHEE II, 1188f. – LThK² V, 622 – A. Braegelmann, The Life and Writings of Saint I. of T., 1942 – J. Madoz, San I. de T., 1943 – M. C. Billy, St. I. de T. »Liber de cognitione baptismi«, 1951 – J. M. Cascante Davila, Doctrina Mariana de S. I. de T., 1958 – J. M. Canal Sanchez, S. I. de T., Ephemerides Mariologicae 17, 1967, 437–462 – J. Fontaine, El »De viris illustribus« de S. I., tradición y originalidad, Anales Toledanos 3, 1970, 59–96 – F. Gonzalez Bardon, S. I. de T. en la hist. y en la leyenda, Stud. Legionense 14, 1973, 193–219.

Île-Barbe, L' → L'Île-Barbe

Île-de-France, hist. Landschaft in →Frankreich, um die Königsstadt →Paris, bildet geogr. das Herz des Pariser Beckens und liegt im Schnittpunkt der drei großen Tallandschaften →Seine, Marne und Oise. Zur Î. gehört ein Teil der Ebene nördl. v. Paris, im W wird ihr das fruchtbare Kalkplateau des →Vexin français zugerechnet, im O die Brie française, gleichfalls eine ertragreiche Agrarregion, im S und SO die waldreiche Landschaft →Hurepoix, ein bevorzugtes Jagdgebiet der frz. Kg.e. Die Î. (im weitgefaßten Sinne) entspricht in etwa der 'Francia' des SpätMA (→Francia II). Sie bildete das Kerngebiet der →Krondomäne der →Kapetinger, die ihre militär. und administrativen Helfer seit dem 11.–12. Jh. z. T. aus dem (Klein-)Adel der Î. rekrutierten. Die enge Verbindung der Landschaft zur kapet. Monarchie manifestierte sich nicht zuletzt auf kulturellem Gebiet, in der Entstehung der →Gotik um 1140 (→Baukunst, A. IV.). Als Einzugsbereich der Metropole Paris war die Î. stark von Besitzungen der großen Pariser Abteien und geistl. Institutionen sowie – im SpätMA – auch des Handels- und Finanzbürgertums der Hauptstadt geprägt. Stärkere Ansätze zu einer administrativen Zusammenfassung der Region erfolgten erst im 16. Jh. (*Gouvernement de l'Î.*), während die Steuer- und Finanzverwaltung bei der *Généralité de Paris*, mit abweichendem Amtsbezirk, lag. U. Mattejiet

Lit.: → Frankreich, C; → Francia; → Paris; s. a. die Lit. zu den einzelnen Städten und Bm.ern der Region.

Îles Normandes → Kanalinseln

Ilias Ambrosiana. Die bereits oben (Bd. II, Sp. 867) an den Anfang der erhaltenen byz. Buchmalerei gestellten 52 Illustrationen mit 58 Miniaturen (Mailand, Bibl. Ambrosiana Cod. F 205 Inf.) wurden im MA aus einer ö. Gesamt-Hs. der homer. Ilias herausgeschnitten, die als Cod. mit ca. 370 Folios und 180–200 Miniaturen zu ergänzen ist. Stilist. Unterschiede, die von frühkaiserzeitl. ('hellenist.') bis spätantik (5. Jh.) reichen, sind buchweise auf die Miniaturen verteilt, so daß als Vorlage Hss. der einzelnen Bücher der Ilias aus unterschiedl. Zeit anzunehmen sind. Die gr. Bildbeschreibungen sind ma. und ebenfalls ö. → Homer. J. Engemann

Lit.: A. CALDERINI u. a., I.A., 1953 [Faks.] – R. BIANCHI BANDINELLI, Hellenistic-Byz. Miniatures of the Ilias (I.A.), 1955.

Ilias latina, im 1. Jh. n. Chr. entstandene lat. hexametr. Kurzfassung der Ilias, die neben den Prosaerzählungen des → Dictys Cretensis und des → Dares Phrygios dem MA die Kenntnis vom Kampf um Troja vermittelte. Schon in den Statiusscholien (des 5. Jh.?) wird das älteste bekannte Zitat aus der sog. I.l. ohne Verf.nennung unter den Namen des Homer eingeführt, eine Gepflogenheit, die im MA beibehalten wurde, wenn nicht überhaupt Verse aus der I.l. ohne jegl. Hinweis auf ihre Herkunft Verwendung fanden (z. B. Gesta Berengarii, Anfang 10. Jh.). Das erste Zeugnis der Benützung in karol. Zeit findet sich bei Ermenrich v. Ellwangen (Brief an Grimald). Auch in den folgenden Jh. wird die als Schulbuch verwendete I.l. erwähnt (z. B. »Vita et passio s. Christophori«; »Ars lectoria« des Aimericus; → Accessus ad auctores), und es wird aus ihr, auch in → Florilegien, zitiert. Im 9. Jh. vereinzelt, von da an häufig, erscheint die I.l., meist unter die Schulautoren eingereiht, in Bibl.skatalogen in allen Teilen der lat. Welt. Die weitgestreute und umfängl. Überlieferung (ca. 100 Hss.) setzt im 10./11. Jh. ein. Erst die Hs. des 15./16. Jh. nennt den heute meist als Verf. angenommenen Bebius Italicus, dessen Cognomen sich auch als Akrostichon aus den Versen 1–7 gewinnen läßt. – Wann Pindarus (Thebanus) zum Übers. der Ilias gemacht wurde (am deutlichsten bei Hugo v. Trimberg), ist nicht greifbar. → Homer. E. Heyse

Ed.: F. VOLLMER, Poetae lat. minores II/3, 1913² – *Lit.*: MANITIUS, I–III [Register] – SCHANZ-HOSIUS II, 505ff. – F. VOLLMER, Zum Homerus lat., SBA.PPH 1913, 3 [krit. App.] – G. GLAUCHE, Schullektüre im MA (Münchener Beitr. zur Mediävistik und Renaissanceforsch. 5, 1970) [Register].

Iliaş I. (Elias, Ilie), *Fs. der Moldau* 1432/33, 1435–42 (ab 1436 gemeinsam mit seinem Halbbruder Ştefan II.), † vor 22. Aug. 1448, Sohn → Alexanders I. d. Guten und dessen zweiter Frau Ana; ⚭ Maria Holszański, litauische Adlige. I. steht am Beginn fünfundzwanzigjähriger Thronwirren unter den Erben Alexanders und führte das traditionelle Bündnis mit → Polen fort. Noch als Mitregent war I. am Kampf Alexanders mit → Litauen und dem → Dt. Orden beteiligt, der mit einem poln. Sieg (Kopostrzin, 30. Nov. 1432) endete. Am 3. Juni 1433 erneuerte er zusammen mit seiner Familie und den moldau. Bojaren den Vasallitätseid und die älteren Verträge gegenüber Polen in → Suceava. Bei Władysław Jagiełło fand er Schutz vor Ştefan II., führte von dort aus drei Kriege, die mit einem Kompro-miß-Kondominium endeten: Ştefan war Fs. im N mit Suceava und → Jassy, I. im S mit den Häfen → Aqkerman und → Kilia. Die Fs.en prägten gemeinsam Bronze- und Silbermünzen. Drei moldauische Abgeordnete nahmen im Sommer 1439 am Unionskonzil von → Ferrara/Florenz teil. Im neuerlich aufflammenden Bruderkrieg unterlag I., Ştefan ließ ihn 1442/44 blenden. K. Zach

Lit.: N. GRIGORAŞ, Din istoria diplomaţiei româneşti, 1948 – L. ŞIMANSCHI, Precizări cronologice privind istoria Moldovei dintre anii 1432–47, Anuar. Instit. Istor. Arheol. 7, 1970; 11, 1974 – Ş. GOROVEI, Muşatinii, 1976, 46–52.

Il'ja (Elia), *Bf. v.* → *Novgorod,* geweiht 28. März 1165 in Kiev, inthronisiert 11. Mai 1165 in Novgorod, † 7. Sept. 1186. Erster Titular-Ebf. v. Novgorod; vom Metropoliten v. Kiev, Johannes IV., zum Protothronos (erster Suffragan; anstelle des Bf.s v. → Belgorod) ernannt. I. gilt als Verf. der Mahnrede (Disziplinarverordnungen) an die Geistlichen auf der Diözesansynode 1166. Mit einem anonymen Bf. v. Belgorod hat I. einen Erlaß über Einzelfragen der Eucharistie abgefaßt. Hypothet. ist weiter die Mitautorschaft an einem kanonist. Werk (3. Teil der »Fragen des Kirik an Bf. → Nifont v. Novgorod«). Nach der im 15. Jh. abgefaßten Vita hat I. auf dem Sterbebett mit dem Großen Schima den Namen Ioann (Johannes) angenommen, unter dem er seit 1439 als Heiliger verehrt wurde. A. Poppe

Q.: L. K. GOETZ, Kirchenrechtl. und kulturgesch. Denkmäler Altrußlands, 1905 [Neudr. 1970], 202–208, 326–342, 354–389 [dt. Übers., Komm.] – G. PODSKALSKY, Christentum und theol. Lit. in der Kiever Rus', 1982, 187f., 190f., 196 – *Lit.*: L. DMITRIEV, Žitijnye povesti russkogo Severa kak pamjatniki literatury XIII–XVII vv. 1973, 148–184. – O. TVOROGOV (Slovar' knižnikov i knižnosti Drevnej Rusi. XI – pervaja polovina XIV v., ed. D. LIHAČEV, 1987), 208–210.

Illtud (Illtud), hl., wird als Gründer des bedeutenden Kl. Llantwit Major (s. Glamorgan) memoriert. Nach einer späten Legende war er Schüler des hl. → Germanus v. Paris († 576), doch wird er tatsächlich erst im späten 7. Jh. erwähnt. Wegen seiner Gelehrsamkeit wird I. in der walis. und bret. → Hagiographie häufig genannt; als seine Schüler galten nach der Tradition die hll. → David, → Gildas, → Samson und Paulus Aurelianus. Eine wohl in Llantwit Major kompilierte, wenig verläßl. »Vita Illtuti« (Mitte 12. Jh.) schöpft im wesentl. aus dem reichen Legendenschatz walis. Hagiographie und arthurian. Überlieferung. Der im sö. Wales und in der nw. Bretagne verbreitete Kult des Hl.n war konzentriert auf Llantwit Major, dessen alte Bedeutung durch den reichen Bestand an frühchr. Inschriften erhellt wird. J. Smith

Q. und Lit.: F. DUINE, Mémento des Sources Hagiogr. sur l'Hist. de Bretagne, 1918 – A. W. WADE-EVANS, Vitae Sanctorum Britanniae et Genealogiae, 1944 – G. H. DOBLE, Lives of the Welsh Saints, 1971 – W. DAVIES, An Early Welsh Microcosm, 1978.

Illumination → Buchmalerei

Illuminationstheorie. In erster Linie auf → Augustinus zurückgehendes Erkenntnismodell, in dem die platon. Erkenntnis der Wahrheit (Anamnesis: Menon, 81ff.; Höhlengleichnis: Politeia VII, 1–5; Ideenlehre: Phaidon, 74f.) auf der Grundlage neuplaton. Vorlagen umgedeutet wird. Der menschl. Geist wird von der göttl. Wahrheit 'erleuchtet'. Wahrheit gewinnt somit der Mensch nicht durch begriffl. Abstraktion, sondern durch Intuition der ewigen, nicht sinnl. und unveränderl. Wahrheit (rationes aeternae). In De libro arbitrio II werden zu diesen Wahrheiten die math. Wahrheiten und höchsten moral. Prinzipien gezählt. Da diese Wahrheiten unveränderl. und ewig sind, können sie nicht aus dem Kontingenten gewonnen werden; sie hängen aber auch nicht von unserer Vernunft ab, da auch diese veränderl. ist. Die menschl. Vernunft erkennt vielmehr diese Wahrheiten, insofern sie Einsicht in eine höhere Vernunft erhält, die nur Gott sein kann. An der Illumination hat die menschl. Vernunft als solche teil, sie hängt somit nicht von der göttl. Gnade ab.

Von →Bonaventura wird die I. systematisiert und präzisiert. In der Frage 'Utrum quidquid a nobis certitudinaliter cognoscitur, cognoscatur in ipsis rationibus aeternis' (Qq. disp. de scientia Christi, q. 4) wird für die Erkenntnis sicherer Wahrheiten eine ewige Vernunft als regulierender und bewegender Grund angenommen, die in diesem Leben jedoch nur zum Teil erkannt werden kann. Die augustin. I. wurde von einem Teil der Franziskaner vertreten. Auch →Heinrich v. Gent (Summa, I. 1, q. 2, 3) greift sie auf. Bei →Johannes Duns Scotus wird sie jedoch kritisiert.

Eine von Augustinus abweichende Erkenntnistheorie vertrat →Thomas v. Aquin, der die aristotel. Abstraktionslehre mit der avicenn. Intellekttheorie zu verbinden versuchte (vgl. Q. disp. de spirit. creaturis, a. 10). Avicennas These, daß menschl. Erkenntnis von Begriffen (nicht von notwendigen Wahrheiten) sich vom tätigen Intellekt (intelligentia agens) herleitet (vgl. dator formarum), wird von Thomas aber nicht so verstanden, daß der tätige Intellekt mit Gott gleichgesetzt wird (so der 'augustinisme avicennisant'; GILSON, 1926/27). Gott erleuchtet auch nach Thomas den Menschen, aber nicht unmittelbar und indem er ihn mit dem intellectus agens ausstattet, der ihm die Fähigkeit, die Universalien aus dem Sinnl. zu abstrahieren, verleiht. Ch. Flüeler

Lit.: EFil² IV, 430–434 [S. VANNI ROVIGHI]–M. GRABMANN, Der göttl. Grund menschl. Wahrheitserkenntnis nach Augustinus und Thomas v. Aquin. Forsch. über die Augustin. I. und ihre Beurteilung durch den Hl. Thomas v. Aquin, 1924 – E. GILSON, Pourquoi saint Thomas a critiqué saint Augustin, AHDL 1, 1926/27, 5–127 – R. JOLIVET, Dieu, soleil des esprits. La doctrine augustinienne de l'illumination, 1934 – R. ALLERS, St. Augustine's Doctrine on Illumination, FStud 12, 1952, 27–46 – E. GILSON, La philosophie de Saint Bonaventure, 1943, 274–346 – K. HEDWIG, Sphaera lucis. Stud. zur Intelligibilität des Seienden im Kontext der ma. Lichtspekulation, 1980.

Illustris → Titel

Illyricum. [1] *Spätantike und beginnende byzantinische Epoche:* Schon in der Antike wurde der geogr. Raum des →Balkans im Hinterland der →Adria, von Epirus nach N und ungefähr von der Drina nach W, manchmal als I. bezeichnet, in Anlehnung an den gemeinsamen Namen (Illyrioi) einiger altbalk. Stämme indoeurop. Herkunft. Zu Anfang der byz. Epoche wurde das I. erheblich erweitert und administrativ unterteilt. Die Diöz. des westl. I. mit den Prov. Noricum Ripense, Noricum Mediterraneum (→Noricum), Pannonia I und II (→Pannonien), Valeria, Savia und →Dalmatia kam an die Präfektur Italien und umfaßte die Territorien des »klass.« Illyricum. Am Ende des 4. Jh. (379–395) wurde die Präfektur des (östl.) I. entlang der zentralen N-S-Achse des Balkans eingerichtet. Ihre Diöz. Dacia (→Dakien) und Macedonia (→Makedonien) waren in die Prov. Dacia Ripensis, Dacia Mediterranea, Moesia I (→Moesia), Dardania, Praevalitana, Macedonia, Thessalia, Epirus Nova, Epirus Vetus (→Epirus), Achaia und Creta (→Kreta) unterteilt. Die Präfektur, als deren Zentrum sich ziemlich schnell →Thessalonike etablierte, war das Bindeglied zw. der it. und der östl. Präfektur; auf einem relativ engen Raum konzentrierte sie bedeutsame Ressourcen des Kaiserreiches. Das war um so wichtiger, weil die Grenze zw. lat. und griech. Reichsteil gerade durch die nördl. Gebiete des I. verlief. Diese Region hatte auch ansonsten eine hervorragende strateg. und ökonom. Bedeutung. Einige der wichtigsten Landwege des Reiches verliefen ganz oder teilweise auf diesem Gebiet oder darauf hin (Via militaris, Via Egnatia u. a.). Hier gab es viele Bergwerke und ksl. Werkstätten (z. B. Waffen); die Landwirtschaft blühte. Schon seit früherer Zeit bestanden einige Kaiserresidenzen; mehrere Ks. entstammten dem I. (z. B. Konstantin d. Gr., Justinian). Aus all diesen Gründen war das nördl. I. ein Gebiet mit starker Konzentration von Streitkräften.

[2] *Barbareneinfälle und Niedergang der byzantinischen Herrschaft:* Die Bedeutung der Präfektur I. wuchs für Konstantinopel besonders von dem Augenblick an, als der größere Teil der Diöz. des (westl.) I. in das Ostgotenreich einbezogen wurde (Ende 5.–Anf. 6. Jh.); die Präfektur wurde, reorganisiert durch die Aufhebung der Diöz. und die Aufteilung von Macedonia in zwei Provinzen, zum am weitesten nach NW reichenden Teil des Reiches; dabei behielt sie die Rolle einer Bastion auch in weiten Bereichen an der Donaugrenze im Norden. Aber schon im Laufe des 5. Jh. verursachten Barbareneinfälle (→Hunnen, →Ostgoten, →Gepiden) erhebl. Störungen im I. und vertieften den Prozeß eines ökonom. und kulturellen Verfalls, verstärkt noch durch das Erdbeben von 518. Während der Regierung Justinians (527–565) griffen die Wellen slav., protobulg. und kutrigur. Einfälle auch auf I. über. Als Reaktion darauf erfolgten die neuerl. Befestigung des Donau-Limes (→Limes) und der Neubau oder die Erneuerung zahlreicher Festungen im Bereich der ganzen Präfektur. Am Anfang dieser Verteidigungsmaßnahmen lag die Gründung des Ebm.s Iustiniana prima (April 535) in einer neuerrichteten Stadt, die auch als Sitz der Präfektur vorgesehen war und wohl mit Caričin Grad bei Leskovac (Serbien) zu identifizieren ist. Auch die rebellischen illyr. Bf.e wurden unterworfen. Die Maßnahmen brachten, v. a. wegen des Mangels an Soldaten, nicht die erwarteten Erfolge, doch blieb die Verwaltungsstruktur noch längere Zeit erhalten. Erst am Ende des 6. Jh. erschütterte der Druck der Barbaren die byz. Herrschaft im I. Die →Avaren, häufig unterstützt von Slaven, nahmen wichtige Grenzstädte ein (582 →Sirmium; 584 Singidunum [→Belgrad] und Viminacium) und belagerten Thessalonike (586). Es begann die Zeit des Rückzugs der autochthonen romanisierten Bevölkerung und die Entvölkerung des I., insbes. der nördl. Gebiete. Die Infiltration der Slaven erhielt den Charakter einer Neuansiedlung. Sogar die Bf.e, die im Laufe des 6. Jh. am längsten die Präsenz der byz. Herrschaft verkörpert hatten, zogen sich zurück. Nachdem die Gegenoffensiven (592–602) des Ks.s Maurikios den Verfall noch einmal aufgehalten hatten, erlebte die byz. Herrschaft über Inner-I. ihren endgültigen Niedergang, doch sind noch im 7. und 8. Jh. Amtsinhaber der Präfektur I. erwähnt. Die Küsten fielen nicht unter die Herschaft der Barbaren. Lj. Maksimović

Lit.: L. DUCHESNE, L'I. ecclésiastique, BZ 1, 1892, 531–550 – E. STEIN, Unters. zur spätröm. Verwaltungsgesch., II: Zur Gesch. von I. im 5.–7. Jh., RhM 74, 1925, 347–394 – P. LEMERLE, Invasions et migrations dans les Balkans depuis la fin de l'époque romaine jusqu'au VIIIᵉ s., RH 211, 1954, 265–308 – JONES, LRE – V. POPOVIĆ, Les témoins archéol. des invasions avaro-slaves dans l'I. byz., MEFR, Antiquité 87/1, 1975, 445–504 – V. KONDIĆ–V. POPOVIĆ, Caričin Grad, 1977 – V. POPOVIĆ, La descente des Koutrigours, des Slaves et des Avares vers la Mer Egée, Acad. des inscr. et belles lettres, juillet-oct. 1978, 597–648 – LJ. MAKSIMOVIĆ, Severni Ilirik u VI veku, ZRVI 19, 1980, 17–57 – Villes et peuplement dans l'I. protobyz., 1984 – W. POHL, Die Awaren, 1988 – V. POPOVIĆ (Iliri i Albanci, 1988), 251–283.

Ilsenburg, Kl. OSB am n. Harzrand, alte Diöz. →Halberstadt. Otto III. schenkte dem Bf. Arnulf v. Halberstadt die Reichsgula I. (von Heinrich II. 1003 bestätigt), in der jener ein Kl. Fuldaer Observanz einrichtete. Abt Herrand (ca. 1070–90), später Bf. v. Halberstadt († 1102), reformierte neben I. eine Gruppe ostsächs. Kl. nach dem junggorz. »ordo Ilsenburgensis«. Seine entschiedene Haltung gegen Heinrich IV. führte zur Flucht des Konvents ins Kl. Harsefeld bei Stade (1100–05). Über die Vogtei geriet I. unter die Herrschaft der Gf.en v. (Stolberg-)Wernigerode, die in den 1450er Jahren die Reform des Kl. betrieben (Beitritt zur →Bursfelder Kongregation 1465). Reges geistiges Leben seit Herrand ließ eine bedeutende Bibliothek (deren Überreste 1578 156 Hss.) entstehen. Die 1087 geweihte Kirche und die Gebäude des 12. Jh. sind größtenteils erhalten. J. Simon

Q. und Lit.: Hist. Stätten Dtl. XI, 1987², 225–227 – LThK² V, 627f. – NDB VIII, 680f. – E. JACOBS, UB ... I., 2 Bde, 1875–77 – K.-U. JÄSCHKE, Zur Eigenständigkeit einer Junggorzer Reformbewegung, ZKG 81, 1970, 17–43 – J. WALZ, Das Kl. zu I., 1978².

ᶜImādaddīn Zangī, einer der bedeutendsten türk. Militärbefehlshaber der 1. Hälfte des 12.Jh., geb. um 1082, gest. 14. Sept. 1146, herrschte von 1127 bis zu seinem Tod über →Mosul und →Aleppo, formal als ʽatabeg' (Vormund) zweier Prinzen der Selǧuqen-Dynastie, faktisch als unabhängiger Machthaber. Im Kampf gegen die Kreuzfahrer eroberte er 1137 die Burg Baʽrin (Montferrand), die die Straßen in das obere Orontestal beherrschte. Höchsten Ruhm erlangte er 1144 durch seine Eroberung v. →Edessa; sie war der erste große territoriale Verlust der Kreuzfahrer und hatte den 2. Kreuzzug zur Folge. Sein Sieg machte ᶜI. Z. zum führenden Vorkämpfer des Islams (→Krieg, Hl.); er erhielt von Kalif al-Muqtafi den Ehrentitel ʽal-Malik al-Mansūr' (Herrscher mit Gottes Hilfe) zuerkannt. ᶜI. Z. versuchte, →Damaskus den islam. →Būriden zu entreißen, doch waren alle aufgewandten Mittel (Verrat, Waffengewalt, Diplomatie) vergeblich. Aufgrund seiner Interessen in Mosul schaltete sich ᶜI. Z. auch in die internen Sukzessionskonflikte sowohl des Sultanats der →Selǧuqen als auch des Kalifats der →Abbasiden ein, v. a. 1132 durch seinen Angriff auf →Bagdad. Auch lag er u. a. mit den Artūqiden v. Mardīn und Diyārbakīr in Konflikt, die seine Kräfte vom syr. Kriegsschauplatz ablenkten. ᶜI. Z. wurde im Zustand ʽunübl. Trunkenheit' von einem Sklaven ermordet; sein Sohn →Nūraddīn eroberte seine w. Herrschaftsgebiete und errang die Führungsstellung im Kampf gegen die Kreuzfahrer. →Zengiden. Ch. Melville

Lit.: EI¹, s. v. – K. M. SETTON, A Hist. of the Crusades, 1955.

ᶜImādaddīn al-Kātib al Iṣfahānī, Muḥammad ibn Muḥammad, Literarhistoriker und Geschichtsschreiber, geb. 1125, gest. 1201, stammte aus angesehener, in Isfahan ansässiger Familie, studierte an der Niẓāmija-Hochschule in Bagdad und trat schließlich in die Dienste des →Zengiden →Nūraddīn an dessen Hof zu Damaskus. Nach Nūraddīns Tod ztw. ins Exil gedrängt, gewann er durch den Aufstieg des →Ayyūbiden →Saladin, seines alten Gönners, erneut eine einflußreiche Stellung als Gelehrter, Beamter (*kātib*) und Diplomat. Nach dem Tod des Herrschers mußte sich ᶜI. in den letzten Jahren mit dem Leben eines lit. tätigen Privatmanns begnügen. – Sein von der gelehrt-stilisierten ʽKuttāb'-Tradition geprägtes Werk umfaßt neben einer umfangreichen Anthologie der arab. Dichtung seiner Zeit (»Ḥarīdat al-Qaṣr wa-ǧarīdat ahl al-ᶜaṣr«) mehrere meist unvollständig erhaltene hist.-autobiograph. Werke. Sein wichtigster Beitrag ist der Bericht über Saladins Eroberung Syriens und des Kgr.es →Jerusalem i.J. 1187 (»Kitāb al-Fatḥ al-qussi fi 'l-fatḥ al-qudsi«), in dem er die militär. Ereignisse und die Persönlichkeit Saladins aus der Perspektive eines hochgestellten, am großen polit. Geschehen beteiligten Augenzeugen schildert. U. Mattejiet

Ed. und Lit.: EI² III, 1157f. [Ed., Lit.]–LexArab, 518–J. KRAEMER, Der Sturz des Kgr.es Jerusalem in der Darst. des ᶜI., 1952.

Imago → Bild, →Bildort

Imago pietas → Andachtsbild

ᶜImāret → Stiftung

Imbreviatur, -bücher. Die I. hängt mit der Entwicklung des Notariatsinstruments (→Notariat) zusammen. Der→Notar fertigte über eine in seiner Gegenwart vollzogene Rechtshandlung eine Aufzeichnung in gekürzter Form an (imbreviatura, abbreviatura, breviatura; gleichbedeutend auch instrumentum redactum in nota, notularium, cartularium, protocollum, scheda, schedula). Diese brauchte nur das Wesentl. des Sachverhalts wiederzugeben. Zeit, Ort und anwesende Personen waren dagegen genau zu verzeichnen. Die I. hatte öffentl. →Beweiskraft: Es konnte entweder auf Verlangen der Parteien aufgrund der Notiz eine vollständige Urk. in Form eines instrumentum publicum angefertigt werden, oder die I. selbst wurde durch ein eigenes Instrument authentisiert, wobei man den Wortlaut mit allen Kürzungen beibehielt. Durchstreichungen (»Kanzellierungen«) von I. en zeigen die Ungültigkeit des betreffenden Eintrags an (etwa im Falle einer Lösung vom Banne oder der Tilgung einer Schuld) bzw. die Ausfertigung einer Urk. (toskan. Notare setzten hier bestimmte Zeichen an den Rand). Die I.en wurden von den Notaren sorgfältig aufbewahrt und fielen nach deren Tod in der Regel an die Erben; nur selten wurde die Hinterlegung an öffentl. Stelle (Archiv, Gericht) angeordnet. Schon früh wurden Hefte oder Bücher angelegt, in denen die I.en eingetragen oder von Zetteln übertragen wurden (letzteres mußte mancherorts noch am gleichen Tag bzw. binnen drei Tagen geschehen). Das älteste erhaltene I.buch stammt von dem Genuesen Johannes Scriba und beginnt mit dem Jahr 1154. I.bücher aus dem 12. und auch noch aus dem 13.Jh. sind aus it. Städten nur in geringer Zahl vorhanden. Eine Ausnahme bildet Genua, wo seit 1179 eine überaus reiche Überlieferung von I.büchern zu verzeichnen ist. Da aber seit dem 13. Jh. in den meisten städt. Statuten Mittel- und Oberitaliens die Notare verpflichtet wurden, I.bücher anzulegen, darf angenommen werden, daß eine große Zahl derartiger Aufzeichnungen verlorengegangen ist. Im 14.Jh. setzt eine breitere Überlieferung ein. A. Gawlik

Lit.: BRESSLAU II, 119, 128–131, 162 – HRG II, 308–310 – J. FICKER, Beitr. zur Urkk.lehre I, 1877, 342–346–H. V. VOLTELINI, Die Südtiroler Notariats-I.en des 13.Jh. I, 1988, XXVI–XXIX–XXXIII–XLII – O. REDLICH, Die Privaturkk. des MA, 1911, 217–222 – G. COSTAMAGNA, La triplice redazione dell'»instrumentum« genovese, 1961 – G. DOLEZALEK, Das I.buch des ebfl. Gerichtsnotars Hubaldus aus Pisa (Mai bis Aug. 1230), 1969 – G. COSTAMAGNA, Il notaio a Genova tra prestigio e potere, 1970, passim – DERS., Il notariato nell' Italia settentrionale durante i sec. XII e XIII (Notariado público y documento privado: de los orígines al siglo XIV, II, 1989) 994ff. – W. KÖFLER, Zum Vordringen des Notariats in Tirol, ebd. 1172.

Imennik, eine Liste der bulg. Herrscher (→Bulgarien), erhalten in zwei Redaktionen (Ende des 7. und 2. Hälfte des 8. Jh.). Angegeben sind die Namen, manche Daten der genealog. Herkunft und die Regierungsjahre von 13 bulg. Herrschern. Die ersten zwei sind legendär – Avitochol (= Attila?) und Irnik (= Ernach?); der dritte, Gostun (= Organ und Mochedu – cheu?) ist in anderen Q. unbekannt. Kurt oder Kubrat ist der Gründer Großbulgariens, und Bezmer wird von manchen mit Kubrats Sohn Bajan identifiziert. Diese fünf waren Herrscher »Donaubulgariens«. Die Identifizierung der nächsten acht ist nicht schwierig. Der letzte ist Umor (um 765). Die Chronologie beruht auf dem protobulg. Mond-Sonnenkalender. Alle Datierungen sind nach dem 12jährigen Tierzyklus angegeben (das Jahr trägt den turksprachigen Namen eines Tieres, und die Monate sind mit Numeralia gezeichnet). I. Božilov

Ed.: V. BEŠEVLIEV, Die protobulg. Inschriften, 1963, 306 – Stara bǎlg. lit. 3. Istoričeski sǎčinenija, red. I. Božilov, 1983, passim – M. MOSKOV, I. na bǎlgarskite chanove, 1988, 18–19 – Lit.: O. PRITZAK, Die bulg. Fs. enliste und die Sprache der Protobulgaren, 1955 – I. DUJČEV, »I. atna bǎlgarskite chanove« i bǎlgarskata dǎržavna tradicija, Vekove, 1973, I, 5-II – B. ROGEV, Astronomičeski osnovi na pǎrvobǎlgarskoto letobroene, 1974 – M. MOSKOV, Iąt na bǎlgarskite chanove, 1988.

Imhof(f), bedeutende Kaufmannsfamilie in →Nürnberg, die aus Lauingen/Donau stammte (1267 belegt). Im 15. Jh. erschienen Mitglieder auch in Augsburg, Ulm, Kulmbach, Donauwörth und Memmingen. Vorfahre der Nürnberger I. war *Hans* († 1341). *Hans II*. († 1389) erhielt 1351 das Nürnberger Bürgerrecht. Seit 1376 im →Fernhandel nachweisbar, konnte er bescheidenen Grundbesitz erwerben. Sein Sohn *Niklas* († 1403) wurde 1402 2. Bürgermeister. Eine durch *Hans III*. († 1398) geleitete Handelsgesellschaft (ab 1381 belegt), die v. a. im Böhmenhandel tätig war, existierte bis zum Tod seines Sohnes *Sebald* († 1450). *Konrad I.* († 1396) und v. a. sein Sohn *Konrad II.* († 1449) intensivierten den Handel mit Venedig, wo sie zunächst als Kommissionäre der →Pirckheimer-Gundelfinger Gesellschaft tätig waren. Der Aufstieg ihrer Gesellschaft wird durch die Übernahme der Kammer der →Mendel im Fondaco ab 1441 dokumentiert. Konrad II. betrieb reinen Warenhandel, v. a. mit Safran, Tuchen und Metallwaren, und wurde der bis dahin reichste I., doch stieg erst unter seinen Söhnen die Familie zu einer der führenden Nürnberger Handelsgesellschaften auf. *Hans IV*. († 1499), seit 1457 im Inneren Rat und 1471 1. Bürgermeister, hinterließ seinen Söhnen ca. 90000 fl. (40000 fl. in Immobilien). Der Schwerpunkt des Handels lag weiterhin bei →Safran und →Bergbauprodukten, orientierte sich aber verstärkt auf den W (neue Niederlassungen u. a. in Lyon, Zaragoza, Lissabon, Antwerpen, Amsterdam). Die Anhäufung größerer Kapitalsummen gelang den I. nicht. D. Rödel

Lit.: NDB X, 146f. – H. JAHNEL, Die I., ... [Diss. masch. 1950] – Beitr. zur Wirtschaftsgesch. Nürnbergs, 2 Bde, 1967 – W. AMMANN, Die wirtschaftl. Stellung der Reichsstadt Nürnberg im SpätMA, 1970 – W. v. STROMER, Obdt. Hochfinanz 1350-1450 (VSWG Beih. 55-57, 1970) – A. LAYER, Die I. aus Lauingen im späten MA (Bll. des Bayer. Landesverbandes für Familienkde. 36, 1973), 25-33.

Imitatio (Humanismus). In Übereinstimmung mit dem epochalen Selbstverständnis der Renaissance als Wiedergeburt der Antike war die I. antiker Musterautoren das konstitutive Prinzip der europ. Dichtung von Petrarca bis Milton; dementsprechend bildete die Problematik der Nachahmung ein zentrales Thema der humanist. Literaturtheorie. Über den Bereich der Lit. hinausgehend, galt das Prinzip der I. auch in den bildenden Künsten und der Architektur und zeitigte hier gleichfalls eine theoret. Auseinandersetzung. Wenn Dürer in Venedig sich sagen lassen mußte, sein Werk »sei nit antikisch, dorum sei es nit gut«, so entspringt diese Kritik der Auffassung von jedem künstler. Schaffen in der Renaissance verpflichtenden Grundgesetz der I. der Antike.

Das Problem der I. stellte sich bereits im alten Rom bei der Rezeption der griech. Lit. Da die Renaissance sich im Hinblick auf die antiken Vorbilder in einer zu Rom analogen Lage befand, verstand es sich von selbst, daß man auf die röm. Theorie der I. zurückgriff. Nach Quintilian läßt sich die I. als »die nachschaffende Gestaltung eines Neuen aus mehreren Vorbildern« definieren (J. v. STACKELBERG).

Zur Veranschaulichung des Phänomens diente das Bienengleichnis, das in der röm. Lit. am ausführlichsten von Seneca (Ep. 84) dargestellt worden ist. Der nachahmende Autor soll dem Beispiel der Bienen folgen. Wie diese von Blüte zu Blüte den Nektar sammeln und, ihn verdauend, in Honig verwandeln, soll er seine Lesefrüchte zu einem neuen Produkt gestalten. Obgleich dessen Ähnlichkeit mit den Vorbildern noch zu erkennen ist, soll doch seine Andersartigkeit zu Tage treten.

Das Bienengleichnis, das auch im MA begegnet, erfreute sich in der Renaissance in der Diskussion über die I. bes. Beliebtheit bei den it. und frz. Humanisten. Wie so häufig ist auch hier F. →Petrarca, der Prototyp des humanist. Dichters, vorangehend. In der eklekt. Nachahmung sieht er die Möglichkeit, bei der Aneignung fremder Autoren die eigene Individualität zu behaupten. So kann die I. zur Aemulatio werden, welche die Aussicht eröffnet, die antiken Vorbilder zu übertreffen.

Gegen das Prinzip einer freieren I. regte sich in den auf Petrarca folgenden Humanistengenerationen Widerspruch. Im Zeichen der Verehrung →Ciceros als des unübertreffl. Meisters der kunstgerechten Rede analysierte man seinen Stil in allen Details und leitete aus dieser Analyse eine Rhetorik ab, welche die uneingeschränkte Nachahmung Ciceros zum obersten Gesetz erhob und jede davon abweichende Auslegung des Prinzips der I. verwarf. Jedoch forderten führende Humanisten wie C. →Salutati, A. →Poliziano und Gianfrancesco Pico della Mirandola das Recht auf einen eigenen Stil, später auch →Erasmus v. Rotterdam in seinem gegen die Ciceronianer gerichteten satir. Dialog »Ciceronianus« (1528). Ohne den vorbildl. Charakter der antiken Autoren zu bestreiten, tritt Erasmus für einen Stil ein, welcher der Zeit und der Sache angemessen ist.

Während der Ciceronianismus zwangsläufig zur Erstarrung des humanist. Lateins führen mußte, hat die Übernahme des Prinzips der I. die Entfaltung der volkssprachl. Lit. en gefördert. Indem diese sich den humanist. Stilgesetzen unterwarfen, fühlten sie sich in der Lage, mit der in den klass. Sprachen abgefaßten Lit. in Wettbewerb zu treten und eigene »Klassiker« zu proklamieren, als erste in Italien →Dante, →Petrarca und →Boccaccio. A. Buck

Lit.: H. GMELIN, Das Prinzip der I. in den roman. Lit. en der Renaissance, 1932 – J. v. STACKELBERG, Das Bienengleichnis, RF 68, 1956 – F. ULIVI, L'imitazione nella poetica del Rinascimento, 1959 – G. W. PIGMAN III, Versions of Imitation in the Renaissance, Renaissance Quarterly 33, 1980 – TH. M. GREENE, The Light in Troy: Imitation and Discovery in Renaissance Poetry, 1982.

Imitatio Christi, vielgelesenes Erbauungsbuch, das, spätestens 1427 abgeschlossen und anonym überliefert, nach der Bibel zu den weitest verbreiteten Büchern der Weltlit. gehört (mehr als 700 Hss., übers. in mehr als 90 Sprachen). Es besteht aus vier Teilen (libri), die kompiliert im Zuge der →Devotio moderna, namentl. unter →Thomas Hemerken (Maleolus) a Kempis weiteste Verbreitung fanden. Der seit dem 15. Jh. hitzig geführte Streit um die Verfasserfrage ist bis heute nicht geklärt. Daß Thomas a Kempis sich am Ende des von ihm 1441 geschriebenen Exemplars (Bibl. Roy. Brüssel, HS 5855–5861) als »scriptor« bezeichnet, darf nicht als Beleg für seine Verfasserschaft gewertet werden. Die jüngste Ed. von T. LUPO bringt wieder als Entstehungsort die Abtei OSB Vercelli (Oberitalien) und eine Hs. aus den Jahren 1280-1330 ins Gespräch. Tatsächl. kommt in der I.C. eine Spiritualität zu Wort, die nach dem lang andauernden und frustrierenden →Armutsstreit der Mendikanten wieder krit. Weltverachtung das Wort redete und die Zerrissenheit und

Zerstreutheit des spätma. Menschen durch die inwendige Konzentration auf →Jesus Christus, dem »Herrn, der in mir ist« (III,1), meth.-religiös überwinden will. Das 1. Buch fordert den Menschen auf, von allem Irdisch-Vergängl., auch von sich selbst und seinen Leistungen abund auf den Ewig-Heiligen hinzusehen. Dazu soll die Betrachtung des Todes und des Gerichts helfen. Buch 2 spricht von der Liebe und Freundschaft mit Jesus, die sich in der praktizierten Kreuzesnachfolge, dem geduldig ertragenen Leiden um Christi willen, bewährt (II,12). Die Bücher 3 und 4 sind in Dialogform geschrieben. Das inwendige Gottes-Gespräch wird geübt, die Ganzhingabe an den »Ganzen« gefordert. Das Ziel ist die Vereinigung des Einzelmenschen mit Gott, die zwar gnadenhaft geschenkt, aber aus dem ernsthaften Tugendstreben hervorwächst und dauerndes sittl. Bemühen verlangt (III,6; 31; 47; 49). Der kreuztragende Christus ist dabei Vorbild und Hilfe zugleich. Die I.C. nimmt Stellung gegen Veräußerlichung der Frömmigkeit, gegenüber dem ma. Reliquien- wie Wallfahrtswesen und rechenhafter Werkfrömmigkeit. Sie weist den Weg ins Innere und empfiehlt, die Einheit mit Christus in der hl. Kommunion zu suchen (IV.1). Die I.C. hat sowohl die Reformation wie die kath. Reform (Ignatius v. Loyola) des 16. Jh. beeinflußt.

M. Gerwing

Ed. und Lit.: DSAM VII, 2338-2368 – Wb. der Mystik, hg. P. DINZELBACHER, 495f. – Ed. T. LUPO, 1982 [Lit.] – Übers. u. a. J. SAILER, 1794; H. ENDRÖS, 1986 – R. POST, The Modern Devotion, 1968 – F. SEIBT, Die Krise der Frömmigkeit (600 Jahre Rosenkranz 1475, hg. Ebfl. Diözesan-Mus. Köln, 1975), 11–29 – G. Groote, Thomas v. Kempen und die Devotio moderna, hg. H. N. JANOWSKI, 1978 – E. ISERLOH, Thomas v. Kempen und die Devotio Moderna, 1978 – J. SULIVAN, La dévotion moderne, 1979 – J. LANCZKOWSKI, Erhebe Dich, meine Seele, 1987.

Immanenz. Der Gedanke der I., gefaßt als In-Sein, Innewohnen, Verbleiben-in, ist für alle Bereiche der Philosophie und Theologie konstitutiv. Er impliziert stets ein Relationsverhältnis, wobei die Relate der Relation je nach Bedeutungsgehalt als Momente einer in sich reflektierten Einheit selbst oder einer mehr oder weniger intrinsisch differenzierten Einheit-Vielheit-Struktur auftreten.

In ausgezeichneter Weise wird der Gedanke der I. von Aristoteles gedacht, indem als absolute Prinzip, den Gott, unter metaphys. Perspektive nicht nur als unbewegt-bewegende, ewige, reine Wirklichkeit seiende Substanz (Arist., Metaph. XII 7, 1072a24-26) bestimmt, sondern zugleich auch als Vernunft, der ihr Gegenstand und ihr Denkvollzug so immanent sind, daß sie diese ihre Momente ist; was bei jeder materielosen Vernunfterkenntnis der Fall ist, begegnet in eminenter Weise bei der göttl. Vernunft: Da das Erkannte und die Vernunft nicht verschieden sind, sind das vernünftige Erkennen und das Erkannte ebenfalls identisch (ebd. 9, 1075a3–5). Die wechselseitige I. von Vernunft, Erkennen und Erkanntem verbürgt, daß die göttl. Vernunft in ihrem Erkennen nur einen Gegenstand hat, sich selbst als Erkennen, so daß ihr Erkennen auch als Erkennen des Erkennens bezeichnet werden kann (ebd. 9, 1074b34). Die göttl. Vernunft besitzt so zwar eine ihr immanente Dynamik im Sinne von Selbstpräsenz oder Selbstgewißheit, verharrt aber auch in diesem Selbstbezug, da sie nur als Geliebtes bewegt (ebd. 7, 1072b3).

Auch das MA kennt diesen Vernunftschematismus wechselseitiger I., so etwa Avicenna, Averroes, Maimonides oder Albertus Magnus (Metaph. XI, 2,31; Ed. Colon. XVI/2, 522, 32–36). Wie bei Aristoteles, der die Gottheit als reinen Akt oder reine Substanz sowie als reine Vernunft dachte, sind auch bei Thomas v. Aquin und Meister Eckhart das Sein und das Erkennen dem göttl. Prinzip immanent, so daß es die differenzierte Identität von Sein und Erkennen ist, bei Thomas freil. unter dem Vorrang des Seins, bei Eckhart unter dem des Erkennens (Quaest. Par. I; LW V, 37–48). Im Trinitätsgedanken tut sich ein weiteres I.-Motiv kund: Die Einheit als das Wesen der Gottheit wohnt der Dreiheit der relational voneinander differenzierenden göttl. Personen so inne, daß die auch wechselseitig sich durchdringenden Personen nichts anderes sind als der eine Gott.

Wird dieser eine Gott platon.-neuplaton. als das sich neidlos der Welt und den Menschen mitteilende eine Gute gedacht, dann meint I. aus der Perspektive des Einen qua Guten, daß es als Ununterschiedenes trotz seiner Unterschiedenheit von allem Unterschiedenem eben diesem Unterschiedenem gleichwohl innewohnt (Eckhart), daß es als Nicht-Anderes dem Anderen so entgegengesetzt ist, daß es ihm als gegensatzloser Gegensatz entgegengesetzt und insofern zugleich auch nicht entgegengesetzt ist (Nikolaus v. Kues); aus der Perspektive des Hervorgebrachten meint I., daß das Hervorgebrachte wegen seiner Ähnlichkeit mit dem des Hervorbringenden zugleich mit ihm ident. und von ihm verschieden ist, so daß bei Berthold v. Moosburg explizit ihr Identisch-Sein als 'immanere', ihr Verschieden-Sein als 'separatum esse' bezeichnet werden (Expos. super Elem. theol. Procli, prop. 30, comm., ed. L. STURLESE, M. R. PAGNONI, STURLESE, B. MOJSISCH, 1986, 199, 295–299). Progressiver als Berthold haben bereits Dietrich v. Freiberg (De int. II 38–41, ed. B. MOJSISCH, 1977, 176, 3–178, 90) und Eckhart den Gedanken der I. beim Hervorgehenden und Hervorbringenden gedacht: Wenn die geschaffene Vernunft aus der ungeschaffenen Vernunft als ihrem Prinzip hervorgeht, dann so, daß ihr Prinzip, sich und alles andere sowohl gemäß ihrem Wesen als auch auf die dem Prinzip eigentüml. Weise erkennt, weil ihr Prinzip ihr innerlicher ist als sie sich selbst; wenn die ungeschaffene Vernunft, das Wesen der menschl. Seele, aus der ungeschaffenen Vernunft, dem göttl. Prinzip, hervorgeht, dann so, daß die hervorgehende Vernunft im Hervorgehen bereits in ihr Prinzip und zum Prinzip eines Prinzips, dem Einen selbst, zurückgekehrt ist – ein in der Realität des Ungeschaffenen sich vollziehender und in ihr verbleibender Erkenntnis- und Liebesprozeß, weil anti-augustin. das Hervorgehende im Hervorbringenden, im Einen, innerlicher ist als in sich selbst (Eckhart, Pr. 48; DW II, 419, 1–421,3); die im MA und in der NZ (dann auch terminolog.) bedeutsame I.-Transzendenz-Problematik hat bei Eckhart im Rahmen seiner Theorie des ungeschaffenen Wesens der Seele keinen Platz.

Im MA werden noch folgende I.-Motive – mehr oder weniger kontrovers – diskutiert: Das In-Sein der Seele im Körper; das im Handelnden verbleibende Tätig-Sein, das als Handeln sein eigenes Ziel ist (actio immanens), und die etwas ins Werk setzende Tätigkeit, die vom Hervorbringenden in das Werk als Ziel des Hervorbringens übergeht (actio transiens); das In-Sein der Wesensbestimmung (Quidität) im Naturgegenstand, der selbst diese seine Wesensbestimmung nicht erkennt, ihr gleichwohl aber sein wesentl. Sein verdankt, das der Intellekt konstituiert; das In-Sein des Allgemeinen im Besonderen oder Singulären – sei es nun als reale, formale oder intentionale I. gedacht, als intra- oder extramental. Eine eigene Position vertritt in diesem Zusammenhang Roger Bacon: Das Allgemeine ist von unbegrenzter Dauer und Ubiquität, aber nicht wegen seiner eigenen Dignität, sondern aufgrund der zeitl. und räuml. Multiplizität des Singulären in seiner Sukzessivität; kurz: Allgemeines ist dem Einzelnen immanent und ist nur, weil Einzelnes ist, sukzessives Einzelnes, ohne daß diese Zusammenhänge gedacht zu werden brauchen (C. PRANTL, Gesch. der Logik 3, 1867 [Neudr. 1955], 125, Anm. 571f.). Diesem rigorosen I.-Verständnis kann und muß entgegengehalten werden, daß es das Denken ist, das I.-Verhältnisse denkt, mag es sie nun nur – gleichsam von außen – denken oder sie als Prozeß selbst sein. B. Mojsisch

Lit.: HWP IV, 220–337 – E. RÖDER V. DIERSBURG, Der positive Begriff der I., Zs. für philos. Forsch. 9, 1955, 182–185 – W. BEIERWALTES, Deus Oppositio oppositorum, Salzburger Jb. für Philos. 8, 1964, 175–185 – R. IMBACH, Deus est intelligere..., 1976 – B. MOJSISCH, Meister Eckhart. Analogie, Univozität und Einheit, 1983 – K. OEHLER, Der Unbewegte Beweger des Aristoteles, 1984 – K. FLASCH, Das philos. Denken im MA, 1986 – A. DE LIBERA, La philos. médiévale, 1989.

Immanuel v. Rom, jüd. Dichter und Exeget in Italien, geb. nach 1250, gest. nach 1328. Berühmt wurde er durch seine hebr. Gedichtslg. »Machberot Immanuel«, eine bunte Mischung aus Reimprosa, Weinliedern, Liebesgedichten, Rätseln, aber auch liturg. Poesie (→Pijjuti). Innerhalb seiner Kompositionen verwendete er als erster hebr. sprachiger Dichter die Form des Sonetts. Inwieweit sein Werk inhaltl. von →Dantes Göttl. Komödie beeinflußt wurde, ist bis heute in der Forsch. umstritten. Der letzte Teil der »Machberot«, in denen I. seine visionäre Reise durch Himmel und Hölle beschreibt, weist starke Parallelen dazu auf. Von seinen umfangreichen Bibelkomm. ist nur weniges ediert. H.-G. v. Mutius

Ed. und Lit.: A. M. HABERMANN, Toledot ha-pijjut weha-schira, II, 1972, 43ff. [Lit.] – Machberot I. ha-Romi, hg. D. JARDEN, o. J.² [Lit.].

Immediatstädte → Freie Städte, →Reichsstädte

Immedinger, eine in ihrem Personenbestand und ihren Besitzzentren nur undeutlich faßbare sächs. Adelssippe. Der Name weist auf den Leitnamen Immad, der im sächs. Adel seit dem 8. Jh. bezeugt ist. Als bekannteste 'I.' werden in der Forschung die otton. Kgn. →Mathilde († 968), der Ebf. →Unwan v. Hamburg–Bremen († 1029) und die Bf.e →Meinwerk († 1036) und Immad († 1076) v. Paderborn geführt. Namentl. für die Kgn. Mathilde ist jedoch bezeugt, sie sei aus der 'stirps' des Sachsenhzg.s →Widukind hervorgegangen. Die Abgrenzung der 'I.' von den Nachfahren Widukinds stellt daher ein Problem dar. Belegt ist der Name I. erst durch Adam v. Bremen (II, 47), der von Ebf. Unwan sagt, er sei »clarissimo genere Immedingorum oriundus«. Ekkehard v. Aura spricht a. 1104 vom »stemma de Saxonia, Immedingorum tribus egregia, que et Ottonum inclite stirpi traditur vicina«. Als namengebenden Spitzenahn erwähnt Ekkehard mit Bezug auf →Widukind v. Corvey (I, 31) einen Onkel der Kgn. Mathilde namens Immid und bezeichnet die Verwandtengruppe wie Widukind zugleich als »stirps Widukindi«. Das »genus Immedingorum« und die »stirps Widukindi« scheinen also lediglich zwei Namen für die gleiche Verwandtengruppe zu sein. Warum man aber im 11. Jh. wohl in Hamburg–Bremen den namengebenden Spitzenahn für diese Verwandtengruppe gewechselt haben könnte, ergibt ein Blick in die nur dort überlieferte »Vita S. Willehadi«. Dort ist (cap. 6) von einem »comes Emmiggo« aus dem Lerigau die Rede, der als christlicher Gefolgsmann des hl. →Willehad den Märtyrertod erlitt. Initiator dieser Verfolgung war aber der Sachsenherzog Widukind. Es spricht daher einiges dafür, daß die Nachrichten der »Vita S. Willehadi« den Auslöser für einen Wechsel in der Benennung der sächs. Nachfahren des Hzg.s Widukind bildeten. G. Althoff

Lit.: R. SCHÖLKOPF, Die sächs. Gf.en (919–1024) (Stud. und Vorarb. zum Hist. Atlas Niedersachsens 22, 1957), 128ff. – S. KRÜGER, Stud. zur Sächs. Grafschaftsverf. im 9. Jh. (ebd. 19, 1960), 90ff. – H. BANNASCH, Das Bm. Paderborn unter den Bf.en von Rethar und Meinwerk (983–1036) (Stud. und Q. zur westfäl. Gesch. 12, 1972), 81ff. – R. WENSKUS, Sächs. Stammesadel und frk. Reichsadel, 1976, 115ff. – J. M. VAN WINTER, Hamaländer Gf.en als Angehörige der Reichsaristokratie im 10. Jahrhundert, RhVjbll 44, 1980, 16–46, 19f. – K. SCHMID, Unerforschte Q. aus quellenarmer Zeit (II). Wer waren die »fratres« von Halberstadt aus der Zeit Kg. Heinrichs I.? (Fschr. B. SCHWINEKÖPER, 1982), 117–140, 121ff. – G. ALTHOFF, Genealog. und andere Fiktionen in ma. Historiographie (Fälschungen im MA I [MGH Schr. 33, I], 1988), 417–441, 428ff.

Immunität

I. Allgemein und westlicher Bereich – II. Byzanz und Südosteuropa

I. ALLGEMEIN UND WESTLICHER BEREICH: [1] Als *Begriff* der ma. Verwaltungssprache taucht I. im 4. und 5. Jh. auf. Abgeleitet von lat. munus ('Dienst, Amt, Gunst, Geschenk') bezeichnet er als rechtstechn. Formel in spätantiker Zeit Befreiung von öffentl. Lasten aller Art, die gelegentl. mit Auflagen verbunden sind. Was darunter konkret zu verstehen ist, muß dem jeweiligen I.sprivileg entnommen werden, es können dies Befreiungen von Steuern, Abgaben und Pflichten sein. I. ist kein Rechtsinstitut mit definiertem materiellem Gehalt, sondern dieser kann allenfalls über den Sachzusammenhang im Q.text erschlossen werden. – Die Verfassungshistoriker des 19. Jh. haben die Diskussion um Inhalt und Bedeutung des Begriffs 'I.' angeregt und v. a. die Frage nach der Ausgrenzung der I. aus einer flächendeckend gedachten Gft.sverfassung des Reiches aufgeworfen. Deshalb betonen sie die negativen Aspekte der I. als Freiheit 'von Herrschaft' (H. BRUNNER; →Herr, -schaft). Die Verknüpfung von 'I.' mit 'Freistätte', 'Freiung' oder 'libertas' bringt dies zum Ausdruck. Gestützt wird eine solche Argumentation durch das Element der 'libertas', in spätantiker Zeit Bestandteil des immunitas-Formulars. Eine neuere Betrachtungsweise betont stärker den Charakter eines sich manifestierenden polit. Herrschaftsinstruments. Sie untersucht weniger die Genese und Kontinuität der I. als Rechtsinstitut als vielmehr die Wirkungsweise der Vergabe und Nutzung von I.sprivilegien. Dabei stehen die Beziehungen von I., →Vogtei und →Grundherrschaft im Mittelpunkt des Interesses (DOPSCH, O. BRUNNER, WILLOWEIT).

Das →privilegium immunitatis erschöpft sich ursprgl. im Wortlaut des I.sformulars, das in vielerlei Brechungen und sprachl. Verschüttungen dessen Kerngehalt ausmacht. Bestandteile dieser Formel können sein: introitus (Verbot des Eingriffs fremder Beamter), districtio (Gebotsrecht), exactiones (Be- oder Entlastung des Sonderrechts). Gemäß diesem Formular scheiden unter gewissen Kriterien Rechte und Verpflichtungen aus dem Herrschaftsbereich eines Herrn aus. Inwieweit das Privileg überhaupt prakt. Konsequenzen zeitigte, ist nur in seltenen Fällen aufgrund der Q.lage festzustellen. Die Durchsetzung bedingte den Aufbau von Verwaltungs- und Lenkungsstrukturen, die meist nur in einem länger gestreckten Prozeß möglich waren.

[2] *Frühmittelalter:* Die spätantike Ausstattung der ksl. Domänen mit I. gilt als vorbildgebend für die ma. Verfassungsentwicklung. Die Kirche versteht es, schon früh, mittels I.sprivilegien, sich Sonderbereiche auszugrenzen. Im Rahmen der frühma. Gerichtsorganisation treten insbes. Gerichtsbarkeitsprivilegien als Merkmal der I. in den Vordergrund. – Bereits in den Edikten →Chlothars II. und →Chilperichs I. sind kgl. I.sprivilegien nachweisbar. Sie beziehen sich auf das Konzil v. →Orléans (511), das die

Kirchen generell im Besitz ihrer Domänen und I.srechte bestätigte. Etwas später erwähnen die »Marculfi Formulae« (I,14; I,17; II,1; →Formelslg.) auch Privilegien für weltl. Herren. Der Schluß liegt nahe, daß der Kg.simmunität vornehml. eine manifestierende Funktion zukommen soll. Die Erklärung der Zugehörigkeit zu seinem Verband mittels I. bedeutet eine Stärkung des kgl. Herrschaftsprestiges. Die These wird gestützt durch die Beobachtung, daß hauptsächl. da Privilegien erteilt werden, wo bereits fakt. Abhängigkeitsverhältnisse vorliegen. Solange die kgl. Gewalt mangels Verwaltungsorganisation den deklarierten Schutz der I. nicht sichern kann gegen Machtübergriffe in die I.sgüter, tritt als Leitgedanke der Privilegierung die →Gefolgschaft als verfassungsbildendes Element in den Vordergrund. In karol. Zeit versuchen die Kg.e, die erteilten I.sprivilegien durchzusetzen. Wo die Zentralmacht den erklärten Schutz praktiziert (v. a. gegenüber Kirchen und Kl.), konkretisiert sich dieser zur Kg.sherrschaft. Im Innern der I.sbereiche läuft parallel dazu der Aufbau der Vogtei (munt) und der Grundherrschaft ab. Garantiert das I.sprivileg nach außen einen Rechtsbereich mit Sonderstatus, läßt sich Herrschaft und Verwaltung im Innern mit dem Institut der Vogtei durchsetzen. Der I.sherr oder sein Vogt verwalten selbständig die ausgegrenzten Privilegien, ohne grundsätzl. auf Durchsetzung ihrer Herrschaft zu verzichten (DOPSCH). Als wesentl. Erweiterung der bisherigen I.sformeln erscheint die Befreiung des I.sherrn vom Gf. engerichts, wobei zu beachten ist, daß in frk. Zeit die Vogtei noch zu schwach ausgebildet ist, um sich den Ansprüchen der Landgerichte gänzl. entziehen zu können (STÖRMER II, 400). Die Entfaltung der Gerichtsimmunität ist eine Folge der Herrschaftsverdichtung der I. selbst. Unter den Ottonen finden sich I.sprivilegien an weltl. Herren so gut wie keine mehr; doch beginnen weltl. Herren, Papst und Kirchenfs.en mit Erfolg, das kgl. Verwaltungssystem 'I.-Vogtei' zu kopieren. Das →Reichskirchensystem der Ottonen sollte dieser Entwicklung entgegenwirken. Zunehmend betonen die Privilegien die sich mit dem Gedanken der Grundherrschaft verbindende 'engere I.'. Burgen, Dörfer, Städte und bes. Kl. erhalten neu ihren bes. Friedensbezirk mit zusätzl. Rechten. Doch unter dem Druck der cluniazens. Reform (→Cluny) mit ihrem Postulat der →»libertas ecclesiae« verflüchtigen sich die kgl. Schutz- und Vogteirechte zu reichslehenbaren Territorien (WILLOWEIT).

[3] *Hoch- und Spätmittelalter:* Zur Frage der I.sbezirke der Kl. und Stifter des Hoch- und SpätMA wurde der Begriff einer bes. 'Engst-I.' in die Diskussion eingeführt. Während die älteren I.sprivilegien ihrer allg. Formulierungen enthalten, die von einem bes. Schutz von Klerikern oder kult. Handlungen sprechen, erwähnen die Q. seit dem 9. Jh. vermehrt räuml. klar umschriebene Sonderfriedensbereiche. Sie beinhalten Befreiung von Steuern, Gerichtsbarkeit, Vogtei und Betonung des Asylrechts, ihre Grenzen werden nicht selten mit Mauer oder Zaun markiert. Bes. in den →Bischofsstädten führen diese Privilegien häufig zu Auseinandersetzungen mit der städt. Obrigkeit. Obwohl umstritten, hat sich der Begriff 'Engst-I.' für die Friedensbezirke durchgesetzt. Der Begriff 'Muntat' umfaßt aber auch die Dorf-, Stadt- oder Burg-I. Im Gegensatz zu H. BRUNNER verwies SOHM auf den kgl. Hausfrieden als Ausgangspunkt eines Modells der ksl. Friedensbezirke vom 9. bis 11.Jh. Darin bildet der Friedensbezirk, bei Streulage der rechtl. Ansprüche, den Ort der fortschreitenden Verdichtung von Herrschaft im räuml.-personalen Rahmen. Im Aufbau eines Netzes von Fried- und Freistätten verzahnen sich territoriale Friedens- und Herrschaftspolitik. Das erwachende Selbstbewußtsein der Kl. und Bm.er, das bis zum 12. Jh. eine weitgehende Entvogtung der Kirchengüter ermöglicht, führt zu Verlagerungen in diesem Gefüge. Im SpätMA erstarren diese Gebilde und entwickeln sich oft zu Kleinstterritorien, die auf der Bewahrung ihrer alten, überkommenen Privilegien und Gerichtsexemtionen beharren. C. Schott/H. Romer

Lit.: BRUNNER, DRG II, 382ff. – GEBHARDT I, 602ff. – HKG III/1, 8off., 307ff. – HOOPS II, 579ff. – HRG I, 1228–1233, 1275–1292; II, 312–330; III, 750–761, 761f.; IV, 1999–2005 – LThK² V, 634 – RGG III, 680f. – SCHRÖDER-KÜNSSBERG, 213ff., 613ff. – R. SOHM, Die Entstehung des dt. Städtewesens, 1890 – A. DOPSCH-G. SEELIGER, Die soziale und polit. Bedeutung der Grundherrschaft, MIÖG 26, 1905, 344ff. – E. E. STENGEL, Die Verfasser der dt. I.sprivilegien des 10. Jh. und 11. Jh., 1907 – DERS., Die I. in Dtl., I, 1910 – S. RIETSCHEL, Die engere I., VSWG 9, 1911, 213–217 – G. SPRENGER, Diplomat. und rechtsgesch. Unters. über I. und Kg.sschutz in Dtl. seit dem 12. Jh., 1936 – B. MEYER, I. und Territorium (Fschr. TH. MAYER, I, 1954), 223 ff. – H. HIRSCH, Die hohe Gerichtsbarkeit im dt. MA, 1958 – W. METZ, Das karol. Reichsgut, 1960, 18off., 220ff. – H. CONRAD, Dt. Rechtsgesch. I, 1962², 142ff., 375f. – A. DOPSCH, Die Wirtschaftsentwicklung der Karolingerzeit vornehml. in Dtl., 1962³ – FEINE, 1964⁴, 274ff. – O. BRUNNER, Land und Herrschaft, 1965⁵ – D. WILLOWEIT, Die Entstehung exemter Bm.er im dt. Reichsverband unter vergleichender Berücksichtigung ausländ. Parallelen, ZRGKanAbt 52, 1966, 176–298 – H. HIRSCH, Die Kl.-I. seit dem Investiturstreit, 1967² – I. HEIDRICH, Die Verbindung von Schutz und I., ZRGGermAbt 90, 1973, 10–30 – W. STÖRMER, Früher Adel…, II, 1973 – H. BOLDT, Dt. Verfassungsgesch. I, 1984, 66–71, 99–109 – J. FLECKENSTEIN, Problematik und Gestalt der otton.-sal. Reichskirche (Fschr. G. TELLENBACH, 1985), 83–98 – V. PFAFF, Die päpstl. Kl.exemtionen in Italien bis zum Ende des 12. Jh., ZRGKanAbt 72, 1986, 76–114.

II. BYZANZ UND SÜDOSTEUROPA: [1] *Byzanz:* Die I. als Befreiung von Steuern und Dienstpflichten bildete seit dem 11. Jh. einen wichtigen Aspekt des byz. →Feudalismus. In dieser Zeit setzte auch der Gebrauch eines bes. Terminus zur Bezeichnung der Immunität ein: ἐξκουσσεία (excusatio). Hingegen ist der Begriff im Lat. oder in griech. Ableitungen (z. B. ἐξκουσσᾶτος) schon seit dem 4. Jh. bekannt. Das ist ein Indiz für die Kontinuität in der Ausbildung von I.srechten seit der spätröm./frühbyz. Zeit. Allerdings unterlag ihr Charakter Veränderungen. Zuerst erscheint die I. in Ausnahmefällen, als ad hoc-Steuerbefreiung, ohne eine bestimmte ständ. Ausformung. Nach Anfängen im 10. Jh. setzte sich im 11. Jh. die klass. Form der byz. I. durch, nämlich die dauerhafte, immer umfangreichere Privilegierung von Besitzungen der Kl. und der Angehörigen der aristokrat. Schicht. Die Befreiungen bezogen sich in erster Linie auf verschiedene Steuerarten. In der häufigsten Form zahlten die abhängigen Bauern (Paroiken) je nach Ausmaß der exkusseia keine oder nur noch einen Teil der Steuern in die Staatskasse; stattdessen gaben sie diese Mittel in verschiedenem Umfang (die Entwicklung ist nicht ganz klar) an ihre Herren. Aber auch im Falle der Gewährung vollständiger I. verzichtete der Staat ungern auf die in ständige Abgaben (ἀῆς) umgewandelten Gerichtsstrafen, vor allem, wie in den Urkunden aufgezählt, auf die Strafgelder bei Mord (φόνος) und Mädchenraub (παρθενοφθορία); ebenso beanspruchte er weiterhin Schatzfunde (εὕρησις θησαυροῦ). Steueri. war die verbreitetste, gewöhnliche Form feudaler Privilegien. In Einzelfällen, seit dem 14. Jh. häufiger, entwickelte sich daraus eine administrative I., bei der den Staatsbeamten verboten wurde, ein der Steueri. unterliegendes Gebiet zu betreten und dort ihr Amt auszuüben; dies hätte als Störung und Schädigung der I.srechte gegolten. Die dritte Form der I., selten und hauptsächl. im 14.Jh. belegt, war die Gerichtsi., die sich im Recht der

→Großgrundbesitzer ausdrückte, in privat-, v. a. eigentumsrechtl. Prozessen über ihre Abhängigen selbst Recht zu sprechen. Alle angeführten I.sverleihungen bilden einen wichtigen Teil des allg., für die spätbyz. Zeit (11./12.–15. Jh.) charakterist. Prozesses der Privatisierung der öffentl. Gewalt und der offiziellen Institutionen.

[2] *Südosteuropa:* I.sprivilegien in den Ländern SO-Europas sind erst aus der Zeit des Spätfeudalismus erhalten. Obwohl ihre frühere Existenz vielleicht nur wegen der verlorenen Q. unbekannt geblieben ist, können sie keinesfalls eine so frühe Genese haben wie die exkusseia in Byzanz. Außerdem war ihre Rechtsgrundlage viel enger, denn zumeist stellten sie eine konkrete polit. Maßnahme dar, nicht jedoch den Ausdruck dauerhafter Ordnung gesellschaftl. Beziehungen. Steuerbefreiung erfolgte in großem Maße während des Krieges; in manchen Fällen betraf sie einzelne Dorfgemeinden (die Stadtkommunen seit dem 12. Jh. sind ein primär polit. Phänomen), v. a. deren Häupter (Dalmatien). Seit dem 13./14. Jh. wandelten sich die Einzelprivilegien allmählich zu Standesprivilegien. Häufigster Nutznießer solcher Befreiungen war die Kirche (Serbien, Kroatien, Bulgarien). Sie bezogen sich v. a. auf die Naturalrente und sogar die Gerichtsi. (Bulgarien); im Angesicht der Türkengefahr wurden sie seit dem Ende des 14. Jh. teilweise wieder eingeschränkt (Serbien). In einigen Ländern war ein Hauptkriterium der Zugehörigkeit zur Aristokratie das Recht, im Unterschied zu den von ihr abhängigen Bauern und den Bürgern keine Steuern auf das Familienvermögen zu zahlen. Steuer-, ja sogar auch Gerichtsi. war hier integraler Teil von Vasallenbeziehungen des westl. Typs. Die von den Kg.en v. →Ungarn an die dalmat. (seit 1105) und slavon. Städte (seit Anfang 13. Jh.) verliehenen Privilegien umfaßten weitgehende Steuer- und Gerichtsi.en. Lj. Maksimović

Lit.: zu [1]: K. N. Uspenskij, Ekskussija-immunitet v Vizantijskoj imperii, VV 23, 1923, 74–117 – B. T. Gorjanov, Pozdnevizantijskij immunitet, VV 11, 1956, 177–199; 12, 1957, 97–116 – J. Karayannopoulos, Das Finanzwesen des frühbyz. Staates, 1958 – G. Ostrogorskij, Pour l'hist. de l'immunité à Byzance, Byzantion 28, 1959, 165–240 – A. P. Každan, Ekskussija i ekssusat v Vizantii X–XII vv: Vizant. očerki, 1961, 188–216 – K. V. Chvostova, Osobennosti agrarnopravovych otnošenij v pozdnej Vizantii (XIV–XV vv), 1968 – H. Melovski, Einige Probleme der Exkusseia, JÖB 32/2, 1982, 361–368 – Lj. Maksimović, The Byz.Provincial Administration under the Palaiologoi, 1988 – zu [2]: I. Božić, Dohodak carski, 1956 – Ders., Le systeme foncier en »Albanie Venitienne« au XVe s., BISSV 5–6, 1963–64, 65–140 – E. P. Naumov, Gospodstvujuščij klass i gosudarstvennaja vlast' v Serbii XIII–XV vv., 1975 – Klaić, passim – Stopanska istorija na Bŭlgaria 681–1981, 1981 – L. Steindorff, Die dalmat. Städte im 12. Jh., 1984.

Imola, it. Stadt (Emilia Romagna), röm. Gründung (Forum Cornelii) an der via Aemilia, besaß bereits Ende des 3. Jh. eine Christengemeinde (hl. Cassianus), im 4. Jh. Bm. (Suffragan v. Mailand), seit dem 5. Jh. dem Metropoliten v. →Ravenna unterstellt, von dem I. fast das gesamte MA hindurch in spiritueller wie lange Zeit hindurch in polit. Hinsicht abhängig blieb. Die stark umkämpfte und strateg. wichtige Grenzposition verzögerte erhebl. die Entwicklung und das Zusammenwachsen der Stadtgemeinde: Bis in das 12. und 13. Jh. bestanden in I. drei deutl. getrennte Ortskerne: a) um die Stadtpfarrkirche S. Lorenzo, b) bfl. Gründung im Umkreis der Kathedrale mit Taufkirche und Castello S. Cassiano, c) an den Ausläufern der Hügel sö. des Santerno, wo sich der Adel (vielleicht germ. Ursprungs) um Taufkirche und Castello S. Maria gruppierte. Während der Herrschaft der Gf.en v. I. (aus dem Laienstand und transalpiner Herkunft), die sich im 10.–Anfang des 12. Jh. v. a. in den ebenen Teilen des Contado ausbreiteten, wurde diese Teilung ebensowenig überwunden wie durch Einflußnahme des v. a. im 11. und 12. Jh. mit Grundbesitz und Rechten reich ausgestatteten Bf.s. Erst nach der Konstitution der Kommune (1140) gelang es der auf Elementen des Contado-Adels in Verbindung mit städt. Kaufleuten und Handwerkern basierenden städt. Autonomiebewegung um die Wende zum 13. Jh. – trotz der Rivalitäten mit den Nachbarkommunen Bologna und Faenza und Interventionen ksl. und päpstl. Streitkräfte – die drei Ortskerne zu vereinigen. Promotor dieses Prozesses war der kaiserfreundl. Bf. Mainardino Aldighieri (... 1249), Podestà v. I. 1209/10/21–1222. Mit dem Ende der Stauferherrschaft nahm der wirtschaftl. und polit. Einfluß Bolognas im Gebiet v. I. zu und neue innerstädt. Rivalitäten entstanden (Familien Brizi und Mendoli; Alidosi und Nordigli), so daß das kommunale Stadtregiment in eine Krise geriet. Die Stadt hatte jedoch bis dahin einen beachtl. demograph. und urbanist. Aufschwung erlebt (im Früh- und HochMA höchstens 3000 Einw., ca. 10–12 ha, im 14. und 15. Jh. 12000 Einw., ca. 60 ha). Der Contado wurde großteils von Bologna, später vom Kirchenstaat kontrolliert. Diese Verhältnisse blieben auch unter der Signorie der Alidosi bestehen (Anfang des 14. Jh.–1341 von den Päpsten als apostol. Vikare anerkannt – bis 1424). Ihre Nachfolger im Stadtregiment waren die →Visconti v. Mailand, die →Manfredi v. Faenza sowie (bis in die frühe NZ) die →Riario-Sforza (→Sforza, Caterina). Nach der Eroberung durch Cesare Borgia war I. Teil des →Kirchenstaates. A. Vasina

Lit.: AAVV, Medioevo Imolese, 1982.

Impanatio → Transsubstantiation

Impeachment, eine bes. Form eines Kriminalgerichtsverfahrens, das zuerst während des →Good Parliaments 1376 Anwendung fand und bei dem das →House of Commons Anklageartikel gegen die beklagten Persönlichkeiten vorbrachte und das House of Lords das Urteil als Richter und Jury fällte. 1386 wurde das parlamentar. I. gegen den Kanzler Richards II., Michael de la →Pole, eingeleitet. Im folgenden Jahr erreichte Richard, daß ein I. nicht ohne seine Zustimmung gegen seine Minister in Anwendung gebracht werden durfte. 1388 wurde im sog. »Merciless Parliament« ein I. gegen Richter und andere Günstlinge des Kg.s eingeleitet (→Appellants). 1397 erfolgte dann in Richards Interesse ein I.-Verfahren, das die Verurteilung des Ebf.s Thomas →Arundel und anderer absichern sollte. Das I.-Verfahren wurde erst wieder 1450 angewandt, als die Commons versuchten, den einflußreichen William de la →Pole, seit 1448 Duke of Suffolk, anzuklagen. Zur Vermeidung eines solchen Verfahrens wurde der Duke von Heinrich VI. verbannt. Bis 1621 fand das I.-Verfahren keine Anwendung mehr. – Auch eine Reihe anderer Gerichtsverfahren wurde in den zeitgenöss. Q. als I. bezeichnet. Dabei handelte es sich um Verfahren vor den Lords, die nur auf Initiative eines kgl. Bediensteten eingeleitet wurden, so z. B. das 1383 von dem Kanzler veranlaßte I. gegen den Bf. v. Norwich. →England, D; →Parliament. P. Brand

Q. und Lit.: G. Lambrick, The I. of the Abbot of Abingdon in 1368, EHR 82, 1967, 250–276 – Year Books 12 Edward II, ed. J. P. Collas (Selden Soc., 81, 1964), 66–70 – T. F. T. Plucknett, Stud. in English Legal Hist., 1983.

Imperator, durch die Wortstruktur als Befehlshaber (»der, dessen Amt und dauernde Beschäftigung das imperare ist«) ausgewiesen, ist z. Z. der Republik der röm. Magistrat oder Privatmann, der im Besitz eines →imperium als Feldherr fungiert. Der Bezeichnung für das Verhältnis (Ober-)Kommandant – Soldat verleiht der Brauch der i.-appellatio, d. h. der Zuruf »i. «, mit dem das Heer nach geglückter Schlacht dem General quasi ein Leistungszeugnis als 'wahrem Feldherrn' ausstellt (erstmals 209 v. Chr. berichtet, Genese wie Deutung umstritten), den Charakter einer Ehrung und verbindet sie mit den Konnotationen Sieg und Erfolg. Das von nun an mit dem Wort gekoppelte Prestige erklärt, weshalb Kommandanten die Bezeichnung (gr. αὐτοκράτωρ) jetzt gerne zusätzl. zum oder statt des (v. a. eines inferioren) Amtstitels führen, so man nicht, wie bei Generalen der Bürgerkriege, überhaupt einen Mangel an Legitimität derart ausgleicht. Im 1.Jh. v. Chr. wird i. dank seines Renommées auch nach Ende der Feldherrentätigkeit unter den empfangenen Ehren aufgelistet, ggf. des mehrmaligen Erhalts der appellatio durch Iterationsziffern gedacht (z. B. 'i.II'). Diese Einfügung bei den honores setzen Octavian (→Augustus) und die röm. Ks. (seit 22 n. Chr. i.-appellatio Monopol des Ks.hauses) direkt fort. Über die Zwischenstufe von Octavians Adoptivvater Caesar, der, ebenfalls auf dem spätrepublikan. Usus aufbauend, sich selbst als ständiger i. präsentiert, indem er das Prädikat nach Senatsbeschluß auf Dauer beibehält und damit einem cognomen anähnelt, findet i. zusätzlich 38 v. Chr. als praenomen (ein übl. Tauschverfahren) Eingang in Octavians Namen, der seit 27 v. Chr. 'i. Caesar Augustus' lautet und seit Vespasian fester Bestandteil der 'Thronnamen' der Ks. ist. Zudem wird i. jedoch rasch zum häufigsten, nachgerade techn. und fast titularen Ausdruck für den zunächst bezeichnungs- wie titellosen Ks., anfangs mehr für eine seiner Rollen (den Heerführer mit Siegercharisma), dann global für den (aktiven) Träger des ksl. →imperium (als Folge der neuen Konnotation vgl. bes. die Annäherung von i.- und Ks.appellatio). Obschon er gegen andere Termini, v. a. 'Augustus', an Boden verliert, ist i. doch in der Spätantike weiterhin in lebendigem Gebrauch. Vgl. auch →Kaiser, -tum.

A. Pabst

Lit.: D. McFayden, The Hist. of the Title I. under the Roman Empire, 1920 – A. Momigliano, Ricerche sulle magistrature Romane, Boll. della Commissione Archeologica Comunale 58, 1931, 42–55 [jetzt: Ders., 4.contributo..., 1969, 284–294] – G. de Sanctis, I., Studi S. Riccobono 2, 1936, 55–61 [Nachdr. 1974] – M. Radin, Imperium, ebd., 21–45 – H. Nesselhauf, Von der feldherrl. Gewalt des röm. Ks.s, Klio 30, NF 12, 1937, 306–322 – R. Syme, I. Caesar. A Study in Nomenclature, Historia 7, 1958, 172–188 – D. Kienast, I., ZRGRomAbt 78, 1961, 403–421 – R. Combes, I., 1966 – H. S. Versnel, Triumphus, 1970 – A. Pabst, Divisio regni, 1986.

Imperial, Francisco, span. Dichter genues. Herkunft aus Sevilla, Vizeadmiral v. Kastilien, † vor 1409, Vertreter einer mit den frz. rhétoriqueurs vergleichbaren Dichtergruppe. I. schrieb 15 Decires, deren Verfasserschaft teilweise umstritten ist. Sie behandeln formalist. kühl Fragen der Liebeskasuistik und Moralistik. Anlage und Technik des »Decir a la syete Virtudes«, einer gelehrten allegor. Traumvision, verraten den verbreiteten Einfluß →Dantes. I. verwendet erstmals den it. Elfsilber in Spanien, nicht selten vermischt mit →arte-mayor-Versen. Das Huldigungsgedicht »Decir al nacimiento de Juan« (1405) ist weniger überladen mit gelehrtem Bildungsgut. Der Marqués de Santillana schätzte I. als poeta hoch ein, den er ausdrückl. von »decidor o trovador« abhebt.

G. E. Sansone

Ed. und Lit.: Cancionero de Palacio, hg. F. Vendrell de Millas, 1945 – Cancionero de J.A. de Baena, hg. J. M. Azaceta, 1966 – G. E. Sansone, Saggi iberici, 1974, 63–159 [Lit.] – H. Flasche, Gesch. der span. Lit. I, 1977, 277–286.

Imperialis, ursprgl. ksl. →Denar, anfangs im Gewicht von 0,82–0,95 g, zuerst unter Ks. Friedrich I. im Wert von zwei bisherigen Mailänder Denaren geprägt, fortgeführt bis in die Zeit Ks. Ludwigs d. Bayern. 1254 führten die lombard. Städte Bergamo, Brescia, Cremona, Parma, Pavia, Piacenza und Tortona durch ein Konkordat gemeinsam den I. ein. Um 1330/40 griffen die Visconti in Mailand den I. als Münztyp auf. Der I. war bis zum Anfang des 15.Jh. in Umlauf.

P. Berghaus

Lit.: F. v. Schroeter, Wb. der Münzkunde, 1930, 281f.

Imperium, etymolog. verwandt mit imperare, bezeichnet, genuin für Rom, ein Befehls-, Kommando-, Herrschaftsrecht, die tatsächl. Nutzung dieser Kompetenz, d. h. die Herrschaftsausübung (summar., aber auch konkret den einzelnen Befehlsakt), und den von dieser Befehlsgewalt erfaßten Herrschaftsraum (im territorialen wie personalen Sinn).

Anfangs wohl ausschließl., später in erhebl. Maß mit dem Sektor militiae verknüpft, dem Feld militär. und administrativer Tätigkeit außerhalb der 'bürgerl.-zivilen' ('domi') Zone Rom, kommt i. von den regulären Magistraten der röm. Republik den 2 Consuln als Nachfolgern der Kg.e und, hierarch. abgestuft (i. minus), den Prätoren als Trägern ehemals consular. Aufgaben zu. Trotz einiger, im Bereich domi und im Lauf der Entwicklung enger gezogener Grenzen eröffnet es den Beamten beträchtl. Handlungsfreiheit und Zugriffsmöglichkeiten auf den Bürger. Zu der signifikanten Machtfülle gesellt sich freilich, ebenso bezeichnend, der noch in der Spätantike lebendige Gedanke, jene könne ihren letzten Grund nur in einer Verleihung des i. seitens des Volkes finden, welchen Vorgang man sich spätestens seit dem 1.Jh. v.Chr. als Übertragung des i. populi R. auf einen Mandatar vorstellt (vgl. Dig. 1,4,1 pr.). Die für Rom typ. Trennung von Amt (z. B. consulatus) und dem gewählten Amtsinhaber gesondert zugewiesener Amtsgewalt (i. consulare) erlaubt, Nachteile der Annuität und Beamtenknappheit zu kompensieren, indem eben aus Prätur/Consulat ausscheidende Beamte in Verlängerung (prorogatio) ihres i. (bzw. Privatleute oder niedrige Magistrate nach Erteilung eines i.) anstelle eines Prätors/Consuls (pro praetore/pro consule) fungieren. Diese Promagistratur institutionalisiert Sulla in der Weise, daß dem nun im Normalfall domi verbrachten z. B. Consulat (mit i. consulare) ein jetzt ebenfalls einjähriges militiae-Kommando pro consule automatisch folgt. Vor dieser Schablone erscheinen andere durch →lex definierte procons.i. der späten Republik durch ihre große zeitl. und räuml. Erstreckung sowie materielle Ausstattung als 'außergewöhnlich' (extraordinaria). V. a. an sie knüpft das i. proconsulare an, das mit der Aufsicht über die 'unbefriedeten' Provinzen Augustus am 13. Jan. 27 v. Chr. zunächst auf zehn Jahre die Leitung fast der gesamten Armee verschafft und, bald unter Wegfall des Zeitlimits und Monopolisierung des Oberbefehls für das Herrscherhaus, einen der rechtl. Pfeiler der in den Rahmen der Republik eingefügten Regierung der Ks.s bildet. Wie dieser zum →imperator, wird i. zur Bezeichnung seiner Herrschaft, des 'Kaisertums', das man statt als Konglomerat von Einzelkompetenzen zunehmend als Einheit und Fixum empfindet. Dieses 'ksl.' i. gliedert das 4.Jh. zur Lösung des Problems kollegial agierender Herrscher intern in die Rangstufen von Caesarat und Augustat (i. Caesareanum/Augustum). Am Ende eines komplexen Prozesses aber werden als feste Größen um 400 zwei i.-Bezirke gleichberechtigter und unabhängiger imperatores greifbar (i. occidentale/orientale).

Wie es für das Verständnis des Terminus grundlegend ist, festzuhalten, daß die Antike die moderne, im Deutschen sogar semant. ausgeprägte Trennung von 'Herrschaft' und 'Reich' nicht kennt, so ist es ebenso wichtig, nicht zu übersehen, daß i. den Rechtsgrund der Weisungsbefugnis offenläßt: Mithin kann i. Romanum überall dort postuliert werden, wo der populus R. und seine Mandatare etwas zu sagen haben oder dies glauben bzw. vorgeben. Neben den Provinzen sind ergo 'auswärtige' Staaten (v. a. socii, amici, sog. Klientelrandstaaten) potentiell einzubeziehen, wirklich ausgegrenzt nur hostes und rebelles. Verschafft dies der Weltreichsideologie eine innere Logik, so erleichtert es auch flexible Entscheidungen über die für Rom günstigste Form der i.-Übung und ermöglicht, polit. und konzeptionell, die Bewältigung wechselnder Machtkonstellationen bis hin zu den Germanenreichen des 5. Jh. Vgl. auch →Röm. Reich, →Heiliges Reich, →Kaiser, -tum, →Translatio imperii.   A. Pabst

Lit.: R. Koebner, I., The Roman Heritage, Scripta Hierosolymitana 1, 1954, 120–144 – J. Béranger, I., expression et conception du pouvoir impérial, Revue des Études lat. 55, 1977, 325–344 – W. Suerbaum, Vom antiken zum frühma. Staatsbegriff, 1977³ – M. Awerbuch, I., AfB 25, 1981, 161–184 – E. Hermon, Concept de pouvoir et concept d'empire à l'époque républicaine à Rome..., Ktèma 8, 1983, 175–184 – A. Pabst, Divisio regni, 1986.

Impetrant → Petent, → Supplik

Impetus → Dynamik

Implicatio – Explicatio. Die Implikation der modernen Logik heißt im MA »propositio conditionalis«. Das Wort »i.« dagegen bezeichnet eine restrictio zu einem Substantiv in Form eines Relativ-Satzes (vgl. Petrus Hispanus, Tractatus, ed. L. M. de Rijk, 1972, 199f.). In Philosophie und Theologie wird außerdem gesagt, ein Gedanke ergebe sich aus einem Text »per i.nem«, wenn er nicht wörtl. in dem betreffenden Text steht, sondern sich aus dem Text erschließen läßt. Beispiel: Aus dem Text »Pferd ist eine substantia« folgt per i.nem, daß ein Pferd auch Akzidentien hat, da eine substantia Träger von Akzidentien sein kann.

Im Gegensatz etwa zu einem Komm., in dem auch Probleme diskutiert werden, die sich dem Kommentator des Traktates, angeregt durch den Text, erst neu stellen, beschränkt sich eine e. in enger Anlehnung an den Text strikt auf dessen Erklärung. Beispiel dafür ist u. a. die »Explicatio libri Boethii de trinitate« des Thomas v. Aquin.

Ganz allg. wird sonst auch »e.« im Sinne von »Erklärung« gebraucht; →complicatio/explicatio.   A. Menne

Imre → Emmerich

Incastellamento (incastellamentum). [1] *Definition:* Der Begriff des i. wurde lange Zeit nur in begrenztem Maße als Terminus angewandt. Als Entsprechung zu 'inurbamento', der Migrationsbewegung ländl. Bevölkerungsgruppen in die Städte (v. a. seit dem 12./13. Jh.), hatte der Begriff zunächst einen nur unscharfen Inhalt; er bezeichnete, ohne genaue zeitl. Eingrenzung, die Umsiedlung von bäuerl. Personengruppen, die bis dahin in Einzelhöfen oder Weilern gelebt hatten, in große befestigte Dörfer *(castelli)*. Erst seit ca. 1970 wurde i. zu einem Schlüsselbegriff der Siedlungs- und Sozialgeschichtsforschung Italiens und des mediterranen Westeuropa. Der nun wesentl. genauer gefaßte und auch chronolog. exakt eingegrenzte Terminus bezeichnete nun den Prozeß der Entstehung befestigter Dörfer, der seit dem 10. Jh. Siedlungsräume und Agrargesellschaft Italiens tiefgreifend veränderte und den materiellen Rahmen für die neuen, von der Burgherr-schaft *(signoria castrense, seigneurie castrale)* geprägten sozioökonom. Strukturen absteckte (→Burg, C. III).

[2] *Zur Forschungsgeschichte:* Zwar haben Historiker wie M. Del Treppo und N. Cilento durch Auswertung der großen monast. Chronistik aus dem Unteritalien des 12. Jh. die Bedeutung der siedlungs- und sozialgesch. Wandlungen des 10.–12. Jh. analysiert, die ersten Arbeiten über das 'castrum' waren aber auf Probleme seiner rechtl. Natur (P. Vaccari) und seines sozialen Inhalts hin orientiert, im Zusammenhang mit dem Aufstieg des Kleinadels in Piemont (F. Gabotto) und Toskana (G. Volpe). Ein genuines Interesse für den Prozeß des i. kam erst um 1970 auf. Grundlagen waren zwei Forschungstendenzen: 1. die Entwicklung der Wüstungsforschung (→Wüstung) und der MA-Archäologie in Italien, die angesichts des festgestellten Ausmaßes an Burgwüstungen des SpätMA den Umfang und die Bedeutung der Burgen in der vorangehenden Periode erkannten; 2. ein verspätetes, aber ausgeprägtes Interesse für die Siedlungsgesch. der einzelnen großen Regionen: Latium (P. Toubert, 1973), Oberitalien (R. Bordone, R. Comba, A. Settia), Toskana (P. Cammarosano, C. Wickham), Abruzzen (C. Wickham, L. Feller), Unteritalien (zahlreiche Einzelforsch.).

[3] *Forschungsstand:* Durch Detailanalyse der bes. ausgereiften Strukturen des i. in →Latium konnte P. Toubert die hauptsächl. Entwicklungslinien dieses großen Prozesses zeichnen. Nach einer ersten Wachstumsphase des 8.–9. Jh., in der Ansätze zu einer agrar. Kolonisation deutlich werden (Streusiedlungen, ausgehend von den Zentren der großen →Grundherrschaften, den villae und curtes), schuf das i. im Laufe des 10.–12. Jh. ein neues Siedlungsgeflecht, das auf den castra oder befestigten Siedlungen beruhte; diese entstanden an topograph. beherrschenden Plätzen (Hügelkuppen, Bergsporne usw.). Simultan zur Entstehung eines Netzes von castra wurde für jedes dieser befestigten Dörfer eine zusammenhängende →Flur geschaffen. Ihr auf die castra bezogenes Ökosystem, von charakterist. mediterraner Prägung, beruhte auf einem doppelten Gleichgewicht: 1. »internes Gleichgewicht« zw. der nahe dem Dorf gelegenen, intensiv bebauten Fläche (Gärten, Obstgärten, Hanfäcker u. a.) und den entfernteren, extensiv genutzten Zonen (Getreide-, Weinanbau, Ölbäume); 2. »externes Gleichgewicht« zw. dem bebauten in-field und »out-field«, das als weiträumige Beweidungszone diente, in der sich in manchen Regionen (z. B. Zentralapennin) im SpätMA das System der →Transhumanz (mit Sommerweide im Bergland, Winterweide im Tiefland) ausbildete.

Das i. tritt nach Ausweis unserer Q. nie als »spontanes« Phänomen auf. Die erhaltenen Gründungsurk. (chartae) des castra zeigen vielmehr, daß in allen Fällen grundherrl. Initiative vorlag, sei es die von geistl. Grundherren oder aber von Laien, die sich oft in Gemeinschaften (Verbände von Gründern und Mitherren: *consorterie*) zusammenschlossen. In Latium und anderen Regionen bildete das i. den entscheidenden Faktor der Diskontinuität in den Siedlungs- und Herrschaftsstrukturen. Die grundherrl. (seniorale) Schicht fand im castrum/castellum den dauerhaften materiellen und institutionellen Rahmen, um ihre wirtschaftl. wie jurisdiktionelle Macht über eine abhängige, aber persönl. freie Bauernbevölkerung auszudehnen. Wichtigste Konsequenz des i. für die Kirchenverfassung war der fast vollständige Zerfall der aus dem FrühMA überkommenen großen Urpfarrei (plebs, *pieve*) zugunsten der im castrum, oft zugleich mit diesem, errichteten senioralen →Eigenkirche (ecclesia propria domini castri).

Zahlreiche Regionalstudien (s. o.) haben gezeigt, daß

das i. keineswegs alle Gebiete Italiens so durchgreifend erfaßte wie Latium. An regionalen Sonderentwicklungen sind insbes. zu beobachten: Weiterleben der Streusiedlung zw. einzelnen kastralen Herrschaftsbereichen; eine offenere Chronologie (mit Fortsetzung des i. weit ins 12. und 13. Jh. hinein); die Entstehung geschlossener, aber unbefestigter Dorfsiedlungen; zumindest partielle Behauptung der älteren Strukturen der großen Grundherrschaft und der Pfarreiverfassung (plebs). Auch hat die archäolog. Erforschung deutlich gemacht, daß dem eigtl. i., das überall im 10. Jh. einsetzte, im 9. Jh. vielerorts eine Vorstufe voranging; an zahlreichen Plätzen, die seit dem 10. Jh. (steinerne) castra trugen, wurden bereits im 9. Jh. hölzerne Befestigungen errichtet.

Bei anhaltendem Interesse für die Probleme des i. werden heute folgende Fragestellungen eingehender untersucht: das Problem des Übergangs von der 'curtis' zum 'castrum' sowie regionale Unterschiede und vergleichende Fragestellungen. Es gilt mittlerweile als angenommen, daß der in bezug auf Italien erforschte Prozeß des i. auch die anderen roman. Länder des okzidentalen Mittelmeerraumes erfaßt hat: Provence, Languedoc und christl. Spanien, dessen 'cartas de población' (s. a. →Repoblación) ein ähnl. ergiebiges Quellenmaterial liefern wie der reiche it. Urkundenbestand. Desgleichen ist überall für die Zeit seit dem 13. Jh. ein verbreitetes Wüstwerden feststellbar, das sog. *decastellamento*. Das i. wird im 13. Jh. von anderen Formen und Prozessen des Landesausbaus abgelöst (*villeneuves, borghi franchi* u. a.), die in der Morphologie, sozialem Kontext und Funktion von den auf dem i. beruhenden Siedlungsstrukturen des 10.–12. Jh. abweichen.

P. Toubert

Lit.: →Burg, C. III; →Grundherrschaft, C. III; vgl. ferner die laufenden Kongreßber.: Castrum I, 1983; II, III, 1988; IV [im Dr.] – P. TOUBERT, Les structures du Latium médiéval, 1973 – P. CAMMAROSANO (V. PASSERI, I castelli del Senese. Strutture fortificate dell'area senesegrossetana, II, 1976), 275–414 – A. SETTIA, Castelli e villaggi nell'Italia padana, 1984 – C. WICKHAM, Studi sulla società degli Appennini nell'alto Medioevo, I, 1982; II, 1985.

Incipit (lat.: 'es fängt an'), **Explicit** (lat., vielleicht aus »explicitus [est]«: 'es ist zu Ende'), stereotype Einleitungsbzw. Schlußformel von Texten und Textteilen in ma. Hss. und (Post-)Inkunabeln, oft durch eine andere Schriftart oder durch Farbe (meist Rot) hervorgehoben. Sie geben Auskunft über den Inhalt und den Verfasser des Werkes. Bes. das Explicit verschmilzt oft mit dem →Kolophon. Erst als die Informationen des Explicits und Kolophons (bes. über Ort und Zeit der Entstehung der Hs. bzw. des Druckes) in die Einleitungsformel aufgenommen wurden, entstand im Satztitel, aus dem sich 1470–1530 ein festes Titelblatt entwickelte.

I. A. A. M. Biemans

Lit.: R. HIRSCH, The Earliest Development of Title Pages, 1470–1479 (DERS., The Printes Word: Its Impact and Diffusion, 1978) [Stud. 17] – S. SCHMITT, Zur Entwicklung von Titelblatt und Titel in der Inkunabelzeit (Beitr. zur Inkunabelkde, 3.F.8, 1983), 11–29.

Incubus, ursprgl. Wortbedeutung 'Alptraum' (ephiates), dann der diesen verursachende Dämon. Die Vorstellung vom I. als männl., vom Succubus als weibl. dämon. Wesen, das mit Menschen Geschlechtsverkehr treibt, ist antiken Ursprungs. Augustinus diskutierte die Möglichkeit sexueller Beziehungen zw. Engeln und Menschen (De civ. III,5) und bezeichnete die 'Silvani et Panes' als I.i, die mit Frauen schliefen (ebd. XV, 23). Gewichtiger Vermittler des antiken Glaubens war →Isidor v. Sevilla; theoret. untermauerte die Lehre u. a. Michael →Psellos. Innozenz VIII. unterstrich in der Bulle »Summis desiderantes affectibus« (2. Dez. 1484) nachdrückl. die Existenz geschlechtl. Verbindungen zw. Dämonen bzw. dem Teufel und Menschen. In solchen, durch zahlreiche ma. Schr., auch in narrativer Form popularisierten Lehren (z. B. »Dialogus miraculorum« des →Caesarius v. Heisterbach) vereinigten sich theol.-magiolog. mit naturwissenschaftl. Spekulationen über die körperl. Beschaffenheit der Dämonen: als Geistwesen verfügten sie weder über Körper noch Sperma, das sie zur Zeugung von Nachkommen stehlen müßten. Während der »Hexenhammer« 1487 die Zeugungsfähigkeit des I. in Zweifel zog, bejahte sie Thomas v. Aquin (S. th. I, 51, 3, 6). Ma. Zaubereiprozesse erzwangen Aussagen über den Geschlechtsverkehr mit dem Satan oder Dämonen und über die Geburt von Monstren.

Mit diesen Vorstellungen ließen sich kollektive Ängste gegenüber dem nichtsystemkonformen Fremden und Andersartigen konkretisieren: So sah z. B. Caesarius v. Heisterbach in →Merlin und in →Attila Ausgeburten von Hexen und I.i. Die die →Dämonologie maßgebl. bestimmenden Schlagworte 'Teufelsbuhlschaft' und 'Hexensabbat' signalisieren also nicht nur einen fundamentalen Wandel in der ma. Einstellung zur Frau und Sexualität. →Hexen.

Ch. Daxelmüller

Lit.: LThK² V, 642f. – G. ROSKOFF, Gesch. des Teufels, I, 1869, 321f. [1987²] – H. C. LEA, Gesch. der Inquisition im MA, 1905, hg. J. HANSEN, III, 1987², 434–436 – J. SPRENGER–H. INSTITORIS, Der Hexenhammer, hg. J. W. R. SCHMIDT, I, 1906, 41–64 [1980²] – W. G. SOLDAN, H. HEPPE, M. BAUER, Gesch. der Hexenprozesse, I, 1912, 151–165 [1976²] – A. RUNEBERG, Witches, Demons, and Fertility, 1947 – J. KLAITS, Servants of Satan, 1985.

Inden (monasterium ad Indam, später monasterium S. Cornelii, Kornelimünster), ehem. Reichsabtei OSB (am 9. Juni 1802 aufgehoben, Neugründung 1906) in dem Ort Kornelimünster, heut. Stadt Aachen; gegr. durch Ks. Ludwig d. Frommen im Tal der Inde für seinen Freund und Berater →Benedikt v. Aniane im Zusammenhang mit den Reichssynoden von 816 und 817 (Weihe). Die Abtei sollte das Zentrum der von Karl d. Gr. begonnenen und von seinem Sohn fortgeführten Kl. reform sein, das Mutterkl. der anian. Reform. Diese Führungsrolle gab I. nach dem Tod Benedikts v. Aniane 821 auf. Bei der Gründung reich mit Grundbesitz und Rechten ausgestattet, bildete in der Folgezeit das die Abtei umgebende Gebiet zusammen mit der 842 durch Kg. Ludwig d. Dt. geschenkten villa Gressenich und der Herrschaft Eilendorf die spätere Territorialherrschaft Kornelimünster, das »Münsterländchen«. Umfangreich war der Fernbesitz am Mittelrhein, an der Erft, in Flandern, Brabant und an der Maas, wo um 1060 das von Kornelimünster abhängige Kanonikerstift Sclayn gegr. wurde. Seit der 2. Hälfte des 13. Jh. erfolgte eine Konzentration auf die näher gelegenen Besitzungen. Die Vogtei lag bis zum Übergang vor 1234 an die Gf. en v. →Jülich in den Händen der Pfgf. en. 1310 wurde die Abtei im Vogteistreit um die Stadt Aachen von deren Bürgern geplündert und gebrandschatzt. Das Kl. war zunächst dem Salvator geweiht, doch wurde dieses Patrozinium von dem hl. Papstes und Märtyrers →Cornelius verdrängt, dessen Reliquien (Haupt und rechter Arm) vor 866 an die Abtei gelangten. Zum reichen Reliquienschatz gehörten zudem die sog. »bibl.« Heiligtümer, das Schürz-, Grab- und Schweißtuch des Herrn. Schon früh erlangte das Wallfahrtswesen für Kornelimünster Bedeutung. In diesem Zusammenhang erfolgte die Verleihung des Markt- und Münzrechtes spätestens durch Otto II. im 10. Jh. Der erste Beleg für eine alle sieben Jahre stattfindende Heiltumszeigung ist für 1359 überliefert, in Verbindung mit der →Aachenfahrt. Bis heute bedeutend ist auch die Corneliusoktav im Sept. Die Kl.kirche, ursprgl. eine dreischiffige Basilika mit Querhaus, Chorrechteck und Westbau, wurde 881 durch die Normannen verwüstet. Die Mönche entstammten bis zur Auflösung der Abtei alle dem niederen Adel des Niederrheins und der Eifel.

N. Kühn

Lit.: L. HUGOT, Unters. über die baugesch. Entwicklung..., 1968 – N. KÜHN, Kornelimünster, Germanica Benedictina, Bd. VIII: Nordrhein-Westf., 1980, 404ff. – DERS., Die Reichsabtei Kornelimünster im MA (Veröff. des Stadtarchivs Aachen 3, 1982).

Indentures of war. Alle Arten von Verträgen wurden im England des 13. Jh. in der Form der →Chirographen beurkundet, die man wegen ihrer Teilung durch einen gewellten oder gekerbten ('indented') Schnitt als *indentures* bezeichnete. Nach 1270 wurden die I. of w. (militär. 'Soldverträge') für einen Feldzug, einen begrenzten Zeitraum oder auf Lebenszeit abgeschlossen (→Heer, A.III). Sie wurden bes. mit dem →Bastard Feudalism und der Bildung von Großgefolgschaften *(retinues)* in Verbindung gebracht. Unterschieden sich zunächst die beiden Teilurkk. in Inhalt und Stil, wurden sie seit der Mitte des 14. Jh. standardisiert. Die I. of w. regelten den Dienst zw. dem Kg. (als Dienstherrn) und seinen Kapitänen bzw. zw. diesen und ihren Untergebenen eines niederen Ranges. In Streitfällen sollte ein Vergleich beider Teilurkk. zeigen, daß sie zusammenpaßten. In den I. of w., vergleichbar der it. *condotta* (→condottiero) und den frz. →Lettres de retenue, wird üblicherweise aufgeführt: die Größe und Zusammensetzung des aufzustellenden Verbandes, Zeit und Ort des Dienstes, Sold und Gratifikation, die Teilung der Beute (bes. →Kriegsgefangene), Transportmittel und – bis ca. 1350 – die Entschädigung für den Verlust von Streitrössern. Seit 1337 (→Hundertjähriger Krieg) war das I.-System die übliche Grundlage für die Truppenrekrutierung der engl. Krone. Mehrere hundert Originale kgl. I. sind erhalten.

M. Jones

Lit.: N. B. LEWIS, The Organization of Indentured Retinues in Fourteenth-Century England, TRHS, 4th ser. 27, 1945, 29–39 – S. WALKER, Profit and Loss in the Hundred Years War, BIHR 58, 1985, 100–106 – J. M. W. BEAN, From Lord to Patron, 1989.

Index librorum prohibitorum → Zensur

Indianer, bis ins 19. Jh. Bezeichnung sowohl für die Bevölkerung →Indiens als auch, aufgrund der falschen Annahme des Kolumbus, nach Ostasien gelangt zu sein, der amerikan. Urbevölkerung. Die Unterscheidung 'Inder' und 'Indianer' ist Ergebnis der dt. Sprachentwicklung des 19. Jh. Die von Kolumbus und späteren Seefahrern entdeckten Gebiete →Amerikas wurden von Spanien in wechselnder Form 'Las Indias' genannt und behielten staatsrechtl. diese Bezeichnung bis ins 19. Jh. bei, so daß die karib. Inselwelt bis heute auch Westindien genannt wird. Von der span. Begrifflichkeit leitete sich von Anfang an die Bezeichnung 'Indio' für die amerikan. Ureinwohner ab, wogegen 'indiano' den in Amerika lebenden Spanier bezeichnete, von welchem wiederum die Bezeichnung für die amerikan. Ureinwohner in der europ. Nationalsprachen abgeleitet sein dürfte.

Die span. Krone richtete sich bei der Behandlung der I. nach den Rechtsauffassungen gegenüber →Heiden, die im SpätMA gekennzeichnet war von dem Gegensatz zw. der Lehre des →Thomas v. Aquin einerseits und den Lehren von →Aegidius Romanus und →Henricus de Segusio andererseits. Im 15. Jh. begann sich die Lehre des Thomas, daß unter Heiden eine naturrechtl. begründete und daher von Christen anzuerkennende Rechtsordnung mögl. sei, durchzusetzen. Die nach den iber. Vorstößen zu den Kanaren (→Atlant. Inseln; →Expansion, europäische, IV) aufgefundenen Heiden wurden von Papst Eugen IV. 1434 für frei erklärt, wenn sie in Missionsgebieten lebten; Sixtus IV. weitete 1472 diese Regelungen auf die Urbevölkerung des afrikan. Festlandes aus. Seit 1477 machten sich die Kg.e v. Kastilien diese päpstl. Haltung in ihrer Politik zur Kolonisation der Kanaren zu eigen: einerseits trieben Ferdinand und Isabella planmäßig die Eroberung und Kolonisation der großen Kanar. Inseln voran, andererseits entwickelten sie eine planvolle Schutzpolitik gegenüber der christianisierten bzw. sich der Mission öffnenden Urbevölkerung. Dieselbe Politik wandten die Kg.e dann auch gegenüber den amerikan. Ureinwohnern an. Bereits durch kgl. Anweisung vom 20. Juni 1500 ordneten die Kg.e die Freilassung und Repatriierung einiger von Kolumbus in Spanien als Sklaven verkaufter I. an. Fortan war jeglicher Transport indian. Sklaven nach Europa verboten, nicht jedoch die Versklavung von den Spaniern feindl. I.n, insbes. der Anthropophagie beschuldigter Kariben in Amerika selbst. In den Anweisungen an Nicolás de Ovando, den neu ernannten Gouverneur der Insel La Española (Haiti), befahl die Krone 1501 die gute Behandlung der I. der Insel, betonte ihre Absicht zu deren Bekehrung, wozu diese in Dörfern zusammengesiedelt werden sollten, und behandelte die Eingeborenen der Insel als »unsere guten Untertanen und Vasallen«, womit formalrechtl. die I. als gleichberechtigte Untertanen der Krone behandelt wurden. 1503 ergingen weitere detaillierte Bestimmungen über die Behandlung und die Lebensformen der Indianer, die ganz von einem chr. 'ora et labora'-Prinzip geprägt erschienen: die I. sollten nicht nur zum chr. Glauben, sondern auch zu den chr., d. h. europ. Lebensformen bekehrt werden, in chr. geprägter gesellschaftl. Ordnung leben, wozu u. a. Einehe und geregelte Arbeit zum Verdienen des Lebensunterhalts gehörten. Zugleich wurde die Versklavung von Kannibalen ausdrückl. gestattet, da diese nur auf diesem Wege zum Christentum gelangen könnten. Es hat den Anschein, daß diese Politik überwiegend auf das persönl. Interesse von Kgn. Isabella zurückging. Ferdinand und in seinen Anfangsjahren auch Karl nannten sich dagegen in ihrer Herrschertitulatur gelegentl. auch 'Bezähmer der Barbaren' ('Domador de las gentes bárbaras').

Die span. Kolonisten in Amerika sahen in den Eingeborenen dagegen in erster Linie Arbeitskräfte, die zur Goldwäscherei, landwirtschaftl. und gewerbl. Arbeiten etc. eingesetzt werden konnten, um den Wohlstand der Siedler zu mehren. Sie selbst gingen ja nicht nach Amerika, um durch eigene Arbeit zu Wohlstand zu gelangen, sondern um durch krieger. Aktivitäten, Raub und Plünderung oder mit Hilfe abhängiger Arbeitskraft ihr Glück zu machen. Sie umgingen daher häufig die kgl. Gesetzgebung zum Schutz der I. und beuteten diese über die Institution der 'Encomienda', der Zuteilung von indian. Tributen und Arbeitsleistungen, nach Kräften aus. Bereits 1511 wandte sich der Dominikaner Montesinos in einer aufsehenerregenden Weihnachtspredigt gegen die Mißhandlung der Eingeborenen und warf unter Androhung der Exkommunikation die Frage auf, mit welchem Recht sich die Siedler Macht über die I. anmaßten. Bereits hier brach das latente Spannungsverhältnis zw. Macht- und Kolonisationspolitik der Krone und staatl. Missionsabsicht und kirchl. Missionstätigkeit auf, als der engagierte Missionsklerus sein Bekehrungswerk durch das Verhalten der Siedler gefährdet sah. Mit der Predigt waren die Rechtstitel der Krone angesprochen. Kg. Ferdinand berief eine Junta aus Theologen und Juristen ein und legte ihr die

Angelegenheit zur Beratung vor. Ergebnis waren einmal die 'Gesetze v. Burgos' (1512) und das umstrittene 'Requerimiento' (1512/13). In den 'Gesetzen v. Burgos' wurden die unter span. Herrschaft lebenden I. zu freien Vasallen der Krone erklärt und Anweisungen zur Bekehrung und Zivilisierung der Eingeborenen gegeben sowie Schutzmaßnahmen erlassen. Das 'Requerimiento' war ein von dem Kronjuristen Palcios Rubios entworfener Text, der die chr. Heilsbotschaft in Kurzfassung enthielt, auf die Verleihung der entdeckten Gebiete an die Krone von Kastilien durch den Papst als Stellvertreter Christi auf Erden verwies und die Eingeborenen aufforderte, den chr. Glauben anzunehmen und sich den Herrschern Kastiliens zu unterwerfen, die ihnen im Gegenzug gute Behandlung zusicherten. Dieser Text sollte künftig durch Dolmetscher von allen Anführern von Eroberungszügen den angetroffenen I.n vor der Eröffnung von Kampfhandlungen verlesen werden lassen. Das schon bei den Zeitgenossen umstrittene Dokument bedeutete letztl. die Übertragung der ritualisierten Formen des europ. Kriegswesens auf außereurop. Völker, hatte es doch die Funktion eines Ultimatums und sollte zugleich bevorstehende mögl. Kampfhandlungen als gerechten Krieg rechtfertigen. Die Auseinandersetzungen zw. Missionsklerus, Krone und Konquistadoren waren damit aber nicht beendet, sondern mündeten vielmehr in einen lang anhaltenden Streit, in dem von seiten der Kolonisten und eines Teils des Klerus den I.n sogar die Vernunftbegabung und damit die Fähigkeit zur Annahme des Christentums abgesprochen wurde. Auf Einfluß der streitbaren Verfechter der Rechte der I. aus dem Dominikanerorden, allen voran Las Casas, erklärte Paul III. 1537 in der Bulle 'Sublimis Deus', daß die Indianer vernunftbegabte Menschen seien, die durch den Glauben zum ewigen Heil gelangen könnten. 1542/43 unternahm die Krone dann in den 'Neuen Gesetzen' einen weiteren Versuch, die Freiheit der I. zu sichern, durch den Ausbau der staatl. Organisation die Macht der Konquistadoren und die Institution der Encomienda drast. zu beschränken und das Bekehrungswerk des Missionsklerus und damit die Integration der I. in ein span. geprägtes gesellschaftl. System zu erleichtern. Während in Spanien die Frage der Behandlung der I. ein grundsätzl. diskutiertes Problem war, begegnen auf ptg. Seite solche Erörterungen allenfalls im Ansatz und vergleichsweise spät.

H. Pietschmann

Lit.: A. Rumeu de Armas, España en el Africa Atlántica, 2 Bde, 1965–67 – G. Thomas, Die ptg. I.politik in Brasilien 1500–1640, 1968 – A. Rumeu de Armas, La política indigenista de Isabel la Católica, 1969 – C. R. Boxer, The Church Militant and Iberian Expansion 1440–1770, 1978 – A. Pagden, The fall of natural man ..., 1982 – E. Aznar Vallejo, La integración de las Islas Canarias en la Corona de Castilla (1478–1526), 1983 – Humanismus und Neue Welt, hg. W. Reinhard, 1987.

Indiculus loricatorum, Forsch.sbegriff für das am Hof entstandene, kopial (Ende 10. Jh.) überlieferte Verzeichnis eines ergänzenden Heeresaufgebots Ottos II. für den Zuzug nach Italien wohl aus dem Frühherbst 981 (anders Auer: 'Sollliste von 980'), das auch Thietmar (III.20) erwähnt. Aufgeboten werden – soweit noch erkennbar – etwas mehr als 2100 Panzerreiter *(loricati)* in Einzelkontingenten von 10–120, wovon fast drei Viertel auf Bm.er und Abteien entfallen. Die Zahlen beinhalten jeweils die gesamte Verpflichtung der Genannten und bedeuten fakt. eine Heeresstärke von 4000–6000 Mann. Der I. ist somit Ausdruck der planmäßigen Fixierung der militär. Lehnsverpflichtungen der großen Vasallen auf Italienzügen in otton. Zeit (ca. 961/973), deren Konstanz sich in Einzelfällen bis in stauf. Zeit nachweisen läßt. Die Dreigliederung im Text folgt (mit signifikanten Modifikationen) der Struktur der →regna und dürfte auch die Marschordnung bestimmt haben. Somit eröffnet der I. auch einen Blick auf die neue Struktur und Lehnsverfassung des otton. Staates.

Th. Kölzer

Ed.: MGH Const. I, 633f., Nr. 436 [verbessert: K. Uhlirz, JDG O. II., 1902, 247f.] – zweisprachig: AusgQ 32, 1977, 62–65 – Lit.: Brühl, Fodrum, 529ff. – K. F. Werner, Heeresorganisation und Kriegführung im dt. Kgr. des 10. und 11. Jh., Sett. cent. it. 15/II, 1968, 791–843, 849–856 – L. Auer, Der Kriegsdienst des Klerus unter den sächs. Ks.n, MIÖG 79, 1971, 316–407, bes. 372ff. – H. Zielinski, Der Reichsepiskopat in spätotton. und sal. Zeit, 1984, 14–16, Karte 3.

Indien (Beziehungen zu I., Indienbild). Die Vorstellungen von I. als dem Land der Wunder und des Reichtums beruhten im MA im wesentl. auf Q. aus der Antike, in der intensivere Kontakte bestanden. Im 5. Jh. v. Chr. berichtet Herodot (Hist. III, 98), daß die Inder als erstes Volk Asiens nach O, dem Sonnenaufgang zu, wohnen. Ö. von ihnen liegen nur Sand und Wüste. Es gibt in I. die kostbarsten Dinge, eine Unmenge Gold und Bäume, auf denen Wolle wächst, aus der die Inder ihre Kleider herstellen. Die Bewohner werden teils als Vegetarier, teils als Esser von rohem Fisch oder gar als Kannibalen geschildert. Ausgangspunkt neuer Information war der I.zug Alexanders d. Gr. Onesikritos, Nearchos und schließl. Megasthenes dienten im 2. Jh. n. Chr. Arrianus als Q. für seinen »I.zug Alexanders«, in dem er das Kastensystem beschreibt, von der Weisheit der Brahmanen spricht und ausführl. auf die Tierwelt eingeht (Elefanten, Tiger, Papageien, Affen, Schlangen, goldgrabende Riesenameisen). Das Wissen der Antike faßte schließl. Plinius d. Ä. in seiner »Hist. Naturalis« zusammen. Diese wiederum benutzte →Isidor v. Sevilla (ca. 560–636) für seine grundlegende Enzyklopädie. Noch größeren Einfluß hatte seit dem 12. Jh. jedoch der Alexanderroman (→Alexander d. Gr.), dazu kamen andere Lit.erzeugnisse wie →Gralsdichtung und →Hzg. Ernst, die alle das Bild eines Wunderlandes entwarfen.

Geogr. herrschte große Verwirrung. Noch in der Antike hatte →Ptolemaios von »India intra« und »India extra Gangem« gesprochen. Im frühen MA wurden im allg. drei I. aufgezählt, so beim Geographus Ravennas. Diese Vorstellungen wurden in den Weltkarten umgesetzt und im Zeichen zunehmender Kontakte von den Asien-Reisenden seit dem 13. Jh. übernommen. Das dritte I. war dabei ein Teil Äthiopiens oder→Chinas. Als erster Empiriker berichtet →Marco Polo von drei I.: Klein-I. (Teile Südostasiens und Bengalen), dann Groß-I. (eigtl. Indien und Ceylon), schließl. Mittleres I. (Äthiopien). Er selbst traf zuerst auf Ceylon (Sri Lanka), dann blieb er ein Jahr an der Maabar-Küste und segelte von dort an die Malabarküste. In seiner Beschreibung tauchen auf: die Kastengesellschaft, die dunkle Hautfarbe der Menschen, die Witwenverbrennung, die Religionenvielfalt ('Juden' in Quilon, nur wenige Muslime im S, Götzenanbeter wie Hindus, Buddhisten etc., die mit dem Priester →Johannes in Verbindung gebrachten Thomas-Christen), dann die Rohstoffe, die Edelsteine, bes. die Diamanten, die Gewürze (Pfeffer, Nelken), Perlen, Stoffe, →Indigo und andere für Europäer kostbare Handelsgüter. Der Franziskaner →Odoricus v. Pordenone verlegt das erste I. nach →Persien, dann kommt das eigtl. I., schließl. das dritte in Richtung auf China (Hinteri.). Er wertet Rinderverehrung und Witwenverbrennung als schlechte Sitten der Inder. Reichere Kenntnis, v. a. der Religionsgemeinschaften, zeigt Jourdain →Cathala de Sévérac, der sich als Bf. längere Zeit in I. aufhielt. Seine Schilderung deckt sich in vielen Zügen mit Marco Polo, dessen Bericht als einziger unter diesen Reisebeschreibungen ein breiteres Publikum erreichte. Größeres Aufsehen erregte seit dem 14. Jh. der fiktive Reisebericht des J. de →Mandeville (um 1360). Er nennt einen Teil Hoch-I., einen Teil Mittel-I. und den nordöstlichsten Groß-I.; dort gefrieren die Gewässer auf den Bergen zu Kristallen. Seinen Namen hat I. vom Indus, die Menschen an seinen Ufern sind meist gelb- oder grünhäutig. Sie halten den Ochsen für das heiligste Tier und beten ein Bild halb Mensch, halb Ochse an. Das Selbstopfer vor dem Abgott erwähnt er genauso wie die Witwenverbrennung. Viel Platz räumt er dem →Pfeffer, den Diamanten und den Thomaschristen ein. Spätere Reisende wie Nicolò dei →Conti (Mitte 15. Jh.) veränderten das I.bild des Abendlandes nicht mehr, zumal ihre Berichte erst viel später bekannt wurden. Trotz genauerer Informationen der röm. Kurie über christl. Niederlassungen und der Kenntnis von Handelswegen und -gütern, Import- und Exportmöglichkeiten wie sie in den europ. Handelszentren bestanden, galt I. nach wie vor als Wunderland, dessen Bild von einer Mischung aus Überlieferung und teils realist., teils fabelhafter Erzählungen von Reisenden geprägt war. Die beste ma. Beschreibung I.s, jene von →al-Bīrūnī, blieb dem ma. W unbekannt. – →Amerika, →Expansion, →Indianer.

U. Knefelkamp

Q.: →Marco Polo sowie die übrigen im Text gen. Autoren – Lit.: H. GREGOR, Das I.bild des Abendlandes, 1964 – U. KNEFELKAMP, Die Suche nach dem Reich des Priesterkg.s Johannes, 1986.

Indifferentia (Logik). Das Prinzip der ratio indifferentiae, wohl zuerst formuliert von →Johannes v. Salisbury, besagt, daß bei der Interpretation oder Übers. hist. Texte der Bedeutungswandel zu berücksichtigen ist, den viele Worte im Laufe der Gesch. mitgemacht haben. Eine ganz sichere Auslegung ist deshalb oft nicht möglich.

»Indifferent« meint ferner auch die Unbestimmtheit der materia gegenüber der forma (→Form/Materie). Ferner besteht die I. bezügl. species und genus wegen deren relativen Verhältnisses: z. B. ist bezügl. der species Pferd Säugetier ein genus, doch es ist eine species bezügl. des genus Wirbeltier.

A. Menne

Lit.: C. PRANTL, Gesch. der Logik im Abendlande [Neudr. 1957], 2, 244f.

Indigo, die aus den rosaroten/purpurnen Blüten eines trop. Schmetterlingsblütlers gewonnene Textilfarbe Blau (→Farbe), die auch in →Waid enthalten ist. Im MA wurde I. aus den ind./pers. Anbaugebieten Quilon, Cambay, Kerman und Hormuz meist über Bagdad ins Mittelmeergebiet transportiert. Schlechtere Qualitäten stammten aus Oberägypten und von Zypern. Seit Mitte des 12. Jh. wurde I. meist von oberit. Kaufleuten nach Europa eingeführt; spätestens seit Anfang des 14. Jh. ist er in Oberdtl. bekannt. Nach 1500 waren Portugiesen die wichtigsten Träger des Handels mit ind. I. nach Antwerpen. I.färberei konkurrierte früh mit der preiswerteren Waidfärberei. Die Unkenntnis über das geeignete Mischungsverhältnis von I. mit Waid in der Farbküpe führte zu zahlreichen Verboten der Verwendung des I.s, die z. T. auf Textilien aus Wolle und Seide sowie auf Garn beschränkt wurde. Für Baumwollstoffe ist kein Verbot bekannt.

C. Reinicke

Lit.: HEYD, HCL II, 626–629 – F. LAUTERBACH, Der Kampf des Waides mit dem I., 1905 – R. SCHOLZ, Aus der Gesch. des Farbstoffhandels im MA, 1929, 107–116.

Indiktion (indictio; Römerzinszahl, röm. oder ksl. Zahl, Zeichen) gibt die Zahl an, welche das Jahr in einem fünfzehnjährigen Zyklus einnimmt; die einzelnen Zyklen werden nicht gezählt. Der Beginn des Epochenjahrs ist bei den verschiedenen I.sstilen unterschiedlich. Die I. war im ganzen Abendland bis auf Spanien zur Datierung in Gebrauch und diente lange Zeit als Ersatz für eine feste Jahreszählung; sie wurde beim Reichskammergericht bis zu dessen Auflösung verwandt. – Die *Indictio Graeca* (constantinopolitana) beginnt das Jahr mit dem 1. Sept.; sie wurde v. a. im byz. Reich gebraucht, aber auch in Sizilien und der päpstl. Kanzlei (584–1087), im Dt. Reich unter Friedrich II. und Heinrich VII. – Die *Indictio Bedana* (caesarea, constantina) beginnt das Jahr mit dem 24. Sept.; sie ist erst seit →Beda Venerabilis nachweisbar und war in England ausschließlich sowie in Frankreich und Italien verbreitet. – Die *Indictio Romana* (pontificia) beginnt das Jahr mit dem 25. Dez. oder dem 1. Jan. (Neujahrs-I.) und war im SpätMA am verbreitetsten, in Dtl. seit dem 13. Jh. vorherrschend.

P.-J. Schuler

Lit.: GINZEL III – F. RÜHL, Chronologie des MA und der NZ, 1897 – H. GROTEFEND, Chronologie des MA und der NZ (Grdr. der Gesch.s-wiss., hg. A. MEISTER, 1912²).

Individuum, -ation, -alität

I. Frühscholastik – II. Hochscholastik – III. Spätscholastik – IV. Nominalismus.

I. FRÜHSCHOLASTIK: Die frühscholast. Lehre von der I. stand unter dem Einfluß der aristotel. Logik und deren Auslegung durch die neuplaton. Kommentatoren Porphyrios, Alexander v. Aphrodisias, Marius Victorinus, Simplicius u. a. Aristoteles bestimmt in Kateg. c. 2 das I.-um als das numerisch eine und selbige, »was von keinem Substrat ausgesagt werden kann« (vgl. auch Metaphys. VII c. 10). Dieses ist ein Letztbestimmtes, Selbständiges, als solches nicht definier-, sondern nur bezeichenbar. Im Unterschied zur Wesensform, die von einem Subjekt ausgesagt werden kann, ist das I.-um selbstverständlich. In der neuplaton. Formphilos. ist das I.-um eine Bündelung von formalen Eigentümlichkeiten, die sich in ihrer Ganzheit nur im I.-um finden. Über Boethius ging die Bestimmung des I.-ums durch Porphyrius (Isagoge) in die lat. Philosophie ein: »Individuen heißen solche Wesen, weil jedes von ihnen aus Eigentümlichkeiten besteht, deren 'collectio'-Gesamtheit- bei keinem anderen dieselbe ist.« (Boethii in Isag. Porph. Comm. III. c. 11, ed. BRANDT). Weil aber nach dem neuplaton. Verständnis der Ideen an und für sich sind und das Einzelne immer nur daran teilhaben kann, kann man auch das Ideale als das individuelle und substanzielle Sein bezeichnen. Dieses formale Verständnis der I.-alität wurde für die boethian. Gottes- und Trinitätslehre bedeutsam. Boethius bezeichnete gleichermaßen die ungeteilte und unteilbare Vaterschaft und Sohnschaft in Gott als I.-alität wie auch seine Beispiele Platon und Sokrates, ja er lehrte darüber hinaus, daß auch die charakterist. Eigenschaften des Platon und Sokrates individuell sind. Die Renaissance der aristotel.-boethian. Logik im 12. Jh. zwang die Theologen (in Chartres und Paris) zur reinen krit. Aussage der Offenbarungswahrheiten. In der Trinitätstheol. und in der Christologie wurden Untersuchungen zum Begriff des I.-ums notwendig, denn der boethian. Personenbegriff mußte in beiden Traktaten krit. angewendet werden: Persona est naturae individua substantia (Boeth., C. Eutych. et Nest. c. 3, ed. HÄRING, 388). Um das Unterscheidende der →Person als geistiges Individualwesen zu begründen, differenzierte Gilbert v. Poitiers 'singularitas' und 'individualitas'. In ihrer Singularität ist die Person untereinander immer je eine, in ihrer I.-alität unterscheidet sie sich von allen anderen (De trin. I c. 5 n. 34, ed. HÄRING, 146). Einheit und Unterschiedenheit sind die beiden Elemente des I.-ums. Die Unterschiedenheit hebt die Einheit nicht auf, weil die »collecta proprietas« der Person unmittelbar zukommt. Die sprachlog. Analysen schärften den Blick: »omne individuum singulare est ... Sed non omne singulare est individuum ...« (Zwettler Summe, ed. HÄRING, 36). Person ist kein Individualbegriff, der in unvergleichl. Bedeutung die Geistwesen (Gott, Engel, Mensch) betrifft. In der Theologie erhielt die Aussagelogik des I.-ums ihre neue Bedeutung: die Eigentümlichkeit der individualen Geistnatur ist ihr so zu eigen, wie keinem anderen (Sent. divinitatis, ed. GEYER, 163).

Im theol. Kontext wurden im 13. Jh. diese Bedeutungselemente des I. begriffes weiter vertieft. →Robert Kilwardby OP bestimmte I.-um in der Persondefinition des Boethius durch diese Elemente singularitas, incommunicabilitas und supereminens dignitas (Sent. III q.8., ed. E. GÖSSMANN, 40f.). Weil die menschl. Natur Jesu Christi in der personalen Union mit dem Gottlogos einen höheren 'status' gewonnen hat, mangelt ihr nichts, auch wenn sie nicht ein abgelöstes singuläres Sein hat. Unbeschadet dieser theol. Bedeutung des Begriffs wurde in den log. Schriften die porphyrian.-boethian. Definition des I.-ums weiter diskutiert, z. B. im Tractatus (Summulae logicales) des Petrus Hispanus, tr.2 n.10 (ed. DE RIJK, 19).

II. HOCHSCHOLASTIK: Im 13. und 14. Jh. bemühten sich die Philosophen und die Theologen, Gott, die Engel und den Menschen als geistige bzw. geistbegabte Individuen zu verstehen, und zwar in ihrer Wirklichkeit und Wirkfähigkeit. Wenngleich die I.-ation jedem Einzelwesen zukommen und von diesem ausgesagt werden kann, so sind doch die scholast. Philosophie und Theologie überzeugt, daß »in noch spezieller und vollkommener Weise das, was Einzelwesen und I.-um besagt, sich in den Vernunftwesen findet, die Herrschaft über ihr Wirken haben und nicht, wie die anderen Wesen, nur bestimmt werden, sondern durch sich handeln« (Thomas v. Aquin D.th I q.29 a.1 De pot.q.9 a.2). Darum werden die geistigen bzw. geistbegabten I.-uen auch als Personen bezeichnet, denn Person bezeichnet »das, was am vollkommensten in der ganzen Natur ist« (ebd.a.4). Die I.-alität der Vernunftwesen resultiert aus dem Seinsakt, denn jedwedes Seiende hat in eins Sein und I.-ation (Thomas QD De anima q.un. a.1. ad 2). Die I.-ation begründet immer aber zugleich Einheit und Unterschiedenheit (ebd. q.9 a.5 ad 13). Die transzendentale Einheit des Seienden ist darum immer auch die individuelle Einheit. Daraus folgt, daß Gott, die Engel und der Mensch in ihrer je unterschiedl. Einheit und I.-alität aus sich zu verstehen sind. Die rein geistigen Wesen existieren aus sich und wohnen auch »ex seipsis« individuiert (ebd. q.9 a.3 ad 5), d.h. sind sie selbst in ihrer Wirklichkeit und Wirkmächtigkeit.

Gott ist all-eine und individuelle Person; den drei göttl. Personen kommt ihre je unterschiedl. personale Proprietät vom Ursprung her zu, so daß der dreieinige Gott in dreifaltiger Ursprungseinheit das vollkommenste Sein in individueller Einheit und Einzigkeit besitzt. Die unterschiedl. subsistierenden Ursprungsbeziehungen konstituieren die dreipersonale I.-ation in Gott (Thomas v. Aquin S.th.I q.29 a.4). Weil die personalen Lebensbewegungen in Gott je ununterschieden eins und unterschieden von anderen sind, trifft der Begriff des I.-ums auf sie zu und bedeutet die Personen. Gott ist in höchstem Maße individuell, weil er vollkommen eins und einfach ist. Nikolaus v. Kues hat diese Einsicht zur Grundlage seiner Gotteserkenntnis gemacht (vgl. De visione Dei c.). Nach Meister Eckhart (Pred. 28 DW II 68,4) ist das Wort 'ich' »niemand eigen dan gote aleine in siner einicheit«. Die Engel, die Geistwesen, sind nach thoman. Eigenlehre I.-uen, Einzelwesen, die je für sich eine Art sind. Für die Engel gilt: »so viele I.-uen, so viele Arten« (De ente et ess. 5,2). Weil die reinen Geistwesen dem Erstprinzip unmittelbar nahestehen, sind sie zwar endlich, geschaffen, aber in ihrer Art einzig und einzigartig (ebd. c.6). Avicennas Frage (Metaphys. V,7) »wodurch das I.-um in seiner I.-alität begründet und unterschieden werde« erlangte in der Anthropologie prinzipielle Bedeutung. Ist die menschl. Geistseele in sich und nicht im Leibe individuelle Form, wie weithin die Franziskanertheologie im 13. Jh. lehrte, oder gewinnt sie als einfache Wesensform die I.-alität erst in der Verbindung mit dem Leib, wie Thomas v. Aquin im Anschluß an Albertus M. behauptet: Die Seele ist nicht aus sich individuiert; sie ist kein Dies-da-Seiendes (Sent. I d. q.5 a.2 ad.6). Die I.-ation geschieht, indem die Seele als substanziale Form Form des Leibes ist und den Leib als Leib in der Seele erwirkt. Drei Elemente begründen die I.: die Materie als Substrat, die dimensiones interminatae, die kontinuierl. Ausdehnung und die substanziale Form, die ihr Sein dem Leibe mitteilt. Die Thomas zugeschriebene Abhandlung De principio individuationis ist wohl nicht authentisch, sondern später entstanden. Thomas hat seine Lehrmeinung im Anschluß an Aristoteles, Avicenna und Averroes und in der Auseinandersetzung mit der Franziskanertheologie in seinen Schriften unterschiedl. nuanciert dargelegt. In Boeth. De trin. q.4 a.2 spricht Thomas mit Averroes' »De substantia orbis« die dimensiones indeterminatae als I.-ationsprinzip an; in S.th. III q.77 a.2 spricht er von der quantitas dimensiva. Das kontinuierl. quantum der Materie ist der bestimmende Grund der I.-alität in Raum und Zeit. Weil die Seele substanziale Form des Leibes ist, gewinnt sie im leibhaften Selbstvollzug bleibende I.-alität, die Sein und Handeln bestimmt.

Die thoman. Lehre von der I.-alität der reinen Geistwesen und der menschl. Seele wurde von den Franziskanertheologen scharf kritisiert und 1277 von Bf. Stephan Tempier zensuriert (vgl. Proposit. 42, 43, 115 ed. HISSETTE, 82, 187). Wilhelm de La Mare OM bezeichnete im Correctorium fr. Thomas (1277/78) Art. 7, 10, 29, 30 die thoman. Lehre vom I.ationsprinzip als philos. falsch und theol. irrig. Die franziskan. Lehre von der geistigen Materie und der I.-alität der Geistwesen und Geistseele wurde gegen Thomas geltend gemacht. In den Gegenschriften, den Correctoria Corruptorii (→Korrektorienstreit), der Dominikanertheologen (Richard Knapwell, Robert v. Oxford, Johannes v. Paris und Wilhelm v. Macklesfield) mußte des Thomas Lehre von der substanzialen Form und I.-ation vor Mißverständnissen gesichert werden. Die Frage der Einheit und I.-alität des Menschen war allererst als metaphys. Problem gesehen und nicht naturphilos. oder psycholog. behandelt worden. Die I.-ation ist mit dem Seinsakt verbunden und geschieht in der Entäußerungsbewegung des Seins. »... unumquodque habet unitatem quo habet esse ...« (Richard Knapwell, Corr. Corr »Quare« ed. P. GLORIEUX, 126). Alle Schüler und Anhänger des Thomas haben zu dieser Streitfrage der I.-alität der substanzialen Formen Stellung genommen. Vgl. Thomas v. Sutton OP, Quodl. I q.21, III, q.21 (ed. M. SCHMAUS – M. GONZALES-HABA, 139–152, 467–487), Qu.ord. q.27 (ed. J. SCHNEIDER 744–770, ebd. 140*–163*), Nicolaus Trevet OP, Quodl. II q.5; V q.10, Herveus Natalis OP Quodl. III q.9, aber auch Aegidius Romanus OESA Quodl. I q.17 u. a. m.

III. SPÄTSCHOLASTIK: Eine Wende der Begriffsgesch. leitet Heinrich v. Gent ein und vollzog Johannes Duns

Scotus. Die Wesensform – immateriale und materiale – sind durch den je unterschiedl. Seinsakt multiplikabel, führt Heinrich v. Gent in den Quaest. ord. a.25 q.3, Quodl. II q.8 (ed. R. WIELOCKX, 35–57) aus. Aristoteles hielt die Vernunftwesen für individual einzig und einzigartig, weil er einerseits von der falschen Voraussetzung ausging, die Materie sei I.-ationsprinzip und weil er andererseits diese Geistwesen für Götter hielt. Heinrich v. Gent hielt darum die Verurteilung der thoman. Formphilosophie für rechtens (Quodl. II q.8, ed. 45). Materie und Quantität sind nur für die stoffl. Wesensformen individuierend, die geistigen Wesensformen unterscheiden sich in ihrer Subsistenz: diese ist nicht jene, und sie müssen in ihrem individualen Wesen betrachtet werden. In der Auseinandersetzung mit Thomas v. Aquin und Heinrich v. Gent begründete Joh. Duns Scotus OM, daß das Einzelseiende als solches das erste Objekt unseres Erkennens ist (Ordin. I d. 3 p. 1 q. 5–6). Das I.-uationsprinzip ist der formale Grund, daß das I.-um nicht vervielfältigt werden kann. Nicht die Singularität im allg., sondern die letztgültig bestimmte ist der Grund der I.-ation. Die I.-alität ist eine positive Entität oder Formalität (von den Skotisten später häufiger auch als →'Haecceitas' bezeichnet). Das unendliche, ungeschaffene Seiende (Gott) ist in Freiheit und Geistigkeit von höchster I.-alität. In geistbegabter Schöpfung erreicht das I.-um (Engel und Mensch) im Personsein jene individuale Vollkommenheit der spezif. Einmaligkeit vor Gott. I.-alität ist gottgewollter Ausdruck alles Geschaffenen und darum auch Subjekt der göttl. Vorsehung. Bei den Engeln sind Geistnatur und I.-alität verschieden. Infolgedessen können mehrere I.-en derselben Art von Gott erschaffen werden. Auch die substanziale Form der menschl. Geistseele ist unabhängig von ihrer Hinordnung zum Leib von ihrem Ursprung her individuales Sein (»entitas formalis«). Die Zuordnung zum Leib kann nicht Prinzip der I.-alität sein. Die Eigentümlichkeiten des I.-ums sind keine Artunterschiede, sondern dessen unvergleichl. Proprietäten. Das I.-um ist nicht der Sonderfall der Art, sondern die je einmalige und unvergleichl. Repräsentanz des Wesens. In der Christologie und in der Gnadenlehre (Prädestination) hat Scotus dieses Verständnis des I.-ums theol. geltend gemacht.

Mit dem Begriff des Form.-I.-uums kam die Franziskanertheologie der Kompliziertheit des konkreten, geschichtl. Lebens näher, denn der Blick für die formale I.-alität und deren Eigentümlichkeiten sieht mehr, als der Artbegriff besagt. Die vieldiskutierte Frage nach der intensiven Größe der I.-alform muß auch unter diesem Gesichtspunkt gesehen werden.

Die jüngere Dominikanerschule von St. Jakob in Paris war einerseits mit ihren Thomasanhängern bedacht, die inkriminierten Sätze der Formphilosophie zu verteidigen, andererseits standen sie in dieser Frage in der Auseinandersetzung mit Duns Scotus und dessen Schülern, mit Heinrich v. Gent und den Gandavistae und mit den Magistern aus dem Weltklerus (Gottfried v. Fontaines, Petrus v. Auvergne u. a.). Auch bei den Artisten, v. a. in der Schule des Siger v. Brabant wurden diese Probleme diskutiert. Selbst in den Vorlesungen über die Logikbücher wurde die Frage nach der »causa« bzw. dem »principium individuationis« gestellt. Vgl. Martinus de Dacia, Qu. super lib. Porphyrii I q.21 (ed. H. ROOS, CPhD m.ae. II, 1961, 147f.) und Boethius de Dacia, Qu. super lib. Topicorum ed. N. G. GREEN-PEDERSEN–J. PINBORG VI q.12 (ed. CPhD m.ae. VI, I, 1976, 290f.).

Im umgreifenden Kontext der dreifachen Einheit, der transzendentalen, numer. und individuellen Einheit wurde nach dem Grund der I.-ation gefragt. In der Frage nach der numer. und individualen Einheit mußte auch das Verhältnis von Einheit und Quantität geklärt werden. Aegidius Romanus nahm die Überlegungen des Thomas v. Aquin auf und bestimmte Einheit und Zahl wie Maß und Gemessenes. Die Quantität ist Bedingung der mensuratio, die ihrerseits aber eine Bestimmung der ontolog. Einheit ist. Die Begriffe des Ungeteiltseins und des Unterschiedenseins werden als positive und negative Bestimmung des Zahlprinzips diskutiert. Die positive Begründung des Zahlprinzips, entsprechend dem materialen Inhalt und der kontinuierl. Quantität, ist eine notwendige Voraussetzung der naturwiss. Betrachtung des I.-uums.

Mit Thomas lehrten auch Aegidius R. und Siger v. Brabant die quantitativ signierte Materie als Prinzip der I.-ation und der numer. Vervielfachung. Dementsprechend lehnten sie die numer. Vervielfachung gleichartiger Geistwesen ab. Die Verurteilungen von 1277 blieben aber nicht ohne Wirkung. Jakob v. Metz aus der Pariser Dominikanerschule begründete die Möglichkeit der Vervielfachung der Formen von der Einheit der substanzialen Form und der (schöpferischen) Seinssicht durch Gott. Herveus Natalis OP sprach die »latitudo« der Formen, deren graduell verschiedene Vollkommenheit als I.-ationsprinzip der immateriellen Formen an. Durandus de S. Porciano ließ im Unterschied zu Hervaeus die Bandbreite der Formen auch für die Engelwesen gelten. Die strengeren Thomisten, z. B. Wilhelm Petrus de Godino und auch Nikolaus v. Straßburg, kehrten zur thoman. Lehre von der Materie als I.-ationsprinzip zurück.

Die Diskussion über das I.-ationsprinzip der immaterialen Wesensformen konzentrierte sich v. a. auf die Frage der I.-ation der menschl. Geistseele und deren I.-ation nach dem Tod. Thomas und seine Schüler begründeten die postmortale I.-ation von der einen und einzigen Wesenform der Geistseele und deren (wesenhaften) Bezug zur Leibmaterie her. Diese Beziehung zur Leibmaterie bleibt auch nach dem Tod (im Verlangen nach der Wiedervereinigung) erhalten und insofern auch die I.-ualität der Seele. Heinrich v. Gent reduzierte die Leibmaterie auf die aufnehmende materiale Potenz, welche auch im Tode nicht verlorengeht. Aegidius R. u. a. begründeten die I.-ualität des Auferstehungsleibes von der Macht Gottes her, die aus jeder Materie, ja aus Nichts den Menschen in seiner I.-ualität erwecken kann. Die Frage der vorgeburtl. I.-ualität des Menschen (Embryos) hat sich der ma. Philosophie nicht gestellt.

IV. NOMINALISMUS: Das nominalist. Verständnis des I.-uums hat Wilhelm v. Ockham im Komm. zum 1. Sentenzenbuch (dist. 2 q.4–7) in der Auseinandersetzung mit Duns Scotus (und Heinrich Harclay) im Kontext der Frage nach dem menschl. Erkennen dargelegt. Er lehnte jedwedes Universale, einerlei ob real, formal oder nur rational verstanden, als Bedingung der Erkenntnis ab. Das Einzelseiende ist ganz und gar und in all seinen Teilen singulär (q.5) »... nulla res extra animam est universalis« (ebd.). Das Einzelseiende (z. B. Sokrates) kontrahiert die spezif. Formen in gradueller Verschiedenheit (gradus individualis). Die so unterschiedenen Formen lassen sich untereinander eher vergleichen als eine I.-ualform mit dem allgemeinen Wesen (q.6). Wenn alles Seiende wesenhaft eins und individuell ist, dann hat es keinen erklärbaren Sinn, nach einer »causa individuationis« zu fragen (ebd.), vielmehr danach, ob und worin das Allgemeine, Vergleichbare der I.-uen bestehe. Sokrates und Platon gleichen sich mehr als Sokrates und ein Esel, und zwar nicht auf Grund eines Wesensallgemeinen. Es gibt graduelle Stufen der

I.-ualität, aber nichts darüber hinaus. Die Erforschung derselben in ihren intensiven und extensiven Graden ist Sache der Beobachtung und des Experimentes. Die Naturwissenschaft befreite sich aus dem Gewahrsam der Metaphysik wie die Metaphysik sich andererseits von kosmolog. Vorgaben löste. Die Kontroverse zw. dem metaphys. Weltbild und der naturwiss. Forschung ist vorprogrammiert. Wilhelm v. Ockham unterschied nicht mehr präzis zw. 'singulär' und 'individuell'. Das numer. Eine und Vielfache findet sich in der kontinuierl. Reihe des Zählbaren (ebd. q.6); es ist der intensiven und extensiven Steigerung fähig, das Individuelle hingegen ist das Letztbestimmte, das es weder vorher gab noch später geben wird. Es ist Ausdruck der schöpfer. Idee Gottes. Gottes Allmacht und Wissen schaffen das Individuelle in seiner »haecceitas«. Der singuläre Blick für die I.-ualität hat auch den Blick für das Unterscheidende der log. Ordnungen geschärft. L. Hödl/M. Laarmann

Lit.: HWPh III, 985f.; IV, 300–310 – J. Assenmacher, Die Gesch. des I.-ationsprinzips in der Scholastik, 1926 – M.-D. Roland-Gosselin OP, Le »De ente e essentia« de S. Thomas d'Aquin, BTh VIII, 1948 – J. Klinger, Das Prinzip der I.-ation bei Thomas v. Aquin, Münsterschwarzacher Stud. 2, 1964 – Th. W. Köhler, Der Begriff der Einheit und ihr ontolog. Prinzip nach dem Sentenzenkomm. des Jakob v. Metz OP, StA 58, 1971 (XII–XXXIII Lit. bis 1970) – T. M. Rudavsky, The Doctrine of I.-duation in Duns Scotus, FSt 59, 1977, 320–377; 62, 1980, 62–83 – J. F. Wippel (Fschr. A. B. Wolter, 1985), 81–115 – C. Wagner, Materie im MA, SF 67, 1986, 84–90, 318–340 – I.-ation in Scholasticism: The later MA and the Counter-reformation (1150–1650), hg. J. J. E. Gracia, 1988.

Indominicatum → Fronhof

Indossament, Bezeichnung für den Verzicht des Nutznießers einer Zahlungsanweisung (Scheck oder →Wechselbrief) auf eine Auszahlung an die eigene Person und die Einsetzung eines Dritten als Zahlungsempfänger. Bei häufiger Anwendung wurde das I. wie Papiergeld gebraucht. Aus diesem Vorgang wurde fälschlicherweise geschlossen, daß das Indossieren sich erst mit dem »modernen« Finanzwesen im Laufe des 16. Jh. verbreitet habe. Die Erforschung der Archive von Firmen und Bankhäusern, namentl. im Mittelmeerraum, hat jedoch gezeigt, daß das I. schon seit Ende des 14. Jh. (erstes bekanntes Beispiel: Pisa, 1392) in Gebrauch war. Die Operation erfolgte zunächst mündl., dann durch kurzen Vermerk auf der Rückseite des Wechselbriefs. Eine Systematisierung wurde erst später eingeführt. Das I. war eine einfache Kapitalübertragung, die von den Buchhaltungen der Banken liquidiert werden konnte. J. Heers

Lit.: H. Lapeyre, Los origines del endoso de letras de Cambio en España (Moneta y Credito, 1955) – F. Melis, Guida alla Mostra Internazionale della Banca; sec. XIII–XVI, 1972, 64–71.

Induktion, der »Weg vom einzelnen zum allgemeinen« (Arist. Top. I, 10, 105 a 13), bei Cicero (De inv. I, 35, 61) erstmals als Übers. (lat. inductio) des gr. επαγογη, findet als Terminus durch die Übers. und Kommentierung der log. Schriften des Aristoteles bei Boethius seinen Eingang in die Frühscholastik (→Abaelard, →Gilbert v. Poitiers, →Johannes v. Salisbury) und wird in der Hochscholastik bei →Albertus Magnus sowie →Thomas v. Aquin und →Johannes Duns Scotus erneut diskutiert. Bei →Wilhelm v. Ockham erfährt das Problem der I. eine ausführliche, stellenweise über Aristoteles hinausgehende Bedeutung. →Logik. U. Mörschel

Lit.: HWP IV, 323ff. – C. Prantl, Gesch. der Logik im Abendlande, 1855–67 [photomech. Nachdr. 1955].

Indulf, schott. Kg. seit 954, wahrscheinl. 927 getauft, †962; Sohn von →Konstantin II., Nachfolger →Malcolms I. Während I.s Regierung ging →Edinburgh, das vorübergehend im Besitz des Earl v. →Northumbrien war, an die Schotten über. I. wurde an der Mündung eines nicht näher bekannten Flusses (Cullen in Banffshire oder Cowie in Mearns?) von Wikingern getötet. I.s Nachfolger wurde Duff, Sohn von Malcolm I. D. J. Corner

Lit.: A. Duncan, Scotland: the Making of the Kingdom, 1975, 95.

Indulgentia → Ablaß

Ine, Kg. v. Wessex 688–726 (Abdankung), † nach 726 in Rom; stammte wohl von dem angebl. Gründer der westsächs. Dynastie →Cerdic ab. Weder sein Vater Cenred noch sein Großvater Ceolwald werden in der Kg.sliste als Kg.e gen.; ∞ Æthelburh. Bereits frühzeitig konnte I. eine außerordentl. Machtposition in S-England errichten. Er zwang die Kenter zur Zahlung einer größeren Summe als Ausgleich für die Tötung von Mul, einem Bruder von →Cædwalla, I.s Vorgänger, und übertrug von 690 an Berkshire Land zur Gründung eines Kl. I. errang die Oberherrschaft in Sussex und erhob 710 seinen Verwandten Nunna zum Kg. v. Sussex. Als aber 722 die Südsachsen einem ætheling Ealdberht Zuflucht gewährten, fiel I. zweimal in Sussex ein und tötete 725 Ealdberht. Die Errichtung von Taunton, das 722 zerstört wurde (Ags. Chronik), die Gründung von →Sherborne 709 sowie die Schenkungen an die Abtei v. →Glastonbury zeigen die Konsolidierung des westsächs. Einflusses w. des Selwood. Die westsächs. Eroberung von →Devon wurde wahrscheinl. während I.s Regierung abgeschlossen. Auf I. geht die erste westsächs. Rechtsslg. zurück.

P. H. Sawyer

Q. und Lit.: Liebermann, Gesetze, I, 88–123 – Stenton³, 71–73 – P. H. Sawyer, Anglo-Saxon Charters, 1968, 43, 45, 252, 1164.

Infallibilität → Unfehlbarkeit

Infamie, erstmals 419 in das sich bildende kirchl. Recht übernommen, das allen von der I. Behafteten die Klage- und Zeugnisfähigkeit nimmt. Wichtig für das kirchl. Prozeßrecht wurden die →pseudoisidor. Dekretalen, die auch durch die weite Rezeption des röm. I.begriffs jegl. Absetzung kirchl. Amtsträger unterbinden wollten. →Gratian übernahm diese Bestimmungen und bot zugleich Ansätze zu der später voll ausgebauten Unterscheidung zw. einer infamia facti als tatsächl. Verlust des guten Rufes und der infamia iuris als hoheitl. ausgesprochener I. als oder infolge einer Strafe. Die I. wurde auf viele Vergehen (bes. gegen den Glauben und die Einheit der Kirche, gegen die Religion, die kirchl. Hierarchie, das Leben, die guten Sitten und das →Eigentum) ausgedehnt, auf →Fälschungen, →Calumnia und allg. auf jede schwere Sünde. Die hauptsächl. Rechtswirkungen waren: Unfähigkeit zur Anklage, zum Zeugnisgeben und zum Weiheempfang. Da die I. grundsätzl. von Dauer war, gab es die Möglichkeit der Aufhebung in Einzelfällen, wobei in der Regel nicht nach dem Entstehungsgrund im weltl. oder kirchl. Recht unterschieden wurde, sondern der Papst für das kirchl. und der Ks. für das weltl. Recht die restitutio in integrum gewähren konnten. Zur Verteidigung gegen selber erlittenes Unrecht und für die Verfolgung der crimina excepta (→Häresie, →Majestätsverbrechen und →Simonie) fielen die rechtl. Beschränkungen der Infamen (fast) alle weg. R. Weigand

Lit.: G. May, Die I. im Dekret Gratians, AKKR 129, 1960, 389–408 – Ders., Die Anfänge der I. im kanon. Recht, ZRGKanAbt 47, 1961, 77–94 – P. Landau, Die Entstehung des kanon. I.begriffs von Gratian bis zur Glossa Ordinaria, 1966.

Infant, auf der Iber. Halbinsel ursprgl. Bezeichnung für den Sohn eines Adligen, ab dem 13. Jh. zunehmend nur für

Mitglieder der kgl. Familie. Wird in der ep. Dichtung →»Siete Infantes de Lara«, die in die Frühzeit der kast. Gft. verweist, im Chanson de Geste »Cantar del Infante Don García« und im »Poema de Mío Cid« (→Cid) der Begriff I. noch für Angehörige des Hochadels verwandt, so bleibt der Titel ab dem 13. Jh. den legitimen Söhnen des Kg.s und anderen Mitgliedern der Kg.sfamilie vorbehalten, denen er bes. verliehen wurde. Bedeutung erlangten 1289–1304 die Infanten de la →Cerda, Söhne des kast. Thronfolgers Ferdinand († 1275), die sich durch ihren Onkel Sancho IV. ihrer Rechte auf den kast. Thron beraubt sahen. Nach dem Aufstieg des Hauses →Trastámara kam es während der Regierung Johannes' II. aufgrund von Thronansprüchen der aragones. I. en Johann und Heinrich zu bürgerkriegsartigen Wirren in Kastilien (1429–45).

Im SpätMA wurde dem Thronfolger (Aragón: infans primogenitus) zudem ein weiterer Titel verliehen. In Aragón wurde er zum Duque (später Príncipe) v. Gerona ernannt (1351), in Kastilien zum Príncipe de Asturias (1388), in Navarra zum Príncipe de Viana (1423). Anläßlich der Heirat eines I. en oder einer I.in wurde in den Ländern der Krone Aragón von den Cortes eine Steuer ('el maridaje' oder 'maritatge') erhoben.

U. Vones-Liebenstein

Lit.: Gran Enc. Cat. VIII, 1975, 611f. – R. Menéndez Pidal, La leyenda de los i.es de Lara, 1934² – L. Garcia de Valdeavellano, Curso de Hist. de las Instituciones españolas, 1975⁴.

Infantado, Hzg.s-Titel (título), der am 22. Juli 1475 in Toro v. →Isabella d. Katholischen der Familie →Mendoza angehörigen zweiten Marqués v. Santillana, Diego Hurtado de Mendoza († 1479), für seine Verdienste um den Sieg im kast. Bürgerkrieg als →Mayorazgo übertragen wurde und der sich in der Hauptsache auf Städte (»Alcozer, Salmeron y Valdolivas, que se llaman del Infantadgo«, Layna Serrano II, 188) und umfangreichen Grundbesitz zw. Guadalajara, wo der Palacio del I. errichtet wurde, und Cuenca bezog. Häupter des Hauses I. waren als zweiter, dritter und vierter Hzg. Iñigo López († 1500), Diego Hurtado († 1531) und Iñigo López († 1566).
L. Vones

Lit.: C. de Arteaga y Falguera, La Casa del I., cabeza de los Mendoza, 2 Bde, 1940 – F. Layna Serrano, Hist. de Guadalajara y sus Mendozas en los Siglos XV y XVI, 4 Bde, 1942, bes. II, 187ff. – A. de Vargas-Zuniga, Títulos y Grandezas del Reino, 1956, 35, 132ff. – J. R. L. Highfield, The Catholic Kings and the Titled Nobility of Castile (Europe in the Late MA, 1965), 358–385 – H. Nader, The Mendoza Family in the Spanish Renaissance 1350–1550, 1979.

Infantazgo (infantaticum, infantatgo, infantado), im kast.-leon. Kgr. Herrschaften, die einer unverheirateten oder verwitweten Infantin als Ausstattung zugewiesen wurden und die nach ihrer Verheiratung oder ihrem Tod wieder an die Krone zurückfielen. Beim I. konnte es sich um einen geschlossenen Güterkomplex und Jurisdiktionsbereich handeln, mit einem Kl. als Mittelpunkt (z. B. in →Covarrubias oder S. Pelayo de Léon), oder um Streubesitz, bestehend aus einzelnen Grundherrschaften und Rechten wie z. B. in Asturien um Gijón und das Kl. S. Pelayo de Oviedo, im Bierzo um Villafranca und das Kl. Carracedo oder in der Tierra de Campos um Grajal. Als Erster schuf Ende des 10. Jh. →García Fernández den I. v. Covarrubias für seine Tochter →Urraca. Ferdinand I. hinterließ seinen Töchtern Urraca und Elvira als I. die Rechte über alle von ihm gegründeten Kl. Nach ihrem Tod ging der I. an die Töchter von Alfons VI., Sancha und Elvira, über und um 1127 auf die Infantin →Sancha, Schwester von Alfons VII., die viel zum Herrschaftsausbau des I. beitrug und eine eigene Kanzlei hatte. Eine ähnl. Stellung nahm nur noch ihre verwitwete Nichte→Urraca 'la Asturiana' nach 1150 im I. v. Asturien ein. Nach der Trennung des kast.-leon. Reiches verschwand die Institution des I., um im SpätMA als Apanage der Infanten in anderer Form wieder aufzuleben.
U. Vones-Liebenstein

Lit.: L. G. de Valdeavellano, Curso de Hist. de las Instituciones españolas, 1975⁴ – L. Garcia Calles, Doña Sancha, hermana del Emperador, 1972 – F. J. Fernandez Conde, La reina Urraca, 'La Asturiana', Asturiensia Medievalia 2, 1976, 64–94.

Infante Dom Pedro → Pedro, Infante Dom

Infantes de Lara → Siete Infantes de Lara (Salas)

Infanzón (ptg. infançao), adlig-ritterl. Gruppierung in den nw. Gebieten der Iber. Halbinsel (Asturien, Galicien, Portugal, Kastilien, León). Im Zuge der →Reconquista verbreitete sich seit dem 8. Jh. zunehmend berittene Kampfesweise, z. T. übernommen vom muslim. Kriegsgegner, z. T. in älterer kantabr. und »got.« Tradition stehend. Die Kg.e v. Asturien-León umgaben sich mit Ritterheeren; diese rekrutierten sich aus der königsnahen Aristokratie, deren höchstrangige Gruppe die →ricos hombres, deren unterste die i.es bildeten. Seit Mitte des 10. Jh. finden sich in Kastilien und Galicien erste Quellenbelege für 'milites' und 'infanzones', in León dagegen erst seit ca. 1050. Sánchez-Albornoz sah in den i.es Abkömmlinge der alten westgot. Magnatengeschlechter ('filii primatum'). Diese These ist heute umstritten. Seit dem Ende des 12. Jh. trat die Bezeichnung →'hidalgo' zunehmend an die Stelle des Begriffs 'i.', ohne daß sich dies befriedigend erklären läßt. Carlé hat die Vermutung nahegelegt, daß die *hidalgos* Emporkömmlinge innerhalb der *infanzonía* waren. Jedenfalls bilden nach beiden Auffassungen die einen wie die anderen eine homogene soziale Gruppe, die sich ähnlicher Privilegien erfreute, wie in den →Fueros aufgeführt werden.
M.-C. Gerbet

Lit.: M. I. Pérez de Tudela, I. es y caballeros. Su proyección en la esfera nobiliaria castellano-leonesa. S. IX–XI, 1979 – J. Mattoso, Ricos-Homens, Infanções e Cavaleiros. A nobreza medieval portuguesa nos séculos XI e XII, 1985² – Ders., Identificação de um país, I, 1985², 106ff., 121ff., 134ff. – s. a. Lit. zu →Hidalgo [M. del Carmen Carlé, 1961].

Infirmarium → Hospital, →Kloster

Infortiatum, mittlerer Teil der Digesten →Corpus iuris civilis, III, 1.

Lit.: →Corpus iuris civilis – H. van de Wouw, Zur Textgesch. des I. und zu seiner Glossierung durch die frühen Bologneser Glossatoren, Ius commune 11, 1984, 231–280.

Ingeborg v. Dänemark, Kgn. v. →Frankreich, * um 1175, † um 1237 oder 1238 in Corbeil, ⌑ ebd.; Tochter von Kg. v. Waldemar I. († 1182) und Sophia, wohl v. Minsk († 1198); ∞ 14. Aug. 1193 Kg. →Philipp II. August v. Frankreich. Die wohl auf frz. Initiative geschlossene Ehe wurde von dän. Seite als Stütze gegen Heinrich VI. betrachtet. Doch betrieb Philipp II. aus rasch zutage getretener Abneigung (vielleicht im Zusammenhang m. einer nervösen Erkrankung d. Kg.s) die Scheidung, für die sich eine Versammlung der Großen (5. Nov. 1193) unter Hinweis auf eine Verwandtschaft I.s mit der verstorbenen Gattin des Kg.s erklärte. I. verweigerte aber ihre Zustimmung und appellierte an den Papst; die dän. Monarchie, die die Anerkennung I.s als frz. Kgn. in den folgenden Jahren zu einer ihrer außenpolit. Hauptziele machen sollte, richtete ihrerseits eine Gesandtschaft an den Hl. Stuhl, der daraufhin dem frz. Kg. die Aufrechterhaltung der Ehe gebot. Philipp II., der sich mit für die Zeit ungewöhnl. Entschlossenheit über die kanon. Rechtsvorschriften hinwegsetzte, ging gleichwohl eine neue Ehe ein

(→Agnès v. Meran, 1196). Bald nach der Amtseinführung (1198) wandte sich Papst →Innozenz III. entschieden gegen den Kg. und entsandte einen Legaten, der schließlich das →Interdikt über Frankreich verhängte (Dez. 1199), das aber wieder aufgehoben wurde, nachdem der Kg. die Absicht bekundet hatte, die mittlerweile auf Étampes internierte I. künftig korrekt zu behandeln. Nach dem Mißlingen eines durch den Kg. initiierten Scheidungsprozesses (Soissons, 1201) versuchte Philipp, I.s Widerstand durch strenge Haft und unwürdige Behandlung zu brechen. 1208 ersuchte er den Papst um die Scheidung. Der Papst, der stets auf Einhaltung der kanon. Rechtsvorschriften bestand, teilte erst im Juni 1212 dem Kg. abschließend mit, daß er die Ehe nicht scheiden könne, da I. unter Eid den Vollzug der Ehe erklärt hatte. Im April 1213 wurde I. endlich freigelassen und wieder als Kgn. anerkannt, lebte aber vom Kg. getrennt. Ihr tragisches Schicksal, das die Kgn. in tiefer Religiosität und im Bewußtsein ihres kgl. Ranges und der Unauflöslichkeit des Ehesakramentes mit Würde ertrug, war eng mit dem Wechselspiel der großen Politik verflochten; ihre Freilassung muß im Licht der frz.-päpstl. Entente gegenüber der welf.-flandr.-engl. Koalition am Vorabend v. →Bouvines gesehen werden. – Der berühmte I.-Psalter (→Buchmalerei, A. XIV) ist ein Hauptwerk der frz. Kunst an der Schwelle der Gotik. Th. Riis

Lit.: DBL³ VII, 100f. – F. DEUCHLER, Der I.-Psalter, 1967 – TH. RIIS, Autour du mariage de 1193 ... (La France de Philippe Auguste. Le temps des mutations, hg. R.-H. BAUTIER, Coll. int. du CNRS 602, 1982), 341f., 359-361 – J. GAUDEMET, Le dossier canonique du mariage de Philippe Aug. et d'Ingebourge de Danemark, RDHFE 62, 1984, 15-29 – N. DAMSHOLT, Kvindebilledet i hans højmiddelalder, 1985, 237-245 [cf. M. ALENIUS], HTD 8, 1986, 283-289 – I. W. BALDWIN, The Government of Philip Augustus ..., 1986, 82-87, 357f.

Ingelgerus, Vater des ersten, sicher faßbaren Gf.en v. Anjou, Fulcos des Roten (seit 929 als Gf. bezeugt). Nach angevin. Chroniken und Genealogien des 11.-12. Jh. soll I. im Orléanais begütert gewesen sein und zunächst die Würde eines Vizgf.en v. Orléans (unter Karl d. Kahlen) bekleidet haben, bevor er – aufgrund seiner Heirat mit einer Nichte des Ebf.s Adalaudus v. Tours – unter einem Kg. Ludwig (Ludwig II. oder III.?) die Gf.enwürde des Anjou erhalten habe. Neuerdings hat B. BACHRACH die Hypothese aufgestellt, dieser I. sei tatsächl. Gf. v. Anjou gewesen.

Doch hat K. F. WERNER bereits 1958 überzeugend dargelegt, daß erst Fulco der Rote gegen Ende seines Lebens (929-940) die Gf.enwürde erlangt hat. Dem ging seit 886 ein allmähl., mehrere Etappen umfassender Entwicklungsprozeß der Gft. voraus. Die Annahme, daß bereits Fulcos Vater Inhaber dieser Gf.enwürde gewesen sei, kann somit als fraglich gelten. →Angers, Anjou.

O. Guillot

Lit.: K. F. WERNER, Unters. zur Frühzeit des frz. Fsm.s, WaG, 1958, 264-289 – B. BACHRACH, Some Observations on the Origins of the Angevin Dynasty, Medieval Prosopography, 1989, 1-23.

Ingelheim, Stadt am Mittelrhein (Rheinland-Pfalz, Krs. Mainz–Bingen), bedeutende →Pfalz. Ober- und Nieder-I. entstanden wahrscheinl. durch eine Siedlungskonzentration in der Region beiderseits der Selz kurz vor deren Mündung in den Rhein. Das merow. Kgtm. gestaltete einen Besitzkomplex in Mittellage zw. dem frühen Eigen der Mainzer Kirche im Umland von →Mainz und Bingen. Die Remigiuskirche in Nieder-I. stammt höchstwahrscheinl. aus merow. Zeit. Die Bedeutung des Krongutes ließ I. in der Zeit Karls d. Gr. in die Reihe der Kg.spfalzen aufsteigen. Baumaßnahmen seit der Wende vom 8. zum 9. Jh. bis in die Regierungszeit Ks. Ludwigs d. Fr. sind archäolog. und quellenmäßig gesichert. Die Anlagen befanden sich auf der Anhöhe ö. von Nieder-I. Dort fand 788 der Prozeß gegen Hzg. →Tassilo III. v. Bayern statt. Die erste Nennung als palatium stammt aus dem Jahre 807. In den als Sommerpfalz genutzten Gebäuden fanden 819, 823, 826, 828, 831 und 834 Reichsversammlungen und 788, 826 und 840 große Synoden statt. Beraten wurden Angelegenheiten des gesamtfrk. Reiches, zuletzt bes. der Streit um das Ebm. →Reims unter →Ebo. In der Spätphase der Regierung Ludwigs d. Fr., der hier 840 starb, war I. gelegentl. Schauplatz der Auseinandersetzungen des Ks.s mit seinen Söhnen, die zum Zerfall des Großreiches führten. Danach ist ein rund hundertjähriger Bedeutungsschwund der Pfalz unverkennbar. Bemerkenswert in der Karolingerzeit sind erhebl. Grundherrschaftszuweisungen an die Reichskirchen in Würzburg, Hersfeld, Frankfurt und Aachen, die bis in das 13. Jh. Bestand hatten.

Aufschluß über die Verwaltung des Krongutes unter Ludwig d. Fr. gibt eine Urk. von 835, die in I. einen Besitztausch zwischen Kl. →Prüm und dem exactor palatii Agano behandelt. Hingegen sind dann Initiativen der ostfrk. Karolinger in I. nicht nachweisbar.

Neue Bedeutung als Pfalz erhielt I. seit Otto d. Gr. Dort fanden bis zur frühen Salierzeit etwa ein Dutzend Osterfeiern statt. Reichssynoden wurden durch den Krontäger 948, 958, 972, 980, 993 und 996 dorthin einberufen. Nun standen weniger Probleme Westfrankens als Angelegenheiten der Reichskirche zur Entscheidung, so daß man wohl von »Nationalkonzilien« sprechen kann. Die Ottonen- und frühe Salierzeit kann als Glanzzeit I.s angesehen werden. Hier fanden u. a. 1030 der Gerichtstag über Hzg. →Ernst II. v. Schwaben und 1043 die Hochzeit Ks. Heinrichs III. mit →Agnes v. Poitou statt. I.s Pfalzenfunktion schwand von da an abermals erhebl. Der dort 1105 erzwungene Thronverzicht Ks. Heinrichs IV. hat sicher dazu beigetragen, diesen Ort zu meiden. Neue Bautätigkeit ist erst wieder unter Friedrich I. zu verzeichnen, hat jedoch keine nennenswerte Wiederbelebung der Pfalzfunktion erbracht.

Standen Pfalzaufenthalte von Herrschern und Synodalinitiativen vormals in enger Wechselbeziehung, brachte das 13. Jh. für den sog. I.er Grund ebenso wie für die umliegenden Regionen beiderseits des Rheines eine Territorialisierung als Reichsgut mit einer auf ihm ansässigen Ritterschaft, die sich aus der Kg.sministerialität (→Ministerialität) herleitete. Mit Schutz- und Verwaltungsaufgaben betraut waren die Herren v. →Bolanden. Deren Burg wurde 1254 durch den Rhein. Städtebund zerstört. Als ihre Erben treten die Herren v. Hohenfels auf. Seit etwa 1200 entstand eine enge Verbindung mit dem Reichsgut um Oppenheim und dessen Burgmannschaft. In der Reichssteuerliste von 1241 werden die beiden I. mit hohem Zins genannt, der für Baumaßnahmen am Hof, gemeint ist wohl nochmals die Pfalz, verwendet werden soll. Nach dem →Interregnum wurde I. ebenso wie Oppenheim oftmals und wechselvoll durch die Kg.e verpfändet: 1315 an den Mainzer Ebf., 1353 an die Stadt Mainz, später an deren Bürgersippe zum Jungen, weiterhin wieder kurz an den Metropoliten und Kg. Wenzel, durch Karl IV. 1375 als Reichspfandschaft an die Pfgf.en. Durch Maßnahmen Kg. Ruprechts I. v. der Pfalz wurde die fakt. Uneinlösbarkeit seitens eines Reichsoberhaupts geschaffen. Bis zum Ende des alten Reiches bleiben I. und die zugehörigen Dörfer des früheren Reichsgutbezirkes Teil des Pfälzer Kfsm.s Erhebl. Besitzzuwachs von Mainzer Kirchen wie auch der Abtei →Eberbach bezeugen den hohen Wirtschaftswert der Region, stellten indessen niemals die landesherrl. Position des Pfgf.en als Inhaber der Reichspfandschaft in Frage.

Zu den hervorstechenden Ereignissen der I.er Gesch. gehört 1354 die Gründung des Karls-Stiftes durch Karl IV. (Pflege der Herrscher- und Hl.ntradition Karls d. Gr., verbunden mit Manifestation lux. Geltungsanspruches im Mittelrheinraum). Das Stift wurde eingerichtet für Augustinerchorherren, die böhm. Herkunft sein und der Karls-Kirche in der Prager Neustadt unterstehen sollten.

Die I.er Reichsleute behielten stets ihren eigenen Rechtsstand. Oberi. war Wohnort einer Vielzahl ritterl. Geschlechter, während in Niederi. eine freie bäuerl. Bevölkerung ansässig war. Zuständig für beide I. und ein Halbdutzend s. davon gelegener Dörfer war ein Rittergericht. Das I.er Gericht wurde, wohl infolge älterer Tradition, im SpätMA zum Oberhof supraterritorialer Geltung für viele Gemeinden im heut. Rheinhessen sowie im Rheinengtal. Die Freiheiten der Einwohner des I.er Grundes gleichen jenen in der Talschaft Bacharach und im Rheingau. A. Gerlich

Lit.: HRG II, 360f. – H. NIESE, Die Verwaltung des Reichsgutes im 13. Jh., 1905, passim – R. KRAFT, Das Reichsgut im Wormsgau, 1934, 215–240 – H. BÜTTNER, I. und die Synode von 948 (Fschr. zur Jahrtausendfeier der Synode v. I. 948, 1948), 11–21 – BOSL, Reichsministerialität I, bes. 264ff. – R. FOLZ, Le souvenir et la légende de Charlemagne dans l'empire germanique médiéval, 1950 – A. ERLER, Die Urteile des I.er Oberhofs, 4 Bde, 1952–63 – W. METZ, Das karol. Reichsgut, 1960, 146ff., 155ff. – A. SAALWÄCHTER-F. WEYELL, Die Kg.spfalz zu I. am Rhein und ihre Mühlen, 1963 – I. am Rhein, hg. J. AUTENRIETH, 1964 – G. GUDIAN, Der Oberhof I., ZRGGermAbt 81, 1964, 267–297 – W. METZ, Stauf. Güterverzeichnisse, 1964, 37f., 58, 62ff., 69, 107, 110, 139f., 145 – W. SAGE, Zur archäolog. Unters. karol. Pfalzen in Dtl. (BRAUNFELS, KdG 3), 321–335 – H. AMENT, W. SAGE, U. WEIMANN, Die Ausgrab. in der Pfalz zu I. am Rhein in den Jahren 1963 und 1965, Germania 46, 1968, 291–312 – G. GUDIAN, I.er Recht im 15. Jh., 1968 – W. REIFENBERG, Die kurpfälz. Reichspfandschaft Oppenheim, Gau-Odernheim, I. [Diss. Mainz 1968] – H. SCHMITZ, Pfalz und Fiskus I., 1974 [grundlegend] – A. ERLER, Das Augustinerchorherrenstift in der Kg.spfalz zu I. am Rhein, 1986 – D. MUNZEL, Der Einfluß des Kleinen Ks.rechtes auf die Rechtsprechung des I.er Oberhofes (I. zwischen SpätMA und der Gegenwart [= Beitr. zur I.er Gesch. 36, hg. K. H. HENN-E. KÄHLER, 1987], 29–50 [Lit.]).

Ingenieur, ein Berufsbild, das mit dem techn. Prozeß entstand. In den Q. zunächst ausgedrückt durch 'magister' oder 'artifex' (893 wird im →Prümer Urbar ein magister in seiner techn. Leitungsfunktion für die Salzproduktion in Vic-sur-Seille hervorgehoben; das jüngere Traditionsbuch des Salzburger Domkapitels verzeichnet – wahrscheinl. für 1136 – die Anstellung eines artifex als Leiter des Stollenbaus zur Wasserführung durch den Mönchsberg). Im Montanwesen erscheint der allg. »Titel« magister in bezug auf den I. im 13. und 14. Jh. bereits fach- und berufsspezif. präzisiert und verfestigt zum magister foveae oder *maestro di bottino*, doch wurde er weiterhin – im Dt. in der Form »Meister« – auch einzelnen →Baumeistern, Erfindern und Innovatoren (→Innovationen), →Büchsenmeistern, Wasserkünstlern usw. in Anerkennung oder in Erwartung bestimmter techn. Leistungen zugeschrieben.

Das Wort 'I.' selbst entsteht im 12. Jh. im militär. Bereich, in dem der Begriff 'ingenium' techn. entwickeltes Kriegsgerät umfaßte. Obwohl später auch n. der Alpen verwendet (vgl. Conrad →Kyeser v. Eichstätt, 1405), finden sich Weiterbildungen zu ingenarius oder (seltener) ingenioso und gleichzeitige Übernahmen in die Volkssprachen im MA nur im roman. und ags. Raum. Ein Dt. aus Ulm, der 1492 in Venedig ein Einführungspatent für windradgetriebene Schöpfmühlen empfängt, wird im it. Text als *optimo et famosissimo ingegnier* hervorgehoben, in zugehörigen lat. Notizen magister Joannes genannt. Als Erstbeleg für das Wort I. gilt der »Roman du Rou« von Robert→Wace (ca. 1100–75), in dessen 3. Teil, Vers 6469, *carpentiers e engigneors* erscheinen. Im 12. Jh. setzen auch die Belege auf der Apenninenhalbinsel ein. Im 15. Jh. tauchen immer mehr ingegnieri in den Q. der hochentwickelten it. Stadtstaaten auf, und 1497 heißt es in einem Mailänder Dekret teilweise zusammenfassend: »architectores, seu agrimensores et livellatores aquarum, qui omnes vulgo ingeniarii appellantur«. Unter Einbeziehung der bekannten Künstler-I.e seit Filippo →Brunelleschi (1377–1446) hat sich in der Wiss. die Begrifflichkeit »I.e der Renaissance« durchgesetzt. K.-H. Ludwig

Lit.: H. SCHIMANK, Das Wort »I.«, Zs. des Vereins Dt. I.e 83, 1939, 325–331 – B. GILLE, Les ingénieurs de la Renaissance, 1964 [dt.: 1968].

Ingolstadt, Stadt an der Donau, in Oberbayern. Die 806 bezeugte, auf einem frk. Kg.shof fußende »villa Ingoldestat« lag günstig im Schnittpunkt der NS-Straße (Nürnberg-München) mit dem OW-Zug der Nibelungenstraße, n. der seit dem frühen MA überbrückten Donau, nahe dem kelt. oppidum Manching. Große Teile des kgl. Besitzes in I. kamen 841 an →Niederaltaich, dessen Propstei St. Mauritz einen vorstädt. Siedlungskern bildete, der um 1250, zusammen mit dem Kern bei St. Georg, in die von den bayer. Hzg.en als Vogteinachfolger der Bogener Gf.en begründete Stadtanlage einbezogen wurde. Diese vor 1280 mit Wall und Graben umwehrte, sofort mit einer hgzl. Burg (Neubau 1417/18) ausgestattete, rechteckige Anlage umfaßte ca. 16 ha und ist im Zuge territorialen Ausbaus z. Zt. der frühen Hzg.e zu sehen. I. entwickelte sich im 13. Jh. rasch zu einem hzgl. Zentralort. 1255 schlug die Landesteilung den Ort dem Hzm. Oberbayern zu; von 1392 bis 1447 war I. Hauptort des Teilhzm.s Bayern-I. Zw. 1362 und 1430 kam es zu einer beispielhaft gut dokumentierten Erweiterung (u. a. Sandter-Modelle) auf jetzt ca. 45 ha mit gleichzeitiger Errichtung eines Mauerrings und umfangreichen Arbeiten am Donaulauf. Im 15. Jh. ist von über 3000 Einw. auszugehen (1558: 4548 Einw., vier Stadtviertel). Eine Judengemeinde ist von 1285 bis 1450 bezeugt. – I. gehörte zum Bm. Eichstätt; die Pfarrechte lagen bei St. Mauritz; 1407–09 wurde zudem die Marien-Pfarrei gegründet (ab 1425 Kirchenbau). 1273/75 ließen sich als erster Orden die Franziskaner nieder. 1319 stiftete Kg. Ludwig IV. ein Spital. Seit 1245 ist ein Schulwesen belegt; 1472 Gründung der ersten bayer. Univ. (1800 verlegt), die ein nennenswertes Druckgewerbe (ab 1484) ermöglichte. 1254 ist erstmals ein »civis«, 1309 der Rat, 1407 ein Bürgermeister belegt. Städt. Rechte (bestätigt 1312) bildeten sich sicher vor 1290 (1291 Siegel) heraus. – I. war wirtschaftl. Mittelpunkt eines weiteren agrar. Umlandes. Nennenswert ist im 15./16. Jh. der Salz- und Wein-, zudem der umfängl. Viehhandel (1402 allg. Stapel). F. B. Fahlbusch

Lit.: I., 2 Bde, hg. TH. MÜLLER-W. REISSMÜLLER, 1974; Bd. 3, 1981 – H. FREILINGER, I. ..., 1977 [= Hist. Atlas von Bayern, T. Altbayern, H. 46] – K. KRATZSCH (Wittelsbach und Bayern, Ausst.kat., I,1, 1980), 318–337 [Katasterplan].

Ingolstädter Evangeliar, fragmentar. erhaltene großformatige Pergament-Hs. der vier Evangelien (35,5 × 26 cm), Ende des 8. Jh.; ehemals 260–280 Bl., davon 64 erhalten und publiziert, 62 in München (Bayer. Staatsbibl. Clm 27270), 2 in Prag (Státni Knihovna CSR. VI. D.4), weitere 1987 im Bayer. Hauptstaatsarchiv aufgefunden (A. WEINER, 1988, 448), unveröffentlicht; nach den ersten Fragmentfunden in Ingolstädter Archivalien (17. Jh.) benannt. Ein Hauptwerk der Mondseer →Buchmalerei mit vermutl. 10 Kanontafeln und ca. 200 Initialen, davon über 50 erhalten. Der Text enthält starke Einsprengsel der Vetus Latina, die Schrift ist von B. BISCHOFF (1980, 11f., 18) durch den Nachweis enger Parallelen für →Mondsee gesichert worden (vgl. auch F. MÜTHERICH, 1988, 351). Kunstgesch. ist die Hs. durch starke insulare Elemente, aber auch enge Verbindungen zu Mondseer Lokalformen gekennzeichnet, in den Canonesbögen zeigen sich deutl. Parallelen zum →Codex Millenarius Maior.   K. Holter

Lit.: W. NEUMÜLLER – K. HOLTER, Der Cod. Millenarius, 1959, 41, 172–180, Abb. 71–75c. [ält. Lit.] – K. HOLTER, Der Buchschmuck in Süddtl. und Oberitalien (Karl d. Gr., III, 1965), 91, Abb. 113–115 – H. HAUKE, Kat. der lat. Hss. der Bayer. Staatsbibl. München..., 1975, 3f. – B. BISCHOFF, Die südostdt. Schreibschulen und Bibl. in der Karolingerzeit, II, 1980, 11, 18ff. – F. MÜTHERICH, Die Buchmalerei (Die Bayuwaren, Ausst.-Kat., 1988), 351 – A. WEINER, Hss., III. Hss. (ebd.), 448, R. 133.

Ingressa, in der Mailänder Liturgie (→Ambrosianischer Gesang) Bezeichnung für den Eingang (Introitus) der Messe.

Ingrossat → Reinschrift

Ingwer (Zingiber officinale Rosc./Zingiberaceae), in Indien und China seit altersher kultivierte, doch auch schon von Dioskurides (Mat. med. II, 160) erwähnte Pflanze, deren Heimat nicht sicher bekannt ist, im MA hoch geschätzt. Neben anderen I. gewächsen (Galgant, Kardamomen, Kostwurz, Zitwerwurzel) zählte die ahd. *(g)ingiber, gingeber(e), ing(e)ber* u. ä. (STEINMEYER-SIEVERS III, 51, 387, 402, 532, 569), lat. *zi(n)ziber* gen. Droge v. a. zu den begehrtesten und verbreitetsten Gewürzen. So gab es z. B. in Basel eine Krämerzunft 'Zum Ingwer' sowie eine 'Imbergasse', während man in Köln (1412) und in Nürnberg (1522) zur Prüfung der oft verfälschten Ware strenge Bestimmungen erließ bzw. eine sog. I. schau einrichtete. Verwendet wurde der aromat. riechende, brennendscharf schmeckende Wurzelstock, den man auch med. als verdauungsförderndes Mittel, gegen Magen- und Darmbeschwerden, Ohnmacht, Augentrübung u. a. einsetzte (Circa instans, ed. WÖLFEL, 117; Gart, Kap. 434), wobei Hildegard v. Bingen (Phys. I, 15) ausdrückl. vermerkt, daß I. gesunden Menschen schade.   P. Dilg

Lit.: MARZELL IV, 1244f. – W. HEYD, Gesch. des Levantehandels im MA II, 1879, 600–604 – L. KROEBER, Zur Gesch., Herkunft und Physiologie der Würz- und Duftstoffe, 1949, 49f. – H. KÜSTER, Wo der Pfeffer wächst. Ein Lex. zur Kulturgesch. der Gewürze, 1987, 92f..

Inhärenz (lat. inhaerere, 'an etwas haften, innewohnen, anhängen'), in der ma. Philosophie Bezeichnung einer bestimmten Deutung der Beziehung zw. →Substanz und Akzidens bzw. in der →Logik zw. Subjekt- und Prädikatterm. Danach gelten letztere jeweils als Bestandteile der ersteren: Die Akzidentien »haften« an den Substanzen, der Prädikatterm gilt als im Subjektterm »enthalten«. Der ontolog. Bedeutung der I. entspricht die logische, wonach in der Aussage »S ist P« 'P' als Bestandteil von 'S' gilt. Dieser 'I.'-Theorie der Prädikation gen. Ansatz findet sich in Abaelards 'Logica ingredientibus' (ed. B. GEYER, 360/ 27–361/2), wird aber in seiner 'Dialectica' (ed. L. M. DE RIJK, 159, 31f.) zugunsten der 'Identitätstheorie' wieder aufgegeben. Diese besagt, daß die Aussage »S ist P« dann wahr ist, wenn beide Terme für ein und dasselbe stehen. Hier wird das Verhältnis von 'S' und 'P' nicht als ein Enthaltensein, sondern als eine bestimmte Weise der (durch Prädikation erfolgenden) Zuschreibung begriffen. Das sich hier andeutende Problem wird erneut aktuell in der Logik und Semantik des beginnenden 14. Jh. Schon Joh. Duns Scotus hatte die Frage aufgeworfen, ob I. eine für die Akzidentien wesentl. Relation darstellt (vgl. Ordinatio IV d. 12 q. 1, n. 14f.; ed. VIVES, Bd. XVI, 89f.). Wilhelm v. Ockham unterscheidet strikt zw. prädikativer und ontolog. I. Während letztere dann vorliegt, wenn ein realer Gegenstand Bestandteil eines anderen ist, ist erstere gegeben, wenn etwas von etwas anderem prädiziert wird. In diesem Fall meint also I. von 'P' in 'S' dasselbe wie »P kommt S zu«, mithin kein wirkl. Innewohnen von 'P' in 'S', sondern ein Aussageverhältnis (Summa log. I, 32; Opera philos. I, 94/5, ed. G. GAL, 1967).   J. B. Beckmann

Lit.: E. A. MOODY, The Logic of William of Ockham, 1935, 66ff., 118ff. – L. M. DE RIJK, Introd. to: P. Abaelardus, Dialectica, 1956, XXXVIIIff. – J. PINBORG, Logik und Semantik im MA, 1972, 51ff.

Iñigo Arista, bask. Stammesführer und erster Kg. v. →Pamplona (-Navarra) seit ca. 816, † 851. Die →Basken des westl. Pyrenäenraums, die fremden Eroberern (Römer, Westgoten, Aquitanier, Muslime, Franken) widerstanden, waren seit dem Feldzug Karls d. Gr. (778) und der Schaffung des Regnum →Aquitanien (781) immer wieder frk. Annexionsversuchen ausgesetzt. Seit den ersten Regierungsjahren Ludwigs d. Fr. bildeten sich unter den Basken des späteren Kgr. es →Navarra örtl. Stammesführer heraus. Einer von ihnen war I., der der bask. Sippe der Arista entstammte (Vater: Jimeno, Mutter: Ohnneca). Er besiegte 816 einen von den Karolingern eingesetzten Herrschaftsträger namens Velasco und errichtete in der am Pyrenäenübergang strateg. günstig gelegenen alten Römerstadt →Pamplona ein »Kgtum.«, wobei er sich auf die Banū Qāsī, eine islamisierte westgot. Familie (→Tudela) stützte. I. konnte seine Herrschaft gegen die Angriffe der Kg. e v. →Asturien, Hzg. e v. →Aquitanien und Emire v. →Córdoba (→al-Andalus) behaupten (trotz einer vernichtenden Niederlage gegen ʿAbdarrāḥmān II., 842) und hat die bis 905 regierende erste Dynastie des Kgr. es Pamplona/Navarra begründet.   B. Leroy

Lit.: F. DE LA GRANJA, La Marca Superior en la obra de al-Udri, Estudios de Edad Media de la Corona de Aragón 8, 1967, 447–545 – J. M. LACARRA, La monarquía pamplonesa en el siglo IX, Cuadernos Hispano-Americanos, oct.dec. 1969, 238–240, 388–398 – B. LEROY, La Navarre au m-â, 1984 – s. a. Lit. zu →Navarra, →Gascogne [R. MUSSOT-GALARD, 1982].

Inis Cathaig (Scattery Island), Kl. in Irland auf der Shannon-Mündung, der Überlieferung nach gegr. vom hl. →Senán (wohl 6. Jh.), dem Patron der →Corco Baiscin und der Uí Fidgeinte, des herrschenden Stammes auf der zu →Limerick gehörenden Küste der Shannonmündung. Da eine angeblich frühe Elegie auf den Hl. n (»Amra Shenáin«) hist. wertlos ist, sind die Anfänge des Kl. schlecht belegt. Der erste gesicherte Abt ist erst Ólcobran mac Flainn († 797), der zugleich als Anwärter auf die Würde des →Hochkg. s (→Munster, →Cashel) belegt ist. Sein Geschlecht, Uí Chonaill Gabra, verfügte in I. C. über erbl. Interessen. →Comarbs v. I. C. sind bis 1081 belegt. Der namhafteste der späten Äbte ist Flaithbertach mac Inmainén aus der Dynastie der →Múscraige, der 914–922 zugleich Kg. v. Munster war – eng verbunden mit dem berühmten Kg. und Kirchenmann Cormac mac Cuilennáin († 908) – Feldzüge Munsters gegen →Uí Néill und →Connacht durchführte (907). Offenbar verlor I. C. im frühen 12. Jh. einen großen Teil seiner alten Bedeutung.
    D. Ó Cróinín

Lit.: J. F. KENNEDY, Source for the Early Hist. of Ireland, 1929, 364–366 – F. J. BYRNE, Irish Kings and High-Kings, 1973, 213–215.

Inis Celtra (auch: Church Island, Holy Island), Kl. in Irland auf einer Insel des Lough Derg, im Gebiet des Shannon-Unterlaufs. Der Legende nach gegr. von einem fiktiven 'Hl. n' namens Mac Creiche, dessen Name wohl (im Sinne des →Euhemerismus) auf die frühe Stammesgruppe der Cregraige oder Grecraige hindeutet und hinter dem sich vielleicht eine lokale Gottheit verbirgt. Im 6. Jh. wurde das Kl. dem hl. Colum mac Nainnida († 549) 'tradiert'; dieser gehörte dem Leinster-Stamm der Uí Chrimthainn an. Dies macht die gefestigte Machtstellung →Leinsters am Ostufer des Lough Derg bereits in dieser frühen Zeit deutlich. Später kam das Kl. unter die Herrschaft von →Munster; bestes Zeugnis ist die Abtwürde, die Marcán mac Cennétig († 1010), der Bruder des »Hoch.kg.s« →Brian Bóruma, in I.C. wie in Terryglass innehatte. – Eine gesonderte frühe Überlieferung bringt I.C. mit dem hl. Caimín mac Dimmai († 644) in Verbindung. Die Chronik des →Marianus Scotus aus Mainz erzählt eine interessante Anekdote über einen ir. Inklusen in Fulda, Animchadus Scottus, der von seinem Abt Corcrán († 1040) aus I.C. vertrieben worden war. Heute stehen an der Stätte von I.C. noch vier →Hochkreuze.

D. Ó Cróinín

Lit.: R. A. S. MACALISTER, The hist. and antiquities of I.C., Proc. Roy. Irish Acad. 33 C, 1916, 93–174 – J. F. KENNEDY, Sources for the Early Hist. of Ireland, 1929, 384f. – L. DE PAOR, S. Mac Creiche of Liscannor, Ériu 30, 1979, 93–119.

Inisfallen, Kl. in Irland (Gft. Kerry), gegr. wohl im 7. Jh. von der im w. →Munster herrschenden Kg.sdynastie. Aus dem 7.–12. Jh. besitzen wir nur wenige Q.nachrichten über I. Im 12. Jh. tritt das Kl. dann als ein Zentrum der Annalistik hervor, die sog. 'Annalen v. I.' sind eine ab 1130 entstandene Fortsetzung der im Kl. Lismore geführten Annalen. Nach 1197 folgte I. zeitweilig der Augustinerregel. Der Großteil der Kl.bauten entstammt dem 13. Jh. I. wurde 1542 aufgehoben, doch wohl noch eine Zeitlang von den Kanonikern weiterbewohnt. G. MacNiocaill

Q. und Lit.: The Annals of I., ed. S. MACAIRT, 1951 – A. GWYNN–R. N. HADNOCK, Medieval Religious Houses: Ireland, 1970 – P. HARBISON, Guide to National Monuments in the Republic of Ireland, 1970.

Initiale, Zierbuchstabe, zur Hervorhebung des Anfangs eines Buches oder einzelner Textabschnitte.

I. Okzident – II. Byzanz und Einflußbereich.

I. OKZIDENT: Am Beginn der Entwicklung abendländ. I. steht der Vergilius Augusteus, dessen I.n mit Lineal und Zirkel gezeichnet sind; der Buchstabenkörper ist mit einfachen geometr. Motiven verziert. Ab dem 6. Jh. werden einzelne Buchstabenteile durch Fische, etwas später auch durch Vögel ersetzt. Im 8. Jh., der Blütezeit der merow. Buchkunst, entwickeln sich vielfältige, nach Schulen unterschiedl. Formen des Füll- und Ersatzornamentes (v. a. Fisch und Vogel). Erstmals begegnen Figureni., bei denen Tiere und menschl. Figuren Buchstaben oder Buchstabenteile ersetzen, teilweise bilden diese zugleich historisierte I., d. h. die Darstellung nimmt Bezug auf den Text (Sakramentar v. Gellone, Psalter aus Corbie). V. a. im N und NO Frankreichs werden I. formen auch für die Anlage von Zierschriftzeilen verwendet. – Andere Wege geht die im frühen 7. Jh. einsetzende insulare →Buchmalerei (Irland, England), deren Ornamentik im wesentl. aus den von der kelt. La-Tène-Kunst übernommenen Wirbel- und Trompetenmuster wie aus Flechtband und Tierornament besteht. Ein kennzeichnendes Merkmal sind die stufenweise kleiner werdenden Buchstaben im Anschluß an die I.n ('Diminuendo'-Wirkung). Der Buchstabenkörper ist ein »elastisches Gebilde« (NORDENFALK); im Auf- und Abschwellen der Formen wird eine kinet. Energie entfaltet, die sich auf die außerhalb der Kontur weitergeführten Ornamentformen überträgt. Bevorzugt werden Monogramme und Ligaturen, deren Buchstaben miteinander verflochten sind; die auf dem Kontinent vorherrschende klare Erkennbarkeit der Buchstaben tritt immer mehr in den Hintergrund. – Maßgebend für die I.n und die Anlage von großen I.nzierseiten in den Hss. des 9. Jh. auf dem Kontinent sind v. a. die Hofschulen und einige bedeutende Kl.schulen. An erster Stelle steht die Hofschule Karls d. Gr. (→Buchmalerei, A. V), die auf antike Vorbilder zurückgreift und diese mit insularen Vorlagen verbindet. In den Hss. der Schule v. Tours ist eine differenzierte I.nentwicklung zu beobachten, die die zeitl. Stellung der Hss. und die Hierarchie innerhalb des Buches betrifft. Touron. Vorbilder sind an vielen Stellen des Reiches übernommen worden. Nicht weniger Einfluß besaßen die unter →Drogo in Metz geschaffenen Hss., deren charakterist. Ornamentik aus Ranken mit antikisierendem Akanthusornament besteht; die Ranken sind um die Buchstaben geschlungen und füllen den Binnenraum. In Metz (wie seltener schon in der Hofschule Karls d. Gr.) begegnen (v. a. ikonograph. bedeutsame) historisierte I.n. Sammelpunkt verschiedener Strömungen ist die →Hofschule Karls d. Kahlen, die das Schwergewicht auf übermäßig prachtvoll angelegte I.nseiten legt. Große Ausstrahlungskraft und vielfach nachgewirkt haben die der frankosächs. Schule, die insulare Ornamentik in klar übersichtl. Formen mit streng ausgewogener Ordnung verbinden. Für die Entwicklung der otton. I.n von Bedeutung sind v. a. die St. Galler Formen des ausgehenden 9. Jh., die den Buchstaben in Bänder und Flechtknoten auflösen und mit abstrakten Rankenformen ausfüllen bzw. umgeben.

Die weitgehend flächig dargestellte und in Einzelformen weiterentwickelte Ranke bleibt für die otton. I. bestimmend; hinzu kommen farbige Hintergründe, die die I.n in den Vordergrund rücken. Sich überschneidende Flächen treten v. a. bei den großen I.nseiten auf.

Die ags. Buchmalerei des 10. Jh. greift auf die I.nform der frankosächs. Schule zurück und verbindet sie mit der plast. gestalteten Ranke, die den Binnenraum des Buchstabens füllt. In den am Ende des 10. Jh. und im 11. Jh. zu neuem Leben erwachten Kl. N-Frankreichs knüpft man an die eigene karol. Vergangenheit an und übernimmt aus den ags. Schulen die kompakte, bewegl. Ranke. Bereits im 11. Jh. wird die Ranke durch Tiere und menschl. Figuren belebt.

Von den nfrz. und norm. Skriptorien ausgehend entwickeln sich die roman. Zierbuchstaben, in denen sich die plast. dargestellten ags. Rankenformen mit den flächigen spätkarol.-otton. Spiralranken verbinden. Häufig sind menschl. Wesen und Tiere mit den Ranken verwoben; Ranke und Figuren ergreifen von der I. derart Besitz, daß die Erkennbarkeit des Buchstabens zurücktritt. Nur zum Teil sind diese I.n auch historisierte, meist bleiben sie ohne direkten Bezug zum Text, verkörpern Jagd- oder Kampfszenen. V. a. in Frankreich begegnen auch rein zoomorphe und figürl. Bildbuchstaben. Ein untergeordneter Typus der roman. Zierbuchstaben sind die Arabesken-I.n, aus denen sich die sog. Fleuronné-I.n entwickeln.

Im 13. Jh. wird die I. zunehmend zur Rahmenform für szen. Darstellungen. Dabei kann der I.nkörper so aufgeteilt werden, daß einzelne Miniaturen über- oder nebeneinander angeordnet sind; die Hintergründe sind häufig mit Gold, teilweise auch mit kleinteiliger Ornamentik ausgemalt. Im übrigen wird die Ornamentik weitgehend an die Ränder gedrängt, die Gestaltung der Seitenrahmung gewinnt zunehmend an Bedeutung.

Im 14. Jh. erweitert sich unter dem Einfluß Italiens die Raumtiefe der 'I.nminiaturen'. In Frankreich (Jean →Pucelle) und in böhm. Hss. wird die dreidimensionale Figureni. wieder aufgegriffen. An anderen Stellen leben ältere I.nformen auf. – Ähnliches ist in den it. Humanistenhss. des frühen 15.Jh. zu beobachten, die toskan. I.n des 11. und 12.Jh. nachahmen, die ihrerseits otton. Vorbildern folgten. In der 2.Hälfte des 15.Jh. wird, v. a. im NO Italiens, der Buchstabenkörper dreidimensional wiedergegeben, teilweise sind für die Buchstabenform röm. Inschriften vorbildl. – Im 16.Jh. löst das gedruckte Buch allmähl. das handgeschriebene ab; auch die Kunst der I.nerfindung und der I.nmalerei geht damit zu Ende.

K. Bierbrauer

Lit.: J. J. G. ALEXANDER, I.n aus großen Hss., 1978 – s. a. →Buchmalerei.

II. BYZANZ UND EINFLUSSBEREICH: Zierbuchstaben treten bereits in den spätantiken Cod. auf, als Kunstschöpfung gelangte die I. erst im MA zur Blüte. In den Bibelhss. des 4.Jh. finden sich erste Versuche einer Buchdekoration. Bei der Ornamentierung eines Buchstabens gab es drei Möglichkeiten: Hinzufügung der Zierornamentik außen an den Buchstaben (Besatzornament); Einlage von Ziermotiven in den Buchstabenkörper (Füllornament), Ersatz eines Buchstaben(teils) durch Ziermotive (Ersatzornament). Besatzornamente waren entweder aus freien Buchstabenenden entwickelte Ablaufformen oder dem Buchstaben angegliederte Anhängsel: Zierhaken, Spiralen, Blattmotive konnten aus Buchstabenenden herauswachsen, Punkte den Umriß eines Buchstabens umgeben, Kreuze die I. bekrönen, dekorative Köpfe in runde Buchstaben eingesetzt werden, Tier- und Pflanzenformen den Buchstaben anreichern. Blattmotive und Vögel waren als Besatzmotiv beliebt, oft in symbol. Bedeutung. Als Füllmotive wurden in der frühbyz. Epoche Vermiculata-Borten, allmähl. mosaik- oder intarsiaartige kleine Zellenmuster verwendet. Flechtbandmotive und figurale Motive sind seltener. Füllornamente konnten sich zu Ersatzornamenten entwickeln. Häufiger als geometr. Zierformen sind figurale Ersatzornamente. Eingepfropfte Kreuze konnten die Buchstaben gleichsam heiligen. In die Buchstaben einverleibte Fische und Vögel ergaben die frühma. Fisch- und Vogelbuchstaben. Bildbuchstaben waren zumeist aus Tieren geformt (erst um 1000 in byz. Hss. menschl. Gestalten als I.). Während die frühbyz. I. noch klare alphabet. Grundform der Schriftzeichen bewahrten, wurden die ma. I.n durch Anreicherung mit Schmuck hyperdekorativ. Hss. aus der Ikonoklasmus-Periode betonen die Kreuzform als Siegeszeichen; die über den Text verstreuten I.n wollen die Aufmerksamkeit des Lesers fesseln. Nach dem Ende des Bilderstreites werden die künstler. ausgestatteten Hss. wieder zahlreicher (vgl. Paris BN gr. 510). Mit dem beginnenden 10. Jh. scheinen neue I.formen auf. Die Füllornamente verschwinden zugunsten von Ersatzornamenten (zunehmend Vögel und Fische). Sehr häufig sind die Vogel-A-I.n, daneben finden sich eigenwilligere Formen. Einfachere I.n des 10.Jh. zeigen Perlenschnurmuster in vegetabiler Umbildung. Eine laubsägeartige Form des I.nschmucks ergriff bald auch die Titelbalken. Reichl. Verwendung von Tieren verweist wohl auf kleinasiat. Q. Noch im 10. Jh. fallen die Ursprünge der Blütenornamentik, die für Jahrhunderte den Schmuck byz. Hss. bestimmte.

Mit dem 11.Jh. wurden die Formen typenmäßig festgelegt. In Hss. der Athoskl. fallen verknotete I.n auf; in kleinasiat. I.n vielfach glatte Stämme. In kappadok. I.n sind zoomorphe Motive bes. beliebt.

Der Ornamentschmuck des byz. Buches wurde immer stärker standardisiert. Bes. in spätbyz. Zeit wurden den Kapitel- und Textanfängen stereotype Ziertitel und I.n (oft in roter Farbe) zugeordnet, was sich auch im byz. Einflußbereich verbreitete. Blattmotive, Flechtband- und Knotenmotive sind weiterhin häufig, daneben zoomorphe und anthropomorphe Motive oft in skurrilen Formen. Die einfache I.technik der Gebrauchshss. hielt sich in postbyz. Zeit und wurde auch in den im W geschriebenen Hss. bis in die frühe NZ verwendet.

Die kopt. I.nornamentik machte erst im 7. und 8.Jh. erste Fortschritte. Außer Vögeln als gelegentl. Besatzornament wurde die zoomorphe I. abgelehnt. Unter den Füllornamenten dominieren Strich- und Zopfmuster, unter den Besatzornamenten Ranken. Die ab dem 10.Jh. greifbare arm. I.nornamentik verwendet zunächst lose angesetzte Besatzornamente wie Blätter. Nach der Mitte des 11.Jh. gab es reichere Formen; Vögel werden lose angefügt. Im 12.Jh. treten unter dem Einfluß der byz. Buchmalerei auf die kilik. Malschulen echte Vogel- und Fischbuchstaben auf. Die südit. Kl. bildeten eine Brücke zw. O und W. Der Informationsfluß, aber auch Migrationen ermöglichten das Eindringen von Einflüssen in beiden Richtungen.

O. Mazal

Lit.: C. NORDENFALK, Die spätantiken Zierbuchstaben, 1970 – A. DŽUROVA, 1000 godini bŭlgarska rukopisna kniga, 1981 – s. a. Lit. →Buchmalerei, B.

Initium fidei. Nachdem das Konzil v. Karthago 418 den Streit zw. Pelagius und Augustinus dahingehend entschieden hatte, daß der Mensch die Freiheit allein durch die zuvorkommende Gnade Gottes gewinnt, versuchten die Semipelagianer, zumindest das i.f. dem Vermögen des Menschen zuzuschreiben. Dagegen hielt das Konzil v. Orange 529 – wie schon der sog. Indiculus (DENZINGER-SCHÖNMETZER, 248) – fest, jede Bewegung des Menschen auf das Heil hin, auch das i. f., sei nur auf Grund der Gnade möglich (DS 373–378; bes. 375). Diese Lehre wird im MA gewahrt und vom Konzil v. Trient bekräftigt (DS 1526; 1553). Jedoch kommt es in der Theologie des MA, die die Eigenständigkeit der menschl. Natur stärker erfaßt und von ihr die Gnade als Übernatur abhebt, zu begriffl. Differenzierungen: 1. Ab dem 13.Jh. (bereits bei →Wilhelm v. Auxerre) werden die rationes naturales, die in der Frühscholastik in den insgesamt von der Gnade getragenen Glaubensvollzug eingebettet sind, als Praeambula fidei im Vorfeld der Glaubenszustimmung angesiedelt. Hier können sie zwar – auch unter Bezug auf die Wunder – über die Einsicht in die Glaubwürdigkeit des Gehörten zu einer gewissen Form des Glaubens (fides informis bzw. suasa) führen, nicht aber den wahren, verdienstl. Glauben (fides formata) begründen (vgl. Thomas v. Aquin, S.th. II-II, 6, 1c). – 2. Analog dazu wird es durch die Unterscheidung von natürl./polit. und übernatürl./theol. Tugend, die in der Frühscholastik noch unklar ist (→Abaelard trifft sie bereits, während →Petrus Lombardus Tugenden nur als vom Hl. Geist getragene Liebe kennt), sich aber im 13.Jh. durchsetzt, möglich, sittl. gutes Handeln auch außerhalb des Glaubens anzuerkennen. Allerdings ist die natürl. Tugend nur auf die natürl. Güter ausgerichtet. Sie kann zwar auf die übernatürl. Tugend vorbereiten, zur Hinwendung auf das übernatürl. Gut aber bedarf es eines übernatürl. Prinzips: der Gnade.

St. Ernst

Lit.: →Glaube, -nsartikel, -nsbereitschaft.

Inkardination. Unter I. versteht man die Eingliederung eines Klerikers in den geistl. Heimatverband (Diöz., Orden). Etymolog. geht I. auf cardo (Türzapfen, Pol; →Kard.) zurück und bedeutet 'mit einer Hauptkirche (Bf.skirche) in Verbindung bringen'. »Incardinare« findet sich zuerst in den Briefen Gregors I. und steht in Verbindung mit der translatio episcopi. Das Verb scheint zunächst überhaupt im Sinne von »ex(um-)kardinieren« verwendet worden zu sein. Ein Zusammenhang besteht auch mit der Intitulation bei der relativen Ordination. Die Rechtsq. sprechen synonym von »adscribere« und »incorporare«. R. Puza

Lit.: DDC V, 1293ff. – ECath VI, 1734ff. – LThK² V, 678 – Nov. Dig. It. VIII, 497f. – Plöchl² III, 438f. – F. X. Wernz, Ius decretalium II, 1, 1906, 66f. – A. Bondini, De incardinatione et excardinatione clericorum, Ius Pontificium 9, 1929, 205ff.; 10, 1930, 443ff. – J. Creusen, De excardinatione et incardinatione implicita, ebd. 15, 1935, 37ff. – St. Kuttner, Cardinalis, Traditio 3, 1945, 145f. – G. Phillips, Kirchenrecht, 1959 [Neudr.], V, 457ff.; VI, 50 – C. G. Fürst, Cardinalis, 1967, 46, 53f. – J. M. Ribas, Incardinación y distribución del clero, 1971.

Inkarnation spielt als Fachausdruck der scholast. Theologie für die →Menschwerdung des Sohnes Gottes eine zentrale Rolle. Der Begriff bildet den Kristallisationspunkt für die systemat. Entfaltung der →Christologie, sofern er sowohl das Geschehene der Menschwerdung des Sohnes Gottes von seinem Ursprung her im göttl. bewirkenden Tun als auch das Ergebnis, die Einheit von Gott und Mensch in der trinitar. Person des Sohnes, bezeichnet. Sofern I. das gesch. Ereignis der Entstehung des Menschen Jesus Christus als solches aussagen will, fällt der Blick auf diesen zeitl. bestimmten Augenblick und seine Umstände. Die erwähnte Spannungsbreite des Begriffs ergibt sich aber notwendig, weil die bleibende Vereinigung des Sohnes Gottes mit der menschl. Natur auch ein bleibendes aktives Verhalten Gottes, das ihn in seinem trinitar. Leben selbst betrifft, wesentl. zur Grundlage hat. Gerade dieser Aspekt läßt den fundamentalen Charakter des Begriffs für die Systematik der Christologie erkennen. Insofern bedarf der Einwand, die scholast. Theologie gebe der I. in der Soteriologie ein solches Übergewicht, daß die →Kreuzestheologie zurücktrete, einer krit. Überprüfung, denn das Menschwerden des Sohnes Gottes schließt auch für die Sichtweise der Scholastik das gesch. Leben Jesu und seine Erhöhung notwendig mit ein. Berechtigt bleibt die Frage, ob der durchweg eingehaltene Ausgangspunkt der scholast. I.slehre von der immanenten Trinität her genügend ins Bewußtsein bringt, daß die Offenbarung eben dieser Trinität im gesch. greifbar gewordenen menschl. Leben Jesu Christi (einschließl. seiner Erhöhung) geschehen ist und daß somit das gesch. Christusereignis die Voraussetzung dafür ist, daß wir überhaupt über die immanente Trinität sprechen können.

Die scholast. Theologie hat das Wort I. aus der Patristik übernommen. Es handelt sich um eine christl. Wortbildung im Anschluß an Joh 1,14. »Sárkosis« findet sich erstmals bei Irenäus v. Lyon bezeugt (Adv. haer. III, 19,2). Neben dem Substantiv werden seit ältester Zeit auch das Verb (sarkoústhai) und das Adjektiv (énsarkos) gebraucht. Entsprechend sind die lat. Äquivalente gebildet (incarnari, incarnatus, incarnatio). Bei Irenäus beabsichtigt die Wortbildung im Anschluß an Joh 1,14 in antidoket. Tendenz die reale Leibhaftigkeit in der Menschwerdung des Sohnes Gottes zu betonen. Im allg. Gebrauch der patrist. Christologie drückt das Wort durchweg die Menschwerdung des Sohnes Gottes im umfassenden Sinn eines vollständigen, unverkürzten Menschseins aus, der auch schon bei Joh und Irenäus miteingeschlossen ist. So übernimmt es auch die scholast. Theologie, einschließl. der sprachl. Elemente, die das christolog. Bekenntnis für das Geheimnis der I. gefunden hat: Zwei ungetrennte, aber auch unvermischte Naturen sind in der trinitar. Person des Sohnes Gottes geeint (Konzil v. Chalkedon und seine Nachgesch.). Da der Frühscholastik der Einblick in den Gang der christolog. Kämpfe des 4. bis 7. Jh. weitgehend fehlte, begann sie in dem ihr eigenen spekulativen Eifer neu über die verwendete Begrifflichkeit nachzudenken, mit dem Ergebnis einiger charakterist. Modelle für die in Christus erfolgte Vereinigung. Durchgesetzt hat sich in der Hochscholastik die sog. »Subsistenz-Theorie«: Die vollständige individuelle Menschennatur wird in die Subsistenz der trinitar. Person des Sohnes hineingenommen. Inhaltl. entspricht das der Christologie, die am Ende der Väterzeit auf dem Boden von Chalkedon im Bereich der byz. Kirche gewonnen war und auch im W vertreten wurde. Die direkte Kenntnis der Christologie des O wurde in der Hochscholastik wesentl. vertieft, insbes. durch Thomas v. Aquin. Die spekulative Ausgestaltung im einzelnen behielt eine große Variationsbreite, wie sich etwa am Beispiel von Thomas und Joh. Duns Scotus zeigen läßt.

Von Interesse für den systemat. Stellenwert des Begriffes der I. ist der Schulstreit über die Frage, ob der Sohn Gottes auch Mensch geworden wäre, wenn die Menschen nicht gesündigt hätten. Diese schon in der Frühscholastik erörterte hypothet. Frage hat den Zweck, die Menschwerdung des Sohnes Gottes als das absolute Heilswerk Gottes herausstellen zu können, das schon ursprgl. mit dem Schöpfungsziel verbunden war (so v. a. etwa Albert, Duns Scotus). Andere – Bonaventura, Thomas – beschränken sich darauf, die Erlösung ihrer Form der Selbstentäußerung Gottes bis zum Kreuz als die real tiefste Verwirklichung der Gnade so herauszuarbeiten, daß gerade diese konkrete Liebe Gottes über spekulativen Erörterungen nicht verblaßt. W. Breuning

Lit.: →Menschwerdung des Sohnes Gottes.

Inkarnationsjahre (sog. christl. Ära). Die Rechnung nach den Jahren seit Christi Geburt (n. Chr.) stammt von →Dionysius Exiguus, der mit dieser Jahreserzählung die in den alexandrin. →Ostertafeln übliche Rechnung »nach den Jahren Diokletians« verdrängen wollte (Gleichsetzung des 248. Jahrs Diokletians mit dem Jahr 532 n. Chr. und Verschiebung des Jahresanfangs vom 29. Aug. auf den 1. Jan.). Die Rechnung nach I.n (Datierung in einer Urk. erstmals Anfang des 7. Jh. in England) gelangte über →Bedas Ostertafeln in das frk. Reich, wo sie in der 2. Hälfte des 8. Jh. zur Anwendung kam und sich bald im ganzen Abendland verbreitete, in der päpstl. Kanzlei erscheint sie seit Eugen IV. (1431) regelmäßig. Durch die Kreuzzüge gelangte sie auch in den Orient. Die Griechen datierten mittels der I. erst nach dem Zerfall des byz. Reiches. P.-J. Schuler

Lit.: Ginzel III – F. Rühl, Chronologie des MA und der NZ, 1897 – H. Grotefend, Chronologie des MA und der NZ (Grdr. der Gesch.s-wiss., hg. A. Meister, 1912²).

Inklusen (Reklusen, Klausner), Männer und Frauen, die sich freiwillig in eine sich an Kirchen, Stadtmauern oder Brücken anlehnende →Klause (reclusorium) einmauern ließen, um sich ganz dem religiösen Leben und der Union mit Gott (vita angelica) widmen zu können, manchmal nur für eine befristete Zeit, z. B. am Anfang eines geistl. Lebens (→Antonius – Amandus, – Coleta v. Corbie), meistens auf Lebenszeit (→Juliana v. Norwich, Bertke v. Utrecht). Das I.ntum entstand als eine spezif. Art des frühchristl. Eremitentums in Ägypten und Syrien (»Hist. Lausiaca« des →Palladius). Es unterscheidet sich vom Einsiedler- und Anachoretentum (→Anachoreten) insofern, als der I. die Einsamkeit der Klause (solitudo) und die stille Meditation wählt, während der Einsiedler weltferne Einsamkeit (desertum) und →Askese, eventuell innerhalb einer Eremitengemeinschaft, erstrebt. In der Ostkirche war das I.ntum bis weit in die NZ hinein eine beliebte Form der Selbstheiligung, in die Westkirche fand es im 4. Jh. Eingang. Ließen sich im FrühMA Männer und Frauen einmauern, so waren es im SpätMA vorwiegend Frauen, die – zumindest in Nordwesteuropa – der religiösen Bewegung angehörten, zu der die →Beg(h)inen und die »mulieres religiosae« der neuen Orden zählten (→Dorothea v. Montau, →Ivetta v. Huy). Da alle in den Q. in(re)clusae oder conversae gen. werden, ist eine Unterscheidung schwierig. Die Kirche hat das I.ntum anerkannt. Anwärter brauchten die Zustimmung der kirchl. Obrigkeit und wurden mit kirchl. Zeremoniell eingemauert. Dieses Ritual enthielt Elemente der Totenmesse. Normalerweise unterstand der I. dem zuständigen Pfarrer. Wenn er Mitglied eines Ordens war, blieb er diesem unterstellt. Viele Frauen traten im SpätMA mit ihrer Einmauerung einem dritten Orden bei. Die Kirche hat immer versucht, das I.ntum in das Mönchsleben einzugliedern. Deshalb wurde schon auf frühma. Konzilien (463, 692) bestimmt, daß Interessenten ein dreijähriges Noviziat im Kl. verbringen sollten. In karol. Zeit schrieb der Mönch Grimlaic eine »Regula Solitariorum« (MPL 103), die wie die kanon. Anordnungen nie allg. anerkannt worden ist. Aus dem Hoch- und SpätMA sind zahlreiche Briefe und Traktate von Äbten und Seelsorgern erhalten, die Lebensregeln vergleichbar sind (→Ælred v. Rievaulx; →Ancrene Riwle; →Petrus Venerabilis, Epistola ad Gislebertum; die »Tres Regulae« [ed. OLIGER, Antonianum, 1928]; Geert→Gro(o)te's Brief »Aen eenre clusennersse«). Betont wurde, daß I.n sich nur der Bußübung und dem Gebet widmen, demütig sein und Kontakte mit der Außenwelt meiden sollten. Volkserzählungen und →Exempla (→Caesarius v. Heisterbach) wie auch wiederholte Ermahnungen zeigen jedoch, daß viele I.n diese Regel nicht beachteten. Eine große Anzahl der I.n wurde heilig gesprochen. A. B. Mulder-Bakker

Lit.: DHGE XV, 766–787 [Lit.] – DSAM XIII, 217 f. [Lit.] – Encycl. of Religion V, 137–146 – LThK² V, 679 f. – L. GOUGAUD, Ermites et reclus, 1928 – O. DOERR, Das Institut der I.n in S-Dtl., 1934 – V. SEMPELS, Alg. schets van het leven van eremieten-kluizenaars te onzent, Coll. Mechliniensia 35, 1950, 649–666 – H. MAYR-HARTING, Functions of a 12th-c. Recluse, Hist. 60, 1975, 337–352 – L. G. C. M. VAN DIJCK, Kluizenaressen in en rond 's Hertogenbosch ca 1370–1630, Varia Hist. Brabantica 9, 1980, 1–20 – A. PAPI BENVENUTI, Velut in sepulchro (Culto dei santi..., hg. S. BOESCH GAJANO, 1984), 365–455 – A. K. WARREN, Anchorites and their Patrons in Medieval England, 1985.

Inkorporation, ständige »Einverleibung« (unio, annexio, appropriatio), also Vereinigung einer Kirche oder Pfarrei mit einer jur. Person (z. B. Kl., Kapitel, Univ.) auf der Grundlage des kanon. Rechts. Die Auffassungen zur Genese und weiteren Entwicklung dieses Rechtsinstituts sind nicht einheitlich. Bezeichnete U. STUTZ die I. »als zweite Tochter des Eigenkirchenrechts, als jüngere Schwester des Patronats«, um damit (wie schon P. HINSCHIUS und später A. SCHARNAGL) zum Ausdruck zu bringen, daß mit der I. ein Eigentumsrecht kirchl. Anstalten an Pfarreien anerkannt bzw. begründet wurde, sind nach wohl überzeugenderer Auffassung (z. B. R. V. SCHERER, D. LINDNER) mit der I. bes. Nutzungsrechte verbunden, ohne daß die Eigentumsgrundlage eine Veränderung erfuhr. Die Betonung dieser Theorie dürfte besser der Tatsache gerecht werden, daß in zahlreichen Urkk. die I. auch dann einer Institution gewährt wurde, wenn der entsprechende Eigenkirchenbesitz schon lange bestanden hatte; eine allseits befriedigende, temporären wie partikularrechtl. Sonderheiten gerecht werdende These ist noch nicht entwickelt. – Die seit dem 11. Jh. gegen den Einfluß von Laien gerichteten Reformbestrebungen drängten auch die laikalen →Eigenkirchen zurück, während die Eigenkirchen der Kl. meist unangetastet blieben (C. 16 q. 7). Diese bemühten sich vielmehr mit Erfolg um immer mehr Kirchenbesitz, z. T. über das →Patronat. Als weiterer Entstehungsgrund der I. gilt die verstärkte Übernahme von Seelsorgeaufgaben durch die Orden. Zunächst bezog sich die I. nur auf Temporalien, das Nutzungsrecht am Pfarrbenefizium; die Seelsorge wurde durch vom Bf. bestellte (ihm oft präsentierte) Geistliche ausgeübt, denen nur ein mäßiger Unterhalt (congrua) zugebilligt wurde. In aller Regel erstreckte sich die I. nicht auf das Gut der →fabrica ecclesiae. Innozenz III. forderte für die dauernde Übertragung einer Kirche an ein Kl. Zustimmung des Kapitels bzw. päpstl. Erlaubnis zum bfl. Verleihungsakt (X 3. 10. 8–9). Neben diesem »convertere« (»incorporare« kommt erst nach der Mitte des 13. Jh. auf) in usus proprios (X 5. 33. 19) entwickelt sich die i. in usus proprios et pleno iure, welche die Anstellung des Geistlichen (parochus actualis) ohne bfl. Einflußnahme und neben den Temporalien auch die Spiritualien mit Jurisdiktionsrechten (»ecclesia et altare«) umfaßte; mitunter war darin die später als »plenissimo iure« bezeichnete, bei exemten Instituten mit völliger Ausgliederung aus der bfl. Jurisdiktion verbundene I. enthalten. H. Zapp

Lit.: HRG II, 366–368 – TRE XVI, 163–166 – FEINE, 397–402, 408ff. – PLÖCHL II, 419–425 – P. HINSCHIUS, Kirchenrecht, II, 1878, 436–455, 634–637 – R. V. SCHERER, Über das Eigentumssubjekt einer inkorporierten Kirche oder Pfründe, Österr. Zs. für Verwaltung 20, 1887, 81ff. – H. SCHUELLER, Die I. von Kirchenämtern mit bes. Berücksichtigung von Österreich, 1900 – U. STUTZ, Das Münster zu Freiburg, 1901, 16ff. – U. BERLIÈRE, L'exercice du ministère paroissial par les moines dans le haut MA, RevBén 39, 1927, 227–250, 340–364 – A. PÖSCHL, Die I. und ihre gesch. Grundlagen, AKKR 107, 1927, 44–177, 497–560; 108, 1928, 24–86 – W. SCHÖNFELD, Das Verhältnis von I., Patronat, Archiv des öffentl. Rechts 56, 1929 – A. SCHARNAGL, Die I. mit bes. Berücksichtigung der Baupflicht, jur. Beil. zum Klerusbl., 1936 – D. LINDNER, Die I. im Bm. Regensburg während des MA, ZRGKanAbt 36, 1950, 205–327 – DERS., Die Lehre von der I. in ihrer gesch. Entwicklung, 1951 – S. WOOD, English Monasteries and their Patrons in the XIIIth c., 1955 – A. FEHRINGER, Die Kl. pfarrei, 1958 – C. BAUER, Die wirtschaftl. Ausstattung der Freiburger Univ. in ihrer Gründungsperiode, 1960.

Inkunabel, der im 15. Jh. (bis 1500 einschließl.) mit bewegl. Lettern hergestellte Druck. Die Bezeichnung wurde gegen Ende des 18. Jh. üblich. In Dtl. versuchte man um 1900 stattdessen den Ausdruck 'Wiegendruck' einzuführen, der aber keine internat. Geltung erringen konnte. Nach Inhalt und äußerem Erscheinungsbild ist die I. ein Buch des Übergangs von der ma. Hs. zum modernen gedr. Text. Für die Überl. der Lit. der Antike und des MA hat die nicht immer rational getroffene Auswahl der Typographen große Bedeutung, sie betraf überwiegend die gegen Ende des MA noch lebende Lit. Insgesamt erschienen während des 15. Jh. ca. 27000 Ausg. im Druck. Sie orientierten sich zunächst an den Hss., indem sie deren buchtechn. Aufbau und die Eigentümlichkeiten der geschriebenen Schrift (Abk., Ligaturen, Nebenformen und die Stilarten) übernahmen. Allmähl. führten die immanenten Gesetzlichkeiten der neuen Technik zu einer Rationalisierung des Schriftsystems und zur Einführung neuer Ausstattung (Titelbll., Holzschnittill., Seitenzählung). Diese Entwicklung begann in den 70er Jahren des 15. Jh. zuerst in Italien und setzte sich in den anderen europ. Ländern mit wechselnder Intensität und Geschwindigkeit durch. Zögernd waren die Drucker auch bereit, Werke noch lebender Autoren herauszubringen. Die I.n stellen ein zuverlässiges Zeugnis für die Ausbreitung des →Buch-

drucks dar, sie dokumentieren die Entwicklung der Schrift und des frühen gedruckten Buches. Sie sind aber auch für die Gesch. von Lit. und Wiss. von großer Bedeutung.
S. Corsten

Bibliogr.: Der Buchdruck im 15.Jh., hg. S. CORSTEN–R. W. FUCHS, I, 1988 – Lit.: K. HAEBLER, Hb. der I.kde., 1925 – Lex. des Bibl.swesens, II, 1975, 1474-1481 – F. GELDNER, I.kde., 1978 – S. CORSTEN – W. SCHMITZ, Buchdruck des 15. und 16.Jh. (Die Erforsch. der Buch- und Bibl.sgesch., 1987), 93-120.

Inn (lat. Aenus, Oenus), entspringt am Malojapaß (Graubünden) und mündet nach 510 km bei Passau in die →Donau. Bereits in der Antike ist der Transport von Waren und Personen auf dem I. bezeugt. Spätestens seit dem HochMA beförderte man regelmäßig Wein aus Südtirol und andere Produkte der Gebirgsregion flußabwärts. Auch Waren des überregionalen Handelsverkehrs zw. Italien und der Mitte Europas wurden auf dem I. verschifft, und Personen nutzten die relativ bequeme und rasche Reisemöglichkeit flußabwärts. In der Gegenrichtung gelangte v. a. Getreide nach Tirol. Der Aufschwung des →Bergbaus in diesem Land im SpätMA brachte neues Massenfrachtgut für den I. Wichtigster Umschlagplatz und eigtl. Ausgangs- und Endpunkt für die Waren- und Personenschiffahrt war →Hall i. Tirol, wo ein quer über den Fluß erbauter Holzrechen die Durchfahrt von Schiffen sperrte. W. von Hall benutzte man fallweise noch Flöße zur Warenbeförderung. Bedeutende Innstädte sind neben Hall u. a. →Innsbruck, →Schwaz, Rattenberg, Wasserburg und Mühldorf.
J. Riedmann

Lit.: O. STOLZ, Gesch.skunde der Gewässer Tirols (Schlern-Schr. 32, 1936) – F. PLASELLER, Die tirol. I.schiffahrt, Tiroler Heimat 9/10, 1936/37, 62-159 – E. NEWEKLOWSKY, Die Schiffahrt und Flößerei im Raume der oberen Donau, 3 Bde, 1952-64 – H. GRITSCH, Schiffahrt auf Etsch und I., Alpenübergänge vor 1850 (VSWG Beih. 83, 1987), 47-63 – Der I., Ausst. Kat., 1989.

Innichen (it. S. Candido), OSB Kl. bzw. Kollegiatstift (in reduzierter Form als Propstei bis heute erhalten) in Südtirol, Pustertal. Hzg. →Tassilo III. v. Bayern übertrug 769 Abt Atto v. Scharnitz das Gebiet von I. zur Gründung eines Benediktinerkl. (♁ hl. Candidus), das sich v. a. der Bekehrung der dem bayer. Stammeshzm. benachbarten Slaven widmen sollte. Infolge der Erhebung Attos zum Bf. v. →Freising fiel I. bald an diese Bf.skirche und blieb von ihr – abgesehen von einer kurzfristigen Vergabung an Salzburg unter Karl d. Gr. – stets abhängig. Die Ausstattung des an sich kleinen Kl. vermehrte sich in der Folgezeit vornehml. durch Schenkungen heim. Adliger und durch eine intensive Kolonisation der Hochtäler in der näheren und weiteren Umgebung. Für sein Gebiet beanspruchte I. die Immunität, und das Kl. besaß auch eigene Ministerialen. Otto v. Freising verfügte um 1140 die Umwandlung des Eigenkl. in ein selbständiges Kollegiatstift, dessen Gründung bereits im 12.Jh. Ks. Otto d. Gr. zugeschrieben wurde. Den Großteil der Besitzungen des Kl. behielt jedoch Freising als Hofmark unter seiner direkten Kontrolle, bis dann mit Hilfe der Vogtei weltl. Instanzen, v. a. die Gf.en v. →Görz und v. →Tirol, die Rechte des Hochstiftes in diesem Gebiet auf die niedere Gerichtsbarkeit reduzierten. Ein illuminiertes Evangeliar aus dem 10.Jh. (Universitätsbibl. Innsbruck) und Reste des Archivs sind erhalten. Die Stiftskirche wurde um 1969 in ihrer ursprgl. roman. Form wiederhergestellt. – Der Ort I., in dem seit etwa 1250 auch ein bescheidenes Dominikanerinnenkl. bestand, stieg um 1300 zum Markt auf, ohne aber eine größere Bedeutung zu erlangen.
J. Riedmann

Lit.: E. ZÖLLNER, Der bair. Adel und die Gründung von I., MIÖG 68, 1960, 362-387 – E. KÜHEBACHER, Die Hofmark I., 1969 – 1200 Jahre I., Der Schlern 43, 1969, 387-452; ebd. 45, 1971, 405-502 – L. GRILL I., die Drehscheibe Freisings im Südosten des Röm.-Dt. Reiches, ebd. 59, 1985, 671-683 – E. KÜHEBACHER, Ks. Otto I. und das Kollegiatstift I., ebd. 62, 1988, 188-200.

Innovationen, technische. Innovatio, im MA Erneuerung, meistens im Sinne von Wiedereinführung, während nach moderner Vorstellung t.I. von Inventionen ausgehen, die mit unterschiedl. Geschwindigkeit einzelne geogr. Räume durchdringen (Diffusion). Unterschieden werden Produkt- und Prozeß- sowie Basis- und Folgeinnovationen. T.I. bedürfen eines günstigen wirtschaftl. und sozialen Umfeldes und sind im MA von den Rahmenbedingungen einer Agrargesellschaft bestimmt. Ihre Verbreitung ist von der weitgehend empir.-mündl. Vermittlung techn. Wissens abhängig. Forschungsprobleme ergeben sich bei der Wiederaufnahme und Übernahme von Erfindungen der Antike bzw. des Orients. Drei signifikante Innovationsschübe mit Verdichtungen von Technik charakterisieren die Gesamtepoche.

[1] *Frühmittelalter (8. Jh./1. Hälfte 9. Jh.):* Als Basisinnovation für das MA und einzige maschinelle »Großtechnik« erscheint die wasserradgetriebene Getreidemühle (→Mühle). Ihre Verbreitung setzt grundlegende soziale und wirtschaftl. Veränderungen voraus: die germ.-frk. Siedlung an Wasserläufen, den Ausbau der Getreidewirtschaft im Rahmen der →Grundherrschaft sowie zunehmenden Brotkonsum (Bedarf an feinem Mehl). Innovationsfähigkeit (Verfügung über Anlagekapital) und -bereitschaft (Reaktion auf Nachfrage und Gewinnerwartung), auch sozio-kulturelles Engagement der Grundherren als Mühlenbetreiber, bestimmen den »Siegeszug der Wassermühle«. Die Verbreitung der Mühlentechnik ist zugleich Indikator für den allg. konjunkturellen Aufschwung, zu dem auch Bevölkerungswachstum, Rodungstätigkeiten, Agrarertragssteigerungen, Ausweitung von Handel und Verkehr gehören. Der Aufschwung ist weiter gekennzeichnet durch: intensivere Nutzung der Kulturflächen, verbreitete Anwendung des Räderpfluges mit ausgereifter Jochanspannung, Einführung der →Dreifelderwirtschaft mit Flurzwang und die vermehrte Verwendung des Eisens für →Ackergeräte (Sensen, Spaten, Hacken, Pflugscharen), →Werkzeuge (Beile, Hämmer, Sägen, Keile) sowie →Waffen (Schwerter, Brünnen).

[2] *Hochmittelalter (12./13. Jh.):* Das techn. zentrale Kriterium des ungleich breiter gefächerten Innovationsschubes im HochMA ist die Nockenwelle. Sie ermöglicht eine Diversifikation des Wasserradantriebes, seine Nutzung für Walken, Sägen, Hämmer und Blasebälge. Der innertechn. Transfer der Nutzung von Wasserkraft von der Landtechnik (Getreidemühle) zu den Anwendungsbereichen in der Textilindustrie, im Bauwesen und im gesamten Montanwesen, einschließlich der Metallverarbeitung, zieht als entscheidender innovativer Schritt eine große Zahl von Folge- und Verbesserungsi. nach sich und wirkt insgesamt als Impuls für einen breiten konjunkturellen Aufschwung (»industrielle Revolution des 13.Jh.«):

a) *Textilindustrie:* Seit dem 11., dann verstärkt in der 2. Hälfte des 12. und im 13.Jh. sind Walkmühlen (molendinum fullonarium; molendinum fullonum etc.) in den urbanen Verdichtungszonen N-Frankreichs, Flanderns und ebenso Mittel- und N-Italiens nachweisbar. Als Kennzeichen textiler Massenproduktion verbreiten sie sich seit Ausgang des 12.Jh. n. der Alpen von W nach O und erreichen 1223 Speyer am Rhein. Im 13.Jh. taucht in Westeuropa der techn. ausgereifte, mehrschäftige Horizontal-Trittwebstuhl auf (Vorläufer im Orient). Als Eigenentwicklung der großen flandr. Städte gilt dessen

Verbreitung, die es ermöglicht, Stoffbahnen über drei und dreieinhalb Ellen zu weben. Die Einführung des Spinnrads ist wegen sozialer Folgewirkungen zunächst teilweise Restriktionen unterworfen (1268 Paris, 1288 Abbeville). In der nach flandr. Vorbildern aufblühenden Tuchindustrie Italiens können sich t.I. ungehindert entfalten. In Lucca werden Seidenzwirnmühlen verwendet, Maschinen, die zahlreiche Spindeln und Haspeln durch eine einzige Energiequelle betreiben; →Textilien, -herstellung.

b) *Baugewerbe:* Lastkräne, die schon in der Antike bekannt waren, und Schubkarren kommen seit dem 12. Jh. zum Einsatz (→Baubetrieb). Neuerungen wie das Kreuzrippengewölbe finden über die Bauhütten Verbreitung in Sakral- und Profanbauten, die mit der »Auflichtung« der Wände durch Glasfenster auch das Kunsthandwerk fördern. Das sog. Bauhüttenbuch des →Villard de Honnecourt bringt um 1235 Erstbelege für die wasserkraftgetriebene Holzsäge, eine mechan. Unterwassersäge und Hinweise auf den Baubetrieb der auf verschiedenen techn. Sektoren innovativ wirkenden →Zisterzienser. Mit der Belebung von Handel und Verkehr erhalten auch der Ausbau überregionaler Land- und Wasserwege und die Errichtung von Brücken (→Brücke) zunehmende Bedeutung.

c) *Bergbau- und Hüttenwesen:* T. I. in diesem Bereich sind wegen der Lagerstätten und Solequellen standortgebunden. In der Eisenproduktion kommt im 13. Jh. die Nutzung der Wasserkraft für Hämmer und Blasebälge auf. Das mechan. Gebläse erhält bes. Bedeutung, da von ihm die Einführung des indirekten Verfahrens der Eisenverhüttung, das höhere Temperaturen erfordert, abhängig ist (→Eisen). Erstbelege für die Verbindung von Wasserrad und Werkzeug finden sich im Edelmetallbergbau von Trient (Erzmühlen 1208; Blasebälge 1214) und in der Eisenproduktion im Veltlin (Hammer und/oder Blasebalg 1226). Auch weiter n. setzen sich t. I. durch: Mittels spezieller Laugwerke, Schöpfwerke, Sinkwerke, hölzerner Rohrleitungssysteme für die Sole und Großpfannen in Sudhäusern werden nach den Anfängen im 12. Jh. und bes. im 13. Jh. Salzlager im Ostalpenraum erschlossen. In Böhmen erleichtert die Göpelförderung den Silbererzbergbau in der Tiefe; →Bergbau, →Hüttenwesen.

d) *Landtechnik:* Bes. in Regionen urbaner Konzentration führt der vermehrte Verbrauch zu agrikolen Produktionssteigerungen (Intensivierung); Kanal- und Deichbauten (→Kanal) dienen der Erweiterung von Produktionsflächen. Seit den 80er Jahren des 12. Jh. verbreiten sich Windmühlen, windradgetriebene Getreidemühlen, und zwar etwa gleichzeitig zunächst in England, Flandern und in der Normandie. Pferde werden im 13. Jh. häufiger vor den Pflug und den vierrädrigen Wagen gespannt.

e) *Einzelerfindungen:* Neben den strukturell eingebetteten t. I. verbreiten sich Einzelerfindungen und -entwicklungen: In der Seefahrt das Heckruder, leistungsfähigere Schiffstypen und der Kompaß, der bald auch im Bergbau genutzt wird (Massa Marittima, 2. Hälfte des 13. Jh.). Hinzu treten die Anfänge der Uhrenbaus in feinwerktechn. Bereich; die Lesebrille und die Papiermacherei in Italien; →Schiff, →Uhr, →Brille, →Papier.

Im Vergleich zum Innovationsschub des 8./9. Jh. zeichnet sich der des 13. Jh. durch innovative Impulse aus dem städt. Gewerbe, bes. aber durch die bestimmende Rolle städt. Investivkapitalien aus.

[3] *Spätmittelalter (15./1. Hälfte 16. Jh.):* Die allg. Strukturkrise und die wirtschaftl. Depression des 14. und beginnenden 15. Jh. wirken auch als Medium des Wandels mit Vorbereitungen für einen neuen starken Innovationsschub in der 2. Hälfte des 15. Jh. Das Zusammenspiel von kaufmänn. Verlegern, Landesherren und städt. Obrigkeit ermöglicht Modernisierungen älterer Produktionsstrukturen und Organisationsformen. Einzelne Schritte erfolgen seit den 60er Jahren des 14. Jh. mit der Begründung einer Baumwollindustrie n. der Alpen (→Baumwolle). Die Innovationstätigkeit erhält im 15. Jh. Impulse aus obdt. Städten (Nürnberg, →Drahtziehmühle mit gekröpfter Welle und Pleuel, Seigerhütte). In den Stadtstaaten der it. Renaissance ragen t. I. im Bauwesen und Entwicklungen de ingeniis bzw. de rebus militaribus heraus. Venedig erläßt 1474 ein erstes Patentgesetz. Als Patentnehmer erscheinen auch Angehörige der aufstrebenden Berufsgruppe der *ingenieri* (→Ingenieure). In schon »nz.« Tempo verbreitet sich seit Mitte des 15. Jh. der →Buchdruck mit bewegl. Metallettern. Im Textilwesen findet sich das Flügelspinnrad, das ein kontinuierl. Spinnen erlaubt. Die Dynamik t. I. zeigt sich insbes. im Montanwesen: Nach Investitionsanreizen durch Abgabefreiheit und Privilegien setzen sich bes. Neuerungen im Bereich der Fördermaschinen, Aufbereitungsanlagen, Schmelzverfahren usw. durch und lösen die zweite ma. Montankonjunktur aus, die die NZ einleitet. Um 1500 erscheinen der Bergbau und das Hüttenwesen als Führungssektoren des techn. Wandels mit innovativen Wirkungen in der Vermessungstechnik, im Transportwesen, der Schiffahrt und Flößerei, in allg. Tiefbau und Wasserbau bis hin zur Metallverarbeitung und zum militär. Mineurwesen. Der erreichte Stand der Technik wird von dem Humanisten Georgius →Agricola in seinem Werk »De re metallica« (1556) in den Hauptzügen zusammengefaßt. →Instrumente.   K. Elmshäuser/D. Hägermann/A. Hedwig/ K.-H. Ludwig

Lit.: M. BLOCH, Avènement et conquêtes du moulin à eau, AHES 7, 1935, 538–563 – E. M. CARUS-WILSON, An Industrial Revolution of the Thirteenth Century, EHR 11, 1941, 39–60 – A.-M. BAUTIER, Les plus anciennes mentions des moulins hydrauliques industriels et des moulins à vent, Bull. philol. et hist. du comité des travaux hist. et scientifiques 1, 1960 – L. WHITE, Medieval Technology and Social Change, 1962 – R. SPRANDEL, Das Eisengewerbe im MA, 1968 – J. GIMPEL, La révolution industrielle du MA, 1975 – B. B. BLAINE, The Enigmatic Water Mill (Fschr. L. WHITE, 1976), 163–176 – W. v. STROMER, Die Gründung der Baumwollindustrie in Mitteleuropa, 1978 – L. WHITE, Medieval Religion and Technology, 1978 – F. KLEMM, Zur Kulturgesch. der Technik, 1982 – D. HÄGERMANN – K.-H. LUDWIG, Verdichtungen von Technik als Periodisierungsindikatoren des MA, Technikgesch. 57/3, 1990.

Für den *byzantinischen Bereich* ist die Thematik weder im Detail noch im Überblick behandelt worden, so daß nur generelle Feststellungen mögl. sind. Auf dem Gebiet der allg. Technik ist man nicht über den spätantiken (hellenist.-röm.) Kenntnisstand hinausgelangt; zahlreiche Erfindungen (z. B. Wassernutzung) sind im Laufe des 7./8. Jh. nicht mehr verwendet, geschweige denn ausgebaut worden (z. B. Badeanlagen). Allein im militärtechn. Bereich paßte man sich (bis ca. 10. Jh.) durch Übernahme und Weiterentwicklung ausländ. Errungenschaften der Zeit an. Die Erfindung des →griech. Feuers bleibt ein einsamer innovativer Höhepunkt. Im Bereich der Seefahrt hat man durch den Bau kleinerer und schnellerer Schiffe (seit ca. 7. Jh.) die schwerfällige röm. Seetechnik erneuert. Im Bauwesen dagegen weist die mittel- und spätbyz. Zeit weder in Theorie noch in Praxis überragende Leistungen auf. Handwerk und Kleinindustrie blieben weitgehend unverändert und wurden daher von der Entwicklung im W überrollt. Die mangelnde Bereitschaft zu I., die auch soziale und polit. Gründe hat, trug mit zum Ruin des byz. Staates bei.   P. Schreiner

Innozenz

1. I. I., *Papst* (hl.) seit 21. Dez. 402, † 12. März 417, wohl Sohn seines Vorgängers →Anastasius' I. Der Pontifikat war gezeichnet vom Niedergang des Weström. Reiches (Eroberung Roms durch →Alarich, 410). I.I. weitete zielbewußt den Primat in der Gesamtkirche aus, wobei er die röm. Vorstellungen erweiterte und erstmals voll umriß. In Briefen an die Bf.e →Victricius v. Rouen, Exuperius v. Toulouse, Decentius v. Gubbio u. a. forderte er, die abendländ. Kirchendisziplin nach röm. Vorbild auszurichten und die »causae maiores« vor den Apostol. Stuhl zu bringen. Im Kampf gegen Häretiker (→Donatisten, Bonosus) beanspruchte er die oberste Lehrentscheidung, auch in der Bestätigung zweier afrikan. Synodalurteile gegen →Pelagius und Coelestius. Wenig Erfolg hatte I.I. im O (erfolgloses Eingreifen für den abgesetzten →Johannes Chrysostomos; aus diesem Grund zeitweiliger Bruch mit den ö. Patriarchen), obwohl er der eigtl. Begründer des päpstl. Vikariats v. →Thessalonike (Erweiterung der Rechte des dortigen Metropoliten) wurde, um dem wachsenden Einfluß Konstantinopels zu begegnen und Illyrien enger an Rom zu binden.   G. Schwaiger

Q.: JAFFÉ² I, 44–49; II, 692, 734 – MPL XX, 463–636 – LP I, 220–224; III [Register] – CSEL 35 [→Collectio Avellana] – Lit.: HKG II, I, 447 – LThK² V, 685f. – E. CASPAR, Gesch. des Papsttums I, 1930, 296–343, 602–607 – M. MACCARRONE, La dottrina del primato papale dal IV al VIII s. ... (Sett. cent. it. 7, 1959, Bd. 2, 1960), 633–742 – CH. PIETRI, Roma christiana, 2 Bde, 1976 – W. WOJTOWYTSCH, Papsttum und Konzile, 1981 – A. M. MILAZZO, Le epistole di Giovanni Crisostomo ad I.I. e le epistole 1–4 di Demostene: Orpheus 3, 1982, 200–223 – J. SPEIGL, Die Päpste in der Reichskirche des 4. und frühen 5. Jh. (M. GRESCHAT, Das Papsttum I, 1985), 43–55 – K. SCHATZ, Der päpstl. Primat, 1990.

2. I. II. (Gregor Papareschi), *Papst* seit 14. Febr. 1130 (Wahl in Rom, S. Andrea; Inthronisation: am selben Tag im Lateran), stammte aus Rom, Trastevere, † 24. Sept. 1143 in Rom, ▢ ebd., Lateran. Der seit 1116 bezeugte Kard.diakon v. S. Angelo zählte zu den am meisten eingesetzten Legaten von Calixtus II., 1121 und dann erneut 1123/24 zusammen mit seinem späteren Gegenspieler Petrus Pierleoni (Anaklet II.) in Frankreich, 1122 beim Abschluß des →Wormser Konkordats. Ohne vorherige Absprachen zu respektieren, vollzog eine Minderheit der Kard.e unter der Ägide des Kanzlers →Haimerich in einem Überraschungscoup die Wahl. Diesem rechtl. anfechtbaren Verfahren begegnete die Mehrheit der Kard.e am selben Tag mit der ebenfalls nicht einwandfreien Wahl Anaklets II. Die Wähler I.' waren im allg. jünger, stammten z. T. aus Frankreich und Kommunen Ober- und Mittelitaliens, aber ihre Entscheidung resultierte wohl nicht aus einer gemeinsamen Geisteshaltung und einer seit langem bestehenden kirchenpolit. Programmatik. Sicherl. verstärkte die Rivalität zw. →Pierleoni und →Frangipani die Gegensätze. Den Ausgang des Schismas entschied die Anerkennung in den europ. Ländern, wobei die persönl. Bekanntschaft I.' und seiner Wähler mit maßgebl. Kreisen die Zustimmung Frankreichs (Versammlung v. Étampes, Mai 1130), Deutschlands (Synode v. Würzburg, Okt. 1130) und Englands förderte. Die Unterstützung →Norberts v. Xanten und der wichtigsten frz. Cluniazenser sowie die unermüdl. Propagandatätigkeit →Bernhards v. Clairvaux verfestigten seine Anhängerschaft, während jene des Konkurrenten auf Rom, Unteritalien und Teile des s. Frankreichs beschränkt blieb. I. mußte bald nach Frankreich aus, wo auf den Synoden v. Clermont (Nov. 1130) und Reims (Okt. 1131) Kanones verkündet wurden, die v. a. auf die Bewahrung und Vertiefung des von seinen Vorgängern Erreichten abzielten. Mit Hilfe Lothars III. konnte I. 1133 für kurze Zeit nach Rom zurückkehren und ihn zum Ks. krönen (Lateran, 4. Juni). Er belehnte ihn mit den mathild. Gütern und erneuerte das Wormser Konkordat. Nach kurzer Zeit mußte er sich aber nach Pisa zurückziehen, wo während seines mehr als dreijährigen Aufenthaltes im Mai/Juni 1135 eine gut besuchte Synode stattfand, die die früheren Kanones bestätigte. Erst der Tod Anaklets II. (25. Jan. 1138) machte den Weg nach Rom frei, und das →II. Laterankonzil (April 1139), das die schon erlassenen Kanones kaum erweiterte, bestätigte das Ende des Schismas. Der Versuch, den wichtigsten Parteigänger Anaklets, →Roger II., militär. zu bezwingen und die Bedrohung des Patrimonium Petri zu bannen, führte zur Gefangennahme, aus der ihn erst der Vertrag v. Mignano (Juli 1139) befreite. I. mußte sein Kgtm. anerkennen und ihn mit Sizilien belehnen. Die →Kurie wurde aus der Notwendigkeit heraus, die Anhängerschaft zu verfestigen und zu erweitern, zum viel angerufenen Gerichtshof. I. forderte auch, ihm alle causae maiores zu reservieren. Die →Kanzlei expedierte erhebl. mehr Urkk. als in früheren Pontifikaten, viele für die Reformorden. Kurz vor seinem Tod regte sich in →Rom die kommunale Bewegung, und ein Senat machte I., der gerade dort seine kaisergleiche Stellung hervorgehoben hatte, die weltl. Herrschaft streitig.   W. Maleczek

Q.: JL I, 840–911 – WATTERICH II, 174–275 – Lit.: HEFELE-LECLERCQ V, 676–795 – F.-J. SCHMALE, Stud. zum Schisma des Jahres 1130, 1961 – L. PELLEGRINI, La duplice elezione papale del 1130 (Raccolta di studi in memoria di G. SORANZO, 1968), 265–302 – R. SOMERVILLE, The Council of Pisa 1135, Speculum 45, 1970, 98–114 – W. MALECZEK, Das Kard.skollegium unter I. und Anaklet II., AHP 19, 1981, 27–78 – T. REUTER, Zur Anerkennung Papst I.', DA 39, 1983, 395–416 – M. STROLL, The Jewish Pope, 1987.

3. I. (III.) (Lando v. Sezze, Landus Sitinus), *Gegenpapst* 29. Sept. 1179–Jan. 1180; im Papstschisma (unter Papst Alexander III. und Ks. Friedrich I.) Kard. durch den Gegenpapst Victor (IV.) und vornehml. von dessen Verwandten nach der Unterwerfung des Gegenpapstes Calixtus' (III.) erhoben. Von seinem geringen Anhang verlassen, fiel er im Jan. 1180 in die Hände Alexanders III. und wurde auf Lebenszeit im Kl. La Cava inhaftiert. Damit erlosch das Schisma v. 1159.   G. Schwaiger

Q.: JAFFÉ² II, 431 – Lit.: SEPPELT III, 272, 608f. – F.-J. SCHMALE, Das Papsttum im Zeitalter Bernhards v. Clairvaux und der frühen Staufer (M. GRESCHAT, Das Papsttum I, 1985), 176–195 – Misc. Rolando Bandinelli, papa Alessandro III, hg. F. LIOTTA, 1986. – C. MORRIS, The Papal Monarchy, 1989.

4. I. III. (Lothar v. Segni), *Papst* seit 8. Jan. 1198 (Wahl; Krönung: 22. Febr. 1198), * 1160/61 in Gavignano b. Segni, † 16. Juli 1216 in Perugia, ▢ ebd., im Dom, 1891 nach Rom, S. Giovanni in Laterano, transferiert; stammte aus der führenden Schicht (deshalb de Comitibus, Conti) von Segni und war über seine Mutter mit der röm. Aristokratie verwandt; studierte in Paris Theologie, bes. bei →Petrus v. Corbeil, und Kanonistik in Bologna. Clemens III. kreierte ihn im Spätherbst 1190 zum Kard.diakon v. SS. Sergio e Bacco. In seiner unauffälligen Kard.szeit verfaßte er die wenig originellen, aber auf dem theol. Niveau seiner Zeit stehenden Werke: »De miseria humanae conditionis« (ed. M. MACCARRONE, 1955), das, im pessimist. Grundton gehalten, weite Verbreitung fand; »De missarum misteriis«, ein Traktat zur Eucharistielehre; »De quadripartita specie nuptiarum«, was seine Ekklesiologie erschließt. – Von der Würde seines Amtes zutiefst durchdrungen, entwickelte er die überkommenen Gedanken zur Stellung des Papsttums bes. in den ersten Pontifikatsjahren weiter. Er verstand sich als Vicarius Christi, aus dessen kgl. und hohepriesterl. Stellung nach dem Vorbild des Melchisedech sich die päpstl. plenitudo potestatis ableiten ließ. Das paulin. Haupt-Glieder-Modell übertrug er auf Papst und Kirche, analog dazu betrachtete er die mit Petrus und seinen Nachfolgern identifizierte röm. Kirche als mater omnium ecclesiarum und den röm. Stuhl als Q. allen kirchl. Rechts. Der weit ausgelegte Jurisdiktionsprimat bedeutete die prinzipielle Verneinung einer autonomen bfl. Amtsgewalt, die allein als Teilhabe an der päpstl. Vollgewalt gedeutet wurde. Diese Machtfülle erstreckte sich über den kirchl. Bereich hinaus auf die gesamte Christianitas, aber durch die mitunter mit viel Rhetorik ausgeschmückten Formulierungen ist nicht genau zu erkennen, wie er sich ihr Verhältnis zur weltl. Gewalt, dessen göttl. Ursprung er doch wieder akzeptierte, konkret vorstellte. Die Dekretalen »Venerabilem« (März 1202), »Per venerabilem« (Herbst 1202) und »Novit« (April 1204) enthalten die meisten Aussagen zu diesen Fragen. – Die Kurie wurde unter I. zu einer umfangreichen Zentralbehörde, deren Hauptaufgabe die ständig anschwellende, als drückend empfundene Rechtsprechung war. Die daraus erwachsenen →Dekretalen ließ er durch Petrus v. Benevent 1209/10 in der für authent. erklärten Compilatio III sammeln. Aus seinem Pontifikat stammen die ältesten Teile der Kanzleiordnungen, die ersten Zeugnisse für die →Audientia litterarum contradictarum und für das Amt des Korrektors (wie auch für die Poenitentiarie) er reglementierte die Tätigkeit der Schreiber in der reformierten →Kanzlei. 1198 setzt die Reihe der erhaltenen, kontinuierl. geführten Register ein (Spezialregister über den dt. Thronstreit nur z. T. erhalten). – Das Herzensanliegen des Papstes war der schon 1198 ausgerufene →Kreuzzug, bei dessen Organisation er sich ungleich stärker als seine Vorgänger engagierte, doch entglitt ihm die Lenkung des Kreuzzuges. Der Eroberung von Konstantinopel im April 1204 stimmte er in Erwartung der Union der griech. Kirche zunächst enthusiast., dann mit starken Vorbehalten zu, ebenso der polit. und kirchl. Neuordnung des Lat. Ksr.es. Dieses Kreuzzugsunternehmen erwies sich langfristig gesehen als schwerer Mißerfolg. Erst am 19. April 1213 schrieb I. wieder einen Kreuzzug aus, ließ ihn auf dem IV. Laterankonzil sanktionieren und betrieb die Vorbereitung bis zu seinem Tod mit großem Eifer. – In der Bekämpfung der →Häresien verschärfte I. einerseits die kirchl.-weltl. Strafmaßnahmen (Dekretale »Vergentis«, 25. März 1199), andererseits gewann er durch Entgegenkommen und geschicktes Eingehen auf die Anliegen radikal-reformer. Gruppen diese für die Kirche zurück (→Humiliaten, Pauperes catholici). Im Gebiete der →Albigenser fruchteten Missionierungskampagnen ebensowenig wie die Absetzung belasteter Bf.e, weswegen sich I. bei weltl. Mächten um Gewaltanwendung bemühte. Aber erst die dem Gf.en v. Toulouse, →Raimund VI., angelastete Ermordung des Legaten Pierre de →Castelnau und die Proklamation eines Kreuzzuges brachten ein krieger. Unternehmen ab Mai 1209 in Gang. Die Entartung des Albigenserkreuzzuges zu einem zügellosen Raubkrieg belastete ihn mit der Verantwortung, als erster Papst den Mißbrauch der Kreuzzugsprivilegien ermöglicht zu haben. Innerhalb der Abwehrmaßnahmen gegen die Häresie ist auch das Wohlwollen für die Büßergemeinschaft des →Franziskus v. Assisi zu sehen, der er 1209 (oder 1210) mündl. die Anerkennung ihres Propositums erteilte. Mit der Bestätigung der Lebensweise und der Häretikermission durch →Dominikus (1215) steht er auch am Beginn des Predigerordens. – Da nach dem Tod Heinrichs VI. die stauf. Herrschaft in Mittelitalien völlig zusammenbrach, konnte I. zum eigtl. Begründer der Landesherrschaft im Patrimonium Petri werden, am intensivsten im päpstl. Tuszien und in der Campagna. In →Rom wurde bald ein Modus vivendi mit der Kommune gefunden. Im S festigte der Papst die Herrschaft nach innen durch geschickte Familienpolitik und nach außen enge Bindung der Grenzgebiete des Kgr.es an das Papsttum. In den Provinzen des Patrimonium Petri wurde das Amt des Rektors, meist Kard.en anvertraut, zur dauerhaften Institution. Die bis 1208 währende Regentschaft im Kgr. Sizilien, dem päpstl. Oberlehnsherrn testamentar. von →Konstanze († 28. Nov. 1198) zusammen mit der Vormundschaft über Friedrich II. übertragen, absorbierte wegen der chaot. Verhältnisse viel Energie. – In das Verhältnis zu den europ. Kgr.en mischten sich kirchl.-religiöse und polit. Fragen, wobei jene das Übergewicht hatten und meist mit der päpstl. Gerichtsbarkeit zusammenhingen, diese weniger nach einem definierten Programm als nach der Opportunität des Augenblicks behandelt wurden. Bes. gut dokumentiert sind die polit. Beziehungen zum Reich. Nach der Doppelwahl von 1198 bemühten sich beide Konkurrenten um die päpstl. Parteinahme. Aus begründeter Furcht vor der Fortsetzung der stauf. Politik in Italien entschied sich I. schon bald für Otto IV., der dies mit dem Verzicht auf jede eigenmächtige Italienpolitik abgolt (Neußer Eid, 8. Juni 1201). Die Parteinahme des Papstes veränderte die innerdt. Machtverhältnisse jedoch nur unerheblich. Da in den folgenden Jahren der Anhang des Welfen abbröckelte, nahm I. mit →Philipp v. Schwaben Verhandlungen auf, die bei dessen Ermordung (21. Juni 1208) kurz vor dem Abschluß standen. Die allg. Anerkennung Ottos ergab sich aus Kriegsmüdigkeit, nicht aus dem Eintreten des Papstes, dem gegenüber der Kg. seine Versprechungen erneuerte (Speyer, 22. März 1209). Unmittelbar nach der Ks.krönung (Rom, 4. Okt. 1209) schwenkte Otto in die stauf. Tradition der it. Territorialpolitik ein und bereitete die Eroberung Siziliens vor. Deshalb verhängte I. seit Jan. 1210 über ihn die Exkommunikation in mehreren Stufen und unterstützte eine Oppositionsgruppe dt. Fs.en in ihrem Bestreben, Friedrich II. zum Gegenkg. zu wählen. Nach seiner erneuten Wahl und Krönung im Dez. 1212 verbriefte dieser dem Papst wieder die Zugeständnisse seiner Vorgänger (Eger, 12. Juli 1213), was aber keine definitive Befriedung, sondern den Beginn eines langen päpstl.-ksl. Konflikts bedeutete. – In England führte der Streit um die Besetzung des Erzstuhls v. →Canterbury zum Interdikt (1208) und zur Exkommunikation des Kg.s Johann (1209). Erst unter der Drohung einer frz. Invasionsarmee lenkte Kg. ein und übergab das Kgr. dem Papst, um es als Lehen zurückzuerhalten (1213/14). Dies bewirkte auch, daß I. die →Magna Carta für ungültig erklärte. In Frankreich bemühte sich I. wiederholt um Friedensvermittlung im engl.-frz. Krieg, die Beziehungen zu Philipp II. waren aber bis 1213 von der Affäre um dessen verstoßene Gattin →Ingeborg belastet, für die der Papst, konsequent Partei ergriff. – Den triumphalen Höhepunkt erreichte der Pontifikat am sehr gut besuchten →IV. Laterankonzil (Nov. 1215). Der Großteil der 70 überwiegend auf die Seelsorge ausgerichteten Kanones ging in den »Liber extra« (→Corpus iuris canonici) ein. – Mit I. erreichte das Papsttum den Gipfelpunkt seiner Machtentfaltung im MA. Es werden aber gerade durch die Mißerfolge im weltl. Bereich die Grenzen des Einflusses deutlich. Auch bei den spezif. kirchl. Belangen führte die Konzentration auf die päpstl. Machtfülle langfristig zu einer Erstarrung. W. Maleczek

Q.: MPL 214–217 [Gesta Innocentii III papae, seine o. gen. Werke, Register]; Jg. 1 und 2 jetzt hg. v. O. HAGENEDER (u. a.), Die Register I.', 1964, 1979 – Regestum Innocentii III papae super negotio Romani imperii, 1947 – The Letters of Pope I. concerning England and Wales, hg. C. R. CHENEY, 1967 – POTTHAST, Reg. I, II – Lit.: HKG III,2, 168–213 – TRE XVI, 175–182 – Gestalten der Kirchengesch. XI, hg. M. GRESCHAT, 1985, 196–207 – HALLER² III, 296–480 – F. KEMPF, Papsttum und Ksm. bei I., 1954 – H. TILLMANN, Papst I., 1954 – H. ROSCHER, Papst I. und die Kreuzzüge, 1969 – K. SCHATZ, Papsttum und partikularkirchl. Gewalt bei I., AHP 8, 1970, 62–111 – M. MACCARRONE, Studi su I., 1972 – C. R. CHENEY, I. and England, 1976 – M. LAUFS, Politik und Recht bei I., 1980 – W. IMKAMP, Das Kirchenbild I.', 1983 – W. MALECZEK, Papst und Kard. skolleg von 1191 bis 1216, 1984 – K. PENNINGTON, Pope and Bishops, 1984 – F. KEMPF, I. und der dt. Thronstreit, AHP 23, 1985, 64–91 – C. LACKNER, Stud. zur Verwaltung des Kirchenstaates unter Papst I., RHMitt 29, 1987, 127–214.

5. I. IV. (Sinibaldo →Fieschi), *Papst* seit 25. Juni 1243 (Wahl; Krönung: 28. Juni 1243), * um 1195 in Genua, † 7. Dez. 1254 in Neapel; stammte aus der genues. Familie der Gf.en v. Lavagna; Studium der Rechte in Bologna, dort als Lehrer tätig, 1226 Auditor an der röm. Kurie, 1227 Kard., 1228 Vizekanzler der röm. Kirche, 1235–40 Rektor der Marken und Legat in Oberitalien. Seine Wahl zum Papst erfolgte während des ersten →»Konklaves« der Papstgeschichte (1241ff.). Von seinen Vorgängern Honorius III. und Gregor IX. erbte er den Konflikt mit Ks. Friedrich II., der ihn zunächst als Vertreter einer Friedenspartei im Kard.skollegium begrüßte. Friedrichs Freilassung zweier gefangener Kard.e am Beginn des Pontifikats sollte als Geste des guten Willens gelten, seine polit. Zugeständnisse konnten aber die Atmosphäre des Mißtrauens zw. Papst und Ks. nicht beseitigen. Mitten in den Verhandlungen zw. beiden über die Frage der Stellung der lombard. Städte überraschte die als »Flucht« gedeutete, überstürzte Abreise des Papstes aus dem Kirchenstaat in seine Vaterstadt am 28. Juni 1244 und im Spätherbst von dort nach Lyon, das zum Reich gehörte, aber im Einflußgebiet des frz. Kg.s lag, der jedoch die Bitte um Hilfe oder Unterstützung ablehnte. Übergriffe ksl. Truppen auf Gebiete des Kirchenstaates und die unversöhnl. Manifeste und Flugschriften des als päpstl. Vertreter in Italien zurückgebliebenen Kard.s Rainer v. Viterbo verschärften die Lage weiter. Von seiner nunmehrigen Residenz Lyon aus nahm der Papst den Endkampf gegen Friedrich II. auf, der schließlich zugunsten des Papsttums entschieden wurde, das dadurch freilich an Ansehen eher verlor. Im Mittelpunkt des von I. auf den 24. Juni 1245 einberufenen Konzils in →Lyon stand der Konflikt mit dem Ks., den →Thaddeus v. Suessa rhetor. eindrucksvoll verteidigte. Die Kirchenversammlung verabschiedete in der Schlußsitzung am 17. Juli die zuvor von der Mehrzahl der Konzilsteilnehmer besiegelte Absetzungssentenz Friedrichs, »privans ipsum omni honore et imperio et aliis regnis suis« (MGH Const. 2,516). Die Sentenz spitzte den Konflikt, der urspgl. mehr um die Sicherung des Kirchenstaates gegen die »unio regni (Siciliae) ad imperium« gegangen war, auf den Kampf um das Bestehen des stauf. Hauses zu. Er überdauerte, auf beiden Seiten mit Flugschriften und Manifesten, päpstlicherseits auch mit Kreuzzugsaufrufen publizist. weitergeführt, den Tod Friedrichs (13. Dez. 1250). I. kehrte nach Italien zurück und kämpfte gegen Konrad IV., den er ebenfalls überlebte. Weitere Beschlüsse des Konzils betrafen die Vorsorge gegen die Tatarengefahr und die Hilfe für das Lat. Ksr. v. Konstantinopel sowie die Kreuzfahrerinteressen. Es wurde eine Reihe von Dekreten zur Kirchenreform, die als päpstl. Konstitutionen am 25. Aug. 1245 veröffentlicht wurden, verabschiedet. Sie bildeten im wesentl. die erste von insgesamt drei Slg. en innozenzianischer→Dekretalen, die der Rechtsslg. Gregors IX. (»Liber extra«) eingefügt werden sollten; die zweite Slg. von 1246 enthielt mit 22 Stücken hauptsächl. die Rechte der Metropoliten, die dritte vom 9. Sept. 1253 gab die Anfänge von 41 seiner Dekretalen, darunter acht neue, zur Aufnahme in den »Liber extra« bekannt. In dieser gesetzgeberischen Tätigkeit erwies sich I. ebenso als bedeutender »Juristenpapst« wie in seinem »Apparatus in quinque libros decretalium«, dem wohl wichtigsten Kommentar zu den Dekretalen Gregors IX. Bemerkenswert war die noch vor dem Konzil inaugurierte »Ostpolitik« des Papstes, die – insbes. mit Hilfe der Franziskaner und Dominikaner – die Mission unter den Heiden vorantreiben sollte (→Johannes de Plano Carpini). I. hatte Kontakt zu islam. Herrschern und suchte das Gespräch mit dem in Nikaia residierenden byz. Ks. Die Bm.er →Kulm, →Pomesanien, →Ermland und →Samland wurden durch seinen Kard. legaten →Wilhelm v. Modena gegr., der auch das Provinzialkonzil v. Skänninge in Schweden leitete.
B. Roberg

Q. und Lit.: TRE XVI, 182–185 – Les Registres d'Innocent IV, éd. E. BERGER, 4 Bde, 1884–1921 – POTTHAST, Reg. II, 943–1285 – ST. KUTTNER, Die Konstitutionen des ersten allg. Konzils v. Lyon (Stud. et documenta hist. et iuris 6, 1940), 70–131 – H. WOLTER, Lyon I (Gesch. der ökumen. Konzilien 7, hg. G. DUMEIGE–H. BACHT, 1972) – B. BARBICHE, Les actes pontificaux originaux des Archives Nat. de Paris, 1 (1198–1261), 1975, 169–289 – Conciliorum Oecumenicorum Decreta, ed. J. ALBERIGO et al., 1981⁴ – A. MELLONI, William of Ockham's Critique of Innocent IV, FStud 46, 1986, 161–203.

6. I. V. (Pierre de Tarentaise), *Papst* (sel.) seit 21. Jan. 1276, OP, * in Champigny (Savoyen), † 22. Juni 1276; Ebf. v. Lyon seit 6. Juni 1272, Kard.-bf. v. Ostia seit 3. Juni 1273. Während des nur fünfmonatigen Pontifikats standen die Fortführung der 1274 beschlossenen Zusammenarbeit mit Byzanz und die (noch von seinem Vorgänger vereinbarte) Ks.krönung Rudolfs v. Habsburg im Vordergrund, beide Aufgaben konnten jedoch wegen I.' Abhängigkeit von →Karl v. Anjou nicht realisiert werden. Erfolgreicher war sein Bemühen um Frieden in und zw. den oberit. Städten. – Er verfaßte einen Sentenzenkomm. und zahlreiche exeget. Schriften.
B. Roberg

Lit.: M.-H. LAURENT, Le Bienheureux Innocent V et son temps (StT 129, 1947) – L. F. BARMANN, Peter of Tarentaise, Revue de l'Univ. d'Ottawa 31, 1961, 96–125.

7. I. VI. (Étienne Aubert), *Papst* seit 18. Dez. 1352 (Krönung: 30. Dez.), * 1282 zu Monts bei Beyssac im Limousin, † 12. Sept. 1362 in Avignon. Nach dem Rechtsstudium und der Promotion in Toulouse dort Professor und Richter; 1338 Bf. v. Noyon und 1340 v. Clermont; durch →Clemens VI. 1342 Kard. presbyter, Großpönitentiar und 1352 Kard.bf. v. Ostia. 1352 wurde beim Konklave von den Kard.en die erste überlieferte →Wahlkapitulation beschworen (von Kard. Aubert und anderen unter Vorbehalt), die den wachsenden Einfluß des →Kard.kollegs sichern sollte. Bereits 1353 wurde sie von I. wegen ihrer Unvereinbarkeit mit der Plenitudo Potestatis annulliert. I. nahm den Reformkurs →Benedikts XII. wieder auf. Bei den Orden wandte er seinen Reformeifer v. a. den Mendikanten und Johannitern zu. Das wichtigste Ziel seines Pontifikats war die Vorbereitung der Rückkehr des Papsttums nach Rom, befürwortet durch →Birgitta v. Schweden. Entscheidendes leistete dabei ab 1353 der span. Kard.legat Aegidius →Albornoz durch eine weitgehende Befriedung und Reorganisation des Kirchenstaates, die aber die päpstl. Finanzen an den Rand des Ruins brachten. Die in diesem Zusammenhang stehende Erörterung des →Cola di Rienzo zur Gewinnung der Stadt Rom erwies sich als Fehlschlag. Mit Kg. Karl IV., den er 1354 in Rom zum Ks. krönen ließ, unterhielt I. gute Beziehungen, die auch durch die →Goldene Bulle v. 1356 nicht beeinträchtigt wurden. Die Versuche, im →Hundertjährigen Krieg zw. England und Frankreich zu vermitteln, brachten zwar mit dem Frieden v. →Brétigny 1360 einen zehnjährigen Waffenstillstand, aber keine wirkl. Beilegung des Konfliktes. Auch die Bemühungen um einen Frieden zw. Kastilien und Aragón blieben erfolglos, desgleichen die Anstrengungen um eine Union mit der Ostkirche und um einen Kreuzzug. J. Grohe

Q.: LP II, 492f. – F. NOVAC, Acta Innocentii VI, 1907 – Vitae Paparum Avenionensium, ed. E. BALUZE – G. MOLLAT I, 1916, 309–348; II, 1928, 433–491 – U. BERLIÈRE, Suppliques d'Innocent VI., 1953 – Acta Innocentii PP VI (1352–1362), coll. A. L. Tàutu, 1961 – Lit.: DThC VII, 1997–2001 – LThK² V, 690f. – A. PÉLISSIER, Innocent VI. le Réformateur, 1961 – G. MOLLAT, Les Papes d'Avignon 1305–1378, 1965¹²[ält. Lit.] – B. GUILLEMAIN, La cour pontificale d'Avignon, 1966 – Y. RENOUARD, The Avignon Papacy, 1970, 49–53 – D. WILLIAM, Memoranda and Sermons of Étienne Aubert (Innocent VI.) as Bishop (1338–1341), MSt 37, 1975, 7–41.

8. I. VII. (Cosimo Gentile de'Migliorati), *Papst* der röm. Obödienz im →Abendländ. Schisma seit 17. Okt. 1404 (Krönung: 11. Nov.), * ca. 1336 in Sulmona/Abruzzen, † 6. Nov. 1406 in Rom. Nach dem Rechtsstudium in Bologna Professor in Perugia und Padua; durch →Urban VI. an die Kurie berufen und für zehn Jahre als Kollektor nach England entsandt; 1387 Ebf. v. Ravenna, 1389 Ebf. v. Bologna, 1389 Kard.presbyter, 1390 Legat für die Toscana und die Lombardei mit dem Ziel der Friedensvermittlung zw. den →Visconti und den Städten Bologna und Florenz. Im Konklave von 1404 beschwor I. wie die übrigen sieben Kard.e der röm. Obödienz in einer →Wahlkapitulation, alles zu tun, um das Schisma zu beenden. Das unter dem Druck des dt. Kg.s →Ruprecht für 1405 nach Rom einberufene Konzil kam nicht zustande. I. mußte in Rom wegen eines Aufstandes Kg. →Ladislaus v. Neapel zu Hilfe rufen und geriet in der Folgezeit in dessen Abhängigkeit. Aus diesem Grund konnte I. – v. a. wegen der Gegnerschaft →Benedikts XIII. zu Ladislaus – im Gegensatz zu der avignones. Seite in der Schismafrage keine Initiativen zur Wiedergewinnung der Union ergreifen. J. Grohe

Q.: LP II, 508–510, 531–533, 552–554 – Lettres d'Innocent VII. Textes et analyses, publ. par M. MAILLARD-LUYPAERT, 1987 – Lit.: ECatt VII, 17f. – LThK² V, 691 [Lit.] – SEPPELT-SCHWAIGER IV², 224–227 – N. VALOIS, La France et le grand schisme d'Occident, III, 1901 – G. BOLINO, Papa Innocenzo VII. di Giuseppe Capograssi (Bull. della Dep. Abruzz. 70, 1980), 487–510 – J. N. D. KELLY, The Oxford Dict. of Popes, 1986, 234 [Lit.].

9. I. VIII. (Giovanni Battista Cibo), *Papst* seit dem 29. Aug. 1484 (Wahl; Krönung: 12. Sept. 1484), * 1432 in Genua, † 25. Juli 1492; stammte aus einer Genueser Familie, wuchs jedoch am neapolitan. Hof auf, hatte mehrere Kinder, von denen zum Zeitpunkt seiner Papstwahl noch zwei lebten. Nach Studien in Rom und Padua wurde er 1466 Bf. v. Savona, 1472 Bf. v. Molfetta, 1473 Kard.-presbyter. Nach dem Tod Sixtus' IV. 1484 standen sich mit den →Orsini und →Colonna zwei rivalisierende Parteien gegenüber. Erst Verhandlungen konnten eine bewaffnete Auseinandersetzung vermeiden und den Weg für das Konklave freimachen, aus dem – nicht ohne simonist. Machenschaften – Kard. Cibo als Kompromißkandidat hervorging. Den schweren Problemen seines Pontifikats zeigte sich I. u. a. wegen seiner häufigen und langwierigen Krankheiten nicht gewachsen. Mit der Bulle »Summis desiderantibus affectibus« (1484) begünstigte er in unheilvoller Weise den Hexenwahn; 1486 Verurteilung von 900 Thesen des Giovanni →Pico della Mirandola. 1485–86 wurde I. gegen seinen Willen in die Verschwörung der →Barone im Kgr. Neapel verstrickt und ergriff für die revoltierenden Barone gegen →Ferdinand I. v. Aragón (Ferrante) Partei. Die Auseinandersetzung zog sich mit kurzen Unterbrechungen bis 1492 hin und brachte schwere Verluste für die päpstl. Politik. In der Hoffnung auf Hilfe in der völlig desolaten Lage der päpstl. Finanzen strebte I. eine enge Verbindung mit dem Hof der →Medici an. Diesem Ziel diente u. a. die Verheiratung seines Sohnes Franceschetto mit einer Medici sowie die Erhebung des jugendl. Giovanni de'Medici (→Leo X.) zum Kard. In der Türkenpolitik zeigte sich I. schwankend. Zunächst rief er vergebl. zum Kreuzzug gegen die Türken auf, schloß dann aber mit →Bāyezīd II. ab 1482 einen unrühml. Frieden. Das Urteil über den Pontifikat in zeitgenöss. Q. und der Lit. ist wegen I.' Nepotismus, des weiteren Verfalls der röm. Kurie und des Ausbleibens der Reform einhellig negativ, wobei ledigl. das Mäzenatentum (Förderer von →Pollaiuolo, →Pinturicchio, →Mantegna, →Lippi und →Perugino) positiv ausgenommen wird. Erst neuere Unters. zeigen zumindest für die Bemühungen I.' um Frieden und Einheit unter den christl. Kgr.en im Bereich Nord- und Osteuropas ein etwas günstigeres Bild. J. Grohe

Q.: Calendar of Entries in the Papal Registers Relating to Great Britain and Ireland, Papal Letters XIV: Innocent VIII, ed. J. A. TREMLOW, 1960; XV: Innocent VIII. Lateran Registers 1484–1492, ed. M. J. HAREN, 1978 – Les »Libri Annatarum« pour les pontificates d'Eugène IV à Alexandre VI, Vol. IV: Textes publ. par E. BROUETTE (= Anal. Vaticano-Belgica I/24), 1963 – Lit.: DBI XXV, 243–245, 257f., 275–277 – DThC VII, 2002–2005 – ECatt VII, 18f. – LThK² V, 692 – SEPPELT-SCHWAIGER V², 369–376 – T. NYBERG, Papst I. VIII. und Skandinavien, AHP 22, 1984, 89–152 – J. N. D. KELLY, The Oxford Dict. of Popes, 1986, 251f. [Lit.].

Inns of Court, Herbergen (hospicia) für Juristen an der Westseite der City of →London. Von ca. 20 solcher Herbergen ist bekannt, daß sie dem Juristennachwuchs als Unterkunft dienten, der an den kgl. Gerichten von Westminster Hall (→Common Pleas) ausgebildet wurde. Seit 1388 wurden die vier, heute noch existierenden I. of C. (Inner und Middle Temple [ehem. Häuser des 1312 aufgehobenen Templerordens], Gray's Inn und Lincoln's Inn) von den weniger angesehenen »Inns of Chancery« unterschieden. Die I. of C. waren die elitäre Ausbildungsstätte für die Advokaten *(serjeants at law)*, aus denen die kgl. Richter hervorgingen (Beginn der »Black Books of Lincoln's Inn«: 1422). Das ca. siebenjährige Studium an den I. of C. umfaßte den Besuch kgl. Gerichtshöfe und die Abhaltung sog. Scheinverhandlungen *(moots)*. Eine höhere Stufe der Promotion war die Berufung in das Selbstverwaltungsgremium eines I. *(bench)*, aus dem jedes Jahr ein Mitglied ausgewählt wurde, um über ein Thema des →Statutenrechts eine Vorlesung zu halten. In der Mitte des 15. Jh. hatten die von John →Fortescue in seinem Werk »De Laudibus Legum Anglie« gerühmten I. of C. die Stellung einer Universität inne, an der nur Lat. gebraucht wurde, während in der engl. Rechtspraxis neben Lat. auch Engl. und Frz. üblich waren. Die I. of C. waren aber auch Zentren einer höf. Unterhaltung und Treffpunkt für junge Adlige, die keine Juristenausbildung anstrebten. Sie bildeten eine Art Pflanzstätte für bedeutende Männer des Kgr.es: Politiker, Speakers of the →House of Commons, →Justices of the peace und bedeutende Kaufleute.

A. Harding

Lit.: Sir J. Fortescue, De Laudibus..., ed. S. B. CHRINES, 1949, 115–121 – J. H. BAKER, An Introduction to English Legal Hist., 1971, 68–70 – DERS., The Legal Profession and the Common Law, 1986, 3–6.

Innsbruck, Stadt im mittleren Tiroler Inntal, an der Einmündung des den Brennerpaß überschreitenden Wipptales gelegen. Durch Gf. →Berthold (V.) v. Andechs, Mgf. v. Istrien, gegr. (Urk.: um 1167/83), wurde die Marktsiedlung zugleich mit der namengebenden Innbrücke am n. Innufer angelegt, während sich die s. Talseite im Besitz des Prämonstratenserkl. Wilten befand, von dem Berthold 1180 den Grund der heut. Altstadt erwarb. Zunächst wurde nur dieser s. des Inns gelegene Siedlungskern mit einer Ringmauer umgeben, zw. 1187 und 1204 erhielt der gesamte Burgfrieden städt. Rechte (1205 burgum, 1209 civitas), die in einer von Hzg. Otto II. v. Andechs-Meranien ausgestellten Bestätigungsurk. v. 1239 überliefert sind; das erste Stadtsiegel an einer Urk. von 1267 entstand sicher vor 1248. Von den 1248 ausgestorbenen →Andechsern gelangte I. zunächst an Gf. Albert (IV.) v. Tirol und von diesem an Gf. Gebhard v. Hirschberg, dann 1263 an die Gf.en v. →Görz-Tirol. Die 1281 um die s. Neustadt vergrößerte Stadt I. umfaßte nun ca. 295 ha. Von größter Bedeutung wurde die Übertragung Tirols 1363 an die Hzg. e v. Österreich; um 1420 wurde die Stadt Residenz und Verwaltungszentrale Tirols und Vorderösterreichs. Die I. er Jahrmärkte wurden bald von jenen der Nachbarstadt →Hall übertroffen. I. konnte den Straßenverkehr und die Rott(Rod)fuhr von und nach Augsburg bzw. Italien behaupten und erreichte unter dem 15. Jh. eine kulturelle und wirtschaftl. Blüte. Die Stadt hatte zur Zeit Ks. Maximilians I. ca. 5000 Einw. F. H. Hye

Bibliogr. und Lit.: W. Eppacher, Bibliogr. zur Stadtkunde von I. (= Veröff. des I.er Stadtarchivs, NF 1/2, 1971) – F. H. Hye, I. – Gesch. und Stadtbild, 1980 – Ders., Österr. Städtebuch, hg. Österr. Akad. der Wiss., V, 1: Die Städte des Bundeslandes Tirol, 1980, 69–132 – Ch. Haidacher, Zur Bevölkerungsgesch. von I. im MA und in der beginnenden NZ (= Veröff. des I.er Stadtarchivs, NF 15, 1984).

Inquisitionsprozeß. Lange Zeit wurden über die Entstehungsart und die Vorbilder des I.es die verschiedensten Thesen vertreten. Heute wissen wir, daß Innozenz III. am Ende des 12. Jh. diese neue Prozeßform dadurch schuf, daß er im Zuge der fälligen jurist. Rationalisierung in das damals gegen Kleriker angewandte, aus der Frankenzeit stammende Infamationsverfahren nur den jetzt ex officio zu erhebenden materiellen Beweis eingeschoben und den bis dahin üblichen Reinigungseid mit Eideshelfern (→Eid) in eine subsidiäre Stellung zurückversetzt hat. Das Vorverfahren mit der amtl. inquisitio famae wurde belassen. Der so gestaltete I. war also zunächst nur als Disziplinarverfahren gedacht, um v. a. gegen renitente Bf.e und Äbte vorgehen und sie von Amt und Beneficium entheben zu können. Der Papst bestand darauf, daß den Angeschuldigten alle Verteidigungsmöglichkeiten offen blieben. Erst in einer späteren Phase gestattete er bei allerschwersten Delikten die →Degradation eines Klerikers und seine Übergabe an den weltl. Arm. Das →IV. Laterankonzil v. 1215 hat dieses Verfahren dann ebenso wie das Verbot der Beteiligung von Klerikern an →Gottesurteilen sanktioniert. Man dachte jedoch nicht daran, es als Mittel von Ketzerverfolgungen zu gebrauchen. Die Legisten sahen bald den kanon. I. als in seinen Grundlagen auch dem röm. Recht entsprechend und im weltl. Bereich benutzbar an. So zeigen sich seine Wirkungen in den Konstitutionen →Friedrichs II. von Amalfi, und unter dem Einfluß der gelehrten Juristen erscheint seine Anwendung zunächst in den dort. Kommunen, dann aber v. a. auf der Iber. Halbinsel und in Frankreich. Da nach dem Verfahrensrecht eine Verurteilung nur bei vollem Beweis, in der Regel also durch Geständnis oder wenigstens zwei übereinstimmende Zeugenaussagen, möglich war, Schwerstverdächtige also freikommen konnten, entschloß man sich, diese Lücke durch Anwendung der im röm. Recht fundierten →Folter zur Erzwingung des Geständnisses beim Vorliegen überzeugender Indizien, zunächst in Fällen der sog. crimina publica, wie Aufstand und Verrat, dann auch bei anderen Kapitalverbrechen, auszufüllen. Folgenschwer war die Bestätigung dieser Praxis beim sog. crimen laesae majestatis divinae, also der Ketzerei, durch Innozenz IV. Das in der Mitte des 13. Jh. in Frankreich entstandene neue Ketzerverfahren, auf dem auch der gemeinrechtl. Hexenprozeß basiert, ist ein abweichendes summarisches Verfahren, das die Verteidigungsmöglichkeiten des Angeklagten gegenüber dem eigtl. I. stark einschränkte. W. Trusen

Lit.: W. Trusen, Der I., ZRGKanAbt 74, 1988, 168–230 – Ders., Vom Inquisitionsverfahren zum Ketzer- und Hexenprozeß (Fschr. P. Mikat, 1989), 435–450.

Inschriften

A. Allgemein und westlicher Bereich – B. Südosteuropäischer Bereich

A. Allgemein und westlicher Bereich

I. Definition und Quellenwert – II. Schrift – III. Sprache und Formular.

I. Definition und Quellenwert: Unter den überlieferten Schriftzeugnissen kommt den I. je nach Epoche eine unterschiedl. Bedeutung zu. Während im Altertum weite Bereiche des zivilen und öffentl. Lebens allein durch epigraph. Denkmäler belegt sind, stehen die ma. I. als eine Q. gattung neben anderen. Nichtsdestoweniger haben sie aufgrund ihrer mannigfachen Thematik, der Spontanität der Aussage und der Verbindung mit einem konkreten Gegenstand, dem I. träger, der sich meist noch an der ursprgl. Stelle befindet oder lokalisierbar ist, beträchtl. Aussagewert für verschiedene Wiss. (Landes-, Kirchen-, Rechts- und Sozialgesch., Genealogie, Schriftkde., Sprach- und Lit. wiss., Kunstgesch., Volkskde u. a.). Die Abgrenzung gegenüber anderen Schriftäußerungen bleibt mitunter unscharf. Kriterien wie Dauerhaftigkeit, Monumentalität, Publizität, selbst gestaltender Formwille – man denke etwa an die Sgraffiti – können keineswegs das gesamte Spektrum der als I. in Frage kommenden Denkmäler charakterisieren, so daß die von Kloos (Einf., S. 2) vorgeschlagene »Negativdefinition« als geringster gemeinsamer Nenner zu akzeptieren ist: »I. sind Beschriftungen verschiedener Materialien – in Stein, Holz, Metall, Leder, Stoff, Email, Glas, Mosaik usw. –, die von Kräften und Methoden hergestellt sind, die nicht dem Schreibschul- und Kanzleibetrieb angehören«. Eine Auflistung der I. nach dem Inhalt kann ebenfalls nur ein Versuch darstellen: 1. Angaben des Eigentümers und Inhabers (z. B. auf Bauwerken, Kunst- und Gebrauchsgegenständen, Grenzzeichen; Grabdenkmälern); 2. Angaben des Urhebers (z. B. Stifteri., Künstlersignaturen, Steinmetzzeichen); 3. Wahlsprüche, Devisen und Mahnungen; 4. Weihen und Widmungen; 5. bloße Datierungen; 6. hist. Angaben sowie Rechts- und Urkundeni.; 7. Legenden auf Münzen, Medaillen und Siegeln; 8. Scherz-, Geheim-, Zauber- und Rätseli.; 9. Objekterklärungen, etwa auf Gemälden; 10. techn. Angaben (modifiziert nach Lhotsky). Im Unterschied zu den in sich geschlossenen Wiss. von den I. der gr. und röm. Antike, ja auch zur frühchristl. I. kde ist die ma. Epigraphik noch im Aufbau begriffen, wobei gr. nat. Editionsunternehmg. en die Basis liefern.

II. Schrift: Mit Schrift befaßt sich die I. paläographie, die als Teilgebiet der Epigraphik (I. kde) der Paläographie den Eigenweg der epigraph. Schriftentwicklung, die Rolle der verschiedenen Herstellungstechniken und Materialien hierbei sowie die von Zeit zu Zeit unterschiedl. engen

Beziehungen zur geschriebenen Schrift untersucht. Wie vieles im MA stehen auch die I. in einem spannungsgeladenen Verhältnis zur röm. Antike, die mit der Ausformung des lat. Alphabets die Grundlagen legte. Mit der durch strenge Harmoniegesetze in höchster Disziplin als scriptura monumentalis geprägten →Capitalis (seit 1. Jh. v. Chr.) war ein epigraph. Schreibstil von höchster Vollendung gegeben, der als Leitbild auch künftighin zur Verfügung stand und im Geiste einer Renaissancegesinnung in der Zeit der karol. Erneuerung sowie in der des Humanismus bewußt wieder aufgegriffen wurde. Verwendete man ihn in der röm. Welt für aufwendige öffentl. und private I., so diente als schmälere und mehr raumsparende Gebrauchsschrift - vielfach nicht streng abgegrenzt von der Monumentalis - die scriptura actuaria, die der geschriebenen Schrift näherstand und die Fähigkeit zu Stilisierungen in sich barg, während die →Kursive als Schreibschrift zahlloser Kritzel. auf verschiedenen I. trägern vorbehalten blieb. Die spätantike Capitalis ist im Zeichen einer universellen Reichskultur vom Eindringen gr. Buchstabenelemente sowie von unzialen und kursiven Einflüssen geprägt. Die I. wurden ab dem 4. Jh. vom Christentum bestimmt. Mag es auch nach wie vor gute Leistungen gegeben haben, so setzte sich doch eine zunehmend lässigere Ausführung durch. Symbole wie Tauben (mit Ölzweig), Gefäße, Chi-Rho, Alpha-Omega u. a. bestimmten ganz wesentl. das Aussehen dieser I. Als begrenzter Sonderfall in der 2. Hälfte des 4. Jh. ist die vom päpstl. Geheimschreiber Furius Dionysius Philocalus geschaffene monumentale Prunkschrift der scriptura Damasiana anzusehen. Über den Zusammenbruch des röm. Reiches hinaus lebte einerseits die antike Schrifttradition auf verschiedenem Niveau nahtlos weiter, andererseits brachten die Ereignisse der Völkerwanderung manche Umformung und regionale Differenzierung mit sich. Rustikale I. stehen Stilisierungen - etwa in den langob. Zentren des 8. Jh. - gegenüber. Für Charakteristika der bes. verwildert anmutenden frk. I. hat man Runeneinfluß vermutet. In einem n. der Alpen deutl. erkennbaren Einschnitt griff die karol. Renaissance auf die klass. Monumentalis zurück, die den Ausgangspunkt für die weitere epigraph. Entwicklung darstellt. Das allmähl. Abrücken von diesem Schriftcharakter in Einzelformen und Gesamtbild sowie das Eindringen unzialer Buchstaben machten die roman. Schriftperiode aus (11./12. Jh.). Am Ende steht das kapitalunziale Mischalphabet der got. →Majuskel, ein Schriftstil von hoher ästhetischer Geschlossenheit, wobei die Aufgabe der Linearität und die Tendenz zur Flächigkeit und Rundung zu neuen Spannungsverhältnissen führten. Die unmittelbare Phase der Gotisierung erfolgte in einem West-Ost-Gefälle - auch nach Herstellungstechniken der I. unterschiedl. - zw. dem späten 12. Jh. und dem vorgerückten 13. Jh. Manche Sonderentwicklung blieb hierbei auf der Strecke. Ziemlich abrupt brach die got. Majuskel um etwa 1400 ab. Sie wurde von der got. →Minuskel, die seit der 2. Hälfte des 14. Jh. in größerer Dichte auftrat, abgelöst. Mit ihr drang erstmals eine Minuskelschrift in die I. ein. Unter den meist individuellen Schriftschöpfungen im Vorfeld der Wiederaufnahme der alten röm. Monumentalschrift begegnet uns einigermaßen verfestigt nur die sog. frühhumanist. Capitalis, die aus verschiedenen Q. - roman. und got. Majuskel, byz. Einflüsse, Capitalis - zehrt. Sie ist eine Schrift mit hohem Dekorationswert. Das fast völlige Fehlen der got. Minuskel in Rom und Teilen Italiens führte dort früh in direktem Übergang hin zur Renaissancecapitalis.

III. SPRACHE UND FORMULAR: Das Lat. bestimmte bis zum ausgehenden HochMA nahezu ausschließlich die abendländ. I. Gr. I. begegnen in größerer Zahl nur im byz. beeinflußten Sizilien und Süditalien. Das Erscheinungsbild des Lat. in Orthographie, Syntax und Wortwahl ist eine wertvolle Q. für den Linguisten und bietet darüber hinaus Aussagen zum kulturellen und sozialen Umfeld. Liefern »Fehler« in vulgärlat. I. Beobachtungen zur Entwicklung der roman. Sprachen, so zeigt eine Analyse karol. Texte, daß einerseits alten Worten vielfach ein neuer Sinn unterlegt wurde, und daß sie andererseits - das gilt bes. für metr. I. - in erster Linie christl. Autoren des 4.-6. Jh. verpflichtet waren. Volkssprachl. Texte, seit dem 12. Jh. in Frankreich belegt, nehmen insbes. im S des Landes nach 1200 deutl. zu. Von frühen Namensnennungen und der Bingener Diderikinschrift (um 1000) abgesehen, finden sich dt. I. kaum vor 1300, auf Grabdenkmälern überhaupt erst im späteren 14. Jh. Im insularen Bereich hingegen spielten die Volkssprachen seit dem FrühMA eine beträchtl. Rolle. Der Anteil an metr. I. (→Hexameter oder →Distichen) war im Früh- und HochMA beträchtl., im hohen MA häufig mit leoninischem Binnenreim. Zw. Topos und individueller Aussage, freier Formulierung und festem Formular bewegt sich ein Großteil der I. arten. Kurz war in der Regel das Formular der frühchristl. Grabi.: »Hic iacet (requiescit, pausat, situs est u. ä.) (in pace) NN. (auch mit Angabe des Berufes, sozialer Stellung, Funktion) - Altersangabe - Widmung des Grabes«. Ihm stehen die aufwendigen Grabelogien der Karolingerzeit gegenüber, wie etwa die literar. Totenklage auf dem auf Initiative Karls d. Gr. hergestellten Grabmal Hadrians I. erkennen läßt. Das vielfach knappe Formular in hochma. Prosai. - oft nur Nennung des Toten oder bloß Angabe des Todestages in Verbindung mit »o(biit)«, dem am häufigsten für »sterben« gebrauchten Ausdruck - erfährt eine Ausweitung. Im SpätMA lautet es im dt. Bereich oft: »Anno domini« - Tagesdatum - obiit - NN. «, zunehmend gefolgt von näheren biograph. Angaben sowie der Formel »cuius anima requiescat in pace«. Die weniger stereotyp gebrauchten Wendungen in dt. sprachigen Texten sind in der Regel eine Übers. des lat. Formulars. Im SO des Reiches findet sich häufig die Formulierung: »hie ligt NN., der (die) gestorben ist«. W. Koch

Q.: Die Dt. I., 1942ff. (bisher 28 Bde) – Corpus des inscriptions de la France médiévale, 1974ff. (bisher 14 Bde) – P. RUGO, Le iscrizioni dei sec. VI–VII–VIII essistenti in Italia, 5 Bde, 1974–80 – Corpus Inscriptionum Poloniae, 1975ff. (bisher 4 Bde) – Corpus Inscriptionum Medii Aevi Helvetiae, 1977ff. (bisher 2 Bde) – Corpus Inscriptionum Medii Aevi Liguriae, 1978ff. (bisher 3 Bde) – Recueil des inscriptions chrétiennes de la Gaule antérieures à la Renaissance carolingienne: I: Première Belgique (bearb. N. GAUTHIER), 1975. XV. Viennoise du Nord (bearb. D. DESCOMBES), 1985 – *Lit.*: C. M. KAUFMANN, Hb. der altchristl. Epigraphik, 1917 – A. LHOTSKY, Q.kde zur ma. Gesch. Österr., MIÖG Ergbd. 19, 1963, 65ff. – R. FAVREAU, Les inscriptions médiévales (Typologie des sources du MA occidental 35, 1979) – R. M. KLOOS, Einführung in die Epigraphik des MA und der frühen NZ, 1980 [Bibliogr.] – Fachtagung für lat. Epigraphik des MA und der NZ, hg. DERS., 1980, Münchener Hist. Stud., Abt. Gesch. Hilfswiss. 19, 1982 – Epigraphik 1982, hg. W. KOCH, DÖAW 169, 1983 – N. GRAY, A Hist. of Lettering, 1986 – Dt. I., hg. K. STACKMANN, AAG 3. F. 151, 1986 – A. DIETL, In arte peritus, RHMitt 29, 1987, 75–125 – W. KOCH, Lit. bericht zur ma. und nz. Epigraphik (1976–84): MGH Hilfsmittel 11, 1987 [ältere Lit.] – E. SCHUBERT, Drei Grabmäler des Thüringer Lgf. enhauses aus dem Kl. Reinhardsbrunn (Skulptur des MA, hg. F. MÖBIUS – E. SCHUBERT, 1987), 211–242 – H. ZIMMERMANN, Dt. I., AAMz 12, 1987 – R. FAVREAU, L'épigraphie médiévale: Naissance et développement d'une discipline, Acad. des Inscriptions & Belles Lettres, Comptes rendus, 1989, 328–363 – Epigraphik 1988, hg. W. KOCH, DÖAW [im Dr.] – DERS., Die spätma. Grabi. (J. GARMS – A. M. ROMANINI, Skulptur und Grabmal des SpätMA in Rom und Italien, Publ. des Österr. Hist. Inst. in Rom, I/10) [im Dr.].

B. Südosteuropäischer Bereich

Die I. in SO-Europa spiegeln durch ihre Verteilung nach Zeit und Raum, nach Sprache und Schriftsystem wichtige Linien der gesch. Entwicklung wider. Im Ersten Bulgarischen Reich (→Bulgarien) entstanden in der Zeit vom Ende des 7. bis in die 2. Hälfte des 9. Jh., also von der Reichsgründung bis zu Christianisierung und Übergang zu slav. Schriftlichkeit, die sog. protobulg. I. (erhalten ca. 80): Texte chronikalen Charakters, Siegessäulen, Friedensverträge und Grenzinschriften, Militäri. mit Befehlen und Rüstungsverzeichnissen, Bau- und Grabi. Abgesehen von zwei bisher inhaltl. nur teilweise gedeuteten I. in protobulg. Sprache (→Bulg. Sprache) und griech. Schrift (BEŠEVLIEV, 1963 Nr. 52, 53), sind die Texte vulgärgriech. verfaßt. Die protobulg. I., konzentriert auf den Raum des heut. NO-Bulgariens, v. a. auf →Preslav und →Pliska, bilden eine wichtige Ergänzung zu Angaben aus der griech. Chronistik u. liefern zahlreiche Informationen zu protobulg. Namen, Titeln und Ämtern (→Imennik). Die lat. I. sind auf den Raum der Adriaostküste konzentriert. Am kontinuierlichsten hielt sich die epigraph. Produktion von der Spätantike ins HochMA in →Istrien (→Pula, →Poreč, →Novigrad). – Nach einer Zeit weitgehender Reduzierung urbanen Lebens (ca. Anfang des 7. bis Ende des 8. Jh.) schufen Christianisierung (→Mission) der neuen slav. Herrschaftsgebiete und Stabilisierung der polit. Beziehungen im 9. Jh. die Bedingungen für ein Aufblühen der Bautätigkeit (dalmat. Städte, Kroatien). Im europ. Vergleich ist das epigraph. Erbe →Dalmatiens vom Ende des 9. bis ins 11. Jh. außerordentlich reich. Die I., bevorzugt an Altarschranken (→Baukunst, B. II) und auf sekundär verwandten Sarkophagen, sind in capitalis rustica mit vereinzelten Elementen von Unziale und Beneventana geschrieben. Unter den I. an roman. Bauwerken des 12. und 13. Jh. in Dalmatien sind v. a. die aus dem Marienkloster in →Zadar als Quelle zur Errichtung der Herrschaft →Ungarns (1105) von hohem hist. Wert. – In den kontinentalen Gebieten mit lat. Schriftlichkeit (Krain, Untersteiermark, Slawonien, Ungarn, Siebenbürgen) setzt eine dichtere epigr. Überlieferung erst im 14. Jh. ein. – Die slavischsprachigen Inschriften sind in glagolit. oder kyrill. Schrift (→Alphabet III., IV.) geschrieben. Entsprechend zur schon im 10. Jh. beginnenden Ablösung des Glagolit. durch das Kyrill. bei den orth. Slaven finden sich in Bulgarien und Makedonien nur wenige frühe glagolit. I. Hingegen erlebte glagolit. Epigraphik eine große Entfaltung dort, wo sich in der Westkirche neben dem Lat. slav. Liturgie und Schriftlichkeit hielten (11.–13. Jh. noch beschränkt auf die Inseln des Kvarner, die kroat. Küste und Ostistrien, im 14.–16. Jh. Ausdehnung auf das kroat. Binnenland, Westistrien und Norddalmatien). Neben gemeißelten Steini. und I. an→Glocken und liturg. Gerät ist eine große Zahl von Sgraffitti erhalten. Die I. zeigen die allg. Entwicklung von der runden Glagoljica (bis 11. Jh.) über die »formative Periode« (12.–13. Jh.) zur eckigen Glagoljica (ab 14. Jh.) wie auch zur Kursivschrift (ab 15. Jh.). Am bekanntesten ist die Tafel v. Baška (um 1100, Kl. OSB St. Lucia in →Krk); die I. enthält ein »stein. Chartular«. Aus dem Ersten Bulg. Reich ist nur eine geringe Zahl kyrill. I. erhalten (z. B. I. des Zaren Ivan Vladislav aus Bitola, 1015/16). In den wenigen frühen kyrill. Inschriften aus Bosnien-Hercegovina und Serbien finden sich noch einzelne Elemente der Glagoljica. Erst seit dem 12. Jh. steigt die Zahl kyrill. I. schnell an; in Serbien und Bulgarien liegt die größte Dichte in der Zeit von der Mitte des 13. bis ans Ende des 14. Jh., der Periode höchster polit. und kultureller Entfaltung. Ungewöhnlich ist die zweisprachige armenisch-kyrill. I. aus Vitovnica (1218). Neben der Steini. sind zahlreiche Freskeninschriften in der Ausmalung der großen Klosterkirchen erhalten; in →Žiča und →Gračanica ist auf diese Weise der vollständige Text der Stifterurkunde überliefert. Seit dem 14. Jh. drängen sich an die Stelle der alten Ustav-Schrift Formen aus der Kanzleischnellschrift. Entsprechend dem späteren polit. und kulturellen Aufstieg →Bosniens und der →Hercegovina fällt dort die dichteste epigraph. Überlieferung erst ins 15. Jh. Die I. zeigen in Buchstabenform und -bestand die Besonderheiten der regionalen Variante des Kyrillischen (Bosančica). Es überwiegen Grabinschriften konventionellen Inhaltes; auf eventuell dualist. Gedankengut in der Bosn. Kirche geben die I. keine positiven Hinweise. Auf dem Territorium des narentan. Fm.s (in Omiš und auf Brač) sind neben lat. auch einzelne kyrill. I. überliefert. – In den Fsm.ern →Moldau und →Walachei setzt erst im 15. Jh. reichere Überlieferung kyrill. Epigraphik ein. – Zu den I. in Byzanz →Schrift, -kultur.   L. Steindorff

Lit.: Vgl. allg.: BZ, Byzslav, Starohrvatska prosvjeta, Slovo, Starinar – I. KUKULJEVIĆ, Nadpisi sredovječni i novovjeki…u Hrvatskoj i Slavoniji, 1891 – I. STOJANOVIĆ, Stari srpski zapisi i natpisi, I–IV, 1902–04, 1923 [Neudr. 1982 ff.] – I. GOŠEV, Starobălgarski glagoločeski i kirilski nadpisi ot IX i X v., 1961 – I. PETRICIOLI, Ranosrednjovjekovni natpisi iz Zadra, Diadora 2, 1962, 251–270 – M. VEGO, Zbornik srednjovekovnih natpisa Bosne i Hercegovine, I–IV, 1962–70 – V. BEŠEVLIEV, Die protobulg. I., 1963 [1972² bulg.] – I. OSTOJIĆ, Benediktinci u Hrvatskoj i ostalim našim krajevima I, 1963, 331–371 – Ž. RAPANIĆ, Ranosrednjovjekovni natpisi iz Splita, Vjesnik za arheologiju i historiju dalmatinsku 65–67, 1963–65, 271–314 – V. BEŠEVLIEV, Spätgr. und spätlat. I. aus Bulgarien, 1964 – A. ELIAN, Inscriptiile medievale ale României. Orașul București I. (1395–1800), 1965 – G. TOMOVIĆ, Morfologija ćiriličkih natpisa na Balkanu, 1974 – E. POPESCU, Inscripţiile greceşti şi latine del secolele IV–XIII descoperite in Romania, 1976 – PH. MALINGOUDIS, Die ma. kyrill. I. der Hämus-Halbinsel I, 1979 – R. MIHALJČIĆ–L. STEINDORFF, Namentragende Steini. in Jugoslawien vom Ende des 7. J. bis zur Mitte des 13. Jh., 1982 – B. FUČIĆ, Glagoljski natpisi, 1982 – V. DJURIĆ–A. TSITOURIDOU, Namentragende I. auf Fresken und Mosaiken auf der Balkanhalbinsel vom 7. bis zum 13. Jh., 1986 – R. BRATOŽ, Razvoj zgodnjekrščanstva raziskov v Sloveniji in Istri v letih 1976–86, Zgodovinski časopis 41, 1987, 681–698 [Bibliogr. zu Istrien] – Z. RAPANIĆ, Predromaničko doba u Dalmaciji, 1987.

Inscriptio (Adresse) gibt die Person bzw. den Personenkreis an, an den sich ein Brief oder eine Urk. richtet (→Eingangsprotokoll). Sie ist häufig mit einer Grußformel (→Salutatio) verbunden. Rangfragen, ob ein Schriftstück einem Gleichgestellten, Über- oder Untergeordneten galt, waren maßgebend für die Stellung der Formel vor oder nach der →Intitulatio. Dem Gebotcharakter der merow. Präzepte entsprach, daß sie nach dem Vorbild der röm. Reskripte an die kgl. Amtsträger, nicht an die Begünstigten selbst, gerichtet waren. Genannt werden namentl. einzelne Beamte, schließlich nur allg. deren Gesamtheit. Dies ist wohl der Fall in den Urkk., die nicht der Intitulatio die Abkürzung »v. inl.« bieten, die zumindest bis in die Mitte des 7. Jh. als allg. Adresse (viris illustribus) aufzulösen ist. In der Folge bleibt die I. Briefen und Mandaten vorbehalten, in Diplomen hingegen tritt sie immer mehr zurück. Aus dem Wunsch, den Adressaten anzusprechen, hatte sich als eigene Form die →Publicatio (Promulgatio) entwickelt, die sich schließlich an die Gesamtheit der »fideles« des Herrschers, die zugleich die »fideles Christi« waren, wandte. Einen festen Platz nahm die I. im päpstl. Urkk.wesen ein (feierl. Privilegien, litterae). Für die Frühzeit bietet der →Liber Diurnus eine Liste von Adressen mit den dem Rang der einzelnen Empfängergruppen zukommenden ehrenden Beiwörtern. Dem stilus curiae nach den Reformen in der 2. Hälfte des 11. Jh. entspricht die stereotype Bezeichnung eines Bf.s als »venerabilis frater«, die sonstiger als »dilecti filii«. Die I. konnte aber auch an die Gesamtheit der Gläubigen gerichtet sein. Nur zögernd drang sie im Laufe des 12. Jh. nach kurialem Vorbild wieder in herrscherl. Privilegierungen in Verbindung mit einer Grußformel oder dem päpstl. imperpetuum ein. Insbes. nach dem →Interregnum finden sich zunehmend allg. Adressen, an die »fideles presentes litteras inspecturi« gerichtet. W. Koch

Lit.: W. Erben, Die Ks.- und Kg. surkk. in Dtl., Frankreich und Italien, 1907, 342f. – P. Classen, Ks.reskript und Kg.surkk., 1977, 152ff., 177ff. – H. Fichtenau, Adressen von Urkk. und Briefen, Beitr. zur Mediävistik 2, 1977, 149–166 – Ders., Forsch. über Urkk.formeln, MIÖG 94, 1986, 303ff. – Th. Frenz, Papsturkk. des MA und der NZ, 1986, passim.

Insekten. In Kenntnis der aristotel. Zoologie haben Albertus Magnus (animal. 14, 1–6; 17, 46–50; 21, 45–50; 26, 1–3) und Vinzenz v. Beauvais (20, 67–76; mit Einbezug von Thomas v. Cantimpré 9,1) den Versuch einer allg. Beschreibung der I. unternommen, doch bleibt vieles, v. a. die Metamorphose, unklar. Offenbar wegen der Larvenformen werden sie fast überall als »Würmer« (vermes) u. a. mit Amphibien, Spinnen und anderen Gliedertieren vereinigt. Die an Stelle von Blut mit einer anderen Körperflüssigkeit gefüllten und segmental gegliederten I. werden im 13. Jh. häufiger als »an(n)ulosa«, d. h. ringförmige Tiere, bezeichnet. Infolge ihrer harten Schale (Albertus: duritia corticis) und der äußeren Wärme müssen sich die »kalten« I. öfter häuten (alte Haut: exuviae). Sie überwintern teils als Imagines in einer Art Starre, teils als Eier oder Puppen. Wegen geringer Körperwärme benötigen die ausgewachsenen I. kaum Nahrung, die durch ihre Freßlust dem Menschen schädl. Raupen und andere Larven aber desto mehr. Geschlechtl. Entstehung wurde weniger häufig angenommen als Urzeugung aus an- oder organ. Stoffen. Die Formenkenntnis im MA ist gegenüber der Antike, wo die I. u. a. bei Plinius in Rezepturen gegen menschl. Krankheiten verwendet wurden, sehr kümmerlich. Unter Zugrundelegung einer modernen Systematik werden hier nur die wichtigsten Angaben der naturkundl. Enzyklopädiker (vgl. Bodenheimer) wiedergegeben.

Von den Schaben wurde die Küchenschabe als →Ungeziefer betrachtet. Eine Geißel der Menschheit waren die durch ihre Entwicklungsstadien auffallenden wanderlustigen →Heuschrecken (locustae). Von den Lauskerfe (Phthiraptera) sind als Ungeziefer die Kopf-, Kleider- und vielleicht die Filzlaus ebenso wie die blutsaugende Bettwanze (cimex) bekannt gewesen. Zu den harmlosen Pflanzensaugern (Homoptera) gehören die in der Antike berühmten mediterranen Singzikaden, von denen Ambrosius (exam. 5,22,76) Nachricht gibt (s. Thomas 9,18 = Vinc. 20,125; Bartholomaeus Anglicus 12,13). Als erster führt Isidor (etym. 12,8,10) die Entstehung der Schaumzikade auf Kuckucksspucke zurück. Von Plinius (n. h. 11,92–96) erfuhr man von Aussehen, Lebensweise und Larvenformen der Zikaden. Die dort (11,97f.) angeschlossene Behandlung von →Käfern veranlaßte Thomas nach dem »Experimentator« (vgl. Vinc. 20,124–125) zur Zurechnung der gleichen Gattung. Albertus bestätigte (26,14) das grausame Experiment über das Weiterleben der geköpften cicada aus eigener Erfahrung. Der Tod durch Verstopfung der Poren infolge Übergießens mit Öl lasse sich nach Ambrosius bei Bartholomaeus durch Essig wieder rückgängig machen. Nach dem »Liber rerum« unterscheidet Thomas (aus Unkenntnis über echte Zikaden) die bei ihm namenlose heuschreckenähnl. Hausgrille (= Heimchen, Acheta domestica L.) von einer dunklen Gattung (Feld- oder Maulwurfsgrille). Für Albertus ist »grill(i)us« synonym mit cicada, Bartholomaeus (18,56 nach Isidor 12,3,8) identifiziert damit das nach Plinius (29,138) wegen seiner med. Bedeutung mit einer Ameise aus der Höhle gezogene Tier. Die Netzflügler (Neuroptera) scheint im MA nur der als Larve der Ameisenjungfer unerkannte →Ameisenlöwe zu vertreten. Trotz aller Irrtümer waren die Hautflügler (Hymenoptera) von allen I. bekannt, v. a. die →Biene (apis). Seine Angaben über die königlosen Wespen (vespae) übernimmt Thomas (9,51) überwiegend von Plinius (n. h. 11, 71–72) und aus den Ps.-Klementinen (8,25,6: ungeschlechtl. Entstehung aus faulendem Pferdefleisch; vgl. Isidor 12,9,2; Plinius n. h. 11,70; vgl. Hünemörder). Albertus korrigiert (26,35) Thomas hinsichtl. des nicht aus Blüten stammenden angebl. unbrauchbaren Wachses der Bienen, unterscheidet z. T. heftige Wirkung von Wespenstichen und eine große Art mit schwarzem Kopf und tödl. Stich (Hornisse?). Sonst beschreibt er in seinem ebenfalls von Thomas (9,16) abweichenden Kapitel die »crabrones« (Hornissen, 26,13) als gelb, lokalisiert mit Plinius (11,71 und 73) ihre Nester in Baumhöhlen und unterird. und versucht, deren papierartige Bausubstanz näher zu charakterisieren. Die Entwicklungsstadien übernimmt nur Thomas von Plinius und bezieht die tödl. Stichzahl (11,73: 3 × 9) auf einen zweijährigen Knaben (Albertus: 1 × 9 für Füllen oder Knabe!). U. a. bestätigt Albertus die Angabe von Hirten über »Augen« hinter dem »succinctorium« (= Nebenaugen auf dem Mesonotum der Brust; daher apis caeca gen.). Von den flügellosen →Ameisen bewunderte man den Fleiß. Schmetterlinge (lepidoptera) wurden außer dem Seidenspinner (bombex /ax) und der Seidenraupe (lanificus) zieml. wenig beachtet. Thomas (9,19 = Vinc. 20,130) beschreibt langgestreckte, vielbeinige und bunte Raupen (erucae) auf Kohl und Bäumen (nach dem »Liber rerum«) sowie Weinlaub (nach Isidor 12,5,9) und datiert die Verwandlung durch Benetzung mit Tau oder Regen zu einem Falter (ohne den Namen papilio) auf den Septemberanfang. Vor dem Tod durch Nahrungsmangel lasse die eruca seidenähnl. Gespinste an Zweigspitzen zurück, woraus im nächsten Sommer neue »Würmer« kämen (Hinweis auf Gespinstmotten?). Die von Thomas nur angedeutete Verpuppung (des Kohlweißlings?) an Hauswänden erweitert Albertus (26,15; vgl. 17,47) zu einer guten Beschreibung des Lebenszyklus. Hier wie auch beim Schmetterling (papilio, 26,20) gebraucht er für den Saugrüssel die gleiche Bezeichnung wie beim Elefant (promuscida, vgl. Albertus 14,4). Bestimmte Raupen schädigen die menschl. Haut (Thomas 9,19 nach »Experimentator«; Bartholomaeus 18,45). Nur Bartholomaeus betont farbl. Entsprechung der Zeichnung auf den Raupen und auf den Flügeln der Schmetterlinge. Die Kleidermotte (tineae vestimentorum) läßt Thomas (9,47 = Vinc. 20, 174 = Albertus 26,34) aus verdorbener Luft in Kleidern wegen muffiger Wollfeuchte entstehen. Bartholomaeus (18,103) rät zur Bekämpfung durch stark riechende Blätter. Von den Zweiflüglern (diptera) soll die Fliege (musca) nach dem »Liber rerum« bei Thomas (9,28 = Vinc. 20,147) u. a. durch Beflecken aus Frischfleisch Würmer erzeugen, nach dem »Experimentator« selber aus dem Mist stammen, nach Ersäufen wiederbelebt werden (nach Isidor 12,8,11); Plinius 11,120), ein Fluggeräusch erzeugen, die Flügel und den Rüssel (eine Hohlröhre) mit den Beinen »schärfen«. Albertus (26,19) unterscheidet bei den zweiflügligen, aber achtbeinigen (!) »muscae« eine blutsaugende in der Natur von einer harmlosen Stubenfliege. Eine Art habe er – in Umkehrung des Üblichen – weißen Kot auf einem dunklen Tuch hinterlassen sehen. Neben Volksmedizinischem bietet er (26, 19 = Thomas 9, 29 = Vinc. 20, 153) auch die Mär von der zypr. Feuerfliege (pyrallis nach Plinius, 11, 119). Die sog. Hundsfliege (Isidor 12, 8, 12: cynomya = musca canina) ruft nach Thomas (9, 12 = Vinc. 20, 129) bes. an den Ohren des Viehs blutende Wunden hervor, wenn sie nicht abgeschüttelt wird. Durch ihre Beharrlichkeit ist sie Sinnbild des Teufels, der mit dem Kreuz abgewehrt wird. Ist eine Rinderbremse (tabanus = asilus) gemeint (?), so beschreibt Albertus (26, 12) tatsächl. eine u. a. auf Hunden parasitierende blutsaugende Lausfliege (Hippobosca equina L.). Da sie Bitteres aufsuche, Süßes aber meide (nach Plinius 10, 195), ist die vom Licht anlockbare Mücke (culex) für Thomas (9, 14 = Vinc. 20, 127 = Albertus 26, 13) sinnbildl. für den nur Schlechtes hervorziehenden Verleumder. Als Schutz gegen Mücken auf dem Marsch und im Schlaf empfiehlt er Lauch (allium). Auch in Ex 8, 16ff. als 3. ägypt. Plage die »(s)ciniphes« erscheinen, erwähnt sie Isidor (12, 8, 14) als »winzige Fliegen«. Thomas berichtet (nach Adelinus: 9, 13 = Vinc. 20, 159), daß sich die Menschen in den betroffenen Gegenden gegen den schmerzhaften Stich durch über die Betten gespannte Netze schützten. Auch Albertus (26, 12) kennt diese unter dem Namen »retia canopea« (nach der für ihren Luxus sprichwörtl. Stadt an der Nilmündung) und macht den Schweiß für die Anlockung der langbeinigen und kaum sichtbaren Qualgeister verantwortlich. Als letzte Ordnung der I. sind die Flöhe (siphonaptera) unter dem Namen pulex als Ungeziefer anzuführen, deren Rolle als gefährl. Krankheitsüberträger im MA unbekannt blieb.

Chr. Hünemörder

Q.: Albertus Magnus – Bartholomaeus Anglicus – Ambrosius – Vincentius Bellovacensis, Speculum naturale, 1624 [Neudr. 1964] – Isidor. Hispalensis, Etymologiae, ed. W. M. LINDSAY, II, 1911 – Die Pseudoklementinen. II. Recognitiones, ed. B. REHM, 1965 – Thomas v. Cantimpré, Liber de natura rerum, T. 1: Text, ed. H. BOESE, 1973 – Lit.: F. S. BODENHEIMER, Materialien zur Gesch. der Entomologie bis Linné I, 1928 – CHR. HÜHNEMÖRDER, Stud. zur Wirkungsgesch. biolog. Motive in den Ps.-Klementinen, MedJourn 13, 1978, 15–28.

Insert, eine Form der Bestätigung einer Urk. durch den Rechtsnachfolger, wobei in der Regel dieser den Text der vorgelegten Urk. ihrem vollen Wortlaut nach einfügen (inserieren) läßt. Das häufig auch als Transsumierung (→Transsumpt) bezeichnete Verfahren war bereits seit dem 9. Jh. bei it. Gerichtsurkk. (→Placitum) üblich. In der Reichskanzlei bietet zum ersten Mal eine Urk. Heinrichs IV. von 1072 ein I. Die Methode des Inserierens, die im 12. Jh. noch selten gehandhabt wurde (vgl. den in der Kanzlei Friedrichs I. wirkenden Notar Wortwin), setzte sich erst im 13. Jh. mehr und mehr durch. Beispiele aus der päpstl. →Kanzlei sind seit dem 12. Jh. bekannt (ebenso aus Byzanz). Außerhalb dieser und der Reichskanzlei haben die Salzburger Ebf.e eine derartige Form der →Beglaubigung früh praktiziert. A. Gawlik

Lit.: BRESSLAU I, 90f.; II, 301ff. – W. ERBEN, Die Ks.- und Kg.surkk. des MA in Dtl., Frankreich und Italien, 1907, 35 [O. REDLICH, Einl.] – F. DÖLGER – J. KARAYANNOPULOS, Byz. Urkk.lehre I, 1968, 98, 133f. – W. KOCH, Die Reichskanzlei in den Jahren 1167 bis 1174, 1973, 63ff.

Insiegel → Siegel

Insignien, (legitimierende) Kennzeichen einer weltl. oder geistl. →Würde, einer verliehenen oder ererbten Machtposition, eines (z. B. herrscherl.-staatl., fsl., landständ., städt., universitären) →Amtes oder eines herausgehobenen 'ständ.' Ranges (→ Adel, →Rittertum, →Lehen, -swesen). Die - oft in Verbindung mit Amts- oder Staatstracht - in wohl allen Kulturen auftretende, im europ. MA in großer Dichte belegte Verwendung von I. steht in engem Zusammenhang mit altertüml. Formen der Ausübung von →Recht (s. a. →Gebärden) und →Herrschaft, v. a. aber mit herrscherl. →Zeremoniell, in dessen Abläufen I. reiche rechts- und herrschaftssymbol. Ausgestaltung und Deutung erfuhren, beeinflußt durch die grundlegende Verknüpfung von Reichsgewalt und Papstkirche seit dem Karolingerreich (→Heiliges Reich, →Reichsinsignien). An der päpstl. Kurie und an den großen Höfen des Hoch- und SpätMA fanden I. im Rahmen des monarch. und höf. Zeremoniells weiterhin Anwendung und genossen Ansehen und Verehrung; die Verleihung von Hof- und Ehrenämtern, z. T. noch verbunden mit entsprechenden I., war nicht zuletzt ein wichtiges Instrument, um den Adel an den Souverän zu binden, und fand Eingang in normative Regelungen (z. B. →Hofordnungen). In ihrer reichen Überlieferung und ihrem Symbolgehalt, ihrer sich wandelnden Signifikation und ihrer charakterist. Übergangsposition zw. zeichenhaft traditioneller und stärker institutioneller, auf Staats- und Gemeinwohl verpflichteter (schriftl.) Herrschaftslegitimation bilden die I. einen seit P. E. SCHRAMMS Forschungen über die *Herrschaftszeichen* stark beachteten Überlieferungskomplex der Institutions-, Sozial-, Kultur- und Geistesgeschichte des MA.

Lit.: →Zeremoniell, →Reichsinsignien.

Insolubilia → Sophismata-Literatur

Inspiration. Der Begriff nach 2 Tim 3, 16 und 2 Pt 1, 21, inhaltl. geprägt von jüd.-hellenist. Vorstellungen, später auch islam. Einfluß. – 1. Grundsätzl. gilt die Hl. Schrift (→Bibel) als inspiriert (Petr. Lomb. II Sent 2, 1, 3), Verbal.-I. wird nicht gelehrt (trotz Stellen wie →Abaelard, Comm. zu Röm 1, 2; 3, 14 und bildl. Darst., SMALLEY 41). →Thomas v. Aquin thematisiert die I. der Schrift (Quodl. VIII, 1 ad 5; STh I, 102, 1c; II-2. 173, 4c): Causa principalis ist Gott, der Prophet (Autor) causa instrumentalis. – 2. I. bei Personen, v. a. Propheten: »Prophetia est inspiratio vel relevatio divina ...« (so bis zu →Nicolaus v. Lyra nach →Cassiodor, Exp. Pss., CChr 97, 7). – Inspiriert ist auch der Ausleger: So schon →Anselm v. Laon (LOTTIN, 70f.). →Joh. v. Salisbury bezeichnet den Hld-Komm. →Bernhards v. Clairvaux als vom hl. Geist eingegeben (hist. pont., ed. POOLE, 1953, 1041). Nach Thomas (STh II-2, 171–174) zählt die Prophetie zu den gratiae gratis datae. – Statt *inspirare* verwendet er meist *illuminare* (→Illuminationslehre), vgl. →Dionysius Cart. zu 2 Pt 1, 21: »... inspirati, id est instincti et illuminati«, für →Bonaventura ist I. eine visio intellectualis (Hex. III, 22f., Ed. Q. 347a). – Neben der I. um anderer willen die zum eigenen Heil (Thomas: gratia gratum faciens, vgl. Ab., Probl. Hel. 13, MPL 178, 696 AB, Bonaventura, serm., Ed. Q. 9, 77, 434). – I. ohne Beteiligung des Intellekts: Z. B. Bileam Num 22–24 (Sent. Atrebat., LOTTIN, 423ff.), häufig als instinctus bezeichnet (Ps. →Haimo, MPL 116, 195 BC, Thomas STh II-2, 171, 5c). Es gibt auch den instinctus diaboli (Ab., Sic et Non q 94), den von Dämonen (Anselm v. L., LOTTIN, 70, Ab., sermo 19, MPL 178, 514A), den spiritus pythonicus (nach dem Pyth. Apollon, Thomas STh II-2, 95, 3c). R. Peppermüller

Lit.: DSAM VII, 2, 1791–1803 – DThC XV, 1, 694–738 – LThK V, 703–711 – HDG I, Ia, Offenbarung – C. SPICE, Esquisse d'un hist. de l'exég. lat. au MA, 1944 – J. RATZINGER, Die Gesch.stheol. des hl. Bonaventura, 1959 – H. DE LUBAC, Exég. médiév., 4 Bde, 1959–64 – O. LOTTIN, Psychologie et Morale aux XIIe et XIIIe s., V, 1969 – J.-B. SMALLEY, The Study of the Bible in the MA, 1984.

Institutiones → Corpus iuris civilis

Institutiones Aquisgranenses, Aachener Regeln für →Kanoniker und →Kanonissen. Auf dem Reichstag zu →Aachen im Spätsommer 816 verpflichtete Ks. Ludwig d. Fromme alle religiösen Gemeinschaften in seinem Reich auf eine einheitl., für sämtl. Niederlassungen verbindl. Lebensordnung, nachdem ähnl. gerichtete Reformansätze z. Zt. →Bonifatius', →Chrodegangs v. Metz, Pippins III. und Karls d. Gr. nur ephemere bzw. lokal begrenzte Wirkungen gezeitigt hatten. Ludwigs d. Frommen Bestrebungen erwuchsen aus seinem Regierungsprogramm der »Renovatio regni Francorum«, das die Einheit der kirchl. Lebensordnungen als Voraussetzung und Abbild der Einheit des Reiches begriff. Kraft des ihm übertragenen Amtes, das den Schutz und die Erhöhung der Kirche von ihm verlangte, zielten die von der synodalen Reichsversammlung 816 gebilligten Verordnungen Ludwigs auf die Neuordnung und Sicherung der vita communis aller Kommunitäten im Frankenreich ab. Während Mönche und Nonnen die →Regula Benedicti als Grundgesetz ihres Gemeinschaftslebens anerkannten, ergänzt um von →Benedikt v. Aniane entworfene consuetudines, mußten die Synodalen von 816 für die nicht-monast. Gemeinschaften eine solche fundamentale lex erst schaffen und sie zugleich in »Ausführungsbestimmungen« über Organisation und Struktur der Kommunitäten für die alltägl.-konkrete Gestaltung des Gemeinschaftslebens einbetten. Die I. A. redigierten uns namentl. unbekannte Teilnehmer an der Aachener Synode v. 816. Ihr außergewöhnl. Umfang und ihre traktatähnl. Gliederung rühren daher, daß die vita communis aller nicht-monast. Kommunitäten einer ausführl. theol. Begründung bedurfte, wurde doch ihr ordo gegenüber dem der Mönche und Nonnen als inferior angesehen. Man schaltete daher den minutiösen Regelungen der Lebensordnung Texte der hll. →Hieronymus und →Augustinus, →Gregors d. Gr., →Isidors v. Sevilla und nicht zuletzt des Iulianus Pomerius (unter dem Namen →Prosper v. Aquitanien) sowie wenige päpstl. →Dekretalen (Leo d. Gr., Gelasius I.) vor, die als Inhalt und Zweck nicht-monast. Gemeinschaftslebens der persönl. und kommunitären Askese im ordo monasticus den Dienst in und für die Kirche entgegensetzten. Solchermaßen motiviert, ließen sich für canonici und sanctimoniales eine andere, qualitativ bessere Tracht, eingeschränkte Leistungen in Abstinenz und Fasten, v. a. die persönl. Nutzung privater Habe und kirchl. Benefizien nach dem Eintritt in die Kommunität, ja sogar eigene mansiones rechtfertigen. Die Durchsetzung der I. A. in den einzelnen nicht-benediktin. Kl.gemeinschaften des karol. Frankenreiches legten Ks. und Synodalen in die Hände der kirchl. Hierarchie; Ludwig d. Fromme stellte die →missi dominici als Kontrollorgan zur Verfügung. Um die fakt. Applikation der I. A. zu verfolgen, sind wir nahezu ausschließlich auf mehr oder weniger aussagekräftige Indizien angewiesen. Gleichwohl ist sa zu erkennen, daß sie unter Ludwig d. Frommen in manchen Domkapiteln der Kirchenprovinzen Reims, Tours, Bourges und Lyon, in einigen rhein. und sächs. Bm.ern, selbst in Kirchen Reichsitaliens, mit großer Wahrscheinlichkeit in fast allen Pfalzstiften galten, daß Karl d. Kahle sie mit ähnl. Maßnahmen wie der Vater in seinem regnum propagierte, so daß sie auch periphere gelegene Stifte erfaßten. Zu vermuten ist, daß manche Frauenstifte sie im Laufe des 9. Jh., die sächs. wohl im 10. Jh. übernahmen. In otton.-frühsal. Zeit müssen sie reaktiviert worden sein und bildeten offenbar die Grundlage für einen neuen religiösen Aufbruch und einen staunenswerten kulturellen Aufschwung der Stifte im dt. Reich. Ob den stift. Gemeinschaften in Frankreich und im regnum Arelatense eine ähnl. Entwicklung beschieden war, harrt noch detaillierter Unters. Doch dürften kanonikale Kommunitäten in Reichsitalien ihre dt. Mitbrüder nachgeahmt haben. Denn hier konnten die gregorian. Reformer, vorab Gregor VII. (→Gregorian. Reform), die gegenüber den von ihnen propagierten monast. Postulaten weniger strenge Lebensordnung kennenlernen, die sie als geradezu unchristl. verwarfen. Trotz der Verfemung seitens der gregorian. Reform blieben die I. A. in den meisten Stiften der canonici saeculares und den Damenstiften Europas in Geltung, wie zahlreiche Abschriften bis weit ins 15. Jh. hinein beweisen. J. Semmler

Q.: MGH Conc. II, 1, 312–421; 422–456 – Lit.: DDC III, 471–477, 491–497, 530–595 – DHGE XII, 364–375 – DIP II, 41–44, 49f. – DSAM II, 465ff. – TRE IX, 136–139 [Lit.] – J. F. A. M. van Waesberghe, De Akense regels voor canonici en canonicae uit 816 (Van Gorcum's Hist. Bibliotheek 83, 1967) – F. Poggiaspalla, La vita comune del clero dalle origini alla riforma gregoriana (Uomini e dottrine 14, 1968) – J. Devisse, L'influence de Julien Pomère sur les clercs carolingiens, RHEF 56, 1970, 285–295 – R. Schieffer, Die Entstehung von Domkapiteln in Dtl., Bonner Hist. Stud. 43, 1976 – J. Semmler, Kanoniker und Mönche im Frankenreich Pippins III. und Karls d. Gr. (Unters. zu Kl. und Stift, Veröff. des Max-Planck-Inst. für Gesch. 68, 1980), 78–111 – G. Schmitz, Zur Kapitulariengesetzgebung Ludwigs des Frommen, DA 42, 1986, 475f. – J. Semmler, Renovatio regni Francorum (Charlemagne's Heir, hg. P. Godman–R. Collins, 1990), 125–146 – Ders., Die Kanoniker im 9. Jh. und ihre Regel [im Dr.].

Instrumente, astron. und math. [1] *Allgemein:* Die astron. I. können in drei Kategorien eingeteilt werden: 1. I. zur Ermittlung von Daten (Beobachtungs- und Meßi.), 2. I. zum prakt. astron. Gebrauch (Berechnungen, Umrechnungen), 3. I. zu Lehr- und Demonstrationszwecken (z. B. Globen). Zw. diesen drei Gruppen gibt es Überschneidungen. Zu den math. I.n, die ebenfalls in diese drei Kategorien gegliedert werden können, sind auch I.e zu zählen, die zu ihrer Herstellung Mathematik benötigen oder aber in ihren Anwendungsbereichen wie Navigation und Vermessung math. Kenntnisse zu ersetzen helfen.

[2] *Byzantinischer Bereich:* Der Ausgangspunkt aller Technologie der I.nkunde im MA waren die von der hellenist. Zivilisation ererbten Kenntnisse. Die letzten Zeugnisse für eine unmittelbare antike Nachwirkung auf diesem Gebiet waren im abendländ. Bereich wohl Wasseruhr und Sonnenuhr, die sich der Burgunderkg. Gundobad i. J. 507 von Theoderich erbat. In Byzanz und dem östl. Mittelmeerraum bestand demgegenüber Kontinuität, sowohl was die Herstellung von I.n als auch ihre wissenschaftl. Erforschung durch Gelehrte betraf. Um die Mitte des 6. Jh. verfaßte →Johannes Philophonos einen Traktat über das →Astrolabium planisphaerium, während Synesios seinem Gönner ein anderes I., das sich wie das Astrolabium der sterograph. Projektion bediente, widmete. Auch frühbyz. Mathematiker wie →Anthemius v. Tralles, →Isidor v. Milet und Severus Sēbōḫt befaßten sich mit Konstruktion und Anwendung von I.n. Ansonsten ist zwar die Existenz von I.n für die byz. Epoche nur dürftig belegt; doch darf eine gewisse empir. Tradition, die sich in schriftl. Quellen nicht niederschlug, angesichts einer geringen Zahl erhaltener I.e aus byz. Zeit (eine Gruppe tragbarer Sonnenuhren, Zirkel, ein Astrolabium und einige Feldmeßi.) angenommen werden.

[3] *Islamischer Bereich:* Einen wesentl. größeren Raum nahmen astron.-math. I. in der islam. Welt ein. Das große Interesse der Muslime für die →Astronomie ließ hier im 9.–15. Jh. eine stattl. Zahl wohlausgerüsteter Sternwarten

(→Observatorium) entstehen. Grundlage für die Konstruktion von astron. I.n waren die I.nbeschreibungen im →Almagest des →Ptolemaios (stehender Meridianring, äquinoktialer Ring, meridianer →Quadrant, →Triquetrum, armillares Astrolabium, Dioptra). Hiervon ausgehend, schufen die islam. Astronomen ein reiches Repertoire hochentwickelter Beobachtungs- und Meßi., das in der Ausstattung der berühmten Sternwarte →Ulug'Begs in →Samarqand gipfelte.

Andere Typen von I.n wurden in der islam. Welt nicht vernachlässigt. Das →Astrolabium wurde wesentlich weiterentwickelt, desgleichen wurden Formen des horolog. und trigonometr. →Quadranten sowie d. planetar. →Äquatorien neu geschaffen. Erd- und Himmelsgloben waren im Gebrauch, und Versuche, ihre Drehung automat. zu erzielen, verband die Tradition der astron. I. mit derjenigen der mechan. Künste (Bau von Wasseruhren, →Automaten, mech. Zahnräderkalendarien). Letztere stammt wesentl. von →Hero und →Archimedes ab und erlebte im Islam einen starken Aufschwung (→Banū Mūsā, →al-Ḫwārizmī, al Murādī, →al-Ḫāzinī und →al-Jazarī). Auch die Theorie der→Sonnenuhren war der muslim. Welt wohlbekannt; bereits im 10. Jh. waren spezialisierte I. zur Zeichnung von Hyperbeln und anderen Kegelschnitten in Gebrauch.

[3] *Abendländischer Bereich*: Die theoret. und prakt. Kenntnisse islam. Gelehrter und Handwerker des 8.–10. Jh. verbreiteten sich – nicht zuletzt dank des universellen Charakters des Arabischen – in allen Teilen der muslim. Welt, so auch im islam. Spanien (→al-Andalus). Aus hispanoarab. Quellen erwarben die Gelehrten des chr. Europa seit dem 10. Jh. Kenntnisse des Astrolabiums und der Säulensonnenuhr (→Gnomon). Im Abendland des 6.–10. Jh. hatte es so gut wie keine höher entwickelten I. gegeben; bekannt war lediglich die einfache Sonnenuhr mit vertikalem Gnomon, die im Bereich der Klöster benutzt wurde, und einige primitive Zeichengeräte. Zirkel und Lineal wurden wohl in monast. Skriptorien verwandt, und das neuerwachte Interesse an der→Geometrie führte seit dem späten 10. und 11. Jh. zu einigen Neuentwicklungen. Radulf v. Lüttich erwähnt einen dreischenkligen Zirkel zur Messung geometr. Figuren. Zweischenklige Zirkel wurden ebenfalls im Laufe des frühen MA entwickelt. Die aus Messing oder Eisen angefertigten Zirkel erhielten spätestens im 13. Jh. eine kreuzförmige Verstrebung zur Erhöhung der Festigkeit sowie einen oberhalb des Gelenks angebrachten Griff.

Mit d. Vermittlung arab. Wissens über Astrolabium und Sonnenuhr gelangte seit dem späten 10. Jh. wieder die Kenntnis von mathematisch hochentwickelten I.n nach Europa. Können das 11. und 12. Jh. noch als Periode der Assimilation gelten, gekennzeichnet durch die Kompilation des Traktatus »Scito quod astrolabium«, so ist die Entstehung eigenst. Werke über das Astrolabium im späten 12. Jh. (→Raimund v. Marseille, →Adelard v. Bath, →Robert v. Chester) als Zeichen des beginnenden vollen Verständnisses zu betrachten. Im allg. ist das 13. Jh. durch wichtige Innovationen im Bereich des I.nbaus geprägt. Universelle Astrolabien und verschiedenartige Typen des Stundenquadranten wurden aus dem islam. Bereich übernommen; die →Armillarsphäre dürfte in Gebrauch gekommen sein; neue I. wie das →Turquetum wurden eingeführt; bei der Konstruktion von →Äquatorien wurden bemerkenswerte Neuerungen erreicht. In diese Periode fällt auch das Auftreten der →Uhr mit Gewichtsantrieb, die auch zur Entstehung von durch Uhrwerk betriebenen Astrolabien und Äquatorien Anlaß gab. Hierfür ist das →Astrarium des Giovanni de →Dondi das bekannteste Beispiel.

Der Ursprung des Hemmungsmechanismus zur Kontrolle von Uhren mit Gewichtsantrieb ist sowohl in den mit Wasserkraft betriebenen Läutwerken von Klöstern als auch in sich bewegenden astron. Modellen gesucht worden. Diese entscheidende Erfindung entspringt somit eigenwüchsigen techn. Fertigkeiten des europ. MA. Parallel hierzu entwickelten sich stärker dem Alltagsgebrauch dienende I., die in Landvermessung und Navigation eingesetzt wurden; Traktate über angewandte Geometrie nennen eine Reihe von Erfindungen einfacher Geräte (z. B. Senkblei, Lineal, Maßstab, großes gleichseitiges hölzernes Dreieck, T- oder L-förmiges hölzernes Quadrat). Zw. diesen Gebrauchsgeräten und dem →Jakobsstab, dem einzigen astron. Beobachtungsi., über das wir gut informiert sind, gibt es wohl typolog. Beziehungen; der Jakobsstab selbst aber ist vermutl. eine Erfindung des →Levi ben Gerson, wurde aber erst seit dem 15. Jh. zu speziellen Zwecken der Astronomie, Vermessung und Navigation eingesetzt. Auf letzterem Gebiet schloß sich der Jakobsstab wohl an die →Sternuhr (Nocturnal) an, deren Ursprünge mindestens auf→Gerbert zurückgehen dürften. Obwohl der magnet. →Kompaß nicht eigentl. ein astron. und math. I. ist, hat er dennoch die neue Entwicklungsstufe der tragbaren Sonnenuhr ermöglicht, mit der der Azimut der Sonne gemessen werden konnte und die oft eine Sternuhr enthielt, wodurch die ersten Büchsensonnenuhren entstanden.

Die Entwicklung dieses vielfältigen Repertoires an I.n im 13. und 14. Jh. spiegelt nicht nur das gewachsene Interesse der Gelehrten an math. Kenntnissen wider, sie ist zugleich auch Ausdruck der Institutionalisierung dieses Wissenszweiges an den neuen →Universitäten als wichtigster Ausgangspunkt für die säkulare Nachfrage nach techn. Gerätschaften und I.n. Seit dem 14. Jh. lassen sich erste Werkstätten des I.nbaues identifizieren; doch erst über den Pariser I.nbauer →Jean Fusoris (frühes 15. Jh.) sind wir eingehend informiert. Offenbar haben sich kommerzielle I.nbauer – ähnlich wie die Berufsschreiber – zunächst an Universitätsstädten etabliert, dann in Städten von strategischer und gewerbl. Bedeutung wie →Nürnberg, das als europ. Zentrum des Metallhandels günstige Rahmenbedingungen bot. Traditionell war der I.nbau jedoch bis ins 16. Jh. ein vorwiegend ambulant betriebenes Gewerbe, das erst mit der Ausbildung eines städt. Manufakturwesens stärker ortsfeste Züge annahm. Zu weiteren I.n →Alchemie, →Medizin, →Hüttenwesen. A.-J. Turner

Q. *und Lit.*: L. A. Sédillot, Mém. sur les i.s astronomiques des arabes, Mém. Acad. Royale des Inscriptions et Belles-Lettres de l'Institut de France, I^e Sér. vol. 1, 1844, 1–229 – D. J. de Solla Price, On the Origin of Clockwork, perpetual Motion Devices and the Compass, United States National Museum Bulletin 218, 1959, 81–112 – A. Sayili, The Observatory in Islam and its place in the general Hist. of the Observatory, 1960 – E. Zinner, Dt. und ndl. astron. I.e des 11. bis 18. Jh., 1967^2 – F. Maddison, Medieval scientific i.s and the development of navigational i.s in the 15th and 16th c.s, Rev. Univ. Coimbra 24, 1969, 115–172 – E. Poulle, Les i.s, de la théorie des planètes selon Ptolémée: Équatoires et horlogerie planétaire du XIIIe au XVIe s., 1980 – D. R. Hill, Arabic Water-clocks, 1981 – E. Poulle, Les sources astronomiques (textes, tables, instruments), 1981 – Joh. Philophonos, Traité de l'astrolabe, ed. A. P. Segonds, 1981 – E. Poulle, Les i.s astron. du MA, 1983 – D. A. King, Islamic astronomical I.s 1987 – A. J. Turner, Mathematical I.s in Antiquity and the MA, an Introd. [ersch. 1992].

Insulare, Sammelbegriff insbes. für die ir. und die ags. Schrift. – Seit der Christianisierung drangen in Irland mit dem lat. Schriftwesen wohl v. a. gall. →Halbunzialen ein. An den bis in die 2. Hälfte des 7. Jh. entstandenen Denkmä-

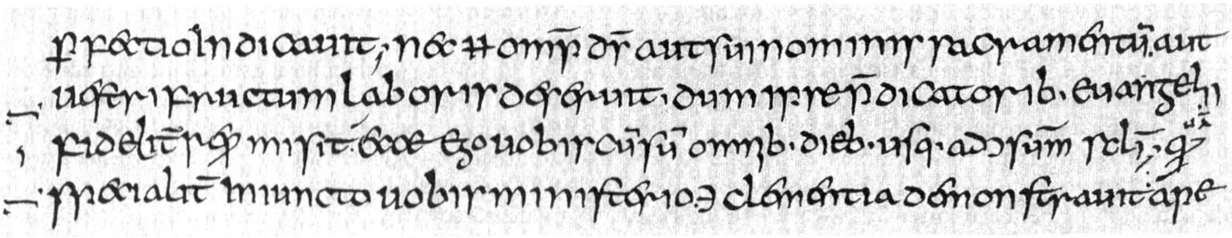

Fig. 1: Insulare Minuskel (Spitzschrift)

lern (CLA, 1684; II, 271; III, 328; II², 266; VII, 995; II², 149; IX, 1298) ist deren Entwicklung zur vollrunden ir. Halbunziale mit festen Doppelformen (neben d, r, langem s unziale D, R und S sowie n neben N) und mit spachtelförmigen Schaftansätzen sowie kurzen, wie angeschnitten erscheinenden, oft eingekrümmten Oberlängen zu verfolgen. Wegen des gedrungenen Schriftbandes nannten die Iren diese eigenwillig stilisierte Halbunziale »litterae tunsae« ('geschorene Schrift'). Sie erscheint vornehml. in bibl. und liturg. Hss. (z. B. im →Book of Kells, z. T. auch in Verbindung mit der ir. →Minuskel [vgl. CLA II², 231, 272; IV, 757; VII, 980, 988, 991]) und kam seit dem 10. Jh. zunehmend außer Gebrauch. – Eine sehr rege Schreibtätigkeit in den seit dem 7. Jh. aufblühenden ir. Kl.schulen dürfte wesentl. zur Entstehung der anspruchsloseren ir. Minuskel beigetragen haben, die voll ausgebildet als bewegl., vorwiegend sehr spitzige, von krallenartigem Duktus geprägte Schrift erscheint, mit oben spitz geschlossenem und offenem a, geradem und rundem d, oft unter die Zeile reichendem r und eigentüml. Ligaturen mit unter der Zeile angehängten Buchstaben; dazu kommt der Gebrauch eigens entwickelter →Abkürzungen, die in nachkarol. Zeit ergänzt und auf das Gäl. übertragen wurden. Zu den ältesten Denkmälern gehören Taschenevangeliare (CLA II², 267, 275, 276, 277; VII, 1196) und das sog. →Antiphonar v. Bangor (680/692; stärker stilisiert, im allg. mit stumpf endenden Schäften) sowie der in Iona entstandene Adamnan-Codex (vor 713). Für lat. und ir. Glossierungen ist diese Schrift meist winzig geschrieben. In gäl. Texten hat sie sich bis in die NZ erhalten. – In den ir. Kl. gründungen Northumbriens (z. B. Lindisfarne) und auf dem Kontinent (z. B. Luxeuil, Bobbio, St. Gallen, Péronne) ist ir. Schrifttradition gepflegt worden, ebenso in Wales, Cornwall und in der vorkarol. Bretagne.

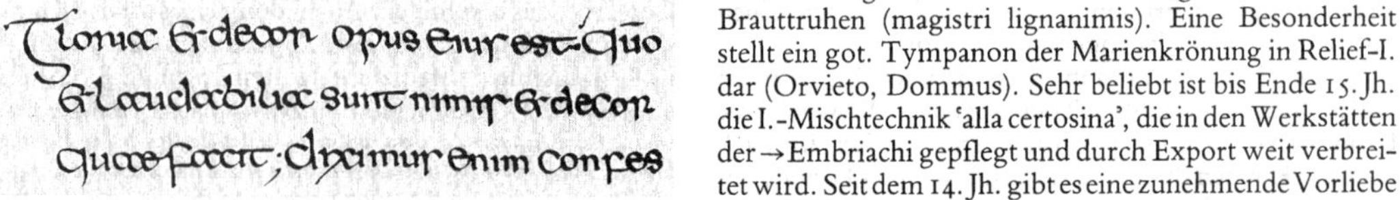

Fig. 2: Insulare Halbunziale (Rundschrift)

In Northumbrien wurde die ir. Schrift in den Formen der vollrunden Halbunziale sowie der spitzen und stumpfen (unter die Zeile verlängertes langes s) Minuskel samt einem reduzierten Bestand an Abkürzungen im 7. Jh. übernommen und zur ags. Schrift weiterentwickelt. Neu sind die Abkürzung für »-tur«, die Aufnahme einzelner Runen für ags. Texte und die Vermischung der drei Schriftformen. Wichtigste Zeugnisse sind: →Book of Durrow, →Book of Lindisfarne, →Durham-Evangeliar, Echternacher Evangeliar (→Echternach), alle um 700 entstanden. Von Northumbrien aus drang die ags. Schrift in die südengl. Kgr.e ein. Die ags. Halbunziale kommt in England nach dem 8. Jh. kaum mehr vor, die Minuskel wurde für ags. Texte bis ins 12. Jh. verwendet. Im 8. Jh. und beginnenden 9. Jh. wurde die ags. Schrift in den festländ. Skriptorien der ags. Missionsgebiete gepflegt (Echternach, Würzburg, Fulda, Fritzlar, Mainz, Hersfeld, Amorbach, Werden, mit Ausstrahlung nach Regensburg, Freising, Salzburg, St. Gallen). →Buchmalerei, →Handschriften.
P. Ladner

Lit.: L. Bieler, Insular Palaeography, Scriptorium 3, 1949, 267–294 – J. J. Alexander, Insular Mss. 6th to the 9th Century, 1978 – B. Bischoff, Die Rolle von Einflüssen in der Schriftgesch., Paläographie 1981 (Münchener Beitr. zur Mediävistik und Renaissance-Forsch. 32, 1982), 98–100 – Ders., Paläographie des röm. Altertums und des abendländ. MA, 1986², 113–129 [Lit.].

Intaglio → Kameo

Intarsie (arab. *tarṣī,* it. *intarsio,* frz. *marqueterie*), dekorative Flächenkunst aus verschiedenfarbigen Elementen, Metall, Stein, Bein/Elfenbein, Leder, Horn u. a. Unterscheidbare Techniken sind: Füllung eingetiefter Muster mit verschiedenen Materialien und Farben (Inkrustation), ferner Zusammenstellung im Block verleimte und zu Furnieren geschnittener Teile (Blockmosaik), im weiteren Sinne jede Einlegearbeit bzw. Mosaik. Eigentl. I. wird fast ausschließl. aus Hölzern gefertigt (Ahorn, Birnbaum, Ebenholz, Nußbaum, Zypresse u. a. oder eingefärbt). Sie verwendet mit Schnitzmesser, Stecheisen und Schlägel vorgeformte Teile. Die Erfindung der Feinsäge nach 1500 brachte entscheidende techn. Änderungen.

Im frühen und hohen MA begegnet I. im heut. Verständnis nicht, doch schon →Theophilus Presbyter erwähnt Feinheit damaliger Stein- und Holzarbeiten, erstere auf Fußböden bezogen. Der I. nahe kommen v. a. Einlegearbeiten in Füllungen u. a. an profanem und kirchl. Mobiliar, an liturg. Geräten, Kästchen, Waffen. In Italien mit engeren Beziehungen zum islam. Orient begegnen relativ bescheidene I. n in got. Zeit mit Blumenmotiven und unter Verwendung von Bein/Elfenbeineinlagen an Kästen und Brauttruhen (*magistri lignanimis*). Eine Besonderheit stellt ein got. Tympanon der Marienkrönung in Relief-I. dar (Orvieto, Dommus). Sehr beliebt ist bis Ende 15. Jh. die I.-Mischtechnik 'alla certosina', die in den Werkstätten der →Embriachi gepflegt und durch Export weit verbreitet wird. Seit dem 14. Jh. gibt es eine zunehmende Vorliebe für perspektiv. I. n. Mit dem ausgehenden 15. Jh. geht die I.-Technik immer mehr zu bildnähl. Gestaltungsweise über, erstmals nachweisbar bei Domenico di Niccolò in Siena († 1450). Mit der Renaissance greift die I. auch auf andere Länder über, z. B. auf Ungarn, entwickelt ihre Höhepunkte aber in Italien, so im bedeutendsten Beispiel des 'Studiolo' des Palazzo Ducale zu Urbino. In Deutschland sind ebenfalls im fortgeschrittenen 15. Jh. Arbeiten in der Art der I. aus der Werkstatt des Jörg Syrlin d. Ä. zu nennen, wie auch an einem Chorstuhl in St. Leonhard zu Tamsweg (ca. 1450). Die in nachma. Zeit einsetzende, vollendete Flächenkunst der I. in Deutschland, Frankreich und England dürfte weitestgehend auf it. Künstler zurückgehen.
V. H. Elbern

Lit.: EncArte VII, 574ff. [A. Chastel] – A. Weinsheimer, Die I., 1925 – G. Kossatz, Die Kunst der I., 1954 – H. Kreisel, Die Kunst des dt.

Möbels I, 1968 – H. FLADE, Intarsia, 1986 – E. BRÜGGEMANN, Kunst und Technik der I. n, 1988.

Integumentum, auch involucrum, 'Bedeckung', 'Verhüllung': Wie in der →Allegorie das Verhältnis zw. Wortsinn und tieferer (religiöser, moral., kosmolog., naturkundl.) Bedeutung, v. a. der Mythen und der fabulae (Erzählstoffe) der Dichter; nach Bernardus Silvestris' 'eine Darstellungsart, die unter der Erzählfabel das Verständnis einer Wahrheit verhüllt, weshalb es auch involucrum genannt wird' (vgl. JEAUNEAU, 38). Ein I. ist es z. B., wenn Vergil durch die Geschichte des Aeneas die Erfahrungen der Seele im menschl. Leib ausdrückt. I. kann auch die hüllende Fabel, gelegentl. die verhüllte Wahrheit, das Verfahren der Verhüllung oder der Deutung bezeichnen. Die Vorstellung, daß Dichter, bes. Vergil, durch I. a sprechen, ist bereits antik (z. B. Macrobius, Fulgentius), vom 12. Jh. an stark verbreitet (Abaelard, Bernardus Silvestris, Wilhelm v. Conches, Johannes de Garlandia, Bersuire (Petrus Berchorius) (→Ovide moralisé). G. Bernt

Lit.: M. D. CHENU, AHDL 22, 1955, 75–79 – E. JEAUNEAU, AHDL 24, 1959, 35–100 – P. DRONKE, Fabula, 1974, 25, 56 Anm. 2.

Intellectus agens/possibilis (»tätiger/aufnehmender oder möglicher Verstand«), Begriffe der ma. Philos. zur Beschreibung der Struktur des menschl. Erkennens. Die Unterscheidung, die das Vermögen des Verstehens (intellectus = Verstand, Intellekt) betrifft, geht zurück auf Arist. de anima, III c. 5, 430a 10–25. Dort ist die Rede von νοῦς παθητικός, welcher »von solcher Art ist, daß er zu allem wird«, und von dem zu unterscheiden ist derjenige, »der alles wirkt als eine Kraft wie die Helligkeit«. Bei den griech. Kommentatoren wird letzterer auch νοῦς ποιητικός genannt. Durch die lat. Übers. der Schriften des Aristoteles und der arab. Gelehrten und Aristoteliker Avicenna, Algazel und Averroes wurden i. a./p. zu philos. Fachausdrücken. Die Versuche, das menschl. Erkennen im Anschluß an Grundgedanken des Aristoteles zu begreifen, gehen davon aus, daß der Mensch zwar mit Erkenntnisvermögen ausgestattet, aber nicht aus sich selbst heraus wirklich erkennend ist, sondern der Begegnung mit Gegenständen bedarf. Die Erkenntniskräfte sind als solche also im Zustand mögl. Tätigseins. Die Gegenstände ihrerseits sind im Zustand der Möglichkeit, erkannt zu werden. Der Erkenntnisakt besteht in der Verwirklichung beider Möglichkeiten. Der Gegenstand wirkt durch eine oder mehrere seiner Seinsweisen auf ein Erkenntnisvermögen ein und verwirklicht es, indem er es formt, und er wird so zu etwas wirklich Erkanntem. Der Erkennende eignet sich an, was das Erkannte ist, ohne daß dieses eine Änderung oder Beeinträchtigung erleidet. Durch die Begegnung mit einem materiellen Seienden wird ein Sinnesvermögen von diesem geprägt und verwirklicht. Die Prägung, »species sensibilis«, ist gemäß diesem Verständnis nichts anderes als das begegnende Seiende, insofern es sich dem Sinnesvermögen darbietet. Eine Wahrnehmung, bei der normalerweise äußere und innere Sinne tätig werden, ergibt schließlich ein Vorstellungsbild (phantasma). Menschl. Erkennen erschöpft sich nicht im bloßen Wahrnehmen, bei dem stets einzelnes als solches erfaßt wird. Man erkennt auch, was das jeweils Wahrgenommene ist, was ihm mit anderem gemeinsam ist und was nicht, und dies im Horizont der ganzen Wirklichkeit. In dieser nichtempir. Erkenntnis zeigt sich eine unbegrenzte Weltoffenheit des menschl. Vermögens zu erkennen, gemäß dem oft zitierten Wort: »Die Seele ist gewissermaßen alles« (Aristoteles, De anima, III, c. 8, 431b 21). Es gibt demnach neben den Sinnen ein weiteres Vermögen des Erkennens, den Verstand (intellectus). Seine Tätigkeit kann wegen ihrer prinzipiellen Unbegrenztheit nicht durch irgendein körperl. Organ ausgeübt werden. Er muß deshalb immateriell sein. Lehnt man die Theorie ab, ihm seien von Haus aus Erkenntnisse in Gestalt von Ideen oder Begriffen mitgegeben, so muß man annehmen, daß er einer von außen herrührenden Prägung oder Formung bedarf, um zu seiner spezif. Verwirklichung, dem Verstehen, zu finden. Diese Formung kann von ihm, insofern er ein aufnehmendes Vermögen ist, nicht bewirkt werden, da Möglichseiendes als solches sich nicht aus sich heraus verwirklichen kann. Sie kann aber auch nicht einfach vom Vorstellungsbild herrühren, das wegen seiner sinnenhaften und damit an den Stoff gebundenen Seinsweise nicht geeignet ist, ein unstoffl. Vermögen zu formen. Es muß umgeformt werden, und zwar derart, daß sich etwas ergibt, das den Verstand, insofern er aufnehmendes Vermögen ist, prägen kann. Erforderl. ist jedenfalls, daß die stoffl. Beschaffenheiten des Vorstellungsbildes, durch die es einzelnes als solches repräsentiert, ausgeblendet werden. Eine solche Umformung (Abstraktion) kann weder von den Sinnen noch vom Vorstellungsbild bewirkt werden. Sie muß also vom Verstandesvermögen selbst herrühren. Demgemäß trägt der Verstand zum Erkenntnisvollzug in zweifacher Weise bei: Erstens als tätiger (i. a.), insofern er auf das Vorstellungsbild so einwirkt, daß daraus eine Form resultiert, die geeignet ist, ihn als rezeptiven zu prägen und wirklich verstehend zu machen. Diese Form wird species intelligibilis genannt. Er ist zweitens aufnehmend (i. p.), insofern er durch eine solche Form verwirklicht wird. Der Verstand wirkt also mit den Sinnesvermögen zusammen, indem er sowohl tätig als auch hinnehmend ist. Durch seine Tätigkeit macht er das, was mittels der Sinne erkannt wird und wegen seiner materiellen Seinsweise nur der Möglichkeit nach verstehbar ist, zu etwas wirkl. Verstehbarem. Diese Leistung kennzeichnend, spricht man auch vom Licht des tätigen Verstandes (lumen i. agentis). Wie das Licht einen der Möglichkeit nach sichtbaren, aber zunächst unbeleuchteten Körper wirkl. erblickbar macht, so legt der Verstand als tätiger den verstehbaren Gehalt, den das Vorstellungsbild der Möglichkeit nach enthält, frei. Der Vergleich ist allerdings mißverstanden, wenn man dem i. a. ein bloßes Verdeutlichen einer wegen ihrer Sinnenhaftigkeit nur verworrenen Vorstellung zuschriebe. Die species intelligibilis, das Produkt des Zusammenwirkens von Vorstellungsbild und i. a., ist nicht eine deutlichere Vorstellung als das sinnenhafte Bild, sondern sie ist überhaupt nicht mehr sinnenhaft. Durch den i. a. wird der im Vorstellungsbild gegebene Gegenstand erst wirkl. verstehbar. Durch die Aufnahme der species intelligibilis im i. p. wird der Verstand zum erkennenden und der Gegenstand zum erkannten: »Intellectus in actu est intelligibile in actu«.

Diese Lehre von der Struktur des menschl. Verstandesvermögens hatte mancherlei Fragen zur Folge. So wurde erörtert, ob der i. a. und der i. p. zwei voneinander verschiedene Vermögen einer und derselben Verstandesseele seien, ob es sich gar bei ihnen um zwei voneinander getrennte Substanzen handle. Eine Rolle spielte sie auch in dem Streit über die von Averroes vertretene These, der Verstand sei keine dem einzelnen Menschen eigene Fähigkeit, sondern ein einziges von den Individuen unabhängig existierendes und mit diesen nur im Erkenntnisvollzug verbundenes Vermögen. Diese averroist. Lehre bezieht sich – was gelegentl. übersehen wird – auf den Verstand als ganzen, nicht nur auf den i. a. Sehr viel nachgedacht wurde auch darüber, was unter dem Licht des tätigen Verstandes zu verstehen sei. Auch die ma. Denker, für deren Theorie des Erkennens die durch den Neuplatonismus beeinflußte Erkenntnislehre des Augustinus maßgebend war, bedienten sich der Ausdrücke i.a. und i.p. So wurden sie gelegentl. als Bezeichnungen für das verstanden, was Augustinus ratio superior und ratio inferior nennt. Manche Gelehrten identifizieren den i.a. mit dem die Illumination verursachenden Schöpfer. Dem Renaissancephilosophen Augustinus Nifus zufolge war diese Meinung unter den Anhängern der aristotel. und averroist. Philosophie weit verbreitet. Auf Kritik stieß das Lehrstück bei den Nominalisten. Die Lehre von der zugleich aktiven wie passiven Rolle des menschl. Verstandes beim Erkennen findet sich noch in den Schulen des 15. und 16. Jh., allerdings – so etwa in der span. Scholastik – mit teilw. beträchtl. Modifikationen. A. Zimmermann

Lit.: HWP I, 42–66, v. a. 47–59; IV, 432–435 – Thomae de Aquino Sententia libri De anima, ed. Leonina, XLV, 1, 218ff. [Angabe wichtiger Texte in den Anm.] – M. Grabmann, SBA. PPh, 1936, 4 – B. Nardi, Sigieri di Brabante nel pensiero del Rinascimento it., 1945 – O. Hamelin, La théorie de l'intellect d'après Aristote et ses commentateurs, 1953 – A. Sertillanges, Der hl. Thomas v. Aquin, 1954, 485–494 – E. Gilson, Johannes Duns Scotus, 1959, 551–562 – W. Hoeres, Salzb.Jb. für Philos. 5 und 6, 1961/2, 177–198 – R. Dumont, The Monist 49, 1965, 617–633 – H. Seidl, Der Begriff des Intellekts (νοῦς) bei Aristoteles..., 1971 – W. Fauser, BGPhM NF 12, 1973, 52–58 – J. Wippel, StAns 63, 1974, 289–321 – Z. Kukxewicz, The Potential and Agent Intellect, CHJ 19, 595–601 – E. Mahoney, Sense, Intellect and Imagination in Albert, Thomas and Siger, ibid. 602–621 – J. Mundhenk, Die Seele im System des Thomas v. Aquin, 1980 (v. a. 38–54).

Intelligenzen

I. Definition; Scholastik – II. Jüdische Religionsphilosophie.

I. Definition; Scholastik: I. sind Zwischenwesen, intellektuelle oder spirituelle Substanzen, die in der →ma. Kosmologie angenommen wurden, um die wesentl. Geordnetheit des Universums zu garantieren. Das prinzipiell geostat. und geozentr. konzipierte ma. Weltbild bedurfte derartiger Intellektualwesen, um die infinite gleichförmige →Bewegung der Himmelskörper – mochten auch Himmelsseelen als weitere Zwischeninstanzen angenommen worden sein – durch diese Bewegung ermöglichende, gleichfalls infinite, darüber hinaus aber intelligente Ursachen erklärbar werden zu lassen, ohne daß durch die Effizienzursächlichkeit dieser I. die absolute Kausalität der ersten Ursache, der Gottheit, eingeschränkt würde: Die Gottheit, begriffen als unbewegter →Beweger, als ewiger oder überewiger Beweger, als reiner Akt und reiner Intellekt, als jeder Vielheit entbehrender Ursprung alles Seienden, setzt die Bewegtheit im All in Gang, eben über Bewegung ermöglichende I., verbleibt gleichwohl aber unbewegt in sich selbst; denn sie bewegt als Geliebtes – so Aristoteles –: Sie bewegt in der Weise, daß sich alles zu ihr hin bewegt. Die I. sind dann ewige, intelligente, aus dem Nichts etwas wirkende und wesentl. tätige Ursachen, in ihrer Vielheit aber different gegenüber dem sich zu allem Differenten indifferent verhaltenden absoluten Einen, der Gottheit.

Wissenschaftsgeschichtl. läßt sich die ma. Theorie der I. auf die Antike zurückführen: Platon sprach von einer ewigen gleichförmigen Bewegung der Himmelskörper und von einer Weltseele (Plat., Tim.). Aristoteles' Axiom, jede Bewegung setze einen Beweger voraus, veranlaßte ihn zu der Annahme nicht nur eines ersten unbewegten Bewegers, sondern einer Vielzahl die sphär. Bewegung der belebt gedachten Himmelskörper ermöglichender und bewahrender ewiger Beweger (Arist., Metaph. XII 8). Bei den spätantiken Platonikern, die prinzipiell platon. und aristotel. Philosopheme zu verknüpfen suchten, begegnen im Makrokosmos nach dem hypostat. Einen, aber vor dem Körper zwei weitere Hypostasen, der Geist und die Seele. Da – fälschl. als aristotel. angesehene – Slg.en wie Exzerpte aus Plotins »Enneaden« ins Arab. und später ins Lat. übersetzt wurden (»Theologia Aristotelis«), ferner eine Kompilation aus Proklos' »Elementatio theologica« (»Liber de causis«) – in diesen lat. Übers.en arab. Vorlagen dürfte der Terminus 'intelligentia' zum ersten Mal in kosmolog. Bedeutung aufgetaucht sein –, hielt der spätantike Platonismus Einzug in die Kosmologie der muslim. Denker, nicht zuletzt aber auch durch die umfassende Rezeption der platonisierenden spätantiken Aristoteleskommentatoren.

Liber de causis, prop. 3 (ed. A. Pattin, TPh 28, 1966, 140, 13–14) ist paradigmat. für das spätplatonist.-islam. Denken: »Causa prima creavit esse animae mediante intelligentia« (die erste Ursache hat unter Vermittlung der I. z das Sein der Seele erschaffen). Während im »Liber de causis« aber nur unbestimmt von 'jeder I.z' und 'jeder Seele' die Rede ist, sprachen al-Fārābī und Avicenna von zehn I., die notwendig auseinander emanieren. Bes. Avicenna inaugurierte ein nezessitarist.-determinist. Weltmodell: Mögliches Sein setzt notwendiges Sein voraus, das diese seine Notwendigkeit aber sich selbst verdankt und deshalb ein durch sein notwendiges Sein (necesse esse per se) ist; dieses notwendige Sein ist das Wesen der Gottheit als der sich notwendig mitteilenden absoluten Gutheit; von ihr geht die erste (und höchste) I.z hervor, von dieser dann die zweite I.z, die Seele des ersten Himmels und der erste Himmel, von der zweiten I.z die dritte I.z, die Seele des zweiten Himmels und der zweite Himmel – ein Vorgang, der sich fortsetzt bis zur Seele des letzten (und niedrigsten) Himmels, zum letzten Himmel und zu derjenigen I.z, die als tätige I.z (intelligentia agens) der Welt des Entsteh- und Vergehbaren sowie der passiven Vernunft des Menschen vorgeordnet ist und die realen sowie intelligiblen Gegenstände werden läßt (Avic., Liber de philosophia prima sive scientia divina IX 3–4; ed. S. van Riet, 1980, 469–488). Vom notwendigen Sein her sind all diese Instanzen auch notwendig, nicht selbst her besitzen sie gleichwohl den Seinsmodus des Möglichen oder Kontingenzen. Averroes lehnte diesen Notwendigkeitsdeterminismus mit seiner Voraussetzung, von Einem gehe immer nur Eines hervor, ab, behielt gleichwohl die Theorie der ihm gemäß aber auf einmal erschaffenen I. und der Himmelsseelen bei, freil. mit der Korrektur, die letzte I.z sei die Einheit aus tätigem und mögl. Intellekt, die dem Menschen nur akzidentiell und diskutiere die antike Theorie der Planetensphären und die Exzenter- und Epizykelntheorie des Ptolemäus (→Planetenbewegung; Averr., In Aristotelis Metaph. XII comm 45; Venetiis 1562, 329vL).

Nicht nur bei Griechen, Arabern, Persern oder Juden findet sich die Theorie der I., sondern auch bei christl. Denkern (Albertus Magnus, Ulrich v. Straßburg, Thomas v. Aquin bis hin zu Berthold v. Moosburg), die als von der Materie abgetrennte Substanzen bisweilen auch die bes. bei Dionysius Areopagites umfassend diskutierten →Engel ansahen und – je nach Lehrentwicklung – I. und Engel für konvertibel hielten (vgl. auch die Verurteilungsthesen von 1277). Dietrich v. Freiberg zufolge (im Anschluß an Albert gegen Thomas) haben im natürl. Kosmos die Engel keinen Platz, wohl aber I. und Himmelsseelen; abgetrennte Substanzen besitzen keine Materie (so auch Albert, Ulrich und Thomas, nicht aber die insofern progressiveren Alexander v. Hales, Bonaventura, Johannes Duns Scotus und Wilhelm v. Ockham, die sich der Theorie der Universalmaterie Avencebrols (→Gabirol) anschlossen); I. sind dann stets durch ihr Wesen in Wirklichkeit seiende Intellekte, wirken – unter Voraussetzung des schöpfer. Aktes der Gottheit – Seiendes aus dem Nichts, sind Zwischenwesen – wie die Himmelsseelen, die Formen der Himmelskörper – und als solche die Effenzienzursachen der neun Himmelssphären und der Sphäre der Elemente – mit Avicenna und Ṯabit ibn Qurra nimmt Dietrich also zehn I. an, dies explizit gegen Albert, der von elf, und gegen Alfraganus, der von neun I. sprach (Dietr. v. Freiberg, De intellig. 1–4; ed. L. STURLESE; Op.omn. II, 1980, 353–358); Dietrichs I.-Begriff ist zugleich Paradigma für den tätigen Intellekt des Menschen, wodurch er eine neuartige Theorie der Vernunft und des Erkennens entwickelte und so geglückt Scheininstanzen – gelegentl. bezweifelte schon Dietrich die Existenz von I. – zu funktionalisieren vermochte.

Johannes Buridanus, Albert v. Sachsen und Nikolaus Oresme begannen neue terrestr.-physikal. Erkenntnisse (bes. die impetus-Theorie) auf die Himmelsmechanik zu applizieren; während Johannes und Albert aber noch zw. Annahme und Ablehnung der Existenz von I. schwankten, sah Nikolaus es als Verstoß gegen die natürl. Vernunft an, die Himmelskörper als von I. belebt und beseelt anzusehen, und kritisierte explizit Aristoteles (Nic. Oresme, Le Livre du ciel et du Monde; ed. A. D. MENUT, A. J. DENOMY, 1968, 318, 75–96), was den Aristoteliker Pietro Pomponazzi (»De immortalitate animae«) gleichwohl nicht hinderte, trotz seiner anthropozentr. Naturphilosophie und Ethik erneut dem I. einen Platz im Universum einzuräumen, ohne freil. den Progreß der methodolog.-quantifizierend verfahrenden Naturwissenschaft und Astronomie, die mit den Scheininstanzen endgültig aufräumten, aufzuhalten. B. Mojsisch

Lit.: A. MAIER, Stud. z. Naturphilos. der Spätscholastik, 1–5, 1949–1958 – J. A. WEISHEIPL, The Development of Physical Theory in the MA, 1959 – A. C. CROMBIE, Von Augustinus bis Galilei. Die Emanzipation der Naturwiss., 1977 (Lit.) – L. STURLESE, Il »De animatione caeli« di Teodorico di Freiberg (Fschr. TH. KAEPPELI OP, 1978), 101–139 – B. MICHAEL, Johannes Buridan, 1985 – Aufklärung im MA? Die Verurteilung von 1277. Das Dokument des Bf.s v. Paris, übers. und erkl. v. K. FLASCH, 1989 – L. HÖDL, Unters. zum scholast. Begriff des Schöpfer. in der Theol. des Wilhelm v. Ware OM († 1304) (Festg. K. FLASCH, 1990) – A. DE LIBERA, Ex uno non fit nisi unum (Festg. K. FLASCH, 1990).

II. JÜDISCHE RELIGIONSPHILOSOPHIE: Da die ma. jüd. Religionsphilos. sich zur Erklärung der Welt- und Schöpfungsordnung der neuplaton. Emanations- und aristotel. Materia/Forma-Elemente bediente, lehnte sie die traditionelle Körperlichkeit der →Engel ab und identifizierte sie mit den »Unkörperl. Substanzen« bzw. »Separaten I.«. So weist der neuplaton. beeinflußte →Abraham Ibn Ezra die Auffassung →Saadja Gaons (882–942) von dem menschl. Erkenntnisvermögen überragenden Erkennen »körperl.« Engel zurück. Er setzt diese zwar mit den »unkörperl.« bzw. »intelligiblen Substanzen« einer modifizierten neuplaton. Ontologie gleich, betrachtet sie aber – wie bereits Isaak Israeli – als aus (geistiger) Materia und Forma zusammengesetzt, eine Auffassung, gegen die sich →Abraham ben David und Thomas v. Aquin wenden. Auf die aristotel. »I.« nimmt →Maimonides (1135–1204) ausdrückl. Bezug, wenn er die »sekalim nifradim/sekalim nivdalim« (separate I.) mit den (überlieferten) Engeln gleichsetzt (MN II,6). Er greift die Engelhierarchie Avicennas auf – nach ihm begründet die Wechselbeziehung zw. »I.« und »Himml. Seelen« die beiden Bewegungsprinzipien der himml. Sphäre, die er jeweils mit einer Engelshierarchie gleichsetzt – und überführt sie in eine Erkenntnishierar-chie der ausschließl. mit den I. gleichgesetzten Engel (MT, Jesode Tora, II, 5–8). Zu den Philosophen, die die Lehre von den »separaten I.« und die auf ihr basierende Engellehre ablehnen, zählen →Jehuda Ha-Levi (Kusari 5,21), Hasday →Crescas (Or Adonai I,2,15; IV,3) und Isaak Arama (15.Jh., Aqedat Jizchaq 2). Eine Übersicht über die unterschiedl. Ansichten hinsichtl. der I. und der damit verbundenen Engellehre bietet Isaak →Abravanel im Komm. zu Kö (Kap. 3). R. P. Schmitz

Lit.: A. SCHNEIDER, Die abendländ. Spekulationen des 12. Jh. in ihrem Verhältnis zur aristotel. und jüd.-arab. Philos., 1915 – I. HUSIK, A. Hist. of Medieval Jewish Philosophy, 1959⁴ – H. GREIVE, Stud. zum jüd. Neuplatonismus, 1971.

Intelligibel bedeutet in weitem Verstande 'geistig,' ist insofern ident. mit 'intellektual' (Augustinus, De Gen. ad litt. XII 10,21). In engem Sinne zeigt i. den Modus mögl. Erkannt-Werdens an und ist als 'erkennbar' (intelligibilis) abzugrenzen von 'erkenntnisfähig' (intellectivum), 'erkennend' (intelligens) und 'erkannt' (intellectum): Das, was erkennbar ist, also erkannt werden kann, korrespondiert dem Erkenntnisfähigen, dem näml., das zu erkennen in der Lage ist, ohne freil. den Akt des Erkennens bereits zu vollziehen; das, was erkannt ist, korrespondiert dem Erkennenden, da etwas nur erkannt sein kann, wenn ein Erkennendes es erkannt hat; aufgrund von Reflexivität können Erkennendes und Erkennen aber auch selbst i. sein, dann, wenn Erkennendes und Erkennen ihre eigenen Gegenstände sind.

Philosophiehist. bildete sich die Theorie des I.n so heraus: Da Parmenides Seiendes und Denken identifizierte, worin ihm Platon zunächst folgte, insofern im i.n Raum das seiend Seiende in seiner Umwandelbarkeit der Erkenntnis korrespondiert, wovon er sich dann aber distanzierte, wenn neben das Seiende oder wesentl. Sein das Nicht-Sein, das Verschieden-Sein, und die Bewegung als allgemeine, für alle Erscheinungen grundlegende Wissensinhalte treten (Plat., Theaet.; Soph.), war auch für Aristoteles all das i., was dem Intellekt zugänglich ist; höchstes I. ist die sich selbst erkennende Gottheit, die als materieloser Intellekt zugleich ihr Gegenstand ist und somit nur ein I., sich selbst, besitzt, das aber durch Teilhabe seitens des menschl. Intellekts erkannt werden kann (Arist., Metaph. XII 7;9); materieloses I. sind auch die log. Inhalte; materieloses aber niemals ohne Bezug zur materiegebundenen Vorstellung ist schließl. das, was an den math. und naturwiss. Gegenständen i. ist; jedenfalls ist weder das Wahrnehmbare noch das Vorstellbare i., sondern allein das mit dem selbst materielosen Intellekt ident. materielose Allgemeine, mag es auch einen Bezug zur Materie aufweisen; i. ist freil. auch der Intellekt selbst, insofern er sein eigener Gegenstand sein kann.

Allen sog. dogmat. Systemen hielt Sextus Empiricus entgegen: Das I. ist unentscheidbar umstritten. Versucht man dennoch einen Beweis des I.n, so gerät man entweder in den unendl. Regreß, da umstrittenes I. wieder nur durch umstrittenes I. bewiesen würde, oder in die Diallele, weil I. durch Sinnl. bewiesen werden soll, das Sinnl. wegen des unendl. Regresses aber nicht durch sich selbst bewiesen werden kann und daher des I.n bedarf.

Sextus' Warnung verhallte: die dogmat. Systeme der Spätantike hielten durch Vermittlung der Araber, Syrer, Perser und Juden Einzug im MA: Plotin mit seiner Theorie des i. Seienden in seiner Identität mit dem Geist (vgl. ps.-aristotel. Schr. »Theologia Aristotelis«), Proklos mit der Theorie der ihren Ursprung, alles Niedere sowie sich selbst erkennenden i. Intellekte (vgl. ps.-aristotel. Schr. »Liber de causis«, aber auch Proklos' »Elementatio theologica«, 13. Jh., und den Komm. →Bertholds v. Moosburg, 14. Jh.), Augustin, der – nach Albinos – als primär I. die ewigen Ideen mit göttl. Geist ansah, zugleich aber alles I. in gegenüber dem Göttl. abbildhafter Differenz als dem Geist (mens) seit je immanent betrachtete (Aug., De trin. XIV 10, 13), worin ihm Boethius folgte (Boeth., De cons. philos. V, pr. 4, 24–25).

Im MA bes. beliebt sind die Traktate »De intellectu et intellecto« →Alexanders v. Aphrodisias, →al-Kindīs »De intellectu« und →al-Fārābīs »De intellectu et intelligibili«, wie die gleichlautenden Abh.en von →Albertus Magnus und →Dietrich v. Freiberg zeigen: Indem in Anschluß an Aristoteles' Theorie vom tätigen und mögl. Intellekt, an Alexanders vom erworbenen Intellekt und an die der arab. Denker (auch des Averroes) mit ihrem noch differenzierter gefaßten Intellektbegriff unterschiedl. Arten von Intellekten aufgewiesen wurden (bei Albertus bis hin zum intellectus sanctus Avicennas), wurde auch das I. je nach Intellektbezug differenziert gefaßt, wobei der göttl. Intellekt als Ursprung und Ziel alles I.n gedacht wurde. Aristoteles' Sentenz, der sich selbst immer wesentl. erkennende tätige Intellekt sei Ursprung für den mögl. Intellekt, evozierte überdies unterschiedl. Theorien: Während Albertus noch schwankte, ob sich das I. als Gegenstand des mögl. Intellekts allein der Kausalität des tätigen Intellekts verdanken oder nicht vielmehr Resultat eines Abstraktionsprozesses sei (Alb., De nat. et orig. animae I 7; Ed. Colon. XII, 16, 45–58), lehrte Thomas v. Aquin, der tätige Intellekt sei nicht kausal tätig, da er selbst keine erkennende Funktion besitze (anders Aristoteles), vielmehr beleuchte er die Phantasmen, die der Potenz nach i. seien, arbeite aus ihnen die allg. species i.is, die Erkenntnisform, heraus und versetze durch sie den mögl. Intellekt in den Akt des Erkennens (Thom., S. th. I 12,12; 79,2; 85,5 ad 3; 88,3 ad 1); Dietrich aber rehabilitierte gegen Thomas Aristoteles und die Araber, um die Selbstentfaltung des sich selbst erkennenden Intellekts herauszustellen: Der tätige Intellekt erkennt, und zwar ein dreifaches I., seinen Ursprung, sich selbst und alles Seiende – alles in einem Akt der Selbstanschauung, ist als unbestimmtes Erkennen Ursprung des bestimmten Erkennens, des mögl. Intellekts, der selbst wiederum sein I., das wesentl. Sein des Naturgegenstandes wie diesen selbst in dieser sog. Quidität, konstituiert, der Intellekt ist so eine differenzierte Monade, die ihr I. stets selbst ist und Naturerkenntnis von sich her vollzieht, ohne Naturkausalität als solche aufzuheben (Dietr., De orig.; De vis. beat.; De int.).

Die auch bei Dietrich noch begegnenden species i.es schaffte →Wilhelm v. Ockham ab, nicht aber die ungebrochene Relation zw. dem, was für etwas steht, und dem, für das es steht, dem i. realen Seienden, es sei denn im Rahmen seiner Theorie der i. intuitiven Erkenntnis eines Nicht-Existierenden. Bei →Petrus Aureoli, verschärft bei →Nikolaus v. Autrecourt sind i. Akte nur mögl. im Rekurs auf Erscheinungen, so daß ein wahrer judikativer Akt – so Nikolaus – nur nach Maßgabe eines präsenten Phänomens in seiner Totalität vollzogen werden kann.

Aristoteles' naturphilos. Theorem der Vorstellungsbezogenheit des Intellekts löste bei →Johannes Buridanus, Pierre d'→Ailly und bes. Pietro →Pomponazzi neue Einsichten aus: Wenn nichts an sich i. ist – auch nicht der natürl. Intellekt als solcher –, dann irrten die Averroisten, Thomisten und Platoniker – so Pomponazzi (»De immortal. animae«) – trotz ihrer Vorstellungstheorien, da sie ein I. schlechthin, den materielosen natürl. Intellekt, annahmen, um dessen Unsterblichkeit zu sichern; der in der Tat als solcher materielose Intellekt erkennt aber nur materiegebundene Gegenstände und auch sich selbst nur über sie; demnach vergeht das scheinbar an sich I., der natürl. Intellekt, wie alles Natürliche vergeht. B. Mojsisch

Lit.: HWP IV, 444f., 463–465; VII, 464–471 – J. OWENS, The Intelligibility of Being, Gregorianum 36, 1955, 169–193 – L. KERSTIENS, Die Lehre von der theoret. Erkenntnis in der lat. Tradition, PhJb 66, 1958, 375–424 – B. MOJSISCH, Die Theorie des Intellekts bei Dietrich v. Freiberg, 1977 – R. IMBACH, Wilhelm Ockham (Klassiker der Philos. I, hg. O. HÖFFE, 1981), 220–244 – L. HÖDL, Das 'i. e' in der scholast. Erkenntnislehre des 13. Jh., FZPhTh 30, 1983, 345–372 – W. BEIERWALTES, Denken des Einen..., 1985 – K. FLASCH, Das philos. Denken im MA..., 1986 – O. PLUTA, Kritiker der Unsterblichkeitsdoktrin in MA und Renaissance, 1986.

Intentio(n) (lat. intendere; 'sich richten auf'), zentraler Begriff ma. Philosophie und Theologie. Grundbedeutung: »Anspannung, Acht und Aufmerksamkeit.« Entstammt als term. techn. anscheinend der stoisch-neuplaton. Philos. (εὐτονία, τὸ ἡγεμονικόν als Träger des τόνος, von Seneca mit intentio übersetzt). Entsprechend der ma. Unterscheidung von zwei Vermögen im menschl. Geist, nämlich Intellekt und Willen, lassen sich vier neue Grundbedeutungen des Wortes I. umreißen: 1. log.-epistemologisch: die *Aktivität* des sich gespannt richtenden Intellekts (intentus animi oder I. als Intentionalität oder auch attentio), und der *Gegenstand*, auf den der Intellekt sich richtet (I. als Begriff, conceptus); 2. dogmat.-moraltheologisch: die *Aktivität* des sich gespannt richtenden Willens (I. als innere Gesinnung, z. B. des Empfängers und Spenders eines Sakraments), und der *Gegenstand*, auf den der Wille zielt (I. als Absicht).

[1] *Logisch-epistemologisch:* Schon Augustinus spricht über I. im doppelten Sinne von 1a und 1b. I. bedeutet die Aktivität des sich auf die Kontemplation Gottes verlegenden Intellekts, wie auch den rein spirituellen Gegenstand des Erkenntnisaktes, also den Begriff. In diesem log.-epistemolog. I.sbegriff ist immer z. T. eine Willensaktivität mit intendiert: Erkenntnis, wie auch Erinnerung (memoria), werden von einem Willensakt angeregt. I. findet man auch des öfteren in den lat. Avicenna- und Averroes-Übers. Bei Avicenna bedeutet I. die geflissentl. Aufmerksamkeit, die mentale Acht und das vom Intellekt am realen Ding entdeckte Formal-Unterschiedliche. Dieses zugleich im Verstande wie im realen Ding befindliche Etwas ist ein formales Prinzip von Realität, und deren intelligible Bestimmung: zugleich was man im Objekt erkennt, und das gekannte Objekt. Es ist die Frucht eines Abstraktionsprozesses, im transzendenten →intellectus agens, und der eigtl. Gegenstand des Metaphysikers. Für Averroes kann I. auch gleichbedeutend mit ratio sein (im Sinne von Aspekt, Hinsicht, Beziehung, Bedeutung, Grund, Begriff) sein, aber meist bedeutet I. das das Erkenntnisvermögen zum Akt bewegende Erkenntnisobjekt. Bei den Scholastikern des 13. Jh. ist I. synonym mit conceptus: der im Abstraktionsprozeß hergestellte Begriff und sein einsichtiger Inhalt, d. h. die intelligible Bestimmung des Objekts, die es uns ermöglicht, den intelligiblen Inhalt des Begriffs dieses Dinges zu erkennen (z. B. bei Albertus M., Alexander v. Hales, Matthäus v. Acquasparta, Roger Marston). I. kann also synonym werden mit species intelligibilis oder species impressa. I. kann sich diesen aber auch entgegenstellen, wie dem formalen Prinzip der intelligible Inhalt des Erkenntnisaktes. In diesem Sinne unterscheidet Thomas v. Aquin das Womit wir erkennen (id quo cognoscimus: species intelligibilis) von dem Was wir erkennen (id quod cognoscimus: verbum mentis, conceptio intellecta, der intentionale Gehalt; vgl. auch Roger Marston und Petrus Aureoli: intentio intellecta). Ein ähnl. Unterschied wird

auch von Heinrich v. Gent und Joh. Duns Scotus gemacht, und noch radikalisiert. Beide greifen auf Avicenna und seine Konzeption der I. als des formalen Prinzips von Realität und ihre intelligible Bestimmung zurück. Die I. (das formale Prinzip von Realität) steht der eigtl. Essenz (dem intelligiblen Inhalt) gegenüber; intentional werden von Heinrich alle sich nicht auf aktual Seiendes, sondern nur auf reale objektive Möglichkeiten beziehenden und daher kein ihnen in der aktualen Realität entsprechendes Pendant besitzenden Bestandteile, Zusammensetzungen, Unterschiede usw. genannt. Diese intentionale Ebene der Realität, diese jeder Aktualität vorangehende Struktur von objektiven intelligiblen Möglichkeiten (letztl.: die sich selbst denkende göttl. Essenz) ist für Heinrich wie auch für Duns Scotus viel grundlegender als die phys. Aktualität (daher auch Objekt der eigentl. Metaphysik): denn ohne Möglichkeiten gäbe es keine Aktualität, nicht umgekehrt. Eine recht eindeutige Definition der I. als eines Aktes findet man erst bei Duns Scotus, der intentionalitas als Akthaftes von formalitas als dessen Gegenständlichem unterscheidet. Wilhelm v. Ockham sieht diesen Akt v. a. als einen Akt der Bezeichnung und Bedeutung. I. ist für ihn »ein Etwas in der Seele, das fähig ist, etwas anderes zu bedeuten« (Summulae Logicales I,12), und wird auch Begriff (conceptus), Eindruck der Seele (passio animae) oder Ähnlichkeit des Dinges (similitudo rei) genannt. Diese in der Seele existierenden Intentiones, aus denen ein mentaler Satz zusammengesetzt ist, sind entweder Zeichen der Dinge, für die sie in einem Satz stehen können (Nomina erster Intention), oder Zeichen anderer Begriffe, die ihrerseits Zeichen der Dinge sind, für die sie in einem Satz stehen können (Nomina zweiter Intention).

[2] *Moraltheologisch* besagt I. im Vollzug des Willensaktes, der dem vom Intellekt als bonum erfaßten Objekt nachstrebt, die Bewegung des Willens zum Guten bzw. zu dem, was zum Ziel führt. Die Sittlichkeit eines Aktes hängt hauptsächl. von der I. des Handelnden ab; diese I. wird aber von der Geartetheit des Zieles mitbestimmt. Die I. (z. B. den Nächsten umwillen Gottes zu lieben) kann daher auch auf die objektive Struktur und das dem Handlungsobjekt inhärente Ziel weisen, und sich also dem Willensakt als Objekt darbieten. In den Sentenzenkommentaren, Lib. II dist. 38, untersuchten die scholast. Dozenten (z. B. →Albertus Magnus, →Thomas v. Aquin, →Jakob v. Metz, →Petrus de Palude) die freiwillentl. Eigenart der I., deren Bedeutung für den zielbestimmten und wegesicheren sittl. Akt und deren Beziehung zum Intellekt. Die I. bedeutet nicht einfach den Akt des Wollens (finis operantis), sondern dessen Qualität und Bewandtnis für das Gute und das Böse (finis operis). Vgl. Thomas v. Aquin S.th. I^a II^{ae} q.12. In der neuscholast. Theologie wurde der Begriff der I. weiter unterschieden: 1. dem Akt nach als i. actualis (ausdrückl. und bewußte I.), i. virtualis (vor- und randbewußte I.), i. habitualis (haltungsgemäße I.) und i. interpretativa (erwartungsgemäße I.); 2. dem Gegenstand nach kann die I. bestimmt oder unbestimmt, explizit oder implizit sein. Die I. als bewußte, das Formalobjekt des Aktes bestimmende Willensaktivität unterscheidet sich ebenso vom sittl. indifferenten wie auch durch Trieb oder äußeren Zwang beeinflußten Handeln. Die debita i. wurde im MA eine Leitidee der Moraltheologie, der Spiritualität und Askese und der scholast. Lehre vom →Verdienst (meritum, demeritum).

In der scholast. Sakramentenlehre ist die I. ein wesentl. Element der Spendung und des Empfangs der →Sakramente. Allg. wird angenommen, bei dem Empfänger sei im Vernunftalter ein Mindestmaß an willentl. Absicht für die Heilswirkung des Sakramentes unabdingbar. Der Spender muß zumindest die I. haben, »zu tun was die Kirche tut« (vgl. DENZINGER-SCHÖNMETZER, 1262, 1315, 1611). Die (sittl.) Forderung einer rein mentalen I. des Spenders, von welcher der Empfänger keinerlei Kenntnis haben kann, korrigierten Albert und Thomas v. Aquin (S. th. III q.64 a.8 ad 2) durch den Hinweis auf die von Christus gestiftete und von der Kirche getragene Vollzugsgestalt der Sakramente. Diese Doktrin hat nichts zu tun mit der 1690 von Papst Alexander VIII. verurteilten jansenist. These eines rein jurist., extrinzist. Verständnisses der sakramental. Spendeformel. J. Decorte

Lit.: DThC VII, 2267–2280 – LThK V, 723–726 – ECatt VII, 66–73 – zu *[1]*: L. SCHUTZ, Thomas-Lex., 1895, 419–422 – M. F. GARCIA, Lex. scholasticum ... a Ioanne Duns Scoto ..., 1910, 359–361 – H. BAUER, Über I., reine Absicht und Wahrhaftigkeit: das 37. B. von Al-Gazali's Hauptwerk, 1916 (1979) – E. PFISTERS, La nature des formes intentionnelles d'après saint Thomas d'Aquin, 1933 – H. SPIEGELBERG, Der Begriff der I. alität in der Scholastik, 1936 – A. ANZENBACHER, Die I. alität bei Thomas v. Aquin und Edmund Husserl, 1972 – M. C. SHAW, The Paradox of I...., 1988 – zu *[2]*: R. DE SALVO, The Dogmatic Theology of I., 1943 – G. RAMBALDI, L'oggetto dell'intenzione sacramentale nei teologi del sec. XVI e XVII, 1944 – J. LECLERC, L'i. dans L'Ethica de Pierre Abélard, 1954 – S. BRETON, Conscience et i. alité, 1956 – J. STOHR, Wann werden Sakramente gültig gespendet?, 1980 – J. BUDDE, Faith and the I. of the Recipient in Relation to Valid Reception of the Sacraments, 1981.

Intercursus, Bezeichnung der Handelsverträge zw. England und den Gebieten der Niederlande im 15.–16. Jh. Ein anglo-fläm. I. wurde 1407 abgeschlossen und bis 1420 regelmäßig verlängert. Der Vertrag v. →Troyes (1420) garantierte die wirtschaftl. Freizügigkeit der Flamen in der anglo-frz. Doppelmonarchie. Gegen Ende der 20er Jahre des 15. Jh. häuften sich jedoch die Konflikte, verursacht durch eine protektionist. Geldpolitik, die Erhöhung der Zolltarife und Gefälle, und letztendlich die scharfe Konkurrenz im internat. Tuchmarkt. Das militär. Vorgehen Hzg. Philipps des Guten v. Burgund gegen den engl. Stapel zu →Calais (1436) führte zum Bruch. Unter dem Druck der großen fläm. Städte wurde am 29. Sept. 1439 ein dreijähriger I. für Flandern, Brabant und Mecheln abgeschlossen; er garantierte Freiheit des Handels und Fischfangs sowie die Sicherheit der Kaufleute und verbot die Erhöhung der den Untertanen des jeweils anderen Landes auferlegten Zölle. Dieser I. wurde regelmäßig verlängert, bis am 19. Nov. 1467 ein 30jähriger I. für alle Länder des Hzms. Burgund geschlossen wurde. 1493 untersagte Kg. Heinrich VII. jedoch den Handel mit den Niederlanden, infolge der Unterstützung Maximilians für P. Warbeck, den Gegner des Kg.s. Ein neuer I., der 'I. magnus,' geschlossen am 24. Febr. 1496, legte die wechselseitigen Zolltarife auf den vor 50 Jahren fixierten Stand fest. Nach beiderseitigen Verstößen gegen diese Regelung trat am 15. Mai 1506 ein für England günstigerer Vertrag in Kraft, aus niederländ. Sicht 'I. malus' genannt; er befreite die Engländer von den Brabanter Zöllen und gestattete ihnen den Verkauf ihrer Tuche auf dem Brügger Markt. W. P. Blockmans

Lit.: H. J. SMIT, Bronnen tot de geschiedenis van den handel met Engeland, II/1, 1942 – M. R. THIELEMANS, Bourgogne et Angleterre, 1966 – J. H. MUNRO, Wool, Cloth and Gold, 1973.

Interdikt, eine aus dem Umfeld der →Exkommunikation entstandene Kirchenstrafe, entzog als Personali. (interdictio ab ingressu ecclesiae) Einzelpersonen oder Personengruppen Rechte auf geistl. Güter. Charakterist. für den Begriff des I.s ist indessen die Form des seit dem 10. Jh. nachweisbaren Lokali.s (auch publica excommunicatio). Es beinhaltete Versagen der Sakramente und Einstellen der gottesdienstl. Handlungen (cessatio a divinis), auch Verweigerung des kirchl. Begräbnisses (VI 5.11.20) in bestimmten Territorien (interdictum locale generale), z. B. in Pfarreien oder größeren Gebieten, ja in ganzen Ländern (z. B. Frankreich 1129, 1142, 1198; Schottland 1180; England 1207) oder an gottesdienstl. Stätten (interdictum locale particulare), z. B. in Kirchen, Kapellen, an Altären. Das I. wurde als Vindikativstrafe wie v. a. als Zensur (X 5.4.20) bzw. Zwangsmittel verhängt, konnte Spruchstrafe wie von selbst eintretende (latae sententiae) Strafe (VI 5.5.1) sein; gemein- wie partikularrechtl. waren zahlreiche Tatbestände mit dem I. bedroht. Groteske Auswüchse konnte das I. in der Form des interdictum (de)ambulatorium (oder mixtum) annehmen, wobei der jeweilige Aufenthaltsort eines mit dem Personali. Belegten den Folgen eines Lokali.s verfiel. (X 4.1.11). Sehr oft waren Unschuldige von diesem rigorosen kirchl. Vorgehen betroffen, zumal das I. vom 12.Jh. an verstärkt als machtpolit. Kampfinstrument der Päpste und bes. der Bf.e gegen weltl. Hoheitsträger eingesetzt wurde. Erleichterungen, z. B. Gottesdienste bei verschlossenen Türen oder Spendung bestimmter Sakramente in Sonderfällen, wie sie von verschiedenen Päpsten generell (X 5.38.11; X 5.39.43,57; VI 5.7.11; VI 5.11.19,24) oder aufgrund bes. Privilegien für Orden gewährt (und von diesen auch mißbraucht) wurden (X 5.33.3,24), änderten an den Unzuträglichkeiten des I.s nicht viel. Abgesehen von der Anwendung aus recht fragwürdigen Gründen – Bonifatius VIII. sah sich veranlaßt, die bloß wegen finanzieller Ansprüche verhängten I.e für ungültig zu erklären (Extravag. com. 5.10.2) –, war diese mitunter über Dezennien hinweg andauernde Strafe dem kirchl.-geistl. Leben alles andere als förderlich. Der wohl intendierte Zweck der I.e, Schuldige bzw. Mißliebige durch den Unwillen der Mitbetroffenen unter die kirchl. Ansprüche zu zwingen, wurde nur selten erreicht; wegen ihrer als offensichtl. ungerecht empfundenen Härte forderte diese Zwangsmaßnahme vielmehr nicht selten ihr Nichtbeachten geradezu heraus. Vielfach wurden das I. beachtende Geistliche vertrieben und an ihrer Stelle clerici vagi, aber auch Mendikanten verpflichtet. Das Konzil v. →Basel suchte 1435 das I. einzuschränken, während das Tridentinum die Beachtung päpstl. wie bfl. I.e auch durch Ordensgeistliche nochmals einschärfte (sess. 25 de reg. 12); doch hatte das I. seine Wirksamkeit schon verloren.

H. Zapp

Lit.: DDC V, 1464ff. – TRE XVI, 221ff. – FEINE, 437f. – PLÖCHL II, 394ff. – F. KOBER, Das I., AKKR 21, 1869, 3ff.; 291ff.; 22, 1869, 3ff. – P. HINSCHIUS, Kirchenrecht V, 1893 [1959], 14ff., 516ff. – E. B. KREHBIEL, The I., 1909 – E. J. CONRAN, The I., 1930 – De origine et evolutione interdicti..., hg. W. RICHTER, 1934 – H. MAISONNEUVE, L'Interdit dans le droit classique de l'Église (Mél. L. HALPHEN, 1951), 465ff.

Internationaler Stil → Weicher Stil

Interpunktion in Urkunden. Der Zusammenhang der ma. I. mit der Vorlesetechnik gilt auch für Urkk., die u. a. innerhalb des liturg. Rahmens verlesen (»rezitiert«) wurden. Eine systemat. Behandlung der I. in Urkk., die auch immer fehlt, wird daher neben der grammat. auch die Gliederung des Textes durch Betonung (→Akzente), Satzmelodie und Rhythmus (→Cursus) zu beachten haben. Die älteste Methode der sprachl. Gliederung des Textes bestand darin, diesen nicht mehr fortlaufend (indistinkt) zu schreiben, sondern nach einem Wort oder Abschnitt durch Zwischenräume zu unterbrechen. Die Gliederung durch Punkte findet sich zum erstenmal in Diplomen Karls d. Gr. und ist als ein Erfolg der Bemühungen →Alkuins anzusehen. Der Punkt erscheint entweder auf der Grundlinie, in halber Höhe oder oberhalb der Zeile. Manche Schreiber schlossen die Zeilen oder auch einzelne Wortgruppen der Elongata (→Urkundenschrift) sowie den →Kontext mit einer vertikalen Punktlinie ab. Punkte rahmen auch Zahlenangaben, Namen von Besitzungen sowie von →Intervenienten und →Zeugen ein. Ein weiteres I.zeichen ist die Virgula. Sie begegnet zunächst in Verbindung mit einem oder mehreren Punkten – im letzteren Fall häufig als Abschluß der →Datierung –, um dann im 13. Jh. in Form eines Schrägstrichs an die Stelle des Punkts zu treten. Für viele Urkk. wird es nicht möglich sein, eine Regel zu erkennen, nach der Punkt und Virgula gesetzt wurden. – Das Komma neben dem monogrammat. gestalteten »Bene valete« in Papsturkk. (seit Leo IX. [1048–54] bis zum Jahr 1092) diente wohl dazu, den Zuhörern beim Verlesen der Urk. zusammen mit diesem Zeichen vorgezeigt zu werden. Zum Vorzeigen gedacht dürfte auch das mit Punkten und Virgeln versehene Signum speciale in Diplomen Heinrichs III. bis Heinrich V. gewesen sein. In einer Anweisung über die Schrift und Ausstattungsform der Papsturkk. aus dem 13. Jh. wird die Stellung der »puncta retorta« am Ende der obersten Zeile (nach der Formel »in perpetuum«) geregelt. Doppelpunkte (..) ersetzen die Eigennamen von Personen, die nur mit Titel und Würden angeführt werden. Statt der Doppelpunkte kann auch ein einfacher Punkt stehen. →Ars punctandi.

A. Gawlik

Q. und Lit.: Corpus altdt. Urkk. I, 1932, LXII–LXVI; III, 1957, XXIV–XXVI – LThK² II, 200f. – H. HIRSCH, Zur Frage des Auftretens der dt. Sprache in den Urkk. und der Ausg. dt. Urkk.texte, MIÖG 52, 1938, 233–236 – G. TESSIER, Diplomatique royale française, 1962, 18, 75, 213, 239 – H. FICHTENAU, Bemerkungen zur rezitativen Prosa des HochMA (Beitr. zur Mediävistik, Ausgew. Aufs. I, 1975, 145ff.; erstmals veröff.: Fschr. K. PIVEC, 1966) – M. PARISSE, Remarques sur la ponctuation des chartes lorraines au XIIe s., ADipl 23, 1977, 257–268 – W. KOCH, Die Schrift der Reichskanzlei im 12. Jh. (1125–1190), 1979, passim – B. BISCHOFF, Paläographie des röm. Altertums und des abendländ. MA, 1986², 224ff. – TH. FRENZ, Papsturkk. des MA und der NZ, 1986, 18.

Interregnum, auch 'Großes I.', als 'Zwischenherrschaft' durch den Tod Ks. Friedrichs II. 1250 und die Wahl Rudolfs v. Habsburg zum dt. Kg. 1273 zeitl. bestimmt, von F. Schiller als »kaiserlose (schreckliche) Zeit« poet. charakterisiert, entspricht einem romant. verklärten Gesch.sverständnis, das mit dem Ausgang der Stauferherrschaft in der Mitte des 13. Jh. ein Zeitalter der Wirren heraufziehen sah, unbeschadet der Tatsachen, daß Friedrich II. sich letztmalig 1235 in Deutschland aufgehalten hatte, sein Sohn Heinrich (VII.) damals abgesetzt und vom Vater in apul. Gefangenschaft geführt worden war und Konrad IV. nur zum Kg. gewählt, aber nie gekrönt worden war. Das I. ist vielmehr als Kurzepoche des Umbruchs zu werten, die das Papsttum von der stauf. Umklammerung in Italien befreite, das dt. Kgtm. wesentl. auf die Regionen n. der Alpen beschränkte und den Ausbau der fsl. Landesherrschaft in den einzelnen Territorien vorantrieb und festigte. Dementsprechend wurde der nachstauf. dt. Kg. selbst zum Exponenten dynast. Ambitionen und bestimmter Handelsinteressen, nicht zuletzt der Ebf.e v. Köln, Mainz und später auch v. Trier. Diese v. a. wählten 1246 Heinrich Raspe, den letzten thür. Lgf.en aus dem Hause der →Ludowinger, zum Kg., der bereits 1247 verstarb (→Deutschland, D. VI), im gleichen Jahr den Gf.en v. Wilhelm II. v. Holland, der spätestens nach dem Abgang Konrads IV. 1251 nach Italien durch seine Heirat mit einer Welfin 1252 breiten Anhang auch unter den Reichsstädten und -burgen gewann und sich 1255 an die Spitze des →Rhein. Städtebundes zur Rechts- und Friedenswahrung im Reich stellte, aber schon 1256 im Kampf gegen die Friesen umkam. Die Doppelwahl von 1257 'europäisierte' die Frage nach dem Inhaber der dt. Kg.swürde: die niederrhein. Partei mit dem Ebf. v. Köln an der Spitze erhob Richard v. Cornwall, den Bruder des engl. Kg.s Heinrich III., die frz. Koalition des Trierer Ebf.s den gelehrten Kg. Alfons X. v. Kastilien, einen Enkel Philipps v. Schwaben. Dieser betrat Deutschland nie, während Richard immerhin viermal sein Kgr. wenigstens linksrhein. aufsuchte. Beide Kg.e betrachteten indessen die dt. Kg.skrone als Mittel für ihre weitreichenden Pläne im Mittelmeerraum (Sizilien). Das Papsttum verweigerte aber beiden seine Anerkennung; als Richard 1272 verstarb, bewegte Papst Gregor X. Alfons zum Verzicht und initiierte die freie Neuwahl eines Nachfolgers. Mit der Erhebung Rudolfs v. Habsburg endete das I. Bleibende Ergebnisse dieser Zeit sind die endgültige Herausbildung des Kollegs der →Kurfürsten als alleiniger Wahlkörper zur Nachfolge im Reich seit der Doppelwahl von 1257, ein dt. Kgtm., das sich gegen die Macht der Landesherren auf den energ. Ausbau der eigenen Hausmacht verwiesen sah und letztl. auch das endgültige Scheitern eines Deutschland, Italien und Sizilien umfassenden antipäpstl. Imperiums stauf. Prägung.

D. Hägermann

Lit.: HEG II, bes. 383ff. [H. KOLLER] – J. KEMPF, Gesch. des Dt. Reiches während des großen I.s 1245–73, 1893 – J. LEUSCHNER, Dtl. im späten MA, 1975 – D. HÄGERMANN, Das nachstauf. Zeitalter (Deutschland I, o. J.), 85ff. – P. MORAW, Von offener Verfassung zu gestalteter Verdichtung, 1985 (Propyläen Gesch. Dtl.s III).

Interrogatio Johannis, anonyme, um 1190 entstandene Lehrschrift des Katharismus bogomil. Ursprungs – einigen Forschern zufolge vollständigste Q. für die Lehre der →Bogumilen –, die das Fundament der Doktrin der Katharerkirche v. →Concorrezo bildete. Sie ist in der Art eines Lehrdialogs abgefaßt (12 Fragen des hl. Johannes an Jesus während des letzten Abendmahls) und gibt die Doktrin der gemäßigten Richtung des Katharismus wieder: Gott als einziger Schöpfer der Welt, Empörung Luzifers, Engelsturz, Erschaffung des Menschen, Geschichte von Adam und Eva, das Kommen Jesu auf die Erde, Verurteilung der Ehe, Ende aller Zeiten.

E. Pásztor

Ed. und Lit.: E. BOZOKY, Le livre secret des Cathares: I. J., Apocryphe d'origine bogomile. Ed. crit., trad., comment., 1980 – R. MANSELLI, L'eresia del male, 1980² – G. ROTTENWÖHRER, Der Katharismus, I/1, 1982, 41–42.

Intervall (lat. intervallum, Zwischenraum, Entfernung; griech. diástema), Abstand zw. zwei nacheinander, seit der Mehrstimmigkeit auch gleichzeitig erklingenden Tönen, quantitativ als abgezählte Distanz (Prim, Sekund, Terz usw.) innerhalb einer diaton. Tonreihe (→Boethius) oder qualitativ nach dem Dissonanzgrad der am Monochord gemessenen, hörbaren Proportionen. Die qualitative, auf die griech. Musiktheorie zurückgehende Terminologie unterscheidet zw. konsonanten, »feststehenden« I.en (symphoniai = consonantiae, concordantiae) mit dem Praefix »dia-« (diapason 1:2; diapente 3:2, diatessaron 3:4) und dissonanten »beweglichen« I.en (diaphoniai = dissonantiae, discordantiae; tonus und semitonium [in jeweils zwei Größen], semiditonus usw.). Seit →Guido bestehen bis in die NZ zwei kombinierbare Tonbezeichnungen, deren eine, ohne Kennzeichnung der Halbton- und Ganztonabstände, die Lage im Ton- und Liniensystem mit Tonbuchstaben benennt (a, b, c usw.), deren andere mit Hilfe von Silben (ut, re, mi, fa usw.; →Solmisation) I.qualitäten bezeichnet: im Gegensatz zu den Ganzton-I. en ut-re-mi; fa-sol-la haben mi-fa immer Halbtonabstand. Die math. Berechnung der I.proportionen macht einen Hauptteil antiker und ma. Musiktraktate aus. Die durch das Vordringen der Instrumente mit festen Tonhöhen bereiteten Stimmungsschwierigkeiten wurden endgültig erst durch die seit dem 18. Jh. allmähl. durchgesetzte »gleichschwebende Temperatur« beseitigt, in der außer der Oktave alle I.e unrein sind.

Lit.: MGG – NEW GROVE – RIEMANN, s.v.   H. Leuchtmann

Intervallum, in der ma. Kalenderwiss. (→Kalender) die techn. Bezeichnung für die Zahl der Wochen und Tage zw. Weihnachten und dem Beginn der →Fastenzeit (I. minus). Diese wurden anfangs vorwiegend bis »Invocavit« (6 Wochen, 3 Tage bis 11 Wochen, 2 Tage), später gewöhnl. bis »Estomihi« (5 Wochen, 3 Tage bis 10 Wochen, 2 Tage) gerechnet. Daneben gab es auch Berechnungen für die Abstände zw. Weihnachten und Ostern, Pfingsten und Johannes Baptista, Pfingsten und 1. Adventssonntag (I. maius). In der 2. Hälfte des 15. Jh. wurde in Dtl. in einem »I. laicorum« bzw. einem »I. rusticorum« die Zeitspanne zw. Mariä Reinigung (2. Febr.) und Faschingsdienstag bestimmt. Zur Auffindung des I.s wurden Tabellen erstellt, zuerst wohl 864 von →Agius v. Corvey. Darin wurden die Wochen zunächst durch Zahlen, die Tage durch Punkte bzw. Striche ausgedrückt. Später ging man dazu über, Symbole und Wörter von entsprechender Buchstabenzahl einzusetzen. Daraus hat sich eine reiche und mannigfaltige Lit. entwickelt.

A. Gawlik

Lit.: GINZEL III, 229–231 – GROTEFEND I, 210 – B. M. LERSCH, Einl. in die Chronologie II, 1899², 147f. – H. GROTEFEND, Abriß der Chronologie des dt. MA und der NZ, 1912², 23f. – B. BISCHOFF, Ostertagtexte und I.tafeln (Ma. Stud. II, 1967), 203ff.

Intervenienten, die in Urkk. der ma. Ks. und Kg.e seit der merow. Zeit (in Papsturkk. seit der Mitte des 9. Jh.) in einer eigenen Formel im Zusammenhang mit dem Zustandekommen des beurkundeten Rechtsgeschäfts gen. Personen (eine oder mehrere), deren Tätigkeit mit Ausdrücken wie suggerere, petere, precari, postulare, rogare, impetrare, intercedere, intervenire, interventus u. ä. umschrieben wird. Die Frage nach der Bedeutung dieser »Interventionen« konnte lange Zeit nicht befriedigend beantwortet werden. Der vorherrschenden Ansicht in der Diplomatica lag die Auffassung zugrunde, der I. sei der »vertraute Ratgeber und Günstling des Herrschers« gewesen, dessen »Macht« auf seinen »persönlichen Verhältnissen zu diesem« beruht habe (P. KEHR). Folgl. habe sich der →Petent zur Erwirkung einer Urk. der Unterstützung dieser einflußreichen Mittelperson versichert. Am Beispiel einer Urk. Heinrichs V. von 1108 hat K. LECHNER zum erstenmal nachgewiesen, daß die auf den ersten Blick rätselhaften I.en rechtl. und besitzmäßig mit diesem Rechtsgeschäft verbunden waren, und damit das Problem der Interventionsformel einer Lösung näher gebracht. Weitere Fälle solcher Art sind neuerdings im Rahmen der Reichsgutforsch. untersucht worden.

A. Gawlik

Lit.: BRESSLAU II, 193ff. – J. FICKER, Beitr. zur Urkk.lehre I, 1877, 232ff. – P. KEHR, Zur Gesch. Otto's III., HZ 66, 1891, 405ff. – J. FICKER, Vom Reichsfs.enstande II, 1, 1911, 68ff. – K. LECHNER, Die Gründung des Kl. Maria-Zell..., Jb. für LK von Niederösterreich NF 26, 1936, 104ff. [= DERS., Ausgew. Schr., 1947, 83ff.] – M. UHLIRZ, Stud. über Theophano, III, DA 9, 1952, 122–135 – G. TESSIER, Diplomatica royale française, 1962, 103ff., 273f. – P. HERDE, Beitr. zum päpstl. Kanzlei- und Urkk.wesen im dreizehnten Jh., 1967², 153, 317 [s.v. Interzession] – C. BRÜHL, Stud. zu den langob. Kg.surkk., 1970, passim – H. C. FAUSSNER, Die Verfügungsgewalt des dt. Kg.s über weltl. Reichsgut im HochMA, DA 29, 1973, 435ff. – A. GAWLIK, Zur Bedeutung von Intervention und Petition (Fschr. P. ACHT, 1976),

73-77 – T. STRUVE, Die Interventionen Heinrichs IV. in den Diplomen seines Vaters, ADipl 28, 1982, 190-222 – A. GAWLIK, DA 43, 1987, 605.

Intitulatio als Bestandteil des →Eingangsprotokolls ist »Selbstaussage« des Urkk.ausstellers, somit Ausdruck seiner Vorstellung von Amt und Herrschaft. Sie steht sonstigen Titelnennungen, etwa in Subskriptions- oder Signumzeilen, aber auch Titulaturen, der »Fremdaussage« durch andere in Adressen und Datierungen von Briefen und Akten sowie in erzählenden Q., ebenso Herrscherangaben in Inschriften, insbes. auf Münzen und Siegeln, gegenüber. Sie setzt sich in der Regel aus einer Reihe von Elementen zusammen. Neben der Namensangabe und dem Funktionstitel (meist zusammen mit einer ethn. oder territorialen Bezeichnung) kann man Namens-, Herkunfts-, Verwandtschafts-, Rang-, Triumphal-, Hoheits-, Pietäts- und Demutstitel unterscheiden (so H. WOLFRAM v. a. für die ältere Zeit). Einen bes. Reichtum an ehrenden Titelwörtern kennt das ksl. byz. Urkk.wesen. Die I. kann mit dem Personalpronomen »ego« – so v. a. in Privaturkk. – oder »nos« bzw. »wir« (vgl. in spätma. Herrscherurkk.) eingeleitet sein. Zeit, Aussteller, polit. und ideolog. Veränderungen bestimmen Aufbau und Formulierung der I. Letzteres erweist deutl. die Entwicklung des karol. Kg.stitels vom merow. »rex Francorum« bis hin zum komplizierten Gefüge der Kaiser-I. Karls d. Gr.: »Karolus serenissimus augustus a Deo coronatus magnus pacificus imperator Romanum gubernans imperium, qui et per misericordiam dei rex Francorum et Langobardorum«. Der absolute Ks.titel Ludwigs d. Frommen »imperator augustus« herrscht bis in die otton. Zeit vor, ab Otto II. beginnt sich »Romanorum imperator augustus« durchzusetzen. Während sich im kapet. Frankreich das alte »rex Francorum« verfestigt, bildet bloßes »rex« den Kg.stitel in Dtl., bis unter Heinrich V. »Romanorum« hinzugesetzt wird. In stauf. Zeit heißt es im Ks.- und Kg.stitel »(et) semper augustus«, was das SpätMA mit »ze allen zîten mêrer des rîches« (u. ä.) ins Dt. überträgt. Heinrich VI. nimmt den siz. Kg.stitel in die I. auf, Friedrich II. zusätzl. den eines Kg.s v. Jerusalem, die Luxemburger und die Habsburger des 15. Jh. fügen ihre wichtigsten Herrschaftsbereiche ein. In der päpstl. I. folgt dem bfl. Amtstitel »episcopus« der Zusatz »servus servorum dei«, der – auf augustin. Denken beruhend – von Gregor d. Gr. aufgegriffen wurde. Er drückt das Pflichtbewußtsein des Papstes und die herausragende Würde seines Amtes aus. In den älteren, auf der carta beruhenden Fs.enurkk. ist der Titel als Subjekt des dispositiven Hauptsatzes nicht selten der →Arenga nachgestellt. Die Formulierung der Titel der Fs.en ermöglicht Aussagen über ihre Position und ihr Verhältnis zum Kgtum. Die I. ist vielfach mit einer Formel verbunden, die die Gnade bzw. Huld Gottes ausdrückt (Devotionsformel). Als Ausdruck der paulin. Gnadenlehre diente »gratia dei« vorerst Bf.en zur Kennzeichnung ihrer Rechtgläubigkeit, ehe es in die I. der Karolinger und weltl. Großer Eingang fand und Legitimität, Autorität und Anspruch zu untermauern half (Legitimationsformel). »Divina faventa gratia (clementia)« lautet die übliche Devotionsformel in der Dt. Diplomen seit Ludwig d. Dt., während die alte Kurzformel später den einfacheren Ausfertigungen vorbehalten blieb. Die Papsturkk. – von der früheren Zeit abgesehen – und die byz. Ks.urkk. kannten keine Devotionsformel. W. Koch

Lit.: W. ERBEN, Die Ks.- und Kg.surkk. in Dtl., Frankreich und Italien, 1907, 310ff. – K. SCHMITZ, Ursprung und Gesch. der Devotionsformeln bis zu ihrer Aufnahme in die frk. Kg.surkk. (Kirchenrechtl. Abh. 81, 1913) – P. CLASSEN, Romanum gubernans imperium, DA 9, 1952, 103-121 – G. TESSIER, Diplomatique royale française, 1962, 21ff., 85ff., 216ff. – I. HEIDRICH, Titulatur und Urkk. der arnulfing. Hausmeier, ADipl 11/12, 1965/66, 71-279 – H. WOLFRAM, I, MIÖG Ergbd. 21, 1967 – W. KIENAST, Der Hzg.stitel in Frankreich und Dtl., 1968 – E. JERG, Vir Venerabilis, WBTh 26, 1970 – J. A. DABBS, Dei gratia in Royal Titles, 1971 – I, II, hg. H. WOLFRAM, MIÖG Ergbd. 24, 1973 – C. RICHTER, Der Sinn der Dei-gratia-Formel in den frz. u. dt. Dynastenurkk. b. z. J. 1000 … (Diss. Frankfurt/M. 1974) – P. CLASSEN, Ks.reskript und Kg.surk., 1977, 152ff. – H. FICHTENAU, Zur Gesch. der Invokationen und »Devotionsformeln« (Beitr. zur Mediävistik 2, 1977), 49ff. – G. RÖSCH, Onoma basileias (Byz. Vindobonensia 10, 1978) – H. BEUMANN, Der dt. Kg. als »Romanorum rex«, SB der Wiss. Ges. a. d. Univ. Frankfurt a. M. 18/2, 1981 – A. SCHARER, Die ags. Kg.surk. im 7. und 8. Jh., VIÖG 26, 1982, 30ff. – H. FICHTENAU, Forsch. über Urkk.formeln, MIÖG 94, 1986, 292ff. – TH. FRENZ, Papsturkk., 1986, passim – H. FICHTENAU, »Dei gratia« und Kg.ssalbung (Fschr. F. HAUSMANN, 1987), 25-35 – I, III, hg. H. WOLFRAM – A. SCHARER, MIÖG Ergbd. 29, 1988.

Introductio (doctrinae, artis), spätantik zunächst Interpretament von isagoge/a, bezeichnet (in der Antike und) im MA eine – fachl. Grundwissen vermittelnde – Einf. in eine 'Lehre', ein Fach (Philosophie, Medizin etc., →ars, artes) bzw. in eine fachl. Schrift (vgl. →isagoge), und zwar a) eine unterrichtsmäßige (mündl.) Einf. (wie etwa bei →Adalbertus Samaritanus praec. dict. II impliziert), b) einen einführenden Fachtraktat (z. B. wenn →Matthaeus v. Vendôme seine ars versificatoria 3, 51 eine i. nennt), oder c) einen 'einführenden' Teil eines fachl. Werkes, z. B. eine entsprechende praefatio (PLEZIA; vgl. KINDERMANN, 194: prologus introductorius). I. und isagoge, die solche fachl. Einf. meinen, sind nun im MA gebräuchl. belegt, da die sehr gängigen literar. (-stilist.) Einf.en in die schul. Lektüreautoren(-werke) meist →accessus ad auctores genannt wurden; zu Büchern der Bibel allerdings gab es vielleicht i.nes (wie zu fachl.-theol. Werken; vgl. PLEZIA). Vollere Stoffbehandlung als die i. suggeriert vielfach die institutio. Zu 'i. des Themas' vgl. →artes praedicandi.
F. Quadlbauer

Lit.: ThLL – Material des MlatWb – M. PLEZIA, Lex. mediae et infimae Latinitatis Polonorum, 1953ff. – U. KINDERMANN, Der Dichter vom hl. Berge, 1989.

Introitus, Begleitgesang zum Einzug des Priesters und seiner Assistenz zur Meßfeier; erstes Stück des sog. Proprium Missae. Ursprgl. antiphon. gesungener Psalm mit einem Vorvers, der nach dem Psalm wiederholt wird (»antiphona ad i.m«). Zunächst wohl Volksgesang, wurde der I. früh (7. Jh.) Gesang der Schola, in der Folge bes. die Antiphon musikal. reicher gestaltet, bis ins 16. Jh. durch Tropen festl. erweitert, aber vom 8.–10. Jh. die Zahl der Psalmverse auf einen reduziert, zumal in kleineren Kirchen ein feierl. Einzug nicht möglich war. Vom 11. Jh. an entstand der Brauch, den I. erst zu singen, wenn der Klerus an den Altarstufen angelangt war; in stillen Messen las ihn der Priester seit dem 8. Jh. am Altar. Regulär nennt man dem Psalm entnommene I.-Antiphonen, die übrigen irregulär.
H. B. Meyer

Q. und Lit.: DACL VII, 1, 1212-20 – LThK² V, 738 – MGG VI, 1375-82 – Liturg. Woordenboek I, 1082-85 – P. WAGNER, Ursprung und Entwicklung der liturg. Gesangsformen bis zum Ausgange des MA, 1911³, 62-71 – R. J. HESBERT, Antiphonale missarum sextuplex, 1935 – J. A. JUNGMANN, Missarum Sollemnia I, 1962⁵, 414-429 – Gottesdienst der Kirche III, 1987, 195-197.

Intuition (gr. 'ἐπιβολή, lat. intuitio, intuitus), in unmittelbarer Anschauung wahrnehmende Erkenntnis von Wesen, Ursachen, Gründen, im Unterschied zu den durch diskursives Denken gewonnenen Erkenntnisinhalten. – Der Sache nach findet sich das Phänomen der I. bereits in der plat. Ideenschau, etwa der »Schau des Schönen selbst« (Symp. 211d), welche sich durch ein »plötzliches« Sehen (a.a.O. 210c) deutl. von der vorangegangenen stufenweisen Erkenntnis abhebt. Gebraucht Epikur den Terminus ’επιβολή für eine Gesamtüberschau des Erkenntnisgegenstandes im Unterschied zur partiellen Erkenntnis (Ep. ad. Her. 35) mehr in nüchtern-pragmat. Hinsicht, so gewinnt der Begriff bei Plotin und in der aristotel.-neuplaton. Rezeption seine eigtl. philos. Bedeutung. Plotin sieht in dem Vermögen des Geistes »durch das er sich das jenseits von ihm Liegende mit einem i. Akt (’επιβολή) zu eigen macht« (En. VI 7,35) zugleich dessen ursprgl. Fähigkeit, mittels derer er sich im Schauen konstituiert. Auch Proklos schreibt die ’επιβολή des eingestaltig Seienden einem dem Nus eigentüml. Vermögen zu, im Unterschied zur schlußfolgernden Erkenntnis des Verstandes (In Tim I. 400,20). Während der Begriff I. bei Augustinus kaum Verwendung findet, inhaltl. wohl aber im Rahmen seiner Illuminationslehre mitgedacht werden muß, wird »intuitus« von Boethius terminolog. verwendet (De interpret. 1,1 MPL 64,300; vgl. Cons. Phil. V, prosa 4,32f.). Spricht Thomas v. Aquin von dem der Erkenntnis zugrunde liegenden Akt als einer unmittelbaren Anschauung des zu Erkennenden (»intellegere ... dicit nihil aliud quam simplicem intuitum intellectus in id quod sibi est praesens intelligibile«, I. Sent. d.3, q.4, a.5c; vgl. auch De ver. XV, 1c; S.c.gent. I, 57), sowie von der gattungsmäßigen Übereinstimmung des menschl. Intellektes mit dem der Engel (S.th. II, II, 180.6 ad 2), so greift er damit einen augustin. Gedanken auf (Serm. 43,1), der im 9. Jh. ausführl. bei Joh. Scotus (Eriugena) diskutiert wird (De div. nat.; etwa III,37; – IV,8; – IV,10). Dabei wird auch von Thomas neben der Betonung einer strukturellen Gleichheit der graduelle Unterschied nicht übersehen (S.th. a.a.O.). Während der Intellekt des Engels einzig über eine »einförmige Erkenntnis« verfügt, mit dem er die Wahrheit nicht diskursiv, sondern durch unmittelbare Anschauung (simplici intuitu, a.a.O.) erkennt (vgl. De sp.cre. 2, ad 12), geht das menschl. Erkenntnisvermögen von den sinnenfälligen Dingen aus, um dann in einem gewissen Fortschreiten des Verstandes (quodam discursu rationis) die geistige Wahrheit zu erkennen. Erst nach Überwindung des diskursiven Denkens ist die menschl. Seele durch I. zur Betrachtung der einfachen Wahrheit in der Lage. Bei dieser, durch unmittelbare Anschauung gewonnenen Erkenntnis der ersten Prinzipien gibt es keinen Irrtum (S.th. a.a.O.). Der von J. Duns Scotus ausgehende zentrale Begriff der →haecceitas ist in gewisser Hinsicht auch konstitutiv für sein Verständnis von I.: i. Erkenntnis richtet sich bei ihm immer auf das tatsächl. Vorhandensein bzw. die Präsenz des Objektes (Quodl. q.6. n.8.; Ord. II, d.3, q.9, n.6). Wenngleich die i. die eigentl., dem menschl. Intellekt »propter poenam originalis peccati« aber nicht mehr ausschließl. Erkenntnisweise ist, ist sie dennoch »pro isto statu« möglich (Ord. IV, d.49, q.12, n.3) und vollkommener gegenüber dem, bei Abwesenheit des Objektes auf Vermittlung der dieses repräsentierenden Wesensform angewiesenen abstraktiven Erkennen (Rep. Par. Prol. q.2, n.15). Gegenstand i. Erkenntnis ist demnach das, wenn auch zur Singularität der res kontrahierte Universale (Rep. Par. IV, d.45., q.3, n.13). – Die Bedeutung der cognitio intuitiva bei Wilhelm v. Ockham erklärt sich aus seiner Stellung zum →Universalienproblem: da für ihn nur das Individuelle Existenz hat, ist ihm die natürl. Form des Erkennens die I. (Sent. I, d.3, q.2), durch sie wird erkannt, ob ein Ding ist oder nicht (Sent. II, q.15E). Ebenso erkennt der Intellekt i. die nicht unter die Sinneserkenntnis fallenden inneren Zustände des Menschen (Sent. I., prol. q.1), wenngleich das Wesen der Seele dabei unerkannt bleibt. Für Nikolaus v. Kues manifestiert sich in der I. die höchste, dem Menschen mögl. Erkenntnisweise im Kontext mit zentralen Gedanken seines Philosophierens: sie ist zunächst eine durch liebende Hinwendung ermöglichte Schau (Serm. XXXV, [131], p.II 1, fol. 79ʳ), bleibt ihrem Charakter nach aber »unbegreifbar« (Apol. n.16, S. 12,5), ist von daher auch im Rahmen einer →docta ignorantia zu sehen. So bedeutet der i. Akt für den Menschen kein ‘absolutes’ Erfassen des Geschauten (vgl. auch De ap. theor., h XII, n.11), jener bleibt notwendig kontrakt, hat aber, freilich in Andersheit, durch die Koinzidenz von Wahrnehmung und Denken, teil am cusan. Gedanken der coincidentia oppositorum. In De filiatione Dei weist Nikolaus auf die Verknüpfung des Begriffs der Theosis mit dem der i. Schau (h IV, n.52), freil. übersteigt die Deificatio jede mögl. Weise der Schau (a.a.O. n.54) und ist nur in eschatolog. Dimension zu denken (a.a.O.). Dennoch wird auch diese unmittelbare Schau nicht ohne das Maß dieser Welt sein (»Non erit tamen haec ipsa intuitio sine modo illius mundi« a.a.O.), der Unterschied zw. Schöpfer und Geschöpf sowie der Geschöpfe selbst wird nicht verwischt, sondern ‘aufgehoben’ in höchster Form der Teilhabe. U. Mörschel

Lit.: HWP V, s.v. – CH. OVERBACH, Der I.-Begriff bei Nic. Cusanus und seine Auswirkung bei G. Bruno, 1923 – E. HOCHSTETTER, Stud. zur Metaphys. und Erkenntnislehre Wilhelms v. Ockham, 1927 – A. HUFNAGEL, Die i. Erkenntnis nach d. hl. Thomas v. Aquin, 1932 – E. GILSON, Joh. Duns Scotus 1959 – W.-U. KLÜNKER, Joh. Scotus Eriugena, 1988, 149ff.

Inventar. [1] *Grundherrlich geprägte Inventare des Frühmittelalters:* Diese I.e sind v. a. in der Karolingerzeit und bei geistl. →Grundherrschaften im O verbreitet (→Fulda, Staffelsee, →Freising, →Reichenau, →Gent, Annappes). Allerdings ist die typolog. Gliederung des Materials in I.e, Hubenlisten, →Heberegister und →Polyptychen nicht unumstritten geblieben. I.e beinhalten Angaben über die Ausstattung des Herrenhofes (Gebäude, Ackerland, Wiesen, Weinberg, Viehbestand, Getreidevorräte etc.) und beginnen häufig mit »invenimus«. Vorangestellt ist meistens die Auflistung des Kirchenschatzes (z.T. mit Beschreibung der Kirche bzw. der Bibliothek). Sie sind in der Absicht geschaffen worden, den Besitzstand einer Grundherrschaft festzuhalten, d. h. Einkünfte und zu erwartende Erträge spielen hier, im Gegensatz zu den Heberegistern, keine bzw. nur eine untergeordnete Rolle. Allerdings wurden im Rahmen einer vollständigen Erfassung auch die zum Herrenhof gehörenden Hufen mit ihren Abgaben verzeichnet, so daß v. a. der leitende Gesichtspunkt bei der Aufnahme – die Inventarisierung – den Unterschied zu den Urbaren, die ebenfalls oft einen I.teil für den Herrenhof beinhalten, ausmacht. Die vielfach vermutete kgl. Initiative bei der Erstellung, d. h. der Einfluß der karol. Zentralverwaltung auf Formular und Sprachstil (→Brevium Exempla), wird neuerdings bezweifelt.

[2] *Nachlaß-, Kirchen-, Burg- und Geschäftsinventare:* In diese I.e wurden v. a. im Hoch- und SpätMA »bona mobilia et immobilia« aufgenommen, so daß man auch von Hausratsverzeichnissen sprechen könnte. Die Inventarisierung wurde meistens durch eine Begehung der einzelnen Räume vor Ort vollzogen, folgl. sind die Objekte (von Küchenausstattung über Bettzeug, Möbeln bis hin zu Waffen) raumweise aufgeführt. – Nachlaßi.e sind bei Fs.en schon im FrühMA zu finden, später auch bei geistl. und weltl. Adligen sowie Bürgern. Sie sind häufig Bestandteil von →Testamenten, die v. a. zugunsten der Kirche ausgestellt wurden. – Kirchen- und Klosteri.e listen neben den Gebrauchsgegenständen den Kirchenschatz

und den Bestand der Bibliothek auf (letzterer ist auch häufig in separaten Bibliothekskatalogen überliefert). Gelegentl. geschah die Aufzeichnung im Rahmen der Erstellung eines Einkünfteverzeichnisses. – Bei der Erfassung der spätma. Territorien durch die landesherrl. Verwaltung wurden I. e von (Amts-)Burgen z. T. sogar serienmäßig angelegt (Speyer, Tirol, Vorarlberg), meist wegen Amtsantritts bzw. Amtswechsels (vgl. z. B. das Gr. Ämterbuch des →Dt. Ordens, in dem ab ca. 1400 die I. e der Komtureien, die bei einem Wechsel im Amt des Komturs angelegt wurden, aufgezeichnet sind). – Geschäftsi. e verzeichnen die Betriebsgüter eines Geschäftes, aufgestellt anläßl. von Bankrott oder Todesfall des Inhabers.

D. Rödel

Bibliogr. und Lit.: zu [1]: E. LESNE, Hist. de la propriété ecclésiastique en France, T. 3: L'inventaire de la propriété, 1936 – W. METZ, Zur Gesch. und Kritik der frühma. Güterverz. Dtl.s, ADipl 4, 1958, 183–206 – DERS., Das karol. Reichsgut, 1960 – D. HÄGERMANN, Anm. zum Stand und den Aufgaben frühma. Urbarforsch., RhVjbll 50, 1986, 32–58 – DERS., Q.krit. Bemerkungen zu den karolingerzeitl. Urbaren und Güterverz. (Strukturen der Grundherrschaft im frühen MA, hg. W. RÖSENER, 1989), 47–73 – zu [2]: F. DE MELY–E. BISHOP, Bibliogr. générale des inventaires imprimés, 3 Bde, 1892–95 – R. C. VAN CAENEGEM–F. L. GANSHOF, Kurze Q.kde des westeurop. MA, 1963, Kap. IV – H. MANNHEIMS–K. ROTH, Nachlaßverz.-Probate Inventories. Internat. Bibliogr. (Beitr. zur Volkskultur NW-Dtl.s 39, 1984) – [ausgew.]: G. ZIMMERMANN, Ein Bamberger Kl.i von 1483/86 als Q. zur Sachkultur des SpätMA (Veröff. des Inst. für ma. Realienkde Österr. 3, 1980), 225–245 – K. ANDERMANN, Die I.e der bfl.-speyer. Burgen und Schlösser von 1464/65 (Mitt. des Hist. Ver. der Pfalz 85, 1987), 133–176.

Inverness, Burg und Stadt am Ness; Gft. (ursprgl. kgl. *sheriffdom,* belegt seit 1207) im n. →Schottland; erstmals belegt als kgl. →burgh unter David I. (1124–53), der die Burg I. nach der Erwerbung des Earldom →Moray (1130) im Zuge seines Burgenbauprogramms zur Stärkung der kgl. Gewalt errichten ließ. Die Kaufmannssiedlung entwickelte sich unmittelbar n. der Burg. Die Reihe der erhaltenen städt. Urkk. setzt ein unter Kg. Wilhelm d. Löwen (1165–1214), der den Bürgern von I. die üblichen Handels- und Besitzprivilegien kgl.-schott. burghs verlieh, jedoch mit bes. Betonung ihrer Verteidigungsaufgaben. Bedeutsam wurde der Handel v. a. mit Norwegen, den Hansestädten und dem fläm.-ndl. Bereich. In der Frühzeit hatten Familien fläm. Herkunft einen hohen Anteil an der Bürgerschaft. Bis zum Ende des MA herrschte eine Bevölkerung vor, die nicht aus dem Hochland stammte. Die wichtige geostrateg. Lage der Stadt, die das Einfallstor zum Great Glen und zu den nw. Hochlanden bildete und die Straßenverteilung vom zentralen Hochland in den N beherrschte, machte I. zum häufigen Aufenthaltsort der schott. Kg.e. Die Tatsache, daß der Kg. v. England keine Kontrolle über I. erlangen konnte, hat →Robert I. Bruce die Erringung der schott. Unabhängigkeit entscheidend erleichtert. Sein Vertrag mit Norwegen (1312) wurde folgl. auch in I. geschlossen. In den Kämpfen zw. Kg. Jakob I. (1406/23–37) und den Hochland→Clans spielte I. eine wichtige Rolle. Jakob I. nahm hier 1428 den Lord of the Isles, Alexander (→Hebriden), und zahlreiche andere Oberhäupter der Hochland-Clans gefangen und ließ drei von ihnen hinrichten. Alexander rächte sich 1429 mit der Niederbrennung der Stadt. Jakob IV. (1488–1513) weilte oft in I., in Verfolgung seiner »fortschrittl.« Politik gegenüber dem Hochland. – Der ursprgl. Verwaltungsbereich des sheriffdom von I. ist nicht bekannt; im späten 13. Jh. umfaßte es den größten Teil der Festlandgebiete und Inseln (außer Skye) und hatte somit den Umfang der späteren Gft. G. W. S. Barrow

Q. und Lit.: C. FRASER-MACKINTOSH, Invernessiana, 1875 – The Hub of the Highlands: the Book of I. and District (I. Field Club, 1975) – J. MUNRO–R. W. MUNRO, Acts of the Lords of the Isles, 1336–1493 (Scottish Hist. Soc., 1986).

Investitionen (heute definiert als Aufwand für Ersatz und Vermehrung der Produktionsanlagen und die Veränderungen der Vorräte in der Volkswirtschaft) hatten in den einzelnen Sektoren der ma. Wirtschaft eine unterschiedl. Bedeutung.

[1] Für die überwiegende Mehrheit der Bevölkerung, die in der Landwirtschaft beschäftigt war, blieben die Investitionsmöglichkeiten begrenzt. Den →Bauern wurde das kostenaufwendige Inventar vom Grundherrn gestellt, oder sie fertigten ihre Geräte selbst an. Die Grundherren tätigten die I. auf dem Lande, indem sie Geräte, Wagen und Vieh für die bäuerl. Wirtschaften und die Eigenwirtschaften kauften. Insbes. die Anschaffung und die Unterhaltung der Viehherden (→Viehhaltung) gehörten zu den kapitalintensiven Bereichen. Weitere I. im ländl. Raum waren die Anlage von Weinbergen, Fischteichen, Mühlen, Dämmen und Gräben sowie v. a. die Landgewinnung durch →Rodung und Entwässerung.

[2] Erhebl. größere und häufigere I. als die Landwirtschaft erforderten der →Bergbau und das →Hüttenwesen. Durch Wasserhebewerke, die Pferdegöpel oder Wasserkraft antrieben, konnten im 15. Jh. ertrunkene Bergwerke wieder in Betrieb genommen und Erze in bisher unerreichten Tiefen gefördert werden, wobei die Mechanisierung der Förderung die Produktivität des Bergbaus weiter steigerte. Der hierzu notwendige Investitionsbedarf überstieg aber die Mittel der Regalherren und der zu →Gewerken zusammengeschlossenen Bergleute bei weitem. Dies eröffnete dem Handelskapital den Zugang zur Erzförderung. Noch vor den →Fuggern gewannen obdt. →Handelsgesellschaften Schlüsselstellungen im mitteleurop. Bergbau und Hüttenwesen. Sie finanzierten nicht nur die I. im Bergbau, sondern auch die Seigerhütten sowie die Errichtung wassergetriebener Eisenhämmer und Blasebälge in der Eisenproduktion (→Eisen).

[3] Im gewerbl. Sektor, das Hüttenwesen ausgenommen, war der Kapitalaufwand bei dem metallverarbeitenden Gewerbe am größten. Während das ma. →Handwerk aufgrund der vorherrschenden Handarbeit nur einen geringen Investitionsbedarf hatte, verursachten die Anlage und Unterhaltung der vom Metallgewerbe genutzten Kupferhämmer, Schleifmühlen und →Drahtziehmühlen hohe Kosten. Die entsprechenden I. konnten aber nur die kapitalkräftigen reichen Kaufleute und Zunftmeister tätigen, in deren Abhängigkeit die ärmeren Metallhandwerker gerieten. Charakterist. waren fremde I. von Kaufleuten und vermögenden Handwerkern in der Organisationsform des →Verlags. Sie gehören ebenso wie die Handelsinvestitionen nach dem modernen Verständnis zu den Vorratsveränderungen, da sich durch den Einkauf von Rohstoffen und Halbfabrikaten sowie durch die Herstellung der Fertigerzeugnisse die Vorräte der Volkswirtschaft verändern. Beispielsweise erforderte die Einführung der einheim. →Barchentweberei im 14. Jh. in Süddtl. erhebl. →Kapital. Obdt. Kaufleute übernahmen die Beschaffung der in der Levante und der Schwarzmeerregion wachsenden →Baumwolle, investierten in neue Produktionsanlagen (Webstühle) und das dazu gehörige Wissen und verdrängten mit dem →Barchent die oberit. Baumwollproduzenten vom europ. Markt. Gewöhnl. sicherten sich Kaufleute mit I. die Lieferung bestimmter Güter. Außerdem gaben Kaufleute den ländl. Produzenten häufig Kredit auf die künftige Ernte, wenn sie →Getreide »auf

dem Halm« kauften oder Gewerbe- und Färberpflanzen (→Flachs, →Hanf, →Krapp, →Waid) schon vor der Ernte erwarben. Bes. Investitionsleistungen erforderte auch die Produktion von Waldwaren im Hinterland der Weichsel. Danziger und Thorner Kaufleute gaben Vorschuß zur Herstellung von Klappholz (Faßdauben), Wagenschoß (gespaltenes Eichenholz), Planken und Masten auf den poln. Adelsgütern sowie zur Asch-, Pech- und Teerbrennerei. Oftmals erwarben die Kaufleute auch Konzessionen für den Betrieb von Pech- oder Teeröfen in den preuß. und masow. Wildnisgebieten.

[4] Ebenfalls als I. gelten die Maßnahmen zur Infrastrukturverbesserung durch Städte und Territorien. Hierzu zählen v. a. der Bau und die Unterhaltung von →Straßen, Wegen, →Brücken, →Befestigungen, →Häfen und Wasserstraßen durch die ma. →Städte, die ungeachtet der Kosten und Zuständigkeiten das größte Interesse an der Verbesserung des Verkehrswesens hatten. Bes. aufwendig war hierbei der Ausbau der Wasserwege (→Kanal, →Stecknitzkanal). Zur Deckung der Kosten wurden bes. Zölle erhoben. Abgesehen von diesen Umlagen stammten die Mittel für die I. des MA vorwiegend aus dem →Handel. Allein größere Handelsgesellschaften konnten durch Fernhandel, Ämterpacht, Gewerbe, Bankgeschäft und Kreditschöpfung das für I. in Bergbau, Hüttenwesen und gewerbl. Großbetrieben benötigte Geldkapital zur Verfügung stellen und die dabei erzielten Gewinne wieder investieren. In geringerem Maße boten auch die städt. Rentenmärkte den Kaufleuten die Investitionsmittel für den Handel und die Verlegung gewerbl. Produzenten. Dabei kamen die aus den I. folgenden Produktivitätssteigerungen und Gewinne in erster Linie den Investoren und nur zu einem kleinen Teil den Produzenten zugute.

M. North

Lit.: J. NEF, Mining and Metallurgy in Medieval Civilisation (Cambridge Economic Hist. II, 1952) – R. SPRANDEL, Das Eisengewerbe im MA, 1968 – W. v. STROMER, Obdt. Hochfinanz 1350-1450, I-III, 1970 – R. SPRANDEL, Das ma. Zahlungssystem, 1975 – R. ROEHL, Nachfrageverhalten und Nachfragestruktur 1000-1500 (Europ. Wirtschaftsgesch. I, 1978), bes. 83-88 – W. v. STROMER, Die Gründung der Baumwollindustrie in Mitteleuropa, 1978 – R. HOLBACH, Formen des Verlags im Hanseraum vom 13. bis zum 16. Jh., HGBll 103, 1985, 40-73.

Investitur

I. Weltliches Recht, Lehnsinvestitur – II. Kirchenrecht.

I. WELTLICHES RECHT, LEHNSINVESTITUR: Nach weltl. Recht verstand man im MA unter I. (investitura, vestura) allg. einen Formalakt, mit dessen Hilfe in den Besitz und die Nutznießungsbefugnis (→Gewere) an einem Grundstück oder einem Amt eingewiesen wurde. Nach germ. Rechtsbrauch, der sich auch noch in frk. Zeit erhalten hat, erfolgte dieser Formalakt bei Grundstücksveräußerungen in der Form, daß nach Abschluß des dingl. Veräußerungsgeschäftes (sala) der bisherige Inhaber dem Erwerber auf dem Grundstück selbst eine Handvoll Erde, manchmal mit einem aufgesteckten Zweig versehen, oder einen Halm als symbol. Zeichen des Besitzwechsels übergab. Mit der Zunahme der Grundstücksveräußerungen in frk. Zeit ging man dann dazu über, die Rechtshandlung außerhalb des Grundstücks unter Verwendung von I.symbolen vorzunehmen und das Veräußerungsgeschäft anschließend in einer carta zu beurkunden. Im Rahmen der Belehnung bildete die I. neben der Mannschaftsleistung (homagium) und der Leistung des Treueids das dritte konstitutive Element, das das dingl. Rechtsverhältnis zw. Lehnsherrn und Vasallen begründete. Auch hier handelte es sich um einen formalen Rechtsakt, der den Vasallen in den Besitz des →Lehens *(lehensgewere)* einwies und der auch der sala entsprechende dingl. Einigung über den Besitzwechsel einschloß. Wie im Bereich des →Landrechts erfolgte die Besitzeinweisung unter Verwendung von I.symbolen, wobei man zw. Handlungssymbolen, die im Besitz des Herrn blieben (→Szepter, →Schwert, →Ring), und Gegenstandssymbolen, die dem Vasallen übergeben wurden (→Fahnen, →Lanzen, Amtssymbole), unterscheiden kann. Große Bedeutung messen die oberit. →»Libri Feudorum« der I. zu, die hiernach, um wirksam zu sein, vor mindestens zwei Mitvasallen vorgenommen werden mußte, während der I.akt z. B. in südfrz. Q. des HochMA hinter Mannschaftsleistung und Treueid stark zurücktritt. Im SpätMA ist die I. auch außerhalb des Lehnswesens als Einweisungsakt in den Besitz eines Amtes bezeugt (z. B. die investitura des Notars per pennam).

K.-F. Krieger

Lit.: HRG II, 403ff. [Lit.] – K.-F. KRIEGER, Die Lehnshoheit der dt. Kg.e im SpätMA, 1979 – G. GIORDANENGO, Le droit féodal... (Bibl. des écoles françaises d'Athènes et de Rome 266, 1988).

II. KIRCHENRECHT: »I.« ('Einkleidung', im Zusammenhang mit der kirchl. Ämterbesetzung seit dem MA in unterschiedl. weitem Sprachgebrauch verwendet, entstammt dem Privatrecht, wo der Begriff auch synonym mit »traditio« erscheint. Über das germ. und das Lehnsrecht hat er in das Kirchenrecht Eingang gefunden und wird bei der Übertragung der Hochkirchen (Diöz., Reichsabteien) und Niederkirchen (→Pfarreien, →Eigenkirchen) gebraucht. So umfaßte I. einfach die →Gewere. Investitura ecclesiae war die privatrechtl. Nutzungsherrschaft über eine Kirche. Die Verleihung der Kirche war sichtbarer Ausdruck der Gewalt über die Kirche. Voraussetzungen für diesen weiten I.-Begriff waren die Entstehung des →Benefiziums, der Einzug des Lehnswesens in die Kirche, die enge Verbindung von Sachherrschaft und Amt und das daraus resultierende Eigenkirchenwesen; bei Bf.skirchen die enge Verbindung von →Spiritualien und →Temporalien. Der Bedeutungswandel von I. und deren Begriffsverengung erfolgte mit der Verlagerung der Gewichte im Verhältnis von weltl. und kirchl. Gewalt im Unum Corpus Christianorum (→Investiturstreit, Zurückdrängung des Eigenkirchenwesens, →Patronat). Im Kampf gegen die Laien. hat die kirchl. Reformpartei unter investitura ecclesiae nur das Recht zur Vergabung der Kirche schlechthin verstanden. Die I. wird zum Besetzungsrecht. Den Wandel bringt die Trennung von Spiritualien und Temporalien (→Ivo v. Chartres). Seit dem 12. Jh. wird bei den Niederkirchen zw. weltl. I. durch den Kirch-(Grund-)herrn und geistl. I., im Rheinland durch den Archidiakon, unterschieden. Letztere durfte zunächst allerdings das freie Besetzungsrecht des Kirchherrn nicht in Frage stellen. Der Bf. konnte sich seine Priester nicht auswählen, sondern hatte einfach dem vom Kirchherrn investierten die Seelsorge zu übertragen. Die I. durch den Kirchherrn war der eigtl. rechtsbegründende Akt. Der Investierte brauchte zwar die kirchl. Mitwirkung, aber er hatte einen Anspruch darauf (später: »ius ad rem«). Die kanonist. Idee, die Rechte des Kirchherrn in Privilegien umzuwandeln (→Alexander III., Patronat), konnte sich, wenn überhaupt, nur langsam durchsetzen. Erst spät wurde das Recht des Kirchherrn in ein Präsentationsrecht umgedeutet, was zunächst aber nur ein Name für alte Befugnisse war. Zur Entwicklung bei den Hochkirchen: →Investiturstreit. – Die I. erfolgte durch Übertragung von Handlungssymbolen und Gegenstandssymbolen; bei Bf.en durch die Übergabe von Ring und Stab (per annulum et baculum), wobei der Kg. das »accipe baculum (ecclesiam)« sprach. Dadurch erwarb der Investierte alle Rechte. Bei Geistlichen an Eigenkirchen erfolgte die I. durch die an die körperl. Übereignung von Grundstücken angelehnte symbol. Übergabe des Altartuches oder eines Stückes desselben, des Glockenseils, der Kirchenschlüssel oder eines Kirchbuches. Nach der symbol. I. erfolgte, wie beim Eigentumserwerb, eine tatsächl. Besitzergreifung. Der neue Bf. wurde z. B. auf den Schultern der Großen seiner Diöz. feierl. in seine Kathedrale getragen, man ließ ihn das Kirchentor berühren, bevor er feierl. in seiner Kathedra installiert wurde. Seit dem 13. Jh. wird unter I. gewöhnl. nur das 3. Stadium der kirchl. Amtseinsetzung, die Einweisung in den Besitz des Benefiziums (des Amtes), bei niederen Kirchen verstanden. Dabei kommt auch die Bezeichnung I. abhanden, und es ist von »institutio« die Rede. R. Puza

Lit.: DDC VI, 17ff. [Lit.] – Du Cange IV, 410ff. – ECatt VII, 135ff. – Feine, 206f., 260f. – HRG II, 403ff. – LThK² V, 741f. – Plöchl II, 200, 206ff. – RGG III, 798f. – TRE XVI, 237ff. [Lit.] – U. Stutz, Gesch. des kirchl. Benefizialwesens von seinen Anfängen bis auf die Zeit Alexanders III., I/1, 1895, 1961² – P. Thomas, Le droit de propriété des laiques sur les églises et le patronage laique au MA (BEHE. Sciences religieuses XIX, 1906) – A. Pöschl, Bf.sgut und mensa episcopalis I, II, III/1, 1908–12 – K. Blume, Abbatia, 1914 – H. Wirtz, Donum, investitura, conductus ecclesiae, ZRGKanAbt 4, 1914, 116ff. – A. Pöschl, Die Entstehung des geistl. Benefiziums, AKKR 106, 1926, 3ff., 363ff. – R. Puza, Kath. Kirchenrecht, UTB 1395, 1986, 140ff. – →Eigenkirche.

Investiturstreit, -problem

I. Investiturstreit – II. Investiturproblem in Frankreich.

I. Investiturstreit: [1] *Begriff:* Der I. bezeichnet jenen epochale Bedeutung erlangenden Konflikt zw. Kgtm. und Papsttum, welcher die Zeitspanne vom Tode Heinrichs III. (1056) bis zum Ausgang der Regierung Heinrichs V. (1125) beherrschte. Die Auseinandersetzungen entzündeten sich an der Frage nach den Modalitäten der Einsetzung von Bf.en und Reichsäbten (→Investitur), führten tatsächl. jedoch weit darüber hinaus. Sie waren Teil eines umfassenden geistig-polit. Wandlungsprozesses, welcher die traditionelle Einheitskultur des FrühMA sprengte und nach einer Neubestimmung des Verhältnisses von regnum und sacerdotium verlangte.

[2] *Ursachen:* Im Zuge der Ausbreitung des kirchl. Reformgedankens im 11. Jh. erregte die in lehnsrechtl. Formen ausgeübte Investiturpraxis des Kg.s, bei der geistl. Symbole wie Bf.sstab und – seit Heinrich III. – Ring (investitura per anulum et baculum) Verwendung fanden, zunehmend Anstoß. Bes. in Dtl., wo seit otton. Zeit eine enge Verflechtung zw. Kgtm. und Reichskirche bestand und die Bf.e zu den wichtigsten Stützen kgl. Macht gehörten (sog. →Reichskirchensystem), war die Verfügung des Kg.s über die Kirche gerade auch in personeller Hinsicht unverzichtbar. Die Berechtigung hierzu leitete sich nicht nur aus einer eigenkirchenrechtl. begründeten Kirchenhoheit des Kg.s ab (→Eigenkirche), sondern v. a. aus dessen im Akt der Salbung zum Ausdruck gelangender sakral überhöhter Stellung. Gerade diese wurde jedoch von einer extrem hierokrat. Position aus, welche auch im Kg. nicht mehr als einen Laien erkennen wollte, bestritten. Einem verschärften Simoniebegriff zufolge wurde jede Mitwirkung eines Laien bei der Besetzung eines geistl. Amtes als →Simonie verurteilt und bekämpft. Die prakt. Umsetzung dieser Gedanken mußte das otton.-sal. Herrschaftssystem daher an einem empfindl. Punkt treffen.

[3] *Verlauf:* Dennoch hat es ein allg. Investiturverbot wohl nicht vor 1078 gegeben. Der Streit zw. Kgtm. und Papsttum entzündete sich an einem einzelnen Fall: an der Einsetzung des kgl. Kaplans Thedald zum Ebf. v. Mailand durch Heinrich IV. (1075). Auf die Vorhaltungen Gregors VII. vom Dez. 1075 reagierte Heinrich, gestützt auf die romfeindl. Gesinnung des dt. Episkopats, mit der Absetzung des Papstes (Wormser Dekret vom 24. Jan. 1076). Von dem daraufhin auf der Fastensynode (14. Febr. 1076) über ihn verhängten Bann vermochte sich Heinrich IV. zwar durch seinen überraschenden Zug nach →Canossa (28. Jan. 1077) zu lösen, ohne freil. verhindern zu können, daß die sakrale Würde des Kgtm.s hierbei Schaden nahm. Die Investiturfrage spielte bei den Verhandlungen zu Canossa offenbar keine Rolle. In dem durch die Erhebung →Rudolfs v. Rheinfelden zum Gegenkg. (→Forchheim, 15. März 1077) ausgelösten dt. Thronstreit versuchte Gregor VII. ohne dauerhaften Erfolg, eine Schiedsrichterrolle zu übernehmen. Seine Hoffnungen, Heinrich IV. für die Durchsetzung der Kirchenreform in Dtl. gewinnen zu können, zerschlugen sich endgültig 1080. Die auf der Fastensynode 1080 wiederholte Bannung und Absetzung des Kg.s blieb zwar weitgehend ohne Wirkung, löste jedoch eine lebhafte publizist. Debatte zw. Gregorianern und Verteidigern des sal. Kgtm.s aus. Ein bereits auf der Lateransynode vom Herbst 1078 erlassenes allg. Investiturverbot wurde jetzt, verbunden mit einer Strafandrohung gegen den investierenden Herrscher, wiederholt und auf die Niederkirchen ausgedehnt (Gregor VII., Reg. VII, 14a c. 1–2). Trotz der von Heinrich IV. signalisierten Bereitschaft, den in Brixen (25. Juni 1080) als Gegenpapst nominierten Ebf. Wibert v. Ravenna (→Clemens III.) gegen die Zusage der Ks.krönung preiszugeben, kam ein Ausgleich mit Gregor VII. († 25. Mai 1085) nicht mehr zustande. Auch unter →Urban II. (1088–99), der auf den nur kurzen Pontifikat →Viktors III. († 1087) gefolgt war, kam es noch zu keiner Einigung. Das Investiturproblem erfuhr vielmehr dadurch noch eine Zuspitzung, daß der Papst auf der Synode zu →Clermont (Nov. 1095) nicht nur das Investiturverbot wiederholte, sondern zugleich den Lehnseid (homagium) der Kleriker gegenüber dem Kg. und anderen Laien untersagte (Mansi XX, 817c. 16f.). Als nach dem Tode Clemens' III. (1100), mit dem das Gegenpapsttum fakt. ein Ende fand, und der erzwungenen Abdankung Heinrichs IV. (1105/06) auch das Konfliktpotential geschwunden war, reduzierte sich der I. schließlich auf die eigtl. Investiturfrage.

[4] *Lösung:* Durch die begriffl. Scheidung zw. geistl. Amt (→spiritualia) und den mit diesem verbundenen weltl. Hoheitsrechten (→temporalia), für welche →Ivo v. Chartres den Weg gewiesen hatte, war die Lösung des Investiturproblems theoret. vorbereitet worden. Hiernach erstreckte sich die vom Kg. vorgenommene Investitur, bei welcher auf die Verwendung geistl. Symbole (Ring und Stab) verzichtet werden sollte, lediglich. auf die Güter und materiellen Rechte (→Regalien) der Kirche. Während in Dtl. Heinrich V. noch hartnäckig an einem uneingeschränkten Investiturrecht festhielt, konnte auf dieser Basis der I. in →England (Konkordat v. →Westminster 1107) und Frankreich (ohne förml. Vertrag, 1104; vgl. Abschnitt II.), der hier freil. niemals eine solche Brisanz wie im Reich erlangt hatte, beigelegt werden. Der konsequente, wenn auch etwas weltfremde Vorschlag →Paschalis' II. (Geheimvertrag v. S. Maria in Turri, 4. Febr. 1111), die Kirche solle als Gegenleistung für den Investiturverzicht des dt. Kg.s auf die aus kgl. Verleihung stammenden Güter und Gerechtsame verzichten, scheiterte am Widerstand des um den Verlust seiner Machtgrundlage besorgten dt. Episkopats. Im erzwungenen Vertrag v. →Ponte Mammolo (11. April 1111) mußte der von Heinrich V. gefangengenommene Papst die Investi-

tur mit Ring und Stab zugestehen und in dessen Ks. krönung (13. April) einwilligen. Die als »Pravileg« verurteilte Abmachung wurde jedoch von einer röm. Synode im März 1112 widerrufen, Heinrich V. von einer frz. Kirchenversammlung gebannt. Erst unter dem pragmat. eingestellten →Calixtus II. (1119-24) kam es zu einer Annäherung der Standpunkte. Die Verhandlungen zu Mouzon (Okt. 1119) scheiterten zwar noch an der Frage der Temporalieninvestitur, deren Preisgabe offenbar von kurialer Seite verlangt wurde. Durch Vermittlung der dt. Fs. en, die daraufhin die Initiative ergriffen, wurde schließlich im →Wormser Konkordat vom 23. Sept. 1122 ein Ausgleich gefunden. In dem aus zwei getrennten Urkk. bestehenden Vertragswerk verzichtete Heinrich V. auf die Investitur mit Ring und Stab und gestattete die freie kanon. Wahl der Bf. e und Reichsäbte, während der Papst für die Kirchen in Dtl. die Anwesenheit (praesentia) des Kg. s sowie die Verleihung der Regalien mit dem weltl. Symbol des Szepters vor der Weihe zugestand; in Italien und Burgund sollte die Regalieninvestitur hingegen innerhalb von sechs Wochen nach der Weihe erfolgen.

[5] *Bedeutung:* Durch den I. war nicht nur das theokrat. Kgtm. in seinem Selbstverständnis schwer erschüttert worden; auch die Verfassungsstruktur des Reiches hatte eine grundlegende Veränderung erfahren. Die Reichsbf. e wurden in der Folge zu geistl. Fs. en, welche lehnsrechtl. den zweiten →Heerschild bildeten. Im Wettstreit mit den weltl. Fs. en gingen sie daran, sich eigene Territorien aufzubauen. Der Prozeß der Territorialisierung des Reiches war damit eingeleitet, dem sich auf Dauer auch der Kg. nicht verschließen konnte. Unter dem Einfluß der aufblühenden Kanonistik begann der Ausbau der auf das Papsttum zentrierten Kirche zu einer rechtl. abgeschlossenen Körperschaft. Die traditionelle Einheit von regnum und sacerdotium wurde durch einen Dualismus der Gewalten abgelöst, der die Entwicklung bis in das ausgehende MA bestimmen sollte. T. Struve

Q.: Q. zum I.: I. Ausgew. Briefe Papst Gregors VII., II. Schr. über den Streit zw. Regnum und Sacerdotium, zweisprachige Ausg. von F.-J. SCHMALE, I. SCHMALE-OTT (Ausgew. Q. 12a/b, 1978/84) – WATTENBACH-HOLTZMANN-SCHMALE II, III [Nachtr.]. – *Lit.:* GEBHARDT I⁹, 322-367 – HEG II, 280-320 – HKG III, 1, 401-461 – HRG II, 407-412 – LThK² V, 742-746 – TRE XVI, 237-247 [Lit.] – JDG H.IV. und H.V., II-VII, 1894-1909 – A. SCHARNAGL, Der Begriff der Investitur in den Q. und der Lit. des I.s, 1908 – A. FAUSER, Die Publizisten des I.s [Diss. München 1935] – G. TELLENBACH, Libertas (Forsch. zur Kirchen- und Geistesgesch. 1, 1936) – HAUCK III, 665-923 – HALLER II, 242-284 – SEPPELT III, 9-164, 597-605 – TH. SCHIFFER, Die Verhandlungen in Mouzon (1119) (Fschr. STENGEL, 1952), 324-341 – N. F. CANTOR, Church, Kingship and Lay Investiture in England 1089-1135 (Princeton Stud. in Hist. 10, 1958) – H. HOFFMANN, Ivo v. Chartres und die Lösung des Investiturproblems, DA 15, 1959, 393-440 – TH. SCHIEFFER, Cluny et la querelle des investitures, RH 225, 1961 [dt. Übers.: Cluny, WdF 241, 1975, 226-253] – H. HOFFMANN, Von Cluny zum I., AKG 45, 1963, 165-203 – O. CAPITANI, Immunità vescovili ed ecclesiologia in età »pregregoriana«, »gregoriana«, 1966 – P. R. McKEON, The Lateran Council of 1112..., Medievalia et Humanistica 17, 1966, 3-12 – R. L. BENSON, The Bishop-Elect, 1968, bes. 203-250 – S. A. CHODOROW, Ecclesiastical Politics and the Ending of the Investiture Contest, Speculum 46, 1971, 613-640 – K. JORDAN, Das Zeitalter des I. als polit. und geistige Wende des abendländ. HochMA, Gesch. in Wiss. und Unterricht 23, 1972, 513-522 – I. und Reichsverfassung, hg. J. FLECKENSTEIN (VuF 17, 1973) – E. WERNER, Zw. Canossa und Worms, 1975² – M. MINNINGER, Von Clermont zum Wormser Konkordat (Forsch. zur Ks.- und Papstgesch. des MA 2, 1978) – I. S. ROBINSON, Authority and Resistance in the Investiture Contest, 1978 – R. SCHIEFFER, Die Entstehung des päpstl. Investiturverbots für den dt. Kg. (MGH Schr. 28, 1981) – U.-R. BLUMENTHAL, Der I., 1982 [Lit.] – B. TÖPFER, Tendenzen zur Entsakralisierung der Herrscherwürde in der Zeit des I.s, Jb. für die Gesch. des Feudalismus 6, 1982, 163-171 – H.

ZIELINSKI, Der Reichsepiskopat in spätotton. und sal. Zeit, 1984 – G. TELLENBACH, Die w. Kirche vom 10. bis zum frühen 12. Jh. (Die Kirche in ihrer Gesch. 2, Lfg. F 1, 1988), bes. 208-225 – →Gregorian. Reform.

II. INVESTITURPROBLEM IN FRANKREICH: Anders als im Imperium kam es in Frankreich nicht zu einem »I. «, der die ganze ma. Lebensordnung in Frage gestellt hätte. Gleichwohl wurde Frankreich in bes. Maße von der Kirchenreform und von teils heftigen Auseinandersetzungen zw. regnum und sacerdotium ergriffen, die sich in unterschiedl. Optionen von Kgtm. und Papsttum bei zahlreichen Bf. serhebungen (z. B. 1073/74 Mâcon, 1081 Soissons, 1100-04/05 Beauvais, 1106-08 Reims) entluden. Unterschiede zu Dtl. und England resultierten aus Voraussetzungen der Kirchenverfassung (→Frankreich, B): Die Idee kirchl. libertas besaß ebenso wie das Bewußtsein einer gall. Sonderstellung (→Gallikanismus) lange Tradition. Dem frz. Kg. war der Zugriff auf die Gesamtheit des Episkopats verwehrt; nur etwa 25 von 77 Diöz. gehörten zur Krondomäne. Ohnehin nur im Einzelfall zu instrumentalisieren, konnten die frz. Kronbf. e sowohl königstreu wie auch reformorientiert sein.

Seit Leo IX. griff das Papsttum erhebl. Mißstände im gall. Episkopat auf (1049 Konzil v. Reims), ohne daß es – trotz späterer Absetzungsdrohungen – je zu einer grundsätzl. Konfrontation mit dem frz. Kgtm. gekommen wäre. Von der zentralen Auseinandersetzung mit dem sal. Ksm. beansprucht, nahmen die Päpste von Gregor VII. bis zu Calixt II. selbst in entscheidenden Fragen immer wieder eine vermittelnde Haltung gegenüber der frz. Krone ein, die in ihrer flexiblen Haltung ebenfalls entgegenkommend blieb.

Seinen Einfluß im frz. Episkopat sicherte sich das Papsttum durch ständige oder temporäre Legaten: 1075 von Gregor VII. ernannt, brachten Bf. →Hugo v. Die und Bf. →Amatus v. Oloron auf mehreren Synoden in Verfahren gegen zahlreiche Ebf. e und Bf. e das Simonieverbot wie v. a. die päpstl. Suprematie zur Geltung. Die Stellung Hugos sicherte Gregor VII. 1079 durch die Schaffung eines gall. Primats Ebf. Gebuins v. Lyon, dem Hugo v. Die 1082/83 im Amt folgte.

Die Einbindung der Bf. e und auch des frz. Kgtm. s in die Durchsetzung des Reformpapsttums bildete eine Konstante jener Epoche, sichtbar in der feierl. Bündnis Paschalis' II. mit Kg. Philipp I. und seinem Sohn in St-Denis 1107. Unter Berufung auf die karol. Traditionen der kapet. Monarchie und die bewährte Treue der Franken/Franzosen gegenüber dem hl. Petrus gewann der Papst eine Basis für seine Auseinandersetzung mit Heinrich V. und schuf die Grundlage für ein bes. frz. Selbstbewußtsein (→»rex christianissimus«).

Nicht in einem verbindl. Konkordat wurde das Verhältnis von Kgtm. und Kirche geregelt. Vielmehr erbrachte das prakt. Mit- und Gegeneinander die stillschweigende Lösung des Investiturproblems. Auf Konzilien in Autun 1077 und Poitiers 1078 hatte Hugo v. Die das Verbot der Laieninvestitur wie jegl. weltl. Partizipation bei der Bf. serhebung verkündet. Angesichts zunehmender Feudalisierung der Kirche spitzte Urban II. dies durch das Verbot des Lehnseids noch zu, zu einem Zeitpunkt, als Kg. Philipp I. seine Ehe zerstört und Bertrada, Gattin des Gf. en v. Anjou, geheiratet hatte. Dafür exkommuniziert (1094/95), gelang dem Kg. erst nach seiner Trennung von Bertrada 1104 die endgültige Lösung vom Bann, der stets moral. begründet und nicht mit dem Investiturproblem verknüpft wurde. Eine keineswegs eindeutige Q. lage wie die im Einzelfall sehr differenzierte kgl. Politik lassen vermuten, daß selbst das homagium vielfach aufgegeben worden war. →Ivo v. Chartres wies im Streit um die von ihm nicht sakramental begriffene Investitur Ebf. Daimberts v. Sens, dann in vielen Einzelfällen die entscheidenden Wege, die dem Kg. seine Rechte nicht nur aus der älteren Differenzierung von Spiritualien und Temporalien, sondern auch aus der Unterscheidung der Herkunft der Temporalien wie bes. aus der konkreten Situation in Frankreich einräumten: Bestätigung der kanon. Wahl, ohne Symbole wie Ring und Stab gewährte concessio der Regalien, Entgegennahme des in der Regel ohne Handgang gesprochenen Eids. Prinzipielle Positionen ausklammernd, wurde damit eine Lösung erreicht, die dem Kronepiskopat seit Ludwig VI. und Ludwig VII. eine bedeutende Rolle im Auf- und Ausbau der Krondomäne wie in der Schaffung einer »religion royale« zuwies, unter Rückgriff auf karol. Vorstellungen des kgl. dominium (BECKER).

Indem das frz. Kgtm. diesen Zugriff durch andere Mittel als die traditionelle Investitur sicherte, mußte auch kein grundsätzl. Widerspruch gegen die Forderungen der Kirchenreform zur Krise führen. Erst der Versuch, das Investiturverbot auf Niederkirchen auszudehnen, mußte die Bedeutung laikaler Kirchenherrschaft unterstreichen: Auf dem Reimser Konzil v. 1119 mußte Calixt II. nach erhebl. adligen Widerständen sein Verbot auf die Investitur von Bf.en und Äbten beschränken. Im selben Jahr konnte der frz. Kronbf. →Wilhelm v. Champeaux dem Ks. erklären, die frz. Bf.e dienten auch ohne kgl. Einsetzung der res publica.   B. Schneidmüller

Lit.: W. SCHWARZ, Der I. in Frankreich, ZKG 42, 1923, 255–328; 43, 1924, 92–150 – TH. SCHIEFFER, Die päpstl. Legaten in Frankreich vom Vertrage v. Meersen (870) bis zum Schisma von 1130, 1935, 88ff. – A. FLICHE, La querelle des investitures, 1946 – A. BECKER, Stud. zum Investiturproblem in Frankreich, 1955 – J.-F. LEMARIGNIER, Legouvernement royal aux premiers temps capétiens, 1965 – J. FRIED, Der Regalienbegriff im 11. und 12. Jh., DA 29, 1973, 450–528 – E. BOURNAZEL, Le gouvernement capétien au XII s., 1975 – s. a. Lit., Abschnitt I.

Invitatorium (lat. invitatio, 'Einladung', 'Aufforderung'), einleitender Gesang des Nachtoffiziums (Matutin), bestehend aus einer →Antiphon und dem Ps 94 in der Version des Psalterium Romanum. Der karol. Liturgiker →Amalarus v. Metz schreibt deshalb von einem 'i.' und einem 'psalmus invitatorius'. Der ältere Terminus 'responsorium hortationis' in der →Regula magistri nimmt Bezug auf die responsoriale Ausführung (den Ps-Versen folgt alternierend die Antiphon) und erfaßt das liturg. Anliegen, die Ermunterung zum gemeinsamen Gotteslob. Diese Bestimmung erklärt auch die Wahl von Ps 94 (»Venite exsultemus Domino, jubilemus Deo«) und den Wortlaut vieler Antiphonen, in denen mit »Venite adoremus« o. ä. der Ps vorbereitet wird. Die ältesten Antiphonen sind textl. und musikal. zweiteilig gegliedert und können vollständig oder nur mit dem zweiten Teil wiederholt werden. Die musikal. Rezitation der Ps-Verse erfolgt, abweichend von der übl. Psalmodie, in einem dreigliedrigen Modell, das von der Zusammenfassung von zwei oder drei Versen zu einer Gruppe bedingt ist. Im Grundbestand der Melodien fehlen der erste und der achte Kirchenton.   K. Schlager

Lit.: MGG VI, 1389; X, 1676–90 – NEW GROVE IX, 286–289; XV, 329–330 – Psalmus Venite exsultemus per varios tonos cum i.is, 1895 – P. FERRETTI, Estetica Gregoriana, 1934 – R. J. HESBERT, Corpus Antiphonalium Officii III, I.a et Antiphonae, 1968.

Invocatio. Die symbol. (monogrammat.) I., das →Chrismon, als Kreuzzeichen, Labarum bzw. in Gestalt eines »C« (Hebarhard. Chrismon) und (oder) die verbale I. leiteten als Anrufung Christi vielfach die Urkk. ein (→Eingangsprotokoll) und zogen sie damit in eine sakrale Sphäre. Die I. erbat Gottes Segen für die Rechtshandlung und konnte auch als Hinweis auf die von Gott verliehene Vollmacht eines Amtsträgers aufgefaßt werden. Invokationsformeln traten anfangs auch öfters im Text und bei Unterschriften auf. Die Weisung des Apostels Paulus (Col. 3,17), man solle alles »in nomine domini Iesu Christi« tun, bildete zweifellos einen wesentl. ideellen Ansatzpunkt. Anrufungen der himml. Macht in Verbindung mit Urkk. reichen bis ins 18. Jh. v. Chr. zurück, fanden sich hingegen nicht in der röm. Antike. In der christl. Welt begegnet uns die verbale I. in Anlehnung an Formulierungen im AT und im NT ab dem 6. Jh. zuerst in Konzilsakten, schließlich nach den Reformen Justinians (533) in den byz. Ks.urkk., sie breitete sich rasch aus und drang auch in die Privaturk. ein. Die theol. Auseinandersetzungen in der spätantiken und frühma. Kirche, später auch die Opposition gegen den Islam, begünstigten das Auftreten der Formel und bestimmten ihren Wortlaut. Ebenso konnten polit. Gründe – etwa bei den Karolingern – Ursache für die Aufnahme oder Ablehnung einer Formel sein. Die Kg.surk. unter den Merowingern kannte nur die symbol. I., nach 800 trat die verbale I. (»In nomine patris et filii et spiritus sancti«) hinzu. Seit Ludwig d. Dt. (833) dominierte in der Reichskanzlei »In nomine sanctae et individuae trinitatis«. Ab dem 12./13. Jh. blieb diese I. immer häufiger weg oder wurde durch die alte Kurzformel »In nomine dei (domini, Christi)« ersetzt. Die im Urkk. wesen Italiens so beliebte Wendung »In nomine domini dei (et) salvatoris nostri Iesu Christi« ist erstmals in byz.-ägypt. Privaturk. belegt. Die I. ist fester Bestandteil der päpstl. Synodalkonstitutionen, scheint in den Urkk. hingegen nur sehr selten auf, um im Laufe des 11. Jh. völlig zu verschwinden.

W. Koch

Lit.: W. ERBEN, Die Ks.- und Kg.surkk. in Dtl., Frankreich und Italien, 1907, 306ff. – L. SANTIFALLER, Über die Verbal-Invokation in den älteren Papsturkk., RHMitt 3, 1958–60, 18–113 – H. FICHTENAU, Zur Gesch. der Invokationen und »Devotionsformeln« (Beitr. zur Mediävistik 2, 1977), 37ff. – DERS., Forsch. über Urkk.-formeln, MIÖG 94, 1986, 287ff.

Joachim, hl., Gemahl der hl. →Anna, Vater der hl. →Maria. Legende erstmals in den →apokryphen Kindheitsevangelien. Seine Verehrung wurde im W v. a. durch die →Legenda aurea des →Jacobus de Voragine gefördert.

Bildende Kunst: Während Einzeldarst. erst in nachma. Zeit vermehrt einsetzen, finden sich szen. Wiedergaben mit dem hl. J. bereits seit dem frühen MA meist innerhalb umfangreicherer Bildzyklen zum Marienleben. Zu den beliebtesten Themen, die ihn zusammen mit der hl. →Anna wiedergeben, gehört das Gebet der beiden, ihre Begegnung an der Goldenen Pforte oder ihr Geleit beim Tempelgang Mariens. Allein steht J. im Mittelpunkt des Geschehens etwa bei seinem Opfer, das vom Hohepriester zurückgewiesen wird, oder in der Einsamkeit bei seinen Hirten, bei der Verkündigung des Engels oder vor dem Rat der 12 Stämme (Menologion Basileios' II., Cod. Vat. gr. 1613, Ende 10. Jh.; Fresken Karije Djami, Istanbul, um 1315/20; Fresken von Giotto, Arenakap., Padua, um 1305). Darüber hinaus wird J. bei Darst. der Hl. Sippe wie auch der Vorfahren Christi miteinbezogen; seit dem ausgehenden MA als individuelle Attribute Stab, Buch, Taubenpaar oder Lamm (Sippenretabel, Stiftskirche Tiefenbronn, Anfang 16. Jh.).   J. M. Plotzek

Lit.: LCI IV, 60–66 – LThK[2] V, 973 – Lit. zu hl. →Anna.

Joachim

1. J. I., bulg. Patriarch 1235–46, † 18. Jan. 1246. – J. lebte lange Zeit auf dem →Athos, wahrscheinl. im Zographou-Kl. Nach Bulgarien zurückgekehrt, ließ er sich als Einsiedler nahe Ivanovo nieder und gründete dann, mit Hilfe des Zaren →Ivan II. Asen, das Kl. Sv. Archangel Michail. Im Jahre 1234 wurde er zum Ebf. v. →Tŭrnovo geweiht und nach der Wiederherstellung des bulg. Patriarchats (1235) zum Patriarchen erhoben.   I. Božilov

Q. und Lit.: CH. KODOV, Opis na slavjanskite rǎkopisi v Bibliotekata na Bǎlgarskata Akademija na naukite, 1969, 46 – CH. CHRISTOV, Patriarch Joakim I., 1975, 4, 41–48 – L. MAVRODINOVA, Stenopisi ot vremeto na zar Ivan-Astu I. pei Ivanovo, Izkustvo, 1976, 9, 7–13 – B. NIKOLOVA, Žitieto na patriarch Ioakim I. kato istoriceski izvor, Istoričeski pregled, 1980, 6, 122–131 – Stara bǔlgarska lit. 4, ed. K. IVANOVA, 1986, 87f.

2. J. v. Fiore, sel. [1] *Leben:* * um 1135 in Celico (Kalabrien) als Sohn eines Notars, † 1202 (1205) Canale (Sila). (Das Zitat »sum homo agricola a iuventute mea« [Sach 13,15] im Apokalypsenkomm. wurde vielfach als autobiograph. Hinweis mißverstanden.) Von den Eltern zum Dienst am Kg.shof in Palermo bestimmt, begann J. nach entsprechenden Studien in der Kanzlei Wilhelms I. zu arbeiten, verließ diese jedoch bald und wandte sich einem intensiven religiösen Leben zu. 1166/67 unternahm er eine Pilgerfahrt ins Hl. Land (Besuch v. Jerusalem [Tractatus p.93], Berg Tabor). Auf der Rückreise hielt er sich für einige Zeit in einem griech. Kl. in Sizilien auf und kehrte dann nach Kalabrien zurück. Nach Auseinandersetzungen mit seinem Vater, der ihm den Abbruch seiner Berufslaufbahn zum Vorwurf machte, hielt sich J. zuerst in Guarassanum, dann in Sambucina auf, ohne jedoch in die dortige Kommunität einzutreten. In Rende wirkte er als Prediger, wurde vom Ebf. v. Catanzaro zum Priester gewählt und ließ sich dann im Kl. Corazzo nieder. Zum Prior gewählt, lehnte er die folgende Abtwürde ab und zog sich in das Kl. SS. Trinità in Acri, danach nach Sambucina zurück. Aufgrund der Intervention kirchl. Würdenträger kehrte er als Abt nach Corazzo zurück. Unter seiner Leitung (1171–77) nahm das Kl. die Zisterzienserregel an. Nach vergebl. Verhandlungen mit den Kl. Sambucina und Casamari gelang es Corazzo jedoch erst 1188 nach Intervention Papst Clemens' III., sich der Abtei OCist →Fossanova zu affilieren. Um sich der Schriftexegese zu widmen, erwirkte J. 1184 von Papst Lucius III. »licentiam scribendi quemadmodum viderat per revelationem«. 1183/84 hielt er sich in Casamari auf und begann u. a. das »Psalterium decem chordarum«, das er 1187/88 in Petralata (Kalabrien) beendete, wo er auch an der – unvollendet gebliebenen – »Vita S. Benedicti« arbeitete. Von Clemens III. erhielt er 1188 die Erlaubnis, sich ganz seinem hermeneut. Schrifttum zu widmen. Er zog sich deshalb in das Silagebirge zurück. 1192 rief ihn das Zisterziensergeneralkapitel unter Androhung, ihn bei Zuwiderhandlung als 'fugitivus' zu betrachten, nach Corazzo zurück. J. gründete jedoch statt dessen ein neues Kl., S. Giovanni in Fiore, dem er als Abt vorstand und das bereits 1194 von Heinrich VI. mit einem Privileg ausgestattet wurde (→Florenser).

J.s Vita wurde bald nach seinem Tode von seinem Gefährten Rainer (Raniero) v. Ponza verfaßt; sie ist in einer unvollständigen, mit J.s Rückkehr aus dem Hl. Land einsetzenden Abschrift aus dem 16. Jh. erhalten. Lucas, seit 1203 Ebf. v. Cosenza, J.s erster Schreiber in Casamari, überlieferte ebenfalls kurz nach J.s Tod Erinnerungen an J. (Abschrift aus dem 16. Jh.), in denen er wertvolle Einzelheiten über die schriftsteller. Tätigkeit J.s, über die Mentalität der Zeit im Hinblick auf das Armutsproblem und über die myst. Spiritualität des Abtes von Fiore und seine Askese überliefert. J. galt bald als Prophet (Dante, Paradiso XII, 140), jedoch nicht als Künder der Zukunft, sondern, in bibl. Sinne als Mahner und Warner (MANSELLI).

Auf dem 4. Laterankonzil 1215 wurde J.s These verurteilt, in der er Petrus Lombardus in »De unitate seu essentia Trinitatis« anklagt, er habe eine »Quaternitas« eingeführt, außer den drei Personen die Trinität selbst als kollektive Einheit; 1254 wurden in dem Protokoll v. Anagni durch eine von Alexander IV. eingesetzte Kommission einige seiner Lehren überprüft, die von →Gerhard v. Borgo S. Donnino in den – verurteilten – »Liber introductorius ad Evangelium eternum« übernommen worden waren. J. wurde jedoch nie von der Kirche als Häretiker angesehen. Seine Lehren verbreiteten sich rasch. Postum wurden ihm versch. andere Werke und Thesen zugeschrieben. Neben dem eigtl. Joachimismus gewann ein pseudojoachimit. Strömung großen Einfluß auf die religiöse Mentalität, die die häufig komplexen Meditationen des Abtes auf chronolog. Berechnungen (v. a. im Hinblick auf den Beginn der dritten Ära) reduzierte.

[2] *Werke und Lehre:* Hauptwerke J.s sind »Concordia novi et veteris Testamenti«, »Expositio in Apocalypsim«, »Enchiridion super Apocalypsim«, »Psalterium decem chordarum«, »Tractatus super quatuor Evangelia« und »Vita S. Benedicti« (unvollendet), »De articulis Fidei«, »Adversus Iudeos«, daneben kleinere Werke (REEVES).

Als einer der größten Mönchstheologen des 12. Jh. ist J. v. a. wegen seines Geschichtsbildes und seiner exeget. Methode bedeutend, in der er die allegor. Schriftauslegung die typolog.-historische vorzieht. Auf der Basis einer »Concordia« des AT und NT deutet J. den hist. Ablauf in heilsgesch. Sinn. Die Geschichte wird von ihm in drei Perioden gegliedert, die er mit dem Wirken der Trinität in Verbindung bringt: Die Zeit des Vaters (AT), des Sohnes (beginnt mit dem NT und reicht bis in die Zeit J.s selbst) und des Hl. Geistes. Dieses dritte, glückl. Zeitalter wird von der »intelligentia spiritualis« erleuchtet sein, und – außer der Schau Gottes – alle Freuden des Himmlischen Jerusalem bieten. Das Mönchtum (symbolisiert durch Johannes Evangelista) wird dem Papsttum (Petrus) zur Seite stehen, und die kontemplativen Orden werden bes. Bedeutung gewinnen. Das künftige dritte Zeitalter (dessen Existenz J. aufgrund der zw. AT und NT hergestellten Konkordanz erschließt) steht im Zentrum des joachimit. Geschichtsbildes, das dem augustin. Denkmodell (→Civitas Dei) entgegengesetzt ist. AT und NT stellen für J. nicht 'littera' und 'spiritus' dar, sondern 'litterae', aus deren Konkordanz der geistige Sinn hervorgeht, der das Dritte Zeitalter prägen wird, das keine eigene hl. Schrift besitzt. Diese Konkordanz besteht nach J. in einer »gleichproportionierten Ähnlichkeit« (»similitudo eque proportionis«) zw. dem NT und dem AT (d. h. einer Parallelität ähnl. Ereignisse, wobei sich die Gleichheit auf die zahlenmäßige Abfolge, nicht auf Bedeutung und Rang der jeweiligen Ereignisse bezieht).

Dem Beginn des Dritten Zeitalters geht die Ankunft eines ersten →Antichrist voraus. (Die bis zu Luther geltende theol. Anschauung von der Existenz zweier Antichristi geht auf die geschichtstheol. Lehre J.s zurück.) Dieser Antichrist wird von einer Persönlichkeit der Kirche besiegt, der J. keinen Namen gibt, die in den joachimit. Strömungen des Franziskanertums jedoch mit dem hl. Franziskus identifiziert wird (Franziskus als Alter Christus aufgrund der Stigmata). Innerhalb der drei Zeitalter unterscheidet J. sieben aufeinander folgende Staaten mit jeweils positiven und negativen Protagonisten: Apostel, Märtyrer und neues Mönchtum (7. Staat) – Heiden, Arianer, Sarazenen und zeitgenöss. röm. Kaiser.

Der J. zugeschriebene »Liber figurarum« beschreibt in 23 Tafeln die wesentl. Punkte seiner Lehre. Die Authentizität ist in der Forsch. kontrovers. Es dürfte sich jedoch dabei eher um eine nicht von J. stammende, zwecks Verbreitung auch bei einem minder gebildeten Publikum geschaffene und nicht von Mißverständnissen freie Transposition des joachimit. Gedankenguts in Bilder handeln.

E. Pásztor

Bibliogr. und Lit.: H. GRUNDMANN, Zur Biographie J. s v. F. und Rainers v. Ponza, DA 16, 1960, 437–546 (= DERS., Ausgew. Aufsätze 2 [Schr. der MGH 25, 2], 1977, 255–360) – F. RUSSO, Bibliogr. Gioachimita, 1954 – D. C. WEST, Bibliogr. of J. Studies since 1954 (DERS., J. of F. in Christian Thought, I, 1975) – V. DE FRAJA, Gioacchino de F.: bibliogr. 1969–88, Florensia 2, 1988, 7–59 – E. PÁSZTOR (L'età dello Spirito e la fine dei tempi in Gioacchino da F. e nel gioachimismo medievale, S. Giovanni in Fiore 1986, 250–253 [auch zur Bibliogr. der einschlägigen Werke von R. MANSELLI) – TRE XVII, 84–88 – Ed.: Vgl. M. REEVES, The Influence of Prophecy in the Later MA. A Study in Joachimism, 1969 – P. DE LEO, Gioacchino da F.: aspetti inediti della vita e delle opere [Ed. der »Dialogi di prescientia Dei et predestinatione electorum«], 1988, 65–123 – Liber figurarum: L. TONDELLI, Il libro delle figure, I–II, o. J. – L. TONDELLI, M. REEVES, B. HIRSCH-REICH, Il libro delle figure di Gioacchino da F., 1953 – M. REEVES – B. HIRSCH-REICH, The »Figurae« of J. of F., 1972.

3. J. v. Osogovo, 2. Hälfte des 11. Jh.–Anfang des 12. Jh., † am 16. Aug. eines unbekannten Jahres, bulg. Mönch und Einsiedler auf dem Osogovo-Berg, Nordmakedonien (heut. Jugoslawien), Gründer des Osogovski- oder Sarandaporski-Kl. In diesem Kl. hat ein unbekannter Mönch eine Vita des Hl. verfaßt, die Züge der sog. »Volksviten« aufweist. Vorwiegend an Mönchskreise gerichtet, hat die Vita J.s, dessen Kult relativ geringe Verbreitung erfuhr, keine große Popularität gewonnen.

I. Božilov

Lit.: J. IVANOV, Bŭlgarski starini iz Makedonija, 1931² [Nachdr. 1970], 405–418 [Text] – Stara bŭlgarska lit. 4, Žitiepisni tvorki, ed. K. IVANOVA, 1986, 176–188 [mit neubulg. Übers.], 570–574 [Komm.].

Joan

1. J. Airas (João A.), galic. Dichter, spätes 12.–13. Jh., Bürger von Santiago de Compostela. Mit den 80 unter seinem Namen überlieferten und zw. 1230 und 1265 entstandenen →cantigas gilt er als einer der bedeutendsten Lyriker der →galic.-ptg. Lit. Die Pastourelle »Pelo souto de Crexente« gehört zu den schönsten Gedichten dieser Gattung. J. A. stand in Verbindung mit den Höfen Alfons' X. v. Kastilien, Alfons' III. und Dinis I. v. Portugal. In Stil, Thematik und Technik folgt er den Konventionen der zeitgenöss. Dichtung.

D. Briesemeister

Ed. und Lit.: GRLMA II – Cancionero gallego de J.A., burgués de Santiago (s. XII–XIII), ed. R. FERNÁNDEZ POUSA, Compostellanum 4, 1959 – V. BERTOLUCCI, A proposito di una recente edizione di J.A. de S., SMV 9, 1961, 71–100 – El cancionero de J.A. de S., ed. J. L. RODRÍGUEZ, 1980 – H. SANTOS, Para uma leitura pluridimensional da pastorela de J.A. de S., Brotéria 114, 1982, 305–312.

2. J. Garcia de Guilhade →Guilhade

3. J. Rois de Corella, valencian. Dichter, * 1433/43 Gandia, † 6. Okt. 1497, Sohn von Ausias R. de C. und seiner Frau Aldonça; Mag. theol. Sein umfangreiches Werk ist für die Ausformung der valencian. Lit. von Bedeutung. Zu den erbaul. Schr. gehören hagiograph. Kompilationen (»La vida de la gloriosa S. Ana«, gedr. um 1485; »Història de la gloriosa S. Magdalena«, versifiziert von Jaume Gasull, gedr. 1505; »Història de Josef«) sowie marian. Gedichte, darunter die bekannte Marienklage »Lo Passi en cobles«. Beachtl. Übers.leistungen stellen die valencian. Fassungen des Psalters (1490) und die Vita Christi →Ludolfs v. Sachsen (4 Bde, 1495–1500) dar. Unter den weltl. Schr. greift der »Triunfo de les dones« mit einer Verteidigung der Frau in eine seinerzeit häufig erörterte Streitfrage ein. J.R. stand in Briefwechsel mit →Karl v. Viana und verfaßte Gelegenheitsgedichte (z. B. allegor. Lobgedicht »Sepultura de Mossèn Francís d'Aguilar«) sowie Liebesgedichte (»Tragèdia de Caldesa«, mit autobiograph. Anspielungen). In den mytholog. Gedichten hat er Episoden u. a. aus Ovids Metamorphosen gestaltet (»Lamentacions de Mirra e Narciso e Tisbe«, »Història de Biblis«; »Plant dolorós de la reina Hècuba«; »Parlament en casa de Berenguer Mercader«). Sein Werk wird getragen von bewußtem Stilwillen, rhetor. Technik und zuweilen gespreizt wirkender Gelehrsamkeit.

D. Briesemeister

Ed.: Obres, ed. R. MIQUEL I PLANAS, 1913 – Obres completes, 1973–85 – Psalteri, 1986 – Lit.: F. RICO, Imágenes del prerrenacimiento español: J.R. de C. y la Tragèdia de Caldesa (Fschr. H. BAADER, 1984), 15–27 – M. DE RIQUER, Hist. de la lit. catalana, Part antiga, 4, 1985, 114–180.

Joannes Boemus (Aubanus; Hans Böhm), * (um) 1485, Aub b. Uffenheim, † 1535 Rothenburg o. T. Nach Studien in Leipzig, Frankfurt a.d.O. und Tübingen seit 1508 Prediger im Deutschordenshaus in Ulm, übersiedelte – bereits der luther. Lehre anhängend – 1522 auf die Ordenskomturei Kapfenburg bei Aalen, letzte Lebensjahre in Rothenburg o. T. Durch seine Übers. der »Metamorphosen«, des Ovid, die Gedichtslg. »Liber heroicus« und v. a. durch die von Sebastian Franck in dessen »Weltbuch« teilweise wörtl. übersetzte Länderkunde »Omnium gentium mores leges & ritus« (Erstdr. 1520) genoß er in Humanistenkreisen hohe Wertschätzung und beeinflußte nachhaltig die frühnz. Kosmographie. Die drei Bücher dieses weit verbreiteten Werkes enthalten Beschreibungen von Afrika, Asien und Europa; sie verbinden antike Wissenstraditionen (z. B. Caesar, Tacitus) mit zeitgenöss. Zeugnissen (Conrad Celtis u.a.) und Eigenbeobachtungen, und sind eine wertvolle Q. für das Brauchgeschehen des 16. Jh. (u.a. »Kinderbischof« [fol. LXr], Weihnachtsbrauchtum [fol. LVIIIv], Fastnacht [fol. LIXr], Pfingstmaien, Flurumritte an Pfingsten, Johannisfeuer [fol. LIXv], Martinsfest [fol. LXr]).

Ch. Daxelmüller

Lit.: NDB II, 403 – M. FASSNACHT, Dt. Volksbräuche bei I. B., Oberdt. Zs. für Volkskunde 11, 1937, 156–168 – E. L. SCHMIDT, Von der taciteischen zur humanist. Germania, DtJbV 1, 1955, 11–40 – J. DÜNNINGER – H. SCHOPF, Bräuche und Feste im frk. Jahreslauf, 1971 – H. MOSER, Volksbräuche im gesch. Wandel, 1985.

Joannikios, serb. Ebf. (1342 erstmals belegt), erster Patriarch der Serben, † 3. Sept. 1354; Nachfolger Ebf. →Danilos II., treuer Anhänger Kg. →Stefan Dušans, der ihn zum Patriarchen erhob (Einsetzung wahrscheinl. 6. Jan. 1346), um die Zarenkrone der Serben und Griechen zu erlangen. Der Krönung durch J. Ostern 1346 (16. April) in Skopje wohnten der bulg. Patriarch v. Tŭrnovo, der Ebf. v. →Ochrid und der Protos v. Athos bei, doch fehlte Patriarch Johannes →Kalekas v. Konstantinopel. 1350/51 verhängte Patriarch →Kallistos I. das Anathema über J. Nach J.' Vita soll ihn Stefan Dušan selbst zum Ebf. bestimmt haben; auch anläßl. der Erhebung zum Patriarchen berief der serb. Herrscher wahrscheinl. keine Synode ein. Im Dez. 1354 wies der Papst in einem Brief auf seine unkanon. Wahl hin.

I. Djurić

Lit.: DJ. SLIJEPČEVIĆ, Istorija srpske pravoslavne crkve, I, 1962 – G. OSTROGORSKI, Serska oblast posle Dušanove smrti, 1965 – M. PURKOVIĆ, Srpski patrijarsi srednjega veka, 1976 – G. SOULIS, The Serbs and Byzantium during the Reign of Tsar Stephen Dušan..., 1984 – Vizant. izvori za ist. naroda Jugoslavije, VI, 1986, 266ff. (S. ĆIRKOVIĆ – B. FERJANČIĆ).

Ioannina (Jannina), Stadt am Pambotis-See in →Ep(e)iros, möglicherweise bereits von Justinian I. durch Umsiedlung der Bürger von Euroia gegründet. Als Stadt und Bm. wahrscheinl. 879 erstmals bezeugt, um 1020 von Basileios II. dem Ebm. v. Ahris (→Ochrid) unterstellt. 1082 wird I. von den Normannen unter →Bohemund I. besetzt, der die Stadt mit Mauer und Graben befestigt. Im Chrysobull von 1198 und in der Partitio Romaniae ist I. mit der provincia Joanninorum bzw. provintia de Gianina Venedig zugeteilt, doch gleich nach 1204 dem epirot. Teilstaat Michaels I. einverleibt, erweitert und erneut befestigt worden. 1318 mit dem Anschluß an das byz. Reich werden das Bm. zur Metropolis erhoben und der Stadt gewisse Selbstverwaltungsrechte zuerkannt. Wahrscheinl. ab 1342 im Herrschaftsbereich des serb. Zaren →Stefan Dušan; von 1366/67 bis 1384 herrschte in I. Thomas Preljubovic. Seit 1411 gehört die Stadt Carlo I. →Tocco, 1430 ergibt sie sich den Osmanen, die Autonomie gewähren. E. Chrysos

Lit.: L. BRANUSES, Ἱστορικὰ καὶ τοπογραφικὰ τοῦ μεσαιωνικοῦ κάστρον τῶν Ἰωαννίνων, 1968 – P. SOUSTAL–J. KODER, Nikopolis und Kephallenia, 1981.

Job (Hiob)

I. Judentum – II. Christliche Theologie – III. Ikonographie.

I. JUDENTUM: Komposition und Aussage des Hiobbuches führten zu vielfältigen und widersprüchl. Meinungen schon im rabbin. Judentum. So wurde J. einerseits als Dulder (Hiobtargum), wahrhaft Gottesfürchtiger (Midr. Leka tob zu Gen 47,12) und rechtschaffener Nichtjude schlechthin (Deut. R. 2,4) verstanden, andererseits als Gotteslästerer (BB 14b). Seine Leiden wurden mit der Teilnahme an der Beratung des Schicksals der Israeliten in Ägypten und seinem Schweigen erklärt (b Sot 11a). Im MA entstanden zahlreiche Hiobkommentare. Sie thematisieren nicht nur das Problem des Leidens und das Geschick J.s als das Schicksal des jüd. Volkes, sondern haben auch unterschiedl. Schwerpunkte: R. Salmon ben Isaak (1040–1105) sah J. als unvollkommenen Frommen, im Sef. Chassidim wird J.s Leid als Prüfung seiner Frömmigkeit hervorgehoben, Abraham ibn Esra (1092–1167) – er führte die Textschwierigkeiten des Buches darauf zurück, daß es übersetzt wurde – interpretierte J. ebenso wie Moses ben Nachman (1194–1270) als Rebellen, der aufgrund seiner begrenzten Erkenntnis sich solange gegen die vermeintl. göttl. Ungerechtigkeit auflehnte, bis Gott ihm die wahre Erkenntnis offenbarte. In der ma. Religionsphilosophie wird J. zum Symbol für das Theodizeeproblem: Saadja Gaon (882–942) sieht in J. den Frommen auf der Suche nach einer vernunftgemäßen Antwort, für Maimonides (1135–1204) ist er der Mensch, dem die wahre Erkenntnis mangelt, zu der er aber durch Offenbarung gelangt (MN III, 22f.), Levi ben Gerson (1288–1344) sieht in ihm den aristotel. Leugner der göttl. Providenz (Hiobkommentar und Milchamot Adonai, IV, 2) ebenso wie Josef Albo (1380–1445), der zwar die Bestimmung des menschl. Schicksals anerkennt, sie aber in der Gottesliebe aufgehoben sieht (Iqqarim IV, 7–16). R. P. Schmitz

Lit.: S. W. BARON, A Social and Religious Hist. of the Jews, Ind. zu Bd. 1–8, 1966², 77 – H. J. LAKS, The Enigma of J. Maimonides and the Moderns, JJBL 83, 1964, 345–364 – N. N. GLATZER, The Book of J. and Its Interpreters (A. ALTMANN, Biblical Motifs. Origins and Transformations, 1966), 197–220.

II. CHRISTLICHE THEOLOGIE: In der hebr. Bibel gehört das J.buch zur Weisheitslit., der griech. und lat. Text unterscheidet sich erhebl. vom Urtext. Unbeschadet älterer Traditionen ist das Buch nachexilisch, aber vor 200 verfaßt, weil Sir. 49,9 l. erwähnt wird. Rahmenerzählung und Folge der Dialoge zw. J. und den drei Freunden (Eliphas, Bildad und Zaphar) und v. a. die zusätzl. Elihureden (Hiob 32–37), deren urspgl. Zugehörigkeit zum Buch umstritten ist, geben viele redaktionsgesch. Fragen auf, die in der atl. Forschung unterschiedl. geklärt werden (TRE XV, 360–380 (J. EBACH). Die poet. Bildersprache des Buches weist viele Entsprechungen zur altoriental. Lit. und Religion auf. In der teils theol., teils poet. Darstellung liegen Gottes unerforschl. Weisheit, seine Allmacht und die Leiderfahrung des Menschen im Widerstreit, der am Ende nicht geklärt, sondern in die schweigende Anerkennung Gottes durch J. aufgehoben wird. →Gregor d. Gr. legte in 35 B. die Moralia in Job (ed. CCL 143, 143A, 143B) für das monast. und christl. Vollkommenheitsstreben aus. Die ma. Theologen lasen Gregors Hiobkomm. als Lehrbuch der Moraltheologie, exzerpierten und abbrevierten ihn. →Thomas v. Aquin folgte in seinem umfangreichen Komm. (ed. Op. omn. XXVI, 1965) nicht der tropolog. Auslegung Gregors, sondern versuchte eine literaltheol. Deutung. Das beherrschende Thema seiner Erklärung ist die Vorsehung Gottes, deren theol. Verständnis im 13. Jh. zusätzl. durch den philos. Nezessitarismus der arab. Philosophen erschwert war. L. Hödl

Lit.: TRE XV, 373–380 [Lit.] – R. WASSELYNCK, Les compilations des »Moralia in Iob« du VIIᵉ au XIIᵉ s., RTh 29, 1962, 5–32 – L. HÖDL, Die Disputation Hiobs mit seinen Freunden als Zeugnis der theol. Toleranz nach des Thomas v. Aquin Iob-Komm. (Universalität und Toleranz, 1989), 69–84.

III. IKONOGRAPHIE: In den ma. Bildzeugnissen ist J., der große Gerechte und Dulder, meist im Unglück als alter bärtiger, langhaariger Mann, nur mit Lendentuch bekleidet dargest. bisweilen auch mit Nimbus ausgezeichnet; vereinzelt auch als Kg. (mit herabgestürzter Krone zu seinen Füßen), als Gerechter des AT auch ganz unbekleidet (da er alles verloren hat). Folgende Hauptszenen sind öfters vergegenwärtigt: J.s Frömmigkeit und Wohlstand; Dialog zw. Gott und Satan über J.s Frömmigkeit; J. im Unglück (Tötung der Knechte J.s und Wegtreiben seiner Herde; Tod seiner Kinder; Boten künden J. von seinem Unglück; der Satan schlägt J. mit Aussatz; J. auf dem Dunghaufen; der Herr spricht aus den Wettern zu J.; J. wird von Gott wieder in sein altes Glück zurückversetzt. – Im frühen MA sind Szenen aus dem Leben J.s am häufigsten in byz. monast. Hss.: Paris, BN par. gr. 510, um 880/886; Venedig, Bibl. Marc., cod. gr. 538, dat. 905. Das 11. und 12. Jh. zeigt eine großartige Entfaltung der J.-Ikonogr., bes. in den Ill. der Hss., der Moralia in Job. v. Gregor d. Gr., z. B. Paris, BN par. lat. 6, um 1000; Rom, Vat. lat. 5729, um 1010/20; auch in der frz. Kapitellplastik (Toulouse, Augustinermus.) und in der dt. spätroman. Wandmalerei (Brauweiler). Einzelszenen und Zyklen in der got. Kunst, z. B. Chartres, Kathedrale, r. N-Portal. 1202/05; Amiens, Kathedrale, Südquerhausportal, nach 1258; Wandmalerei in Köln, St. Maria Lyskirchen, vor 1250; Fresken v. T. Gaddi, Pisa, Camposanto, 1341/42. – In typolog. Bilderzyklen erscheint J. als Gegenbild für »Christus im Elend«, Präfiguration für Christi Passion und Triumph, bes. in Biblia pauperum-Hss. (13./14. Jh.). J. figuriert mit Noah und Daniel unter den drei atl. Gerechten (n. Ez. 14, 12–20), Baptisteriumkanzel, Pisa, v. Niccolò Pisano, 1260. G. Jászai

Lit.: LCI II, 407–414; VII, 70.

Job Jasites, auch Meles, Melias gen., war ein Hauptgegner der geplanten Union auf dem Konzil v. →Lyon (1274). Er stützte den Patriarchen →Joseph I. in seinem Widerstand, gab in dessen Namen einen scharf ablehnenden Tomos gegen die Lateiner heraus, der diese dogmat. wie disziplinär verurteilte. Unter seinem Einfluß verpflichtete sich der Patriarch, die Union auf keinen Fall anzunehmen. Nach deren Abschluß wurde J. schwer mißhandelt (Georgios Pachymeres, MPG 143, 848A/849A) und auf eine Festung am Sangarios (Sakaria) verbannt. Unter Ks. Andronikos II. rehabilitiert, wurde er zum Metropoliten v. Nikomedia erhoben. Sein Todesjahr ist unbekannt. Wahrscheinl. Verf. einer Akoluthia auf die hl. Ksn. Theodora v. Arta, falls ident. mit J. Hamartolos auch eines Traktats über die Sakramente und eines Komm. über die ersten 15 Psalmen.

H. M. Biedermann

Lit.: BECK, Kirche, (676), 677 [Lit.] – DSAM VIII, 1225–1227 [Lit.] – DThC VIII, 1487–1489 – LThK² V, 979.

Iobagie, von ung. *jobbágy* (= bessere Leute), im 11.–12. Jh. führende, freie Mitglieder einer Gefolgschaft; um 1200 nannte man Landeswürdenträger 'i. regni' (später barones), ferner die Krieger der Prälaten (i. equestris, i. exercituans), die später als bfl./äbt. Lehnsmänner ihre Sonderrechte als nobiles prediales z. T. bewahren konnten; endlich Krieger der Aristokraten, von denen manche auch wirtschaftl. tätig waren (i., qui preest predio). Von Abgaben- und Arbeitspflicht freie I. castri (auch milites c. [11.–12. Jh.], proceres c. gen.) waren mit einem Dienstgut ausgestattet, das von unfreien castrenses bebaut wurde. Wahrscheinl. entstand diese Schicht aus zwei Gruppen, da manche auch über nach Sippenrecht erbl. Güter verfügten. In der Komitatsverfassung dem →Gespan unterstellt, zogen sie mit ihm in den Krieg und verrichteten abwechselnd Wochendienst in der Komitatsburg. Die zu Beginn des 13. Jh. einsetzende Veräußerung kgl. Güter brachte sie in eine schwierige soz. und wirtschaftl. Lage, die sie teils durch Betonung von Vorrechten (i. sancti regis), teils durch Übertritt in die Reihen der Kg.sdiener und damit in den entstehenden niederen Adel zu überwinden suchten. Im 14. Jh. wurde der I.-Begriff abgewertet und bezeichnete Hörige.

E. Fügedi

Jobst → Jodok

Iocalis, für die Kenntnis der ma. Sprichwörterlit. wichtige Slg. von Sentenzen und kleinen Fabeln (etwa 1000 meist leonin. Hexameter), vermutl. dt. Ursprungs; entstanden vor 1280, da sie →Hugo v. Trimberg in seinem »Registrum multorum auctorum« (719, 721q) nennt. Der Verf. ist wohl durch Anthologien und Florilegien mit antiker (Vergil, Ovid, Horaz, Iuvenal, Disticha Catonis, Claudian) und ma. Lit. (Marbod, Adam v. St. Victor, Alanus ab Insulis, Nigellus Wireker, Walther v. Chatillon, Matthaeus v. Vendôme, Petrus Riga) bekannt. An einen Zögling gerichtet, ist ihr Inhalt v. a. belehrend. Die Slg. fand Eingang in Florilegien und war zieml. verbreitet.

B. Gansweidt

Ed.: P. LEHMANN, Mitt. aus Hss. V, SBA.PPH 1938, 4, 55–93 – Lit.: WALTHER, 18659 – Verf.-Lex. V, 445ff.; Verf.-Lex.² IV, 526f. – MJb 8, 1973, 302 – J. WERNER, Zum I. (Corona Quernea [Fschr. K. STRECKER, 1941]), 377–389.

Ioca monachorum, Gruppe anonymer Texte monast. Herkunft, wohl aus S-Gallien um die Mitte des 7. Jh., evtl. aufgrund eines bearb. gr. Originals. Die beliebten 'Gesprächsbüchlein' enthalten eine Slg. von Fragen und Antworten, auch über den Bibeltext (Vetus Latina), bis hin zu wirkl. Rätseln, und genossen sehr weite Verbreitung (bereits zahlreiche Hss. des 8. Jh.). Wohl einer der ältesten dieser Texte ist die 'Altercatio Adriani et Epictiti' (zw. 500 und 650; Fragen des Ks.s Hadrian und Antworten des Philosophen Epiktet). Die zahlreichen Fassungen der I. m., die man sich kaum als allzusehr fixiert vorstellen darf, verbreiteten sich in verschiedenen Rezensionen über ganz Europa.

L.-C. Battlle

Ed. und Lit.: BRUNHÖLZL I, 147f., 527f. – CPL, 1155ff. – DACL VII, 2569–72 [H. LECLERCQ] – W. SUCHIER, Das mlat. Gespräch Adrian und Epictitus nebst verwandten Texten, 1955 – P. LEHMANN, Die Parodie im MA, 1963², 10.

Ioc partit → Streitgedicht

Jocelin. 1. J. v. Brakelond, Chronist, † nach 1203; trat 1173 in das Benediktinerkl. → Bury St. Edmunds ein; seit 1182 zunächst Kaplan des Priors, dann des Abtes Samson, mit dem ihn eine sechsjährige Freundschaft verband. Nach 1188 gehörte J. für einige Zeit nicht dem Konvent an, übernahm aber wahrscheinl. 1197 das Amt des Gastpaters, in dem er bis 1203 nachweisbar ist; sein weiterer Lebensweg ist unbekannt. Seine Chronik, die das Alltagsleben im Kl. schildert und ein bemerkenswertes Porträt des Abtes Samson zeichnet, entstand in mehreren Etappen und wurde wiederholt zw. 1182 und 1203 revidiert. In Bury St. Edmunds als hagiograph. Werk wenig beachtet, wurde die Chronik erst von der neueren Forsch. gewürdigt, v. a. wegen der Darstellung der starken spirituellen und emotionalen Beziehung zw. J. und Samson, deren Auflösung (Schilderung im 2. Abschnitt: 1197–1203) die Einsamkeit nach einer enttäuschten Liebe folgte. →Chronik, G. II.

D. J. Corner

Ed. und Lit.: B. McGUIRE, Journal of Medieval Hist. 4, 1978, 369–397 – D. GREENWAY–R. SAYERS, The Chronicle of J. of B., 1989.

2. J. v. Furness OCist, Hagiograph, belegt seit ca. 1180, † 1215, stammte aus Furness in Lancashire (England), siedelte 1185 (?) nach Irland in das von dem anglo ir. Baron John de Courcy gestiftete Kl. Inch (Iniscourcey) über. Er verfaßte: 1. Vita und Miracula des hl. Waldef v. Melrose, die er 1200 Kg. Wilhelm v. Schottland und seinem Sohn Alexander widmete; 2. eine Vita des hl. Kentigern für Jocelyn, Bf. v. Glasgow (1175–99); 3. eine Vita des hl. →Patrick für Tomaltach, Ebf. v. Armagh (1180–1201) und Echmílid, Bf. v. Down (ca. 1176–1202); 4. eine Vita der hl. Helena. Auch wird ihm eine Vita Kg. Davids v. Schottland und ein Traktat »De Britonum Episcopis« zugeschrieben.

G. MacNiocaill

Lit.: Eine umfassende Unters. fehlt – DNB X, 834f. – K. JACKSON (N. K. CHADWICK u.a., Stud. in the Early British History, 1958), 273–357 – D. BAKER (Stud. in Church Hist. 12, 1975), 59–82 – M. LAPIDGE–R. SHARPE, A Bibliogr. of Celtic-Latin Lit. 400–1200, 1985, 283f.

Jodok (Jo[b]st), Mgf. v. →Mähren und v. →Brandenburg, gewählter dt. Kg., * 1354, † 18. Jan. 1411. Nach dem Tode seines Onkels Ks. Karls IV. war J. der älteste der sechs männl. →Luxemburger, was zu seinem Selbstbewußtsein und Ehrgeiz wesentl. beitrug. Sein Vater, der sparsame Mgf. Johann Heinrich v. Mähren, hatte ihm im Hauptterben 1375 die wirtschaftl. geordnete Mgft., beträchtl. Geldmittel und eine Schuldverschreibung Karls von 64000 Gulden hinterlassen; seine Brüder Johann Sobieslaw und →Prokop erhielten kleinere Anteile. Seine finanzielle Schlüsselposition in der lux. Familie nutzte J. rücksichtslos für die Stärkung der territorialen Machtstellung aus. Kg. Wenzel mußte ihm → Glatz verpfänden, Johann Sobieslaw (1387 Patriarch v. →Aquileia) wurde aus den böhm. Ländern verdrängt, mit dem mähr. Rivalen Prokop führte J. mehrere Kriege. Für beträchtl. finanzielle und militär. Hilfe, die sie Sigmund im Kampf um Ungarn gewährten, wurden J. und Prokop vorübergehend die heutige Westslowakei, 1388 dann Brandenburg für über 560000 Gulden verpfändet. Im selben Jahr erhielt J. für die Rückgabe von Glatz das Stammland Luxemburg und die elsäss. Landvogtei. Diese konnte er nur kurzfristig finanziell nutzen, und Luxemburg, das seit 1388 in Fehden verwüstet wurde und daher wenig Einnahmen bot, verpfändete er 1402 an →Ludwig v. Orléans. Das 1383 und 1391 von Wenzel an ihn übertragene →Reichsvikariat in Italien blieb gänzl. unwirksam.

An den ständig und verwirrend wechselnden Koalitionen mit Sigmund v. Ungarn, den Habsburgern, mit seinem Schwager →Wilhelm v. Meißen und bes. mit der mächtigen böhm. Adelsfronde, die sich meist gegen Prokop, gegen den großen Einfluß →Johanns v. Görlitz am Prager Hof und letztl. gegen Wenzel selbst richteten, hatte J. entscheidenden Anteil. Der Kg. wurde 1394 gefangengenommen und J. zum Regenten Böhmens ernannt. Johann v. Görlitz befreite den Kg. Nach dem Tode Johanns, dessen Lausitzer Besitz J. übernahm, rivalisierte er mit Sigmund um die Beherrschung des böhm. Kg.s; erst nach dem Tod Prokops (1405) kam es zum, von Wenzel allerdings teuer bezahlten, Einvernehmen J.s mit dem Prager Hof. Schon 1397 war J. endgültig mit der Mark Brandenburg belehnt worden – die Kurstimme ließ ihn den Ehrgeiz auf die dt. Krone richten. Um 1400 war J. durch seine Erwerbungen und die zahlreichen Kriege in finanzieller Notlage. Dennoch erreichte er nach dem Tod Kg. Ruprechts sein langersehntes Ziel: zehn Tage nach der Kg.swahl Sigmunds mit drei Stimmen wurde er am 1. Okt. 1410 mit vier Stimmen gültig zum dt. Kg. gewählt. Ohne ins Binnenreich gekommen zu sein und wegen des Ruins seiner Finanzen ohne große Erfolgsaussichten, starb er kurz darauf in Brünn ohne Nachkommen.

Das Bild seiner Persönlichkeit ist bei Zeitgenossen und in der Wissenschaft wegen des skrupellosen Egoismus seiner Politik und der finanziellen Ausbeutung seiner Länder dunkel gefärbt; doch war er ein fähiger Feldherr und wegen seiner Kunstinteressen und seiner Gelehrsamkeit bekannt (Briefwechsel mit dem Humanisten Coluccio →Salutati). Sein Scheitern war zweifellos auch durch die ungünstigen personellen und polit. Konstellationen in der lux. Familie bedingt.   P. Hilsch

Lit.: BOSL, Böhm. Länder I [F. SEIBT] – J. HEIDEMANN, Die Mark Brandenburg unter J.v.M., 1881 – B. BRETHOLZ, Zur Biogr. des Mgf.en J.v.M., Zs. des Vereins für Gesch. Mährens und Schlesiens 3, 1899, 237–265 – F. M. BARTOŠ, České dějiny II, 6, 1947 – A. GERLICH, Habsburg-Luxemburg-Wittelsbach im Kampf um die dt. Kg.skrone, 1960 – J. MEZNÍK, Die Finanzen des mähr. Mgf.en J. (Acta creationis, hg. V. PREČAN, 1978), 69–91.

Jodokus, hl., † 669. Einem bret. Fs.engeschlecht des 7. Jh. entstammend, wurde J. um 640 Priester und gründete die Einsiedelei Runiac (Picardie), aus der das in der Frz. Revolution zerstörte Kl. OSB St-Josse-sur-mer entstand. Die älteste, nach 800 verf., anonyme Vita ist in zwei Hss. des 10./11. Jh. und des 12. Jh. erhalten (Rouen U 26, U 32). Die Wiederauffindung der heute in der Pfarrkirche St-Josse verehrten Reliquien 977 führte zur Neubearbeitung der Legende und bedeutete den Beginn der z. B. in Hugo v. Trimbergs »Renner« (1313) erwähnten Wallfahrt nach St-Josse-sur-mer, das sich im HochMA zu einem der bedeutendsten europ. Pilgerziele entwickelte. Der Kult des im MA als Jo(s)s, Jobst oder Jost hochgeschätzten Hl.n verbreitete sich wohl durch Gebetsbruderschaften. Er ist bereits im 9. Jh. für das Trierer Kl. St. Maximin sowie durch das Martyrolog. des Wandalbert für Prüm gesichert. J.' Funktion als Schutz-Hl. gegen Krankheiten, bes. Pest, machte ihn zum Patron zahlreicher Hospitäler. Wie die anderen Wallfahrtshl.n Jacobus Maior und Rochus wurde J. in Pilgertracht dargestellt.   Ch. Daxelmüller

Lit.: LThK² V, 982 – J. TRIER, Der Hl. J., 1924 – M. ZENDER, Räume und Schichten ma. Hl.nverehrung in ihrer Bedeutung für die Volkskunde, 1959 – G. ZIMMERMANN, Patrozinienwahl und Frömmigkeitswandel im MA, T. 2, Würzb. Diöz.geschl.bll. 21, 1959, 75–76.

Joel, Verf. einer in Stoffauswahl und Ausdrucksweise gänzl. von orth. Gedankengut geprägten Weltchronik von Adam bis zur Eroberung Konstantinopels durch die Kreuzfahrer 1204. Ohne hist. Wert, ist sie für die Mentalität bestimmter Schichten von Interesse. J., vielleicht auch Verf. einer Klagerede (ϑρῆνος) auf die Eroberung Konstantinopels, lebte wohl als Mönch anfangs 14. Jh.
P. Schreiner

Ed.: I.is chronographia compendiaria, rec. I. BEKKER, 1836 – Gioele, Chronografia compendiaria..., ed. F. IADEVAIA, 1979 – Lit.: MORAVCSIK, Byzturc, 348f. – Tusculum-Lex., 376 – HUNGER, Profane Lit. I, 476 – E. KOJČEVA, Die ma. bulg. Gesch. im Lichte einer ungenügend herangezogenen Q., Istoričeski Pregled 40, H. 6, 1984, 84–89.

Joffre (Jufre) **Tenorio, Alfonso,** † 1340, Sohn des Diego Alonso Tenorio (aus galic. Geschlecht, Nachkomme Alfons' IX.) und der Aldonza Jofre de Loaysa aus Aragón, beide mit großen Besitzungen in Sevilla, behielt seinen Stammsitz in Tenorio bei Pontevedra bei und hatte Besitzungen und Rechte in Toledo, dessen →Alguacil Mayor er war. Seit 1314 Oberadmiral (Almirante Mayor de la Mar) v. Kastilien und Herr über die kgl. Burgen und Werften von Sevilla, übernahm er 1325 die Macht in dieser Stadt, kurz vor der Volljährigkeit Alfons' XI., dem er, bes. in den Kriegen gegen die Mauren von Granada und Fez, treu diente. Er starb als Kommandant der kast. Flotte, die die Meerenge von Gibraltar abriegelte, um die Mauren aus N-Afrika daran zu hindern, in Massen nach Kastilien überzusetzen. Seit 1333 war er Herr v. Moguer, wo er das Kl. Sta. Clara gründete. Diese Herrschaft verblieb in der Hand seiner Nachkommen, der Portocarrero-Tenorio.
M.-A. Ladero Quesada

Lit.: A. GONZÁLEZ GÓMEZ, Moguer en la Baja Edad Media, 1979 – M. GARCÍA FERNÁNDEZ, El reino de Sevilla en tiempos de Alfonso XI (1312-50), 1989.

Johan Pedro → Juan Pedro

Johann (s.a. →Jean, →John)

1. J. I., Kg. v. Aragón 1387–96, * 27. Dez. 1350 in Perpignan, † 19. Mai 1396 in einem Wald bei Foixà (Gerona), Sohn Kg. Peters IV. und Eleonores v. Sizilien, ∞ 1. Mata v. Armagnac, ∞ 2. Violante v. Bar. J. begünstigte kurz nach seinem Regierungsantritt die Partei des Avignoneser Papstes Clemens VII., nachdem sein Vater im Großen Abendländ. Schisma keine eindeutige Stellung bezogen hatte. Dabei befolgte J. den Rat des Onkels seiner zweiten Gattin, der Nichte des frz. Kg.s Karl V. Trotz seiner Friedenspolitik auf internationaler Ebene (Friede mit Frankreich und Kastilien, mit den Anjou und Genua) vermochte er 1389 keinen Einfall des Gf.en v. →Armagnac ebensowenig zu verhindern wie Aufstände auf →Sizilien und →Sardinien, die der Herrschaft der Krone Aragón über diese Inseln sehr schadeten (1391), und den Verlust der Hzm. er →Athen (1388) und →Neopatras (1390), wo die katal. Herrschaft nie sehr gefestigt gewesen war. Im Inneren seines Reiches kam es während seiner Regierung zu auf viele Orte übergreifenden antisemit. Unruhen. J., den wirtschaftl. Interessen mit den Juden verbanden, befahl, die dafür Verantwortlichen hart zu bestrafen. J. reformierte die →Cortes v. Katalonien durch die Schaffung eines vierten Standes (brazo), den des niederen Adels oder der Caballeros, der sich jedoch nicht durchsetzen konnte. 1351 schuf sein Vater für ihn die Titel eines Hzg.s v. Gerona und Gf.en v. Cervera. Die wirtschaftl. Lage verschärfte sich unter seiner Regierung merkl. Auch gelang ihm keine Lösung der durch die sozialen Forderungen der →Remensa-Bauern entstandenen Agrarkrise. Da er ohne männl. Erben starb, folgte ihm sein Bruder Martin I. nach. J. Sobrequés Callicó

Lit.: General Enciclopedia Catalana VIII, 754f. [FERRER I MALLOL] – J. M. ROCA, Johan I. d'Aragó, Memorias de la Real Academia de Buenas Letras de Barcelona XI, 1929, 1–469 – R. TASIS I MARCA, Joan I, el rei Caçador i múric, 1959 – M. MITJA, Procés contra els consellers, doméstics i curials de Joan I, entre ells Bernat Metge, Bolletín de la Real Academia de Buonas Letras 27, 1957/58, 375–417 – F. CASULA, Carte reali diplomatici di Giovanni I il cacciatore, re d'Aragona, riguardanti l'Italia, 1977 – D. GIRONA, Itinerari del rei en Joan (1387–96), EUC 13–15, 1928–30 – C. BATLLE GALLART, La crisis social y económica de Barcelona a mechiados del siglo XV, vol. 1, 1973, 101ff.

2. J. II., Kg. v. Aragón 1458–79 und Navarra 1425–79, *29. Juni 1398 Medina del Campo, Kastilien, † 19. Jan. 1479 Barcelona, Sohn Ferdinands I. v. Aragón und Eleonores de Albuquerque, Nachfolger seines Bruders →Alfons V. 'el Magnánimo'; ∞ 1. Blanche v. Navarra, Erbtochter, 1420, ∞ 2. Johanna Enríquez. J. besaß in Kastilien das Hzm. Peñafiel und die Gft. Mayorga sowie die Herrschaft über Castrogeriz, Medina del Campo, Olmedo, Cuéllar und Villalón. In Navarra erstreckte sich seine Macht über Haro, Belorado, Briones und Cerezo. Als Kg. v. Navarra und Statthalter seines Bruders Alfons in Aragón nahm er aktiv Anteil an den innenpolit. Streitigkeiten in Kastilien. Seine Tochter Blanca verheiratete er 1440 mit dem Infanten Heinrich, dem künftigen Kg. v. Kastilien, zu dem er jedoch keine guten polit. Beziehungen aufbauen konnte. Während des Bürgerkriegs in Navarra unterstützte er die Partei der →Agramonteses gegen die →Beaumonteses. Die Inhaftierung seines Sohnes →Karl v. Viana, dessen legitime Rechte auf die Krone v. Navarra er bestritt, führte zu einem schweren Konflikt zw. dem Herrscher und den Ständen. Nach dem Tode des erstgeborenen Karl schworen die Stände, den Sohn seiner zweiten Gattin (den späteren Ferdinand II. d. Kath.) als Erben anzuerkennen. Die Verschlechterung der polit. Lage in Katalonien, das stark vom Kampf verschiedener Parteien um die Macht in Barcelona erschüttert wurde und zugleich eine Agrarkrise und Verschlechterung der Finanzlage durchmachte sowie unter der egoist. Kurzsichtigkeit weiter Kreise der Aristokratie litt, führte zu einem blutigen Bürgerkrieg (1462–72) zw. dem katal. Regierungsorganen wie der →Diputación del General und dem Rat der Hundert (Concejo de Ciento) in Barcelona. J. ging siegreich aus diesem Kampf hervor, obwohl die Gft.en →Roussillon und →Cerdagne, 1475 →Perpignan an Frankreich verloren gingen. Während des Krieges riefen die katal. Regierungsorgane nacheinander Heinrich IV. v. Kastilien, den Condestable Peter v. Portugal und René v. Anjou zum Kg. v. Katalonien aus. Der Bürgerkrieg verschärfte die allg. soziale und wirtschaftl. Krise, und nach Kriegsende (Capitulació v. →Pedralbes 1472) hatte J. weder das Geschick noch genügend Zeit, die herrschende Unsicherheit mit dringend erforderl. polit. Reformen zu beseitigen, auch gelang es ihm nicht, die Forderungen der →Remensas, seiner Verbündeten während des Bürgerkrieges, zu erfüllen. Jedoch war er großmütig gegenüber den Besiegten. Im städt. Umfeld blieb die polit. und verwaltungstechn. Reform Barcelonas in der Schwebe. Viele dieser Probleme wurden während der Regierung seines Sohnes Ferdinand II. erfolgreich in Angriff genommen. Auch in den Kgr.en →Valencia und Aragón kam es in seinen letzten Regierungsjahren zu Konflikten zw. verschiedenen Adelsfraktionen. Die →Cortes in Aragón wiederum widersetzten sich häufig den Forderungen des Kg.s, der die →Fueros des Landes wenig beachtete. Die Mittelmeerherrschaften →Sizilien und →Sardinien, die J. während des Bürgerkrieges treu geblieben waren, lehnten eine Integration in die Krone Aragón ab und mußten gewaltsam unterworfen werden (1478). J. Sobrequés Callicó

Lit.: General Enciclopedia Catalana VIII, 1975, 755f. [SOBREQUÉS I CALLICÓ] – J. VIVENS I VIVES, Juan II. de Aragón (1398–1479), –, 1953 – DERS., Els Trastámares (seglo XV), 1956, 148ff. – S. SOBREQUÉS VIDAL – J. SOBREQUÉS CALLICÓ, La guerra civil catalana del seglo XV, 2 vol., 1973 – M. J. PELÁEZ, Catalunya després de la guerra civil del seglo XV, 1981 – L. SUÁREZ FERNÁNDEZ, Las rentas castellanas del Infante don Juan, rey de Navarra y Aragón, Hispania 19, 1959, 192–204.

3. J. v. Luxemburg, Kg. v. Böhmen, * 10. Aug. 1296, X 26. Aug. 1346 bei →Crécy, ⊐ zunächst Abtei Altmünster (Luxemburg), im 19. Jh. Mettlach, ab 1874 Kastel (Mosel), seit 1947 Luxemburg, Kathedrale; Sohn von Ks. Heinrich VII. und Margarete v. Brabant; ∞ 1. →Elisabeth v. Böhmen, 31. Aug. 1310; Kinder: Margarete, *8. Juli 1313, †1341; Jutta (Guta, Bonne), *20. Mai 1315, †1349; Wenzel, seit 1323 Karl (IV.), *14. Mai 1316, †1378; Anna, *27. März 1323, †1338; ∞ 2. Beatrix v. Bourbon (†1383); Sohn: Wenzel, Gf. und Hzg. v. Luxemburg, *25. Febr. 1337, † 1383. J. ist von der roman. Welt im W des Reiches geprägt worden. Als sein Vater 1308 zum Kg. gewählt wurde, hat er J. mit der Gft. Luxemburg belehnt. Eine mit dem 1307 zum Kg. v. Böhmen gewählten Heinrich v. Kärnten unzufriedene Partei bat Heinrich VII. um Hilfe. Der Kg. schlug seinen Bruder Walram als Kandidaten vor, gab aber dann nach und belehnte am 31. Aug. 1310 zu Speyer seinen Sohn mit Böhmen, der am folgenden Tag Elisabeth, die Tochter Wenzels II. und Gutas v. Habsburg, heiratete. Am 13. Sept. wurde J. zum Generalvikar des nach Rom aufbrechenden Vaters ernannt. Der Zug nach Böhmen unter dem Mainzer Ebf. Peter v. Aspelt führte zur Vertreibung des Kärntners und zur Krönung des Paares auf der Prager Burg am 7. Febr. 1311. Mit Unterstützung der Kirche, v. a. der Zisterzienser, und von Teilen des Adels konnte sich J. gegen opponierende Große unter dem Vizekämmerer Heinrich v. Lipa durchsetzen. Nach dem Tode des Vaters hat J. für die Wahl des Jahres 1314 kandidiert, mußte aber zugunsten Hzg. Ludwigs v. Bayern resignieren, den er bis 1322 gegen Habsburg unterstützte. J.s Politik war von sehr divergierenden Ämtern und Funktionen bestimmt: Kg. v. Böhmen mit Anspruch auf die Krone Polens, Kfs., Bündnispartner, seit 1322 Rivale, seit 1341 Todfeind Ludwigs d. Bayern, Gf. v. Luxemburg, seit 1332 für ein Börsenlehen ligischer Lehnsmann des frz. Kg.s. Alle Möglichkeiten dieser Positionen hat J. mit viel Phantasie und großem, aber oft rasch verfliegendem Elan zu nutzen versucht. In Böhmen, das er mehrfach über Jahre hinweg mied, ist er ein Fremdling geblieben; die Ehe mit der Erbin des Landes galt als gescheitert. Gleichwohl bemühte sich J. seit 1323 intensiv um die Realisierung seiner poln. Ansprüche. Dies führte 1335/39 zu einem Ausgleich mit Kg. Kasimir d. Gr. (Verträge v. Trentschin, Krakau u. a.). J. verzichtete auf seinen Anspruch auf den poln. Thron und erhielt dafür – mit Vorbehalten – die Hoheit über fast alle Fsm. er in Schlesien.

Im Kampf um das Reich half J. dem Bayern in der Schlacht v. Mühldorf (1322), erhielt dafür die Pfandschaft Eger auf Dauer, sah sich aber in weiterreichenden Hoffnungen getäuscht, als Ludwig die Mark Brandenburg seinem Sohn übertrug. Unterdessen normalisierte J. die seit dem Ksm. des Vaters gestörten Beziehungen zu Frankreich. 1323 schickte er seinen Sohn Wenzel nach Paris, der hier den Namen Karl annahm und Blanche, die Tochter Philipps v. Valois, heiratete. J.s Tochter Guta wurde 1332 die Frau des Thronfolgers Johann; er selbst ehelichte 1335 Beatrix, die Tochter Hzg. Ludwigs v. Bourbon. Seit dem Herbst 1330 versuchte J. über den Kopf des Ks.s hinweg, im N Italiens eine eigene Herrschaft aufzurichten. Er nahm dabei Verbindungen zu den Habsburgern auf und verheiratete seinen Sohn Johann mit Margarete (Maultasch), der Tochter des einst von ihm vertriebenen Heinrich v. Kärnten und Tirol. Als er 1332 versuchte, den gebannten Ks. zu bewegen, zugunsten des seit 1328 mit J.s Tochter verheirateten Heinrich v. Niederbayern abzudanken, ließ ihn Ludwig ins Leere laufen. 1333 mußte J. auf Verlangen seines Sohnes Karl das it. Abenteuer abbrechen; dafür ließ er sich auf Kämpfe gegen Brabant ein. Im Bunde mit Philipp VI. hat sich J. als einziger Kfs. nicht am Rhenser Kurverein beteiligt. Nachdem er 1337 auf einem Auge erblindet war, unterzog er sich 1340 in Montpellier einer Operation, die ihm die Sehkraft vollends nahm. Ende 1341 wurde J.s Sohn von seiner mit dem Ks. verbündeten Gemahlin Margarethe aus Tirol vertrieben, ihre Ehe für nichtig erklärt. Seither steuerten die Luxemburger auf einen Sturz des Bayern zu. Dabei kam es zu Spannungen zw. J. auf der einen, Balduin v. Trier und Karl auf der anderen Seite. Balduin wünschte zur Absicherung seiner Kredite fakt. den Besitz der Gft. Luxemburg, die nach J.s 1340 errichtetem Testament Wenzel, dem Sohn aus 2. Ehe, zugedacht war. Das Problem war nicht gelöst, als Karl mit Hilfe Clemens' VI. am 11. Juni 1346 zum Kg. gewählt wurde und dann mit dem Vater dem mit Ks. Ludwig verbündeten Philipp VI. zu Hilfe eilte. J. ließ sich von Heinrich Münch v. Basel in die Schlacht führen und fand den Tod.   H. Thomas

Q. und Lit.: R. CAZELLES, Jean l'Aveugle, 1947 – C. DUMONTEL, L'Impresa italiana di Giovanni di Lussemburgo, 1952 – BOSL, Böhm. Länder I, 1967, 351ff. [F. SEIBT] – O. PUSTEJOWSKI, Schlesiens Übergang an die böhm. Krone, 1975 – I. HLAVÁČEK, J. der Blinde (Balduin v. Luxemburg, hg. F.-J. HEYEN, 1985), 167f. [Q. und Lit.] – J. K. HOENSCH, Gesch. Böhmens, 1987, 114ff. – Lit. zur Reichspolitik →Ludwig d. Bayer.

4. J. Ohneland, Kg. v. →England 1199–1216, * 24. Dez. 1167 in Oxford, † 19. Okt. 1216 in London; jüngster Sohn von Heinrich II. und der →Eleonore v. Aquitanien; ∞ 1. Isabella v. Gloucester, 2. Isabella v. Angoulême; Kinder: von 2.: →Heinrich III., →Richard v. Cornwall, Joan (∞ Ks. Friedrich II.), Eleonor (∞ 2. Simon de →Montfort). J. konnte den Thron erfolgreich gegen seinen Neffen →Arthur I., Gf.en der Bretagne, behaupten, den er angebl. hat ermorden lassen. J.s Regierungszeit läßt sich in drei Perioden einteilen: 1199–1206 stand die Verteidigung der →Normandie gegen Kg. Philipp II. August v. Frankreich im Vordergrund, zu deren Durchführung er nachdrückl. Geld und Leute von der Kirche und dem weltl. Adel forderte. Der sich formierende Widerstand gipfelte 1205 in der Gefolgschaftsverweigerung auf dem Festland. J. mußte seinen Plan, nach Frankreich zu gehen, aufgeben und den Baronen Zugeständnisse machen. Der frz. Kg. war 1206 siegreich, und das →Angevin. Reich fand sein Ende. – Die Jahre von 1206–13 sind durch den Versuch J.s gekennzeichnet, in eigener Feldzug in Frankreich die kgl. Einkünfte zu vergrößern, durch die völlige Ausnutzung seiner ihm zustehenden Rechte, in baroniale Angelegenheiten einzugreifen, so bei Vormundschaft, Unterhalt und Verheiratung von Erbinnen, teilweise auch durch die Besteuerung des persönl. Besitzes und des Handels. Der Adel, der so gezwungen wurde, sich die kgl. Gunst zu erkaufen, mußte Schulden machen und geriet in Abhängigkeit vom Kgtm. Die Tatsache, daß der Kg. in England blieb, hatte seine wachsende Beteiligung an der Regierung zur Folge und stärkte seine polit. Führungsrolle. Feldzüge gegen Schottland 1209, Irland 1210 und Wales 1211 riefen einen geringen Widerstand hervor. Als jedoch J. 1212 eine neue Invasion in Frankreich vorbereitete, zeigten sich die ersten Anzeichen einer Verschwörung, in Wales kam es zu Feindseligkeiten, und zwei führende Magnaten, Robert Fitz Walter und Eustace des Vesci, entflohen. Auseinandersetzungen mit der Kirche folgten, als nach dem Tod des Ebf.s v. Canterbury, Hubert→Walter († 1205), Papst →Innozenz III. Stephen →Langton als Nachfolger einsetzte. J. verweigerte die Anerkennung, und der Papst verhängte über England 1207 das →Interdikt. Da der Krone nun aus vakantem Kirchenbesitz Einkünfte zuflossen, war J. erst 1213, angesichts der baronialen Rebellion und wegen seines Interesses an einem Frankreichfeldzug, bereit, mit Innozenz III. Frieden zu schließen. Er übertrug sein Kgr. dem Papst und erhielt es als Lehen zurück. – Die Periode von 1213–14 begann mit der Vorbereitung eines neuen Krieges gegen Frankreich. J. erneuerte seine Allianz mit Ks. Otto IV. und Rainald v. Dammartin, Gf. v. →Boulogne-sur-Mer, gegen den frz. Kg., der den Staufer→Friedrich II. unterstützte. Während J. selbst sich auf einem Feldzug im Poitou befand, wurden seine Verbündeten in der Schlacht v. →Bouvines (27. Juli 1214) von dem frz. Kg. vernichtend geschlagen. Angesichts der baronialen Erhebung kehrte J. nach England zurück und mußte sich im Mai 1215 zur →Magna Carta bereit erklären. Doch kam es bald zu neuen Auseinandersetzungen. Innozenz III. entband als Lehnsherr J. von den Zusagen, die er in der Charter gemacht hatte. J. starb während des Kampfes gegen die baronialen Opponenten, die →Ludwig [VIII.], Sohn Philipps II., aufgefordert hatten, die Kg.swürde in England anzunehmen.   J. Critchley

Q.: Matthew Paris, Chronica majora, ed. H. R. LUARD, RS, 1872–83 – Pipe Roll Soc. Publ. – Lit.: S. PAINTER, The Reign of King John, 1949 – J. C. HOLT, The Northerners, 1961 – W. L. WARREN, King John, 1961 – J. C. HOLT, Magna Carta and Medieval Government, 1985 – →England.

5. J. V. v. Brienne, 1210–25 Kg. v. →Jerusalem, 1231–37 lat. Ks. v. Konstantinopel, * wohl ca. 1169/74, † 23. März 1237 in Konstantinopel, jüngerer Sohn von Erard II., Gf.en v. →Brienne, und Agnes v. Mömpelgard. J., der seinem Lehnsherrn, Kg. Philipp II. August, als Befehlshaber diente, wurde von diesem zum Gatten der Erbin des Kgr.es Jerusalem, Maria, bestimmt; ∞ 13. Sept. 1210 in Akkon; Krönung: 3. Okt. 1210 in Tyrus. Im Juli 1212 schloß J. einen fünfjährigen Frieden mit Sultan al-ᶜAdil. Nach dem Tod seiner Frau im Kindbett (1212) führte er die Vormundschaftsregierung für die Tochter →Isabella. Durch seine 2. Ehe mit Rita ('Stephanie' Rupenid), der Tochter →Leons II., besiegelte er das Bündnis mit →Armenien. Ende 1217, während des 5. →Kreuzzugs, griff J. an der Spitze des vereinigten christl. Aufgebots erfolglos die neue Festung der →Ayyubiden auf dem Berg Tabor an und zog am 27. Mai 1218 als Oberbefehlshaber der Kreuzfahrer nach Ägypten.

Nach der Eroberung von →Damiette (5. Nov. 1219) beanspruchte J. die Stadt für das Kgr. Jerusalem, doch setzte der pästl. Legat die Übertragung an die Kirche durch. J.s Ansprüche auf den armen Thron zerschlugen sich infolge des Todes seiner Frau und des jungen Sohnes. Nach dem Scheitern des 5. Kreuzzuges reiste J. 1222 in den Westen. Bei der von Hermann v. Salza vermittelten Konferenz v. Ferentino mit dem Papst und Ks. Friedrich II. (März 1223) stimmte J. der Vermählung Isabellas mit Ks. zu. Er selbst heiratete 1224 auf einer Compostela-Pilgerfahrt die Schwester →Ferdinands III. v. Kastilien, Berengaria. Friedrich II. forderte noch am Tag seiner

Heirat (Brindisi, 9. Nov. 1225) von seinem Schwiegervater die Kronrechte Jersulams (wohl gegen ein seinerzeit von Hermann v. Salza gegebenes Versprechen). Von Papst→Honorius III. zum 'Protector Patrimonii' ernannt, kämpfte J. erfolgreich in →Apulien gegen den auf dem 6. →Kreuzzug weilenden Friedrich II., floh aber bei dessen Rückkehr nach Frankreich.

Von den Baronen des→Lat. Ksr.es zum Mitks. gewählt (Plan der Ehe des elfjährigen Ks.s→Balduin v. Courtenay mit Maria, Tochter J.s und Berengarias), unternahm J. nach der Krönung in Konstantinopel (Sommer 1231) große Anstrengungen, um das bedrohte Lateinerreich gegen →Bulgarien und →Nikaia zu verteidigen. Er starb kurz vor seinem geplanten Eintritt in den Franziskanerorden.
S. Schein

Lit.: L. BOEHM, Johann v. Brienne, 1938 – J. M. BUCKLEY, The Problematical Octogenarianism of John of Brienne, Speculum 32, 1957 – H. E. MAYER, Gesch. der Kreuzzüge, 1965, 1985, 196–200, 219–224.

6. J. I., *Kg. v. Kastilien* 1379–90, * 20. Aug. 1358 Epila, † 9. Okt. 1390 Alcalá de Henares (Sturz vom Pferd), Sohn →Heinrichs II. Trastámara (20. H.) und der →Johanna Manuel, von der er die →Lara-Güter und den Señorío v. Vizcaya erbte; ∞ 1. Eleonore v. Aragón 1375, Tochter Kg. Peters IV., ∞ 2. →Beatrix v. Portugal 1383. J. stand vor schwierigen außenpolit. Aufgaben: Außer den Verwicklungen des →Hundertjährigen Krieges, in dem Kastilien seine Wollexportinteressen in Flandern gegen England aktiv wahrte (Sieg bei Roosebecke, 20. Nov. 1382), bereiteten die Wirren des Großen Abendländ. Schismas Sorgen. J. ließ eigens in Medina del Campo ein offizielles Prozeßverfahren durchführen (Entscheidung zugunsten der von Frankreich gestützten avign. Obödienz, Deklaration v. Salamanca, 19. Mai 1381). Von seiten Englands drohte auch direkte Gefahr für den kast. Thron, den →John of Gaunt, Hzg. v. Lancaster, aus der Heirat mit Konstanze, Tochter Peters I. und Marias de Padilla, beanspruchte. Trotz Unterstützung Kg. Ferdinands I. v. Portugal wurde der Krieg ein Fehlschlag und führte zum Vertrag v. Salvaterra de Magos (2. April 1383), durch den Portugal der kast. Einflußsphäre angenähert wurde. 1383 heiratete J., gerade Witwer geworden (13. Sept. 1382), Beatrix v. Portugal, um sich Thronansprüche zu sichern. Als der schon seit längerem kranke Ferdinand I. im Nov. 1383 starb und bürgerkriegsartige Auseinandersetzungen um die Macht in Portugal aufflammten, unternahm J. verschiedene Heereszüge und belagerte 1385 Lissabon, doch mußte er sich in der Entscheidungsschlacht von →Aljubarrota (1385) vom Thronprätendenten Johann v. Avís (Johann I. v. Portugal) geschlagen geben und 1386/87 auch erneute Versuche Johns of Gaunt abwehren, Kastilien von Galicien aus zu erobern. Der Friede v. →Trancoso und der Vertrag v. →Bayonne (1388) regelten das Verhältnis zw. Kastilien und Lancaster (Absicherung durch Vermählung des Thronfolgers Heinrich (III.) mit→Katharina v. Lancaster), während mit England und Portugal Friede durch die Verträge v. Leulingham (18. Juni 1389) und Monção (29. Nov. 1389) geschlossen wurde. Im Inneren konnte J. nach der tiefgreifenden Staatskrise von 1383 dazu übergehen, zusammen mit den →Cortes und den städt. Prokuratoren den monarch. Zentralismus zu stärken. Wichtige Entscheidungen fielen dabei auf den Cortes v. Valladolid (1385) und v. a. v. Guadalajara (1390). Größte Bedeutung haben seinen Verwaltungsreformen zu, unter denen die Reorganisation des →Consejo Real, der Audiencia Real und der →Hermandades sowie eine Heeres- ('Ordenamiento de lanzas') und eine Münzreform (1387) hervorzuheben sind. Gegen Ende seiner Regierungszeit widmete er sich auch spirituellen Reformbestrebungen (Unterstützung der Hieronymiten, Kartäuser, Benediktiner; Übertragung v. →Guadalupe, Gründung von El Paular und→Valladolid).
L. Vones

Lit.: J. CATALINA GARCÍA, Castilla y León durante los reinados de Pedro I, Enrique II, Juan I y Enrique III, 2 vol., 1891 – G. DAUMET, Étude sur l'alliance de la France et de la Castille au XIVe et au XVe s., 1898 – P. E. RUSSELL, The English Intervention in Spain & Portugal in the Time of Edward III and Richard III, 1955 – S. DIAS ARNAUT, A crise nacional dos fins do século XIV, Biblos 35, 1959, 9–597 – L. SUÁREZ FERNÁNDEZ, Castilla, el cisma y la crisis conciliar..., 1960 – J. GIMENO CASALDUERO, La imagen del monarca en la Castilla del siglo XIV, 1972, 153ff. – L. SUÁREZ FERNÁNDEZ, Nobleza y Monarquía, 1975[2] – DERS., Hist. del reinado de Juan I. de Castilla, 1977–82 [bisher 6 Bde, grundlegend; mit Ed.; Bd. 2 = Registro documental, 1371–83] – J. VALDEÓN BARUQUE, Las Cortes de Castilla y León en tiempos de Pedro I y de los premieros Trastámaras (1350–1406) (Las Cortes de Castilla y León en la Edad Media, I, 1988), 183–217 – L. V. DÍAZ MARTÍN, Los inicios de la política internacional de Castilla (1360–1410) (Realidad e imágines del poder..., 1988), 57–83.

7. J. II., *Kg. v. Kastilien* 1407–54, * 6. März 1405 in Toro, † 21. Juli 1454 in Valladolid, Sohn Heinrichs III. v. Kastilien und Katharinas v. Lancaster, ∞ 1. Maria v. Aragón 1420, ∞ 2. Isabella v. Portugal 1447. Während seiner Minderjährigkeit wurde die Regentschaft in offener Rivalität von seiner Mutter und vom übermächtigen Onkel Ferdinand v. Antequera, 1412–16 Kg. v. Aragón, geführt. Der Toledaner Ebf. Sancho de Rojas setzte nach dem Tod Ferdinands (1416) und Katharinas (1418) durch, die sich anbahnende Regentschaftskrise durch das Zugeständnis der Volljährigkeit für J. zu beenden (März 1419). Die Regierung J.s war mit zwei schweren Hypotheken belastet, dem Aufstieg und Machtmißbrauch seines Günstlings Alvaro de →Luna und der unkontrollierbaren Machtstellung der Infanten v. Aragón, der in Kastilien verbliebenen drei Söhne Ferdinands (Johann, der spätere Kg. Johann II. v. Navarra und Aragón, Heinrich und Pedro). Die ersten Jahrzehnte der Regierung J.s waren durchsetzt von Staatsstreichen (z. B. in Tordesillas am 24. Juli 1420) und Aufstandsversuchen der Infanten, deren mächtigster Gegner Luna je nach Erfolg oder Mißerfolg seiner Politik, die Infanten zu entmachten, zwar am allmächtigen→Condestable aufstieg, aber – wie mehrfach geschehen – in die Verbannung gehen mußte. Nachdem ein Krieg von Aragón und Navarra, wo jetzt der Infant Johann Kg. war, gegen Kastilien J. und Luna nicht hatte stürzen können, aber die Position der Infanten gestärkt hatte (Vertrag v. Majano), setzte sich Luna nach großen Erfolgen gegen Granada (Schlacht v. →Higueruela) auf den Cortes v. Valladolid (1433) durch und konnte durch die Heirat des kast. Thronfolgers Heinrich (IV.) mit der Infantin Blanca zw. Kastilien und Navarra Frieden stiften sowie die Infanten Heinrich und Pedro vertreiben. Neue Adelsaufstände gegen das Regiment Lunas, zwangen J. zum Nachgeben und leiteten den Aufstieg Juan →Pachecos, des Günstlings des Thronerben, ein. Die Entscheidungsschlacht von →Olmedo (19. Mai 1445) brachte J. und Luna den Sieg, beendete die Machtstellung der Infanten, konnte aber die inneren Kämpfe der einzelnen Adelsfaktionen nicht beenden. Die neue Kgn. (1447) tolerierte die Machtstellung Lunas nicht mehr, und schließlich führte eine Verschwörung zu dessen Sturz; am 2. Juni 1453 wurde er hingerichtet. J. überlebte Luna kaum mehr als ein Jahr und hinterließ ein Reich, das durch seine Finanzpolitik am Rande des Ruins war und dessen innere Zerrissenheit größer war als je zuvor.
L. Vones

Q.: Cortes de los antiguos reinos de León y Castilla, II, 1863, 1–675 –

Guerra entre Castilla, Aragón y Navarra... (año 1431), 1869–CHE 16, 1951, 79–109 – Crónica de D. Alvaro de Luna, ed. J. de Mata Carriazo, 1940 – Crónica del Halcona de Juan II., ed. J. de Mata Carriazo, 1946 – Refundición de la Crónica del Halconero por el obispo don Lope Barrientos, ed. J. de Mata Carriazo, 1946 – Crónicas de Juan II de Castilla, ed. J. de Mata Carriazo, 1982 – J. Abellán Pérez, Documentos de Juan II, 1984 – *Lit.*: L. Súarez Fernández, Juan II y la frontera de Granada, 1955 – Ders., Relaciones entre Portugal y Castilla en la época del infante Don Enrique, 1393–1460, 1960 – L. Terracini, Intorno alla »Crónica de Juan II«, 1961 – J. Valdeón Baruque, Las Cortes de Castilla y las luchas políticas del siglo XV (1419–1430), Anuario de Estudios Medievales 3, 1966, 292–326 – A. Gómez Izqierdo, Cargos de Casa y Cortes de Juan II, 1968 – M. A. Ladero Quesada, La Hacienda Real de Castilla en el siglo XV, 1973 – L. Suárez Fernández, Nobleza y Monarquía, 1975² – A. Mackay, Money, Prices and Politics in Fifteenth-Century Castile, 1981 – J. M. Fernándes Pirla, Las ordenanzas contables de Juan II de Castilla, 1985 – C. Olivera Serrano, Las Cortes de Castilla y León y la crisis del reino (1445–1474), 1986 – Ders., Las Cortes de Castilla en el primer tercio del siglo XV, Hispania 47, 1987, 405–536 – B. González Alonso, Poder regio, Cortes y régimen político en la Castilla bajomedieval (1252–1474) (Las Cortes de Castilla y León en la Edad Media, II, 1988), 201–254.

8. J., *Infant v. Kastilien,* Prinz v. Asturien, * 30. Juni 1478, † 6. Okt. 1497, einziger männl. Nachkomme der kath. Kg.e Ferdinand und Isabella, letzter männl. Nachkomme des Hauses Trastámara in direkter Linie, genoß als präsumptiver Erbe der von seinen Eltern in Matrimonialunion vereinigten Kronen v. Aragón und Kastilien mit den ausgedehnten mediterranen und rasch sich vergrößernden atlant.-überseeischen Besitzungen eine sorgfältige Erziehung in humanist. und adlig.-ritterl. Tradition. Von Zeitgenossen als intelligent und begabt, jedoch willensschwach geschildert, war J. schon bald Gegenstand polit. Pläne der Eltern. 1480 und 1481 von den Ständen der beiden Kgr.e als Thronerbe anerkannt, wurde bereits 1479 seine Ehe mit →Johanna 'la Beltraneja' geplant, scheiterte aber an deren Weigerung. Pläne zur Verehelichung mit der Erbin Navarras scheiterten am Widerstand Frankreichs. 1495 wurde die berühmte Doppelhochzeit zw. den Häusern Trastámara und Habsburg vereinbart, in der J. mit Margarete v. Österreich vermählt wurde. 1497, 5 Monate nach dem Vollzug der Ehe, erkrankte der Prinz und starb nach kurzer Krankheit unter großer Anteilnahme des Landes. Um seinen Tod, der so weitreichende polit. Folgen hatte, rankten sich Gerüchte: eines vermutete Gift als Todesursache, ein anderes zu intensive Hingabe an das Eheleben. H. Pietschmann

Lit.: Gonzalo Fernándes de Oviedo, Libro de Cámara del príncipe Don Juan, 1870 – Duque de Maura, El príncipe que murió de amor, 1944.

9. J. III. v. Albret, *Kg. v.* →*Navarra* 1486–1512, Sohn von Alain d'→Albret, * 1477, † 1516; 1484 auf Betreiben des Kg.s v. Frankreich mit der ebenfalls jugendl. Tochter von Gaston v. Foix, Katharina, vermählt, Erbin der Ländermasse von Navarra und →Foix-Béarn. Katharina hatte zuvor die Verlobung mit Johann, Infanten der →Kath. Kg.e, auflösen müssen. Die jungen Leute wurden in Pau erzogen und erst 1494 zu →Pamplona gekrönt und inthronisiert. J. und seine Gemahlin, die letzten Herrscher eines unabhängigen und territorial ungeschmälerten Navarra, das zunehmend zw. den großen monarch. Machtblöcken Frankreichs und Kastilien-Aragons zerrieben wurde, bekamen seit 1503 den wachsenden Druck der Kath. Kg.e zu spüren. 1505 heiratete der verwitwete →Ferdinand d. Kath. in 2. Ehe Germana, die Tochter Johanns v. Foix, des alten Konkurrenten der Albret im Wettbewerb um den navarres. Thron. Mit Unterstützung seines Schwagers →Cesare Borgia versuchte J. angesichts der Bedrohung durch die Hl. Liga (1511: Papst Julius II., Ferdinand d. Kath., Heinrich VIII. v. England), trotz seiner Option für Frankreich, die Neutralität Navarras zu wahren. Doch mußte er nach der span. Annexion (Hzg. v. Alba, Juni–Juli 1512) im Gebiet nördl. der Pyrenäen (St-Palais) Zuflucht suchen. Er und Katharina vererbten den navarres. Königstitel an den 1503 geb. Sohn Heinrich v. Albret. B. Leroy

Lit.: P. Boissonade, Hist. de la réunion de la Navarre à la Castille, 1893 – L. Suárez Fernández, La España de los Reyes Catolicos (Hist. de España, hg. Menéndez Pidal, XVII, 1969) – J. Pérez, Isabelle et Ferdinand, rois catholiques d'Espagne, 1988.

10. J. v. Aragón, *Vizekg. v. Neapel* 1507–09, * 1457 Benavarri, † 1528, ▭ Kl. Montserrat; Sohn von Alfons v. Aragón, Hzg. v. Vilafermosa, Gf. v. →Ribagorza und Cortes, Baron v. →Arenós, und Maria v. Jonquers. Beim Tode seines Vaters (1485) erbte er die Gft. Ribagorza. J. war erster Hzg. v. →Luna, diente seinem Onkel Ferdinand II. d. Kath. als Statthalter in Katalonien (1496–1506). In seiner Eigenschaft als Burgvogt v. Amposta übernahm er 1512 den Vorsitz der →Diputaciones del General, mußte dieses Amt jedoch bei seiner Ernennung zum Generalstatthalter der Krone Aragón, einem Amt voll polit. Verantwortung, das dem eines Vizekg.s gleichkam, abgeben. J. Sobrequés Callicó

11. J. Albrecht (poln.: Jan Olbracht), Hzg. v. →Glogau 1491–98, *Kg. v.* →*Polen* seit 27. Aug. 1492, * 27. Dez. 1459, † 17. Juni 1501 in Thorn, ▭ Krakau; Eltern: →Kasimir IV. und Elisabeth v. Habsburg; unverheiratet, kinderlos. 1490 vom nordung. Adel zum Kg. v. Ungarn gewählt, mußte er nach der Schlacht b. Prešov (1. Jan. 1492) Ungarn verlassen, wo der Hochadel seinem Bruder →Vladislav II., Kg. v. Böhmen, den Vorzug gab. Am 27. Aug. 1492 wurde J. zum Kg. v. Polen gewählt und sein jüngerer Bruder zum Gfs.en v. Litauen bestimmt, was eine Schwächung der poln.-litauischen Union zur Folge hatte. Im poln.-türk. Krieg erlitten die Polen bei dem Kriegszug gegen den poln. Vasallen, Fs. Stefan v. Moldau, der sich den Osmanen unterworfen hatte, eine Niederlage. Es folgte ein osman. Kriegszug in die poln. Südostgebiete (1497, 1498). Als der neugewählte Hochmeister des Dt. Ordens, Hzg. Friedrich v. Sachsen, die nach 1466 (zweiter →Thorner Frieden) übliche Huldigung J. A. verweigerte, wurde ein langwieriger Prozeß mit Polen eingeleitet: bei den Kriegsvorbereitungen gegen den Dt. Orden verstarb J. A. Während seiner Regierung erfolgte die Stärkung der rechtl. Stellung des →Adels gegenüber Bauern und Städten sowie die Ausgestaltung des Zweikammersystems (Senat, Sejm). G. Labuda

Lit.: PSB X, 405–410 – J. Caro, Gesch. Polens, T. V, 2, 1888, 583–847 – F. Papée, Jan Olbracht, 1936 – Z. Wdowiszewski, Genealogia Jagiellonów, 1968, 66–68.

12. J. I. 'd. Große', *Kg. v. Portugal,* * 11. April 1357, Lissabon, † 14. Aug. 1433 ebd., ▭ Batalha; außerehel. Sohn Kg. Peters I. und der Teresa Lourenzo; ∞ 2. Febr. 1387 Philippa v. Lancaster, Schwester des späteren Kg.s Heinrich IV. v. England; 8 Kinder, darunter →Eduard (11. E.), Peter, →Heinrich der Seefahrer, Ferdinand und →Isabella (∞ Philipp d. Gute v. Burgund); Großmeister (seit 1363) des →Avis-Ritterordens, Begründer des Hauses →Avis, Ahnherr des Hauses →Braganza, diente seinem Halbbruder, Kg. Ferdinand, z. B. bei dessen Bemühungen, die Tochter →Beatrix (3. B.) gut zu verheiraten. Ferdinands Frau, Leonor Télles, und ihr Gf. Andeiro, die um die Macht im Reich kämpften, sahen, nachdem die Infanten →Dinis und →Johann ins Exil geflohen waren, in J. ihren größten Gegner. Auf ihr Betreiben hin eingekerkert, ließ Kg. Ferdinand ihn erst wieder frei, als die im Rahmen des Hundertjährigen Krieges in Portugal stationierten Engländer sich für ihn einsetzten, woraufhin J. sie auf einem Kriegszug gegen Johann v. Kastilien begleitete. Als nach Ferdinands Tod Andeiro die Macht übernahm, forderte J. mit anderen zusammen Johann v. Kastilien auf, sein ptg. Erbe anzutreten. Dann sorgte er für Andeiros' Ermordung, wenn er ihn nicht selbst umbrachte (6. Dez. 1383). Nachdem er sich gegen Kastiliens Ansprüche auf Portugal erklärt hatte, wurde er angesichts des kast. Einmarsches zum 'Regenten und Verteidiger des Vaterlandes' ausgerufen (16. Dez. 1383). 1384 belagerten die Kastilier ihn 6 Monate lang in Lissabon, bis die Pest ihn zum Rückzug zwang. Die Cortes v. Coimbra (3. März – 10. April 1385) erklärten J. zum Kg. (6. April 1385) – nicht ganz frei vom Druck seiner Waffen und unter dem Eindruck v. a. der von →Johann das Regras vorgetragenen Argumente. Sein Sieg von →Aljubarrato bekräftigte Portugals Eigenständigkeit und J.s Kg.sherrschaft. Der Erneuerung der ptg.-engl. Allianz (Vertrag v. Windsor 9. Mai 1386) folgten ein gemeinsamer Kriegszug gegen Kastilien und J.s Eheschließung mit Philippa, der Tochter des Hzg. s v. Lancaster, der auf den kast. Thron spekulierte. Nach dem auf 15 Jahren angelegten Frieden v. Lissabon (15. Mai 1393) begann schon 1396 ein neuer Waffengang. Die Portugiesen marschierten in Kastilien ein, die Kastilier und Exilportugiesen in Portugal. Erst 1402 (Vertrag v. Segovia, erneuert 1411) schlossen Portugal und Kastilien einen länger anhaltenden Frieden. Bis 1418 rief Kg. J. auffallend häufig die Cortes ein, um dem polit. Gewicht des etablierten Klerus, der alten Feudalherren und der vom Krieg begünstigten Emporkömmlinge das der Städte und des Bürgertums entgegenzustellen. Im Ausland suchte er Gold und Handelsplätze, im Innern erteilte er viele Handelsrechte und erließ antijüd. Gesetze. Als J. im Großen Schisma zu Johannes XXIII. hielt, dankte dieser es ihm u. a. damit, daß er ihm für gerechte Kriege die Ritterorden seines Reiches zur Verfügung stellte. Nach dreijährigen Vorbereitungen eroberte J. zusammen mit seinen Infanten Eduard, Peter und Heinrich die Stadt →Ceuta (1415). Zur Hilfe gegen marokkan. und granadin. Rückeroberungspläne gab Martin V. ihm eine Kreuzzugsbulle. Ceuta wurde zwar gehalten, aber die Versuche, den Mauren Gibraltar und den Kastiliern die Kanar. Inseln abzunehmen, mißlangen. Dafür kolonisierten J.s Untertanen die Inseln Madeira und Porto Santo, und er schickte Expeditionen der Küste Afrikas entlang und zu den Azoren. J. mag seine Devise 'Zum Wohl' ('Per bem') sehr allg. verstanden haben: Er hat sich auch um den Kirchen- und Kl.bau verdient gemacht (z. B. Kathedralen v. Lissabon und Batalha), um die Übers. eines Stundenbuches ins Portugiesische (auch seine Gesetze ließ er in der Volkssprache abfassen) und um die Erstellung eines vielseitigen Buches über die Reiterei (»Livro da Montaria«). In Portugals Geschichte gilt er als 'Kg. des guten Angedenkens' ('de Boa Memoria'). P. Feige

Q.: Gomes Eanes de Zurara, 3ª Parte da Crónica de D. Joao I. (= Crónica da Tomada de Ceuta), ed. Academia das Sciencias de Lisboa, 1916 – O Livro da Montaria, ed. F. M. Esteves Pereira, 1918 – Fernão Lopes, Crónica de El-Rei D. João I de Boa Memoria, 1945–77 – Lit.: M. Martins, Experiência e conhecimento da natureza no Livro da Montaria, Revista portuguesa de filosofia 13, 1957, 52–65 – S. Da Silva Pinto, O Carácter complexo da eleição de 1385..., Studium Generale 5, 1958, 19–43 – D. Mauricio Gomes Dos Santos, A suposta Mancebia de D. João I e D. Filipa de Lencastre, Brotéria 87, 1968, 297–307 – J. A. Pinto Fereira, Algumas Moedas cunhadas no Porto no reinado de D. João I, Boletim cultural 31, 1968, 521–534 – E. Sanceau, Casamento régio no Porto, O Tripeiro, 1973, 7–13 – J. V. Serrão, Hist. de Portugal, 1977 – R. V. Answaarden, Dois arautos e um harpista. As Missões diplomáticas de D. João I. à Holanda, Historia 26/27, 1980/81, 44–59 – A. H. De Oliveira Marques, Hist. de Portugal, 1982[10] – Ders., Portugal na Crise dos Séculos XIV e XV, 1987 – A. L. de Carvalho Homen, Conselho real ou conselheiros do rei?..., Revista da Faculdade de Letras. Historia 4, 1987, 9–68 – H. C. Baquero Moreno, Os Itinerários de El-Rei Dom Joao I (1384–1433), 1988.

13. J. II., *Kg. v. Portugal,* * 3. Mai 1455, † 25. Okt. 1495, ⌑ Batalha, ∞ Kusine Eleonore 1471; Sohn Alfons (* 1475, † 1491 nach einem Sturz vom Pferd). Der Erbe Kg. Alfons' V. sah sich nach der Thronbesteigung zur Durchsetzung gegen gefährl. Revolten gezwungen. Aus dieser Kraftprobe (1481–85) ging das Kgtm. als Sieger hervor – und nicht nur über den Adel: J. hat in den 14 Jahren seiner Herrschaft, ein Meilenstein auf Portugals Weg zum Absolutismus, nur viermal die Cortes einberufen. 1491 hätte eine Eheschließung zw. J.s Sohn Alfons und Isabella, der Tochter der →Kath. Kg.e, sogar die dynast.-polit. Einheit der Iber. Halbinsel bedeuten können, aber der plötzl. Tod des Infanten zerstörte diese Pläne. Eine andere weltgesch. Chance hat J. selbst vertan, als er →Kolumbus die Hilfe verweigerte, die dieser dann von den Kath. Kg.en erhielt, um den Westweg nach Indien zu finden. Dabei hatte er selbst, schon 1474 von seinem Vater mit den 'feitos das partes de Guiné' betraut, das Prinzip des 'mare clausum' mitentwickelt, demzufolge die neuen Küsten und Länder denen gehören sollten, die sie entdeckten. Seine erste Ausformung hatte es im Vertrag v. Toledo gefunden (6. März 1480). Unter J. sind ptg. Seefahrer die Westküste Afrikas hinabgesegelt und haben über Ägypten und Äthiopien den Weg nach Indien gesucht. Die ptg.-kast. Auseinandersetzungen um die überseeischen Interessenssphären und Besitzungen führten schließl. über Alexanders VI. Bulle »Inter Coetera« (3. Mai 1493) zum Vertrag v. →Tordesillas (7. Juni 1494). In seinem Testament vom 29. Sept. 1495 hat J. nicht seinen geliebten, aber außerehel. Sohn Georg zum Nachfolger bestimmt, sondern den Bruder seiner Frau, Manuel, ein Enkel Kg. Eduards I. In Portugals Gesch.sschreibung gilt er als der 'vollkommene Fürst' ('o Príncipe Perfeito'). P. Feige

Q.: Rui de Pina, Chrónica de El-Rei D. João II, ed. A. Martins de Carvalho, 1950 [vgl. A. Brásio, Alguns Problemas da »Crónica de D. João II« de Rui de Pina, Ultramar 9, 1968, 5–12] – Garcia de Resende, Crónica de dom João e miscelânea, 1973 [com introd. J. Veríssimo Serrão] – Damião de Góes [Góis], Crónica do Príncipe D. João, ed. G. Almeida Rodrigues, 1977 – Lit.: J. P. Oliveira Martins, O principe perfeito, 1933[4] – E. Sanceau, The perfect Prince, 1959 – J. Fernández Alonso, Juan Mierli, legado (pontificio) ante Juan II de Portugal (1483), Anthologica Annua 7, 1959, 395–407 – M. Domingues, D. João II, O homen e o monarca. Evocação histórica, 1960 – H. Baquero Moreno, A Conspiração contra D. Joao II..., Arquivos de Centro Cultural Português 2, 1970, 47–103 – J. Dias Vicente, D. João e o beneplácito régio em Portugal, Itinerarium 19, 1970, 244–266 – J. Veríssimo Serrão, Itinerários de El-Rei D. João, I [1481–88], 1975 – A. De Freitas De Meneses, Rumos da expansão quatrocentista: D. Alfonso V. e D. João II, Boletim do Inst. Hist. de Ilha Terceira 44, 1986, 5–35 – A. H. De Oliveira Marques, Portugal na Crise dos séculos XIV e XV, 1987.

14. J., *Infant v. Portugal,* Sohn Kg. Peters I. und der Inés de Castro, * um 1352, † um 1397, ⌑ S. Esteban (Salamanca), mit Peters Erklärung vom 12. Juni 1360 über seine Eheschließung mit Inés ehel. Kind und rechtmäßiger Infant (24. Mai 1361). Nachdem Maria Télles, deren Schwester Leonor die Frau seines Bruders, Kg. Ferdinand, war, ihm ein Mädchen geschenkt hatte (13. Febr. 1373), heiratete er sie heimlich. Leonor, die ihrem Mann nur die Tochter →Beatrix (3. B.) hatte schenken können, suggerierte J., könne Kg. werden, wenn er Beatrix heiraten würde. J. erstach seine Frau (Juni/Juli 1379), floh, als aus der erhofften Ehe nichts wurde, nach Kastilien zu Kg. Johann I. und nahm an dessen Seite am ptg.-kast. Krieg von 1381/82 teil. Nachdem im Mai 1383 sein Schutzherr dann selbst Beatrix geheiratet hatte, hatten sie beide Ambitionen auf den ptg. Thron. Weil J. nach Ferdinands Tod von vielen Portugiesen, zunächst auch von seinem Halbbruder Johann, dem Avis-Ordensmeister, für den rechtmäßigen Thronerben gehalten wurde, ließ ihn Johann v. Kastilien einkerkern. Nachdem dann aber der Avis-Ordensmeister Johann selbst Kg. v. Portugal geworden war, war J. dem kast. Kg. Johann wieder als Alliierter willkommen: Er ließ ihn frei, verheiratete ihn mit seiner Halbschwester Konstanza, beschenkte ihn großzügig und ernannte ihn, sich selbst Kg. v. Portugal nennend, zum Regenten v. Portugal (Dez. 1385–März 1386; folgenlos). Nach seinem Tod hat sein Bruder, der Infant →Dinis (2. D.), ebenfalls von Kastilien aus, den letzten und schnell wieder abgebrochenen Versuch unternommen, Portugals Thron für das einst von Alfons I. gegr. Kg. shaus zurückzuerobern. P. Feige

Lit.: Ferdinand I. v. Portugal (9. F.), →Johann I. v. Kastilien, →Johann I. d. Gr., →Peter I. v. Portugal.

15. J., *Infant v. Portugal,* Sohn Kg. Johanns I. und Philippas v. Lancaster, * 1400 Santarém, † 1442; ▭ Batalha; ∞ Isabella, Tochter seines Halbbruders Alfons (→Braganza), 1424. Nachdem Martin V. ihm das Großmeisteramt des ptg. Zweiges des →Santiago-Ritterordens übertragen hatte (8. Okt. 1418), nahm J. an der Expedition teil, die erfolgreich →Ceuta gegen marokkan. Rückeroberungspläne verteidigte. Doch als 1432 sein Bruder, Kg. Eduard I., die Verwandten bat, ihn in der Frage militär. Expeditionen nach Afrika zu beraten, fiel J.s Antwort differenzierter aus als die seiner Brüder →Heinrich des Seefahrers und Ferdinand: Konkret warnte er vor den marokkan. Abenteuern. Schneller und dramatischer als erwartet hat das Desaster v. Tanger (1437) ihm Recht gegeben: Eduard und das ganze Reich hatten nun zu wählen zw. dem Leben des als Pfand den Feinden überlassenen Ferdinand und der Preisgabe Ceutas. Auf den Cortes v. Lérida 1438 erklärte J., ihm wie auch seinem Bruder Peter sei Ferdinand wichtiger als Ceuta, doch drang er auch diesmal nicht durch. Seine Devise, die sein Grab schmückt, lautete 'Ich habe Recht' ('Je ái bien resón'). P. Feige

Lit.: J. P. OLIVEIRA MARTINS, Os Filhos de D. João I, 1891 [1959⁸] – E. A. BORGES NUNES, O parecer do infante D. João sobre a ida a Tânger, Brotéria 66, 1958, 269–287 – D. M. GOMES DOS SANTOS, D. Duarte e as Responsa bilidades de Tânger, 1433–38, 1960².

16. J. II., *Hzg. v. Bayern (-München),* * um 1341, † 16. Juni 1397 Landshut, ▭ München, Dom; ∞ Katharina, Tochter Gf. Meinhards V. v. Görz und Tirol, Anfang Nov. 1372; regierte nach dem Tod seines Vaters Stephan II. das Hzm. Bayern (ohne Straubing) gemeinsam mit seinen Brüdern Stephan III. und Friedrich und führte 1376 mit ihnen eine Verwaltungsteilung durch, wonach er zusammen mit Stephan III. Oberbayern übernahm. Eine Initiative J.s zur weiteren Aufteilung Oberbayerns wurde von der Landschaft und den Brüdern vereitelt. 1385 erbte J. mit seiner Gattin ein Drittel der Gft. Görz (mit Lienz), das er aber schon 1392 an Hzg. Albrecht III. v. Österreich verkaufte. Noch im gleichen Jahr setzte J. die dritte große Teilung Bayerns durch, bei der er das s. und nö. Oberbayern sowie Teile des Nordgaus erhielt. G. Schwertl

Lit.: SPINDLER II², 202f., 226, 233ff. – S. v. RIEZLER, Gesch. Baierns III, 1889 [Neudr. 1964], 106–181 – K. FRHR. v. ANDRIAN-WERBURG, Urkk.wesen, Kanzlei, Rat und Regierungssystem der Hzg. e J. II., Ernst und Wilhelm III. v. B.-M. (1392–1438), Münchener Hist. Stud., Abt. Gesch. Hilfswiss., 1971.

17. J. v. Beaumont und Curten, Herr v. Santacara und Castejón, Baron v. Beorlegui, Vgf. v. Arborea und Prior des Johanniterordens für Navarra, † 1487, Sohn des →Alférez Karl v. Beaumont und Lizarazu. Zw. 1445 und 1447 erhielt er Herrschaft und Rechte über die navarres. Orte Cascante, Milagro, Santacara, Mélida und Murillo. 1448 erwarb er Rechte über Corella und 1453 kaufte er die Herrschaften Orcoyen, Muro und Atondo. In Navarra unterstützte er →Karl v. Viana in seinem Konflikt mit Johann II. v. Aragón. Während des katal. Bürgerkriegs (1462–72) war er Statthalter Heinrichs IV. v. Kastilien für den Prinzipat v. Katalonien (1462–64), was zu neuen Kontroversen mit Johann II. führte. 1464 jedoch schwor er diesem erneut Treue und trennte sich von der Partei der →Diputaciones del General. Johann II. restituierte ihm seine 1462 konfiszierten navarres. Güter. J. kehrte nach Navarra zurück, wo er bis zu seinem Tode die Partei der →Beaumonteses in ihrem Kampf gegen die →Agramonteses um die polit. Macht in diesem Kgr. unterstützte. 1472 wurde er zum Tode verurteilt, aber nicht hingerichtet. J. Sobrequés Callicó

Q.: J. SOBREQUÉS CALLICÓ, Catálogo de la cancillería de Enrique IV de Castilla, señor del Principado de Cataluña Llugartenencia de Juan de B., 1462–64, 1975 – Lit.: S. SOBREQUÉS VIDAL – J. SOBREQUÉS CALLICÓ, La guerra civil catalana del seglo XV, 2 vol., 1973.

18. J., *Duke of →Bedford,* * 20. Juni 1389, † 14. Sept. 1435 in Rouen, ▭ ebd., Kathedrale; 3. Sohn von Heinrich v. Bolingbroke (Heinrich IV.) und Mary v. Bohun, Bruder von Heinrich V., →Thomas, Duke of Clarence, und →Humphrey, Duke of Gloucester; ∞ 1. Anne v. Burgund († 1432), 2. 1433 Jacquetta v. Luxemburg († 1472), beide Ehen kinderlos. 1403 →Constable of England auf Lebenszeit, Warden im Gebiet der East March an der schott. Grenze, am 16. Mai 1414 Earl of →Kendal und Duke of Bedford auf Lebenszeit (1433 auf die Erben übertragen). Während des Aufenthalts Heinrichs V. in Frankreich war er 1415, 1417–20 und 1421 Guardian of England. Am 15. Aug. 1416 siegte er an der Mündung der Seine über eine franko-genues. Flotte und konnte so die engl. Besatzung in →Harfleur unterstützen. Als Heinrich V. 1422 starb, wurde J. zum Regenten in Frankreich für seinen unmündigen Neffen Heinrich VI. v. England ernannt und regierte bis 1435 die engl. Besitzungen in n. Frankreich. Trotz einiger militär. Aktionen gegen die ansässige Bevölkerung übte er eine relativ milde Verwaltung aus. Sein Sieg am 17. Aug. 1424 in der Schlacht v. →Verneuil ermöglichte den Engländern, südwärts in Richtung Loire vorzustoßen, wo sie jedoch im Mai 1429 in →Orléans eine Niederlage erlitten (→Jeanne d'Arc, →Hundertjähriger Krieg). Den Rest seines Lebens verbrachte J. mit der nicht immer erfolgreichen Sicherung der eroberten Gebiete in Frankreich. Er sammelte u. a. zahlreiche Hss. C. T. Allmand

Lit.: E. C. WILLIAMS, My Lord of Bedford, 1389–1435, 1963 – J. STRATFORD, The Manuscripts of J., Duke of B. ... (England in the Fifteenth Century, hg. D. WILLIAMS, 1987).

19. J. I., *Hzg. v. →Brabant* seit 1267, * 1252/53, † 3. Mai 1294 in Bar an den Folgen von Turnierverletzungen; Sohn von →Heinrich III., ∞ 1. 1270 Margaretha († 1271), Tochter von Kg. Ludwig IX. v. Frankreich; 2. 1273 Margaretha († 1285), Tochter v. →Gui III. v. Dampierre, Gf.en v. Flandern. – J.s älterer Bruder, Heinrich IV., war beim Tode des Vaters minderjährig und schwachsinnig. Die umstrittene Regentschaft der Mutter, Aleidis, brachte Brabant an den Rand des Bürgerkrieges. 1267 leistete Heinrich IV. zugunsten J.s Verzicht auf seine Rechte. J. erwarb sich bleibenden Ruhm durch den großen Sieg, den er bei →Worringen am 5. Juni 1288 über den Ebf. v.

→Köln errang (Limburger Erbfolgekrieg, 1283–89). 1289 wurden seine Ansprüche auf das Hzm. →Limburg anerkannt. Der Hzg. galt späteren Generationen als Muster höf. Rittertums. Er entfaltete an seinem Brabanter Hof ein blühendes lit. Leben und trat selbst als mhd. Dichter hervor (neun Minnelieder in der Gr. Heidelberger [Maness.] Hs.). P. Avonds

Lit.: BNB IX, s. v. – A. WAUTERS, Le duc J. I. et le Brabant sous le règne de ce prince, 1862 – P. AVONDS–J. D. JANSSENS, Politiek en literatuur. Brabant en de Slag bij Woeringen, 1989.

20. J. II., *Hzg. v.* →*Brabant* seit 1294, * 1275, † 27. (?) Okt. 1312, einziger Sohn von 19, ⚭ Margaretha v. York († 1333?), Tochter Kg. Eduards I. v. England. Ihr widmete Jan van Heelu seine Reimchronik der Schlacht v. →Worringen (1288). Seinen folgenreichsten Regierungsakt vollzog der Hzg. auf dem Sterbebett: den Erlaß der berühmten Landcharta v. Kortenberg (27. Sept. 1312), der sich an die Tradition der hzgl. →Testamente (Heinrichs II. und Heinrichs III.) anschloß und als Privileg in neun Artikeln v. a. die Errichtung des Rats v. Kortenberg beinhaltete, der seit 1332 eine umfassende Kontrolle der Regierung des Hzm.s ausüben sollte. P. Avonds

Lit.: BNB X, s. v. – J. VAN DER STRAETEN, Het Charter en de Raad van Kortenberg, 1952.

21. J. III., *Hzg. v.* →*Brabant* seit 1312, * 1300, † Dez. 1355, einziger Sohn von 20, ⚭ 1311 Maria v. Évreux, Tochter Ludwigs v. →Évreux († 1355). Da J. beim Tode des Vaters minderjährig war, wurde eine Regentschaftsregierung eingesetzt; 1314 übernahmen jedoch die Städte, die unter der Außenhandelskrise und der Schuldenlast des Hzm.s litten, die Macht. Seit 1320 regierte J. selbständig. Um Revanche für →Worringen (1288) zu üben, bildete sich 1332–34 gegen Brabant eine große Koalition. Bei dieser Gelegenheit entstand J.s berühmtes »Wapenlied« (eine eigene Dichtung des Hzg.s?). Um die finanzielle Unterstützung des Landes, namentl. der Städte, zu gewinnen, mußte J. weitreichende Zugeständnisse machen (Bestätigung der Landcharta v. Kortenberg, 1332 Einsetzung des Rates v. Kortenberg). In seiner späteren Regierungszeit versuchte der Hzg. in eigenwilliger Weise, die volle Autorität wiederzuerlangen. Seit ca. 1340 lebte er im Konkubinat mit der nichtadligen Ermengard van Vilvoorde. Da seine drei Söhne vor ihm starben, designierte er seine ältere Tochter Johanna zur Nachfolgerin, widerrief aber auf Drängen →Ludwigs v. Male, des Gf.en v. Flandern (⚭ mit Margaretha, der jüngeren Tochter) diese Entscheidung, ohne aber die Erbfolgefrage abschließend zu regeln. P. Avonds

Lit.: BNB X, s. v. – P. AVONDS, Brabant tijdens de regering v. Hertog J. III. De grote politieke krisissen, 1984 – DERS., De Staatsinstellingen, 1990 [im Dr.].

22. J. IV., *Hzg. v.* →*Brabant* seit 1415, * 11. Juni 1403, † 17. April 1427, Sohn Antons (→Antoine) v. Burgund, Hzg.s v. Brabant, ⚭ 1418 seine Nichte →Jakobäa v. Bayern, Gfn. v. →Holland, Seeland und Hennegau. Da J. beim Tode seines Vaters minderjährig war, rissen die Brabanter Stände die Macht an sich und setzten für fast zwei Jahre einen Regentschaftsrat durch. Die Nachfolge der Jakobäa in ihrem vom Parteikampf der →Hoeken und Kabeljauwen gespaltenen Herrschaftsbereich wurde von →Johann v. Bayern, dem Elekten v. Lüttich, angefochten. Am 11. April 1420 verließ Jakobäa ihren – impotenten (?) – Gemahl. Dieser verpfändete am 21. April 1420 die Länder seiner Frau an Johann v. Bayern, stieß aber wegen dieser und anderer Maßnahmen auf lebhaften Widerstand der Brabanter Stände, die schließlich seinen Bruder Philipp v. St-Pol gegen J. als Regenten einsetzten und den Hzg. zum Nachgeben zwangen. J. verlieh seinen Untertanen am 12. Mai 1422 das »Nieuw Regiment«, eine Art Erweiterung der →Joyeuse Entrée; damit unterstellte er sich der Vogtei eines den Ständen verantwortl. Rates. P. Avonds

Lit.: BNB X, s. v. – A. UYTTERBROUCK, Le gouvernement du duché de Brabant au bas m-â, 1975.

23. J. I., *Mgf. v.* →*Brandenburg*, * um 1213, † Sommer/ Herbst 1266, ⬜ Kl. Mariensee/Chorin, ältester Sohn Mgf. Albrechts II., ⚭ 1. Sophia v. Dänemark. J. trat Febr. 1220, gemeinsam mit seinem Bruder Otto III., die Herrschaft über Brandenburg unter der Regentschaft Ebf. Albrechts II. v. Magdeburg, später seiner Mutter Mechtild v. d. Lausitz, an. Im engen Einvernehmen mit Otto gelang es, die askan. Landesherrschaft zu stabilisieren. Die Lehnshoheit über Pommern wurde wiedererlangt (1231), die Uckermark erworben (1250) und die Mgf.en v. Meißen aus der Mittelmark (Köpenick, Mittenwalde) im Bündnis mit dem Ebf. v. Mageburg verdrängt (1239). Im Kampf mit dem Bf. v. Halberstadt, später auch dem Ebf. v. Magdeburg, sicherte man sich die w. Landesteile und expandierte nach NO (1236 Erwerbung des Landes Stargard). Mit der Erwerbung des Landes Lebus stieß man über die Oder vor und sicherte sich das Land an der unteren Warthe (1252). Beim Ausbau des Städtewesens in allen Landesteilen setzten sich beide Mgf.en ein. Gegründet wurden u. a. Frankfurt/O. (1253) und Landsberg/W. (1257), erweitert bzw. privilegiert Prenzlau (1251) und Berlin. Erhebl. war seine Förderung geistl. Einrichtungen, u. a. des Hauskl. Mariensee (später nach Chorin verlegt, SOCist). 1258/60 erfolgte zw. J., Otto III. und beider Söhne eine Landesteilung, die freil. keine geschlossenen Territorien ergab. F. Escher

Bibliogr. und Q.: G. SELLO, Chronica Marchionum Brandenburgensium, FBPrG II, 1888 – H.-J. SCHRECKENBACH, Bibliogr. zur Gesch. der Mark Brandenburg I, 1970 – *Lit.:* ADB XIV, 151–154–NDB X, 472 – J. SCHULTZE, Die Mark Brandenburg, I, 1961 – W. FRITZE, Das Vordringen dt. Herrschaft in Teltow und Barnim (DERS., Frühzeit zw. Ostsee und Donau. Ausgew. Beitr. zum gesch. Werden im ö. Mitteleuropa vom 6. bis zum 13. Jh., 1982).

24. J. d. Alchimist, *Mgf. v. Brandenburg*, * 1406, † 16. Nov. 1464 Baiersdorf bei Erlangen. Sein Vater, Kfs. →Friedrich I. v. Brandenburg (12. F.), vermählte ihn bereits 1412 mit Barbara († 1465), Tochter Kfs. →Rudolfs III. v. Sachsen-Wittenberg, ohne daß sich die an diese Eheschließung geknüpften polit. Hoffnungen erfüllten, und übertrug ihm 1426 die Statthalterschaft in der Mark Brandenburg, wo J. sich militär. und polit. bewährte. Bei der zollernschen Landesteilung von 1437 erhielt er nach Verzicht auf seine Primogeniturrechte den obergebirg. Anteil der frk. Länder der →Hohenzollern, dessen Regierung er aber 1457 seinem ihm ungleichen Bruder →Albrecht Achilles (8. A.) abtrat, um sich seiner Liebhaberei, der Alchemie, zu widmen. A. Wendehorst

Lit.: NDB, 372f. – J. SCHULTZE, Die Mark Brandenburg III, 1963, 36–47 – R. SEYBOTH, Mgf. J.d.A., JbffL 51, 1991 [im Dr.].

25. J. Cicero (Beiname nicht zeitgenöss.), *Kfs. v.* →*Brandenburg*, * 2. Aug. 1455 Ansbach, † 9. Jan. 1499 Arneburg, Berlin. Von seinem Vater, Kfs. →Albrecht Achilles, 1470 als Statthalter nach Brandenburg gesandt. Eng an die Weisungen des Vaters gebunden, ab 1473 auch unter der Regentschaft des Kanzlers Bf. Sesselmann v. Lebus, war er an den Auseinandersetzungen mit Pommern, Schlesien-Glogau und den märk. Städten führend beteiligt, bis er 1486 die Kurfürstenwürde – gemäß der Disposition des Vaters von den frk. Stammlanden getrennt – übernahm. In der Auseinandersetzung um die

Bieraziese, in der es ihm gelang, die indirekte landesherrl. Steuer gegen den Willen – v. a. der altmärk. – Städte durchzusetzen, folgte er der städtefeindl. Politik des Vaters – bei gleichzeitiger Förderung der adligen Stände. Ebenso erreichte er die Eingliederung der Herrschaft Zossen in seinen Machtbereich. Der Streit um die Lehnshoheit über Pommern wurde beigelegt und eine Erbeinigung geschlossen (1493). Erst unter seinem Nachfolger sollte sich der Plan zur Gründung einer Landesuniv. erfüllen.

F. Escher

Lit.: ADB XIV, 153-156 – NDB X, 473f. – F. PRIEBATSCH, Die Hohenzollern und die Städte der Mark im 15. Jh., 1892 – J. SCHULTZE, Die Mark Brandenburg, III, 1963.

26. J. (de Haro) 'el Tuerto' ('der Schiefe', so gen., da verwachsen), † 1326 Toro, Herr v. Vizcaya 1322-26, Sohn des Infanten →Johann v. Kastilien (Sohn Alfons X. v. Kastilien) und der María Díaz de →Haro, zunächst Gefolgsmann seines Vaters, nach dessen Tod (1319) von den →Cortes v. Valladolid bestätigter Regent. Als Alfons XI. 1325 volljährig wurde und der Partei des Infanten Philipp zuneigte, strebte J. ein Bündnis mit →Juan Manuel an, das durch eine Ehe mit dessen Tochter Konstanze bekräftigt werden sollte. Alfons XI. gelang es jedoch, durch den Vorschlag eines Ehebündnisses seinerseits Juan Manuel auf seine Seite zu ziehen, und ließ J., der sich inzwischen mit Alfons de la →Cerda verständigt und Verbindungen zu Aragón aufgenommen hatte, auf einem Festgelage in Toro ermorden. J.s Tochter Maria erbte die Haro-Güter, die durch ihre Ehe mit Juan Nuñez de Lara mit dem Besitz der →Lara verbunden wurden.

L. Vones

Lit.: A. BALLESTEROS BERETTA, El agitado año de 1325 y un escrito desconocido de don Juan Manuel, BRAH 124, 1949, 9-58 – S. DE MOXÓ, De la nobleza vieja a la nobleza nueva, CHE 3, 1969, 46-52.

27. J. II. v. Avesnes, Gf. v. →Hennegau, →Holland und →Seeland, * ca. 1248, † 11. oder 12. Sept. 1304, älterer Sohn von J. (I.) v. →Avesnes, dem Sohn der Margarete v. Konstantinopel, Gfn. v. Flandern und Hennegau, und der Alix v. Holland, Tochter von Floris IV. v. Holland; ⚭ Philippa (Philippine) v. →Luxemburg, Tochter des Gf.en Heinrich V. J. führte einen erbitterten Kampf gegen seinen Halbbruder, →Guy de Dampierre, den Gf.en v. Flandern; er kam dabei die Unterstützung Gf. Floris' V. und Kg. →Rudolfs v. Habsburg, der, ohne direkt einzugreifen, J. mit Reichsflandern belehnte (6. Nov. 1279). Im Hennegau trat J. am 10. Febr. 1280 die Erbfolge an. Trotz der Privilegierung und Ummauerung von →Mons (1290) provozierte seine autoritäre Politik städt. Aufstände (Valenciennes, seit 1290; Maubeuge, 1293). Valenciennes rief →Philipp IV. v. Frankreich zu Hilfe, der die militär. →*Garde* an Guy de Dampierre übertrug (1292). Doch führten wachsende frz.-fläm. Spannungen bald wieder zur Annäherung zw. dem frz. Kg. und J. (Vertrag vom Mai 1297). Dieser sicherte sich am 10. Nov. 1299 die Grafenwürde v. Holland und Seeland und leitete so die dauernde Personalunion der drei großen Fsm.er ein. In seinen letzten Regierungsjahren wuchs der frz. Einfluß in den Niederlanden; J., der sich am siegreichen Flandernfeldzug Philipps IV. (1301) beteiligte, hatte anschließend die Folgen der Katastrophe v. →Kortrijk (1302), bei der sein älterer Sohn umkam, mitzutragen. Flandern und Brabant bedrohten die nördl. Territorien, doch konnte J. seine Stellung mit aktiver Unterstützung der Städte Hollands, die den großen Seesieg. v. →Zierikzee (10.-11. Aug. 1304) errangen, sichern. Ihm folgte sein Sohn Wilhelm I. (III.) nach.

J.-M. Cauchies

Q. und Lit.: Winkler Prins Enc. v. Vlaanderen III, 1973, 415 [W. PREVENIER] – Guerre de J. d'A. contre la ville de Valenciennes..., ed. A. LACROIX, 1846 – E. DELCAMBRE, Recueil de documents inédits relatifs aux relations du Hainaut et de la France de 1280 à 1297, Bull. de la Commission royale d'hist. 92, 1928, 1-163 – DERS., Les relations de la France avec le Hainaut depuis l'avènement de J. II. d'A., jusqu'à la conclusion de l'alliance franco-hennuyère (1280-97), 1930 – Alg. Geschiedenis der Nederlanden II, 1950 [H. VAN WERVEKE].

28. J. v. Bayern, Elekt v. →Lüttich, Regent v. →Holland und →Seeland, * 1374 in Le Quesnoy (Hennegau), † 6. Jan. 1425 im Haag, entstammte als 3. Sohn Hzg. →Albrechts (12. A.) der Straubinger Linie der →Wittelsbacher, durchlief eine kirchl. Laufbahn als Kanoniker in Cambrai, Dompropst in Köln (1389), dann – mit Unterstützung Bonifaz' IX. – Elekt v. Lüttich (14. Nov. 1389), lehnte den Empfang der höheren Weihen aber beharrlich ab, wohl in Hoffnung auf eine weltl. Herrschaft. Seine autoritäre Politik stieß in Lüttich auf erbitterten Widerstand: 1395 erstmals vertrieben, 1404 Zusammenschluß der 17 Städte des Fsbm.s Lüttich und der Gft. →Loon (Looz) unter dem Einfluß der Zünfte zur Verteidigung ihrer Privilegien, 1406 grundsätzl. Erklärung, daß alle Städte von der Ladung vor das Gericht des Elekten ausgenommen seien. Der von Städten und Adel abgesetzte J. konnte den Aufstand nur mit militär. Unterstützung übermächtiger Verbündeter, des Gf.en Wilhelm und Hzg.s v. Burgund, →Jean (Johann Ohnefurcht), in der blutigen Schlacht v. Othée niederschlagen (23. Sept. 1408). Die nachfolgenden Repressionsmaßnahmen haben J. den Beinamen 'Sans Pitié' (Ohnegnade) eingetragen. Neben der Administration des Straubinger Stammbesitzes (seit Okt. 1392, zumeist durch Vitztume) trat er unter dem Druck Kg. →Sigmunds in Holland und Seeland als Konkurrent seiner Nichte →Jakobäa auf (Huldigung als Regent, 10. Nov. 1417). Sigmund übertrug ihm am 27. April 1418 die Nachfolge der Grafenwürde, während J. auf das Fsbm. Lüttich verzichtete (22. Mai). Bereits 1417 hatte J. die Luxemburgerin →Elisabeth v. Görlitz (13. E.) geheiratet. Doch dämpfte Hzg. →Philipp der Gute v. Burgund die Aspirationen J.s durch Verpflichtung auf eine gemeinsame Regentschaft mit →Johann IV. v. Brabant (1419). Da dieser aber die versprochene Entschädigungssumme nicht aufzubringen vermochte, kamen ganz Holland und Seeland als Pfandschaft zwölf Jahre an J. Er fand im Lande weitgehend Anerkennung, war um Wiederherstellung einer geordneten Verwaltung bemüht und entfaltete im Haag höf. und kulturelles Leben (J. van →Eyck). 1424 trafen J. und Philipp die wechselseitige Vereinbarung, daß bei erbenlosem Tod des einen die Anwartschaft für Holland und Seeland auf den anderen übergehen solle. Nach J.s unerwartetem Tod, dem Gerücht zufolge durch Gift, konnte Burgund vollen Nutzen aus dem geschlossenen Erbvertrag ziehen.

W. P. Blockmans

Lit.: Nieuw Nederlandsch Biografisch Woordenboek VI, 1924, 848-850 [P. J. BLOK] – F. SCHNEIDER, Hzg. J. v. B., 1913 – SPINDLER II, 205-207 – J. LEJEUNE (Liège et Bourgogne, 1968), 15-44.

29. J. v. Ibelin, Herr v. Beirut seit 1197, * 1177/78, † 1236, auf dem Sterbebett in den →Templerorden eingetreten; ⚭ 1. Helena v. Nephin, 2. Melisende, Dame v. Arsuf; letzteres Lehen ging an den jüngeren Sohn über. – J. war Sohn des Balian v. Ibelin, Herrn v. Nablus, und der Maria Komnena, Witwe Kg. Amalrichs v. Jerusalem. Bis 1194 Connétable v. Jerusalem, erhielt J. dank der Protektion seiner Halbschwester, Kgn. Isabella I., 1197 die zurückeroberte große Lehnsherrschaft Beirut, 1205 die Würde des Statthalters (*lieutenant*) der Kgn., 1205-10 das Amt des Regenten v. Jerusalem. Seit 1217 in Nachfolge seines Bruders Philipp Statthalter des Regenten v. →Zypern, erregte J. den Zorn →Friedrichs II., der bei seiner

Ankunft im Osten (1228) als Oberlehnsherr v. Zypern den Reingewinn der zypr. Steueraufkommen seit zehn Jahren, als Oberlehnsherr v. Jerusalem gar die Abtretung von Beirut gefordert hatte. Dies löste den von →Philipp v. Novara geschilderten schweren Bürgerkrieg aus. – J., der selbst keine Schriften verfaßt hat, galt als führender Repräsentant der baronialen Juristen des Kgr.es Jerusalem in ihrer zweiten Generation. Haben seine Anhänger das Idealbild eines schlechthin vollkommenen Ritters entworfen, so gibt es starke Anzeichen, daß die hist. Persönlichkeit J.s bei hoher Intelligenz, profunder Rechtskenntnis und großer Beredsamkeit von übersteigertem Ehrgeiz und Korruption verdunkelt wird.   J. Riley-Smith

Lit.: J. L. A. MONTE, John d'Ibelin, the Old Lord of Beirut, Byzantion 12, 1937 – J. S. RILEY-SMITH, The Feudal Nobility and the Kingdom of Jerusalem, 1973.

30. J. v. Ibelin, Gf. v. →Jaffa 1247–66, * 1215, † 1266, Sohn von Philipp v. Ibelin und Alice v. Montbéliard (Mömpelgard), wurde in Zypern erzogen. Um 1229 besaß er ein – wohl vom Vater ererbtes – Lehen in Akkon. Er nahm am Kampf gegen →Friedrich II. teil und wurde bei Casal Imbert schwer verwundet. 1241 erwarb er Ramle, das letzte Lehen der Ibelin, zurück; 1247 empfing er als Gft. v. Jaffa und Askalon. Ein Muster ritterl. Tugenden (vgl. die bewundernde Schilderung bei →Joinville), war J. 1253 *lieutenant* des Regenten des Kgr.es →Jerusalem, 1254–56 selbst Regent. Während seiner Regentschaft begann der von polit. Ränken begleitete Konflikt zw. den it. Kaufmannskolonien (sog. 'Krieg v. St. Sabas'). Mit päpstl. Unterstützung führte J. eine aggressive Politik gegen die Muslime, die nur zwei Jahre nach seinem Tode Jaffa eroberten.

Schon seit jungen Jahren an Rechtsfragen interessiert, wurde er zum Mitglied der großen baronialen Rechtsschule, in der sein gleichnamiger Onkel (29.) bereits eine führende Rolle gespielt hatte. J.s berühmtes »Livre des Assises de la Haute Cour« ist eines der bedeutendsten Rechtsbücher des 13. Jh., gleichrangig mit den Werken eines Beaumanoir und Bracton. Als origineller polit. Denker hat J. die Ursprünge des Kgr.es Jerusalem auf einen Herrschaftsvertrag zurückgeführt und forderte eine Einschränkung der monarch. Handlungsfreiheit.
    J. Riley-Smith

Ed.: RHC Lois, 1, 7–432; 2, 397–401 – Lit.: →Assisen v. Jerusalem – J. S. C. RILEY-SMITH, The Feudal Nobility and the Kingdom of Jerusalem, 1973 – H. E. MAYER, Ibelin versus Ibelin: the Struggle for the Regency of Jerusalem (1253–58), Proceedings of the American Philosophical Society 122, 1978 – P. W. EDBURY, John of Ibelin's title to the County of Jaffa and Ascalon, EHR 98, 1983 – H. E. MAYER, John of Jaffa, His Opponents and His Fiefs, Proceedings of the American Philosophical Society 128, 1984 – DERS., The Double County of Jaffa and Ascalon: One Fief or Two (Crusade and Sattlement, ed. P. W. EDBURY, 1985).

31. J. I. v. Lothringen, Hzg. v. →Lothringen, * ca. 1346, † 22. Sept. 1390 Paris, ⃞ Nancy; Eltern: Hzg. Raoul und Marie v. Blois; ⚭ 1. Sophie v. Württemberg, ca. 1362; 2. Marguerite v. Loos und Chiny. Während seiner Minderjährigkeit wurde Lothringen zuerst von seiner Mutter, ab 1353 von Gf. →Eberhard II. v. Württemberg (8. E.) regiert. Ab 1361 im Dienst des frz. Kg.s, nahm J. am Erbfolgekrieg in der Bretagne teil und kämpfte für →Karl v. Blois (1364 Auray). Im lothr. Raum selbst wurde er von Ks. Karl IV. 1366 als dessen Stellvertreter ernannt, beteiligte sich am Landfrieden 1354/61 und 1361/66, bekämpfte die Söldner Arnaud de →Cervoles, nahm die Stadt Trier in seinen Schutz und gelangte mit →Robert v. Bar zu einer dauerhaften Übereinkunft. Die letzten Jahre waren von Konflikten mit Metz, mit der lothr. Stadt Neufchâteau und folgl. mit dem →Parlement von Paris, schließlich von einer Politik der Annäherung an Burgund geprägt.
    J.-L. Fray

Lit.: G. POULL, La maison ducale de Lorraine, 1968 – H. THOMAS, Zw. Regnum and Imperium, 1973.

32. J. II., Hzg. v. Lothringen 1453–70, * 2. Aug. 1424 Nancy, † 16. Dez. 1470, ⃞ Barcelona; Sohn von Kg. René I. v. Neapel, Hzg. v. Bar, und Isabella v. Lothringen, ⚭ 1438 Marie v. Bourbon († 1448); Mgf. v. Pont-à-Mousson und Hzg. v. Kalabrien (1434), Stellvertreter (*lieutenant général*) seiner Eltern in den Hzm.n Bar und Lothringen (1445), Hzg. v. Lothringen nach dem Tod seiner Mutter (März 1453), Fs. v. Gerona (1467). Er unternahm mehrere erfolglose Züge nach Italien (1455–57, 1458–61, 1462–64), um das Kgr. Neapel zugunsten seines Vaters zurückzuwinnen, und nahm an der 'Guerre du Bien Public' und der Schlacht v. →Montlhéry (1465) gegen Ludwig XI. v. Frankreich teil. Von René 1466 als Vertreter in Katalonien ernannt, kämpfte er um dessen Angliederung an den angevin. Machtbereich. Unter seiner Regierung wurde die Zentralisierung des Hzm.s Lothringen nach dem Beispielen von Anjou und der Provence beschleunigt und förderte die Entwicklung der Salzgewinnung, der Glasmacherei, der Forstwirtschaft und der Schafzucht. Er ließ die Befestigung von Nancy verstärken und schuf eine moderne Feldartillerie. Mit der Annexion der zwei Kaufmannsstädte Sarrebourg und Épinal (1464/65) gelang ihm auch eine erhebl. Erweiterung des hzgl. Territoriums.
    J.-L. Fray

Lit.: G. POULL, La maison ducale de Lorraine, 1968 – A. GIRARDOT, Les Angevins, ducs de Lorraine, Le Pays Lorrain, 1978, 1–18.

33. J. Parricida, Hzg. v. Österreich und Steier, postumer Sohn Rudolfs II. († 10. Mai 1290), † 13. Dez. 1313 (1312?) in Pisa, ⃞ ebd., S. Niccolò. J. wuchs zunächst in den habsburg. Stammlanden (Brugg bzw. Baden im Aargau) auf; nach dem Tod seiner Mutter Agnes, der Tochter Kg. Ottokars II. Přemysl (1297), befand er sich am Hofe Kg. Wenzels II. in Prag. Nach dessen Tod (1305) nicht als Anwärter auf den böhm. Thron in Betracht gezogen, bemühte er sich vergeblich um das Witwengut seiner Mutter (um Lenzburg und Baden); ebenso blieb ihm der Erfolg bei seinem Bemühen um die seinem Vater 1283 anläßlich dessen Herrschaftsverzichtes in den ehemals babenberg. Ländern in Aussicht gestellte Entschädigung versagt. Um ihn sammelten sich unzufriedene schweizer. Herren, sein Onkel, Kg. →Albrecht I., hielt den jungen Mann, der spätestens seit 1307 – machtloser – Mitregent in den Stammlanden war, immer wieder hin. Seine aussichtslose Situation trieb J. schließl. zum Königsmord: Albrecht I. wurde am 5. Mai 1308 nach dem Übergang über die Reuß ermordet. J. und seine Mitverschworenen (Rudolf v. Wart, Rudolf v. Balm, Walter v. Eschenbach und Konrad v. Tegerfeld) flohen, erst mehr als ein Jahr später wurde über sie die Reichsacht verhängt. J. suchte im Frühjahr 1312 in Pisa die Gnade Kg. Heinrichs VII.
    H. Dienst

Lit.: NDB X, 504f. – B. MEYER, Stud. zum habsburg. Hausrecht, ZSchG 25, 1945, 153–176 – A. LHOTSKY, Gesch. Österr. seit der Mitte des 13. Jh., 1967, 155–164.

34. J. I. v. Prades und Foix, * ca. 1332, † 1414, Sohn von Peter I., Gf. v. →Ribagorza, →Ampurias und →Prades, und Johanna v. →Foix; Neffe Jakobs II. v. Aragón; ⚭ Sancha Ximénez de Arenós aus Valencia, von der er lange Jahre getrennt lebte. J. folgte seinem Vater 1358 in der Gft. Prades und der Baronie →Entença nach, diente seinem

Vetter, Peter IV., Kg. v. Aragón, dem er sich wenig später entfremdete. Als Martin I. 'el Humano' kinderlos starb, unterstützte J. die Thronansprüche seines Bruders Alfons, Hzg. v. Gandía, und meldete bei dessen Tod 1412 ohne große Überzeugung selbst Ansprüche an. J. anerkannte jedoch 1412 Ferdinand I. de Antequera, der in Caspe zum Kg. v. Aragón ausgerufen wurde. J. Sobrequés Callicó

Lit.: S. SOBREQUÉS I VIDAL, El Compromís de Casp i la noblesa catalana, 1973, bes. 116-127 – DERS., Els barons de Catalunya, 1970³, 151f.

35. J. Heinrich, *Gf. v. Tirol* und *Mgf. v. Mähren,* * 12. Febr. 1322, † 12. Nov. 1375, ▭ Brünn; 3. Sohn Kg. Johanns v. Böhmen und der Přemyslidin Elisabeth, Bruder Karls IV. Als Fünfjähriger mit →Margarete Maultasch verlobt und in Tirol erzogen, spielte er als Ehemann der Landesfsn. im Machtkampf der Luxemburger um Tirol und Kärnten nur eine bescheidene Rolle. Der Tiroler Adel im Bündnis mit Margarete und Ks. Ludwig d. Bayern vertrieb ihn 1341. J. nahm seitdem an der lux. Regierung der böhm. Länder teil. 1349 wurde ihm Mähren als böhm. Lehen übertragen, das er sorgfältig und sparsam verwaltete, immer in gutem Einvernehmen mit Karl IV. P. Hilsch

Lit.: ADB XIV, 234-236 – F. HECHT, Johann v. Mähren [Diss. Halle 1911] – J. ŠUSTA, Karel IV, 2 Bde (České dějiny II, 3/4, 1946/48).

36. J. IV. v. Lenzburg (J. Ribi), *Bf. v.* →*Brixen,* * ca. 1310/20 Sengen/Aargau, aus zum Ritterstand zählender Bürgerfamilie, † 6. Aug. 1374 Brixen, ▭ Brixen, Dom. J. trat unter Hzg. Albrecht II. v. Österreich in die habsbg. Kanzlei ein, ausgestattet mit Pfründen in St. Didier bei Delle (Arr. Belfort) und Blatzheim (Oberelsaß) sowie dem Kanonikat zu Zofingen (Diöz. Konstanz). 1357 begleitete er den jungen Rudolf in die Vorlande und wurde nach dem Tod Albrechts II. von Rudolf IV. zum Kanzler berufen, was er unter dessen Nachfolgern bis ans Lebensende blieb. 1359 providierte ihn Innozenz VI. mit dem Bm. Gurk, 1363 ernannte ihn Urban V. zum Bf. v. Brixen. Im Dienste Rudolfs IV. war J. bei Verhandlungen mit Ks. Karl IV., dem Patriarchen v. Aquileia und Kg. Ludwig I. v. Ungarn, 1362/63 als Statthalter in den Vorlanden und 1363/65 als Hauptmann in Kärnten tätig. Beim Erwerb Tirols für die Habsburger und dessen Verteidigung gegen Bayern spielte er eine große Rolle. An der Gründung der Wiener Univ. war J. ebenso maßgebl. beteiligt wie an den Fälschungen Rudolfs IV. (→Privilegium maius). M. Krissl

Lit.: Verf.-Lex. II, 609f. – NDB X, 483 – L. PITTIONI, S. B. v. Gurk und Brixen (Diss. Wien 1927) – A. STRNAD, Libertas ecclesiae, Röm. Hist. Mitt. 6/7, 1964 – W. STELZER, Zur Kanzlei der Hzg. e v. Österreich (Landesherrl. Kanzlei, hg. G. SILAGI, 1983).

37. J. Wolthus v. Herse, *Meister des Dt. Ordens in* →*Livland* Jan. 1470-Okt. 1472, † 1471 (oder 1473), aus zuerst im Stift →Paderborn, später auch in der Gft. →Mark ansässigem kleinen Ministerialengeschlecht, in Livland 1451 als Kumpan des Vogtes zu Soneburg nachweisbar, dann Landvogt zu Karkus, Vogt zu →Narva, Komtur zu Marienburg 1466, zu →Reval 1468, damit Mitglied des inneren Rates des Meisters Johann v. Mengede, gen. Osthoff, seines Onkels, zu dessen Nachfolger er im Jan. 1470 gewählt wurde. Er setzte durch, daß die Gebietiger bei Versetzung keine Abgaben und Vorräte aus dem alten in das neue Amt mitnehmen durften. Die Komturei →Fellin und die Vogteien →Jerwen, Oberpahlen und Wesenberg wurden dem Kammergebiet des Meisters zugeschlagen, um zu einem Umfang wie niemals zuvor und später erreichte; die Residenz wurde von Riga nach Fellin verlegt. Außenpolit. strebte J. die Verbindung mit →Litauen und →Novgorod gegen →Pskov und →Moskau an, um die Unabhängigkeit Novgorods gegen die Ansprüche Moskaus zu bewahren. Der umfassende Ausbau der Meistermacht rief die Opposition einiger Gebietiger unter Führung des Landmarschalls Bernd v. der Borch auf den Plan, die J. Anfang Okt. 1471 gefangennahmen und absetzten. Er starb im Kerker zu Wenden, vermutl. von seinen Gegnern ermordet. K. Neitmann

Q. und Lit.: Liv.- est- und kurländ. UB, 1. Abt., 12, 1910 – O. STAVENHAGEN, J. W. v. H. ..., MittLiv 17, 1900, 1-88 – H. COSACK, Zur auswärtigen Politik des Ordensmeisters W. v. H., HGBll 21, 1915, 99-118.

38. J. III. v. Eich, *Bf. v. Eichstätt,* † 1. Jan. 1465, ▭ Eichstätt, St. Walburg; aus niederadligem frk.-thür. Geschlecht; lehrte an den Juristenfakultäten in Padua und Wien, wurde Kanzler der Hzg.e →Albrecht V. (2. A. II.) und VI. v. Österreich, die er auf dem Konzil v. →Basel vertrat. 1445 zum Bf. v. →Eichstätt gewählt, wo er seit ca. 1425 Domherr war; stand in Verbindung mit den führenden Köpfen seiner Zeit (Enea Silvio Piccolomini [→Pius II.], →Johannes v. Capestrano, →Nikolaus v. Kues, →Bernhard v. Waging [50. B.] u. a.) und den klösterl. Reformkongregationen. In der Politik weniger glückl. agierend, widmete er sich erfolgreich den Reformen von Stiften, Kl.n und Weltklerus seines Bm.s und der Volksseelsorge. A. Wendehorst

Q. und Lit.: Verf.-Lex.² IV, 591-595 [Werkverz.; Lit.] – Rep. Germanicum 4/2, 1957, 1840f.; 6, 1985, 293, Nr. 2822; 7, 1989, 160f., Nr. 1425 – F. MACHILEK, Ein Eichstätter Inquisitionsverfahren aus d. J. 1460, JbFfL 34/35, 1975, 417-446 – M. CORTESI, Una pagina di umanesimo in Eichstätt, QFIAB 64, 1984, 227-260 – M. FINK-LANG, Unters. zum Eichstätter Geistesleben im Zeitalter des Humanismus (Eichstätter Beitr. 14, 1985) – Das »Pontifikale Gundekarianum«, Komm. bd., hg. A. BAUCH – E. REITER, 1987, 127-129.

39. J. v. Vandières (J. v. Gorze), *Abt v. Gorze,* bedeutender Vertreter der →Lotharingischen Reform, * um 900 in Vandières (südl. v. Metz, dép. Moselle), † 6. März 974 in Gorze, entstammte einer wohlhabenden, zur *familia* der Metzer Abtei St. Peter gehörenden Bauernfamilie, wurde in →Metz und →St-Mihiel erzogen. Als Waise übernahm er frühzeitig das Anwesen der Familie, schuf sich aber auch Beziehungen zu hochgestellten Persönlichkeiten (Gf. und Bf. v. Verdun). Er erhielt zwei Kirchen übertragen, wurde von den Nonnen v. St. Peter zum Hebdomadar bestellt und begann eine zweite Studienphase (geistl. Lektüre, Unterweisung durch Bernar v. Toul). Er traf sich mit Asketen, Eremiten und Klerikern, mit denen gemeinsam er ein Kl. zum Rückzug aus der Welt suchte. J. reiste bis nach Unteritalien, um monast. Gewohnheiten zu studieren. Schließlich ließ er sich mit einer kleinen Gruppe von Gefährten in Gorze nieder. Während →Eginold das Amt des Abtes übernahm, hatte J. die Verwaltung des Reformkl. inne und war um Wiederherstellung des Besitzes besorgt. 953 erbot er sich, dem Kalifen v. →Córdoba, ᶜAbdarrāhmān III., einen Brief →Ottos III. zu überbringen (→Gesandte, B. VIII). Dank großer Beharrlichkeit – er verbrachte in Spanien unter widrigen Umständen drei Jahre, ehe er zum Kalifen vorgelassen wurde – konnte er seinen Auftrag erfüllen. 956 wieder nach Gorze zurückgekehrt, wurde er nach 967 Abt. Er wird, obwohl nie kanonisiert, lokal als Seliger verehrt. Die Tradition schreibt ihm die Miracula s. Gorgonii und Miracula s. Glodesindis zu. M. Parisse

Q.: Vita, MGH SS 4, 337-377 – *Lit.:* Bibl. SS VI, 813f. [VAN DOREN] – W. SCHULTZE, War J. v. G. hist. Schriftsteller? Eine quellenkrit. Untersuchung, NA 9, 1884, 495-512 – J. LECLERCQ, Jean de Gorze et la vie religieuse au Xᵉ s., 1967, 13-152 – W. GOEZ, Gestalten des Hoch-MA, 1983, 54-69 – Gorze im 10. Jh., 1990.

40. J. I. v. Luxemburg-Ligny, Ebf. v. →Mainz 1371-73; * 1342 (?), † 4. April 1373; ▭ Kl. Eberbach (Rheingau); Eltern: Johann, Gf. v. Luxemburg-Ligny († 1364), Alic, Tochter Gf. Guidos v. Flandern. Karl IV. nutzte seine Verwandtschaft mit J., um ihn in seine Reichskirchenpolitik einzusetzen. Durch Fürsprache des Ks.s erhielt er aufgrund päpstl. Provisionen am 30. Sept. 1355 ein Domkanonikat in →Trier, am 23. Sept. 1365 das Bm. →Straßburg, von wo aus er am 28. April 1371 in das Ebm. Mainz transferiert wurde. Am 14. Sept. 1371 zum Reichslandvogt in der →Wetterau ernannt, errichtete er dort einen Landfrieden geringer Ausdehnung. Im nächsten Jahr trat er dem thür. Landfrieden des Ks.s bei. Auch anderweitig unterstützte er bereitwillig die Maßnahmen Karls IV. Sein Verhalten kennzeichnen Ausgleichsbemühungen mit den Städten Mainz und →Erfurt sowie mit der →Pfalzgrafschaft, während die Beziehungen zur →Lgft. Hessen gespannt blieben. Im Mittelrheinraum setzte er die Politik seines Vorgängers →Gerlach v. Nassau fort. Eigenständige Ansätze im Sinne der Bestrebungen Karls IV. beendete sein früher Tod. A. Gerlich

Q. und Lit.: F. Vigener, Reg. der Ebf.e v. Mainz II, 2, 1931, 7-43, Nr. 2830-3014 – F. Schwind, Zur staatl. Ordnung der Wetterau von Rudolf v. Habsburg bis Karl IV. (Der dt. Territorialstaat im 14. Jh., hg. H. Patze, II [VuF 14], 1971), 199-228, bes. 224f.

41. J. II. v. Nassau, Ebf. v. →Mainz 1397-1419; * 1360, † 23. Sept. 1419 in Aschaffenburg; ▭ Mainz, Dom; Eltern: Gf. Adolf I. v. Nassau-Wiesbaden-Idstein, Margarethe, Burggfn. v. Nürnberg. Als Stiftsherr in Würzburg, Köln, Mainz und Fritzlar trat J. seit 1387 in Beziehungen zu den Pfgf.en. Ihrer Förderung seit dem Oppenheimer Vertrag (24. Okt. 1396) verdankte er den Aufstieg zum Ebf. Territoriale Gegensätzlichkeiten ließen J. zum Hauptfeind →Ruprechts v. d. Pfalz werden im →Marbacher Bund 1405. Neue Gefahren für den Reichsfrieden entstanden 1409, als sich J. der Pisaner Obödienz (→Pisa, Konzil v.) zuwandte. In der Thronvakanz 1410/11 unterstützte J. zunächst den Mgf.en →Jodok v. Mähren, dann Kg. Sigmund v. Ungarn. Sein Beharren in der Obödienzfrage auf der Pisaner Seite führte zu frühen landeskirchl. Absonderungen in der Pfgft. und in der →Lgft. Hessen, ehe J. 1417 auf die Einheitslinie des Konzils v. →Konstanz einlenkte. – J.s Hauptverdienst besteht in der Sicherung des Kurstaates, gestützt auf das dynast. Umfeld →Nassau-Saarbrücken, →Katzenelnbogen, →Veldenz und →Isenburg, während der Reichskrise an der Wende vom 14. zum 15. Jh. A. Gerlich

Lit.: A. Ph. Brück, Vorgesch. und Erhebung des Mainzer Ebf.s J. v. Nassau, Archiv für mittelrhein. Kirchengesch. 1, 1949, 65-88 – A. Gerlich, Habsburg-Luxemburg-Wittelsbach im Kampf um die dt. Kg.skrone, 1960 – Ders., Territorium, Bm.sorganisation und Obödienz, ZKG 72, 1961, 46-86 – Ders., Kg. Ruprecht v. d. Pfalz (Pfälzer Lebensbilder 4, hg. H. Harthausen 1987), 9-60 [Lit.].

42. J. v. Wallenrode OT, Ebf. v. →Riga, Bf. v. →Lüttich, * um 1370, † 28. Mai 1419 Alken a. d. Maas, ▭ Lüttich, St. Lambert; aus oberfrk. Ritterfamilie, Neffe des Hochmeisters des Dt. Ordens →Konrad v. Wallenrode, studierte 1391 in Wien, 1392 in Bologna, wurde 1393 im Zuge der Auseinandersetzungen des Dt. Ordens mit dem Ebm. Riga Ebf. und Ordensbruder, setzte sich gegen innerlivländ. Gegner bis 1397 durch, geriet aber selbst in Gegensatz zum Orden, so daß er sein Erzstift 1405 für zwölf Jahre an den livländ. Ordensmeister verpachtete. Er war seit 1403 Rat Kg. Ruprechts v. d. Pfalz, für diesen beim Konzil zu →Pisa 1409, seit 1410 Diplomat des Hochmeisters des Dt. Ordens, seit 1414 ranghöchster Delegierter des Ordens auf dem →Konstanzer Konzil, dort als Rat Kg. Sigmunds eine der einflußreichsten Persönlichkeiten, einer der Wähler Papst →Martins V. 1418 verließ er den Dt. Orden und übernahm das einkünftereichere Bm. Lüttich. B. Jähnig

Lit.: NDB XX, 520 – B. Jähnig, J. v. W. ..., 1970.

43. J. v. Aragón, Ebf. v. Toledo, * 1301, † 1334; 3. Sohn Kg. →Jakobs II. und der Blanche v. Anjou. Schon früh für die kirchl. Laufbahn bestimmt, empfing er Juni 1311 von Clemens V. die Tonsur. Nach Erziehung bei den Kartäusern von Scala Dei und in Paris wurde er 1319 zum Ebf. v. Toledo erhoben. Die Primatialjurisdiktion, die er in Aragón ausübte, erregte Aufsehen und Widerstand; in Kastilien geriet J. als canciller mayor de Castilla im Zuge der Wirren während der Minderjährigkeit Alfons' XI. mit seinem Schwager Don →Juan Manuel über die Führung der kgl. Siegel in Streit. 1326 verließ J. Kastilien und trat vom ebfl. Amt zurück. Er war dann Patriarch v. Alexandria und apostol. Administrator v. Tarragona (1328). J. war ein angesehener Prediger und hielt in Toledo wie Tarragona Provinzialkonzilien ab. Sein Werk umfaßt u. a. einen Rat, den er Papst →Johannes XXII. in Sachen der →Visio beatifica erteilte, außerdem populäre theol. Schriften. P. A. Linehan

Lit.: DHGE III, 1408-1414 – J. Tejada y Ramiro, Col. de can. de la Iglesia de España, 3, 1849, 520-557 – H. Finke, Acta Aragonensia, 3 Bde, 1908-22 – R. Azevou, Un prince aragonais, Bull. Hisp. 32, 1930, 326-371 – J. E. Martinez Ferrando, Jaime II de Aragón, Vida familiar I, 1948, 141-151 – D. W. Lomax, El Catecismo de Albornoz, Stud. Albornotiana 11, 1972, 225-233 – R. B. Tate, Infante D. Juan of Aragón and D. Juan Manuel (Juan Manuel Studies, ed. I. Macpherson, 1977).

44. J. I., Ebf. v. →Trier seit 1189 (Wahl auf Betreiben Kg. Heinrichs VI.), † 14. oder 15. Juli 1212, ▭ Kl. Himmerod; 1186-89 Kanzler Ks. Friedrichs I. Als Ebf. war J. in erster Linie – sowohl im kirchl. als auch im weltl. Bereich – Territorialpolitiker. Er besetzte die Archidiakonate neu und führte das Amt des →Offizials ein. Seine zielstrebige Kl.politik kam v. a. den Zisterziensern zugute. 1197 (nicht 1198) löste er das Erzstift aus der Vogtei des Pfgf.en und ebnete damit den Weg zur Landesherrschaft des 14./15. Jh. Den weltl. und herrschaftl. Besitz des Erzstifts suchte er zu mehren und herrschaftl. zu intensivieren. Diesem Ziel dienten auch die von ihm veranlaßten Aufzeichnungen des »Liber annalium iurium«. Im stauf.-welf. Thronstreit folgte J. landesherrl. Rücksichten und Interessen. Eine nat. gesinnte Historiographie hat ihm diese reichspolit. indifferent erscheinende Haltung übel vermerkt. A. Heit

Lit.: ADB XIV, s. v. – NDB X, s. v. – M. Corsten geb. Loenartz, Ebf. J. I. v. Trier (1189-1212), Zs. für die Gesch. der Saargegend 13, 1963 [Q. und Lit.] – F. Pauly, Zur Gesch. des Bm.s Trier, II, 1969 – B. Brinken, Die Politik Konrads v. Staufen in der Tradition der Rhein. Pfgft., 1974.

45. J. v. Aragón, Ebf. v. Zaragoza, * 1439 (?), † 10. Nov. 1475 Albalate de Cinca (Huesca), natürl. Sohn Johanns II. v. Aragón und der navarres. Adligen Avellaneda von Ansa, nahm am 29. Juni 1460 die Verwaltung des Ebm.s →Zaragoza in die Hand, ohne je zum Ebf. ernannt zu werden oder die niederen Weihen zu empfangen. Dadurch sicherte er den kgl. Einfluß auf die aragones. Kirche in einer Weise, der sich das Kgtm. mehr als ein Jahrhundert bedienen sollte. Ungeachtet der engen Bindung zu seinem Stiefbruder →Karl v. Viana stand er immer auf Seiten seines kgl. Vaters. Um die Kg.streue Aragóns zu garantieren, fungierte J. als Statthalter seines Vaters, intervenierte auf den Versammlungen der →Cortes und suchte v. a. die heftigen Auseinandersetzungen der Adelsligen einzudämmen. Beim Aufstand in Katalonien wie im Krieg gegen

Ludwig IX. v. Frankreich und die navarres. →Beaumonteses führte er die kgl. Truppen an. Er suchte bei den verschiedenen Friedensverhandlungen eine Verständigung aller Gegner zu erreichen und stellte sich sogar gemäß der Übereinkunft von Bayonne als Geisel zur Verfügung. Kurz vor seinem Tod sollte J. unter Verzicht auf das Ebm. eine Tochter Juan →Pachecos heiraten, zweifelsohne zum Vorteil seines Bruders, Kg. Ferdinand v. Kastilien, des künftigen Kg.s v. Aragón.

J. A. Sesma Muñoz

Lit.: F. SOLANO COSTA, Notas para una biografía del arzobispo don Juan de A., administrador de la archidiócesis de Zaragoza (1439?–75?), 1970.

46. J. v. Gelnhausen,
bedeutender Jurist und →Notar, 2. Hälfte des 14. Jh., aus hess.-nassauischer, in Böhmen beheimateter Familie; 1358 in Avignon bezeugt, ab 1365 Registrator der Hofkanzlei Karls IV., aus deren Material er ein wichtiges, in zwei Red.en erhaltenes Formelbuch schuf. Mit →Johann v. Neumarkt verließ er 1374 die Kanzlei, um sich in dessen bfl. Diensten in →Olmütz und als öffentl. Notar zu etablieren. 1379 trat er in den Dienst der Stadt →Brünn, um dort auch für Mgf. →Jodok zu arbeiten. Hier entfaltete er eine rege notarielle Tätigkeit wenigstens bis 1389 und verfaßte aufgrund des Brünner Schöffensprüchebuches des Notars Johann (2. Hälfte der 1350er Jahre) das städt. Rechtsbuch, den sog. »Manipulus vel directorium iuris civilis« (ed. H. JIREČEK, Cod. iuris Bohemici II/4, 26–287), der in mehreren böhm.-mähr. Städten jahrhundertelang benutzt wurde. Später Stadtnotar v. →Iglau (belegt seit Anfang 1397 bis 25. Juli 1408), übersetzte er die »Constitutiones iuris metallici« Gozos v. Orvieto und legte das illuminierte Iglauer Stadtrechtsbuch und andere Kanzleihilfsmittel an.

I. Hlaváček

Lit.: Verf.-Lex.² IV, 623–692 [Ed.; Lit.].

47. J. v. Krna(y),
gen. (Fra) Yohan (nicht: Yovhannēs) Krneçi (nach seinem Geburtsort am Ernjak), † wohl 1348; Vorkämpfer der Kirchenunion →Armeniens mit Rom. J. trat in das Kl. St. Stephan zu Glajor ein, dessen Schule mit 1284 in Hochblüte stand (Grundzüge der gr. und lat. Lit., Diskussion über die Kirchenunion mit kilik. Armeniern). Danach war er *Arajnord Vardapet* ('Lehrer') in dem von seinem Onkel Gorg Baron v. Krna gegr. Kl. Sworb Astowacacnin bei Krna (Qrna). Er trat in engen Kontakt mit →Bartholomäus de Podio OP (s. a. →Dominikaner, B. IX), lernte 1328 von ihm lat., übersetzte gemeinsam mit ihm theol. Traktate ins Armen. und bewog ihn und weitere Dominikaner zur Ansiedlung in Krna, das sich, v. a. seit der Begründung der »Union v. Krna« durch 12 Vardapets und mehrere Mönche (1330), zum geistigen Zentrum der Unionsbewegung in Ostarmenien entwickelte. J. beschloß die Gründung einer reformierten Mönchsgemeinschaft zum Ziel der Union mit Rom. 1331 besuchte er Papst Johannes XXII., der die Approbation des »Ordens vom hl. Gregor dem Erleuchter« (spätere Fratres Unitores; →Unitoren) gewährte. Gorg und seine Frau Eltik schenkten 1331 das Kl. Krna dem Predigerorden; J. und seine Gefährten legten ein Gelübde ab, nach der Augustinerregel und den Konstitutionen der Dominikaner zu leben. Der zum Gouverneur *(veraxnamoł)* der Kongregation gewählte J. starb an einem 6. Jan. (wohl des Pestjahres 1348).

A. Eßer

Lit.: Ł. ALIŠAN, Sisakan, 1893, 384–389 – DERS., Sisuan, 1885, 374, 406 – R. LOENERTZ OP, La Soc. des Frères Pérégrinants – Étude sur l'Orient dominicain I (Diss. hist. VII), 1937, 141–146 – M.-A. VAN DEN OUDENRIJN OP, Linguae Haicanae scriptores Ordinis Praedicatorum Congregationis Fratrum Unitorum et FF. Armenorum Ord. S. Bas. citra mare consistentium quotquot hucusque innotuerunt, 1960, passim – DERS., Uniteurs et Dominicains en Arménie, Oriens Christianus 40, 1956, 94–98, 101–112; 42, 1958, 110–133; 110–119, 121f., 124f.

48. J. Nederhoff
OP, * ca. 1400, † nach 1456; Sohn einer Dortmunder Handwerkerfamilie, lehrte J. nach dem Theologiestudium seit 1417 als lector in den Dominikanerkonventen in Lübeck, Bremen und 15 Jahre in Nijmegen. 1434 zum Lector biblicus in Krakau bestimmt, wirkte J. danach in Dortmund, wo er 1440 als vicarius, später als Generalprediger sowie Mitglied der Provinzleitung nachweisbar ist. Außer einer verlorenen historia über Leben und Werk Karls d. Gr. verfaßte J. ca. 1440 eine »Cronica« Dortmunds bis zum Jahre 1389 (ed. E. ROESE, 1880). Bis zum 13. Jh. meist unkrit. Kompilation aus gängigen Universalchroniken, bietet die »Cronica« für das 14. Jh. wertvolle selbständige Nachrichten zur Gesch. →Dortmunds, bes. zur »Gr. Fehde«. →Dominikaner, B.I.

D. Berg

Lit.: Verf.-Lex.² VI, 868–870 – Chr. dt. Städte 20, 1887, XXIIff. [J. HANSEN] – T. RENSING, Das Dortmunder Dominikanerkl., 1936 – TH. KAEPPELI, Scriptores Ord. Praed., II, 1975, 499f. – Monast. Westf., hg. G. JÁSZAI, 1982, 124ff. [W. P. ECKERT] – Westf. Gesch., hg. W. KOHL, I, 1983, 8ff. – S. P. WOLFS, Middeleeuwse dominicanenkl. in Nederland, 1984, 205.

49. J. v. Neumarkt,
Kanzler und bedeutender Repräsentant des geistigen Lebens am Prager Hofe→Karls IV., * kurz vor 1320, † 23. Dez. 1380, ▢ Leitomischl, Augustinereremitenkl. – Trotz relativ reicher Quellenüberlieferung liegen viele Lebensumstände J.s im dunkeln. Seine Herkunft weist eher nach O-Böhmen (Hohenmaut) als nach Schlesien (Neumarkt), doch steht fest, daß er einer dt. Familie, die nach Schlesien übersiedelte, entstammte. Erste verläßl. Nennung 29. Mai 1341 als Kanoniker des Breslauer Kreuzstiftes (falls Identität mit Johann v. Hohenmaut). J. erwarb bald weitere Pfründen und Beamtenstellen: zunächst Protonotar der Hzg. e v. →Münsterberg, bald danach in der Kanzlei Johanns v. Luxemburg, schließlich in der Hofkanzlei Karls IV.; dort war er dann →Notar, vorübergehend Kanzler der Kgn. Anna v. Schweidnitz (1351), stieg danach langsam in der Hofkanzlei Karls IV. auf und wirkte ab 1353 – mit kurzer Unterbrechung 1364/65 – bis 1374 als Kanzler. Die Kanzlei erlebte unter seiner Leitung ihre Blüte, wurde reorganisiert und durch J. mit mehreren Formelbüchern ausgestattet, die z. T. auch seine ausgedehnte Privatkorrespondenz bewahren. Dem Vertrauen des Ks.s verdankte er auch seine kirchl. Karriere: Febr. 1352 Bf. v. →Naumburg, wegen Widerstand des Kapitels im Okt. 1353 nach →Leitomischl transferiert; Aug. 1364 Bf. v. →Olmütz (aktive Amtstätigkeit aber erst nach Entlassung vom Hof); 1380 Bf. v. →Breslau. – Entscheidender Markstein war die Teilnahme an der Reise Karls IV. zur Ks.krönung nach Italien 1354–55, auf der J. direkte Beziehungen zu bedeutenden Vertretern des frühen it. →Humanismus anknüpfte, deren Gedankenwelt nach Böhmen zu übertragen suchte. Davon zeugen u. a. seine Bibliothek (wohl erstes Exemplar von Dantes Werken in Mitteleuropa), sein Mäzenatentum (Förderung bes. der Augustiner-Eremiten), seine →Bibliophilie und seine Tätigkeit als Schriftsteller und Übersetzer, die vornehml. der geistl. Dichtung galt: u. a. »Das Buch der Liebkosung« (dt. Übers. des »Liber soliloquiorum«), lat. und dt. Fassungen des Lebens des hl. Hieronymus sowie Gebete. →Kanzlei, →Dt. Literatur.

I. Hlaváček

Q.: Cancellaria Johannis Noviforensis, ed. F. TADRA, AÖG 68, 1886, 1–157 – Summa Cancellariae/Cancellaria Caroli IV, ed. DERS., 1895 – Vom MA zur NZ, hg. K. BURDACH–P. PIUR, 1930–39 – *Lit.*: Verf.-Lex.² IV, 686–695 [Ed.] – J. KLAPPER, J. v. N., 1964 – M. BLÁHOVÁ, Život a dílo Jan ze Středy [im Dr.; Lit.].

50. J. das Regras, ptg. Rechtsgelehrter, * Mitte 14. Jh. Lissabon, † 3. Mai 1404, ebd., studierte wahrscheinl. u. a. auch in Bologna, Juraprofessor der Univ. Lissabon, betrieb 1384 die Ausrufung des Avis-Großmeisters Johann (→J.I. 'd. Große') zum 'Regenten und Verteidiger des Vaterlandes' sowie dessen Proklamation zum Kg. auf den Cortes v. Coimbra (3. März–10. April 1385). Der Wortlaut seiner Reden ist nicht überliefert. Diejenigen in der »Cronica de D. Joâo I« hat mit 50jährigem Abstand ihr Autor Fernão Lopez selbst verfaßt, wenn auch unter Berücksichtigung ihm bekannt gewordener Details. Demzufolge hatte J. zuerst gezeigt, daß der ptg. Thron vakant war, um dann zu erklären, daß für den Avis-Großmeister Johann, zwar ein illegitimer Sohn Peters I., aber der tatsächl. Machthaber in Portugal, bessere Argumente sprachen als für den Infanten →Johann, der zwar ehel. Herkunft war, aber am Hof des kast. Feindes residierte. Am 25. Okt. 1400 hat es ihm der neue Kg. Johann mit dem für ihn eingerichteten einflußreichen Amt des Protektors der Univ. Lissabon gedankt. P. Feige

Lit.: A. MOREIRA DE SA, O Infante D. Henrique e a Universidade, 1960 – A. BRASIO, As razões de João d.R. nas Cortes de Coimbra, Lusitania Sacra 3, 1958 – N. ESPINOSA GOMES DA SILVA, João d. R. e Outros Juristas Portugueses da Univ. de Bolonha (1378–1421), 1960 – A. BRASIO, O Dr. João d.R., Prior da Colegiada de S. Maria da Oliveira em Guimarães, Anais 23/2, 1975, 159–170 – DERS., Uma grande figura de legista e de portuguès: o chanceler João d.R., Anais 24/1, 1977, 9–24.

51. Johann v. Tetzen → Tetzen, Johann v.

52. J. v. Viktring, Abt v. Viktring 1312–45/47, Geschichtsschreiber, Geburtsjahr und -ort unbekannt, † 1345/47. – [1] *Leben:* Gegen die vermutete Herkunft aus dem ö. Frankreich sprechen Stil und Stil J.s, die auf den bayer.-österr. Raum hinweisen. Als Hofkaplan und Rat stand er in enger Verbindung zu Kg. →Heinrich v. Böhmen (54. H.), und nach dessen Tod (1335) zu dem neuen Landesfs.en, Hzg. →Albrecht II. v. Österreich. Auch Patriarch Bertrand v. Aquileia berief J. in seinen Rat.

[2] *Werke:* Von J.s Hauptwerk »Liber certarum historiarum« hat sich in einer Hs. aus Wessobrunn (heute clm 22107) das Autograph mit Korrekturen und Randnotizen des Autors erhalten. Die in sechs Bücher gegliederte Darstellung umfaßt die Gesch. von der späten Stauferzeit bis in die unmittelbare Gegenwart des Autors mit einem Schwerpunkt im Bereich seiner Lebenszeit. Als Hauptq. dienten →Ottokars Steirische Reimchronik, die Salzburger Annalen und die Chronik des →Martin v. Troppau. In der Konzeption ist J. stark von →Otto v. Freising beeinflußt, ohne aber dieses Vorbild in Sprache und Stil oder gar im metaphys. Hintergrund zu erreichen. Trotzdem übertrifft er an Bildung und Belesenheit, aber auch an Latinität seine Zeitgenossen bei weitem. J. selbst hat sein Werk mehrfach überarbeitet. – J.s zweites Werk, die »Cronica Romanorum«, ist eine eher flüchtige Zusammenstellung von Leseüchten, die mehr eine »Geschichte der Denkweisen« als eine »Geschichte der Römer« bieten will. Schließlich wird J. auch die Umarbeitung der Gründungsgesch. seines Kl. (»Hist. fundationis cenobii Victoriensis«) zugeschrieben, die er mit einer knappen Darstellung der Frühgesch. des Zisterzienserordens einleitete.

H. Dopsch

Ed.: H. PEZ, Scriptores rerum Austriacarum, I, Leipzig 1721, 753f. – BOEHMER, Fontes, I, 271–450 – F. SCHNEIDER, MGH SRG, 2 Bde, 1909/10 – J.v.V., Cronica Romanorum, hg. A. LHOTSKY (Buchreihe des Landesmus. für Kärnten 5, 1960) – *Lit.:* NDB X, 574f. – Verf.-Lex.² IV, 789–793 – E. KLEBEL, Zu den Fassungen und Bearbeitungen von J.v.V. Liber cert. hist., MIÖG Ergbd. 11, 1929, 354–373 – A. LHOTSKY, Q. kde zur ma. Gesch. Österreichs, MIÖG Ergbd. 19, 1963, 292–307 – DERS., J.v.V. (DERS., Europ. MA [= Aufs. und Vortr. I], 1970), 131–148 – H. FICHTENAU, Herkunft und Sprache J.s v. V., Carinthia I, 165, 1975, 25–39 – E. HILLENBRAND, Der Geschichtsschreiber J.v.V. als polit. Erzieher (Fschr. B. SCHWINEKÖPER, 1982), 437–453.

53. J. v. Viterbo, verfaßte 1228 den »Liber de regimine civitatum« (s. a. →Latini Brunetto), einen Podestàspiegel (→Podestà). In seinem Traktat erklärt J. als Jurist und Assessor des Podestà v. Viterbo Wesen und Aufgaben dieses Amtes sowie die dafür notwendigen persönl. Voraussetzungen. Ferner entwickelt J. seine Gedanken über das Verhältnis zw. geistl. und weltl. Macht. So wie der Mensch sich aus Geist und Körper (»ex spiritu et carnali corpore«) zusammensetze, gebe es zwei unterschiedl. Rechtsbereiche, denen er unterstehe, näml. einem geistigen und einem weltl. Gesetz (»potestas spiritualis et temporalis«). Gott als Inhaber beider Gewalten habe ihre Ausübung seinen Stellvertretern auf Erden, Papst und Ks., übertragen. Indem sich bei J. Sacerdotium und Imperium gleichbedeutend und voneinander unabhängig gegenüberstehen, vollzieht er eine scharfe Trennung zw. geistl. und weltl. Macht. P. Thorau

Ed.: BIMAE III, 1901, 215–280 – *Lit.:* F. HERTTER, Die Podestàlit. Italiens im 12. und 13. Jh., 1910.

54. J. Wonnecke (Dronnecke) **v. Kaub** (J. de Cuba), Verf. des →»Gart der Gesundheit«, *um 1430, † 1503/04, aus Kaub am Rhein, seit Wintersemester 1448 in Köln immatrikuliert, ab 1451 in Erfurt, wo er 1453 zum Bacc. art. und anschließend zum Mag. med. promoviert wurde. 1455–60 wahrscheinl. Arzt zu Frankfurt a. M., wirkte J. in den 60er und frühen 70er Jahren als Leibarzt hochgestellter Persönlichkeiten (→Bernhard v. Breidenbach) zu Mainz und versorgte seit 1476 Pfgf. →Friedrich I., den Siegreichen (31.F.), wobei er am Heidelberger kurpfälz. Hof mit bedeutenden Vertretern dt. med. Fachprosa zusammentraf. 1484–1503/04 war J. Frankfurter Stadtarzt.

Als herausragendem Antihumanisten und gutem Kenner altdt. Medizinlit. gelang es ihm, seinen humanist. geprägten Auftraggeber Bernhard v. Breidenbach irrezuführen und landessprachigen Fachprosatexten des 12.–14. Jh. zum wirkungsgesch. Durchbruch zu verhelfen. Was Eucharius →Rößlin d. Ä. auf den Gebieten von Geburtshilfe und Säuglingspflege glückte, ist ihm auf dem Sektor der →Kräuterbücher gelungen, die er bis an die Schwelle des 20.Jh. prägte. →Hortus Sanitatis. G. Keil

Lit.: R. W. FUCHS, Die Mainzer Frühdrucke mit Buchholzschnitten ..., AGB 2, 1966, 1–129 – G. KEIL, 'Gart', 'Herbarius', 'Hortus' ... (Fschr. W. F. DAEMS [Würzburger med. hist. Forsch. 24, 1982]), 589–635.

55. J. v. Würzburg, Verf. des 1314 vollendeten höf. Versromans »Wilhelm v. Österreich«. Nach Äußerungen in seinem Werk stammte er aus Würzburg, war geistlich gebildet und besaß lit. Kontakte im schwäb. Raum. Der adlige Auftraggeber des den Hzg.en Leopold und Friedrich v. Österreich gewidmeten Romans ist im Umkreis des Herzogshofes zu suchen. – Den Typ des im 13.Jh. entwickelten Minne-Abenteuer-Romans aufnehmend, erzählt J. die Geschichte einer Liebesbeziehung zw. dem christl. Herzogssohn Wilhelm und der heidn. Prinzessin Aglye, die über zahlreiche Abenteuer, Kämpfe und schließlich eine Massenschlacht zw. Orient und Okzident zur dauerhaften Ehe des Paares bis zu dessen Tod führt und das anfangs in Frage stehende Fortleben der österr. Dynastie sichert. Ohne daß eine direkte Quelle zu nennen ist, hat J. zahlreiche Erzählmotive früherer Romane aufgenommen. Eine phantast. Orientwelt ist mit pseudohist. Bezügen und Kreuzzugselementen z. T. rationalisierend verbunden und durch vielfältiges Hervortreten des Erzählers an das Publikum herangerückt. Das Interesse an dem Roman dokumentieren 10 vollständige Hss. und mehrere Fragmente sowie eine Übertragung in Prosa, die 1481 gedruckt und wiederholt aufgelegt wurde.　U. Schulze

Ed.: Wilhelm v. Österr. Aus der Gothaer Hs., ed. E. REGEL, 1906 [Neudr. 1970] – *Lit.:* Verf.-Lex.² IV, 824–827, J.v.W. II [I. GLIER] – H. BECKER, Zur hs. Überl. des »W.v.Ö.« J.v.W., ZDPh 93, 1974, Sonderh., 156–185 – TH. CRAMER, Aspekte des höf. Romans im 14. Jh. (Zur dt. Lit. und Sprache des 14. Jh., hg. W. HAUG u. a., 1983), 208–220 – D. HUSCHENBETT, Tradition und Theorie im Minneroman. Zum »W.v.Ö.« des J.v.W. (ebd.), 238–261 – M. SCHOLZ, Zum Verhältnis von Mäzen, Autor und Publikum im 14. und 15. Jh.: »W.v.Ö.« – »Rappoltsteiner Parzifal« – »Michel Beheim«, 1987.

56. J. v. Zürich, Kanzler, Bf. v. →Straßburg, * 1260/70, →Priestersohn, † 6. Nov. 1328, ⌐ Spitalskirche Molsheim; studierte 1290–96 in Bologna, war ab 1298 Protonotar Kg. Albrechts I. und als dessen Gesandter maßgebl. an Verhandlungen mit Philipp IV. v. Frankreich und Bonifatius VIII. beteiligt; 1301 Propst des Chorherrenstifts am Großmünster in Zürich, 1302 als Vizekanzler genannt, 1303 Hofkanzler bis zum Tod Albrechts I. (1308). 1305 wurde J. zum Bf. v. →Eichstätt gewählt, 1306 zum Bf. v. Straßburg ernannt, 1320–21 und 1336 von Friedrich d. Schönen wiederum zum Kanzler berufen. Als Bf. v. Straßburg gelang es J., Verf. kanon. Schriften, seine Position gegenüber d. Stadt Straßburg zu behaupten.　M. Krissl

Lit.: NDB X, 537 – J. BERNOULLI, Propst J.v.Z., Kg. Albrechts Kanzler, JSchG 42, 1917, 281–334 – S. STELLING-MICHAUD, Les juristes suisses à Bologne, 1960 – W. STELZER, Zur Kanzlei der Hzg. e v. Österreich (Landesherrl. Kanzleien, I, 1983, hg. G. SILAGI), 297–315.

Johanna (s. a. Jeanne)

1. J. v. Frankreich (Jeanne de France, J. de Valois), hl., *Kgn. v. Frankreich*, * 1464, † 1505; Tochter von Kg. →Ludwig XI., der die verwachsene Prinzessin aus seiner Umgebung verbannte und ihr Schloß Lignières (Berry) als Aufenthaltsort zuwies. Als sie das heiratsfähige Alter erreicht hatte, zwang Ludwig XI. eine Ehe mit Ludwig v. Orléans zur Heirat mit J., deren Unfähigkeit, Kinder zu bekommen, bekannt war. Als Ludwig infolge des plötzlichen Todes von Karl VIII. (1498) zum Thron gelangte (→Ludwig XII.), setzte er in einem langen Prozeß die Auflösung der erzwungenen Ehe durch, um die Kgn.-witwe →Anna v. Bretagne heiraten zu können. J., die ihr Schicksal mit Würde trug, zog sich, mit einer hinreichenden Pension versehen, nach Bourges zurück und gründete dort mit Unterstützung des Franziskanerpaters Gilbert Nicolas 1501 den Orden der →Annuntiatinnen, dem sie als Religiose beitrat. Nachdem 1501 die pästl. Approbation der Regel erfolgt war, zählte J. 1504 zu den fünf ersten, Annuntiatinnen, die ihr Gelübde ablegten.　Y. Labande-Mailfert

Lit.: →Ludwig XII., →Annuntiatinnen.

2. J. (Juana) **Manuel**, *Kgn. v. Kastilien* 1369–79, * 1339, † 1379 Salamanca, Tochter von →Juan Manuel und Blanca de la Cerda y Lara, ∞ →Heinrich II. Trastámara (20.H.) 1350 (späterer Kg. v. Kastilien), eine Eheschließung, die gegen den Willen der kast. Kgn. Maria v. Portugal durchgesetzt wurde, die die Tochter des mächtigen Adelsführers für ihren Sohn Peter I. zu gewinnen suchte. Infolge der polit. Aktivitäten ihres Gatten führte J. bis zum endgültigen Sieg der Trastámara-Sache (1369) ein unstetes Leben, das sie nach Kerkerhaft und Exil schließlich als Kgn. beendete. Ihrem Sohn Johann (I.) hinterließ sie das Lara-Erbe und den Señorío v. Vizcaya.　L. Vones

Lit.: →Heinrich II. Trástamara (20.H.).

3. J. v. Portugal, *Kgn. v. Kastilien*, Tochter Kg. Eduards I. v. Portugal und Leonores v. Aragón; * 1439 Almada bei Lissabon, † 13. Juni 1475 Madrid; ⌐ S. Francisco, ebd.; ∞ Kg. Heinrich IV. v. Kastilien, 21. Mai 1455 in Córdoba; Tochter: →Johanna 'la Beltraneja' (* 1462). Als 1465 auf einem der Höhepunkte der langjährigen Adelsrevolten in Kastilien Kg. Heinrich abgesetzt wurde und sein Stiefbruder Alfons zum Kg. proklamiert wurde, bat J. vergebl. um ptg. Hilfe, um die Rechte ihrer Tochter auf die kast. Nachfolge zu sichern. Der Vertrag v. →Toros de Guisando 1468 trennte J. von ihrem Mann Heinrich und erklärte, nachdem Alfons inzwischen gestorben war, dessen Schwester Isabella (→Isabella die Kath.) zu Heinrichs Nachfolgerin. Daran konnten weder J. mit Protesten bei Papst Paul II. noch Kg. Heinrich etwas ändern, der widerrief, sich mit J. versöhnte und ihre Tochter Johanna zu seiner Erbin und Nachfolgerin erklärte.　P. Feige

Lit.: →Heinrich IV. v. Kastilien (22.H.).

4. J. 'la Beltraneja', *Infantin v. Kastilien*, * 1462 Madrid, † 1530 Lissabon, Tochter Kg. Heinrichs IV. v. Kastilien und der Johanna v. Portugal. Obwohl zunächst von Eltern und Ständen als legitime Erbin und Thronfolgerin anerkannt, schürte die polit. Opposition gegen Kg. Heinrich bald Zweifel an ihrer Legitimität unter Hinweis auf unterstellte Zeugungsunfähigkeit des Kg.s und Leichtlebigkeit der Kgn. und schob die Vaterschaft dem Günstling des Kgs., Beltrán de la Cueva, zu. In den bürgerkriegsähnl. polit. Wirren in Kastilien begünstigte die Opposition gegen Kg. Heinrich die Thronfolge zunächst des Stiefbruders Alonso, dann der Schwester Isabella. 1468 im Vertrag v. →Toros de Guisando anerkannte Heinrich Isabella als legitime Erbin, erklärte damit explizit die Illegitimität J.s, jedoch wohl nur aufgrund der prekären innenpolit. Lage und im Hinblick auf die ebenfalls umstrittene Legitimität seiner 2. Ehe, da er 1470 ihre Rechte wieder anerkannte und sie dem Hzg. v. Guyenne, dem Bruder Kg. Ludwigs XI., zur Ehe versprach. Nach Kg. Heinrichs Tod verlobte sich Kg. Alfons V. v. Portugal mit J. und trat an der Seite einer kast. Adelsopposition in den kast. Erbfolgekrieg gegen die Kath. Kg.e ein. Nach deren Sieg wurde in der Vermittlung ('Tercerías') v. Moura 1479 festgelegt, daß J. auf den kast. Thron verzichte und zw. der Ehe mit →Johann, dem Infanten v. Kastilien oder dem Kl.leben in Portugal wählen solle. J. optierte für das Kl. Santa Clara in Coimbra, nannte sich jedoch weiterhin Kgn. v. Kastilien und lebte meist außerhalb des Kl. Heiml. betriebene Ehepläne mit Kg. Franz Phöbus v. Navarra scheiterten. Nach Kgn. Isabellas Tod dachte Kg. Ferdinand daran, J. zu heiraten. 1522 verzichtete J. wohl in Übereinstimmung mit Karl V. auf ihre Rechte zugunsten Kg. Johanns III. v. Portugal, den sie adoptierte. 1523 plante Franz I. ihre Entführung, um gegen Karl V. ein Druckmittel zu gewinnen. Die Forsch. zweifelt heute kaum noch an J.s Legitimität und sieht in ihr ein Opfer der polit. Verhältnisse der Zeit.　H. Pietschmann

5. J. I. 'la Loca' ('die Wahnsinnige'), *Kgn. v. Kastilien und Aragón* 1504–55, * 6. Nov. 1479 Toledo, † 12. April 1555 Tordesillas, Tochter Ferdinands II. v. Aragón und Isabellas der Katholischen (→Kath. Könige); ∞ Philipp d. Schönen, Sohn Ks. Maximilians I. 1496. Durch den frühen Tod ihrer Geschwister und deren Nachkommen wurde I. Erbin der Kronen Kastilien und Aragón. Obwohl sie schon bald Anzeichen geistiger Verwirrung zeigte, empfing sie nach dem Tod der Mutter (26. Nov. 1504) in Toro den Eid der Cortes, wurde allerdings von ihrem Vater für regierungsfähig erklärt. Vom Febr. 1509 bis zu ihrem Tod wurde J. in Tordesillas gepflegt, während die Führung der Regierungsgeschäfte Ferdinand oblag, nach dessen Tod J.s Sohn Karl I. (V.) den Kg.stitel annahm. Außer Karl hatte J. einen weiteren Sohn Ferdinand (I., Ehzg. v. Österreich, Kg. v. Böhmen und Ungarn, dann dt. Kg. und Ks.) und vier Töchter. L. Vones

Lit.: A. RODRÍGUEZ VILLA, La reina Doña Juana la Loca, estudio historico, 1892 – Testamento y codicilio de la Reina Isabel la Católica, ed. L. VÁZQUEZ DE PARGA, 1969.

6. J. I., *Kgn. v.* →*Navarra*, * um 1270, † 1305, Tochter des letzten Kg.s v. Navarra aus dem Hause →Champagne, →Heinrich 'le Gros', und der Blanche v. Artois. Durch J., die nur die ersten fünf Jahre ihres Lebens in Navarra verbrachte, kam das Erbe ihres Hauses an die →Kapetinger. Nach dem Tode ihres ungeschickt regierenden Vaters brachen offene Konflikte aus (städt. Aufstand in →Pamplona, 1275–76); es drohten Invasionen der mächtigen Nachbarn (1275 Kastilien). Als kapet. Prinzessinnen unterstellten sich Blanche v. Artois und ihre Tochter J. dem Schutz Philipps III., der Navarra durch seine Truppen unter dem energ. Eustache v. Beaumarchais befrieden ließ. Der Kg. leitete die Vermählung der J. mit seinem Sohn →Philipp dem Schönen in die Wege, der somit dank seiner Gattin Titel und Erbe des Kgr.es Navarra und der Gft. en Champagne und Brie wieder mit der Krone Frankreichs vereinigte. Er und seine Nachfolger (mit Ausnahme Ludwigs X., 1308) haben aber Navarra, das weiterhin von Gobernadoren verwaltet wurde, nicht besucht. Kgn. J., die stark im Schatten ihres Gemahls stand, stiftete zu Paris das Collège 'de Navarre' für Studenten aus der Champagne und Navarra. B. Leroy

Lit.: J. M. LACARRA, Hist. política del Reino de Navarra, t. II, 1972 – J. FAVIER, Philippe le Bel, 1978.

7. J. II., *Kgn. v.* →*Navarra* 1328–49, * 1311, † 1349 auf Schloß Bréval (Normandie) an der Pest, Tochter von Kg. →Ludwig X. v. Frankreich, wurde 1316, nach dem Tod ihres Vaters und ihres als Säugling verstorbenen Halbbruders →Jean I., von ihrem Onkel →Philipp (V.) von der Thronfolge ausgeschlossen (→Frankreich, A. V), wobei erstmals das sal. Recht (→Lex Salica) gegen weibl. Erbfolge ins Feld geführt wurde. Philipp V. behielt aber auch Navarra ein, obwohl dort die Rechte der Erbtöchter anerkannt wurden. J. wuchs bei ihrem Onkel, dem Hzg. v. Burgund, auf. Unter den letzten Kapetingern, Philipp V. (1316–22) und Karl IV. (1322–28), wurde ihr die Anerkennung ihrer Ansprüche (Frankreich, Navarra, Burgund) konsequent verweigert; als Entschädigung erhielt sie lediglich die Gft. →Angoulême, dann die Gft. Longueville (Normandie). Sie heiratete ihren Vetter →Philipp v. Évreux, Sohn Ludwigs v. Évreux, des letzten Bruders Kg. Philipps IV.

Nach dem Tod Karls IV., der nur eine postum geb. Tochter hinterließ, wurde der frz. Thron gemäß sal. Recht dem Vetter des Verstorbenen, →Philipp VI. v. →Valois (1328–50), übertragen. Der *Grand Conseil* des Kgr.es Frankreich sprach Navarra dagegen J. als der rechtmäßigen Erbin zu. J. und ihr Gemahl zogen aber erst ein Jahr später in →Pamplona ein und empfingen die Königsweihe. Sie unternahmen große Anstrengungen, um ihre Herrschaft zu festigen: Erlaß verbesserter →*Fueros*, Aufbau einer gut funktionierenden Regierung aus Franzosen und Navarresen. Nach dem Tod ihres Gemahls, der 1343 auf einem Kreuzzug Alfons' XI. v. Kastilien verstarb, wandte sich J. jedoch ihren frz. Angelegenheiten zu und forderte von Philipp VI. die Herausgabe einer Reihe von Besitzungen. Nach ihrem Tod trat ihr Sohn →Karl II. die Nachfolge in Navarra und →Évreux an. B. Leroy

Lit.: R. CAZELLES, La société politique et la crise de la royauté sous Philippe VI de Valois, 1958 – J. FAVIER, La Guerre de Cent Ans, 1980.

8. J. v. Frankreich (J. v. Valois), *Kgn. v.* →*Navarra,* † 1373, Tochter Kg. →Johanns II. v. Frankreich, wurde 1355 als Unterpfand der Versöhnung zw. Johann II. und →Karl II. v. Navarra mit letzterem vermählt. Die von der navarres. Historiographie stark verdrängte J. nahm als – zumindest nominell – Inhaberin des Amtes des *Gobernador* oder *lieutenant* die Stellvertretung ihres Gemahls wahr, wenn dieser in Frankreich weilte; umgekehrt reiste sie während der Aufenthalte Karls II. in Navarra oft in seinem Namen an den frz. Hof und nach Montpellier. In ihrer Persönlichkeit stark von der Zugehörigkeit zum frz. Kg.shaus geprägt, bemühte sie sich nachdrücklich, aber erfolglos um eine Versöhnung zw. ihrem Mann und Kg. Karl V., ihrem Bruder. B. Leroy

Lit.: R. DELACHENAL, Hist. de Charles V, 5 Bde, 1909–31 – J. FAVIER, La Guerre de Cent Ans, 1980 [s. o.].

9. J. Enríquez, *Kgn. v. Navarra und Aragón,* * 19. Febr. 1425 Torrelobatón, Kastilien, † 1468 Tarragona, □ Kl. Bolet, Tochter von Fadrique →Enríquez und Marina de Córdoba, ∞ Kg. Johann II. v. Aragón (seit 1447), Mutter Ferdinands II. d. Kath. 1451 übte sie zusammen mit ihrem Stiefsohn →Karl v. Viana das Amt eines Generalstatthalters v. Navarra aus. Während des navarres. Bürgerkriegs stellte sie sich gegen Karl v. Viana und die →Beaumonteses. 1461 leistete man ihr den Treueid als Vormund ihres Sohnes Ferdinand. Gleichzeitig übernahm sie das Amt eines Generalstatthalters v. Katalonien. 1462 zog sie sich nach Konflikten mit den herrschenden Kreisen in Katalonien aus Barcelona zurück. Während des katal. Bürgerkriegs entfaltete sie eine rege polit. und diplomat. Tätigkeit. 1465 wurde sie zum Generalstatthalter der Krone Aragón ernannt. Ihr Tod, mitten im Bürgerkrieg, war ein schwerer Verlust für ihren Gatten. J. Sobrequés Callicó

Lit.: General Enciclopedia Catalana VIII, 1975, 760f. [SOBREQUÉS I CALLICÓ] – N. COLL, J. E., Lugarteniente general de Cataluña (1461–68), 2 vol., 1953.

10. J. I. v. Anjou, *Kgn. v. Neapel,* * 1326, † 27. Juli 1382 (ermordet). Eltern: Karl, Hzg. v. Kalabrien, Sohn Kg. Roberts, Maria v. Valois. J. wurde 1330 als Thronerbin anerkannt, 26. Sept. 1333 mit dem Hzm. Kalabrien investiert. Nach dem Tod Roberts v. Anjou (20. Jan. 1343) wurde J. Kgn. des Regnum Siciliae, infolge ihrer Minderjährigkeit unterstützt von einem testamentar. bestimmten Regentschaftsrat, in dem die jüngeren Linien Anjou-Durazzo und Anjou-Tarent sowie die Kirche nicht vertreten waren. Clemens VII. erklärte daher den Regentschaftsrat für abgesetzt und entsandte Kard. Aimery de Chatelus, der vom Mai 1344 an ein Jahr lang das Regnum als Lehen der Kirche verwaltete. Der Mitwisserschaft an der Ermordung ihres Gatten →Andreas v. Ungarn (18./19. Sept. 1345) verdächtigt, floh J. am 15. Jan. 1348 in ihre Gft. Provence, während Kg. Ludwig v. Ungarn, Andreas' Bruder, in das Regnum einfiel. In Avignon erwirkte sie von Clemens VII. die Anerkennung ihrer 2. Ehe (9. Sept. 1347 ohne päpstl. Dispens) mit Ludwig v. Tarent. Im Juni 1348 verkaufte sie →Avignon an den Papst und kehrte nach dem Abzug Ludwigs v. Ungarn am 17. Aug. nach Neapel zurück. Der Friedensschluß nach einem 2. Feldzug Ludwigs d. Gr. (April–Sept. 1350) im April 1352 ermöglichte die Krönung J.s und ihres Gatten (23. Mai 1352). Nach einer schwierigen Phase (Revolte der Durazzo, Invasion der »Großen Compagnie« des Gf. en v. Landau 1355) konnte J. aufgrund eines Bündnisses mit den Chiaromonte und den Sizilienfeldzügen des Nicolò →Ac-

ciaiuoli (März–Aug. 1354) Weihnachten 1356 in Messina die Huldigung der Sizilianer entgegennehmen, doch gewann sie erst nach dem Tod Ludwigs v. Tarent (24. Mai 1362) dem Sieg über die Linie Durazzo, der Vertreibung der Söldnertruppen und der Befriedung der Provence Autorität und Unabhängigkeit. Am Anfang ihrer persönl. Herrschaft standen ihre 3. Heirat mit Jakob III. v. Mallorca (14. Dez. 1362), und sofort eingeleitete Friedensverhandlungen mit Friedrich IV. (III.) v. Sizilien, die erst 1372 mit der Anerkennung der Insel als autonomem, jedoch in einem Vasallitätsverhältnis zum Kgr. Neapel stehenden Kgr. Trinacria abgeschlossen wurden. Seit Okt. 1365 stand J. – im Auftrag Urbans V. →Albornoz – Kard. zur Seite. Im folgenden Jan. verließ Jakob v. Mallorca das Regnum. Ihre 4. Ehe, mit Otto v. Braunschweig, wurde in Avignon per procuram am 28. Dez. 1375 in Gegenwart Gregors IX. geschlossen. J.s enge Bindungen an den Hl. Stuhl (vermittelt durch Nicolò Spinelli) bestimmten ihre Rolle im Schisma Clemens' VII. (1378). April 1380 von Urban VI. exkommuniziert und abgesetzt (der Karl III. v. Durazzo am 1. Juni 1381 mit dem Regnum investierte), adoptierte sie am 19. Juni 1380 Ludwig v. Anjou als Erben. Nach der Niederlage gegen Karl III. v. Durazzo wurde J. gefangengesetzt und schließl. in ihrem letzten Haftort Muro Lucano ermordet. S. Fodale
Lit.: M. CAMERA, Elucubrazioni storico-diplomatiche su Giovanna I regina di Napoli e Carlo III di Durazzo, 1889 – E. G. LEONARD, Hist. de Jeanne I reine de Naples, ... III, 1936 – DERS., Les Angevins de Naples, 1954.

11. J. II. v. Anjou-Durazzo, *Kgn. v. Neapel*, * Ende 1370/Anfang 1371 Buda, † 2. Febr. 1435 Neapel. Eltern: Karl (III.) und Margarete v. Durazzo. Im Sommer 1376 zog J. mit der Mutter von Ungarn nach Neapel. Nach der Ermordung ihres Vaters (Febr. 1386) sollte ein Eheprojekt mit Ludwig II. v. Anjou den Frieden im Regno wiederherstellen. Nach dem Fehlschlag weiterer Heiratsprojekte (mit Mgf. Theodor v. Montferrat, Kg. Sigmund v. Ungarn, Giovanni Maria Visconti) wurden 1399–1403 Verhandlungen zwecks einer Ehe mit Hzg. Wilhelm v. Österreich geführt, die zuletzt an einer Sinneswandlung J.s scheiterten. 1412 erkannte Papst Johannes XXIII. J.s Sukzessionsrecht an, so daß sie ihrem Bruder Ladislaus († 6. Aug. 1414) auf den Thron v. Neapel folgte. Bedrängt von den aufrührer. Baronen, die die alten Bindungen zum frz. Thronprätendenten aufrechterhielten und von den Schwierigkeiten, aus den Erträgen der Krondomäne das zahlenstarke Heer zu bezahlen, ernannte J. den bedeutendsten der Condottieri, Muzio Attendolo →Sforza, zum Konnetabel. Ihm gelang der Sieg über die rebellierenden Barone. Nach weiteren Eheverhandlungen (v. a. mit Johann v. Aragón) ∞ Aug./Sept. 1415 →Jakob v. Bourbon, Gf. de la Marche. Dieser machte sich eine Verschwörung der Barone zunutze, ließ J., M. A. Sforza und ihren Favoriten Pandolfo Piscopo Alopo gefangensetzen und riß die Herrschaft an sich. Sept. 1416 durch einen von Ottino Caracciolo organisierten Aufstand befreit, trat J. wiederum die Herrschaft an. Jakob verlor seinen Kg.stitel und die Franzosen wurden vertrieben. Hochverschuldet zum Verkauf weiterer Teile der Krondomäne gezwungen und bedrängt von einer Reihe von Aufständen gegen ihren Favoriten Ser Gianni →Caracciolo (1417), erwirkte J. die Krönung und Investitur (29. Okt. 1419) von Papst Martin V. Colonna, der daran interessiert war, die Lehnsrechte des Papsttums und den Einfluß seiner Familie geltend zu machen. Als Nachfolger J. s designierte und investierte der Papst jedoch Ludwig III. v. Anjou, der sich danach als Kg. gerierte. Von Sforza im Stich gelassen, adoptierte J. als Sohn und Thronerben Alfons (il Magnanimo), Kg. v. Aragón und Sizilien, investierte ihn mit dem Hzm. Kalabrien (Sept. 1420), ernannte ihn (Juli 1421) zu ihrem Vikar, übertrug ihm die Herrschaft und behielt sich nur die Verwaltung einiger Güter vor. Während die beiden Thronprätendenten sich bekriegten, brachte J. M. A. Sforza wieder auf ihre Seite, konnte Alfons, mit dem sich hauptsächl. wegen Ser Gianni entzweit hatte, besiegen und dessen Adoption und Vikariat widerrufen (1. Juli 1423). Sie schloß danach mit Martin V. Frieden, adoptierte Ludwig v. Anjou und übertrug ihm Kalabrien (Sept. 1423). Verwickelt in zahlreiche interne und internat. Intrigen, beteiligte sie sich schließlich an der Verschwörung gegen Ser Gianni, die zu dessen Ermordung führte (19. Aug. 1431). Nach Ludwigs III. Abzug (1429) nahm sie wieder mit Alfons Verhandlungen auf, um ihn erneut als Nachfolger anzuerkennen, falls er sich verpflichte, zu ihren Lebzeiten nicht zu intervenieren, und schloß, unterstützt von Eugen IV., mit ihm einen zehnjährigen Waffenstillstand (Juli 1433). Testamentar. setzte J. Ludwigs Bruder →René v. Anjou als Nachfolger ein. S. Fodale
Lit.: N. F. FARAGLIA, Storia della regina Giovanna II d'Angiò, 1904 – A. CUTOLO, Re Ladislao d'Angiò Durazzo, 1969.

12. J., *Kgn. v. Sizilien*, Gfn. v. Toulouse, 3. Tochter von Kg. Heinrich II. v. England und der →Eleonore v. Aquitanien, * 1165, † 1199 im Kindbett; ∞ 1. →Wilhelm II., Kg. v. Sizilien, 1177 (1169 verlobt), 2. →Raimund VI., Gf. v. Toulouse, 1196. Nach dem Tod Wilhelms (1189) behandelte sein Nachfolger →Tankred sie mit Verachtung. Ihr Bruder →Richard Löwenherz forderte 1190 Wiedergutmachung, als er sich auf dem Weg zu den Kreuzfahrern befand. J. begleitete Richard, der während seiner Verhandlungen mit →Saladin 1191 die Heirat J.s mit Saladins Bruder anregte. Doch kehrte sie nach Europa zurück und heiratete Gf. Raimund VI. v. Toulouse. J. Critchley
Lit.: J. GILLINGHAM, Richard the Lionheart, 1978.

13. J., *Hzgn. v.* →Brabant seit 1356, * 24. Juni 1322, † 1. Dez. 1406, ältere Tochter von Hzg. →Johann III., ∞ 1. 1334 Wilhelm († 1345), Gf. v. Hennegau und Holland, 2. Wenzel († 1383), Hzg. v. →Luxemburg. Beim Tode ihres Vaters war die Erbfolge nicht geregelt. Das Land war bereit, J. als Hzgn. anzuerkennen, sofern sie die →Joyeuse Entrée anzunehmen bereit war, was sie am 3. Jan. 1356 zusagte. Nachdem Ende Febr. 1356 der Status ihres Gemahls Wenzel geregelt worden war (Ausschluß der Erbfolge der →Luxemburger, wenn J. kinderlos sterben sollte, fanden die Beisetzung ihres Vaters, die Huldigung des neuen Herzogspaares und die Besiegelung der Joyeuse Entrée statt. Doch wurde von →Ludwig v. Male, dem Gf.en v. Flandern und Gemahl von Margaretha, der jüngeren Schwester der Hzgn., die Erbfolge der J. im Brabanter Erbfolgekrieg angefochten. Der Konflikt wurde am 4. Juni 1357 mit dem Vertrag v. Ath, durch den →Antwerpen und →Mecheln an den Gf.en v. Flandern fielen, beendet. Da beide Ehen J.s kinderlos geblieben waren, konnte Hzg. →Philipp der Kühne v. Burgund (∞ Margaretha v. Male, Gfn. v. Flandern) seinen zweiten Sohn →Antoine als Nachfolger in Brabant durchsetzen, eine wichtige Etappe auf dem Wege des burg. Vordringens in den Niederlanden. P. Avonds
Lit.: BNB X, s. v. – H. LAURENT – F. QUICKE, Les origines de l'état bourguignon. L'accession de la Maison de Bourgogne aux duchés de Brabant et de Limbourg, 1939 – F. QUICKE, Les Pays-Bas à la veille de la période bourguignonne, 1947.

14. J. v. Flandern, *Gfn. v.* →Flandern und →Hennegau, * 1199/1200, † 5. Dez. 1244, ▭ Abtei OCist Marquette,

Tochter des Gf.en →Balduin IX. (VI.), Ks.s v. Konstantinopel, und der Maria v. Champagne, trat Febr. 1206 – nach Eintreffen der Nachricht vom Ende ihres Vaters – das Erbe in den beiden Gft.en an. Bis zur Heirat mit →Ferrand v. Portugal (Jan. 1212) unterstand sie der Regentschaft ihres Oheims, Philipp v. Namur, und war gemeinsam mit ihrer Schwester Margareta dem Kg. v. Frankreich, Philipp II. August, als Faustpfand ausgeliefert. Nach der Schlacht v. →Bouvines (1214), während der langen Gefangenschaft ihres Gatten, war sie Spielball der Intrigen einer frankreichfreundl. Adelsgruppierung und hatte den Konflikt mit ihrem Schwager Bouchard d'→Avesnes, 1225 im Hennegau den Kampf gegen einen »falschen Balduin« zu führen. Ihr Gemahl wurde erst 1227, dank ihrer Bemühungen, freigelassen. 1231 gebar sie eine Tochter, Maria. J. förderte nachhaltig geistl. und karitative Einrichtungen (Zisterzienserinnen, Bettelorden, 'hospice comtesse' zu Lille, Bijloke-Abtei zu Gent). Nach dem Tod von Mann (1233) und Tochter (1235) heiratete sie 1237 Thomas v. Savoyen. Die Ehe mit ihm, der eine einseitig englandfreundl. Politik betrieb, blieb kinderlos; das Erbe fiel an ihre Schwester Margareta. J. verstand es, in einer Zeit starken polit. Drucks von seiten Frankreichs den wirtschaftl. Wohlstand ihrer Fsm.er dank umsichtiger Förderung der ökonom. Verbindungen mit England zu bewahren. Th. de Hemptinne

Lit.: CH. DUVIVIER, La querelle des d'Avesnes et des Dampierre, 1894 – TH. LUYKX, J. van Constantinopel, 1946 – D. E. QUELLER, Diplomatic Personnel Employed by the Count of Flanders in the Thirteenth Century, Belgisch Tijdschrift voor Filologie en geschiedenis 34, 1956, 68–98, 385–422 – L. GOFFIN, Ferdinand de Portugal, 1967 – B. HENDRICKX, Het regentschap over Vlaanderen en Henegouwen, Belgisch Tijdschrift voor Filologie en geschiedenis 48, 1970, 377–393 – W. SIMONS, Stad en Apostolaat. De vestiging van de bedelorden in het graafschap Vlaanderen, 1987.

15. J., sog. Päpstin (als spätere Namen erscheinen: Jutta, Gilberta, Agnes, Glancia). Die seit der Mitte des 13. Jh. bekannten Hinweise auf eine namenlose Päpstin des endenden 11. Jh. veränderte und konkretisierte 1277→Martin v. Troppau: eine Päpstin J. habe Mitte des 9. Jh. regiert und während einer Prozession bei S. Clemente in Rom ein Kind geboren, das – wie auch die Mutter – auf der Stelle starb und dort begraben wurde. Nach einer 2. Version Martins wurde die Päpstin abgesetzt, in ein Kl. verwiesen und von ihrem zum Kard.bf. v. Ostia avancierten Sohn in Ostia bestattet. Spätere Berichte basierten weitgehend auf Martins 1. Version und schmückten sie aus. Lange für wahr gehalten, wurde die Legende seit der Reformation je nach Standpunkt angezweifelt oder zur Kirchenkritik herangezogen. Als mögl. Gründe für die Entstehung der Legende können gelten: Details bei der Einsetzung →Paschalis' II. (1099), historiograph. Lücken in bezug auf das 9. Jh., Deutung der päpstl. Inthronisation (→Papst); Inschrift, Statue und Kapelle bei S. Clemente, Änderung des Prozessionswegs, falsche Ordinalzahl bei →Johannes XXI. (statt: XX). B. Schimmelpfennig

Lit.: I. v. DÖLLINGER, Die Papstfabeln des MA, 1863 u.ö. – C. D'ONOFRIO, La papessa Giovanna, 1979 – A. BOUREAU, La papesse Jeanne, 1988 – K. HERBERS, Die Päpstin J., HJb 108, 1988, 174–194.

Johannes der Evangelist. Apostel, den Jesus vom Fischfang berief (Mk 1,19f.) und der in den synopt. Evangelien bes. herausgestellt wird: mit Petrus und seinem Bruder Jakobus war er bei der Erweckung der Tochter des Jairus (Mk 5,37) und der →Verklärung Jesu anwesend und in dessen Nähe am Ölberg (Mk 14,33); als einziger Apostel war er bei der Kreuzigung zugegen. Früh einsetzende Erzählungen der Apokryphen und der theol. Schriftsteller erhöhten den Rang des J. weiter: er galt als der Jünger, 'den Jesus liebte' und der beim Abendmahl an dessen Brust lag (ma. →Andachtsbild der 'Christus-Johannes-Gruppe'); J. soll sich in →Ephesos mit der ihm unter dem Kreuz anvertrauten Maria (nur Joh 19,27) aufgehalten und dort das 4. Evangelium geschrieben haben; auch drei der sog. kath. Briefe wurden ihm zugeschrieben (Lit.: THYEN); J. soll in der Verbannung auf Patmos die Offb verfaßt haben (→Apokalypse) und später in Ephesos gestorben sein; hier soll er eine Vergiftung durch Wein, in Rom an der Porta Latina eine Marter in siedendem Öl überstanden haben (weitere Legenden z. B. in der →Legenda aurea). – Zur Verwendung des (Anfangs des) J. evangeliums als Apotropaion (→Amulett) vgl. A. FRANZ, Die Messe in der dt. MA, 1902, 150. 595.

Die z. T. durch Joh 21,22f. ('wenn ich will, daß er bis zu meinem Kommen bleibt') angeregte Vorstellung, daß J. die übrigen Apostel überlebte, führte zu unterschiedl. Darstellungstypen in der bildenden Kunst: im O häufig als Greis mit weißem Vollbart, im W meist als jugendlichster der Apostel, wozu auch die in der Lit. häufige Betonung der Jungfräulichkeit des J. beitrug. J. Engemann

Darstellung: [1] *Westen:* Die wichtigsten ma. Darstellungsanlässe sind: bibl. Szenen mit Anwesenheit des J., Gruppenbilder der Apostel (wie Apostelkommunion, Aussendung der Apostel) oder Evangelisten, Zyklen der legendären Marienvita und Szenen und Zyklen der J.-Legenden (u. a. Ölmarter; Verbannung auf die Insel Patmos mit Abfassung der Offb; nach Domitians Tod Heimkehr in seine Bf.sstadt Ephesos mit Totenerweckung der Drusiana; Bekehrung und Taufe des gr. Philosophen Kraton; Zerstörung des Dianatempels in Ephesos; Herausforderung zum Giftbecher durch Aristodemos mit Totenerweckung und Aristodemos-Bekehrung; gemeinsamer Bau einer Kirche; wunderbares Hinscheiden mit Abschiedsgottesdienst, Selbstbestattung mit Mannawunder; Erscheinen Christi und wunderbare Heimholung mit Assistenz sämtl. Apostel; Glorie des J. (mit Immaculata-Vision). Ältester J.-Zyklus Vorhalle von S. Giovanni in Lat., Rom, 7. Jh. Viele hoch- und spätma. Darst., z. B. Glasmalereien Kathedrale zu Chartres, 13. Jh.; Freskenzyklus v. Giotto, Peruzzi-Kapelle, S. Croce, Florenz, 1310/15. Unter den Einzelbildern der Vita überwiegen die Patmos-Szene und das Ölmartyrium (z. B. Portaltympanon, St. Peter, Soest). Als Attribut trägt J. meist Buch oder Schriftrolle und auch Schreibutensilien; sein →Evangelistensymbol ist der Adler; an die Martyrien erinnern der Ölkessel sowie der Kelch mit Giftschlange oder Drachen (seit 14. Jh.) – Auf Dedikationsbildern seines Evangeliums ist J. oft bei der Übergabe seines Buches an Christus dargestellt, z. B. Perugia, Bibl. Mun., ms. 2, 9. Jh. Zusammen mit→Johannes d. Täufer im Zeichen des Anfanges und des Endes der Heilsgesch., z. B. Glasfenster, Straßburger Münster, 1235/40. G. Jászai

[2] *Byzanz:* Als →Apostel begegnet J. in vielen Szenen des ntl. und marian. Bilderkreises an herausragender Stelle (→Abendmahl, →Koimesis) meist als Jünglingsgestalt. Daneben Szenen aus der Vita (Lehre, Taufe, Martyrium, z. B. Cod. Par. gr. 510 fol. 32ᵛ, Mosaiken in S. Marco, Venedig). Unter den autonomen Bildern ist am häufigsten das von spätantiken Vorbildern abgeleitete Autorenbild in Evg.-Hss. (gelegentl. auch – auf Christus zuschreitend – als Widmungsbild aufzufassen). Als solcher wird J. in der Regel als kahlköpfiger Greis mit Stirnlocke und Bart (so schon Cod. Rossanensis, 6./7. Jh.) dargestellt, seit dem 10. Jh. auch häufig (nach den apokr. Jo-Akten, 5. Jh.) dem Schreiber Prochoros diktierend und der göttl. Inspiration

(Himmelssegment, Hand Gottes, Strahlen) zu(rück)gewandt (auch stehend, seltener mit anderen Begleitfiguren wie Maria verbunden). Ab dem 11. Jh. wird das Autorenbild gelegentl. mit der für den Evangelisten charakterist. Szene der Anastasis verbunden (z. B. Par. gr. 64 oder Cod. Ebnerianus, Oxford). Selten ist der Prophetenbild angegliechene Typus des Stehenden (Vat. gr. 699, 2. Hälfte 9. Jh.). Auf Ikonen auch im Brustbild, meditierend und die Finger an die Lippen legend (eine Weiterbildung des nachsinnenden Autors) sowie von Vitaszenen umgeben.

M. Restle

Lit.: zu [1 und 2]: LCI I, 124–150, 696–713; VII, 108–130 – RByzK II, s. v. Evangelisten – RDK IV, 448–517 – RÉAU, Iconographie de l'art chrétien III/2, 708–720.

Johannes der Täufer. Im NT als letzter atl. Prophet und Vorläufer (gr. Prodromos) Christi erwähnt. Seine Eltern Elisabeth und Zacharias waren bereits alt; die wunderbare Empfängnis wurde letzterem beim Priesteramt im Tempel durch einen Engel verkündet (Lk 1,5–25), etwa sechs Monate vor der Verkündigung an Maria und der 'Heimsuchung', der Begegnung von Elisabeth und Maria. J. lebte in der Wüste, bis er den 'göttl.' Auftrag zu Bußpredigt und Taufe erhielt; er taufte, mit einem Kamelhaargewand bekleidet, auch Jesus im Jordan und bezeugte ihn als leidenden Messias (Joh 1,29–34: Seht, das Lamm Gottes ...). Herodes kerkerte J. aus polit. Gründen ein (Flav. Josephus, Antiqu. 18,5,2) oder wegen seiner Kritik an der Ehe mit Herodias, der Frau seines Bruders (Mt 14,3–12; Mk 6,17–29); Salome, Tochter der Herodias aus erster Ehe, brachte den Kg. durch einen Tanz beim Mahle dazu, daß er J. enthaupten und ihr den Kopf auf einer Schüssel bringen ließ.

Bildende Kunst: [1] *Frühchristl. Zeit; Abendland:* J. ist meist bärtig dargestellt, mit Kamelhaargewand oder -mantel, bisweilen mit einem Fell; das lange Haar und der Bart sind oft ungepflegt, um das Asketische zu betonen. Die wichtigsten Attribute des J. sind: Rundscheibe mit dem Lamm Gottes (→Agnus Dei); Kreuzstab, bisweilen mit einem Schriftband, das auf die Gotteslamm-Bezeugung hinweist. Die frühesten und häufigsten Darst. des J. finden sich in Bildern der Taufe Christi, im 4. Jh. in der Grabkunst, seit dem 5. Jh. in Buchillustr., monumentaler Malerei u. a. Einzeldarst. sind seit dem 6. Jh. belegt: selbständig auf einer Ikone aus dem Sinaikl. in Kiev (K. WEITZMANN, The Monastery of Saint Catherine at Mount Sinai. The Icons I, 1976, Nr. B11), zw. den vier Evangelisten auf der Elfenbeinkathedra in Ravenna (W. F. VOLBACH, Elfenbeinarbeiten..., ³1976 Nr. 140). Drei Medaillons mit den Büsten v. J. und Maria und dem Gotteslamm im justinian. Mosaik der Apsisstirnwand der Marienkirche des Sinaikl. (G. H. FORSYTH–K. WEITZMANN, Monastery a.a.O., The Church and Fortress of Justinian, Plates, 1965, Taf. 103) können als zaghafte Vorläufer der später im O wichtigen →Deesis gelten. Szen. Zyklen waren im MA häufig, bes. in Italien: teils anläßl. von Kirchen- und Altarpatrozinien, v. a. aber an und in Baptisterien (z. B. Florenz: Mosaiken, Bronzetür, Silberantependium; Lit.: A. BUSIGNANI–R. BENCINI, Le chiese di Firenze, Il Battistero di San Giovanni, 1988). Die ntl. Biographie wurde hier durch zahlreiche legendäre Begebenheiten, auch nach dem Tode des J., erweitert (Denkmäler- und Szenenverzeichnis: WEIS, 177–187). Das J.schüsselattribut der ö. Malerei (→Abschn. 2) und der Umstand, daß durch die Plünderung von 1204 ein Kopfreliquiar des J. in Schalenform nach Amiens gelangte, führte im W seit der 1. Hälfte des 13. Jh. (ARNDT-KROOS, 260f.) zur Herstellung selbständiger →Johannesschüsseln aus Holz, Stein und Metall.

Eine mehrfach belegte Wunde auf der Stirn des J. kann mit der Rachsucht der Herodias erklärt werden (Hieronymus, Apologia contra Rufinum 3,42, MPL 23,510; ARNDT-KROOS, 301–307).

J. Engemann

[2] *Byzanz:* In der frühen Zeit als (kynischer) Philosoph dargest., daran anschließend seit dem 6. Jh. im Gewand (Chiton bzw. Tunika) aus Kamelhaaren oder Fell, meist mit Ledergürtel geschürzt; Haar und Bart lang und kraus bzw. wirr gelockt. In der spätbyz. Kunst (erstmals im Naos von Arilje, um 1296) auch als »Engel Christi« mit Flügeln (Textgrundlagen: Mal 3,1 sowie Mk 1,2 und Mt 11,10: »Siehe ich sende meinen Engel vor dir her, der deinen Weg bereiten soll.«, sowie patrist. und liturg. Texte). Als Attribute trägt er den Kreuzstab (Märtyrer), die Schriftrolle (Prophet), den Diskos mit dem Lamm (als Wegbereiter des Messias; das Lamm fehlt im O seit dem Verbot seiner Darst. auf dem Konzil v. 691/92), beigegeben häufig auch die Schüssel mit dem abgeschlagenen Haupt. Der Gestus der jeweils freien Hand ist als Hinweis- bzw. Zeugnisgestus zu interpretieren. Als Zeugengestalt für die Gottheit Christi bereits in der Fensterzone der Apsismosaiken von Parenzo-Poreč (6. Jh.) als Pendant zu seinem Vater Zacharias und in Verbindung mit den Szenen von Verkündigung und Heimsuchung sowie dem Lamm im Apsisbogenscheitel. Ähnl. zu interpretieren auch Gaza (lit. bezeugt, 6. Jh.) und die Mosaik-Medaillons an der Stirnwand der Apsis des Sinaikl. (ebenfalls 6. Jh.) oder später in Hosios Lukas bzw. im Narthex der Koimesiskirche v. Nikaia (1065–1067). Die Büste des Prodromos auch in Seitenapsiden beliebt (Nerezi, Gračanica, Monreale, stehend in Kuppel und n. Querhaus der Cappella Palatina in Palermo). Auch das mittelbyz. Elfenbein kennt beide Typen: Cabin. Méd. Paris (Büste), Liverpool (stehend). In der Buchmalerei ebenso im Verband mit Propheten bzw. Aposteln oder Evangelisten, speziell aber mit Zacharias, Elisabeth, Symeon und Hanna an der Seite Christi (Kosmos Indikopl., Cod. Vat. gr. 699 fol. 76ʳ. Solche Zeugen-Gruppen scheinen sich schließlich im →Deesis-Bild verdichtet zu haben. Unter den szen. Darst. überwiegt das Bild der →Taufe im Jordan (erstes ö. Beispiel: Säulentrommel des 6. Jh. Arch. Mus. Istanbul), das wegen seines Theophaniegehaltes zu den wichtigsten wie häufigsten Szenen in byz. Bildprogrammen aller Zeiten gehört und entsprechend auch in der Kleinkunst zu finden ist (Elfenbein Lyon 6. Jh., Goldmedaillon aus Zypern 7. Jh., Kästchen von Sancta Sanctorum in Rom). Bereits früh tauchen auch Vita-Szenen auf (neben den durch die Evg.en überlieferten auch die apokr.): Dêr Abu Hennes, 7. Jh.?; H. Sophia, Mitte 11. Jh. und Sv. Kliment, Ende 13. Jh. in Ochrid; kappadok. Zyklen ab 9. Jh. u. a., bereits früh auch mit den Martyriums- bzw. Salome-Szenen (Alexandrin. Weltchronik, nach 412; Rabulas-Cod. Florenz von 586; Mosaiken des Baptist. von S. Marco in Venedig, Mitte 14. Jh.). Auf Ikonen ist der stehende Prodromos (Kiev, vom Sinai-Kl., mit Marien- und Christus-Medaillon) wie sein Brustbild geläufig, oft mit den Vitaszenen auf dem Rahmen (z. B. Sinai, Sotiriu Nr. 168, palaiologisch).

M. Restle

Lit.: zu [1] und [2]: LCI VII, 164–190 [E. WEIS] – RByzK III, 616–647 – E. D. SDRAKAS, J. d. T. in der Kunst des chr. O., 1943 – A. MASSERON, St-Jean-Baptiste dans l'art, 1957 – G. RISTOW, Die Taufe Christi, 1965 – H. ARNDT–R. KROOS, Zur Ikonographie der J. schüssel, AachKunstbl 38, 1969, 243–328 – K. CORRIGAN, The Witness of John the Baptist on an early Byz. Icon in Kiev, DOP 42, 1988, 1–11.

Johannes Presbyter, sagenhafter 'Priesterkg.' (auch: Erzpriester) im Osten, erscheint seit Mitte des 12. Jh. in europ. Q. als Verbündeter im Kampf gegen den Islam,

zuerst in der »Chronica« (VII, 32) des →Otto v. Freising, der – gestützt auf Erzählungen eines 1145 nach Italien gekommenen Bf.s namens Hugo – von einem Priester und Kg. Johannes aus dem Geschlecht der Magier berichtet; dieser soll jenseits von Persien einen aufsehenerregenden Sieg über Meder und Perser errungen haben. Weit umfangreicher ist der wohl um 1160/70 entstandene »Brief des Presbyter Johannes« (Text: KNEFELKAMP, 1986, Anh. I). Der angebl. Verf., der sich Herr über die drei →Indien nennende P.J., richtet diesen Brief an den byz. Ks. Manuel I. Komnenos, den er wegen des Anspruchs auf gottgleiche Verehrung tadelt und zugleich einlädt, in sein Reich zu kommen, um seinen Reichtum und seine Macht zu sehen. Das Reich des P.J. ist dabei mit Zügen des Paradieses (kostbare Edelsteine, märchenhafte Tiere und Pflanzen), aber auch der Apokalypse (Völker →Gog und Magog, die nur der P.J. zügeln kann) ausgestattet. J., der sich den Titel 'presbyter' gegenüber seinen Würdenträgern vorbehält, hat geschworen, das Hl. Grab zu befreien. – Der Autor des Briefes könnte ein Kleriker aus dem Umkreis der Staufer sein, der den Presbyter dem byz. Ks., dann dem stauf. Ks., aber auch dem Papst als ideale Herrscherfigur gegenüberstellen wollte. Der Name 'J.' lehnt sich dabei bewußt an →Johannes den Täufer und bes. →Johannes den Evangelisten an, der sich selbst als Presbyter Johannes tituliert.
Der Brief hatte reiche Nachwirkung: Schon 1177 soll Papst Alexander III. dem J. geantwortet haben (MPL 200, 1148ff.). 1221 berichtet →Jakob v. Vitry aus dem Hl. Land, daß ein Kg. David, eben der J., die muslim. Reiche unterwerfe und Jerusalem wieder aufbauen wollte. Seine Nachricht bezog sich auf →Dschingis Chan. Die Europäer vermuteten ihren chr. Partner seit dieser Zeit im →Mongolenreich. Das zeigen die Reiseberichte seit der Mitte des 13. Jh. →Johannes de Plano Carpini (1245–47), →Wilhelm v. Rubruk (1252–54), Marco →Polo (1271–95), Riccoldo de Montecroce (vor 1290), Johannes de Montecorvino (1305 erster Ebf. v. Cathay/Peking; →China), →Odoricus v. Pordenone (1318–30) erwähnen alle den Priesterkg. J. Im »Jüngeren →Titurel« (v. 6093ff.) um 1270 wird der Gral (→Gralsdichtung) schließlich aus dem unmoral. Europa in das Reich des J. gebracht. Johannes v. Hildesheim erhebt den J. in seiner Legende von den Hl. Drei Königen (1370) zu ihrem Nachfolger. Der am weitesten verbreitete, aber fiktive Reisebericht des Johannes de →Mandeville (um 1360) spricht wieder vom Herrscher v. Indien. An der »Übertragung« des Priesterkg.s J. nach Äthiopien waren zumeist Italiener beteiligt: Giovanni de Carignano (1306), der Franzose Jourdain →Cathala de Séverac (Jordanus Catalani), Niccolò da Poggibonsi (1315–18), Giovanni da Marignolli (Johannes v. Marignola) u. a. Im 15. Jh. ist nur noch von Äthiopien die Rede, so bei Niccolò de Conti (1441), Pietro Rombulo (1450). Diese Informationen veranlaßten →Heinrich den Seefahrer, seine Kapitäne mit der Suche des Priesterkg.s J. im Osten Afrikas zu beauftragen, um gemeinsam mit ihm gegen den Islam zu kämpfen. Nachdem erst 1520 die erste offizielle Gesandtschaft der Portugiesen nach Äthiopien gekommen war, hieß der äthiop. Herrscher bei den Europäern noch lange 'Priester J.', so auf Karten des 17. Jh. U. Knefelkamp

Lit.: F. ZARNCKE, Der Priester J., 2 Tle (AAL 7, 1879, 827–1030; 8, 1876, 1–186) – L. OLSCHKI, Der Brief des P.J., HZ 144, 1931, 1–14 – J. DORESSE, L'Empire du Prêtre Jean, 2 Bde, 1957 – J. RICHARD, L'Extreme Orient legendaire au M-A, Annales d'Ethiopie 2, 1957, 225–242 – V. SLESSAREV, Prester John. The Letter and the Legend, 1959 – A.-D. v. D. BRINCKEN, Die Nationes Christianorum Orientalium im Verständnis der lat. Historiographie, 1973 – M. GOSMAN, La lettre du Prêtre Jean [Diss. Groningen, 1982] – E. ULLENDORFF–C. F. BECKINGHAM, The Hebrew Letters of Prester John, 1982 – U. KNEFELKAMP, Die Suche nach dem Reich des Priesterkg.s J., 1986 – DERS., Der Priesterkg. J. und sein Reich, Journal of Medieval Hist. 14, 1988.

Johannes (s. a. Johann, Jean, Juan, João, Joan, Giovanni u. a.)

1. J., röm. Ks. 423–425, nach dem Tod des →Honorius vom Senat erhoben und vom Heer in Ravenna bestätigt, trotz seines milden und verständigen Charakters von →Theodosius II. in Konstantinopel nicht anerkannt. Um die Getreideversorgung Roms zu sichern, entsandte er einen Großteil des Heeres nach Afrika zum Kampf gegen den comes Bonifatius, so daß ihm in Italien nur noch wenig Truppen zur Verfügung standen. Deshalb mußte er sich, als ein oström. Heer unter Ardabur und →Aspar anrückte, in das befestigte Ravenna zurückziehen. Da der erhoffte Entsatz hunn. Hilfsvölker aus Gallien unter Führung des →Aetius ausblieb, wurde er gefangengenommen und hingerichtet. R. Klein

Lit.: RE IX, 1745f. – A. DEMANDT, Die Spätantike (HAW III, 1989), 150f.

2. J. I. Tzimiskes, byz. Ks. Dez. 969–976, * 924 in Konstantinopel, † 10. Jan. 976, aus armen. Familie; ⚭ 1. Maria aus dem bedeutendem Magnatengeschlecht der Bardas; 2. Theodora, Tochter Konstantins VII. Seit 963 General des Thema Anatolikon, ließ er auf Veranlassung seiner Geliebten Theophano, der Frau Romanos' II. und Nikephoros' II. Phokas, letzteren im Dez. 969 ermorden und sich zum Ks. ausrufen. Da eine Eheschließung am Widerstand der Kirche scheiterte, heiratete er schließlich Theodora. Trotz kurzer Regierungszeit gehört er zu den bedeutendsten byz. Ks.n. Infolge der Auseinandersetzung um Theophano mußte er kirchl. Forderungen nachgeben und kirchen- und klosterbesitzfeindliche Verfügungen seines Vorgängers widerrufen. Um im während des ganzen 10. Jh. andauernden Auseinandersetzungen mit den →Großgrundbesitzern um Vermehrung von Besitz und Einfluß griff er mit harten staatl. Maßnahmen durch. Seine bleibenden Erfolge aber lagen in der Außenpolitik. Im W lenkte J. im Konflikt mit Otto I. ein und sandte seine Nichte →Theophanu als Braut für Otto II. (972). Im N erzwang er in einem Feldzug Frühjahr/Sommer 971 den Abzug der Truppen des Kiever Fs.en Svjatoslav aus Bulgarien, das er für wenige Jahre zur byz. Provinz machte. Die Sicherung der Nordgrenze erlaubte die Fortführung der Feldzüge des Nikephoros im O (→Byz. Reich, H. III). In der Auseinandersetzung mit den →Fāṭimiden eroberte er von Antiocheia aus Emesa, Baalbek und sogar Damaskus (975), drang im selben Jahr nach Palästina ein (Nazareth, Akkon, Kaisareia), sah aber aus takt. Gründen von der Eroberung Jerusalems ab. Damit hatte das Byz. Reich seit den arab. Eroberungen des 7. Jh. die weiteste Ausdehnung in Syrien und Palästina erreicht. J. starb, wohl an Typhus, nach der Rückkehr vom syr. Feldzug.

P. Schreiner

Q.: Leonis Diaconi Caloensis Historiae, rec. K. B. HASE, 1828 – Nikephoros Phokas und J. ... in der Darstellung des Leon Diakonos, übers. F. LORETTO, 1961 – Lit.: OSTROGORSKY, Geschichte³, 243–247 – W. SEIBT, Die Skleroi. Eine prosopograph.-sigillograph. Studie, 1976, 29.

3. J. II. Komnenos, byz. Ks. 15. Aug. 1118 (Ausrufung) bzw. 28. Nov. 1118 (Krönung)–1143, * 13. Sept. 1087, † 8. April 1143; Eltern: Ks. →Alexios I. und Eirene Dakaina; ⚭ 1104/05 Piroška (Eirene), Tochter von →Ladislaus I. v. Ungarn und Adelheid v. Rheinfelden, Stifterin des Pantokratorkl. Der Ehe entsprangen 8 Kinder, darunter der spätere Ks. →Manuel I. J., sicher zu Recht als bedeutendster Komnenenherrscher betrachtet, verfolgte in der Außenpolitik, außer in der Haltung zu Venedig, die Ziele seines Vaters kontinuierl. weiter. Im N ermöglichte J. der definitive Sieg über die →Pečenegen (1122) die Unterwerfung der →Serben. Die verwandtschaftl. Bindung gab häufig Gelegenheit zum Eingreifen in Ungarn, aber auch zu ung. Einfällen in Byzanz (bis 1128). Im W wurde der Vertrag mit Venedig nach häufigen Überfällen auf ägäische Inseln erst 1126 erneuert. Seit 1130 (Krönung Rogers II.) in Unteritalien aktiv, schloß J. mit Lothar III., Pisa, Genua und Papst Innozenz II. eine antinorm. Koalition, an der sich Byzanz allein mit Geldmitteln beteiligte. Dabei wurden starke Verbindungen zu den Staufern geknüpft, auch Unionsverhandlungen mit dem Papst sind unter diesem Aspekt zu sehen. Im O und den Kreuzfahrerstaaten kam es zu Auseinandersetzungen mit den Danismandiden von Melitene (1135), den kleinarmen. Fs.en in Kilikien (1137) und zur Einnahme von Antiocheia. Nach antibyz. Bewegung erfolgte 1142 ein erneuter Feldzug nach Antiocheia, der vielleicht auch ein Vordringen nach Palästina zum Ziel hatte, aber wegen des Todes des Ks.s im Feldlager zw. Anarzarbos und Mopsuestia (Kilikien) durch einen vergifteten Pfeil abgebrochen wurde. P. Schreiner

Q.: Ioannis Cinnami Epitome, rec. A. MEINEKE, 1836, 1–29 – Nicetae Choniatae Historia, ed. J. A. VAN DIETEN, 1975, 4–47 – Die Krone der Komnenen. Die Regierungszeit des Ks.s Joannes und Manuel Komnenos aus dem Gesch.swerk des Niketas Choniates, übers. F. GRABLER, 1985, 33–81 – *Lit.:* F. CHALANDON, Les Comnènes 2/1: Jean II Comnène et Manuel I. Comnène, 1912, 1–193 – R.-J. LILIE, Byzanz und die Kreuzfahrerstaaten, 1981, 89–134 – DERS., Handel und Politik, 1984, 367–391 – K. BARZOS, H γενεαλογία τῶν Κομνηνῶν 1, 1984, 203–228.

4. J. III. Dukas Vatatzes, *byz. Ks.* in Nikaia Nov. 1221–† 3. Nov. 1254, im von ihm gegr. Kl. in Magnesia, dort als Hl. verehrt, * ca. 1192; aus der in Thrakien ansässigen, mit den Dukaden (→Dukas) und →Komnenen verwandten Familie der →Vatatzes stammend; ⚭ 1. Eirene 1212, älteste Tochter Ks. →Theodoros' I. Laskaris, die ihm etwa Anfang 1222 als einziges Kind den Nachfolger →Theodoros II. Laskaris gebar; 2. Anna (Konstanze) 1241/42, Tochter Friedrichs II. Im ksl. Dienst trug er den Titel eines protovestiarites. Im Nov. 1221 (kaum Jan. 1222) wurde er in Nikaia zum Ks. gekrönt. Im Kräftespiel zw. dem epirot.-thessalonizens. Ks.reich, dem Lat. Ksr., →Bulgarien, dem Ksr. v. →Trapezunt und den →Selğūqen konsolidierte er mit einer geschickten Politik den nikän. Staat und schuf die Voraussetzung für die spätere Rückgewinnung Konstantinopels und die Regeneration des byz. Staates. Schon 1225 waren die Lateiner fast vollständig aus Kleinasien verdrängt und sogar einige ägäische Inseln ans nikän. Reich gekommen. Die Niederlage seines epirot. Rivalen →Theodoros Angelos gegen die Bulgaren (1230), ein bulg.-nikän. Bündnis, zustande gekommen dank der Heirat von Helena und J.' Sohn Theodoros und dem Zugeständnis eines Patriarchats in Tŭrnovo (1235), sowie die Schwächung des trapezunt. und des Selğūqenreiches durch →Mongolen festigten seine Position weiter, so daß er Thessalonike (1246) und andere epirot. Gebiete gewinnen konnte und so das nikän. Territorium fast verdoppelte. Seine Verbindungen mit Friedrich II. und Papst Innozenz IV. blieben dagegen ohne greifbare Auswirkungen. Die außenpolit. Erfolge wurden im Innern gestützt durch Förderung der Landwirtschaft und durch ein auf Landbesitz beruhendes Verteidigungssystem. Dem Ks. gelang auch durch die Unterstützung von Gelehrten wie →Akropolites und →Blemmydes eine Wiederbelebung des alten konstantinopolitan. Bildungswesens. P. Schreiner

Q.: Georgii Acropolitae opera, rec. A. HEISENBERG, 1903 – *Lit.:* D. I. POLEMIS, The Dukai, 1968, 107–109 – M. ANGOLD, A Byz. Government in Exile..., 1975 – C. N. CONSTANTINIDIS, Higher education in Byzantium, 1982, 5–27 – M. B. WELLAS, Griechisches aus dem Umkreis Ks. Friedrichs II., 1983.

5. J. IV. Laskaris, *byz. Ks.* 1258–61, * 1250, † nach 1290, einziger Sohn und präsumptiver Erbe von Ks. →Theodor II. Laskaris v. →Nikaia. Nach dem Tode des Vaters (Aug. 1258) unterstand der junge Ks. – gemäß väterl. Verfügung – der Vormundschaft des Patriarchen →Arsenios und des bei den nizaen. Aristokratie unbeliebten Georgios →Muzalon. Nach dessen Ermordung übernahm →Michael Palaiologos im Sept. 1258 die Regentschaft, ließ sich bald zum Mitks. proklamieren und nach der byz. Rückeroberung →Konstantinopels (1261) zum alleinigen Ks. krönen; J. war zuvor seiner Rechte beraubt, geblendet und in einer Festung am Marmarameer eingekerkert worden. Der Patriarch Arsenios, der dieses Verbrechen verurteilte, wurde 1264 abgesetzt. Die polit. und kirchl. Folgen waren noch mehrere Jahre lang spürbar (→Arseniten). J., der 1290 von Ks. →Andronikos privat im Gefängnis aufgesucht wurde, ist offenbar als Mönch gestorben, wurde wohl in Konstantinopel begraben und genoß eine gewisse Verehrung als Hl. er. D. M. Nicol

Lit.: D. I. POLEMIS, The Doukai. A Contribution to Byz. Prosopography, 1968, no. 76.

6. J. V. Palaiologos, *byz. Ks.,* * 18. Juni 1332 in Didymoteichon, † 16. Febr. 1391. Nach dem Tod seines Vaters Andronikos III. (15. Juni 1341) übernahm er unter der Vormundschaft seiner Mutter Anna v. Savoyen und des Patriarchen Kalekas die Regierung (Krönung 19. Nov. 1341), zunächst neben dem Gegenks. Johannes VI. Kantakuzenos, bis er von diesem als Hauptks. verdrängt wurde (3. Febr. 1347) und dessen Tochter Helena heiraten mußte (24. oder 28. Mai 1347). Nach 1350/51 weilte er als Statthalter in Thessalonike. Nach dem endgültigen Bruch zw. den beiden Ks.n (1352) zog er sich (1353) nach Lemnos (oder Tenedos) zurück, bis ihm mit genues. Hilfe am 11. Nov. 1354 der Einzug in Konstantinopel gelang, der zur Abdankung Johannes' VI. führte (4. Dez.). Auf der Suche nach einer Allianz gegen die Osmanen reiste er 1365 an den ung. Hof und 1369/70 nach Rom, wo er ein Glaubensbekenntnis zur röm. Kirche unterschrieb (18. Okt. 1369). 1376 (12. Aug.) wurde er von seinem Sohn Andronikos IV. verdrängt und eingekerkert, gewann aber nach seiner Flucht zu Murad I. mit dessen Hilfe den Thron wieder (1. Juli 1379). Trotz eines Friedensvertrages (Mai 1381) kam es 1385 zu erneuten Auseinandersetzungen zw. Vater und Sohn. 1390 wurde er wieder, nun durch Andronikos' Sohn Johannes VII. für einige Monate aus Konstantinopel vertrieben, kehrte aber mit Unterstützung seines Sohnes Manuel II. und rhod. Ritter wieder zurück. Aus der Ehe mit Helena entstammten fünf Kinder (Andronikos IV., Manuel II., Michael, Theodoros und Eirene). Ein außerehel. Sohn (Manuel) ist in verschiedenen Q. erwähnt. Seine Regierungszeit war geprägt von Bürgerkriegen, Religionsstreitigkeiten (→Hesychasmus), Bemühungen um die Kirchenunion, bes. aber vom Vordringen der Osmanen in den Balkanraum und nach Griechenland (Eroberung von Thessalonike 1387). P. Schreiner

Q. *und Lit.:* PLP IX, Nr. 21485 – O. HALECKI, Un empereur de Byzance à Rome, 1930 – A. TH. PAPADOPULOS, Versuch einer Genealogie der Palaiologen, 1938, 46f. [fehlerhaft].

7. J. VI. Kantakuzenos, *byz. Ks.* 1341–54, * ca. 1295,

† 1383, Großdomestikos nach 1325, enger Freund und Ratgeber von →Andronikos III. Palaiologos (1328–41), der ihm faktisch die Leitung der Staatsgeschäfte anvertraute. Nach dessen Tod begegnete er den Intrigen der Regentin →Anna v. Savoyen und des Patriarchen Johannes Kalekas (s. a. →Apokaukos, Alexios) durch die Ausrufung zum Gegenks. gegen Johannes V. Palaiologos, den Erben seines Freundes. In dem folgenden zweiten byz. Bürgerkrieg verheerten die als Verbündete der Thronprätendenten ins Land gerufenen Serben, Bulgaren und Türken das Territorium des byz. Kaiserreichs. Die mit J. verbündeten Türken besetzten →Gallipoli. 1347 konnte J. in Konstantinopel einziehen und schloß eine dynast. Allianz mit Johannes V. Palaiologos, dem er seine Tochter Helena zur Frau gab. Gleichzeitig ließ er seinen Sohn →Matthaios zum Ks. krönen. Auf der Synode von 1351 setzte er die Anerkennung der Rechtgläubigkeit des →Hesychasmus durch. 1354 zwangen ihn die andauernden Thronstreitigkeiten zur Abdankung. Er zog sich unter dem Namen Josasaph als Mönch in das Manganenkl. (Konstantinopel) zurück und lebte später vorwiegend im Kloster Charsianiton, da Johannes V. ihm einen Aufenthalt auf dem Athos untersagte. 1381 begab er sich gemeinsam mit Matthaios zu seinem Sohn Manuel, Despot v. →Mistra (Peloponnes), wo er zwei Jahre später starb.

Unter dem lit. Namen Christodulos verfaßte J. in Konstantinopel ein vierbändiges Geschichtswerk, in dem er eine apologet. Darstellung seiner Politik in der Zeit vom ersten bis zum zweiten byz. Bürgerkrieg (1320–56) gibt, einer von polit., gesellschaftl. und religiösen Krisen erschütterten Epoche. Er ist ferner Autor von theol. Abhandlungen, unter denen den polem. Schriften zur Verteidigung des Palamismus (Gregorios →Palamas) und der Apologie des Christentums gegenüber dem Islam bes. Bedeutung zukommen. Es wurde ihm auch eine Paraphrase der Nikomachischen Ethik zugeschrieben.

A. Carile

Ed. und Übers.: CSHB, I–III – T. S. Miller, The Hist. of John Cant. [Diss. Cath. Univ. America, 1975] – *Lit.:* Tusculum-Lex., 1982, 377f. – →Kantakuzenoi.

8. J. VII. Palaiologos, *byz. Ks.*, * um 1370, † 22. Sept. 1408; ⚭ ca. 1397 Eirene, Tochter Francescos II. →Gattilusio; einziger Sohn →Andronikos' IV., wurde nach dessen Usurpationsversuch (30. Mai 1373) wie dieser teilweise geblendet. Als Andronikos im Juli 1376 mit genues. und osman. Hilfe an die Macht gelangt war, wurde J. Mitks. Nach Andronikos' Vertreibung (1. Juli 1379) teilte die Familie das Exil in Selymbria. Nach dem Tod des Vaters 1389 mit seiner Mutter in Genua, kam J. im Frühjahr 1390 nach Konstantinopel, vertrieb seinen Onkel →Manuel II. und herrschte 5 Monate. Nach der Rückkehr Manuels kam es zur offiziellen Versöhnung vor dessen Reise in den W, während der J. den Ks. vertrat (1399–1403). Die letzten Lebensjahre verbrachte J. in seiner Apanage Thessalonike. Sein 1403 zum Mitks. gekrönter Sohn Andronikos (V.) verstarb früh.

P. Schreiner

Q. und Lit.: P. Schreiner, Die byz. Kleinchroniken, 2, 1977, 340, 365, 389 – N. Oikonomides, John VII Palaeologus and the Ivory Pyxis ..., DOP 31, 1977, 329–337 – E. A. Zachariadou, John VII (alias Andronicus) Palaeologus, ebd., 339–342 – A. Luttrell, John V's Daughters ..., DOP 40, 1986, 103–112 – P. Schreiner, Una principessa bulgara a Genova (Ders., Studia Byzantino-Bulgarica, 1986), 181–191.

9. J. VIII. Palaiologos, *byz. Ks.* 1425–48, * 18. Dez. 1392, † 31. Okt. 1448, ▢ Pantokratorkl., erster Sohn Manuels II. Palaiologos und der Helena Dragaš, wurde am 19. Jan. 1421 zum Mitks. gekrönt, übernahm nach dem Schlaganfall Manuels (1422) weitgehend die Regierungsgeschäfte und wurde nach dessen Tod (21. Juli 1425) Alleinks. Seine drei Ehen (1414 ⚭ Anna Vasilevna, Tochter des Moskauer Gfs. en; 1421 ⚭ Sophia v. Montferrat; 1427 ⚭ Maria Komnena aus Trapezunt) blieben kinderlos.

Seine Regierungszeit ist beherrscht von der Auseinandersetzung mit den Osmanen und den Bemühungen um militär. Hilfe, die wiederum an das Zustandekommen der Kirchenunion geknüpft waren. Schon 1422 ließ Murād Konstantinopel belagern, 1423 zogen osman. Truppen in die Peloponnes. Im Auftrag Manuels begab sich J. im Nov. 1423 nach Ungarn und Venedig, doch blieb die erwartete Unterstützung aus. In seine Regierungszeit fallen bedeutsame osman. Eroberungen, die den territorialen und wirtschaftl. Bestand des Reiches immer mehr schrumpfen ließen (Thessalonike und Jannina 1430, Raubzüge bis zur Peloponnes 1431, Belagerung Konstantinopels 1442, Eroberung des peloponnes. Hexamilion 1446), begleitet von Niederlagen der chr. Mächte, an denen der Ks. nicht unmittelbar beteiligt war (Varna 1444, Kosovo Polje 1448).

Die vom Patriarchen →Joseph II., hohen Klerikern und Gelehrten begleitete Reise J.' nach Italien (1437–39) hat nachhaltig Kunst und Kultur der it. Renaissance beeinflußt. Die Unterzeichnung der Kirchenunion (6. Juli 1439), sicher auch Akt der persönl. Überzeugung des Ks.s, nicht nur außenpolit. Überlegung, hat die Fronten im Inneren verhärtet und zu einer Vertiefung der Kluft mit dem lat. Westen geführt.

P. Schreiner

Q. und Lit.: PLP 9, 93f., Nr. 21481 – I. Djurić, Sumrak Vizantije. Vremje Jovana VIII Paleologa 1392–1448, 1984.

10. J. Dukas, *byz. Feldherr*, * um 1064, † vor 1136, Sohn von Andronikos Dukas und Maria, einer bulg. Prinzessin, bald nach 1085 Gouverneur des von den Normannen zurückeroberten Dyrrhachion, brachte (als erster Träger des Titels megas dux) an der Spitze der Flotte zahlreiche ägäische Inseln (v. a. Kreta, Zypern) aus den Händen byz. Rebellen wieder unter ksl. Oberhoheit. Am bedeutsamsten waren seine Eroberungen der von Selǧūqen besetzten kleinasiat. Städte nach 1097 (bes. Ephesos, Smyrna, Sardes). Obwohl einer der größten byz. Feldherrn und Schwager Alexios' I., war er (wegen Konspiration) in Ungnade gefallen und spätestens im 2. Jahrzehnt des 12. Jh. in ein Kl. eingetreten, wo er (als Mönch Antonios) zu einem unbekannten Zeitpunkt starb.

P. Schreiner

Q. und Lit.: Anne Comnène, Alexiade, ed. B. Leib, 1937, 43, Ind., s. v. – D. I. Polemis, The Doukai, 1968, 66–70.

11. J. Palaiologos, *byz. Feldherr*, Bruder Ks. →Michaels VIII., * kurz nach 1225, † zw. Okt. 1273 und 31. Aug. 1274; 1258 Großdomestikos, 1259 Sebastokrator und Despotes, besiegte 1259 als Feldherr des Ksr.es →Nikaia bei →Pelagonia die Lateiner, leitete 1262/63 zwei Feldzüge gegen den epirot. Staat, kämpfte 1264 im Mäandertal erfolgreich gegen die Türken und organisierte die Verteidigung der kleinasiat. Grenze des byz. Reiches. Von →Johannes I. v. Thessalien 1273 vor Neopatras besiegt, verzichtete er auf seine Insignien und Vorrechte.

M. B. Wellas

Lit.: PLP, Nr. 21260 [im Dr.] – P. Magdalino, Notes on the last years of John P. ..., RevByz 34, 1976, 143–149 – A. Failler, Chronologie et composition dans l'hist. de George Pachymère, ebd. 38, 1980, 5ff. (32–40); 39, 1981, 145ff. (189–194).

12. J. Vladimir, hl., *Fs. v. Dioklitien*, † 22. Mai 1016 (hingerichtet), Herr der Gebiete um den See von Skutari (Shkodër), Ende des 10. Jh. vom Zaren Samuel unterworfen und gefangengesetzt. In Prespa verliebte sich Kosara (Theodora), die Tochter des Zaren, in den jungen J. V., und der Vater stimmte einer Eheschließung zu. Als Schwiegersohn wurde J. V. in seinem Fsm. wiedereingesetzt und herrschte unter Samuels und Gabriel Radomirs Schutz. Unter Jovan Vladislav kam es zum Zwist, J. V. wurde nach Prespa gelockt und hingerichtet. Die Zusammenfassung einer lat. Vita ist in dem »Letopis Popa Dukljanina« (12. Jh.; ed. F. SISIC, 1928) erhalten. Anfang des 13. Jh. wurden J. V.s Gebeine zunächst nach Durazzo, später in das ihm geweihte Kl. Šin-Gjon beim heutigen Elbasan überführt. S. Ćirković

Lit.: Vizantijski izvori za istoriju naroda Jugoslavije III, 1966 [J. FERLUGA] – ST. HAFNER, Stud. zur altserb. dynast. Historiographie, 1964.

13. J., *Hzg. v.* → *Görlitz*, * 22. Juni 1370 Prag, † 1. März 1396 Kl. Neuzelle/Niederlausitz; dritter und jüngster Sohn Ks. Karls IV. aus seiner vierten Ehe mit der Piastenenkelin Elisabeth v. Pommern; ∞ Richardis, Tochter Hzg. → Albrechts III. v. Mecklenburg, des Kg.s v. Schweden; Tochter: → Elisabeth v. Görlitz († 1451). Bei der lux. Erbfolgeregelung 1377 erhielt er das für ihn neu geschaffene und nach seinem Tode wieder erlöschende kleine Hzm. Görlitz als böhm. Lehen sowie einen Teil der ö. Niederlausitz und der Neumark. Als Residenz diente das 1370 erbaute, im 15. Jh. wieder abgetragene Schloß neben dem Frauentor in Görlitz. Von 1386–88 verwaltete J. auch das Stammland Luxemburg. Unter der Vormundschaft seines ältesten Halbbruders, des böhm. und dt. Kg.s Wenzel, v. a. in Prag aufgewachsen und von ihm begünstigt, stand er lange Zeit auf dessen Seite gegen seinen anderen Halbbruder → Sigmund und seinen Vetter Mgf. → Jodok v. Mähren, die ihm des 1388 erlangte nähere Erbfolgerecht in Böhmen und die Aussicht auf den dt. Thron streitig zu machen suchten. Bei der Gefangennahme Kg. Wenzels 1394 stellte er sich energ. und erfolgreich an die Spitze der kgl. Partei. Nach der gelungenen Befreiung Wenzels bemühte er sich engagiert um Ausgleich und Frieden im Haus der Luxemburger. Als ihm dies nicht gelang und Wenzel sich von ihm abwandte, zog er sich in sein Hzm. Görlitz zurück, wo er überraschend 26jährig starb und Gerüchte über seine angebl. Vergiftung aufkamen. Sein Hzm. Görlitz hat J. ordentl. verwaltet, es aber durch Geldforderungen stark belastet. Damit in Zusammenhang stehende Versuche, die Neumark an den Dt. Orden zu verpfänden, scheiterten am Widerstand Sigmunds und Jodoks. J. J. Menzel

Lit.: ADB XIV, 216–218 – NDB X, 488 – BOSL, Böhm. Länder I. – R. GELBE, Hzg. J. v. G., Neues Lausitz. Magazin 59, 1883, 1–201.

14. J. I. Angelos, *Herrscher v.* → *Thessalien* 1267/68 – vor März 1289, außerehel. Sohn → Michaels II. v. Epiros, verließ vor der Schlacht v. → Pelagonia (1259) die Lateiner und trug damit zu ihrer Niederlage bei; nach dem Vaters Tod Herrscher über das Gebiet zw. dem Olymp, dem Parnassos- und dem Pindosgebirge. Unternehmungslustig und geschickt, wurde er zum Hauptfeind Ks. → Michaels VIII. und seiner unionist. Politik. 1267/68 erhielt er den Sebastokrator-Titel; 1273 besiegte er die byz. Kräfte vor Neopatras, schloß ein Bündnis mit dem lat. Hzm. → Athen und knüpfte Beziehungen zu Karl I. v. Anjou an. Von der Patriarchalsynode in Konstantinopel exkommuniziert, ließ er 1276/77 auf einer Synode in Neopatras den Papst, den Patriarchen und Michael VIII. bannen. Neue Feldzüge der Byzantiner gegen Thessalien (1277/78; 1283) blieben erfolglos. Der in den folgenden Jahren mit Epirus entstehende Konflikt wurde bald beigelegt. Kontakte bestanden auch zum serb. Kg. → Milutin. M. B. Wellas

Lit.: PLP, Nr. 208 – P. BOGIATZIDES, *Tὸ Χρονικὸν τῶν Μετεώρων*, EEBS I, 1924 – R.-J. LOENERTZ, Byzantina et Franco-Graeca I, 1970, 536ff. – B. FERJANČIĆ, Tesalija u XIII i XIV veku, 1974 – K. M. SETTON, The Papacy and the Levant, I, 1976.

15. J. II. Angelos v. Thessalien, *Herrscher v.* → *Thessalien* 1302/03–18, stand bis 1308 unter der Vormundschaft des Hzg.s v. Athen, Guido II. de la Roche. J. betrieb nach seiner Mündigkeit eine byzanzfreundl. Politik, erhielt wahrscheinl. den Titel eines Sebastokrators und Despoten und heiratete 1309 (oder 1315) Eirene, eine unehel. Tochter des Ks.s → Andronikos II. Palaiologos. 1309 besetzte die Katal. Kompanie das Gebiet von Thessalien, J. konnte sie aber mit Geldgeschenken nach Böotien ablenken. Ein erneuter katal. Einfall unter dem Hzg. v. Athen, Walter v. Brienne, endete mit dessen Schlachtentod (1311). J. starb 1318 ohne Nachkommen, sein Gebiet verfiel der Anarchie oder wurde unter den Nachbarn aufgeteilt. M. B. Wellas

Lit.: PLP, Nr. 206B – B. SCHLUMBERGER, Numismatique de l'Orient latin, 1878 [Nachdr. 1954), 379f. – B. FERJANČIĆ, Tesalija u XIII e XIV veku, 1974 – D. M. NICOL, The Despotate of Epiros, 1984.

16. J. I., *Papst* (hl.) seit 13. Aug. 523, † 18. Mai 526; aus Tuszien. Auf Befehl → Theoderichs d. Gr. ging J. nach Konstantinopel, um bei Ks. Justinus I. zugunsten der mit Kirchenkonfiskation und Zwangsbekehrung bedrückten arian. Goten des Oström. Reiches zu vermitteln. J. kam als erster Papst nach Byzanz, wurde ehrenvoll empfangen, erreichte aber höchstens die Rückgabe der Kirchen. Nach der Rückkehr hielt Theoderich den Papst rigoros in Ravenna zurück, wo J. nach wenigen Tagen starb. »Kerkerhaft« oder Martyrium sind tendenziöse Legende. Er beauftragte 525 → Dionysius Exiguus, den Ostertermin für die kommenden Jahrzehnte zu berechnen (→ Osterfestberechnung; → Chronologie, C.I). G. Schwaiger

Q.: Jaffé² I, 109f.; II, 694, 737 – LP I, 275–278; III [Register] – *Lit.*: HKG II, I, 203 – LThK² V, 986 – E. CASPAR, Gesch. des Papsttums II, 1933, 183–192, 766f. – G. HAENDLER, Das Papsttum unter got. und byz. Herrschaft (M. GRESCHAT, Das Papsttum I, 1985), 71–82.

17. J. II. (Mercurius), *Papst* seit 2. Jan. 533, † 8. Mai 535. Er veränderte als erster Papst den Namen; röm. Presbyter v. S. Clemente in Rom. J. wurde gewählt nach einem fast dreimonatigen, dem Tod Bonifatius' II. folgenden Streit, dem das letzte Dekret des röm. Senats und der Ostgoten-Kg. → Athalarich zu steuern suchten. Er billigte nachträgl. das Glaubensdekret Ks. Justinians I., wodurch der → Theopaschitenstreit sein Ende fand, und verschärfte ein Synodalurteil über Bf. Contumeliosus v. Riez.
G. Schwaiger

Q.: JAFFÉ² I, 113; II, 694, 738 – LP I, 285f. – MGH Epp. III, nn. 32–35 – *Lit.*: LThK² V, 986f. – E. CASPAR, Gesch. des Papsttums II, 1933, 800 – G. HAENDLER, Das Papsttum unter got. und byz. Herrschaft (M. GRESCHAT, Das Papsttum I, 1985), 71–82.

18. J. III., *Papst* seit 17. Juli 561, † 13. Juli 574; Römer vornehmer Herkunft, nach dem Liber Pontificalis Erneuerer der Katakomben. Durch seine Bemühungen nahmen Mailand, Ravenna und verschiedene Kirchen Afrikas, die sich im → Dreikapitelstreit getrennt hatten, wieder Verbindung mit Rom auf. Der nachrichtenarme Pontifikat ist überschattet von den Wirren nach dem Tod Ks. Justinians I. (565) und vom Eindringen der → Langobarden nach Italien (seit 568). G. Schwaiger

Q.: JAFFÉ² I, 136f.; II, 695 – LP I, 305ff.; III [Register] – *Lit.*: LThK² V, 987 – E. CASPAR, Gesch. des Papsttums II, 1933, 350, 777 – O. BERTOLINI, Roma e i Longobardi, 1972 – G. HAENDLER, Das Papsttum unter got. und byz. Herrschaft (M. GRESCHAT, Das Papsttum I, 1985), 71–82.

19. J. IV., *Papst* seit 24. Dez. 640, † 12. Okt. 642; Dalmatiner. Über die Leitung der röm. Kirche vor der ksl. Bestätigung und Konsekration des gewählten Papstes berichtete ein an die ir. Kirche (Beda, Hist.

Eccl. II, cap. 19). Die von J. Anfang 641 abgehaltene röm. Synode verwarf förml. den →Monotheletismus und versuchte eine Verteidigung der Rechtgläubigkeit Honorius' I. in einem Schreiben an Ks. Konstantin II. G. Schwaiger

Q.: JAFFÉ² I, 227f.; II, 698, 739 – LP I, 330 – *Lit.*: LThK² V, 987 – K. HARRISON, A Letter from Rome to the Irish Clergy, AD 640, Peritia 3, 1984, 222–229 – S. RIZOU-COUROUPOS, Un nouveau fragment de la »keleusis« d'Héraclius au pape Jean IV (Texte und Textkritik, hg. J. DUMMER [Texte und Unters. 133], 1987), 531f. – A. THANNER, Papst Honorius I., 1989 – →J. V. [H. H. ANTON].

20. J. V., *Papst* seit 23. Juli 685, † 2. Aug. 686; Syrer. Als Diakon war er in der Legation Papst Agathos' auf dem VI. Ökumen. Konzil (Konstantinopel 680/681), das den →Monotheletismus (und →Honorius I.) verurteilte. Die Weihe erfolgte sogleich nach der Bestätigung durch den byz. Exarchen in Ravenna, nachdem Ks. Konstantin IV. auf die persönl. Bestätigung der Papstwahl verzichtet hatte. J. konnte die Bf. e Sardiniens unterwerfen und erhielt Gunsterweise von Ks. Justinian II. G. Schwaiger

Q.: JAFFÉ² I, 242–LP I, 366f. – *Lit.*: LThK² V, 987 – SEPPELT² II, 78–82 – H. H. ANTON, Von der byz. Vorherrschaft zum Bund mit den Franken (M. GRESCHAT, Das Papsttum I, 1985), 100–114.

21. J. VI., *Papst* seit 30. Okt. 701, † 11. Jan. 705; Grieche, der sich im byz. Thronstreit (→Justinian II.) mit it. Milizen gegen den Exarchen →Theophylakt (u.a. deswegen verstand und Hzg. Gisulf v. Benevent vom Plündern südl. von Rom abbrachte. 704 empfing er Bf. →Wilfrid v. York und behandelte auf einer röm. Synode dessen Rangstreit mit →Canterbury. R. Schieffer

Q.: LP I, 383f. – JAFFÉ² I, 245f.; II, 700, 741 – P. CONTE, Regesto delle lettere dei papi del secolo VIII, 1984, 189–191 – *Lit.*: E. CASPAR, Gesch. des Papsttums II, 1933, 636, 688, 726 – HALLER² I, 348f. – SEPPELT II, 85 – TH. F. X. NOBLE, The Republic of St. Peter ..., 1984, 18.

22. J. VII., *Papst* seit 1. März 705, † 18. Okt. 707, ▢ Rom, St. Peter; Grieche und Sohn eines ksl. Beamten in Rom, zeigte bes. Eifer für die Ausschmückung röm. Kirchen. Im Streit um die von Sergius I. verweigerte Anerkennung der Beschlüsse der →Trullan. Synode wich er der von Ks. Justinian II. geforderten Stellungnahme aus, was in Rom auf Kritik stieß. Vom langob. Kg. →Aripert II. konnte er die Rückgabe von Patrimonien an der ligur. Küste erreichen. Ein zeitgenöss. Portraitmosaik ist in den Vatikan. Grotten erhalten. R. Schieffer

Q.: LP I, 385–387 – JAFFÉ² I, 246f. – *Lit.*: E. CASPAR, Gesch. des Papsttums II, 1933, 636–638, 726 – HALLER² I, 349 – SEPPELT II, 85f. – P. J. NORDHAGEN, The Frescoes of P. J. VII (A.D. 705–707) in S. Maria Antiqua in Rome, 1968 – J. D. BRECKENRIDGE, Evidence for the Nature of Relations between Pope J. VII and the Byz. Emperor Justinian II, BZ 65, 1972, 364–374 – J. M. SANSTERRE, J. VII (705–707): idéologie pontificale et réalisme politique (Hommages CH. DELVOYE, 1982), 377–388 – TH. F. X. NOBLE, The Republic of St. Peter ..., 1984, 18f.

23. J. VIII., *Papst* seit 14. Dez. 872, † (Mord?) 16. Dez. 882, ▢ Rom, St. Peter; Sohn des Römers Gundo und langjähriger Archidiakon der röm. Kirche. Im zerfallenden Karolingerreich hatte er wachsende Mühe, das Erbe Nikolaus I. gegen it. Widersacher zu wahren und der Gefährdung durch siz. Sarazenen zu begegnen. Er ummauerte die Paulsbasilika, schuf eine päpstl. Flotte und setzte wie Hadrian II. seine polit. Hoffnung auf →Karl d. Kahlen, den er nach dem Tode Ks. →Ludwigs II. nach Rom einlud und am 25. Dez. 875 zum Ks. krönte (s. a. →Kaiser, Kaisertum). Karl erreichte bei ihm die Einsetzung des Ebf.s →Ansegis v. Sens zum päpstl. Vikar für das gesamte Frankenreich und erneuerte die alten Ks. pacta, bot aber keinen wirksamen Rückhalt für J., der 876 innerröm. Gegner um den späteren Papst →Formosus exkommunizierte. Als Karl nach gescheitertem 2. Italienzug 877 gestorben war, geriet J. in die Gewalt der Hzg.e →Lambert v. Spoleto und →Adalbert v. Tuszien, die in Rom im Namen des ostfrk. Kg.s →Karlmann auftraten, konnte dann jedoch über See ins Westfrankenreich flüchten, wo er im Aug. 878 eine große Synode in Troyes abhielt, Kg. →Ludwig d. Stammler aber vergebl. zum Eingreifen in Italien drängte. An Stelle des erkrankten Karlmann ging dessen Bruder →Karl III. über die Alpen, der Anfang 880 von J. in Ravenna zum Kg. v. Italien gesalbt und im Febr. 881 in Rom zum Ks. gekrönt wurde; doch auch er entzog sich dem Kampf gegen sarazen. Überfälle. Die bedrängte Lage prägte ebenso J.' Verhältnis zu →Konstantinopel, wo er auf dem Konzil v. 879 durch seine Legaten der Restituierung des →Photios zustimmen ließ. Den Slavenmissionar →Method nahm J. gegen bayer. Anfeindungen in Schutz, empfing ihn 880 in Rom und billigte seine zunächst untersagte slav. Liturgie. Für die Jahre 876 bis 882 ist J.' Briefregister mit 314 Dokumenten in einer Kopie des 11. Jh. überl., die u. a. seine Konflikte mit den Ebf.en v. Mailand und Ravenna sowie eine rege, jedoch wohl wenig effektive Synodaltätigkeit widerspiegeln. R. Schieffer

Q.: LP II, 221–223 – JAFFÉ² I, 376–422; II, 704, 746 – MGH Epp. VII (Karol. V), 1–333 – *Lit.*: HALLER² II, 139–178, 533–543 – SEPPELT II, 305–329 – D. LOHRMANN, Das Register Papst J. VIII. (872–882), 1968 – J. FRIED, Boso v. Vienne oder Ludwig d. Stammler? Der Ks.kandidat J. VIII., DA 32, 1976, 193–208 – H. MORDEK-G. SCHMITZ, Papst J. VIII. und das Konzil v. Troyes (878) (Fschr. H. LÖWE, 1978), 179–225 – W. HARTMANN, Die Synoden der Karolingerzeit im Frankenreich und in Italien, 1989, 333ff., 343ff.

24. J. (VIII.), *Gegenpapst* Ende Jan. 844, röm. Diakon, der sich nach dem Tode Gregors IV. mit Hilfe einer Volksmenge des Laterans bemächtigte, aber nach der Wahl Sergius' II. durch den röm. Adel rasch verdrängt wurde. R. Schieffer

Q.: LP II, 87 – JAFFÉ² I, 327 – *Lit.*: HALLER² II, 29 – SEPPELT II, 221.

25. J. IX., *Papst* seit April 898, † Mai 900, ▢ Rom, St. Peter; stammte aus Tivoli. Im Streit um die Rechtmäßigkeit des →Formosus setzte er sich gegen den von dessen Widersachern zum Papst erhobenen Bf. Sergius v. Caere (Sergius III.) mit Rückhalt an Ks. →Lambert durch und hielt eine Synode in Ravenna ab (Rehabilitierung von Formosus, Anerkennung der Ks.krönung Lamberts, Verwerfung derjenigen →Arnulfs). Im Sinne der →Constitutio Romana sollten künftige Päpste nur in Gegenwart ksl. Gesandter geweiht werden. Der jähe Tod Lamberts (15. Okt. 898) entzog J.' Stabilisierungspolitik die Grundlage. Ostfrk. Versuche, ihn für →Ludwig d. Kind zu gewinnen, kamen zu spät. In Rom begann er mit der Wiederherstellung des 897 eingestürzten →Laterans. R. Schieffer

Q.: LP II, 232 – JAFFÉ² I, 442f.; II, 705 – H. ZIMMERMANN, Papsturkk. 896–1046, I, 1988², 13–23 – *Lit.*: HALLER² II, 192f. – SEPPELT II, 343–345 – H. ZIMMERMANN, Das dunkle Jh., 1971, 26f. – H. BEUMANN, Die Einheit des ostfrk. Reichs und der Ks.gedanke bei der Kg.serhebung Ludwigs d. Kindes, ADipl 23, 1977, 142–163 – M. PETROCCHI, La personalità di papa Giovanni IX (898–900) (DERS., Il simbolismo delle piante in Rabano Mauro ..., 1982), 43–55 – W. HARTMANN, Die Synoden der Karolingerzeit im Frankenreich und in Italien, 1989, 390ff.

26. J. X., *Papst* (April 914–Juni 928), † 929, ▢ Rom, Lateran; gebürtig aus der Romagna und bereits erwählter Bf. v. Bologna, als er um 905 zum Ebf. v. Ravenna aufrückte. Seine Translation auf den röm. Stuhl verdankte er gutem Einvernehmen mit dem Stadtherrn, dem Senator →Theophylakt, ebenso wie mit Kg. →Berengar I. v. Italien. Als Papst brachte er sogleich ein breites militär. Bündnis zustande, das 915 in der Schlacht am →Garigliano Mittelitalien von der Plage sarazen. Überfälle befreite. Im Dez. 915 krönte er, ungeachtet des geblendeten Ks.s

Ludwig (d. Blinden) v. d. Provence, Berengar zum Ks. Für sein universales Amtsverständnis spricht, daß er zu Bf.serhebungen in Narbonne, Lüttich und Reims Stellung nahm, 916 durch Legaten und Schriftstücke die Synode v. →Hohenaltheim beeinflußte, 927 die erste Papsturk. für →Cluny ausstellte, Anweisungen zur Missionierung der Normannen gab, um die Gewinnung Kroatiens und Dalmatiens für den lat. Ritus bemüht war und 923 im →Tetragamiestreit die kirchl. Einheit mit Byzanz wiederherstellte. Als er sich 926 mit dem neuen it. Kg. →Hugo verband und den eigenen Bruder Petrus als Mgf. v. Spoleto begünstigte, zog er sich die Feindschaft von Theophylakts Tochter →Marozia und ihres Gatten Wido v. Tuszien zu, die 927 für die Ermordung des Petrus sorgten und 928 auch J. festnehmen und durch Leo VI. ersetzen ließen. Im Kerker soll er später erdrosselt worden sein. R. Schieffer

Q.: LP II, 240f. – JAFFÉ² I, 449–453; II, 706 – RI II 5, Nr. 15–89 – H. ZIMMERMANN, Papsturkk. 896–1046, I, 1988², 61–99 – *Lit.:* T. VENNI, Giovanni X, ASRSP 59, 1936, 1–136 – HALLER² II, 199–201, 548 – SEPPELT II, 350–355 – H. ZIMMERMANN, Das dunkle Jh., 1971, 44–75 – H. FUHRMANN, Die Synode v. Hohenaltheim (916) – quellenkundl. betrachtet, DA 43, 1987, 440–468.

27. J. XI., *Papst seit* März 931, † Jan. 936; Sohn der →Marozia und wahrscheinl. des Papstes Sergius III., Kard.priester v. S. Maria in Trastevere und auf Betreiben seiner Mutter zum Papst erhoben. Er förderte durch Privilegien die Anfänge der cluniazens. Verbandsbildung unter Abt →Odo (→Cluny) und gestattete dem byz. Ks. Romanos I. die Erhebung seines unmündigen Sohnes zum Patriarchen, geriet aber beim röm. Umsturz Ende 932 mit Marozia in die Gewalt seines Stiefbruders →Alberich II. v. Spoleto und stand seither unter dessen strenger Aufsicht.
R. Schieffer

Q.: LP II, 243 – JAFFÉ² I, 454f.; II, 706, 746f. – RI II 5, Nr. 101–118 – H. ZIMMERMANN, Papsturkk. 896–1046, I, 1988², 105–115 – *Lit.:* HALLER² II, 201–203 – SEPPELT II, 355–357 – H. ZIMMERMANN, Das dunkle Jh., 1971, 77–84.

28. J. XII. (Oktavian), *Papst seit* 16. Dez. 955, * um 937, † 14. Mai 964; Sohn des röm. Stadtherrn →Alberich II., der vor seinem Tode (954) die Römer verpflichtet hatte, seinen polit. Erben auch zum Nachfolger →Agapets II. zu machen. Bei skandalöser Lebensführung folgte er seinen Vorgängern in der Privilegierung von Kl. und unterhielt Kontakte bis nach England und Spanien, agierte aber glücklos in der it. Territorialpolitik gegen Capua und Benevent sowie Kg. →Berengar II., was ihn Ende 960 zum Hilferuf an Kg. Otto I. veranlaßte. Otto erschien in Rom und empfing mit →Adelheid am 2. Febr. 962 von J. die Ks.krone, die fortan mit dem röm.-dt. Kgtm. verbunden blieb. J. billigte die Pläne Ottos zur kirchl. Organisation der Slavenmission (→Magdeburg, →Merseburg) und erhielt das Privilegium Ottonianum. Bald jedoch nahm er aus Sorge vor Ottos Übergewicht Verbindung mit dessen Gegnern, bes. Kg. →Adalbert, auf und forderte damit die Rückkehr des Ks.s heraus, vor dem er im Nov. 963 aus Rom floh. Otto ließ auf einer Synode in St. Peter J.' Unwürdigkeit feststellen und Leo VIII. zum Nachfolger wählen, schlug jen Jan. 964 einen von J. geschürten Aufstand nieder, konnte aber nicht verhindern, daß nach seinem Abzug J. wieder in der Stadt Fuß faßte und am 26. Febr. 964 eine letzte Synode abhielt, die Leo verdammte. Bevor Otto abermals nach Rom vorstieß, starb J. eines jähen Todes. R. Schieffer

Q.: LP II, 246–249 – JAFFÉ² I, 463–467; II, 706 – RI II 5, Nr. 254–355 – H. ZIMMERMANN, Papsturkk. 896–1046, I, 1988², 204–215, 549–555 – SEPPELT II, 362–371 – H. FUHRMANN, Konstantin. Schenkung und abendländ. Ksm., DA 22, 1966, 63–178 – H.

ZIMMERMANN, Papstabsetzungen des MA, 1968, 77–92, 235–272 – DERS., Das dunkle Jh., 1971, 134–152 – E.-D. HEHL, Die angebl. Kanones der röm. Synode vom Febr. 962, DA 42, 1986, 620–628 – H. WOLTER, Die Synoden im Reichsgebiet und in Reichsitalien von 916 bis 1056, 1988, 69ff.

29. J. XIII., *Papst seit* 1. Okt. 965, † 6. Sept. 972, ▭ Rom, St. Paul; Römer (wohl nicht →Crescentier) und zuvor Bf. v. Narni. Er wurde nach halbjähriger Vakanz im Beisein ksl. Beauftragter zum Nachfolger Leos VIII. erhoben, jedoch Ende 965 durch einen Aufstand aus Rom vertrieben und trat im Nov. 966 aus Furcht vor dem herannahenden Otto I. wieder in die Stadt eingelassen. Mit dem Ks. wirkte J. während dessen 6jähriger Anwesenheit in Italien eng zusammen, hielt mit ihm gemeinsame Synoden in Rom und Ravenna ab, vollendete die Errichtung der Kirchenprovinz →Magdeburg und krönte 967 Otto II. zum Ks. sowie 972 →Theophanu zur Ksn. Die polit. bedingte Erhebung von →Capua und →Benevent zu Ebm.ern trug ihm Spannungen mit der byz. Kirche ein. Im Kirchenstaat förderte J. den Aufstieg der Crescentier.
R. Schieffer

Q.: LP II, 252–254 – JAFFÉ² I, 470–477; II, 706f. – RI II 5, Nr. 386–506 – H. ZIMMERMANN, Papsturkk. 896–1046, I, 1988², 333–433 – *Lit.:* HALLER² II, 215–217 – SEPPELT II, 372–377 – H. ZIMMERMANN, Das dunkle Jh., 1971, 153–197 – H. WOLTER, Die Synoden im Reichsgebiet und in Reichsitalien von 916 bis 1056, 1988, 88ff.

30. J. XIV. (Petrus), *Papst seit* Sept. 983, † 20. Aug. 984, ▭ Rom, St. Peter; seit 970/971 Bf. v. Pavia (aber nicht ident. mit dem gleichnamigen Kanzler Ottos I.). Von Otto II. zum Papst bestellt, erlebte er binnen kurzem dessen Tod in Rom (7. Dez. 983) und nur danach mit Mühe polit. Rückhalt. Der aus Byzanz zurückgekehrte, von den →Crescentiern gestützte Bonifatius VII. ließ J. im April 984 in der →Engelsburg festsetzen, wo er bald umkam.
R. Schieffer

Q.: LP II, 259 – JAFFÉ² I, 484f. – RI II 5, Nr. 621–629 – H. ZIMMERMANN, Papsturkk. 896–1046, I, 1988², 549–553 – *Lit.:* HALLER² II, 217f. – SEPPELT II, 380f. – H. ZIMMERMANN, Das dunkle Jh., 1971, 223f. – H. PAULER, Zum Kanzler Ottos d. Gr., Petrus v. Pavia und einem angebl. gefälschten Papstbrief, QFIAB 60, 1980, 507–510.

31. J. XV., *Papst seit* Aug. 985, † März 996; Sohn des röm. Priesters Leo und als Kard.priester von S. Vitale unter dem Einfluß des Crescentius Nomentanus (→Crescentier) ohne Konsultation des dt. Hofes erhoben. Trotz schwacher Stellung in der Stadt, woran auch Ksn. →Theophanu bei ihrem Besuch 989/990 nichts änderte, konnte J. auswärts die päpstl. Autorität geltend machen: Er vermittelte 991 einen Ausgleich zw. England und der Normandie, tauschte Gesandtschaften mit Rußland aus, empfing die Übereignung Polens an den Apostol. Stuhl (→Dagome-iudex-Dokument) und vollzog 993 mit der Heiligsprechung →Ulrichs v. Augsburg die erste formelle Kanonisation. Im Reimser Streit fand J.' Festhalten an Ebf. →Arnulf zwar die Billigung cluniazens. Kreise, führte aber zu heftigem, ins Prinzipielle gehenden Widerspruch des frz. Episkopats und Kg. →Hugos Capet (Synoden v. →Verzy, →Mouzon). 995 wich er vor dem Druck des Crescentius nach Tuszien aus, rief die Hilfe Ottos III. an und wurde noch vor dessen Alpenübergang wieder in Rom eingelassen, erlebte aber das Eintreffen des Kg.s nicht mehr. R. Schieffer

Q.: LP II, 260 – JAFFÉ² 1, 486–489; II, 707f. – RI II 5, Nr. 641–740 – H. ZIMMERMANN, Papsturkk. 896–1046, I, 1988², 555–635 – *Lit.:* HALLER² II, 218f. – SEPPELT II, 381–386 – H. ZIMMERMANN, Das dunkle Jh., 1971, 227–254 – H. WOLTER, Die Synoden im Reichsgebiet und in Reichsitalien von 916 bis 1056, 1988, 131ff.

32. J. XVI. Philagathos, *Gegenpapst* 997–998, † 1001 (?). Der aus Rossano in Kalabrien stammende Grieche begann als Notar der Ksn. →Theophanu, war 980–982 und 991–992 ksl. Kanzler für Italien, seit 982 Abt v. Nonantola und seit 988 zugleich Ebf. v. Piacenza sowie Leiter der kgl. Kammer in Pavia, ehe er, aus Byzanz von der Brautwerbung für seinen Paten und Schüler, Ks. Otto III., heimkehrend, von den Römern unter Crescentius II. (→Crescentier) anstelle Gregors V. im Febr. 997 zum Papst erhoben wurde. Päpstl. Urkk. sind nicht überliefert, Konspirationen mit Byzanz nur Verleumdung. Noch im Febr. verdammte ein Konzil in Pavia unter Gregor V. den Invasor. Nonantola wurde eximiert, Piacenza wieder Ravenna unterstellt. Verhandlungen schlug der Ks. aus. Vor ihm floh J. im Febr. 998 aus Rom. Über den Gefangenen und grausam Verstümmelten vollzog im Mai eine röm. Synode trotz der Fürsprache des Nilus v. Rossano die →Deposition mit Devestitur und Spottprozession. J. soll in röm. Klosterhaft gestorben sein.   H. Zimmermann

Q.: LP II, 261f. – Jaffé²I, 495f. – RI II 5, Nr. 784–820 – Lit.: H. Zimmermann, Papstabsetzungen des MA, 1968, 105ff. – P. E. Schramm, Ks., Kg.e und Päpste, III, 1969, 214ff. – A. Nitschke, Der mißhandelte Papst (Gedenkschr. J. Leuschner, 1983), 40–53.

33. J. XVII. (Sicco), *Papst* seit 16. Mai 1003, † 6. Nov. 1003; Römer und unter der Stadtherrschaft des Johannes Crescentius (→Crescentier) erhoben. Aus dem Pontifikat ist nur bekannt, daß J. eine Vollmacht zur Mission in Polen erteilte.   R. Schieffer

Q.: LP II, 265–Jaffé²I, 501–RI II 5, Nr. 975–979 – Lit.: Haller²II, 229 – Seppelt II, 401.

34. J. XVIII. (Beiname: Fasanus), *Papst* seit 25. Dez. 1003, † Juni 1009, → Rom, St. Paul; Römer und zuvor Kard. priester v. St. Peter, unter der Stadtherrschaft des Johannes Crescentius (→Crescentier) erhoben. Er bestätigte 1004 die Wiederherstellung des Bm.s →Merseburg und 1007 die Gründung des Bm.s →Bamberg, konnte aber Kg. Heinrich II. wohl wegen des Widerstands des Crescentius nicht in Rom empfangen. J. verbesserte das Verhältnis zu Byzanz, war in Italien und Frankreich vornehml. auf die Förderung von Kl. bedacht und sprach die ersten poln. Märtyrer heilig. Vor seinem Tod scheint er als Mönch in St. Paul gelebt zu haben.   R. Schieffer

Q.: LP II, 266 – Jaffé²I, 501–503; II, 708 – RI II 5, Nr. 980–1035 – H. Zimmermann, Papsturkk. 896–1046, II, 1989², 777–842 – Lit.: Haller²II, 229 – Seppelt II, 401 – A. M. Colini, L'epitaffio del fratello di Giovanni XVIII, ASRSP 99, 1976, 333–335.

35. J. XIX. (Romanus), *Papst* seit April 1024, † 20. Okt. 1032; aus dem Hause der Gf.en v. Tusculum und unter seinem älteren Bruder und Vorgänger Benedikt VIII. als Consul, Dux und Senator weltl. Machthaber in Rom und der Campagna. Als Laie gleichsam im Erbgang angebl. simonist. erhoben, sorgte J. für die Sicherung seiner regionalen Herrschaft und suchte das Einvernehmen mit Konrad II., dem er am 26. März 1027 im Beisein der Kg.e Rudolf III. v. Burgund und Knut v. Dänemark-England die Ks. krönung gewährte. Im Streit zw. →Aquileia und →Grado sowie bei der Verlegung des Bm.s →Zeitz nach →Naumburg (1028) kam er dem Ks. entgegen. Enge Beziehungen unterhielt er zu Abt →Odilo v. Cluny, dem er gegen alle Widerstände in Frankreich die völlige Exemtion seines Kl. verbriefte. Unglaubwürdig ist die Nachricht des →Radulf Glaber, J. habe gegen Geld weitreichende Zugeständnisse an Byzanz machen wollen.   R. Schieffer

Q.: LP II, 269 – Jaffé²I, 514–519; II, 709, 748 – H. Zimmermann, Papsturkk. 896–1046, II, 1989², 1043–1126 – Lit.: Haller²II, 235–261 – Seppelt II, 408–412 – K. J. Herrmann, Das Tuskulanerpapsttum (1012–1046), 1973 [vgl. dazu: DA 34, 1978, 626f.] – H. Wolter, Die Synoden im Reichsgebiet und in Reichsitalien von 916 bis 1056, 1988, 325ff.

36. J. XX. fehlt in der Papstliste. Die irrtüml. Zählung ab J. XXI. beruht wahrscheinl. auf einem Mißverständnis in der Überl. der Papstkataloge, die seit dem 12. Jh. häufig zw. Benedikt VII. und Gregor V. drei statt zwei Päpste namens J. aufweisen.   R. Schieffer

Lit.: LP II, XVIII; III, 113 – R. L. Poole, The Names and Numbers of Medieval Popes, EHR 32, 1917, 465–478 – RI II 5, Nr. 740.

37. J. XXI. (Petrus Juliani, gen. Petrus Hispanus), *Papst* seit dem 15./16. Sept. 1276 (Wahl in Viterbo in stürm. Konklave), bedeutender Philosoph und Mediziner, * nach 1210 in Lissabon, † 20. Mai 1277 in Viterbo nach Einsturz der Zimmerdecke des Papstpalastes. J. studierte in Salerno und Paris, lehrte von 1242–52 Medizin in Siena, wurde dann Archidiakon v. Vermuy in Lissabon, 1273 Ebf. v. Braga, wurde am 3. Juni 1273 zum Kard. bf. v. Tusculum kreiert, nahm am II. Konzil v. Lyon teil. Während seines kurzen Pontifikats setzte J. die Kirchenpolitik Gregors X. (dessen Leibarzt er gewesen war) fort: Förderung der auf dem Konzil v. 1274 begründeten Beziehungen zu Byzanz, Kreuzzugsvorbereitungen, Ausgleich zw. →Karl v. Anjou und →Rudolf v. Habsburg sowie →Alfons X. v. Kastilien und →Philipp III. v. Frankreich. Bei den Lehrstreitigkeiten an der Pariser Sorbonne befahl J. nach Feststellung der Vertreter des heterodoxen Aristotelismus (Auftrag am 18. Jan. 1277; →Averroes) deren Entfernung aus dem Lehrkörper der Univ. (Bulle vom 28. April 1277).

Werke: Das wirkmächtigste seiner philos. Werke sind die »Summulae logicales« (um 1240), ein im MA weitestverbreitetes und kommentiertes Hb. der Dialektik (über 300 Hss.; Ed. princ. 1474; ins Gr. und Hebr. übers.), in dem die Formen der dialekt. Disputation vorgeführt (logica vetus und logica nova), anschließend die logica modernorum entwickelt und eine semant. Analyse der aristotel. Begriffslogik (de proprietatibus terminorum, de suppositione, de relativis, de ampliatione, de appellatione, de restrictione und de distributione) entfaltet werden. Daneben kommentierte Petrus Hispanus →Aristoteles' »De animalibus« und verfaßte einen Traktat »De anima«. In der Tradition gr.-arab. Gelehrsamkeit stehen seine med. Arbeiten: »Thesaurus pauperum seu de humani corporis membris«, »Liber de oculo«, »Liber de conservanda sanitate«, »Diaetae super chirurgiam« u. a.   B. Roberg

Q. und Lit.: LThK², 992f. – Le registre de Jean XXI (1276–1277). Recueil des Bull. de ce pape d'après le ms. original du Vatican par E. Cadier, 1898 – Obras filosóficas, 3 Bde, ed. M. Alonso Alonso, 1961² – Peter of Spain, Tractatus syncategorematum and Selected Anonymous Treatises, übers. und hg. J. P. Mullally – R. Houde, 1964 – H. Schipperges, Grundzüge einer scholast. Anthropologie bei Petrus Hispanus (Ptg. Forsch. Görresges. 7, 1967), 1–51 – Tractatus (Summulae logicales), hg. L. M. de Rijk (Philos. Texts and Stud. 22, 1972) – Ch. Lohr, Commentateurs d'Aristote au MA latin (Vestigia 2, 1988), 200–203 [Lit. mit Verz. aller Ed.] – Petrus Hispanus, Summulae logicales. Log. Abh., übers. und mit Einl. von W. Degen – B. Papst, 1989 – On Composition and Negation. Text, transl. and comment. by J. Spruyt (Artistarium suppl. 5, 1989).

38. J. XXII. (Jacques Duèse), *Papst* seit 7. Aug. 1316 (Wahl; Krönung: 3. Sept. in Lyon), * ca. 1244 in Cahors, † 4. Dez. 1334 in Avignon; Studien in Montpellier, durch die er sich den Ruf eines hervorragenden Kanonisten und guten Theologen erwarb, 1300 Bf. v. Fréjus, 1308–13 Kanzler der Krone v. Neapel unter Karl II. und Robert v. Neapel, 1310 Bf. v. Avignon, 1312 Kreation zum Kard.-presbyter, 1313 Kard. bf. v. Ostia. Nach dem Tode Clemens' V. wurde er mit 72 Jahren wegen der Gegensätze im Kard. skollegium erst nach zweijähriger Sedisvakanz in Lyon gewählt. Zunächst zur Rückkehr nach Rom entschlossen, verblieb J. aber dann in Avignon und nahm erfolgreich Reorganisation und Ausbau der nach dem

Pontifikat Clemens' V. und der Sedisvakanz desolaten Kurie in Angriff. Dabei gelang es ihm, die zerrütteten Finanzen des Apostol. Stuhls neu zu ordnen und trotz des weitgehenden Ausfalls von Einkünften aus dem Kirchenstaat auf eine solide Grundlage zu stellen. Unter den Päpsten der avign. Zeit hatte J. maßgebl. Anteil an der Ausbildung des zentralist. Systems der Kirchenregierung mit ausgeprägter kirchl. Bürokratie (→Kurie, avign.).

Von Anfang an war der Pontifikat J.' durch den lang andauernden Streit mit dem röm. Kg. überschattet, zugleich der letzten großen Auseinandersetzung zw. Imperium und Sacerdotium im MA. J. beanspruchte die Entscheidung über die Doppelwahl von 1314, aus der →Ludwig d. Bayer und →Friedrich d. Schöne hervorgegangen waren, ohne sich jedoch wegen polit. Rücksichtnahmen auf die Interessen Frankreichs und der →Anjou in Mittel- und Süditalien über Jahre hin zugunsten einer der Parteien festzulegen. Auch nach der für Ludwig siegreichen Schlacht v. →Mühldorf (1322) hielt J. an seinem Anspruch fest. Während Ludwig einen Reichsvikar nach Italien sandte, hatte J. bereits Kg. →Robert v. Neapel als Reichsvikar eingesetzt. Die Italienpolitik des Papstes mit seiner Parteinahme für die →Guelfen ist als Hintergrund für den nun ausbrechenden Konflikt zu sehen. Als Ludwigs Vikar dem vom Papst gebannten →Visconti in Mailand gegen den päpstl. Vikar half, eröffnete J. 1323 unter Einfluß der frz. Krone und gegen den Widerstand eines Teiles der Kard.e den ersten Prozeß gegen Ludwig, der vom Papst aufgefordert wurde, die Kg.skrone abzulegen und sich in Avignon zu verantworten. Der Kg. appellierte nun an ein allg. Konzil. Nach dem päpstl. Bann (24. März 1324) erfolgte eine erneute Appellation Ludwigs, der J. der Häresie wegen dessen Stellungnahme im Armutsstreit (→Bettelorden) anklagte und seine Absetzung durch ein Konzil forderte. Am 11. Juli 1324 erklärte der Papst Ludwig für abgesetzt und sprach über seine Anhänger Exkommunikation und Interdikt aus. Der Streit erfuhr eine weitere Eskalation durch den Einfluß des →Marsilius v. Padua, der 1326 an den Münchner Hof geflohen war. Marsilius veranlaßte zusammen mit ghibellin. Kreisen Ludwig 1327–28 zu einem Romzug, wo er sich am 17. Jan. 1328 die Ks.krone vom röm. Volk verleihen ließ, am 18. April J. für abgesetzt erklärte und wenig später den Minoriten Pietro Rainalducci aus Corvaro als Nikolaus V. zum Gegenpapst erheben ließ, der sich allerdings nur kurze Zeit halten konnte und 1330 mit J. aussöhnte. Der Papst antwortete mit weiteren Prozessen gegen Ludwig, in denen er ihn auch des Hzm.s Bayern für verlustig erklärte. Schließlich ließ er sogar das Kreuz gegen den Ks. als Beschützer der Ketzer predigen.

Der Konflikt wurde zunehmend mit dem seit langem schwelenden Armutsstreit verquickt. J. hatte sich im prakt. Armutsstreit wie seine Vorgänger gegen die Spiritualen des Franziskanerordens (→Franziskaner) gestellt. Als 1322 ein Generalkapitel der Franziskaner erklärte, es sei kath. Lehre, daß Christus und die Apostel weder einzeln noch gemeinsam Eigentum besessen hätten, verwarf der Papst diesen Satz im Dekret »Cum inter nonnullos« vom Nov. 1323 als häret. und verschärfte damit den theoret. Armutsstreit. Eine Minderheit des Ordens um den Franziskanergeneral →Michael v. Cesena widersetzte sich der päpstl. Entscheidung und erklärte J. seinerseits zum Häretiker. 1328 fanden Michael v. Cesena, seine Ordensbrüder →Bonagratia v. Bergamo und →Wilhelm v. Ockham Zuflucht am Münchner Hof und trugen erhebl. zur Eskalation des Konflikts bei. Die Auseinandersetzung hat zu einer großen Zahl von Streitschriften geführt und dazu beigetragen, daß sich im dt. Sprachraum eine merkl. Distanzierung zur päpstl. Kurie ergab. 1329 ließ J. 28 Sätze des Meister →Eckhart verurteilen. Er selbst sah sich heftiger Opposition ausgesetzt, als er in 1331–32 in mehreren Predigten die Frage der »Visio beatifica« der Gerechten nach ihrem Tode in dem Sinne erörterte, daß die Anschauung Gottes ihnen erst nach dem Endgericht zuteil werde. Diese Behauptung fand allg. scharfe Zurückweisung, wobei sich v. a. die Univ. Paris und ein Teil der Kard.e gegen den Papst stellten, der mehr und mehr von seiner Meinung abrückte und sie schließlich kurz vor seinem Tode widerrief.

Unter J. erfuhr die Mission insbes. durch die →Dominikaner eine starke Förderung, die zur Gründung neuer Bm.er in Anatolien, Armenien, Iran und Indien führte. Für das Kirchenrecht bedeutsam ist seine Veröffentlichung der Dekretalen seit Bonifatius VIII. (→Clementinae) aus dem Jahre 1317, während seine eigenen Dekretalen unter Benedikt XII. in die kirchl. Rechtsslg.en eingingen (→Extravagantes, →Corpus Iuris Canonici).

Der Pontifikat J.' trug, wenn auch den Papst persönl. Anspruchslosigkeit, Frömmigkeit und Sittenstrenge kennzeichneten, wegen des kurialen Fiskalismus, des ausufernden Nepotismus, der Abhängigkeit gegenüber der frz. Krone und dem Streit mit Ludwig d. Bayern wesentl. zu einer wachsenden antikurialen Stimmung v. a. im Reich bei. J. Grohe

Q.: Vatikan. Akten zur dt. Gesch. in der Zeit Ks. Ludwigs d. Bayern, hg. S. RIEZLER, 1891 – Lettres secrètes et curiales du pape Jean XXII. (1316–1334) relatives à la France, I–III, hg. A. COULON–S. CLÉMENCET, 1900–65 – Jean XXII. Lettres communes 1–16, hg. G. MOLLAT, 1904–46 – Lettres de Jean XXII, I–II, hg. A. FAYEN, 1908–09 – Vitae Paparum Avenionensium, I, 1916, 107–194 – Extra vagantes Joannis XXII, hg. J. TARANT (= MIC B,6), 1983 – Lit.: DThC VIII, 633–641 – HKG III/2, 384–393 – LThK² V, 993f. – TRE XVII, 109–112 [Lit.] – SEPPELT-SCHWAIGER IV², 89–119 – G. MOLLAT, Les Papes d'Avignon 1305–1378, 1965¹² [ältere Lit.] – Y. RENOUARD, The Avignon Papacy, 1970 – A. SCHÜTZ, Papsttum und röm. Kgtm. in den Jahren 1322–1324, HJ 96, 1976, 245–268 – J. MIETHKE, Ks. und Papst im SpätMA, ZHF 10, 1983, 421–446 – L. DUVAL-ARNAULD, La constitution »Cum inter nonnullos« de Jean XXII sur la pauvreté du Christ et des Apôtres, AFrH 77, 1984, 406–420 – J. HEFT, John XXII and Papal Teaching Authority, 1986 – S. MENACHE, The Failure of John XXII's Policy toward France and England ..., ChH 55, 1986, 423–437 – →Ludwig d. Bayer, →Marsilius v. Padua.

39. J. XXIII. (Baldassare Cossa), *Papst* seit 17. Mai 1410 (Wahl; Krönung: 25. Mai), Abdankung am 20. Mai 1415; † 27. Dez. 1419 in Florenz, ⌑ ebd., Baptisterium S. Giovanni; entstammte einem Adelsgeschlecht Neapels. Über seine Jugend ist wenig Zuverlässiges bekannt; Studium an der Univ. Bologna; kam unter Bonifatius IX. an die Kurie; 1396 Archidiakon und 1402 Kard.legat v. Bologna. Maßgebl. war er an der Konzilseinberufung zu →Pisa (1409) durch die Kard.e beider Obödienzen beteiligt. Als Nachfolger des in Pisa gewählten Papstes Alexander V. erwartete man von J. neben der Fortführung des auf dem Konzil begonnenen Unionsprozesses die Erhaltung bzw. Rückgewinnung des Kirchenstaates und der Stadt Rom. Obwohl J. breite Anerkennung fand (seine Obödienz war die mit Abstand größte, außerdem war er im Besitz des Patrimoniums), gelang es zunächst nicht, das Schisma zu beenden, da die in Pisa ausgesprochene Deposition Gregors XII. und Benedikts XIII. fakt. keine Gültigkeit erlangte. Ein zunächst nach Rom einberufenes Konzil (1412/13) fand nur ein geringes Echo und wurde aufgrund der Bedrohung des Kirchenstaates durch Kg. →Ladislaus v. Durazzo-Neapel vorzeitig beendet. Im Einvernehmen mit Kg. Sigmund berief J. schließlich ein weiteres Konzil nach →Konstanz ein (Konvokationsbulle: 9. Dez. 1413). Die Umstände dieser Konzilsberufung sind nicht ganz geklärt, der Beitrag J.' ist umstritten. Das am 5. Nov. 1414 eröffnete Konzil begann zunächst als Fortsetzung des Pisanums, dessen Beschlüsse bekräftigt und durchgesetzt werden sollten. Ausgelöst durch den »Wappenstreit« formierten sich unter den Konzilsteilnehmern die Anhänger einer radikalen Lösung, die den Rücktritt aller drei amtierenden Päpste forderten. Zunehmender Druck und die Ausweglosigkeit seiner Sache brachten J. trotz anfängl. Sträubens schließlich dazu, seine Bereitschaft anzukündigen, unter bestimmten Bedingungen zurückzutreten (12. März 1415). Nachdem er seinen Anspruch auf das Papsttum nicht hatte durchsetzen können und sich zudem Pressionen ausgesetzt fühlte, floh er in der Nacht vom 20. zum 21. März nach Schaffhausen und später nach Freiburg, wo seine Flucht am 29. April durch Gefangennahme endete. Sein Versuch, das Konzil an einen anderen Ort zu verlegen, vielleicht sogar aufzulösen, war damit gescheitert. Im anschließenden Prozeß vor dem Konzil wurde er trotz vorheriger Abdankung am 29. Mai seines Amtes für verlustig erklärt. Er blieb bis nach Konzilsende in Haft, wurde von Martin V. begnadigt, freigelassen und zum Kard.bf. v. Tusculum ernannt. – Nach dem Zeugnis der Zeitgenossen war J. in weltl. Geschäften sehr erfolgreich, allerdings den geistl. Anforderungen des Papstamtes nicht gewachsen. War das Urteil über J. – nicht zuletzt im Wissen der Konstanzer Ereignisse – jahrhundertelang negativ geprägt gewesen, so erfährt seine Person heute eine differenziertere Beurteilung (W. Brandmüller).

A. Frenken

Q.: Theod. de Nieheim, De scismate, ed. G. Erler, 1890, und De vita et fatis Joannis XXIII (Magnum oecumenicum Constanciense concilium, II, 1697), 335–459 – Acta concilii Constanciensis, ed. H. Finke u. a., 1896–1928 – Mansi XXVII, 621f., 662–715 – Rep. Germ. III, 1935 – Lit.: Catholicisme VII, 492–494 – DThC VIII, 641–644 – ECatt IV, 708f. – HKG III/2, passim – LThK² V, 995 [ältere Lit.] – NCE VII, 1020f. – Seppelt-Schwaiger² IV, passim – A. Esch, Das Papsttum unter der Herrschaft der Neapolitaner (Fschr. H. Heimpel, II, 1972), 713–800 – L. Waldmüller, Materialien zur Gesch. J.' XXIII. (1410–1414), AHC 7, 1975, 229–237 – J. Köhler, Die Päpste des Großen Abendländ. Schismas (Gestalten der Kirchengesch.: Das Papsttum, II, 1985), 22–25 – A. Lando, Il papa deposto (Pisa 1409), 1985 – J. N. D. Kelly, The Oxford Dict. of Popes, 1986, 237–239 – W. Brandmüller, Infeliciter electus fuit in Papam (Fschr. F.-J. Schmale, 1989), 309–322 – W. Brandmüller, Das Konzil v. Konstanz, I, 1990.

40. J. Eleemosynarius, *Patriarch v. Alexandria* ca. 610–ca. 620; stammte aus Zypern und kam in Alexandria durch sein karitatives Werk zu hohem Ansehen ('der Mildtätige'). Er schrieb eine Vita des legendären Bf.s Tychon v. Amathus (Zypern). Sein Leben wurde von →Johannes Moschos und →Sophronios v. Jerusalem (als Gemeinschaftsarbeit, die verlorenging) und von →Leontios v. Neapolis beschrieben.   K. S. Frank

Ed.: CPG 7977 (BHG 1859–60); 7882 (BHG 886–886c) – Lit.: Beck, Kirche, 459f. – H. Usener, Sonderbare Hl.e I, 1907.

41. J., *Bf. v. Antiocheia* 428–441. Leben und Wirken sind mit der antioch.-alexandr. christolog. Kontroverse verknüpft. Als Freund des →Nestorios und Anführer der Orientalen lehnte er die Beschlüsse des Konzils v. →Ephesos 431 ab und verfügte die Exkommunikation →Kyrills v. Alexandria und seiner Anhänger, woraufhin er selbst auf Betreiben Kyrills exkommuniziert wurde. Sein Brief an Kyrill mit dem Symbolum unionis (ACO I 1/4, 8–9), das Maria als Theotokos anerkannt, trug entscheidend zur Einigung von 433 bei. Das antioch. Symbolum unionis wirkte – allerdings in der Interpretation des Kyrill – auf das Glaubensdekret von →Chalkedon ein. Im Streit um →Theodor v. Mopsuestia lehnte J. dessen postume Verurteilung ab, akzeptierte aber die christolog. Formeln des Proklos im »Tomus ad Armenios«.   W. Cramer

Lit.: CPG 6301–60 – Diz. patristico e di Antichità cristiane II, 1541–43 [D. Stiernon].

42. J. Mandakuni, *Patriarch (Katholikos) der armen. Kirche* 472–490. Eine Prunkrede des J., anläßlich des Regierungsantritts von Vahan Mamikonean, ist uns durch →Łazar v. Pharpi überliefert. Am bekanntesten sind J.' asket. Reden, die aber z. T. wohl dem Johannes v. Mayragom (6.–7. Jh.), einem leidenschaftl. Vertreter der asket. und antichalkedonens. Richtung, zuzuschreiben sind.

M. v. Esbroeck

Ed. und Übers.: BKV II, 1927, 29–285 – Lit.: A. M. Kelenderjan, Hovhan Mayragometi, 1973 – →Armen. Sprache und Lit.

43. J. de Alatre, *Bf. v. Clonfert* ca. 1266–95. Möglicherweise zum Gefolge des päpstl. Legaten Ottobuono Fieschi (→Hadrian V.) gehörend, der sich von 1265–68 in England aufhielt, erhielt J. ca. 1266 den vakanten, seit 1264 in der Hand des engl. Kg.s Heinrich III. befindlichen Bf.sstuhl v. Clonfert. Der Bf. war an der kgl. Verwaltung, bes. der Finanzverwaltung, in Irland beteiligt. Wiederholt kontrollierte er die Rechnungsführung des Schatzmeisters. Nach dem II. Konzil v. →Lyon (1247) war er als päpstl. Nuntius Kollektor des Kreuzzugszehnten in Irland. Bonifatius VIII. übertrug ihm 1295 das Ebm. →Benevent.

J. A. Watt

Q.: A. Theiner, Vetera Monumenta Hibernorum et Scotorum Hist. Illustrantia..., 1864, nr. 265–267, 271, 315, 317, 341, 347 – Cal. Doc. Ireland, 1252–84, ed. H. S. Sweetmann, 1877, nr. 1294, 1497, 1509, 1663, 1902, 2276; ebd., 1285–92, nr. 166, 169, 1184.

44. J. II. v. Jerusalem, *Bf. v. Jerusalem* 386–417. Im ersten Origenistenstreit klagten ihn →Hieronymus und →Epiphanios v. Salamis an (Contra Joh. Hier.; Ep. 51; 57). Er wurde auch in den pelagian. Streit hineingezogen und nahm 415 an der Synode v. Diospolis teil, die Pelagius für unschuldig erklärte (Hieronymus, Ep. 133; 138; 143; Augustinus, De gest. Pelag.; Ep. 179; u. a.). Von seinen wenigen Schr. sind nur Frgm.e erhalten. Eine Verf.- oder Mitautorschaft der 5 mystagog. Katechesen des →Kyrill v. Jerusalem wird vielfach angenommen.   K. S. Frank

Ed.: CPG 3620–22 – SC 126 – Lit.: Altaner-Stuiber, § 78 – DSAM VIII, 565–574.

45. J. II. Kappadokes, *Patriarch v. Konstantinopel* 17. April 518–Mitte Febr. 520, übernahm sein Amt unter der Bedingung, das Konzil v. →Chalkedon zu verurteilen. Unter Ks. Justinus I., dem von ihm gekrönten Anhänger des Chalcedonense, vollzog er unter massivem Druck von Mönchen u. Bürgern auf einer Lokalsynode Juli 518 die Abkehr von dem durch das →Henotikon bestimmten Kurs seiner Vorgänger. Danach nahm er, unterstützt vom Ks. und dessen Neffen Justinian, Verhandlungen mit Papst →Hormisdas auf (die Coll. Avell. überliefert aus der diesbezügl. Korrespondenz mehrere Briefe J.'); diese führten mit der am 28. März 519 erfolgten Anerkennung der Regula fidei Hormisdae durch die Byzantiner zur Beendigung des →akakian. Schismas.   G. Prinzing

Lit.: CPG, 6828–35 – Grumel-Laurent, Nr. 206–216 – A. A. Vasiliev, Justin the First, 1950–Das Konzil v. Chalkedon, hg. A. Grillmeier–H. Bacht, II, 1973⁴–L. Magi, La sede romana nella corrispondenza degli imperatori e patriarchi bizantini (VI–VII secolo), 1972 – P. Gray, The Defense of Chalcedon in the East (451–553), 1979 – H.-G. Beck, Gesch. der orth. Kirche im byz. Reich, 1980, 17ff. – H. W. Anastos, The Emperor Justin I.'s Role in the Restoration of Chalcedonian Doctrine, 518–519, Byzantina 13, 1985, 127–139.

46. J. III. Scholastikos, hl. (Fest 30. Aug.), *Patriarch v. Konstantinopel* 565–577, * Anfang 6. Jh., Seremis bei →Antiocheia, † Aug. 577, Konstantinopel; Sohn eines Geistlichen, urprgl. Rechtsanwalt (σχολαστικός) in Antiocheia, um 550 vom Patriarchen Domnos (Domninos?) v. Antiocheia zum Presbyter geweiht, kam J. als Gesandter seines Patriarchen nach Konstantinopel, wo er sich durch Befähigung und Rechtgläubigkeit auszeichnete. Im Jan. 565 berief ihn Ks. →Justinian I. auf den Patriarchenthron als Nachfolger des abgesetzten →Eutychios (2.E.). J. ging energ. gegen die →Monophysiten vor. In der byz. Lit.-gesch. weniger als Theologe denn als Jurist bekannt, verfaßte J. noch in Antiocheia auf der Grundlage einer älteren systemat. gegliederten Zusammenstellung der kirchl. Kanones seine »Συναγωγή κανόνων έκκλησιαστικών εἰς ὑτίτλους διῃρημένη« (gegen Ende des 9.Jh. ins Slav. übersetzt; bildete die Grundlage für den →Nomokanon des Methodios). Daneben fertigte er die »Collectio LXXXVII capitulorum« an (Slg. epitomierter bzw. exzerpierter Ks.novellen kirchenrechtl. Inhalts der Jahre 535–546; Reihenfolge 6, 5, 83, 46, 120, 56, 57, 3, 32, 131, 67, 123). Sein Werk übte großen Einfluß auf die Entwicklung der kanonist. Lit. aus, da die beiden Slg.en (vermutl. nach Neubearb. um 570) die Hauptbestandteile des Nomokanons in 50 Titeln lieferten. Nach gut fundierter These (J. HAURY) ist J. mit →Johannes Malalas identisch.

S. Troianos

Ed.: CPG 7550f. – Collectio, ed. G. E. HEIMBACH, 'Ανέκδοτα II, 1840, 202–237 – J. B. PITRA, Iuris ecclesiastici Graecorum hist. et mon. II, 1868, 385–405 – Synagoge, ed. V. BENEŠEVIČ, AAM NF 14, 1937 – Lit.: BECK, Kirche, 422f. – DDC VI, 118–120 – DThC VIII, 829–831 – J. HAURY, Johannes Malalas ident. mit dem Patriarchen J. Sch.?, BZ 9, 1900, 337–356 – V. N. BENEŠEVIČ, Sinagogá v 50 titulov i drugie juridičeskie sborniki Joanna Scholastika, 1914 – E. SCHWARTZ, Die Kanonesslg. des J. Sch., SAW.PH 6, 1933.

47. J. IV., *Patriarch v. Konstantinopel* 12. April 582–595, † wohl 11. Sept. 595; vor seiner Wahl Diakon an der Hagia Sophia. Wegen seines strengen Lebenswandels erhielt er schon von den Zeitgenossen den Beinamen 'Faster' (Νηστευτής). Damit steht sicherl. in Zusammenhang, daß ein großer Teil aller byz. Schriften zur Bußdisziplin (zu Unrecht) ihm zugeschrieben wird. Aus seiner Feder stammt ein verlorenes Werk über die Taufe sowie eine auf Exzerpten aus →Johannes Chrysostomos beruhende »Rede über die Buße«. Kirchengesch. bedeutsam ist die von ihm (wohl um 587) vollzogene Aufnahme der Bezeichnung οἰκουμενικός in den Patriarchentitel, die (auf Grund einer falsch verstandenen Interpretation des gr. Wortes) zu Protesten der Päpste Pelagius II. und Gregor d. Gr. führte, jedoch von da an von den byz. Patriarchen geführt wurde.

P. Schreiner

Q. und Lit.: Tusculum-Lex., 379 – V. GRUMEL, Les regestes des actes du patriarcat de Constantinople, I, 1932, 105–111 – Theophylacti Simocattae Historiae, ed. C. DE BOOR, 1972², 254f.; Übers. P. SCHREINER, 1986, 184f. und Anm. 963 [zur Chronologie].

48. J. VII. Grammatikos, *Patriarch v. Konstantinopel.* Unter den Patriarchen des 8. und 9.Jh. gilt J. als Symbol der Bilderfeindlichkeit, und seine Person ist in solchem Umfang der damnatio memoriae verfallen, daß Leben und Wirken kaum mehr rekonstruierbar sind. Es besteht Zweifel, ob er einfacher oder vornehmer, konstantinopolitan. oder armen. Abkunft ist. Vieles spricht für eine Familie aus der Hauptstadt, deren Name (Morocharzianos) allerdings nach Armenien weist. Zw. 770 und 780 geboren, genoß er eine gute lit. und rhetor. Ausbildung. Am wahrscheinlichsten war er (noch vor dem 2. Ikonoklasmus 815) Abt am Sergios- und Bacchos-Kl. in Konstantinopel. Bereits unter Leo V. trat er als Ratgeber in theol. Fragen hervor und sammelte antiikonoklast. Schr. Unter Michael II. wurde er Erzieher von dessen Sohn Theophilos und Synkellos des Patriarchen Antonios I. Kassimatas. Unter Theophilos nahm er an einer oder mehreren Gesandtschaften nach Bagdad teil. Nach dem Tod des Antonios (Zeitpunkt unsicher) wurde ihm die Patriarchenwürde (für die er schon 815 vorgesehen war) übertragen (vielleicht 21. Jan. 837 oder aber schon einige Jahre früher). Mit der Herrschaft der Theodora und der Wiedereinführung des Bilderkultes wurde er am 4. März 843 abgesetzt und in ein Kl. (oder eher auf seinen Besitz Psicha) verbannt, wo er (vielleicht 863) starb. Die ikonodule Propaganda, die ihm freil. den Beinamen des Gelehrten (Grammatikos) nicht nehmen konnte, machte aus ihm einen heidn. Zauberer, so daß, abgesehen von anonym überlieferten Frgm., keine seiner Schr., selbst dem Titel nach, erhalten ist.

P. Schreiner

Ed. und Lit.: J. GOUILLARD, Fragments inédits, d'un antirrhétique de Jean le Grammarien, RevByz 24, 1966, 171–181 – P. LEMERLE, Le premier humanisme byz., 1971, 135–147 – S. GERO, John the Grammarian, the last iconoclastic patriarch of Constantinople, Byzantina 3–4, (Upsala) 1974–75, 25–35.

49. J. VIII. Xiphilinos, *Patriarch v. Konstantinopel* 1064–75, * zw. 1010–12 Trapezunt, † 1075 Konstantinopel. Um 1030 schloß sich J. dem Schülerkreis des Johannes →Mauropus in Konstantinopel an, hatte möglicherweise als Diakon unter Patriarch Alexios Studites das Amt des Chartophylax inne. Nach 1045 als Nomophylax von Ks. Konstantin IX. mit der Überwachung des jurist. Lehrtriebs betraut, ist J. der erste namentl. bekannte jüngere Scholiast der →Basiliken, denen er vermutl. einen Katenenkomm. hinzufügte (A. SCHMINCK). Anhänger der aristotel. Philosophie, lehnte J. die unter dem Einfluß des Platonismus geprägte Lehre seines Freundes Michael →Psellos teilweise ab. Seine diesbezügl. philos. Traktate sind aber im Gegensatz zu seinen jurist. und magolog. Werken nicht erhalten.

S. Troianos

Lit.: BECK, Kirche, 556f. – Tusculum-Lex.³, 1982, 380 [Ed., Lit.] – W. WOLSKA-CONUS, Les écoles de Psellos et de Xiphilin sous Constantin IX Monomaque, TM 6, 1976, 223–243 – DIES., L'école de droit et l'enseignement de droit à Byzance au XI⁰s...., ebd. 7, 1979, 1–106 – A. SCHMINCK, Stud. zu mittelbyz. Rechtsbüchern, 1986, passim.

50. J. X. Kamateros, *Patriarch v. Konstantinopel*, aus einer Familie, die in ihren Reihen Staatsmänner und hohe Kleriker hatte, bestieg am 5. Aug. 1198 den Patriarchenthron. Er berief 1200 eine (Lokal-)Synode ein, die sich mit dem lange schwelenden Streit um die Beschaffenheit der Eucharistie zu befassen hatte und stand mit Papst Innozenz III. in Briefwechsel wegen der Primatsfrage. J. griff verschiedentl. auch in die Politik ein, so 1203 durch ein Schreiben an den Bulgarenzar Kalojan (während er an den Verhandlungen mit den Bulgaren nicht teilnahm) und nach der Eroberung Konstantinopels 1204 im Gespräch mit dem päpstl. Legat Petrus Capuanus, gegen dessen Argumente auch eine schriftl. Abh. J.' vorliegt. In einem weiteren theol. Traktat wendet er sich gegen die Äußerungen des →Hugo Eterianus. Er weigerte sich (nach 1204), nach Nikaia überzusiedeln, begab sich vielmehr nach Didymoteichon, wo er April/Mai 1206 starb. P. Schreiner

Q. und Lit.: LThK² V, 1048 – Tusculum-Lex., 381 – G. PRINZING, Die Bedeutung Bulgariens, 1972, 16f. – P. WIRTH, Zur Frage eines polit. Engagements..., Byz. Forsch. 4, 1972, 239–252 – W. MALECZEK, Petrus Capuanus, 1988, 197 – V. GRUMEL, Les regestes des actes du patriarcat de Constantinople, II–III, 1989², 603–612.

51. J. XI. Bekkos, *Patriarch v. Konstantinopel*, ca. 1230 vermutl. in Nikaia, † März 1297, erfuhr dort durch Georgios Babuskomites eine hervorragende Ausbildung in Logik und Philosophie. Seit 1263 war er chartophylax am

Patriarchat, später wurde er megas skeuophylax und fungierte auch als ksl. Gesandter zum serb. Kg. Stephan Uroš (1268) und zu Kg. Ludwig IX. nach Tunis (1270). Wegen seiner Gegnerschaft zur ksl. Unionspolitik 1273 inhaftiert, erhielt aber eine reiche Bibl., um die Streitfragen studieren zu können. Er überzeugte sich von der Richtigkeit der von den Lateinern vorgebrachten Argumente und sah nun in der Durchführung der Union seine Lebensaufgabe. Nach der Abdankung →Josephs I. wurde er am 26. Mai 1275 Patriarch. Seine prolat. Einstellung brachte ihn in Konflikt mit dem eigenen Klerus und sogar mit Ks. Michael VIII., bes. als die ständig neuen w. Forderungen nach dem Tod Papst Gregors X. seine Politik kompromittierten. Sogleich nach dem Regierungsantritt Andronikos' II. wurde er am 26. Dez. 1282 abgesetzt, zog sich zunächst ins Panachrantos-Kl. in Konstantinopel zurück, wurde 1283 nach Prusa verbannt, nach einer Synode im Aug. 1285 aber endgültig in strenge Haft im Gefängnis H. Georgios (Golf v. Nikomedeia) genommen, wo er starb. Die Mehrzahl seiner Schr. entstanden in der Gefangnishaft oder wurden dort überarbeitet. Als Hauptwerk kann »Über die Vereinigung und den Frieden der Kirchen des Alten und Neuen Rom« gelten. Seine Traktate, zunächst nur in einem kleinen Kreis positiv aufgenommen, trugen wesentl. zum Erhalt des Unionsgedankens in Byzanz bei.
P. Schreiner

Q. und Lit.: LThK² V, 1008f. – Tusculum-Lex., 381 – PLP 2, 51f. – V. LAURENT, Les regestes des actes du patriarcat de Constantinople, IV, 1971, 211–242 – BECK, Kirche, 681–683 – J. GILL, John Beccus, patriarch of Constantinople, Byzantion 45, 1975, 251–266.

52. J. (XIII.) Glykys, *Patriarch v. Konstantinopel* 12. Mai 1315–11. Mai 1319 (Abdankung aus gesundheitl. Gründen), * um 1260 Nikaia oder Konstantinopel, † bald nach 11. Mai 1319 Kyriotissa-Kl., Schüler des Georgios Kyprios, hoher Hofbeamter (ἐπὶ τῶν δεήσεων, λογοθέτης τοῦ δρόμου). Klass. gebildet, verfaßte er eine Syntax (mit sprachphilos. Einl.) und war Lehrer und Freund bedeutender Persönlichkeiten (Maximos Planudes, Nikephoros Chumnos, Theodoros Metochites, Nikephoros Gregoras). Als Staatsbeamter leitete er (zusammen mit Theodoros Metochites) 1295 eine Gesandtschaft nach Zypern und Armenien. Mit seiner Amtszeit setzt der erhaltene Teil des Patriarchenregisters ein und erlaubt Einblick in die Kirchenführung. Die insgesamt 62 Eintragungen widmen sich zum Großteil der Verwaltung verwaister Bm.er und zeigen, daß J. seine Erfahrungen im Staatsdienst zum Nutzen der Kirche einsetzte.
P. Schreiner

Q. und Lit.: PLP 4271 – HUNGER, Profane Lit. I, 16 – LThK² V, 1037f. – Tusculum-Lex., 382 – S. J. KURUSES, Ὁ λόγιος οἰκουμενικὸς πατριάρχης Ἰωάννης ΙΓ΄ ὁ Γλυκύς, EEBS 41, 1974, 297–405 – J. DARROUZÈS, Les regestes des actes du patriarcat de Constantinople, V, 1977, 19–72 – Das Register des Patriarchats v. Konstantinopel, hg. H. HUNGER – O. KRESTEN, I, 1981, 100–398.

53. J. XIV. Kalekas, *Patriarch v. Konstantinopel* Febr. 1334–2. Febr. 1347, * 1283 Apros (Thrakien), † 29. Dez. 1347, Priester im Klerus des Ks. palastes, wurde von →Johannes Kantakuzenos zum Patriarchen vorgeschlagen, von der Synode jedoch abgelehnt, und daher erst zum Metropoliten v. Thessalonike gewählt, bevor seine Wahl zum Patriarchen vollzogen werden konnte. Als er im Bürgerkrieg für eine Versöhnung mit Johannes Kantakuzenos eintrat, entzog ihm Ksn. Anna Palaiologina das Vertrauen und ließ ihn durch eine Synode absetzen. Zunächst nach Didymoteichon verbannt, wurde er aus unklaren Gründen (Konspiration, Krankheit?) wieder in die Hauptstadt gebracht, wo er (im Ks.palast?) gefangengehalten wurde und starb. Über seine (bisweilen schwankende) Haltung in den polit. und religiösen Wirren der Zeit geben das (teilw. lückenhafte) Patriarchalregister sowie Schr. der Zeitgenossen Aufschluß. Bis 1341 auf Seiten des Johannes Kantakuzenos, wandte er sich dann Ksn. Anna zu und krönte 1341 deren Sohn Johannes V. zum Ks. Religionspolit. verurteilte er 1341 →Barlaam, 1344 aber ebenso dessen Gegner Gregorios →Palamas (antipalamit. Schr. nicht erhalten). Fälschl. wurden ihm Homilien zugeschrieben; sicher von J. ist eine Rede auf die Krönung Johannes' V.
P. Schreiner

Q. und Lit.: LThK² V, 1047f. – PLP V, Nr. 10288 – Tusculum-Lex., 383 – F. MIKLOSICH – I. MÜLLER, Acta patriarchatus Constantinopolitani I, 1860, 168–255 – J. DARROUZÈS, Les regestes des actes du patriarcat de Constantinople V, 1977, 127–218.

54. J. (Johann, Jens) **Grand,** *Ebf. v. Lund, Riga und Hamburg-Bremen,* * spätestens 1249, † 29. Mai 1327 in Avignon, Sohn des Ritters Torbern, ⚭ Caecilia, Tochter von Skjalm Bang und Schwester des Bf.s v. Roskilde, Peter Bang († 1277). Nach Studien in Roskilde erhielt J. im Ausland den Titel eines Dr. decret., wurde wohl im Frühjahr 1274 Dompropst v. Roskilde. Um 1280 hatte er mit dem Kg. eine Auseinandersetzung um den Besitz der Slagelse Michaelskirche. Durch Fundierung u. a. von sechs Präbenden am Roskilder Domkapitel aus eigenen Mitteln um die Roskilder Kirche hochverdient, wurde J. 1289 zum Ebf. v. Lund ernannt. Im angespannten polit. Klima nach der Ermordung Kg. Erichs V. könnte J. von der neuen Regierung als verdächtig angesehen worden sein, zumal er mit einigen der wegen Königsmordes Proskribierten verwandt war. Im erst 1295 abgeschlossenen dän.-norw. Krieg trat der Ebf. für eine Versöhnung mit Norwegen ein. Auseinandersetzungen mit dem Kgtm. um von der Lunder Kirche wahrgenommene Regalienrechte waren vorauszusehen. Am 9. April 1294 wurde J. von der Regierung des Kg.sbruders Christoph verhaftet und auf Burg Søborg gefangengesetzt, bis es ihm anderthalb Jahre später gelang, zu entweichen. Im folgenden Prozeß vor der Kurie konnte die dän. Regierung den Papst von der Notwendigkeit eines Eingreifens gegen J. überzeugen, doch sollte er für seine Verhaftung entschädigt werden. Das Urteil vom 23. Dez. 1297 macht das Bestreben der Kurie deutlich, das Gleichgewicht zw. den Parteien aufrechtzuerhalten: Gefangennahme eines Bf.s mit Wissen des Kg.s soll das sofortige →Interdikt über das Land nach sich ziehen, doch auch Kg.smord soll in gleicher Weise geahndet werden. Hatte das Urteil dem Ebf. eine Entschädigung von 49 000 Mark Silber (gleichsam als Verhandlungsgrundlage) zuerkannt, so wurde im endl. Urteil vom 23. Febr. 1302 der Kg. zur Restitution der Güter des Ebf.s oder zur Zahlung von 10 000 Mark Silber verpflichtet. J., der ein Hindernis für die dän. Regierung bildete, wurde am 30. März 1302 auf das Ebm. Riga transferiert, kam jedoch nicht nach Riga, sondern reiste in Europa umher, bis er 1310 das Ebm. Hamburg-Bremen übernahm. Nach schweren Spannungen mit seinen beiden Domkapiteln wurde er 1316 abgesetzt. Doch hatte er das Wohlwollen der Kurie nicht verloren und verbrachte seinen Lebensabend in Avignon. Die Bücherliste seines Nachlaßinventars enthält v. a. Werke über Theologie und Recht, aber auch Philosophie und Medizin.
Th. Riis

Lit.: DBL³, 1980, 270–272 [Q., Lit.] – K. HØRBY, Velstands Krise og tusind baghold 1250–1400 (Danmarkshist., hg. O. OLSEN, V, 1989), 155f., 164–170.

55. J., *Bf. v. Nikiu* (Unterägypten), monophysit. Geschichtsschreiber, verfaßte um 700, wohl in kopt. Sprache, eine Weltchronik, die über eine arab. Übers. ins Äthiop. gelangte, wo sie allein erhalten ist. Aus schwer bestimmbaren Q. kompiliert, wird sie im letzten Teil auf Grund authent. Nachrichten zur wichtigen Geschichtsq. für die islam. Eroberung Ägyptens und die zweite Hälfte des 7. Jh. in Ägypten. J. Aßfalg

Ed. und Übers.: H. ZOTENBERG, Chronique de Jean, évêque de Nikiou, 1883 – R. H. CHARLES, The chronicle of John, Bishop of Nikou, 1916 – Lit.: LThK² V, 1067 – A. CARILE, Giovanni di Nikius, cronista bizantino-copto del VII secolo, Felix Ravenna 121/122, 1931, 103–155 – F. ALTHEIM–R. STIEHL, Christentum am Roten Meer I, 1971, 356–389 – J. KARAYANNOPULOS–G. WEISS, Q.kunde zur Gesch. von Byzanz (324–1453), 1982, 306f.

56. J. Peculiaris, *Bf. v. →Porto* 1136–38, *Ebf. v. →Braga* 1138–75, * um 1100, † 3. Dez. 1175 Braga; aus der Gegend um Coimbra, studierte in Frankreich und gründete um 1126 die Eremitage S. Cristóvão de Lafões, der er vorstand, bevor er Kanoniker und mag. scolarum des Domkapitels v. Coimbra wurde. 1131 war er einer der Mitbegründer des Kl. s → S. Cruz de Coimbra, übertrug es 1135 auf dem Konzil v. →Pisa Innozenz II. als päpstl. Schutzkl. und gab ihm die Consuetudines der Augustinerchorherren v. →Saint-Ruf. Nach der Wahl zum Bf. v. Porto und der auf Wunsch Alfons I. v. Portugal erfolgten Translation nach Braga (Okt. 1138) fungierte J. nach Erlangung des Palliums (April 1139, Rom) als kirchenpolit. Berater des Kg.s. Er bemühte sich um die Aufnahme Alfons' in den Papstschutz (1143), um die Lösung der Gft. →Portugal aus dem kast.-leones. Reich zu ermöglichen. Gleichzeitig wollte er auf kirchl. Ebene einen Metropolitanverband mit Braga als Spitze in Übereinstimmung mit dem neuen Kgr. aufbauen. Die Eroberung von →Santarém und →Lissabon (März und Okt. 1147) mit der Restaurierung der Diöz.en Lissabon, →Lamego und →Viseu führte zu dauernden Auseinandersetzungen mit dem Ebf. v. →Santiago de Compostela um ihre Zugehörigkeit. Strittig war auch die Stellung von Coimbra. Zudem belastete die Frage nach Anerkennung des Toledaner Primats (führte 1145–48 zu seiner Suspendierung) sein Pontifikat. Im innerkirchl. Bereich entfaltete er eine rege Synodaltätigkeit, förderte die Studien der Kleriker, sicherte sein Domkapitel ab (1145 Mensateilung, 1165 neue Statuten), begünstigte eremit. Kl.gründungen, gründete Hospitäler und übertrug 1145 den Johannitern ein Hospiz in Braga.
U. Vones-Liebenstein

Lit.: Dicionário de Hist. de Portugal III, 1971², 328f. [COSTA] – J. A. FERREIRA, Fastos da Igreja Primacial de Braga, I, 1928, 284–333 – C. ERDMANN, Das Papsttum und Portugal im 1. Jh. der ptg. Gesch., AAB phil.-hist. Klasse 5, 1928, 3–63 – P. FEIGE (SFGG. GAKGS 29, 1978), bes. 291ff., 359ff. – J. MATTOSO, Religião e Cultura na idade média portuguesa, 1982, 103–145 – A. DE J. DA COSTA, D. João Peculiar, cofundador do Mosteiro de S. Cruz de Coimbra, ... (S. Cruz de Coimbra do Século XII ao Século XX, Estudos no IX Centenário do Nascimento de S. Teotónio 1082–1982), 1984, 59–83.

57. J. v. Jentzenstein (Jenstein), *Ebf. v. →Prag,* * 1347/48, † 17. Juni 1400 in Rom; stammte aus dem hochadligen Geschlecht der Herren v. Vlasim. Nach Studien bei →Johann v. Neumarkt, dann an den Univ. Prag, Bologna, Padua, Montpellier und Paris wurde er am 4. Juli 1375 Bf. v. →Meißen, nach Abdikation seines Onkels Johann Ocko v. Vlasim 1379 dritter Ebf. v. Prag und wohl ab 1376 zugleich Hofkanzler Kg. Wenzels. Seine Konversion zur Askese mit extremen Vorstellungen über sein geistl. Amt nach vorher recht freizügigem Leben führte zum Konflikt mit Wenzel, weshalb er 1384 sein Kanzleramt, 1396 auch den Prager ebfl. Stuhl verlassen mußte und nach Rom floh. J. war rigoroser Vertreter Papst Urbans VI. und strebte zugleich nach Vertiefung des geistl. und geistigen Lebens, in dessen Dienst er auch seine umfangreiche lit. Tätigkeit in geistl. Poesie und im meditativen Genre stellte. Als großer Anhänger des Marienkultes gab er den Impuls zur Einführung des Festes 'Visitatio Beatae Mariae Virginis'. I. Hlaváček

Q.: Petrus Clarificator, Vita I.is de Jenczenstein, Fontrer Bohem I, 339–369 – J. LOSERTH, Beitr. zur Gesch. der hussit. Bewegung, I: Der Cod. epistolaris Johann v. Jenczenstein, AÖG 55, 1877, 267–400 – J. V. POLC, Statuta of the Synods of Prague 1380–86 and 1386–95, Apollinaris 53, 1980, 131–166, 421–447 – Lit.: R. HOLINKA, Církevní politika arcibiskupa Jana z Jenštejna, 1933 – R. E. WELTSCH, Archbishop John of J. (1348–1400), 1968 – J. KADLEC, Jan z Jenštejna, Sborník přednásek IV teologic. kursu pro kneze 1973, 130–156 – J. BUJNOCH, Johann v. J., Lebensbilder zur Gesch. der böhm. Länder 3, 1978, 77–90.

58. J. II., *Bf. v. Thessalonike,* ist nur in den Akten des 6. ökumen. Konzils zu Konstantinopel (680/681) bezeugt und signiert an 8. Stelle nach den päpstl. Legaten und den 4 ö. Patriarchen als Bf. v. Thessalonike, päpstl. Vikar und Legatarius. Unentschieden ist, ob die Homilie auf die Koimesis Marias J. II. oder Johannes I. zugehört.
F. Winkelmann

Ed. und Lit.: MANSI XI, 457, 552, 584, 612, 640, 669 – L. PETIT, EO 4, 1900/1901, 214, Nr. XXI – M. JUGIE, POrt XIX, 1926, 344–438 – DERS., La mort et l'assomption de la St. Vierge, 1944, 138–154 – F. HALKIN, RevByz 11, 1953, 156–164 – A. WENGER, L'assomption de la T.S. Vierge dans la tradition byz. du VIᵉ au IX.ᶜ s., 1955, 17–67 – P. LEMERLE, Les plus anciens recueils des Miracles de St. Démétrius, II, 1981, 29.

59. J. Afflig(h)emensis (Cotto[nis]), Musiktheoretiker um 1100, Verf. einer »Musica cum tonario« (einem Bf. Fulgentius gewidmet; GERBERT II, 230–265; J. SMITS VAN WAESBERGHE, CSM 1, 1950). Der Beiname 'Cotto(nis)' war nach GERBERT in drei Hss. überliefert, von denen heute nur mehr eine erhalten ist. KORNMÜLLER machte einen Abt Fulgentius v. Afflighem (1089–1121) als Widmungsempfänger namhaft, was zur Beilegung des Namens 'Affligemensis' veranlaßte (SMITS VAN WAESBERGHE). Auch S-Deutschland wurde als Wirkungsort von J. vorgeschlagen. Die »Musica« gehört zu den weit verbreiteten und oft zitierten musiktheoret. Werken. Neben der Behandlung traditioneller Themen, die v. a. das Tonsystem betreffen, ist die Darstellung der nach →Guido v. Arezzo weiter entwickelten Organumlehre bedeutsam. M. Bernhard

Lit.: U. KORNMÜLLER, Der Traktat des J. Cottonius über Musik, Kirchenmusikal. Jb. 3, 1888, 1–22 [mit dt. Übers.] – L. ELLINWOOD, John Cotton or John of Affligem?, Notes 8, 1950/51, 650–659 – J. SMITS VAN WAESBERGHE, John of Affligem or Johan Cotton?, Musica Disciplina 6, 1952, 139–153 – E. F. FLINDELL, Joh[ann]is Cottonis, Musica Disciplina 20, 1966, 11–30 – DERS., Joh[ann]is Cottonis, Corrigenda et Addenda, ebd. 23, 1969, 7–11 – M. HUGLO, L'auteur du traité de musique dédié a Fulgence d'Affligem, Rev. Belge de Musicologie 31, 1977, 5–19 – Hucbald, Guido, and John on Music, hg. C. V. PALISCA, 1978 [mit engl. Übers.] – H. H. EGGEBRECHT, Die Mehrstimmigkeitslehre von ihren Anfängen bis zum 12. Jh., Gesch. der Musiktheorie 5, 1984, 51–64.

60. J. (Monachus) v. Amalfi, Priester, Mönch und Übersetzer, 2. Hälfte 11. Jh., aus Amalfi, lebte hochbejahrt im Kl. Panagiotum in Konstantinopel und wurde von Angehörigen der dortigen amalfitan. Kolonie aus der Familie Comitis Mauronis zur Übers. gr. hagiograph. Texte angeregt. Hauptq. seines »Liber de miraculis« (ed. M. HUBER, 1913) ist neben Daniel Sketiotes und Anastasius Sinaiticus →Johannes Moschos. Ferner übersetzte J. (vor 1087) eine Vita der hl. Irene. Ein »Sermo de obitu beati Nicolai« (BHL, Novum Suppl. 6156h) knüpft an die Übers. des →Johannes Diaconus v. Neapel (ebd. 6104–06) an. Eventuell stammen noch weitere Übers. von J. Sein Œuvre ist nicht nur Beispiel gr.-lat. Wechselbeziehungen, sondern auch Dokument ambitionierter lit. Interessen der amalfitan. Kaufmannsschicht im 11. Jh. W. Maaz

Lit.: DSAM VIII, 258 – A. HOFMEISTER, Der Übers. J. und das Geschlecht Comitis Mauronis in Amalfi, HVj 27, 1932, 225–284 –

BECK, Kirche, 412f. – W. BERSCHIN, Gr.-lat. MA, 1980, 253f. – W. NEUHAUSER, Kat. der Hss. der Univ.bibl. Innsbruck, 1987, 147f. – W. BERSCHIN, Les traducteurs d'Amalfi au XIe s., Traduction et traducteurs au MA, 1989, 163–168.

61. J. de Ancona,
Jurist, * vor 1240 Ancona, schrieb 1265–68 anscheinend im Kgr. Jerusalem eine Titelsumme zum kanon. Recht (einzige Hs.: Brügge, Stadtbibl. 377), der er nach eigenen Angaben die Summe des Goffredus de Trano zugrunde legte. Sie erlangte jedoch wahrscheinl. wegen der kurz zuvor entstandenen »Summa aurea« des →Henricus de Segusio keine weitere Verbreitung. Aus ihr sind die wenigen biograph. Angaben erhebbar: Er nennt sich selbst »J. domini Guidonis de Ancona ciuilis iuris professor« und bezeichnet →Martinus de Fano als seinen Lehrer. Er war Prokurator des Templerordens, offensichtl. sogar im Hl. Land selbst. Um 1260 verfaßte J. außerdem eine »Summa de feudis«. N. Höhl

Lit.: M. BERTRAM, J.d.A., BMCL 7, 1977, 49–64 [Lit.] – D. MAFFEI, Giuristi medievali e falsificazioni editoriali del primo Cinquecento (Ius Commune, Sonderh. 10, 1979), 75–80.

62. J. (Joannes) Andreae,
doctor decretorum, der berühmteste der großen →Dekretalisten, * um 1270, † 7. Juli 1348 in Bologna, ▭ ebd., S. Dominicus; studierte röm. und kanon. Recht in seiner Heimatstadt, u. a. bei →Aegidius de Fuscarariis und →Guido de Baysio. Von kurzen Unterbrechungen (Padua 1307–09, 1319) abgesehen, lehrte er kanon. Recht an der Univ. Bologna, um die er sich, wie auch durch mehrere diplomat. Missionen um die Stadt selbst, sehr verdient machte; er genoß hohes Ansehen bei Johannes XXII. Sein Tod gilt zugleich als Ende der klass. Kanonistik. In seinen Werken faßte er, von→Baldus de Ubaldis als »iuris canonici fons et tuba« gerühmt, die gesamte kanonist. Lehre seiner Zeit zusammen, begründete die Literaturgesch. des kanon. Rechts und schuf ein gewaltiges, trotz weithin kompilator. Charakters doch auch krit. Lehrgebäude. Seine Komm. zum Liber Sextus (1301) und den →Clementinae (1322) wurden als →Glossa ordinaria rezipiert. Ein zuverlässiges Verzeichnis aller seiner Werke ist noch Desiderat. H. Zapp

Ed.: [Hauptwerke]: Additiones ad Speculum iudiciale G. Durantis, 1346 (GW 1675) – Hieronymianus [vita, facta, dicta H.] (GW 1727) – Lectura super arboribus consanguinitatis et affinitatis, c. 1308 (GW 1676–1716; dt. Bearb. 1717–1721) – Nov. Commentaria in quinque Decretalium libros, 1338 (GW 1729), 1581 [Nachdr. 1963] – Nov. in Sextum, c. 1342 (GW 1730–1733), 1499 [Nachdr. 1963]; 1581[Nachdr. 1966] – Quaestiones Mercuriales (zu den Reg.iuris in VIo), c. 1340(GW 1734–1741), 1581 [Nachdr. 1966] – Summa di matrimonio, c. 1309/13 (GW 1742–1757) u. a. – *Lit.:* COING Hdb. I, 866 – DDC VI, 89–92 – NCE VII, 994f. – SAVIGNY VI, 98–125 – SCHULTE II, 205–229 – VAN HOVE, 656 – S. KUTTNER, J.A. and His 'Novella' on the Decretals of Gregory IX, Jurist 24, 1964, 393–408 – DERS., The Apostillae of J. A. on the Clementines (Fschr. G. LE BRAS, I, 1965), 195–201 – CH. LEFEBVRE, L'âge classique, 1965, passim (598) – R. ELZE, Steph. Polonus und J. A., SG 12, 1967, 293–308 – R. C. TREXLER, The Bishop's Portion ..., Traditio 28, 1972, 397–450 (444–449, Ed. zweier Consilia von J. A.) – P. FEDELE, F. Petrarca e G. d'Andrea, EJCan 30, 1974, 201–225 – C. M. ROSEN, Notes on an Earlier Version of the »Quaestiones mercuriales«, BMCL 5, 1975, 103–114 – L. SORRENTI, Testimonianze di G. d'A., sulle 'quaestiones' civilistiche, 1980 – H. SCHADT, Die Darstellungen der Arbores Cons. und der A. Aff., 1982, passim (bes. 216ff.) – K. PENNINGTON, J. A.'s Additiones to the Decr. of Gregory IX, ZRG KanAbt 74, 1988, 328–347.

63. J. v. Antiocheia,
Verf. einer Weltchronik von Adam bis Phokas (610), aus der syr. Metropole stammend und daher oft mit →Johannes Malalas verwechselt, wirkte in der 1. Hälfte des 7. Jh. Die nur in Exzerpten und Fragmenten (Zuweisung nicht immer gesichert) überlieferte Chronik, die sich auf gute frühbyz. Quellen stützt, wurde, vielleicht noch in vollständiger Form, von späteren Autoren wie →Zonaras und →Planudes v. a. wegen ihrer Information zur röm. Gesch. benutzt. P. Schreiner

Ed.: C. MÜLLER, Fragmenta Historicorum Graecorum IV, 1851, 535–622 – *Lit.:* MORAVCSIK, Byzturc, 313–315 – HUNGER, Profane Lit. I, 326–328 – Tusculum-Lex., 385f. – P. SOTIROUDIS, Unters. zum Geschichtswerk des J. v. A., 1989.

64. J. Balbus
(J. Balbi, Giovanni [J.] de B., de Ianua) OP, Autor, * Genua, † 1298, ebd., früh OP, vielseitig, doch hauptsächl. an Theologie interessiert. 1271 vollendete er den »Dialogus de quaestionibus animae ad spiritum«, ein theol. Werk (9 B.), das weitgehend von →Thomas v. Aquin abhängig ist. Wichtiger noch ist das »Catholicon seu summa prosodiae« (meist als »Summa quae vocatur Catholicon« zitiert), ein fünffach gegliederter, 1286 vollendeter Traktat, der sich auf das Trivium bezieht und von Orthographie, Akzent, Etymologie und Syntax handelt. Der letzte, auch die Semantik einbeziehende Teil ist der wichtigste und sichert dem Verf. einen Platz unter den damaligen Lexikographen. Überliefert ist das Werk in it., aber auch in frz. Mss. des 14. und dt. des 15. Jh. Das »Catholicon« gehört zu den ersten gedr. Büchern (1460 Mainz). F. Schalk (†).

Lit.: De glossariorum latinorum origine, BGL, 1823 – DBI V [Lit.] – GRABMANN, Geistesleben – D. GOETZ, Beitr. zur Gesch. der lat. Stud. im MA, ibd., 1903 – G. ZEDLER, Das Mainzer Catholicon, 1905 – M. MARIGO, I codici manoscritti delle Derivationes di Uguccione Pisano ..., 1930.

65. J. (Hiltalingen) v. Basel
OESA, bedeutender Vertreter der →Augustinerschule, * um 1315 Basel, † 1392 Freiburg. 1365/66 hielt er in Paris seine Sentenzenlesung und wurde dort 1371 Mag. theol.; 1371–77 Provinzial der rhein.-schwäb. Augustinerprovinz, 1377–78 Generalprokurator seines Ordens in Rom und 1378–89 Generalprior der Augustiner in der avign. Obödienz, wurde er am 10. März 1389 von Clemens VII. zum Bf. v. Lombèz ernannt. Sein umfangreiches theol. Schrifttum blieb bisher ungedruckt. In seiner Lehre steht er dem Augustinismus →Gregors v. Rimini nahe. A. Zumkeller

Lit.: DSAM VIII, 554–556 – GINDELE, 234 – TEEUWEN, 179f. – ZUMKELLER, Manuskripte [Werkliste] – D. TRAPP, Hiltalinger's Augustinian Quotations, Augustiniana 4, 1954, 412–449 – A. KUNZELMANN, Gesch. der dt. Augustiner-Eremiten II, 1970, 206–213 – A. ZUMKELLER, Der Augustinertheologe J. H. v. B. über Urstand ..., AAug 43, 1980, 59–162 – D. GUTIERREZ, Die Augustiner im SpätMA, 1981, 18–25, 159.

66. J. Bassianus,
führender Bologneser Zivilrechtslehrer der 2. Hälfte des 12. Jh. und wahrscheinl. ident. mit dem Kanonisten Bazianus, * in Cremona, † vor 1200 (?) in England (?), Schüler des →Bulgarus, Lehrer von →Azo, →Hugolinus und →Karolus de Tocco. Seine Institutionenvorlesung sowie einzelne Abschnitte seiner Vorlesungen über Codex und Digesten sind in Form von Reportationes oder Commenta seiner Schüler, v. a. des Nicolaus Furiosus, erhalten. In einschlägigen Hss. aller Teile des Corpus iuris civilis und des Gratian. Dekrets finden sich viele Glossen mit den Siglen jo. und jo.b. bzw. baz. oder ähnl.; eigentl. →Apparatus glossarum von J. konnten aber noch nicht beschrieben werden. J. verfaßte ein Commentum zum Digestentitel De regulis iuris (D. 50,17), Quaestiones disputatae und Distinctiones sowie kürzere Monographien, u. a. zum Zivilprozeß, darunter die originelle, von anderen wiederholt bearbeitete »Arbor actionum« (→Actio, →Distinktion, II). Er ist auch als Richter bezeugt und schrieb Consilia. P. Weimar

Ed.: Arbor actionum, ed. A. BRINZ, 1854 [vgl. La summa arboris actionum di Ponzio da Ylerda, ed. G. ROSSI, 1951] – De ordine iudiciorum, BIMAE II, 211ff. [§§ 1–114: De iudiciis; §§ 143.217: De accusationibus] – Die Summa 'Quicumque vult', WAHRMUND, IV, 2, 1925 [De conceptione libelli] – S. CAPRIOLI, Quem Cuiacius Iohanni tribuerat, ASD 7, 1963, 131-248 [Commentum de regulis iuris] – M. PICCIALUTI, Lecturae del titulo D. 41,2 attribuite a G.B., ASD 8, 1964, 289-348 – *Lit.*: SAVIGNY IV, 289-311 – SCHULTE I, 154-156 – KUTTNER, 1ff. – DBI VII, 1965, 140-142 [U. GUALAZZINI, Lit.], 313-315 [F. LIOTTA, Lit.] – R. WEIGAND, Bazianus und B.-Glossen zum Dekret Gratians, SG 20, 1976, 453-495 – L. MAYALI, J.B. – Nachfolger des Vacarius in England?, ZRGRomAbt 99, 1982, 317-325 – L. FOWLER-MAGERL, Ordo iudiciorum vel ordo iudiciarius, 1984 – P. WEIMAR, Zur Entstehung der Azoschen Digestensumme (Satura R. FEENSTRA, 1985), 371ff. – G. DOLEZALEK, Repertorium mss. veterum Codicis Iustiniani, 1985 – A. BELLONI, Le questioni civilistiche del sec. XII, 1989 – DIES., Baziano, cioè Giovanni Bassiano, legista e canonista del sec. XII, TRG 57, 1989, 69-85.

67. J. Beleth, Liturgiker, 12. Jh. (1135 urkdl. erwähnt), studiert unter →Gilbert v. Poitiers. Nach →Alberich v. Troisfontaines (MGH SS 23, 857) ist er ein angesehener Lehrer in Amiens. In Paris (dort Lehrer und Rektor nach Lit.kat. [1270-73] von →Affligem) war Stephen Langton sein Schüler. Verf. der um 1160-64 entstandenen »Summa de ecclesiasticis officiis«, einer Darstellung der liturg. Vollzüge. 180 Hss. und zeitgenöss. Bezugnahmen belegen ihre Verbreitung. Sie ist theol. differenzierend (Transsubstantiationsverständnis) und zugleich konkret (Mahnung zu Sonntagspredigt, Beichtehören in der Osterzeit und gutem Beispiel; Beschreibung der Feier der Sakramente, bes. Taufe; Pflichten der Eheleute, Begräbnis). Andere Schr. von J.B. (HLF XIV, 218-222) sind nicht identifiziert. Die einst krit. Beurteilung (DACL II/1, 649f.) ist heute positiver (Q. für die Liturgie des 12. Jh.).
F. Courth

Ed.: CChrCM XLI/XLI A, 1976 [Lit.] – *Lit.*: A. CLERVAL, Les écoles de Chartres au MA, 1895 – N. HÄRING, Chartres and Paris revisited (Essays in Honour of A. CH. PEGIS, ed. J. R. O'DONNELL, 1974), 268-329, 306.

68. J. v. Biclaro, westgot. Abt und Bf., * im 6. Jh. in Lusitanien, in Konstantinopel ausgebildet, geriet nach seiner Rückkehr auf die Iber. Halbinsel in Konflikt mit dem arian. Kg. Leovigild. Abt des von ihm gegründeten Kl. Biclaro, später Bf. v. Gerona, verfaßte J. eine Forts. der Chronik des →Victor Tunnunensis für die Jahre 567-590. Im Zentrum des Werkes steht Byzanz, doch machen es zahlreiche Referenzen zur wichtigen Q. für die Gesch. des Westgotenreiches.
J. M. Alonso-Núñez

Ed.: TH. MOMMSEN, MGH AA 11, 1894, 207-220 – J. CAMPOS, Juan de B. Obispo de Gerona. Su vida y su obra, 1960 [Einl., Komm.] – *Lit.*: ALTANER-STUIBER, 233 – CPL 1866, 2261 – SCHANZ-HOSIUS IV/2, 114 – J. N. HILLGARTH, Historiography in Visigothic Spain (La storiografia altomedievale. Sett. cent. it. XVII, 1970), 261-311 – A. KOLLAUTZ, Orient und Okzident am Ausgang des 6. Jh. ..., Byzantina 12, 1983, 463-506 – C. TEILLET, Des Goths à la nation gothique, 1984, 421-455.

69. J. Blancus, prov. Jurist, * in Marseille, † nach 1268. Studierte Zivilrecht in Modena, etwa 1231/36, bei Ubertus de Bonacurso, Ubertus de Bobio und Homobonus de Cremona. Spätestens 1240 nach Marseille zurückgekehrt, spielte er als Anwalt, Richter und Gesandter eine wichtige Rolle im öffentl. Leben der Stadt. 1267-68 war er Anwalt (procurator) Kg. Jakobs I. v. Aragón in Montpellier. Er schrieb eine umfangreiche Summa feudorum auf der Basis der Ardizon. Rezension des →Liber feudorum sowie (1263) über Testamentsvollstreckung (De officio executorum; HS: Klagenfurt, Bfl. Bibl., XXIX a 10). P. Weimar

Ed.: Epitome feudorum Joanne Blancho Marsiliensi... authore (Tractatus universi iuris, Venedig 1584), X.1, 263-299 – *Lit.*: R. CAILLEMER, Les débuts de la science du droit en Provence: I.B. Massiliensis (Congr. des Soc. Savantes de Provence, 1906, 1907), 767-792 – A. GOURON, Les juristes de l'École de Montpellier (IRMAE IV, 3a, 1970), 11 – COING, Hdb. I, 211.

70. J. de Bonandrea, aus Bologna, dort 1265-73 als öffentl. Notar bezeugt, danach ztw. im Dienst der Scaliger in Verona, 1292 bis zu seinem Tode 1321 hochgeschätzter Lehrer für Rhetorik und Dictamen an der Univ. Bologna, seit 1303 auch 'perpetuus informator' der Notare der städt. Kanzlei, schrieb um 1303 eine wenig originelle »Brevis introductio ad dictamen«, die großen Erfolg hatte und in der 2. Hälfte des 14. Jh. ausführl. kommentiert und ins Volgare übersetzt wurde.
H. M. Schaller

Ed. und Lit.: G. ZACCAGNINI, Giovanni di B. dettatore e rimatore, Studi e memorie per la storia dell'Univ. di Bologna 5, 1920, 145-204 – J. R. BANKER, G. di B.s ars dictaminis treatise [Diss. Rochester N.Y. 1971] – DERS., G. di B. and civic values in the context of the Italian rhetorical tradition, Manuscripta 18, 1974, 3-20 – DERS., The Ars dictaminis and rhetorical textbooks at the Bolognese Univ. in the fourteenth century, Mediaevalia et Humanistica NS 5, 1974, 153-168.

71. J. Bondi de Aquilegia, wirkte um 1300 als Lehrer der →Ars dictandi in Oberitalien. Sicher stammen von ihm zwei weitverbreitete, bisher ungedr. Traktate (»Flores regularum artis dictaminis« und »Lucerna dictaminis super formis diversimode variandis«), beide unter Benutzung der Werke des →Laurentius de Aquilegia abgefaßt, den er einmal seinen socius nennt. Manche Hss. schreiben ihm auch die »Practica« und die »Theorica dictaminis« des Laurentius zu.
H. M. Schaller

Lit.: L. ROCKINGER, Briefsteller und formelbücher des eilften bis vierzehnten jh. 2, 1864, 949-966 – P. SCHWEIZER, MIÖG 2, 1881, 240-242 – P. GLORIEUX, La faculté des arts et ses maîtres au XIIIe s., 1971, 200 – CH. FAULHABER, Abaco 4, 1973, 224.

72. J. v. Bromyard OP, Kanzelredner, Predigtautor und Exempelsammler, 14. Jh., * in Bromyard (Gft. Hereford); Mag. der Univ. Cambridge und Oxford, Gegner John →Wyclifs. Von seinen bisher noch wenig erforschten Werken sind zu erwähnen: 1. »Opus trivium perutilium materiarum predicabilium ...«, eine umfangreiche, alphabet. nach Stichwörtern (Abbas-X[Ch]ristus) geordnete Kompilation von göttl., kanon. und zivilem Recht; 2. »Summa predicantium« (bedeutendste engl. homilet. Enzyklopädie). Wie seine berühmten Vorgänger →Caesarius v. Heisterbach, →Odo v. Cheriton und →Jakob v. Vitry bediente sich J. zur Veranschaulichung der kirchl. Lehre zahlreicher →Exempel (ca. 1200 in 189 Kap. angeordnet), die moral. bzw. allegor. expliziert werden und als beachtl. kulturhist. Dokument für die hist. und vergleichende Erzählforsch. von bes. Interesse sind. Sie übten großen Einfluß auf die volkssprachl. Predigtlit. aus und dienten ebenso als Q. für engl. Schwankbücher. Sichtbar wird J.' Einfluß in der Slg. »Schimpff und Ernst« von Johannes →Pauli, deren Erstausg. (1522) 693 Geschichten enthält, von denen vermutl. über 130 Exempel der »Summa predicantium« entnommen sind. J.' Sammelwerk lag sowohl in mehreren Hss. – häufig nur auszugsweise – als auch in zahlreichen Drucken aus dem 15. bis 17. Jh. vor (u. a. Frühdrucke: J. Auerbach, Basel 1474 [nicht nach 1484], A. Koberger, Nürnberg 1485 [Nachdr. 1518]; spätere Drukke: Lyon 1522, Venedig 1586, Antwerpen 1614).
F. Wagner

Lit.: EM II, 797ff. – J. QUETIF – J. ECHARD, Scriptores Ord. Praed. I, 1719, 700ff. – WETZER und WELTE'S Kirchenlex. II, 1883², 1321 – E. SCHULZ, Die engl. Schwankbücher bis herab zu »Dobson's Drie Bobs« (1607), 1912, bes. 6, 24, 31, 35, 41, 60 – L. E. BOYLE, The Date of the Summa Praedicantium of John B., Speculum 48, 1973, 533-537 – TH. KAEPPELI, Scriptores Ord. Praed. II, 1975, 392-394 – Exemplum IX.

73. J. Buridanus, Philosoph, * spätestens 1304/05 in der Picardie (Diöz. Arras), † 11. Okt. 1358, 1359 oder 1360. Vor 1328 Beginn der Lehrtätigkeit an der Pariser Artistenfakultät, deren Mitglied er zeitlebens blieb, ohne in eine der höheren Fakultäten zu wechseln, 1327/28 und 1340 Rektor der Univ. Paris. Wahrscheinl. reiste er zweimal an die Kurie nach Avignon.

J.' Schr. sind in einer ungewöhnl. Vielzahl von Redaktionen erschienen. Es darf als gesichert gelten, daß »die Masse seiner erhaltenen Werke in der vorliegenden Form erst in seinem letzten Lebensjahrzehnt entstanden« ist (B. MICHAEL, 281). Dazu zählen v. a. seine Komm. zu den Hauptschr. des Corpus Aristotelicum. In der bisherigen philosophiehist. Forsch. stand zunächst die Naturphilos., dann zunehmend die Logik im Mittelpunkt des Interesses; gemeinsamer Nenner der Interpretation ist zumeist ein an →W. v. Ockham anknüpfender, auf die Ablehnung der extramentalen Realität allg. Entitäten begrenzter Nominalismus. Schon im semant. verstandenen Feld der Logik treten allerdings darüber hinaus reichende Differenzen zu Ockham immer deutlicher hervor. In den wissenschaftsgeschichtl. Forsch. zur Naturphilos. stand die These, daß J.' Impetustheorie die klass. Physik des 17. Jh. zwar nicht vorwegnehme, aber doch vorbereite.

Verstärkt hat sich auch das Interesse an der Moralphilos. des J. Was 'Buridans Esel' betrifft, jenes bei ihm selbst an einem Hund exemplifizierte eth. Grundproblem, erweist sich dessen Lösung als Schlüssel zum Verständnis seiner Philos. überhaupt. Entgeht näml. der Mensch in der angezeigten Situation im Unterschied zum Tier dem Tod oder Wahnsinn, da er sich zum Wollen als solchem zu entschließen vermag, so liegt dem zugrunde, was J. in seinem Begriff prakt. Vernunft als erstem adäquat zu bestimmen gelingt. Den Kern wiederum dieses Begriffs macht der Gedanke ursprünglicher und ausschließlicher Vernunftbestimmtheit aus. Im Ergebnis zeigt sich, daß J. und nicht eigentl. Ockham in Reaktion auf die Prakt. Theologie des →Johannes Duns Scotus in Metaphysik und Physik zum Wegbereiter und Initiator der bis zu Kants Erkenntniskritik führenden Entwicklung wird.

G. Krieger

Ed. und Übers.: G. E. HUGHES, John B. on Self-Reference, 1982 [Sophismata VIII; Ed., Übers.] – J.B., Quaestiones in praedicamenta, ed. J. SCHNEIDER (Bayer. Akad. der Wiss., Veröff. der Kommission für die Herausgabe ungedr. Texte aus der ma. Geisteswelt, XI), 1983 – J.B., Questiones longe super librum Perihermeneias, ed. R. VAN DER LECQ, 1983 – P. G. SOBOL, John B. on the Soul and Sensation: An ed. of Book II of his comm. on Aristotle's Book of the Soul and a translation of question 18 on sensible species [Diss. Indiana 1984] – P. C. KING, John B.'s Logic: The Treatise on Supposition, The Treatise on Consequences, a translation (Synthese Hist. Library 27), 1986 – J.B., Expositio libri de anima, lib. 3, tract. 1, c. 1-2; Quaestiones de anima, lib. 3, qq. 3 et 5 (O. PLUTA, Bochumer Stud. zur Philos. 7, 1986), 76–86 – *Lit.:* R. VAN DER LECQ (English logic and semantics: from the end of the 12th century to the time of Ockham and Burleigh, ed. H. A. G. BRAAKHUIS, H. KNEEPKENS, L. M. DE RIJK, 1981), 441–442 – S. EBBESEN (Preuve et raisons à l'Univ.: Logique, ontologie et théologie au XIV° s., ed. Z. KALUZA – P. VIGNAUX, 1984), 97–110 – B. MICHAEL, J.B.: Stud. zu seinem Leben, seinen Werken und zur Rezeption seiner Theorien im Europa des späten MA, 2 T.e [Diss. FU Berlin 1985] [Ed., Lit.] – M. ADAM, Archives de philos. 48, 1986, 451–470 – G. KRIEGER, Der Begriff der prakt. Vernunft nach J.B., 1986 (BGPhMA NF 28) – DERS., Medioevo 12, 1986, 131–196 – R. VAN DER LECQ (Metaphysics and semantics in the MA, ed. E. Bos, 1986), 281–290 – J. M. THIJSSEN, Vivarium 23, 1985, 55–78 – Die Philos. im 14. und 15. Jh. ..., hg. O. PLUTA (Bochumer Stud. zur Philos. 10, 1988), 67–84, 119–137, 245–260 – J. BIARD, Logique et théologie du signe au XIV° s. (Études de Philos. médiévale 64), 1989 – S. KNUUTTILA, Natural Necessity in John B. (Stud. in medieval natural philos., ed. S. CAROTI, 1989), 155–176 – G. KRIEGER, Weltbeherrschung statt Weltbetrachtung ..., [Habil.-Schr. Bonn 1990] – DSB II, 603–608.

74. J. Calderinus, doctor decretorum, * um 1300, †1365, ▢ Bologna, S. Dominicus; stammte aus einer angesehenen Bologneser Familie, adoptiert von →Johannes Andreae, studierte bei diesem kanon. Recht und lehrte es 1330–59 selbst an der Univ. in Bologna; wie sein Adoptivvater hochgeschätzt, stand er ebenfalls im diplomat. Dienst dieser Stadt. Seinen zahlreichen Schr., manche davon noch ungedruckt (z. B. Lectura zu den →Clementinae, Casus, Quaestiones, prozeßrechtl. Traktate), spricht SCHULTE zwar Originalität ab, bescheinigt ihnen aber »prakt. Brauchbarkeit und Vollständigkeit«.

H. Zapp

Ed.: Breviarium decretorum [Abbreviatio Decreti] (GW 5895) – Auctoritates bibliae cum concordantiis decretorum et decretalium (GW 5896–5897) – Consilia [mit seinem Sohn Gaspar C.] (GW 5898–5901) – Tractatus de interdicto (GW 5902–5903) – Rep. iuris (GW 5904) – Repetitiones (GW 5905) – *Lit.:* DDC II, 1191 – LThK² V, 1013f. – NCE VII, 996 – SCHULTE II, 247–253 – VAN HOVE, 656 – TH. M. IZBICKI, Commentaries on the Clementines according to J. C., BMCL 10, 1980, 62–65.

75. J. Caligator (Jan Coussemaecker), * ca. 1322, †1351 (?), studierte an der Univ. Paris, 1343 als 'mag. in artibus' genannt, erhielt 1347 das Baccalaureat der Theologie. Seit 1349 im Dienst der brabant. Stadt →Löwen als Erster Stadtschreiber (clericus) in diesem Amt bis 1351 oft belegt, danach nicht mehr in Quellen erwähnt. – Er verfaßte ein »Speculum morale« (→Fürstenspiegel) für Hzg. Johann III. v. Brabant. Das Werk ist verloren, doch hat →Philipp v. Leyden lange Passagen in seinem Fürstenspiegel »De cura rei publicae« (1355ff.) übernommen.

P. Avonds

Lit.: →Fürstenspiegel, →Philipp v. Leyden.

76. J. v. Capestrano OFM, hl. (Festtag: 23. Okt., seit 1885: 28. März, seit 1958/62: 23. Okt.), * 24. Juni 1386 in Capestrano (Prov. Aquila), † 23. Okt. 1456 in Ilok a. d. Donau, ▢ ebd., Franziskanerkirche (Grab 1526 zerstört, Reliquien verschollen), Kanonisation: 16. Okt. 1690; Sohn eines mit Ludwig v. →Anjou ins Kgr. Neapel gekommenen, vom Gf. en v. Celano mit der Herrschaft über Capestrano belehnten Adligen. Nach mehrjährigem Studium des röm. und kanon. Rechts in Perugia wurde er Richter bzw. Beamter in Neapel und Perugia, wo er während der Auseinandersetzungen der Stadt mit Carlo →Malatesta in Gefangenschaft geriet. 1415 vollzog J. in einem Turmverließ in Brufa (Torgiano) den Bruch mit der Welt und trat nach der Befreiung in den Peruginer Observantenkonvent S. Francesco del Monte (Monteripido) ein. Nach der Priesterweihe (wahrscheinl. Ende 1418), kurzem Aufenthalt am Hofe Martins V. in Mantua und nach der Übernahme des Vikariates der abruzzes. Observanten begann eine intensive, bis 1451 auf Italien beschränkte, nur durch Visitationsreisen ins Hl. Land (1439/40) und in die Niederlande (1440) unterbrochene Predigt-, Vermittler- und Inquisitorentätigkeit. J. stellte sich, zeitweilig zusammen mit dem von ihm hoch verehrten, auf sein Betreiben hin 1450 kanonisierten →Bernardinus v. Siena, in den Dienst der Verkündigung und Verteidigung des Glaubens sowie der Restauration des durch Schisma und Konziliarismus geschwächten Papsttums. Damit eng verbunden war sein Einsatz für die Verbreitung und Organisation der im letzten Viertel des 14. Jh. einsetzenden Reform der drei Zweige des →Franziskanerordens, die 1446 in einer fakt., die formale Einheit des Ordens wahrenden Unabhängigkeit der Observanten ihren vorläufigen Abschluß fand. Höhepunkt seiner kirchen- und ordenspolit. Tätigkeit war die 1451–54 unternommene Predigtreise n. der Alpen, die sowohl der religiösen Erneuerung des Klerus und der Laien als auch der Bekämpfung der →Hussiten diente. 1454 stellte sich J. in den Dienst des Türkenkrieges (Reichstage in Frankfurt 1454 und Wiener

Neustadt 1455) sowie der Kreuzzugspredigt (1455–56) und hatte erhebl. Anteil an der Rettung Belgrads (1456). J. hinterließ neben seinen meist in Ab- oder Mitschriften überlieferten Predigten zahlreiche Briefe, Gutachten und homilet. sowie moraltheol. Schriften, die mit wenigen Ausnahmen nur in Mss. oder unzulängl. Druckener vorliegen. K. Elm

Q. und Werke: A. CHIAPPINI, Reliquie lett. di G. d. C., Bull. Abruzz. Stor. Patria 10–13, 1920–23 – F. BANTI, Le fonti per la storia di S. G. d. C., Studi Francescani 53, 1956 – L. ŁUSZCZKI, De Sermonibus S. J. a. C., 1961 – G. MARINANGELI, S. Giov. Scrittore (Opera omnia S. J. a. C. [Ripr. della Coll. Aracoelitana], I, 1985) – Lit.: DIP IV – DSAM VIII – J. HOFER, J. Kapistran, 2 Bde, 1964–65² – D. NIMMO, Reform and Division in the Franciscan Order, 1987 – K. ELM, J. Kapistrans Predigtreise diesseits der Alpen (AAG, Phil.-Hist. Kl. III, 179, 1989) – Der Bußprediger C. auf dem Domplatz in Bamberg, hg. R. SUCKALE-L. HENNIG, 1989 – S. G. da C. nella Chiesa e nella Soc. del suo tempo, hg. E. PASZTOR, 1990.

77. J. Capreolus OP, * ca. 1380 bei Rodez (Languedoc), † 7. April 1444 ebd., 'princeps thomistarum'. 1407–11 Sentiarius in Paris, 1411 als lic. theol. erwähnt, danach Regens im Ordensstudium zu Toulouse und Lehrtätigkeit in Rodez. Angesichts der neoaugustin. und nominalist. Thomas-Kritiken des späten 13. und ganzen 14. Jh. (v. a. →Heinrich v. Gent, →Johannes Duns Scotus, →Petrus Aureoli, →Wilhelm v. Ockham, A. Wodeham, →Gregor v. Rimini), theol. Streitigkeiten über die unbefleckte Empfängnis Mariens und einer allg. Unsicherheit, das authent. Denken des →Thomas v. Aquin zu bestimmen, leiten seine »Defensiones« (ed. C. PABAN – TH. PEGUES, 1900–08 [Neudr. 1967]) als erster adäquater und umfassender Antwortversuch des strengen Thomismus dessen Reputation in der Univ.stheologie ein. Folgenreich ist sein Beitr. zur Hermeneutik thoman. Schr.: J. argumentiert möglichst mit dem Wortlaut des Thomas, benutzt nahezu dessen gesamtes Textcorpus und entscheidet Lehrunterschiede und -entwicklungen, indem er dessen »Summa theologiae« als Schluß- und Gipfelpunkt seines Denkens sieht. Bei theol. Sachverhalten neigt er dazu, augustin. Elemente der thoman. Lehre herauszustellen.

M. Laarmann

Lit.: TH. KAEPPELI, Scriptores OP medii aevi II, 1975, 395f. [Lit.] – M. GRABMANN, Geistesleben III, 370–410 – J. I. CASEY, The Development of a Formula from C. to John of St. Thomas... [Diss. Gregoriana 1971] – L. DEWAN, St. Thomas, C. and Entitative Composition, DT (P) 80, 1977, 355–375 – D. R. JANZ, Luther and Late Medieval Thomism, 1983, 60–91.

78. J. v. Capua (Campania, Campana), jüd. Apostat, um 1262–78, übersetzte Werke aus dem Hebr. ins Lat., so eine hebr. Fassung des »Taisir« von →Avenzoar, die wenig später allerdings durch die Übers. des Paravicius verdrängt wurde. Eine Übers. der »Abh. über die Diät« (Regimen sanitatis) von →Maimonides fertigte J. auf Wunsch des päpstl. Leibarztes Guglielmo Corvi an. Seine Übertragung einer hebr. Version von »Kalila wa Dimna« (Directorium vitae humanae) trug wesentl. zu Verbreitung und Popularisierung dieser ind. Weisheitsslg. auch in Europa bei (Erstdruck: Straßburg 1481; dt.: Urach 1482).

H. H. Lauer

Lit.: KLEBS Nr. 344–346 [Directorium] – SARTON II, 856 – STEINSCHNEIDER, Übers., 748, 772, 875, 981 – THORNDIKE-KIBRE 751 [Avenzoar], 537, 572, 750f., 847 [Maimonides], 747 [Directorium] – Maimonides: Regimen sanitatis, oder Diätetik für die Seele und den Körper..., hg. u. übers. S. MUNTNER, 1966, 16f.

79. J. Carlerius de Gerson, Theologe, * 14. Dez. 1363 in Gerson-lès-Barby, Gft. Rethel (Flandern), † 12. Juli 1429 in Lyon, ▢ ebd., Laurentiuskirche; Studium am Collège de Navarre in Paris, 1382 Mag. art., anschließend Studium der Theologie. Zu seinen Lehrern zählte Pierre d'→Ailly. 1388 ging er mit einer Gesandtschaft der Pariser Univ. zu Clemens VII. nach Avignon, um die Verurteilung des Dominikaners Johannes v. Montson zu erreichen, der die Lehre von der Unbefleckten Empfängnis Mariens bestritten hatte; 1392 Lic. theol., 1394 Mag. theol. v. Notre Dame in Paris, 1395 Kanzler der Univ. Seit dem 21. Febr. 1415 nahm J. am Konzil v. →Konstanz teil, auf dem er drei Tage nach der Flucht von Johannes XXIII., am 23. März 1415, seine einflußreiche Predigt »Ambulate« hielt, in der er die Oberhoheit des Konzils über den Papst vertrat (→Konziliarismus). Seine Ekklesiologie legte er 1417 in seinem »Tractatus de potestate ecclesiastica« umfassend dar. Das Verbot der Appellation an ein allg. Konzil durch Martin V. vom 10. Mai 1418 kritisierte er als Verstoß gegen die Konstanzer Dekrete von der Superiorität des Konzils über den Papst. Nach Beendigung des Konzils ging J. wegen des Hzg.s →Jean 'sans peur' v. Burgund nicht nach Frankreich, sondern über Rattenberg a. Inn nach Melk. Nach dem Tod des Hzg.s kehrte er nach Frankreich zurück, wo er im Cölestinerkl. in Lyon lebte. – Durch seine Schr.en hat J. starken Einfluß ausgeübt, u. a. durch seinen Traktat »De mystica theologia« (1407). Auf die Kirchenpolitik hat er u. a. durch seine Schr. »De unitate ecclesiastica«, die zur Zeit des Konzils v. →Pisa entstand, eingewirkt. In seinen Schr.en »De auferibilitate sponsi ab ecclesia« und »De potestate ecclesiastica« vertrat er konziliarist. Ansichten. Er verfaßte mehrere asket. und katechet. Schr.en. Er war ein großer Marienverehrer und schrieb u. a. eine Erklärung des Magnifikat. Die Josephsverehrung hat er stark gefördert. 1483/84 erschien die erste Gesamtausg. seiner Werke, weitere Ausg. folgten.

R. Bäumer

Ed.: Œuvres complètes, 10 Bde, 1960–73 – Lit.: Marienlex. II, 1989, 628f. – TRE XII, 532–538 – J. B. MORRALL, Gerson and the Great Schism, 1960 – ST. E. OZMENT, Homo spiritualis, 1969 – DERS., The Univ. and the Church, 1970 – M. BAUER, Die Erkenntnislehre und der Conceptus entis nach vier Spätschr. des J. G., 1973 – L. B. PASCOE, Jean G., 1973 – DERS., Jean G., Mysticism, Conciliarism, and Reform, AHC 6, 1974, 135–153 – H. SMOLINSKY, J. G., Kanzler der Univ. Paris..., HJ 96, 1976, 270–295 – H. KRAUME, Die Gerson-Übers. Geilers v. Kaysersberg, 1980 – Z. KALUZA, Le chancelier G. et Jerôme de Prague, AHDL 59, 1984, 81–124 – CH. BURGER, Aedificatio, fructus, utilitas, 1986 – L. VEREECKE, Droit et morale chez J. G. (DERS., De G. d'Ockham à S. Alphonse de Liguori, 1986), 205–220 – D. C. BROWN, Pastor and Laity in the Theology of Jean G., 1987 – G. PEYRONNET, G., Charles VII. et Jeanne d'Arc, RHE 84, 1989, 334–370.

80. J. Carmen, frz. Komponist um 1400–20. Bekannt sind zwei Zahlungsanweisungen für ihn von Hzg. →Philipp II. d. Kühnen für Dienste in Paris 1403 als (Noten-)Schreiber, sind undat. Nachweis, daß er als Kantor einer Pariser Kirche wirkte und zwei Datierungen: Eine seiner Motetten muß vor 1417 geschrieben sein, und ein Gedicht von ca. 1440 rühmt ihn, zusammen mit Tapissier und Césaris, rückblickend als Musiker. Von seinen Werken sind drei vierstimmige isorhythm. Motetten erhalten.

H. Leuchtmann

Lit.: MGG, s. v. Carmen – RIEMANN, s. v. Carmen – NEW GROVE, s. v. Carmen [Ed., Lit.] – E. DANNEMANN, Die spätgot. Musiktradition in Frankreich und Burgund vor dem Auftreten Dufays, 1936 – C. WRIGHT, Music at the Court of Burgundy 1346–1419 [Diss. Harvard 1972].

81. J. Chortasmenos (Ignatios, Metropolit v. Selybria), byz. Gelehrter, * ca. 1370, † ca. 1436/37 (vor 10. Juni 1439), 1391–1415 als Patriarchatsnotar bezeugt, trat J. Ch. später ins Kl. ein (Hieromonachos) und wurde um 1430 Metropolit v. S. Die rund 3 Dutzend bekannten Hss. aus seinem Besitz (z. T. Autographen) beweisen sein bes.

Interesse an Astronomie, Gesch., Rhetorik, Philos. und Geometrie. Die Kopien liturg. Codd. dienten seiner wirtschaftl. schwachen Diöz. Er war Lehrer des →Markos Eugenikos, des Georgios Scholarios und →Bessarions, der ihn bewunderte. Ein von J. Ch. zusammengestelltes »Hausbuch« (Vindob. Suppl. gr. 75) enthält seine Korrespondenz, Rhetorisches, Gedichte und Autobiographisches. – Aufgrund zahlreicher Autographa (Patriarchatsakten, eigene Hss.) lassen sich 3 chronolog. bedingte Duktusformen seiner Schrift nachweisen. Der Intellektuelle J. Ch. war selbst paläogr. interessiert und ist noch heute als Restaurator alter Codd. (Wiener Dioskurides, Med.gr.1 [6.Jh.], Chrysostomos-Hs. Vat. gr. 2126 [11.Jh.]) kontrollierbar. H. Hunger

Lit.: H. HUNGER, J. Ch. Briefe, Gedichte und kl. Schriften..., 1969 – P. CANART – G. PRATO (Stud. zum Patriarchatsreg. v. Konstantinopel, hg. H. HUNGER, I, 1981), 115–178 – P. SCHREINER, J. Ch. als Restaurator des Vat.gr. 2126, Scrittura e Civiltà 7, 1983, 193–199.

82. J. Chrysostomos, Bf. v. Konstantinopel, Prediger, Kirchenlehrer, * 345 oder 349 oder 354 Antiocheia; † 14. Sept. 407 Comana/Pontus, ▫ seit 438 Konstantinopel.

I. Leben – II. Predigten – III. Werke.

I. LEBEN: J. stammte aus vornehmer Familie; seine früh verwitwete Mutter Anthusa sorgte für eine gediegene Ausbildung. Zu seinen Lehrern zählte wohl der heidn. Rhetor Libanius. 372 wurde er getauft, begann Theologie zu studieren, entschloß sich dann aber für ein asket. Leben unter den Mönchen in der Nähe von Antiocheia. 381 wurde er Diakon in seiner Heimatstadt, 386 Priester. In Antiocheia wirkte er v. a. als Prediger und kam durch diese Tätigkeit zu reichsweitem Ansehen. 397 berief ihn Ks. Theodosius II. zum Bf. v. Konstantinopel (26. Febr. 398 Weihe durch →Theophilos v. Alexandria). Als eifriger Reformbf. fand er Anklang und Unterstützung, stieß jedoch ebenso auf kirchl. und weltl. Widerstand; Zentrum der Opposition waren die vornehmen Hofkreise (Ksn. Eudoxia). Als J. 402 Mönche, die als Origenisten aus Ägypten vertrieben worden waren, in Konstantinopel aufnahm, unterstützte auch Theophilos v. Alexandria die Opposition. In konzertierter Aktion wurde J. 403 abgesetzt und aus der Stadt gewiesen. Der Ausweisungsbefehl wurde zwar bald wieder aufgehoben, aber ein Jahr später wurde er endgültig ins Exil geschickt, zunächst nach Kukusos in Kleinasien. Da er mit seinen Anhängern in Konstantinopel in Verbindung blieb und von seinem Exil aus rege missionar. Aktivität entfaltete, wurde er 407 in den Kaukasus deportiert. Auf dem Wege dorthin starb er. 438 wurden die Reliquien des inzwischen Rehabilitierten nach Konstantinopel geholt. Um 407/408 schrieb Bf. Palladius zur Verteidigung seines verstorbenen Freundes den »Dialogus de Vita S. J. Chrysostomi«.

J. brachte in gelungener Diktion die zeitgenöss. Theologie zum Ausdruck. Doch es ging ihm nicht um spekulative Durchdringung und Erhellung der Glaubensgeheimnisse. Er ist in seinem Werk immer Seelsorger, der zur chr. Vollkommenheit führen wollte und dabei vor utop. Zielsetzung nicht zurückschreckte. Glaube und Liebe bestimmen den Weg zur Vollkommenheit, der vom Vorbild Christi geprägt ist. Der Gläubige kann sich Christus nur in Liebe zuwenden, wenn er in Sorge um seine Mitmenschen um ihr Heil müht. In den Appellen zur chr. Nächstenliebe steckt ein Sozialprogramm, das die Gesellschaft nach dem Evangelium geordnet sehen möchte (vgl. Mt-Homilie 66,3; Apg-Homilie 11,3).

II. PREDIGTEN: J. hat dieses Ideal v. a. in seinen Predigten verkündet. Er war ein hervorragender Redner ('der Goldmund'), Prediger aus Berufung und Leidenschaft (Hom. post. terrae motum 50: »Predigen macht mich gesund.«). Seine Predigten sind hauptsächl. exeget. Homilien (über Gen, Ps, Jes, Mt, Lk, Joh, Apg und Paulusbriefe), in denen er den Schrifttext nach der antiochen. Schule prakt. auslegte. Andere Predigten (bzw. Predigtreihen) sind zu Festen der Heiligen und des Kirchenjahres gehalten oder nehmen zu aktuellen Fragen Stellung: Die 21 »Säulenreden« (387 zur Beruhigung nach einem Aufstand wegen einer Steuererhöhung in Antiocheia gehalten) und 8 Predigten gegen die Juden (gegen judaisierende Christen, die sich von jüd. Festen und Bräuchen beeindruckt zeigten).

III. WERKE: »Über das Priestertum«, ein fingierter Dialog, der die Größe und Verantwortung des priesterl. Dienstes behandelt; »Über Hoffart und Kindererziehung«, eine pädagog. Unterweisung; andere Schr. verteidigen und fördern das asket.-monast. Leben (»Gegen die Widersacher des Mönchslebens«) und empfehlen das ehelos-jungfräul. Leben (»De virginitate«; »Ad viduam iuniorem«). Aus der Verbannungszeit sind mehr als 200 Briefe erhalten, hauptsächl. an Freunde und Anhänger gerichtet, darunter 17 an die vornehme Witwe und Diakonissin Olympias in Konstantinopel. – Die →Chrysostomusliturgie, die Normalordnung der Eucharistiefeier des byz. Ritus, stammt nicht von J.

Das umfangreiche Werk ist bis heute nicht vollständig krit. ediert (MPG 47–64 beruht auf der Ausg. von B. DE MONTFAUCON, 1718–38). Es gibt noch unedierte Schr. und Werke über die gebräuchl. Ausg. hinaus und nicht wenige Titel, deren Authentizität umstritten ist (Gesamtverz.: CPG 4305–5197). Der Umfang des unechten Materials ist sehr hoch (J. A. ALDAMA, Rep. pseudo-chrysostomicum, 1965, nennt 571 Titel). Das bedeutendste ps.-chrysostom. Werk ist das sog. »Opus imperfectum in Matthaeum« (MPG 56, 611–946). Dank des berühmten Namens wurde der Komm. zur hohen Autorität bis ins MA; erst Erasmus verneinte die Authentizität. Der Verf. war Arianer und schrieb seinen Komm., eine wichtige Q. für die Theologie des späten Arianismus, wohl in Italien oder Illyrien im späten 5. oder frühen 6. Jh. Die lat. Übers. von J.' Werk begann um 415/420 durch die Arbeit des →Anianus v. Celeda, der mit J. Pelagius verteidigen wollte. Cassiodor ließ für die Bibl. von Vivarium auch Texte des J. übertragen. →Burgundio v. Pisa († 1193) übersetzte für Papst Eugen III. die 90 Mt-Homilien. K. S. Frank

Lit.: DSP VIII, 331-355, 355-369 [Ps-Chrysostome mit opus imperfectum] – TRE XVII, 118–127 – J. CHR. BAUR, Der hl. J. C. und seine Zeit, 1929–30 [engl. 1960] – A. M. RITTER, Charisma im Verständnis des J. C. und seiner Zeit, 1972 – R. L. WILKEN, John Chrysostom and the Jews, 1983 – A. STÖTZEL, Kirche als 'neue Gesellschaft', 1984.

83. J. v. Cornwall, * um 1125/30 Cornwall, † 1199/1200, studierte bei Thierry v. Chartres Philosophie und in Paris (bei Petrus Lombardus, Robert v. Melun, Mauritius v. Sully) Theologie, kehrte spätestens 1173 nach England zurück und lehrte in Oxford Theologie; 1197 Archidiakon in Worcester. Im (redaktionell wiederholt überarbeiteten) »Eulogium ad Alexandrum Papam III« (1177/79; MPL 199, 1043–86; ed. N. M. HARING, MSt 13, 1951, 253–300) bezichtigte er →Petrus Lombardus des sog. christolog. Nihilianismus: Der Magister lehre und disputiere in seiner Schule den Satz von der Menschwerdung des Ewigen Sohnes so, daß er mitnichten die Bedeutung erlangte, der Ewige Sohn sei in der Inkarnation etwas anderes (aliquid aliud) geworden. Der Sinn der sprachlog. Übungen war die krit. reine Ausdrucksweise des Satzes von der Inkarnation. Die sog. 'habitus-Theorie' (nach Phil 2,7: habitu inventus) erschien dem Lombarden als zutreffende Ausdrucksweise des Inkarnationsgeheimnisses. J. befürchtete aber eher dessen Entleerung. Die ersten Glossen und Komm. zum Sentenzenwerk des Lombarden beschäftigten sich ausführl. mit dieser Streitfrage, bei deren Diskussion die Beweisgründe der Magister ebenbürtig zu den 'auctoritates' der Väter kamen. 1155 übertrug J. auf Bitten des Bf.s v. Exeter aus dem Walis. die »Prophetia Merlini« (oder »Das Buch der 7 Kg.e«; ed. C. GREITH, Spicilegium Vaticanum, 1838, 92–106).

L. Hödl

Lit.: DThC VIII, 756–759 – LThK² V, 1022 [mit Verz. der unechten Schr.] – E. RATHBONE, Rth 17, 1950, 46–60 – W. BREUNING, Die hypost. Union in der Theologie Wilhelms v. Auxerres, Hugos v. St. Cher und Rolands v. Cremona, 1962 – L. O. NIELSEN, Theology and Philos. in the Twelfth Century, 1982.

84. J. v. Craticula (fälschl. J. v. Châtillon), hl. (1517 Kultgenehmigung für Diöz. St-Malo), Bf. v. Alet (→St-Malo), † 1. Febr. 1163 Guingamp. Zunächst Augustinerchorherr (nicht Zisterzienser!) in →Bourgmoyen (Diöz. Blois), 1134 erster Abt der bret. Heiligkreuzabtei→Guingamp. Spätestens 1143 Bf. v. Alet, stellte J. sich im Suprematiestreit mit →Dol auf die Seite des Ebm.s →Tours. Wichtigstes Ereignis seines Episkopats war die Verlegung des Bf.ssitzes v. Alet (später St-Servan) nach →St-Malo (Insel Aaron), entsprechend der Verlagerung des Siedlungsschwerpunktes. Im Streit und päpstl. Prozeß gegen →Marmoutier setzte er sich nach zwei Niederlagen (1144–45) dank mächtiger Freunde, v. a. →Bernhards v. Clairvaux, unter dem Zisterzienserpapst Eugen III. schließlich durch (1145, wohl nicht erst 1146). Auseinandersetzung mit →Eon v. Stella; nach dessen Verurteilung (Synode v. Reims 1148) verfolgte J. dessen Anhänger. Um 1150 ersetzte er die Mönche seiner Kathedrale durch Augustinerchorherren. 1162 nahm er am Konzil v. Montpellier teil.

J.-C. Poulin

Lit.: Bibl.SS VI, 815 – Dict. des auteurs cisterciens 1, 399–400 – F. DUINE, Cat. des sources hagiogr. pour l'hist. de la Bretagne jusqu'à la fin du XIIᵉ s., 1922, n. 20 – A.-M. ROUANET, Le bienheureux Jean-de-la-Grille, premier évêque de St-Malo [masch.] – H. GUILLOTEL, Les évêques d'Alet du IXᵉ au milieu du XIIᵉ s., Ann. de la Soc. d'hist. et d'archéol. de l'arr. de St-Malo, 1979, 265–266.

85. J. v. Cremona, Geschichtsschreiber, 2. Hälfte des 12. Jh., dessen verlorenes Werk nur zweimal in der Chronik →Burchards v. Ursberg erwähnt wird (ed. O. HOLDER-EGGER–B. v. SIMSON, MGH SRG 1916², 36 und 39; vgl. Einl. XXff.). Es stellte wahrscheinl. das Wirken Friedrichs I. in Italien bis zur Zerstörung →Mailands 1162 oder nur das Schisma v. 1159 dar.

W. Maleczek

Lit.: WATTENBACH-SCHMALE I, 117f. – W. WULZ, Der spät-stauf. Geschichtsschreiber Burchard v. Ursberg, 1982, 66ff. – C. L. NEEL, The historical Work of Burchard of Ursberg, AnalPraem 59, 1983, 31ff.

86. J. (Janko) v. Czarnków (an der Netze), Chronist, ca. 1320–87, Gefolgsmann des Schweriner Bf.s Andreas, seit 1356 Kanoniker des bfl. Kapitels in Włocławek, 1364–70 Unterkanzler am Hof Kg. Kasimirs in Krakau. Nach dessen Tod vom Hof entfernt und aus dem Lande verbannt, kehrte er 1375 als Archidiakon an den Hof des Ebf.s v. Gnesen zurück. J. ist Verf. des »Chronicon Polonorum« für 1370–86, das als Hauptq. für diese Periode der poln. Gesch. gilt. Einige Forscher betrachten J. auch als (Mit-)Verf. der sog. Großpoln. Chronik und von zwei Kap. der poln. Gesch. der Jahre 1333–41. – →Chronik, M.II.

G. Labuda

Lit.: P. DAVID, Les sources d'hist. de Pologne à l'époque des Piasts (963–1386), 1934 – J. DĄBROWSKI, Dawne dziejopisarstwo polskie do r. 1480, 1964, 130ff., 140ff. – J. BIENIAK, Frgm. 1333–1341 w twórczości dziejopisarskiej Janka z C.a, Zap. Hist. 48, 1983, 635–657; 49, 1984, 5–28 – M. DERWICH, J. z C.a a Kronika wielkopolska, Acta Univ. Wratislaviensis, Historia 50, 1985, 127–162.

87. J. de Dacia, Modist, Lehrer an der Artistenfakultät in Paris, um 1280; weitere Lebensdaten unbekannt. Werke: 1. »Summa grammatice« (1280; große, unvollendete Quaestiones-Slg.; sprachl. Fragen nach der Theorie der →modi significandi). J. ist weniger selbständiger Denker als Kompilator aus Werken seiner Vorgänger (v. a. →Martinus und →Boethius de Dacia, →Robert Kilwardby). Eigen ist dem Werk gegenüber den meisten anderen modist. Schr. eine ausführl. Behandlung der Orthographia (d. h. vox, littera, syllaba) und v. a. eine akust. Beschreibung der Vokale. Das Werk ist von einem umfangreichen, früh selbständig überl. und als 'Divisio scientiae' sehr verbreiteten Traktat über die Wiss. und die Einteilung der Wiss.en in verschiedene Disziplinen eingeleitet. 2. »Sophisma de gradibus formarum«, behandelt die im 13. Jh. diskutierte Kontroverse über die substantia und ihre verschiedenen Formen. 3. »Quaestiones super secundum minoris Prisciani« (= Inst. gram. 18), in der Hs. Stuttgart, Landesbibl. Ms. Poet. et phil. 4°, 67, 269v–297v (15. Jh.) einem Johannes Dacus zugeschrieben, doch fehlen unters. und krit. Ed.

C. Jeudy

Ed.: A. OTTO, J.is Daci Opera (Corpus Philosophorum Danicorum Medii Aevi, I/1–2), 1955 – Lit.: J. PINBORG, Die Entwicklung der Sprachtheorie im MA, 1967, 87–90 (BGPhMA, Texte und Unters., 42, 2) – I. ROSIER, La grammaire spéculative des Modistes, 1983, 19–20 (Publ. de l'Univ. de Lille III, Linguistique).

88. J. Damaskenos (J. v. Damaskos), Kirchenlehrer, *um 650 (?), † 4. Dez. (Gedächtnis) um 750, ▭ Konstantinopel.

I. Leben – II. Werke und Überlieferung – III. Theologie – IV. Nachwirkung.

I. LEBEN: Eine Vita, von Patr. →Johannes VII. im 10. Jh. nach einer arab. Vorlage erstellt, ist stark legendär gefärbt (weitere Viten: HOECK). J. stammte aus vornehmer chr. Familie in Damaskos. Sein Vater Sarǧūn ibn Manṣūr war Logothet (»Finanzminister«) des Kalifen. Zunächst Spiel- und Tischgefährte des späteren Kalifen Yazīd I. (680–683) wurde J. wahrscheinl. Mitarbeiter seines Vaters. Wahrscheinl. um 700, als unter dem Kalifen ʿAbdalmalik eine wenig christenfreundl. Richtung sich geltend machte, zog er sich ins Kl. Mar Saba zurück, zusammen mit seinem Adoptivbruder Kosmas, dem späteren Bf. v. Majuma. Von Patriarch Johannes V. v. Jerusalem (706–735), als dessen Schüler sich J. bezeichnete und dessen Ratgeber er später in allen theol. Fragen wurde, zum Priester geweiht, wirkte er als Prediger und v. a. als theol. Schriftsteller, den auch andere Bf.e gern um Rat angingen. Er starb hochbetagt, bis zuletzt offenbar aktiv. Die ältesten Synaxare erwähnen sein Gedächtnis am 4. Dez., ohne Zweifel sein Todestag. Die Orthodoxie feiert sein Fest an diesem Tag, die kath. Liturgiereform des Vaticanum II ist ihr darin gefolgt. Seine Reliquien, noch im 12. Jh. in Mar Saba verehrt, wurden später nach Konstantinopel übertragen. Das Nikänum II bedenkt ihn mit hohem Lob als ὅσιος. Zu Anfang des 9. Jh. gab ihm der byz. Historiker →Theophanes Homologetes den Ehrennamen Χρυσοῤῥόας; Papst Leo XIII. nahm ihn unter die Kirchenlehrer auf (1890).

II. WERKE UND ÜBERLIEFERUNG: Die Schr. des J.D. sind in einer ungewöhnl. großen Zahl von Hss. überliefert, davon 248 rein damask. Hss. Die »Expositio fidei« ist in vollem Umfang 221mal erhalten, dazu in über 150 z. T. umfangreichen Bruchstücken. Außerdem sind liturg. Hss. mit Dichtungen, Komm., Homilien heranzuziehen. Die Frage der Echtheit ist für die wichtigeren Werke zieml. geklärt, ausgenommen die »Sacra Parallela«; zu überprüfen bleiben noch liturg. Dichtungen unter seinem Namen. Inhaltl. umfaßt sein Werk fast alle Gebiete der Theologie. Seine bekannteste Schrift, zugleich sein Alterswerk (nach 742), ist die »Πηγὴ τῆς γνώσεως« ('Quelle der Erkenntnis'), in 3 Teilen: Philos. Kapitel (Dialektik), erhalten in einer längeren und kürzeren Fassung; Häresiengesch.; 100 theol. Kap. (eine Art Summa der gr. Väterüberlieferung) unter dem Titel Ἔκδοσις (Ἔκθεσις) ἀκριβὴς τῆς ὀρθοδόξου πίστεως ('Genaue Darlegung des rechten Glaubens' 'expositio fidei'), im W eingeteilt in 4 Bücher. Nach dem Vorbild des →Petrus Lombardus, aber sicher nicht nach der Intention des J., der die Glaubensinhalte in der Reihenfolge des Glaubensbekenntnisses entfalten wollte. Seine drei »Apologet. Reden gegen die Verleumder der hl. Bilder« (726–730) boten auf dem Nikänum II (787) die theol. Basis für die Entscheidung der Konzilsväter für die Bilderverehrung; von der ikonoklast. Synode v. Hiereia (754) war er ihretwegen exkommuniziert worden. In polem. Traktaten setzte sich J. mit Nestorianern, Monophysiten, Monotheleten, Manichäern und, wie es scheint, Muslimen auseinander. – Als Prediger von Format weisen ihn Homilien sowie Enkomien auf Hl.e (z. B. →Johannes Chrysostomos, Barbara) aus. Asket. Schr. behandeln Themen wie Fasten, die acht Hauptsünden, die Tugenden. Die Orthodoxie feierte ihn bes. als Dichter vieler Kanones des Stundengebets. Nach Ausweis der Überlieferung, bestätigt auch durch den hs. Befund, hat er am Ende seines Lebens seine Werke überarbeitet; Art und Umfang der Revision sind jedoch bisher nicht untersucht.

III. THEOLOGIE: Als Theologe ist J. v. a. Kompilator, der das Erbe seiner Vorgänger sammeln und weitergeben will, dabei aber »der größte Theologe der Epoche« (scil. des Bilderstreits; BECK, 476). Er wurde der treue Zeuge der gesamten Tradition, d. h. des unversehrten Glaubens von →Chalkedon. Hl. Schrift und Väter sind seine Q., wobei die Väter eher das Übergewicht haben. Elemente aus Aristoteles, der Stoa oder des Neuplatonismus, die sich in seinen philos. wie theol. Werken reichl. finden, sind von den Vätern übernommen und nach ihrer Art eingesetzt. Seine Häresiengesch. ist ganz aus dem »Panarion« des Epiphanios, von Theodoret u. a. entlehnt. Die »Genaue Darstellung des rechten Glaubens« schöpft v. a. aus Gregor v. Nazianz, gefolgt von →Dionysios Ps.-Areopagites, →Leontios v. Byzanz, →Maximos Homologetes und fast der ganzen Reihe seiner Vorgänger. Die lat. Väter waren ihm, außer dem Tomus Leonis, offenbar unbekannt. Alle Themen der damaligen Theologie sind behandelt: Gott und die Schöpfung, der Mensch und seine Erlösung durch den Gottmenschen Jesus Christus, die Sakramente und die endzeitl. Vollendung, vorbereitet durch chr. Lebensführung. Die spirituelle Lehre hat wesentl., entsprechend der byz. Tradition, den Mönch im Blick, der Christ in der Welt ist kaum angesprochen.

IV. NACHWIRKUNG: [1] Osten: Die hs. Überlieferung läßt eine umfassende Nachwirkung vermuten, die sich nach dem gegenwärtigen Stand der Forschung mehr in der indirekten Benutzung (z. B. →Euthymios Zigabenos, →Niketas Choniates) nachweisen läßt. Komm. im eigentl. Sinn fanden nur die liturg. Dichtungen. Bemerkenswert ist anderseits die frühe Übers. ins Arab. →Theodoros Abu Qurra († 820) bezeichnet sich als sein Schüler. Ende 9./Anfang 10. Jh. hat Joan Eksark (Iohannes Exarcha) die Expositio ins Bulg. übers. Übers. ins Kirchenslav. (5) und Russ. folgten seit dem 16. Jh. Ebenso existieren armen. und georg. Übers., deren Bedeutung in der jeweiligen Theologie erst noch zu untersuchen ist.

H. M. Biedermann

Ed.: MPG 94–96 – Die Schr. des J. v. D., ed. B. KOTTER, 1969–1988 [bisher 5 Bde] – *Dt. Übers.*: de f. orth.: STIELENHOFER, BKV, 1923; BUYAERT, 1955; Philos. Kapitel: RICHTER, 1982 – *Lit.*: DThC VIII, 693–751 [Lit.] – DSAM VIII, 452–466 [Lit.] – LThK² V, 1023–26 – BECK, Kirche, 476–486 [Lit.] – TRE XVII, 1988, 127–132 [genaues Schriften- u. Lit. verzeichnis] – J. M. HOECK, Stand und Aufgaben der Damaskenosforschung, OrChrP 17, 1951, 5–60 – B. STUDER, Die theol. Arbeitsweise des J. v. D., 1956 [Lit.] – N. MATSOUKAS, Philos. u. Dogm. Lehre des J. v. D., EEThS 14, 1969, 251–324 [gr.] – N. CHITESCU, The Christology of S. John of Damascus: Ekkl. Pharos 58, 1976, 302–356.

[2] *Westen*: Bedeutsam war sein Einfluß im W: Der ersten vollständigen Übersetzung »De fide orthodoxa« durch →Burgundio v. Pisa um 1153–1154 (ed. E. M. BUYTAERT, Franc. Inst. Publ., 1955) gingen (möglicherweise zwei) Teilübers. voraus (die eine vom ungar. Mönch Cerbanus, vor 1145); diese unter dem Pseudonym des Basilius bekannt geworden. →Robert Grosseteste hat um 1235–40 die Burgundio-Übers. revidiert (diese Übers. ist nur hs. überliefert.), neue Übers. durch den Humanisten J. B. Panezio († 1497). →Petrus Lombardus lernte auf seiner Romreise 1154 die Burgundio-Übers. kennen und ließ sich möglicherweise bei der endgültigen Abfassung seines Sentenzenwerkes von der Gliederung »De fide orthodoxa« des J. beeinflussen. Nachhaltigen Einfluß übte J. auf das scholast. Verständnis der Freiheit des Willens und der Analyse der sittl. Akte aus (vgl. O. LOTTIN, Psychologie et Morale aux XII⁽ᵉ⁾ et XIII⁽ᵉ⁾ s., I, 394–424)

L. Hödl

Lit.: J. DE GELLINCK, Le mouvement théologique du XII⁽ᵉ⁾ s., 1948², 374–415.

89. J. v. Dambach OP

(seit 1308), * 1288 Dambach (Elsaß), † 10. Okt. 1372 Freiburg/Br., studierte in Straßburg, Köln, Paris. Aus Straßburg 1338 nach Basel vertrieben, bildete sich J. in Bologna (1341) und Montpellier fort (1347 Mag. theol.), um danach als Prof. am Ordensstudium in Prag zu lehren. Trotz enger Kontakte zu Karl IV. wirkte J. 1350–56 in Paris, danach in Straßburg. Seine meisten Schr. betrafen aktuelle Kirchenrechts- und Ordensfragen, wie die Exhortation Karls IV. zu Kirchenstrafen und Traktate zur Ablaß- und Armutspraxis des Ordens (1346–64). Größere Bedeutung besaß außer »De sensibilibus deliciis paradisi« (1350, zum paradis. Leben) und »De culpa et gratia« (1357, zur Gnadenlehre) die Hauptschr. »De consolatione theologiae«, die Exempel für die Tröstungen der Theologie angesichts des Leiden der Menschen handbuchmäßig zusammenstellte und von lebensverachtender, aber auch stoischer Weltsicht infolge der zeitgenöss. kirchl. und gesellschaftl. Konflikte bestimmt ist. Die Verbreitung des Werkes und sein Einfluß auf die spätma. Consolatorienlit. waren beträchtl. D. Berg

Lit.: NDB X, 547 – Verf.-Lex.² IV, 571–577 [Ed. und Lit.] – W. HOFMANN, Ein Brief J. v. D. an Karl IV., Wiss. Zs. Karl-Marx-Univ. Leipzig VI, 1956–57, 387–396 – J. TŘIŠKA, Literární činnost předhus. univ., 1967 – L. SCHMUGGE (Ks. Karl IV., ed. F. SEIBT, 1978²), 74f.

90. J. (Danck) de Saxonia

(J. Danekow de Magdeborth; J. de Counnout), Astronom, erste Hälfte 14. Jh., betrachtete sich selbst als Schüler von →Johannes de Lineriis, schrieb verschiedene Arbeiten über die Alfonsin. Tafeln und einen Komm. zum astrolog. Traktat »Liber isagogicus« des →al-Qabīṣī (1331). Seine »Canones super tabulas Alfonsii regis Castelle« (1327) wurden 1483, sein Komm. zu al-Qabīṣī 1485 bei Ratdolt in Venedig gedruckt. Im 2 Hss. wird er auch als Verf. eines Computus aus dem Jahre 1297 genannt. H. L. L. Busard

Lit.: DSB VII, 139–141 – Alfonso X, Les tables alphonsines, avec les canons de Jean de Saxe, ed., übers., komm. E. POULLE, 1984.

91. J. de Deo, ungemein produktiver Kanonist des 13. Jh., * um 1190 Silves (Portugal), † 15. März 1267 Lissabon; war dort Kanoniker, studierte bei Zoen Tencararius und lehrte in Bologna. Er verfaßte über 20 Werke (Komm. zu Dekret und Dekretalen, Summen, systemat. Traktate, Abh., Repertorien usw.) allerdings nur mittelmäßiger Qualität, die er wiederholt (im »Liber iudicum« vor 1238, in der »Summa super quatuor causis decretorum« 1243 [Ergänzung der Summe →Huguccios], im »Liber pastoralis« 1244 und im »Liber cavillationum« 1246–48) teilweise auflistete; am häufigsten überliefert ist seine »Concordantia decretorum et titulorum decretalium« 1248 (64 Hss.). N. Höhl

Lit.: SCHULTE II, 94–107 – A. D. DE SOUSA COSTA, Um mestre português em Bolonha no século XIII, João d. Deus, 1957 – A. GARCÍA Y GARCÍA, La canonística ibérica medieval posterior al Decreto de Graciano (Rep. de hist. de las ciencias eclesiásticas en España I, 1967), 406, 410, 414 – DERS., La Canonística Ibérica (1150–1250) en la investigación reciente, BMCL 11, 1981, 60–62, 64.

92. J. Diaconus (Beiname Hymmonides wohl Patronymikon), * 825 wahrscheinl. in Rom, † 880/882; Diakon der röm. Kirche, verfaßte 873–876 im Auftrag Johannes' VIII. eine bedeutende Vita Gregors d. Gr. (BHL 3641) in 4 B. mit zahlreichen eingefügten Briefen aus dem Papstregister, in der im Rahmen eines hagiograph.-ideolog. Konzepts die Figur des Papstes hervorgehoben und als Modell der Heiligkeit und als Führer der Christenheit propagiert wird. Unter diesem Aspekt ist auch die »Vita Clementis« (BHL 1851), zugleich Vita des Apostels Petrus zu sehen (nach dem Tode des J. von Gaudericus v. Velletri fertiggestellt). In seiner Versifizierung der Ps. →Cypriani cena gestaltet J. die eher platte Vorlage um zu einer lit. Dichtung ohne große stilist. Raffinesse, aber voll spielerphantasievoller Satire. Sein Plan, mit Anastasius Bibliothecarius eine Kirchengesch. zu verfassen, wurde nicht ausgeführt. C. Leonardi

Ed.: →Ps.-Cypriani Cena – Vita Greg. MPL 75, 60–242 – Vita Clem.: G. ORLANDI, Exc. ex Clementinis recognitionibus a Tyr. Rufino transl., 1968 – *Lit.:* H. GOLL, Die »Vita Gregorii« d. J.D. [Diss. Freiburg i. Br. 1940] – G. ARNALDI, BISI 68, 1956, 48–75 – P. DEVOS, AnalBoll 82, 1964, 355–381 – C. LEONARDI, Renovatio 12, 1977, 51–66 – G. VINAY, Alto medioevo lat. 1978, 337–350 – G. ORLANDI (L'eredità classica nel medioevo), 1979, 19–42 – C. LEONARDI (Hagiographie, culture et sociétés, IV⁰–XII⁰ s., 1981), 471–489 – DERS. (Bivium, Fschr. M. DÍAZ Y DÍAZ, 1983), 143–159 – N. BARTOLOMUCCI–M. CARELLA, Invigilata lucernis 7–8, 1985–86, 225–262.

93. J. Diaconus, Capellanus des Dogen v. Venedig, Petrus II. Orseolo, letzter Beleg 1018, begegnet erstmals in dem Privileg Ottos III. vom 1. Mai 995, in dem die Ansprüche des Dogen auf das Gebiet v. Eraclea gegen Johannes, Bf. v. Belluno, anerkannt wurden, und das J. für den Dogen in Aachen erwirkt hatte. Am 7. Jan. 999 erhielt J. in Rom von Otto das Privileg, das den Streit definitiv beilegte. 996 verhandelte J. in Ravenna über die Eröffnung von drei Märkten in Reichsitalien; Ende Juni 1000 huldigte er dem Ks. in Como, später begleitete er ihn nach Pavia und bereitete in Ravenna dessen geheimes Treffen mit dem Dogen auf der Insel S. Servolo vor, das Mitte April 1001 stattfand, und an dem J. teilnahm. Nov. 1002 erwirkte er in Regensburg von Heinrich II. die Bestätigung des Privilegs, das Karl d. Gr. im Vertrag mit Nikephoros für Venedig ausgestellt hatte. In seiner »Cronaca«, der Hauptq. für die Frühgesch. Venedigs, schildert J. die Gesch. Venedigs von den Anfängen bis zum Jahr 1008. Einen Schwerpunkt bildet der Dogat des P. Orseolo.

A. Menniti Ippolito

Q. und Lit.: Cronache ven. antichissime, hg. G. MONTICOLO, 1890, XXIX–XXXV, 57–171 – DERS., I mss. e le fonti della cronaca del Diacono Giovanni, BISI 9, 1890, 37–328 – G. ARNALDI–L. CAPO (Storia della Cultura Veneta I, 1976), 391–393 [L. CAPO].

94. J. Diakrinomenos, byz. Kirchenhistoriker, 6. Jh., nach seinem Beinamen ('der Getrennte') Monophysit, der im frühen 6. Jh. eine Kirchengesch. in 10 B. für die Zeit von 429 bis zu Ks. Anastasius (491–518) geschrieben hat (nur Frgm. e erhalten). K. S. Frank

Ed.: CPG 7509 – G. C. HANSEN, Theodorus Anagnostes, Kirchengesch., 1971.

95. J. v. Dinsdale → Johannes v. Tytynsale

96. J. (Bauer) v. Dorsten OESA, angesehener Theologe, Prediger, * um 1420 Dorsten, † 3. Jan. 1481 Erfurt. 1459 trat er, schon Erfurter Mag. art., in das dortige Augustinerkl. ein. 1465–81 Theologieprofessor an der Erfurter Univ., 1467–70 Provinzial der sächs.-thür. Ordensprov., setzte er sich nachdrückl. für die kirchl. und klösterl. Reformanliegen seiner Zeit ein. Von seinem umfangreichen schriftl. Nachlaß ist nur ein Bruchteil erhalten. Seine Lehre wurde von der Tradition der Hochscholastik, nicht zuletzt durch →Aegidius Romanus geprägt. →Augustinerschule A. Zumkeller

Lit.: DSAM VIII, 480f. [ältere Lit.] – GINDELE, 232f. – TEEUWEN, 194 – A. ZUMKELLER, Der Predigtband Cod. Berolinensis Lat. Fol. 851 des ... J.v.D., Augustiniana 27, 1977, 402–430; 28, 1978, 34–90 – B. HAMM, Frömmigkeitstheologie am Anfang des 16. Jh., 1982, passim – A. ZUMKELLER, Erbsünde, Gnade, Rechtfertigung und Verdienst nach der Lehre der Erfurter Augustinertheologen ..., 1984, 307–389, 443–452, 568–601.

97. J. Drändorf, * ca. 1390 Schloß Schlieben (Krs. Schweidnitz), † 17. Febr. 1425 Heidelberg. Der aus einer im Meißnischen beheimateten Adelsfamilie stammende J.D. besuchte nach Schuljahren in Aken an der Elbe spätestens seit 1408 die Univ. Prag, die er nach dem →Kuttenberger Dekret 1409 verließ, um nach Studien in Leipzig, Dresden und Zittau 1412 nach Prag zurückzukehren. Dort hielt er sich im Haus zur Schwarzen Rose, zur gleichen Zeit wie der dt. Hussit →Nikolaus v. Dresden, dessen Gesinnungsgenosse er wurde. 1417 von dem Weihbf. Hermann Schwab v. Mindelheim auf Druck des böhm. Magnaten Čeněk v. Wartenberg gemeinsam mit anderen Hussiten zum Priester geweiht, predigte er in Prag und Südböhmen. Seit Beginn des Jahres 1424 zog er predigend und lehrend über Prag, das Vogtland, Franken an den Oberrhein bis nach Basel, von hier nach Brabant und wieder rheinaufwärts nach Speyer, Weinsberg und Heilbronn, wo er Anfang 1425 ergriffen und dem Wormser Bf. überstellt wurde, der ihm, auch auf Wunsch des Pfgf.en, von Magistern der Heidelberger Univ. als hussit. Ketzer den Prozeß machen und ihn verbrennen ließ. Das gleiche Schicksal erlitt wenig später, am 11. Juni 1425, sein Gefährte Peter Turnau, während sein Diener Martin Borchard abschwor und begnadigt wurde. A. Patschovsky

Lit.: H. HEIMPEL, Drei Inquisitions-Verfahren aus dem Jahre 1425. Akten der Prozesse gegen die dt. Hussiten J.D. und Peter Turnau sowie gegen D.s Diener Martin Borchard, 1969 – K.-V. SELGE, Heidelberger Ketzerprozesse in der Frühzeit der hussit. Revolution, ZKG 82, 1971, 167–202.

98. J. Dumbleton, Mag. art., Bacc. theol., Naturphilosoph des Merton College (→Mertonschule) in →Oxford, als dessen *fellow* 1338 und noch 1347/48 belegt, Autor der »Summa Logicae et Philosophiae Naturalis«, die in mindestens 20 Hss. überliefert ist, sowie das »Compendium Sex Conclusionum (Expositio capituli quarti Bradwardini De proportionibus)«. – Die »Summa« ist das einzige umfassende naturphilosoph. Werk aus dem →Bradwardines, →Heytesburys und Richard Swinesheads. Es zeigt Bradwardins Einfluß in d. Theorie der Verhältnisse von Geschwindigkeiten in Bewegungen sowie die Einflüsse von →Johannes Duns Scotus und →Wilhelm v. Ockham bei ontolog. Problemen wie der Natur der →latitudines formarum und der →Bewegung. Die »Summa« ist repräsentativ für die logische, math. und naturphilosoph. Ansätze verbindende Tradition der Oxforder Calculatores.   E. Sylla

Lit.: BRUO I, 603 – DSB VII, 116f. [Lit.] – M. Clagett, The Science of Mechanics in the MA, 1959, 305–325 – J. A. Weisheipl, The Place of J. D. in the Merton School, Isis 50, 1959, 439–454 – Ders., Ockham and Some Mertonians, MSt 30, 1968, 199–207 – Ders., Repertorium Mertonense, MSt 31, 1969, 210f. [Hss.] – E. Sylla, The Oxford Calculators and the Mathematics of Motion [Phil. Diss. Harvard Univ., 1970] [vgl. bes. App. A] – s. a. →Latitudines formarum, →Mertonschule.

99. J. Duns Scotus OFM, scholast. Theologe und Philosoph, * 1265 oder 1266 vermutl. in Duns (Gft. Berwick), † 8. Nov. 1308 in Köln.

[1] *Leben:* Nach dem Eintritt in den Franziskanerorden studierte J. in Oxford und Paris Theologie, um anschließend – möglicherweise in Cambridge – über die Sentenzen des →Petrus Lombardus zu lesen. Ab 1302 hielt er sich in Paris auf, wo er erneut über dieselben Sentenzen las. Als er sich weigerte, ein gegen den Papst gerichtetes Dokument zu unterschreiben, mußte er Paris für einige Zeit verlassen; nach seiner Rückkehr 1304 wurde er zum mag. regens ernannt, 1307 ging er für seinen Orden in der Funktion eines lector principalis nach Köln, wo er starb.

[2] *Werke:* Als echt gelten: 1. Komm. zu den Sentenzen des Petrus Lombardus: »Ordinatio« (in älteren Ausg. »Opus Oxoniense«); Vorlesungsnachschr. »Lectura« und »Reportationes«; 2. Komm. zu Aristoteles: Kategorienschr., Lehre vom Satz, Sophist. Widerlegungen, Metaphysik, Über die Seele, Komm. zur Isagoge des Porphyrius; 3. Quodlibetum und einige Collationes; 4. Traktate: »Tractatus de primo principio«; »Theoremata«.

[3] *Lehre:* J. ist Philosoph und Theologe zugleich, wie dies bei den meisten Scholastikern der Fall ist. Zwar läßt er immer wieder Skepsis gegen 'die Philosophen' erkennen; dennoch kommt auch er zur Durchführung seiner theol. Anliegen nicht ohne philos. Spekulationen aus. Dies zeigt sich zunächst an seinem Seinsbegriff. Theologie bedeutet »Rede von Gott« und ist als solche nur mögl., wenn der Begriff des Seienden (ens) auf das unendl. Sein Gottes und das endl. Sein der Welt gleichermaßen anwendbar ist. Dies führt ihn in Abweichung von der Position des Thomas v. Aquin zur Lehre von der Univokation des Seins. Zwar lehnt auch er die Analogielehre nicht einfach ab, jedoch sind für ihn analoge Aussagen nur auf der Basis eines eindeutigen Begriffsfundaments mögl. Hätte der Begriff des 'ens' nicht einen eindeutigen (univoken) Inhalt, so wäre die Aussage »Gott ist das Sein« für uns sinnlos und unverständl.

Dies gilt prinzipiell für alle göttl. Vollkommenheiten. Den kognitiven Aufstieg zu Gott beschreibt J. wie folgt: 1. Die Betrachtung versteift sich auf die inneren Formgestalt (ratio formalis) einer Sache zu. 2. Man abstrahiert von der ratio formalis jede Unvollkommenheit. 3. Man denkt die ratio formalis im Modus der höchsten Vollkommenheit. 4. Die ratio formalis im Modus der höchsten Vollkommenheit wird auf Gott appliziert. Schon daraus ergibt sich der Zusammenhang der Univokationsthese mit einer anderen scot. Lehre: der von der distinctio formalis. Zu dieser Lehre wird J. durch die Auseinandersetzungen um die Trinitätslehre, also wieder durch ein theol. Problem, inspiriert. Die Kernfrage betrifft die Vereinbarkeit der Dreiheit der göttl. Personen mit der Einheit des göttl. Wesens. Leugnet man jegl. objektive Unterscheidung zw.

Wesen und Personen, so gerät man in die Nähe der Dreigötterlehre (Tritheismus), nimmt man auf der anderen Seite einen realen Unterschied an, so hat man unversehens eine Vierheit (Quaternität) statt eine Dreiheit. In diesem Zusammenhang entwirft J. seine Lehre von der distinctio formalis, die zw. distinctio realis und distinctio rationis angesiedelt ist und die Unterscheidung zw. den göttl. Personen und dem göttl. Wesen bezeichnen soll. Mit der distinctio formalis ist eine formal-washeitl. Unterscheidung gemeint, die zwar Anspruch auf Objektivität besitzt, ohne indessen etwas über das reale Verhältnis der formal unterschiedenen Glieder aussagen zu wollen. Der formale Unterschied besteht darin, daß Vater, Sohn und Hl. Geist als Personen nicht mitteilbar (inkommunikabel) sind, während das göttl. Wesen an eben die drei göttl. Personen mitgeteilt wird. Das Kommunikable und Inkommunikable sind aber als solche nicht ident., d. h. sie sind formal verschieden.

Außer dem Sein sind von Gott noch andere Vollkommenheiten aussagbar, wie etwa Weisheit, Güte, Allmacht, Verstehen, Wollen usw. Auch für diese gelten das Univokationsprinzip und die Formalunterscheidung. Sagt man von Gott aus, er sei weise, so ist diese Aussage nur auf der Basis eines in Relation zum ird. Bereich univoken Begriffs sinnvoll, und aufgrund dieser Univokation ist der Begriff der Weisheit etwa verschieden von dem der Allmacht, so daß eine formale Verschiedenheit auch für das wechselseitige Verhältnis der göttl. Vollkommenheit gilt. Natürl. ist mit der Lehre von der Univokation des Seins und der Vollkommenheiten keine Identität zw. Endlichem und Unendlichem beabsichtigt. Die Unendlichkeit ist ein Modus des Seins ebenso wie jeder anderen Vollkommenheit und schließt so jede reale Identität mit dem Modus der Endlichen, Unvollkommenen aus. Man kann die Wahrung der Gegensätzlichkeit zw. Unendlichem und Endlichem sogar als das Kernstück der scot. Theologie und Philos. bezeichnen. Daraus resultiert nicht nur ein Ernstnehmen der Unendlichkeit Gottes, sondern auch ein Ernstnehmen des endl., geschöpfl. Seins. Der Gedanke der Endlichkeit und damit der Kontingenz des geschaffenen Seins kehrt in verschiedenen Variationen bei J. immer wieder. Das Kontingente ist das Nicht-Notwendige, dasjenige also, dessen Gegenteil ebensogut existieren könnte. Was an kontingentem Sein tatsächl. zur Existenz gelangt, ist ganz in den Willen Gottes gestellt. Bevor man daraus einen metaphys. Voluntarismus ableitet, ist allerdings zu bedenken, daß J. zw. einer potentia Dei absoluta und einer potentia Dei ordinata unterscheidet. Erstere ist nur durch die log. Gesetze, d. h. gar nicht begrenzt, letztere bezieht sich auf das tatsächl. Geschaffene, welches aus dem freien Willen Gottes hervorgegangen ist. Auch für J. ist also die Stimmigkeit, die innere Struktur des geschaffenen Seins durch log. Prinzipien bestimmt und insofern keineswegs willkürlich.

Daraus ergeben sich auch bestimmte theol. Konsequenzen, z. B. für die Rechtfertigungslehre. Da das geschaffene Sein eo ipso kontingent ist, kann es nie den göttl. Willen zu etwas zwingen. Dies gilt auch für den verdienstl. Akt des Menschen, der auf seiner Seite den freien Willen und den Gnadenstand, zusätzl. aber die Annahme durch den göttl. Willen erfordert, die theoret. auch verweigert werden kann. Die tatsächl. Offenbarung lehrt uns jedoch, daß Gott die verdienstl. Handlungen eines Menschen auch als solche anerkennt.

Mit der Hervorhebung der Endlichkeit des geschaffenen Seins kommt ein spezif. franziskan. Moment bei J. zur Geltung: die Liebe zur Schöpfung, die sich bei ihm freil.

nicht wie bei dem Gründer des Ordens in einem 'Sonnengesang' niederschlägt, sondern in der Lehre von der →'haecceitas'. Ihren Ursprung hat dieser Begriff in der scot. Auseinandersetzung mit der traditionellen »Ideenlehre«, die er umbildet und erweitert bis zum Einschluß der direkten Idee des Individuums. Daraus folgert J., daß die Wesensmerkmale des geschaffenen Seins nicht nur die allgemeine Artwesenheit betreffen, sondern eine weitere, darüber hinausgehende entitas positiva, die er durch den Terminus 'haecceitas' bezeichnet. Diese setzt, ohne selbst Wesenheit zu sein, doch gleichsam die klass. 'arbor Porphyriana' nach 'unten' hin fort, schließt also auch individuelles Sein ein, welches auf diese Weise essentialisiert und damit aufgewertet wird. Mit dem Begriff und der Stellung der haecceitas ist auch die Ablehnung der an Aristoteles orientierten klass. Fassung des Individuationsprinzips verbunden; diese setzt die 'materia signata quantitate' als Prinzip des individuellen Seins an, während J. der qualitativ bestimmten 'entitas positiva' der haecceitas diese Funktion zuerkennt. Dies ist für ihn auch aus theol. Gründen erforderl., da sich die göttl. Vorsehung nicht auf die Artwesenheiten, sondern auf Individuen richtet, die folgl. ein qualitatives Plus gegenüber der allg. Art aufweisen müssen.

Die spezif. franziskan. Geistigkeit bei der Bewertung der Schöpfung zeigt sich bei J. auch in einigen Besonderheiten seiner Christologie. Dazu gehört z. B. die absolute Praedestination des Gottmenschen, welche besagt, daß die Inkarnation um der Krönung der Schöpfung willen sich auch ohne den Sündenfall der ersten Menschen ereignet hätte. Sie zeigt sich weiterhin in der eigenartigen Lehre von dem mit der doppelten Natur gegebenen doppelten esse existentiae in Christus, die nur dadurch akzeptabel wird, daß J. generell dem esse existentiae eine mindere Bedeutung zuerkennt als etwa Thomas v. Aquin. Für J. besteht zw. Wesenheit und Dasein nur ein modaler, nicht aber ein realer Unterschied, so daß für ihn mit der Doppelung des esse existentiae in Christus ebensowenig eine Zweiheit des Existierenden verbunden ist wie mit der Zweiheit der Wiss.en eine Aufspaltung des Wissenden. Eine Doppelung der Personen ist mit diesem zwiefachen esse existentiae gleichfalls nicht gegeben. Für J. stellt die Personalität keine positive Seiendheit dar, sie wird vielmehr durch den bloß negativen Begriff der Inkommunikabilität (Nicht-Mitteilbarkeit) bestimmt: die Person als solche ist weder wie die Form der Materie noch wie das Allgemeine dem Einzelnen mitteilbar, so daß mit der Personalität als solcher über die mit der singularitas ohnehin gegebene 'entitas positiva' keine neue positive Bestimmtheit gesetzt ist. Dieser Personbegriff hilft J. zu verstehen, wie Christus die mit der Doppelung der Naturen gegebene doppelte 'entitas positiva' annehmen kann, ohne dabei die eigene Persönlichkeit in zwei Personen aufspalten zu müssen. In den Umkreis der Christologie gehört schließl. auch die Lehre von der Vorerlösung (praeredemptio) in Gestalt der Unbefleckten Empfängnis Mariens, die zur Vollkommenheit des Erlösungswerks gehört. Diese Lehre hat maßgebl. noch das Dogma von 1854 beeinflußt und J. neben dem Beinamen eines 'doctor subtilis' den des 'doctor Marianus' eingetragen.

Im Denken des J. erreicht die Differenzierungs- und Argumentationskunst der Scholastik ihren Höhepunkt. Immer wieder setzt er sich ausführl. mit gegner. Meinungen auseinander, so daß aus in seinen Schr. fast das gesamte zeitgenöss. Lehrspektrum begegnet. Mit dieser krit.-analyt. Tendenz seines Denkens hängt es freil. auch zusammen, daß er seine Thesen nicht in einem System gebündelt und nach Art der »Summa Theologiae« zusammengefaßt hat. H.-J. Werner

Ed.: J.D.S.: Opera omnia ..., ed. L. WADDING, 12 Bde, Lyon 1639 [Neudr. 1968] – Opera omnia, ed. C. BALIC, 1950ff. [Ed. Vaticana, bisher erschienen: T.e der Ordinatio, Lectura] – Cuestiones cuodlibetales, ed. F. ALLUNTIS, 1963 [mit span. Übers.] – J.is D. S.i Tractatus de primo principio, ed W. KLUXEN, 1974 [mit dt. Übers.] – Bibliogr.: O. SCHÄFER, Bibliogr. de vita, operibus et doctrina J.is D. S.i saec. 19-20, 1955 – Lit.: P. MINGES, J.is D. Scoti doctrina philosophica et theologica, 2 Bde, 1930 – W. DETTLOFF, Die Lehre von der acceptio divina bei J.D.S. ..., Franziskan. Forsch. H. 10, 1954 – C. BALIC, Disquisitio historico-critica, 1959, 141-154 [Ed. Vaticana, Bd. I] – E. GILSON, J.D.S. Einf. in die Grundgedanken seiner Lehre, 1959 – W. HOERES, Der Wille als reine Vollkommenheit nach D.S., 1962 – E. WÖLFEL, Seinsstruktur und Trinitätsproblem. Unters. zur Grundlegung der natürl. Theologie bei J.D.S., 1965 – FR. WETTER, Die Trinitätslehre des J.D.S., 1967 – H.-J. WERNER, Die Ermöglichung der endl. Seins nach J.D.S., 1974 – L. HONNEFELDER, Ens inquantum ens. Der Begriff des Seienden als solchen als Gegenstand der Metaphysik nach der Lehre des J.D.S., 1979.

100. J. v. Ephesos ('v. Asien'), syr. Kirchenhistoriker, * ca. 507 in der Nähe von Amid (Diyarbakir), Mönch im dortigen Kl. des hl. Johannes, als Monophysit vertrieben, † ca. 585; ab etwa 535 Aufenthalt in Konstantinopel, von Ks. Justinian gefördert, monophysit. Bf. v. Ephesos, ab 571 verfolgt. Werke: »Gesch. der oriental. Seligen« (um 566/567; Lebensbilder monophysit. Mönche des Johanneskl. in Diyarbakir, hervorragende Q. für die Gesch. des mesopotam. Mönchtums und des dortigen profanen Lebens; ed. E. W. BROOKS, POr 17/1; 18/4; 19/2, 1923/25); »Kirchengesch.« (3 T.e; ed. DERS., CSCO 105 [Text], 106 [Übers.], 1935), 1.T.: von den Anfängen bis 499 (verloren); 2. T.: bis ca. 570 (z. T. erhalten in der Chronik des Ps.-Dionysios); 3.T. (erhalten; über die Jahre 571-585), befaßt sich v. a. mit der Gesch. des Monophysitismus und seiner Verfolgungen, bringt aber auch wichtige Nachrichten zur Profangesch. unter den Ks.n Justin II., Tiberios I. und Maurikios, über den Gassānidenfs.en al-Mundir, die Slaveneinfälle in Griechenland (581) und die Perserkriege des Ks.s Maurikios. J. Aßfalg

Lit.: LThK² V, 1030 – I. ORTIZ DE URBINA, Patrologia Syriaca, 1965², 166f. – Kindlers Lit.-Lexikon IV, 1968, 816-818 – J. KARAYANNOPULOS – G. WEISS, Q.kunde zur Gesch. von Byzanz (324-1453), 1982, 288 – Diz. Patristico e di Antichità Cristiane, II, 1984, 1568f.

101. J. v. Erfurt (J. Alamannus, J. de Saxonia, J. de Herfordia) OFM, Kanonist und Theologe, † 1340/50 (?); 1275 als Lektor in Erfurt nachweisbar, ca. 1280 bis mindestens 1295 Lektor in Magdeburg; dann wieder in Erfurt. Sein Anliegen, Rechtshilfe den Beichtvätern zu leisten, führte u. a. zur »Tabula iuris utriusque« und zur mehrfach überarbeiteten »Summa Confessorum«, die originell die Rechtsmaterie nach den sieben Lastern und dem Dekalog zuordnet. J. unterstützte eine dezentrale Kirchenpolitik und eine humane Auslegung des Kirchenrechts. Er verfaßte u. a. einen Sentenzenkomm. (nach 1294) und eine Kurzfass. des »Libellus in Britonem« (um 1309). N. Brieskorn

Q.: → Bußsummen – Ed.: F. M. DELORME, Questions de Jean d'Erfurt ..., Studi francescani 31, 1934, 322-331 – J. v. E., Die Summa Confessorum, ed. N. BRIESKORN, 1981 – Lit.: Verf.-Lex.² IV, 583-589 – W. TRUSEN, Forum internum und gelehrtes Recht im SpätMA, ZRGKanAbt 57, 1971, 83-126.

102. J. Exarcha, bulg. kirchl. Schriftsteller und Übersetzer, Priester und Exarch in Bulgarien, 2. Hälfte des 9. Jh.-ca. 930. Vor 893 entstand seine unter dem Titel »Bogoslavie« bzw. »Nebesa« bekannte Übers. des »Πηγὴ γνώσεως« des → Johannes v. Damaskos in einer verkürzten Fassung. Aus Basileios v. Kaisareia (→Basilius), →Theodoretos v. Kyrrhos sowie aus →Severianos v. Gabala schöpft die dem späteren bulg. Zaren Symeon gewidmete kompilative Darlegung der Weltschöpfung »Šestodnev« (Hexaemeron). Sein homilet. Werk, das noch nicht endgültig gesichtet ist, umfaßt z. T. Umarbeitungen griech. Kanzelreden. Ch. Hannick

Ed.: R. AITZETMÜLLER, Das Hexaemeron des E. J., I–VI, 1958–71 [bulg. Übers. N. KOČEV, 1981] – L. SADNIK, Des hl. Johannes v. Damaskus »Ἔκθεσις ἀκριβὴς τῆς ὀρθοδόξον πίστεως« in der Übers. des E. J., I–IV, 1967–83 – D. IVANOVA-MIRČEVA, Joan Ekzarch bŭlgarski Slova I, 1971 – Lit.: BLGS II, 271f. – A. LÄGREID, Der rhetor. Stil im Šestodnev des E. J., 1965 – H. KEIPERT, Ein neues Werk J. des Exarchen?, ZslPh 37, 1974, 356–370 – Rečnik na bŭlgarskata lit. II, 1977, 128–131 [I. DUJČEV] – Zlatý věk bulharského písmnictví, ed. V. BECHYŇOVÁ-Z. HAUPTOVÁ, 1982, 109–130.

103. J. Faventinus, bedeutender Dekretist, kompilierte um 1171 aus den Summen von → Rufinus und → Stephan v. Tournai eine Summe zum Dekret Gratians, mit 53 heute noch bekannten Hss. das am besten überlieferte eigenständige Werk der → Dekretistik. Seine zahlreichen, gut überl. und später häufig zitierten Glossen zum Dekret (Sigle Jo.) sind erst nach der Summe verfaßt und allegieren noch keine → Dekretalen. Er ist möglicherweise ident. mit dem in 1164 und 1174 in Faenza und 1177 in Forlì belegten Kanoniker mag. Johannes und dem Bf. Johannes v. Faenza (1177–90; nach der »Summa Reginensis« Rechtsberater von Papst Urban III.), der auf dem Kreuzzug den Tod fand. N. Höhl

Lit.: KUTTNER, II, 143–146 u. ö. – R. WEIGAND, Die Glossen des J. F. zur Causa I des Dekrets und ihr Vorkommen in späteren Glossenapparaten, AKKR 157, 1988, 73–107 – N. HÖHL, Die Glossen des J. F. zur Pars I des Decretum Gratiani (Forsch. zur Kirchenrechtswiss. 10, 1991) – DERS., Wer war J. F.? ... (MIC C 9) [im Dr.; Lit.].

104. J. v. Fécamp OSB (Beiname: Johannelinus, wegen Kleinwüchsigkeit), Abt v. → Fécamp 1028–78, † 22. Febr. 1078 ebd., stammte aus der Gegend von Ravenna, hochgebildet mit reichen Kenntnissen; Mönch in St-Bénigne de Dijon, Lieblingsschüler, aber nicht Verwandter des Abtes → Wilhelm v. Volpiano. In Fécamp war J. Mönch und seit ca. 1027 Prior, auf Drängen Hzg. Richards II. v. der Normandie wurde er 1028 von Wilhelm als Nachfolger eingesetzt. Nach der Wahl Abt Halinards v. St-Bénigne zum Ebf. v. Lyon (1046) wurde J. dessen Stellvertreter. Spätestens nach dem Tod Halinards in St-Bénigne, verließ er 1054 aus unbekannten Gründen diese Abtei und beschränkte sich auf Leitung Fécamps und der von Fécamp abhängigen Kl. Konsequent verteidigte er die Exemtionsrechte von Fécamp und baute, gestützt auf die Hzg.e, den Besitzstand von Fécamp aus. In einer Reihe von Schr. (Hauptwerk: »Confessio theologica«) befaßte er sich unter dem Einfluß von Augustinus und der Eremiten Oberitaliens mit Christusverehrung, Gotteserkenntnis und -lob. In enger Beziehung stand er zu Ksn. Agnes, der er seinen »Libellus de scripturis et verbis patrum« widmete. Die allg. übl. Bezeichnung 'J. Dalye' (d'Alie) beruht ebenso auf einem Irrtum wie sein angebl. Abbatiat in Erstein. N. Bulst

Ed. und Lit.: DSAM VII, 509–511 – TRE XVII, 132–134 – J. LECLERCQ – J. P. BONNES, Un maître de la vie spirituelle au XIe s. Jean de F., 1946 – N. BULST, Unters. zu den Kl. reformen Wilhelms v. Dijon ..., 1973 – DERS., Zu den Anfängen fruttuar. Consuetudines im Reich, DA 29, 1973, 558–561.

105. J. Firmanus (de Alvernia), sel., * 1259, † 9. Aug. 1322 La Verna. Von seiner Familie zum Kanoniker der Kathedrale v. Fermo (Marken) bestimmt, zeigte J. bereits früh starke Neigung zu Armut und Askese und trat daher bald in den → Franziskanerorden ein. Seiner eremit. Berufung folgend, vielleicht auch, um sich dem Konflikt zw. Konventualen und Spiritualen im Inneren des Ordens zu entziehen, begab sich J. auf den Berg La Verna, wo er etwa 40 Jahre zubrachte. Infolge seines zutiefst gotterfüllten und an Visionen reichen Lebens und seiner Verbindung mit → Jacopone da Todi betrachteten ihn die Spiritualen als ihnen nahestehend; J. sind einige Kap. der Fioretti gewidmet; einige kurze myst.-aszet. Schriften werden ihm zugeschrieben. G. Barone

Q. und Lit.: AASS Aug. 2, 459–474 – L. OLIGER, Verba fratris J. de A., Stud. Francesc. 1, 1914, 312–315 – Bibl.SS VI, 919–921 – DSAM VIII, 782–784 – Wb. der Mystik, 1989, 275–276.

106. J. Folsham (Folshamus) OCarm, Dr. theol. Cambridge, von 1342 bis zum Tode am 18. April 1348 Provinzial in Norwich. Neben 8 theol. Schriften (Bibl. Carmel. Nr. 194), darunter einer Predigtlehre und ein Joh. Chrysostomos-Florilegium, wird ihm ein »Moralitatum liber« zugeschrieben. Bereits TANNER hat ihm die erhaltene anonyme und prologlose Enzyklopädie (Inc.: Triplex est esse; Expl.: pars acuta (sc. cordis) declinat ad inferius pectoris) zugeschrieben (Cambridge, Trinity Coll., Cod. R. 15.13, 14. Jh., 633 pp. mit Zusätzen und Nachträgen bis 637 von anderer Hand; Rom, Cod. Vat. Urbinas 1378, 15. Jh., f. 1–159^v). Das Inhaltsverzeichnis (f. II^r) des Cod. 221, 14. Jh., f. 2–53^v des Corpus Christi Coll., Oxford, bezeichnet den Text als »Liber de naturis rerum abreuiatus«. Exzerpte über astronom., meteorolog. »Mirabilia terre« und einige der Heilkräuter sind in die »Visio abbreviata« des Thomas v. Cantimpré integriert (Bernkastel, Cod. Cus. 203, 2. H. 13. Jh.?, 78^v–84^v; vgl. Oxford, Bibl. Bodleiana, Cod. Canon. misc. 356, v. J. 1311, f. 107^r–112^v). Im Text gen. Q. sind u. a. Aristoteles, Isidor, Galen, Plinius, arab. Autoren der Astronomie und Medizin. Bes. häufig ist »De naturis rerum« von Alexander Neckam benutzt, nach dessen Schema auf das Geschehen im und am Himmel die Elemente Feuer, Luft, Wasser und Erde (mit Erdbeben, Steinen, Pflanzen, Vögeln, Fischen, Schlangen, Vierfüßern und dem Menschen) behandelt werden. Ein Vergleich der Bienen mit den Dominikanern (Ms. Cambridge, p. 450) bedeutet wegen des guten Verhältnisses beider Kongregationen im 14. Jh. nicht unbedingt Zugehörigkeit des Autors zu diesem Orden. Eine krit. Edition und Analyse sind ein Desiderat. Ch. Hünemörder

Lit.: Bibliotheca Carmelitana, t. I, 1752 [1927] – TH. TANNER, Bibliotheca Britannico-Hibernica, 1748 – THORNDIKE-KIBRE, 1589.

107. J. v. Freiburg (J. Rumsik) OP, Kanonist, * ca. 1250 in Haslach/Kinzigtal, † 10. März 1314 in Freiburg i. Br.; Stud. der Theologie und des kanon. Rechts, Schüler → Ulrichs v. Straßburg, Aufenthalt in Paris, aber wohl nicht in Bologna. Ab 1280 Prior und Lektor im Dominikanerkonvent Freiburg. Er führte Anliegen und Werk → Raimunds de Peñafort weiter, röm. und kanon. Recht den Beichtvätern zu vermitteln. Wichtige Werke: »Registrum« zur Erschließung der Summe Peñaforts, »Libellus de quaestionibus casualibus« (nach 1280) und »Summa Confessorum« (1280–98) mit starker kasuist. Stoffbehandlung, der Moraltheologie des → Thomas v. Aquin verpflichtet. Die »Summa« erfuhr lat. und volkssprachl. Bearbeitungen, so als Rechtssumme Bruder Bertholds; zahlreiche Drucke. N. Brieskorn

Ed. und Lit.: → Bußsumme – DDC VI, 103–105 – Verf.-Lex.^{2} IV, 605–611 – Die »Rechtssumme« Bruder Bertholds, hg. M. HAMM – H. ULMSCHNEIDER (Unters. I., 1980).

108. J. Galensis, bedeutender Dekretalist des 13. Jh. aus Wales (weitere Lebensdaten unbekannt), verfaßte 1210–12 die in der Schule von Bologna als Compilatio II rezipierte Dekretalenslg. mit vorinnozentian. Material hauptsächl. aus den Slg.en des →Gilbertus und →Alanus Anglicus; er glossierte die Compilatio II und III auch selbst.

N. Höhl

Lit.: KUTTNER, 345–354 – F. GILLMANN, J.G. als Glossator, insbes. der Compilatio III, AKKR 105, 1925, 488–565 – DERS., Des J.G. Apparat zur Compilatio III in der Univ.bibl. Erlangen, AKKR 118, 1938, 174–222 – R. v. HECKEL, Die Dekretalenslg.en des Gilbertus und Alanus nach den Weingartener Hss., ZRGKanAbt 29, 1940, 173f.

109. J. Gallensis (Guallensis, Vallensis, John of Wales) OFM, Homiletiker, 'Kompilator', Lektor 1259–62 in Oxford, bis zu seinem Tod im April 1285 in Paris. – Wohl in Oxford schrieb J. zunächst Komm. zu Joh und Mt, ferner Collationes zu Joh. Sein kleines Werk »Breviloquium de virtutibus antiquorum« (mind. 151 Hss.), eine klar gegliederte, stilist. einfache Darstellung der vier Kardinaltugenden anhand zahlreicher Exzerpte (→Dicta, →Exempla) aus antiker moral. Lit. (Q.: u. a. →Vinzenz v. Beauvais, →Johannes v. Salisbury, →Moralium dogma philosophorum) wurde in ganz Europa gelesen und in viele Nationalsprachen übersetzt. Weitere, in Anlage und Kompilationsweise ähnliche 'loquia' folgten: »Communiloquium« (Hauptwerk; 144 Hss.), eine das gesamte Gesellschaft, gradus, status, officia umfassende Unterweisungslehre und Stoffslg. für Prediger: »Compendiloquium« (27 Hss.), das die antike Philos. erschließt; »Breviloquium de sapientia sanctorum« (23 Hss.). Weitere Schr.: »Ordinarium vite religiose« (44 Hss.), »Ars praedicandi« (30 Hss.), »Legiloquium«, »Moniloquium«, »Postilla in Apoc.«, Predigten, usw. – J.' Ziel war die Unterweisung in chr. Lebensführung und die Disposition des hierfür nützl. Materials; die Werke, in denen er moral. Gut aus antiker Lit. heranzieht, erlangten eine vom späten 13. Jh. (→Thomas de Hibernia, Liber de vita et moribus philosophorum [→Walter Burley, Ps.], usw.) bis zum Ende des MA reichende, erst z. T. gewürdigte Bedeutung für das Geistesleben Europas.

E. Rauner

Lit.: Incipits of Lat. Works on the Virtues and Vices..., 1979, hg. M. W. BLOOMFIELD ET ALII, 1979 [Autorenregister: J.G., J. Guallensis] – P. L. SCHMIDT, Das »Compendiloquium« des J. Vallensis... (Fschr. FORSTER, 1982), 109–123 – G. PIAIA, Vestigia philosophorum, 1983 [Register] – J. SWANSON, J. of Wales, 1989 [Lit., hs. Überlieferung].

110. J. de Garlandia, J. Anglicus, * in England, vielleicht um 1195, † wohl nach 1272. Lehrer, Dichter und didakt. Schriftsteller. Studium in Oxford, seit vor 1220 Lehrer in Paris (Clos de Garlande), 1229–32 in Toulouse. Seine meist in metr. Versen verf. Lehrschr. v. a. zur Grammatik und Rhetorik fanden bis zum Ende des MA Verbreitung. Werke: (1) Dictionarius und (2) Commentarius (Wortgut aus dem Alltag der Studenten und der Edlen, auch Musik und Musikinstrumente); zur Grammatik: (3) Compendium grammaticale (4000 Hexameter), (4) Clavis compendii, (5) Ars lectoria ecclesie sive Accentuarium (J. tadelt u. a. den Rückgang des Studiums der →Auctores). In der (6) Parisiana Poetria, einer umfassenden Stil- und Dichtungslehre, ist der Einfluß der Artes dictandi zu erkennen. Die (7) Integumenta Ovidii geben eine allegor. Deutung der Metamorphosen (→Integumentum). (8) De mysteriis ecclesie erklärt die Symbolik des Kirchengebäudes und des Kultus. Die eher lit. Werke sind v. a. der Verehrung Mariae gewidmet: (9) Epithalamium BMV (6000 Verse); (10) Miracula BMV oder Stella maris (195 Stabat-mater-Str. über 60 Marienwunder). (11) De triumphis ecclesie (Epos in Distichen über die Kreuzzüge). (12) Morale scolarium (buntgemischtes krit. und mahnendes Werk über Studien und Alltag, Tischsitten, Arme und Reiche, Ks. und Rom usw.). Bei vielen Werken ist die Autorschaft ungesichert. (13) Exempla honeste vite (Suppl. zur Poetria, wohl von J. selbst). (14) Unum omnium (lexikograph.). Sehr verbreitet waren (15) Synonyma und (16) Equivoca, (17) Verba deponentia und v. a. (18) Distigium sive Cornutus, 21 hexametr. Distichen mit bes. schwierigen Wörtern. In über 100 Hss. ist die (19) Summa penitenie ('Peniteas cito...') erhalten. (20) Memoriale (med. Werk). – Als Verf. der musiktheoret. Schr. (21) De plana musica und (22) De mensurabili musica galt J. de G. zu seiner Zeit als Autorität neben →Franco; REIMER (s. Ed.) nimmt, wohl unnötigerweise, einen anderen, gleichzeitigen J. ('Gallicus' bei →Hieronymus v. Moravia) an. – Eine Reihe von Gedichten läuft unter dem Namen des J., er selbst sagt, daß er einen (23) Conductus auf Toulouse verfaßt habe. Andere von J. gen. Werke sind nicht identifiziert.

G. Bernt

Ed.: RIEMANN, s. v. Garlandia – NEW GROVE IX, 662–664 – Viele Werke liegen nur hs. oder in Frühdr. vor; vgl. WORSTBROCK – (1) B. B. RUBIN, The Dictionarius of John de Garlande, 1981 – (6) The Parisiana Poetria of John of Garland, hg. T. LAWLER, 1974 – (7) Giovanni di G., Integumenta Ovidii, hg. F. GHISALBERTI, 1933 – (8) F. W. OTTO, Commentarii critici in codd. bibl. acad. Giessensis, 1842, 131–151 – (10) The Stella maris of John of Garland, ed. E. F. WILSON, 1946 – (11) J. is de G. de triumphis ecclesie libri octo, hg. TH. WRIGHT, 1856 – (12) Morale scolarium of John of Garland, ed. L. J. PAETOW, 1927 – (13) Die exempla honestae vitae des J., hg. E. HABEL, RF 29, 1911, 131–154 – (15) Die Synonyma des J. de G., hg. M. KURZ, Jb. des K.K. Staatsgymnasiums im IX. Bez. in Wien 1884/85 – (18) E. HABEL, Der Deutsche Cornutus, 1.T.: Der Cornutus des J., 23–28 – (22) E. REIMER, J. de mensurabili musica, 1972 – (23) vgl. PAETOW 4549 – Lit.: Verf.-Lex.² IV, 612–623 [F. J. WORSTBROCK] – PAETOW (s. Ed.) [grundlegend] – WALTHER, 1167 [Register] – L. BURSILL-HALL, Historia Linguistica 3, 1979, 77–86; 6, 1979, 77–86 [Hss. der grammat. Werke] – A. SAIANI, L'Epithalamium B. Marie V. di Giovanni di G. fra Alano e Dante, 1980 – M. HAAS (H. H. EGGEBRECHT u. a., Die ma. Lehre von der Mehrstimmigkeit, 1984 [= Gesch. der Musiktheorie 5], 371 [Register]).

111. J. Garsias →Johannes Hispanus [2], [6].

112. J. v. Gaza, griech. Autor des 6. Jh. Erhalten sind die mehr kunst- und geistesgesch. als lit. bedeutsame Beschreibung eines Kuppelgemäldes in Gaza oder Antiocheia mit einer allegor. Darstellung des Kosmos in 2 Büchern (360 bzw. 344 Hexameter mit 25 bzw. 4 einleitenden Iamben) sowie 6 anakreont. Gedichte.

J. Gruber

Ed.: TH. BERGK, Poetae lyrici Graeci 3, 1882⁴, 342–346 – P. FRIEDLÄNDER, J.v. G. und Paulus Silentiarius, 1912 – Lit.: Kl. PAULY II, 1430 – RE IX, 1747f. – C. CUPANE, Il Κοσμικός Πίναξ di Giovanni di G., JÖB 28, 1979, 195–207 [Lit.].

113. J. Gielemans, Hagiograph, * 1427, † 1487 (?), Augustinerchorherr im Priorat Rouge-Cloître bei Brüssel, dessen Subprior er von einem unbekannten Zeitpunkt an bis zu seinem Tode war. Tätig als Kopist zahlreicher Hss., v. a. aber als Kompilator hagiograph. und historiograph. Werke; zu nennen sind (in chronolog. Reihenfolge): »Sanctilogium« (4 Bde; B. III datiert 1479) mit mehr als 1000 Hl.enlegenden, die bis dahin umfangreichste hagiograph. Slg. überhaupt; »Hagiologium Brabantinorum« (vollendet vor 1485); »Novale Sanctorum«, »Historiologium« (1486–87). In diesen Kompilationen durchdringen von G. verfaßte und von ihm bloß abgeschriebene Passagen einander auf unentwirrbare Weise. G. Philippart

Ed.: Anecdota ex codicibus hagiographicis I. Gielemans, 1895 [Ausz.] – BHL, Nova Suppl. [separat ed. Legenden, s. v. Ind.] – Lit.: Anal Boll 14, 1895, 6–88 – G. PHILIPPART, Les légendiers lat. (TS fasc. 24–25, 1977), 37, 111.

114. J. v. Glogau (Familienname: Schelling), * um 1445, † 11. Febr. 1507, ○ Krakau; bedeutender Astronom und Astrologe, seit 1462 Student, Baccalarius und Mag. art. an der Univ. in →Krakau; seit 1468 dort Professor, 1497–98 Aufenthalt an der Univ. in Wien; verfaßte eine

Vielzahl von Traktaten, Dissertationen und Lehrbüchern zur Philosophie, Mathematik, Logik, Astronomie mit Astrologie, Geographie und Historie. Er kommentierte v. a. die Werke von →Aristoteles, →Johannes de Sacrobosco, Johannes →Regiomontanus und Petrus Hispanus (→Johannes XXI.) sowie die Kosmographie des →Ptolemaios, er publizierte in Leipzig, Merseburg und Krakau. J. war Lehrer von Nikolaus →Kopernikus und Wojciech Brudzewski. G. Labuda

Lit.: SARTON III, 1707f. – PSB X, 450–452 – G. BAUCH, Dt. Scholaren in Krakau, 1901, 24f. – W. SEŃKO, Wstęp do stuium nad Janem z Głogowa, Materiały i Stud. Zakładu Historii Filozofii, 1961, Bd. 1, 9–59.

115. J. v. Gmunden, Astronom, Mathematiker und Theologe an der Univ. →Wien, * um 1380 in Gmunden am Traunsee (Oberösterreich), † 23. Febr. 1442 in Wien, las ca. 1406–09 als Wiener Mag. stipendiatus über physikal. und log. Quaestiones und wurde ans Collegium Ducale berufen. Danach wandte er sich vor allem den Problemen der Mathematik und Astronomie zu, die er 1416–25 zum Gegenstand seiner Vorlesungstätigkeit machte. Er erhielt den ersten Wiener Lehrstuhl für diese Disziplinen und bekleidete später noch andere höhere Universitätsämter. 1425–31 Kanoniker an St. Stephan, fand J. mehr Muße zu schriftsteller. und Forschungsarbeit. Ab 1431 hatte er ein einträgl. Beneficium in Laa an der Thaya (Niederösterreich) inne.

J. hat durch seine Lehrtätigkeit entscheidend dazu beigetragen, daß Wien zu einem Zentrum astron. Forschung wurde. Er war ein wichtiger Vermittler zw. →Richard v. Wallingford, dessen Werk er zum größten Teil schätzte und das er neu herausgab, und den späteren großen Astronomen wie Georg v. →Peuerbach und →Regiomontanus. J. hat sich v. a. mit astron. →Instrumenten befaßt, nicht nur mit dem Äquatorium (Albion) Richards v. Wallingford, sondern auch mit den verschiedenen Typen von Astrolabien, Sonnenuhren, Quadranten, Torqueten und Nocturnalen. Seine Schriften über astron. Instrumente sind in mehr als 100 Hss. überliefert. J. D. North

Lit.: R. KLUG, J. V. G., SAW. PH 222, 1943, 1–93 – DSB VII, 117–122 – J. D. NORTH, Richard of Wallingford, 3 vols., 1976, vol. 2, 130–248, passim.

116. J. Gobii Junior OP, frz. Herkunft, Verf. der um 1300 entstandenen, Prior Hugo de Coluberiis zu Aix-en-Provence dedizierten »Scala celi«, eines in zahlreichen Hss. und Frühdrucken (Lübeck 1476, Ulm 1480, Straßburg 1483) überlieferten Exempelbuchs für Predigt- und Erbauungszwecke. Die ca. 1000 →Exempel mit gelegentl. moral. Explikationen sind nach 125 alphabet. geordneten Überschriften (z. B.: Adulatio, Beneficium, Compassio, Deceptio, Femina, Invidia, Locutio inordinata, Murmur, Passio Christi) gegliedert. Als Q. nennt J. im Prolog u. a.: »Vitas patrum«, »Dialoge« Gregors d. Gr., »Legenda aurea« des Jacobus de Voragine, Petrus Comestor, »Speculum exemplorum« des Jacobus de Vitriaco, »Glossae super Bibliam« des Hieronymus, »Speculum maius« des Vinzenz v. Beauvais, Étienne de Bourbon, »Mariale magnum«, »Liber de vita et perfectione fratrum Praedicatorum«, »Alphabetum narrationum« des Arnoldus. Außerdem finden sich Erzählstoffe von Caesarius v. Heisterbach und Petrus Alfonsi. Unter dem Lemma 'Femina' tradiert die »Scala celi« eine Version der 'Septem Sapientes' (→Sieben Weise). F. Wagner

Lit.: EM IV, 600 – Verf.-Lex. III, 340f. – K. GOEDEKE, Liber de septem sapientibus (Orient und Occident III/1, 1864–66), 397–399 – J. KLAPPER, Sagen und Märchen des MA, Mitt. der Schles. Gesellschaft für VK X, 1908, 1–7 – J. TH. WELTER, L'Exemplum..., 1927, 319–325 – TH. KAEPPELI, Scriptores OP Medii Aevi, II, 1975, 442–446 – G. DICKE – K. GRUBMÜLLER, Die Fabeln des MA und der frühen NZ, 1987, 853.

117. J. de Grocheo (Grocheio), frz. Musiktheoretiker, um 1300. In seinem Traktat »Ars musice« beruft er sich nur beiläufig auf die Autoritäten, verwirft die Musikeinteilungen von →Boethius und beschäftigt sich mit weltl. Musik, wie er sie in Paris gehört habe. Er unterscheidet drei Musikarten: musica simplex (einstimmig, volkstüml.); m. composita (fachgerecht komponiert, mehrstimmig); und m. ecclesiastica (einstimmig, liturg.). Die volkstüml. vokale und instrumentale Musik teilt sich in Lieder und Tänze: cantus gestualis (→chanson de geste); rotundellus (→Rondeau); cantus coronatus als höchststehende Form volkssprachl. Singens gegenüber dem schlichten cantus versicularis; stantipes (→Estampie) und ductia. Der Traktat, der wichtige musikal. Hinweise gibt, blieb isoliert und ohne Nachfolge. H. Leuchtmann

Ed.: J. WOLF, Die Musiklehre des J. de G., SbIMG 1, 1889/1900 [mit dt. Übers.] – E. ROHLOFF, Der Musiktraktat des J. de G., 1943 [mit dt. Übers.] – *Lit.:* MGG – NEW GROVE – RIEMANN – H. BESSELER, Zur Ars musicae des J. de G., MF II, 1949, 72ff. – A. SEAY, J. de G.: Concerning Music, 1973² [engl. Übers.] – E. ROHLOFF, Die Q. hss. zum Musiktraktat J. de G., 1972.

118. J. Gualbertus, hl., * Anfang 11. Jh. Florenz, † 12. Juli 1073 Passignano bei Florenz. J. trat um 1030 in die florent. Abtei OSB S. Miniato ein, verließ sie jedoch auf Rat des Eremiten Teuzo rasch wieder, nachdem er die simonist. Wahl des Abtes Obertus aufgedeckt hatte. Nach kurzem Aufenthalt in →Camaldoli zog er sich mit einigen Gefährten in die Einsamkeit von Aquabella, später Vallombrosa gen., zurück, wo er 1037 auf einem von der Äbt. Itta v. S. Ellero geschenkten Gelände ein Kl. erbauen ließ. 1043 wird er urkundl. als praepositus bezeichnet, erst im Mai 1068 so als abbas. Vom ursprgl. – vielleicht dem hl. →Romuald verpflichteten – Eremitentum kehrte sich die von J. geleitete Vallombrosanergemeinschaft schließlich ab und nahm die Benediktinerregel in vollem Umfang an; in einigen Aspekten nahm sie dabei die Reform v. Cîteaux vorweg (→Zisterzienser) und zog damit die Aufmerksamkeit der Päpste und um die Reform der Kirche bemühter Persönlichkeiten wie →Humbert v. Silva Candida auf sich. Im Kampf gegen die Simonie trieb J. 1067 den florent. Populus zur Rebellion gegen Bf. Pietro Mezzabarba und entsandte Mönche und Priester nach Mailand zur Unterstützung der →Pataria gegen den simonist. Klerus. Nachdem er die Basis für die künftige Kongregation der →Vallombrosaner gelegt hatte, bestimmte J. vor seinem Tod noch seinen Nachfolger Rudolfus. G. Spinelli

Q.: ASS. Julii, 3, 365–382 – MPL 146, 671–706 – MGH SS 30/2, 1080/1110 – *Lit.:* B. QUILICI, Giovanni Gualberto e la sua riforma monastica, 1943 – S. BOESCH GAJANO, BISI 76, 1964, 99–215 – G. SPINELLI – G. ROSSI, Alle origini di Vallombrosa, 1984.

119. J. de Hauvilla, lat. Dichter, * gegen 1150, † nach 1200. Magister J., zw. 1184/85 und 1199 in Rouen nachweisbar, lehrte wohl an der Kathedralschule. Seine Poetik und carmina minora sind verloren; erhalten ist das dem Ebf. v. Rouen, Walter v. →Coutances, gewidmete Epos »Architrenius« (4361 Hexameter). Der 'Erzkläger' schildert in der Form des satir. Reiseromans die Laster und Verkehrtheiten der Welt im Kl., bei Hofe und an der Univ. (früheste Beschreibung des Pariser Studentenlebens). Die Selbsterlösung des Titelhelden erfolgt nach moral. Unterweisung durch die Göttin Natur und die Philosophen des Altertums in der allegor. Hochzeit mit der Tugend Moderantia. Das in manieriertem Stil verfaßte Epos, ein Hauptwerk der sog. Renaissance des 12. Jh., galt im Spät-

MA als Meisterwerk der Rhetorik und wurde mehrfach kommentiert.　　　　　　　　　　　　P. G. Schmidt
Ed. und Lit.: J. de H., Architrenius, hg. P. G. SCHMIDT, 1974.

120. J. v. Hildesheim OCarm, * um 1310/20 Hildesheim, † 5. Mai 1375 Kl. Marienau (bei Hameln), Studien in Avignon und Paris, 1361 Rückkehr nach Deutschland als Bacc. theol.; 1361-64 Lektor and Prior in Kassel, 1364 Lektor in Straßburg, 1366 dort Prior; Lektortätigkeit auch in Speyer. Eine Romreise 1367 führte ihn mit Urban II. zusammen. Er starb als Prior seines Heimatkl. Bekannteste heute zugängl. Schrift: »Historia trium regum«, um 1364 verfaßt, Bf. Florenz v. Wevelinghoven zugeeignet, bis ins 16. Jh. in einer großen Zahl von Hss. und Frühdrukken sowie mehreren Übers. ins Dt. (älteste: 1389), Ndl., Engl. und Frz. verbreitet. Der »Dialogus inter directorem et detractorem« (auch »Defensorium« gen.), ist ein Streitgespräch um die Herkunft des Karmeliterordens. Bisher nur in der Hs. Oxford, Bodl. Laud. lat. 49 greifbar ist die philos. Abh. »Speculum fontis vitae«. Seine in mehr als hundert Briefen erhaltene Korrespondenz zeigt J. im Austausch u. a. mit Papst Gregor XI., Ks. Karl IV., →Johann v. Neumarkt, Stefano →Colonna, →Lucas de Penna; gemeinsam mit den Briefen sind fünf Gedichte überliefert.
B. Gansweidt
Lit.: Verf.-Lex.² IV, 638-647 [Ed., Lit.] – U. KNEFELKAMP, Die Suche nach dem Reich des Priesterkg.s Johannes, 1986, 71-74.

121. J. Hispanus (J. Avendauth, Avendaeth, Ibn Dāwūd), Autor, Übersetzer, 'Philosophus israelita', später überzeugter Christ, Archidiakon v. Cuéllars (seit ca. 1194), verfaßte in Toledo vor 1140 »Tractatus de anima«, »Liber de causis« und »Liber de causis primis et secundis« und übersetzte zw. 1140 und 1186 zusammen mit →Dominicus Gundisalvo zahlreiche Werke von →Avicenna, Ibn →Gabirol, →Qusṭā ibn Lūqā, →al-Fārābī, →al-Ġazzālī u. s. w. für Ebf. Raimundus (1124-52) und seinen Nachfolger Johannes (1152-67) – nach →Albertus Magnus Verf. des »Tractatus de anima« –, mit dem er von manchen identifiziert wird, auch Ebf. Cerebrunus (1167-80). RIVERA hält ihn für den späteren Bf. J. v. Albarracín-Segorbe (1212-15). Er ist auf alle Fälle nicht ident. mit →Johannes v. Sevilla, vielleicht aber mit dem von →Plato v. Tivoli bewunderten Johannes David (nicht so RIVERA), dem jener mehrere seiner Übers. widmete.　　　　　H. R. Singer
Lit.: Tusculum-Lex., 396 – M. ALONSO, Traducciones del árabe al latín de Juan Hispano (Ibn Dāwūd), Al-Andalus 17, 1952, 129-151 – R. LEMAY, Les traductions de l'arabe au latin, AESC 18, 1963, 639-665 [dazu C. SÁNCHEZ-ALBORNOZ, Observationes a unas páginas de Lemay sobre los traductores toledanos, CHE 41/42, 1965, 313-324, Anm. 2] – J. F. RIVERA, Nuevos datos sobre los traductores Gundisalvo y Juan Hispano, Al-Andalus 31, 1966, 267-280 – C. S. F. BURNETT, A Group of Arabic-Latin Translators working in northern Spain in the mid-12th Century, JRAS 1977, 62-108.

122. J. Hispanus, mehrere Kanonisten mit z. T. ungeklärter Identität: [1] Der von Diplovatius in Rückgriff auf Guillelmus →Durantis genannte, von SCHULTE zunächst als Autor der »Summa Lipsiensis« vermutete Dekretist J. H. ist nicht hier. [2] Vincentius Hispanus zitiert in seinem Apparat zur Compilatio I einen mag. Johannes Garsia, auf den (oder auf →Johannes Teutonicus) möglicherweise die Jo.-Siglen in den »Quaestiones Borghesianae« (nach 1219) zu beziehen sind. [3] J. H. de Petesella, der erste Summist der Dekretalen Gregors IX. mit seiner »Summa super titulis decretalium« (1235-36); Lehrtätigkeit in Bologna (1223), Padua (1229) und wiederum in Bologna nachweisbar. [4] →Johannes de Deo. [5] J. H. Diaconus, dessen »Flos decreti« zunächst →Johannes de Deo zugeschrieben wurde. [6] Fälsch. wird Garcia, dessen Apparat zur Dekretale »Cupientes« von Nikolaus III. (1279), zu den Novellen Gregors X. (1282) und Quaestionen (1278-81) erhalten sind, J. Garsias (H.) gen.　　N. Höhl
Lit.: zu [1]: N. HÖHL, Wer war Johannes Faventinus? ... (MIC C 9, Anm. 5 und 23) [im Dr.; Lit.] – *zu [2]:* KUTTNER, 429 mit Anm. 1 – *zu [3]:* SCHULTE II, 81-83 – A. GARCÍA Y GARCÍA, Canonistas gallegos medievales, Compostellanum 16, 1971, 114f. [Lit.] – *zu [5]:* SCHULTE II, 107f. – A. GARCÍA Y GARCÍA, La canonística ibérica medieval posterior al Decreto de Graciano (Rep. de hist. de las ciencias eclesiásticas en España I, 1967, 406; II, 1971, 195) – *zu [6]:* SCHULTE II, 160-162 – A. GARCÍA Y GARCÍA, Canonistas gallegos medievales, Compostellanum 16, 1971, 118-121 [Lit.].

123. J. v. Hoveden, religiöser Dichter, Stiftsherr in Howden (Yorkshire), Hofkaplan der Kgn. Eleonore v. England, † 1275. Seine z. T. sehr umfangreichen religiösen rhythm. Dichtungen verschmelzen myst. Ergriffenheit, lyr. Empfindung, aber auch hohes Pathos mit gelehrten, insbes. typolog. Bezügen und zeigen ungewöhnl. Sprachgewandtheit. Gegenstand der Dichtungen ist die Verehrung Mariae (»Quindecim gaudia BMV«; »Lyra«; »Quinquaginta salutationes«; »O mira creatura«; »Viola«) und der Liebe Christi (»Philomena« [1131 Strophen]; »Canticum divini amoris«; »Cithara«; »Quinquaginta cantica salvatoris«).　　　　　　G. Bernt
Ed.: Poems of John of H., ed. F. J. E. RABY, 1939 – Philomena: John H.s Nachtigallenlied..., ed. C. BLUME, 1930 – Lyra: AnalHym 21, 53 – O mira creatura: AnalHym 20, 139 – Stud. zur lat. Dichtung des MA (Ehrengabe für K. STRECKER, hg. W. STACH – H. WALTHER, 1931), 106f. – *Lit.:* F. J. E. RABY, A Hist. of Christian Lat. Poetry..., 1927, 387-395 – SZÖVÉRFFY, Annalen II, 259-263.

124. J. v. Jandun, scholast. Philosoph und Kirchenpolitiker, * Jandun (Diöz. Reims) 1280/85, † Montalto 1328; 1310 Mag. art. an der Sorbonne, Kampfgefährte des →Marsilius v. Padua, mit dem er den »Defensor pacis« verfaßte (1324). Von Papst Johannes XXII. deswegen verketzert, flohen beide 1326 nach Nürnberg an den Hof Ludwigs d. Bayern. Nach dessen Ks.krönung 1328 wird J. für seine polit. Dienste mit dem Bm. Ferrara belohnt. J. gilt als einer der Begründer des Paduaner Averroismus.
S. K. Knebel
Lit.: TOTOK II, 587 [Ed., Lit.] – C. J. ERMATINGER, J. of J. in His Relations with Arts Masters and Theologians, Arts libéraux et philos. au MA, Inst. d'Etudes Médiév., 1969, 1173-84 – CH. H. LOHR, Medieval Lat. Aristotle Comm., Traditio 26, 1970, 208-215 [Verz. der ungedr. Werke; Lit.] – M. C. VITALI – Z. KUKSEWICZ, Notes sur les deux réd.s des Quaestiones de Anima de J. de J., Mediaevalia philos. Polonorum 27, 1984, 3-24 – R. LAMBERTINI – A. TABARRONI, Le Quaestiones super Metaphysicam attribuite a Giovanni di J., Medioevo 10, 1984, 41-104.

125. J. v. Indersdorf (J. Rothuet), Propst des OSA-Chorherrenstifts Indersdorf (Oberbayern), Verf. geistl. Schr., Kl. reformer, * 1382, † 9. Nov. 1470, ▢ Indersdorf. Noch im Jahr seines Eintrittes in das Chorherrenstift Indersdorf 1413 wurde dem früheren Kl.lehrer das Amt des Dekans übertragen. 1426/27 begleitete er Johannes Grünwalder auf seiner Visitationsreise durch Bayern, 1434 berief ihn Hzg. Albrecht III. als Hofseelsorger nach München; Tischreden und ein in dieser Funktion angefertigter Fürstenspiegel sind überliefert. 1438 zum hzgl. Hofrat ernannt, wirkte er an der Aussöhnung Albrechts III. mit seinem Vater Ernst nach dem Tode der Agnes Bernauer mit. 1442 zum Propst v. Indersdorf gewählt, setzte er die Bemühungen seines Vorgängers, seines Halbbruders Erhard, um die Übertragung der Raudnitzer Chorherrenreform nach Bayern mit großem Einsatz fort. In diesem Zusammenhang verfaßte er eine Reihe dt. sprachiger Gebets- und Andachtsschr. Sein Hauptwerk ist die ihm erst in jüngster Zeit zugewiesene Schr. »Von dreierlei

Wesen der Menschen«, die ihn als stark von der Mystik beeinflußten Moralprediger ausweist. J. ist der bedeutendste Vertreter der Indersdorfer Chorherrenreform des 15. Jh., die auf mindestens 25 bayer. Stifte ausstrahlte. A. Schmid

Lit.: NDB X, 554f. [B. HAAGE] – Verf.-Lex.² IV, 647–651 [B. HAAGE] – MA und Humanismus, hg. H. PÖRNBACHER (Bayer. Bibl. 1, 1978), 455f. – Bayer. Biographie, hg. K. BOSL, 1983, 647 [K. MALISCH] – SPINDLER II, 1988², 976 [H. FISCHER-J. JONOTA].

126. J. Italos, * um 1025 in Süditalien (Beiname), kam vor 1050 nach Konstantinopel, Schüler des Michael →Psellos, der auch zwei Schr. an ihn richtete. Nach dessen Rückzug in ein Kl. (1055) wurde J. I. sein Nachfolger als 'Maistor', 'Didaskalos' und 'Hypatos' der Philosophen (Verteiler des Lohns unter die übrigen Lehrer der ksl. Akademie). Als 'Barbar' am Ks.hof (Anna Komnene), der Gr. zunächst als Fremdsprache erlernen mußte, legte J. I. den Schwerpunkt seines Forschens und Lehrens auf die Logik und Dialektik (Komm. zu aristotel. Schr.), wobei er neben Fragen der Physik und Metaphysik auch chr. Dogmen (v. a. Auferstehung des Leibes, Unsterblichkeit der Seele) berührte. Wegen ungenügender theol. Bildung und aufgrund unglückl. Formulierungen wurde J. I. zweimal vor ein kirchl. Gericht zitiert (1076/77: Verurteilung einer Reihe anonymer Sätze; 1082: vom Ks. gebilligte Ächtung und Absetzung; vgl. J. DARROUZÈS, Les Regestes des Actes du Patriarcat de Constantinople, I, 2–3, 1989, 392 [Nr. 907], 400–403 [Nr. 923–927]).
Sein Lebenslauf ist geprägt von der exemplar. Auseinandersetzung zw. chr. Theologie und gr.-heidn. Philosophie, deren negativer Ausgang sowohl das Aufblühen einer humanist. Renaissance wie auch einer Scholastik im Sinne des Thomismus in Byzanz verhinderte.
G. Podskalsky

Q.: F. USPENSKIJ, Deloproizvodstvo po obvineniju Ioanna Itala v eresi, Izv. Russk. Archeol. Inst. v. Konstantinopole 2, 1897, 1–67 – J. GOUILLARD, Le Synodikon de l'Orthodoxie, TM 2, 1967, 56–60 [Anathemata], 188–202 [Komm.] – DERS., Le procès officiel de Jean l'Italien..., ebd. 9, 1985, 133–174 [ed., frz. Übers.] – *Lit.*: Catholicisme VI, 607f. – TOTOK II, 240 – Tusculum-Lex., 396f. [Ed.] – S. SALAVILLE, Philos. et théologie ou épisodes scolastiques à Byzance de 1059 à 1117, EO 29, 1930, 141–145 – V. GRUMEL, Le symbole 'Quicumque' et Jean I., ebd. 38, 1938, 136–140 – N. N. KEČAKMADZE, Grammatiko-logičeskij traktat Ioanna Itala, VV 27, 1967, 197–205 – DERS., Tvorcestvo Ioanna Itala, 1970 – I. DUJČEV, L'umanesimo di Giovanni Italo, Medioevo biz.-slavo I, 1965, 321–326, 558 – R. ANASTASI, Psello e Giovanni Italo, Siculorum Gymnasium NS 28, 1975, 525–538 – R. BROWNING, Enlightenment and Repression in Byzantium in the 11th and 12th Centuries, PP 69, 1975, Nov., 11–16 – J. GOUILLARD, La religion des philosophes, TM 6, 1976, 306–315 – C. (G.) NIARCHOS, God, the World and Man in the philos. of John Italus [Diss. Oxford 1978] – DERS., The Philos. Background of the 11th Century..., Byzantium and the Classical Tradition, 1981, 127–135 – L. CLUCAS, The Trial of John I. and the Crisis of Intellectual Values in Byzantium in the 11th Century, 1981 – J. IRMSCHER, Die Verurteilung des J. I., Jb. für Gesch. des Feudalismus 6, 1982, 117–122 – TH. NIKOLAOU, Eine q.krit. Unters. des Traktates (87) der iconis der 'Quaestiones quodlibetales' und seine Bedeutung hinsichtl. der Verurteilung des J. I., *Μνήμα Μητρ. Ἰκονίου Ἰακώβου*, 1984, 279–284.

127. J. v. Karpathos, Mönch, Bf. (?), geistl. Schriftsteller, 7. Jh. (?) auf Karpathos (Insel zw. Kreta und Rhodos). Verf. asket. spiritueller Schr., die er in Centurien einteilte. Bekannt sind zwei Centurien (»Mahnworte an die Mönche in Indien« = Äthiopien (?) und »Dogmat.-philos. Kapitel«). Daneben werden ihm Erzählungen aus dem Anachoretenleben zugeschrieben. Text und Überlieferungsgesch. sind nicht gesichert. K. S. Frank

Ed.: CPG 7855f. – MPG 85, 791–826; 1837–60 – *Lit.*: BECK, Kirche, 452f. – DSAM VIII, 589–592.

128. J. v. Kastl, Autor, um 1400, mit seinem umfangreichen Regelkomm. in der benediktin. Reform bedeutsam (→Benediktiner, →Kastl). Seine ebenfalls lat. kleinen Traktate waren weit verbreitet, bes. das fälschl. so gen., →Albertus Magnus zugeschriebene »De adhaerendo Deo«. Ein festes Datum ist 1410, Abfassung von »De lumine increato«. Die Einheit des Autors wird ohne durchschlagende Gründe bestritten (R. WAGNER). Der Titel 'Spätblüte ma. Mystik' (M. GRABMANN) erwies sich schon mit Aufweis der kompilator. Arbeitsweise als Irrtum (J. HUIJBEN, 1922/23). Neben der Reformtätigkeit (1418 Weihenstephan) ist J. v. K. Vertreter spätma., durch die Univ. geprägter (1388 Bacc. Prag; auch Autoritäten z. B. →Heinrich v. Langenstein [120. H.]) Benediktinerspiritualität. Die 'Dt. Mystik' kommt nicht vor (außer einmal Johannes v. Ruusbroec), dafür aber die ps.-dionys. Tradition und nominalist. Schrifttum (→Nominalismus). Frühdrucke, etwa 120 Hss. J. Sudbrack

Lit.: Verf.-Lex.² IV, 652–658 [Lit.] – J. SUDBRACK, Die geistl. Theologie des J. v. K. I, II, 1966/67 – R. WAGNER, Ein nücz und schone ler von der aygen erkantnuß..., 1972 – J. SUDBRACK, J. v. K., Vom ungeschaffenen Licht, 1981.

129. J. v. Kent, Kanonist, wichtiger Vertreter der anglo-norm. Schule, wohl ident. mit dem Kanoniker (1199) und Kanzler (1204) von St. Paul's Cathedral, London, dort Lehrer bis 1213/14, anschließend möglicherweise in Diensten des Ebf.s v. Canterbury. Als 'Jo. de Chent' in den »Quaestiones Londinenses« (nach 1192–96) gen., ist er der Verf. der »Summa de penitentia« (1212–20), deren drei B. über die Kleriker (Sakramente, Exkommunikation, Weihe, Simonie), Laien (Ehe, Gelübde, Zehnt, Eid) und das Bußsakrament (Beichte hören, Strafen) handeln. N. Höhl

Lit.: J. GOERING, The »Summa de penitentia« of J. of K., BMCL 18, 1988, 13–31 [Lit.].

130. J. v. Kitros, byz. Kanonist der 1. Hälfte des 13. Jh. Dem Bf. des Suffraganbm.s v. →Thessalonike werden hs. →Erotapokriseis an die Adresse des Konstantinos (Kabasilas) v. Dyrrhachion zugeschrieben, von denen 16 erstmals E. Bonefidius (Iuris Orientalis Libri III, 1573, III 159–184) publizierte. Ob J. diese und einige weitere Erotapokriseis selbst verfaßte oder ledigl. sammelte, ist umstritten (A. PAVLOV, V. KATSAROS). Nach der bislang gründlichsten Untersuchung durch J. DARROUZÈS ist J. Autor von insges. 25 Erotapokriseis, unter welchen viele von rechtshist. Interesse sind (D. SIMON). Demselben J. möchte J. KATSAROS auch ein (von ihm ediertes und auf das Ende des 13. Jh. datiertes) Scheidungsurteil zuweisen.
A. Schminck

Lit.: A. PAVLOV, VV 1, 1894, 493–502 – J. DARROUZÈS, RevByz 31, 1973, 319–334 – D. SIMON (Ἀφιέρωμα στὸν Νίκο Σβορῶνο, 1986), I 258–279 – V. KATSAROS (Μνήμη Λίνου Πολίτη, 1988), 53–63 – DERS., Ἰωάννης Κασταμονίτης, 1988, 349–357.

131. J. Klenkok OESA, Augustinertheologe (→Augustinerschule), Bekämpfer des →Sachsenspiegels, * um 1310 in Bücken b. Hoya (Niedersachsen), † 15. Juni 1374 in Avignon. Nach Stud. in Bologna, Prag und Oxford wurde er ebd. 1359 Mag. der Theologie. Als solcher wirkte er an den Generalstud. der Augustiner in Erfurt und Magdeburg und war gleichzeitig 1363–68 Provinzial der sächs.-thür. Ordensprovinz. 1369 begann er seinen Kampf gegen gewisse Artikel des Sachsenspiegels und erreichte schließlich deren Verurteilung durch Papst Gregor XI. am 8. April 1374. Als Theologe ist er von →Gregor v. Rimini beeinflußt. U. a. hinterließ er eine »Expositio litteralis super quattuor libros Sententiarum« und »Quaestiones super secundum librum Sententiarum«, von denen bis jetzt nur Auszüge gedruckt sind. A. Zumkeller

Lit.: TEEUWEN, 175f. – GINDELE, 235–237 – Verf.-Lex.² IV, 1206–1213 [Werkliste, Lit.] – D. TRAPP, Notes on J.K., Augustinianum 4, 1964, 358–404 – A. ZUMKELLER, Erbsündenlehre des dt. Augustinertheologen J.K., Augustiniana 29, 1979, 316–365 – DERS., Erbsünde, Gnade, Rechtfertigung und Verdienst nach der Lehre der Erfurter Augustinertheologen des SpätMA, 1984, 17–135, 507–543.

132. J. Klimakos, nach seinem großen Werk ὁ τῆς κλίμακος gen. (in Hss. auch Scholastikos), ist einer der großen ö. Meister des geistl. Lebens; Heimat, Abstammung und Lebensdaten unbekannt bzw. ungesichert, doch sind Leben und Wirken um die Wende des 6./7. Jh. anzusetzen. Nach der von einem Mönch Daniel v. Rhaithu wohl einige Zeit nach seinem Tod verf. Vita verließ er 691 (?) mit 16 Jahren die Welt, machte im Kl. ein vierjähriges Noviziat, ging zwanzigjährig in die Einsamkeit und lebte 40 Jahre als Anachoret, bis er auf Drängen der Mönche die Leitung des Sinaikl.s übernahm. Als Abt schrieb J. die »κλίμαξ« (Scala Paradisi), auf Bitten des Abtes Johannes des benachbarten Rhaithu, dem sie auch gewidmet ist, und ein »λόγος πρὸς τὸν ποιμένα« (Hb. für einen Kl.oberen). – Die Klimax will den Mönch über 30 'Stufen' zur Vollkommenheit der Gottesgemeinschaft empor führen. Charakterist. für J. ist, daß er sich v. a. über das Gebiet der asket. 'Praxis' eingehend äußert (26 Stufen behandeln Bekämpfung der Laster und Übung der Tugenden). Sie führen hinauf zur 'Theoria', zur Gottesschau in der ἡσυχία. In ihr unterscheiden sich Sein und Tun nicht mehr. Die 'Ruhe' ist ihm eine »unlösbare Anbetung und Gegenwart vor Gott; das Gedächtnis Jesu soll sich deinem Atem verbinden, dann wirst du den Segen der Ruhe erfahren« (1112 C). Für diesen Zustand der Vollendung hat J. viele Namen, die auch in den →Apophthegmata patrum begegnen: Bewahrung des Geistes, des Herzens, Wachsamkeit, Nüchternheit, inständiges Gebet, Lauterkeit, Liebe, Sohnesannahme u. a. Tatsächl. aber sind es die vier obersten Stufen seiner Paradiesleiter, zu denen die ganze Schr. hinführen will als zu der höchsten Erfahrung der Gottesbegegnung und Gottesgemeinschaft des Hesychasten (→Hesychasmus). Sie bringen sein eigentl. Anliegen zur Sprache und deuten auch seine persönlichste Gotteserfahrung an, weil das Letzte hier unausgesprochen bleiben muß. Hinsichtl. der Q. darf man »die Scala Paradisi als Schlußglied einer langen asket. Entwicklung« ansehen (VÖLKER, 6). J. zitiert Euagrios, nicht ohne Kritik, Cassian, Gregor v. Nazianz. VÖLKER hat überzeugend zuletzt die Welt der Apophthegmata als »geistl. Heimat« des J. ausgewiesen und dabei die Mönche von Gaza (Barsanuphios, Dorotheos) als Vermittler benannt. – In der Folge gehört die Klimax zu den meist benützten 'Handbüchern' des asket. Lebens. Dafür zeugt die Fülle der Hss. wie der Scholien, ebenso die zahlreichen Übers. (im O: syr., arab., armen., georg., slav., russ. u. a.; mehrfach lat., it., span., frz., dt. [F. HANDWERCHER 1834, Nachdr. 1987]). Bes. bedeutsam wurde J. für die hesychast. Frömmigkeit und Mystik durch die Betonung des Lichtes in der Gottesschau und die Verbindung des Gedächtnisses, d. i. des Namens Jesu mit dem Atem, was bei ihm vielleicht nur bedeuten soll, daß dieses Gedächtnis dem Menschen so zugehört wie das Atmen, von den athonit. Hesychasten aber auf ihre Gebetspraxis gedeutet wurde. Über die hesychast. Bewegung wurde die 'Leiter' dem russ. Mönchtum im 15. Jh. vermittelt, von →Nil Sorskij wie seinem Gegenspieler →Josif Volockij fleißig benützt. Im W zuerst bei den Franziskaner-Spiritualen, dann überall in den geistl. Gemeinschaften gelesen und zitiert. H. M. Biedermann

Q.: MPG 88, 631–1210 – Lit.: BECK, Kirche 353ff.; 451f. – DSAM VIII, 369–389 [Lit.] – DThC 690–693 – ThEE VI, 1211ff. – I. HAUSHERR, La théologie du monachisme chez S. Jean Climaque: Théologie de la vie monastique, 1961 – W. VÖLKER, Scala Paradisi. Eine Stud. zu J. Climacus, 1968 – CHR. YANNARAS, Ἡ μεταφυσική τοῦ Σώματος ..., 1971 – TH. W. BLAIR, Climacus and Christianity, 1977 – J. CHRYSSAVGIS, The Theology of the Human Person in St. John Climacus, 1983 – DERS., Sources of St. John Climacus..., OKS 37, 1988, 3–13 – R. T. LAWRENCE, The Three-Fold Structure of the Ladder of Divine Ascent, St. Vladimir's theol. quarterly 32, 1988, 101–119.

133. J. v. London (John of L.), 1267 von Roger Bacon als »mathematicus perfectus« gepriesen (Opus Tertium, ed. J. S. BREWER, 1858, 34f.), möglicherweise identifizierbar mit jenem J. of L., der 1246 in Paris einen Stern-Kat. kompilierte (P. KUNITZSCH, J. of L., JHA 17, 1986, 51–57), oder mit dem, der im Titel der Euklidversion »Adelard III« (Hs. Oxford Digby 174f. 99r) genannt wird, womit er nach W. KNORR (John of Tynemouth alias J. of L., British Journal for Hist. of Science 23, 1990, Anm. 35) John of Tynemouth wäre. Unter den Namen J. of L. gibt es ca. 1210 auch einen Lehrer über Naturphilosophie in Oxford, Mitte 13. Jh. einen Astrologen, der tatsächl. John of Hoveden ist, im späten 13. Jh. einen Franziskaner, Schützling Bacons, sowie einen, der im frühen 14. Jh. an St. Augustine's Abbey in Canterbury zahlreiche techn. Bücher schenkte. W. Knorr

Lit.: DNB 29, 448 – SARTON II/2, 582 – BRUO II, 1958, 1157 – D. S. RUSSEL, Dict. of Writers of 13th Century England, 1936, 68f.

134. J. Lutterell, Mag. theol. in Oxford. 1317–22 Kanzler der Univ., bekämpfte →Wilhelm v. Ockham und dessen Mißbrauch der Logik in der Theologie. Magisterkollegen, Bf. sowie Kg. Eduard II. widersetzten sich dem Lehrprozeß gegen Ockham an der Kurie. J. L. wurde als Kanzler abgesetzt; trotzdem überreichte er 1323 an der Kurie Papst Johannes XXII. in Avignon die 56 Artikel umfassende Anklageschr. »Libellus contra doctrinam Guilelmi Occam« (ed. F. HOFFMANN). Im anschließenden Lehrverfahren gegen Ockham gab J. L. mit anderen Theologen zwei Gutachten ab. In den Streitschr. erweist sich J. L. als Anwalt der traditionellen Theologie; für die log. Übungen Ockhams in der Theologie hatte er kein Verständnis. In der »Epistola de visione beatifica« (ed. F. HOFFMANN), in der er zum theol. Streit um die 'Visio beatifica' des Seligen Stellung nahm, verteidigte er aber ausdrückl. die Bedeutung der Logik für die Theologie. F. Hoffmann

Lit.: F. HOFFMANN, Die Schr. des Oxforder Kanzlers J. L. ..., 1959 – DERS., Die theol. Methode des Oxforder Dominikanerlehrers Robert Holcot, 1972.

135. J. de Lapide (Heynlin) OCart, Theologe und Philosoph, Vertreter des Frühhumanismus am Oberrhein, *vor 1433 Stein b. Pforzheim (Name), † 12. März 1496 Basel. J. studierte 1450–52 in Leipzig, 1453 in Löwen, danach in Paris (Beginn der theol. Studien). 1464 war er in Basel, um an der dortigen Univ. die Via antiqua durchzusetzen, 1467 erneut in Paris, wo er seine theol. Studien abschloß, 1468 und 1470 Prior der dt. Nation, 1469 Rektor der Univ. Mit Guillaume →Fichet arbeitete er an der Einführung des Buchdruckes. Seit 1474 wirkte J. als Prediger wieder in Basel; 1476 vorübergehend in Tübingen, wurde J. Mitbegründer der dortigen Univ., 1478 Stadtpfarrer und Univ.slehrer, 1479 Rektor der Univ. Im selben Jahr wurde er Kustos am Stift in Baden-Baden. 1484 wirkte er als Münsterprediger erneut in Basel. J. war ein gesuchter Kanzelredner, dessen Predigten (5 hsl. Hände in der Univ.bibl. Basel) und dessen Traktat über die Unbefleckte Empfängnis Mariä bedeutsam für die Gesch. des Marienkults sind. Seine Philosophie ist noch scholast.-aristotel. (Hauptwerk: »Compendiosus dialogus de arte punctandi«, 27 Drucke), doch sucht sein Humanismus neue Formen. Für den Landklerus schrieb er 1492 ein ausgezeichnetes, verbreitetes »Resolutorium dubiorum circa celebrationem missarum occurrentium« (44 Drukke). 1487 trat er in die Basler Kartause ein, der er seine reiche Bücherei vermachte (heute Univ.bibl. Basel).

Lit.: RGG III, 311f. – Verf.-Lex.² III, 1214–1219. R. Macken

136. J. de Lignano → Lignano, Johannes v.

137. J. de Lineriis (Jean de Lignères), Pariser Astronom der 1. Hälfte des 14. Jh., zählt neben →Johannes de Muris und →Johannes de Saxonia zu den Urhebern der sog. Alfonsin. Tafeln (→Tafeln, astron.), die die Planetenbewegung zum Gegenstand haben und (entgegen älterer Zuschreibung) nicht auf Alfons X. d. Weisen und seinen Gelehrtenkreis, sondern auf Pariser Astronomen des frühen 14. Jh. zurückgehen. Der Anteil des J. de L. besteht in einer Vervollständigung des eigtl. Tafelwerks durch ein Ensemble von trigonometr. Tafeln, bezogen auf den ersten erzeugenden Beweger und die tägl. Bewegung, mit Kanones. Dieses unter dem Namen von J. de L. verbreitete Werk wurde im späten MA viel benutzt. Weiterhin verfaßte der Astronom einige Texte über astron. →Instrumente. E. Poulle

Ed. und Lit.: DSB 7, 122–128 – M.-M. SABY-ROUSSET, Les canons de Jean de Lignères sur les tables astronomiques de 1321: édition, critique, traduction et étude (École nat. des Chartes, Positions des thèses ..., 1987), 183–190 – E. POULLE, The Alfonsine tables and Alfonso X of Castille, JHA 19, 1988, 97–113.

138. J. Lydos (Laurentius L.), byz. Beamter und Schriftsteller. Seit 511 Beamter der ksl. Kanzlei in Konstantinopel, Prof. der lat. Rhetorik, begann seine lit. Tätigkeit im Ruhestand (Mitte des 6. Jh.). Werke: »Über die Monate« (Περὶ μηνῶν; ed. R. WÜNSCH, 1898), behandelt chronolog. Probleme, aber auch andere Fragen (z. B. 'biolog.' Entwicklung des Embryo); »Über Himmelserscheinungen« (Περὶ διοσημειῶν; ed. C. WACHSMUTH, 1863, 1897²) ist den Prophezeiungen aus verschiedenen Zeichen am Himmel und ihrer Bedeutung für die Erklärung hist. Ereignisse gewidmet; »Über die röm. Staatsbehörden« (Περὶ ἀρχῶν τῆς Ῥωμαίων πολιτείας; ed. R. WÜNSCH, 1903, Neudr. 1967) beschreibt das System der alten röm. Bürokratie und den Wandel der byz. Spitzenämter, bes. der Prätorianerpräfektur (wichtig für die byz. Verwaltungsgesch.). M. Bibikov

Lit.: HUNGER, Profane Lit. I, 250f. – T. F. CARNEY, Bureaucracy in Traditional Society ..., 1971 – C. N. TSIRPANLIS, John L. on the Imperial Administration, Byzantion 44, 1974, 479–501.

139. J. Maior(is), Theologe und Geschichtsschreiber, * 1469 Glaghorn b. Haddington (Schottland), † 1550 St. Andrews, studierte seit 1493 in Paris Philos., 1496 Mag.-art., 1507 bis 1517 Mag.theol., 1518 Lehrer in Glasgow, 1522 in St. Andrews, 1525–31 in Paris, dann Rückkehr nach St. Andrews. In 20jähr. Pariser Lehrtätigkeit erklärte er die Logik und die Physik des Aristoteles, schrieb einen umfangreichen Sentenzenkomm. und forderte eine stärkere Beachtung der Schrifterklärung. Anhänger des Konzils v. Pisa 1511, begründete er in Fragen der äußeren Vollmacht des Papstes die größere Autorität des Konzils. Seine ökonom. Lehren übten Einfluß aus auf Franziskus v. Vitoria und die Schule v. Salamanca. 1517 besorgte er die Erstausg. der Reportatio Paris. des Sentenz.-Komm. des →Joh. Duns Scotus (mit kontaminiertem Text). In seinem Evangelienkomm. verteidigte er die kirchl. Auslegung gegen die wiclifschen, hus'schen und luther. Lehren.

L. Hödl

Werke: In Petri Hisp. Summul. Comm., 1505 – Introductio in Aristotel. Dialecticen totamque logicam, 1514 – Comm. in Phys. Aristot., 1526 – Comm. in IV., in I et II, in III. libr. Sent., 1509, 1510, 1517, vgl. F. STEGMÜLLER, Rep. Com. Sent. I, 226 n. 461f. – De infinito, 1513 [Neuausg. 1938] – Lit. in Matth Expositio, 1518 – Historia Majoris Britanniae, 1521 [Neuausg. 1892] – Lit.: DThC IX, 1661f. – LThK² VI, 1308 – A. GANOCZY, J.M., ..., RechSR 56, 1968, 457–495 – R. DE ROOVER, La pensée économique de J.M., J. Sav. 1970, 65–81.

140. J. Malalas, Chronist, * um 490 in Antiocheia, † bald nach 570 in Konstantinopel. Im griech.-syr. Kulturkreis aufgewachsen und als Rhetor (syr. *malálas*) in Lit. und Jurisprudenz ausgebildet, war er zunächst wohl im Amt des comes Orientis tätig und blieb bis zu dessen Abschaffung 535, vielleicht auch bis zum großen Erdbeben 540 in seiner Heimatstadt. Er siedelte dann nach Konstantinopel über, wo er als Anhänger der justinian. Kirchenpolitik weiterhin im ksl. Verwaltungsdienst tätig war. Seine Identität mit dem Patriarchen →Johannes III. Scholastikos (565–577) ist eher unwahrscheinlich. Alle biograph. Daten sind ausschließl. dem eigenen Werk zu entnehmen; ihn zitierende, spätere Autoren bringen außer unterschiedl. Namensformen (→Johannes v. Ephesos und →Evagrios v. Antiochia: Johannes Rhetor; →Johannes Damaskenos und Johannes →Tzetzes: Johannes v. Antiocheia) keine weiteren Hinweise. J. ist Verf. der ältesten (fast) vollständig erhaltenen Weltchronik (→Chronik, N). Sie behandelt die bibl. Gesch. (mit Einschüben aus griech. und altoriental. Bereich), röm. Kg.szeit, hellenist. Diadochen, Ks.zeit und frühbyz. Epoche bis Justinian (563). Die Haupths., bereits in früheren Teilen bisweilen lückenhaft, bricht hier ab, doch zeigt der Aufbau, daß die Chronik wohl bis 574 reichte. Sie zerfällt in zwei Teile, einen antiochen. (bis Buch 17, Jahr 527), der einst auch in selbständiger Überlieferung existierte und einen auf einer konstantinopolitan. Stadtchronik basierenden zweiten Teil. Durch die Verwendung nicht ausschließl. hochsprachl. Elemente ist die Chronik auch für die Gesch. der Sprachentwicklung bedeutsam. Sie wurde v. a. von Evagrios, →Theophanes und dem Verf. des →Chronicon Paschale benutzt; zahlreiche isoliert überlieferte Fragmente (auch in der Exzerptensammlung des →Konstantin VII. Porphyrogennetos und einer lat. Übers. des 8. Jh.) sowie eine slav. Übers. (10./11. Jh.) auf Grund eines vollständigeren griech. Textes zeugen von der Beliebtheit der Darstellung. P. Schreiner

Ed.: Ioannis Malalae chronographia, rec. L. DINDORFII, 1831 [neuekrit. Ed. in Vorber.] – Übers.: M. SPINKA–G. DOWNEY, Chronicle of John Malalas, Books VIII–XVIII, 1940 – The Chronicle of John Malalas. A Translation by E. JEFFREYS u. a., 1986 – Lit.: MORAVCSIK, Byzturc, 329–334 – Tusculum-Lex., 402f. – HUNGER, Profane Lit., I, 319–326 – E. HÖRLING, Mythen in der christl. Weltchronik des J., 1980.

141. J. v. Mantua, grammaticus, Verf. eines Hld-Komm. und eines (bruchstückhaften) »Liber de S. Maria« (ed. B. BISCHOFF–B. TAEGER, 1973), zweier →Mathilde v. Tuszien gewidmeter Erbauungsbücher (überliefert in einer it. Hs., um 1100 [Berlin, Staatsbibl. der Stiftung Preuß. Kulturbesitz]). J. bezieht Gregor VII. und Heinrich IV. in seine Hld-Auslegung mehrfach ein; mit der 'sponsa' des Hld wird die Empfängerin selbst auf einem exemplar. Weg zw. actio und contemplatio in eins gerückt. Q. des Komm. sind bes. →Haimo v. Auxerre und der Zeitgenosse →Robert v. Tombelaine. Möglicherweise war J. Laie, was sich in seiner eigenwilligen exeget. Technik niederschlagen könnte. Der Hld-Komm. ist auch aufschlußreich durch seine bewußt angelegte, dennoch nicht konsequent durchgeführte zahlbestimmte Gliederung. B. Taeger

Lit. G. ROPA, Studio ed utilizzazione ideologica della Bibbia ..., Studi Matildici. Atti ..., 1978, 395–425 – I. S. ROBINSON, 'Political allegory' in the biblical exegesis of Bruno of Segni, Rth 50, 1983, 69–98 – S.

Cantelli, Il commento al Cantico dei Cantici di Giovanni da Mantova, StM 26, 1985, 101–184.

142. J. v. Matera, hl., * um 1070, † 1139 S. Giacomo, Foggia, ▭ (seit 1830) Matera, Dom. Gründer der Kongregation OSB v. Pulsano. Zunächst bei den Basilianermönchen auf der Isola di S. Pietro (Golf v. Tarent), begab er sich, nicht zufriedengestellt, nach Kalabrien und Sizilien und führte ein Leben in Weltabgeschiedenheit. In Ginosa bei Matera (Basilicata) gründete er für die sich um ihn sammelnden Schüler ein Kl. Danach lebte er eine Zeitlang als Eremit mit →Wilhelm v. Vercelli auf dem M. Laceno bei Bagnoli Irpino. Auf der Reise nach Palästina wirkte er als Bußprediger in Bari, wurde dabei als Häretiker verfolgt und entging nur knapp dem Tod. In Pulsano bildete sich um ihn 1129 eine neue Kommunität, die rasch wuchs. Von Innozenz II. und Kg. Roger gefördert, gründete J. das Kl. S. Giacomo in Foggia, wo er starb und begraben wurde. J. wurde bald als Hl. verehrt (Martyrologien des 12. Jh.). M.-A. Dell'Omo

Q. und Lit.: AASS Iunii IV, 37–58 – BHL 4411–4412; Suppl. 4411a–4412a – Bibl. SS VI, 825–828 – DIP IV, 1233 – L. Mattei-Cerasoli, La congreg. benedett. degli eremiti pulsanesi, 1938 – T. Leccisotti, Convivium 1939, 341–353 – C. Angelillis (Atti III Congr. stor. pugliese e Conv. Intern, Studi Garganici, Foggia, 25–29 ott. 1953, 1955), 421–466 – T. Leccisotti (Atti Conv. Intern. Studi Ruggeriani I, 1955), 68–70 – B. Vetere (L'esperienza monastica benedett. e la Puglia, I, hg. C. D. Fonseca, 1983), 197–244.

143. J. Mediolanensis, biograph. nicht näher faßbarer, aus Mailand stammender Arzt des 12. Jh., wird in einigen spätma. Hss. (aber auch noch in der 1649 gedr. Ausg. des Zach. Sylvius) als Autor des →»Regimen sanitatis Salernitanum« genannt, dessen Umfang, Widmung und Zuschreibung (u. a. an →Arnald v. Villanova) in zahlreichen Kopien und Drucken variierte. K. Bergdolt

Lit.: Sarton II, 343f. – Verf.-Lex.² VII, 1105 – L. Choulant, Hb. der Bücherkunde für die ältere Medizin, 1841, 264–282 – S. de Renzi, Collectio Salernitana, I, 1852, 417–516; V, 1859, 1–104 – M. Neuburger, Gesch. der Medizin II, 1911, 299–301 – W. Schmitt, Geist und Überlieferung der Regimina sanitatis, Tacuinum sanitatis, 1976, 17–35.

144. J. v. Mirecourt OCist, (Murchort, Lothringen) erklärte 1344–45 im Kolleg OCist S. Bernhard in Paris die Sentenzen unter dem Einfluß von Joh. Duns Scotus und Wilhelm v. Ockham OFM, in der Auseinandersetzung mit Thomas Bradwardine und Thomas v. Buckingham (wenig später als Gregor v. Rimini OES) (hsl. Überl. F. Stegmüller RS I nr. 466, ergänzt v. Doucet CS). Aus dem Sentenzenkomm. wurden 63 Sätze (eines anderen Baccalars) als Irrtümer angezeigt, 41 darunter wurden unter dem Kanzler Robert v. Bardi 1347 verurteilt und später in die Liste der in Paris verurteilten Lehrsätze eingetragen (Chart. Univ. paris II, 610–614). Zu den beiden Listen schrieb J. Apologien (ed. F. Stegmüller, RTh 5, 1933, 46–78, 192–204). Die inkriminierten Sätze betrafen Thesen über Gottes »potentia absoluta«. Sie bezeugen aber nicht J.' Skeptizismus und Fideismus, wie oft behauptet wird, sondern sein Problembewußtsein. L. Hödl

Lit.: A. Franzinelli, Giovanni di M., RCSF 13, 1958, 319–340, 415–449 – W. J. Courtenay, RTh 39, 1972, 224–256 – 40, 1973, 147–174 – G. Teissier, HLF 40, 1974, 1–52 – R. J. van Neste, Citeaux 27, 1976, 5–28 – Ders., RTh 44, 1977, 101–126.

145. J. Monachus (Jean Lemoine), Kanonist, * um 1240–50 Crécy (Picardie), † 22. Aug. 1313 Avignon, Kanoniker in Amiens und Paris, Dekan v. Bayeux, bereits unter Martin IV. und Honorius IV. Prokurator, Kaplan und Auditor der röm. Kurie, Vizekanzler der röm. Kirche, Kard. priester v. SS. Pietro e Marcellino (1294), gründete 1302 in Paris das nach ihm benannte Collège, vermittelte 1303 als Legat von Bonifatius VIII. erfolglos zw. Papst und Kg. Philipp IV. Er schrieb die sog. »Glossa aurea« zum Liber Sextus (vor 1301), einen unvollständigen Apparat zum Liber Extra und glossierte 20 Dekretalen von Bonifatius VIII., Benedikt XI. und Clemens V.
N. Höhl

Lit.: HLF XXVII, 201–224 – H. Finke, Aus den Tagen Bonifaz VIII., 1902, 126–145, 177–186 – R. A. Steckling, Cardinal Lemoine's Legation to France, 1303 . . ., Res Publica Litterarum 5, 1982, 203–225 [Lit.] – R. M. Johannessen, Cardinal Jean Lemoine and the authorship of the glosses to Unam sanctam, BMCL 18, 1988, 33–41.

146. J. der Mönch, Mönch, geistl. Autor, Palästina, † um 530. Er lebte im Kl. des Abtes Seridus, s. von Gaza. Als Schüler und Gefährte des Mönchs Barsanuphius aus demselben Kl. galt er als große geistl. Autorität ('der Prophet'). Beide wirkten durch eine ausgedehnte Korrespondenz als Seelenführer weit über ihr Kl. hinaus. Ihre Briefe wurden in einer Slg. vereinigt (446 Briefe von J., 396 von Barsanuphius; vor jedem steht regestenartig die vorausgegangene Anfrage). Die Adressaten waren meist Mönche, darunter →Dorotheos v. Gaza. Sie beeinflußten nachhaltig das griech. und russ. Mönchtum. K. S. Frank

Ed.: CPG 7350 – MPG 86, 891–902; 88, 1811–1838 [unvollständig] – POr 31,3 [mit engl. Übers.] – Frz. Übers.: L. Regnault – P. Lemaire, Solesmes 1972 – *Lit.:* Altaner-Stuiber § 119, 1 – Beck, Kirche, 395f. – DSAM I, 1255–1262.

147. J. de Monte Corvino OFM, 1. Ebf. v. Khan Baliq (Peking), * ca. 1247 Prov. Salerno, † 1328/30 in Khan Baliq. Er war seit den 1280er Jahren Missionar im Vorderen Orient und reiste 1289 im Auftrag Nikolaus' IV. nach Khan Baliq, der Hauptstadt Kublais, des Großkhans der →Mongolen in Cathay (Nordchina). Dort betrieb er seine Mission – lange Zeit ganz auf sich gestellt – gegen die Anfeindungen der einheim. →Nestorianer, aber offenbar hochgeachtet vom Khan. Über seine Erfolge berichtete er mit bemerkenswerten Details seiner Missionsmethoden in zwei Briefen (1305, 1306) nach Europa; diese veranlaßten Clemens V., ihn 1307 zum Ebf. mit sechs Suffraganen und einer Prov., die zunächst große Teile Asiens umfaßte (Reg. Clem. V., nrr. 2300/2301), zu weihen. F. Schmieder

Ed.: Briefe: A. van den Wyngaert (Sinica Franciscana I, 1929), 333–355 [weitere Nachrichten über J.: ebd., 365/368, 373/377, 492/494, 529/530; JA 2. ser. 6, 1830, 58f.] – *Lit.:* A. van den Wyngaert, Jean de Mont Corvin O.F.M. premier évêque de Khanbaliq (1247–1328), 1924 – J. Richard, La papauté et les missions d'Orient au MA, 1977 – G. Fedalto, La chiesa latina in Oriente I, 1981².

148. J. Moschos, Mönch und Hagiograph, * um 550 Aigai (Kilikien), † 621/634 Konstantinopel. In jungen Jahren als Mönch in den Lauren Palästinas, ca. 578/579–592/593 in Ägypten. In der Folge besuchte er die Mönchsgemeinschaften in der Nähe von Jerusalem, am Jordan und am Toten Meer. 603–606 floh er vor den Persern mit seinem geistl. Sohn, dem späteren Patriarchen v. Jerusalem, →Sophronios (mit dem er gemeinsam die Vita des Johannes Eleemon verfaßte), nach Syrien und Kilikien, kehrte jedoch schließlich nach Ägypten zurück, wo er bis 614 blieb. Nach der Einnahme Jerusalems durch die Perser reiste er mit Sophronios nach Konstantinopel, wo er sich wahrscheinl. im Eukratadenkl. niederließ (Beiname Eukratas in den Hss.). In seinen letzten Lebensjahren schrieb er die Erinnerungen an seine Pilgerfahrten nieder, in Form von Apophthegmata oder kurzen erbaul. Erzählungen, die er kennengelernt hatte, in den Mund legte. Sein Λειμών (»Wiese«, »pratum [spirituale]«) betiteltes, Sophronios gewidmetes Werk zeigt sprachl. eine interessante Entwicklungsstufe der Koiné. Es verarbeitet u. a. Elemente antiker Novellistik und volkstüml. Motive. Viel Raum nimmt die Verteidigung der chalcedonens. Glaubensdogmen gegen die Lehren der Arianer, Nestorianer und Monophysiten ein. Wertvoll sind die Zeugnisse über Liturgie, Mönchtum und Alltagsleben der ö. Prov. en des Imperiums kurz vor der Eroberung durch die Araber. J.' in mehrere oriental. Sprachen übers. Werk ist in zahlreichen Hss. überliefert. Die Gliederung in kurze, autonome Kapitel förderte das Entstehen von erweiterten Fassungen, die andere Elemente der Erbauungslit. übernahmen.

R. Maisano

Ed.: MPG 87/3, 2843–3116 – *Lit.*: CPG III, 1979, 379–381 – DSAM VIII, 632–640 - TRE XVII, 140–144 [Lit.] – H. CHADWICK, J. M. and His Friend Sophronius the Sophist, JTS 25, 1974, 41–74 – PH. PATTENDEN, The Text of the P.S., JTS 26, 1975, 38–54 – G. M. Il prato, hg. R. MAISANO, 1982 [Lit.] – DERS., Tradizione orale e sviluppi narrativi nel P. di G. M., BollGrott 38, 1984, 3–17 – C. PASINI, Il monachesimo nel P. di G. M., VetChrist 22, 1985, 331–375.

149. J. de Muris (Jehan de Murs), frz. Mathematiker, Astronom, wohl einflußreichster spätma. Musiktheoretiker. [1] *Leben und musiktheoret. Werk*: * um 1300 Diöz. Lisieux (Normandie), † um 1350 Paris (?), lehrte ab 1321 an der Sorbonne. Von seinen Werken waren für seine und die folgende Zeit v. a. wichtig: »Musica practica« (Abh. über musikal. Zeitmessung und Isorhythmie); das Hauptwerk »Musica speculativa secundum Boetium«, eine math. interpretierende Zusammenfassung bestimmter Gedanken über musikal. Proportionen und Monochordmessung aus →Boethius' »De institutione musica«; »Libellus cantus mensurabilis« (Autorschaft unklar) als grundlegende Darstellung der mensuralen Errungenschaften der →Ars nova. Seine Bedeutung zeigt sich auch in der fälschl. Zuschreibung vieler nicht authent. gesicherter Musiktraktate (vgl. z. B. →Jacobus v. Lüttich).

H. Leuchtmann

Ed.: GERBERT III, 190–257, 292–301, 312–315 – O. STRUNK, Source Readings in Music Hist., 1950, 172–179 – COUSSEMAKER II, 46–48, 59–69 – *Lit.*: MGG – NEW GROVE – RIEMANN, s. v. – U. MICHELS, Die Musiktraktate des J. de M., 1970 – M. HAAS, Musik zw. Mathematik und Physik ... (Fschr. A. VOLK, 1974), 31ff. – K.-J. SACHS, Der Contrapunctus im 14. und 15. Jh. ..., 1974.

[2] *Mathematik und Astronomie*: Mit Ausnahme einer frühen Schrift zur Kalenderreform (1317) entstanden die meisten seiner Werke in Paris. Sein als Prosimetrum geschriebenes math. Hauptwerk »Quadripartitum numerorum« in 4 B. verfaßte er 1343. Ein anderes math. Werk, »De arte mensurandi«, stammt in Teilen von ihm. Seine »Arithmetica speculativa« entstand wohl etwa im selben Zeitraum wie seine berühmte »Musica speculativa« (1323). Er schrieb eine Abhandlung über die Sinusrechnung (»Figura inveniendi sinus kardagarum«) und bereits 1321 »Canones tabule tabularum«, eine Zusammenstellung von Tabellen für das Rechnen mit sexagesimalen und gewöhnl. Brüchen.

H. L. L. Busard

Lit.: DSB VII, 128–133 – H. L. L. BUSARD, The second part of Chapter 5 of the De arte mensurandi by J. de M. (Boston Stud. in the Philos. of Science XV; 1974: For D. STRUIK), 147–167 – M. CLAGETT, Archimedes in the MA, III, 1978, 3–123 – G. L'HUILLIER, Aspects nouveaux de la biographie de Jean de Murs, AHDL, 55, 1980, 272–276 – E. POULLE, Jean de Murs et les Tables alphonsines, AHDL 55, 1980, 241–271.

150. J. Nepomuk →Johannes v. Pomuk

151. J. (Jan) Ostroróg, poln. Humanist und polit. Schriftsteller, * um 1436 in Ostroróg, † (nach 3. Juni) 1501, stammte aus hochadliger Familie (Eltern: Stanislaus und Beatrice), stud. seit 1450 in Wien, Erfurt und Bologna, dort 1459 Dr. utr. iur. In Polen Eintritt in die kgl. Kanzlei, Gesandter bei der röm. Kurie (1464, 1466–67), später hoher territorialer Amtsträger (1465 Kastellan, 1493 Landeshauptmann v. Großpolen, 1500 Palatin v. Posen). J. tritt in seinem berühmten staatspolit. Traktat (»Memoriale«), verf. um 1477, nachdrückl. für eine Stärkung der kgl. Zentralgewalt ein; auf kirchl. Gebiet wendet er sich gegen die Ordinations-, Appellations- und Steuerrechte (→Annaten) der Kurie und die Privilegien von Kl.n und Geistlichkeit; im verfassungsmäßig-polit. Bereich fordert er die Konstituierung einer über den Ständen stehenden kgl. Gewalt, Vereinheitlichung des Gerichtswesens, Abschaffung der Appellationen nach →Magdeburg und der Sonderstellung des dt. Rechtes, Einführung des Polnischen als Gerichts- und Predigtsprache anstelle des Dt., Begrenzung der Zunft- und Gildenprivilegien in den Städten u. a.

G. Labuda

Lit.: PSB XXIV, 502–505 – T. WYRWA, Les idées politiques et juridiques de J. O., humaniste polonais du XVe s., RHDFE 53, 1975, 5–35.

152. J. v. Paltz OESA, angesehener Prediger und Autor, * um 1445 Pfalzel bei Trier, † 13. März 1511 Mülheim (heute Ehrenbreitstein), trat als Mag. art. 1467 in das Erfurter Augustinerkl. ein. 1483–95 Theologieprofessor an der dortigen Univ., setzte er sich für die Kl. reform ein und wirkte als Ablaßprediger (1490; 1501). Seine schon zu Lebzeiten wiederholt gedruckten Schr. erweisen ihn als einen klugen Lehrer in allen Fragen des geistl. Lebens. →Augustinerschule.

A. Zumkeller

Ed.: Coelifodina, ed. CHR. BURGER–FR. STASCH, 1983 – Supplementum C.ae, ed. B. HAMM, 1983 – Opuscula, ed. CHR. BURGER u. a., 1989 – *Lit.*: DSAM XII, 145–148 [Werkliste; Lit.] – GINDELE, 238–240 – TEEUWEN, 200f. – M. FERDIGG, De vita, operibus et doctrina J. de P., AAug 30, 1967, 210–321; 31, 1968, 155–318 – B. HAMM, Frömmigkeitstheologie am Anfang des 16.Jh., Stud. zu J.v.P. ..., 1982 – A. ZUMKELLER, Erbsünde, Gnade, Rechtfertigung und Verdienst nach der Lehre der Erfurter Augustinertheologen ..., 1984, 390–452.

153. J. v. Paris (Parisiensis, Quidort, nicht ident. mit J. Pungensasinum, J. Allodio, Aurelianus) OP, † 22. Sept. 1306, 1303 nachweisl. Mitglied des Dominikanerkonvents von St. Jakob, Paris; 1304 Lic. und mag. theol., Paris. Fragl. ist, ob er das Correctorium »Circa« (ed. J. P. MULLER, 1941), die frühen philos. Werke und die Predigten des 'praedicator monoculus' (TH. KAEPPELI, APraed 27, 1957, 120–167) verfaßt hat. Das Correctorium »Circa« und der Sentenzenkomm. (um 1292–96; B. I–II, ed. J. P. MULLER, 1961, 1964) weisen große sachl. Divergenzen auf. Ab 1300 schrieb er: »Über die Ankunft Christi«; »Über den Antichrist« (1300); 1302 eine »Quaestio de potestate papae« (»Rex pacificus«) und den Traktat »Über kgl. und päpstl. Gewalt« (1302/03; ed. F. BLEIENSTEIN, 1969). Hier begründet er erstmalig die polit. Macht naturrechtl. (Aristoteles), ohne die kirchl.-hierarch. Potestas transzendentaltheol. 1304: »De confessionibus audiendis« (ed. L. HÖDL, 1962); 1304/05: »Quaestiones de Quodlibet« (ed. J. A. HEIMAN, 1956). Die Determination »De modo existendi corpus Christi« (ed. A. PATTIN, 1977) führte zu scharfen Auseinandersetzungen mit der theol. Fakultät und zum bfl. Entzug der Lehrerlaubnis (1305). Er appellierte an den Papst und ging an die röm. Kurie nach Bordeaux, wo er starb, bevor es zur Entscheidung kam.

M. Gerwing

Lit.: TH. KAEPPELI, Scriptores OP MA II, 1975, 517–524 [Werke und Ed.] – A. PATTIN, Angelicum 54, 1977, 184–189, 190–206 [Ergänzung] – L. HÖDL, RTh 33, 1966, 81–114 – P. SENGER, Speculum 56, 1981, 41–55 – M. GERWING (Universalität und Toleranz, hg. N. KLIMEK, 1989), 49–68.

154. J. v. Parma OFM, sel. * 1208, † 1289, Camerino. Studien in Paris, lehrte in Bologna und Neapel. 1247 Generalminister. Trotz Priesteramtes und Univ. bildung vertrat J. die urspgl. Lehren des hl. →Franziskus (Demut und Armut in evangel. Geiste, Handarbeit auch für die Ordensminister). 1254 wies er den Wunsch des Generalkapitels in Metz nach Konstitutionen zurück, da er die Befolgung der Regel und des Testaments des hl. Franziskus für ausreichend erachtete. In der Auseinandersetzung zw. den Professoren aus Weltklerus und Ordensstand an der Univ. Paris (→Bettelorden) bezog er energ. Stellung. Durch strenge Visitation der Ordensprov.en und den Versuch, die zur familia eines Kard.s gehörenden sog. fratres palatini in die Konvente zurückzurufen, erregte er das Mißfallen der nunmehr an ein weniger rigoroses Leben gewöhnten Fratres, die ihn beim Papst des Joachimitismus (→Joachim v. Fiore, →Gerhardus v. Borgo S. Donnino), anklagten. Ob dies berechtigt war, läßt sich aufgrund der spärl. Q. nicht klären (→Salimbenes »Spiritualis vir et ... maximus joachita« könnte auch nur bedeuten, daß J. Franziskus eine eschatolog. Funktion zuschrieb). Anscheinend auf Veranlassung Alexanders IV. dankte J. auf dem außerordentl. Generalkapitel 1257 in Rom ab, bestimmte als Nachfolger →Bonaventura und zog sich in den Eremus Greccio zurück. Vom neuen Generalminister des Joachimitismus angeklagt, wurde er unter Vorsitz des späteren Papstes Nikolaus III. freigesprochen. J. starb auf einer Legationsreise zu Unionsverhandlungen der lat. und griech. Kirche. Bes. wichtig unter seinen Schriften ist das mit dem Generalmeister OP →Humbert v. Romans 1255 verf. Rundschreiben, das den Frieden und Willen zur Zusammenarbeit zw. beiden Orden betont.   E. Pásztor

Lit.: →Franziskaner A.I. (G. DE PARIS–J. MOORMAN).

155. J. Philoponos (Grammatikos), bedeutender Philosoph und Theologe in Alexandreia, * um 490, † um 570. Wohl von Jugend an Christ (Beiname deutet auf Zugehörigkeit zur religiösen Laienorganisation der Philoponoi), war er nach Studien beim Grammatiker Romanos und an der Hochschule von Alexandreia beim Philosophen Ammonios Hermeiu selbst Grammatiklehrer (daher 2. Beiname); aus dieser Zeit stammen wohl seine beiden grammat. Schr. (zur Akzentlehre). Obwohl nie Lehrer der Philosophie, verfaßte er Komm. zur Isagoge des Porphyrios und zu Werken des Aristoteles (Kategorien, Analytica priora und posteriora, De generatione et corruptione, Physik, Meteorologica und De anima B. III 4–8 [nur in lat. Übers. erhalten]); z. T. sind diese Komm. erweiterte Nachschr. der Vorlesungen des Ammonios. Weiter kommentierte er des Nikomachos v. Gerasa Einf. in die Arithmetik und schrieb die älteste erhaltene Anweisung zum Gebrauch des →Astrolabiums. Ob die ihm in Hss. zugeschriebenen mod. Traktate echt sind, bedarf noch der Klärung. Aristoteles und dem Neuplatonismus gegenüber nahm er eine krit. Haltung ein, was ihm heftige Angriffe des Simplikios eintrug. In den Schr. »De aeternitate contra Proclum« (18 B.) und »Contra Aristotelem« bekämpfte er deren Lehre von der Ewigkeit des Kosmos; ebenso wandte er sich gegen die aristotel. Lehre vom Äther als der in ewiger Kreisbewegung befindl. quinta essentia. Anders als Aristoteles erklärte er die Wurfbewegung durch die Theorie des Impetus, den der Werfer dem geworfenen Gegenstand mitteile (→Bewegung, →Dynamik) und übertrug das vis-impressa-Prinzip auch auf die Gestirnbewegung. Ab ca. 553 wandte er sich theol. Problemen zu: Im Hexaemeronkomm. »Περὶ κοσμοποιίας« deutete er den bibl. Schöpfungsbericht mit Hilfe antiker Naturphilosophie. Im »Διαιτητής« (nur syr. erhalten) suchte er den monophysit. Christologie mit philos. Argumenten abzustützen; in der Schr. über die Trinität vertrat er eine nur begriffl., nicht aber reale Einheit der drei göttl. Personen (Tritheismus). Schließlich bestritt er die leibl. Auferstehung des Menschen. Wegen dieser Lehrabweichungen verurteilte ihn das Konzil von 680/681 als Häretiker. Seine Argumente gegen die Weltewigkeitslehre wurden von den Byzantinern (z. B. Nikephoros Blemmydes) aufgenommen und waren auch den arab. Philosophen bekannt. Seine Korrekturen der aristotel. Physik spielen in den physikal. Theorien der frühen NZ eine wichtige Rolle.   W. Lackner

Ed.: CAG XIII–XVII – CPG II, Nr. 7260–82 [weitere Ed.] – DSB VII, 134–138 – Lit.: DThC VIII, 831–839 – TRE XVII, 144–150 [Ed., Lit.] – RE IX, 1764–1795 – TOTOK II, 173f. – W. WOLSKA-CONUS, Latopographie chrétienne de Cosmas Indicopleustès, 1962, 147–192 – M. WOLFF, Fallgesetz und Massebegriff: Zwei wissenschaftshist. Unters. zur Kosmologie des J. Ph., 1971 – T. S. LEE, Die gr. Tradition der aristotel. Syllogistik in der Spätantike, 1984 – R. SORABJI, Ph. and the rejection of Aristotelian science, 1986 – CHR. WILDBERG, John Philoponus' Criticism of Aristotle's Theory of Aether, 1988 – K. VERRYCKEN, The Development of Philoponus' Thought and its Chronology (Aristotle Transformed. The Ancient Commentators and their Influence, 1990), 233–274.

156. J. de Phintona, Kanonist des 13. Jh. (von GILLMANN wiederentdeckt), * vielleicht in Fintona (Irland) oder Findon (Schottland), obwohl der Zusatz in seiner Sigle uneinheitl. ist, Kommentator des Decretum Gratiani, der Dekretalen Gregors IX. und Verf. von Quaestionen, wie sich aus Zitaten im Rosarium des →Guido v. Baysio (1300) ergibt. Von ihm stammt die Unterteilung der Distinktionen und Quaestionen des Decretum Gratiani in Divisiones (Partes). Über seine Biogr. ist nichts bekannt. Wegen der Verwendung des innozentian. Komm. zum Liber Extra (um 1245) und der Benutzung durch Guido ergibt sich als zeitl. Ansatz die 2. Hälfte des 13. Jh.   N. Höhl

Lit.: DDC VI, 115f. – F. GILLMANN, J. v. Ph. ein vergessener Kanonist des 13. Jh., AKKR 116, 1936, 446–484 – KUTTNER, 20 Anm. 2; 86.

157. J. de Plano Carpini (Giovanni da Pian del Carpine) OFM, * ca. 1182 bei Perugia, † ca. 1252 in Antivari, bekannt durch seine Zentralasienreise, die er als Gesandter Innozenz' IV. zu den das Abendland gefährdenden →Mongolen 1245–47 im Interesse eines religiös-polit. Wunschprogramms (Bekehrung der Mongolen, Gewinnung anti-islam. Bundesgenossen) unternahm. Von Lyon aus gelangte er über Breslau und Kiev zum Azov'schen Meer, um da über die Dsungarei bis in die Nähe der Residenzstadt Karakorum. Die Rückreise endete wieder in Lyon. Obwohl diplomat. erfolglos, hat J. de P.C. im Rahmen seines (geogr. wohl ungenauen) Reiseberichts (neun Bücher) die für das Abendland erste ausführl. und wertvolle, auf Eigenbeobachtungen basierende Beschreibung der Mongolei vorgelegt.   M. Kratochwill

Q. und Lit.: J. de P.C., Gesch. der Mongolen und Reisebericht 1245–1247, übers. und erl. F. RISCH, 1930 – G. DAINELLI, Missionarie mercadanti rivelatori dell'Asia nel Medio Evo, 1960 [La Conquista della Terra..., 5, 119–146] – D. HENZE, Enzyklop. der Entdecker und Erforscher der Erde, I, 1978, 502–505.

158. J. Plusiadenos, Metropolit v. Methone, Peloponnes (unter dem Namen Joseph), Musiktheoretiker, * um 1430 auf Kreta, †9. Aug. 1500 (Eroberung v. Methone durch die Türken). Um 1455 Priester, konnte er Latein und betätigte sich als Hss.kopist, bekleidete hohe kirchl. Ämter in Candia und reiste mehrmals nach Venedig. Seine anfängl. Ablehnung des Unionskonzils v. Florenz änderte sich wahrscheinl. unter dem Einfluß von Kard. →Bessarion. Er verfaßte eine Apologie gegen Markos Eugenikos und einen Kanon auf Thomas v. Aquin. Sein Interesse für die Kirchenmusik äußert sich in einer theoret. Schrift Ἑρμηνεία τῆς παραλλαγῆς.   Ch. Hannick

Lit.: DSAM VIII, 1365-71 – HUNGER, Profane Lit. II, 208 [HANNICK] – PLP Nr. 23385 – Tusculum-Lex., 420f. – M. MANOUSSAKAS, Recherches sur la vie de Jean Plousiadenos (Joseph de Methone), REB 17, 1959, 28-51 – TH. ZESES, Die Glaubwürdigkeit der Schr. von J. Plousiadenos, JÖB 32/4, 1981, 347-355 – A. E. ALYGIZAKES, Ἡ ὀκταηχία στὴν ἑλληνικὴ λειτουργικὴ ὑμνογραφία, 1985, 235-239.

159. J. de Polliaco (Pouilly, Picardie), † nach 1321, 1295 Mag. art. in Paris, 1307-12 Mag. theol., Schüler und Nachfolger →Gottfrieds v. Fontaines, vertrat wie dieser gegen →Heinrich v. Gent einen krit. Neuaristotelismus (z. B. intellektualist. Willenslehre). Er wirkte als Gutachter im Templerprozeß (1307), gegen die ps.-myst. Schr. der Margareta Poreta (1310) und auf dem Konzil v. Vienne (1311-12) in den beiden Kommissionen über die Rechtgläubigkeit des Petrus Johannis Olivi um das Armutsverständnis der Bettelorden. Gegen die Bulle 'Inter cunctas' Benedikts XI. (1304) bestritt er im Anschluß an Heinrich v. Gent den Bettelorden das Recht, in den Pfarreien ohne Erlaubnis der Pfarrseelsorger zu predigen und das Sakrament der Buße zu spenden. Nach theol. Auseinandersetzungen mit den Mendikantentheologen in Paris (→Herveus Natalis, →Petrus de Palude u. a.) wurde er 1318 an der Kurie in Avignon wegen 13 Irrtümern über Kirchenverfassung und päpstl. Vollmacht angeklagt. Mit der Konstitution 'Vas electionis' (24. Juli 1321; DENZINGER-SCHÖNMETZER, Nr. 921-24) verurteilte Johannes XXII. 3 Sätze. Am 27. Juli des Jahres widerrief J. in Paris. L. Hödl

Werke (nur hs. überliefert): Quodlibet I-V (P. GLORIEUX, Litt. quodl. I, 223-228), Quodl. VI (L. HÖDL, MGI 3, 1959, 11-30), 9 Quaest. ordinariae, Quaest. disp. (Cod. lat. Paris. 15371 und 3228, 60r-105v), Responsio I und II (Verteidigungsschr.) – *Lit.:* R. ZEYEN, Die theol. Disputation des J. zur kirchl. Verfassung, 1976 (Europ. Hochschulschr. XXIII, 64).

160. J. v. Pomuk (J. Nepomucensis, J. v. Nepomuk), hl., Märtyrer (Fest 16. Mai), * vor 1350 Pomuk (Südwestböhmen; seit dem 15. Jh. Nepomuk), † 20. März 1393 Prag, vermutl. dt. Herkunft. J. ist seit 1369 als Notar, Protonotar und Sekretär der ebfl. Kanzlei in Prag belegt, 1380 Priesterweihe, 1380/81 Pfarrer der St. Gallus-Kirche, 1381 Baccalaureus der Jurist. Fakultät der Prager Univ. Er setzte sein Studium in Padua fort, wo er 1387 zum Dr. des Kirchenrechts promovierte. Nach seiner Rückkehr erlangte J. im Dienst des ebfl. Hofes mehrere kirchl. Würden und wurde 1389 zum Generalvikar ernannt. In dem sich verschärfenden Kampf um die Lösung des päpstl. Schismas geriet J., der dem Ebf. →Johannes v. Jentzenstein nahestand, in Konflikt mit Kg. →Wenzel IV. Nachdem J. 1393 durch die Bestätigung eines neugewählten Abtes in Kladrau die Errichtung eines dem Kg. polit. verbundenen Bf.ssitzes in Kladrau verhindert hatte, ließ ihn Wenzel IV. am 20. März 1393 gefangennehmen, fast zu Tode foltern und von der Karlsbrücke in die Moldau hinunterstoßen. Bestimmte Q. des 15. Jh. berichten, Grund der Marterung sei gewesen, daß J. sich im Verhör weigerte, das Beichtgeheimnis der Kgn. zu brechen.

Der ans Moldauufer gespülte Leichnam wurde zuerst in der Hl. Kreuz-Kirche, 1396 im Veitsdom bestattet. Kurz nach seinem Tode wurde J. vom Prager Ebf. als Märtyrer bezeichnet; bald setzte in Böhmen die Verehrung ein, die zwar im 16. Jh. zunahm, jedoch erst seit dem 17. Jh. mit den Rekatholisierungsbestrebungen zum Blühen kam. 1721 selig-, 1729 heiliggesprochen. Darstellung: v. a. Brückenheiliger, zu seinen Attributen gehören Talar, Märtyrerpalme, Haupt umgeben von fünf Sternen, hält oft Zunge oder Kruzifix in der Hand bzw. die Finger an den Mund. Sein Kult verbreitete sich bes. in Böhmen, Dtl. und Österreich.

Lit.: LCI VII, 153-157 – LThK² V, 1065 – A. H. WRATISLAW, Life, Legend and Canonisation of S. John Nepomucene, 1873 – R. E. WELTSCH, Archbishop John of Jenstein, 1968 – J. V. POLC–V. RYNEŠ, Svatý Jan Nepomucký I, II, 1972 – J. KADLEC, Přehled církevních dějin českých, I-II, 1977.

161. J. v. Posilge, Chronist, † 19. Juni, wohl 1405; Herkunft aus Posilge ö. v. Marienburg durch Beinamen erwiesen. J. studierte vielleicht in Prag, wo 1368-86 zwei Studenten aus Posilge begegnen, war 1372-74 Pfarrer in Dt. Eylau und Schiedsrichter in einem Streit zw. dem Dt. Orden und dem Bf. v. Ermland, seit 1376 Official des Bf.s v. Pomesanien in Riesenburg und Pfarrer in Ladekop. Da das Todesjahr unsicher ist (1406 wird ein anderer Official genannt), bleibt unklar, ob J., dessen lat. abgefaßte, nur in einer dt. Übers. erhaltene Chronik die Jahre 1360-1419 umfaßt, noch nicht doch über 1405 hinaus gelebt und selbst weiter geschrieben hat. J. ist gut informiert, flicht Aktenstücke ein, beschränkt sich nicht auf den Dt. Orden, sondern schreibt eine preuß. Landeschronik mit zahlreichen außen- und innenpolit. Details; er erkennt klar den äußeren Machtverfall des Dt. Ordens und die aufklaffenden Gegensätze zw. Ordensregierung, Städten und Landesadel, deutet aber erstmals ein gemeinpreuß. Heimat- und Solidaritätsgefühl an. Sein Werk gilt als bedeutende Leistung der Geschichtsschreibung im Ordenslande Preußen. M. Hellmann

Ed.: J. s v. P. Chronik des Landes Preußen, ed. E. STREHLKE (SSrerPruss III, 1866, 13-57 [Einl.]; 79-397 [Text]) – *Lit.:* ADB XXVI, 458f. – NDB X, 566 – Verf.-Lex.² V, 466ff. – M. TOEPPEN, Gesch. der Preuß. Historiographie, 1853, 35ff. – H. BAUER, Peter v. Dusburg und die Gesch.sschreibung der Dt. Ordens im 14. Jh. in Preußen, 1935, 79-93 – K. HELM–W. ZIESEMER, Die Lit. des Dt. Ordens, 1954, 168-172 – U. ARNOLD, Stud. zur preuß. Historiographie des 16. Jh., 1962, 20ff.

162. J. Pupper (Capupper) v. Goch, Theologe, * um 1400 Goch am Niederrhein, † 28. März 1475 Thabor bei Mecheln; 1459 Gründer des OSA-Kanonissenstifts Thabor und Leiter bis zu seinem Tode; Verf. von 4 theol. Werken (Hauptwerk: »De libertate religionis christianae«, 1473), in denen er einen »nominalist. Augustinismus« gegen die scholast. Schultheologie vertritt. Die hs. Verbreitung ist unklar, die erkennbare Wirkungsgesch. beginnt mit dem von ndl. Humanisten hg. Erstdruck, Antwerpen 1521-23; Textänderungen der Hg. im reformator. Sinn sind nicht auszuschließen. Aufgrund von Luthers Anerkennung von ULLMANN als »Vorreformator« gesehen, wird J. in der jüngeren Forsch. als »Reformtheologe« charakterisiert. M. Ditsche

Lit.: HKG III/2, 698f., 711f. – LThK² V, 1038 – C. ULLMANN, Reformatoren vor der Reformation, I, 1866², 17-148 – R. R. POST, J. P. v. G., Nederlands archief voor kerkgeschiedenis NS 47, 1965/66, 71-97 – L. ABRAMOWSKI, Die Lehre vom Gesetz und Evangelium bei J. P. v. G. ..., ZThK 64, 1967, 83-98 – Wegbereiter der Reformation, hg. G. A. BENRATH, 1967 [Werkauszüge in dt. Übers.] – R. R. POST, The Modern Devotion, 1968.

163. J. Quidort → Johannes v. Paris

164. J. (Stojković) v. Ragusa OP, Theologe, * 1390/95 in Ragusa (Dubrovnik), † ca. 20. Okt. 1443 in Lausanne; 1414-17 Studium in Padua, 1417-22 in Paris, dort 1420 Dr. theol. 1417 besuchte er das Konzil v. →Konstanz und nahm als Univ.sgesandter 1423/24 am Konzil v. →Pavia-Siena teil, wo er für die Kirchenreform kämpfte. Anschließend lehrte er an der Univ. Bologna und wurde 1429 Prokurator seines Ordens an der Kurie. Am 23. Juli 1431 eröffnete J. in Vertretung des Kard.s →Cesarini das Konzil v. →Basel, wirkte bei der Geschäftsordnung mit und stieg dort neben →Johannes v. Segovia zum führenden Theologen auf. Bedeutend waren seine Disputationen mit dem

Hussiten Johann →Rokycana über Laienkelch und Kirche. Seine konziliare Ekklesiologie (→Konziliarismus), die er später im »Tractatus de ecclesia« entfaltete, fußt auf neuartiger Schriftexegese und versteht die Kirche stark christozentr. als Glaubens- und Gnadengemeinschaft, deren integrale Darstellung im unfehlbaren Konzil erfolgt. Sie erkennt aber den päpstl. Jurisdiktionsprimat an. Das Basler Konzil schickte ihn im Mai 1435 nach Konstantinopel, von wo er die Griechen zum Unionskonzil führen sollte. Die Mission scheiterte, als diese sich für die päpstl. Synode in →Ferrara entschieden. Im Jan. 1438 kehrte J. resigniert zurück und wurde Titular-Bf. v. Ardjisch. Er blieb ein profilierter Verteidiger des Basiliense, so auf dem Mainzer Reichstag 1439, nahm am Basler Konklave teil und wurde Kard. des Gegenpapstes →Felix V., an dessen Kurie er starb.

J. Helmrath

Ed.: Liste der Werke (vielfach uned.) bei: A. KRCHŇÁK, De vita et operibus Ioannis de Ragusio, 1960, 50–95 – W. BRANDMÜLLER (Das Konzil v. Pavia-Siena, II, 1974), 89–190 – Monumenta one. generalium, I, 1857, 1–131; 135–286 – MANSI XXIX, 699–868 – RTA XIII, 252–328; XV, 204–220 – Tractatus de ecclesia, ed. F. SANJEK, 1983 – Tractatus de auctoritate conc., Basel Univ. Bibl. A IV 17, f. 134r–296r – *Lit.*: KAEPPELI II, 532f. – W. KRÄMER, Konsens und Rezeption, 1980 – Misao i djelo Ivana Stojkovića, hg. F. SANJEK, 1986 [Aufs.] – J. HELMRATH, Das Basler Konzil, 1987.

165. J. de Ripa (Ripatransone) OFM, erklärte zw. 1354 und 1357 in Paris die Sentenzen. Im Ansatz seines Denkens ist er von →Joh. Duns Scotus geprägt; entwickelte aber dessen Grundbegriffe der Erkenntnislehre – notitia, distinctio, formalis, intuitio de non existentibus – in der augustin.-eriugenist. Tradition weiter. Er lehrte die Möglichkeit der Mitteilung göttl.-schöpfer. Gewalt an ein Geschöpf und verstand die Rechtfertigung des Sünders als dessen »acceptatio« durch Gott. In der Naturphilos. arbeitete er mit dem Begriff der »intensio« und »remissio formarum«. L. Hödl

Werke: Sentenz.Komm. vgl. STEGMÜLLER, RS n. 485 – Prologi Quaest. I–II, ed. A. COMBES, 1961 – Prologi Quaest. ultimae, ed. DERS.-F. RUELLO, 1970 – Conclusiones, ed. A. COMBES, 1957 – Determinationes, ed. DERS., 1957 – Quaest. De gradu supremo, ed. DERS.-F. VIGNAUX, 1964 – *Lit.*: LThK² V, 1960, 1075 – ECatt VI, 1951, 603 – H. SCHWAMM, Mag. J. de R. doctrina de praescientia div., 1930 – M. DE WULF, Hist. de la Phil. Méd. III, 1947, 81–85, 88f. – F. PREZIOSO, La teoria dell'intuizione nel pensiero di Giov. M. de Marca, 1951 – A. COMBES, AHD 23, 1957, 145–242; 25, 1958, 89–112 – P. VIGNAUX, Mél. E. GILSON, 1959, 661–672 – W. DETTLOF, BGPhMA 40.2, 1963, 205–236 – P. VIGNAUX, Jean Scot Erig. 1977, 433–439 – E. BORCHERT, VGI 21, 1–2, 1974.

166. J. v. Roquetaillade (J. de Rupescissa) OMin, *Marcolès bei Aurillac, † nach 1365, widmete sich vor dem Ordenseintritt dem Studium der Philosophie und der Naturwiss. Im Orden empfing er die Gabe der (übernatürl.) Schau und Weissagung und legte diese im Geiste des →Joachim v. Fiore aus. Mit diesem erwartete er den Pastor Angelicus, der die Kirche zur wahren Armut führt. An den Ordensstudien in Bologna, Paris oder anderswo bekämpfte er mit der endlosen Disputationen der Averroisten. Mit →Ubertino da Casale, →Angelus Clarenus und →Alvarus Pelagius zählt er zu den spiritualen Reformern des Ordens im 14. und 15. Jh. Der maßlose Eifer für die radikale Armut der Kirche und des Ordens brachte ihm lange Kerkerhaft unter Innozenz VI. Von seinen umfangreichen Schr., deren Titel er gelegentl. erwähnt, sind nur wenige erhalten und gedruckt: »Visiones seu revelationes« (London 1690), »Vademecum in tribulatione« (London 1690; Ostensor, London 1690) und die beiden alchemist. Werke »De consideratione quintae essentiae« (Basel

1561), »Liber de confectione veri lapidis philosophorum« (Straßburg 1659). L. Hödl

Lit.: DThC VIII, 800–802 – LThK² V, 1076 – Verf.-Lex.² IV, 724–729 – J. M. POU Y MARTI, Visionarios, Beguinos y Fraticelos Catalanes, 1930, 289–307 – J. BIGNAMI-ODIER, Études sur J. de R., 1952.

167. J. Rucherath v. Wesel, * nach 1400 Oberwesel am Rhein, † 1481 Mainz, studierte seit 1441 in Erfurt, 1445 Mag. art., gab Exercitia zur Alten und Neuen Logik, zur Metaphysik und Physik (vgl. CH. LOHR, Traditio 27, 1971, 276f.), 1456 Mag. theol. Zum hs. erhaltenen Sentenzenkomm. vgl. F. STEGMÜLLER, Rep. Sent. Nr. 506. Im WS 1456/57 war J. Rektor der Univ. 1460 wurde er Domherr in Worms, 1461 an die neugegr. Univ. Basel berufen. 1463 kehrte er als Domprediger nach Worms zurück. Wegen offener Kritik am kirchl. Ablaßinstrument 1477 entlassen, konnte J. noch im gleichen Jahr die Stelle des Dompfarrers in Mainz erlangen. Er trat in Verbindung zu den Hussiten in Böhmen auf Grund der 1479 inkriminierten Traktate über die Verbindlichkeit menschl. Gesetze, über die Kirchengewalt, über die Ablässe und das Fasten. Erhalten ist der Traktat »De indulgentiis« (ed. G. A. BENRATH, Reformtheologen des 15. Jh., 1968, 39–60) und der Prozeßbericht in vier Versionen. Vom Inquisitionsgericht verurteilt, leistete er am 21. Febr. 1479 öffentl. Widerruf; seine Schr. wurden verbrannt, und er erhielt bei den Augustinereremiten in Mainz Kl. haft. Unter Berufung auf die Hl. Schrift schränkte er die Autorität der Väter wie auch der Kirche ein. Das Schriftprinzip machte er auch geltend in den Fragen nach der Kraft und Gültigkeit der Ablässe wie auch in der nach der Verpflichtung der rein kirchl. Satzungen (Fastengebot, Zölibatsverpflichtung, Empfang der Eucharistie unter einer Gestalt). L. Hödl

Lit.: DThC XIV, 145–149 – LThK² V, 1097 – TRE XVII, 150–153 – C. ULLMANN, Reformatoren vor der Reformation I, 1866², 202–346 – R. SAMORAY, J. W. [Diss. masch. Münster, 1954] – E. KLEINEIDAM, Universitas Studii Erfordensis, I–II, 1964–69.

168. J. de Rupella (v. La Rochelle) OFM (seit 1230), † 8. Febr. 1245, studierte in Paris Theologie, 1236 Mag. theol., verfaßte 1241/42 mit seinem Lehrer →Alexander v. Hales und zwei anderen Ordenstheologen die »Expositio quatuor magistrorum super Regulam« (ed. L. OLIGER, 1950). Im Anschluß an die aristotel. Philos. diskutierte er die Probleme der Psychologie, der Freiheit und des Gewissens, der Tugend und Sünde, der Gebote und des Rechts, der Gnade und Sakramente: Tract. De anima et virtutibus, Summa de anima (ed. TH. DOMENICHELLI, 1882), Tract. de divisione multiplici potentiarum animae (ed. MICHAUD-QUANTIN, Text.phil. m.a. 11, 1964), De vitiis et peccatis (unveröffentl.), De gratia (ed. L. HÖDL, MGI 8, 1964), De sacramentis. Viele Quästionen wurden in die Summa Fr. Alexandri aufgenommen, zu der J. als Autor und als Redaktor beigetragen hat. L. Hödl

Lit.: LThK² V, 1077 – C. FABRO, DT 15, 1938, 208–252 – J. B. SCHNEYER, Rep.lat.Serm. III, 703–720 – RBMA III n. 4888–4915 – V. DOUCET, Proleg. in libr. III Summae Fr. Alexandri, 1948, 211–227 [Quästionen] – O. LOTTIN, Psychologie et Morale aux XIIe et XIIIe s., I, 1957², 127–134; II, 1948, 167–172; III, 1949, 707f.; IV, 1954, 852f.; VI, 1960, 150–161, 180–22 – A. FRIES, FSt 34, 1952, 235–265 – E. LIO, Spic. Pont. Ath. Anton. 6, 1953 – DERS., Antonianum 30, 1955, 257–313 – Z. ALSZEGHY, Anal. Greg. 81, 1956 – W. H. STEINMÜLLER, FSt 41, 1959, 310–422 – J. GRÜNDEL, BGPhMA XXXIX 5, 1963, 532–540 – G. PHILIPS, EThL 49, 1973, 100–123.

169. J. de Sacrobosco (J. de Sacro Bosco, John of Holywood [Yorksh.]), in →Paris lehrender Mathematiker der 1. Hälfte des 13. Jh., vermutl. engl. Herkunft, □ Paris, Kl. St-Mathurin; Verf. von vier Lehrschriften zum

Quadrivium: (a) »Algorismus« (späterer Zusatz: »de integris« oder »vulgaris«), (b) »Tractatus de quadrante«, (c) »Tractatus de sphaera« und (d) »Compotus« (»Computus«), von denen (a), (c) und insbes. (d) rasch zu Standardwerken des Univ.sunterrichts wurden und teilweise bis ins 17. Jh. blieben; es sind zahlreiche Handschriften überliefert (die älteste um 1240). Während in (d) als ein Bezugsdatum 1235 (eventuell 1232) genannt ist, stammt der erste Komm. zu (c) von →Michael Scotus aus der Zeit zw. 1231 und 1235. Alle anderen Daten beruhen auf nachträgl. Spekulationen (oder Zusätzen): weitere Schriften sind J. de S. fälschl. zugewiesen worden.

Der »Algorismus« enthält die Arithmetik mit ganzen Zahlen von den Grundrechenarten bis zum Wurzelziehen, der »Computus« die bürgerl. und kirchl. Kalender- und Zeitrechnung, der »(Tractatus) de sphaera« die Grundlagen der geozentr. (sphär.) Astronomie einschließl. der Erdmessung, fußend auf dem →»Almagest« des →Ptolemaios. Die kurzen Traktate sind für den Unterricht vielfach kommentiert worden, am häufigsten der Traktat »De sphaera«, dessen Komm. auch gesondert sowie teilw. mehrfach gedruckt, meist jedoch den Druckausg. des Textes (in Ausw.) beigefügt wurden. Sie enthielten die für den Unterricht wichtigen Neuerungen der astronom. Wissenschaft seit dem 13.Jh. – der 1581 erschienene Komm. von Christopher Clavius auch das copernican. Planetensystem – und übertrafen den Grundtext bald um ein Mehrfaches. Die »Sphaera« ist neben Hunderten von Hss. und Drucken des lat. Textes auch in ma. volkssprachl. Übers. (dt., frz., it., span.) überliefert, z. B. mhd. von →Konrad v. Megenberg, frühnhd. Konrad Heinfogel (krit. Ed. F. B. BRÉVART, Die Dt. Sphaera, 1980). F. Krafft

Ed. und Übers.: Petri Philomeni de Dacia in Algorism vulgarem Johannis de Sacrobosco commentarius, ed. M. CURTZE, 1897 [mit Ed. des Algorismus] – L. THORNDIKE, The Sphere of S. and its Commentators, 1949 – A Source Book in Medieval Science, ed. E. GRANT, 1974 – J. de S., Das Buechlein von der Spera. Abb. der gesamten Überl., krit. Ed., Glossar, ed. F. B. BRÉVART, 1979 – DERS., Eine neue dt. Übers. der lat. Sphaera mundi des J.v.S., ZDA 108, 1979 – Petri Philomenae de Dacia et Petri de S. Audomaro opera Quadrivalia, ed. F. SAABY PEDERSEN, 1983 – Lit.: O. PEDERSEN, In Quest of S., JHA 16, 1985, 175–221.

170. J. v. Salisbury, Bf. v. Chartres seit 1176, Philosoph und Geschichtsschreiber, * ca. 1115/20 in Old-Sarum b. Salisbury, † 25. Okt. 1180, ☐ Chartres, Notre Dame.

[1] *Leben:* Von etwa 1136–47 Studium bei verschiedenen Lehrern (→Wilhelm v. Conches, →Gilbert v. Poitiers, Petrus →Abaelard, Robert v. Melun, Thierry v. Chartres, Robert Pullen u. a.) in Paris, zwischenzeitl. möglicherweise auch in →Chartres, dessen Schule er jedenfalls verbunden war. Später war J. Lehrer für die →Artes liberales in Paris. 1147 zum Priester geweiht, trat er zunächst in den Dienst des Abtes Peter v. Celle, seines lebenslangen Freundes, und seit 1148 des Ebf.s →Theobald v. Canterbury, als dessen Abgesandter er sich zw. 1148 und 1153 mehrfach an der päpstl. Kurie aufhielt. 1154 wurde er Sekretär des Ebf.s und zählte zu den engsten Vertrauten und Ratgebern Theobalds († 1161) und dessen Nachfolgers →Thomas Becket (1162–70). 1156–59 fiel er in kgl. Ungnade. Im Streit zw. Kg. und Kirche wirkte J. mäßigend auf Thomas ein, ging 1163 aber wie jener ins Exil nach Frankreich, 1170 kehrte er nach Canterbury zurück, war seit 1174 Schatzmeister in Exeter und von 1176 bis 1180 Bf. v. Chartres.

[2] *Werke:* Der »Entheticus«, ein 1155 entstandenes, in drei Hss. erhaltenes mlat. Gedicht in 926 Zweizeilern über

das philos. Lehrgebäude, die Notwendigkeit der trivialen Bildung und der antiken Philosophie, bildet entgegen älteren Ansichten nicht einen Prolog zum »Metalogicon«, sondern ein eigenständiges Werk. – Das in neun Hss. erhaltene »Metalogicon« (1159) bietet in vier Büchern einen aus eigener Anschauung gewonnenen, krit. Einblick in den Studien- und Wissenschaftsbetrieb der Zeit. Sein Ziel ist die method. Strukturierung der klass. Bildung; im Mittelpunkt stehen Grammatik, Dialektik und aristotel. Logik. – Den »Policraticus«, sein bekanntestes Werk, hat J. in der Phase der Entfremdung vom Kgtm. 1156–59 in Redaktionsstufen verfaßt. Das aus der Synthese von klass. Tradition und Zeiterfahrung erwachsene W. weitet sich zu einer moralisierenden, zeitkrit. Staats- und Gesellschaftslehre und zu einer auf hohem Bildungsniveau verfaßten philos. Lehrschrift aus (→Fürstenspiegel). Bes. Aufmerksamkeit haben das aus der chartres. Naturlehre abgeleitete organolog. Modell des Staatswesens, das mit der Unterordnung der Glieder letztl. den monarch. Gedanken stärkt (T. STRUVE), und die – als Warnung, nicht als Aufruf zu verstehende – Lehre vom Tyrannenmord erfahren, die bei J. nicht in Widerspruch zur göttl. Strafgerichtsbarkeit steht. In zahlreichen hist. exempla zieht J. die Gesch. als Beweis und Maßstab heran (P. v. MOOS). Die Frage, wieweit er dabei Belege (wie die »Institutio Traiani«) erfunden hat, bleibt strittig. Mit 113 Hss. bildet der »Policraticus« seit der Mitte des 13.Jh. und dann v. a. im Humanismus seine meistbeachtete Schrift. – Die vielleicht früher begonnene, aber erst 1163/64 abgeschlossene, in einer Hs. erhaltene »Historia pontificalis« dagegen, J.' einziges rein historiograph. Werk, ist im MA weitgehend unbekannt geblieben. Im Mittelpunkt dieser aus der Sicht eines Anhängers des Reformpapsttums verfaßten Kirchen- und Papstgesch. der Jahre 1148–52 steht das Reimser Konzil v. 1148 und damit eine Verteidigung Gilberts. – Die weniger bekannte »Vita Anselmi« ist eine 1163 zur Kanonisation →Anselms v. Canterbury bearbeitete, nur in einer Hs. erhaltene Kurzfassung der Vita →Eadmers. Die »Vita Thomae« wurde nach der Heiligsprechung Thomas Beckets (1173) verfaßt (12 Hss.). – Die in zwei Slg.en (1153–61, 1161–76) überl. 325 Briefe des J., darunter viele offizielle Schreiben des Ebf.s Theobald, bieten tiefe Einblicke in das Wirkungsfeld, die persönl. Beziehungen, die Anschauungen und die Politik des J., der mit vielen bedeutenden Zeitgenossen in Kontakt stand. – Gemeinsam sind den Schriften des J. eine eth. Grundtendenz, ein bis zur Gegenwartskritik schreitendes Engagement in den polit., kirchl. und intellektuellen Fragen seiner Zeit, ein bes. Verhältnis zur antiken Bildung und gerade hier eine große Belesenheit, wenngleich der »eth. Humanist« (K. GUTH), wie man heute weiß, bei weitem nicht alles aus erster Hand zitiert (J. MARTIN) und die klass. Vorlagen zeitgemäß umgestaltet. H.-W. Goetz

Ed.: Vita Thomae, ed. J. C. ROBERTSON, Materials for the Hist. of Thomas Becket, II (RerBrit 67,2, 1876), 301–322 – John of S.'s Entheticus de dogmate philosophorum, ed. D. J. SHEERIN [Diss. Univ. of North Carolina 1969] – R. E. PEPIN, Traditio 31, 1975, 127–193 [dazu krit.: J. B. HALL, ebd. 39, 1983, 444–447] – Ioannis Saresberiensis Episcopi Carnotensis Metalogicon, ed. CL. C. J. WEBB, 1929 [Erg.: Medieval and Renaissance Stud. 1, 1941/43, 232–236; krit. dazu: J. B. HALL, StM 24, 1983, 791–816] – Ioannis Saresberiensis Episcopi Carnotensis Policratici sive de nugis curialium et vestigiis philosophorum libri VIII, ed. CL. C. J. WEBB, 2 Bde, 1909 [Neudr. 1965] – Historia pontificalis, ed. M. CHIBNALL (Oxford Medieval Texts, 1986²) – Vita Anselmi: MPL 199, 1009–1040 – The Letters of John of S., Vol. I.: The Early Letters, 1153–1161, ed. W. J. MILLOR, H. E. BUTLER, C. N. L. BROOKE, 1955; Vol. II: The Later Letters, 1163–1180, ed. W. J. MILLOR – C. N. L. BROOKE, 1979 [dazu: B. LÖFSTEDT, Acta Classica 30, 1987,

75–80] – *Lit.:* J. MARTIN, John of S. and the Classics [Diss. Cambridge/Mass. 1968] – G. MICZKA, Das Bild der Kirche bei J. v. S., 1970 – M. KERNER, J. v. S. und die log. Struktur seines Policraticus, 1977 – A. LINDER, The Knowledge of John of S. in the Late MA, StM 18, 1977, 315–355 – K. GUTH, J. v. S., 1978 – T. STRUVE, Die Entwicklung der organolog. Staatsauffassung im MA, 1978, 123ff. – W. ULLMANN, John of S.'s Policraticus in the later MA (Fschr. H. LÖWE, 1978), 519–545 – K. GUTH, Standesethos als Andruck hochma. Lebensform, FZPhTh 28, 1981, 111–132 – C. C. NEDERMAN, Aristotelianism in John of S.'s Policraticus, Journal of the Hist. of Philos. 21, 1983, 203–229 – The World of John of S., hg. M. WILKS (Stud. in Church Hist. Subsidia 3, 1984) [Bibliogr.: 1953–82] – K. S. B. KEATS-ROHAN, The Chronology of John of S.'s Stud. in France, StM 28, 1987, 193–203 – C. C. NEDERMAN, The Physiological Significance of the Organic Metaphor in John of S.'s Policraticus (Hist. of Political Thought 8, 1987), 211–223 – DERS., Aristotelian Ethics and John of S.'s Letters, Viator 18, 1987, 161–173 – DERS., A duty to kill..., The Review of Politics 50, 1988, 365–389 – M. KERNER, Die Institutio Traiani – spätantike Lehrschr. oder hochma. Fiktion? (Fälschungen im MA 1, 1988), 715–738 – P. v. MOOS, Gesch. als Topik, 1988.

171. J. (Iacoppi, Coppi) **v. S. Gimignano,** OP, Lector (→Dominikaner, III.2) an verschiedenen it. Konventen, †nach 6. Mai 1333; 1310–13 Prior in Siena, nahm ab 1318 Donationen für S. Gimignano in Empfang. Bedeutender Prediger, verfaßte mehrere Predigtreihen, einen »Liber de exemplis et similitudinibus rerum« (→Exempel), eine »Legenda« der hl. Fina (aus S. Gimignano, † 1253) und vielleicht eine Auslegung des Ecclesiastes (Koh). G. Bernt

Ed.: Leg. s. Finae, AASS Mart. II, 236–242; übrige Werke nur in Hss. oder Drucken vor 1630, s. KAEPPELI – *Lit.:* APraed 9, 1939, 128–183; 10, 1940, 20ff.; 29, 1959, 134 – LThK² IV, 1078 – RBMA III, Nr. 4932–37 – J. B. SCHNEYER, Rep. der lat. Sermones des MA, III, 1971, 722–765 – TH. KAEPPELI, Scriptores OP Medii Aevi, 2, 1975, 539–544.

172. J. v. St-Amand (de Sancto Amando; Jean de St. A.), * nach 1261 in Tournai, † vor 1312. Studierte und lehrte Medizin und Philosophie in Paris. Unter seinen Kompilationen griech. und arab. Autoren gewannen zwei nachhaltige Bedeutung: die »Expositio super antidotarium Nicolai«, ein Therapiebuch, das u. a. Diätetik, Uroskopie sowie die Indikationen des Aderlasses zum Inhalt hatte, ferner das »Revocativum memoriale«, das aus drei B. bestand: den »Areolae« (Kompendium der Pharmakologie), den (sehr wichtigen) »Concordantiae« (Zusammenfassung von Lehrsätzen →Galens und →Avicennas zur Pathologie) sowie den »Abbreviationes librorum Galeni« (Übersicht der hippokrat. und galen. Lehre). J. zeigt antischolast. Ansätze und kritisiert den astrolog. Determinismus der zeitgenöss. Medizin. K. Bergdolt

Lit.: BLA³ I, 108 – SARTON II, 1089–1091 [Lit.] – STEINSCHNEIDER, Übers., 806f. – THORNDIKE II, 510–512 – THORNDIKE-KIBRE, 1843f. [Lit.] – M. NEUBURGER, Gesch. der Medizin, II, 1911, 370–372 – K. GÜNTHER, J. de Sancto Amando, 1922.

173. J., Mönch v. **S. Vincenzo al Volturno,** Vf. des Chronicon Vulturnense, nicht ident. mit dem 1144 gest. Abt Johannes (VI.). J. begann um 1100 seine auf sieben B. geplante und von der von →Leo v. Ostia (Marsicanus) verf. Chronik v. Montecassino und vielleicht auch vom Chronicon Farfense des →Gregor v. Catino beeinflußte Chartularchronik. Vor 1188 zeigte er dem päpstl. Kanzler Johannes v. Gaeta (→Gelasius II.) einen Entwurf oder den ersten Teil. Das Werk blieb unvollendet; die fünf ausgeführten Bücher, die bis 1080 reichen, wurden im 3. Jahrzehnt des 12. Jh. fertiggestellt. H. Houben

Ed.: V. FEDERICI, Il Chronicon Vulturnense del monaco Giovanni, 1–3, Fonti 58–60, 1925–35 – *Lit.:* H. HOFFMANN, Das Chronicon Vulturn. und die Chronik v. Montecassino, DA 22, 1966, 179–196 – A. PRATESI, Il Chronicon Vulturn. del monaco Giovanni (Una grande abbazia altomedievale nel Molise: San V. al V.; Misc. Cass. 51, ed. F. AVAGLIANO, 1985, 221–231).

174. J. Sarracenus, Übersetzer, 12. Jh., übertrug auf Veranlassung des →Johannes v. Salisbury, ausgehend von der Übers. des →Johannes Scottus, die Werke des →Dionysios Areopagites; bereiste nach eigenem Zeugnis auf der Suche nach dessen Schr. Griechenland. »De divinis nominibus« und »De theologia mystica« sind Abt Odo v. St. Denis (→Odo v. Deuil?) zugeeignet. Seine Übers. benutzten →Albertus Magnus, →Thomas v. Vercelli, Petrus Hispanus (→Johannes XXI.), →Thomas v. Aquin, →Dionysius d. Kartäuser. Aus Erwähnungen J.' in Briefen des Johannes v. Salisbury an →Raimund v. Poitiers ist zu vermuten, daß J. ztw. in Poitiers lebte. B. Gansweidt

Ed.: Dionysiaca, Recueil donnant l'ensemble des traductions latins... 2 Bde, 1937/1950 – Briefe: an J. v. Salisbury, MPL 199, Nr. 149 und 230; an Abt Odo, GRABMANN, Geistesleben I, 456f. – *Lit.:* G. THERY, Existe-t-il un comm. de J. Sarrazin sur la »Hiérarchie céleste« du Ps.-Denys?, RSPhTh 11, 1922, 72–81 – DERS., J. Sarrazin, 'Traducteur' de Scot Erigène (Studia Medievalia [Fschr. R. J. MARTIN, 1948]), 359–381 – DERS., Documents concernant Jean Sarrazin, AHDL 25–26, 1950/51, 45–87 – B. FAES DE MOTTONI, 'Corpus Dionysiacum' nel Medievo, Rassegna di Studi 1900–1972, 1977 – E. JEAUNEAU, Jean de Salisbury et la lecture des philosophes, RevAug 29, 1983, bes. 162–173 – R. A. LEES, The Negative Language of the Dionysian School of Mystical Theology I, 1983, bes. 169–181.

175. J. Scot(t)us (Eriugena), Gelehrter ir. Herkunft der Karolingerzeit.

J. wird zum ersten Mal für die Zeit vor 845/846 hist. greifbar als Lehrer der →artes liberales in der Umgebung Karls d. Kahlen, der bewußt an die Bildungspolitik Karls d. Gr. anzuknüpfen suchte. Demgemäß trug J. durch seinen Kommentar zu dem schwierigen Werk des →Martianus Capella, »De nuptiis Philologiae et Mercurii«, zu dessen Einführung in das Studium des Quadrivium bei. Für gut einehalb Jahrhunderte war es dann *das* Lehrbuch der Sieben freien Künste in den Schulen des lat. MA. Für eine Kultur, die chr. sein wollte, hatte er es dadurch anerkennbar gemacht, daß er 'Philologia' als die Verkörperung der wiss. vorgehenden menschl. Strebens nach Weisheit deutete und ihre Vermählung mit Merkur als die damit einhergehende Vergöttlichung des Menschen faßte. Kraft des Hb.s konnte der bisher auf die unabdingbar notwendigen geistigen Bedürfnisse des Klerus eingeschränkte Unterricht in den artes liberales allmähl. um die Beachtung auch des wiss. Eigengewichts einer jeden Disziplin erweitert werden. J. selbst leistete des v. a. für die Logik (dialectica). Er war der erste Gelehrte im Karolingerreich, der sie in seinem Unterricht nicht mehr als weitgehend unverstandenes Bildungsgut bloß weitergab; er erschloß sie vielmehr derart, daß sie in ihrem instrumentellen Wert, näml. als das System jener formalen Regeln, eingesetzt werden konnte, auf das zurückgreifen muß, wer die Wahrheit wiss. aussagen will (scientia veritatis). Doch ist er mehr noch dadurch zum Vater der ma. Logik geworden, daß er sie als die formale Grundlage der sechs anderen freien Künste begriff (mater artium). Damit hatte er sie zum formalen Inbegriff der Wissenschaft erklärt. Besagte bis dahin im Karolingerreich Wissenschaft (philosophia) die Gesamtheit aller im Rahmen der Sieben freien Künste mögl. Aussagen, so besagte sie von nun an, wenn auch vorerst nur bei J., zunächst die Wissenschaftlichkeit einer Aussage, so daß nur solche Sätze wahr zu sein beanspruchen dürfen, die sich log. fehlerfrei aussagen lassen. Wirksam werden konnte die Logik im Schulbetrieb des lat. MA somit erst, seit sie als der Inbegriff der Wissenschaftlichkeit begriffen werden konnte.

Wegen seines wiss. Ansehens wurde J. um 850/851 um ein Gutachten zur Prädestinationsfrage gebeten. Besagt Vorherbestimmung, wie →Gottschalk v. Orbais behauptete, daß Gott trotz des Sündenfalls der Menschheit bestimmte Getaufte auserwählt hat, dereinst in ewiger Glückseligkeit bei ihm zu leben – was zugleich bedeutet, daß alle anderen Menschen zur Verdammnis verurteilt bleiben (gemina praedestinatio) –, oder besagt sie, wie daraufhin die maßgebl. Kirchenführer erklärt hatten, daß Gott durch Jesus allen Menschen noch einmal die Möglichkeit geboten hat, sich durch Taufe und sittl. Lebensführung selbst zu Auserwählten zu machen? Während Gottschalks Antwort auf in sich stimmige Weise erklären konnte, warum dieser Mensch im Unterschied zu jenem getauft werden und zudem ein gottgefälliges Leben führen konnte, jedoch um den Preis der menschl. Willensfreiheit, wurde diese in der Antwort der Kirchenführer zwar gewahrt, jedoch um den Preis einer verminderten Erklärungsleistung. Von J. erwarteten sie eine wiss. und insofern unwiderlegl. Bestätigung ihrer Auffassung. Dieser entnahm in einem method. ersten Schritt der Hl. Schrift die zwei Aussagen, daß Gott der sündigen Menschheit gegenüber barmherzig ist und einen jeden gerecht beurteilt. In einem method. zweiten Schritt folgerte er – und machte dabei die log. Struktur seiner Ableitung auch deutl. erkennbar –, daß diese Sätze die Willensfreiheit zu ihrer notwendigen Voraussetzung haben. Die so aus der Hl. Schrift abgeleitete Willensfreiheit faßte er als die dem Getauften mit der Kenntnis der wahren Weisheitslehre gegebene Fähigkeit, die richtigen Handlungsziele, also jene, die auf Dauer wahrhaft glückl. machen, zu bestimmen und zu verfolgen. In einem method. dritten Schritt belegte er durch entsprechende Zitate aus den Schr. der Kirchenväter die Rechtgläubigkeit seines Freiheitsbegriffs. Damit hatte er in Entsprechung zu seinem formalen Begriff der Wiss. eine neue Methode für die Theologie geschaffen und sogleich angewandt. Offenbar hatte er erkannt, daß die bisherige Methode des Autoritätsbeweises voraussetzt, was sie beweisen soll: die Rechtgläubigkeit der mit ihrer Hilfe als rechtgläubig erst zu erweisenden Auffassung. Eine unwiderlegl. Bestätigung der Auffassung der Kirchenführer konnte für ihn daher nur darin bestehen, sie mit Hilfe der Logik als die notwendige Konsequenz aus entsprechenden bibl. Aussagen zu erweisen und sie dann mittels Kirchenväterzitaten als rechtgläubig zu dokumentieren. Mit dieser Methode war im karol. Schulbetrieb erstmals die Schwelle von vorwiss. zu wiss. Verfahrensweisen überschritten worden. Doch war das zugunsten einer Auffassung von der Prädestinationslehre geschehen, deren Erklärungsleistung von vornherein nicht diejenige der Auffassung Gottschalks erreichen konnte. Das machte es den führenden Gelehrten im Karolingerreich, die fast alle Gottschalks Auffassung teilten, mögl., wenigstens im ksl. Reichsteil eine kirchl. Verurteilung des Gutachtens zu erreichen. Die Folge davon war, daß die neue Methode keinen allg. anerkannten Eingang in den karol. Schulbetrieb finden konnte.

Karl d. Kahlen ließ die zweimalige Verurteilung des Gutachtens unbeeindruckt. Er bezog J. noch stärker in seine Bildungspolitik ein und beauftragte ihn, das bereits von Abt →Hilduin v. St-Denis übersetzte Corpus Dionysiacum (→Dionysios Areopagites C) in verständlicheres Lat. zu bringen. Da J. jedoch wie Hilduin aus Ehrfurcht vor dem Text die wortgetreue Abbildung der gr. Vorlage in lat. Sprache beibehielt, blieb auch die Überarbeitung schwer verständl. Wohl deswegen übersetzte er zusätzl. die »Ambigua« des →Maximos Homologetes, die schwierige Stellen auch aus dem Corpus Dionysiacum kommentiert. Im Auftrag des Kg.s übertrug er auch die »Quaestiones ad Thalassium«, Maximos' anderes theol. Hauptwerk. Im Zusammenhang mit einem eigenen Komm. zu »De caelesti hierarchia« überarbeitete er erneut die Übers. dieser Schrift des Corpus Dionysiacum. Mit Sicherheit hat J. auch →Gregors v. Nyssa »Περὶ κατασκευῆι ἀνθρώπου« unter dem Titel »De imagine« übersetzt. Gute Gründe sprechen für die Annahme, er könne auch →Basilius' »Hexaëmeron«, den »Ancoratus« des →Epiphanios (1. E.) und die »Solutiones ad Chosroem« eines gewissen Priscianus Lydus übersetzt haben.

Gemäß der chr. Überzeugung, in der Hl. Schrift die wahre, weil göttl. verbürgte Weisheitslehre zu besitzen, hatte Karl d. Gr. dafür gesorgt, daß sich jeder Bf.ssitz und jedes Kl. im Reich den ganzen Bibeltext beschaffen konnte, zudem in einer krit. geprüften Fassung. →Hrabanus Maurus hatte der Hl. Schrift die verschlüsselt darin enthaltene wahre Weisheitslehre dadurch abgewonnen, daß er fast alle Bibelkomm. der Kirchenväter nach der Methode vom vierfachen Schriftsinn auslegte. J. verfolgte mit seinem Hauptwerk »Periphyseon« (»De divisione naturae«) zwar das gleiche Ziel, gemäß seiner methodolog. Einsicht jedoch anders. Inhaltl. stützte er sich nicht auf die ganze Hl. Schrift, sondern deren ahist. Anfang, den Mythos von Schöpfung sowie Sündenfall und Vertreibung des Menschen aus dem Paradies (Gn 1–3). Um diesem Text die wahre Weisheitslehre wiss. entnehmen zu können, schuf er mit Hilfe der Logik einen entsprechenden formalen Rahmen. Er teilte den Begriff der Wirklichkeit im ganzen (universalis natura) log. ein (universalis divisio) mittels eines alle Wirklichkeit in sich einbegreifenden Einteilungsgrunds (creans – creata). Das ergab vier Gesichtspunkte, unter denen allein alle wiss. Aussagen über die Wirklichkeit gemacht werden dürfen: sofern sie etwas Erschaffendes, aber nicht etwas Erschaffenes ist (Schöpfergott), sofern sie etwas Erschaffenes und etwas Erschaffendes ist (Gottes Gründe für die Erschaffung von etwas Bestimmtem zu einem bestimmten Zeitpunkt an einem bestimmten Ort), sofern sie etwas Erschaffenes, aber nicht etwas auch Erschaffendes ist (die Körperwelt) und sofern sie weder etwas Erschaffenes noch etwas Erschaffendes ist (die nach ihrem zeitl. Ende in Gott aufgehobene Schöpfung). Hierzu benannte er fünf Bedeutungen, die die Kopula 'esse' für gewöhnl. in Aussagen über die Wirklichkeit annimmt. Indem er das ausgewählte Bibeltext daraufhin befragte, welche Aussagen über die Wirklichkeit im einzelnen unter jedem der vier Gesichtspunkte gestattet, entstand der wohl größte systemat. Entwurf einer wiss. Erfassung der Wirklichkeit im ganzen, zu dem es zw. →Augustinus und →Thomas v. Aquin gekommen ist. Dessen zentraler Gedanke sieht den Sinn aller Wirklichkeit darin, daß der Mensch alles, was ihm entgegentritt, als Ausdruck Gottes erkennt und in seinem Bemühen um diese inhaltl. unabschließbare Erkenntnis selbst zu einem zweiten Gott (alter deus) wird. Nach J.' Überzeugung hat die wahre Weisheitslehre erst in ihrer wiss. Fassung die Form, die allein ihr als Wahrheit angemessen ist; denn erst so ist sie ihrem universalen Charakter gemäß ausgesagt: in ihrem systemat. Zusammenhang, in sich widerspruchsfrei, und in – wie er meinte – eindeutigen Begriffen. Jeder Mensch kann sie jetzt unmittelbar nachvollziehen. Mit formal und inhaltl. ähnl. Interesse wandte J. sich auch dem Johannesevangelium zu, zunächst in Form einer Homilie dem Prolog, dann in Form eines Komm. dem ganzen Text. Ob der fragmentar. Charakter dieses Komm. auf die Überlieferungsgesch. zurückzuführen ist oder auf J.' Tod, konnte noch nicht geklärt werden.   G. Schrimpf

Bibliogr.: M. BRENNAN, A Bibliogr. of Publ. in the Field of Eriugenian Stud. 1800–1975, StM 18, 1977, 401–477 – DIES., Guide des études érigéniennes. Bibliogr. comm. des publ. 1930–87, Vestigia 5, 1989 – Ed. und Lit. [nach 1987]: TRE XVII, 156–172 [G. SCHRIMPF] – M. HERREN, E.'s 'Aulae Siderae', the 'Cod. Aureus', and the Palatine Church of St. Mary at Compiègne, StM 28, 1987, 593–608 – Maximi Confessoris Ambigua ad Iohannem iuxta I.S.E. lat. interpretationem, ed. E. JEAUNEAU, CChr Series Graeca 18, 1988 – J. J. O'MEARA, Eriugena, 1988 – W.-U. KLÜNKER, J.S.E., Denken im Gespräch mit dem Engel, 1988 – M. W. HERREN, St. Gall 48: A Copy of E.'s Glossed Gr. Gospels (Tradition und Wertung. Fschr. F. BRUNHÖLZL, hg. G. BERNT–F. RÄDLE–G. SILAGI, 1989), 97–105 – D. MORAN, The Philos. of J.S.E., 1989.

176. J. (Alfonsi) **v. Segovia**, Theologe, * ca. 1395 in Segovia, † 24. Mai 1458 in Aiton (Savoyen), ⌑ ebd.; seit 1407 Studium an der Univ. Salamanca, dort 1413 Baccalar der Artes, 1422 Mag. theol. Im Auftrag der Univ. reiste er mehrfach, zuletzt 1431/33 nach Rom; am 8. April 1433 persönl., am 27. Aug. 1434 als Gesandter der Univ. Salamanca dem Konzil v. →Basel inkorporiert und Mitglied der deputatio fidei. J. griff maßgebl. in die Debatten um die Zulassung der päpstl. Präsidenten, die Simonie, den Laienkelch (→Hussiten), das Dogma der Unbefleckten Empfängnis ein und bereitete Unionsverhandlungen mit den Griechen vor. 1434–36 weilte er mit Kard. →Cervantes an der Kurie in Florenz. Wieder in Basel, förderte er 1438/39 die Absetzung Papst Eugens IV. und organisierte das Basler Konklave mit. Er erhielt bei der Wahl selbst Stimmen und wurde 1440 Kard. (S. Calixti) des Gegenpapstes Felix V. Als Gesandter des Konzils trat er von 1438–44 häufig auf den dt. Reichstagen, u.a. 1439, 1440/41 in Mainz, 1442 in Frankfurt sowie auf den Versammlungen v. Bourges 1440 und Genf 1447 auf. Nach Ende des Konzils 1449 zog er sich zurück, schrieb eine monumentale Gesch. der Basler Synode und befaßte sich mit dem Islam. J. war nacheinander Bf. v. St-Paul-Trois-Châteaux und St-Jean-de-Maurienne sowie Titular-Ebf. v. Caesarea, seit 1453 lebte er im Priorat Aiton. – Das z. T. uned. Werk hat die Schwerpunkte: a) Mariologie (Immaculata Conceptio in Fortentwicklung scotist. Ansätze), b) theol. Auseinandersetzung mit dem Islam (u.a. Koranübers.), c) Ekklesiologie (→Konziliarismus). Auf der Basis einer erweiterten Schriftexegese entfaltete J. hierbei die Universitas-Lehre zu einer umfassenden konstitutionellen Theologie des Konzils. Im wenig erschlossenen Spätwerk tauchen wieder mehr episkopale und monarch. Akzente auf. J. Helmrath

Ed.: Liste der Werke bei B. HERNÁNDEZ MONTES, Obras de Juan de S. (Repertorio de Hist. de las ciencias ecclesiásticas en España 6, 1977), 267–347 – RTA XIII, 808–826; XIV, 347–390; XV, 648–759 – De magna auctoritate episcoporum, ed. R. DE KEGEL [i. Ersch.] – Hist. gestorum generalis synodi Basiliensis (Monumenta conc. generalium, II–IV, 1873–1935) – *Lit.:* U. FROMHERZ, J.v.S. als Gesch.sschreiber des Konzils v. Basel, 1960 – H. DIENER, QFIAB 44, 1964, 289–365 [Pfründen] – K. UTZ, AHC 9, 1977, 302–314 [Chronologie der Traktate] – A. BLACK, Council and Commune, 1979, 118–193 – W. KRÄMER, Konsens und Rezeption, 1980 – B. HERNÁNDEZ MONTES, Bibl. de Juan de S., 1984 – J. HELMRATH, Das Basler Konzil, 1987.

177. J. v. Sevilla (J. Hispalensis, Hispaniensis, Toletanus, Luniensis gen.; oft verwechselt mit →Abraham ben David und →Johannes Hispanus), größter Mathematiker im 12. Jh. und einer der größten Übersetzer aus dem Arab. ins Lat. (Blüte zw. 1120 und 1153), zuerst in Luna, dann in Toledo unter Ebf. →Raimund. Anscheinend war J. zuerst bloß Übers. v. a. von (astron.-)astrolog. Schr. (am bekanntesten des »Übers. der Einl. in die Kunde der Astrologie« des al-Qabīṣī und der »Elemente der Astronomie« des →al-Farġānī), aber auch von Werken med. und philos. Inhaltes. Mit den arab. Q. gut vertraut, verfaßte er eigene math. Abh., so eine »Practica arismetrice« und den umfangreichen »Liber mahameleth« ('muʿāmalāt' bezeichnet ein Lehrbuch für kaufmänn. Rechnen), der eines der wichtigsten math. Werke des chr. MA war, aber schon im 13. Jh. vom »Liber abaci« →Leonardo Fibonaccis verdrängt wurde und in Vergessenheit geriet.
J. Sesiano

Lit.: L. THORNDIKE, John of Seville, Speculum 34, 1959, 20–38 – J. SESIANO, Le Liber mahameleth..., Cahiers d'Orientalisme [im Dr.].

178. J. v. Sizilien, Astronom, um 1290 in Paris. Die Gleichsetzung mit Johannes v. Messina (NARDUCCI) und →Johannes de Lineriis (FAVARO), wodurch dem Astronomen auch der Algorismus des letzteren zugeschrieben wurde (DUHEM), hat sich als falsch erwiesen. In seinem 1291/93 entstandenen »Scriptum super canones Arzachelis de tabulis Toletanis« spricht J. von einer geplanten (bisher nicht identifizierten) »Theorica planetorum« und eigenhändig angefertigten →Äquatorien. Außerdem soll er eine vor 1306 in Paris entstandene »Ars dictaminis« verfaßt haben. Der sorgfältig ausgestaltete, krit. Komm. zu den Toledan. Tafeln →Ibn az-Zarqālāṣ – kurz vor Bekanntwerden der Alfonsin. Tafeln in Paris – erörtert die Kalenderrechnung, die sphär. Astronomie, die Bewegungen der Planeten und die Präzession; J. bezieht auch trigonometr. Überlegungen ein. →Tafeln, astronom., math.
F. Boockmann

Ed. und Lit.: DSB VII, 141f. – P. GLORIEUX, La faculté des arts et ses maîtres..., 1971, 238 – Scriptum super canones..., ed. F. S. PEDERSEN, Cah. de l'Institut du MA grec et lat. 51–52, 1986 [Lit.].

179. J. v. Skythopolis, Bf. v. Skythopolis/Palästina, †um 550 (?), keine Lebensdaten bekannt. Vom Standpunkt der Neuchalkedonier (→Chalkedon) aus bekämpfte er den radikalen Monophysitismus. Sein Werk ist nur fragmentar. erhalten: Contra Severum (Antiochenum), Apologia concilii Chalcedonensis. Krit. Vermögen zeigte er bei der Unters. fälschl. Apollinaris v. Laodicea zugeschriebener Schriften. Von ihm stammt auch der erste Komm. (Scholien) zu →Dionysius Areopagita. Er zeigt, daß das Interesse am Corpus Dionysiacum zuerst theol. bestimmt war. Der mit den Dionysius-Scholien des Maximos Homologetes vermischte Komm. kann mit Hilfe einer syr. Übers. des Dionysius ungefähr rekonstruiert werden.
K. S. Frank

Ed.: CPG III, 6850–6852 – *Lit.:* S. HELMER, Der Neuchalkedonismus, 1962, 176–184 – H. U. v. BALTHASAR, Kosm. Liturgie, 1961[2], 644–672 – B. R. SUCHLA, NAG.PH 1984, 4; 1985, 5 (J. u. d. Corp. Dionysiacum).

180. J. v. Sterngassen OP, Theologe, Philosoph aus Köln; 1310 im Straßburger Konvent OP bezeugt, 1316 dort Lektor und Prior, 1320 wahrscheinl. Leiter des Kölner Studium generale OP (1333 und 1336 vielleicht noch in Köln; Identität nicht gesichert). Erhalten sind von ihm lat. Werken im Sentenzenkomm. und eine »Quaestio quodlibetalis«, ferner dt. Predigten (weitere Schr. noch nicht wiederaufgefunden oder als authent. erwiesen). Theoret. prinzipiell an →Thomas v. Aquin orientiert, von dem er jedoch punktuell abweicht (Sein und Wesen sind formal, nicht real distinkt); bes. in seinen Predigten begegnen Denkmotive Meister →Eckharts (Einung der Seele mit der Gottheit; Lauterkeit als Voraussetzung für die von ihr geborene Abgeschiedenheit der Seele zwecks Annäherung an Gott; Seele als Spiegel des göttl. Bildes), aber nicht dessen progressive Theoreme (Geeint-Sein von Gott und unerschaffbarem Seelengrund; Selbstbewegung der Vernunft in der Realität des Ungeschaffenen); auch sind ihm spezif. neuplaton. Theorien fremd.
B. Mojsisch

Lit.: Verf.-Lex.[2] IV, 760–762 [Werkliste, Lit.] – W. PREGER, Gesch. der dt. Mystik im MA II, 1881 – TH. KAEPPELI, Scriptores OP medii aevi

III, 1980, 15f. – A. DE LIBERA, Introduction à la Mystique Rhénane..., 1984.

181. J. v. Tepl (J. v. Saaz), mhd. und mlat. Autor, * ca. 1350 in Schittwa (tschech. Sitboř), ehem. Bezirk Bischofteinitz, oder in Tepl, † zw. 9. Juni 1414 und 24. April 1415 in Prag; wohl Artesstudium an der Univ. Prag; Hauptwirkungsort war Saaz (Žatec), wo J. erstmals in einer Urk. (1375–78) belegt und dann von 1383–1411 gut bezeugt ist; er wirkte als Schulrektor, Stadtschreiber und ordentl. bestallter öffentl. Notar, brachte es offenbar zu Wohlstand. 1411 trat er als Protonotar in den Dienst der Prager Neustadt.

Der lit. Ruhm des J. als einer Zentralgestalt der spätma. dt. Lit. beruht auf dem Streitgespräch mit angedeuteter Prozeßform »Der Ackermann aus Böhmen« (AaB). Das Werk war durchaus erfolgreich (16 Hss. und – zw. ca. 1460 und 1547 – 17 Drucke), doch setzt, als Folge der Hussitenunruhen, die Überlieferung erst um die Mitte des 15. Jh. ein. Wohl auch deshalb ist es der Forsch. trotz intensivster editor. Bemühungen (in diesem Jh. erschienen vier große Ausg.: BERNT-BURDACH, 1917; HAMMERICH-JUNGBLUTH, 1951; KROGMANN, 1954; JUNGBLUTH, 1969/1983 und eine Fülle von Studienausg.) bislang nicht recht gelungen, den Archetyp befriedigend zu rekonstruieren. Zuletzt hat sie sich auf den revidierten Abdruck der besten Hss. zurückgezogen (WALSHE, 1982, besser SCHRÖDER, 1987). In der dt. Lit. hat der AaB keine direkte Nachfolge gefunden, dagegen nahe benutzt das tschech. Streitgespräch Tkadleček ('Das Weberlein'), das wohl von einem sonst unbekannten Ludvík stammt, jedenfalls nicht (wie freilich DOSKOČIL noch 1961 meinte) von J. v. T., ihn als Q. Die These von HRUBY 1971, daß sowohl 'Ackermann' als auch 'Tkadleček' auf einer lat. Q. scholast. Charakters beruhen, ist zwar wenig wahrscheinlich, darf aber noch nicht als endgültig widerlegt gelten.

Zum AaB gehört ein lat. Widmungsschreiben an den Prager Bürger Peter Rothers, der belegt, daß für den Autor die rhetor. Ausgestaltung von zentraler Bedeutung war. In seiner Kunstprosa ist J. v. T. Erbe der von →Johannes v. Neumarkt gestifteten Prager Tradition. Im Streitgespräch klagt ein Mann der Feder (metaphor. Ackermann gen.) aus Anlaß des Todes seiner jungen und tugendhaften Gattin auf Ausrottung des Todes aus der Weltordnung. Die autobiograph. Anbindung wirkt eng: die Gattin namens Margareta verstarb am 1. Aug. 1400 in Saaz, im Fürbittgebet im Schlußkap. nennt sich ein Johannes im Akrostichon. Allerdings hat die Forsch. wiederholt den Versuch unternommen, die Unwahrscheinlichkeit, ja die biograph. Unmöglichkeit einer 1400 verstorbenen Gattin Margareta des J. v. T., der freilich verheiratet war und Kinder hatte, zu erweisen (NATT, 1978; BOK, 1989). Auch bei einem fingierten Todesfall wird man den AaB, da das Ereignis im Text als unlängst geschehen erscheint, kurz nach 1400 datieren dürfen.

Die Interpretation des AaB stand lange unter dem Einfluß K. BURDACHS, der das Werk als Zeugnis der Zeitenwende vom MA zu Renaissance und Humanismus auffaßte. Die Frage der Epochenzuordnung sollte zurückgestellt werden zugunsten der Frage, was im Zeitkontext das Neue war. Von der humanist. ars moriendi sich annähernden Kunstprosa einmal abgesehen, sind hier die Geste der Auflehnung gegen Gottes Weltordnung zu nennen und die Perspektivverschiebung in der Behandlung der Todesthematik: nicht die ars moriendi-Sorge um das eigene oder das Heilsschicksal des anderen steht im Vordergrund, sondern das Problem, wie man die Kontingenzerfahrung im Irdischen verarbeiten kann. Ausgangspunkt ist dabei, daß aufgrund einer Glückserfahrung im privat-familiären Bereich ein sinnvolles ird. Leben grundsätzl. mögl. erscheint. Bei der Interpretation des göttl. Schlußurteils, in dem dem Tod 'Sieg' zuerkannt wird, dem Ackermann 'Ehre', ist die Doppelthematik – Theodizeefrage und Kontingenzverarbeitung – zu berücksichtigen.

Unter den von J. v. T. benutzten Q. haben in jüngster Zeit die im Cod. O. LXX des Prager Nationalmus. aus seinem Besitz enthaltenen Texte, v. a. der »Tractatus de crudelitate mortis«, bes. Aufmerksamkeit gefunden.

D. Schmidtke

Ed.: G. JUNGBLUTH, 2 Bde, 1969/1983 [Lit.] – W. SCHRÖDER, 2 Bde, 1987 – *Lit.*: Verf.-Lex.² IV, 763–774 [G. HAHN; ältere Ed.] – TRE XVII, 181–185 [F. MACHILEK, Lit.] – G. HAHN, Der AaB des J. v. T., 1984 [Forsch.sber.] – E. S. FIRCHOW, Was wissen wir über den Dichter des 'AaB'? (Fschr. C. E. REED, 1984), 72–92 – W. SCHRÖDER, 'Der AaB'. Das Werk und sein Autor, 1985 (Abh. der Marburger Gelehrten Ges. 20) – S. JAFFE, Prehumanistic humanism in the AaB, Storia della Storiografia 9, 1986, 16–45 – A. SCHNYDER, Die Trauerarbeit des Witwers, Jb. der Oswald v. Wolkenstein Ges. 4, 1986/87, 25–39 – V. BOK, Zwei Beitr. zu J. v. T., ZDA 118, 1989, 180–189 – A. WINSTON, Using the »Tractatus« to Interpret the Ackermann, Daphnis 18, 1989, 369–390.

182. J. Teutonicus, bedeutendster Dekretist und Dekretalist des frühen 13. Jh., † 25. April 1245; Schüler des →Azo (2. A.), Lehrtätigkeit in Bologna, verfaßte 1210–17 die →Glossa ordinaria zum Dekret Gratians, die in der Bearb. des →Bartholomaeus Brixiensis in die Druckausg. gelangte; glossierte die Compilatio III und die Konstitutionen des IV. Laterankonzils, verfaßte und glossierte die als Compilatio IV rezipierte Slg. der Konzilskonstitutionen mit weiteren Dekretalen von Innozenz III., ferner Quaestionen u. a., zuletzt Glossen zur Dekretale »Super Speculam« von Honorius III. (1219). Nicht ganz sicher ist seine Identität mit Johannes Zemeke in Halberstadt, seit 1220 Domscholasticus, 1223 Propst des Marienstiftes und 1235 Dekan des Domkapitels, 1241 Dompropst. N. Höhl

Lit.: KUTTNER, 93–99, 254, 357, 370f., 374–381 u. ö. – NDB X, 571a–573a [Lit.] – A. GARCÍA Y GARCÍA, Constitutiones Concilii quarti Lateranensis una cum Commentariis glossatorum (MIC A 2, 1981), 173–270 – K. PENNINGTON, J. is T.i Apparatus glossarum in Compilationem tertiam (MIC A 3, 1981).

183. J. Trithemius OSB, monast. Schriftsteller und Humanist. * 1. Febr. 1462 Trittenheim an der Mosel, † 13. Dez. 1516 Würzburg. Nach Studien in Trier und an der Univ. Heidelberg trat er 1482 in das OSB-Kl. Sponheim bei Kreuznach ein und wurde bereits 18 Monate später zum Abt gewählt. Neben der monast. und wirtschaftl. Reform des Konvents wurden Sponheim und die von J. aufgebaute Bibl. (über 2000 Titel) schnell zu einem Zentrum des dt. Frühhumanismus. Der Abt erwarb Ruhm als Redner und Schriftsteller im Dienst der →Bursfelder Reform seines Ordens, als Verf. der ersten gedr. Lit. gesch. (»De scriptoribus ecclesiasticis«, 1494, »Catalogus illustrium virorum Germaniae«, 1495), als Historiker (»Annales Hirsaugienses«, »Chronicon Sponheimense« u. a.), der auch vor wohlmeinenden Fiktionen *(Wastald, Hunibald, Meginfried)* nicht zurückschreckte, als Freund und Korrespondenzpartner – erhalten sind etwa 250 Briefe – der hervorragenden Vertreter des dt. Humanismus (Johannes v. →Dalberg, Konrad →Celtis, Johannes Reuchlin u. a.) und Mitglied der Heidelberger 'Sodalitas litteraria Rhenana' sowie im Dienst Ks. Maximilians und Kfs. Joachims I. v. Brandenburg als Verf. von Geheimschrifttraktaten (»Polygraphia«, »Steganographia«). Seine Bücherleidenschaft, die häufige Abwesenheit von seinem Kl. und nicht zuletzt der Vorwurf okkulter Neigungen führten schließl. dazu, daß er 1506 Sponheim mit der kleinen

Abtei St. Jakob in Würzburg vertauschen mußte, wo er 1516 gestorben ist. K. Arnold

Lit.: I. SILBERNAGL, J.T. Eine Monographie, 1885² – K. ARNOLD, J.T. (1462–1516), 1970 [Werkverz.; bibliograph. neu bearb. Aufl. 1991] – C. STEFFEN, Unters. zum »Liber de scriptoribus ecclesiasticis« des J.T., AGB, 1970, 1247–2354 – J.T., De laude scriptorum – Zum Lobe der Schreiber, hg. und übers. v. K. ARNOLD, 1973 – DERS., Additamenta Trithemiana. Nachträge zu Leben und Werk des J.T. . . . , Würzburger Diözesangesch.sbll. 37/38, 1975, 239–267 – K. GANZER, Zur monast. Theol. des J.T., HJb 101, 1981, 384–421 – N. E. BRANN, The Abbot T. (1462–1516). . . , 1981 – N. STAUBACH, Auf der Suche nach der verlorenen Zeit: Die historiograph. Fiktionen des J.T. im Lichte seines wiss. Selbstverständnisses (Fälschungen im MA, 1 [Schr. der MGH 33/1], 1988), 263–316 – K. ARNOLD, Humanismus und Hexenglaube bei J.T. (Der Hexenhammer, hg. P. SEGL, 1988), 217–240.

184. J. de Turrecremata (Juan de Torquemada) OP, Theologe, * 1388 in Valladolid, † 26. Sept. 1468 in Rom, □ ebd., S. Maria sopra Minerva. 1403 trat J. in den Dominikanerorden ein und begleitete 1416 seinen Provinzial zum →Konstanzer Konzil; 1425 Mag. theol., dann Prior in Valladolid und Toledo. Auf dem →Basler Konzil äußerte er sich verschiedentl. zum Verhältnis von Papst und Konzil und verteidigte den päpstl. Primat. 1433–37 fungierte er mehrfach als Gutachter für das Konzil (u. a. Prüfung der Lehren des →Augustinus v. Rom und der Visionen der hl. →Birgitta). Er gehörte zu den Gegnern der Lehre von der Unbefleckten Empfängnis Mariens und war der führende Theologe, der sich gegen die Definition der Unbefleckten Empfängnis aussprach. In →Ferrara-Florenz nahm J. an den Unionsverhandlungen mit den Griechen teil. 1439 nahm er krit. zum Konstanzer Dekret »Haec sancta« Stellung. 1439 ernannte ihn Eugen IV. zum Kard., 1440 zum Bf. v. Cádiz, 1442 zum Bf. v. Orense. – Sein Hauptwerk ist die »Summa de ecclesia«, die 1448/49 entstand und spätestens 1453 vollendet wurde. In Anlehnung an die Tradition umschreibt J. darin das Wesen der Kirche mit bibl. Bildern. Die Kirche definiert er als die Gesamtheit der Gläubigen, die in der Verehrung des einen wahren Gottes und im Bekenntnis des einen Glaubens übereinstimmen und im Gehorsam zum hl. Stuhl stehen. Die röm. Kirche hat den Glauben stets makellos bewahrt, der Papst ist Ursprung und Quelle aller Gewalt in der Kirche. Im Band III behandelt er die Konzilsfrage (→Konziliarismus). In seinem Komm. zum Decretum Gratiani (1457 beendet) betonte er die Grenzen der päpstl. Gewalt. 1459 begleitete er Pius II. zum Kongreß nach Mantua.
R. Bäumer

Ed.: Summa de ecclesia, Venedig 1561 – In Gratiani decretorum commentarii, Venedig 1578 – Oratio synodalis de Primatu, 1954 – Apparatus super decretum Florentinum unionis Graecorum, 1942 – Tractatus de veritate Conceptionis Beat. Virg., Rom 1547 [Nachdr. 1966] – Lit.: K. BINDER, Wesen und Eigenschaften der Kirche bei Kard. Juan de T., 1955 – U. HORST, Die Grenzen der päpstl. Autorität, FZThPh 19, 1972 – R. BÄUMER, Die Entwicklung des Konziliarismus (WdF 279, 1976) – K. BINDER, Konzilsgedanken bei Kard. Juan de T., 1976 – B. TIERNEY, »Only the truth has authority« (Essays i. h. of ST. KUTTNER, 1977) – TH. M. IZBICKI, Infallibility and the Erring Pope (ebd.), 97–111 – DERS., Protector of the Faith, 1981 – H. J. SIEBEN, Traktate und Theorien zum Konzil, 1983 – TH. M. IZBICKI, Papalist Reaction to the Council of Constance, Church Hist. 55, 1986, 7–20 – J. HELMRATH, Das Basler Konzil, 1987 – C. SCHMITT, Le traité du cardinal Jean de T. sur la pauvreté évangélique, APraed 57, 1987, 103–144.

185. J. de Tusculo, so nach seinem suburbikar. Bm. ben., sonst Giovanni Boccamazza, * Mitte des 13. Jh. in Rom, † 10. Aug. 1309 in Avignon; verwandt mit den →Savelli, denen er seinen Aufstieg zum Ebf. v. Monreale (13. Aug. 1278) verdankt. Angiovin. gesinnt, hielt sich J. während der →Siz. Vesper (30. März 1282) zurück, wurde nach der Wahl von Jacobus Savelli zum Papst (Honorius IV.) Kard. (22. Dez. 1285) und erhielt von diesem 1287 die Legation nach Dtl. Auf Reichstag und Konzil v. Würzburg konnte er die Publikation wichtiger kirchl. Reformdekrete durchsetzen, scheiterte aber mit seinen exorbitanten Geldforderungen für den projektierten Romzug Rudolfs v. Habsburg und kuriale Bedürfnisse. Kg. und Legat sahen sich dem erbitterten Protest Ebf. →Siegfrieds v. Köln und anderer gegenüber, die für die Freiheit der kfsl. Kg.swahl fürchteten und röm. Geldforderungen ablehnten. Im Streit Bonifatius' VIII. mit den →Colonna spielte J. eine vermittelnde Rolle, seine philofrz. Haltung nach dessen Tod gipfelte in der Zustimmung zum Prozeß gegen Bonifatius und der Übersiedlung nach Avignon nach der Wahl Clemens' V.
B. Roberg

Lit.: DBI XI, 20–24 – J. P. KIRSCH, Die Finanzverwaltung des Kard.skollegiums im XIII. und XIV. Jh. (Kirchengesch. Stud. 2,4, 1895), passim – R. FOLZ, Le deuxième concile de Lyon et l'Allemagne (1274. Année charnière. Mutations et Continuités, 1977), 449–479.

186. J. v. Tynemouth, Kanonist, einer der wichtigsten Vertreter der anglo-norm. Schule, zusammen mit →Simon v. Southwell und Magister Honorius Lehrer in Oxford in den 1190er Jahren; 1188 delegierter Richter des Bf.s v. Lincoln, seit 1198 in Diensten des Ebf.s Hubert →Walter v. Canterbury, 1206–15 Kanoniker in Lincoln, um 1210 päpstl. delegierter Richter, 1215–21 Archidiakon v. Oxford; häufig zitiert im Dekretapparat der Hs. Cambridge, Gonville and Caius College 676, einer reportatio seiner Vorlesung, und in den Quaestiones der Hs. London, Brit. Libr. Royal 9. E. VII. Auf ihn können auch die Jo.-Siglen in der App. zum III. Laterankonzil bezogen werden. N. Höhl

Lit.: ST. KUTTNER–E. RATHBONE, Anglo-Norman Canonists of the twelfth Century, Traditio 7, 1949–51, 316–327, 347–353 [mit den Retractationes: ST. KUTTNER, Gratian and the Schools of Law 1140–1234, 1983, 34f.] – P. LANDAU, Stud. zur App. und den Glossen in frühen systemat. Dekretalenslg.en, BMCL 9, 1979, 1–21.

187. J. v. Tynemouth (Joh. de Tinemue, John of Tynemouth), engl. naturwiss. Autor des frühen 13. Jh., Verf. der Schrift »De curvis superficiebus«, einer Bearbeitung von →Archimedes' Werk über Kugel und Zylinder, die J. wohl aufgrund einer verlorenen griech. Vorlage geschaffen hat (ed. CLAGETT). Mittels Stilvergleichs werden J. auch Paraphrasen von »De quadratura circuli« und »De ysoperimetris« sowie der Euklidversion (Adelard III) zugewiesen (KNORR). Eine identisch mit dem Kanonisten Johannes v. Tynemouth wird von CLAGETT als wenig wahrscheinlich angesehen (→Johannes v. London).
W. R. Knorr

Ed.: M. CLAGETT, Archimedes in the MA 1, 1964, Kap. 6 – Lit.: T. SATO, Quadrature of the Surface Area of a Sphere in the early MA: Johannes de Tinemue und Banū Mūsā, Hist. Scientiarum 28, 1985, 61–90 – W. KNORR, Textual Stud. T. III, Kap. 9, MSt 52, 1990 – DERS., Brit. Journal for Hist. of Science 23, 1990.

188. J. v. Tytynsale (Tydenshale, Dymsdale), † um 1289, war um 1283/85 Mitglied des Merton College in Oxford und Mag. Art. Als solcher schrieb er Quästionen zur Metaphysik des Aristoteles, zu dessen B. De anima und zu 4 B. der Ethik. Die ihm bes. zuerkannten Quaestiones super librum De animalibus hat E. FILTHAUT als Werk des Albertus M. nachgewiesen und ediert (Alberti M. opera Tom. XII, 1955, XLIV).
L. Hödl

Lit.: CH. LOHR, Traditio 27, 1971, 289 – E. FILTHAUT OP, Studia Albertina, 1952, 189–201.

189. J. de Vergilio (Giovanni del Virgilio; aus Verehrung für den röm. Dichter), grammaticus, vor und nach 1320 vornehml. in Bologna bezeugt. Sein gelehrtes Werk (neben einer erklärenden Paraphrase und einem allegor. Komm. der Metamorphosen des Ovid, einer →Ars dictaminis und einigen Frgm.en) hat literar. hist. Rang durch Eklogen an Dante und A. Mussato; sein »Epitaphium Dantis« (inc. »Theologus Dantes nullius dogmatis expers«, 7 Dist.) überliefert →Boccaccio in der »Vita di Dante«. J. möchte Dante den Dichterlorbeer in Bologna verleihen lassen aufgrund lat. Episierung zeitgenöss. Gesch.; aus dem Exil in Ravenna ersehnt Dante den Lorbeer allein in der Heimatstadt Florenz und bekennt sich über der Arbeit am »Paradiso« zum carmen laicum (und) vulgare, dessen Novität J. und noch vielen (wie Petrarca) unerhört schien. Der kleine poet. Briefwechsel in Hexametern (1319/20; 1.J. inc. »Pieridum vox alma«, 2. Dante inc. »Vidimus in nigris«, 3. J. inc. »Forte sub irriguos«, 4. Dante inc. »Velleribus Colchis«) ist ein bedeutsames Dokument der frühhumanist. Eklogendichtung und der Dante-Rezeption. R. Düchting

Lit.: EDant II/III, 1970/71, s. v. Giovanni del Virgilio; Egloghe; Epitafi [it. Lit.] – GRLMA X/2, 270ff. – H. W. KLEIN, Latein und Volgare in Italien, 1957, 39ff. – B. GUTHMÜLLER, Ovidio Metamorphoseos vulgare, 1981, 32f., 72ff.

190. J. Wenck, * Herrenberg (Württ.), † 1460, 1424 Priester der Diöz. Speyer, Ende 1426 als mag. (art.) Parisiensis der Univ. Heidelberg intituliert; hatte schon zu Paris Theologie studiert (29. Sept. 1427 Beginn des Cursus biblicus, las v. 29. Jan. 1431–6. Febr. 1432 über d. Sentenzen). Am 20. Dez. 1435 als 's. theol. professor' zum Rektor der Univ. gewählt (Rektorat auch 1444, 1451). Werke: Komm. zu Aristoteles und »Liber de causis«; »Dogmat. Quaestiones disputatae«; aus dem Meßoffizien schöpfendes Predigtwerk »Memoriale divinorum officiorum«; in Heidelberg vertrat J. die thomist. Bindung aller menschl. Erkenntnis an Sinnesbilder (phantasmata), indem er die 'vita abstracta' →Eckarts und der Begarden bekämpfte. Seit 1439 polemisierte er als Konziliarist gegen das Papsttum. Durch beides ist seine Polemik gegen →Nikolaus v. Kues in »De ignota litteratura« (1442 oder 1443, ed. E. VANSTEENBERGHE, BGPhMA 8, 1910) motiviert. Doch sein Komm. zur »Himml. Hierarchie« (1455) zeigt indirekt ein besseres Cusanus-Verständnis. R. Haubst

Ed.: 'Das Büchlein von der Seele', ed. G. STEER (Kl. dt. Prosadenkmäler des MA 3), 1967 – J. HOPKINS, Nicholas of Cusa's Debate with J. W., 1984² [lat.-engl.] – *Lit.:* LThK² V, 1096 – R. HAUBST, J.W. ... als Albertist, Rt 18, 1951, 308–323 – DERS., Stud. zu Nikolaus v. Kues und J. W. ..., BGPhMA 28/1, 1955 – F. X. BANTLE, Nik. Magni de Jawor und J.W. im Lichte des cod. Mc. 31 der Univ.-Bibl. Tübingen, Scholastik 38, 1963, 533–574.

191. J. v. Winterthur (J. Vitoduranus) OFM, Verf. einer titellosen lat. Chronik, * um 1300 in Winterthur (Kt. Zürich), † nach 4. Juni 1348, stammte aus nichtadliger Oberschicht; Aufenthalte in Basel, Schaffhausen und Lindau nachweisbar. Von der 1340–48 verfaßten Chronik – ursprgl. als Weltchronik angelegt (→Flores temporum) – liegt nur der zweite Teil vor (Innozenz III./Ordensgründung bis 1348); der erste Teil ist fragmentar. erhalten (nie weiter ausgeführt?). Damit trägt das Werk Züge einer Ordenschronik. Darüber hinaus wird eine Vielfalt von Nachrichten, Erzählungen, Wundergeschichten im Stil der Exempla-Slg.en zu Reichs- und Kirchengesch., zu Alltagsleben und Mentalitäten ausgebreitet. Sein Werk ist Beispiel für die Problematik mündl. Überlieferung und ma. Erzählverhaltens. W. Hörsch

Ed.: Die Chronik J.' v. W., ed. C. BRUN–F. BAETHGEN (MGH SRG NS III), 1924 – *Übers.:* B. FREULER, Die Chronik des Minderbruders J.v.W., 1866 – *Lit.:* ADB XIV, 483 – NDB X, 576f. – Verf.-Lex.² IV, 816–818 [Lit.] – R. FELLER–E. BONJOUR, Gesch.schreibung der Schweiz I, 1962, 110–113 – W. TREICHLER, Ma. Erzählungen und Anekdoten um Rudolf v. Habsburg, 1971 – E. KLEINSCHMIDT, Herrscherdarst., 1974 – A. BORST, Mönche am Bodensee..., 1978.

192. J. Zachariae OESA, Vertreter der →Augustinerschule und angesehener Konzilsprediger, * kurz nach 1360 in Eschwege, † 26. Juli 1428 in Erfurt. Nach Stud. in Oxford (1384–91) und Tätigkeit als Lesemeister in Erfurt (1391–94) hielt er an der Univ. Bologna seine Sentenzenlesung und wurde dort 1399/1400 Mag. der Theologie. 1400–28 war er Univ. professor in Erfurt. Ein Rufer nach kirchl. Einheit und Reform, bes. auf dem Unionskonzil v. →Konstanz, war er 1419–23 und 1425–27 Provinzial der sächs.-thür. Augustinerprovinz. Außer seinen nur z. T. edierten fünf Konzilspredigten sind von ihm hsl. Komm. zur Apokalypse (Kap. 1–11) und zu den Synoptikern erhalten, die ihn als Theologen im Einflußbereich →Gregors v. Rimini erweisen. A. Zumkeller

Lit.: GINDELE, 257 – A. ZUMKELLER, Leben, Schrifttum und Lehrrichtung des... J. Z., 1984 [ält. Lit.] – DERS., Erbsünde, Gnade, Rechtfertigung und Verdienst nach der Lehre der Erfurter Augustinertheologen des SpätMA, 1984, 215–302, 544–567.

Johannesminne → Minnetrinken

Johannesschüssel (Johanneshaupt), spezielles Kultbild für →Johannes d. Täufer zur Erinnerung an seine Enthauptung, in Anlehnung an das Antlitz Christi-Bild und an Kopfreliquiare entwickelt. Als Prototyp wirkte die in eine silberne Rundplatte sichtbar eingelassene Antlitzreliquie des Johannes, welche 1206 aus Byzanz in die Kathedrale v. Amiens gelangte. Ältestes Beispiel des büstenhaft aufrechte Typs ist der Bronzekopf, 2. Hälfte 12. Jh. aus Stift Fischbeck (jetzt Kestner-Museum, Hannover), zu dem man wohl eine Platte ergänzen darf, wie die monumentale Bauplastik eines solchen Hauptes aus dem 13. Jh. am Dom zu Münster/Westf. sowie eine J. aus Holz im Museum Bad Reichenhall nahelegen. Die verbreitetste Gruppe zeigt den Kopf auf einer Platte liegend, meist holzgeschnitzt und gefaßt, wofür zahlreiche Exemplare v. a. des 15. Jh. in Kirchen und Slg.en zeugen. Kostbare Ausnahmestücke galten als 'Reliquie' der authent. Schale Salomes, so die 1492 von Papst Innozenz VIII. dem Dom zu Genua vermachte antike Achatplatte mit winzigem Goldemailkopf um 1420/30 und die 1402 im Inventar des Hzg.s Jean de Berry erwähnte Achatschale im Museum von Bourges. Auf monstranzhaftem Fuß erhebt sich die silberne J. um 1450 im Schweizer. Landesmuseum Zürich, wie ihr hölzernes, eine Goldschmiedearbeit imitierendes Gegenstück im Kl. Engelberg (Kt. Unterwalden). Als aufgerichtetes Andachtsbild, von Engeln gehalten, erscheint die J. in Alabasterreliefs, so in London, Victoria and Albert Mus., und Dortmund, Propsteikirche. Alle Typen begegnen auf Pilgerzeichen, Siegeln, Gewölbeschlußsteinen und graph. Blättern wie beim Hausbuchmeister. A. Reinle

Lit.: LCI VII, 187–190 – L. KRETZENBACHER, 'Johannesenhäupter' in Innerösterreich, Carinthia 152, 1962 (Beih. Fschr. MORO), 232–249 – H. ARNDT – R. KROOS, Zur Ikonographie der J., AaKbll 38, 1969, 243–328 – Les Fastes du Gothique, Kat. Grand Palais, Paris 1981, 217f.

Johanniskraut (Hypericum perforatum L./Hypericaceae). Das schon in der Antike hochgeschätzte, artenreiche J. oder (Tüpfel-)Hartheu, das um Johanni (24. Juni) zu blühen beginnt und dessen Stengel ein hartes Heu ergeben, war im MA – neben ahd. *hart(en)houwi, hartinheuui* u. ä. (STEINMEYER-SIEVERS III, 588; V, 42) – hauptsächl. als *corona regis* ('Königskrone' [Blütenstand!]) und *perforata* ('durchlöchert', mit Bezug auf die durchscheinend punktierten Blätter [d. h. die Öldrüsen]) bekannt. Von daher und weil beim Zerreiben der Blütenknospen roter Saft austritt, erklärt sich gemäß der Signaturenlehre die med. Anwendung des J. als Wundkraut. Darüber hinaus sollte es das Herz stärken, die Leber reinigen, Geschwüre heilen (Albertus Magnus, De veget. VI, 319; Konrad v. Megenberg V, 24), die Menstruation fördern (Dioskurides, Mat. med. III, 154–157), den Harn treiben und gegen Ischias und Brandwunden hilfreich sein (Gart, Kap. 430). Seit den germ. Sonnwendkulten spielte das J. auch im Volksglauben eine große Rolle, bes. im Abwehrzauber, worauf mlat. *fuga d(a)emonum* hinweist. P. Dilg

Lit.: MARZELL, II, 939–961 – DERS., Heilpflanzen, 133–136 – HWDA III, 1484–1491; IV, 743–745.

Johanniter
I. Geschichte – II. Baukunst.

I. GESCHICHTE: Der Orden vom Hospital des hl. Johannes zu Jerusalem entstand 1099, im Jahr der Eroberung der Stadt durch die Kreuzfahrer (→Kreuzzug, erster). Er ging aus dem Hospital hervor, das kurz vor 1080 bei der Abtei Sta. Maria Latina entstanden war, dessen Administratoren, vielleicht 'conversi', nach 1099 mehr Eigenständigkeit gewannen und für ihr Hospital reiche Landschenkungen, sowohl im lat. Osten als auch im westl. Europa, erlangten. 1113, zu einem Zeitpunkt, als das Hospital bereits in einigen führenden Wallfahrtsorten Europas abhängige Spitäler errichtet hatte, wurde es von Papst Paschalis II. (»Pie postulatio voluntatis«) als einer unabhängigen Institution zugehörig anerkannt, doch erfolgte Anerkennung der J. als Orden erst vierzig Jahre später (Bulle »Christiane fidei religio«, 1154). – Die ethische Haltung der J. in ihren Anfängen, wie sie sich aufgrund der frühen Q. und namentl. der Regel (entstanden um 1130) darstellt, geht vermutlich auf den ersten Meister, →Gerhard, zurück und ist stark von der Kirchenreform des 11. Jh. geprägt. Die J. verehrten den 'hl. Armen' und verstanden sich selbst als 'Diener der Armen Christi'. Ihr nach griech.-byz. Vorbild organisiertes Hospital hatte in der 2. Hälfte des 12. Jh. ein erstaunl. Versorgungs- u. Ernährungsniveau erreicht. Es konnte 2000 Kranke beider Geschlechter aufnehmen und war in einzelne Abteilungen gegliedert, von denen z. B. die Abteilung für Geburtshilfe individuelle Betten und gar Wiegen besaß. Das Hospital beschäftigte vier Ärzte und vier Wundärzte, außerdem neun diensthabende Pfleger in jeder Abteilung, weiterhin Priester, da auf die spirituelle Betreuung der Insassen größter Wert gelegt wurde. Das Hospital der J., das Einfluß auf die Entwicklung des abendländ. Hospitalwesens hatte, verband die religiöse Zielsetzung, den Armen als Abbild des Herrn zu achten, mit prakt.-konkreter Hilfeleistung.

Neben der Hospitaltätigkeit bildeten die J. rasch einen militär. Zweig aus, wohl unter dem Einfluß der →Templer und infolge einer Wandlung in der sozialen Herkunft der Brüder: Erstmals 1141 ist ein Adliger als Mitglied der J. belegt. Mit ihrer neuen militär. Orientierung kamen die J. den Bedürfnissen der Kgr.es →Jerusalem entgegen: 1136 verlieh ihnen der Kg. eine strateg. wichtige Burg im südl. Palästina, mit der sie die in Askalon konzentrierten muslim. Kräfte in Schach halten sollten. Dem folgte 1144 durch den Gf. en v. →Tripoli die Übertragung des →'Krak des Chevaliers' mit der zugehörigen Grenzmark. Der Besitz dieser Burgen, auf denen vielleicht damals z.T. noch fremde Ritter und Mannschaften eingesetzt wurden, belegt zwar für diese Zeit noch nicht zwangsläufig militär. Tätigkeit der J., doch waren sie eindeutig auf dem Weg zu einem Ritterorden: Der erste Ritterbruder tritt in einer Q. von 1144 auf. Trotz päpstl. Mißbilligung dehnte sich der militär. Zweig auf Kosten des Hospitalwesens aus: In den Jahren nach 1160 stürzten Rüstungskosten (Festungen, Teilnahme an Feldzügen) den Orden in schwere Schulden.

Die von einem wohl 1206 abgehaltenen Generalkapitel erlassenen Statuten vermitteln das Bild eines vollausgebildeten Ritterordens, in dem das Hospitalwesen nur mehr den zweiten Platz einnimmt. Seit den Jahren nach 1230 hatten die Ritterbrüder eindeutig Vorrang vor den Priesterbrüdern. 1262 wurde verfügt, daß nur ein Ritterbruder das Amt des Meisters bekleiden konnte; in der Praxis waren auch die anderen hohen Ämter den Rittern vorbehalten. Voraussetzung für die Aufnahme als Ritterbruder war zunächst nur legitime Abstammung aus ritterbürtiger Familie; erst später kam eine →Ahnenprobe dazu. Die 'servientes' oder 'dienenden Brüder' (im Waffen- oder Hospitaldienst), die keine adligen Ahnen vorweisen konnten, spielten eine untergeordnete Rolle, desgleichen die Priesterbrüder. Wie andere Orden besaß auch die J. einen weibl. Zweig aus, dessen Mitglieder aber keine karitativen Aufgaben wahrnahmen, sondern nach der Augustinusregel als Kanonissen in Klausur lebten. Die J. waren einer der ersten echten Orden; sie besaßen eine internationale Organisation unter zentraler Leitung, waren von der Jurisdiktion der Diözesanbf.e befreit und verfügten über ein Netz von Niederlassungen in der gesamten Christenheit, was die Möglichkeit der räuml. Versetzung von Brüdern bot. Die Entwicklung dieser internat. Struktur läßt sich ab ca. 1120 verfolgen. Ihr Fundament waren im westl. Europa die →Kommenden (*commanderies*, Komtureien), die auf der Grundlage einer Diöz., einer Gft. (*shire* in England) oder gar eines ganzen Kgr.es (Schottland) verfaßt waren und religiöse mit wirtschaftl.-administrative Funktionen verbanden; letztere bedeutete v. a. die Pflicht zur Zahlung von 'responsiones', die ein Drittel der Einkünfte betrugen und an das Haupthaus im Osten gesandt wurden. Die Kommenden waren in →Prioraten zusammengefaßt, von denen es im frühen 14. Jh. 25 gab und deren Zahl nach dem Erwerb der Güter des aufgelösten Templerordens leicht anstieg. Die Priorate waren zeitweise, aber nicht durchgängig in vier größeren europ. Ordensprovinzen, den Großkommenden (*Grand Commanderies*) gruppiert. Weitaus wichtiger war die Einteilung nach 'Zungen' (*Langues*), die seit dem 13. Jh. auftritt. Bis 1295 hatten sich sieben Zungen ausgebildet, die jeweils mehrere Priorate umfaßten, doch hatten sie damals keine Bedeutung für die Gesamtstruktur des Ordens, sondern für die Zugehörigkeit der im Haupthaus lebenden Brüder. Jede Zunge hatte ihre 'Herberge' (*auberge*) und stellte jeweils den Träger eines der großen Ordensämter. Wie in anderen Orden spielten die →Kapitel eine gewichtige Rolle. Alle Konvente, vom Haupthaus bis zu den einzelnen Kommenden, hielten wöchentl. Kapitel ab. Alljährl. versammelten sich die Komture eines Priorats; Generalkapitel fanden unter Teilnahme aller Prioren und großen Amtsträger, zunächst in unregelmäßigem Abstand, dann in fünfjährigem Turnus statt.

Bis 1187 (→Ḥaṭṭīn) war Jerusalem Sitz des Haupthauses, 1191–1291 dann →Akkon. Nach dem Verlust Palästinas zogen die J. nach Limassol auf →Zypern, führten 1306 eine Invasion der Insel →Rhodos durch und verlegten 1309 ihren Sitz dorthin. Durch die türk. Eroberung 1522 vertrieben, erhielten sie 1530 Malta, bis 1798 ihr Hauptsitz blieb. 1312 erwarben die J. die beschlagnahmten Templergüter. Aufgrund der auf diese Weise erfolgten Verdoppelung ihres Besitzes konnten die J. – trotz gelegentl. finanzieller Schwierigkeiten – Rhodos zu einer der stärksten Festungen der ma. Welt ausbauen und in der Politik des östl. Mittelmeerraumes eine aktive Rolle spielen: Die J. beteiligten sich an fast allen Kreuzzugsligen, hielten 1374–1402 →Smyrna und beherrschten kurze Zeit das lat.

→Morea (1376). Nachdem Rhodos bereits 1440 und 1444 von den →Mamlūken angegriffen worden war, erfolgte 1480 eine Belagerung durch die →Osmanen, die die Festung 1522 einnahmen. Bereits mit der Übersiedlung nach Zypern verlagerte sich der militär. Schwerpunkt der J. vom Landkrieg auf ihre starke Flottenmacht. In Rhodos unterhielten die J. in der Regel sieben bis acht Kriegsgaleeren. Mittlerweile de facto selbständig geworden (eine förml. Eigenstaatlichkeit wurde jedoch erst im 18. Jh. erreicht), handelten die Meister (seit 1489: Großmeister) gleichsam wie selbständige Fs.en, prägten Münzen und schickten ihre Gesandten an die Höfe Europas. Vergleiche drängen sich auf zum →Dt. Orden, der 1309 sein Haupthaus in Marienburg errichtete, im selben Jahr wie die J. auf Rhodos; offenbar begegneten die beiden Orden auf ähnl. Weise der Krise, mit denen die Ritterorden im frühen 14. Jh. konfrontiert waren und der die Templer erlagen.

J. Riley-Smith

Bibliogr. und Lit.: F. DE HELLWALD, Bibliogr. méthodique de l'ordre souverain de St-Jean de Jérusalem, 1885 – J. DELAVILLE LE ROULX, Les Hospitaliers à Rhodes jusqu'à la mort de Philibert de Naillac, 1913 – A. GABRIEL, La cité de Rhodes (1310–1522), 2 Bde, 1921–23 – E. ROSSI, Aggiunta alla Bibliogr. méthodique de F. DE HELLWALD, 1924 – J. S. C. RILEY-SMITH, The Knights of St. John in Jerusalem and Cyprus, 1967 – A. T. LUTTRELL, The Hospitallers in Cyprus, Rhodes, Greece and the West, 1978 – T. S. MILLER, The Knights of St. John and the Hospitals of the Latin West, Speculum 53, 1978 – M. GERVERS, The Hospitaller Cart. in the Brit. Libr. (Cotton MS Nero E VI), 1981 – A. J. FOREY, Constitutional Change in the Hospital of St. John during the Twelfth and Thirteenth Centuries, JEcH 33, 1982 – A. T. LUTTRELL, Latin Greece, the Hospitallers and the Crusades, 1982 – A.-M. LEGRAS, Les Commanderies des Templiers et des Hospitaliers de St.-Jean de Jérusalem en Saintonge et en Aunis, 1983.

II. BAUKUNST: Ein einheitl. Bautyp für J. kommenden hat sich nicht herausgebildet. Vorhanden waren in allen frühen Kommenden Kapelle oder Kirche, Wohnhaus und Wirtschaftsgebäude, je nach Gelände und Erfordernissen geordnet. Das J.-Hospital in Rhodos (1440–89) hat im Erdgeschoß einen Kreuzgang und wie in oriental. Karawansereien Läden und Magazine, im Obergeschoß die zweischiffige Krankenhalle mit Altarnische. Am vollständigsten erhalten ist in Europa das »Ritterhaus« in Bubikon/Zürich; nach Gründung 1192 Umbau einer vorhandenen Kapelle zum Bruderhaus (Erdgeschoß, Spital; Obergeschoß, Dormitorium), Neubau von Kapelle und Komturhaus. In Duisburg bildeten mehrstöckiges Kommendengebäude und Marienkirche einen rechten Winkel. In der vor 1294 gegr. J. kommende Herrenstrunden bei Berg.-Gladbach (Verwaltungszentrum für den niederrhein. Ordensbesitz) lagen innerhalb eines rechteckigen Weihers die Komturei (Vierflügelanlage, um 1355) und der Mistenhof (Dreiflügelanlage) auf zwei durch eine Brücke verbundenen Inseln. Bei der in der Nähe von St. Kunibert in Köln gegr. Kommende lag n. der Saalkirche (1331–1427) ein 1483–90 neu erbauter Kreuzgang mit Dormitorium und Infirmerie; ähnl. war die im 14. Jh. ausgebaute, einfachere Anlage in Wesel. Die Verbindung von Krankenhaus und Kapelle wurde verschieden gelöst: Altar im Krankensaal selbst, in einem an der Langseite (Rhodos) oder Schmalseite (Malta) angebauten Chor oder in einer angrenzenden Kapelle; Krankensaal durch Bodenöffnung mit darunterliegender Kirche verbunden (Niederwesel, Ende 12. Jh.; ähnl. ursprgl. dreistöckiges »Templerhaus« Neckarelz/Baden Anfang 14. Jh.). In Deutschland einmalig ist die von it. und frz. wie vermutl. morgenländ. Vorbildern beeinflußte Form der J. burg in Biebelried b. Kitzingen (1275 beg.). G. Binding

Lit.: J. HOH, D. ehem. J.-Kastell in Biebelried, Mainfrk. Jb. für Gesch. und Kunst 4, 1952, 319–326 – E. GRUNSKY, Doppelgeschossige J. kirchen und verwandte Bauten [Diss. Tübingen 1970; Lit.]. – A. ANTONOW, Die J.-Burg Biebelried b. Würzburg, Burgen und Schlösser 17, 1976, 10–20 – G. BINDING–M. UNTERMANN, Kleine Kunstgesch. der ma. Ordensbaukunst in Dtl., 1985 [Lit.].

Johannitius (Ioannikios), griech.-lat. Name des arab. Übersetzers Ḥunain b. Isḥāq al-ʿIbādī, * 808 als Sohn eines nestorian. Apothekers in al-Ḥīra, † ca. 873 in Bagdad, studierte in Bagdad bei Yūḥannā b. Māsawaih, wurde Arzt des Kalifen al-Mutawakkil und Haupt einer Übersetzerschule. Übersetzt wurde auf der Basis zuverlässiger griech. Texte und durch Kollationieren verschiedener Hss. u. a. mehr als 100 Schriften von Hippokrates, Galen und anderen antiken Ärzten. Unter den eigenen Werken erwähnt sei der Traktat über die Augenheilkunde (»Kitāb a-ʿAšr maqālāt fi-l-ʿain«), Schriften zur Diätetik (»Kitāb al-Aġḏiya«) und über Heilmittel (»Aqrābāḏīn«). Für das lat. MA wird am wichtigsten sein »Kitab al-mudḫal fi ʾṭ-ṭibb« (Einleitung in die Medizin), die unter dem Titel »Isagoge ad Tegni Galeni« mehrfach übers. wurde, so von Marcus v. Toledo um die Mitte des 12. Jh. unter dem Titel »Liber introductorius in medicinam«; als »Isagoge« fand es Eingang in die →»Articella«, das klass. Lehr- und Prüfungsbuch des hohen und späten MA.

Neben den med. Schriften sind unter seinen zahlreichen Werken noch die Übers. von Artemidoros' »Traumdeutung« und des Timaioskomm. des Proklos hervorzuheben. M. van Esbroeck/H. Schipperges

Lit.: G. BERGSTRÄSSER, Ḥunain ibn Isḥāq und seine Schule, 1913 – ULLMANN, Medizin, 115–119 – Ephrem-Hunayn Festival, Baghdad 4.–7.2.1974, 305–588 [Bibliogr.] – Ḥunayn ibn Isḥāq, hg. G. TROUPEAU, 1975 – M. V. ESBROECK, Les sentences morales des philosophes grecs dans les traditions orientales (L' eredità classica nelle lingue orientali, ed. M. PAVANI–U. COZZOLI, 1986), 11–23 – U. WEISSER, Noch einmal zur Isagoge des J., SudArch 70, 1986, 229–235.

John (s. a. Johann, Johannes, Jean usw.)

1. J. of Gaunt, Duke of →Lancaster seit Nov. 1362, 3. Sohn von Kg. →Eduard III. v. England, * März 1340 in Gent (deshalb: »of Gaunt«), † Febr. 1399; ∞ 1. Blanche († 1369), jüngere Tochter von →Heinrich v. Grosmont, Duke of Lancaster, 1359; 2. Konstanze († 1394), Tochter und Erbin von →Peter I., Kg. v. Kastilien, 1371; 3. Catherine Swynford; Kinder: v. 1.: →Heinrich (IV.) u. a.; von 2.: Katherine (∞ →Heinrich III. v. Kastilien), von 3.: →Heinrich Beaufort (unehel.) u. a., →Beauforts, Familie. Die erste militär. Erfahrung machte J. in den Kriegen seines Vaters, er nahm 1350 an der Schlacht v. Les Espagnols-sur-Mer und 1359 an dem Feldzug gegen Reims teil. Nach dem Tod von Heinrich und dessen älterer Tochter Maude erbte J. durch die Ansprüche seiner Frau die Besitzungen des Hauses Lancaster. Seit den sechziger Jahren des 14. Jh. war J. in die polit. Ereignisse der Iber. Halbinsel verwickelt. 1367 begleitete er seinen Bruder →Eduard d. Schwarzen Prinzen auf dem kast. Feldzug, der mit dem Sieg bei →Nájera endete. Der Versuch Eduards, den Thron Peters I. v. Kastilien aufrechtzuerhalten, erwies sich als Fehlschlag, und dessen Gegner, →Heinrich v. Trastámara, ließ sich im April 1366 in Burgos zum Kg. krönen. Doch heiratete J. zur Aufrechterhaltung der engl. Interessen in Kastilien die Tochter Peters, erwarb so einen Anspruch auf den kast. Thron und führte den Titel eins Kg.s v. Kastilien und León. In den siebziger Jahren des 14. Jh. konzentrierten sich die militär. Aktivitäten J.s auf Frankreich. Er kämpfte in Aquitanien und führte seine Streitkräfte 1373 von Calais nach Bordeaux, wo er auf keinen Widerstand traf, es aber auch zu keiner entscheidenden Kampfhandlung kam. Nach dem Tod seiner älteren Brüder →Lionel, Hzg. v. Clarence († 1368), und Eduard († 1376) übernahm J. die Regierungsgeschäfte in England. Er versuchte, die kgl. Prärogative und den Hof gegen die Angriffe der Commons und anderer Adliger im →Good Parliament zu verteidigen. Die Einschränkung vieler Beschlüsse des Parlaments 1377 machte ihn bei den Commons und bei der Londoner Bevölkerung unpopulär. Außerdem führte seine Unterstützung von John →Wyclif bei den Angriffen gegen die Privilegien der Geistlichkeit zum Konflikt mit der kirchl. Hierarchie. Seine Unpopularität fand ihren Höhepunkt während der →Peasants' Revolt (1381). In den ersten Jahren der Regierung Richards II. hielt er sich nicht am Hof auf, wo Richards Günstlinge zunehmend dominierten. 1386 führte er ein Heer nach Kastilien, angebl. um Ansprüche geltend zu machen. Aber tatsächl. war er zu Verhandlungen bereit und erreichte 1388, daß ihm gegen den Verzicht auf seine Ansprüche eine Pension gewährt wurde. J. kehrte 1389 nach England zurück und erneuerte seine Beziehung zu Richard II. Da er sich loyal zur Krone verhielt, wurde er nun einer von Richards einflußreichsten Ratgebern. 1390 zum Hzg. v. Aquitanien erhoben, spielte J. eine führende Rolle bei den Friedensverhandlungen mit Frankreich (→Hundertjährigen Krieg). Allerdings kam es über den Vorschlag, Aquitanien J. und seinen Erben zu übertragen, zu keiner endgültigen Einigung. Während der letzten Regierungsjahre von Richard II. blieb J. bei der erneuten polit. Instabilität dem Kg. gegenüber loyal und leitete den Gerichtshof, der 1397 gegen Richards Opponenten eingesetzt worden war. J. willigte sogar in die Verbannung seines Sohnes Heinrich. A. Tuck

Lit.: S. ARMITAGE-SMITH, J. of G., 1904 – J. J. N. PALMER, England, France and Christendom 1377-99, 1972 – A. GOODMAN, J. of G. (England in the Fourteenth Century, hg. W. M. ORMROD, 1986), 67-87.

2. J. Bacon

(Johannes Baconthorpe, 'doctor resolutus') OCarm, * um 1290 in Baconthorpe (Norfolk), † 1348, Studium in Oxford unter Robert Walsingham, in Paris unter Guido Terrena (Studienleiter 1324), Provinzial in England (1327-33), Lehrer in Cambridge und Oxford, suchte durch subtile Analyse der Argumente philos. Ansprüche auf theol. relevantes Terrain zurückzudrängen. Überliefert sind u. a. sein Sentenzenkomm. (Paris 1484 u. ö.), Quodlibeta (Venedig 1527) und Komm. zu Mt; als verloren gelten die Komm. zu den Paulusbriefen, zu →Aristoteles, →Augustinus und →Anselm v. Canterbury. In der Mariologie öffnete er sich den Gedanken von →Johannes Duns Scotus und vertrat ab 1330 die Lehre von der Immaculata Conceptio. M. Gerwing

Lit.: DSAM VIII, 284 – Marienlex. I, 327 [Lit.] – RCS I, Nr. 402 – B. XIBERTA, De scriptoribus scholasticis saeculi XIV ex OCarm, 1931 – N. DI S. BROCARDO OCD, Il profilo storico di Giovanni B., Études Carmélitaines 2, 1948, 431-543 – B. SMALLEY, J. Baconthorpe's postill on St. Matthew, MARS 4, 1958, 91-145 – J. P. ETZWILER, Baconthorpe und lat. Averroism, Carmelus 18, 1971, 235-292 – J. SMET–U. DOBHAN, Die Karmeliten, 1980 – J. WIPPEL (Essays Honoring A. B. WOLTER, 1985), 309-349.

3. J. of Bridlington,

hl., * um 1320 in Thweng (Yorkshire Wolds), † 1379, ▢ Bridlington. Bereits in seiner Jugend beschäftigte er sich mit den Schr. des Richard →Rolles und legte mit 14 Jahren die Profeß im Augustinerpriorat Bridlington ab, das er nur während eines Studiums in Oxford (1336-39) verließ. Seit 1362 Prior, führte er eine auf einfache Lebensform, Gehorsam und Gebet basierende Regel ein. J.s erstaunl. Ruhm beruhte aber wohl mehr auf seinen myst.-ekstat. Erfahrungen der Art, wie sie in Rolles »Incendium Amoris« beschrieben sind. Bereits 1401 wurde J. von Bonifatius IX. kanonisiert. Kg. Heinrich VI. schrieb seinen Sieg bei →Agincourt 1415 der Fürbitte der Hl. en J. und St. John of Beverley zu.

R. B. Dobson

Q. und Lit.: AASS Oct. V, 1868, 135-144 – Nova Legenda Angliae, ed. C. HORSTMAN, II, 1901, 64-78 – J. S. PURVIS, St. J. of B., Journal of Bridlington and Augustinian Soc., II, 1924 – D. KNOWLES, The Religious Orders in England, II, 1955 – J. HUGHES, Pastors and Visionaries..., 1988.

4. J. of Eschenden

(Ashenden, Eschuid), namhafter engl. Mathematiker und Astronom, als *fellow* des Merton College (→Mertonschule) zu →Oxford belegt seit ca. 1336 und noch 1355. Sein bekanntestes Werk ist »De accidentibus mundi summa judicialis«, zweiteilig, datiert 1347 und 1348. Diese ungewöhnl. breite Summa der naturwiss. →Astrologie genoß hohes Ansehen in Gelehrtenzirkeln. Weiterhin verfaßte J. prognost. astrol. Traktate, beruhend auf →Finsternissen u. →Konjunktionen des Saturn, Mars u. Jupiter. J., der im Unterschied zu zahlreichen Oxforder Kollegen den Schwarzen Tod überlebt hat, ist von John Bale auch ein Pesttraktat (»Regimen de preservatione a pestilentia«) zugeschrieben worden. J. D. North

Lit.: A. B. EMDEN, A Biogr. Reg. of the Univ. of Oxford, 3 Bde, 1957-59, 1243f. – J. D. NORTH, Richard of Wallingford, 3 Bde, 1976, Bd. 2, 86-89, u. ö. – K. SNEDEGAR, J. Ashenden and the scientia astrorum mertonensis [Diss. phil. Oxford, ungedr., 1988].

5. J. Gower → Gower, John

6. J. de Grimestone,

wahrscheinl. Franziskanermönch, Schreiber und wohl auch Verf. eines 1372 datierten lat. Hb.es, welches Gemeinplätze für Predigten in alphabet. geordneten Artikeln zusammenstellt. Das Werk, in einer einzigen Hs. erhalten (Advocates' Libr., 18.7.21, der Nat. Libr. of Scotland, Edinburgh), sammelt Zitate aus Bibel, kirchl. und einigen klass. Schriftstellern, Sentenzen und Merkverse, mehrere kurze →Exempla und gegen 240 me. Gedichte von 2 bis 196 Zeilen. Letztere dienten Predigern als Gedächtnishilfen oder Lehrsprüche, schließen aber auch mehrere lyr., nur in dieser Hs. konservierte Stücke ein. S. Wenzel

Lit.: E. WILSON, A Descriptive Ind. of the English Lyrics in J. of G.'s Preaching Book, MAe Monogr., NS, II, 1973 – S. WENZEL, Preachers, Poets, and the Early English Lyric, 1986.

7. J. of Holywood → Johannes de Sacrobosco

8. John Maudith,

engl. Gelehrter, Astronom, Arzt und Kirchenmann, belegt 1309-43, 1309 als *fellow* des Merton College (→Mertonschule) zu →Oxford, war später rector zahlreicher Pfarreien in N-England, stand nach 1340 im Dienst von John de →Warenne, Earl of Surrey und Sussex. J.s letztes bekanntes Beneficium war 1343 das Amt des Dekan v. Auckland (Bm. Durham). J., der zum Gelehrtenkreis um den großen Bibliophilen →Richard v. Bury, Bf. v. →Durham, gehörte, schuf mehrere astron. und trigonometr. Tafeln. Ein Traktat zur Erläuterung ihres Gebrauchs (»Quia sciencia astronomie sine debitis instrumentis...«), der häufig ebenfalls J. zugeschrieben wird, stammt dagegen wohl von →Richard v. Wallingford. J. D. North

Lit.: A. B. EMDEN, A Biogr. Reg. of the Univ. of Oxford, 3 Bde, 1957-59, 1243f. – J. D. NORTH, Richard of Wallingford I, 1976, 3-19 u. ö.

9. J. Oldcastle → Oldcastle, John

10. J. Somer,

engl. Astronom, belegt 1380-1403, trat in Bridgwater (Somerset) in den Franziskanerorden ein, ist aber um 1380 und noch 1395 im Konvent v. →Oxford belegt. Von ihm ist ein Sternkatalog erhalten, datiert 1403, von ptolemäischem Typ, wie er oft im Zusammenhang mit den sog. Alfonsin. Tafeln auftritt. In einem Traktat kritisiert J. S. den offiziellen kirchl. Kalender. Für Johanna, Prinzessin von Wales und Mutter Kg. Richards II., verfaßte er ein ausführl. Kalendarium. Dieses →Chaucer wohlbekannte Werk enthielt ausführliche Tafeln für Sonne und Mond, Eklipsen, Aszensionen und anderes astron. Material. Nicht ganz auszuschließen ist, daß J.S. jener in einer späteren Nachricht von Jacob Cnoyen genannte Franziskaner war, der 1360 in der Arktis mit Hilfe eines Astrolabs wissenschaftl. Beobachtungen durchführte. J. D. North

Lit.: A. B. Emden, A Biogr. Register of the Univ. of Oxford, 3 Bde., 1957–59, 1727 – J. D. North, Chaucer's Universe, 1990², 91–95, 523f. u. ö.

Joinville, adlige Herrschaft *(Seigneurie)* in der →Champagne (J., dép. Haute-Marne, arr. St. Dizier). Der Begründer der Familie der Herren *(Sires)* v. J., die über neun Generationen, von 1000 bis 1365, blühte, war *Étienne,* der von einem nicht näher bestimmbaren 'novum castrum' abstammte und Vogt von St-Urbain war. Er erbaute die Burg J., heiratete eine Schwester des Gf.en Engelbert v. →Brienne und erhielt aus diesem Anlaß die Vogtei über die Güter der Abtei →Montierender im Blaisetal. Der Gf. der Champagne, →Odo II., belehnte Étienne mit der Burg →Vaucouleurs (dép. Meuse). Sein Sohn *Geoffroi I.* (ca. 1050–80), vermählt mit Blanche de Reynel, setzte Mönche aus →Molesme in Vaucouleurs ein. Sein ältester Sohn *Renard* ererbte die Gft. Joigny, die jüngeren Söhne Geoffroi II. und Roger († nach 1137) waren Herr v. J. bzw. Abt v. →Bèze. Kinder von Roger und seiner Gemahlin Hodierne v. Vignory waren *Geoffroi III.* († 1188), Guy, Bf. v. Châlons-sur-Marne, und Guillemette, Äbt. v. Avenay. Geoffroi III. war →Seneschall des Champagne, nahm am 2. Kreuzzug teil und gründete eine Reihe von Abteien und geistl. Häusern. Aus seiner Ehe mit Felicitas v. Brienne ging *Geoffroi IV.* († 1190 im Hl. Land) hervor. Seine Söhne aus der Ehe mit Elise v. →Dampierre waren: *Geoffroi V.* († 1204 im Orient); *Guillaume,* Bf. v. Langres und Ebf. v. Reims (→1.J.); *Simon* († 1233), der nach dem Tode seines älteren Bruders 1204 die Seigneurie erhielt. Verheiratet mit Ermengarde v. Montclair, ergriff Simon im champagn. Erbfolgekrieg die Partei Érards v. →Brienne und seines Verbündeten, des Hzg.s v. →Lothringen, Thiébaut I. (1216–18). Er nahm 1219 am 5. Kreuzzug teil, ließ sich das Amt des Seneschalls der Champagne erbl. übertragen und rettete 1230 das belagerte →Troyes. Aus seiner 2. Ehe, mit Béatrice v. Auxonne, ging das berühmteste Familienmitglied hervor, *Jean* (1225–1317), der Geschichtsschreiber →Ludwigs d. Hl.n (2.J.). Er trat 1233 die väterl. Erbfolge an; aus seiner Ehe mit Alix de Reynel stammte *Anseau* († 1343), ⚭ Marguérite v. →Vaudémont, der dem Kg. Philipp VI. das Lehen Vaucouleurs abtrat. Henri († 1365), der Sohn von Anseau, ererbte von der Mutter die Gft. Vaudémont; er unterdrückte 1358 die Jacquerie in der Champagne. Mit seiner Gemahlin Alix v. →Luxemburg hatte er zwei Töchter, deren ältere, Marguérite (⚭ Ferry v. Lothringen), die Herrschaft J. und die Gft. Vaudémont ihrem Sohn Anton, dem Großvater Renés II. v. Lothringen, übertrug. M. Bur

Lit.: H. F. Delaborde, Jean de J. et les seigneurs de J., 1894.

1. J., Guillaume de, Bf. v. →Langres 1208–19, Ebf. v. →Reims 1219–26, † 6. Nov. 1226, ⌑ Clairvaux, Mönchsfriedhof. Sohn von Geoffroi IV. v. J. und Helvide v. →Dampierre, Onkel des Seneschalls Jean de →Joinville, wurde G. 1191 Archidiakon in Châlons-sur-Marne, 1208 Bf. v. Langres. Als solcher war er bestrebt, die Grenzen seiner Domäne und seines Lehnsbereichs gegenüber dem Gf. en v. →Champagne zu fixieren; er empfing den Lehnseid für die Herrschaft Chaumont, schloß ein →Pariage für Montigny ab und begründete die Kastellanei Luzy. In einer Urk. v. 1212 festigte er die Anfänge des Kanonikerstifts v. Val des Écoliers im Tal v. Verbisles, nördl. v. Luzy. Als Ebf. v. Reims förderte G. die Ansiedlung von Bettelorden und Klarissen in Reims. Legat im Albigenserkrieg (→Albigenser), nahm er am Feldzug Ludwigs VIII. teil, in dessen Verlauf er in Avignon erkrankte, in St-Flour verstarb. →Wilhelm der Bretone rühmt die Persönlichkeit des Ebf.s (Philippide, l. XIII). M. Bur

Lit.: J. C. Humblot, G. II. de J., Revue de Champagne et de Brie, 1894, 486–504 – O. Wilsdorf-Colin, À la frontière de l'évêché de Langres et du comté de Champagne: la formation de la châtellenie langroise de Luzy (Actes du 103ᵉ Congr. national des Sociétés savantes, Nancy-Metz, 1977), 169–193.

2. J., Je(h)an de, * 1224 (?), † 1317, frz. Adliger und Autor, Seneschall der →Champagne, verfaßte – neben einem illustrierten Komm. zum Credo – eine Biographie seines Herrn, Kg. Ludwigs IX. des Hl.n v. Frankreich, eines der bedeutendsten lit. und historiograph. Zeugnisse des MA. Das Werk ist in zwei Teile gegliedert: der erste überliefert die weisen Aussprüche des großen Kg.s, die J. vorwiegend aus Gesprächen, die er mit Ludwig (L.) führen konnte, geschöpft hat; der zweite Teil schildert L.s Regierung, mit bes. Betonung des 7. (6.) →Kreuzzugs, an dem J. als junger Ritter an der Seite seines Kg.s teilnahm. Das Werk ist ebenso Biographie wie Autobiographie. Trotz tiefer Ehrfurcht vor seinem 1297 heiliggesprochenen Herrn verschweigt der Autor Charakterfehler L.s nicht, wie den Jähzorn des Kg.s oder dessen Gefühlskälte gegenüber der Gattin →Margarete und den Kindern. Von sich selbst hat J. ebenfalls eine hohe Meinung, er hebt sein höf. Verhalten, seine Ehrenhaftigkeit in finanziellen Dingen, sein Pflichtbewußtsein und seine militär. Tapferkeit hervor, ohne jedoch über eigene Schwächen hinwegzugehen.

J.s eindrucksvolles Werk ist insbes. durch drei wesentl. Charakteristika gekennzeichnet: Das Buch präsentiert sich als ein unter →Eid abgelegtes Zeugnis; es befaßt sich v. a. mit Glaubensfragen, moral. und höf. Verhaltensnormen, feudaler Politik; es ist Ausdruck einer intensiven persönl. Beziehung. Während des Kanonisationsverfahrens von 1282 wurde J. zwei Tage lang von den päpstl. Richtern befragt; dieses Zeugenverhör schlägt sich in der Vita insofern nieder, als J. wiederholt angibt, bei welchen geschilderten Ereignissen oder Gesprächen er persönl. anwesend war; diese Haltung gipfelt in J.s Aufforderung an den Leser, nur denjenigen Nachrichten, die er als selbsterlebt bezeichne, zu vertrauen (Vie, 768).

Die Vita kann, wenn nicht als Speculum Regis (→Fürstenspiegel), so doch als Speculum Militis (→Ritter, -tum) bezeichnet werden. Nahezu alle Angelegenheiten und Pflichten des Ritters werden im Rahmen der Darstellung angesprochen: das Verhältnis des Ritters zu Gott und zur Kirche, seine Beziehung zum Landesherrn, zu den ihm standesgleichen Rittern, zu seinen Verwandten und seiner →familia, zu seinen Gehilfen, Vasallen und Untergebenen im →Aufgebot usw. Als Seneschall zeigt J. starkes Interesse an Rang- und Etikettefragen, etwa hinsichtl. der Sitzordnung bei einem Bankett. Fesselnd wird J.s Werk aber u. a. durch die große Wißbegier des Autors, der eingehend seine visuellen Eindrücke, insbes. auch die auf der Kreuzfahrt erlebten fremden Lebensformen und Bräuche, schildert, wobei er die Verhaltensweise seiner Umgebung durch Befragen zu ergründen sucht (Vie, 605). Bemerkenswert ist, daß J. nie Haßgefühle gegenüber den Muslimen bekundet. Der Autor besitzt einen lebhaften Sinn für das Kom.-Dramatische und ist ein Erzähler par excellence. J.s Biographie ist ein unvergleichl. lebendiges Zeugnis für Leben und Denken der Menschen im 13. Jh.

A. Foulet

Ed.: [Biographie]: N. DE WAILLY, Hist. de saint Louis, 1881 [zahlreiche Nachdr.] – N. L. CORBETT, La Vie de saint Louis, 1977 – R. HAGUE, The Life of St. Louis translated from the text ed. by N. DE WAILLY, 1955 – [Credo]: L. J. FRIEDMANN, Text and Iconography for J.s Credo, 1958 (The Medieval Acad. of America) – *Bibliogr.:* R. BOSSUAT, Manuel bibliogr., 3488–3490, 3670–3687, 7797f., 7813–7815 – *Lit.:* J. MONFRIN, J. et la mer (Mél. F. LECOY, 1973), 445–468 – P. ARCHAMBAULT, J. History of chivalric code (DERS., Seven French Chroniclers. Witnesses to hist...., 1974), 41–57 – R. PELCKMANS, Deux visages de la mort dans la »Vie.« de J., Francia 17, 1976, 12–14 – M. PERRET, L'espace d'une 'Vie' et celui d'une langue. Combinatoire des expressions locatives dans la »Vie...« de J. et dans la langue du XIe au XVIe s., Langue française 40, 1978, 18–31 – M. ZINK, J. ne pleure pas, mais il rêve, Poétique 33, 1978, 28–45 – M. K. BILLSON III, J.'s 'Histoire de Saint Louis'. Hagiography, Hist. and Memoir, The American Benedict. Rev. 31, 1980, 418–442 – M. PERRET, ... A la fin de sa vie ne fuz-je mie, Rev. sciences humaines 183, 1981, 17–37 – M. SLATTERY, Myth, man and monarch. Louis IX in J.'s sources, 1985.

Iola Goch → Walisische Sprache und Literatur

Iolande, Iolante → Yolande; → Violante

Jomsborg, um 1170 in der isländ. Knýtlingasaga (cap. 124) verwendeter Name für den slav.-poln. bzw. pomoran. Seehandelsplatz und polit.-militär. Zentralort →Wolin am Odermündungsarm Dievenow. Andere Benennungen lauten: Jumne (Adam v. Bremen, um 1070), Julin, Jumneta (Helmold v. Bosau, um 1170), auch Vineta, das seit der Renaissance als Bezeichnung für einen legendären untergegangenen Ort an der Odermündung Verbreitung gefunden hat. Zu den sprachgesch.-paläograph. Zusammenhängen vgl. A. HOFMEISTER.

J. Herrmann

Lit.: Monatsbll. der Ges. für pommersche Gesch. und Altertumskde. 46, 1932, 81–89 [A. HOFMEISTER].

Jómsvíkinga saga. Die isländ. 'Sage von den Jomswikingern' auf der →Jomsborg (Jumne?, Jumneta? an der Odermündung), Anfang 13. Jh., schildert deren Unternehmungen im Ostseeraum, die Auseinandersetzungen mit dem Dänenkg. Svend (Gabelbart) und dem Wendenkg. Boleslaw, die von Svend provozierten feierl. Gelübde, den norw. Jarl Hákon anzugreifen, die folgende Heerfahrt und die Schlacht in der Hjörungabucht (W-Norwegen, ca. 987), bei der die Jomswikinger vernichtend geschlagen wurden. Die Einl. (nicht in allen vier auf ein gemeinsames, verlorenes Original zurückgehenden Hss. überliefert) behandelt das dän. Kg.sgeschlecht bis Harald Blauzahn (10. Jh.). Die J.s trägt Züge der 'Königssagas' (→Konunga sögur), bes. aber der 'Vorzeitsagas' (→Fornaldarsögur), und wurde von wichtigen Geschichtswerken des 13. Jh. wie Heimskringla (→Snorri Sturluson), →Fagrskinna und den Sagas über Olaf I. Tryggvason benutzt.

H. Ehrhardt

Ed.: O. HALLDORSSON, J.s., 1969 – *dt. Übers.:* Slg. Thule 19, 1924 [1966²; gekürzt] – *engl. Übers.:* N. F. BLAKE, J.s., 1962 – *Lit.:* KL VII, 607f. – Kindler Lit. Lex. IV, 1968 – H. HEMPEL, Die Formen der J.s., Ark. f. nord. fil. 39, 1923 – P. FOOTE, Notes on Some Linguistic Features in AM 291 4°, Íslenzk tunga 1, 1959.

Jón. 1. J. Ögmúndarson, hl., erster *Bf. v.* →*Hólar* in N-Island, * 1052 Breiðabólstaður (S-Island), † 1121; Bf.sweihe 1106, Translatio 1200, entstammte einem südisländ. Häuptlingsgeschlecht, ging bei Bf. Ísleifr v. Skálholt in die Schule. Nach der Rückkehr von einer Romreise (1076/78?) übernahm er den väterl. Hof und war dort Priester. Seine beiden Ehen blieben kinderlos. Auf Betreiben Bf. Gizurs v. Skálholt wurde J. Ö. zum Bf. des neuen Bm.s Hólar ernannt und nach Erhalt der päpstl. Dispens 1106 von Ebf. Asser v. Lund geweiht.

Unter J. Ö. wurde die Domkirche v. Hólar gebaut und v. a. eine für Island bedeutende Domschule gegründet, an der anfangs ausländ. Lehrer unterrichteten. J. Ö. wird die Anregung zur Gründung des ersten isländ. Kl. Þingeyrar OSB, nach einer Annalnotiz 1112 (erster Abt 1133), zugeschrieben. Seine Verehrung als Hl. wird u. a. eine Reaktion auf den Þorlák-Kult (hl. Bf. v. Skálholt) gewesen sein. Kurz nach seiner Translatio schrieb der isländ. Benediktiner Gunnlaugr Leifsson seine Vita auf Lat., die aber nur in zwei isländ. Übers. des 13. und 14. Jh. überliefert ist (»Jóns saga helga«, ed. ST. KARLSSON, Sagas of Icelandic Bishops, 1967). Zentrum des Jón-Kultes blieb das Bm. Hólar mit Ausstrahlung nach S-Island und vereinzelt nach Norwegen.

H. Ehrhardt

Lit.: J. HELGASON, J. Ö. den hellige (Norvegia Sacra 5), 1925, 1–35 – J. JÓHANNESSON, Islands hist. i mellolalderen, 1969.

2. J. Halldórsson, norw. Dominikaner, † 1339, studierte um 1300 in Paris und Bologna, vor 1310 Kanoniker in Bergen, 1322–39 Bf. des isländ. Bm.s →Skálholt. Er ist bekannt geworden als (vorwiegend mündl.?) Vermittler kontinentaler →Exempel (isländ. ævintýri) auf Island; die erhaltenen isländ. Exempla können jedenfalls nicht unmittelbar auf ihn zurückgeführt werden. Lediglich in der jüngeren Hs. der →Klári saga wird er als Autor der Saga, zumindest aber als Initiator der Niederschrift namentl. erwähnt.

H. Ehrhardt

Lit.: K. SCHIER, Sagalit., 1970 – KL VIII, 450f. – →Klári saga.

Iona, führendes iro-schott. Kl. auf der gleichnamigen Insel vor der Westküste Schottlands, wurde 563 vom hl. →Columba (Colum Cille) gegr. Zwar behauptet →Beda Venerabilis, der die Gründung irrtümlich auf 565 datiert, daß es der Kg. der →Pikten, →Bruide mac Maelchon († 584), war, der dem Hl.en die Stätte des späteren Kl.s übertrug, doch kann demgegenüber mit größerer Wahrscheinlichkeit beanspruchen: Nach ihr war der Stifter vielmehr Conall mac Comgaill, der Kg. der →Dál Riada, die schon seit einigen Generationen im Westteil des späteren Schottland siedelten und diesen beherrschten. Die ir. Überlieferung macht verständlich, warum der hl. Columba, der aus dem Geschlecht der →Uí Néill stammte, von einem Herrscher der mit den Uí Néill traditionell verfeindeten Dál Riada gefördert wurde.

Eine erhaltene Liste der Gefährten (discipuli), die Columba nach I. begleiteten, zeigt, daß es sich bei ihnen um Verwandte des Hl.en handelte; dies entsprach durchaus Gepflogenheiten der frühen ir. Kirche. Als Grund für den Auszug Columbas aus seiner nordir. Heimat gibt eine späte Überlieferung die Verstrickung des Hl.en in die erbitterten Kämpfe zw. nördl. und südl. Uí Néill an (Schlacht v. Cúl Dreimne, 561). Bleibt diese Erzählung apokryph, so kann die Übersiedlung Columbas nach I. aber durchaus mit seiner Verurteilung durch eine ir. Synode zu Uisnech (Gft. Meath) zusammenhängen.

Columbas weitere Laufbahn als führende Gestalt der ir. Kirchen- und Missionsgesch. wird am Ende des 7. Jh. in dem bedeutendsten Werk der frühen ir. →Hagiographie geschildert, der »Vita Columbae« des →Adamnanus, der als 9. Abt v. I. fungierte. Adamnanus berichtet über Taten und Wunder, polit. und missionar. Wirken des großen Hl.en, schildert aber auch das Alltagsleben der Mönche v. I., ihre Arbeit im Ablauf der Jahreszeiten. Trotz abgeschiedener Lage war I. als Mutterhaus einer großen →Paruchia, zu der so bedeutende Kl. wie →Derry im N und

→Durrow in der Mitte Irlands gehörten, aktiv an der kirchl. und polit. Entwicklung der Brit. Inseln beteiligt. Namentl. bei der Christianisierung des Piktenlandes und Northumbriens spielte I. eine gewichtige Rolle. Nachdem bereits einige northumbr. Adlige Zuflucht in I. gesucht hatten, diente das Kl. dem Kg. →Oswald († 642), der hier die Taufe empfing, sowie seinem Bruder und Nachfolger→Oswiu jahrelang als Exilsort. Von den aus I. nach Northumbrien entsandten Missionaren ist bes. →Aidán, der Gründer von →Lindisfarne, zu nennen. Im späten 7.Jh. lebte der aus Northumbrien vertriebene Kg. →Aldfrith in I. und anderen Zentren des iro-schott. Bereichs und knüpfte hier persönl. Beziehungen zu Adamnanus an.

Dennoch verlor I. zunehmend seine Führungsrolle an das Kl. →Armagh. Dieser Rückgang ist nicht zuletzt auf die Lossagung der Uí Néill-Dynastie von ihren alten Bindungen an das Columba-Kl. zurückzuführen. Auch in Northumbrien gab es Bestrebungen, die sich gegen die dominierende Rolle I.s richteten. Zwar zeichnete sich I. noch im 8.Jh. durch Gelehrtenpersönlichkeiten wie Cú Chuimne, den lat. Dichter und Kompilator der Collectio Canonum →Hibernensis, als wichtiges monast. Zentrum aus und nahm noch an den Anfängen der ir. Annalistik teil; den »Propagandakrieg« um den kirchl.-polit. Vorrang freilich hatte es verloren, und die glanzvolle Columba-Vita des Adamnanus ist bereits ein melanchol. Abgesang auf eine große Vergangenheit. Wie auf lit. Gebiet hat sich I. auch als Zentrum der Buchkunst (→Buchmalerei A III) bleibenden Ruhm erworben; das Kl. gilt übereinstimmend als Entstehungsort des berühmtesten ir. Codex, des →Book of Kells. Buchmalerei und Steinmetzkunst (→Hochkreuz) kamen mit den Wikingerangriffen, die I. seit 795 in fast regelmäßigen Abständen heimsuchten, abrupt zum Erliegen. 804 gaben die Mönche ihr Kl. auf und siedelten nach→Kells (Gft. Meath) über.

D. Ó Cróinín

Q.: →Adamnanus [A. O. und M. O. ANDERSON, 1961] – *Lit.*: Royal Comm. Ancient & Hist. Monuments of Scotland, Argyll, vol. 4: Iona, 1982 – M. HERBERT, I., Kells, and Derry, 1988.

Jona, hl., Bf. v. →Rjazań, erster Metropolit der autokephalen aruss. Kirche 1448–31. März 1461. Seine bereits nach dem Tode des Metropoliten Photios (1430) bestehende Kandidatur wurde wieder aktuell, als →Isidor, Befürworter der Union, 1441 aus Moskau entfernt wurde. I. unterstützte →Vasilij II. Vasil'evič in der Auseinandersetzung um den Moskauer Thron. Angesichts fortdauernder 'lat.' Häresie' Konstantinopels entschied man in Moskau, den 'ernannten Metropoliten' gegen die Tradition von Bf.en der aruss. Kirche wählen zu lassen und am 15. Dez. 1448 zu inthronisieren. 1451–58 von →Kasimir IV. und den orth. Bf.en der Gfsm.s →Litauen anerkannt, übte I. sein Visitationsrecht auch dort aus, bis 1458 Rom den Metropoliten Grigorij für die poln.-litau. Gebiete entsandte (zeitweilige Teilung der aruss. Kirche in zwei Metropolien). Nach 1453 nahmen mit wachsendem Zweifel an der Rechtgläubigkeit der griech. Kirche die autokephalen Bestrebungen in Moskau zu; I. bestimmte ohne den Patriarchen v. Konstantinopel in Vereinbarung mit dem Gfs.en seinen Nachfolger Feodosij (1461–64) selbst und verpflichtete die Bf.e, den Ernannten zu ordinieren.

Das Streben, die Selbständigkeit der Moskauer Metropolie zu stärken, führte schon 1472 zur Erhebung von I.s Reliquien und zu seiner seit 1547 für die ganze russ. Kirche verbindl. Verehrung als Hl.

A. Poppe

Lit.: E. GOLUBINSKIJ, Istorija russkoj cerkvi, II-1, 1900, 469–515 – K. CHODYNICKI, Kościół prawosławny a Rzeczpospolita Polska, 1934,

54–71 – N. KAZAKOVA, Izvestija letopisej i chronografov..., Vspomagatel'nyje Istoričeskie discipliny 15, 1983, 92–102.

Jonas. Atl. Prophet (2 Kön 14,25), von dessen Weigerung, in Ninive Buße zu predigen, in Jon erzählt wird: J. wird ins Meer geworfen und von einem Fisch verschlungen, der ihn nach drei Tagen ausspeit. Nach der Predigt in Ninive ruht J. unter einer Rizinus-(Kürbis-)laube, die Gott verdorren läßt. Der dreitägige Aufenthalt im Fischbauch dient Mt 12,39f. als Zeichen für den dreitägigen Aufenthalt Christi im Grabe. J.darstellungen erscheinen in der frühchristl. Grabkunst bes. früh und häufig, meist als dreizeniger Zyklus: Meerwurf (mit dem der röm. Kunst geläufigen Seedrachen [Ketos]), Ausspeiung und, oft eng mit dieser verbunden, Ruhe unter der Kürbislaube. Der trauernde J. unter der verdorrten Laube ist selten. Die typolog. Bedeutung nach Mt 12,39 ist wegen der bis zur Isolation und zur Vermischung mit Darst.en der →Bukolik führenden Übergewichtigkeit der J.ruhe in der Katakombenmalerei (SPEIGL) und Sarkophagplastik (ENGEMANN) auszuschließen; eher ist der nackte ruhende J. ein Bild für die im Glauben erhoffte Jenseitsruhe. Die angebl. Herkunft von Einzelzügen, z. B. der Nacktheit des J. oder seiner Glatze oder Vorderglatze, aus lit. oder bildl. jüd. Q. ist umstritten (vgl. KOROL). Mit dem späten 4. Jh. (Randreliefs theodosian. Tischplatten) werden J.darstellungen selten. Im MA zeigen Prophetenreihen J. bekleidet und meist bärtig, bisweilen mit Glatze. Zyklen finden sich v. a. in ö. Psalterien, Einzelszenen zu Jon in w. Hss. (Denkmäler: PAUL, WESSEL). Nunmehr stimmt die typolog. Verwendung von Meerwurf und Ausspeiung mit Mt 12,39f. überein (z. B. Klosterneuburger 'Altar': Meerwurf als Typus der Grablegung Christi).

J. Engemann

Lit.: LCI II, 414–421; III, 199 [J. PAUL-RED.] – RByzK III, 647–655 [WESSEL] – J. ENGEMANN, Unters. zur Sepulkralsymbolik der späteren röm. Kaiserzeit, 1973 – J. SPEIGL, RömQ 73, 1978, 1–15 – D. KOROL, Die frühchr. Wandmalereien aus den Grabbauten in Cimitile/Nola, 1987.

Jonas. 1. **J. v. Bobbio** (I. v. Susa), it. Mönch und Hagiograph, † nach 659, aus Susa (Piemont), kam nach Columbans Tod jung (ca. 617) nach →Bobbio, wo er Gehilfe der Äbte Athala und Bertulf war. Er weilte in Luxeuil (vor 629?), in Faremoutiers (633–634?), vermutl. wieder in Bobbio; später (nach 638?) begleitete er →Amandus auf den Missionsreisen im Gebiet von Scarpe, Schelde und Elnon. Wahrscheinl. war er 659 Abt eines unbekannten Kl. (fragl. Identifikation mit Jonatus, dem ersten Abt des Kl. Marchiennes [Gründung von Amandus]). Sein Hauptwerk ist die den Äbten v. Bobbio und Luxeuil, Bobolenus und Waldebert, gewidmete »Vita Columbani abbatis discipulorumque eius«, von Abt Bertulf und der Gemeinschaft v. Bobbio vor 639 in Auftrag gegeben und in drei Jahren, während der Missionsfahrt mit Amandus, beendet (sicher später als 641). Aus zwei B., nacheinander aufgrund eines einzigen Plans geschrieben, bestehend, behandelt B.I das Leben und Wirken →Columbans, B.II das seiner Jünger Athala, Bertulf und Eusthasius und berichtet über Wunder in den Kl. Faremoutiers und Bobbio. Q. sind v. a. mündl. Berichte noch lebender Augenzeugen. Wegen der komplexen Struktur sowie der lit. Formulierung stellt die Vita eines der besten hagiograph. Werke der merow. Zeit dar. J. zugeschrieben werden auch die »Vita Vedastis episcopi Atrebatensis« und die »Vita Iohannis abbatis Reomaensis«, wahrscheinl. 659 während eines Aufenthaltes im Kl. Moutiers-St-Jean geschrieben.

I. Pagani

Ed.: Vitae sanctorum Columbani, Vedastis, Iohannis, ed. B. KRUSCH, MGH SRG (in us. schol.) [57], 1905 – Vita Columbani: ed. M. TOSI,

1965 [mit it. Übers.]–ed. H. HAUPT, AusgQ IVa, 1982 [nur B. I, mitdt. Übers.]–*frz. Übers.*: A. DE VOGÜÉ, 1988 – *Lit.*: BRUNHÖLZL I, 187–190, 535 – WATTENBACH – LEVISON – LÖWE, H. I, 133f. – J. LECLERCQ, L'univers religieux de S. Colomban et de J. de B., Rev. anc. med. 42, 1966, 15–30 – I. WOOD, The Vita Columbani and Merovingian Hagiography, Peritia 1, 1982, 63–80 – W. BERSCHIN, Biogr. und Epochenstil im lat. MA, 2, 1988, 26–48 – A. DE VOGÜÉ, En lisant J. de B. Notes sur la Vie de saint Colomban, Studia monastica 30, 1988, 63–103.

2. J. v. Orléans, * vor 780, † 843; stammte aus Aquitanien, gehörte zu den engsten Beratern des aquitan. Unterkg.s Pippin, erhielt auf Betreiben Ks. Ludwigs d. Fr. 818 den Bf.ssitz Orléans; stand als loyaler Anhänger Ludwigs d. Fr. dessen aquitan. Reformkreis nahe. Einen tagespolit. Hintergrund hatte J.' auf Betreiben des Ks.s entfaltete Aktivität in der Bilderfrage. Mit einer ausführl. Zitateslg. für die Pariser Synode 825 und im gegen den radikalen Bildergegner →Claudius v. Turin gerichteten Werk »De cultu imaginum« half er, gegenüber Papsttum und Byzanz den frk. Standpunkt zu dokumentieren. Ferner entwarf er eine hoch. geprägte Ordinesethik und Gesellschaftsreform: Bedeutsam ist der für d. Gf. →Matfrid v. Orléans abgefaßte Laienspiegel »De institutione laicali« für das Entstehen einer chr. Adels- und Laienethik. In den von J. redigierten und z. T. wohl auch konzipierten Akten der Synode v. Paris 829 und in daraus erstellten Werken finden sich 'Bf.sspiegel' und Fürstenspiegel neuen, in die Zukunft weisenden Typs. Leitende Ideen waren dabei die Autonomie der Kirche in ihrer Besitzsphäre, eine neue Zuordnung von Kgtm. und Kirche, eine Person und Amt des Kg.s präzisierende und verpflichtende Herrschaftsnorm. Die hierfür erstmalig breit herangezogenen patrist. Autoritäten (Augustin; Gelasius; Gregor d. Gr.; Isidor v. Sevilla) markieren den Durchbruch der spätantik-frühchr. Staatslehre w. Ausprägung, des polit. Augustinismus. →Fürstenspiegel. H. H. Anton

Ed.: MPL 106, 121–394 – MGH Conc. II, 2, 481ff.; 606ff. – MGH Cap. II, 27ff. – MGH Epp. Karol. III, 346ff. – J. REVIRON, Les idées politico-religieuses d'un évêque du IXe s. J. et son »De institutione regia«, 1930, 123–194 – A. WILMART, L'admonition de J. au roi Pépin et la florilège can. d'Orléans, RevBén 45, 1933, 219–232 – Teiled. G. LAEHR–C. ERDMANN, NA 50, 1935, 120–134 – *Lit.*: BRUNHÖLZL I, 403–407, 564f. [Ed.] – G. HAENDLER, Epochen karol. Theologie, 1958 (Theol. Arbeiten 10) – H. H. ANTON, Fs.enspiegel und Herrschaftsethos in der Karolingerzeit, 1968 (BHF 32) – O. EBERHARDT, Via regia ..., 1977 (MMS 28) – H. H. ANTON, Zum polit. Konzept karol. Synoden und zur karol. Brüdergemeinschaft, HJb 99, 1979, 55–132 – W. HARTMANN, Die Synoden der Karolingerzeit im Frankenreich und in Italien, 1989 (Konziliengesch., R. A: Darstellungen).

Jonas, Homélie sur (Bibl. mun. Valenciennes, ms. 521, früher 475), teils in Lat., teils in frühestem Afrz. verfaßter einziger Textzeuge der seit 813 (Konzil v. Tours) geforderten volkssprachl. Predigt, aus der Zeit um 950, fragmentar. überkommenes, z. T. in →Tiron. Volkssprache als mit dem Lat. vertraute Verf. zeigt sich andererseits so stark von seinem lat. Vorbild abhängig, daß er auf frz. begonnene Sätze lat. beendet. M. Zink

Ed. und Lit.: G. DE POERCK, Le sermon bilingue sur J. ..., Romanica Gandensia 4, 1955, 31–66 – DERS., Les plus anciens textes de la langue fr. comme témoins de l'époque, RevLinguist Romane 27, 1963, 1–34 – M. ZINK, La Prédication en langue romane avant 1300, 1976.

Jongleur → Spielmann

Jónsbók (isländ. 'Buch des Jón', gen. nach dem Vorsteher des isländ. Allthings Jón Einarsson), norw. Rechtsbuch für Island, das 1281 die sog. →Járnsiða ersetzte; entstanden in Zusammenhang mit der großen Reichsrechtsrevision von Kg. Magnús Hákonarson. Vorbild war →Magnús Hákonarsons Landslög. Die isländ. Sonderinteressen blieben dank Übernahme zahlreicher Kapitel aus dem alten isländ. Recht (→Grágás) gewahrt. Zudem waren rechtskundige Isländer an der Abfassung beteiligt. Nach der Regelung strittiger Fragen in Zusätzen 1294, 1305 und 1314 blieb die J. ca. 400 Jahre in Kraft. Der in 200 Hss. überlieferte Text hat maßgeblich zur Erhaltung der isländ. Sprache und Rechtskultur beigetragen (Erstdr. Hóler, Island, 1578). H. Ehrhardt

Ed.: O. HALLDÓRSSON, J., 1904 – Skarðsbók. J. and other laws ..., 1942 [Faks.] – *Lit.*: KL VII, 612–617 – H. HERMANNSSON, The Ancient Laws of Norway and Iceland, 1911 [Nachdr. 1966] – O. LARUSSON, Lög og saga, 1958, 199–222 – H. FIX, Wortschatz der J., 1984.

Joos van Wassenhove (Justus van Gent, Giusto da Gand), ndl. Maler, gen. von 1460–75; 1460 Meister in Antwerpen, 1464 in Gent, wo er bis 1468, öfters mit Hugo van der Goes, erwähnt wird. Dort befindet sich in St. Bavo ein auf Beziehungen zu Dieric Bouts deutendes Triptychon (Kreuzigung, Mosis Süßung der Wasser von Mara, Eherne Schlange). Letztmals 1475 als nach Rom verreist erwähnt, erscheint er 1472 in Urbino; 1473/74 malt er dort für die Corpus Domini-Bruderschaft die ikonograph. von it. Neuerungen bestimmte 'Einsetzung des Abendmahls'. Für das 1476 vollendete Studiolo Federico da Montefeltro entstehen 28 Tafeln mit Kirchenvätern, Philosophen und Dichtern (Urbino, Paris), die eine Annäherung an it. Raum- und Harmonievorstellungen zeigen. Ob die hierin noch wesentl. weiterführenden Darstellungen des Hzg.s beim Lesen und im Unterricht (Urbino, Hampton Court) und der sieben freien Künste (nur zwei erhalten, London) J. v. W., Berruguete oder der Zusammenarbeit mit it. Künstlern zu verdanken sind, ist strittig. Chr. Klemm

Lit.: M. J. FRIEDLÄNDER, Die Altndl. Malerei, III, 1925 [1968²] – M. LAVIN, The Altar of Corpus Domini in Urbino, ArtBull 49, 1967, 1–24 – La pittura in Italia. Il Quattrocento, 1986 [1987²], bes. 651.

Jordan → Jordanus (Iordanus)

Jordanes, † vermutl. Sommer 552, Verf. einer hist. Kompilation, deren Teile im allg. getrennt als *Historia Romana* und als *Getica* bekannt sind. Die Romana (»De summa temporum vel de origine actusque gentis Romanorum«) verbindet eine Weltchronik von der Erschaffung der Erde bis zur Zeit des Augustus mit einer Gesch. Roms bis zum 24. Regierungsjahr Justinians. Die letzten Nachrichten sind vom Sommer 552. Vor der Romana beendete J. die Getica (»De origine actusque Getarum«), eine Gesch. der Goten von der myth. Auswanderung aus Scandia bis zur Kapitulation des Witigis. Die Romana besitzt kaum eigenständigen Q.wert. Der Schluß deckt sich phasenweise wörtl. mit dem Auctarium und dem Cont. Hierosolymana des Marcellinus Comes. Die Getica hingegen ist als einziger erhaltener längerer Auszug aus der verlorenen Hist. Gotica →Cassiodors eine der wichtigsten Q. zur Gotengesch. Der Grad der eigenständigen Kombination dieser Q. mit anderen wie Pompeius Trogus, Strabo, Livius, Dio Chrysostomus ist strittig. Über sein Leben ist wenig bekannt: Vor der Conversio zu einem religiös-kontemplativen Leben war er, selbst got. Herkunft, als Notarius des Mag. militum Gunthigis Baza, eines Amalers, tätig. Sein in Konstantinopel entstandenes Werk ist vom Blickpunkt des Ostreichs geprägt. Die von MOMIGLIANO u. a.

wiederaufgegriffene Identifikation mit Bf. J. v. Kroton ist ebenso abzulehnen wie die Bezeichnung mancher Hss. als Bf. v. Ravenna oder zuletzt von GOFFART vorgebrachte Zweifel an der Existenz des Autors.
A. Schwarcz

Ed.: Rom. et Get., MGH AA 5, ed. TH. MOMMSEN, 1882 – Get.: ed. E. C. SKRZINSKAJA, 1960; ed. O. GIORDANO, 1972 – *Lit.*: W. ENSZLIN, Des Symmacus Hist. Romana als Q. für J., SBA.PPH, 1948, Nr. 3 – F. GIUNTA, J. e la cultura dell' alto medioevo, 1952 – A. MOMIGLIANO, Cassiodorus and Italian Culture of his Time, 1964, 191–230 – J. SVENNUNG, J. und Scandia, 1967 – O. GIORDANO, J. e la storiogr. nel VI sec., 1973 – J. WEISSENSTEINER, Quellenkundl. Abh. zu J. [Diss. Wien 1980] – B. CROKE, A.D. 476, Chiron 13, 1983, 81–119 – W. GOFFART, The narrators of barbarian history (A.D. 550–800), 1988.

Jordansegen, einer der wirkungsmächtigsten Zaubersprüche chr. Magie, der unterschiedl. Motive verschmilzt (bibl. Motive: Ex 14,15–23; Jos 3,14–17; Ps 114,3 [vgl. 77,17], Mt 3,13–17), Vorstufen im spätantik-frühma. Taufritual hat, jüd. Messias-Legenden einbezieht, aus Apokryphen gespeist ist und durch den ambrosian. Hymnus »In theophania« vorbereitet wird. Sämtl. Elemente vereinigt JACOBYS apokrypher 'Taufbericht' aus dem 7. Jh. In der frühesten Fassung (lat., um 900) bietet der J. zu Beginn eine kleine Erzählung, an die sich Befehl und angefügter Komparativsatz schließen. Diese Version ist landessprachig seit dem 11. Jh. greifbar (ahd. Versbearbeitungen: 'Straßburger Blutsegen', 'Ad fluxum sanguinis narium'). Spätma. Redaktionen lassen den Text auf die Formel des chr. Vergleichs schrumpfen, wobei der ep. Kern auf das zweite Glied (Komparativsatz) übergeht. Tradiert in zahlreichen europ. Sprachen, wurde der Segen ursprgl. mit hämostypt. Heilanzeige eingesetzt, doch kam er durch Indikationsübertragung auch für andere Vorhaben zur Anwendung (Antidiarrhoikum, Antipyretikum, Analgetikum, Wetter-, Tier-, Waffen-Stellung).
G. Keil

Lit.: HWDA IV, 765–770 – Verf.-Lex.[2] I, 27–29, 593; VI, 531; IX, s. v. Straßburger Blutsegen – A. JACOBY, Ein bisher unbeachteter apokrypher Bericht über die Taufe Jesu, 1902 – F. OHRT, De danske Besvaergelser mod Vrid og Blod [Diss. København 1922], 99–128 [grundlegend; gekürzt ZVK 39, 1930, 269–274] – A. SPAMER, Romanusbüchlein (DAW Veröff. Inst. dt. VK 17), 1958, 163f. – J. VAN HAVER, Nederlandse incantatieliteratuur (Koniklijke Vlaamsche Academie voor taal- en letterkunde, VI, 94, 1964), 457–465 – DERS., Een 19[e]-eeuws verzamelhs. Bijdr. tot de Nl. incantatieliteratuur., Jb. koninkl. belg. Comm. VK 23, 1971, 133–200, Nr. 13 und 17 – G. EIS, Forsch. zur Fachprosa, 1971, 322–325.

Jordanus

1. J. (Jordan), Missionsbf. v. Polen 968–84, stammte wahrscheinl. aus der Regensburger Diöz. und gelangte im Gefolge der →Dobrawa, Tochter Fs. →Boleslavs I. v. Böhmen, nach Polen (∞ 965 mit →Miestko I., Fs. v. Polen). J., der 968 zum Bf. geweiht wurde, erfuhr in der Forschung eine unterschiedl. Zuschreibung: entweder Missionsbf. v. Polen oder von Anfang an Bf. v. Posen und Suffraganbf. des Ebf.s →Adalbert v. Magdeburg (nach Thietmar v. Merseburg, Chron. lib. II, c.22), wobei die zweite Angabe als nicht mehr haltbar erwiesen ist. Als Missionsbf. war J. dem Hl. Stuhl direkt unterstellt (»immediate subiectus«). Der Ausgangspunkt für seine Missionstätigkeit dürfte eher →Gnesen gewesen sein.
G. Labuda

Lit.: P. KEHR, Das Ebm. Magdeburg und die erste Organisation der christl. Kirche in Polen, 1920 – G. SAPPOK, Die Anfänge des Bm.s Posen und die Reihe seiner Bf.e von 968–1498, 1937, 71–74 – J. NOWACKI, Dzieje archidiecezji poznańskiej, B.I., 1962, 12ff. – G. LABUDA, Studia nad początkami państwa polskiego, B.II, 1988, 426ff.

2. J. Catalani → Cathala de Séverac, Jourdain

3. J. v. Giano OFM (seit ca. 1218), * ca. 1195 Giano, † nach 1262 Magdeburg, förderte im Auftrag des Ordensgründers maßgebl. den Aufbau der Dt. Prov., 1224–39 Leiter der thür. Kustodie, betrieb 1239 mit anderen dt. und engl. Ordensklerikern bei Gregor IX. den Sturz →Elias' v. Assisi, 1239–42 Vikar der neuen böhm.-poln. Prov., 1242 der Saxonia, lebte bis zum Tode in der Sächs. Prov. Auf Bitten jüngerer Fratres und des Magdeburger Prov.kapitels 1262 verfaßte J. mit Hilfe Balduins v. Brandenburg eine Chronik des Gesamtordens, die sich aber seit 1220 zunehmend zu einer Historie der dt. Prov.en entwickelte (ed. H. BÖHMER, 1908). Trotz Lückenhaftigkeit bietet das sprachl. anspruchslose Alterswerk des J. als eine der ältesten Provinzchroniken wertvolle Hinweise auf Lebensweise, Intentionen und Selbstverständnis der ersten Franziskanergeneration. Forts.en erhielt die Chronik der sächs. Provinzchronik durch Ordensangehörige bis 1488.
D. Berg

Lit.: NDB X, 596 – E. J. AUWEILER, The »Chronica« Fr. J. a G., 1917 – L. HARDICK, Franziskan. Q. Schr. VI, 1957, 24ff. – S. DA CAMPAGNOLA, Le origini francescani come problema storiographico, 1974, 325 – D. V. LAPSANSKI, Perfectio evangelica, 1974, 176ff. – D. BERG, Armut und Wiss., 1977, 235 – K. ESSER, Eine vollst. Hs. der Chronik des Fr. J.v.G. (Fschr. L. G. SPÄTLING, 1977), 425ff. – D. BERG, Elias v. Cortona, WuW XLI, 1978, 113ff. – DERS., Vita minorum, XLV, 1982, 186ff.

4. J. Nemorarius (J. de Nemore), Mathematiker, Mechaniker. Da verschiedene seiner Werke in die »Biblionomia« von →Richard v. Fournival aufgenommen sind und seine »Arithmetica« in der Edition der Elemente Euklids des →Campanus v. Novara erwähnt wird (vor 1259), muß er in der 1. Hälfte des 13. Jh. tätig gewesen sein. Mit Sicherheit können ihm folgende 6 Werke zugeschrieben werden: 1. »Liber philotegni« (längere Version »Liber triangulis Iordani« von anderer Hand, ed. CURTZE). 2. »De elementis arismetice artis«, das erste ma. Buch über Zahlentheorie. Die beiden gedr. Ausg. (1496, 1514) besorgte →Lefèvre d'Étaples, der aber die Beweise von J. durch eigene ersetzte. Eine Besonderheit dieses Werkes ist die Anwendung allg. Buchstabenbezeichnungen anstelle von konkreten Zahlen. 3. »Liber de numeris datis«, das Hochschullehrbuch der Algebra im 13. Jh., besteht aus 4 B. und enthält Aufgaben über lineare und quadrat. Gleichungen und Gleichungssysteme. 4. »Demonstratio de plana spera« über stereograph. Projektion (in 3 Versionen). 5. »Elementa super demonstrationem ponderum« (oder »Elementa de ponderibus«). 6. »Communis et consuetus«, worin die Operationen mit ganzen Zahlen beschrieben werden, in den Hss. meistens gefolgt vom »Tractatus minutiarum« über Brüche. Ebenfalls J. zugeschrieben werden »De proportionibus«, »De isoperimetris«, »Demonstrationes de algorismo« und »De ratione ponderis«.
H. L. L. Busard

Ed.: R. B. THOMSON, J. de Nemore and the Mathematics of Astrolabs, De plana spera, 1978 – B. B. HUGHES, J. de Nemore, De numeris datis, 1981 – M. CLAGETT, Archimedes in the MA, V, 1984, 196–257 – H. L. L. BUSARD, J. de Nemore, De Elementis arithmetice artis ... [im Dr.] – *Lit.*: DSB VII, 171–179 [E. GRANT] – R. B. THOMSON, J. de Nemore, Opera, MSt 38, 1976, 97–144 – J. HØYRUP, J. de Nemore..., AHExSc 38, 1988, 307–363.

5. J. v. Osnabrück, 1251–83 als Mitglied des Osnabrücker Domkapitels bezeugt, 1254 als Scholaster, 1258/59 als Dekan, ab 1269 als Magister, † an einem 15. April; Verf. des eigenständig nicht überlieferten »Tractatus super Romano imperio«, den →Alexander v. Roes in sein »Memoriale de praerogativa imperii Romani« (1281) aufgenommen hat. Mit Zitaten aus der Bibel und einigen patrist. Schriften zeigt J., wie Christus das Röm. Reich geehrt habe und noch immer dadurch ehre, daß – solange es existiert – der Antichrist nicht kommen werde. Der

Traktat dürfte im Interregnum, also vor 1273, entstanden sein. Die nationaldt. Reflexionen, von denen das Werk Alexanders v. Roes geprägt ist, fehlen in J.' Traktat.

Lit.: Verf.-Lex.² IV, 852f. [Ed. und Lit.]. H. Thomas

6. J. v. Quedlinburg (auch de Saxonia) OESA, bedeutender geistl. Schriftsteller und Prediger, * um 1300 in Quedlinburg, † 1380 (1370?) wahrscheinl. in Vienne. Nach Stud. in Bologna und Paris wirkte er als Lesemeister an den Generalstud. der Augustiner in Erfurt und Magdeburg und war 1346–51 Provinzial der sächs.-thür. Ordensprovinz. Der myst. Bewegung seiner Zeit stand er aufgeschlossen gegenüber und wurde u. a. durch Meister →Eckhart beeinflußt. Er ist Verfasser mehrerer großer Predigtwerke, die schon im MA weite Verbreitung erlangten und in Auszügen ins Mnd. und Ndl. übertragen wurden. Sein reifstes Werk »Liber Vitasfratrum« bietet ein anschaul. Bild vom Geist der →Augustinusregel und von Entstehung und Wesen seines Ordens. Sehr geschätzt werden seine »Meditationes de passione Christi« (11 Ed. des 15./16. Jh.), die stark auf die spätma. Frömmigkeit eingewirkt haben. A. Zumkeller

Lit.: DSAM VIII, 1423–1430 – GINDELE, 258–260 – TEEUWEN, 176f. – Verf.-Lex.² IV, 853–862 [Werkliste, Lit.] – F. MATHES, The Poverty Movement and the Augustinian Hermits, AnalAug 31f., 1968/69, bes. 32, 77–110 – J. HACKETT, »Verbi mentalis conceptio« in: Meister Eckhart and J. of Q. (Sprache und Erkenntnis im MA, 1981, II, 1003–1011) – D. GUTIÉRREZ, Gesch. des Augustinerordens, I,1; I,2, 1985; 1981, passim.

7. J. v. Sachsen (J. de Saxonia) OP, * Ende 12. Jh. in Westfalen, † 13. Febr. 1237. Als Theologiestudent 1220 in Paris dem Dominikanerorden beigetreten, wurde J. 1221 Provinzial der Lombardia und am 22. Mai 1222 Ordensgeneral. Als solcher wirkte J. maßgebl. am Aufbau der Stud.- und Verwaltungsorganisation des Ordens wie an seiner Expansion im Kreise von Gebildeten mit. Außer dem Komm. »In Priscianum minorem« (ed. M. SIRRIDGE, 1980) und der »Postilla in Apoc.«, beide vor dem Ordenseintritt geschrieben, verfaßte J. als Ordensgeneral zahlreiche Briefe (ed. A. WALZ, 1951), Sermones, eine »Oratio ad b. Dominicum« (ed. H. C. SCHEEBEN, 1927/28) sowie den »Libellus de initiis Ordinis Praedicatorum« (1231–35, 2 Red. en; ed. DERS., 1935), die wichtigste Q. für die Gründervita und die Frühgesch. des Ordens. D. Berg

Lit.: DSAM VIII, 1420ff. – NDB X, 598 – Verf.Lex.² IV, 861ff. – H.C. SCHEEBEN, J. d. S., 1937 – A. H. THOMAS, De oudste constituties van de dominicanen, 1965, 403 – D. BERG, Armut und Wissenschaft, 1977, 11ff. – R. MANSELLI (Fschr. F. KEMPF, 1983), 309ff. – I. FRANK, Die Bettelordensstudia im Gefüge des spätma. Univ.wesens, 1988, 14ff.

Jordebog → Erdbuch Waldemars II.

Jordi de Sant Jordi, katal. Lyriker, * Ende 14. Jh. im Kgr. Valencia, † 1423/25, im Dienst Kg. Alfons d. Großmütigen mit diplomat. Missionen betraut, nahm 1420 an der katal. Expedition nach Sardinien und Korsika teil, weilte 1422/23 in Italien (Neapel), ztw. in Gefangenschaft der Sforza. Seine Dichtung verrät v. a. sprachl. den Einfluß der prov. Troubadourlyrik und Petrarcas, ihr Thema ist zumeist die Liebe (Stramps, d. h. Blankverse; »Passio Amoris secundum Ovidium« mit Versatzstücken aus der Troubadourdichtung). »Los enuigs« (171 V.) geben eine prosaische Auflistung von Dingen, über die sich der Dichter geärgert hat. »Lo canviador« beschreibt das Geschäftsgebaren eines Geldwechslers. Er stand in Verbindung mit Iñigo López de →Mendoza, der ihm das Gedicht »Coronacion de Mosén Jordi« widmete, und ist einer der bedeutendsten Lyriker der älteren katal. Lit. D. Briesemeister

Ed. und Lit.: Obres poètiques, ed. J. MASSÓ TORRENTS, 1902 – J. de S. J., ed. M. DE RIQUER, 1955 – DERS., Hist. de la lit. catal. Part antiga, vol. 2, 1984, 154–176 – LL. CARRÉ, Los enuigs de J. de S.J. i l'adaptació del lai liric a la poesia catalana medieval (Estudis de lit. catal. en honor de J. ROMEU I FIGUERAS, 1, 1986), 183–206 – J. PUJOL, Sobre els Stramps de J. de S.J., ebd., 2, 223–251.

Jorge Manriques → Manriques

Josaphat, N.D. de, Abtei OSB (dép. Eure-et-Loir), entstand 1117 als letzte der großen Abteien in der Diöz. →Chartres. Bf. Geoffroy de Lèves gründete die in der Pfarrei St-Maurice gelegene Abtei bald nach seiner Konsekration durch Paschalis II. und ließ sich durch die Stiftung (mit Familienbesitz) wohl von einem Kreuzzugsgelübde entbinden (Name in Anlehnung an das bibl. 'Tal Josaphat', Joel 4,2,12). Die ersten Mönche kamen aus der kriegszerstörten Abtei Fermetot (Normandie). Die 1168 geweihte Kirche barg die Gräber von sechs Bf.en, unter ihnen →Johannes v. Salisbury († 1180). Der Abtei unterstanden 25 Kirchen und ca. 20 Priorate. Im →Hundertjährigen Krieg zerstört und nach 1431 kurzzeitig aufgegeben, wurde J. durch Abt Michel de Bonnement (1442–71) restauriert, sank dann aber zur →Kommende herab.

A. Chédeville

Q.: CH. MÉTAIS, Cart. de N.D. de J., 2 Bde, 1911–12 – *Lit.:* GChr VII, 1277 – E. DE LÉPINOIS, Hist. de Chartres, I, 1854, 289–293 – CH. MÉTAIS, Église de N.D. de J., 1909.

Josaphat, Metropolit v. →Vidin, geweiht im September 1392 mit Synodalakten des konstantinopolitan. Patriarchats, Schüler des bulg. Schriftstellers und Patriarchen →Evtimij. J. ist Verf. des »Enkomion des hl. Philotheos«.

I. Božilov

Ed.: E. KAŁUŻNIACKI, Aus der panegyr. Lit. der Südslaven, 1901 [Nachdr. 1971], 97–115 – *Lit.:* MIKLOSICH-MÜLLER, Nr. 434, 161–164 – E. TURDEANU, La litt. bulgare du XIVᵉ s. et sa diffusion dans les pays roumains, 1947, 147–149 – J. DARROUZÈS, Les Regestes des actes du patriarcat de Constantinople, fasc. VI, 1979, N° 2909 – I. BOŽILOV, L'hagiographie bulgare: unité et divergence (Hagiographie, cultures, sociétés IVᵉ-XIIᵉ s.s., 1981), 539, 542, 545.

Joscelin → Josselin; →Goscelinus

Josef

1. J. Albo, span.-jüd. Religionsphilosoph, ca. 1365–1444, Schüler des Ḥasday →Crescas, schrieb in Zeiten schwerer Not und Verfolgung seiner Glaubensbrüder auf der Iber. Halbinsel die Dogmatik »Sefer ha-ʿiqqarim«, in der er die 13 Glaubensartikel des →Maimonides auf drei reduziert: Existenz Gottes, seine Offenbarung, Vergeltungsprinzip. Davon leitete J. A. eine Reihe von Wurzeln (Schoraschim) und Zweigen ('Anafim) mit unterschiedl. theol. Gewicht ab. In den vier Traktaten seines Werkes entwirft er ein populärphilos. Bild des jüd. Glaubens mit folgenden Grundzügen: Gott ist einer, unkörperl., vollkommen und allwissend; er hat die Welt aus dem Nichts erschaffen. Die bibl. Propheten sind Mittler des göttl. Gesetzes; das Phänomen der Prophetie ist übernatürl. Charakters, Mose ihr wichtigster Repräsentant. Am Ende der Weltzeit werden die Auferstehung der Toten und das Kommen des Messias erfolgen. Der Gesetzesgehorsam garantiert schon bei der Erfüllung eines einzigen Gebotes das individuelle jenseitige Heil. Den Offenbarungscharakter von Christentum und Islam bestreitet er nachdrückl., wiewohl Einflüsse des Averroes und Thomas' v. Aquin bei ihm durchaus vermutet werden dürfen. H.-G. v. Mutius

Ed. und Lit.: Sefer ha-ʿIqqarim, ed. I. HUSIK, 5 Bde, 1946 [mit engl. Übers.] – J. GUTTMANN, Die Philos. des Judentums, 1985², 261ff. – H. UND M. SIMON, Gesch. der jüd. Philos., 1984, 191ff.

2. J. Gikatilla → Gikatilla

Joseph v. Ägypten, Sohn Jakobs und Rachels, von seinen Brüdern aus Haß wegen Bevorzugung durch den Vater verkauft, als Sklave des ägypt. Hofbeamten Potiphar von dessen Frau (wegen unerwiderter Liebe) verleumdet. Steigt durch Deutung der Träume von Höflingen und des Pharao zum höchsten Würdenträger empor, verzichtet edelmütig auf Rache an seinen Brüdern und holt seine Familie nach Ägypten (Gen 30, 22–24; 37–50).

Darstellung: Die Gesch. J.s wurde bereits in der frühchristl. Epoche öfters vergegenwärtigt. In den ma. J.-Zyklen am häufigsten dargest. Szenen: J. erzählt seine Träume seinen Brüdern; J. wird nach Sichem geschickt; J. wird in den Brunnen versenkt; J. wird von seinen Brüdern verkauft; J. in Ägypten; Versuchung des J. durch die Frau des Potiphar; J. im Gefängnis; J. deutet die Träume des Pharao; J. begegnet seinen Brüdern wieder; J.s Tod. Älteste Darst., z. B. kopt. J.-Stoffe, Cotton-Genesis, Brit. Mus. London; Maximianus-Kathedra in Ravenna, Konstantinopel (?), um 550; Wiener Genesis ÖNB, 570/590; J.-Zyklus mit 80 Min. J.-Homilie Ephräms des Syrers und des J.-Asenath-Romans gr. Hs., Slg. McKell, Chillicothe (Ohio), nach syr. Vorlage des 6. Jh.; ausführl. J.-Zyklen in mittelbyz. Oktav-Hss. des 11. und 12. Jh. Monumentale J.-Zyklen: Wandmalereien St-Savin-sur-Gartempe, um 1100; Narthexmosaiken S. Marco, Venedig, 1230, 1260/80. Skulptur des 12. Jh.: Vézelay, Monreale. Im 13. Jh. Zyklen an frz. und engl. Kathedralen (Rouen; Salisbury). In der Glasmalerei seit dem 13. Jh.: Chartres, Paris (Ste-Chapelle), Erfurt. – Typolog. und moral. Darst. zeigen J.-Szenen öfters nach christolog. Auslegung: Gegenüberstellung von Zisternenwurf und Jakobssegen mit Grablegung und Auferstehung Christi. Varianten: Hss. der Bible moralisée, Biblia pauperum, des Speculum humanae salvationis und der Concordantia caritatis (13.–15. Jh.).

G. Jászai

Lit.: LCI II, 423–434 – G. VIKAN, Joseph Iconography on Coptic Textiles, Gesta 18,1 1979, 99–108 – H. M. v. ERFFA, Ikonologie der Genesis 1, 1989, s. v. Josef v. Ä.

Joseph v. Arimathia (Arimatäa), (Fest 17. März), Ratsherr, der den von Pilatus erbetenen Leichnam Jesu vom Kreuz abnahm und in seinem Felsengrab bei Golgatha beisetzte (Mk 15,43–46 par.). Dargest. zusammen mit Nikodemus seit dem 9./10. Jh. in Szenen der Kreuzabnahme, Beweinung, Grablegung und Salbung Jesu. Im Früh- und HochMA noch ohne typenbildende Züge, z. B. Evangelistar aus St. Stephan in Bamberg, fol. 68, um 1007 (Bamberg, Staatsbibl.); Ingeborg-Psalter, um 1210, Ms. 1695 fol. 28v (Chantilly, Mus. Condé); im SpätMA zumeist in reicher bürgerl. Kleidung, z. B. Altarbild des R. van der Weyden, 1435 (Madrid, Prado). Vereinzelt ist die Errettung J.s aus der Gefangenschaft durch Christus in der Nacht der Auferstehung dargest., z. B. Passionale der Äbt. Kunigunde, um 1320 (Prag, Staatsbibl.); ähnl. selten ist die Szene, in der J. das Blut Christi bei der Kreuzigung in der Gralsschale auffängt, Ms. fr. 120 (Berlin, Staatsbibl.). Einzeldarst. J.s erst spätma., mit Leidenswerkzeugen Christi oder Gralskelch, z. B. Retabelflügel, Lorenzkirche, Rottweil, um 1500.

G. Jászai

Lit.: LCI II, 196–198 [s. v. Gral]; VII, 203–205.

Joseph v. Nazareth (Nährvater Christi) → Kindheitsgeschichte Jesu

Joseph (s. a. Josephus, Josephos, Josef, Josif)

1. J. I., *Patriarch v. Konstantinopel*, † 23. März 1283, als Priestermönch zunächst Beichtvater Ks. Michaels VIII., dann Abt des Lazaros-Kl. auf dem Galesionberg bei Ephesos (Beiname Galesiotes), am 28. Dez. 1266 statt des abgesetzten Arsenios Autoreianos zum Patriarchen erhoben. Als er 1267 den Ks. vom durch Arsenios (wegen der Einkerkerung Johannes' IV. Laskaris) ausgesprochenen Bann löste, entstand der bis 1310 dauernde arsenit. Kirchenstreit. Seine Weigerung, die kirchl. Union nach dem Konzil v. Lyon anzunehmen, führte am 9. Jan. 1275 zu seiner Absetzung und Verbannung an verschiedene Orte. Nach der Thronbesteigung durch Andronikos II. und der Ablehnung der Union wurde er am 31. Dez. 1282 ein zweites Mal Patriarch und behielt das Amt bis zu seinem Tod. Angesichts seines kirchenpolit. Engagements war seine schriftsteller. Leistung nicht umfangreich (Glaubensbekenntnis, Testament, Briefe).

P. Schreiner

Ed. und Lit.: LThK² V, 1127f. – Tusculum-Lex., 418f. – PLP, fasc. 4, 205f. – V. LAURENT, Les regestes des actes du patriarcat de Constantinople, IV, 1971, 178–210, 243–247.

2. J. II., *Patriarch v. Konstantinopel*, * um 1360, † 10. Juni 1439, ☐ S. Maria Novella, Florenz, außerehel. Sohn des bulg. Zaren Johannes Šišman (1371–93) oder dessen älterem Bruder Johannes Asen (kaum aus der Verbindung mit einer Frau aus der Familie der Philanthropenoi; fälschl. Zuweisung entstand aus seiner Sorge um das Christos Philanthropenos-Kl. in Konstantinopel), wurde zu unbekanntem Zeitpunkt (1393, eher 1409) Metropolit v. Ephesos und am 21. Mai 1416 zum Patriarchen ernannt. Obwohl immer wieder seine geringe weltl. Bildung betont wird und er auch kaum theol. Werke verfaßte (Antwort an Papst Martin, »letzte Meinung« am Sterbebett), war er Förderer des Theologen Theodoros Agallianos, Auftraggeber für Hss. und mit den Humanisten Ambrosius Traversari und Johannes v. Ragusa befreundet. Er begleitete trotz hohen Alters und Krankheit (Wassersucht) Johannes VIII. zum Konzil v. Florenz, wo er vor Unterzeichnung der Union starb.

P. Schreiner

Ed. und Lit.: LThK² V, 1128 – PLP, fasc. 4, 206 – I. DUJČEV, À propos de la biogr. de J. II., patriarche de Constantinople, RevByz 19, 1961, 333–339.

3. I. Iscanus (v. Exeter), † nach 1193, bedeutender Dichter, 1188–90 als Mag. in Reims tätig. Auf Befehl seines Onkels, Ebf. → Balduin v. Canterbury, nahm J. mit ihm zusammen am 3. Kreuzzug teil. Nicht vor Balduins Tod (19. Nov. 1190) kehrte J. nach Europa zurück. In dessen Auftrag sollte J. eine Darstellung des Kreuzzugs in Versen geben. Dazu ist es wohl nicht gekommen. Vielleicht aber ist J. der Autor des älteren der als »Itinerarium peregrinorum« bezeichneten Chroniken. – Werke: 1. Sequenz zum liturg. Gebrauch »De beato Martino«; 2. Distichen »De laudibus virginitatis« (beides Frühjahr 1190); 3. drei Briefe (Ende 1189–Sommer 1190) an Abt Guibertus Martinus v. Florennes und Gembloux; 4. »Frigii Daretis Ylias« (zw. Febr. 1188 und Juni 1190 vollendet), eine Ebf. Balduin gewidmete poet. Ausgestaltung von »De excidio Troiae historia«, als deren Autor → Dares Phrygius galt; »Antiocheis« oder »Bellum Antiochenum« gen. Epos. Die erhaltenen 26 Verse handeln von dem vermeintl. Trojansproß Brutus und den ruhmreichen Fs.en aus Britanniens früher Zeit.

H. Möhring

Ed.: J.I. Werke und Briefe, ed. L. GOMPF (Mlat. Stud. und Texte 4), 1970 – *Lit.:* H. MÖHRING, Kreuzzug und Dschihad in der mediaevist. und orientalist. Forsch. 1965–85 (Innsbrucker Hist. Stud. 10/11, 1988), 382f. [Lit.].

4. J. Rhakendytes (= Mönch), auch Philosophos gen., * ca. 1280 Ithaka, lebte als Mönch zunächst in Thessalonike, dann in Thessalien und auf dem Athos. Spätestens 1307 in Konstantinopel, wurde 1320 von Ks. Andronikos III. Palaiologos als Vermittler zu seinem Großvater Andronikos II. gesandt. Obwohl viermal (1310, 1315, 1320, 1323) als Kandidat für den Patriarchenthron vorgeschlagen, lehnte er jedesmal ab. Um 1324 ging er wieder nach

Thessalonike. Dort, wie schon in der Hauptstadt, beschäftigte er sich mit Philosophie, Rhetorik, Mathematik, Astronomie, Theologie und Medizin und erwarb auch eine Slg. von Hss. Zu seinem Freundeskreis zählten Theodor Metochites, der auch einen Nachruf auf ihn verfaßte, ferner Ioannes Zacharias Aktuarios und Thomas Magistros. Er stand in Briefwechsel mit Nikephoros Chumnos, Michael Gabras, Manuel Gabalas, Nikephoros Gregoras, Sophonias und Manuel Moschopulos. Manuel Philes verfaßte ein Grabgedicht auf ihn. Von seinen Schr. ist neben einigen Gebeten eine Enzyklopädie (nur z. T. ed.) zu nennen, in der er versuchte, das antike und chr. Wissen zu vereinen. Einer autobiograph. Einl. folgt der den Plan des Werkes vorstellende Prolog in Versen. Aufbauend auf älteren Vorlagen, behandelt J. die Rhetorik, Logik, Physik, Anthropologie, Psychologie, Physiologie, Geometrie, Arithmetik, Musik, Astronomie sowie die Lehre von Gott und der Trinität. E. Trapp

Lit.: DSAM VIII, 1388–92 – PLP IV, Nr. 9078 – M. TREU, Der Philosoph J., BZ 8, 1899, 1–64.

5. J. Scottus, ir. Mönch und Dichter, * Mitte 8. Jh., ausgebildet in →Clonmacnoise und →York, übersiedelte wie sein Lehrer →Alkuin ins Frankenreich und widmete wahrscheinl. 782/786 Kg. Karl vier →Figurengedichte (von Alkuin mit zwei eigenen zu einem Zyklus vereint; Abschr. Anfang 9. Jh.: Bern, Burgerbibl. 212). Hier verbindet sich Preis des Frankenherrschers mit rühmendem Sprechen von der Heilsgesch. (Nr. 3: typolog. Bezug Sündenfall-Erlösung; Nr. 6: Kreuzesmysterium), Paränese (Nr. 4: chr. Herrscherideal) und theol. Belehrung (Nr. 5: Beinamen Christi). Auf Geheiß Alkuins erarbeitete er eine Kurzfassung (ohne theol. Eigenwert) von Hieronymus' Komm. zu Isaia (mit Widmungsgedicht und -brief; 3 Hss. 9. Jh., nicht ed.). Erhalten ist auch eine poet. Freundschaftsepistel an den Friesenmissionar →Liudger (Nr. 1); nicht eruiert sind Rätselgedichte (vermutl. nach dem Vorbild →Aldhelms). Anscheinend Abt eines Kl. (in Alemannien oder Bayern?), starb er im letzten Jahrzehnt des 8. Jh. D. Schaller

Ed.: MGH PP I, 149–159 – MGH Epp. Karol. IV, 483 – Lit.: BRUNHÖLZL I, 286f., 549 – M. LAPIDGE–R. SHARPE, A bibliogr. of Celtic-Lat. Lit., 1985, 170f. – J. F. KELLY, The Originality of J. us S.' Comm. on Isaiah, Manuscripta 24, 1980, 176–180 – Die Iren und Europa im früheren MA, hg. H. LÖWE, 1982, u. a. 233, 553, 768 [Beitr. zur Biogr.].

Josephmeister nannte erstmals W. VÖGE 1899 einen um 1245–55 an der Kathedrale von Reims tätigen Bildhauer, dem sich am mittleren Westportal der Verkündigungsengel, Josef und die Begleiterin Marias in der Darbringungsgruppe sowie ein Engel am linken Portal zuweisen lassen. Diese Statuen eines neuen Stils gesellen sich hier zu den um 1230–33 entstandenen feierl. ruhigen und z. T. antikisierenden (Visitatio) Bildwerken und heben sich durch ihre kecke Frische in Haltung und Gesichtsausdruck von ihnen ab, höfisch elegant und lächelnd. A. Reinle

Lit.: W. VÖGE, Über die Bamberger Domsculpturen, Rep. für Kunstwiss. XXII, 1899, 94–104; XXIV, 1901, 195–199, 255–289 [Nachdr.: DERS., Bildhauer des MA, Ges. Stud., 1958, 130–200, bes. 160–163] – W. SAUERLÄNDER, Got. Skulptur in Frankreich 1140–1270, 1970, 57–59, 167f., Taf. 192–200.

Josephos Hymnographos, hl., byz. Kirchendichter, * 816 (?) in Panormos (Palermo), † 3. April 886; flüchtete mit seinen Eltern vor der Eroberung der Stadt durch die Sarazenen (831) über die Peloponnes und Thessalonike (Mönch im Latomukl.) nach Konstantinopel, wo er mit dem gleichgesinnten Bilderfreund Gregorios Dekapolites ins Kl. des Antipas eintrat. Auf dem Weg nach Rom zur Berichterstattung an den Papst über den Stand des →Bilderstreites fiel er 841 in die Hände von arab. Piraten, konnte aber nach etwa einjähriger Gefangenschaft auf Kreta nach Konstantinopel zurückkehren, wo er sein großes Œuvre von Hymnen zu schaffen begann. Nach einer Verbannung auf der Krim (im Zusammenhang mit dem Sturz des Patriarchen Ignatios 858) wurde er 867 von Ks. Basileios I. zurückgerufen; seine kirchl. Laufbahn führte ihn auf den hohen Rang eines Skeuophylax der Hagia Sophia. J. ist einer der fruchtbarsten byz. Kirchendichter und wurde bald als Heiliger verehrt. Ein rundes halbes Tausend an Einheiten (überwiegend Kanones auf Hl. in den Menäen, aber auch Kontakia, Stichera, Triodia u. a.) erweist ihn als Erneuerer der Oktoechos des →Johannes Damaskenos und als wichtigen Autor der Parakletike, der auch die von den Brüdern Theodoros und Joseph Studites stammenden Texte für das Triodion und Pentekostarion durch neue Einheiten ergänzte. Die Trennung dieser Dichtungen von jenen des Joseph Studites, Ebf. v. Thessalonike, ist trotz Unters. der Akrostichides bis heute problematisch. Auch 2 Homilien auf den hl. Bartholomaios wurden J. zugewiesen (BHG, 232/232b). H. Hunger

Lit.: E. I. TOMADAKIS, Ἰωσὴφ ὁ ὑμνογράφος. Βίος καὶ ἔργον, 1971.

Josephsehe, eine →Ehe, in der die Gatten – nach dem Vorbild Josephs und →Marias – aus Frömmigkeit dauerhaft enthaltsam leben. Nach unbestrittener Ansicht lebte näml. Joseph mit Maria, als deren »ἀνήρ« (Ehemann) er in Mt 1.16 und 19 bezeichnet wird, in einer vollgültigen Ehe. Da Maria aber sowohl bei Jesu Geburt (vgl. etwa Lk 1. 34–35) als auch in der Folgezeit Jungfrau blieb (daher ihr Beiname »ἀειπάρθενος«), wurde die Verbindung zw. Jesu leibl. Mutter und seinem »Pflegevater« als Ehe ohne geschlechtl. Beziehungen der Gatten aufgefaßt. Eine solche Ehe galt, selbst wenn sie den Ehezweck der »procreatio liberorum« nicht erfüllen konnte, als Idealbild der Ehe, weil sie diese durch das gleich- oder gar höherwertige Ideal der Jungfräulichkeit überhöhte. Berühmte (legendäre) Beispiele für J.n sind die Ehen der hl. →Pulcheria (∞ Ks. Marcianus) und der hl. →Kunigunde (∞ Ks. Heinrich II.).
A. Schminck

Lit.: →Ehe, →Maria – J. MUELLER, The Fatherhood of St. Joseph, 1952.

Josephus im MA. Von den Werken des J. (später Flavius J.), der aus jüd. Priestergeschlecht stammte, in Jerusalem sorgfältig erzogen worden war und ztw. in Rom sich aufhielt († um 95 n. Chr.), haben sich außer einer Autobiogr. und einer Apologie des Judentums gegen den Alexandriner Apion (Πρὸς Ἀπίωνα) v. a. zwei bedeutende Gesch.swerke erhalten: das »Bellum Judaicum« (περὶ τοῦ Ἰουδαϊκοῦ πολέμου, 7 B.; Darstellung des Makkabäeraufstandes und der Ereignisse 66–70 n. Chr. mit der Zerstörung Jerusalems) und die »Antiquitates Iudaicae« (Ἰουδαϊκὴ ἀρχαιολογία, 20 B.; Gesch. d. jüd. Volkes von der Weltschöpfung bis 66 n. Chr.). Alle Werke sind mit Ausnahme des zunächst aram. geschriebenen, dann von J. selbst ins Gr. übersetzten Bell. Jud. in gr. Sprache abgefaßt. In den ersten Jahrhunderten nach Entstehung der Werke finden sich keine Spuren ihrer Kenntnis. Entscheidende Bedeutung für die spätere starke Verbreitung und Nachwirkung gewann der Umstand, daß J. nicht nur ein z. T. durch Interpolation entstelltes Zeugnis über Jesus Christus enthält (Antiqu. 18,3,3), sondern auch als einziger Autor außerhalb der bibl. Bücher Nachrichten und Aussagen über Personen und Begebenheiten des AT und NT bietet. Hieronymus widmet ihm in seinem Kat. der chr. Schriftsteller einen eigenen Abschnitt (vir. ill. 13) und nennt ihn einen »graecus Livius« (ep. 22,35,8). Etwa zur selben Zeit entstand die erste lat. Bearb. des Bell. Jud. des →Hegesippus (kaum aus Josippus = J.) in 5 B., vielfach dem jungen →Ambrosius v. Mailand zugeschrieben; eine (näher am gr. Text liegende) lat. Übers. des Bell. Jud. (aus dem 5. Jh.?) wurde ohne triftigen Grund →Rufinus v. Aquileia beigelegt; eine lat. Übers. der Antiquitates kam auf Veranlassung Cassiodors (inst. 1,17) zustande. Von nun an sind es v. a. Bibelausleger, die den J. heranziehen. Relativ früh setzt die für uns faßbare hs. Überlieferung der Antiquitates wie auch des Hegesippus ein (5./6. Jh.); aber noch lange Zeit stammen die Anführungen aus J. zumeist aus zweiter Hand; noch Alkuin und Hraban zitieren ihn aus Mittelq. Vom 9. Jh. an nimmt die Häufigkeit der Hss. kräftig zu; der Text scheint sich von Italien aus nach Dtl. und NO-Frankreich verbreitet zu haben und bleibt bis ins 11. Jh. auf diesen Raum beschränkt. Seit dem 12. Jh. werden gelegentl. Antiquitates und Bell. Jud. in durchlaufender Zählung als *ein* Werk behandelt. Die Hss. sind zahlreich auch in den folgenden Jahrhunderten; doch scheint nach wie vor dem Zitat aus Kirchenvätern (bes. Hieronymus) fast ebensoviel Bedeutung wie der direkten Benützung zuzukommen. Nach dem Erstdruck (ohne Ort und Jahr; HAIN 9449) bemerkenswert viele Ausg. des lat. J. bis zur besten der alten Ed. Basel (Froben) 1524. F. Brunhölzl

Zur J.-Überlieferung im Judentum (Sefår Josippon) →Historiographie C.

Ed. und Lit.: A. SIEGMUND, Die Überlieferung der gr. chr. Lit. in der lat. Kirche bis zum zwölften Jh., 1949, 102ff. – The Latin J. I. The Antiquities Books, I–V, ed. F. BLATT, 1958 – H. SCHRECKENBERG, Die Flavius-J.-Tradition in Antike und MA, 1972 – DERS., Rezeptionsgesch. und textkrit. Unters. zu Flavius J., 1977 [Materialslg.].

Josif Volockij (Ivan Sanin), sel., Gründer des Volokolam-Kl., † 9. Sept. 1515, trat im 3. Viertel des 15. Jh. in das 1444 durch Pafnutij gegr. Muttergottes-Kl. in Borovsk bei Kaluga ein. Nach Pafnutijs Tod 1479 übernahm I. das Amt eines Abtes, verließ das Kl. jedoch bald wegen Unstimmigkeiten mit dem Moskauer Gfs. en Ivan III. und gründete auf dem Gebiet des Bruders des Gfs. en, des Teilfs. en Boris Volockij, das Kl. der Entschlafung Mariä. An der Spitze des wirtschaftl. mächtigen Kl. entfaltete I. eine rege publizist. und lit. Tätigkeit gegen die Häresie der →Judaisierenden und die 'Besitzlosen', namentl. mit Vassian Patrikeev. Neben seiner Hauptschrift gegen die Häresien (Prosvetitel' ili obličenie eresi židovstvujuščich, 1857 [Ndr. 1972]) verfaßte er monast. Regeln (Duchovnaja gramota, Velikie Minei Čet'i, Sept., 499–615) und ca. 20 Episteln. Seit 1591 in der gesamten russ. Kirche als sel. verehrt, entstanden um die Mitte des 16. Jh. eine von Sava, Bf. v. Krutickij, 1546 verfaßte Vita (Velikie Minei Čet'i, Sept., 435–492), eine Grabrede des Dosifej Toporkov und eine Vita, vermutl. ein Werk des südslav. Literaten Lev Filolog (ed. K. I. NEVOSTRUEV, Čtenija v Obščestve ljubitelej duchovnogo prosveščenija, 1865). Ch. Hannick

Ed.: N. A. KAZAKOVA–JA. S. LUR'E, Antifeodal'nye eretičeskie dviženija na Rusi XIV-načala XVI veka, 1955 – Poslanija Iosifa Volockogo, ed. A. A. ZIMIN–JA. S. LUR'E, 1959 – D. M. GOLDFRANK, The monastic rule of I. Volotsky, 1983 – *Lit.*: N. BARSUKOV, Istočniki russkoj agiografii, 1882, 279 – E. GOLUBINSKIJ, Istorija kanonizacii svjatych v russkoj cerkvi, 1903, 115ff. – TH. ŠPIDLÍK, Joseph de Volokolamsk. Un chapitre de la spiritualité russe, 1956 – H. D. DÖPMANN, Der Einfluß der Kirche und die moskowit. Staatsidee. Staats- und Gesellschaftsdenken bei J. V., Nil Sorskij und Vassian Patrikeev, 1967 – DERS., Zur Bedeutung des hl. J. V. für die Russ. Orth. Kirche (Tausend Jahre Christentum in Rußland, 1988), 671–680 – Slovar' knižnikov i knižnosti Drevnej Rusi II/1, 1988, 273–276, 434–439 [JA. S. LUR'E] – METR. PITIRIM, L'esthétique de saint Joseph de Volok (Mille ans de christianisme russe, 1989), 163–175.

Josifo Volokolamskij-Kloster, um 1479 von →Josif Volockij etwa 100 km w. von Moskau im Gebiet des Teilfs. en Boris Vasil'evič gegr. Kl., der Entschlafung (Uspenie) der Muttergottes geweiht, das zu einem der mächtigsten russ. monast. Zentren wurde. Das Offizium wurde nach dem Studiu-Typikon vollzogen. Der Nachfolger Josifs, Daniil († 1547), Anhänger des Gfs. en Vasilij III., wurde 1522 Metropolit v. Moskau und ist im J. V.-Kl. begraben. Dorthin war Maksim Grek († 1556), ein Gegner der monast. Partei der 'Eigennützigen' (Josifljane), einige Jahre verbannt. Vom Neffen Josifs, Dosifej Toporkov, stammt der »Paterik V.« (Slg. von Mönchsleben; ed. METR. PITIRIM, Bogoslovskie trudy 10, 1973, 177–222). Die vom Archimandrit Leonid beschriebene Hss. slg. (690 Hss.; ed. STROEV) wird in Moskau aufbewahrt (Lenin-Bibl. bzw. Staatl. Hist. Museum). Ch. Hannick

Lit.: HIEROMONACH NEKTARIJ, Istoričeskoe opisanie Iosifova Volokolamskogo vtoroklassnogo monastyrja, 1887 – P. M. STROEV, Opisanie rukopisej monastyrej Volokolamskogo, Novyj Ierusalim, Savvina Storoževa i Pafnutieva Borovskogo (Pamjatniki drevnej pis'mennosti, 98), 1891 – L. I. DENISOV, Pravoslavnye monastyri rossijskoj imperii, 1908, 438–442 – I. U. BUDOVNIC, Monastyri na Rusi i bor'ba s nimi krest'jan v XIV–XVI vv. (po 'žitijam svjatych'), 1966, 242–258 – I. DUJČEV, The Paterikon of Volokolamsk and the heresies, Canadian American Slavic Stud. 13, 1979, 121–125 – Slovar' knižnikov i knižnosti Drevnej Rusi II/2, 1989, 163–166 [JA. S. LUR'E].

Josquin Desprez (J./Josse des Prés; Jodocus Pratensis/a prato; Juschino, J. d'Ascanio etc.), nordfrz. Komponist, * um 1440, † 27. Aug. 1521 Condé-sur-l'Escaut bei Valenciennes; Herkunft, Geburtsort und Erziehung unbekannt. Juli 1459–Dez. 1472 als Sänger (nicht mehr Chorknabe!) am Dom zu Mailand nachweisbar, ab 15. Juli 1474 neben J. Martini, Loyset Compère und G. van Weerbecke in der Kapelle Hzg. Galeazzo Maria Sforzas, der ihm schon vor Sept. 1473 eine Pfründe verschafft hatte. Nach dem gewaltsamen Tod Galeazzos (26. Dez. 1476) wechselte J. zu dessen Bruder (ab 1484 Kardinal) Ascanio Sforza (1455–1505), nahm an dessen Reisen teil und wirkte ab 1486 gelegentl. zugleich an der päpstl. Kapelle in Rom. Wohl um 1493 nach Frankreich zurückgekehrt, diente J. 1503 bis zum Ausbruch der Pest im Juli Hzg. Ercole I. v. Ferrara. Sein Nachfolger, J. Obrecht, fiel 1505 der Seuche zum Opfer. Schon Mai 1504 ist J. wieder in Frankreich, als Propst von Notre Dame in Condé-sur-l'Escaut. Sein Ruhm verbreitete sich in vielen Hss.; 1502, 1505 und 1514 erschienen Musikdrucke mit seinen Werken, die nachgedruckt wurden. Zu seinem Tod komponierten J. Vinders, Gombert u. a. Trauermotetten. Seine prakt. wie theoret. Nachwirkung reichte bis weit ins 16. Jh. Luther liebte J.s Musik und verschaffte ihrer Stilart durch J. Walter Eingang in die junge evangel. Kirche. An Werkfülle übertrifft er – ausgenommen H. Isaac, dem er bei der Berufung nach Ferrara vorgezogen worden war – alle komponierenden Zeitgenossen. Das riesige Œuvre bereitet Schwierigkeiten in der chronolog. Gliederung und in der Scheidung zw. echten und sehr vielen zweifelhaften, unechten und untergeschobenen Werken. Es umfaßt Messen und Messesätze, Motetten und weltl. (meist frz. textierte) Kompositionen (Chansons). Seine Werke waren für die folgende Zeit von Bedeutung durch ihren Übergang vom weitgesponnenen melismat. Stil zum syllab., der das Textwort, dessen motivprägende Deklamation und musikal.-rhetor. Ausdrucksfähigkeit in den Vordergrund rückt, und durch den Einsatz der sog. Durchimitation, die alle Stimmen motiv. am Satz beteiligt und damit dessen musikal. Einheit stärker festigt, als die frühere cantus-firmus- oder die Kanon-Technik dies allein vermag. H. Leuchtmann

Ed.: A. SMIJERS, J.D.: Werken, 1921ff. – *Lit.:* MGG [Werkliste] – RIEMANN – NEW GROVE [Werkliste; Bibliogr.] – H. OSTHOFF, J.D., 1962 [1965²].

Josselin (Joscelinus)

1. J., Gf. v. →Edessa (1119–31) aus dem Hause →Courtenay, † 1131; ∞ 1. Beatrix v. Partzapart (Kilik. Armenien), 2. Maria v. →Hauteville, Schwester Rogers v. Salerno. – J., ein Sohn des Josselin v. Courtenay und der Elisabeth v. Montlhéry, war über seine Mutter mit zehn der frühen Kreuzfahrer eng verwandt, unter ihnen sein Vetter Balduin v. Le Bourcq, seit 1100 Gf. v. Edessa. J. zog mit der dritten Kreuzfahrerwelle (1100–01) in den Osten und wurde vom Gf. en Balduin mit großen Besitzungen an den westl. Marken von Edessa, um die Burg Tilbesar (Turbessel), belehnt. Seine agressive, gegen die Muslime, aber auch gegen das benachbarte chr. Fsm. →Antiochia gerichtete Politik führte zu raschem Machtzuwachs, was den besorgten Gf. en Balduin zu Gegenmaßnahmen, 1113 gar zur Vertreibung J.s veranlaßte. J. ging nach →Jerusalem und empfing von Kg. →Balduin I. das Fsm. Galilaea. Nach dem Tode des Kg.s (1118) betrieb J. als einer der großen Lehnsträger des Kgr.es Jerusalem, gegen die Anhänger von Eustachius v. Boulogne, erfolgreich die Königswahl Balduins v. Le Bourcq (→Balduin II.), der seinen Vetter als Gegenleistung mit der Gft. Edessa belehnte. J., der 1122–23 in muslim. Gefangenschaft war, setzte danach seine angriffslustige Politik gegen die Muslime wie gegen Antiochia fort. Bei den einheim. Christen recht beliebt, starb der Gf., wie er gelebt hatte: Als Anführer eines Kriegszugs schwerverwundet, feuerte er bis zuletzt von der Sänfte aus seine Leute zum Kampf an. J. Riley-Smith

Lit.: C. CAHEN, La Syrie du N à l'époque des croisades et la principauté franque d'Antioche, 1940 – R. L. NICHOLSON, Joscelin I, prince of Edessa, 1954 – M. AMOUROUX-MOURAD, Le comté d'Édesse, 1988.

2. J. II., Gf. v. →Edessa 1131–59 (1150–59 nur noch nominell), * ca. 1113, † 1159 in Aleppo; ∞ Beatrix, Witwe Wilhelms v. Sahayun; Sohn von 1 und Beatrix v. Partzapart, war J. Vasall des byz. Ks.s als auch des Fs.en v. →Antiochia. Weniger energisch als sein Vater, war er der schwierigen Situation in N-Syrien, in der die Muslime zunehmend an Boden gewannen, nicht gewachsen. J.s Fehlinterpretation der muslim. Kriegspläne im Sommer und Herbst 1144 führte dazu, daß →ʿImāddaddīn Zangī am 18. Nov. 1144, während J. sich mit seinem Heer im W seiner Gft. aufhielt, die Belagerung von Edessa eröffnen konnte, am 24. Dez. 1144 fiel J. gelang nur kurzzeitig eine Rückeroberung der Stadt (Okt.-Nov. 1146). Der Gf. wurde im April 1150 gefangengenommen und an Zangīs Nachfolger →Nūraddīn ausgeliefert, der J. blenden ließ und bis zum Lebensende gefangenhielt. Der den Christen verbliebene Westteil der Gft. Edessa (mit Tilbesar) wurde nach J.s Gefangennahme an den byz. Ks. Manuel verkauft, aber bereits 1151 von den Muslimen überrannt.

J. Riley-Smith

Lit.: s. o. (C. CAHEN, 1940; M. AMOUROUX-MOURAD, 1988).

3. J. III., Titular-Gf. v. →Edessa, Sohn von 2 und Beatrix, † vor 1200; Bruder der Agnes v. Courtenay, der ersten Frau Kg. →Amalrichs v. Jerusalem und Mutter von Kg. →Balduin IV. und Kgn. Sibylla. Nachdem J. lange Jahre in muslim. Gefangenschaft verbracht hatte (1160–1176), trat er unter Balduin IV. stark hervor, wurde Seneschall v. Jerusalem und begründete dank reicher kgl. Schenkungen (ab 1179) eine ausgedehnte Herrschaft (Ländereien um →Akkon, die sich über zwei Drittel der Krondomäne erstreckten; Rentenlehen in Akkon und →Tyrus). Seine Rolle im Parteienstreit der 80er Jahre wurde von den Historikern recht kritisch beurteilt. Angesichts des nahenden Todes von Balduin IV. († 1185) zum Vormund des jungen Thronerben, Balduin V., eingesetzt, verdrängte J. nach dessen Tod (1186) die gegner. Partei, um Kgn. Sibylla den Thron zu sichern. Dies trug ihm die Herrschaft Toron (Tibnin) ein. Nach der Niederlage von →Ḥaṭṭīn übergab er Akkon an →Saladin (10. Juli 1187). Aus seiner Ehe mit Agnes v. Milly gingen zwei Töchter hervor, über die seine Herrschaft um Akkon möglicherweise an den →Dt. Orden überging. R. Riley-Smith

Lit.: RUNCIMAN II, s. v. Register – J. S. C. RILEY-SMITH, The Feudal Nobility and the Kingdom of Jerusalem, 1973 – H. E. MAYER, Die Seigneurie de Joscelin und der Dt. Orden (Die geistl. Ritterorden Europas, hg. J. FLECKENSTEIN–M. HELLMANN, 1980), 171–216 – H. E. MAYER, Gesch. der Kreuzzüge, 1985⁶ – R. FRANKEL, Topographical Notes on the Territory of Acre in the Cursader Period, Israel Exploration Journal 38, 1988, 249–272.

Jost → Jodok

Jotsaldus v. Cluny, Hagiograph, † nach 1051, wuchs im Kl. Cluny unter Abt →Odilo auf, dessen Vertrauter und Reisebegleiter er wurde; 1046–47 nahm er an der letzten Romreise des Abtes teil. Bald nach Odilos Tod (31. Dez. 1048) schrieb er Gedichte zur Verherrlichung des Verstorbenen: einen »Ritmus de patre Odilone« (28 × 4 Achtsilber), ein Epitaphium (6 Distichen) und einen Planctus (145 Hexameter) in Gestalt eines Dialogs, in dem erst die Ratio nüchtern auf die Klage antwortet, dann Trost geboten wird; der Tote selbst ergreift das Wort. 1051/52 verfaßte J. die älteste Vita des hl. Abtes, dessen Tugenden er in systemat. Ordnung schilderte. J. Prelog

Ed.: MPL 142, 895–940 – E. SACKUR, Zu I.i Vita Odilonis und Verseauf Odilo, NA 15, 1890, 117–126 – F. ERMINI, Il Pianto di I. per la morte di Odilone, StM 1, 1928, 392–405 – *Lit.:* MANITIUS II, 142–146 – P. v. MOOS, Consolatio, 1971, 192–197 und Anm.bd. 125–128.

Jouarre (Jotrum), urspgl. iro-frk., noch heute bestehendes Benediktinerinnenkl. in N-Frankreich (Bm. Meaux, dép. Seine-et-Marne). Um 635 (?) gründete der Mönch Ado, Bruder des hl. →Audoenus, ein Männerkl. (Jonas v. Bobbio, Vita Columbani I, 26), das bald danach in ein von Äbt.nen geleitetes Doppelkl. umgewandelt wurde; nach Dokumenten des 17.Jh. soll J. Eigenkl. der Sippe der Stiefmutter Ados geworden sein; zu ihr zählten u. a. die zwei ersten Äbt.nen und →Agilbert, Bf. v. Paris (vgl. deren Grabsteine in der Grabkirche). Aus J. stammten die ersten Äbt.nen v. →Chelles und Notre-Dame de →Soissons im 3. Viertel des 7. Jh. Neuerdings wird in J. ein in der ersten Hälfte des 8.Jh. aktives Skriptorium lokalisiert. Die Abtei wurde erstmals in karol. Zeit Königskl. und unterstand seit 1225 direkt dem Papst. Unter den heute bestehenden ma. Bauten ragt die berühmte Krypta Saint-Paul (7.–9.Jh.?) mit den erwähnten Grabsteinen, Kapitellen und dem Westwall mit antikisierendem Dekor hervor.

J. Guerout

Lit.: DACL VII², 2689f. – GChr VIII, 1708f. – L'abbaye royale Notre-Dame de J., 2 Bde, 1961 – MARQUISE DE MAILLÉ, Les Cryptes de J., 1971 – H. ATSMA, La Neustrie, II, 1989, 410–412.

Jouffroy, Jean de, OSB, Kard., * 1412, † 1473, aus Luxeuil, seit ca. 1441 Elemosinar und Rat Hzg. Philipps des Guten v. Burgund, der ihm 1450 die große Abtei →Luxeuil, 1453 das Bm. Arras verschaffte. J. verhandelte als päpstl. Legat →Pius' II. mit dem Kg. v. Frankreich und erreichte 1461 die Aufhebung der →Pragmatique Sanction, was ihm 1462 den Kardinalshut eintrug. Er trat danach in den Dienst Kg. Ludwigs XI. über und wurde 1462 Bf. v. Albi. Als treuer Diener des Kg.s, loyal selbst während der Guerre du Bien public (1465), wurden ihm wichtige diplomat. (Kastilien) und militär. (Armagnac,

Roussillon) Aufträge zuteil. Politisch durch den Aufstieg des Kard. →Balue 1468–69 in den Hintergrund gedrängt, blieb J. bis zu seinem Tode bei Hof der gesuchteste kirchl. Ratgeber. X. de la Selle

Lit.: CH. FIERVILLE, Le card. J. et son temps, 1874 – G. CUGNIER, Le card. J., Soc. d'agriculture, lettres, sciences, arts de la Hte-Saone, 1959, 22 f. – L. ONOFRI, Humanistica Lovaniensia, 1982, 31, 1–28.

Journal d'un bourgeois de Paris, berühmtes →Tagebuch in frz. Sprache, das in sieben unvollst. Hss. überliefert ist. Der Name 'J. d'un bourgeois de Paris' wurde von Denys Godefroy 1653 geprägt; die erste vollständige Edition stammt von La Barre (1729). – Das J. schildert Pariser Ereignisse von 1405–49. Anfang und Ende fehlen; bei den entscheidenden Jahren 1407, 1411 und 1419, in denen die Fs.en und Mächtigen mit im Spiel sind, wurden Passagen unterdrückt. Der Tagebuchschreiber war Kleriker, wohl Dr. der Theologie, vielleicht Kanoniker oder Kapellan an Notre Dame und möglicherweise dem →Hôtel der Kgn. Isabella verbunden. Als mögl. Verfassername wird u. a. Jean Chuffart genannt. Für jedes Jahr notiert der Tagebuchschreiber Amtsantritte bzw. Rücktritte der kirchl. und weltl. Pariser Amtsträger, was der Forschung die Aufstellung einer Liste von Schöffen ermöglicht. Im übrigen enthält das J. zahlreiche Angaben über die Zeremonien des Schöffenamts, der Universität und des Kgtm.s sowie über Klimageschehen, Überschwemmungen, Preise, Ernten, Epidemien, Sterblichkeit und die wichtigsten polit. und militär. Ereignisse. Der Verf. kolportiert bereitwillig die in der Stadt umlaufenden Gerüchte und ist dabei keineswegs frei von Parteigeist zugunsten der 'Bourguignons' (→Armagnacs et Bourguignons), geht streng mit den Fs.en ins Gericht und ist insgesamt für den Glanz der Monarchie wenig empfänglich. →Jeanne d'Arc wird, im Sinne der Pariser Volksmeinung, ungünstig beurteilt. F. Autrand

Ed. und Lit.: A. TUETEY, Le J. du Bourgeois de Paris, 1881 – DERS., J. d'un bourgeois de Paris 1405–1449, 1881 – C. BEAUNE, J. d'un bourgeois de Paris de 1405 à 1449, 1990.

Jours, Grands, im →Frankreich des SpätMA übergeordnete Institutionen der →Justiz, wobei zw. den G.J. der Krone und den G.J. einzelner Fsm.er und Apanagen zu unterscheiden ist. Die G.J. der Krone resultierten aus kgl. Delegationen an Mitglieder des →Parlement, die an Ort und Stelle über Fälle von bes. Bedeutung zu richten hatten. Der Wunsch nach schneller und untertanennaher Justiz ließ diese Art des Reiserichtertums aufkommen. Die so entstandenen Gerichte, die meist am Sitz eines →Bailliage tagten, überlagerten bald die örtl. Gerichtsbarkeit. G.J. im eigtl. Sinne begegnen erstmals in der Gft. →Champagne, infolge von Mitspracherechten, die die frz. Krone nach dem Tode Gf. Heinrichs III. († 1274), in Hinblick auf die Vormundschaft seiner Witwe Blanca v. Artois über die dem Thronfolger Philipp dem Schönen verlobte Erbtochter Johanna, geltend machen konnte. Kg. Philipp III. entsandte Kommissare nach →Troyes, die die hohe Gerichtsbarkeit der Gft. wahrnehmen sollten. Diese Praxis wurde von Philipp dem Schönen durch die Delegation von Parlamentsmitgliedern fortgesetzt. Die so entstandenen G.J. de Troyes, mit regelmäßigen Sitzungen seit 1337, waren mit kgl. Amtsträgern (Bf. v. Troyes) besetzt. Die Institution der stets von kgl. Delegierten aus dem Parlement abgehaltenen G.J. verbreitete sich insbes. seit Karl VII. (Beaune, Bordeaux, Thouars, Montferrand). – Die G.J. von Fsm.ern gehen dagegen auf Zugeständnisse des Kg.s zurück, der bestimmten Fs.en oder Inhabern von →Apanagen die Einrichtung solcher, oft auf bestehende ältere Gerichtshöfe zurückgehender Oberhöfe erlaubte. Ihre Souveränität war begrenzt; sie bestanden zumeist nicht ausschließl. aus Mitgliedern des Pariser Parlement, vor dem ihre Entscheidungen angefochten werden konnten.
A. Rigaudière

Lit.: G. TROTRY, Les G.J. du Parlement de Paris, 1908 – F. LOT-R. FAWTIER, Hist. des institutions françaises au MA I, 1958, 469ff.

Jouvenel des Ursins, frz. Familie des SpätMA. Der erste namhafte Vertreter war *Jean I.* (1360[?]–1431), von nicht klar erkennbarer adlig-bürgerl. Abstammung aus Troyes, der als in →Orléans ausgebildeter Jurist von einem Mitglied der kgl. Beratergruppe der →Marmousets protegiert wurde und auch dank günstiger Heiraten eine wichtige Rolle in einer Pariser Hof- und Beamtenclique einnahm. Gemäßigter Anhänger der →Armagnacs, beschloß er seine Ämterlaufbahn (u. a. kgl. →*Prévôt des marchands* in Paris, Kanzler des Hzg.s Ludwig v. →Guyenne) als Präsident des →*Parlement* zu →Poitiers. An diesem großen Gerichtshof begannen auch die drei erfolgreichsten seiner 16 Kinder ihre Karriere. Der 2. Sohn, *Jean II.* (1388–1473), war zunächst →*Avocat du roi,* wurde vom Kg. als Bf. v. Beauvais (1432–44) mit den schwierigen Aufgaben der gefährdeten Grenzgebiete im N und NO betraut und dann Bf. v. Laon (1444–49), schließl. Ebf. v. Reims (1432–44). Er verfaßte eine frz. Chronik der Regierung Karls VI., die auf einer Übers. der Hauptredaktion der dionysian. Chronik beruht; die Zuschreibung eines Teils der →Chroniques de France dürfte allerdings kaum haltbar sein. Zw. 1432 und 1468 verfaßte Jean mehrere polit., z. T. im Dienst der Kriegspropaganda stehende Traktate, in denen der in Staatsgeschäften erfahrene Autor die polit., Moral des Kgr.es geißelt. Der jüngste Sproß Jeans I., *Jacques* (1410–57), war Avocat du roi in Paris (1436), 1444–49 Ebf. v. Reims, dann – ohne Verlust des Palliums und der Einkünfte – Bf. v. Poitiers und Titular-Ebf. v. Antiochia (1449–57) und blieb der kgl. Verwaltung stets eng verbunden. Wie sein Bruder Jean II. war Jacques gleichwohl ein verantwortungsbewußter Prälat. – Die steilste Karriere machte das 10. Kind, *Guillaume* (1401–72). 1425 Rat am Parlement v. Poitiers, wurde er 1445 zum →Chancelier de France ernannt; aus diesem Anlaß widmete Jean, der seinen hochgestiegenen Bruder offenbar wenig schätzte, diesem einen Traktat über das Kanzleramt. In den ersten Regierungsjahren Ludwigs XI. war Guillaume zwar nicht in Ungnade, konnte aber seine Kanzlerschaft nicht ausüben. – Von den übrigen Kindern sind noch *Marie,* Priorin des Königskl.s →Poissy, und *Michel,* Bailli v. Troyes, dessen Nachkommen die Familie bis in die Neuzeit fortsetzten, zu nennen. Die stets ihre Solidarität aufrechterhaltende Familie legte entschiedenen Wert auf ihre Zugehörigkeit zum Ritterstand und auf die (echte oder vorgebl.) Abkunft von den →Orsini, von diesen auch anerkannt wurde. P. S. Lewis

Q. und Lit.: P.-L. PÉCHENARD, Jean Juvenal des Ursins, 1876 – L. BATIFFOL, Jean J., 1894 – J. SALVINI, Un Évêque de Poitiers: Jacques J. des U., Bull. Soc. Antiq. Ouest, ser. 4, VI, 1961, 85–107 – Jean Juvénal des U., Écrits politiques, ed. P. S. LEWIS, 1978 – F. AUTRAND, Naissance d'un grand corps de l'État. Les gens du Parlement de Paris 1345–1454, 1981 – DIES., Charles VI, 1986 – P. S. LEWIS, La Noblesse des J. des U. (L'État et les aristocraties, hg. PH. CONTAMINE, 1989), 79–101.

Jouvenel-Meister, frz. Buchmaler, Anjou. Unter den Notnamen 'Meister des Jouvenel des Ursins' (nach Ms. lat. 4915, BN Paris) bzw. 'Meister des Genfer Boccaccio' (nach Ms. fr. 191, Bibl. publ. Genf) ist für diese Stilgruppe – anfangs als 'Jeunesse Fouquet' betrachtet – ein umfangreiches Œuvre zusammengestellt worden, bislang an die

40 Hss., sämtl. dem mittleren Drittel des 15. Jh. zugehörig. Ms. lat. 4915, Mitte des Jh., zeigt das breite Spektrum stilist. Ausdrucksvarianten dieser Gruppe, Ms. fr. 191 Genf eine durchgehend einheitl., späte Ausprägung. Die stilist. Vielfältigkeit wie die großen Qualitätsunterschiede legten eine Aufspaltung in mehrere Hände nahe (Versuch von E. KÖNIG mit beispielhafter Aufarbeitung nahezu sämtl. Codd.). D. Thoss

Lit.: E. KÖNIG, Frz. Buchmalerei um 1450. Der J.-Maler, der Maler des Genfer Boccaccio und die Anfänge Jean Fouquets, 1982.

Jovan Uglješa, Despot, Teilfs. im ehemaligen Reich Stefan Dušans, ✕ 26. Sept. 1371; wahrscheinl. durch mächtige Verwandte aufgestiegen. Um 1346 Statthalter im Hinterland von Dubrovnik, führte J.U. um 1358 den Titel 'veliki vojvoda' (Großvojvode). Als Herr v. Serrai und von Territorien im ö. Mazedonien erweiterte er 1366-69 die Grenzen über den Fluß Mesta bis zum Porusee und stieß auf die Osmanen, die neuen Herren des byz. Volerons. Die Beherrschung Chalkidikes brachte J.U. in regen Kontakt mit den Athoskl. Unterhandlungen mit dem Patriarchat v. Konstantinopel führten zur Versöhnung der Kirchen unter Wahrung der Rechte Konstantinopels und Verurteilung Dušans (1368, 1371). Seit Frühjahr 1371 bereitete J.U. mit Hilfe seines Bruders Vukašin einen Kriegszug gegen die Osmanen vor. Beide fanden den Tod in der Schlacht an der →Marica bei Adrianopel. J.s Territorium kam unter byz. Herrschaft. S. Ćirković

Lit.: G. OSTROGORSKI, Serska oblast posle Dušanove smrti, 1965 (= Sabrana dela IV, 1969) [dazu: BZ 60, 1967, 112-114].

Iovianus (Flavius I.), röm. Ks. 27. Juni 363-17. Febr. 364, * um 331. Wie sein in den Q. divergierendes Bild von der Debatte um seinen Vorgänger →Iulianus Apostata geprägt ist, so diktiert dessen polit. Erbe mit den zwei Kernfragen (Verhältnis zum Reich der →Sāsāniden und zur chr. Religion) weitgehend die Aktivitäten von I.' kurzer Regierung. In den Antworten darauf gewinnt sie aber auch mehr als ephemere Bedeutung. Während mit I.' insgesamt gemäßigtem chr. Kurs die heidn. Restauration endete, mußten nach Iulians gescheitertem Feldzug den Persern auch territoriale Zugeständnisse gemacht werden. A. Pabst

Lit.: R. SORACI, L'imperatore Gioviano, 1968 – R. v. HAEHLING, Ammians Darstellung der Thronbesteigung Jovians im Lichte der heidn.-chr. Auseinandersetzung (Bonner Festg. J. STRAUB, 1977), 347-358 – G. WIRTH, I., Ks. und Karikatur (Fschr. TH. KLAUSER, JbAC Ergbd. 11, 1984), 353-384.

Iovinus, weström. Usurpator; vornehmer Gallier, 411 in Mainz zum Ks. gegen Honorius erhoben, fand in Gallien und Britannien rasch Anerkennung. Nach der Einnahme von Arles suchte er Verbindung mit dem Westgotenkg. →Athaulf, der sein Heer nach dem Tode Alarichs nach Südgallien geführt hatte. Als dieser jedoch vom Hof in Ravenna günstige Siedlungsangebote erhielt, verriet er I. und dessen zum zweiten Augustus erhobenen Bruder Sebastianus. Beide fanden 412 den Tod. R. Klein

Lit.: RE IX, 2012f. – A. DEMANDT, Die Spätantike (HAW III/6, 1989), 148.

Joyeuse Entrée (Blijde Inkomst), feierl. Einzug des neuen Hzg.s v. →Brabant, zugleich Bezeichnung für das berühmte Brabanter Landesprivileg. – Während des MA und des Ancien Régime war der zeremonielle Einzug (→adventus, ingressus u. a.) eines Herrschers oder Fs.en die traditionelle Gelegenheit zu Privilegienerteilung oder -bestätigung. In Brabant bestand die charakterist. Verknüpfung zw. dem Empfang des neuen Fs.en und der Verleihung bzw. Erneuerung eines allg. Privilegs von 1356 bis 1794; erst seit dem 16. Jh. wird das Landesprivileg als 'J.E.' bezeichnet. Diese bedeutendste Verfassungsurkunde der alten Niederlande entstand während des Machtvakuums, das nach dem Tode Hzg. →Johanns III. († 5. Dez. 1355) aufgetreten war. In dieser angespannten Situation gelang es den Städten, die älteste Herzogstochter, →Johanna (∞ mit →Wenzel, Hzg. v. Luxemburg), am 3. Jan. 1356 zur Gewährung eines Landesprivilegs zu veranlassen, das Ende Febr. 1356 durch Besiegelung Rechtskraft erlangte. Diese erste 'J.E.', die 34 Artikel umfaßte, unterwarf aus dem Geiste der Volkssouveränität die Ausübung der hzgl. Macht strengen Regeln und sollte die territoriale Integrität Brabants garantieren. Die wichtigsten Artikel betrafen die Einrichtung des hzgl. Siegels, den Abschluß internationaler Verträge, eine jährl. Untersuchung der Amtsausübung der hzgl. Beamten, Münzangelegenheiten und Rechtsprechung. Beim Regierungsantritt eines neuen Hzg.s wurde die 'J.E.' jeweils der aktuellen Situation durch Aufhebung veralteter Bestimmungen und Einfügung neuer Artikel angepaßt. P. Avonds

Lit.: R. VAN BRAGT, De B.I. van de hertogen van Brabant Johanna en Wenceslas, 1950 – R. VAN UYTVEN, De rechtsgeldigheid van de Brabantse B.I. van 3 jan. 1356, TG 82, 1969, 38-48 – P. AVONDS, Brabant tijdens de regering van Hertog Jan III. De grote politieke krisissen, 1984.

Ipswich, Stadt in O-England, bereits im FrühMA ein wichtiger Hafenplatz mit Handelsverbindungen nach Flandern und ins Rheinland. Eine Besiedlung ist seit dem frühen 7. Jh. nachweisbar, die Herstellung der 'I.-Ware', einer auf langsamer Töpferscheibe produzierten →Keramik, seit ca. 650. Die Gefäße zeigen vielfach kontinentalen Einfluß (eingeprägter, vereinzelt auch figurativer Dekor) und wurden an einem einzigen Ort bis ins 12. Jh. gebrannt. – Die Gesch. von I. ist seit 1200 (kgl. Privileg der 'firma burgi' und der Wahl der städt. Amtsträger) gut dokumentiert. Hervorzuheben sind die frühesten Wahlen, die Listen der Gildemänner und die Tätigkeit des Borough-Gerichts, des *portmanmote* (seit 1255/56), einschließl. der Besitzübertragungen. Im 12. Jh. wurden zwei Priorate der Augustiner-Chorherren gegr., im 13. Jh. Kl. der Dominikaner, Franziskaner und Karmeliter. J. Barrow

Lit.: L. J. REDSTONE, I. throughout the Ages, 1948 – G. H. MARTIN, The Records of the Borough of I., to 1422, Jnl. Soc. Archivists I, 1956 – K. WADE, I. (The Rebirth of Towns ..., hg. R. HODGES – B. HOBLEY, Council for British Archaeol. Research Rep. 68, 1988).

Iqṭā^c (arab.), Form der Landvergabe bzw. rechtl. Status des ausgegebenen Bodens an vornehml. militär. Würdenträger, in europ. Sprachen oft nicht ganz korrekt mit →Lehen oder *fief* wiedergegeben. Schon in der Frühzeit der islam. Gesch. vergab der Fiskus zu theoret. nicht freiem Eigen Teile (qaṭā'i^c, pl. von qaṭī^{c}a) staatl. Ländereien an Würdenträger, die jedoch Grundsteuer und Zehnten abzuführen hatten. Während sich unter den →Seldschuken und →Zengiden Tendenzen zur Erblichkeit des I. verstärkten, übten der Staat und seine Finanzbehörden unter den →Ayyūbiden und v. a. den →Mamlūken eine strenge Kontrolle über den Inhaber (muqta^c) des I. aus, der keine freie Verfügung darüber hatte.

Oft mit dem europ. →Feudalismus und seinem Lehnswesen verglichen, unterscheidet sich das I. trotz mancher Ähnlichkeit grundlegend von diesem: Jeder muqta^c unterstand dem Sultan und wurde nicht mediatisiert; er lebte in Garnisonsstädten und nicht auf seinem I., aus dem er lediglich sein festgesetztes Gehalt bezog, und es kam nie zu einer Vermischung zw. privatem und öffentl. Eigentum und Rechten. Daher konnte sich auch nicht eine dem europ. Adel vergleichbare Kaste entwickeln. P. Thorau

Lit.: EI² III, 1088–1091 – C. CAHEN, L'évolution de l'i. du IXᵉ au XIIIᵉ s., Annales 8, 1953, 25–52 – A. K. S. LAMBTON, Reflexions on the i. (Arabic and Islamic Stud. i. H. of H. A. R. GIBB, 1965), 358–376 – R. IRWIN, I. and the End of the Crusader States (The Eastern Mediterranean Lands in the Period of the Crusades, hg. P. M. HOLT, 1977), 62–77.

Irak. Bis in die ersten Jahrzehnte des 7. Jh. war der im südl. Mesopotamien gelegene I., auf dessen fruchtbaren, durch ein ausgedehntes Kanalsystem bewässerten Boden seit alters her eine intensive Landwirtschaft betrieben wurde, Teil des →Sasanidenreiches mit der Hauptstadt Ktesiphon am mittleren Tigris. Während sich das Sasanidenreich durch seine verlustreichen Kriege mit Byzanz erschöpfte, erstarkten die durch den →Islam geeinten semit. Stämme auf der Arab. Halbinsel (→Araber). Bereits unter dem ersten Kalifen Abū Bakr erfolgten von 633 an die ersten Razzien und Vorstöße arab. Krieger in den I. 637 brachten die Muslime den Sasaniden bei al-Qādisīya eine vernichtende Niederlage bei, der die Einnahme und Plünderung Ktesiphons folgte. Ähnlich wie in Ägypten und Syrien leistete die einheim. Bevölkerung, die zum Teil aus mit den Angreifern verwandten Arabern und christl. Aramäern bestand, keinen Widerstand. Selbst Teile des sasanid. Adels blieben im Land und bildeten später ein wesentliches Element der nichtarab. Bevölkerung. In den Jahren 638 und 639 legten die Araber die sich alsbald zu florierenden Städten entwickelnden Heerlager →Baṣra und Kūfa an. Als Provinz des arab. Großreichs wurde der I. zunächst von Medina und später unter der Dynastie der →Omayyaden von Damaskus aus durch landfremde Statthalter regiert, was mit dazu beitrug, daß der I. immer wieder zum Schauplatz blutiger Aufstände und Kämpfe wurde. Nach dem gewaltsamen Ende der Omayyaden gründete die nachfolgende Dynastie der →Abbasiden 762–763 →Bagdad. Als Hauptstadt des Abbasidenreiches wurde es intellektueller und künstler. Mittelpunkt der islam. Welt und bedeutender Umschlagplatz der ausgedehnten Handelsbeziehungen. Da Bagdad und der I. auch unter den Abbasiden in zunehmendem Maß von heftigen sozialen und religiösen Unruhen heimgesucht wurde, sah sich der Kalif al-Muʿtaṣim (833–842) veranlaßt, Sāmarrā als neue Hauptstadt zu erbauen (bis 892 Residenz der Kalifen). Aus Mißtrauen vor dem arab. Heeresaufgeboten umgab sich al-Muʿtaṣim mit ihm treu ergebenen türk. Kriegssklaven (→Heerwesen). In der Folgezeit wurden die Abbasiden jedoch Gefangene ihrer eigenen türk. Garden, bis diese 945 von den →Būyiden, die sich zu Schutzherren der Kalifen aufschwangen, zerschlagen wurden, welche ihrerseits 1055 von den türk. →Seldschuken verdrängt wurden. Korruption und Mißwirtschaft führten schließlich zu einem Rückgang des Handels und – durch Verfall der Kanäle – auch der Landwirtschaft. 1258 eroberten die →Mongolen unter Hülägü Bagdad und löschten das Abbasidenkalifat aus. Der I. ging im Reich der →Īlḫāne auf. Bei anhaltendem wirtschaftl. und demograph. (Pest 1347–49) Niedergang wurde der I. 1393 und 1401 durch →Timurs Kriegszüge verwüstet. Von 1336 an beherrschten die mongol. Ğalāyiriden den I., bis diese von den turkmen. →Qara-Qoyunlu abgelöst wurden, die ihrerseits den Aq-Qoyunen 1468 weichen mußten. 1508 eroberte Šāh Ismāʿīl vorübergehend den I., der 1534 dem →Osman. Reich einverleibt wurde. P. Thorau

Lit.: EI² III, 1250ff., s. v. – M. R. AL-FEEL, The Hist. Geography of Iraq Between Mongol and Ottoman Conquests, 1258–1534, ²1967 – M. G. MORONY, Iraq after the Muslims Conquest, 1984.

Ira Regia, kast.-leon. Institution westgot. Ursprungs, grundlegend für das Verständnis von polit. Leben, Adel und Feudalgesellschaft, mit dem Kg.sfrieden verknüpft, von dem jedermann ausgenommen, d. h. des normalen Rechtsschutzes allein durch die kgl. Macht beraubt werden konnte. Die Bezeichnung 'ira del rey' kam auf, da es dem Kg. in den ersten Jahren der →Reconquista in seiner Funktion als Schiedsrichter im Rechtsleben gelang, seine Macht zu behaupten. Was man früher als Ausschluß vom Kg.sfrieden bezeichnete, wurde nun volkstüml. 'Zorn des Kg.s' oder 'Verlust seiner Liebe' genannt. Der I.R. zu verfallen, setzte kein Verbrechen voraus: es genügte, den Unwillen oder Groll des Kg.s erregt zu haben, aus Gründen, die durch keine wirkl. Schuld bedingt waren. Lag irgendeine verbrecher. Tat vor, so erklärte der Kg. einen jeden, sei er Übeltäter oder Verräter, der seine Gnade verloren hatte, ohne daß ihm der Prozeß gemacht wurde, für gesetzlos. Die I.R. zog den Abbruch jegl. Beziehungen zu den zentralen Staatsgewalten nach sich: Verlust der Besitzungen, die der gebannte Vasall vom Kg. erhalten hatte, Lösung der vasallit. Bindung, Konfiskation der Besitzungen und Verbannung. Die I.R. konnte alle gleichermaßen treffen, sogar einen ganzen Stadtrat. Allein ein willkürl. Akt des kgl. Willens führte zur I.R., nur ein solcher konnte von ihr lösen, obwohl es einer sehr günstigen Gelegenheit bedurfte, um die Wiederaufnahme des Gebannten, der viel häufiger im Exil starb, in die kgl. Gnade zu bewirken. Die sehr gefürchtete I.R. erleichterte den Kg.en v. Kastilien und León die Herrschaft über die sich ausformende Feudalgesellschaft, da sie so entscheidenden Einfluß auf das polit.-wirtschaftl. Umfeld der Adelsgruppen nehmen konnten. H. Grassotti

Lit.: H. GRASSOTTI, La i. r. en León y Castilla (Misc. de Estudios sobre Instituciones Castellano-Leonesas, 1978), 1–132.

Irenäus. 1. I. v. Lyon, Bf. v. Lyon seit 177, Theologe, * Mitte des 2. Jh. in Kleinasien; † nach 200 (angebl. Martyrium [Hieronymus, Comm. in Js 17, 64, 4–5] ungesichert). Von seinen Werken (Liste bei Eusebius, Kirchengesch. V, 26) blieben erhalten: »Demonstratio praedicationis apostolicae« und »Adversus haereses« (5 B.; Hauptwerk). Er widerlegt die »fälschl. so genannte →Gnosis« und entwirft eine kirchl. Theologie nach heilsgesch. Konzept, die ident. ist mit der apostol. Verkündigung: So haben die Apostel gepredigt. So ist es in den Schr. des NT festgehalten (und im AT vorausverkündigt) und in der Kirche unverfälscht bewahrt geblieben. Wichtigstes Argument in diesem Traditionsbeweis ist die apostol. Sukzession der Bf.e (röm. Bf.sliste). Das gr. geschriebene Werk (Original inzwischen rekonstruiert) ist nur in einer lat. Übers. (9 Hss.) vollständig erhalten; im MA wurde das Werk prakt. nicht beachtet. Erst im 16. Jh. (Ed. princeps durch Erasmus, Basel 1525) erfolgte die Entdeckung des I. K. S. Frank

Lit.: ALTANER-STUIBER, § 34 – DSAM VII, 1923–69 – TRE XVI, 258–268.

2. I. v. Tyrus → Eirenaios v. Tyros

Irene, byz. Ksn. 797–802; ⚭ →Leon IV.; regierte nach dessen Tod (780) als Vormund für ihren minderjährigen Sohn →Konstantin VI. (protokollar. Formel: 'Konstantin mit seiner Mutter I.'). Bemüht um innenpolit. Zustimmung, distanzierte sie sich vom →Bilderstreit→Konstantins V. und unterstützte den Bilderkult (→Bild, Bilderverehrung I). Nach geschickter außenpolit. Vorbereitung (Verzicht→Hadrians I. auf die Behandlung der Fragen des Titels 'Universalis' und des →Patrimoniums Petri) tagte unter Patriarch→Tarasios das 7. Ökumen. Konzil (Nikaia II, 787) und beschloß die Wiederherstellung der Bilder zusammen mit der ersten verbindl. Definition der Bilderverehrung. Gegen den herangewachsenen Sohn versuchte I. 790 ihre Stellung zu behaupten, nun nicht mehr als Vormund, sondern als Hauptksn., mußte aber, da das gesamte Militär sich gegen sie stellte, auf alles verzichten. 792 von Konstantin wieder akzeptiert, wurde I. Mitksn. mit Recht auf Nachfolge (Formel: 'Konstantin und I.'). Die Geburt eines Sohnes Konstantins wurde zum Anlaß, sich gegen ihn zu verschwören, um ihn zu entmachten: Überraschend ließ I. ihn ergreifen und blenden. Da Konstantin an der Blendung starb, regierte I. ab 797 allein als seine Nachfolgerin. Sie rief Konstantins Gegner →Theodoros Studites aus der Verbannung zurück und gab ihm Gelegenheit, sich theol.-lit. zu profilieren (entscheidender Schritt in die sog. byz. Renaissance). Im Rahmen der Wiederaufnahme der seit der Spätantike abgerissenen Traditionen beschloß I., das Doppelksm. wieder aufleben zu lassen. Entsprechende Anregungen an Karl d. Gr., den sie als Nachfolger der Langobarden und Herrn über Italien anerkannt hatte, fanden dessen Zustimmung. Seine Krönung sollte in Rom durch den Papst im Sinne einer 'Präsentation in Abwesenheit des Präsentierers' stattfinden, doch änderte Leo III. selbständig diese Verabredung (Weglassen der Akklamationen an I.), womit Karl zum Usurpator wurde. Sogleich aufgenommene Verhandlungen zeitigten kein Ergebnis, da I. durch einen Putsch abgesetzt wurde. P. Speck

Lit.: P. SPECK, Ks. Konstantin VI. Die Legitimation einer fremden und der Versuch einer eigenen Herrschaft, 2 Bde, 1978 – DERS., Weitere Überlegungen und Unters. über die Ursprünge der byz. Renaissance, Varia II (Ποικίλα Βυζαντινά, 6), 1987, 253–283 – W. TREADGOLD, The Byz. Revival 780–842, 1988 [unzulängl.].

Iria (röm. I. Flavia; heute Padrón), westgot. Bf. s. sitz (♂ Sta. María), gehörte als Suffragan von →Braga zur Kirchenprov. Gallaecia, wurde im 9. Jh. infolge der Entdeckung des Grabes nach →Santiago de Compostela verlegt, was jedoch erst Ende des 11. Jh. eine kirchenrechtl. Absicherung fand. Das →Cronicón Iriense zählt bis zu diesem Zeitpunkt 14 Bf. e v. I. L. Vones

Lit.: DHEE II, 1207 – RE XVIII, 2035 – H. FLÓREZ, España sagrada XIX, 1764–1879, 46–69 – M.-R. GARCÍA ÁLVAREZ, El Cronicón Iriense (Memorial Hist. Español L, 1963), 123ff. [Komm.] – L. A. GARCÍA MORENO, Prosopografía del reino visigodo de Toledo, 1974, 160f., Nr. 409–413.

Irische Sprache und Literatur

I. Die Frühzeit – II. Altirische Sprachentwicklung – III. Die Literatur des Frühmittelalters – IV. Mittelirische Sprachentwicklung – V. Die Heldenliteratur und ihre Zyklen – VI. Das Erbe des alten Irland.

I. DIE FRÜHZEIT: [1] *Die Ogam-Inschriften:* Die früheste belegte Form des Irisch-Gälischen findet sich in den →Ogam-Inschriften, Einritzungen an den Rändern aufrechtstehender Steine, die hauptsächl. im südl. Irland und im westl. Britannien gefunden wurden. Einige zweisprachige Steine wurden in Wales festgestellt, wobei für die ir. Inschriften Ogam-Schrift, für die korrespondierenden lat. dagegen röm. Capitalis verwendet wurde. Das Wort *og-(h)am* bezeichnet im Ir. die Rechtschreibung; seine Terminologie ist eng verbunden mit dem Gebrauch von Holz (nach der myth. und Sagenüberlieferung war die Einritzung von Ogam-Schriftzeichen auf hölzernen Stäben Teil der von den Druiden ausgeübten Magie und Weissagung). Doch deutet die Ogam-Schrift, wie sie uns durch Inschriften überliefert ist, auf Vertrautheit mit dem lat. Alphabet hin; die ir. Ogam-Inschriften sind im wesentl. auf Monolithen, die als Grabsteine oder Grenzmarkierung fungierten, erhalten. Die Inschriften bestehen aus Personennamen, hinzu treten oft Formeln, die die Namen des Vaters, Großvaters, Stammeszugehörigkeit u. a. bezeichnen. Die Nennung eines weibl. Namens ist nur einmal (auf einem brit. Exemplar) sicher bezeugt. Die Kenntnis der Ogam-Schrift war in den Dichterschulen geschätzt und wird in ma. Hss. belegt. Die älteste linguist. Stufe, die in den Ogam-Inschriften belegt ist, entspricht dem Stand des Gallischen und der klass. Sprachen, indem sie Schlußsilben und präsynkopierte Formen bewahrt.

[2] *Frühe Zeugnisse lateinischer Schriftkultur:* Ist das Ir. somit seit mindestens dem 4. Jh. in den Ogam-Inschriften belegt, so entstammen die ältesten Schriftzeugnisse aus Irland dem Lat., der Sprache der chr. Liturgie und Gelehrsamkeit. Altgall. Psalmen u. a. Texte sind auf in Springmount (Gft. Antrim) gefundenen Wachstäfelchen aufgezeichnet; sie stammen wohl aus dem 6. Jh. Der lat. Psalter, bekannt als Cathach des hl. →Columba, und die kürzlich aufgefundenen Fragmente der Continuatio der Hist. Ecclesiastica des Rufinus-Eusebius sind weitere Beispiele des frühen lat. Schrifttums aus Irland und entstammen dem 7. Jh. oder noch früherer Zeit. Das Streben nach lat. Bildung als Weg zur perfectio und der Gebrauch des Ir. als Mittel zur Erreichung dieses Zieles waren entscheidend für die Erweiterung des Wortschatzes und die Überlieferung der ältesten noch erhaltenen Schriftzeugnisse in air. Sprache. Die bedeutesten und frühesten Handschriftenzeugen für diese frühe Stufe der ir. Geistesgesch., drei lat. wie irisch stark glossierte Schultexte, sind in Bibliotheken des Kontinents bewahrt: die Paulusbriefe (8. Jh., Würzburg, Univ. Bibl., Ms. M. p. th. f. 12), ein Psalmenkomm. (9. Jh., Mailand, Bibl. Ambros. Cod. C 301), schließlich die ersten 17 Bücher von Priscians lat. Grammatik in der Stiftsbibliothek v. St. Gallen (9. Jh., Cod. Sangallensis 904). Diese großen Hss. lieferten die Grundlage für das Studium der älteren ir. Sprache; ihre Bedeutung als aussagekräftige Quelle für das Denken der frühen ir. Kirchenmänner und Lehrer ist dagegen noch nicht erschlossen worden.

Das Phänomen lat. Bildung im frühma. Irland ist einzigartig für die Epoche. Irland war nie Teil des röm. Reiches; die Neubekehrten mußten also selbst erst Kenntnisse des Latein erwerben, um es dann als Sprache der Liturgie, des Unterrichts und der Lit. anzuwenden.

II. ALTIRISCHE SPRACHENTWICKLUNG: Nach der ältesten Ogam-Periode durchlief die ir. Sprache einen raschen Wandel. Wichtigste Veränderungen betrafen die Lenition, eine Verminderung des Akzentes bei der Artikulation von Konsonanten, die Modifizierung und schließlich den Verlust der überkommenen Endsilben sowie der Synkope von Vokalen im Wortinnern (vgl. z. B. im Ogam *inigena* zu air. *ingen* 'Tochter'). Wird die früher übliche Einteilung der insularen kelt. Sprachen in eine P-kelt. (brit.) und eine Q-kelt. Gruppe (zu dieser zählt als wichtigste die Ir. Sprache) heute kaum noch angewandt, so sind eine Reihe von Merkmalen des Air. festzuhalten: der Reflex des Verlustes des *p* bereits im prähist. Keltisch, z. B. *athir* 'Vater' (vgl. dagegen lat. *pater*) und *iasc* 'Fisch' (vgl. piscis); die Fixierung der Anfangsbetonung anstelle des früheren freifallenden IE-Akzents, die frühesten Belege legen nahe, daß Ir. eine Sprache mit Anfangsstellung des Verbs war; vgl. z. B. *téit in fer* 'der Mann geht'.

Andere Neuentwicklungen betrafen morphophonem. Veränderungen, ursprgl. das Resultat phonet. Wandlungen, sowohl im Satz- als auch im Wortinnern. Sie werden üblicherweise als Anfangsmutationen bezeichnet und haben wichtige grammatikal. Funktionen, z. B. zur Bezeichnung des Genus; vgl. *in fer for-chain* 'der Mann, der lehrt', dagegen *for-cain* 'er lehrt'.

Der verbleibende Einfluß der verlorenen Endsilben und die aus diesem Grunde synkopierten inneren Silben bilden im Air. den wahrscheinl. Hauptgrund für den systemat. Gegensatz zw. palatalen und nichtpalatalen Konsonanten, durch den unterschiedl. grammatikal. Bezüge ausgedrückt werden (vgl. im Nominativ *macc* 'Sohn', im Genitiv dagegen *maic*). Das Air. bewahrt das IE-System nominaler Deklination, mit Maskulinum, Femininum und Neutrum, und einer Reduzierung auf fünf Fälle (Nominativ, Vokativ, Akkusativ, Genitiv, Dativ). Das air. Nomen spiegelt einen archaischen Formenschatz wider, u. a. Überbleibsel der heteroklit. Deklination (vgl. z. B. *arbor* 'Getreide' mit Gen. *arbe*) u. a. Das Verbalnomen, eine der altertüml. Nominalformen des Air., wird in einer Vielfalt von Konstruktionen gebraucht, behält aber stets den nominalen Charakter, indem es mit dem Gen., nicht dem Akk. steht (vgl. z. B. *imgabáil uilc* [Gen.] *do dénum* 'vermeiden, Böses zu tun').

Konjugierte Präpositionen, üblicherweise bezeichnet als präpositionale Pronomina (z. B. *dom* 'zu mir'; *do* 'zu', verbunden mit einem singular. pronominalen Element), bilden den Bestandteil eines komplexen pronominalen Systems. Das ir. Verb verfügt über Aktiv und Medio-Passiv; es hat -r-Endungen in Deponens- und Passivform ererbt.

Das air. Verb hatte Primärstämme im Indikativ Präsens, Konjunktiv Präsens, Futur und Präteritum. Die ersten drei bildeten sekundäre oder Vergangenheitstempora, die für das Keltische original sind. Vgl. das folgende Beispiel für *berid* 'er trägt':

	Präsens	Konjunktiv	Futur	Präteritum
primär	berid	beraid	béraid	birt
sekundär	no-bered	no-berad	no-bérad	

Es existierten zwei Gruppen von Endungen im Primärstamm, die eine benutzt in unabhängiger, die andere in abhängiger Position. Dieses Gegensatzpaar, das ursprgl. zum IE-Präsens/Aorist-System gehörte, wurde im Ir. in den Gegensatz absolut/konjunkt für einfache Verben und deuterotonisch/prototonisch für zusammengesetzte Verben transformiert und verbreitete sich stark, vgl. z. B. *berid* 'er trägt', *ní beir*, 'er trägt nicht', *béraid*, *ni béra* im Futur.

Das Präteritum spiegelt das Zusammenwachsen von Aorist und Perfekt wider, wie sie in der Vorgängersprache bestanden hatten. Das Perfekt wird im Air. durch Gebrauch von dem Verb vorangestellten Partikeln angezeigt, v. a. durch *ro* (z. B. *as-beir* 'sagt', Präteritum *as-bert*, Perfekt *as-rubart*).

Das Verb 'sein' erscheint im Ir. in doppelter Ausprägung. Die Copula besteht aus proklit. Formen und bezeichnet die Verbindung zw. Prädikat und Subjekt, vgl. *it móir ind fhir* 'die Männer sind groß'. Das Substantivverb tritt mit einem präpositionalen oder adverbialen Satz auf (*attá oc techt* 'er geht' bzw. 'ist am Gehen').

III. Die Literatur des Frühmittelalters: [1] *Lateinische und volkssprachliche Bildung:* Die im vorigen in ihren Grundzügen umrissenen sprachl. Strukturen des Ir. wandelten sich während der drei Jahrhunderte, in denen die air. Literatur ihr klass. Zeitalter erlebte und Seite an Seite mit der hibernolat. Literatur grundlegende Bedeutung für die geistesgesch. Entwicklung des europ. FrühMA gewann. Im Dienst der Kirche fand das Ir. in Inschriften, Rubriken, Glossen, monast. Regeln und Gewohnheiten, Bußbüchern und Handbüchern für die Geistlichkeit breite Anwendung. In homilet. Texten war ein Wechsel zw. lat. und ir. Textpassagen eine häufige Tendenz (z. B. in der Cambray-Homilie von ca. 700 und im Lambeth Commentary aus dem 8. Jh.).

Die lat. schreibenden Autoren des 7. Jh. wie →Cogitosus v. Kildare, →Muirchú v. Armagh und →Adamnanus v. Hy nahmen sich, v. a. in ihren großen Heiligenviten (Brigida, Patrick, Columba), bewußt die literarisch stilisierte Kunstprosa der lat. Attizisten zum Vorbild, wie u. a. der Einsatz metr. Klauseln zeigt. Zu nennen ist hier auch der Traktat »De locis sanctis«, ebenfalls von Adamnanus, der starke Wirkung auf das gleichnamige Werk von →Beda ausübte. Der ir. Ps.-Augustinus (655) schildert in »De Mirabilibus Sacrae Scripturae« auch seine Beobachtungen der ir. Fauna und vielleicht der Gezeiten der Shannon-Mündung. Der Traktat→»De duodecim abusivis saeculi« sollte großen Einfluß auf die Entstehung des europ. →Fürstenspiegels und auf das polit. Denken des MA haben. Andere ir. Autoren, →Laidcenn und →Ailerán, verfaßten bedeutende Bibelkommentare.

[2] *Die frühe irische Dichtungstradition und ihre Beziehung zur christlich-lateinischen Schriftkultur:* Pflege und Weitergabe der einheim. kelt. Überlieferungen und Bräuche, auf rein mündl. Grundlage, lag in prähist. Zeit in den Händen eines erbl., kastenartigen Berufsstandes, wie bereits Caesar in bezug auf die Druiden anmerkt. Nach den Druiden oder →magi waren es die →filid (Dichter), die für die Einhaltung der verpflichtenden sozialen Normen Sorge zu tragen hatten.

Nach der Christianisierung Irlands zeichnete sich seit dem 6. Jh. eine Symbiose zw. der traditionalen, heidnisch geprägten Kultur und der christl. Schriftkultur ab. Geistl. Persönlichkeiten und Dichter fanden zu einer Übereinkunft, die dem fili seine wichtige soziale Funktion erhielt, bis zum schließlichen Zerfall der überkommenen ir. Gesellschaft im 17. Jh. Die Hauptpflicht des Dichters bestand im Preis eines Kg.s (*rí*), dessen Herrschaft er durch Lobdichte und rühmende Rezitation der *senchas,* der heroischen und genealog. Überlieferungen der Königssippe, zu legitimieren hatte; umgekehrt war es die Aufgabe des Dichters, unwürdiges Verhalten eines Kg.s zu schmähen.

[3] *Die Blütezeit:* Auf diesen Grundlagen entstand eine volkssprachl. Lit., unvergleichlich in Fülle und Vielfalt. Die sich durchdringenden Interessen der lat. Gelehrten im monast. Bereich (→fer légind) und der erbl. Dichterkaste ließen eine reiche Produktion entstehen; sie umfaßte Hymnen, grammat. Werke, Glossare, Annalen, Genealogien von Hl.n und Kg.en, Werke der topograph. Überlieferung in Vers und Prosa, hagiograph. und geistl. Lit., Sagen, Reise- und Visionserzählungen, Dichtungen über myth. Heroen und Gottheiten, Rechtstraktate und -kommentare sowie Übersetzungslit.

Das →Antiphonar v. Bangor aus dem späten 7. Jh. enthält eine Vielzahl lat. Hymnen. Verse und mit ihnen, von denen die »Audite«-Preislieder auf Patrick und andere Hl.e die einheim. Tradition des Heldenlobes in lat. Version widerspiegeln. Die dem berühmten →Dallán Forgaill († 599) zugeschriebene Elegie auf Columba, →»Amra Choluim Chille«, ist ein Beispiel höchsten Ranges für die Verschmelzung von Elementen des Christentums und der einheim. Heldendichtung in einem volkssprachl. Literaturzeugnis.

Der Großteil der frühen ir. Dichtung ist verfaßt in syllabischen Metren, die lediglich durch Endreime rhythmisiert sind. Diese entstanden nach dem Vorbild lat. Hymnen des 5. und 6. Jh. Die Metren sind unterschieden durch die Zahl der Silben in jeder Zeile und die Form sowie Stellung des Reimes. Der Ursprung des Reimes ist unklar; er könnte der einheim. Dichtungstradition entstammen.

[4] *Irisches Recht:* Die reiche Textüberlieferung des →Irischen Rechts, bewahrt in den beiden klass. Prosa-Samm-

lungen →»Senchas Már« und →»Bretha Nemed«, umfaßt v. a. im 7. und 8. Jh. niedergeschriebene Rechtstraktate, aber auch eine kleine Anzahl von Texten, die aufgrund mündl. Überlieferung aufgezeichnet wurden, wohl aus der Zeit vor der Mitte des 7. Jh. stammen und in frühen rhythm. Alliterationsversen oder archaischer Prosa abgefaßt sind. Der Stil der Rechtstraktate beruht dagegen auf der lat. Schulprosa. Ein anderer, stärker durchgearbeiteter Typ des Rechtstextes ist in Frage- und Antwortform (»Ceist-Ní anse«), nach dem Vorbild des Grammatikunterrichts (»Quaestio est-Non difficile«), gehalten. Die erhaltenen Rechtstraktate behandeln ein weites Spektrum der ir. Gesellschaft von der Bienenhaltung (→Bech-bretha) über den Rechtsstatus (→Críth Gablach) bis zu kirchl. Rechtsbeziehungen (Córus Béscnai).

[5] *Die Literaturentwicklung seit dem späten 8. Jh.:* Die auffällige Zunahme volkssprachl. Literatur in dieser Zeit wird mit der großen Reformbewegung der →Céli Dé in Verbindung gebracht. Das auf dem Martyrologium v. →Tallaght fußende zweisprachige liturg. Werk →»Félire Oengusso« enthält im Prolog und Epilog dichter. Passagen von tiefer Religiosität und großer persönl. Ausdruckskraft in kunstvoll reduzierter Sprache.

Höchste Blüte erlangte – dies ist ein ausschließlich ir. Phänomen – die monast. Lyrik. Bei diesen auf die Ränder von Hss. geschriebenen Vierzeilern handelt es sich wohl um Gelegenheitsgedichte oder Fragmente verlorener größerer Dichtungen. Mit starkem Naturgefühl und Religiosität schildern die Dichter hier Tiere und Naturerscheinungen, so eine gelbschnäblige Amsel oder die Seehunde im Meer ebenso wie die Freuden des Mönchslebens.

Manche dieser Gedichte fanden wohl den Weg auf den Kontinent, so ein Gedicht, in dem der Autor seiner in St. Paul in Kärnten lebenden Katze gedenkt oder der Vierzeiler aus dem St. Galler Priscian, in dem der Dichter sich über das 'salzigen Seewind' freut, der die Schiffe der Wikinger am Auslaufen hindert.

Es war vielleicht der Terror dieser Kriegerscharen, der seit dem 9. Jh. ir. Gelehrte zur Auswanderung nötigte. Unter ihnen waren →Johannes Scottus Eriugena, wohl der selbständigste Denker seit Boethius und einer der besten Griechischkenner des Abendlandes seiner Zeit, und →Sedulius Scottus, der vielleicht größte lat. Dichter zw. dem 6. und 12. Jh.

Die volkssprachl. Prosalit. Irlands ist erhalten in großen Pergament-Sammelhss., die breitgefächerten Wissensstoff (Mythos und Sage, Geschichte, Rechtskenntnisse, Hagiographie und Dichtung) bieten. Die drei ältesten dieser Kompilationen sind u. a. »Lebor na Huidre«, vor 1106, heute Royal Ir. Acad. Dublin (→Book of the Dun Cow), »Lebor Laignech« vor 1166, in Trinity College Dublin (→Book of Leinster), sowie die Hs. Oxford Ms. Bodleian Libr. Rawlinson B 502 (11.-12. Jh.). Die Zeit des 11. und 12. Jh. war somit bereits eine Periode emsiger antiquar. Sammeltätigkeit.

IV. MITTELIRISCHE SPRACHENTWICKLUNG: Rasch wandelte sich die ir. Sprache seit der Mitte des 10. Jh.; die Neuentwicklungen bestanden vorwiegend in morpholog. Vereinfachungen, deren wichtigste waren: a) das Deponens-Verb wird obsolet; b) die Teilung zw. absolut/Konjunkt und deuterotonisch/prototonisch entfällt; c) das infixierte Pronomen entwickelt sich zum selbständigen Pronomen; d) die Copula wird unpersönl. gebraucht. Diese und andere Wandlungen bezeichnen den Übergang zum Mittelir., vielleicht auch ein Resultat der skand. (norw.) Invasion, die sonst aber – im Unterschied zum tiefgreifenden lat. Einfluß – in der ir. Sprachentwicklung nur geringe Spuren hinterlassen hat, mit Ausnahme von ca. 20 skand. Lehnwörtern (z. B. *margad* 'Markt', *stiúir*, 'Ruder, Steuer', *cnaipe* 'Knopf').

V. DIE HELDENLITERATUR UND IHRE ZYKLEN: Die ir. Bezeichnungen für lit. Wissen und Gelehrsamkeit (z. B. *senchas* 'Geschichte', *filidecht* 'Dichtung', *scéla* 'Erzählungen') weisen alle auf →mündl. Literaturtradition hin. Mündl. Rezitation war das ureigenste Gebiet der Dichter. Für das 10. Jh. sind wir durch zwei später aufgezeichnete große Listen über das Repertoire ir. Erzählkunst unterrichtet. Diese Listen nennen die wichtigsten Erzählstoffe mit stichwortartigen Titeln, u. a. Aided 'Todeserzählung', Aithed 'Entlaufen', Cath 'Schlacht', Compert 'Empfängnis', Echtrae 'Rinderraub', Tochmarc 'Werbung', Togail 'Angriff' usw. Moderne Forscher haben diese Motivkreise den großen Zyklen zugeordnet, nämlich *Ulster Cycle, Mythological Cycle, Historical Cycles, Fenian Cycle*.

Der berühmteste Text innerhalb dieses Überlieferungsbereichs kann als Epos charakterisiert werden: →»Táin Bó Cúailnge«, die Erzählung vom Rinderraub v. Cooley. In diesem Werk wird berichtet, wie der Held Cú Chulainn die Provinz Ulster gegen ein feindl. Heer und gegen mißgünstige Gottheiten verteidigt. Das Werk, in dem sich ähnlich wie in altind. Werken des Sanskrit Prosa und Versform verschränken, zählt zum Ulster Cycle und ist das Hauptwerk der Erzähllit. des alten Irland. Andere Werke wurden durch manipulierende Umarbeitung handlungsmäßig auf den 'Rinderraub' bezogen, sei es, daß sie ihm vorausgingen *(remscéla)* oder auf ihn folgten *(iarscéla)*. THURNEYSEN hat die Hypothese aufgestellt, daß erstmals ein Mönch des mittleren 7. Jh., der Vergils »Aeneis« kannte, das Rinderraub-Epos aufgezeichnet habe. Im »Book of Leinster« ist ein harmonisierter Text des Epos aus dem 12. Jh. erhalten, mit mittelir. Sprachformen und alliterierenden Sätzen, wohl zur Erleichterung der zeitgenöss. Rezitation.

Der →*Ulster Cycle* umfaßt eine Reihe meisterhaft erzählter Sagen wie »Scéla Mucce Meic Dathó«, »Togail Bruidne Da Derga« und →»Fled Bricrenn«. Für den *Mythological Cycle* sind »Tochmarc Etaíne«, »Cath Maige Tuired« und einige schon frühneuzeitl. Erzählungen repräsentativ. Sein mytholog. Gehalt spiegelt sich in dem im 11./12. Jh. kompilierten topograph.-mytholog. Sammelwerk →»Dinnshenchas« wider, in dem zahlreiche Orte, Berge, Flüsse, Schlachtfelder, Versammlungsplätze usw. als Sitz alter Gottheiten (oft im Sinne des →Euhemerismus) in liebevoller Detailfülle präsentiert werden.

Die *Historical Cycles* behandeln – in charakterist. Verschmelzung von Historie und Legende – die Taten berühmter Kg.e und großer Persönlichkeiten der Vergangenheit, vom sagenhaften Kg. Labraid Longsech (angebl. 3. Jh. v. Chr.) bis hin zu dem Hochkönig Brian Bóruma († 1014).

Der *Fenian Cycle (fianaigecht)* war zwar in älterer Zeit bekannt, wurde aber nicht vor dem 11. Jh. systematisch aufgezeichnet. Doch wurden die Geschichten um Finn mac Cumaill und seine Kriegerschar (→Fianna) in der Dinnshenchas-Überlieferung behandelt; im 12. Jh. kam dann als eigene Gattung die *Fionn ballad* auf, und es entstand die »Acallam na Senórach« genannte weitgespannte Kompilation des Fenian Cycle, die, gruppiert um eine Rahmenerzählung, mehr als 200 Einzelerzählungen umfaßt.

Die »Fenian«-Erzählungen wurden zum Bestandteil der von den *filid* verbreiteten Pseudohistorie, die unter Einbeziehung der bibl. Geschichte (Sintflut) ein wahres Dickicht von Mythen und Sagen entstehen ließ, kulminierend im →»Lebor Gabála« (Book of Invasions). Es zählte neben »Cóir Anmann« ('Etymologie der Namen'), »Sanas Cormaic« ('Cormacs Glossar'), →Auraicept na nÉces« ('Fibel des Dichters') und »Dinnshenchas« zu den großen, auf ir. wie frühchr. Material beruhenden Kompilationen, die den bevorzugten Lehrstoff der Dichterschulen bildeten.

VI. Das Erbe des alten Irland: Die hohe Bedeutung der Kultur des ma. Irland beruhte auf einer komplexen, verfeinerten Sprache von großem Reichtum, einer langen lat. Gelehrtentradition und der ältesten volkssprachl. Literatur Europas. Die frühe ir. Lit. verfügte über einen in seiner Knappheit und Dichte meisterhaften Prosastil, der sich mit hoher Imaginations- und Gestaltungskraft, die das Übernatürl. und Wunderbare einschloß, verband. Die lyr. Dichtung mit ihrem offenen Blick für die Natur und ihrer Gefühlstiefe ist einzigartig. Es überrascht nicht, daß eine so hochrangige und selbstbewußte Kultur auch einzigartige Meisterwerke der bildenden Kunst wie das an Phantasie überreiche Book of Kells oder den erlesenen Kelch v. Ardagh geschaffen hat. P. Ní Chatháin

Ed. und Lit.: R. Thurneysen, Die ir. Helden- und Königsage, 1921–R. A. S. Macalister, Lebor Gabála Erenn, 5 Vol., 1938–56 – Ders., Corpus inscriptionum Insularum Celticarum, 2 Vol., 1945–R. Thurneysen, A Grammar of Old Irish, 1946 – R. Flower, The Irish Tradition, 1947–M. Dillon, Early Irish Literature, 1948 – G. Murphy, Early Irish Lyrics, 1956–K. H. Jackson, Language and Hist. in Early Britain, 1963², 122–193 – Early Irish Poetry, ed. J. Carney, 1965 – J. F. Kenney, The Sources for the Early Hist. of Ireland, 1966–D. Greene, The Irish Language, 1966–J. Pokorny, Altir. Grammatik, 1969–E. G. Quin, Old Irish Workbook, 1975–D. A. Binchy, Corpus Iuris Hibernici, 6 Vol., 1978 – P. MacCana, The Learned Tales of Medieval Ireland, 1980–W. Stokes, The Martyrology of Oengus the Culdee, 1984² – P. Ní Chatháin–M. Richter (Hg.), Irland und Europa, 1984; Irland und die Christenheit 1987 – M. Lapidge–R. Sharpe, A Bibliogr. of Celtic Latin Literature (400–1200), 1985.

Irisches Recht. Die ir. Rechtsquellen des MA gliedern sich hauptsächlich in drei Kategorien: 1. volkssprachl. Texte zum Unterricht der Rechtskundigen im einheim. Recht Irlands (*Fénechas*; →Féni); 2. Gesetze, abgefaßt ebenfalls in ir. Sprache, erlassen von Kg.en und Versammlungen (Synoden), die manchmal sowohl von Laien als auch von Geistlichen besucht wurden (→Cáin); 3. Texte des kanon. Rechts in lat. Sprache. – Die erhaltenen Texte der ersten Kategorie umfassen drei Gruppen: (a) Traktate oder Kompendien, vorwiegend zw. 640 und 750 verfaßt; (b) Glossen über diese Traktate, deren älteste auf das 9. Jh. datiert werden, die aber bis zum Ausgang des MA fortgeführt wurden; (c) Komm. zu den Traktaten, ebenfalls aus dem 9.–16. Jh. Ein Großteil der erhaltenen Rechtstraktate entstammt der Sammlung →»Senchas Már« ('Großes Altertum', d. h. 'Große Sammlung der alten Überlieferung'). – Zur Textüberlieferung und lit. Bedeutung der air. Rechtssammlungen s. a. →Ir. Sprache und Literatur.

Die Rechtskundigen selbst faßten das i.R. primär im Sinne mündl. Rechtstradition auf, im Gegensatz zu den geschriebenen kanon. Rechtsnormen; ebenso war ihnen der einheim. ir. Charakter ihres Rechts, wieder in Abhebung zum kanon. Recht, bewußt. Die Aufzeichnung des i.R.s dürfte als Reaktion auf das kanon. Recht erfolgt sein. Dieses bildete mit seinem weiten Anwendungsbereich und seiner Verankerung in bibl., patrist. und frühchr. Normen eine fruchtbare Herausforderung für die einheim. ir. Rechtstradition, deren Vorstellungen ihrerseits in die Gesetzgebung mehrerer ir. Synoden (→Hibernensis) eingingen. Das i.R. stellte sich der Herausforderung aus dem kirchl.-kanon. Rechtsbereich auf vielfältige Weise, u. a. durch Hineinnahme von kanon. Rechtselementen in die volkssprachl. Traktate, aber auch durch eigenständigen Rückgriff auf die Bibel als Q. des Rechts. Da die myth. und sagenhaften Überlieferungen, auf die man das alte i.R. zurückführte, als Prophetien in das chr. Geschichtsbild eingebunden wurden und gar dem hl. →Patrick eine ausdrückl. Billigung des i.R.s zugeschrieben wurde, konnte sich dieses seiner Wertschätzung auch nach Einführung des Christentums sicher sein.

Ist somit die Bedeutung kirchl. Einflüsse für das i.R. evident, so bleiben sie in ihren Einzelheiten vielfach im dunkeln. Die Sammlung »Senchas Már« wurde, auf der Grundlage älterer schriftl. Traktate, wahrscheinl. in der 1. Hälfte des 8. Jh. kompiliert. Es ist eine ansprechende Hypothese, daß die Anlage dieser Rechtssammlung eine Antwort auf die Kompilation der Hibernensis gewesen sein könnte. Auch dürfte bereits die Entwicklung des geschriebenen volkssprachl. Rechtes um die Mitte des 7. Jh. eine Reaktion auf die Herausforderung durch das geschriebene kanon. Recht gewesen sein. Die Koexistenz dieser beiden Überlieferungsstränge korrespondiert auf breiterer Ebene der Entwicklung im Kgr. Kent, wo bereits seit dem 7. Jh. ein Neben- und Miteinander von volkssprachl. (weltl.) und lat. (kirchl.) Rechtstradition erkennbar ist.

Die kgl. Gesetze und Erlasse, *cánai* (→Cáin), stehen zw. den volkssprachl. Rechtstraktaten und den lat. Kanones, heben sich aber zugleich von beiden Typen ab. Die erhaltenen Texte, die zumeist volkssprachl. abgefaßt sind, gehen auf Versammlungen zurück, an denen Laien und Kirchenmänner mitwirkten und die sich in etwa mit den westgot. Konzilien v. →Toledo im 7. Jh. vergleichen lassen. Bedeutendster dieser Gesetzestexte ist →»Cáin Adomnáin«, beschlossen 697 von der Synode v. →Birr, auf Initiative des Abtes →Adamnanus, der von Kg. →Loingsech mac Oengussa unterstützt wurde. Die Einhaltung der Cánai wurde durch *aitire*, einen ir. Typ der Bürgschaft, sichergestellt. Cánai wurden aber auch von Kg.en erlassen, die sich dabei zwar des Rates erfahrener Richter bedienten, spezielle kirchl. Belange jedoch nicht berücksichtigten. Daß keine Textzeugen für diesen Typ erhalten sind, ist lediglich auf Überlieferungsverluste zurückzuführen.

T. M. Charles Edwards

Ed.: H. Wasserschleben, Die ir. Kanonensammlung, 1885² – K. Meyer, Cáin Adamnáin (Anecdota Oxoniensia 12, 1905) – V. Hull, Cáin Domnaig, Ériu 20, 1966, 151–177 – D. A. Binchy, Corpus Iuris Hibernici, 6 Bde, 1978 – Lit.: M. Lapidge–R. Sharpe, A Bibliogr. of Celtic Latin Lit. 400–1200, 1985, 152–157 (Nr. 598–614) – R. Thurneysen, Das kelt. Recht, ZRGGermAbt 55, 1935, 81–104 – D. A. Binchy, The Linguistic and Hist. Value of the Irish Law Tracts, PBA 29, 1943, 195–227 – Ders., Ancient Irish Law, The Irish Jurist, 1, 1966, 84–92 – K. Hughes, Early Christian Ireland: Introd. to the Sources, 1972, Kap. 2, 3 – F. Kelly, A Guide to Early Irish Law, 1988 [Auswahlbibliogr.].

Irland

A. Materielle Kultur und Kunst – B. Allgemeine und politische Geschichte – C. Monastisches und kirchliches Leben

A. Materielle Kultur und Kunst

I. Archäologie – II. Baukunst – III. Kleinkunst – IV. Buchmalerei.

I. Archäologie: Die materielle Kultur des ir. MA ist hauptsächl. durch Ausgrabungen bekannt; die Kleinkunst dagegen zumeist aus Zufallsfunden, oder sie entstammt dem Besitz von Kirchen, deren kostbare liturg. Geräte und Reliquien nach der Reformation der Obhut traditioneller Hüterfamilien anvertraut wurden.

Archäolog. Ausgrabungen haben drei Hauptsiedlungstypen erfaßt: 1. *Klostersiedlungen*, z. B. Inis Cealtra (Gft. Clare) oder Nendrum (Gft. Down), in denen wegen nachträgl. Bestattungen aber verhältnismäßig wenige

Alltagsgegenstände gefunden wurden. – 2. *Ländl. Siedlungen*, v. a. die Ringwälle *(Ringforts)*, von denen ca. 30000 gezählt wurden, belegt in der Zeit von ca. 500–1000; sie bestanden zumeist aus einem kreisförmigen Erdwall, vereinzelt einer Steinmauer, gelegentl. auch einer dreifachen Ringmauer mit Außengraben. Ein charakterist. Siedlungstyp sind die *Crannogs*, Ufersiedlungen, in denen grobe Keramik, Stein- und Eisenwerkzeuge sowie guterhaltene Holzgefäße festgestellt wurden (größte Verbreitung: 7.–8. Jh.). – 3. *Städt. Siedlungen*, u. a. →Waterford, →Wexford, →Limerick und – als reichste Stätte – →Dublin, die als Wikingersiedlungen, z. T. mit einheim. ('hiberno-skand.') Bevölkerung, ihre Blüte als Zentren des Handels und Handwerks erlebten, im 12. Jh. von den Anglonormannen eingenommen wurden.

II. BAUKUNST: Sichtbare Überreste von ir. Klosterbauten (s. a. Abschnitt C) bestehen insbes. aus Rundtürmen, den charakterist. →Hochkreuzen sowie Kirchen und Kapellen.

[1] *Rundtürme:* Es sind ca. 100 Exemplare festgestellt worden, nur selten intakt erhalten, alle an den Stätten ehemaliger Klöster. Sie erreichten oft 30 m Höhe, besaßen mehrere, durch Leitern verbundene Stockwerke, jeweils mit einem Fenster ausgestattet. Das oberste Stockwerk hatte vier Fenster und ein konisches Dach. Mit einer Ausnahme (Scattery Island) lagen die Türen bis zu 3 m über dem Bodenniveau. Dies hat zur Annahme geführt, die Rundtürme hätten als Zufluchtsorte bei feindl. Einfällen gedient. Dies ist zwar denkbar, ihrer Hauptfunktion nach waren sie jedoch Glockentürme (vgl. die air. Bezeichnung *cloigtheach* 'Glockenhaus'). Rundtürme sind von der Mitte des 10. Jh. bis ins 12. Jh. belegt; möglicherweise entstammen einige jedoch bereits dem 9. Jh. Beziehungen zu den Türmen des →St. Galler Klosterplans sind möglich, aber unbeweisbar.

[2] *Kirchenbauten:* Die ältesten Kirchenbauten I.s waren aus Holz errichtet. Steinbauweise verbreitete sich stärker wohl erst seit d. 9./10. Jh., obwohl der erste Beleg bereits von 788 datiert. Die Klosterkirchen folgen meist einem einfachen kastenartigen Grundriß, gelegentl. mit einem schmaleren Altarraum als Annex. Charakterist. sind die 'antae' (Vorbauten), d. h. Erweiterungen der N- und S-Mauern über die O- und W-Mauern hinaus, was als Übertragung von Holzbautechniken auf die Steinarchitektur gedeutet worden ist. Die Verbreitung dieses einfachen, kleinen Kirchentyps bis ins 12. Jh. (im W des Landes gar bis in die 1. Hälfte des 13. Jh.) zeigt den konservativen Charakter ir. Bautradition. Wenn auch Schriftzeugnisse (Beschreibung der Kirche v. →Kildare durch →Cogitosus im 7. Jh.) die Existenz einiger größerer Kirchen nahelegen, so drang die Basilikaform wohl erst im 12. Jh. in I. ein. Ausgeprägt roman. Formen zeigt erst Cormac's Chapel (1. Hälfte 12. Jh.) in →Cashel, die den ir. Kirchenbau des HochMA stark beeinflußt hat. Der Dekor war meist englisch beeinflußt. Nach der Zisterzienserbaukunst (früheste Beispiele: Mellifont, Baltinglass) drang im Gefolge der anglonorm. Eroberung die Gotik ein, die aber bis ins SpätMA einige traditionell ir. Sonderformen beibehielt. An frühen Wohnbauten im städt. Bereich sind v. a. die Holzhäuser in Dublin mit verschiedenen Typen zu nennen (→Dublin, A.III). – S. a. →Burg C XI.

III. KLEINKUNST: Die erhaltenen Objekte der reichen ir. Metallbearbeitung im FrühMA umfassen Trachtzubehör (gelegentl. auch Pferdegeschirr) sowie kirchl.-liturg. Gefäße und Reliquiare von höchstem Rang.

[1] *Fibeln:* Außer den sog. *latchets* von unbekannter Zweckbestimmung und verzierten Nadeln war die runde →Fibel der Hauptschmuck. Die Produktion begann wohl im 6. Jh. mit sog. *Penannular Brooches* (Fibeln mit geschlossenem Ring), befestigt mit einer bewegl. Nadel, wohl spätröm. beeinflußt. Das Ringende war verziert (stilisierte Tierköpfe u. a., gelegentl. mit Millefiori oder rotem Email). In der Zeit von etwa 700 bis ins 9. Jh. war der Ring oft geschlossen und das untere Drittel ausgefüllt und ornamentiert (Gold, Silber, Bernstein, Glas; Flechtwerk, germ. Tier- und kelt. Spiralornamentik, manchmal in →Filigrantechnik). Durch den Einfluß der Wikingerkunst treten seit dem 9. Jh. Bossen als Verzierung auf.

[2] *Kirchliche Kleinkunst:* Kirchl. Prunkgefäße treten seit dem 8. Jh. auf. Berühmte Zeugnisse sind der Hortfund v. →Derrynavlan (u. a. silberner goldverzierter Meßkelch und Patene mit Untersatz) sowie der Silberkelch v. Ardagh (Gft. Limerick). Reliquienschreine aus Bronze, manchmal silberverziert, sind z. T. hausförmig oder in Form von Bischofsstäben oder Glocken gestaltet; einzigartig ist ein Gürtelschrein aus Moylough (Gft. Sligo). Einige dieser Arbeiten wurden in Wikingergräbern Norwegens gefunden; zwei hausförmige Schreine fanden den Weg nach Italien. Außer Masken sind menschl. Figuren selten, mit Ausnahme einer bronzenen Kreuzigungsdarstellung aus St. John's bei Athlone. Gelegentlich begegnen Eimer (Situlen), wohl zu liturg. Zwecken. Der ir. Ursprung der *Hanging Bowls* ist zwar umstritten, doch aufgrund neuerer Funde nicht unwahrscheinlich. Umstritten ist auch, wieweit der Verfall des ir. Kunsthandwerks im 10. und 11. Jh. auf die Wikingereinfälle zurückzuführen ist. Ein erneuter Aufschwung kündigte sich um 1100 an (Reliquienschreine, Prozessionskreuz v. →Cong, sog. Glocke des hl. Patrick u. a.). Nach der anglonorm. Eroberung kamen die einheim. Werkstätten jedoch zum Erliegen; die wenigen, meist geringerwertigen Objekte aus dem SpätMA zeigen kaum noch ir. Charakter.

IV. BUCHMALEREI: Die Buchmalerei I.s (→Buchmalerei, A.III), neben der Metallbearbeitung der bedeutendste Zweig im frühma. Kunstschaffen des Landes, ist seit dem frühen 7. Jh. belegt (um 600: Cathach des hl. Columba, Dublin, Royal Irish Acad.); Hauptwerk der 2. Hälfte des 7. Jh. ist das →Book of Durrow, Gipfelpunkt das einzigartige →Book of Kells (um 800). Weniger reich gestaltet ist Cod. 51 der St. Galler Stiftsbibliothek. Im 8.–9. Jh. entstanden neben den großen Evangelien auch kleinere Gebetbücher mit Evangelistenbildern. Qualität und Zahl der illuminierten Hss. gehen in der Wikingerzeit deutlich zurück. Nach einer bescheidenen Wiederbelebung im 12. Jh. ist aus der I. der anglonorm. Zeit kaum noch Buchmalerei belegt.   P. Harbison

Lit.: H. G. LEASK, Irish Churches and Monastic Buildings, 1955–60 – F. HENRY, Irish Art, 3 Bde, 1965–70 – R. STALLEY, Architecture and Sculpture in Ireland, 1150–1350, 1971 – L. LAING, The Archaeology of Late Celtic Britain and Ireland c. 400–1200, 1975 – P. HARBISON, H. POTTERTON, J. SHEEHY, Irish Art and Architecture, 1978 – O RIORDÁIN, Antiquities of the Irish Countryside, hg. R. DE VALERA, 1979[5] – T. B. BARRY, The Archaeology of Medieval Ireland, 1987 – Medieval Dublin Excavations 1962–81 [laufende Fasz. ab 1987] – R. STALLEY, The Cistercian Monasteries of Ireland, 1987 – The Work of Angels. Masterpieces of Celtic Metalwork, 6th–9th cent. [Kat.], 1989.

B. Allgemeine und politische Geschichte

I. Vom Frühmittelalter bis ins späte 12. Jh. – II. Vom späten 12. Jh. bis ins frühe 16. Jh.

I. VOM FRÜHMITTELALTER BIS INS SPÄTE 12. JAHRHUNDERT: [1] *Der Umbruch des Frühmittelalters:* Das frühma. I. nimmt im 6. Jh. stärkere Konturen an, nachdem das Land wohl schon seit etwa einem Jahrhundert vom 431 förmlich eingeführten Christentum geprägt war (zur Frage der Christianisierung s. a. →Patrick, hl.). Die erhaltenen Q.

des weltl. (Annalen, Genealogien, volkssprachl. Rechtstexte) wie des kirchl. (v. a. Texte der →Hagiographie) Bereiches weisen auf tiefgreifende Wandlungen der sozialen und polit. Strukturen gegenüber der prähist. Zeit hin. War I. in der älteren Zeit durch eine 'Pentarchie' in Gestalt von (fünf) großen Provinzialkgr.en (→*cóiced*) geprägt worden (→Ulster, →Leinster, →Munster, →Connacht, →Mide), so trat spätestens seit dem 6. Jh. eine Vielzahl von Kleinkgr.en (→*tuath*) auf. Die Umwälzung schlug sich im Wandel von Loyalitätsbindungen nieder: an die Stelle der alten, vielfach auf ir. Gottheiten zurückgeführten Stammesgruppen trat die Zugehörigkeit zu stärker lokal gebundenen Einheiten; diese bildeten sich vorzugsweise in neueroberten Gebieten, in denen aspirierende Dynastien, die aus dem Chaos des 5. und 6. Jh. hervorgegangen waren, herrschten. Characterist. für diesen Umbruch ist das Verschwinden von Begriffen, die die alte Stammeszugehörigkeit bezeichneten (z. B. der Bestandteil *moccu* in Familiennamen) zugunsten eines neuen Vokabulars, das die Abstammung von identifizierbaren Figuren der hist. Überlieferung ausdrückte (z. B. Uí Néill 'Nachkommen des Niall'; Uí Dúnlainge 'Nachkommen des Dúnlang' usw.). Der Strukturwandel dürfte durch Perioden der Hungersnot und des Bevölkerungsrückgangs im 5. Jh. und erneut um die Mitte des 6. Jh. beschleunigt worden sein. Zu Beginn des 7. Jh. sind eine Reihe alter Völkerschaften, die in Annalen und Genealogien noch genannt werden, von der hist. Landkarte verschwunden; vielfach lassen sie sich nicht einmal mehr lokalisieren. Dies betrifft sogar einst dominierende Stämme wie die Mairtine (im westl. Munster, um →Emly). Allerdings wurden die einzelnen Regionen I.s wohl in unterschiedl. Maße von diesen Wandlungen betroffen; so erfuhr das alte Provinzialkgr. Connacht, dessen frühe Geschichte schlecht erhellt ist, wohl geringere Wandlungen als andere ir. Regionen, wenngleich gerade in Connacht die erfolgreichste der frühma. Dynastien, die →Uí Néill, ihren Ursprung hatte.

[2] *Das nördliche Irland im Zeichen der Vorherrschaft der Uí Néill:* Anhand einer Reihe von Schlachten (sofern es sich nicht, wie bei der angebl. Eroberung von →Emain Macha durch Vorfahren der Uí Néill im 4. Jh., um fiktive Nachrichten handelt) wird der Weg der Expansion der Uí Néill im 5. und 6. Jh. zumindest annähernd faßbar. Zwar vermochten die Dynastien in Ulster ihre insgesamt noch mächtige und angesehene Stellung bis zur Schlacht v. Mag Roith zu wahren; dennoch ist unübersehbar, daß die Uí Néill tief in das Gebiet von Ulster und Leinster, die damit etwa auf ihre heutige Ausdehnung reduziert wurden, vordrangen und ein breites Band von Kgr.en (vom äußersten NW bis nach →Brega an der Ostküste) errichteten. Mit ihren beiden Hauptzweigen, im Nördl. und dem Südl. Uí Néill (zentriert auf →Ailech bzw. den alten sakralen Kg.ssitz →Tara), bildeten sie im 7.–12. Jh. die dominierende polit. Kraft im N I.s. – Zum Kgtm. der Dál Riada im westl. Schottland →Dál Riada; →Iona.

[3] *Das südliche Irland:* Das frühe genealog. Material aus Leinster weist auf turbulente Machtverhältnisse während des 6. Jh. hin; im Zuge innerer Kämpfe und unter dem äußeren Druck von seiten der Uí Néill lösten kurzlebige Stammesherrschaften einander in rascher Folge ab. Eine →Ogam-Inschrift in der Gft. Meath deutet für das 6. Jh. auf eine weite Ausdehnung der Herrschaft einer dieser Dynastien, der Uí Enechglais, im N (bis zum Boyne, der alten Grenze zu Ulster) hin. Am Beginn des 7. Jh. hatte sich die Dominanz der beiden mächtigen Dynastien der →Uí Dúnlainge im N und der →Uí Cénnselaig im S herausgebildet; diese beiden Familienverbände sollten das Schicksal der Provinz bis zum Vordringen der Anglonormannen im späten 12. Jh. bestimmen.

Munster, das am schlechtesten dokumentierte Provinzialkgr. in I., scheint ebenfalls im 5. und 6. Jh. starke Einbrüche erfahren zu haben. Die als *Déisi* ('Vasallen') bezeichneten Bevölkerungsgruppen verteilten sich in einem breiten Band über das südl. Munster, von der Gft. Clare im W zur Gft. Waterford im O; sie werden insbes. mit den eigentüml. Ogamsteinen in Verbindung gebracht. Die Tatsache, daß die Ogamsteine auch in Devon, Cornwall und dem südl. Wales gefunden wurden, weist auf eine Landnahme ir. Gruppen im westl. Britannien, über die Ir. See, hin; dies war wohl ein Ergebnis von Vertreibung oder erzwungener Auswanderung eines Teils der Bevölkerung. Dynastien aus Munster dehnten ihre Herrschaft weit nach N aus (Burren Region in der Gft. Clare, Aran Islands, Gft. Galway), wohl unter Verdrängung der Vorbevölkerung. Zunächst war die Herrschaft in der Hand älterer, doch nur kurzlebiger Dynastien, die durch krieger. Ereignisse, mehr noch infolge von Hungersnöten, wieder erloschen. Im 7.–9. Jh. errangen dann die →Eóganachta die Vorherrschaft. Vergleichbar den Uí Néill, wenn auch weniger auf dynast. Zusammenhalt und Zentralisierung der Herrschaftsgewalt bedacht als diese, monopolisierten sie das Kgtm. in Munster, als dessen geheiligter Sitz →Cashel galt.

[4] *Der Kampf um die Hochkönigswürde:* Um die Mitte des 7. Jh. war von den Propagandisten der Uí Néill die Theorie geprägt worden, daß die Würde des gesamtir. →Hochkönigtums seit unvordenkl. Zeit bei den Uí Néill gelegen habe. Diese Auffassung ist in der »Vita Columbae« des →Adamnanus v. Hy († 704) wie in der »Vita Patricii« des →Muirchú moccu Machtheni († ca. 700) voll ausgebildet. Obwohl ein solcher Anspruch ohne reale Grundlage war, bemühten sich die rivalisierenden Provinzialkg.e der nächsten Jahrhunderte, Mythos und Theorie zur Realität werden zu lassen.

Als Bewerber um das Hochkönigtum kamen erfolgreiche Dynastien in Frage, die, ausgehend von einer sich konsolidierenden Herrschaft über ein kleinräumiges Gebiet, die Kontrolle über ein weites Territorium errungen hatten, nicht selten durch Verdrängung oder Vertreibung dort ansässiger Bevölkerungsgruppen oder zumindest der herrschenden Familienverbände. Angesichts eines solchen Konzentrationsprozesses gerieten diejenigen Dynastien, die bereits in der Frühzeit großzügige Landschenkungen an – von Abgabepflicht freie – Kirchen vorgenommen hatten, ins Hintertreffen, waren sie doch der Möglichkeit beraubt, ihre Gefolgsleute mit hinreichendem Landbesitz zu entlohnen. Der starke Aufstieg der ir. Kirche, deren Besitzanhäufung nicht zuletzt auf Kosten von weltl. Dynastien vor sich ging, dürfte insbes. zum Niedergang der Südl. Uí Néill beigetragen haben, wie andererseits der Aufstieg einer weltl. Dynastie oft von Übernahme einflußreicher geistl. Ämter (Abtswürde großer Kl.) durch einen geistl. Zweig dieser Dynastie über mehrere Generationen begleitet war. In den ersten Jahrzehnten des 8. Jh. traf die bis dahin unangefochtene Führungsposition der Uí Néill auf zunehmende Konkurrenz, namentl. von Dynastien aus Munster. Cathal mac Finguine, Kg. v. Cashel († 747), war der erste in einer ganzen Reihe von Munster-Kg.en, der den Uí Néill den Anspruch auf die Hochkönigswürde im nördl. Teil I.s streitig machte.

Ein neuer Faktor in den Machtverhältnissen I.s war das Auftreten der →Wikinger, die seit 795 an den ir. Küsten erschienen und schließlich feste Stützpunkte errichteten (→Dublin, →Limerick, →Waterford, →Wexford). Ihr

Einfluß auf die ir. Herrschaftsstrukturen war zwar längst nicht so groß, wie ältere Historiker angenommen haben, doch haben ihre Invasionen die Südl. Uí Néill an einem Vordringen in die Gebiete Mitteli.s gehindert und damit mittelbar zum Wiederaufstieg der Dynastien aus Munster beigetragen. →Feidlimid mac Crimthain († 848) und andere Kg.e der Eóganachta konnten erstmals Ansprüche auf eine beherrschende Machtstellung durchsetzen, doch blieb dies Episode. Den entscheidenden Schlag gegen die Vorherrschaft der Uí Néill führten erst die →Dál Cais, ein Zweig der Déisi (aus Clare), die das Kräftegleichgewicht in Munster zu ihren Gunsten veränderten. Ihre führende Persönlichkeit, der dynam. und expansive Kg. →Brian Bóruma († 1014), drang im N bis →Armagh vor und erreichte 1008, daß sein Name mit dem Titel 'imperator Scottorum' in das →Book of Armagh eingetragen wurde.

Während im N die alte Vorherrschaft der Uí Néill trotz eines Restaurierungsversuches im 9. Jh. in Verfall geraten war, stieg im frühen 10. Jh. in Leinster die Dynastie der →Osraige unter →Cerball mac Dúnlainge († 888) auf. Die ältere Vorherrschaft der Uí Dúnlainge wurde abgelöst von den →Uí Cennselaig, deren bedeutendster Repräsentant, →Diarmait mac Máel na mBó († 1072), anderen Dynastien die Hochkönigswürde streitig machen konnte. Im folgenden Jahrhundert wechselten die »Hochkönige mit Opposition« (so die klass. Formel in ir. Quellen) in allen vier Provinzen I.s ab. Mit dem Urenkel von Diarmait mac Máel na mBó, →Dermot Mac Murrough († 1171), erreichte die polit. Rivalität zw. Leinster und Connacht, das von der Dynastie der →Uí Conchobáir beherrscht wurde, ihren Höhepunkt. Der besiegte Dermot Mac Murrough mußte aus I. fliehen und suchte im Exil die Unterstützung →Heinrichs II. v. England. Das erste Eintreffen anglonorm. Truppen, 1169, dem 1171–72 der Irlandzug Kg. Heinrichs folgte, wurde zum Wendepunkt in der ir. Geschichte.   D. Ó Cróinín

II. VOM SPÄTEN 12. JAHRHUNDERT BIS INS FRÜHE 16. JAHRHUNDERT: [1] *Der Beginn der anglonormannischen Eroberung:* Die Periode des späten 12. Jh. bis zum Ende des 13. Jh. ist gekennzeichnet von der Vorherrschaft engl. und walis. Adliger und Siedler. Die ersten 'Anglonormannen' kamen 1169 als Söldner des vertriebenen Kg.s Dermot Mac Murrough auf die Insel. Nach ihrem ersten Erfolg und der Einsetzung des engl. Barons Richard FitzGilbert (Strongbow) aus der Familie →Clare als Nachfolger in der *Lordship* Leinster durch Dermot Mac Murrough, setzte Kg. →Heinrich II. rasch nach I. über, um der Bildung einer allzu selbständigen anglonorm. Herrschaft in I. zuvorzukommen (Winter 1171–72). Ausgerüstet mit der päpstl. Bulle →Laudabiliter – Heinrichs Irlandzug stand auch im Zeichen der beginnenden Wiederversöhnung zw. der engl. Monarchie und dem Papsttum –, empfing der Kg. die Unterwerfung und Huldigung von seiten der ir. Bf.e, der Nachfolger Strongbows und zahlreicher ir. Kg.e und Herren. Damit begann ein rascher Prozeß der Siedlung und der Einführung des engl. Feudalsystems, der zunächst Leinster, dann Munster umfaßte. Auf der Versammlung von Oxford (1177) übertrug Heinrich II. die Lordschaft *(Lordship)* v. I. seinem jüngsten Sohn →Johann (Ohneland), der 1185 I. besuchte und zw. 1185 und 1189 zahlreichen seiner Günstlinge große Stücke des neueroberten oder zu erobernden Landes überschrieb. Die Expansion nach Ulster begann mit der Eroberungstätigkeit des engl. Barons John de Courcy im Gebiet östl. des Flusses Bann (seit 1177). Seit ca. 1190 erfolgten erste, noch schwache Ansätze zur Eroberung von Connacht, die aber erst seit ca. 1230 zu stärker konsolidierter Herrschaft führten. Im späten 12. Jh. setzte die Gründung von Städten ein, bzw. es wurden bereits bestehende Siedlungen bei Burgen oder Kl. formal zu Städten erhoben; so erhielten die bedeutenden Küstenstädte →Dublin, →Cork und →Limerick im letzten Viertel des 12. Jh. kgl. Privilegien. Diese Politik wurde im 13. Jh. namentl. von den Lords of Leinster fortgesetzt; sie verliehen Städten wie →Kilkenny und →Leighlin Statuten, die u. a. auch Markt- und Jahrmarktprivilegien umfaßten. Allerdings erfüllte sich die Hoffnung, dadurch neue Bürger anzuziehen, nicht immer. Im Zuge der Etablierung kontinentaler Orden – ein Prozeß, der schon vor der Zeit der engl. Eroberungen begonnen hatte – kamen u. a. Zisterzienser, Regularkanoniker und schließlich die großen Bettelorden nach I.

Die engl. Siedlung führte zur Errichtung von zentralen und lokalen Regierungs- und Verwaltungsinstitutionen nach engl. Vorbild: Unter Johann wurde ein *Exchequer* geschaffen, 1232 eine Kanzlei *(chancery),* in der Lokalverwaltung wurde das Amt des *Sheriff* eingeführt. Doch längst nicht alle Iren standen unter engl. Herrschaft: Erst seit dem 2. Viertel des 13. Jh. kam Connacht unter angloir. Kontrolle, während Ulster in nur geringem Maße von ihr erreicht wurde. Die große Mehrheit der einheim. Iren genoß kein →Engl. Recht *(Common Law);* d. h. sie konnten zwar vor Gericht beklagt werden, selbst aber keine Klage gegen Leute mit Engl. Recht führen. Dies führte zu schweren Problemen, die u. a. auf kirchenrechtl. Gebiet faßbar sind: Es häuften sich Klagen bei der Kurie wegen 'exceptio personarum'; sie betrafen zumeist Bestrebungen von privater oder öffentl. Seite, Benefizien, die zuvor einheim. Iren vorbehalten gewesen waren, an Angloiren zu vergeben. Doch wurde hier bis zur Mitte des 13. Jh. ein Modus vivendi erreicht, nach dem in mehrheitl. von Angloiren besiedelten Gebieten der Klerus zumeist aus Angloiren bestand; umgekehrt galt das Gleiche.

Die angloir. Expansion setzte sich bis ins 3. Viertel des 13. Jh. fort. Die Bemühungen sudir. Bf.e, für ihre Landsleute um 1276–80 das Engl. Recht zu erwerben, zeigen, daß von den Zeitgenossen eine Ausdehnung der engl. Kontrolle über das gesamte Land erwartet wurde. Aufgrund einer veränderten Gesamtkonstellation der engl. Monarchie, die unter Eduard I. durch ihre Kriege in Wales, Schottland und der Gascogne gebunden war, kam die angloir. Expansion jedoch um ca. 1275 zum Stillstand. Hierzu trug auch bei, daß die einheim. ir. Herren durch die Anwerbung schlagkräftiger schott. Söldner (→*Gallóglaigh*) ein wirksames Gegenmittel gegen das Vordringen der Angloiren gefunden hatten. Die größeren angloir. Adligen (z. B. der Earl of Ulster) gingen von krieger. Expansion stärker zu einträgl. Herrschaftsbeziehungen über, wobei sie als *overlords* von ir. Herren und Grundbesitzern Kommendation und reguläre Tributleistungen empfingen. Gegen Ende des 13. Jh. hatten sich eine Reihe von *liberties* (u. a. Meath, Kilkenny, Kildare, v. a. aber das mächtige Earldom Ulster) gebildet, die sich dem Einfluß und der Besteuerung von seiten der engl. Zentralverwaltung weitgehend entzogen hatten. →Bauerntum D VII.

[2] *Die Krisenzeit des Spätmittelalters:* Das 14. Jh. stand auch in I. im Zeichen von Verfalls- und Krisenerscheinungen. Ein erster schwerer Schlag traf das Land 1315 in Gestalt einer verheerenden schott. Invasion unter →Eduard Bruce (✕ 1318), dem Bruder von Robert Bruce, die mit d. allgemeineurop. →Hungersnot (1315–17) zeitl. zusammenfiel. In diesen Jahren sanken die Erträge mancherorts um 50%. Eine zweite Krise wurde ausgelöst durch die Ermordung Williams de →Burgh († 1333), des 'Brown Earl' of Ulster, die nicht nur eine sechsmonatige

Familienfehde zur Folge hatte, sondern auch weite Gebiete im W und N der Kontrolle der Zentralregierung entgleiten ließ. Die dritte Krise, von katastrophalen Ausmaßen, war der Schwarze Tod von 1348, dem weitere Pestzüge (1357, 1361, 1370, 1373, 1382, 1384) folgten; am stärksten betroffen waren die angloir. Gebiete, insbes. die Städte.

Die Herrschaftsstruktur des Landes im SpätMA war gekennzeichnet durch fortschreitende Zersplitterung in einzelne 'lordships'. Diese gehörten z. T. loyalen Anhängern der engl. Krone (z. B. den Earls of →Ormond), oft jedoch in England residierenden Adligen. Als mächtige Lords erscheinen aber auch eingesessene ir. Familien wie die O Connor in Connacht, die in unablässige Fehden untereinander und mit den Burkes verstrickt waren, und die O Neills in Ulster, die die Schwäche der engl. Zentralgewalt zur Errichtung einer eigenen *overlordship* ausnutzten.

Die reguläre engl. Zentralregierung war in die Defensive geraten, wie d. Statutes of →Kilkenny (1366) zeigen; ihre Position wurde durch den wirtschaftl. Rückgang und die mangelnde Unterstützung von seiten der mit dem →Hundertjährigen Krieg vollauf beschäftigten engl. Monarchie weiter geschwächt. Reformansätze, wie sie sich unter den Statthaltern Lionel v. Clarence und William v. Windsor in der kurzen Phase der Euphorie nach dem Vertrag v. →Brétigny (1360) abzeichnen, blieben Episode.

Die aktiven Bemühungen Kg. Richards II., die engl. Lordship in I. wieder zu konsolidieren (persönl. Erscheinen: 1394-95, 1399), hatten zwar gewisse oberflächl. Erfolge. Nach seinem Sturz wurde I. von der engl. Monarchie jedoch erneut mit Gleichgültigkeit behandelt; die Verwaltung stand gänzlich unter dem Einfluß von angloir. Magnaten wie James Butler, dem 'White Earl' of Ormond (1405-52). Auch die ir. Kirche, beherrscht von einheim. Familien, ging in der Zeit des Gr. Abendländ. Schismas (1379-1415) ihre eigenen Wege, doch bildete die Ausbreitung der Bettelorden, insbes. der Observanten, gerade in dieser Periode einen Ansatz zur kirchl. Reform.

[3] *Der Ausgang des Mittelalters:* I. stand seit ca. 1420/1430 im Zeichen einer wirtschaftl. Erholung, die sich im Bau zahlreicher Burgen und Kl., aber auch im Anstieg kirchl. Einkünfte in der zweiten Jahrhunderthälfte deutl. niederschlägt. Wenig profitierte davon das unmittelbare engl. Herrschaftsgebiet, reduziert auf den ca. 30 Meilen umfassenden Umkreis von Dublin und einige Siedlungsinseln (Städte Cork, Waterford, Limerick, Galway und Kilkenny). Die engl. Regierung wurde allenfalls noch unterstützt von den großen Adelsherrschaften *(Earldoms)* Ormond (unter den →Butler), Kildare und – in geringem Maße – Desmond (unter den →FitzGerald).

Das engl. I. war in der 2. Hälfte des 15. Jh. in die polit. Auseinandersetzungen und Thronkämpfe Englands verwickelt, wobei der in England residierende 5. Earl of Ormond der Partei der →Lancaster, der 7. Earl of Kildare, Thomas, dagegen den →York anhing. Im Zuge dieser Konflikte ergaben sich für I. zwei bemerkenswerte Resultate: 1. 1460 erklärte das angloir. Parlament, daß I. nicht Untertan des engl. Parlaments sei, sondern nur der Krone England unterstehe, d. h. engl. Gesetzgebung nicht automatisch in I. gelte. 2. Durch den Sieg der 'Yorkists' errang der 7. Earl of Kildare (und nach ihm seine Leibeserben) die Vorherrschaft im Lande, die sie – im Namen der Krone – durch ein komplexes Geflecht von Klientelbeziehungen, das sich sowohl auf angloir. als auch auf einheim. Familien erstreckte, ausübten. Auch der schließliche Sieg der 'Lancastrians' (1485) veränderte diese Machtstellung der Earls

of Kildare zunächst nicht, wenn auch angloir. Autonomieansprüche durch den Beauftragten Kg. Heinrichs VII., Edward →Poynings, 1494 in die Schranken gewiesen wurden. Die Position der Earls of Kildare wurde erst 1520-34 allmähl. zurückgedrängt; nach der Rebellion von 1534 wurden sie gestürzt, die bisherige Praxis, I. durch führende angloir. Aristokraten zu regieren, beendet. Im kirchl. Gebiet wurde der Bruch Heinrichs VIII. mit Rom vom ir. Parlament 1536-37 gehorsam nachvollzogen, die ir. Kl. aufgehoben. Die ma. Lordship of Ireland endete formell 1541 mit der Annahme des Titels 'King of Ireland' durch den engl. Kg. G. MacNiocaill

Lit.: *[allg.]*: HEG I, 448-467 [F. J. BYRNE]; II, 870-877 [M. RICHTER] – M. RICHTER, I. im MA, 1983 – *zu [I]*: G. MACNIOCAILL, Ireland before the Vikings, 1972 – D. O CORRÁIN, Ireland before the Normans, 1972 – F. J. BYRNE, Irish kings and high-kings, 1973 – *zu [II]*: J. F. LYDON, The Lordship of Ireland in the MA, 1972 – A. J. OTWAY-RUTHVEN, A hist. of medieval Ireland, 1980² – R. FRAME, English Lordship in Ireland 1318-61, 1982 – A new hist. of Ireland, hg. A. COSGRAVE, 1987.

C. Monastisches und kirchliches Leben

Die großen ir. Kl. zeigen in ihrer Blütezeit, dem 6.–12. Jh., den hohen Stand der ir. Zivilisation. Der hl. →Patrick christianisierte I. im 5. Jh. und organisierte die ir. Kirche auf der Grundlage einer Reihe von Bm.ern, deren führendes →Armagh war. Bes. im 6. Jh. erfolgte dann die Gründung einer Vielzahl von Kl. Hierdurch wurde die frühe kirchl. Organisation aus der Zeit Patricks in den Hintergrund gedrängt; die kirchl. Leitungsgewalt ging stärker an die unabhängigen Äbte über, die von ihren Kl. aus wohl auch die Verwaltung in den umliegenden Gebieten kontrollierten. Diese Kl. gewannen in kurzer Zeit hohes Ansehen und großen Zulauf aus der Bevölkerung; so wird z. B. für →Bangor (Gft. Down) die Zahl von 3000 Mitgliedern genannt, wobei unklar bleibt, wieweit es sich hierbei ausschließl. um Religiosen handelte, denn in den frühen ir. Monasterien lebten neben den 'geistl.' Mönchen zahlreiche 'Laienmönche' *(manaig)*, ferner Asketen, sodann auch in der Verwaltung tätige Leute, in manchen Kl. wohl auch Bf.e. Die Asketen hielten die spirituelle Tradition aufrecht, indem sie nach einer Regel, z. B. der des hl. →Columba, ein Leben in Mühsal und Bußfertigkeit führten. Die Mönche sammelten sich sechsmal am Tag zu gemeinsamem Gebet und waren im übrigen mit Gebetsübungen, Lehrtätigkeit (→Fer léigind), Arbeit oder Studium beschäftigt.

Die oft mit Erd- oder Steinwällen befestigten großen Kl. lagen zumeist im O (z. B. →Kells, →Clonard, Bangor, →Glendalough), während im W vorwiegend kleinere, wohl asketisch geprägte Gemeinschaften (→Skellig Michael) bestanden. Die größeren Klöster (wie z. B. →Clonmacnoise) verfügten über gute Verkehrslage an Wasser- und Landwegen; die grenznahe Lage mehrerer Kl. ist wohl durch die Schenkungen von Provinzialkg.en bedingt; bei einigen (Kilcullen, Armagh) ist die Nähe zu vorchristl. Heiligtümern feststellbar. Sehr gering ist die Zahl von Frauenkl. (wohl nur vier); das von einer Äbt. geleitete →Kildare bietet das seltene Beispiel eines ir. →Doppelkl. Wie die in frühma. ir. Kl. entstandene volkssprachl. Lyrik, Ausdruck eines frühen Naturgefühls, zeigt, lebten die ir. Mönche in enger Verbindung mit der Natur. Spätestens seit dem 7. Jh. traten die Klöster – neben den weltl. Kg.en – als wichtigste Förderer der Kunst und Gelehrsamkeit hervor. Die →Bibliotheken der Kl. hatten reichen Bestand an illustrierten Hss. (→Buchmalerei, A.III); Bibel, Psalter und Kirchenväter wurden studiert, und in den Kl. entstanden komputist. kalender. Werke, Litaneien, Annalen und Hl.nleben (→Hagiographie; →Félire Oengusso; →Tallaght, Martyrologium v.); große Verdienste erwarben sich die Mönche um die Tradierung der alten kelt. Volks- und Heldenüberlieferung, auch wenn sie deren Inhalt und Werte oft ablehnten.

Bereits in der 2. Hälfte des 6. Jh. ergriff der hl. →Columba die erste Initiative zur →Mission mit der Gründung von →Iona, dem Ausgangspunkt für die Bekehrung der →Pikten und die Missionstätigkeit im ags. →England, insbes. durch die Gründung von →Lindisfarne in Nordhumbrien. Dies war ein Prozeß, der über seine allgemein- und kirchenhist. Bedeutung hinaus geistes- und kunstgesch. Wechselwirkung beinhaltete: Wie I. einerseits zur kulturellen Blüte in Nordhumbrien beitrug, so gelangten andererseits über England kontinentale Vorstellungen und Ideen nach I. Nach der von →Columba angeregten Missionsbewegung waren es andere große ir. Mönche wie →Columban, →Kilian, →Gallus und →Virgil, die aus Bußgesinnung sich der Lebensweise der →peregrinatio aussetzten und ins kontinentale Europa zur Bekehrung der heidn. oder wieder halbheidn. Bevölkerung zogen (→Frankenreich). Am Hofe →Karls d. Gr. wirkten schließlich zahlreiche Iren als Gelehrte und wichtige Träger der →Bildungsreform. Noch bis zum Ende des 10. Jh. pilgerten irische Asketen nach Mitteleuropa und traten z. T. in dortige Kl. ein; stellvertretend für die namentl. im süddt. Raum seit dem 11./12. Jh. bedeutenden →Schottenkl. ist St. Jakob in →Regensburg zu nennen.

Auseinandersetzungen um den Termin des Osterfestes führten im England des 7. Jh. zur heftigen Kontroverse des →Osterstreits, bekannt v. a. aus →Bedas Bericht über die Synode v. →Whitby (664). Auch I. war stark in den Osterstreit verwickelt, da eine Reihe von Kl. in S-I. infolge des vordringenden Einflusses der röm. Mission die neue Osterfestberechnung des →Victorius angenommen hatte, während die meisten der traditionsreichen Klöster im N den alten, auf apostol. Ursprung zurückgeführten Ostertermin anhingen.

Im 8. Jh. ist klar erkennbar, wie sehr sich die irischen Klöster in die überkommenen institutionellen und sozialen Strukturen integriert hatten, was auch in den Rechtstraktaten zum Ausdruck kommt. Durch das System des →fosterage wurden enge Beziehungen zw. Monasterien und Laienwelt geknüpft. Die Kl. vereinigten großen Landbesitz in ihrer Hand und fungierten als Grundherren, die von abhängigen Bauern Dienste und Abgaben erhielten, Gastfreundschaft und Mildtätigkeit ausübten und den Verfolgten und Rechtsbrechern Asyl gewährten, das aber nicht immer respektiert wurde.

Am Ende des 8. Jh. überwogen die weltl. Interessen die spirituellen: dieses Mißverhältnis rief die Reformbewegung der →Céli Dé auf den Plan. Ihr Wirken wurde bald überschattet von den Wikingereinfällen, die im 8.–9. Jh. zahlreiche ir. Kl. schwer schädigten; die Angreifer waren allerdings keineswegs ausschließl. Wikinger, sondern vielfach auch Iren.

Im 11. Jh. war die kirchl.-monast. Kultur I.s offenkundig auf keine Tiefpunkt angelangt; Reformen erwiesen sich als dringend erforderlich. Im Kielwasser der Gregorian. Kirchenreform des 11. Jh. wurde die ir. Kirche im 12. Jh. von papsttreuen Kräften, unter maßgebl. Leitung des hl. →Malachias, erneuert. Auf den Synoden v. →Ráith Bresail (1111) und →Kells (1152) wurde eine territoriale Diözesanorganisation nach kontinentalem Vorbild mit vier Ebm.ern geschaffen, die im wesentl. noch heute besteht. Damals setzte auch der Einfluß der augustin. Regularkanoniker und der Zisterzienser ein.

Durch die Invasion des anglonorm. England wurden Teile I.s auch kirchl. stark im kontinentalen Sinne beeinflußt (→Laudabiliter; →Dublin, Ebm.); während des gesamten SpätMA gab es Auseinandersetzungen zw. engl. und ir. Kirchenmännern um die Supremie, die Besetzung von Benefizien usw. Um 1200 war der Großteil der alten monast. Zentren verlassen, mit Ausnahme einiger Kl., die nach der Augustinerregel lebten. Andererseits wurden die kontinentalen Orden in I. heimisch, nach den →Zisterziensern v. a. die Bettelorden (→Dominikaner, →Franziskaner).   P. Harbison

Lit.: J. Ryan, Irish Monasticism, 1931 – M. de Paor–H. de Paor, Early Christian Ireland, 1958 – L. Bieler, I., Wegbereiter des MA, 1961 – A. Gwynn–R. N. Hadcock, Medieval Religious Houses: Ireland, 1970 – K. Hughes, The Church in Early Irish Society, 1972 – Dies., Early Christian Ireland: Introduction to the Sources, 1972 – A Hist. of Irish Catholicism, 1972 [J. Ryan; P. J. Corish] – K. Harrison, Episodes in the hist. of Easter cycles in Ireland (Essays in memory of K. Hughes, 1982), 307-331 – Die Iren und Europa im früheren MA, hg. H. Löwe, 1982 – K. Schäferdiek, Der ir. Osterzyklus des sechsten und siebenten Jh., DA 39, 1983, 357-378 – I. und Europa; I. und die Christenheit, hg. P. Ní Chatháin–M. Richter, 1984, 1987 – Cummian's letter »De controversia paschali« and the »De ratione computandi«, ed. M. Walsh–D. Ó' Cróinín, 1988.

Irmina, hl., zweite Äbtissin des um 650 gegr. Trierer Kl. St. Marien-St. Irminen/Oeren mit columban.-irofrk. Ausrichtung. Vor ihrem Kl.eintritt ∞, wohl mit dem Seneschall und Pfgf. en Chugoberctus (Hugobert). Unter ihren Töchtern waren →Plektrud (∞ Pippin d. M.), →Adela v. Pfalzel und Bertrada d. Ä. I. gehörte zur obersten austras. Adelsschicht und war mit der aufsteigenden Hausmeierfamilie der Frühkarolinger eng verbunden. In Zusammenwirken mit dem Trierer Bf. Basin (und seinem Neffen Liutwin) schuf sie 697/698 die ersten Grundlagen des Kl. →Echternach. Dieses, wohl auch zunächst noch irofrk. Prägung, übertrug sie →Willibrord. Ab 704 verschwindet sie und die Trierer Kirche aus dem Bezugsfeld von Echternach. Ein nachwirkender Zweig der späteren Trierer Tradition hat I.s Bild ausgeschmückt und I. auch zur Gründerin des Kl. Oeren gemacht.   H. H. Anton

Lit.: Th. Zimmer, Das Kl. St. Irminen-Oeren in Trier von seinen Anfängen bis ins 13. Jh., TZ 23, 1954/55, 5-180 – M. Werner, Zu den Anfängen des Kl. St. Irminen-Oeren in Trier, RhVjbll 42, 1978, 1-51 – N. Gauthier, L'évangélisation des pays de la Moselle..., 1980, 291ff., 316ff., 328ff. – H. H. Anton, Trier im frühen MA, 1987, 151ff., 156ff. (Q. und Forsch. aus dem Gebiet der Gesch. NF 9) – Ders., Kl.wesen und Adel im Raum von Mosel, Saar und Sauer in merow. und frühkarol. Zeit (Willibrord, hg. G. Kiesel–J. Schroeder, 1989), 96-124 – Th. Kölzer, Stud. zu den Urkk.fälschungen des Kl. St. Maximin, 1989, 118ff.; 252ff. – M. Werner, Adelsfam. im Umkreis der frühen Karolinger, 1982 [dazu: E. Hlawitschka, RhVjbll 49, 1985, 1-61].

Irmino, Abt v. →St-Germain-des-Prés, Wahl nach 794 (letzte Erwähnung seines Vorgängers Robert); 811 Zeuge als Abt im Testament Karls d. Gr. Seine Nähe zum karol. Kg.shaus, bes. zu Ludwig d. Fr., wird durch →Ermoldus Nigellus belegt. Außer in zwei Diplomen Ludwigs für St-Germain und den Bf. v. Tournai ist I. nur noch für das Jahr 823 im Frgm. eines Benefizialverzeichnisses als lebend bezeugt. Sein Name findet sich aber unlösbar mit dem berühmten, original überlieferten Polyptychon von St-Germain-des-Prés verbunden, in dem I. mehrfach genannt wird. Bereits eine anonyme Chronik des 11. Jh. und v. a. der Ersteditor, B. Guérard (Polyptique de l'abbé Irminon, 1844, 9ff.), sahen in I. den Auftraggeber des Inventars, doch bleibt die Zuweisung zweifelhaft, da das tatsächl. Entstehungsdatum des Textes unbekannt ist. Wahrscheinl. wurde dieser erst im Vorfeld der Bildung einer mensa fratrum vor 829 zusammengestellt.

D. Hägermann

Lit.: CH.-E. PERRIN, L'abbaye de St-Germain-des-Prés au neuvième siècle, Revue des Deux Mondes, 1951, 318ff. – D. HÄGERMANN, Der Abt als Grundherr (Herrschaft und Kirche, hg. F. PRINZ, 1988), 369ff., 380ff. – J.-P. DEVROEY, Problèmes de critique autour du Polyptyque de l'abbaye de St-Germain-des-Prés (La Neustrie I, 1989), 441-465.

Irminsul ('Säule des Irmin', einer sächs. Gottheit, die vermutl. mit dem germ. Gott Saxnoth/Tiwas gleichzusetzen ist). Rudolf v. Fulda (9. Jh.) interpretiert ihre Bedeutung als »Weltsäule«. Durch mehrere schriftl. Q. ist die Existenz dieses hölzernen Kultobjekts, einer großen Säule oder eines Baumstamms, bezeugt, das sich wahrscheinl. auf der Eresburg (Obermarsberg a. d. Diemel) befand. Die Kultstelle, die in einem hl. Hain lag und mit einem Gold-/Silberschatz ausgestattet war, wurde von Karl d. Gr. 772 zum Auftakt seines ersten Sachsenzuges nach ihrer Eroberung geplündert und zerstört. An ihrer Stelle wurde alsbald eine Kirche mit Peterspatrozinium errichtet. E. Karpf

Lit.: HOOPS², 478ff., s. v. Eresburg [F. SCHWIND] – H. LOEWE, Die I. und die Religion der Sachsen, DA 5, 1941, 1-22 – K. PAULSDORF, Zur I.frage, Mannus 36, 1970, 147-158 – Die Germanen, II (Veröff. des Zentralinst. für Alte Gesch. und Archäologie der Akad. der Wiss. der DDR 4/II, 1983), 267, 408 [R. SEYER – A. LEUBE].

Irnerius (Guarnerius; eigenhändig stets: Wernerius), * Bologna, † bald nach 1125, der erste bedeutende Rechtslehrer des Abendlandes; gilt als Gründer der Rechtsschule v. →Bologna. Er begann als mag. art. (Logiklehrer) mit dem Studium des wieder entdeckten →Corpus iuris civilis und bediente sich zu dessen Auslegung der Mittel der scholast. Textinterpretation (→Lectura, s. a. →Bologna, B.IV). Es ist anzunehmen, daß I. bereits fortlaufende Komm.e (→Apparatus glossarum) zu Digestum vetus, Codex und Institutionen geschrieben hat, zu denen auch die Authentiken (Corpus iuris civilis, III,3) gehörten, von denen aber die vorhandenen Ausgaben von Glossen mit einer Sigle y ein ungenügendes Bild vermitteln. In Urkk. aus d. J. 1112 und 1113 erscheint I. als →Causidicus in der Umgebung der Mgfn. →Mathilde v. Tuszien; von 1116 bis 1118 bezeugt er sich elfmal als Richter (iudex) Ks. Heinrichs V. Er wurde mit dem Ks., dem Gegenpapst Gregor (VIII.) und dessen Anhängern 1119 auf dem Konzil v. Reims von Calixt II. exkommuniziert. Erst am 10. Dez. 1125 trat er noch einmal als Prozeßbeistand vor einem Schiedsgericht in Erscheinung. – Mehrere Schr. wurden I. zu Unrecht zugeschrieben, u. a. theol. Quaestiones, die sog. →Summa (Codicis) Trecensis, die →Quaestiones de iuris subtilitatibus und ein Formularium tabellionum (→Ars notarie). P. Weimar

Lit.: SAVIGNY IV, 9-67 – HRG II, 439-442 – COING I, 129ff. – E. BESTA, L'opera d'Irnerio, 1896 – E. SPAGNESI, Wernerius Bononiensis iudex, 1970 – G. FASOLI (DIES., Scritti di storia med., 1974), 567-582 – H. G. WALTHER (Schule u. Stud. im sozialen Wandel des hohen und späten MA, hg. J. FRIED, 1986), 121-162 – C. DOLCINI, Velut aurora surgente (St. stor. 180, 1987); →Bologna, B; →Glossatoren.

Irregularität bezeichnet alle Hindernisse, zeitl. oder dauernder Natur, die nach Kirchenrecht dem Empfang der Weihe entgegenstehen oder die Ausübung der Weihe hindern (Sanktion: Unerlaubtheit, nicht Ungültigkeit). Auswirkungen im Benefizialrecht sind umstritten. Die Unterscheidung zw. I. und Weihehindernissen ist jüngsten Datums (C.i.c. 1917). Im NT finden sich Eignungsfordernisse für Episkopat und Diakonat: Apg 6,3; 1 Tim 3,1-13; Titus 1,6-9 (Apostol. Regel). Wer dieser Regel nicht entsprach, wurde später als irregulär angesehen. In der Patristik bildeten sich die ersten I.en. In der Zeit Alexanders III. bis zu Gregor IX. entstand das »I.s-Recht«. Der Begriff 'I.' wird zum ersten Mal von →Rufinus (1190 zu D. 5 c.3) verwendet. Auf →Goffredus de Trano († 1245) oder Innozenz III. geht die Unterscheidung von »i. ex defectu« und »i. ex delicto« zurück. Innozenz IV. hat den Sprachgebrauch endgültig eingeführt. Das »I.s-Recht« ist Nahtstelle zw. Leben und Recht der Kirche, seine Darstellung fast ein Kompendium des Klerikerrechtes (noch bei HINSCHIUS). »I. ex defectu«: Alter, körperl. Gebrechen, mangelnder Vernunftgebrauch, Neugetaufte, Mangel der Herzensmilde, Eheschließung, Infamie, unehel. Geburt, Mangel der erforderl. Kenntnisse und Vorbildung, u. a. – »I. ex delicto«: Apostasie, Häresie, häret. Schisma, Mißbrauch der Weihegewalt, Mord und Totschlag, zufällige Tötung oder Verstümmelung eines Menschen, Abortus nach der Beseelung. I. en können fakt. (bei den »i. ex defectu«) oder rechtl. (→Dispens) beseitigt werden. Bei Frauen liegt nicht I., sondern absolute Weiheunfähigkeit vor. R. Puza

Lit.: DDC VI, 42-66 [Lit.] – DThC VII, 2537-2566 – ECatt VII, 220-223 – Enciclopedia del diritto XXII, 1972, 897-901 – P. HINSCHIUS, Das Kirchenrecht der Katholiken und Protestanten in Dtl., I, 1869, 7-63 – F. GILLMANN, Zur Gesch. der Ausdrücke »irregularis« und »irregularitas«, AKKR 91, 1911, 49-86; 557-560 – W. M. PLÖCHL, Gesch. des Kirchenrechts, II, 1962², 290-299.

ʿĪsā, in der islam. Tradition (→Islam) Name für Jesus. Grundlage des komplexen Christusbildes (→Christologie) des Islams ist der →Koran. Die dort verwendeten Bezeichnungen für Jesus verweisen bereits auf die bes. Aspekte des Christusbildes im Islam; so heißt Jesus → Messias (al-Masīḥ), →Prophet (nabī), Gesandter (rasūl), Sohn der Maria (Ibn Maryam). Die Einreihung der Gestalt Jesu in die alttestament. Prophetentradition, die Betonung seiner Rolle als eines Dieners und Gesandten Gottes, verbunden mit der Auffassung, daß er selbst nicht göttlich, sondern eine geschaffene Kreatur sei, ließ Raum für eine Wertschätzung Jesu (bis hin zur Zuerkennung einer eschatolog. Rolle), bezog sein Wirken jedoch auf →Mohammed und ordnete es im Sinne eines »Vorläufers« diesem unter. Das Christusbild der späteren myst. Tradition zeigt darüber hinaus Züge, die wohl den Apokryphen entlehnt sind und manche Momente der chr. Mystik, Hagiographie und Eschatologie reflektieren, v. a. in der Betonung der streng asket. Haltung, Armut und Weltverachtung Jesu. U. Mattejiet

Lit.: EI² IV, 80-86 [C. G. ANAWATI].

Isaac
1. **I.** (Ysac, Yzak), **Heinrich** (Henricus) (Arrigo d'Ugo, A. il Tedesco), fläm. Komponist, * um 1450 Flandern, † 26. März 1517 Florenz. Nachweisbar zuerst 1484 in Innsbruck, offensichtl. auf der Durchreise nach Florenz, wo er ab oder kurz vor Juli 1485 für die Medici am Dom als Sänger diente. Er heiratete in Florenz und unterrichtete vermutl. die Kinder von Lorenzo de' Medici. April 1497 fand I. bei Ks. Maximilian I. eine neue Anstellung als Hofkomponist. Mai 1514 schenkte ihm der Ks. Landbesitz bei Verona, im selben Jahr verschaffte ihm Papst Leo X., Lorenzos de' Medici Sohn und I.s vermutl. Schüler, ein jährl. Leibgeding in Höhe seiner früheren Besoldung. I.s Bedeutung liegt in der Beherrschung der drei damals aktuellen musikal. Stilarten (ndl., it. und dt.), die er durch Herkommen und Weltläufigkeit aufs genaueste kannte. Sein Schaffen umfaßt Messen und Messesätze, Motetten und weltl. Liedsätze ('Innsbruck, ich muß dich lassen'). Hervorzuheben ist der »Choralis Constantinus«, ein Auftragswerk des Konstanzer Domkapitels von 1508 (vorwiegend vierstimmige Komposition von Meßproprien

für das ganze Kirchenjahr; von L. Senfl vollendet und in drei T.en 1550–55 gedr. von Formschneyder in Nürnberg. H. Leuchtmann

Ed.: E. R. LERNER, H.I., Opera omnia, Corpus mensurabilis musicae XIV/1, 1974ff. – *Lit.*: MGG s. v. [Werkliste] – NEW GROVE s. v. [Werkliste; neuere Lit.] – RIEMANN s.v.

2. I. Judaeus (Yiṣḥāq ben Šelomo Yisrā'elī, Isḥāq ibn Sulaimān al-Isrā'īlī), jüd. Arzt und Philosoph, geb. in Ägypten, gest. um 955, wohl zw. 875 und 904 angesehener Augenarzt in Kairo, emigrierte dann nach Qairawān in Tunesien, wo er zuletzt als Leibarzt des Fāṭimiden ʿUbaidallah al-Mahdī wirkte und zahlreiche Werke in arab. Sprache verfaßte. Seine med. Schr. gehören zu den ersten, die →Constantinus Africanus dem lat. W zugängl. machte. Sein »Liber de febribus« zählt zu den bedeutendsten Abh. der arab. Medizin zur Fieberlehre. Seine Urin-Schrift (»Liber de urinis«) und seine Ernährungslehre (»Liber diaetarum universalium et particularium«, Basel 1570) wurden von Petrus Hispanus (→Johannes XXI.) kommentiert. Unsicher ist I.s Verfasserschaft bei einer nur hebr. erhaltenen ärztl. Pflichtenlehre in 50 Aphorismen. Auch als Philosoph und Neuplatoniker hatte I. einen beträchtl. Einfluß auf Zeitgenossen und Nachfahren: Seine auf →al-Kindī beruhende Wissenschaftssystematik (»Liber de definitionibus«) sowie eine Abh. über die Elemente (»Liber de elementis«) fanden in der Übers. des →Gerhard v. Cremona auch Aufnahme in die »Opera omnia Ysaac« (Lyon 1515). H. Lauer

Q.: BROCKELMANN I, 235f.; Suppl. I, 421 [Hss.] – STEINSCHNEIDER, Übers., 388–402, 755–761 – THORNDIKE-KIBRE, Index 1829 – ULLMANN, Medizin, 137f., 200, 224 – *Ed. und Übers.*: S. JARCHO, Guide for Physicians (Musar Harofim) by I.J. ..., BHM 15, 1944, 180–188 – A. ALTMANN–S. M. STERN, I. Israeli ... His Works Translated ..., 1958 – A. DIETRICH, Medicinalia Arabica ..., AAG phil. hist. Kl., 3.F. 66, 1966, 135–143, 239f. – I.J., On fevers ..., ed. J. D. LATHAM–H. D. ISAAC, 1981 – *Lit.*: BLA I, 169; III, 377f. – DSB VII, 22f. – EI² (frz.) IV, 116 – EJud (engl.) IX, 1063–65 – JL III, 75f. – SARTON, 639f. – M. MEYERHOF, Science and Medicine (The Legacy of Islam, ed. TH. ARNOLD–A. GUILLAUME, 1931), 311–355, 355 – S. MUNTNER, I. Israéli le premier médiateur de la médecine entre l'Orient et l'Occident, Le Scalpel 106, 1953, 642–646 – H. SCHIPPERGES, Die Assimilation der arab. Medizin durch das lat. MA (SudArch, Beih. 3, 1964), 28–33.

3. I. de Stella, SOCist, * um 1110 England, † 1178 als Abt des Kl. Unser Lieben Frau v. Chateliers (auf Ré). 1145 Mönch in Cîteaux, 1147 Abt in Stella. Von dort begab er sich in die Einsamkeit der Insel Ré (bei La Rochelle), wo er wenigstens noch 10 Jahre lehrte (G. RACITI) und starb. Er gehört zur von Bernhard v. Clairvaux beeinflußten Cisterzienserschule des 12. Jh. In der ps.-dionys. Tradition verwurzelt, betrachtete er Kosmos und (Heils-)Gesch. in den großen Entsprechungen der Symboltheologie. Die mit der 'mens' gottähnl. Seele des Menschen begegnet in der sittl.-religiösen Erhebung der Selbstherablassung Gottes in Jesus Christus. Diesen chr. Humanismus bezeugen seine Schr.: v. a. die 55 Sermones (ed. SC 130, 1967; 207, 1974; 339, 1987), die »Epistola de anima«, die einen bemerkenswerten Einfluß auf die ps.-august. Schr. »De spiritu et anima« (des Alcher v. Clairvaux?) hatte. Die »Epistola de officio missae«, eine liturg. Betrachtung, ist unkrit. und unvollständig gedr. Zu den nur hs. überlieferten Schriftkomm. (Hld, Rut) vgl. STEGMÜLLER, Rep. Bibl. III Nr. 5155f. Unkrit. Ausg. der Werke des I. in MPL 194, 1689–1896. L. Hödl

Lit.: DSAM VII, 2011–2038 [G. RACITI; Lit.] – LThK² V, 777f.

Isaak, Sohn Abrahams → Abraham

Isaak. 1. I. I. Komnenos, *byz. Ks.*, * um 1007 in einer Familie des kleinasiat. Militäradels; ⚭ ca. 1025 Aikaterine, Tochter des letzten bulg. Herrschers Ivan-Vladislav (Neffe des Zaren →Samuel), hatte wohl schon frühzeitig ein Militäramt in Kleinasien inne (zuletzt mit dem Titel eines μάγιστρος und Inhaber einer στρατοπεδαρχία, vielleicht in der Funktion eines δομέστικος τῶν σχολῶν τῆς 'Ανατολῆς), von dem ihn Ksn. Theodora 1054 absetzte, während ihn ihr Nachfolger Michael VI. bald wieder mit einem Militäramt betraute. Am 8. Juni 1057 rief ihn das Heer zum Gegenks. aus; am 3. Sept. betrat er Konstantinopel und wurde am folgenden Tag gekrönt. Am 21. (oder 22.) Nov. 1059 dankte er ab und trat ins Studiu-Kl. ein, wo er etwa Ende 1060 starb. Aus der Ehe mit Aikaterine (die wohl erst nach dem Tod ihres Mannes ins Myrelaion-Kl. eintrat und zuletzt 1063 erwähnt ist) gingen zwei Kinder hervor: Manuel (kinderlos verheiratet) und Maria (Nonne). Die Begründung einer Dynastie war erst Isaaks Neffen, →Alexios I., vergönnt.

Die kurze Regierungszeit (Hauptq. →Psellos) war gekennzeichnet von einer Festigung der militär. Lage des Reiches und einer rigorosen Finanzpolitik, die auch vor Kirchenbesitz nicht haltmachte. Die Auseinandersetzung mit Patriarch Kerullarios, seine Absetzung (1058), die daraus entstehende Opposition kirchl. Kreise, der Hofbeamten und auch des Volkes standen im Mittelpunkt der Innenpolitik und trugen entscheidend zur Abdankung bei.
P. Schreiner

Q. und Lit.: Michel Psellos, Chronographie, ed. E. RENAULD, II, 1967², 110–128 – OSTROGORSKY, Geschichte, 279–282 – K. BARZOS, Ἡ γενεαλογία τῶν Κομνηνῶν, I, 1984, 41–47.

2. I. II. Angelos, byz. Ks. 12. Sept. 1185–ca. 12. April 1195, erneut 18. Juli 1203–nach dem 28. Jan. 1204; * 1155/56, † nach 28. Jan. 1204 in der Haft. I. war der 6. Sohn aus der Ehe Andronikos' Angelos mit Euphrosyne Kastamonitissa. Erster Ks. der →Angeloi, die den von Ks. →Andronikos I. Komnenos bekämpften Adelskreisen angehörten. Durch erfolgreichen Widerstand gegen seine Verhaftung löste I. in Konstantinopel ungewollt eine Revolte aus, die ihn auf dem Höhepunkt der Normanneninvasion →Wilhelms II. an die Macht brachte. Nach Übertragung des Oberbefehls an den General Alexios Branas vermochte I. bald, die Normannen vom byz. Festland zu vertreiben (Friedensschluß Herbst 1187). Indes mißlang die Rückführung des aufständischen, mit den Normannen verbündeten Isaak Komnenos v. Zypern unter die Zentralgewalt. Dies wie auch die stauf.-sizil. Allianz zwang I., die früheren Handelsprivilegien für Venedig, Genua und Pisa 1187 bzw. 1192 mit für Byzanz nachteiligen Modifikationen zu erneuern. Trotz der Wiederherstellung guter (nur 1192/93 ztw. wegen ung. Übergriffe auf →Serbien getrübter) Beziehungen zu →Ungarn, bekräftigt durch I.s (2.) Eheschließung mit Margarete/Maria, Tochter v. Bélas III., blieb die Lage auf dem Balkan unstabil: Alle Versuche I.s, die byz. Herrschaft über Bulgarien aufrechtzuerhalten und die Gründung des Aseniden-Reiches zu verhindern, schlugen letztlich fehl und trugen so zur Schwächung des Byz. Reiches bei. Der Ausbruch offenen Kriegs beim Durchzug des von →Friedrich I. Barbarossa geführten 3. →Kreuzzuges, angesichts dessen I. ein früheres Bündnis mit →Saladin erneuert hatte, konnte mit dem Frieden v. Adrianopel (Febr. 1190) knapp verhindert werden. Gegenüber →Serbien aber behauptete I. nach dem Sieg an der →Morava (1190) einen Rest byz. Vormachtstellung bei gleichzeitiger Anerkennung der serb. Eigenständigkeit. Im kirchl. Bereich trat I. u. a. durch disziplinar. Regelungen und Bestimmungen zur Rechtsstellung der Metropoliten hervor. Sein Bruder →Alexios III. ließ ihn 1195 bei der Vorbereitung zu einem Balkanfeldzug bei Kypsella

inhaftieren und blenden. 1203–04, vor der lat. Eroberung, amtierte er gemeinsam mit seinem Sohn →Alexios IV., bestimmte aber kaum die Politik – Unter I. setzte sich der Erosionsprozeß der Zentralgewalt im Reich verstärkt fort; gleichwohl war I. kein gänzlich unfähiger Herrscher.
G. Prinzing

Q. und Lit.: BLGS II, 238–240 – M. BACHMANN, Die Rede des Johannes Syropulos an den Ks. I. [Text und Komm.]..., Diss. 1935 – CH. M. BRAND, Byzantium confronts the West 1180–1204, 1968 [Lit.] – J.-L. VAN DIETEN, Niketas Choniates. Erläuterungen zu den Reden und Briefen ..., 1971 – G. CANKOVA-PETKOVA, Les forces centrifuges et centripètes à Byzance du début du règne d'Isaac Ange (Actes du XVe Congr. Int. d'Études Byz., IV, 1980), 55–64 – P. MAGDALINO–R. NELSON, The Emperor in Byzantine Art of the Twelfth Century, Byz. Forsch. 8, 1982, 123–183 – J. LILIE, Handel und Politik zw. dem byz. Reich und den it. Kommunen Venedig, Pisa und Genua, 1984 – DERS., Des Kaisers Macht und Ohnmacht (Varia I, 1984), 9–120, bes. 99ff. – DERS., Noch einmal zu dem Thema »Byzanz und die Kreuzfahrerstaaten«, ebd. 121–174, bes. 155ff. – M. ANGOLD, The Byz. Empire 1025–1204, 1984 – D. M. NICOL, Byzantium and Venice, 1988 – M. F. HENDY, Byzantium, 1081–1204 (DERS., The Economy, Fiscal Administration and Coinage of Byzantium, 1989), Art. III – K. BARZOS, H γενεαλογία τῶν Κομνηνῶν, II, 1984.

3. I. Argyros, * um 1310, † nach 1371, Mönch und Parteigänger →Barlaams im Palamitenstreit, verfaßte neben einigen theol. Schr. v. a. math. und astronom. Traktate in der Nachfolge seines Lehrers Nikephoros →Gregoras (über Quadratwurzeln, Gebrauch des Astrolabium, astronom. Tabellen, Scholien zu Euklid und zum Rechenbuch des →Maximos Planudes, Neuausg. der Komm. des →Proklos und →Johannes Philoponos zu Nikomachos v. Gerasa). Sein Interesse an antiker Musiktheorie zeigt sich in der Ed. der von Gregoras überarbeiteten Harmoniaka des Klaudios Ptolemaios. P. Schreiner

Q. und Lit.: BECK, Kirche, 729f. – Tusculum-Lex., 76 – HUNGER, Profane Lit., 192, 253 – A. ALLARD, Le petit traité d'I. Argyre sur la racine carrée, Centaurus, 1978, 22, 1–43.

4. I. v. Langres (I. Lingonensis, I. le Bon, Débonnaire), hl., 39. Bf. v. →Langres 859–880, * um 820, † 18. Juli 880; 849 Diakon in der Kirche von Laon; Teilnahme u. a. an folgenden Synoden: Quierzy (849, 857), Soissons (853, 862, 866), Thuzey (860), Troyes (878). Karl d. Kahle gewährte I. Privilegien (Münzschlagrecht, Markteinnahmen) zum Wiederaufbau von Kirchen und Kl. I. verfaßte eine Slg. von auf die Autorität des →Bonifatius (10. B.) gestützten Diözesanstatuten (»Canones seu selecta capitula«, 11 Titel), die aber den Kapitularien des →Benedictus Levita entnommen sind und Fastenzeiten, Bußstufen und -tarife sowie die Verbote von Inzest, von Raub von Menschen, Gütern und Kirchengut behandeln. N. Brieskorn

Q.: MPL 124, 1075–1110 – MANSI XVII B, 1233–84 – Lit.: Catholicisme VI, 120f. [Lit.] – HLF V, 528–530 – LThK² V, 774 [Lit.].

5. I. v. Ninive, † Ende 7. Jh., von →Evagrios Pontikos beeinflußter syr.-nestorian. Lehrer der Askese und Mystik. Nach 5 Monaten verzichtete er auf das Amt des Bf. s v. Ninive und lebte fortan als Einsiedler und Mönch eines Kl. in der pers. Susiana. Sein bisher nicht sicher abgegrenztes Schrifttum wurde durch arab., äthiop., gr., lat. (auch frühe russ., ital. und span.) Übers. weit über die syr. Kirchen hinaus verbreitet. Th. Baumeister

Ed.: CPG 7868f. – Lit.: ALTANER-STUIBER⁸, 350, 622 – DSAM VII, 2041–54 – G. GRAF, Gesch. d. chr. arab. Lit. I, 1944, 436–442.

Isabeau → Isabella

Isabella (s. a. Elisabeth)

1. I. v. Frankreich, *Kgn. v. →England*, * ca. 1295, †23. Aug. 1358 in Hertford; Tochter von Kg. Philipp IV. v. Frankreich und Johanna v. Champagne und Navarra; ∞ Jan. 1308 mit Kg. →Eduard II. v. England. Mit der baronialen Opponentengruppe teilte I. die Ablehnung von Eduards Günstling Piers →Gaveston. Nach dessen Tod konnte sie ihren Einfluß am Hof festigen, den sie jedoch mit der Machtstellung der beiden →Despenser nach der Hinrichtung von →Thomas, Earl of Lancaster, verlor. Im März 1325 ging sie nach Frankreich und kehrte im Okt. 1326 mit ihrem Liebhaber und Gegner Eduards, Roger →Mortimer, nach England zurück. Eduard wurde entthront und im Sept. 1327 ermordet. Bis 1330 die eigtl. Regenten in England, wurden I. und Mortimer infolge einer Hofintrige, gestürzt, Mortimer hingerichtet und I. vom Hof verbannt, die sich in das Privatleben zurückzog (→Eduard III.). J. R. Maddicott

Lit.: J. R. MADDICOTT, Thomas of Lancaster, 1307–22, 1970 – N. B. FRYDE, The Tyranny and Fall of Edward II, 1321–26, 1979.

2. I. v. Frankreich, *Kgn. v. England*, 2. Tochter Karls VI., Kg. v. Frankreich, * 9. Nov. 1389, † 1409 im Kindbett, ∞ 1. Kg. Richard II. v. England 1396, 2. Karl v. Angoulême, Sohn und Erbe von Ludwig, Hzg. v. Orléans, im Juni 1406. Zusammen mit der Heirat wurde 1396 ein 28jähriger Waffenstillstand zw. England und Frankreich vereinbart. Nach der Absetzung Richards 1399 forderte Frankreich die Rückgabe I.s, die aber Heinrich IV. zunächst verweigerte, weil er wohl hoffte, durch eine Verheiratung I.s mit seinem ältesten Sohn Heinrich (V.) seine Dynastie zu festigen. Doch Frankreich bestand auf die Einhaltung der Abmachung von 1396, die eine Rückkehr vorsah, wenn Richard starb, bevor I. zwölf Jahre alt war. 1401 konnte I. nach Frankreich zurückkehren, doch ohne den von Frankreich geforderten Teil ihrer Mitgift, den England seit ihrer Heirat erhalten hatte. A. Tuck

Lit.: J. L. KIRBY, Henry IV of England, 1970 – J. J. N. PALMER, England, France and Christendom 1377–1399, 1971.

3. I. v. Hennegau, *Kgn. v. Frankreich* → Elisabeth (8. E.)

4. I. v. Bayern (Isabeau de Bavière), *Kgn. v. Frankreich*, * 1370, †24. Sept. 1435 in Paris, St-Denis (neben Karl VI.), Tochter Hzg. →Stephans III. v. Bayern-Ingolstadt und der Thaddäa →Visconti, ∞ Kg. →Karl VI. am 14. Juli 1385 zu Amiens; zwölf Kinder, unter ihnen Karl VII. – Ein Hauptmotiv der Heirat war der Wunsch Frankreichs nach einem Bündnis mit den →Wittelsbachern als mächtiger Dynastie im Reich und seinen westl. Gebieten. 1389 hielt I. ihren feierl. Einzug in Paris und empfing Krönung und Weihe. Ihre großen, kontinuierlich steigenden Einkünfte (um 1400: 120 000 Francs jährl.) sicherte sie durch umsichtige Verwaltung ihrer Güter (St-Omer, Hôtel Barbette zu Paris u. a.). Infolge der Geisteskrankheit ihres Mannes (seit 1392) geriet sie in eine zunehmend schwierige Position. Durch Ordonnanz von 1403 zur Regentin »in Abwesenheit des Kg.s« erklärt, schloß sie sich als polit. nicht aktive Persönlichkeit dem jeweils mächtigsten unter ihren Schwägern an (zunächst Hzg. →Ludwig v. Orléans, nach dessen Ermordung dann Hzg. →Jean v. Burgund). Wichtigster Vertrauter am frz. Hof war ihr Bruder, Hzg. →Ludwig VII. v. Bayern-Ingolstadt, der den Orléans-Armagnacs eng verbunden war (→Armagnacs et Bourguignons). Die Kgn., die während des Bürgerkriegs Exil in Tours gesucht hatte, wurde von Hzg. Jean entführt und als Regentin eingesetzt, bis die Truppen des Burgunders Paris einnahmen. Nach →Montereau stimmte I. 1420 dem Vertrag v. →Troyes zu, der ihren Sohn →Karl (VII.) vom Erbe ausschloß. Dieser hat sich nie mit seiner Mutter ausgesöhnt. – Die Legende, daß Karl VII. ein Bastard gewesen sei, wurde wohl von Engländern in Umlauf gesetzt und von Enea Silvio Piccolomini (→Pius II.) verbreitet. F. Autrand

Lit.: M. THIBAULT, I. de B., reine de France. La jeunesse (1370–1405), 1903 – Y. GRANDEAU, Itinéraire d'I. de B., Bull. philol. et hist., 1964, 569–670 – H. KIMM, I. de B. reine de France (1370–1435), Misc. Bavarica Monacensia 13, 1969 – R. C. FAMIGLIETTI, Royal intrigue Crisis at the Court of Charles VI, 1392–1420, 1986. – s. a. → Karl VI. [F. AUTRAND, 1986]; → Ludwig VII. v. B.-I.

5. I. I., *Kgn. v.* → *Jerusalem*, * 1172, † 1205, Tochter Kg. → Amalrichs I. v. Jerusalem (aus dem Hause Anjou) aus dessen 2. Ehe mit Maria Komnena; ∞ 1. Humfried v. Toron, 2. → Konrad v. Montferrat (Tochter: Maria v. Montferrat, spätere Kgn. v. Jerusalem), 3. → Heinrich II. v. Champagne (Töchter: Alice, spätere Gemahlin Hugos I. v. Zypern; Philippa), 4. Amalrich II. v. Lusignan, Kg. v. Zypern (Töchter: Sibylle, spätere Gemahlin Leos II. v. Armenien; Melisende, spätere Gemahlin Bohemunds IV. v. Antiochia). – Das Kgtm. der I., die selbst polit. kaum hervortrat, fällt in die Krisenperiode nach der Katastrophe v. → Ḥaṭṭīn und in die Zeit des 3. → Kreuzzugs. Nach dem Tod ihrer älteren Halbschwester, Kgn. Sibylle († 1190), verstärkte sich der Widerstand gegen Sibylles Gemahl → Guido v. Lusignan, der sich seit 1186 des Kgtm.s bemächtigt hatte. Um Guidos Absetzung zu erreichen, betrieben seine Gegner, allen voran Balian v. → Ibelin und dessen Gemahlin Maria Komnena, I.s Mutter, den Plan, die Prinzessin I. mit dem von ihnen begünstigten Thronkandidaten Konrad v. Montferrat zu verheiraten, was nach Auflösung der Ehe I.s mit Humfried v. Toron gelang (24. Nov. 1190). Nachdem Konrad am 28. April 1192 Opfer eines Mordanschlags geworden war, heiratete I. schon kurze Zeit später in kanon. anfechtbarer Ehe den Gf.en Heinrich II. v. Champagne, der allerdings den Königstitel nicht annahm. Nach dem plötzlichen Unfalltod ihres 3. Gemahls (10. Sept. 1197) ging I. im Jan. 1198, nach Prüfung anderer Heiratsprojekte, noch eine 4. Ehe, mit Amalrich II. v. Zypern, ein. Die Wahl des Gemahls erfolgte auf Vermittlung des Ebf.s → Konrad I. v. Mainz und entsprach den Interessen des Ks.s wie des Papstes Innozenz III. – I. starb 1205, bald nach ihrem 4. Ehemann.

U. Mattejiet

Lit.: RUNCIMAN III [Reg.] – → Jerusalem, → Heinrich II. v. Champagne, → Konrad v. Montferrat.

6. I. II. v. Brienne (Yolanda), *Kgn. v.* → *Jerusalem*, * 1212 in Akkon, † 1. Mai 1228 in Andria; Tochter → Johanns V. v. → Brienne und der Maria v. → Montferrat, Kgn. v. Jerusalem, die im Kindbett starb. I. war daher seit ihrer Geburt Kgn.; die Vormundschaftsregierung führte ihr Vater, der sie im März 1223 unter päpstl. Vermittlung mit Ks. Friedrich II. verheiratete. Dieser entsandte im Aug. 1245 14 Galeeren nach Akkon, die I. nach Schließung einer → Prokura-Ehe (Hl.-Kreuz-Kathedrale, ksl. Prokurator: Bf. Jakob v. Patti) und Krönung in Tyrus (Aug. 1225) nach Brindisi brachten, wo am 9. Nov. 1225 die Vermählung des an Alter ungleichen Paares stattfand. Aus der wohl erst 1227 vollzogenen Ehe ging → Konrad (IV.) hervor; I. starb am 1. Mai 1228 im Kindbett. Friedrich II. übte danach für Konrad die Vormundschaftsregierung im Kgr. Jerusalem aus; bis zu Konradins Ende (1268) führten die Staufer, deren kurze Herrschaft katastrophale Folgen für den lat. Osten hatte, den Königstitel v. Jerusalem.

S. Schein

Lit.: E. KANTOROWICZ, Ks. Friedrich II., 1927, I, 130–132; II, 52 – J. RILEY-SMITH, The Feudal Nobility and the Kingdom of Jerusalem, 1973, 159f. u. ö. – s. a. → Johann V. v. Brienne.

7. I. die 'Katholische', *Kgn. v. Kastilien und Aragón* 1474–1504, * 22. April 1451, Madrigal de las Altas Torres, † 26. Nov. 1504, Tochter Kg. Johanns II. v. Kastilien und seiner zweiten Gemahlin Isabella v. Portugal; durch ihre Heirat mit → Ferdinand, dem Thronerben Aragóns, Begründerin des modernen Spanien (→ Katholische Könige). Von ihrem Halbbruder Kg. Heinrich IV. zunächst für polit. Heiratsprojekte vorgesehen, wurde I. nach dem frühen Tod ihres Bruders Alfonso von der Adelsopposition gegen den Kg. als Thronerbin gegen dessen Tochter → Johanna 'la Beltraneja' als Kandidatin für die Thronfolge erkoren und im Pakt v. → Toros de Guisando als legitime Thronfolgerin anerkannt (18. Sept. 1468), mußte Kg. Heinrich aber versprechen, sich nicht ohne sein Einverständnis zu verheiraten. Angesichts verschiedener Heiratspläne des Kg.s (Alfons V. v. Portugal oder Hzg. v. Guyenne) entschloß sich I. zur Verbindung mit dem aragones. Thronerben Ferdinand. Unter Mithilfe von Fadrique → Enriquez und des Ebf.s v. Toledo, Carrillo, heirateten die beiden heiml. am 19. Okt. 1469 in Valladolid. Kg. Heinrich suchte danach vergebl., Johanna 'la Beltraneja' wieder die Erbfolge zu sichern. Nach Heinrichs Tod wurde I. am 12. Dez. 1474 in Segovia zur Kgn. ausgerufen. Nun beanspruchte Ferdinand, der legitime Kg. Kastiliens zu sein. In der Concordia v. Segovia einigte man sich, daß zu Lebzeiten I.s beide Ehepartner gemeinsam herrschen und alle Dokumente in beider Namen ausgestellt werden sollten. Im folgenden Erbfolgekrieg organisierte I. den Nachschub für die von ihrem Gemahl befehligten Truppen. Nach dem Sieg Ferdinands in der Schlacht bei Toro beteiligte sich I. an der inneren Befriedung des Reiches (Cortes v. Madrigal 1476, Reisen ins Extremadura und Andalusien), bevor 1479 im Frieden von Alcáçovas Portugal die Herrschaft I.s und Ferdinands in Kastilien anerkannte. Im gleichen Jahr starb Kg. Johann II. v. Aragón, und das Paar vereinigte nunmehr Kastilien und Aragón in Matrimonialunion. Institutionen und Verwaltung beider Kg.reiche blieben jedoch getrennt, und die Kg.e lehnten einen Vorschlag ab, sich in ihrer Herrschertitulatur 'Kg. e v. Spanien' zu nennen, obwohl sich zunächst von außen, zunehmend auch im Innern, die Bezeichnung 'Spanien' für den neuen Reichsverband durchsetzen sollte. Die Befriedung Kastiliens mit Hilfe der Santa Hermandad (→ Hermandades), die Intensivierung der überseeischen Expansion durch die Eroberung der großen Kanaren, die Wiedererrichtung der Inquisition unter kgl. Kontrolle und entschlossenes Vorgehen gegen 'oberflächl.' bekehrte Juden ('Conversos'; → Konvertiten), die Anfänge einer Kirchenreformpolitik und die Reform der Verwaltung und Rechtspflege anläßl. der Cortes v. Toledo bildeten die Schwerpunkte der Innenpolitik von 1478–82. 1481 entzündete sich durch einen maur. Überfall auf die Feste Zahara erneut der Krieg gegen → Granada, aus dem sich 1482–92 der v. a. von I. betriebene, planmäßige Rückeroberungskrieg gegen das letzte muslim. Reich der Halbinsel entwickelte. Auf Betreiben I.s erfolgte auch die Eingliederung der Ritterorden v. Santiago, → Calatrava und → Alcántara in die Krone. 1491/92 brachte mit dem Fall Granadas, der Vertreibung der Juden und der erfolgreichen, von I. begünstigten Fahrt des Kolumbus das erfolgreichste Jahr für die nachdrückl. von I. geprägte Innenpolitik. Weiterhin erschien in diesem Jahr die erste Grammatik einer europ. Volkssprache (→ Nebrija). Die späteren Jahre brachten in der von Ferdinand betriebenen Außen- und Heiratspolitik zahlreiche Rückschläge, die die Gesundheit I.s unterminierten. Nach dem Tod ihres Sohnes, des Thronfolgers Johann, starb 1500 ihr Enkel Michael, der Sohn ihrer ältesten Tochter Isabella und Thronfolger Portugals, Kastiliens und Aragóns. Die Erbfolge ging an ihre Tochter → Johanna I. 'La Loca' über, die Anzeichen von Wahnsinn erkennen ließ. In ihrem Testament setzte I.

daher Ferdinand als Regenten über Kastilien ein in der Hoffnung, Tochter und Schwiegersohn von der Erbfolge fernzuhalten bis zur Volljährigkeit ihres Enkels Karl.

H. Pietschmann

Lit.: TARSICIO AZCONA, Isavel la Católica, 1964 – M. BALLESTEROS GAIBROIS, La obra de Isabel la Católica, 1953 – J. PEREZ, Ferdinand und I. Spanien zur Zeit der Kath. Kg.e, 1989.

8. I. v. Kastilien, Infantin, * 1283, † 24. Juli 1328, Tochter Kg. Sanchos IV. v. Kastilien und Marías de Molina, ∞ →Johann III. d. Gute, Hzg. v. Bretagne, 1310. Aufgrund des Vertrages v. →Monteagudo (1. Dez. 1291) mit Kg. Jakob II. v. Aragón vermählt, wurde sie von diesem, der sich nach einem polit. Kurswechsel den de la →Cerda zuwandte, nach Kastilien zurückgesandt, ohne daß die Ehe vollzogen worden wäre. Eine Bewerbung Roberts v. Neapel, des Bruders der aragones. Kgn. →Blanca v. Anjou, führte ebensowenig zu einer Eheschließung wie weitere Heiratsprojekte, bis sie sich auf Betreiben ihrer Mutter mit Johann III. vermählte.

L. Vones

Lit.: H. ROHDE, Der Kampf um Sizilien in den Jahren 1291–1302, 1913 – M. GAIBROIS DE BALLESTEROS, Hist. del reinado de Sancho IV de Castilla, 3 Bde, 1922–28 – J. E. MARTINEZ FERRANDO, Jaime II de Aragón. Su vida familiar, I, 1948 – C. GONZALEZ MINGUEZ, Fernando IV de Castilla (1295–1312), 1976, bes. 99f.

9. I. v. Kastilien, jüngere Tochter und Miterbin von →Peter I., Kg. v. Kastilien, * 1355, † Dez. 1392; ∞ →Edmund Langley, Hzg. v. York, 1372, Söhne: →Eduard, Hzg. v. York (✕ 1415, Agincourt), Richard († 1415, hingerichtet wegen seiner Beteiligung an der Southampton-Verschwörung gegen Heinrich V.). Die Heirat diente der Sicherung der engl. Interessen an der kast. Thronfolge für den Fall, daß I.s ältere Schwester Konstanze (∞ →John of Gaunt) kinderlos sterben sollte. I. begleitete ihren Gatten auf dem erfolglosen Feldzug in Portugal 1381, und nach Thomas v. →Walsingham soll später ihre Weltläufigkeit am Hofe Richards II. Aufmerksamkeit erregt haben.

A. Tuck

Lit.: P. E. RUSSELL, The English Intervention in Spain and Portugal in the Time of Edward III and Richard II, 1955.

10. I., Infantin v. Kastilien, * 1470 Dueñas, † 1498 Zaragoza, älteste Tochter der →Kath. Kg.e, ∞ 1. ptg. Thronfolger Alfons aufgrund des Vertrages v. Alcáçovas (1490), ∞ 2. Kg. Emmanuel v. Portugal (1497), obwohl sie mehr dem klösterl. Leben zugetan war. Nach dem Tod ihres Bruders, des Thronfolgers Johann, wurde I. von den kast. Ständen als Thronfolgerin anerkannt, starb jedoch während der Cortes v. Aragón, wo sie ebenfalls zur Thronerbin proklamiert wurde, nach der Geburt des Sohnes Michael im Wochenbett.

H. Pietschmann

11. I. (Isabel, Elisabeth) **v. Portugal,** hl., Kgn., * 1269/70 in Zaragoza oder Barcelona, † 4. Juli 1336 in Estremoz, ▢ S. Clara-a-Velha in Coimbra, 1516 durch Leo X. seliggesprochen, 1625 durch Urban VIII. kanonisiert, Festtag 4. Juli (von Innozenz XII. 1695 auf den 8. Juli verlegt), Tochter Kg. Peters III. v. Aragón und der Konstanze v. Navarra, Enkelin Jakobs I. v. Aragón und Großnichte der hl. →Elisabeth v. Thüringen, nach der sie ihren Namen erhielt; ∞ Kg. →Dinis v. Portugal 1288 (bereits am 24. April 1281 Ehevertrag nach den Normen des röm. Rechts), wurde die Ehe 1288 in Barcelona durch Prokuratoren geschlossen, bevor die Kgn. am 24. Juni desselben Jahres von ihrem Gatten in Trancoso empfangen wurde. Im polit. Leben trat I. v. a. als Friedensstifterin hinter den Kulissen in Erscheinung. Sie wirkte bei den Verhandlungen mit, die zum Abschluß des Vertrags v. Alcanices führten (12. Sept. 1297), bemühte sich erfolgreich um eine Verbesserung des Verhältnisses zw. Portugal, Kastilien und Aragón und versuchte schließl., im eigenen Reich einen Ausgleich zw. Gatten und Sohn, dem Thronfolger Alfons (IV.), herbeizuführen, als sich eine länger schwelende Auseinandersetzung über die Machtstellung des kgl. Bastards Afonso Sanches zu einer bürgerkriegsähnl. Situation auswuchs (1319–24). I.s Haltung führte zu ihrer ztw. Verbannung nach Alenquer und zur Beschlagnahme ihrer Güter. Nach dem Tod Kg. Dinis' 1325 ließ sich die Kgn. in Coimbra nieder und führte in engem Kontakt mit dem Konvent v. S. Clara ein mildtätiges und monast. Leben, das durch zwei Wallfahrten nach →Santiago unterbrochen wurde. Außer dem Sohn Alfons (IV.) hatte I. eine Tochter Konstanze (1290–1313; 1307 ∞ Ferdinand IV. v. Kastilien.)

L. Vones

Lit.: BS IV, 1096–99 – DHGE XV, 217–219 [Lit.] – Dicionário de Hist. de Portugal II, 566f. – AASS Julii II, 169–213 – A. GARCIA RIBEIRO DE VASCONCELOS, Evolução do Culto de S. Isabel de Aragão, 2 Bde, 1891–94 – V. NEMÉSIO, I. de Aragão, Rainha S., 1936 – F. FÉLIX LOPES, S. I. de Portugal (Colectânea de Estudos, 2ª série, IV/I), 1952 – Nobreza de Portugal I, 1960, 195–197 – F. FÉLIX LOPES, Itinerarium 9, 1963, 193–219; 13, 1967, 17–45 – DERS., RevPort 13, 1970, 61–72 – DERS., Lusitania Sacra 8, 1970, 57–80 – DERS., A Pobreza e a Assistencia aos Pobres na Península Ibérica durante a Idade Média, II, 1973, 527–545.

12. I. v. Portugal, Hzgn. v. Burgund, * 21. Febr. 1397 in Évora, † 17. Sept. 1471 in Aire, ▢ Dijon, Kartause Champmol; Tochter Kg. Johanns I. d. Gr. und Philippas v. Lancaster, dürfte als Mitglied der 'ínclita geração' (CAMÕES) an Regierung und Verwaltung wie Finanzaktionen der Avisdynastie lange beteiligt gewesen sein, nachdem eine wohl mit Heinrich V. v. England geplante Heirat nicht zustande gekommen war. Diese Erfahrungen befähigten die ehrgeizige und – nach Enea Silvio Piccolomini – herrschsüchtige Infantin, nach ihrer v. a. von ptg. Seite beförderten Eheschließung mit →Philipp d. Guten (1430) in der burg. Politik eine bedeutende Rolle zu spielen. In der Tradition des ptg. Kronkapitalismus nahm sie Einfluß auf die lusitan.-fläm. Handelsbeziehungen, auf das Finanzwesen und prägte die burg. Kreuzzugspläne. Durch die Heirat von Brügge 1430, in deren Rahmen der auch eine Kreuzfahrergemeinschaft bildende Orden vom →Goldenen Vlies gegründet wurde, verband sich die atlant.-afrikan. ausgerichtete Expansion des chr. Portugal mit Philipps Plänen des Türkenkriegs, die durch den von Portugiesen geförderten Flottenbau einen stärker maritim-mediterranen Akzent erhielten, wie zwei Unternehmungen der vierziger Jahre in der Ägäis und im Schwarzen Meer zeigen, bei denen die Hzgn. auch geschäftl. Interessen verfolgte. Sie förderte eine Türkenallianz unter Einschluß von Aragón und Dt. Reich u. a. durch die Heirat Friedrichs III. mit ihrer Nichte →Eleonore und des burg. Vasallen Adolf v. Kleve mit Beatrix v. Coimbra. Flüchtlinge verstärkten den ohnehin großen Anteil von Portugiesen am burg. Hof, den sie auch kulturell beeinflußten (→Vasco de Lucena). Das u. a. durch die frz. Politik mitbedingte Scheitern der Kreuzfahrtprojekte, der Aufstieg der →Croy und das Zerwürfnis zw. Philipp und seinem Sohn →Karl d. Kühnen, an dem I. nach Chastellain Schuld trug, dürften sie 1456/57 zu ihrem nach außen hin religiös motivierten Rückzug nach La Motte-au-Bois (bei Hazebrouck) veranlaßt haben.

Heribert Müller

Lit.: W. SCHULZ, Andreaskreuz und Christusorden, I. v. Portugal und der burg. Kreuzzug, 1976 – A. BERCUME TAYLOR, The Diplomatic Career of I. of Portugal, 1437 to 1457 [Diss. Univ. of Colorado 1978, Ann Arbor 78–20. 568] – J. PAVIOT, Portugal et Bourgogne au XVᵉ s., Arquivos do Centro Cultural Português 26, 1989, 121–143.

Isagoge/a, εἰσαγωγή, Einführung in ein Fach (ars) bzw. in eine Fachschrift (→Boethius etwa nennt 'Porphyrii ... i.en, id est ... introductionem [vgl. ThLL] in Aristotelis Categorias'; →Otto v. Freising, Chron. 5,1 'introductionem... Topicorum Aristotilis'). →Introductio.
F. Quadlbauer

Lit.: ThLL – Material des MlatWb – M. FUHRMANN, Das systemat. Lehrbuch, 1960 – G. v. WILPERT, Sachwb. der Lit., 1989⁷.

Isagoge Iohanitii → Johannitius

Isaia der Serbe, Priestermönch des Muttergottes-Kl. v. Matejče am Schwarzen Berg bei Kumanovo (Makedonien), 2. Hälfte 15. Jh., gehört zur ältesten Generation der zweisprachigen südslav. Meloden, die Kirchenhymnen in gr. und kirchenslav. Sprache komponierten (Cod. Athen. 928, 3. Viertel 15. Jh.). Sein Œuvre umfaßt u. a. Vertonungen des Trisagion, des Ostertroparion, des Polyeleos.
Ch. Hannick

Lit.: PLP 6731 – D. STEFANOVIĆ, Stara srpska muzika. Primeri crkvenih pesama iz XV veka, 2 Bde, 1974–75, bes. I, 75–154 – N. K. MORAN, Singers in late byz. and slavonic painting, 1986, 106 – A. JAKOVLJEVIĆ, Δίγλωσση παλαιογραφία καὶ μελῳδοὶ – ὑμνογράφοι τοῦ κώδικα τῶν Ἀθηνῶν 928, 1988, 58f.

Isaias → Propheten

Isaurier, Volksstamm im sw. Anatolien, Bewohner der dünnbesiedelten und abgelegenen Gebirgslandschaft 'Isauria'. Seit der Antike als räuber. und kriegstüchtiges Bergvolk bekannt und gefürchtet, standen I. seit dem 5. Jh. im byz. Heeresdienst, wohl auch als Gegengewicht gegen die übermächtig gewordenen got.-germ. Verbände. Ks. →Zenon (474–475, 476–491) hatte von väterl. Seite her Isaur. Vorfahren. – Der Name ging über auf die bedeutende byz. Kaiserdynastie, die von →Leon III. 'dem Isaurier', der zuvor Stratege des Themas Anatolikon gewesen war, begründet wurde und 717–802 regierte. Ist das Bild der I.-Dynastie in der traditionellen Historiographie durch ihre Verstrickung in den Ikonoklasmus (→Bilderstreit) verdunkelt, so bemühte sie sich andererseits erfolgreich um militär. und polit. Stabilisierung des Reiches nach außen und um nachhaltige Reformen im Inneren (u. a. Gesetzgebung). S. im einzelnen →Byz. Reich, B.III. U.
Mattejiet

Lit.: KL. PAULY II, 1458f. – RE IX, 2056 – →Leon III.

Isenbrandt, Adriaen, fläm. Maler, * vor 1490, † 1551 in Brügge, Schüler des Gerard David, ab 1510 als angesehener Freimeister in Brügge tätig. Bezeugte Arbeiten sind nicht bekannt; es sind nur hypothet. Hauptwerk, das Diptychon mit der 'Schmerzhaften Muttergottes' (Brügge/Brüssel), sind zahlreiche qualitativ und stilist. uneinheitl. Werke gruppiert worden.
Ch. Klemm

Lit.: M. J. FRIEDLÄNDER, Early Netherlandish Painting, XI, 1974², 47ff.

Isenburg, seit dem 9./10. Jh. auftretendes edelfreies Geschlecht am Mittelrhein, nannte sich seit 1103 nach der neuerbauten Burg I. im Sayntal. Obwohl früh im Besitz von Gf.enrechten, verhinderten zahlreiche Teilungen bis zum 12. Jh. eine geschlossene Herrschaftsbildung. Die aus zwei Hauptstämmen hervorgegangenen Linien (I.-Kempenich; Braunsberg, zw. 1340–1462 Gf.en v. Wied; Kobern; Grenzau) führten als Stammwappen zwei rote bzw. schwarze Balken in Silber. Als Erben der Gf.en v. →Leiningen und v. Peilstein-Mörle-Cleeberg gelangten die I.er in die an der Lahn und den Taunusrand. Der 1407 erloschenen Linie I.-Limburg entstamme Imagina (⚭ Kg. Adolf v. Nassau; † 1313). Die Nieder-I.er Linien stellten u. a. auch den Trierer Ebf. →Arnold II. (1242–59). 1664 erlosch die letzte Westerwälder Linie (Besitz an Kurtrier und Kurköln). Vermutl. durch Einheirat in die Familie der Herren Hartmann (12. Jh.), spätestens der Herren v. Büdingen (13. Jh.), gelangen die I.er in die südl. →Wetterau und waren nach 1240 am Erbe →Gerlachs II. v. Büdingen beteiligt. Ludwig I. begann unter den günstigen Bedingungen des →Interregnums mit dem Aufbau einer Herrschaft um die Burg Büdingen und richtete 1264 den OCist-Konvent Marienborn als Hauskl. ein. Im Laufe des 14. Jh. konnten sich seine Nachfolge den Büdinger Wald als Reichslehen erwerben (1380 Waldweistum). Der Landesausbau mit Städteförderung (→Büdingen, Wenings, Wächtersbach) und dem Erwerb von Burgen und Lehen korrespondierte mit einer gezielten Heiratspolitik, durch Kauf und Tausch gelangen weitere Arrondierungen. Münzprägung ist aus dem 14. Jh. bekannt. Der Gerichtsexemtion (1434) folgte 1442 die Erhebung der Herrschaft zur Reichsgft. unter Diether I. (1408–61). Unter seinem Sohn →Diether II., Ebf. v. Mainz, wurde die Gft. durch die Stiftsfehde von 1461/63 schwer in Mitleidenschaft gezogen. Gf. Ludwig II. (1461–1511) erhielt 1476 die Ronneburg von seinem Bruder als Mainzer Lehen, 1484 gelang ihm der endgültige Erwerb des Reichsforstmeisteramts über den Büdinger Wald. Er leitete eine letzte Ausbauphase mit Rodungen und Dorfgründungen ein und modernisierte die Verwaltung. Ein Gerichtsprivileg Ks. Maximilians schloß 1495 den Vereinheitlichungsprozeß ab. 1517 wurde die Gft. unter die Ronneburger und Birsteiner Linien geteilt.
K. P. Decker

Q. und Lit.: G. SIMON, Die Gesch. des reichsständ. Hauses Ysenburg und Büdingen, 1865 – W. K. PRINZ V. ISENBURG, I.-Ysenburg. Stammtaf. des Geschlechtes, 1941 – H. PHILIPPI, Territorialgesch. der Gft. Büdingen, 1954 – H. PRINZ, Gf. Ludwig II. v. I.-Büdingen, 1954 – H. GENSICKE, Landesgesch. des Westerwaldes, 1958 – I.er Urkk. Reg. 947–1500, bearb. F. BATTENBERG, 1976 – Europ. Stammtaf. V, hg. D. SCHWENNICKE, 1978, Taf. 55–69 – K. P. DECKER, Zum Wappenwesen des Hauses I.-Ysenburg, Der Herold 19, 1986, 321–340.

Isengrimus (Ysengrimus, -grinus), mlat. Tierepos, in den Hss. anonym oder je einmal einem Nivardus, Balduinus Cecus oder Bernardus zugeschrieben, Mitte des 12. Jh. (wohl 1148/49) verfaßt von einem Kleriker in Gent (Flandern). Die insgesamt 6574 V. werden in den Hss., sofern überhaupt, in 7 B. und 4 B. und 24 Schwänke eingeteilt. Von diesen sind einige nur Teilepisoden aus antiken und ma. Fabeln (aus lat. Äsop, karol. Tiergedichten, »Ecbasis captivi« [vor 1039?], »Fecunda ratis« →Egberts v. Lüttich, »De lupo« [um 1100], mündl. Erzählgut), die in ihrer Aneinanderreihung das Erzählgerüst des Werkes ergeben. Nur den Schluß (Tod des Wolfes durch eine Schweineherde) gestaltet der Autor frei im Anschluß an die »Vita Mahumeti« (12. Jh.?), an Liturgie und Bibel. Er gibt dem Geschehen damit – entgegen der gängigen Form des volkssprachl. Tierepos, aber gemäß dem klass. Epos – einen eindeutigen Schluß, so wie auch nach dem Muster der Aeneis die Vorgesch. als eingeschobene Erzählung in der Mitte des Werkes nachholt: Am Hoftag des Löwen wird (u. a.) die Gesch. vom Wolf als Mönch vorgetragen. Daß sich hinter den tier. Protagonisten Menschen verbergen, steht außer Zweifel. Man hat an bestimmte Personen gedacht (Schlüsselroman), an Stände und Institutionen oder an allg. menschl. Typen. Allgegenwärtige Ironie macht eine Festlegung der Aussage aber fast unmögl., so schon in weltanschaul. Hinsicht (Weltverneinung, epikureischer Utilitarismus oder keines von beiden?). Die größte Bewunderung verdienen Sprache und Stil des Werkes, die lebendigen Ausdruck und volkstüml. Drastik mit klass. Schulung verbinden. Die Nachwelt hat den Text als Steinbruch für Sprichwörter (→Florilegien) und Tierschwänke (Roman de →Renart) benutzt.
F. P. Knapp

Ed.: J. MANN, 1987 [ed.; engl. Übers.] – *Übers.:* A. SCHÖNFELDER, 1955 – *Lit.:* Verf.-Lex.² VI, 1170–78 [Lit.] – F. P. KNAPP, Das lat. Tierepos (Erträge der Forsch. 121), 1979 [Lit.] – L. GOMPF, Y. und die Gereonsäule (Fschr. P. KLOPSCH, 1988) – F. R. ADRADOS, Historia de la fábula gr.-lat., II, 1985, 526–541.

Isernia, Andreas → Andreas de Isernia

Isernia, Henricus → Henricus de Isernia

Isfendiyār oġulları (ebenfalls Qïzïl Aḥmedlü oder nach ihrem Gründer Yaman Ġāndār auch Ġāndār gen.), über ein nordanatol. Kleinfsm. herrschende Fs.enfamilie. Isfendiyār (regierte 1392/93–1439/40) war prominentes Mitglied der vermutl. turkmen. Familie. Qïzïl Aḥmed war einer ihrer letzten Repräsentanten: nach der Eroberung des Fsm.s durch den Osmanen Meḥmed II. (1461) als Schattenherrscher eingesetzt, floh er zum Aq Qoyunlu-Fs.en v. Diyarbakïr, Uzun Ḥasan, an dessen Hof auch andere von den Osmanen verdrängte Fs.en Zuflucht fanden. Uzun Ḥasan wollte wohl so seinen Kampf gegen Meḥmed II. um die Vorherrschaft in Anatolien legitimieren; vor der Schlacht v. Ankara (1402) war Timur in ähnl. Weise als Beschützer der von Bāyezīd I. abgesetzten Kleinfs.en aufgetreten. Mit der Niederlage Uzun Ḥasans gegen Meḥmed II. am Otluk Beli (1473) verschwand Qïzïl Aḥmed aus dem Blickfeld der zeitgenöss. Chronisten.

Auch die ältere Gesch. des Fsm.s (Zentren: Kastamonu, Sinop) war durch die Nachbarschaft zu den weitaus mächtigeren Osmanen bestimmt: Ġelālüddīn (Kötürüm) Bāyezīd (regierte um 1361–85) sicherte den Herrschaftsbereich durch Heiratsverbindungen und Pflege freundschaftl. Beziehungen sowohl zum Osmanenherrscher Murād I. wie zum noch unabhängigen Herrn v. Amasya, den er gegen Qāḍī Burhānuddīn, den Fs.en v. Sivas, unterstützte. Sein Nachfolger verlor Land und Leben im Kampf mit dem Osmanensultan Yïldïrïm Bāyezīd I. Das durch Timur wiederhergestellte Fsm. hatte nur kurze Zeit Bestand, denn 1416/17 löste Qāsim Beg, Sohn des Isfendiyār, einen Thronfolgestreit aus, in dessen Verlauf wichtige Zentren des Fsm.s (Kalecik, Čankïrï, Ankara) an die Osmanen fielen, die auch einen Teil der Einkünfte aus dem Kupferbergwerk von Küre bereits vor der eigtl. Eroberung des Fsm.s erworben hatten.

Mehrere Fs.en der I. o. haben Moscheen, Bäder usw. gestiftet, bes. Ismāʿīl (regierte 1443–61). Auch wurden lit. Werke in ihrem Auftrag verfaßt und ihnen gewidmet. Isfendiyār spielte dank seiner aktiven Unterstützung für die Bewegung des Mystikers und Rebellen Šeyḫ →Bedrüddīn in der kleinasiat. Religionsgesch. eine bedeutsame Rolle. S. Faroqhi

Lit.: EI², s. v. Isfendiyāroġhlu – Y. YÜCEL, XIII-XV. Yüzyıllar Kuzey-Batı Anadolu Tarihi. Čobanoġulları, Candaroġulları-Beylikleri, 1980 – A. SEVIM-Y. YÜCEL, Türkiye Tarihi, Fetih, Selçuklu ve Beylikler Dönemi, 1989.

Isidor (Isidoros, Isidorus)

1. I., *Metropolit v. Kiev* (vor April 1437), Kard. (18. Dez. 1439), (lat.) Patriarch v. Konstantinopel (20. April 1459), * ca. 1380/90 (Peloponnes?), † 27. April 1463 in Rom. 1403 in Konstantinopel; spätestens 1409 in der Peloponnes nachweisbar, wo er (in Monemvasia?) unter dem Namen I. Mönch wird; vor 1434 Abt des Demetrios-Kl. in Konstantinopel; als solcher Gesandter des byz. Ks.s Johannes VIII. Palaiologos auf dem Konzil v. →Basel. Im Zuge der Vorbereitungen des zw. Johannes VIII. und Eugen IV. vereinbarten Unionskonzils zum Metropoliten v. Kiev ernannt, brach I. im Sept. 1437 von Moskau auf dem Landwege nach Italien auf. In Ferrara zu einem der sechs griech. Konzilssprecher erwählt, wirkte er neben →Bessarion als einer der eifrigsten Befürworter der am 6. Juli 1439 geschlossenen Union zw. kath. und orth. Kirche. Als päpstl. Legat für Rußland propagierte I. die Kirchenunion in Ungarn, Polen und Litauen, verlas am 19. März 1441 in Moskau das Unionsdekret, wurde jedoch von Gfs. Vasilij II. Vasil'evič inhaftiert. Nach gelungener Flucht in Tver' neuerl. (bis März 1442) eingekerkert, kehrte I. schließlich über Polen und Litauen nach Italien zurück. Er traf am 11. Juli 1443 in Siena ein, verließ die Stadt aber schon Aug. 1443, um sich im päpstl. Auftrag von neuem nach »Griechenland und Rußland« zu begeben; Okt. 1445–Okt. 1446 ist I. in Konstantinopel belegt. Spätestens Febr. 1448 wieder in Italien, brach er am 20. Mai 1452 als Legat Nikolaus' V. nach Konstantinopel auf, wo er am 12. Dez. in der H. Sophia die Kirchenunion verkündete und sich aktiv an der Verteidigung Konstantinopels gegen die →Osmanen beteiligte. I. geriet bei der Einnahme der Stadt (1453) in Gefangenschaft, konnte aber nach Kreta entkommen. Vor Ende Nov. 1453 wieder in Italien, verbrachte I. seinen Lebensabend vornehml. mit Hss.studien in Rom. O. Kresten

Lit.: PLP IV, 130–131 [Lit., Werk- und Ed. verz.] – G. MERCATI, Scritti d'I., il card. Ruteno, e codd. a lui appartenuti, StT 46, 1926 – BECK, Kirche, 765–767 [Lit.] – Misc. in hon. card. I. (1463–1963), Anal. O.S. Basilii Magni II 711, IV, 1963 – J. GILL, Personalities of the Council of Florence and other Essays, 1964, 65–78 – O. KRESTEN, Eine Slg. v. Konzilsakten aus dem Besitze des Kard.s I. v. Kiev (DÖAW phil.-hist. Kl. 123), 1976.

2. I. Buchiras, *Patriarch v. Konstantinopel*, 17. Mai 1347–Febr./März 1350, * um 1300/10 Thessalonike, † 1350 Konstantinopel, Priestersohn, zuerst Privatlehrer, dann Mönch in Thessalonike und auf dem Athos; Jünger des →Gregorios Sinaites. Ab 1325 Leiter eines geistl. Kreises insbes. vornehmer Damen, 1335/36 wieder auf dem Athos, dort Anhänger des →Palamas. 1341 Teilnehmer an der Synode gegen →Barlaam aus Kalabrien. Als Parteigänger des Johannes Kantakuzenos zum Bf. v. Monemvasia ernannt, aber nicht geweiht, am 4. Nov. 1344 von der Synode abgesetzt und exkommuniziert. Nach dem Sieg des Kantakuzenos zum Patriarchen gewählt, krönte er diesen zum Ks., erhob Palamas zum Bf. v. Thessalonike und besetzte Bf.ssitze mit Palamiten. Von einem Teil der Bf.e abgelehnt, bekämpften ihn →Akindynos und →Gregoras. Schriften: dogmat. Brief (uned., Cod. Athen. Dionys. 263), liturg. Hymnen (erwähnt von Gregoras 827f.), Testament (ed. MM I, 287–294). Nikolaos Kabasilas widmete ihm ein Epitaph (ed. LAURDAS, EEBS 22, 1952, 100f; GARZYA, Boll. Grott. 10, 1956, 54f.), Philotheos Kokkinos eine Biogr. (ed. D. G. TSAMIS, Agiologika erga I, 1985, 327–423). J.-L. van Dieten

Lit.: LThK² V, 787f. – PLP, 3140 – ThEE VI, 1017f. – V. LAURENT, RevByz 7, 1949/50, 154f. [Chronologie] – W. HELFER, Das Testament des Patriarchen I., JÖBG 17, 1968, 73–84 – G. WEISS, Joh. Kantakuzenos..., 1969, 113f., 124f., 154 – J. DARROUZÈS, Les regestes des actes du patriarcat de Constantinople I 5, 1977, 219–25 – F. TINNEFELD, Demetrios Kydones. Briefe I/1, 1981, 158–163 – A. CONSTANTINIDES-HERO, Letters of Gregory Akindynos, 1983, 348, 357, 395, 397f. – J.-L. VAN DIETEN, Nikephoros Gregoras. Rhomäische Gesch. III, 1988, Anm. 310, 473, 487, 495, 498f., 557.

3. I.(os) v. Milet, bedeutender Gelehrter und Architekt des 6. Jh. († vor 558), in gr. Q. als 'mechanikos' bzw. 'mechanopoios' (in Theorie und Praxis der Naturwiss. und Künste umfassend gebildeter Wissenschaftler) bezeichnet, von seinen Schülern 'megas didaskalos' gen. Auf seinem Gedankengut basiert das später verfaßte Buch XV der Elemente Euklids; auf seiner Textausg. beruht die Kenntnis der Werke des Archimedes; überliefert ist auch ein (verlorener) Komm. zu der Schr. über Gewölbebau des Heron v. Alexandreia. Von Justinian I. gemeinsam mit →Anthemios (2. A.) 532 mit dem Neubau der →Hagia Sophia in Konstantinopel nach der Zerstörung im Nika-Aufstand betraut, den er, nach dem Tode des Anthemios um 534, zu Ende führte. Sein Neffe Isidoros d. J. leitete den 563 fertiggestellten Wiederaufbau der Kuppel nach den Erdbebenschäden von 557/558. M. Restle

Lit.: RByzK III, 505–508.

4. I. v. Pelusion, theol. Schriftsteller, * ca. 360/370, † ca. 435, Mönch/Eremit und Priester (?) in Pelusion bei Alexandria.

Mit seinem Namen ist eine umfangreiche, im 6. Jh. in Konstantinopel zusammengestellte Slg. von 2000 Briefen erhalten (ursprgl. 3000), von denen ein röm. Diakon 49 ins Lat. übersetzt hat. Die meist kurzen Briefe behandeln v. a. exeget. Fragen, nehmen Stellung zu kirchl. Ereignissen und zeigen bes. Interesse am monast. Leben. Die Textüberlieferung ist bis heute nicht sichergestellt, inhaltl. Aufschlüsselung wie genaue biograph. Einordnung des Autors lassen noch viele Fragen offen.

K. S. Frank

Ed.: MPG 78, 177–1645 – CPG III, 5557f. – *Lit.:* ALTANER-STUIBER, §66,7 – DSAM VIII, 2097–2103 – P. ÉVIEUX, I.e de Peluse, État de recherches, RechSR 64, 1976, 321–350.

5. I. v. Sevilla, Bf. v. →Sevilla (Hispalis), einer der bedeutendsten frühma. Autoren.

I. Leben und Bedeutung – II. Werke – III. Nachwirkung und Charakterisierung.

I. LEBEN UND BEDEUTUNG: [1] *Leben und Wirken:* I., * um 560 (?) wahrscheinl. in der →Baetica (Südspanien), † 4. April 636 in Sevilla, entstammte einer großen hispano-röm. Familie, die aus der Prov. v. Cartagena vertrieben wurde (wohl von den Goten, vielleicht anläßl. der byz. Landung von 552). Eltern: Severianus und Turtura; ältere Geschwister: →Leander, Bf. v. Sevilla; Fulgentius, Bf. v. Écija (Astigis); Florentina, Nonne. Nach dem frühen Tod der Eltern wurden I. und seine Geschwister von Leander erzogen.

I. orientierte sich in seiner Laufbahn an Leander, dem Initiator der Konversion der Westgoten zum Katholizismus, dem er 599/600 als Bf. v. Sevilla nachfolgte. Er wurde Ratgeber Kg. →Sisebuts, auf dessen Wunsch I. die Arbeit an den »Etymologiae« aufnahm. Die Herstellung der polit. und kirchl. Einheit im Westgotenreich v. Toledo bildete den günstigen Rahmen für I.s Tätigkeit in der →Hispania. Sein Wirken fand den krönenden Abschluß im 4. Konzil v. →Toledo (633), dem der Bf. vorstand.

[2] *Bedeutung:* I. ist eine der zentralen Gestalten des Übergangs zw. später Antike und frühem MA. Anfangs Mönch, verfolgte I. wie →Cassiodor, von dessen »Institutiones« er zumindest das 1. Buch kannte, auch das Ziel, diejenigen Bereiche der antiken Kultur, die ihm wesentl. waren, den Zeitgenossen zu vermitteln. Doch verschob sich mit der Übernahme seines hohen Kirchenamts – ähnl. wie bei →Gregor d. Gr., dessen »Moralia« er oft benutzt hat – der Akzent: Nun standen die pastoralen Aufgaben, die er gegenüber den Angehörigen seiner Diöz. und der span. Kirche wahrzunehmen hatte, im Vordergrund. Hier liegt die stärkste Wurzel seiner isagog., belehrend-erzieher. Ausrichtung, die die Grundlage seines Schaffens bildet; dieser lehrhafte Ansatz hat über den Schulbetrieb zur dauerhaften Bewahrung und Nachwirkung seines Werks geführt.

II. WERKE: Die 17 authent. Werke des I. sind in vier Gruppen einzuteilen:

[1] An der Spitze des Gesamtschaffens steht die Trilogie der großen, fundamentalen Werke, die zugleich die sprachl., geistig-kulturelle und religiöse Bildung zum Ziel haben: »Differentiae«, »Etymologiae«, »Synonyma«.

Die beiden Bücher der »Differentiae« (d. h. der Differenzen zw. den Worten, *d. verborum*, und Sachen, *d. rerum*) sind ein noch skizzenhafter Ansatz zu einer umfassenden enzyklopäd. Summe; sie gehen auf eine bereits von den antiken Grammatikern gepflegte Gattung zurück, wobei die grammatikal. 'differentia' eine der 4 Grundeinheiten des isidorian. Erklärungs- und Ordnungssystems bildet.

Die 20 Bücher der »Etymologiae« (Bezeichnung »Origines« geht auf neuere Editoren zurück) umfassen: die →Artes liberales (1–3), Medizin (4), Recht (5), geistl. Wiss. (6–8), Sprachen und »soziale« Kenntnisse (9), ein (in die Gesamtabfolge unvermittelt eingeschobenes) Lexikon (10), die Naturkunde mit Anthropologie, Zoologie, Kosmologie, Geographie (11–15,1), schließlich »materielle Kultur« und Technik (15,2–20). Der breitgefächerte Stoff wird in kurzen Abschnitten dargeboten und geordnet auf der Grundlage der →Etymologie (1,29), die als Schlüsselbegriff des isidorian. Denkansatzes gelten kann, ergänzt durch Anwendung dreier anderer grammatikal. Kategorien: Analogie (die durch Synonyme wirksam wird), Glosse (oft durch Definition entwickelt) und Differenz (vgl. I, Cap. 28, 30, 31). Das Werk verfolgt nicht nur das Ziel, den Gebrauch des guten Lat. als universeller Kommunikationssprache aufrechtzuerhalten; vielmehr soll mit Hilfe der gen. 4 grammatikal. Grundeinheiten, die einer semant. Analyse der Wörter dienen, ein knapper systemat. Überblick des gesamten Wissens vermittelt werden. Da diese Grundeinheiten gleichsam Kategorien des isidorian. Denkens sind, wird die Grammatik zu einer globalen Methode des Zugangs zu jeder Art von Kenntnissen.

Als eine dritte Annäherung an I.s Bildungsziel können die beiden Bücher der »Synonyma« (auch: »Lamentatio animae peccatricis«) gelten. Die schulmäßige Übung des synonym. 'uersio' soll neben einer Erweiterung des Vokabulars und Begründung eines durch Synonyme bereicherten Stils (seit dem 12. Jh. 'stilus Isidorianus' gen.) zugleich auch zur geistl. Bußgesinnung führen. Die für I.s Bildungsansatz characterist. Verquickung von pädagog., ästhet. und religiösen Absichten tritt in den »Synonyma« bes. deutl. zutage. Es lassen sich diesem Triptychon noch zwei weitere Hb. zuordnen: »De natura rerum«, ein Traktat über Chronologie, Kosmologie und Astronomie; »Liber numerorum«, ein Kompendium symbol. Zahlenkunde (bes. bibl. Zahlen).

[2] Eine zweite Werkgruppe umfaßt Hb. zur bibl. Exegese, die v. a. zur Vorbereitung auf die Predigttätigkeit wie zur monast. Schriftlesung ('lectio diuina') dienen sollen: »Prooemia« (Einführungen zu bibl. Büchern); »De ortu et obitu patrum« (eine Art kleines »Who's who« der Patriarchen); »Allegoriae« (zu den typolog. Entsprechungen zw. AT und NT, grundlegend für die chr. Bibellektüre); »Quaestiones« zur Hl. Schrift, ein unvollendet überl. Werk entsprechend der chr. Literaturgattung der 'quaestiones et responsiones'.

[3] Die dritte Werkgruppe umfaßt Schriften, die auf eine Festigung von Kirche und chr. Gesellschaft zielen: »De origine officiorum« (Fulgentius v. Astigis gewidmet, traditioneller Werktitel »De officiis ecclesiasticis« ungenau), in 2 Büchern: 1. Liturgie, 2. kirchl. Hierarchie und Taufritus; »De haeresibus«, kurzer Abriß der Irrlehren; »De fide catholica contra Iudaeos«, apologet.-polem. Traktat gegen die Glaubensirrtümer der Juden; »Regula monachorum«; 3 Bücher »Sententiae«, stark von Augustin und Gregor beeinflußt, als systemat. geordnete Darstellung der Glaubenstatsachen, Spiritualität und Morallehre von

starker Wirkung auf die ma. Theologie (→Petrus Lombardus).

[4] Die historiograph. Werke umfassen: »Chronicon«, eine Universalchronik; »De uiris illustribus«, fast ausschließl. über Autoren aus Afrika und Spanien; »De origine Gothorum« (tradit. Titel »Hist. Gothorum« entspricht nicht den Hss.), Darstellung der großen hist. Begebenheiten des Gotenvolks, mit vorangestellter »Laus Spaniae«, die in hochstilisierter Kunstprosa den Ruhm Spaniens und seiner fruchtbaren Verschmelzung mit der Welt der Römer und Goten preist. Dies ist das polit. Manifest I.s für ein neues romano-got. Spanien (s. a. →Goticismus, →Hispania).

III. Nachwirkung und Charakterisierung: Die Werke I.s (mit Ausnahme der in ihrer Wirkung eher auf Spanien beschränkten historiogr. Werke) haben im nachfolgenden Jahrtausend einen außerordentl. Erfolg gehabt. Sehr früh, schon im 7. Jh., sind die Hauptwerke I.s in der lat.-insularen Kultur (Irland, ags. England) bekannt, danach – durch Vermittlung iro-schott. und ags. Missionare – im ö. Frankenreich bzw. Deutschland. Für Gallien und Italien sind direktere Wege der Rezeption faßbar, wobei Lotharingien als Kreuzungspunkt der beiden Rezeptionsströme erscheint. Hauptursache für die tiefe Wirkung des isidorian. Werkes (Dante stellt ihn im »Paradiso« Beda und Richard v. S. Victor an die Seite) ist seine Ausrichtung auf das Religiöse. Alle Werke I.s sollen der Unterweisung im Glauben und der Erkenntnis Gottes durch die Hl. Schrift und die Kirche dienen: In Erweiterung der Sehweise Gregors d. Gr. folgt I.s »Bildungsprogramm« den Ansätzen des weltl. Unterrichts und der 'doctrina christiana', wie Augustin sie zunächst den Predigern, Cassiodor seinen Mönchen anempfohlen hatte. Bis hin zur Erkenntnis der Natur bedingen und durchdringen Glauben und Wiss. einander durch die Vermittlung eines umfassenden allegor. Denkens, das sich aus Bibelexegese wie aus grammatikal. Allegorie speist.

Die angewandte Methode zur Erlangung von Kenntnissen, die stets der Besserung und Reform dienen sollen, besteht in einer Rückkehr zum Ursprung der Dinge, die sich durch die Rückkehr zum Ursprung der Wörter vollzieht, sowie durch selektive (Wieder-)Aneignung der antiken Kultur. Der Antikenbegriff ist jedoch abstrakt, anonym, eigtl. hist. Perspektiven fehlen; der Leser gewinnt nur einen indirekten, auf das Pädagog. reduzierten Zugang zur antiken Kultur; zumeist muß er sich damit begnügen, statt Autoren nur anonyme Autoritäten vorzufinden. Der schon ma. wirkende Didaktismus I.s wird gemildert durch Sensibilität für Freundschaft (vgl. einige den Etym. vorangestellte Briefe), tiefe Frömmigkeit (vgl. »Synonyma«) und ein starkes polit. Sentiment, das teils noch röm., teils bereits »national« avant la lettre (im Sinne der Gotenverehrung) geprägt ist.

Der komplexe isidorian. Stil reflektiert und verdeutlicht die extremen Gegensätze der spätantiken Ästhetik. Nostalg. Festhalten am klass. Versmaß, bis hin zu einem Attizismus, der durch den Asketismus des 'sermo humilis' noch verstärkt wird, kontrastiert mit dem theodosian. 'Barock'; letzteres schlägt sich im Synonymenstil (»Synonyma«), in poet. Kunstprosa (»Laus Spaniae«) und in gedrängten Versen (»Versus in bibliotheca«) nieder. Zumeist aber dominiert eine via media in Form einer Predigtsprache, die in einem »gemischten Latein« (Etym. 9.I,6.7: lingua mixta) gestaltet ist, das sich in voller Entwicklung befindet. Auch die Tradition der lat. Sprachbemühungen der Kirchenväter (von Augustin bis Gregor d. Gr.) wirkte auf I. ein. Die Kultur und Bildung, wie I. sie definierte und in seinem Werk erstmals Gestalt werden ließ, entsprach in vollem Umfang den Bedürfnissen und Möglichkeiten der karol. Ära, die sie an das spätere MA weitergab. J. Fontaine

Ed.: Gesamtausg.: F. Arévalo, 1797-1803, übernommen in: MPL 81-84 – Coll. ALMA, Paris [Ed., mit Übers. und Komm., in Vorber.] – Einzelwerke: Etym.: W. M. Lindsay, 1911 – De nat. rer., ed. J. Fontaine, 1960 – De eccl. off., ed. C. Lawson (CCL 1989) – Hss.: Ch. Beeson, 1913 – M. C. Díaz y Díaz, Index Script. Lat. MA Hisp. I, 1958, 28-44 – B. Bischoff (Isidoriana, s. u.), 317-344 – *Lit.*: Misc. Isidoriana, 1936 – Isidoriana (Estud. sobre S.I. de S. en el XIV aniversario de su nacimiento), ed. M. C. Díaz y Díaz, 1961 – H.-J. Diesner, I. v. S. und das westgot. Spanien, 1977 – J. Fontaine, I. de S. et la culture class. de l'Espagne wisigoth., 3 Bde, 1983² – Los Visigodos (Actas de la Semana Internac. de Estud. Visigót. Madrid 1985), hg. A. González Blanco – M. Fernández Galiano, 1986 – J. Fontaine, Tradition et actualité chez I. de S., 1988 – Le VIIᵉ s.: changements et continuités, hg. J. Fontaine – J. Hillgarth, 1990 – J. Fontaine, I. de S. padre de la cultura europ. (La conversión de Roma, 1990), 265-293 – L'Europe héritière de l'Espagne wisigoth., hg. J. Fontaine – Ch. Pellistrandi [im Dr.] – M. Banniard, »Viua uoce«: communication écrite et communication orale du IVᵉ au IXᵉ s. en Occident lat., ch. IV sur I. [im Dr.].

Iskar (Oescus, gr. Οἶσκος), thrak. Name eines Flusses in Nordbulgarien und röm. Stadt bei dessen Mündung in die Donau. Entstanden aus einem Truppenlager (wo längere Zeit die 5. Makedon. Legion stationiert war), entwickelte sie sich zu einer der größten Städte der Prov. Dacia ripensis. 328 wurde bei I. eine Brücke über die Donau gebaut. In I. wurde ein Mosaik mit einer Szene aus den 'Achäern' (Ἀχαιοί), einer bis dahin unbekannten Komödie Menanders, entdeckt. Ende 6. oder Anfang 7. Jh. wurde I., das auch Bf.ssitz gewesen war, von den Avaren zerstört. Auf den Ruinen entstand eine ma. bulg. Siedlung. I. Božilov

Lit.: Kl. Pauly IV, 247 [Ch. Danoff; Lit.] – V. Velkov, Cities in Thrace and Dacia in Late Antiquity, 1977 – Istorija na Bălgarija, I, 1980 [Ind. s. v.] – V. Beševliev, Die protobulg. Periode der bulg. Gesch., 1981 [Ind. s. v.].

Islam

I. Begriff – II. Der Islam als Religion – III. Der Islam als historisch-kulturelles Phänomen – IV. Die mittelalterlich-europäischen Beziehungen zum Islam.

I. Begriff: Die ursprgl. Bedeutung des arab. Infinitivs *islām* ist heute umstritten; während andere Ableitungen der gemeinsemit. Wurzel *slm* aus den Bedeutungsfeld 'Unversehrtheit', 'Gänze', 'Heil', 'Frieden' auf semant. Nähe dazu deuten, zielt der koran. Sprachgebrauch schließlich auf 'gänzl. Hingabe', 'Unterwerfung (unter Gott)' ab; daher kann die übereinstimmende Religion aller Propheten als I. bezeichnet werden. I. im besonderen ist im Koran die Verkündigung →Mohammeds, mit der die ideale prophet. Religion letztgültig-vollkommen in die ird. Realität eintrat, sowie die Annahme dieser Verkündigung durch Unterstellung unter die Normen der von Mohammed geführten Gemeinschaft; I. wird so der Name der Religion und einer soziokulturellen Identität, die außer deren Bekennern (mit den zugehörigen part. act. *muslim*, nom. *-a*, gen.) auch mit diesen unterschiedl. vergesellschaftete Andersgläubige umfaßt. Seit dem ersten Auftreten im Koran bis heute hat sich der Begriffsumfang von I. wiederholt erweitert, doch immer unter Einschluß der frühest faßbaren Bedeutungen.

II. Der Islam als Religion: Die Religion des I. findet ihren bündigsten Ausdruck im förml. Glaubensbekenntnis: Es gibt keinen Gott außer Gott – Mohammed ist der Gesandte Gottes. »lā ilāha illā llāhᵘ, Muḥammadun rasūlu llāhⁱ«). Damit ist nicht nur emphat., gegenüber altarab. Polytheismus wie (mißverstandener bzw. häret.-) chr. Trinitätslehre, ein Bekenntnis zum Monotheismus formuliert, sondern gleich nachdrückl. zum aus Mekka stammenden, 632 n. Chr. gest. Mohammed. Seine Botschaft findet ihren vornehmsten Ausdruck in der sich selbst Qurʾān ('Rezitation', 'Vortrag', 'Lesung') nennenden Offenbarungsschr. (→Koran), die sich weiter als verbal inspiriert und als Mohammeds Sendung beglaubigendes Wunder bezeichnet und mehrheitl. als ungeschaffenes Wort Gottes geglaubt wird; das Dogma der lit. Unnachahmlichkeit bindet ihren göttl. Charakter an den arab. Text. Mit Mohammed als 'Siegel der Propheten' sieht sich der Koran als wiederholende Vollendung der Botschaft früherer Gottesgesandter, bes. Abrahams sowie Moses' und Jesu, deren Offenbarungen allerdings von Juden bzw. Christen später verfälscht wurden (daher anders als gegenüber Polytheisten, Duldung des Bekenntnisses nicht-islam. 'Schriftbesitzer', aber im Status bes. besteuerter, unterworfener 'Schutzbefohlener'); die Verheißung des Parakleten im NT gilt als mit Mohammed erfüllt. Neben die 'Schrift' tritt, für die hist. Entwicklung des I. bei allem immer wieder auftretenden Skripturalismus womögl. höherrangig, der Lebensvollzug Mohammeds selbst, soweit er nicht schon im Koran sanktioniert ist, sowie seiner unmittelbaren Anhänger (vgl. z. B. das nichtkoran. fünfmalige tägl. Ritualgebet). Nach der Tradition empfing Mohammed die unter dem 3. Kalifen ʿUṯmān (644–656) im seitherigen Koran gesammelten Offenbarungen abschnittweise während der letzten etwa 22 Jahre seines Lebens. Sie dokumentieren außer seiner primär-religiösen Erfahrung eines persönl. allmächtigen Schöpfergottes, der sich dem fehlbaren, doch nicht erbsündigen Menschen mit Strafe drohend, aber auch vergebungsbereit zuwendet, eben auch deren Aktualisierung und Veränderung im Laufe einer Biogr., die ihn nach dem anfängl. von Selbstzweifeln erfüllten Dasein in Mekka als verachteter bzw. verhaßter Sektenprediger und Unruhestifter seit der 'Auswanderung' (hiǧra) nach Yaṯrib (dann Madīnat an-nabī, 'Stadt des Propheten' oder einfach al-Madīna, 'die Stadt') zum in religiösen und weltl. Angelegenheiten gegenüber Juden, Christen und Heiden Unfehlbarkeit beanspruchenden Führer eines auf der ganzen Halbinsel geachteten Staatswesens werden ließ. Gewaltsame Konflikte mit äußeren und inneren Gegnern wurden als gerechtfertigte Verteidigung legitimiert (nachmals als 'Kampf um Gottes willen', ǧihād [→Krieg, Heiliger], und als Gemeinschafts-, nicht aber Individualpflicht definiert). Aus der Sicherheit von Mohammeds Selbstbewußtsein als Prophet thematisiert der Koran selbst Widerspruch gegen seine Botschaft und sein Handeln; auch die spätere Exegese, die eine eigene Lehre von den 'Anlässen der Offenbarung' entwickelte, scheute sich nicht vor als zweideutig oder anstößig empfundenen Details aus Mohammeds Biogr. Der Koran nimmt etwa den Vorwurf der späteren chr. Polemik, Mohammed habe die im Koran faßbare Kenntnis der bibl. Tradition von einem (häret.) Mönch bezogen, in allgemeinerer Form auf und beantwortet ihn mit Verweis auf die arab. Sprachgestalt von Mohammeds Verkündigung. So sehr der Koran die Ausstrahlung der Religionen des Fruchtbaren Halbmondes (vgl. auch judenchr. Sekten, →Manichäismus, Zoroastrismus) bzw. Äthiopiens widerspiegelt, so deutl. artikuliert er arab. Eigenbewußtsein, bes. gegenüber äußerem polit.-militär. Druck (die relative Gewichtung der verschiedenen Faktoren im Koran unterliegt weiterhin der Diskussion). Die zunehmende Verehrung, die Mohammed als Vorbild auch abgesehen von seinem Amt als Verkünder des Korans mit der Zeit erfuhr und die ihn trotz gegenteiliger Aussagen des Korans immer mehr in eine messian. Stellung hob, führte nicht parallel zur Kodifizierung des Korans zu einer ebensolchen Slg. der über ihn umlaufenden und ständig anschwellenden Traditionen (ḥadīṯ 'Erzählung'), in denen seine Praxis (sunna 'Sitte') überliefert wurde. Wirkl. oder vorgebl. Rückbezug auf die Praxis Mohammeds wurde in der konfliktreichen Gesch. der islam. 'Gemeinde' (umma) während der ersten drei Jahrhunderte ein immer wichtigeres Mittel der Auseinandersetzung und führte schließlich zur Sichtung des nahezu uferlosen Materials, allerdings wesentl. nach dem formalen Kriterium der Lückenlosigkeit und Glaubwürdigkeit der Überliefererkette und seiner Darstellung bes. in sechs Sammelwerken kanon. Geltung. Die so definierte Sunna war schon seit dem Beginn des 3. islam. Jh. endgültig neben dem Koran als zweite Schriftq. für das System von Normen und Pflichten anerkannt worden, das als Inbegriff des islam. 'Weges' (so eine nichtterminolog. Bedeutung des Namens Šarīʿa für das Religionsgesetz) entfaltet wurde. In einer Verbindung jurist., eth. und kultischer Bestimmungen stellt es ein intentional sämtl. Lebensbereiche von Individuum und Gesellschaft überziehendes Regelwerk auf, das jedoch de facto Koran und Sunna weitgehend durch Anleihen bei regional verschiedenen Gewohnheitsrechten ergänzen mußte; seine Anwendung wurde je länger desto mehr auf die kanon. vornehml. geregelten Gebiete (bes. Erb-, Personenstands-, Sexual-, Vertragsrecht) eingeschränkt, während der polit. Bereich sich zunehmend verselbständigte. Als für Normen- und Urteilsfindung notwendige Verfahrensregeln wurden allein Analogieschluß und Konsens (dieser ex post als Unumstrittenheit von Rechtspraxis definiert) prophet. Tradition legitimiert, nach der die Gemeinde insgesamt nicht irren kann. Den Spezialisten für das Religionsgesetz ('Juristen' fuqahāʾ oder einfach 'Gelehrten' ʿulamāʾ →Ulema) wuchs allmähl. das zu, was der I. strenggenommen nicht kennt, ein Lehramt; seine Autorität in der Öffentlichkeit gab ihm auch gegenüber einer meist absolut herrschenden Obrigkeit, von der es wiederum materiell abhing, gewissen Einfluß. Sakramente dagegen gibt es so wenig wie Priestertum. Gegen die mit der Ausbildung der Šarīʿa verbundene Gefahr einer intellektualisierten, veräußerlichten Juridifizierung wandte sich die gleichzeitig erstarkende islam. Mystik (taṣawwuf 'Sufismus'), die ihrerseits in der seit Anfang existierenden asket. Richtung des I. wurzelte; in ihrer Volksnähe, die ihr wandernde Derwische ('Arme') sowie die seit dem 11. Jh. zunehmend verbreiteten, oft völlig in das Alltagsleben integrierten Bruderschaften gaben, ist die Rolle der Mystik für den gelebten I. kaum zu überschätzen. Die Spannweite ihrer Praxis reichte von weltflüchtiger Askese über strenge Šarīʿa-frömmigkeit bis zu antinomianist. Libertinage; in der Doktrin fanden sich neben Orthodoxie etwa Pantheismus und die Lehre vom schönen Jüngling als ird. 'Zeugen' Gottes. Zu Schismen im I. führte bereits wenige Jahrzehnte nach Mohammed die Auseinandersetzung um seine 'Nachfolge' (→Kalifat) in der (nunmehr nichtprophet.) Leitung der Gemeinde, die bei seinem Tode führerlos geblieben war. Die wichtigste solcher Minderheiten, die 'Partei' (šīʿa) →ʿAlīs b. Abī Ṭālib, des Vetters und Schwiegersohnes Mohammeds, schrieb ihm eine auf seine Nachkommen als 'Vorsteher' (imāme) verebbende charismat. Legitimation zu, die mythenbildenden Ausdruck in dem als erlösungsstiftendes Martyrium aufgefaßten gewaltsamen Tod Ḥusains, ʿAlīs jüngeren Sohnes, fand. Der Unfehlbarkeit der Gemeinde im Dogma der Mehrheitskonfession, die als 'Sunniten' das Beispiel Mohammeds für sich reklamierte, entspricht in der Schia diejenige der Imame (im Extrem bis zur Vergottung ʿAlīs).

III. Der Islam als historisch-kulturelles Phänomen: Mit der unter Mohammed und seinem ersten Nachfolger Abū Bakr (632–634) auf der arab. Halbinsel durchgesetzten pax Islamica wurden expansive Energien frei, die sich in den geradezu blitzartigen Eroberungen vormals byz. Territorien s. des Taurus bzw. des →Sāsānidenreiches Bahn brachen und bis etwa 715 die Grenzen des islam. Reiches bis an Pyrenäen, nordafrikan. Atlantik, Kaukasus, Oxus und Indus verschoben; trotz mehrmaliger Angriffe auf Konstantinopel selbst gelang die erstrebte Eroberung Byzanz' vorerst nicht. Mit den Anforderungen an die Organisation des expandierenden Reiches gewannen die alten Kulturländer des Vordern Orients rasch ihre Stellung zurück; auf Damaskus, Hauptstadt der →Omayyadenkalifen (661–750), folgte bald nach der Machtergreifung durch die →Abbasiden (bis 1258) die Neugründung Bagdads (762) als sinngemäßer Nachfolgerin von Seleukia-Ktesiphon, der sāsānid. Winterhauptstadt. Der äußeren folgte die innere Aneignung der hellenist. überformten vorderorient. Stadtkultur und deren Neubelebung, ob nun in Religion (breite Konversion, auch der Eliten, nach anfängl. Auswanderung nach Byzanz) und Wohlfahrt (Bau von Moscheen, Bädern, Lehrhospitälern), Wirtschaft (agrar. 'Revolution'; Luxusmanufakturen, teilweise in Monopol) und Handel (Kredit- und Bankwesen), Staat (Herrschaftsideologie; Bürokratie) und Gesellschaft (Abschließung der Frau und Haremswesen; Eunuchentum, Sklaverei, Päderastie), Wissenschaft und Philosophie (weitausgreifende Übersetzungstätigkeit höchsten Niveaus; Bibl.en), Architektur und bildender Kunst (→Kalligraphie; angewandte Kunst) oder Musik. Traditionen der arab. Halbinsel wirkten bes. in schöner Lit. und philolog. wie religiösen Disziplinen weiter und wurden bei Disputen gern zur Stützung 'orth.' Positionen gegen sog. fremde (Profan-)Wiss. ins Feld geführt. In den ersten abbasid. Jahrhunderten entstand eine urbane Laienkultur arab. Zunge, deren Größe nicht nur der Rang ihrer Werke bezeugt, sondern auch ihre relative Toleranz gegenüber doktrinärer bzw. konfessioneller und religiöser Verschiedenheit. Seit dem 10. Jh. bewies sich die Universalität des I. mit dem Wiederaufstieg des Persischen zu einer islam. Lit.sprache; iran. vermittelt war auch die Mission der zentralasiat. Turkstämme und Indiens, wodurch sich der Kreis islam. Sprachen weiter ausdehnte. Ein wichtiges regelmäßiges Forum des Austausches war die jährl. Wallfahrt nach→Mekka. Spaltungstendenzen innerhalb der islam. Ökumene machten sich, abgesehen von der Iber. Halbinsel (seit 756 als omayyad. Emirat, später Kalifat selbständig), verstärkt seit dem Beginn des 9. Jh. bemerkbar; im Laufe der folgenden Jahrhunderte entwickelte sich eine multizentrale Staatenwelt, die soweit sunnit., den Ehrenvorrang des Bagdader Kalifen als der Quelle der Legitimität anerkannte, auch wenn dieser oft auf die Rolle eines Notars vollzogener Usurpation beschränkt war. Die Einwanderung der Türken nach W-Asien seit der 1. Hälfte des 11. Jh. bedeutete einen weltgesch. Wendepunkt, obgleich das bewußt sunnit. →Selğüqensultanat gern als Schutzmacht gegen heterodoxe Bedrohungen, bes. durch das schiit. Gegenkalifat in Ägypten (969–1171) und die gezielt polit. Mord einsetzenden→Assassinen, in Anspruch genommen wurde. Nicht nur wurde mit der nun vom Sultan geförderten orth.-sunnit. Ausbildung in Hochschulen (arab.-türk.: Medrese) der Spielraum für Dissens empfindl. eingeschränkt (Durchsetzung prädestinatian. und okkasionalist. Lehren, deren Aufkommen nicht getrennt von polit.-gesellschaftl. Prozessen zu sehen ist; auf den pers.-sprachigen Raum wäre gesondert einzugehen). Im Vorderen Orient setzte sich auch endgültig ein System der Fremdherrschaft durch, das auf nichterbl. Militärlehen und einem durch Stammeskrieger verstärkten, aus Kaufsklaven rekrutierten Heer beruhte. Weiter änderten sich mit dem Eindringen viehzüchtender Nomaden Wirtschaftsformen und ethnograph. Balance. Die türk. Völkerwanderung führte ebenso zu einer weiteren Expansion des I. (Anatolien und Balkanhalbinsel) und endl. zur Eroberung Byzanz'. Im Gegensatz zur selğūq. Landnahme stand die Invasion der heidn. Mongolen im 13. Jh., die als tödl. Angriff wahrgenommen wurde (Beseitigung des Kalifats). Seither verlagerten sich die Zentren des vorderorient. I. nach Syrien-Ägypten einerseits und Iran andererseits, was die Teilung der islam. Welt besiegelte. Auch die sich gegen Ende des MA herausbildenden 'gunpowder empires' der Osmanen im türk. und arab. W, der Şafaviden in Iran und der Moğuln in Indien änderten daran nichts. Getrennt zu betrachten bliebe der arab. W (Maghrib), d. h. N-Afrika, das nur kurzfristig islam. beherrschte Sizilien und Hispanien, obgleich eine wesentl. strukturelle Identität zum O (Mašriq) besteht (z. B. hinsichtl. der Rollen von Juristen und Militärsklaven sowie deren zu Kleinfs.en aufsteigenden Führern, den 'reyes de taifas'/→Mulūk aṭ-ṭawā'if). Ethnograph. Bedingungen entsprechend war die religiös-ideolog. Diversität der seit dem Höhepunkt des Kalifats v. →Córdoba im 10. Jh. kräftig aufblühenden hispano-arab. Kultur bes. ausgeprägt, was sie wiederholten Angriffen im Namen des I. aussetzte, erstmals während des den Fall des Kalifats begleitenden Bürgerkriegs (Ende 10. Jh.), im 11. und 12. Jh. in den Verfolgungen durch die als religiös-polit. Reformbewegungen entstandenen→Almoraviden bzw. →Almohaden, die zugleich als Schutzmächte gegen die immer bedrohlichere→Reconquista auftraten. Den nordafrikan. Berberstämmen, die diese Dynastien repräsentierten und in den I. zu integrieren suchten, war es jedoch nicht vergönnt, ähnl. Persern und Türken auch ihre Sprache neben dem Arabischen gültig zu islamisieren. Auf der Iber. Halbinsel vollzog sich in den gut vier Jahrhunderten zw. der kast. Eroberung Toledos 1085, einem frühen signalhaften Erfolg der Reconquista und dem Abschluß mit der Kapitulation Granadas (2. Jan. 1492) die Ausschaltung der islam. Staaten und in deren Folge die (wenn auch erst im 17. Jh. abgeschlossene) Verdrängung zunächst der muslim. Eliten, darauf der gesamten muslim. und jüd. Bevölkerung. Dennoch war auf der Iber. Halbinsel und in Sizilien im 12. und 13. Jh. der materiell wie intellektuell überlegenen islam. Kultur unter chr. Herrschaft noch eine erstaunl. Wirkung vergönnt. Seit derselben Zeit begannen im w. Mittelmeer sowie im uneinigen N-Afrika hispan. und it. Mächte zunehmend militär. und wirtschaftl. Druck auszuüben.

IV. Die mittelalterlich-europäischen Beziehungen zum Islam: Die schon vor dem I. in der patrist. Tradition entwickelte, bes. häresiolog. Tradition anti-arab. bzw. anti-'hagaren.' oder anti-'sarazen.' Polemik ließ sich seit den traumat. empfundenen frühislam. Eroberungen leicht den veränderten Umständen anpassen; apokalypt. Gestimmtheit führte zur Bezeichnung der Muslime als Vorläufer des Antichrist. Daß byz. Kenntnisse über den I. gemäß der polem. und apologet. Lit. noch auf Jahrhunderte dürftig blieben, ist nach Lage der Dinge nicht zu verwundern und änderte im übrigen nichts an der allmähl. Anwendung des schon im Verkehr mit den Sāsāniden vorgebildeten diplomat. Protokolls auf das Kalifat sowie an der Entwicklung profitabler Handelsbeziehungen, die zur Einrichtung einer ständigen Niederlassung samt Moschee für islam. Kaufleute in Konstantinopel führten. Auch im lat. W verhinderten die krieger. Verwicklungen seit dem 8. und 9. Jh. nicht das gleichzeitige Entstehen kommerzieller und diplomat. Beziehungen (PIRENNES These kann als widerlegt gelten). Die geistige Auseinandersetzung mit dem I. blieb hier trotz der Nähe Hispaniens noch beschränkter; doch ist auch hier zw. Praxis und ideolog. Theorie zu unterscheiden (vgl. →Gerbert v. Aurillac und →Constantinus Africanus als nach Herkunft und geistiger Reichweite je verschiedene Repräsentanten des Austausches in der Zeit vor den Kreuzzügen). Die Kreuzzüge selbst waren trotz Palästinas Heiligkeit auch im (bes. volkstüml.) I. viel eher ein Ereignis europ. als islam. Gesch., obwohl ihre Auswirkungen im islam. Bereich, etwa das Ausgreifen it. Seestädte, nicht nur die dortigen Christen betraf; deren Lage verschlechterte sich nun, bes. infolge Liebäugelns mit den Mongolen, zunehmend. Materielle wie geistige Güter des islam. Orients fanden seit den Kreuzzügen immer stärkeren Eingang in Europa, auch wenn diese kaum unmittelbare Anstöße für geistigen Austausch lieferten. Viel gewichtiger war die indirekte Wirkung eines allg. gestiegenen Interesses, das im 12. Jh. nicht nur ein Petrus Venerabilis, sondern v. a. die gesamteurop., in Spanien konzentrierte arab.-(hebr.-)lat. Übersetzungsbewegung bezeugte und das kaum absehbare wiss., philolog. und theol. Folgen haben sollte.

L. Richter-Bernburg

Bibliogr.: J. D. PEARSON, Index I.icus 1906–55 [unselbständige Publ.]; Suppl. bis 1980, 1958–82 [seit 1976 mit Monogr.n] – DERS. et al., QUARTERLY INDEX I.CUS, 1981ff. – W. H. BEHN, I.ic Book Review Index, Iff., 1982ff. – DERS., Index I.icus 1665–1905, 1989 [unselbst. Publ.] – *Hbb. und allg. Lit.:* EI¹, 4 Bde, 1913–34, Suppl., 1938 – EI², 1954ff. – DSB, 16 Bde, 1970–80 – G. E. VON GRUNEBAUM, Der I. im MA, 1963 – Lex. der islam. Welt, 3 Bde, – K. KREISER u. a., 1974 – Das Vermächtnis des I.s, 2 Bde, 1980 – C. CAHEN, Introduction à l'hist. du monde musulman médiéval, 1982 – G. ENDRESS, Einf. in die islam. Gesch., 1982 – Encyclopaedia Iranica, hg. E. YARSHATER, 1982ff. – H. STIEGLECKER, Die Glaubenslehren des I., 1983² – The Cambridge Hist. of Arabic Lit., hg. A. F. L. BEESTON u. a., I: Arabic Lit. to the end of the Umayyad period, 1983 [dazu G. H. A. JUYNBOLL, Bibl. Orientalis 41, 1984, 508–517]; II: Abbasid Belles Lettres, 1989 – Gesch. der arab. Welt, hg. U. HAARMANN, 1987 – *Grdr. der arab. Philologie,* II: Lit. wiss., hg. H. GÄTJE, 1987 – Lex. religiöser Grundbegriffe: Judentum, Christentum, I, hg. A. TH. KHOURY, 1987 – *zu Einzelthemen:* G. LEVI DELLA VIDA, Biennial Conference, hg. G. E. GRUNEBAUM u. a., bisher 12 Bde, 1969ff. – *zu [I]:* EI² IV, 171b–174a [L. GARDET] – D. Z. H. BANETH, Israel Oriental Stud. 1, 1971, 183–190 – *zu [II]:* K. CRAGG, The Event of the Qur'ān, 1971 – H. RITTER, Das Meer der Seele, 1978² – F. RAHMAN, I., 1979² – W. MONTGOMERY WATT u. a., Der I., 2 Bde, 1980–85 – Koran, übers. R. PARET, I, 1982²; II [Komm., Konkordanz], 1977² – T. NAGEL, Der Koran: Einf., 1983 – al-Gazzālī, Lehre von den Stufen zur Gottesliebe, übers. R. GRAMLICH, 1984 (Freiburger I.-Stud. 10) – P. CRONE, Roman, provincial and I.ic law, 1987 – *zu [III]:* Bedeutung und Rolle des I. beim Übergang vom Altertum zum MA, hg. P. E. HÜBINGER, 1968 (WdF 202) [PIRENNE-These] – E. ASHTOR, A social and economic hist. of the Near East, 1976 – E. L. ORMSBY, Theodicy in I.ic Thought, 1984 – CH. HEIN, Definition und Einteilung der Philos., 1985 (Europ. Hochschulschr. XX/177) – P. M. HOLT, The age of the crusades... [ca. 1100–1517], 1986 (A Hist. of the Near East) – H. KENNEDY, The prophet and the age of the Caliphates... [6.–11. Jh.], 1986 – D. GUTAS, Avicenna and the Aristotelian Tradition, 1988 (I.ic Philos. and Theol. 4) [dazu: Der Islam 65, 1988, 339–342] – I. M. LAPIDUS, A Hist. of I.ic Societies, 1988 – T. NAGEL, Die Festung des Glaubens, 1988 – *zu [IV]:* TRE XVI, 336–349 [H. BOBZIN; Lit.] – M. BORGOLTE, Der Gesandtenaustausch der Karolinger mit den Abbasiden und mit den Patriarchen v. Jerusalem, 1976 – D. F. GRAF – M. O'CONNOR, The origin of the term Saracen and the Rawwāfa inscriptions, Byz. Stud. 4, 1977, 52–66 – N. A. STILLMAN, The Jews of Arab Lands, 1979 – CL. CAHEN, Orient et Occident au temps des Croisades, 1983 – Oriental. Kultur und europ. MA, hg. A. ZIMMERMANN u. a.,

1985 – Petrus Venerabilis, Schr. zum I., übers. ... R. GLEI, 1985 (Corpus i. cum-christianum, ser. Latina 1) – H. SUERMANN, Die gesch.-theol. Reaktion auf den Einfall der Muslime in der edessen. Apokalyptik des 7. Jh., 1985 (Europ. Hochschulschr. XXIII/256) – H. BUSSE, Die theol. Beziehungen des I. zu Judentum und Christentum, 1988 – K. B. WOLF, Christian martyrs in Muslim Spain, 1988.

Islamische Kunst. Der arab. Subkontinent ist archäolog. mindestens seit dem 3. Jt. anschaulich; die wenigen systemat. Unters. und Ausgrabungen vermitteln jedoch regional und zeitl. sehr unterschiedl. dichte Informationen. Der Koran verachtet die vorislam. Kultur. Die arab. Karawanenstädte Palmyra und Petra geben einen Eindruck von der bereits weitgehend mittelmeerisch umgeformten Kunst der arab. Halbinsel. Von den →Ġassāniden, der arab. Wüstenarmee der Byzantiner, sind mindestens fünf datierte Bauten erhalten; ihre Residenzstädte, vorwiegend auf dem Ǧaulān, von denen eine im 6. Jh. begonnen hatte, Damaskus zu überflügeln, sind unausgegraben. Al-Ḥīra, die Hauptstadt der arab. Grenzarmee der →Sāsāniden im s. Irak, prakt. eine riesige, kaum berührte Ruine, war Gelenk zw. Persien und der arab. Halbinsel. Beide Dynastien waren christlich. I. K. entstand in Ländern, in denen die Herrscher Muslime mit zuerst islam. Minderheiten, dann Mehrheiten waren. Allgemein und nicht unbegründet wird die i. k. nach Dynastien geordnet, von denen vom 7. Jh. bis 1500 von Spanien bis zum Iran 52 gezählt werden, weitere 17 in Zentralasien mit Afghanistan und in Indien. Die Erforschung der i. K. beginnt im W mindestens 100 Jahre nach den Anfängen der klass. Archäologie, in den Ländern des Islams noch später. Die Erforschung der i. K. in Afrika, Indonesien und China steht erst am Anfang. Die Zufälle der Erhaltung und die begrenzte Zahl von Ausgrabungen sollten auf spätere Ausweitungen und Veränderungen des jetzigen Forschungsstandes vorbereiten. Gegen die bisherige Neigung, eine unverwechselbare, mit dem Koran verbundene Kunst erst im 9. Jh. oder noch später beginnen zu lassen, scheint sich die Meinung zu verbreiten, ihre Aszendenz könnte bereits in den Mosaiken des Felsendoms in Jerusalem (691) zu erkennen sein, viel wahrscheinlicher aber in denen der Gr. Moschee v. Damaskus (706–715) und denen der nur aus Q. bekannten, gleichzeitig erneuerten Moschee des Propheten in Madīna: Visionen der Architektur und der Vegetation des im Koran versprochenen, bereits vorhandenen, aber erst nach dem Jüngsten Gericht zu beziehenden Paradieses. Das viel erörterte Bilderverbot beruht entweder auf dem Koran (16:74, keine Darst. Gottes wie im AT) oder auf tradierten Sprüchen des Propheten Mohammed (Ḥadīt) und hatte die Bildlosigkeit aller Moscheen für alle Zeit zur Folge. Da dort die im Vergleich zu den älteren Religionen wünschenswerte Beurkundung des Heilsversprechens des Korans in Bildern unzulässig war, entschlossen sich die muslim. Herrscher, ihrer Missionspflicht durch die Niederlegung der neuen, arab. Offenbarung in Schriftbändern mit Texten des Korans in so gut wie jeder Moschee zu genügen. Daher ist i. K. sehr häufig bereits dadurch erkennbar, daß ihre Werke arab. Schrift tragen oder tragen könnten. Die Offenbarung in Arab. zwang dazu, bald Pers. und später Türk. in Arab. zu schreiben, da das Gebet und damit Korantexte nur in dieser Sprache gültig waren. Daher wurden Inschriften und später Sprichwörter und Poesie auf Kunstwerken aus Keramik oder Metall in allen Ländern des Islams lange Zeit arab. geschrieben, selbst wenn die Sprache eine andere war. Die Schrift stiftete die Einheit, die wegen des Wechsels des Geschmacks, auch durch neue Dynastien bedingt, und der Abhängigkeit von lokalen Werkstoffen, Architekten und Künstlern der i. K. zu fehlen scheint. Aber alle Kulturen kennen nationale oder regionale Konstanten. Bilder, auch anthropomorphe, finden sich zu fast allen Zeiten in fast allen Ländern des Islams, nicht nur in der Buchmalerei, sondern auch auf Fresken in Häusern, Palästen und Bädern sowie auf Münzen. Sogar Skulpturen sind erhalten. Von vier Herrscherdarst. zw. etwa 710 und 743 in Jordanien, Syrien und Palästina (Quṣair ᶜAmra, Qaṣr al-Ḥair al-ġarbī, Ḫirbat al-Mafǧar) sind als Fresko innerhalb eines vielseitigen Bildprogramms und drei fast als Vollplastiken ausgeführt, neben vielen Reliefs in mehreren Maßstäben in beiden Residenzen sowie in den zuletzt gen. fast lebensgroßen Reliefs, darunter von Frauen. Auf den Wandmalereien der Paläste der irak. Stadt Sāmarrā' (838–888), einer der Residenzstädte der →Abbasiden, kommen neben Jägern und Jägerinnen, Offizieren, Tänzerinnen und Trinkszenen immer wieder auch Herrscher vor, ohne daß bestimmte gemeint zu sein scheinen.

Die Ikonographie der i.K., nicht nur in der gründlich, aber keineswegs vollständig untersuchten →Buchmalerei (Abschnitt D.), kennt wohl alle Themen, die in der w. Malerei vorkommen. Wohl vom frühen 14. Jh. an wird in Ill. zu hist. und religiösen Hss. selbst der Prophet Mohammed dargestellt, in späteren Biographien sogar sehr häufig und ohne Gesichtsschleier. Die i.K. kannte keine Malerei auf Rollen. Für die Darst. der Raumtiefe hat sich die islam. Malerei in der zu beschreibenden Zeit nie der Zentralperspektive bedient, obgleich sie der W nur durch die Aneignung des Unendlichkeitsbegriffs ∞ im 13. Jh. aus der arab. Mathematik Spaniens anwenden konnte. Obgleich die vegetabil. und geometr. Ornamentik eine bedeutende Rolle spielt, ist die ältere Lehrmeinung nur sehr partiell richtig, die i.K. sei vorwiegend dekorativ durch die Bevorzugung des Ornaments gewesen. Beide Ornamentsklassen werden im Frühislam der hellenist.-röm. Tradition entnommen und immer weiter abstrahiert, bis bei Pflanzen neue Erfindungen wie die Arabeske (schon als Relief in der Fassade der Residenz von Mschatta, Jordanien, jetzt Berlin, vor 743) und in der geometr. Klasse math. hochentwickelte Konstruktionen entstehen, die innerhalb des gewählten Systems immer nur eine begrenzte Zahl von kombinator. Verbindungen kennen und damit eine zeitl. und regionale Ordnung gestatten. Damit befaßt sich auch die math. Symmetrielehre. Der unendl. Rapport dürfte sehr bevorzugt gewesen sein, weil er nur einen Ausschnitt aus einer theoret. grenzenlosen Fläche erlaubt.

Die Erforschung der i.K. wird erschwert durch die Verluste von Büchern über Emblematik und Symbolik, von Kunsttheorien überhaupt, so daß selbst in der Frühzeit nicht verbindl. belegt werden kann, ob Motive wie die Muschel oder der »Lebensbaum« noch mit einer vorausgehenden Bedeutung verknüpft werden können, selbst wenn man sich der Metaphern der gleichzeitigen Poesie bedient. Dagegen scheint die Himmelssymbolik des Korans für Kuppeln der →Alhambra in Granada gesichert zu sein.

Die sofort als mit dem Islam verbunden erkennbare Bauform dürfte das Minarett sein, entstanden, weil durch die Präokkupation der Gebetsaufforderung durch die Christen und Juden in Mekka durch Klapper (Nāqūs) und Horn (Šofār) der Prophet zum Gebet rufen ließ, zuerst von Häuserdächern; nach etwa einem Jahrhundert kommen eigens dafür gebaute Türme neben der Moschee auf. Der Sinn der bald darauf und dann sehr häufig vorkommenden Bekrönungen der Minarette mit drei Kugeln von nach oben abnehmendem Durchmesser auf einem Stab über oder unter einer Mondsichel ist jedoch heute nicht mehr bekannt.

Während die Fassaden der Moscheen lange unaufwendig gestaltet wurden – das erste erhaltene hochdekorierte Portal ist das der Großen Moschee von Córdoba (785–786) –, bildeten die Innenräume durch das Gebet in Reihen und die Folgerungen daraus unverwechselbare große Hallen, die, auch wenn sie in Schiffen gegliedert waren, der Gemeinde den Eindruck kollektiver Einheit verliehen und die Außenmauern zur schützenden Hülle (sutra) gegen Störungen der Dämonen und des Teufels machten.

Die in der i.K. aller Zeiten häufig zu beobachtende Fülle von Ornamenten auf einem Kunstwerk, aber auch in der religiösen und zivilen Architektur, wird nicht mehr als »horror vacui« verstanden, sondern als im Orient in vielen anderen Bereichen von Alltag und Kunst vorzufindende Ehrung durch verschwender. Reichtum. Die in Europa erst spät eingetretene Trennung von Kunst und Kunstgewerbe ist für die i.K. nicht anwendbar, der nicht seltene Begriff der »Kleinkunst« war eine Brücke zu dieser Einsicht.

Textilien und Knüpfteppiche dürften die zuerst im W bekannt gewordenen islam. Kunstwerke gewesen sein, die ersteren begehrt wegen ihrer unbekannten Muster und bei Brokaten wegen der prunkvoll angewendeten Gold- und Silberfäden, die letzteren wegen der Leuchtkraft und Langlebigkeit ihrer Farben, die man vergebl. zu imitieren versuchte. Die früheste, heute noch erhaltene Gruppe sind die sog. Konyateppiche des 13. Jh. (im W keine Exemplare mehr erhalten), die nicht die erste importierte Gruppe gewesen sein dürfte.

Unter allen Künsten stand aber die →Kalligraphie am höchsten. Kalligraphen waren wie in China die höchstangesehenen Künstler. Die arab. Kultur vor dem Islam war außerordentl. inschriftenfreudig, monumentale Schriftbänder an Tempeln waren keine Seltenheit. Mit einer schwer vergleichbaren Schnelligkeit gelang es bereits 791, für den Felsendom in Jerusalem eine Mosaikinschrift von monumentaler Größe herzustellen, deren Text die Glaubensartikel der koran. Offenbarung enthält. Zahlreiche Korane, mehrere Jahrhunderte in der feierl. Einfachheit des nach der Stadt Kūfa gen. Duktus geschrieben, bezeugen die Bedeutung der arab. Schrift als Träger der neuen Religion.

Im Gegensatz zur älteren Forschung stehen uns jetzt lange Listen von Architekten und Künstlern zur Verfügung, die die Annahme, i.K. sei vorwiegend anonym, nicht mehr zulassen.

Zu den einzelnen Dynastien vgl. die Lit. S. a. →Baukunst, →Buchmalerei, →Damast, →Elfenbein, →Glas, →Kalligraphie, →Keramik, →Mosaik, →Tapisserie, Teppich.   K. Brisch

Bibl.: K. A. C. CRESWELL, A Bibliogr. of the Architecture, Arts and Crafts of Islam to 1th Jan. 1960, 1961 – DERS., Suppl. Jan. 1960 to 1972, 1973 – DERS., Jan. 1972 to Dec. 1980, 1984 – J. D. PEARSON, The Quarterly Index Islamicus I, 1977 – EI[1] – EI[2] I, s.v. »Fann« [mit Verweisen]; s. v. Masdjid – The Cambridge Hist. of Iran, 4, 1975 [O. GRABAR] – EBrit., s. v. »Formation of Islamic Art« [O. GRABAR] – Encyclop. Iranica II, 1987, s.v. Art, Islamic [P. P. SOUCEK] – Lit.: G. ROTHSTEIN, Die Dynastie der Laḥmiden in al-Ḥīra, 1899 – A. LANE, Early Islamic Pottery, 1953 – L. A. MAYER, Islamic Architects and Their Work, 1956 – DERS., Islamic Metalworkers and Their Works, 1959 – K. ERDMANN, Europa und der Orientteppich, 1962 – A. GROHMANN, Arabien, 1963 – A. LANE, Later Islamic Pottery, 1971 – R. B. SEARJEANT, Islamic Textiles, 1972 – J. SOURDEL-THOMINE u. a., Die Kunst des Islam, 1973 – K. ERDMANN, Der oriental. Knüpfteppich, 1975 – Index Géogr. du Rép. chronologique d'Épigraphie arabe, ed. J.

SOURDEL-THOMINE, 1975 – E. KÜHNEL, Die Arabeske, 1977² – M. LINGS, The Quranic Art of Calligraphy, 1978 – C. E. BOSWORTH, The Islamic Dynasties, 1980 – R. ETTINGHAUSEN, Arab. Malerei, 1981 – Rép. chronologique d'Épigraphie arabe, 1–17, hg. E. COMBE, J. SAUVAGET, G. WIET, 1931–82 – R. ETTINGHAUSEN, The Taming of the Horror Vacui in Islamic Art (Islamic Art and Archaeology, 1984) – B. OTTO, Die verzierte Keramik der Sesklo-Diunikulturen Thessaliens 1985 – G. R. D. KING, The Hist. Mosques of Saudi Arabia, 1986 – Saʿad ibn ʿAbd al-ʿAzīz al-Rāshid, 1986 – R. ETTINGHAUSEN–O. GRABAR, The Art and Architecture of Islam 650–1250, 1987 – K. BRISCH, Observations on the Iconography of the Mosaics in the Great Mosque at Damascus (Content and Context of the Visual Arts in the Islamic World, hg. P. P. SOUCEK, 1988) – D. CABANELAS, El techo del Salon de Comares en la Alhambra, 1988 – Omayyaden 661–750, Abbasiden 749–1238 (aber seit Anfang des 10.Jh. mehr nominell), Omayyaden in Spanien 756–1031: Z. M. HASSAN, Les Tulunides, 1933 – K. A. C. CRESWELL, Early Muslim Architecture, 622–750, II: Early ʿAbbāsids, Umayyads of Córdoba, Aghlabids, Ṭūlūnids and Sāmānids (751–905), 1940 – M. GOMEZ MORENO, El arte español hasta los Almohades, Arte Mozárabe, 1951 – F. HERNÁNDEZ GIMÉNEZ, El Alminar de ʿAbd al-Raḥmān III en la Mezquita de Córdoba, 1975 – K. A. C. CRESWELL, Early Muslim Architecture, 622–750, Bd. I in 2 Teilen, 1976² – DERS., A Short Account of Early Muslim Architecture, rev. und erg. J. W. ALLAN, 1989 – Fāṭimiden 909–1171: K. A. C. CRESWELL, Muslim Architecture of Egypt vol. I, Ikhshīds and Fāṭimids (939–1171), 1952 – TH. BIANQUIS, Damas et la Syrie sous la domination Fatimide (359–468/969–1076), 1986 – Die Kleinkönige Spaniens 1010–1140: C. EWERT, Span.-islam. Systeme sich kreuzender Bögen, III: Die Aljafería in Zaragoza, 1978 – Almohaden, Almoraviden 1056–1147:H. BASSET–H. TERRASSE, Sanctuaires et Forteresses Almohades, 1931 – L. TORRES BALBAS, Arte almohade, arte nazarí, arte mudéjar, 1949 – G. MARÇAIS, L'Architecture musulmane d'Occident, 1955 – C. EWERT–J. P. WISSHAK, Forsch. zur almohad. Moschee, 1. Vorstufen, 1981; 2. Die Moschee von Tinmal (Marokko), 1984 – A. BAZZANA, P. CRESSIER, P. GOUICHARD, Les châteaux ruraux d'al-Andalus, 1988 – Ayyūbiden 1169–1260: J. SAUVAGET–M. ÉCOCHARD, Les Monuments ayyoubides de Damas, 1938–40 – J. SAUVAGET, Alep, 1941 – K. A. C. CRESWELL, Muslim Architecture of Egypt, II: Ayyubids and Early Baḥrīte Mamlūks (1078–1326), 1959 – Seldschuken 1038–1194 in Persien, Irak und Syrien, 1077–1307 in Anatolien: K. ERDMANN, Das Anatol. Karavanseray des 13.Jh., 1–2, 1961; 3, 1976 [mit H. ERDMANN] – O. ASLANAPA, Turkish Art and Architecture, 1971 – K. MEINECKE, Fayencedekorationen seldschuk. Sakralbauten in Kleinasien, 1976 – S. MELIKIAN-CHIRVANI, Islamic Metalwork from the Iranian World, 8–18th Centuries, 1982 – The Anatolian Civilizations III, Topkapı Palace Museum, 1983, [N. TAPAN] – A. JIMÉNEZ MARTÍN – A. ALMAGRO GORBEA, La Giralda, 1985 – Naṣriden 1231–1492: O. GRABAR, Die Alhambra, 1976 – A. FERNANDES-PUERTAS, La fachada del Palacio de Comares [mit engl. Übers.], 1980 – Mongolen 1206–1634: B. SPULER, Die Mongolen im Iran, 1968³ – Die Mongolen. Beitr. zur ihrer Gesch. und Kultur, ed. M. WEIERS, 1986 – Mamlūken 1250–1517: E. ATIL, Renaissance of Islam, Art of the Mamlūks, 1981 – J. C. GARCI, B. MAURY, J. REVAULT, M. ZAKAIYA, Palais et Maisons du Caire, I: Époque Mamelouke, 1982 – M. H. BURGOYNE, Mamluk Jerusalem, 1987 – Spätere Mongolendynastien Īlḫāne 1276–96 und Timuriden 1370–1506: D. N. WILBER, The Architecture of Islamic Iran: The Il Khanids Period, 1969 – N. TITLEY, Miniatures from Persian Mss., 1977 – D. KRAWULSKY, Iran – Das Reich der Īlḫāne, 1978 – D. N. WILBER, Persian Gardens and Garden Pavillions, 1979 – The Cambridge Hist. of Islam, 6, 1986 [R. PINDER-WILSON, B. GRAY] – TH. W. LENTZ–G. D. LOWRY, Timur and the Princely Vision, 1989 – Osmanen 1256–1924: G. GOODWIN, A Hist. of Ottoman Architecture, 1971 – The Art and Architecture of Turkey, ed. E. AKURGAL, 1980 – Tulips, Arabesques and Turbans: Decorative Arts from the Ottoman Empire, ed. Y. PETSOPOULOS, 1982 – The Anatolian Civilizations III, Topkapı Palace Mus., 1983 [F. ÇAGMAN] – J. M. ROGERS u. a., Topkapı Sarayı Mus., 1, Mss., 1986, 2. Textilien, 1986, 3. Kleinodien, 1987, 4. Teppiche, 5. Architektur, 1980 – J. M. ROGERS–R. M. WARD, Schätze aus dem Topkapı Serail, Das Zeitalter Süleymans des Prächtigen, 1988.

Islamisches Recht → Recht, islam.

Island, Insel und Staat im Nordatlantik
I. Landnahme – II. Siedlung, Bevölkerung und Wirtschaft – III. Der isländische Freistaat. Gerichtswesen, Verfassung und Kirchenorganisation – IV. Spätmittelalter.

I. LANDNAHME: Von allen Ländern Europas wurde I. am spätesten besiedelt. Nach der →Íslendingabók des →Ari froði und der →Landnámabók (beide entstanden in der 1. Hälfte des 12. Jh.) setzte die skand. Landnahme (landnám) um 870 ein. Sie steht augenscheinl. im Zusammenhang mit der norw. Westexpansion während der Wikingerzeit und kann mit der Ausweitung des norw. Siedlungsgebietes in →Schottland und →Irland in Verbindung gebracht werden. Aus der Abhandlung »De mensura orbis terrae« (um 825) des ir. Gelehrten →Dicuil geht hervor, daß 'Thule' (womit nur I. gemeint sein konnte) von ir. Einsiedlermönchen aufgesucht und zeitweise bewohnt worden sei. Auch Ari und die Landnámabók erwähnen diese ir. Mönche (papar 'Papstleute') als einzige Bewohner der Insel; sie hätten aber nach Ankunft der ersten skand. (heidn.) Siedler rasch wieder das Land verlassen. Die Mehrzahl der skand. Siedler scheint direkt aus W-Norwegen gekommen zu sein, eine Minderheit stammte von den norw. Niederlassungen in Schottland und Irland. Dort hatte bereits eine Vermischung mit den einheim. Bewohnern stattgefunden ('hibernoskand.' Bevölkerung); zahlreiche Siedler brachten zudem kelt. Sklaven nach I. Neuere anthropolog. Unters. legen einen hohen kelt. Anteil an der frühen isländ. Bevölkerung nahe.

Hauptgrund der norw. Landnahme dürfte die Suche nach Siedlungsland gewesen sein. Nach der historiograph. Tradition I.s waren dagegen die Unterdrückungsmaßnahmen des ersten norw. Alleinkg. s →Harald hárfagri (5. H.) Grund für die Auswanderung nach I. Vermutl. haben die Reichseinigungsmaßnahmen Haralds tatsächl. zu einer Auswanderungswelle lokaler w-norw. Häuptlingsfamilien geführt, während die Auswanderung aus den Wikingersiedlungen im W durch Überbevölkerung, aber auch durch den Druck der einheim. ir. Bevölkerung verursacht wurde.

II. SIEDLUNG, BEVÖLKERUNG UND WIRTSCHAFT: [1] *Siedlung und Bevölkerung:* Nach der Íslendingabók war I. innerhalb von 60 Wintern vollständig und in definitiver Weise besiedelt (870–930: sog. 'Landnahmezeit', landnámsöld), womit Ari wohl die Aufteilung des gesamten siedlungsfähigen Landes unter den führenden Siedler, die große, extensiv genutzte Landareale in Besitz nahmen, bezeichnen wollte. Die Siedlungsdichte nahm nach 930 jedoch weiter zu; einige der größten Hofstätten stammen erst aus dem 10. oder 11.Jh. Zu Beginn des 12. Jh. hatte sich eine Siedlungsstruktur etabliert, die bis in die Gegenwart erhalten blieb. Einziger Siedlungstyp war die weiträumige Einzelhofsiedlung, Dörfer bestanden nicht. Die Höfe konzentrierten sich auf der Küstenregion (das gebirgige Zentralisland war unbewohnbar) und lagen meist unter 100 m NN, selten über 200 m NN. Die in ihren diesbezügl. Angaben unzuverlässige Landnámabók nennt 400 Siedler und ca. 600 Höfe. Unter Einbeziehung eines um 1100 erstellten Registers der zur Dinggebühr (þingfararkaup) herangezogenen Bauern, das 4560 (1311: 3812) Haushaltsvorstände aufführt, läßt sich für die Zeit vor der Pest eine ungefähre Gesamtzahl von maximal 6000 Haushalten und ca. 40 000 Einw. erschließen. Nach hohen Bevölkerungsverlusten durch die große Pest (1402–04), der die Hälfte oder gar zwei Drittel der Bevölkerung zum Opfer fielen, war um die Mitte des 15. Jh. der frühere Bevölkerungsstand wieder erreicht. Nach der ersten zuverlässigen Zählung (1703) hatte I. 50000 Einw., verteilt auf 8100 Haushalte, mit einer durchschnittl. Familiengröße von 6 Personen.

[2] *Viehhaltung und Ackerbau:* Die klimat. Bedingungen des 9. bis späten 12. Jh. gestalteten sich vergleichsweise

günstig; erst seit dem Ende des 12. Jh. ist eine deutl. Klimaverschlechterung zu beobachten. Zw. zwei Fünftel und drei Viertel des Landes dürfte Grasland gewesen sein (heute ein Fünftel); auch bestanden noch Niederwald- und Buschwerkzonen (nach Ari, durch neuere Unters. bestätigt). Die bäuerl. Wirtschaft beruhte auf extensiv betriebener Viehhaltung (Schafe, Rinder, Ziegen, Pferde), mit dem Ziel der Selbstversorgung; Fisch- und Vogelfang traten hinzu. Die Schafhaltung nahm gegen Ende des 12. Jh. zu, wohl aufgrund der Klimaverschlechterung, erreichte aber erst um 1500 ihre dominierende Stellung. Die Herstellung von Lodenstoffen in Heimarbeit *(vaðmál)* wurde – neben dem Export von Fellen und Häuten – zu einem wichtigen Erwerbszweig (vgl. die seit dem 12. Jh. neben dem 'Kuhwert', *kúgildi,* als gesetzl. Wert- und Recheneinheit auftretende *vaðmál*).

Die aus ihrer norw. Heimat an Ackerbau gewöhnten Siedler konnten wegen der günstigen klimat. Verhältnisse bis etwa zur Mitte des 12. Jh. Gerste, in geringerem Maße Hafer produzieren. Danach war Ackerbau nur mehr in S- und W-I. in bescheidenem Umfang mögl.; die Insel war stets auf Getreideeinfuhren angewiesen.

[3] *Fischerei:* Der isländ. →Fischfang entwickelte sich zu einem ertragreichen Exportgewerbe. Schon im 12. Jh. sicherte sich der Bf. v. Skálholt den wichtigen Fischereiplatz Vestmannaeyjar, im 13. Jh. kontrollierte das Kl. →Helgafell die besten Höfe an der Küste v. Snæfellsnes. Abgelegene Küstenregionen (Faxaflói, Breiðafjörður, Westfjorde) erhielten in wenigen Jahrzehnten starke Besiedlung mit wohlhabenden Hofstellen. Zu Beginn des 14. Jh. erschien isländ. Trockenfisch auf den europ. Märkten, im Austausch gegen Getreide und Getreideprodukte. Die Pestzeit in Kontinentaleuropa (ab 1349–50) unterbrach jedoch den Fischhandel, der in der Folgezeit den alten Stand nicht mehr erreichte. Der Fischfang entzog der bäuerl. Wirtschaft Arbeitskräfte, was den Grad der Selbstversorgung nachhaltig beeinflußte. Seit 1400 (und verstärkt nach der Reformation von 1540–50) kontrollierte die dän.-norw. Krone die vorher in Kirchenbesitz stehenden Fischereiplätze.

[4] *Handel:* Ein von Isländern getragener Handel kam im 12. Jh. weitgehend zum Erliegen. Norw. Kaufleute, deren Zentrum zunächst →Drontheim (Nidaros), seit dem 13. Jh. ausschließl. →Bergen war, sorgten für Erweiterung und bessere Organisation des Handels, wobei die isländ. Häuptlingsgeschlechter weiterhin die Hafenplätze der Insel (die wegen ihres saisonalen Charakters nicht zu Dauersiedlungen wurden) kontrollierten.

Gilt die Periode von 1260 bis zum Ende des 14. Jh. als »Norw. Zeitalter« *(norska öldin),* so erschienen seit ca. 1400 Fischer und Kaufleute aus England. Sie garantierten den Isländern höhere Erträge und verdrängten rasch die Norweger. Nach langen Auseinandersetzungen mit der dän.-norw. Krone willigten die Engländer schließl. in die Zahlung einer Handelssteuer ein. Das sog. »Engl. Zeitalter« *(enska öldin)* endete um 1540; danach nahmen Handelskaufleute den I.handel unmittelbar wahr.

III. DER ISLÄNDISCHE FREISTAAT. GERICHTSWESEN, VERFASSUNG UND KIRCHENORGANISATION: [1] *Gerichtswesen, Verfassung und Stellung der Goden:* Unsere Kenntnis der Anfänge des isländ. Freistaates *(þjóðveldi),* der von 930 bis 1262/64 bestand, sind fragmentarisch. Offenbar bestand die Führungsschicht der isländ. Neusiedlergesellschaft von Anfang an aus Häuptlingen. Sollen (nach der Überlieferung) schon seit ca. 900 regionale Dingversammlungen zusammengetreten sein, wurde um 930 ein zentrales, jährl. tagendes Landesding, das sog. →Allthing im SW der Insel, eingerichtet. Es war das integrierende Zentrum einer ansonsten oligarch. verfaßten und regional organisierten Gesellschaft.

Die soziale und polit. Macht lag in den Händen von 36 (später 39) Häuptlingen, den →Goden. Gegen 965 wurde das Land in 'Viertel' *(fjórðungar)* aufgeteilt und sog. Viertelgerichte *(fjórðungsdómar)* geschaffen. Hauptziel war eine ausgewogene Repräsentanz der verschiedenen Landesteile auf dem Allthing; die Einflußsphäre der einzelnen Goden wurde auf ihre jeweiligen Viertel beschränkt.

Das Gerichtssystem bestand aus den Gerichten am Frühjahrsding *(varþing),* den Viertelgerichten und nach 1000 eingerichteten sog. Fünften Gericht *(fimmtardómr),* die beiden letzteren waren dem Allthing assoziiert. Grundeinheit für den Zuständigkeitsbereich der Gerichte war das Godentum *(goðorð).* Für das Frühjahrsding waren jeweils drei Goden zuständig, von denen jeder zwölf Urteiler für das Gericht ernannte. Aus 36 Männern bestand auch das Fünfte Gericht. Die Viertelgerichte fungierten als Appellationsgerichte von den Frühjahrsdingen. Die Goden ernannten auch die Urteiler an den Gerichten des Allthings, ohne selbst aber für das Verfahren verantwortl. zu sein. Eine Exekutionsgewalt kannte das Allthing nicht. Allerdings erwartete man von dem Goden, daß er seinem 'Dingmann' *(þingmaðr)* bei der Durchsetzung seines Rechts unterstützte. Wurde dies unterlassen, konnte sich der Dingmann in den Schutz eines anderen Goden begeben.

Alle Goden hatten Sitz und Stimmrecht in der gesetzgebenden 'Kammer' des Allthings, der sog. *Lögrétta,* der noch der →Rechtssprecher *(lögsögumaðr)* und später die beiden Landesbf.e angehörten. Der Rechtssprecher – das einzige und besonders verantwortungsvolle Amt des isländ. Freistaates – war der Vorsitzende des Allthings, der in seiner dreijährigen Amtszeit u. a. die Aufgabe hatte, das gesamte geltende Recht (in drei Abschnitten) vorzutragen. Jeder neunte Dingmann folgte seinem Goden auf das Allthing. Die übrigen Dingleute zahlten eine Art Dingsteuer *(þingfararkaup).* Außerhalb der Dingversammlungen war die Autorität eines Goden allein auf seine Dingleute *(mannaforrað)* beschränkt, die auch verstreut zw. den Dingleuten anderer Goden wohnen konnten. Das Godentum war ursprgl. eine geogr. nicht fixierte Größe, im Laufe der Zeit entwickelten sich die Godentümer jedoch zu deutl. begrenzten Machtarealen.

[2] *Einführung des Christentums und Kirchenorganisation:* Über die religiösen Verhältnisse der heidn. Zeit liegen nur unsichere Nachrichten vor. Die Ansicht einer priesterl.-kult. Funktion der Goden in vorchr. Zeit wird heute abgelehnt. Das Christentum wurde vielmehr von bedeutenden Godengeschlechtern wie den *Haukdælir* und *Siðumenn* nachhaltig gefördert.

Nach Auseinandersetzungen und Verhandlungen zw. einer heidn. 'Partei' und einer kleineren, aber einflußreichen chr. Gruppierung wurde – auch nach Interventionsdrohungen des norw. Kg.s →Olaf Tryggvason – auf dem Allthing von 999 oder 1000 das Christentum als öffentl. Kultus angenommen; heidn. Bräuche waren nur noch im häusl. Bereich zugelassen.

Ohne Beziehung zum Papsttum entstand eine 'nationale', von weltl. Magnaten abhängige Kirche, die zunächst dem Ebm. →Hamburg-Bremen, nach 1104 dann dem Ebm. →Lund, nach 1152/53 der norw. Kirchenprovinz →Drontheim/Nidaros unterstand. Erst in dieser Zeit sind ebfl. und päpstl. Eingriffe in kirchl. Angelegenheiten I.s faßbar.

Der erste Bf. I.s, Ísleifr Gizurarson (1056–80), residierte

zunächst auf dem väterl. Hof →Skálholt in SW-I. Sein Sohn und Nachfolger →Gizurr Ísleifsson (1082–1106) machte diesen Hof durch eine Schenkung zum permanenten Bf.ssitz. Das dominierende Godengeschlecht der *Haukdælir*, in dessen Machtbereich Skálholt lag, und das benachbarte und befreundete Geschlecht der *Oddaverjar* (ab 2. Hälfte des 12. Jh.) waren ausschlaggebend bei der Auswahl der Bf. e. Als 1106 in →Hólar ein eigenes Bm. für das Nordviertel eingerichtet wurde, bestimmten diese beiden Geschlechter bis ca. 1200 auch dort die Auswahl der Bf. e. Das Organisationsprinzip der isländ. Kirche beruhte auf dem →Eigenkirchenwesen, das sich erst nach den Kirchenkämpfen des 12. und 13. Jh. *(staðamál)* durch den Kompromiß von 1297 allmähl. aufzulösen begann. Der →Zehnte wurde, früher als in den übrigen skand. Ländern, bereits 1096/97 eingeführt; die eine Hälfte ging an den Kircheneigner (Unterhalt von Priester und Kirche), die andere an den Bf. und den →Hrepp. Schenkungen (z. B. eines ganzen Hofes: *staðr* 'locus religiosus') waren abgabenfrei und konnten vom Kircheneigner weitergenutzt werden. Das Eigenkirchenwesen bot den isländ. Goden die wichtigste Grundlage der Besitz- und Machterweiterung.

[3] *Ausbildung von Territorialherrschaft:* Im 11. Jh. vollzog sich eine Machtkonzentration in den Händen weniger Häuptlingsgeschlechter und eine Transformation des Godentums von einem Personenverbund zu territorialer Herrschaft. Die sich herausbildenden größeren Herrschaftsbereiche *(ríki)* umfaßten in der Regel drei Godentümer und bildeten den Sprengel eines Frühjahrsdings. Die ehemals auf Freiwilligkeit beruhende Klientel eines Goden wurde als feste Gefolgschaft zu einem stabilen Machtfaktor. Eine bes. Dynamik erhielt dieser Prozeß durch den kirchl. Zehntbesitz und die Besetzung der beiden isländ. Landesbm.er, die zumeist in den Händen der großen Geschlechter der *Haukdælir* und *Oddaverjar* lag. Am Ende des 12. Jh. expandierte das im NW der Insel ansässige Geschlecht der *Sturlungar* und erreichte mit Sighvatr Sturluson und seinem Bruder →Snorri Sturluson zu Anfang des 13. Jh. den Höhepunkt seiner Macht. Bedeutende ríki errichteten in N auch die *Ásbirningar*, im O die *Svínfellingar*.

Die Ausbildung von ríki war um 1220 (im Westviertel: 1240) abgeschlossen. Die 'Groß-Goden' *(storgoðar)* umgaben sich nach norw. Vorbild mit einer Art Hofhaltung und einer krieger. Gefolgschaft. Infolge der Kontrolle der Groß-Goden über das Gerichtswesen verfiel das öffentl. Dingsystem. Ihre Verfügungsgewalt über die kirchl. Institutionen wurde von kirchl. Seite – im Zuge der von Norwegen (Drontheim) her vordringenden Reformvorstellungen – bekämpft. So wandten sich Bf. →Þorlákr Þórhallsson v. Skálholt (1178–93) und nach ihm Bf. →Guðmundr Arason v. Hólar (1203–37) entschieden gegen die Abhängigkeit der isländ. Kirche von Laiengewalt, ohne sich aber durchsetzen zu können.

[4] *Bürgerkriege und Übergang an die norwegische Krone:* In der Bürgerkriegsperiode der sog. »Sturlungenzeit« (1220–62/64) spielten sich Konflikte nur noch auf der Ebene der *ríki* ab. Die verbündeten Haukdælir und Ásbirningar besiegten in der Schlacht v. Örlygstaðir (1238) die Sturlungen, die in zunehmendem Maße die Unterstützung des norw. Kg.s suchten. Das Kgtm. verstand es, immer mehr isländ. Häuptlinge als Lehnsleute *(lendr menn)* an sich zu binden. Nachdem Snorri Sturluson 1241 als Hochverräter ermordet worden war, nutzte der Kg. dessen Godentum als Ausgangspunkt für seine Politik gegenüber I. Die Besetzung der Bm.er ausschließl. mit Norwegern (ab 1238) tat ein übriges, um den Einfluß des Kgtm.s zu festigen. Im Zuge der Bürgerkriegswirren war bis 1250 ein Großteil der Godentümer in die Hand des Kg.s gekommen; Norweger kontrollierten den Schiffsverkehr mit I. Die Einsetzung Gizurr Thorvaldssons aus dem Geschlecht der Haukdælir zum kgl. →Jarl auf I. war eine weitere Etappe der Bindung I.s an die norw. Monarchie. Zahlreiche Isländer sahen im norw. Kgtm. den Garanten für einen dauerhaften Frieden. 1262–64 wurde durch die 'Alte Übereinkunft' *(Gamli sáttmáli)* die Vereinigung vollzogen. Kg. Hákon Hákonarson sicherte seinen isländ. Untertanen die Respektierung ihres Rechtes und eine ausreichende Versorgung mit Getreide zu.

[5] *Die Anfänge der königlichen Verwaltung:* Unter Magnús Hákonarson Lagabœtir wurde das freistaatl. isländ. Recht (→Grágás) neugefaßt (→Járnsíða, 1271–73, dann →Jónsbók, 1281), die Verfassung norw. Verhältnissen angepaßt. Die Vorrechte der Goden wurden abgeschafft; ein oder zwei kgl. Statthalter *(valdsmenn,* nach 1320 *hirðstjórar)* regierten das Land. Sie wurden von Verwaltungsbeamten *(sýslumenn)* in den Vierteln und Steuerbezirken *(sýslur)* unterstützt. Der Gesetzessprecher wurde von einem kgl. Richter *(lögmaðr)* ersetzt, die gesetzgebende Kammer *(lögrétta)* wurde nach norw. Vorbild zu einem Gerichtshof mit 36 Urteilern umgewandelt, die alten Viertelgerichte und das Fünfte Gericht verschwanden. Die mächtigen Godengeschlechter der Sturlungenzeit, jetzt Lehnsleute des Kg.s, traten in den Hintergrund, während neue Familien an Einfluß gewannen. Im 14. Jh. waren die Statthalter und *sýslumenn* häufig wieder Isländer, und auch die isländ. Sonderrechte blieben gewahrt. Fiskal. und ökonom. wurde I. von Bergen aus verwaltet.

1297 wurde im Konkordat von Avaldsnes eine Einigung über die Eigentumsrechte am isländ. Kirchengut erzielt. Danach wurden alle Höfe, die in ihrer Gesamtheit eine Schenkung an die Kirche darstellten *(staðir),* aber de facto in den Händen von Laien (den Hofbesitzern) lagen, der kirchl. Autorität unterstellt; Höfe, die nur zum Teil der Kirche gehörten, verblieben in Laienhand.

IV. SPÄTMITTELALTER: Infolge der norw.-schwed. Personalunion von 1319, die eine stärkere O- und S-Orientierung der norw. Politik beinhaltete (Verlagerung der kgl. Kanzlei von Bergen nach Oslo), geriet I. polit. in eine Randlage, spielte jedoch als kgl. Einnahmequelle weiterhin eine wichtige Rolle. Die Steuereinkünfte aus I. und den anderen 'Schatzlanden' (Färöer, Orkneys, N-Norwegen) gingen nicht mehr über das Bergener Schatzamt, sondern direkt an den Kg. Die 1354 eingeführte Steuerpacht (durch *leiguhirðstjórar)* führte zu einem härteren Regiment der Statthalter, wurde aber nach isländ. Widerstand (1361 Ermordung eines Statthalters) wieder aufgegeben, die Fiskalverwaltung reformiert. Die norw.-dän. Personalunion von 1380 hatte für die verfassungsmäßige Stellung I.s keine Auswirkungen.

Das 15. und frühe 16. Jh. war von einem handels- und machtpolit. Vordringen Englands geprägt. Die Errichtung fester engl. Stützpunkte in I. durch engl. Kg. nennt I. 1460 »terra nostra Islandia« rief Gegenmaßnahmen hervor (1480, 1490: Überwinterungsverbot des Allthing für alle, die nicht Untertanen der dän.-norw. Krone waren). Durch die Wiederbelebung eigenen dän.-norw. Schiffsverkehrs mit I. am Ende des 15. Jh. wurde das engl. Übergewicht allmähl. beseitigt. Auf kirchl. Gebiet bemühte sich der durch den Papst eingesetzte engl. Bf. v. Hólar und Skálholt, John Craxton (1425–35), die isländ. Kirche aus dem Metropolitanverband v. Drontheim/Nidaros herauszulösen, wurde aber schließl. des Landes verwiesen. Danach fungierten als Bf.e zumeist Isländer.

Die Reformation wurde nach dän. und norw. Vorbild 1540–50 gegen kath. Widerstand eingeführt, der letzte kath. Bf., Jón Árason, 1550 in Dänemark enthauptet.
M. Stefánsson

Lit.: K. MAURER, I. Von seiner ersten Entdeckung bis zum Untergang des Freistaates (ca. 800–1264), 1874 [Neudr. 1969] – J. HELGASON, I.s kirke fra den Grundlæggelse til Reformationen, 1925 – E. O. SVEINSSON, The Age of the Sturlungs, Islandica 36, 1953 – Ó. LARUSSON, Lov og ting. I.s fortfatning og lover i fristatstiden, 1960 – O. EINARSDOTTIR, Studier i kronologisk metode i tidlig islandsk historieskrivning, 1964 – H. KUHN, Das alte I., 1971 – S. RAFNSSON, Studier i Landnámabók, 1974 – Saga Í., ed. S. LINDAL, 1974ff. – J. JOHANNESSON, A Hist. of the Old Icelandic Commonwealth. Íslendinga Saga, 1974 – G. KARLSSON, Goðar und Höfðingjar in Medieval Iceland, Saga-Book 19, 1974–77, 358–370 – D. STRÖMBÄCK, The Conversion of Iceland, 1975 – L. F. SAUGSTAD u. a., The Settlement of Iceland, Norwegian Archaeological Review 10, 1977, 60–81 – R. F. TOMASSON, Iceland. The First New Society, 1980 – B. E. GELSINGER, Icelandic Enterprise. Commerce and Economy in the MA, 1981 – S. GISSEL u. a., Desertion and Land Colonization in the Nordic Countries c. 1300–1600, 1981 – P. H. SAWYER, Kings and Vikings. Scandinavia and Europe AD 700–1100, 1982 – K. HASTRUP, Culture and Hist. in Medieval Iceland, 1985 – B. THORSTEINSSON, I. Politikens Danmarks Hist., 1985 – J. L. BYOCK, Governmental Order in Early Medieval Iceland, Viator 17, 1986, 19–34 – M. STEFÁNSSON, Bergen – I.s første hovedstad. Kjøpstad og rikssentrum, 1986 – J. L. BYOCK, Medieval Iceland. Society, Sagas and Power, 1988 [Lit.].

Isländische Sprache und Literatur → Altnordische Literatur; →Edda, →Saga usw.

Isle of Ladies, The, anonyme, früher fälschl. →Chaucer zugeschriebene me. Liebeserzählung in kurzen, meist vierhebigen Reimpaaren, ca. 1475, wahrscheinl. aus den nw. Midlands. – In einer Traumvision erlebt der emotional engagierte Ich-Erzähler auf einer von Frauen bewohnten »gläsernen« Insel, die an →Artus' Avalon und das sagenumwobene Atlantis erinnert, handlungsreiche Bilder seiner Liebessehnsucht nach der Dame seines Herzens. Die zwei Teile der Handlung werden wesentl. durch die Abweisung und schließlich Erhörung der männl. Inselbesucher bestimmt. – Das Werk ist zahlreichen literar. Vorbildern verpflichtet – insbes. dem →Rosenroman und Chaucers »House of Fame«; daneben finden sich Züge volkstüml. Märchenhaftigkeit und Anspielungen auf zeithist. Ereignisse. In komplexer Symbolik wird der alte Kult des *amour courtois* (→Minnehöfe) durch die höf. Amazonen ad absurdum geführt. Der Autor scheint – das legen auch die einfache Sprache und die Selbstaussagen des Erzählers nahe – ein Bürger gewesen zu sein. M. Markus

Bibliogr.: Manual ME 4. XI, 1973, 1096f., 1304f. [Nr. 51] – *Ed. und Lit.*: J. B. SHERZER, The I. of L., 1903 – A. JENKINS, The I. of L., 1980.

Isle of Man → Man

Íslendingabók (»Buch von den Isländern«; »Libellus Islandorum«), das älteste überlieferte Gesch.swerk (und zugleich das älteste schriftl. Werk) des Nordens. Autor ist der Isländer →Ari enn fróði Þorgilsson (1067/68–1148). Der vorliegende volksprachl. Text ist nach Ausweis des Prologs die revidierte Fassung eines älteren, nicht erhaltenen Buches von Ari über die frühe Gesch. Islands bis ca. 1188. Beide Bücher wurden, vermutl. um 1125, auf Anregung der isländ. Bf.e →Þorlákr v. →Skálholt (1118–33) und Ketill v. →Hólar (1122–45) geschrieben und dem Gesch.sgelehrten →Sæmundr Sigfússon zur Überprüfung vorgelegt. Die von →Snorri Sturluson im Prolog zur »Heimskringla« rühmend hervorgehobene Í. zeichnet sich durch sorgfältige chronol. Einrichtung aus, orientiert v. a. an den Lebensdaten norw. Kg.e, aus und stützt sich auf die mündl. Berichte von Gewährsleuten, die dem einflußreichen sw.-isländ. Häuptlingsgeschlecht v. Haukadalur entstammten und in Verbindung zur dort eingerichteten Schule standen (u. a. Hallr Þorarinsson, Teitr Ísleifsson). An schriftl. Q. standen Ari wohl die Vita des hl. Edmund, Bedas »Hist. eccl.«, Adam v. Bremen und Annalen zur Verfügung. Inhaltl. Hauptschwerpunkte sind: Besiedlung →Islands, Gesetzgebung nach norw. Vorbild (»Úlfljótslög«) und Einrichtung des →Allthings (Kap. I–V); Entdeckung →Grönlands, mit Erwähnung 'Vinlands', →Amerika (Kap. VI); Einführung des Christentums auf Island und Wirksamkeit der ersten isländ. Bf.e Ísleifr Gizurarson und →Gizurr Ísleifsson (Kap. VII–X).
H. Ehrhardt

Ed.: H. HERMANNSSON, The Book of the Icelanders (Islandica XX), 1930 [Nachdr. 1979; mit engl. Übers.] – J. BENEDIKTSSON, Í., Landnámabók (Islenzk Fornrit 1), 1968 – *Dt. Übers.*: W. BAETKE, Islands Besiedlung und älteste Gesch. (Thule 23), 1928, 1967² – *Lit.*: K. SCHIER, Die Lit. des Nordens (Neues Hb. der Lit.wiss. 7, 1981), 554ff. – →Ari enn fróði.

Íslendingasögur (aisländ. 'Isländergeschichten', 'Isländersagas', auch Familiensagas, Geschlechtersagas), ca. 35 aisländ. hist. Prosaerzählungen, die am meisten originale und künstler. insgesamt wertvollste Gruppe innerhalb der aisländ. →Sagalit. Sie sind eine rein isländ. Schöpfung und ohne Gegenstück in der europ. Lit. des MA. Die Í. spielen alle zw. ca. 850 und 1030, also in überwiegend heidn.-hist. Zeit, im Unterschied zu den →Fornaldarsögur, deren Handlungen in sagenhafter Vorzeit angesiedelt sind, sowie den sog. 'Samtidssagaer' ('zeitgenöss. Sagas'), die Ereignisse nach ca. 1115 schildern. Die Í. handeln von Isländern der ersten Generationen nach der Besiedlung der Insel, in einigen Fällen erstreckt sich die Handlung auch auf die Generation vor der Auswanderung. Schauplatz ist meist Island, bisweilen auch das Mutterland Norwegen, in geringerem Maße die übrigen Nachbarländer. Damit unterscheiden sie sich von den überwiegend auf Norwegen konzentrierten Sagas über die norw. Kg.e (→Konungasögur). Ein gattungsspezif. Merkmal der Í. ist ihr Auftreten als realist., hist. zuverlässige Lit. Dies wird unterstützt durch eine reiche Verwendung realer Orts- und Geländenamen sowie häufig durch eine Anknüpfung der Sagahandlung an die Regierungszeit norw. Kg.e. Hinweise auf Überlieferungsgut sind häufig, und der stets anonyme Sagaverfasser präsentiert seine Erzählung meist so, als habe er alles selbst gehört. Ein großer Teil der handelnden Personen ist auch in anderen Í. erwähnt oder in der →Landnámabók belegt. Die meisten Í. zitieren Skaldenstrophen (→Skáld), die als Handlungsrepliken oder als Beleg für die Zuverlässigkeit der Darstellung dienen. Die Authentizität vieler Skaldenstrophen ist indessen umstritten. Charakterist. für das Genre ist weiterhin der objektive Erzählstil mit dem Grundprinzip, nur zu schildern, was Zeugen hätten miterleben und berichten können. Diese Objektivität schließt nicht aus, daß die Í. doch bestimmte Werte und Normen vermitteln, allerdings werden Wertungen auftretenden Personen in den Mund gelegt oder als landläufige Ansichten dargestellt.

Die Í. handeln von Konflikten in der obersten Schicht der bäuerl. Bevölkerung, den sog. Häuptlingen. Dabei wird eine Gesellschaft ohne zentrale Exekutivgewalt geschildert, die in ihren Grundzügen der in den ältesten isländ. Gesetzen (→Grágás) zugrundeliegenden Gesellschaftsform entspricht. Thematisiert wird das Problem individueller Integrität und Selbstbehauptung gegenüber der gesellschaftl. Forderung nach Frieden und Eintracht. Entsprechende chr. Vorstellungen treten explizit nur selten hervor. Thema ist die Ehre im weiteren Sinne als eine das Individuum bestimmenden gesellschaftl. Norm;

Bruch des Friedens, Ehrkränkung, Blutrache und Vergleich sind tragende Handlungsmotive. Der Umfang der einzelnen Sagatexte schwankt zw. dem eines großen Romans und einer längeren Novelle. Kompositor. werden sie von den sog. *þættir* (sg. *þáttr*), kürzeren episodenhaften Erzählungen über einen bestimmten Personen- oder Themenkreis, abgegrenzt. Auch kompositor. unterscheiden die Í. sich untereinander. Einige konzentrieren sich auf eine Hauptperson und nähern sich somit der Biogr. (z. B. Hrafnkels saga Freysgoða); hierzu gehören auch die 'Skaldensagas' mit einem Skalden als Hauptfigur (z. B. Kormáks saga). Andere handeln von einzelnen oder mehreren Geschlechtern und verfolgen deren Gesch. über mehrere Generationen hin (z. B. →Laxdœla saga) oder befassen sich mit den Bewohnern eines bestimmten Gebietes (z. B. →Eyrbyggja saga); keine der Sagas aber hat Island als Ganzes zum Gegenstand. Einige Texte sind von loser episod. Struktur, andere haben einen komplexen und wohldurchdachten Aufbau.

Die Í. sind der Teil der Sagalit., der von der Forsch. am intensivsten diskutiert wurde. Wichtige, aber immer noch ungeklärte Probleme betreffen Ursprung, Historizität und Datierung. Nach Ansicht der älteren Forsch. sind die bewahrten schriftl. Sagas weitestgehend Niederschrift mündl. Tradition ('Freiprosalehre'), während sie nach der seit den 1930er Jahren vorherrschenden Meinung v. a. schriftl. Verf. arbeiten sind, die sich in unterschiedl. Ausmaß auf eine Überlieferung stützen und somit eher einem hist. Roman ähneln ('Buchprosalehre'). Auch das frühere Vertrauen auf den hist. Q.wert der Sagas konnte nicht aufrechterhalten werden. Insbes. ist strittig, ob die Í. als glaubwürdige Q. für die vorchr. Gesellschafts- und Religionsverhältnisse gelten können. Die Gattung jedenfalls hat eine Konvention geschaffen, nach der die Texte als hist. betrachtet werden sollen; ihre hist. Zuverlässigkeit muß aber in jedem Einzelfall überprüft werden. Die genaue Datierung der einzelnen Í. ist nicht mögl. (keine Originalüberlieferung): Die ältesten Í. wurden wohl um 1200 geschrieben, die Produktivität der Gattung endet zu Beginn des 14. Jh. Das älteste bewahrte Hs.-Frgm. stammt von ca. 1250 (Egils saga Skallagrímssonar), einige weitere können in die Zeit vor 1300 datiert werden, die bedeutendsten Hs.-Überlieferungen datieren jedoch erst aus dem 14. und 15. Jh.   P. Meulengracht Sørensen

Ed.: An. Sagabibl., 18 Bde, 1892–1929 – Íslenzk fornrit, 2–12, 14, 1933ff. – *Übers.*: Thule. An. Dichtung und Prosa, 24 Bde, 1912–30 [Neuausg. 1963–67] – *Lit.*: KL VII, 496–513 [E. O. Sveinsson] – S. Nordal, Sagalit.en, Nordisk Kultur VIII B, 1953, 239–315 – Th. M. Andersson, The Problem of Icelandic Saga Origins – Ders., The Icelandic Family Saga, 1967 – Kindlers Lit.-Lex. III, 1968, 2698–2707 [K. Schier] – Ders., Sagalit., 1970 – W. Baetke, Die Isländersaga, 1975 – K. Schier, Die Lit. des Nordens (Neues Hb. der Lit. wiss. VII, 1981), 535–574 – C. J. Clover, Icelandic Family Sagas, 1985 – J. Kristjansson, Eddas and Sagas, 1988, 203–298.

Isles of Lordship → Hebriden

Islip, Simon, *Ebf. v. Canterbury* seit 1349; † 26. April 1366 in Mayfield (Sussex), ◻ Canterbury, Kathedrale. Aus Northamptonshire stammend, studierte er Recht (wohl in Oxford). Seit 1329 Kanoniker in →Lincoln, diente er als Kanzler, Offizial und Generalvikar dem Bf. Henry Burgersh. Nach dessen Tod († 1340) wurde er Offizial in Canterbury und Ratgeber →Eduards, des »Schwarzen Prinzen«. Kg. Eduard III. betraute ihn mit diplomat. Missionen und dem Amt des →*Keeper of the Privy Seal* (1347–50). I. wurde vom Kg. zum Ebf. ernannt, nachdem seine beiden Vorgänger am Schwarzen Tod gestorben waren. Der Ebf. blieb bis 1363 reguläres Mitglied des King's →Council. Seine Amtszeit bildete eine wichtige Etappe in der Gesch. der →Convocation v. Canterbury. I. gründete Canterbury Hall (Oxford) für die Mönche seines Kathedralpriorates.   R. L. Storey

Lit.: DNB X, 511f. – BRUO II, 1006–1008 – R. L. Storey, S.I. (Ecclesia Militans, hg. W. Brandmüller, H. Immenkötter, E. Iserloh, I, 1988), 129–155.

Ismailiten, Name mehrerer schiit. Sekten gemeinsamen Ursprungs, abgeleitet von Ismāʿīl b. Ǧaʿfar (gest. 755), Nachkomme Muḥammads in der 6. Generation und Ahnherr der von den I. anerkannten Linie ihrer Oberhäupter (Imame). Ismāʿīl ist nach der Zählung der I. der 6. Imam. Die Bezeichnung der I. als 'Siebener-Schiiten' ist irreführend; zwar endete die Linie ihrer Imame ursprgl. beim siebten, einem Sohn des Ismāʿīl, doch wurde sie später von verschiedenen Untergruppen weitergeführt. Nach der Lehre der I. ist die immer gleiche göttl. Offenbarung, die 'wahre Religion' *(dīn al-ḥaqq)*, hinter den Gesetzesvorschriften der verschiedenen prophet. Religionen verborgen und nur einem kleinen Kreis von Eingeweihten zugängl.; der 'äußere' *(ẓāhir)* Wortlaut z. B. von Thora, Evangelium oder Koran verhüllt den 'inneren' *(bāṭin)* Sinn der Gebote und Verbote, der nur durch Decodierung *(taʾwīl)* erkennbar gemacht werden kann; die I. wurden daher von ihren Gegnern 'Bāṭiniten' gen. Ihre älteste Lehre verband eine Kosmologie gnost. Typs mit der (allg. schiit.) Erwartung der Wiederkehr eines Retters, des entrückten und verborgenen, von Gott 'rechtgeleiteten' *(mahdī)* Imams. Seit dem 10. Jh. wurde die Theologie der I. durch die Rezeption neuplaton. Texte (in arab. Übers.) hellenisiert.

Im Irak im 9. Jh. entstanden, wurde die Geheimlehre der I. durch Werber *(dāʿī)* in kürzester Zeit in der ganzen islam. Welt verbreitet; konspirative Zellen ('Inseln') entstanden im Irak, an der arab. Golfküste, in N-Iran, Jemen, Sind (Pakistan), Syrien, Ägypten und im heut. Algerien; Zentrum der geheimen Propaganda war bis Ende 9. Jh. Salamya in Syrien (sö. von Ḥamāt). 909 konnten die I. in N-Afrika das Emirat der →Aġlabiden von Kairuan stürzen; das Oberhaupt der Sekte trat als der verheißene 'Rechtgeleitete' *(al-Mahdī)* aus der Nachkommenschaft Muḥammads und seiner Tochter Fāṭima (→Fāṭimiden) hervor und wurde als Gegenkalif inthronisiert. 909–1171 waren die Fāṭimiden die Imame der I. (seit 973 Sitz in Kairo). Nach dem Sturz der Dynastie durch Saladin erlosch die Sekte in Ägypten und N-Afrika, behauptete sich aber – wenn auch in mehrere Gruppen zersplittert – in anderen Teilen der islam. Welt bis heute.

Die Sekte der Qarmaṭen im Irak und in O-Arabien (Zentrum im heut. Hofūf) hatte sich schon 899 abgespalten und verweigerte den Fāṭimiden die Anerkennung. Zu weiteren Schismen kam es 1017 (Drusen), 1094 nach dem Tod des designierten kinderlosen Imams Nizār (Nizāriten) und 1130 beim Verschwinden des Thronfolgers aṭ-Ṭayyib (Ṭayyibiten oder Mustaʿlīs). Zentrum der Nizāriten war die Burg Alamūt im nordiran. Elburs; von dort suchten sie durch Attentate auf Herrscher, Wesire und Richter die Staaten der Seldschuken und Fāṭimiden, dann auch die der Kreuzfahrer zu destabilisieren. Das Oberhaupt der syr. Zelle der Nizāriten, der 'Alte vom Berge' *(šaiḫ al-ǧabal)* der Kreuzfahrer, hatte seinen Sitz meist in der Burg Maṣyāf. Der in den lat. Q. für die Nizāriten übliche Name war 'assassini' (→Assassinen). Die Ṭayyibiten erwarten bis heute die Wiederkunft des 1130 verschwundenen Imams aṭ-Ṭayyib; ihr Oberhaupt, der Dāʿī muṭlaq (der 'absolute Missionar') ist sein Stellvertreter. Bis zum 15. Jh. saß dieser im Jemen; dann wichen die

Ṭayyibiten dem Druck der jemenit. Herrscher und verlegten ihr Zentrum nach Nordwestindien. In Indien werden die Ṭayyibiten als *Bohoras* ('Kaufleute') bezeichnet; von dort haben sie sich – wie die Nizāriten *(Khodjas)* – über alle ostafrikan. Küstenstaaten und Madagaskar ausgebreitet. Die meisten Nizāriten anerkennen den 1936 geb. Karim Agha Khan IV. als Imam.　　　　　　　　　　H. Halm

Lit.: W. Ivanow, Brief Survey of the Evolution of Ismailism, 1952 – W. Madelung, Das Imamat in der frühen ismailit. Lehre, Der Islam 37, 1961, 43–135 – B. Lewis, The Assassins, 1967 [dt. 1989] – H. Halm, Kosmologie und Heilslehre der frühen Ismāʿīlīya, 1978 – S. M. Stern, Stud. in Early Ismāʿīlism, 1983 – H. Halm, Die Schia, 1988, 193–243.

Isokephalie ('Kopfgleichheit', gr. Neubildung), Bezeichnung für ein Darstellungsschema gleichhoher Aneinanderreihung menschl. Gestalten, das in der ägypt., altoriental. und gr.-röm. Kunst bes. bei friesförm. Anordnung von Malerei und Relief verwendet und über die Spätantike (v. a. frühchr. Fries- und Säulensarkophage) an die ma. Kunst weitergegeben wurde (z. B. roman. und got. Bauskulptur). I. vermittelt Einheitlichkeit und Ruhe; ihr bewußter Einsatz zu inhaltl. Aussage läßt sich oft aus dem Kontext erschließen; vgl. z. B. im Fries des Siphnierschatzhauses in Delphi (um 525 v. Chr.) die isokephale Götterversammlung mit den Kampfszenen ohne I. Auch mit →Bedeutungsgröße konnte I. verbunden werden: Häufig überragen in der ma. Kunst Christus oder Maria mit dem Kind die seitl. in I. dargestellten Apostel (z. B. Emporenbrüstung aus Gröningen, Berlin, Staatl. Mus.).
　　　　　　　　　　　　　　　　　　　　J. Engemann

Lit.: Lex. der Kunst II, 1971, 423f.

Isorhythmie → Motette

Israel (Scotus), Autor, Erzieher Ebf. →Bruns I. v. Köln, † April, wahrsch. vor 968/969 Kl. St. Maximin, Trier; nach den seinen Titel 'episcopus' beigefügten Adjektiven kelt. Herkunft (Ruotger: 'Scottigena'; Richer: 'Brittigena'; Flodoard: 'Brito'); nach Gautberts »Grammaticorum διαδοχή« Schüler des Ambrosius (Freund Attos v. Vercelli). Auf der von Ebf. Ratbert v. Trier geleiteten Synode v. Verdun 947 schon als episcopus gen. Nach →Fromund wurde I. Ratberts Ratgeber. Werke: 1. »Versus Israhelis de grammatica super nomen et verbum« (65 Verse; über Prosodie der Endsilben, nach Servius und Beda; ed. K. Strecker, MGH PP, V/2, 1939, 501f.), Ebf. Ratbert gewidmet. 2. »Glossae in Donati artem minorem«, dem Komm. des →Remigius v. Auxerre angefügt (vgl. »Expositio Israhel cuiusdam super Donatum« im alten Lobber Kat.). 3. »Glossae in Porphyrii Isagogen« (ed. Cl. Baeumker – B. S. Frhr. v. Waltershausen, Frühma. Glossen des angebl. Jepa zur Isagoge des Porphyrius [BGPhMA, 24, 1], 1924); in der Subscriptio 'Israhel' in gr. Buchstaben (Jeudy, 204f.; Jeauneau, 15f.). 4. »De Trinitate« über die Formel 'Trinus Deus', Ratbert v. Trier als 'Pater alme' zugeeignet. 5. »De anima« (»Quid est anima, qualis est et quanta«), kleines anonymes Werk (wohl von I.).　C. Jeudy

Ed. und Lit.: C. Selmer, I., ein unbekannter Schotte des 10. Jh., SMGB 62/3-4, 1950, 69–86; 67, 1956, 16f. – F. Lotter, Die »Vita Brunonis Coloniensis« des Ruotger... (BHF 9), 1958, 75–78 – C. Jeudy, I. le grammarien et la tradition manuscrite du comm. de Remi d'Auxerre à l'»Ars minor« de Donat, StM 3ª ser. 18, 1977, 188–205 – F. Dolbeau, Un nouveau cat. des mss. de Lobbes aux XIᵉ et XIIᵉ s., Recherches Augustiniennes 13, 1978, 15, 33, Nr. 288 – E. Jeauneau, Pour le dossier d'I. Scot, AHDL 60, 1985, 7–72.

Issoire, Abtei und Stadt in der →Auvergne (dép. Puy-de-Dôme), gelegen an einer Trasse der großen N-S-Verbindung. Der 'vicus Iciodorensis' war in der Merowingerzeit Hauptort eines Pfarrbezirks (Ociodrensis diocesis); die Kirche barg den Leichnam des hl. →Austremonius, des »Apostels der Auvergne«, dessen Kult im 6.–7. Jh. wiederaufblühte. Damals wurde auch das Kl. in I. begründet. Da der Leib des Hl.n transferiert wurde (nach Volvic, 7. Jh., dann nach →Mozat, 848), verschafften sich die Mönche bis spätestens im 11. Jh. eine neue Reliquie. Die Dimensionen der berühmten roman. Kirche (12. Jh.) bezeugen das erneute Aufblühen der Hl.nverehrung. Die Abtei wurde durch Mauer und Burg geschützt; Ausgangspunkte der Stadtentwicklung waren die Kirche St-Avit und ein Markt.

Nachdem die Abtei von den Gf.en am Ende des 11. Jh. eine Zeitlang der großen poitevin. Abtei →Charroux unterstellt worden war, erlangte sie die Unabhängigkeit zurück und verstärkte ihren Einfluß auf die Stadt (1159–99) mit Unterstützung der in der Auvergne an Boden gewinnenden Kapetinger.

Die städt. Gemeinschaft tritt im 13. und 14. Jh. hervor; sie erwarb Statuten *(franchises)*, Siegel und Konsulat; 1340 nahmen die Bürger eine Erweiterung der Pfarrkirche St-Paul vor. Gegen Ende des MA erhielt I., das zu den 13 'bonnes villes' der Auvergne zählte, eine neue Stadtmauer.　　　　　　　　　　　　　　　　G. Fournier

Lit.: A. Longy, Hist. de la ville d'I., 1890 – P. F. Fournier, I., Esquisse hist., 1936 – G. Fournier, Le peuplement rural en Basse Auvergne durant le haut m-a, 1962, 145–154 – P. F. Fournier, Saint Austremoine, évêque de Clermont..., Bull. hist. et scientifique de l'Auvergne 89, 1979, 417–471 – B. Sauget – J. M. Sauget, L'Abbaye Saint Austremoine d'I., 1989.

Issoudun, Stadt und Seigneurie in Mittelfrankreich (dép. Indre), kelt. und galloröm. Siedlung, die in der Merowingerzeit in Verfall geriet. Ein erneuter Aufschwung setzte im 11. Jh. ein. Zunächst zur Kastellanei v. Vatan gehörig, kam I. um 1020 an die Herren v. →Déols. 1052–1212 etablierte sich hier eine jüngere, dem Hauptzweig lehnspflichtige Linie des Hauses Déols. Der Burgus erfuhr städt. Entwicklung um Burg, Abtei Notre-Dame und Kollegiatkirche St-Cyr. 1165 wurde er mit *franchises* bewidmet, die zw. 1190 und 1310 mehrfach bestätigt und erweitert wurden. I. bildete einen Zankapfel zw. Plantagenêt und Kapetingern: Heinrich II. begann mit dem Bau einer starken Festung ('tour blanche'), die Philipp II. August nach dem Besitzwechsel vollendete. Die kapet. Besitzergreifung vollzog sich in mehreren Etappen, bis zur Eingliederung in die →Krondomäne (1240) und der Installation eines kgl. *prévôt*. Als landwirtschaftl. (Weinanbau, Weide, Ackerbau) und handwerkl. Zentrum gelangte die durch den Hundertjährigen Krieg nur wenig geschädigte Stadt v. a. gegen Ende des 15. Jh. zu wirtschaftl. Blüte (acht Jahrmärkte, Tätigkeit von acht Wechslern belegt).　　　　　　　　　　　　　G. Devailly

Lit.: R. Guignard, I. des origines à 1950, 1953 – G. Devailly, Le Berry du Xᵉ s. au milieu du XIIIᵉ, 1973 – L'Indre, le Bas-Berry de la Préhistoire à nos jours, hg. J.-P. Surrault, 1990.

al-Iṣṭaḫrī, Abū Isḥāq Ibrāhīm ibn Muḥammad, Mitte 10. Jh., ein Hauptvertreter islam. →Geographie. Mit dem arab. geschriebenen, topograph. Karten durch umfangreichen Text ergänzenden »Buch der Wegstrecken und Provinzen« erweiterte er grundlegend den von seinem Lehrer al-Balḫī entwickelten »Islamatlas«, der auf der von Ptolemäus' Lehre der κλίματα unabhängigen iran. Tradition der »Länder« beruhte. Al-I., der hochwichtige Nachrichten über den nichtislam. Raum Eurasiens (Slaven, Rus', Chazaren etc.) bietet, steht unverdient im Schatten seines Schülers →Ibn Ḥauqal, der dessen Werk vollst. in sein eigenes übernahm.　　　L. Richter-Bernburg

Lit.: DSB VI, 196a-b [J. Vernet] – EI² IV, 222b–223b [A. Miquel] – Hoops² VII, 389–391 [L. Richter-Bernburg] – Ibn Hauqal, Configuration de la terre, übers. J. H. KRAMERS – G. WIET, 2 Bde, 1964 – A. MIQUEL, La géogr. humaine du monde musulman, 4 Bde, 1967-88 – W. SWOBODA, Arû-Arîsû-Al-Arthânîya, Folia Orient. 11, 1969, 291-296 – P. B. GOLDEN, The Question of the Rus' Qaġanate, Archivum Eurasiae Medii Aevi 2, 1982, 77-97 – O. PRITSAK, Where Was Constantine's Inner Rus'?, Harvard Ukrain. Stud. 7, 1983, 555-567 [vgl. DERS., JRAS, 1967, 2-9].

Istanbul → Konstantinopel

Istrien, Landschaft (Halbinsel) an der nö. Küste der →Adria.

A. Archäologie – B. Geschichte

A. Archäologie

Die archäolog. Erforschung frühchr. und ma. Fundstätten setzte in I. im 19. Jh. ein (Triest, Poreč, Pula), doch erst in der Zeit nach dem 2. Weltkrieg kam es zu systemat. Ausgrabungen (Gräberfelder: Žminj/it. Gimino, Vipavatal, Buzet, Mirnatal, Predloka, Triest; Siedlungen: Stari Gocan, Brioni, Nesactium).

[1] *Byzantinische Periode:* Die Völkerwanderungszeit hinterließ nur geringe Spuren (ostgot. Gräber in Pula, langob. in Buzet). Die Randlage I.s ermöglichte der roman. Bevölkerung anscheinend kontinuierl. Besiedlung, verstärkt noch durch Flüchtlinge aus Pannonien und Noricum; Kleingegenstände (Keramik) und Bestattungen in Sarkophagen (bei Kirchen oder in Felsengrüften) belegen die Kontinuität. Die Sakralarchitektur zeigt Einflüsse aus →Ravenna und →Aquileia; schon vom 6. Jh. an tritt der für I. charakterist. Kirchentyp mit eingezogener Apsis auf.

[2] *Slavische Siedlung:* Die avaroslav. Einfälle um 600 sind an einer Reihe zerstörter Siedlungen (Rim bei Roč, Sv. Foška bei Žminj, Vrsar, Nesactium) ablesbar. Die frühslav. Siedlung hinterließ geringe Spuren (Keramik des Prager Typs, Brandgräber), da die Slaven seit Mitte des 7. Jh. rasch materielle Kultur (Keramik) und Bestattungssitten (Körperbestattung) von der ansässigen Bevölkerung übernahmen. Die kirchl. Gebietseinteilung blieb erhalten; spürbar ist verstärkte Missionstätigkeit (v. a. durch Kl.) in den »barbarisierten« Gebieten.

Zahlreiche Fundorte (Mirnatal von Roč bis Novigrad) weisen auf ein seit dem 7. Jh. belegtes, sozial wenig definiertes, ethn. gemischtes und z. T. heidn. Bevölkerungssegment hin, das als →limitanei, Grenzwächter im Dienst des byz. Staates, zu deuten ist.

[3] *Periode der fränkischen Herrschaft und Hochmittelalter:* Die Einbeziehung I.s in das Karolingerreich am Ende des 8. Jh. und die Verödung der Grenzgebiete zu →Dalmatien und Südostalpenraum hatten größere Migrationen zur Folge, v. a. umfangreichere slav. Besiedlung im Binnenland, namentl. in Mittelistrien, sowohl von O aus dem dalmat.-kroat. Grenzgebieten als auch von N aus dem Bereich der Köttlacher Kultur. Neben diesen beiden Kultureinflüssen ist auch mediterraner Einfluß (Schmuck: byz. Ohrringe) faßbar. Die Intensität des chr. Einflusses ist unterschiedl.; seit dem 11. Jh. begruben auch die Slaven des Hinterlandes bei den Kirchen.

Neben dem antike Traditionen fortsetzenden Urbanismus der Küstenstädte und Kastelle treten in den feudalen Siedlungszentren (Draguč, →Hum, Boljun) neue Formen in Erscheinung. Die Besiedlungskontinuität der Adriastädte (v. a. der Bf.sstädte) wird u. a. belegt durch Steinskulptur mit Flechtbandornamentik anstelle der frühchr. Kirchenausstattung (Triest, Koper, Novigrad, Poreč, Pula, Bale). – S. a. →Baukunst, B. II, →Inschriften.

M. Župančič

B. Geschichte

I. Frühmittelalter – II. Hoch- und Spätmittelalter.

I. FRÜHMITTELALTER: [1] *Landesbegriff:* Der geogr. Begriff I. (gr. Ἰστρία, lat. Histria, sloven. und serbokroat. Istra, it. Istria) erfuhr im Laufe der Jahrhunderte mehrfach Veränderungen. Zur spätröm. und byz. Prov. Venetia et Histria, z. T. noch zum frk. Markengebiet, gehörten →Triest mit Umgebung, der Karst bis zum heut. S. Giovanni del Timavo (slov. Štivan); am »Fjord« v. Plomin (it. Fianona) verließ die Grenze die Küste der Halbinsel und lief über die Učka (it. Monte Maggiore) bis zum alten castellum Kastav oberhalb von Rijeka (it. Fiume), wahrscheinl. über den Snežnik (dt. Schneeberg), Javornik, Nanos bis S. Giovanni; seit dem 11. Jh. wurde zu I. das Gebiet um den Kvarner (sog. Meranien) gerechnet. Heute versteht man unter I. die Halbinsel südl. einer Linie vom Golf v. Triest bis zum Kvarner.

[2] *Unter byz. Herrschaft:* Nach dem Zusammenbruch des weström. Reiches (476) kam I. zunächst an das Reich des Odoaker, dann an die →Ostgoten und wurde 535 oder 539, spätestens aber 544 von Byzanz zurückerobert. Noch immer eine reiche und blühende Provinz (was sich in bedeutenden Kirchenbauten, z. B. in Poreč, dokumentiert), wurde I. als Dukat dem neuerrichteten →Exarchat v. Italien (Hauptstadt Ravenna) eingegliedert. In dieser Zeit oder im Laufe des 7. Jh. erfolgte die Trennung von Venetien. Die militär. und zivile Befehlsgewalt lag in den Händen eines →magister militum. I. war in städt. Bezirke ('civitates' und 'castella') eingeteilt, mit z. T. weiträumigen Landgebieten: →Pula (it. Pola), der Sitz des Statthalters; →Poreč (Parenzo), Koper (→Capodistria), Novigrad (Cittanova), Pićan (Pedena) und →Triest, das als Grenzbezirk über eine eigene militär. Organisation (numerus) verfügte. Diese Städte lagen im W, nahe der Küste; sie waren auch Wohnsitz der lokalen Aristokratie, die über großen, von coloni oder servi bestellten Landbesitz verfügte und deren Macht infolge der ökonom. und polit. Zersplitterung wuchs. Ihre Mitglieder kontrollierten als 'tribuni' zunehmend die militär. und zivile Verwaltung in den Städten, meist durch Vertreter (vicarii, lociservatores), die üblicherweise als 'judices' bezeichnet wurden. Eine Straffung der Verwaltung war sowohl durch die innere Entwicklung des Byz. Reiches als auch durch die Angriffe der Langobarden, Avaren und Slaven bedingt, stieß aber auf Widerstand der lokalen Aristokratie. Der über ein Jahrhundert andauernde kirchl. Konflikt des →Dreikapitelstreites (sog. 'Histriorum Schisma') ist auch als Ausdruck dieser einheim. Oppositionshaltung zu verstehen.

Seit dem Ende des 6. Jh. (599) griffen slav. Gruppen I. unmittelbar an und besiedelten in mehreren Phasen zunächst den gebirgigen NO, dann auch Gebiete des südl. und westl. I.; z. T. wurden sie von den byz. Behörden als Bauern oder Grenzwächter (→limitanei) auf wüstgewordenem Land angesetzt.

[3] *Unter fränkischer und deutscher Oberhoheit:* Gegen Ende des 8. Jh. (788?) kam I. unter die Herrschaft des →Frankenreichs. Dies bedeutete einen tiefen Einschnitt, wurde die Region doch nun in die entstehende Feudalgesellschaft einbezogen.

Der frk., in Novigrad residierende 'dux' Johannes führte die frk.-karol. Verwaltung ein. Sein – mit Unterstützung der Bf.e – eingeleiteter Versuch, die munizipale Selbstverwaltung abzuschaffen, scheiterte aber vorerst; auf einem 804 in Rižana bei Koper in Gegenwart der Missi Karls d. Gr. abgehaltenen Placitum konnten die Vertreter der Städte die Wiederherstellung ihrer Rechte zumindest teilweise durchsetzen.

Gefördert durch die frk. Herrschaft, siedelten sich weitere slav. Gruppen, die zumeist aus den fränkisch/bayerisch beherrschten Nachbarregionen kamen, in I. an. Die slav. Siedlung ist belegt durch neuere archäolog. Funde, schriftl. Q. des 11.-12. Jh. (u. a. Nennung einer 'Via Sclava' oder 'Sclavonica', die von Poreč ins Landesinnere führte) sowie durch die Verbreitung des Alt-→Kirchenslavischen (Glagolismus). Die für I. bis in die neueste Zeit charakterist. scharfe Trennung von Stadt und Land, die im 19. und 20. Jh. nationale Merkmale entwickelte, ist nicht zuletzt begründet in der Tatsache, daß die städt. Selbstverwaltung in der Hand der roman. (später it.) Bevölkerung lag, die (in präfeudaler Zeit von →Županen verwaltete) Dorfgemeinde ethnisch aber zunehmend von Slaven geprägt war.

II. HOCH- UND SPÄTMITTELALTER: [1] *Die Markgrafschaft Istrien:* Die städt. Selbstverwaltung unterlag seit spätkarol. Zeit zunehmend Einschränkungen von seiten der Feudalherren, die ihre Vertreter (locopositi), Schöffen (scabini) und Güterverwalter (gastaldi) einsetzten. Der Einfluß des dt. (bayer./frk.) Adels wuchs, v. a. seit der Einverleibung der Mgft. →Friaul, zu deren Verband auch die Mark I. gehörte, in das Hzm. →Bayern (952). Die istr. Mgf.enwürde kam im HochMA an eine Reihe großer dt. Adelsfamilien, die in engen Lehnsbeziehungen zum Ks. standen: Weimar – →Orlamünder, →Eppensteiner, →Spanheimer, →Andechs-Meranier. Nach 1077 hatten, zunächst nur kurzzeitig, auch die Patriarchen v. →Aquileia als geistl. Reichsfs.en die Mgft. I. inne. Doch blieb die Macht der Mgf.en, die sich selten in I. aufhielten und die Verwaltung einem Vertreter, dem 'comes Histriae', überließen, gering. Dies begünstigte die Entstehung feudaler Herrschaften, wobei der Gegensatz zw. den handeltreibenden Städten der Adriaküste und dem kontinental orientierten Feudaladel bestehen blieb.

[2] *Aufstieg der Städte und Einfluß Venedigs:* Im Kampf gegen die Seeräuberei der Sarazenen, →Kroaten und →Narentaner, die seit dem 9. und 10. Jh. die Adriaküsten bedrohten, sahen die istr. Städte in →Venedig einen mächtigen Partner. Venedig seinerseits verfolgte mit der Sicherung der lebenswichtigen Handelsroute entlang der istr. und dalmat. Küste auch Herrschaftsziele gegenüber den dortigen Städten, die als Transithäfen und Handelsplätze für lokale Produkte interessant waren. Schon 932 mußte sich Koper ven. Tribut- und Schutzherrschaft unterwerfen (977 Erweiterung des Vertrages); 933 schloß Venedig mit dem Mgf.en v. I., den Bf.en des Landes und einer Reihe von Städten (Pula, Poreč, Novigrad, Piran, Koper, Muggia/Milje, Triest) einen Schutzvertrag ab, der den Venezianern polit. und Handelsvorteile verschaffte und die Verbindung I.s mit dem Reich lockerte.

Im Laufe des 12. Jh. verstärkte sich die polit.-territoriale Zweiteilung I.s. Im binnenländ. Mittel- und Nordistrien bildeten Adelsfamilien, die als Vögte und vicedomini der Bf.e oder Mgf.en aufgestiegen waren, Territorialherrschaften aus; zu nennen sind insbes. die Gf.en v. Schwarzenburg (Gft. Pazin/Mitterburg, auch Istrische Gft. genannt) und die Herren v. Duino (Devin). Zur weiteren Schwächung der mgfl. Gewalt, die im Lande nur mehr durch Statthalter (nuntii marchionis) vertreten war, trugen auch die Städte bei, die ihre Landgebiete zurückgewannen und – im Kampf gegen die geistl. und weltl. Herren – den Weg zu kommunaler Selbständigkeit beschritten. Mehrere Städte wurden seit Ende des 12. Jh. von →Konsuln (Koper: 1186, 1194, 1202, Pula: 1177, Poreč: 1205), andere von →Podestà (Piran: 1192, Poreč: 1194) regiert. Auch genossen sie eine gewisse Handelsfreiheit (Export von Öl, Wein, Salz, Holz, Stein u. a.), die in Verträgen mit anderen Städten ihren Ausdruck fand (zw. Rovinj und Dubrovnik: 1188; Piran und Split: 1192, 1270; Labin und Rab: 1215). Doch engte Venedig den selbständigen Handel der istr. Städte immer mehr ein. So geriet Pula bei dem Versuch, seinen Handelsradius zu erweitern, seit 1145, gemeinsam mit anderen Städten, wiederholt in Konflikt mit den Venezianern, und wurde von diesen 1193 geplündert und einem ven. Podestà unterstellt.

[3] *Entwicklung im Spätmittelalter:* Zu Beginn des 13. Jh. (1209) kam der größte Teil I.s unter die Herrschaft der Patriarchen v. Aquileia, die auch die Jurisdiktion im ganzen Land besaßen. Vertreter des Patriarchen war der 'generalis gastaldio' bzw. der »Marchio Istriae«. In prekärer Lage zw. den feudalen Territorialherrschaften und Venedig, entschieden sich die meisten Städte für eine Unterwerfung unter die Vorherrschaft Venedigs, mit dem sie im späten 13. Jh. gesonderte Übergabeverträge *(dedizioni)* abschlossen. Ledigl. Pula konnte unter den Castropola eine eigene Signorie errichten, die aber 1331 ebenfalls an Venedig fiel. Triest dagegen unterstellte sich 1382 den Habsburgern und legte sich damit definitiv auf eine andere polit. Orientierung fest. In langen Kriegen des 14. und 15. Jh. zerschlug Venedig die weltl. Landesherrschaft des Patriarchats v. Aquileia, die 1451 vertraglich aufgehoben wurde.

Die Häfen I.s verloren (mit Ausnahme von Koper) fast vollständig ihre Bedeutung. In Mittel- und Oststrien dagegen erstarkte die Gft. Pazin unter dem Hause →Görz, fiel aber 1374 an die Habsburger, die seit 1466 als Nachfolger der Gf.en v. Duino auch das Kvarnergebiet beherrschten.

Auch die innere Entwicklung in den beiden Teilen I.s verlief unterschiedlich: In den Städten hatte sich eine Patrizierschicht gebildet, die – unter strikter Aufsicht Venedigs (u. a. Entsendung ständiger ven. Rektoren) – auf der Grundlage der Statuten die städt. Verwaltung ausübte. Handelsfreiheit und Beziehungen der Städte untereinander wurden eingeengt bzw. ganz unterbunden. Einheitl. war nur die militär. Organisation, die seit Anfang des 13. Jh. von einem ven. Kapitän *(capitano del paysinatico dell'Istria)* ausgeübt wurde. Mittelistrien dagegen unterstand der Landesherrschaft der Görzer, deren wichtigste Amtsträger zwei Kapitäne, ein Richter und ein Gastalde waren; Adel und Geistlichkeit gewannen kaum Einfluß. Die sich verschlechternde wirtschaftl. Lage, bedingt durch die Handelsrestriktionen und Kriege Venedigs, die drückenden Feudallasten, Pest und Malaria, ist an Bauernaufständen (u. a. 1409) und Wüstungen ablesbar.

Die Teilung I.s in zwei Bereiche – zum einen den von Venedig kontrollierten städtereichen und fruchtbaren W, zum anderen das feudal geprägte Mittel- und Oststrien, das an die Habsburger kam – hat die Geschichte dieser bedeutenden Landschaft bis zum Untergang der Republik Venedig am Ende des 18. Jh. geprägt. J. Ferluga

Lit. zu [A]: B. MARUŠIĆ, I. im FrühMA, 1969² – A. ŠONJE, Crkvena arhitektura zapadne Istre. Područje porečke biskupije od IV. do XVI. stoljeća, 1982– B. MARUŠIĆ, Povodom nalaza staroslavenske keramike u Istri, Starohrvatska prosvjeta 14, 1984, 41–76 – DERS., Materialna kultura Istre, Izdanja Hrvatskog arheološkog društva 11/1, 1987, 81–105 [zum 5.–9. Jh.]; 107–124 [zum 9.–12. Jh.] – Slaveni na severnom Jadranu, Katalog razstave, 1988 – *zu* [B]: EJug, s. v. [Lit.] – EncIt, s. v. [Lit.] – B. BENUSSI, Nel Medio Evo. Pagine di storia istriana, 1897 – W. LENEL, Die Entstehung der Vorherrschaft Venedigs an der Adria mit Beitr. zur Verfassungsgesch., 1897 – E. MAYER, La costituzione dalmato-istriana nel Medio Evo e le sue basi romane, übers. C. DE FRANCESCHI, mit Anm. von U. INCHIOSTRI, Atti e Memorie della Società istriana di archeologia e storia patria 22, 1907, 347–462 – W. LENEL, Ven.-Istr. Stud., 1911 – H. PIRCHEGGER, Überblick über die territoriale Entwicklung I.s (Erl. zum hist. Atlas der österr. Alpenländer, Abt. I,

T. 4, H. 1, 1914, ersch. 1927), 488–531 – D. GRUBER, Povijest Istre, 1924 – G. DE VERGOTTINI, Lineamenti storici della costituzione politica dell'Istria durante il medio evo, hg. P. COLLIVA, 1974 [Nachdr. der Ausg. v. 1924/25] – E. KLEBEL, Über die Städte I. s, VuF 4, 1958, 41–62 – C. DE FRANCESCHI, Storia documentata della Contea di Pisino, 1964 – N. KLAIĆ, Povijest Hrvata u ranom srednjem vijeku, 1971 – L. MARGETIĆ, Histrica et Adriatica. Raccolta di saggi storico-giuridici e storici, 1983 – J. FERLUGA, Überlegungen zur Gesch. der byz. Prov. I., JbGO 35, 1987, 1–10 [Lit.].

Italien
A. Allgemeine und politische Geschichte – B. Siedlungs- und Wirtschaftsgeschichte; Bevölkerungsentwicklung – C. Kirchengeschichte – D. Juden in Italien

A. Allgemeine und politische Geschichte
I. Von Konstantin d. Gr. bis Otto III. – II. Vom Ottonischen Kaisertum bis zur Vorherrschaft der europäischen Mächte.

I. VON KONSTANTIN D. GR. BIS OTTO III.: [1] *Die Konstantinische Dynastie:* Die von →Diokletian zur Verwaltung des riesigen Imperium geschaffene Tetrarchie befand sich bereits in einer Krise, als der Sohn des Augustus des W, Constantius I. Chlorus →Konstantin an die Macht kam. Während der bürgerkriegsähnl. Auseinandersetzungen der folgenden Jahre konnte er seine polit. Machtsphäre von Gallien bis I. ausdehnen. 313 erließ er zusammen mit seinem Mit-Augustus Licinius das Toleranzedikt für die Christen. Nach Ausschaltung des Licinius (324/325) Alleinherrscher des Imperiums, gründete er Konstantinopel als weit in den O vorgeschobene Bastion der röm. Herrschaft und transferierte eine entsprechende Anzahl von Senatoren aus Rom. Infolge der durch die Verwaltungsreform bedingten Aufteilung des Imperiums hatte I. bereits im 3. Jh. allmähl. seine privilegierte Stellung verloren und war, wie jede andere Diöz., in Prov.en unterteilt (mit Ausnahme von Rom und seinem weiteren Umland). In der Zeit Konstantins und seiner Nachfolger bildete die Dioecesis Italiciana einen Teil der Praefectura praetorio Italia; zwei Vicarii residierten in Mailand und Rom: der eine verwaltete die nordit. Regiones annonariae (Unterhalt des ksl. Haushalts), der andere die Regiones suburbicariae (Mittel- und Unteritalien und die Inseln), die die Versorgung der Stadt Rom gewährleisteten. Die Verwaltung Roms und seiner Region unterstand dem vom Ks. aus den Senatoren gewählten Praefectus urbi. Zu seinen Aufgaben gehörte die Überprüfung der Aufnahme neuer Senatsmitglieder. Er bildete demnach eine Art Schaltstelle zw. ksl. Macht und röm. Senatsaristokratie.

Nach Konstantins Tod (337) erhielt das Imperium dynast. Charakter: Konstantin II. hatte als Augustus drei Jahre lang bis zu seinem Tod eine Art Vormundschaft über seinen Bruder →Constans I.; dieser regierte rund 10 Jahre lang den gesamten W. 353 vereinigte →Constantius II., der letzte überlebende Sohn Konstantins und Augustus der ö. Reichshälfte, das gesamte Reich in seiner Hand. Die Konstantin. Dynastie erlosch mit →Julian, dessen Nachfolger. Die diese Jahrzehnte beherrschenden Probleme bestanden weiterhin im Schutz der Grenzen und in der Notwendigkeit, die Politik der häufig uneinigen Herrscher zu koordinieren sowie im Interesse der Reichseinheit eine monotheist. Orthodoxie zu konstituieren. Die Privilegien, die seit Konstantin d. Gr. den chr. Kirchen erteilt wurden, und die enge Zusammenarbeit der Herrscher mit dem Episkopat führten zu Spannungen mit der röm. Senatsaristokratie, die großteils noch den paganen religiösen Traditionen anhing. Andererseits vermehrten die theol. Divergenzen zw. den Bf.en nach dem Konzil v. Nikaia (325) die Gegensätze zw. der Westhälfte unter dem Athanasianer Constans und der Osthälfte unter dem arianerfreundl. Constantius II. und trugen in I. zur Stärkung zweier bedeutender Zentren des kirchl. Autoritätsanspruches bei: Rom, zudem Sitz des Senats, und Mailand, ksl. Residenz. Die Herrschaft Julians, eines Gegners des Christentums und seiner theol. Kontroversen, brachte einen kurzen Stillstand des Integrationsprozesses des Episkopats und seines intoleranten Monotheismus in das in der ksl. Autorität gipfelnde System der Machtstrukturen und Werte.

[2] *Der Niedergang des weströmischen Reiches:* 364 hoben hohe militär. und zivile Würdenträger →Valentinian auf den Thron, der seinen Bruder Valens zum Mitregenten für den O einsetzte. Valentinian, ein toleranter Christ, der kirchl. Kontroversen abgeneigt war, mußte dennoch bei der Nachfolge des Bf.s v. Rom intervenieren, um die heftigen Tumulte bei der Wahl des Bf.s niederzuschlagen, der nunmehr die einflußreichste Persönlichkeit der Stadt war und in ganz I. hohes Ansehen genoß. Unter Gratian, dem Sohn und Nachfolger Valentinians im W, wurde der Polytheismus weiter bekämpft und die nizän. Orthodoxie gefördert; in dieser Zeit übte →Ambrosius großen Einfluß auf die Religionspolitik des Imperiums aus. Die gleiche polit. Linie nahm auch der von Gratian als Herrscher für die ö. Reichshälfte eingesetzte Theodosius ein, der 387 Alleinherrscher über das Gesamtreich wurde. Unter ihm verstärkte sich der Anteil germ. Truppenteile im Heer. Bei seinem Tod 395 hinterließ Theodosius den W seinem zweiten Sohn Honorius und stellte ihn unter den Schutz eines Feldherrn vandal. Herkunft, →Stilicho, der energ. gegen die Germaneneinfälle in I. vorging, jedoch die militär. Verteidigung v. a. auf die germ. Föderatentruppen stützte, bis ihn Honorius, der für eine antigerm. Politik eintrat, 408 ausschaltete. Die Folge war der siegreiche Einfall der Westgoten →Alarichs in I. und die Plünderung Roms. Nach Alarichs Tod zogen die Westgoten nach Gallien weiter, wo sich inzw. andere germ. Völker verbreitet hatten. Von der neuen ksl. Residenz Ravenna aus, die strateg. sicherer als Mailand war, herrschte Honorius nunmehr im wesentl. über die Praefectura praetorio Italia von der Donau bis Afrika und von den Westalpen bis Dalmatien. Nach seinem Tod (423) lag die Reichsverwaltung in Ravenna mehrere Jahre lang in Händen seiner Schwester →Galla Placidia, die für ihren Sohn Valentinian III. regierte. I. stand unter der polit. und kulturellen Hegemonie des Ostreiches. 438 wurde auch in I. der →Codex Theodosianus publiziert, der aus der legislativen Neuordnung hervorgegangen war, die Theodosius II. im O angeordnet hatte. Auch bei den wieder aufflammenden christolog. Kontroversen der Bf.e manifestierte sich die traditionelle Präsenz der ksl. Macht durch Interventionen Theodosius' II. Hinsichtl. der Konsolidierung der religiösen Orthodoxie und der Kirchendisziplin gewann in I. die Autorität der Kirche v. Rom an Boden. Valentinian III. erkannte ihr die theol. und jurisdiktionelle Vorrangstellung unter allen Kirchen zu, und auch am Hof v. Konstantinopel wuchs das Ansehen des Bf.s v. Rom. Der Pontifikat Leos I. d. Gr. (440–461) hatte eine wichtige Rolle bei der polit. und militär. Krise, die durch den Einfall der Hunnen →Attilas in I. hervorgerufen wurde. Zuvor waren die Beziehungen des Westreichs mit den Hunnen und Germanen durch die kluge Politik und das strateg. Talent des →Aetius bestimmt worden; die Zwistigkeiten zw. dem Feldherrn und Valentinian III. führten jedoch 455 zum gewaltsamen Tod beider und zur Invasion der Vandalen unter →Geiserich, die Rom plünderten und Sardinien, Korsika und später auch Sizilien besetzten. In den letzten zwanzig Jahren vor dem Untergang des Westreichs gingen in I. die polit. Initiativen sowohl von der Senatsari-

stokratie wie vom Militär aus; v. a. das germ. Element spielte eine Rolle; Gallien, das vandal. Afrika unter Geiserich und Byzanz griffen in I. ein. Mehrere Jahre lang hatte der Magister militum germ. Herkunft →Ricimer, die stärkste Position: Er setzte nach Gutdünken Ks. (galloröm., röm-ital. und griech. Ursprungs) neben sich ein und ab, bis der Ks. des O den Zug des Julius →Nepos, der über Dalmatien herrschte, nach I. favorisierte. Bald wurde Nepos jedoch von dem Feldherrn Orestes zu Fall gebracht, der seinen Sohn Romulus Augustulus zum Ks. erhob. Mit dessen Absetzung durch →Odoaker 476 endete die Reihe der Ks. in Ravenna, da Odoaker formell den Ostkaiser zum Gesamtherrscher des Reiches erklärte und I. (wieder mit Sizilien und Dalmatien verbunden) in Zusammenarbeit mit dem röm. Senat und der ravennat. Bürokratie sowie gestützt auf die germ. Elemente des Heeres regierte. Diese Gruppen riefen ihn zum Kg. der germ. Völker in I. aus und erhielten von ihm auf Kosten der roman.-ital. Grundbesitzer Land zugeteilt.

[3] *Die Herrschaft der Ostgoten:* Das polit. Experiment Odoakers wurde 489–493 durch die Invasion der Ostgoten aus dem Donauraum beendet; Kg. →Theoderich erhob in I. den ideellen Anspruch, die Herrschaft Odoakers fortzusetzen und als Vertreter des oström. Ks.s neben dem eigenen Volk auch die roman. Bevölkerung I.s zu regieren. Der Praefectus praetorio I.s residierte ebenso wie der Kg. und die anderen höchsten administrativen Amtsträger (alle röm.-ital. Herkunft) in Ravenna. Theoderich respektierte den Senat v. Rom und arbeitete auch mit dem hohen ital. Klerus zusammen, obwohl er selbst ebenso wie Odoaker und ein Großteil der Germanen im Reichsgebiet Arianer war. So griff er auch ordnend in die Verhältnisse der durch Schismen während der Bf.swahl bedrohten Kirche v. Rom ein. Theoderich führte andererseits eine schärfere Trennung zw. Zivil- und Militärverwaltung nach ethn. Gesichtspunkten ein und übertrug letztere völlig seinen Goten, die ebenso reiche Landzuweisungen erhielten wie die germ. Heeresangehörigen unter Odoaker. Dieser administrative Dualismus bewährte sich mehr als 30 Jahre lang und garantierte eine im 5. Jh. bisher in I. in diesem Maße unerreichte polit. Stabilität. Das Verhältnis zum Ostreich konnte Theoderich jedoch nicht auf eine stabile Basis stellen, obwohl er den oström. Ks. offiziell im zivilen Bereich als höchste Autorität respektierte. Als toleranter Arianer über die Verfolgung der Arianer im Ostreich ergrimmt, griff er selbst in I. zu härteren Maßnahmen. Einflußreiche Persönlichkeiten (→Boethius, →Symmachus, der Bf. v. Rom Johannes) erregten seinen Argwohn und verloren dadurch ihr Leben oder wurden eingekerkert. Nach Theoderichs Tod (526) vertrat seine Tochter →Amalasuntha bei der Herrschaft über I. wieder eine philoroman. Politik, wurde jedoch durch die Opposition der Goten ausgeschaltet. Dies bot Ks. Justinian Gelegenheit zu einer militär. Intervention, die sich zu den verheerenden, ganz I. erfassenden sog. Gotenkriegen ausweitete (535–553). In den ersten Jahren des Krieges blieben manche Römer oder Italiker, wie v. a. der illustre Rhetor und Praefectus praetorio von I., →Cassiodor, der Gotenherrschaft treu ergeben; die Operationen →Belisars, der in I. siegreich bis Ravenna vorrückte, und die anschließende Erfolge des →Narses zerbrachen jedoch den langen Widerstand der Gotenkg.e, so daß Justinian I. seinem Reich eingliedern konnte.

[4] *Die Eingliederung in das Byzantinische Reich:* Die byz. Eroberung des lat. Afrika und I.s entsprachen der Restaurationspolitik Justinians: das Imperium Romanum sollte wieder den gesamten Mittelmeerraum beherrschen und zudem als Schützer des rechten Glaubens in der gesamten Christenheit fungieren. Aus militär. Erwägungen heraus wurden zwei →Exarchate geschaffen. Sizilien hatte eine direkt Konstantinopel unterstehende Zivilverwaltung.

Die Invasion der →Langobarden seit 569 und der lange Kriegszustand reduzierten den byz. Exarchat I. auf eine Reihe von Militärblöcken: die ligur. Küste (die im 7. Jh. verlorenging); der venet. Küstenstreifen mit Istrien; das Gebiet v. Ravenna (später in engerem Sinn Exarchat gen.) von der Etsch bis zum Apennin; die Pentapolis v. Rimini bis Ancona; der Dukat Perugia, ein Landkorridor, der die Pentapolis mit Rom verband; der spätere Dukat Rom (von Civitavecchia bis zum Golf v. Gaeta); das Gebiet von Neapel; das heut. Apulien; das heut. Kalabrien. Zur Verteidigung mußte die byz. Regierung ihr Söldnerheer durch lokale Miliztruppen verstärken. Man ging dazu über, die gesamte Schicht der Besitzenden in das Militärsystem einzugliedern und damit eine nach dem Vermögen gestaffelte polit.-administrative Hierarchie zu schaffen. Diese regionalen Aristokratien erlangten eine gewisse Autonomie (wenn auch in formeller Abhängigkeit vom byz. Exarchen v. Ravenna) und gruppierten sich im Gebiet v. Ravenna um die geistl. und wirtschaftl. Macht des Ebf.s, im Dukat Rom in analoger Weise um den Papst, im venet. Lagunengebiet und in Neapel um die Duces, die urspgl. von Byzanz ernannt waren, sich jedoch später zu lokalen Machtträgern entwickelt hatten. Die militär. und polit. Entwicklung des byz. I. vom 6. bis 8. Jh. verlief parallel zur Gesch. des langob. Kgr.s.

[5] *Die Langobardenherrschaft:* Das von Kg. →Alboin von Pannonien nach I. geführte Heer war – auf stammesmäßiger Basis – in »Expeditionskorps« gegliedert, aus denen sich dann von Duces-Hzg.en geleitete Besatzungstruppen bildeten. 574–584 operierten die Hzg.e ohne ein gemeinsames Oberhaupt (Interregnum). Die Koordination der Verteidigung gegen frk. Bedrohung machte die Wiedereinführung des Kgtm.s (→Authari) notwendig, das schließlich →Pavia zu seiner Residenz wählte, in Opposition zum byz. Ravenna. In den Gewalttätigkeiten der ersten Jahrzehnte der Langobardenherrschaft wurde ein Großteil der ital. Aristokratie vernichtet oder zur Flucht in die byz. gebliebenen Gebiete gezwungen. Die schwere Krise, die auch einen beträchtl. Teil des hohen Klerus betraf, schuf eine ganz andere Situation als bei der Landnahme der Franken in Gallien, wo eine Verschmelzung von german. und gallo-roman. Aristokratie mögl. wurde. In I. wurde die ethn. Verschmelzung auch durch die Verschiedenheit der Konfessionen behindert, da die Langobarden erst kurz zuvor vom Polytheismus zum Arianismus übergegangen waren. Um die Wende vom 6. zum 7. Jh. gelangte der Hof v. Pavia durch die kath. Kgn. Theudelinde, Tochter des Bayernhzg.s Garibald, zunehmend unter Einfluß der kath. Kultur und nahm – trotz Feindseligkeit gegenüber den byz. Territorien – eine maßvolle Haltung gegenüber dem röm. Papsttum ein, v. a. während des Pontifikats →Gregors d. Gr. (590–605).

Danach herrschten arian. und kath. Kg.e in wechselnder Folge, entsprechend den religiösen Auseinandersetzungen innerhalb des langob. Volkes. Unter ersteren ragt Kg. Rothari hervor, der in seinem berühmten Edikt (643) die Rechtsgewohnheiten der Langobarden aufzeichnen ließ. Dieses legislator. Werk ist Ausdruck der allmähl. Konsolidierung des langob. Kgtm.s, das sich gegenüber den Autonomiebestrebungen des Hzg.s v. Spoleto, der Mittelitalien beherrschte, und des einen großen Teil Süditaliens kontrollierenden Hzg.s v. Benevent durchsetzte. Der bedeutendste der kath. Kg.e, →Liutprand († 744), wirkte als Gesetzgeber, einigte das Kgr. und nahm den Kampf gegen Byzanz wieder auf. In dieser Zeit waren die Langobarden bereits vollständig zum Katholizismus übergetreten; die aus ihnen hervorgegangene neue Schicht von »possessores« verschmolz allmähl. mit der besitzenden Schicht lat. Ursprungs, die ihrerseits in das langob. Heer integriert wurde (→Arimanni). Dies geht aus dem Edikt Kg. →Aistulfs von 750 deutl. hervor, das von ethn. Unterschieden absieht und alle Freie, entsprechend ihrer militär. Ausrüstung, auf der Basis ihrer Vermögenslage in verschiedene Kategorien einteilt.

[6] *Die Eingliederung in das Frankenreich:* Die Beziehungen zw. den Langobardenkg.en und den Franken, die ihren Einfluß auf den ganzen germ. Kulturkreis auszudehnen bemüht waren, gestalteten sich während der gesamten Dauer des langob. Kgr.s schwierig. Die Situation verschärfte sich im 8. Jh. durch die langob. Expansionspolitik gegenüber den byz. Gebieten vom Exarchat Ravenna bis zum röm. Dukat und durch den gleichzeitigen polit. Machtgewinn des lokalen roman. Adels in diesen Gebieten. Diese Entwicklung des Adels, die bereits zu Konflikten mit den Exarchen v. Ravenna geführt hatte, die durch die allg. Lage des byz. Reichs im Mittelmeerraum und durch die ikonoklast. Politik des Ks. geschwächt waren, erreichte ihren Höhepunkt in den Päpsten, die nunmehr im Dukat Rom eine größere polit. Aktionsfreiheit errungen hatten. Die Päpste riefen gegen die Expansion der Langobarden die neue frk. Dynastie der →Karolinger zu Hilfe: Pippins d. J. (der Aistulf zweimal besiegte) Sohn Karl d. Gr. vernichtete durch den Sieg über Aistulfs Nachfolger →Desiderius 774 das unabhängige Kgr. der Langobarden. Karl rief sich selbst zum Kg. der Langobarden aus, übertrug der Kirche v. Rom die ehemals byz. Gebiete von Ravenna bis Rom und wurde nach mehreren Siegen n. der Alpen, die ihn zum mächtigsten Herrscher der Christenheit machten, in Rom von →Leo III. zum röm. Ks. gekrönt (800).

In ihrem Regnum Italicum setzten die Karolinger frk. Gefolgsleute ein zum militär. Schutz und zur Unterstützung der Amtsträger, die den Gft.en und Marken, in die sich ihr Herrschaftsgebiet gliederte, vorstanden. Sie förderten die Macht der Bf.e und Äbte, indem sie die Reichskirchenpolitik auf I. ausdehnten und den Kirchen und Kl. Immunitätsprivilegien gewährten. Die langob. Freien paßten sich an das neue Regime an, wurden als Arimanni in das frk. Heer in I. aufgenommen, häufig in das Lehnsgefüge eingegliedert und blieben v. a. in den von den Franken mit Macht ausgestatteten kirchl. Einrichtungen einflußreich (neben den aus Gebieten n. der Alpen kommenden Amtsträgern). Als das Frankenreich unter den Nachkommen Karls d. Gr. in verschiedene Teilreiche zerfiel, genoß das Regnum Italicum eine gewisse Autonomie, wobei es durch Beibehaltung der Hauptstadt Pavia und in der Gesetzgebung Züge des unabhängigen langob. Kgr.s bewahrte. Die größte polit. Wirksamkeit unter den Kg.en I.s entfaltete Ludwig II., Urenkel Karls d. Gr., der auch den – allerdings nur formellen – Ks.titel trug und I. gegen die arab. Einfälle verteidigte. Bei den Nachfolgekämpfen unter den Karolingern nach seinem Tode (875) um das Regnum Italicum und die damit verbundene Ks.würde übte das Papsttum großen Einfluß aus.

[7] *Langobarden und Byzantiner in Süditalien:* Die Karolinger, die in I. als Nachfolger der langob. Kg.e auftraten, erhoben Rechtsansprüche auch auf Süditalien; der Dukat Benevent konnte jedoch – zum Unterschied vom Dukat Spoleto – nicht in das frk. Herrschaftsgebiet eingegliedert werden. Die Hzg.e v. Benevent schwankten in ihrer Politik zw. formaler Anerkennung der Oberhoheit des Hofs v. Pavia und dem Anspruch voller Unabhängigkeit als principes gentis Langobardorum. Der ausgedehnte, in Militär- und Gerichtsbezirke gegliederte Dukat war durch eine aus den →Exercitales (Arimanni) hervorgegangene, landbesitzende Adelsschicht geprägt, vergleichbar der Entwicklung im frk. Reichsgebiet. Zwistigkeiten in der Hzg.sfamilie und im Adel führten im 9. Jh. zur Dreiteilung des Dukats in die Fsm.er Benevent und Salerno und die Gft. Capua.

Byzanz, das durch die Araber bereits seiner nordafrikan. Besitzungen verlustig gegangen war, verlor 872–902 auch Sizilien an die Invasionstruppen der Emire v. Tunis. Das polit. Zentrum der Insel verlagerte sich von →Syrakus nach →Palermo, wo im 10. Jh. ein selbständiges Emirat entstand. Stützpunkt der Araber bei ihren Einfällen auf die Apenninenhalbinsel war 847–871 der Emirat →Bari. Von Ks. Ludwig II. vernichtend geschlagen, wurde er bald von den Byzantinern besetzt, die sich nach Neuorganisation ihrer Flotte wieder in Süditalien ausbreiteten und sogar das Fsm. Benevent ihrem Einflußgebiet einverleibten. Der weitgehend selbständige Dukat Neapel teilte sich im 9. Jh. in die Städte Gaeta, Neapel und Amalfi.

[8] *Das unabhängige Königreich Italien:* War der S I.s an der Wende vom 9. zum 10. Jh. durch eine Politik der Zersplitterung und Instabilität gekennzeichnet, so erlebte das Kgr. in Mittel- und Norditalien mit Zentrum Pavia gleichzeitig den Beginn eines noch tiefergreifenden Desintegrationsprozesses der öffentl. Ordnung: dazu trug die Entwicklung der kirchl. Immunitäten und der Ländereien der Familien der führenden Schicht bei; es bildete sich allmähl. im Zuge des →Incastellamento und gestützt auf private Milizen ein Geflecht lokaler Machtstrukturen, die jeweils durch krieger. Unternehmungen von Kl. und Kirchen und weltl. Herren entstanden und oft, z. T. innerhalb des dichten Netzes des Großgrundbesitzes, z. T. dieses überlagernd. Die weltl. und geistl. Lehnsverhältnisse, die sich in karol. Zeit in I. entwickelt hatten, stellten nur einen Teilaspekt in diesem Gewirr von polit. Organismen der verschiedensten Formen und Dimensionen dar. Dieser spontane Prozeß fand innerhalb der großen Gft.en und Mgft.en statt, die ihren Charakter öffentl. Verwaltungsbezirke des Regnum einerseits bewahrten, andererseits jedoch gleichzeitig die Züge von Territorialherrschaften der wichtigsten Militesfamilien annahmen, die über den Grundherrschaften standen oder mit ihnen konkurrierten. Es handelte sich dabei um die gleichen großen Familien frk. Ursprungs, die nach dem Ende der karol. Einheit (888) sich das Regnum streitig machten: →Wido v. Spoleto und →Berengar I. v. Friaul kämpften um die Kg.s- und Ks.krone, wobei auch prov. und burg. Prätendenten eingriffen. Unter ihnen gewann →Hugo v. Arles und Vienne polit. bes. Einfluß und wurde 926–946 Kg. in I. →Berengar II. v. Ivrea wurde 951 von →Otto I. die Kg.s- würde des Regnum Italicum streitig gemacht. – In einem großen Teil der Städte des Regnum hatten die Bf.e inzw. ihre weltl. Macht konsolidiert. Der Adel von Rom gruppierte sich um die Familie des Senators →Theophylakt, der die Päpste beherrschte; Venedig wuchs aus einem lockeren Gefüge von Lagunensiedlungen zu einer Stadt mit dem Zentrum Rialto zusammen und beherrschte mit seiner selbständigen Dogenregierung unter nomineller Oberhoheit von Byzanz Lagune und Adriahandel.

[9] *Die Ottonische Zeit:* Die Eroberung des Regnum Italiae, der 962 die Ks.krönung Ottos I. in Rom folgte, bestimmte für mehr als acht Jahrhunderte die Verbindung der dt. mit der it. Kg.swürde und dem Ks.titel, Symbol

der Schutzgewalt über Papsttum und Christenheit. Da Papst Johannes XII., Sohn des Princeps Romanorum →Alberich, weder in polit. noch in religiöser Hinsicht seiner Aufgabe gerecht wurde, ließ ihn Otto I. absetzen und veranlaßte die Römer, das Recht des Ks.s auf Überwachung der Papstwahl anzuerkennen. Er versuchte auch, die Gf.en und Mgf.en im Regnum Italicum wieder der direkten Kontrolle des Kg.s zu unterstellen. Entsprechend der traditionellen Politik der Zusammenarbeit mit der Kirche förderte Otto vielfach die weltl. Macht der Bf.e über die Städte und deren Umland, was andererseits zur Zersplitterung der Reichsgewalt beitrug. Nach anfängl. Interessenkonflikt mit der byz. Oberheit in S-I. kam es zu einem Kompromiß, der durch die Heirat seines Sohns Otto II. mit der byz. Prinzessin Theophanu besiegelt wurde. Otto II., der 973 die Nachfolge antrat, bekämpfte im S die arab. Invasoren, blieb jedoch erfolglos (→Capo Colonne, 982). Nach seinem Tod 983 kam es in Rom zu Wirren, die auch das Papsttum erfaßten (→Johannes XIV., →Bonifatius VII., →Crescentier). Sein Sohn Otto III., der ebenfalls eine aktive Italienpolitik betrieb, bei der er sich auf →Hugo v. Tuszien stützen konnte, jedoch im Gegensatz zu →Arduin v. Ivrea geriet, plante die christl. Erneuerung des Röm. Reiches (→Renovatio Imperii Romanorum) mit Zentrum in Rom, wo er oft residierte. 999 ließ er →Gerbert v. Aurillac (Silvester II.) zum Papst erheben, der eine treue Stütze seiner Regierung wurde. Ottos III. Pläne wurden jedoch durch seinen frühen Tod in I. (1002) vereitelt. G. Tabacco

II. Vom Ottonischen Kaisertum bis zur Vorherrschaft der Europäischen Mächte: [1] *Von Heinrich II. bis Canossa (1077)*: In dem dreiviertel Jh. bis zum Tode Ottos III. und dem schweren Autoritätsverlust des Ksm.s erfolgte eine tiefgreifende Veränderung der polit. Kräfte in I. Mit der Eroberung →Baris durch den Normannenfs.en →Robert Guiscard verlor das oström.-byz. Ksr. seine letzte Bastion in I. Der Niedergang der byz. Macht in I. vollzog sich keineswegs geradlinig. Unter Ks. Basileios II. schlug →Boioannes den von Meles v. Bari angeführten Aufstand, der sich an der wirtschaftspolit. Benachteiligung der apul. Hafenstädte entzündet hatte, bei →Canne 1018 nieder. Nachdem die militär. Erfolge gegen die Muslime auf Sizilien seit dem Tode Basileios' II. (1025) nicht genutzt worden waren, führte ein neuer Vorstoß unter General Maniakes zur Eroberung von Messina (1038) und Syrakus (1040). Streitigkeiten am Hofe in Konstantinopel und ein Aufstand auf dem Festland, an dem stärker als unter Meles norm. Söldner beteiligt waren, schwächten jedoch langfristig die byz. Macht auf Festland. Auch die Muslime verloren auf Sizilien, wo sie sich seit mehr als drei Jh. gegen Byzanz behauptet und von hier aus auch stark auf die Halbinsel eingewirkt hatten, ihre für die Kontrolle des Mittelmeers wesentl. Position. Zwei Jahrzehnte nach dem Scheitern der letzten byz. Angriffe und unmittelbar nach der Einnahme der byz. Themenhauptstadt Reggio leiteten Robert Guiscard und dessen jüngster Bruder Roger I. († 1101) die Eroberung der Insel ein. Nach der Eroberung Messinas (1061) bildete einen vorläufigen Höhepunkt die Einnahme Palermos (1072), um die sich zuvor auch →Pisa vergebl. bemüht hatte. Die seitdem hauptsächl. von Roger I. angeführte weitere Entmachtung der Sarazenen auf Sizilien wurde erst mit der Eroberung Ennas (1087) bis auf wenige Relikte abgeschlossen. – Die Anfänge einer selbständigen Herrschaftsbildung der Normannen, die spätestens seit dem 2. Jahrzehnt als Söldner in Unteritalien im Dienste verschiedener Herren tätig waren, ergaben sich aus Kämpfen zw. dem Hzg. v. Neapel und dem Fs.en v. Capua, wobei der Hzg. dem Normannen →Rainulf I. Kastell und Gft. Aversa überließ. Nach Rainulfs Wechsel auf die Seite des Fs.en →Waimar V. v. Salerno erkannte Ks. Konrad II. (1038) diese norm. Herrschaft zumindest indirekt an. Heinrich III. belehnte 1047 dessen Nachfolger Rainulf II. gegen den Willen des Fs.en v. Salerno. Rainulfs Nachfolger Gf. →Richard I. Quarrel eroberte das Fsm. Capua (1058–62). Noch erfolgreicher waren die →Hauteville in →Apulien und →Kalabrien (→Drogo, →Humfred, →Civitate). Auf der Reformsynode zu Melfi 1059 belehnte Papst Nikolaus II. angesichts der Schwäche der byz. Ks.s, der nur begrenzt handlungsfähigen Regierung für Heinrich IV. und der Bedrohung des Reformpapsttums durch die röm. Adelsfamilien Richard v. Aversa mit Capua und Robert Guiscard mit Apulien, Kalabrien und dem noch zu erobernden Sizilien. Dieser Lehnsakt bezeichnete zugleich die Absicht des Reformpapsttums zur Durchsetzung der alten päpstl. Rechtsansprüche im Süden, wobei die päpstl. Amtskirche ihren Geltungsbereich erhebl. ausweitete. – Die röm. Ks. Heinrich II., Konrad II. und Heinrich III. griffen jeweils nur auf kurzen Heereszügen (1021, 1038, 1047) in die Verhältnisse Süditaliens ein. Dieselben Herrscher arrangierten sich mit den Nachfolgern Papst Silvesters II., die zuerst von den →Crescentiern (bis 1012), danach von den Tuskulaner Gf.en abhängig waren. Mit der Absetzung der drei konkurrierenden Päpste und der Einsetzung des Bf.s Suidger v. Bamberg als Clemens II. schuf Heinrich III. 1046 die Ausgangsbasis für das Reformpapsttum, das bis zum Tode Viktors II. (1057) mit der Reichskirchenherrschaft verbunden blieb. Danach lockerten sich die Beziehungen zum sal. Kg.shof, der sich nach dem Tode Nikolaus' II. zur Einsetzung des Gegenpapstes →Honorius II. verleiten ließ. – Während in Süditalien und auf Sizilien der Aufstieg der Normannen zur Verdrängung oder entscheidenden Schwächung der großen Mittelmeermächte – des byz. Reichs und des freil. schon zuvor regional zersplitterten Islam – wie auch zur Verdrängung der Fsm.er langob. Ursprungs geführt hatte, veränderte sich in demselben Zeitraum das Herrschaftsgefüge in Ober- und Mittelitalien insgesamt langsamer, aber auch in tieferen Schichten. Der tiefergreifende Wandel äußerte sich in Oberitalien auch in den zeitweise zu Aufständen führenden Konflikten zw. den weltl. und geistl. Fs.en u. a. mächtigen Capitanen einerseits und den oft enger mit den städt. Führungsgruppen verbundenen Inhabern von Lehen und weiteren Rechtstiteln (Valvassoren) andererseits. Diese Kämpfe verschränkten sich in der Lombardei des öfteren mit schon länger andauernden Auseinandersetzungen zw. Stadtherren und Einwohnergemeinde. Dabei wurde insgesamt die Stellung der bfl. Stadtherren noch weiter geschwächt, während die Einwohnergemeinden auch als Nutzungs- und Privileggenossenschaften noch mehr als zuvor hervortraten. Die Konflikte spitzten sich im Zusammenhang der Kirchenreform seit 1057 in der mailänd. →Pataria zu, von deren radikalen Methoden im Kampf gegen Simonie und Nikolaitismus sich die röm. Kurie immer wieder distanzierte, bis sie auch darin vom Archidiakon Hildebrand, dem späteren Papst Gregor VII. nachdrückl. auf Kosten der ambrosian.-mailänd. Kirche unterstützt wurde. Der sich daraus entwickelnde Streit um die Besetzung des ebfl. Stuhles in Mailand verschärfte die Spannungen zw. Gregor VII. und Heinrich IV. – Da sich die Ks. in diesem regnum zw. dem Tode Ottos III. und dem »Bußgang« Heinrichs IV. nach Canossa (1077) nur wenig mehr als fünf Jahre persönl. aufhielten, waren sie auf die Zusammenarbeit mit Herrschaftsträgern angewiesen, die über größeren regionalen Einfluß verfügten. Dazu gehörten die Gf.en v. →Tusculum, zeitweise der Mailänder Ebf. →Aribert wie auch die Gf.en v. →Canossa (→Bonifaz v. Tuszien). Bei Interessenkonflikten derartiger Partner mit dem Ks. stützte sich dieser auf die Gegner einer solchen Machtanhäufung (→Arduin v. Ivrea). Der Thronwechsel von Heinrich II. zum Salier Konrad II. begünstigte einen Aufstand der cives in Pavia; mit der Zerstörung der alten Kg.spfalz fand die Rolle Pavias als »Hauptstadt« und Sitz der kgl. Zentralverwaltung ihr Ende. Die Pläne mächtiger Adliger zur Durchsetzung anderer Kandidaten für das it. Kgtm. kamen über Ansätze nicht hinaus. Die auch schon zuvor vorhandenen Spannungen zw. den mächtigen adligen und nicht zuletzt den bfl. Lehnsherren und den Valvassoren bildeten den Hintergrund für die Auseinandersetzungen zw. Ebf. Aribert v. Mailand und Konrad II. auf dessen letztem Italienzug. In der für die Verbreitung des Lehnsrechtes in Ober- und Mittelitalien bedeutsamen →»Constitutio de feudis« (1037) setzte sich der Ks. zugunsten der Valvassoren ein. In ähnl. Richtung zielte Heinrich III. auf seinem 2. Italienzug beim Vorgehen gegen →Gottfried (d. Bärtigen) v. Lothringen, der nach der Heirat mit →Beatrix – der Witwe des Mgf.en Bonifaz – auch über die Mgft. Tuszien-Canossa verfügte. Konsequenter als seine Vorgänger erteilte der Ks. damals den Bewohnern mehrerer Städte Privilegien, die u. a. die städt. Gewohnheitsrechte und die Besitztitel der Bürger garantierten. – Hzg. Gottfried wurde nach dem Tode des Ks.s zum wichtigsten Protektor des Reformpapsttums, das auf einen solchen Rückhalt um so mehr angewiesen war, als sich die norm. Fs.en bald auch gegenüber ihrem päpstl. Lehnsherrn als unzuverlässig erwiesen. Richard v. Capua drang seit 1066 sogar weit in das Patrimonium Petri vor. Trotz des Banns durch Gregor VII. bemächtigte sich Robert Guiscard Ende 1076 des Fsm.s →Salerno, der letzten fsl. Herrschaft langob. Ursprungs. Diese Zuspitzung des Konflikts zw. gregorian. Papsttum und Normannen überschnitt sich zeitl. mit der Eskalation der Spannungen zw. Heinrich IV. und Gregor VII. Daß der Papst die von den dt. Fs.en geforderte Wahl eines anderen Kg.s nicht betrieb, sondern den in →Canossa vollzogenen Ausgleich akzeptierte, war wesentl. durch das Verhalten seiner norm. Vasallen beeinflußt.

[2] *Von Canossa bis zum Ende der Regierung Rogers II. (1154):* Während die schwere Krise der Reichsherrschaft unter Heinrich IV. im regnum Italiae noch lange nachwirkte, erreichte die Herrschaftsbildung der Normannen im S mit dem Kgtm. Rogers II. den Höhepunkt, was sich am deutlichsten in der zentralen Rolle des norm. Kgr.es innerhalb der europ. Mächtekonstellation zur Zeit des 2. Kreuzzugs äußerte. Zugleich wurde die Mittlerstellung I.s durch die Kreuzzugsbewegung und die damit verbundene polit. und wirtschaftl. Expansion der lat. Christenheit im Mittelmeerraum erhebl. gesteigert. Daran gewannen die it. Seehandelsstädte, v. a. →Venedig, →Pisa und →Genua, einen hohen Anteil. Die Konfrontation zw. Heinrich IV. und dem gregorian. Papsttum erweiterte die Handlungsspielräume der Normannenfs.en auch gegenüber ihrem päpstl. Lehnsherrn, die sie für die Legitimation ihrer Besitzungen und Ansprüche nutzten. Robert Guiscard erreichte nur wenige Monate nach der zweiten Bannung und Absetzung Heinrichs IV. durch Gregor VII. – angesichts des drohenden Gegenpapsttums und des bevorstehenden Italienzugs des sal. Kg.s – im Vertrag v. Ceprano (1080) Lösung vom Bann und fakt. päpstl. Anerkennung von Eroberungen, die der Hzg. gegen den Willen des Papstes und sogar auf Kosten des Patrimonium Petri vorgenommen hatte. Trotz der akuten Bedrohung Gregors VII. durch Heinrich IV., der auf seinem Italienzug (1081–84) die Macht →Mathildes v. Tuszien einschränkte und auch den päpstl. Vasallen Jordan v. Capua auf seine Seite ziehen konnte, griff Robert Guiscard zunächst das mit Venedig verbündete Byzanz an; dann schlug er einen vornehml. von Anhängern Heinrichs IV. geschürten Aufstand auf dem Festland nieder. Nachdem Heinrich IV. in Rom von seinem Papst Clemens III. zum Ks. gekrönt worden war, befreite er Gregor VII. gewaltsam aus der Notlage und verschlechterte so die Stellung des Reformpapsttums in Rom. – In den Kämpfen der Söhne Robert Guiscards nach dessen Tode ergriff Jordan v. Capua gegen →Roger Borsa für →Bohemund v. Tarent Partei. Davon profitierte hauptsächl. deren Onkel Gf. Roger v. Sizilien, der seine Stellung auch auf Kalabrien ausdehnte. Zudem machte ihm der zweite Nachfolger Gregors VII., Urban II., wichtige kirchenrechtl. Zugeständnisse, um dessen Unterstützung gegen den ksl. Gegenpapst und die ksl. Parteigänger – darunter auch wichtige Städte – zu gewinnen. In diesem Sinne wirksamer war das von Urban II. vermittelte, durch Heirat zw. Welf V. und Mathilde v. Tuszien-Canossa abgesicherte Bündnis zw. den fsl. Anführern der südtt. antisal. Opposition und der einflußreichsten weltl. Fs.engewalt im Regnum. Als Urban II. zudem 1093 Konrad († 1101), den ältesten Sohn des Ks.s, für sich gewann, geriet Heinrich IV. auf dem 3. Italienzug (1090–97) in eine ausweglose Lage; daraus konnte er sich erst durch den Ausgleich mit den Welfen zu einer Zeit (1096), als der von Urban II. initiierte Kreuzzug begann, wieder befreien, ohne damit seine und seines Papstes Stellung in I. bessern zu können. Hingegen erweiterten Gf. Roger v. Sizilien und Hzg. Roger Borsa um dieselbe Zeit ihre Herrschaften auf Kosten Richards II. v. Capua, dessen Ansprüche auf Neapel auf Roger I. übergingen. Dieser ließ sich von Urban II. 1098 für Sizilien das Recht übertragen, in eigener Person die Funktionen eines päpstl. Legaten wahrzunehmen, und sicherte damit das von ihm errichtete zentralist. Herrschaftsgefüge auch gegenüber der päpstl. Kurie ab. Trotz der ethn., religiösen und kulturellen Vielfalt der Bewohner und auch regionaler Unterschiede überdauerte das von Roger geschaffene System unangefochten die lange Regentschaftsregierung unter seiner Witwe →Adelheid (3. A.), ehe sein Sohn Roger II. 1112 die Regierung übernahm. Viel labiler blieben die norm. Fsm.er auf dem Festland, wo Aufstände norm. Gewalten, norm. Adliger und auch städt. Bevölkerung die Fs.en weiterhin zu Zugeständnissen zwangen. – In Reichsitalien förderten die zahlreichen Auseinandersetzungen im Rahmen des Investiturstreits und auch weitere Kämpfe zw. Anhängern des Ks.s und des Reformpapsttums die Verselbständigung, insbes. der Stadt-, aber auch von Burg- und Landgemeinden. Mit der Ausbildung kommunaler Organisationsformen war bei den meisten civitates schon früh die Ausdehnung ihrer Macht im Umland verbunden. Erstmals sind 1093 formell geschlossene Städtebündnisse belegt. Die seit den frühen achtziger Jahren nachweisbaren Konsulatsverfassungen förderten die Institutionalisierung der Kommunen in lokal und regional sehr vielfältigen Formen. Ohne in diese Verhältnisse einzugreifen, konzentrierte sich Heinrich V. auf seinem Krönungszug (1110/11) auf die Lösung des Investiturstreits. Nach dem Scheitern seines zuletzt gewaltsamen Vorgehens gegen Paschalis II. erreichte der Ks. auf seinem 2. Italienzug (1116/18) größere Wirksamkeit, zumal er nach dem Tode Mathildes v. Tuszien die ihm von

ihr überlassenen Erbansprüche gegen die päpstl. Kurie durchzusetzen vermochte. Größeren Städten, auf die sich der Ks. vielfach stützte, gestand der Ks., mit dessen Hof auch Lehrer des röm. Rechts bereits intensivere Kontakte pflegten, Herrschaftsrechte selbst außerhalb der civitates zu, wobei ansatzweise lehnrechtl. Formen für die Regelung der Beziehungen zw. Ks. und Stadtkommunen erkennbar werden. Das Wormser Konkordat (1122) besaß für die Reichsherrschaft in den zentralen Landschaften des it. Regnum nur untergeordnete Bedeutung. – An einem Ausgleich mit dem von Gelasius II. 1118 gebannten Ks. war die päpstl. Kurie auch wegen der besorgniserregenden Entwicklung in Süditalien interessiert. Apulien entglitt immer mehr der Kontrolle des Hzg.s; chaot. Zustände herrschten auch im Fsm. Tarent. Die Aufstände nutzte Roger II. zur Ausweitung seiner Macht v. a. in Kalabrien. Nach seiner Weihe zum Hzg. v. Apulien (1125) war der inzw. von Honorius II. gebannte Fs. auch milit. gegen einen vom Papst organisierten Bund erfolgreich. Derselbe Papst investierte ihn 1128 in Benevent mit dem Hzm. Apulien unter der Verpflichtung, die päpstl. Herrschaft über Benevent nicht anzutasten und das vom Papst lehnsabhängige Fsm. Capua zu schützen. Das Einlenken des Papstes war auch darin begründet, daß der stauf. Gegenkg. Konrad seit einigen Monaten in Oberitalien wirkte, dort Erbansprüche auf die Mathildischen Güter durchzusetzen versuchte und dabei v. a. Rückhalt in der Metropole Mailand fand, die nach Unterwerfung Lodis (1111) und Comos (1127) ihre Vormachtstellung in der Lombardei gegen Pavia und Cremona gefestigt hatte. Nach dem Ausbruch des päpstl. Schismas (1130) erreichte Roger II. von Anaklet II. die Legitimierung seiner inzw. auch gegen Robert v. Capua erzielten Erfolge und Absichten: das Recht auf die Kg.skrone mit dem Erbrecht für Sizilien, Kalabrien und Apulien, ferner die Unterordnung des Fsm.s Capua und Neapels. – Die Durchsetzung dieser Rechtstitel des in Palermo gekrönten Kg.s rief neue Aufstände auf dem Festland hervor (→Rainulf v. Alife, →Robert v. Capua). Dennoch konnte Lothar III., der sich für Innozenz II. entschieden hatte, auf seinem Italienzug (1132/33) nur mühsam die Ks.krönung erreichen, ohne die Position Anaklets II. zu erschüttern oder gar Roger II. zu gefährden. Gefährlicher wurde dem norm. Kg. der 2., mit einem großen Heer gegen ihn geführte Italienzug Lothars III. (1136/37). Der Ks., dem Innozenz II. 1133 auch die Mathildischen Güter verliehen hatte, gewann Mailand für sich, was die Gegnerschaft Pavias und Cremonas zur Folge hatte. Bei den Aktionen in Süditalien, die in der Einnahme Baris gipfelten, wurde der Ks. auch von Pisa, Venedig und Genua unterstützt. Da sich ein Großteil des ksl. Heeres jedoch der Fortsetzung des Krieges gegen Roger II., der sich nach Sizilien zurückgezogen hatte, widersetzte, begnügten sich Ks. und Papst mit der gemeinsamen Belehnung Rainulfs v. Alife mit dem Hzm. Apulien. Dieser war jedoch viel zu schwach, um die sogleich eingeleitete Rückeroberung des Festlandes durch Roger II. zu verhindern. Nach dem Ende des Schismas (1138) scheiterte Innozenz II. im Bündnis mit Aufständischen auf einem Kriegszug gegen den Kg., geriet in dessen Gefangenschaft und belehnte ihn mit dem Kgr. Sizilien, dem Hzm. Apulien und dem Fsm. Capua (Vertrag v. Mignano 1139). – Während Roger II. nach erneuter Unterwerfung des Festlandes die Festigung seines Kgtm.s 1140 im Erlaß der →Assisen v. Ariano zum Ausdruck brachte und zudem seine Macht bis in die Nähe des Patrimonium Petri ausdehnte, kam der Papst durch den kommunalen Aufstand der Römer (1143) in weitere Bedrängnis. Diese Bewegung führte 1144 zur Errichtung des röm. Senats nach antikem Vorbild; seine antipäpstl. Politik vermengte sich in der Folgezeit unter dem Einfluß →Arnolds v. Brescia mit einer gegen die päpstl. Amtskirche gerichteten Agitation, für die auch der rex Romanorum als künftiger Ks. gewonnen werden sollte. Da sich der stauf. Kg. Konrad III. 1146 an Stelle des geplanten Krönungszugs für die Teilnahme am Kreuzzug entschied, war Eugen III. im Kampf gegen den röm. Senat auf ein Arrangement mit Roger II. angewiesen. Der norm. Kg. verstärkte in dieser Zeit seinen Einfluß in Nordafrika und nutzte den Kreuzzug für einen Angriff gegen Byzanz. Nach seinem fehlgeschlagenen Kreuzzug verpflichtete sich Konrad III. 1148 gegenüber dem ihm schon früher enger verbundenen Ks. Manuel I. Komnenos, diesem Teile des Normannenreichs nach der geplanten Eroberung zu überlassen, womit er die päpstl. Rechtsansprüche überging. Roger II. verbündete sich hingegen mit dem frz. Kg. und mit Welf VI., dem Hauptgegner Konrads III. Doch ergab sich infolge des Todes Konrads III. (1152) aus diesen Bündnissen keine nachhaltige Veränderung der Machtverhältnisse. In dem zw. Eugen III. und Friedrich I. geschlossenen Konstanzer Vertrag (1153) blieb die Stoßrichtung gegen den röm. Senat und gegen Roger II. erhalten, doch wurde darin auch die Wiederherstellung der byz. Herrschaft in Teilen I.s ausgeschlossen, worum sich Manuel I. Komnenos auch weiterhin energ. bemühte. Der rex Romanorum Friedrich I. hatte schon 1152 Welf VI. auch gegen die Rechtsansprüche der päpstl. Kurie auf seine Seite gezogen, indem er ihn mit dem Hzm. Spoleto, der Mgft. Tuszien, dem Fsm. Sardinien und den Mathild. Gütern belehnte. Der Krieg gegen das norm. Kgr. erschien nach dem Tode Rogers II. (Febr. 1154) – mehrere Monate vor dem Krönungszug Barbarossas – viel aussichtsreicher als zuvor.

[3] *Von Friedrich I. bis zum Beginn des angevinischen Königtums (1266)*: Seit den ersten Regierungsjahren Friedrich Barbarossas rückte I. in das Zentrum der Reichspolitik. Die Eroberung des norm.-sizil. Kgr.es durch Heinrich VI. und der Übergang dieses Erbreichs an seinen Sohn Friedrich II. legten die Schwerpunktverlagerung der Reichsherrschaft auf den mediterranen S bis zum Tode dieses Ks.s fest, was auch noch für seine Söhne Konrad IV. und Manfred und für seinen Enkel Konradin bestimmend wurde. Das norm. Erbe gab den expansiven Tendenzen der Reichspolitik im Mittelmeerraum zusätzl. Antriebe und begünstigte eine noch engere Verbindung der Reichsherrschaft mit der Kreuzzugsbewegung, an deren wirtschaftl. und polit. Implikationen und Zielen die it. Seehandelsstädte einen wachsenden, zeitweise entscheidenden Anteil hatten. Zudem war in der Verbindung von imperium und regnum Siciliae eine Verschärfung der Interessengegensätze zw. Ksm. und Papsttum grundgelegt, welches seitdem in seinem engsten polit. Wirkungsbereich vom Zangengriff des Ksm.s bedroht war. In diesen auf I. konzentrierten Gegensätzen entschied sich so auch der Kampf zw. den beiden Universalmächten in seiner schärfsten Zuspitzung. Während der Regierungszeit Friedrichs I. bemühte sich Manuel I. Komnenos weiter mit hohem diplomat. und finanziellen Aufwand um eine Wiederherstellung von Einfluß und direkter Herrschaft in I., bis ihm dafür in der Niederlage von Myriokephalon (1176) gegen die Türken endgültig die Grundlage entzogen wurde. Danach nahm das norm. Kgtm. nochmals die Angriffe gegen Byzanz auf. Schließlich fiel das byz. Mittelmeerreich der Seehandelsmacht →Venedig zum Opfer (1204), die sich dabei der Kreuzzugsbewegung bediente. Auf den

darin gewonnenen zentralen Positionen errichtete die adriat. Republik ihre »Kolonialmacht« im nö. Mittelmeer, wenn sie auch die alte Hauptstadt Konstantinopel 1261 Ks. Michael VIII. v. Nikaia überlassen mußte. Die mit Venedig und untereinander rivalisierenden Seehandelstädte →Genua und →Pisa erreichten seit dem 3. Kreuzzug eine stärkere Stellung in Syrien und behaupteten sich im w. Mittelmeerraum gegen die zunehmende Konkurrenz der sfrz. und ospan. Kaufleute. Die polit. Bedeutungssteigerung I.s war auch im weitergehenden wirtschaftl. Aufschwung v. a. der größeren Binnenstädte in der Lombardei und der Toskana begründet. Ebenfalls wuchs die vielfältige Vermittlerrolle I.s insbes. im Handel und in der Geldwirtschaft zw. dem kontinentalen und n. Europa und dem Mittelmeerraum. Der wirtschaftl. und polit. Bedeutungsanstieg war von starken sozialen Spannungen insbes. in den urbanen Zentren Reichsitaliens begleitet, wo sich seit dem ausgehenden 12. Jh. die Gegensätze zw. den keineswegs streng voneinander abgegrenzten Gruppierungen von milites und populus verfestigten. Die zumeist langandauernden Konflikte waren mit den regionalen polit. Kräften verbunden, was die Entstehung von signorialen Herrschaftsformen in einigen Gebieten begünstigte; sie standen aber auch in engen Wechselbeziehungen mit der Reichspolitik. – In seiner Italienpolitik folgte Friedrich I. zunächst den im Konstanzer Vertrag vorgezeichneten Bahnen. Auf dem Krönungszug mußte er nach der Ks.krönung (Juni 1155) wegen der Weigerung dt. Fs.en auf ein militär. Vorgehen gegen das norm. Kgr. verzichten, obwohl ihm dafür auch der byz. Ks. finanzielle Hilfe zugesagt hatte. Ein Aufstand gegen Wilhelm I. auf dem Festland und die Ausweitung des Aufruhrs auf Sizilien, wo ebenfalls der von Wilhelm I. als Emir der Emire eingesetzte Maio v. Bari mit seiner zentralist. Politik auf Widerstand stieß, wurden jedoch von dem Papst und von Ks. Manuel I. genutzt. Nach der Niederschlagung des Aufstands und der Rückeroberung des Festlandes, das der byz. Ks. zu weiten Teilen für sich gewonnen hatte, lenkte Hadrian IV. in einer für ihn bedrohl. Lage ein und schloß mit Wilhelm I. Juni 1156 den Vertrag v. →Benevent. Deswegen und aufgrund der durch weitere Vorgänge erhöhten Spannungen zw. dem ksl. Hof und der Kurie, an der die Befürworter einer pronorm. Politik größeren Einfluß gewannen, beschloß Friedrich I. 1157, seinen 2. Italienzug nicht gegen den norm. Kg. zu richten, sondern v. a. gegen Mailand. Gegen die lombard. Metropole hatte sich der Ks. unter Anlehnung an die von Cremona und Pavia angeführte antimailänd. Koalition bereits auf seinem Krönungszug entschieden. Spätestens mit dieser neuen Zielsetzung traten die Bemühungen um die Erneuerung der ksl. Herrschaft in Reichsitalien in den Mittelpunkt der stauf. Reichspolitik. Dagegen richtete sich auch die Politik des byz. Ks.s, nachdem Hadrian IV. eine Aussöhnung zw. Manuel I. und dem norm. Kg. zu Anfang 1158 vermittelt hatte. Mit Verhandlungen und einem starken Heer, zu dem auch viele Städte Ober- und Mittelitaliens Kontingente stellten, gelang es dem Ks., Mailand zu isolieren und nur wenige Monate nach dem Antritt des Italienzugs Anfang Sept. 1158 zu einem Unterwerfungsvertrag zu zwingen. Den so wesentl. erweiterten Handlungsspielraum nutzte der ksl. Hof für die Vorbereitung einer Gesetzgebung, die auf dem Hoftag von →Roncaglia Nov. 1158 unter Heranziehung von it. Fs.en und städt. Vertretern und unter wesentl. Mitwirkung der Bologneser Rechtsgelehrten formuliert wurde. Der Kern der roncagl. Gesetzgebung bestand – in Anknüpfung an die ältere, in I. verbreitete Auffassung über die Regalien – in dem auch röm.-rechtl. begründeten ksl. Herrschaftsmonopol. Darauf stützte der Ks. die Verleihung der Regalien unter neuen, oft finanziell härteren Bedingungen unter Verwendung des gleichzeitig neu fixierten Lehnsrechts an die diversen Herrschaftsträger. Zudem sollten die städt. Führungsgremien vom Ks. eingesetzt werden, was durchaus mit dem Fortbestehen der bisherigen kommunalen Institutionen vereinbar war. Die Durchsetzung stieß v. a. auf den Widerstand Mailands, dem sich insbes. Brescia und Piacenza wieder anschlossen. Da Hadrian IV. im Zusammenhang seiner weitergehenden Opposition gegen die ksl. Italienpolitik, die auch den päpstl. Interessen im Patrimonium Petri und das vom Papst lehnsabhängige norm. Kgr. bedrohte, für das mailänd. Bündnis eintrat, war das nach seinem Tode Sept. 1158 ausgebrochene Schisma zw. Alexander III. und Viktor IV. eng mit dieser polit. Konfrontation in der Lombardei verbunden. Zugleich wurde so der auf I. konzentrierte Interessengegensatz in die lat. Christenheit getragen. – Die Unterwerfung der danach weitgehend zerstörten Metropole und ihrer Bündnispartner im Frühjahr 1162 nutzte der ksl. Hof für die starke Ausweitung der Reichsverwaltung v. a. in der Lombardei, später auch in Mittelitalien. Zugunsten seiner Bemühungen um die Beilegung des Schismas stellte der Ks. 1162 seinen Plan, mit Hilfe von Genua und Pisa das weiterhin von Aufständen geschwächte norm. Kgr. zu erobern, zurück. Die Entstehung des von Venedig unterstützten Veroneserbundes zwang ihn auf seinem 3. Italienzug (1163/64) zur erneuten Verschiebung dieses Vorhabens. Ohne diesen bald auch vom byz. Ks. finanziell geförderten Aufstand bezwingen zu können, richtete er sich auf seinem 4. Italienzug (1166/68) mit einem von Söldnertruppen verstärkten Heer gegen Rom, wo Alexander III. Rückhalt gefunden hatte, und gegen die Positionen v. a. in Ancona und gegen das nach der Thronfolge des noch minderjährigen Wilhelm II. geschwächte norm. Kgr. Die militär. Erfolge wurden durch den Ausbruch einer Seuche im ksl. Heer vor Rom zunichte gemacht. Dadurch verstärkte sich die Wirksamkeit des inzw. unter Führung Cremonas gebildeten Lombardenbundes und des Veroneserbundes in ihrer Verbindung mit Alexander III., Venedig, dem byz. Ks. und dem norm. Kgr. derart, daß die ksl. Verwaltung in Oberitalien zusammenbrach. In Mittelitalien konnten jedoch in den nächsten Jahren der ksl. Legat und andere Beauftragte die Reichsherrschaft partiell wieder festigen. Dabei kam dem Ks. hier wie auch später in Oberitalien zugute, daß Welf VI. 1173 gegen Geld auf seine it. Reichslehen verzichtete. Vorteilhaft wirkte sich auch aus, daß Venedig seit 1171 mit dem byz. Ks. verfeindet war und Kg. Wilhelm II. bald nach seiner selbständigen Regierung (1171) die antibyz. Politik seiner Vorgänger wiederaufnahm. Das Wiedererstarken Mailands ließ die alten Rivalitäten unter den Mitgliedern des Lombardenbundes wieder aufleben. Auf seinem 5. Italienzug (1174/78) scheiterte der Ks. zwar mit seinem Versuch, →Alessandria – das Symbol der antiksl. Verbindung von Lombardenbund und Alexander III. – zu zerstören und auf der Grundlage des mit dem Lombardenbund geschlossenen Vorfriedens v. Montebello den Städtebund von Alexander III. zu trennen, doch sonderte sich danach Cremona als Gegnerin Mailands von der Liga ab. Nach der Niederlage v. Legnano (Mai 1176) gegen den nun stark von Mailand bestimmten Lombardenbund führten die auch schon früher immer wieder aufgenommenen Kontakte mit Alexander III., der inzw. weder von Byzanz noch vom norm. Kg. wirkungsvoll unterstützt wurde, Herbst 1176 in Anagni zu Vereinbarungen über einen

Frieden. Dessen Bedingungen gestaltete der ksl. Hof bis zum Abschluß des Friedens v. Venedig (Juli 1177) noch günstiger, zumal damit ein Waffenstillstand mit dem Lombardenbund und dem norm. Kg. verbunden war. Im Frieden v. →Konstanz (1183) mit dem polit. isolierten »mailänd.« Lombardenbund blieben die in Roncaglia geschaffenen Rechtsgrundlagen unter Zugeständnissen, wie sie schon früher anderen begünstigten Städten gewährt worden waren, bestehen; andererseits wurde dadurch aber auch die Form für die Freiheiten der civitates auf hohem Niveau verfestigt. – Der Konstanzer Friede begünstigte Friedrich I. und seinen Sohn Heinrich VI. in ihren Erfolgen während ihres teils gemeinsamen Italienaufenthalts (1184–86, 1185–87) gegen Cremona bei der intensivierten Nutzung der Mathild. Güter und bei der Einrichtung von Reichsverwaltungssprengeln, die nun erstmals im w. Oberitalien – hier zumeist auf Kosten von Adligen – geschaffen und in Mittelitalien v. a. durch Einengung städt. Herrschaftsgebiete vermehrt wurden. Auch beim rigorosen Vorgehen gegen Urban III., das in der Besetzung weiter Teile des Patrimonium Petri durch Heinrich VI. (1186) gipfelte, kam dem ksl. Hof zudem die Verlobung und Heirat (1186) Heinrichs VI. mit →Konstanze – der Tochter Rogers II. und Eventualerbin des kinderlosen Wilhelm II. – zugute. Nach dem Tode des norm. Kg.s traten die seit den siebziger Jahren verdeckten Gegensätze im Kgr. wieder offen hervor. Die Spannungen zw. Christen und Muslimen, deren Lage sich ohnehin seit dem Tode Rogers II. verschlechtert hatte, wurden durch die Kreuzzugsstimmung verschärft. In den Auseinandersetzungen um die Thronfolge setzte sich zwar die Partei Gf. →Tankreds v. Lecce so weit durch, daß dieser illegitime Enkel Rogers II. in Palermo gekrönt wurde (1190), doch blieb sein Einfluß auf dem Festland gering, wo viele Adlige für Konstanze und Heinrich VI. eintraten. Letzterer erreichte auf seinem Italienzug (1191) die Ks.krönung durch Coelestin III., scheiterte aber trotz seines Bündnisses mit Genua und Pisa an der Belagerung Neapels. Unter höherem finanziellen und polit. Einsatz, zu dem auch wesentl. Zugeständnisse an oberit. Städte gehörten, gelang ihm auf dem nächsten Italienzug (1194–95) die Eroberung des norm. Kgr.s gegen den Willen des Papstes fast mühelos. Die nach der Krönung zum rex Siciliae aufgenommenen Verhandlungen mit dem Papst, der 1192 ein für ihn günstiges Konkordat mit Tankred geschlossen hatte, blieben ohne Ergebnis. Zugleich bereitete der Ks. einen Kreuzzug ins Hl. Land vor, womit er auch seine antibyz. Politik verband, sicherte seinen Einfluß durch Einsatz dt. Vertrauensleute – wie →Markward v. Annweiler und →Konrad v. Urslingen – in Mittelitalien und im siz. Kgr. und bedrängte den Papst im Patrimonium Petri. – Der Tod Heinrichs VI., der erstmals seit dem 5. Jh. die Reichsherrschaft über die Halbinsel und Sizilien unter einem Ks. hergestellt hatte, beendete die von ihm mit dem antiquum ius imperii begründete Vereinigung des siz. Regnum mit dem Imperium schon nach drei Jahren, da sein Sohn Friedrich das Erbrecht nur für das norm.-stauf. Kgr., nicht aber für das Imperium geltend machen konnte. Im Zusammenhang des stauf.-welf. Thronstreits zw. Philipp v. Schwaben und Otto IV. setzte sich Innozenz III. als Lehnsherr und Vormund (bis 1208) für den 1198 zum rex Siciliae gekrönten Friedrich II. ein, ohne jedoch dessen desolate Lage unter den widerstreitenden Kräften und eine tiefgreifende Schwächung des Kgtm.s verhindern zu können. Die unio regni ad imperium versuchte er auch territorial zu unterbinden, indem er ältere, bis dahin nie realisierte Rechtsansprüche in Mittel- und Oberitalien geltend machte; dabei war er jedoch nur im engeren Patrimonium Petri um Rom erfolgreich. Auf die Wahrung dieser päpstl. Rechte verpflichtete er auch den von ihm zunächst als rex Romanorum favorisierten Welfen Otto IV., der seine früheren Zusagen (1201) nach der Ermordung Philipps (1208) vor dem Aufbruch zum Krönungszug (1209–12) wiederholte. Dennoch lenkte Otto IV. spätestens nach seiner Ks.krönung (1209) in die Bahnen der frühstauf. Italienpolitik ein. Die Eroberung des siz. Kgr.es brach der inzw. gebannte Ks. erst ab, als er wegen der von Innozenz III. betriebenen Erhebung Friedrichs II. zum rex Romanorum seine Stellung im regnum teutonicum bedroht sah. Für die päpstl. Unterstützung erkannte Friedrich II. das Patrimonium Petri in dem von Innozenz III. festgelegten Umfang und auch die päpstl. Rechte über die Mathild. Güter in der Goldbulle zu Eger (1213) an. Im Interesse des Kreuzzugs, zu dem sich Friedrich II. schon zuvor verpflichtet hatte, ließ Honorius III. kurz vor der Ks.krönung (1220) zu, daß Friedrich II. anstelle seines noch minderjährigen Sohnes Heinrich (VII.), der 1212 zum siz. Kg. gekrönt und vom Papst belehnt worden war, auch das siz. Erbreich übernahm und so in Personalunion die unio regni ad imperium vollzog. – Statt auf den Kreuzzug konzentrierte sich der Ks. in den folgenden Jahren auf die Wiederherstellung der Macht des seit dem Tode Wilhelms II. stark geschwächten siz. Kgtm.s. Dafür schuf er in den Assisen v. Capua (1220) und Messina (1221) ein rechtl. Instrumentarium. Er zentralisierte die Verwaltung, und brachte mit der von ihm wiederaufgebauten Flotte auch den Seehandel – unter Beschneidung der Vorrechte von Genua, Pisa und Venedig – unter staatl. Kontrolle. Er brach den Widerstand der Gf.en und Barone auch durch den Bau von Kastellen auf dem Festland und unterwarf bis 1225 die aufständ. Sarazenen auf Sizilien. Im Zusammenhang mit den Vorbereitungen für den Kreuzzug (darunter Heirat mit der Erbtochter des Kgr.es Jerusalem), wandte er sich der Erneuerung der Reichsherrschaft in Reichsitalien zu, wo die Interessengegensätze zw. der Kurie und dem Ks. seit der Ks.krönung sich auch auf die vielfältigen Konflikte zw. den Städten und in den Städten (→Ghibellinen, →Guelfen) erneut stark ausgewirkt hatten. Die Erneuerung des Lombardenbundes unter Führung Mailands und in Gegnerschaft zu Cremona und Pavia verhinderte den vom Ks. einberufenen Hoftag zu Cremona (1226). Die Konflikte zw. dem Ks. und seinen adligen wie städt. Anhängern einerseits und dem Papst und dem Lombardenbund andererseits wurden durch den für den Lombardenbund günstigen Schiedsspruch Honorius' III. nur oberfläch. überbrückt. Gregor IX. benutzte den krankheitsbedingten Rücktritt Friedrichs II. vom Kreuzzug (1227) zur Bannung des Ks.s. Die Konfrontation weitete sich im Zusammenhang des ksl. Kreuzzugs (1228/29) zu Kämpfen im Patrimonium Petri und im siz. Regnum aus. Ihre Beilegung 1230 (Vertrag v. S. Germano, Frieden v. Ceprano) nutzte der Ks. für eine weitere Festigung seiner zentralist. Herrschaft im siz. Kgr. Mit dem →»Liber Augustalis« (Melfi 1231), in dem er auch die dem Papst gemachten Zugeständnisse über die Kirchen stark einengte, verband der Ks. eine rigorose Wirtschafts- und Fiskalpolitik, die er jedoch bald wegen mangelnder Effizienz revidieren mußte. – Die angestrebte friedl. Neuordnung der Reichsherrschaft im N.I.s scheiterte erneut am Widerstand des von Mailand angeführten Lombardenbundes. Vermittlungen Gregors IX. blieben insgesamt erfolglos. Nach der Unterwerfung seines Sohnes Heinrich (VII.), der sich 1234 mit der societas Lombardie verbündet hatte, gewann der Ks. im ö. Oberitalien eine günstige Ausgangslage. Nach seinem Sieg über die Bundesstädte bei Cortenuova (1237) führte die von ihm geforderte unbedingte Unterwerfung Mailands zur Fortsetzung der Kämpfe. Nach der gescheiterten Belagerung Brescias (1238) eskalierte die Konfrontation auch durch die offene Unterstützung des Lombardenbundes seitens des Papstes, der den Ks. 1239 erneut bannte und ein für Friedrich II. bedrohl. Bündnis zw. Venedig und Genua vermittelte. Infolge des Krieges organisierte der Ks. die Verwaltung in seinem Erbreich um, das einen Großteil der Kriegskosten zu tragen hatte und wo es bald zu despot. Exzessen und starken Abweichungen vom intendierten Herrschaftssystem kam. Nach früheren Ansätzen (seit 1236) ging der Ks. in dem um große Teile des Patrimonium Petri erweiterten Reichsitalien verstärkt dazu über, die Herrschaftsformen – auch durch den Einsatz von Süditalienern als Verwaltungsträgern – an jene im siz. Kgr. anzugleichen. Dies gelang jedoch weithin nur in formaler Hinsicht, so daß verwandtschaftl. Beziehungen mit dem Ks. wichtiger wurden als der institutionelle Rahmen. An den Beziehungen zw. dem Ks. und den feindl. Städten in Oberitalien scheiterten immer wieder die ksl.-päpstl. Verhandlungen. Die Absetzung des Ks.s im Juli 1245 durch Innozenz IV. auf dem Konzil v. Lyon beeinflußte die sehr labilen Kräfteverhältnisse in Reichsitalien nur wenig. Diese waren auch beim Tode des Ks.s (Dez. 1250) noch keineswegs entschieden, wobei inzw. die signorialen, über mehrere Städte unter verschiedenen Rechtstiteln herrschenden Gewalthaber →Ezzelino III. da Romano und Oberto →Pelavicino zu den wichtigsten, jedoch keineswegs festen Stützen der Reichsherrschaft in Oberitalien geworden waren. – Die vom Ks. verfügte Nachfolge seines ältesten Sohnes Konrad IV. stieß v. a. im siz. Kgr. auf den Widerstand der päpstl. Kurie, die die insbes. in →Kampanien und Apulien ausbrechenden Aufstände unterstützte. Dagegen ging Konrad IV. nach seinem Eintreffen im Kgr. (1252) bis zu seinem Tode (1254) erfolgreich vor. In den anschließenden Kämpfen behauptete sich sein illegitimer Bruder Manfred sowohl gegen den von Konrad IV. eingesetzten Regenten für seinen Sohn Konradin als auch gegen die päpstl. Partei. Der 1258 in Palermo zum siz. Kg. gekrönte Staufer Manfred verschaffte sich in den folgenden Jahren auch in Reichsitalien festere Positionen als Alfons X. v. Kastilien, Richard v. Cornwall und Konradin, die dort mit ihm und untereinander konkurrierten. →Karl v. Anjou, der von Urban IV. geförderte Thronkandidat für das siz. Kgr., profitierte seit Abschluß der Verhandlungen (1265) v. on dem Clemens IV. von dem Machtverfall des Oberto Pelavicino und erreichte so die vom selben Papst vorgenommene Krönung zum siz. Kg. In der Schlacht v. →Benevent fand wenig später (1266) das Kgtm. Manfreds sein Ende. Konradin verlor in der Schlacht bei →Tagliacozzo (1268) alle Aussichten auf die Fortsetzung der stauf. Reichsherrschaft über I.

[4] *Vom Ende der Staufer bis zum Großen Schisma (1378):* Zw. der Hinrichtung Konradins und dem Beginn des →Abendländ. Schismas erhielt die traditionelle Polyzentrik I.s neue, wenn auch keineswegs feste Konturen. Ein wichtiger Antrieb zu neuen Schwerpunktbildungen im S ging von der Aufspaltung des stauf.-angevin. Kgr.s seit der Siz. Vesper (1282) in das angevin. Kgr. auf dem Festland (Neapel) und das aragones. Kgr. auf Sizilien aus. Die fast ununterbrochenen Kämpfe zw. beiden Dynastien und weitere militär. Auseinandersetzungen v. a. um das angevin. Kgr. trugen zur wirtschaftl. Schwächung des S wesentl. bei und ließen in beiden Regna – wenn auch in unterschiedl. Graden – die städt. und adlig-fsl. Gewalten noch stärker hervortreten als zuvor. Diese schweren Konflikte wirkten sich auch destabilisierend auf das Patrimonium Petri aus, zumal die angevin. Kg.e lange Zeit dort und auch in Reichsitalien Positionen innehatten und polit. Einfluß ausübten. Die ohnehin institutionell noch schwach fundierte päpstl. Herrschaft wurde ferner durch die unterschiedl. Herkunft und polit. Einbindung der Päpste wie auch durch deren jahrzehntelange Abwesenheit während des avignones. »Exils« beeinträchtigt und bot so den divergierenden heim. Mächten, v. a. den röm. Adelsfamilien, große Entfaltungsmöglichkeiten. Diese wurden noch durch Konkurrenten um das Patrimonium Petri aus der Toskana und aus Oberitalien vergrößert. Auf die Verhältnisse in Reichsitalien, das durch die Ausdehnung des Patrimonium Petri verkleinert wurde, übten die reges Romanorum auch aufgrund ihrer schwachen Stellung im dt. Reich kaum direkten Einfluß aus. Eine Ausnahme bildete für kurze Zeit Heinrich VII. während seines Krönungszugs (1310–12), der fast 100 Jahre nach der letzten Ks.krönung und fast 60 Jahre nach dem Italienzug Konrads IV. stattfand. Diese Rahmenbedingungen begünstigten zusammen mit dem Fortwirken der Konflikte in vielen Städten zw. Guelfen und Ghibellinen und zw. populus und milites (bzw. Magnaten) die Verbreitung der Signorien in Ober- und Mittelitalien. Die Signorien stammten meist überwiegend aus älteren Führungsgruppen oder aus hochadligen Familien. Auch Kg.e ließen sich Signorien übertragen. Abgesehen von den mgfl. Signorien v. a. im W Oberitaliens bestanden sie zumeist aus der Herrschaft über alte urbane Zentren und deren Gebiet, wobei die stadtkommunalen Organisationsformen vielfach bestehen blieben und auch wieder an die Stelle der Signorie treten konnten. Die Kommunen paßten sich signorialen Tendenzen an, indem darin zumeist oligarch. und plutokrat. Gruppen ihre Macht in mehr oder minder komplizierten Wahlverfahren abzusichern trachteten. Die seit Mitte des 14. Jh. verstärkt auftretenden Söldnerheere förderten die Machtanhäufung in der Hand kapitalkräftiger Signorien und Stadtrepubliken, da nur diese über längere Zeit in der Lage waren, große Söldnertruppen zu unterhalten, abzuwerben oder sich von den vagabundierenden Söldnerbanden freizukaufen, die sich seit dem dritten Viertel des 14. Jh. vielfach zu →Compagnie di ventura zusammenschlossen. Bei der Finanzierung solcher Kosten, aber auch der weiteren polit. Aktionen in I. und darüber hinaus im w. Europa, gewannen die ober- und mittelit. Bankhäuser eine beherrschende Stellung. Im ö. Mittelmeer schränkte das Vordringen der Mamluken und Türken den ven. und genues. Handel ein, doch behielten diese beiden Städte ihre führende Stellung im Mittelmeerhandel auch trotz der Kriege, die sie seit der Mitte des 14. Jh. gegeneinander führten. Im Vergleich zu Venedig und Genua, wurde Pisa seit dem ausgehenden 13. Jh. nach der gegen Genua verlorenen Seeschlacht bei Meloria (1284) zweitrangig. Anscheinend konnten sich die größeren gewerbl. Zentren der Toskana und Oberitaliens in den neuen Rahmenbedingungen, die sich v. a. aus den hohen Bevölkerungsverlusten durch die seit 1347/1348 auftretenden Pestzüge ergaben, durch erhöhten Kapitaleinsatz relativ leicht anpassen. In dem verschärften Konkurrenzkampf fielen jedoch mehrere ältere Gewerbeexportstädte zurück, was mit ihrer polit. Stellung in engen Wechselbeziehungen stand. In diesem kapitalintensiven polit. Kräftespiel waren die Agrarmetropolen, die in weiten Teilen Mittelitaliens, aber auch in mehreren Regionen Oberitaliens überwogen, ohnehin benachteiligt, zumal die Agrarwirtschaft offenbar seit der Wende zum 14. Jh. insgesamt

stagnierte und infolge der Pestzüge seit der Mitte desselben Jh. auch in ihrer polit. Effizienz noch weiter zurückging. Durch diese wirtschaftl. und polit. Zusammenhänge wurde v. a. der S I.s, wo die Agrarwirtschaft vorherrschte und immer stärker bestimmend wurde, innerhalb des europ. Beziehungsgefüges in den Hintergrund gedrängt. – Von seinem Zentrum im stauf.-siz. Kgr., in dem er die Aufständischen bald bezwang, betrieb Karl I. v. Anjou Pläne zur Errichtung eines mediterranen Großreichs. Während er in Mittelitalien auf der Grundlage der ihm vom Papst verliehenen Stellung als Senator v. Rom und Reichsvikar in der Toskana zunächst großen Einfluß gewann, blieben ihm entscheidende Erfolge gegenüber dem byz. Ks. Michael VIII. versagt, zumal ihm dafür Gregor X. durch Unionsverhandlungen mit dem byz. Ks. den religiös-polit. Vorwand nahm. In dem ebenfalls von ihm beanspruchten Piemont stieß er v. a. auf Widerstand Mgf. Wilhelms VII. v. Montferrat, der zusammen mit Genua und den mailänd. →Visconti zu den Parteigängern Kg. Alfons' X. v. Kastilien gehörte, seit 1282 jedoch in scharfen Gegensatz zum mailänd. Ebf. Otto Visconti († 1295) geriet. Danach stellte sich der Orsini-Papst Nikolaus III. († 1280) den Großreichsplänen des angevin. Kg.s entgegen, bis Karl I. von Papst Martin IV. (Simon Brie) wieder uneingeschränkt unterstützt wurde. Diese wurden jedoch von der »Siz. Vesper« (1282) zunichte gemacht. Diesem spontanen Aufstand gegen das angevin. Kgtm., das die Sizilianer benachteiligte, war im Zusammenspiel zw. Ks. Michael VIII. und Kg. Peter III. v. Aragón der Boden bereitet worden. Der von Emigranten unterstützte aragones. Kg., der als Gemahl einer Tochter Manfreds Erbansprüche auf das siz. Kgr. erhob, eroberte Sizilien in kurzer Zeit. Nachdem Kg. Jakob v. Sizilien, der jüngere Sohn Peters III., 1291 auch Kg. v. Aragón geworden war, benutzte er das Kgr. auf Kosten seines jüngeren Bruders Friedrich als Verhandlungsobjekt für den Frieden mit dem frz. Kg. und dessen Sohn Karl v. Valois. Dagegen erhoben die Sizilianer den bisherigen aragones. Statthalter →Friedrich (III.) zum Kg., der sich seit seiner Krönung (1296) als Urenkel Ks. Friedrichs II. bewußt in die stauf.-ghibellin. Tradition einordnete. Friedrich III. behauptete sich auf Sizilien trotz der gegen ihn gerichteten Aktionen und Verträge zw. seinem Bruder, Karl II. v. Anjou, dem frz. Kg. und Bonifaz VIII.; letzterer belehnte den aragones. Kg. 1297 noch mit Sardinien, das erst 1326 Pisa abgerungen wurde, und mit Korsika, wo jedoch die genues. Herrschaft bestehen blieb. Unter den inzw. veränderten polit. Konstellationen – wie der Zuspitzung des Konflikts zw. Bonifaz VIII. und dem frz. Kg. und dem schließlich erfolgreichen Streben Karls II. v. Anjou nach der ungar. Kg.skrone – erreichte Friedrich III. 1302 im Frieden v. Caltabellotta die Zustimmung Karls v. Valois, des Hauses Anjou und Bonifaz' VIII. für sein siz. Kgtm. – Im Zusammenhang der von S-I. und seinen südfrz. Stammlanden ausgehenden Großreichspolitik Karls I. v. Anjou und der anschließenden Kämpfe um Sizilien strebten im wesentl. nur die aus röm. Adelsfamilien stammenden Päpste auch im Interesse ihrer eigenen Familien danach, sich aus der Abhängigkeit von den Anjous und den frz. Kg.en zu lösen. Gregor X., Nikolaus III. Orsini und Honorius IV. Savelli verhandelten deswegen auch mit dem habsbg. Kg. Rudolf I., der für die zugesicherte Ks.krönung die Romagna an das Patrimonium Petri abtrat (1279), ohne daß die Päpste in die teils anarch. Zustände dieser Landschaft wirksam eingreifen konnten. Im engeren Patrimonium Petri stützten sich Nikolaus III., Honorius IV. und Bonifaz VIII. hauptsächl. auf ihre Nepoten gegen andere Adelsfamilien (→Colonna). Die Forderung auf Abtretung der Toskana mußte Bonifaz VIII. gegenüber Kg. Albrecht I. wieder fallenlassen, noch bevor der Papst den Machtkampf gegen den frz. Kg. im Attentat v. →Anagni verlor. In der Toskana fanden aber auch die von Rudolf I. und Adolf v. Nassau teils im Einvernehmen mit den Päpsten eingesetzten Reichsvikare höchstens beim ghibellin. →Pisa Rückhalt. →Florenz baute seine Stellung als führende guelf. Macht in der Toskana auch noch in den achtziger Jahren weiter aus. Unter den vielfältig motivierten polit. Konflikten im n. Reichsitalien war die Auseinandersetzung zw. →Della Torre und Visconti um die Vorherrschaft über →Mailand eng mit den konkurrierenden Bestrebungen Karls I. v. Anjou, Alfons' X. v. Kastilien wie auch der röm. Kg.e verbunden. Mit der Einsetzung seines Neffen Matteo als Capitano del popolo bereitete Ebf. Ottone Visconti seit 1287 die Vererbung der von ihm seit 1282 ausgeübten Signorie vor (→Reichsvikariat). – Die Bemühungen Heinrichs VII. um tiefgreifende Veränderung der Herrschaftsverhältnisse in Reichsitalien und um Erneuerung der Reichsherrschaft scheiterten auf seinem Krönungszug schon nach kurzer Zeit. Vielmehr mußte sich der Luxemburger bald auf Signorien stützen, denen er zumeist gegen hohe Geldsummen das Reichsvikariat verlieh. Von dieser Legitimation profitierten v. a. die →Della Scala (Verona, Vicenza) und Matteo Visconti. Als Anführer der Ghibellinen blieb er gegen die guelf. Vormacht Florenz erfolglos. Nach dem Tode des Ks.s auf dem Heereszug gegen den mit Florenz verbündeten Kg. Robert v. Neapel, konnte Friedrich III. den Angriff des Anjou auf Sizilien abwehren. Der avignones. Papst Clemens V. ernannte Kg. Robert zum Senator v. Rom und aufgrund seines beanspruchten Rechts der Regentschaft bei Thronvakanz zum Reichsvikar in I. Auch Johannes XXII. übertrug dem Anjou nach der Doppelwahl von 1314 das päpstl. Amt des Reichsvikars und bannte außerdem die oberit. Ghibellinenführer. Da der mit Kg. Friedrich dem Schönen verbündete Kg. Robert gegen die Ghibellinen und Friedrich III. keine entscheidenden Erfolge erzielte, ernannte ders. Papst seinen Neffen →Bertrand du Poujet zum päpstl. Legaten für I. (1319). Gegen dessen starke Machtbasis in der Emilia-Romagna formierte sich erneut ein Bündnis der Ghibellinen Oberitaliens und der Toskana, das den Florentinern und deren guelf.-päpstl. Verbündeten 1325 bei Altopascio eine schwere Niederlage bereitete. Die Konfrontation zw. Ghibellinen und Guelfen und der damit eng verknüpfte Gegensatz zw. Friedrich III. v. Sizilien und Robert v. Anjou wurden seit 1323/24 durch den schweren Konflikt zw. Johannes XXII. und Ludwig d. Bayern zugespitzt. Bei seinem Italienzug (1327–30) mußte der auch finanziell von den Ghibellinen abhängige wittelsbach. Kg. sich bald – trotz anfängl. Erfolge gegen die Visconti – mit den tatsächl. Machthabern in Ober- und Mittelitalien arrangieren. Mit Hilfe der von ihm zum Hzg. erhobenen Castruccio →Castracani und der Colonna erreichte er die Ks.krönung (1328), doch fehlte dieser der päpstl. Legitimation, die auch der von ihm als Papst eingesetzte Minorit nicht ersetzen konnte. Die angevin. Übermacht in Rom verhinderte auch die geplante Heerfahrt des Ks.s mit dem ihm verbündeten siz. Kg. gegen Robert v. Neapel. – Wenigstens kurzfristig erfolgreicher als der wittelsbach. Ks. war →Johann v. Böhmen. Sein Lavieren zw. den Parteiungen brachte ihm bei seinem I. aufenthalt (1330/31) die Übertragung zahlreicher Signorien v. a. in Oberitalien ein. Seine dann mit dem Papst und dem frz. Kg. abgesprochenen Pläne eines oberit. Kgr.s unter frz. Oberhoheit wurden jedoch durch das gegen ihn und den päpstl. Legaten Bertrand militär. erfolgreiche Vorgehen eines guelf.-ghibellin. Bündnisses, dem sich auch Kg. Robert aus Furcht vor der frz. Übermacht angeschlossen hatte, zunichte gemacht (1333). Der Niedergang der päpstl. Herrschaft in der Emilia-Romagna und darüber hinaus in I. setzte sich unter Benedikt XII. und Clemens VI. fort. Dadurch wurde auch der Einfluß Kg. Roberts v. Neapel auf Mittel- und Oberitalien stark gemindert. Seine Versuche, das Kgr. Sizilien zu erobern, blieben erfolglos. Die langwierigen Thronstreitigkeiten nach dem Tode Roberts zw. Kgn. Johanna, der Enkelin des angevin. Kg.s, und ihrem Gatten Andreas, dem Bruder des ung. Kg.s, und die anschließenden Versuche der ung. Anjou, das Kgr. Neapel zu erobern, machten eine Wiederaufnahme der päpstl.-angevin. Kooperation unmöglich. Das Chaos im Kgr. Neapel bewahrte das siz. Kgr. nach dem Tode Peters II. (1342) vor einer weiteren akuten Bedrohung von außen, während auf der Insel unter der Regentschaft für Peters II. minderjährigen Sohn Ludwig die Parteien der einheim. »Lateiner« und der »Katalanen«, der zugewanderten Adligen, um die Vorherrschaft stritten. Den päpstl. und angevin. Machtverfall nutzten in Mittel- und Oberitalien v. a. die zahlreichen Signori (→Visconti, →Della Scala). Gegen die drohende Übermacht der Scaligeri wandten sich seit 1336 in einem Bündnis Venedig, Florenz, Azzo Visconti, die →Este und die →Gonzaga. Als Ergebnis des Krieges (1339) schuf sich die adriat. Seemacht erste Ansätze (Treviso und Ceneda) für ihre *terra ferma*. Die ehemals guelf. Vormacht →Florenz erschöpfte in diesem Krieg und in den folgenden Auseinandersetzungen ihre finanziellen Ressourcen. Die Unterstellung der Stadtrepublik unter die Signorie Walters v. Brienne (1342/43) war ein Symptom der tiefgreifenden Krise, die in Konflikten um die städt. Führung fortdauerte. Die Schwäche von Florenz und der Tod Roberts v. Neapel bezeichneten das Ende jener Allianz, die seit etwa einem dreiviertel Jh. in zumeist engem Konnex mit dem Papsttum die Gesch. I.s stark bestimmt hatte. Kurz vor der Mitte des 14. Jh. waren die Visconti unter dem Signore Luchino († 1349) die stärkste Macht in I. Diese und weitere Erschütterungen des herkömml. Gefüges noch vor dem Schwarzen Tod begünstigten den – wenn auch nur kurzen – Auftritt des →Cola di Rienzo als tribunus in Rom (1347). – In den drei Jahrzehnten zw. dem Schwarzen Tod und dem Ausbruch des Großen Schismas blieben die Kgr.e Sizilien und Neapel weitgehend im Windschatten der Vorgänge in Mittel- und Oberitalien. Nach dem erneuten Fehlschlag des ung. Kg.s Ludwig, das Kgr. Neapel zu erobern, behauptete sich dort →Ludwig v. Tarent gegen Kgn. →Johanna. Seit den frühen sechziger Jahren konsolidierte sich sowohl das Kgtm. Friedrichs IV. auf Sizilien als auch die Stellung der Kgn. Johanna auf dem Festland. Eine wesentl. Veränderung der polit. Kräfteverhältnisse ergab sich aus der von Innozenz VI. eingeleiteten Wiederherstellung der päpstl. Macht im Patrimonium Petri durch →Albornoz (→Constitutiones Aegidianae). Der lux. Kg. Karl IV. griff hingegen auf seinem Krönungszug (1354/55) in die bestehenden Machtverhältnisse nicht ein, sondern begnügte sich im wesentl. mit der Ks.krönung und mit dem Erwerb großer Geldsummen. Die vom Ks. getäuschten Visconti (→Reichsvikariat) schlossen 1355 Frieden mit Venedig und vermittelten auch den Friedensschluß zw. Venedig und Genua. Die krieger. Auseinandersetzungen zw. dem päpstl. Legaten und den Visconti um die Vormacht in Ober- und Mittelitalien wurden 1363 durch einen Frieden zw. den Visconti und Urban V. unterbrochen. Schon 1367 organisierte der Papst, der kurz zuvor nach I.

zurückgekehrt war, in Vorbereitung des Italienzugs Karls IV. ein Bündnis gegen die Visconti. Der Ks. beendete jedoch während seines Italienzugs (1368–69) bald den ihm aussichtslos erscheinenden Krieg mit den Visconti, die er als Reichsvikare bestätigte. Die vom Ks. getroffenen Maßnahmen blieben jedoch kaum länger wirksam als sein Italienaufenthalt. Der erneute Ausbruch des Krieges zw. den Visconti und Florenz (seit 1369) war wohl der Hauptgrund für die Rückkehr Urbans V. nach Avignon (1370). Aus dem danach geschlossenen Bündnis gegen die Visconti scherte Florenz schon 1372 aus und schloß 1375 sogar mit dem von Gregor IX. als Häretiker verdammten Bernabò →Visconti ein Bündnis. Diese von den Gegnern der *parte guelfa* und von der *gente nuova* getragene Politik wurde von antiklerikalen Strömungen und Maßnahmen begleitet. Trotz schwerer wirtschaftl. Verluste führte Florenz den Krieg gegen den Papst auch noch nach dem Frieden zw. Gregor XI., der seit 1377 die Kurie wieder nach Rom verlegte, und den Visconti weiter. Der Krieg vertiefte die sozialen Spannungen in Florenz (→Ciompi-Aufstand).

[5] *Vom Aufstieg der Visconti bis zum Italienzug Karls VIII. (1494):* Als eine der langfristigen Folgen des Großen →Abendländ. Schismas prägte der Nepotismus auch nach der Rückkehr des geeinten Papsttums nach Rom (1420) die päpstl. Restaurationspolitik, die auch noch durch die Konflikte der Päpste mit den Konzilien v. Konstanz und Basel beeinflußt wurde. Seit der Mitte des 15. Jh. strebten die Nepoten die Bildung eigener Dynastien in erbl. Kleinfsm.ern an. Dadurch wurde noch mehr als zuvor eine institutionelle Verfestigung des Kirchenstaats behindert und das Konfliktpotential beim Pontifikatswechsel erhöht. Dies wirkte sich vielfach nachhaltig auf die Konstellationen unter den führenden polit. Mächten I.s aus. Das Große Schisma gab auch den Machtkämpfen um die Kgr. Neapel und den vielfältigen Gegensätzen innerhalb dieses Kgr.es und auf Sizilien neuen Antrieb. Diese auf den S und die Mitte I.s konzentrierten Krisen begünstigten den raschen Aufstieg Gian Galeazzo →Viscontis († 1402). Den raschen Zusammenbruch der viscont. Übermacht nach seinem Tode nutzte Venedig zum Ausbau seines Territoriums im ö. Oberitalien, während Florenz mit der Einnahme Pisas (1406) zum – freil. keineswegs einheitl. gestalteten – Territorialstaat expandierte, selbst einen Seehafen (Livorno) erwarb (1421) und sich im großen Stil mit eigener Flotte im Seehandel engagierte. In diesen Machtanhäufungen und -verschiebungen wurde die Zahl der führenden Mächte I.s seit der Wende um 15. Jh. nochmals erhebl. reduziert. Unter diesen Rahmenbedingungen gewannen die zumeist aus it. Adelsfamilien stammenden Condottieri ein noch größeres Betätigungsfeld. In der 1. Hälfte des 15. Jh. stiegen viele unter ihnen zu Signori auf, und mehrere sicherten ihre Macht in lehnrechtl. formalisierter Stellung als Gf.en ab. Doch nur Francesco →Sforza reihte sich mit der Aneignung des Visconti-Erbes seit 1450 in den engeren Kreis der führenden Mächte I.s ein, die als Schutzmächte jeweils kleinere, mehr oder weniger abhängige Gewalten um sich scharten. Die fünf it. Hegemonien sicherten ihre Stellung seit dem Frieden v. Lodi (1454/55) in der »it. Liga« untereinander ab, auch wenn sie weiterhin gegeneinander Krieg führten und sich in Zwei- oder Dreibünden organisierten. Es bezeichnet ein Charakteristikum I.s, daß unter den fünf »Großmächten« vier – Venedig, Florenz, das mailänd. Hzm. der Visconti-Sforza und der Kirchenstaat – ihren Schwerpunkt in Städten besaßen. Freilich war die »Heilige Stadt«, die im 14. Jh. zu einem Zentrum von reichen Großvieh-

züchtern und -händlern heruntergekommen war, wirtschaftl. und kulturell stark von der Präsenz der Kurie abhängig, der sie auch ihren ohnehin zumeist von Florentinern getragenen Aufstieg zu einem der großen Mittelpunkte der Renaissancekultur seit der Mitte des 15. Jh. verdankte. Im Vergleich zu den europ. Großmächten, unter denen seit der Mitte des 15. Jh. v. a. in Frankreich und Spanien die monarch. Gewalt gestärkt wurde, erwiesen sich die it. »Großmächte« als zu schwach, was sie auch durch ihre kunstvolle Diplomatie (→Gesandtenwesen) nicht auszugleichen vermochten. Ihre Schwäche war auch darin begründet, daß die wirtschaftl. Ressourcen der weiterhin scharf konkurrierenden Seemächte Venedig, Genua und Florenz durch das Vordringen der Osmanen (→Konstantinopel 1453) bis in die zeitweise zuvor von Venedig beherrschte Adria langfristig stark gemindert wurden. Anders als Genua konnte →Venedig seine schweren Verluste gegen die Türken durch den Erwerb Zyperns (1489) teilweise kompensieren und auch anderweitig seine finanzielle Überlegenheit gegenüber den anderen it. Mächten sichern. – Der Aufstieg der Visconti wurde nicht nur durch das Große Schisma begünstigt, sondern auch durch den Krieg, den Venedig und Genua 1378–81 unter großen Verlusten für beide Seiten führten. Zudem war Florenz durch die Auswirkungen des Ciompi-Aufstandes geschwächt. Gian Galeazzo schuf die Voraussetzungen für seine Erfolge, indem er 1385 gewaltsam die Einheit der Visconti-Signorie auf Kosten seines ermordeten Onkels Bernabò und dessen Erben wiederherstellte. Nach dem Erwerb von Verona und von Padua und Vicenza (da →Carrara) sowie der Signorie v. →Siena führte der 1396 von Kg. Wenzel zum Hzg. (Reichsfs.) erhobene Visconti mit Unterbrechungen seit 1390 gegen Florenz und eine Liga Krieg, der neben Bologna und den Signori v. Padua, Ferrara und Ravenna auch der frz. Kg. angehörte (der 1396 die Herrschaft über Genua übernommen hatte), und erweiterte seinen Machtbereich in der Toskana und im Patrimonium Petri bis hin nach Perugia. Durch den Frieden mit Venedig und weiteren Mitgliedern der Liga (1400) isolierte er Florenz, wo die Freiheitspropaganda der auch finanziell äußerst angespannten, oligarch. regierten Stadt neu belebt wurde. Die Hoffnung der Stadt, gegen Zahlung enormer Summen mit Hilfe des wittelsb. Gegenkg.s Ruprecht von der bedrohl. Einkreisung des Visconti befreit zu werden, erwies sich spätestens nach der Niederlage Ruprechts vor Brescia (1401) als Illusion. Durch den Tod Gian Galeazzos befreit, war die akute Gefahr für Florenz und auch den »röm.« Papst Bonifaz IX. abgewendet, der in Latium und Umbrien einige Erfolge bei der Restaurierung des Kirchenstaats auch gegen den starken Einfluß des avignones. Papsttums in Rom und dessen Umgebung erzielt hatte. Während Gian Galeazzo sich im Schisma weithin neutral verhielt, wurde das Kgr. Neapel noch zu Lebzeiten Kgn. →Johannas I., die sich für Clemens VII. einsetzte, zum Kampfobjekt zw. dem von Clemens VII. vermittelten Thronprätendenten Ludwig v. Anjou und dem von Urban VI. und dem ung. Kg. unterstützten Karl v. Durazzo. Eine gewisse Konsolidierung des Kgr.s Neapel konnte Karls zunächst minderjähriger Sohn Ladislaus, für den Bonifaz IX. mit hohem Einsatz gegen den 1389 von Clemens VII. zum Kg. gekrönten Ludwig v. Anjou eintrat, erst nach 1399 einleiten, als ihm die Einnahme Neapels gelang. Auf Sizilien benutzten die führenden Adelsfamilien, die seit dem Tode Kg. Friedrichs IV. das Inselreich unter sich aufgeteilt hatten, die Konkurrenz zw. den Päpsten zur Legitimierung ihrer Ziele und suchten zudem teils beim aragones. Kg., teils beim Visconti Rückhalt. 1392 eroberte Martin d. Ä., der Bruder des aragones. Kg.s, als Parteigänger Clemens' VII., die Insel. Aber auch sein gleichnamiger Sohn, der mit der einzigen Tochter Friedrichs IV. verheiratet war, konnte die Macht der großen Adelsfamilien nicht brechen. Eine wesentl. Änderung trat nach der Regierung Ferdinands I., eines Neffen Martins I., ein, seitdem dessen Enkel Alfons V. 1420 Sizilien und Sardinien als Stützpunkte seiner ehrgeizigen Mittelmeerpolitik unterworfen hatte. – Unterdessen war nach dem Tode Gian Galeazzos der einst von Bonifaz IX. protegierte Kg. Ladislaus in weite Teile des Kirchenstaats vorgedrungen; Gregor XII. geriet auch anderweitig in große Abhängigkeit von dem Kg. v. Neapel. Dieser bedrohte zudem die ö. Zentren des florent. Territoriums und setzte sich erneut gegen Ludwig II. v. Anjou durch (1411), obwohl der Anjou sich zeitweise auf ein Bündnis von Florenz, Siena und dem von Florenz finanzierten »pisanischen« Papsttum stützen konnte. Zwei Jahre später eroberte Ladislaus erneut Rom und beließ Papst Johannes XXIII. nur noch Bologna als Stützpunkt. Er behauptete sich auch gegen die Aktivitäten des ung. Kg.s und lux. rex Romanorum Sigmund auf dessen zunächst gegen Venedig und gegen die Visconti gerichtetem Italienzug (1413–14) und gegen dessen Bündnispartner, zu denen v. a. Florenz gehörte. Nach dem Tode Ladislaus' (1414) geriet jedoch das Kgr. Neapel unter Kgn. →Johanna II. in schwere, langanhaltende Thronkämpfe zw. Ludwig III. v. Anjou und Kg. →Alfons V. v. Aragón-Sizilien. – Hzg. Filippo Maria Visconti brachte nach den schweren Verlusten seit dem Tode seines Vaters, die langfristig v. a. Venedig und Florenz zugute kamen, den Kernbereich des Hzm.s auch trotz des Einschreitens Kg. Sigmunds 1417 weitgehend unter Kontrolle. Seine Expansionspolitik führte zu einem neuen Zusammenstoß mit Florenz (1424), wo Rinaldo degli Albizzi († 1442) die antiviscont. Politik leitete. Es war der Anfang eines – mit Unterbrechungen – 30jährigen Krieges, der sich nach einem 1428 geschlossenen, für Venedig günstigen Frieden seit 1431 wieder ausbreitete. Diese Gegensätze und ebenso der Machtverfall der neapolitan. Kgtm.s wirkten sich für Papst Martin V. Colonna günstig aus, der in der Tradition der röm. Adelspäpste seine Versuche zur Neuorganisation des Patrimonium Petri v. a. auf die Angehörigen seiner Familie stützte. Der Pontifikatswechsel zu Eugen IV. Condulmer (1431), stürzte den Kirchenstaat in neue Turbulenzen. Während die Colonna Rückhalt bei Filippo Maria suchten, fand Eugen IV. Hilfe bei Florenz, Venedig und zeitweise auch am Kg.shof v. Neapel. Daher und auch wegen der Konflikte mit dem Baseler Konzil verweigerte Eugen IV. dem schon seit längerer Zeit mit dem Visconti verbundenen Kg. Sigmund auf dessen Italienzug (1431–33) zunächst die Ks.krönung, die erst im Mai 1433 in Rom vom Papst vollzogen wurde. Danach vermittelte Eugen IV., der 1434 wegen eines Aufstandes nach Florenz flüchten mußte, ein Bündnis Sigmunds mit Venedig (1435), in dem die Serenissima vom Ks. die Anerkennung ihrer stark ausgeweiteten *terra ferma* und fakt. auch ihrer Herrschaft über das lange Zeit ung. bzw. angevin. Dalmatien erreichte. Gegen die nun noch enger gestaltete Allianz zw. Florenz, wo Cosimo d. Ä. →Medici die Herrschaft unter Wahrung der republikan. Formen übernommen hatte, und Venedig brachte Filippo Maria wieder Kg. Alfons V. v. Aragón-Sizilien ins Spiel. Dieser setzte sich im Kampf um das Kgr. Neapel 1442 gegen den schließlich von Kgn. Johanna II. als Nachfolger eingesetzten →René v. Anjou durch und wurde 1443 von Eugen IV. belehnt, so daß nun Sardinien, Sizilien und Neapel dem aragones. Kg.

unterstanden. Der inzw. vom Baseler Konzil abgesetzte ven. Papst (1439) verbündete sich mit dem Visconti und Alfons V. gegen den erfolgreichen Söldnerführer und (seit 1441) Schwiegersohn Filippo Marias, Francesco →Sforza, der sich wichtige Positionen im Kirchenstaat (Mark Ancona) und im Kgr. Neapel angeeignet hatte. Auf diese Weise gelang dem Papst die Rückkehr nach Rom (1443). Der Tod Eugens IV. und des Visconti (1447) wie auch die Errichtung der →»Ambrosianischen Republik« führten zu neuen polit. Konstellationen, in denen die bisher oft miteinander verbündeten Republiken Venedig und Florenz schließlich zu Gegnern wurden. Seitdem F. Sforza aufgrund des schnellen Verfalls der »Ambrosianischen Republik« die Nachfolge der Visconti erreicht hatte (1450), bestand das Bündnis zw. Florenz und Mailand gegen Venedig und Alfons V. Erst nach dem Fall Konstantinopels wurden die anschließenden krieger. Auseinandersetzungen unter Vermittlung Nikolaus' V., der so die Voraussetzungen für einen Kreuzzug gegen die Türken schaffen wollte, im Frieden v. Lodi zunächst z. dem Hzg. v. Mailand und dem Dogen v. Venedig beigelegt. Nach dem Beitritt von Florenz und Alfons V. und der Bestätigung durch den Papst war die Lega Italica besiegelt. – Das auf 25 Jahre unter Wahrung des bisherigen territorialen Status geschlossene Bündnis war v. a. gegen den frz. Kg. gerichtet, der Erbansprüche auf das Kgr. Neapel und auf das Hzm. Mailand erheben konnte. Es sah den Beitritt aller intra terminos Italicos herrschenden Gewalten vor, darunter die Republiken Genua, Siena und Lucca und die Fsm. er der Gonzaga v. Mantua, der Este v. Ferrara und die Mgft. Montferrat. Nicht die Lega Italica, sondern Bündnisse unter drei oder zwei Großmächten wirkten jedoch tatsächl. gegen die weiterhin beabsichtigten Gebiets- und Machterweiterungen und begrenzten die immer wieder ausbrechenden Kriege räuml. und zeitl. Ein neuer Unruheherd ergab sich nach dem Tode Alfons' V., der seinen illegitimen Sohn →Ferdinand (Ferrante) im Kgr. Neapel als Erben eingesetzt hatte, während Sizilien und Sardinien an seinen Bruder Kg. →Johann II. v. Aragón übergingen. Gegen die Pläne Alfons' V., dort wieder Fuß zu fassen, übernahm Johann, der Sohn und Rechtsnachfolger Renés v. Anjou, im Auftrage des frz. Kg.s 1458 die Herrschaft über →Genua. In den so wieder entfachten aragones.-angevin. Gegensätzen im Kgr. Neapel behauptete sich schließlich (1465) Kg. Ferdinand mit Unterstützung F. Sforzas. Danach scheiterten die von Papst Calixt III. aufgenommenen und von Pius II. energ. fortgesetzten Bemühungen um einen Kreuzzug gegen die Osmanen auch an den Widerständen, die sich gegen die päpstl. Politik im Kirchenstaat richteten und die auch die anderen Großmächte zu nutzen versuchten. Erst kurz nach dem Fall des ven. Negroponte (1470) erneuerten der Papst, Venedig, Mailand, Neapel, Florenz mit Borso d'Este die Lega Italica wiederum mit verschiedenen Vorbehalten. Die fortdauernden Gegensätze verhinderten jedoch ein gemeinsames Vorgehen gegen die Osmanen. Zwar unterstützten päpstl. und neapolitan. Galeeren zeitweise Venedig 1473–79 in seinem Krieg gegen Mehmed II. (gest. 1481), doch mußte die Serenissima 1479 mit dem Sultan einen ungünstigen Frieden schließen. Zuvor hatte Sixtus IV. mit seiner expansiven, den Nepotismus nochmals steigernden Politik den Konflikt mit Florenz verschärft. Dazu gehörte die von Rom ausgehende »Verschwörung der Pazzi« gegen die Medici (1478), nach deren Niederschlagung Lorenzo de' Medici seine fs. engleiche Stellung auch institutionell verfestigte. Der Friede v. Bagnolo beendete 1484 den »Ferrara-Krieg« zw. dem Papst und Venedig einerseits und Mailand, Florenz und Neapel andererseits und damit auch die Gefahr, daß Karl VIII. und der Hzg. v. Orléans gegenüber dem Hzm. Mailand ihre Erbansprüche auf Veranlassung Venedigs gewaltsam durchzusetzen versuchten. Vornehml. Lorenzo de' Medici verhinderte – auch mit Hilfe der Heirat seiner Tochter mit dem Sohn des Papstes Innozenz VIII., Cybo –, daß der seit 1485 dauernde »Aufstand der Barone« im Kgr. Neapel vom Papst im Bündnis mit der frz. Kg. gegen den Kg. v. Neapel für eine entscheidende Veränderung der Machtverhältnisse in I. ausgenutzt wurde. – Dies gelang Karl VIII. schon zwei Jahre nach dem Tode Lorenzos de' Medici (1492), auch wenn seine auf dem Italienzug (1494/95) erzielten Erfolge nur von kurzer Dauer waren. Gestützt auf das Einverständnis mit Ludovico Sforza, der seit 1479/80 an Stelle seines von ihm verdrängten Neffen das Hzm. Mailand skrupellos regierte, zwang er in kurzer Zeit Florenz und auch Alexander VI. Borgia zur Unterwerfung und eroberte im März 1495 das Kgr. Neapel. Gegen ihn wandte sich die um dieselbe Zeit gebildete »Heilige Liga« von Venedig, Papst, habsbg. Kg. Maximilian, Mailand und Spanien, von dessen siz. Territorium aus die Vertreibung des frz. Kg.s aus dem Kgr. Neapel erfolgreich eingeleitet wurde. Dennoch erwies sich dieses Eingreifen einer europ. Großmacht als ein Fanal für den veränderten machtpolit. Stellenwert I.s in Europa, in dem I. aufgrund des Vordringens der Türken im ö. Mittelmeerraum langfristig in eine Randlage geriet und dies zu einer Zeit, in der die Halbinsel in ihren urbanen höf. Zentren noch immer in der Vermittlung – und damit auch Veränderung – der geistig-kulturellen Traditionen aus der mediterranen röm. und griech. Antike führend war. A. Haverkamp

B. Siedlungs- und Wirtschaftsgeschichte; Bevölkerungsentwicklung

I. Vom 5. Jahrhundert bis zum Jahr 1000 – II. Der wirtschaftliche Aufschwung vom 11–13. Jahrhundert, Voraussetzungen und Entwicklung – III. Das 14. und 15. Jahrhundert – IV. Die Entwicklung der Landwirtschaft – V. Die Sonderstellung Unteritaliens und der Inseln – VI. Conclusio.

I. VOM 5. JAHRHUNDERT BIS ZUM JAHR 1000: Im 5./6. Jahrhundert erlebte I. einen deutl. demograph. und wirtschaftl. Niedergang, der auf einer strukturellen Krise der Gesellschafts- und Staatsordnung des röm. Imperiums beruhte und in häufigen Produktions- und Versorgungsengpässen, in Hungersnöten und Epidemien zum Ausdruck kam, die zudem noch durch die verheerenden Folgen der Gotenkriege (535–553) verschlimmert wurden. Klimaschwankungen und -katastrophen trugen wohl dazu bei, daß die Bevölkerungszahl einen Tiefstand erreichte. Dennoch blieben einige fundamentale Charakteristika der antiken Wirtschafts- und Siedlungsstruktur erhalten: Insbes. blieb die Rolle der Städte als Organisationszentren für das Umland und die landwirtschaftl. Produktion weiterhin bedeutend; gleiches galt für den Handel und die Funktion des Geldes als des üblichen Zahlungsmittels bei der Lebensmittelversorgung. Auch die Sparten der landwirtschaftl. Produktion änderten sich vorderhand nicht wesentl. und folgten dem antiken Schema, das die absolute Priorität dem Getreide- und Weinbau sowie der Ölbaumkultur einräumte, der Weidewirtschaft und Waldnutzung hingegen nur eine Randstellung zuwies. Sowohl die Wirtschaftspolitik eines Papstes wie Gregors d. Gr. – der an die röm. Tradition anknüpfte – wie diejenige eines germ. Herrschers wie des Gotenkg.s Theoderich wurden von diesem Vorbild geprägt.

Die langob. Landnahme in der 2. Hälfte des 6. Jh. bewirkte eine tiefgreifende Veränderung. In erster Linie verloren die Städte – trotz des Ansehens und der Macht der Bf.e – ihre Rolle als bevorzugte Organisationszentren für Umland und Wirtschaft. Der Schwerpunkt des Wirtschaftslebens verlagerte sich allmähl. auf das flache Land, wo die Gründung mächtiger Abteien (→Bobbio, →Nonantola u. a.) und das Anwachsen des langob. Grundbesitzes auf Kosten der roman. Bevölkerung Wirtschaft und Produktionsziele entscheidend veränderten: zunehmend weniger marktorientiert, lag das Hauptgewicht nun auf der lokalen Versorgung; gleichwohl blieben einige Handelswege (etwa für Salz oder Gewürze) weiterhin in Funktion. So befuhren z. B. die Kaufleute von Comacchio zum Vertrieb ihrer Waren den Po und seine Nebenflüsse flußaufwärts. Es ist auch eine lebhafte handwerkl. und gewerbl. Aktivität in den Städten belegt, v. a. in polit. Zentren wie Pavia und Ravenna. Aber die Rolle des Marktes und der Stadt an sich verlor in wirtschaftl. wie in polit. und sozialer Hinsicht rasch an Bedeutung; hierin unterscheidet sich I. kaum von den übrigen europ. Ländern, auch wenn ein hartnäckiger historiograph. Mythos weiterhin von dem dichten Städtenetz spricht, das die Halbinsel auch im FrühMA überzogen habe. In Wirklichkeit unterscheiden sich diese »Städte« jedoch kaum von kleinen ländl. Zentren: einige Dutzend ha Fläche, nicht immer mit einem Mauerring versehen, die zum Großteil landwirtschaftl. genutzt wurden oder unbebautes Land (Wälder, Felder; Weinberge, Nutzgärten) umfaßten. Andererseits hatte sich das Aussehen der Landschaft selbst deutl. gewandelt: Das antike Übergewicht des bestellten Landes ('ager') über die unbebauten Flächen (Brachland, Waldgebiete, 'saltus') war in doppelter Hinsicht verlorengegangen: zum einen hatten sich die Kulturflächen infolge der Wirtschaftskrise und des Bevölkerungsrückgangs im Vergleich zu Waldflächen und Brachland materiell verringert, zum anderen wurden Brachland und Waldflächen infolge der Verbreitung typ. germ., den röm. Anschauungen fremder Wirtschaftsformen nicht mehr als marginaler Sektor angesehen, sondern im Gegenteil als höchst ertragreiche Gebiete, die wichtige Versorgungsgüter lieferten: Wildpret, Fische, Viehfutter (→Weidewirtschaft), Wildfrüchte, Brenn- und Bauholz. Dieses enge Verhältnis zu der natürl. Umwelt scheint ein prägendes Merkmal der frühma. Gesellschaft zu sein. Natürl. gibt es auch Ausnahmen, Gebiete, in denen Ackerbau und Landwirtschaft weiterhin bestimmend blieben, v. a. in bereits in der Antike besiedelten Gebieten auf Mittel- und Hochebenen. Insbes. in Süditalien gab es Regionen, die stärker an den antiken Produktionsmethoden festhielten, wo die Rolle der Stadt und des Marktes wesentl. blieb. Im allg. setzte sich jedoch diese wichtige Veränderung der Wirtschaft in Richtung auf die Nutzung des Waldes als Weidefläche durch, ein Wandel, der nicht nur in wirtschaftl., sondern auch in kulturell-mentalitätsgesch. Hinsicht bedeutsam ist.

Bereits im 8.Jh. ist in I. ein demograph. Aufschwung spürbar. Da die geringen Erträge der Wald- und Weidewirtschaft durch einen nur schwachen demograph. Druck kompensiert wurden, hatte sich eine Situation herausgebildet, die im wesentl. günstige Voraussetzungen für ein Wachstum bot. Seit dieser Zeit setzte sich ein Mechanismus in Bewegung, der in den folgenden Jahrhunderten zunehmend wirksam werden sollte: die Zunahme der Bevölkerung machte zwangsläufig eine verstärkte Kultivierung des Landes erforderl., auf lange Sicht führte dies jedoch zu einer Verminderung der Ressourcen an Brachland und Wald, die ihrerseits für das Wachstum der Bevölkerung notwendig waren, da sie zum einen das Nahrungsangebot an landwirtschaftl. Produkten wesentl. ergänzten und zum anderen entscheidender Garant für die Elastizität und Vielfalt des Produktionssystems waren. Im 8./9.Jh. wurden die problemat. Folgen der extensiven ma. Landwirtschaft noch nicht spürbar, da bei der Vermehrung der Kulturflächen in kontrolliertem Umfang vorgegangen wurde, entsprechend dem Nahrungsbedarf der Bevölkerung und dem sozialen und polit. Prestigestreben der Führungsschicht, die in Binnenkolonisation und Landesausbau eine Möglichkeit zur Mehrung der eigenen Macht sah. Die Agrarexpansion des 8. und 9. Jh. wurde in organisator. Hinsicht durch die Durchsetzung des →Fronhofsystems in I. gefördert (→Grundherrschaft, III). Nur vereinzelt in langob. Zeit belegt, verbreitete sich das Fronhofsystem in I. v. a. seit 774, dem Beginn der Herrschaft der Franken, mit deren Konsolidierung die geogr. Verbreitung der curtis in I. Schritt hielt. Sie findet sich in großem Umfang in der Poebene und der Toskana, wo sich die Franken festgesetzt hatten; in den Gebieten hingegen, in denen sich die langob. Herrschaft hielt (Mittel- und Süditalien) oder die der röm.-byz. Tradition verpflichtet blieben (Exarchat, Pentapolis), ist sie nur schwach belegt.

Das Villikationssystem trug in vielen Teilen I.s dazu bei, daß der Typus der Streusiedlung (Einzelgehöfte) weiterhin erhalten blieb. Erst seit Beginn des 10. Jh. zeigte sich die gegenläufige Tendenz zur Siedlungskonzentration, z. T. durch äußere Notwendigkeiten bedingt, wie die Einfälle der Sarazenen und Ungarn, zum überragenden Teil jedoch auf Veranlassung der örtl. Grundherren, die mit Hilfe ihrer jetzt um Kastelle zentrierten Grundherrschaften eine direktere Kontrolle über die ländl. Bevölkerung erstrebten. Viele curtes wurden in castella umgewandelt (→Incastellamento), das Herrengut wurde befestigt und mit einem Mauerring umgeben, die ehemals auf dem Gelände verstreuten Wohnhäuser der Kolonen drängten sich nun dicht heran. In anderen Gebieten ging die Siedlungskonzentration dem Phänomen des Incastellamento voraus. Jedenfalls änderte sich im 10.Jh. das Aussehen der Landschaft entscheidend. Mit Castrum-Siedlungen und Kastellen und einer konzentr. Anordnung der Produktionsflächen rund um die Siedlungen (mit z. T. von Landstrich zu Landstrich stark differenzierenden Varianten) sollte dieser neue Typus der Siedlung (und Wirtschaft) bis in das spätere MA die ländl. Gebiete I.s charakterisieren.

Auch das Wirtschaftssystem der Städte erlebte einen Aufschwung. Die handwerkl. Tätigkeiten, die in den vorhergehenden Jahrhunderten zum Großteil innerhalb der ländl. Zentren ausgeübt worden waren, fanden nun wieder ihren Platz in den Städten. Dabei handelte es sich nicht immer um professionelle »Handwerker«, denn viele von ihnen waren daneben in der Landwirtschaft tätig; sie arbeiteten jedoch für den Verkauf und trugen zum Neubeginn einer Art sozialer Arbeitsteilung bei. An der Schwelle des 11.Jh. (Venedig bereits früher) begannen die Städte, wieder eine zentrale Rolle in der Wirtschaftsorganisation zu spielen.

M. Montanari

II. DER WIRTSCHAFTLICHE AUFSCHWUNG VOM 11.–13. JAHRHUNDERT, VORAUSSETZUNGEN UND ENTWICKLUNG: An der Wende zum Jahr 1000 ermöglichten mehrere Faktoren (Besserung der klimat. Bedingungen, Abnahme der Malaria, Pause zw. den großen Pestepidemien, Ende bzw. Nachlassen der Invasionen und Raubzüge aus dem slav. O und dem islam. Bereich) ein bis dahin ungewöhnl. Bevölkerungswachstum. Anfang des 11.Jh. erreichte I. rund 5 Mill. Einw.; die Bevölkerungszahl verdoppelte sich in etwa bis zum Ende des 14.Jh. Ob Ursache oder Wirkung sei dahingestellt, jedenfalls war das Bevölkerungswachstum eng mit einem Prozeß des Landesausbaus verbunden, der sog. »Binnenkolonisation«. Er erreichte nach Anfängen zu Ende des 10. Jh. wohl seinen Höhepunkt zw. dem Ende des 11. und Anfang des 13. Jh. Gewinnung neuen Lebensraums durch Urbarmachung oder Bebauung bisher nicht oder wenig genutzter Flächen (Hügel, Sumpfland, Wälder), Auflösung des alten →Fronhofsystems und Einführung neuer Kulturen v. a. im S (Zitrusfrüchte, Baumwolle, Seidenraupenzucht) beeinflußten das allg. Produktionsniveau viel stärker als der Einsatz technolog. →Innovationen, der auf der Apenninenhalbinsel nur in bescheidenem Rahmen erfolgte.

Der wirtschaftl. Aufschwung zeigte sich jedoch am deutlichsten in der sog. »kommerziellen Revolution«, als deren Folge I. jahrhundertelang in Europa die Vorrangstellung in Handel, Gewerbe und Geldwirtschaft einnehmen konnte. Günstige Voraussetzungen dafür bot die geogr. Lage I.s, die den direkten Kontakt mit Byzanz und der arab. Welt ermöglichte, die beide bis zum Ende des 12. Jh. im ganzen gesehen bedeutend höher entwickelt waren als das Abendland. Süditalien, das bereits in die arab. und byz. Machtbereiche eingegliedert war, zog daher zuerst aus dem Konjunkturaufschwung Gewinn: →Amalfi sowie in der Folge →Salerno, →Gaeta, →Bari, →Palermo, →Messina und →Catania – entwickelten sich zu wichtigen Zentren des Mittelmeerhandels mit Byzanz und der islam. Welt. Ausfuhrprodukte waren v. a. (wie auch in den anderen it. Seestädten) Holz, Metalle (v. a. Eisen und Kupfer) und Sklaven, eingeführt wurden u. a. Gewürze, Luxuswaren, Wein, Öl, Farbstoffe, Früchte, Elfenbein, Wachs, Kunstgegenstände.

Wie die südit. Städte hatte auch →Venedig mit Byzanz feste Bindungen sowie gute Beziehungen zu den Arabern und war seit dem 10. Jh. eine bedeutende Seemacht im ö. Mittelmeerraum. Aufgrund seiner geopolit. Lage wurde Venedig zu einem Zentrum des W-O- und O-W-Handels. Im Gegensatz zu der relativ friedl. Eingliederung Venedigs und Amalfis in das Geflecht arab.-byz. Handelsbeziehungen stießen →Genua und →Pisa, im mittleren und oberen Teil des Tyrrhen. Meers und im w. Mittelmeer auf wesentl. aggressivere Formen der islam. Expansion. In zahlreichen militär. Auseinandersetzungen drängten die beiden Städte schließlich die Araber zurück, errangen im Lauf eines Jahrhunderts (Anfang 11.–Anfang 12. Jh.) die weitgehende Kontrolle über die ligur. und toskan. Küsten, die kleineren Inseln im Tyrrhen. Meer sowie Korsika und Sardinien und erweiterten ihre Handelsbeziehungen bis N-Afrika und in das w. Mittelmeer. Techn. Innovationen zw. dem 11. und 13. Jh. wie →Kompaß, →Portolane, trigonometr. Tabellen, Vergrößerung des Frachtraums der Schiffe usw. ermöglichten größere Regelmäßigkeit und Schnelligkeit im Schiffsverkehr, indem sie z. B. den Zeitraum der Winterpause verkürzten. Die »Besitzergreifung« des Mittelmeers bildete nicht zuletzt eine Voraussetzung für die →Kreuzzugsbewegung. Großen Vorteil zogen daraus natürlich die Reeder und Kaufleute der it. Städte, die den Großteil der Transporte der Kreuzfahrerheere und Pilger sowie den Fernhandel abwickelten, der nicht zuletzt durch Ausschaltung des arab. und byz. Zwischenhandels für lokale Produkte und Waren aus »Indien« enorm angewachsen war. Entsprechend dem Vorbild der Handelsniederlassungen, wie sie Amalfi und Venedig bereits vor den Kreuzzügen besaßen, wurden die it. Kaufleute ermächtigt, in Küstenstädten wie Jaffa und Akkon Stapelplätze und eigene Quartiere einzurichten. Gestützt auf diese Basen, deren Zahl auch in den wichtigsten Handelszentren wie Konstantinopel, Alexandria und Kairo ständig zunahm, und auf mächtige Kriegsflotten, stellten die Italiener bald auch im Byz. Reich einen wichtigen Faktor dar und erweiterten zusehends ihren Interventionsradius. Im 12. und 13. Jh. vervielfachten sich die Handelskolonien (Küstenstädte der Ägäis, des Schwarzen Meers und Kleinasiens). Der Aufschwung der it. Wirtschaft konzentrierte sich jedoch keineswegs nur auf die Expansion in den O oder in die Küstenregionen des w. Mittelmeers. Ein derart ausgedehntes Fernhandelssystem konnte auf die Dauer nur auf der Grundlage eines intensiven Binnenhandels florieren, der den Transport von Waren zu den Häfen abwickelte (z. B. fläm., frz., später engl. Tuche), die Seestädte mit notwendigen Versorgungsgütern belieferte, für die Verteilung der Importgüter aus dem O sorgte, militär. Nachschub organisierte etc. Auch auf diesem Sektor nahm I., v. a. die Mitte und der Norden, eine führende Stellung ein, begründet teils in der geogr. Lage, teils im Weiterwirken der städt. Traditionen oder in der starken wirtschaftl. Präsenz des päpstl. Rom. In zahlreichen Städten des Landesinneren, zum Großteil in der Po-Ebene an der →Via Francigena und entlang der alten Konsularstraßen, die durch den Apennin nach Rom führten, erhielt der lokale Handel neue Impulse, ein Netz von Märkten und Messen überzog die ganze Halbinsel. Die it. Kaufleute begannen auch die Märkte jenseits der Alpen zu frequentieren, zuerst nur temporär, wie die →Champagnemessen, dann mit festen Niederlassungen in allen wichtigen prov., frz., rhein., fläm. und engl. Städten sowie auf der Iber. Halbinsel. Damit begann die »Diaspora« großer und kleiner Geschäftsleute, die das ganze MA hindurch »I. außerhalb I.s« zu einer wichtigen Komponente der wirtschaftl. Vorrangstellung des Landes werden ließ.

Der Schwerpunkt des demograph. und wirtschaftl. Aufschwungs des frühen 11. Jh. lag in den Städten. Das dichte Netz der it. Orte, die Siedlungskontinuität und – mehr oder weniger intensiv – die Charakteristika städt. Lebens bewahren konnten, hatte im FrühMA entscheidend dazu beigetragen, den Prozeß des Rückgangs des Städtewesens und die damit verbundene Ruralisierung der Gesellschaft einzudämmen. Als Sitz von Bf.en und Kl., kgl. Verwaltungsorganen und als Zentren von Handwerk und Gewerbe, Märkten und Messen sowie infolge der Lage an großen Verkehrsachsen oder der Funktion als Hafen bildeten die Städte Anziehungspunkte für die führenden Schichten, Laien wie Kleriker, wobei die Grundlagen ihrer polit. Potenz und wirtschaftl. Ressourcen großteils im Landbesitz bestanden. Die Verbindung der städt. – bald als »Bürgertum« definierbaren – Gruppierungen, auf die erste Ansätze wirtschaftl. Expansion zurückgehen, mit dem stadtsässig gewordenen Feudaladel bzw. den »Signori« schuf in I. die Voraussetzungen für eine allg. »städtische Revolution«, die die Vorherrschaft der Landwirtschaft gegenüber Handel, Geldwesen, gewerbl. Unternehmertum brach und der Stadt ihre bereits in der Antike innegehabte Rolle zurückgab. Der Aufschwung der it. Städte läßt sich an der Steigung ihrer Einw.zahl ablesen. Vom 11. bis zum Anfang des 14. Jh. vergrößerte sie sich vermutl. im Durchschnitt um das fünf- oder sechsfache. Für dieses Phänomen der »Urbanisierung« ist in erster Linie nicht ein starkes Ansteigen der Geburtenrate verantwortl. (aufgewogen durch die hohe Sterblichkeitsziffer), sondern der massive Zuzug aus dem flachen Land und eine allg. Tendenz zur Siedlungskonzentration. Das aus der zugezogenen bäuerl. Bevölkerung (Freie, Halbfreie, Unfreie) gebildete Arbeitspotential wurde infolge der Expansion des Arbeitsmarkts rasch von allen Bindungen persönl. Abhängigkeit befreit und qualifizierte sich für Tätigkeiten in den verschiedensten Wirtschaftszweigen. Infolge der demograph. Expansion wurden – v. a. in Mittel- und Norditalien – Wohn- und Gewerbegebiete außerhalb der alten Stadtmauern in neue Mauerringe einbezogen, mehrfach wurden auch Mauerringe im Hinblick auf ein künftiges Anwachsen der Bevölkerung erweitert. Wegen der starken Zunahme der öffentl. und privaten Bautätigkeit (→Geschlechterturm, →Befestigung, →Kirchenbau) entwickelte sich das Bauwesen zu einem der wichtigsten Sektoren der städt. Wirtschaft. Trotz zahlreicher traditioneller »Rückzugsgebiete« auf dem Land und auch in den Städten (die lange Zeit hindurch einen gewissen Hemmschuh für die Entwicklung bildeten) war in den ersten Jahrhunderten nach der Jahrtausendwende der regionale und internationale Handel der beherrschende Faktor in der Wirtschaft der it. Städte.

Die städt. Führungsschicht (die zugleich größte Bedeutung für die Wirtschaft hatte), bestand im 11./12. Jh. und darüber hinaus aus Grundbesitzern, Immobilieneigentümern und Kaufleuten, der gleichen Gruppe, die dem städt. Leben neue Impulse verliehen hatte. Führend beteiligt an (Handels)reisen und -expeditionen, förderten diese Männer als Kapitalgeber Unternehmen der verschiedensten Art (etwa Bau und Ausrüstung von Schiffen) und investierten die ihnen anvertrauten Ersparnisse der Mittelschicht. Gefördert durch den Rückhalt, den die Städte mit ihren kommunalen Einrichtungen boten, verstärkte sich seit dem Beginn der »städtischen Revolution« die traditionelle Mobilität der Kaufleute in Richtung Mittelmeer und Westeuropa. Waren und Kapital, die der Kaufmann bei seinen Handelsreisen mit sich führte, gehörten dabei großenteils anderen, mit ihm durch Commenda- oder Societasverträge verbundenen Unternehmen. Neben dem weitgehend noch nicht spezialisierten Warenhandel widmeten sich die Kaufleute bald auch Wechsel- und Bankgeschäften (→Bankwesen; →Geldwirtschaft; →Kaufmann). In den Städten, wo der größte Bedarf an derartigen Dienstleistungen bestand, florierte der Kreditmarkt. Während das bereits im 11. Jh. weit verbreitete Darlehensgeschäft – das bei fortschreitender »Merkantilisierung« der Wirtschaft und Gesellschaft zunahm – weiterhin von Einzelpersonen oder kleinen Gesellschaften abgewickelt wurde, lagen die großen Kreditoperationen auf dem Handels-, Industrie- und polit. Sektor in den Händen der Großkaufleute. Diese schlossen sich mindestens seit dem 13. Jh. in »compagnie« (Handelskompanien) zusammen, die – ursprgl. fast nur aus Familienmitgliedern bestehend – stabiler waren als die alten »societates« und sich zu mehrjähriger vielfältiger Aktivität verbanden; sie waren zumeist in Filialen gegliedert. Zur Vertretung ihrer Interessen auch in der Kommunalpolitik und zum Schutz der Mitbürger, die sich im Ausland niedergelassen hatten, bildeten die Kaufleute und Unternehmer überdies eigene Zusammenschlüsse, Korporationen, Zünfte usw. Im Zuge des wirtschaftl. Aufschwungs der Städte wurden auch die Methoden der Berechnung und Buchführung (Einführung der arab. Ziffern) und der Handelspraktiken im allg. entscheidend verbessert, v. a. entstanden im Rahmen der Wiederbelebung des röm. Rechts bes. sorgfältig ausgearbeitete See- und Handelsrechte.

Um die *Mitte des 13. Jh.* hatte die »kommerzielle Revolution« eine entscheidende Wende in der Wirtschaftsentwicklung der it. Kommunen gebracht und die Mentalität eines Großteils der Bevölkerung I.s geprägt. Man strebte nach der Öffnung neuer Handelswege (z. B. nach Rußland und Zentralasien), nach einem direkten Seeweg nach Indien entlang den Küsten Afrikas (→Vivaldi) und auf dem Landweg nach China (Marco→Polo). Der stärkste Sektor in der Marktwirtschaft war der Zwischenhandel mit dem Ausland, obwohl I. selbst dank des hohen Anstiegs der Konsumrate v. a. von Luxusgütern und der Entwicklung der Gewerbebetriebe und Manufakturen einen ausgezeichneten Markt für den Umschlag von Rohstoffen und lokalen Produktionsgütern wie von Importwaren bildete. In bezug auf Handelsströme und Waren bestand kein wesentl. Unterschied zu den vorhergehenden Jahrhunderten, das Verhältnis zw. W und O und N und S hatte sich jedoch geändert, v. a. hatte der Geschäftsverkehr an Volumen derart zugenommen, daß man für diese Epoche von einem »Massen«handel sprechen kann. Als Verkehrswege wurden weiterhin in großem Maße die schiffbaren Flüsse und Seewege benutzt; die Kommunen trieben jedoch energisch Ausbau und Erhaltung des Straßennetzes voran, obwohl Transporte auf dem Landweg schwierig und daher kostenintensiv blieben.

Seit dem 12./13. Jh. hatten sich die it. Städte nicht nur zu Handelszentren entwickelt, sondern waren auch Sitz von Handwerks- und Gewerbebetrieben, wobei Handel und gewerbl. Produktion in so enger Wechselwirkung standen, daß eine strenge Unterscheidung der beiden Wirtschaftssparten kaum möglich ist. Die gewerbl. Produktion, die wie Handel und Geldmarkt der Kontrolle der »Arti« (Zünfte) und Korporationen unterstand, beschränkte sich im allg. auf die Bottega (Werkstatt), nahm jedoch in einigen Fällen ansatzweise auch industrielle Züge an. Dies gilt v. a. für die Gewinnung von Bodenschätzen (→Bergbau) und für den →Schiffbau (zumindest in Venedig, Genua, Pisa u. a., →Arsenal). Die wichtigste Rolle spielte jedoch zweifellos der Textilsektor. Die dabei verwendeten Rohstoffe wurden – falls nicht vor Ort vorhanden – importiert. Dies gilt für Leinen, Baumwolle und v. a. für Seide, die für kostbare Kleidung und im Bereich der Inneneinrichtung Verwendung fand. Bis zum 12. Jh. waren Kalabrien und Sizilien die Zentren von Seidenweberei und -handel, seit dem 13. Jh. auch die Toskana und Emilia, v. a. Lucca und Bologna. Den größten Aufschwung nahm das Tuchgewerbe (sowohl Massenware wie Luxusstoffe). Wie fast in der ganzen Textilbranche so lag auch auf diesem Sektor anfängl. der Schwerpunkt auf dem Handel: Der Zwischenhandel zw. den Hauptzentren der Tuchproduktion (Flandern, Brabant, Nordfrankreich) und den wichtigsten Märkten im Mittelmeerraum wurde von it. Kaufleuten abgewickelt. Zahlreiche it. Städte entwickelten sich zudem infolge der Ausweitung des Binnenmarktes und der wachsenden Nachfrage des Außenhandels auch selbst zu Produktionsstätten oder zu Zentren der Veredelung und Verarbeitung importierter Tuche. Aufgrund des komplexen Herstellungsprozesses der Tuche konnte das Prinzip der Arbeitsteilung Anwendung finden; es gab jedoch noch kein einheitl. Produktionsstätten. Handwerk, Lohnarbeit, Heimarbeit und in Ansätzen Formen des Unternehmertums waren in einer Art Verlagsystem (»opificio disseminato«) vereinigt. Gleichsam als Symbol des Wirtschaftswachstums ging man um die Mitte des 13. Jh. in I., wo ein dichtes Netz techn. fortschrittl. Münzprägeanstalten bestand, zur Prägung von Goldmünzen über, die ihre Verbreitung finden sollten. Auf die genues. bzw. florent. Reingoldmünzen »Genovino« und »Fiorino« (1252) ließ Venedig 1294 seinen »Ducato« folgen. Andere Staaten ahmten das Vorbild der drei it. Städte nach, und der Okzident ging zum Zweimetall-System über (→Gulden). Ähnl. Fortschritte wurden in der Abwicklung des Handelsverkehrs und im Rechnungswesen (→Buchhaltung) erzielt: Zunahme von Schiffsversicherungen, reguläre und relativ schnelle Handelskorrespondenz, Fortschritte im Handels- und Seerecht, genauere Seekarten, Handbücher der international gebräuchl. Maße und Gewichte sowie der Münzsorten und Geschäftspraktiken (sog. »Pratiche de mercatura«), nicht zuletzt eine allg. Erhöhung des durchschnittl. Bildungsniveaus.

Die Kapitalanhäufung verschiedenster Provenienz seit dem Beginn der »Handelsrevolution« und der »städtischen Revolution« erreiche Ende des 12., Anfang des 13. Jh. einen Höhepunkt, so daß das Geldangebot allmähl. die Nachfrage überstieg. Damit waren die Voraussetzungen für die Ansätze des modernen →Bankwesens gegeben. In der Alltagspraxis war die Spezialisierung auf das reine Geldgeschäft nur auf bescheidenem Niveau üblich. Stattdessen verschmolzen die Funktionen des »Unternehmers«, »Kaufmanns«, »Bankiers« in der Schlüsselfigur der ma. it. Städte, v. a. des Binnenlands, dem sog. »Kaufmann-Bankier«, der zugleich Händler, Unternehmer und kapitalkräftiger »Finanzier« war. V. a. die Geschäfte der Hochfinanz (Kirche und diverse Staatswesen) wurden weitgehend von it. Bankiers abgewickelt (→Finanzwesen, →Kirchenstaat). Dabei wurden Kreditoperationen von bis dahin unbekannten Ausmaßen getätigt, die nicht nur die eigenen Kommunen betrafen, sondern auch die Finanzen großer Territorialstaaten und die Budgetierung kostspieliger Unternehmungen, wie etwa von Kriegen. Neben den Geldgeschäften wurden jedoch stets in gleichem Ausmaß Handel und gewerbl. Produktion betrieben. Wichtigstes Instrument der großen »Kaufleute-Bankiers« zur Abwicklung dieser vielfältigen Aktivitäten waren die »Compagnie«. Trotz Effizienz und guter Organisation hatten diese jedoch auch Schwachstellen: V. a. bei den finanziellen Transaktionen wurde ohne Deckungskapital gearbeitet, was die Gefahr eines Bankrotts erhöhte. Trotzdem funktionierte dieses System fast hundert Jahre lang, bis zur Krise Mitte des 14. Jh., ohne nennenswerte Schwankungen.

III. DAS 14. UND 15. JAHRHUNDERT: 1341–47 erschütterte eine Krise von gewaltigen Ausmaßen so gut wie alle florent. Compagnien mit schweren Konsequenzen für die Kaufleute-Bankiers der anderen it. Städte. Die Konkurse führten (in Verbindung mit der polit.-militär. Krise im ö. Mittelmeerraum und dem Ausbruch des →Hundertjährigen Krieges) zu einer Vertrauenskrise und bewirkten eine Reduzierung der Geschäfte. Die Krise hatte zudem große Auswirkungen auf die künftige Abwicklung des internationalen Handels. Die Firmen in Florenz und in den anderen Städten mußten sich darauf einstellen, daß die von ihnen entwickelten Techniken der Handels- und Finanzgeschäfte nur schwer mit den zum Großteil noch »feudalen« Strukturen I.s und Europas zu vereinbaren waren. In der 2. Hälfte des 14. Jh., die durch die große Pest von 1348 und den darauffolgenden Bevölkerungsrückgang gekennzeichnet war, erfolgte daher eine Umorientierung und Rationalisierung des Handels im Hinblick auf Zielgruppen, geogr. Bereiche und Spezialisierung (s. u.).

Bereits geraume Zeit vor der großen Pest des Jahres 1348 hatten sich in I. deutl. Anzeichen einer Rezession gezeigt – vielleicht auch im Zusammenhang mit einer Klimaverschlechterung –, die sich seit den Hungersnöten von 1315 und den folgenden Zyklen von Epidemien und Hungersnöten verstärkten. Geschwächt infolge Unterernährung erlag ein sehr hoher Anteil der Bevölkerung der Pest (die Einw.zahl von ca. 11 Mill. Anfang 14. Jh. sank auf

rund 8 Mill. um 1350). Nur sehr langsam wuchs die Bevölkerung wieder an: Mitte des 15. Jh. betrug die Einw.zahl knapp 9 Mill., erst im 16. Jh. erreichte sie wieder den Status vom Anfang des 14. Jh. Die traditionellen wirtschaftl. und gesellschaftl. Lebensformen erlitten in der Folge tiefgreifende Veränderungen: eine große Zahl der Dörfer fiel wüst, die Lücken in den Städten wurden zumeist durch den Zuzug ländl. Bevölkerungsgruppen geschlossen, die Löhne der Handwerker stiegen an, soziale Auseinandersetzungen verschärften sich (vgl. →Ciompi-Aufstand), Korporationen und staatl. Verwaltungsorgane übten eine verstärkte Kontrolle über die Wirtschaft aus, nach starkem Anstieg 1370/80 stabilisierten sich die Preise bis zum Beginn des 15. Jh. und stagnierten bis ca. 1480/90. Charakteristisch für Gewerbe- und Handwerksbetriebe nach der Krise der Mitte des 14. Jh. waren – neben dem allg. Lohnanstieg – eine Spezialisierung und »industrielle« Auslagerung verschiedener Herstellungsphasen in eigenen Produktionsstätten (v. a. in der Poebene) sowie Abkehr von der Massenproduktion zugunsten der Orientierung am Geschmack eines elitären Publikums (Seidenstellung, Bauwesen, Druckereigewerbe, Eisen-, Metall- und Lederverarbeitung, Papierherstellung und Edelsteinverarbeitung). Trotz dieser Versuche einer Neuorientierung hatte I. jedoch nunmehr auf dem sekundären Sektor wie in allen anderen Wirtschaftsgebieten die führende Position eingebüßt, die es einige Jahrhunderte lang innegehabt hatte. Auch die Vorrangstellung der it. Seefahrt im Mittelmeer ging – abgesehen vom unmittelbaren Ägäis- und Adriaraum – stark zurück. Trotz dieses negativen Trends beherrschten einige große it. Handelskompagnien und Bankfirmen in den letzten Jahrzehnten des 14. und im 15. Jh. weiterhin die Geschäftswelt und stiegen vielfach in einzelnen Regionalstaaten zu polit. Macht auf. Dabei genossen sie häufig nach der Rückkehr aus Avignon nach Rom und nach dem Ende des →Abendländischen Schismas stärker noch als in den vorhergehenden Jahrhunderten einen Kapitalstrom aus allen Gebieten Europas an sich zog: →Medici, →Salviati und →Strozzi in Florenz; Borromei in Mailand; →Spinola und →Grimaldi in Genua; Buonvisi in Lucca; Chigi in Siena usw. Auch kleine und mittlere it. Firmen typ. spätma. Zuschnitts, wie z. B. jene des F. →Datini in Prato, bestanden weiter und nahmen zahlenmäßig sogar zu. Man zog sich aus keiner traditionellen Sparte des Geschäftslebens zurück, hatte jedoch gegen eine bedeutend härtere Konkurrenz zu kämpfen als in den Jahrhunderten zuvor. Da dieser Prozeß jedoch nur schrittweise vor sich ging, wurden sich die Unternehmer seiner Tragweite entweder gar nicht bewußt – zumal da sich ihre Einkünfte nicht drastisch verringerten – oder sie versuchten, durch stärkere Einflußnahme auf Politik und Verwaltung an Terrain zu gewinnen. Daraus erklärt sich einerseits der verstärkte Ansturm auf die öffentl. zivilen und militär. Ämter und kirchl. Benefizien, andererseits aber das Bemühen, Kontrolle über den Apparat der Staatsfinanzen zu gewinnen, um daraus Profit zu ziehen (etwa durch Steuererleichterungen oder Spekulationen mit Staatsanleihen). Hatte die jahrhundertelange Allianz zw. dem kommunalen Staatsgefüge und dem Unternehmertum das gesamte ma. Wirtschaftsleben in Mittel- und Oberitalien geprägt, so gewannen v. a. nach der Mitte des 14. Jh. Einkünfte aus Steuerpacht und Ausgabenpolitik der öffentl. Hand eine fundamentale Rolle bei der Vermögensbildung der führenden Schichten.

IV. DIE ENTWICKLUNG DER LANDWIRTSCHAFT: Trotz der großen Fortschritte in Handel, Bankwesen und gewerbl.

Produktion, blieb im gesamten it. MA die Vorrangstellung der Landwirtschaft, in welcher der größte Teil der Bevölkerung und der Arbeitskräfte beschäftigt war, unangetastet. Die Versorgung der bevölkerungsreichen städt. und halbstädt. Zentren, deren Konsumbedürfnisse infolge des demograph. Aufschwungs und der prosperierenden Vermögenslage bei Kaufleuten und Gewerbetreibenden ständig anstiegen, erforderte die Anpassung der Landwirtschaft an die gesteigerte Nachfrage durch Verbesserung der Anbaumethoden und intensivere Bodennutzung. Beim Getreideanbau wurde nun wieder verstärkt der – im FrühMA vielfach durch mindere Getreidesorten zurückgedrängte – Weizen eingesetzt. Jene bildeten jedoch weiterhin zusammen mit Gemüse und v. a. Hülsenfrüchten die Basis für die Ernährung der ländlichen, häufig aber auch weiter Teile der städt. Bevölkerung. Infolge des in allen Schichten verbreiteten Weinkonsums bildete der Weinbau ein bes. wichtiges Element in der Agrarwirtschaft. Beinahe in ganz I. intensivierten sich die Ölbaumkulturen; weitverbreitet waren auch die Edelkastanien (→Ernährung). Mit diesem Aufschwung der Agrarwirtschaft hielt die Entwicklung der *Tierhaltung* und *Weidewirtschaft* nicht im gleichen Maße Schritt. Als Fleischlieferanten wurden zumeist Schweine, Ziegen und Schafe gehalten. Auch Hausgeflügelhaltung und Fischzucht spielten eine beachtl. Rolle. Für Zugvieh und Lasttiere (meist Ochsen) wurden häufig Mietverträge verschiedenster Art (»soccida«) zw. den städt. oder im Contado lebenden Besitzern und den Bauern oder Landpächtern abgeschlossen. Nur in der Poebene, wo die natürl. Gegebenheiten dafür in reicherem Maße vorhanden waren, entwickelte sich am Ende des SpätMA die Haltung und Zucht von Rindern auch als Fleisch- und Milchlieferanten, nicht nur in erster Linie als Zugvieh und Arbeitstiere wie in den anderen Teilen der Halbinsel. Zur Ernährung des Groß- und Kleinviehs waren →Transhumanz (v. a. im mittleren und n. Apennin und in Sardinien) und →Almwirtschaft in den alpinen Zonen erforderlich.

Nach der eigtl. »Pionierphase« der Binnenkolonisation im 11. und 12. Jh. wurden *Landesausbau* und *Bodenmeliorationen* im Hoch- und SpätMA im ganzen Land weiter vorangetrieben. Die Gewinnung neuer Anbauflächen, Melioration, die Einführung neuer und Ausbreitung der traditionellen Kulturen erreichten mit der Zeit beachtl. Dimensionen. Das Bild der Agrarlandschaft selbst erfuhr tiefgreifende Veränderungen. Die systemat. Anlage von Gemüse- und Obstgärten in den Vorstädten prägte und »ordnete« die Landschaft um die Städte in viel stärkerem Maße als im FrühMA. Auch abseits liegende Waldgebiete wurden durch Rodung zu Anbauflächen umgestaltet. Diese Veränderungen in der Agrarwirtschaft erfolgten jedoch oftmals auf Kosten des ökolog. Gleichgewichts oder waren aufgrund innerer Strukturschwächen nicht von langer Dauer. Die fortschreitende Erweiterung der Anbauflächen auf Kosten der Waldgebiete – die zudem durch Holzexport und Holzverbrauch vermindert wurden – und der natürl. Weideflächen verringerten nicht nur Nahrungsquellen, die noch im FrühMA große Bedeutung gehabt hatten, sondern führten auch zu einer Verminderung des Viehbestandes und der Tierhaltung. Dies hatte wiederum negative Folgen für die Düngung des Ackerbodens. Dem in der ma. it. Landwirtschaft ungelösten Problem der raschen Auslaugung der Böden suchte man durch Gewinnung weiterer Anbauflächen auf Kosten des Weide- und Brachlandes zu begegnen.

Die Erhöhung der Ertragsindices von 3:1 auf 4:1 nach der Mitte des 14. Jh. und der Bevölkerungsrückgang stellten jedoch weiter eine Art Gleichgewicht her, wie es in den Grundzügen im 11. und 12. Jh. geherrscht hatte. Der Prozeß der Binnenkolonisation konnte trotz mancher negativer Begleitumstände bis in die NZ hinein eine akzeptable Versorgung I.s mit landwirtschaftl. Erzeugnissen garantieren.

Die expansive Phase der it. Landwirtschaft hatte in vielen Fällen die Lage der Landbevölkerung spürbar verbessert. Die Auflösung des Fronhofsystems (außer in einigen begrenzten Gebieten im N und S der Halbinsel), die fast totale Abschaffung der Unfreiheit, die Befreiung der »manentes« von Dienstleistungen und Abhängigkeiten verschiedener Art, die Möglichkeit zu wirtschaftl. und gesellschaftl. Aufstieg im Rahmen langfristiger Bodenpacht- und Meliorationsverträge sowie die Entstehung von →Landgemeinden hatten wichtige Etappen im Prozeß der Öffnung der bäuerl. Welt für neue Formen und Methoden der Agrarwirtschaft bedeutet. Aus diesen Voraussetzungen zogen das ganze MA hindurch die kleinen bäuerl. Grundbesitzer und v. a. die Pächter von Kirchenbesitz mit langfristigen oder Dauerpachtverträgen Gewinn. Einen gewissen Stillstand des Aufstiegs der ländl. Bevölkerung, wenn nicht gar einen Rückschritt bedeuteten die im 13. Jh. in verstärktem Maße aufkommenden kurzfristigen Pachtverträge und Teilpachtabgaben (zumeist ein Drittel oder ein Viertel der Ernte), die den Bedürfnissen der städt. Investoren in Grundbesitz entgegenkamen. Die landbebauende Bevölkerung, die zwar dem Grundherrn nicht mehr Frondienste zu leisten hatte und theoretisch in einem weniger rigorosen Abhängigkeitsverhältnis zu ihm stand als in der Vergangenheit, kam aufgrund dieser neuen Vertragsformen häufig nicht in den Genuß der vorgenommenen Bodenverbesserungen, da sie Gefahr lief, das Stück Land innerhalb kürzester Zeit wieder verlassen zu müssen. Die häufigste Form der neuen Verträge war die Mezzadria (→Teilpacht), die nach sporad. Ansätzen im 12. und 13. Jh. im 14.–16. Jh. ihre stärkste Verbreitung fand. Häufiger als in der Vergangenheit gezwungen, sich bei den Grundbesitzern zu verschulden, gerieten die Pächter in ein chron. Abhängigkeitsverhältnis. Bes. evident wurde die nachteilige Position der landbebauenden Bevölkerung gegen Ende des MA, als die Mezzadria und andere Teilpachtverträge sich allgemein durchgesetzt hatten. Die neuen Pachtformen veranlaßten andererseits die Grundbesitzer zweifellos zu qualitäts- und quantitätsmäßig größeren Investitionen als in der Vergangenheit, obwohl das Interesse der besitzenden Schicht für das Land von echtem Unternehmergeist noch weit entfernt war. Die sog. »Rückkehr zum Land« im it. SpätMA brachte der bäuerl. Bevölkerung im wesentl. keine Vorteile: Mit Ausnahme etwa des Berglandes und der Zone der Nutzgärten rund um die Städte, wo die Kleinbauern sich noch hielten, war sie zumeist gezwungen, ihr Land zu verkaufen, mußte häufig sogar den Allodialbesitz abgeben, eine Schwächung der Autonomie der Landgemeinden zulassen und verlor durch die neuen Pachtverträge großteils die Kontrolle über das Land. Einige Bauern, v. a. in der Poebene, zogen aus der Situation Gewinn, indem sie als »Pächter« *(fittavoli)* eine Zwischenstellung zw. Grundbesitzern und landbebauender Bevölkerung einnahmen. In den meisten Fällen hatte die ländl. Bevölkerung jedoch die doppelte Last der Abgaben an den Grundeigentümer und an den Fiskus zu tragen, wobei die steuerl. Diskriminierung das Abhängigkeitsverhältnis der Landgebiete von den Städten verstärkte, ohne daß dies durch einen starken Aufschwung der Landwirtschaft oder durch eine Intensivierung der Investitionen kompensiert wurde.

V. Die Sonderstellung Unteritaliens und der Inseln: Die Expansion von Handel, Geldwesen und gewerbl. Produktion in den mittel- und oberit. Städten basierte zum Großteil auf der kommerziellen und finanziellen Unterordnung der Märkte der Levante, des Mittelmeerraums, und in gewisser Beziehung auch Westeuropas. Zu den Hauptgebieten, die in diesem Sinne untergeordnet oder sogar in gewisser Hinsicht »unterworfen« wurden, gehörte auch der fruchtbare S Italiens. Der mangelnde Aufschwung des Mezzogiorno und seine später untergeordnete Stellung und Stagnation können jedoch nicht ausschließl. auf die »Kolonialpolitik« des »anderen I.« zurückgeführt werden.

Zu Beginn des 11. Jh. zählte Unteritalien mit Sizilien – in geringerem Maße auch Sardinien – zu den reichsten Gebieten Europas und befand sich im Vorfeld der kommerziellen Revolution. Aber diese Impulse, die im 10. und 11. Jh. den Aufstieg der Städte und die Erhöhung des Lebensstandards der Bevölkerung bewirkt hatten, erlahmten bald, so daß seit dieser Zeit der S von dem wirtschaftl. Aufschwung der anderen Teile der it. Halbinsel ausgenommen war. Die überaus komplizierte polit. Lage führte im 11. Jh. zu einer allgemeinen Instabilität, die einer Entwicklung des Handels und Gewerbes, wie sie gleichzeitig in Mittel- und Oberitalien stattfand, nicht förderlich war. Niederlage und Abzug der Araber und Byzantiner und die Landnahme der →Normannen, die gewohnt waren, einzig im Landbesitz die Quelle allen Reichtums zu sehen und ein typ. feudales militär.-polit. System einführten, hatten zur Folge, daß der S in gewissem Sinn von einigen der wichtigsten Handelswege des Mittelmeerraums abgeschnitten wurde. Die in Süditalien vorherrschenden polit., wirtschaftl. und sozialen Strukturen garantierten dem Adel die schrankenlose Nutznießung seines – häufig aus Latifundien bestehenden – Grundbesitzes und fiskal. und jurisdiktionelle Immunitäten, die in entscheidendem Maße dazu beitrugen, die landbebauende Bevölkerung in verschiedenen traditionellen Formen grundherrschaftl. Abhängigkeit, Dienstbarkeit und Schollengebundenheit zu halten. Dazu trat noch ein weiterer Faktor, der jede Aussicht auf bedeutende Entwicklungen, zumindest in der Landwirtschaft einschränkte – sieht man von wenigen, auf Weinbau, Oliven- und Obstkulturen spezialisierten Gebieten ab. Da beinahe alle nicht-landwirtschaftl. Erzeugnisse importiert werden mußten, war man gezwungen, sie mit Produkten, nach denen Nachfrage herrschte, in diesem Fall vorwiegend Getreide, dem größten Reichtum des S, zu bezahlen. Der Getreideanbau (in geringerem Ausmaß auch die Weidewirtschaft) nahmen daher unverhältnismäßig zu, mit entsprechenden Auswirkungen auf Agrarlandschaft und Siedlung und negativen Folgen für die landbebauende Bevölkerung, die in ihrer Entfaltungsmöglichkeit stark eingeschränkt wurde. Die drückenden Steuerlasten zur Füllung der kgl. Finanzkasse und zum Unterhalt der aufwendigen Hofhaltung, die fast ausschließl. von den unterprivilegierten Schichten getragen werden mußten, minderten die Bereitschaft zu Investitionen und unterbanden Initiativen im Bereich des Handels und der Produktionswirtschaft. Die Härte des Fiskalsystems blieb für alle Dynastien charakteristisch, die sich in Unteritalien und Sizilien ablösten: Staufer, Anjou und Aragonesen. Versuche, die wirtschaftl. Lage zu verbessern (bereits seit der Zeit Friedrichs II. in Sizilien Bergwerke, Schwefelminen, Förderung der Zuckerproduktion und des Handwerks und Gewerbes, bes. unter den Anjou Verbesserung des Straßennetzes und der Handelswege, Einrichtung neuer Märkte und Messen), brachten im großen und ganzen nicht den gewünschten Erfolg, v. a. da die Entwicklung der wenigen und bevölkerungsarmen Städte nicht genügend gefördert wurde: Zünfte und Korporationen hatten nur geringe Bedeutung, der Prozeß der Verstädterung, soziale Mobilität und die Ausbreitung neuer Formen des polit. Lebens wurden in Süditalien rasch gebremst.

Der Außenhandel bot ein besseres Bild. In Sizilien stellte der Seehandel von Messina, Palermo, Catania und Trapani immer einen gleichbleibend wichtigen Faktor dar, die Adriahäfen (Bari, Brindisi, Barletta, Trani und Manfredonia), die urspgl. stark vom Handel mit Byzanz abhingen, erfuhren in angevin. Zeit einen neuen Aufschwung. Gleiches gilt für Hafen und Reedereiwesen von Neapel, v. a. als die Stadt unter den Anjou wieder Kapitale wurde. Die relativ hohe Bedeutung, die die verschiedenen Herren der Kontrolle der Küsten, dem Ausbau der Häfen und der Errichtung kleinerer Anlegeplätze beimaßen, ist ein Indiz dafür, daß die Herrscher und die privilegierten Schichten in erster Linie auf eine rasche und intensive Abwicklung des Handels mit den Produkten der Landgüter, von dem auch die Krone reichlich profitierte, Wert legten. Die gleiche Linie vertraten auch die auswärtigen Kaufleute, oft unter Ausübung starken Druckes, die seit Ende des 12. Jh. den Handel in Süditalien monopolisierten. Zumeist handelte es sich dabei um Geschäftsleute aus den Städten Mittel- und Norditaliens (v. a. Genua, Pisa, Venedig, Toskana), die – unterstützt von Handels- und Kriegsflotten – den Bedarf an international gefragten Gütern im S deckten: Getreide, textiles Rohmaterial, Wein, Öl, Käse, Salz, Holz, Vieh, Meeresfrüchte etc. Neben diesen Exporthandel, der durch die Herrscher, die durch Zölle und Steuern davon profitierten, und durch die Feudalherrn, deren Einkünfte aus ihrem Grundbesitz gesteigert wurden, stark gefördert wurden, trat im Regno ein umfangreicher Importhandel mit Gewürzen, Metallen, Tuchen, Waffen und Luxusgütern aus ganz Europa. Zahlreiche Kaufleute und Handwerker aus oberit. Kommunen und Stadtrepubliken ließen sich für lange Dauer oder sogar ständig in den großen Küstenstädten des S und sogar im Binnenland nieder. V. a. die Florentiner eröffneten überall im angiovin. Kgr. Filialen ihrer Handelskompanien, während im aragones. Sizilien neben den Katalanen die Pisaner die größte Bedeutung hatten. Das Handels- und Finanzmonopol der mittel- und nordit. sowie seit dem 14. Jh. auch katal. Kaufleute führte nicht nur zu einem dauernden Abfluß des Reichtums aus dem Regno, Sizilien und Sardinien, sondern auch zur Verfestigung der Zweiteilung zw. dem N, in dem sich die städt. merkantilen, gewerbl. und handwerkl. Aktivitäten konzentrierten, und dem S, der eine passive Rolle als Markt für die aus dem N importierten Erzeugnisse spielte. Erst mit der Vereinigung Unteritaliens, Siziliens und Sardiniens unter der Herrschaft der Aragonesen und v. a. unter →Alfons »il Magnanimo« schien sich im 15. Jh. im Rahmen eines ansatzweise verwirklichten it.-aragones. (Wirtschafts-)systems eine Möglichkeit des Aufstiegs für Süditalien abzuzeichnen. Aragón und insbes. den Katalanen sollte innerhalb dieser »Gemeinschaft« die Vorrangstellung auf dem Handelssektor und in der gewerbl. Produktion zufallen, während Süditaliens Schwerpunkt weiterhin in erster Linie auf dem Primärsektor liegen sollte. Viehzucht und Weidewirtschaft (Einführung der Merinoschafe; Seidenraupenzucht v. a. in Kalabrien) und Fischfang (Thunfisch sowie Korallen) erhielten neue Impulse.

Zu einer gewissen Expansion kam es jedoch wohl nur im Bereich des öffentl. Bauwesens und bei der Produktion von Luxuswaren. Obwohl dies Arbeit für die bes. in Neapel und Palermo nur schwer unter Kontrolle zu haltenden städt. Massen bedeutete, so zeigte sich auch darin die – nunmehr irreversible – Tendenz der Krone, der Feudalherren und der reichsten Einwohner des Regno, das Kapitalvermögen zu immobilisieren oder eher für Kriegswesen und Repräsentation aufzuwenden als zu investieren. So befanden sich am Ausgang des MA Süditalien und die Inseln in einem permanenten Zustand der Unterentwicklung.

Viele Ursachen der Rückständigkeit des S können demnach auf die Suprematie Mittel- und Oberitaliens zurückgeführt werden: Die gleichen Faktoren, die einer Hälfte I.s Reichtum und relativen Wohlstand gebracht hatten, trugen dazu bei, die andere Hälfte in einem Stadium wirtschaftl. Inferiorität zu halten. Die beiden Wirtschaftssysteme waren jedoch komplementär, so daß die Unterentwicklung des einen Teils vermutl. auch eine der Mitursachen für den Stillstand des Aufschwungs des anderen Teils bildete. Die aufgrund der in hohen Mengen verfügbaren Investitionskapitals beständige Nachfrage nach neuen Anlage- und Gewinnmöglichkeiten hatte in Mittel- und Norditalien eine gewisse 'Kolonialmentalität' zur Folge, so daß à la longue die Schere zw. den wirtschaftl. hochentwickelten it. Städten und den von ihnen »kolonisierten« oder »hegemonisierten« Territorien immer weiter auseinanderklaffte, was andererseits aber auch für die »Kolonisatoren« selbst negative Auswirkungen hatte.

VI. Conclusio: Abgesehen von den Folgen äußerer, nicht beeinflußbarer Ereignisse, wie dem Untergang des Byz. Reiches, der Präsenz der Türken im Mittelmeer, der Entdeckung Amerikas oder der aufeinanderfolgenden Fremdherrschaften in I., waren das Ungleichgewicht und die Widersprüchlichkeit, die den Aufstieg des mittel- und nordit. Unternehmertums begleitet hatten, zu groß gewesen, um diesem Wirtschaftsmodell in einem weitgehend noch agrar. Europa zum Sieg verhelfen zu können. Die fast drei Jahrhunderte lang (Mitte des 11.–Mitte des 14. Jh.) so gut wie unangetastete Monopolstellung der mittel- und nordit. Kaufleute und Unternehmer in versch. Ländern beruhte größtenteils auf der Rückständigkeit der Verwaltung, Organisation und Wirtschaftsstruktur der Staaten Europas und des Mittelmeerraums. In diesem Rahmen hatten die Italiener jede Gelegenheit, Geschäfte zu machen, ausgenutzt – bisweilen bis zur völligen Ausbeutung der Ressourcen. Sie agierten nicht nur ziemlich skrupellos – was u. a. zu einem Imageverlust, ja sogar zum Fremdenhaß führte, der wiederum ihre Aktivitäten wesentl. behinderte –, sondern auch ohne sich um eine Verbesserung der Infrastrukturen und Modernisierung des Handels- und Finanzwesens der Länder zu bemühen, die sie in verschiedenem Maße konditioniert hatten.

Wie der Fall Süditaliens beweist, bot die Unbeweglichkeit der in wirtschaftl. Hinsicht untergeordneten Staaten die ideale Voraussetzung für die Expansion des Handels und der gewerblichen Produktion der it. Stadtstaaten. Das Zusammenspiel zw. Kaufleute-Bankiers einerseits und den Herrschern und lokalen privilegierten Schichten andererseits war jedoch nicht von unbegrenzter Dauer. Die Hauptgefahr für die Monopolstellung der it. Kaufleute lag im Ausbau eines Verwaltungs- und Finanzapparats, der in den europ. Staaten bis zum Ende des MA erfolgte, so daß sie weitgehende Autonomie in Handel und Gewerbe erreichten oder zumindest den ausländ. Geschäftsleuten neue und härtere Bedingungen für die Abwicklung ihrer Tätigkeit auferlegten. Am Ausgang des SpätMA wurden daher die Italiener häufig von ausländ. Märkten ausgeschaltet oder mußten ihre Aktivitäten spürbar vermindern.

Der Internationale Handel und die Vermittlerfunktion im Bereich des Finanzwesens sowie die Umwandlungen auf dem Gebiet der gewerbl. Produktion konnten allein keine völlige Kompensation für den notwendigen Import von Rohstoffen bilden, an denen es der Halbinsel mangelte. In diesem Kontrast zw. den ursprgl. Voraussetzungen und der Errichtung eines außergewöhnl. Handelsimperiums liegt das Paradoxe der wirtschaftl. Expansion Mittel- und Norditaliens im MA begründet. Zu den äußeren Schwierigkeiten traten – in einer Art Wechselwirkung – neue interne Probleme, die entweder die ganze Halbinsel oder die Mitte und den N oder einzelne Kommunen betrafen. Abgesehen von den zahlreichen ländl. und »feudalen« Rückzugsgebieten, wo die Merkantilisierung nur ansatzweise stattgefunden hatte, war auch in den fortschrittlicheren Staatsgebilden weiterhin die Mehrheit der Bevölkerung in der Landwirtschaft tätig, und die fast stets adligen bzw. kirchl. Großgrundbesitzer hatten ihre unumstrittene Vorrangstellung beibehalten; die Schicht der städt. Grundbesitzer hatte nur wenig zu einer koordinierten Entwicklung des Handels und zu einer Umwandlung der Landwirtschaft im »kapitalistischen« Sinn beigetragen.

Die Anhäufung von Reichtum und Machtgewinn erfolgte in den einzelnen Städten nicht immer auf gleicher Ebene, und die wirtschaftl. Hegemonie von Venedig, Florenz, Genua und Mailand führte zwangsläufig in den beiden letzten Jahrhunderten des MA durch die starke Konkurrenz zu einer Schwächung des Handels der anderen städt. Zentren (die vermutl. nicht durch die Blüte einiger gewerbl. Zweige kompensiert wurde). Das Ausgreifen der Stadtstaaten auf die umliegenden Territorien und das Anwachsen der unterworfenen Bevölkerung hatten größere Kontrollen und eine gewisse polit. und administrative Bürokratisierung mit sich gebracht. Der Aufstieg der unteren Schichten und die Anhebung des Lebensstandards, bezeugt durch den allg. Anstieg des Pro-Kopf-Konsums, hatten den Kampf um die Macht, um die Verteilung der Steuerlasten und der Gewinne aus Handel, Gewerbe und Geldgeschäften intensiviert.

Die Ansätze einer »fabrikmäßigen« Herstellung, die zumindest auf dem Textilsektor erfolgt war, entwickelten sich nicht weiter, und auch die Produktion der kleinen Handwerksbetriebe lief Gefahr, durch die starren Kontrollen des Arbeitsmarkts von seiten der Korporationen in ihrer freien Entfaltung behindert zu werden. Diese Faktoren bremsten eventuell notwendige Sofortmaßnahmen und Eingriffe im Bereich des Wirtschaftslebens auch in Fällen, in denen Signorien die kommunalen Regime ablösten. Während die Wirtschaftspolitik an Aggressivität verlor und die Gesellschaft in der Spätzeit der Kommunen und unter den Signorien langsam ihre Vitalität und Aktivität einbüßte, verstärkten sich zwangsläufig die im gesamten MA wirksamen Grundtendenzen, die nicht einmal in den Perioden der größten Expansion der »kommerziellen Revolution« völlig unterbunden worden waren: In einer Welt, die nunmehr von dem Mythos der »Rückkehr zum Land« beherrscht wurde und von der Jagd nach Ämtern und Ehrentiteln, in der der Begriff »Adel« aufgewertet wurde – infolge der Blüte der Fs.en – und Signorienhöfe – und in der man danach strebte, seinen Reichtum durch Prachtentfaltung zur Schau zu stellen, in dieser Welt wurde das Kapital zunehmend aus dem Verkehr gezogen, und trotz Bewahrung eines hohen Lebensstandards und obwohl Oberitalien mit seinen Städten weiterhin zu den reichsten Gebieten Europas zählte, trat am Ende des MA eine Phase der Stagnation, wenn nicht sogar der Rezession, ein. Die gemeinhin als »bürgerlich« bezeichnete Mentalität hatte sich nicht im vollen Umfang durchsetzen können, weil die Schicht der Kaufleute, die sie vertrat, einerseits von der alten, aber immer noch mächtigen Adelsgesellschaft, anderseits vom bedrohl. Aufstieg der städt. Unterschichten in ihrer Entfaltung behindert wurde. Dennoch trug sie durch die Einführung neuer, fortschrittl. Techniken und Organisationsformen in Gewerbe, Handel und Finanzwesen dazu bei, daß dem nz. Kapitalismus – in all seiner Widersprüchlichkeit – der Weg geöffnet wurde. M. Luzzati

C. Kirchengeschichte

I. Von den Ursprüngen bis ins 10. Jh. – II. Vom Jahr 1000–1500.

I. VON DEN URSPRÜNGEN BIS INS 10. JH.: [1] *Die Probleme der Ursprünge. Die Spätantike*: Im Hinblick auf die Verbreitung des Christentums in I. im Übergang von der Antike zum MA läßt sich eine gewisse Diskrepanz der Q. feststellen: den äußerst spärl. Indizien für die Art und Weise, wie dieser Prozeß vor sich ging, seinen zeitl. Ablauf und v. a. für die Durchsetzungskraft der neuen Lehre steht eine relativ hohe Anzahl gut bezeugter Bf.ssitze gegenüber. Eine hist. orientierte Untersuchung des kirchl. Lebens im spätantiken I. muß daher – bei weitgehender Ausklammerung ideolog. Probleme – zwei themat. Bereiche berücksichtigen, einerseits die Institution der Kirche im Sinne eines »Systems, das die Gläubigen mittels Teilnahme am religiösen Leben organisiert und darin einbindet« (VIOLANTE) und anderseits das religiöse Leben selbst als Ausdruck und Verwirklichung des Verhältnisses des einzelnen und/oder der Gemeinschaft zum Heiligen »mittels systemat. und organisierter öffentl. Formen« (MICCOLI) – wobei die beiden Bereiche (auch wenn man von jeder angebl. Antinomie zw. der Kirche als Organisation und der Religiosität/Spiritualität absieht) nicht immer und nicht in allem deckungsgleich sind.

Eine Gesch. der Kirchenorganisation im eigtl. Sinne stützt sich für die Zeit von den Anfängen bis zur Mitte des 5. Jh. auf zwei Bezugspunkte, die in unterschiedl. Weise gesichert sind: zum einen auf die außergewöhnl. reiche Zahl von Zeugnissen, die (nicht ohne manche Unklarheiten) die Anfänge der Kirche Roms erhellen und Analogieschlüsse für die Frühgesch. anderer, weniger gut dokumentierter Kirchen ermöglichen, zum anderen auf die Zeugnisse über die – in den einzelnen Gebieten I.s unterschiedl. häufigen – Christengemeinden. (I. war seit der diokletian.-konstantin. Reform in die »Provinzen« der beiden Großräume der diocesis italiciana eingeteilt: Italia Suburbicaria, in Rom vom vicarius Urbis verwaltet, und Italia Annonaria in Mailand vom vicarius Italiae geleitet.)

Die unterschiedl. Verteilung der Bf.ssitze (Keimzellen organisierten christl. Lebens um kirchl. Amtsträger mit bereits seit Beginn des 2. Jh. feststehender hierarch. Gliederung) innerhalb der gen. Gebiete I.s ist in Beziehung zu setzen zu der unterschiedl. Dichte der Städte. Die weit geringere Engmaschigkeit des Städtenetzes in der Italia Annonaria im Vergleich zur Italia Suburbicaria erklärt die unterschiedl. Dichte der Bf.ssitze in den beiden Großräumen, da eine (nicht nur auf I. beschränkte) enge Wechselbeziehung, wenn nicht sogar völlige Identität zw. Stadt und Bfs.sitz anzunehmen ist. Dieses korrelative Verhältnis spiegelt den Weg wider, den der Christianisierungsprozeß genommen hat, der entlang der großen Verkehrsstraßen gewöhnl. Mittelpunkte in den Städten des Mittelmeerraums bildete, anfangs auch nach dem Vorbild des bereits bestehenden Netzes jüd. Diasporagemeinden. Seit dem 4. Jh. (vom Konzil v. Serdika bis zu den Briefen Leos d. Gr.) nahm die kirchl. Gesetzgebung konstant die gleiche Orientierung, die in der Folge zur Entwicklung des Städtewesens im ganzen ma. Abendland und zur Verfestigung der Funktionen der Städte gegenüber dem Umland beitragen sollte. Dies gilt im bes. Maße für I., wo trotz der schweren inneren Krisen der Spätantike und der durch die Invasion bedingten Umwälzungen das dichte Netz der Städte und der beständige Einfluß der städt. Kultur und Mentalität erhalten blieben. Die neuen Diözesangrenzen waren jedoch nicht immer mit den Territorien der röm. Städte völlig identisch (dies gilt bereits für die Spätantike). An der Wende zum FrühMA konnten auch die Territorien antiker Städte oder wüstgefallener röm. Municipia, die keine Bfs.sitze geworden waren, in das Eigentum großer Kl.gründungen (wie Bobbio oder Nonantola in Oberitalien) übergehen.

Der Kirche von Rom wird in einer Reihe von Traditionen, angefangen mit dem NT und den Schriften der Kirchenväter, die teils einzeln überliefert, zum Großteil aber in die Kirchengesch. des Eusebius v. Caesarea eingeflossen sind, eine bes. herausgehobene und ehrenvolle Stellung zugebilligt und ihre Gründung bereits in die Zeit der Apostel Petrus und Paulus angesetzt, deren Aufenthalt in Rom nunmehr hinlängl. gesichert scheint. Die gemeinsame Gründung durch beide Apostelfs.en, ausgedrückt in der ikonolog. Formel »Concordia Apostolorum«, wurde (vielleicht ansatzweise bereits seit Beginn der konstantin. Ära) zum Leitmotiv der Doktrin von der Renovatio Urbis, der neuen Ideologie des »christlichen Rom« (→ Romidee). Diese Ideologie wurde anscheinend in der Periode zw. den Päpsten Damasus (366–381) und Leo d. Gr. (440–461) entwickelt und enthob einerseits die röm. Kirche den Folgen des Niedergangs der Stadt (nach der Gründung des »neuen Rom«, Konstantinopel) und legte anderseits für Rom selbst die Basis für ein neues, geistl.-kirchl. Imperium. Als grundlegend für diesen zweiten Punkt erscheint v. a., daß die gleichen Q. des lat. W die Bf.e von Rom als direkte Nachfolger des Apostelfs.en (princeps apostolorum) Petrus bezeichnen. Bei dem schwierigen Versuch, die Elemente zu rekonstruieren, aus denen sich der Primat der Kirche entwickelt hat (→ Papsttum), scheinen einige Leitgedanken bes. Gewicht zu erhalten: z. B. »Traditio Legis« oder »Cathedra Petri« (auf die Kirche von Rom bereits im 3. Jh. bei Cyprian v. Karthago angewendet). Die Bf.sliste der röm. Kirche (→ Liber pontificalis) entwickelte sich so von einem Instrument, das Legitimität und lückenlose Tradition einer einzigen Kirche dokumentiert (bereits Ende des 2. Jh. bei Irenaeus v. Lyon in diesem Sinne aufgefaßt), zum tragenden Element der »Prinzipatsideologie«. Unter diesem ekklesiolog.-ideolog. Blickwinkel – nicht allein als Memorialschriften – sind die Libri Pontificales und die Gesta Episcoporum zu sehen, die in großer Zahl in den folgenden Jahrhunderten verfaßt wurden, v. a. in der karol. Zeit, die sich um die Neudefinition der Institutionen, auch der kirchlichen, bemühte.

Ebenso läßt sich bei den ma. Neubearbeitungen einzelner Bf.slisten der noch stärker ideolog. befrachtete Anspruch nicht weniger Bf.ssitze in I. (und im übrigen Europa) feststellen, der jeweilige erste Bf. sei vom hl. Petrus selbst eingesetzt worden; unter ihnen ragt v. a. die Kirche v. Ravenna hervor, nicht zuletzt wegen ihrer Verbindung mit den rechtl. und kirchl. Strukturen des Byz. Ksr.s.

Infolge ihrer reichen und vielfältigen Dokumentation

liefert die Gesch. der Kirche v. Rom bereits für die Spätantike auch die ausführlichste Information über die innere Organisation der einzelnen anderen Kirchen. Der Brief Papst Cornelius' (251-253) an Fabius, Bf. v. Antiochia (Euseb. Hist. Eccl. VI, 43 11), bezeugt, daß Mitte des 3. Jh. neben dem Bf. eine große Schar von Amtsträgern tätig war, ein Organismus, der nicht nur seelsorgerl. Pflichten, sondern auch Aufgaben der Armenfürsorge wahrnahm. In der 1. Hälfte des 6. Jh. zeigt die Kirche v. Ravenna das gleiche Erscheinungsbild eines differenzierten Apparates, der zahlreiche Funktionen und Verwaltungsaufgaben entwickelte, die analog der älteren Zeugnisse der Kirche v. Rom zu interpretieren sind.

Der oben zitierte Eusebiustext erwähnt eine Synode von 60 Bf.en und einer großen Anzahl von Priestern und Diakonen, die Mitte des 3. Jh. in Rom abgehalten wurde. Im 3. Jh. sind in Mittel- und Oberitalien drei bedeutende Bf.ssitze belegt, Mailand, Ravenna und Aquileia, deren Ursprünge wohl bereits in das Ende des 2. Jh. zu setzen sind; vermutl. gab es daneben weitere Zentren chr. Glaubensverbreitung, ausgehend von Priestern und Diakonen. In Mittel- und Unteritalien sowie auf den Inseln bestanden wahrscheinl. zu jener Zeit neben Rom weitere Bf.ssitze in Neapel, Nola, Capua, Formia und in anderen Städten des Latium adiectum (für Pozzuoli vgl. Apg. XXXVIII, 13-14), sowie in Brindisi, Syrakus und Cagliari und auch in anderen städt. Zentren. Im Lauf des 4. Jh. wurde eine Reihe von Bf.ssitzen auf der ganzen Halbinsel und auf den Inseln eingerichtet. Für weitere Gebiete kann man nun vom Beginn einer Organisation der Kirche und des chr. Lebens sprechen.

[2] *Vom Ende der Spätantike bis in die nachkarolingische Zeit:* LANZONI verzeichnet für das Ende des 6. Jh. 53 Kirchen in Mittel- und Oberitalien sowie 197 in Unteritalien und auf den Inseln. Bereits kurz nach dem konstantin. Toleranzedikt gruppieren sich die Bf.ssitze im Bereich der »dioecesis italiciana« in zwei Kirchenprov.en mit den Zentren Mailand und Rom, entsprechend der Teilung des gesamten Territoriums in zwei Verwaltungsbezirke. Im Lauf des 5. Jh. wurde Aquileia Metropolitansitz nicht nur für »Venetia et Histria«, dessen Mittelpunkt es war, sondern auch für Westillyricum, Noricum I und II und später auch Raetia II, nach der Zerstörung von Sirmium (452) auch für die Gebiete an den Grenzen von Pannonia II und an der Save. Im 5. Jh. wuchsen auch Ansehen und Autorität der Kirche der Ks.residenz Ravenna. Zwar unterstand die ravennat. Kirche weiterhin der Metropolitangewalt Roms, erhielt jedoch die ursprgl. vikarialen Charakter tragende Jurisdiktionsgewalt über eine wachsende Zahl von Bf.ssitzen im Gebiet der früheren augusteischen »regio VIII«. In Justinian. Zeit nahm Maximianus als erster ravennat. Bf. den Titel archiepiscopus an; um die Mitte des 7. Jh. erwirkt die Kirche v. Ravenna, das nunmehr Sitz des →Exarchats Italien und damit Zentrum der byz. Präsenz im W war, unter Ebf. Maurus von Ks. Konstans II. das Privileg der Autokephalie, d.h. Loslösung aus dem Jurisdiktionsbereich der röm. Kirche, gestützt auf den Anspruch der direkten Gründung durch den Apostel Petrus. Dieses Privileg sollte den ravennat. Ebf.ssitz sowohl in kirchenrechtl. wie in verwaltungstechn. Hinsicht in die byz. Kirchenorganisation der Pentarchie einbinden. (Nach wenigen Jahrzehnten wurde jedoch der Status quo wiederhergestellt.)

Aus der Entwicklungsgesch. der Jurisdiktionsbereiche der einzelnen Kirchen wird die enge Beziehung zw. Kirchenprov. und kirchl. Verwaltungssprengel einerseits und den Administrationsbezirken der Zivilverwaltung andererseits deutlich: auch in den Anfängen waren die beiden Verwaltungseinheiten nicht unbedingt deckungsgleich, häufig konkurrierten weltl. Organisation und kirchl. Diözesanorganisationen miteinander, so daß es auch in I. zu weitgehenden Funktionsvertretungen kam, v. a. während des Niedergangs des spätantiken Verwaltungssystems. In der Zeit vom 5. bis 7. Jh., in der die Folgen der großen polit. und administrativen Umwälzungen auf der ganzen Halbinsel stärker spürbar wurden (→Abschnitt A I.) blieb die vielschichtige Wechselbeziehung Bf. – Stadt weiterhin ein bedeutender Faktor. Veränderungen oder Neubegründungen von kirchl. Verwaltungsbezirken trugen dazu bei, daß die Unterschiede zw. den Bm.sgrenzen und den alten Munizipalterritorien immer größer wurden und sich die Jurisdiktionsbereiche verschoben. So forderte z. B. Pavia – Hauptstadt des Langobardenreichs und Zentrum der Missionstätigkeit von Mönchen aus →Bobbio – die Exemtion von seiner Metropolie Mailand und unterstellte sich direkt Rom. Ein ähnl. Fall ist →Aquileia, dessen Sitz nach 569 nach →Grado verlegt wurde. Während das Ende des Langobardenreichs in I. (abgesehen von Enklaven der Longobardia minor, Benevent, Salerno, Capua) anscheinend keine wesentl. Veränderung der Bf.ssitze mit sich brachte, waren die Karolinger im Lauf des 9. Jh. bestrebt, die Diözesangrenzen den Grenzen der früheren größeren Verwaltungsbezirke möglichst anzugleichen. Allerdings läßt sich nicht von einer Kontinuität im Hinblick auf die alten röm. civitates sprechen, sondern eher von einer »Neuordnung, die im Vergleich zu den polit.-administrativen Umwälzungen der Langobardenzeit größere Ähnlichkeit mit den alten Strukturen aufweist« (VIOLANTE). Zwar legten auch die karol. Gf.en, die an die Stelle der langob. Hzg.e und Gastalden getreten waren, vielfach das Zentrum ihrer Gft. in die Städte, jedoch oblag es den Bf.en, die Folgen des Niedergangs in langob. Zeit aufzufangen und den Städten ihre alte Funktion als polit. und administratives Zentrum wiederzugeben bzw. zu konsolidieren und auf der Basis kgl. oder ksl. Immunitäten und Regalien einen Comitatus zu begründen, der umfangsmäßig in etwa der Diöz. entsprach. In der Folgezeit erwirkte Gerichtsbarkeits- und Fiskalrechte konnten im 10. Jh. zur Bildung eines eigenen bfl. Bezirks innerhalb des Territoriums der Gft. führen. Ein neuer kirchl. und zunehmend auch polit. Machtzuwachs des Bf.s in den Städten und Diöz.n im allg. erfolgte seit dem Ende des 9. Jh., bedingt durch die Krise der karol. Institutionen, die Umwälzungen infolge der Invasion der Sarazenen, Ungarn und Normannen und die wechselhaften Geschicke des unabhängigen Regnum italicum. Gewöhnl. Angehörige der herrschenden Schicht, scheinen sich die Bf.e anfangs durch die Verleihung von Kirchen, Kapellen und auch Pieven (→Taufkirchen) als Benefizien an Laien treue Gefolgsleute geschaffen und eine gewisse Kontrolle über die Pieven selbst gewonnen zu haben. Während jedoch im Lauf der Zeit die weltl. Macht des Bf.s in der Stadt und im Umland stärker wurde, führte ein zunehmender Partikularismus zur Einschränkung der bfl. Kontrolle im kirchl. Bereich. Z. B. waren im Gebiet v. Pisa und Lucca einige Pieven geradezu Besitz richtiger Klerikerdynastien, die ausschließl. selbst Ländereien und Einkünfte als Pfründen an Laien verliehen. Persönl. Bindungen oder Familienbeziehungen sowie Privatrechte des Bf.s auf Kirchen und Kl. der eigenen Diöz. bildeten in Mittel- und Oberitalien noch in den letzten Jahrzehnten des 10. Jh. die Basis für die Autorität des Bf.s auch im kirchl. Bereich, als neue laikale Führungsschichten – zumeist aus bfl. Vasallen bestehend – in den Städten aufstiegen. Der Bf.ssitz wurde nun als Zeichen familiären Ansehens, polit. Macht und der Tradition und Bedeutung der Stadt angesehen sowie unter dem Blickwinkel einer kirchl. »Dynastie« betrachtet, als deren Ahnherr der erste Bf. der Stadt galt.

Der evidente Machtzuwachs des Bf.s vom Ende des 9. bis zur Mitte des 10. Jh. rührte auch aus der temporären, durch die Krisen bedingten Zersplitterung der Domkapitel und ihrer Vermögen her. Gemäß den →Constitutiones Aquisgranenses von 816 war in vielen Städten bei der Haupt- oder Mutterkirche ein Kanonikerkapitel, bestehend aus dem bfl. städt. Priesterkollegium, eingerichtet worden. Der Brauch, daß Bf. und Kathedralklerus nach monast. Vorbild zusammenlebten, wurde im 4./5. Jh. bereits in einigen bedeutenden it. Kirchen wie Mailand, Vercelli, Ravenna praktiziert, scheint jedoch im 7. Jh. weniger verbreitet gewesen zu sein. Die von der karol. Zentralgewalt selbst proklamierte Wiedereinführung dieser Einrichtung hatte für die einzelnen Ortskirchen wichtige disziplinäre, wirtschaftl. und strukturelle Konsequenzen. Der städt. Klerus war bereits seit geraumer Zeit außer an der Kathedrale auch an neuen städt. und vorstädt. Basiliken und Kapellen tätig und erstrebte die Verfügungsgewalt über einen Teil des Patrimoniums des Bm.s. Noch evidenter ist dieses Phänomen bei den →Eigenkirchen, die bereits bei ihrer Einrichtung von den Gründern ausgestattet wurden. In der Stadt unterstanden die Kathedralkirche und ihr Patrimonium weiterhin dem Bf. Das gesamte Patrimonium der Diöz. galt als Pertinenz der Kathedrale und deshalb als Apanage des Bf.samts. Nach Einrichtung der Domkapitel übernahmen diese die Verwaltung der Kathedrale, deren Patrimonium fortan von dem bfl. Patrimonium unterschieden wurde.

Nachdem im Rahmen des →Exarchats Italien wahrscheinl. Ende des 6. Jh. der Dukat →Rom eingerichtet worden war, entwickelte sich der Papst angesichts des Verfalls der städt. Strukturen zum »fundamentalen Pol der röm. und administrativen Traditionen« (ARNALDI). Die Verhältnisse in Rom spiegeln wider, wie stark die Kirchenorganisation seit dem 6. Jh. im byz. I. in sozialer und polit. Hinsicht in die Sphäre der öffentl. Macht integriert war. Dies ist im 6.–8. Jh. in Rom in bes. Maße durch die Präsenz des Papsttums bedingt, in einer Zeit, in der die Strukturen der Stadt Rom weniger fest erscheinen als diejenigen von Neapel und v. a. von Ravenna, den anderen Zentren der byz. Macht in I. Ravenna hatte bereits kurz nach der byz. Rückeroberung in den Gotenkriegen bedeutende Konzessionen und Erweiterungen des Patrimoniums seiner Kirche erhalten. Basierend auf der festen Kontrolle des Ebm.s über den Grundbesitz beinahe der ganzen Romagna und darüber hinaus hielten sich bis in das 12. Jh. die polit.-relig. Autonomiebestrebungen der Ravennaten gegenüber Rom. Die röm. Kirche erfüllte jedoch außerhalb der Grenzen der Urbs und des Dukats trotz schwieriger Phasen (→Dreikapitelstreit) weiterhin ihre Rolle als höhere Instanz, Garant und Schutz der rechtgläubigen Trinitätslehre und Christologie. Die Gewinnung weiterer Bevölkerungsteile, die dem Arianismus oder ihrem alten Götterglauben anhingen, für den röm. Katholizismus fand seit Gregor d. Gr. und Agilulf weitgehend ohne Feindseligkeit statt. Gleichzeitig wurde die Rolle des Papstes als dominus eines wachsenden Grundbesitzes immer deutlicher, der von einem System von Amts- und Funktionsträgern im →Lateran verwaltet wurde. Aus diesem Gefüge institutioneller und ideeller Aspekte entwickelten sich im Zusammenhang mit den Ereignissen des 8. Jh. die Ansätze zu dem polit.-relig. Organismus des sog. →Kirchenstaats als dritter Größe neben dem frk.-karol. Herrschaftsgebiet und dem byz. Italien.

Ks. Leon III. schritt 732/33 nach dem Ausbruch des Bilderstreits zur Konfiskation der Patrimonien Kalabrien (Bruttium) und Sizilien und unterstellte die Kirchen dieser Gebiete der Jurisdiktion des Patriarchen v. Konstantinopel. (Die Einzelheiten sind kontrovers.) Die Subskriptionen der Bf.e zw. der röm. Synode 649 und dem Konzil v. Nikaia 787 lassen Aufhebungen und Neugründungen von Bm.ern erkennen. In Sizilien führte die arab. Eroberung der Insel (827–902) zum allmähl. Verschwinden der Bf.ssitze, die erst unter den Normannen wiedererrichtet wurden. In Kalabrien, dessen Bf.e im 7. Jh. noch lat. waren, gingen einige Bf.ssitze unter, andere wurden unter der byz. Herrschaft begründet und sind seit dem 9. Jh. bezeugt (z. B. Squillace und Rossano). 885/886 wurde die Metropolie S. Severina neubegründet, das Bm. Otranto wurde innerhalb der jetzt gr. Kirche 986 zum Metropolitansitz erhoben. In den südit. Gebieten, die vom 8. bis 10. Jh. in relig. und kirchl. Hinsicht einem byz. Akkulturationsprozeß unterworfen waren, folgte man zumeist den Weisungen der byz. weltl. und kirchl. Zentral- und Lokalgewalten, wobei man im allg. dem Sitz des Apostels Petrus einen Ehrenprimat zuerkannte. Diese Haltung überdauerte die norm. Eroberung im 11. Jh. und wurde v. a. in der gr. Kl. in den einzelnen Regionen getragen.

[3] *Die Kirchenorganisation in den ländlichen Gebieten:* Die ländl. Kirchenorganisation weist einige für I. typ. Besonderheiten auf. Auch hier läßt sich eine Art soziogeograph. Scheidelinie entlang der Grenzen der Italia Annonaria feststellen, die vom Gebiet von Viterbo bis etwa Chieti reicht. Charakterist. für die ländl. Gebiete N- und Mittelitaliens ist eine auf den Pieven, d. h. →Taufkirchen basierende Kirchenorganisation, wobei von der Pieve eine Reihe von capellae (oracula, monasteria) abhängen, die nicht vor dem 12. Jh. seelsorger. Funktionen (als Pfarrkirchen) erhalten. Schon die Briefe Papst Gelasius' I. bezeugen die Existenz von Taufkirchen neben der Ecclesia matrix der Diöz.n. Bereits seit Mitte des 7./Anfang des 8. Jh., als die offiziellen kirchl. Dokumente die ländl. Taufkirche noch mit den traditionellen Begriffen parochia oder dioecesis bezeichnen, wird in Privaturk. Tusziens die Taufkirche selbst, das Kirchenvolk und das zugehörige Territorium allmähl. als plebs bezeichnet. Erst in den Synodalakten v. 826 begegnet der Begriff in einem offiziellen Text der röm. Kirche und wird das ganze 9. Jh. hindurch in den Papsturkk. stets von Paraphrasierungen begleitet, die seinen populären Charakter zu betonen scheinen (Plebes id est baptismales ecclesiae; baptismales ecclesiae, quae plebes appellant, Briefe Nikolaus' I.). Das immer dichter werdende Netz von Taufkirchen (nicht zuletzt infolge monast., v. a. von Bobbio ausgehender Missionstätigkeit) führte zu einer Bindung der Gläubigen an eine bestimmte Pieve und damit zu einer allmähl. Festlegung ihres Territoriums. Seit karol. Zeit scheint sich durch die Bemühungen der röm. Kirche und der Bf.e in der Longobardia die ländl. Kirchenorganisation gefestigt zu haben. Die Pieve nahm der Bf.skirche vergleichbare Funktionen an und wurde nun ebenfalls als ecclesia mater/ matrix bezeichnet. Durch die karol. Gesetzgebung erhielten die Pieven das Recht, Zehnten einzuziehen.

Im langob. Teil Süditaliens finden sich Ansätze einer auf dem Taufkirchensystem basierenden Kirchenorganisation, die vielleicht mit den Strukturen der anderen langob. Gebiete wie dem Hzm. Spoleto in Verbindung zu setzen sind. Für die ländl. Gebiete des späteren byz. Herrschaftsgebiets gibt es – abgesehen von spärl. Hinweisen in den

Briefen Gregors d. Gr. – keine hinreichenden Belege für subdiözesane Strukturen.

Auch die kirchl. Einrichtungen in den fundi des Patrimoniums der röm. Kirche selbst bleiben im dunkeln. Das augenscheinl. Fehlen kleinerer subdiözesaner kirchl. Verwaltungsbezirke in den Konstantinopel unterstehenden Gebieten I.s ist offenbar durch die – in lokalen hagiograph. Q. belegte – pastorale Tätigkeit des italo-gr. Mönchtums im 10.–11. Jh. erklärbar, die ihre eigenen Organisationsformen ausbildete. A. Orselli

II. VOM JAHR 1000–1500: [1] *Der Kampf um die Kirchenreform:* Die im 11. Jh. in der Kirche I.s wirksam werdenden moral. und spirituellen Reformbestrebungen verbanden sich allmähl. mit der Tendenz, sich von der Hegemonie des Ks.s zu befreien. Zwar hatten die Ottonen und Salier zweifellos die Kirchenreform gefördert, doch hatte die enge Bindung zw. Reich und Kirche zu einer von der Kirche nun als belastend empfundenen Abhängigkeit geführt. Bezeichnenderweise begegnet im Regnum Italiae, v. a. in der Mark Verona und der Mark Aquileia oder in geopolit. wichtigen Bm.ern wie Aquileia und Ravenna im 10./11. Jh. eine stattl. Reihe von Bf.en dt. Herkunft, vornehml. aus Bayern. In den anderen Städten kamen die Bf.e gewöhnl. aus it. Familien des städt. feudalen Capitaneats, im Laufe des 12. Jh. – z. B. in Mailand – auch aus der Valvassorenschicht. Die Kirche des Regnum Italicum war daher in zweifacher Weise strukturiert: Zum einen waren viele fremde oder einheim. Bf.e Träger der Reichspolitik, ohne jedoch zu kgl. Befehlsempfängern und Funktionären zu werden, da sie sich stets ihrer Eingebundenheit in die kirchl. Hierarchie und der Sonderstellung des Priesteramts bewußt blieben; zum anderen wuchsen die Temporalia vieler Bm.er derart an, daß die Bf.e zu ihrer geistl. Jurisdiktion auch die weltl., in das Lehnssystem eingegliederte »districtio« übernahmen. Der Kampf um die Kirchenreform zielte in erster Linie nicht auf eine Auflösung dieser Verbindung beider Gewalten, sondern auf die Befreiung der Kirche von der Einflußnahme der Herrscher auf die Bf.swahl und die damit verbundene Unterwerfung unter den Willen eines Laien. In der Folge führte die Reformbewegung auch andere Bereiche, in denen sich weltl. und geistl. Sphäre verbanden, in eine Krise durch die These, daß infolge des sakramentalen Charakters der Kirchenämter der Bf. seinen Vasallen keine Ämter oder Kirchenbesitz übertragen könne, da sie nur Exponenten der kirchl. Hierarchie zuständen. Signifikant ist der Zusammenstoß der Mailänder →Pataria (v. a. seit 1057), die eine moral. Reform des Klerus anstrebte, mit den Verteidigern der alten, auf der Verflechtung von kirchl. Hierarchie und Lehnssystem basierenden Ordnung, da letztere im Wirken der Pataria eine Gefahr für die kirchl. Hierarchie sahen. Jedoch zeigte sich die Kurie in der Folge für die Reformbestrebungen der religiösen Volksbewegungen zunehmend aufgeschlossen und wies damit der Kirche I.s den künftigen Weg. Trotz des Scheiterns der Pataria drangen ihre Ziele für die religiösen Erneuerung allmähl. als Fermente in die mailänd. Kirche ein, gefördert von den nunmehr von Rom propagierten neuen Reformtendenzen. Im Laufe des 11. und in den ersten Jahrzehnten des 12. Jh. wurde in vielen Synodalbeschlüssen und päpstl. Verfügungen allein dem Bf. die cura animarum im Diözesangebiet übertragen, da nur das bfl. Offizium als frei von Lehnsbindungen galt. Wiederum beispielhaft ist die Situation in Mailand, wo 1067 die Kardinallegaten Johannes und Mainardus feierl. die ex officio ausgeübte geistl. Autorität des Bf.s über den gesamten Klerus, die Gemeinschaft der Gläubigen und v. a. die Taufkirchen (ecclesiae plebanae) bestätigten, unabhängig davon, ob die einzelnen Benefizien der Kirche oder Laien gehörten. Auf der Grundlage eines die Autonomie des geistl. Standes vom weltlichen definierenden Dekrets Gregors VII. (Fastensynode 1075), das die Investitur in geistl. Ämter durch Laien verbot, kam es zu einem jahrelangen Konflikt zw. Papsttum und Ksm. (→Investiturstreit), der erst 1122 unter Calixtus II. durch das Konkordat v. Worms beendet wurde.

Auch die Kirche in Süditalien erfuhr unter der (formell vom Papst lehnsabhängigen) Normannenherrschaft einschneidende Veränderungen und Reformen. Bereits im 9. Jh., v. a. unter Johannes VIII., hatte das Papsttum seine Aufmerksamkeit vermehrt diesem Teil I.s zugewandt, da das arab. Ausgreifen auf die langob.-byz. Gebiete auch für die Besitzungen der röm. Kirche eine schwere Bedrohung darstellte. Unter dem Reformpapst Leo IX., der entschieden die volle päpstl. Autorität in Süditalien beanspruchte, begannen die Beziehungen zu den neuen Invasoren, den Normannen, sich zu stabilisieren, so daß schließlich →Robert Guiscard 1059 in Melfi Papst Nikolaus II. einen Lehnseid leistete. Seine gegenüber Alexander II. und Gregor VII. bestätigte »fidelitas sancte Romane ecclesie« leitete eine Bündnispolitik zw. Normannen und Kurie ein, die eine Neuorganisation der südit. Kirche anstrebte. Das norm. Konsolidierungsprogramm in den langob. Landesteilen und der »Rekatholisierung« der byz. Gebiete, das auch die Gründung neuer Bm.er in den Gft.en umfaßte (zwecks polit. Kontrolle in den Verwaltungszentren), ging mit den Intentionen des Papsttums konform, das, v. a. unter Urban II., im Gegensatz zum Zentralismus der Vergangenheit, die Diöz. privilegierte. Auf diese Weise wurden nicht nur neue Bm.er geschaffen, sondern auch bestehende griech. Diöz. latinisiert. In Kampanien wurden neben Aversa – dem ersten festen Stützpunkt der Normannen in I. – Nusco, Acerno, Sarno, Acerra, Ischia, Montemarano zu Bm.ern erhoben, in Apulien Andria, Bitetto, Bitonto, Bisceglie, Castellaneta, Mottola, in den byz. Gebieten Catanzaro, Mileto, Castro, Ugento, Leuca, Melfi, Rapolla, Muro Lucano, Satriano di Lucania, Monteverde, Lacedonia, Sant'Angelo dei Lombardi, Bisaccia. Als Sitz eines Comes hatten Andria, Castellaneta, Mottola, Satriano di L. und Mileto auch polit. Bedeutung. In den Latinisierungsprozeß der Kirchen im byz. Gebiet bezogen die Normannen teilw. Bf.e griech. Herkunft mit ein und vermieden damit Akte offener Feindseligkeit. Die beiden Metropolitensitze Reggio C. und Santa Severina ergaben sich den Normannen 1059 bzw. 1089, der erste lat. Bf. v. Reggio ist jedoch erst 1082 belegt; in Santa Severina wurde der griech. Ritus bis ins 13. Jh. beibehalten. Nacheinander übernahmen die Bm.er den lat. Ritus: Cassano allo Ionio 1089, Tropea 1094, Squillace 1096, Nicastro vor 1100, Tursi bzw. Anglona um 1100, Umbriatico 1164, Cerenzia 1198, Belcastro 1205, Isola di Capo Rizzuto Mitte 13. Jh. Griech. Ritus und griech. Bf.e behielten bei: Crotone bis ins 13. Jh., Oppido Mamertina bis in die 2. Hälfte des 15. Jh., Rossano bis 1460; Gerace bis 1480; Gallipoli bis 1513, Bova bis 1573. In Sizilien erfolgte unter Roger I. eine Restrukturierung der Kirchenorganisation mit teilweiser Wiederbegründung alter, von den Sarazenen aufgehobener Diöz. wie Messina, Agrigent, Syrakus, Catania, Palermo, und Errichtung neuer Bf.ssitze in Verwaltungszentren wie Troina (nur für wenige Jahre) und Mazara del Vallo. Unter Roger II. entstanden die Bm.er Lipari-Patti und Cefalù, unter Wilhelm II. wurde seine Gründung, das Kl. →Monreale, Sitz eines Ebf.s.

Im komplexen Panorama der Kirche in I. im 11. und

12. Jh. treten die Fermente einer moral. und spirituellen Reform hervor, die einerseits religiöse Kreise, v. a. monast. Gruppierungen erfaßte, andererseits als spirituelle Laienbewegungen wirksam wurden. Der für Mittel- und Norditalien charakterist. Aufschwung des städt. Lebens führte u. a. zu neuen spirituellen Strömungen mit polit. und revolutionären Konnotationen. Es entstanden so die ersten heterodoxen Bewegungen: die Häretiker v. →Monforte in Piemont (um 1034); die →Pataria in Mailand; →Arnold v. Brescia; die →Katharer, die in I. den Konflikt zw. dem Papsttum und Friedrich Barbarossa verschärften; die →Humiliaten, die it. →Waldenser (»Pauperes Lombardi«); Ugo Speroni († nach 1198), der einen antihierarch., gegen Priestertum und Sakramente gerichteten Standpunkt vertrat; die →Passagier (Passagini). Neben den städt. Laienbewegungen sind für die Reform der Kirche in I. die Kl. und Einsiedeleien von großer Bedeutung, darunter jüngere Gründungen wie →Vallombrosa, aber auch Kl. mit jahrhundertelanger Tradition wie →Montecassino, die in geistiger und kultureller Hinsicht in jenen Jahren die Reformbestrebungen der Kurie wirksam unterstützte. Eine bes. wichtige Rolle für die moral.-spirituelle Erneuerung des kirchl. Lebens spielte →Petrus Damiani, Eremit v. →Fonte Avellana († 1072), der bes. für die vita communis des Klerus eintrat. In der Folge entstanden im Rahmen der Reformbewegungen zahlreiche, von Bf. en oder Laien gegründete Kanonikerstifte in ganz I. Im monast. Bereich entwickelten sich im 12. Jh. in I. die Verginianer (→Montevergine), der Orden v. Pulsano (→Johannes v. Matera) und die →Wilhelmiten, es verbreiteten sich die →Kartäuser und, auch im S, die →Zisterzienser. Eine bedeutende Gestalt der Spiritualität Süditaliens am Ende des 12. Jh. ist der kalabr. Mönch →Joachim v. Fiore (→Floriazenser). Zwar konnte die Kirche dank des Konkordats v. Worms und des 1. Laterankonzils (1123) äußerlich – zumindest bis zu den Italienenzügen Friedrich Barbarossas – eine Periode des Friedens mit dem Imperium genießen, in ihrem Inneren entstand jedoch ein neues Schisma, das für die Geschichte I.s sehr folgenreich war. Nach dem Tod Honorius' II. (1130) führte der Konflikt zw. den röm. Familien Pierleoni und Frangipani zur Doppelwahl Innozenz' II. und Anaklets II. Letzterer investierte Roger II. mit dem Kgr. Sizilien und autorisierte seine Kg.skrönung. Das Papsttum, das dem neuen Ks. Friedrich Barbarossa mit Mißtrauen begegnete, vertiefte kurz darauf die Beziehungen mit dem Normannenreich im Vertrag v. →Benevent (1156). Der daraufhin unvermeidl. Konflikt mit dem Ksm. spitzte sich unter Alexander III. zu und leitete eine Periode heftiger Kämpfe ein, die sich hauptsächl. in der Lombardei abspielten. (→Abschnitt A.II). Neue Spannungen traten nach dem Tod Kg. Wilhelms II. v. Sizilien auf (1189), da Clemens III., um Ansprüchen der Stauferks. auf jenes päpstl. Lehen zu begegnen, das Kgtm. →Tankred v. Lecce unterstützte und damit die Intervention Heinrichs VI. hervorrief.

[2] *Von Innozenz III. zu Bonifatius VIII.*: Als Lothar, Gf. v. Segni, unter dem Namen Innozenz III. 1198 zum Papst gewählt wurde, hatte I. folgende Diözesanstruktur: *Rom*: Die *suburbikar. Bm. er* Albano Laziale, Ostia-Velletri, Palestrina, Porto, Sabina, Tuscolo (Frascati); die *Provincia Romana* mit Alatri, Amelia, Anagni, Ancona, Arezzo, Ascoli Piceno, Assisi, Bagnoregio, Cagli, Camerino, Castro, Chieti, Chiusi, Città di Castello, Civita Castellana, Fano, Ferentino, Fermo, Fiesole, Florenz, Foligno, Fondi, Fossombrone, Gaeta, Gallese, Grosseto, Gubbio, Iesi, Lucca, Luni, Marsi, Narni, Nepi, Nocera Umbra, Numana, Orte, Orvieto, Osimo, Penne, Perugia, Pesaro, Pistoia, Rieti, Rimini, S. Leo (Montefeltro), Segni, Senigallia, Siena, Sora, Sovana, Spoleto, Sutri, Teramo, Terni, Terracina, Tivoli, Todi, Urbino, Valva-Sulmona, Veroli, Viterbo-Tuscania, Volterra; die *exemten Bm. er* Bisignano, Ferrara, Melfi, Mileto, Monopoli, Pavia, Piacenza, Rapolla, Ravello, San Marco Argentano, Troia; die *Provinzen* Acerenza, Amalfi, Aquileia, Bari, Benevent, Brindisi, Cagliari, Capua, Conza, Cosenza, Genua, Grado, Mailand, Messina, Monreale, Neapel, Oristano, Otranto, Palermo, Pisa, Ravenna, Reggio C., Rossano, Salerno, Santa Severina, Siponto, Sorrent, Tarent, Torres-Sassari, Trani (jeweils mit z. T. zahlreichen Suffraganbm.ern). Im 13. Jh. wurden folgende Diöz. errichtet: L'Aquila (1257), Noli (1239), Recanati (1239). Ende des 13. Jh. wurde Cesena formell der päpstl. Herrschaft unterstellt.

Die Kirche I.s, die im 13. Jh. ein zunehmend stärkeres Bewußtsein der Einheit entwickelte, umfaßte im N größere und kompakter strukturierte Diöz. als im S. Auch Herkunft und Bildung der Bf.e waren unterschiedlich. In Mittel- und Norditalien gewannen im Zuge der Entwicklung der Kommunen im 12. Jh. Laien die Kontrolle über die städt. Kirchen durch Beteiligung an der Verwaltung des bfl. Vermögens, wobei allmähl. die höchsten kommunalen Magistrate diese Kontrolle übernahmen, die der gleichen städt. Aristokratie entstammten wie die Mitglieder der Domkapitels, denen die Wahl des Bf.s oblag. Im Lauf des 13. Jh. nahm einerseits die Intervention der Kurie bei der Bf.swahl feste Formen an, andererseits vervielfachten sich die Konflikte zw. Bf. und Stadtkommune, die bei ihrem Ausgreifen auf den Contado häufig bfl. Pertinenzen in Besitz zu bringen trachtete. Im S bietet sich im 12. und 13. Jh. ein anderes Bild: Trotz des Vertrags v. S. Germano (1230) zw. Gregor IX. und Friedrich II., der vorsah, daß der Ks. auf das Zustimmungsrecht zur Wahl der Bf.e des Regnum und der reichsunmittelbaren Gebiete verzichtete, unterstand die Kirche einer starken Kontrolle durch die weltl. Macht, was schließlich einen neuerl. Bruch mit dem Papsttum herbeiführen sollte. Was die Herkunft der Bf.e betrifft, so gingen diese in Kampanien und in den Abruzzen häufig aus lokalen, pränorm. Schichten hervor, in Apulien, Kalabrien und Sizilien rekrutierten sie sich gewöhnl. aus anderen Provinzen oder aus dem Mönchtum. Dies läßt sich wahrscheinl. durch die Krise der alten Führungsschicht dieser Gebiete erklären, aber auch durch das während der Stauferherrschaft offenbar mangelnde Interesse des lat. Lehnsadels an Bm.ern, deren Einkünfte weniger lukrativ erschienen als diejenigen der oberit. Bm.er. Innerhalb der Diöz. bildete sich, v. a. in Mittel- und Oberitalien, auf Kosten der Pieve (Taufkirche) eine Pfarrorganisation, wobei die Pfarren aus Kapellen hervorgingen, die eine gewisse Selbständigkeit gewonnen hatten. Im S ließ hingegen das dichte Netz kleiner Bm.er wenig Raum für kleinere kirchl. Verwaltungsbezirke, obwohl in einigen Gebieten das Taufkirchensystem festzustellen ist. Zudem wurde die Cura animarum auf dem flachen Land in bedeutendem Umfang von Montecassino und Cava wahrgenommen, die mit ihren Dependenzen das Gebiet von Molise bis Kalabrien versorgten.

Innerhalb der beschriebenen Diözesanstruktur der Kirche I.s stellt die Entwicklung der →Bettelorden Ende des 12./Anfang des 13. Jh. ein neuartiges Element dar (→Franziskaner, →Dominikaner). Im Laufe des 13. Jh. verbreiteten sich auch andere Bettelorden wie die →Karmeliter, die →Augustinereremiten, die →Serviten, die →Sackbrüder (Bußbrüder Christi). Im Klima der gesellschaftl. und polit. Veränderungen des kommunalen Lebens entstanden zahlreiche Laienbewegungen (→Halleluja-Bewegung) sowie antihäret. Laienbruderschaften. In der 2. Hälfte des 13. Jh. breitete sich die →Flagellantenbewegung mit Bußprozessionen eschatolog. Charakters aus. Selbst der Dritte Orden der Franziskaner (Tertiarier), welcher die Fratres et Sorores Paenitentiae umfaßte, entstand in diesem Klima; er sollte erst ab der Jahrhundertmitte mit dem Minoritenorden verbunden werden. Gegenüber den neuen Bettelorden und der städt. Spiritualität wandte sich das benediktin. Mönchtum erneut seinen traditionellen Werten zu (Weltabkehr, Kontemplation, Buße): Es entstanden die Kongregationen der →Silvestriner und der Coelestiner.

[3] *Vom Avignonesischen Papsttum bis zum Abendländischen Schisma:* I. verlor im 14. Jh. infolge des Aufenthalts der Päpste in Avignon seine Mittelpunktstellung im kath. Leben. Als Begleitumstände der Krise von Papsttum (→Abendländisches Schisma) und Ksm. verschärften sich innerhalb der Städte die Spannungen zw. →Guelfen und →Ghibellinen und mündeten in neue Gruppierungen, gegen die und mit deren Hilfe sich als neue Form des Stadtregiments die Signorien durchsetzten. An diesen Spannungen war auch der Episkopat beteiligt, der seine frühere polit. Machtstellung im städt. Leben weitgehend verloren hatte und vielfach als Instrument der Politik benutzt wurde. Die häufigen Mißstände bei den von den Domkapiteln durchgeführten Bf.swahlen, die gewöhnl. unter dem Einfluß der mächtigen Familien standen, veranlaßten die Kurie bisweilen zur Intervention durch Einziehung der Benefizien (z. B. 1322 unter Johannes XXII. im Patriarchat Aquileia und in den Kirchenprov. Mailand, Ravenna, Genua und Pisa). Mit der Residenz der Päpste in Avignon in Zusammenhang steht das Phänomen, daß zahlreiche frz. Bf.e it. Sitze innehatten, so in Neapel unter den Anjou. Das Schisma nach der Wahl Urbans VI. (1378) führte zur Bildung einer röm. und einer avignones. Obödienz, was auch die Spaltung des it. Episkopats zur Folge hatte, weil v. a. in den Grenzgebieten (Friaul, Ligurien, Piemont) gleichzeitig »katholische« und »schismatische« Bf.e eingesetzt wurden. Auch während dieser Krisenzeit mangelte es nicht an Bf.en, die sich um Reformen bemühten, wie etwa Rainuccio Allegretti v. Volterra, der sel. Giacomo Benfatti v. Mantua, der hl. Andrea Corsini v. Fiesole, oder sich auf kulturellem Gebiet auszeichneten, wie z. B. Ildebrandino Conti v. Padua, ein Freund →Petrarcas.

Im 14. Jh. wurden folgende neue Diöz. errichtet: Bertinoro (1360), Cortona (1325), Macerata (1320), Mondovi (1388), Montefiascone (1369). Ebenfalls bfl. Würde erhielten die Abteien Cava (1394–Ende des 15. Jh.) und Montecassino (1322–1367). Als neue Kongregationen und Orden traten in Erscheinung die →Olivetaner, die Ambrosianerbrüder, die →Hieronymiten und die →Jesuaten. Die Gesch. der Spiritualität I.s im Trecento wird außer von den großen Dichtern →Dante und Petrarca von der →Katharina v. Siena geprägt, deren Briefe u. a. ein wichtiges Zeugnis für die Situation des Klerus und der Kirche I.s in dieser Zeit darstellen.

[4] *Das 15. Jahrhundert: Krisen und Reformen:* Mit der Wahl Martins V. auf dem Konzil v. →Konstanz (1417) ging das vierzigjährige Schisma der lat. Kirche zu Ende. Der neue Papst sah sich vor die schwierige Aufgabe gestellt, den trotz der erfolgreichen Bemühungen von Kard. →Albornoz während des Aufenthalts der Päpste in Avignon in die Krise geratenen Kirchenstaat zu konsolidieren. In diesen Jahren entstanden die Bm.er Casale Monferrato (1474), Montepeloso (1460), Nardò (1413), Pienza und Montalcino (1463). Zu Metropolitansitzen wurden Florenz (1420), Siena (1459) und Venedig (1451) erhoben; mehrere Bm.er wurden zusammengelegt. Die enge Verbindung von Politik und Religion, die das Gesellschaftssystem der kleinen it. Staaten prägte, brachte eine relative Unfreiheit der Kirche mit sich. Die Wahl der Bf.e oblag theoret. dem Papst, in der Praxis wurde sie jedoch durch die mächtigen lokalen Familien beeinflußt, wie Visconti in Mailand, Este in Ferrara, Gonzaga in Mantua. Andererseits führte die einem weltl. Herrscher entsprechende Stellung des Papstes im Kirchenstaat zu einem so dichten Netz diplomat. Beziehungen mit den it. Staaten, daß sich die Benefizien in Instrumente der Politik und Diplomatie verwandelten. So erkannte etwa ein Indult Nikolaus' V. 1450 dem Hzg. v. Mailand, F. Sforza, ein »Vorschlagsrecht« für die päpstl. Benefizien zu. Einige Konstanten in der Situation der Bm.er spiegeln die Krise des Episkopats wider: das enge, beinahe als feudal zu bezeichnende Verhältnis zw. einigen Familien und Diöz. (Piccolomini in →Pienza, Del Carretto in →Alba), häufiger Diöz.ntausch, Genuß der Einkünfte einer Pfründe ohne Residenzpflicht, Regreßrecht (Wiederannahme einer zurückgegebenen Pfründe), Reservat von Pensionen. In den reichen Bm.ern Mittel- und Oberitaliens wurden verschiedentl. die Einkünfte der Diöz. von den Fs.enfamilien eingezogen, im S, wo die Bm.er im allg. weniger abwarfen, wurden sie von Ordensmännern oder von Vertrauensleuten der röm. Kurie besetzt, die auch im N häufig als »vicarii in spiritualibus« die anderswo residierenden Bf.e vertraten. Trotzdem finden sich auch beispielhafte Bf.e, die ihr Hirtenamt ernstnahmen und von Reformgeist beseelt waren, wie →Antoninus v. Florenz, Lorenzo →Giustiniani, Matteo Contarini und Andrea Bondumier v. Venedig, Ludovico →Barbo v. Treviso, Pietro Barozzi v. Padua, Nicolò Albergati v. Bologna, Giovanni Tavelli da Tossignano v. Ferrara. Mehrere Synoden und Pastoralvisitationen v. a. im N lassen die Schwierigkeit erkennen, gute Seelsorger zu finden. Es entstanden in diesem Jh. jedoch auch Akolythenschulen und Kollegien wie etwa in Florenz, Treviso, Rom und Catania.

Im Bereich der Orden entwickeln sich seit dem Ende des 14. Jh. und im ganzen 15. Jh. Observanzbewegungen, Ausdruck einer »Reform von der Basis« und des Bedürfnisses nach Rückkehr zu den Ursprüngen. Für den OSB bes. bedeutsam wurde die Kongregation v. S. Giustina (später Cassines. Kongregation) »de Unitate«, während die Kongregation von La Cervara in Ligurien und die siz. Kongregation nur regionalen Charakter trugen. Bei den Kamaldulensern muß die Kongregation von S. Michele di Murano genannt werden, gegr. durch Intervention des ven. Stadtregiments, beim OCist die auf Initiative des Ludovico il Moro entstandene Kongregation des Hl. Bernhard. Die Ansätze zu neuer Blüte der Regularkanoniker in I. gehen auf die Kongregation von S. Giorgio in Alga, Venedig, zurück, von der die Bewegung von Fregionaia und die Kongregation des Lateranens. Chorherren beeinflußt sind. In der Lombardei entstand die Franziskanerkongregation der Amadeiten. Bei den Augustinereremiten entstanden 8 Kongregationen der strengen Observanz, darunter die Lombard. Kongregation. Die wichtigsten OP-Observantenkongregationen sind die Lombardische und die später mit der Toskan.-Röm. vereinigte Kongregation von S. Marco. Bei den Karmelitern fand die Reformbewegung in der Mantuan. Kongregation ihren Ausdruck. Zentren der Reform waren bei den Serviten 1430–40 die Konvente in Brescia, Vicenza und Cremona. Ein charakterist. Phänomen der Kirche I.s im 15. Jh. ist die Entwicklung eines dichten Netzes von Hospitälern und

Bruderschaften. Ausdruck karitativen Wirkens sind auch die vom OFM zum Nutzen der Armen geförderten →Montes pietatis. Neue Ansätze zu einer kirchl. Erneuerung gaben große Persönlichkeiten wie der hl. →Bernardinus v. Siena, G. →Savonarola, die hl. →Katharina v. Genua und die hl. →Franziska v. Rom.   M.-A. Dell'Omo

D. Juden in Italien

Die Niederlassung von Juden (J.) in I., die bereits im 2. Jh. v. Chr. einsetzte, weist folgende Charakteristika auf: absolute Kontinuität bis in die Jetztzeit; nur geringe demograph. Stärke (rund 60000 J. im 1. Jh. der röm. Kaiserzeit, etwa 100000 am Ende des MA, nie mehr als 1% der Gesamtbevölkerung); bedeutende S-N-Migration (oder ein »Wiederauftauchen«) der jüd. Bevölkerung innerhalb I.s an der Wende des MA zur NZ. Vom letzten Jh. des röm. Ksr.es bis zum Ende des 13. Jh. konzentrierte sich der Hauptteil der it. J. in Rom, Süditalien, Sizilien und – in geringerem Maße – in Sardinien. Obwohl im gleichen Zeitraum in Mittel- und Norditalien die Tätigkeit jüd. Kaufleute an wichtigen Handelsplätzen wie Pavia, Venedig und Treviso belegt ist, ist eine mehr oder weniger stabile Präsenz von J. quellenmäßig nur in geringer Zahl dokumentiert, die jedoch andererseits für die wirtschaftl. und kulturellen Verbindungen zw. Mittelmeerraum und Mittel- und Westeuropa von größter Bedeutung war: Zu nennen sind hier Aquileia, Verona, Ravenna, Ferrara, Luni, Pisa und v. a. Lucca, von wo der Überlieferung nach in karol. Zeit J. nach Deutschland, bes. in das Rheinland auswanderten.

In den von Byzanz und den Langobarden kontrollierten Gebieten Mittel- und Süditaliens bietet sich im Hinblick auf Anzahl und Siedlungsdichte der jüd. Bevölkerung, ihre Aktivität als Kaufleute und Unternehmer im Mittelmeerraum sowie Zeugnisse der Kultur- und Geistesgesch. (Lit., Frömmigkeitsgesch., Medizin und Naturwiss.) ein völlig anderes, reicheres Bild: Neben Rom hatten u. a. Gaeta, Terracina, Neapel, Amalfi, Capua, Benevent, Salerno, Oria, Bari, Brindisi, Otranto, Tarent, Matera, Venosa, Reggio C., Palermo, Trapani, Syrakus und Catania eine starke jüd. Präsenz.

Die wachsende polit. Unabhängigkeit des Roms der Päpste – die seit Gregor d. Gr. den J. gegenüber in gewissem Umfang eine tolerante Haltung einnahmen – hatte auf die Situation der J. nur geringen negativen Einfluß. In Sizilien verbesserte sie sich unter der arab. Herrschaft. Mit dem Beginn der Normannenherrschaft – die etwa zeitl. zusammenfällt mit der allgemein gesamteurop. wachsenden →J.feindschaft (→Kreuzzüge) – begann der Niedergang der J.heit in Süditalien, der später durch Friedrich II. weder aufgehalten noch bes. vorangetrieben wurde. Unter der Herrschaft der Anjou, im 13. und 14. Jh., wurde die Lage der starkem Bekehrungsdruck ausgesetzten J. äußerst schwierig. Besser waren die Bedingungen in Sizilien und Sardinien unter der aragones. Herrschaft (wobei die J.viertel von Cagliari, Sassari und Alghero zumeist von Einwanderern aus der Iber. Halbinsel bevölkert wurden). Als die Aragón im 15. Jh. ihre Herrschaft auch auf das Kgr. Neapel ausdehnten, schien dies für die J. in Unteritalien und auf den Inseln gute Zukunftsaussichten zu bedeuten (so entstand z. B. der erste hebr. Buchdruck in I. 1475 in Reggio C.). Die Vereinigung der Kronen von Aragón und Kastilien und die Anwendung der J.vertreibungsedikte Ferdinands des Kath. und seiner Nachfolger auf I. (1492 Sizilien und Sardinien, 1541 Kgr. Neapel) bedeuteten jedoch das Ende des südit. J.tums. Rom hingegen blieb auch im SpätMA und in der frühen NZ das numer. bedeutendste und einflußreichste Zentrum der it. J.heit. Der Niedergang des südit. J.tums wurde seit der 2. Hälfte des 13. Jh. durch die allmähl. Ausbreitung in Mittel- und Norditalien kompensiert.

In den letzten Jahrzehnten des 13. Jh. begann sich in diesem Teil I.s der Typus der jüd. Ansiedlung in kleinen Gruppen herauszubilden, der bis an die Schwelle der Jetztzeit kennzeichnend sein sollte. V. a. aus Rom, z. T. aus Süditalien, und seit der Mitte des 14. Jh. auch aus Deutschland und Frankreich kommend, ließen sich Grüppchen von J. (bisweilen nur eine einzige Familie) in Hunderten von Städten und größeren Ortschaften Mittel- und Norditaliens nieder. Sie waren von den Kommunen und Signorien als Pfandleiher und Wucherer herbeigerufen worden, da sich die Christen (zumeist Toskaner, insbes. Florentiner) infolge des kirchl. Verbots vom Wuchergeschäft zurückzogen. In von Ort zu Ort verschiedenen Verträgen (»capitoli«, »condotte« etc.) erhielten die J. für ihre Dienste und die Einkünfte, die sie garantierten (Abwicklung von Darlehnsgeschäften, Kassendarlehen für die jeweiligen Finanzkammern, Zahlung von Steuern und außerordentl. Abgaben, eine Reihe von Privilegien und Immunitäten (Recht auf Synagogen, eigene Friedhöfe, auf Abhaltung religiöser Feste, Erlaubnis, kein Judenzeichen tragen zu müssen; Monopol der Geldleihe etc.). Ein typ. Merkmal dieser Ansiedlungen jüd. Geldleiher war zw. dem 13. und der ersten Hälfte des 16. Jh. das sog. »Judenhaus«, in dem die Familien des Geldleihers und seiner Angestellten lebten und wo sich nicht nur die Bank, sondern auch die Synagoge und andere Kulträume befanden. Der jeweiligen Haltung der Städte gegenüber den J. und anderen äußeren Umständen entsprechend, erweiterte sich mit der Zeit das Spektrum ihrer wirtschaftl. Aktivitäten (vorwiegend Kleinhandel, aber auch Handwerk, vereinzelt Landwirtschaft) und auch der Formen der Niederlassung, bei ursprgl. im wesentl. freier Wahl des Wohnsitzes. Die ersten Gebiete mit vergleichsweise dichter Präsenz von J. unterstanden direkt oder indirekt dem Kirchenstaat (Latium, Umbrien, Marken). Bald kamen Toskana und Romagna und im Lauf des 14. Jh. Emilia, Venetien, Istrien und Dalmatien hinzu. Seit dem 15. Jh. finden sich jüd. Banken auch in Piemont, in der Lombardei und in Ligurien.

Zw. der 2. Hälfte des 14. und der 2. Hälfte des 15. Jh. erlebte die it. J.heit dank der Verbreitung des Bankwesens eine der besten Perioden ihrer Geschichte. Bes. gefördert wurde sie durch die vergleichsweise tolerante Haltung des Papsttums und durch Schutzbriefe weltl. Mächte, wodurch zumeist Eingriffe und Verfolgungen seitens kirchl. Autoritäten verhindert wurden.

Mit wenigen Ausnahmen, darunter Rom, waren wahrscheinl. die jüd. Gruppen in den Städten Mittel- und Norditaliens in den letzten beiden Jh. des MA nicht in eigtl. Gemeinden organisiert. Innerhalb der einzelnen Staatsgebilde gab es keine stabile Verbindung unter den jüd. Niederlassungen: nur in Fällen, in denen Kollektivsteuern oder Bußgelder alle J. betrafen, wurde ein gemeinsames Vorgehen notwendig. Obwohl die J. Mittel- und Norditaliens untereinander auf familiärer Basis und in wirtschaftl. Hinsicht eng verbunden waren und ein Bewußtsein ihrer »it.« Identität besaßen (bezeugt durch die Entstehung spezif. Synagogenriten und judäo-it. Dialekte), existierten keine jüd. Organisationen auf zwischenstaatl. Ebene. Die wirtschaftl. und gesellschaftl. Vorrangstellung der »Bankiers« und der Einschluß fast der gesamten jüd. Bevölkerung in die »Condotta«-Verträge der Geldleiher führte dazu, daß die »Bankiers« fast automat. zu Vetretern der jüd. Gemeinden und Gruppen wurden: Ihre polit. rechtl. Rolle war anscheinend jedoch weder innerhalb der J.schaft noch in den Beziehungen nach außen genau definiert, trug aber gerade durch ihre Unbestimmtheit und Flexibilität dazu bei, allzu deutl. Frontstellungen zw. J. und Christen zu vermeiden. Diese Phase relativer Ruhe und »Öffnung« förderte den Fortschritt der jüd. Kultur (z. B. Buchmalerei) und den Dialog zw. Juden und Christen (etwa →Pico della Mirandola).

Im Gefolge der Anti-Wucher-Kampagnen der Franziskanerobservanten (→Montes pietatis) und Episoden von J.feindschaft (am bekanntesten der angebl. 'Ritualmord' an dem Knaben Simon v. Trient 1475), die durch polem. kath. Schrifttum angeheizt entstanden, entstanden jedoch annähernd zur gleichen Zeit in Mittel- und Norditalien die Voraussetzungen für die schweren Beschränkungen (Getto u. a.), die den it. Juden im 16. Jh., v. a. im Zuge der Gegenreformation, auferlegt wurden. M. Luzzati

Lit.: [Zu A. I]: HARTMANN, Gesch. I.s, I–IV – G. ROMANO–A. SOLMI, Le dominazioni barbariche in I., 1940 – O. BERTOLINI, Roma di fronte a Bisanzio e ai Longobardi, 1941 – W. ENSSLIN, Theoderich d. Gr., 1947 – E. SESTAN, Stato e nazione nell'alto medioevo, 1952 – C. G. MOR, L'età feudale, 1952–53 – E. STEIN–R. PALANQUE, Hist. du Bas-Empire, I, 1959 – G. P. BOGNETTI, L'età longobarda, 1966–68 – V. v. FALKENHAUSEN, Unters. über die byz. Herrschaft in Süditalien, 1967 – A. GUILLOU, Régionalisme et indépendance dans l'empire byz. au VIIe s. L'exemple de l'Exarchat et de la Pentapole d'Italie, 1969 – G. ROSSETTI, Formazione e caratteri della signoria di castello e dei poteri territoriali dei vescovi sulle città nella Langobardia di res. X, Aevum, 1975 – Storia d'Italia, hg. G. GALASSO, I–III, 1978–83 – G. TABACCO, Egemonie sociali e strutture del potere nel medioevo italiano, 1979 – H. KELLER, Adelsherrschaft und städt. Gesellschaft in Oberitalien: 9.–12. Jh., 1979 – S. MAZZARINO, L'Impero romano, III, 1980 – G. ARNALDI, Le origini dello Stato della Chiesa, 1987 – Bisanzio, Roma e l'Italia nell'alto medioevo, Sett. cent. it., 1988.

[Zu A. II]: Neuere Lit.berichte: A. HAVERKAMP–H. ENZENSBERGER, HZ, Sonderh. 7, 1980 – allg. Lit. mit reichen bibliogr. Angaben: Storia d'Italia [Mondadori], II: L. SALVATORELLI, L'Italia comunale. Dal sec. XI alla metà del sec. XIV, 1949; IV: N. VALERI, L'Italia nell'età dei principati dal 1343 al 1516, 1969[2] – Storia d'Italia, hg. N. VALERI, I, 1967 – Storia d'Italia, hg. R. ROMANO–C. VIVANTI, I, 1972; II, 1974; V, 1973 – Annali I, 1978; IV, 1981; VI, 1983; VIII, 1985; IX, 1986 – Storia della società italiana, V, 1984; VI, 1986; VII, 1982 – Storia d'Italia, hg. G. GALASSO, III, 1983; IV, 1981; V, 1986; VII, 1987; X, 1984; XVI, 1989 – M. B. BECKER, Medieval Italy, 1981 – K. BOSL, Gesellschaftsgesch. I.s im MA, 1982 – R. SCHUMANN, Gesch. I.s, 1988 – W. GOEZ, Grundzüge der Gesch. I.s in MA und Renaissance, 1988[3] – P. TOUBERT, Hist. du haut moyen âge et de l'Italie médiévale, 1987 – HEG I, 1976, 665–730 [K. REINDEL], 784–804 [H. ENZENSBERGER]; II, 1987, 546–681 [A. HAVERKAMP]; III, 1971, 851–871 [H. LUTZ] – übergreifende Lit.: FICKER, Italien – Forme di potere e struttura sociale in Italia nel Medioevo, 1977 – J. K. HYDE, Society and Politics in Medieval Italy, 1973 – D. HERLIHY, Cities and Societies in Medieval Italy, 1980 – O. CAPITANI, Storia dell'Italia medievale 410–1216, 1986 – Spazio, società, potere nell'Italia dei Comuni, 1986 – G. GALASSO, Mezzogiorno medievale e moderno, 1965 – P. F. PALUMBO, Medioevo meridionale, 1978 – H. BRESC, Un monde méditerranéen. Economie et société en Sicile (1300–1450), 2 Bde, 1986 – M. LUZZATI, Firenze e l'area toscana nel medioevo, 1988 (Sonderdr. aus Storia d'Italia, hg. G. GALASSO) – zu [1-3]: E. CASPAR, Roger II. (1101–1154) und die Gründung der norm.-sicil. Monarchie, 1904 – F. CHALANDON, Hist. de la domination normande en Italie et en Sicile, 2 Bde, 1907 – A. HAVERKAMP, Herrschaftsformen der Frühstaufer in Reichsitalien, 2 Tle, 1970–71 – Atti delle prime-quinte giornate federiciane, I–V, 1971–83 – J. DÉER, Papsttum und Normannen, 1972 – P. PARTNER, The Lands of St. Peter, 1972 – N. KAMP, Kirche und Monarchie im stauf. Kgr. Sizilien, I, 4 Tle, 1973–82 – Roberto il Guiscardo e il suo tempo, 1973 – P. TOUBERT, Les structures du Latium médiéval, 2 Bde., 1973 – Ruggero il Gran Conte e l'inizio dello Stato normanno, 1975 – V. v. FALKENHAUSEN, La dominazione biz. nell'Italia meridionale dal IX al XI sec., 1978 – Società, potere e popolo nell'età di Rugero II, 1979 – Potere, società e popolo nell'età dei due Guglielmi, 1981 – S. SERGI, Potere e territorio lungo la strada di Francia, 1981 – C. VIOLANTE, La società milanese nell'età precomunale, 1981[3] – A. HA-VERKAMP, Die Städte im Herrschafts- und Sozialgefüge Reichsitaliens (Stadt und Herrschaft. Röm. Ks.zeit und Hohes MA, 1982), 149–245 – F. GIUNTA, Medioevo normanno, 1982 – I ceti dirigenti dell'età comunale nei secoli XII e XIII, 1982 – Potere, società e popolo tra età normanna ed età sveva, 1983 – P. DELOGU, I Normanni in Italia, 1984 – A. A. SETTIA, Castelli e villaggi nell'Italia padana. Popolamento, potere e sicurezza fra IX e XII s., 1984 – G. M. MONTI, Lo stato normanno svevo. Lineamenti e ricerche, 1985 – Potere, società e popolo nell'età sveva, 1985 – J. KOENIG, Il »popolo« dell'Italia del Nord nel XIII s., 1986 – R. BORDONE, La società cittadina del regno d'Italia, 1987 – Kommunale Bündnisse Oberitaliens und Oberdt.s im Vergleich, 1987 – L'evoluzione delle città italiane nell'XI s., 1988 – D. ABULAFIA, Frederick II. A medieval emperor, 1988 – Politica e cultura nell'Italia di Federico II, 1986 – zu [4-6]: C. CIPOLLA, Storia delle signorie italiane dal 1313 al 1530, 1881 – L. SIMEONI, Le signorie, 2 Bde, 1883–84 – E. SALZER, Über die Anfänge der Signorie in Oberitalien, 1900 – R. CAGGESE, Roberto d'Angiò e i suoi tempi, 2 Bde, 1922–30 – E. G. LÉONARD, Les Angevins de Naples, 1954 – F. COGNASSO, L'Italia nel Rinascimento, 2 Bde, 1965 – M. B. BECKER, Florence in Transition, 2 Bde, 1967–68 – A. ESCH, Bonifaz IX. und der Kirchenstaat, 1969 – La crisi degli ordinamenti comunali e le origini dello stato del Rinascimento italiano, 1972 – P. HERDE, Karl I. v. Anjou, 1979 – G. CHITTOLINI, La formazione dello stato regionale e le istituzioni del contado (sec. XIV e XV), 1979 – J. LARNER, Italy in the Age of Dante and Petrarca 1216–1380, 1980 – Gli Sforza a Milano e in Lombardia e i loro rapporti con gli stati italiani ed europei (1450–1535), 1982 – Genova, Pisa e Mediterraneo tra Due e Trecento, 1984 – J.-C. MAIRE VIGUEUR, Comuni e signorie in Umbria, Marche e Lazio, 1987 – Gli Scaligeri 1277–1387, 1988 – Istituzioni, società e potere nella Marca Trevigiana e Veronese (sec. XIII–XIV), 1988 – S. TRAMONTANA, Gli anni del Vespro, 1989 – P. BLASTENBREI, Die Sforza und ihr Heer, 1989.

[Zu B. I]: L. M. HARTMANN, Analekten zur Wirtschaftsgesch. I.s im frühen MA, 1904 – A. LIZIER, L'economia rurale dell'età prenormanna nell'Italia meridionale, 1907 – G. LUZZATTO, I servi nelle grandi proprietà ecclesiastiche it. dei sec. IX e X, 1910 – C. VIOLANTE, La società milanese nell'età precomunale, 1953 – L. RUGGINI, Economia e società nell'Italia annonaria, 1961 – G. BARNI–G. FASOLI, L'Italia nell'Alto Medioevo, 1971 – A. BELLETTINI, La popolazione it. dall'inizio dell'era volgare ai giorni nostri (Storia d'Italia, V/1, 1973), 487–530 – P. TOUBERT, Les structures du Latium médiéval, 1973 – V. FUMAGALLI, Terra e società nell'Italia padana. I sec. IX e X, 1976 – G. P. BOGNETTI, Studi sulle origini del comune rurale, 1978 – M. MONTANARI, L'alimentazione contadina nell'alto Medioevo, 1979 – P. TOUBERT, Hist. du Haut MA et de l'Italie médiévale, 1987 – CH. WICKHAM, The Mountains and the City: the Tuscan Appennines in the Early MA, 1988.

[Zu B. II]: Storia dell'economia italiana. Saggi di storia economica, hg. C. M. CIPOLLA, I, 1959 – F. MELIS, Aspetti della vita economica medievale. Studi nell'Arch. Datini di Prato, 1962 – G. LUZZATTO, Storia economica d'Italia. Il Medioevo, 1963[2] – E. SERENI, Storia del paesaggio agrario italiano, 1974[2] – PH. JONES, La storia economica. Dalla caduta dell'impero romano al sec. XIV (Storia d'Italia Einaudi, II, 2, 1974), 1467–1810 – R. ROMANO, La storia economica. Dal sec. XIV al Settecento (ebda.), 1811–1931 – PH. JONES, Economia e società nell'Italia medievale, 1980 – A. SAPORI, Studi di storia economica, 2 Bde, 1982.

[Zu C. I (Auswahllit.)]: F. LANZONI, Le Diocesi di Italia dalle origini al principio del sec. VII (a. 604), 1927 – G. FORCHIELLI, Le pieve rurale..., 1938[2] – R. THOMSON, The Italic regions from Augustus to the Lombardian Invasion, 1947 – Caratteri del sec. VII in occidente, Sett. cent. it. 5, 1958, Bd I, 103–159 [G. FASOLI – L. RUGGINI, Economia e società nell' Italia annonaria..., 1960 – E. DUPRÉ-THESEIDER, Vescovi e città nell' Italia precomunale (Vescovi e diocesi in Italia nel medioevo [sec. IX–XIII], 1964), 55–109 – C. VIOLANTE, Misc. hist. eccles. 5, 1971 – I problemi dell' Occidente nel sec. VIII, Sett. cent. it. 20, 1972 (1973) [O. BERTOLINI] – A. PERTUSI, La Chiesa greca in Italia (Problemi di storia della Chiesa, L'Altomedioevo, 1973), 99–128 – Le istituzioni ecclesiastiche della »Societas Christiana« ... (Atti d. V. Settim. d. Mendola), 1974 [C. VIOLANTE] – B. RUGGIERO, Per una storia della pieve rurale nel mezzogiorno medievale, StM sez. 3, 16/2, 1975, 583–626 – A. ORSELLI, L'organizzazione ecclesiastica (Storia dell' Emilia Romagna I, 1975), 307–332 – C. G. MOR, I poteri vescovili in Italia e in Germania, 1979 – A. ORSELLI, L'immaginario religioso della città medievale, 1985 – B. RUGGIERO, Parochia e plebs in alcune fonti del Mezzogiorno longobardo e normanno, Campania sacra 5, 1985 – G. ARNALDI, cit. (→A.I), 1987 – Le origini di Venezia, hg. A. CARILE–G. FEDALTO, 1988.

[Zu C.II]: (allgemein, vgl. auch A und C.I) – IP I–X – DDC II, 522–595 – DIP V, 157–193, 240–260 – DSAM VII, 2173–2236 – Rationes Decimarum Italiae, 13 Bde, 1932–1952 (Index und Karte im letzten Bd.) – F. UGHELLI, Italia Sacra sive de episcopis Italiae, I–X, 1717–1722 – G. CAPPELLETTI, Le chiese d'Italia dalla loro origine ai nostri giorni, I–XXI, 1844–1870 – F. SCADUTO, Stato e Chiesa nelle Due Sicilie dai Normanni ai giorni nostri (secc. XI–XIX), 1887 – F. SAVIO, Gli antichi vescovi d'Italia dalle origini al 1300 descritti per regioni, 4 Bde, 1898–1932 – E. CASPAR (s. Lit. zu A.), 1904, 583–634 – A. GRONER, Die Diöz.n I.s von der Mitte des 10. bis zum Ende des 12. Jh., 1904 – H. PAHNCKE, Gesch. der Bf.e I.s dt. Nation von 951–1264, 1913 – G. SCHWARTZ, Die Besetzung der Bm.er Reichsitaliens unter den sächs. und sal. Ks.n mit den Listen der Bf.e (951–1122), 1913 – H.-W. KLEWITZ, Zur Gesch. der Bm.organisation Campaniens und Apuliens im 10. und 11. Jh., QFIAB 24, 1933–34, 1–61 – DERS., Stud. über die Wiederherstellung der Röm. Kirche in Süditalien durch das Reformpapsttum, ebda. 25, 1933–34, 105–157 – G. MONTICELLI, Chiesa e Italia durante il Pontificato Avignonese (1305–78), 1937 – L. PROSDOCIMI, Il diritto ecclesiastico dello Stato di Milano dall'inizio della signoria viscontea al periodo tridentino (sec. XIII–XVI), 1941 – C. E. BOYD, Tithes and Parishes in Medieval Italy, 1952 – C. VIOLANTE, La Pataria milanese e la riforma ecclesiastica. I: le premesse (1045–1057), 1955 – L.-R. MÉNAGER, La »byzantinisation« religieuse de l'Italie méridionale (IXe–XIIe s.) et la politique monastique des Normands d'Italie, RHE 53, 1958, 747–774; ebda. 54, 1959, 5–40 – H. GRUNDMANN, Religiöse Bewegungen im MA..., 1961 – G. PENCO, Storia del monachesimo in Italia dalle origini alla fine del medioevo, 1961 – La vita comune del Clero nei sec. XI e XII (Atti Sett. di stud. Mendola) I–II, 1962 – Vescovi e diocesi in Italia nel medioevo (sec. IX–XIII) (Atti d. II. Conv. di Storia della Chiesa in Italia), 1964 – L'eremitismo in occidente nei sec. XI e XII (Atti d. II. d. Mendola), 1965 – O. CAPITANI, Immunità vescovili ed ecclesiologia in età »pregregoriana« e »gregoriana«. L'avvio alla »restaurazione«, 1966 – G. MICCOLI, Chiesa gregoriana. Ricerche sulla Riforma del sec. XI, 1966 – V. v. FALKENHAUSEN, Unters. über die byz. Herrschaft in Süditalien vom 9. bis zum 11. Jh., 1967 – S. FODALE, Comes e legatus Siciliae. Sul privilegio di Urbano II e la pretesa Apostolica Legazia dei Normanni di Sicilia, o.J. [1970] – Il monachesimo e la riforma ecclesiastica (1049–1122) (Atti Sett. stud. Mendola, 1971) – J. DEÉR, Papsttum und Normannen. Unters. zu ihren lehnsrechtl. und kirchenpolit. Beziehungen, 1972 – N. KAMP, Kirchenpolitik und Sozialstruktur im Stauf. Kgr. Sizilien (FSchr. H. HEIMPEL, II, 1972), 948–958 – C. VIOLANTE, Studi sulla cristianità medioevale. Società, istituzioni, spiritualità, 1972 – La Chiesa greca in Italia dall' VIII al XVI sec. (Atti d. Conv. storico interecclesiale), I–III, 1973 – G. CATALANO, Studi sulla Legazia Apostolica di Sicilia, 1973 – N. KAMP, Kirche und Monarchie im Stauf. Kgr. Sizilien, I, 1–4, 1973–82 – P. TOUBERT, Les structures du Latium médiéval. Le Latium méridional et la Sabine du IXe à la fin du XIIe s., 1973 – Calabria bizantina. Vita religiosa e strutture amministrative, 1974 – Le istituzioni ecclesiastiche della »Societas Christiana« dei sec. XI–XII. Papato, cardinalato ed episcopato (Atti d. V. Settim. d. Mendola), 1974 – D. GIRGENSOHN, Misc. Italiae pontificiae, NAG phil.-hist. Kl. 1974, 129–196 – C. VIOLANTE, La società milanese nell'età precomunale, 1981³ – La Civiltà rupestre medioevale nel mezzogiorno d'Italia. Ricerche e problemi (Atti del primo Conv. intern. di studi), 1975 – A. CASTAGNETTI, La pieve rurale nell'Italia padana, 1976 – Le istituzioni ecclesiastiche della »Societas Christiana« del sec. XI–XII. Diocesi, pievi e parrocchie (Atti d. VI. Sett. d. Mendola), 1977 – D. HAY, The Church in Italy in the Fifteenth Cent.¹, 1977 – B. RUGGIERO, Potere, istituzioni, chiese locali. Aspetti e motivi del Mezzogiorno medioevale dai Longobardi agli Angioini, 1977 – A. GUILLOU, Culture et societé en Italie byz. (VIe–XIe s.), 1978 – R. MORGHEN, Medioevo cristiano, 1978 – I poteri temporali dei vescovi in Italia e in Germania nel Medioevo, hg. G. C. MOR–H. SCHMIDINGER, 1979 – N. KAMP, Der unterit. Episkopat im Spannungsfeld zw. monarch. Kontrolle und röm. »libertas« von der Reichsgründung Rogers II. bis zum Konkordat v. Benevent (Società, potere e popolo nell'età di Ruggero II; Atti delle terze giornate normannosveve), 1979, 99–132 – G. PENCO, Storia della Chiesa in Italia, I. Dalle origini al Concilio di Trento, 1982² – La Cristianità dei sec. XI e XII in occidente: coscienza e strutture di una società (Atti d. VIII Sett. d. Mendola), 1983 – Pievi e parrocchie in Italia nel basso medioevo (sec. XIII–XV), (Atti d. VI Conv. di Storia d. Chiesa in Italia), I–II, 1984 – Riforma della Chiesa, cultura e spiritualità nel quattrocento veneto (Atti d. Conv. per il VI cent. d. nascita di Ludovico Barbo, 1382–1443), 1984 – Strutture ecclesiastiche in Italia e in Germania prima della Riforma, hg. P. PRODI–P. JOHANEK, 1984 – N. KAMP, Der Episkopat und die Monarchie im Stauf. Kgr. Sizilien, QFIAB 64, 1984, 84–114 – M. PETROCCHI, Storia della spiritualità italiana (sec. XIII–XX), 1984 – Potere, società e popolo nell'età sveva (1210–1266) (Atti delle seste giornate normanno-sveve), 1985 – La Chiesa e il potere politico dal medioevo all'età contemporanea, hg. G. CHITTOLINI–G. MICCOLI (Storia d'Italia, Annali IX), 1986 – H. BLOCH, Monte Cassino in the Middle Ages, I–III, 1986 – O. CAPITANI, Storia, 1986 (s. Lit. zu A.II), 187–470 – Dall'eremo al cenobio. La civiltà monastica in Italia dalle origini all'età di Dante, 1987 – R. BIZZOCCHI, Chiesa e potere nella Toscana del Quattrocento, 1987 – C. D. FONSECA, Particolarismo istituzionale e organizzazione ecclesiastica del Mezzogiorno medioevale, 1987 – L. PESCE, La Chiesa di Treviso nel primo quattrocento, I–III, 1987.

[Zu D.]: N. FERORELLI, Gli Ebrei nell'Italia meridionale dall'età romana al sec. XVIII, 1913 (1966) – A. MILANO, Storia degli Ebrei in Italia, 1963 – Gli Ebrei nell'Alto Medioevo, 2 Bde, 1980 – M. LUZZATI, La casa dell'ebreo, 1985 – A. TOAFF, Il vino e la carne, 1989 – R. BONFIL, Rabbis and Jewish Communities in Renaissance Italy, 1990.

Italienische Literatur

I. Methodischer Ansatz und Periodisierung – II. Das Umfeld der lateinischen und volkssprachlichen Literatur – III. Texte und literarische Gattungsformen – IV. Die kulturellen Zentren – V. Das 15. Jahrhundert.

I. METHODISCHER ANSATZ UND PERIODISIERUNG: Eine Orientierungshilfe vermag die Darstellung von drei miteinander verflochtenen Problemkreisen zu geben (Literaturproduktion gestaltende oder fördernde Institutionen, aktivste kulturelle Zentren und ihre geogr. und polit. Lage; Gesch. der lit. Gattungsformen), obwohl ein Werk, ein Autor oder eine Bewegung in mehr als einer der aufgezählten Kategorien diskutiert werden können.

Unter Entwicklung eigenständiger, kreativer Züge ist die I.L. Teil einer fundamental europ. Kultur; von ihren Ursprüngen bis in das 16. Jh. muß sie vorwiegend im Kontext der mlat. Kultur und der roman. Literaturen, v. a. der afrz. und prov., gewertet werden. In der Folge übt jedoch auch Italien bedeutende Einflüsse auf die Kultur anderer Länder aus, v. a. durch die Rezeption von →Dante, →Petrarca, →Boccaccio und infolge der Verbreitung des →Humanismus. Einerseits entsteht die I.L. später als die volkssprachl. Lit.en der anderen roman. Länder, andererseits setzt sich im 15. Jh., am anderen Ende des hier behandelten Zeitraums, während auf die zeitgenöss. europ. Literaturen noch die Kategorie »spätmittelalterlich« zutrifft, in Italien die neue Bewegung des Humanismus durch, dessen Wurzeln bis Petrarca und seine Nachfolger zurückreichen. Die polit. Aufsplitterung Italiens entspricht eine dialektale Vielfalt, die im lit. Gebrauch des Volgare in den nicht-toskan. Zentren sichtbar wird, und dies trotz des Ansehens, das das Toskanische im 14. Jh. gewonnen hatte. Dennoch kann man in dieser Zeit bereits von einer I.L. sprechen. Im 13. Jh. unterscheidet →Salimbene drei große ethn.-linguist. Gruppen der Apenninenhalbinsel: »Lombarden«, »Toskaner«, »Bewohner des Regno« (entsprechend dem N, der Mitte und dem S der Halbinsel); dabei ist für ihn der Unterschied zw. dem Toskan. und dem Lombard. ebenso eklatant wie zw. diesen beiden Idiomen und dem Frz. (Cronica, ed. SCALIA, 1966, II, 950, 864). Salimbene interessiert sich, wie andere Autoren dieser Zeit, zugleich stark für die sprachl. und kulturellen Beziehungen zw. der Toskana und Oberitalien (Cronica, cit. I, 161). In den ersten Jahren des 14. Jh. empfindet Dante in »De vulgari eloquentia« Italien und die Inseln Sizilien und Sardinien offenbar trotz ihrer polit. und sprachl. Zersplitterung als selbständige, mit den Sprachen und Lit.en anderer Länder vergleichbare Einheit.

II. DAS UMFELD DER LATEINISCHEN UND VOLKSSPRACHLICHEN LITERATUR: An den ma. Univ., die zur Produktion und Reproduktion von Wissensgut (Theologie, Recht, Medizin, Artes) eingerichtet sind, fehlt die »Literatur«. Nur am Rande des universitären Lehrbetriebs entsteht gelegentl. Lit. als Zeitvertreib. Das günstigste Ambiente dafür findet sich bei den Professoren der in die Artistenfakultät eingebundenen →Ars dictaminis: So sind etwa Opuscula des →Boncompagnus mit moral. oder erot. Thematik erhalten oder gewisse spieler.-geistreiche Briefe des Guido →Faba, beide als Magistri in Bologna tätig. Erst 1321 wird von der Univ. Bologna →Johannes de Virgilio (der selbst u. a. ein lit. Werk »Diaffonus« verfaßte) mit der »lectura« der »versifficatura« und »poesis« sowie der →Auctores (Vergil, Statius, Lukan, Ovid), die bisher vorwiegend im extrauniversitären Lehrbetrieb gepflegt wurde, beauftragt.

Im Umfeld des außeruniversitären Schulbetriebs entstehen Übersetzungen, bisweilen Interlinearversionen von Texten wie den →Disticha Catonis u. a. in der Toskana und in Venetien. Schullehrer ist auch →Bonvesin de la Riva. Die außeruniversitäre Schule der →Ars notarie spielte eine sehr wichtige Rolle: in der altit. Lit. gibt es zahlreiche Notare, die sich auch auf lit. Gebiet ihrer zu berufl. Zwecken erworbenen bilinguen Fähigkeiten Latein-Volgare bedienen und selbständige Werke verfassen oder Texte aus dem Lat. oder auch Frz. übersetzen. Notare sind z. B. im Florenz der 2. Hälfte des 13. und Anfang des 14. Jh. B. →Latini, Z. →Bencivenni, Andrea Lancia sowie das Haupt der Siz. Dichterschule →Giacomo da Lentini. Unter den Kaufleuten, die eine praxisorientierte schul. Ausbildung genossen haben (»Abacusschule«), verfassen einige neben Rechnungsbüchern und Geschäftsbriefen moral. Lehrschriften (Paolo da Certaldo) oder führen Tagebücher (Giovanni Morelli u. a.).

Im Bereich der Ordenslit. war zwar das Latein die vorherrschende Sprache, für die Seelsorge und das Wirken in der Laiengesellschaft überhaupt wurden jedoch auch Texte in Volgare und Übers. aus dem Latein verwendet; v. a. seien die Dominikaner und Franziskaner hier erwähnt. Auf →Giordano da Pisa OP gehen die ältesten in Volgare überlieferten Predigtslg.en (Mitschriften von Zuhörern) zurück. Sein Zeitgenosse und Ordensbruder Remigio de Girolami, der viele Jahre in S. Maria Novella in Florenz wirkte, verfaßte wichtige lat. Werke polit. Inhalts und hat eine ähnl. geistige Ausrichtung. Obwohl die Dominikaner sich vorwiegend auf theol.-dogmat. Gebiet auszeichneten und demnach lat. schrieben, leisteten einige von ihnen auch Beiträge für die Lit. in der Volkssprache: in der Generation nach Giordano und Remigio J. →Passavanti und D. →Cavalca. Im Bereich des Franziskanerordens entstanden ebenfalls Werke von lit. Wert: die »Fioretti di S. Francesco« oder die »Vita di fra' Ginepro«; die »Laudes creaturarum« (der sog. »Sonnengesang«) des hl. →Franziskus gehören zu den ältesten Texten der I.L. Im Umfeld der von den beiden großen Bettelorden geförderten und geleiteten Laien- und Bußbruderschaften und den Manifestationen der Volksfrömmigkeit, wie etwa der →Flagellanten oder den Prozessionen der »Bianchi« von 1339 (bei denen anfängl. Impulse auch von den Benediktinern ausgingen), entstand die geistl. Dichtungsform der →Lauda, und später die →Geistlichen Spiele. Ausgehend von Montecassino, von den Abruzzen, Marken und Umbrien, verbreitet sich die Lauda in Mittel- und Oberitalien (viel weniger in Süditalien, wo die religiösen Orden die Entwicklung der Volksfrömmigkeit und der damit verbundenen religiösen volkssprachl. Dichtung nicht so stark beeinflußten). Hauptvertreter dieser reichen Lit. ist →Jacopone da Todi.

Wie in anderen Ländern (→Wilhelm IX., →Heinrich II. Plantagenet) kam auch in Italien den Höfen eine entscheidende Rolle für die Entwicklung der Lit. zu: dort entstand die von Laien getragene »höfische« Liebeslyrik. Die Herren und Lehnsträger vom Montferrat bis Venetien nahmen die südfrz. Troubadours, die nach Oberitalien kamen, gern an ihrem Hofe auf, neben ihnen auch einheim. Dichter wie R. Buvalelli, L. →Cigala, →Sordello, die vorwiegend aber das Prov. als Lyriksprache verwandten. Im S förderte Ks. →Friedrich II. das Entstehen einer höf. Lyrik in südit. Volgare. Infolge des Untergangs der Stauferherrschaft in Italien verloren jedoch die Höfe an Bedeutung (ihre kulturelle Rolle wird in anderem hist. Kontext wieder spürbar: unter den Visconti im Mailand des späten 14. Jh. sowie im 15. Jh. in verschiedenen Zentren).

Seit etwa der Mitte des 13. Jh. ist der beste Nährboden für die volkssprachl. I.L. das Ambiente der mittel- und oberit. Kommune, in der durch die Einrichtung der Volksversammlung die Redekunst und Rhetorik in der Volkssprache an Wert gewannen und daß alle diese Weise den in den Schulen gelehrte »ars dictandi« in die Praxis umgesetzt wurde. In den Städten kommt es auch häufig zu einem kollektiven Gefühl stolzen Selbstbewußtseins, das lit. seine Ausprägung im »Städtelob« (laudatio urbis) findet: etwa verschiedene Verse des genues. Anonymus und »De magnalibus Mediolani« des Bonvesin de la Riva. Dieses städt. Selbstgefühl kann auch auf die Vergangenheit projiziert werden: es entstehen so die Mythen »de origine civitatis«, etwa in Florenz und Perugia; verschiedene Städte führten ihre Gründung auf einen troian. Helden zurück (→Trojanersage). Die größte Dichte erreicht diese von den Kommunen ausgehende volkssprachl. Lit. in der Toskana, insbes. in Florenz, wo Schulbildung (wie G. →Villani XI, 94 stolz vermerkt) und Kultur eine große Breitenwirkung hatten.

III. Texte und literarische Gattungsformen: Nur zum Teil stehen die lit. Werke (mögen sie auch – als Originalschöpfung oder passive Übernahmen – einer Gattungsform zuzurechnen sein) innerhalb einer reichen Tradition. Einige bes. alte Texte (die später als primitiv oder unbedeutend nicht erhaltenswert angesehen wurden) sind nur deshalb überliefert, weil sie z. B. als Schutzblatt für eine andere Hs. verwendet wurden (wie das älteste toskan. Dokument »Conto navale pisano« aus dem 12. Jh.) oder wie einige der ältesten lit. Texte auf den freien Seiten anderer Hss. aufgezeichnet wurden (Ritmo cassinese; Ritmo laurenziano). Letzterer trägt deutl. Züge der Spielmannsdichtung, ist also einem Ambiente zuzurechnen, das in Italien geringere Spuren hinterlassen hat als anderswo. Eine Spielmanns-Kultur, die der Vermittlung religiöser Inhalte dient, bildet die Basis für den »Ritmo cassinese« aus der Abtei OSB Montecassino. Hingegen steht Ruggieri Apugliese aus Siena, die interessanteste Gestalt in diesem Kontext, zwar mit kirchl. Kreisen in Verbindung, seine Dichtung ist aber eher weltl. geprägt. Der Spielmannsdichtung zugehörig ist auch der »Detto del gatto lupesco« eines anonymen Florentiners, der die allegor. Lehrdichtung (in der Art des »Tesoretto« des B. →Latini) parodiert.

Einige in Frankreich verbreitete Gattungsformen sind in Italien nur schwach vertreten: etwa die →Elegienkomödie; als Beispiel eines allegor.-theol. Epos kann nur der unvollendete und eher unbedeutende »Tesoretto« Latinis angeführt werden. Hingegen wird die Lyrik in der I.L. intensiv gepflegt und findet nach anfängl. Nachahmung prov. Vorbilder zu neuen Lösungen. Als it. Neuschöpfung kann schließlich die Novelle bezeichnet werden. Eine

Sonderstellung nimmt →Dantes »Divina Commedia« ein, die insofern ein christl. Gegenstück zur Aeneis bildet, als der Stoff – wie in der Epik – Menschen und überird. Welt darstellt. Auch verschiedene narrative Elemente begegnen in der Divina Commedia. Eine Neuheit stellt die Einführung des Helden als »Ich-Erzähler« dar.

Der eigentl. Beginn der I. L. (sieht man von den wenigen älteren Zeugnissen ab) ist in das 13. Jh. zu setzen: Er erfolgt mit der höf. Lyrik, einer nach dem Vorbild der prov. →Troubadourdichtung strengen Regeln folgenden Gattungsform mit innerer Entwicklungsgeschichte. Die ersten, die dieser Tradition folgen, dabei aber ihre (lit. stilisierte) Muttersprache verwenden, sind die siz. Dichter am Hof Ks. Friedrichs II. (→Sizilianische Dichterschule). Die Pflege der höf. Lyrik endet in Süditalien mit dem Untergang der Stauferherrschaft, wird aber in der Toskana (vereinzelter in Umbrien und im Norden) durch Lyriker in verschiedenen Städten fortgesetzt. Dieser Vorgang zeigt sich auch im ersten Sammelwerk der I.L., cod. Vat. lat. 3793 Bibl. Vaticana, Rom, in dem auf die Canzonen und Sonette der Sizilianer die Canzonen und Sonette der toskan. Dichter folgen. Ebenfalls in der Toskana wirkt →Guittone d'Arezzo. Am Ende des 13. Jh. erneuern einige toskan. Autoren (→Cavalcanti, →Dante, →Cino da Pistoia u. a.) nicht zuletzt durch den Einfluß des Bolognesen G. →Guinizelli in tiefgreifender Weise das Repertoire der prov.-siz.-toskan. Dichtung und treten in Gegensatz zu Guittone. Diese Schule des →Dolce stil novo vertritt den Gedanken, Adel beruhe auf den persönl. Tugenden des einzelnen (→Virtus), nicht allein auf Geburt und Stand, hat aber andererseits eine aristokrat. Auffassung von der Kunst als Kommunikationsmittel unter wenigen Auserwählten. Die Stilnovisten befreien die Sprache der Dichtung von den belastenden Gallizismen, die von den früheren Lyrikern eingeführt worden waren. Neben der ernsten »tragischen« Lyrik behauptet sich die »komische« Lyrik eines R. →Filippi und C. →Angiolieri. →Petrarcas »Canzoniere« bildet den Endpunkt der ma. höf. Tradition und leitet zugleich eine neue Phase der Lyrik ein (Petrarkismus). Seit Petrarca (jedoch bereits auch in Dantes »Vita nuova«) wird es möglich, einen fiktiven Liebesdialog mit einer schon Verstorbenen zu führen. Der unmittelbare Erfolg der Dichtungen Petrarcas ist jedoch eher gering. In der Dichtung des 14. Jh. herrschen meist zentrifugale Impulse vor, die z. B. von den oberit. Autoren Francesco di Vannozzo und A. →Beccari oder von den Toskanern A. →Pucci und S. Serdini ausgehen. Neben die formstrengen Gattungen der Canzone und des Sonettes treten nun offenere Formen, die geeignet sind, in »impressionist.« Weise verschiedenartige Empfindungen zu schildern (z. B. die →Caccia).

Komplizierter ist die Sachlage in der Prosalit. Von der Predigtlit. und dem religiösen populären Schrifttum war bereits die Rede. Das älteste Zeugnis der it. gelehrten Prosa sind – abgesehen von einigen Musterbriefen Guido Fabas – die Briefe des →Guittone d'Arezzo. Guittone wird jedoch bald als Vorbild abgelehnt, und bereits B. →Giamboni beschreitet andere Wege. Neben dem religiösen Schrifttum gibt es eine reiche Übersetzungslit. (aus dem Lat. oder dem Frz.) und viele Bearbeitungen und umbildende Nachbildungen: von den Ritterromanen in Prosa bis zum Dante zugeschriebenen »Fiore«, einer Kurzfassung des Roman de la Rose in Sonettform, von rhetor. Schriften bis zu philos. (Dantes »Convivio« ist im wesentl. das einzige popularisierende philos. Werk in Volgare, das eigenständige philos. Ansätze aufweist.)

In den letzten beiden Jahrzehnten des 13. Jh. entsteht die anonyme Novellenslg. »Il Novellino«, deren heterogenes Stoffmaterial von den prov. →Vidas bis zu anekdot. →Exempeln reicht. Boccaccios »Decamerone« bietet ein noch umfangreicheres Stoffmaterial in meisterhafter Anordnung. Boccaccio ist zudem ein Experimentator im Bereich der Gattungsformen: er hat sich auch auf dem Gebiet des Kurzepos, des Romans und des Prosimetrum (»Comedia delle ninfe fiorentine«) versucht, auf dem sich bereits Dante mit seiner »Vita nuova« ausgezeichnet hatte.

IV. DIE KULTURELLEN ZENTREN: Es ist schwierig, z. T. sogar unmöglich, die Autoren dieser Periode einem bestimmten kulturellen Zentrum zuzuweisen, da nicht nur Ideen und Werke zirkulierten, sondern auch die Menschen selbst eine große Mobilität besaßen, bes. die Intellektuellen: Einige Gründe dafür liegen in den Universitätsstudien, den Erfordernissen des Berufs, des Handels oder auf anderer Ebene, im Exil, das in dieser polit. so unruhigen Zeit viele Angehörige der Führungsschicht traf. Beispiele dafür bieten die Biographien Dantes und Petrarcas (in dessen Leben Avignon neben den wichtigsten Städten Italiens eine bedeutende Rolle spielt); auch Boccaccio, für den die florent. Kultur eine wichtige Komponente darstellt, hat viele Jahre in Neapel verbracht und kennt auch einige Teile Norditaliens. Dennoch ist es möglich, einige Elemente der verschiedenen Zentren zu charakterisieren.

Die Fülle der lit. und dokumentar. Texte, die aus der Toskana erhalten sind, bezeugen, daß dort die kulturelle Durchdringung ihre größte Dichte und Intensität erreicht hatte. Nach anfängl. Spitzenstellung von Pisa und Arezzo setzt sich im Lauf des 13. Jh. die florent. Kultur durch. Schon bevor die florent. Lit. Bedeutung gewinnt, wird von Salimbene die Sprache der Florentiner v. a. wegen ihrer Eignung für treffende Witzworte und beißenden Spott hervorgehoben (Cronica I, p. 117); auch der Dantekommentator →Benvenuto da Imola gibt ohne weitere die Vorrangstellung des Florentinischen zu (»Commentum«, ed. G. F. LACAITA, 1887, V, 160; vgl. I, 336). Die linguist. Sicherheit der Florentiner, von der nichttoskan. Autoren berichten, erlaubt ihnen, die verschiedensten Register der Sprache zu ziehen: von der ausgesuchten Wortwahl Cavalcantis und Dantes »Vita nuova« bis zur Invektive und zum obszönen Vokabular des R. Filippi. Zusammen mit der lat. Kultur und anderen Elementen ermöglicht die florent. Sprache Dante in seiner Commedia verschiedene Stilebenen. Die Kultur von Florenz lebt nicht zuletzt durch den aktiven, produktiven, aber auch passiven (d. h. ein Lesepublikum schaffenden) Beitrag verschiedenster gesellschaftl. Kräfte: Kaufleute, Notare, Ordensleute und den Bettelorden nahestehenden Laien.

Einen Gegensatz dazu bildet die Situation in Süditalien und im Sizilien der Stauferzeit, wo die I.L. mit der Siz. Dichterschule entstand, diese jedoch mit der Stauferherrschaft zu Ende ging, da sie nicht in der Gesellschaft verwurzelt war und nicht eigenständig bestehen konnte. Man könnte die siz. Dichtung mit einem Laboratoriumsversuch vergleichen, der sich nur schwer wiederholen ließ, als sich – mit dem Ende des Stauferhofes – die äußeren Umstände änderten. (In anderen kulturellen Zentren des Landes gab sie jedoch der lyr. Lit. sehr fruchtbare Anstöße). In Florenz waren die Auswirkungen der Politik auf die Lit. weniger stark und haben jedenfalls nie die kulturelle Kontinuität in Frage gestellt. Wurde in Florenz das kulturelle Erbe kontinuierl. gemehrt, so sind andere Zentren hingegen in verschiedenem Ausmaß von Traditionsbrüchen gekennzeichnet (das abrupte Ende der Siz. Dichterschule ist nur ein, wenn auch bes. aussagekräftiges Beispiel).

Die Anjou-Herrschaft in Unteritalien und Sizilien führte – zumindest in den ersten Jahrzehnten – zu einem dominierenden Einfluß des Frz. (z. B. Übers. von Senecas »Epistulae ad Lucilium« ins Frz.). Später verwendet man das Neapolitanische für zwei med. Lehrgedichte (»De balneis puteolanis«), Übers. einer Petrus v. Eboli zugeschriebenen lat. Dichtung, und »Regimen sanitatis«). Das wichtigste Werk ist die Historia destructionis Troiae des →Guido de Columnis (1272–87), die weite europ. Verbreitung fand. Sizilien, das sich mit dem Vesperaufstand (1282) früh von den Anjou gelöst hatte, geriet unter den Einfluß der katal.-aragones. Kultur: dem katal. Arzt→Arnold v. Villanova, der sich den pauperist., das evg. Armutsideal vertretenden Lehren der Franziskaner zugewendet hatte, verdankt die siz. Lit. neue Impulse auf anderer Ebene: angeregt durch Arnolds Lehren übersetzte der Franziskaner Giovanni Compulu die »Dialogi« Gregors d. Gr. ins Siz. Im 14. und 15. Jh. entstehen in Sizilien – neben lat. historiograph. Werken (vgl. z. B. →Michele da Piazza) – v. a. Prosawerke im Volgare, zumeist Übers. aus dem Lat. oder, bezeichnenderweise, aus dem Toskanischen.

Unter diesem Aspekt, der beweist, daß die sprachl.-kulturelle Zersplitterung (trotz der erwähnten Ansätze eines Einheitsbewußtseins) anhält, kann die siz. Lit. der ligur. Lit. des 14. und 15. Jh. zur Seite gestellt werden, in der ebenfalls Übers. aus dem Toskanischen begegnen (z. B. des B. Giamboni und des D. Cavalca). Im 13. Jh. entstand in Genua ein wichtiges Werk der kommunalen Lit., der »Genueser Anonymus«, eine Dichtung buntgemischten Inhalts (Stadtgeschichte, Hagiographie, Autobiographisches, Exemplarisches, Epigrammatisches), die die Mentalität der städt. Gesellschaft widerspiegelt. Analoges kann in Mailand über Bonvesin de la Riva (oder in Florenz über B. Giamboni) gesagt werden. Während jedoch in Genua (wie in Sizilien), sich diese bürgerl. Kultur im 14. und 15. Jh. fortsetzt, wobei allerdings eine gewisse Verarmung eintritt, führt in Mailand die Machtergreifung durch die →Visconti zu einem Bruch mit den kommunalen Traditionen: so vermindert sich z. B. die Bedeutung der Laienbewegungen und Bruderschaften (Bonvesin war Mitglied der Humiliaten). Die Visconti pflegen andere Interessen, die über die kommunale Kultur, deren Exponent Bonvesin ist, hinausgehen, wie ihre Bibliothek zeigt. Sie umgeben sich nicht nur mit Spielleuten und Hofnarren, sondern ziehen auch auswärtige Dichter an ihren Hof. Zwar wird daher unter der Signorie der Visconti die Verbreitung lit. und kultureller Produktion in der städt. Gesellschaft weniger gefördert als zuvor, dieser Verlust wird jedoch von einer gewissen Entprovinzialisierung der Sprache wettgemacht: Einige Hofdichter der Visconti kommen aus der Toskana; auch →Fazio degli Uberti aus einer ghibellin. exilierten Florentiner Familie wirkte außer in Verona in Mailand.

Ein anderer Aspekt wird bei den Kulturzentren Mittelitaliens sichtbar: Bereits in den Anfängen der I.L. ist der Einfluß der Benediktiner v. Montecassino sehr stark. Nicht von ungefähr gehen einige der ältesten Zeugnisse volkssprachl. Urkk. auf sie zurück (z. B. die Capuaner Urk. von 960). Vom »Ritmo cassinese« war bereits die Rede. Die zur Zeit des Petrus v. Morrone (später Papst Coelestin V.) von Benediktinern und Franziskanern ausgehenden pauperist. Gruppen in den Abruzzen, Marken und in Umbrien waren von großem Einfluß auf die Anfangsphase der Lauda. Umbrien, das mit Jacopone da Todi u. a. bereits an der Laudenkultur regen Anteil hatte, öffnete sich im Lauf des 14. Jh. dem Einfluß von Florenz, wie z. B. die Lyriker von Perugia im frühen 14. Jh. (Neri Moscoli, Marino Ceccoli, Cecco Nuccoli u. a.); wichtig ist auch der »Conto di Corciano e di Perugia«.

Sehr differenziert ist die Situation in Oberitalien: Außer den oben erwähnten Faktoren ist die deutl. sprachl. Autonomie hervorzuheben, vgl. etwa den (von einigen, wohl unberechtigt, →Sordello zugeschriebenen) »Sirventese lombardesco«. Noch im 14. Jh. ist das »lombart« (»lombardisch«, über die Grenzen der heut. Lombardei hinausgehend) eine bedeutende Komponente bei Vannozzo. Andererseits steht die Lit. Oberitaliens unter starkem frz. Einfluß: Außer den oberit. Dichtern, die das Prov. verwenden, gibt es die sog. →Franko-italienische Literatur, ep. Dichtungen in einer Mischsprache aus frz. und oberit. Komponenten. Bes. Beachtung verdient die →Entree d'Espagne eines anonymen Paduaners. Venetien bringt einige Texte mit lokaler Charakteristik hervor, öffnet sich jedoch am bereitwilligsten von allen Gebieten Norditaliens dem toskan. Einfluß, wie z. B. die umfangreiche Canzoniere des Nicolò dei Rossi in Treviso und in Venedig die Lyrik des Giovanni Quirini, eines Bewunderers von Dante, zeigen.

In Rom entsteht im 14. Jh. (abgesehen von einigen unbedeutenderen Übers. im 13. Jh.) die wichtige »Cronica« des →Anonymus Romanus. Ein eigenes kulturelles Zentrum stellt die Kurie dar, die sich während der Residenz der Päpste in Avignon (1309–77) dorthin verlagerte und bedeutende Gelehrte und Dichter anzog.

V. DAS 15. JAHRHUNDERT: Für die Entwicklung des →Humanismus bilden die Kurie in Avignon und Petrarca ein entscheidendes Moment. (Daneben seien auch die sog. venet. Prähumanisten wie →Lovato dei Lovati und Albertino →Mussato genannt.) Nachdem Boccaccio 1351 zum ersten Mal mit Petrarca zusammengetroffen war, setzte er sich eifrig für die Verbreitung der neuen Ideen und des neuen Bildungsziels ein, in dessen Rahmen Petrarca das klass. Latein (und auch die Spiritualität des 12. Jh.) im Gegensatz zum universitären Lehrbetrieb des 13. Jh. und der Ars dictandi neubelebt hatte. Boccaccio war jedoch nicht nur ein Anhänger Petrarcas, sondern verehrte den Dante, von dessen Divina Commedia er mehrere Nachschriften anfertigte. Auf diese Weise kulminierte die kulturelle Linie Prov.-Siz.-Dichtung-Stilnovisten, die in Dantes »De vulgari eloquentia« zum Ausdruck kommt, in den »tre corone« der I.L., Dante, Petrarca, Boccaccio (vgl. »Paradiso degli Alberti« des G. →Gherardi da Prato, ed. A. LANZA, 1975, 4). Die I.L. sollte von dieser Zeit an bis zur polit. Einigung Italiens und darüber hinaus in starkem Maße von der Dialektik geprägt werden zw. Übernahme und integrierender Aneignung – seltener Ablehnung – des florent. Vorbilds. Nach Petrarcas und Boccaccios Tod (1374 bzw. 1375) geriet die volkssprachl. Lit. in eine Krise. Bis zur Mitte des 15. Jh. gewann das Latein wieder die Oberhand: nicht mehr das Latein der Univ., sondern die Sprache der Klassiker, die mit C. →Salutati, L. →Bruni, →Poggio Bracciolini, L. →Valla u. v. a. wieder zu Ehren kommt. Die Krise der volkssprachl. I.L. ist jedoch nur z. T. darauf zurückzuführen, daß sich die intellektuellen Energien auf neue kulturelle Ziele humanist. Prägung konzentrierten. Die Geschichte kultureller Zentren wie Sizilien oder Liguriens, die im 15. Jh. lange Zeit hindurch nur sehr peripher von der humanist. Kultur berührt wurden, läßt erkennen, auf welche Weise die schöpfer. Kräfte des MA in der volkssprachl. Lit. allmählich versiegt waren: Die fruchtbaren Beziehungen zum mlat. Fundus und zum frz. Kulturkreis hatten sich gelockert, ohne daß an ihre Stelle ein neues Fundament getreten wäre. In der

2. Hälfte des 15. Jh. gewinnt jedoch die volkssprachl. Lit. neuen Auftrieb (Vorläufer war L. B. →Alberti, der jedoch keine unmittelbare Nachfolge fand), teils in einer Osmose mit der humanist. Kultur, teils in Erprobung neuer Ziele. Rom gewinnt durch die Förderung der Humanisten seitens der Päpste die kulturelle Bedeutung, die es in den vorhergehenden Jahrhunderten zumeist nicht besessen hatte. In Florenz wirken die Medici, v. a. Lorenzo il Magnifico, als Förderer der Lit. und Künste; nach dem Niedergang nach dem Tode Roberts v. Anjou (1343) blüht in Neapel unter den Aragonesen (seit 1443) die humanist. Kultur; im N wird Venedig nach der Erfindung des Buchdrucks die Kapitale des Verlagswesens; am Hof der Este in Ferrara erlebt das »poema cavalleresco« (→Epos) eine neue Blüte.

Im religiösen Bereich bleibt die ma. Kultur und Lit. auch im 15. Jh. lebenskräftig. Die als »Observanz«-Bewegung bekannte Rückkehr zur strengen Bewahrung der ursprgl. Ordensregeln (führend sind die Franziskaner, jedoch auch andere Orden wie Dominikaner und Benediktiner werden von diesem Phänomen erfaßt) geben dem religiösen Leben neue Impulse (→Katharina v. Siena, G. →Dominici); die Predigten von →Bernardinus v. Siena und vieler anderer Prediger beeinflussen die Mentalität ihrer Zeitgenossen in einschneidender Weise (vgl. die Franziskaner →Johannes v. Capestrano, Albertus de Sarteano, →Jacobus de Marchia, Matthäus v. Agrigento, →Robert v. Lecce, →Bernardinus v. Feltre sowie G. →Savonarola OP). Manifestationen dieser religiös betonten Kultur finden sich im gesamten 15. Jh. und reichen darüber hinaus; sie laufen parallel zum Humanismus, haben teilweise mit ihm gemeinsame Berührungspunkte oder setzen sich mit ihm auseinander und bezeugen die neue Vitalität einer Kultur, die nur insofern als spätma. bezeichnet werden kann, als diese Bezeichnung Wandlungen und neue Ansätze in sich einschließt. F. Bruni

Lit.: G. BERTONI, Il Duecento, 1964 – V. ROSSI, Il Quattrocento, 1964 – Volgarizzamenti del Due e Trecento, hg. C. SEGRE, 1964 – Storia della Lett. It., hg. E. CECCHI–N. SAPEGNO, 1965–69, 9 Bde [I, 1987; II, 1987; III, 1988] – N. SAPEGNO, Il Trecento, 1966 – A. VISCARDI, Le origini, 1966 – C. DIONISOTTI, Geografia e storia della lett. it., 1967 – La lett. it. Storia e testi, hg. C. MUSCETTA, 1970–80, 10 Bde – R. ANTONELLI, Politica e volgare: Guglielmo IX, Enrico II, Federico II, Seminario romanzo, 1979, 9–109 – S. BILLANOVICH, La tradizione del testo di Livio e le origini dell'Umanesimo, I 1, 1981 – A. VALLONE, Dante, 1981 – Lett. it., hg. A. ASOR ROSA, 1982–86, 6 Bde – I. BALDELLI, Medioevo volgare da Montecassino all'Umbria, 1983 – Mercanti scrittori, hg. V. BRANCA, 1986 – Lett. it. Storia e geografia, hg. A. ASOR ROSA, 1987–89, 3 T. e – G. BARBERI SQUAROTTI, F. BRUNI, U. DOTTI, Il Duecento e il Trecento (Storia della civiltà lett. it., hg. G. BARBERI SQUAROTTI, 1989, 2 Bde) – s. a. →Boccaccio, →Dante, →Humanismus, →Italien, →Petrarca.

Italienische Sprache, in der Nachfolge des Lateins in vielen Varianten auf der it. Halbinsel gesprochene roman. Sprache, die strukturell die Kontinuität des Lateins im Verhältnis zu den anderen roman. Sprachen in bes. Maße bewahrt. Die dialektale Variation ist groß, weil sich das it. Sprachgebiet vom Zentrum der Romania im N bis zu deren Peripherie im S erstreckt, vergleichbar also der Distanz von Mailand bis Portugal. Aus dem frühen MA sind rund zwei Dutzend archaische Texte überliefert, die aus fast allen Teilen des Landes stammen. Als Lit.sprache tritt das I. – im Gegensatz zum Altprovenzalischen und Französischen – erst nach dem ersten Drittel des 13. Jh. in Erscheinung. Man unterscheidet in Italien drei große Sprachräume:

1. Oberitalien, dessen Mundarten – vom Venezianischen abgesehen – galloroman. Eigenheiten aufweisen und im MA mehr 'dialektal' in der didakt.-moralisierenden Lit. verwendet werden (z. B. →Bonvesin de la Riva). In Venedig als Weltstadt des ma. Ostens, wo seit dem 15. Jh. auch der Buchdruck eine bedeutende Rolle spielte, und in Padua mit seiner stark naturwiss. ausgerichteten Univ., entwickelte sich eine eigenständige, teils polyglotte Lit. In ganz Italien, bes. aber im N (bis in die Toskana), spielte im MA auch das Französische eine große Rolle, und zwar bes. im Bereich der romanhaften Prosa und der Gelehrsamkeit. Beispiele dafür sind etwa Marco →Polo (1245–1325) in Venedig oder Brunetto →Latini (1220–94?) in Florenz. Die Tatsache, daß die frz. Kultur in Italien so stark vertreten war, hatte außerdem zur Folge, daß die hs. Überlieferung der afrz. Lit. z. T., diejenige der altprov. Lit. sogar zu einem erhebl. Teil, über it. Schreibstuben lief. Typisch für den ven. Bereich sind Experimente mit dialektal-hybriden Sprachformen (Canzone di Auliver [Anfang 14. Jh.] und franko-ven. Lit.).

2. Mittelitalien, das vom weiteren S durch eine massive Sprachgrenze, die dem Verlauf der Via Flaminia entspricht, abgetrennt ist. Hervorzuheben ist dabei der Einfluß der Städte rund um den toskan. Apennin, bes. von Florenz, wo die ma. ursprgl. in Bologna beheimatete Tradition der →Ars dictaminis (z. B. →Guido Faba) den Weg zum →Humanismus freimachte. Wichtig sind in diesem Zusammenhang auch die Übers. lat. Klassiker (*volgarizzamenti*). Im Vergleich zu den übrigen it. Dialekten ist das Toskanische am wenigsten innovator. und insofern am wenigsten 'italienisch'. Aber die Art und Weise, wie sich die florent. Variante des Toskanischen als Lit.sprache durchsetzte, ist ein typ. it. Phänomen. Entscheidend waren dabei nicht polit. Verhältnisse – wie z. B. das zentrale Kgtm. in Frankreich oder die Reconquista in Spanien –, sondern das Prestige großer Dichter, die die literarisierte Form des I. festlegten: →Dante und (über Jahrhunderte prägend) →Petrarca und →Boccaccio. Man hat deshalb in der it. Dichtung zwei Traditionen zu unterscheiden, diejenige der Lyrik und die der Prosa. Mit Petrarca verbindet sich in der europ. Kunstlyrik der Begriff des →Petrarkismus; beide, Petrarca und Boccaccio, galten auch als Klassiker der ersten Generation des it. Humanismus.

3. Süditalien, das eine Anzahl von markanten sprachl. Eigenheiten aufweist, die zum peripheren System des Romanischen gehören. Von lexikal. Merkmalen (lat. cras zu crai 'domani') abgesehen, findet man z. B. den Umlaut vor -u und -i (nuovo, nuovi, nova, nove) oder den Wandel von -nd- zu -nn- (quando zu quanno). Rom gehörte im MA sprachl. zum S, die Toskanität der Stadt beruht auf dem Einfluß der Kurie. Von diesem S abzuheben ist der äußerste S mit Sizilien, wo u. a. ein Vokalsystem gilt, das vom it. verschieden ist. Auf dieses System ist der sog. Sizilian. Reim zurückzuführen, der zuläßt, daß i, u mit geschlossenem e, o zusammengehen (z. B. long'uso: amoroso). Es scheint, daß dieser Reim auch in anderen ma. Sprachen auftritt. Das zeitl. letzte it. Beispiel ist der (von vielen Hg. emendierte) Reim 'altrui: voi' bei Petrarca (Sonett CXXIV, 11:14). Im S von Apulien und Kalabrien sowie in der Gegend von Messina wurde im MA griechisch gesprochen. Die Latinisierung scheint im Altertum auf einer Linie zum Stillstand gekommen zu sein, die ungefähr zw. Tarent und Brindisi bzw. zw. Nicastro und Crotone verläuft. Im MA erhielt dieses autochthone Griechentum Zuzug aus Byzanz. Die Tatsache z. B., daß in diesen Dialekten der Infinitiv nicht vorkommt (voglio che mangio statt voglio mangiare), ist dem Einfluß des Griechischen zuzuschreiben. In Sizilien kommt dazu, daß die

Insel während der gut 200jährigen Herrschaft der Aġlabiden und Fāṭimiden (827 bis zur Eroberung durch die Normannen 1061) stark arabisiert war. Da sich das Sizilianische verhältnismäßig einheitl. und 'schriftsprachl.' verhält, nimmt man an, es habe auf der Insel (in einer bislang nicht genauer beschriebenen Form) unter den koexistierenden ethn. Elementen eine neue Romanisierung stattgefunden.

Unter diesen Voraussetzungen ergibt sich in Italien die merkwürdige Situation, daß konkurrierende Ansätze zur lit. Schriftsprachenbildung mehr oder weniger gleichzeitig von verschiedenen Zentren ausgingen. Dort war die Lagerung der Sprache teils monast.-religiös (Montecassino, Umbrien), teils höf. (Palermo), im Bereich des Toskanischen (wie in Oberitalien und in Venedig) jedoch bürgerl., d.h. kommunal (wie im Falle des →Dolce Stil Novo). So ging es in Italien zunächst nicht darum, eine bestimmte Sprache auf einen interregional verbindl. Standard als 'volgare illustre' festzulegen. Die Schriftsprache bewegte sich während Jahrhunderten innerhalb bestimmter Traditionen der Lit. Aus diesem Zusammenhang wird verständl., daß die literarisierten Sprachen in Italien stets funktional markiert waren. Als Sprache der hohen Lyrik galt zunächst das Provenzalische. Es war deshalb ein entscheidender Schritt, daß →Giacomo da Lentini im vierten Jahrzehnt des 13. Jh. dazu überging, dieselbe Lyrik in einem it. Idiom zu verfassen, als reine Sprachkunst, d. h. ohne Melodie. Wichtig ist außerdem, daß die siz. Lyrik über einen toskanisierten Archetypen in die it. Tradition aufgenommen wurde. Eine Initiative bes. Art ist die franziskan. Tradition in Umbrien.

Im Rahmen dieser extremen sprachl. Variation stellt sich in Italien period. die Sprachenfrage (Questione della lingua). Sie beginnt mit Dante im »De vulgari eloquentia« (1305/07) und setzt sich fort im 16. Jh. mit der Diskussion um den Begriff der Lit.sprache, im 19. Jh. mit Alessandro Manzoni im Hinblick auf das Konzept der Toskanität (Umarbeitung der »Promessi Sposi« 1827/40), heutzutage im Zusammenhang mit der Praxis eines 'italiano comune' (gemeinit. Standard).

Nach der gängigen Lehrmeinung hat das I. seit dem frühen MA keine weiteren Strukturveränderungen mehr erfahren. Dies gilt in der Tat für die Phonologie und weitgehend auch für die reich entfaltete Morphologie. Das I. ist deshalb in seiner ganzen lit. Tradition stets gut verständl. In Wirklichkeit basiert das heutige I. auf dem Florentinischen des letzten Drittels des 14. Jh. (fiorentinità argentea). Die Veränderungen sind syntakt. Art. Als Kriterium gilt, daß das (für alle ma. Sprachen) maßgebl. Gesetz von TOBLER-MUSSAFIA (»Am Anfang des Satzes steht kein unbetontes Element« [piacemi vs. mi piace]) außer Kraft gesetzt ist.   G. Ineichen

Lit.: GTÜ II, 319–537 [G. FOLENA] – G. ROHLFS, Hist. Grammatik der it. Sprache und ihrer Mundarten, 3 Bde, 1949–54 – B. MIGLIORINI, Storia della lingua it., 1960 – A. CASTELLANI, I più antichi testi it., 1973 – F. A. LEONI, D. GAMBERA, F. LO PIPARO, R. SIMONE, Italia linguistica: Idee, storia, strutture, 1983 – A. STUSSI, Dialettologia, storia della lingua, filologia, Rivista It. di Dialettologia 11, 1987, 101–124 [Bibliogr.].

Italikos, Michael, byz. Gelehrter und Autor, † vor 1157, von unbekannter Herkunft, lehrte Rhetorik und Philosophie in Konstantinopel, wo Theodoros →Prodromos wohl sein Schüler war; später wurde I. als Lehrer (Didaskalos) für Medizin berufen und unterrichtete bibl. Theologie an der Patriarchatsschule. Wohl 1126 oder 1137 nahm er an einer Gesandtschaft nach Rom teil; nach 1143 wurde er Bf. v. Philippopel, wo er 1147 (2. Kreuzzug) Ks. Konrad III. mit der griech. Bevölkerung versöhnte. Er schrieb zahlreiche Briefe an hohe Würdenträger (so den Großdomestikos Johannes Axouch, den Caesar Nikephoros Bryennios, den Sebastos Gregorios Kamateros u. a.) wie an Kollegen (Theodoros Prodromos, den Arzt Leipsiotes, namentl. nicht gen. Grammatiker, Rhetoren, Philosophen). Mehrere seiner Reden, Monodien und Diskurse sind erhalten; sie sind u. a. den Ks.n Johannes II. und Manuel I. sowie der Ksn. witwe Irene Dukaina gewidmet. Das Werk des I. gibt reichen Aufschluß über polit. Zeitereignisse und geistesgesch. Probleme aus der Sicht der Byzantiner.

Zu I.' Werken zählt auch ein Panegyrikos auf den Patriarchen Michael II. Kurkuas. Über I.' religiöse Interessen ist wenig bekannt, doch war er in Phlippopel mit einem starken armen. Bevölkerungsteil konfrontiert (vgl. seine Widerlegung des armen. Brauches, die Geburt Christi nicht am Weihnachtstag, 25. Dez., sondern an Epiphanie, 6. Jan., zu feiern).

I. hatte gute Kenntnisse der klass. und patrist. Lit. (Platon, Aristoteles, Pindar, Sappho, Johannes Chrysostomos u. v. a.); Prodromos nennt ihn »den zweiten Platon«. Auch rühmte sich I. seiner Kenntnisse in den naturkundl. Disziplinen wie Mechanik, Optik, Katoptrik, Theorie der Maße ('Metrike') und der Schwerkraft ('Kentrobarike'). Doch ließ sich die Hypothese, daß I. heliozentr. Vorstellungen vertreten habe, nicht belegen. I. war ein charakterist. Vertreter des byz. Intellektualismus. So versicherte er der Ksn. Irene, auf Beamtenstellen gehörten Intellektuelle, nicht aber illiterate »logariastai und pronoetai«. Er verspottete die genealog. Konstruktionen des Adels, der seine Ahnen auf mytholog. altgriech. Kg.e zurückführte, und propagierte »Feste der Logik«, bei denen »philosoph. Wildbret« zusammen mit »physiologischem Hasen« und »musikalischem Schwan« aufgetischt werden sollte.   A. Kazhdan

Ed.: M. I., Lettres et discours, ed. P. GAUTIER, 1972 – *Lit.:* Tusculum-Lex., 369f. [Ed.] – P. WIRTH, Wer ist der Verf. der Rede auf den Patriarchen Michael II. Kurkuas Oxeites?, BZ 55, 1962, 269–273 – U. CRISCUOLO, La politica orientale di Giovanni Comneno alla luce di nuovi testi di Michele Italico, Annali della facoltà di lettere e filosofia. Univ. Macerata 5–6, 1972–73, 541–552 – C. MORONE, La clausola ritmica in Michele Italico, JÖB 32, fasc. 3, 1982 – B. EASTWOOD–M. MARTIN JR., M.I. and Heliocentrism, Greek, Roman and Byz. Stud. 27, 1986, 223–230.

Itil (Atil), seit dem 7. oder 8. Jh. Hauptort und Mittelpunkt des →Chazaren-Khaganats am Unterlauf der Wolga (genaue Lage bisher ungeklärt), nachdem der Druck der arab. Expansion auf die chazar. Stützpunkte im Kaukasus-Vorland zu stark wurde. I. spielte eine wichtige Rolle bes. seit dem 9. Jh. als Schnittpunkt w.-ö. und n.-s. Handelswege. Nach den arab. geogr. Werken des 10. Jh. (Ibn Rustah, →Iṣṭaḫrī, →al-Mas'ūdī, →Ibn Ḥauqal u. a.) bestand. I. aus zwei Stadtteilen (auf beiden Ufern der Wolga): der ö. Teil diente als Kaufmannsstadt, der ummauerte w. als Residenz der chazar. Herrscher und Aufenthaltsort des Sippenadels. 965 wurde I. während des Feldzuges →Svjatoslavs Igorevič v. Kiev gegen das Chazaren-Khaganat zerstört, die Ruinen wurden vermutl. durch Verlagerung des Wolgalaufes fortgespült.   D. Ludwig

Lit.: D. LUDWIG, Struktur und Gesellschaft des Chaẓaren-Reiches im Licht der schriftl. Q. [Diss. masch. Münster 1982], 251–259 – s. a. Lit. →Chazaren.

Itinerar (von lat. itinerarium; 'Marschsignal, Wegweiser, -beschreibung; Reiseführer, -beschreibung': dieses von lat. iter, 'Weg, Gang, Reise, Marsch').

[1] *Zum Begriff:* 'I.' ist sowohl Terminus/Gattungsbe-

ITINERAR

zeichnung im Q. bereich als auch systemat.-method. ausgelegter Begriff wiss. Geschichtsforsch. In der Ausgestaltung des I.s als Forschungs- und Darstellungsinstrument begründete die dt. Mediävistik im 19. Jh. eine führende Rolle.

[2] *Das Itinerar als Quelle:* Im Q. bereich ist der Rückbezug der Mediävistik auf die röm., aus privatem wie offiziellem Bedarf erwachsenen I.ien eine Forderung sachimmanenter Kontinuität. Ursprgl. ist das wegbeschreibende I.ium die zum militär. Gebrauch bestimmte Marschroute, später Reisebuch (-plan, -erinnerung). Unter den »I.ia adnotata sive scripta« sind die »I.ia Antonini« (280–290 n. Chr.) als die umfänglichsten zu nennen. Zu den »I.ia picta« ist das singuläre Beispiel die »Tabula Peutingeriana«, eine vermutl. im 13. Jh. angefertigte Kopie einer röm. Straßenkarte (4. Jh. nach Chr.?). Die Karte des →Matthäus Paris (um 1250) bildet das ma. Gegenstück. Vielleicht geht auch die »Cosmographia« des →Geographus Ravennas (7.–9. Jh.?) auf eine I.-Karte zurück.

Für das MA sind die I.ien v. a. christl. bestimmt (Erzählungen über Pilgerfahrten und Kreuzzüge); daneben gibt es Reiseberichte/-erzählungen über polit.-diplomat. Missionen und kommerzielle Unternehmungen. Die Fülle der christl. I.ien unterteilt man herkömml. in Hinblick auf die Kreuzzüge in eine Vorperiode bis 1095, die Zeit der Kreuzzüge (1096 bis Ende 13. Jh.) und die spätma. Periode des 14. und 15. Jh. Eine abschließende Zäsur bildet die Reformation.

Unter den bedeutenderen Zeugnissen der Vorperiode sind zu nennen: Das »Onomastikon« des →Eusebius v. Kaisareia (331), das »I.ium Hierosolymitanum/Burdigalense« (333), das »I.ium Egeriae/Peregrinatio Aetheriae« (um 400/417–418), der Pilgerführer des →Theodosius Archidiaconus »De situ terrae sanctae« (um 525), der Bericht des gall. Bf.s →Arculf über seine 674 oder 685 erfolgte Reise, den uns →Adamnanus v. Iona vermittelt hat (»De locis sanctis«), die Schilderung der im ersten Drittel des 8. Jh. unternommenen Reise des hl. →Willibald durch eine Nonne des Kl. Heidenheim, das »Commemoratorium de casis Dei« (um 808), das »I.ium trium monachorum« des frk. Mönchs Bernhard (870).

Die anonym verfaßten »Gesta Francorum ...« (1096–99) sind für die Zeit der Kreuzzüge eine der bedeutendsten Q. der Gattung. Unter den Pilgerführern ragt der nach →Santiago de Compostela (»Liber Sancti Jacobi«, Mitte 12. Jh.) heraus. Bedeutend sind auch die Beschreibungen von →Petrus Diaconus (1. Hälfte 12. Jh.) und Theodoricus (Reise ins Hl. Land 1169 oder 1171), ebenso der Briefbericht des →Johann v. Würzburg über seine Pilgerfahrt (zw. 1160 und 1170). →Oliver, Bf. v. Paderborn (um 1170–1227), nahm am 5. Kreuzzug teil und schrieb in diesem Zusammenhang wichtige Werke: »Historia Damiaina«, »Descriptio terrae sanctae«, »Historia regum terrae sanctae«, »Historia de ortu Jerusalem«. Einer der bedeutendsten Autoren des 13. Jh. ist →Jakob v. Vitry. Burchard v. Barby (2. Hälfte 13. Jh.) verfaßte aus eigener Anschauung eine »Descriptio terrae sanctae« mit bedeutender Wirkungsgeschichte.

Für das SpätMA seien hier selektiv Reisende gen., die zugleich Verfasser von I.ien waren: Franciscus Pipinus (1319/20), Wilhelm v. Boldensele (1332–35), Heinrich d. Ä. v. Stolberg (1461), Koster Bernd (1463), Hans Tucher (1479), →Bernhard v. Breidenbach (1483), Felix Fabri (1483), →Arnold v. Harff (1496–98).

Ergiebige Beispiele von I.ien des 10.–14. Jh. mit polit.-diplomat. und wirtschaftsgesch. Relevanz liefern die Autoren →Liutprand v. Cremona (968), Geoffroy de Villehardouin (1198–1207), →Wilhelm v. Rubruk (1253–55), →Marco Polo (1271–92), Simon Semeonis (1323–24).

Fühlbare Forschungslücken bestehen bei den I.ien der Romreisen. Für diese species mag hier das I.ium der Romfahrt des Ebf.s Sigeric v. Canterbury (990) gen. werden. Zuwenig erforscht sind auch die jüd. I.ien. Ihre bisher bekannten Autoren geben v. a. wertvolle Aufschlüsse über jüd. Gemeinden in Europa, Nordafrika und Vorderasien sowie über jüd. Heiligtümer in Palästina: →Benjamin b. Jona v. Tudela (1160–73), Petachja aus Regensburg (1175/80), →Samuel ben Simson (1210), Jakob v. Paris (1258), Ischak Chelo ben Joseph (1333).

[3] *Das Itinerar als Forschungs- und Darstellungsinstrument:* In diesem Bereich ist das I. ein vorwiegend aus dokumentar. (grundsätzl. jedoch allen) Q. beständen abgeleitetes Konstrukt, das aus einem Kontinuum von Raum-Zeit-Daten den Reiseweg einer Person/Personengruppe ermittelt und ihn tabellar. und/oder kartograph. darstellt. Ein I. zweiter Ordnung hält die Häufigkeit, ggf. auch Dauer der Aufenthalte in bezug auf bestimmte Orte fest. In den Anfängen bildete die Q. grundlage vornehml. das Corpus der dt. Ks.- und Kg. surkk., deren Schlußprotokoll nach actum und datum – unter z. T. problemat. Prämissen – ausgewertet wird. Die I. forsch. erwuchs aus den Hilfswiss., insbes. der Diplomatik, und blieb ihnen auch im weiteren Fortschritt verbunden. Die Methode der Regestierung wurde durch J. F. BÖHMER auf das I. hingelenkt. Nach seinem Vorbild werden Regestenwerke fortan als tabellar. I.e gestaltet, wodurch nach BÖHMERS Intention ein Instrument der Q. kritik wie auch das zeitl. und räuml. Grundgerüst jegl. Geschichtserfassung entsteht. Das von L. RANKE initiierte Unternehmen der »Jbb. der dt. Gesch.« folgt ebenfalls einer itinerar. Leitlinie (»Herrscher-I.«). Mit verfeinerten Frageansätzen stößt die I. forsch. zunehmend in die Teildisziplinen der Wirtschafts- und Verkehrsgesch., der Sozial- und Verfassungsgesch., der Kirchengesch. und der Landesgesch. vor. Ihr Entwicklungsgang läßt sich kennzeichnen als Ausgang von der Frage nach der bloßen, positivist. aufgefaßten Befindlichkeit in Raum und Zeit, vorab als Prüfkriterium diplomat. Grundtatbestände, bis hin zur Frage nach der signifikanten örtl.-räuml. Präsenz hinsichtl. der Komplexe Herrschaft, Kirche, Wirtschaft und Gesellschaft. Das Reisekgtm., die ambulante Herrschaftspraxis des ma. Kgtm.s, ist das wesentl. Verfassungsmerkmal, von dem I. forsch. ausgeht, unter Einbeziehung der Problemkreise Pfalz, Residenz, Hauptstadt, Stadt/Zentraler Ort, Königsgastung (→servitium regis), personelles Umfeld. Hier ist – bes. im europ. Maßstab – sorgfältig nach Raum und Zeit zu differenzieren.

Als geschichtswiss. I. karten haben sich – mit Varianten/Kombinationen – zwei Typen herausgebildet: Das Reise/Weg-I. ist idealiter dem Kontinuum der Raum-Zeit-Daten streng verpflichtet. Das unterdessen dominierende Aufenthalts-/Frequenz-I. konzentriert sich nur noch auf Häufigkeit und zusätzl. – nach dem Vorgang von E. MÜLLER-MERTENS – auf die Dauer ortsbezogener Aufenthalte zur Herausarbeitung von themat. definierten Kernräumen. Ohne chronolog. und weitere Korrektive sind daraus gezogene Folgerungen zweifelhaft.   A. Heit

Q. *und Lit.:* E. MÜLLER-MERTENS, Die Reichsstruktur im Spiegel der Herrschaftspraxis Ottos d. Gr., 1980 – J. RICHARD, Les récits de voyages et de pélerinages, 1981 – Unterwegssein im SpätMA, hg. P. MORAW, 1985 – A.-D. VON DEN BRINCKEN, Kartogr. Q., 1988 – BENJAMIN V. TUDELA, Buch der Reisen (ins Dt. übers. von R.-P. SCHMITZ], 1988 – BRÜHL, Fodrum – Das geogr. Weltbild um 1300, hg.

P. MORAW, 1989 – Die Bedeutung der Kommunikation für Wirtschaft und Ges., hg. H. POHL, 1989 – G. BÖNNEN–A. HEIT, Mediävistik und horizontale Mobilität. I.forsch. im Bereich der ma. Gesch., 1990 [Bibliogr.].

Itinerarium Alexandri, an →Constantius II. gerichtete, nach 340 verfaßte anonyme Schrift, die dem Ks. Informationen für einen geplanten Perserkrieg liefern will, indem sie zwei vergleichbare frühere Feldzüge Alexanders d. Gr. und Trajans schildert. Erhalten ist nur der 1. Teil, eine Vita Alexanders, die sich in Sprache und Stil an die lat. Fassung des Alexanderromans des Iulius Valerius (→Alexander d. Gr. in Kunst und Lit. B. I[1]) anschließt.   J. Gruber
Ed.: A. MAI, 1817 – H. VOLKMANN, 1871 – H.-J. HAUSMANN [Diss. Köln 1970] – *Lit.*: H. TONNET, Revue d'Hist. des Textes 9, 1979, 243–254 – HAW VIII/5, 1989, 214f.

Itinerarium peregrinorum, Bezeichnung für zwei Kreuzzugschroniken: [1] älteres, kürzeres Werk (ohne Titel; in einer Hs. des 16. Jh. »Historia Hierosolymitana« gen.), schildert Vorgesch. und Verlauf des Dritten Kreuzzugs bis zum Tod Ebf. →Balduins v. Canterbury (19. Nov. 1190). Trotz pro-engl. Tendenz findet auch Ks. Friedrich I. hohes Lob, während Sultan →Saladin als Gipfel der Verruchtheit erscheint. Der Kampf um →Akkon wird mit demjenigen um Troja verglichen. Spätestens Anfang 1194 erhielt die Chronik ihre heutige Form. Der Autor, Engländer und Augenzeuge, eventuell mit →Joseph Iscanus ident. oder ein unbekannter Templerkaplan, plante wohl eine Forts.; [2] jüngeres Werk (Titel: »I.p.«, »Gesta regis Ricardi« o. ä.; nicht vor Ende Mai 1199, vielleicht erst nach 1216 abgeschlossen), beschreibt den Dritten Kreuzzug bis zum Ende und verherrlicht die Taten Kg. Richards I. v. England. In Buch 1 ist der Text der älteren Chronik mit geringen Änderungen übernommen und durch die »Estoire de la Guerre Sainte« des →Ambroise ergänzt. Die Bücher 2–6 sind als Übers. der »Estoire« zu bezeichnen, obwohl der Autor wohl auch die Chronik des →Roger v. Howden und einen unbekannten Teilnehmerbericht vom engl. Kreuzzug herangezogen hat. Autor ist vermutl. der Londoner Augustinerchorherr Richard, fünfter Prior v. Holy Trinity (1222–50), der in früheren Jahren vielleicht Templer, jedoch kaum Augenzeuge des Dritten Kreuzzugs war.   H. Möhring
Ed.: I.p. et gesta regis Ricardi, ed. W. STUBBS (Chronicles and Memorials of the Reign of Richard I, 1, 1864) – Das I.p., ed. H. E. MAYER (MGH Schr. 18, 1962) – *Lit.*: H. MÖHRING, Kreuzzug und Dschihad in der mediaevist. und orientalist. Forsch. 1965–85 (Innsbrucker Hist. Stud. 10/11, 1988), 382f. [Lit.].

Juan

1. J. de Dueñas, Dichter, * anfangs 15. Jh., † um 1460, zunächst am kast. Hof, dann im Dienst der Krone Aragón, Teilnehmer an der Schlacht v. Ponza (1435), bei der Belagerung v. Neapel (1437) gefangengenommen. Er gehörte zu einer Gruppe von Dichtern im Umkreis des aragones. Hofes in Neapel (→ Alfons I.). Seine Gedichte sind z. T. im →Cancionero de Stúñiga gesammelt, darunter Liebesgedichte in den techn. und sprachl. Konventionen höf. Lyrik (Allegorie in »Nao de Amores«, dramat. Streitgedicht in »El pleyto que ovo con su amiga«). Die »Misa de amor« steht in der Tradition der Parodie liturg. Texte (Bußps., Gebete, Litaneien u. a.). Einige Gedichte behandeln polit. Themen.   D. Briesemeister
Ed. und Lit.: Cancionero castellano del siglo XV, ed. R. FOULCHÉ-DELBOSC, t. 2, 1915, 195–204 – La poesías inéditas de J. de D., ed F. VENDRELL DE MILLAS, RABM 64, 1958, 149–240 – N. F. MARINO, Un exilio político en el siglo XV. El caso del poeta J. de D., Cuadernos Hispanoamericanos 139, 1985, Nr. 416, 139–151.

2. J. de Encina → Encina

3. J. Gil v. Zamora OFM, * um die Mitte des 13. Jh., † vor 1318, aus adliger Familie, Studium in Salamanca und Paris (ca. 1274–78), gelehrter Vielschreiber und Kompilator, Sekretär Kg. →Alfons' X., Prinzenerzieher, Franziskanerober der Prov. Santiago. Seine lat. Werke gingen z. T. nach der Säkularisierung des Franziskanerkonvents in Zamora 1834 verloren. Neben Predigten stehen theol. Abh. (»Liber Marie«, »Liber Iesu«, »Liber de miraculis Almiflue Virginis« u. a.). Zu den hist. Schr. gehören »De preconiis Hispaniae« (um 1280; span. Übers.: Bibl. des Marqués de Santillana, BN Madrid Ms. 10172), einige Kg.sbiogr. en und »De viris illustribus« (1281). Bes. Aufmerksamkeit widmete J.G. den Artes liberales (»De arte musica«; »Prosodion« (Lehrwerk zum Grammatikunterricht); »Dictaminis Epithalamium« (ältester ars dictaminis-Traktat aus Spanien, 1281). Von den enzyklopäd. Werken »Historia naturalis« und »Mare magnum« haben sich nur Frgm. erhalten. Seine lat. Gedichte sind von →Alanus ab Insulis beeinflußt. Sein »Officium metricum S. Mariae« und die Legendenerzählungen aus dem »Liber Marie« weisen Verbindungen zu den Cantigas Alfons' X. auf; J.G. wirkte an der Red. historiograph. Werke mit, die der Kg. in Auftrag gab. Sein umfangreiches Gesamtwerk stellt einen bedeutenden Beitrag dar zum lit. Aufschwung unter Alfons X. und Sancho IV.   D. Briesemeister
Ed. und Lit.: DÍAZ Y DÍAZ, passim – DSAM VI, 367–369 [Bibliogr.] – Officium Almiflue Virginis, ed. F. FITA Y COLOMÉ, Mon. antiguos de la iglesia Compostelana, 1882, 758–788 – Poesías inéditas, ed. DERS., BRAH 6, 1885, 379–409 – De preconiis Hispanie, ed. M. DE CASTRO Y CASTRO, 1955 – M. CASTRO, Las ideas políticas y la formación del príncipe en el »De preconiis Hispanie«, Hispania 22, 1962, 507–541 – CH. B. FAULHABER, Lat. rhetorical theory in 13th and 14th century Castile, 1973, 103–121 – M. CASTRO, El Tratado contra venena de Fray J.G. de Z., Archivo Ibero-americano 141, 1976, 3–118 – Dictaminis Epithalamium, ed. CH. FAULHABER, 1978 – H. MOTA MURILLO, El Ars musica de J.G. de Z., Archivo Ibero-americano 165/168, 1982, 651–701 – L. ALONSO, El Prosodion de J.G. de Z. (The Hist. of Linguistics in Spain, ed. A. QUILIS–H.-J. NIEDEREKE, 1986), 1–20 – F. RICO, Aristoteles Hispanus (Mitos, Folklore y Literatura, ed. A. EGIDO, 1987), 57–77.

4. J. de Lucena, Dr. iur. utr., Apostol. Protonotar, Drucker und Chronist der Kath. Kg.e, * um 1430, † 1506, eine der interessantesten Gestalten des geistl. Lebens Spaniens im späten 15. Jh., wahrscheinl. aus einer converso-Familie (Soria?) stammend, hielt sich ztw. in Italien auf (u. a. im Umkreis von Enea Silvio Piccolomini). Im »Libro de vita beata« (1463 in Rom; Druck 1483) adaptiert er den Dialog »De vitae felicitate« des Bartolomeo →Facio auf kast. Verhältnisse. Die »Carta exortatoria a las letras« greift in die frühhumanist. Diskussion um die Bildungsideale in Spanien ein. Der »Tractado de los gualardones« (1482/92) erörtert Fragen der Heraldik. 1503 geriet er als erster span. Humanist mit der Inquisition in Schwierigkeiten.   D. Briesemeister
Ed. und Lit.: Opúsculos literarios de los siglos XIV a XVI, ed. A. PAZ Y MELIA, 1892, 105–217 – Testi spagnoli del sec. XV, ed. G. M. BERTINI, 1950, 97–182 – M. MORREALE, El tratado de J. de L. sobre la felicidad, Nueva Revista de Filología Hispánica 9, 1955, 1–21 – R. LAPESA, De la edad a nuestros días, 1967, 123–144 – A. ALCALA, J. de L. y el pre-erasmismo español, Revista Hispánica Moderna 34, 1968, 108–131 – O. DI CAMILLO, El humanismo castellano del siglo XV, 1976, 244–261 – J. N. H. LAWRANCE, Humanism in the Iberian Peninsula (The Impact of Humanism on Western Europe, ed. A. GOODMAN–A. MACKAY, 1990), 246f.

5. J. Manuel, Infante, Autor, * 5. Mai 1282 Escalona, † 13. Juni 1348, Enkel Ferdinands III. und Neffe Alfons' X. v. Kastilien, führte die Regentschaft für den minderjährigen Alfons XI. und war in die intrigenreiche Politik seiner Zeit verwickelt. Trotz bewegter Lebensumstände verfaßte der charakterl. schwierige Prinz zahlreiche Werke, deren Hss. er einem von ihm in der Nähe seiner Burg Peñafiel erbauten Dominikanerkl. zur Bewahrung anvertraute. Der um sein Werk und die Aufgabe des Schreibens so selbstbewußt besorgte J.M. wurde als erster span. Autor von Barnabò da Modena porträtiert (Kathedrale Murcia). Seine lyr. Dichtung (»de Libro de las cantigas«) ging zusammen mit »Reglas de trovar« (älteste Poetik der span. Lit.) verloren. Nicht mehr erhalten sind ferner: »Libro de la cavalleria«, »Crónica conplida«, »Libro de los sabios«, »Libro de los egennos«. In seinem bekanntesten und nachhaltig weiterwirkenden Werk »El libro de los enxiemplos del Conde Lucanor et de Patronio« (1335) werden im Rahmen eines Gesprächs mit Fragen und Antworten zw. Meister und Schüler anhand von 51 Exempelerzählungen (Fabeln, Märchen, 'Novellen', Schwänken, Anekdoten [zumeist aus europ. und orient. Überlieferung]) Probleme gleichsartig erläutert und gelöst. Auch der »Libro del cavallero et del escudero« (1326) verwendet zur Vermittlung einer Fülle von Wissensstoff das Frage-Antwort-Schema. Das Werk beruht u. a. auf lat. enzyklopäd. Darstellungen, Werken Alfons' X., dem »Lucidario« und v. a. »Llibre del orde de la cavalleria« des →Raimundus Lullus. Der »Libro infinido« (»Libro de los castigos o consejos que fizo para su fijo«) richtet sich als Art Fs. enspiegel an den eigenen Sohn Fernando mit geistl. und weltl. Ratschlägen, wie sie die Weisheitslit. der Zeit häufig vermittelt. J.M. greift dabei auf sein »Libro de los estados« zurück, einen Spiegel der Gesellschaft jener Zeit und bietet eine Bearb. des Barlaam-Stoffes. Die »Cronica abreviada« (nach 1337) resümiert die alfonsin. »Estoria de España«. »El Libro de la caça« handelt von der Beizjagd. Im »Tractado de la Asunçion« (1342) befaßt sich der Laie J.M. mit dem theol. Problem der Aufnahme Marias in den Himmel. Im »Libro de las armas« stellt der Infant selbstbewußt die Gesch. seiner Vorfahren dar. D. Briesemeister

Ed. und Lit.: BLH II, 1986³, 290–317 – GRLM V, 1/2, fasc. 2, 137–151; IX, 2, fasc. 4, 16–18 – Obras, ed. P. DE GAYANGOS, 1860 (= BAE 51) – D. DEVOTO, Introducción al estudio de Don J.M., 1972 – J.M. Stud., ed. I. MACPHERSON, 1977 – Don J.M., VII centenario, 1982 – Obras completas, ed. J. M. BLECUA, 1982–83 – Textos y concordancias de la obra completa de J.M., ed. R. AYERBE-CHAUX, 1986 [Mikrofichen].

6. J. de Mena, Dichter, Gelehrter, * 1411 Córdoba, † 1456, schon von den Zeitgenossen als führende Gestalt und sprachl. Autorität anerkannt; nach Studien in Salamanca und Rom secretario de cartas latinas und kgl. Geschichtsschreiber Johanns II. v. Kastilien. Mit dem Fall seines Gönners Alvaro de →Luna (1453) und dem Tod des Herrschers (1454) endete seine höf.-polit. Laufbahn. Um 1442 übersetzte er Homers Ilias (»Omero romançado«), nach der Ilias Latina). Sein Hauptwerk »Laberinto de Fortuna« (oder »Las trezientas [stanzas]«), ein schwieriges allegor.-danteskes Gedicht in der it. Form der terza rima, widmete er 1444 dem Kg. Das Gedicht »Coronación« (1438; Druck 1499) ist eine Huldigung an den Marques de Santillana in allegor. Form, zu dem J. de M. einen Prosakomm. verfaßte. Das unvollendete Spätwerk »Coplas de los siete pecados mortales« wendet sich mit ma. moralist. Vorstellungen an ein breiteres Publikum. Aus der späteren Zeit stammt auch das formal-sprachl. experimentierende Gedicht »Claro-escuro«. Die früheren, meist kurzen Verskompositionen stehen in der Tradition der höf. Cancionero-Dichtung. J. de M.s Bedeutung liegt im Versuch der Schaffung einer neuen Sprache für die kast. Dichtung, er galt als Klassiker, wie die gelehrt komm. Ausg. des »Laberinto« (Hernán Núñez, 1499; Francisco Sánchez de Brozas, 1582) zeigen. D. Briesemeister

Ed. und Lit.: BLH² III, 4214–4326 – El Laberinto de Fortuna ..., ed. J. M. BLECUA, 1943 – Las CCC (Sevilla 1496), 1955 [Faks.] – Coplas de los siete pecados mortales (Salamanca 1500), 1957 [Faks.] – La coronación, ed. F. DELGADO LEON, 1978 – M. R. LIDA DE MALKIEL, J. de M. poeta del prerrenaimiento español, 1984².

7. J. de Padilla → Padilla

8. J. (Johannes) **de Palomar,** span. Theologe auf dem Konzil v. →Basel, genaue Lebensdaten unbekannt; ausgebildet in zivilem und kanon. Recht, Archidiakon in Barcelona, Auditor causarum sacri palatii in Rom (seit Nov. 1430) und Kaplan Papst Eugens IV. (1431–47). 1431 eröffnete er zusammen mit →Johannes v. Ragusa in Vertretung des päpstl. Legaten →Cesarini das Konzil v. Basel. Als Auditor Cesarinis vertrat er im allg. die päpstl. Position, besaß aber auch das Vertrauen des Konzils. In den Verhandlungen mit den Böhmen zeigte er sich konziliant. 1436 wurde er auch Mitglied der Konzilsdelegation Alfons' V. v. Aragón. Als das Konzil 1437 auseinanderbrach, ging er an die Kurie und verteidigte die Translation des Konzils nach Ferrara (→Ferrara-Florenz).

Werke: »Dialogus inter Jacobum et Johannem« (ed.: Concilium Basiliense I, 1896, 183–189); »De civili dominio clericorum (Responsio ad quartum articulum Bohemorum)« (ed.: MANSI XXIX, 1105–1168); »Pro temporalitate et iurisdictione ecclesiae et pro defensione eiusdem« (ed.: MANSI XXXI, 197–206); »Quaestio cui parendum sit, an Eugenio IV, an concilio Basiliensi« (J. v. DÖLLINGER, Materialien zur Gesch. des 15. und 16. Jh., 1863, 414–441). Dazu kommen zahlreiche nur hs. überlieferte Werke, u. a. »De esu carnium«, »De excommunicatione regulari«, »De communione sub utraque specie«.

K. Reinhardt

Lit.: DHEE III, 1872; Suppl. I, 208f. – DThC VIII, 796f. – LThK² V, 1067 – Rep. de Hist. de las Ciencias Eclesiásticas en España I, 1967, 420; II, 1971, 198 – N. ANTONIO, Bibl. Hispana Vetus II, Madrid 1696, 223–225 – H. SANTIAGO OTERO, J. de P., Manuscritos de sus obras en la Staatsbibl. de Munich, Revista Española de Teología 33, 1973, 47–57 – W. KRÄMER, Konsens und Rezeption, 1980, 306–309 – J. HELMRATH, Das Basler Konzil 1431–1449, 1987, passim.

9. J. Parente → Parente

10. J. Pedro (Joan Peire), Bildhauer, führender katal. Meister, † wohl 1445 in Zaragoza. Werke: Statue des Erzengels Raffael an der Fassade der Casa del Consejo municipal in Barcelona, von 1400, Gruppe des hl. Georg zu Pferd an der Balustrade der Diputación de la Generalidad de Cataluña in Barcelona 1418, wegen ihrer Qualität mit der doppelten Summe von 10 aragones. Goldgulden bezahlt, 1425–36 Hochaltar der Kathedrale von Tarragona mit Statuen und Reliefs in Alabaster. Am Hochaltarretabel für die Séo in Zaragoza 1441–45 an der unteren Partie tätig.

A. Reinle

Lit.: THIEME-BECKER XIX, 281f. – TH. MÜLLER, Sculpture in the Netherlands, Germany, France, and Spain 1400 to 1500, Pelican Hist. of Art, 1966, 54, 148.

11. J. Rodriguez del Padrón OFM (J. R. de la Cámara), Dichter, * 1390 El Padrón (Galicien), † um 1450, aus niedriger Adelsfamilie, Höfling unter Kg. Johann II. v. Kastilien und im Dienst von Kard. Juan de Cervantes, 1445 Eintritt in das Franziskanerkl. El Herbón (La Coruña). Seine Gedichte sind v. a. im »Cancionero de Baena« und im »Cancionero General« überliefert. Der Prosatraktat »Triunfo de las donas« steht im Zusammenhang mit den in der kast. Lit. des 15. Jh. verbreiteten Streitschr. für oder wider die Frauen. Zwei Abh. über Heraldik (»Oriflama«) bzw. über die galic. Adelsgeschlechter sind nicht erhalten. Teile der Heroides von Ovid übertrug J.R. in »El bursario«. In »El siervo libre de amor« (Darstellung einer unglückl. Liebe mit psycholog.-allegor. Deutung der Seelenzustände, in Ich-Form) mischen sich Prosa und Vers, Dialog und Brief, Erzählung und autobiogr. Bericht. Die im 3. Teil eingeschobene »Estoria de dos amatores Ardanliec e Liesa« endet nach dem Beispiel der Ines de Castro-Biogr. mit dem gewaltsamen Tod der Liebenden.

D. Briesemeister

Ed. und Lit.: GRLMIX, 2, 4, 28f. – Obras, ed. A. Paz y Melia, 1884; ed. C. Hernández Alonso, 1982 – Siervo libre de amor, ed. A. Prieto, 1976 und 1986 – M. R. Lida de Malkiel, J.R. del P., vida y obras, Nueva Revista de filologia hispanica 6, 1952, 313–351 – Dies., J.R. del P.: influencia, ebd. 8, 1954, 1–38; Erg. ebd. 14, 1960, 318–321 – C. Samona, Per una interpretazione del Siervo libre..., Studi ispanici 1, 1962, 187–203 – D. Cvitanovic, El tratadismo en J.R. del P., Cuadernos del Sur 11, 1971, 25–36 – M. S. Gilderman, J.R. de la C., 1977 – O. T. Impey, La poesia y la prosa del Siervo libre..., Medieval, Renaissance and Folklore Stud., 1980, 171–187 – T. Gonzalez-Rolán – T. und P. Saquero Suarez, Las cartas originales de J.R. del P., Dicenda 3, 1984, 39–72 – J. Dagenais, J.R. de P.'s translation of the Lat. Bursarii, Journal of Hispanic Philology 10, 1986, 117–139.

Jubeljahr → Hl. Jahr

Jubilus → Messe, → Mystik

Judaisierende, Bezeichnung für eine religiös-soziale Bewegung, die im letzten Viertel des 15. Jh. in NW-Rußland, v. a. in den noch nicht in das Gfsm. Moskau eingegliederten Städten →Novgorod und →Pskov, entstand. Die 'J.n' *(židovstvujuščie)* erhielten ihren Namen u. a. wegen der ihnen zugeschriebenen Verbindung mit einem angebl. Juden von der Krim namens Zacharija. Namhafte orth. Gegner der 'J.n' waren Ebf. →Gennadij v. Novgorod, der Mönch Sava aus einem Dreifaltigkeitskl. in Karelien und →Josif Volockij, der seine Hauptschrift »Prosvetitel' ili obličenie eresi židovstvujuščich« der Widerlegung dieser 'Häresie' widmete. Wegen der Förderung der 'J.n' durch einflußreiche Kreise, sogar am Hofe Ivans III. v. Moskau, griff die Kirche zu härteren Repressionsmaßnahmen und verurteilte die 'J.n' auf den Moskauer Synoden von 1491 und 1504. – Aus dem Kreise der 'J.n' stammt der sog. »Laodikener Brief«, eine (durch Buchstabensymbolik) verschlüsselte Darlegung philos. Begriffe, die als Werk des Hofbeamten Fedor Vasil'evič Kuricyn († um 1500) gilt. Wahrscheinl. im selben Umkreis entstanden auch Bibelübers. (Bücher Ruth, Esther), die Berührungen mit dem hebr. Text aufweisen. Gemeinsam mit judaisierenden Tendenzen bekämpfte Ebf. Gennadij auch chiliast. Auffassungen, wie sie z. B. in der kalendar. Abhandlung eines Emmanuel ben Jakob, »Šestokryl«, zum Ausdruck kamen. Allgemein ist der philos. Charakter der aus dem Kreis der 'J.n' stammenden aruss. Schriften hervorzuheben, die stärker mit vorreformator. Bewegungen des w. Europa als mit bogomilischen Strömungen in Verbindung stehen.

Ch. Hannick

Lit.: DHGE XX, 480–483 – EJud IX, 520–522 – V. Strojev, Zur Herkunftsfrage der 'J.n', ZSlPh 11, 1934, 341–345 – N. A. Kazakova – Ja. S. Lur'e, Antifeodal'nye eretičeskie dviženija na Rusi XIV – načala XVI v., 1955 – A. I. Klibanov, Reformacionnye dviženija v Rossii v XIV – pervoj polovine XVI vv., 1960 – Ja. S. Lur'e, Ideologičeskaja bor'ba v russkoj publicistike konca XV – načala XVI v., 1960 – D. Tschižewskij, Aruss. wiss. Lit. und die 'J.n', WSl 11, 1966, 353–366 – Ders., Eine weitere Übers. der 'J.n', Russia mediaevalis 2, 1975, 162 – E. Hösch, Zur Frage balkan. Hintergründe aruss. Häresien, Saeculum 27, 1976, 235–247 – F. v. Lilienfeld, Das 'Laodikijskoe poslanie' des gfsl. D'jaken F. Kuricyn, JbGO 24, 1976, 1–22 – Russkij feodal'nyj archiv XIV – pervoj treti XVI veka, II, 1987, 254–258 (Nr. 78) – A. I. Pliguzev – I. A. Tichonjuk, Poslanie Dmitrija Trachaniota novgorodskomu archiepiskopu Gennadiju Gonzovu o sedmeričnosti scislenija let (Estestvennonaučnye predstavlenija Drevnej Rusi, 1988), 51–75.

Judas (Ischariot), einer der zwölf →Apostel. Er murrt bei der Salbung Jesu in Bethanien gegen die Verschwendung (Joh 12, 1–11), wird beim letzten Abendmahl durch einen Bissen Brot als Verräter entlarvt (Joh 13,21–30), verrät Jesus für 30 Silberlinge durch einen Kuß am Ölberg (Mt 26,14–16; 47–50), versucht vergebl., den Hohenpriestern das Geld zurückzugeben, und erhängt sich (Mt 27,3–10) oder stürzt zu Tode, wobei seine Eingeweide herausfallen (Apg 1,16–18). Diese Ereignisse stehen fast alle in Zusammenhang mit dem Leiden Christi, dessen und damit auch der Judaskuß werden erst in der zweiten Hälfte des 4. Jh. Bildthema (→Passionsbilder). Der wohl frühesten erhaltenen Darstellungen der Kreuzigung Christi ist antithet. der an einem Baum erhängte J. beigesellt; am Boden rollen die Münzen aus seinem Beutel (Elfenbeinkästchen, London, Brit. Mus., frühes 5. Jh.; weitere Beispiele: Jursch). Im 6. Jh. sind auch Abendmahlsbilder mit J. entlarvung und Bilder des Versuchs der Geldrückgabe belegt (Ravenna, S. Apollinare nuovo; Cod. Rossanensis). In den frühen Bildern ist J. kaum bes. negativ gezeichnet, was auch in den nicht sehr zahlreichen Denkmälern der nachikonoklast. ö. Kunst beibehalten blieb. Dagegen nimmt in der w. Kunst des MA das Bild des J. sehr verächtl. Züge an: z. B. jüd. Negativphysiognomie, rotes Haar, gelbes Gewand, fehlender oder schwarzer Nimbus und herausquellende Eingeweide des Gehängten, dessen Seele bisweilen buchstäbl. der Teufel holt. Das Motiv des offenen Leibes des gehängten J. vereinigt die beiden überlieferten Todesarten; es findet sich auch in der →Legenda aurea, die den ntl. Angaben über J. eine ausgedehnte Biogr. mit Vatermord und Mutterehe vorausschickt. Auch in der Hölle bei Weltgerichtsbildern erscheint J. als Gehängter (z. B. Westportaltympanon von Ste-Foy in Conques-en-Rouergue). Die Bezeichnung des J. als Dieb (Joh 12,6) erklärt Abendmahlsbilder, in denen J. einen →Fisch stiehlt (z. B. Klosterneuburger 'Altar').

J. Engemann

Lit.: LCI II, 444–448 – RByzK III, 665–668 – O. Goetz, »Hie henckt J.« (Form und Inhalt... [Fschr. O. Schmitt, 1950]), 105–137 – H. Jursch, Das Bild des J. Ischarioth im Wandel der Zeiten, Akten VII. Internat. Kongr. Chr. Archäologie, 1965, 565–573.

Judas Ischarioth, Jünger Christi ('der ihn verriet'). Seine teils phantast.-apokryphe, teils bibl. begründete Legende breitet sich seit dem 12. Jh. wohl von Frankreich her in mehreren Prosa-Fassungen aus und wurde bes. durch →Jacobus de Voragine, Legenda aurea c. 45, bekannt. Drei lat. Versfassungen sind vermutl. in Deutschland entstanden (Walther Nr. 2056: 137 eleg. Distichen mit Akrostichis »Borchardus finxit me«, wohl 13. Jh.; Nr. 1685, richtig: »Auctorum veterum«, 256 Hexameter, vor 1380; Nr. 4440: 909 Hexameter in 3 B., 13. Jh.). Danach wurde J.I. von seinen Eltern Ruben und Ciborea wegen eines unheilverkündenden Traumes nach der Geburt ausgesetzt und von einer Kg. stochter aufgezogen. Als Mörder ihres leibl. Sohnes floh er in den Dienst des Pilatus (hier berühren sich Judas- und Pilatus-Legende), erschlug seinen Vater, heiratete seine Mutter und wandte sich schließlich bußwillig an Jesus. Die Forts. dieses apokryphen Teiles stützt sich auf die Evangelien; eine lat. Versfassung fügt als 3. Buch die Begegnung des hl. →Brendan mit dem Verdammten, also einen Blick in das Geschick des J.I. nach seinem Tode hinzu (stärker abweichend die Prosa-Version A).

P. Chr. Jacobsen

Ed.: A. Heinrich, Johannes Rothes Passion, 1906, 165–172 – P. F. Baum, The Medieval Legend of J.I., PMLA 31, 1916, 481–632 – P. Lehmann, Erforsch. des MA II, 1959, 229–285 – Lit.: Verf.-Lex.² IV, 882–887.

Judas Maccabaeus → Neun gute Helden

Jude v. Solms → Hesse

Juden, -tum
A. Siedlungs-, Sozial- und Wirtschaftsgeschichte des aschkenasischen Judentums – B. Geistes- und Kulturgeschichte – C. Byzantinisches Reich.

A. Siedlungs-, Sozial- und Wirtschaftsgeschichte des aschkenasischen Judentums
I. Allgemeines – II. Siedlungs- und Sozialgeschichte – III. Gemeindeorganisation – IV. Wirtschaftsgeschichte.

I. ALLGEMEINES: Mit der Entwicklung des aschkenas. J.s im Früh- und HochMA entstand neben dem babylon. und sefard. (→Sefarden) ein dritter jüd. Kulturkreis, der sich trotz grundsätzl. kultureller Gemeinsamkeiten in Kultgebaren, Umgangssprache, wirtschaftl. Tätigkeit, sozialem Status und bes. im Verhältnis zur chr.-lat. Umwelt (→Judenfeindschaft) mit der Zeit eine klare Eigenidentität schuf. Diese sollte in der weltgesch. Dimension bes. bis ins 20. Jh. allererste Bedeutung erhalten. Der bibl. Name (Gen 10,4; Jer 51,27) 'Aschkenas' für die J. Nordfrankreichs und Westdeutschlands und danach in Ableitung für deren nach Osteuropa und Italien gewanderte Nachkommen ist erst seit dem 14. Jh. belegt. Im 10. bis 12. Jh. trifft man noch auf die Bezeichnung 'Lothir', ein sprechendes Zeugnis für den Stellenwert des karol. Kerngebietes auch in der Entwicklung des aschkenas. J.s (→Frankreich, E). Demnach umfaßt Aschkenas das J. in Ost- und Nordfrankreich (→Frankreich, D) mit seinem engl. Ableger (→England, J), in Flandern und den Niederlanden, im Dt. Reich (→Deutschland, I) mit Schweiz und Österreich, in Böhmen, Mähren, Polen-Litauen sowie Nord- und Mittelitalien (soweit aus Aschkenas und nicht aus Süditalien und Sizilien gebürtig; →Italien, D). Problemat. bleibt die Abgrenzung nach S bes. in Frankreich, die nur fallweise aufgrund der Kultgebarens einzelner Gemeinden vollziehbar ist und oft durch übergreifende Familienbande durchbrochen wurde.

II. SIEDLUNGS- UND SOZIALGESCHICHTE: Die spätantike jüd. Siedlung, etwa in Köln, hat im Gegensatz zu den Gemeinden der nördl. Mittelmeerküste und der Iber. Halbinsel nicht die Stürme der Völkerwanderung und germ. Staatenbildung überstanden. Im frk. FrühMA erscheinen J. gelegentl. in nichtjüd. Q., innerjüd. Zeugnisse fehlen gänzlich. Außerhalb Südfrankreichs und des Rhônetals ist zweifelhaft, ob die Erwähnungen in der polemisch ausgerichteten Konziliargesetzgebung auf eine wirkliche Anwesenheit von J. schließen lassen. Die jüd. Großhändler eines Gregor v. Tours dürften mit Sicherheit aus dem südl.-sefard. Raum stammen. Eine echte und dauernde Ansiedlung ist erst seit dem 9./10. Jh. zu verfolgen, nicht zufällig in den Ballungsräumen karol., dann kapeting. und otton. Machtentfaltung. Diese Ansiedler kamen, oft auf Einladung, offensichtl. aus Südfrankreich, einer glaubhaften Tradition zufolge auch aus Italien (Lucca). Bis zum ausgehenden 11. Jh. etablierten sich, meistens um einige herausragende Großhändler- und Gelehrtenfamilien geschart, Gemeinden in der Champagne und der Normandie, im Rheinland und an der Elbe, in Prag und in Regensburg, nach 1066 auch in London. Trotz des fürchterlichen Aderlasses der Kreuzzugspogrome sah das 12. Jh. eine weitere Durchdringung Mittel- und Nordfrankreichs (mit Ausläufern nach England – York, Norwich) wie auch des Rheinlandes und des Elsaß, mit ersten Gemeinden in Hessen, Franken und Österreich. Bes. im 13. Jh. ist die jüd. Bevölkerung im Dt. Reich stark gewachsen, nicht jedoch im W, wo unter dem Druck der Obrigkeit eine rückläufige Tendenz begann. Diese manifestierte sich in blutigen Verfolgungen und dann in den großen Ausweisungen aus England (1290) und dem Kgr. Frankreich (1306; 1315 teilweise zurückgenommen; 1322 erneuert; endgültig 1394/95). Die Flüchtlinge aus England ließen sich vorübergehend in Frankreich nieder, die frz. J. dann im dt. Bereich, wie an den Herkunftsnamen ablesbar ist. Im SpätMA blieb nur mehr Dtl. mit Böhmen, Mähren und Österreich den J. offen, jedoch auch hier begann eine Kette von lokalen und regionalen Verfolgungen und Ausweisungen, die das aschkenas. J. seit Mitte des 14. Jh. erneut auf die Wanderung schickte, in kleinen Zahlen ins Hl. Land, nach Nord- und Mittelitalien und bes. nach Osteuropa. Die Reaktion auf den anhaltenden Druck läßt sich im dt. Raum auch in Form einer andauernden Binnenwanderung verfolgen, in deren Verlauf kleine Gemeinden entstanden, um nach wenigen Jahren wieder zu erlöschen. Seit dem ausgehenden 15. Jh. ist das Gros des aschkenas. J.s im O Europas angesiedelt, die ma. Existenz in wohlorganisierten städt. Gemeinden zu Ende. An ihre Stelle tritt im O eine ernaute Wachstumsphase, in Dtl. beginnt die Zeit der Kleinst- und Landgemeinden bzw. der Hofjuden. Die Bevölkerungsziffern des aschkenas. J.s bleiben immer klein. In den Anfängen sind sie als winzig zu bezeichnen, aber auch im 13. Jh. in Frankreich und im frühen 14. Jh. in Dtl. zählte eine Großgemeinde nur selten mehr als um die 1000 Seelen. Die aus Steuer- und Stadtbürgerlisten gewonnenen Zahlen schließen jedoch nicht die zahlenstarke Unterschicht der Hauslehrer, Knechte, Mägde und Gemeindebediensteten ein, auch nicht die sehr mobilen Studenten der Talmudakademien. Die Zweiteilung zw. obrigkeitl. privilegierten Waren- und Geldhändlern einerseits, aus deren Reihen sich bis zum SpätMA auch die geistige Führung der Gelehrten und Rabbiner rekrutierte, und den in ihrem Lebenserwerb und Aufenthaltsrecht von den ersteren Abhängigen andererseits blieb grundlegend für die soziale Schichtung. Sie fand Ausdruck in wiederholten Spannungen, faßbar etwa im sozialen Ethos des »Buches der Frommen« (→Ḥasidismus). Ebenso konstitutiv für das aschkenas. J. waren die noch im FrühMA abgeschlossenen Prozesse der Urbanisierung und des Übergangs zur Monogamie.

III. GEMEINDEORGANISATION: Sehr früh, noch vor der Entwicklung des nordwesteurop. städt. Kommunalismus, wußte das aschkenas. J. effiziente Formen der Gemeindeorganisation auszubilden (→Gemeinde, jüd.). Sie beruhten einerseits auf der Notwendigkeit der innerjüd. Solidarität, ideell ausgedrückt im Gedanken einer grundsätzl. Gleichheit Israels, konkret in der immer neu ausgefochtenen Problematik der Steuerumlage. Andererseits zog die jüd. Gemeinde ihre Kraft aus der ungebrochenen Kontinuität des talmud. Rechts, das im innerjüd. Bereich sämtl. Lebensaspekte regelte oder zumindest regeln sollte. Die staunenswerte Vitalität jüd. Gelehrsamkeit ist nur vor dem Hintergrund der Herausforderung durch das Leben in einer sich rasch verändernden Umwelt zu verstehen, auf die das J. in erster Linie durch die Entwicklung einer traditionell orientierten autonomen Kultur- und Sozialsphäre reagierte. Neben den aus nichtjüd. Q. ablesbaren Institutionen eines →»Judenbischofs« oder »Judenrates« nennen die hebr. Q. Armen- und Gästehäuser, Versorgung von Witwen und Waisen, Spenden für Jerusalem und die Organisation der Gelehrsamkeit in Akademien, Lehrern und Studenten, die zugleich als Gerichtshöfe fungierten *(Bet Din)*. Diese letzteren waren zumeist nur lokal wirksam, immer jedoch gab es den länderumfassenden Ruf angesehener Gelehrter (→Responsen), im 12./13. Jh. in Frankreich und im Rheinland auch überregionale Rabbinersynoden.

IV. WIRTSCHAFTSGESCHICHTE: Dem aschkenas. J. fehlte von Anfang an die breite berufl. Streuung (Landwirtschaft, Handwerk, Handel), die das sefard. und bes. das babylon. J. kennzeichnete. Die ersten aschkenas. J. ließen sich an d. Brennpunkten der polit. Macht als internat. Warenhändler nieder, begünstigt durch ihre Verbindungen zu Glaubensbrüdern im islam. Spanien und im Mittleren Osten (Rhadaniten; →Fernhandel). Als solche waren sie vom 9. bis zum späten 11. Jh. ein begehrtes, privilegiertes und oft zeitl. erstes Element der städt. Bevölkerung, dabei aber auch schon kirchl. angefeindet (→Agobard v. Lyon). Bes. der →Sklavenhandel über die slav. und islam. Grenzen hinweg scheint ebenso lukrativ wie spannungsreich gewesen zu sein, daneben finden sich als Haupthandelswaren Kleinodien, Waffen, Stoffe sowie Pelze aus Rußland, zusammen mit Geldgeschäften und Darlehen, als durchaus üblicher Aspekt der Ökonomie der weltl. und kirchl. Oberschichten. Die Wachstumsprozesse des HochMA ließen allmähl. den relativen Vorteil der J. im Handel zurückgehen. Der wirtschaftl. Strukturwandel Europas (Urbanisierung, Kommerzialisierung, Monetarisierung, West-Ost-Gefälle), zusammen mit dem seit dem 12. Jh. immer schärfer gehandhabten kirchl. →Zinsverbot, machte die J. zunehmend von Waren- zu Geldhändlern. Ein gewisser Übergang ist in der Tätigkeit von J. als Münz- und Zollpächtern im Auftrag chr. Herrscher zu sehen. Mit dem SpätMA ist der Strukturwandel zum Geldgeschäft als ausschließl. Lebenserwerb der J. abgeschlossen. Gleichzeitig sinkt dieses sozial ab, an die Stelle der aristokrat. Kunden treten nunmehr die Mittel- und Unterschichten. Die jüd. Getreide- und Viehhandel im spätma. Mittel- und NO-Europa dürften verbreiteter gewesen sein, als vorläufig quellenmäßig greifbar ist, und entsprechen der zur frühen Neuzeit überleitenden Wandlung der Siedlungsstruktur. Geschichtsgestaltend blieb jedoch das aus nur einem Abschnitt der Gesch. gewonnene Bild des jüd. Shylock. M. Toch

Lit.: J. ARONIUS, Regesten zur Gesch. der J. im frk. und dt. Reich, 1902 – GJ, I–III, 1963²–87 – H. GROSS, Gallia Judaica, 1969² – G. CARO, Sozial- und Wirtschaftsgesch. der J. im MA und der Neuzeit, 1908–20 – S. BARON, The Jewish Community, 1942 – I. AGUS, The Heroic Age of Franco-German Jewry, 1969 – R. CHAZAN, Medieval Jewry in Northern France, 1973 – M. TOCH, Die soziale und demograph. Struktur der jüd. Gemeinde Nürnbergs im Jahre 1489 (Fschr. H. KELLENBENZ, hg. J. SCHNEIDER, V, 1981), 79–91 – J. SHATZMILLER, Shylock Reconsidered, 1990.

B. Geistes- und Kulturgeschichte

I. Frühmittelalterliche Grundlagen – II. Erwählungstheologie und Messianismus – III. Bedeutung des Religionsgesetzes – IV. Orientalisch-spanisches und aschkenasisches Judentum.

I. FRÜHMITTELALTERLICHE GRUNDLAGEN: Die geistig-kulturelle Identität des frühma. J.s außerhalb Palästinas und des Zweistromlandes liegt so gut wie völlig im dunkeln. Mehr als die äußere Tatsache, daß es das Alte Testament (in welcher Sprache?) als Glaubensurkunde anerkannte und dessen christolog. Auslegungen durch die Kirche ablehnte, läßt sich nicht aussagen. Dann aber setzt – vermutl. seit dem 8. Jh. – ein in seinem konkreten Ablauf bis heute eigtl. ungeklärter Prozeß ein, der zur Rabbinisierung des gesamten Diasporaj.s im Bereich und Umfeld des Mittelmeerraumes führte, wohl gegen 850 weitgehend abgeschlossen war und nur in seinen Ergebnissen faßbar ist. Dieser Prozeß führte nämlich zur Übernahme der palästinens. jüd. Theologie zum einen, wie sie die Midraschliteratur (→Midrasch) entfaltete, und zur Übernahme des Talmuds zum anderen, der die Rechts- und Sozialbeziehungen der jüd. Gemeinschaft nach innen wie nach außen nachhaltig strukturierte. Dabei setzte sich der babylon. Talmud mehr durch als sein palästinens. Gegenstück (→Talmud).

II. ERWÄHLUNGSTHEOLOGIE UND MESSIANISMUS: Die Übernahme der rabbin. Q. (und der hebr. Bibel!) schuf in allen Diasporagemeinden ein prinzipiell einheitl. jüd. Selbstverständnis, das aus mehreren Elementen zusammengesetzt war. Zu ihnen gehörte insbes. das erwählungstheol. Moment: Israel hat vor Gott eine Vorrangstellung vor allen übrigen Völkern der Welt und wird von seinem Schöpfer in bes. Weise geliebt und umsorgt. Diese Vorrangstellung wurde zum Beispiel in liturg. Texten (→Pijjut) bei scharfer Polemik gegen Christen und Muslime mit oder ohne konkrete Verfolgungssituation betont. Durch den →Messias würde Gott das zur Strafe für seine Sünden ins Exil verstreute Volk am Ende der Weltzeit aus der Knechtschaft der nichtjüd. Völker befreien und ins Land seiner Väter zurückführen. Diese eschatolog. Perspektive verdeutlicht, daß die ma. Judenheit zutiefst von dem Bewußtsein geprägt war, in einer Übergangszeit zu leben, die in näherer oder fernerer Zukunft beendet sein würde. Den Weg zur Beschleunigung der messian. Erlösung, die neben den »polit.« Umwälzungen auch die Auferstehung der Toten nach sich ziehen sollte, sah man in einer möglichst umfassenden Gesetzesobservanz.

III. BEDEUTUNG DES RELIGIONSGESETZES: Damit kommt eine weitere, in sämtlichen jüd. Diasporagemeinden vertretene Grundauffassung ins Spiel, nämlich die heilsgeschichtl. Qualität des dem Mose am Sinai von Gott offenbarten Gesetzes. Nach allg. jüd. Auffassung, die nur von den →Karäern nicht geteilt wurde, übermittelte Gott dem Mose auf dem hl. Berg das Gesetz in zweifacher Form, nämlich in Gestalt der schriftl. und der mündl. Tora. Die mündl. Tora, die man in wesentl. als im Talmud kodifiziert ansah, galt als unverzichtbare Ergänzung und Interpretationshilfe des geschriebenen Gesetzes. Der in dieser doppelten Form zum Ausdruck gebrachte Wille Gottes, dessen Befolgung zum individuellen wie kollektiven Heil führen sollte, umfaßte alle Bereiche des tägl. Lebens. Nicht nur kult. oder moral. Vorschriften waren darin enthalten; auch solche Bereiche wie Eherecht, Erbrecht, Vertragsrecht, Prozeßrecht u. a. waren nach Gottes geoffenbarten, von den Rabbinen interpretierten und weiterentwickelten Vorschriften auszugestalten. Was das Verhältnis zur nichtjüd. Umwelt betrifft, so führte hierbei insbes. die Speisegesetzgebung zu einer gewissen Einschränkung der sozialen Kontakte mit Christen bzw. Muslimen, da J. etliche von Andersgläubigen stammende Nahrungsmittel, v. a. Fleisch und Wein, nicht genießen durften. Die Übernahme der talmud. Gesetze formte die Gestalt der jüd. Gemeinden Europas, Asiens und Afrikas nachhaltig; doch trotz grundlegender überregionaler Gemeinschaften entwickelten sich bei der Gesetzesauslegung und -anwendung viele regionale Besonderheiten.

IV. ORIENTALISCH-SPANISCHES UND ASCHKENASISCHES JUDENTUM: Im Zusammenhang mit der Übernahme von Talmud und Midrasch wurden Hebräisch und Jüdisch-Aramäisch Schrift- und Literatursprachen in allen Gemeinden der europäischen Diaspora, während die gesprochene Sprache mit spezifisch gruppenbedingten dialekt. Besonderheiten der jeweiligen nichtjüd. Landessprache angepaßt wurde. So kam es zur Ausbildung des Jiddischen, des Judäo-Arabischen und anderer Sonderformen. Die traditionellen hl. Sprachen Hebräisch und Aramäisch wurden nur von einer relativ kleinen Minderheit in den Gemeinden perfekt beherrscht, weil sie ja wie regelrechte Fremdsprachen erlernt werden mußten.

Unter den von den ma. Juden gesprochenen lebendigen Sprachen verdient das Judäo-Arabische bes. Beachtung. Spätestens seit dem 9. Jh. war das mit hebräischen Buchstaben geschriebene Arabisch in den Gemeinden der oriental. Judenheit gleichberechtigte Schrift- und Literatursprache neben den beiden traditionellen hl. Sprachen. Bedeutende jüd. Autoren in den islam. Ländern verfaßten ihre Werke zu Theologie, Philosophie, Bibelexegese und Grammatik in arab. Sprache (→Jehuda ha-Levi, →Maimonides, →Saadja Gaon). Dieser Tatbestand ist wie kein anderer geeignet, das grundlegend unterschiedl. Kulturverhalten der J. im muslim. Umfeld einerseits und in christl. Ländern andererseits zu demonstrieren. Die jüd. Intelligenz der Diasporagemeinden in den islam. Ländern verfolgte die Entwicklungen in der Philosophie, Theologie, Mystik, aber auch in der Sprachwissenschaft bei den Muslimen aufmerksam und übernahm die dort entwickelten Fragestellungen und Ergebnisse in schöpfer. Verfremdung für die Deutung der eigenen Traditionen und traditionellen Texte.

Grundlegend anders war es bei den Gemeinden im christl. Bereich. Kirchl. Theologie und Philosophie wurde lange Zeit so gut wie nicht zur Kenntnis genommen. Erst im 12. Jh. setzte man sich, in Frankreich beginnend, mit der kirchl. Bibelauslegung kritisch auseinander, und wies die christolog. und trinitar. Exegese bestimmter Schriftstellen zurück. Von nun an kam es auch zur polem. Auseinandersetzung mit dem Neuen Testament. Innerhalb der christl. Länder nahm freilich das J. auf der Iber. Halbinsel und, von dort kulturell geprägt, das J. in Südfrankreich, aber auch in Italien, eine Sonderstellung ein. Was die Diasporagemeinden jener Regionen von den J. n in Nordfrankreich, Deutschland, England und Osteuropa unterschied, war die Ausstrahlung der jüd.-arab. Kultursymbiose. Dies machte sich u. a. in der Hochschätzung der Profanwissenschaften Mathematik, Astronomie und Medizin, aber auch in der Wertschätzung philosoph. Methodik bemerkbar. Letztere wurde von der Judenheit des aschkenas. Kulturkreises wegen der damit verbundenen Gefährdung traditioneller Glaubensinhalte gänzlich abgelehnt. Dort stand die Auslegung, Anwendung und Weiterentwicklung des talmud. Rechts im Mittelpunkt des geistigen Lebens; das Spannungsverhältnis zw. Vernunft und Offenbarung wurde dort eindeutig zugunsten der letzteren gelöst.

Unterschiede und Gemeinsamkeiten in beiden Kulturkreisen zeigten sich auch im hier wie dort intensiv betriebenen Bibelstudium. Sowohl die aschkenas. als auch die span.-oriental. J. bemühten sich unter weitgehendem Bruch mit den traditionellen Auslegungsmethoden des →Midrasch um die Erschließung des einfachen Wortsinnes, wobei diese Entwicklung im islam. Kulturbereich schon im 10., in der abendländ. Diaspora erst im 11. Jh. einsetzte (→Raschi). In der span.-oriental. Judenheit führte dieser hermeneut. Ansatz bis hin zu bibelkrit. Überlegungen, die die lit. Integrität und Verfasserschaft bibl. Bücher in Frage stellte und sogar von Textkorruptelen ausging (→Bibelkritik). In der aschkenas. Judenheit war eine derartige Antastung der bibl. Offenbarung unvorstellbar, ebenso bis in den der span.-islam. Diaspora teilweise praktizierten Infragestellung der Historizität biblischer Wundererzählungen mit Hilfe der oben erwähnten philosoph., am aristotel. Weltbild orientierten Methodik. Im Ganzen kam es zur Ausprägung eines gewissen Überlegenheitsgefühls der J. im mediterranen Kulturbereich gegenüber den Glaubensbrüdern in den nördlicheren Ländern, die man ein wenig als rückständig betrachtete. Andererseits war das Festhalten der aschkenas. Juden an der Religion ihrer Väter eher größer als anderswo: Die im einzelnen zwar unterschiedl., in der Ungunst der Verhältnisse aber vergleichbaren polit. Rahmenbedingungen führten im SpätMA etwa in Spanien zu zahlreichen Übertritten von Juden zum Christentum. Eine Konversionsbewegung dieses Ausmaßes gab es bei den mitteleuropäischen Gemeinden nicht. Im übrigen sei darauf hingewiesen, daß auch innerhalb der jüd. Gemeinden selbst, oft im Konflikt mit der Mehrheit, Gruppen mit eigenen Frömmigkeits-, Weltanschauungs- und Lebensformen entstanden. Dazu gehörten etwa die aschkenas. Ḥasidim (→Ḥasidismus, aschkenas.), die ein rein dt. Phänomen blieben, und die Kabbalisten (→Kabbala), deren myst. Weltbild im 12. Jh. in Südfrankreich entstand und sich von dort aus in alle übrigen Diasporaregionen ausbreitete.

H.-G. v. Mutius

Lit.: B. Z. Dinur, Yisrael ba-gola, 2 Bde in 10 Teilen, 1961-72 – S. W. Baron, A Social and Religious Hist. of the Jews, 3-13, 1964 – J. Maier, Das Judentum, 1988³, 383ff.

C. Byzantinisches Reich

Um 425 bildeten die J. im chr. röm. Reich als religio licita eine geduldete Minderheit, wurden aber durch eine restriktive Gesetzgebung auf wirtschaftl., rechtl., polit. und sozialem Gebiet zu Bürgern zweiter Klasse herabgedrückt. Der →Codex Theodosianus (438) vereinigte alte Gesetze, die den J. die Bekehrung von Christen zum Judentum, Mischehen, Sklavenhaltung, Ausübung öffentl. Ämter (mit Ausnahme des verfallenden Dekurionats), Heeresdienst, akadem. Unterricht, Synagogenneubau (bis auf Reparaturen an bestehenden Synagogen) und Ansiedlung in Jerusalem verboten und ihre jurist. Stellung beschränkten. 429 wurde die Institution des Patriarchen (Nasi) der J., der bis dahin alle J. des röm. Reiches in polit. und religiöser Hinsicht vertreten hatte, aufgehoben und der fiscus judaeus dem ksl. Schatzamt einverleibt; Palästina wurde in drei Provinzen geteilt. Nach der Beseitigung aller Symbole jüd. Einheit konzentrierte sich die dezentralisierte Autorität nunmehr bei den →Rabbinern; reiche J. nahmen nach wie vor öffentl. Führungspositionen ein. Konnte auch die rechtl. Stellung der jüd. Gemeinden von der Kirche nicht ernsthaft angetastet werden, so bekämpfte sie die J. doch auf sozialem (u. a. Konzile v. Elvira und Laodikeia) und theol. Gebiet (Eusebios, Johannes Chrysostomos u. a.). Eifernde Mönche brannten Synagogen nieder oder wandelten sie in Kirchen um. Das ksl. Recht begünstigte Konvertiten. Das Wort 'Jude' wurde zum Schimpfwort, angewandt auf nichtorthodoxe Christen. Dabei konnte die Kirche zur Untermauerung ihrer theol. Grundsätze nicht auf das Fortleben des Judentums verzichten und war nicht bereit, die während der Verfolgungen unter Herakleios, Leo dem Isaurier, Basileios I. und Romanos Lakapenos von der weltl. Gewalt zwangsbekehrten J. aufzunehmen. Unter Justinian I. erlitten J. in Neapel, Nordafrika, auf der Insel v. Jotaba und in Südarabien militär. Niederlagen. Justinians →Corpus iuris civilis bietet eine Neuauflage der antijüd. Bestimmungen des Codex Theodosianus mit verschärfter theol. Frontstellung; die Novelle 146 verbietet die Unterweisung in der jüd. Überlieferung (deuterosis) und versucht, eine neue Definition des Judentums zu formulieren. In Palästina erschienen Weiterentwicklungen der liturg. Dichtung (→pijjut), um die mündl. Überlieferung im Synagogen-Gottesdienst (der von der christl. Obrigkeit nie ernstl. beeinträchtigt wurde) zu tradieren. Über drei Generationen setzte sich hier die Unterdrückung fort; erst die muslim. Herrschaft, die den Juden den minderen, aber geschützten Status von *dhimmis* (s. a. →*ahl al-kitāb*) einräumte, bot ihnen wieder einen größeren Freiraum. Im Gefolge der Feldzüge des 10. Jh. gegen die Muslime vergrößerte sich die jüd. Bevölkerung des Byz. Reichs durch die →Rabbaniten im eroberten Anatolien und die Zuwanderung von →Karäern aus dem islam. O, später auch durch Zuzug aus dem W. →Benjamin v. Tudela macht nach 1160 Zahlenangaben für mehr als 25 jüd. Gemeinden; 20 weitere sind anderweitig bekannt. Vereinzelte Judenverfolgungen in der Zeit der lat. Fremdherrschaft von 1204–61 (Konstantinopel 1204, Thessaloniki 1229, Nikaia 1254) haben wahrscheinl. die jüd. Siedlung insgesamt nicht beeinträchtigt. Fortdauernd wanderten die J. aus wirtschaftl. Gründen in den byz. Bereich ein; in der Palaiologenzeit begann der Zuzug von span. J. und – parallel dazu – von verfolgten J. aus Mitteleuropa. In den polit. Wirren der spätbyz. Zeit profitierten J. häufig von genues. oder venezian. Schutzbriefen. Spätbyz. J. wurden gleichzeitig von der Kirche angegriffen und vom Staat geschützt. Die Karäer, die in Bithynien, Konstantinopel und Thrakien ansässig waren, dehnten sich bald auf die Krim aus. Sie integrierten sich rasch in ihre byz. Umgebung und eröffneten eine aktive Polemik gegen Rabbaniten und Christen.

Die Renaissance des Hebräischen, die im 10. Jh. im byz. Italien entstand (»Sefär Yosippon« und »Sefär ham mirqāhôt« des Sabbataj →Donnolo), blühte während der Komnenen- und Palaiologenzeit bei Rabbaniten und Karäern (v. a. Bibelkomm., Rechtstraktate und Dichtung). Die autonomen jüd. Gemeinden folgten der Tradition des →Talmud. Die größten unter ihnen unterstanden vom Staat ernannten Oberrabbinen, die für die Abführung der jüd. Steuern an den Fiskus verantwortl. waren. Wieweit es eine (antijüd.) Sondersteuer für J. gab, ist ein ungelöstes Forsch.sproblem.

Die Eroberungen der osman. Herrschaft zogen wegen ihrer Schutzbestimmungen zahlreiche balkan. J. an; bis 1453 trat die damalige osman. Hauptstadt →Adrianopel (Edirne) als Zentrum jüd. Lebens an die Stelle von Konstantinopel. 1455–60 verpflanzte Sultan Meḥmed II. ca. 7000 J. aus der Romania (d. h. dem ehem. byz. Bereich) als *sürgün* in die Hauptstadt Konstantinopel. St. Bowman

Lit.: J. Juster, Les juifs dans l'empire romain, I–II, 1914 – J. Starr, The Jews in the Byz. Empire (641–1204), 1939 – Baron III, XVII – M. Avi-Yonah, The Jews under Roman and Byzantine Rule, 1976 – A. Starr, A Byz. Jewry from Justinian to the Fourth Crusade, 1984² – St. Bowman, The Jews of Byzantium (1204–1453), 1985.

Juden(ab)zeichen → Judendarstellung

Judenbad → Bad

Judenbischof (episcopus Judaeorum), bei den chr. Behörden des MA gebräuchl. Bezeichnung für den Vorsteher der örtl. Judenschaft, erstmals erwähnt im Privileg Heinrichs IV. für die Wormser Juden von 1090. J. gilt in jüngerer Lit. als gleichbedeutend mit dem Titel →Judenmeister. Sein Wirkungsbereich umfaßte ebenso Repräsentanz, Verwaltung und Gerichtsbarkeit der jüd. Gemeinde. Trotz des 'geistl.' Titels, der vorwiegend in den rhein. Bf.sstädten und in England bis 1204 nachgewiesen ist, darf der J. nicht mit dem *Raw* einer jüd. Gemeinde verwechselt werden, der ihr als Gelehrter und Richter diente. Wohl aber konnte ein J. Raw sein, wie auch ein Raw J. M. Illian

Q.: J. Aronius, Reg. zur Gesch. der Juden, 1902 [Nachdr. 1970], Nr. 171, 581 – *Lit.:* S. Dubnow, Weltgesch. des jüd. Volkes, IV–V, 1927 – H. Greive, Die Juden, 1980.

Judenburg, Burg auf einer Hochfläche über der Mur (Steiermark), Teil des karol. Wehrsystems, um 1074 erstmals Judinburch gen., Besitz der →Eppensteiner. Um 1140 erfolgte im Anschluß an den 1103 erwähnten 'Alten Markt' die Anlage eines Marktes; vor 1240 gegen W erweitert und befestigt, erhielt J. um 1224 Stadtrecht (1260 Stadtsiegel) und 1227 Niederlagsrecht für Venezianerwaren und Vorrechte für Geldwechsel. Juden siedelten schon im 11. Jh.; um 1290 (–1496) ist eine Judengemeinde, 1310 ein jüd. Konsortium bekannt. In der Fernhandelsstadt J. mit eigenen Maßen (1286) und zwei Jahrmärkten wurden um 1277 der 'J.er Pfennig', um 1344 der 'J.er Gulden' geprägt. J.er Kaufleute bildeten 1344 ein Handelskonsortium für den Goldbergbau in Rauris und Gastein; sie besaßen eine Niederlassung im ven. →Fondaco dei Tedeschi und hatten bis 1406 das Eisenhandelsmonopol und 1460 jenes für den Speikhandel. Kl. in der Stadt: OMin (1254), OFM (um 1455), OESA (1357/64), vor der Stadt: Klarissinnenkl. (1253/57); drei Spitäler. In J. war 1410–30 die Künstlerwerkstätte des Hans v. J. (Schöne Madonna, Pfarrkirche St. Nikolaus, vor 1103 erbaut, 1148 gen.). Von lit. Tätigkeit zeugen u. a. Gundacker v. J. (»Christus Hort« 1260/1300) und →Ulrich v. Liechtenstein. Die landesfsl. Burg war Witwensitz der babenberg. Hzgn.nen Theodora (1233) und Gertrud (1254–69). H. Ebner

Bibliogr. und Lit.: Bibliogr. der Stadt und des Bezirkes J., bearb. H. Lackner, 1986 – J. Andritsch, J.-Stadtchronik, 1989.

Judendarstellung. Wie die frühchr. Kunst kennt auch die des frühen MA keine äußerl. Kennzeichnung der Juden. Erst mit der Epoche der cluniazens. Reform tritt hier ein Wandel ein, zum einen durch Kennzeichen der Tracht (Judenfleck, Judenhut, vgl. 4. Laterankonzil, can. 68,4), zum anderen durch Darstellung von Schläfenlocken und Bart (von Juden seit dem 11. Jh. infolge der Talmudrezeption getragen). Weiter wird seit dem HochMA bei Profildarstellungen als physiognom. Charakteristikum die Hakennase hinzugefügt (Oxford, Slg. C. Roth, 1289), und im 15. Jh. (Italien, Frankreich, wo sie seit 1394 vertrieben sind) erfolgt häufig eine Angleichung an muslim. Gewandung, v. a. der Kopfbedeckung (etwa Stundenbuch von Rohan, Paris, Bibl. Nat. Lat. 9471, fol. 61v, um 1415). Als Einzelattribute in der Hand der Juden begegnen Geldsack, Schächtmesser, Opfertier als Zeichen des überholten Opfers und Binde über den Augen (Blindheit dem eigenen AT gegenüber, das Christus ankündigt). Inhaltl. werden sie in den Darstellungen als Typus des Bösen, des Lasters, des Unglaubens schlechthin und aller Häresien, als der Hölle bestimmt diffamiert (Wiltener Patene, Wien, Kunsthist. Mus., 12. Jh.). In Darstellungen aus dem NT werden Juden in ihrer ma., kennzeichnenden Tracht gezeigt, um den Blick auf die zeitgenöss. Juden zu lenken. In der Kreuzigungsszene können die röm. Soldaten durch Juden 'ersetzt' werden: Juden schlagen Christus ans Kreuz (Fresko Katharinenkapelle Landau/Pfalz), ein Jude reicht ihm den Essigschwamm, ein anderer öffnet die Seite Christi (Stundenbuch von Rohan, fol. 165v.). Auch wird zw. Juden und 'Christen' – etwa den Aposteln – äußerl. unterschieden. Andererseits können jedoch auch Simeon (mit Thalith, Tafelbild, Köln, Wallraf-Richartz-Mus., um 1320), Joseph und Christus selbst als Juden mit Judenhut dargestellt werden (Ps. Ludwig d. Hl., Leiden, Univ. Bibl. B.P.L. 76A, fol. 27, um 1200).

Ein so artikulierter Gegensatz von Kirche und Judentum hat in der chr. Kunst des MA ein eigenes Motiv hervorgebracht: das Gegenüber ihrer Personifikation →Ecclesia und Synagoge, das ikonograph. einen den J. vergleichbaren Wandel erfuhr. Stehen in der karol. Kunst beide Personifikationen fast gleichwertig unter dem

Kreuz, so zeigen sich seit dem 11. Jh. gravierende Veränderungen: Ein Engel stößt Synagoge vom Kreuze fort, die Krone fällt ihr vom Haupt (St. Gilles, Tympanon, vor 1142), Christus selbst weist sie von sich, dem Höllenrachen entgegen, ihr Vexillum ist zerbrochen (Liber floridus, Gent, Univ. Bibl. 92, fol. 253r). Andererseits aber zeigt ein Fresko aus Spentrup (Kopenhagen, Nat. Mus. um 1200) auch, wie die 'blinde' Synagoge in die Brust des Lammes stößt und Ecclesia neben ihr das Blut in ihrem Kelch auffängt. Hoffen auf die endzeitl. Bekehrung der Synagoge drückt das Motiv der relevatio Synagogae aus, in dem Gott den Schleier von ihrem Haupte nimmt (Sakramentar v. Tours, Paris, 12. Jh., Apokalypse, Eton, Coll. Libr. 177, fol. 7, 13. Jh.). A. Raddatz

Lit.: LCI II, 449–454 – B. BLUMENKRANZ, Juden und Judentum in der ma. Kunst, 1965 – Judentum im MA, Schloß Halbturn, Ausst.kat. 1978 – A. RADDATZ, Ecclesia in throno Synagogae (Theologia scientia eminens practica, 1979), 290–295 – N. BERNER, Das Bild der Juden in den Passionsspielen und in der bildenden Kunst des dt. MA, 1986 – G. SCHILLER, Ikonographie der chr. Kunst, IV/1, 1988², 45–68.

Judeneid (iuramentum Iudaeorum – more Iudaico)
I. Allgemein – II. Im innerjüdischen Bereich.

I. ALLGEMEIN: Den J. mußten Juden in Rechtsstreitigkeiten mit Nichtjuden zu Beweiszwecken bis ins 19. Jh. ablegen. Er verbindet germ.-christl. mit talmudischem Eidesrecht, um die Zuverlässigkeit des Schwurs zu sichern. Grundzüge finden sich schon im westgot. Recht in Eidesformeln für jüd. Konvertiten. Die ältesten J.e sind aus dem 9. Jh., die ersten deutschsprachigen Formeln im Görlitzer und Erfurter J. des 12. Jh. überliefert. Ihnen folgen zahlreiche, z. T. noch nicht edierte Fassungen. Der J. wird in oder vor der Synagoge oder auch vor dem Gericht, unter Berührung der Torah, unter Anrufung Gottes und mit einer Anzahl von Selbstverwünschungsformeln unter Bezug auf at. Ereignisse abgelegt. Im SpätMA vermehren sich vielfach die diskriminierenden Elemente. So forderte der Schwabenspiegel, daß der Jude beim Eid auf den Zitzen einer blutigen Sauhaut stehen müsse. F. Lotter

Lit.: H.-K. CLAUSSEN, Der J., 1937 – G. KISCH, Stud. zur Gesch. des J.s im MA, Ausgew. Schr. I, 1978, 137–184.

II. IM INNERJÜDISCHEN BEREICH: Vom J. streng zu unterscheiden ist der im rein innerjüd. Geschäftsverkehr angewandte, in etliche Formen zerfallende jüd. Eid, der bei Zivilsachen Anwendung fand, wenn keine oder nicht genügend Zeugen zur Klärung des Falles beitragen konnten. Man unterscheidet bibl., mischnische und nachmischnische Eide. Der bibl. Eid wurde vom Beklagten geschworen und befreite ihn je nach Fall ganz oder teilweise von einer geforderten Zahlung. Er mußte auch von Verwahrer eines Depositums geschworen werden, wenn er gegenüber dem Hinterleger behauptete, daß er am Untergang bzw. Verlust des Verwahrgutes unschuldig war. Der mischnische Eid wurde in bestimmten, genau geregelten Fällen zumeist vom Kläger geschworen und verpflichtete dann den Beklagten zur Zahlung. Er fand insbes. dort Anwendung, wo der Beklagte die Forderung nicht mit definitiver Bestimmtheit zurückweisen wollte oder konnte. Auch von Beklagten wurde der mischnische Eid geschworen, wenn sie sich vom Verdacht der Veruntreuung bei der Verwaltung fremder Güter reinigen wollten. Der nachmischnische einfache Abstreitungseid befreite in der Regel den Beklagten von einer Zahlung und kam zur Anwendung, wenn der Kläger für seine Forderung nicht das geringste Beweismittel präsentieren konnte. Nicht eidesfähig waren Minderjährige, Taubstumme und Geisteskranke. Zeugen wurden im jüd. Recht bis weit ins MA hinein nicht vereidigt. Nur bei Behauptung der Unwissenheit wurde ihnen ein spezieller Eid abverlangt, in dem sie ihr Nichtwissen zu beschwören hatten. Spätestens seit dem 14. Jh. wurden aber jüd. Zeugen von jüd. Gerichten vielerorts generell vereidigt. H.-G. v. Mutius

Lit.: A. GULAK, Yesode ha-mischpāt ha-'ibri IV, 1967², 129ff. – M. COHN, Wb. des jüd. Rechts, 1980, 174ff.

Judenfeindschaft (-haß, -verfolgung). [1] *Judenfeindschaft:* Die J. des MA ist als religiös begründeter Antijudaismus vom rassist. Antisemitismus des 19./20. Jh. abzuheben, doch enthielt sie wie dieser auch wirtschaftl. und soziale Komponenten. Ein religiös-sozial abwertender Antisemitismus trat schon in der hellenist.-röm. Antike sporadisch auf. Mit dem Aufstieg des Christentums und seiner zunehmenden Ablösung vom jüd. Ursprung wurden polem. Vorwürfe, die anfangs ganz in der Art der Auseinandersetzung zw. jüd. Sekten (Sadduzäer, Pharisäer, Essener) noch in der innerjüd. Kontroverse um die Messianität Jesu und die Geltung des mosaischen Gesetzes (→Beschneidung) wurzelten, bald i. S. einer allg. Verwerfung der Juden gedeutet. Antijudaist. Stereotypen wie die den Juden vorgeworfene Blindheit und Verstocktheit, die Ermordung der Propheten, die Kollektivschuld am Tode Jesu, Teufelssohnschaft und Knechtschaft wurden daher mit ihren atl. Bezügen aus dem NT abgeleitet und zum integralen Bestandteil der ma. Theologie. Da die Juden einerseits den Christen das AT als Wahrheitsbeweis für deren Glaubenslehren vermittelt hatten, andererseits durch ihre Verweigerung diesen Wahrheitsbeweis unablässig bestritten, sah sich die Kirche immer wieder genötigt, in zahlreichen Adversus-Iudaeos-Traktaten u. a. Streitschriften die Juden auf der Linie der patrist. Bibelexegese zu widerlegen, zu verdammen und als Fremdgruppe auszugrenzen. Die theol. J. muß jedoch auch unter dem Aspekt der Konfrontation zweier, einen Ausschließlichkeitsanspruch erhebenden Religionen verstanden werden, wobei beide Seiten prinzipiell gleiche Positionen wie das Verbot von Apostasie und Mischheiraten sowie den Anspruch auf Bekehrung Andersgläubiger vertraten. Trotz des von Gregor d. Gr. verfügten grundsätzl. Verbots von Zwangstaufen kam es bis zum Ende des MA immer wieder zu oft großangelegten Versuchen, das Problem durch erzwungene Bekehrungen zu lösen. Im 6./7. Jh. erfolgten auch im →Frankenreich unter den kath. Merowingerkg. en sporad. Zwangsbekehrungen. Die karol. Herrscher gewährten trotz gelegentl. heftiger Proteste von kirchl. Seite (Ebf. →Agobard v. Lyon) den Juden weitgehenden Schutz. Doch führten antijüd. Beschlüsse des Konzils v. Meaux-Paris (um 845/846) in der Provence zu einer Massentaufe von jüd. Kindern.

[2] *Judenhaß, -verfolgung:* Um 1066 verursachten Rivalitäten zw. einflußreichen jüd. und berber. Gruppen in →Granada das erste große Judenmassaker des HochMA. Andererseits konnten Scharen christl. Ritter, die ihren span. Glaubensgenossen im 1064 gegen die Moslems zu Hilfe eilten, von Bf. en und Fs. en der Durchmarschgebiete nur mit Mühe daran gehindert werden, sich an den Juden zu vergreifen. Die →Gregorian. Reform, die sich im →Investiturstreit auf volkstüml. Frömmigkeitsbewegungen (→Pataria) stützte, förderte zugleich die Ausbreitung vulgärchristl. Gedankenguts v. a. in den Unterschichten. Aus ihnen rekrutierten sich vornehml. jene irregulären Heerhaufen, die während des 1. Kreuzzuges noch vor dem eigtl. Ritterheer aufbrachen und die Devise der Vernichtung aller Feinde Christi teilweise schon auf die unterwegs angetroffenen Juden bezogen. So kam es zu furchtbaren Massakern in →Worms, →Mainz und um Köln; die bfl.

Stadtherren konnten nur in Speyer und wohl Halle den Kreuzfahrermob abwehren. Zu Beginn des 2. Kreuzzugs kam es in Frankreich in mehreren Städten zu Judenmassakern, in Dtl. nur in Würzburg; weitere Ausschreitungen größeren Ausmaßes konnte →Bernhard v. Clairvaux verhindern. Während des 3. Kreuzzugs suchten blutige Verfolgungen zahlreiche Judengemeinden →Englands heim, wo 1290 die Juden endgültig ausgewiesen wurden. In →Frankreich kam es erneut zu Judenverfolgungen in den Nord- und Westprovinzen um 1236, im Languedoc, Berry und im Alpenvorland während des Aufstands der →Pastorellen um 1321, der sich anschließenden Ausrottung der Leprakranken um 1322 und der Ausbreitung der →Pest um 1348. Um 1394 entledigte sich auch Frankreich endgültig der Juden. Mit dem Aufkommen der Zünfte waren die Juden inzwischen aus dem Fernhandel abgedrängt worden und weithin zum Kreditgeschäft, zunehmend auch zur Pfandleihe, übergegangen. Schon um die Mitte des 12. Jh. wurden Juden mit Wucherern schlechthin gleichgesetzt. Gleichzeitig begann sich der Judenhaß in Blutlegenden niederzuschlagen, die in vulgärer Verdinglichung der theol. Verdammung den Juden die ständige Wiederholung der Passion Christi unterstellten. Noch verheerender als die →Ritualmordbeschuldigungen wirkte sich die →Hostienfrevellegende aus. Ausführl. Schilderungen angebl. Ritualmorde und Hostienfrevel in der Exempelliteratur (→Exempla), v. a. der Dominikaner, und entsprechende volkstüml. Predigten und bildl. Darstellungen schürten nicht nur immer wieder erneut den Judenhaß, sondern schufen auch eine Erwartungshaltung, in der geringfügige Anlässe immer neue Blutbeschuldigungen und entsprechende Verfolgungen verursachten, so um 1298 unter der Führung eines Metzgers mit dem Namen →Rintfleisch in Franken und seinen Nachbargebieten und um 1336–38 die →Armledererhebung in Franken, Schwaben, im Elsaß und in d. österr. Ländern, Böhmen u. Bayern. Die verheerendsten Pogrome in Mitteleuropa folgten jedoch, von d. Mittelmeerhäfen ausgehend, in d. Zeit von 1348–50, v. a. in Zusammenhang mit der Pest. Begründet wurden die Verfolgungen insbes. mit der Legende der →Brunnenvergiftung. Zahlreiche Gemeinden wurden vernichtet, meist nach Gerichtsverfahren mit erfolterten Geständnissen. Vielfach waren es dabei auch innerstädt. Spannungen zw. den Ratsoligarchien und den Zünften, die sich gegen die Juden entluden. Obwohl Juden in den meisten Städten – zeitl. befristet und gegen Abgaben – vorübergehend wieder zugelassen wurden, blieben sie Objekt finanzieller Ausbeutung und sporad. Verfolgungen infolge von Blutbeschuldigungen auch im ausgehenden MA. Auf der Iber. Halbinsel führten 1390 polit. Rivalitäten zw. Kg., Kirche und Adel ebenso wie starke soziale Spannungen zw. den Mittelschichten, dem Patriziat und der Aristokratie zu Verfolgungen, die, von Sevilla ausgehend, Kastilien und Aragón heimsuchten. Mehrere Wellen von Massentaufen schufen erneut das Problem der →Konvertiten *(conversos)*, das nach der Eroberung Granadas um 1492 zur Zwangsausweisung aller Juden führte. F. Lotter

Lit.: TRE III, s. v. Antisemitismus – B. BLUMENKRANZ, Juifs et chrétiens dans le monde occ., 1960 – J. PARKES, The Jew in the Medieval Community, 1976² – A. LINDER, Christl.-jüd. Konfrontation im FrühMA (Kirchengesch. als Missionsgesch., II, 1978) – R. RUETHER, Nächstenliebe und Brudermord, 1978 – CH. BEINART, Conversos on Trial, 1981 – A. HAVERKAMP, Die Judenverfolgung z. Zt. des Schwarzen Todes (Juden in Dtl., Monogr. zur Gesch. des MA 24, 1981) – M. J. WENNINGER, Man bedarf keiner Juden mehr, 1981 – H. SCHRECKENBERGER, Die christl. Adversus-Iudaeos-Texte ..., 2 Bde, 1982–88 – F. LOTTER, Die Zwangsbekehrung der Juden von Menorca um 418 ..., HZ 242, 1986 – R. CHAZAN, European Jewry and the First Crusade, 1987 – F. GRAUS, Pest-Geißler-Judenmorde, 1988² – F. LOTTER, Hostienfrevelvorwurf und Blutwunderfälschung ... (MGH Schr. 33, V, 1988) – G. I. LANGMUIR, Hist., Religion and Antisemitism, 1990 – J. SHATZMILLER, Shylock reconsidered, 1990.

Judenkopfgroschen (»Bärtichter Groschen«), durch die sächs. Münzreform 1444 eingeführter →Groschen, so gen. nach der Meißner Helmzier (»Judenrumpf mit umgebogener, am Zipfel mit Pfauenfedern besetzter Spitzmütze«), geprägt 1444–56 in den Münzstätten Leipzig und Zwickau. Der J. galt als »Oberwähre«; er wurde zu 9 neuen Pfennigen, 12 neuen oder 18 alten →Hellern gerechnet, 20 J. galten einen rhein. →Gulden. P. Berghaus

Lit.: G. KRUG, Die meißn.-sächs. Groschen 1338–1500, 1974, 80–82.

Judenmeister (magister Judaeorum, magistratus Judaeorum, jüd. Meister, ab 13. Jh. auch Hochmeister, in Spanien *Raw de la corte*), in Titel und Funktion schillernder Begriff, verwandt für chr. Beamte, jüd. Gemeindefunktionäre und die gesamte jüd. Gemeindeleitung, im 14. Jh. z. T. sogar gleichbedeutend mit dem örtl. Raw einer jüd. Gemeinde. Der J. war zuständig für die jüd. Gemeinderepräsentanz, ihre Rechts- und Verwaltungsangelegenheiten gegenüber chr. Behörden. Stadt- und Landesherren behielten sich die Bestätigung des J.s vor. Versuche der Ks., einen obersten J. zu ernennen, scheiterten. M. Illian

Q. und Lit.: J. ARONIUS, Reg. zur Gesch. der Juden, 1902 [Nachdr. 1970], Nr. 581 – S. DUBNOW, Weltgesch. des jüd. Volkes, V, 1927.

Judenrecht ist – im Gegensatz zum jüd. (rabbin.) →Recht des Talmud (Halacha) – die von nichtjüd. Obrigkeiten für Juden erlassene Gesetzgebung. Grundlage des ma. J.s waren die Judengesetze des spätröm. Ks.rechts im →Codex Theodosianus (438) und →Codex Iustinianus (534). Sie betrafen v. a. die Themenbereiche Judenschutz, Verhinderung des Proselytenmachens und des Übertritts zum Judentum (Proselytismus), zunehmend auch Minderung des sozialen Status. Obwohl die Juden Reichsbürger waren, wurden ihnen um 417 die Bekleidung gehobener Ämter und der Neubau von Synagogen, nach 527 endgültig auch der Besitz chr. Sklaven verboten. Röm. J. wurde dem MA durch das Breviarium des Westgotenkg.s →Alarich II. (506), das Register des Papstes Gregor I. (†604) sowie frk. Synoden des 6./7. Jh. vermittelt. Das judenfeindl. Recht der Westgotenkg.e und der toletan. Konzilien des 7. Jh. befaßte sich vorwiegend mit den Folgen der Zwangstaufen. Zahlreiche Bestimmungen – wie das Verbot der Rückkehr Zwangsgetaufter zum Judentum – gingen später in das kanon. I. ein. Im MA entwickelten sich weltl. und kirchl. J. teilweise widersprüchl. nebeneinander fort. Karol. Herrscher setzten allgemeines J. in z. T. verlorenen Kapitularien fest, Ludwig d. Fr. gewährte Einzelpersonen und Gruppen Privilegien. An letztere knüpfte Heinrich IV. um 1090 in Judendiplomen für Speyer und Worms an, Friedrich II. erhob 1236 das Wormser Diplom auch offiziell zum Generalprivileg für alle Juden des Reiches. Es regelte den Schutz von Leib und Leben, Besitz und Handelsgeschäft, (chr.) Dienstleistung, Autonomie in Gemeinderecht und Religionsausübung, Gleichstellung im Prozeßrecht. Wie beim →Judeneid ist Einfluß jüd. Rechts beim Marktschutz (sog. »Hehlerrecht«) und der Enterbung von Konvertiten vorauszusetzen. Ähnl. Judenordnungen wurden auch von den Kg.en Englands und Frankreichs erlassen. Zum Zwecke wirksameren Schutzes erklärte →Friedrich II. im Anschluß an die theolog. definierte 'servitus Iudaeorum' die Juden zu ksl. →Kammerknechten (servi camerae nostrae), Rudolf I. deutete die Kammerknechtschaft durch Entzug der freien Mobilität als Sklaverei im Rechtssinn. Das Versagen des Judenschutzes während des 1. Kreuzzugs bewirkte die Einbeziehung der Juden in die →Landfrieden (1103 Heinrich IV., 1179 Friedrich I. usw.).

Kirchl. J. regelte in Konzilsbeschlüssen und päpstl. Verlautbarungen (Dekretalen) prinzipiell das Verhalten von Christen gegenüber Juden, nahm jedoch in die Rechtslg. en auch Judenverordnungen aus röm. und westgot. Recht auf. Seit dem 12. Jh. beanspruchten die Päpste mit den immer wieder erneuerten Sicut-Iudaeos-Bullen gegenüber der weltl. Gewalt auch ihrerseits das Recht auf allgemeinen Judenschutz, seit →Gregor IX. auch die unmittelbare rechtl. Oberhoheit über die Juden. Nach ersten Slg.en kirchl. J.s in der Karolingerzeit (Ebf. →Agobard v. Lyon um 826/827, Konzil v. Meaux-Paris 845/846) nahmen →Burchard v. Worms (1008/23) und →Ivo v. Chartres (1094/6) kirchl. J. in geschlossenen Komplexen in ihre systematisch ordnenden Slg.en auf. Auf ihnen ruhte das Decretum Gratiani (ca. 1142, →Corpus Iuris Canonici) mit ca. 42 Judenkapiteln. Im Vordergrund stehen hier Judenmission und Proselytismusverbot, daneben Judenschutz und Statusminderung. Um 1234 vermehrte Raymund de Peñafort durch Aufnahme von 30 neuen Judendekretalen in den Liber Extra die Zahl der repressiven Bestimmungen u. a. um das Zinsverbot und die bes. Kleiderordnung für Juden. Seit Gratian befaßte sich auch die Kanonistik mit der Interpretation des kanon. J.s.

Den Übergang zum territorialen J. markieren die Judenordnungen Hzg. Friedrichs II. v. Österreich um 1244 und Mgf. Heinrichs v. Meißen um 1265, die mit der starken Berücksichtigung des Pfandleihrechts die fortgeschrittene Entwicklung widerspiegeln. Das günstige österr. Privileg wurde zum Vorbild der Privilegien Ottokars II. v. Böhmen um 1254 und 1268, Bélas v. Ungarn 1251 und 1256, v. a. aber mehrerer Hzg.e v. Polen (1265, 1299), schließl. bis in die Neuzeit hinein. Seit dem 13. Jh. wurden weltl. und kirchl. J.satzungen von den dt. Rechtsbüchern übernommen (Sachsenspiegel, Schwabenspiegel, Meißener Rechtsbuch, Rechtssumme des Bruders Berthold, Freisinger Rechtsbuch, Magdeburger Schöffensprüche usw.). Soweit Städte im SpätMA noch Juden aufnahmen, setzten sie Judenordnungen fest (Frankfurter Judenstättigkeit). Trotz teilweise zunehmender repressiver Tendenzen waren die Juden im MA nie rechtlos, doch versagte der Rechtsschutz in Zeiten gestörter Herrschaftsgewalt und Krisensituationen wie Thronstreit und sozialem Aufbegehren.   F. Lotter/M. Ilian

Lit.: G. KISCH, The Jews in Medieval Germany, 1949 – L. DASBERG, Unters. über die Entstehung des Judenstatus im 11. Jh., 1965 – S. GRAYZEL, The Church and the Jews in the 13th Cent., I, 1966,2 (hg. K. R. STOW), 1989 – G. KISCH, Ausgew. Schr., 2 Bde, 1978/79 – A. M. RABELLO, The Legal Condition of the Jews in the Roman Empire, Aufstieg und Niedergang der röm. Welt II, 13, 1980 – A. LINDER, The Jews in Roman Imperial Legislation, 1987 – W. PAKTER, Medieval Canon Law and the Jews, 1988 – J. GILCHRIST, The Canonistic Treatment of the Jews in the Latin West..., ZRGKanAbt 75, 1989 – K. LOHRMANN, J. und Judenpolitik im ma. Österr., 1990 – F. LOTTER, Talmud. Recht in den Judenprivilegien Heinrichs IV., AK 72, 1990 – DERS., Geltungsbereich und Wirksamkeit der ksl. Judenprivilegien im HochMA, Aschkenas. Zs. für Gesch. und Kultur der Juden 1, 1991 – DERS., Die Juden im Kirchenrecht des MA. Sammelbesprechung neuerer Lit., ebd. – s. a. →Kammerknechte [F. BATTENBERG].

Judenschutz → Judenrecht

Judenverfolgungen → Judenfeindschaft

Judenviertel → Stadt

Iudex. Die der Spätantike eigene Entdifferenzierung ließ 'i.' als Bezeichnung für den Inhaber eines →Amtes in das MA eintreten. Reste einer Trennung verwaltender von rechtsprechenden, militär. von zivilen Funktionen sind allenfalls im S auszumachen. 'I.' konkurriert also prinzipiell mit 'actor' und 'agens'. Mit dem Amt sind meist, aber nicht notwendigerweise richterl. und/oder urteilende Funktionen verbunden. Weniger in Rechtsq. als in der Lit. und eher im S als im N kann 'i.' als Pluralwort »die Vornehmen, die Großen« meinen. In S-Frankreich und Italien sind iudices häufig die fachkundigen Urteiler (scabini, lociservatores usw.). Nördl. der Alpen wird die gerichtl. Tätigkeit erst seit dem ausgehenden HochMA wieder begriffsbestimmend. Hier ist zudem die im S so nicht bestehende Funktionsteilung zw. Richter und Urteilern zu beachten. Im frk. Reich sind iudices die kgl., kirchl. und grundherrl. agentes (Gutsverwalter, sonstige Verwaltungsbeamte), die Herrschafts- und Funktionsträger, denen (auch) der Gerichtsvorsitz zukommt (insbes. der →comes und seine richterl. Unterbeamten), ferner die →Schöffen, nicht aber die →Rachinburgen, da sie kein Amt bekleiden. Typ. ist die Wendung der Immunitätsprivilegien »ut nullus i. ingredere audeat«. 'I.' findet sich weder in der frühen →Lex Salica noch in den sächs. und thür. Stammesrechten. Im alem. und bayer. Gebiet gibt es zudem bis um 800 den i. (auch i. constitutus), das ist der vom Hzg. »per conventionem populi« bestellte Sühnemann (alem. *suonari*, bayer. *soneo*). Frühma. Rechtsq. kennen u. a. die iudices loci (oft der comes und/oder die iudices comitum), den i. fiscalis, den i. publicus und den i. privatus. Seit dem 12. Jh. ist 'i.' durchweg der Richter, als i. civitatis neuer Art erscheint er erstmals in Lüttich 1025/37. Im Plural meint i. jedoch in erster Linie die Urteiler, und zwar auch außerhalb einer Amtsstellung. Die Bezeichnung 'i.' für die Urteiler war nicht überall gebräuchl. Für den Schiedsrichter war i. ungebräuchl.   J. Weitzel

Lit.: BRUNNER, DRG II, s.v. I. – J. F. NIERMEYER, Mediae Latinitatis Lex. Minus, 1976, 561–563 – K. KROESCHELL, Haus und Herrschaft, 1968 – H. DRÜPPEL, I. civitatis, 1981 – J. WEITZEL, Dinggenossenschaft und Recht, 1985.

Judgment Day, nz. Titel für zwei ae. Gedichte über das →Weltende und das →Jüngste Gericht.

[1] J.D. I (119 alliterierende Zeilen) stammt wohl aus dem späten 8. oder frühen 9.Jh.; aufgezeichnet ist es im →Exeter-Buch. Mit dem Hinweis auf die Überflutung, die das Weltende einleitet, erwähnt es ein apokryphes Detail, das es mit dem ae. →»Christ« III (984ff.) und der →Völuspá« verbindet. Der Gedichtsprecher betont, daß er dieses Geschehen *(wyrd)* nicht abzuwenden vermag (114ff.); sein erklärter Zweck ist es, die Menschen zum gottgefälligen Leben anzuhalten, bevor das Ende hereinbricht (46ff.).

[2] J.D. II, auch »Be Domes Dæge« gen. (306 alliterierende Zeilen), überl. in der Hs. CCCC 201 aus dem frühen 11.Jh., ist eine Paraphrase des lat. »De die iudicii« (frühes 8.Jh., 166 Hexameter, →Beda Venerabilis [III] zugeschrieben); es ist seinerseits in einer Weltgerichts-Homilie benutzt, die in der Hs. Hatton 113 (um 1070) unter →Wulfstans Predigten eingereiht erscheint (NAPIER, Nr. XXIX). Es diente wohl (wie vier weitere Gedichte der gleichen Hs. und ähnl. wie J.D. I) als Andachtsübung zur Bußvorbereitung.   G. D. Caie

Bibliogr.: NCBEL I, 286f. – S. B. GREENFIELD–F C. ROBINSON, A Bibliogr. of Publ. on OE Lit., 1980, 238f. – Ed.: ASPR III, 212–215; VI, 58–67 – Be Domes Dæge, ed. H. LÖHE, 1907 – Poems of Wisdom and Learning in OE, ed. T. A. SHIPPEY, 1976, 43–46 – Lit.: L. WHITBREAD, The OE J.D. II and its Latin Source, PQ 45, 1966, 635–656 – R. HOFFMAN, The Theme of J.D. II, English Language Notes 6, 1969, 161–164 – S. B. CAIE, The J.D. Theme in OE Poetry, 1976, 95–159 – A. FRANTZEN, The Lit. of Penance in Anglo-Saxon England, 1983, 180–188 – S. B. GREENFIELD–D. G. CALDER, A New Critical Hist. of OE Lit., 1986, 238–240.

Judicael hatte (als Fs., Kg. oder Hzg.?) im frühen 7. Jh. in der Dumnonia (Domnonée), dem nördl. Teil der →Bretagne (Armorica), die Herrschaft inne, einer der wenigen Laienhl. n der Bretagne. Nach der fragmentar. überlieferten J.-Vita des Mönchs Ingomar (11. Jh.) soll J., durch Familienstreitigkeiten von der Erbfolge ausgeschlossen, in einem Kl. erzogen worden sein, in das er am Lebensende, nach seiner Herrschaftsabdankung, zurückkehrte. Die sog. →Fredegar-Chronik und die Vita des hl. →Eligius erwähnen für 636 eine Begegnung J.s mit dem frk. Kg. →Dagobert in einer Pfalz des Pariser Raumes (Clichy oder Creil). Während die Eligius-Vita dieses Treffen im Sinne einer zw. selbständigen Fs.en üblichen Allianz beschreibt, betrachtet es die Fredegar-Chronik als Unterwerfung des Bretonenherrschers unter die frk. Königsgewalt.   G. Devailly

Lit.: →Bretagne [A. DE LA BORDERIE; DURTELLE DE SAINT-SAUVEUR u. a.] – G. BERNIER, Les chrétientés celtiques continentales de l'origine à 845, 1980 – B. MERDRIGNAC, Recherches sur l'hagiographie armoricaine du VIIe au XVe s., 1985 – A. CHEDEVILLE–H. GUILLOTEL, La Bretagne des saints et des rois, 1986.

Judikate v. Sardinien → Sardinien

Judikatur, in der päpstl. →Kanzlei die inhaltl. Überprüfung einer unter dem Bleisiegel (→Bulle) ausgestellten Urk., die »per cancellariam« expediert wird (→expeditio), durch die →Notare bzw. den Parcus maior der →Abbreviatoren unter Vorsitz des Kanzleileiters (→Vizekanzler, →regens cancellariam). Bis ins frühe 15. Jh. heißt der Vorgang auch »Kanzlei halten« (»cancellariam tenere«), wobei zumindest theoret. gesonderte Sitzungen für Gnaden- und Justizsachen stattfanden. Die J. löst etwa im 14. Jh. die früher übliche Verlesung der Urkk. vor dem Papst ab. Entscheidungskriterien waren die sachl. Übereinstimmung mit der →Supplik und die Vereinbarkeit mit den Kanzleiregeln. Die J. konnte umgangen werden durch die »expeditio per cameram«; keiner J. unterlagen die →littere minoris iusticie und die →Breven.   Th. Frenz

Lit.: P. RABIKAUSKAS, Diplomatica pontificia, 1964, 179f. – TH. FRENZ, Die Kanzlei der Päpste der Hochrenaissance 1471–1527, 1986, 121–124 – DERS., Papsturkk. des MA und der NZ, 1986, 70.

Jüdische Sprachen und Literaturen. In der sprachl. Vielfalt des ma. und neuzeitl. Judentums spiegeln sich seine Wanderungen wider. Blieben die hl. Sprachen, Hebräisch und Aramäisch (vgl. →Aramäische Sprache, →Grammatik, E, →Judentum, B, mit ausführl. Hinweisen auf die zentralen religiösen und philos. Werke und Persönlichkeiten), für die religiöse und geistige Tradition der Juden bestimmend, so haben die volkssprachl. jüd. Idiome als Umgangs-, Verkehrs- und Literatursprachen die kulturelle Identität der einzelnen jüd. Gruppen geprägt. Jüd. Dialekte bildeten sich aus in den von Juden bewohnten Ländern, auf der Grundlage der jeweils vorherrschenden Sprache der islam. oder christl. Mehrheit, unter Einbeziehung hebr. und aramäischer Elemente in Grammatik und Wortschatz. Alle gesprochenen j. S., auch die nichtsemit., wurden mit hebräischen Buchstaben verschriftet, was oft zu kuriosen orthograph. Erscheinungen führte.

Die (in ganz unterschiedl. Dichte) erhaltenen Literaturzeugnisse sind vielfach von der Bibel, der Midraschliteratur und dem Talmud geprägt. Lexikal. und grammat. Bestrebungen schlagen sich in Glossaren und anderen hebr.-volkssprachl. Kompendien nieder. Fallweise treten auch (bei Annahme einer vorhandenen mündl. Literaturtradition) jüd. Bearbeitungen von Stoffen der jeweiligen volkssprachl. Lit. auf.

Wichtigste Sprache des oriental. Judentums war das Judäo-Arabische, dessen zentrale lit.-philos. Werke (→Jehuda ha-Levi, →Maimonides, →Saadja Gaon u. v. a.; →Judentum, B) die bedeutende intellektuelle Rolle von Juden im islam. Bereich unterstreichen (s. a. →Karäer). – Im Bereich des östl. Mittelmeerraumes hat sich seit Antike und byz. Zeit das *Judäo-Griechische* ausgeprägt.

In den Ländern West- und Südeuropas traten im Zuge der roman. Sprachentwicklung jüd. Sonderformen hervor, die z. T. miteinander kommunizierten. In Italien bildete sich, stark beeinflußt von der v. a. im 13.–14. Jh. kulturell führenden jüd. Gemeinde Roms, das *Judäo-Italienische* (auch: Judäo-Römisch, *giudeo romanesco*) aus. Neben bibl.-religiöser Übersetzungsliteratur ist als frühes Zeugnis eine bedeutende Elegie auf den 9. Av vom Anfang des 13. Jh. hervorzuheben. – Die blühende jüd. Kultur Südfrankreichs und der Hispania manifestiert sich in einer Reihe von Sprachen, deren bedeutendste das *Judäo-Spanische* (→Ladino) ist. – Das in Nord- und Ostfrankreich bis in den elsäss.-rhein. Raum verbreitete *Judäo-Französische* hat die Sprachentwicklung des Jiddischen beeinflußt.

Das →*Jiddische*, die Sprache der aschkenas. Juden in Deutschland und – nach der Vertreibung im SpätMA – diejenige der Juden Ostmitteleuropas, entwickelte sich auf der Grundlage des Mhd. und Frühnhd., um seit dem SpätMA verstärkt slav. Elemente aufzunehmen. Ist die frühe Sprachentwicklung schlecht faßbar, so sind seit etwa der Mitte des 13. Jh. Literaturzeugnisse erhalten (der größere Teil der Jidd. Lit. entstand jedoch erst in der Neuzeit). Neben Werken der religiösen und bibl. Lit. (zu den frühesten jidd. Sprachzeugnissen zählen Bibelglossen des 12. Jh.), bibl. Epik (erhalten in der ergiebigen Cambridger Hs. von 1382), Übersetzungen liturg. Texte (→Pijjut) usw. sind auch Bearbeitungen volkstüml. epischer Stoffe aus dem Mhd. bekannt; berühmt ist der →»Dukus Horant« (in der Cambridger Hs. von 1382). Vereinzelt wird lit. Betätigung von Juden gemeinsam mit Christen deutlich (Übersetzertätigkeit des Straßburger Juden Samson Pine für den »Rappoltsteiner Parzival« des Claus Wisse und Philipp →Colin, 1331–36); die Darstellung des Minnesängers →Süßkind v. Trimberg als Jude in der Gr. Heidelberger Liederhs. kann jedoch auch lit. Topos sein.   U. Mattejiet

Lit.: EJud IX, s. v. – EJud (engl.) X, s. v. Jewisch Languages u. a.; XIV, s. v. Yiddish.

Judith, eine ae. Dichtung mit 349 stabenden Langzeilen (→Alliteration, C. I.), fragmentar. in der →Beowulf-Hs. (um 1000) überliefert. Sie ist eine freie Bearbeitung des atl. deuterokanon. Buches »J.« (12.10–16.1), im Stil und mit den Motiven der ae. heroischen Poesie. Typolog.-allegor. Ausdeutungen können nicht als allg. akzeptiert gelten. Datierung und Lokalisierung des Originals (vermutl. 10. Jh., anglisch) werden unterschiedl. beurteilt. Die Anschauungen über die ursprgl. Länge der Dichtung sind kontrovers (vielleicht ca. 1350 Langzeilen). Vgl.: →Ae. Lit., →Bibeldichtung, IV. – Der J.-Stoff ist auch in einer von →Ælfric zw. 1002 und 1005 in rhythm. Prosa verfaßten Bibelparaphrase (ASSMANN, Nr. IX) bearbeitet.
   C.-D. Wetzel

Bibliogr.: NCBEL I, 287, 317–321 – S. B. GREENFIELD–F. C. ROBINSON, A Bibliogr. of Publ. on OE Lit., 1980, 239–241, 295–308 – *Ed.:* ASPR IV, 99–109 – B. ASSMANN, Ags. Homilien und Heiligenleben, BAP 3, 188 9 [repr. 1964], 102–116 – B. J. TIMMER, J., 1952 [u. ö.] – F. WENISCH, J. – eine westsächs. Dichtung?, Anglia 100, 1982, 273–300 – S. B. GREENFIELD–D. G. CALDER, A New Critical Hist. of OE Lit., 1986, 83f., 219–223.

Judith. Das atl. Buch J. ist im MA vielfach poet. bearbeitet worden, darunter dreimal in dt. Sprache. Zwei unterschiedl. Versionen aus der ersten Hälfte des 12. Jh. enthält die für die Überlieferung früher geistl. Dichtung wichtige Sammelhs. aus dem Chorherrenstift →Vorau: Die »Ältere J.« ist ein knappes, stroph. gegliedertes Lied (136 V.), dessen Schluß verloren gegangen ist; die »Jüngere J.« bietet eine ep. Paraphrase (1821 V.) in ritterl.-höf. Einkleidung ohne geistl. Erklärungen, die der Prolog verspricht, und folgt unmittelbar auf ein kurzes Gedicht »Die drei Jünglinge im Feuerofen« (nach Dan 3), mit dem es eine (sekundär hergestellte?) Einheit bildet. Aus der Mitte des 13. Jh. stammt die »Ostmitteldt. J.« (2814 V.), die im Kontext der →Deutschordensliteratur wohl weitere Verbreitung gefunden hat, allerdings nur in einer Sammelhs. aus der Ordensballei →Mergentheim mit atl. Gedichten und der »Apokalypse« des →Heinrich v. Hesler überliefert ist. Sie folgt treu dem bibl. Wortlaut, fügt sporad. Exegesen hinzu und betont das Exemplarische der Handlung. Eine Prosaauflösung ist in das »Historienbuch« des Ordensritters Jörg Stuler von 1479 eingegangen.

D. Kartschoke

Ed.: Die religiösen Dichtungen des 11. und 12. Jh., I, ed. F. MAURER, 1964, Nr. 15 [Ältere J.]; II, 1965, Nr. 31 [Jüngere J.] – Kleinere dt. Gedichte des 11. und 12. Jh., ed. A. WAAG–W. SCHRÖDER, I, 1972, Nr. 4 [Ältere J.] – H. MONECKE, 1964 [Jüngere J.] – R. PALGEN–H.-G. RICHERT, 1969 [Ostmitteldt. J.] – *Lit.*: Verf.-Lex.² I, 288–294 [W. SCHRÖDER]; IV, 923–926 [W. SCHRÖDER], 899f. [H.-G. RICHERT] – A. MASSER, Bibel- und Legendenepen des dt. MA, 1976, 60ff., 76ff.

Judith

1. J., *Ksn.*, † 19. April 843, ⌐ St. Martin, Tours; Tochter des Gf. en Welf und der edlen Sächsin Eigilwi/Heilwig, 2. Gemahlin Ks. Ludwigs d. Fr.; erste Erwähnung Febr. 819 anläßl. der Brautschau Ludwigs unter den frk. Adelstöchtern und der folgenden Heirat in Aachen. Willensstark und sehr schön (Thegan 26: »pulchra valde«), gewann sie bald großen Einfluß auf Ludwig, dem sie nach der Tochter Gisela (819/822) den Sohn Karl (den Kahlen) schenkte. Darauf bedacht, ihrem Sohn neben seinen Brüdern aus erster Ehe des Ks.s einen Reichsteil zu verschaffen, stieß Ludwig auf ihr Betreiben ab 829 die Drei- eine Vierteilung des Reiches vornahm und Karl 829 Schwaben, Elsaß, Rätien und Teile Burgunds übertrug; er löste damit heftige innere Kämpfe aus, in denen die Söhne sich in wechselnden Allianzen gegen ihn und J. erhoben. Bes. an J. schieden sich die Geister: Bewunderern wie Walahfrid Strabo standen scharfe Gegner wie Wala v. Corbie gegenüber, die unter der Anschuldigung des Ehebruchs mit dem Gf. en →Bernhard v. Barcelona ztw. sogar ihre Verbannung vom Hof bewirkten. Nach der Rückkehr setzte J. die Bemühungen fort, Karl einen noch größeren Reichsteil zu verschaffen – mit dem Ergebnis, daß er schließlich 839 Westfranzien erhielt. Durch J. war Ludwig d. Fr. vom Verfechter der Reichseinheit zum Vorkämpfer der Reichsteilung geworden und das Geschlecht der →Welfen in die Spitzengruppe des großfrk. Adels aufgerückt.

J. Fleckenstein

Lit.: E. DÜMMLER, Gesch. des Ostfrk. Reiches, 3 Bde, 1887–88² – FR. V. BEZOLD, Ksn. J. und ihr Dichter Walahfried Strabo, HZ 130, 1924.

2. J., *Hzgn. v. Bayern*, † 29. Juni bald nach 985, ⌐ Regensburg, Niedermünster, Tochter Hzg. →Arnulfs v. Bayern (→Luitpoldinger), noch vor dessen Tod 937 mit Heinrich, einem Sohn Kg. Heinrichs I., verlobt oder sogar verheiratet. Die Verbindung sollte den Eintritt des Hzm.s Bayern in das entstehende dt. Reich befördern. Sicherl. hat J. die Stellung ihres Gatten als landesfremden Hzg.s in Bayern 948–955 gefestigt. Durch diesen wurde sie im liudolfing. Aufstand ab 953 auf die Seite Kg. Ottos I. geführt, weswegen sie vorübergehend sogar ihre Stammlande verlassen mußte. Nach dem Tod Hzg. Heinrichs I. 955 übertrug ihr Otto I. die Vormundschaft über den kindl. Nachfolger, ihren Sohn →Heinrich II. (31.H.). Für ein Jahrzehnt übte sie ein sehr aktives Regiment ('dux et domina') im seit 952 durch Angliederung des Hzm.s →Friaul vergrößerten Herrschaftsraum. In die Kämpfe Heinrichs II. gegen Otto II. griff sie nicht mehr ein. Nach einer Pilgerreise ins Hl. Land (zw. 966 und 973) zog sie sich um 974 in das Kanonissenstift Niedermünster (Regensburg) zurück. J., die zwei ihrer Kinder im Zuge planvoller Heiratspolitik mit Mitgliedern der wichtigsten Herrscherhäuser im südtl. Raum verbunden hatte, ist die bedeutendste Frauengestalt der polit. Gesch. Bayerns im MA.

A. Schmid

Lit.: NDB X, 640f. [W. STÖRMER] – SPINDLER I, 1981², 292, 295f. [K. REINDEL] – K. REINDEL, Die bayer. Luitpoldinger 893–989, 1953 – Bayer. Biogr., hg. K. BOSL, 1983, 398 [R. REISER].

3. J., *Hzgn. v. Schwaben*, * um 1100, † 22. Febr. 1130 oder 1131, ⌐ Kl. Lorch; Tochter des welf. Hzg.s →Heinrich IX. d. Schwarzen (38.H.) v. Bayern und der Wulfhilde v. Sachsen; ∞ Hzg. →Friedrich II. v. Schwaben (37.F.) um 1120 im Rahmen planvoller dynast. Heiratspolitik (Ausbau der welf. Hausmacht im südtl. Raum durch Verbindung mit Staufern und Zähringern); Kinder: Bertha, Gemahlin des lothr. Hzg.s →Matthäus I., und Ks. Friedrich I. Barbarossa u. a. Die Verbindung wurde im ausbrechenden stauf.-welf. Gegensatz polit. wirksam, als der Bayernhzg. bei den Verhandlungen zur Kg.swahl 1126 zunächst energ. für den Schwiegersohn Partei ergriff. In die Kämpfe der folgenden Jahre schaltete sich J. 1129 persönl. bei der Verteidigung der Stadt Speyer ein.

A. Schmid

Lit.: F. CURSCHMANN, Zwei Ahnentaf...., Mitt. der Zentralstelle für dt. Personen- und Familiengesch. 27, 1921, 31 – K. und A. WELLER, Württ. Gesch. im südwestdt. Raum, 1972⁷, 52 – Staufer III, 10, 349 – SPINDLER I, 1981², 335.

Juez, allg. span. Bezeichnung für Richter in Aragón und Kastilien. Entsprechend der Vielzahl der Jurisdiktionen (→Justizwesen) gab es auch viele Arten von Richtern mit jeweils spezif. Amtstitel. Die Bezeichnung J. findet sich nur in allgemeinerem Zusammenhang zur Bezeichnung der Rechtsprechungsart, z. B. *j. ordinario* als Sammelbezeichnung für einen Richter der ordentl. kgl. Gerichtsbarkeit, *j. eclesiástico* für den kirchl. Richter etc. Entsprechend der Vielzahl der Sondergerichtsbarkeiten findet sich die Bezeichnung auch in unterschiedlichster Form, jeweils ergänzt durch ein näher kennzeichnendes Adjektiv oder eine Apposition.

H. Pietschmann

Lit.: N. GUGLIELMI, La Figura del j. en el Concejo (León-Castilla, s.s XI–XIII) (Mél. CROZET II, 1966), 1003–1024.

Jugement d'amour (auch Débat du clerc et du chevalier gen.), →Streitgedicht zw. zwei Mädchen über die Frage, wessen Liebhaber der bessere sei, der Kleriker oder der Ritter. Am Hof Kg. Amors erwirken sie einen Richterspruch, meist zugunsten des Klerikers. Die roman. Gedichte leiten sich aus der lat. »Altercatio Phillidis et Florae« (12. Jh.) und dem »Concilium Romaricimontis« her. Die erste volkssprachl. Version ist in der Pikardie Ende 12./Anfang 13. Jh. entstanden. Außerdem sind zwei afrz. Versionen überliefert (eine mit »Hueline et Aiglantine« betitelt) sowie zwei anglonorm. (»Blancheflor et Florence« und »Melior et Ydoine«), schließlich das frankovenetian. und das span.-leones. Gedicht »Elena y María«. Die Versionen sind in der Regel in achtsilbigen Distichen abgefaßt (außer »Blancheflor et Florence«). Vielleicht ist das J. d'a. aus ständekrit. Intention erwachsen und als Gegengattung zum höf. Roman anzusehen, da der bürgerl. Kleriker dem niederen Ritter vorgezogen wird. Eine Ausnahme bildet nur »Blancheflor et Florence«, das das höf. Ideal aufrechterhält und die Liebe zum Kleriker verdammt. Satir. Züge prägen »Hueline et Aiglantine« sowie »Elena y María«. U. Ebel

Lit.: GRLMA VI – J. SCHMIDT, Le J. d'A. [Diss. Jena 1913] – A. WALTHER, Das Streitgedicht in der lat. Lit. des MA (Q. und Unters. zur lat. Philologie des MA V/2), 1920 – D. RUHE, Le Dieu d'Amours avec son paradis, Beitr. zur roman. Philol. des MA 6, 1974, 74–91.

Juicio, aragones.-kast. Bezeichnung für Gerichtsverfahren unterschiedlicher Jurisdiktionen, bezeichnet einen ein formelles Verfahren. Zusammen mit dem Vordringen des volkssprachl. Begriffes entwickelt sich die Unterscheidung zum *J. sumario*, das im Gegensatz zur allg. Form, die immer auf schriftl. Grundlage erfolgte, nur ein mündl., abgekürztes Untersuchungsverfahren bezeichnet. Bekannter geworden sind spezielle Untersuchungsverfahren wie das *j. de residencia* in Kastilien und das *j. de purga de taula* in der Krone Aragón, die Untersuchungen der Geschäftsführung bestimmter Amtsträger betreffen.
H. Pietschmann

Lit.: B. GONZÁLEZ ALONSO, El j. de residencia en Castilla I, AHDE 48, 1978, 193–247.

Julfest. Die Belege für ein vorchr. J. in Skandinavien (isländ. →Haraldskvæði, ca. 900; westnorw. Rechtstext →Gulaþingslög; norw. Geschichtswerk →Ágrip af Nóregs konunga sǫgum, Ende 12. Jh.; »Heimskringla« des Isländers →Snorri Sturluson, 13. Jh.) sind insges. spärlich und inhomogen. Die Existenz einer heidn. Festperiode in der ersten Winterhälfte kann noch am ehesten durch die Überlieferung des Wortes *iul* (adän./aschwed.) bzw. *jól* (aisländ./anorw.; beide neutr.pl.) erhärtet werden. Bereits in urnord. Zeit (2.–5. Jh.) wurde *joulu* 'Julfest' und 'juhla' 'Fest' (allg.) ins Finn. entlehnt und ist nur hier mit der alten *u*-Endung bewahrt. In einem got. Kalenderfrgm. des 4. Jh. steht für 'Nov.' *fruma jiuleis* (entweder 'erster jiuleis', wobei der 'zweite jiuleis' dann der Dez. wäre, oder: 'vor dem juileis'/Dez. [= Nov.]). Vom gleichen Stamm ist ags. *giuli* abgeleitet und bedeutet nach →Beda (um 700) die Periode Dez.–Jan. Der etymolog. unsichere aisländ. Monatsname *ýlir* bezieht sich auf die Periode 2. Novemberhälfte/1. Dezemberhälfte.

Nach Snorri (u. a. »Ynglinga saga«, kap. 8) kannte man in heidn. Zeit drei Opferfeste: bei Winteranfang, Mittwinter und Sommeranfang. Das norw. Guladingsrecht nennt Festtermine, an denen bes. Bierbrauen zulässig war: sog. Herbstbier (Michaelisbier), Julbier, Osterbier und Johannisbier (Mittsommer). Aus allen Q. geht hervor, daß man beim J. das Bier »für ein gutes (fruchtbares) Jahr« opferte und trank (im Rechtstext erscheint – in chr. Zusammenhang – die Formel *ár oc friðr* 'gutes Jahr und Friede'). Den *jól* trinken (»Haraldskvæði« Str. 6) ist dabei ebenfalls eine übliche Wendung. Es scheint, daß das J. ursprgl. wohl eher ein Fruchtbarkeitsfest als ein Wintersonnwendfest gewesen ist. Der Odinsname 'Jólnir' könnte indessen auch auf eine Verbindung zum Totenkult (→Odin als Anführer des Totenheeres) hinweisen. Die Frage ist ungeklärt. Den norw. Missionskg.en →Hákon Aðalsteinsfóstri (H. 1) und →Olaf Tryggvason (beide 10. Jh.) wird bei Snorri und im Ágrip die Zusammenlegung des heidn. J.s mit dem Fest der Geburt Christi zugeschrieben. H. Ehrhardt

Lit.: KL VIII, 6–17 – M. NILSSON, Stud. zur Vorgesch. des Weihnachtsfestes, Arch. für Religionswiss., 1916 – H. CELANDER, Nordisk jul I, 1928 – M. NILSSON, Julen. Nordisk kultur 22, 1938, 14–63 – N. TÖRNQVIST, Namnet jul, Nordisk tidskrift, 1955.

Julian comes → Ceuta

Julian of Norwich → Juliana

Juliana, eines der signierten ae. Gedichte →Cynewulfs, überliefert im →Exeter-Buch, behandelt den Märtyrertod der hl. J. aus Nikomedeia, zur Zeit des röm. Ks.s Maximus Daja († 313). Handlung: J. weigert sich, den heidn. Statthalter Heliseus zu heiraten, worauf dieser sie foltern und schließlich enthaupten läßt. Breiten Raum nimmt die Schilderung von J.s Auseinandersetzung mit dem Teufel ein, der sie im Gefängnis aufsucht. Cynewulf hat seine lat. Q. (vgl. AASS, 16. Febr.) so bearbeitet, daß der Kontrast zw. J. als Verkörperung des Guten und Heliseus als Vertreter des Bösen wesentl. stärker betont wird. – Me. Fassung der J.-Legende: →»Katherine«-Gruppe. H. Sauer

Bibliogr.: NCBEL I, 288 – S. B. GREENFIELD–F. C. ROBINSON, A Bibliogr. of Publ. on OE Lit., 1980, 241 f. – *Ed.*: ASPR III, 113–133 – R. WOOLF, J., 1955 [rev. 1966, 1978] – *Lit.*: T. WOLPERS, Die engl. Hl.nlegende des MA, 1964 – D. G. CALDER, Cynewulf, 1981, 75–103 – E. R. ANDERSON, Cynewulf, 1983, 84–102.

Juliana v. Norwich, 1342 – nach 1416, Anachoretin (→Anachoreten) in einer Zelle bei der St. Julian-Kirche in →Norwich. Ihr einziges Werk, die »Offenbarungen Göttlicher Liebe«, spiegelt den Einfluß kontinentaler Frauenmystik sowie franziskan. und (in einer längeren Fassung) pseudo-dionys. Spiritualität. Als Folge schwerer Erkrankung erkennt sie die Liebe als Grundlage allen Seins. Diese durchwaltet das trinitar. Wesen Gottes, die göttl. Menschwerdung und das Verhältnis des Menschen zu Gott, das nicht durch Gesetz oder Strafe bestimmt wird, sondern der Liebe eines Kindes zur Mutter entspricht. Die Leib-Seele-Einheit des Menschen ist durch die Sünde gefährdet, die zwar als Notwendigkeit definiert, aber letztl. durch die göttl. Liebe überwunden wird. W. Riehle

Bibliogr.: NCBEL I, 522–524 – *Ed.*: E. COLLEDGE–J. WALSH, A Book of Showings to the Anchoress Julian of N., 1978 – *Übers.*: Offenbarungen von göttl. Liebe, 1988² – *Lit.*: P. MOLINARI, Julian of N., 1958 – B. PELPHREY, Love Was His Meaning, 1982 – Medieval Women Writers, hg. K. M. WILSON, 1984 – B. PELPHREY, Christ Our Mother, 1989.

Julianos. 1. J., Bf. v. Halikarnassos, Monophysit, † vermutl. kurz nach 527. Von seinen zahlreichen Werken ist nur wenig erhalten: die durch R. DRAGUET veröffentlichten 154 Fragm. stammen aus syr. übersetzten Werken seines Gegners Severus v. Antiochia (vgl. R. HESPEL). Die Kontroverse spitzte sich zuerst in Konstantinopel um 510 zu und verstärkte sich, nachdem beide Gegner 518 nach Ägypten fliehen mußten. Die Unverweslichkeit (als ursprgl. Adams-Zustand) und Leidensunfähigkeit des Leibes Christi begann für J. in der Inkarnation. Severus, der die Unverweslichkeit und Unsterblichkeit erst nach der Auferstehung annahm, warf J. vor, Aphtartodoket und Eutychianer zu sein, denn Jesus hätte dann in seiner Passio nur scheinbar gelitten. Am einflußreichsten war J. in der armen. Kirche sowie bei den Gaianiten in Ägypten und bei den Syrern. M. van Esbroeck

Lit.: R. DRAGUET, Julien d'Halicarnasse et sa controverse avec Sévère d'Antioche sur l'incorruptibilité du Christ, 1924 – R. HESPEL, CSCO 245/246, 1964; 295/296, 1968; 318/319, 1971.

2. J. antecessor → Antecessor

Julianus Hospitator, hl., figuriert in keinem Martyrologium, wird in Stundenbüchern des 15. Jh. erwähnt; sein Kult vermischt sich häufig mit dem gleichnamiger Hl.r (v. a. J. v. Brioude). Der Ursprung der wohl nicht vor dem 12. Jh. belegten, mit märchenhaften Zügen ausgestatteten Legende, die Motive der Eustachius- und Christophoruslegende und der Ödipussage aufweist, ist kontrovers: J. tötet unwissentl. seine Eltern. Als Sühne errichtet er mit Hilfe seiner Frau ein Hospiz an einem Fluß und widmet sein Leben dem Dienst an den Reisenden, bis Christus ihm in Gestalt eines Aussätzigen Vergebung und himml. Lohn verkündet. Die Legende ist in lat. (u. a. →Legenda aurea) und volkssprachl. Fassungen verbreitet, die v. a. in der Lokalisierung der Herkunft des Hl.n (u. a. Spanien, Anjou, Hennegau) und des Ortes des Hospizes (u. a. an den Flüssen Gardon, Aube, Potenza) differieren.

Verehrung und Darstellung: Verehrt wurde J. im MA u. a. bes. als Patron der Fährleute, Schiffer, Gastwirte, Reisenden und Pilger. Nach bescheidenen Anfängen im 11./12. Jh. verbreitet sich sein Kult v. a. in Frankreich und Italien, später auch in Belgien und Spanien. Die →Legenda aurea (13. Jh.) trug stark zur Verbreitung seines Kultes bei. Für die Ikonogr. des J. wurden die umfangreichen hochma. Glasmalerei-Zyklen der Kathedralen von Chartres, um 1220, und Rouen, um 1280/90, prägend, unter den Szenen hervorgehoben: 1. J. im Königsdienst, 2. Heirat, 3. nächtl. Heimkehr, 4. Mord an den Eltern, 5. J. vor seiner Frau mit der Mordwaffe, 6. Flucht und Hospitalbau im Exil, 7. Begegnung mit dem 'leprakranken' Christus beim Flußüberqueren, 8. Tod und Apotheose. Elternmord, Krankenpflege und Begegnung mit Christus wurden auch einzeln dargestellt, z. B. Stundenbuch des Pierre de Bretagne, 15. Jh. Paris, BN ms. lat. 1159, fol. 155v. Die Darst. des späten MA zeigen J. überwiegend als edlen Jüngling, bartlos, in höf. Tracht ab Schwert, Zeichen seines Standes bzw. des Mordes an seinen Eltern, mit Falken und Hund als Falkenier (Anspielung auf seine jugendl. Jagdleidenschaft), auch in größeren christolog. Zusammenhängen, z. B. bei Maso di Banco, Polyptychon, 1330/40, Florenz, S. Spirito; Bicci di Lorenzo, Altarbild, 1434, Florenz, S. Trinità; Meister des hl. J., Tafelbild, 1420/40, San Gimignano, Mus. Civico. G. Jászai

Lit.: LCI VII, 231–241 – AASS Jan. II, 1734, 974 – B. DE GAIFFIER, La légende de s. Julien l'Hospitalier, AnalBoll LXIII, 1945, 145–219.

Julianus

1. J. Apostata, röm. Ks. 361–363, * 331 in Konstantinopel, ✕ 26. Juni 363; Sohn des Iulius Constantius und der Basilina. Mit seinem Stiefbruder Gallus dem Blutbad an den Verwandten des verstorbenen Ks.s Konstantin entkommen (337), genoß er auf dem Landgut Macellum in Kleinasien eine chr. Erziehung, geriet jedoch in Ephesus unter den Einfluß des neuplaton. Philosophen Maximus. Nach kurzem Studium an der Hochschule von Athen wurde er von seinem Oheim →Constantius II. in Mailand zum Caesar ernannt (355) und mit Helena, der ksl. Schwester, vermählt. In Gallien, wo er sich offen zum Heidentum bekannte, kämpfte er erfolgreich gegen Franken und Alamannen (357 Schlacht bei Straßburg), sicherte die Rheingrenze und sorgte für den Wiederaufbau der Städte und Steuererleichterung der bedrängten Bevölkerung. In Paris von den Soldaten zum Augustus ausgerufen (360), zog er nach erfolglosen Verhandlungen gegen Constantius, der jedoch vor einer militär. Entscheidung in Kilikien starb (361). Nach dem Einzug in Konstantinopel ließ er seine Gegner vor einem Kriegsgericht in Chalkedon aburteilen und durch ein Toleranzedikt allg. Religionsfreiheit verkünden (Öffnung der heidn. Tempel; Rückkehr verbannter chr. Bf.e). Nach einer Phase anfängl. Duldung verfügte er jedoch die Schließung von Kirchen, ein Unterrichtsverbot für chr. Lehrer und erneute Absetzung von Bf.en (→Athanasios d. Gr.). Als Kampfmaßnahme gegen das Christentum ist auch sein Plan zu verstehen, den jüd. Tempel von Jerusalem wieder aufbauen zu lassen. Segensreich wirkten seine zahlreichen Gesetze zur Förderung von Städten, Finanz- und Postwesen, Justiz und Heer. Von Antiocheia brach er zum Kampf gegen den Perserkg. Schapur II. auf. Nach anfängl. Erfolgen fiel er in einem Treffen bei Ktesiphon. Seine letzten Worte sollen gewesen sein: »Du hast gesiegt, Galiläer« (erstmals im 5. Jh. von Theodoret erwähnt; h. e. III 25,7). J. hinterließ über 100 Briefe, aus denen sein heidn. Restaurationsversuch deutl. wird (Heranbildung von Priestern, Schöpfung sozialer Einrichtungen nach chr. Vorbild), dazu zahlreiche Reden und philos. Traktate. Durch seine polem. Schr. »Gegen die Galiläer« (3 B., z. T. erhalten) lebte er in der chr. Tradition als 'abtrünniger Kaiser' fort. R. Klein

Lit.: RE X, 26–91 – J. BIDEZ, J. der Abtrünnige, 1947² – R. BROWNING, Der Ks. J., 1977 – J.A., hg. R. KLEIN (Wege der Forsch. 509, 1978) – DERS., J.A. Ein Lebensbild, Gymnasium 93, 1986, 273–292.

2. J., Bf. v. Aeclanum, * 380/386 Apulien, † 443/455, Sohn der Aristokratin Juliana und des Bf.s Memor(ius), gut gebildet in Gr. und Latein, über seinen Vater Kontakt zu Augustinus und Paulinus v. Nola, Lektor, 408 Diakon in der Kirche seines Vaters, seit etwa 416 Bf. v. Aeclanum bei Benevent, wurde nach 418, als er sich mit anderen it. Bf.en weigerte, die Epistula tractoria von Papst Zosimus mit der Verurteilung des Pelagius und dessen Schülers Caelestius zu unterzeichnen, zum Wortführer der 2. Etappe des pelagian. Streites. Kraft kirchl. und ksl. Spruches des Amtes enthoben und verbannt, begab er sich mit Schicksalsgefährten zu Theodoros v. Mopsuestia und später zu Nestorius nach Konstantinopel. Er starb im Exil. Seine Briefe und die gegen Augustinus gerichteten Streitschr., in denen er diesem Auflösung der menschl. Freiheit und manichäische Tendenzen der Lehre über Gnade, Konkupiszenz und Erbsünde vorwarf, sind v. a. durch dessen Entgegnungen in weiten Teilen erhalten. Nach J. schließen die Gerechtigkeit Gottes und der freie Wille des Menschen die Erbsünde aus. In seinem exeget. Werk folgt er der antiochen. Richtung der hist. Schr.erklärung (statt Allegorese). Er übersetzte auch den Psalmenkomm. des Theodoros v. Mopsuestia ins Lat.

Th. Baumeister

Ed.: CCL 88/88A, 1977 – CPL 174–176 – H. J. FREDE, Kirchenschriftsteller, 1981, 414–416; Aktualisierungsh. 1984, 67 – Lit.: ALTANER-STUIBER⁸, 377, 629 – Lit. patristico e di antichità cristiane III, 1984, 1609–1611 – DSAM XII, 2902–2908 [Lit.] – TRE XVII, 441–443 [Lit.] – A. BRUCKNER, J. v. Eclanum, 1897 – G. BOUWMAN, Des J. v. Ae. Komm. zu den Propheten Osee, Joel und Amos, 1958 – O. WERMELINGER, Rom und Pelagius, 1975, 226–238, u. ö. – Patrologia III, 1978, 460–464.

3. J. v. Toledo, Ebf. v. Toledo, * ca. 642, † 690, aus einer jüd., zum Christentum konvertierten Familie, Schüler von Ebf. →Eugenius II., 680 zum Ebf. ernannt, leitete die 12.–15. Synode in Toledo und erlangte für seine Diöz. den Primat über Spanien. Er beteiligte sich am Sturz von Kg. Wamba und half Erwig, Kg. zu werden; später unterstützte er Kg. →Egica. J. ist nach Isidor v. Sevilla der größte Gelehrte des westgot. Spanien. Werke: »Prognosticon futuri saeculi«, dem er einen Brief an Bf. Idalius v. Barcelona und eine Oratio ad Deum voranstellte; »De comprobatione sextae aetatis libri III«, mit Oratio ad Deum und Widmungsbrief an Kg. Erwig; »Antikeimenon libri II« (Versuch, aufgrund der Gegenüberstellung kontradiktor. Sätze der Bibel scheinbare Widersprüche zu lösen); »Historia Wambae regis«, die über die Aufstände des Paulus in Septimanien und deren Unterdrückung durch Wamba 673 berichtet; »Vita Ildefonsi«, Anhang zum Schriftstellerkatalog »De viris illustribus« des →Ildefons v. Toledo und eine aus versch. Vorlagen gewonnene »Grammatica«. Verloren sind liturg. Schr. und Gedichte.

J. M. Alonso-Núñez

Ed. und Lit.: RE X, 19 – BRUNHÖLZL I, 103–110, 523 [Ed., Lit.] – F. GÖRRES, Der Primas J. v. T...., Zs. für wiss. Theol. 46, 1903, 524–533 –

S.I. I.1 Toletani sedis episcopi opera, I, 1976, CCL 115 [Ed., Lit.] – L. Munzi, Il »De partibus orationibus« di Giuliano di T., 1983 – S. Teillet, Des Goths à la nation gothique, 1984, 585–636 – Ders., L'Hist. Wambae est-elle une œuvre de circonstance? (Los Visigodos. Hist. y Civilización, 1986), 415–424.

4. J. Pomerius, Priester, theol. Schriftsteller, † bald nach 500, stammte aus Mauretanien, wirkte als Rhetoriklehrer in Arles, wo er zum Priester geweiht wurde. Von seinen Schr. ist nur »De vita contemplativa« (3 B.) erhalten. Der Titel paßt zu B.1; B.2 und 3 sind eher prakt. Tugendlehre mit der Betonung der vita activa, für Kleriker auch als Pastoralanweisung zu verstehen. Der Inhalt ist augustin. geprägt (III,6: Lob Augustinus'). J.' Bestimmungen über das Kirchengut und dessen angemessene Verteilung (II,9–10) wurden von späteren Konzilien aufgenommen. K. S. Frank

Ed.: MPL 59, 415–520 – engl. Übers.: Ancient Christian writers 4, 1947 [mit Komm.] – Lit.: Altaner-Stuiber, § 109,4 – DSAM VIII, 1594–1600 – J. Devisse, L'influence de Julien Pomère sur les clercs carolingiens, RHEF 61, 1970, 285–295.

5. J. v. Speyer OFM, * ca. 1200 in Speyer, † ca. 1250. Nach Studien in Paris und Kapellmeistertätigkeit bei Ludwig VIII. v. Frankreich trat J. dem Franziskanerorden bei, wurde wegen seiner Bildung zum Aufbau der Dt. Prov. eingesetzt und wirkte bis zum Tode als Chormeister am Pariser Studienkonvent. Aufgrund eigener Erfahrungen und der ersten Franziskusvita des →Thomas v. Celano schuf J. 1231/32 ein formstrenges Franziskus-Officium, 1236 eine Franziskusvita (ed. Anal. Franciscana X, 1926ff.). Vor 1246 schrieb J. ein Reimofficium über →Antonius v. Padua, später evtl. eine Antoniusvita (Il Santo IX, 1969; XII, 1972). Alle Schr. J.' besitzen eine kunstvolle sprachl. Gestaltung und wertvolle Hinweise auf die Lebensweise sowie das Selbstverständnis der ersten Franziskanergeneration. D. Berg

Lit.: MGG IV, 829ff.; XI, 174ff. – NDB X, 652f. – Verf.-Lex.² IV, 900–904 [Lit.] – D. Berg, Hist. Reflexion und Tradition, WuW 48, 1985, 90ff. [Lit.].

Jülich

I. Familie – II. Grafschaft/Markgrafschaft/Herzogtum – III. Stadt.

I. Familie: Seit dem beginnenden 11. Jh. erscheint im J.gau ein Gf.engeschlecht mit dem Leitnamen Gerhard. Man vermutet, daß diese Gerharde mit den Matfrieden in verwandtschaftl. Beziehungen standen. 1081 taucht erstmalig ein Gerhard mit dem Beinamen »comes de Julicho« auf. Mit dem Gf.en Wilhelm († 1207) stirbt dieses 1. Jülicher Gf.enhaus im Mannesstamme aus. Über Wilhelms Schwester Jutta fällt die Gft. an deren Sohn Wilhelm, dessen Vater aus dem Hause Heimbach (Hengebach) stammte. Die Gf.en aus dem Hause Heimbach regierten in J. bis 1511. Unter ihnen wurde Wilhelm V. 1336 zum Mgf.en und 1356 zum Hzg. ernannt. Wilhelms ältester Sohn Gerhard trat 1346/48 die Nachfolge in Ravensberg und Berg an. Die sich damals für sehr kurze Zeit anbahnende Vereinigung von J. und Berg kam nicht zustande, weil Gerhard 1360 ein Jahr vor seinem Vater starb. In Berg übernahm Gerhards Sohn Wilhelm und in J. der jüngere Sohn Wilhelms V. die Regierung. An diese jüngere J.er Linie fiel 1371 über Erbgang das Hzm. →Geldern. Als diese Linie 1423 ausstarb, zerfiel die Verbindung zw. Geldern und J. In J. setzte sich die in →Berg regierende ältere J.er Linie durch, während Geldern sich mit Arnold v. Egmond einen Hzg. aus dem eigenen Lande wählte. Die ältere Linie behauptete sich in J. und Berg bis zu ihrem Aussterben im Jahre 1511.

II. Grafschaft/Markgrafschaft/Herzogtum: In der 2. Hälfte des 11. Jh. wurden aus den Gf.en im J.gau die Gf.en v. J., die sich zunächst eng an die Kölner Ebf.e anlehnten. Gf. Wilhelm II. leitete den Aufstieg der Gft. ein. Durch das maubachsche Erbe seiner Frau verbunden mit den Wildbannrechten, dehnte er die J.er Einflußzone bis in die Eifel aus. Sein gleichnamiger Nachfolger, der Sohn seiner Schwester, brachte die Heimbacher Besitzungen an J. Diese Erwerbungen bildeten die Grundlage der späteren Ämter Nideggen, Heimbach und Wehrmeisterei. Entlang der Rur, im Raum von Zülpich und Aachen vergrößerten die Nachfolger das gfl. Machtpotential, v. a. auf Kosten der Kölner Kirche. Die ursprgl. engen Beziehungen zur Kölner Kirche schlugen in offene Feindschaft um. Die größte Krise erlitten die J.er 1278, als der regierende Gf. Wilhelm und zwei seiner Söhne in Aachen erschlagen wurden. Der Sieg bei →Worringen 1288 wandte die von seiten der Kölner Ebf.e drohende Gefahr zunächst ab, doch erst mit dem Regierungsantritt Gerhards IV. aus der J.er Nebenlinie in Kaster begann der erneute Aufstieg. Neben Kaster fielen die Ämter Brüggen und Grevenbroich und die Herrschaften Bergheim und Münstereifel an die J.er Hauptlinie. Damit war ein solides Fundament für den bedeutendsten ma. Gf.en Wilhelm V. gelegt, der in der europ. Politik eine überragende Rolle spielte und unter dessen Ägide die Gft. zur Mgft. (1336) und schließlich zum Hzm. (1356) erhoben wurde. Der Sieg über Brabant bei Baesweiler (1371) und die Vereinigung mit Geldern ließen J. dann zur Vormacht am Niederrhein werden. Der Verlust Gelderns 1423 wurde durch den Anfall von Berg kompensiert. Bis zum Jh.ende rundete J. dann mit dem Erwerb der Ämter Heinsberg, Wassenberg, Geilenkirchen, Millen und Monschau sein Territorium ab. Bis um 1400 waren die wichtigsten territorialen Bestandteile mehr oder minder voll ausgeprägt. Es hatten sich zwei Stände herausgebildet. 1347 wurden neben der Ritterschaft zum ersten Mal auch die Städte bei einer landesherrl. Entscheidung herangezogen. Das Land war in Ämter gegliedert, an deren Spitze landesherrl. Beamte standen, der Amtmann und der lokale Rentmeister. Gegen Ende des 14. Jh. ist in J. dann der erste Landesrentmeister nachgewiesen, und erst in der Mitte des 15. Jh. übernahm ein »Kanzler« die Spitze der Zentralverwaltung.

J. war hauptsächl. ein Getreideland, Vieh mußte z. T. eingeführt werden. Wein und v. a. Färberwaid wurden auf geeigneten Böden angpflanzt. Tuchmacherzentren des Landes waren die Städte Düren und Münstereifel. In den Eifelgebieten wurde Blei (Kall, Maubach, Mechernich), Kupfer (Wehbachtal b. Düren) und Kohle (Eschweiler) gewonnen. Als Transitland zw. den Kölner und den Brabanter Wirtschaftszentren durchquerten mehrere Handelsstraßen das Territorium (Zolleinnahmen). Bürger J.er Städte sind im 15. Jh. auf den Antwerpener Messen nachgewiesen.

III. Stadt: Die an einem Rurübergang angelegte, auf einen röm. vicus zurückgehende Burgsiedlung J. wurde in den 30er Jahren des 13. Jh. vom J.er Gf.en unter Bruch der ebfl. Rechte zur Stadt erhoben. Der Ebf. zerstörte bereits 1239 und noch einmal nach der Erschlagung der J.er Gf.en in Aachen 1278 die Stadt. Nach der Schlacht b. Worringen erfolgte der Ausbau der Ringbefestigung. Älteste Verwaltung war ein Schöffengericht (1320), 1358 wird ein siebenköpfiger Rat mit einem Bürgermeister an der Spitze. Bedeutendster Wirtschaftszweig war der Waidhandel. Verheerende Brände zerstörten 1473, 1512 und 1547 das ma. Bild der Stadt. W. Herborn

Lit.: zu [I und II]: G. Meyer, Gf. Wilhelm V. v. J. (Mgf. und Hzg.) (1328–1361) [Diss. Bonn 1968] – S. Corsten, Die Gf.en v. J. unter den Ottonen und Saliern (Beitr. zur J.er Gesch. 45, 1978), 3–20 – W.

Janssen, KLEVE–MARK–J.–BERG–RAVENSBERG 1400–1600 (LAND IM MITTELPUNKT DER MÄCHTE, 1985³), 17–40 – TH. R. KRAUS, J., Aachen und das Reich, 1987 – *zu [III]:* G. BERS, J., 1989 [ältere Lit.].

Julius

1. J. I., *Papst* (hl.) seit 6. Febr. 337, † 12. April 352. J. ergriff entschieden Partei gegen den Arianismus (→Arius) in der Reichskirche, wies die Forderungen der Eusebianer (→Eusebios v. Kaisareia) zurück und trat für die Anerkennung der (abgesetzten) Bf.e →Athanasios v. Alexandrien und Marcellus v. Ankyra ein. Dagegen protestierte scharf die »Kirchweihsynode« v. Antiochien. Die erneute Untersuchung dieser Streitfälle auf der Synode v. Serdica (Sofia: 342 oder 343) brachte keine Einigung, sondern vertiefte die Spaltung zw. den arian. Orientalen und den Anhängern des Konzils v. →Nikaia in der westl. Reichshälfte.   G. Schwaiger

Q.: LP I, 205f. – JAFFÉ² I, 30–32; II, 733 – *Lit.:* HKG II, 1, 33–42, 254–257 – LThK² V, 1203f. – SEPPELT I², 86–95 – W. GESSEL, Das primatiale Bewußtsein J.' I. . . . (Konzil und Papst, hg. G. SCHWAIGER [Fschr. H. TÜCHLE], 1975), 63–74 – G. SCHWAIGER, Päpstl. Primat und Autorität der Allg. Konzilien, 1977, 24–27 – H. C. BRENNECKE, Rom und der dritte Kanon v. Serdika, ZRGKanAbt 100, 1983, 15–45 – J. SPEIGL, Die Päpste in der Reichskirche des 4. und frühen 5. Jh. (Das Papsttum, hg. M. GRESCHAT, I, 1985), 43–55.

2. J. II. (Giuliano della Rovere), *Papst* seit 1. Nov. 1503, * 5. Dez. 1443 Albissola b. Savona, † 21. Febr. 1513; 1471 Kard., einflußreich unter Innozenz VIII., scharfer Gegner Alexanders VI. (Flucht nach Frankreich); nicht ohne →Simonie gewählt. Sein mit allen Mitteln erstrebtes Ziel war, auf der Grundlage eines gefestigten →Kirchenstaates, ein starkes Papsttum in einem von Fremdherrschaft freien Italien. Es gelang ihm die Sicherung des zerrütteten Kirchenstaates als äußerer Machtgrundlage des nz. Papsttums: Wiedergewinnung von Perugia und Bologna 1506, der Romagna, Teilnahme an der Liga v. Cambrai (Dez. 1508, mit Ludwig XII. v. Frankreich und Ks. Maximilian I. gegen Venedig). Durch die Hl. Liga mit Venedig und Spanien (5. Okt. 1511) konnte J. vorübergehend, mit Hilfe der Schweizer, die Vertreibung der Franzosen erreichen, was ungewollt der span. Vorherrschaft in Italien vorarbeitete. Gegen ein drohendes Schisma (Erneuerung der Pragmat. Sanktion durch Kg. Ludwig XII. 1510, Berufung eines papstfeindl. Konzils nach Pisa 1511) berief J. 1511 das V. Laterankonzil (1512–17) ein. Hinter der polit.-militär. Tätigkeit trat das geistl. Wirken stark zurück (Reformerlasse; Förderung der Mission, bes. in Amerika). J. erwies sich als großer Kunstmäzen und machte Rom zum Mittelpunkt der it. Hochrenaissance.   G. Schwaiger

Lit.: HKG III, 2, 625–671 – LThK² V, 1204f. – TRE XVII, 444f. [Lit.] – SEPPELT–SCHWAIGER IV², 395–408, 500f. – W. ULLMANN, J. II and the Schismatic Cardinals (Stud. in Church Hist. 9, 1972), 177–193 – P. PRODI, Il sovrano pontefice, 1982 – A. A. STRNAD, Die Päpste der Früh- und Hochrenaissance (Das Papsttum, hg. M. GRESCHAT, II, 1985), 39–52.

3. J. Honorius, Rhetor und Grammatiker des 4./5. Jh., Autor einer katalogartig aufgebauten Kosmographie, die die einzigen Angaben über ihn enthält. Er führt zunächst die Gesamtzahl von Meeren, Inseln, Bergen, Prov.en, Städten, Flüssen und Völkern der Welt an und zählt sie anschließend nach den vier Erdteilen auf, in die er die ganze Oikumene eingeteilt hat. Die Überschrift »Excerpta eius sphaerae vel continentia« wie andere Merkmale zeigen, daß das Werk nicht durch einen seiner Schüler herausgegebener Auszug aus der Nomenklatur einer schwer lesbaren Karte ist, deren Aussehen und Q. unklar bleiben. Die Kosmographie erfreute sich im MA großer Beliebtheit. Cassiodor empfahl sie den Mönchen zur Lektüre; sie wurde von →Jordanes und →Dicuil benutzt, mehrmals abgeschrieben und umgearbeitet. Sie ist in Hss. des 6.–12. Jh. in drei Redaktionen erhalten, die Umarbeitungsstufen des ursprgl. Textes wiedergegeben.

A. Podossinov

Ed.: Geographi Latini Minores, ed. A. RIESE, 1878, 21–55 – *Lit.:* KL. PAULY II, 1549 – RE X, 614–628 – SCHANZ-HOSIUS IV/2, 122–124 – W. KUBITSCHEK, Die Erdtafel des J.H., Wiener Stud. 7, 1885, 1–24, 278–310.

4. J. Valerius → Alexander d. Gr. (B.)

Jumièges (Gemmeticum), St-Pierre de, Abtei OSB in der Normandie, in einer Seineschleife gelegen (1790 aufgehoben, heute Ruine; Bm. Rouen, Dekanat St-Georges de →Boscherville; dép. Seine-Maritime, cant. Duclair), gegr. 654 vom hl. →Filibertus († wohl 685), einem Freund des Bf.s →Audoenus v. Rouen, auf einem →fiscus, geschenkt von Kg. Chlodwig II. und seiner Gemahlin →Balthild, mit reichem Besitz in weiter Streuung vom Loire- bis zum Schelderaum. Der Name deutet wohl auf einen alten 'Kreuzweg' (Flußübergang) hin. Die Gründung steht in Verbindung mit den Bestrebungen des Bf.s Audoenus, ein Netz von Abteien und Kirchen zu schaffen, nicht zuletzt zur Einbindung der ir. und bret. Wandermissionare in die entstehende Kirchenorganisation. Der durch die Verteilung der Pfarrkirchen mit Filibertus-Patrozinium belegte Einzugsbereich von J. reichte bis in die Pagi Roumois und Lieuvin. Filibertus, der sich in die Machtkämpfe des Merowingerreichs (→Ebroin) verstrickte und dabei in Gegensatz zu Audoenus geriet, mußte im Poitou Zuflucht suchen und kehrte erst 684, nach dem Tod des Bf.s, ins Kl. J. zurück.

Einem verbreiteten Brauch folgend (vgl. →St-Riquier, →Fleury), hatte J. drei Kirchen: Notre-Dame und St-Pierre im S, die Kapelle St-Germain und St-Denis im N. 714 wurde ein Mönch aus J., Eucherius, Bf. v. Orléans. J. stand auf der Seite der aufsteigenden →Karolinger; 725 erhielt der hl. →Hugo, Neffe Karl Martells und Inhaber zahlreicher Bm.er und Abteien in der Francia, auch die Abtswürde von J. Die Abtei, die unter der Schutzherrschaft der Karolinger stand, wurde zum Haftort des 788 abgesetzten Hzg.s v. →Bayern, →Tassilo III., und eines seiner Söhne bestimmt; ihr Schicksal könnte den Ursprung der berühmten Legende von den 'énervés' bilden (J. LAPORTE, Congrès...).

J. litt im 9. Jh. unter verheerenden Einfällen der Wikinger (841, 845, 852, 856), die das Kl. um 866 völlig verwüsteten; der größte Teil der entflohenen Mönche ließ sich unter Abt Welf im Priorat Haspres (dép. Nord) nieder. Ein Priester aus J. gelangte nach →St. Gallen; das von ihm mitgebrachte notierte →Antiphonar hat nach J. DUFT →Notker zu seinen berühmten →Sequenzen angeregt.

Nach einem ersten Versuch, J. neuzubeleben (um 926: Niederlassung zweier Eremiten aus Haspres namens Baudouin und Goudouin), erfolgte in den Jahren 940–945 die Wiedererrichtung der Abtei durch den Hzg. der Normandie, →Wilhelm Langschwert, der aus St-Cyprien de Poitiers zwölf Mönche berief und die Restauration des alten Abteibesitzes förderte. Doch erst mit dem Eintreffen →Wilhelms v. Volpiano (1004), der von →Cluny beeinflußte Consuetudines einführte, setzte sich der Wiederaufstieg der Abtei durch. J. integrierte sich nun verstärkt in den Hzm. der Normandie, was sich auch in der zunehmenden Abstoßung der weiter entfernten Güter ausdrückte (1004: Austausch von Haspres). →Robert Champart († 1052), seit 1037 Abt und Erbauer der Kirche Notre-Dame zu J., spielte als Bf. v. London (1045) und umstrittener Ebf. v.

Canterbury (1051–52) eine gewichtige Rolle bei der Vorbereitung der Normannenherrschaft in England; dies erklärt die bedeutende Stellung, die J. bei der Neuordnung der kirchl. Hierarchie Englands nach 1066 einnahm (u. a. Stellung von Äbten bzw. Bf.en für Abingdon, Ely, Malmesbury und Westminster).

Dank der Schenkung des Abtes und Pariser 'Magisters' Alexander (1198–1213), der J. seine Büchersammlung vermachte, besaß die Abtei eine der reichsten Bibliotheken N-Frankreichs (ca. 400 Hss., 156 davon illuminiert; heute in Rouen [Bibl. mun.]). Aus dem 12. Jh. sind neun, zur 'recensio anglica' gehörende Hss. des hl. →Bernhard überkommen. →Eudes Rigaud, Ebf. v. Rouen, der J. 1267 visitierte, fand hier 67 Mönche vor. Im 13.–14. Jh. wurden erneut große Baumaßnahmen durchgeführt (1278: Chor v. Notre Dame; 1342–49: St-Pierre und Kreuzgang).

In den Wirren des →Hundertjährigen Kriegs zogen sich die Mönche in ihr Stadthaus nach Rouen zurück (1358) und begaben sich wohl nur noch zu bestimmten Anlässen (Empfang Kg. Karls V.) in ihre Abtei. Nach der Schlacht v. Azincourt (→Agincourt, 1415) wurde die Abtei geplündert. Abt Nicolas Le Roux huldigte dem Kg. v. England und war später am Prozeß der →Jeanne d'Arc als einer der Richter beteiligt. Bei der Wahl seines Nachfolgers umfaßte J. nur mehr 33 Mönche. 1464 zur →Kommende umgewandelt (Kommendatarabt: Kard. Philipp v. Luxemburg), wurde J. 1516 der Reform v. →Chezal-Benoît erschlossen.
H. Donnat

Q. und Lit.: GChr XI, 185–201 – J. LOTH, Hist. de l'abbaye royale de J. par un religieux bénédictin, 1882–85 – J.-J. VERNIER, Les Chartes de J., 2 Bde, 1916 – J., Congr. scientifique du XIIIᵉ centenaire, 2 Bde, 1955 – J. LANFRY, L'abbaye de J., plans et documents, o. J. [1955?] – La Neustrie, hg. H. ATSMA (Beih. der Francia 16, 1 und 2, 1989), passim.

Jungcluniazensische Reform → Cluny

Jüngerer Titurel → Titurel

Jungfrauen, kluge und törichte. Das Gleichnis von den k. und t. J. nach Mt 25, 1–13 und, wie dort intendiert, als Parabel des →Weltgerichts in patrist. und hochma. Exegese gedeutet, ist häufiges Thema bildl. Darstellung. Altchr. und byz. Ill. zeigen die J. schon als langgewandete Gestalten mit brennenden Lichtern bzw. nach unten gekehrten Lampen, die vom Bräutigam Christus zum Mahl eingelassen oder abgewiesen werden. Ergänzend wird der Schlaf der J. und ihr Wecken durch einen Engel dargestellt; öfters in Hss. des →Speculum Virginum. Im Zusammenhang mit dem Endgericht erscheinen die J. in Buch-, Monumental- und Glasmalerei häufig zu seiten des Thrones Christi; z. T. angeführt von →Ecclesia und Synagoge, ähnl. wie diese gekrönt bzw. durch herabfallende Kronen charakterisiert. Diese Tradition reicht bis in das →Speculum humanae salvationis und in die →Biblia pauperum. Die Popularität des Gleichnisses im MA spiegelt sich darüber hinaus in der großen Zahl sog. Jungfrauenspiele; seit dem 13. Jh. bes. im dt. Sprachraum verbreitet; hervorzuheben das Eisenacher Zehnjungfrauenspiel (1321). Seine wohl wichtigste bildkünstler. Ausprägung findet das Thema in der Skulptur der Hoch- und Spätgotik. An frz. Kathedralen relativ klein im Durchgangsbereich der Portale angebracht, wurde die Gruppe der k. und t. J. nach Mitte des 13. Jh. zum monumentalen Gewände-, Giebel- und Lettnerschmuck v. a. dt. Kirchen (Braunschweig, Bremen, Erfurt, Freiburg, Hamburg, Lübeck, Magdeburg, Straßburg). An sog. 'Brautpforten' finden sich die J. bis ins 14. Jh. (Nürnberg, St. Sebald; Bamberg, Obere Pfarrkirche), wobei die Ikonographie der Portale nicht starr festgelegt ist (Passion Christi in Schwäb. Gmünd).

Graph. Zyklen des SpätMA (Schongauer) lassen nur noch wenig vom ursprgl. Sinn der chr. Parabel spüren. Sie geben v. a. Gelegenheit zur Typisierung der Frauen durch schlichte bzw. aufwendige und mod. Zeittracht. K. Niehr

Lit.: LCI II, 458–463 – RByzK II, 844–846, 853f. – Verf.-Lex. IV, 1130–1139 – K. KÜNSTLE, Ikonographie der chr. Kunst I, 1928, 397f. – I. LEVIN, The Wise and Foolish Virgins: An Iconographical Study of the Parable in Portal Sculpture, 1966 – D. SCHUBERT, Von Halberstadt nach Meißen, 1974, 301–305 – I. RAGUSA, Terror demonum and terror inimicorum, ZK 40, 1977, 93–114.

Jungfrauenweihe. Die ma. Kirche übernimmt von der alten die Hochschätzung der Ehelosigkeit (vgl. Mt 19, 10ff.; 1 Kor 7) und anerkennt die Berufung zum ehelosen Leben: die in den Gemeinden lebenden Jungfrauen sind als eigener Stand bestellt, in den mit dem Ritus der J. eingeführt wird (Segensgebet des Bf.s, Übergabe des Schleiers; erste Zeugnisse im 4. Jh.). Parallelen zur Segnung und Verschleierung der Braut sind nicht übersehbar und werden auch zur theol. Deutung genutzt. Das frühe MA baut diese Ansätze zu einer großen, dem Bf. vorbehaltenen Feier aus. Das Mainzer 'Röm.-Dt. Pontifikale' (10. Jh.) kennt 2 Riten: einen umfängl., der sehr mit (geistl. gedeuteten) Elementen des Vermählungsrituals ausgestattet ist, aber nun in Kl. lebenden Nonnen vorbehalten sein soll (C. VOGEL – R. ELZE, Le Pontifical Romano-Germanique, 1. Vaticano 1963, Nr. XX, 38–46), und einen um vieles knapperen für im Familienverband verbleibende Jungfrauen (ebd. Nr. XXIII, 51–54). Tatsächl. wird die J. immer mehr auf in Kl. lebende Frauen eingeschränkt. Der in der frk.-dt. Kirche entfaltete Ritus löst zwar die Besonderheiten anderer Ortskirchen nicht ab (NOCENT, 231ff.), wirkt aber wie die entsprechende Praxis im HochMA normativ auf den röm. Ordo zurück. A. Häußling

Lit.: LThK² V, 1213 [Lit.] – A. NOCENT, La consécration des vierges (L'Église en prière, [Ed. nouv.] 3, 1984), 225–237, bes. 228–234.

Jungfräulichkeit. Die ntl. Paränese zur Ehelosigkeit um des Himmelreiches willen (Mt 19, 10f.; Lk 18, 29f.) wurde von der apostol. Gemeinde als Gnadengabe verstanden und bezeugt (1 Kor 7,7), in der die Berufung und Erwählung der ganzen Gemeinde als Christus zugehörige Braut und hl. Jungfrau (2 Kor 11,2) offenbar wird. Der Vorrang der Jungfräulichen (Frauen und Männer) vor den Verheirateten und Verwitweten ist in der alten Kirche und Theologie das Zeugnis chr. Elitedenkens und -handelns (vgl. Ambrosius, De virginibus; Augustinus, De s. virginitate). Der Charakter der J. als Charisma verbietet jeden Selbstruhm der Jungfräulichen, und deren Betrachtung als 'weißes' (tägl.) Martyrium bewahrt vor Vermessenheit. Der J. gebührt nach der Meinung der Väter der hundertfache Lohn des Himmelreich-Gleichnisses (Mt 13,8) im Vergleich zu den Verheirateten und Verwitweten. Das Charisma der J. mußte ebenso gegen pansexualist. wie auch gegen sexualfeindl. Tendenzen verteidigt werden (Johannes Chrysostomus, De virginitate: »Man irrt, wenn man die J. nur wegen der Schaden der Ehe preist.«). Die asket. Anstrengungen um das Charisma der J. haben die monast. Lebensform in der alten und ma. Kirche bestimmt; Ordensregeln und kirchl. Synoden haben dafür Maßstäbe gesetzt.

In der ma. Kirche und Theologie vollzog sich ein Wandel im Verständnis der J., sofern diese mehr und mehr als gnadenhafte Tugend der Jungfrauen (im Unterschied zu den Männern) verstanden wird. Hildegard v. Bingen († 1179) bezeugt J. noch im umfassenden Sinne. Nach Scivias II, vis. 5 (CChrCM 43, 172–224) hat Jesus Christus, »verus flos virginitatis«, dieses unerhörte Mysterium des Lebens in seinem Fleische begründet. Die Sicht der J. als fraul. Tugend ist bereits vor der zisterziens. Reform zu beobachten; sie wird durch das →»Speculum virginum« (um 1100) bezeugt. Sein Verfasser lehrte die J. als sittl.-religiöse Tugend (nicht: Charisma) im Ganzen der vier Kardinaltugenden und der göttl. Tugenden des Glaubens, Hoffens und Liebens. Sie hat komplexe Gestalt und reift in ihrer leib-seel. und geistig-personalen Fülle zur bräutl. Liebe. Am Beispiel der jungfräul. Mutter des Herrn, Maria, wird zugleich auch die Fruchtbarkeit und Fülle des jungfräul. Lebens in Lesung, Betrachtung, Gebet und Gottesdienst aufgewiesen. Die J. verleiht der Frau ihre unvergleichl. Würde, Freiheit und Selbständigkeit und sichert ihr so auch ihren Rang in Gesellschaft und Kirche.

In den Hld-Komm. des 12. Jh., in denen auch die zisterziens. Spiritualität ihren großen Ausdruck fand (vgl. Bernhard v. Clairvaux, 86 »Sermones super Cantica Canticorum«), wurde die J. durch die Idee der myst. Brautschaft und Vermählung vertieft. Der lebendige Umgang mit dem Wort Gottes im Gebet und in der Betrachtung ist die Einübung in die 'vita angelica'. Weil nur so viele gerettet werden können, als die Zahl der sündigen gefallenen Engel ausmacht, ist das engelgleiche Leben (vgl. Mt 22,30) der kürzere Weg zur Vollkommenheit. Diese Brautmystik der J. blieb bis ins späte MA in der Nonnenfrömmigkeit maßgebend. Mechthild v. Magdeburg († 1282 oder 1294) betet in »Das fließende Licht der Gottheit« (Teil 7, nr. 30, ed. G. Morel, 1980) bei der Jungfrauenweihe um lautere Keuschheit, Arbeitsfleiß und Demut der Schwester und bittet Gott: »leite si in din brutbette unde umbehalse si mit aller liebin jemer ungescheiden« (vgl. auch Gertrud d. Gr. v. Helfta († 1302], »Revelationes« [SC 255, 1978]). In der Entsprechung zum Geheimnis der geistgewirkten Empfängnis des Ewigen Wortes durch Maria, die Jungfrau, erlangte die J. marian. Charakter und die Mariologie Bedeutung in der Frömmigkeit (beider großer Mendikantenorden) und Theologie der Gnade, Tugend und J. (vgl. Ps.-Albertus M., Mariale, ed. Brognet, Opera omnia, 37).

Die scholast. Theologen lehrten die J. als Tugend. In seiner Erstlingsschr. »De natura boni« (ed. E. Filthaut, Opera omnia 25/1, 1974) behandelte Albert d. Gr. die J. im Anschluß an die Kardinaltugend der 'temperantia' und fügte den umfangreichen Ausführungen ein eigenes Kapitel über die J. Marias ein (»Wahre J. fordert Reinheit und Heiligkeit mit unverletzter Scham des Leibes«, ebd. 43). Sehr krit. grenzte er die göttl. J. Marias, die engelgleiche der Jungfrauen von einer rein menschl. und diabol. vorgetäuschten J. ab. Thomas v. Aquin behandelte die J. (S.th. II^a, II^{ae}, q. 151 a. 1–5) ebenfalls im Kontext der 'temperantia', näherhin im Anschluß an die Keuschheit. Der bleibende Entschluß zur Reinheit und J. ist nicht Selbstzweck, sondern dient dem je noch größeren Frei-werden-für-Gott (»ad vacandum rebus divinis«, ebd. a.3). Die J. ist nicht schlechthin, sondern nur innerhalb der Mäßigkeit und Keuschheit die größere Tugend, und es ist nicht gesagt, daß gegebenenfalls nicht der 'coniugatus' besser ist (ebd. a.4 ad 2). Rainerius v. Pisa hat in seiner Summa (»Pantheologia«, ed. 1486, 285rb–286vb) eine Zusammenfassung der thomas. Lehre der J. geschrieben. L. Hödl

Lit.: LThK² V, 1213–1217 – J. Stelzenberger, Die Beziehungen der frühchr. Sittenlehre zur Ethik der Stoa, 1933 – M. Bernards, Speculum virginum ..., 1955 – L. Scheffczyk, Das Mariengeheimnis in Frömmigkeit und Lehre der Karolingerzeit, 1959 – J. Bugge, Virginitas. An Essay in the Hist. of a medieval Ideal, 1975 [Lit.; Q.].

Jünglinge im Feuerofen. In Dan 3 verweigern drei jüd. J. die Anbetung eines von Kg. Nebukadnezar aufgestellten goldenen Standbildes und werden zur Strafe in einen brennenden Ofen geworfen; doch ein Engel Gottes schützt sie vor den Flammen ('Lobgesang der J. i. F.', Dan 3,51–90). Das Ereignis galt in der Väterlit. als Rettungsbild und Vorbild der Auferstehung Christi und der Standhaftigkeit in den Christenverfolgungen; seit dem frühen 3. Jh. wurde angenommen, daß es sich bei der Statue um Nebukadnezars eigenes Bild handelte. Bildl. Darstellungen der J. i. F. (oft mit schützendem Engel) erscheinen seit dem 3. Jh., und zwar zunächst in der röm. Grabkunst, solche der Anbetungsverweigerung im frühen 4. Jh., wobei die Statue öfters in Anspielung auf die Ks.kultforderung der Christenverfolgung die Porträtzüge des Kg.s zeigt. Die Verweigerung begegnet neben dem Bild der J. i. F., aber auch in Gegenüberstellung zur Huldigung der drei Magier, die ebenso wie die drei J. in oriental. Tracht gekleidet sind (→Drei Könige; dort auch zur Übertragung der Statue des Nebukadnezar auf Herodes). Darstellungen der J. i. F. sind im MA seltener als in frühchr. Zeit; die ö. Psalterillustration kennt Zyklen zu den Gesängen der J. i. F. (Denkmäler und Szenen: Wessel). J. Engemann

Lit.: LCI II, 464–466–RBvzK III, 668–676[K. Wessel]–C. Carletti, I tre giovani ebrei di Babilonia nell'arte cristiana antica, 1975.

Jüngstes Gericht → Gericht, Jüngstes

Junilius Africanus, hoher Beamter in Konstantinopel unter Justinian I. (527–565), stammte aus N-Afrika, schrieb nach einer gr. Vorlage die »Instituta regularia divinae legis«, eine knappe Einf. in das Bibelstudium, die sich der Form der →Erotapokriseis bedient und im MA beliebtes Unterrichtswerk war. K. S. Frank

Ed.: H. Kihn, Theodor v. Mopsuestia und J.A., 1980 – Lit.: M. Simonetti, Profilo storico dell'esegesi patristica, 1981.

Iuniores, Bezeichnung für zwei rechtl. verschiedene Schichten freier oder unabhängiger Bauern, unterschiedl. hist. Ursprungs: 1. 'i. de heredad' stammten von kleinen, unabhängigen hispano-roman. Grundbesitzern ab, die zwar an eine Verwaltungseinheit gebunden waren und dort Abgaben zu entrichten hatten, jedoch ihre Bewegungsfreiheit beibehielten; sie verloren beim Fortzug den Besitz, konnten ihn aber einem rechtl. Gleichgestellten verkaufen, der zur Abgabenleistung bereit war. Die Hälfte ihres Eigentums diente als Entschädigung für den durch das Weggehen verursachten Schaden. 2. Die halbfreien 'i. de cabeza', natürl. und legitime Nachfolger der Kolonen des spätröm. Reiches, die, persönl. an einen Herrn gebunden, von ihm zu Diensten herangezogen werden und sich, Bauern wie Handwerker, nicht nach Belieben fortbewegen konnten. Diese wurden ca. seit Mitte des 10. Jh. I. genannt, erst später auch die anderen, ohne daß dies zur Vermischung der sozialen Gruppen geführt hätte. Die Vulgärsprache wußte um die Verschiedenartigkeit und fügte im Verlauf des späteren 12. Jh. die differenzierenden Zusätze bei. H. Grassotti

Lit.: C. Sánchez-Albornoz, Homines mandationis y I. (Viejos y nuevos Estudios sobre las Instit. Medievales Españolas, I, 1976), 365–577 – Ders., El régimen de la tierra en el reino asturleonés hace mil años (ebd. III, 1980), 1365ff., 1407ff. – A. García-Gallo, El hombre y la tierra en la edad media leonesa, 1981.

Junius-Hs. (Oxford, Bodleian Libr., MS Junius 11), auch als Cædmon-Hs. bezeichnet, ist eine der vier Hss., in denen der Großteil der ae. Dichtung überliefert ist (→Ae. Lit.). Sie wurde um 1000 aus älteren Vorlagen kopiert und enthält die vier (bzw. fünf) →Bibeldichtungen →»Genesis« (genauer: »Genesis A,B«), →»Exodus«, →»Daniel«, →»Christ and Satan«. Die ersten drei (bzw. vier) Werke, die Themen aus dem AT behandeln, wurden offenbar nach einem einheitl. Plan zusammengestellt und sind mit zahlreichen Ill. ausgeschmückt: bis S. 88 finden sich 48

Federzeichnungen von zwei Künstlern, die man der sog. Winchester-Schule zurechnet; auf den späteren Seiten blieben die für die Ill. freigelassenen Stellen allerdings leer. »Christ und Satan« wurde dagegen wohl etwas später hinzugefügt (von anderen Schreibern kopiert, kein Platz für Ill. vorgesehen). Galt früher →Cædmon als Verfasser der Dichtungen, so nimmt man heute an, daß es sich um die Werke von fünf verschiedenen, uns unbekannten ae. Dichtern handelt. →Genesis-Ill. H. Sauer

Bibliogr.: NCBEL I, 229f. – S. B. GREENFIELD-F. C. ROBINSON, A Bibliogr. of Publ. on OE Lit., 1980, 21f. – *Faks.*: I. GOLLANCZ, The Cædmon MS, 1927 – *Ed.*: ASPR I – *Lit.*: N. R. KER, Cat. of MSS Containing Anglo-Saxon, 1957, Nr. 334 – E. TEMPLE, Anglo-Saxon MSS 900-1066, 1976, Nr. 58 – B. RAW (ASE 5, 1976), 133-148.

Junius Philargyrius → Vergil im MA

Junker (aus ahd. *juncherro*, mhd. *juncherre* zusammengesetzt aus 'jung', ahd./mhd. *junc*, und 'Herr', ahd. *herro*, mhd. *herre* [abgekürzt, v. a. in der Anrede, wird *herre* zu *her* und *er*]), im Mhd. häufig anzutreffen, bezeichnet einen Sproß aus fsl. oder adligem Haus, dessen Vorstand *altherre* gen. wird. Nicht nur für Jünglinge verwendet, bezeichnet *juncherre* auch (junge) Männer, die schon fertig ausgebildete, aber (zumeist) unverheiratete Krieger sind (→juvenes). Da adlige Söhne meist ihre höf. Erziehung und krieger. Ausbildung im Hofdienst erhielten, wird der *juncherre* auch als →Knappe bezeichnet. Während im 14. Jh. *herre/herr* und *er* noch synonym sind, setzte durch das dienende Amt im Hofdienst allmähl. eine Abwertung des *er* ein. Durch die Verschmelzung von *jung* und *er* entwickelte sich *juncer/J.*, der als Hof- oder Kammerj. über dem Pagen steht, aber unter dem Kammerherren, wie der Fahnenj. unter dem Offizier, aber über dem Gemeinen. Vom SpätMA an setzte sich J. z. T. als Bezeichnung für den niederen Adel schlechthin durch und hielt sich bis in die NZ als Landj. für den (preuß.) Landadel. P. Thora

Lit.: DtRechtswb VI, 614-617 – GRIMM, DWB X, 2399-2404 – J. S. ERSCH-J. G. GRUBER, All. Encyklopädie II, 29, 126-132 – F. TETZNER, Die Erziehung des 'juncherren' in der Blütezeit des Rittertums, Der prakt. Schulmann 38, 1889, 412-430.

Jurado. In den meist über ausgedehnte Jurisdiktionsbezirke verfügenden Städten der christl. Reiche der Iber. Halbinsel wurden in allen Stadtvierteln und zur Stadt gehörenden Ansiedlungen jährl. vom Stadtrat sog. J.s (in der Regel zwei) gewählt, die für die Wahrnehmung der Interessen des Stadtrates, v. a. in wirtschaftl. und finanzieller Hinsicht, zuständig waren und die Interessen ihres Teilbereichs vertreten konnten. Wegen ihrer vor dem Stadtrat erfolgenden Vereidigung wurden diese Beauftragten J. genannt. Sie bildeten auch ein gemeinsames Gremium, *Cabildo*, in dem sie als Gruppe über anstehende Fragen berieten. →Geschworene. H. Pietschmann

Lit.: L. G. DE VALDEAVELLANO, Curso de Hist. de las Instituciones Españolas, 1970.

Juraklöster → Juraväter

Iurati, iuratores hießen allg. Personen, die einen →Eid geschworen hatten. Insbes. wurden i. gen. die Mitglieder einer geschworenen →Einung (→coniuratio, →Eidgenossen) und die →Geschworenen in kommunalen oder gerichtl. Funktionen (→Schwurgericht). K. Kroeschell

Jurats ('Geschworene'), städt. Amtsträger, bildeten in →Bordeaux und in anderen Städten des (anglofrz.) Südwestens, die nach dem Vorbild von Bordeaux verfaßt waren, gemeinsam mit dem *maire* (Bürgermeister) die *Jurade*, den Stadtrat. In Bordeaux 50 an der Zahl (in anderen Städten entsprechend weniger), wurden die j. üblicherweise von ihren Amtsvorgängern am Ende der Amtsperiode auf ein Jahr gewählt und bestimmten nach Ablauf der Amtszeit ihrerseits wiederum die Nachfolger. Bei Amtsantritt beschworen sie vor der Gemeinde *(commune)*, die Stadt gut und gerecht zu regieren. Ihre erste Amtshandlung bestand in der Wahl des *maire*, dessen Amtsführung sie zu kontrollieren hatten. Der Unverletzlichkeit ihrer Person entsprachen hohe moral. Normen, denen sie sich zu unterwerfen hatten, v. a. auf dem Gebiet des Besitzrechts: So durften sie kein Geld der Jurade nehmen und städt. Renten weder kaufen noch pachten.

Zu Beginn ihrer Amtszeit wählten sie 30 Räte, die – gemeinsam mit dem *maire* – die üblichen Exekutivaufgaben zu leisten hatten. Dennoch behielten die j. die eigtl. Verantwortung für die städt. Polizei- und Verwaltungsangelegenheiten, die sie unter Vorsitz des *maire* gemeinsam, in geheimer Sitzung und mit souveräner Entscheidungsgewalt führten, bis hin zur Erhebung außerordentl. Steuern. Das Gericht der j. umfaßte einen weiten Bereich der Jurisdiktion in Straf-, Zivil- und Finanzsachen; seine Urteile waren im allg. nicht anfechtbar. →Geschworene.

A. Rigaudière

Lit.: CH. BEMONT, Les institutions municipales de Bordeaux au M-A, RH 123, 1916, 1-53, 252-293 – Hist. de Bordeaux, hg. CH. HIGOUNET, T. 2, 3, 1962.

Juraväter, Bezeichnung für die hl. Äbte des Jurakl. Condat (→St-Claude). Erster der J. war der Gründer dieses Monasteriums, der hl. *Romanus* (Romain; ca. 400-460/465), der aus der Sequania (Gebiet zw. Saône und Jura) stammte und sich im Alter von 35 Jahren nach einer Zeit spiritueller Vorbereitung unter der Obhut des Abtes Sabinus in der Nähe von Lyon in die Jurawälder des Tales v. 'Condadisco(ne)' zurückzog. Sein Bruder *Lupicinus* (Lupicin, † um 480), der zweite der J., schloß sich ihm nach dem Tode des Vaters und der Gattin an. Starker Zulauf führte zur Errichtung des ersten Kl., Condat, dem bald ein zweites, Lauconnus (Laucone, später: St-Lupicin), etwa 2 Meilen nördl. von Condat, folgte. Die beiden Brüder leiteten als Äbte gemeinschaftl. beide Monasterien; wegen ihrer gegensätzl. Auffassungen (rigoroses Asketentum bei Lupicinus, mildere Haltung bei Romanus) kam es zu anwachsenden Differenzen zw. beiden Gemeinschaften, so daß neue Kl. im Juragebiet wie außerhalb (wohl auch →Romainmôtier) entstanden. Am Ort 'Balma' (La Baume bei Laucone, der späteren Grabstätte des Romanus) wurde auch ein Monasterium für die Schwester der beiden Hl.n gegründet (Baume-les-Dames). Der Verband der sog. 'Juraklöster', die Monasterien für Männer und Frauen umfaßte, erkannte Romanus und Lupicinus als geistl. Väter und Oberen an, betrachtete Condat als seine Mitte und folgte einer strengen Regel, die körperl. Arbeit zum Lebensunterhalt vorschrieb und Fleischgenuß nur im Krankheitsfall erlaubte; Vorbilder waren die Mönchsregel v. →Lérins und die »Institutiones« des →Cassian, hinzu kamen einige Elemente der Regeln des hl. →Basilius und →Pachomios d. Ä. Nach dem Tode des Romanus übernahm Lupicinus allein die Leitung der Jurakl. Der dritte der J. war *Eugendus* (Oyend, * um 450 in der Franche-Comté, † 1. Jan. 510 nach langer Krankheit), der seit dem 7. Lebensjahr in Condat von Romanus und Lupicinus erzogen wurde und als Helfer des nachfolgenden Abtes Minausius († ca. 495) wirkte, nach dessen Tod er gegen den Widerstand eines Teils der älteren Mönchsgemeinschaft das Abbatiat übernahm. Er führte nach einer Feuersbrunst den Wiederaufbau von Condat durch und errichtete zu Ehren der Apostel Petrus, Paulus und Andreas eine Kirche, in der er beigesetzt wurde. Condat erhielt nach ihm den Namen St-Oyend.

Hauptq. ist die dreiteilige »Vita Patrum Iurensium«, die – gegen B. KRUSCHs Auffassung einer Fälschung des 9. Jh. – als authent. zu gelten hat, verfaßt von einem Vertrauten des hl. Eugendus nach dessen Tod 510 und vor 515 (Gründung von →St-Maurice d'Agaune). Sie ist ein eindrucksvolles Zeugnis des vorbenedikt. abendländ. Mönchtums und seiner Spiritualität. Weniger eingehend ist die um 585-590 unabhängig von diesem ersten Text verfaßte Vita der hl. Äbte Romanus und Lupicinus im »Liber vitae patrum« des →Gregor v. Tours. M. van Uytfanghe

Q.: *Vita*: BHL 2665; 5073; 7309 – MGH SRM III, ed. B. KRUSCH, 125-166 – Vie des Pères du Jura, ed. F. MARTINE, 1968 (SC 142) [Bibliogr.: 221-230] – Dt. Übers.: K. S. FRANK, Frühes Mönchtum im Abendland I, 1975, 97-168 – *Gregor v. Tours*: BHL 5074 – MGH SRM I, 2, 663-668 – *Lit.*: F. PRINZ, Frühes Mönchtum im Frankenreich, 1965, 66-69 – J.-P. BILLOT, Comm. de la Vita Patrum Iurensium: les »realia« [Diss. Besançon 1969] – J. DOIGNON, Du nouveau sur la »Vie des pères du Jura« ..., Rev. d'Ascétique et de Mystique 46, 1970, 377-386 – F. MASAI, La »Vita Patrum Iurensium« et les débuts du monachisme à St-Maurice d'Agaune (Fschr. B. BISCHOFF, 1971), 43-69 – A. DE VOGÜÉ, La Vie des Pères du Jura et la datation de la Regula orientalis, ebd. 47, 1971, 121-127 – G. MOYSE, Les origines du monachisme dans le dioc. de Besançon, BEC 131, 1973, 43-44, 56-76 – H. KELLER, Mönchtum und Adel in den »Vitae Patrum Jurensium« und in den »Vita Germani abbatis Grandivallensis (Fschr. O. HERDING, 1977), 1-23 – K. S. FRANK, Das Leben der J. und die Magisterregel, RBSt, Ann. Internat. 13, 1984, 35-54.

Jurés (jurati, 'Geschworene') bezeichnet in der Grundbedeutung die (männl.) Personen, die einen →Eid abgelegt haben. Im ma. städt. Verfassungsrecht Frankreichs, v. a. im Verbreitungsgebiet der →Établissements de Rouen, bezeichnet der Begriff im weiteren Sinne die Bewohner einer *ville de commune* (→Kommune), die (nach dem vorgeschriebenen Aufenthalt über →Jahr und Tag in der Stadt) durch Ablegen des →Bürgereides das Bürgerrecht erwarben. Als 'jurati communie' besaßen sie privilegierten Rechtsstatus, genossen die Freiheiten (*franchises*) und Rechte der Bürger. In engerem, doch gebräuchlicherem Sinne bezeichnet der Begriff der j. (→Geschworene) die Magistrate der Kommunen. Nach den Établissements de Rouen hatte das Hunderterkollegium der *cent pairs* aus dem Kreise seiner Mitglieder alljährl. 24 Ratsherren, eben die j.s, zu wählen. Bei Amtsantritt schworen diese dem Kg. oder Stadtherrn Treue, desgleichen der Kirche, ihr Amt nach bestem Gewissen und in strikter Beachtung der Rechte und Gewohnheiten (→Coutume) auszuüben. In Rouen war das Geschworenenkollegium in zwei Körperschaften gegliedert, nämlich die Zwölferschöffen (*douze échevins*) und Zwölferräte (*douze conseillers*). Andernorts bestand zumeist nur ein einziges Kolleg, unter Vorsitz des *maire* (Bürgermeisters). Es führte, unter Leitung des Bürgermeisters, Verwaltung und Finanzwesen der Stadt, fungierte zugleich als städt. Hauptgerichtshof der freiwilligen wie der streitigen, selten der hohen Gerichtsbarkeit. Außerhalb des städt. Institutionswesens bezeichnete der Begriff der j. auch geschworene Mitglieder von Korporationen (Handwerkerzünfte, Gilden), die die Einhaltung der Zunft- oder Gildenordnung überwachten. Auch die bei Gerichten vereidigten Notare wurden als j. bezeichnet.
A. Rigaudière

Lit.: A. GIRY, Hist. de la ville de St-Omer et de ses institutions jusqu'au XIVe s., 1877 – DERS., Les Établissements de Rouen, 1883 – P. DESPORTES, Reims et les Rémois aux XIIIe et XIVe s., 1979.

Jur'ev Polskoj (d. h. 'auf freiem Felde'), aruss. Burg, Mitte des 12. Jh. von →Jurij Dolgorukij an der Straßenkreuzung von →Rostov nach →Vladimir und von →Suzdal' nach →Perejaslavl' Zaleskij angelegt. Nach dem Tode →Vsevolods III. (1212) wurde es Zentrum eines kleinen Teilfsm.s (ca. 4000 km²), nach 1340 dem Gfsm. →Moskau einverleibt. Im 13. Jh. litt J.P. mehrmals unter Tatarenüberfällen. Der Sohn Vsevolods, Svjatoslav, Fs. v. J. (1213-37), stiftete eine neue Kirche des hl. Georg (1230-34), deren Fassaden mit prächtigem, aus Kalkstein geschnittenem, roman. und frühgot. geprägtem Reliefschmuck (pflanzl. Ornamente, figürl. Motive) ausgestattet wurden. Der 1471 durchgeführte Umbau und die Restaurierung haben das ursprgl. Bildprogramm durcheinander gebracht, doch sind noch ca. 450 Skulpturen (ca. 35%) erhalten.
A. Poppe

Lit.: F. HALLE, Die Bauplastik von Vladimir-Suzdal. Russ. Romanik, 1929 – G. VAGNER, Mastera drevnerusskoj skulptury ..., 1966 – H. FAENSEN, Kirchen und Kl. im alten Rußland, 1982, 133-136 – V. KUČKIN, Formirovanije gosudarsvennoj territorii severo-vostočnoj Rusi v X-XIV vv., 1984 [Register].

Jurij. 1. J. Danilovič, Fs. v. →Moskau 1303-25, * 1280, † 21. Nov. 1325, ältester Sohn von →Daniil. J.s Herrschaft stand im Zeichen der Auseinandersetzungen um die Würde des →Großfürsten v. Vladimir-Suzdal', die er seit 1304 seinem Onkel, Fs. →Michail Jaroslavič v. →Tver', streitig machte. Der Konflikt wurde nicht zuletzt durch wechselseitige Intrigen bei der →Goldenen Horde und mittels Einflußnahmen auf andere russ. Fsm.er und Städte (Novgorod, Kostroma, Nižni Novgorod) ausgetragen. 1314 schloß J. ein Bündnis mit →Novgorod. Obwohl von Michail bei der Horde denunziert, vermochte J. – wohl auch durch Bestechung – die Gunst des Chans Özbeg (Uzbek) zu gewinnen, heiratete dessen Schwester Končaka (Taufname: Agafija, † 1318) und erhielt – als erster Moskauer Fs. – 1317 den Gfs.entitel, den er bis 1323 behauptete. Zwar gewann Michail militär. nochmals die Oberhand (Sieg bei Bortenevo nahe Tver', Dez. 1317), wurde aber aufgrund der Anklagen J.s (angebl. Ermordung der gefangenen Agafija) am 22. Nov. 1318 in Saraj hingerichtet. Michails Sohn →Dmitrij sah sich zunächst zum Friedensschluß genötigt, verstrickte aber J., der in seiner Eigenschaft als Novgoroder Fs. 1322 und 1323 Krieg gegen →Schweden führte, selbst in einen Konflikt mit der Goldenen Horde: Unter der Anklage, Tatartribute aus Tver' unterschlagen zu haben, wurde J. nach Saraj zitiert, dort 1325 von Dmitrij eigenmächtig (»ohne das Wort des Chans«) ermordet. J.s Politik, die auch auf kirchl. Gebiet (Zusammenarbeit mit dem Metropoliten →Petr) auf die Errichtung einer Vormachtstellung Moskaus abzielte, wurde von seinem Bruder →Ivan I. Kalità fortgeführt. U. Mattejiet

Lit.: A. EKZEMPLJARSKIJ, Velikie i udelnye knjazja, I, 1889 – HGesch Rußlands I, 582-586 [P. NITSCHE] – Lex. der Gesch. Rußlands, 188f. – →Ivan Kalità, →Moskau.

2. J. Dolgorukij, aruss. Fs., * um 1092, † 15. Mai 1157 in →Kiev; sein Beiname 'Langhand' (in Anspielung auf seine weitreichenden Ambitionen) stammt von einem späteren Chronisten (Wende des 15. Jh.?). Sein Vater Vladimir II. Monomach setzte den noch minderjährigen J. in →Rostov ein und verheiratete ihn mit einer Tochter des Kumanenfürsten (12. Jan. 1108), was J. über Jahrzehnte die Unterstützung der →Kumanen sicherte. Dieser Ehe entstammte →Andrej Bogoljubskij, der zweiten, die um 1150 wahrscheinl. mit einer byz. Prinzessin geschlossen wurde, →Vsevolod III. Unter J. begannen mittels slav. Kolonisation, Burg- und Städtegründungen – u. a. gilt J. als Gründer →Moskaus – die Entwicklung des Randgebiets zw. Oka und Wolga zum territorial und demograph., polit. und wirtschaftl. bedeutendsten Land der Rus'.

Nach dem Tode Vladimirs II. 1125 hat sich J. als Herrscher des Rostover Landes vollkommen verselbständigt, strebte jedoch nach der polit. Oberhoheit über die ganze Kiever Rus' und alle russ. Fs.en. So stand die Verlegung der Residenz nach →Suzdal' vielleicht nicht nur im Zusammenhang mit Problemen mit dem Rostover Adel, sondern auch mit seiner nach S gerichteten Politik. Schon nach 1132 versuchte sich J. in Perejaslavl' (ruskij) festzusetzen, um bessere Aussichten auf den Kiever Thron zu haben. Nach der Niederlage 1135 gegen eine Koalition der russ. Fs.en und →Novgorods gab J. seine Pläne vorläufig auf. Um 1136 stellte er das Bm. Rostov wieder her, um seinen Herrschaftsbereich der Jurisdiktion der Bf.e v. Perejaslavl' (ruskij) zu entziehen. Ständig richtete J. sein Interesse auch auf Novgorod. Nach 1146 suchte er auf diplomat. Wege und in wechselvollem Ringen mit seinem Neffen →Izjaslav Mstislavič erneut, den Kiever Thron für sich zu gewinnen. Dank seinem Bündnis mit dem Fs.en v. →Halič, Jaroslav Osmomysl, und Byzanz, der Unterstützung der Fs.en v. →Černigov und der Kumanen gelang es ihm, sich nach kurzfristigen Erfolgen am 20. März 1155 endgültig in Kiev zu behaupten. J. ließ →Klemens (Kliment Smoljatič) absetzen und bewirkte die Entsendung eines neuen Metropoliten aus Byzanz. Nach seinem Tode zerrannen seine polit. Gewinne im Dnepraum. A. Poppe

Q.: PSRL I, II – *Lit.*: H. ŁOWMIAŃSKI, J. D. SłowStarSłow II, 331f. – →Rostov, →Vladimir-Suzdal', →Andrej Bogolubskij, →Izjaslav Mstislavič.

Juristen. Das in den Volkssprachen zuerst im Dt. um 1300 auftauchende Wort J. bezeichnet den an einer Rechtsschule mehr oder weniger gründlich ausgebildeten Kenner der gelehrten Rechte (Zivilrecht, kanon. Recht). Voraussetzung der Schulung sind aus der Spätantike überkommenen →artes liberales, v. a. Grammatik, Rhetorik und Dialektik. Die Aufnahme des Rechtsstudiums setzt keine Examina und auch keinen bestimmten Grad der Artistenfakultät voraus. Das Studium der Texte des ius civile und des ius canonicum verlangt hingegen die Kenntnis der lat. Sprache und Grammatik. Wer die Abschlußprüfungen besteht, erlangt den jurist. Doktorgrad, also den doctor legum, den doctor decretorum oder den doctor iuris utriusque (→Doctor). Die Doktorwürde bleibt vorerst eine Berufsbezeichnung und wird erst am Ende des 13. Jh. ein akadem. Grad. Der Sache nach bildet sich der Juristenstand mit dem Beginn des Rechtsunterrichts im späten 12. Jh., und zwar für alle Stände, die die Rechte studiert haben. Die fachl. Ausbildung der J. gewinnt gegenüber der sozialen Herkunft mehr und mehr an Gewicht. Aus bloßen Rechtskennern werden geschulte J. mit gleichem Wissen und ähnl. Fähigkeiten, was ein bedeutendes Ereignis in der europ. Geistesgesch. darstellt.

Seit dem 12. Jh. bietet die Kirche in steigendem Maße ein reiches Betätigungsfeld für die gelehrten J., und zwar sowohl in der Verwaltung kirchl. Ämter als auch in der kirchl. Gerichtsbarkeit (→Offizialat; →Gericht), mit der Folge der Umwandlung der kirchl. Justiz in eine gelehrte Rechtsprechung. Im Zuge der Reorganisation der kirchl. Gerichtsbarkeit im 13. Jh. wird zum einen das auf röm. Grundlage ausgebildete kanon. Verfahrensrecht eingeführt, zum anderen eine bes. Gerichtsorganisation, losgelöst vom Bf.samt, geschaffen. Man beachte nun bes. richterl. Beamte (Offiziale) am Hofe der Bf.e. Der Offizial wendet in seinem Verfahren das röm.-kanon. Prozeßrecht an und richtet sich in erster Linie nach kanon., subsidär nach röm. Recht. Auch im weltl. Bereich eröffnen sich den J. allmähl. gewisse Wirkungsbereiche, von denen hauptsächl. zwei die Rolle der gelehrten J. seit dem Ende des 13. Jh. gut zu charakterisieren vermögen. Einerseits üben sie die Berufe des Richters, →Prokurators oder →Advokaten aus, andererseits treten die J. v. a. als Ratgeber und Beamte mit versch. Aufgaben auf. Dabei fällt ihnen insbes. die Durchführung diplomat. Missionen (→Gesandte) und die allg. Interessenvertretung bei Fs.en oder bei der Kurie zu. Am frühesten und nachhaltigsten haben sich die gelehrten J. in den Stadtrepubliken Nord- und Mittelitaliens, v. a. in →Bologna und →Modena, sowie im Languedoc durchgesetzt (→Justizwesen).

Die ersten Nachrichten vom Auftauchen der J. als eines bes. Berufsstandes stammen aus der 2. Hälfte des 13. Jh. Das dt. Wort J. selbst scheint zuerst in dem von →Hugo v. Trimberg verf. didakt. Gedicht »Der Renner« vorzukommen. Im Rahmen einer krit. Schilderung der Zustände seiner Zeit stellt der Verf. den charakterl. guten dem schlechten J. gegenüber. Als Grundübel wird die Habgier angesehen, die dazu führt, daß die J. allzu oft auf der Seite der Reichen und Mächtigen stehen und das Recht der Armen beugen. Ihre Mittel dabei sind überspitzte Formalismen, Entstellung der Wahrheit und Verschleppung der Prozesse. Noch vor der Reformation ist die Redensart »Juristen, böse Christen« entstanden. Bald tauchen denn auch Verteidigungsschriften, sog. »Juristen-Spiegel«, auf, die ein anwaltl. Standesethos entwerfen zu einer jurist. Selbstreflexion führen. St. Holenstein

Lit.: H. COING, Die Rezeption des röm. Rechts in Frankfurt a. M., 1939 – DERS., Röm. Recht in Frankfurt a. M., 1939 – DERS., Röm. Recht in Dtl., IRMAE V 6, 1964, 77–91 – COING, Hdb. I, 39–128 [H. COING] – J. FRIED, Die Entstehung des Juristenstandes im 12. Jh., Forsch. zur Neueren Privatrechtsgesch., 21, 1974 – E. GENZMER, Hugo v. Trimberg und die J. (Studi KOSCHAKER I, 1954), 289–336 – HRG II, 481–490 – H. G. WALTHER, Die Anfänge des Rechtsstudiums und die kommunale Welt Italiens im HochMA (Schulen und Studium im sozialen Wandel des hohen und späten MA, hg. J. FRIED, 1986), 121–162 – P. WEIMAR, Zur Doktorwürde der Bologneser Legisten (Festg. H. COING, 1982), 421–443.

Jürüken (türk. *Yörük, Yürük*), noch heute häufig seminomad., tribale, überwiegend türk. Bevölkerungsgruppe. Hauptverbreitungsgebiete, auch niedergelassener Clans, ist die gesamte Tauruskette. Der Unterschied zw. J. und →Turkmenen, in Q. wie in der hit. und ethnolog. Lit. oft verwischt, wird neuerdings weniger mit Stammes- oder religiösen Bindungen als mit der rechtl. Stellung im Osman. Reich erklärt. Die Bezeichnung 'yörük' ist erstmals in Q. des 15. Jh. nachgewiesen, dürfte daher früher entstanden sein. Von Anatolien aus kamen J.-Stämme im Zuge der osman. Eroberungen auch nach Bulgarien, Thrakien und Makedonien. Nach den Steuerregistern des 16. Jh. machten die J. dort ein Fünftel der islam. Bevölkerung aus, allerdings mit ständig abnehmender Tendenz (Kriegsverluste, Sedentarisierung). Seit Sultan Meḥmed II. (1451–81) waren Heeresfolge und Steuern der J. gesetzl. geregelt. B. Kellner-Heinkele

Q.: M. T. GÖKBILGIN, Rumeli'de Yürükler, Tatarlar ve Evlâd-i Fâtihân, 1957 – *Lit.*: P. A. ANDREWS, Ethnic Groups in the Republic of Turkey, 1989.

Jury → Englisches Recht

Ius advocatiae, als Teil der iura maiestatica circa sacra in der Zeit des →Gallikanismus, Febronianismus, Josephinismus und der dt. Aufklärung Spätform des ursprgl. Schutzrechtes der christl. Ks. gegenüber der Kirche. – Mit der Erlangung der Freiheit (Beschlüsse v. Mailand, 313), bes. aber nach dem theodosian. Edikt v. 380, erstrebte und erhielt die Kirche auch den Schutz des Staates. Während dieser Schutz im Osten schnell in einen →Cäsaropapismus mündete, ging nach der Völkerwanderung im Westen die Schutzfunktion gegenüber der Kirche auf dem Umweg über die Funktion als patricius Romanorum auf den frk. Kg. bzw. nach 800 auf den röm. Ks. über und wurde (allerdings wohl erst seit der Mitte des 12. Jh.) im Sinne einer →Vogtei aufgefaßt. Seit dem SpätMA wurde die advocatia Romanae ecclesiae des Ks.s, begünstigt durch die endgültige Durchsetzung der Landeshoheit gegenüber der ksl. Gewalt, zu einer Bevormundung der Kirche durch die Landesfs.en, die im i.a. ihre auch theoret. Ausprägung erfuhr.   C. G. Fürst

Lit.: J. B. Sägmüller, Lehrbuch des kath. Kirchenrechts I, 1925[4], 65ff., 96ff. – Plöchl II[2], 39ff.; III, 50 – W. Goez, Imperator advocatus Romanae ecclesiae (Fschr. F. Kempf, 1983), 315-328.

Ius Bohemicale (ius Bohemicum), erscheint im Sinne des →ius ducale im Privileg Hzg. →Vladislavs II. (1146/48) als »ius vel exaccio, quod utilitatem principis spectat«. Es bezeichnet das Recht des Hzg.s auf Erhebung ('exaccio') von Dienst- und Naturalleistungen von den Untertanen. Personen, die diesem Recht unterstanden, besaßen ihr Land nur auf Widerruf. Aus diesem Grund wurde schon seit dem 13. Jh. die Ablösung des i.B. durch das →ius Teutonicum versucht, das feste Zinsen und Erbleihe (→Emphyteusis) garantierte. Zuvor verliehene Immunitäten ermöglichten diesen Übergang.   G. Labuda

Q. und Lit.: CDBohem I-II, bes. I, Nr. 158 – A. v. Fischel, Erbrecht und Heimfall auf die Grundherrschaften Böhmens und Mährens vom 13. bis zum 15. Jh., AÖG 106, 1918, 241-288 – F. Vacek, Emphyteuse v Cechach v XIII a XIV stoleti (Cas. pro dejiny venkova, 6-9, 1919-22) – F. Graus, Dějiny venkovského lidu od 10. stoleti do poloviny 13. stoleti, 1953 – Ders., Dějiny ... vo dobé predhusitské, 1957, bes. 120ff.

Ius canonicum → Kanonisches Recht

Ius civile → Römisches Recht

Ius ducale (regale), bezeichnete in den frühma. slav. Staaten sowohl das den Herrschern zustehende Recht zur Erhebung der Dienste und Abgaben als auch diese selbst. Die Entstehung dieses Rechts, zunächst in allg. Ausprägung, dann in wachsender sachl. Differenzierung, reicht bis in das 9.-10. Jh. zurück. Es blieb in vollem Umfang bis zum 14. Jh. und teilweise bis ins 19. Jh. (z. B. in Schlesien) erhalten. Seit dem 11. Jh. werden die Abgaben und Dienste durch die Übertragung von wirtschaftl. und gerichtl. Immunitäten an kirchl. und eqlige Grundherren allmähl. abgebaut und schließlich fast völlig aufgehoben. Die Verleihung des →ius Teutonicum an Städte und Dörfer hat im 13./14. Jh. zur Beschleunigung dieses Prozesses beigetragen (→Ostsiedlung). Die aus der Zeit der Naturalwirts bei den Slaven hervorgegangenen Dienst- und Naturalleistungen wurden jetzt durch Natural- und Zinsleistungen bzw. durch Beden und Steuern ersetzt. Die iura ducalia erscheinen in den Urkk. unter →ius Bohemicale, →ius Polonicum, →ius Slavicum u. a.   G. Labuda

Lit.: J. J. Menzel, Jura Ducalia. Die ma. Grundlagen der Dominialverfassung in Schlesien, 1964 – K. Buczek, O tzw. prawach książęcych i królewskich, KH 73, 1966, 89-110 – O. Kossmann, Polen im MA, II, 1985, 352-401 – K. Modzelewski, Chłopi w monarchi wczesnopiastowskiej, 1987.

Ius fori → Markt

Ius maletractandi, implizites oder explizites Privileg der Herren, ohne Begründung Zwang ausüben zu dürfen. Die →Fueros von Kastilien, Navarra und Aragón gaben den Herren Gewalt über Vermögen und Körper ihrer unfreien Pächter. In Katalonien verzichtete Kg. Peter II. 1202 sogar auf seine Rechtsprechung über Herren, die ihre Leibeigenen mißhandelten. Dieses Gesetz wurde von späteren Juristen als eine ungerechte, aber gültige Verordnung behandelt. Das i.m., während des SpätMA Gegenstand weitverbreiteter Unruhe unter den Bauern, war eine der servilen Institutionen, die mit der 1486 in Guadalupe diktierten kgl. Sentencia, die den katal. Bürgerkrieg beendete, aufgehoben wurde.   P. Freedman

Lit.: A. García-Gallo, Manual de hist. del derecho español, II, 1955 – P. Freedman, The Catalan i.m., SHDE 13, 1985 – Ders., Assaig d'hist. de la pagesia catalana, 1988.

Ius naturale → Naturrecht

Ius Polonicum (mos Polonicus), erscheint als Gegenstück zum ius hospitum (→hospites) in den Urkk. in der 2. Hälfte des 12. Jh. sporad., im 13. und 14. Jh. immer häufiger und entspricht dem Begriff der →iura ducalia. Die poln. Hzg.e und Kg.e forderten nicht nur Natural- und Dienstleistungen, sondern verfügten auf der Grundlage des Bodenregals über verschiedene →Regalien. Die ersten Immunitätsverleihungen und Exemtionen vom i.P. erfolgten bereits im 12. Jh. und nahmen in den folgenden Jahrhunderten zu, u. a. unter dem Einfluß des dt. Rechts.   G. Labuda

Lit.: K. Buczek, Targi i miasta na prawie polskim, 1964 – W. Kuhn, Die deutschrechtl. Städte in Schlesien und Polen in der ersten Hälfte des 13. Jh., 1968 – T. Sporn, Die »Stadt zu poln. Recht« und die deutschrechtl. Gründungsstadt, 1978 – J. M. Piskorski, Miasta Księstwa Szczecińskiego do połowy XIV wieku, 1987 [Lit.].

Ius regale montanorum → Bergrecht

Ius Slavicum (iusticia Slavorum), erscheint im Sinne der →iura ducalia bei den →Elb- und Ostseeslaven. Dieses Recht unterliegt hier denselben Umwandlungen wie bei den anderen Westslaven. Im →Sachsenspiegel des →Eike v. Repgow finden sich Spuren der Wendenrechte, die nicht nur bei Prozeßverfahren, sondern auch im Privatrecht Anwendung fanden und die slav. Sprache zuließen. Ein Gegenstück zu diesen slav. Artikeln bildet das »poln. Gewohnheitsrecht« aus →Elbing, eine der Hauptq. zum poln. Privatrecht.   G. Labuda

Q. und Lit.: K. G. Hugelmann, Die Rechtsstellung der Wenden im dt. MA, ZRGGermAbt 58, 1938, 214ff. – J. Matuszewski, Artykuly słowiańskie Zwierciadla Saskiego (Czasopismo prawno-hist. 1, 1948), 25-74 – K. G. Hugelmann, Stämme, Nation und Nationalstaat im dt. MA, 1955, 232ff., 472ff. – Najstarszy zwód prawa polskiego, ed. J. Matuszewski, 1959.

Ius Teutonicum (libertas Teutonica u. ä.) wird im Rahmen der ma. →Ostsiedlung die bes. Rechtsstellung der dt. Siedler in den nichtdt. Gebieten des östl. Mitteleuropa gen. Sie beinhaltet weitgehende Exemtion vom jeweiligen Landesrecht (→Ius Slavicum, →Ius Bohemicale, →Ius Polonicum), seinen Leistungspflichten, Beamten und Gerichten, und gewährt statt dessen die Einführung einer aus den Neusiedelgebieten des Elbe-Saale-Raumes mitgebrachten freiheitl.-fortschrittl. Verfassungs-, Rechts-, Wirtschafts- und Sozialordnung, deren Hauptmerkmale sind: Hufenverfassung, Erbzinsrecht, Rationalisierung von Arbeit und Abgaben, persönl. Freiheit, Besitzsicherheit, selbstgewähltes materielles Recht und eigenes Gericht der Siedler sowie Gemeindebildung unter einem →Lokator-Schulz/→Vogt. Das i.T. erscheint sowohl als Dorf- wie als Stadtrecht und in verschiedenen Varianten als »frk.«, »fläm.«, Lübecker, Magdeburger, Kulmer, Neumarkter, Löwenberger, Goldberger, Leobschützer usw. Recht. Mit fortschreitender Zeit und nach O zunehmend wurde es auch nichtdt. Siedlern und Siedlungen verliehen und damit eine tiefgreifende Umgestaltung der einheim. Verhältnisse in die Wege geleitet.
                                                             J. J. Menzel

Lit.: R. KÖTZSCHKE, Die Anfänge des dt. Rechtes in der Siedlungsgesch. des O.s, 1941 – G. SCHUBART-FIKENTSCHER, Die Verbreitung der dt. Stadtrechte in Osteuropa, 1942 – H. CONRAD, Die ma. Besiedlung des dt. O.s und das dt. Recht, 1955 – J. J. MENZEL, Die schles. Lokationsurkk. des 13. Jh., 1977, 223ff.

Justices of the Peace, Friedensrichter, die in England (→Engl. Recht) zunächst als 'Keepers of the peace' (custodes pacis) auftraten und in den Bürgerkämpfen von 1263–65 sowohl vom Kg. als auch von den Baronen als Anführer der Gft.saufgebote herangezogen wurden. Eduard I. setzte 1277 und 1287 jeweils zwei J. of the P. für jede Gft. als Helfer der →*sheriffs* bei der Ausübung der Polizeigewalt ein. Als in der ersten Hälfte des 14. Jh. häufig Kommissionen zu der lokalen →Gentry entsandt wurden, die Rechtsbrecher zu arretieren und Delikte aufzuzeichnen hatten, übernahmen die custodes pacis die verantwortl. Durchführung des »Statute of →Winchester« (1285) und der Gesetzgebung von 1351, die Beschäftigung und Besoldung von Arbeitskräften regelte. Eines der ersten Verfahren der Commons im →Parliament war die Ausweitung der Befugnisse der J. of the P. Nach 1361 wurden sie von den Kommissionen ermächtigt, die richterl. Gewalt über die von ihnen Verhafteten auszuüben. Damit erhielten sie eigtl. richterl. Funktionen. Ihre Anzahl in jeder Kommission stieg ständig. Ihre Jurisdiktionsgewalt in den Quarter Sessions, den vierteljährl. Versammlungen des gesamten Gft.sgerichts *(county bench),* war theoret. unbegrenzt, doch nahmen in der Praxis bei schweren Verbrechen zwei Geschworenen-Richter an der Gerichtsverhandlung teil, die zweimal jährl. aus London entsandt wurden. In kleinen Sitzungen in den →Hundreds sprachen jeweils zwei J. im Schnellverfahren Recht und entschieden wichtige Angelegenheiten. Die J. blieben bis 1888 die dominierende Gerichts- und Verwaltungsinstanz in den Gft.en. A. Harding

Lit.: B. H. PUTNAM, Proceedings before the J. of the P. in the 14th and 15th centuries, 1928 – A. L. BROWN, The Governance of Late Medieval England, 1989, 122–128.

Justicia, in den chr. Reichen der Iber. Halbinsel Sammelbegriff für Gerichtsbarkeit und Rechtspflege (s. a. →Justizwesen, III). Seit dem 12. Jh. findet sich die Bezeichnung aber auch, v. a. in Aragón und Navarra, seltener in Kastilien, als Amtstitel für den oder die Stadtrichter, die teils von der Krone ernannt, teils von den Munizipalversammlungen gewählt wurden. Später setzte sich überwiegend die Bezeichnung→Alcalde durch. Die in Kastilien im SpätMA von der Krone in den Munizipien eingesetzten →Corregidores führten als städt. Oberrichter auch die Bezeichnung Justicia Mayor, die in Fällen von Vakanz des Amtes des Corregidor auch als Amtstitel des interimist. Stellvertreters begegnet. H. Pietschmann

Lit.: L. G. DE VALDEAVELLANO, Curso de Hist. de las Instituciones Españolas, 1975⁴.

Justicia (Major) de Aragón, für das Kgr. Aragón charakterist. Amt, dessen Ursprung und Entwicklung in engem Zusammenhang mit den Auseinandersetzungen zw. Adel und Kgtm. stehen, die zunächst 1265 u. a. in der Schaffung eines vom Kg. unter den Rittern auszuwählenden 'iudex medius' als Garant für die Beachtung der →Fueros mündeten. Der J. erreichte seine volle Effizienz erst im Verlauf des 14. Jh. (allg. Bewahrer des Gesetzes) und war Symbol des Ausgleichs und der Gewißheit einer gerechten Handhabung des Rechts, da er die Macht hatte, zur Verteidigung der in den Fueros garantierten Rechte verschiedene Verfahren anzuwenden, doch konnte er dem Druck von oben nicht lange widerstehen. Im 14. Jh. auf Lebenszeit vergeben, war später eine Resignation vom Amt ohne deutl. erkennbaren Grund höherer Gewalt nicht mehr mögl., schließlich wurde es erblich; auch wurde es nicht länger von einem allein, sondern von einem Kollegium *(Justiciazgo)* wahrgenommen, das immer mehr in Abhängigkeit der Cortes und der →Diputación del General geriet. Die Amtsträger waren jährl. der Beurteilung und dem Spruch der XVII *jueces judicantes* unterworfen. J. A. Sesma Muñoz

Lit.: Gran Enc. Catalana VIII, 1975, 814 [E. DURAN] – L. GONZÁLEZ ANTÓN, Las Uniones aragonesas y las Cortes del Reino (1283–1301), 1975 – A. BONET NAVARRO, Procesos ante el J. de A., 1982.

Justicia Mayor (Alguacil del Rey), seit Alfons X. (1252–84) kgl. Amt und sein Inhaber, von Espéculo und →Siete Partidas beschrieben als Amt öffentl. Natur mit ausführender Gewalt, bes. für den Hof und das unmittelbare Umfeld des Kg.s zuständig. Rechtl. unterstand der J. M. den Rechtsinstanzen des Hofes, d. h. dem Kg., dem Oberrichter oder *Adelantado Mayor* (zur Zeit Alfons' X.) und den Hofrichtern. Ihm kam am Hof Polizei- und Vollstreckungsgewalt zu. Die Festnahme, Bewachung und Vorführung vermutl. Schuldiger vor den Richter oblag ihm ebenso wie die Anwendung von Folter auf richterl. Befehl und die Vollstreckung richterl. Anordnungen und Urteile. Da der J. M. normalerweise ein hoher Adliger war, waren für ihn Stellvertreter (seit 1348 zwei) tätig, denen ein Schreiber und einige Hilfskräfte zur Seite standen, die zusammen mit den Türstehern, Leibjägern und Bogenschützen des Kg.s den Wachdienst versahen und die Aufrechterhaltung der Ordnung im kgl. Haushalt und am Hofe garantierten. Das Amt übten u. a. aus: Garcilaso de la Vega (zw. 1328–44), Enrique Enríquez de Sevilla (1344–50), Juan Alfonso de Benavides (1351–65) und seit der Regierungszeit Heinrichs III. (1390–1406) Diego López de Zúñiga (→Stúñiga), der das Amt erblich an sein Geschlecht binden konnte. M. A. Ladero Quesada

Lit.: D. TORRES SANZ, La Administración Central castellana en la Baja Edad Media, 1982.

Justin. 1. J. I., *byz. Ks.* 518–527, * um 450 bei Naissos (Niš), † 1. Aug. 527. Aus bäuerl. Familie stammend, kam J. um 470 nach Konstantinopel, trat in den Militärdienst ein, nahm an den isaur. und pers. Kriegen teil und stieg schließlich zum Befehlshaber der Exkubitengarde auf. Seine Ausrufung zum Ks. am 9. Juli 518 (auf Drängen des Senats) ist im Zeremonienbuch Konstantins VII. überliefert (I,93). Seine Ehe mit Euphemia war kinderlos, so daß er kurz vor seinem Tod seinen Neffen Justinian als Mitks. aufnahm und die Nachfolge sich daher problemlos gestaltete. Neben Ks. →Anastasios hat J. die Voraussetzungen für die Blüte des byz. Reiches unter Justinian geschaffen. In der Außenpolitik wahrte er den Frieden mit den Persern und hielt gute Kontakte zu den Völkerschaften der problemat. Grenzzonen in Kaukasien, Syrien (Lachmiden, Ghassaniden) sowie in Äthiopien. Die slav.-avar. Einfälle im Balkanraum konnten noch unschwer abgewehrt werden. Von Bedeutung war die versöhnl. Ausrichtung der Religionspolitik zw. chalkedonens. und monophysit. Strömungen, wobei die Beseitigung des →akakian. Schismas und die Normalisierung der Beziehungen zum Bf. v. Rom eine bes. Rolle spielten. Nicht zu übersehen ist freilich, daß hinter allen Entscheidungen des ungebildeten, aber in der Realpolitik sehr prakt. denkenden Ks.s Justinian stand. P. Schreiner

Q. und Bibl.: PLRE II, 648–651 – A. A. VASILIEV, J. the First. An Introduction to the Epoch of Justinian the Great, 1950.

2. J. II., *byz. Ks.* 565–578, Sohn des Dilcidius und der Vigilantia, der Schwester Justinians, seit 559 (oder 552) Kuropalates (Vorsteher des ksl. Hofes), setzte sich nach dem Tod Justinians bei der Ks.wahl gegen den gleichnamigen Justinus, Sohn von Justinians Vetter Germanus, durch und wurde am 15. Nov. 565 zum Ks. ausgerufen. 574 machte sich eine schwere Nervenkrankheit bemerkbar, die zu fast dauernder geistiger Umnachtung führte. Er adoptierte daher im selben Jahr Tiberios, den Führer der Palastgarde, ernannte ihn zum Cäsar und überließ ihm in den folgenden Jahren (neben seiner Frau) die Regierungstätigkeit. J. war mit Aelia Sophia (wohl Nichte der →Theodora, Frau Justinians) verheiratet; der Ehe entstammten ein früh verstorbener Sohn Justus und eine Tochter Arabia. Hauptq. für seine Regierungszeit sind →Corippus (ed. A. Cameron, 1976, mit engl. Übers.), →Evagrios Scholastikos, →Theophanes Byzantios und →Theophylaktos Simokates (ed. De Boor, 1887; dt. Übers. P. Schreiner, 1986). Die Einschätzung seiner Persönlichkeit ist (trotz überwiegend positiven Urteilen der Zeitgenossen und Späterer) meist negativ. In seiner kurzen Regierungszeit wurden die Erfolge der Außenpolitik Justinians zunichte gemacht. Die Langobarden fielen in Italien ein (568), und die Avaren suchten zunehmend die Balkanprovinzen heim. Der schwerwiegendste polit. Fehler bestand aber in der Aufkündigung des Friedensvertrages mit den Persern (572). Auch schuf seine antimonophysit. Politik keinen Ausgleich im Innern. Erwähnenswert ist seine Bautätigkeit in Konstantinopel. P. Schreiner

Lit.: K. Groh, Gesch. des oström. Ks.s J. II. nebst den Q., 1889 [Neudr. 1985] – E. Stein, Stud. zur Gesch. des byz. Reiches vornehml. unter den Ks.n J.us und Tiberius, 1919, 1–86 – W. Pohl, Die Awaren, 1986.

Justinian

1. J. I. (Flavius Petrus Sabbatius I.us), oström. Ks. 527–565, * 482 Tauresium bei Bederiana (im heut. Jugoslawien, Lokalisierung unsicher), † 11. Nov. 565 Konstantinopel; Sohn eines (illyr.?) Bauern, wurde von seinem Onkel, dem nachmaligen Ks. Justin, an den hauptstädt. Hof gezogen, wo er eine umfassende Ausbildung erhielt. Am 1. April 527 bestieg er den Ks.thron. Seit 525 war er mit →Theodora verheiratet, einer früheren Zirkusschauspielerin, Tochter eines Bärenwärters am Hippodrom; sie gewann dank außergewöhnl. Intelligenz und Willenskraft erhebl. Einfluß auch auf die Politik J.s. Diese war auf die Interessen der Mittelklassen in Stadt und Land gerichtet und zog ihm die Feindschaft der alten, sich vornehml. auf ihren Großgrundbesitz stützenden Oberschicht zu. Systemat. betrieb J. eine Restauration des Imperium Romanum, sowohl bezügl. der jurist. und gesellschaftl. Ordnung als auch der territorialen Ausdehnung.

Um die ideolog. Einheit des Staates zu festigen, verbot J. 529 den philos. Unterricht und damit zugleich die Athener Akademie. Der →Nika-Aufstand 532, der alle oppositionellen Kräfte vereinigte, wurde blutig niedergeschlagen; die inneren Gegner vermochten sich fortan nicht mehr zu erheben. Die durch den Aufstand erhebl. beschädigte Hagia Sophia ließ J. wiederherstellen und in einem feierl. Akt aufs neue weihen, wobei der kirchl. Anlaß hinter der staatl. Repräsentation sichtbar zurücktrat und so die Einordnung der Kirche in die staatl. Hierarchie deutlich gemacht wurde. Der Stärkung des ksl. Absolutismus durch Wiederherstellung der alten Rechtsordnung diente das grandiose Gesetzgebungswerk (→Corpus iuris civilis). Es begann unter Leitung J.s 529 mit der Promulgation des Cod. Iustinianus (Slg. geltender Ks.gesetze); ihm folgten 533 die Institutiones (Lehrbuch des röm. Rechts unter chr. Vorzeichen) und die Pandekten (auch Digesten; sachl. geordnete Slg. von Auszügen aus klass. Juristenschr. mit normativem Charakter); die spätere eigene Gesetzgebung J.s bildeten die Novellen.

Mehrung des Reichs, Verbreitung des wahren Glaubens und Vernichtung der Häretiker beinhaltete das Regierungsprogramm J.s. Um seine offensiven außenpolit. Pläne durchzusetzen, stützte sich J. auf seine Generale →Belisar und →Narses. 534 fiel der arian. Vandalenstaat in N-Afrika. Der nächste Schlag galt den gleichfalls arian. Ostgoten, die unter Kg. Theoderich († 526) in Italien einen Staat errichtet hatten; zwar wurde 536 Rom, 540 die Hauptstadt Ravenna eingenommen, doch war der Krieg damit nicht beendet. Der Bruch des 532 mit dem Perserkg. Chosroes I. geschlossenen 'ewigen' Friedens führte zu langwierigen militär. Auseinandersetzungen an der Ostgrenze, erst 562 konnte gegen hohe Tributleistungen der Frieden erkauft werden. Während Rom vorübergehend wieder an die Ostgoten verlorenging, wurde Ravenna, später Sitz des →Exarchen, prächtig ausgebaut. 552 wurden der Gotenkg. Totila an der Via Flaminia und die Ostgoten unter Kg. Teia am Vesuv endgültig geschlagen. Die Sanctio pragmatica (554) stellte die byz. Verwaltung in Italien wieder her und annullierte u. a. die von Totila zugunsten der Sklaven und Kolonen getroffenen Maßnahmen. 552 wurden von den Westgoten beherrschte Gebiete in S-Spanien (→Baetica) besetzt. Das Mittelmeer war damit auch ein Binnenmeer des Imperiums.

Im Zuge der territorialen Expansion entwickelte sich der Handel. Exportiert wurden zumeist aus syr. und ägypt. Produktionsstätten stammende Stoffe, Werkzeuge und Juwelierwaren. Als byz. Mönche das Geheimnis der Herstellung von →Seide entdeckt hatten, wurde deren Aufbereitung, Verarbeitung und Vertrieb Staatsmonopol. Die handwerkl. und künstler. Produktion in allen Zweigen florierte ebenso wie die Herstellung von Büchern sowohl geistl. wie weltl. Inhalts. In der Lit. wurden im Dienste der Restauration die klass. Formen gepflegt (z. B. →Prokop, →Agathias, Paulos Silentiarios). Gleichzeitig zeigten sich in der rhythm.-akzentuierten Kirchendichtung des Meloden →Romanos und der Weltchronik des →Johannes Malalas neue Inhalte in neuen Formen.

Bewußt förderte J. die Spiritualisierung seines Amtes und damit seiner Person. J. war nicht nur Schutzherr, sondern zugleich auch Lenker der chr. Kirche. Wie er den Staat in allen seinen Funktionen dirigierte, so hielt er auch die geistl. Hierarchie in seiner Abhängigkeit. Daß J. dafür Kompetenz besaß, zeigen seine theol. Schr., die, von neochalkedon. Positionen ausgehend, Originalität aufweisen.

Das Restaurationswerk, obwohl mit erbarmungslosem Steuerdruck, langwierigen Kriegen und zahlreichen Insurrektionen erkauft, ließ dennoch den Nachfahren die Epoche J.s als ein Goldenes Zeitalter erscheinen, doch hat es seinen Schöpfer nur wenig überdauert. Die eroberten Territorien gingen bald wieder verloren, mit ihnen der Traum von der Universalmonarchie. Die Landnahme der Slaven veränderte die ethn. und sozialökonom. Grundlagen des Reiches. Die geschwächte Finanzkraft bedingte fundamentale Veränderungen des außenpolit., militär. und administrativen Systems. Es bedurfte danach eines vollen Jahrhunderts, ehe der byz. Staat sich erneut zu konsolidieren vermochte. J. Irmscher

Lit.: Kl. Pauly III, 19–21 – Ch. Diehl, Justinien et la civilisation byz. au VIe s., 1901 – Stein, Bas-Empire – B. Rubin, Das Zeitalter J.s, I, 1960 [nicht fortges.] – J. Irmscher, Das Zeitalter I.s, Živa antika 14/14, 1964, 171–186 – H. Hunger, Ks. J. I. (527–565), AÖAW Philosoph.-historische Klasse 102, 1965, 339–356 – R. Browning, Justinian and Theodora, 1971 – 'I. 'E. Καραγιαννόπουλος, Ἱστορία βυζαντινοῦ κράτους, I, 1978, 368–605.

2. J. II., byz. Ks. 685–695, 705–711, Sohn Konstantins IV., letzter Vertreter der herakleian. Dynastie, * um 669, † 711; erscheint in der byz. historiograph. Tradition als grausamer Tyrann. Die neuere Gesch.sschreibung ist um ein ausgewogeneres Urteil über ihn bemüht. Seine Bedeutung als Herrscher läßt sich wie folgt zusammenfassen: 1. Er verteidigte das Reich energisch gegen das Turkvolk der →Bulgaren und die ihnen z. T. unterstehenden Slaven an der N- und gegen die Araber an der SO-Grenze. Insbes. schränkte er die Bedrohung des europ. Reichsteils durch Umsiedlung zahlreicher Slavenverbände nach Kleinasien ein. – 2. Ein erneutes Bemühen um die Ableitung der Ks. macht vom Willen Gottes wird in Bild und Umschrift seiner Goldwährung erkennbar (Avers: Bild Christi als REX REGNANTIUM, Revers: Ks. als SERVUS CHRISTI). – 3. 692 fand im Ks. palast ein Konzil statt, dessen auf Eigenständigkeit der Orthodoxie gegenüber Rom zielende Tendenz die Unterstützung des Ks.s fand. – Das für die Agrargesch. so bedeutsame Bauerngesetz ist entgegen der Annahme von G. OSTROGORSKY wohl kaum in die Zeit J.s zu datieren. – Nach zehnjähriger Regierung verlor J. den Thron durch eine Verschwörung, wurde mit Abschneiden der Nase bestraft und nach →Cherson verbannt. Von dort entfloh er zu den →Chazaren und später zu den Bulgaren, mit deren Hilfe er 705 Konstantinopel zurückeroberte. F. Tinnefeld

Lit.: Dict. of the MA VII, 202f. – J. D. BRECKENRIDGE, The Numismatic Iconography of J. II., 1959 – C. HEAD, J. II. of Byzantium, 1972 – A. N. STRATOS, Byzantium in the 7th Century, V, 1980 [ngr. 1977].

Iustiniana Prima, Ebm., errichtet durch die Novelle XI Justinians vom April 535, mit Sitz in der gleichnamigen Stadt, der nach Prokop größten Stadt des nördl. →Illyricum. Mit hoher Wahrscheinlichkeit entspricht sie der heut. Örtlichkeit Caričin Grad (bei Lebane im Gebiet Niš-Leskovac, Serbien). Mit einer Fläche von 7 ha (ca. 3000 Einw.) weist die Stadt die für das 6. Jh. charakterist. urbanen Elemente auf: Plan nach dem Typ eines Heerlagers, Kolonnadenstraße, runder Marktplatz statt des Forum, Akropolis mit Bf.skirche und Verwaltungspalast. Das Ebm., etwa 10 Jahre selbständig und dann päpstl. Vikariat, umfaßte alle Provinzen des nördl. Teiles der Präfektur Illyricum (angefangen m. Macedonia II); ihr Oberhaupt hatte weitreichende Befugnisse, einschließl. der Rechte der Bf.sweihe. Die Gründung des Ebm.s hätte auch die Verlegung des Präfektensitzes aus →Thessalonike in das neue Zentrum, näher an die unruhige Nordgrenze, zur Folge haben müssen. Dies kam nicht zustande, und das Ebm. erlosch faktisch zur Zeit des slav. Einwanderung. Noch sehr viel später (im 12. und 13. Jh.) war seine Tradition im Titel der autokephalen Ebf.e mit Sitz in →Ochrid lebendig. Lj. Maksimović

Lit.: F. BARIŠIĆ, Dosadašnji pokušaji ubikacije grada I.P., Zbornik Fil. Fakulteta u Beogradu 7/1, 1963, 127–142 – D. CLAUDE, Die byz. Stadt im 6. Jh., 1969, 69ff., 74ff., 179, 203, 243 – L. WALDMÜLLER, Die ersten Begegnungen der Slawen mit dem Christentum und den chr. Völkern vom 6. bis 8. Jhs., 1976, 75ff. – V. KONDIĆ–V. POPOVIĆ, Caričin Grad, 1977, 17–158, 163ff. – G. PRINZING, Byzantinobulgarica 5, 1978, 269–287 – →Illyricum [Lj. MAKSIMOVIĆ, 1980].

Justiniana Secunda → Lipljan

Justinus

1. J., altkirchl. Schriftsteller, Apologet, * in Flavia Neapolis, Palästina, † um 165 in Rom als Märtyrer, gilt als bedeutendster Apologet des 2. Jh. (→Apologetik). Er kam um die Mitte des 2. Jh. nach Rom, wo er als freier Lehrer wirkte (Martyrium 3). Vom umfangreichen lit. Werk (Verz. bei Eusebius, Hist. eccl. IV, 18, 1–10) sind vollständig erhalten 2 Apologien und der Dialog mit dem Juden Tryphon. J. nimmt in der apologet. Argumentation platon. (Mittelplatonismus) und stoische Elemente auf und zeigt das Christentum als 'wahre Philosophie' (Dial. 1–8). Ein zentraler Punkt ist seine Lehre vom 'Logos spermatikos': Der Logos als Schöpfungsmittler gibt als aussäender Logos den 'Samen' der Wahrheit in die Vernunft der Menschen (Apol. II 8, 3; 13, 3). Für die Gesch. des altkirchl. Gottesdienstes sind Apol. I 65–67 eine wichtige Q. Die Nachwirkung beruht in der ö. Kirche weithin auf Ps-Justinica; in der w. Kirche wurde J. von Irenäus und Tertullian rezipiert. Eine eigene Wirkungsgesch. entfaltete er in der lat. Theologie nicht. K. S. Frank

Ed.: E. J. GOODSPEED, Die ältesten Apologeten, 1914 [Neudr. 1984] – A. WARTELLE, Apologies, 1987 – dt. Übers.: BKV, 13; 33 – CPG I, 1073–89 – H. MUSURILLO, Les Acts of the Christian Martyrs, 1972, 42–61 [Martyrium] – Lit.: DSAM VIII, 1640–1647 – TRE XVII, 471–478.

2. J. (M. Junianus J.) bearbeitete in einer Epitome vermutl. im 3. Jh. die »Historiae Philippicae« des Pompeius Trogus (44 B.), die aus augusteischer Zeit stammende, auch die Gesch. von Völkern außerhalb des röm. Reiches behandelnde älteste röm. Universalgesch. Die verkürzte Bearb. lief, wie vielfach, dem Original den Rang ab und verdrängte es schließlich völlig; das Werk des Trogus selbst ging wahrscheinl. noch im Zeitalter der Papyrusrolle unter, und nur die Epitome überdauerte das Altertum.

Im MA wird J. zuerst sichtbar in dem (ehemals in Weinheim in Privatbesitz befindl.) Frgm. einer im 8. Jh. wohl in Northumbrien geschriebenen Hs., die (entgegen der üblichen Ansicht: CLA IX 1370, BISCHOFF, REYNOLDS) nicht Stammhs. der festländ. Hss.-Familie war. Für York ist J. etwa für dieselbe Zeit bezeugt (Alcuin, De sanctis Euboricensis ecclesiae, 1548). Auf dem Kontinent wird J. benützt von Hraban (Komm. zu den Makkabäerbüchern) und von Einhard. Im frühen 9. Jh. wird ein Überlieferungszweig sichtbar, der offenbar von einer Stätte wie Fulda oder Lorsch ausgehend, sich dann nach NO-Frankreich erstreckt, seit Lupus in der Loiregegend und von da an überhaupt als der nördl. in den Alpen verbreitete wichtigste und dem Text nach beste Zweig erscheint. Weitere Überlieferungszweige haben sich, soweit sichtbar, auf Italien beschränkt. Seit Regino (Anfang 10. Jh.) auch als stilist. Vorbild benützt, gehört J. seit dem 11. Jh. zu den allenthalben bekannten und in allen Jahrhunderten geschätzten Autoren und dient als wichtige Gesch.squelle namentl. für Ereignisse außerhalb der röm. Gesch., wobei er indes die Beliebtheit des Orosius im MA nicht erreicht; infolge der dezidierten Bevorzugung des Antiken durch die Humanisten scheint sich in humanist. Zeit das Verhältnis zugunsten des J. umgekehrt zu haben. F. Brunhölzl

Lit.: F. RÜHL, Die Verbreitung des J. im MA, 1871 – S. BRANDT, Frgm. einer Hs. des J. aus der Slg. E. Fischer in Weinheim, Neue Heidelberger Jbb. 16, 1909, 109–114 – P. LEHMANN, Erforsch. des MA III, 1960, 161 – Praefatio der krit. Ed. O. SEEL, 1972² – Texts and transmission, ed. L. D. REYNOLDS, 1983, 191ff. – B. BISCHOFF, Die Abtei Lorsch im Spiegel ihrer Hss., 1989², 65, Anm. 32.

3. J. v. Lippstadt, Lippstädter rector scolarum (wohl des um 1185 von →Bernhard II. v. Lippe gegr. Marienstifts), 1263 Familiar des lipp. Kl. Cappel, † vor 1309; Autor des »Lippiflorium« (nach V. 1018 »Lippifloriger«; wohl zw. 1259 und 1264), eines Fs.enpreisliedes in 513 lat. Distichen, das er (im Auftrag des Stiftes?) dem Paderborner Bf. Simon v. Lippe (1247–77) widmete, aber auch für den Lat.unterricht bestimmt es. Es enthält die gewandt geschriebene Vita von Simons Großvater Bernhard II. und ist eine bedeutende, aber z. T. aussagearme Q. zur

Gesch. Livlands (wo Bernhard als Missionsbf. wirkte), des Hauses Lippe und der Gründung Lippstadts. 1487 wurde vom Marienstift eine nd. Übers. in Auftrag gegeben und dem Herrn v. Lippe gewidmet (»dat Lippeflorer«, 1840 V.).　　　　　　　　　　B. U. Hucker

Ed.: H. MEIBOM, Rerum Germanicarum I, 1688, 578–596 – E. WINKELMANN, 1868 – G. LAUBMANN, 1872 – H. ALTHOFF, 1900 [mit Übers. und Teiled. »dat Lippeflorer«] – *Lit.:* Verf.-Lex.² IV, 936–938 – W. EHBRECHT, Lippstadt, 2 Bde, 1985.

Justitia → Tugenden und Laster

Justitiar (England). 'J.' (lat. justitiarius) war im hochma. England eine Bezeichnung für verschiedene »Beamten«-Ränge.

a) *Oberster Justitiar* (= Vize-Regent): Ansätze zur Ausbildung dieses Amtes lassen sich seit Kg. Wilhelm I. erkennen. Wenn die anglonorm. Herrscher ihre kontinentalen Besitzungen aufsuchten, setzten sie im Regnum »Vikare« mit Regierungsbefugnis ein (→Odo v. Bayeux, →Ranulf Flambard). In der Zeit Kg. Heinrichs I. wird Bf. →Roger v. Salisbury, der an der Spitze des Administrationssystems stand, capitalis justitiarius genannt (→Amt VI, 2). Von da an gewann das Amt allmähl. festere Gestalt. Der J. wirkte bei Abwesenheit des Kg.s als dessen »alter ego«, überwachte im übrigen (als einer der Barone des →Exchequer) die oberste Finanzbehörde und war maßgebl. an der Rechtsprechung beteiligt. Die J.e kamen meist aus dem *royal service* und waren von der kgl. Patronage abhängig. Sie setzten je nach Vorbildung und Neigung sowie nach der polit. Situation unterschiedl. Schwerpunkte. Unter Kg. Heinrich II. hatten zunächst nebeneinander Gf. Robert v. Leicester und der aus einer Ritterfamilie stammende Richard de Luci das Justitiariat inne. 1180 folgte der Jurist Ranulf de →Glanvill, der sich bes. der Reformen im Rechtswesen annahm. Die J.e der Kg.e Richard I. und Johann Ohneland traten hauptsächl. als Administratoren hervor. Hubert →Walter, gleichzeitig Ebf. v. Canterbury, baute die Organisation des Exchequer weiter aus. Die polit. Erschütterungen zu Anfang des 13. Jh. schwächten das J.s-Amt, wie sich von 1215/16 an deutl. erkennen läßt. Hubert →de Burgh mußte in der Zeit der Vormundschaftsregierung für Heinrich III. die Macht mit anderen teilen. Fortan brauchte man keinen Vizeregenten mehr, weil der Kg. meist im Lande weilte. Deshalb wurde das J.s-Amt 1234 aufgehoben. Die baronialen Reformer setzten 1258 nochmals einen J. ein, der als höchste Appellationsinstanz fungieren sollte. 1265 erlosch das Justitiariat endgültig (→Despenser). – Die Inhaber des Amtes trugen wesentl. zur Vereinheitlichung und Effizienz des kgl. Behördenwesens bei. Die zeitweise praktizierte Verbindung von weltl. und geistl. Amtsgewalt rief Kritik hervor. Im SpätMA wurde der →*Chancellor* zum »Nachfolger« des J.s.

b) *Lokale Justitiare:* Wohl seit Kg. Wilhelm II. wurden in vielen engl. Gft.en J.e eingesetzt, die zusammen mit dem →*Sheriff* das Gerichtswesen kontrollieren sollten. Solche Amtsträger lassen sich bis in die ersten Jahre Heinrichs II. nachweisen.　　　　　　　　　　　　K. Schnith

Lit.: HBC, 67ff. [Liste der Chief J.s; Q.] – S. B. CHRIMES, An Introduction to the Administrative Hist. of Mediaeval England, 1952 – F. J. WEST, The Justiciarship in England 1066–1232, 1966 [Lit.] – W. L. WARREN, The Governance of Norman and Angevin England 1086–1272, 1987.

Zum Justitiar in Italien →Justizwesen II.

Justiz, -wesen (s. a. →Gericht, -sbarkeit, -verfahren)
I. Allgemeines. Frankreich – II. Königreich Sizilien und Neapel – III. Iberische Halbinsel.

I. ALLGEMEINES. FRANKREICH: Die Wahrung des →Rechts nahm im Denken des MA den zentralen Platz ein; sie galt – gemeinsam mit der Erhaltung des →Friedens – als erste Pflicht des →Königs, gemäß der oft wiederholten etymolog. Definition →Isidors v. Sevilla, »Rex a recte dicitur«, und der Aussage des →Augustinus, nach der ein Reich ohne Rechtsausübung nichts anderes als ein 'latrocinium' im Großen sei. Gleichwohl hatten die Kg.e kein Monopol der Rechtsprechung. Vielmehr verfügte jede 'öffentl.' Gewalt – Bf., adliger Grundherr *(Seigneur),* später: Stadt, Universität, Korporation – über eigene Gerichtsbarkeit.

In der sich an die Karolingerzeit anschließenden Feudalepoche (zum frk.-karol. Gerichtswesen →Gericht, -sbarkeit) fiel die Rechtsprechung als Teil der öffentl. Gewalt (→Bann) in wesentl. Teilen an die adligen Seigneurs, für die die →Bußen eine eintrgl. Einnahmequelle darstellten (»justitia est magna emolumenta«). Ihre Gerichtsbarkeit umfaßte die Strafgewalt bei Verbrechen und Vergehen, während der Bereich, den das röm. Recht als →causae kannte, vielfach ungeregelter Behandlung unterlag.

Im 11.–15. Jh. vollzog sich jedoch eine allmähl. Evolution, die zur Stärkung der kgl. Gerichtsinstitutionen und zur Ausbildung eines J.s im eigtl. Sinne führte. Dieser Prozeß war eng verbunden mit der intellektuellen Erneuerung (→Scholastik, →Universität) und der Herausbildung des →gemeinen Rechts, auf der Grundlage des →Corpus iuris civilis, sowie der Entstehung eines gelehrten Juristenstandes (→Juristen). Ausgehend von Ober- und Mittelitalien (→Bologna) und dem Languedoc (→Montpellier), erfaßte diese Entwicklung seit Mitte des 13. Jh. auch die frz. Krondomäne (→Orléans), während Paris Pflegestätte des →kanon. Rechts war. Die Aufzeichnung des Gewohnheitsrechts (→Coutume) in Frankreich wurde seit dem späten 12. Jh. (Normandie) eingeleitet. Ein zentrales Moment war die Erneuerung des Prozesses (s. a. →Inquisitionsprozeß) im Sinne eines rationaleren, auf der →Dialektik beruhenden Verfahrens der Urteilsfindung.

Seit Ende des 13. Jh. waren die →Legisten bestrebt, eine Abgrenzung zw. den Fällen der hohen und der niederen Gerichtsbarkeit vorzunehmen; später trat die Vorstellung der 'mittleren' Gerichtsbarkeit hinzu. Die Legisten setzten auch die Auffassung durch, daß alle J. vom Kg. ausgehe. Auf lokaler Ebene verhalfen aber v. a. die Kläger, die sich mit Vorliebe an die kgl. J. wandten, dieser zum Durchbruch.

Auf kirchl. Gebiet (→Gericht, III) werden dem 12. und 13. Jh. durch den Einsatz delegierter Richter an den bfl. Gerichtshöfen (→Offizial) und die Ausbildung des röm.-kanon. →Zivilprozesses folgenreiche Neuentwicklungen sichtbar. Die weitgespannte Kompetenz der geistl. Gerichtshöfe umfaßte das Gericht über sämtl. 'Kleriker' (→privilegium fori), auf freiwilliger Basis darüber hinaus über 'miserabiles personae' (Witwen, Waisen, Arme, Schüler, Kreuzfahrer); ihm unterstanden alle Zivilsachen, die Kirchengut, Glaubensfragen und Sakramente (→Ehe, →Dispens) betrafen, im Strafrecht die an geweihtem Ort begangenen Verbrechen sowie →Häresie. In zahlreichen Streitfällen (zivilrechtl. u. a. Mitgiften und Wittümer, Testamente und Eide, strafrechtl. Blasphemie, Sakrileg und Wucher) konkurrierten kirchl. und weltl. J. Das erfolgreiche Vordringen der kirchl. Gerichtsbarkeit führte zu Konflikten mit weltl. Gerichtsherren: im 12. Jh. mit städt., im 13. Jh. mit seigneurialen Gerichten. Aus Q., die seit 1205/06 vorliegen (Beschwerden der Barone und Antworten der Kleriker), geht hervor, daß das Kgtm. mäßigend in diese Streitigkeiten eingriff (u. a. durch Verhandlungen mit dem Papsttum), zugleich aber die Kompetenz der kirchl. Gerichte, v. a. in Kriminalfällen, zurückdrängte.

Im 13.Jh. setzte sich das Kgtm. auch im Bereich der J.ausübung definitiv durch: In der →Krondomäne richteten →Baillis und →Seneschälle, die auch die →Prévots, denen Jagd auf einträgl. Bußen nachgesagt wurde, zu kontrollieren hatten. Unter Übernahme der rationaleren kirchl. Verfahrensweisen (z. B. 1274 Ordonnanz über die Advokaten) wurden altertüml. Rechtsbräuche abgeschafft (1259/60 Verbot des gerichtl. →Zweikampfs durch Ludwig d.Hl.n zugunsten des Zeugen- und Urk.-beweises). Bald setzte sich auch die Appellation von allen Tribunalen des Kgr.es an das kgl. Gericht zu Paris durch. Die wachsende Prozeßflut führte zur Transformation des zunächst nicht ständig tagenden kgl. Gerichts in eine fest etablierte Gerichtsinstitution, das →Parlement.

Die Superiorität der kgl. J. festigte sich im 14. und 15.Jh. Gegenüber den kirchl. Gerichtshöfen setzten die Legisten eine engere Auslegung des 'privilegium fori' und des Klerikerstandes durch; Prozesse um Testamente, Ehen und Benefizien kamen zunehmend vor das kgl. Gericht, und das Institut des →Appel comme d'abus diente zur Annullierung bestimmter kirchl. Rechtsentscheide (s. a. →Gallikanismus). Alle weltl. Gerichte wurden dagegen als dem Parlement nachgeordnete Institutionen *(du ressort du Parlement)* behandelt. Dies galt auch für die von den großen Lehnsfs.en und Prinzen des 14.und 15.Jh. in ihren Fsm.ern und →Apanagen eingerichteten zentralen J.institutionen *(Grands →Jours, Parlements, Conseils)*; lediglich. →Burgund erreichte im 15.Jh., seiner Bedeutung entsprechend, weitgehende Selbständigkeit. Die Reflexion über das Verhältnis zw. kgl. und kirchl. Jurisdiktion wurde zum substantiellen Bestandteil der Diskussion über Staat und Gewaltenteilung (vgl. »Le →Songe du vergier«); die Schlüsselbegriffe des *ressort* und der *souveraineté* waren seit dem 14.Jh. konstitutiv für das Selbstverständnis der frz. Monarchie. – Zur andersartigen Entwicklung in Deutschland und England →Gericht, -sbarkeit I, II; →Gerichtsverfahren III, IV. F. Autrand

Lit.: Y. BONGERT, Recherches sur les cours laïques du Xe au XIIIe s., 1949 – F. LOT–R. FAWTIER, Hist. des institutions françaises au MA, 3 Bde, 1957–62 – B. GUENEE, Tribunaux et gens de justice dans le bailliage de Senlis à la fin du MA, 1963 – J. P. ROYER, L'Église et le royaume de France au XIVe s. à travers d'après »le Songe de Vergier« et la jurisprudence du Parlement, 1969 – J. L. HARROUEL, J. BARBEY, E. BOURNAZEL, J. THIBAUT-PAYEN, Hist. des institutions de l'époque franque à la Révolution, 1987.

II. KÖNIGREICH SIZILIEN UND NEAPEL: Die Eroberung Siziliens durch die Normannen hatte nicht sofort eine Vereinheitlichung des ethn. differenzierten Rechtswesens zur Folge. Im wesentl. hob Gf. →Roger die bereits bestehenden Ämter nicht auf. Belegt sind Strategoten und Vicecomites, die im Namen des Herrschers das Justizwesen in den »Universitates« verwalteten, sowie Topotereten oder Kastellane und →Katepane, daneben auch jüd. und muslim. Richter. Die bedeutendsten Neuerungen nach der Gründung des Kgr.s (1130) betrafen die Einrichtung einer mittleren Ebene zw. lokaler Nieder- und der dem Kg. vorbehaltenen Hochgerichtsbarkeit, die Etablierung der Magna Regia Curia als oberstem Organ der Zivil- und Strafgerichtsbarkeit und die Einführung der Berufung. Auf der untersten Stufe des J.s standen jetzt die →Baiuli. Darüber standen auf der prov. Ebene komplementär die Jurisdiktionsbefugnisse der in Anlehnung an byz. Vorbild ernannten Justitiare (Strafgerichtsbarkeit) und der für die Zivilgerichtsbarkeit (auch Lehnsrecht und kgl. Gefälle) zuständigen Camerarii (→Kammer), denen auf dem Festland zwei Großjustitiare übergeordnet waren (→Beamtenwesen, VI). Justitiare wie Kämmerer entstammten in der Regel dem baronialen Adel: ihre Ämter wurden jährlich, die Justitiariate kollegial besetzt. Unter Wilhelm I. bildete sich ein ständiges Kollegium von (in der Regel drei) Großhofjustitiaren als oberstes Appellationsgericht. Aber auch weiterhin konnte der Kg. jeden Fall an sich ziehen oder delegierte Richter berufen. Dies galt v. a. im kirchl. Bereich, wo dem siz. Kg. aus der 1098 verliehenen apostol. Legation Sonderrechte zugewachsen waren. Normative Kompetenzabgrenzungen und eine strengere hierarch. Ordnung des J.s brachte erst die Gesetzgebung Friedrichs II. Spitze der Gerichtsorganisation war jetzt ein einziger Großhofjustitiar, der (seit 1244) von vier Großhofrichtern unterstützt wurde, die als Juristen die Fachkompetenz verkörperten. In den beiden neu eingerichteten Großprov.en des Kgr.s fungierten Großjustitiare als Zwischeninstanz. Sonderregelungen in einzelnen Städten und Hochgerichtsimmunitäten für einzelne Bm.er wurden unter Friedrich II. abgebaut.

Die kurze Herrschaft der Anjou brachte nur wenige Veränderungen. Erst Peter v. Aragón (1282) leitete eine neue Phase ein, weil sich die Krone aus Schwäche mit den Baronen und Städten arrangieren mußte. Die Restaurationspolitik Friedrichs II. v. Aragón zielte auf eine Stärkung der regionalen zu Lasten der provinzialen Funktionsträger, die schließlich völlig verschwanden und mit ihnen zugleich auch die Camerarii, deren Kompetenzen in den größeren Städten von den städt. Sekreten, in den kleineren Gemeinden von den Vizesekreten, die direkt dem Magister Secretus unterstanden, übernommen wurden. In zahlreichen Städten traten an die Stelle der Baiuli Strategoten, Patricii, Senatoren, Prätoren oder Präfekten, und es wurden eigene Appellationsgerichte eingeführt. Bedeutende Veränderungen erfuhr auch die Jurisdiktion im Lehnswesen, v. a. weil die Verleihung des merum et mixtum imperium allg. üblich wurde. Unter Friedrichs Nachfolgern hatte die Verschlechterung der polit. Situation des Regnum auch negative Konsequenzen für das J. Martin I. unternahm einen Versuch der Rekonsolidierung, setzte eine einjährige Amtsfrist für Baiuli, Justitiare, Capitane und ihre Richter fest und regelte die Kompetenzen neu. Er schrieb ferner dem Magister Justitiarius halbjährl. zwei Visitationsreisen aller Städte vor und war bestrebt, das Hofgericht wiederzubeleben, gegen dessen Urteile vor dem Kg.sgericht (Sacra Regia Coscienza) Berufung eingelegt werden konnte. Ebenfalls neu belebt wurde der Gerichtshof der vier Magistri Rationales als oberstes Finanzgericht. Diese Versuche einer Konsolidierung des J.s fielen mit dem Ende der aragones. Dynastie zusammen (1410). Sizilien wurde im Anschluß an den Schiedsspruch v. →Caspe völlig in die Krone Aragón resp. die span. Monarchie eingegliedert. A. Romano

Lit.: L. GENUARDI, L'ordinamento giudiziario in Sicilia sotto la monarchia normanna e sveva, Circ.Giur. 36, 1905, 261–278 – P. COLLIVA, Magistri camerarii e camerarii nel Regno di Sicilia nell'età di Federico II, RSDI 36, 1963, 51–126 – DERS., Ricerche sul principio di legalità nell'amministrazione del Regno di Sicilia al tempo di Federico II, I, 1964 – M. CARAVALE, Il regno normanno di Sicilia, 1966 – E. JAMISON, Judex Tarentinus, PBA 53, 1967, 289–344 – A. BAVIERA ALBANESE, Diritto pubblico e istituzioni amministrative in Sicilia. Le fonti, 1981, 23–31 – A. ROMANO, Tribunali, Giudici e Sentenze nel Regnum Siciliae (1130–1516) (Judicial Records, Law Reports, and the Growth of Case Law, hg. J. BAKER, 1989), 211–259.

III. IBERISCHE HALBINSEL: Das J. war in den Kgr.en Kastilien-León, Portugal, Navarra, Aragón, Valencia und

Mallorca und im Prinzipat v. Katalonien verschieden ausgeprägt. Die Unterscheidung in Adels-, Kg.s- und Stadtrechte ist ebenso gebräuchl. wie die Interpretation der Entstehung des Kg.sgerichts als Ergebnis einer Teilung oder Spezialisierung des ständigen Beraterkreises am Kg.shof. Aus den Versammlungen aller Großen des Reiches am Hofe wiederum gingen die →Cortes hervor. Die Unterscheidung zw. Funktionen richterl. und exekutiver Natur ist nicht immer einfach. Zeitl. gesehen liegt die Übernahme richterl. Funktionen vor der Ausübung exekutiver Gewalt, diese setzte sich jedoch in autoritativen polit. Systemen (Kastilien, Portugal) normalerweise gegenüber der ersteren durch, während in Systemen mit starkem ständ. Einfluß (Aragón, Katalonien, Valencia, Mallorca, in abgeschwächter Form: Navarra) Regierungsfunktionen auf dem Weg über die Rechtsprechung ausgeübt werden konnten.

Jurisdiktionsrechte des Adels bzw. der adligen Grundherrschaften entstanden z. T. gegen Ende des 8. Jh. mit der Verleihung der Immunität, die ein Introitusverbot für kgl. Amtsträger einschloß, z. T. mit der Entwicklung des Lehnswesens. Für das SpätMA läßt sich zw. Gerichtsherrschaft, die die Rechtsprechung beinhaltete, und bloß wirtschaftl. Herrschaft über ein Territorium unterscheiden. In Kastilien und Aragón verfügten die Herrschaften normalerweise über stillschweigend erworbene Jurisdiktionsrechte, während sie in Katalonien im Rahmen einer Konsolidierung der Gerichtsrechte mit ihnen belehnt wurden. Alfons IV. v. Aragón gewährte in Valencia die sog. *jurisdicción alfonsina* all denen, die mit 15 Vasallen Land besiedelten.

Das kgl. J. bildete sich seit dem 13. Jh. heraus. Der Kg. selbst sprach zumindest an bestimmten Tagen, wie dem Freitag, Recht. Die Tendenz ging dahin, eigene Hofrichter zu ernennen, wie in Kastilien und Navarra die *Alcaldes de Corte*, die für Strafsachen zuständig waren, und die *Alcaldes de Alzada* für Appellationen und Zivilsachen (→Alcalde), wobei in Navarra die Stände bei der Auswahl mitwirkten. In Kastilien bildete sich im 15. Jh. ein von der Kanzlei abgeleiteter Gerichtshof, die *Chancillería*, heraus, die von sog. →Auditoren *(Oidores)* gebildet wurde. Ein Oberstatthalter *(Adelantado Mayor)* oder Stellvertreter des Kg.s war daneben als Unterrichter *(Sobrejuez)* für Urteile bei Gravamina zuständig.

In der Krone Aragón hießen die von der Kanzlei abgeleiteten Gerichtshöfe *Audiencias*, in Katalonien setzten sie sich aus Auditoren *(oydors)* oder gelehrten →Juristen *(Doctors)* zusammen. In Portugal bildete sich ein Teil des Hofes zum Gerichtshof *(Casa de Justiça)* um; hier richteten Unterrichter *(sobrejuizes)* in Zivilsachen und Auditoren *(ouvidores)* in Strafsachen, bis es schließlich zur Ausbildung von Kammern oder *Audiências* kam, von denen die eine den Kg. auf Reisen begleitete, die andere sich als ortsfester Zivilgerichtshof *(Casa do Cível)* etablierte. Im Kgr. Aragón erlangte eine e. Kg. und Reich stehende Rechtsprechung ihre Bedeutung, nämlich die des →*Justicia*, der ursprgl. ein jurist. Berater des *Mayordomo* war. In den Stadtgemeinden, deren Gerichte unmittelbar, jedoch zumeist nur in minder wichtigen Fällen richteten, hießen die Richter u. a. *alcaldes* (Kastilien), *juízes ordinários* (Portugal), *justicias* (Valencia, Aragón, dort auch: *zalmedinas*), *Batlles* (Katalonien, Mallorca). Das städt. J. wurde mit der Zeit von kgl. Beamten kontrolliert, wie z. B. den *corregedores* in Portugal und den →*veguers* in Katalonien und auf Mallorca.
J. Lalinde Abadía

Lit.: A. Giménez Soler, El poder judicial en la Corona de Aragón, 1901 – J. Lalinde Abadía, La jurisdicción real inferior en Cataluña, 1966 – F. A. Roca Traver, El Justicia de Valencia (1238–1321), 1970 – M. A. Pérez de La Canal, La Justicia de la Corte en Castilla durante los siglos XIII a XV, 2, 1974, 3–99 – J. Sánchez-Arcilla Bernal, La administración de Justicia Real en Castilla y León en la Baja Edad Media (1252–1504), 1980 – A. M. Hespanha, Hist. das Instituições, 1982.

Justizbrief → Litterae

Justizsupplik → Supplik

Justus. 1., hl. (Fest: 10. Nov.), Ebf. v. →Canterbury 624–ca. 627, ⌑ Canterbury, St. Peter und Paul; von Gregor d. Gr. 601 zum hl. Augustine (→Augustinus [2. A.]) als Missionar entsandt, der J. 604 zum ersten Bf. v. →Rochester weihte. Gemeinsam mit Ebf. Laurentius und Bf. Mellitus verfaßte J. ein Mahnschreiben an die Bf.e und Äbte v. Irland. Als 616 nach dem Tod Kg. →Æthelberhts v. Kent sein heidn. Sohn Eadbald folgte, floh J. mit Mellitus nach Gallien und kehrte nach Eadbalds Taufe zurück. Nach dem Tod von Mellitus (24. April 624) wurde J. Ebf. und empfing das Pallium von Bonifatius V. Er weihte Romanus zum Bf. v. Rochester und Paulinus zum Bf. v. York.
N. P. Brooks

Q. und Lit.: Bede's Eccl. Hist., ed. B. Colgrave – R. A. B. Mynors, 1969, I, 29; II, 3–9, 18, 20 – N. P. Brooks, The Early Hist. of the Church of Canterbury, 1984, 9–13, 64–66, 265.

2. J. v. Gent → Joos van Wassenhove

Jütisches Recht → Jyske Lov

Jütland (dän. Jylland), zusammen mit der Insel Fünen (dän. Fyn) eine der drei ma. dän. 'Landschaften' mit Landschaftsding (→Ding, II) in Viborg und eigenem Landschaftsrecht, dem →Jyske Lov von 1241. J. im engeren Sinne umfaßte im HochMA die jüt. Halbinsel bis zur Eider, der Grenze zu →Holstein. Der s. Teil der Halbinsel (Sønderjylland) wurde im 12. Jh. mehrmals von einem jüngeren Mitglied der dän. Kg.sfamilie als Hzg. regiert. 1252 erfolgte die reale Abtrennung des später →Schleswig (dän. Slesvig) gen. Hzm.s J. Der n. Teil J.s (auf den sich die folgende Darstellung bezieht) hatte in der Wikingerzeit und im HochMA ein größeres Gewicht im dän. Reich als in den nachfolgenden Epochen. Die Nordsee konnte damals noch vom Limfjord (im N der Halbinsel) aus befahren werden, später nur noch von der in unmittelbarer Nachbarschaft des Hzm.s Schleswig gelegenen Hafenstadt →Ribe, dem einzigen Nordseehafen an der W-Küste J.s. Im Verhältnis zu den Inseln (Fünen, Seeland etc.) lagen im 12. Jh. in N-J. 60% der Herred-Bezirke (→Herad), der Schiffsgestellungsbezirke und der Pfarrkirchen gegenüber 40% auf den Inseln. 1688 betrug der Bestand an Höfen 50:50, der Taxwert des bewirtschafteten Grund und Bodens jedoch nur 44:56 zugunsten der Inseln. Diese Gewichtverlagerung hing in erster Linie mit dem Rückgang des Waldbestandes und der Ausbreitung der Heide auf den schlechten westjüt. Böden zusammen.

Um 960 war →Jelling Sitz einer Kg.sdynastie. Wichtigster dän. Dingort war →Viborg, das als Wahl- und Huldigungsding der dän. Kg.e im gesamten MA seine bevorzugte Stellung bewahren konnte. Im 12. und 13. Jh. erlangte Seeland wegen seiner zentralen Lage im Reich und der Verlagerung des Handelsschwerpunktes nach O (Öresundhandel, Schon. Märkte, dän. Expansion im Ostseeraum) größere Bedeutung als J. So ist bezeichnend, daß die Inseln im 13. Jh. doppelt so viele Stadtsiedlungen erhielten wie J. Beim Ausbau seiner Kg.smacht stützte sich Waldemar IV. (1340–75) in bes. Maße auf eine effektive Kontrolle Seelands, während J. im SpätMA Stützpunkt für Opposition und Aufruhr gegen die Kg.smacht war. Schon 1086 wurde Knut d. Hl. bei einem von J. ausgehenden Aufruhr erschlagen. 1313 revoltierten Adel und Bauern O-J.s

Unter der Auflösung des dän. Reiches nach 1331 war Gf. Gerhard v. Holstein Herr über J., wurde aber bei einer jüt. Adelsrevolte getötet. In den 1340er Jahren gingen die Jüten mit Waldemar IV. zusammen, nach der erneuten Sammlung des Reiches jedoch gab es 1351–53, 1357–59 und 1368–73 weitere Adelsrevolten, 1439 war der jüt. Adel maßgebl. an der Absetzung Erichs VII. beteiligt, und 1441 standen die Bauern in N-J. gegen den Adel und den neuen Kg. auf. 1523 wurde Christian II. auf Initiative von Bf.en und Adel J.s abgesetzt, 1534 folgte schließlich der letzte jüt. Bauernaufstand.

Die strukturellen Unterschiede zw. J. und Seeland sind markiert durch eine geringere Verbreitung des Kirchengutes in J., durch eine freiere Stellung der Bauern und einen zahlreicheren und teilweise wohlhabenderen Adelsstand. Eine wichtige Einkunftsquelle des Adels war der seit 1500 ansteigende Ochsenexport nach S (→Heerweg).

E. Ulsig

Lit.: A. E. Christensen, Danmarks befolkning og bebyggelse i middelalderen, Nordisk kultur II, 1938, 1–57. – →Dänemark.

Juvenal im Mittelalter. Nach einer ersten auf die Lebenszeit des Dichters (1./2. Jh.) folgenden Periode des Schweigens ist der Satiriker seit dem frühen 4. Jh., näherhin seit Lactantius, zu hoher Wertschätzung und Beliebtheit gelangt. Schon im Altertum entstanden Erklärungen, die gewöhnl. dem 3. und 4. Jh. zugeschrieben werden und (irrtüml.) unter die berühmten Namen des Probus und des Cornutus gerieten; diese Scholienmassen bilden die Grundlagen auch späterer Komm. Die hs. Überlieferung scheint insgesamt bemerkenswert dicht gewesen zu sein; unmittelbar erhalten haben sich aus dem Altertum die Reste dreier Hss. (Frgm. eines Bobbieser Textes [CLA I 30]); Frgm.e in Mailand [CLA III 305]; sowie ein Frgm. [CLA Suppl. 1710]), von denen eines auf Verbreitung auch im gr. O. hinweist. Mehrere Exemplare müssen ins MA gelangt sein. Die sehr reiche hs. Überlieferung setzt sich seit der Mitte des 9. Jh. fort; etwa seit damals ist Gebrauch J.s auch im Schulunterricht nachzuweisen (Erklärungen des Heiric und Remigius v. Auxerre), doch scheint regelmäßige Aufnahme in die Lektüre erst um die Jahrtausendwende erfolgt zu sein. Das Urteil des Aimericus setzt ihn in den ersten Rang der Autoren. Im frühen MA vorwiegend als Muster poet. Technik, wird J. seit dem regelmäßigen Gebrauch im Unterricht zunehmend zum poeta ethicus, dem man gerne Sentenzen entnimmt. Seine Beliebtheit hat auch in den folgenden Jahrhunderten unvermindert angehalten.

F. Brunhölzl

Lit.: U. Knoche, Hs. Grundlagen des J.textes, 1940 (Philologus, Suppl. 32,1) – G. Glauche, Schullektüre im MA (Münchner Beitr. zur Mediävistik- und Renaissanceforsch. 5, 1970) [Register] – Texts and transmission, ed. L. D. Reynolds, 1983, 200.

Juvenal, Patriarch v. Jerusalem 422–458, möglicherweise lat. Abstammung, lebte in einem Jerusalemer Kl., bevor er Bf. wurde. Er war der erste Obermetropolit v. Jerusalem, der nicht nur ehrenhalber unabhängig vom Metropoliten v. Caesarea (Kanon 7 von Nikaia) war und nicht nur fakt. Jurisdiktion über die im 5. Jh. gebildeten drei palästins. Prov.en bzw. die Metropoliten v. Caesarea, Skythopolis und Petra ausübte, sondern diese ausdrückl. durch Entscheidungen Theodosius' II. zugesprochen erhielt (Honigmann, 217f.). Die Bf.e der drei Palästina bildeten auf den Konzilien v. Ephesos 431 und 449 sowie Chalkedon 451 seine Gefolgsleute. An zweiter Stelle nach Cyrill bzw. Dioskorus leitete er die beiden Konzilien v. Ephesos und spielte selbst in Chalkedon nach seinem spektakulären theol. Seitenwechsel eine hervorragende Rolle. Die ihm 450 zugesprochenen Prov.en Phoenicia I und II und Arabia mußte er in Chalkedon wieder aufgeben, erhielt aber die Jurisdiktion über die drei Palästina bestätigt. In den christolog. Auseinandersetzungen seiner Zeit äußerte sich J. sparsam und wenig differenziert, dafür aber immer sehr entschieden zu Gunsten der vorherrschenden Auffassung. Die letzte Wende, die ihm für 18 Monate einen Gegenbf. Theodosius und die nachhaltige Feindschaft der Monophysiten eintrug, sicherte ihm die Versöhnung mit Papst Leo und ein verhältnismäßig gutes Andenken im lat. MA. Er soll das Weihnachtsfest (25. Dez.) und das Fest der Theotokos (15. Aug.) in Jerusalem eingeführt haben.

J. Speigl

Q.: CPG III, 6710–6712 – ACO IV, 3,1 (Ind. 306f.) – Lit.: E. Honigmann, J. of Jerusalem, DOP 5, 1950, 209–279 – L. Perrone, La chiesa di Palestina e le controversie cristologiche, 1980.

Juvenal des Ursins → Jouvenel

Juvencus (Vettius Aquilinus), Priester, Dichter, 4. Jh., aus vornehmer span. Familie, verfaßte um 330 »Evangeliorum libri IV« (Evangelienharmonie; 3211 Hexameter). Die Evangelia folgen hauptsächl. einem altlat. Matthäustext (benutzen wohl auch gr. Texte). Sie verbinden Biblizismus und Klassizismus (Epiker-Imitation). Das beachtl. Werk altkirchl. Bibelepik (→Bibeldichtung) fügt sich in die 'konstantin. Kulturpolitik' ein, will die Gläubigen erbauen und gilt dem Dichter als Gnadenmittel.

K. S. Frank

Ed.: CSEL 24, 1891 – Lit.: Altaner-Stuiber, § 101,2 – R. Herzog, Bibelepik, 1975 – D. Kartschoke, Bibeldichtung, 1975 – J. Fontaine, Naissance de la poésie dans l'occident chrétien, 1981 – H. Hagendahl, Von Tertullian zu Cassiodor, 1983 – Hb. der lat. Lit. der Antike V, 1988, 331–336.

Iuvenes, Jugendliche, im HochMA meist als Bestimmungswort für adlige →Ritter in einem bestimmten Lebensabschnitt verwendet. Nicht zu verwechseln mit puer oder adolescens, die auch keine Kinder mehr sind, sondern Jugendliche, die ihre ritterl. Ausbildung noch nicht abgeschlossen haben. Die i. hingegen sind fertige Krieger, die die →Schwertleite erhalten haben und noch keine Nachkommen haben oder zumindest nicht verheiratet sind. Duby definiert die Jugend (iuventus) als die Phase des Lebens zw. Schwertleite und erster Vaterschaft.

Anders als das Kind der etablierten Adligen ziehen die i. ungebunden auf Abenteuersuche umher. Neben dieser erklären die sozio-ökonom. Bedingungen der Feudalgesellschaft die Bedeutung der i. Die je nach Gewohnheitsrecht mehr oder weniger strikte Anwendung der Primogenitur bremste zwar die Zerstückelung der adligen Patrimonien, benachteiligte aber die Nachgeborenen. Schlugen diese nicht die kirchl. Laufbahn ein, waren sie gezwungen, im Krieg und auf Turnieren Ehre und Fortkommen zu suchen. Viele kamen dabei um, was zum Aussterben adliger Geschlechter beitrug. Gleichzeitig stieg für die Überlebenden die Möglichkeit, im Dienst mächtiger Feudalherren oder durch einträgl. Heirat ihr Glück zu machen. Dieser Umstand verminderte den adligen Überschuß, führte aber gleichzeitig durch Einheirat zu einer Blutauffrischung der Aristokratie. Daneben bildete die reale wirtschaftl. und soziale Situation der i. den Stoff der höf. Epik, von deren Idealen sie umgekehrt stark beeinflußt waren.

P. Thorau

Q.: L'Hist. de Guillaume le Maréchal, ed. P. Meyer, 3 Bde, 1891–1901 – Lambert v. Ardres, Hist. comitum Ghisnensium, MGH SS XXIV, 557–642 – Ordericus Vitalis, Hist. ecclesiastica (Lat. und Engl.), ed. M. Chibnal, 6 Bde, 1969–80 – Lit.: G. Duby, Wirklichkeit und höf. Traum, 1986, 103–116.

Ivajlo (gr. Λαχανᾶς Κορδόκουβας), bulg. Aufständischer, Zar (1278–80). Im Verlauf eines von I. 1277 entfachten

Aufstandes beseitigte I. den Zaren Konstantin Tich Asen (1257–77), errang selber die Macht und konnte die Herrschaft 1278 durch Heirat mit der Zarenwitwe Maria Palaiologina legitimieren. Seinen Thron verlor er an den byz. Protegé Ivan III. Asen; 1280 wurde er auf Befehl des Mongolenherrschers Nogaj getötet. Gestalt und Schicksal I.s sind Gegenstand mehrerer lit. Bearb.   I. Božilov

Lit.: BLGS II, 247–249 [D. Kulmann] – PLP Nr. 14609 – Istorija na Balgarija III, 1982, 277–290 – P. Petrow, Der Aufstand des Iwailo. Der Bauernkrieg in Bulgarien 1277–80, 1988 [populärwiss.].

Ivan (Johannes)

1. I. Vladislav, bulg. Zar (→Bulgarien) 1015–18, † Febr. 1018, Sohn des →Aaron (→Kometopuloi). I. wurde bei der Vernichtung der Familie Aarons durch →Samuel verschont. 1015 kam er durch Beseitigung seines Vetters →Gabriel Radomir an die Macht. I. versuchte, das Vordringen des →Byz. Reiches unter →Basileios II. aufzuhalten. Bei einem Angriff auf Dyrrachion kam er um.

Lit.: →Gabriel Radomir; →Bulgarien.   U. Mattejiet

2. I. I. Asen → Asen I.

3. I. II. Asen, bulg. Zar (→Bulgarien) 1218–41, * um 1190, † 1241, Sohn von Ivan →Asen I. (ermordet 1196), wurde nach dem Tod seines Onkels →Kalojan (1207) von →Boril am Antritt der Herrschaft gehindert. Erst nach langem Exil konnte er 1217/18 nach Bulgarien zurückkehren und Boril mit Hilfe russ. Söldnertruppen stürzen. Als Zar bemühte sich I. um eine Konsolidierung der inneren Verhältnisse und sicherte im N seine Herrschaft gegen →Ungarn ab.

Wenig später schien mit der Schwäche des →Lat. Kaiserreiches nach dem Tod Ks. Roberts v. Courtenay (1228) für I. sich die Möglichkeit zu bieten, auf dem Wege über die Regentschaft für den unmündigen Balduin II. bestimmenden Einfluß in Konstantinopel zu gewinnen. Die Barone des Lateinerreiches, die ihm zunächst mit einem geplanten Heiratsabkommen zw. seiner Tochter Elena und Balduin diese Regentschaft konkret in Aussicht gestellt hatten, trugen jene aber in dem I. zunächst verborgen gebliebenen Vertrag v. Perugia (1229) endgültig →Johann v. Brienne an. Mit der vorgesehenen Regentschaft sollte I. auch das Recht erhalten, Epeiros für das Lat. Kaiserreich »zurück«zuerobern. Als aber der hierüber möglicherweise informierte Theodoros Dukas von Epeiros 1230 unerwartet den mit ihm noch verbündeten I. angriff, errang I. bei →Klokotnica am 9. März einen vollständigen Sieg über die Epeiroten und nahm Theodoros Dukas gefangen. Selbstbewußt rühmte sich I. – noch ohne Kenntnis des Vertrages v. Perugia – in seiner berühmten Inschrift aus der Kirche der 40 Märtyrer zu Tŭrnovo dieses Sieges, der Bulgarien die Vormachtstellung auf dem südl. Balkan einbrachte. Nutznießer seines Sieges über Epeiros war jedoch mindestens in gleichem Maße der andere große byz. Nachfolgestaat, das Ksr. v. →Nikaia.

Die Wahl Johanns v. Brienne zum Mitks. v. Konstantinopel (1231) und andere Maßnahmen lösten einen Frontwechsel I.s aus, der nicht nur kirchenpolit. von der unter Kalojan eingeleiteten Kirchenunion mit Rom abrückte und ein eigenes Patriarchat (unter →Joachim) begründete, sondern sich auch mit dem Ks. v. →Nikaia, →Johannes III. Dukas Vatatzes, verband. Eigentlich hat Nikaia 1235 den bulg. Patriarchat proklamiert; im gleichen Jahr und erneut 1236 belagerten die Verbündeten das lat. Konstantinopel. Doch erkannte I., daß er mit diesem Vorgehen mehr den Interessen Nikaias als den eigenen diente, und brach daher mit Johannes Vatatzes, der er 1237 gemeinsam mit Lateinern und Kumanen bekriegte. Als aber 1237 die Zarin und einer der Söhne an einer Epidemie starben, sah I. hierin eine göttl. Strafe für seinen Vertragsbruch und schloß mit Nikaia Frieden (1237).

Nicht nur durch militär. Macht, sondern auch durch Diplomatie, umsichtige Förderung des Handels und Münzwesens sowie durch großzügige Gönnerschaft für Kunst und Kultur, v. a. in seiner Residenz Tŭrnovo, hat I., einer der bedeutendsten Herrscher seines Zeitalters, Bulgarien zu einem angesehenen Staat in Europa des 13. Jh. gemacht.   G. Prinzing/U. Mattejiet

Q.: G. A. Il'Inskij, Gramoty bolgarskich carej, 1911 [ND 1970] – M. Lascaris, Vatopedskata gramota na car I. A. II, 1930 – Lit.: BLGS I, 104f. – M. N. Andreev, Vatopedskata gramota i văprosite na bŭlgarskoto feodalno pravo, 1965 – K. M. Setton, The Papacy and the Levant, I, 1976, 55–60 – G. Cankova-Petkova, Bŭlgarija pri Asenevci, 1978, 109ff. – I. Božilov, Familijata na Asenevci, 1985, 77–92, Nr. 7 – A. Dančeva-Vasileva, Bŭlgarija i Latinskata imperija, 1985 – J. S. Langdon, The forgotten Byzantine-Bulgarian assault and siege of Constantinople, 1235–36 … (Byzantina kai Metabyzantina, ed. S. Vryonis, 4, 1985), 16–135 – V. Gjuzelev, Forsch. zur Gesch. Bulgariens im MA, 1986.

4. I. III. Asen, bulg. Zar 1279–80, Sohn des Bojaren Mico, Enkel →Ivans II. Asen; * um 1259 (?), † Anfang 1302. I. wuchs in Byzanz auf, heiratete 1279 Eirene/Irina, eine Tochter Ks. →Michaels VIII., der seinen Schwiegersohn während der bulg. Wirren (Aufstand Ivajlos) 1279 mit Truppen als Thronprätendenten nach Bulgarien entsandte. In Tŭrnovo als Zar zunächst anerkannt, operierte I. aber glücklos gegen Ivajlo und unterlag im Kampf um den Thron bald seinem Gegner. Schwager →Georg I. Terter. 1280 zur Flucht gezwungen, begab sich I. kurzzeitig auf byz. Gebiet und danach zur Rückgewinnung der Macht zum Mongolenchan →Nogaj, vor dem er, tödl. bedroht, erneut nach Byzanz floh. Hier erhielt er später, nach dem Verzicht auf seine bulg. Thronrechte, den Despotes-Titel. Er ist mit seinen sieben Kindern aus der Ehe mit Irina der Begründer des großen Zweiges der byz. →Aseniden.   G. Prinzing

Lit.: BLGS I, 104f. – I. Gjuzelev, Forsch. zur Gesch. Bulgariens im MA, 1986, 229–240 – PLP Nr. 1501 – I. Božilov, Familijata na Asenevci (1186–1460), 1985, 249–255, Nr. 1.

5. I. Alexander, bulg. Zar (→Bulgarien) 1331–71, * um 1301, † Febr. 1371, Sohn des Despoten Strazimir, ⚭ 1. Theodora (aus valach. Fs.enhaus), Söhne: Michael Asen, Ivan Strazimir, Ivan Asen; 2. (nach Verstoßung der 1. Gemahlin wohl 1344/45) Theodora (Sarah), eine konvertierte Jüdin; Sohn: Ivan Šišman. – I., der über die Gebiete v. Loveč und Krŭn herrschte, wurde nach der Niederlage v. →Velbužd (Kjustendil) und dem gewaltsamen Tod des Zaren →Michael Šišman (1330), dem noch die kurze Herrschaft Ivan Stephans (1330–31) folgte, in der Hauptstadt Tŭrnovo zum Zaren erhoben (1331). Er bemühte sich erfolgreich um gute Beziehungen zum Serbien →Stefan Dušans, der I.s Schwester Elena heiratete. Die Auseinandersetzungen mit dem →Byz. Reich konnten durch den bulg. Sieg bei Rosokastro (1332) einstweilen beendet werden, doch blieben sie gespannt. Im byz. Bürgerkrieg zw. →Johannes VI. Kantakuzenos und der Regentschaft für →Johannes V. Palaiologos gab I. seine militär. Unterstützung vorrangig der Regentschaft; die dadurch gewonnenen Territorien (u. a. Plovdiv/→Philippopel, 1344) blieben auch nach dem Sieg von Johannes Kantakuzenos (1347) erhalten.

Die Spätzeit der langen Regierung des Zaren stand im Zeichen einer Reaktion auf das Vordringen der Türken, die 1365 im Zuge der Eroberung des byz. Thrakien auch bulg. Gebiete (Plovdiv, Stara Zagora) besetzten. Doch gelang es I., zu einem Bündnis mit dem bedrohl. Gegner zu kommen. Mit Hilfe türk. Söldnerkontingente trat Bulgarien dann der gegen NW-Bulgarien gerichteten Expansion →Ungarns unter →Ludwig I. (1365: ung. Eroberung v. →Vidin) entgegen. Als die Bulgaren den von Ungarn zurückreisenden Johannes V. in Vidin an der Weiterreise hinderten, griff Gf. →Amadeus VI. v. Savoyen mit seiner Kreuzfahrerflotte ein, besetzte bulg. Schwarzmeerstädte und ermöglichte seinem Vetter die Rückkehr (1366). Vidin fiel kurz vor I.s Tod an die Bulgaren zurück.

Trotz dieser militär. Konflikte kann die Regierungszeit I.s über lange Jahre, zumindest außenpolit., als Friedenszeit gelten, in der Kunst und Lit., gefördert vom Mäzentatum des Zaren und seines Hofes, eine Nachblüte erlebten. Dies darf nicht darüber hinwegtäuschen, daß die wirtschaftl.-sozialen Verhältnisse und der staatl. Zusammenhalt im Bulgarien der 2. Hälfte des 14. Jh. einen Niedergang erfuhr. Das Reich zerfiel in einzelne, mehr oder weniger selbständige Fsm.er, die in die Hände der um die Nachfolge kämpfenden Söhne des Zaren kamen. Nach 1371 gab es sogar drei bulg. Staaten. In der Bevölkerung Bulgariens breiteten sich häret. Strömungen (Bogomilen, Adamiten) aus. Die asket. Bewegung des →Hesychasmus gewann an Boden. U. Mattejiet

Lit.: BLGS II, 249–252 – D. M. NICOL, The Last Centuries of Byzantium, 1972, 180f., 194, 205, 275, 277 – L. SHIVKOVA, Das Tetraevangeliar des Zaren I. A., 1977 – A. CARILE, Giovanni VI Cantacuzeno e la Bulgaria (Sett. cent. it. 8, 1983), 41–58 – I. BOŽILOV, Familijata na Asenevci, 1985, 149–178, Nr. 33.

6. I. Šišman, bulg. Zar v. →Tǔrnovo (→Bulgarien) 1371–93, † wohl 1395 in Plovdiv (?), Sohn von →Ivan Alexander, aus dessen 2. Ehe mit Theodora (Sarah). In einer Periode heftiger dynast. Kämpfe, zunehmenden staatl. Zerfalls und türk. Vordringens konnte I. durch Anerkennung der Oberhoheit des Emirs Murād I., dem er seine Schwester 'Kera' Tamara zur Frau gab, die türk. Bedrohung für einige Jahre mildern. Mit der Eroberung von →Sofia (1382) und →Niš (1386) erreichte die türk. Angriffstätigkeit jedoch einen neuen Höhepunkt. Wenn I. mit der Fs.enkoalition um die Fs.en v. Serbien, →Lazar Hrebeljanović, und den Kg. v. →Bosnien, →Tvrtko, sich wohl auch nur heiml. verband, führte dies doch zum Bruch mit den Osmanen, die I. in →Nikopolis belagerten und zur Abtretung von Silistria (→Durostorum) zwangen. Vier Jahre nach ihrem entscheidenden Sieg von →Kosovo polje (15. Juni 1389) über die Serben zerschlugen die Osmanen die Reste der Herrschaft I.s: Im Frühjahr 1393 belagerte ein türk. Heer seine Hauptstadt Tǔrnovo, die sich erst am 17. Juli 1393 ergab. I., der sich währenddessen wohl in der Festung Nikopolis aufhielt, fiel später in türk. Gefangenschaft; sein Ende ist nicht bekannt. Die Gestalten des Zaren und seiner Schwester Tamara bilden den Stoff zahlreicher Volksballaden und Sagen. U. Mattejiet

Lit.: BLGS II, 254f. – I. BOŽILOV, Familijata na Asenevci, 1985, 224–233 – I. DUJČEV, Rilskata gramota na Car I.Š. (1378), 1986 – K. IVANOVA, Un renseignement nouveau dans un ms. bulgare du XIVe s. au sujet de la resistance du Tsar I.S. contre les Ottomans près de Nikopol, EBalk, 24, 1988, 88–93.

7. I. Strazimir, bulg. Zar v. →Vidin (→Bulgarien) ca. 1360–96, † nach 1396, Sohn des Zaren →Ivan Alexander, aus dessen 1. Ehe, wurde durch →Ivan Šišman (aus der 2. Ehe) von der Thronfolge verdrängt und erhielt zw. 1352 und 1355/56 das Teilfsm. Vidin in NW-Bulgarien, das aber 1365 von →Ludwig I. v. →Ungarn besetzt wurde; I. wurde nach Kroatien verbannt. Nach der bulg. Rückeroberung (1369) konnte I. seine Herrschaft, mit Unterstützung des Fs.en der →Valachei, wiederherstellen und betrieb nach dem Tode des Vaters (1371) die weitere polit. und kirchl. Verselbständigung Vidins gegenüber der Hauptstadt →Tǔrnovo, die seinem gegner. Bruder Ivan Šišman unterstand. I., der sich, wohl 1388, Murād I. unterstellte, entging so vorerst der türk. Eroberung, die 1393 Tǔrnovo traf. Als 1396 das Kreuzfahrerheer unter Kg. →Sigmund heranrückte, öffneten die Bewohner v. Vidin ihm die Tore und vertrieben die türk. Besatzung. Nach der Niederlage v. →Nikopolis wurde die Stadt jedoch von den Osmanen Ende 1396 erobert, I. wohl nach Bursa deportiert. U. Mattejiet

Lit.: BLGS II, 254f. – I. BOŽILOV, Familijata na Asenevci, 1985, 197ff.

8. I. I. Kalità, erster Fs. v. →Moskau mit dem Titel »Gfs. der ganzen Rus'«, * um 1284, † 31. März 1341 in Moskau; Sohn →Daniils (1.D.); unterstützte seit 1304 seinen älteren Bruder →Jurij († 21. Nov. 1325) v. a. gegen die Fs.en v. →Tver', →Michail Jaroslavič. Als Nachfolger (1325) erreichte I. 1326/28 mit Zustimmung der Metropoliten →Petr und Theognost, daß Moskau zur Metropolitenresidenz wurde. Dies war die Voraussetzung für ein enges polit. Zusammenwirken von Moskauer Fs.en und aruss. Kirche. Gleichzeitig verstärkte sich die Tendenz zur endgültigen Teilung der aruss. Kirchenprovinz. Nach langjährigen Bemühungen gewann I. die Unterstützung der →Goldenen Horde. Sein rücksichtsloses Vorgehen gegen einen antitatar. Aufstand in Tver' 1327 trug ihm vom Chan Özbeg einen »Jarlyk« für das Gfsm. →Vladimir (1328) und die Vollmacht zur Tributeintreibung von anderen Fsm.ern und von →Novgorod ein. Mit Unterstützung tatar. Heeres, mit Terror und Verwüstung des Landes erpreßte I. Gehorsam und Tatarenlösegeld nebenbei auch für den eigenen Staatssäckel (daher wohl der Beiname Kalità 'Säckel', 'Beutel'). Gleichzeitig sicherte I. einen Besiedlung und Wirtschaftsentwicklung fördernden Frieden im eigenen Herrschaftsbereich. 1327 anerkannte Novgorod die Oberhoheit I.s und seiner Nachfolger. Als der Konflikt mit Tver' 1337 wieder auflebte, führte I. durch eine Intrige den Tod des Fs.en v. Tver', Alexander, und von dessen Sohn Fedor in →Saraim herbei. Sein vom Chan bestätigtes Testament, das älteste im aruss. Original erhaltene, nennt auch die verschiedenen »Käufe« einzelner Herrschaften, die später seinen Nachfolgern zur Erhebung von Erbansprüchen auf ganze Fsm.er dienten. I.s Politik der engen Kollaboration mit den Tataren und des Bündnisses mit der Kirche wurde für seine Söhne Simeon d. Hochmütigen (nicht 'd. Stolze') und →Ivan II. Ivanovič wie für weitere Gfs.en v. Moskau richtungweisend. In der Historiographie gilt I. als Begründer der Moskauer Vormacht. A. Poppe

Lit.: A. EKZEMPLJARSKIJ, Velikie i udel'nyje knijazja, I, 1889, 59–80 – J. FENNELL, The Emergence of Moscow 1304–59, 1968 – A. VODOFF, Nouvelles remarques sur les kupli d'I. K. (Fschr. G. STÖKL, 1986), 95–105 – A. JUŠKO, O predelach Moskovskogo knjažestva Ivana Kality, SA 1985, 2, 116–119 [dazu 4 Karten] – Lex. der Gesch. Rußlands, 1985, 163–165 – →Moskau, Fsm.

9. I. II. Ivanovič, Gfs. v. →Moskau und →Vladimir, * 30. März 1326, † 12. Nov. 1359, zweiter Sohn →Ivans I. Kalità, erbte das Fsm. Zvenigorod. Nach dem Tod seines Bruders →Semen Ivanovič (d. Hochmütigen) übernahm I. Anfang 1353 das Gfsm. Moskau und bekam einen →Jarlyk für das Gfsm. Vladimir. Die Position eines Moskauer Titelträgers blieb trotz Farblosigkeit und schwachem Reaktionsvermögen I.s stabil. Die Kontinuität des Gfsm.s sicherten der Moskauer Adel und der Metropolit Aleksej (1354–78), zugleich Kirchenfs. und Staatsmann. I.

söhnte sich mit seinem Konkurrenten Konstantin, dem Fs.en v. →Suzdal', und dessen Sohn →Dmitrij (4.D.) aus, was nach seinem Tod 1359, in der Zeit der Minderjährigkeit seines Sohnes →Dmitrij Donskoj, zu weiteren Problemen führte. In der Chronistik wird I. als sanftmütiger, wohlwollender und friedliebender Fs. geschildert. Davon leitet sich sein späterer Beiname 'Krasnyj' ab, was hier nicht 'd. Schöne', wie oft angenommen, sondern – im Gegensatz zum Beinamen seines älteren Bruders Semen – 'd. Gütige' bedeutet. A. Poppe

Lit.: A. EKZEMPLARSKIJ, Velikie i udel'nyje knjazja, I, 1889, 89–92 – E. GOLUBINSKIJ, Istorija russkoj cerkvi, II/1, 1900, 171–204 [zum Metropoliten Aleksej] →Moskau, Fsm., →Dmitrij Donskoj, →Ivan I. Kalitá, →Semen Ivanovič.

10. I. III. Vasil'evič, Gfs. v. →Moskau, 'Herrscher der ganzen Rus'', * 22. Jan. 1440, † 27. Okt. 1505, Sohn →Vasilijs II. Vasil'evič d. Blinden; ∞ 1. Maria, Tochter des Gfs.en →Boris (3.B.) v. →Tver, 1452, 2. →Sophia Palaiologa, 1472. Nach der Thronfolgekrise 1497–1501 (→3. Dmitrij) wurde der Sohn aus dieser Ehe, →Vasilij III., Nachfolger. Die Tochter →Helena wurde 1495 mit dem Gfs.en v. Litauen, →Alexander (1.A.), verheiratet. I. vollendete trotz Konflikten bes. mit den eigenen Brüdern im Moskauer Teilfsm. 1463–1503 die Vereinigung der Mehrzahl der russ. Länder in einem einheitlichen Moskauer Reich. Die Zentralämter wurden aufgebaut (→prikazy), und 1497 entstand ein neues Gesetzbuch (sudebnik). Zu einer neuen bedeutenden Schicht wurden die Dienstgutbesitzer, die I. für die Dauer des Dienstes mit →pomest'e ausstattete. I. gewann Besitz durch Konfiszierung des Landes von →Bojaren und einiger Kl., u.a. bes. in →Novgorod, Tver sowie bei Zwangsumsiedlungen zur Bekämpfung separatist. Bestrebungen. Die Struktur des großen Landbesitzes veränderte sich dadurch zu ungunsten der Erbgüter (→votčina).

Die meisten Teilfs.en wurden zu Vasallen des Gfs.en, obwohl Konflikte bes. mit den eigenen Brüdern im Moskauer Teilfsm. nicht ausblieben. Inkorporiert wurden u.a. 1463 →Jaroslavl', 1474 →Rostov, 1478 Novgorod, 1485 Tver, 1489 →Vjatka. Bedeutende Teile des Gfs.s →Rjazan wurden auch annektiert, die Oberhoheitsrechte in →Pskov bestätigt und verstärkt. Infolge der Kriege mit dem Gfsm. Litauen 1487–94 und 1500–1503 wurden die Gebiete um →Černigov, Starodub, Novgorod Severskij, Brjansk, Velikie Luki gewonnen, aber das Kriegsziel →Smolensk nicht erreicht. Das Chanat v. Kazan' wurde 1487 in polit. Abhängigkeit gebracht. Auch die wechselvolle Auseinandersetzung mit dem →Dt. Orden in Livland brachte einige Erfolge (→Narva, →Dorpat). In der Tatarenpolitik nutzte I. den Streit unter den Erben der →Goldenen Horde und durch Bündnisse mit Litauen und den Krimtataren geschickt aus. Die Absage weiterer Tributzahlungen 1480 brachte die formelle Befreiung von der tatar. Oberherrschaft, obwohl tatar. Einfälle nicht ausblieben. I. griff stark in innerkirchl. Belange ein. Er unterstützte die nach 1453 entstandene autokephale Metropolie v. Moskau und der ganzen Rus' und war zuerst wegen seiner Säkularisierungsbestrebungen den →Judaisierenden und den Anhängern des →Nil Sorskij wohlgesinnt. Nach 1499 neigte er den Josephiten (→Josif Volockij) zu und verfolgte die Häretiker.

Unter I. entwickelten sich international diplomat. Beziehungen u.a. mit dem Papst, dem Dt. Reich, Ungarn, der Moldau, der Türkei, dem Iran. I. vergab Aufträge an fremde Fachleute, bes. it. Architekten (z.B. Fioravanti), Künstler und Handwerker. Im Bereich der Staatssymbolik führten die direkten Kontakte zu Rom zum Ausreifen der Idee von Moskau als einem dritten Rom. →'Gosudar'' wurde zum ständigen, →'Zar' zum gelegentl. Bestandteil von I.s Titular. In diesen Zusammenhang gehören auch die Verwendung des Doppeladlers und das ausgebaute Krönungszeremoniell. A. Poppe

Lit.: A. EKZEMPLARSKIJ, Velikie i udelnyje knjazja, I, 1889, 179–277 – J. L. I. FENELL, Ivan the Great, 1961 – P. NITSCHE, Gfs. und Thronfolger, 1972, 83–182 – A. CHOROŠKEVIČ, Russkoje gosudarstvo v sisteme mezdunarodnych otnošenij, 1980 – A. ZIMIN, Rossija na rubeže XV–XVI stoletij, 1982 – G. ALEF, Rulers and Nobles in Fifteenth-Century Muscovy, 1983 – HGeschRußlands I, 1985, 165–169.

11. I., mit Goitan, Semen u.a. (»Russen von Geburt, aber Griechenschüler«, PSRL 10, 216) Mitglied einer die spätbyz. ('palaiolog.') Renaissance vermittelnden Malergruppe, die in Moskau Mitte des 14. Jh. tätig war und die Kirche Spas na boru ausmalte. An Ikonen wird ihnen ein 'Spas jaroe oko' und eine mit →Boris und Gleb (K. ONASCH, Ikonen, 1961, zu Taf. 79) aus der Uspenie-Kathedrale zugeschrieben. Ihre Kunst ist zum Verständnis der von →Rublev wichtig. K. Onasch

Lit.: Gesch. der Russ. Kunst, III, 1959, 56f. – O. POPOVA, Iskusstvo Novgoroda i Moskvy pervoj poloviny četyrnadcatogo veka. Ego svjazi s Vizantiej, 1980.

Ivanko, Fs. der →Dubrudža

Ivansgilde → Novgorod

Ivar Axelsson Thott (Iver Axelsen), Reichsrat, Sohn von Axel Pedersen Thott, gehörte dem in Dänemark, Schweden und Finnland mächtigen Familienverband der 'Axelsöhne' an, * um 1420, † 1. Okt. 1487, ∞ 1. Margrete Laxmand, 2. Marine Bille, 3. 22. Sept. 1466 zu Nyköping Magdalena († 24. Aug. 1495), Tochter Kg. →Karls VIII. Knutsson v. Schweden. – Erstmals 1444 als Ritter gen., gehörte I. zum Kreis Kg. →Christophs III. v. Dänemark, genoß dann das Vertrauen →Christians I. (u.a. als dessen Gesandter in Schweden). 1464 übernahm I. das Pfandlehen →Gotland. Seit 1466 Schwiegersohn des entthronten Kg.s Karl VIII., unterstützte er – wie sein Bruder, der Reichsverweser →Erik (11. Erich) – die erfolgreichen Bestrebungen Karls, die schwed. Krone zurückzugewinnen und kündigte Christian I. im Frühjahr 1497 die Huldschaft auf. 1468 zum künftigen Reichsverweser designiert, wurde nach Kg. Karls Tod jedoch der militär. erfolgreichere Sten →Sture gewählt (1470). Der während der Schlacht am →Brunkeberg (1471) neutral gebliebene I. betrieb in der Folgezeit eine Wiederannäherung an Christian I., der ihm die wegen Landesverrats konfiszierten Güter zurückerstatten ließ. I.s Gleichgewichtspolitik zw. Schweden und Dänemark, der Besitz der strateg. wichtigen Insel Gotland und das Zusammenwirken mit dem in Finnland begüterten Bruder Erik verliehen ihm während der 70er und 80er Jahre eine nahezu unabhängige Stellung im Ostseeraum.

Er führte einen langen Kaperkrieg gegen Schiffe der Holländer (erst 1479 beendet) und schaltete sich in die Angelegenheiten →Livlands ein. Beides führte zum Eingreifen Sten Stures (seit 1474), wodurch wohl die Annäherung I.s an Christian I. beschleunigt wurde; 1476 Anerkennung der dän. Lehnshoheit über Gotland.

Nach Eriks Tod (1481) bemühte sich I., dessen große finn. Lehen für den Bruder Laurens zu sichern, trat sie nach Laurens' Tod (1483) aber – im Tausch gegen Öland – größtenteils an Sten Sture ab. Mit diesem geriet I. 1487 über die Frage der Lehnsabhängigkeit seiner schwed. Besitzungen in Konflikt, wurde auf Öland belagert und floh nach Gotland, das er dem mit Flottenmacht herangerückten Kg. v. Dänemark übergab. Bald darauf starb I. auf seinen Gütern in Schonen.

Die Machtstellung I.s beruhte nicht zuletzt auf seiner wirtschaftl. Rolle; wie seine Brüder betrieb er Getreidebau, Viehzucht und Ostseehandel. Am ertragreichsten waren seine schwed. Lehen; I. war stets bestrebt, seinen Besitz auf für den Handel strateg. günstige Punkte hin zu konzentrieren. In den 80er Jahren besaß er ca. 8–9000 Mark dän.: Privatbesitz 1075 Mk., schwed. Privatbesitz seiner Frau 780 Mk., schwed. Lehen nach 1483 6–7000 Mk. Mit der Auflösung der Familienkoalition (infolge des Todes seiner Brüder) zerfiel seine Macht. Th. Riis

Lit.: DBL³ XIV, 553–555 – F. GLATTAR SØRENSEN, Axelsønnernes økonomi og handel (ca. 1420–87) [Diss. Kopenhagen 1975].

Ívarr, wiking. Kg. und Begründer einer in Irland und Northumbrien mächtigen skand. Dynastie, † 873, in norw. Sagas »inn beinlausi« ('der Knochenlose') gen., gilt als ein Sohn des hist. nicht faßbaren Ragnarr loðbrók, wird in ir. Annalen 857–863 als ein Verbündeter →Olafs, des norw. Kg.s v. →Dublin, bezeichnet. Mit seinen Brüdern →Halfdan und Ubbe war er Führer des dän. »Großen Heeres«, das im Herbst 865 in →Ostanglien landete und →York im Nov. 866 einnahm. Ihm wurde später die Tötung von →Edmund, Kg. v. Ostanglien, zugeschrieben. Nach einer Belagerung von vier Monaten nahm er zusammen mit Olaf 870 →Dumbarton ein und kehrte 871 mit vielen Gefangenen nach Dublin zurück. Die Annalen v. Ulster bezeichneten ihn bei seinem Tod als »rex Nordmannorum« für Irland und Britannien. In den ir. Annalen werden u. a. als Enkel von I. bezeichnet: →Ragnall († 920), Sihtric/Sigtrygg († 927), Schwager von →Æthelstan, und Guthfrith († 934), Vater von Olaf. P. Sawyer

Lit.: A. P. SMYTH, Scandinavian Kings in the British Isles 850–880, 1977.

Ivo. 1. I. v. Chartres, hl. (Fest: 20. Mai), Bf. v. →Chartres seit 1090, * um 1040, † 23. Dez. 1115/16; stammte aus einer vielleicht in Chartres ansässigen Grundbesitzerfamilie. Er studierte vermutl. in Paris und sicher in Le →Bec (dort Schüler →Lanfrancs und Mitschüler →Anselms v. Canterbury); Kanoniker in Nesle (Picardie), seit 1072 oder 1078 Propst der Regularkanoniker v. St-Quentin zu →Beauvais, 1090 zum Bf. gewählt, von Kg. Philipp I. investiert und von Papst Urban II. geweiht. Im →Investiturstreit trug er durch seine theol. und jurist. Definitionen und →Distinktionen von Sakrament und Symbol, unveränderl. und veränderl. Recht, Spiritualia und Temporalia, kirchl. und kgl. Recht, durch realist. und von pastoraler Sorge geprägte Vertretung der Kirchenreform entscheidend zur Lösung des Investiturproblems bei. Mit Freimut und Entschiedenheit, die ihm Verfolgung einbrachten, trat er 1092–1104 gegen den Ehehandel Kg. Philipps I. und für das kirchl. Eherecht ein (→Ehe, B.II), wirkte dabei aber auch als Vermittler. Er hatte einen wesentl. Anteil zu Zustandekommen der hochma. Allianz zw. kapet. Kgtm. und Reformpapsttum. Verfechter der →Libertas seiner Kirche gegenüber Kg. und Regionaladel sowie der bfl. Autorität in seiner Diöz., war er ein bes. Förderer der Regularkanoniker, überhaupt der Reform des →Klerus, den er als Stand (ordo) spirituell und hist. über den der Mönche stellte. Diese nahm er aber nur unter strikter Unterordnung in seinen bfl. Schutz (tuitio). Einer der gelehrtesten Bf.e seiner Zeit, ist I. ein wichtiger Wegbereiter der klass. Entwicklung der hochma. Scholastik und Kanonistik mit starken Einwirkungen auf beide, sowohl in Gehalt und Methode als auch in Vermittlung theol. und kanonist. Texte (aus Papstdekreten, Konzilsakten, patrist., bes. augustin. Erbe, auch aus röm. Recht) und durch seine Werke, v. a. durch seine um 1091–95 entstandenen Kirchenrechtsslg.en: 1. *Collectio Tripartita,* eine relativ verbreitete Slg., die urspgl. zweiteilig und chronolog. angelegt war und dann durch Auszüge aus dem später verfaßten Decretum zum dreiteiligen Werk erweitert wurde (nicht ediert); 2. *Decretum,* eine sehr umfangreiche, systemat.-themat. geordnete Slg. mit theol. und rechtl. Inhalt (nur in wenigen Hss. überliefert); 3. *Panormia,* ein sehr verbreitetes und erfolg- sowie einflußreiches Hb., eine method.-inhaltl. gestraffte Neubearbeitung des Decretum; 4. *Prologus,* der zu Decretum oder Panormia gehört, method. grundlegend und von großer Nachwirkung. Mit seinem Verfahren der Distinktionen und der Harmonisierung der Lehr- und Rechtsüberlieferungen führt I. auf die »Sic et Non«-Methode →Abaelards und den Konkordanzgedanken →Gratians hin. Anhand des Prinzips vom unveränderl. und veränderl. Recht und der Kategorien v. a. der iustitia und misericordia (→Alger v. Lüttich) präzisiert I. das kirchl. →Dispensrecht. Den Theologen, Kanonisten und Exegeten I. charakterisiert symbolist. Verständnis der Gesch., aus der er ggf. normative Exempla gewinnt. Wertvolle Q. für seine Ideen und seine eigene wie die Gesch. seiner Zeit ist seine wohl von ihm selbst zur Slg. zusammengestellte Korrespondenz, die Alltagsfragen und große hist. Ereignisse und Probleme berührt. A. Becker

Ed.: MPL 161, 47–1344; 162, 11–610 – F. B. BLIEMETZRIEDER, Zu den Schr. I.s v. Ch., SAW 182, 1917 – J. LECLERCQ, Yves de Ch., Correspondance I (1090–1098), 1949 – Lit.: DDC VII, 1641–1666 – DThC XV, 2, 3625–3640 – FOURNIER-LE BRAS II, 1932, 55–114 – Vies des Saints V, 1947, 400–407 – J. DE GHELLINCK, Le mouvement théol. du XII⁵ s., 1948² – A. STICKLER, Hist. iuris canonici lat. I, 1950, 179–187, 191 – H. HOFFMANN, I. v. Ch. und die Lösung des Investiturproblems, DA 15, 1959, 393–440 – R. SPRANDEL, I. v. Ch. und seine Stellung in der Kirchengesch., PHS I, 1962 [Lit.] – H. FUHRMANN, Einfluß und Verbreitung der pseudoisidor. Fälschungen (MGH Schr. 24 II, 1973), 542–562 – L. K. BARKER, Hist., Reform and Law in the Work of I. of Ch. [Diss. Chapel Hill, North Carolina 1988].

2. I. (Yves; eigtl. Erwan Hélory), hl., * 1253 im Herrenhaus *(Manoir)* v. Kermartin in Le Minihy-Tréguier (nördl. Bretagne, dép. Cotes-du-Nord), † 1303; entstammte als frühverwaister Sohn eines Ritters dem Kleinadel, wurde von der Mutter und einem Praezeptor erzogen, begab sich im Alter von 14 Jahren nach Paris und Orléans, wo er eine gründl. theol. und jurist. Ausbildung erhielt, wirkte dann in Rennes und →Tréguier als Offizial (kirchl. Richter) und Pfarrer der kleinen Gemeinde v. Trédrez bei Lannion. Seine tiefe, franziskan. beeinflußte Frömmigkeit führte ihn – im Zuge einer Konversion – zum Verzicht auf äußere Ehren und ließ ihn ein Leben in Demut und Hinwendung zu den Armen und Entrechteten führen. Sein Ruhm unter der Bevölkerung, ein in der Bretagne einzigartiges Phänomen, verbreitete sich v. a. dank seiner Predigten, die auf reicher Bildung beruhten. Nach I.s Tod war sein Grab in der Kathedrale v. Tréguier Ziel einer starken Wallfahrt. Trotz der von Clemens VI. 1347 verkündeten Kanonisation blieb die kirchl. Hierarchie diesem Anwalt der Armen gegenüber lange abweisend. I. wird als Patron der Juristen und Richter verehrt. J.-P. Leguay

Lit.: A. VAUCHEZ, La Sainteté en Occident aux derniers siècles du M-A ..., 1981 – H. MARTIN, Fastes et malheurs de la Bretagne ducale, 1982.

Ivois-sur-Chiers (heute Carignan, Ardennes), Ort eines Treffens zw. Ks. Heinrich II. und Robert II. v. Frankreich am 11. Aug. 1023. In seiner expansiven Herrschaftsbildung schloß Gf. →Odo II. die kapet. Krondomäne ein und bedrohte durch Burgenbau in Oberlothringen und Erbansprüche auf das Kgr. Burgund auch Ks. Heinrich II. Durch eine ksl. Gesandtschaft nach Compiègne wurde im Mai 1023 ein Herrschertreffen mit Kg. Robert II. im Maas-Chiers-Gebiet nahe der Reichsgrenze vereinbart, einem bevorzugten Platz für solche Begegnungen (→Dreikönigstreffen). Am 10. Aug. 1023 suchte der Ks. den Kg. in dessen Lager in Mouzon (Reimser Allod auf Reichsgebiet) auf, am kommenden Tag erwiderte der Kg. den Besuch im ksl. Lager in Ivois. Die Q. betonen Prachtentfaltung und Gleichrangigkeit von imperator und rex, die für 1024 in Pavia eine Synode zur Reform der Kirche vereinbarten, ein spätes Zeugnis für Gemeinsamkeiten in den karol. Nachfolgereichen. Wegen Heinrichs II. Tod kam diese Synode nicht zustande, und auch der Ausgleich Roberts II. mit Odo II. scheiterte. B. Schneidmüller

Lit.: RI 2, 4, 2041a – W. KIENAST, Dtl. und Frankreich in der Ks.zeit (900–1270), I, 1974², 145ff. – I. Voss, Herrschertreffen im frühen und hohen MA, 1987, 53ff., 67f. – W. KOLB, Herrscherbegegnungen im MA (Europ. Hochschulschr., R. III, 359), 1988.

Ivrea (Piemont), in der späten Kaiserzeit Municipium (Eporedia), wurde nach Trennung von der Diöz. Vercelli zw. dem 6. und 7. Jh. Bf.ssitz. Von den Langobarden zum Zentrum eines ihrer vier piemontes. Dukate erhoben, errang I. den Höhepunkt seiner regionalen Bedeutung in nachkarol. Zeit als Mittelpunkt einer Piemont und Ligurien umfassenden Mark (seit Ende 9. Jh.). Bis zur Mitte des 10. Jh. waren die Anskarier, Dynasten burg. Herkunft, Mgf.en in I.; zu diesem Zeitpunkt wurde die Mark durch den Anskarier Kg. →Berengar II. stark verkleinert. Nach den Anskariern übernahm Kg. →Arduin die Macht in I., der die wachsende Autonomie der Bf.e in I., Vercelli und Novara bekämpfte. Seine Niederlage durch Kg. Heinrich II. führte das Ende der Mark I. herauf. Nach vergebl. Widerstand der Nachkommen Arduins ging 1015 die Macht in I. in die Hände des Bf.s über, der bereits i. J. 1000 von Otto III. zahlreiche Privilegien erhalten hatte; im Umland stiegen hingegen die Gf.en v. Canavese zur Macht auf. Im 11./12. Jh. erweiterte der Bf. seinen Herrschaftsbereich, wobei es ihm gelang, mit den entstehenden kommunalen Institutionen ein gutes Einvernehmen herzustellen: beide Mächte gingen gemeinsam gegen die mit Friedrich Barbarossa verbündeten Gf.en v. Biandrate vor. In den ersten Jahrzehnten des 12. Jh. erreichte die Kommune (in der viele Adlige aus dem Contado stadtsässig geworden waren) die Autonomie. In der 2. Hälfte des 13. Jh., einer Zeit stärkeren Bevölkerungswachstums, ließ sich die Kommune formell in das Territorium der Mgf.en v. Montferrat eingliedern. Damit begann der Niedergang der kommunalen Einrichtungen, der sich auch unter dem Haus Savoyen-Achaia fortsetzte, dem sich I. Anfang 14. Jh. unterstellte. In der 2. Hälfte des 14. Jh. wurde I. Basis der Savoyischen Herrschaft über das Canavese und Zentrum für die Bekämpfung einer Aufstandsbewegung der unteren Schichten (»Tuchinaggio«), die v. a. kleinere Gemeinden des Canavese erfaßt hatte. Im 15. Jh. gab I. sich eine statutar. Verfassung, die die Oberherrschaft der Familie Savoyen sanktionierte. Die aus mindestens 5000 Einw. bestehende Stadt unternahm große Anstrengungen zur Bewässerung des umliegenden Gebiets (Kanal I.-Vercelli). G. Sergi

Lit.: K. J. BELOCH, Bevölkerungsgesch. Italiens III [Nachdr. 1961], 250, 273, 279 – F. CARANDINI, Vecchia I., 1963³ – G. S. PENE VIDARI, Statuti del comune di I., I, 1968, I–CCXI – I. VIGNONO – G. RAVERA, Il »Liber decimarum« d. diocesi di I. (1368–1370), 1970 – G. SERGI, Movimento signorile e affermazione ecclesiastica nel contesto distrettuale di Pombia e Novara, StM, s. 3ª, 1975, 153–206 – DERS., Il declino del potere marchionale anscarico..., BSBS LXXIII, 1975, 441–492 – G. GULLINO (Da I. tutto intorno, 1977), 51–58 – AA.VV. Piemonte medievale, 1985.

Iwan → Ivan

Jyske Lov (Jütisches Recht), auf Veranlassung des dän. Kg.s →Waldemar II. revidiertes Landschaftsrecht für →Jütland, 1241 auf der Reichsversammlung in Vordingborg erlassen (also nicht auf dem jüt. Landesding in Viborg), gültig – dabei teilw. übergreifend auf andere dän. Landschaften – bis zum Erlaß eines dän. Reichsgesetzes, des »Danske Lov« (1683), im Hzm. →Schleswig bis zum Inkrafttreten des dt. Bürgerl. Gesetzbuches (1900). Die ältesten Hss. stammen aus der Zeit um 1300, eine lat. und eine mnd. Übers. aus dem 14. Jh., der erste Druck des nd. Textes aus dem Ende des 15. Jh., der des dän. Textes aus dem Anfang des 16. Jh. Einfluß des kanon. Rechts zeigt sich im Familien- und Erbrecht, die kgl. Initiative bes. im Straf- und Prozeßrecht: das alte Eidhelferverfahren ist ersetzt durch Tatbestandserforschung und eidl. Entscheidung unparteiischer, für längere Amtsperioden bzw. auf Lebenszeit ernannter Urteiler (*rans neffningi* 'Raubernannte' *sannænd mæn* 'Wahrmänner'). Die ausführl. behandelte Heeresverfassung ist bereits gekennzeichnet durch Vasallenheere, gebildet von der neuen Klasse der *hærræ mæn* 'Herrenmannen', während sich die Gestellungspflicht in der alten Seeverteidigungsordnung, dem →Leding, bereits zur Steuerpflicht gewandelt hat. K. von See

Text: Danmarks gamle landskabslove, udg. J. BRØNDUM-NIELSEN, 2-4, 1933–45 [Haupthss.: Nks 295, von ca. 1325], Einzelausg., udg. P. SKAUTRUP, 1941 [Ribe-Hs. von ca. 1440, mit dän. Übers.] – *Mnd. Text:* Jutisch Lowbok, Lübeck 1486, Faks. mit Einl. von K. v. SEE, 1976 – *Dt. Übers.:* Das J.R. aus dem Altdän., übers. und erl. von K. v. SEE, 1960 [Lit.].

Izborniki ('Sammlungen'), herkömml. Bezeichnung der zwei ältesten datierten aruss. Sammelhss. von 1073 und 1076, deren Entstehung mit dem Gfs.en v. Kiev, →Svjatoslav (1073–76), dem Sohn →Jaroslavs des Weisen, verbunden ist. Der erste Izbornik, von 1073, wohl das älteste enzyklopäd. Werk im slav. Bereich, beginnt mit einer Lobrede auf Fs. Svjatoslav. Auffälligerweise stehen Namen und Titel des Auftraggebers wie des Schreibers auf radiertem Text. Deshalb vermuten einige Forscher eine ursprgl. Bestellung durch den Gfs.en →Izjaslav, nach dessen Verbannung 1073 eine Widmung an Svjatoslav erfolgt sein kann. Der I. wurde offensichtl. kompiliert aufgrund einer verlorenen altbulg. Vorlage, die sich an den byz. Prototyp des Sammelwerks anlehnt. Den Kern des I. von 1073 bildet eine Übers. der →»Erotapokriseis« des →Anastasios Sinaites in einer Redaktion des 9. Jh., der Texte philolog., ästhet. und historiograph. Inhalts beigefügt sind. Von hohem kunsthist. Interesse ist die Buchmalerei (u. a. Gruppenbildnis der Fs.enfamilie). Die hs. Überlieferung (13.–18. Jh.) umfaßt 22 Mss. sowohl altruss. als auch südslav. Redaktion.

Von demselben Schreiber stammt der nur in einer Hs. überlieferte I. von 1076, der u. a. Werke mehrerer Kirchenväter, Bibelfrgm., hagiograph. und exeget. Texte umfaßt. Nicht alle griech. Vorlagen sind ermittelt. Im Unterschied zum I. von 1073 wurde der I. von 1076 wohl von einem russ. Redaktor (zum eigenen Gebrauch?) kompiliert. M. Bibikov

Ed.: I. Svjatoslava 1073g., 2 Bde, 1983 – I. 1076g., 1965 – Lit.: [zum I. von 1073]: L. MASING, Stud. zur Kenntnis d. I. Svjatoslava von 1073, ASlPhilol 9, 1886, 77–112 – I. Svjatoslava 1073g., 1977 – K. KUEV, Archeografski beležki za rasprostranenieto na Simeonovija (Svjatoslavija) sbornik, Starobulg. lit. 5, 1979, 38–56 – M. BIBIKOV, Iz istorii kul'turnych svjazej Vizantii i slavjan, Materialy k VI Nežd. kongr., Sofia, 1989, 18–27 – [zum I. von 1076]: N. POPOV, L'I. de 1076..., RESI

14, 1-2, 1934, 5-25 – Ders., Les auteurs de l'I. de Svjatoslav de 1076, ebd. 15, 1935, 210-223 – I. Ševčenko, On some Sources of Prince Svjatoslav's I. of the Year 1076, Orbis scriptus, 1966, 723-728 – N. Rozov, Kniga Drevnej Rusi XI-XIV vv., 1977, 23-34.

Izborsk (estn. Irboska), Burg und Stadt am W-Ufer des Gorodišče-Sees (heute Pskover Oblast'). Die um 700 von der ostseefinn. Bevölkerung angelegte Burg auf dem 38-40 m hohen dreieckigen Plateau (ca. 1 ha) – nach der Volkstradition Sitz des in der →Povest' vremennych let a.a. 862 erwähnten Warägerfs.en Truvor – wandelte sich gemäß archäolog. Ausgrabungen (bis 1990 über 7000 m² untersucht) um die Mitte des 10. Jh. durch die ostslav. Einwanderer zur aruss. Burgstadt, die 1300 aufgegeben wurde. 1,5 km s. waren 1330 die Arbeiten an einer Kalksteinburg I. beendet; umfangreiche ergänzende Befestigungsarbeiten erfolgten Ende 14. bis Anfang 15.Jh. und 1513 (Ringmauer 656 m lang, 13-14 m hoch und 4-5 m breit, 2 Toreingänge, 8 Türme). Die strateg. Bedeutung I.s ging nach 1721 verloren. J. Selirand

Lit.: V. V. Sedov, Vostočnyje slavjane v VI-XIII vv., 1982 – J. Selirand, Urniväljadest ümarkäebasteni. Äärjooni slavii arheoloogiale, 1983, 166-172 – V. V. Sedov, I. v 8-10 vekach (Novoje v archeologii Pribaltiki i sosednich territorij, 1985).

Izjaslav

1. I. Jaroslavič (Taufname Dmitrij), *Fs. v.* →*Kiev,* * 1024, † 3. Okt. 1078, Sohn von →Jaroslav I. d. Weisen und Ingigerd-Irene, Tochter des schwed. Kg.s Olaf III.; ∞ →Gertrud, Tochter des poln. Kg.s →Mieszko II. Um 1044 Fs. v. →Turov, seit 1052 Fs. v. →Novgorod und ab 1054 Fs. v. →Kiev, teilte I. die Oberherrschaft über die Rus' mit seinen zwei Brüdern →Svjatoslav Jaroslavič und Vsevolod v. Perejaslav. Unter ihnen kam es zur Kodifizierung des Rechts (→Pravda Russkaja) und Kanonisierung der Oheime →Boris und Gleb. Erstmals zerfiel die gemeinsame Herrschaft 1068. Nach der Niederlage gegen die Kumanen (Polovcer) und dem Kiever Aufstand (Thronerhebung Vseslavs v. →Polock) floh I. nach Polen, kehrte jedoch im Mai 1069 mit Hilfe des Neffen seiner Frau, →Bolesław II. Śmiały, zurück. Nach weiteren Konflikten mit seinen Brüdern floh I. März 1073 wieder nach Polen, wurde aber von Bolesław abgewiesen. Mit seinem Sohn Jaropolk suchte I. Unterstützung u. a. an den Höfen →Vratislavs II. v. Böhmen, Mgf. Dedis v. Meißen und Ks. Heinrichs IV., schließlich in Rom. Als 'Demetrius rex Russorum' im April 1075 von Gregor VII. unterstützt, gewann er erneut den Beistand Bolesławs. Nach Svjatoslavs Tod erlangte er am 15. Juli 1077 wieder den Kiever Thron, fiel jedoch auf Seiten Vsevolods im Kampf gegen junge unzufriedene Fs.en. Die Unterstützung der aruss. Kirche, bes. des Kiever Höhlenkl., für I. und seinen Sohn Jaropolk-Peter macht Spekulationen über I.s Bestrebungen, die Kiever Metropolitankirche der Obödienz Roms zu unterstellen, gegenstandslos. Zwei Briefe an I., angebl. vom Abt des Höhlenkl., Theodosius, über lat. Abweichungen wurden in Wirklichkeit Mitte des 12.Jh. von Theodosius dem Griechen verfaßt. A. Poppe

Q.: PSRL I [Register] – MPH I, 367-371 – MGH Epp. Greg II/1, 236f. – Lambert v. Hersfeld, ed. O. Holderegger (MGH SRG 1894), 188f., 202, 215, 225f. – *Lit.:* SłowStarSłow II, 301-303 – J.-P. Arrignon, À propos de la lettre du pape Grégoire VII au prince de Kiev I., Russia Mediaevalis 3, 1977, 5-18 [Lit.].

2. I. Mstislavič (Taufname Pantelejmon), *Fs. v.* →*Kiev,* * um 1100, † 13. Nov. 1154 Kiev, Enkel →Vladimirs II. Monomach; im Auftrage seines Vaters →Mstislav Vladimirovič und seines Onkels Jaropolk, Fs. v. →Kiev (1132-39), Inhaber der Fsm.er Kursk, →Polock, →Novgorod, →Perejaslavl, →Turov, →Pinsk, war I. ab 1136 Fs. v. →Vladimir in Volhynien und ab 1142 Fs. v. Perejaslavl', was es I. nach dem Tode seines Schwagers Vsevolod Ol'govič erleichterte, am 13. Aug. 1146 den Kiever Thron zu besteigen. Seine ungeschickte Politik ermöglichte seinem Rivalen →Jurij Dolgorukij die Bildung einer Koalition aruss. Fs.en. Nach der Niederlage am 23. Aug. 1149 mußte I. Kiev räumen, konnte es aber schließlich, unterstützt von poln., ung. und turk.-tatar. Verbündeten, nach wechselvollem Ringen endgültig wiedergewinnen. →Géza II. war sein Schwager, →Mieszko III. Stary sein Schwiegersohn. I.s zweite Frau war Tochter Kg. Dimitrs v. Georgien. In seine hochzielende Politik um das Kiever Seniorat suchte I. auch die Kirche einzuspannen: 1147 setzte er, die innerkirchl. Lage nutzend und unter Vernachlässigung der Rechte des Patriarchen v. Konstantinopel, seinen Parteigänger →Klemens (Kliment) in Smolensk als Metropoliten ein. Damit stieß er selbst bei seinen Anhängern, bes. stark aber bei der aruss. Kirchenhierarchie auf Widerstand, die sich, als Vertreterin höherer Staatsräson, von weltl. Fehden fernhalten wollte. Die in I.s Umgebung entstandene Chronik zeigt I. als großzügigen, mutigen, allg. beliebten Herrscher und schildert die Ereignisse der Jahre 1146-54 in einem I. wohlwollenden Licht. A. Poppe

Q.: PSRL I, 296-342; II, 290-469 – *Lit.:* M. Hruševskyj, Istoria Ukrainy-Rusi II, 1905, 126-175 [Nachdr. 1954].

3. I. Vladimirovič, *Fs. v.* →*Polock,* * vor 980 Novgorod, † 1001 Polock, einer der ältesten Söhne Vladimirs I. und Rognedas (Ragnheiðr), Tochter des →Rogvolod (Rognavaldr?), Fs. v. Polock. Trotz I.s frühzeitigem Tod (da ihn sein Vater überlebte, wurde das Erbrecht von I.s Nachkommen in Frage gestellt) haben sich sein Sohn →Brjačeslav und seine Nachkommen in Polock festgesetzt (→Rjurikiden). Die widersprüchl. Interessen spiegelnde Tradition des 11.-12. Jh. bezeichnet die Fs.en v. Polock als Nachkommen Rogvolods und stellt sie denen von I.s Bruder →Jaroslav I. d. Weisen gegenüber. Die an der Wende des 10. Jh. gegr. Burg Izjaslav in der Nähe von →Minsk weist auf einen territorialen Ausbau des Fms.s unter I. hin. Die polit. Bedeutung Polocks zeigt sich 988 in der Gründung des Bm.s (Kathedralkirche aus Holz; Patrozinium, wie in Kiev und Novgorod, Sophia, d. h. 'Weisheit Gottes'). A. Poppe

Q.: PSRL² I, 80, 121, 129, 299-301 – L. Aleksejev, Polockaja zemlja, 1966, 237-241 – G. Stychov, Goroda Polockoj zemli, 1978, 83-90 [Zaslavl'] – →Polock.

Iznik → Nikaia

K

Kabasilas. 1. K., Neilos, byz. Theologe, † vor April 1363, Onkel von Nikolaos Chamaëtos K. Er lehrte in Thessalonike, wo sein Neffe Nikolaos →Kabasilas und Demetrios →Kydones zu seinen Schülern gehörten. Hier schloß er sich der Partei des →Johannes Kantakuzenos an, in dessen Verwaltung in Konstantinopel er diente. Er wurde Hieromonachos, 1361 zum Metropoliten v. Thessalonike als Nachfolger von Gregorios →Palamas erwählt, doch nahm er dort nicht Residenz. – Ein Freund von Nikephoros →Gregoras, verhielt sich K. im Palamismus-Streit zunächst zurückhaltend, bezog, wohl unter dem Einfluß von Kantakuzenos, dann jedoch Position zugunsten von Palamas und schrieb ein Antigramm gegen Gregoras. Doch irrt J. Kyparassiotes, wenn er K. eine Mitautorschaft am Tomos von 1351, der den Palamismus zum offiziellen Dogma machte, zuschreibt. Der lat. Theologie und Ekklesiologie gegenüber nahm K. eine zunehmend ablehnendere Haltung ein. Zwar begrüßte er zunächst Kydones' Übersetzung der »Summa« des Thomas v. Aquin, wertete diese jedoch später als Gefahr für das orth. Lehrgebäude und schrieb das Buch »Über den Ausgang des Hl. Geistes gegen die Lateiner«, in dem er gegen Thomas u. a. abendländ. Theologen die Auffassung des Antipalamiten →Barlaam v. Kalabrien ins Feld führt. K. bekämpfte auch die Doktrin des päpstl. Primats, dem er die Idee von der höchsten Autorität des Konzils entgegensetzte; dessen Einberufung komme aber nicht dem Papst, sondern den Ks. zu. Die Ursache des Schismas erblickte er vornehmlich in der Willkür des Papstes, der die Probleme ohne Beratung mit einem Konzil lösen wolle. Auch erklärte K. das von →Photios abgehaltene Konzil v. 879/880 für ökumenisch. A. Kazhdan

Ed.: MPG 149, 683–730 – A. I. Papadopulos-Kerameus, Pravoslavnyi Palestinskij sbornik XI, 1, fasc. 31, 1892 – E. Candal, Nilus C. et theologia S. Thomae de processione Spiritus Sancti, 1945 – E. Candal, La »Regla teológica« de Nilo C., OrChrP 23, 1957, 237–266 – A. Failler, Une refutation de Balsamon par Nil K., RevByz 32, 1974, 211–223 – *Lit.:* Beck, Kirche, 727f. – G. Schirò, Il paradosso di Nilo Cabasila, SBNE 9, 1957, 362–388 – G. Podskalsky, Theologie und Philos. in Byzanz, 1977, 180–195.

2. K., Nikolaos (nach dem Familiennamen der Mutter; des Vaters: Chamaëtos), * zw. 1319 und 1323, † nach 1391. Nach Studien in Thessalonike (Leitung Onkel Neilos Kabasilas, geistl. Führung Dorotheos Blastes, Hesychast palam. Richtung) und Konstantinopel ging er in die Politik, schloß sich 1347 Johannes VI. Kantakuzenos an, zusammen mit Demetrios Kydones, diesem immer freundschaftl. verbunden, auch als ihre (polit. und theol.) Wege sich trennten. Den zum Ebf. erhobenen Gregorios Palamas begleitete er 1348 nach Thessalonike. Ende 1354, nach Abdankung Johannes' VI., zog er sich aus dem öffentl. Leben zurück. Erst in seinen späteren Jahren, vielleicht im geistl. Umkreis des Kl. der Xanthopouloi, schrieb er die Hauptwerke »Erklärung der Göttl. Liturgie« und »Über das Leben in Christus«. Ersteres läßt alle Vorgänger weit zurück, letzteres ist eine begeisternde Entfaltung des chr. Lebensideals, ausgehend von den Initiationssakramenten Taufe, Myron, Eucharistie. Q. sind Hl. Schrift und Väter, Konzilien und Liturgie. Seine sakramental-reale Gotteserfahrung ist christozentr. Nicht Mönche, sondern alle Getauften sind die Adressaten. Wahrscheinl. Laie (oder einfacher Mönchspriester?), ist er vom →Hesychasmus beeinflußt, doch kein Anhänger des Palamismus, und trotz Kritik an der lat. Eucharistie kein wirkl. Antilateiner, offenbar in allem ein Mann des Ausgleichs. Weitere Werke: Briefe, Predigten (auf Christus, Maria, Heilige; religiös-ethische Themen), Gebet zu Christus. Nur kurz vor Ende der byz. Ära entstanden, fand das Werk den Weg in die Kl. und bis nach Rußland und Serbien.
H. M. Biedermann

Ed.: MPG 150 – SC 4bis, 1967 [Erklärung]; 355; 361, 1989/90 [Leben] – *Übers.:* G. Hoch, Das Buch vom Leben in Christus, 1981² – *Lit.:* Tusculum-Lex.³, 427–429 – Beck, Kirche, 780–783 – A. A. Angelopoulos, N. K. Χαμαετός, 1970 – W. Völker, Die Sakramentsmystik des N. K., 1977.

Kabbala, jüd. Geheimlehre. Die Kabbalisten *(mᵉqubbalim)* des 13./14. Jh. in S-Frankreich und Spanien schufen auf neuplaton. Basis ein theosoph. Weltbild, und zwar mit traditionellen jüd. Mitteln im Gegensatz zur 'fremden' (aristotel.) Philosophie, als Inhalt urspgl. jüd. Tradition *(qabbalah).* Auch die K. setzte die strenge Transzendenz der Gottheit, die Emanation der geistigen Seinsstufen aus ihr sowie die Herkunft der Seelen aus diesen voraus. Eigentüml. ist (a) die Begrenzung der kabbalist. Erkenntnisfähigkeit auf Israeliten allein; die Kabbalisten aktualisieren diese Fähigkeit und üben dadurch Einfluß auf 'Oben' aus; (b) die Einschaltung eines Systems von zehn Sᵉfirot (göttl. Wirkungskräften) zw. Sphärenwelt und transzendenter Gottheit. Von den Sefirot bilden I, VI, IX und X eine mittlere, II, IV, VII eine rechte und II, V, VIII eine linke Säule, dabei II und III, IV und V sowie VII und VIII als Paare. In ihnen spielen sich wie in kommunizierenden Gefäßen alle Prozesse ab, die für das Geschehen 'Unten' von Bedeutung sind. Den Sefirot-Vorgängen gilt daher das spekulative und meditative Interesse der 'klass.' bzw. theosoph. K. Den Sefirot wurden die Gottesnamen und Gottesattribute der hebr. Bibel zugeordnet, Sefirot-Wirkungen und bibl. Selbstoffenbarungen Gottes (→Torah) auf diese Weise identifiziert. Sefirah I repräsentiert die transzendente Gottheit *('En sof* 'Unendlichkeit') selbst, meist aber Denken und Willen der Gottheit; Sefirah II (rechts) als *Chokmah* ('Weisheit') die Ur-Idee der (gesamtheitl., noch undifferenzierten) Torah. Die linke Sefirah III *(Binah* 'Einsicht') schließt die Idee der Schrift des Hebräischen mit ein und ermöglicht so die Integration der ganzen Sprach-, Buchstaben- und Zahlensymbolik der Tradition. Sefirah IV (Abraham, rechts) stellt der absolute Güte, V (Isaak, links) die absolute Strenge Gottes dar. In zentraler Position vermittelt VI (JHWH, Jakob) alles ausgleichend von oben nach unten und von unten nach oben, repräsentiert die 'schriftl. Torah'. Das Sefirot-Paar VII––VIII weist wenig Symbolik auf. Mit IX (mittlere Position) verbindet sich u. a. männl. Sexualsymbolik, weibl. mit der Sefirah X *(Malkut* 'Kg.sherrschaft') darunter, die ebenfalls wieder alles nach oben und nach unten vermittelt. Sie weist die reichste Symbolik auf und repräsentiert 'mündl. Torah', Gottesgegenwart *(Shekinah)* als auch 'Gemeinde Israels' *(Kᵉnäsät Jisra'el).* Das durch Sefirah VI ('Erbarmen') ausgewogene Verhältnis zw. den extremen Kräften wird infolge der Sünden (Torah-Verletzungen) Israels gestört, so daß isolierte Kräfte negativ nach unten wirken, verstärkt durch Wirkungen der Völkerengel und mytholog. Mächte des Bösen. Inhalte und Buchstaben-Wortlaut der hebr. Bibel und die ganze Torah-Praxis werden den Sefirot-Wirkungen zugeordnet. Torah-Frömmigkeit und meditative Betrachtung der Bibel- und Gebetstexte beeinflussen daher das Geschehen innerhalb der Sefirot. Auf diese Weise wirkte die K. als Stütze der traditionellen Gesetzesfrömmigkeit und kam gleichzeitig den meditativ-erbaul. Bedürfnissen des Mystikers entgegen. Das Ende 13. Jh. entstandene Hauptwerk der klass. K., das (aram.) Buch Zohar (Glanz), galt bald als hl. Buch und verdrängte ältere Schr. wie das Buch Bahir. Eine ekstat.-prophet. K. mit viel Buchstaben- und Zahlensymbolik vertrat →Abraham (ben Samuel) Abulafia (1240–ca. 1291).

Im SpätMA und im 16. Jh. wurde die K. popularisiert und verband sich mit volkstüml. Vorstellungen, Magie ('prakt. K.') und messian. Bußbewegungen. Theologen und spekulative Denker der Renaissance und des Humanismus suchten in der K. die Bestätigung chr. (speziell trinitar.) Lehren oder Material für ihr platonisierendes Weltbild. Informationen waren über volkstüml. Elemente hinaus meist nur durch Konvertiten zu erlangen, welche die jüd. K. meist einseitig und verfremdend wiedergaben. Relativ früh erlangte →Raimundus Llullus (ca. 1234–1315) kabbalist. Informationen. Spätere schöpften aus Werken des Alphonso de Valladolid (Abner v. Burgos, 1270–1340), Paulus de Heredia (gest. 1486), Marsilius Ficinus (1433–99), Jean Thenaud (gest. 1547) und v. a. →Pico della Mirandola (1463–94) und dessen (ca. 1467 konvertierten) Informanten Flavius Mithridates. Johannes Reuchlin verknüpfte als erster solche Informationen in systemat. Weise (»De arte Cabalistica«, 1517) und beeinflußte damit entscheidend die chr. K. des 16./17. Jh., die auch durch Werke und Übers.en des Paulus Ricius, des Kard.s →Aegidius v. Viterbo und v. a. durch Chr. Knorr v. Rosenroths Sammelwerk »Kabbala Denudata« (2 Bde, 1677/87) Auftrieb erhielt. J. Maier

Q.: G. SCHOLEM, Das Buch Bahir, 1933 – H. SPERLING–M. SIMON, The Zohar, 5 Bde, 1934 [Neudr. 1974] – G. VAJDA, Le Commentaire d'Ezra de Gérone sur le Cantique des cantiques, 1969 – G. SÉD-RAJNA, Azriel de Gérone, Comm. sur la liturgie quotidienne, 1974 – J. GOTTFARSTEIN, Le Bahir, 1983 – *Lit.:* A. H. SILVER, A Hist. of Messianic Speculation in Israel, 1959² – G. SCHOLEM, Ursprung und Anfänge der K., 1962 – G. VAJDA, Recherches sur la philos. et la kabbale, 1962 – F. SECRET, Les kabbalistes chrétiens, 1964 – DIES., Le Zohar chez les kabbalistes chrétiens de la Renaissance, 1964² – G. SCHOLEM, Sabbatai Sevi, 1972 – D. R. BLUMENTHAL, Understanding Jewish Mysticism, 1978 – G. SCHOLEM u. a., Cabbalistes chrétiens, 1979 – M. KUSCHNER-ORON, 'Al ha-peli 'ah weha-Qanah, 1982 – J. DAN, The Early K.h, 1986 – DERS., Mysticism and Jewish Ethics, 1986 – M. IDEL, The Mystical Experience in Abraham Abulafia, 1987 – DERS., K.h: New Perspectives, 1988 – SCHOLEM, Mystik, 1988³ – DERS., Stud. in Ecstatic K.h, 1988 – DERS., Language, Torah and Hermeneutics in Abraham Abulafia, 1988 – C. WIRSZUBSKI, Pico della Mirandola's Encounter with Jewish Mysticism, 1988.

Kabeljauwen → Hoeken

Kachelmosaik → Mosaik

Kadenz (lat. cadentia von cadere 'in Wort und Tonfall abfallen, verlaufen, enden'), in der Musik Bezeichnung für melod.-harmon. Formeln für Ende, Glanz- oder Halbschluß eines Abschnitts, Teils oder Ganzen. Die ma. Ein- und Mehrstimmigkeit kennt diesen Terminus nicht (nur 1 Beleg im 15. Jh.), sondern sagt dafür clausula, conclusio, copula, finis, occursus, pausatio, teleusis, terminatio. Der Anfang des 16. Jh. in it. Musiktheorie auftauchende Begriff *cadenza* wird im wesentl. für das jeweilig zusammen erklingende Gesamt der charakterist. Einzelstimmen-Klauseln benutzt, eine bis heute vorherrschende harmon. Auffassung, die im Gegensatz steht zum ma. Musikdenken, das dem kontrapunkt. Verlauf der einzelnen oder der Gerüststimmen vorrangige Aufmerksamkeit widmete.

H. Leuchtmann

Lit.: MGG, s. v. Kadenz, Klausel – NEW GROVE, s. v. Cadence – RIEMANN, s. v.

Kadi → Qadi

Kadłubek, Vincencius → Vincencius Kadłubek

Kæmpevise (pl. Kaempeviser 'Heldenlied'), in der skand. Literaturgeschichtsschreibung Bezeichnung für eine Gattung der Ballade, in der die Taten (nord-)germ. Helden besungen werden. →Folkevise. U. Mattejiet

Kaerleon, Ludvig → Lewis v. Caerleon

Käfer, Ordnung der →Insekten mit meist harter Flügeldecke (vgl. Plinius, n. h. 11, 97) und unterschiedl. Larven- und Puppenformen bei vollständiger Metamorphose, daher seit der Antike oft als →Würmer betrachtet. Die bekannte Artenzahl sank bis zu den naturkundl. Enzyklopädikern des 13. Jh. auf etwa 7. Der tarmus (Thomas v. Cantimpré 9,49, nach Isidor, Etym. 12,5,12; 15; 18 = Hrabanus Maurus, nat. rer. 8,4 = Vinc. Bellovac. 20,69, vgl. Albertus Magnus, De animal. 26,34: tatinus) ist als Larve des Speckk.s (Dermestes), der zeckenähnl. taurus (Isid. 12,8,5 nach Plin. 30,39 = Hraban. 8,7 = Vinc 20,158) als Erdk. bestimmt worden (BODENHEIMER, 119). Die Holzbohrk. werden mit dem gr. Lehnwort 'teredines' (lat. termites: Isid. 12,5,10; 18 nach Servius zu Vergil, Georg. 1,256 = Hraban. 8,4) von Thomas (9,48 = Albert 26,34 = Vinc. 20,171, verkürzt nach Thomas III bei Konrad v. Megenberg III.F. 26) als Baumschädlinge (außer bei Eiche und Linde) mit rotem Kopf und weißem Körper (nach dem »Experimentator« beschrieben; vgl. Barth. Angl. 18, 104; 114. Den K.n mit dem Kollektivnamen 'scarabaeus' (LEITNER, 216f.) wurde der dem Weidevieh gefährl. buprestis (wohl zu Span. Fliegen →Cantharides gehörig) zugerechnet (Isid. 12,8,5 nach Plin. 30,30; Vinc. 20,121; Thomas 9,42: stuprestis = Albert 26,30). Aufgrund gemeinsamer Erwähnung bei Isid. (12,8,4; vgl. Plin. 11,70) identifizierte der »Experimentator«, scarabaeus mit (s)crabro (Hornisse) und schrieb ihm die Eigenschaften des Hirschk.s (lucavus) und des in Mitteleuropa unbekannten Hl. Pillendrehers (Ateuchus sacer L.) nach Plinius (11,97f.) zu. Bei der Zitierung dieser Q. unter unabhängiger Pliniuslektüre verkannte Thomas dessen abrupten Übergang von den Zikaden (11,92–96) zu den K.n und rechnete somit den Hirschk. (cervus volans) ebenso wie den Leuchtk. (lampiris, nach Plin. 11,98) zu den ihm unbekannten Zikaden! Den von Vincenz (20,124f.; 157) bemerkten Fehler tadelte Albert (26,24). Zusätzl. beschreibt Thomas (9,11 = Vinc. 20,126; Konrad III.F.6: gleimel; Barth. 18,75: noctiluca) das Glühwürmchen und wiederholt die angebl. Wirkung als Antiaphrodisiakum (Verzehr von 3 Stück; 1,61). Ch. Hünemörder

Q.: Albertus Magnus, – Bartholomaeus Anglicus, – Hrabanus Maurus – Isidorus Hispalensis, Etymologiae, ed. W. M. LINDSAY, 1911 – Thomas v. Cantimpré, Liber de natura rerum, T. 1: Text, ed. H. BOESE, 1973 – Vincentius Bellovacensis, Speculum naturale, 1624 [Neudr. 1964] – *Lit.:* F. S. BODENHEIMER, Materialien zur Gesch. der Entomologie bis Linné I, 1928 – H. LEITNER, Zoolog. Terminologie beim Älteren Plinius, 1972.

Kaffa → Caffa

Kain und Abel

I. Biblisch-theologisch – II. Ikonographie.

I. BIBLISCH-THEOLOGISCH: Die bibl. Erzählung über K. und A. und den Brudermord in Gen 4, 1–17 ist ein Schulbeispiel der scholast. Schriftauslegung im literal-hist., im tropolog. und allegor. Sinn. Bereits in der (jüd.) Sicht des Flavius Josephus, Antiqu. I. c.2, ist K. räuberisch, habsüchtig, erfinderisch, der Gründer der Grenzen, Mauern und Städte (vgl. Gen 4,17). Diese Sicht war auch im MA (z. B. bei Petrus Comestor, Petrus J. Olivi) weit verbreitet. Nach dem »goldenen« (paradies.) Zeitalter verkörpert K. das »technische«, Gewinn und Habsucht verfallene (auch in Rosenroman des Jean de Meung). Bei Ambrosius, De Cain et Abel (CSEL 32,1) und Augustinus, C. Faustum (MPL 42) ist K. der Repräsentant des jüd. Volkes, das Christus nicht kennen wollte, sein Blut vergoß und darum vom Fluch getroffen wurde. Von Isidor v. Sevilla über Hrabanus Maurus bis zur Glossa ordinaria zur Gen wurde diese Überzeugung weitertradiert und verstärkte die antijüd. Mentalität in Kirche und Theologie. In Augustins Civitas-Lehre ist K. Urbild der »civitas terrena«. Das Kainsmal (Gen 4,15) wurde unterschiedl. als Kopf- und Gliederreißen (Petrus Comestor, Hugo v. St. Viktor) oder als Zeichen im Gesicht oder auf der Hand gedeutet und trug seinerseits bei zur Kennzeichnung und Aussonderung der Juden. – A. war der Typus des Gerechten (vor dem Gesetz). Für Augustinus v. Canterbury ist A. Jungfrau, Priester und Märtyrer, Erstlingsgabe der Kirche. Das Blut des gerechten A. ist das Blut Christi, der Märtyrer und Hl.n (vgl. Apok 6,10), das nicht um Rache zum Himmel schreit, sondern Versöhnung schafft. An der Opferhandlung der Brüder (Gen 4,3f.) verdeutlichte die Theologie den Vorrang der Gesinnung vor der Tat: Gregor d. Gr., Mor. XXIII, 14, 28 = Glossa ord. zu Gen 4,7). Thomas exemplifizierte S. th. II^a II^{ae} q. 20, a. 2 an der Sünde K.s die Verzweiflung. L. Hödl

Lit.: DThC I, 28–35 – LThK² I, 13; V, 1240f. – V. APTOWITZER, K. und A. in der Agada, den Apokryphen, der hellen., chr. und muham. Lit., 1922 – B. BLUMENKRANZ, Juifs et Chrétiens dans le monde occidental, 430–1096, 1960 – G. DAHAN, L'exégèse de l'hist. de Cain et A. du XIIe au XIVe s. en Occident, RThAM 49, 1982, 21–89 [Unters.]; 50, 1983, 5–68 [Texte].

II. IKONOGRAPHIE: Auf mehreren röm. Sarkophagen des 4. Jh. und in der Katakombe an der Via Latina ist das Opfer von K. und A. zu sehen, mit anthropomorpher Darst. Gottvaters (ähnl. wie bei der Erschaffung Adams und Evas; gegen Zweifel ULRICHS vgl. KOROL 55). Seit dem 6. Jh. wurde das Lammopfer A.s in Entsprechung zum Meßkanon oft gemeinsam mit dem Opfer Abrahams und Melchisedeks als Typus der Eucharistie dargestellt (Mosaiken in S. Vitale, Ravenna, und S. Apollinare, Classe). Bilder des Brudermords erscheinen erst in zykl. Darst., in denen die Ereignisse um K. und A. meist in Zusammenhang mit den Viten von Adam und Eva stehen; so in den illustr. Bibelhss., z. B. Cottonbibel (vgl. die Mosaiken der Vorhalle v. S. Marco, Venedig), Ashburnham-Pentateuch und mittelbyz. Oktateuche oder in den Mosaiken in der Cappella Palatina in Palermo, im Dom v. Monreale und im Baptisterium in Florenz. J. Engemann

Lit.: LCI I, 5–10; II, 471–474 – RByzK III, 717–722 – RDK I, 17–27 – A. ULRICH, K. und A. in der Kunst, 1981 – D. KOROL, Die frühchr. Wandmalereien aus den Grabbauten in Cimitile/Nola, 1987.

Kairo, heut. Hauptstadt v. Ägypten. Die arab. Vorgängersiedlung von K. wurde 643, im S der jetzigen Stadt, gegr., neben einer byz. Befestigungsanlage, am Ausgang des antiken Kanals, der den Nil mit dem Roten Meer verband. Zunächst Heerlager der arab. Eroberer, daher sein Name al-Fusṭāṭ (von gr. φόσσατον 'Heerlager'), gewann die Siedlung gegen Ende des 7. Jh. städt. Charakter. Unter der ersten autonomen Statthalterdynastie, den Ṭūlūniden (868–905), erweiterte sich die Stadt nach N (al-Qaṭāʾi 'die Konzessionen'). Bevölkerungswachstum und lebhafte Handelstätigkeit, v. a. Verkehr mit dem Fernen Osten, setzte ein. 969 gründeten die →Fāṭimiden im N des bereits bestehenden Stadtgebiets ihre Residenz K. (al-Qāhira 'die Siegreiche'), die aber zunächst Palastort in isolierter Lage war, während al-Fusṭāṭ weiterhin Zentrum von Handel und Gewerbe blieb. Erst nach der Krise der Fāṭimidenherrschaft um 1070 (Hungersnöte, Unruhen) siedelte Bevölkerung in zunehmendem Maße nach K. über; diese Entwicklung erreichte nach der Zerstörung von al-Fusṭāṭ (1168), das angesichts des Kreuzfahrerangriffs niedergebrannt wurde, ihren Höhepunkt. Saladin sicherte die wiederaufgebauten Stadtteile von al-Fusṭāṭ gemeinsam mit Kairo durch eine weitläufige Befestigung (Mauern, Zitadelle), die den Rahmen für die großstädt. Entwicklung K.s bildete. Seit 1260 war K. Hauptstadt des →Mamlūken-Reiches. Sie dehnte sich am Nil, der Hauptverkehrsweg zum Mittelmeer für den →Gewürzhandel bildete, in regelloser Weise aus. Als Metropole mit starker Bautätigkeit der Mamlūken-Emire und regem Zustrom islam. Geistlicher aus allen Teilen der muslim. Welt erlebte K. in der 1. Hälfte des 14. Jh. einen Höhepunkt seiner Entwicklung, um danach infolge einer demograph. Krise einen Rückgang und die Verkleinerung des Stadtgebietes zu erfahren (al-Fusṭāṭ verfiel vollends). Die Verlagerung der Handelsrouten zog auch Wandlungen der Topographie nach sich. K. erlebte im späten 15. Jh. nochmals eine Blüte, wobei sich eine stärker rationale Gliederung des (verkleinerten) städt. Raumes abzeichnete. J.-C. Garcin

Lit.: EI² II, 957–959; IV, 424–444 – G. WIET, Cairo, City of Art and Commerce, 1964 – J.-C. GARCIN, Espaces, pouvoirs et idéologies de l'Égypte médiévale, 1987 – W. B. KUBIAK, Al-Fusṭāṭ, 1987.

Kairuan (arab. al-Qairawān 'die Lagerstadt'), Stadt in Zentraltunesien, Gründung (663/664 oder 670) traditionell ʿUqba ibn Nāfiʿ, dem Eroberer N-Afrikas, zugeschrieben. Sein Vorgänger hatte 12 km nw. den Lagerort al-Qarn errichtet. K. liegt an der Stelle eines röm.-byz. Ortes unbekannten Namens (vielleicht Qammūniya), nicht idealer Lage, aber die Araber, bes. die →Aġlabiden, haben durch 14 aufwendige Anlagen (u. a. 'Bassins der Aġlabiden', 856–863 erbaut) jedenfalls das Problem der Wasserversorgung gelöst. K., in den Kämpfen zw. Sunniten, →Ḫāriǧiten und Schiiten oft belagert, erstürmt und geplündert, blieb Hauptstadt Ifrīqiyas, wenn auch die Aġlabiden und Fāṭimiden in ihrem Weichbild Palaststädte (al-ʿAbbāsiyya 800, Raqqāda 877 bzw. Ṣabra al-Manṣūriyya 947/948) errichteten, die fast spurlos verschwunden sind. K. war kulturelles Zentrum, u. a. Sitz sunnit. Rechtsgelehrsamkeit (→Asad ibn al-Furāt, Saḥnūn, Ibn Abī Zaid), der Medizin (al-Ġazzār, gest. ca. 1004), Geschichtsschreibung (Ibn ar-Raqīq, gest. nach 1028). Unter den Fāṭimiden nahm die Bedeutung K.s noch zu (Umfang ca. 7,5 km). Es beherbergte mindestens bis ins 11. Jh. eine chr. Gemeinde. Zumal die von ʿUqba erbaute Große Moschee, die unter den Aġlabiden im wesentl. ihre heut. Gestalt erhielt, viele weitere Moscheen (z. B. 'Moschee der drei Tore', 9. Jh.) und zāwiya's (v. a. die Sīdī aṣ-Ṣāḥib, Grab eines Prophetengenossen) verschafften ihr den Ruf einer 'heiligen' Stadt. Im Nov. 1057 nach langer Belagerung von den Banū Hilāl geplündert, schrumpfte es auf ein Drittel seines einstigen Umfangs und war am Ende des MA ein schlichter Marktort. H.-R. Singer

Q.: IBN NĀǦĪ, Maʿālim al-īmān fī maʿrifat ahl al-Q., I–IV, 1902 [Neudr. 1968ff.] – ʿABDALLĀH ... AL-MĀLIKĪ, Riyāḍ an-nufūs fī ṭabaqāt ʿulamāʾ al-Q., I, ed. H. MUʾNIS, 1951; I–III, ed. AL-BAKKŪŠ, 1983 –
Lit.: EI² IV, 824–832 – E. LÉVI-PROVENÇAL, Un nouveau récit de la conquête de l'Afrique du Nord par les Arabes, Arabica I, 1954, 17–43 [arab.: RIEIM II, 1954, 215–224] – →Aġlabiden.

Kaisareia → Caesarea; →Kayseri

Kaiser, Kaisertum
I. Westen – II. Byzanz.

I. WESTEN: [1] *Entwicklung*: Das ma. Ksm. steht in der Tradition des spätantiken Imperium Romanum (→Imperator, →Imperium). Aus dem diokletian. System der Tetrarchie entwickelte sich ein Mehrksm., das, endgültig 395, zur Trennung in ein Ost- und Westreich führte. Nach dem Staatsstreich →Odoakers 476 wurde das westl. Ksm. nicht mehr besetzt, der →Basileus in Byzanz war fortan der einzige Ks. und verstand sich als Repräsentant im gesamten Imperium.

Nach verschiedenen (gescheiterten) Versuchen, das Ksm. im Westen wiederzubeleben (P. CLASSEN), führte erst die Bindung zw. Papsttum und frk. Karolingern zur Wiedererrichtung des westl. Ksm.s mit der (lange vorbereiteten) Krönung Karls d. Gr. in Rom (800) durch Papst Leo III., die dem Modell der Papsterhebung mit anschließender →Akklamation der Römer nach byz. Vorbild folgte. Hintergründe dieses Aktes waren neben der von frk. Seite wohl bewußt hintergespielten, aber keineswegs bestrittenen röm. Tradition (vgl. Karls Titel: »Romanum gubernans imperium«) die Hegemonialstellung des frk. Kg.s sowie dessen Herrschaft über das langob. regnum Italiae, die von →Alkuin propagierte heilsgeschichtl. Begründung eines imperium christianum (vgl.: »a Deo coronatus«) und die Bindung an den Papst: Karls Ksm. war eine Synthese aus verschiedenen, noch in Widerstreit befindl. Ks.ideen. Karl ließ anschließend einen neuen Treueid schwören, an der Verfassungsstruktur des frk. Reiches änderte die Ks.krönung jedoch nichts. Die Selbstkrönung Ludwigs d. Frommen (813) und die Krönung Lothars durch den Vater (817) wurden später jeweils durch eine päpstl. Krönung ergänzt, deren konstitutiver Charakter fortan nicht mehr bestritten wurde. Das aus der Krönung erwachsene »Zweikaiserproblem« (W. OHNSORGE) führte zu Auseinandersetzungen mit Byzanz und fand erst 812 eine diplomat. Lösung durch gegenseitige Anerkennung, die aber nur dem Basileus den Titel eines »imperator Romanorum« zugestand. Die Nachfolgeregelung im unteilbaren Ksm. blieb in der →Divisio regnorum v. 806 noch ausgespart, während die Lösung der Ordinatio imperii v. 817, die die Überordnung Lothars als des ältesten Sohnes und Ks.s vorsah, sich nicht realisierte. In der Folgezeit war das Ksm. unter wechselnden Trägern an die Herrschaft über Italien gebunden, bis es 924 mit dem Tode →Berengars I. erlosch.

Der Neubeginn mit der Ks.krönung Ottos d. Gr. (962) beruhte wiederum auf der hegemonialen Stellung eines »imperialen Kgtm.s« (Schlacht auf dem →Lechfeld) in bewußter Anlehnung an die karol. Tradition und im Zusammenhang mit der Italien- und Papstpolitik. Erneute Spannungen mit Byzanz wurden mit dem Heiratsprojekt v. 972 (Otto II. ⚭ →Theophanu) beigelegt. Seit Otto I. war das Ksm. mit dem dt. Kgtm. bzw. später mit der Trias Dtl., Italien, Burgund untrennbar verbunden; daraus resultierte ein Rechtsanspruch des dt. Kg.s auf die Ks.krone. Mit seiner Idee einer →»Renovatio imperii Romanorum« überhöhte Otto III. die Romidee bei gemeinsamer Regierung von Ks. und Papst unter ksl. Führung. Mit der Vertreibung aus Rom 1001 war diese Politik gescheitert. Die Nachfolger Ottos III. suchten den Schwerpunkt des Imperium nicht mehr in Rom, erhielten aber den Anspruch des Ks.s auf die Führung der Christenheit aufrecht (vgl. das Vorgehen Heinrichs III. in →Sutri 1046). Seit dem →Investiturstreit war das Verhältnis zw. Ks. und Papst durch einen Kampf um den Vorrang geprägt, der sich in der Stauferzeit fortsetzte und letztl. zu Lasten der ksl. Macht verlief. Im SpätMA erhob der Papst Anspruch auf Mitsprache schon bei der Wahl des dt. Kg.s (Bulle Bonifatius' VIII. v. 1300), während das Ksm. selbst zeitweilig an Bedeutung verlor. Nach Friedrich II. (1220) wurde mit Heinrich VII. erst 1312 wieder ein Ks. geweiht; die Krönung v. 1328 (Ludwig d. Bayer) wurde nicht vom rechtmäßigen Papst vorgenommen; Karl IV. wurde 1355 von einem Kard.legaten gekrönt; 1433 (Siegmund) folgte wieder eine regelmäße Ks.krönung. Demgegenüber beanspruchte der dt. Kg. die Ks.rechte schon mit der Kg.swahl. Seit Maximilian (1508) nahmen die Kg.e den Titel »Erwählter röm. Ks.« an; 1530 wurde mit Karl V. zum letzten Mal ein Ks. vom Papst geweiht.

[2] *Charakter*: »K.«, in den germ. Sprachen abgeleitet von →Caesar, in den roman. Sprachen von →imperator, war im MA ein bestimmter, von anderen streng abgehobener Titel. Die otton. Ks. nannten sich »imperator augustus« (→augustus), im späten 10. Jh. auch »imperator Romanorum«, seit dem 11. Jh. wurde »Romanorum imperator augustus« zum Standardtitel. Der Ks. stellte damit eine von der kgl. unterschiedene Würde dar; der Ks. trug diesen Titel erst nach der Ks.krönung. Anders als in Byzanz gab es im Westen daher durchaus nicht zu allen Zeiten einen Ks.: Manche Kg.e wurden erst spät, einige nie zu Ks.n gekrönt; tatsächl. hat es von 962–1493 insgesamt 266 Jahre lang keinen Ks. gegeben. Das ma. Ksm. war – trotz anfängl. Widerstreits verschiedener Ideen – letztl. eine Synthese aus der antiken Tradition, der Idee eines christl. Weltreiches, dem Anspruch eines hegemonialen (»imperialen«) Kgtm.s als Herrschaft über mehrere Reiche und der päpstl. Verleihung einer sakralen Würde. Die in der dt. Forsch. vielfach betonte »romfreie« Ks.idee der Karolinger und Ottonen konnte sich gegenüber der romgebundenen Ks.idee letztl. nicht durchsetzen, ist aber wohl auch als nachträgl. Rechtfertigung des Anspruches des dt. Kg.s auf die röm. Ks.würde zu verstehen. Der Idee nach gab es im Westen jeweils nur einen Ks. – allenfalls wurde anfangs bereits der Nachfolger zum Ks. erhoben –, auch wenn verschiedentl. ags. Kg.e und später Kg. →Ferdinand I. v. León sowie Kg. →Alfons VII. v. León und Kastilien den Ks.titel führten. Das Reich bildete demnach eine religiöse und polit. Einheit (imperium Romanum, imperium Christianum, imperium mundi) und galt insoweit als universal; das Ksm. stand für viele in der Tradition der (vier) Weltreiche und gewann von hier aus eine heilsgeschichtl. Bedeutung als Teil der Weltordnung bis hin zum Gedanken eines Endks.s als Gegenspieler des →Antichrist. Auch insofern war die Ks.krone für den dt. Kg. zwingend; der Streit zw. FICKER und SYBEL im 19. Jh. um den Sinn der Ks.- und Italienpolitik der dt. Kg.e verfehlt daher den Sinn des ma. Ksm.s. Faktisch aber bedeutete das Ksm. gegenüber dem Kg.srecht keine innere Machterweiterung und beinhaltete keine Eingriffsrechte in die Souveränität der anderen, v. a. nicht der westl. Kgr.e (»rex imperator in regno suo«): Das Ksm. war nicht staatsrechtl., sondern eine geistige Größe (W. HOLTZMANN), mit der sich allenfalls die Aufgabe der →defensio ecclesiae Romanae verband (F. KEMPF), der aber eine höhere Würde zustand als den Kg.en. Polit. war diese Würde ein Zusatzargument.

Bestimmend für das ma. Ksm. blieb folgl. die Bindung an den →Papst: Krönung und Weihe erfolgten – trotz mancher Abweichungen v. a. im SpätMA – in Rom (St. Peter) durch den Papst (so zuletzt 1452) mit der Insignienübergabe gegen ein eidl. Schutzversprechen und der Akklamation des Volkes auf dem Zug zum Lateranpalast. Die als Zusammenarbeit gedachte Bindung entsprach in otton. Zeit einem Herrschaftsanspruch des Ks.s über den Papst, der jenem vor der Weihe einen Treueid zu leisten hatte. Im Gefolge des Investiturstreites sank der ksl. Einfluß. Nach den Streitigkeiten unter Lothar III. und in der Stauferzeit um Ehrenvorrechte (→Sutri 1155; →Marschall- und Stratordienst, →Fußkuß) und Vergabe des Ksm.s (→Besançon, Reichstag v., 1157), der ideolog. Rechtfertigung des Ks.rechts mittels der Sakralisierung des Reichsgedankens (G. KOCH) und dem päpstl. Anspruch auf die potestas directa verlagerte sich die Bindung im SpätMA zumeist auf eine formale und theoret. Ebene, während gleichzeitig die hegemoniale Stellung des Ks.s gegenüber den anderen Kg.en schrumpfte, die polit. Theorie aber gerade des späten 13. und 14. Jh. das ksl. Recht hervorhob (→Alexander v. Roes, →Engelbert v. Admont, →Wilhelm v. Ockham, →Lupold v. Bebenburg, →Marsilius v. Padua). H.-W. Goetz

Lit.: F. KAMPERS, Die dt. Ks.idee in Prophetie und Sage, 1896 – P. E. SCHRAMM, Ks., Rom und Renovatio, 1929 – R. SCHLIERER, Weltherrschaftsgedanke und altdt. Ksm., 1934 – R. HOLTZMANN, Der Weltherrschaftsgedanke des ma. Ksm.s und die Souveränität der europ. Staaten, HZ 159, 1939, 251–264 – E. EICHMANN, Die Ks.krönung im Abendland, 2 Bde, 1942 – W. OHNSORGE, Das Zweikaiserproblem im MA, 1947 – R. FOLZ, L'idée d'empire en occident du Ve au XIVe s., 1953 – W. HOLTZMANN, Das ma. Imperium und die werdenden Nationen, 1953 – F. KEMPF, Das ma. Ksm. (VuF 3, 1956), 225–242 – H. J. KIRFEL, Weltherrschaftsidee und Bündnispolitik, 1959 – TH. MAYER, Papsttum und Ksm. im hohen MA, HZ 187, 1959, 1–53 – H. BEUMANN, Das Ksm. Ottos d. Gr., HZ 195, 1962, 529–573 – H. GRUNDMANN, Betrachtungen zur Ks.krönung Ottos I., SBA.PPH 62,2, 1962 – H. LÖWE, Ksm. und Abendland in otton. und frühsal. Zeit, HZ 196, 1963, 529–562 – E. E. STENGEL, Abh. und Unters. zur Gesch. des Ks.gedankens im MA, 1965 – K. F. WERNER, Das hochma. Imperium im polit. Bewußtsein Frankreichs (10.–12. Jh.), HZ 200, 1965, 1–60 – H. APPELT, Die Ks.idee Friedrich Barbarossas, SAW 252,4, 1967 – G. KOCH, Auf dem Wege zum Sacrum Imperium, 1972 – Zum Ksm. Karls d. Gr., hg. G. WOLF, 1972 – D. UNVERHAU, Approbatio, Reprobatio, 1973 – P. CLASSEN, Der erste Römerzug in der Weltgesch. (Hist. Forsch. für W. SCHLESINGER, 1974), 325–347 – H. M. SCHALLER, Die Ks.idee Friedrichs II. (VuF 16, 1974), 109–134 – W. KIENAST, Dtl. und Frankreich in der Ks.zeit, Bd. 2, 1975, 256ff. – H. BEUMANN, Die Bedeutung des Ksm.s für die Entstehung der dt. Nation im Spiegel der Bezeichnungen von Reich und Herrscher (Aspekte der Nationenbildung im MA, hg. H.B. und W. SCHRÖDER, 1978), 317–365 – G. TELLENBACH, Ks., Rom und Renovatio (Tradition als hist. Kraft, 1982), 231–253 – H. APPELT, Christianitas und Imperium in der Stauferzeit (La cristianità dei secoli XI e XII in Occidente: Coscienza e strutture di una soc., 1983), 26–44 – W. GOEZ, Imperator advocatus Romanae ecclesiae (Fschr. F. KEMPF, 1983), 315–328 – J. MIETHKE, Ks. und Papst im SpätMA, ZHF 10, 1983, 421–446 – W. OHNSORGE, Ost-Rom und der Westen . . ., 1983 – A. ANGENENDT, Ks.herrschaft und Kg.staufe, 1984 – P. CLASSEN, Karl d. Gr., das Papsttum und Byzanz, 1985 – O. HAGENEDER, Weltherrschaft im MA, MIÖG 93, 1985, 257–278 – W. WENDLING, Die Erhebung Ludwigs des Frommen zum Mitks. 813, FMASt 19, 1985, 201–238 – D. BERG, Imperium und Regna (ZHF Beih. 5, 1988), 13–37 – J. MIETHKE-A. BÜHLER, Ks. und Papst im Konflikt (Hist. Seminar 8, 1988) – T. STRUVE, Ksm. und Romgedanke in der Stauferzeit, DA 44, 1988, 424–454 – Das Krönungszeremoniale Ks. Karls V., hg. B. SCHIMMELPFENNIG – G. MORELLO, 1989 – J. MIETHKE, Polit. Denken und monarch. Theorie (Ansätze und Diskontinuität dt. Nationsbildung im MA, hg. J. EHLERS, 1989), 121–144.

II. BYZANZ: [1] *Staatsrechtliche Grundlegung:* Das byz. Ksm. stellt die ungebrochene Fortführung des röm. dar, ausdrückl. bezeugt auch in der Bezeichnung βασιλεία τῶν Ῥωμαίων. Sein prinzipiell durch alle Jahrhunderte hindurch profaner Charakter findet Ausdruck in der freien Wahlmöglichkeit (von der bis Mitte des 13. Jh. immer wieder Gebrauch gemacht wird) und der Akklamation (als dem eigtl. konstitutiven Akt) durch Heer, Volk und Senat (teilw. unter Schilderhebung), wobei jeder dieser drei Gruppierungen eine jeweils wechselnde Bedeutung zu-

kommt. Der K. ist oberster Richter und Feldherr, entscheidet über Krieg und Frieden, bestimmt (nach Wahlvorschlag) den Patriarchen und trägt die Verantwortung für die Staatsverwaltung. Ein Eigentumsanspruch des K.s am Staat ist aber abzulehnen.

[2] *Grenzen der Kaisermacht:* Das Ksm. ist gebunden an die Sorge für die Untertanen und den Staat; Aussagen (auch in den Q.), der K. stehe über Gesetzen und Staat, sind fragwürdig und finden in der Staatswirklichkeit keine Stütze. In diesem Sinne ist auch der (allg.) Treueid zw. K. und Untertanen zu verstehen sowie die von den Akklamationsparteien vollziehbare Abwahl des K.s. Der K. ist verfassungsrechtl. ein Organ des Staates und kann nicht getrennt davon behandelt werden.

[3] *Kirche und Kaiser:* Das Verhältnis zw. Kirche und K. sowie der Einfluß der Kirche auf den K. bilden die speziell byz. Komponente, die das byz. Ksm. vom röm. unterscheidet. Von der Genese her war die Kirche als Institution ein Teil des Staates und dem K. kam eo ipso ein Aufsichtsrecht zu, das jedoch nie liturg. und nur teilw. dogmat. Belange berührte. Der Ausdruck →Cäsaropapismus ist von der hist. Entwicklung her unberechtigt, und der K. stand nicht über dem Kanon. Trotz des von der chr. Rhetorik entwickelten Gottesgnadentums kamen dem K. nie priesterl. Rechte zu. Seit dem 7. Jh. versucht auch die Kirche, in den Interessenbereich des K.s einzudringen und ihn im Rahmen der kirchl. Repräsentation zu verpflichten. So wird die Krönung durch den Patriarchen (obwohl staatsrechtl. nicht relevant) obligator., ihre Durchführung in der Patriarchalkirche (Hagia Sophia) zur Regel und die Teilnahme des K.s an kirchl. Zeremonien zur Pflicht. Die Einengung des ksl. Ermessensspielraumes durch die Kirche wird im Laufe der Jahrhunderte immer deutlicher.

[4] *Formen des Kaisertums:* Das byz. Ksm. beruht grundsätzl. auf der Konzentrierung aller Rechte auf eine Person (Hauptk.). Die häufige Ernennung des Sohnes zum Mitk. (seit →Herakleios 612) dient dem Versuch, die Nachfolge in der Familie zu sichern (s. u.) und bleibt ohne verfassungsrechtl. Konsequenzen, da damit (ohne ausdrückl. Willensakt des Hauptk.s) keine territorialen oder jurist. Zugeständnisse verbunden waren.

[5] *Titel:* Sie sind einem gewissen Wandel unterworfen und Gradmesser kultureller und polit. Strömungen. Mit Herakleios und der damit beginnenden Gräzisierung des Reiches verschwinden die lat. Titel (augustus, imperator) und machen griech. (βασιλεύς, in Verbindung mit αὐτοκράτωρ jedoch erst seit dem 10. Jh.; →Basileus) Platz (ausgenommen auf Münzen). In der Auseinandersetzung mit dem westl. Ksm. wird seit 812 die Bezeichnung (τῶν) Ῥωμαίων hinzugefügt. Der Mitk. trägt ebenso den Titel βασιλεύς, während αὐτοκράτωρ (von Ausnahmen abgesehen) allein dem Hauptk. vorbehalten ist.

[6] *Dynastiebegriff, Erbfolge und ksl. Familie:* Trotz des verfassungsrechtl. Prinzips des Wahlksm.s gilt das Bestreben fast aller Herrscher, die Nachfolge in der Familie zu sichern, v. a. durch das Mitksm. (s. o.), bisweilen verbunden mit einem bes. Treueid seitens der Akklamationsgruppen. Bis zum Anfang des 8. Jh., unter dem Druck von Heer und Zirkusparteien, war eine längerfristige Nachfolgesicherung noch nicht möglich. Sie gelang erstmals der von Leo III. begründeten syr. Dynastie, doch erst die Konstanz der makedon. Dynastie (867–1056), die auch über eine eigene schriftl. Genealogie verfügte, hat die verfassungsrechtl. primäre Wahlmonarchie langsam verdrängt, so daß die Zeitspanne von 1081 bis 1453 im wesentl. von vier Familien eingenommen wird. Die Erbfolge geschieht zwar in der männl. Linie, doch kann die

Frau eines K.s als Regentin wirken oder sie bzw. eine Tochter durch Heirat den Erhalt der Dynastie sichern. In der Regel geht die Nachfolge (ungeachtet der Rechte der Akklamationsgruppen) auf den *ältesten* Sohn über, doch sind Ausnahmen (z. B. Manuel I.) immer mögl. Das röm. System der Adoption bleibt auf wenige Fälle in frühbyz. Zeit beschränkt. Unter der ksl. Familie (γένος, γενέα, nicht ident. mit der westl. »familia regalis«) sind die männl. und weibl. Verwandten des K.s zu verstehen, denen allenfalls zeremonielle, ohne ksl. Anordnung aber keine administrativen Rechte (v. a. territoriale Herrschaft, ausgenommen Sonderfälle im 14./15. Jh.) zustanden. Die Zuweisung geistl. Ämter war auf wenige Einzelfälle beschränkt und ohne polit. Bedeutung. Dagegen war die Verleihung hoher Würdenstellungen am Hofe (nicht Ämter), immer durch ksl. Verfügung, eine ständige Gepflogenheit.

[7] *Kaiserkritik:* Sie ist nie eine Kritik am Ksm., sondern immer am einzelnen Herrscher. Überwiegend stehen Fragen der religiös-dogmat. Haltung im Vordergrund, aber auch Fehler in der Kriegsführung oder das Privatleben.

[8] *Kaiserkult und Kaiserideologie:* Sie sind die in der byz. Öffentlichkeit und nach Ausweis der Q. hervorstechendsten Charakteristika des Ksm.s. In ihnen erscheint der K. (kaum jedoch die ksl. Familie) als eine über Staat und Gesellschaft stehende, gottnahe, untadelige, unangreifbare und heilige Persönlichkeit. Die Hofrhetorik hat alles getan, dieses Bild (das in seinen Anfängen auf →Eusebios' Einschätzung Konstantins d. Gr. zurückgeht) auszubauen, weiterzuentwickeln und zu erhalten, und die Kunst machte die Präsenz dieses K.bildes (→Bildnis, B) allgegenwärtig. Byz. K.kult und -ideologie haben auf alle ma. Völker größten Eindruck gemacht und unmittelbaren Einfluß ausgeübt auf die slav. Nachbarvölker, Altrußland und den norm.-siz. Staat, in geringerem Umfang auf das Kalifat und die westeurop. Kgr.e. Sie erscheinen als zentrale Verkörperung der byz. Welt, verdecken aber in Wirklichkeit entscheidende Realitäten des Lebens.

[9] *Stellung der Kaiserin:* Im Gegensatz zum K. sind der Ksn. bisher nur wenige Unters. gewidmet, so daß viele Fragen geneaolog. und staatsrechtl. Natur noch unbeantwortet bleiben.

Bis ins 11. Jh. hat eine vornehme Abstammung keine entscheidende Rolle gespielt, und es überwog die Wahl nach dem Prinzip der phys. Schönheit, die in Form einer Brautschau, deren Realität trotz teilw. gegenteiliger Forschungsmeinung nicht zu bezweifeln ist, ermittelt wurde. Ausländerinnen sind bis zum 11. Jh. selten und werden erst seit der Komnenenzeit zur Festigung internat. Beziehungen gewählt (z. B. →Bertha v. Sulzbach; Anna [Konstanze] v. Hohenstaufen ∞ →Johannes III. Dukas Vatatzes). Eine kirchl. Trauung (fast immer durch den Patriarchen) ist erst seit dem 6. Jh. (→Maurikios mit Konstanza) belegt; ihr ging gewöhnl. eine offizielle Verlobung voraus. Bisweilen vor der Hochzeit, überwiegend aber später konnte (immer durch den K.) die Krönung zur Augusta erfolgen (Protokoll im Zeremonienbuch I, 40f.), doch bestand für diesen Akt keine zwingende Notwendigkeit.

Offizielle Bezeichnungen waren βασίλισσα und αὐγούστα (wenn sie gekrönt war), in spätbyz. Zeit auch αὐτοκρατόρισσα, in lit. Q. auch δέσποινα und βασιλίς. Jurist. unterscheidet sich die Ksn. nicht von anderen Frauen (Dig. I, 3, 31; →Ehe, D). Als Gattin des K.s besaß sie aber eine gesellschaftl. herausragende Rolle und nahm an fast allen weltl. und kirchl. Zeremonien teil. Ihr Einfluß auf Entscheidungen des K.s wird in den erzählenden Q. immer wieder hervorgehoben. In einzelnen Fällen kommen der Ksn. auch Aufgaben in der Staatsverwaltung zu, die ihr aber meist durch den K. übertragen wurden: sie kann im Falle der Minderjährigkeit des K.s als Regentin wirken (z. B. Martina 641, Eirene [→Irene] nach 780, →Theodora nach 842, →Zoe nach 913, →Anna v. Savoyen nach 1341); selten und vielfach der Überprüfung bedürfend sind Beispiele für die Vertretung des K.s bei Krankheit oder Abwesenheit. Staatsrechtl. getrennt davon ist die Alleinherrschaft zu sehen, die immer einen Ausnahmefall darstellt (Eirene 797–802, Zoe 1042, →Theodora 1055/56, Anna 1347).

P. Schreiner

Q. *und Lit.* [*ausgew.*]: Constantini Porphyrogeniti imp. de ceremoniis aulae byzantinae, ed. J. J. REISKE, 2 Bde, 1829/30 – RByzK III, 722–853 – W. SICKEL, Das byz. Krönungsrecht bis zum 10. Jh., BZ 7, 1898, 511–557 – O. TREITINGER, Die oström. K.- und Reichsidee nach ihrer Gestaltung im höf. Zeremoniell, 1938 – W. ENSSLIN, Gottk. und K. von Gottes Gnaden, SBA.PPH, 1943, H. 6 – F. DÖLGER, Die Entwicklung der byz. K.titulatur ... (Stud. pres. to D. M. ROBINSON, II, 1953), 985–1005 – A. CHRISTOPHILOPULU, Ἐκλογή, ἀναγόρευσις καὶ στέψις τοῦ βυζαντινοῦ αὐτοκράτορος, 1956 – J. KARAYANNOPULOS, Der frühbyz. K., BZ 49, 1956, 369–384 – F. TINNEFELD, Kategorien der K.kritik in der byz. Historiographie von Prokop bis Niketas Choniates, 1971 – Das byz. Herrscherbild, hg. H. HUNGER, 1975 – G. RÖSCH, Ὄνομα Βασιλείας, 1978 – P. MAGDALINO, Aspects of the Twelfth-Century Byz. K.kritik, Speculum 58, 1983, 326–346 – *zu* [9]: K. BARZOS, Οἱ αὐτοκρατόρισσες τοῦ Βυζαντίου, 1966 – ST. MASLEV, Die staatsrechtl. Stellung der byz. Ksn.nen, Byzantinoslavica 27, 1966, 308–343 – D. MISSIU, Über die institutionelle Rolle der byz. Ksn.nen, JÖB 32/2, 1982, 489–498 – U. V. BOSCH, Fragen zum Frauenksm., ebd., 499–505 – L.-M. HANS, Der K. als Märchenprinz, Brautschau und Heiratspolitik in Konstantinopel 395–882, ebd. 38, 1988, 33–52.

Kaiseraugst (Castrum Rauracense), das größte spätröm. castrum der Schweiz (202 × 170 bzw. 146 m), 400 m n. der Colonia Augusta Raurica am Rheinufer bei Basel; wohl von der legio I Martis um 300 erbaut, vielleicht auch Standort der Legion, von der Ziegelstempel gefunden wurden. Die schmale und rechteckige Anlage mit einer ursprgl. 8–10 m hohen Mauer (im O und am Rhein geknickt, im S und W große Teile erhalten) besaß etwa 20 Türme und Tore. Viele Spolien der Colonia wurden verbaut. Das castrum schützte einen Übergang mit Steinbrücke und quadrat. befestigtem Brückenkopf auf dem rechten Ufer. Im Innern sind neben vielen Mauerstücken Thermen, ein horreum und eine frühchristl. Kirche mit Taufanlage erhalten. Die seitl. Flügelbauten stammen vielleicht von Bf. Justinianus (346), die Funktionen der Einzelräume sind nicht gesichert. Die Kirche bestand bis zum 10./11. Jh. Aus C. R. stammt Justinianus, der erste überl. Bf. aus dem Gebiet des späteren Bm.s →Basel. Der Ort wird in der Notitia Galliarum um 400 erwähnt; großes Gräberfeld, rheinaufwärts Grabsteine mit chr. Symbolen; zahlreiche Funde, darunter ein großer Silberschatz mit Münze und reichem Eßgeschirr.

H. Hinz

Lit.: K. DRACK–B. FELLMANN, Die Römer in der Schweiz, 1988 [Lit.] – R. LAUR-BELART, Führer der Augusta Raurica 5 (L. BERGER), 1988.

Kaiserbild → Bildnis

Kaiserchronik, wohl zw. 1140 und 1150 in Regensburg verfaßte mhd. Geschichtsdichtung in 17283 Versen; unvollendet; der oder die Autoren sind unbekannt, ebenso der Auftraggeber (Hzg. oder Bf.?). Thema ist die reich mit Sagen und Legenden ausgeschmückte Geschichte des »vierten Weltreichs«, des röm. Reichs also, vom ersten Alleinherrscher (Cäsar) bis zum J. 1147. Das Schwergewicht liegt dabei auf der (fabulös ausgestalteten) röm. Periode des Reichs (14280 vv.); für die »dt.« Periode genügen 3000 sachl.-nüchterne Verse.

Ordnungsprinzip ist die Abfolge der Herrscher, die allerdings vor Karl d. Gr. lückenhaft und willkürl. ist. Extremes Beispiel: auf Julian (4. Jh.) folgen Heraclius

(7.Jh.!), Narzissus (fabulös!), Justinian (6.Jh.) und Theodosius II. (5.Jh.). Bis zu Ks. Zeno, der im Westen Dietrich (= Theoderich) die Herrschaft überläßt, werden nur 35 Ks.viten behandelt. Bald nach Dietrichs Tod folgt ein Interregnum, das erst durch Karl (d. Gr.) beendet wird. Bis dahin ruht die Krone auf dem Altar von St. Peter in Rom: Zeichen dafür, daß die Päpste nun allein die Verantwortung tragen. Mehrere Jahrhunderte oström. Herrschaft werden somit aus der Geschichte getilgt.

Diese Konstruktion, die durch weitere antigriech. Äußerungen ergänzt wird (OHLY), ist in der abendländ. Chronistik einmalig. Ungewöhnl. ist auch die Leitidee einer gemeinsamen Verantwortung von Ks. und Papst für das Imperium christianum. Sie wird im Prolog als Programm formuliert (NELLMANN) und hat zur Folge, daß – gegen die gesamte Chronistik – Konstantin (d. Gr.) vom Papst gekrönt wird. Ks. Karl und Papst Leo werden zu Brüdern gemacht, der →Investiturstreit wird umgangen. Ungewöhnl. ist schließlich auch das Bemühen, die Geschichte der 'Deutschen' mit dem röm. Weltreich zu verklammern. Anregungen des →»Annolieds« werden aufgenommen (Cäsar erringt die Alleinherrschaft mit Hilfe der Deutschen) und weitergeführt: zentrale Gestalten sind dt. Herkunft. Von daher ergibt sich die translatio imperii ad Francos problemlos.

Die Chronik muß also – trotz großer Distanz zur Historiographie – als histor.-polit. Text gewertet werden. Dominierend ist freilich das narrative Element: Geschichten statt Geschichte. Fast jedem Herrscher wird eine exemplar. Erzählung zugeordnet. In diesen Episoden liegt der Hauptreiz des Werkes. Unterschiedl. Q. sind dafür verwertet: in erster Linie die reiche Legendenlit. und die röm. Sagenüberlieferung; ferner (u. a.) Ovids »Fasten« (Lucretia), die Pseudoclementinen (Faustinian), mhd. Kleinepik (»Annolied«, →»Crescentialegende«), wohl auch mündl. Tradition (Adelger?). Eine Q. für die Kaiserreihe ist nicht nachgewiesen. Die Weltchronik von →Frutolf bzw. →Ekkehard scheint für die Heldensagenkritik (v. 14176ff.) und für spätere Partien gelegentl. benutzt.

Positive wie negative Ks.geschichten besitzen Fürstenspiegelcharakter: *alle kunige* sollen lernen aus dem Schicksal des bösen Domitian bzw. des guten Trajan (v. 5679ff., 6083ff.). Die *wârheit* der Geschichten liegt vornehml. in ihrer eth.-exemplar. Bedeutsamkeit.

Die »K.« war erstaunl. verbreitet – über 40 Hss. verschiedener Redaktionen (12.–16.Jh.), dazu mindestens 15 Zeugen einer Prosaauflösung – und ist damit der weitaus erfolgreichste dt. Text des 12.Jh. Benutzt ist sie v. a. in dt. Chroniken, ferner u. a. im →»Schwabenspiegel«, im mhd. »Rolandslied« und bei →Wolfram v. Eschenbach.

E. Nellmann

Ed.: Die »K.« eines Regensburger Geistlichen, ed. E. SCHRÖDER, MGH DC I, 1895 [Neudr. 1964; krit. Ausg.] – Der keiser und der kunige buoch oder die sog. »K.«, ed. H.F. MASSMANN, 3 Bde, 1849-53 [Lesarten der Rez. B und C!] – Lit.: Verf.-Lex.² IV, 949-964 [Lit.] – R. G. CROSSLEY, Die »K.«, 1939 – E.F. OHLY, Sage und Legende in der »K.«, 1940 [Neudr. 1968] – E. NELLMANN, Die Reichsidee in dt. Dichtungen..., 1963, 82-163 – J. BUMKE, Mäzene im MA, 1979, 78-85 – D. NEUENDORFF, Stud. zur ... Herrscherdarstellung in der dt. sprachigen Lit...., 1982, 34-150 – K. STACKMANN, Dietrich v. Bern in der »K.« (Fschr. K. v. SEE, 1988), 137-142.

Kaiser- und Königsurkunden. Sie gewährten stets einen unanfechtbaren Beweis (→Beweiskraft) und waren unscheltbar. Der hohe Beweiswert der Kg.surk. (K.) gründete sich stets auf den Gedanken des alten Rechts. Dies war einer der Gründe dafür, daß die Empfänger von K.n von späteren Herrschern immer wieder Bestätigungen erbaten. Daneben mag auch die Unsicherheit über die Beständigkeit des durch Privileg begründeten Rechts eine Rolle gespielt haben. Die überragende Stellung der K. fand erst um die Wende vom 12. zum 13.Jh. ein Ende. – Nach Rechtsinhalt und Form sind das Diplom und das →Mandat, ferner der →Brief und das →Placitum zu unterscheiden. Für die stauf. und nachstauf. Zeit werden weitere Unterscheidungen in einfache und feierl. Diplome sowie in allg. und Spezialmandate getroffen. Bei der Einführung des einfachen Diploms gab die päpstl. →Kanzlei das Vorbild ab. Unter Heinrich VI. entstand die »gehobene Ausfertigung«, die dem feierl. Diplom nahesteht und an das päpstl. Privileg der →Papsturk. erinnert. – Die Herrscher aller auf röm. Boden begründeten germ. Reiche haben sich in ihrem Urkk.wesen an den Brauch der spätröm. Ks.- und Beamtenurkk. in Sprache und Form angeschlossen. Am wichtigsten für die Folgezeit ist die Entwicklung des merow. Urkk.wesens geworden. Während von den burg. K.n keine, von den vandal., westgot. und langob. – letztere scheinen sich mehr an Privaturkk. angelehnt zu haben, eine geringe Nachwirkungen ausgegangen sind, bilden die merow. K.n den Ausgangspunkt für eine ununterbrochene Entwicklung bis zum Ende des MA. Fehlte für die frühere Zeit – von verschwindenden Spuren abgesehen – jedes Original, so sind von den Merowingern seit dem 1. Drittel des 7.Jh. genügend Originale erhalten, um ein anschauliches Bild von der K.n zu gewinnen. Im Gegensatz zu den röm. Ks.- und Beamtenurkk., deren Rechtskraft auf der Aufnahme in die behördl. →Akten beruhte, verkörperte sich bei den Merowingern das Recht in der einzelnen Urk. In der merow. Kanzlei bildeten sich auch Regeln für den Aufbau einer K. heraus. Diese setzte sich aus drei Hauptteilen zusammen: dem →Protokoll, dem →Kontext und dem →Eschatokoll. Den Urkk. der röm. Ks. war die Namensunterschrift unbekannt gewesen. Bei den Merowingern sind alle vollständig überlieferten Diplome vom Kg. sowie vom →Referendar eigenhändig unterschrieben. Nur schreibunkundige minderjährige Kg.e unterzeichneten allein mit einem →Monogramm. Das erste Auftreten der Namensunterschrift in westgot. K.n i. J. 589 ist mit den Konzilsakten in Verbindung zu bringen. Die eigenhändige Unterschrift trat später erst unter Karl IV. wieder auf. Von den Karolingern bis Heinrich V. beschränkten sich die frk.-dt. Kg.e – von einigen Placita abgesehen – auf den eigenhändigen →Vollziehungsstrich im Monogramm. Zu den Besonderheiten der merow. Diplome gehört auch das →Siegel. Da es in der →Corroboratio nicht erwähnt wird, kann es noch nicht, wie bei hochma. K.n, ausschließl. Beglaubigungsmittel gewesen sein, sondern war in erster Linie ein Erkennungszeichen. – Die abendländ. K. erhielt in der Karolingerzeit ihre bis in die Mitte des 12.Jh. gültige Gestalt. Als Beschreibstoff diente zunächst →Papyrus, seit 677 beginnt die Reihe der Pergamentdiplome (→Pergament), wobei K.n auf purpurgefärbtem Pergament zu den kostbarsten Ausfertigungen gehören. Der Gebrauch des Papiers, wie er in der Kanzlei der norm. Herrscher Siziliens im 11. und 12.Jh. üblich war, wurde von Friedrich II. übernommen. Zu häufigerer Anwendung kam es aber erst unter Karl IV. Die Schrift der K.n war bis in die 2. Hälfte des 9.Jh. die merow. →Kursive, die dann unter Ludwig d. Dt., unter maßgebl. Beteiligung des Notars und Kanzlers Hebarhard, →Minuskel mit gut leserl. wurde. In der Mitte des 12.Jh. setzte unter dem Einfluß des päpstl. Urkk.wesens jene Entwicklung ein, die zu got. Urkk.schriften hinführte. – Eine eigenständige Entwicklung nahm das ags. Urkk.wesen (→*writ*). – Die K.n der

frk.-dt. Herrscher haben lange Zeit einen starken Einfluß auf das Urkk.wesen anderer Länder, v. a. auf das päpstl. Urkk.wesen, ausgeübt. Doch wurden sie auch ihrerseits durch fremde Vorbilder (Byzanz, die norm.-siz. Kanzlei, die Kanzlei der frz. Kg.e, die päpstl. Kanzlei) verändert.
A. Gawlik

Lit.: Bresslau – W. Erben, Die Ks.- und K.n des MA in Dtl., Frankreich und Italien, 1907 – H. Bresslau, Internat. Beziehungen im Urkk.wesen des MA, AU 6, 1918, 19–76 – P. Rassow, Die Urkk. Ks. Alfons' VII. von Spanien, AU 10, 1928, 327–468 – I. Szentpétery, Beitr. zur Gesch. des ung. Urkk.wesens, AU 16, 1939, 157–183 – H. Krause, Dauer und Vergänglichkeit im ma. Recht, ZRGGermAbt 75, 1958, 206ff., bes. 217ff. – G. Tessier, Diplomatique royale française, 1962 – H. Bansa, Stud. zur Kanzlei Ks. Ludwigs d. Bayern vom Tag der Wahl bis zur Rückkehr aus Italien (1314–1329), 1968 – F. Dölger–J. Karayannopulos, Byz. Urkk.lehre I, 1968 – C. Brühl, Stud. zu den langob. K.n, 1970 – I. Hlaváček, Das Urkk.- und Kanzleiwesen des böhm. und röm. Kg.s Wenzel (IV.) 1376–1419, 1970 – H. Enzensberger, Beitr. zum Kanzlei- und Urkk.wesen der norm. Herrscher Unteritaliens und Siziliens, 1971 – C. Brühl, Langob. K.n als Gesch.q. (Studi storici i. o. di O. Bertolini, 1973), 47–72 – F. Oppl, Das ksl. Mandat im 12.Jh. (1125–1190), MIÖG 84, 1976, 290–327 – C. Brühl, Purpururkk. (Aus MA und Diplomatik II, 1989), 3–21 – P. Classen, Ks.reskript und K.urk., 1977 – W. Schlögl, Die Unterfertigung Dt. Kg.e von der Karolingerzeit bis zum Interregnum durch Kreuz und Unterschrift, 1978 – W. Koch, Die Schrift der Reichskanzlei im 12.Jh. (1125–1190), 1979 – P. Csendes, Die Kanzlei Ks. Heinrichs VI., 1981, 89–91 – A. Scharer, Die ags. K. im 7. und 8.Jh., 1982 – R.-H. Bautier, La chancellerie et les actes royaux dans les royaumes carolingiens, BEC 142, 1984, 5–80 – R. M. Herkenrath, Die Reichskanzlei in den Jahren 1181 bis 1190, 1985, 317f. – P. Moraw, Grundzüge der Kanzleigesch. Ks. Karls IV. (1346–1378), ZHF 12, 1985, 11–42 – H. Fichtenau, Forsch. über Urkk.formeln, MIÖG 94, 1986, 285–339 – B. Pferschy, Cassiodors Variae, AD 32, 1986, 1–127 – M. Marin Martinez–J. M. Ruiz Asencio, Paleografia y diplomatica, 2 Bde, 1988³, passim.

Kaiserrecht, im 13.Jh. aufkommende Bezeichnung für weltl. Recht, das sich auf die Autorität des →Kaisers gründete. Als K. erschien nicht nur röm., sondern auch dt. Recht, erst im 15.Jh. wurde unter K. zunehmend röm. Recht verstanden. In den Reformschriften des 15. und 16.Jh. bezeichnete das Wort zugleich das ersehnte Recht der Zukunft.

Die Vorstellung vom K. wurzelte in der stauf. Idee eines »Rechtskaisertums«, die aus der Begegnung mit dem erneuerten röm. Recht erwachsen war. Bewußt in der Nachfolge der christl. Ks. Konstantin und Karl, aber auch des Gesetzgebers Justinian stehend, sahen sich die Herrscher nicht mehr nur als Bewahrer, sondern auch als Schöpfer des Rechts. Privilegien wie beschworene Frieden traten nun im Gewande von Ks.gesetzen auf und wurden gar dem Codex Justinians einverleibt. Älteres Recht führte man gerne auf Karl d. Gr. zurück; die unter Friedrich Barbarossa und dann wieder unter Karl IV. aufblühende Karlsverehrung brachte als Symbole des K.s die Figur des →Roland hervor.

Sachlich erschienen als K. zunächst Ks.gesetze wie der →Reichslandfrieden v. 1235, die →Goldene Bulle v. 1356 oder die »Karolina de ecclesiastica libertate« v. 1359. Ksl. Gerichtsbarkeit wird ebenso als Ausfluß des K.s aufgefaßt wie das Recht von →Reichsstädten, das *keyserwichbilde*. Auch die →Rechtsbücher gehören aber in diesen Zusammenhang. Der →Sachsenspiegel wurde bald als ein Privileg Karls d. Gr. angesehen, bezog sich aber auch selbst schon auf Konstantin und Karl. Der erst später sog. →»Schwabenspiegel« heißt in den Hss. meist »K.« oder ähnlich, während das →»Kleine K.« ausdrückl. alles Recht auf den Ks. zu gründen suchte. K. Kroeschell

Lit.: HRG II, 563f. – H. Krause, K. und Rezeption (AAH phil.-hist. Kl., 1952, Nr. 1) – W. Trusen, Die Rechtsspiegel und das K., ZRGGermAbt 102, 1985, 12–59 – Ders., Der »heilige« Roland und das K. (Fschr. N. Grass, 1986), 395–406.

Zur ksl. Gesetzgebung im Byz. Reich →Codex Theodosianus, →Corpus iuris civilis; →Byz. Recht (mit weiteren Verweisen auf die einzelnen Gesetzgebungswerke).

Kaisersage → Sage

Kaisersberg → Kaysersberg

Kaiserschnitt. Der in der antiken Mythologie, Gesetzgebung und Lit. erwähnte, durch Talmud und die Digesten Justinians sanktionierte K. (Sectio Caesarea) an der Toten wurde auch von der ma. Kirche verteidigt (Rettung der Seele des Kindes!). Dennoch sind früh- und hochma. Q. spärlich. Im 10.Jh. galten Burkhard v. St. Gallen und Gebhard v. Konstanz als 'ingeniti'. →Bernhard v. Gordon und →Guy de Chauliac beschreiben im 14.Jh. die Technik des K.s, der auch von Hebammen durchgeführt wurde. Sichere Hinweise auf den K. an der Lebenden finden sich im 15.Jh. (A. Benedetti) und 16.Jh. (J. Guillemeau, F. Rousset). →Frauenheilkunde, →Schwangerschaft und Geburt. K. Bergdolt

Lit.: E. Haberling, Aus der Frühgesch. des K.s, Med. Welt 1936, 1860–63 – R. Hofschläger, Der Ursprung des K.s, SudArch 36, 1952, 284–299; 37, 1953, 77–92 – K. Quecke, Der K., Ciba-Zs. 11, 1952, 4706–4725 – M. Gf. Matuschka, Achilleische Bestallung eines frk. Schweineschneiders aus dem Jahre 1472, SudArch 67, 1983, 117–122.

Kaiserslautern, Pfalz und Stadt in Rheinland-Pfalz, seit der Spätantike bedeutender Etappenort an der Straße von Lothringen zum Mittelrhein. Wohl bald nach der frk. Landnahme entstand ein Kg.shof, der seit dem Vertrag v. →Verdun 843 zum ostfrk. Reich gehörte. Kg. Otto III. schenkte die Curtis Luthara zusammen mit Markt, Zoll und dem n. Vogesenwald 985 dem Salier Otto, Hzg. v. Kärnten. Als Teil des sal. Erbes kam das Gebiet von K. an die Staufer. In frühstauf. Zeit wurde die Kg.spfalz errichtet, die Stadtmauer (umfaßte 28 ha; →Doppelstadt) gebaut, eine bedeutende Münzstätte geschaffen und ein OPraem-Kl. gegr.; seit 1216 sind Reichsschultheißen nachweisbar. Kg. Heinrich (VII.) nutzte die Pfalz bis zu seinem Sturz 1235. Der Name Luthara imperialis (K.) tritt quellenmäßig erstmals 1237 auf. Aus dem seit der 2. Hälfte des 13.Jh. nachweisbaren Schöffenkollegium entwickelte sich der Stadtrat. Pfgf. Ruprecht I. gelang es 1375/76, das Reichsland zusammen mit →Ingelheim und →Oppenheim von Ks. Karl IV. als Pfand zu erhalten. Seit 1402 sowie aufgrund der Hausteilung von 1410 gehörte K. als Amtsort der Pfälzer Kurlinie. A. Gerlich

Lit.: J. Hess-Gotthold, Hausmacht und Politik Friedrich Barbarossas im Raum des heut. Pfälzer Raumes, 1962 – H. Werle, Stauf. Hausmachtpolitik am Rhein im 12.Jh., ZGO 110, 1963, 241–370 – G. Landwehr, Die Bedeutung der Reichs- und Territorialpfandschaften für den Aufbau des kurpfälz. Territoriums, Mitt. des hist. Vereins der Pfalz 66, 1968, 155–196 – M. Schaab, Gesch. der Kurpfalz, I: MA, 1988, passim [Lit.] – H. Stoob, K. (Dt. Städteatlas IV, 9, 1989).

Kaiserswerth, Stadt am rechten Ufer des Niederrheins, auf einer ehemals von Altwasserarmen umschlossenen Insel (»Werth«), unweit eines alten Übergangs zur linksrhein. Römerstraße Neuß-Xanten.

[1] *Kloster und Pfalz:* Das von dem ags. Missionar Suitbert (695) auf frk. Kg.sgut gegr. und 877 von Ludwig d. J. mit einem kgl. Schutzprivileg (DLJ. 7) ausgestattete K. (Uuerid) wurde wohl Anfang des 10.Jh. in ein Stift umgewandelt. Die dem hl. Suitbert geweihte Stiftskirche war zugleich Pfarrkirche der späteren Stadt. Die von Heinrich III. zw. 1047 und 1050 sw. der Stiftskirche errichtete Pfalz wurde von den dt. Kg.en und Ks.n häufig besucht. Die Existenz einer sal. Kanzleischule in K. ist

freilich unsicher. 1062 wurde hier der junge Heinrich IV. von Ebf. →Anno v. Köln entführt (RI III,2 Nr. 252). Unter Friedrich I. wurde die Pfalz zur Sicherung der (vor 1174) nach K. verlegten Zollstätte weiter ausgebaut. [2] *Stadt:* Nördl. von Pfalz und Stiftsbezirk entwickelte sich eine Kaufmannssiedlung, deren Einw. Konrad III. 1145 Zollfreiheit zugestand (DK. III. 136). Ein Markt wird erstmals 1181 bezeugt. Zollstätte und Treidelschiffahrt begünstigten die Entstehung eines regen Transport- und Dienstleistungsgewerbes. Seit Ende des 13. Jh. zu einem heftig umstrittenen Pfandobjekt zw. Kurköln und den Gf.en v. →Jülich geworden, gehörte K. im 15. Jh. zu den kurköln. Landstädten. T. Struve

Q.: H. KELLETER, UB des Stiftes K., 1904 – *Lit.:* LThK² V, 1253f. – K. HECK, Gesch. von K., 1925² – O. R. REDLICH, Die Bedeutung von Stift und Burg K. für Kirche und Reich, AHVN 115, 1929, 61–75 – D. v. GLADISS, Die sal. Kanzleischule von K., AU 16, 1939, 254–278 [dazu: A. GAWLIK, MGH DD 6, 1941–78, Einl. LXXXIIff.] – Rhein. Städtebuch, hg. E. KAYSER, 1956, 124–129 – Hist. Stätten Dtl. III, 1970², 371f. – K., hg. C.-M. ZIMMERMANN-H. STÖCKER, 1981² – R. KAISER, K. (Rhein. Städteatlas, Lfg. VIII, Nr. 46, 1985) [Lit.].

Kaiserzeremoniell → Zeremoniell

Kalabrien, südit. Region (vom Pollino-Massiv bis zur Meerenge von Messina), ehemals Teil der Magna Graecia, entspricht im wesentl. dem antiken Territorium der Brettii (Bruttium), das in augusteischer Zeit mit Lukanien die Regio III bildete. Die heut. Region K. ist also nicht ident. mit dem antiken Calabria (S Apulien: Salento bzw. Terra d'Otranto). Seit der Mitte des 7. Jh. wurde in den kirchl. und ksl. Kanzleien das Gebiet Brutium allmähl. als Καλαβρία bezeichnet; nach der Eroberung des Salento durch die Langobarden v. Benevent unter Romuald I. (671–687) grenzte sich der Begriff auf den restl. Teil des Dukats Kalabrien ein, in dem bis zu diesem Zeitpunkt die verstreuten byz. Gebiete am Golf v. Tarent in einem Verwaltungsbezirk zusammengefaßt waren: von der Terra d'Otranto bis zum Aspromonte entlang des Verkehrswegs, der die Häfen von Reggio C., Crotone, Rossano, Tarent, Gallipoli, Otranto und Brindisi verbindet. Vorwiegend gebirgig – abgesehen von den Küstenstreifen des Tyrrhen. und Ion. Meeres, wo sich Handel und Verkehr abwickelten –, war K. in der Spätantike und einen Großteil des MA hindurch nur dünn besiedelt. Die ausgedehnten Waldflächen lieferten begehrtes Holz für den Flottenbau und später auch für die röm. Basiliken. Bereits Mitte des 4. Jh. bestand in K. eine kirchl. Hierarchie (Athanasios, Apologia II contra Arianos, c.1, Synode v. Sardika, 342/43), jedoch stand die neue Religion weiter in Auseinandersetzung mit den in Stadt und Land noch praktizierten hellen. Kulten. Unter den Städten sind neben →Reggio, →Crotone und →Cosenza auch Copia Petella, Scolacium, Locri, Valentia und Minervia hervorzuheben. Die trotz schlechten Erhaltungszustandes weiterhin benutzte Konsularstraße Via Popilia berührte in K. Morano, Cosenza und Nicotera und führte dann zur Meerenge von Messina. Entlang ihres Verlaufs sind bereits seit dem 2. Jh. Judengemeinden belegt. Nach dem Untergang des Röm. Reiches verbreitete sich einerseits das Christentum entlang der Handelswege bis in das Landesinnere, andererseits wurde K. von Invasionswellen in Mitleidenschaft gezogen (Westgoten →Alarichs [† 410 bei Cosenza], 455 Vandalen Geiserichs). Nach einer relativ ruhigen Periode während der Herrschaft →Theoderichs, dessen erster Minister →Cassiodor aus Bruttium stammte, wurde K. in justinian. Zeit (536) nach den Gotenkriegen byz. Herrschaftsgebiet; Institutionen und Führungsschicht blieben jedoch noch lange lat., und das Gebiet unterstand in kirchenpolit.

Hinsicht dem Papst. K. wurde Teil der 537 wiedererrichteten Praefectura praetorio und um 584 dem →Exarchat Ravenna angegliedert. In der Zeit des →Arichis v. Benevent (591–641) wurde K. von Einfällen der Langobarden heimgesucht, so daß viele Einw. nach Sizilien flüchteten. Zahlreiche Bf.ssitze waren an der Wende vom 6. zum 7. Jh. vakant, und auch das Patrimonium der Röm. Kirche erlitt Einbußen. Die röm. Verwaltungseinheit Lucaniae et Brittiorum hatte sich in diesen Wirren aufgelöst, und es bildete sich allmähl. eine – stets schwankende – Demarkationslinie Amantea-Cassano heraus, welche die kurzlebigen langob. Gastaldate Licino, Cassano, Malvito und Cosenza von dem sich konsolidierenden Dukat Kalabria trennte, der später der heut. Region den Namen gab. Nach dem Verlust der Prov. Kalabria löste sich der Dukat Kalabria vom →Exarchat Ravenna und trat unter die Ägide des Strategen des Thema Sizilien, das kurz vor 700 in Syrakus eingerichtet worden war. In der ksl. Politik, die traditionell die röm. Kirche in Süditalien und ihre Besitztümer schützte, trat unter Leon III. (717–741) eine Wende ein: sofort nach dem Edikt, das den Bilderkult verbot, zog der Ks. die Besitzungen des Apostol. Stuhls in jenen Gebieten für den ksl. Fiskus ein und unterstellte die Bm.er dem Patriarchen v. Konstantinopel. Die Kirche von K. integrierte sich rasch in den O, nahm griech. Ritus an und folgte der Lehre der Ostkirche, wie die aktive Teilnahme des kalabr. Episkopats am 2. Konzil v. Nikaia (787) zeigt. Zumindest nominell unterstanden die Territorien im langob. Einflußbereich weiterhin Rom (Bf.ssitze Malvito, Bisignano und Cosenza). Infolge der allgemein prekären Lage in Süditalien ging das in der Region präsente benediktin. Mönchtum unter; auch die von Cassiodor Ende des 6. Jh. bei Squillace gegr. Monasteria (Vivariense, Castellense) gerieten in Vergessenheit, und die dort geschriebenen und aufbewahrten Hss. wurden zerstreut. Im veränderten polit.-relig. Klima hatte hingegen das zu Unrecht als »basilianisch« bezeichnete Mönchtum großen Einfluß, das zw. dem 9. und 10. Jh. im Gebiet des Aspromonte und im kalabr.-lukan. Grenzgebiet weit verbreitet war. In zahllosen Lauren und Monasterien entwickelte sich nicht nur die Askese (vgl. u. a. die Viten der Hl. →Elias Spelaiotes, →Saba d. J.), sondern es blühten auch Kunst und Kultur (v. a. Skriptorien). Im 9. Jh. begannen die →Aġlabiden aus Nordafrika, vor und nach der Eroberung Siziliens in K. einzufallen, und legten Besatzungen nach Amantea, Tropea und S. Severina, um Abgaben einzuziehen. 839/840 richtete der Emir v. Sizilien al-ᶜAbbas ibn al Fädl in diesen Stützpunkten feste Kolonien ein. Die arab. Expansion in Unteritalien alarmierte sowohl Ks. Ludwig II., der die vom Dukat K. begründeten Grenzen bedroht sah, als auch den byz. Ks. Basileios I., der den Angriff auf die blühendsten Gebiete des Westteils des byz. Reiches nicht hinnehmen konnte. Ludwig II. intervenierte nach der Kapitulation v. →Bari (871) auf Betreiben der vom Emir v. Amantea bedrohten Einwohner in N-Kalabrien. Der byz. Feldherr →Nikephoros Phokas eroberte 886 Tropea, Amantea und S. Severina zurück, befreite das Tal des Crati einschließl. Cosenza, Bisignano und Cassano von den Sarazenen und hob die imaginäre frühere Grenzlinie zw. Byzantinern und Langobarden im N der Region auf. Nach der Rückkehr des Feldherrn nach Konstantinopel vermochte K. jedoch die 901 systemat. begonnene (und bis ins 11. Jh. fortgesetzte) Gegenoffensive der Araber nicht abzuwehren. Ibrahim II. zog nach der Eroberung v. Reggio und Taormina durch K., um Rom und Konstantinopel zu erobern, starb jedoch bei der Belagerung von Cosenza. Da nach der Eroberung Siziliens durch die Araber (902) das Thema Sikelia faktisch verschwunden war, wurde der Dukat K. als Thema eingerichtet und bald mit dem Thema Langobardia verbunden. Die wiederholten arab. Angriffe v. a. auf Reggio und dessen Hinterland, denen die Byzantiner nicht wirkungsvoll entgegentreten konnten, führten in K. zu Aufständen. Nur Rossano wehrte aufgrund seiner geostrateg. Position die arab. Eroberer immer ab und war provisor. Sitz des Strategen. Nach der kurzfristigen Rückeroberung durch den von Konstantin VI. entsandten Feldherrn Basileios (956) setzten die verheerenden Einfälle der Araber unter Abū'l-Qāsim mit verstärkter Schlagkraft ein. Otto I., der das byz. K. (trotz Verhandlungen über einen Ehevertrag mit dem byz. Ks.hof) dem Regnum Italicum einverleiben wollte, gelangte bei seinem Italienzug nur bis Cassano. Auch der Italienzug Ottos II. (→Capo Colonne) schlug letztlich fehl. K. blieb Teil des Katepanats Italia bis zur norm. Eroberung. Trotz der polit. Krisen kam es im 10. und v. a. im 11.Jh. in K. zu einem wirtschaftl. Aufschwung (größere Sortenvielfalt der Kulturen, Seidenraupenzucht). Es entstanden auch neue, befestigte Siedlungen wie →Oppido und →Catanzaro.

Seit 1047, als →Robert Guiscard von seinem Bruder →Drogo in das Crati-Tal gerufen wurde, vernichteten die Normannen in Streifzügen und planmäßig durchgeführten militär. Operationen die byz. Herrschaft in K., beginnend im Nordteil. Robert Guiscard trieb den Kleinkrieg bis an die Abhänge des Aspromonte vor, 1059 kapitulierte Reggio, der Sitz des Metropoliten von K., und Robert nahm den Hzg.stitel an, der ihm in der Synode v. Melfi – mit der Auflage, die eroberten Gebiete wieder der päpstl. Obödienz zu unterstellen – bestätigt wurde. Trotz starker interner Spannungen gelangten die Brüder →Hauteville schließlich zu einer Aufteilung der Machtsphären in K.: oberhalb der Linie Mileto/Squillace herrschte Robert, durch die Heirat mit →Sikelgaita in gutem Verhältnis zu den langob. Fs.en v. Salerno, in den Gebieten jenseits des Savulo und bis Reggio hingegen sein Bruder Roger, der bald nach Sizilien ausgreifen sollte. Es bildete sich auf diese Weise eine Grenzlinie zw. zwei Prov.en heraus: erstere war vorwiegend von lat. Kultur geprägt, letztere gehörte in Sprache und Sitten dem griech. Kulturkreis an. Nach dem Abschluß der norm. Eroberung K.s 1061 erfolgte eine institutionelle Neuordnung mit Einrichtung von Gft.en und kleineren Lehen und eine Neugründung der nunmehr der röm. Obödienz folgenden Diöz.n (zu denen als neue Bm.er S. Marco in Nordk. sowie Mileto, die Residenz Rogers, traten). Zur Rekatholisierung der Region wurden die Abteien OSB S. Maria della Matina, S. Eufemia und SS. Trinità und S. Maria di Bagnara gegründet. In den Serre gründete →Bruno v. Köln 1090 mit Unterstützung Gf. Rogers eine Kartause. Als kluge Realpolitiker förderten die Normannen auch die griech. Kl., die in K. weiterhin blühten und über das MA hinaus eine Vermittlerfunktion zw. der lat. und griech. Kultur erfüllten. Seit der Regierungszeit Kg. Rogers II. (1130–54) entstanden in K. Zisterzienserkl. (u. a. Sambucina, Corazzo, Acquaformosa), durch deren Vermittlung künstler. und sonstige kulturelle Einflüsse aus dem übrigen Europa, v. a. aus Frankreich, K. erreichten. Die Region wurde in dieser Zeit in zwei Justitiariate und in drei Prov.en (Vallis Gratae, Terra Jordana und Calabria) geteilt. Da K. keine für den internat. Verkehr geeigneten Häfen besaß, konnte es an dem mit den Kreuzzügen verbundenen wirtschaftl. Aufschwung nicht teilnehmen, wurde jedoch von den relig.-kulturellen Impulsen der Kreuzzugsbewegung erfaßt und in der Folge von den prophet. Lehren des →Joachim v. Fiore († 1202) beeinflußt. Unter Wilhelm I. (1154–1166) fanden in K. im Unterschied zu anderen Teilen des Regnum keine Verschwörungen und Aufstände statt. Zur Zeit Wilhelms II. (1166–1189) erschütterte ein verheerendes Erdbeben das Crati-Tal und zerstörte Cosenza. Im Thronfolgestreit nach dem Tod Wilhelms d. Guten unterstützte K. →Tankred und wurde daher – v. a. an der Meerenge v. Messina – von Heinrich VI. angegriffen. Eine relative Blüte erlebte K. hingegen unter Friedrich II., der Wirtschaft, Verwaltung, Steuer- und Justizwesen konsolidierte und die Küsten und strateg. Punkte befestigte. Mit dem Untergang der von den Kalabresen unterstützten Staufer Manfred und Konradin endeten auch die Expansionsbestrebungen und die Hoffnungen der Region. Von den Anjou erobert, erlitt K. nach dem Vesperkrieg (→Siz. Vesper) – nun in Calabria Citra und C. Ultra (vom Netofluß aus gesehen) geteilt – einen Niedergang, der durch den offenen Krieg oder schwebenden Konflikt zw. den Anjou und den siz. Aragonesen im 13.-14.Jh. verstärkt wurde. Einige Familien des Feudaladels (Ruffo, →Del Balzo, →Sanseverino, Sangineto, Caracciolo, Spinelli) zogen daraus Gewinn und häuften riesige – zumeist schlecht verwaltete – Latifundien an, unter Vernachlässigung der Bodenmelioration. Die zunehmende Schwäche des Kgtm.s nach Robert v. Anjou (1343) sowie Hungersnöte und Pest trugen zum Verfall der öffentl. Institutionen in K. bei. Anarchie und Aufstände folgten wie derjenige des Antonio Centelles gegen Ferdinand v. Aragón. In einer ähnl. Krise befanden sich die kirchl. Einrichtungen als Folge der Konflikte während des Avignon. Papsttums und des Abendländ. Schismas. In diesem polit.-sozialen Klima fanden heterodoxe Bewegungen wie Joachimiten und Fraticelli ihren Platz, aber auch auswärtige Populationen eine Zufluchtstätte (prov. Waldenser, alban. Flüchtlinge). Als nach der Niederlage der Franzosen bei Seminara (1503) K. unter die span. Herrschaft kam, wurden nach einer Periode von Aufständen und Anarchie alle Autonomiebewegungen der Region unterdrückt und die Entwicklung der Städte weiterhin gehemmt.
P. De Leo

Lit.: IP, X, 1–160 – F. BURGARELLA, Le Terre biz. (C., Basilicata e Puglia) [Storia del Mezzogiorno, II/2], 415–488 – A. PRATESI, Carte latine di abbazie calabr., ST 197, 1958 – E. PONTIERI, La C. a metà del sec. XV e le rivolte di Antonio Centelles, 1963 – DERS., Ricerche sulla crisi della monarchia sic. nel sec. XIII, 1965 – V. V. FALKENHAUSEN, Unters. über die byz. Herrschaft in S-Italien vom 9. bis ins 11.Jh., 1967 – A. GUILLOU, Stud. on Byz.Italy, 1970 – F. RUSSO, Reg. Vaticano per la C., I–II, 1974 – N. KAMP, Kirche und Monarchie im stauf. Kgr. Sizilien, II, 1975 – P. DE LEO, Un feudo vescovile nel Mezzogiorno svevo, 1984 – DERS., Mezzogiorno medioevale, 1984 – F. MOSINO, Storia linguistica di C., I, 1987 – Minoranze etniche in C. e in Basilicata (hg. P. DE LEO), 1988.

Kaland (fratres calendarii), spätma. geistl. →Bruderschaft aus Klerikern und Laien (so gen. nach den Zusammenkünften am ersten Tag des Monats). Eine Gesamtdarstellung über die K. fehlt, doch läßt sich aus einer Reihe von regionalen Einzeluntersuchungen ein ungefähres Bild von Strukturen und Funktionen entwerfen. Vermutl. haben sich die K.e im nds. Raum (vielleicht in der Diöz. Halberstadt) zunächst herausgebildet, um sich schließlich im 14./15.Jh. über ganz N- und O-Deutschland von den Niederlanden bis Thüringen/Meißen, Brandenburg und an der Ostseeküste entlang bis nach Livland hin auszudehnen. Über Holstein und Schleswig breiteten sich die K.e auch bis nach Dänemark aus.

Die Einrichtung der K.e leitet sich höchstwahrscheinl. aus der Gewohnheit der Geistlichen einer Region (diese stimmen nicht immer mit Archidiakonatsbezirken überein) oder Stadt ab, sich am ersten Tage jeden Monats zur Beratung gemeinsamer Angelegenheiten, aber auch zu geistl. Tun (Gebetsgemeinschaft, Almosen) und zu der für Bruderschaften typ. Geselligkeit zusammenzufinden. Aus den zunächst wohl auf Mitglieder des geistl. Standes beschränkten Gemeinschaften wurden im weiteren Verlauf freie Bruderschaften, die neben Geistlichen in beschränktem Umfang auch (wohl meist bes. angesehene) Laien beiderlei Geschlechts als Mitglieder aufnehmen. Die Bindung der Zusammenkünfte an den 1. eines Monats ging verloren, man traf sich nun v. a. zweimal jährl. zu einem gemeinsamen Gildemahl. Einem bes. wichtigen Anliegen der Bruderschaften folgend, war man darauf bedacht, dem Seelenheil verstorbener Mitglieder durch Organisation der Beerdigungen sowie gemeinsame Beteiligung daran, Gebete, Seelenmessen, Prozessionen, Almosen, Armenspeisungen zu dienen. Die Notwendigkeit materieller Hilfe für die Mitglieder verstärkte sich gegen Ende des MA, als sich die finanzielle Lage des stark angewachsenen Klerus laufend verschlechterte. Die einzelnen K.e besaßen eigene Satzungen (regional im Detail voneinander abweichend) und in den Städten oft auch eigene Häuser. Die Leiter der K.e wurden meist als 'Dechanten' bezeichnet. Ein Kämmerer als Vermögensverwalter und (in einigen Fällen) ein Almosenverwalter standen ihnen in der Amtsführung zur Seite. An manchen Orten gab es zwei K.e (einen 'großen' und einen 'kleinen'). Der eine umfaßte dann die höhere Geistlichkeit und die vornehmen weltl. Mitglieder, der andere die übrigen Geistlichen und weltl. Schwestern und Brüder. Während des letzten Jahrhunderts des SpätMA warf man von seiten der Laien den K.en eine zu starke Betonung der geselligen Komponente des Bruderschaftslebens und eine überreichl. Ausstattung der gemeinsamen Mahlzeiten vor.

E. Hoffmann

Lit.: G. Kraack, Das Gildewesen der Stadt Flensburg (Schr. der Ges. für Flensburger Stadtgesch. 19, 1969), 24–26, 136–141 [Lit.] – M. Zmyslony, Die geistl. Bruderschaften in Lübeck bis zur Reformation, 1974, 47–57, 176–185 [Lit.].

Kalchedon → Chalkedon

Kalekas. 1. **K. Johannes** → Johannes XIV. Kalekas

2. **K., Manuel**, byz. Theologe, konvertierte zum röm. Katholizismus, OP, * ca. 1360 Konstantinopel, † 1410 Mytilene; eröffnete um 1390 eine Privatschule, lehrte Grammatik und Rhetorik. Gegner des Gregorios →Palamas, wurde von seinem Lehrer und Freund Demetrios →Kydones mit den Schr. der abendländ. Kirchenväter und Scholastiker vertraut gemacht. Seine Weigerung, den Tomos der Synode von 1351 zu unterschreiben, veranlaßte ihn 1396 zur Flucht in den Dominikanerkonvent von Pera und zur Konversion. 1399 begab er sich nach Kreta, 1401 nach Italien (bis ca. 1403 v. a. in Mailand). Nach kurzem Aufenthalt in Konstantinopel trat er ca. 1404 auf Lesbos in den Dominikanerorden ein und wurde Rektor der Hofkapelle der →Gattilusi.

Um 1390 verfaßte K. eine Grammatik (nicht ed.), in Pera richtete er an Manuel II. und seine kirchl. Gegner zwei Apologien, zusammengefaßt in der antipalamit. Streitschr. »De essentia et operatione«. 1396 entstand das systemat. Hauptwerk »De fide deque principiis fidei catholicae«. Auf Kreta richtete er eine Invektive gegen einen engagierten Palamiten (von Mercati zu Unrecht mit Joseph Bryennios gleichgesetzt, deshalb meist »Adversus Bryennium« gen.). In Italien begann K. mit der Arbeit an der letzten großen Streitschr. »Adversus Graecos« (von A. Traversari 1423/24 ins Lat. übersetzt) und übersetzte zahlreiche lat. theol. Texte. Zentrale Bedeutung für die Biogr. kommt seinen 89 Briefen zu.

K.-P. Todt

Ed.: MPG 152, 11–662; 154, 863–958 [theol. Schr.] – R.-J. Loenertz, Correspondance de M.C., 1950 [Briefe, Apologien] – Lit.: DSAM X, 231–233 – ThEE VII, 225–229 – Beck, Kirche, 740f. – St. G. Papadopulos, Ἑλληνικαὶ μεταφράσεις Θωμιστικῶν ἔργων, 1967, 97–103 – G. Podskalsky, Theologie und Philos. in Byzanz, 1977, 212–215 – Ders., Orth. und w. Theologie, JÖB 31/2, 1981, 521.

Kalenden → Chronologie

Kalender, Kalendarium
I. Allgemein – II. Kunsthistorisch.

I. Allgemein: K. (abgeleitet von lat. kalendae, dem 1. Tag im Monat) bezeichnet die astronom. begründete Zeiteinteilung nach Tagen, Monaten und Jahren aufgrund der Bewegungen von Sonne und Mond. Neben rein prakt. Bedürfnissen haben bei allen Völkern religiöse Vorstellungen auf die Gestaltung des K.s eingewirkt.

Der ma. K. des Abendlandes beruht, abgesehen vom Jahresbeginn, auf dem sog. »Julianischen K.« Caesars (→Chronologie, →Jahr). Seit dem 4. Jh. wird er zur Grundlage der aufkommenden lokalen christl. Fest- und Hl. enverzeichnisse, der sog. Kalendarien. Das Kalendarium Karls des Gr. enthält bereits alle größeren unveränderl. Fest- und Hl.entage. Aus den Kalendarien entwickelte sich der christl. →Festk., der durch das bewegl. Osterfest und den auf dem Konzil v. →Nikaia (325) auf den 21. März festgelegten Frühjahrsanfang geprägt ist (→Osterfestberechnung). Da das Julianische Jahr um 0,0078 Tage zu lang ist, verschob sich der Ostertermin bis Ende des 16. Jh. um 10 Tage; diese Abweichung wurde 1582 durch die K.reform Gregors XIII. korrigiert. Um Christi Geburt fand die im Orient und in Ägypten übliche 7tägige Woche ins Röm. Reich Eingang und damit der wöchentl. Ruhetag, der im griech. und röm. Kulturgebiet vorher unbekannt war. Mit der Erhebung des Christentums zur Staatsreligion durch Ks. Konstantin scheint sich die 7tägige Woche weitgehend durchgesetzt zu haben. Der im 11. Jh. aufkommende »immerwährende K.«, erstmals im »Hortus deliciarum« der Äbt. →Herrad v. Landsberg (12. Jh.) überliefert, ermöglichte es, anhand eines 19jährigen Osterzyklus das Osterdatum zu berechnen. »Immerwährende K.« waren auch die Holzk., aus denen sich in Skandinavien die Runenk. entwickelten. Ende des 15. Jh. lassen sich gedruckte Jahresk. in Form von »Einblattdrucken und »immerwährenden K.n« als Buchk. nachweisen. Die K. machten den 1. Jan. als Neujahrstag allg. geläufig und verbanden damit nicht selten Weihnachts- und Neujahrswünsche. Zur Popularisierung der gedruckten K. trugen die beigegebenen »Practica« (Bauernregeln, Gesundheitshinweise, Prophezeiungen etc.) bei.

P.-J. Schuler

Lit.: Ginzel II–III – F. Rühl, Chronologie des MA und der NZ, 1897 – P. Heitz–K. Haebler, Hundert K.-Inkunabeln, 1905 – F. Wislicenus, Der K., 1905 – E. Przybyllok, Unser K. in Vergangenheit und Zukunft, 1930 – K. Matthäus, Zur Gesch. des Nürnberger K.wesens [Diss. Erlangen 1968].

II. Kunsthistorisch: Bereits aus der Antike sind mit Ill. (Personifikationen) geschmückte K. bekannt. Zu den bedeutendsten erhaltenen Beispielen zählt der röm. →Chronograph des Kalligraphen Furius Dionysius Filocalus für das J. 354, der in mehreren Kopien seit dem 9. Jh. überliefert ist (»offizielle«, astrolog. und Monatsbilder). Frühe bewußt chr. Darstellungen im byz. Hl.nkalender von H. Georgios, Thessalonike (Hl.nmedaillons an der unteren Kuppelzone; angebl. 1. Hälfte 5. Jh., Datierung umstritten). Monumentale K.darstellungen der roman. und got. Zeit finden sich – vorwiegend in it. Kathedralen – in Form von Fußbodenmosaiken mit konzentr. angelegten K.bildern (Dom, Aosta, 12.Jh.; Kathedrale, Otranto, 1165 inschriftl. begonnen), aber auch in Form gemalter K. (Notre Dame de Pritz, Dép. Mayenne, Frankreich; 13.Jh.). V. a. im Bereich der Buchmalerei trugen die Bilder der den Texten der Andachtsbücher (Brevier, Psalter, Stundenbuch usw.) vorangestellten K. wesentl. zur künstler. Ausstattung bei. Neben ornamentalem Schmuck enthalten die Miniaturen vorzugsweise profane Schilderungen der monats- bzw. jahreszeitspezif. Tätigkeiten sowie das dem Monat zugewiesene Tierkreiszeichen. In frühgot. Zeit sind sie häufig in Medaillons oder auch Rhomben untergebracht (vgl. PLOTZEK, Nr. 3.6.9.). Diese flächenhaften Ill. entwickeln sich im Lauf des 15.Jh. gerade in der frz. und fläm. Buchmalerei zu meisterhaften dreidimensionalen szen. Darstellungen mit tafelbildhaftem Charakter, die eine oder zwei ganze Stundenbuchseiten einnehmen (Très Riches Heures du Duc de Berry, um 1415, Chantilly, Mus. Condé; sog. Breviarium Grimani, Venedig, Bibl. Marciana, um 1510). M. Grams-Thieme

Lit.: LCI II, 482–489 – E. WEIGAND, Der Kalenderfries v. Hagios Georgios in Thessalonike, BZ 39, 1939, 116–145 – H. STERN, Le Calendrier de 354, 1953 – W. HANSEN, K.miniaturen der Stundenbücher, 1984 – Andachtsbücher des MA aus Privatbesitz (Ausst.-Kat. Köln, Schnütgen-Mus., bearb. J. M. PLOTZEK, 1987).

Kalender v. Córdoba, nach 960 entstandener arab.-lat. Kalender, dessen arab. Text von dem als Historiker bekannten ʿArīb b. Saʿd (gest. 980), der lat. von dem als Gesandten an chr. Herrscher verwendeten Bf. v. Elvira Recemund (Rabīʿ b. Zaid) stammt. Der K. liefert sowohl meteorolog. (auf den arab. *anwāʾ*-Büchern fußend), astronom. (bes. auf al-Battānī beruhend), v. a. aber für das Wirtschaftsleben von al-Andalus wie für die mozarab. Liturgie (Heiligenkalender) sehr wichtige Angaben. Die Wurzeln derartiger K. reichen einerseits bis in die Antike, andererseits liegen sie bis heute in Form landwirtschaftl. Almanache gedruckt vor. H.-R. Singer

Q.: H. P. RENAUD, Le Calendrier d'Ibn al-Bannâ' de Marrakech..., 1948 – J. VAZQUEZ R., Un calendario anónimo granadino del siglo XV, RIEIM 9–10, 1961/62, 23–64 – R. DOZY–CH. PELLAT, Le calendrier de Cordoue, 1961² [dazu: Der Islam 39, 1964, 293–296; wichtige Ergänzungen: Oriens 17, 1964, 284–286] – *Lit.:* EI² I, 523f., s. v. Anwāʾ – J. SAMSÓ, La tradición clásica en los calendarios agrícolas hispanoárabes y norteafricanos (II. Congr. Internac. de Estudios sobre las culturas del Mediterráneo Occidental, Barcelona 1975), 1978, 177–186 – D. LATHAM, Loanwords from the Arabic in the Lat. translations of the Calendrier de Cordoue (Middle East Stud. and Libraries [Fschr. J. D. PEARSON, 1980]), 103–113.

Kalevala, finn. Kunstepos, wurde von dem Sammler E. LÖNNROT (1802–84) aus Material finn., karel., ingrischer Volksdichtung (heute zugängl. im Sammelwerk »Suomen kansan vanhat runot«, 33 Bde) als quasi frühzeitl. Epos komponiert. Das zeitl. und geogr. heterogene Material gibt archaische Sachverhalte reichlich zu erkennen. Altertumskundl., ethnolog., philolog. Fragen sind indessen eher Angelegenheit der Liedforsch. Das K. wurde lange, trotz der lit.-romant. Entstehungsgesch., als frühzeitl. Epos begriffen und behandelt. Im zeitgesch. Rahmen von Rezeption und Wirkung des K. gewann das Werk den Rang eines Nationalepos und beförderte das Ansehen Finnlands als Kulturnation. Z.T. mehrfache Übers. in über 30 Sprachen trugen das K. in die Welt. Die ep. Komposition LÖNNROTS ist ein Fresko finn. Frühzeit von der Erschaffung der Welt bis zur Ankunft des Christentums, dramat. zentriert auf archaische Helden (u. a. Väinämöinen, Ilmarinen, Leminkäinen), ihre Taten, Leiden, Abenteuer, mag. Fähigkeiten und Schöpfungen (so des Wunderdinges Sampo), ihre Verkörperung von Gut und Böse. Philolog. Interesse an der finn.-karel. Volksdichtung führte zu Sammleraktivitäten, die im 19.Jh. größeres Ausmaß annahmen und zu Veröff. führten. LÖNNROTS Epenkomposition gewann 1835 im sog. »Alten K.« abgerundete Gestalt in 32 Runen mit 12078 V.; 1849 erschien die 2. Aufl. in 50 Runen mit 22795 V. (Rune, finn. *runo* wohl norw. Lehnwort; vgl. isländ. *runa* Reihe, Zahlenreihe, Merkgedicht, neolog. Suite). Das K. ist Lese- und Sprechvortragswerk, seine Metrik ist nur über die Kenntnis der Liedvortragstechnik voll zu erfassen. Grundsätzl. ist die Metrik dem vierhebigen Trochäus verpflichtet; zwei achtsilbige alliterierende Verse bilden meist das Grund- und Variationsmuster (Vetäisi venon vesille/ Brachte dann das Boot zu Wasser; Laski laivan lainehille/ Schob das Schifflein auf die Wogen). U. Groenke

Dt. Übers.: K. Das finn. Epos des Elias Lönnrot, hg. L. FROMM [Nachw. und Komm. H. FROMM], 1967, 1979, 1985 [Lit.].

Kalif, Kalifat (von arab. *ḫalīfa* 'Stellvertreter'). Ohne eine Nachfolgeregelung getroffen zu haben, war Muḥammad 632 verstorben. Die einflußreichsten Prophetengefährten einigten sich auf Abū Bakr, einen der engsten Vertrauten des Verstorbenen, und leisteten ihm als Repräsentanten der islam. Gemeinschaft (*umma*) den Huldigungseid (*baiʿa*). Ihm gelang es, den Abfall der arab. Stämme vom neuen Glauben zu verhindern und so das junge Staatswesen zu erhalten. Vor seinem Ableben (634) empfahl er ʿUmar ibn al-Ḫaṭṭāb, der ebenfalls zum engsten Kreis um Muḥammad gehört hatte, als Nachfolger, dem die in Medina anwesenden Prophetengefährten den Eid leisteten. Unter ihm, der sich auch den Titel 'Fs. der Gläubigen' (*amīr al-muʾminīn*) beilegte, wurden Palästina, Syrien, Ägypten und Iran erobert. Vor seinem Tod (644) setzte er eine sechsköpfige Kommission ein, die sich auf ʿUṯmān b. ʿAffān einigte. Dessen Regierungszeit (644–656), bereits gekennzeichnet von Streitigkeiten um die Besetzung der Statthalterposten in den eroberten Provinzen und die Verteilung der Staatsgelder, endete in Unruhen, denen er zum Opfer fiel. Nachfolger wurde der Schwiegersohn des Propheten, ʿAlī b. Abī Ṭālib, der schon immer Anspruch auf die Führung erhoben hatte; es gelang ihm aber nicht, die Gegensätze zu überwinden, vielmehr kam es zum Bürgerkrieg, zu seiner Ermordung (661) und zur Machtübernahme durch Muʿāwiya (661–680), den ersten Herrscher aus der Dynastie der →Omayyaden.

Diese Periode der 'rechtgeleiteten K.en' (*ḫulafāʾ rāšidūn*), wobei ʿUṯmān und ʿAlī aber sehr umstritten sind, wurde schon bald von der islam., insbes. der sunnit. Lehre als Ideal verklärt; diese K.en hätten dieselben Funktionen wie der Prophet ausgeübt (Leitung des Gebetes, Führung des Heeres, Organisation des Staates, Verteilung der Gelder), doch seien sie nicht Stellvertreter Gottes (*ḫalīfat Allāh*) gewesen, sondern nur Stellvertreter des Gesandten Gottes (*ḫalīfat rasūl Allāh*). Neuere Forsch. machen aber wahrscheinl., daß sich diese ersten K.en durchaus als Stellvertreter Gottes betrachteten (vgl. CRONE-HINDS, 27), wie es auch ihre Nachfolger, die Omayyaden und die →Abbasiden, letztere jedenfalls zu Beginn ihrer Herrschaft, taten. Dieser Anspruch wurde aber von Anfang an von den Theologen bekämpft. Zwar kennt der Islam offiziell keine Priesterschaft und hat keine einer Kirche vergleichbare Struktur, doch kommt den Schriftgelehrten (*ʿulamāʾ*), insbes. den Rechtsgelehrten (*fuqahāʾ*) unter ihnen, das Monopol der Erklärung des Korans und der Überlieferung (*sunna*) zu. Sie vertraten, zur Wahrung ihrer Interessen, bereits unter den Omayyaden die Ansicht, das Oberhaupt der islam. Gemeinschaft (umma) sei nur ḫalīfat rasūl Allāh gewesen, und traten in Opposition zu den omayyad. und frühen abbasid. K.en, die den Titel ḫalīfat Allāh beanspruchten. Mit Hārūn ar-Rašīd (786–809) hatten sich die ʿulamāʾ durchgesetzt; das Staatsoberhaupt, das zwar den Titel beibehielt, unterstand wie jeder Muslim dem religiösen Recht (šarīʿa), dessen Auslegung Sache der Gelehrten war. In religiösrechtl. Angelegenheiten stand die Meinung des K.en hinter dem Konsens (iǧmāʿ) der Gelehrten zurück, wenn er auch religiöser Führer der Gemeinschaft war; er blieb, nicht zuletzt dank des von den ʿulamāʾ gebilligten dynast. Prinzips, absolutist. im Bereich der weltl. Machtausübung, war aber an die šarīʿa gebunden, was, zumindest theoret., Wahl, Huldigung und Absetzung vorsah. Die klass.-islam. staatsrechtl. Doktrin führt aus, daß lediglich. unter den rechtgeleiteten K.en das wahre K. in der Nachfolge des Propheten (sog. ḫilāfat an-nubūwa) verwirklicht worden sei, während es später einen anderen Charakter angenommen habe, näml. einerseits die weltl. Funktion der polit. Führung der Gemeinschaft, andererseits die der religiösen Anleitung sowie der Verkörperung der Vorherrschaft des religiösen Rechts, dem auch das Staatsoberhaupt unterworfen sei. Die Institution des K.s sei zum Wohlergehen der Gemeinschaft unabdingbar, doch könne der K. die ihm von Gott verliehene Autorität im polit. Bereich an andere Herrscher delegieren. Gerade letzteres war eine Anpassung an die tatsächl. Verhältnisse, nachdem es seit dem 9. Jh. Prov.-statthaltern, →Wesiren und erfolgreichen Usurpatoren gelungen war, lokale Dynastien zu gründen, deren Häupter jedoch stets darauf Wert legten, vom K.en anerkannt und bestätigt zu werden. Die Staatslehren paßten sich in den folgenden Jahrhunderten stets den realen Machtverhältnissen an, so daß von Einheitlichkeit nicht gesprochen werden kann. Gerade die Frage, wer denn zur Führung der Gemeinschaft berechtigt sei, hatte schon frühzeitig Spaltungen und Bürgerkriege bewirkt, so etwa die Lehren der Ḫāriǧiten oder die der Schiiten, welch letztere ihrem imām gen. Oberhaupt stets umfassende weltl. und geistl. Autorität zuerkannten, also die Stellvertreterauffassung der Frühzeit beibehielten.

Noch ehe das abbasid. K. v. Bagdad mit der Hinrichtung al-Mustaʿṣim's im Febr. 1258 durch die Mongolen ein Ende fand, traten konkurrierende Dynastien, die den Titel K. trugen, auf, so die Omayyaden von Spanien (K. v. Córdoba), die →Almohaden und ihre Nachfolger, die →Ḥafṣīden und →Meriniden im Maghreb; zu nennen ist auch das schiit. K. der →Fāṭimiden (909–1171) in Ägypten. Später, während der Wirren nach dem Mongolensturm, gelang es einem Mitglied der Abbasidendynastie, nach Ägypten zu entkommen und dort unter der polit. Oberherrschaft der →Mamlūken das K. fortzuführen. Der Titel K. ging im 16. Jh. auf die osman. Sultane über; jedoch schaffte am 3. März 1924 die türk. Große Nationalversammlung das K. offiziell ab. M. Forstner

Lit.: EI² IV, 937–953 – T. W. Arnold, The Caliphate. New Ed. with a Concluding Chapter by S. G. Haim, 1965 – T. Nagel, Rechtleitung und K., 1975 – Ders., Staat und Glaubensgemeinschaft im Islam, 2 Bde, 1981 – P. Crone – M. Hinds, God's Caliph..., 1986.

Kalīla wa-Dimna ('Kalila und Dimna', Namen zweier Schakale, die als Erzähler fungieren), Titel der von ʿAbdallāh Ibn al-Muqaffaʿ (gest. ca. 756) nach der Pahlavi-Fassung des Burzōe (6. Jh.) angefertigten arab. Übers. des ind. Fürstenspiegels →Pañcatantra. Der arab. Text ist zentrale Vermittlungsinstanz von Erzählstoffen aus dem Bereich der →Fabel sowohl nach dem islam. Orient als auch in die w. Literaturen. Wichtigste Glieder der Überlieferungskette: Im Orient die pers. Übers. des Naṣrullāh Munšī (12. Jh.), auf der die versifizierten pers. Fassungen »Anvār-e Suhailī« des Ḥusein Vāʿiẓ Kāšifī (gest. 1504), seinerseits unter dem Titel »Humāyūn-Nāme« von ʿAlī Čelebi (Anfang 16. Jh.) ins Türk. übersetzt, und »ʿIyār-e dāniš« (vollendet 1578) beruhen; im W zunächst die arab. Übers. »Stefanites kai Ichnelates« des Symeon Seth (Ende 11. Jh.), grundlegend für die balkan. und slav. Überlieferung. Bis auf eine frühe span. Übers. der arab. Vorlage (Mitte 13. Jh.) sowie neuere Übers. der gen. Werke des oriental. Zweiges beruht fast die gesamte w. ma. und nz. Überlieferung auf dem nach einem hebr. Zwischenstück (Autorschaft ungeklärt; Anfang 12. Jh.) ca. 1263–78 angefertigten »Directorium vitae humanae« des →Johannes v. Capua (Priorität des »Novus Aesopus« des →Baldo, 12. Jh., nicht unumstritten), so auch das im dt. Raum wirkungsreiche »Buch der Beispiele« des →Antonius v. Pforr († 1483). U. Marzolph

Lit.: EI², 503–506 [C. Brockelmann] – EM VII [S. und H. Grotzfeld; im DJ.] – Kindlers Lit.-Lex. IV, 1968, 253–269 – V. Chauvin, Bibliogr. des ouvrages arabes II, 1897 – M. Ǧ. Maḥǧūb, Dar bāre-ye K. va-D., 1957 – L. H. Saʿaddīn, K. wa-D. fī l-adab al-ʿarabī, 1977.

Kalisch, Siedlungskomplex im sö. Großpolen, an der Prosna, vermutl. das Kalisia des Ptolemäus (2. Jh. n. Chr.) an der Bernsteinstraße v. Aquileia zur Ostsee. An der Einmündung der Swędrnia in die Prosna entstand im 9./10. Jh. eine Burganlage mit suburbium, dessen Kirche des hl. →Adalbert nach Ausweis der Gräber aus dem 12./13. Jh. stammt. Laut →Gallus Anonymus eroberte →Bolesław III. während des Bruderzwistes mit Zbigniew 1106 die Burg. Sie ist 1136 als Kastellaneisitz bezeugt, zu dem zahlreiche Dienstsiedlungen in der Umgebung gehörten. Seit der Mitte des 12. Jh. war K. für ein Jahrhundert Zentrum des gleichnamigen Fsm.s. Auf der Burg errichtete →Mieszko d. Alte 1145 das Kollegiatstift St. Paul (einschiffige, 30 m lange Kirche; ▭ 1202 Mieszko). Sein rasches Aufblühen verdankt das ma. K. dem lokalen Markt sowie der günstigen Verkehrslage an der Handelsstraße von Breslau über Kruschwitz nach Danzig. Nördl. der Burg entwickelte sich aus der offenen Marktsiedlung um die Marienkirche eine Altstadt. Ende des 12. Jh. entstand 1,5 km flußabwärts eine neue Kaufmanns- und Handwerkersiedlung, die sog. Neustadt, die nach ihrer Lokation zu Neumarkter Recht in der 2. Hälfte des 13. Jh. den Mittelpunkt des städt. Lebens in dem spätma. Wojewodschaftszentrum K. bildete. K. Zernack

Lit.: K. Dabrowski, Archäolog. Forsch. über Ptolemäus Kalisia, Ber. des V. Internat. Kongr. für Vor- und Frühgesch. 1961, 216–220 – Osiemnaście wieków Kalisza, 1–3, 1960–62 – Dzieje Kalisza, red. W. Rusiński, 1977.

Kalk (CaO), Baustoff, wird gewonnen durch Kalzinierung (Ausglühen bei 1000°C) von K.steinen (Kalziumkarbonat), manchmal auch von zusammengepreßten (fossilen) Muscheln (1450, Dom zu Utrecht: schulpkalk; Bretagne: chaux 'de croquille'). K. ist Hauptbestandteil von Luftmörtel, dessen Dauerhaftigkeit von der Sättigung des Hydrate mit Kohlensäure abhängt.

Die Gesch. des K.s muß – wie diejenige anderer Baustoffe – erst noch geschrieben werden. Bekannt ist, daß K. zu den Fernhandelsgütern zählte. Gebiete, die Mangel an K.stein hatten (z. B. N-Dtl.), waren auf Importe angewiesen; Brügge etwa bezog seinen K. vorwiegend aus dem Tournaisis und der Gegend v. St-Omer.

In Landschaften mit reichen K.vorkommen (Namurois, Tournaisis, England u. a.) entwickelte sich exportorientierte K.brennerei. In anderen Gebieten, die mit den nötigen techn. Anlagen (u. a. fest etablierte Brennöfen, die

– wie in Florenz – auch zum Ziegelbrennen dienten) ausgestattet waren, bildete sich die Verarbeitung von importierten K.steinen als spezialisiertes Gewerbe aus, z. B. in den Brabanter Orten Boom und Rupelmonde, bekannt für ihre K.produktion auf der Grundlage von Tournaisis-K.steinen.

Im 14. und 15. Jh. verfügten zahlreiche Städte über eigene K.öfen, die oft jahrzehntelang in der Hand einer Familie verblieben. Aus Gründen der Sicherheit (Brandgefahr) und der Verkehrslage (Anlieferung von K.stein und Brennmaterial) lagen die K.öfen zumeist in den Vorstädten oder im Stadtumland (z. B. in Orten des Mailänder Contado). J.-P. Sosson

Lit.: Ch. René Fourcroy de Ramecourt, Art du chaufournier, 1766 – H. Janse, Boewers en bouwen in het verleden, 1965, 57f. – J.-P. Sosson, Les travaux publics de la ville de Bruges, XIV^c–XV^c s., 1977, 83–88 – R. A. Z. Goldthwaite, The Building of Renaissance Florence, 1982, 171–212 – Pierre et métal dans le bâtiment au MA, hg. O. Chapelot–P. Benoit, 1985 – The Cambridge Economic Hist. of Europe, II, 1987^2, 769f.

Kalka, Fluß in S-Rußland (Ukraine), n. des Azov'schen Meeres, im Frühjahr 1223 Schauplatz einer blutigen Schlacht zw. einem Mongolenheer und einer aus Russen (→Kiever Rus'), →Kumanen (Polov'cern) und →Alanen bestehenden Streitmacht. Nach der Unterwerfung des choresm. Großreiches durch →Dschingis Chān führte ein mongol.-tatar. Heer unter den Befehlshabern Ğäbä und Sübödäi einen Erkundungszug in die Länder nördl. des Kaukasus und S-Rußlands durch. Diesem neuen, verheerenden Angreifer stellten sich Kumanen und südruss. Fs.en entgegen, wurden aber an der K. vernichtend geschlagen. Trotz hoher Verluste (angebl. 70000) und des Todes mehrerer Fs.en, unter ihnen Mstislav Romanovič v. Kiev, wurde die Schlacht zwar als von Gott verhängte Strafe, wegen des raschen Abzugs der Mongolen aber mehr als Episode denn als Vorspiel der Invasion von 1236–41 gesehen. U. Mattejiet

Lit.: HGeschRußlands I, 352 [H. Rüss] – →Mongolen, →Tataren.

Kalkar, Stadt am Niederrhein (Nordrhein-Westfalen), 1230 gegr. von Gf. Dietrich VI. v. →Kleve mit Erlaubnis des Ebf.s v. Köln auf seinen zuvor dem Ebf. zur Hälfte als Lehen übertragenen Allod Kalkarward (in insula Kalkere), unweit des später Alt-K. gen. Ortes. Das mutmaßl. erste Stadtprivileg von 1242 ist nicht erhalten; 1246 sind der Richter, die Schöffen, der Bürgermeister (magister civium) und das Stadtsiegel belegt. Der planmäßige Stadtaufbau erfolgte ab Mitte des 13. Jh., eine Erweiterung der Stadtanlage bereits im 14. Jh. Die Befestigung durch Tore und Mauern ist erst im 14. Jh. bezeugt; ihre Anfänge gehen aber sicher ins 13. Jh. zurück; innerhalb der Mauern umfaßte die Stadt 24 ha. Ein erster Kirchenbau ist archäolog. für Mitte des 13. Jh. nachgewiesen. Mit dem Bau der spätgot. Kirche St. Nikolai wurde nach 1409 begonnen. Sie blieb bis 1441 Filiale der Pfarre Alt-K. 1347 gab Gf. Johann v. Kleve der Stadt ein umfangreiches Stadtprivileg, das erste überlieferte überhaupt. Das K.er Recht galt seit der Gründung der Stadt als vorbildl. und wurde anderen klev. Städten verliehen. K. war um 1500 Oberhof für zehn klev. Städte und eine der sechs Hauptstädte des Hzm.s Kleve. Tuchgewerbe und Getreidehandel waren stets die Grundlagen der K.er Wirtschaft. Ihre Blütezeit erlebte die Stadt im 14. und 15. Jh. Der Niedergang begann ab 1530, u. a. als Folge des Rückgangs des Tuchgewerbes. 1532 wurden ca. 1600–1700 Kommunikanten (Einw. über 12 Jahre) gezählt. M. Wensky

Lit.: F. Gorissen, K. (Niederrhein. Städteatlas 2, 1953) – DtStb III, 3, 1956, 226–233 – K. Flink, Klev. Städteprivilegien (1241–1609), 1989.

Kalkmalerei, in der skand. Kunstgesch. Bezeichnung für →Wand- und Deckenmalerei in roman. und got. Kirchen, insbes. in Dänemark (einschl. Schonen), Schweden und Gotland, selten in Norwegen (ca. 1100–Anfang 16. Jh.). Die Malereien wurden auf die Putzschicht der Wände und Deckengewölbe – meist in einer Kombination von al fresco- und al secco-Technik – mit dem Pinsel aufgetragen.

Roman. K. ist nur in ländl. Pfarrkirchen *(landsbykirker)* erhalten, die häufig in Verbindung zu Kg.shöfen (Ørreslev, Tamdrup/Jütland) oder zu mächtigen Adelsgeschlechtern, wie den Hvide auf Seeland (Sæby, Måløv, Kirke-Hyllinge), standen. Weitere Schwerpunkte roman. K. sind Schonen (Lund, Vä, Övraby, Bjäresjö, Finja) und Gotland (Kräklingbo, Garda), in der sog. Großmachtzeit der Waldemare (um 1200) dann Seeland (Bm. Roskilde: 40 Kirchen mit K.). Hauptmotive im Chorbereich sind Majestas domini mit Evangelistensymbolen und Hl.endarstellungen, am Triumphbogen Leben Christi, Jüngstes Gericht, mit Bezügen zur rhein., bisweilen frz. Romanik und Rezeption byz. Stilelemente.

Das Aufkommen got. Gewölbe, zuerst in den Bf.s- und Kg.skirchen, bedeutete eine Neuorientierung in der Ausschmückung gebrochener Wandflächen und v. a. der Gewölbesegmente. Beschränkte sich die Dekoration zuerst weitgehend auf Ornamentik, v. a. an Gewölberippen (Ringsted, Ribe, Roskilde, Sorø; in Schweden noch bis ins 14. Jh.: Strängnäs), so finden sich seit der 2. Hälfte des 13. Jh. Figurenmalereien im Gewölbebereich. Um 1300 entsteht auf Bestellung des Kg.shauses in →Ringsted (St. Bendt) ein vollständiges Bildprogramm zur Verherrlichung der Waldemardynastie (u. a. hl. Kg. →Knut Lavard in Gegenüberstellung zu Maria). Verbreitungsgebiete hochgot. K. sind in erster Linie Seeland (u. a. Birkerød, Tyvelse, Skamstrup, Højby, Bregninge, Vester Broby, Falster und Schonen (Dalby). Neben bibl. Szenen (Schöpfungsgesch., Leben Jesu, oft auch Gegenüberstellung von Szenen des AT und NT, im Sinne des Antitypus/Typus-Schemas) beherrschen insbes. Hl.enlegenden, das Rad der Fortuna, das Jüngste Gericht sowie Darstellungen des Todes und der Vergänglichkeit den Themenkreis der got. K.

Die spätgot. K. des 15. und beginnenden 16. Jh. erfuhr in Dänemark außerordentl. Verbreitung und entwickelte künstler. Vielfalt, volkstüml. Anschaulichkeit und – bei aller Abhängigkeit von (nieder-)dt. Vorbildern – starke Originalität. Der Kunstbetrieb wird zunehmend von einzelnen Künstlerpersönlichkeiten (mit z. T. signierten Werken) und Malerschulen (häufig erst durch die Forsch. konstituiert) bestimmt; in Dänemark v. a. Maler Martin/Morten (Gimmlinge), der Kongstedmeister (Kongsted, Kirke Stillinge), die Isefjordwerkstatt auf Seeland (Herlev, Mørkøv), der sog. Unionsmeister (auch: Undløsemeister; Undløse/Seeland, Pögdö, Strängnäs/Schweden), der Heiligdreikönigsmeister (Roskilde, Vordingborg) und der volkstüml. Elmelundmeister (Møn, Falster). In Schweden, dessen K. zumeist der dän. Entwicklung folgt, sind zu nennen: Johannes Rosenrod (Tebsta/Uppland), die Schule des Johannes Iwan (Strängnäs, Vendel/Uppland), die gotländ. Malerschule, Maler Peter (Ösmo, Torshälla) und Albert pictor (Kulma, Härkeberga, Härnevi, Täby/Dänemark). Als Vorlagen dienten vielfach niederdt. Holzschnittwerke, v. a. die →Biblia pauperum (Bellinge/Fyn; Härkeberga/Uppland). Neben bibl. Motiven erscheinen nun – häufig in drast. Ausführung – Themen der chr. Morallehre (Dekalog, Tugenden und Laster, Todsünden, Werke der Barmherzigkeit), Exempla, Memento-mori- und Vanitas-Darstellungen, allegor. ausgeformte Standessatire. In der Zeichnung vieler Figuren sind Einflüsse der ma. Physiognomik erkennbar.

Die künstler. fruchtbare Ära der K., des mit Abstand wichtigsten Zweiges des skand. Malerei, endete nach 1500 am Vorabend von Reformation und Renaissance. Der gesamte Bestand erfährt erst in neuerer Zeit eingehende Sichtung und Analyse. H. Ehrhardt

Lit.: KL VIII, 164-168; XI, 270-300 - R. BROBY-JOHANSEN, Den danske Billedbibel i Kalkmalerier, 1947 - B. G. SÖDERBERG, Gotländska kalkmålningar 1200-1400, 1971 - V. POULSEN-E. LASSEN, Dansk kunsthist. 1, 1972, 92ff. - Medieval Iconography and Narrative, red. F. ANDERSEN u.a., 1980, 124-166.

Kalligraphie (islamischer Bereich). Die arab. Völker haben seit dem 1. Jt. v. Chr. in mehreren Sprachen wie Sabäisch, Himyaritsch, Safaitisch, Tamudisch zehntausende Inschriften hinterlassen, auch monumentale und datierte. Die Zahl der neueren datierten arab. Inschriften, seit 512 vorkommend, ist begrenzt. Nach dem Koran (96: 4) hat Gott den Menschen den Gebrauch der Rohrfeder (Qalam) gelehrt und damit etwas, »was er nicht wußte«. Die riesigen Mosaikschriftbänder mit koran. Text im Felsendom v. Jerusalem, 691, stehen in der Liste datierter Inschriften an elfter Stelle. In wenigen Jahrzehnten gelang also die Entwicklung einer der Architektur gemäßen Schrift mit einer Energie, für die es kaum Beispiele gibt, erklärbar dadurch, daß in Memorialbauten wie denen in Jerusalem und den Moscheen eine ikon. Beurkundung der islam. Offenbarung nicht möglich war und daher nur durch die Schrift erfolgen konnte. Da der Koran eine arab. Offenbarung war, konnte gültig nur in Arab. gebetet werden; mehrere Sprachen der eroberten Länder, darunter Pers. und Türk., wurden daher mit dem arab. Alphabet geschrieben. Das arab. Wort für K., al-Ḫaṭṭ, urprgl. 'die Linie', wurde pers. und türk. Lehnwort. Der Stil der frühen Inschriften wird Kūfī nach der 638 gegr. Stadt im Irak genannt. In ihm und einem nach dem Kernland der arab. Halbinsel bezeichneten Ḥiǧāzī wurden die ersten Koranhss. geschrieben, die durch die schnelle Ausdehnung des Islams bis nach Spanien und W-China in großer Zahl erforderl. waren. Kufi blieb für etwa fünf Jahrhunderte die bevorzugte Schriftart für den Koran. Wie alle semit. Schriften wird Arab. von rechts nach links geschrieben; mehrere gleichgeformte Zeichen werden durch diakrit. Punkte in 25 Konsonanten unterschieden, zu denen 3 lange Vokale kommen. Diakrit. Punkte und Striche für drei Kurzvokale wurden lange nicht mitgeschrieben, bis der Wunsch nach Eindeutigkeit des Koran dort die Einführung wünschenswert machte. Die Kalligraphen Ibn Muqla (885-940) und Ibn al-Bawwab (gest. 1032) verfaßten die ersten Lehrbücher mit wiss. Methoden. Der Umfang der Schreibarten und ihrer Variationen, der regionalen Schreibschulen und der Stile hist. bekannter Schreiber ist nicht übersehbar. Die wichtigsten werden Nasḫī, in Persien entwickelt, runder und leichter lesbar als Kūfī, sowie Ṯuluṯ und Nastaʿlīq genannt. Neben Buchstabendichte, Länge und Abstand der Zeilen unterscheiden sie sich durch die wechselnden Proportionen von geraden und kurvilinearen Anteilen an jedem Buchstaben. Schrift kann mit Ranken und Blüten verbunden werden, auch mit Tier- und Menschenformen, sie wird zuweilen Grundlage hochkomplizierter Flechtbandfelder. Eine Variante der Kufi ist durch eckige Buchstaben in einem schachbrettartigen Feld gekennzeichnet und wird bes. für religiöse Architektur in Ziegel- oder Fayencemosaik ausgeführt. Schreiber und ihre Kunst waren wie in China höher angesehen als Maler. Das ästhet. Niveau von K. ist bis heute sehr hoch. K. Brisch

Lit.: EI² IV - A. GROHMANN, Arabien, 1963 - DERS., Arab. Paläographie, 2 Bde, 1967, 1971 - A. SCHIMMEL, Calligraphy and Islamic Culture, 1984 - A. GHOUCHANI, Angular Kufic on Old Mosques of Isfahan, 1985 - E. KÜHNEL, Islam. Schriftkunst, 1986³.

Kalligraphie (im Abendland) → Schrift

Kallikles, Nikolaos, byz. Dichter, 1. Hälfte 12. Jh., verfaßte v. a. im Auftrag von Angehörigen des Ks.hauses Grabgedichte sowie Widmungsepigramme für Ikonen, Kreuzreliquiare und andere kirchl. und profane Objekte. Zu Lebzeiten v. a. als Arzt berühmt (Zeugnisse u. a. bei Anna Komnene im Zusammenhang mit der tödl. Krankheit Alexios' I.). Als Jambograph in einem Gregorios Korinthios zugeschriebenen Traktat Georgios Pisides und Theodoros Prodromos an die Seite gestellt. In jüngster Zeit wurde ihm vermutungsweise der Timarion, eine Hadesfahrt in Lukian-Tradition, zugeschrieben.
W. Hörandner

Ed.: Nicola Callicle, Carmi, ed. R. ROMANO, 1980 - *Lit.*: Tusculum-Lex.³, 430.

Kallipolis → Gallipoli

Kallistos. 1. K., *Patriarch v. Konstantinopel* 10. Juni 1350-15. Aug. 1353 und Jan. 1355-Aug. 1363, * vor 1300, † 1363; spätestens 1314 Athosmönch, Schüler des →Gregorios Sinaites, Anhänger des →Palamas. 1341 Mitunterzeichner des palamit. »Tomos Agioritikos«; März 1342 Teilnehmer am prokantakuzen. Vermittlungsversuch von Athosmönchen in Konstantinopel. 1345-50 Mitglied des Athos-Direktoriums. Kanonisierte als Patriarch auf der Synode v. Juni/Juli 1351 die palamit. Theologie, exkommunizierte und verfolgte ihre Gegner. Wegen Loyalität zu Johannes V. Palaiologos abgesetzt und exkommuniziert, flüchtete er zu ihm nach Tenedos und bannte seinen Nachfolger →Philotheos Kokkinos. Nach Rückkehr Johannes' V. auf den Thron neu eingesetzt; K. organisierte das Pfarrwesen und bekämpfte die Autokephalie der serb. Kirche. Er starb an einer Seuche während einer Gesandtschaft bei der serb. Zarin Helene in Serrhes. Schr.: Biogr. des Georgios Sinaites (ed. P. POMJALOVSKIJ, 1894) und des →Theodosij v. Tŭrnovo (nur abulg. überliefert, vgl. BZ 15, 1906, 386), Enkomion auf Johannes den Faster, Mönch des Petrakl. in Konstantinopel († um 1110) (ed. H. GELZER, Zs. für wiss. Theol. 29, 1886, 64-89), Homilien und Reden.
J.-L. van Dieten

Lit.: BECK, Kirche, 774f. - PLP, 10478 - Tusculum-Lex.³, 432f. - V. MOŠIN, Sv. Patriarh Kalist i Srpska Crkva, Glasnik, Srpske Pravoslavne Crkve, 28,9, 1946, 192-206 - A. FAILLER, La déposition du Patriarche Calliste Iᵉʳ (1353), RevByz 31, 5-7, 8-163 [Apologie der Gegner, komm.] - J. DARROUZÈS, Les regestes des actes du patriarcat de Constantinople, I/5, 1977, 253-284, 309-334 - D. P. GONÈS, Τὸ συγγραφικὸν ἔργον τοῦ οἰκουμενικοῦ πατριάρχου Καλλίστου Α΄, 1980 - G. SOULIS, The Serbs and Byzantium during the Reign of Tsar Stephen Dušan (1331-55) and his successors, 1984, 50, 57, 81, 91 - J.-L. v. DIETEN, Nikephoros Gregoras, Rhomäische Gesch. III, 1988, Anm. 310.

2. K. II. Xanthopulos, *Patriarch v. Konstantinopel* 17. Mai-Aug. 1397, † 1397 Konstantinopel. Mit seinem Bruder Ignatios lebte er zuerst als Einsiedler, gründete dann mit ihm das Xanthopulos-Kellion in Konstantinopel. Vor seinem Amtsantritt als Patriarch verfaßte er ein palamit. gefärbtes Glaubensbekenntnis (ed. MM II, 292-295). Bekannt als geistl. Autor, schrieb zusammen mit Ignatios eine auf die Praxis gerichtete Einf. in die hesychast. Gebets- und Lebensweise (»Zenturie«, ed. MPG 147, 635-812, aufgenommen in die »Philokalia« des Nikodemos Hagioreites [17. Jh.]). Auch eine kleine Schr.

»Kapitel über das Gebet« (ed. MPG 147, 813-817) trägt seinen Namen. — J.-L. v. Dieten

Lit.: BECK, Kirche, 784f. – PLP, 20820 – Tusculum-Lex.³, 433 – V. LAURENT, RevByz 13, 1955, 135-138 [Chronologie] – V. GRUMEL, Notes sur Callixte II Xanthopoulos, ebd. 18, 1960, 199-204 – E. TRAPP, Zur Identifizierung der Personen in der Hadesfahrt des Mazaris, JÖB 18, 1969, 99 – J. DARROUZÈS, Les régestes des actes du patriarcat de Constantinople, I/6, 1979, 315-319 – D. P. GONÉS, Τὸ συγγραφικὸν ἔργον τοῦ οἰκουμενικοῦ πατριάρχου Καλλίστου Α', 1980, 310-314, 318.

Kalmar, Stadt im südöstl. Schweden nahe der (ma.) Grenze zu Dänemark gegenüber der Insel Öland. Die Stadtbildung der auf einer Halbinsel, die durch einen künstl. Durchstich zur Insel wurde, gelegenen Siedlung (mit Kirche des 12.Jh.) ist in die erste Hälfte des 13.Jh. zu datieren; Ende des 13.Jh. wurde sie mit einer 15 ha umfassenden Steinmauer umgeben, zugleich auch eine Burg angelegt. Die Stadt wurde nach einem Brand 1647 vom ursprgl. Platz (mehrere 100 m südlicher) an den heut. Standort verlegt, um 1660 wurden die Reste des ma. K. abgebrochen.

Schon 1243 ist ein Dominikanerkonvent bezeugt, 1255/61 das Stadtsiegel belegt. Um 1300 ist eine Ratsverfassung ausgebildet (1312 consules, 1553 Bürgermeister, vor 1300 Rathausbau); noch im 13.Jh. wird die (einzige ma.) Pfarrkirche (ỏ Nikolaus) erweitert. Weitere Kirchen und Konvente, ein Kollegiatstift (1430), Schule (Anfang 14.Jh.) und Einrichtungen der sozialen Fürsorge bestätigen das schnelle, auf dem Handel (bes. Eisen-, Viehzuchtprodukte- und Fischexport) basierende Wachstum der Stadt, deren Hafen bereits im 13.Jh. in Betrieb war (die 6-8 m breite, 90 m lange, 1419 erwähnte Hauptbrücke ist archäolog. nachgewiesen), und die günstig an der internat. Schiffahrtsroute durch den K. er Sund lag; diese bevorzugte allerdings ab dem 15.Jh. die Route östl. der Insel Öland. War bis um 1400 fast die Hälfte der Bevölkerung deutschstämmig, so sank dieser Anteil im 15.Jh. auf ein Drittel der insgesamt ca. 2000 Einw. K. hatte als grenznahe Festung erhebl. Bedeutung, war mehrmals Tagungs- und Beratungsort und wurde 1345 Musterplatz für Land und Vogtei K. 1397 wurde →Erich v. Pommern hier zum Kg. der →Kalmarer Union gekrönt. — T. Riis

Lit.: K. Stads Historia, hg. I. HAMMARSTRÖM, I-II, 1979-82 [Q.; Lit.].

Kalmarer Union. Obwohl die skand. Länder (Dänemark, Norwegen mit Grönland, Island und den atlant. Inselgruppen, ferner Schweden mit Finnland) 1387-89 unter Kgn. Margarethe eine Personalunion gebildet hatten (Norwegen und Dänemark bereits 1380 unter ihrem minderjährigen Sohn Oluf [† 1387]), kam erst 1397 die eigtl. K.U. zustande. Margarethe, verwitwete Kgn. v. Norwegen, wurde als Reichsverweserin in den drei Ländern mit Designationsrecht anerkannt; nur in Norwegen erklärte der Reichsrat 1388 →Erich v. Pommern (5. E.), Enkel der Schwester Margarethes, zum Thronfolger. Dem minderjährigen Erich wurde in Dänemark und Schweden seit 1396 gehuldigt, im Sommer 1397 wurde er als Kg. der drei Reiche in Kalmar gekrönt. Zwei Urkk. sind überliefert vom Treffen in Kalmar, an dem Repräsentanten aus den drei Reichen teilnahmen: 1. Die formal korrekte »Krönungsurk.« auf Pergament, die dem neuen Kg. die Treue der Einw. zusichert und die loyale Zusammenarbeit verspricht; ferner wird Kgn. Margarethe der Generaltausch für ihre Amtsführung ausgestellt. 2. Der sog. »Unionsbrief« auf Papier stipuliert die Grundsätze der Thronfolge, sodann, daß die drei Reiche die eigenen Institutionen und Rechte beibehalten können, die in einem Reich ausgesprochene Acht aber in den anderen gelten sollte. Ferner sollten sich die drei Reiche im Kriegsfall Beistand leisten und untereinander Frieden halten; schließlich wird die verfassungsmäßige Stellung Margarethes geregelt. Der Unionsbrief scheint ein gescheiterter Entwurf zur Unionsverfassung zu sein, den man 1425 nichtsdestoweniger beglaubigte. In der Tat hielt man sich jedoch in der tägl. Regierung meistens an dessen Bestimmungen.

Als Kg. v. Dänemark setzte Erich die Schleswig-Politik Margarethes fort, indem er versuchte, das Hzm. als heimgefallenes Lehen einzuziehen, welches ihn in den bewaffneten Konflikt mit den Gf.en v. →Holstein führte. In diesem Zusammenhang ist der poln.-dän. Heiratsvertrag (1419) aufschlußreich. Wäre er realisiert worden, wären die poln.-litauische und die skand. Union in einer Personalunion vereinigt und die Territorien des Dt. Ordens unter den Kontrahenten aufgeteilt worden. Nur →Mecklenburg und die wend. Hansestädte (→Hanse) wären frei geblieben, und vielleicht deshalb unterstützten die letzteren die Gf.en v. Holstein in ihrem Kampf um Schleswig. Die Auseinandersetzungen wurden erst 1435 mit der Anerkennung der Herrschaft des Gf.en →Adolf VIII. über →Schleswig durch Erich abgeschlossen.

Inzwischen war aber ein anderer und ernsterer Konflikt zw. Erich und Teilen des schwed. Episkopats und des schwed. Adels ausgebrochen, der 1439 zur Absetzung Erichs in Schweden und Dänemark führte (in Norwegen erst 1442). Mehrere Umstände trugen zu dieser Entwicklung bei: 1. Der vom Konziliarismus inspirierte und vom Upsalaer Dompropst und späteren Ebf. Olof Laurensson geleitete Kampf für die kanon. Bf.swahl und die Ausschaltung jedes kgl. Einflusses; 2. wachsender Steuerdruck, vielleicht wegen der Finanzierung des Krieges um das Hzm. Schleswig; 3. wachsender Nationalismus, der Ämter und Lehen für Einheimische vorbehalten wollte.

Die Union wurde 1439-42 wiederhergestellt, löste sich aber beim Kg.swechsel 1448 wieder auf. Dänemark wählte Christian v. Oldenburg, Schweden den Marschall Karl Knutsson (Bonde), und in Norwegen wurden beide Kandidaten je von einem Teil des Reichsrats gewählt. In späteren Verhandlungen gelang es den dän. Reichsräten, Christian auch als norw. Kg. durchzusetzen (1450). Im erfolglosen Krieg 1452-57 verlor Kg. Karl Anhänger in Schweden, während die prodän. Partei an Stärke gewann. Angesichts eines allg. Aufstandes ging Karl ins Exil, und Christian wurde jetzt auch Kg. v. Schweden (1457). Die wiederhergestellte Union hielt nur bis 1464, als Karl nochmals zum Kg. berufen wurde, um nur einige Monate später abdanken zu müssen. De facto war Schweden jetzt unabhängig geworden, Karl Knutsson wurde 1468 zum dritten Mal Kg. bis zu seinem Tode (1470). Christian wurde nochmals nach Schweden berufen, vor Stockholm aber vom Reichsverweser →Sten Sture mit Hilfe eines aufständ. Bauernheeres geschlagen (Schlacht am →Brunkeberg 1471).

Trotz Krisen bestand die dän.-norw. Union bis 1814, aber es gelang nicht, Schweden dauerhaft einzubeziehen. Zwar wurde der dän. Kg. Hans 1497 Kg. v. Schweden, ein schwed. Aufstand 1501 führte aber zum Krieg bis 1512 (Frieden v. Malmö).

Die K.U. war in einer speziellen Situation zustandegekommen, als es darum ging, den hans. Einfluß in den nord. Reichen zu begrenzen. Dänemark war stets das unionseifrigste der drei Reiche, wahrscheinl. weil die Union der herkömml. Vormachtstellung Dänemarks entsprach. Mit dem Aufblühen des schwed. Bergbaus im 15.Jh. begann die Entwicklung sich zugunsten Schwedens zu verschieben, und da zur selben Zeit die Gefahr der hans. Dominanz in Skandinavien allmähl. abnahm, verlor die K.U. ihre Existenzberechtigung. T. Riis

Bibliogr.: Bibliografi til Dansk-Norsk Fellesstid 1380–1814, utgitt af Fondet for dansk-norsk samarbeid, 1988 – Q.: Den danske Rigslovgivning 1397–1513, hg. A. ANDERSEN, 1989 – Lit.: N. SKYUM-NIELSEN, Blodbadet i Stockholm og dets juridiske maskering, 1964 – F. G. SØRENSEN, Axelsønnernes økonomi og handel (ca. 1420–87) [Diss. Kopenhagen 1975] – A. E. CHRISTENSEN, Kalmarunionen og nordisk politik 1319–1439, 1980 – T. RIIS, La Baltique et le monde baltique au XVᵉ s., Critica Storica XXV, 1988, 713–728.

Kalojan, 1. K., bulg. Herrscher (→Bulgarien) 1197–1207, * um 1170, † 1207 (wohl im Okt.) vor Thessaloniki, ▢ Tŭrnovo, Kirche der 40 Märtyrer; jüngerer Bruder von →Asen und →Peter, die 1186 durch einen Aufstand an die Macht gekommen waren. K., der erstmals im Sommer 1188 genannt wird und vermutl. ab Sommer 1188 bis Ende 1189 als Geisel in Konstantinopel festgehalten wurde, übernahm nach der Ermordung der Brüder die Herrschaft (1197). Einer der bedeutendsten Herrscher des ma. Bulgarien, erreichte K. die Rückgewinnung der ehemals von Bulgarien beherrschten Gebiete und erzwang die Unterwerfung lokaler Herren (zu nennen sind insbes. Ivanko und Dobromir Chrys) unter die Zentralgewalt. Im Frühjahr 1201 führte K. einen Feldzug gegen das byz. Thrakien durch, nahm kurze Zeit später den Schwarzmeerhafen Varna ein und nötigte dem geschwächten Byz. Reich noch Ende 1201 einen Friedensvertrag auf, der Bulgarien im Besitz der seit 1195 eroberten Territorien bestätigte.

Im Streben nach kirchl. Unabhängigkeit führte K. seit 1200 mit Papst Innozenz III. Unionsverhandlungen, die 1204 zu einer Einigung führten: K. empfing am 8. Nov. 1204 durch den Kard.legaten Leo die Krönung zum 'rex Bulgarorum et Blachorum'; Ebf. Vasilij v. Tŭrnovo wurde zum 'Primas' geweiht.

Inzwischen war Konstantinopel dem Angriff der Kreuzfahrer erlegen (13. April 1204). K. suchte zwar anfängl. die Annäherung an das neuentstandene →Latein. Kaiserreich, verbündete sich aber dann mit aufständ. byz. Aristokraten in Thrakien (Aufstand um →Didymoteichon und Adrianopel, 1205) sowie mit den →Kumanen und vernichtete das Kreuzfahrerheer bei →Adrianopel (14. April 1205); Ks. Balduin II. starb in bulg. Kriegsgefangenschaft. Damit wurde das Reich v. Nikaia vor den Lateinern gerettet.

Nachdem im Sommer 1205 in Philippopel (Plov'div) eine lokale Erhebung der Griechen von K. blutig unterdrückt worden war und sich der Krieg gegen die Lateiner unentschieden in die Länge zu ziehen begann, rückten die thrak. Städte bzw. die byz. Archonten 1206 von K. ab und arrangierten sich mit den Lateinern.

Unter der weiteren, Anfang 1207 sogar auf ein Bündnis mit Theodoros I. Laskaris von Nikaia gestützten Kriegsführung K.s gegen das Lateinerreich, die im selben Jahr in der erfolglosen Belagerung von Thessalonike gipfelte, litt dann v.a. die griech. Bevölkerung, die in K. nur noch den 'Romaioktonos' (Römertöter) sah. So erblickte man auf Seiten der Griechen im plötzlichen (gewaltsamen?) Tod K.s vor Thessalonike ein vom hl. →Demetrios bewirktes Wunder, das auch später auf Ikonen dargestellt wurde. Sein Tod befreite das Lateinerreich von seinem gefährlichsten Gegner, doch blieb seine Politik vorerst noch für Bulgarien unter K.s Nachfolger→Boril bestimmend.

G. Prinzing/U. Mattejiet

Lit.: BLGS II, 330–332 [ält. Lit.] – G. PRINZING, Die Bedeutung Bulgariens und Serbiens in den Jahren 1204–1219 …, 1972 – K. M. SETTON, The Papacy and the Levant (1204–1571), I, 1976 – I. BOŽILOV, Familijata na Asenevci, 1985, 43–68, Nr. 3 – A. DANČEVA-VASILIEVA, Bŭlgarija i Latinskata imperija (1204–1261), 1985, 1–79.

2. K., Sebastokrator, 13. Jh., ließ gemeinsam mit seiner Gattin, der Sebastokratorissa →Desislava, 1259 die →Bojana-Kirche bei Sofia ausbauen und mit bedeutenden Malereien ausschmücken. K. und seine Gattin sind im Pronaos als Stifter dargestellt. Die hist. Überlieferung vermischt K. unbegründet mit Kaliman, dem Vetter und Mörder des bulg. Zaren→Michael II. Asen (1246–56). Die Stifterinschrift in der Bojana-Kirche, das einzige hist. Zeugnis über K., zeigt dagegen, daß der Sebastokrator Enkel des serb. Zaren Stefan Pǎrvovenčani (1196–1227) und Vetter des bulg. Zaren Konstantin Tich war.

I. Božilov

Lit.: K. MIJATEV, Bojanskite stenopisi Sofia, 1961, fig. 46–50 – I. GĂLĂBOV, Nadpisite kǎm Bojanskite stenopisi, 1963, 23–31 – V. ZLATARSKI, Bojanskijat nadpis (DERS., Izbrani proizvedenija, II, 1984), 410–434 – I. BOŽILOV, Familijata na Asenevci, 1985, 114 – Bǎlgarskata lit. i knižnina prez 13, hg. I. BOŽILOV-ST. KOŽUCHAROV, 1987, 202.

Kalonymus, im 10.–11. Jh. bedeutende, in Deutschland wirkende jüd. Familie von it. Herkunft, aus der zahlreiche Gelehrte, liturg. Dichter und Philosophen hervorgingen; der wichtigste Vertreter war →Meschullam ben K. (Ende des 10. Jh.). U. Mattejiet

Kalopheros, Johannes Laskaris, * zw. 1325 und 1330, † zw. Jan. und Sept. 1392, Zypern; aus wohlhabender, mit den Laskaris und den Metochites verwandten Adelsfamilie Konstantinopels, die den Palaiologen nahestand; Page, dann ksl. Beamter. Um 1347 trat er wie sein Lehrer Demetrios Kydones zum Katholizismus über, erreichte bald senatoralen Rang, fiel jedoch in Ungnade, als er um 1364 durch Prokurator Prinzessin Maria Kantakuzene heiratete. Nach seiner Flucht nach Venedig und Avignon begleitete er als Berater Peter I. v. Zypern 1365 auf dem Kreuzzug gegen Alexandrien. Er heiratete Maria de Mimars, Witwe des Johannes v. Soissons und erhielt die Baronie Serie (Seria, Diöz. Limassol). Nach der Ermordung Peters I. (16./17. Jan. 1369) wurde K. gefangengesetzt und 1371 durch Fürsprache Gregors XI. freigelassen. Verwitwet, heiratete er um 1372 Lucia, Tochter Erards III. Mavros, Barons v. Arkadia, Saint-Sauveur und Aetos in Morea. Den als Kaufmann im ital.-ägypt. Handel und päpstl. Diplomat tätigen K. ernannte Karl III. v. Anjou-Durazzo zum Gf.en v. Zakynthos und Kephallenia (vor 10. Febr. 1383). Schließl. vertauschte K. das genues. mit dem ven. Bürgerrecht und vermittelte 1387–88 zw. Amadeus v. Savoyen-Achaia und Venedig sowie Morea (Achaia). Am 5. Juli 1388 machte er zu Venedig, wo er auch Kydones traf, sein Testament. Trotz großem persönl. und materiellem Erfolg vermochte K. nichts Entscheidendes zur engeren Zusammenarbeit zw. Ost und West zu bewirken. A. Eßer

Q. und Lit.: Leontios Makhairas, Recital concerning the Sweet Land of Cyprus…, ed. Q. R. M. DAWKINS, 1–2, 1932 – Τὸ χρονικὸν τοῦ Μορέως, ed. P. P. KALONARAS, 1940 – J. SMET, The Life of Peter Thomas by Philippe de Mézières, 1945 – J. LOENERTZ, Démétrius Cydonès, Correspondance, I, 1956; II, 1960 – D. JACOBY, Jean Lascaris Calophéros, RevByz 26, 1968, 189–228 – L. A. ESZER, Das abenteuerl. Leben des J. L. K., 1969 – R.-J. LOENERTZ, Pour la biogr. de Jean Lascaris Kalophéros, RevByz 28, 1970, 129–139.

Kalotte → Gewölbe

Kalvarienberg → Andachtsbild

Kamāladdīn Abū l-Ḥasan Muḥammad b. al-Ḥasan → al-Fārisī

Kamaldulenser, eremit. und koinobit. Elemente verbindender Zweigorden OSB; weißer Habit; ausgehend von der vom hl. →Romuald v. Ravenna († 1027), mit Unterstützung des Bf.s Te(o)dald (1023-36) im Casentino (Prov. Arezzo, Pieve Partina) gegr. Einsiedelei →Camaldoli sowie dem von Anfang an mit ihm verbundenen Kl.-Hospiz Fontebuono. Die Neugründung wurde bald von Laien oder seitens der Bf.e v. Arezzo mit Schenkungen dotiert. 1047 bestätigte Ks. Heinrich III. den Eremiten v. Camaldoli ihren größtenteils noch in der Pieve Partina befindl. Grundbesitz und Pertinenzen. 1072 stellte Papst Alexander II. die Eremitenkongregation und ihre Dependenzen (einige Kl. zumeist im Komitat Arezzo) unter seinen Schutz. Offensichtl. wurde Camaldoli nach jahrzehntelanger Weltabgeschiedenheit unter dem Schutz der Bf.e v. Arezzo eher unvermittelt in die Bewegung der Kirchenreform eingebunden und vor die Möglichkeit gestellt, eine auf die verschiedenen Bindungen zu anderen Kl. gestützte Macht und Grundherrschaft aufzubauen. Der entstehende Kl.verband war jedoch nur locker strukturiert und bildete kein einheitl. Machtgebilde, da die ursprgl. eremit. Zielsetzung nur in wenigen Fällen zur Gründung neuer, festansässiger Einsiedeleien führte und sich auf die Anerkennung der Suprematie des Priors v. Camaldoli über eine wachsende Zahl zumeist von Äbten geleiteter Kl. beschränkte. In den 1085 unter dem 4. Prior v. Camaldoli Rudolfus verfaßten Consuetudines wurden das rigorose Eremitenleben von Camaldoli unterschieden von der ebenfalls strengen Disziplin von Fontebuono (nunmehr ein Kl. OSB mit Betonung des Bußcharakters als asket. Vorbereitungsstätte für die künftigen Eremiten) und alle abhängigen Kl., Einsiedeleien, Kirchen, Kanonikerhäuser dem Prior v. Camaldoli, der an der Spitze dieses heterogenen Verbandes stand, unterstellt. Das stetig anwachsende Patrozinium umfaßte Schenkungen von Kastellen, von Camaldoli gegr. Einsiedeleien und Kl., ferner Kl., die von Camaldoli aus reformiert werden sollten, sowie Güter und Kirchen in nahezu der ganzen Toskana, auch in den Städten Arezzo und Pisa, sowie in den Marken, der Romagna und in Sardinien. Die päpstl. Approbationsbulle Paschalis' II. unter dem Prior Guido (1113) zählt rund 30 Kl. auf; unter ihnen einige Einsiedeleien, die »tamquam corpus unum sub uno capite, id est sub priore Camaldulensis heremi« verbunden waren. Im 12. Jh. nahmen Ansehen und Einfluß Camaldolis, das von den Päpsten und teilweise von den Ks.n gefördert wurde, in Mönchtum und Laienwelt weiter zu, so daß v. a. in Mittelitalien und auf Sardinien (gefördert durch die Pisaner und durch lokale Dynasten), im Gebiet von Bologna, in Venetien und in Istrien eine Reihe von Kl. gegründet wurde bzw. sich der K.-Kongregation anschloß. Zur Zeit Innozenz' III. schüttelte Camaldoli jede noch aus den Anfängen bestehende Abhängigkeit von den Bf.en v. Arezzo ab. Die Entwicklung der Ordensverfassung führte zur Unterscheidung zw. dem Amt des Prior »maior«, der dem Eremus Camaldoli vorstand und dem Amt des Generalpriors, Oberhaupt der gesamten Kongregation, dem das period. tagende Generalkapitel der Äbte, Prioren und einflußreichen Eremiten zur Seite stand. Eine einheitl. Leitung erwies sich als schwierig, da die lokalen Consuetudines einzelner Männer- und Frauenkl. daneben weiterbestanden und zudem verschiedene Protektoren ihren Einfluß geltend machten, so daß es verschiedentl. zu »Aufständen« kam, und die Päpste seit Bonifatius VIII. und während der avign. Zeit vielfach eingreifen mußten. In der 2. Hälfte des 13. Jh. kam es auch wieder zu Auseinandersetzungen mit dem Bf. v. Arezzo sowie in der Folge zu einer Art Schutzherrschaft der Kommune Arezzo über das Stammkl. In der Zeit des avign. Papsttums bestanden wiederholt schwere Konflikte zw. dem Eremus maior und dem allzu energ. Generalprior Bonaventura. Sein Nachfolger (seit 1348) Johannes III. war während seines fast 40jährigen Priorats bestrebt, dem deutl. Niedergang entgegenzutreten und verfaßte zu diesem Zweck sehr detaillierte Konstitutionen.

In den 30er Jahren des 15. Jh. wirkte der Generalprior →Ambrosius Traversari, ein gelehrter florent. Humanist, im Sinne der Reform, unterstützt von Eugen IV. Auflösungstendenzen nahmen im K.orden jedoch zu, z. T. auch durch die päpstl. Kommendenpolitik begründet. Man versuchte, alle Häuser des Ordens in Gruppen einzuteilen, 1513 kam es jedoch zur Ablösung des Kl. S. Michele di Murano, eines bedeutenden Studienzentrums in der ven. Lagune, das zum Oberhaupt einer mächtigen selbständigen Kongregation wurde. 1521 konstituierte sich als selbständige Reform-Kongregation – gegr. durch Paolo →Giustiniani – die Eremitenkongregation v. Monte Corona (Umbrien).

Aus dem K.orden gingen sehr viele Hl.e und Selige hervor. Das Kl. S. Maria degli Angeli in Florenz (1294) wurde in der 2. Hälfte des 15. Jh. ein Zentrum des Humanismus. →Fonte Avellana. G. Tabacco

Q.: J. B. MITTARELLI-A. COSTADONI, Ann. Camald., I-IX, Venetiis 1755-73 – Regesto di Camaldoli, I-II, hg. L. SCHIAPARELLI-F. BALDASSERONI, 1907-09; III-IV, hg. E. LASINIO, 1914-28 – *Lit.:* DIP I, 1718-26 – MITTARELLI-COSTADONI, op. cit. – P. T. LUGANO, La congregazione camald. degli eremiti di Montecorona, 1908 – A. PAGNANI, Storia dei Benedettini Camaldolesi, 1949 – W. KURZE, Campus Malduli..., QFIAB 44, 1964 – G. TABACCO, Romualdo di Ravenna e gli inizi dell'eremitismo camald. (L'eremitismo in Occidente nei sec. XI e XII, 1965) – J. M. SANSTERRE, Otton III et les saints ascètes de son temps, RSCI 43, 1989, 377-412 – s. a. →Camaldoli; →Fonte Avellana.

Kamateros (Καματηρός, in der Spätzeit vereinzelt auch Καματερός, vielleicht am ehesten 'harter Arbeiter'), bedeutendes byz. Adelsgeschlecht. Petronas K. erbaute im Auftrag des Ks.s Theophilos die chazar. Festung Sarkel an der Donmündung und wurde 833/836 Protospathar und (erster) Stratege des Themas Cherson (Krim). Ein Basileios K. wird für 903 als ἑταιρειάρχης erwähnt. Für das 11. Jh. sind mehrere Richter bzw. Ministerialbeamte bezeugt; ein Epiphaneios K. dürfte im letzten Drittel des 11. Jh. erstmals (als πρόεδρος) das Amt eines Stadtpräfekten erreicht haben. Gregorios K. gewann als ksl. ὑπογραμματεύων das Vertrauen Alexios' I., wurde sehr reich, stieg unter Johannes II. zum σεβαστὸς καὶ λογοθέτης τῶν σεκρέτων auf und erhielt Eirene Dukaina, eine Verwandte des Ks.hauses, zur Gattin. Deren Nachkommen, zumeist als K. Dukas bezeichnet, führten den Rangtitel σεβαστός und erreichten mehrfach Spitzenpositionen der zivilen Karriere oder leiteten Gesandtschaften. Andronikos K. Dukas verfaßte zudem unter Manuel I. die »Ἱερὰ ὁπλοθήκη« (orth. Polemik gegen Lateiner und Armenier), Johannes K. zwei astrolog. Gedichte. Die Familie stellte zwei Patriarchen v. Konstantinopel, Basileios II. K. (1183-86) und Johannes X. K. (1198-1206). Der Patriarch Arsenios Autoreianos (1255-59; 1261-65) stammte mütterlicherseits von den K.i ab. Euphrosyne Dukaina, die Tochter eines Andronikos K., wurde als Gattin Alexios' III. Angelos (1195-1203) Ksn. Für die Palaiologenzeit werden außer einigen Grundbesitzern nur mehr Personen bescheidenen Standes genannt. W. Seibt

Lit.: BECK, Kirche, 626f., 664f. – HUNGER, Profane Lit. I, 128; II, 118, 242 – PLP V, 10784f., 10787-99 – V. LAURENT, Un sceau inédit du protonotaire Basile K., Byzantion 6, 1931, 253-271 – G. STADTMÜLLER, Zur Gesch. der Familie K., BZ 34, 1934, 352-358 – D. I. POLEMIS, The Doukai, 1968, 125-133 – R. GUILLAND, Les logothètes, RevByz 29, 1971, 82f. – W. SEIBT, Die byz. Bleisiegel in Österreich I, 1978, 292-294

– V. Laurent, Le corpus des sceaux de l'empire byz. II, 1981, Nr. n 206, 1028, 1038 – J.-C. Cheynet, Pouvoir et contestations à Byzance (963–1210), 1990, 110, 201f., 435f., 441.

Kamel, seit der Antike in beiden Unterarten der Alten Welt bekannter, zu den Schwielensohlern (Tylopoda) gehörender Paarhufer. Das einhöckrige domestizierte (Zeuner, 288ff.) Dromedar (dromeda = camelus arabicus: Isidor, etym. 12,1,36; vgl. Ps.-Hugo, 3,21; Bartholomaeus Anglicus 18,35; Konrad v. Megenberg III.A.23 nach Thomas III, ed. A. Brückner) wird von Jakob v. Vitry (hist. orient. c. 88) als Rennk. (cursarius) vom besser beschriebenen zweihöckrigen Trampeltier (c. bactrianus) unterschieden. Das Mißverständnis der auf Aristoteles (h. a. 2,1) beruhenden Pliniusstelle (n. h. 8,67) durch Solinus (49,9) verschuldete die durch Isidor (12,1,35) weit verbreitete Umkehrung der Höckerzahl (z. B. Hrabanus Maurus 7,8; Ps.-Hugo 3,20 und naturkundl. Enzyklopädiker). Thomas v. Cantimpré (4,12; vgl. Vinc. Bellovacen., 18,23) kombiniert die Angaben von Aristoteles, Plinius (n.h. 8,67f.; 10,173; 11,164; 253f.), Solin (49,9–12) u. a. über Körperbau, Paßgang, Verhalten, Brunft und Fortpflanzung sowie Langlebigkeit (bis 100 Jahre) mit denen von Jakob, Basilius d. Gr. (hom. 8,1,15; gutes Gedächtnis gegenüber Unrecht, das später geächtet wird) und dem »Liber rerum« (solidar. Nahrungsverweigerung bei Erkrankung eines Herdenmitglieds). Aus der arab.-lat. Übers. der Zoologie des Aristoteles durch Michael Scotus (h.a. 2,1) entnahm Thomas u. a. die Beschreibung des Fußwurzelknochens Würfelbein (gr. astragalos) als ʿca(h)abʾ im Zusammenhang mit dem nur z. T. gespaltenen Fuß mit der Zwischenhaut und einem verletzungsanfälligen Fleischpolster (= Schwielensohle). Daß man dem K. schon in der Antike Lederschuhe anzog, wiederholt Thomas nach dem »Experimentator« in Verbindung mit der gefährl. Fußgicht (podagra). Das schon von Aristoteles (h.a. 8,8 = Plin., n.h. 8,68) behauptete absichtl. Trüben des Wassers versucht Thomas mit Hilfe der Elementenlehre zu erklären. Dann ist ihm das Trinken getrübten Wassers Sinnbild für die Bemühungen ʿheiliger Seelenʾ um wiss. Erkenntnis. Thomas III kürzt den Kontext und fügt zwei neue Motive hinzu (Grasfressen der Jungen sofort nach Geburt, bei Konrad III.A.8 angebl. nach Michael; Tötung eines Wärters durch ein K. wegen der Verleitung zum Inzest nach Ps.-Aristoteles, h.a.9,47; vgl. Barth. Angl. 18,18). Zu der volksmed. Verwendung des Gehirns fügt Albertus Magnus (22,26) weitere organotherapeut. Rezepte aus Ps.-Rasis (c.9) hinzu.

Ch. Hünemörder

Q.: →Albertus Magnus, →Hrabanus Maurus, →Isidor v. Sevilla, →Jakob v. Vitry – Konrad v. Megenberg, Das Buch der Natur, ed. F. Pfeiffer, 1861 [Neudr. 1962] – Ps.-Hugo, De bestiis et aliis rebus, MPL 177 – Ps.-Rasis, De fac. part. animal., Abubetri … Rhazae … Opera exquisitiora, 1544 – Solinus, Collect. rerum memorab., ed. Th. Mommsen 1895² [Neudr. 1964] – Thomas v. Cantimpré, L. de natura rerum, I, ed. H. Boese, 1973 – Vincentius Bellovacensis, Speculum naturale, 1624 [Neudr. 1964] – *Lit.:* A. Brückner, Q.stud. zu Konrad v. Megenberg [Diss. Frankfurt 1961] – F. E. Zeuner, Gesch. der Haustiere, 1967.

Kameo, Gemme, Intaglio. [1] *Definition, Spätantike und Frühchristentum:* Die antike Steinschneidekunst (Glyptik, gr.) bearbeitete →Edelstein und weichere Schmucksteine (Halbedelsteine), später auch Bergkristall und Glaspasten. Neben den seltenen Gattungen der Gefäße, vollplast. Figuren und bildartigen Prunkreliefs (meist K.en im Umkreis der Ks.er, sog. Staatsk.) wurden v. a. G.n (lat.) als Ringsteine und Anhänger hergestellt. Bei zum Abdruck bestimmten Siegelsteinen und bei mag. G.n wurde der Dekor eingeschliffen (heute G. im eigtl. Sinne, I.), bei Schmucksteinen in erhabenem Relief gearbeitet (K.). Für den K. nutzte man die Wirkung der verschiedenen Farben mehrschichtiger Steine. Schon in der polit. und wirtschaftl. Krisenzeit des 3. Jh. nahm die Herstellung verzierter Ringsteine ab und die Verwendung von Glaspasten zu. Neben einigen ksl. Porträt-G.n wurden wohl noch im 4. Jh. auch einige Staats-K.n hergestellt; dagegen bestehen gegen die Echtheit von G.n mit Symbolen und bibl. Darst. Bedenken (Diskussion: Engemann). Eine Neubelebung der I.- und K.technik war im 6./7. Jh. in Konstantinopel zu verzeichnen; bevorzugte Themen: Kreuzwache von Aposteln oder Engeln, Verkündigung bei Maria.

J. Engemann

Lit.: RAC XI, 270–313 [Engemann] – RByzK III, 903–927 – P. Zazoff, Die antiken G.n, 1983.

[2] *Mittelalter:* Erhaben und vertieft geschnittene (Edel-)steine spielen auch im MA, einzeln oder in schmückendem Zusammenhang, keine geringe Rolle. Sie begegnen, teilw. gehäuft, in herrscherl. wie kirchl.-liturg. Kunst, vorwiegend in Übernahme antiker Steinschnitte (Spolien). Ihre Hochschätzung beruht auf Kostbarkeit, Seltenheit, Kunstfertigkeit sowie materieller und mag. Wertigkeit. Neben dekorativ-zweckfreier ist auch motiv.-ikonograph. bewußte bzw. auf Bedeutungen angepaßte Verwendung festzustellen. Eigenproduktion gibt es schon im frühen MA. Neben Imitationen von K.en in Glasfluß (sog. Desideriuskreuz, Brescia) treten v. a. in NW-Dtl. die →Alsengemmen mit eingeritzten figürl. Darst. Im weiteren Sinne gehört auch der karol. →Kristallschnitt in solchen Zusammenhang. Im herrscherl. Bereich ist die Bevorzugung teils antiker, teils nachempfundener Siegelschnitte von Bedeutung. Seit otton. Zeit übten byz. Arbeiten eine wichtige Vorbildfunktion aus, v. a. in Venedig, ferner in Süditalien (Friedrich II. als K.-sammler). Anfänge abendländ. Eigenstils in der Glyptik lassen sich erst spät feststellen. Im 13.–14. Jh. liegt das Zentrum einer oft antikisierenden Steinschneidekunst in Frankreich, wo Spitzenerzeugnisse hervorgebracht werden (Burgund). Die wesentl. kunstgesch. Funktion der Glyptik des MA ist in der Weitergabe antiken Formengutes zu sehen.

V. H. Elbern

Lit.: E. Babelon, La gravure en pierres fines, camées et intailles, 1894 – G. E. Pazaurek, Belvedere II, 1932, 1ff. – G. A. S. Snijder, Art Bull. XIV, 1932, 15ff. – H. Wentzel, ZDVKW 8, 1941, 45ff. – O.-F. Gandert, 36. Ber. Röm. Germ. Komm. 1955, (1956), 156ff. – F. Steenbock, Der kirchl. Pachteinband im frühen MA, 1965, 59ff.

Kamerer-Seiler, Nürnberger Handelsgesellschaft in der 2. Hälfte des 14. und Anfang des 15. Jh. Seit 1390 waren die beiden Familien miteinander verschwägert. Die S. stammten aus St. Gallen und waren mit den dortigen S. verwandt. *Burckart* S. kaufte 1375 in Nürnberg einen »Eisenkasten«. Seine Erben *Peter* und *Konrad* S. waren Gesellschafter von *Ulrich* K. und *Konrad* Grau, der wiederum Gesellschafter von Nikolaus Amman war. Die Handelsverbindungen der Firma erstreckten sich auf ganz Europa. Sie war an den wichtigsten Plätzen der Gewinnung, des Handels und der Verarbeitung von Bunt- und Edelmetallen vertreten. Ulrich K. war sowohl im NW (Überbringer des Nürnberger Zollrechts im Hzm. Brabant) als auch im SO aktiv. Hier hatte er als Tricesimarius und Kammergf. Kg. Sigismunds v. Ungarn großen Einfluß auf die Goldprägung. Beziehungen zu it. Handelshäusern (→Medici) zeigten sich bei der Finanzierung der Italienpläne Kg. Rupprechts, die Ulrich K. zusammen mit Konrad S. durchführte. Dabei hat sich die Firma anscheinend übernommen, denn die beiden sind nach 1404 nur noch in Krakau und Ungarn belegt, wo sie aber bei Kg. Sigismund weiterhin eine einflußreiche Stellung einnahmen. D. Rödel

Lit.: W. v. STROMER, Obdt. Hochfinanz 1350–1450, VSWG Beih. 55–57, 1970.

al-Kāmil (al-Malik al-K.), ayyūbid. Sultan, geb. 1177 oder 1180, gest. 6. März 1238, ältester Sohn von Saladins Bruder →al-ᶜĀdil, begann als Stellvertreter seines Vaters in der Ğazīra seine militär. und polit. Laufbahn und kam 1191 nach Damaskus, um diesem im Kampf gegen Saladins Sohn al-Afḍal beizustehen. Nach des letzteren Tod setzten sich al-ᶜĀdil und al-K. in den Besitz Ägyptens, wo al-K. als Vizekg. zurückblieb. Als die Kreuzfahrer im Mai 1218 Ägypten angriffen (s. →Kreuzzug), konnte al-K. ihre Landung und die Eroberung von Damiette nicht verhindern. Nach dem Tode al-ᶜĀdils (31. Aug. 1218) folgte ihm al-K. als Sultan und nominelles Oberhaupt des →Ayyūbidenreiches und konnte die Kreuzfahrer nach heftigen Kämpfen bei al-Manṣūra einkesseln und im Aug. 1221 zur Kapitulation zwingen. Der Gegensatz zw. al-K. und seinen Brüdern bestimmte für die nächsten Jahre das Geschehen und erklärt sein Entgegenkommen gegenüber Ks. Friedrich II., der in Erfüllung seines Kreuzzugsgelübdes 1228 in Akkon gelandet war und dem er 1229 in einem Friedensvertrag auf 10 Jahre Jerusalem abtrat. Al-K. war ein geschickter Diplomat und tüchtiger Feldherr, dem es nach wechselvollen Kämpfen gelang, die Oberherrschaft über seine Brüder durchzusetzen, und der sich um den inneren Ausbau Ägyptens verdient machte. P. Thorau

Lit.: H. L. GOTTSCHALK, Al-Malik und al-K. von Egypten und seine Zeit, 1958 [Q.- und Lit.verz.].

Kamille (Chamomilla recutita [L.] Rauschert/Compositae). Wenn sich auch die seit dem Neolithikum in Mitteleuropa verbreitete Echte K. im antiken Schrifttum nicht eindeutig identifizieren läßt, so geht jedenfalls der mlat. Name *camomilla* auf gr. chamaimelon ('Erdapfel', wegen des ähnl. Geruchs) zurück. Verwandte Anthemis-, Matricaria- und Chrysanthemum-Arten damit verwechselnd, unterscheiden die ma. Autoren meist zw. drei K.n (Macer, ed. CHOULANT, 549–591; Albertus Magnus, De veget. VI, 294; Konrad v. Megenberg V, 16), deren innerl. und äußerl. Anwendung – u. a. als menstruations- und (nach)geburtsförderndes, harn- und steintreibendes, glieder- und gehirnstärkendes, Darm- und Leberleiden beseitigendes sowie Geschwüre erweichendes Mittel (Gart, Kap. 84) – ein breites therapeut. Spektrum aufweist. Darüber hinaus gehört v. a. die als Tee zubereitete K. bis heute zu den beliebtesten Heilpflanzen der Volksmedizin. P. Dilg

Lit.: MARZELL III, 66–74 – DERS., Heilpflanzen, 272–274 – TH. HABELT, Zur Gesch. der med. Verwendung der K. (Matricaria chamomilla L.) [Diss. Leipzig 1935] – H. SCHILCHER, Die K., 1987, 11f.

Kamin, offene Feuerstelle in einer nischenartigen, mit einem Schornstein verbundenen Maueröffnung, oft mit vorkragenden Seitenwangen und schräger Verdachung (Mantel, Schurz, Rauchfang). Die Beheizung des Raumes (Kemenate) erfolgt nicht durch eine Heizfläche, sondern durch strahlende Wärme des offenen Feuers. Seit karol. Zeit als Eckk. nachgewiesen (St. Galler Klosterplan um 830, Schloß Broich in Mühlheim/Ruhr 883/884). Auch das Schlafgemach Karls d. Gr. und das Empfangszimmer im Hause des Mailänder Bf.s Angilbert (um 859) hatten K.e. In stauf. Zeit entwickelte sich der K. mit reich verzierten Wangen zum beherrschenden Element in der Raumgestaltung von Pfalzen und Burgen. Der K. lag zumeist auf einer Traufseite zw. zwei Doppelarkadenfenstern (Münzenburg um 1160, Konradsdorf, Büdingen, Bensberg), auch mit anschließender Bank und Zierlehnen (Pfalz Gelnhausen um 1165/70). Von bes. Größe im Palas der Burg Wildenberg im Odenwald, den Wolfram v. Eschenbach im Parzival preist. Reich verzierte K.e finden sich in der Spätgotik und Renaissance in Palästen und Schlössern u. a. in Oberitalien, bes. in Venedig, und Frankreich. Seit etwa 1400 wird die Rückwand mit einer gußeisernen, häufig reliefierten Platte (K.platte) verkleidet; ihre Umrisse sind vielfältig, rechteckig, gebogen, verschnörkelt, teilweise in Felder geteilt und mit szen. Reliefs (bes. seit 16. Jh.). G. Binding

Lit.: A. FABER, Entwicklungsstufen der häusl. Heizung, 1957 [Lit.].

Kaminiates, Johannes, byz. Autor, Name des Verfassers der sog. »Einnahme Thessalonikes«, eines Berichts über Belagerung und Eroberung der Stadt durch eine arab. Flotte unter Leo v. Tripolis (904). Der nur durch die Angaben in diesem Werk bezeugte K. stellt sich als Kleriker und κουβουκλείσιος aus Thessalonike vor und nimmt als einer der Gefangenen der Haltung des Augenzeugen ein. Das Buch ist dreiteilig angelegt: 1. Beschreibung der Stadt Thessalonike, ihres Handels und ihrer slav. Nachbarn; 2. die arab. Eroberung; 3. das Schicksal der Gefangenen. – Das Werk ist nur in späten Hss. (15.–16. Jh.) überliefert und zeigt textl. Übereinstimmungen mit dem zeitgenöss. Bericht über die türk. Belagerung von Thessalonike (1430) des Johannes →Anagnostes. Dies und manche Züge der lit. Gestaltung (Lebhaftigkeit und Detailfreude, selbstiron. Schilderungen, Städtelob), wie sie sonst in Werken des 10. Jh. nicht begegnen, lassen Zweifel an der Authentizität des Berichts, der auch Widersprüche in der Ereignisschilderung und Chronologie aufweist, aufkommen. Es ist zumindest nicht ausgeschlossen, daß er erst vor oder nach der türk. Eroberung von 1430, als das Interesse an den Ereignissen von 904 wiederauflebte, verfaßt wurde. A. Kazhdan

Ed.: G. BÖHLIG, 1973 – Dt. Übers.: G. BÖHLIG, 1975 – Russ. Übers.: S. V. POLJAKOVA-I. FELENKOVSKAIJA (Dve vizantijskie chroniki X veka), 1959, 159–210 – Lit.: HUNGER, Profane Lit. I, 357–359 – A. KAZHDAN, Some Questions Addressed to the Scholars who believe in the Authenticity of K.' »Capture of Thessalonike«, BZ 71, 1978, 301–314 (vgl. dazu G. TSARAS, Βυζαντιακά 8, 1988, 41–58) – V. CHRISTIDES, Once again K.' »Capture of Thessalonike«, BZ 74, 1981, 7–10 – G. TSARAS, Ἰωάννου Καμηνιάτου περὶ ἀλώσης τῆς Θεσσαλονίκης, 1987.

Kamm, mit Zähnen versehenes Gerät zur Pflege des Haupt- und Barthaares; seit der Antike auch beliebter Luxusartikel in kostbarer Ausführung. Als Materialien dienen Holz, Bein und Elfenbein; K.e können eine oder zwei Zahnreihen aufweisen; letzterer Typus ist zumeist höher als breit, sein Mittelfeld kann figural oder ornamental verziert sein. In liturg. Verwendung dient der K. zum Ordnen des Haupthaares nach Anlegen der Paramente und bei der Bf.sweihe. Diese liturg. K.e sind bes. reich ausgestattet und werden dem jeweiligen Besitzer als Grabbeigabe mitgegeben. Berühmte liturg. K.e sind jene des Lupus v. Sens († 613), Remaclus v. Maastricht († 675), Ulrich v. Augsburg († 973), Heribert v. Köln († 1021), Anno v. Köln († 1075) usw. Im profanen Bereich stammt der Großteil erhaltener Exemplare aus Bodenfunden. Elfenbeink.e in schriftl. Q. erwähnt oder seltener in Originalen erhalten (z. B. Kamm der Margarete v. Flandern, Paris, Musée Cluny), gehören zu den Luxusartikeln, wobei im 14. Jh. v. a. Paris Produktionszentrum ist. E. Vavra

Lit.: RDK IV, 1302ff. – Kulturhistorikst Lex. för nordisk medeltid VIII, 1963, 179ff. – V. H. ELBERN, Ein otton. Elfenbeink. aus Pavia, ZDVKW 23, 1969, 1–7 – W. D. TEMPEL, Die K.e aus Haithabu (Ber. über die Ausgrabungen in Haithabu 4, 1970), 34–45 – J. GERBER, Praktkammar, Kulturen 1972, 92–96 – F. SWOBODA, Die liturg. K.e [Diss. Tübingen 1972] – C. LITTLE, An Ivory Tree of Jesse from

Bamberg, Pantheon 33, 1975, 292–300 – E. MOLTKE, Arhuskammern med runer fra byudgravningen 1964, Hikuin 2, 1975, 145–150 – W. F. VOLBACH, Elfenbeinarbeiten der Spätantike und des frühen MA, 1976³, 67f., 121ff. – B. WACHTER, Ma. Knochenschnitzarbeiten von der Weinbergburg in Hitzacker, ZAMA 4, 1976, 123–130 – W. WINKELMANN, Archäolog. Zeugnisse zum frühen Handwerk in Westfalen, FMASt 11, 1977, 92–126 – D. GABORIT-CHOPIN, Elfenbeinschnitzkunst im MA, 1978 – P. GALLOWAY – M. NEWCOMER, The craft of combmaking: an experimental inquiry, Inst. of Archaeology Bull. 18, 1981, 73–89 – K. J. GILLES, Germ. Fibeln und K.e des Trierer Landes, ArchKbl 11, 1981, 333–339 – W. R. TEEGEN, Ma. Steilk.e aus Hameln, Nachr. aus Niedersachsens Urgesch. 50, 1981, 313–319 – C. NAUERTH, Bem. zu kopt. K.en (G. KOCH, Stud. zur spätantiken und frühchr. Kunst und Kultur des Orients, 1982), 1–13 – I. ULBRICHT, Die Verarbeitung von Knochen, Geweih und Horn im ma. Schleswig (Ausgrabungen in Schleswig 3, 1984).

Kammer, Kämmerer

I. Deutsches Reich – II. England – III. Königreich Sizilien – IV. Apostolische Kammer (zu Frankreich →Chambre, →Chambellan).

I. DEUTSCHES REICH: Die Gesch. des K.amtes, der Kämmerei, gehört zu einem wesentl. Teil zur Gesch. der schon in merow. Zeit nachweisbaren vier →Hofämter, wobei an die Stelle von thesaurarius oder cubicularius später der camerarius (erstmals um 882 bei →Hinkmar v. Reims bezeugt) trat. Während in sächs. Zeit bei großen zeremoniellen Anlässen Hzg. e am Hof Dienst versahen, wurde die Ämter in stauf. Zeit Ministerialenfamilien (→Ministerialen) übertragen. Angesichts des Vorbildcharakters der ksl. Hofverwaltung übernahmen die großen Fs.enhöfe im 12. Jh. das Kämmereiamt. Bereits seit 1080 sind im Kölner und seit 1098 im Trierer Erzstift camarii bezeugt. Sie waren von zentraler Bedeutung für die Hofhaltung und für die Rechtswahrung, denn →Münzergenossenschaften unterstanden ihnen ebenso wie die →Juden. Die bedeutendsten Fs.enhöfe der stauf. Zeit kannten schon aus Repräsentationsgründen die vier Hofämter. Mit den anderen Hofämtern wurde auch das Kämmereiamt dem typ. Vorgang der Ministerialenverwaltung unterzogen, der Umformung von einem Dienstverhältnis zur Erblichkeit. Es wurde in den Fsm.ern Auszeichnung und Würde bestimmter Geschlechter. Die Hofämter waren, wie bereits der →Sachsenspiegel um 1220 weiß (oder nur behauptet), mit den vier weltl. Kurwürden (→Kurfs.en) verbunden. Ebenso wie bei den anderen Hofämtern zeigte sich auch bei dem Kämmereramt, das an den Kfs.en v. →Brandenburg fiel, die Entwicklung zur hofunabhängigen Dignität, vom Hofdienst zur Hofrepräsentation. In den Territorien war dagegen das Kämmereiamt das schwächste der vier Hofämter, das die schwierigsten Funktionen in sich vereinigt hatte. Zu der Sorge für die Garderobe und den Schatz des Herrschers kam auch die Verantwortung für die Kosten der Hofhaltung. Da es einen geringeren Repräsentationscharakter als die drei anderen Hofämter hatte, war es in seinen institutionellen Konturen bereits um 1300 sehr verblaßt. Eine Ausnahme stellte im SpätMA →Konrad v. Weinsberg dar, Reichskämmerer unter Sigmund. In der →Goldenen Bulle v. 1356 wurden die Erzämter den Kfs.en und die Reichserbämter den Nachfahren der ehemaligen großen Reichsministerialenfamilien zugeschrieben.

Während in Reich und Territorien das Kämmereramt zur erbl. Dignität verkümmert war, kam es etwa seit dem Ausgang des 14. Jh. zunächst in den großen, dann in den kleineren Städten zu einer Institutionalisierung des Kämmereramtes. Diese Entwicklung stand in engem Zusammenhang mit der Ausbildung spezieller delegierter Ratsämter zur Bewältigung des stark angeschwollenen Gesamtgeschäftsgangs. Im allg. wurden zwei bzw. vier Ratsmitglieder mit der Führung der Finanzgeschäfte und des Rechnungswesens betraut (Rechenmeister, Losunger, im allg. Kämmerer genannt). Unterschiedl. war geregelt, wie lange ein Kämmerer seines Amtes waltete, ob ein, zwei oder mehrere Rechnungsjahre.

Mit dem Eindringen des röm. Rechts, v. a. mit der gelehrten Glossierung dieses Rechts, gewann der Begriff der K. einen neuen, frühen staatsrechtl. Inhalt. Er wurde mit Fiskus gleichgesetzt, fand Eingang in die Poenformeln der →Ks.- und Kg.surkk. und repräsentierte damit die überpersonale, permanente Summe herrscherl. Einkünfte und Rechte. Im 15. Jh. wurde 'camera imperii' ein Begriff, um das Staatsdenken kreiste. Auf dem Regensburger Reichstag 1454 wurde festgestellt, daß die Kg.e in Europa eine reiche K. hätten, wo auch die Krone (hier als staatsrechtl. Begriff verstanden) bewahrt würde, die K. des Reiches aber keine Mittel dem Kg. bereitstellen könnte. Die Revitalisierung des Erbkämmereramtes durch Konrad v. Weinsberg, die Schaffung der Institution eines Fiskalprokurators für die kgl. K. und die Einrichtung eines kgl. →K.gerichts sind auf dem Hintergrund der Diskussion um die camera imperii zu verstehen. Im 15. Jh. sahen einige Städte eine Auszeichnung darin, zur camera imperii zu gehören, was bedeutete, daß sie ein Unverpfändbarkeitsprivileg und das Recht besaßen, die Reichssteuern nicht auf Anweisung des Herrschers, sondern nur diesem direkt zahlen zu müssen; denn K.güter waren nicht zu veräußern. Daß es aber nur wenige Reichsstädte waren, die sich auf die Zugehörigkeit zur K. des Reiches beriefen, erweist, daß der Gedanke der camera imperii dem Reiche fremd blieb.
E. Schubert

Lit.: F. GRÜNBECK, Die weltl. Kfs.en als Träger der obersten Erbämter des Hochstifts Bamberg (78. Ber. des Hist. Vereins Bamberg, 1922–24) – E. KLAFKI, Die kurpfälz. Erbhofämter, 1966 – U. KNOLLE, Stud. zum Ursprung und zur Gesch. des Reichsfiskalats im 15. Jh. [Diss. Freiburg i. Br. 1966] – I. LATZKE, Hofamt, Erzamt und Erbamt im ma. dt. Reich [Diss. Frankfurt a. M. 1970] – E. SCHUBERT, Kg. e und Reich, 1979, 277ff. – A. SPRINKART, Kanzlei, Rat und Urkk. wesen der Pfgf.en bei Rhein und Hzg.e v. Bayern 1294 bis 1314 (1317), 1986 – W. RÖSENER, Hofämter an ma. Fs.enhöfen, DA 45, 1989, 485ff.

II. ENGLAND: Die K. (chamber) war das Zentrum des kgl. Hofhalts (household), sie ging mit dem Kg. auf Reisen und war für seine Ausgaben und sein persönl. Vermögen zuständig. Sie ist seit 1000 nachweisbar. Ein selbständiges Schatzamt (treasury) mit Sitz in Winchester wurde seit 1100 von der K. abgetrennt, und seit 1150 übte der →Exchequer mit Sitz in Westminster eine Kontrolle über die gesamten kgl. Finanzen (→Finanzwesen, B.IV) aus. Der K. blieb die Funktion einer nur für das persönl. Vermögen des Kg.s zuständigen Schatzkammer, wo Heinrich II. hohe Einkünfte aus heimgefallenen Lehen und kgl. Forsten sowie der Krone geschuldete Beträge, Gerichtsbußen usw. anhäufte. Alle drei angevin. Kg.e benutzten bei ihren Feldzügen in Frankreich die K. als Kriegskasse. Doch übernahm seit Kg. Johann diese Funktion allmähl. die →wardrobe, die nun sowohl für den kgl. Haushalt als auch für die Kriegsausgaben zuständig war. Im 13. Jh. wurde die K. auf die tägl. Ausgaben des Kg.s beschränkt. Erst unter Eduard III. nahm sie wieder die Funktion eines kgl. Schatzamtes wahr, als der Kg. ihr die Lösegelder der Kg.e v. Frankreich und Schottland sowie anderer Kriegsgefangener nach 1360 übertrug. Er behielt auch Ländereien und Lehnsabgaben für die K. zurück und bezog ein jährl. Einkommen vom Exchequer. Auf diese Weise konnte seit 1369 ein großes Vermögen bei der K. geschaffen werden, von dem der größte Teil allerdings für den erneut ausbrechenden Krieg mit Frankreich verwandt wurde. Unter Richard II. wurde die finanzielle Zuständigkeit der K. reduziert, bis die K. während der letzten Regierungsjahre des Kg.s zum Hilfsmittel für Richards unumschränkte Herrschaft wurde. Die K. war polit. einflußreich. Die *chamber lords* und *chamber knights* gehörten zu den wichtigsten Ratgebern des Kg.s. Doch wurden 1388 Simon →Burley, →chamberlain und Günstling Richards II., sowie weitere kgl. Ritter hingerichtet (→England, D.III). Die chamber knights waren die Vertrauten der meisten Kg.e und dienten nicht nur als Hofbeamte, sondern auch als Heerführer, Gesandte und polit. Vertreter der Krone. Oft wurden sie wegen ihres angebl. negativen Einflusses auf die Herrscher kritisiert, so unter Heinrich IV. und Heinrich VI. Die Funktion der K. als Finanzbehörde war unter den Lancaster-Kg.en eingeschränkt, obwohl Heinrich V. sie vorübergehend als Kriegskasse bei der Eroberung der Normandie benutzte. Die Kg.e aus dem Hause York billigten ihr eine erweiterte administrative und finanzielle Rolle zu. Eduard IV. übertrug ihr verschiedene Einkünfte, u. a. die Geldzahlungen von dem frz. Kg. Ludwig XI. Heinrich VII. erhöhte noch die Bedeutung der K., indem er die finanziellen Vorrechte der Krone besser nutzte und die Rechnungsführung des Schatzmeisters der K. persönl. beaufsichtigte. Die Einkünfte der K. übertrafen nun die des Exchequer, sie übernahm die Rolle eines Zahlmeisters für alle Staatsausgaben. Exchequer und K. waren seit 1509 rivalisierende Behörden, die unterschiedl. Einkünfte bezogen und für unterschiedl. Ausgaben zuständig waren.

G. L. Harris

Lit.: T. F. Tout, Chapters in the Administrative Hist. of Medieval England, 1920-33 – W. C. Richardson, Tudor Chamber Administration, 1952 – H. G. Richardson, The Chamber under Henry II, EHR 69, 1954 – B. P. Wolffe, The Royal Demesne in English Hist., 1971 – G. L. Harriss, King, Parliament and Public Finance in England to 1369, 1975 – C. Given-Wilson, The Royal Household and the King's Affinity, 1986.

III. Königreich Sizilien: Die Begriffe Camera und Camerarius sind im Kgr. Sizilien zeitl. und räuml. nicht konstant festgelegt, da sie die Veränderungen, die die Finanzverwaltung im Laufe der Zeit erfuhr, mitmachten und sich zudem die Verhältnisse auf Sizilien von denjenigen in den unterit. Gebieten des Regnum unterschieden. Als zentrale Verwaltungsstelle der Steuereinnahmen fungierte die Camera im S bereits in der Zeit des →Roger Borsa; ein Camerarius, 'K.er' gen. Amtsträger ist auch im Fsm. Capua belegt. In norm. Zeit bekleidete der K.er ein Hofamt (Verwaltung des kgl. Schatzes). Roger II. setzte auf dem Festland regionale Camerarii ein. Sie hatten sowohl Aufgaben in der eigtl. Finanzverwaltung (Verwaltung der kgl. Gefälle) als auch – ohne festen Gerichtshof und komplementär zu den Justitiaren – in der Rechtsprechung (Zivilgerichtsbarkeit, Berufungsinstanz). Seit Wilhelm I. bis 1167 fungierten zwei Magistri Camerarii als übergeordnete Instanzen, die auch richterl. Kompetenz in lehnsrechtl. Streitfällen hatten. Auf der Insel Sizilien ist die Aktivität von K.ern mit dem oben beschriebenen Wirkungskreis fraglich; jedenfalls begegnen sie anscheinend nur in enger Verbindung mit Hofämtern, so als vom Protocamerarius (vergleichbar dem byz. →Comes sacri palatii und dem karol. K.er) abhängige Funktionäre. Spätestens seit Wilhelm II. wurden die Kompetenzen der K. von der zentralen Finanzverwaltung am Hof (→Duana de secretis) absorbiert, und erst mit deren Dezentralisierung unter Friedrich II. gewann die K. als zentrale Inkasso- und Besoldungsstelle an Eigengewicht zurück; sie stand in engen Wechselbeziehungen zur →Kanzlei. In Sizilien waren die im →Liber Augustalis vorgesehenen Camerarii den beiden Secreti (bis 1240) bzw. bis 1246 dem Secretus unterstellt. Das Amt des Magister Camerarius, das mittels der Magistri Camerarii Regionum die Verwaltung der Inseln und der unterit. Teile des Regnum vereinheitlichen sollten, bestand nur bis 1249 (→Finanzwesen, -verwaltung).

Lit.: C. A. Garufi, Censimento e catasto della popolazione servile. Nuovi studi e ricerche sull'ordinamento amministrativo dei Normanni in Sicilia nei sec. XI e XII, ASS ns XLIX, 1928 – E. Jamison, Admiral Eugenius of Sicily, 1957 – W. Jahn, Unters. zur norm. Herrschaft in S-Italien (1040-1100), 1989, 161ff. – →Finanzwesen.

IV. Apostolische Kammer: Die »Reverenda Camera Apostolica« war die zentrale Finanzverwaltung der päpstl. →Kurie und oberste Regierungsbehörde des →Kirchenstaates. Ihre Ausbildung erfolgte zur Zeit des Reformpapsttums, sie verdrängte die alten Hofämter des arcarius und des sacellarius. Der Titel 'camerarius' erscheint erstmals 1105; der berühmteste Kämmerer war Cencio →Savelli, bedeutend war auch →Boso. Von der a.K. zu unterscheiden sind: die camera secreta des Papstes, die K. der Kard.e, die camera Urbis und die K.n der Provinzen. Eine zweite zentrale Finanzverwaltung neben der a.K. bildete die Dataria.

[1] *Organisation:* Finanz-, Verwaltungs- und Rechtsprechungsaufgaben waren prinzipiell nicht getrennt. An der Spitze der a.K. stand der Kämmerer (im Kard.srang), vertreten durch den Vizekämmerer. Weitere Funktionäre mit Spezialaufgaben waren der Thesaurar und Vizethesaurar, der auditor fisci, advocatus pauperum und procurator fisci. Die laufenden Geschäfte besorgte das Kollegialorgan der sieben clerici camere, von denen jeweils einer in monatl. Wechsel geschäftsführend war (mensarius oder clericus agens). Die Führung der Akten und die Ausfertigung der Urkk. besorgten (sieben) K.notare; außerdem gab es Schreiber (scriba camere), über die aber wenig bekannt ist. Für die gerichtl. Funktionen entstand bald ein eigenes Tribunal (curia camere apostolice) unter einem auditor (erstmals 1234 erwähnt), dem eigene Notare zur Verfügung standen, von dessen Urteil aber an den Kämmerer bzw. die ganze a.K. appelliert werden konnte. Der Vizekämmerer war seit dem 15. Jh. Gouverneur von Rom. Die a.K. hatte deshalb die Aufsicht über die päpstl. Gefängnisse (geleitet vom soldanus), deren Insassen der advocatus pauperum regelmäßig zu besuchen hatte. Die äußere Organisation der a.K. erfolgte durch die Kollektoren, die, ggf. unterstützt von Subkollektoren, am Ort die Einnahmen der a.K. einzogen und quittierten. – Die Amtsinhaber wurden zunächst frei durch den Papst ernannt (bzw. nur durch den Kämmerer bei geringeren Stellen). Der übermäßigen Besetzung nach dem Ende des →Abendländ. Schismas 1417 versuchte man durch die Unterscheidung von »participantes« und »supranumerarii« Herr zu werden; seit dem späten 15. Jh. wurden die Ämter in officia venalia vacabilia (käufl. Ämter) umgewandelt.

[2] *Finanzen:* Stammten die Einnahmen der a.K. zunächst aus dem Kirchenstaat (Landbesitz, später Tribute und Steuern), so trat diese Einnahmeq. im 14. Jh. zurück und erlangte erst in der NZ wieder an Bedeutung. Zu den Einnahmen gehörten außerdem: census auswärtiger Staaten, die der Papst beanspruchte (z. B. Lehnszins von Neapel und Sizilien, →Peterspfennig); Kanzleitaxen, soweit sie nicht für die Entlohnung der Kanzleiangehörigen verwendet wurden (v. a. Siegel- und Registertaxe); seit dem 14. Jh. auch →Annaten, Quindennien und der päpstl. Anteil an den →Servitien. Die Einnahmen unterlagen insgesamt starken, oft polit. bedingten Schwankungen und wurden v. a. im 14. Jh. rücksichtslos unter Anwendung geistl. Strafmittel eingetrieben.

Die maßgebende Währung der a.K. waren der K.gulden bzw. K.dukat (florenus/ducatus auri de camera). Es handelte sich dabei um eine reine Rechnungseinheit, die nicht ausgeprägt wurde, sondern nach einem (teils manipulierten) Kurs in die gebräuchl. Münzsorten umzurechnen war. Der Thesaurar war für die Einnahmen und Ausgaben der Gelder zuständig und wurde von den K.klerikern beaufsichtigt. Im 15. Jh. bediente er sich für den prakt. Zahlungsverkehr eines Bankhauses, des Depositars.

[3] *Archivalien:* Die wichtigsten Amtsbücher sind der →»Liber censuum« des Kämmerers Cencio Savelli, in dem u. a. eine größere Anzahl von für die päpstl. Finanzen wichtigen Urkk. und Verträgen gesammelt ist, und der »Liber taxarum«, der die servitienpflichtigen Kl. und Diöz. unter Angabe der Taxhöhe auflistet. Einnahmen und Ausgaben wurden in den »Introitus et Exitus« (seit 1279) aufgezeichnet; diese Serie wurde zwecks Kontrolle parallel von Kämmerer und Thesaurar geführt (teilweise ein drittes Exemplar des Depositars). Über die Servitien- und Annatenverpflichtungen wurde in den Serien der »Obligationes et Solutiones«, der »Obligationes Communes« und der »Obligationes Particulares« sowie der »Annate« Buch geführt. Damit der a.k. keine Einnahme entging, mußten ihr alle Provisionsurkk. auf annatenpflichtige Pfründen vorgelegt werden. Der Aufsicht der a.K. unterstand ursprgl. das ganze päpstl. →Register, später nur noch die Teilserie der Bde, die ihre Interessen tangierten. Im 15. Jh. stellte die a.K. auch im eigenen Namen Urkk. aus (z. B. Quittungen); sowohl der Kämmerer als auch der K.auditor besaßen ein eigenes Siegel. Registriert sind diese Urkk. gewöhnl. in den »Diversa Cameralia«.

[4] *Camera secreta, Camera Urbis, Provinzkammern, Kammer der Kardinäle:* Die Camera secreta, die »Privatschatulle« des Papstes, schied aus der allg. Finanzverwaltung der a.K. aus (camera papae, camera sanctitatis sue o. ä.). Mitunter wurden Beträge aus der a.K. für sie abgefordert. Eine feste Organisation ist nicht zu erkennen; eigene »Introitus et Exitus«-Register sind nur fragmentar. erhalten. – Die Stadt Rom und die Provinzen des Kirchenstaates hatten eigene K.n, die der Aufsicht der a.K. unterstanden und ihr organisator. nachgebildet waren. – Das Kard.skolleg hatte eine eigene Finanzverwaltung mit einem eigenen (Kard.)kämmerer und ein oder zwei Klerikern sowie einem eigenen Depositar. Die K. der Kard.e verwaltete die gemeinsamen Einkünfte des Kollegs (v. a. aus den Servitien) und berechnete deren Aufteilung auf die einzelnen Kard.e (divisio).
Th. Frenz

Q. und Lit.: DDC III, 388-431 – A. GOTTLOB, Aus der Camera apostolica des 15.Jh., 1889 – P. FABRE – L. M. DUCHESNE, Le Liber censuum de l'église romaine, 3 Bde, 1889/1952 – P. M. BAUMGARTEN, Unters. und Urk. über das Camera Collegii Cardinalium für die Zeit von 1295 bis 1437, 1898 – E. GÖLLER, Der liber taxarum der päpstl. K., QFIAB 8, 1905, 113-173, 305-345 – Vatikan. Q. zur Gesch. der päpstl. Hof- und Finanzverwaltung 1316-1378, 1910ff. – Hierarchia catholica medii et recentioris aevi …, Bd. 3, 1923, 81-88 – C. BAUER, Die Epochen der Papstfinanz, HZ 138, 1928, 457-503 – F. BAETHGEN, Q. und Unters. zur Gesch. der päpstl. Hof- und Finanzverwaltung unter Bonifaz VIII., QFIAB 20, 1928/29, 114-237 – W. E. LUNT, Papal Revenues in the MA, 1934 – G. FELICI, La reverenda camera apostolica, 1940 – H. HOBERG, Taxae pro communibus serviciis 1295-1455, 1949 – P. D. PARTNER, Camera Papae, JEcH 4, 1953, 55-68 – B. GUILLEMAIN, La Cour pontificale à Avignon (1309-1376), 1962, 55f., 277-294 – J. FAVIER, Les finances pontificales à l'époque du grand schisme d'occident, 1966 – N. DEL RE, La Curia Romana, 1970³, 295-309 – L. E. BOYLE, A Survey of the Vatican Archives and of its Medieval Holdings, 1972, 41-48, 154-172.

Kämmereibücher. Die systemat. Erfassung von Einnahmen und Ausgaben sowie ihre Niederlegung in schriftl., schematisierter Form setzt sich in den dt. und ndl. Städten seit Mitte des 14. Jh. durch. Voraussetzung ist die Erlangung weitgehender Autonomie und die Anerkennung der Steuerhoheit durch den Stadtherrn. Neben der Kämmerei als zentraler städt. Finanzbehörde (→Kammer) bestehen in der Regel weitere Kassen mit eigener Buchführung, denen bes. Einnahmen und Ausgaben zugewiesen werden und die nur Überschüsse abführen, so daß die K. keine Übersicht über den Gesamthaushalt bieten. Sie werden unter der Aufsicht von Ratsherren oder -beamten (Kämmerer, Losunger, Rentmeister, Lohnherren u. a.) von städt. Schreibern geführt (Beibehaltung röm. Zahlzeichen) und erfassen je nach Organisation der Verwaltung die direkten und indirekten Steuern, Abgaben, Kapitalerträge und Gebühren in pauschalisierter Form auf der Einnahmenseite und die Kosten für die polit. Führung, die allg. Verwaltung, Bauten, das Kriegswesen, Schuldzinsen, die öffentl. Ordnung u. ä. auf der Ausgabenseite. Üblich ist turnusmäßiger, z. B. wöchentl. Eintrag der Posten, nach Einnahmen und Ausgaben getrennt, die jährl. Rechnungslegung und -prüfung vor dem →Rat.
R. Vogelsang

Lit.: W. J. ALBERTS, Ma. Stadtrechnungen als Geschichtsq., RhVjbll 23, 1958, 75-96 – Städt. Haushalts- und Rechnungswesen, hg. E. MASCHKE-J. SYDOW (Stadt in der Gesch. 2, 1977).

Kämmerer → Kammer

Kammergericht. Sein Ursprung ist ungeklärt; es entwickelte sich wohl im 14. Jh. als neben der institutionalisierten Hofgerichtsbarkeit weiterbestehende persönl. Gerichtsbarkeit des Kg.s, die unter Beiziehung von Räten ohne Bindung an das strenge Rechtsverfahren des Hofgerichts ausgeübt wurde. Unter der Bezeichnung K. tauchte diese Gerichtsform erstmals 1415 unter Kg. Sigmund auf und entwickelte sich jetzt zu einem parallel neben dem Hofgericht stehenden Rechtsprechungsgremium, das im Gegensatz zu diesem von Anfang an auch Rechtsgelehrte an der Entscheidungsfindung beteiligte. Da die Kanzlei des K.s Teil der allg. Hofkanzlei blieb, bestand eine größere Abhängigkeit vom Kg. Eine Befreiung von Reichsuntertanen vom K. kam zumindest anfangs nicht in Betracht, da – wie Sigmund 1434 erklärte – dieses »die keiserliche person bedeutet«. Seit 1442, unter Friedrich III., fungierte das K. als feste Institution zunächst neben dem Hofgericht, seit 1452 an dessen Stelle und wanderte wie dieses mit dem Kg. von Ort zu Ort. 1464 wurde das K. an Bf. →Ulrich v. Passau und 1470 an Ebf. →Adolf v. Mainz als ständige Kammerrichter verpachtet. Das Verfahren fand 1471 im Entwurf einer K.sreformation aus der kurmainz. Kanzlei eine eingehende Regelung. Danach wurden dem mit einem Kammerrichter und Beisitzern besetzten K. ein Gerichtsschreiber, Prokuratoren, Advokaten und Gerichtsboten zugeordnet, die ihrem Amt entsprechend vereidigt wurden. Der Prozeß wurde nach Prinzipien des gelehrten Rechts gestaltet; neu waren insbes. die förml. Streitbefestigung, die Regelung der Gerichtskosten und der Appellation. Die Einführung von Urteilsbüchern und die allmähl. Abdrängung des Säumnisachtverfahrens signalisierten den Schritt zum rational-wiss. Gerichtskörper. Die Wormser K.sordnung von 1495, die einen festen Gerichtsort festlegte, verwandelte das K. in eine von den Ständen kontrollierte ständige Institution, der jetzt auch Aufgaben des →Landfriedens zugewiesen wurden. Durch Appellationsprivilegien wurden seine Kompetenzen zunehmend eingeengt.
J. F. Battenberg

Lit.: O. FRANKLIN, Das kgl. K. vor d.J. 1495, 1871 – J. LECHNER, Reichshofgericht und kgl. K., MIÖG Ergbd. 7, 1907, 44–186 – R. SMEND, Das Reichsk., 1911 – W. TRUSEN, Anfänge des gelehrten Rechts in Dtl., 1962 – F. BATTENBERG, Beitr. zur höchsten Gerichtsbarkeit im Reich im 15. Jh., 1981.

Kammerknechtschaft. Die K. der →Juden ist ein aus der kirchl. Lehre und Gesetzgebung entwickeltes Rechtsinstitut, dessen sich vornehml. die dt. Ks. und Kg.e zur Ausübung des ihnen zustehenden Judenschutzes bedienten. In Übernahme der Lehre der Kirchenväter (bes. →Augustinus') über den minderen, aber doch zum Wahrheitsbeweis der Evangelien notwendigen und daher schützenswerten Status der Juden hat erstmals Gregor IX. 1234 im »Liber extra« die beständige Knechtschaft der Juden jurist. ausgeformt. Friedrich II. hat dieses Institut 1236 in einem den Juden des Reiches gewährten Privileg als »servitus camerae imperialis« übernommen, zugleich knüpfte er aber an die seit 1179 unter Friedrich I. aufgekommene Vorstellung an, daß die Juden »ad fiscum imperatoris pertinent«. Eine Rechtsminderung bedeutete die ksl. K. für die Juden nicht, auch wenn diese sich im Laufe des 14. und 15. Jh. vom persönl. verpflichtenden Schutzverhältnis zum disponiblen finanziellen Nutzungsrecht des Berechtigten wandelte. Sie verschwand im 16. Jh.

J. F. Battenberg

Lit.: HRG IV, 1535–1541 – J. F. BATTENBERG, Des Ks.s K., HZ 245, 1987, 545–599 – D. WILLOWEIT, Vom Kg.sschutz zur K. (Gesch. und Kultur des Judentums, hg. K. MÜLLER–K. WITTSTADT, 1988), 71–90 – J. F. BATTENBERG, Das Europ. Zeitalter der Juden I, 1990, 101–110.

Kammerregister, päpstl. → Register

Kammin (Cammin), Burgstadt und Bm. in →Pommern, am rechten Ufer der Dievenow, gegenüber der Insel Wollin.

I. Burg und Stadt – II. Bistum.

I. BURG UND STADT: [1] *Burg:* Die 1107 erwähnte Burg war Sitz und Hofhaltung Hzg. →Wartislaws I. und das erste wichtige Ziel →Ottos v. Bamberg auf seiner Missionsreise zu den Pomoranen (1124). In der Urk. Innozenz' II. für den Bf. Adalbert (1140) wird unter den Landesburgen auch K. aufgeführt. Nach mehrfachen dän. Angriffen (seit 1170) mußte Hzg. →Bogislaw I. 1185 vor K. dem dän. Kg. Knut IV. als Lehnsherrn huldigen. Der Sitz des pommerschen Bm.s wurde 1175/76 nach K. verlegt, auf dem Burggelände die Kathedralkirche (Maria und Johannes d. Täufer) errichtet (erst im 15. Jh. vollendet) und ein von Hzg. →Kasimir I. privilegiertes Domkapitel gegr. Um 1230 besteht ein Dominikanerkl., das älteste in Pommern, bei der von dem Edlen Zetizlaw gestifteten Aegidienkirche. Burg und slav. Siedlung scheinen vor Mitte des 13. Jh. ihre Bedeutung verloren zu haben (bis 1244 in den hzgl. Urkk. K.er Kastellane und Burgbeamte mit slav. Namen, ab 1242 erste Ritter mit dt. Namen).

[2] *Stadt:* Westl. der Burg und des Dombereichs entstand eine neue Siedlung nach dt. Recht, der Hzg. →Barnim I. 1274 →lübisches Recht verlieh. Bei der Teilung Pommerns 1295 kam K. zum Hzm. →Wolgast (→Greifen). 1308 wurde K. in den Kämpfen um Ostpommern von den Brandenburgern zerstört. Die wiederaufgebaute Stadt weist einen ovalen regelmäßigen Grundriß auf mit rechteckigem Markt (Rathaus, 14. Jh.). Am nö. Rand (neben dem Dombezirk) befindet sich die Marienkirche (1297). 1321–55 war die Stadt an den Bf. verpfändet. K. gehörte zur Hanse (1365 vorübergehend ausgeschlossen) und nahm 1394 an der Bekämpfung der Seeräuber (→Vitalienbrüder) teil. Im 15. Jh. war K. mehrfach an Städtebündnissen beteiligt.

BISTUM: [1] *Rechtsstellung und Ausbau:* Anläßl. der Verlegung des Bf.ssitzes und der Gründung des Domkapitels gewährte Hzg. Kasimir I. der K.er Kirche das Recht der freien Bf.s- und Prälatenwahl sowie für den Dombezirk und alle auch künftigen Besitzungen volle fiskal. und geistl. Immunität und damit eine vergleichsweise ungewöhnl. rechtl. Selbständigkeit. Auch kirchenrechtl. erhielt die pommersche Kirche eine Sonderstellung. 1188 erteilte Papst Clemens III. dem Bm. K. ein Privileg, das es unmittelbar der röm. Kirche unterstellte. Daraus ergab sich seit 1219 der päpstl. Anspruch auf Wahlprüfung und Weihe der K.er Bf.e. Die exemte Stellung mußte gegen die Ansprüche der Ebm.er →Magdeburg und →Gnesen verteidigt werden. Seit Beginn des 13. Jh. weitete K. seinen Bereich gegenüber benachbarten Diöz. (Schwerin, Posen, Gnesen) aus; die »Großdiözese« umfaßte zu Beginn des 14. Jh. weite Teile Ostmecklenburgs, die n. Hälfte der brandenburg. Uckermark, Teile der Neumark und das Deutschordensland um Bütow, nicht aber Rügen. – Die Zahl der Pfarrkirchen im Bm. betrug um 1300 etwa 220. Archidiakonate waren: K., Demmin, Usedom, Stettin, Stargard (alle 1303 gen.), Stolpe (1304), Güstrow, Pasewalk, Kolberg, Stolp. Kollegiatstifte bestanden in K., Kolberg (um 1175/76), Güstrow (1226), Stettin (St. Marien 1261, St. Otten 1346), Soldin (1298) und Greifswald (1456). Im Domschatz von K. befand sich der Cordulaschrein (11. Jh.).

[2]: *Territorium und Landesherrschaft:* 1240 nimmt Hzg. Barnim I. die dem Bf. zustehenden Zehnten von diesem zu Lehen und überläßt ihm das Land Stargard zu Recht und Eigen. 1248 wurde dieses gegen das Land Kolberg eingetauscht. Die Bf.e v. K. wurden damit zu selbständigen Landesherren mit eigenem Territorium. Vor 1321 kam das Land Bublitz hinzu. Mittelpunkte wurden die zu Recht gegr. Städte →Kolberg (1255) und Köslin (1266). Der Kathedralort K. samt Domkapitel blieb außerhalb des geistl. Territoriums. – Das wechselhafte Verhältnis zw. Bf.en und Hzg.en mündete in den seit 1387 erhobenen Anspruch der Hzg.e auf die weltl. Verwaltung des Bf.s- bzw. Stiftsterritoriums; der hierdurch entstandene sog. K.er Bf.sstreit beschäftigte das Konstanzer und Basler Konzil. Ks. Sigmund belehnte 1417 in Konstanz Bf. Magnus mit dem seit 1422 als selbständiger Reichsstand geführten Stift. Durch Vermittlung des Unionskg.s Erich v. Pommern kam 1436 unter Bf. Siegfried v. Bock ein Ausgleich zustande (Bestätigungsrecht der Hzg.e bei der Wahl der Bf.e und der Domherren). 1446 wurde der Kanzler Bogislaws IX., →Henning Iwen, zum Bf. gewählt. Letzter kath. Bf. war Erasmus v. Manteuffel; erst nach seinem Tode (1544) hat eine die im Hzm. 1534 eingeführte Reformation im Stiftsgebiet durchgesetzt.

R. Schmidt

Q.: Pommersches UB I–X – Lit.: F. SALIS, Forsch. zur ält. Gesch. des Bm.s K. (BSt, NF 26), 1924², 1–155 – E. BÜTOW, Stadt und Kirche in Pommern im ausgehenden MA, BSt NF 14, 1910, 85–148 – R. SPUHRMANN, Gesch. der Stadt C. und des C.er Domkapitels, 1924² – O. GROTEFEND, Die Siegel der Bf.e v. K. und ihres Domkapitels (BSt, NF 26), 1924, 191–234 – H. HEYDEN, Die Archidiakonate im Bm. K. und ihre Sprengel, Wichmann-Jb. 15/16, 1961/62, 25–63 – H. BOLLNOW, Stud. zur Gesch. der pomm. Burgen und Städte im 12. und 13. Jh., 1964, 170–211, Karte 170/171 – J. PETERSOHN, Die räuml. Entwicklung des Bm.s K. (BSt, NR 57), 1971, 7–25 – R. SCHMIDT, Das Stift C., sein Verhältnis zum Hzm. Pommern und die Einführung der Reformation (BSt, NF 61), 1975, 17–31 – J. PETERSOHN, Der südl. Ostseeraum im kirchl.-polit. Kräftespiel vom 10. bis 13. Jh., 1979 – HOOPS² V, 96f. [T. CAPELLE] – s. a. allg. Lit. zu →Pommern.

Kamp, ndl., nd. Lehnwort von lat. campus, im ndl.-fries., westfäl., holstein. und niedersächs. Bereich in ma. Q. als Appellativ und als Flurname weit, als Ortsnamengrundwort weniger verbreitet. Der K. ist eine eingefriedete (→Einfriedung), oft mit Wallhecke umgebene, als Akkerland, Weide, Wiese oder Holzung dienende Wirtschaftsfläche unterschiedl. Größe (oft ca. 0,25–5 ha) mit mehr oder weniger rechteckigem, kompaktem Grundriß (Block). In der Regel gehören einzelne bis mehrere Kämpe zu einem bäuerl. Betrieb mit dem Status eines Hofes oder eines Kotten; auch Herrenhöfe (z. B. Vorwerke) haben Kämpe besessen. Worth-Kämpe (Wührden, Wöhrden u. ä.) sind Haus- und Gartenland, das zur Hofparzelle (Worth, Wurt) hinzugenommen wurde. Kämpe in nordwestdt. und ndl. Esch- und Streifenfluren (→Flur, 3) haben vorwiegend in Ortsnähe (z. B. Wiesen- und Weidekämpe) oder in Ortsferne, dann oft im Bereich später gerodeten Wirtschaftslandes, gelegen und sind dann Indiz für einen späteren Ausbau der Flur. Die K.-Flur besteht ganz oder überwiegend aus Kämpen in geschlossenem Betriebsareal (Blockeinöde) oder in Gemengelage als Blockgemenge (→Flur, 1). Ma. Kämpe weisen häufig unregelmäßige, den naturräuml. Verhältnissen angepaßte Umrisse auf. H. Jäger

Lit.: H. UHLIG–C. LIENAU, Flur und Flurformen, I, 1967.

Kamp (Vetus Campus, Altenkamp, Camp), erstes OCist-Kl. im Dt. Reich, Stadt Kamp-Lintfort (Nordrhein-Westfalen), alte Erzdiöz. Köln. Nachdem Ebf. →Friedrich I. v. Köln (44.F.) den Grund aus dem Verband des ebfl. Hofes Rheinberg gelöst und die Bewohner vertrieben hatte, siedelte er am 31. Jan. 1122 einen Gründungskonvent unter Abt Heinrich an →Morimond an, womit er sich von der bisher von ihm geförderten Siegburger Reform ab- und den neuen Orden zuwandte. Bedingt durch die von hier ausgehenden 14 Tochtergründungen (allein 5 vor 1150), die den Orden bes. in Sachsen und Thüringen präsent machten, entwickelte sich K. selbst nur langsam (um 1180: 20 Mönche; 1204: 49; um 1310: 72 Mönche und ebensoviele Konversen). Die planmäßige Arrondierung des großen Grundbesitzes erfolgte durch Kauf und Tausch, kaum durch eigene Meliorationstätigkeit. Getreideanbau und Viehzucht erlaubten einen weiträumigen Handel; 1312 Verlust einer →Grangie durch Veränderung des Rheinlaufs. Die roman. Steinkirche von geringen Ausmaßen wurde erst nach 1135 begonnen. Um 1200 ist rege Bautätigkeit bezeugt. Die Blütezeit des Skriptoriums im 15. Jh. Ein Brand 1463 dezimierte die ma. Bibl., die 1499 von Abt Heinrich mehr als 100 Bücher aus dessen Privatbesitz erhielt. Von Bedeutung für die zisterziens. Choralüberlieferung ist das »Kampener Graduale« (Ende des 12. Jh.). Der K.er Abt hatte die Aufsicht über 24 OCist-Frauenkonvente in den Diöz. Köln und Utrecht. J. Simon

Lit.: DHGE XI, 618–623 [Stammbaum, Abtliste, ältere Lit.] – H. MOSLER, Die Hist. Campensis des Johannes Ditmar aus Kleve, AHVN 167, 1965, 22–87 – DERS., Das Camper Reliquienverz. v. 1472, AHVN 168/169, 1967, 60–101 – G. HAMMER, Das K.er Graduale, CCCist 22, 1971, 48–60 – H. MOSLER, Gesch. des Bezirks der Abtei K., 1974 – H. E. KUBACH – A. VERBEEK, Roman. Baukunst an Rhein und Maas I, 1976, 438f. – W. JANSSEN, Zisterziens. Wirtschaftsführung am Niederrhein (Villa-Curtis-Grangia, Beih. der Francia 11, 1983), 205–221 – S. KRÄMER, Hss.erbe der dt. MA I, 1989, 386f. [Lit.].

Kampanien, südit. Region, Hauptstadt Neapel, ohne deutl. geogr. Abgrenzungen; bis 1860 in drei Prov.en gegliedert: Terra di Lavoro, Principato Ultra und Principato Citra (letztere durch Teilung des Fsm.s →Salerno 1287 seitens Karl II. in 2 Gebiete jenseits und diesseits der Hügelkette von Montoro entstanden; der Principato Ultra umfaßte die Irpinia und das Gebiet v. Benevent). Diese administrative Gliederung spiegelte annähernd die in der röm. Antike übliche Dreiteilung des heut. K. wider: Campania (d. h. die Ebene zw. der Berggruppe des Massico im N und dem →Cilento im S), Samnium (mit Teilen des späteren Molise und des n. Apulien) und Lucania (Gebiet s. v. Salerno sowie die heut. →Basilicata).

Das ganze Gebiet der heut. Region K. zeigte gegen Ende der Spätantike deutl. Anzeichen einer wirtschaftl. und gesellschaftl. Krise. Bereits in der Spätzeit der Republik und in der frühen Kaiserzeit war ein Bevölkerungsrückgang in den Städten und auf dem flachen Land eingetreten; auch die Agrargesetze, die seit den Gracchen bis Nerva erlassen wurden, um die kleineren und mittleren Grundbesitzer zu fördern – die in K. seit jeher unter dem Druck der Großgrundbesitzer unter sklavenähnl. Bedingungen lebten – und damit die Landflucht zu bremsen, führten nicht zum Ziel. Um 395 waren bereits über 130000 ha, mehr als ein Zehntel der Gesamtfläche der Region, unproduktives Brachland. Zur gleichen Zeit erhielten die Städte neue, engere Mauerringe; die ländl. Bevölkerung, die früher in Einzelgehöften oder Vici gelebt hatte, begann, sich in alten oder neugegr. Höhensiedlungen zu konzentrieren. Die Krise wurde durch die Verheerungen der byz.-got. Kriege (535–553) und durch den Einfall der →Langobarden unter Zotto (571) verschlimmert. Die Langobarden eroberten das Binnenland, konnten jedoch in Ermangelung einer Flotte den Widerstand der byz. Garnisonen an der Küste nicht brechen. Nach der Eroberung →Salernos 646 blieb das ganze FrühMA hindurch K. geteilt in ein byz. (Küstenstreifen zw. →Gaeta und Amalfi) und ein langob. Gebiet (Dukat v. →Benevent von den Ausläufern der Abruzzen bis ins n. Kalabrien, zur Zeit seiner größten Ausdehnung auch Brindisi und Tarent einschließend). Infolge seiner Randlage und seiner Ausdehnung genoß der Dukat Benevent weitgehende Selbständigkeit gegenüber dem Kg.shof in Pavia und überdauerte auch die Eroberung des langob. Kgr.es durch Karl d. Gr. (774). Mitte des 9. Jh. zerfiel der Dukat in die Fsm.er Benevent und →Salerno; von letzterem spaltete sich die Gft. →Capua ab. In analoger Weise zerfiel der byz. Dukat →Neapel in die Dukate Amalfi, Gaeta und Sorrent. Zw. dem 9. und 11. Jh. war K. Schauplatz der Kriege zw. den Langobarden und den byz. Territorien sowie zw. den langob. Fsm.ern und Dukaten selbst und zudem von häufigen Raubzügen der Sarazenen heimgesucht, die von den kriegführenden Parteien als Söldner eingesetzt wurden. Dennoch kam es im 9./10. Jh. zu einem wirtschaftl. und demograph. Aufschwung sowohl in den Städten wie auf dem flachen Land, der zum Landesausbau und zu einer Erholung von Handel, Handwerk und Gewerbe führte. Anfang des 11. Jh. kam eine Gruppe norm. Ritter nach K., um dort Söldnerdienste zu leisten in der Hoffnung, eine führende polit. Rolle zu erringen (→Hauteville). Durch eine Reihe glückl. Umstände gelang den →Normannen die Eroberung des gesamten S von Italien: 1130 konnte →Roger II. trotz des Widerstands der Städte und der norm. Lehnsherrschaften, die sich im Laufe des vorhergehenden Jh. gebildet hatten, das Kgr. Sizilien begründen. Nach der Aushandlung günstiger Konditionen ergab sich 1139 →Neapel als letzte Stadt. Die kampan. Städte spielten erneut eine bedeutende polit. Rolle in den chaot. Zuständen nach dem Tod Kg. Wilhelms II. (1189), die fast 30 Jahre dauerten, bis →Friedrich II. die volle Kontrolle über die Barone wiedergewann und weitreichende Autonomien der Städte beseitigte. Gleichzeitig traf der Herrscher Maßnahmen zur Wiederbelebung der Wirtschaft des Kgr.es, regelte den Handel und sorgte für die Sicherheit der Straßen. Diese Maßnahmen wurden jedoch z. T.

durch seine harte Steuerpolitik zunichte gemacht, deren Einnahmen seine Machtpolitik in Mittel- und Oberitalien finanzieren sollten. Auch unter der Herrschaft der →Anjou (seit 1266), die das polit. Zentrum des Kgr.es nach K. verlegten und Neapel zu ihrer Residenz machten, blieb der Steuerdruck bestehen. Die Unzufriedenheit explodierte in Sizilien mit dem Aufstand der sog. →Sizilianischen Vesper (1282), dessen Folge fast ein Jahrhundert dauernde Kriege waren, die v. a. in den ersten 20 Jahren auch die Wirtschaft K.s stark in Mitleidenschaft zogen und zu einer Entvölkerung der Kriegsschauplätze führten (Cilento, Vallo di Diano, Küstenstreifen). Da die Anjou-Dynastie ihre Parteigänger bei der Eroberung und während der Vesperkriege belohnen mußte, erhöhte sich die Zahl der zu Lehen ausgegebenen terrae, und die jurisdiktionellen Befugnisse der Lehnsträger wurden erweitert. Dies erfolgte gerade in einer Zeit, in der sich in K. – aber auch im übrigen Italien und in Europa überhaupt – die ersten Symptome einer gewaltigen Krise abzeichnen, die bis Anfang des 15. Jh. andauerte. Die seit 1328 häufigen Hungersnöte und Pestepidemien führten zu einem starken Bevölkerungsrückgang und verschlechterten die Lebensbedingungen v. a. der Landbevölkerung, so daß manche ihre Zuflucht im Brigantentum suchten. V. a. zw. Neapel und Salerno, auf der sorrentin. Halbinsel und im Binnenland bildeten sich Banden, die u. a. sogar Städte wie Eboli, Policastro, Aversa, Agerola angriffen.

Mitte des 15. Jh. kam es jedoch zu einem neuen Aufschwung, als die aragones. Dynastie auf den Thron v. Neapel kam, v. a. Kg. →Ferdinand I. (Ferrante, 1458–94) betrieb energ. den Wiederaufbau der Wirtschaft, förderte die Textilproduktion in Neapel sowie im Inneren K.s und erleichterte den Warenverkehr durch die Abschaffung von mißbräuchl. Wegezöllen. Wichtigster Umschlagplatz des Kgr.es war Neapel als Zentrum des Export-Importhandels. Von großer Bedeutung war auch die Messe v. Salerno (18.–24. Sept.), v. a. für den Importhandel. Obwohl Amalfi seine im 10./12. Jh. bekleidete vorrangige Stellung verloren hatte, spielten die amalfitan. Kaufleute dennoch weiterhin eine wichtige Rolle im Landesinneren und arbeiteten mit den großen auswärtigen (v. a. toskan. und katalan.) Geschäftsleuten zusammen.

Die expansive Phase der Wirtschaft K.s und Süditaliens insgesamt schuf zudem die Voraussetzungen für eine deutlicher faßbare soziale Differenzierung innerhalb der Städte. Letzteren verlieh Kg. Ferdinand I. umfassende Privilegien, um durch Förderung ihrer administrativen Autonomie ein Gegengewicht zu der Macht des Feudaladels zu schaffen. Das dadurch zw. den drei fundamentalen Komponenten des Regno (Monarchie, Feudaladel, Städte) hergestellte Gleichgewicht dauerte jedoch nur bis zum Beginn der NZ.   G. Vitolo

Lit.: A. SILVESTRI, Il commercio a Salerno nella seconda metà del Quattrocento, 1952 – G. GALASSO, Dal Comune medievale all'Unità, 1969² – N. ACOCELLA, Salerno medievale ed altri saggi, 1971 – L. BIANCHINI, Storia delle finanze del Regno delle Due Sicilie, hg. L. DE ROSA, 1971 – N. CILENTO, Italia meridionale longobarda, 1971 – M. DEL TREPPO, I mercanti catalani e l'espansione della Corona d'Aragona nel sec. XV, 1972 – G. VITOLO, La Campania nel Medioevo (Storia, arte e cultura della Campania, 1976), 53–81 – M. DEL TREPPO, Il Regno aragonese (Storia del Mezzogiorno IV, 1984), 89–201 – G. VITOLO, Il Regno angioino (Storia del Mezzogiorno IV, 1984), 11–86 – DERS., Città e coscienza cittadina nel Mezzogiorno medievale, 1990.

Kampen, Stadt im Oberstift Utrecht (Overijssel) an der Ijsselmündung in die Zuidersee (Almere). Der 1227 erstgen. Ort erhielt zw. 1230 und 1248 Stadtrechte; 1236 sind cives, Kirche (roman. Vorgängerbau um 1100 archäolog. gesichert) und Pfarrer belegt. Im 13. Jh. erhält K. wichtige Handelsprivilegien (1251 Umlandfahrt, 1276 Flandern, 1289 Norwegen); bes. Bedeutung hat der Schonenhandel (Kamper Vitte). Die K.er erlangten als Frachtfahrer und Schiffer, weniger als Kaufleute, schnell überragende Bedeutung im hans. Bereich. K. hielt sich zur →Hanse (→Kölner Konföderation 1367), vertrat aber auch seine Interessen gegen den Verband (so im Konflikt Hanse-Flandern 1358/60), in den es erst 1441 offiziell aufgenommen wurde. K. war zudem Umschlaghafen für das westfäl.-niederrhein. Hinterland. Als im ausgehenden 15. Jh. die Ijsselmündungen trotz Wasserbaumaßnahmen versandeten (Elisabethflut 1421), verlor K., auch infolge holländ. und seeländ. Konkurrenz, an Bedeutung. Rascher Bevölkerungsanstieg seit dem 13. Jh. machte mehrere Erweiterungen des sich n. der einzigen ma. Pfarrkirche (δ Nikolaus) längs des Ufers erstreckenden, ca. 20 ha umfassenden und vor 1350 ummauerten Areals nötig. Alter (ab 1330 mit Marienkirche 1350/80) und Neuer (vor ca. 1380, aufgegeben ab 1580) Hagen, Neustadt (bis ca. 1450) und Erweiterungen im SO (bis ca. 1350) formten die planmäßige Stadtgestalt von ca. 45 ha, die ab 1462 neu ummauert und umgrachtet wurde. In der 1. Hälfte des 15. Jh. sind 6000–9000 Einw. anzusetzen, die sich schon vor 1346 in 4 Espel (→Leischaften) gliederten und deren Vertreter als Gemeinde polit. Mitspracherechte besaßen. Der stadtherrl. scultetus verlor noch vor 1300 seinen Einfluß an den von 12 scabini und 12 consules gebildeten zweischichtigen Rat. Domus scabinorum (1330), Minderbrüderkonvent (ca. 1300), Ijsselbrücke (1448), drei (1382) bzw. vier (1454) Jahrmärkte und mehrere geistl. Institute unterstreichen den Vorrang K.s im 14./15. Jh. gegenüber →Deventer, →Zwolle, →Zutphen.   F. B. Fahlbusch

Q.: J. DON, De Archieven der Gemeente K., deel 1, 2, 1963–66 – Lit.: E. RIJPMA, De ontwikkelingsgang van K. tot omstreeks 1600 ..., 1924 – W. JAPPE ALBERTS, Beitr. zur Gesch. der ostndl. Stadt im SpätMA, WF 13, 1960, 36–51 – B. M. J. SPEET, K. (Hist. Stedenatlas van Nederland, deel. 4, 1986 [Q., Lit.].

Kampfer (von Sanskrit *kapūra* 'weiß'), harzige, durchsichtige Substanz, die aus dem Holz des K.baums destilliert wird. In der gr.-röm. Antike anscheinend unbekannt, wird K. im 6. Jh. von Imru' el Qais und Aetius v. Amida, im 7. Jh. im Koran (76. Sure) erwähnt, später durch arab. Autoren auch im W bekannt. Der byz. Enzyklopädist Simeon Seth (11. Jh.) rühmt K. als Sedativum und Anaphrodisiakum. Durch Reisende (al-Idrīsī, Marco Polo, Ibn Baṭṭūṭā) wurden die Herkunftsländer beschrieben (Indien, Borneo, Sumatra). Im 12. Jh. empfehlen Nikolaus v. Salerno und Hildegard v. Bingen, im 13. Jh. Nikolaus Myrepsos, im 15. Jh. auch Michele Savonarola K. als Heilmittel. Bes. nach 1500 wird der K. in Europa populär (Paracelsus, Hieronymus Bock, Mattioli). Er galt wegen seiner 'kalten' Eigenschaften als entzündungshemmend und beruhigend, spielte aber auch in der mag. Suggestivtherapie eine Rolle.   K. Bergdolt

Lit.: HWDA IV, 958 – SARTON I, 771; II, 1094 – THORNDIKE IV, 211 – Zedlers Univ. Lex. V, 1733, 467–473 – M. YAHIA HASCHMI, Zur Gesch. des K., Pharm. Ind. 26, 1964, 209–212.

Kämpfer, Punkt bzw. Linie (K.linie), an der die Krümmung eines Bogens oder eines Gewölbes ansetzt, häufig betont durch die vorspringende und profilierte K.platte, als erster Stein des Bogens der K.stein bzw. Anfänger. Bei Säulen vermittelt der K. zw. dem Querschnitt des Kapitells und der Dicke der zu stützenden Mauer. Er ist zumeist eine quadrat., mehr oder weniger profilierte Platte, die bündig oder nur wenig vorstehend auf dem Abakus des Kapitells aufliegt und oben zumeist vor der Mauerflucht vorsteht. Bei karol. und sal. Bauten, die antike Formen bewußt wiederaufnehmen, wird zw. Kapitell und K. ein vom antiken Gebälk abgeleiteter, würfelähnl. Block (K.block) eingeschaltet, der teilweise wie der ion. Fries in Fascien gegliedert ist. Um bei größerer Differenz zw. Kapitell und Mauer, bes. bei Fenster- und Kreuzgangarkaden und Zwerggalerien, den Übergang herzustellen, wird der K. in Querrichtung zur Mauer stärker ausgekragt (Sattelk.), entweder in Trapezform oder mit ausladender Kehle und untergehängter Rolle (Mitte 12. Jh.).

Lit.: →Kapitell. G. Binding

Kanal, -bau. Nach dem Verfall der überregionalen Wasserleitungssysteme der Antike finden sich frühma. K.e und K.bauten (aquaeductus, canalis, fossa) zuerst in Bf.ssitzen, Kl. und Pfalzen (Gembloux, Aachen). Sie dienen der Trink- und Brauchwasserversorgung, so um 500 unter Bf. →Avitus in Vienne und bei merow. Wasserleitungen in Clermont, Cahors und St-Denis sowie Ende des 8. Jh. unter Abt →Sturmi in Fulda. Gregor d. Gr. erwähnt Flußumleitungen. Gregor v. Tours berichtet über K.bauten für →Mühlen in Loches/Indre. Die Anlage von K.en und Wehren (sclusae) wird durch die Verbreitung der wasserradgetriebenen Getreidemühlen gefördert. Zahlreiche K.bauten für Kl. mühlen sind insbes. im 9. Jh. nachzuweisen (Corbie an der Somme, Lobbes, St-Bertin, St-Denis). Das K.projekt Karls d. Gr., die →Fossa Carolina, blieb ein einzelner, vergeblicher Versuch überregionaler Verbindungen für die Schiffahrt. Auch in Italien bildet 852 ein »aqueductus ... ad navigia deducenda« noch die Ausnahme.

Die Entstehung präurbaner Zentren fördert v. a. in N-Frankreich und N-Italien K.bauten, die – auch hier oft auf Initiative geistl. Institutionen (Abtei St-Vaast, Arras, um 1000) – Gewerbe-, aber auch Verteidigungszwecken dienen (Beauvais, Chalons-sur-Marne, Mailand). Den Mühl- und Gewerbek.en folgen in hochma. Städten Schiffahrtsk.e (Douai um 1100, Amiens bis 1250). Sie werden ergänzt durch Flutrinnen für Schiffe zur Umfahrung von Mühlwehren (Colbe/Saale 1151, Spandau 1232).

K.bauten mit Stollendurchschlägen (Almk., Salzburg 1136; Fulbertstollen, Maria Laach um 1164) gehen noch auf Initiativen geistl. Institutionen zurück. Vorrangig werden dann jedoch städt. Interessen. Es entstehen gewerbl. K.systeme, deren Nutzung strengen Regeln unterworfen ist, so in Bologna zum Betrieb von Korn- und Walkmühlen, ab 1341 auch von Seidenzwirnmühlen.

Im Roussillon und in der Lombardei dienen K.systeme seit dem 12. Jh. zur →Bewässerung, in Flandern und Holland zunächst zur Entwässerung, später auch zur Schiffahrt. Der »Stecknitzfahrt«, einem Scheitelk. zw. Elbe und Lübeck (1381-98), entsprechen in Holland und N-Italien eine Vielzahl von K.en, so der Brenta k. bei Padua. Um 1450 unterstreicht der Sieneser →Mariano di Jacopo, gen. Taccola, die Bedeutung der it. K.bauten unter militärstrateg. Gesichtspunkten. Ingenieurleistungen der Renaissance (u. a. Kammerschleuse) stützen kanalbautechn. Großprojekte wie die Arnoregulierung.

Multifunktionale städt. K.systeme dienen neben der Wasser- und Energieversorgung für die Gewerbe auch Zwecken der Fäkalien- und Abfallbeseitigung (Stadtbäche) bzw. der Wiesenwässerung und -düngung (Freiburg/Br. 1220). Ländl. K.systeme (Waale, Suonen, Wurthen) entstehen zur Wiesenwässerung im Alpen- und Voralpenraum, im Vintschgau (Meran 1227), Wallis (Sitten 1292) und Schwarzwald (1113 Wiesental/Basel). Sie können gelegentl. auch gewerbl. genutzt werden (Hotzenwald). Im südl. Schwarzwald bringt der Kandelgraben (1284) als Hangk. Wasser zu den Bergwerken, während in anderen Montanrevieren Wasserabzugsstollen/Auslaufk.e als »Abzucht« (Goslar) oder *canali dal di* (Sardinien) erscheinen. K. Elmshäuser/K.-H. Ludwig

Lit.: W. B. Parsons, Engineers and Engineering in the Renaissance, 1939, 323ff. - G. Endriss, Die künstl. Bewässerung des Schwarzwaldes und der angrenzenden Gebiete, Ber. der nat.forsch. Ges. zu Freiburg/Br. 42, 1952, 77-109 - Städt. Versorgung und Entsorgung in der Gesch., hg. J. Sydow, 1981 - A. E. Guillerme, Les temps de l'eau ..., 1983 - D. Lohrmann, Mühlenbau, Schiffahrt und Flußumleitungen im S der Gft. Flandern-Artois, Francia 12, 1984, 149-192 - Ö. Wikander, Mill-Channels, Weirs and Ponds (Opuscula Romana XV, 1985), 149-154 - K. Grewe, Zur Wasserversorgung und Abwasserentsorgung in der Stadt um 1200, ZAMA, 1986, 275-300.

Kanalinseln (Channel Islands), brit. Inselgruppe (Jersey, Guernsey, Alderney, Sark), gehörte im FrühMA zum kelt. Einzugsbereich und wurde 867 von den Bretonen erobert. 933 erhielt →Wilhelm Langschwert, Hzg. der Normandie, diese Inseln. Bis 1204 mit dem Hzm. der Normandie verbunden, gehörten die K. nach 1066 zum anglo-norm. Einzugsbereich. Die nach der Niederlage des engl. Kg.s Johann in der Normandie an den frz. Kg. Philipp II. verlorengegangenen K. wurden 1205 zurückerobert und blieben nun im Besitz der engl. Krone (Anerkennung im Vertrag v. Paris, 1259). Doch behielten die K. hinsichtl. der Verwaltung und des Gewohnheitsrechts immer einen Sonderstatus, der 1341 von Eduard III. förml. bestätigt wurde. J. Critchley

Lit.: J. H. Le Patourel, The Medieval Administration of the Ch. I., 1937 - A People of the Sea, hg. A. C. Janieson, 1986.

Kananos, Johannes, byz. Autor, verfaßte einen Augenzeugenbericht über die Belagerung von Konstantinopel durch Sultan Murad II. (1422). Über K.' Leben ist nichts bekannt. Er liefert eine präzise Chronologie der Ereignisse und schildert detailliert die osman. Belagerungstechnik und die byz. Verteidigungsanstrengungen. Nach seiner Darstellung war es die Jungfrau Maria, die durch ihr persönl. Eingreifen die Stadt rettete; selbst die Türken hätten ihre Erscheinung auf den Mauern gesehen. Im Vorwort rechtfertigt der Autor den Gebrauch der Volkssprache (da er nicht für Gelehrte, sondern für einfache Leute schreibe); darüber hinaus verwendet er eine Reihe westl. militär. Begriffe. A. Kazhdan

Ed.: L'assedio di Costantinopoli, ed. E. Pinto, 1968, 1977² - *Lit.:* Hunger, Profane Lit. I, 482-484.

Kanarische Inseln → Atlantische Inseln

Kandare, scharf wirkendes Pferdegebiß für Hengste, bestehend aus Mundstück, Hebelstangen samt Zügeln und Kinnkette. Durch Zug an den Hebelstangen wird der Unterkiefer des Pferdes zw. Mundstück und Kinnkette eingeklemmt. Nach dem 7. Jh. wohl im Orient entstanden. Frühe europ. Abb. auf dem Teppich v. →Bayeux.

O. Gamber

Kandia → Kreta

Kanina, Stadt in →Ep(e)iros (südl. Albanien). Die Existenz einer älteren Siedlung ist durch rezente archäolog. Ausgrabungen nachgewiesen, früheste schriftl. Erwähnung erst 1020 (Chrysobull Basileios' II.). Als Festung beherrschte K., gemeinsam mit Hiericho und Valona (→Avlona), den Zugang nach Epiros und verfügte in den Normannenkriegen (1081-85, bes. 1108) über eine strateg. Schlüsselposition. Deswegen wurde K. zur Hauptstadt einer Provinz, die aus dem Dukat v. →Dyrrachion herausgelöst wurde. Schon vor 1198 verfügte →Venedig hier über Grundbesitz, und das griech. Bm. v. K. und Valona hatte wohl in K. seinen Sitz. 1259 von Kg. →Manfred dem Reich v. Epiros entrissen, wurde K. 1271 den Angevinen abgetreten. Dann wieder vom Byzanz, kam K. 1345 an Serbien und wurde nach Stefan Dušans Tod zu einem unabhängigen slav. Despotat, das von den Balšići (um 1370) kontrolliert wurde (→Balša). Die letzte Fsn. (*despina*), Rugina-Comnena Balšić, bot Venedig zweimal erfolglos die Abtretung an (1386, 1400); die Türken besetzten K. 1417. Anhand des Steuerregisters (→*defter*) des Sanğaq v. Albanien (1431) wird die Bewahrung der administrativen und kirchl. Funktionen K.s unter osman. Herrschaft deutlich. A. Ducellier

Lit.: M. v. Šufflay, Städte und Burgen Albaniens hauptsächl. während des MA, 1924 – H. İnalcık, Sûret-i Defter i Sancak-i Arvanid, 1954 – A. Ducellier, La Façade Maritime de l'Albanie au MA, 1981.

Kaninchen (lat. cuniculus, vom altspan. Wort für 'Gang', 'Stollen'), Nagetier von sprichwörtl. Fruchtbarkeit, sich seit der Antike von Spanien aus verbreitend. Von Plinius (n.h. 8, 217) als Hasenart mit gleicher sonderbarer Begattung (n.h. 10, 173 nach Aristoteles, h.a. 5, 2) aufgefaßt, wird es erst im 13. Jh. von Thomas v. Cantimpré (4, 25 = Vinzenz v. Beauvais 18, 44 = Albertus Magnus, animal. 22, 46) als kleiner und sich nach dem nächtl. Fressen von Weintrauben und Früchten in unterird. Höhlen zurückziehend beschrieben. Auf Verdächtiges soll es durch Klopfen auf die Erde (mit dem Lauf als Signal zum 'Drücken') reagieren, auf Verfolgung durch Flucht der Population aus der Gegend. Das Herausjagen aus dem Bau durch Hunde (vgl. falsche Etymologie bei Isidor, Etym. 12, 1, 24) war seltener als durch Frettchen (Zuchtform des Iltis) in aufgestellte Netze (Thomas 4, 42 = Vinc. 19, 57 = Albert. 22, 101). Ch. Hünemörder

Q.: →Albertus Magnus, →Isidor v. Sevilla – Thomas v. Cantimpré, Liber de natura rerum, T. 1: Text, ed. H. Boese, 1973 – Vincentius Bellovacensis, Speculum naturale, 1624 [Neudr. 1964].

Kanne → Gefäß

Kanne(n)gießer (obdt. auch Kanten-, Kandel-, Zinngießer; ndt. Kannengeter). Sie stellten im Gußverfahren aus Zinn mit Bleizusatz Eß- und Trinkgeschirr, Kannen, Flaschen, Handwaschgefäße, Leuchter und dgl. her. Ornamente entstanden im Reliefguß oder wurden durch Schneiden oder Ätzen aufgetragen. Wegen der bekannten Gesundheitsschädlichkeit des →Bleis fehlen in keiner Zunftordnung genaue Angaben über die zulässigen Bleibeimischungen, in Regelfall bei der Produktion für den Markt 1 Teil Blei auf 9, 10 oder 12,5 Teile Zinn. Flaschen und Ampullen durften in Hamburg nur aus reinem Zinn mit höchstens 2% Bleizusatz bestehen, während dort und in Lübeck Kannen für den Export bis zu 25% Blei enthalten durften. Im direkten Kundenauftrag waren sicherl. überall beliebige Mischungen zulässig. In Köln durften seit 1348 nur geeichte Kannen und Flaschen auf dem Markt gebracht werden. Nach Ausweis der erst seit dem 14. Jh. vorliegenden Zunftordnungen zählten die K. nicht zu den alten oder großen Gewerben. Abgesehen von Nürnberg, Köln und vielleicht Paris dürfte auch in größeren Städten selten mehr als eine Handvoll K. gleichzeitig gearbeitet haben. Die Abgrenzung zu anderen Gießergewerben ergab sich z. T. durch die verwendeten Metalle, blieb aber oft unscharf; so durften anscheinend die Lübecker K. auch Auftragsarbeiten für die →Grapengeter und umgekehrt übernehmen. Eine schärfere berufl. und soziale Abgrenzung wurde gegenüber den Kesselflickern behauptet. Nur aus Köln ist die Dauer der Lehrzeit – mit 6 Jahren überdurchschnittl. lang – bekannt. Drei Meisterstücke waren üblich, zu denen auch eine Gußform gehören konnte. Auf den dt. Märkten wurden in erhebl. Umfang Zinngeräte aus England und aus Paris angeboten. Die im 14. Jh. im Bereich der wend. Hansestädte relativ großzügigen Bestimmungen über den Handel der K. und die Vergabe von Werkaufträgen außerhalb der Stadt wurden im 15. Jh. wohl unter dem Druck der Nürnberger Konkurrenz zurückgenommen. H.-P. Baum

Q.: →Handwerk – *Lit.*: W. Spieß, Gesch. der Stadt Braunschweig im NachMA, I, 1966 – F. Irsigler, Die wirtschaftl. Stellung der Stadt Köln im 14. und 15. Jh. (VSWG Beih. 65, 1979).

Kanon → Hymnen, →Messe

Kanonbild, Kreuzigungsdarstellung am Anfang des Meßkanons, des zentralen Textes im Meßbuch, entwickelt sich seit dem 8. Jh. aus der Initiale 'T' des »Te igitur« (Anfangsworte des Kanons). Die Gestalt dieses Buchstabens legte von vornherein die Form des Kreuzes nahe, hat doch der Kanon seinen Höhepunkt in der Wandlung, dem unblutigen Vollzug des blutigen Opfers am Kreuz. Nicht nur das Verständnis des Wortes, auch der Anblick des Bildes sollte an die Passion erinnern. Frühestes bekanntes Beispiel im Sakramentar v. Gellone (spätes 8. Jh.), die Kruzifixdarstellung lange ein Einzelfall; im 9. Jh. hauptsächl. Verwendung einer ornamentierten Initiale, zuweilen ergänzt durch atl. Typen (→Drogo-Sakramentar, um 850); erst gegen Ende des 10. Jh. und v. a. im 11. Jh. allg. Verbreitung des K.es mit dem Bild des Gekreuzigten. Etwa gleichzeitig wird es auch üblich, dem Hauptschmuck des Sakramentars eine eigene Seite zu geben (Sakramentar v. St. Vitus, Mönchengladbach, um 1070/80). Für das K. wählte man gelegentl. auch andere Bildthemen, so die Majestas Domini (Sakramentar aus St. Gereon, Köln, um 1000; P. Bloch, Das Sakramentar v. St. Gereon, 1963, Abb. 4) oder auch den Gnadenstuhl (Missale v. Cambrai, Anfang 12. Jh.; W. Braunfels, Die hl. Dreifaltigkeit, 1954, Abb. 38). Im 12. Jh. löst sich allmähl. die enge Verbindung von Bild und Buchstabe, und neben die Kreuzigung als K. wird zusätzl. ein verziertes 'T' gestellt. Diese Trennung führt im got. Missale schließlich zur Entwicklung des von der Initiale unabhängigen Kreuzigungsbildes. M. Grams-Thieme

Lit.: LCI II, 492–495 – Text und Bild, hg. C. Meier–U. Ruberg, 1980, 279–382 – O. Pächt, Buchmalerei des MA, 1984, 40ff.

Kanonessammlungen. Unter K. im engeren Sinn versteht man seit dem 4. Jh. zu beobachtende Slg.en von Konzilsbeschlüssen (im Unterschied zu den im 5. Jh. aufkommenden →Dekretalenslg.en) meist kirchendisziplinar. und -organisator. Art, im weiteren, bis ins HochMA geltenden Sinn Slg.en kirchl. Rechts, in die neben Konzilstexten und Dekretalen auch Exzerpte aus der Hl. Schrift, den Vätern, weltl. Gesetzen u. ä. m. Aufnahme finden konnten. Kennzeichnend für die erst mit dem Decretum Gratiani (→Corpus iuris canonici) Mitte des 12. Jh. endende Periode sind die Vielzahl und die regionale wie inhaltl. Vielfalt der meist anonymen, privaten K. Hist. geordnete, d. h. das Material nach seiner Entstehung geschlossen überliefernde K. blieben in Geltung, als ein prakt. Bedürfnis (kirchl. Rechtsprechung, -belehrung und -fortschreibung) den ins Unübersehbare anwachsenden Stoff zunehmend in systemat. Bahnen zwang. Partikulares Recht trat anstandslos neben universales. Wohl standen nicht alle Rechtstexte in gleich hohem Ansehen – an der Spitze fungierte fraglos das Konzil v. →Nikaia (325) –, von einem allg. verbindl. Autoritätenkanon konnte aber keine Rede sein, und so mischte sich nicht selten Apokryphes unter die echten Normen.

Der in der Frühkirche führende griech. O brachte nach den pseudo-apostol. Slg. en (u. a. Didache, Constitutiones apostolicae [→Apostol. Konstitutionen] mit →Canones apostolorum, Canones Hippolyti – dagegen ist die Traditio Apostolica S. Hippolyti wohl röm. Ursprungs) im Antiochien des 4. Jh. das erste große Corpus conciliorum canonum hervor (Canones Ancyrani bis Laodiceni mit späteren Addenda), dessen überarbeitete und erweiterte Übers. en im W von erhebl. Einfluß waren (Corpus canonum Africano-Romanum; Versiones Isidori, Prisca, Dionysii). Sie lebten weiter in bedeutenden, meist röm. Slg. en der hist. Ordnung (»goldenes Zeitalter« der it. Kanonistik um 500): →Quesnelliana, Frisingensis, Weingartensis, Sanblasiana, Vaticana, Teatina und v. a. Dionysiana in drei Redaktionen. Mit seinem quellenkrit. und -ordnenden Schaffen (strikte Trennung von Konzilskanones und Dekretalen) wies →Dionysius Exiguus den Weg für ein neues Verständnis der kirchl. Rechtsq., das sich auch in der von regionalen Kräften dominierten Kanonistik der Folgezeit durchsetzen sollte, noch nicht zwar in den zahlreichen, meist wenig verbreiteten gall. Slg. en des 6. Jh. wie Corbeiensis, Coloniensis, Albigensis oder Sancti Mauri, wohl aber schon in der stark mit iber. Material angereicherten →Hispana (7. Jh.).

Mit leichter zeitl. Verzögerung gegenüber dem O (anonyme Collectio LX titulorum, Synagoge canonum des Johannes Scholasticus) entwickelten sich auch die systemat. Slg. en des W aus bescheidenen Anfängen (→Statuta Ecclesiae antiqua, Breviatio canonum des Fulgentius →Ferrandus, Capitula →Martins v. Braga, Concordia canonum des →Cresconius) zu stoff- und themenreichen Kompendien von lokaler Färbung, doch durchaus kontinentaler Resonanz und nachhaltiger Wirkung (→Vetus Gallica, →Hibernensis, Hispana systematica). Sie behaupteten sich gegen – wenig erfolgreiche – karol. Einheitsbestrebungen. Ja, trotz der hohen Wertschätzung, die der röm. →Dionysio-Hadriana und ihrem systemat. burg. Pendant, der →Dacheriana, zuteil wurde, blühte in der karol. Reform der Rechts- und Slg. spluralismus. Nicht nur, daß sich in ir. und festländ. →Bußbüchern, in →Kapitularien und Kapitularienslg. en sowie in →Capitula episcoporum eine Unmenge kanonist. »Grenzwerke« breitmachte, das alte Recht wurde ungebrochen weitertradiert, beliebte K. in redigierter Form herausgebracht (allein die Dionysiana erfuhr mehrere Überarbeitungen), viele Opuscula neu erstellt (Collectiones →Herovalliana, Sangermanensis, Bonaevallenses, 400 capitulorum, Laudunensis usw.) und nicht von ungefähr in einem riesigen Betrug eine der letzten großen Slg. en der hist. Ordnung in die Welt gesetzt, die →Pseudo-Isidor. Dekretalen (Mitte 9. Jh.; zusammen mit der Hispana Gallica Augustodunensis, den →Capitula Angilramni und der Kapitularienslg. des →Benedictus Levita).

Die Zukunft aber gehörte dem systemat. Recht. In ihrem Willen zur inhaltl. Durchdringung des überlieferten Stoffes als Mittel der kirchl. Erneuerung schlugen die spätkarol. Werke eines streng röm. gesinnten Mailänder Anonymus (Anselmo dedicata in 12 unhandl. Büchern) oder →Regino v. Prüm (Sendhandbuch) die Brücke zu den umfangreichen vorgregorian. Reformwerken in Italien (Collectio V librorum, vornehml. auf der 9-Bücher-Slg. basierend) und in Dtl. (u. a. das außerordentl. wirkkräftige Dekret →Burchards v. Worms und die davon abhängige [nicht umgekehrt!] Freisinger Collectio XII partium).

Im HochMA führte ein enormer geistiger Aufschwung zur Wiederentdeckung des röm. und zur entscheidenden Weiterentwicklung des kanon. Rechts. Die gregorian. Kanonistik erzeugte eine Welle neuer systemat. K., die den Primat der röm. Kirche ins Zentrum ihrer Bemühungen rückten, zugleich aber auch die Gesamtkirche nach ihren Reformvorstellungen zu reglementieren versuchten – mit unterschiedl. Erfolg. Während die →Sententiae diversorum patrum (74-Titel-Slg.), die von ihr abgeleitete Collectio IV librorum und →Anselms II. v. Lucca Kanonesslg. offenbar weitere Kreise erreichten, fanden etwa die Werke eines Atto, Kard. v. S. Marco (Breviarium in rund 500 Kap., um 1075 für die Kleriker seiner Titelkirche zusammengestellt), →Deusdedit (Collectio canonum) oder →Bonizo v. Sutri (Liber de vita christiana) wie die Collectiones Ashburnhamensis, Tarraconensis, S. Mariae Novellae u. a. nur wenig Widerhall. Daneben erfreute sich die alte Tradition weiterhin großer Beliebtheit und mit ihr die älteren K. So wird etwa die wichtige →Collectio Avellana heute noch nach einer im 11. Jh. für das Kl. S. Croce di →Fonte Avellana erworbenen Hs. benannt. Reform-, nicht unbedingt romausgerichtete K. erblickten überall das Licht. Belange etwa monast. konzentrierte sich – ähnlich der älteren Minislg. →Abbos v. Fleury – die Collectio →Farfensis →Gregors v. Catino.

Zum eigtl. Renner der →Gregorian. Reform aber wurde die auf Ausgleich und Praxisnähe bedachte Panormia →Ivos v. Chartres, in Systematik und Handlichkeit dessen anderen K. weit überlegen (Decretum und Tripartita) und ungefährdet auch durch den in Büchern (8), Titeln (200) und Kapiteln (1540) griffig gegliederten Polycarp des Gregor v. S. Crisogono. Ivo, dessen K. ihrerseits eine starke Nachwirkung ausübten (z. B. in den Collectiones →Caesaraugustana, X partium, Catalaunenses), zählte zu jenen, die wie →Bernold v. Konstanz und →Alger v. Lüttich – sein Liber de misericordia et iustitia war in Inhalt und Methode von erhebl. Einfluß auf Gratian – nach den hitzigen Auseinandersetzungen des →Investiturstreits im kühlen Distinguieren der sich widersprechenden Tradition zu neuer zukunftsweisender Konkordanz fortschritten. Mit der diesem harmonisierenden Denkansatz verpflichteten Concordia discordantium canonum →Gratians (um 1140) erlebten die großen K. ihren schöpfer. Höhepunkt und Abschluß zugleich. Erst danach begann die Zeit des »klass.«, von Rom beherrschten Kirchenrechts.
H. Mordek

Bibliogr.: ausführl. Bibliogr. [Ed. und Lit.] in: Traditio 12–26, 1956–70 – BMCL 1, 1971, ff. – Medioevo latino 1, 1980ff. – TRE XIX, 1ff. – *Lit.* [ausgew.]: P. u. G. BALLERINI, De antiquis tum editis, tum ineditis collectionibus et collectoribus canonum ..., App. ad sancti Leonis Magni opera III, 1757, I–CCCXX [= MPL 56, 11–354B] – F. MAASSEN, Gesch. der Q. und der Lit. des canon. Rechts im Abendlande, 1870 – FOURNIER-LE BRAS–E. SCHWARTZ, Die K. der alten Reichskirche, ZRGKanAbt 25, 1936, 1–114 [= DERS., Ges. Schr. 4, 1960, 159–275] – H. WURM, Stud. und Texte zur Dekretalenslg. des Dionysius Exiguus, 1939 – B. KURTSCHEID–F. A. WILCHES, Hist. iuris canonici, I, 1943 – VAN HOVE[2] – A. M. STICKLER, Hist. iuris canonici lat. I, 1950 – C. MUNIER, Les sources patristiques du droit de l'Église du VIIIe au XIIIe s., 1957 – R. KOTTJE, Einheit und Vielfalt des kirchl. Lebens in der Karolingerzeit, ZKG 76, 1965, 323–342 – A. GARCÍA Y GARCÍA, Hist. del derecho canónico I, 1967 – W. SELB, Die K. der oriental. Kirchen und das griech. Corpus canonum der Reichskirche (Speculum iuris et ecclesiarum. [Fschr. W. M. PLÖCHL, 1967]), 371–383 – H. FUHRMANN, Einfluß und Verbreitung der pseudoisidor. Fälschungen (MGH Schr. XXIV, 1–3, 1971–74) – FEINE[5] – G. FRANSEN, Les collections canoniques, 1973 [mise à jour 1985] – J. GILCHRIST, The Reception of Pope Gregory VII into the Canon Law (1073–1141), ZRGKanAbt 59, 1973, 35–82; 66, 1980, 192–229 – H. MORDEK, Kirchenrecht und Reform im Frankenreich, 1975 – DERS., Kirchenrecht. Autoritäten im FrühMA (VuF 23, 1977), 237–255 – G. FRANSEN, Les abrégés des collections canoniques, RDC 28, 1978, 157–166 – J. GAUDEMET, La formation du droit canonique médiéval, 1980 – H. MORDEK, Il diritto canonico fra tardo antico e alto medioevo (La cultura in Italia..., Atti del Convegno Roma 1979, I, 1981), 149–164 – L. FOWLER-MAGERL, Vier frz. und span. vorgratian. K. (Aspekte europ. Rechtsgesch. [Festg. H. COING, Ius commune, Sonderh. 17, 1982]), 123–146 – P. FOURNIER, Mél. de droit canonique, ed. TH. KÖLZER, 2 Bde, 1983 [Nachdr. ausgew. Aufs.] – TH. KÖLZER, Mönchtum und Kirchenrecht, ZRGKanAbt 69, 1983, 121–142 – R. E. REYNOLDS, Unity and Diversity in Carolingian Canon Law Collections (Carolingian Essays, ed. U.-R. BLUMENTHAL, 1983), 99–135 – J. GAUDEMET, Les sources du droit de l'Église en Occident du II^c au VII^c s., 1985 – H. MORDEK, Systemat. K. vor Gratian (Monumenta iuris can., Ser. C: Subs. 7, 1985), 185–201 – DERS., Analecta canonistica I, BMCL 16, 1986, 1–16 – C. MUNIER, Vie conciliaire et collections canoniques en Occident, IV^c–XII^c s., 1987 – P. LANDAU, Gefälschtes Recht in den Rechtsslg.en bis Gratian (MGH Schr. XXX, 2, 1988), 11–49 – J. GAUDEMET, Droit de l'Église et vie sociale au MA, 1989 – H. MORDEK, Der röm. Primat in den Kirchenrechtsslg.en des Westens vom IV. bis VIII. Jh. [im Dr.].

Kanoniker. 'Canonicus' ist der 535 im Frankenreich zuerst belegte Terminus für Kleriker, die unter Leitung des Bf.s oder eines Archipresbyters gemeinsame Liturgie feierten; ihr Unterhalt aus dem vom Bf. verwalteten Kirchenvermögen knüpfte an Gegebenheiten in spätantiken Civitates an und führt auf eine begriffl. Wurzel 'canon' zurück, die als Liste der versorgungsberechtigten bfl. Kleriker zu deuten wäre. Die so Bezeichneten wurden durch die Ausbreitung des →Eigenkirchenwesens auf dem Lande seit dem 6. Jh. zu einer Minderheit innerhalb des Klerus, die sich an den Schwerpunkten des Kirchenguts zu einem Gemeinschaftsleben formierte und als »kanonisch« in dem Sinne betrachtet werden konnte, daß sie allein den canones entsprach. Die Analogie zum Mönchtum weckte in der ags.-karol. Kirchenreform das Bedürfnis nach Abgrenzung durch eine spezif. K.-Regel, wie sie zuerst um 755 im lokalen Rahmen von →Chrodegang v. Metz und dann 816 allgemeinverbindl. in den →Institutiones Aquisgranenses, zugleich auch für →Kanonissen, geschaffen wurde. Seither umfaßte der ordo canonicus alle nicht der →Regula Benedicti des ordo monasticus unterworfenen geistl. Kommunitäten des frk. Großreiches. Im Rückgriff auf patrist. Gedankengut sollte der gemeinsame Gottesdienst (mit Chorgebet) eine Lebensform begründen, die im Tages- und Jahresablauf zur vita communis verpflichtete, intern abgestufte Kompetenzen von Amtsträgern mit dem praepositus an der Spitze der Stiftskirche vorsah (→Kapitel) und im Rahmen gemäßigter asket. Forderungen u. a. die Nutzung privaten Besitzes zuließ. Fließende Übergänge zum Mönchtum und bewußter Wechsel von einem ordo in den anderen begegnen in der Folgezeit nicht selten.

Zwar fand die Aachener Institutio gerade im 11. Jh. vermehrte Resonanz, doch regte sich im Zuge der →Gregorian. Reform bald grundsätzl. Kritik an ihren großzügigen Postulaten, was zur anspruchsvolleren, auch auf persönl. Armut bedachten Richtung der →Regulark. führte, die sich teils als →Augustiner-Chorherren, teils in neuen Orden wie den →Prämonstratensern ausprägten. Bei dieser Bewegung nicht folgenden (einfachen) Chorherren oder Säkular-K.n verfiel, mit großen zeitl. und räuml. Unterschieden, die vita communis allmähl., was einherging mit einer Aufteilung des zuvor schon in autonome Verwaltung genommenen Stiftsvermögens in einzelne Pfründen von meist unterschiedl. Umfang. Das →Benefizium wurde zum eigtl. Kern des Kanonikats, während die liturg. Verpflichtungen verblaßten und häufig Vikaren überlassen blieben. Das machte die materiell gesicherte Existenzform des Kanonikats vielseitig verwendbar für adlige und später patriz. Familienpolitik, aber auch als Lebensgrundlage für kgl. Hofkapelläne, bfl. wie fsl. Verwaltungspersonal, städt. Seelsorger, Universitätslehrer u. ä. und begünstigte die Gründung und Ausstattung von K.stiften als unentbehrl. »Stätten der Begegnung von Kirche und Welt« (MORAW) bis zum Ende des MA.

R. Schieffer

Lit.: DHGE XII, 353–405 – J. SIEGWART, Der gallo-frk. K.begriff, Zs. für schweiz. Kirchengesch. 61, 1967, 193–244 – F. POGGIASPALLA, La vita comune del clero dalle origini alla riforma gregoriana, 1968 – R. SCHIEFFER, Die Entstehung von Domkapiteln in Dtl., 1976 – G. P. MARCHAL, Einleitung: Die Dom- und Kollegiatstifte der Schweiz, Helvetia Sacra II,2, 1977, 27–102 – Istituzioni monastiche e istituzioni canonicali in occidente (1123–1215) (Misc. del Centro di studi medioevali 9, 1980) – P. MORAW, Über Typologie, Chronologie und Geographie der Stiftskirche im dt. MA (Unters. zu Kl. und Stift, 1980 [Veröff. des Max-Planck-Inst. für Gesch. 68]), 9–37 – E. MEUTHEN, Stift und Stadt als Forschungsaufgabe (Stift und Stadt am Niederrhein, hg. E. MEUTHEN, 1984), 9–26 – B. SCHNEIDMÜLLER, Verfassung und Güterordnung weltl. Kollegiatstifte im HochMA, ZRGKanAbt 72, 1986, 115–151.

Kanonisation → Selig- und Heiligsprechung

Kanonisches Recht. Das kanon. oder kirchl. Recht verdankt seine Entstehung und Entwicklung den verschiedensten Faktoren und Gegebenheiten. Bereits im NT gibt es Ansätze hierfür, so die Forderung Jesu von der Unauflöslichkeit der →Ehe (Mk 10,2–12), die schon Paulus als verpflichtende Weisung Christi weitergegeben hat (1 Kor 7,10). Bei einer schwerwiegenden Verfehlung gegen die eherechtl. Ordnung verfügte Paulus sogar den Ausschluß aus der kirchl. Gemeinschaft (1 Kor 5,1–5). Das Gemeindeleben verlangte bestimmte Verhaltensweisen, bei deren Nichterfüllung eine gestufte Zurechtweisung zu erfolgen hat bis hin zum Ausschluß aus der Gemeinde, was auch »im Himmel« Bedeutung hat (Mt 18,15–18). In den Pastoralbriefen finden sich viele konkrete Bestimmungen, z. B. Erfordernisse für den Bf. und andere Amtsträger (1 Tim 3,2–13), die eine Tendenz zur rechtl. Prägung in sich haben.

In der nachfolgenden Zeit führte das Bestreben zur Reinhaltung der Lehre im Kampf gegen die Gnosis zu einer betonten Herausstellung der Tradition und stärkte die Stellung der Bf.e als deren Garanten. Bei Nichterfüllung von bestimmten Mindestanforderungen an das Leben, bes. bei Glaubensabfall, →Mord oder →Ehebruch und anderen feststellbaren Vergehen, wurde eine lange und strenge Buße mit →»Exkommunikation« gefordert, bevor der Betroffene durch die Rekonziliation des Bf.s wieder in die Gemeinschaft aufgenommen wurde. Für die Spendung der Sakramente wurden Regelungen getroffen (u. a. Mindestanforderungen für den Empfang der Taufe, Teilnahme an der Eucharistiefeier, Weiheempfang), die mit liturg. Texten zusammen überliefert wurden, etwa in den →Apostol. Konstitutionen.

Während zunächst vieles gewohnheitsmäßig geübt wurde und so allmähl. zum Recht erstarkte, anderes in Schriften der Kirchenväter und Weisungen der Bf.e sich niedergeschlagen hat, erfolgten bald verbindl. Regelungen in partikularen Synoden, z. B. in →Elvira zu Beginn des 4. Jh., im östl. Bereich (Antiochien 328, →Sardika 342) und in Nordafrika, bes. aber auf den allg. Konzilien wie →Nikaia (325), →Chalkedon (451) u. a. Deren Kanones, von denen sich auch der Name K.R. herleitet, wurden bald gesammelt (→Kanonesslg.en) und ihre Kenntnis von den Amtsträgern, auch von allen Priestern, verlangt (Coelestin I., 429). Zu diesen Rechtsq. gesellten sich bald auch Papstbriefe, →Dekretalen, die entweder Entscheidungen für einen Einzelfall, aber verallgemeinerungsfähig waren, oder Anweisungen für die Bf.e einer Region und deren Gesetzgebung darstellten.

Um 500 sammelte in Rom →Dionysius Exiguus zunächst die Kanones östl. sowie afrikan. Konzilien (mit neuer Übers. aus dem Griech.), denen er in zweiter Auflage eine Slg. päpstl. Dekretalen hinzufügte. Über Jahrhunderte hin fand diese Slg. weite Verbreitung und wurde vielfach mit anderen kirchenrechtl. Texten kombiniert und zur sog. →Dionysio-Hadriana erweitert. Die →Hispana (7. Jh.) legte bes. Wert auf die span. (und gall.) Konzilien, deren Kanones je in ihrer hist. Reihenfolge aneinandergereiht wurden. Bald entstanden zur besseren Benutzbarkeit auch systemat. geordnete Slg.en, so die Collectio →Vetus Gallica, deren Anfänge um das Jahr 600 in Lyon liegen, die aber erst im 8. Jh. in N-Frankreich ihre endgültige Gestalt mit 64 Titeln erhielt und so ihre Wirkung entfaltete. Großen Einfluß und weite Verbreitung erhielt die um 800 in S-Frankreich entstandene →Dacheriana (in drei Büchern). Große Päpste haben schon im frühen MA durch ihre Schreiben das K.R. und seine Anwendung geprägt, so Leo I. (440–461), Gelasius I. (492–496), bes. deutl. (und gut zu studieren bei) Gregor I. (590–604), der meist auf Anfrage hin in seinen Reskripten das Recht erklärte und sozusagen im Dialog mit den verschiedensten Amtsträgern ihm zur Durchsetzung verhalf, ferner Nikolaus I. (858–867).

Die ir. Kanonesslg. (um 700) benutzte außer den »kanon.« Texten ausgiebig die Hl. Schrift (etwa 500 Texte) und die Kirchenväter (etwa 450, davon ein Drittel Hieronymus). Eine andere Q.art stellten die →Bußbücher dar.

Nach der Mitte des 9. Jh. schufen Reformkreise in N-Frankreich die →pseudoisidor. Dekretalen, in denen sie geltende Rechtssätze und für wünschenswert gehaltenes Recht den Martyrerpäpsten der ersten Jahrhunderte zuschrieben. Sie fanden große Verbreitung, zumal sie, mit den Konzilskanones und echten Papstbriefen verbunden, ein Kompendium des Kirchenrechts mit einer großen Materialfülle darstellten. Ziele hierbei waren u. a. der Schutz der Kirche und ihrer Güter vor dem Zugriff der weltl. Machthaber und der Schutz der Bf.e gegenüber der Absetzung durch den Ebf. Daher wurde ein Prozeß gegen sie sehr erschwert und an die Zustimmung des Papstes gebunden, auch wenn die Verurteilung auf einer Synode geschehen sollte.

Die Collectio Anselmo dedicata (um 882) exzerpierte ausgiebig auch die pseudoisidor. Dekretalen (ebenso die späteren Slg.en) sowie das röm. Recht. Die Slg. des →Regino v. Prüm stellte (um 906) ein Handbuch für die Visitation in zwei Büchern bereit. Das später weit verbreitete Dekret des Bf.s →Burchard v. Worms (1000–25) bot in 20 Büchern 1785 einzelne Texte, darunter auch viele Exzerpte aus den Kirchenvätern, die einen beachtlichen Beitrag zur Bildung des K.R.s beisteuerten. Zu Beginn des 11. Jh. entstand die von diesem Dekret abhängige Freisinger Collectio XII partium.

Aus der Zeit der →Gregorian. Reform stammen u. a. die 74-Titel-Slg., bes. aber die Slg. des →Anselm v. Lucca (13 Bücher mit 1150 Kapiteln), die eine relativ weite Verbreitung erfuhr, während die Slg. des Kard.s →Deusdedit weniger Anklang fand. Auch manche anonyme Slg. en verbreiteten den Impuls der Kirchenreform im Kampf gegen →Simonie und andere Übel. Im Liber de vita christiana verband Bf. →Bonizo v. Sutri (zw. 1089–95) die Q. mit manchen eigenen Ergänzungen.

Sehr einflußreich wurden die drei Slg.en des →Ivo v. Chartres, die um 1093–95 entstanden sind: sein Dekret stellte mit 3760 Kapiteln ein sehr umfangreiches Textmagazin dar, aus dem er selbst im 3. Buch seiner Collectio Tripartita und v. a. in seiner Panormie schöpfte. In seinem Prolog stellte er Grundsätze für die Interpretation und Anwendung der Q. auf, die auch in der Folgezeit sehr beachtet wurden und zur beginnenden Wissenschaft des K.R.s überleiteten, ebenso wie der Liber de misericordia et iustitia (ca. 1103) des →Alger v. Lüttich, dem es um die richtige Rechtsanwendung ging, die weder von zu großer Strenge noch von Laxheit geprägt sein durfte.

Die Slg. →Polycarp des Kard.s Gregor v. S. Crisogono (ca. 1109–13) und die Slg. in drei Büchern (Vat. lat. 3831) waren u. a. unmittelbare Vorlagen für →Gratian, der um 1140 sein großangelegtes Dekret vollendete, durch das er eine Concordia discordantium canonum herstellte, indem er mit eigenen Worten die Q. einführte, neu ordnete und Widersprüche auflöste. Dieses Werk wurde in →Bologna parallel zur Legistik zur Grundlage der Kanonistik als einem eigenen Wissenschaftszweig, den die Dekretisten pflegten und entwickelten. Trotz seines Charakters als Privatarbeit hat das Dekret als Ganzes und in allen seinen Teilen größten Einfluß ausgeübt.

Während anfangs noch manche Texte in das Dekret eingefügt wurden (Paleae), bildeten bald Anhänge zu ihm den Übergang zu den folgenden Slg.en. Seit Alexander III. (1159–81) prägten die Päpste mit ihren unter immer zahlreicher werdenden Dekretalen das K.R. und zentrierten es auf Rom. Diese Dekretalen wurden in unterschiedl. geordneten Dekretalenslg.en zusammengefaßt, darunter die Appendix Concilii Lateranensis und die Collectio Bambergensis. Allg. Anerkennung fand erst das Breviarium extravagantium des →Bernhard v. Pavia (um 1190), das in fünf Büchern und in 152 Einzeltiteln 912 Rechtstexte bot, darunter 517 von Alexander III., wobei einzelne Dekretalen aufgeteilt und die einzelnen Fragmente systemat. eingeordnet wurden. In der Folgezeit entstanden weitere Slg.en nach dem gleichen Muster, darunter 1210 eine offizielle Slg. von Dekretalen Innozenz' III. und 1226 eine durch Honorius III. veranlaßte Slg., die mit zwei weiteren die Quinque compilationes antiquae bildeten und je Gegenstand wiss. Kommentierung durch die Dekretalisten wurden. Die 71 Konstitutionen des →IV. Laterankonzils von 1215 waren von bes. Bedeutung für das Sakramentenrecht.

Im Auftrag Gregors IX. bereitete der Pönitentiar →Raimund v. Peñaforte eine neue, umfassende Kodifikation aus den gen. fünf Slg.en und den Dekretalen Gregors IX. vor, in denen auch durch neugeschaffene Texte Zweifel geklärt und neue Tatbestände normiert wurden. Dieses auch Liber extra gen. einheitl. Gesetzeswerk wurde am 5. Sept. 1234 promulgiert und bekam damit, unabhängig von der Entstehung der Einzeltexte, einheitl., universale und ausschließl. Gesetzeskraft. Auch in der Folgezeit wurden die neuen Dekretalen der Päpste teils amtl. publiziert (so durch Innozenz IV., Gregor X. und Nikolaus III.) oder privat gesammelt. Im Auftrag Bonifaz VIII. (1294–1303) erarbeiteten drei kompetente Kanonisten eine neue Kodifikation, die ebenso wie die vorausgehende in fünf Bücher eingeteilt war, in 76 Titeln 359 Kapitel und in systemat., widerspruchsfreier Weise den geltenden Rechtstext enthielt, wofür man z. T. stärker redigierend in die vorliegenden Texte der Dekretalen eingriff und die Kanones der beiden Konzilien v. →Lyon übernahm. Dieses Liber Sextus gen. Gesetzeswerk wurde am 3. März 1298 promulgiert.

Bereits Clemens V. (1305–14) bereitete eine neue Rechtsslg. vor, die jedoch erst unter Johannes XXII. 1317 promulgiert wurde und den Namen (Constitutiones) →Clementinae erhielt, überwiegend Texte dieses Papstes, einschließl. der Texte des Konzils v. →Vienne 1311/12, enthaltend. Das war die letzte amtl. ma. kirchl. Gesetzesslg. In der Folgezeit hatte das Papsttum nicht mehr die Kraft zu einem solchen Akt, zumal durch die Aufsplitterung der Christenheit in den verschiedenen Reichen deren Rezeption nicht mehr gewährleistet gewesen wäre. Daher wurden später die (20) Dekretalen Johannes' XXII. und die sog. →Extravagantes Communes nur privat gesammelt und seit etwa 1500 in den Drucken mit den übrigen (amtl.) Teilen des →Corpus Iuris Canonici verbunden, das bis zum Inkrafttreten des alten Codex Iuris Canonici 1918 die Hauptgrundlage des K.R.s bildete. Es wurde nur noch in Einzelbereichen modifiziert, z. B. durch päpstl. Erlasse, Gewährung von Privilegien, Reservierung von Amtshandlungen (Vergabe kirchl. Pfründen und Bf.sbestellungen), Reformbestimmungen usw.

Im MA regelte das K.R. nicht nur das innerkirchl. Leben (Amtsführung und Leben der kirchl. Amtsträger, Sakramentenrecht, Strafrecht), sondern auch weite Teile des gesellschaftl. Lebens. Für Ehe und Familie war (außer für Vermögensverhältnisse) fakt. das kirchl. Eherecht maßgebend, das von den Autoritätsträgern (u. a. durch Visitationen) umfassend durchgesetzt und durch kirchl. Gerichte überprüft wurde. Das kirchl. Prozeßwesen wurde in Verbindung mit dem röm. Recht auch für das weltl. Gerichtswesen (mit) maßgebend. Das Schulwesen, soweit vorhanden, war weitgehend in kirchl. Händen und daher auch dem K.R. unterworfen. Bußwesen und Strafrecht erfaßten unter dem Aspekt der Sünde fast alle Bereiche des menschl. Zusammenlebens, wobei eine gewisse Fürsorgepflicht der Kirche für die Testamente, die Heilighaltung des Eides, Schutz vor Wucher (usura) und der bes. Hilfsbedürftigen weitere Zuständigkeiten eröffneten, die für eine große Bedeutung des K.R.s sorgten.

s. →Byzantinisches Recht. R. Weigand

Lit.: P. HINSCHIUS, Kirchenrecht, 1–6, 1869–97 – F. MAASSEN, Gesch. der Q. und der Lit. des canon. Rechts im Abendlande, I, 1870 (1956) – SCHULTE, I, II – KUTTNER-FOURNIER-LE BRAS-PLÖCHL – Hist. du Droit et des Institutions de l'Église en Occident, Bd. 3,7, 8.2, 10,13.2, 1958–79 – FEINE⁵ – H. MORDEK, Kirchenrecht und Reform im Frankenreich, 1975 – Proceedings of the Seventh Internat. Congr. of Medieval Canon Law, Cambridge 1984 (MIC C 8, 1988) – E. PITZ, Papstreskripte im frühen MA (Beitr. zur Gesch. d Q.kde des MA 14, 1990) – →Corpus iuris canonici, →Kanonesslg.en.

Kanonissen. Der Begriff 'canonica' erscheint in den griech. Q. seit dem 4.Jh. und bezeichnet zunächst eine fromme Frau, die auf einer Liste (canon) verzeichnet war. Für die chr. Spätantike und das FrühMA lassen sich K.n nicht anders definieren denn als Frauen, die ein religiöses Leben führten, das nicht an eine monast. Gemeinschaft gebunden war. Die Unterscheidung zw. 'Jungfrau (virgo)', 'Witwe', 'Matrone' und 'K.' ist vom institutionellen Gesichtspunkt her schwer zu fassen, da die Formen religiöser Lebensgestaltung, ob in 'regulierter' Form oder nicht, vielfältig waren. Im Abendland erscheint der Begriff der 'canonicae' in den Kanones der karol. Konzilien und bezeichnet weibl. Religiose, die nicht als 'regulares' dem monast. Gemeinschaftsleben angehörten. Die frk. Reform unter Ludwig d. Frommen definierte die K. in der »Constitutio sanctimonialium canonice degentium« (816; s. a. →Institutiones Aquisgranenses) als eine Kommunität, die unter der Autorität einer Äbt. lebte und einem strengen, von der →Regula Benedicti inspirierten Reglement unterworfen war. Sie genossen aber andererseits rechtl. und persönl. Vergünstigungen; so besaßen sie den Nießbrauch an ihrem Erbe, das sie in ihrem Namen verwalten lassen konnten, durften eine Dienerin halten und – abgesondert von den Mitschwestern – in einer privaten Wohnung leben. Andererseits waren sie zur Teilnahme an Stundengebet und Messe verpflichtet, hatten Meditation und Handarbeit zu leisten, sollten Kontakte mit dem anderen Geschlecht vermeiden und häufig Refektorium und Dormitorium aufsuchen.

In der Zeit des 9.–11.Jh. beherbergten die Kl. teils Kl.frauen, teils Chorfrauen, die zumeist mit gemeinsamen Bezeichnungen wie 'sanctimoniales', 'sorores' und 'ancillae Dei' bezeichnet wurden, ohne daß eine klare Trennung der beiden Kategorien deutlich wird. Auch die Berufung auf die Regula Benedicti gibt keinen eindeutigen Hinweis auf die Zugehörigkeit zur Gruppe der Kl.frauen, denn manche Religiosen behaupteten, der Regula Benedicti zu folgen, ohne doch auf die Freiheiten der K.n zu verzichten. K.n finden sich am häufigsten in Dtl. und Oberitalien, in den Hauskl. der Kg.s- und Fs.endynastien. In Frankreich hingegen folgten die Frauenkl. in dieser Zeit zumeist der Regula Benedicti. Aufgrund des Zustroms von Frauen in die neuen Orden seit dem 11. und 12.Jh entstand zum einen ein weibl. Konversentum (→Konversen), das sich an Männerabteien anschloß, zum anderen bildeten sich im Verband bestimmter Kongregationen (→Prämonstratenser, →Arrouaise) eigene Frauenabteien, die der →Augustinerregel folgten und in ihrer Lebensweise den Benediktinerinnen und Zisterzienserinnen nahestanden. Ähnl. Gewohnheiten hatten auch die weibl. Religiosen der Hospitalorden.

Die Tradition der frühma. K. wurde fortgesetzt von den adligen Stiftsdamen, den sog. Säkular-K.n; ihre Lebensweise war gekennzeichnet durch exklusive adlige Abkunft, Verfügung über eine feste Anzahl von Präbenden, Wegfall der Gelübde, Privatbesitz, manchmal Erlaubnis zu individuellem Leben, temporärer oder dauernder Entfernung vom Kl. Die adligen Frauenkl. und -stifte bildeten das Gegenstück zu den männl. Kapiteln und Stiften, die sie in vielem nachahmten. M. Parisse

Lit.: DDC III, 488–498 – K. H. SCHÄFER, Die K.stifter in dt. MA, 1907 – J. HEINEKEN, Die Anfänge der sächs. Frauenkl. [Diss. Göttingen, 1909] – W. LEVISON, Zur Gesch. der K.stifter (Aus rhein. und frk. Frühzeit, 1948) – G. DESPY, Les chapitres… (Annales de la Fédération… 36, 1956, 169–179 – I. GAMPL, Adelige Damenstifte (Wiener rechtsgesch. Arbeiten 5, 1960) – M. PARISSE, Les chanoinesses dans l'Empire germanique (IX^c–XIe s.), Francia 6, 1978, 107–126 – P. HEIDEBRECHT–C. NOLTE, Leben im Kl., 1988, 79–115.

Kanontafel, tabellar. Aufgliederung der vier Evangelien, die auf einen Blick die übereinstimmenden Abschnitte erkennen läßt; im 4.Jh. angefertigt von →Eusebios v. Kaisareia, der die Textstellen numerierte und in Tafeln (Konkordanztabellen, Kanones) zusammenstellte. Sie erscheinen regelmäßig als Vorstück in den Evangeliaren; in gr. Sprache abgefaßt, später auch in die meisten Schriftsprachen der antiken Welt übertragen. Lat. Kanones, deren Übers. auf Hieronymus zurückgeht (vor 384), haben sich erst aus dem frühen MA in größerer Zahl erhalten. Der K.-Schmuck gehört zu den frühesten Dekorationsformen chr. Hss. (Vorstufen in antiken und oriental. Texten); tritt zuerst u. a. im Rabula-Evangeliar auf (2. Hälfte 6.Jh.). Zur Veranschaulichung der Einheit der Evangelien und zur Erleichterung des Überblicks plazierte man die Zahlenreihen zw. ornamentierte Säulen, die durch Arkadenbögen verbunden und schließlich von einem großen Umfassungsbogen überfangen werden oder von einem Spitzgiebel bekrönt sind (typ. für Kölner Malerschule: Mischform, bei der die kleineren Verbindungsbögen des Bogentypus mit Architrav und Gebälk des Giebeltypus kombiniert sind; vermutl. ältestes Beispiel im Cod. v. St. Gereon, Ende 10. Jh.). Dieses architekton. Schema erhielt insbes. im 8.–12. Jh. eine reiche künstler. Ausgestaltung. M. Grams-Thieme

Lit.: LThK² V, 1303 – C. NORDENFALK, Die spätantiken K.n, 1938 – P. BLOCH – H. SCHNITZLER, Die otton. Kölner Malerschule, II, 1970, 36–45.

Kantakuzenoi, byz. Familie, nahm bereits zur Zeit Alexios' I. Komnenos (1081–1118), in der der erste Kantakuzenos als →Stratege (militär. Befehlshaber und Statthalter eines Thema) bezeugt ist, die gesellschaftl. hervorgehobene Stellung von Archonten ein, d. h. Großgrundbesitzern und hohen militär. Würdenträgern. Auch unter den folgenden Ks.n, v. a. unter Manuel I. Komnenos (1143–80), machten sich die K. verdient; unter den Palaiologen gelang es ihnen, in Thrakien eine riesige Grundherrschaft zu erwerben. Mitte des 14. Jh. ist Johannes K., der spätere Ks. →Johannes VI., der größte byz. Grundbesitzer und Führer der Partei, die die Interessen der adligen Großgrundbesitzer gegenüber dem aufkommenden städt. Bürgertum vertritt.

Nach der Abdankung Johannes' VI. und der Entmachtung seines Sohnes, Ks. Matthaios K., verwaltete die Familie bis 1383 unter Manuel, Matthaios und Demetrios den Despotat von →Mistra als Apanage, bis er von den Palaiologen zurückerobert wurde.

Die Familie nahm seit der Zeit Johannes' VI. K., der seine Tochter Theodora dem osman. Sultan v. Bithynien, Urchan (1326–1359), zur Frau gab, eine türkenfreundl. Haltung ein. Nach der Eroberung Konstantinopels durch die Türken 1453 gelang es den K. (nicht mehr als Adlige, sondern innerhalb des griech. bürgerl. Unternehmertums), im Dienst der Osmanen weiterhin eine wirtschaftl. bedeutende Stellung zu halten, in einigen Fällen waren sie auch im Auftrag der Sultane in polit. Missionen tätig. Aus dem Zweig der Familie, der sich in Rumänien und in Rußland niedergelassen hatte, gingen ebenfalls bedeutende Politiker hervor. A. Carile

Lit.: D. M. NICOL, The Byz. Family of K., 1968.

Kantakuzin, Dimitrije (Kantakuzenos, Demetrios), † nach 1477, zählt zu den drei im 15. Jh. aus Novo Brdo stammenden serb. Autoren. Er war byz. Herkunft und wahrscheinl. der Bruder des Janja K., Herrn v. Novo Brdo (1477 mit seiner Familie in Istanbul getötet). Vertraut mit der byz. Metrik und Originaltexten antiker Autoren (Pindar, Aischylos), schrieb K. in der serb. Rezension des →Kirchenslav. Neben religiösen Texten hinterließ er auch einen geogr. Traktat über Dakien. Düster, voller Zweifel und in Furcht vor dem Jüngsten Gericht, suchte K. nach Ursachen der zeitgenöss. Ereignisse. Bekannteste Werke: Gebet an die Gottesmutter, Sendschreiben an 'kir Isaija'; eine Vita des hl. Johannes v. Rila. I. Djurić

Lit.: DJ. TRIFUNOVIĆ, D. K., 1963 – A. E. TACHIAOS, Nouvelles considérations sur l'œuvre litt. de Démétrius Cantacuzène, Cyrillomethodianum 1, 1971, 131–182 – D. M. NICOL, The Byz. Family of K., 1968, 226f. – Dimitŭr Kantakuzin, Sŭbrani sŭčinenia, 1989, 5 ff.

Kantenvisier → Visier

Kanz → Roßharnisch

Kanzel, erhöhter, von einer Brüstung umfaßter Standort für eine Person zu Predigt, liturg. Gebet, Rede und amtl. Erlassen, v. a. in Kirchen, aber auch als sog. Außenkanzel an Umfassungsmauern, Fassaden, auf Friedhöfen für Gottesdienste im Freien, desgleichen im profanen Bereich an Rathäusern, auf Festplätzen und in Kriegslagern. Die kirchl. K. entwickelte sich aus dem mit den Chorschranken und dann dem Lettner verbundenen →Ambo zum völlig freistehenden oder an einen Pfeiler gelehnten selbständigen Ausstattungsstück. Beim Versuch einer europ. Statistik stellt man fest, daß nur Italien vom 11.–15. Jh. eine durchgehende Tradition repräsentativer Steink.n hat, Deutschland erst um 1500 eine Blüte von solchen hervorbrachte, hingegen Frankreich, England, Spanien u. a. keine solche K.n kannten. Der Normalfall war offenbar überall die aus Holz gezimmerte, transportable, schmucklos sachl. K. Die Gestalt der it. K.n war in der Regel rechteckig, polygonal oder vierpaßförmig, auf Gruppen von Säulen gestellt. Die spätgot. dt. K.n gleichen sich der Gestalt der zeitgenöss. Sakramentshäuser an, z. T. sogar in der turmförmigen Bekrönung wie in Ulm. Die Steink.n sind im Rahmen der Kirchenausstattung wichtige Bildträger von Reliefs und Statuen. In Italien führt die Tradition von lombard. Skulpturen wie S. Giulio im Ortasee über primitive Werke wie Gropina, Toskana, zum got. Höhepunkt der K.n in Pisa, Siena und Pistoia von Nicolò und Giovanni →Pisano. A. Reinle

Lit.: RDK I, 1293–1306 [Außenkanzel] – M. SALMI, La scultura romanica in Toscana, 1927 – O. LEHMANN-BROCKHAUS, Die K.n der Abruzzen im 12. und 13. Jh., Röm. Jb. 6, 1942–44, 257–428 – H. DECKER, Italia Romanica, 1958 – A. REINLE, Die Ausstattung dt. Kirchen im MA, 1988, 40–48.

Kanzlei, Kanzler

A. Allgemeine Fragestellung und westlicher Bereich (nach Ländern und Regionen) – B. Päpstliche Kanzlei – C. Byzantinisches Reich, Altrußland und Südosteuropa.

A. Allgemeine Fragestellung und westlicher Bereich (nach Ländern und Regionen)

I. Allgemeine Fragestellung und Deutsches Reich – II. Italien – III. Böhmen – IV. Ungarn – V. Polen – VI. Iberische Halbinsel – VII. Skandinavien – VIII. England und Schottland – IX. Niederlande (zur K. in Frankreich →chancellerie).

I. ALLGEMEINE FRAGESTELLUNG UND DEUTSCHES REICH: [1] *Definition:* In der spätröm. Antike gab es keine K.behörden im ma. Sinn, da jegl. amtl. Tätigkeit Schriftlichkeit erforderte. Die ksl. K.beamten waren seit dem 4. Jh. in drei scrinia organisiert, die dem Mag. officiorum und dem Quaestor sacri palatii unterstanden. Diese röm. Bürokratie lebte, abgesehen von Ostgotenreich in Italien, nur in Byzanz weiter. Für die merow. Kg.surk., die an spätantike Formen anschloß, waren noch weltl. Hofbeamte (→Referendar) verantwortlich. An deren Stelle traten in karol. Zeit ausschließlich Geistliche, die allg. der →Hofkapelle angehörten; eine eigene Bezeichnung für die Beurkundungsstelle war demnach nicht notwendig; der Terminus 'K.' der Diplomatik ist daher ledigl. ein Hilfsbegriff, der erst im späten 12. Jh. (cancellaria) eine Entsprechung in den Q. findet. Seit dem 4. Jh. ist hingegen der Kanzler (cancellarius) belegt, zunächst als Gerichtsdiener, abgeleitet von den Schranken des Gerichts (cancelli); im frk. Reich begegnet der Kanzler als Gerichts- oder Gft.sschreiber, seit dem 9. Jh. als Urkk.schreiber geistl. Fs.en, im 10. Jh. als Leiter der ebfl. K.en in Köln und Trier. Seit Otto I. ist diese Funktion auch am kgl. Hof ständig nachzuweisen, für welche im 12. Jh. in mehreren europ. Ländern die Bezeichnung cancellaria belegt ist. Davon leitete sich im folgenden der Name für die Beurkundungsstelle selbst ab.

[2] *Deutsches Reich:* Schon in karol. Zeit wurden die Agenden der K., d. h. die Ausstellung von Urkk., von Angehörigen der Hofkapelle wahrgenommen; an deren Spitze stand der archicapellanus (→Erzkanzler), zu dessen Aufgaben auch die →Rekognition der Diplome zählte. Für den eigtl. Leiter der K. waren verschiedene Bezeichnungen üblich: archinotarius, protonotarius, summus nota-

rius; darunter auch cancellarius (Witger 858, Hebarhard 868). Eine feste Form erhielt dieses Amt jedoch erst unter Otto I. (953, Liutolf); fortan rekognosziert auch der Kanzler stellvertretend (ad vicem) für den Erzkanzler. Ähnlich der Funktion des Erzkanzlers gab es seit Otto I. für Italien und später fallweise auch für Burgund eigene Kanzler und zumindest formell eigene K.en, ehe Heinrich V. 1122 die it. K. aufließ und es fortan bei einem Kanzler beließ. Die Kanzler hatten als enge Vertraute der Herrscher zunehmend polit. Aufgaben zu übernehmen, was in der Regel ihren Aufstieg zu hohen geistl. Würden begründete. Seit Konrad III. galten sie als Reichsfs.en. Erst Heinrich VI., der das Kanzleramt jahrelang unbesetzt ließ, leitete im Zusammenhang mit der Bestellung eines eigenen Kanzlers für Sizilien die Entwicklung der Kanzlerwürde zu einem Hofamt ein, das von Bf.en, später aber auch von anderen geistl. Würdenträgern bekleidet wurde. Nach dem →Interregnum bemühten sich die Erzkanzler zeitweise erfolgreich, Einfluß auf die Bestellung der Kanzler als führende Berater und Räte des Kg.s zu erlangen. Die eigtl. K.leitung war seit Friedrich I. auf die Protonotare (Heinrich v. Wiesenbach, 1157) übergegangen, die seit dem 13. Jh. auch den Titel →Vizekanzler führten. Der erste Laie, der das Kanzleramt erlangte, war 1432 Kaspar →Schlick, der zuvor vom Schreiber zum Protonotar aufgestiegen war. Die kgl. (ksl.) K. (»Reichsk.«) bestand aus mehreren, in der Regel der Kapelle angehörenden Notaren (capellani et notarii), denen mitunter auch polit. Aufgaben übertragen wurden; für das Schreiben der Urkk. zog man hingegen bei Bedarf auch Gelegenheits- oder Empfängerschreiber (→Empfängerausfertigung) heran. Im Unterschied zu anderen K.en kennen die Urkk. der dt. Herrscher keinen Schreibervermerk, so daß die Identifizierung namentl. bekannter Notare mit bestimmten Schreiberhänden nur in Ausnahmefällen mögl. ist. Mit der zunehmenden Schriftlichkeit seit dem ausgehenden 12. Jh. vergrößerte sich die Zahl des K.personals, die K.organisation wurde durch Zuteilung von Ressorts (notarius, registrator, sigillator) sowie die Verfeinerung des Arbeitsablaufs verbessert (→Register, →Formelbücher) und durch K.ordnungen geregelt. Seit dem 14. Jh. stieg der Zahl der weltl. K.kräfte an, wobei ihrer jurist. Ausbildung steigende Bedeutung zukam. Im SpätMA wurde die K. als Hofinstitution ein spezif. Bestandteil des Herrschaftssystems.

Auch in der Ausbildung der landesherrl. Verwaltung standen die K.en als Beurkundungsstellen am Anfang der Entwicklung, wobei jene geistl. Institutionen seit dem 12. Jh. ausgeprägt erscheinen. Im 13. Jh. ist der Wandel zu Verwaltungsk.en zu beobachten, indem man die immer zahlreicher und differenzierter werdenden schriftl. Arbeiten verschiedenen, auch dezentralen Schreibstuben anvertraute, während die Hofk. zentrale Verwaltungsfunktionen übernahm. Die Loslösung von der Kapelle erfolgte dabei im allg. später als in der Reichsk.

Eine ähnl. Tendenz ist auch bei den Stadtk.en zu beobachten. Seit dem ausgehenden 12. Jh. sind vereinzelt Stadtschreiber nachweisbar; seit dem späteren 13. Jh. verfügen sie in größeren Städten bereits über einen Mitarbeiterstab für die eigtl. K.arbeit (Ausstellung und →Beglaubigung von Urkk., Führen der →Stadtbücher usw.). Vielfältige Aufgaben wurden ihnen im Dienst der Stadt übertragen, für die zunehmende Rechtskenntnisse erforderl. sind. Neben den Stadtk.en bestanden die Schreibstuben der sich im SpätMA entwickelnden städt. Ämter. P. Csendes

Lit.: zu [1]: H. W. KLEWITZ, Cancellaria, DA 1, 1937, 44ff. – P. CLASSEN, Ks.reskript und Kg.surk., ADipl 1, 1955, 1ff.; 2, 1956, 1ff.

[überarb. Nachdr. 1977] – J. FLECKENSTEIN, Die Hofkapelle der dt. Kg.e, 2 Bde (MGH Schr. 16/1,2, 1959–66) – P. CLASSEN, Spätröm. Grundlagen ma. K.en, VuF 28, 1983, 67ff. – zu [2]: BRESSLAU I, 353ff. – HOOPS III, 8ff. – HRG II, 609ff. – S. HERZBERG-FRÄNKEL, Gesch. der dt. Reichsk. 1246–1308, MIÖG Ergbd. 1, 1885, 254ff. – P. ZINSMAIER, Stud. zu den Urkk. Heinrichs (VII.) und Konrads IV., ZGO 100, 1952, 452ff., 468ff. – F. HAUSMANN, Reichsk. und Hofkapelle unter Heinrich V. und Konrad III. (MGH Schr. 14, 1956) – H. M. SCHALLER, Die K. Friedrichs II. und ihr Sprachstil, ADipl 3, 1957, 207ff.; 4, 1958, 264ff. – E. PITZ, Schrift- und Aktenwesen der städt. Verwaltung im SpätMA, 1959 – G. BURGER, Die südwestdt. Stadtschreiber im MA, 1960 – K. H. REXROTH, Die Entstehung der städt. K. in Konstanz, 1960 – K. ZEILLINGER, Die Notare der Reichsk. in den ersten Jahren Friedrich Barbarossas, DA 20, 1964, 568ff. – J. RIEDMANN, Stud. über die Reichsk. unter Friedrich Barbarossa in den Jahren 1156 bis 1166, MIÖG 75, 1967, 322ff.; 76, 1968, 23ff. – K. O. AMBRONN, Verwaltung, K. und Urkk.wesen der Reichsstadt Regensburg im 13. Jh., 1968 – P. MORAW, K. und K. personal Kg. Ruprechts, ADipl 15, 1969, 428ff. – P. ZINSMAIER, Die Urkk. Philipps v. Schwaben und Ottos IV. (1198–1212), 1969 – I. HLAVÁČEK, Das Urkk.- und K.wesen des böhm. und röm. Kg.s Wenzel (IV.) (MGH Schr. 23, 1970) – W. KOCH, Die Reichsk. in den Jahren 1167 bis 1174 (Denkschr. der österr. Akad. der Wiss. 115, 1973) – P. ZINSMAIER, Die Reichsk. unter Friedrich II., VuF 16, 1974, 135ff. – R. M. HERKENRATH, Die Reichsk. in den Jahren 1174 bis 1180 (Denkschr. der österr. Akad. der Wiss. 130, 1977) – D. HÄGERMANN, Stud. zum Urkk.wesen Wilhelms v. Holland, ADipl, Beih. 2, 1977 – DERS., Stud. zum Urkk.wesen Kg. Heinrich Raspes (1246/47), DA 36, 1980, 487ff. – P. CSENDES, Die K. Ks. Heinrichs VI. (Denkschr. der österr. Akad. der Wiss. 151, 1981) – Landesherrl. K.en im SpätMA, hg. G. SILAGI, 1984 [Lit.] – W. KOCH, Die Reichsk. unter Ks. Friedrich I., ADipl 31, 1985, 327ff. – P. MORAW, Grundzüge der K.gesch. Ks. Karls IV., ZHF 12, 1985, 11ff.

II. ITALIEN: Von K. kann angesichts der polit. Zerrissenheit Italiens während des ganzen MA nur im Plural gesprochen werden. Neben den einander ablösenden Fremdherrschaften bildeten auch Bf.e, Kommunen und Signorien K.en aus. Als Wurzelboden diente – anders als n. der Alpen – die seit der Spätantike ungebrochene (auch laikale) Schriftkultur.

Odoaker und die Ostgoten konnten sich noch auf eine weitgehend intakte spätantik-röm. Verwaltung stützen, die auch das formale Vorbild für die langob. Kg.sk. abgab. Deren Spitze war spätestens seit Anfang des 7. Jh. mit mehreren Referendaren (Rangtitel: vir illuster) besetzt, die wie die eigtl. Notare Laien waren. An dem Vorbild der Kg.sk. orientierten sich die langob. Hzg.e v. Benevent und Spoleto und Fs.en v. Capua, deren Urkk.wesen wiederum das der frühen Normannenherrscher beeinflußt hat.

Nach der Eroberung des Langobardenreiches wurde Italien in karol. Zeit Nebenschauplatz, regiert durch Unter- oder Teilreichskg.e, deren aus Hofklerikern gebildete K.en die karol. Tradition und Praxis fortführten. Trotz mancherlei Schwankungen im einzelnen (→Ludwig II.) ist unter den it. Karolingern ein dreistufiger Aufbau erkennbar: dem Leiter (zunächst noch ohne festen Titel, seit Berengar I. ein Bf. als →Erzkanzler) unterstand ein Vertreter (notarius/cancellarius, seit Kg. Hugo stets: Kanzler) als Vorgesetzter der eigtl. Notare; dabei blieb die Leitung von K. und Kapelle in der Regel getrennt. Diese Gliederung behielt Otto I. bei, als er 962 nach der definitiven Angliederung Italiens eine bes. it. K. einrichtete, die fortan die Urkk. für die Empfänger Reichsitaliens ausfertigte. Dieser Dualismus wurde bis zur Auflösung der it. K. 1122 im Prinzip (Ausnahme: 1002–1011) beibehalten, wenngleich man angesichts der schwankenden dt. Präsenz im S nicht von einer kontinuierl. Tätigkeit sprechen kann (z. B. Urkk.lücke 1096–1110). Als Erzkanzler, in deren Namen die Urkk. rekognosziert wurden (→Rekognition), fungierten in otton. Zeit zunächst it., unter Heinrich II. und

Konrad II. dt. Bf.e, seit 1031 mit kurzen Unterbrechungen die Ebf.e v. Köln. Auch nach der Eroberung des Normannenreiches hat Heinrich VI. keine eigene siz. K. eingerichtet, wohl aber 1195 einen Kanzler für das Kgr. Sizilien ernannt (→Walter v. Pagliara), der zusammen mit dem dt. Hofkanzler die Privilegien für siz. Empfänger rekognoszierte.

Formal und personell in norm. Tradition steht die eigenständige K. von Heinrichs VI. Gemahlin →Konstanze, die 1195 mit der Regentschaft im Kgr. beauftragt wurde. In dieser Tradition steht auch Friedrich II., dessen K. nach 1212 auch für Empfänger n. der Alpen urkundete, wobei man freilich die formalen Unterschiede (Monogramm, Signumzeile, eigenes Siegel usw.) sorgsam beachtete.

Von einer fest gefügten K. kann in der norm. Frühzeit noch nicht die Rede sein; bei Bedarf wurden die Urkk. von Hofklerikern geschrieben. Dies änderte sich erst unter Kg. →Roger II., als mit Aufhebung der engen Verbindung von K. und Kapelle die klerikalen Notare durch Laien ersetzt wurden, während das neu eingerichtete Kanzleramt vornehml. polit. Funktionen beinhaltete und von Klerikern und Laien gleichermaßen besetzt werden konnte. Die tatsächl. Leiter der K. bleiben – anders als die zum größten Teil namentl. bekannten Notare – im dunkeln. Unter den Nachfolgern Rogers II. wurde die K. personell stetig ausgeweitet und entwickelte sich schließl. unter Friedrich II. unter Überwindung ihrer traditionellen Struktur zu einem effizienten Schreibbüro und zum dienenden Organ der allg. Verwaltung (→Curia regis, III), wobei sich insbes. enge Beziehungen zur zentralen Finanzverwaltung beobachten lassen. Nicht von ungefähr begegnet in dieser Zeit erstmals der Begriff cancellaria (zunächst: Amt des Kanzlers) im Sinne einer Behörde oder Institution. Das Kanzleramt blieb fakt. seit 1210 unbesetzt und wurde erst unter Konrad IV. und Manfred erneut eingerichtet (1254–63). Intern war die immens gestiegene Arbeit (Registerfrgm. 1239/40) streng reglementiert (K.ordnung von 1244). Gleiches gilt für die K. der Anjou, die auch das Kanzleramt neu belebten (Vakanz 1273–91) und mit frz. Bf.en besetzten (1307 eines Jacques Duèze, →Johannes XXII.). Die bürokrat. Tendenzen, die die K. stärker in die allg. Hofverwaltung einbanden, setzten sich fort.

Die it. →Kommunen unterhielten von Anfang an ausgebildete und fest besoldete Notare, die v. a. für die auswärtige Korrespondenz zuständig waren, ohne daß man zunächst von einer eigenständigen »Behörde« sprechen könnte. Innerhalb der zunehmend differenzierten städt. Verwaltung wurden darüber hinaus auf fast allen Ebenen weitere Notare beschäftigt. Vergleichbar ist die Entwicklung der signorialen K.en (→Signorie). Die frühen →Visconti etwa bedienten sich (abgesehen von Ebf. Ottone v. Mailand, seit 1277 auch Signore der Stadt) bei Bedarf (öffentl.) Notare, und erst rund fünfzig Jahre später (1335) ist erstmals von einem ('ständigen) 'cancellarius domini' die Rede. Hand in Hand mit dem Aufstieg der Visconti ging einher der stetige Ausbau ihrer K. mit zunehmend differenzierter Arbeitsteilung und Ausbildung eigener Urkk.formen. Manche Notare stiegen zu hzgl. Sekretären oder Räten auf. Die K. bildete sich so zu einem Reservoir zuverlässiger und oft hochgebildeter Vertrauter fort, die auch mit Sonderaufgaben betraut werden konnten. Eine eigene, bescheidene K. bestand für die Gemahlin des Signore, seit dem 14. Jh. auch für die zentrale Finanzverwaltung. Th. Kölzer

Q. und Lit.: P. DURRIEU, Les archives angevines de Naples, I, 1886 – L. CADIER, Essai sur l'administration du royaume de Sicile, 1891 – L. SCHIAPARELLI, I diplomi dei re d'Italia (5 T.), BISI 23, 1902, 1–167; 26, 1905, 7–104; 29, 1908, 105–207; 30, 1909, 7–37; 34, 1914, 7–255 – W. ERBEN, Die Ks.- und Kg.surkk. des MA in Dtl., Frankreich und Italien, 1907 – J. MAZZOLENI, Regesto della cancelleria aragonese di Napoli, 1951 – F. C. CASULA, La cancelleria di Alfonso III il Benigno re d'Aragona (1327–1336), 1967 – BRESSLAU, I, 1969[4] – C. BRÜHL, Stud. zu den langob. Kg.surkk., 1970 – H. ENZENSBERGER, Beitr. zum K.- und Urkk.wesen der norm. Herrscher Unteritaliens und Siziliens, 1971 – F. C. CASULA, Il documento regio nella Sardegna aragonese, 1973 – J. MAZZOLENI, Le fonti documentarie e bibliografiche dal sec. X al sec. XX conservate presso l'Archivio di Stato di Napoli, 1974 [Bibliogr.] – P. CLASSEN, Ks.reskript und Kg.surk., 1977[2], 123ff. – F. C. CASULA, La cancelleria sovrana dell'Arborea dalla creazione del »Regnum Sardiniae« alla fine del Giudicato (1297–1410), Medioevo 3, 1977, 75–102 – A. R. NATALE, Stilus Cancelleriae. Formulario visconteo sforzesco, 1979 – H. ZIELINSKI, Zu den Urkk. der beiden letzten Normannenkge. Siziliens, Tankreds und Wilhelms III. (1190–1194), DA 36, 1980, 433–486 – C. BRÜHL, Diplomi e cancelleria di Ruggero II, 1983 – TH. KÖLZER, Urkk. und K. der Ksn. Konstanze, Kgn. v. Sizilien, 1983 – DERS., Die siz. K. von Ksn. Konstanze bis Kg. Manfred (1195–1266), DA 40, 1984, 532–561 – M. F. BARONI, La cancelleria e gli atti cancellereschi dei Visconti, signori di Milano, dal 1277 al 1447 (Landesherrl. K.en im SpätMA, 2, 1984), 455–483 – C. BRÜHL, Aus MA und Diplomatik II, 1989, 474ff.

III. BÖHMEN: Die ersten Kanzler als bedeutende Ratgeber des Kg.s sind seit den zwanziger Jahren des 12. Jh., die ersten Ansätze zu einer Ausbildung der Hofk. seit dem siebziger Jahren des 12. Jh. nachweisbar. Seit Přemysl I. erscheint eine organisierte K., der bis 1225 die Pröpste v. Prag, Leitmeritz und Wyschegrad als Kanzler vorstanden, seit 1225 nur noch der Propst v. Wyschegrad. Eine bes. Ausprägung erfuhr die K. im Laufe des 13. Jh.; seit der Regierung Přemysls II. wurde die K. in verschiedene Abteilungen unterteilt (z. B. österr., mähr., poln.). Ein bedeutender Kanzler war →Peter v. Aspelt. Der Umfang der K.ausfertigungen wuchs ständig, v. a. in der Regierungszeit Johanns v. Luxemburg, aus der auch erste Register (wohl Kammerregister) erhalten sind. Einen Höhepunkt erreichte die böhm. Hofk. unter Karl IV., als sie mit der Reichsk. verbunden und bes. durch den Hofkanzler →Johann v. Neumarkt reformiert wurde. Infolge der Hussitenbewegung (→Hussiten) verschwand die Hofk. als zentrale Behörde, an deren Stelle nun gelegentl. die K. der Prager Altstadt fungierte. Eine böhm. K. wurde erst ab 1436 unter Siegmund als Teil seiner Hofk. errichtet, doch bestand sie nach kurzer Fortsetzung unter Albrecht II. nur bis zum nachfolgenden Interregnum. Unter →Georg v. Podiebrad waren in der K. vorwiegend Humanisten tätig. Matthias Corvinus und Vladislav II. (seit 1490 auch Kg. v. Ungarn) errichteten jeweils ihre eigenen K.en. – Seit dem 13. Jh. prägten sich bei den anderen Herrschaftsträgern in Böhmen und Mähren K.en aus, so zuerst bei den Mgf.en v. Mähren und den Bf.en v. Prag und Olmütz, dann in der 2. Hälfte des 13. Jh. bei Städten und Adelsgeschlechtern. I. Hlaváček

Ed. und Lit.: Česká diplomatika, red. J. ŠEBÁNEK, Z. FIALA, Z. HLEDÍKOVÁ, 1971, passim – I. HLAVÁČEK (DERS., J. KAŠPAR, R. NOVÝ, Vademecum pomocných věd historických, 1988), 258ff.

IV. UNGARN: Stephan d. Hl., der erste Kg. v. Ungarn, hatte bereits Notare von →Heribert, Ebf. v. Köln und Erzkanzler Ottos III., sowie von →Egilbert, Erzkanzler Heinrichs II., übernommen, die die ersten Gründungspriv. (1001, 1009) verfaßten. Kanoniker aus Verdun, die 1047 nach Ungarn auswanderten, wurden Notare unter Andreas I. (um 1055), Béla I. (1061) und Géza I. (1074). Eine geregelte K. wurde erst am Hofe Bélas III. um 1193 eingerichtet, vorwiegend mit Klerikern, die in Paris studiert hatten. Zu den Aufgaben der Kanzler und Notare gehörten diplomat. Missionen und die Abfassung der

»Gesta Hungarorum« (u. a. →Anonymus um 1200, Kézai um 1283); aus ihnen gingen viele Bf.e und Ebf.e hervor. K.sprache war Lat., gelegentl. auch Gr. (so um 1018–1196). Die Hofkapelle wurde um 1200 von der K. abgetrennt, deren Leiter (cancellarius) meistens der Propst v. Stuhlweißenburg (prepositus Albensis) war. Im 13. Jh. ging die Leitung der K. vollkommen an den Vizekanzler (vicecancellarius) über. Seit 1290 hatte die Kanzlerwürde immer einer der zwei ung. Ebf.e inne, der aber nur feierl. Privilegien mit Goldener Bulle ausstellte. Im Namen des Vizekanzlers wurden die einfachen Privilegien mit voller Titulatur des Kg.s und mit Wachssiegel ausgestellt, die aber von verschiedenen Notaren verfaßt wurden, ebenso wie die von mehreren Händen stammenden litterae clausae und die kurzen Präzepte. Die Haupttypen der Urkk. bildeten sich unter Béla IV. aus (→Urkunde). Seit Ludwig I. (1342–82) wurden die große, die kleine und die geheime K. (mit der Leitung des comes capellae oder des secretarius cancellarius) unterschieden. Ebenso wie das neue Hofgericht der Specialis praesentia regia verwandten diese K.en neben den zwei kgl. Ringsiegeln ihre speziellen Siegel. Unter Sigmund und Albrecht II. waren die Reichsk. und die ung. K. vorübergehend vereinigt. Matthias Corvinus übernahm die K.institutionen, zog aber einige K.ämter bes. für seine Politik heran. Seit 1220/30 verfügten auch die Kgn.nen und die Hzg.e über eigene K.en, deren Personal meist aus dem Kreis der kgl. Kapläne stammte. Da die Verwaltungsaufgaben im Kgr. teilweise in den Händen der Hofrichter und der Palatine lagen, war die ung. K. nicht von so großer Bedeutung wie die westl. K.en.

Gy. Györffy

Lit.: A. Kubínyi, Kgl. K. und Hofkapelle in Ungarn um die Mitte des 12. Jh. (Fschr. Fr. Haufmann, 1977), 299–324 – Gy. Györffy, Die Anfänge der ung. K. im 11. Jh., ADipl 30, 1984, 88–96 – Ders., La chancellerie royale de Hongrie aux XIII–XIVᵉ s. (Forsch. über Siebenbürgen und seine Nachbarn, II, 1988), 159–175 – A. Kubínyi, A kancelláriák (Hunyadi Mátyás, Emlékkönyv Mátyás király halálának 500. évfordulójára, 1990), 81–97.

V. Polen: [1] Die ersten Belege für eine K. stammen vom Ende des 10. Jh., in Zusammenhang mit der Aufnahme diplomat. Beziehungen der poln. Herrscher zu Papst und Ks. (→»Dagome-iudex-Dokument«, um 990). Die Diplome des 10.–12. Jh. wurden sowohl vom Aussteller als auch von den Empfängern (meistens kirchl. Institutionen) ausgefertigt. Die K. gehörte zunächst zur capella regis bzw. ducis. Zur Zeit von →Bolesław III. Krzywousty (um 1115) waren die Kanzler am Hof meistens Bf.e. Mit der Kapelle waren Skriptorium und eine bescheidene Bibliothek verbunden. Der Ebf. v. →Gnesen besaß eigene Kanzler.

[2] Nach der Teilung in vier und später in mehrere Teilfsm.er errichtete jeder Hzg. eigene K.en. Die bedeutendsten befanden sich in Krakau, Breslau, Posen und Płock. Neben dem Kanzler gab es den Vizekanzler, seit etwa 1250 Notar und Diktator. Kanzler und Vizekanzler bewahrten das kleine und große Siegel auf. Die Diktatoren der Urkk. benutzten →Formelbücher. Es entstanden auch die ersten Archive und Skriniarien. In den K.en wurden Privilegien zu Codices zusammengestellt, so z. B. das »Gründungsbuch« des Kl. →Heinrichau. Die Urkk. produktion nahm in der 2. Hälfte des 13. Jh. mit der häufigeren Verleihung von Freiheiten und Immunitäten an kirchl. Institutionen und den Adel zu. In den nach dem →ius Teutonicum gegr. Städten bildeten sich Schreibstuben für administrative und fiskale sowie gerichtl. Angelegenheiten aus, wobei Eintragungen anfangs sowohl in lat. als auch meistens in dt. Sprache geführt wurden.

[3] Im 14. Jh. kam es nach der Entstehung des Kgtm.s in →Polen (1320) einerseits zu einer Zentralisierung der Kg. sk. und andererseits zu einer Fortführung des regionalen und lokalen K.wesens in allen Provinzen Polens. Außerdem bestanden noch bescheidene dörfl. K.en mit Gerichtsbüchern in den Dörfern nach Dt. Recht. Es entstanden auch viele adlige Land- und Grodbücher mit Eintragungen, die Rechtsprechung und Wirtschaft betrafen. Unter Wladislaus und →Kasimir d. Gr. (1320–70) sowie →Ludwig d. Gr. (1370–82) bildete sich die hzgl. K. v. Krakau zur allg. kgl. Staatsk. aus, wobei die Ämter des kgl. Kanzlers und Vizekanzlers aus den entsprechenden Funktionen der hzgl. Krakauer Beamten erwuchsen. Die Staatsk. wurde zum wichtigsten Staatsorgan und der Kanzler zum bes. wichtigen Mitglied des Rates. Die K. beschäftigte eine Zahl von Diktatoren, Notaren und Schreibern. Zur K. gehörte das Staatsarchiv. Immer häufiger wurden spezialisierte Formelbücher verwendet.

[4] Das ma. K.wesen in Polen-Litauen erreichte in der 2. Hälfte des 15. Jh. seinen Höhepunkt, nicht nur in der kgl. K., sondern auch im kirchl. (Bm.er, Kl., Archidiakonate und Kapitel) und städt. Bereich sowie an den adligen Landtags- und Gerichtsstellen. In den K.en wurden v. a. an der Krakauer und an ausländ. Universitäten ausgebildete Juristen beschäftigt. Es erscheint jetzt auch das Amt des Sekretärs. Die kgl. K. begann, sämtl. ausgestellten Schriftstücke zu inventarisieren (»Matricula Regni Poloniae«, seit 1447) und Gesandtenberichte (»Libri legationum«), Rechnungsbücher des kgl. Hofes etc. zu sammeln. Neben Urkk. und Schriftstücken in lat. und dt. Sprache wurden auch solche in russ. Sprache (hramota) ausgestellt.

G. Labuda

Lit.: M. Perlbach, Preuß.-poln. Stud., H. 1–2, 1886 – S. Krzyżanowski, Dyplomy i kancelaria Przemysła II, 1890 – M. Bielińska, Kancelaria i dyplomy wielkopolskie XIII w., 1967 – I. Sułkowska-Kurasiowa, Polska kancelaria królewska w latach 1447–1506, 1967 – Dyplomatyka wieków średnich, verf. K. Maleczyński, M. Bielińska, A. Gąsiorowska, 1971 – J. Krzyżaniakowa, Kancelaria królewska Władysława Jagiełły, I–II, 1972–79 – I. Sułkowska-Kurasiowa, Dokumenty królewskie i ich funkcja w państwie polskim za Andegawenów i ǒierwszych Jagiellonów, 1370–1440, 1977 – J. J. Menzel, Die schles. Lokationsurkk. des 13. Jh., 1978 – E. Potkowski, Książka rękopiśmienna w kulturze polskiej średniowiecznej, 1984 – W. Irgang, Das Urkk.- und K.wesen Hzg. Heinrichs IV., ZOF 36, 1987, 1–51.

VI. Iberische Halbinsel: Die Entwicklung der K. (cancillería) erfolgte in den span. Reichen im 12. Jh. Vorher wurden die Urkk. durch einen Kleriker (Notarius regis u. ä.) beglaubigt; ihm waren Schreiber (scriptores) für die Redaktion der Urkk. beigegeben. In Kastilien-León ernannte Alfons VII. 1127 den Ebf. v. Santiago de Compostela, →Diego Gelmírez, zum Kanzler. Doch wurde die K. im wesentl. erst ab 1135 ausgebaut (Kanzler Hugo, Notar Gerald), unter Einführung zweier Urkundenformen, des feierl. Diploms (privilegio) und des offenen Briefs, des Patents (carta abierta). Die nur in León regierenden Kg.e Ferdinand II. und Alfons IX. (1157–1230) machten die Ebf.e v. →Santiago zu ihren Kanzlern, während die eigtl. Arbeit von einem Notar und Schreibern durchgeführt wurde. Im Kastilien Alfons' VIII. (†1214) dagegen gelang es den Ebf.en v. →Toledo erst 1208, ihre Stellung als Erzkanzler zu festigen. Ab 1230 waren die Ebf.e v. Santiago und Toledo jeweils Erzkanzler v. León und Kastilien, während das Amt selbst von einem vom Kg. ernannten Chancellarius domini regis versehen wurde. Alfons X. verbesserte und reorganisierte die K., erließ entsprechende Gesetze im »Espéculo« und in den »Partidas« (II, IX), in denen die Stellung des Kanzlers als des zweithöchsten Beamten des kgl. Hofes nach dem Kapellan definiert wurde. In der Praxis bildete sich neben den beiden ebfl. Kanzlern das Amt des dem Herrscher direkt unterstellten Kanzlers *de la poridat* (des Sekretsiegels) heraus. Zugleich stieg die Zahl der →Notare (*Notario Mayor* oder kgl. Kammernotar, ferner Obernotare für León, Kastilien, Andalusien [1254] und Toledo [1302] sowie ein eigener Notar für die Ausstellung der Privilegien [1339]) und ebenso der Schreiber, die der K., der Kammer, dem Sekretsiegel *(sello de la poridat)* und den Hofrichtern (1274) zugeordnet waren. Hinzu kamen noch die Ämter des Besieglers, der Registrators und des Eintreibers der Einkünfte aus den Sporteln *(caritel, tabla de c.)*. Seit der Zeit Alfons' X. wurde das Kast. zur K.sprache. Bestimmte Urkundenformen verfestigten sich: das mit einer Rota versehene Diplom *(privilegio rodado)*, die Bleibulle *(carta plomada)* mit anhängendem Bleisiegel, später Gnadenerweis *(de merced)* genannt, der offene Brief mit anhängendem Wachssiegel, alle auf Pergament, sowie das Mandat auf Papier als Vorläufer des Provisionsbriefes *(provisión real)*.

Heinrich II. erließ 1371 und 1374 wichtige K.- und Gebührenordnungen sowie Weisungen zur Vermeidung von Machtmißbrauch. Unter den Kg.en aus dem Hause Trastámara erreichte die K. ihre volle Ausformung. Das Amt des Erzkanzlers blieb den Ebf.en v. Toledo vorbehalten; die Ämter des kgl. Großkanzlers oder *Sello Mayor* und des Großkanzlers des *Sello de la Poridad* (im 15. Jh. auch: *Sello de Corte*, da er den Kg. auf Reisen begleitete) wurden zu erbl. Ehrenämtern. Daneben erschien jetzt ein *Escribano Mayor de los Privilegios y Confirmaciones*, der für die – oft verlangte – Bestätigung von Urkk. zuständig war, während die zahlreichen Beurkundungen im Finanzbereich von den obersten Beamten des Rechnungshofes *(Contadores Mayores)* vorgenommen wurden. Aufsicht über die eigtl. Ausstellung der Urkk. kam den immer zahlreicheren *escribanos de cámara* zu bzw. bei vom Herrscher selbst ausgestellten Urkk. den äußerst einflußreichen *secretarios reales* (→Sekretär). Seit 1371 wurden Registerordnungen erlassen, so 1374, 1447, 1462, 1476 und 1498. Neben den feierl. Pergamenturkk. nahm die Fülle der weniger feierl. Urkk. auf Papier immer mehr zu (kgl. Provisionsbrief: *provisión real;* mehrere Typen von Gnadenerlassen: *albalá, cédula real;* Sendbrief: *carta misiva*, Vorläufer der späteren *Reales Ordenes* oder *Comunicaciones*). Die erhaltenen Archivbestände aus der ma. kast. K. sind gering.

Die K. in *Portugal* war zur Zeit Sanchos I. (1185–1211) voll ausgebildet und wies viele Ähnlichkeiten mit der kast.-leon. auf (vgl. für das 15. Jh. die »Ordenaçoes Afonsinas«, 1, II, tit. II). – Die ebenfalls seit dem 12. Jh. tätige K. in *Navarra* ähnelte mehr der katal.-aragones. K. – In *Katalonien-Aragón* bildete sich die K. zur Zeit Alfons' II. (1262–1296) aus. Ein Kanzler wurde erstmals 1218 erwähnt. In der 1. Hälfte des 14. Jh., unter Jakob II. und Peter IV., war die voll ausgebildete K. nach dem Vorbild der päpstl. K. organisiert; sie umfaßte den Kanzler, der Geistlicher und Vorsitzender des Kronrates war, den jurist. ausgebildeten Vizekanzler und – seit 1386 – den *regente* der K., doch oblag die eigtl. Leitung dem Notar, der auch die Siegel verwahrte *(notario guardasellos)* und seit 1355 als Pronotar bezeichnet wurde. Ihm unterstanden die Schreiber *de manament* (1350: 12, 1480: 21), denen zum Redigieren und Registrieren der Urkk. Schreiber *de registro* beigeordnet waren. Nur von der Kammer des Kg.s direkt ausgestellte und mit dem Sekretsiegel versehene Urkk. wurden von sog. *escribanos secretarios* registriert. Die recht einfache Urkundentypologie umfaßte feierl. und nicht feierl. Pergamenturkk. und Mandate, die in den Formeln

den wesentl. häufigeren Papierurkk. *(carta real)* vergleichbar sind. Die Kenntnis der aragon. K. wird durch die weitgehende Erhaltung der Register seit 1253 sehr erleichtert. M.-A. Ladero Quesada

Lit.: A. MILLARES CARLO, La c. real en León y Castilla..., AHDE 3, 1926, 227–306 – P. RASSOW, Die Urkk. Ks. Alfons' VII., AU 10, 1928, 327–468; 11, 1930, 66–137 – E. S. PROCTER, The royal Castilian Chancery during the Reign of Alfonso X, 1934 – R. DE AZEVEDO, A chancelária portuguesa nos séc. XII e XIII, Rev. Univ. Coimbra 14, 1940 – J. GONZÁLEZ, Regesta de Fernando II, 1943 – DERS., Alfonso IX, 1944 – F. SEVILLANO COLOM, Apuntes para el estud. de la c. de Pedro IV, AHDE 20, 1950, 137–241 – L. SÁNCHEZ BELDA, La c. castellana durante el reinado de Sancho IV, AHDE 21, 1951, 171–223 – DERS., La c. castellana durante el reinado de doña Urraca, 1109–1126 (Estud. MENÉNDEZ PIDAL IV, 1953), 587–599 – F. ARRIBAS ARRANZ, Estud. sobre diplomática castellana de los siglos XV y XVI, 1959 – M. S. MARTIN POSTIGO, La C. de los Reyes Católicos, 1959 – J. GONZÁLEZ, Alfonso VIII de Castilia, 1961 – F. SEVILLANO COLOM, De la c. de los reyes de Mallorca, 1276–1343, AHDE 42, 1972, 217–290 – B. F. REILLY, The Chancery of Alfonso VII of León-Castilla:..., Speculum 51, 1976, 243–261 – J. TRENCHS – A. M. ARAGÓ, Las c.s de la Corona de Aragón y Mallorca..., 1983 [Lit.] – A. CANELLAS LÓPEZ, La c. del Reino de Navarra..., 1984 – M. PÉREZ GONZÁLEZ, El latín de la c. castellana (1158–1214), 1985 – B. F. REILLY, The Ch. of Alfonso VI (Santiago, St-Denis, and St-Peter, 1985), 1–40 – E. FINKE, Acta Aragon., 1908–22.

VII. SKANDINAVIEN: Die kgl. Urkk. wurden ursprgl. von Geistlichen, bes. aus dem Umkreis des Kg.s, oder vielleicht von den Empfängern ausgefertigt. Erst allmähl., aber zu verschiedenen Zeiten, bildete sich eine eigtl. K.organisation in den skand. Reichen heraus: in Dänemark spätestens 1158, als ein Kanzler zum ersten Mal nachweisbar ist, in Norwegen 1208 und in Schweden 1219. Die Kanzler waren häufig Geistliche, in Dänemark in der Regel ein Bf.; während der Konflikte zw. Kg. und Ebf. im 13. Jh. und unter →Waldemar IV. (1340–75) bekleideten die Kanzler meistens einen niederen geistl. Rang. Vom Ende des 14. Jh. bis zur Reformation war der Roskilder Bf. Kanzler, der nun mehr die polit. Verantwortung für die zentrale Verwaltung trug. Für die tägl. Leitung der K. war seit dem 15. Jh. der kgl. Kanzler zuständig. Auch in Schweden wurden in erster Linie Prälaten mit Bf.swürde Kanzler, seit Mitte des 15. Jh. war aber das Kanzleramt mit dem Bf.ssitz v. Strängnäs verbunden. Ebenso wie in Dänemark widmete sich der Bf. zentralen Verwaltungsaufgaben, während die tägl. anfallenden Aufgaben in der K. von dem Kanzler des Kg.s bzw. Reichsverwesers erledigt wurden, der nicht immer ein Geistlicher war.

In Norwegen mußte sich der Kanzler nach der →Hirðskrá von 1275 dem Kg. eidl. zur Treue und Amtsverschwiegenheit verpflichten, auch wurden seine Amtsaufgaben definiert (Art. 21). In der Zeit von 1290–1314 entwickelte sich die Institution der kgl. Kapellen, deren Leiter, der Propst der Osloer Marienkirche, auch Kanzler war. Seit 1314 war das Kanzleramt mit der Propstei verbunden. Unter Kg. Magnus Eriksson (1319–74) blieb das Kanzleramt mitunter unbesetzt, seit 1388 bis zur Reformation war der Kanzler normalerweise auch Propst an der Osloer Marienkirche.

In Norwegen erhielt der Kanzler nach der Hirðskrá Einkünfte von Grundbesitzern, womit er zu der Oberschicht des Hofpersonals gehörte (Art. 21); 1308 wurden diese Einkünfte als Kanzlergehalt erwähnt, seit 1314 gehörte durch die Verbindung mit der Propstei an der Marienkirche auch Landbesitz zum Kanzleramt. In Schweden wurde der Kanzler mit einem Lehen und mit Gebühren entlohnt. In Dänemark wurden durch den Reichsrat etwa 1385 dem Kanzleramt bestimmte Regalieneinkünfte und ein Lehen zugesprochen. Die K. hatte als einziges Regierungsorgan usprgl. zahlreiche verschiedene Aufgaben. In Norwegen war der Kanzler für die Siegel und für die Ausstellung kgl. Briefe verantwortl., ferner sollte er Erwerbungen und Abtretungen kgl. Grundbesitzes registrieren, die Führung des Grundbuchs der Lokalbehörden kontrollieren, amtl. Reisen in Norwegen oder ins Ausland machen, auch war er der zweite Beichtvater des Kg.s. In Schweden und in Dänemark waren die Kanzler für die Aufbewahrung der Siegel verantwortl., doch in Schweden erweiterten sich mit der Verbindung von Kanzleramt und Bf.ssitz v. Strängnäs die Aufgaben. Neben der Aufbewahrung des schwed. Reichssiegels und wichtiger Akten unterstand ihm nun die Expedierung von bedeutenden Staatsakten, er war Sekretär bei den Sitzungen des Reichsrates. In Dänemark wurde das →Erdbuch Kg. Waldemars II. in der K. ausgearbeitet. Noch im 15.Jh. hatten die K.beamten (Sekretäre) als sog. Kammermeister finanzielle Aufgaben.

Im 14.Jh. konnte in Norwegen (früher bereits in Dänemark) ein Kanzler Briefe im Namen des abwesenden Kg.s ausfertigen. Seit der Regierung Waldemars IV. verfügte der Kanzler in Dänemark über ein eigenes Siegel (ad causas). Die Siegeltätigkeit trennte sich als Verwaltungszweig immer mehr von der K., die weiterhin die Ausfertigung von Urkk. vornahm. Im 15.Jh. wurde der Retterting vorstehende Justitiar, der für die Anrechte auf Grundbesitz zuständig war, mit »Rigens Kansler« und »Rettertingskansler« übersetzt.

Auch Bf.e und weltl. Fs.en besaßen K.en und Kanzler, doch sind sie noch kaum erforscht.   Th. Riis

Lit.: KL VIII, 232–242 – J. E. OLESEN, In der K. des Kg.s (Quotidianum Septentrionale, ed. G. JACOBSEN – J. CHR. V. JOHANSEN [Aspects of Daily Life in Medieval Denmark = Medium Aevum Quotidianum Newsletter 15, 1988]), 43–59 [mit vergleichender skand. Lit.].

VIII. ENGLAND UND SCHOTTLAND: [1] *England:* Die Schreiber im Hofhalt *(household)* des ags. Kg.s aus dem frühen 11.Jh., die seine Urkk. und seine →*writs* abfaßten, waren sicher bereits organisiert, doch wurde das Skriptorium erst im späten 12.Jh. als K. *(chancery)* bezeichnet. Der erste gesicherte Hinweis auf einen kgl. →*chancellor* stammt von 1069 (möglicherweise war der Titel bereits vor der norm. Eroberung bekannt); er stieg im 12.Jh. bald zu einem Amtsträger auf. Umfang und Organisation der ausgestellten Urkk. nahmen in den Jahren vor und nach 1200 zu, so wurden 1201 z. B. die Kopien vieler K.urkk. regelmäßig registriert, unterschieden nach Charter, Patent und Close Rolls. Die Anzahl der ausgestellten Urkk. und die Aufgaben der K. wuchsen ständig. 1300 gab es zehn Hauptserien von verzeichneten Briefen. Nach den K.ordnungen der achtziger Jahre des 14.Jh. zählte die K. über 100 Beschäftigte. An der Spitze stand der Kanzler, der leitende Minister des Kg.s, in der Regel ein Bf., aber immer häufiger ein Laie. Der →*Keeper* oder *Master of the Rolls*, tatsächl. der Stellvertreter des Kanzlers, beaufsichtigte die Urkk. der K. Der *Keeper of the Hanaper* stellte die Urkk. aus und nahm die Gebühren und Bußen in Empfang. Es gab zwölf erfahrene Schreiber *(Masters of Chancery)*, zwölf im Rang darunterstehende Schreiber, 24 *cursitors*, die die ständig anfallenden writs schrieben, und jüngere Schreiber sowie Handwerker. Die Aufgaben der K. umfaßten in erster Linie den Entwurf, die Abfassung und die Kopieerstellung von Urkk., die vom Kg. selbst angeordnet und viel häufiger in seinem Namen ausgestellt wurden, oft auf Veranlassung des Kanzlers oder seiner Beamten. V. a. die in Zusammenhang mit Gerichtsverhandlungen verfaßten Urkk. hatten eine einheitl. Form. Die Erfahrung der K.beamten und das umfassende Archiv von registrierten und geordneten Urkk. machten die K. zu einer wichtigen Verwaltungsbehörde, so wurden auf Veranlassung der K. Klagen eingereicht, Untersuchungen abgehalten oder die üblichen Begnadigungen erlassen. Seit der Mitte des 14.Jh. verlor die K. ihre Bedeutung als Ausstellungsbehörde von Briefen und Urkk. und als Institution mit allg. Administrationsaufgaben. Ihre Tätigkeit verlagerte sich auf die Rechtsprechung *(→Court of Chancery)*.

[2] *Schottland:* Es gibt nur wenige Hinweise auf eine K., obwohl Kanzler um 1123 nachweisbar sind. Es gab eine Schreibbehörde, wo die unter dem *Great Seal* verfaßten Briefe gesiegelt wurden, doch wurde die K. bis zum 16.Jh. als ein Teil der kgl. Kapelle betrachtet. Die Schreiber waren mit der engl. und kontinentalen Diplomatik vertraut, aber ihre Zahl und ihre Urkk.produktion waren wesentl. geringer.   A. L. Brown

Q. und Lit.: zu [1]: B. WILKINSON, The Chancery under Edward III, 1929 – T. F. TOUT, Chapters in the Administrative Hist. of Mediaeval England, I, 1937, 127ff., 284ff.; II, 1937, 11ff., passim; III, 1928, 5ff., passim – Guide to the Contents of the Publ. Record Office, I, 1963 – P. CHAPLAIS, English Royal Doc. King John – Henry VI, 1191–1461, 1971 – A. L. BROWN, The Governance of Late Medieval England 1272–1461, 1989 – zu [2]: Registrum Magni Sigilli Regum Scotorum [erhaltene Kopien aus dem frühen 14.Jh.] – Regesta regum Scotorum I, II, ed. G. W.S. BARROW, 1960–71; I, 27ff.; II, 28ff. – B. WEBSTER, Scotland from the Eleventh Century to 1603, 1975.

IX. NIEDERLANDE: Vor dem 12. Jh. waren die Kanzleien im Bereich der Niederlande ausschließlich kirchlich (Bm.er →Cambrai und →Noyon/→Tournai, 11.Jh.; →Arras, Ende des 11.Jh., →Thérouanne, 12.Jh.; Skriptorien großer Benediktinerabteien). Die bfl. Kanzler waren Mitglieder des Kathedralkapitels, die Kanzler oder Notare der Abteien dagegen Mönche. Als erste weltl. Fs.en schufen →Dietrich v. Elsaß, Gf. v. →Flandern, und Balduin IV., Gf. v. →Hennegau (beide 3. Viertel des 12.Jh.), eigene K.en; es folgten Gf. →Heinrich der Blinde in →Namur und Hzg. →Heinrich I. v. →Brabant (Ende des 12. Jh.) sowie die Gf.en v. →Holland (sporadische Aktivität zw. 1198 und 1268). Trug in Flandern der Propst v. St. Donatian zu →Brügge seit dem Ende des 11.Jh. den Titel des Kanzlers (→Bertulf), so bildete sich ein organisierter K.betrieb erst im 3. Viertel des 12.Jh. aus, mit →Robert v. Aire in Flandern, →Giselbert v. Mons in Hennegau. Diese beiden bedeutenden Kanzler widmeten sich zwar auch dem K.wesen im eigtl. Sinne (Ausstellung von Urkk., Rekognition, Besiegelung), fungierten in erster Linie aber als führende polit. Helfer ihrer Fs.en. In Flandern war der Kanzler auch weiterhin eine polit. einflußreiche Persönlichkeit, oft ein Mitglied des Gf.enhauses, dem zur Bewältigung der konkreten K.aufgaben mitunter ein Siegelbewahrer zur Seite stand. In Namur und Holland stand ein →Protonotar an der Spitze der →Notare der fsl. K.; in Brabant erlangte der Titel 'cancellarius ducis Brabantiae' erst 1339 Geltung. Das untere K.personal bestand aus Klerikern (Kapellane, Notare), doch setzte im 13. und 14.Jh. zumindest partiell eine Laisierung ein.

Im 15.Jh. richteten die Hzg.e v. →Burgund für ihre Länder eine gemeinsame, stark vom frz. Vorbild (→chancellerie) geprägte K. ein. Doch behielt Brabant, aufgrund der →Joyeuse Entrée von 1356, seine unhängige K. mit Kanzler, Audiencier und einigen Sekretären. Der Kanzler v. Burgund/Flandern war in allen polit., finanz-polit., administrativen, monetären und gerichtl. Angelegenheiten die rechte Hand des Hzg.s (Nicolas →Rolin), zugleich aber auch Leiter der K. Der erste →Chambellan hatte das hzgl. Sekretsiegel in seiner Obhut *(Garde du Sceau du Secret)*, während der Audiencier, ein →Sekretär, mit der

Registerführung der audientia und der Gebühreneinnahme für das Große Siegel befaßt war. Der *Audiencier du Secret* (erste Erwähnung 1431) nahm dagegen die Gebühren aus dem Sekretsiegel ein. Ambulante Sekretäre (etwa ein Dutzend) und zwei *chauffe-cire* ('Wachserhitzer') besorgten die anfallenden K.arbeiten. Zwei hauptsächl. Urkk.-typen sind bekannt: Siegelbriefe mit doppelten Schnüren (für bedeutende Verleihungen in feierl. Form) und solche mit einfacher Schnur (für weniger bedeutende Verfügungen und Schuldverschreibungen usw.). Th. de Hemptinne

Lit.: H. Pirenne, La chancellerie et les notaires des comtes de Flandre avant le XIIIe s. (Mél. J. Havet, 1895) – H. Nelis, Chancellerie des comtes de Hainaut (Album belge de diplomatique), 1909, XXV–XXVI – P. Renoz, La chancellerie de Brabant sous Philippe le Bon, 1955 – W. Prevenier, La chancellerie des comtes de Flandre dans le cadre européen à la fin du XIIe s. (BEC CXXV, 1967), 34–94 – J. G. Kruisheer, De oorkonden en de kanselarij van de graven van Holland tot 1299, 1971 – A. Verhulst – Th. de Hemptinne, Le chancelier de Flandre sous les comtes de la maison d'Alsace, Bull. Comm. Roy. d'Hist. CXLI, 1975 – P. Cockshaw, Le personnel de la chancellerie de Bourgogne-Flandre sous les ducs de Bourgogne de la maison de Valois, 1982 – Th. de Hemptinne, W. Prevenier, M. Vandermaesen, La chancellerie des comtes de Flandre, XIIe–XIVe s. (Landesherrl. K.en), 1984, 433–454 – E. Reusens, Les ch. inférieures..., 1896.

B. Päpstliche Kanzlei

[1] *Von den Anfängen bis zum Ende des 12. Jahrhunderts:* Unter dem Begriff der Cancellaria apostolica fassen wir alle mit der Ausfertigung von Urkk. befaßten Personen und Stellen zusammen. Das Abstractum 'cancellaria' ist spätestens seit Alexander III. in Gebrauch und bezeichnet in dieser Zeit einmal die Residenz des Vizekanzlers, sodann des K.personals; in der Antike und im FrühMA war die Bezeichnung 'scrinium' üblich. Bis zum 11. Jh. verfügte diese Behörde über eine lose, unbürokrat. Struktur, die sich in die Verwaltung der päpstl. →Kurie einfügte. Hohe Hofbeamte, die sog. Pfalzrichter, bestätigten, zumindest seit dem Aufkommen der Datumszeile in den Privilegien (seit Hadrian I.), den rechtmäßigen Verlauf der →Beurkundung. Der primicerius und der secundicerius, Vorsteher der →Notare, nahmen dabei eine Vorrangstellung ein und kamen bes. häufig in der Datumszeile vor. Neben den Pfalzrichtern erschien seit dem Beginn des 9. Jh. der →bibliothecarius, der als Bf. (→Anastasius Bibliothecarius war eine Ausnahme) besser die Interessen des Papstes wahrnahm als die dem röm. Adel entstammenden Pfalzrichter, die er dann um 983 aus der Datierung ganz verdrängte. Um 1000 trat an der päpstl. Kurie ein cancellarius auf, der vorerst eine leitende, aber vom bibliothecarius abhängige Stellung innehatte. 1037 wurden die beiden Ämter vereinigt und das Bibliothekarsamt dem Sitz des suburbikaren Bm.s Silva Candida angegliedert. Die an der Spitze der päpstl. K. stehende Person nannte sich fortan entweder bibliothecarius oder bibliothecarius et cancellarius, seit 1144 nur noch cancellarius. Im 11. Jh. vergab man die oberste – zumeist nur ehrenamtl. – Leitung der päpstl. K. den Ebf.en v. Köln (1024–26 →Pilgrim II. als »bibliothecarius s. apostolicae sedis«, 1051–67 →Hermann II. und →Anno II. als »archicancellarius«). Die eigtl. Kanzler waren nach der Mitte des 11. Jh. in der Regel Kard.diakone oder -priester (u. a. Johannes v. Gaeta [→Gelasius II.], →Haimerich), die sich bei Verhinderungen von einem niedrigeren Beamten vertreten ließen. Am Ende des 12. Jh. (von 1187 an) beließ man die Stelle des Kanzlers unbesetzt, was im Laufe des 13. Jh. zur Regel wurde. Die Beurkundungstätigkeit der K. lag hauptsächl. in den Händen der Notare der Kirche und der →Skriniare. Während diese mit dem stadtröm. Notariat eng verbunden waren, bildete sich im 11. Jh. unter dem Klerus der Umgebung des Papstes eine Gruppe von Notaren aus, die man Pfalznotare (»notarii sacri palatii«) nannte. Die Notare und Skriniare waren vorwiegend für die Privilegien (in röm. Kuriale) zuständig, die während des Aufenthalts des Papstes in Rom ausgestellt wurden, die Pfalznotare für die Privilegien, die außerhalb Roms ausgestellt wurden, sowie für alle anderen Urkk.arten (in zeitgenöss. Minuskel oder in einer Nachahmung der üblichen K.schrift). Die Beteiligung der Notare und Skriniare an der Ausfertigung von Privilegien hörte 1123 auf. Die Pfalznotare, zumeist auch Mitglieder der päpstl. →Kapelle oder Kapellane bei den Kard.en, entwickelten sich zu einflußreichen Urkk.-beamten, die später unter dem Namen »notarii papae« oder »domini nostri« hervortraten. Da es im 12. Jh. kein eigenes Skriptorenamt gab, versahen die Notare selbst die Mundierung von Urkk. oder stellten deshalb →Skriptoren als Privatbedienstete ein, die sich meistens schon als →Abbreviatoren der einzelnen Notare an der Herstellung von →Konzepten beteiligt hatten. Weitere Personen mußten sich der Registerführung, andere der Bullierung annehmen. Aber erst der sprunghafte Anstieg der von den Petenten erbetenen Urkk. in der 2. Hälfte des 12. Jh. wie auch eine rasche Zunahme des K.personals führten zu einer genauen Aufgliederung der päpstl. K. und ihrer Ämter während des Pontifikats Innozenz' III. (1198–1216), der die K. reformierte. P. Rabikauskas

[2] *Im 13. Jahrhundert:* Unter Innozenz III. fungierte als Leiter der K. zunächst weiter ein Kard.; ab 1216 wurde das Amt des Kanzlers nicht mehr besetzt, Leiter wurden jetzt →Vizekanzler, zunächst Geistliche ohne hohen Rang (aber mit Aufstiegsmöglichkeiten), oft Gelehrte (Sinibaldo Fieschi [→Innozenz IV.] 1227; Marinus Filomarinus 1244–51; Richard Petronius v. Siena 1296–1300), ab Bonifaz VIII. auch wieder Kard.e. Unter ihnen waren als Nachfolger der röm. Regionarnotare sechs bis sieben päpstl. Notare tätig, von denen manche als →Legaten oder Abgesandte oft lange von der Kurie abwesend waren. Ihnen gleichgeordnet war der auditor litterarum contradictarum (→audientia l.c.) und der Korrektor. Sie leisteten dem Vizekanzler einen →Eid (A. XI, 2). Für ihren Unterhalt sorgte die Kurie über einen senescallus (custos) cancellarie; Vizekanzler und Notare galten der →'familia' des Papstes zugehörig und nahmen in der Sitzordnung zusammen mit dem Auditor und Korrektor den Platz hinter den Kard.-priestern ein. Die meiste Schreibarbeit verrichteten die Skriptoren, die vor dem Vizekanzler einen einfachen Eid (ohne Treuegelöbnis) ablegten und sich korporativ organisierten; auch sie nahmen oft Aufgaben außerhalb der Kurie wahr. Aus ihren Reihen kamen die →Distributoren und →Reskribendare. Zunächst Privatgehilfen des Vizekanzlers und der Notare, dann ebenfalls eidl. verpflichtet, waren die Abbreviatoren. Die Bullierung oblag in der →Bullaria den Bullatoren. Zur Unterstützung von Petenten im Geschäftsgang entwickelte sich die Institution der kurienerfahrenen ständigen →Prokuratoren. Viele der höheren K.kräfte, aber nur wenige Skriptoren, waren Mitglieder der päpstl. Kapelle. Fast alle Mitglieder der K. waren Kleriker (oft nur mit niederen Weihen); die meisten unterstanden als päpstl. Subdiakone unmittelbar dem Papst. Neben den Einkünften aus K.taxen besaßen sie in ganz Europa Pfründen. – An Urkk.arten gab es →litterae, die feierl. →Privilegien laufen seit der 2. Jahrhunderthälfte aus; dazu kommen seit Mitte des Jahrhunderts die →Bullen. Im Geschäftsgang sind vom Papst selbst initiierte Urkk., von Kard.en u. a. mit Zustimmung des Papstes veranlaßte und durch Petenten erbetene Urkk. zu unterscheiden. Die ersteren wurden bevorzugt und vertraul.

ausgestellt. Petenten reichten Suppliken in der Data communis ein, wo sie im Wechsel ein Notar annahm. Darauf wurde in vielen Fällen mit Hilfe der Abbreviatoren ein Konzept angefertigt; die Konzepte wurden von den Distributoren gleichmäßig an die Skriptoren zur Anfertigung der Reinschrift verteilt. Reinschriften von stereotypem Formular wurden auch direkt mit Hilfe von →Formelslg. en angefertigt. Die Genehmigung der Supplik konnte, je nach Bedeutung, von den Notaren oder dem Vizekanzler erfolgen; wichtige Sachen waren im Stadium der Supplik, des Konzepts oder der Reinschrift vor dem Papst zu verlesen (l. legende). Konzepte und Reinschriften wurden von den Notaren und Abbreviatoren sowie vom Korrektor (→corrector l. a.) überprüft. Fehlerhafte Reinschriften übergab der Reskribendar den ursprgl. Schreibern zur kostenlosen Neuanfertigung (l. rescribende). Zur Überprüfung der Reaktion möglicherweise tangierter Parteien wurden gewisse Urkk. wohl in noch nicht bullierter Reinschrift in der audientia publica verlesen, wo die Prokuratoren Einspruch erheben konnten, über den dann in der audientia litterarum contradictarum verhandelt wurde. Nach der Bullierung erhielt der Petent die Urk., bzw. sie wurde durch Boten dem Empfänger zugesandt. In den verschiedenen Stadien des Geschäftsgangs wurden für die zumeist von Prokuratoren betreuten Urkk. →Taxen erhoben. Die Registrierung (→Register) erfolgte im 13. Jh. in kalligraph. Form zumeist aufgrund von Konzepten, die gesammelt und nach einiger Zeit abgeschrieben wurden (meist im gleichen Pontifikatsjahr); es konnten aber auch Reinschriften registriert werden. P. Herde

[3] *Avignoneser Zeit und Avignonesische Obödienz des Schismas:* Während des Aufenthaltes der →Kurie in S-Frankreich nahm der Umfang der K.tätigkeit stark zu; infolge der immer häufigeren päpstl. Pfründenreservationen schob sich die Ausstellung von Provisionsurkk. immer mehr in den Vordergrund. Durch die Konstitution »Pater familias« (1331) führte Johannes XXII. eine große K.reform durch, die eine Differenzierung der Expeditionswege – von einer Teilung der K. zu sprechen, wäre übertrieben – für Gnadensachen und für Justizsachen bewirkte: die Gnadensachen wurden überwiegend vom Vizekanzler und seinen Abbreviatoren, die Justizsachen von den Notaren und deren Abbreviatoren (Notarsabbreviatoren) bearbeitet. Die Austeilung der Konzepte an die Skriptoren erfolgte für die Gnadensachen durch den Reskribendar, für die Justizsachen durch den Distributor (beide kontrolliert durch einen Komputator); die Sonderbehandlung der Reskribenden hörte auf. Die Zahl der Abbreviatoren des Vizekanzlers (K.abbreviatoren) nahm zu; bald galt 25 als Richtzahl, und die 12 erfahrensten von ihnen (sog. parcus maior) wurden zu weitgehend selbständiger Tätigkeit herangezogen. Die Konstitution Johannes' XXII. verbot jedermann außer Notaren und Abbreviatoren das Einreichen von Konzepten für Urkk.; eine Ausnahme wurde aber für die einfachen, nach weitgehend feststehendem Formular abzufassenden littere minoris iusticie gemacht. So kam es, daß die Prokuratoren diese Urkk. selbständig verfaßten. Die Bedeutung der Notare ging zurück. Die Kontrolltätigkeit des Korrektors konzentrierte sich weitgehend auf diese von den Prokuratoren betreuten Urkk., und sie bildeten auch die ganz überwiegende Masse der Stücke, die in der Audientia verlesen wurden. Die Bitte um die Ausstellung einer Urk. wurde jetzt fast nur noch in Form einer schriftl. Supplik vorgetragen. Seit Benedikt XII. wurden die Suppliken zum Schutz gegen Fälschungsversuche registriert. Auch die Registrierung der Originalurk. wurde obligator.; in den Registern trat eine breite Differenzierung nach Sachgruppen ein. In der 2. Hälfte des 14. Jh. wurde erstmals die Tätigkeit der →Sekretäre sichtbar.

Der Ausbruch des →Abendländ. Schismas 1378 hatte für die K. in Avignon keine einschneidenden Wirkungen, da 1376 ohnehin der Vizekanzler noch in Avignon zurückgeblieben war, als Gregor XI. nach Italien zog. Clemens (VII.) und Benedikt (XIII.) konnten sich deshalb auf eine funktionierende K. stützen. Eine Neuerung der avign. Schismazeit bildete der Sekretbrief.

[4] *Römische Obödienz und Konzilsobödienz:* Anders als Clemens (VII.) in Avignon mußte Urban VI. in Rom die K. neu aufbauen. Soweit die fragmentar. Q.lage es erkennen läßt, geschah dies zwar nach dem bisherigen Muster, aber im Bereich der Registrierung erfolgten Vereinfachungen. Die Sekretäre expedierten die neue Urkk.form der →Breven, aber auch normale Papsturkk. Die Obödienz des Konzils v. →Pisa bildete weitgehend die Fortführung der röm. Gebräuche.

[5] *Von Martin V. bis zu Paul II.:* Das Ende des Schismas 1417 brachte die Vereinigung der drei bisherigen Kurien mit sich, so daß auch die Ämter der K. stark übersetzt waren. V. a. Martin V. und Eugen IV. versuchten daher, die Zahl der K.mitglieder zu senken, und zwar teils durch Streichung der Stellen ausscheidender Personen und teils durch das System der participatio. Nunmehr verfestigten sich auch die verschiedenen Expeditionswege (→expeditio): 1. expeditio per cancellariam für Gnadensachen (littere gracie) und wichtige Justizsachen (littere maioris iusticie): Konzept aufgrund der Supplik durch die Abbreviatoren, Reinschrift durch die Skriptoren, Kontrolle durch die Abbreviatoren (theoret. immer noch gemeinsam mit den Notaren) und dem Vizekanzler gemäß den K.regeln, Registrierung im K.register, in Einzelfällen Verlesung in der Audientia bzw. in den Audientiaferien öffentl. Aushang (publicatio in valvis). 2. expeditio per viam correctoris für die einfachen Justizsachen (littere minoris iusticie): ohne Supplik Konzept durch die Prokuratoren, Reinschrift durch die Skriptoren, Kontrolle durch den Korrektor, keine Registrierung, meistens Verlesung in der Audientia bzw. publicatio in valvis. 3. expeditio per cameram: anfängl. nur selten angewandt, seit der Mitte des 15. Jh. häufigere Umgehung der Kontrolle durch die Abbreviatoren (vgl. 1.), wobei ein Sekretär die Freigabe der Urk. durch den Papst selbst bewirkte und das Stück im Register der apostol. Kammer eintragen ließ. Es wurden weiterhin vier Taxen in gleicher Höhe für Konzept, Reinschrift, Siegel und Register erhoben (nur bei der expeditio per cameram erhielt der Sekretär eine zusätzl. Taxe), daneben aber zahlreiche Sondergebühren und ungesetzl. Trinkgeldforderungen. Völlig getrennt von der Expedition der Bleisiegelurkk. war diejenige der Breven, die allein durch die Sekretäre und ihre Hilfskräfte erfolgte, wobei die internen Vorgänge der Konzipierung, Reinschrift, Kontrolle und Registrierung undurchsichtig bleiben. Die schriftl. Genehmigung (Signatur) der Suppliken wurde von den Referendaren vorbereitet und erfolgte durch den Papst selbst, durch den referendarius domesticus in Stellvertretung des Papstes (unter Eugen IV., Nikolaus V. und seit Pius II.) oder, aber immer seltener, durch den Vizekanzler. Nach der Signatur setzte der Datar das Datum hinzu.

[6] *Von Sixtus IV. bis zur Neuzeit:* Der Prozeß der Aufspaltung der K. in selbständig agierende Teilbehörden setzte sich fort: aus dem Datar und seinen Mitarbeitern entstand die Datarie, aus den Referendaren die Signatura, aus den Sekretären die Secretaria apostolica (und später das

Staatssekretariat). In der expeditio per cameram übernahm der Summator den Vortrag beim Papst, die Rolle der Sekretäre wurde eine rein formale. Als neue Urkk.art trat das Motuproprio auf. Seit der Zeit Sixtus' IV. wurden die Stellen der K. systemat. in käufl. Ämter (officia venalia vacabilia) umgewandelt, und die mehrfach besetzten Ämter erhielten alle die Kollegialverfassung, die für die Skriptoren schon seit der Zeit Eugens IV. bestand. Jetzt aber wurden Kollegialverfassung und Ämterverkauf verbunden, und es wurden neue Ämter und Kollegien nur zu dem Zwecke eingerichtet, sie verkaufen zu können. Auch wenn die Kollegmitglieder konkrete Amtspflichten hatten – was nicht bei allen der Fall war –, so war doch ihre Zahl stets größer, als es für den Arbeitsanfall erforderl. gewesen wäre. Die Existenz der Kollegien machte alle Versuche einer K.reform, über die seit der Zeit Pius' II., bes. intensiv unter Alexander VI., diskutiert wurde, unmöglich: überflüssige Ämter konnten nicht abgeschafft werden, da der Papst finanziell außerstande war, die Kaufsummen zurückzuerstatten.

[7] *Konzilien:* Die Reformkonzilien des 15. Jh., v. a. das Konzil v. →Basel, richteten eigene K.en ein, die der päpstl. K. nachgebildet waren und, nach dem Vorbild der Papsturkk., Konzilsurkk. (mit Blei- oder Wachssiegel) ausstellten.

Th. Frenz

Lit.: DACL III, 175–207 – DThC III, 1931–1983 – LThK² V, 1313–1315 – G. ERLER, Der Liber Cancellariae Apostolicae vom Jahre 1380, 1888 – E. v. OTTENTHAL, Regulae cancellariae apostolicae, 1888 – M. TANGL, Die päpstl. K.ordnungen von 1200–1500, 1894 – L. SCHMITZ-KALLENBERG, Practica cancellariae apostolicae saeculi XV exeuntis, 1904 – P. M. BAUMGARTEN, Aus K. und Kammer, 1907 – DERS., Von der apostol. K., 1908 – P. RICHARD, Origines et développement de la secrétairerie d'état apostolique 1417–1823, RHE 11, 1910, 56–72, 502–529, 728–754 – BRESSLAU, I–II, passim – L. SCHMITZ-KALLENBERG, Papsturkk. (A. MEISTER, Grundriß der Gesch.wiss. I/2), 1913², 56–116, passim – W. v. HOFMANN, Forsch. zur Gesch. der kurialen Behörden vom Schisma bis zur Reformation, 2 Bde, 1914 – R. L. POOLE, Lectures on the Hist. of the Papal Chancery, 1915 – J. DEPHOFF, Zum Urkk.- und K.wesen des Konzils v. Basel, 1930 – B. KATTERBACH, Referendarii utriusque signaturae supplicationum a Martino V ad Clementem IX ..., 1931 – L. SANTIFALLER, Saggio di un elenco dei funzionari, impiegati e scrittori della C. pont. dall'inizio all'a. 1099, BISI 56f., 1940, 1–865 – F. BOCK, Einführung in das Registerwesen des Avign. Papsttums, QFIAB 31, 1941 – H. EGGER, Das päpstl. K.gebäude im 15. Jh. (Fschr. z. Feier des 200jährigen Bestandes des HHStA, 2. Bd.), 1951, 487–500 – A. SERAFINI, Le origini della pontificia Segreteria di Stato e la »Sapienti consilio« del b. Pio X, Apollinaris 25, 1952, 165–239 – R. HAUBST, Der Reformentwurf Pius des Zweiten, RQ 49, 1954, 188–242 – P. RABIKAUSKAS, Die röm. Kuriale in der päpstl. K., 1958 – B. GUILLEMAIN, La Cour pontificale d'Avignon (1309–1376), 1962 – C. R. CHENEY, The Study of the Medieval Papal Chancery, 1966 – P. HERDE, Beitr. zum päpstl. K.- und Urkk.wesen im 13. Jh., 1967² – L. PÁSZTOR, La Curia Romana, 1969 – B. BARBICHE, Les »scriptores« de la chancellerie apostolique sous le pontificat de Boniface VIII (1295–1303), BEC 128, 1970, 115–187 – N. DEL RE, La Curia Romana, 1970³ – H. DIENER, Die großen Registerserien im Vatikan. Archiv 1378–1523, QFIAB 51, 1972, 305–368 – B. SCHWARZ, Die Organisation kurialer Schreiberkollegien von ihrer Entstehung bis zur Mitte des 15. Jh., 1972 – G. NÜSKE, Unters. über das Personal der päpstl. K. 1254–1304, ADipl 20, 1974, 39–240; 21, 1975, 249–431 – B. SCHWARZ, Der Corrector litterarum apostolicarum, QFIAB 54, 1974, 122–191 – TH. FRENZ, Zum Problem der Reduzierung der Zahl der päpstl. K.schreiber nach dem Konzil v. Konstanz (Fschr. P. ACHT, 1976), 256–273 – DERS., Die Gründung des Abbreviatorenkollegs durch Pius II. und Sixtus IV. (Misc. i. o. di monsignor M. GIUSTI I, 1978 [Coll. archivi Vaticani 5]), 297–329 – C. CARBONETTI, Tabellioni e scriniari a Roma tra IX e X sec., ASRSP 102, 1979, 77–156 – S. HAIDER, Zu den Anfängen der päpstl. Kapelle, MIÖG 87, 1979, 38–70 – B. SCHWARZ, Die Abbreviatoren unter Eugen IV., QFIAB 60, 1980, 200–274 – P. RABIKAUSKAS, Diplomatica pontificia, 1980⁴ – TH. FRENZ, Die K. der Päpste der Hochrenaissance 1471–1527, 1986 – DERS., Papsturkk. des MA und der NZ, 1986, passim.

C. Byzantinisches Reich, Altrußland und Südosteuropa

I. Byzantinisches Reich – II. Altrußland und Litauen – III. Südosteuropa.

I. BYZANTINISCHES REICH: Wegen der ungünstigen urkdl. Überlieferungslage sind wir bei den meisten Verwaltungsinstitutionen des Byz. Reiches, in dem die Schriftlichkeit trotz der »dunklen Jahrhunderte« nie unterbrochen war, über die innere Organisation der Behörden unzureichend informiert. Aus diesem Grund kann hier nur die – neben der Patriarchats-K. – relativ am besten erforschte (Ks.-)K., die lediglich einen Teilbereich der am Hof konzentrierten Behörden umfaßte, behandelt werden. Sie besaß keine festumrissene, starre Struktur, sondern war organisatorisch und in der Zusammensetzung ihres Personals manchen Änderungen unterworfen: angesichts der nicht seltenen Ämterkumulation bei den leitenden Beamten muß man mit gelegentl. Überschneidungen (oder gar dem Zusammenfallen) einzelner Arbeitsgänge der (Ks.-)K. und gewisser Nachbarressorts rechnen. Wegen des Fehlens einer ma. Beschreibung ihres Geschäftsganges lassen sich nähere Aufschlüsse über sie nur aus diversen Nachrichten über Stellung, Funktion und Tätigkeit einzelner ihrer Beamten und/oder aus der Analyse der im Original größtenteils erst ab 1057 erhaltenen Ks.-Urkk. gewinnen. Allgemein ist unter der (Ks.-)K. (der Begriff der 'K.' als solcher ist eine Hilfskonstruktion der Diplomatik) jene Behörde zu verstehen, deren (stets weltl.) Mitglieder bei Hofe oder in der engsten Umgebung des reisenden oder zu Felde ziehenden Ks.s zuständig waren für die nach polit. sowie sachl.-rechtl. Gesichtspunkten differenziert geregelte und möglichst fälschungssicher, unter Verwendung einer (bis 1204) exklusiven →gr. K.-Schrift, vorgenommene urkundl. Umsetzung bzw. Stilisierung aller Willensäußerungen des Ks.s.

Von der frühbyz. Zeit bis etwa zum 8. Jh. stand die (Ks.-)K. unter der Leitung des Quaestor sacri palatii (*κοιαίστωρ*), der hauptsächl. für die Abfassung der mehrheitl. in Form von Reskripten ergangenen ksl. Erlasse zuständig war und (seit dem 6. Jh.) diese auch gegenzuzeichnen hatte. Selbst ohne eigenes officium, erhielt der Quaestor nicht nur insgesamt 26 adiutores aus den drei an sich dem magister officiorum unterstehenden scrinia (s. memoriae, epistolarum, libellorum) zugewiesen, sondern auch weitgehend (mit Ausnahme etwa der Gesandtschaftskorrespondenz) die Oberaufsicht über deren drei Vorsteher (magistri/*ἀντιγραφεῖς*). Als Sekretäre und Stenographen, insbes. im Consistorium sowie bei Verhandlungen im Beisein des Ks.s, fungierten die in der schola notariorum (mit dem primicerius notariorum als Vorsteher) organisierten notarii, welche, sofern mit Geheimdingen befaßt, ab der Mitte des 5. Jh. auch als secretarii oder a secretis bezeichnet wurden. In diesen ging dann anscheinend auch die noch bis ins 6. Jh. greifbare Sondergruppe der referendarii auf, die bis dahin die Privatsekretäre des Ks.s unter den notarii umfaßt hatte.

Als Vorsteher der über wachsenden Einfluß verfügenden a secretis (*ἀσηκρῆται*) begegnet im 8. Jh. der später häufig auch in richterl. Funktionen tätige Prot(o)asekretis (*πρωτ(ο)ασηκρῆτις*) erstmals in dieser Bezeichnung. Bei ihm, nicht mehr hingegen bei dem Quaestor (der zu einer Art Polizeirichter geworden war), lag fortan die Leitung der organisator. veränderten (Ks.-)K., wo außer den asekretai auch, in untergeordneter Stellung, 'ksl. Notare' (oder: *ὑπογραφεῖς*) als Sekretäre und ein 'Dekan' als Archivar (?) beschäftigt waren; bis ins 12. Jh. war das Amt des Protasekretis, dem man seit dem 10. Jh. auch die bis dahin noch dem Quaestor verbliebene Kompetenz der Diktatgabe von Gesetzestexten anvertraute, nach LAURENT das wichtigste der (Ks.-)K. Aber wohl noch bedeutender war das ab dem 9. Jh. belegte Amt eines 'Hüters des ksl. Tintenfasses' (ὁ ἐπὶ τοῦ κανικλείου), der nicht nur dem Ks. das Schreibzeug zu reichen, sondern auch – in Ablösung des Quaestors – die ausgehenden Privileg- und feierl. Ernennungsurkk. zu kontrollieren und unter Benutzung der ihm anvertrauten roten Reservattinte des Ks.s zu beglaubigen bzw. im Fall von K.kopien Gültigkeit zu verleihen hatte (→Rekognition). Dieser Beamte von meist großer Bildung und polit. Einfluß genoß eine Vertrauensstellung beim Ks. und wurde deshalb häufig auch gleichzeitig mit anderen hohen Ämtern betraut (z. B.: Protasekretis, Logothetes tu dromu, Mesazon [s. u.]). Den Epi tu kanikleiu gibt es bis zum Ende des Byz. Reiches, während der Protasekretis – wie der Quaestor seit dem 11. Jh. – vom 12. Jh. an nur noch in höchstrichterl. Funktionen anzutreffen ist. Ob der Mystikos, ein vom 9. Jh. an begegnendes Amt, in der Tat als ksl. Geheimsekretär zum Stab der (Ks.-) K. zählte, ist umstritten. Der 'Referent für die Bittschriften' (ὁ ἐπὶ τῶν δεήσεων) indes dürfte der (Ks.-)K., wie dies für das 11. Jh. gesichert ist, angehört haben. Seit dem 7. Jh. belegt, ist er, der einstige magister memoriae, von den magistri scriniorum der einzige, der sich aus der Abhängigkeit vom (frühbyz.) Quaestor lösen und damit der späteren Unterordnung unter den Protasekretis entgehen konnte. – Was das Diktat der außenpolit. Urkk. angeht, so oblag es zw. dem 9. und dem 12. Jh. im Prinzip dem Vorsteher des von der (Ks.-)K. getrennten »Außenamtes« (λογοθέτης τοῦ δρόμου), doch nicht selten war sein Amt mit einem der Chefposten der (Ks.-)K. in Personalunion verbunden.

Nach 1204 haben die byz. Teilstaaten von →Epeiros, →Nikaia und →Trapezunt – unter Einschränkungen und teilweise wohl stark improvisiert – an die Traditionen der (Ks.-)K. angeknüpft; die dort Beschäftigten hießen, wie schon seit der Komnenenzeit, (ksl.) grammatikoi (γραμματικοί) (statt asekretai) oder immer noch 'Notare'; sie waren in Trapezunt und im Byzanz der Palaiologenzeit einem Protonotarios unterstellt. Inhaber des Titels Epi tu kanikleiu lassen sich aber nur in Nikaia und dann im palaiolog. Byzanz nachweisen. Dort und in Trapezunt war auch wieder der »Außenminister«, jetzt unter dem Titel Megas Logothetes (μέγας λογοθέτης), in der (Ks.-)K. zuständig für die Erstellung der sein Ressort betreffenden Urkk.; ansonsten leitete meist der Mesazon (μεσάζων), der an sich ressortlose, doch je nach Bedarf mit verschiedenen hohen Ämtern betraute oberste »Kontrollminister«, die Arbeit der (Ks.-)K. Aber damals wie auch schon in mittelbyz. Zeit kam es gelegentl. vor, daß der Ks. bestimmte Tätigkeiten seiner K.-Beamten (etwa das Diktat von Briefen) selbst übernahm. Die mit Ks. →Michael VIII. einsetzende verstärkte W-Orientierung führte dann zur Beschäftigung von öffentl. Notaren aus der Lateinerkolonie Konstantinopels unter den Sekretären und Dolmetschern der (Ks.-)K., was in der Folge auch ihren griech. notarii das Recht auf Ausübung des öffentl. Notariats eintrug und die Beurkundungspraxis der (Ks.-)K. merklich veränderte. G. Prinzing

Q. und Lit.: Les listes de préséance byz. des IXe et Xe s., éd. N. OIKONOMIDÈS, 1972 – F. DÖLGER, Die byz. und die ma. serb. Herrscherk. (Actes du XIIe Congr. Internat. d'Études Byz., I, 1963), 83–103 [Neudr. 1978] – DERS.-J. KARAYANNOPULOS, Byz. Urkk.lehre. Erster Abschn.: Die Ks.urkk., 1968, 57–67 [Lit.] – G. WEISS, Oström. Beamte im Spiegel der Schriften des Michael Psellos, 1973, 111–117 – H.-G. BECK, Theorie und Praxis im Aufbau der byz. Zentralverwaltung (SBA PPH 1974, H. 8) – M. ANGOLD, A Byz. Government in Exile, 1975, 161–166 – N. OIKONOMIDÈS, L'évolution de l'organisation administrative de l'empire byz. au XIe s. (1025–1118), TM 6, 1976, 125–152 – A. KAŽDAN, Die Schrift einiger byz. Ks.urkk. und der konstantinopolitan. K. in der zweiten Hälfte des XI. Jh. (Studia codicologica, ed. K. TREU, 1977), 263f. – N. OIKONOMIDÈS, The Chancery of the Grand Komnenoi, Ἀρχεῖον Πόντου 35, 1979, 299–332 – M. CLAUSS, Der magister officiorum in der Spätantike (4.–6. Jh.), 1980 – V. LAURENT, Le Corpus des sceaux de l'empire byz., II, 1981 – G. PRINZING, Ἠπειρωτικά Χρονικά 25, 1983, 101f. – N. OIKONOMIDÈS, La chancellerie impériale de Byzance du XIIIe au XVe s., RevByz 43, 1985, 167–195 – M. BARTUSIS, The Rhythm of the Chancery (17th Internat. Byz. Congr. 1986. Abstr. of Short Papers), 31f. – H. HUNGER, Die Herrschaft des »Buchstabens«, Δελτίον τῆς Χριστιανικῆς Ἀρχαιολογικῆς Ἑταιρείας IV, 12, 1984 (1986), 17–38 – DERS., Lesen und Schreiben in Byzanz, 1989, 12–15, 116–120.

II. ALTRUSSLAND UND LITAUEN: Ein Skriptorium, in dem Urkk. verfaßt wurden, entstand in Kiev im 10. Jh. unter byz. und bulg. Einfluß. Obwohl eine rege Tätigkeit nachweisbar ist, trat die fsl. K. als Institution nicht hervor und blieb Bestandteil der Schatzkammer, wo auch die Archivalien aufbewahrt wurden. Die Geistlichkeit beteiligte sich an der K.tätigkeit, doch ist eine Hofkapelle nicht nachweisbar. Seit dem 12.–13. Jh. waren die K.en auch Notariatsstellen. Als K.schreiber (pisec, pisar', d'jak, pod'jačyi) fungierten häufig Dienstleute. Im 15. Jh. entwickelten sich die K.en der litauischen und Moskauer Gfs.en zu höchsten Notariatsstellen. Seit dem 13. Jh. machten sich westl. Einflüsse in den aruss. K.en bemerkbar (Smolensk.-Urk. 1229, →Halič) und zeigten sich bes. im 14. Jh. im Geschäftsverkehr (auch lat. neben aruss.) des Gfsm.s Litauen. Unter Vorbehalt kann der aruss. pečatnik ('Siegler', 'Aufbewahrer des Siegels'), manchmal ein Geistlicher, als fsl. Würdenträger und Hofbeamter mit der Stellung eines Kanzlers angesehen werden. Auf eine institutionelle Ausprägung und den Ausbau der herrscherl. K.en im 14. Jh. und bes. im 15. Jh. weisen die Bezeichnung des K.amtes als prikaz ('Auftragsstelle') sowie die Zunahme von Zahl und Spezialisierung dieser Ämter hin. Der Siegler beaufsichtigte wohl die K.ämter. Jede prikaz wurde von einem d'jak geführt. Die K. war wie früher im Auftrag des Herrschers tätig, sie entwickelte sich nicht zu einem gesonderten Verwaltungsorgan. Die Siegler hatten wohl das Recht der →Rekognition, das im 15. Jh. auch auf d'jaken ausgeweitet wurde. Das Ausfertigungsrecht konnte der Herrscher bei weniger bedeutenden Beurkundungen auf Siegler, andere Hofbeamte oder Mitglieder des Rates übertragen. Die K. der Metropoliten läßt sich seit dem 14. Jh. gut belegen, wobei die Verbindung zur K. des Gfs.en v. Moskau deutlich hervortritt. Städt. und bfl. K.en (außer in Novgorod) sind kaum nachweisbar. A. Poppe

Lit.: A. BURDZEJKA, Prykaz Vjalikaga Knjastva Litouskaga. Fond, ustanovy i funkcii (Zapysky addzelu Humanitarnyh Navuk Balaruskaj Akademii Navuk VIII, hist. t. 3, 1929), 521–550 – CHR. S. STANG, Die westruss. K.sprache des Gfsm.s Litauen, 1935 – J. BARDACH, Studia z ustroju i prawa W.X. Litewskiego XIV–XVII w., 1970, 351–378 – W. VODOFF, Zaroždenie kanceljarii moskovskih velikih knjazej/seredina XIV v–1425, IstZap 17, 1979, 325–350 – G. STÖKL, Kanzler und Metropolit (DERS., Der russ. Staat in MA und früher NZ, 1981), 98–123 – U. HALBACH, K. und Kanzleramt in Rußland vor dem 16. Jh., JbGO 33, 1985, 23–47.

III. SÜDOSTEUROPA: Über das frühma. K.wesen im SO ist wenig bekannt. Doch sind aus der kroat. K. Urkk. d. 9.–11. Jh. erhalten. In den Küstenstädten Dalmatiens waren die lokalen byz. Behörden Ausgangspunkt für die Entwicklung von K.en, die sich in der kommunalen Periode entfalteten, vorwiegend getragen von gelehrten it. Notaren. In Dubrovnik, Kotor, Shkoder u. a. Städten gab es im SpätMA auch slav. K.en und Schreiber. In Kroatien verfügte seit 1102 der →Banus bzw. Hzg. über eine K., geprägt durch d. ung. Kg.s-K. Notare waren für d. Ständeversammlungen von Kroatien und Slavonien tätig. In *Serbien* bildeten unter den Nemanjiden die *dijaci* das K.personal, mit dem Logotheten als Vorsteher (nach 1346 auch Großlogothet). In den ausgestellten Urkk. lassen sich sowohl byz. als auch westl. Elemente erkennen, in der Zeit Milutins (1282–1321) wurde der kyrill. Ustav durch die diplomat. Minuskel ersetzt. Nach der Krönung →Stefan Dušans zum Zaren (1346) wurde die byzantinische Terminologie eingeführt und Chrysobull sowie *prostagma* nachgeahmt. Mit der Ausbildung der Territorialherrschaft seit etwa 1360 vermehrte sich die Zahl der K.en, wobei die Elemente der byz. Ks.urk. (Logos-Formel, Menologem, rote Tinte) weggelassen, aber Aufbau, Terminologie und Urkk.formulare übernommen wurden. Nach der Kg.skrönung des bosn. Banus Tvrtko I. (1377) gingen serb. Elemente in das K.wesen Bosniens ein. Die Formulare orientierten sich an ung. und ragusan. Vorbildern. – In *Albanien* wurden serb. K.personal, Sprache, Schrift und Formulare von den Territorialherren übernommen. Das zu Anfang des 13. Jh. übliche Latein verschwand dort im 15. Jh.

Für *Bulgarien* gilt, daß die K. bis zur türk. Eroberung (1393, 1396) tätig war, aber es sind nur wenige Urkk. erhalten. Die K. stand unter byz. Einfluß, doch wurden die Ks.urkk. nicht nachgeahmt. Im 14. Jh. übernahmen die Vojvoden der *Walachei* von der bulg. K. Sprache (meistens mittelbulg.), Schrift, Terminologie und Personal (*Logofet* als Schreiber) und beeinflußten ihrerseits die K. der Vojvoden der *Moldau*. Beide rumän. Fsm.er haben Formen und Formulare der balkanslav. K.en, neben ung. und poln.-litauischen Elementen, bis in die NZ bewahrt. Es kam zu lat.-slav. Mischformen. Während die serb. Zaren 1346–71 eine griech. K. besaßen, hatten die serb. Despoten 1402–59 eine lat., der ung. sehr nahestehende K. Auch die osman. Herrscher ließen gr. bzw. serb. Akten und Briefe anfertigen. S. Čirković

Lit.: F. RAČKI, Hrvatska dvorska kancelarija i njezine isprave za vladavine narodne dinastiji, Rad 35, 1876, 1–49 – C. JIREČEK, Die ma. K. der Ragusaner, AslPhilol 25, 1903, 501–521; 26, 1904, 161–214 – M. LASCARIS, Influences byz. dans la diplomatique bulgare, serbe et slavoroumaine, Byzslav 3, 1931, 1–13 – S. STANOJEVIĆ, Studije o srpskoj diplomatici XVIII. Kancelarije, Glas 156, 1933, 41–59 – C. ČREMOŠNIK, Bosanske i humske povelje srednjega veka, Glasnik Zemaljskog muzeja 3, 1948, 103–144; 4–5, 1950, 105–200; 6, 1951, 81–119; 7, 1952, 273–336 – F. DÖLGER, Die byz. und die ma. serb. Herrscherk. (XII⁰ Congr. internat. des études byz. Ochrid 1961, Rapp. IV, 1961) – N. KLAIĆ, Diplomatička analiza isprava iz doba hrvatskih narodnih vladara, Historijski zbornik 18, 1965, 141–188; 19–20, 1966–67, 225–263 – R. MIHALJČIĆ, Slovenska kancelarija arbanaske vlastele (Simpoziumi per Skenderbeun [1968], 1969), 219–227.

Zur K. im islam. Bereich →Dīwān.

Kanzleischrift → Schrift

Kanzleisprache → Urkunde, -nwesen

Kanzler → Kanzlei

Kanzler, der, fahrender Liederdichter oberdt. Herkunft, letztes Drittel 13. Jh.; kurz vor 1300 erstmals bezeugt (Basler Rolle). Die Große Heidelberger →Liederhs. überliefert 77 Strophen. Minnelied und Sangspruch sind etwa gleichgewichtig vertreten, worauf die bes. lit.hist. Bedeutung des Œuvres beruht. Die Lieder verbinden meist einen ausgedehnten Natureingang mit einem allg. Preis der *wîbe*; unverkennbar ist →Gottfrieds v. Neifen und v. a. →Konrads v. Würzburg Einfluß. In den Sprüchen artikuliert sich nachdrückl. das Sänger-Ich; Herrenlehre und Rivalenschelte dominieren. Als Tonerfinder lebte der K. in Meisterlieddichtung und Meistergesang weiter; er wurde zu den Zwölf alten Meistern gezählt. G. Kornrumpf

Ed.: Dt. Liederdichter des 13. Jh., ed. C. v. KRAUS, 1978², I, 185–217; II, 718 f. [Text]; II, 244–264 [Komm.] – *Lit.*: Verf.-Lex.² IV, 986–992 [G. KORNRUMPF; Lit.] – Rep. der Sangsprüche und Meisterlieder IV, bearb. F. SCHANZE–B. WACHINGER, 1988, 149–168 – M. STEINMANN, Das Basler Frgm. einer Rolle mit mhd. Spruchdichtung, ZDA 117, 1988, 296–310.

Kapellan (capellanus, clericus de capella), ursprgl. Geistlicher im Gefolge des karol. →Hausmeiers, darauf – seit der Kg.serhebung der Karolinger – im Gefolge des Kg.s, d. h. Hofgeistlicher. Erste Bezeugung 741 (BM² 43). Der Begriff ist von der capella bzw. cappa sti. Martini abgeleitet und bezeichnet den Geistlichen, der zunächst die Mantelreliquie des hl. Martin, dann allg. den kgl. Reliquienschatz bewacht. Als solcher hat der K. das Recht, den princeps/Kg. auf seinen Feldzügen zu begleiten, um den Kriegern seelsorgerl. Beistand zu leisten. Am Hof ist und bleibt seine Hauptaufgabe der herrscherl. Gottesdienst, der für den Kg. von Gottes Gnaden als sakrale Legitimierung seiner Herrschaft von fundamentaler Bedeutung ist. Bereits unter Kg. Pippin kommt die Beurkundungstätigkeit als weitere Funktion hinzu, und in zunehmendem Maße werden die K.e auch zu diplomat. und Verwaltungsaufgaben herangezogen. Ihre Gemeinschaft (zusammenfassend auch capella regis gen.) ist seit Pippin dem Obersten K. (seit 825 mit dem Titel Erzk./archicapellanus) unterstellt; er ist in der Regel Abt oder Bf. und gehört zur hohen Geistlichkeit. Die Urkundenschreiber, die als K.e zugleich Notare gen. werden, erhalten im Kanzler (→Kanzlei, Kanzler) einen eigenen Leiter, der ständig an Bedeutung gewinnt, aber bis ins hohe MA hinein dem Erzk. unterstellt bleibt. War damit der zentrale Ort der →Hofkapelle der Kg.shof, so blieb die Institution der K.e jedoch nicht auf den Kg.shof beschränkt. Sie verbreitete sich von hier aus auf die Höfe der Bf.e, der Hzg.e und anderer Großer, und darüber hinaus erscheinen K.e auch in Verbindung mit Fiskalkirchen (ebenfalls capellae gen.), dann allg. mit →Eigenkirchen, die außerhalb des Pfarrverbandes stehen. Ihr wesentl. Merkmal ist, daß sie in einer Art vasallit. Bindung an einen Herrn gebunden sind, sei dieser Herr der Kg., ein Hzg., Bf. oder Abt.

In der Folgezeit hat sich der Zusammenhang zw. den verschiedenen Schichten der K.e gelöst. Für das MA bleibt bestimmend, daß sich die karol. Hofkapelle in ihrer höf. Organisation als unentbehrl. Herrschaftsinstrument des Kgtm.s erwiesen hat. Es wurde deshalb von allen karol. Nachfolgestaaten übernommen und mit entsprechenden Modifikationen den eigenen Bedingungen angepaßt. Seine höchste Entfaltung erfuhr es unter den Ottonen und Saliern, unter denen die Kapellane in der Regel gleichzeitig Mitglieder von Domkapiteln waren und Aussicht hatten, anschließend einen Bf.sstuhl zu erhalten, so daß die Hofkapelle zur Ausbildungsstätte des Episkopats wurde und zugleich fest in die Reichskirche einbezogen war. Dies ändert sich seit dem Investiturstreit: in der Folge verselbständigt sich die Kanzlei, der Notar löst sich vom Kapellan; die Funktionen des Kapellans werden schließlich auf seine geistl. Aufgaben reduziert. Auf der unteren Ebene wird der Kapellan zum Hilfsgeistlichen in der Pfarrei.

J. Fleckenstein

Lit.: DACL III, 1 – W. LÜDERS, Capella, AU 2, 1909 – H. W. KLEWITZ, Cancellaria, DA 1, 1937 – DERS., Kgtm. Hofkapelle und Domkapitel im 10. und 11. Jh., AU 16, 1939 – J. FLECKENSTEIN, Die Hofkapelle der dt. Kg.e (MGH Schr. 16/1–2, 1959/66) – N. GRASS, Zur Rechtsgesch. der abendländ. Kg.skirche (Fschr. K. S. BADER, 1965).

Kapelle
I. Baugeschichte – II. Musik.

I. BAUGESCHICHTE: Ursprgl. Raum, in dem der Mantel (capa) des hl. Martin v. Tours im frk. Kg.spalast in Paris aufbewahrt und verehrt wurde. Die Bezeichnung ging dann auf andere Andachtsräume ohne Pfarrechte über; Tauf-, Grab-, Burg- und Pfalz-, Votiv- (Wallfahrtsk.), Friedhofsk. (→Karner) oder Kirchen an- oder eingebaute K.n: Chork., Scheitelk., als Ostk. eines K.nkranzes am Chorumgang (auch Lady Chapel), K.nnischen als nach außen nicht vortretende K.n in der Mauerdicke von Langhaus, Querhaus (Speyer) oder Chor, auch in der Krypta (St. Maria im Kapitol in Köln), zw. eingezogenen Strebepfeilern Einsatzk.n gen. Beim K.nkranz sind mehrere halbkreisförmige oder polygonale K.n, die gewöhnl. in radialer Anordnung am runden oder polygonalen →Chorumgang liegen und sich zu diesem öffnen; der K.nkranz kommt schon zu Beginn des 11. Jh. in Frankreich vor (Tours) und bildet seitdem ein wichtiges Merkmal frz. ma. Kirchen; in Deutschland in der Romanik selten (St. Godehard in Hildesheim), dann aber wie in Frankreich wichtiger Bestandteil got. Kathedralen. Häufig finden sich K.n als Anbauten an Kirchenschiffen oder in höher gelegenen Räumen eingebaut, bes. in Westtürmen (Michaelsk.). Eine K. wird als Raum für den Gottesdienst in dem in sich geschlossenen Wohnbezirk der Burg und Pfalz (Herrscherk.) aus der religiösen Bindung des ma. Lebens heraus verlangt. Bei der räuml. Enge mancher Burg ist die K. oft nur von geringen Ausmaßen. Sie kann als kleiner verschließbarer Altarerker (Chörlein) in den Saal einbezogen sein (Meißen, Eltz a. d. Mosel) oder als eigener Raum im Palas erscheinen (White Tower in London, Marburg), so auch bei Deutschordensburgen in großartiger Ausprägung. Auch im Bergfried (Trifels, Rieneck) oder in einem Mauerturm kann die K. untergebracht sein, häufiger jedoch im Torturm (Wildenburg), hier sogar zweischiffig (Pfalz Gelnhausen) oder in komplizierten Raumformen (Rheda). Bei der Turmlage steht der Altar häufig in einem auskragenden Erker (Chörlein). Bei großräumigen Burgen schließt die K. als selbständiges Gebäude an den Palas an (Münzenberg, Büdingen, Wimpfen, Nürnberg) oder steht frei im Hof (Rothenburg, Eger), als einfache Saalkirche mit Chor, auch mit Westempore, oder als →Doppelk., auch mit zusätzl. Empore im Obergeschoß. Vereinzelt liegt die K. auch in der Vorburg. Herausragend künstler. gestaltete K.n sind die Herrscherk.n als Pfalzk.n, beginnend mit Aachen über die stauf. Doppelk.n bis hin zur Sainte-Chapelle in Paris (1243–48). Auch in reicheren städt. Wohnhäusern (Hausk. mit Chörlein) oder an Wohntürmen (Regensburg, Nassauer Haus in Nürnberg) sind K.n ein- oder angebaut, ebenso an Ratssäle.

Als selbständige Bauten sind K.n im 10. Jh. als Eigenkirchen, zumeist als einfache Saalkirchen, aber auch mehrschiffig, weitverbreitet und leben als Dorfk.n im MA weiter. Als Tauf- oder Grabk.n, Reliquienk.n und Mausoleen haben K.n häufig Zentralbauform (rund, polygonal, kreuzförmig). G. Binding

Zu »K.« als Institution des Kg.shofes →Hofk.; →K., päpstl.; vgl. auch: →Kapellan; →Kanzlei, Kanzler.

Lit.: J. HACKER-SÜCK, Die Pariser Sainte-Chapelle und die frz. Palastk.n [Diss. Frankfurt 1956] – G. BINDING, Architekton. Formenlehre, 1987² [Lit.] – →Kirchenbau.

II. MUSIK: Der Bedeutungswandel und -zuwachs des Wortes capella und dessen begriffl. Sinnverschiebung von der Reliquie (zuerst belegt 679) zur besoldeten Musikerschar zur Feier des Gottesdienstes und weltl. Gelegenheiten ist fließend. Nachweisl. erscheint die capella als professionelles Musikensemble mit einem magister capellae 1336 in Avignon am Hofe Papst Benedikts XII. Der mag. c. (Kapellmeister), der Oberste des Musikensembles (capella) als musizierender Teil der geistl. Körperschaft, unterstand lange Zeit noch dem obersten capellanus der Hofgeistlichkeit (capella), der die gottesdienstl. Funktionen leitete. Die funktionelle Abgrenzung der musikal. capella von der vorangehenden schola cantorum (eigtl. nur der in Rom aus Geistlichen bestehende päpstl. Sängerchor, der nach der Rückkehr des Papstes aus dem Exil am 3. Juni 1370 aufgelöst wurde und seine Funktion an die aus Avignon mitgebrachte professionelle capella abtrat), von den Sängerschulen an Kirchen und Kl. und von der späteren evangel. Kantorei (eigtl. eine besoldete oder freiwillige kirchenmusikal. Vereinigung von Laien oder Berufsmusikern an einzelnen Kirchen oder in Städten in der Nachfolge vorreformator. Bruderschaften) ist ebenso unscharf. Ende des MA kann im deutschsprachigen Raum auch die besoldete musikal. capella eines Fs.enhofes als Kantorei bezeichnet werden. Den Vorrang, eine musikal. capella zur Aufführung mehrstimmiger Musik zu haben, mußte der Papst bald mit anderen weltl. und geistl. Fs.en teilen, als sich diese rasch zum Statussymbol entwickelte. Damit tauchten neben der geistl. Förderung schon seit dem 14. Jh. zunehmend mäzenat. weltl. Herrscher und Herren in der Musikgesch. auf. Als bedeutendste K. des MA galt neben der des Papstes die burg., in der 2. Hälfte des 15. Jh. waren die Hofk.n in Wien, Neapel, Mailand, Ferrara, Parma, Mantua, Florenz berühmt. Die Vielzahl von K.n bedeutete gegenseitige Konkurrenz und starke Mobilität der Musiker. Obwohl sie gemeinsam musizierten, gehörten nur die Sänger zur K. und damit zum Hofmeisteramt, wogegen die schlechter bezahlten Instrumentalisten mit den am geringsten besoldeten Hoftrompetern zum Stallmeisteramt zählten und einem eigenen Leiter unterstanden. Der durch die zahlreichen Ensembles sprunghaft ansteigende Bedarf an mehrstimmigen religiösen wie weltl. Kompositionen befruchtete die Musikproduktion in nie dagewesener Weise. So treten von nun an Komponisten und Interpreten immer stärker als hist. Persönlichkeiten in Erscheinung. H. Leuchtmann

Lit.: MlatWb, s. v. capella – MGG, s. v. Kantorei, K. – NEW GROVE, s. v. Chapel [Lit.] – RIEMANN, s. v. Kantorei, K.

Kapelle, päpstliche, in personaler Bedeutung die Gesamtheit der in einem persönl. Dienstverhältnis zum Papst stehenden Kapläne. Die Funktion päpstl. »capellani« dürfte um die Jahrtausendwende im Zuge päpstl.-röm. Bestrebungen zur Erneuerung und Ausgestaltung des sacrum palatium Lateranense nach dem Vorbild der →Hofk. der röm.-dt. Kg.e und Ks. geschaffen worden sein. Als erster päpstl. Kaplan ist unter Johannes XIX. 1026 ein Amatus »episcopus atque capellanus domini papae« bezeugt, dessen Bf.srang nicht als Hinweis auf eine bereits voll ausgebildete und organisierte päpstl. K. gewertet werden darf, sondern als Ausnahme gelten muß. Endgültig durchgesetzt hat sich die neue Gruppierung innerhalb der päpstl. →familia in der 2. Hälfte des 11. Jh. unter den dt. und den lothring.-tusz. Reformpäpsten Clemens II., Damasus II., Leo IX., Viktor II., Stephan IX., Nikolaus II. und Alexander II., denen die kgl. Hofk. der Salier und die bfl. K. – z. T. von ihrer eigenen Karriere her – bestens vertraut waren, die zumeist die Leitung ihrer Bm.er auch als Päpste beibehielten und die wahrscheinl. unter ihren persönl. Vertrauten auch ihre eigenen bfl. Kapläne nach Rom mitnahmen. Die insgesamt spärl. Q.zeugnisse deuten jedoch darauf hin, daß sich die Entwicklung des päpstl. Kapellanates zur

Institution der päpstl. K. im Rahmen des umfassenden Ausformungsprozesses der röm. Kurie allmähl. vollzog. Da anfängl. bes. enge Beziehungen zw. Kapellanat und päpstl. Subdiakonat bestanden und viele Kapläne auch andere päpstl.-kuriale Funktionen und Ämter bekleideten, sind sie bis in das 13. Jh. nur gelegentl. als »capellani« bezeugt. Die Begriffe »capella«, »collegium capellanorum«, »capellanorum consortium« und »capellania« für die Gesamtheit der Kapläne werden noch in diesem Jh. selten gebraucht. Die Kapläne dienten dem Papst v. a. in den Bereichen Gottesdienst und Liturgie, wobei ihnen verschiedene Hilfsgeistliche zur Seite standen, aber auch vorwiegend als (höhere) Kanzleikräfte, Gesandte, Sonderbeauftragte sowie seit dem 13. Jh. als Advokaten, Auditoren, Richter, Pönitentiare u. a. Sie wohnten im Lateranpalast gemeinsam in einem eigenen, capellania gen. Gebäude, wurden von der päpstl. Küche verpflegt und verfügten zur Bestreitung ihres Lebensunterhaltes über verschiedene Einkünfte sowie über Pfründen in Rom oder auswärts. Seit dem 13. Jh. standen die von bfl. Gerichtsbarkeit befreiten Kapläne unter der Leitung des päpstl. Kämmerers, zu dessen Aufgaben auch die Aufsicht über den päpstl. Schatz gehörte. Er nahm den Treueid der neuernannten Kapläne entgegen und kleidete sie feierl. ein mit Mantel, Rochett und Birett. Infolge des persönl. Naheverhältnisses zum Papst fungierte das Kapellanat als Sprungbrett zur Erlangung hoher kurialer und kirchl. Ämter und Würden wie z. B. des Vizekanzlers, eines Kard.s oder eines Bf.s. Seit Innozenz IV. (1243–54) wurden immer häufiger zumeist gelehrte Kleriker außerhalb Roms zu Kaplänen ernannt, wodurch die Päpste ein an ihre Person gebundenes Instrument gewannen, das sich im chr. Europa vielfältig einsetzen ließ. Für sie wurde die Bezeichnung Ehrenkaplan (capellanus honoris) üblich, im Gegensatz zu dem in der Umgebung des Papstes wirkenden Kollegium der capellani commensales (am Tisch des Papstes sitzende Kapläne). Nach dem Höhepunkt im 13. Jh. – die Kapläne zählten am Jh.ende zur kurialen Oberschicht und rangierten als Prälaten nach den Kard.en – erfuhr die Institution der päpstl. K. seit dem avign. Papsttum eine immer stärkere Beschränkung auf den geistl.-liturg. Dienst. Für den päpstl. Privatgottesdienst schuf Benedikt XII. (1334–42) die sog. capella intrinseca, die aus ca. zehn von einem magister capelle geleiteten capellani oder clerici capelle bestand, zu denen im Laufe der Zeit noch verschiedene andere Funktionäre wie z. B. der confessor, der sacrista und die campanarii kamen, während das verkleinerte Kollegium der ranghöheren capellani commensales, die sog. capella magna, ohne genaue Abgrenzung der Kompetenzen mehr für die offiziellen päpstl. Gottesdienste zuständig war. Unter Urban V. (1362–70) und Gregor XI. (1370–78) erlebten die beiden Kapellkollegien eine stärkere Differenzierung, wobei den bald auch cantores (Sänger) gen. capellani capelle immer mehr Gesangs- und Instrumentalaufgaben sowie ihren Helfern, den clerici capelle, in zunehmendem Maße das Zeremonienwesen übertragen wurden. Ihr Vorgesetzter, der Kapellmeister (magister capelle), entwickelte sich dementsprechend ebenfalls zum Musiker. Die Funktionsweise und die im Grunde dreigliedrige Organisation der päpstl. K., wie sie sich in der Zeit des avign. Papsttums ausgebildet hatten, blieben bis in die frühe NZ im wesentl. grundlegend und vorbildl. für die weitere Entwicklung. Allerdings lockerte sich die enge Bindung der K.nmitglieder an den Papst mit Ausnahme des confessors immer mehr, und aus einer ursprgl. persönl. Vertrauensstellung wurde allmähl. ein kuriales Amt bzw. aus dem Ehrenkapellanat ein bloßer Titel, der zahlreichen (auswärtigen) Geistlichen zur Belohnung oder Auszeichnung verliehen wurde. Unter »capella papalis« bzw. »pontificia« verstand man fortan v. a. die feierl. Gottesdienste der Päpste, an denen teilzunehmen alle Angehörigen der Kurie verpflichtet waren.

In dingl. Hinsicht umfaßte die päpstl. »capella« die für den geistl. Dienst der Kapläne erforderl. liturg. Geräte, Bücher, Gewänder und Reliquien, deren Beaufsichtigung, Pflege und Betreuung stets Kaplänen, z. T. mit bes. Funktionen (thesaurarii, magister capelle), oder bestimmten Hilfsgeistlichen oblag.

Im räuml. Sinne schließt der Begriff auch die päpstl. Haus- bzw. Privatk. in den Papstpalästen von Rom und Avignon (z. B. die Nikolaus-K. im Lateran) ein. S. Haider

Lit.: K. H. Schäfer, Päpstl. Ehrenkapläne aus dt. Diöz. im 14. Jh., RQ 21, 1907, 97ff. – E. Cerchiari, Capellani papae et apostolicae sedis auditores causarum sacri palatii apostolici seu Sacra Romana Rota, 4 Bde, 1919–21 – R. Elze, Die päpstl. K. im 12. und 13. Jh., ZRGKanAbt 36, 1950, 145ff. – B. Guillemain, La Cour pontificale d'Avignon (1309–1376) (Bibl. des écoles françaises d'Athènes et de Rome 201, 1962), bes. 36off. – P. Herde, Beitr. zum päpstl. Kanzlei- und Urkk.-wesen im 13. Jh. (Münchener Hist. Stud., Abt. Gesch. Hilfswiss. 1, 1967²), 46ff. – B. Schimmelpfennig, Die Organisation der päpstl. K. in Avignon (QFIAB 50, 1971), 80ff. – S. Haider, Zu den Anfängen der päpstl. K., MIÖG 87, 1979, 38ff.

Kapellenkranz → Chor

Kaper, -schiffahrt. Als 'Capereyen' werden bezeichnet »diejenigen Unternehmungen von Privatpersonen, welche in Kriegszeiten mit bes. Erlaubnis einer kriegführenden Macht ein oder mehrere Schiffe auf eigene Kosten in der Hauptabsicht ausrüsten, den Feinden Abbruch zu tun und denjenigen Handel neutraler oder freundschaftl. Staaten mit dem Feinde als unerlaubt angesehen wird« (G. F. v. Martens). Der Begriff 'K.' kommt erst im 17. Jh. auf und stammt aus dem holl.-fries. Raum, wo schon früh das 'ter kaap varen' für die Küstenbewohner zur weitverbreiteten Einnahmequelle wurde. Der im MA gebräuchl. Begriff ist *uthlegers* ('Auslieger'). Die K. des MA und der FrühNZ fuhren auf »egene kost und eventure«, mußten also für Schiffe und Ausrüstung selbst sorgen. Rechtsgrundlage für K. war bereits im späten MA der 'K.brief', der K.ern von einer kriegführenden Partei ausgestellt wurde. Eine scharfe Trennung zw. der völkerrechtl. anerkannten und geregelten K. und Seeräuberei bzw. Piraterie ist bereits den Zeitgenossen schwergefallen. Die Hanse behandelte etwa die →Vitalienbrüder, die den Mecklenburgern in ihrem Krieg gegen die dän. Kgn. Margarete 1389–95 als K.er dienten, wie *serovere*, also Seeräuber. Die K.briefe, von denen die K.er gemeinhin eine Abschrift bei sich führten, waren unabhängig von Aussteller und Empfänger in Inhalt und Form fast stereotyp abgefaßt und wiesen in der Regel Vereinbarungen über die Schädigungen des Kriegsgegners und neutraler, mit dem Kriegsgegner sympathisierender Mächte sowie über die Aufteilung der Beute auf, wobei im Falle der Vitalienbrüder offenbar die gesamte Beute im Besitz der K.er blieb. Die K.er waren abhängig davon, im Auftrag einer kriegführenden Macht zu handeln, damit sie auf feste Stützpunkte und Absatzmärkte für die erbeuteten Waren zurückgreifen konnten. Das Einnisten der K.er auf Inseln oder in anderen schwer zugängl. Gegenden und das Errichten eines eigenen Herrschaftsbereichs markierten oft schon den Übergang von der K. zur Piraterie. Die häufig vorkommenden Grenzüberschreitungen machten es in der FrühNZ notwendig, schärfere Abgrenzungen der K. vorzunehmen, was sich etwa in der Einrichtung der Prisengerichtsbarkeit ausdrückte. Gekaperte Schiffe und Ladungen mußten nun vollständig und unbeschädigt in bestimmten Häfen einem Prisengericht vorgeführt werden, das über die Rechtmäßigkeit der Beute und ihre Aufteilung entschied. Häufig geübte Praxis war auch die Hinterlegung von Kautionen des K.ers, bevor ein Kaperbrief ausgestellt wurde, um so Plünderungen und ungezügelten Raub zu verhindern. Die grundsätzl. Problematik der K. wurde jedoch auch durch diese Regelungen, die durch harte Strafen für das Ausufern der K. ergänzt wurden, nicht aufgehoben, so daß die K. zu Beginn des 19. Jh. de facto aufhörte und de jure durch die Pariser Seerechtsdeklaration von 1856 verboten wurde.

M. Puhle

Lit.: DtRechtwb VII, 1974–83, 318f. – HRG II, 620–623 – Wb. des Völkerrechts II, 1961, 190–192 – G. F. v. MARTENS, Versuch über K., feindl. Nehmungen und Insonderheit Widernehmungen, 1795 – H. C. CORDSEN, Beitr. zur Gesch. der Vitalienbrüder, 1907 – W. FRICCIUS, Der Wirtschaftskrieg als Mittel hans. Politik, HGBll, 1932/33.

Kapern(strauch) (Capparis spinosa L./Capparaceae). Während die K., also die noch geschlossenen, in Essig oder Salz eingelegten Blütenknospen heute allein als Gewürz gebräuchl. sind, diente *capparis* bzw. *capparus* im MA wie schon in der Antike auch med. Zwecken: Man verwendete Blüten, Blätter, Wurzeln u. v. a. die Rinde des in Teilen Asiens und im Mittelmeergebiet heim. K.strauches u. a. zur Appetitanregung, bei Magen-, Milz- und Leberleiden, bei Wurmbefall, bes. in den Ohren (Circa instans, ed. WÖLFEL, 29f.; Albertus Magnus, De veget. VI, 68–70; Konrad v. Megenberg IV B, 13) sowie bei geschwollenen Halsdrüsen, den sog. Skrofeln (Gart, Kap. 135). P. Dilg

Lit.: MARZELL I, 787f. – H. KÜSTER, Wo der Pfeffer wächst. Ein Lex. zur Kulturgesch. der Gewürze, 1987, 98f.

Kapetinger (frz. Capétiens) bezeichnet im weiteren Sinne die (heute noch bestehende) Nachkommenschaft im Mannesstamm des →Hugo Capet, rex Francorum 987–997, im engeren Sinne die Kg.e v. →Frankreich, die das Reich ohne Unterbrechung von 987 bis 1792 regieren. 'K.' als dynast. Begriff erscheint jedoch erst spät, im 17. Jh., v. a. in den Werken des kgl. Hofhistoriographen Eudes de Mézeray sowie in den »Instructions sur l'hist. de France par demandes et par réponses« (1687) des Prinzenerziehers Abbé Le Ragois, der die »troisième race royale dite du C.« in fünf *branches* (Zweige, Häuser) einteilt: *C.* oder *Capets, Valois, Orléans,* 2. Haus der *Valois, Bourbons*. Die Bezeichnung 'C. directs' (K. direkter Linie) für die bis zum Tode Karls IV. (1328) regierenden Kg.e tritt dagegen nicht vor dem frühen 19. Jh. auf. Eine Prägung von Historikern der Gegenwart ist schließlich die Bezeichnung →Robertiner (Robertiens) für die Vorfahren von Hugo Capet, die auf →Robert den Tapferen zurückgehen und mit →Odo (888–898) und →Robert I. (922–923) bereits zwei Kg.e der (West-)Franken stellten.

Lange Zeit wollten die Historiker zeigen, daß sich nach der »Usurpation« Hugo Capets, durch die er den Karolinger →Karl v. Niederlothringen verdrängte, die dynast. Idee nur schwer gegen den Wahlgedanken, der v. a. im kirchl. Bereich seine Anhänger besaß, durchgesetzt habe; als Beleg wurde die bis zu Philipp II. August übliche Praxis, den ältesten Sohn bereits zu Lebzeiten des Vaters mit auf den Thron zu setzen, angeführt. Heute wird der Akzent stärker auf den frühzeitig auftretenden patrimonialen Charakter des kapet. Kgtm.s gelegt; in jedem Fall gilt, was eine aquitan. Chronik bereits um 1030 schrieb: »Da das zweite Geschlecht der Kg.e der Franken versagt hatte, wurde das Kgtm. einem dritten übertragen«.

Umgekehrt haben im Frankreich des 14. und 15. Jh. alle diejenigen, die die Legitimität der Übertragung der Krone von Karl IV. auf Philipp VI. v. →Valois verteidigten, sich gehütet, von einem Übergang auf die 'Valois' zu sprechen; vielmehr wurde die Abstammung Philipps VI. von Philipp III. und Ludwig d. Hl.n hervorgehoben. 'Valois' als herabsetzende Bezeichnung wurde dagegen mit Vorliebe von seiten der Anhänger des den frz. Thron beanspruchenden engl. Kg.shauses verwendet. Im übrigen hatte sich seit dem Ende des 12. Jh. die Vorstellung des 'reditus ad stirpem Karoli' (über die Frauen) verbreitet; nach den Grandes →Chroniques de France war mit Ludwig VIII., dem Sohn von Philipp II. August, der genealog. Anschluß an das Geschlecht Karls d. Gr. »wiedergefunden« worden. Später, in der Zeit Philipps IV., wurden Anstrengungen unternommen, um Hugo Capet selbst mit einer karol. Abstammung zu versehen. Allgemein war, zumindest seit dem 13. Jh., das Selbstverständnis der K. direkter Linie wie der Valois geprägt von der Zugehörigkeit zu einer quasi überzeitl. »maison de France«. So betonte z. B. →Chastellain nachdrückl. die Abstammung seines Herrn, Philipps d. Guten v. Burgund, von der »maison de France«. Seit Pharamond hatte die Sukzession der Kg.e v. Frankreich die Abfolge der »trois races« aus dem allg. Bewußtsein verdrängt.

Im Laufe der Jahrhunderte gingen – über die jüngeren Söhne – zahlreiche Dynastien aus dem K.haus hervor. Hier seien nur die von den K.n direkter Linie abstammenden großen Fs.enfamilien genannt: Hzg.e v. →Burgund kapet. Abstammung (→Robert I., Sohn Roberts des Frommen), Gf.en v. →Vermandois (→Hugo d. Gr., Sohn von Heinrich I.), Herren v. →Courtenay (Peter, Sohn Ludwigs VIII.), Gf.en v. →Anjou/Kg.e v. →Sizilien (→Karl, Gf. v. Anjou, Sohn v. Ludwig VIII.), Herren, später Hzg.e v. →Bourbon (→Robert, Gf. v. Clermont, Sohn von Ludwig d. Hl.n), Gf.en v. →Valois (→Karl, Gf. v. Valois, Sohn von Philipp III.). In dieser Aufzählung sind noch nicht einmal die durch weitere Verzweigungen entstandenen Dynastien – wie das Kg.shaus v. Portugal, die →Avis – erwähnt. Angesichts der Bedeutung der genealog. Vorstellungen im MA muß davon ausgegangen werden, daß das Netz von Verwandtschaftsbeziehungen eine gewichtige polit. Rolle spielte (z. B. Unterstützung Ludwigs IX. für die Italienpolitik seines Bruders →Karl v. Anjou), deren Bedeutung im einzelnen sich freilich oft schwer ermessen läßt: Wieweit ist z. B. die Loyalität des Hzg.s v. Burgund gegenüber dem Kg. v. Frankreich mit der gemeinsamen Abstammung von den K.n erklären?

Seit der Regierung Philipps II. August und der Einführung des →Wappens v. Frankreich *(armes de France)* ließ sich die Verwandtschaft eines Fs.en zum Kg. v. Frankreich mittels →Heraldik sichtbar dokumentieren; 1328 führten eine Reihe von Fs.en (Philipp, Gf. v. Valois; Karl, Gf. v. Alençon; Philipp, Gf. v. Évreux; Karl, Gf. v. Étampes; Ludwig v. Bourbon und seine Nachkommen; Robert, Gf. v. Artois und seine Mutter Mahaut; Robert, Kg. v. Neapel, sowie seine Söhne Philipp, Fs. v. Tarent, und Johann, Hzg. v. Durazzo) die kgl. →Lilie im Wappen. Doch tritt die Vorstellung der *princes des fleurs de lis* erst später, im Laufe der letzten Jahrzehnte des 14. Jh., auf. Dessenungeachtet gingen die Verwandtschaftsbeziehungen der Kg.e v. Frankreich im SpätMA weit über den engeren Kreis der K.genealogie hinaus; der Kg. nannte die Fs.en der Christenheit seine Brüder und verteilte die Anrede 'Vetter' (Cousin) freigebig an Fs.en und Große, mit denen ihn nur entfernte Blutsverwandtschaft verband. Ph. Contamine

Lit.: G. M. SPIEGEL, The Reditus regni ad Stirpem Karoli Magni. A New Look, French Hist. Stud. 7, 1971, 145–174 – A. ERLANDE-BRANDENBURG, Le roi est mort, 1975 – H. PINOTEAU, L'héraldique capétienne, 1979 – B. GUENÉE, Les généalogies entre l'hist. et la politique: la fierté d'être capétien, en France, au M-A (Politique et Hist. au M-A. Recueil d'articles sur l'hist. politique et l'historiographie médiévale, 1981), 341–368 – A. LEWIS, Royal Succession in Capetian France. Stud. on Familial Order and the State, 1981 – T. LE HÈTE, Les C., le livre du millénaire, 1987 – E. A. R. BROWN, La généalogie capétienne dans l'historiographie du M-A (Religion et culture autour de l'an Mil, ed. D. IOGNA-PRAT – CH. PICARD, 1990), 199–214 (Actes du coll. Hugues Capet, Auxerre – Metz, 1987).

Kapital. Das substantivierte Neutrum des lat. Adjektivs »capitalis« in der Bedeutung 'hauptsächlich', 'wichtigster' konnte seit dem 6.Jh. in der frk. Rechtssprache den Preis einer Sache oder die Summe des in einem Streitfall zu erstattenden Geldes bezeichnen. Im N des galloroman. Sprachraums nannte man so seit dem 9.Jh. auch den wichtigsten Gegenstand der Streitsachen: das bewegl. Gut, v. a. die landwirtschaftl. →Fahrhabe, das Vieh. Hierzu bildeten sich die Nebenformen *captale*, *catallum*, afrz. *chatel*, ags. *ceap* für Vieh und überhaupt jeden Kaufgegenstand, für den darum eingeklagten Sachwert, den Preis, und schließlich für jederart bewegl. Vermögen im Gegensatz zum Grundeigentum. Catallum begegnet daher auch als Bezeichnung für die Ausrüstung und die Waren des Handelsmannes, chatel auch für die Hauptsumme eines Darlehens im Gegensatz zu den Zinsen und sonstigen Zuwächsen der Schuldsumme; aber wie es scheint, ist die Bedeutungsgeschichte dieser Nebenformen wesentl. von der Entwicklung bestimmter Grundpachtverhältnisse geprägt worden, bei denen der Grundherr den Pächter auch mit den Betriebsmitteln, insbes. dem Viehbesatz, des Gutes ausstattete. Daher setzte sich im Afrz. seit dem 13.Jh., im Altprov. und im Engl. seit der 2. Hälfte des 14.Jh. der Begriff 'le' bzw. 'the principal' durch, wenn die Hauptsumme einer Geldschuld gemeint war.

Das Substantiv »capitale« findet sich in dieser Bedeutung wohl zum ersten Mal in einem Eintrag der Kölner →Schreinskarten, der auf 1163/72 datiert wird. Als Übers. davon erscheinen später im Nd. *hovetstol*, im Mhd. *houbet-guot*, im Früh-Nhd. »Hauptstuhl, -gut, -geld, -summe«. Entscheidend für den Sprachgebrauch wurde indes die Entwicklung in Italien, wo *il capitale* für Geldvermögen seit 1211 belegt ist und wo die Anlage solcher Vermögen auf Zinsen im 13.Jh. in dem Maße an Bedeutung gewann, wie sich die →Handelsgesellschaften zu langfristigem Bestand mit zahlreichen Teilhabern entwickelten. Um die gegenüber den Geldgebern bestehenden Verpflichtungen ebenso wie die in vielerlei Gewerbebetrieben (v. a. der Tuchveredelung) aus auswärtigen Filialen angelegten Guthaben überschaubar zu machen, begannen die Spitzenmanager, neben den sonstigen Geschäftsbüchern ein bes., geheimes Hauptbuch zu führen. Eine nicht sicher identifizierte, in Handel und Bankwesen tätige Sieneser Firma, vermutl. die →Salimbeni-Ges., bezeichnete dieses Buch vor 1282 als ihren *livro dei chapitali*. Noch längere Zeit konkurrierten damit andere Begriffe; so wird in dem Partnerschaftsvertrag der Firma →Alberti in Florenz von 1323 das vereinigte Grundk. noch als *corpo*, jede zusätzl. Einlage als *sovraccorpo* bezeichnet.

In der Konkurrenz der Begriffe mag den Ausschlag gegeben haben, daß die Scholastiker das Wort »capitale« in ihren Erörterungen über das Wesen des Geldes und die Sündhaftigkeit des Zinsnehmens bevorzugten (→Zins). Nachdem bereits der Kanonist →Henricus de Segusio († 1271) und Thomas v. Aquin († 1274) den Zinsbezug zugelassen hatten, wenn jemand sein Geld bei einem Kaufmann oder Handwerker in einer Handelsgesellschaft so anlegte, daß das Risiko bei ihm selbst verblieb, stellte der südfrz. Theologe Petrus Johannis →Olivi († 1298) als erster den Unterschied zw. thesauriertem, unfruchtbarem Geld auf der einen Seite und für Erwerbsunternehmungen angesammeltem Geld auf der anderen Seite fest. Bei diesem erkannte er »eine bestimmte zeugende Qualität der Hervorbringung von Profit, die wir gemeinhin Kapital (capitale) nennen«.

Der so definierte Begriff des K.s drang mit der Übernahme der it. →Buchhaltung im 16.Jh. als Lehnwort ins Frz., Dt. und Engl. ein. Unerklärl. blieb freilich für die Scholastik, warum Geld als einfaches Darlehen unfruchtbar bleiben, in einer Partnerschaft dagegen Zins tragen sollte und warum das Eigentum und das Nutzungsrecht an einem Geldbetrag, die nach der aristotel. Geldtheorie beim Darlehen untrennbar waren, in der Partnerschaft sehr wohl auseinandertreten und sich auf verschiedene Personen verteilen konnten. Erst im 18.Jh. erkannte man, daß die zinstragende Kraft nicht dem Gelde an sich, sondern dem Gebrauch der damit zu erkaufenden Güter innewohnte und daß folgl. diese Güter, als Produktionsmittel, das wahre K. darstellten. Es ist daher nicht mögl., in der ma. Entwicklung des K.begriffs bereits ein Indiz für die Entstehung des modernen Kapitalismus zu erblicken.

E. Pitz

Lit.: R. DE ROOVER, La formation et l'expansion de la comptabilité à partie double, AHES 9, 1937–J. T. NOONAN, The Scholastic Analysis of Usury, 1957 – R. DE ROOVER, Business, Banking and Economic Thought, hg. J. KIRSHNER, 1974.

Kapitalismus → Kapital; →Frühkapitalismus

Kapitalstrafe → Strafe, Strafvollzug

Kapitel
I. Dom- und Stiftskapitel – II. Monastische und Ordenskapitel.

I. DOM- UND STIFTSKAPITEL: Die Gemeinschaft von Weltgeistlichen (→Kanoniker), die gemeinsam den Gottesdienst an einer Kirche versehen und die nach der Regel leben, wird K. (capitulum canonicum) oder auch Stift gen. Die Bezeichnung K. erinnert daran, daß die Regel immer wieder in Abschnitten oder K.n vorgelesen wurde. Die zweite Bezeichnung verweist darauf, daß die materielle Lebensfähigkeit der Gemeinschaft von einer Vermögensmasse, Stiftung (praebenda) gen., abhängig war, aus der die Mitglieder des K.s ihren Unterhalt bestreiten mußten. Wenn es sich bei der Kirche des K.s um die eines Bf.s handelt, spricht man von einem Kathedral-K. Verbreitet ist auch die Bezeichnung Dom-K., wobei allerdings zu beachten ist, daß vielfach auch nichtbfl. Kirchen als Dome angesprochen werden. Die nichtbfl. K. werden auch Niederstifte gen.

Vermutl. ist das K. aus jenen Klerikergemeinschaften hervorgegangen, die dem Bf. als Presbyterium beim Gottesdienst und in der Verwaltung der Diöz. zur Seite standen. In Verbindung mit der Konzentration des kirchl. Lebens in städt. und regionalen Mittelpunkten, wie sie im frühen MA zu beobachten ist, nahmen die an den zentralen Hauptkirchen tätigen Kleriker eine gehobene Stellung ein, die bes. feierl. Vollzug der Liturgie, aber auch in der gemeinsamen Versorgung aus dem Kirchengut zum Ausdruck kam. Bald zeigten sich auch Ansätze zu einer Form des gemeinsamen Lebens in Anlehnung an das monast. Vorbild. Die Einführung der Institutio canonicorum auf der Aachener Reichssynode v. 816 (→Institutiones Aquisgranenses) stellte eine neue Phase der inneren Festigung dar, die ihre Vollendung im 10. und 11.Jh. fand. Parallel mit der Durchsetzung der vita communis nach der Regel vollzog sich die Konkretisierung eines selbständigen K.vermögens. Die Herkunft dieser Vermögensmassen war von Ort zu Ort unterschiedl., doch dürfte es sich im Kern um Bestände gehandelt haben, die durch die Teilung des Kirchengutes an das K. gelangt waren und durch viele Schenkungen angewachsen sind. Das ursprgl. einheitl. Vermögen war seit dem 9. Jh. auf die einzelnen Kanoniker verteilt worden. Bei späteren Gründungen wurde die Aufteilung in einzelne Präbenden zugunsten der Mitglieder des K.s von Anfang an durchgeführt.

Seit dem 12./13. Jh. wurde das K. als autonome Körperschaft aufgefaßt. Diese neue Rechtsqualität wird sichtbar in der Ausbildung der für jurist. Personen erforderl. Organe. An der Spitze des K.s steht der →Propst, dem insbes. die Verwaltung der Güter obliegt. Dem →Dekan des K.s steht die Aufsicht im Inneren, insbes. über die Gottesdienstordnung, und die innere Strafgewalt über Kanoniker und das Personal des K.s zu. Kennzeichnend für die Selbständigkeit der K. waren ferner das Selbstversammlungsrecht, das Recht, sich selbst Statuten zu geben, und die Urkunds- und Siegelfähigkeit. Bei den Kathedral-K.n war das Stift nicht nur eine geistl. Körperschaft, der das Recht zukam, den Bf. zu beraten, die Diöz. bei Sedisvakanz zu verwalten und den neuen Bf. zu wählen, vielmehr stellte das K. eines Hochstifts auch eine weltl. Korporation dar, die dem bfl. Landesherrn als Stand gegenübertrat. Die polit. Vorstellungen der K. lassen sich an den zahlreichen →Wahlkapitulationen ablesen, die im 13. Jh. (Hildesheim 1216) einsetzten.

Die Zahl der Kanoniker, die einem K. angehörten, war in erster Linie von der materiellen Ausstattung abhängig. Da eine Beschränkung erforderl. war, haben sich viele K. durch strenge Aufnahmebedingungen abgeschlossen. Außer Kriterien wie höhere Weihen, Freiheit von jegl. →Irregularität, ehel. Geburt und ein bestimmtes Alter wurden im Laufe der Zeit ein gewisses Maß von wiss. Vorbildung und in der Regel adlige Abkunft vorausgesetzt. In vielen K.n hatte schließl. nur noch der höhere Adel Zugang, während in anderen K.n ein Kandidat zumindest von niederem Adel oder aus dem städt. Patriziat stammen mußte. Einem K. stand in der Regel das Recht der Selbstergänzung zu, doch wurde dieses Privileg vielfach durch →Reservations- und →Nominationsrechte Dritter eingeschränkt. – Neben Kanoniker-K.n bildeten sich – v. a. im S und W des Reichs – auch zahlreiche Kanonissenstifte aus (→Kanonissen).

Die K. hatten auch als Träger von Schulen und Bibliotheken, sozialgesch. als Rückhalt für die Führungsschichten im geistl.-jurist. Bereich eine große Bedeutung.

H.-J. Becker

Lit.: DDC III, 417ff., 530ff. – TRE IX, 136ff. – P. Hinschius, System des kath. Kirchenrechts II, 1878, 49ff. – Ph. Schneider, Die bfl. Domk., ihre Entwicklung und rechtl. Stellung im Organismus der Kirche, 1885 – J. Heckel, Die evangel. Dom- und Kollegiatstifter Preußens, 1924 – Ph. Hofmeister, Bf. und Domk. nach altem und nach neuem Recht, 1931 – K. Edwards, The English Secular Cathedrals in the MA, 1949 – N. Backmund, Die Kollegiat- und Kanonissenstifte in Bayern, 1973 – R. Schieffer, Die Entstehung von Domk. in Dtl., 1976 – G. P. Marchal, Einleitung: Die Dom- und Kollegiatstifte der Schweiz, Helvetica Sacra II/2, 1977, 27–102 – P. Moraw, Über Typologie, Chronologie und Geographie der Stiftskirche im MA (Unters. zu Kl. und Stift, 1980 [Veröff. des Max-Planck-Inst. für Gesch. 68]), 1–37 – B. Schneidmüller, Verfassung und Güterordnung weltl. Kollegiatstifte im HochMA, ZRGKanAbt 72, 1986, 115–151 – H.-J. Becker, Senatus episcopi – Die rechtl. Stellung der Domk. in Gesch. und Gegenwart (Jahres- u. Tagungsber. der Görres-Ges. 1989, 1990), 33–54.

II. Monastische und Ordenskapitel: Die K. des monast. Bereichs gingen hervor aus Versammlungen der Mönche, die bereits in der Frühzeit des koinobit. Mönchstums (vgl. aus dem 4. Jh. die Regel des hl. →Pachomius, c. 8) zur Beratung spiritueller wie materieller Fragen zusammenkamen. Betont die Pachomiusregel hierbei die Befolgung des »Rates der Alten«, so stellt die Regel des hl. →Basilius auf die zentrale Vorstellung des →Gehorsams ab. Alle Regeln betonen die Notwendigkeit der Mitwirkung der Mönche am Gedeihen des Kl. Die Praxis der gemeinsamen Versammlungen wird definiert durch die →Regula Benedicti. Nach ihr soll der Abt, wenn eine wichtige Frage zur Entscheidung ansteht, die Gemeinschaft versammeln, die betreffende Angelegenheit darlegen und die Meinung der Brüder (die diese mit äußerster Zurückhaltung und Demut vortragen sollen) erkunden, dann aber die Entscheidung kraft einer eigenen Autorität selbst treffen.

Ob die Versammlungen der Mönche bereits in der Frühzeit in einem bes. Raum stattfanden, muß offen bleiben. In den seit dem 11. Jh. regelmäßig angelegten Kl. diente hierfür ein Saal, der sich auf den →Kreuzgang öffnete (K.saal). Hier fand allmorgendl., nach der Prim, die Arbeitsverteilung durch den Abt statt, die Anlaß zu einer Andacht gab, bei der u. a. ein Abschnitt ('Kapitel') aus der Benediktregel verlesen wurde. Von dieser Lesung ging der Begriff des K.s, erwähnt bereits in der Aachener Kanonikerregel (816), auf den Saal, schließlich auf die Versammlung selbst über.

In dieser Versammlung hatte der Abt nach dem Herkommen die Meinung der Brüder in wichtigen wirtschaftl.-finanziellen (Güterkauf oder -verkauf, Bauvorhaben, Prozesse, größere Pacht- oder sonstige Verträge) und personellen Fragen (Aufnahme eines Novizen, Ausschluß oder Bestrafung eines Mönchs) zu erfragen. Mönche, die ein volles Gelübde abgelegt hatten, besaßen Sitz und Stimme im K.; ihr Entzug war eine schwerwiegende Strafe. Infolge der vom hl. Benedikt vorgeschriebenen 'stabilitas loci' der Mönche blieb die Zusammensetzung der K. recht konstant und garantierte dem betreffenden Kl. Kontinuität und Stärke.

Stand das allg. K. manchmal einer begrenzten Zuhörerschaft (Konversen, Gäste) offen, so fand das sog. Schuldbekenntnisk. in strengst geschlossener Sitzung statt, da es der Selbstanklage der Mönche bei Verfehlungen (in der Praxis oft Schädigungen an Kl.eigentum) diente.

Direkte Wahlen, soweit üblich, wurden im K.saal durch Skrutatoren (Wahlmänner) abgehalten; diesen wurde von den einzeln in den Saal eintretenden Mönchen der Name des Kandidaten ins Ohr geflüstert. Dies ermöglichte nicht nur den geheimen Charakter der Wahl, sondern auch die Teilnahme schreibunkundiger Mönche, die aber (da die Konversen der Zisterzienser und Kartäuser nicht bei Wahlen zugelassen waren) wohl wenig zahlreich waren. Im Kartäuserorden waren überhaupt nur die in der *maison haute* lebenden Mönche zum K. zugelassen.

Seit Ende des 12. Jh. begruben die Zisterzienser ihre Äbte im K.saal. Dieser Brauch wurde auch in anderen Kl., jedoch nur im Ausnahmefall, eingeführt.

Obwohl am Ende des MA vielerorts individuelle Behausungen an die Stelle des alten Gemeinschaftslebens traten, blieb das K. in der Regel erhalten, da sich die Beratung administrativer Fragen weiterhin als notwendig erwies. Der K.saal ist daher vielfach der besterhaltene Trakt eines Kl.

Mit der Entstehung von Filiationen und Orden bildete sich auch die Gewohnheit aus, daß die Mönche des Tochterkl. an den K.n ihrer Mutterabtei teilnahmen. Als Cîteaux neue Abteien gründete, besuchten deren Äbte, die aus Cîteaux gekommen waren, weiterhin dessen K.

Durch den Anstieg der Zahl der Zisterzienser entstand das Generalk. Auch die anderen monast. Orden richteten Generalk. ein; bei Cluniazensern und Kartäusern behielt die Mutterabtei den beherrschenden Platz.

J. Dubois

Lit.: Dom E. MARTÈNE, De antiquis ecclesiae ritibus, IV, Antwerpen 1738 [capitulum] – Hist. du droit et des Institutiones de l'église en Occident, X, 347–354 [Dom J. HOURLIER] – Dom J. DUBOIS, Le rôle du chapitre dans le gouvernement du monastère (Sous la Règle de s. Benoît, Hautes Études médiévales et modernes 47, 1982), 21–37 – Archéologie à Chelles, IIIème Journées d'études, Origine et évolution de la salle du Chapitre, 1990.

Kapitelhaus → Chapter House

Kapitell. [1] *Allgemein:* Ausladendes Kopfstück einer Säule oder eines Pilasters, auf dem das lastende Bauelement, oft mit einem →Kämpfer als Zwischenglied, liegt. Das K., das konstruktiv unentbehrl. ist, vergrößert die Auflagefläche der Stütze und dient der ästhet. Veranschaulichung des Verhältnisses von Stütze und Last. Es ist schon früh in Anlehnung an material- und konstruktionsbedingte Formen, später in freier tekton. oder vegetabiler Weise gestaltet worden. Das K. besteht aus dem Wulst (Halsring), dem Körper (Rumpf, Kelch, Kalathos) und der quadrat. Platte (Abakus), die zusammen aus einem Stein gearbeitet sind. Der Halsring hat die Aufgabe, vom Schaft zum Kelch überzuleiten, welcher seinerseits den runden Querschnitt des Schaftes zum quadrat. des Kämpfers umwandelt; der Abakus leitet dann als glatte, unverzierte Fläche zum Kämpfer über.

[2] *Westen:* Die K.typen sind aus der antiken Architektur übernommen, wobei sich Proportionen, tekton. Bildung und ornamentale Behandlung in den einzelnen Perioden ändern. In der ma. Baukunst wird das ion. K. mit dem Eierstab und den an zwei gegenüberliegenden Seiten schneckenförmig eingerollten Polstern, den Voluten, nur selten (im 9. bis zum 11.Jh.) übernommen. Vornehml. wird das korinth. K. gewählt, das aus drei hintereinander aufwachsenden Blattkränzen vor dem K.körper (Kalathos) besteht und zw. den Akanthusblättern aus geriefelten Blatthülsen aufsteigende Stege (Helices) die in einer Volute (Schnecke) enden und die Ecken des Abakus stützen, dessen profilierte Seiten konkav geschwungen und häufig mit einer Blume oder Rosette (Abakusblüte) in der Mitte verziert sind. Das in der röm. Architektur durch stärkere Betonung der Voluten als Verschmelzung des ion. mit dem korinth. K. gewonnene Komposit-K. wurde seltener verwendet. Eine formgetreue Nachahmung antiker Grundformen findet man nur bei kgl. Bauten der Karolinger, Ottonen und Salier, die bewußt an die antiken Vorbilder anknüpfen, und in oberit. Städten. Im allg. jedoch wird der antike Formenapparat vereinfacht und verflächigt; erst im Laufe des 12.Jh. nimmt die plast. Durchgliederung wieder zu.

Neben den antiken Ableitungen entstehen im 10./11.Jh. bemerkenswerte Neuschöpfungen: das Pilzk. und das Würfelk. Das zw. 950 und der 2. Hälfte des 11.Jh. in Sachsen und im Niederrhein-Maas-Gebiet auftretende Pilzk. ist ein einer umgedrehten Basis ähnelnder Rotationskörper, der als Bossenform des korinth. K.s gedeutet werden kann. In karol.-otton. Zeit tritt daneben als weitere stereometr. Form das Kegelstumpf-, Trapez- und Pyramidenk., seit dem 11.Jh. auch gefaltet als Falten- oder Pfeiffenk. oder in Korbform als Korbk. auf. Mit St. Michael in Hildesheim 1010/20 erscheint das Würfelk. sogleich in seiner vollendeten Form (Vorstufe St. Pantaleon in Köln, Westwerk II, Ende 10.Jh.): die Durchdringung von Würfel und Halbkugel, wodurch an den Seiten des K.s ein halbkreisförmiger Schild gebildet wird, der in der Folge auch gegliedert, ornamentiert oder verdoppelt sein kann (bes. im 12.Jh.). Die reine stereometr. Form verändert sich im Laufe des 11.Jh. zu einer freieren Form und wird bis ins 13.Jh. an Zwerggalerien, Turm- und Fensterarkaden weiter verwendet. Im 12.Jh. wird der Würfel aufgelockert und wandelt sich zum Blockk. mit kleinen eingeritzten Schilden und pflanzl. Formen.

Seit 1150 wird das dem Block aufgelegte Blatt- und Rankenwerk weiter gelockert, der Kern wird eingetieft, so entsteht die reiche Gruppe der Kelchblockk.e, die mit Pflanzen, Tieren und Figuren (Figurenk.) belebt sein können, in der frz. Romanik bes. reich entwickelt, häufig sogar szen. Darst.en, die in ikonograph. Programmen über mehrere K.e hinweggeführt sind. Hierzu gehören auch die recht zahlreichen Adlerk.e, mit je einem aufrechten oder stürzenden Adler an den Ecken. Gegen 1200 verdicken sich die Blattenden zu Knospen, die Formen werden einfacher, der Kern wird als Kelchform wiedererkennbar; der Kelch wird höher und schlanker, der Block niedriger. Die Entwicklung setzt sich konsequent fort zum Kelchk., das seit etwa 1220 aus Frankreich kommend zunächst unter Zisterziensereinfluß verbreitet wird und an den Ecken zumeist schlanke, in Knospen endende Blätter (Kelchknospenk.) oder mehrere Blattkränze (Blattk.) aufweist. Mit der Ausbildung der Hochgotik endet um 1250 die große Zeit ma. K.e. Weiterhin sind reiche, fast vollplast., naturalist. Blattkränze dem Pfeiler- oder Dienstkern aufgelegt.

G. Binding

Lit.: RDK I, 180–187; II, 867–877 – R. HAMANN, Die K.e im Magdeburger Dom, JPKS 30, 1909, 56–138 – E. AHLENSTIEL-ENGEL, Die stilist. Entwicklung der Haupt-Blatt-Form der roman. K.ornamentik in Dtl., Rep. für Kunstwiss. 43, 1922, 135–220 – A. L. MAYER, Das roman. K. in Spanien (Fschr. H. WÖLFFLIN, 1924), 83–105 – E. ALP, Die K.e des 12.Jh. im Entstehungsgebiet der Gotik, 1926 – H. A. DIEPEN, Die roman. Bauplastik in Klosterrath und die Bauornamentik an Maas und Niederrhein in den letzten Drittel des 12.Jh. [Diss. Würzburg 1926] – W. MEYER-BARKHAUSEN, Karol., K.plastik in Hersfeld, Hoechst a. M. und Fulda, ZBK, NF 39, 1929/30, 120–137 – DERS., Die K.e der Justinuskirche in Hoechst a. M., JPKS 54, 1933, 69–90 – A. GESSNER, Die Entwicklung des got. K.s in SW- und W-Dtl. im 13.Jh., 1935 – E. LICHT, Otton. und frühroman. K.e in Dtl. [Diss. Marburg 1935] – R. KAUTZSCH, K.studien, Beitr. zu einer Gesch. des spätantiken K.s im O vom 4.–7.Jh., 1936 – H. WEIGERT, Das K. in der dt. Baukunst des MA, ZK 5, 1936, 17–21, 120–137 – G. WULFF, Die Eigenart des spätroman. K.s in Dtl [Diss. masch. Erlangen 1952] – H. NICKEL, Spätroman. Bauornamentik in Mitteldtl., Wiss. Zs. der Martin-Luther-Univ. Halle-Wittenberg 3, 1953/54, 25–74 – E. KLUCKHOHN, Die Bedeutung Italiens für die roman. Baukunst und Bauornamentik in Dtl., MJbK16, 1955, 1–120 – R. MEYER, Sonderformen des korinth. K.s im MA in ihrem Verhältnis zur Spätantike [Diss. masch. Tübingen 1956] – D. GROSSMANN, Das Palmetten-Ringbandk., Niederdt. Beitr. zur Kunstgesch. I, 1961, 23–56 – R. MEYER, Karol. K.plastik in Westfalen und ihr Verhältnis zur Spätantike, Westfalen 39, 1961, 181–210; 41, 1963, 313–334 – G. BINDING, Die Pfalz Ks. Friedrich Barbarossas in Gelnhausen und die frühstauf. Baukunst im Rhein-Maas-Gebiet [Diss. Bonn 1963] – W. SENF, Das Nachleben antiker Bauformen, Wiss. Zs. der Hochschule für Architektur und Bauwesen Weimar 11, 1964, 579–590 – R. STROBEL, Roman. Architektur in Regensburg. K., Säule, Raum, 1965 – V. KAHMEN, Die Bauornamentik des Bamberger Domes [Diss. Würzburg 1966] – W. SCHULTEN, Neue Funde zur Baugesch. der Abtei Knechtsteden, Jb. der rhein. Denkmalpflege 16, 1966, 189–240 – H. G. EVERS, Entstehung des Würfelk.s (Fschr. K. OETTINGER, 1967), 71f. – M.-M. KNOCHE, Das Pilzk., AaKbl 41, 1971, 201–210 – K. NOTHNAGEL, Stauf. Architektur in Gelnhausen und Worms, 1971 – R. STROBEL, Die Hirsauer Reform und das Würfelk. mit Ecknase, Zs. für Württ. Landesgesch. 30, 1971, 21 – G. RESSEL, Schwarzrheindorf und die frühstauf. K.plastik am Niederrhein, 1977 – G. BINDING, Architekton. Formenlehre, 1987², 90–96 – F. BROSCHEIT, Der K.zyklus im Ostbau der Münsterkirche zu Essen,

WRJ 51, 1989, 25–37 – D. HOCHKIRCHEN, Ma. Steinbearbeitung unter bes. Berücksichtigung der unfertigen K.e des Speyerer Domes [Diss. Köln 1990].

[3] *Osten:* Im spätantiken und byz. O erfuhren die klass. K.typen eine bewußte Weiterentwicklung, insbes. während des 5. und 6. Jh. Die rege Bautätigkeit dieser Zeit rund um das Mittelmeer führte zu einem Bedarf, der durch Spolienverwendung nicht mehr zu decken war und zu Exporten der leistungsfähigsten Werkstätten in und um Konstantinopel führte. Während des 4. Jh. blieben die klass. Typen v. a. des korinth. und kompositen K. s in ihrer Grundstruktur erhalten. Ab dem 5. Jh. wird allerdings zur besseren Zusammenfassung des Drucks von Ziegelarkaden auf das K. häufig ein Kämpferblock gesetzt, der auch Reliefschmuck aus dem Symbol- und/oder Akanthusrepertoire erhielt. Durch die zunehmende Schematisierung von Form und Schnitt der Blätter (Blattspitzenberührung und Entstehung von Negativformen) einerseits wie die Aufnahme des (bereits in der kaiserzeitl. K. plastik Kleinasiens vorgebildeten) kleingezackten Akanthus andererseits verlor das Blatt seine klar umrissene Organik. Mit Beginn des 6. Jh. wurden seine Einzelbestandteile in ein den Kernblock des K.s umschließendes Ornamentnetz aufgenommen, das zusehends von nichtorgan. bzw. geometr. Schmuckelementen durchsetzt wurde, die häufig zur musterartigen Gliederung und Struktur dieser ornamentalen Hüllformen des nun in verschiedenen, auch polygonalen Formen gestalteten Kernblocks eingesetzt wurden. Das ion. K. in Kombination mit daruntergesetztem Korb und/oder darüber, bald auch angearbeitetem Kämpferblock, erlebte eine Renaissance. Beliebt waren seit längerem auch Tierprotome (sog. Zweizonen-K.). Das immer stärker hinterarbeitete und so vom K.kern abgehobene Ornamentnetz (sog. à-jour-Technik) führte zu einer betonten Hell-Dunkel-Wirkung. Als wichtigste Etappen dieser vielschichtigen und von wechselvollen Rückgriffen charakterisierten Entwicklung können gelten: die K. e des älteren Propylons der H. Sophia von 415, die fälschl. so gen. »theodosianischen« K.e (Studiosbasilika um 460, mit Exporten nach Griechenland), die K.e der Polyeuktoskirche (2. Jahrzehnt 6. Jh.), von H. Sergios und Bakchos und insbes. der H. Sophia (532–537), alle in Konstantinopel (mit vielfach belegten Exporten bes. nach Griechenland, auf den Balkan und nach Italien: z. B. Ravenna, Parenzo-Poreč). In der mittelbyz. Zeit prägten hingegen wieder glatt auf den geometrisierten K.körper aufgelegte flache Formen das Repertoire, während die spätbyz. Zeit wieder stärker auf frühbyz. Formen zurückgriff, sofern nicht Spolien verwendet wurden.   M. Restle

Lit.: R. KAUTZSCH, K. studien, 1936 – F. W. DEICHMANN, Stud. zur Architektur Konstantinopels im 5. und 6.Jh. n.Chr., 1956 – A. GRABAR, Sculptures byz. de Constantinople, I, II, 1963, 1976 – CHR. STRUBE, Polyeuktoskirche und Hagia Sophia, 1984.

Kapitelsaal → Kloster

Kapitularien. [1] *Definition, Begriff:* Unter K. versteht man im allgemeinen von den frk. Herrschern (Ks.n, Kg.en, Hausmeiern) ausgehende, meist in Kapitel – daher der Name – gegliederte Erlasse, Verordnungen, Verlautbarungen von gesetzgeber., administrativem, religiös-belehrendem Charakter. Ob es merow. und karol. K. oder nur letztere gab, ist umstritten. In modifiziertem Sinn könnte man auch von Hzg.en als Urhebern von K. sprechen, und selbst →Capitula episcoporum werden, wohl v. a. der Praktikabilität wegen, als Bf.sk. bezeichnet, trotz ihrer themat. Begrenztheit und ihres sehr beschränkten Geltungsbereichs. 'Nachläufer' von kgl. K. begegnen noch unter den Ottonen und Saliern im 10./11.Jh.

Der vieldeutige Begriff 'capitulare' (auch 'capitularis', '-ius', '-ium'), seit dem 6. Jh., v. a. in Italien, im Sinne von amtl. Mandat gebraucht, taucht 750 in →Aistulfs Suppl. zum →Edictus Rothari auf. Die Karolinger verwenden ihn erstmals 779 (Kapitular v. Herstal) zusammen mit 'decretum'; auch später wird er nie ausschließl. Gattungsbezeichnung (daneben 'edictum', 'constitutio', 'praeceptum', sehr oft 'capitula').

[2] *Einteilung:* BORETIUS nahm in Anlehnung an Formulierungen Ludwigs d. Fr. (818/819) folgende Dreiteilung vor: 1. Capitula(ria) per se scribenda (»Artikel mit eigenem Daseinszweck«; bes. wichtig die programmat. K. Karls d. Gr. von 789 [→Admonitio generalis] und 802 oder Ludwigs d. Fr. Admonitio ad omnes regni ordines [825]); 2. C. legibus addenda (Ergänzungen und Modifizierungen einzelner oder aller Stammesrechte; häufig unter den Merowingern, bei den Karolingern erst nach der Ks.krönung Karls d. Gr. belegt); 3. →C. missorum (Dienstanweisungen an missi, inhaltl. und formaler Natur). Dieses Schema ist, da oft ganz verschiedene Bestimmungen in einem Kapitular zusammenfließen, in der Praxis ebenso schwer durchzuhalten wie die schon von dem K.sammler →Ansegis v. Fontenelle bevorzugte Zweiteilung in kirchl. und weltl. K., die sich vere meist als Capitularia mixta erweisen. Für das Kgr. Italien gibt es eigene oder eigens bearbeitete K. Wichtig sind ferner die den K. gleichgestellten Dokumente (Memoranda oder Capitula adhuc conferenda, einige Briefe Karls d. Gr. u. a. m.).

[3] *Entstehung und konstitutives Moment:* Nur selten dürften uns in K. spontane Willensäußerungen der Herrscher entgegentreten. Meist wurden anstehende Themen im engeren Hofkreis vordiskutiert, oft aber auch, bes. bei wichtigen Anlässen, auf Reichstagen beraten und dann erst als K. verabschiedet. Bei der Ausarbeitung spielten die in der kirchl. Legislative erfahrenen Geistlichen eine wichtige Rolle. Weltl. und kirchl. Gesetzgebung fand so oft zu verblüffender Kongruenz (canones = capitula; viele Synodalbeschlüsse wurden als K. promulgiert [z. B. →Concilium Germanicum, Konzile v. Les →Estinnes, →Soissons]). Während noch GANSHOF die bindende Kraft der K. ausschließl. durch die kgl. Banngewalt gegeben und im Akt der mündl. Verkündigung durch den Herrscher das eigtl. konstitutive Moment sah, wird heute stärker auf den consensus populi bzw. fidelium als notwendiger Mitkonstituante abgehoben, die im Laufe des 9. Jh. immer mehr an Gewicht gewann. Damit schwindet der früher überscharf betonte Gegensatz zw. 'Volksrecht' (Leges) und 'Kg.srecht' (K.). Schriftsprache der K. war das Lat., hin und wieder durchsetzt mit volkssprachl. Elementen; die wenigen ahd. Übers.s- und Glossierungsversuche (z. B. Trierer Kapitular; ed. BORETIUS, Nr. 182) dürften sich aus privatem Interesse erklären.

[4] *Form, Geltung und Bekanntmachung:* Daß K. ein bestimmtes Aussehen haben mußten, wäre eine moderne Vorstellung. Die Form variierte auf breiter Front, von einfachen Rubrikenlisten über nackte Kapitelreihen bis hin zu urkundennahen Vollformen (z. B. →Divisio regnorum 806, →Ordinatio imperii 817). K. konnten, mußten aber nicht in der Kanzlei ausgefertigt sein und die Unterschrift des Kg.s tragen. Viele sind anonym überliefert und oft nur vage zu datieren nach Inhalt oder Traditionszusammenhang. Für die prakt. Geltung eines Textes kam es damals weniger auf die formale Unangreifbarkeit an als auf sachl. Authentizität. Selbst Konzepte und Protokolle konnten de facto wie K. umlaufen. Außer für einzelne Stämme erlassene Bestimmungen besaßen die K. territoriale Geltung. Die Gültigkeitsdauer (befristet oder un-

begrenzt) richtete sich nach dem Inhalt der Vorschriften. Fraglos konstatieren wir im Zuge der Zeit ('karol. Rationalismus') eine zunehmende, besser aufs Formale und Stilistische achtende Schriftlichkeit, mit der eine gezieltere Verbreitung der K. und damit Rechtssicherheit erreicht werden sollte, und nicht von ungefähr drangen Ludwig d. Fr. und Karl d. Kahle auf korrekte staatl. Archivexemplare, ohne daß von ihnen, soweit bekannt, eine größere Breitenwirkung ausging, zumal von einer geregelten Archivführung am Hofe keine Rede sein konnte – viele K. gelangten wohl nie ins kgl. Archiv. Den für die Bekanntmachung der Texte zuständigen Kg.sboten (missi dominici) dürfte es unmögl. gewesen sein, das Land flächendeckend zu erfassen, und auch die weiteren Mitarbeiter des Herrschers (Gf.en, Bf.e, Äbte, auch niedere geistl. und weltl. Amtsträger) werden das kgl. Wort, wenn überhaupt, sensualiter in der Volkssprache, kaum je verbaliter nach unten weitergegeben haben.

[5] *Überlieferung:* Die Ed. von BORETIUS-KRAUSE zählt mit Additamenta 307 Nrn. für die Jahre 507–920 (seither nur vier weitere K. bzw. K.frgm.e und ein Memorandum entdeckt). Viele von ihnen sind als Nicht-K. auszuscheiden; dagegen könnten manche in der Ed. fehlende Konzilsbeschlüsse durchaus auch unter dem Etikett 'K.' figurieren, und noch mehr K. müssen als verschollen gelten. Der Höhepunkt der K.gesetzgebung lag fraglos zw. 802–829. Auch Karl d. Kahle im Westfrankenreich erließ noch wichtige, sprachl. gehobenere K. (z. B. →Capitulare v. Quierzy 877), bis die frk. K.gesetzgebung dann Ende des 9. Jh. in Italien auslief. Bemerkenswert scheint die Beobachtung, daß hist. Bedeutung und zeitgenöss. Wertschätzung der Texte erhebl. differieren konnten (→Capitulare de villis z. B. nur als Unikat erhalten). Während die auf Einzelblättern einst in riesiger Zahl kursierenden Originale bis auf wenige Erstschr. verloren sind, blieb in Hunderten von Hss. ab dem 9. Jh. eine Fülle von Slg.en erhalten, deren Gesch. noch niemand geschrieben hat, wenige reine K.slg.en, die meisten, wie auch Einzelstükke, in Verbindung mit Leges oder anderem hist., kanon., patrist. u. ä. Material. Amtl. K.slg.en gab es nicht; selbst die beliebte, bald offiziell benutzte Liber legum des Ansegis (827) und dessen vorgebl. Forts. durch →Benedictus Levita (um 850) entsprangen ebenso privater Initiative wie das auch Leges einbeziehende Rechtsbuch Mgf. →Eberhards v. Friaul, das →Lupus v. Ferrières um 836 kompilierte.

[6] *Effektivität und Bedeutung:* Wohl läßt sich eine Wirkung der K. etwa im karol. Gerichtswesen, bei der Heeres- und Münzreform und im Christianisierungsprozeß der Sachsen (→Capitulatio de partibus Saxoniae, →Capitulare Saxonicum) feststellen, doch bleibt bei deren Umsetzung in die Rechtspraxis vieles im dunkeln; verschiedentl. Klagen und öfters wiederholte Vorschriften sprechen eher für eine nur mäßige Akzeptanz. Immerhin beriefen sich dt. Herrscher bis zu den Staufern des 12. Jh. in ihren Urkk. auf K., und v. a. im kanon. Recht entfalteten sie eine beachtl. Wirkung bis ins HochMA.

Die K. zählen zu den wichtigsten Q. des FrühMA, aus denen sich Kenntnis der polit., rechtl., administrativen, kirchl., sozialen, wirtschaftl. und kulturellen Verhältnisse sowie Einblicke in Alltag, Bildungswesen und Mentalität der Zeit gewinnen läßt. Sie bedeuten den nicht hoch genug einzuschätzenden, wenn letztl. auch nur partiell erfolgreichen Versuch der frk. Herrscher, ein heterogenes Großreich regierbar zu machen, es verwaltungsmäßig zu durchdringen, die Mächtigen und Großen zurückzubinden und an die zentrale Gewalt und das Volk zu formen zu einer an den sittl. Maßstäben des Christentums ausgerichteten Gemeinschaft. H. Mordek

Ed.: Capitularia regum Francorum, ed. E. BALUZE, 2 Bde, 1677–MGH LL I, ed. G. H. PERTZ, 1835; Suppl., ebd. II, 1837–MGH Cap. I, ed. A. BORETIUS, 1883; II, ed. DERS.–V. KRAUSE, 1897 – F. PATETTA, Frammento di un Capitolare Franco..., Atti Accad. Torino 33, 1897-98, 185–191 – H. MORDEK, Unbekannte Texte zur karol. Gesetzgebung, DA 42, 1986, 446–470 [engl. Version: Charlemagne's Heir, 1990, 437–453] – DERS. –G. SCHMITZ, Neue K. und K.slg.en, DA 43, 1987, 361–439 – Lit. [aus Platzgründen nur wenige generelle Titel]: HRG II, 623–629 [W. A. ECKHARDT] – MlatWb II, 230–234 – F. L. GANSHOF, Was waren die K.?, 1961 [ndl. 1955, frz. 1958]–H. MORDEK, Karol. K. (Überlieferung und Geltung normativer Texte des frühen und hohen MA, 1986), 25–50 – DERS., Bibliotheca capitularium manuscripta [in Vorber.; mit voller Bibliogr.].

Kaplan → Kapellan

Kápolna, Union v., erste 'fraterna unio' der autonomen Gebietskörperschaften des landständ. Adels vom Komitatsboden, der Szekler vom Szeklerboden und der Siebenbürger Deutschen ('Sachsen') vom Kg.sboden am 16. Sept. 1437 in dem sonst unbedeutenden Ort K. (ung. Felsőkápolna, rum. Căpîlna), im Komitat Inner-Szolnok (NW-Siebenbürgen). Die U. v. K. markiert den in den Q. faßbaren Beginn der ständestaatl. Konstituierung dieser Randprov. im Verband des ung. Kgr.es. Ein Bauernaufstand im gleichen Sommer bei (ung.) Olpert/Alparét (rum. Bobîlna), die Bedrohung durch türk. Banden (1436) und vielleicht auch die Furcht vor der hussit. Agitation (seit 1436) führten zur Beratung und vertragl. Absicherung der drei privilegierten Gruppen als einer 'Union' gegen jegl. Notlage im Inneren wie nach außen, gefolgt vom Treuegelöbnis gegenüber der Stephanskrone. Der Vertrag, angesichts einer Türkenbedrohung bereits am 6. Februar 1438 erneuert, wurde in den folgenden 150 Jahren mehrfach bestätigt, auch erweitert, und fand 1542 Niederschlag in den Verfassungstexten des ständ. Fsm.s Siebenbürgen. K. Zach

Lit.: F. TEUTSCH, Die »Unionen« der drei ständ. »Nationen« in Siebenbürgen bis 1542, 1874 – L. DEMÉNY, Az 1437-38 – as bábolnai felkelés, 1960 – ST. PASCU, Der transsilvan. Volksaufstand 1437-38, 1964 – K. ZACH, Begriff und Sprachgebrauch von 'natio' und Nationalität in Siebenbürgen aus vorhumanist. Texten (Forsch. über Siebenbürgen und seine Nachbarn, hg. TH. v. BOGYAY, u.a., 1987), 137–149.

Kappadokien, Landschaft Kleinasiens zw. Großem Salzsee (Tatta Limne, Tuz Gölü) im W und Euphrat im O, die im S in den Taurus und im N bis an das Pont. Randgebirge reichte. Die röm. Provinz Cappadocia (Kappadokia) mit der Hauptstadt Kaisareia (→Kayseri) verteilte sich in frühbyz. Zeit auf vier Prov.en (Kappadokia I mit der Hauptstadt Kaisareia, Kappadokia II mit Tyana, Armenia I mit Sebasteia [→Sivas], Armenia II mit →Melitene), seit dem ausgehenden 9. und im 10. Jh. auf die vier Themen Kappadokia, Charsianon, Sebasteia und Lykandos. Die durch die Vulkanausbrüche des Erciyes Dağı (mit 3916 m höchster Berg Kleinasiens) und Hasan Dağı (beide in byz. Zeit Argaios gen.) geschaffene Tufflandschaft mit ihren bizarren Felskegeln im SW der alten Hauptstadt Kaisareia war die Heimat der gr. Kirchenväter →Basilius, →Gregor v. Nazianz und →Gregor v. Nyssa (→Mönchtum). Im weichen Tuffgestein – speziell in den Felskegeln – wurden tausende kirchl. Bauten oder Wohnungen ausgehöhlt. Bes. berühmt für seine Höhlenkirchen und -kl. mit reicher Freskomalerei ist das Tal von Göreme (byz. Korama) w. der alten Bf.sstadt Hagios Prokopios (Ürgüp). Neben freskengeschmückten Felskegelkirchen finden sich eindrucksvolle, viele Etagen hohe Felswohnwände im Tal von Zelve und im Tal von Soğanlı (Soandos). Die steilen Felswände der Peristremma-Schlucht wurden zu einer

Kl.landschaft mit etwa 20 Kirchen umgestaltet. Schon in röm. Zeit nutzte man Höhlen im kappadok. Tuff als Vorratskammern, wo das Getreide jahrzehntelang keimfähig blieb; im MA gruben die Einwohner bis zu 8 Stockwerke tiefe unterird. Städte in den Tuff (so Derinkuyu, Kaymaklı, Özkonak), in die man bei den jährl. Raubzügen der Araber (7.–10. Jh.) fliehen konnte; sie wurden von den Arabern Maṭāmīr (= die unterird. Kornkammern) gen. Während dieses westkappadok. Gebiet den Angriffen der Araber widerstand, wurde O-K. erobert und Melitene/Malatya Sitz eines arab. Emirs (→Digenes Akrites). In den Schutz des Emirs v. Malatya begab sich die aufständ. Sekte der →Paulikianer, deren Zentrum Tephrike (Divriği) von Ks. Basileios I. 873 erobert wurde (Umsiedlung der Paulikianer nach Thrakien; →Bogomilen). Ks. Konstantin Prophyrogennetos konnte 934 mit Hilfe des Armeniers Johannes Kurkuas Melitene zurückerobern. Monophysit. Armenier und Syrer besiedelten das entvölkerte K. und gerieten in einen Religionskrieg mit den orth. Byzantinern K.s. An eine Selbstverteidigung K.s gegen die vordringenden Türken war nun nicht mehr zu denken; nach der Niederlage Ks. Romanos' IV. Diogenes gegen Alp Arslan 1071 kam K. unter die Herrschaft der Danışmendiden und später der Seldschuken von →Konya, die dem Land eine neue kulturelle Blüte brachten. Die alten röm.-byz. Fernstraßen wurden neu ausgebaut (großartige Karawanserei- und Brückenbauten). Mit dem Ende der Seldschukenherrschaft (1308) untersteht K. den mongol. Īlchānen v. Persien, die schon seit 1243 (nach der von den Seldschuken verlorenen Schlacht am Köse Dağ bei Erzincan) Statthalter (Pervānes) im Seldschukenreich hatten. Zw. 1327 und 1381 herrschte die nigur. Dynastie Eretna und 1381–89 vereinte der gelehrte Poet →Qāżī Burhānaddīn als Sultan Aḥmad v. Sivas nochmals einen Großteil K.s in seiner Hand. Die Osmanen eroberten 1398 K., verloren es aber wieder nach der Niederlage gegen die Mongolen unter Timur bei →Ankara (1402). Im 15. Jh. kämpften die Emirate →Dulġadir (Zūl-qadr) Oġullari im SO und Karaman im SW um K. Seit 1516 endgültig osman. F. Hild

Lit.: DHGE XI, 907–909 – RE X/2, 1910–17 – RAC II, 861–891 – RByzK III, 968–1115 – Tabula Imperii Byzantini, II, 1981 [s. v.] – Kunst in K., hg. L. Giovannini, 1972 – C. D. Fonseca, Le aree omogenee della Civiltà Rupestre nell'ambito dell'Impero biz.: la Cappadocia (Atti del Quinto Convegno ... Civiltà Rupestre ..., Lecce 1979), 1981.

Kappe → Gewölbe; →Mantel

Kapuze (lat. cucullus, daraus mhd. *gugele, gugel, kugel, kogel* etc.; der mlat. Terminus caputium taucht vereinzelt als Lehnwort im 13. Jh. auf *[kabütze]*, setzt sich aber erst im Umweg über das it. *capuccio* gegen 1500 durch). Mit K. bezeichnet man entweder ein Kopf und oft Schultern umhüllendes Kleidungsstück, als Schutzkleidung von beiden Geschlechtern getragen, oder den an der Überkleidung, etwa dem Reisemantel, der Kappe oder der →Kutte fest angenähten Teil, den man als Schutz über den Kopf ziehen kann. E. Vavra

Lit.: H.-F. Foltin, Die Kopfbedeckungen und ihre Bezeichnungen im Dt. (Beitr. zur dt. Philol. 26, 1963).

Kapuze → Panzerkapuze

Kapuzenhelm, Helm mit angehängter Panzerkapuze, Erfindung der Assyrer. Der eigtl. K., dessen Ringelkapuze das Haupt bis auf zwei Augenlöcher völlig umschloß, entstand bei den Sāsāniden im Iran (Denkmal des Schah Firuz bei Taq-i-Bostan, Ende 5. Jh.). Der K. wurde bei der oriental. schweren Kavallerie bis um 1500 verwendet.
 O. Gamber

Lit.: O. Gamber, Kataphrakten, Clibanarier, Normannenreiter, JKS 64, 1968.

Karabe → Ambra

Karäer, im 8. Jh. von Anan Ben David begründete und im Verlaufe ihrer Entwicklung in zahlreiche Unterströmungen zerfallene Sekte, v. a. im Zweistromland, in Persien und im ö. Mittelmeerraum verbreitet. Sie entstand als Oppositionsbewegung zum talmud. Mehrheitsjudentum und lehnte das im →Talmud kodifizierte außerbibl. Traditionsgesetz weitgehend ab. Nur die Bibel selbst wurde als Gesetzesautorität zugelassen, wobei die Gesetze mit einem komplizierten hermeneut. Instrumentarium aus ihr abgeleitet wurden. Das strikte Beharren der K. auf dem Wortsinn der Bibel, wie sie ihn verstanden, führte aber gegenüber dem rabbin. Mehrheitsjudentum nicht zu einer Erleichterung, sondern zu einer Verschärfung der Gesetzesobservanz. Die rabbin.-talmud. Ehehindernisse und Speiseverbote wurden von ihnen weiterentwickelt, ebenso die Arbeitsverbote an Feiertagen. Ihr Festkalender wies gegenüber dem des Mehrheitsjudentums Unterschiede auf; das Chanukkafest wurde von ihnen überhaupt nicht anerkannt. Berühmt geworden ist die Sekte durch ihre (meist arab. schreibenden) Bibelkommentatoren und Grammatiker, die seit dem 10. Jh. auch die Bibelauslegung und hebr. Sprachwiss. im Mehrheitsjudentum nachhaltig beeinflußten. Seit dem 12. Jh. nahm ihre Bedeutung immer mehr ab; ihre neuzeitl. Blüte in O-Europa steht außerhalb des Betrachtungsraumes. H.-G. v. Mutius

Lit.: EJud X, 761ff. [J. E. Heller–L. Nemoy].

al-Karaǧī, Abū Bakr ibn Muḥammad ibn al-Ḥusain (oder al-Ḥasan), berühmter pers. Mathematiker, ca. 980–1030, wirkte in Persien und in Bagdad, wo er seine drei Hauptwerke verfaßte: »al-Faḫrī« (Grundlagen der Algebra, mit reicher Aufgabenslg., zumeist aus Diophant entnommen); »al-Badīʿ« (u. a. Algebra der Polynome, erste allg. Darstellung der Diophant. Verfahren der unbestimmten Algebra); »al-Kāfī« (Mathematik für Staatsbeamte). Daneben verfaßte er ein Buch zur Aufdeckung, Ermittlung und Leitung des Wassers unterirdischer Quellen und eine elementare Behandlung der Gleichungen 2. Grades. In einem seiner mehreren verlorengegangenen Werke soll er (als erster?) die Bildung des sog. Pascalschen Dreiecks beschrieben haben. J. Sesiano

Lit.: Sezgin V, 325–329 [einige irrtüml. Angaben]–DSB VII, 240–246 – J. Sesiano, Le traitement des équations indéterminées dans le Badīʿfi' l-Ḥisāb d'Abū Bakr al-Karajī, AHExSc 17, 1977, 297–379.

Karaiten → Karäer

Karakorum (Qara-Qorum), am Oberlauf des Orchon, wurde im W erstmals durch den Reisebericht des →Johannes de Plano Carpini in größerem Maße bekannt. Als Residenz der mongol. Großchane von Ögödei (1229–41) bis Möngke (1251–59) war K. von weltweiter polit., kultureller und religiöser Bedeutung. Ögödei ließ die Stadt 1235 durch chin. Handwerker auf einer Fläche von 2 km² ausbauen. Für die Errichtung der Repräsentativbauten hielten sich freiwillig oder gezwungenermaßen Spezialisten aus Europa und Asien in der Vielvölkerstadt auf. K. war das Reiseziel vieler Herrscher, Gesandter, religiöser Oberhäupter und Händler. Auch →Wilhelm v. Rubruk besuchte 1254 die Stadt in ihrer Blütezeit. Als Khublai Chan 1260 Verwaltung und Residenz nach Shangdu und später nach Dadu (Peking) verlegte, sank K. auf den Status einer Provinzhauptstadt. Zwar zogen sich die Mongolen nach ihrer Vertreibung aus China noch einmal 1370 hierhin zurück, doch im 15. Jh. wurde die Stadt zur Wüstung. Erst Ende des 19. Jh. wurde K. wieder lokalisiert und dann 1948/49 und 1983 teilw. freigelegt. R. Jandesek

Lit.: Die Mongolen. Beitr. zu ihrer Gesch. und Kultur, hg. M. Weiers, 1986.

Karaman, Fsm. im südl. Zentralanatolien, benannt nach dem Begründer der Karaman-Dynastie (gest. um 1263) (Hauptorte waren →Konya, Ereğli, Lārende). Bis zur gänzl. osman. Eroberung 1475 stand dieser Staat ztw. unter mamlūk., ab 1440–50 unter osman. Oberhoheit. Doch ermöglichten die zahlreichen Gebirgsfesten auf karamanid. Territorium den Herrschern einen Spielraum gegenüber mächtigeren Nachbarn, zumal da um die Mitte des 15. Jh. gute Beziehungen zu →Venedig unterhalten wurden.

Die Dynastie war turkmen. Ursprungs; ihr Ahnherr, dem ein derwischmäßiges Leben nachgesagt wurde, hatte sich wahrscheinl. an dem Babaî-Aufstand gegen die →Seldschuken v. Konya beteiligt (Niederlage in der Schlacht bei Malya, 1240). Turkmen. Familien, wie etwa die Ṭurġut, bewahrten innerhalb des K.-Staates eine gewisse Selbständigkeit, doch machte die Zentralgewalt ihren Einfluß geltend, nicht zuletzt durch das System des →tīmār. Neben der von →Nomaden betriebenen Schafzucht und der berühmten Pferdezucht ist auch bewässerte Landwirtschaft um die zentralanatol. Seen bezeugt.

Der bekannteste Herrscher dieser Dynastie war *Tādj al-dīn Ibrāhīm* (regierte um 1430–64), der durch seine Bautätigkeit (Hospiz, Moscheen, Brücken, Kanäle) berühmt wurde. S. Faroqhi

Lit.: EI², s. v. – E. Diez, O. Aslanapa, M. Mesut Koman, K. Devri Sanatı, 1950 – I. Hakki Konyali, Abide ve Kitabeleriyle K. Tarihi..., 1967 – N. Beldiceanu – I. Beldiceanu, La province de K. au XVIᵉ s., JESHO 11, 1968 – C. Cahen, Pre-ottoman Turkey, 1968.

Karantanen → Kärnten

Karawane. Bei der K. handelt es sich um einen Zug von Menschen und Lasttieren, die zum Zweck des Handels, der Pilgerfahrt u. a. eine längere Strecke gemeinsam zurücklegten, häufig durch verkehrsfeindl. Gebiet. Auch Wagenk.n kamen vor, reine Pferdek.n dienten dem individuellen Reiseverkehr. In Anatolien und Nordsyrien gab es Maultier- neben Kamelk.n, in der syr., arab. und ägypt. Wüste benutzte man das →Kamel, das seit der Spätantike die bis dahin in Nordafrika und in den Ländern des Fruchtbaren Halbmondes benutzten Ochsen- und Pferdewagen verdrängte, nicht zuletzt dank der zunehmenden Akzeptanz der kamelzüchtenden →Nomaden in der islam. städt. Gesellschaft. Entscheidend für die Ausdehnung des Kameltransports war die Züchtung eines starken und widerstandsfähigen Hybriden aus baktrischem (zweihöckrigem) Kamel und Dromedar. Damit gelang es, auch bergiges und bewaldetes Gebiet für Kamelk.n zugängl. zu machen, wie etwa während des 15. Jh. im nördl. Küstengebiet Anatoliens. Allerdings begrenzten die hohen Züchtungskosten die weitere Ausbreitung, so daß im Anatolien des 16. Jh. die Kamelk. zwar den Fernverkehr beherrschte, im bäuerl. Kurzstreckentransport aber nach wie vor der Wagen gebraucht wurde.

Die berühmtesten unter den ma. K.n waren die Pilgerk.n nach →Mekka und →Medina, die hauptsächl. vom Jemen, Damaskus, Kairo und Bagdad ausgingen. Diese K.n besaßen kommerzielle Bedeutung, da viele Pilger sich die Reise durch den nebenberufl. Handel zu finanzieren suchten. Die militär. Sicherung oblag seit 1517 den in Kairo residierenden Mamlūkensultanen. S. Faroqhi

Lit.: J. Jonier OP, Le mahmal et la caravane égyptienne des pélerins de la Mecque (XIIIᵉ–XXᵉ s.), 1953 – A ᶜAnkawi, The Pilgrimage to Mecca in Mamluk Times, Arabian Stud. I, 1974, 146–170 – R. W. Bulliet, The Camel and the Wheel, 1975.

Karawanserei. Um die Unterkunft von Menschen und Tieren während der Nacht sicherzustellen, bauten mehrere Sultane des Seldschukenstaates (→Seldschuken) von →Konya an den Hauptverbindungswegen K. Diese bestanden aus einem Innenhof gruppierten Gebäuden (Unterkünfte, Stallungen), einem →Brunnen und einer oft im Obergeschoß gelegenen →Moschee, aus der der Vorbeter das Gebet für die im Hof befindl. Gemeinde intonierte. Die Ausgestaltung der wichtigeren K. war monumental, das Eingangstor häufig mit dekorativen Skulpturen geschmückt, die Räume überwölbt. An den in beachtl. Zahl erhaltenen K. lassen sich die alten Wege von Konya nach →Antalya und →Kayseri ablesen. Wegen ihrer fensterlosen, glatten Außenmauern konnten die K. auch als Festungen verwendet werden (gelegentl. Stationierung von Soldaten, etwa während der Mongolenherrschaft am Ende des 13. Jh.). Außerhalb der Mauern wurde oftmals beim Durchzug einer größeren →Karawane ein Markt abgehalten. Auch unter den Fs.en der Nachfolgestaaten der Seldschuken-Emirats sind im 14. und 15. Jh. K. erbaut worden, wie etwa unter den →Mentese-oğullarī in ihrer Hauptstadt Peçin (heut. Provinz Mugla). Auf osman. Gebiet kam es gleichfalls zum Bau von – weniger monumentalen – K.

In manchen K. genossen die Reisenden freie Unterkunft, in anderen zahlten sie ein Entgelt, das oft einer frommen →Stiftung zugute kam. Dies gilt u. a. für städt. K. (auch Hān gen.), die den Kaufleuten oft zum mehrmonatigen Aufenthalt dienten. S. Faroqhi

Lit.: K. Erdmann, Das anatol. Karawansaray des 13. Jh., 1961 – M. Kemal Özergin, Anadolū da Selçuklu Kerwansraylarī, TD 15, 20, 1965, 141–170.

Kardamom (Elettaria cardamomum [L.] Maton und Elettaria major Sm./Zingiberaceae). Seitdem die im südwestind. Malabar und auf Ceylon heim., wohl schon den antiken Autoren bekannten Kapselfrüchte um die Mitte des 12. Jh. in den europ. Handel gelangten, gehörten die – u. a. in Wolframs »Parzival« erwähnten – *cardemume* (Steinmeyer-Sievers III, 538) zu den allseits geschätzten, wenn auch teueren →Gewürzen (Konrad v. Megenberg IV B,4). Daneben verwendete man die aromat. Früchte (bzw. deren Samen) – qualitativ nach großen und kleinen unterschieden – in der Medizin als appetit- und verdauungsstärkendes Mittel sowie gegen Ohnmacht, Schwindel und Herzbeschwerden (Circa instans, ed. Wölfel, 28; Gart, Kap. 118). P. Dilg

Lit.: Marzell II, 199 – H. Küster, Wo der Pfeffer wächst. Ein Lex. zur Kulturgesch. der Gewürze, 1987, 101f.

Kardinal. 'Cardinalis', quellenmäßig erstmals um 500 in Rom nachweisbar, bezeichnet zunächst nicht eine Institution, sondern charakterisiert die Zugehörigkeit eines Klerikers zum bfl. Presbyterium, sofern diese oder der Unterschied zu den anderen Klerikern Roms bes. betont werden sollte. So wurden hier, wo zunächst alle Priester zum Presbyterium gehörten, im Laufe der Zeit aber auch die sog. Regionaldiakone auch 'diaconi cardinales' genannt. Der Terminus 'Presbyter c.' scheint erst Anfang des 8. Jh. auf, als die Mitgliedschaft im bfl. Presbyterium Roms auf die jeweils ranghöchsten Priester einer Titelkirche (die auch gottesdienstl. Aufgaben an den Hauptbasiliken versahen) beschränkt worden war. Etwa um diese Zeit wurden auch die sieben suburbikar. Bf.e mit gottesdienstl. Aufgaben an der Lateranbasilika betraut, damit in gewissem Sinn in den stadtröm. Klerus einbezogen und gelegentl. als 'episcopi cardinales' bezeichnet.

Seit der zweiten Hälfte des 8. Jh. sind K.e auch in über 40 Diöz.n Italiens, Deutschlands (Aachen, Köln, Magdeburg, Trier), Englands, Frankreichs und Spaniens, z. T. sogar aufgrund päpstl. Privilegien, nachweisbar. Wie die röm. K.e in dieser Zeit hatten sie als solche nur lokale Bedeutung für die Diöz.n, wozu – neben Aufgaben in Seelsorge und in diözesaner Verwaltung – v. a. die liturg. Verpflichtungen bzw. Rechte gehörten: Konzelebration bzw. Assistenz beim bfl. Gottesdienst, Feier des Gottesdienstes am Hochaltar der Kathedrale. Außerhalb von Rom erfolgte auch der Übergang des Begriffs 'cardinalis' vom terminus technicus zum Titel; als solcher wurde er in Rom erst gegen Ende des 10. Jh. zunächst von den Priestern, ein Jahrhundert später auch von den Diakonen, zuletzt schließlich von den Bf.en übernommen.

Der Übergang der röm. K.e von ihrer ursprgl. primär lokal-stadtröm. Bedeutung zu einer Institution der Gesamtkirche erfolgte im 11. Jh. Dabei standen sich anscheinend zunächst zwei Richtungen gegenüber: eine 'presbyteriale' (Leo IX., Humbert v. Silva Candida), die die neue Bedeutung auf die stadtröm. K.kleriker einschränken wollte, und eine 'episkopalist.-synodalistische' (Petrus Damiani), die gerade die stadtröm. K.kleriker ausschließen wollte und nur die K.bf.e hervorhob (wobei sich zunächst, nach der echten Fassung des Papstwahldekrets Nikolaus' II., die K.bf.e durchsetzten). Die völlige Gleichstellung der drei ordines (Bf.e, Priester und Diakone – die K.subdiakone, ohnehin nur selten in den Q. auftauchend, sind zum Ende des 11. Jh. völlig verschwunden) erfolgte allerdings sehr rasch. Um 1100 ist schließlich ein K.skollegium im rechtl. Sinne gebildet, dem ein Dekan als primus inter pares vorstand. Einflußreich, aber auch beeinflußbar, war die Tätigkeit von K.en als →Kardinalprotektoren von Orden und Nationen. Das K.skollegium selbst erreichte allmähl. eine echte Mitregierung bezügl. der Gesamtkirche, was auch durch die Auffassung, das Kardinalat sei eine Institution göttl. Rechtes, begünstigt wurde. Diese Qualität der Mitwirkung an der Regierung der Gesamtkirche, die ja v. a. im Konsistorium erfolgte, konnte von den Päpsten erst endgültig gebrochen werden, als Sixtus V. 1588 die röm. Kurie reformierte.

Ihre Funktion bei der Papstwahl (→Wahl) hingegen konnten die K.e definitiv ausbauen. Zwar scheiterte ein Versuch der röm. Synode von 769, das passive Wahlrecht auf die K.priester und K.diakone einzuschränken; 1059 gab aber das Papstwahldekret Nikolaus' II. den K.en (in der echten Fassung v. a. den K.bf.en, in den verfälschten ksl. auf alle K.e nivelliert) eine bes. Vorrangstellung. 1179 wurde durch das Papstwahldekret Alexanders III. die Papstwahl ausschließl. den K.en reserviert.

Die K.e werden vom Papst frei ernannt. Allerdings bestand (spätestens seit Innozenz III. [POTTHAST 2628] zweifelsfrei nachgewiesen) ein 'geborenes Kardinalat' der Äbte v. Vendôme (Titelkirche S. Prisca), das allerdings wohl bald in ein 'aktives' röm. und ein Ehrenkardinalat der Äbte verdoppelt wurde; ztw. hatte die Kanonikerkongregation v. S. Frediano in Lucca das Privileg, daß der K.priester v. S. Croce in Gerusalemme und der K.diakon v. S. Maria Nuova aus ihr genommen werde; auch bestand seit dem 15. Jh. das Gewohnheitsrecht einiger Herrscher, Kandidaten zur Kreation zum K. zu präsentieren (sog. Kronk.e). Seit Martin V. existierte die inpectore-Kreation (Kreation ohne sofortige Bekanntgabe des Namens).

Die Zahl der K.e schwankte beträchtl. Nach 1100 sollten es, den hist. stadtröm. Funktionen entsprechend, 53 sein: 7 (bald 6) Bf.e, 28 Priester und 18 Diakone. In der →Wahlkapitulation von 1322 verlangten die Wähler eine Reduktion auf 20. Das Konzil v. →Konstanz legte die Zahl auf 24, allerdings aus aller Welt zu kreierende K.e fest, Sixtus V. erhöhte sie dann auf 70. Die Ehrenvorrechte der K.e waren zunächst liturg. Art (v. a. Gebrauch der Pontifikalien). Der rote Hut, im hohen MA das Zeichen der K.e schlechthin, wurde den K.en aus dem Weltklerus seit 1245, den K.n aus dem Ordensklerus erst seit 1591 verliehen. Den roten Talar (abgeleitet von der ursprgl. päpstl. Kleidung) übernahmen die K.e wohl erst im 16. Jh. Die Präzedenz vor allen Nichtk.en konnten sie erst im 15. Jh. durchsetzen.

C. G. Fürst

Lit.: Feine, 314ff., 521ff. – Plöchl, I², 319ff.; II², 94ff.; III, 128ff., passim – St. Kuttner, Cardinalis: The Hist. of a Canonical Concept, Traditio 3, 1945, 129ff. (= Variorum Repr. 1980, IX, mit Retractationes 14ff.) – M. Andrieu, L'origine du titre de Cardinal dans l'Église Romaine (Misc. G. Mercati IV, 1946), 113ff. – M. García Moralles, El Cardenalato de inst. divina y el episcopado en el problema de la sucesion apostolica segun Juan de Torquemada (XVI semana Española de Teologia, 1957), 249ff. – K. Ganzer, Die Entwicklung des auswärtigen Kardinalats im hohen MA, 1963 – G. Alberigo, Le origini della dottrina sullo 'ius divinum' del cardinalato (1053–87) (Fschr. H. Jedin, I, 1965), 39ff. – C. G. Fürst, Die geborenen K.e, ZKTh 88, 1966, 51ff. – Ders., Cardinalis. Prolegomena zu einer Rechtsgesch. des röm. K.skollegiums, 1967 [Lit.] – K. Ganzer, Zur Frage der sog. 'geborenen' K.e v. Vendôme, ZKG 78, 1967, 340ff. – L. Spätling, De mutatione cardinalatus romani saeculo undecimo, Antonianum 42, 1967, 3ff. – Ch. Lefebvre, Les origines et le rôle du cardinalat au MA, Apollinaris 41, 1968, 59ff. – G. Alberigo, Cardinalato e collegialità, 1969 – L. Spätling, Kardinalat und Kollegialität, Antonianum 45, 1970, 273ff. – J. A. Watt, The Constitutional Law of the College of Cardinals..., MSt 33, 1971, 127ff. – M. Fois, I compiti e le prerogative dei cardinali vescovi secondo Pier Damiani..., AHP 10, 1972, 25ff. – C. Mesini, Origine della prelatura cardinalizia, Apollinaris 45, 1972, 339ff. – Le istituzioni ecclesiastiche della 'societas christiana' dei secoli XI–XII, Papato, cardinalato ed episcopato, 1974, 153ff. [K. Ganzer]; 185ff. [C. G. Fürst]; 220ff. [G. Alberigo] – E. Pásztor, S. Pier Damiano, il cardinalato e la formazione della curia romana, StGreg 10, 1975, 317ff. – M. Fois, Papa e cardinali nel secolo XI, AHP 14, 1976, 383–416 – R. Hüls, K.e, Klerus und Kirchen Roms (1049–1130), 1977 – C. G. Fürst, Gregorio VII, cardinali e amministrazione pontificia, StGreg 13, 1989, 17ff.

Kardinalbischof → Kardinal

Kardinaldiakon → Kardinal

Kardinalkonsistorium → Konsistorium

Kardinalpriester, -presbyter → Kardinal

Kardinalprotektor. Bereits 1210 ist ein Kard. als Fürsprecher für die ersten Franziskus-Jünger nachweisbar. Erstmals institutionalisiert wurde das Amt eines K.s bzw. 1220 und 1223 im OFM. Es folgten OESA (1243), Humiliaten (1246), OCist (1255), das Hospital von S. Spirito in Sassia (Rom, 1258), Serviten (um 1260), Trinitarier (um 1261), OCarm (1286), Dt. Orden (ca. 1360/80) und – auffallend spät – OP (1373/76). Papst Gregors XI. Bulle »Cunctos Christi fideles« (27. Mai 1373) legte zwar einschränkend die Kompetenzen des K.s fest, doch wurden dessen Machtbefugnisse im Laufe des 15. Jh., v. a. seit Eugen IV., immer größer. Er wurde gewissermaßen zum Vollstrecker der päpstl. Politik in Ordensangelegenheiten, präsidierte dem Generalkapitel, ergriff die Initiative bei Reformprogrammen und vermittelte bei ordensinternen Kompetenzstreitigkeiten. Prominente 'Ordensexperten' fungierten als K.n mehrerer Orden. Der eindeutige Machthöhepunkt wurde unter Kard. Oliviero Caraf(f)a erreicht, der K. des OP (1481–1511) und des OFM war.

K. Walsh

Lit.: DDC II, 1339ff. – DIP II, 276–280 – Ph. Hofmeister, Die K.en der Ordensleute, TQ 142, 1962, 425–464 – K. Walsh, Papsttum und

Ordensreform in SpätMA und Renaissance (Reformbemühungen und Observanzbestrebungen im spätma. Ordenswesen, hg. K. ELM, 1989).

Kardinalskolleg → Kardinal

Kardinalskongregationen → Kurie, röm.

Kardinaltugenden → Tugenden und Laster

Kardobenedikte → Distelgewächse

Karel ende Elegast, mndl. Gedicht (ca. 1400 paarreimende V.), vielleicht 12. Jh.: Als sich K. d. Gr. während des Reichstags in Ingelheim aufhält, befiehlt ihm ein Engel im Schlaf, jenseits des Rheins stehlen zu gehen. Auf dem Weg begegnet Karl in der dunklen Nacht dem schwarzen Ritter Elegast. Nach einem Zweikampf, den der Kg. gewinnt, entschließen sie sich, zusammen bei Karls Schwager, Eggeric, einzubrechen. Da erfährt Elegast, daß dieser den Kg. ermorden will. Karl stellt Eggeric und den Seinen in Ingelheim eine Falle. Die Verräter werden festgenommen. Elegast erschlägt Eggeric in einem gerichtl. Duell: Gott hat Karl auf wunderbare Weise das Leben gerettet.

Dem Gedicht liegt die Nachricht für das Jahr 788 der Chronik Sigeberts v. Gembloux (um 1030–1112) zugrunde, die von einem Mordversuch des Thüringers Harderic (Hardrad) und von der Festnahme des bayer. Hzg.s Tassilo, Karls Vetter, zu Ingelheim berichtet. Beide sind in Eggeric vereinigt worden. Die 14 überlieferten Hss. (fast alle unvollständig) und Drucke datieren alle nach 1350. Die Erzählung war auch in dt., frz. und nord. Sprachraum verbreitet. Das Motiv des stehlenden Kg.s ist noch in diesem Jahrhundert aus Märchen bekannt.

A. M. Duinhoven

Ed.: A. M. DUINHOVEN, 1969 [alle Q. synopt., diplomat.]; 1977 [Facs. Incun. A]; 1982 [Archetypus, krit.] – J. W. KLEIN, TNTL 105, 1989 [Frgm. Gent] – *Ed. fremdspr. Versionen*: J. QUINT, Md. Karel und Elegast, 1927 – P. L. HJORTH, Karl Magnus krønike, 1960 – P. AEBISCHER, Textes norrois, 1972 – C. B. HIEATT, Karlamagnús saga, 1975–80 – *Lit.*: H. W. J. KROES, TNTL 69, 1952 [Märchen] – E. L. WILKE, Md. Karl und E., 1969 – A. M. DUINHOVEN, Bijdragen tot reconstructie, 1975–81 – J. D. JANSSENS, Dichter en publiek, 1988 – A. M. DUINHOVEN–G. A. VAN THIENEN, TNTL 106, 1990.

Karelien, Karelier. Die K., neben Finnen und Tavastländern dritter Hauptstamm des eisenzeitl. und ma. →Finnland, gehören zur ostseefinn. Sprach- und Völkerfamilie (→Finn.-ugr. Sprachen) und waren im MA ö. und sö. des Finn. Meerbusens sowie um den Ladogasee beheimatet. Die Entwicklung ist karel. Kultur läßt sich archäolog. vom 8. Jh. an am S- und SO-Ufer (Zentrum: Olhava) sowie am W- und NW-Ufer des Ladogasees verfolgen. Zum Aufstieg K.s trugen vom 9. Jh. an die von den skand. Wikingern und vom 11. Jh. an von →Gotland geschaffenen Handelsverbindungen (Pelzhandel) wesentl. bei. Ein Kerngebiet der karel. Kultur bildete sich im frühen 10. Jh. am W- und NW-Ufer des Ladogasees (Zentrum Käkisalmi, schwed. Kexholm).

Die älteste schriftl. Q. für die K., eine russ. Chronik aus dem Jahr 1143, berichtet, wie diese als Verbündete →Novgorods 1143 einen Kriegszug nach Häme (schwed. Tavastland) im W machten. Die K. gerieten in wirtschaftl., militär. und polit. Abhängigkeit von Novgorod; zusammen mit dem orth. Glauben (Massentaufe 1226/27) gelangten reiche kulturelle Traditionen aus Byzanz und Rußland nach K. Vom W her drangen die Schweden und mit ihnen die kath. Kirche ein, auf dem Kreuzzug nach W-K. gründeten diese 1293 Viborg. Nach mehreren Kriegen teilten Schweden und Novgorod 1323 im Frieden v. Pähkinäsaari (schwed. Nöteborg, dt. Schlüsselburg, russ. Petrokrepost) K. unter sich auf. W-K. wurde der schwed. Regierungsbezirk Viborg, der Hauptteil K.s mit Käkisalmi kam an Novgorod, 1478 an das Gfsm. Moskau.

J. Vahtola

Lit.: H. KIRKINEN, Karjala idän kulttuuripiirissä, 1963 – DERS., Karjala idän ja lännen välissä, I, 1970 – Karjalan synty, 1976.

Karfreitag (von ahd. *kara* Totenklage; frz. Vendredi-Saint, engl. Good Friday), erster Tag des Triduum sacrum, →Karwoche. Der urspgl. zur 9. Stunde (Mt 27, 46 par: Todesstunde Jesu) angesetzte Gottesdienst wird seit dem HochMA auf den Morgen vorverlegt (bis 1955). Gemäß dem »Gesetz der Erhaltung des Alten in liturg. hochwertiger Zeit« (BAUMSTARK), u. a. Beibehaltung der Prostratio zu Beginn, der Orationes Sollemnes, Verzicht auf Eucharistiefeier. a) Wortgottesdienst der röm.-frk. Liturgie mit Lesung aus Hos 6 und Ex 12 (Pascha) gipfelt in der Joh-Passion; ihre seit dem 8. Jh. einsetzende Dramatisierung führt zum Passionsspiel. b) Die Orationes Sollemnes (Große Fürbitten) für Kirche und Welt reichen in ihrer Grundstruktur bis ins 3. Jh. zurück. c) Adoratio crucis in Nachahmung Jerusalemer Tradition, ausgestaltet durch Gesang des aus dem O kommenden Trishagion, der Improperien oder des Ecce lignum crucis (mit Ps 118); seit Mitte 9. Jh. dramatisiert durch (allmähl.) Enthüllen des Kreuzes (Bezug zum Fastenvelum/Hungertuch). d) Jüngstes Element ist die Präsanktifikatenliturgie als verfeierlichte Form des Kommunionempfangs, zuerst nur der Gläubigen, seit Innozenz III. († 1216) nurmehr des Zelebranten; diesseits der Alpen blieb die Gläubigenkommunion am K. in Zusammenhang mit der Entlassung aus dem Büßerstand an →Gründonnerstag bis zum offiziellen Verbot 1622/1659 weitverbreitet. e) Seit dem 10. Jh. wurde mancherorts das Kreuz (oder die Eucharistie) ins →Heiliggrab gelegt: depositio crucis bis zur elevatio crucis an →Ostern.

K. Küppers

Lit.: A. BAUMSTARK, JLW 7, 1927, 1–23 – G. RÖMER, Die Liturgie des K.s, ZKTH 77, 1955, 39–93 – HJ. AUF DER MAUR, Feiern im Rhythmus der Zeit, I (Gottesdienst der Kirche 5, 1983), 107–113 [Lit.].

Kārimī, muslim. Großkaufleute mit Sitz in den großen Handelszentren des →Ayyūbiden- und →Mamlūkenreiches (al-Fusṭāṭ/→Kairo: *funduq al-Kārim*), die unter hohem Kapitaleinsatz Fern- und Seehandel, namentl. den gewinnbringenden Gewürzhandel, betrieben. Das Hauptgebiet ihrer Tätigkeit lag im Ind. Ozean und Roten Meer. Trotz mehrfacher Krisen (1182 Versuch der Kreuzfahrer, sich am Roten Meer festzusetzen) konnten die K. über längere Zeiträume ihre mächtige Stellung im Transithandel zw. dem Fernen Osten und dem Mittelmeerraum behaupten. Ihre handelsgesch. Bedeutung ist durch die Forsch. von S. Y. LABIB erhellt worden.

U. Mattejiet

Lit.: EI² IV, 640–643 [S. Y. LABIB; Lit.] – S. Y. LABIB, Handelsgesch. Ägyptens im SpätMA, 1965 – →Araber, III.

Karl (s. a. Charles)

(Abfolge der Namensträger: Karolinger/Frankenreich, Kgr. Burgund, Deutschland [röm.-dt. Reich], Frankreich, Navarra, Neapel und Sizilien, Schweden, Ungarn; Hzg.e/Gf.en: in alphabet. Reihenfolge der Herrschaftsgebiete).

1. K. Martell, *frk. Hausmeier*, * ca. 688/689, † 22. Okt. 741 Quierzy, □ St. Denis. Pippin II. d. Mittleren, dessen als Nachfolger vorgesehener Sohn →Grimoald (II.) im April 714 ermordet worden war, bestimmte kurz vor seinem Tod (16. Dez. 714) dessen Sohn →Theodoald zum Hausmeier und schloß seinen Sohn aus einer Friedelehe mit Chalpaida, K.(M.), von der Nachfolge aus; seine Witwe →Plektrud setzte K. in Köln gefangen. Er entkam und errang in zähem Kampf gegen Plektrud und die Neustrier unter ihrem Hausmeier →Raganfrid (Siege bei Amblève

716 und Vinchy 717) zunächst die Herrschaft in Austrasien, dem er mit Chlothar IV. (717–720) einen eigenen Kg. gab. Die inzwischen mit →Eudo, Hzg. v. Aquitanien, verbündeten Neustrier schlug er bei Soissons 718 (nicht 719; vgl. SEMMLER) und erlangte schließl. die Anerkennung als gesamtfrk. Hausmeier, zumal er nach Chlothars IV. Tod den neustr. Kg. Chilperich II. anerkannte; nach dessen Tod 721 setzte er nur dem Namen nach bekannten Theuderich IV. († 737) ein.

Jahr für Jahr zog er nun ins Feld, um die frk. Reichsgewalt zu sichern und auszuweiten: gegen die Sachsen, die Friesen (Herrschaft über W-Friesland gesichert), die Aquitanier (720 Friede mit Eudo), die Thüringer (Hzm. erloschen), die Alemannen (um 740 Ende des elsäss. Hzm.s), die Bayern, nach Burgund und in die Provence. Die schwersten und langwierigsten Kämpfe galten der 'gens perfida' der Sarazenen: ihren Vorstoß von Spanien her stoppte er im Okt. 732 mit dem (später oft überschätzten) Sieg bei →Poitiers und drängte sie in zahlreichen Kämpfen (737 Siege bei Avignon und an der Berre z. Narbonne) aus Südgallien heraus; ledigl. Septimanien blieb in ihrer Hand, während Burgund und die Provence nun in die frk. Grafschaftsverfassung einbezogen wurden.

Zur Finanzierung der zahlreichen Feldzüge griff K. auf Kirchengut zurück, das er seinen Vasallen als Leihe zuteilte: diese in der Forsch. oft unzutreffend als »Säkularisationen« bezeichneten Maßnahmen haben in der Q. seit →Hinkmar v. Reims das Bild K.s als »Kirchenräuber« verdunkelt; daß sie nicht antiklerikaler Haltung entsprangen, zeigt K.s Förderung der Missionare und Kl.gründer →Willibrord (Utrecht, Echternach), →Pirmin (Reichenau, Murbach) und →Bonifatius (Schutzbrief 723). Auf das Hilfegesuch des von den Langobarden bedrängten Papstes Gregor III., der ihn mit dem 'Konsulat' (gemeint wohl Patriziat) auszeichnete, reagierte er allerdings ausweichend: war er doch selbst im Sarazenenkampf von den Langobarden milit. unterstützt worden und hatte seinen jüngeren Sohn Pippin von Kg. Liutprand adoptieren lassen.

Der erste 'Karolinger' K. urkundete korrekt als 'maior domus' unter den merow. Schattenkg.en, regierte aber prakt. das Frankenreich (»rexitque populum Francorum ann. 27«, Cont. Fredeg. 8) und ließ seit 737 sogar den Thron unbesetzt, ohne selbst nach der Kg.swürde zu greifen. Die Chronisten bezeichnen ihn als 'dux' und 'princeps', die Päpste zuweilen als 'patricius' und 'subregulus'. Wie ein Kg. teilte er vor seinem Tod das Reich unter seine Söhne aus erster Ehe (mit Chrotrud), →Karlmann (Austrasien mit Alemannien und Thüringen) und →Pippin d. J. (Neustrien mit Burgund und der Provence), während →Grifo, der Sohn aus seiner zweiten Ehe mit der Agilolfingerin Swanahild, im Reichsinneren ausgestattet werden sollte (was zu ständigen Spannungen unter den Brüdern führte).

Der 'egregius bellator' K. wird seit dem 9. Jh. mit dem Beinamen 'der Hammer' ('Tudes', 'Tudites', 'Martellus') ausgezeichnet, lebt aber andererseits (seit Hinkmar) als der im Jenseits verdammte Kirchenräuber fort.   U. Nonn

Q.: MGH DD Merov. – Liber hist. Fr. 51–53 (MGH SRM II) – Cont. Fredeg. 8–24 (MGH SRM II) – Isidori cont. Hispana (MGH AA XI) – Ann. Mettenses priores (MGH SRG 10) – *Lit.:* NDB XI, 156f. – TH. BREYSIG, Jbb. des frk. Reiches 714–741, 1869 – H. L. MIKOLETZKY, K.M. und Grifo (Fschr. E. STENGEL, 1952), 130–156 – I. HEIDRICH, Titulatur und Urkk. der arnulf. Hausmeier, ADipl 11/12, 1965/66, 71–279 – U. NONN, Das Bild K.M.s in den Q. vornehml. des 8. und 9. Jh., FMASt 4, 1970, 70–137 – E. HLAWITSCHKA, K.M., das röm. Konsulat und der Röm. Senat (Fschr. E. ENNEN, 1972), 74–90 – U. NONN, Vom maior domus zum rex. Die Auffassung von K.M.s Stellung im Spiegel der Titulatur, RhVjbll 37, 1973, 107–116 – J. SEMMLER, Die pippinid.-karol. Sukzessionskrise 714–723, DA 33, 1977, 1–36 – J. JARNUT, Unters. zur Herkunft Swanahilds, der Gattin K.M.s, ZBLG 40, 1977, 245–249 – U. NONN, Die Schlacht bei Poitiers … (Beitr. zur Gesch. des Regnum Francorum, hg. R. SCHIEFFER, 1990), 37–56.

2. K. (I.) der Große
A. Leben und Persönlichkeit – B. Karl d. Große in der Dichtung
A. Leben und Persönlichkeit

K. d. Große (Karolus Magnus), Kg. der Franken (seit 768) und Langobarden (seit 774), erster ma. Ks. (seit 800); * wohl 2. April 747, † 28. Jan. 814, ⌑ Pfalzkapelle in Aachen. – Eltern: Kg. →Pippin III. d. Jüngere und →Bertrada (Berta). ∞ 1. Tochter des Langobardenkg.s Desiderius (nach einjähriger Ehe 771 verstoßen), 2. Hildegard, de gente Suaborum, 3 Söhne: Karl, Pippin und Ludwig, und 3 Töchter: Hrotrud, Berta und Gisela, 3. Fastrada, Ostfränkin, 2 Töchter; 4. Luitgart, Alemannin, kinderlos.

[1] *Anfänge, Politik gegenüber Langobarden und Italien:* Nachdem K. mit seinem jüngeren Bruder →Karlmann bereits 754 in →St-Denis von Papst Stephan II. zum Kg. gesalbt und beide zusammen mit ihrem Vater zum patricius Romanorum ernannt worden waren, traten die Brüder 768 nach erneuter Salbung in Noyon (K.) und in Soissons (Karlmann) die Nachfolge ihres Vaters an, von denen K. den größeren, nördl., sich von →Aquitanien nach →Thüringen erstreckenden Teil, Karlmann den kleineren, südl. von →Burgund bis →Alemannien reichenden Teil erhielt, so daß beide an den frk. Kerngebieten →Austrien und →Neustrien Anteil hatten und der Reichsteil K.s den Karlmanns wie eine Klammer umgriff. Die Ehe K.s mit der Tochter des Desiderius nahm Karlmann auch noch von S her in die Zange und verschärfte das ohnehin gespannte Verhältnis zw. den Brüdern, das in offene Feindschaft umzuschlagen drohte, als Karlmann 771 unerwartet starb; für K. die Gelegenheit, unter Mißachtung des Erbanspruchs der Söhne Karlmanns das ganze Reich an sich zu ziehen. Da die Heirat der Langobardin den Widerstand von Papst Hadrian I. hervorgerufen hatte, schickte K. seine langob. Gemahlin wieder zu ihrem Vater zurück und stellte damit nicht nur das gute Verhältnis zum Papst wieder her, sondern nahm zugleich auch die Langobardenpolitik (→Langobarden) Pippins wieder auf, um diesmal freilich ganze Arbeit zu leisten: Er eroberte Pavia, setzte Desiderius ab und machte sich selbst zum rex Langobardorum (774). Anschließend erneuerte er in Rom die donatio Pippini (→Pippinische Schenkung) und übernahm als patricius Romanorum die Schutzherrschaft über den →Kirchenstaat, das sog. patrimonium Petri. 781 wurde auf einem 2. Romzug ein neues Pactum geschlossen, in dem der Herrschaftsbereich des Papstes für den Dukat v. →Rom, den →Exarchat v. →Ravenna und die →Pentapolis feierl. bestätigt wurde. Der gleiche Romzug brachte als weiteren Gewinn, daß K. Papst Hadrian dafür gewann, seinen vierjährigen Sohn Pippin zu taufen und zum Kg. v. →Italien, seinen jüngsten Sohn Ludwig zum Kg. v. Aquitanien zu salben. Beide Reiche hatten damit den Status von relativ selbständigen Unterkgm.ern innerhalb des Frankenreiches erlangt. Italien aber, in dem K. 787 auch noch den Hzg. v. →Benevent zur Anerkennung seiner Oberheit zu bringen versuchte, war prakt. bis auf den byz. S in die Herrschaft K.s einbezogen.

[2] *Feldzüge gegen das islamische Spanien:* Noch während er um die Ausweitung und Verfestigung seiner Herrschaft in Italien bemüht war, schaltete K. sich in Spanien gegen die →Araber ein. Anlaß bot die aquitan.-span. Nachbarschaft: sie bewog K. 778, auf den Hilferuf des Statthalters

v. Barcelona hin gegen die →Omayyaden vorzugehen, um auch hier neuen Boden zu gewinnen. Sein erster Feldzug, der über die Pyrenäen nach →Zaragoza führte, blieb zunächst ohne Erfolg. Auf dem Rückzug überfielen 778 christl. →Basken die frk. Nachhut unter Mgf. Hruodland, der (nach der Sage bei →Roncesvalles) fiel (→Roland). K. zog aus der Niederlage die Konsequenz, zunächst Aquitanien als Grenzbastion auszubauen und zu sichern, und schob in den folgenden Jahren in mehreren Feldzügen die frk. Macht Schritt für Schritt vor. Auf diese Weise gewann 795 die span. Mark Gestalt, die 801 bis zum Ebro reichte. Der Kampf gegen die Omayyaden brachte K. in Verbindung mit dem Kalifen →Hārūn ar-Rašīd in Bagdad (→Abbasiden), der ihm Schutzrecht über Kirchen in Jerusalem zugestand.

[3] *Sachsenkrieg:* Wie sein Biograph Einhard (cap. 7) erklärt, hat K. den »langwierigsten, grausamsten und anstrengendsten« seiner Kriege gegen die →Sachsen geführt: er zog sich in wechselnden Phasen und mit Unterbrechungen über 33 Jahre (772–804) hin. Als Fortsetzung uralter Grenzkriege 772 begonnen, sollte er zunächst die unruhigen Nachbarn so hart bestrafen, daß sie in Zukunft Ruhe hielten. K. stieß deshalb auf dem ersten Feldzug bis in das sächs. Kerngebiet der Engern durch, eroberte die Eresburg und zerstörte das sächs. Heiligtum der →Irminsul. Die Folge war eine scharfe Reaktion der Sachsen, deren Empörung wiederum K.s Gegenschlag folgte. Im Hin und Her der sich steigernden Kämpfe änderte sich K.s Ziel: es war, seit 777 erkennbar, nicht mehr nur auf Bestrafung, sondern auf Unterwerfung der Sachsen gerichtet, die jetzt der Edeling →Widukind, K.s größter Gegner, zu erbittertem Widerstand antrieb. Denn inzwischen hatte K. auf dem Reichstag in →Paderborn (777) die Einteilung Sachsens in Missionssprengel veranlaßt: ein eindeutiges Zeichen dafür, daß Sachsen bereits im Begriff war, christianisiert und in das frk. Reich einbezogen zu werden. Als K. nach weiteren heftigen Kämpfen 782 auf dem Reichstag in →Lippspringe die frk. Gft.sverfassung (→Grafschaft) durchsetzte, war dieses Ziel erreicht: Sachsen war nunmehr in den frk. Staatsverband eingegliedert. Dies war ein wesentl. Fortschritt, der der Tatsache zu verdanken war, daß ein wachsender Teil des sächs. Adels sich mit den Franken arangiert hatte und zum Christentum übergetreten war. Hingegen verschärfte Widukind mit seinem Anhang den Widerstand, fest entschlossen, das alte gegen das neue Recht zu behaupten. Nach frk. Recht galt der Überfall am →Süntel (782) als Verrat, für den K. im »Blutbad v. →Verden« grausame Rache nahm. Weitere Erfolge der Franken (783 Siege bei Detmold und an der Haase) haben offenbar in Widukind die Vorstellung geweckt, daß der Christengott den alten Göttern überlegen war. Angesichts der Aussichtslosigkeit seiner Lage entschloß er sich 785 zur Unterwerfung und zur Annahme der Taufe in →Attigny. Danach kam es zu keinem weiteren Volksaufstand mehr, sondern nur noch zu Teilempörungen, im wesentl. im N des Landes. K. nutzte die Atempause, um die Christianisierung des Landes weiter voranzutreiben, indem er ihr durch den Aufbau einer kirchl. Organisation festeren Rückhalt gab. Gleichzeitig verschärfte er den Druck auf die noch unentschiedenen Sachsen, indem er in Anwendung der 782 erlassenen →Capitulatio de partibus Saxoniae jede Empörung mit den schärfsten Strafen ahnden ließ. Aber obwohl der sächs. Adel bereits weitgehend gewonnen war, hielten sich noch immer Inseln des Widerstands, und 792 brach nach siebenjähriger Ruhe erneut ein Aufstand aus, der diesmal allerdings auf das nordelb. Sachsen beschränkt blieb. Mit ihm waren die Sachsenkriege in ihre letzte Phase eingetreten. Um ihren Abschluß zu erzwingen, wandte K. eine doppelte Taktik an: er griff einerseits seit 792 zu dem radikalen Mittel der Massendeportation; nach Einhard (cap. 7) sollen 10000 Sachsen von ihm gezwungen worden sein, ihre Heimat zu verlassen, um in den verschiedensten Gebieten des Reiches angesiedelt zu werden. Anderseits kam er ihnen, den Mahnungen Alkuins folgend, entgegen, indem er v. a. 797 die alte, strenge Capitulatio durch das →Capitulare Saxonicum ersetzte, das den Rechtsstatus der Sachsen spürbar verbesserte. 802 veranlaßte er darüber hinaus die Aufzeichnung des sächs. Volksrechts, das er damit als gültig anerkannte; d. h. die Sachsen waren bereits vor Beendigung des Krieges vollgültige Glieder des frk. Reiches geworden. Doch klang der Krieg nach einem letzten Feldzug gegen Nordelbien mit dem Ergebnis aus, daß die Sachsen nach den Worten Einhards »dem christl. Glauben annahmen und mit den Franken ein Volk wurden«. Sachsen war endgültig in die christl. Gemeinschaft des großfrk. Reiches eingefügt.

[4] *Politik gegenüber Bayern, Avarenkrieg, Errichtung der dänischen Mark:* Noch während der Sachsenkriege hatte K. in Bayern eingegriffen und hier klare Verhältnisse geschaffen, nachdem der Agilolfingerhzg. →Tassilo III. Anlaß gegeben hatte, an seiner Treue zu zweifeln. 788 in einem Prozeß in →Ingelheim der Felonie und der Verbindung mit den →Avaren beschuldigt, wurde er als Hzg. abgesetzt und zu lebenslängl. Kl.haft verurteilt. Damit war das letzte Stammes-Hzm. in K.s Herrschaftsbereich beseitigt und Bayern durch die Einführung der frk. Gft.sverfassung fest in das Frankenreich eingegliedert. K. brachte zugleich die von →Bonifatius eingeleitete kirchl. Organisation Bayerns zum Abschluß, indem er mit Hilfe des Papstes in →Salzburg eine eigene Kirchenprovinz begründete.

Die Eingliederung Bayerns löste den Reichskrieg gegen die →Avaren (791–796) aus. Er wurde betont als Missionskrieg geführt und in mehreren Feldzügen (791/795) schließlich durch die Eroberung ihrer großen »Ringe« im Zentrum ihrer Macht in der Pußtaebene entschieden. In den »Ringen«, die zerstört wurden, erbeuteten die frk. Heere den vielbestaunten →Avarenschatz. Letzte Versuche der Avaren, sich der frk. Botmäßigkeit zu entziehen, endeten 811 mit einem letzten Feldzug, mit dem ihr Reich verschwand: es ist in der avar. Mark aufgegangen, fortan dem östlichen Grenzgebiet des Frankenreiches, das damit bis zur Raab und Plattensee reichte.

Auf ähnliche Weise entstand im N, vorbereitet durch ein Bündnis mit den →Abodriten und den Friedensschluß mit den Dänen (810), die dän. Mark (→Dänemark).

[5] *Innerer Ausbau und Grafschaftsverfassung:* In jahrzehntelangen, langwierigen Kämpfen hatte K. die Grenzen seines Reiches weit in den S, SW und O vorgeschoben und es zur führenden Großmacht neben Byzanz und dem Kalifat v. Bagdad ausgebaut. Zeitgenossen feierten ihn als den pater Europae, und an seinem Hof griff das Bewußtsein um sich, daß Europa im Frankenreich Gestalt gewann. Dieses Bewußtsein basierte auf der Tatsache, daß mit der äußeren Ausweitung des Reiches sein innerer Ausbau Hand in Hand gegangen war. In der Tat war K. von Anfang an darauf bedacht, sein expandierendes Reich im Innern zu vereinheitlichen und zu festigen. Die polit. Signatur dieser Vereinheitlichung war die allg. Einführung der Gft.sverfassung (→Grafschaft). Mit ihr wurde der Gf. die Zentralfigur, die Gft. das wichtigste Instrument der Einheit des Reiches. Da die Gft. in dem Riesenreich auf unterschiedl. Voraussetzungen basierte (so ins-

bes. im W auf der →civitas, im O auf dem Gau / →pagus) blieben dieser Einheit allerdings Grenzen gesetzt. Doch ist das Einheitsstreben K.s unverkennbar, und es ist wesentl., daß die Ausübung der gfl. Gewalt auf kgl. Auftrag (Verleihung des Gf.enbanns) zurückgeht. – Das Gf.enamt wurde wie alle großen Ämter und Lehen nach Möglichkeit großen Adligen anvertraut, die auf diese Weise mit dem Reich verwuchsen und als Angehörige der sog. Reichsaristokratie zu Mitträgern der Reichseinheit wurden (was freilich nicht ausschloß, daß auf die Dauer auch wieder ihre Eigeninteressen mit denen des Kgtm.s konkurrierten). K. selbst band sie jedenfalls an Thron und Reich.

Er hat auch das Recht, das in der Form der →Kapitularien intensive Pflege fand, in den Dienst der Vereinheitlichung des Reiches gestellt. Er intensivierte das Institut der Königsboten (→Missus) und erlegte ihnen auf, die Ausführungen seiner Erlasse zu überwachen.

[6] *Kirchenpolitik:* Als das vielleicht stärkste Band der Einheit hat sich jedoch die Kirche erwiesen. K. hat sie stärker als zuvor in den Dienst des Reichs gezogen, sie dafür aber auch durch reiche Schenkungen belohnt und gestärkt. Im Anschluß an die Bemühungen des hl. →Bonifatius setzte er die Reform der Kirche fort, indem er den Kl. die Befolgung der Benediktregel zur Pflicht machte, der Stiftsgeistlichkeit die vita communis auferlegte und die bereits von Pippin begonnene Liturgieform durchführte. Er griff darüber hinaus auch in die dogmat. Streitigkeiten seiner Zeit ein. So wurde auf der Synode v. →Frankfurt (794) unter seinem Vorsitz der bes. durch den span. Bf. →Felix v. Urgel propagierte →Adoptianismus wie v.a. auch der (mißverstandene) Beschluß des Konzils v. Nikaia über die Bilderverehrung verurteilt, wofür die in seinem Auftrag verfaßten →Libri Carolini die theol. Begründung lieferten. Das Werk macht deutl., daß K. unter Betonung seiner Rechtgläubigkeit beanspruchte, der einzige legitime Vorkämpfer der Christenheit zu sein.

[7] *Bildungsreform:* Die Sorge um den rechten Glauben spielte auch in seine Bemühungen um die Erneuerung der Bildung im Frankenreich hinein. Darum schloß er an die Reform der Kirche eine Reform der Bildung an (→Bildungsreform K.s d. Gr.). Selbst von unersättl. Wissensdurst und von großer Hochschätzung der Bildung erfüllt, versammelte K. die angesehensten Gelehrten seiner Zeit (→Alkuin, →Petrus v. Pisa, →Paulus Diaconus, →Theodulf v. Orléans u.a.) an seinem Hof, um ihr Wissen und Können für seine großen Aufgaben zu aktivieren. Als erstes sollten sie der Hofschule zur Blüte verhelfen: sie wurde gleichsam zur Hofschule des Reiches. Von hier aus sollte ihr Wirken weite Kreise ziehen. Mit dem Fernziel, die gesamte Überlieferung zu sammeln und zu reinigen, emendierten sie die Werke der Kirchenväter wie der weltl. Autoren, um deren Kenntnis in ihren eigenen Werken, die als Muster galten, zu verbreiten, und leiteten damit eine neue Epoche in der Pflege der sacrae und der saeculares litterae ein. K.s Auftrag ging sogar noch weiter, indem er seine Gelehrten veranlaßte, sich auch um die eigene Sprache und die heim. Heldenlieder zu kümmern. Wenn es hier bei Ansätzen blieb, so wurde insgesamt doch viel erreicht. Auf den Leistungen der karol. Hofgelehrten basiert die künftige Bildung Europas. Charakterist. sind die Geschichtsschreibung, die einen starken Aufschwung nimmt, der neue Schrifttyp (→Karol. Minuskel), an den Schreibschulen entwickelt wird, und nicht zuletzt die karol. Kunst. Die Hofgelehrten hatten Grund, in alledem die Zeichen einer neuen Zeit zu sehen, die K. heraufgeführt hat.

[8] *Kaisertum, späte Regierungsjahre und Regelung der Nachfolge:* K. selbst leitete aus seiner Stellung und den Erfolgen, auf die er sich stützen konnte, seine Gleichrangigkeit mit dem östl. Ksm. ab. Es entsprach wohl seiner eigenen Auffassung, wenn Alkuin erklärte, daß K.s Macht ihn über den Papst und über den Basileus erhob. Er aber seinerseits zunächst nicht nach dem Ksm. gestrebt. Nicht er, sondern der Papst, damals →Leo III., gab den Anstoß zu K.s Hinwendung zum Ksm. Von einer röm. Adelspartei hart bedrängt, floh Leo III. 799 zu K. nach →Paderborn und rief ihn um Hilfe an, die K., als patricius Romanorum zur defensio ecclesiae Romanae verpflichtet, nicht verweigern konnte. Bei den Verhandlungen in Paderborn kam es zu Absprachen über das Ksm. Nach Rom zurückgeführt, reinigte sich Leo durch einen Eid und setzte K. am Weihnachtstag 800 im Petersdom die Ks.krone auf, wobei die Römer akklamierten. Damit war, ohne Rücksicht auf Byzanz, das röm. Ksm. im W erneuert.

K. legte jedoch Wert darauf, sich mit dem Ks. des O zu arrangieren. 812/815 einigte man sich auf eine gegenseitige Anerkennung, wobei K. auf das röm. Attribut seines Ksm.s verzichtete. Wie schon sein Titel zeigte, kam es ihm v.a. auf den frk. und christl. Charakter seines Ksm.s an. Fortan gab es neben dem imperium orientale ein imperium occidentale: K.s Ksm. wurde der Inbegriff der abendländ. Welt. Die letzten Jahre der Herrschaft K.s sind durch zwei Tendenzen gekennzeichnet, die ihre frk. und ihre christl. Komponente betonen.

Die frk. Komponente kam in der →divisio regnorum von 806 zum Ausdruck. Obwohl das Ksm. sich auf die Einheit des Imperiums bezog, hielt K. am frk. Brauch der Herrschaftsteilung fest. So wies er 806 seinem ältesten Sohn Karl das Kerngebiete Neustriens und Austriens mit den östl. Eroberungen, Pippin Italien und Burgund mit Oberdtl. bis zur Donau, Ludwig (d. Fr.) Aquitanien mit Teilen Südfrankreichs zu. Eine Verfügung über das Ksm. unterblieb; sie wurde offenbar zurückgestellt. Da Karl und Pippin vorzeitig (811 bzw. 810) starben, wurde der divisio die Grundlage entzogen, woraufhin K. den überlebenden Ludwig 813 in Aachen unter Umgehung der Krönung durch den Papst zum Mitks. erheben ließ, so daß die Einheit des Reichs erhalten blieb.

Die christl. Komponente tritt bes. deutl. in einem neuen Treueid und allg. in der Gesetzgebung hervor. So ist v.a. der Treueid von 802 symptomat., der das Ksm. zum Anlaß nimmt, die Treuepflichten der Untertanen zu verstärken und zugleich religiöse Pflichten wie die Einhaltung der Zehn Gebote in ihn einzubeziehen. In dem Kapitular, das ihn fordert, führt K. den Titel imperator christianissimus. Ähnl. Wendungen erscheinen auch in den Arengen der Urkk. Sie bestätigen K.s Anspruch, Führer und Vorkämpfer der Christenheit zu sein. Als er am 28. Jan. 814 in seiner Lieblingspfalz →Aachen starb, huldigte ihm die Grabschrift als imperator orthodoxus, der das regnum Francorum in 47jähriger Herrschaft nobiliter erweitert hat.

Im Bewußtsein der Nachwelt bleibt K., was er schon für die Hofgelehrten war: der »Vater Europas«.

J. Fleckenstein

Q.: BÖHMER-MÜHLBACHER, RI I, 1908² [Nachdr. 1966; mit Bibliogr.] – speziell: Einhardi Vita Karoli Magni, ed. O. HOLDER-EGGER, MGH SRG [Neudr. 1947] – anekdotenhaft: Gesta Karoli, ed. H. F. HAEFELE, MGH SRG NS, 1959 – Karolus Magnus et Leo papa. Paderborner Epos v. J. 799, 1966 – Lit. [allg.]: S. ABEL-B. SIMSON, JDG K. d. Gr. 1, 1888²; 2, 1883 – J. CALMETTE, Charlemagne, 1945 – L. HALPHEN, Charlemagne et l'Empire Carol., 1947 – BRAUNFELS, KdG, 4 Bde, 1965–67 – D. A. BULLOUGH, The Age of Charlemagne, 1965 [dt. 1966] – H. LÖWE, K. d.

Gr. (Die gr. Dt. I, 1966) – G. TESSIER, Charlemagne, 1967 – J. BOUSSARD, Charlemagne et son temps, 1968 – A. KLEINKLAUSZ, Charlemagne, 1974 – P. RICHÉ, Les Carolingiens, 1983 [dt. 1987] – J. FLECKENSTEIN, K. d. Gr. (Persönlichkeit und Gesch., 1990²) – *zu Einzelfragen:* R. FOLZ, Le Couronnement impérial de Charlemagne, 1904 – E. PATZELT, Die karol. Renaissance, 1924 – H. PIRENNE, Mahomet et Charlemagne, 1946 [dt. o. J., Fischer Bücherei Nr. 553, 1963] – W. OHNSORGE, Das Zweikaiserproblem im früheren MA, 1947 – F. L. GANSHOF, The Imperial Coronation of Charlemagne, 1949 – P. CLASSEN, Romanum gubernans imperium, DA 9, 1951/52 – P. E. SCHRAMM, Die Anerkennung K. s d. Gr als Ks., HZ 172, 1951 – E. DELARUELLE, Charlemagne et l'Église, RHF 39, 1953 – H. FICHTENAU, K. d. Gr. und das Ksm., MIÖG 61, 1953 [Neudr. 1971] – J. FLECKENSTEIN, Die Bildungsreform K. s d. Gr. als Verwirklichung der norma rectitudinis, 1953 – L. WALLACH, Alcuin and Charlemagne, 1959 – K. HAUCK, Paderborn, Das Zentrum von K. s Sachsenmission 777 (Adel und Kirche [Sachsen und das Frankenreich, hg. W. LAMMERS, 1970]) – K. F. WERNER, Das Geburtsdatum K. s d. Gr., Francia I, 1972 – Zum Ksm. K. s d. Gr., hg. G. WOLF, Beitr. und Aufsätze, 1972 – K. SCHMIDT, Aachen und Jerusalem (Das Einhardkreuz, hg. K. HAUCK, AAG, 1974) – P. CLASSEN, K. d. Gr., das Papsttum und Byzanz, Beitr. zur Gesch. und Q.kunde des MA 9, 1985 – H. BEUMANN, Nomen imperatoris, HZ 185, 1988.

B. Karl I. d. Große in der Dichtung
I. Mittellateinische Literatur – II. Altfranzösische Literatur – III. Englische Literatur – IV. Deutsche Literatur – V. Skandinavische Literaturen.

I. MITTELLATEINISCHE LITERATUR: [1] K. als Adressat begegnet zuerst in huldigenden poet. Episteln und Widmungsgedichten der aus dem 774 unterworfenen Langobardenreich gewonnenen Gelehrten (→Petrus v. Pisa, →Paulus Diaconus) sowie einiger Gelegenheitsdichter im Frankenreich (→Godescalc, →Wigbodus). [2] Der Grammatiker →Paulinus (787 Patriarch v. Aquileia), der 776 in einem paraliturg. Oster-Canticum (ined.) K.s Bezwingung des Langobardenaufstandes feiert und dem Kg. ins Frankenreich folgt, verfaßt unter dem Eindruck der Paderborner Sachsentaufe 777 das feierl.-deklamator. »Carmen de conversione Saxonum«, in 75 Hexam. subtiler heilsgesch. Ausdeutung K.s gottgewolltes Handeln rühmend. [3] In den 80er Jahren präsentiert →Alkuin zusammen mit seinem Schüler →Joseph Scottus dem Kg. einen kleinen Zyklus kunstvoller →Figurengedichte, in denen rühmendes Sprechen von den Glaubensinhalten sich mit Herrscherpreis verbindet; noch vor 790 wetteifern der Westgote →Theodulf im gleichen Genus. – Ein Ire (Dungal? →Hibernicus Exul) huldigt K. anläßl. der Unterwerfung des Bayernhzg.s Tassilo 787 mit einem als Dialog des Dichters und seiner *Musa* stilisierten Panegyricus (Frgm.). [4] Im letzten Jahrzehnt des 8. Jh. verdichtet sich die Überlieferung auf K. bezogener oder an ihn gerichteter, gelegentl. *ex persona Karoli* verfaßter Brief- und Widmungsgedichte, in denen die schmeichelhaften Elemente des Kg.spreises untermischt sind mit Belehrung und geistl. Ermahnung. Einen ersten Höhepunkt erreicht die Hofdichtung 795/798, als →Angilbert, Alkuin und v. a. Theodulf in glänzend stilisierten, zum Festvortrag bestimmten Zirkulargedichten K., den neuen »David«, den Freund der Musen, seine Familie sowie seinen Hofstaat in lebendiger Buntheit und mitunter humorvoll schildern. [5] 'Aachener Karlsepos'. Bald nach der Ks.krönung (800) gestaltet ein Hofdichter (Einhard?) Leben und Taten des neuen Augustus als eines Aeneas gleichen Helden in erstmaliger Wiederbelebung des ep. Kunstprinzips Vergils. Von der auf 4 B. angelegten Dichtung ist nur das dritte (536 Hexam., Hs. 9.Jh., Zürich ZB C 78, aus St. Gallen) erhalten, mit Schilderungen der Erbauung Aachens, des neuen Rom, einer glanzvollen Hofjagd und der Paderborner Begegnung K.s mit Leo III. nach dem auf diesen

verübten Attentat 799. [6] Gleichfalls 'imperiale' Huldigung für K. entbietet (804/814) die 'Ecloga' des Hofdichters Naso (→Moduin v. Autun), in deren bukol. Dialogen sich die Anliegen intellektueller Gruppen am Hof dem Ks. gegenüber artikulieren. [7] K.s Tod fand spontanes Echo in der paraliturg. Gesangsdichtung des 'Planctus Karoli' aus →Bobbio. Als Höllenqualen erduldenden Büßer schildert ihn die 'Visio Wettini' des →Walahfrid Strabo. [8] K.s apostelgleiche Bedeutung für das Heil des Sachsenvolkes ist die Leitidee des →Poeta Saxo, der um 890 (in Corvey?) in 5 B., 40 Jahre karol. Annalen hexametr. und Einhards K.svita eleg. versifizierend, ein pedant., doch dem sächs. Selbstbewußtsein konvenierendes Monument K.s errichtet. [9] Nicht Historiographie, sondern Unterhaltungsschriftstellerei in polit.-lehrhafter Absicht sind die 'Gesta Karoli Magni Imperatoris' →Notkers I., der auf seinen Gönner Karl III. mit diesem Idealbild tatkräftigen Herrschertums einwirken will. [10] Das sog. 'Haager Fragment' repräsentiert anscheinend die Prosaauflösung einer verlorenen Dichtung über K.s Sarazenenkrieg in klassizist. Hexam. (10./11.Jh.), die bereits anachronist. Verschmelzung mit anderen Stoffkreisen (des späteren →Wilhelmszyklus) aufweist. [11] Aus →'Rolandslied' und →Ps. Turpin abgeleitet wurde wohl im 13. Jh. eine lat. Dichtung eiliger und schlichter Machart über das »bellum de Runcevalle«, wovon das 'Carmen de prodicione Guenonis' (241 Dist.) vermutl. einen Teil wiedergibt. [12] Unter dem Namen 'Karolellus' (ca. 1200) steht eine unselbständige hexametr. Bearbeitung der Chronik des →Ps. Turpin. [13] Hingegen hat hohen lit. Rang der 'Karolinus' des →Aegidius v. Paris, eine auf legendenhafte Züge verzichtende Darstellung von Taten und Wesen K.s als Idealtypus des Herrschertums, zum Ruhm des als »alter Karolus« angesprochenen Nachfahren Philipp II. (Augustus) und zum Vorbild für dessen Thronfolger Ludwig (VIII.). [14] Im Gefolge der Aachener Heiligsprechung K.s 1165 entstanden liturg. Dichtungen wie die Sequenz 'Urbs Aquensis, urbs regalis' (AnalHymn 55 p. 225). D. Schaller

Ed. und Lit.: MGH PP I (1881) – P. GODMAN, Poetry of the Carol. Renaissance, 1985 (Anthologie mit Forsch.ber.) – P. LEHMANN, Erforsch. des MA I, 1941/1959, 154–206 – BRUNHÖLZL I, passim – *Zur Interpretation:* W. VON DEN STEINEN, K. und der Dichter (K. d. Gr. Lebenswerk und Nachleben II), 1965, 63–94 – P. GODMAN, Poets and Emperors, 1987, 38–92 – *Zu [2]:* Verf.-Lex.² II, 11–13 [F. J. WORSTBROCK] – K. HAUCK, NAG 1985, I, 33–95 – D. SCHALLER (Tradition und Wertung (Fschr. F. BRUNHÖLZL, 1989), 27–46 – *Zu [3]:* DERS. (Medium Aevum Vivum, Fschr. W. BULST, 1960), 22–47 – A. EBENBAUER, Carmen Hist. I, 1978, 18–29 – *Zu [4]:* D. SCHALLER, MJb 6, 1970, 14–36 – *Zu [5]:* DERS., FMSt 10, 1976, 134–168 – Verf.-Lex.² IV, 1041–1045 [DERS.]. – DERS., Medioevo e Rinascimento I, 1987, 75–100 – *Zu [6]:* D. KORZENIEWSKI, Hirtengedichte aus spätröm. und karol. Zeit, 1976, 76–101 – R. P. H. GREEN, MJb 16, 1981, 43–53 – *Zu [7]:* SCHALLER-KÖNSGEN, ICL 32 – H. LÖWE, DA 37, 1981, 1–19 – *Zu [8]:* (Ed.: MGH PP IV, 1–71) – B. BISCHOFF, Ma. Stud. III, 1981, 252–259 – H. E. STIENE, MJb 22, 1987, 80–100 – Verf.-Lex.² VII, 766–769 [H. BEUMANN] – *Zu [9]:* H. LÖWE, SchZG 20, 1970, 269–302 – *Zu [10]:* Den Haag Kgl. Bibl. 921 (mittl. 11.Jh.); ed. pr. MGH SS III, 708 – G. PARIS, Hist. poét. de Charlemagne, 1905/1974, 465–468 – Bibliogr.: Repfont IV, 537 – GRLMA I, 24 – *Zu [11]:* R. MORTIER, Textes du Chanson de Roland III, 1941, 105–117 – O. SCHUMANN, ZRPh 42, 1942, 510–527 – BHL nov. suppl., 1986, 1602b. – *Zu [12]:* Karolellus, ed. TH. MERZDORF, 1855 – WALTHER 20231 – dazu weitere Hs.: Paris BN Lat. 3718 (13.Jh.) fol. 48ᵛ–80 (Cat.gén. VI p. 577) – *Zu [13]:* →Aegidius – Repfont II, 135 – A. M. LEWIS, The Views of Giles of Paris, Traditio 33, 1977, 225–252 – H. HOFMANN, GRLMA XI 1, 1987, 682f. – *Zu [14]:* R. FOLZ (K. d. Gr. IV, 1967), 77–99.

II. ALTFRANZÖSISCHE LITERATUR: Durch den Erfolg der →Chansons de geste (→Epos, II.; →Franko-italienische Literatur; →Cantari; →Rolandslied) des 12. Jh. ermutigt, entsteht seit der 2. Hälfte des 12. und während des 13. Jh.

ein ganzer Zyklus von Versepen um K.d.Gr. (»Cycle du roi«), nunmehr für ein lesendes Publikum. Die Autoren stützen sich auf frühere und auch lat. Dichtungen, in der Absicht, dem bezahlenden Publikum zu gefallen. Thema wird nun auch die Jugend K.s d. Gr. Der Roman »Berte aux grands pieds« (→Adenet le Roi) erzählt, daß K. der Sohn der Prinzessin v. Ungarn und Pippins ist, »Charlemagne« (→Girart d'Amiens, Anfang 14. Jh.), daß K.s Jugend durch die Intrigen zweier Bastarde Pippins, Haudri und Rainfroi, bedroht ist; der Schauplatz ist zum größten Teil Spanien (»Mainet«, 13. Jh.). Der junge Fs. triumphiert über alle Verräter und wird Herrscher über das ganze Reich; überall in Europa ist er tätig: mit Hilfe von Ogier v. Dänemark befreit er Rom (→Raimbaut de Paris, »Chevalerie Ogier«, ca. 1200–20). Nach einem kurzen Aufenthalt in Frankreich kehrt er nach Italien zurück, wo er Kg. Agolant unterwirft (»Chanson d'Aspremont«, Ende 12. Jh.). Kurz darauf ist K. in der Bretagne (»Aiquin«, letztes Viertel 12. Jh.) und dann kämpft er wiederum gegen Heiden in Italien (»La Destruction de Rome«, Anfang 13. Jh.; »Otinel«, Ende 12. Jh.) und, gerufen vom Hl. Jakobus, in Spanien (→»Entrée d'Espagne«, Mitte 14. Jh.; »Fierabras«, 1. Hälfte 13. Jh.; »Gui de Bourgogne«, 13. Jh.; »Prise de Pampelune«, 13. Jh.; »Roland« gereimt, 13. Jh.). Zwei Ritter (»Gaydon«, 13. Jh.; »Anseis de Carthage«, Anfang 13. Jh.) unterwerfen Spanien definitiv nach Rolands Tod, während der Ks. am Rhein festgehalten ist; denn der Sachsenkg. Guiteclin (→Jean Bodel, »Saisnes«, letztes Drittel 12. Jh.) ist bis nach Köln vorgedrungen. Andere Chansons de geste, wie »Macaire ou La Reine Sebile« (13. Jh.) oder »Huon de Bordeaux« (verfaßt zw. 1216 und 1229) erwähnen K. bereits als schwächl. Greis, wie ihn schon das »Couronnement Louis« (2. Hälfte 12. Jh.) beschreibt, eine Chanson de geste, in der Wilhelm v. Orange (→Wilhelmsepen) nun die Interessen der Dynastie wahrnehmen muß. H.-E. Keller

Lit.: GRLMA III – Charlemagne et l'épopée romane. Actes du VIIᵉ Congrès Internat. de la Société Rencesvals, 1978 – s. a. →Cantari, →Chanson de geste, →Epos, →Franko-it. Lit.

III. ENGLISCHE LITERATUR: Erzählende Werke zu Stoffen aus dem Sagenkreis um K.d.Gr. sind in England nur spärl. vertreten. Dies liegt teilweise daran, daß die herrschenden Schichten bis weit ins 14. Jh. frz. (anglonorm.) sprachen und kaum Übers.en bedurften. Das Frgm. einer stark vergröbernden Übers. des »Chanson de Roland« (ca. 1400; →Rolandslied) ist fast das einzige englischsprachige Zeugnis der heroischen Sagen um K.d.Gr. und seine Paladine. Die übrigen Gedichte um K.d.Gr. gehören mehr in den Bereich der frommen oder sensationellen Wundergeschichten; die meisten befassen sich mit K.s Eroberung des Hl.n Landes und der Bekehrung von Sarazenen. Eine Gruppe behandelt die Gesch. des heidn. Kriegers Ferumbras, der von Oliver in langem Kampf besiegt wird und sich bekehrt: dazu gehören »The Sowdon of Babylon« (ca. 1400) und zwei verschiedene etwa gleichzeitige Gedichte (»Firumbras«) in den Mss. Ashmole 33 und Fillingham. Eine weitere Gruppe kreist um Roland und den getauften Heiden Otuel, das lebhafte Schweifreimgedicht »Roland and Vernagu« aus dem →Auchinleck Ms. (ca. 1330–40) und drei freie Bearbeitungen des frz. »Otinal«: »Otuel and Roland« (Fillingham Ms.), »Otuel, a Knight« (Auchinleck Ms.) und das im N Englands entstandene »Duke Roland and Sir Otuel of Spain« (BM Addit. 31042). Noch militanter ist »The Sege of Melayne« (ebenfalls BM Addit. 31042). Der eigtl. Held ist Bf. Turpin, der selbst K.d.Gr. exkommuniziert, um ihn zur Weiterführung des Krieges gegen die Heiden zu zwingen. Die lebendigste all dieser kurzen Romanzen ist das in kunstvollen Schweifreimstrophen geschriebene »The Taill of Rauf Coilyear« (Schottland, 15. Jh.). Obwohl fast all diese Werke auf frz. Q. zurückgehen, bewahrt kaum eines etwas von dem ursprgl. Geist der frühen →»Chansons de Geste«. D. Mehl

Bibliogr.: ManualME 1.1., 1967 – Ed.: S. J. H. HERRTAGE, E. HAUSKNECHT, et al., The English Charlemagne Romances, I–XII, EETS ES 34–41, 43–45, 50, 1879–87 – F. J. AMOURS, The Taill of Rauf Coilyear, Scott. Alliterative Poems, STS, 27, 1892; 38, 1897 – M. I. O'SULLIVAN, Firumbras [Fillingham] and Otuel and Roland, EETS OS, 198, 1935 – Lit.: D. MEHL, The ME Romances of the 13th and 14th Centuries, 1968 – W. R. J. BARRON, English Medieval Romance, 1987.

IV. DEUTSCHE LITERATUR: K. d. Gr. erscheint erst im 12. Jh. als Thema dt. sprachiger Texte. Bis ca. 1300 ist das K.sthema eingebettet in Werke der Geschichtsdichtung oder der Epik. Erst im späteren MA kommen Texte vor, die Person und Taten K.s als Hauptinhalt haben. Q. der dt. Texte können sein: die lat. historiograph. und chronikal. Überlieferung seit der Karolingerzeit (»Reichsannalen«, »Vita Karoli« Einhards, »Gesta Karoli« Notkers d. Stammlers), die frz. Chanson-de-geste-Dichtung seit dem Ende des 11. Jh. (»Chanson de Roland«, Wilhelmszyklus) sowie lat. legendenhafte Texte seit Mitte des 12. Jh. (»Ps.-Turpin«, »Aachener Vita«). Je nach Q. horizont ist das K.sbild der einzelnen Werke geprägt durch Züge des hist. oder epischen Herrschers oder durch die klerikale Tradition (Hl. Karl).

Die K.sgeschichte der um 1150 in Regensburg entstandenen →»Kaiserchronik« umfaßt rund 800 Vv. In einer Reihe von Erzählungen wird K. als von Gott erwählter Herrscher dargestellt, der von Wundern umgeben ist und selbst Wunder bewirken kann.

Das »Rolandslied« ist eine um 1170 im Auftrag Heinrichs d. Löwen vom Pfaffen →Konrad aus Regensburg verfaßte und von der »Kaiserchronik« beeinflußte Übertragung der »Chanson de Roland« ins Dt. Das frz. Werk wurde durch Gebete, geistl. Ansprachen und bibl. Elemente stark vergeistlicht sowie die Rolle K.s in Richtung eines von Gott auserwählten Herrschers ausgebaut. Intention des Werkes war, den Rang des welf. Auftraggebers durch Berufung auf die Abstammung von K. gegenüber den Staufern zu behaupten, die durch die 1165 bewirkte Kanonisation K.s ähnl. Vorstellungen manifestierten.

Mit dem »Willehalm« →Wolframs v. Eschenbach wird um 1220 ein weiteres Werk der frz. K.sdichtung eingedeutscht. K. erscheint ledigl. als Vergleichsvorbild. Eine aus der K.snachfolge Willehalms abgeleitete Auffassung des Werkes als stauf. Reichspropaganda (J. BUMKE) ist nicht haltbar.

In einer Reihe von Texten erscheint K. nur am Rande als berühmter Nachkomme (»König Rother«, »Flore und Blancheflur«, »Die gute Frau«), als Verehrer von Hl. n (→Heinrich v. Veldeke, »Sente Servas«) oder als vorbildl. Gerichtsherr (→Konrad v. Würzburg, »Der Schwanritter«).

Der »Karl« des →Stricker ist im wesentl. eine Überarbeitung des »Rolandsliedes«. Vers- und Reimtechnik des älteren Werkes werden modernisiert, Widersprüche beseitigt sowie einige Handlungselemente aus der jüngeren »Chanson de Roland«-Tradition hinzugefügt. Aus den Eingangsabschnitten (V. 124–604) wird deutlich, daß der Autor ursprgl. eine eigenständige Konzeption verfolgen wollte. K. wird in diesem Werk als Hl. r bezeichnet. Es könnte im Zusammenhang mit der Einsetzung eines K.skultes in Zürich i. J. 1233 entstanden sein.

In der →»Sächs. Weltchronik« des →Eike v. Repgow

(zw. 1225 und 1260) geht der K.sabschnitt in den Fassungen A und B auf die Chronik →Frutolfs v. Michelsberg zurück und bringt daher v. a. Material aus Einhard und den »Reichsannalen«. Die Fassung C, ein Prosimetrum, erweitert den Text um größere aus der K.sgeschichte der »Kaiserchronik« in Prosa umgesetzte Abschnitte, die wiederum in der Fassung D durch die originalen Versabschnitte der »Kaiserchronik« ersetzt und um Auszüge aus der Chronik →Martins v. Troppau erweitert werden.

Einen Exkurs über Karl d. Gr. enthält auch die →»Braunschweig. Reimchronik« (V. 179–347), wobei die »Aachener Vita« K.s als Q. verwendet worden ist.

Die »Prosakaiserchronik« (»Buch der Könige niuwer ê«), nach 1275 in Augsburg entstanden und im Zusammenhang mit dem →»Schwabenspiegel« überliefert, stellt eine verkürzende Prosaübertragung des K.steils der »Kaiserchronik« dar, die mit Material aus Einhard, den »Reichsannalen« und Notker erweitert wurde.

Der rund 1000 Vv. umfassende K.sabschnitt von Jans →Enikels »Weltchronik« (um 1280) bringt zunächst kurze Angaben über die Ereignisse zw. K.s Regierungsantritt und seiner Krönung zum Ks. Es schließen sich eine Reihe von sagenhaften Erzählungen über K. an (Ritt von Ungarn nach Aachen, K.s Sünde mit der toten Frau, die Erzählung von der Gerichtsglocke, K.s Grab), die erst von Enikel mit K. verbunden worden sind und fortan zum Inventar der K.serzählungen gehören werden.

Ab dem 14. Jh. überwiegt in den K.stexten ein Darstellungsverfahren, das hauptsächl. in der Kompilation des bereits vorhandenen historiograph., epischen, sagenhaften und legendar. Materials über K. besteht.

Hierher gehören der »Karlmeinet«, eine ca. 1320 im Berührungsraum zw. dem Niederrheinischen und dem Niederländischen entstandene große Kompilation von 356 Vv., die die Einzelerzählungen von 'Karl und Galie', 'Morant und Galie', K.s Eroberungszüge und Heidenkämpfe, 'Karl und Elegast' (→Karel ende Elegast) sowie die Rolandsage in der Fassung von Strickers »Karl« mit einem 'Ospinel'-Einschub zusammenfügt. Das Werk wird mit Aachen und der dortigen K.sverehrung in Verbindung gebracht. Eine Einwirkung auf sonstige Texte der ma. dt. Lit. ist nicht nachzuweisen.

Der K.steil der »Weltchronik« →Heinrichs v. München (1320–25) kompiliert Strickers »Karl«, →Ulrichs von dem Türlin »Willehalm« und Abschnitte aus der »Prosakaiserchronik«. Eher lokale Traditionen werden gestaltet in der »Weihenstephaner Chronik«, deren K.steil im wesentl. auf das Werk Enikels zurückgeht, im »Züricher Buch vom heiligen Karl« (Hs. von 1475) oder in dem Regensburger Gedicht »K. d. Gr. und die schott. Hl.n« (zw. 1300 und 1350), einer Mischung aus Legende, Chanson de geste und Kl.gründungs- und Ordensgeschichte.

Eine Prosalegende des hl. K. ist zuerst als Sondergut der »Elsässischen Legenda aurea« überliefert (Mitte 15. Jh.). Q. des knappen Textes ist der »Pseudo-Turpin«. Die Legende wird auch in die spätma. dt. Prosalegendare aufgenommen. K.-E. Geith

Bibliogr.: Verf.-Lex.² (Ed., Lit.) – R. FOLZ, Le souvenir et la légende de Charlemagne dans l'empire germanique médiéval (Publications de l'Univ. de Dijon VII), 1950 – K.-E. GEITH, Carolus Magnus. Stud. zur Darst. K.s d. Gr. in der dt. Lit. des 12. und 13. Jh. (Bibliotheca germanica 19), 1977.

V. SKANDINAVISCHE LITERATUREN: [1] *Norwegen und Island:* In Skandinavien wird K.d.Gr. (als Gestalt der Sage und lit. Überlieferung) zuerst durch norw. Übersetzungen verschiedener frz. Chansons de geste (Ch. de g.) und von Teilen der Ps.-Turpin-Chronik greifbar. Die Übersetzungen (in Prosa) erfolgten – wie auch andere norw. Übersetzungen frz.-höf. Lit. (→Riddarasögur) – in der Regierungszeit Kg. →Hákon Hákonarsons (1217–63) und wurden spätestens um 1300 zu einem Corpus zusammengestellt (»Karlamagnús saga ok kappa hans«, Saga von K.d.Gr. und seinen Kriegern), wobei die kompilierten, meist fragmentar. Hss. nur in der Synopse den gesamten umfangreichen Stoff erkennen lassen. Die Überlieferung von K.d.Gr. ist in einer älteren norw. Fassung (Version A) und einer isländ. Bearbeitung des 14. Jh. (Version B) bewahrt. Es sind ca. 30 (meist fragmentar.) Hss. der Karlamagnús saga erhalten. Der Stoff gliedert sich in folgende Abschnitte: 1. Karls Jugend und Kriegszüge bis zum Spanienfeldzug; 2. Oddgeir Danske (Holger Danske), nach dem 1. Teil der Ch. de g. »Chevalier Ogier de Danemarche«; 3. über Kg. Agulandus, eine Zusammenstellung des 1. Teils der Ps. Turpin-Chronik mit der »Chanson d'Aspremont«; 4. die Sachsenkriege Karls, Kg. Guitalin, nach einer verlorenen Ch. de g.; 5. über K.s Italienfeldzüge und den Recken Otuel nach der »Chanson d'Otinel«; 6. Pilgerfahrt K.s nach Jerusalem und Konstantinopel, nach der »Pèlerinage Charlemagne«; 7. Kampf bei Roncevaux nach einer verlorenen Version der »Chanson de Roland«; 8. Kriegszug in Libyen; 9. Sachsenkriege; 10. K.s Feindschaft mit Oddgeir Danske; 11. über Vilhjálm korneis (Guillaume d'Orange) nach einer verlorenen Ch. de g.; 12. über K.s Tod. Die jüngere isländ. Version zeigt eine Umredigierung der Roncevaux-Episode, die Episoden 8, 9, 10 fallen weg, und die Episode über Olif und Landres sowie einige Passagen aus dem »Speculum historiale« des Vinzenz v. Beauvais treten hinzu.

Insbes. die Episoden 3, 5, 6, 7 und die Landres-Episode waren Vorbild für spätma. Balladendichtungen in Island (→Rímur), auf den Färöern, in Norwegen und Dänemark (→Folkeviser).

[2] *Schweden und Dänemark:* In weitgehender Abhängigkeit von der westnord. K.süberlieferung entstand um 1400 in Schweden der sog. »Karl Magnus«, eine Übers. der Episoden über die Jerusalemfahrt und Roncevaux. In Dänemark bezieht sich die »Karl Magnus krønike« ebenfalls auf die westnord. Überlieferung, bemüht sich aber um eine freiere, kürzere und stringentere Redaktion. Der Text wurde vom 16. bis 19. Jh. in zahlreichen Drucken verbreitet. H. Ehrhardt

Ed.: [Karlamagnús saga]: B. VILHJÁLMSSON, K.s ok k.h., 1–3, 1954² – A. LOTH, K.s, Branches I, III, VII et IX, 1980 [mit frz. Übers.] – engl. Übers.: C. B. HIEATT, K.s, 1–3, 1975–80 – dt. Übers.: [nur Teil 3]: E. KOSCHWITZ (Roman. Stud. 3), 1878 – [Karl Magnus]: G. E. KLEMMING, Prosadikter från Sveriges medeltid, Samlinger udg. Sv. Fornskr.-Sällsk. 28, 1887–89; D. KORNHALL (ebd. 63), 1957 – [Karl Magnus krønike]: P. LINDEGÅRD HJORTH, Univ. Jubilæets Danske Samfund, 1960 – *Bibliogr.:* M. E. KALINKE–P. M. MITCHELL, Bibliogr. of Old Norse-Icelandic Romances, Islandica 4, 1985 – *Lit.:* KL VIII, 286–290 [Lit.] – R. SIMEK–H. PÁLSSON, Lex. der anord. Lit., 1987, 204f. [Lit.] – P. AEBISCHER, Textes norrois et lit. Française du MA, 1–2, 1954–72 – P. FOOTE, The Ps.-Turpin Chronicle in Iceland, 1959 – E. F. HALVORSEN, The Norse Version of The Chanson of Roland, 1959 – C. B. HIEATT, K.s and the Ps.-Turpin Chronicle, Scandinavian Stud. 44, 1974.

3. K. d. J., *frk. Kg.*, † 4. Dez. 811, Sohn Karls d. Gr. und der Hildegard. Nach der Ausschaltung seines ältesten Sohnes Pippin (d. Buckligen) 781/792 standen Karl d. Gr. für seine Nachfolgeregelung K., Pippin und Ludwig (d. Fr.) zur Verfügung. Die Rolle des Ältesten, K.s, bleibt zunächst undeutl., sieht man von einer Statthalterschaft seit 790 in Maine einmal ab; seine Brüder wirkten bereits seit 781 als gekrönte und gesalbte Unterk.e in Italien und Aquitanien. Erst im Zusammenhang mit Karls d. Gr. Ks.erhebung sind Krönung und Salbung K.s zum Kg.

bezeugt. Der Vorrang K.s, der zw. 784 und 808 mehrfach mit militär. Aufgaben v. a. an der Ostgrenze bedacht worden war, erwies sich erst in der →Divisio regnorum v. 806. Ohne Entscheidung über das Ksm. wurde K. hier der frk. Kernbereich zw. Loire und Elbe zugewiesen. Der frühe Tod Pippins (810) und K.s ließen Ludwig d. Fr. die Nachfolge in Ksm. und Reich antreten.   B. Schneidmüller

Lit.: HEG I, 581–583 – NDB XI, 174f. – C. Brühl, Frk. Krönungsbrauch und das Problem der 'Festkrönungen', HZ 194, 1962, 307–312 – P. Classen, Karl d. Gr. und die Thronfolge im Frankenreich (Fschr. H. Heimpel III, 1972), 109–134.

4. K. (II.) der Kahle, Ks., westfrk. Kg., * 13. Juni 823 Frankfurt/M., † 6. Okt. 877 Avrieux/Savoyen, ◻ Nantua, dann St-Denis. Nach der →Ordinatio Imperii (817) aus der zweiten Ehe Ludwigs d. Fr. mit der Welfin →Judith geb., stürzte der aus frk. Erbfolgerecht resultierende Wille zu angemessener Ausstattung K.s das Reich seit 829 in schwere Krisen. In wechselnden Koalitionen rangen Ludwig d. Fr. und seine Söhne um die Reichsteilung. Nach dem Tod des Bruders Pippin I. (838) und des Vaters (840) besiegten K. und Ludwig d. Dt. den ältesten Bruder, Ks. Lothar, 841 in der Schlacht bei →Fontenoy (→Straßburger Eide); 843 kam es im Vertrag v. →Verdun zur Reichsteilung. Den w. Teil, begrenzt durch Schelde, Maas, Saône und Rhône, erlangte K., der seinem regnum im Vertrag v. →Coulaines (Nov. 843) mit dem Adel eine innere, bis 859 freil. bedrohte Grundlage schuf. Prekär waren die Ausgestaltung der karol. Brüdergemeine und K.s Durchsetzung im eigenen Reich, v. a. gegen die Bretonen (→Nominoë, →Erispoë) und gegen die Ansprüche des Neffen Pippin II. auf →Aquitanien. Erst der Akzeptanz des aquitan. Adels verdankte K. seine Herrschaft dort seit 848, während Pippin 852 und endgültig 864 in Kirchenhaft kam. Mehrfache Angebote des westfrk. Adels an Ludwig d. Dt. zur Übernahme der Herrschaft im W erwiesen die labilen Machtgrundlagen K.s, die durch Angriffe der ostfrk. Karolinger (854, 858/859) ernsthaft bedroht waren. Bereits vor dem in Westfranken als Kg. amtierenden Bruder nach Burgund geflohen, vermochte sich K. nur dank der entschlossenen Haltung des westfrk. Episkopats unter Führung →Hinkmars v. Reims 859 zu behaupten. Der Juni 860 in Koblenz geschlossene Friede bescherte dem westfrk. Reich nach dem Abklingen ständiger Invasionen der Normannen eine Phase der Konsolidierung, in der K. seine Herrschaft konsequent sicherte. Im Bund mit geistl. Beratern betrieb er insbes. die Fortentwicklung eines sakralisierten Kgtm.s, deutl. schon 848 in seiner Krönung und Salbung zum aquitan. Kg. durch Ebf. Wenilo v. Sens, fortgeführt in Weiheakten am ältesten Sohn, Karl (d. Kind), zum aquitan. Unterkg. 855, an der Tochter Judith zur engl. Kgn. anläßl. ihrer Vermählung 856 wie an der Gattin Irmintrud 866. Anknüpfend an polit. Traditionen, gepflegt in kirchl. Zentren der →Francia und weitergeführt in der spätkarol. Hofkultur, suchte K. mit den Mitteln seiner Vorfahren zu regieren (→Kapitularien, Entsendung von →Missi) und baute die theoret. Grundlagen der kgl. Amtsgewalt in der Idee des rex christianus weiter aus (bes. auf Hoftagen in Pîtres 862–869). Freil. konnte K. damit den Wandel der Reichsverfassung, die Verringerung kgl. Fiskalguts, den Aufbau adliger Herrschaftskomplexe und die beginnende Feudalisierung der Ämter kaum wirksam aufgehalten werden. Seit 869 wurde K. zum Nutznießer der Auflösung des lotharischen Mittelreichs. Nachdem Kg. Lothar II. v. a. wegen scharfer Opposition im westfrk. Episkopat die Annullierung seiner Ehe und die Legitimierung des Sohnes Hugo nicht hatte durchsetzen können, nutzte K. die Situation bei dessen Tod 869 zum Erwerb Lothringens und zu seiner von Hinkmar v. Reims geleiteten Kg.skrönung in Metz. Damit wurde Ludwig d. Dt. provoziert, mit dem es 870 im Vertrag v. →Meerssen zu einer Teilung Lothringens kam; den Verlust der Aachener Pfalz suchte K. in der Gründung eines Marienstifts in Compiègne und der Errichtung eines Zentralbaus in der Nachfolge Aachens zu kompensieren.

875 konnte K., der sich gegen die Designation des ostfrk. Kg.ssohns Karlmann durch Ks. Ludwig II. die Anwartschaft auf das Ksm. von den Päpsten Hadrian II. und Johannes VIII. gesichert hatte, durch einen raschen Zug nach Rom die Ks.krone erlangen (25. Dez. 875); Johannes VIII., dem päpstl. Coronator, bestätigte und erweiterte er die Pacta zw. röm. Kirche und Frankenherrschern. K.s Bulleninschrift »Renovatio imperii Romani et Francorum« täuschte nicht darüber hinweg, daß er sein Ksm. dem Papst und den Römern verdankte, seine ital. Herrschaft schließlich einer Reichsversammlung vom Febr. 876. Der westfrk. Adel trat im Sommer 876 in Ponthion den ital. Entscheidungen bei. Die Grenzen karol. Ks.politik traten bald zutage: K.s Expansionsversuch nach Ostfranken beim Tod Ludwigs d. Dt. scheiterte (militär. Niederlage gegen Ludwig d. J. im Okt. 876 bei Andernach), und auch ein erneuter Italienzug, gegen die Opposition im westfrk. Adel auf einem Hoftag in →Quierzy (Juni 877) vorbereitet, offenbarte trotz der Bestätigung des Ksm.s die Fragilität westfrk. Politik. Angesichts der Bedrohung durch einen Angriff Karlmanns aus Bayern und der Verweigerung weiterer Hilfeleistung durch den eigenen Adel mußte K. aus Italien fliehen und starb in einem savoyischen Dorf, im westfrk. Kgtm. von seinem Sohn Ludwig II. d. Stammler gefolgt.

K.s Herrschaft steht im Spannungsfeld von Tradition und polit. Wandel, basierend auf einer späten Blüte karol. Kultur im alten frk. Kernraum, schuf aus heterogenen geogr., ethn., kulturellen, sprachl. und hist. Wurzeln die Grundlagen des westfrk.-frz. regnum und seiner Monarchie, die seit dem 10., bes. seit 12. Jh. ihren Anfang in K.s Kgtm. sah (→Frankreich).   B. Schneidmüller

Lit.: HEG I, 590ff. – NDB XI, 175–181 – J. Calmette, La diplomatie carol. du traité de Verdun à la mort de Charles le Chauve, 1901 – F. Lot – L. Halphen, Le règne de Ch. le Ch. I, 1909 – Recueil des actes de Ch. II le Ch. roi de France, I–III, ed. G. Tessier, 1943–55 – J. Fleckenstein, Die Hofkapelle der dt. Kg.e, I, 1959, 142–151 – P. E. Schramm, Der Kg. v. Frankreich I, 1960², 9ff. – P. Classen, Die Verträge v. Verdun und Coulaines 843 als polit. Grundlage des westfrk. Reiches, HZ 196, 1963, 1–35 – K.-U. Jäschke, Die Karolingergenealogien aus Metz und Paulus Diaconus. Mit einem Exkurs über K. 'd.K.', RhVjbll 34, 1970, 190–218 – W. Schlesinger, Zur Erhebung K.s d. K. v. Lothringen 869 in Metz (Landschaft und Gesch. [Fschr. F. Petri, 1970]), 454–475 – J. M. Wallace-Hadrill, A Carol. Renaissance Prince: the Emperor Ch. the Bald, PBA 64, 1978, 155–184 – P. Zumthor, Ch. le Ch., 1981² – J. L. Nelson, Politics and ritual in early medieval Europe, 1986 – P. Godman, Poets and Emperors, 1987 – W. Kienast, Die frk. Vasallität, 1990, 319ff. – Ch. the Bald. Court and Kingdom, ed. M. T. Gibson–J. L. Nelson, 1990² – N. Staubach, Rex christianus. Hofkultur und Herrschaftspropaganda im Reich K.s [im Dr.].

5. K. (III.) der Dicke (Beiname hochma.), Ks., frk. Kg., * 839, † 13. Jan. 888 Neudingen (Donau), ◻ Reichenau. In der 865 und 872 verfügten und nach Ludwigs d. Dt. Tod 876 beschworenen Teilung des ostfrk. Reichs erhielt K. zunächst Alemannien und Churrätien, profitierte aber von der polit. Expansion seiner Brüder Karlmann und Ludwig (d. J.) und ihrem frühen Tod. Nach Ausstattung seines illegitimen Sohns →Arnulf (v. Kärnten) im ö. Bayern trat Karlmann 877 die Herrschaft in Italien an, und Ludwig nutzte die Sukzessionskrise im westfrk. Reich 879 zum Erwerb des w. Lotharingien im Vertrag v. →Ribemont (880). Nach dem Tod der Brüder 880 und 882 fielen ihre regna K. zu, dem bereits am 12. Febr. 881 die Erneuerung des Ksm.s geglückt war. Trotz vielfältiger Anstrengungen war er aber nicht zum effektiven Schutz des Papsttums in der Lage, das sich zunehmend der karol. Familie entfremdete.

Nach dem erbenlosen Tod der beiden westfrk. Kg.e Ludwig III. und Karlmann 882 und 884, die K. zur Sicherung ihrer umstrittenen Legitimität nach dem Tod ihres Vaters Ludwig II. (d. Stammlers) 879 adoptiert hatte, lud der westfrk. Adel unter Umgehung des erst fünfjährigen Postumus Karl III. (d. Einfältigen) K. 885 als Herrscher nach W-Franken ein. Sieht man von dem niemals ganz beseitigten Kgtm. →Bosos v. Vienne (879–887) ab, war damit das frk. Großreich erneut in einer Hand vereinigt. Freil. erwies sich die strukturelle Schwäche von K.s Herrschaft angesichts massiver Normannenbedrohung seit 879, der K. durch Tributzahlungen und ztw. Anerkennung des getauften Normannen →Gottfried in Friesland zu begegnen suchte. Zwar nahm er damit die im 10. Jh. erfolgreichen Praktiken seiner Nachfolger vorweg, aber die Zeitgenossen empfanden das Versagen des chr. Herrschers angesichts heidn. Bedrohung, während gleichzeitig regionale Potentaten wie Gf. →Odo v. Paris erfolgreich die Normannenabwehr organisierten. Zu dieser Umformung polit. Legitimation durch Idoneität trat die fehlende Kraft zur Integration des Großreichs. In ihrer vorwiegend alem. Prägung konnte die →Hofkapelle, der der einflußreiche Bf. →Liutward v. Vercelli vorstand, nicht mehr die unterschiedl. Reichsteile repräsentieren, und die kgl. Urkk. mit ihren gesonderten Datierungen nach Ks.jahren und denen der Herrschaft in O-Franken (Francia), W-Franken (Gallia) und Italien offenbarten diese Summierung sich langsam festigender Teilreiche.

Geprägt durch zunehmenden körperl. Verfall, suchte K. seine Nachfolge v. a. gegen seinen illegitimen Neffen Arnulf zu sichern. Aber sowohl die mit päpstl. Hilfe geplante Durchsetzung von K.s illegitimem Sohn Bernhard 885 als auch die Adoption Ludwigs, Sohns Bosos v. Vienne und der Tochter Ks. Ludwigs II., aus der lothar. Karolingerlinie 887 mißlangen. Der Sturz Liutwards v. Vercelli, sein Parteiwechsel zu Arnulf und die zunehmende Umorientierung der ostfrk. Aristokratie seit Juni 887 markieren das langsame Ende K.s, von dem die Q. ein widersprüchl. Bild geben: Ein gescheiterter Hoftag in Tribur wie ein Zug nach Frankfurt im Nov. 887 zeigten dem Ks. seine Chancenlosigkeit. Mit Duldung des zum Kg. gewählten Arnulf verbrachte K. seine letzten Wochen in Alemannien. Sein Ende dokumentiert das Scheitern des frk. Großreichs, in dessen regna sich Adelsgruppen ihre Kg.e »de suis visceribus« (Regino v. Prüm) erwählten.

B. Schneidmüller

Q. und Lit.: MGH DD Karol. dt. II – HEG I, 618–621 – NDB XI, 181–184 – W. Vogel, Die Normannen und das Frk. Reich, 1906, 260ff. – P. Kehr, Die Kanzlei K.s, 1936 – J. Fleckenstein, Die Hofkapelle der dt. Kg.e, I, 1959, 189–198 – H. Keller, Zum Sturz K.s, DA 22, 1966, 333–384 – E. Hlawitschka, Lotharingien und das Reich an der Schwelle der dt. Gesch., 1968, 26ff. – M. Borgolte, K. und Neudingen, ZGO 125, 1977, 21–55 – E. Hlawitschka, Nachfolgeprojekte aus der Spätzeit K.s, DA 34, 1978, 19–50.

6. K. d. Kind, Karolinger, *Kg. v. Aquitanien*, * 847/48, † 29. Sept. 866 (Krankheit [wohl Epilepsie]) bei Buzançais (dép. Indre), ▭ Bourges, St-Sulpice; Sohn Karls d. Kahlen und der Ermentrud. Um der Sonderrolle Aquitaniens Rechnung zu tragen, ließ Karl d. Kahle K. Mitte Okt. 855 in Limoges zum aquitan. Kg. erheben; er blieb jedoch der Oberherrschaft seines Vaters unterworfen (keine eigene Kanzlei). Mit dessen Hilfe mußte er sich im Innern gegen Aufstände, v. a. gegen den 848 als aquitan. Kg. abgesetzten Pippin II., zur Wehr setzen. Als er 862 die Witwe des Gf. en Humbert (v. Bourges?) heiratete, fiel er beim Vater, der seine Zustimmung verweigerte, in Ungnade. Er wurde nach Compiègne gebracht und erst 865 auf Wunsch der aquitan. Großen wiedereingesetzt. R. Große

Lit.: DBF VIII, 543f. – G. Eiten, Das Unterkgtm. im Reiche der Merovinger und Karolinger, 1907, 165–176 – L. Auzias, L'Aquitaine carolingienne, 1937, 281ff. – J. Martindale, Charles the Bald and the Government of the Kingdom of Aquitaine (Charles the Bald: Court and Kingdom, hg. M. Gibson–J. Nelson, 1981), 109, 114f.

7. K. (III.) 'd. Einfältige', *westfrk. Kg.* 893/898–923, * 17. Sept. 879, † 7. Okt. 929 Péronne, ▭ St-Fursy/Péronne. Als Postumus nach Ludwigs II. Tod aus dessen in ihrer Legitimität angefochtenen zweiten Ehe wurde K. bei den Nachfolgeregelungen im westfrk. Reich 879–888 übergangen. Gegen den robertin. Kg. →Odo wählte eine Adelspartei um Ebf. →Fulco v. Reims und Gf. →Heribert I. K. am 28. Jan. 893 (Todestag Karls d. Gr.) in Reims zum Kg. Trotz zeitweiliger Anerkennung durch →Arnulf v. Kärnten konnte sich K. erst nach Odos Tod 898 durchsetzen. Die Herrschaftskontinuität blieb durch Übernahme von Odos Kanzler →Heriveus gewahrt, aber K. mußte eine erhebl. Schmälerung kgl. Macht hinnehmen. Wichtige kgl. Güter waren an Odos Bruder, Robert v. Neustrien, gelangt; in den wenig übte K. nur noch über Stellvertreter, vornehme Adlige, die als marchiones über die Gf.en traten (Neustrien, Burgund, Aquitanien, Lotharingien), Herrschaft aus. In dieses, das Reich stabilisierende Miteinander von Kg. und Fs.en konnte 911 auch ein Normannenverband unter →Rollo integriert werden (→ Normandie).

Einen Ersatz für den Machtverlust schien K. in Lotharingien, der karol. Stammlandschaft, zu finden. Nach erstem Scheitern 898 gelang 911, beim Tod des letzten ostfrk. Karolingers, Ludwig IV., die Eroberung, gesichert durch enge Bindungen zum lothr. Adel. Als jetzt einziger karol. Kg. griff K. gezielt auf die legitimierende Kraft frk. Tradition zurück. Seit dem Erwerb Lotharingiens nannte er sich wie die frühen Karolinger in den Urkk. 'rex Francorum' und 'vir illustris' und seine Monogramm und Siegel Karls d. Gr. und Karls d. Kahlen nach. Der übersteigerte Anspruch auf Herrschaft über alle Franken, wenn auch real auf die →Francia zw. Rhein und Seine reduziert, und die gezielte Förderung des Lothringers →Hagano auf Kosten des hohen Adels lösten das konsensuale Miteinander von Kg. und Fs.en auf. Selbst ein im Vertrag v. →Bonn 921 erzielter Ausgleich mit dem ostfrk. Kg. Heinrich I. vermochte K. nicht mehr in Franzien zu stützen. Der seit 920 ausbrechende Widerstand führte zur Kg.swahl Roberts (I.) v. Neustrien (20. Juni 922). Auch Roberts Tod in der Schlacht v. Soissons (15. Juni 923) rettete K. nicht mehr; nach der Krönung von Roberts Schwager →Rudolf v. Burgund (13. Juli 923) geriet K. in Gefangenschaft →Heriberts II. in Vermandois, in der er starb. Nur die Flucht seiner zweiten Gattin Edgiva mit dem Sohn Ludwig (IV.) nach England sicherte den Fortbestand der karol. Familie. Das Scheitern fand seinen Reflex in (späteren) Benennungen 'simplex' oder 'stultus'. Gleichwohl muß K. als Bewahrer frk.-karol. Traditionen für das westfrk.-frz. Kgtm. gelten.

B. Schneidmüller

Lit.: HEG I, 735–745 – A. Eckel, Charles le Simple, 1899 – Recueil des actes de Charles III le Simple ..., ed. P. Lauer, 1940–49 [dazu J. de Font-Réaulx, Ann. Univ. Grenoble, sect. lettr.-droit 19, 1943,

29–49] – E. HLAWITSCHKA, Lotharingien und das Reich an der Schwelle der dt. Gesch., 1968 – H. WOLFRAM, Intitulatio II, 1973, 115ff. – B. SCHNEIDMÜLLER, Die 'Einfältigkeit' K.s III. v. Westfranken als frühma. Herrschertugend, SchZG 28, 1978, 62–66 – DERS., Karol. Tradition und frühes frz. Kgtm., 1979, 121–138 – J. EHLERS, Die Anfänge der frz. Gesch., HZ 240, 1985, 1–44 – E. FREISE, Die 'Genealogia Arnulfi comitis' des Priesters Witger, FMASt 23, 1989, 203–243 – K. F. WERNER, Die Ursprünge Frankreichs bis zum Jahr 1000, 1989, 475ff. – NDB XI, 184–188.

8. K. v. Lothringen, westfrk. Karolinger, Sohn von Ludwig IV. →33. K. (Karl, Hzg. v. Niederlothringen).

9. K. v. der Provence, Kg. in Burgund (seit 855), * um 840, † 25. Jan. 863, St-Pierre (-les-Nonnains) bei Lyon.

Als jüngster Sohn Ks. Lothars I. und der Ksn. Jrmingard erhielt er im Sept. 855 bei der Teilung des Mittelreiches durch seinen Vater die prov.-burg. Rhônelande zugewiesen. Seine beiden älteren Brüder, Ks. Ludwig II., der auf Italien beschränkt blieb, und Lothar II., der die frk. Kernlande um Aachen und Metz erbte, protestierten zwar gegen diese Regelung, mußten sich aber auf einem Treffen im Spätsommer 856 in Orbe im Grenzgebiet der drei Reiche wegen der Haltung der prov. Großen, die den Versuch Lothars II. vereitelten, K. in ein Kl. zu stecken, fügen. Diese Großen, v. a. Gf. →Gerhard II. (7. G.), Dux v. Vienne und Lyon, den in den etwa ein Dutzend überlieferten Urkk. K.s mehrfach als Intervenient und Erzieher K.s (nutritor; magister) begegnet, regierten in der Folgezeit fakt. das Reich, da K. (der 855 noch minderjährig gewesen sein könnte) wegen Epilepsie kaum regierungsfähig war. Immerhin ist er im Juni 859 auf dem Treffen v. Savonnières bei Toul zw. Karl d. Kahlen und Lothar II. bezeugt, und noch im selben Jahr scheint er auch an dem Treffen zw. Ludwig II. und Lothar II. im Italischen teilgenommen zu haben, wo das Einvernehmen zw. den drei Brüdern bekräftigt wurde. Der Haltung der meisten prov. Großen war es 861 auch zu verdanken, daß Karl d. Kahle, von oppositionellen Gruppen ins Reich seines Neffen gerufen, unverrichteter Dinge wieder abziehen mußte. Nach K.s frühem Tod wurde sein Reich unter seine Brüder aufgeteilt.

H. Zielinski

Q. und Lit.: Recueil des actes de Provence (855–928), ed. R. POUPARDIN, 1920, 1–27, 125f. – MGH DD Karol. III, ed. TH. SCHIEFFER, 1966 – RII, 3/1, 1991 – Annales Bertiniani, ed. G. WAITZ, 1883 (MGH SRG [in us. schol.] [5] – R. POUPARDIN, Le royaume de Provence sous les Carolingiens (855–933?), 1901, 1–32.

10. K. IV. (K. ist Firmname, Taufname ist Wenzel), röm.-dt. Ks. aus dem Haus →Luxemburg, * 14. Mai 1316 Prag, †29. Nov. 1378 Prag, ▢ ebd., Veitsdom. Eltern: Kg. →Johann v. Böhmen, Přemyslidin →Elisabeth. Am 11. Juli 1346 in Rhens zum röm. Kg. gewählt, am 26. Nov. 1346 in Bonn gekrönt, seit 2. Sept. 1347 Kg. v. Böhmen, am 17. Juni 1349 in Frankfurt a. M. 2. Wahl zum röm. Kg., am 25. Juli 1349 in Aachen 2. Krönung, am 6. Jan. 1355 in Mailand Krönung zum Kg. v. Italien, am 5. April 1355 Ks.krönung in Rom, am 4. Juni 1365 Krönung zum Kg. v. Burgund in Arles. ∞ 1. →Blanca Margarete v. Valois 1329; 2. →Anna v. d. Pfalz 1349; 3. →Anna v. Schweidnitz 1353; 4. Elisabeth v. Pommern 1365; Kinder: vgl. Stammtafel Luxemburger.

[1] *Jugend, Italienaufenthalt:* Kindheit und Jugend zeugen vom Konflikt dynast. Traditionen: Der Taufname war přemyslid., die Erziehung am frz. Kg.shof (1323–30) lux. 1323 gab Kg. Karl IV. v. Frankreich den Firmnamen und verheiratete K. Er wurde u. a. von Pierre Roger (später Clemens VI.) beeinflußt und erhielt eine für Laienfs.en sehr ungewöhnl. Bildung. Der Vater rief K. 1331 nach Oberitalien, wo er als dessen Statthalter zum selbständig Handelnden heranwuchs. Die Umstände der Abreise nach Böhmen (1333) sind dunkel.

[2] *Mgf. v. Mähren, Weg zum Königtum:* Die Verwurzelung K.s in Böhmen verbesserte die polit. Basis der Dynastie durch zunehmende Identifizierung mit der Territorialherrschaft. Der böhm. Adel erzwang 1333 die Auswechselung des Hofs. Den 1334 vom Vater verliehenen Titel »Mgf. v. Mähren« faßte K. nicht als Beschränkung auf. Er restaurierte die Krondomäne in Böhmen und erstrebte Kontinuität zu den Přemysliden. Konflikte gab es mit den Baronen und dem Vater vielleicht bis nahe an 1346. K. wirkte 1336–37 und 1340–41 in Tirol für seinen Bruder →Johann Heinrich, Gemahl der →Margarete Maultasch. Den Umschwung zum Vorwalten K.s bezeichnen erste selbständige Handlungen nach außen 1338 und die fakt. Regierungsübernahme 1342. Mit der Errichtung des Ebm.s Prag 1344 wurde ein přemyslid. Ziel realisiert. Aus der Rivalität um das röm. Kgtm. schied Habsburg wegen der Krankheit Hzg. →Albrechts II. aus; infolge der Probleme →Ludwigs d. Bayern wuchs die Hoffnung der Luxemburger. Nach dem Verlust Tirols an Ludwig gelang ein Konsens mit Habsburg (1341, 1344). Clemens VI. versöhnte (1342) K.s Großonkel Kfs. →Balduin v. Trier mit der Kurie; gegen große Zugeständnisse wurde dieser zum entscheidenden Förderer K.s. Nach intensiven Kontakten mit Avignon (1340, 1344, 1346) und dem neuerl. Scheitern der Rekonziliation Ludwigs fand der Wahlaufruf des Papstes bei vier Kfs.en Gehör; der Mainzer Ebf. →Heinrich v. Virneburg war durch →Gerlach v. Nassau ersetzt worden. So wurde K. 1346 gewählt und nach päpstl. Approbation gekrönt. Zuvor hatte er große Zugeständnisse beschworen, bes. für Italien, aber nicht ausdrückl. die Ungültigkeit der Handlungen Ludwigs in Deutschland zugestanden. Später erwiesen sich die Zusagen größenteils als überholt. Die Anfänge K.s als Kg. waren sehr mühsam; Vater und Sohn gerieten in die Katastrophe der Franzosen bei →Crécy (29. Aug. 1346): K. entkam verwundet. Da starb Ludwig am 11. Okt. 1347. Die gebannten Wittelsbacher versuchten vergebens, Kg. →Eduard III. v. England und Gf. →Günther v. Schwarzburg als Nachfolger zu präsentieren. Durch ein Heiratsbündnis mit dem Pfgf.en spaltete K. die Gegner im S, im N spielte er den falschen →Woldemar aus. Die Habsburger ließen sich 1348 belehnen, mit den Wittelsbachern gelang 1350 gegen den Widerstand des Papstes eine Aussöhnung. K. ließ sich abermals wählen und krönen.

[3] *Hausmacht, engeres Reich:* K. war wohl der erfolgreichste Hausmachtpolitiker des dt. SpätMA. Der Griff nach großen Teilen des Erbes Ks. Ludwigs gelang. Im W bot die Oberpfälzer Mitgift der 2. Gemahlin (1349) den Kern für »Neuböhmen«; den Weg nach Nürnberg und Frankfurt a. M. sicherten kleine Rechte in Franken. Im N löste K. 1364 die Niederlausitz ein (Kauf 1367), übernahm die Verwaltung der Mark Brandenburg 1365 und erwarb sie 1373 (s. a. →Landbuch von 1375). Im O wurde der Erwerb Schlesiens mit Hilfe der 3. Ehe K.s mit der Erbnichte Bolkos v. Schweidnitz-Jauer vollendet (Erbfall 1368). Nach S respektierte K. Habsburg. Das 1354 zum Hzm. erhobene Luxemburg überließ K. dem Stiefbruder Wenzel. Ererbtes und Erworbenes sicherte K. durch Inkorporation in die Krone Böhmen, sie sollte Überpersönliches verkörpern und wurde mit dem Wenzelskult verbunden. 1348 errichtete K. in →Prag die erste Univ. im Reich n. der Alpen und gründete die großzügige Neustadt. Als K. über die Krondomäne hinausgreifen wollte, scheiterte er, so 1355 mit dem Landrecht (→Maiestas Carolina); denn den böhm. Adel konnte K. nicht bezwin-

gen. Doch wurde Prag zur Hauptstadt in einem bisher im Reich unbekannten Maß. Böhmen war fester eingefügt denn je, etwa ein Viertel des engeren Reichsgebietes war 1378 lux. Außerhalb von Krondomäne und Hausmacht war K. mehr auf Politik als auf Regierung verwiesen. Der Schwund des Reichsguts setzte sich fort. In den königsnahen Landschaften fand er die besten Helfer. K., erstmals als Kg. selbst Kfs., verstand es, seine Interessen mit denen der Kfs.en zu parallelisieren; dies führte u.a. zur →Goldenen Bulle (1356). Es gelang, den Schwiegersohn Hzg. →Rudolf IV. v. Habsburg (→Privilegium maius) abzufangen (Erbeinung 1364). – Die Städtepolitik K.s war fiskalisch. Lange Zeit hat er ständ. einheitl. Bünde hintangehalten. Führende Reichsstädte waren Partner, bes. →Nürnberg mit deutl. Hauptstadtfunktionen. Der →Schwäb. Städtebund (1376) konnte nicht mehr gebändigt werden. Auch mit Hilfe des Vikariats (Balduin v. Trier, Wenzel v. Luxemburg) war die Distanz zum W des Reiches nicht auszugleichen, die Grenze konnte gerade noch gehalten werden. Das königsferne n. Drittel des Reiches erreichte K. besser als irgendein anderer Kg. (Besuch in Lübeck 1375).

[4] *Päpste, Kaisertum, dynastische und äußere Politik:* Als erster Kg. seit langem war K. den Päpsten gewachsen, wobei ihm deren Schwäche (und die Krise des frz. Kgtm.s) zugute kam. An grundsätzl. Übereinstimmung hielt er fest. So wurde die Ks.krönung auf den 1. Italienzug (1354–55) erreicht. Auf dem 2. (1368–69) gab es ein gemeinsames Handeln des Ks.s und des nach Rom zurückgekehrten Papstes. Weder von diesem noch von →Petrarca und →Cola di Rienzo ließ sich K. davon abbringen, nur minimalen Einsatz in Italien zu wagen. Er erreichte gleichwohl Anerkennung wie kaum ein anderer dt. Herrscher, auch in Mailand (Krönung) und Florenz. Die Krönung in Burgund hat den Schwund der kgl. Positionen kaum aufhalten können. Savoyen und Genf wurden 1361 zum dt. Regnum geschlagen, 1348 war Avignon aus der Lehnshoheit entlassen worden. 1349 hatte K. die Gft. Vienne (Dauphiné) dem frz. Thronfolger übertragen; der Übergang der Vikariatsrechte über Restburgund an diesen (1378) war wohl Teil des dynast. Geschäfts am Lebensende.
Die lux. Tradition, die auf das frz. Kgtm. verwies, wurde nicht vernachlässigt; entscheidend war aber das Kräftespiel zw. Böhmen, Polen, Ungarn und Österreich. K. erstrebte ein altes Přemyslidenziel, den Erwerb Polens. 1372 schien durch die Verlobung des Sohnes →Siegmund mit der Erbtochter Kg. Ludwigs der Erfolg nahe. Die Voraussetzungen dafür wurden 1377–78 auf der letzten großen Reise K.s in Paris geregelt. Da aber die älteste Tochter Ludwigs starb, wurde Siegmund auf Ungarn umgelenkt. K.s ältester Sohn →Wenzel, seit 1363 Kg. v. Böhmen, wurde erstmals seit der Stauferzeit zu Lebzeiten des Vaters zum röm. Kg. gewählt (10. Juni 1376) und gekrönt. Kfs.en und Papst hatte K. willfährig gemacht. 1378 brach das →Abendland. Schisma aus. K. traf, vielleicht ungenügend unterrichtet, eine Entscheidung zugunsten des röm. Papstes.

[5] *Religiöses, Kultur, Regierung, Verwaltung:* K. war von tiefer Frömmigkeit erfüllt, die sich nach außen bes. in Stiftungen, Hl.nverehrung und Reliquienkult kundtat. Bes. verpflichtet fühlte er sich dem hl. →Wenzel, dem eigtl. Herrn Böhmens, und →Karl d. Gr. Seine hohen Würden trug er im Bewußtsein, von Gott geführt zu sein, und verband damit viel Sinn für herrscherl.-dynast. Repräsentation. K., der tschech., dt., frz., it. und lat. sprach, dürfte kein nat. Bewußtsein im modernen Sinn besessen

haben; in Böhmen wirkte er sprachl. ausgleichend. Er war ein Freund und Förderer von Kultur und Kunst. Das geistige Leben am Hofe, besser Vorhumanismus denn Frühhumanismus, war inselhaft und ohne wirkl. selbständige Begründung in der Antike, aber für dt. Verhältnisse fruchtbar als lit.-gelehrte Lebenshaltung. Die Rolle der →Kanzlei für die Sprachgesch. ist stark überschätzt worden. Baukunst, Plastik und Malerei in Prag (Burgneubau seit den 30er Jahren, Veitsdom seit 1344, Karlsbrücke seit 1357), in →Karlstein und Nürnberg führen K.s Welt vor Augen. Prag wurde zum ausstrahlenden Mittelpunkt.

K. führte die dt. Zentralgewalt im SpätMA auf den Höhepunkt. An K.s Regierungsapparat, prakt. ident. mit dem Hofstaat, wurden relativ am gleichmäßigsten Mitarbeiter aus dem ganzen Reich gebunden. Organisation und Arbeitsqualität verbesserten sich beträchtl. Hierbei wirkten Anregungen aus W-Europa und von der Kurie und langfristige Prozesse (Verschriftlichung). Die Kanzlei war vom Großbürgertum beherrscht, das fast alle Kanzler K.s und Wenzels (1332–96), auch →Johann v. Neumarkt (1354–71/74), stellte. Politik und Wirtschaft konvergierten deutlicher als bei jedem Vorgänger; doch ist ökonom. Langfristiges nicht leicht mit der Ereignisgesch. zu verbinden, auch nicht mit der Großen →Pest (1347ff.) und der Krise seit etwa 1350 oder in Böhmen seit etwa 1370. Bei fast allen Aktionen K.s ist auf das Geld zu achten. Auch insofern bestand ein Zusammenhalt mit Hausmacht und den Kernländern des Reiches, bes. (wie beim Itinerar) eine »Querachse« von Frankfurt a.M. bis Breslau.

K. ist die größte Herrscherfigur des dt. SpätMA, wohl auch der erste unter den großen europ. Kg.en des späten 14. Jh. Er hat die Herrscherpflichten ernst genommen; Realismus und Beweglichkeit, ja Unbedenklichkeit suchten lange Zeit beharrl. verfolgte Ziele zu erreichen. K.s großes, kaum auf das Schwert, viel mehr auf Politik gegründetes Werk wurde bald vielfach pervertiert und kam in den Grundzügen zuletzt den Habsburgern zugute. Brüchig hinterließ K. die Basis der Dynastie, die Stellung in Böhmen, so daß sein System hier nur kurzen Bestand hatte. Doch blieb der Länderkomplex der Luxemburger im großen und ganzen beisammen, so daß das Reich als Pertinenz einer starken Hausmacht weiterhin verfügbar war; auch der Verlagerung des Kgtm.s in den O des Reiches erhielt sich. Wenngleich sich die Basis des Kgtm.s wieder deutlich verengte, blieben die Grundlagen karol. Stabilisierung (Goldene Bulle) erhalten. P. Moraw

Q.: RI VIII, 1877, Additamentum, 1889 – RTA 1, 1867 – *Erzählendes:* Font. rer. Bohem., Bd. 4, 1884 – Reg. diplomatica nec non epistolaria Bohemiae et Moraviae, hg. J. EMLER u.a., Bd. 3–7, 1890–1963 – Monumenta Vaticana res gestas Bohemicas illustrantia, hg. L. KLICMAN u.a., Bd. 1–4, 1903–54 – MGH Const. VIII, 1910–26; IX–XI, 1974ff. – Karoli IV Imp. Rom. vita ab eo ipso conscripta, hg. K. PFISTERER–W. BULST, 1950 – Bulla aurea Karoli IV. imperatoris anno MCCCLVI promulgata, bearb. W. D. FRITZ (MGH Fontes XI, 1972) – *Lit.:* E. WERUNSKY, Gesch. Ks. K.s IV. und seiner Zeit, Bd. 1–3, 1880–92 – J. ŠUSTA, Karel IV. Otec a syn 1333–1346, 1946 – DERS., Karel IV. Za cisarskou korunou 1346–1355, 1948 [= České dějiny II, 3, 4] – Z. FIALA, Předhusitské Čechy, 1978 – Der dt. Territorialstat im 14. Jh., hg. H. PATZE, Bd. 1–2 (VuF 13, 14, 1970–71) – W. V. STROMER, Obdt. Hochfinanz 1350–1450 (Beih. VSWG 55–57, 1970) – H. THOMAS, Zw. Regnum und Imperium, 1973 – F. SEIBT, K. IV., 1978[3] – Ks. K. IV., Staatsmann und Mäzen, hg. F. SEIBT, 1978 – Ks. K. IV. 1316–1378, hg. H. PATZE, 1978 [= BDLG 114] – P. MORAW, Ks. K. IV. 1378–1978, Politik, Gesellschaft, Geschichtsschreibung (Gießener Festg. für F. GRAUS, 1982), 224–318 – K. IV., hg. E. ENGEL, 1982 – Karolus Quartus, 1984 – F. KAVKA, Am Hofe K.s IV., 1990.

11. K. IV. (Charles le Bel), *Kg. v.* →Frankreich 1322–28, getauft am 18. Juni 1294 in Creil, † 1. Febr. 1328 in Vincennes; ⚭ 1. Blanche de Bourgogne, die er 1314 verstieß (sie beschloß 1326 ihr Leben im Konvent v. Maubuisson), 2. 1322 (nach offizieller Annullierung der 1. Ehe) Maria v. Luxemburg († 1324), 3. Jeanne d'Évreux. Da K. nur Töchter hatte, ging das Kgtm. über seine Erbtochter Blanche an →Philipp (VI.) v. Valois (→Valois) über. – K., der 3. Sohn Philipps IV. des Schönen, war seit 1314 Gf. v. der →Marche und folgte als Kg. 1322 seinen beiden Brüdern Ludwig X. und Philipp V. nach. Im Innern wurde unter seiner Regierung eine Reorganisation des Finanzwesens und der Verwaltungsinstitutionen (→Trésor, →Chambre des comptes, →Parlement) vorgenommen; der Weg hierfür wurde durch Hinrichtung des Trésoriers Philipps V., Giraud Guette, und Konfiskation seiner Güter freigemacht. Unter den »causes célèbres« der Zeit K.s waren auch die Prozesse gegen Amaury v. Narbonne (1323), dem der Kg. verzieh, und Jourdain de l'Isle (1325), den er henken ließ.

Im übrigen wurde die Politik unter K. von den Spannungen mit →England, im Vorfeld des →Hundertjährigen Krieges, bestimmt. Sie kulminierten in der Guerre de →St-Sardos, ausgelöst durch Grenzzwischenfälle, und in der Konfiskation und Besetzung des Hzm.s →Guyenne (1324), die K.s Onkel →Karl v. Valois durchführte. Nachdem nur Bordeaux, Bayonne und St-Sever in engl. Hand verblieben waren, wurde nach mühsamen Verhandlungen durch päpstl. Vermittlung 1325 ein Vertrag beschlossen, der die Rückgabe des Hzm.s Guyenne an England vorsah, doch sollten die Amtsträger (mit Ausnahme der Kastellane) nicht mehr vom Kg.-Hzg., sondern vom Kg. v. Frankreich ernannt werden. Den Lehenseid sollte nicht der Kg. v. England selbst, sondern Prinz →Eduard (III.) leisten. Nicht zuletzt wegen d. Einbehaltung großer Gebiete durch Frankreich (v. a. des →Agenais) lehnte Kg. Eduard II. schließl. die Annahme des Hzm.s ab und desavouierte so seinen Sohn. Erst nach dem Sturz Eduards II. wurde das Hzm. Guyenne von Eduard III., gegen Versprechen einer Kriegsentschädigung, in Besitz genommen (31. März 1327). In →Flandern sah sich K. gegen die heftigen Aufstände zu erneutem militär. Eingreifen veranlaßt. Das von ihm 1325 in St-Omer versammelte Heeresaufgebot *(ost)* kam wegen des Friedensschlusses v. Arques jedoch nicht zum Einsatz.

K.s 2. Ehe mit der Luxemburgerin Maria bildete für einige Gruppierungen am Hofe den Anlaß, die polit. Orientierung stärker auf Ks. →Ludwig den Bayern, der in heftigem Konflikt mit Papst →Johannes XXII. stand, zu richten. E. Lalou

Lit.: P. Bonnassieux, Un baptême royal au M-A, Cabinet hist., 1881, 183–190 – C. Couderc, Étude sur le gouvernement de Charles IV [Positions de thèses de l'Éc. des chartes, 1886, 55–63] – J. Waquet, La politique étrangère de la monarchie française sous Charles le Bel (1322–28) [ebd., 1938, 107–114].

12. K. V., Kg. v. →Frankreich 1364–80, * 21. Jan. 1338 auf Schloß Vincennes, † 16. Sept. 1380, Sohn von Kg. Johann (→Jean) II. dem Guten und Guda (Bonne) v. Luxemburg, Tochter Kg. →Johanns v. Böhmen; ⚭ Johanna (→Jeanne) v. Bourbon († 1378), acht Kinder, doch überlebten nur →Karl (VI.) und →Ludwig v. Orléans. – Als erster Thronerbe trug K. den Titel eines →Dauphin (aufgrund des Erwerbs des →Dauphiné, 1349). K. erhielt 1355 das Hzm. v. Normandie; damit wurde er aufs engste in den Kampf des Kgtm.s gegen →Karl den Bösen und seine Anhänger einbezogen. Nach →Poitiers (19. Sept. 1356), wo er das Schlachtfeld verließ und so der Gefangenschaft entging, stand er an der Spitze der Regierung und war konfrontiert mit der Opposition der →États généraux, der Agitation Karls v. Navarra und dem Pariser Aufstand unter Étienne →Marcel. Nachdem zwei Marschälle vor den Augen K.s ermordet worden waren, suchte Étienne Marcel die Autorität des Dauphins auszunutzen, indem er ihn zum Regenten ausrief (März 1358). Doch verließ K. unmittelbar darauf Paris. Die Spaltung der Opposition, nicht zuletzt infolge der ausbrechenden →Jacquerie (Mai–Juni 1358), und die Ermordung Étienne Marcels durch frühere Anhänger (31. Juli 1358) ermöglichten K. die Rückkehr in die Hauptstadt (31. Juli 1358). Der Kg. v. Navarra erklärte ihm den Krieg, der bis zum Frieden v. Pontoise (Aug. 1359) dauern sollte. Nachdem ein Waffenstillstand den Krieg zw. Frankreich und England unterbrochen hatte, wurden die Friedensverhandlungen unter Übergehung des Dauphins geführt, der aber im Mai 1359 einen vom gefangenen Vater angenommenen Friedensvertrag durch die États généraux ablehnen ließ. K. zog die Weiterführung des Krieges einer Zerstückelung Frankreichs vor. Nach einem verheerenden Streifzug *(chévauchée)* Eduards III. sah er sich jedoch genötigt, den Frieden v. →Brétigny-Calais (Mai/Okt. 1360) mit hohen Gebietsverlusten und Lösegeldzahlungen abzuschließen. Nach der Heimkehr Kg. Johanns wieder ins zweite Glied zurückgedrängt, wurde K. anläßlich der freiwilligen Rückkehr des Vaters nach London (Jan. 1364) erneut zum Regenten ernannt und erhielt nach dem Tod Johanns (8. April 1364) den Thron.

Am Anfang der Regierung K.s standen Krieg und Verwüstung; der Kampf, den K. durch seinen Heerführer Bertrand →Du Guesclin gegen Karl v. Navarra (→Cocherel) und die von England unterstützten →Montfort in der →Bretagne führte, endete zwar mit Friedensschlüssen (1365, 1366), doch war damit das Problem der im Lande stehenden Kompanien nicht gelöst. Um diese Söldnerverbände aus dem Gebiet des Kgr.es zu entfernen, setzte er unter Du Guesclin in →Kastilien ein (1366–69), bis sie mit der Wiederaufnahme des Kampfes gegen England neue Betätigung fanden. Der infolge der Appellationen aus der →Guyenne wiederaufgeflammte Krieg wurde 1369–74 von Du Guesclin mit einem kleinen Berufsheer, unter Vermeidung offener Schlachten und in zähem Ringen um einzelne Festungen, insgesamt erfolgreich geführt, doch konnte in den Verhandlungen v. Brügge zwar ein Waffenstillstand, aber kein dauerhafter Friede mit England erreicht werden. Am Ende der Regierung K.s traten erneut Spannungen auf (Konfiskationen der Besitzungen des Kg.s v. Navarra, Konflikt mit dem Hzg. v. Bretagne, 1380 engl. Streifzug unter Buckingham).

K., der mit den →Luxemburgern, der Familie seiner Mutter, stets verbunden blieb, und am Bündnis mit dem Dt. Reich festhielt, empfing 1378 den Besuch seines verehrten Onkels, Ks. →Karls IV., und erlangte – für den Dauphin – die Übertragung des →Reichsvikariats des Arelat. 1378 brach das →Abendländ. Schisma auf, in dem K. den avign. Papst, Clemens VIII., unterstützte. Die innere Politik des Kgr.es war von militär. Erfordernissen bestimmt (Ordonnanzen 1374–75, Aufbau einer →Flotte auf →Clos des Galées). Die anläßl. der Lösegeldzahlungen für Johann II. ausgeschriebene indirekte (→*aides*) und direkte *(fouages)* Steuer wurde unter K. permanent erhoben und von den *élus et généraux conseillers des aides* verwaltet. Umgeben von einem Beraterstab aus →Legisten, denen das Wachstum des monarch. Staates oberstes Gebot war, führte K. in den Krönungseid den Passus ein, nie die Krondomäne zu veräußern. Mit den Ordonnanzen v. 1374, die die Volljährigkeit des Kg.s (auf 14 Jahre festgelegt) und die Vormundschaftsregierung für den minderjährigen Kg. regelten, traf K. eine grundsätzl. Unterscheidung zw. der Person des Kg.s und der Krone (→corona) als überdauernder souveräner Institution der →Monarchie. Durch seine Ordonnanzen hat K. die großen Hofämter der frz. Monarchie organisiert.

Die Persönlichkeit des Kg.s wird verherrlicht durch das »Livre des fais et bonnes meurs du sage roy Charles V« (1404) der →Christine de Pisan, seine polit. Ideen durch den in seinem Umkreis entstandenen →»Songe du vergier«. Der Kg. umgab sich mit Intellektuellen (Nikolaus Oresme, Raoul de Presle, Philippe de Mézières) und ließ Aristoteles, Augustinus und Johannes v. Salisbury übersetzen. Er war Begründer der →Bibliothek des Louvre und ein großer Bauherr (Louvre, Bastille, Hôtel Saint-Pol, Ste-Chapelle in Vincennes) und Förderer der Künste. Zeitlebens von schwacher Gesundheit, hob der Kg. kurz vor seinem Tod die verhaßten *fouages* auf. Schon zu Lebzeiten bildete sich der Mythos eines in seiner Weisheit und Umsicht herausragenden Kg.s v. Frankreich.   F. Autrand

Lit.: A. LEROUX, Nouvelles recherches critiques sur les relations politiques de la France avec l'Allemagne de 1378 à 1461, 1892 – L. DELISLE, Recherches sur la librairie de Charles V, 2 Bde, 1907 – R. DELACHENAL, Hist. de Charles V., 5 Bde, 1909–31 – R. CAZELLES, Société politique, noblesse et couronne sous Jean le Bon et Charles V, 1982.

13. K. VI., *Kg. v.* →*Frankreich* 1380–1422, * 3. Dez. 1368, † 21. Okt. 1422, Sohn von →Karl V. und Johanna (Jeanne) v. Bourbon; ∞ Isabella v. Bayern, zwölf Kinder, von denen sechs überlebten (unter ihnen: Katherina, ∞ Heinrich V. v. England; Kg. →Karl VII.); eine Tochter, Margarete v. Valois, entstammte der Verbindung des Kg.s mit der Mätresse →Odette de Champdivers. – K. empfing, obwohl er noch nicht das in einer Ordonnanz seines Vaters von 1374 vorgeschriebene Mindestalter hatte, am 4. Nov. 1380 die Königsweihe, unterstand aber bis 1388 der Vormundschaftsregierung seiner drei Onkel, der Hzg.e →Ludwig v. Anjou († 1384), Johann (→Jean) v. Berry und →Philipp des Kühnen v. Burgund. Es kam v. a. in den Jahren 1381–83 zu einer Welle schwerer Unruhen, nicht zuletzt wegen des wieder schärferen Steuerdruckes (Aufstände im Languedoc, →Maillotins in Paris, Harelle in Rouen, fläm. Aufstände). Mit dem Sieg v. →West-Rozebeke (1382) über die fläm. Städte gelang eine Wiederherstellung der monarch. Autorität. Aus Sorge um die Fortführung des frz. Bündnisses mit dem Dt. Reich und zur Absicherung der eigenen Machtstellung in den Niederlanden vermittelte Philipp der Kühne 1385 die Heirat des jungen Kg.s mit der Wittelsbacherin Isabella. 1388 übernahm K. persönl. die Regierung, gestützt auf die Beratergruppe der →'Marmousets', die im Sinne der Politik Karls V. die Stärkung der monarch. Zentralgewalt und den Aufbau eines wirksamen Regierungs- und Verwaltungsapparats betrieben. Um die Popularität des jungen Herrschers (Charles 'le Bien-Aimé') zu steigern, veranstalteten sie prunkvolle Feste (Ritterspiele in St.-Denis, Einzug der Kgn. Isabella in Paris) und schickten K. auf eine große Reise ins Languedoc (1389–91). Daß es auch Opposition gab, zeigt der Mordanschlag Hzg. →Johanns IV. v. Bretagne gegen den Connétable Olivier de →Clisson, einen Günstling des Kg.s (1392). Als K. daraufhin zu einem Straffeldzug gegen die Bretagne auszog, trat in Le Mans erstmals die Geisteskrankheit des Kg.s offen zutage, die sich u. a. in Gewalttätigkeit gegen den Bruder äußerte. Die lebenslange Erkrankung bestand in einem Wechsel von manisch-aggressiven und depressiven Phasen, wobei in höherem Alter Depressionen (Nahrungsverweigerung, körperl. Vernachlässigung, Todesvorstellungen, Identitätsverlust) überwogen; ein ambivalentes Verhältnis (»Haßliebe«) zum Bruder Ludwig wird durchgängig deutlich. In längeren Perioden geistiger Wachheit nahm der Kg. dagegen seine Regierungstätigkeit wieder auf und wollte für den Frieden wirken. Als Heilmittel empfahlen die Ärzte Ruhe, die Priester dagegen Gebete für den kranken Kg., was zu einer großen Wallfahrtsbewegung führte. Wuchernde Gerüchte über eine angebl. Vergiftung oder Behexung des Kg.s durch den Bruder Ludwig oder dessen Gattin Valentina Visconti bilden wohl – neben den polit. und kirchenpolit. Gegensätzen – den Hintergrund für die Ermordung Ludwigs auf Befehl Hzg. Johanns (→Jean) v. Burgund (23. Nov. 1407). Damit brach der Bürgerkrieg (→Armagnacs et Bourguignons) offen aus. K. und seine Gattin gerieten 1418 in die Gewalt des Burgunderhzg.s, der sie zur Legitimation seiner Macht benutzte. Nachdem sich K. noch im Vertrag v. →Troyes (1420) zur Enterbung des Dauphins →Karl VII. bereitgefunden hatte, verstarb der Kg. 1422 in tiefer geistiger Umnachtung. Bei seinem Begräbnis in St.-Denis tritt erstmals das kgl. frz. Totenzeremoniell in Erscheinung, mit der auf dem Sarg befestigten →Effigies des toten Herrschers und dem Heroldsruf (dem Sinne nach: »Le roi est mort! Vive le roi!«), Ausdruck des überpersönl. Charakters des Kgtm.s. Die katastrophale polit. und wirtschaftl. Lage in der Ära K.s verhinderte nicht die Fortentwicklung der polit. Strukturen. Die wechselseitige Identifikation der Leiden des beim Volke beliebten Kg.s, der Bedrängnis der Nation und der Passion Christi haben dem entstehenden Nationalgefühl der Franzosen starke Impulse gegeben.   F. Autrand

Lit.: Y. GRANDEAU, La mort et les obsèques de Charles VI, Bulletin philologique et hist. 1970, 1974, 133–186 – J. KRYNEN, Idéal du prince et pouvoir royal en France à la fin du MA, 1981 – F. AUTRAND, Charles VI. La folie du roi, 1986.

14. K. VII., *Kg. v.* →*Frankreich*, * 22. Febr. 1403 in Paris, † 22. Juli 1461 in Mehun-sur-Yèvre; Sohn von Kg. Karl VI. und Isabella v. Bayern. Zunächst Gf. v. Ponthieu, wurde er 1413 mit Maria († 1463), Tochter von Ludwig II., Hzg. v. Anjou und Titularkg. v. Sizilien, und Violante v. Aragón, verlobt. Er stand nun ein Bankreis des Hauses →Anjou, das – engstens verbunden mit dem Hause Frankreich – sich der wachsenden Machtfülle der Hzg.e v. →Burgund entgegenstellte. K. wurde 1416 Hzg. v. Berry und Touraine, 1417 →Dauphin.

Als →*lieutenant général* seines Vaters kämpfte er sowohl gegen die Invasion →Heinrichs V. v. England als auch gegen die Versuche Hzg. Johanns (→Jean sans Peur) v. Burgund, mit Unterstützung von Kgn. Isabella die Regierung des Kgr.es an sich zu ziehen. K., der 1418 der burg. Besetzung von Paris entkam, nahm als Regent, mit Hilfe der →Armagnacs, die Wiederherstellung seiner Herrschaft – von →Bourges, →Poitiers und bald auch von →Tours aus – in Angriff. Ein Ausgleich mit Hzg. Johann erwies sich als unerreichbar; 1419 ermordeten Untergebene des Dauphins, in seiner Gegenwart und mit seiner zumindest stillschweigenden Zustimmung, den Burgunderhzg. auf der Brücke v. →Montereau. Durch den Vertrag v. →Troyes (1420), den K. stets kategorisch ablehnte, zugunsten Heinrichs V. von der Erbfolge ausgeschlossen, konnte der Dauphin die Kontrolle über den südl. Teil des Kgr.es erlangen und heiratete seine Verlobte Maria v. Anjou. Nach dem überraschenden Tod Heinrichs V. (1422), dem wenige Wochen später Karl VI. nachfolgte, stand K., nun als Karl VII. Kg. geworden, in Konkurrenz zu →Heinrich VI., dem Sohn Heinrichs V. und der Katharina.

Der engl. Regent →Johann v. Bedford war bestrebt, die Anerkennung des Vertrages v. Troyes im gesamten Kgr. durchzusetzen. Doch verstand es K., seine Position im wesentl. zu wahren. Das Auftreten der →Jeanne d'Arc (1429) führte zur Aufhebung der engl. Belagerung v. →Orléans und machte dem Kg. den Weg zur Weihe *(sacre)* in →Reims frei. K., dem es auch während dieser dramat. Ereignisse an Kühnheit mangelte, setzte stärker auf eine Versöhnung mit Burgund, die er – um den Preis großer Zugeständnisse – schließlich im Vertrag v. →Arras (1435) erreichte.

Eine durchgreifende Wirkung dieses Bündnisses blieb jedoch aus. Die Herrschaft der Lancaster konnte sich halten, Burgund leistete keineswegs in vollem Umfang die zugesagte Hilfe, und die geringe Autorität des schlaffen Kg.s blieb Zielscheibe des Spottes. Der Adelsaufstand der →Praguerie (1440) offenbarte die Schwäche der Regierung K.s im Innern. Dennoch wurden in dieser Zeit eine Reihe militär. Erfolge erzielt: 1436–41 Rückeroberung der Ile-de-France, Vorstöße nach SW-Frankreich (1442) und in die Normandie (1443). Die Qualität des polit. führenden Hofkreises besserte sich; er war nun geprägt durch die Angevinen (Kg. →René; Karl, Gf. v. Maine), Pierre de →Brezé, Jacques →Coeur, kgl. Mätresse Agnès →Sorel. 1444 wurde erstmals seit einem Vierteljahrhundert ein Waffenstillstand mit England, in Tours, geschlossen, im folgenden Jahr eine militär. Machtdemonstration zugunsten Renés v. Lothringen durchgeführt. Es begann die tiefgreifende Reorganisation des kgl. frz. →Heerwesens, aus der eine wohlgerüstete, dem direkten Befehl des Kg.s unterstehende Armee hervorging. Parallel dazu wurde ein langfristiges Reformprogramm für Verwaltung, Finanzwesen und Rechtsprechung in Angriff genommen. Frankreich stand in diesen Jahren am Beginn eines demograph. Wiederaufstiegs, der sich – trotz einiger Rückschläge – in den folgenden Jahrzehnten fortsetzte.

1448 wurde Le Mans an Frankreich zurückgegeben. 1449 brach Frankreich den Waffenstillstand und eroberte rasch →Normandie und →Guyenne zurück. Die um ihren Brückenkopf →Calais besorgten Engländer eröffneten eine Gegenoffensive, die aber mit Niederlage und Tod des engl. Heerführers John →Talbot bei Castillon endete. →Bordeaux unterwarf sich definitiv der frz. Krone (1453).

Die Spätzeit des in einer Flut von »Publizistik« als »roi très victorieux« gerühmten Kg.s war in starkem Maße von Krisenerscheinungen und Konflikten geprägt. Mit dem Papst, der die 'Pragmatique Sanction' v. Bourges (1438) verwarf und dem Kg. die Zurückhaltung beim →Türkenkrieg verübelte, traten Spannungen auf. Polit. Prozesse führten zum Sturz des mächtigen Hoffinanziers Jacques Coeur (1451–53) und des Hzg.s Johann v. Alençon (1455–58). Die zugunsten der Häuser Orléans und Anjou eingeleitete Italienpolitik geriet wegen ihrer Erfolglosigkeit in öffentl. Mißkredit. In England konnte sich die von Frankreich unterstützte →Margarete v. Anjou, Gattin Heinrichs VI., in den →Rosenkriegen nicht gegen das Haus →York durchsetzen. Ein schwerer Vater-Sohn-Konflikt entspann sich zw. K. und dem Dauphin →Ludwig (XI.), der, gegenüber dem jüngeren Bruder →Charles de France benachteiligt, sich 1447 in seinen →Dauphiné zurückzog, schließlich auf burg. Gebiet Asyl suchte. Die Beziehungen zw. Frankreich und Burgund verschlechterten sich dramatisch (Streit um das Hzm. →Luxemburg). Zur Führung eines Krieges, der 1459–61 drohte, war der gealterte Kg. physisch und psychisch jedoch nicht mehr imstande. Er starb am 22. Juli 1461 und hinterließ zwei Söhne, Ludwig (XI.) und Karl, sowie vier Töchter: Yolande (⚭ Amadeus IX. v. Savoyen), Johanna (⚭ Johann II., Hzg. v. Bourbon), Madeleine (⚭ Gaston v. Foix, Príncipe de Viana) und Radegunde (⚭ Sigmund, Ehzg. v. Österreich).

Der Kg., von wenig stattlichem Äußeren und durch ungünstige Charakterzüge wie Furchtsamkeit, Mißtrauen, Trägheit und – in seiner zweiten Lebenshälfte – übersteigerte Sinnlichkeit geprägt, hatte andererseits eine hohe Auffassung von seiner herrscherl. Würde und zeigte mitunter Scharfblick, Mäßigung und selbst Größe. Sein Anliegen war es, nach verheerenden Bürgerkriegsjahren durch eine liberale Politik die Versöhnung seiner Untertanen herbeizuführen. Seine Regierungszeit fällt in eine Periode machtvoller Einigungs- und Zentralisierungsbestrebungen der frz. Monarchie. Ph. Contamine

Lit.: G. DU FRESNE DE BEAUCOURT, Hist. de Ch. VII, 6 Bde, 1881–91 – M. G. A. VALE, Ch. VII, 1974 – P.-R. GAUSSIN, Les conseillers de Ch. VII. Essai de politologie hist., Francia 10, 1982, 67–130 – B. SCHNERB, Les Armagnacs et les Bourguignons, la maudite guerre, 1988.

15. K. VIII., *Kg. v. →Frankreich 1483–98*, * 1470, †7. April 1498; ⚭ →Anna v. Bretagne, Sohn: Karl Orland († 16. Dez. 1495). – K. stand bis 1492 unter der Regentschaft seiner Schwester →Anna v. Beaujeu und ihres Gatten →Peter. Schon frühzeitig bestanden Pläne, dem von →Neapel bedrohten Papsttum durch einen Feldzug unter Führung des 1482 zum päpstl. Gonfaloniere erhobenen Dauphins beizustehen. Nachdem K. 1488 von vertriebenen neapolitan. Großen zu Hilfe gerufen worden war, bereitete er – vom Geist →Ludwigs des Heiligen durchdrungen – in den Jahren 1492–93 seinen großen Italienfeldzug vor, indem er dem Kgr. inneren und äußeren Frieden sicherte, durch Rückerstattung eroberter Gebiete (Verträge v. Étaples, Senlis und Barcelona) wie durch Begleichung der hohen Schulden. Der plötzl. Tod Kg. →Ferdinands I. (Ferrantes) v. Neapel († 25. Jan. 1494) ermöglichte K. die Geltendmachung seiner Rechte, mit nur halbherziger päpstl. Unterstützung. Ein Hauptziel der kgl. Politik war wohl die Gewinnung Neapels als Brückenkopf für einen Kreuzzug. Nach der Härte des winterl. Alpenübergangs wurde die Fahrt durch Italien zum Triumphzug. K. ritt als 'rex pacificus' auf einem Esel in Neapel ein und bekundete kgl. Freigebigkeit durch großzügige Verteilung von Kriegsbeute und eroberten Gebieten. Der Rückweg nach Frankreich wurde ihm durch die von Spanien unterstützte Liga (Venedig, Mailand) versperrt. Trotz seines mit persönl. Tapferkeit bei →Fornovo (5./6. Juli 1495) erfochtenen Sieges erreichte er Lyon erst am 7. Nov. 1495. Noch in Oberitalien hatte er einen immerwährenden Vertrag mit den →Eidgenossen geschlossen.

Bald ging das eroberte Neapel an den span. Konkurrenten verloren, wenngleich sich im S des Kgr.es noch starke frz. Verbände unter dem Marschall d'Aubigny hielten. Die zum Unterhalt dieser Truppen erforderl. Geldmittel wurden vom Kg. zwar bewilligt, ihre Überweisung aber durch den mächtigen *Général des finances* →Guillaume Briçonnet verschleppt.

K., der in →Amboise als bedeutender Bauherr hervorgetreten war, starb in diesem Schloß an einer Herzkrankheit. Der kleinwüchsige Kg., gerühmt von Zeitgenossen (Sanudo) wegen seiner Begabung und Frömmigkeit (nach dem Bf. v. Arezzo nur mit erot. Verlangen im Kampf lag), zeichnete sich nach Commynes durch Mäzenatentum und christl. Reformwillen aus.

Y. Labande-Mailfert

Lit.: C. G. DE CHERRIER, Hist. de Ch. VIII, 2 Bde, 1871 – Y. LABANDE-MAILFERT, Ch. VIII et son milieu, 1975 – A. LAPEYRE, Les notaires et secretaires du roi..., 2 Bde, 1978 – Y. LABANDE-MAILFERT, Ch. VIII, 1986.

16. K. II., 'der Böse', Kg. v. →Navarra und Gf. v. →Évreux 1349–87, * 1331, † 1. Jan. 1387 in Pamplona (vielleicht bei einem Unfall verbrannt); Sohn von Philipp III. v. Navarra († 1343) und Gfn. Johanna II. v. Évreux († 1349), Tochter Kg. Ludwigs X. v. Frankreich. K.s Beiname, der in die historiograph. Tradition Frankreichs (nicht aber Navarras!) einging, stammt von den navarres. Chronisten d'Avalos de la Piscina (16. Jh.), dessen Vorfahren von K. wegen Verrats bestraft worden waren. K.s polit. Streben war bestimmt von der Doppelrolle als Kg. v. Navarra und als Abkömmling des frz. Kg.shauses der →Kapetinger. Waren die mütterl. Ansprüche auf den frz. Thron 1316 abgewiesen worden, so war K. auf ein 'grand office' der Krone Frankreich aus, das ihm bestimmenden Einfluß sichern sollte. Im Zuge seiner Intrigen (u. a. Paktieren mit England) ließ er im Jan. 1354 den Favoriten des frz. Kg.s, Charles d'→Espagne, ermorden. Der gleichwohl versöhnungsbereite Johann II. vermählte K. mit seiner Tochter →Johanna, setzte andererseits den Dauphin →Karl (V.) zum Hzg. v. →Normandie ein, um K.s Machtposition zu untergraben und ließ ihn schließlich 1356 gefangensetzen. Dies provozierte das Eingreifen der Engländer, die von K.s jüngerem Sohn Philipp v. Navarra über die norm. Küstenbesitzungen (Cherbourg, Cotentin) ins Land gerufen wurden. Noch in Haft während der dramat. sich zuspitzenden Ereignisse der Jahre 1356/57 (→Frankreich, A VI.), erlangte K. seine Freiheit Ende 1357 zurück, schloß sich seinen Pariser Verbündeten an und schlug im Juli 1358 den Bauernaufstand der →Jacquerie nieder. Ohne den erwünschten Einfluß gewinnen zu können und mehrmals besiegt (→Cocherel, 1364), bedrohte er von seinen befestigten Plätzen im Seinetal jedoch weiterhin die Position des Kgtm.s; auf das Angebot Karls V., die Herrschaften an der Seine gegen →Montpellier einzutauschen, ging er nicht ein. Trotz Anklagen des Verrats und Giftmords an Karl V. konnte er sich, nicht zuletzt dank engl. Hilfeleistungen über →Bayonne (Navarra selbst besaß keinen eigenen Hafen), behaupten.

Doch veranlaßten ihn seine Mißerfolge auf dem frz. Schauplatz seit 1361 zum Rückzug in sein Kgr. Navarra. Hier löste er die Statthalterschaft seines jüngeren Bruders ab, residierte vorwiegend in →Pamplona sowie Olite, →Tudela und Estella, baute eine Zentralverwaltung unter starker Beteiligung von Navarresen auf (*Cámara de Comptos*, 1365) und förderte Handel, Gewerbe, Wiederbesiedlung und Judengemeinden. Er nahm diplomat. Beziehungen zu Aragón auf und stand im kast. Thronstreit – gemäß seiner zumeist proengl. Haltung – im Gegensatz zu dem von Frankreich unterstützten →Heinrich II. Trastámara. Mehrfach gegen Kastilien unterlegen (Briones, 1379), konnte er dennoch die Situation seines Kgr.es allmähl. verbessern, beteiligte sich auch an auswärtigen Unternehmungen (1371: Albanienfeldzug seines Bruders Ludwig im Dienst seines Schwagers Karl v. Durazzo, 1384: Mitwirkung seines Sohnes Karl an einem Kriegszug Kastiliens gegen Portugal) und stellte so das Ansehen der Krone Navarra wieder her. B. Leroy

Lit.: M. SECOUSSE, Mém. pour servir à l'hist. de Charles II, 1758, 2 Bde – S. HONORÉ-DUVERGER, L'origine du surnom de Charles le Mauvais (Mél. L. HALPHEN, 1951), 345–350 – A. PLAISSE, Charles le Mauvais, 1972 – B. LEROY, La Navarre au m-â, 1984 – DIES., Autour de Charles le Mauvais, groupes et personnalités, RH 273, 1, 1985, 3–17 – DIES., Les Hommes du pouvoir. Gouvernement et société en Navarre de 1350 à 1425, M-Â 48, 3/4, 1989, 475–490.

17. K. III. der Edle ('le Noble'; Beiname wohl in Abhebung von seinem Vater Karl 'dem Bösen'), Kg. v. →Navarra 1387–1425, † 8. Sept. 1425 in Olite; Sohn von →Karl II. und →Johanna v. Valois, lebte in jungen Jahren als Geisel und enger Verwandter des Kg.shauses in einflußreicher Stellung am frz. Hof, zu dem er auch als Kg. weiterhin starke Bindungen hatte (häufige Aufenthalte in Paris). Vor seinem erst späten Thronantritt hatte er als Infant oft das Amt des kgl. Stellvertreters *(Gobernador)* inne, führte im Namen seines Vaters Truppen in Kastilien und Portugal, ∞ 1375 Leonor, Tochter Kg. →Heinrich II. Trastámara v. Kastilien, als Unterpfand eines Waffenstillstands zw. den beiden Reichen. K.s Regierung war im wesentl. eine Friedenszeit. In seinem nordfrz. Herrschaftsbereich gewann er 1392 das von den Engländern besetzte Cherbourg auf dem Verhandlungswege zurück. 1404 tauschte er die angestammten Besitzungen seines Hauses, die Gft. →Évreux und das →Cotentin, gegen das Hzm. *(duché-pairie)* v. Nemours.

Auf der Iber. Halbinsel unterhielt er gute Beziehungen zu →Kastilien und →Aragón und intensivierte die diplomat. Kontakte, die auch durch die Eheauseinandersetzungen des Königspaares (Kgn. Leonor zog sich für lange Jahre an den heim. Hof in Valladolid zurück) nicht beeinträchtigt wurden. Die wirtschaftl. und sozialen Verbindungen Navarras mit den großen städt. Zentren der Halbinsel (Zaragoza, Barcelona, Valencia, Valladolid) wurden in einer Periode günstiger Konjunkturentwicklung weiterentwickelt. Im Gr. →Abendländ. Schisma optierte Navarra für den avignones. Papst →Benedikt XIII., der als Kard. Familiar des Hofes v. Navarra gewesen war. K. entfaltete ein glänzendes Hofleben (Kg.spalast in →Olite) und beteiligte seine navarres. Untertanen an Verwaltung und Staatsleben. Da die Söhne des Kg.s vorzeitig verstorben waren, vererbte K. sein Reich der mit →Johann (II.) v. Aragón vermählten Tochter Blanca; ihr gemeinsamer Sohn und Thronfolger →Karl, Príncipe de Viana, sollte den navarres. Thron nie besteigen. B. Leroy

Lit.: M. GAIBROIS DE BALLESTEROS, Leonor de Trastámara, reina de Navarra, Príncipe de Viana, 8, 1947, 35–70 – J. R. CASTRO, Carlos III el Noble, rey de Navarra, 1967 – B. LEROY, La cour des rois Charles II et Charles III de Navarre (Realidad e imagines del poder, hg. A. RUCQUOI, 1988), 233–248.

18. K. v. Viana (Carlos, Príncipe de Viana), Prinz v. →Navarra, * 1421, † 23. Sept. 1461, Sohn von Johann v. Trastámara (→Johann II. v. Aragón) und Blanche v. Navarra, der Erbtochter Kg. →Karls III.; ∞ Agnes v. Kleve, keine legitimen Erben, drei außerehel. Kinder. – K., der als anerkannter Thronerbe navarres. Thronerbe mit dem Prinzipat v. Viana ausgestattet war, blieb nach dem Tode der Mutter (1461) dennoch vom Thron ausgeschlossen, da der Vater das Kgr. einbehielt, und sah sich – trotz Verleihung des Kg.stitels durch die →Cortes (1457) – zeitlebens in die Rolle des Thronprätendenten gedrängt. In Olite sorgfältig erzogen, verkörperte K. das Ideal des vollkommenen Ritters wie des Renaissancefs.en, trat als Sammler und Mäzen hervor, veranstaltete glanzvolle Feste, übersetzte Aristoteles ins Kast. und verfaßte 1452 im Gefängnis die »Crónica de los Reyes de Navarra«.

Sein Kampf um den Thron vollzog sich vor dem Hintergrund der dynast. Parteikämpfe der Iber. Halbinsel. K.s Vater Johann war als Abkömmling des Hauses Trastámara bestrebt, Navarra zum Sprungbrett seiner kast. Ambitionen zu machen, während der mit Frankreich verbündete Kg. v. Kastilien seinerseits den Príncipe gegen den Vater unterstützte. Johann ließ K. als Verräter mehrfach gefangensetzen (1451–53, 1460) und trieb ihn 1455–58 ins Exil an den Hof seines Onkels →Alfons V. (Neapel, Barcelona). In Navarra bekämpften sich die →Beaumonteses, geführt von zwei Vettern des Príncipe, und die →Agramonteses, die zu Johann standen. Nach dem Tode Alfons' V. (1458) versperrte Johann seinem Sohn wiederum den Weg zum Thron (in Navarra wie Aragón), indem er den Sohn aus 2. Ehe, →Ferdinand (d. Kath.), zum aragones. Thronfolger proklamierte. Navarra fiel nach K.s frühem Tod über die Schwester Leonor (∞ Gaston v. Foix-Béarn) an das Haus→Foix. B. Leroy

Q. und Lit.: J. M. AZCONA, El príncipe de Viana. Escritos del príncipe, fuentes hist., iconografia, Príncipe de Viana, 2, 1941, 55–83 – G. DESDEVISES DU DEZERT, Don Carlos d'Aragon, prince de Viane, 1889 – J. VICENS VIVES, Juan II de Aragón, 1953 – C. ORCASTEGUI GROS, La crónica de los Reyes de Navarra del Príncipe de Viana, 1978.

19. K. I. v. Anjou, Kg. v. Sizilien, * wohl Ende März 1226, † 7. Jan. 1285 in Foggia, ⌒ Neapel, Dom; Eltern: Kg. Ludwig VIII. v. Frankreich und →Blanca v. Kastilien; ∞ 1. 1246 Beatrix v. Provence († 1267), Tochter Gf. →Raimund Berengars V., 2. 1268 Margarethe v. Burgund († 1308), Tochter Gf. Eudes v. Nevers und Tonnerre. Kinder: legitime: von 1.: Ludwig († 1248), →Karl (II. v. Anjou; † 1309), Philipp († 1277), Robert (?), Blanca (∞ Gf. Robert v. Flandern), Beatrix (∞ Philipp v. Courtenay, † 1275), Isabella (∞ Kg. →Ladislaus v. Ungarn, † 1303); von 2.: Margarethe († nach 1276 in jungen Jahren); illegitime: Karl (Mutter: Lauduna, Witwe Albas v. Tarascon), Sobucia (Mutter: Giacoma, Gemahlin Rogers v. Pietrafiosa).

Als jüngstes Kind Ludwigs VIII. zunächst für den geistl. Beruf bestimmt, rückte K. nach dem Tode seines Bruders Johann in dessen Erbschaftsrechte auf →Anjou und →Maine ein. Über seine Ausbildung ist nichts bekannt. Durch die Heirat mit Beatrix, der Erbin der Provence, erweiterte er seine Machtbasis, mußte dort aber in jahrelangen Kämpfen eine antifrz. Partei in Arles, Avignon, Marseille u. a. niederringen und hatte sich zudem mit einer von seiner Schwägerin Margarethe, Gemahlin seines Bruders Ludwigs IX., angeführten feindl. Gruppe am Kg.shof auseinanderzusetzen. 1248–50 nahm er am erfolglosen Kreuzzug Ludwigs IX. im Nildelta teil. Auf der Suche nach Nachfolgern für die Staufer im Kgr. Sizilien wandte sich Papst Innozenz IV. bereits 1252 an K. (außerdem an →Richard v. Cornwall); damit begannen jahrelange Verhandlungen, die zunächst durch K.s Eingreifen in Flandern auf Seiten der Gfn. Margarethe (1254–56) unterbrochen wurden und zur Übertragung Siziliens an →Edmund, Sohn Kg. Heinrichs III. v. England (1254 und 1255), führten. K. griff ab 1259 nach Oberitalien aus, wo sich Cuneo, Alba, Cherasco u. a. Städte sich ihm unterstellten und die Mgf.en v. Saluzzo, Cravesane und Ceva auf seine Seite traten. Nach dem Ausgleich mit Marseille (1262) nahm K. mit Papst Urban IV. neue Verhandlungen über die Belehnung mit Sizilien auf, die unter Clemens IV. fortgeführt wurden und zu umfangreichen Abmachungen (30. April 1265) führten. Darin verpflichtete sich K., dem Sizilien als Erbkgr. in männl. und weibl. Linie gegen hohe finanzielle Leistungen übertragen wurde, u. a. zu uneingeschränkter Beachtung der Rechte der Kirche, zum Verzicht, die Ks.würde zu erlangen oder die Herrschaft über Reichsitalien zu erstreben (und damit den Kirchenstaat nicht zu umklammern, wie es die letzten Staufer getan hatten), und in Sizilien den Rechtszustand unter →Wilhelm II. wiederherzustellen. Am 24. Mai 1265 traf K. auf dem Seewege in Rom ein und wurde dort am 6. Jan. 1266 zum Kg. gekrönt. Am 26. Febr. 1266 besiegte er Kg. Manfred in der Schlacht b. →Benevent, der den Tod fand.

1267 griff er zugunsten der →Guelfen in der Toskana ein, wo Florenz die Hochburg einer guelf. Ideologie des Zusammengehens freier Kommunen, des Papsttums, der Anjous und Frankreichs gegen die dt. Herrscher und die →Ghibellinen wurde; als »Friedensstifter« und Reichsvikar wirkte er seitdem in der Toskana. Geheime Verträge mit Ks. →Balduin v. Konstantinopel vom 27. Mai 1267 leiteten seine seitdem bestimmende Politik der Errichtung eines Imperiums im ö. Mittelmeerraum ein. Zuvor jedoch mußte er den letzten Staufer →Konstantin niederringen, den er in der Palentin. Ebene ö. von →Tagliacozzo schlug und nach seiner Gefangennahme nach einem zweifelhaften Verfahren am 29. Okt. in Neapel hinrichten ließ. Danach wandte sich K. dem Ausbau seiner Herrschaft nach zentralist. stauf. Vorbild zu. Mittelpunkt war die »magna regia →curia« mit den traditionellen Hofämtern. Bes. Gewicht wurde auf die Organisation von Heer und Flotte gelegt. Mitwirkende Ständeversammlungen gab es vor 1283 nicht. Die Einteilung des Kgr.es erfolgte nach stauf. Zeit in Justitiariate (→Justizwesen, II). Alle hohen Ämter waren in Händen von Franzosen und Provenzalen, die auch vielfach in Lehen von Stauferanhängern einrückten. Sehr bald wurde das von der einheim. Bevölkerung als drückende Fremdherrschaft aufgefaßt. Bedrückend war der Fiskalismus (Einnahmen jährl. ca. 400000 Goldunzen, mehr als doppelt so viel wie der frz. Kg. einnahm), dem keine umfassende Politik zur Hebung der Wirtschaftskraft gegenüberstand. Die Außenpolitik seit 1268 ist geprägt von den Eroberungsplänen im Osten. Am Kreuzzug Ludwigs IX. gegen Tunis, der scheiterte, war K. beteiligt. Die Eheverbindung seiner Tochter Isabella mit Ladislaus v. Ungarn bedeutete den Beginn des Ausgreifens nach Ungarn; auch mit Kg. Rudolf v. Habsburg wurde 1278 eine Eheverbindung eingeleitet. Ebenso wurden die Byzanz-Pläne durch Heiraten seiner Kinder Philipp und Isabella untermauert. In Nordgriechenland und Achaia kam es jedoch nur zu begrenzten militär. Aktionen; allerdings wurde K. 1272 Kg. v. Albanien. Die Pläne wurden behindert durch Papst Gregor X., der die Kirchenunion und einen Kreuzzug plante, ebenso durch Nikolaus III., der K.s Ämter als Reichsvikar in der Toskana und Senator von Rom nicht verlängerte. Durch Kauf der Rechte der Maria v. Antiochia 1277 nannte sich K. auch Kg. v. Jerusalem, übte dort aber nur eine formelle Herrschaft aus. Nach brutalem Eingreifen K.s in die Papstwahl wurde 1281 Martin IV. gewählt, unter dem K. in Allianz mit Venedig die Endvorbereitungen für den Angriff auf Ks. Michael VIII. Palaiologos in Angriff nahm. Das Unternehmen wurde verhindert durch den Ausbruch der →Siz. Vesper am 30. März 1282. Dieser Aufstand in Sizilien führte nach dem Eingreifen Kg. →Peters II. v. Aragón zum Verlust der Insel. Die Wiedereroberung mißlang; das gegen scharfen Protest des Papstes eingeplante Duell zw. Peter und K. bei Bordeaux endete am 1. Juni 1283 in einer Farce. Während der Abwesenheit K.s war sein Sohn Karl (II.) v. Salerno gezwungen, angesichts der seit Clemens IV. ununterbrochenen Klagen der Kirche und des Adels im Parlament von S. Martino (25. März 1283) Reformen einzuleiten; er geriet am 5. Juni 1284 in aragon. Gefangenschaft. K. versuchte nach seiner Rückkehr aus Frankreich nochmals vergebl., die Insel Sizilien anzugreifen; am 7. Jan. 1285 starb er in Foggia. P. Herde

Q. und Lit.: DBI XX, 27ff. [Q.], 199ff. – I registri della cancelleria angioina, ricostr. da R. FILANGIERI..., 30 Bde, 1950–81 – W. A. PERCY, The Revenues of the Kingdom of Sicily under Charles I. of Anjou 1266–1285 and Their Relationship to the Vespers [Diss. Princeton 1964] – P. HERDE, K. I. v. Anjou, 1979 – W. A. PERCY, Italian Quarterly

84, 1981, 69ff.; 85, 1981, 73ff.; 86, 1981, 77ff. – La società mediterranea all'epoca del Vespro (XI Congr. di storia della Corona di Aragona), Bd. I–IV, 1983/84 – J. GÖBBELS, Das Militärwesen im Kgr. Sizilien zur Zeit K.s I. v. Anjou, 1984 – P. HERDE, Guelfen und Neoguelfen, 1986 – DERS., Carlo I. d'Angiò nella storia del Mezzogiorno (Atti ... Convegno internaz. di Studio, Unità politica e differenze regionali nel regno di Sicilia, Lecce-Potenza 19–22 aprile 1989 [im Dr.].

20. K. II. v. Anjou, *Kg. v. Sizilien (Neapel)*, * 1252, † 5. Mai 1309 in Neapel; Eltern: Karl I. und Beatrice, Gfn. v. Provence. 1272 mit dem Fsm. Salerno investiert, übte K. mehrmals die Funktionen eines Generalvikars des Kgr.s Sizilien aus. Während des auf die →Siz. Vesper folgenden Kriegs wurde er von dem aragon. General Roger de →Lauria am 5. Juni 1284 in der Seeschlacht im Golf v. Neapel gefangengenommen und im Kastell v. Cefalù eingekerkert. 1285 mußte er nach dem Tod des Vaters, dessen präsumptiver Nachfolger er war, und dem des Kg.s Peter III. v. Aragón auf seine Rechte auf Sizilien verzichten und wurde nach Katalonien gebracht und erst Nov. 1288 aufgrund der Verträge v. Oloron und Canfranc freigelassen. Als Geisel ließ er den Aragonesen seine Söhne Ludwig, Robert und Raimund-Berengar aus seiner Ehe mit Maria, Tochter Kg. Stefans v. Ungarn; sein Erstgeborener Karl Martell blieb frei. Über Frankreich kehrte K. in das Kgr. Neapel zurück, nachdem er am 29. Mai 1289 von Papst Nikolaus IV. in Rieti zum Kg. v. Sizilien und Jerusalem gekrönt worden war. Die Friedensverhandlungen, die er mit den Aragonesen – unterstützt von Coelestin V. und Bonifatius VIII. – führte, schlossen im Juni 1295 mit dem Vertrag v. Anagni, der die Freilassung der Geiseln und die Ehe seiner Tochter Bianca mit Jakob II. v. Aragón vorsah, aber nicht zur Restitution Siziliens führte, sondern die Wiederaufnahme der Kämpfe bewirkte. Nach dem Tod Karl Martells und dem Eintritt Ludwigs in die kirchl. Laufbahn ernannte K. seinen dritten Sohn Robert zum Generalvikar und übertrug ihm auch die Leitung der militär. Operationen, die 1302 durch den Vertrag v. →Caltabellotta unterbrochen wurden, in dem Friedrich III. auf Lebenszeit der Besitz Siziliens zuerkannt wurde. Der Friede gab K. die Möglichkeit, die Ansprüche seines Enkels Karl Robert (Caroberto) auf das Kgr. Ungarn zu unterstützen und die Anjou-Herrschaft in Piemont mit Annahme des Gf.entitels wiederzuerrichten, während sein Sohn Philipp seine Ansprüche auf das Fsm. Achaia geltend machte. S. Fodale

Lit.: DBI XX, 227–235 – E. G. LEONARD, Gli Angioini di Napoli, 1967, 167–257.

21. K. III. v. Anjou-Durazzo, *Kg. v. Neapel*, * um 1345 (1354 oder 1357) in Monte Sant'Angelo oder in Neapel, † 27. (?) Febr. 1386. Eltern: Ludwig v. Durazzo und Margherita Sanseverino. K. wuchs am Hof von →Johanna I. v. Neapel auf, der sein Vater ihn um 1360 praktisch als Geisel zurückgelassen hatte. Nach dem Tod seines Vaters im Gefängnis zog K. nach Ungarn zu Kg. Ludwig d. Gr. Als einziger männl. überlebender Erbe aus der Linie Durazzo hatte K. Ansprüche auf den angevin. Thron v. Neapel wie auf den von Ungarn. Die Hochzeit (24. Jan. 1370 in Neapel) mit seiner Kusine Margherita v. Durazzo, einer Tochter der jüngeren Schwester Johannas I., Marias v. Anjou, stärkte seine Ansprüche auf das Kgr. Neapel. Ludwig v. Ungarn, der ihn als Nachfolger bestimmen wollte, um dadurch die Vereinigung von Neapel und Ungarn zu erreichen, investierte ihn mit Dalmatien und Kroatien. 1372–75 residierte er in Zadar (Zara), der Hauptstadt seines Hzm.s. Nach der Geburt einer Tochter des Kg.s v. Ungarn und der Hochzeit Johannas I. mit Otto v. Braunschweig verringerten sich jedoch K.s Thronfolgechancen. 1375 verzichtete er auf die Ansprüche auf den ung. Thron, während die ung. Linie ihrerseits ihre Ansprüche auf das Kgr. Neapel aufgab. Mai 1376 reiste er von Zadar nach Italien, wobei er auch seine in Dalmatien geborene Tochter Johanna mit sich führte. Seine Frau nahm ihre Residenz in Neapel, wo im Febr. 1377 Ladislaus zur Welt kam. Ludwig v. Ungarn übertrug K. die Leitung der militär. Operationen und diplomat. Verhandlungen im Krieg gegen Venedig. Juli 1378 begab sich K. zu Papst Urban VI. nach Tivoli. Ende 1379 ließ er die Truppen in der Toskana und reiste nach Ungarn. Aug. 1380 war er wieder in Italien und besetzte mit Unterstützung der guelf. Faktion Gubbio und Arezzo. Nach einem Vertrag mit Florenz zog er im Nov. in Rom ein. Urban VI., der Kgn. Johanna als Schismatikerin abgesetzt hatte, ernannte ihn zum Senator und investierte ihn nach mühsamen Verhandlungen am 1. Juni 1380 mit dem Kgr. Neapel. Am 16. Juli zog er in Neapel ein und wurde dort am 25. Nov. erneut gekrönt, fand jedoch sofort einen Gegner in Ludwig v. Anjou, den Johanna I. adoptiert und zum Erben ernannt hatte, und den ihn unterstützenden Baronen. Schließlich wandte er sich auch gegen Urban VI., um dessen Ingerenzen zurückzuweisen. Der Konflikt mündete in die Gefangennahme des Papstes. Nachdem K. seiner Frau die Regentschaft übertragen hatte, verließ er am 18. April 1384 Neapel, um das Kgr. gegen die Invasion Ludwigs v. Anjou zu verteidigen. Urban VI. nutzte diese Gelegenheit und floh in das Kastell Nocera, wo er am 15. Jan. 1385 K. bannte und absetzte, unter der Anklage, eine Verschwörung im Kardinalskollegium organisiert zu haben. Daraufhin belagerte K. Urban VI.; der Papst konnte jedoch mit Hilfe der Genuesen und eines Teils der Barone entfliehen. K. reiste Sept. 1385 von Barletta aus nach Ungarn und wurde in Buda am 31. Dez. zum Kg. gekrönt. Er wurde jedoch am 7. Febr. 1386 Opfer eines Attentats, an dessen Folgen er einige Tage später starb.
S. Fodale

Lit.: A. VALENTE, Margherita di Durazzo vicaria di Carlo III e tutrice di re Ladislao, 1919 – B. HOMAN, Gli Angioni di Napoli in Ungheria, 1938 – A. CUTOLO, Re Ladislao d'Angiò Durazzo, 1969 – S. FODALE, La politica napoletana di Urbano VI, 1973 – s. a. →Johanna I.

22. K. (III.) Knutsson (Bonde), *Kg. v. →Schweden*, * 1408 (09?), † 1470, Angehöriger des schwed. Hochadels; Eltern: Knut Bonde und Margareta, Tochter des Marschalls und Lagmans in Uppland, Ritter Karl Ulfsson (Sparre av Tofta). 1434 schloß sich K. dem Aufstand Engelbrekt Engelbrektssons (→Schweden) gegen den Unionskg. Erich v. Pommern an, wurde aber nach dem Vergleich zum Marschall *(marsk)* des Reiches ernannt (1435). 1436 ergriff er erneut Partei für den Aufstand und leitete nach Engelbrekts Tod den Widerstand gegen die Union (→Kalmarer Union), 1436–38 als Reichshauptmann, ab 1438 als Reichsvorsteher. Als der dän. und schwed. Reichsrat 1439 →Erich v. Pommern die Gefolgschaft aufkündigte und →Christoph v. Bayerns Thronkandidatur unterstützen wollte, galt es für K., seine zukünftige Stellung zu sichern. Nach Verhandlungen mit den Beauftragten Christophs und dem schwed. Reichsrat bekam er u. a. →Finnland als Lehen und residierte dort auf Schloß Viborg. In Finnland gründete er die Städte Nådendal/Naantali und Raumo, legte die Grenze zw. den Landesteilen Savolaks und Tavastland neu fest und stand in lebhafter Verbindung zu den balt. Städten. Nach Christophs Tod 1448 begab er sich mit starker Militärmacht nach Stockholm und wurde dort zum Kg. gewählt, bevor die Thronfolgefrage in Dänemark-Norwegen gelöst war. Es war ohne Zweifel K.s Absicht, Unionskg. zu werden, er wollte aber zunächst seinen Vorsprung ausnutzen und Gotland, Norwegen und Schonen wieder in das schwed. Reich eingliedern. Diese Pläne wurden jedoch von dem neugewählten Kg. von Dänemark-Norwegen, →Christian v. Oldenburg, vereitelt. Während des Friedenstreffens in Halmstad (1450), auf dem die Wiedererrichtung der Union nach dem Tod beider Monarchen beschlossen wurde, mußte K. seine Expansionspolitik aufgeben. Die Verhandlungen zw. den beiden Kg.en verschlechterten sich ernsthaft, als Christian, seit 1449 mit der Witwe Christophs v. Bayerns, →Dorothea, verheiratet, Ansprüche auf die schwed. Morgengabe seiner Gattin stellte, zu der auch die Eisenerzvorkommen in Närke und Värmland gehörten. Der Konflikt führte zu einem mehrjährigen Krieg; zu K.s Gegnern trat eine wachsende Opposition innerhalb des schwed. Hochadels, v. a. die Adelsgeschlechter Oxenstierna und Vasa. Diese inneren Gegensätze bewirken K.s Sturz: 1457 wurde er aus Schweden verjagt und suchte in Danzig Zuflucht, wo er sich auf die Seite der Gegner des →Dt. Ordens schlug. Auch wenn er noch zweimal als König zurückgerufen wurde (1464-65 und 1467), so doch nur als Werkzeug des schwed. Reichsrats gegen den Kg. v. Dänemark.

In seiner ersten Regierungsperiode versuchte K., seine Macht durch folgende Maßnahmen zu stabilisieren: Die erste in Schwed. überlieferte Münzordnung (1449), Zoll- und Wechselbestimmungen (1453), Einzug von Adelsland (1453). K.s Königtum galt als Symbol für einen im Werden begriffenen schwed. Nationalstaat; er behauptete die Interessen der Staatsmacht gegenüber der Kirche und Lübeck, übte die Reichsregierung mit Hilfe einer Kanzlei aus, der er weitreichende Vollmachten verlieh, betrieb eine geschickte Propaganda zur Erweckung eines schwed. Nationalbewußtseins (»Karlskrönikan«) und legte die Grundlagen für die unionsfeindl. Politik, die unter Gustav Vasa ihren Höhepunkt erreichte.

K. war dreimal verheiratet und wurde von drei Kindern überlebt (eines aus jeder Ehe, einschließlich des minderjährigen Karl, für den er in seinem Testament seinen Schwestersohn Sten →Sture als Vormund bei der Verteilung des Erbes einsetzte). B. Sawyer

Lit.: SBL, s. v.

23. K. I. (Karl Robert ['Caroberto']), *Kg. v. Ungarn*, * 1288 in Neapel, † 16. Juli 1342 in Visegrád (Plintenburg), Sohn von Karl Martell (→Anjou, III) und Klementine v. Habsburg; erhob 1300 den vom Vater ererbten Rechtsanspruch auf den ung. Thron. Obwohl nach dem Tod →Andreas' III. 1301 vom gewählten Ebf. v. Gran gekrönt und vom Papst massiv unterstützt (durch den Legaten Gentile di Montefiori 1307-10), konnte er sich nur langsam gegen Wenzel und Otto v. Bayern, die von den Magnaten bevorzugt wurden, durchsetzen. Nach allg. Anerkennung wegen Formfehlern noch zweimal gekrönt (1309, 1310), nahm K. den Kampf gegen die Oligarchen auf, besiegte Amadeus Aba (1312 bei Rozgony), Jakob Borsa (1316, Debrecen), und in drei Feldzügen die Güssinger (1316, 1319, 1326). Nach dem Tod des unbesiegbaren Matthäus III. →Csák (1321) kam K.s Herrschaft über das ganze Land zur Geltung. 1323 verlegte er seinen Sitz von Temesvár nach Visegrád und ließ an der Donau einen Palast errichten. Dort zentralisierte er auch die Richterstühle der →curia, führte Justiz- und Kanzleireformen, teils nach neapolit. Muster (inquisitio communis [Zeugenbeweis] und congregatio generalis [unter Vorsitz des Palatins für ein Komitat gelegentl. abgehaltene Gerichte]) durch. Planmäßiges Schürfen nach Goldvorkommen und Finanzreformen führten zur Prägung des ung. Goldguldens (florenus aureus), der wertbeständigsten Währung des europ. MA. K. häufte beträchtl. Reichtum an. Aus alten Sippen, Kleinadligen und Zugewanderten schuf er eine neue Aristokratie, die er mit milites bzw. familiares aule regie als zweite Führungsgarnitur ergänzte. Engere Mitarbeiter faßte er im →St. Georgsorden zusammen. Er förderte das Rittertum und gewährte die ersten Wappen im Land. Seine Regierung blieb dennoch unbeliebt, der hohe Klerus leistete Widerstand, und 1330 kam es zum Attentat auf ihn und seine Familie. Seine neapolit. Rechtsansprüche lehnte der Papst ab, doch gelang seinem zweiten Sohn Andreas die Nachfolge in Neapel, und durch seine dritte Frau, →Elisabeth (11. E.), Schwester Kasimirs III. d. Gr., konnte er die Nachfolge für den Erstgeborenen, Ludwig, auf dem poln. Thron sichern. Seine böhm. und poln. Politik gipfelte 1355 im Dreikönigstreffen in Visegrád, wo wirtschaftl. Maßnahmen gegen das Wiener Stapelrecht getroffen und der Fernhandel durch Böhmen und Ungarn in die Levante umgeleitet wurden. E. Fügedi

Lit.: B. Hóman, Gli Angioni di Napoli in Ungheria, 1938 – P. Engel, K.s Kampf gegen die Oligarchen, 1988, 89-146 [ung.].

24. K. III, *Gf. v. Alençon et Perche* →Alençon, Karl III. v.

25. K. I., *Hzg. v.* →*Bourbon*, * 1401, † 4. Dez. 1456, zunächst Gf. v. →Clermont (-en-Beauvaisis), seit 1434 Hzg.; seit 1412 verlobt mit Agnès de Bourgogne, der Tochter von →Jean sans Peur, Hzg. v. →Burgund, doch wurde die Verlobung erst am 1. Aug. 1418, nach der burg. Einnahme v. Paris, öffentl. begangen. K. wechselte aus der Anhängerschaft des Burgunderhzg.s nach →Montereau (1419) jedoch auf die Seite des Dauphin →Karl (VII.) über und schickte seine Braut einstweilen an den burg. Hof zurück. Während der Gefangenschaft des Vaters, →Jeans I., in England überließ K. die Regierung seiner Länder bis 1427 der Mutter, Marie de Berry, übte aber für Karl VII. einige Missionen in Guyenne und Languedoc aus. 1424 Leiter einer kgl. Gesandtschaft an den Hof des Hzg.s v. Burgund zu Mâcon, heiratete K. am 17. Sept. 1425 Agnès de Bourgogne und hielt in den folgenden Jahren – trotz des Auftretens der →Jeanne d'Arc – beharrlich am Ziel einer Verständigung mit Burgund fest. Er war einer der Architekten des Vertragswerkes v. →Arras (1435). Unzufrieden über die durch Ordonnanz vom 2. Nov. 1439 erlassene Heeresreform und die Begünstigung seiner Konkurrenten Karl v. Anjou und Richemont, schloß sich K. 1440 der →Praguerie an, wurde vom Kg. aber zur Annahme des Friedens v. Cusset (Juli 1440) genötigt. In seinen späten Jahren, seit ca. 1445, stärker in der Rolle des biegsamen Hofmanns (Heirat seines Sohnes Jean mit der Prinzessin Jeanne de France), hat der kunstsinnige Hzg. die glanzvolle Hofhaltung zu →Moulins begründet. A. Leguai

Lit.: La Mure, Hist. des ducs de Bourbon, I [Neued. 1868] – A. Leguai, Les ducs de Bourbon pendant la crise monarchique du XVᵉ s., 1962 – Ders., Le Bourbonnais pendant la guerre de Cent Ans, 1969.

26. K. II., *Hzg. v. Bourbon* →Bourbon, Charles de (1. B.)

27. K. v. Blois, sel., *Hzg. v.* →*Bretagne*, ✕ 29. Sept. 1364 bei Auray, Sohn des Gf.en v. →Blois, Gui de →Châtillon, und der Margarete v. Frankreich; gewann durch Heirat mit Jeanne de →Penthièvre, Gfn. v. Goello, der Nichte des verstorbenen Hzg.s →Jean III., 1341 das Hzm. Bretagne, doch stieß er auf den erbitterten Widerstand Jeans v. Montfort (Bret. Erbfolgekrieg). Als hoheitsvoller, ritterl. und frommer Fs., dem allerdings herausragende Fähigkeiten fehlten, war K. – trotz nachdrücklicher Unterstützung durch Kg. Philipp VI. v. Frankreich –

seinem mit England verbündeten Konkurrenten nicht gewachsen. Nach einigen Anfangserfolgen, durch die K. und seine Anhänger mit Hilfe Frankreichs den größten Teil der Bretagne in ihre Hand brachten, gewann die Partei der Montfort, die sich auf erfahrene engl. Söldnerkapitäne wie Thomas →Dagworth und Walter Bentley stützte, die Oberhand. 1347 in Gefangenschaft geraten (Schlacht v. La Roche-Derrien), kam K. erst 1356 durch ein immenses Lösegeld (700000 Gulden) frei. Niederlage und Tod in der Schlacht v. Auray ermöglichten dem Hause Montfort (→Jean IV.) die Machtübernahme.

Über Regierung und Verwaltung des Hzm.s unter K. ist (auch infolge der bewußten Zerstörung eines Großteils seines Archivs) wenig bekannt. Seine Regierung stand im Zeichen wachsenden fiskal. Druckes, wobei die geforderten Steuern (*aides* und *subsides* als Vorläufer der späteren *fouages*) den Hzg. zu Verhandlungen mit Baronen, Rittern sowie Vertretern der Bürgerschaften und des Klerus (Vorform der späteren *États de Bretagne*) und zur Privilegienverleihung an seine Städte nötigten. Die Kriegsnöte und Krisenerscheinungen (u. a. Verfall der Domanialeinkünfte), die seine Regierungszeit überschatteten, hinderten nicht die Glorifizierung K.s, v. a. durch die Franziskaner v. Guingamp, die um Grab und Bild des gefallenen Hzg.s einen lebhaften Kult entfalteten (1371 Einleitung eines Kanonisationsverfahrens in Angers).   J.-P. Leguay

Lit.: DHGE IX, 223–228 →Bretagne.

28. K. der Kühne (Charles le Téméraire, le Hardi, auch: le Travaillant), 4. Hzg. v. →Burgund aus dem Hause der burg. Valois, * 10. Nov. 1433, † 5. Jan. 1477, ∞ 1. 1440 Katharina v. Frankreich († 1446), 2. 1454 Isabella v. Bourbon († 1465), 3. 1468 →Margarete v. York († 1503); 1457 Geburt der einzigen Erbin →Maria. – Als K.s Vater, Hzg. →Philipp der Gute, 1454 zum Reichstag nach Regensburg reiste, ernannte er den Prinzen zum Generalstatthalter (*lieutenant général*). Seit 1457 entwickelte sich ein wachsender Gegensatz zum Vater. Ein Hauptstreitpunkt war die abweichende Haltung K.s gegenüber →Frankreich. Der Prinz erschien am Hofe nur noch in großen Abständen und residierte zumeist in Le Quesnoy und auf seinen großen Besitzungen in Holland (Schloß Gorkum). 1462 betraute ihn sein Vater mit der Aushandlung einer →*Aide* für Holland; als K. dies dazu benutzte, um sich als Erbe und Nachfolger anerkennen zu lassen, flammte der Gegensatz erneut auf (1463). Philipps Räte aus der mächtig gewordenen Familie →Croy setzten gegen K. die Auslieferung der 1435 (→Arras, Frieden v.) mit Rückkaufrecht an Burgund abgetretenen →Sommestädte an Frankreich durch. K. berief seinerseits 1464 erstmals die Generalstände zur Diskussion über die Nachfolge ein, was schließlich zum Ausgleich mit dem Vater und zur Ausschaltung der Croy führte. Am 27. April 1465 erhielt K. die Generalstatthalterschaft mit faktisch unbeschränkten Vollmachten. Dieses Datum markiert die entscheidende Wende in der Gesch. Burgunds. In Abkehr von der konzilianteren Grundhaltung des Vaters betrieb K. eine Politik scharfer Konfrontation mit dem auch seinerseits aggressiveren Frankreich. Im Bunde mit den Fs.en Frankreichs entfachte er gegen das frz. Kgtm. die *Guerre du Bien Public* (→Ligue du Bien Public), durch die er die →Picardie und die Gft. →Guines zurückgewann (5. Okt. 1465). Im Anschluß daran unterwarf er das Fsbm. →Lüttich, das Frankreich unterstützt hatte, seiner weltl. Vogtei. Die Folge waren Aufstände der verbündeten Lütticher Städte und brutale Repressionsmaßnahmen des Hzg.s, in deren Verlauf er →Dinant, dessen Bürger während der Belagerung die Ehre seiner Mutter beleidigt hatten, und Lüttich zerstören ließ (1466–68).

Die von K. vorgenommene polit. Neuorientierung führte zu engeren Beziehungen mit →England, die in einem Handels- und Freundschaftsvertrag (23. Okt. 1466, →Intercursus) und in der Heirat des Hzg.s mit Margarete, der Schwester Kg. →Eduards IV. aus dem Hause →York, ihren Ausdruck fanden. Der Tod des Vaters (15. Juni 1467), durch den K. zum regierenden Hzg. wurde, bildete keinen Einschnitt, da er bereits seit mehr als zwei Jahren die Politik bestimmte. Die harte Vergeltung gegen Lüttich wie gegen fläm. Städte (→Gent, →Mecheln) entsprach der überhöhten, gleichsam visionären Vorstellung des Hzg.s von seiner Autorität. Bei den Ständeversammlungen trug er ein autoritäres Gebaren zur Schau und bekundete so seine Mißachtung gegenüber hergebrachten Privilegien, die er auch in der polit. Praxis ständig verletzte.

Übergriffe von seiten Frankreichs setzten erneut seit 1470 ein. Zur Stärkung seiner Heeresmacht schuf K. stehende Truppenverbände, die *bandes d'ordonnance*, und war unablässig bemüht, durch immer ausgeklügeltere Reglements die burg. Armee und ihre Befehlsstruktur effektiv zu gestalten. Wegen der steigenden Rüstungskosten stellte K., erstmals 1471, die bis dahin unbekannte Forderung einer allg. *Aide* für alle Territorien der Niederlande auf. Ihre regelmäßige Erhebung, die allerdings erst seit 1473 durchgesetzt werden konnte, war im Ergebnis nachdrückl. Bemühungen des Hzg.s um Zentralisierung der Verwaltung seiner Länder. Einen wichtigen Platz nahm hierbei der Plan ein, die Steuererhebung in allen Territorien nach einem auf den →Feuerstätten (Haushalten) beruhenden Besteuerungsmodus einheitlich zu regeln. Dieses Vorhaben scheiterte jedoch am Widerstand der großen Städte. Durch die Ordonnanzen v. Thionville (Dez. 1473) schuf der Hzg. ein *Parlement* und zwei zentrale Rechnungshöfe (*Chambres des comptes*) mit Sitz in Mecheln, um so Souveränität gegenüber Frankreich, administrative Vereinheitlichung und Hauptstadtbildung zu fördern.

Diese Maßnahme erfolgte nur kurze Zeit nach dem Versuch des Hzg.s, ein Bündnis mit Ks. →Friedrich III. zu erreichen. In den Trierer Verhandlungen (21. Okt.– 24. Nov. 1473) war K. bestrebt, für seine Reichslehen die Kg.swürde zu erlangen und die Heirat seiner Erbtochter Maria mit →Maximilian auszuhandeln. Mit dem abrupten Abbruch durch Friedrich endeten jedoch die Gespräche. Nicht ohne Ausübung von Druck setzte K. noch die Einverleibung des Hzm.s →Geldern, in mehreren Phasen, durch (1471–73). Danach wandelte sich jedoch die militär. Lage zu seinen Ungunsten. Die burg. Pfandherrschaft im oberen →Elsaß fiel 1474 einem Aufstand der elsäss. Städte und der →Eidgenossen zum Opfer (→Niedere Vereinigung; →Hagenbach, Peter v.). Die zur Stärkung der burg. Position im Rheinland durchgeführte Belagerung v. →Neuß (Juli 1474–Juni 1475) mußte ergebnislos abgebrochen werden. Danach warf sich der Hzg. auf →Lothringen, das er im Nov. 1475 besetzte. Dies verwickelte ihn in eine Reihe verlustreicher Schlachten (→Grandson, 2. März 1476; →Murten, 22. Juni 1476; →Nancy, 5. Jan. 1477), in denen die Eidgenossen und ihre Verbündeten das hochgerüstete Heer des Hzg.s vernichtend schlugen. Vor Nancy fand er den Tod.

Die große polit. Strategie K.s war – in konsequenter Fortsetzung der Politik seiner Vorgänger – auf die Bildung eines zusammenhängenden, von Frankreich unabhängigen Territoriums gerichtet; der Aufbau einheitl. Zentralinstitutionen sollte die überkommenen lokalen und regionalen Sonderrechte zurückdrängen. Leitende Vorstellung seiner Politik war die Errichtung einer starken Staatsgewalt. Sein takt. Vorgehen war durch autoritäres, impulsives und bisweilen brutales Verhalten gekennzeichnet. Bestrebt, alle Angelegenheiten persönlich zu führen, arbeitete er unermüdlich an der Vervollkommnung seiner Staatsorganisation und verbrachte einen Großteil seiner Zeit auf Reisen und Feldzügen. Seine nach außen expansive, im Innern repressive Politik rief seit 1474 immer heftigere Spannungen hervor, ausgelöst nicht zuletzt durch den starken Steuerdruck, der auf eine Verdoppelung und z. T. Verdreifachung des bestehenden Steueraufkommens hinauslief. Die militär. Niederlagen, die K. erlitt, wirkten auf ihn als Obsession; sein Streben war zuletzt darauf gerichtet, um jeden Preis zu siegen und so seine Ehre wiederherzustellen oder aber sein Leben zu beenden. K.s Tod vor Nancy hatte nicht nur Gebietsverluste zur Folge, sondern führte auch zur Entladung der inneren Spannungen auf breiter Front, wodurch viele Errungenschaften seiner Politik wieder zunichte gemacht wurden.

W. P. Blockmans

Lit.: K. Bittmann, Ludwig XI. und K. d. K. Die Memoiren des Philippe de Commynes als hist. Q., 2 Bde, 1964, 1970 – J. Bartier, K. der K., 1970 – R. Vaughan, Charles the Bold, 1973 – W. Paravicini, K. der K., 1976 – →Burgund, Hzm.

29. K. der Gute, *Gf. v.* →*Flandern* 1119–27, * vor 1086 (wohl zw. 1080 und 1086) in Dänemark, † 2. März 1127 in →Brügge; Sohn v. Kg. →Knut d. Hl.n v. →Dänemark und Adela, Tochter des Gf.en Robert I. 'des Friesen' v. Flandern; ∞ 1117 oder 1118 Margarete v. Clermont. – Nachdem sein Vater 1086 in Odense erschlagen worden war, wurde K. am Hof v. Flandern unter der Obhut seines Großvaters Robert I. († 1093), seines Onkels Robert II. († 1111), schließlich seines Vetters Balduin VII. erzogen und ausgebildet. K. nahm als dessen führender Ratgeber wohl schon eine polit. einflußreiche Stellung ein, als ihn der kinderlose Gf. 1118 zu seinem Nachfolger designierte. Nach dem Tode Balduins (Juni 1119) konnte sich K. gegen rivalisierende Kräfte als Gf. durchsetzen. Seine Regierung war geprägt von konstantem Bemühen um die Wiederherstellung von Frieden und Recht und Einsatz für Arme und Schwache. Er erneuerte den →Gottesfrieden, ging gegen mächtige Rechtsbrecher vor (was ihn beim Adel unbeliebt machte) und traf während der großen →Hungersnot von 1124–25 einzigartige Maßnahmen zugunsten der Armen. Doch kann seine Regierung insgesamt nicht als Neuansatz gelten. Als ausgeprägt konservativer Bewahrer der überkommenen Sozialordnung ging K. gegen die →Erembalde vor, einen mächtigen Familienverband von unfreier Herkunft, der sich über Generationen zahlreicher Schlüsselpositionen bemächtigt hatte (Propst- und Kanzleramt →Bertulfs), den K. nun aber auf seine (halbvergessene) unfreie Stellung herabzudrücken suchte. In dieser Situation griffen die Erembalde zum letzten Mittel: Mitglieder der Familie ermordeten am Morgen des 2. März 1127 den Gf.en in der Kirche St. Donatian zu Brügge. Der Mord stürzte Flandern in eine tiefe Krise, zumal der kinderlose Gf. keinen Nachfolger designiert hatte. Kg. Ludwig VI. v. Frankreich schaltete sich in den Konflikt ein und setzte – nicht zuletzt durch Zugeständnisse an die Städte – die Anerkennung seines Kandidaten →Wilhelm Clito durch.

K., dessen Persönlichkeit schon die Zeitgenossen beeindruckte, wurde 1123 (nach der Gefangennahme →Balduins II. durch die Sarazenen) als Kg. v. Jerusalem vorgeschlagen, 1125 gar als Anwärter auf den Kaiserthron.

Doch nahm er weder die eine noch die andere Kandidatur an.

M. Ryckaert

Q. und Lit.: BNB III, 500–505 – J. B. Ross, Rise and Fall of a Twelfth-Century Clan, Speculum 34, 1959, 367–390 – s. a. Ed. und Lit. unter →Galbert v. Brügge.

30. K. v. Kalabrien, * 1298 in Neapel, † 9. Nov. 1328 ebd. oder in Florenz, ▭ S. Chiara, Neapel; Eltern: Robert v. Anjou, Violante v. Aragón; ∞ 1. 1316 Katharina v. Österreich, Schwester Friedrichs d. Schönen; 2. 1324 seine Kusine Maria v. Valois; Kinder: →Johanna I., Karl Martell († 1326), Maria. 1309–10 (während sein Vater zur Krönung nach Aragón zog) war er Generalvikar des Regno und ließ in dieser Zeit die Besitztümer der Venezianer beschlagnahmen und die Templer verfolgen. 1318–19 verteidigte K. die Küsten gegen Korsaren und ghibellin. Genuesen. Ferner traf er Maßnahmen zur Wiederherstellung der Ruhe im Lande (1310–21): Verbot, in Neapel Waffen zu tragen, Visitierung der Prov.en, Wiederherstellung des Friedens zw. L'Aquila und Amatrice, Reorganisierung der Statuten v. Rieti. Seit Aug. 1318 organisierte er Flotte und Heer für den Krieg gegen Sizilien, wo er von Mai bis Aug. 1325 operierte. Florenz übertrug ihm am 22. Dez. 1325 die Signorie, um sich mit seiner Hilfe gegen →Castruccio Castracani zu verteidigen.

C. Vultaggio

Lit.: DBI III, 263–265 – R. Caggese, Roberto d'Angiò e i suoi tempi, II, 1930, 27, 37, 82–96, 103 – A. Mele, Samnium XI, 1938, 202–217; XII, 1939, 67–71; XIV, 1941, 151–164; XV, 1942, 24–31 – C. de Frede (Storia di Napoli, III, 1969), 170–172.

31. K. II. der Kühne ('le hardi'), *Hzg. v.* →*Lothringen* 1390–1431, * wohl 1364, † 25. Jan. 1431, Sohn von Hzg. →Johann I. und Sophie v. Württemberg, ∞ 1393 Margarete (1376–1434), Tochter →Ruprechts v. d. Pfalz (→Wittelsbach); Kinder: Ludwig, Rudolf (früh verstorben), Isabella/Elisabeth (∞ 1420 →René v. Anjou), Katharina (∞ 1426 Jakob I., Mgf. v. Baden). – K. wurde am Hofe →Philipps d. Kühnen v. Burgund erzogen. Seine Regierung steht gleichwohl im Zeichen eines Frontwechsels des Hzm.s Lothringen, das sich von Frankreich abwandte und zu einer prokaiserl. Haltung überging, gestützt auf K.s Bündnis mit seinem Schwiegervater Ruprecht. Ein Anlaß für die seit 1406 verstärkenden Spannungen mit Frankreich war der Streit um die Stadt Neufchâteau. Hzg. →Ludwig v. Orléans sammelte gegen K. eine Fs.enkoalition (Hzg. v. →Bar, Mgf. v. →Pont, Gf.en v. →Salm und →Saarbrücken, Herr v. →Commercy, Bf. v. →Verdun), die aber 1407 bei Champigneulles unterlag. In der Folgezeit orientierte sich K. am Hzg. Johann v. Burgund (→Jean sans Peur), dem Gegenspieler Ludwigs v. Orléans. 1410 artikulierte der Hzg. seine antifrz. Haltung in einer Erbfolgeordnung, die seinen Töchtern Heiraten mit Untertanen Frankreichs untersagte. 1412 vom Pariser →Parlement verurteilt, intensivierte der brüskierte Hzg. seine Hinwendung zum Burgunder, der ihn zum Connétable v. Frankreich ernannte. Seit 1420 zog sich K. jedoch von der anglo-burg. Partei zurück, um durch Vermählung seiner Tochter Isabella mit René v. Anjou die Vereinigung des Hzm.s →Bar mit Lothringen einzuleiten.

U. Mattejiet

Lit.: DBF VIII, 565–567 – NDB XI, 230f. – Annales de l'Est 16, 1902 [E. Dantzer, P. Géant] – R. Parisot, Hist. de Lorraine I, 1919 – M. Krebs, Die Erbfolgeordnung K.s …, Elsaß-Lothr. Jb., 1929 – H. Thomas, Zw. Regnum und Imperium, 1973.

32. K. II. (V.), *Gf. v.* →*Maine* aus dem Hause →Anjou, 1480–81 Gf. v. →*Provence*, * 1436, † 12. Dez. 1481, ∞ 21. Jan. 1473, ∞ Johanna v. Lothringen († Ende Jan. 1481), Tochter von Ferri (Friedrich) II., Gf. v. →Vaudémont. – K. war der Sohn Karls I. (1414–72), der am Hofe Karls VII. eine wichtige Rolle spielte, und der Isabella v. St-Pol. Er wuchs am Hofe seines Onkels, Kg. →René, auf. Nach dem Tode des Vaters erbte er dessen Besitzungen und zog am 18. April 1475 in Le Mans ein. Die Gft. Anjou ging jedoch an Kg. Ludwig XI. verloren, der ihren Einzug als erledigte →Apanage durchsetzte. Nach dem Tode Kg. Renés (1480) erbte K. die Gft. Provence, die ihm als Ausgangspunkt für eine Rückeroberung von Neapel-Sizilien, das alte Ziel des Hauses Anjou, dienen sollte. Von →René II., dem übergangenen Urenkel von Kg. René, bedrängt, und unter dem Druck Kg. Ludwigs XI., der selbst lebhaftes Interesse am Besitz der Provence hatte, geraten, setzte der kinderlose Gf. auf dem Sterbebett den Kg. v. Frankreich zum Erben der Provence ein, die bald bis nach K.s Tod annektiert wurde. U. Mattejiet

Lit.: DBF VIII, 554 – →Maine, →Provence.

33. K., *Hzg. v. Niederlothringen* 977–991, * 953 in Laon, † 991, jüngerer Sohn Kg. Ludwigs IV. 'Ultramarinus' v. Westfranken (Frankreich) und der Gerberga, der Schwester Ottos I. K. war Bruder von Kg. Lothar (954–986) und Onkel des letzten regierenden westfrk. Karolingers, Ludwigs V. (986–987). Er wurde im Jahre 954 gegen karolingische Gepflogenheiten vom Thron ausgeschlossen. Zweimal versuchte er, ohne Erfolg, die Hand auf das 'regnum Lotharii' zu legen: um 975, erneut 985. Aus der Francia entfernt, erhielt er von Otto II. 977 das Hzm. Niederlothringen. K., der stets ein Opfer der wechselhaften Beziehungen zw. dem westfrk./frz. und dem dt. Kgtm. blieb, proklamierte sich 979, anläßl. des Westfrankenzuges Ottos II., in Laon zum Kg., scheiterte aber, da er wegen seiner Mißheirat und seiner Abhängigkeit von den Ottonen bei großen Teilen des westfrk. Adels und beim Episkopat auf Ablehnung stieß. Ein letzter Versuch, das Kgtm. zu erringen, richtete sich 987 gegen →Hugo Capet; K. nahm 987 Laon, 989 Reims ein, geriet aber 991 in Laon in die Gefangenschaft Hugos, in der er starb. – Drei Fragen in K.s Laufbahn sind strittig: 1. Das Problem, ob er Hzg. nur von Niederlothringen oder aber des gesamten, ungeteilten Lothringen war. Bleibt K.s Rolle als Hzg. unklar (von ihm ausgestellte Urkk. fehlen, und in den otton. Kg.surkk. ist er nicht genannt), so kann doch angenommen werden, daß das vorher und nachher vakante Hzm. Niederlothringen für K. und seinen Sohn Otto (991–1006/12) provisor. wiederbelebt wurde, als ein Instrument otton. Westpolitik. 2. Die Frage des Begräbnisortes K.s und seines Sohnes Otto, als der traditionell St. Servatius in →Maastricht gilt, ist Gegenstand einer (auch mit archäolog. Argumenten geführten) Kontroverse. – 3. Umstritten ist ferner die Frage, ob K. für die Stadtentwicklung →Brüssels eine Rolle gespielt hat (angebl. Bau eines Castrums um 980, das ihm aber erst in späten Quellen, seit dem 14. Jh. zugeschrieben wird). G. Despy

Lit.: F. LOT, Les derniers Carolingiens, 1891 – G. DESPY, La fonction ducale en Lotharingie puis en Basse-Lotharingie de 900 à 1100, Revue du Nord 48, 1966, 107–109 – W. KIENAST, Der Hzg.stitel in Frankreich und Dtl., 1968 – W. MOHR, Gesch. des Hzm.s Lothringen, I, 1974 – C. CAROZZI, Le dernier des Carolingiens, M-A 82, 1976, 453–476 – G. DESPY, La genèse d'une ville (Bruxelles, naissance d'une capitale, 1979), 28–37 – C. LINSSEN, Hist. opstellen over Lotharingen en Maastricht in de middeleeuwen, 1985 – Y. SASSIER, Hugues Capet, 1987.

34. K. v. Frankreich, *Hzg. v. Normandie und Guyenne*, Sohn Kg. Karls VII., →Charles de France

35. K., *Hzg. v. Orléans* →Charles d'Orléans

36. K. I., *Hzg. v.* →Savoyen 1482–89, * 1468, † 1489; Urenkel des 1. Hzg.s, →Amadeus VIII., verlor K. 1472 seinen Vater, Amadeus IX., 1479 seine Mutter Yolande, schließl. den älteren Bruder Philibert I. Als erster Fs. des Hauses Savoyen nahm K. den Titel des Kg.s v. Zypern, Jerusalem und Armenien an, den ihm Kgn. →Charlotte v. Zypern (→Lusignan) abgetreten hatte. Als Repräsentant einer zugleich ritterl. wie humanist. Kultur stellte Hzg. K. u. a. den jungen Pierre du Terrail, den später so berühmten 'chevalier Bayard', als Page in seinen Dienst. Größte militär. Unternehmung K.s war sein Straffeldzug gegen den Mgf.en v. →Saluzzo, in dessen Verlauf K. aber plötzlich verstarb (Gerüchte über einen Giftmord von seiten des Mgf.en). Seine Witwe, Blanca v. Montferrat, übernahm die Regentschaft für den Erben Karl II. Sie stützte sich stark auf das Frankreich Karls VIII., dem sie freien Durchzug für seine Italienfeldzüge anbot. Nach Karls II. frühem Tod (1496) fiel das Hzm. an den Onkel Philipp v. Bresse.
B. Demotz

Lit.: S. GUICHENON, Hist. généalogique de la Royale Maison de Savoie [Neued. 1976]; neuere Arbeiten fehlen.

37. K. v. Valois, jüngerer Bruder Kg. →Philipps IV. v. Frankreich, * 1270, † 16. Dez. 1325, ▢ Paris, Dominikanerkl. K. hat im Laufe seines Lebens mehrere Kronen erstrebt, aber keine erreicht. Bereits seit 1283 vom Papst für den aragones. Thron vorgesehen, mußte sich K. nach dem Scheitern des →Aragón-Kreuzzuges (1285) mit einer im Friedensvertrag v. 1291 ausgehandelten Geldzahlung und den Gft.en →Anjou und →Maine, der Mitgift seiner 1. Gemahlin Margarete v. Sizilien (Tochter →Karls II.), begnügen. Er spielte von 1290 bis 1300 am Hofe seines Bruders eine wichtige Rolle, v. a. als Heerführer in den Kriegen gegen England und Flandern. Danach nahm er auf Wunsch des Papstes Bonifaz VIII. in →Sizilien den Kampf gegen Friedrich v. Aragón auf, und es wurde ihm zur Bestreitung der Kosten die Hälfte eines Zehnten übertragen. Die Heirat mit Katharina v. Courtenay (1301), der Tochter des letzten 'lat.' Ks.s, verlieh ihm den Anspruch auf Konstantinopel. Im selben Jahr übertrug ihm der Papst die Vollmacht zur 'Pazifikation' Italiens. Doch mußte K. nach Feldzügen in der Toskana, in Neapel und Sizilien am 31. Aug. 1302 mit →Friedrich III. den Frieden v. →Caltabellotta schließen, denn Philipp IV. benötigte seinen Bruder nach dem Desaster v. →Kortrijk dringend auf dem flandr. Kriegsschauplatz. Der mit hohen Summen am Flandernkrieg beteiligte K. nahm an der siegreichen Schlacht v. →Mons-en-Pévèle teil, bereitete aber zugleich einen Kreuzzug vor, der nie zur Ausführung kam.

Nach dem Tode seiner 2. Frau (1307) bewarb sich K. – mit Unterstützung Philipps IV. – um die röm.-dt. Krone (nach der Ermordung Kg. →Albrechts, 1. Mai 1308), konnte sich aber gegen →Heinrich v. Luxemburg nicht durchsetzen.

Er bemühte sich um die günstige Verheiratung seiner zahlreichen Kinder (unter ihnen der künftige Philipp VI.) und vermählte sich selbst in 3. Ehe mit Mahaut, der Tochter Guys v. →Châtillon (1308). Als einflußreicher Ratgeber des jungen Ludwig X. war er einer der Drahtzieher und Nutznießer des Sturzes von Enguerran de →Marigny (1315). Unter Philipp V. stärker zurücktretend, gewann er unter Karl IV. als dessen Pate nochmals polit. Einfluß, v. a. in bezug auf den Krieg gegen England. Trotz Bereicherung durch zahlreiche kgl. Gunsterweise hinterließ der prunkliebende Fs. Schulden in Höhe von 120000 *livres parisis*. →Valois. E. Lalou

Lit.: J. PETIT, Charles de V., 1900.

38. K. Konstantin, *Gf. v. Vienne*, * bald nach 900, † nach 962, Sohn Ks. Ludwigs d. Blinden, der 901 die Ks.würde in Italien erlangt hatte. Seine Mutter war wahrscheinl. Anna, eine Tochter des byz. Ks.s Leon VI., was auch den auffälligen Doppelnamen K.s am zwanglosesten erklären würde. Seine eindeutig bezeugte Blutsverwandtschaft mit Kg. Konrad v. Burgund (Rudolfinger) muß also auf der väterl. Abstammung basieren (HLAWITSCHKA). Nach dem Scheitern und der Blendung seines Vaters 905 in Italien war auch K. und seinem Bruder Rudolf in Niederburgund, wo Gf. →Hugo v. Arles und Vienne fakt. alleiniger Regent wurde, keine polit. Zukunft mehr beschieden. Beim Tod Ludwigs d. Blinden 928 scheint K. keinen Versuch mehr unternommen zu haben, seinem Vater in Kgtm. nachzufolgen. Niederburgund geriet in der Folgezeit in den wechselnden Einflußbereich Hochburgunds und Westfrankens, während sich K. mit der Herrschaft über Vienne begnügte (dort erstmals 926 als Gf. bezeugt). Nach 930 anerkannte er ztw. die Oberhoheit der westfrk. Kg.e Rudolf und Ludwig IV., ehe Konrad v. Burgund seit 943 seine Herrschaft mit Unterstützung Ottos I. d. Gr. auch im Viennois stärker geltend machen konnte. K.s Sohn Richard konnte seinem Vater dort schon nicht mehr nachfolgen. H. Zielinski

Q. und Lit.: →Burgund, Kgr., →Ludwig d. Blinde – C. W. PRÉVITÉ ORTON, Charles Constantine of Vienne, EHR 29, 1914, 703–706 – R. HIESTAND, Byzanz und das Regnum Italicum im 10. Jh., 1964, 83–99 – E. HLAWITSCHKA, Die verwandtschaftl. Verbindungen zw. dem hochburg. und dem niederburg. Kg.shaus (Grundwiss. und Gesch. [Fschr. P. ACHT, 1976]), 28–57.

Karleto → Franko-italienische Literatur

Karlmann

1. K., *frk. Hausmeier,* * vor 714 (vielleicht 706/708), † 17. Aug. 754 Vienne, ◻ Montecassino; Eltern: Karl Martell und Chrotrud; Kinder: Drogo, weitere Söhne. Nach dem Tod des Vaters schalteten K. und sein jüngerer Bruder Pippin III. d. J. noch 741 den Halbbruder →Grifo aus und teilten 742 das Reich unter sich auf. K. erhielt die Herrschaft über Austrien, Thüringen und Alemannien. 742–746 bekämpfte er z. T. zusammen mit Pippin konkurrierende 'duces' in Aquitanien, Bayern und Alemannien und führte Grenzkriege gegen die Sachsen, was zu einer Stabilisierung der umstrittenen karol. Herrschaft über die Außenbereiche des Regnum Francorum führte. Um dieser eine stärkere Legitimitätsbasis zu verleihen, wurde Anfang 743 Childerich III. als Kg. eingesetzt. Aufgeschlossen zeigte sich K. trotz des Widerstandes weiter Adelskreise gegenüber der Reformtätigkeit des →Bonifatius auf mehreren Synoden (→Concilium Germanicum, Les →Estinnes, vielleicht auch 745, 747). Im Spätsommer oder Herbst 747 entsagte K. aus religiösen oder polit. Motiven der Herrschaft zugunsten seines sehr bald von Pippin verdrängten Sohnes Drogo. Er begab sich zunächst nach Rom, wo er von Papst Zacharias zum Kleriker gemacht wurde. Auf dem Monte Soratte (→Soracte) gründete er u. a. das Silvesterkl., zog sich dann später, wohl 750, nach Montecassino zurück, wo er das Mönchsgelübde ablegte. 754 kehrte er ins Frankenreich zurück, um der mit Papst Stephan II. abgestimmten Italienpolitik seines 751 zum Kg. aufgestiegenen Bruders entgegenzuwirken. Er wurde interniert und starb – angebl. nach schwerer Krankheit – unter der Obhut seiner Schwägerin Bertrada. J. Jarnut

Lit.: NDB XI, 272–274 – C. RODENBERG, Pippin, K. und Papst Stephan II., 1923 – TH. SCHIEFFER, Winfrid-Bonifatius und die chr. Grundlegung Europas, 1954 – G. TANGL, Die Sendung des ehem. Hausmeiers K. in das Frankenreich i. J. 754 und der Konflikt der Brüder, QFIAB 40, 1960 – I. HEIDRICH, Titulatur und Urkk. der karol. Hausmeier, ADipl 11/12, 1965/66 – W. MOHR, Frk. Kirche und Papsttum zw. K. und Pippin, 1966 – D. RIESENBERGER, Zur Gesch. des Hausmeiers K., WZ 120, 1970 – K. H. KRÜGER, Kg.skonversionen im 8. Jh., FMASt 1973, bes. 183ff. – W. AFFELDT, Unters. zur Kg.serhebung Pippins..., ebd. 14, 1980 – M. J. ENRIGHT, Iona, Tara and Soissons. The Origin of the Royal Anointing Ritual, 1985, bes. 110–115 – H. J. SCHÜSSLER, Die frk. Reichsteilung von Vieux-Poitiers (742) und die Reform der Kirche in den Teilreichen K.s und Pippins..., Francia 13, 1985.

2. K., *frk. Kg.* 754 bzw. 768–771, * 751, † 4. Dez. 771, Reims, St. Remi, Sohn Kg. Pippins III. d. J. und der →Bertrada, Bruder Karls d. Gr.; ∞ Gerberga, Söhne: Pippin, N.N. K. wurde am 28. Juli 754 zusammen mit Vater, Mutter und Bruder von Papst Stephan II. zum Kg. gesalbt. Nach dem Tod Pippins im Sept. 768 wurde das Frankenreich unter den Brüdern geteilt, wobei K. die s., von Aquitanien bis Alemannien reichenden Regionen erhielt. Seine wechselhaften Beziehungen zu Karl d. Gr. waren meist von starken Spannungen gekennzeichnet, die sich v. a. in der antagonist. Aquitanien- und Italienpolitik der beiden Kg.e dokumentierten. Gegen K. richtete sich auch ein 770 durch Bertrada vermitteltes Bündnis Karls mit dem Langobardenkg. →Desiderius, in das auch Papst Stephan III. und der bayer. Hzg. Tassilo einbezogen waren. Der frühe Tod K.s veränderte die Verhältnisse vollständig: Karl nahm das Teilreich seines Bruders in Besitz und brach mit den Langobarden; K.s Witwe floh mit ihren Söhnen zu Desiderius, der 772 vergebl. versuchte, Papst Hadrian I. zu veranlassen, diese zu Frankenkg.en zu salben. Danach verschwand K.s Familie aus der Gesch. J. Jarnut

Lit.: NDB XI – M. LINTZEL, Karl d. Gr. und K., HZ 140, 1929, 1–22 – E. DELARUELLE, Charlemagne, Carloman, Didier et la politique du marriage franco-lombard., RH 170, 12, 1932, 213–224 – M. V. ARY, The Politics of the Frankish-Lombard Marriage Alliance, AHP 19, 1981, bes. 14–23 – J. T. HALLENBECK, Pavia and Rome, 1982, bes. 113–135 – TH. F. X. NOBLE, The Republic of St. Peter, 1984, 120–127 – P. CLASSEN, Karl d. Gr., das Papsttum und Byzanz, hg. H. FUHRMANN–CL. MÄRTL, 1985, 11–16.

3. K., *ostfrk. (Teil-)Kg., Kg. v. Italien,* * um 830, † 880 wohl in Altötting; ältester Sohn Kg. Ludwigs d. Dt. und der Hemma, ∞ Tochter des mächtigen bayer. Gf.en →Ernst. 856 vom Vater nach Absetzung des Präfekten Ratpot mit der Leitung des bayer. Ostlands betraut, erlangte K. wesentl. Stärkung seiner Macht im Markengebiet, suchte seit 853 auch Rückhalt beim Mährenhzg. →Rastislav. In seinem Streben nach Ausdehnung des Herrschaftsanteils bis zum Inn rebellierte er 862 gemeinsam mit seinem Schwiegervater gegen Ludwig d. Dt., wurde gefangengesetzt und entfloh in das Markengebiet. Im dauerhaften Ausgleich zw. Vater und Sohn 865 wurden K. nicht nur die bayer. Marken mit nomineller Hoheit über die benachbarten tributpflichtigen Slavenvölker zugesprochen, sondern auch das bayer. Kernland. Bis 874 war K.s Ostpolitik geprägt durch letztl. wenig erfolgreiche Kämpfe mit den Mährern. 874 erreichte Ludwig d. Dt. eine Designation K.s zum Nachfolger im Kgr. Italien. Nach dem Tode Ludwigs d. Dt. wurde K. rex Bawariorum mit 'Pannonien und Karantanien', übergab aber die Verwaltung Karantaniens seinem Sohn Arnulf. Auf seinem 2. Italienzug 877 trat K. nach dem Tode Karls d. Kahlen die Herrschaft in Italien an und beabsichtigte, sich in Rom zum Ks. krönen zu lassen. Doch schwere Erkrankung zwang ihn zum raschen Rückzug in seine Pfalz →Altötting. In seiner letzten Urk. trat K. seinem Bruder Karl III. seine Anrechte auf Italien ab. Trotz großer polit. Schwierigkeiten, die K. bestenfalls partiell bewältigte, wird er von den zeitgenöss. Geschichtsschreibern auffallend positiv beurteilt. W. Störmer

Lit.: P. KEHR, Die Kanzleien K.s und Ludwigs d. J., 1933 – M. MITTERAUER, Karol. Mgf.en im SO, 1963 – K. REINDEL, Bayern im Karolingerreich (Karl d. Große, I, 1965), 220–246 – W. STÖRMER, Die

Anfänge des karol. Pfalzstifts Altötting (Ecclesia et regnum. [Festschr. F.-J. SCHMALE, 1989]), 61–71.

4. K., *westfrk. Kg.* 879–884, † 6./12. Dez. 884, ⌐ St-Denis. Beim Tode →Ludwigs d. Stammlers stellte sich die Frage der legitimen Nachfolge: Gegen Ludwigs Söhne aus erster, auf Geheiß des Vaters später gelöster Ehe mit Ansgard, Ludwig und K., lud eine Partei um den Kanzler, Abt →Gauzlin, den ostfrk. Kg. →Ludwig d. J. ein, die Herrschaft im W zu übernehmen, während Ebf. Hinkmar v. Reims und der (Laien-)Abt →Hugo nach erfolgreichen Verhandlungen mit Ludwig in Verdun die Nachfolge der Kg.ssöhne durchsetzen konnten, die im Sept. 879 in →Ferrières von Ebf. →Ansegis v. Sens gesalbt wurden. Ein zweiter Einfall Ludwigs d. J. wurde mit dem Verzicht auf Lotharingien im Vertrag v. →Ribemont im Febr. 880 abgewehrt. Auf Drängen Gauzlins teilten die Brüder im März 880 in Amiens das Reich: Der ältere Ludwig erhielt den Norden, K., der mit einer Tochter Bosos verlobt war, den Süden (Burgund, Aquitanien und Gotien). In der Folgezeit gab es aber immer wieder gemeinsame Aktionen. Nach der Abwehr der ostfrk. Ansprüche war die Regierungszeit Ludwigs und K.s durch zwei Gefahren bedroht: durch die Normannen im Nordteil sowie durch Usurpatoren, im Reich K.s v. a. den Gf.en →Boso v. d. Provence, der sich am 15. Okt. 879 zum Kg. krönen ließ und trotz mancher Bemühungen nicht bezwungen werden konnte. Nach dem Tode Ludwigs am 5. Aug. 882 wurde K. in einer förml. Erhebung am 9. Sept. 882 in →Quierzy Kg. im gesamten Westreich. K.s letzte Regierungsjahre sind durch – letztlich erfolglose – Kämpfe gegen die in Nordfrankreich wütenden Normannen geprägt, die er schließlich gegen Zahlung eines hohen Tributs, der v. a. die Kirchen belastete, zum Abzug überreden konnte, die nach seinem Tod jedoch zurückkehrten. Der durch einen Jagdunfall verursachte Tod des erst 18jährigen Kg.s machte den Weg frei für die letzte Wiedervereinigung des gesamtfrk. Reiches unter →Karl III. Die kurze Regierungszeit des jugendl. Kg.s fiel in eine für die Entwicklung des frk. Reiches symptomat. Umbruchperiode.

H.-W. Goetz

Urk.: Recueil des actes de Louis II le Bègue, Louis III et Carloman II, rois de France (877–884), ed. R.-H. BAUTIER u. a., 1978 – *Lit.:* DÜMMLER ²3, 88ff. u. ö. – K. F. WERNER, Gauzlin v. St-Denis und die westfrk. Reichsteilung von Amiens (März 880), DA 35, 1979, 395–462.

Karlmeinet → Karl d. Gr. B

Karlstein, Burg in Mittelböhmen, etwa 26 km sw. von Prag, nach der Prager Burg zweitwichtigste Burg Böhmens, von Karl IV. gegr.; Grundsteinlegung durch den Prager Ebf. →Ernst v. Pardubitz am 10. Juni 1348, Abschluß der Bauarbeiten und der meisten künstler. Programme 1367, doch wurde K. bedeutend früher bewohnt. Die Burg sollte als weltabgeschiedene Zuflucht des Ks.s und als Aufbewahrungsstätte der wichtigsten Heiligtümer des Reiches (Reliquienslg.en, v. a. Reichsinsignien) dienen. Deshalb wurde auf K. 1357 ein Kollegiatkapitel gegründet. Entsprechend ihrer Bestimmung gliederte sich die Burg von Anfang an in eine erste und zweite Vorburg, den Palast mit den ksl. Gemächern und zwei Turmbauten. Während sich im kleineren Turm die Marienkirche als Sitz des Kapitels mit der prächtigen Katharinenkapelle befand, war der große das eigtl. Herz der Burg mit der für die Aufbewahrung der Heiligtümer bestimmten Kreuzkapelle im zweiten Stock. Für Karl IV. sind mehrere Aufenthalte bezeugt, Wenzel hielt sich seltener in K. auf. In den Hussitenkriegen blieb K. Stütze der kath. Partei und wurde nie erobert; am Ende der Hussitenbewegung wurden auch die böhm. Krönungskleinodien und das Kronarchiv nach K. verbracht, die Reichsinsignien kamen 1424 nach →Nürnberg. Die Bedeutung der Burg nahm nach der Hussitenzeit ab; sie wurde Objekt des Machtkampfes zw. den Landständen und dem Kg.

I. Hlaváček

Lit.: V. DVOŘÁKOVÁ–D. MENCLOVÁ, Karlštejn, 1965 – D. MENCLOVÁ, České hrady 2, 1972 – Die Parler und der schöne Stil, hg. A. LEGNER, I–III, 1978, passim.

Karmeliter. Der Ordo Fratrum Beatae Mariae Virginis de Monte Carmelo (OCarm) ist nach dem im Hl. Land liegenden Gebirgszug Karmel benannt. Dort ließen sich nach der Eroberung Palästinas durch die Kreuzfahrer Eremiten nieder, die, beseelt von den Idealen weltabgewandter Askese, strengster Armut, der Christusnachfolge und der Anbindung an die loca sancta, Traditionen des frühchr. Mönchtums pflegten und sich als Nachfolger und Imitatoren des atl. Propheten →Elias ansahen (→Jakob v. Vitry, Hist. orientalis, cap. 51f.). Ansonsten sind die Anfänge der Gemeinschaft nur schwer zu fassen. So läßt sich auch nicht mit Bestimmtheit feststellen, welche Anknüpfungspunkte zu Eremitorien einheim.-östl. Christen bestanden haben. Nach ersten Zeugnissen einer institutionellen Einbindung (unter einem Prior) Ende des 12. Jh. erhielten die Brüder ca. 1206–14 durch den Patriarchen v. Jerusalem, Albert v. Vercelli, eine »formula vitae«, die den anachoret. Charakter ihrer Existenz betonte. Diese Regel wurde 1226 von Papst Honorius III. bestätigt.

Wegen des Vordringens der Muslime waren die Brüder spätestens 1291 gezwungen, nach Europa auszuweichen. Mit der räuml. Verlagerung war auch eine Änderung der Lebensweise verbunden. Insbes. auf Initiative Papst Innozenz' IV. wurde sie nach dem Vorbild der Dominikaner und Franziskaner umgeformt. Die neue Regel (1247) sah eine Stärkung des gemeinschaftl. Konventslebens, Seelsorge durch Predigt und Beichte, Niederlassung in den Städten und gemeinschaftl. Eigentum vor. Widerstände gegen diese Hinwendung zur vita activa – u. a. von dem 1271 von seinem Amt zurückgetretenen Ordensoberen Nicolaus Gallicus formuliert – konnten den Schritt zur Umwandlung in einen Bettelorden nicht verhindern, wenngleich das Ideal des einstigen Lebens in Einsamkeit und strenger Askese von Ordenstheologen und -historiographen lebendig gehalten wurde und die Beschäftigung mit myst.-kontemplativen Themen zu einem Grundzug der Spiritualität der K. gehörte, die immer wieder Spannungen zur öffentlichkeitsorientierten Aktivität wie auch Diskussionen über die Vereinbarkeit von Stadtseelsorge und Eremitentum nach sich zog. Die Schr. »Liber de institutione primorum monachorum«, Philipp Ribot (ca. 1370) zugeschrieben, sah trotz aller Wandlungen und Angleichungen, die die Seelsorge notwendig machte, die Grundlagen der Gemeinschaft weiterhin in Weltabgeschiedenheit, Askese und Kontemplation und prägte für die folgenden Jahrhunderte das Selbstverständnis der K., die sich in deutlichem Gegensatz zu Angehörigen anderer Bettelorden nur selten an den Debatten zu ekklesiolog. und polit. Themen beteiligten. Das Fehlen eines hist. faßbaren, charismat., auch kirchl. legitimierten Ordensgründers wurde kompensiert durch die Berufung auf Elias als den fundator ordinis. Damit sollte nicht allein das Selbstbewußtsein des damit 'ältesten' Ordens gestärkt und das einstige Anachoretentum in Erinnerung gerufen, sondern auch Angriffe auf die auf obskure Ursprünge zurückgehende Gemeinschaft abgewehrt und ihre Existenz legitimiert werden. Auf dem II. Konzil v. →Lyon (1274) entging der Orden dem von vielen Weltklerikern, aber auch von Dominikanern und Franziskanern geforderten Auflösungsbeschluß und wurde von Papst Honorius IV. 1286 endgültig bestätigt. 1326 gewährte Johannes XXII. ihm die Fülle der Privilegien der beiden älteren Bettelorden. Mit den anderen Mendikanten verbanden sich die K. nun in Verträgen auf örtl. und überregionaler Ebene – auch im Hinblick auf eine gemeinsame Verteidigung ihrer Privilegien: die Orden gewährten sich gegenseitig Vergünstigungen und bildeten ein 'quatuor unum' (so in einem Vertrag auf dem →Basler Konzil 1435).

Bereits während des 13.Jh. gelang den K.n eine die gesamte abendländ. Christenheit umfassende Expansion (ca. 150 Konvente). Unter den frühen Förderern ist neben dem engl. Kg. Heinrich III. der frz. Kg. Ludwig IX. zu nennen, der auch für eine Niederlassung in Paris sorgte. Häufig aber wurden Konvente zunächst in den von den anderen Bettelorden ausgesparten kleineren Städten gegründet, bevor die K. den Sprung in die großen Zentren, in denen sie sich der Konkurrenz durch die bereits etablierten Mendikantenniederlassungen zu stellen hatten, schafften. Es gelang ihnen vielerorts, in der städt. Bevölkerung eine den Vergleich mit den älteren Bettelorden nicht zu scheuende Wirksamkeit zu entfalten. Insbes. durch den Kontakt zu Bruderschaften und Zünften, durch die Pflege einer intensiven Marienfrömmigkeit (daher oft Frauenbrüder gen.), verbunden mit dem Kult der hl. →Anna, erlangten sie im SpätMA große Bedeutung, die sie auch zu wichtigen Partnern der Stadtgemeinden machte. An den Univ.en als Lehrende und Studenten präsent, errichteten sie ein Studiensystem mit der abgestuften Hierarchie von General- und Partikularstudien und entsandten Brüder weiträumig zu den europ. Zentren von Studium und intellektuellem Leben. Aufgrund ihres hohen Bildungsgrades wurden sie häufig zu Bf.en (in Dtl. zu Weihbf.en) berufen; in England spielten sie als Berater und Beichtväter am kgl. Hof im 15.Jh. auch eine polit. Rolle, wie sie auch andernorts oft zu polit. Missionen herangezogen wurden. Die Verfassung der K. mit den Institutionen von Provinzialprior und -kapitel sowie Generalprior und -kapitel war der der anderen Bettelorden nachgebildet; Kard.protektoren und Generalprokuratoren sorgten für die dauerhafte Anbindung an die päpstl. Kurie.

Die K. blieben von Verfallserscheinungen der Ordensdisziplin ab der 2. Hälfte des 14.Jh. nicht verschont, die noch verschärft wurden, als während des Großen →Abendländ. Schismas auch der Orden gespalten war. Eine von Eugen IV. 1434/35 gewährte Milderung der Regel trug den eingetretenen Entwicklungen Rechnung, wie auch schon zuvor die von den Generalkapiteln beschlossenen Konstitutionen Abweichungen von der urspgl. Lebensweise erlaubten. Die Gefahr bestand, gegenüber neuen Frömmigkeitsformen und in Konkurrenz zu anderen Orden an Ansehen und Einfluß einzubüßen. Mit dem Ziel strengerer Regelbefolgung wie auch einer Wiederbelebung eremit. Ideale entstanden seit Beginn des 15.Jh. bei den K.n Reformbestrebungen. Kurz nach 1400 wurde einzelnen Konventen in N-Italien erlaubt, ein Leben in strenger Observanz zu führen; in den vierziger Jahren schlossen sich diese Konvente zu einer eigenen Kongregation (Mantua) unter einem Generalvikar zusammen. Die Generalprioren Johannes Soreth (1440–71) – dieser rief auch eine Drittordensbewegung ins Leben – und Nicolaus Audet (1524–58) suchten die Reformimpulse für den Gesamtorden nutzbar zu machen, freil. ohne dauerhafte Erfolge; dies führte seit der Wende zum 16.Jh. zur Entstehung weiterer Reformkongregationen (Albi, Spanien) und schließl. zur Abspaltung des Ordens der unbeschuhten K. am Ende des Jahrhunderts.

H. J. Schmidt

Q.: Bullarium carmelitanum, hg. E. MONSIGNANO–J. A. XIMÉNEZ, 4 Bde, Rom 1715–68 – Mon. hist. carmelitana, hg. B. ZIMMERMAN, 1907 – Acta capitulorum generalium Ordinis Fratrum BVM de Monte Carmelo, hg. G. WESSELS, 2 Bde, 1914–34² – Lit.: DHGE XI, 1070–1110 – DIP II, 460–521 – DThC II, 1776–1792 – LThK² V, 1366–1372 – TRE XVII, 658–662 – C. DE VILLIERS, Bibl. Carmelitana, 2 Bde, Rom 1752 – P. MCCAFFREY, The White Friars, 1926 – C. KOOP, Elias und das Christentum auf dem Karmel, 1929 – M. HEIMBUCHER, Die Orden und Kongregationen der Kath. Kirche II, 1934³, 56–95 – A. DE LA PRÉSENTATION, Le Carmel en France, 7 Bde, 1936–39 – L. SHEPPARD, The English Carmelites, 1943 – E. ESTEVE, La orden del Carmen, 1950 – G. MESTERS, Gesch. des K.ordens, 1958 – J. SMET, The Carmelites, 2 Bde, 1975/76 [dt.: 1981] – E. FRIEDMAN, The Latin Hermits of Mount Carmel, 1979 – K. LÜCKTEIG, The German Carmelites at the Medieval Universities (Textus et Stud. Hist. Carmelitana 13, 1981) – K. ELM, Elias, Paulus v. Theben und Augustinus als Ordensgründer (Gesch.sschreibung und Gesch.sbewußtsein im späten MA, hg. H. PATZE, VuF 31, 1987), 371–397 – J. SMET, Pre-Tridentine Reform in the Carmelite Order (Reformbemühungen und Observanzbestrebungen im spätma. Ordenswesen, hg. K. ELM, 1989 [= Berliner Hist. Stud. 14]), 293–323.

Karmeliterinnen. Anders als bei den anderen Mendikanten gliederte sich dem Karmeliterorden erst spät ein zweiter Orden an. Zwar fanden seit Beginn des 15.Jh. einzelne Frauen als Oblaten Anschluß und geistl. Betreuung, ein institutionalisierter Ordenszweig entstand aber erst im Zusammenhang mit den Reformbemühungen des Generalpriors Johannes Soreth (1440–71). Das Generalkapitel in Köln 1452 nahm erstmals eine Beginengemeinschaft in Geldern in den Orden auf. Weitere Frauengemeinschaften am Niederrhein und in den Niederlanden folgten. Papst Nikolaus V. gab seine Zustimmung zur Aufnahme von Frauenkl. in die Obhut der Karmeliterordens. Ein weiteres Zentrum des weibl. Ordenszweiges wurde die Bretagne, nachdem die Hzgn. Françoise d'Amboise in Zusammenarbeit mit Johannes Soreth ca. 1470 zwei Frauenkl. gründete. Auch in Italien traten einige weibl. religiöse Gemeinschaften in die Obhut der Karmeliter, insbes. der Konvente der Kongregation v. Mantua. Die in strenger Klausur lebenden Nonnenkl. folgten den von Soreth für das Kl. Lüttich erlassenen, verlorengegangenen Konstitutionen. Insgesamt hatte die cura monialium der Karmeliter während des MA eine sehr geringe Bedeutung. Der entscheidende Impuls zu dem großen Aufblühen eines weibl. Ordenszweiges erfolgte erst in der 2. Hälfte des 16.Jh. in Spanien im Zusammenhang mit der von Teresa v. Avila und Johannes vom Kreuz initiierten und von Kg. Philipp II. geförderten Reformbewegung. Die Mehrzahl der heute bestehenden Kongregationen von K. führen ihren Ursprung auf sie zurück.

H. J. Schmidt

Lit.: A. STARING, The Carmelite Sisters in the Netherlands, Carmelus 10, 1963, 59–92 – V. WILDERINK, Les premiers monastères des Carmélites en France, ebd., 93–148 – DERS., Les constitutions des premières Carmélites en France, 1966 – C. CATANE, Le Carmelitane, storia e spiritualità (Textus et Stud. Hist. Carmelitana 9), 1968.

Karnburg, Pfalz bei →Maria Saal, Kärnten. Der vorröm. Name K. ist von *karn* 'Fels' abzuleiten, der auch den Ländern Karantanien (→Kärnten) und Carniola (→Krain) zugrundeliegt. Das seit der Hallstattzeit besiedelte Plateau von K. diente in der Spätantike als befestigte Fluchtburg für die Bewohner des nahen municipium Virunum. Im FrühMA namengebendes Zentrum des slav. Fsm.s Karantanien, fand hier beim 'Fürstenstein', der verkehrt in die Erde gerammten Basis einer röm. Säule (Landesmus. Klagenfurt), die slav. Zeremonie der Fs.eneinsetzung statt (erste Hinweise in der →Conversio Bagoariorum et Carantanorum für die Zeit um 750; genaue Beschreibungen allerdings erst für die geänderte Form der Hzg.seinsetzung seit dem 13. Jh.). In der unter frk. Herrschaft im 9. Jh. errichteten Pfalz weilte 888 der ostfrk. Kg. Arnulf. Von der befestigten Anlage (983 letztmalig als sedes regalis bezeichnet) ist die Kapelle St. Peter und Paul (heute Pfarrkirche) mit karol. (?) Mauerwerk und röm. Spolien erhalten. Während die Pfalz verfiel, kam der Großteil des Kg.sguts um K. noch Ende des 10. Jh. durch Schenkungen an den Hzg. v. Kärnten. H. Dopsch

Lit.: M. WUTTE, K. und Tanzenberg, Carinthia I/131, 1941, 341–359 – R. EGGER, K. und Maria Saal, ebd. 138, 1948, 198ff. – B. GRAFENAUER, Ustoličevanje koroških vojvod in država karantanskih slovencev, 1952 – H. HASSINGER, Zollwesen und Verkehr in den österr. Alpenländern bis um 1300, MIÖG 73, 1965, 292ff. – Reclams Archäologieführer, Österr. und Südtirol, 1985, 341f.

Karner (Beinhaus, ossarium, carnarium, auch Kalvarium), Raum für Bestattungen oder zur Aufbewahrung von auf dem Friedhof gesammelten Gebeinen (»ubi defuncta corpora fratrum sepulturae tradita requiescerunt, quam cimiterium vocant«, Abt Eigil v. Fulda um 820; »vulgo dicitur carnaria«, Radulfus Glaber um 1045). Seit dem 13./14. Jh. werden beide Begriffe synonym für Räume für Wiederbestattungen auf Friedhöfen gebraucht, die als Beinhäuser, Beinkammern, die zumeist an Kirchen angelehnt sind, oder als kryptenähnliche Beingrüfte unter Sakristeien oder Chören gebaut wurden. Als K.-Kapellen mit Kultraum im Obergeschoß in der Regel ohne Parochialrecht, in fast ganz Europa verbreitet, v. a. in Süddeutschland, Niederösterreich und Kärnten als runder (Deutsch-Altenburg) oder polygonaler (Doberan, Tulln) Zentralbau mit Apsis, selten als Saalraum (Lauffen, Kiedrich, Schorbach/Mosel, Wertheim); im 13. Jh. entstanden bes. reiche K. mit prächtiger Ausstattung; im SpätMA werden K. seltener. G. Binding

Lit.: RDK II, 204–214 – M. CAPRA, K. in Niederösterreich [Diss. Wien 1926] – F. HULA, Ma. Kultmale, 1970 – ST. ZILKENS, K.-Kapellen in Dtl. [Diss. Köln 1983; Lit.]. – W. WESTERHOFF, K. in Österreich und Südtirol, 1989 [Lit.].

Karneval → Fastnacht; →Feste

Karnevalsdichtungen

I. Allgemeines – II. Romanische Literaturen.

I. ALLGEMEINES: Eindeutige Belege für eine Verbindung der roman. Lit.en mit dem Karneval (→Fastnacht) stammen aus dem SpätMA und der Renaissance; sie fehlen vor dem Aufkommen der städt. Zentren im 13. Jh. Nur eine extensive Auslegung des Karneval-Begriffes (M. BAKHTINE) erlaubt es, verschiedenste Formen der Parodie und Satire mit dem Karneval zu verbinden. Bes. beobachtet wurden das profane Theater und die Novellistik: Motive und Stoffe (Übersicht EM, 891ff.) der →Fastnachtsspiele des 16. Jh. sind von der Dichtung der →Goliarden, den →Exempeln und den →*fabliaux* her bekannt; sie finden sich bei →Boccaccio, den it. und frz. Erzählern des 15. Jh., in den →*farces*. Z. Zt. kennt man wenige Texte, die auf den Karnevalszyklus oder die Fastenzeit anspielen; es fehlen noch Unters. zum Vorkommen der Winterfeste in der Lit. So steht der 1. Jan. im »Mariage →Rutebuef« für den Beginn der *fête des fous,* und bei →Charles d'Orléans werden *Karesme* und Valentinstag gegeneinander ausgespielt.

II. ROMANISCHE LITERATUREN: [1] *Frankreich:* Wichtigstes Zeugnis der K. im 13. Jh. ist die »Bataille de Caresme et Charnaige«, deren Thematik in den »Jeux de Carnaval« des SpätMA aufgegriffen wird. Interesse für mit dem Karneval verwandte Formen bekunden in Paris die »Chronique métrique« (1313, Beschreibung eines Umzuges) von →Geffroy de Paris, dessen »Songe« auf den 'roi des coqs' bzw. 'à la fève' anspielt. Im zeitgenöss. »Roman de →Fauvel« findet sich ein charivari (→Rügebräuche), dessen Teilnehmer *sottes chansons* singen; die Ill. sind mit Karnevalsszenen in den marginalia der goth. Hss. verwandt. Im späten 14. Jh. beschreibt→Philippe de Mézières einen Karnevalsumzug in Rom (»Songe du Vieil Pelerin«, Kap. 25); sein Zeitgenosse →Deschamps verfaßt eine Ballade (Nr. 350) zu Ehren des Karnevals. Nach dem Hundertjährigen Krieg blüht das profane Theater auf; die *sermons joyeux* parodieren die Predigten der Fastenzeit; auf sie spielen auch die →*sotties*, die frz. (und it.) Novellistik an. Der sozialkrit. Charakter der *sotties* ist ausgeprägt; bestimmte sind zu Karnevalszeiten aufgeführt worden. Wie die Autoren der *sotties* (Deschamps u. a.) hatte Guillaume →Coquillart Beziehungen zu einer *confrérie*; er beschreibt eigtl. 'causes grasses', wie sie auch von der Pariser Basoche gepflegt wurden. Die Aktivitäten eines dieser (Quartier-) Vereine in Karnevalszeiten beschreibt Philippe de Vigneulles in seiner Chronik (1497).

[2] *Italien:* Der Streit zw. *Carnevale* und *Quaresima* hat vom 13. bis zum 16. Jh. Erfolg; z. B. »De Carnis Privium et Die Veneris« (um 1300); »Frottola di Carnevale« und »Contrasto del Carnevale colla Quaresima« aus dem 15. Jh. Im Florenz des 15. Jh. wird der Karneval zu einer Kundgebung zu Ehren der Medici; bestimmte *trionfi* und *canti carnascialeschi* sind Lorenzo il Magnifico selbst zugeschrieben. Sein »Trionfo di Bacco e Arianna« wurde während des Karnevals aufgeführt, seine *canzoni a ballo* stehen im Zusammenhang mit dem zweiten Karnevalszyklus, von Calendimaggio bis San Giovanni. Aus der Zeit Savonarolas stammt die »Canzone d'un Fiorentino al Carnevale«, in welcher der Karneval von Florenz nach Rom fliehen muß. Anspielungen auf den Karneval sind auch in der 'poesia popolare e giullaresca' zu suchen (z. B. »Nativitas Rusticorum« von Matazone da Caligano, 14. Jh.). Zu beachten wäre auch die Verwandtschaft zw. Schlaraffenland und Karneval (dazu die Bezeichnung 'Berlinzone' [<*berlingaccio* 'schmutziger Donnerstag'] im Decamerone).

[3] *Iberische Halbinsel:* Die »Bataille de Caresme« (s. o.) ist eine der Q. des »Libro de Buen Amor« (Str. 1067ff.) von Juan →Ruíz. Erwähnt werden die *carnestolendas* in Chroniken, so bei Alvaro de Luna (Jahre 1408, 1413, usw.). 1494 schreibt Juan del →Encina eine »Egloga en la noche postrera de Carnal«. Satir. Gedichte des 15. Jh. (z. B. Ferrán Manuel de Lando) spielen auf den Karneval an; in der Lyrik des ausgehenden MA werden bes. die *obras de burlas* und die *cantigas de escarnio e maldizer* der *cancioneros* von der Kritik mit der 'verkehrten Welt' des Karneval in Verbindung gebracht. J.-C. Mühlethaler

Ed.: G. LOZINSKI, La Bataille de Caresme et Charnage, 1933 – C. S. SINGLETON, Canti Carnascialeschi, 1936 – L. MANZONI, Libro di Carnevale dei s. XV e XVI, 1968 – J.-C. AUBAILLY, Deux Jeux de Carnaval de la fin du MA, 1978 – J. KOOPMANS, Recueil de sermons joyeux, 1988 – *Lit.:* J. C. BAROJA, El Carnaval, 1965 – L. M. RANDALL, Images in the Margins of Gothic Mss., 1966 – G. H. HARVEY, Theatre of the Basoche, 1969[2] – M. BAKHTINE, L'Œuvre de F. Rabelais, 1970 – C. GAIGNEBET, Le Carnaval, 1974 – R. H. de VILLEFOSSE, Nouvelle Hist. de Paris: Solennités... parisiennes, 1980 – C. SEGRE, Teatro e romanzo, 1984, 61ff. – G. TAVANI, O cómico e o carnavalesco, Boletim de Filologia 29, 1984 – J. REY-FLAUD, Le charivari, 1985 – →Fastnacht, →Fastnachtspiel.

Kärnten, Hzm., heute österr. Bundesland.
I. Spätantike – II. Das slavische Fürstentum Karantanien – III. Das Herzogtum 976–1335 – IV. Kärnten als Erbland der Habsburger – V. Gesellschaft und Wirtschaft.

I. SPÄTANTIKE: Als Teil des kelt. Kgr.s Noricum kam K. 15 v. Chr. unter röm. Herrschaft. Nach Errichtung der Prov. →Noricum (um 45 n. Chr.) wurde die Stadt Virunum auf dem →Zollfeld (n. Klagenfurt), die das kelt. Handelszentrum auf dem Magdalensberg ablöste, Sitz des Statthalters. Bei der Teilung der Prov. unter Diokletian wurde zunächst Virunum Hauptstadt von Binnennoricum, um die Mitte des 5.Jh. trat das hochgelegene, befestigte Teurnia (w. Spittal a. d. Drau) an dessen Stelle. Mit der Christianisierung der keltoroman. Bevölkerung wurden im 4.Jh. Virunum, Teurnia und Aguntum (bei Lienz, heute O-Tirol) Bf.ssitze, die zur Kirchenprov. →Aquileia gehörten. Im 5.Jh. war K. Aufmarsch- und Durchzugsgebiet germ. Völker wie der Westgoten. Die Bevölkerung zog sich im 5.Jh. auf geschützte Höhen zurück, wo sie befestigte Siedlungen mit Kirchen anlegte (Bf.skirche von Teurnia bis Ende 6.Jh. in Verwendung). An die Herrschaft des Ostgotenkg.s Theoderich erinnert das von seinem Statthalter Ursus gestiftete Mosaik in der Friedhofskirche von Teurnia. Nach einer kurzen Periode frk. Oberhoheit konnte Narses Binnennoricum dem Oström. Reich unter Justinian eingliedern. Der Durchzug der →Langobarden 568/569 hat in Gesellschaft und Kultur K.s weniger starke Spuren hinterlassen als die ältere Kärntner Forsch. vermutete (Arimannen). Die Langobarden behielten aber in Meclaria (Maglern) einen befestigten Grenzstützpunkt. 591 werden die Bf.ssitze Aguntum, Teurnia und Virunum zum letztenmal erwähnt.

II. DAS SLAVISCHE FÜRSTENTUM KARANTANIEN: Ende des 6.Jh. wurde K. slav. besiedelt. Beteiligt waren verschiedene Völkerschaften, darunter wohl die 'Weißen Kroaten', woran Ortsnamen wie Kraubath und Kraut (am Millstättersee) und der Kroatengau (a. d. oberen Glan) erinnern. Den Slaven sind die norischen Bm.er und fast die gesamte Kirchenorganisation zum Opfer gefallen: einzelne roman. Ortsnamen deuten jedoch darauf hin, daß sich Reste keltoroman. Bevölkerung und Kultur auch unter slav. Herrschaft halten konnten. Die Slaven standen unter der Oberhoheit der →Avaren. Dem rechtzeitigen Eingreifen des Kagans hatten sie es zu verdanken, daß sie nach einer ersten Niederlage gegen den Bayernhzg. Tassilo I. (592) einen zweiten Vorstoß der Bayern (595) siegreich abwehren konnten. Ein dritter Kampf fand 610 bei Aguntum statt. Die slav. Expansion nach W kam im obersten Pustertal bei Innichen (Südtirol) zum Stehen. Im 7.Jh. entstand in K. ein slav. Fsm., dessen Herrschaftssitz und namengebendes Zentrum die →Karnburg auf dem Zollfeld war. Die Silbe 'carn' (von kelt. *caranto* 'Fels') liegt sowohl dem Landesnamen Karantanien-K. (lat. Carinthia) als auch dem Volksnamen Karantanen (lat. Carantani) zugrunde; beide werden im 8.Jh. genannt. Nach dem Bericht der →Conversio Bagoariorum et Carantanorum gehörte Karantanien ztw. zum Slavenreich →Samos. Die Ausdehnung des slav. Karantanien ist unsicher; es umfaßte neben K. auch das heut. O-Tirol, griff im N wohl über das Ennstal bis in den Raum von Ischl aus, erstreckte sich über große Teile der Steiermark und die Karawanken ins heut. Slowenien. Als die Avaren im 8.Jh. ihre Macht erneut über Karantanien ausdehnen wollten, wandte sich Fs. Boruth an die benachbarten Bayern um Hilfe. Hzg. →Odilo besiegte die Avaren, unterwarf aber damit die Karantanen seiner Herrschaft: Boruth mußte seinen Sohn Cacatius und seinen Neffen Cheitmar als Geiseln stellen. Mit der Niederlage Odilos gegen die Franken 743 kam Karantanien unter frk. Oberhoheit. Nach dem Tode Boruths wurde dessen Sohn Cacatius (ca. 750–753) mit Zustimmung der Franken und dann Boruths Neffe Cheitmar (753–um 769) mit Erlaubnis Kg. Pippins zum Fs.en eingesetzt. In der bes. Betonung der Conversio, daß die (chr.) Bevölkerung (populi) Cacatius und Cheitmar zu Fs.en machte, ist ein deutl. Hinweis auf die Zeremonie der Fs.eneinsetzung zu sehen. Mittelpunkt war der Fürstenstein, die umgekehrt in die Erde gerammte Basis einer röm. Säule, auf dem ein →Edlinger in bäuerl. Tracht (Herzogsbauer) saß. Er hatte in wind. (slav.) Sprache den neuen Fs.en nach einem genauen Zeremoniell auf seine Eignung als Herrscher zu prüfen. Erst dann gab er dem ebenfalls bäuerl. gekleideten Fs.en den Stein frei und übertrug ihm so formell die Herrschaft. Obwohl der erste urkdl. Nachweis für die Existenz des Fürstensteins erst aus dem Jahre 1161 stammt und eine genaue Beschreibung des damals schon umgestalteten Rituals der Fs.seinsetzung erst für →Meinhard IV. v. Görz 1286 vorliegt, datiert die Zeremonie der Fs.eneinsetzung eindeutig aus der Zeit des freien Fsm.s Karantanien. Unter Bf. →Virgil (749–784) wurde die Missionierung der Karantanen von Salzburg aus vorangetrieben. Die Leitung war dem Chorbf. Modestus übertragen, der in →Maria Saal, bei Teurnia, bei Undrima (Obersteiermark) und andernorts Kirchen weihte und Priester bestellte. Der große Anteil roman. Priester an der Mission, in der Conversio und im Verbrüderungsbuch von St. Peter bezeugt, hat auch in zahlreichen roman. Lehnworten im Altkirchenslavischen seinen Niederschlag gefunden. Aufstände heidn. Bevölkerung nach dem Tode des Modestus führten zum Eingreifen Hzg. →Tassilos III. v. Bayern, der 772 die Karantanen besiegte und endgültig unterwarf. Damit war auch die erfolgreiche Fortsetzung der Mission gewährleistet. Über das von Tassilo 769 gegr. Kl. Innichen hat sich das Bm. →Freising, dem Innichen 783 übertragen wurde, in die Karantanenmission eingeschaltet. Das Patriarchat Aquileia hat als Metropolitansitz seine alten Rechte geltend gemacht. Als es deshalb zum Streit mit Salzburg kam, legte Karl d. Gr. 811 die Drau als Grenze zw. den Kirchenprov.en Aquileia und Salzburg fest. Die Karantanien, die seit der Reichsteilung 817 zum Herrschaftsgebiet Ludwigs d. Dt. gehörten, beteiligten sich 819/820 am Aufstand des Slavenfs.en Liudewit, der das Gebiet zw. Drau und Save beherrschte. Deshalb wurde 828 im Zusammenhang mit der Entmachtung Hzg. Balderichs v. Friaul die Herrschaft slav. Fs.en in Karantanien beseitigt und das Gebiet bayer. Gf.en unterstellt. Innerhalb der bayer. Ostlandes behielt aber Karantanien eine relativ unabhängige, eigenständige Position, die in der Bezeichnung als regnum und im Namen *Charentariche* deutl. zum Ausdruck kommt. Für Karlmann, den Sohn Ludwigs d. Dt., und →Arnulf »v. K.« bildete Karantanien die Ausgangsbasis ihrer Macht. Damals wurde der Herzogsstuhl als feudales Gegenstück zum älteren Fs.enstein errichtet. Auf diesem doppelsitzigen Steinthron am Zollfeld fand wohl seit dem späten 10.Jh. die Belehnung des neuen Hzg.s statt, wobei der Gewaltbote und später der Pfgf. als Kontrollorgan des Reiches erscheinen. Auch unter der Herrschaft der bayer. →Luitpoldinger bewahrte Karantanien im 10.Jh. seine Sonderstellung als regnum.

III. DAS HERZOGTUM 976–1335: Ks. Otto II. nahm einen Aufstand seines Vetters, des Bayernhzg.s →Heinrich II. 'd. Zänkers' (31. H.) zum Anlaß, um 976 K. von Bayern zu trennen und in ein Hzm. umzuwandeln. Dazu gehörten die Mgft.en →Krain, hinter dem Drauwald (mit Pettau und Marburg) und an der Mur (später →Steiermark), die Gft. (seit 1025 Mark) im Sanntal (Cilli) und die vier oberen Gft.en (Ennstal, Judenburg, Leoben, Mürztal). Um die strateg. wichtige Verbindung nach Reichsitalien zu sichern, war der Hzg. v. K. bis 1151 in Personalunion auch Mgf. v. →Verona – wohin er das polit. Schwergewicht seines Wirkens verlegte – und verwaltete die Marken

Verona, →Friaul und →Istrien. Mit der Einsetzung von landesfremden 'Amtsherzögen', die in K. kaum über Besitz verfügten, suchten sich Otto II. und seine Nachfolger die unmittelbare Kontrolle über dieses sechste Hzm. des Reiches zu sichern. Das umfangreiche Reichsgut in K. wurde v. a. an die Kirche vergeben: Das Ebm. Salzburg verfügte teilweise schon seit 860 über große Güter um →Friesach, das später als Vizedomamt Verwaltungsmittelpunkt wurde, um Gmünd und im unteren Lavanttal (St. Andrä). Die Zentren des Bamberger Besitzes bildeten Villach (ab ca. 1300 in der Nachfolge Friesachs die größte Stadt K.s) mit dem Kanaltal, Griffen und das obere Lavanttal mit Wolfsberg, dem Sitz des Vizedoms, und der Montanstadt St. Leonhard. Als Vögte des Bm.s Freising kamen die Gf.en v. Lurn und als ihre Nachfolger die Gf.en v. →Ortenburg, Gründer des Marktes Spittal a. d. Drau, in Oberk. zu Macht und Ansehen. Außerdem verfügten die mit den →Aribonen verwandten Gf.en v. →Görz als Vögte des Patriarchen v. Aquileia und Pfgf.en v. K. über ausgedehnten Besitz und Hoheitsrechte in Oberk. mit dem Zentrum Lienz (heute O-Tirol). In Unterk. nahmen die Gf.en v. Heunburg (bei Völkermarkt) eine dominierende Position ein. Zur Sicherung ihrer Diözesanrechte gründeten die Salzburger Ebf.e in Anknüpfung an die frühma. Chorbf.e 'Eigenbm.er' in →Gurk (1072) und →Lavant (St. Andrä, 1225), wo sie selbst kraft ksl. und päpstl. Privilegien die Bf.e bestimmen, einsetzen, weihen und ausstatten konnten. War damit die Gründung eines hzgl. Landesbm.s vereitelt, so scheiterten auch frühe Kl.stiftungen (Lieding, Pörtschach unterm Ulrichsberg) am Widerstand Salzburgs. Erst im 11. Jh. konnten mit den Salzburger Ebf.en versippte Adelsgeschlechter Benediktinerabteien errichten (1002/23 St. Georgen am Längsee, 1024 Ossiach, 1043 Gurk, 1070/77 Millstatt, 1091 St. Paul, 1096 St. Lambrecht i. d. Steiermark). Neben die alten Kl. als Träger von Kunst und Kultur (Millstätter Genesis) traten frühzeitig die Augustiner-Chorherren (Gurk, Maria Saal, Eberndorf), die geistl. Ritterorden (Johanniter, Dt. Orden) und die Bettelorden (ältestes dt. OP-Kl. in Friesach 1217, OFM in Wolfsberg und Villach). Damit blieb dem Hzm. kaum die Möglichkeit zum Aufbau einer starken Stellung im Land. Nach 976 wechselten in rascher Folge Hzg.e aus luitpolding. und sal. Stamm. 989-995 war K. unter Heinrich 'd. Zänker' nochmals mit Bayern vereint. Hzg. →Adalbero v. Eppenstein (1012-35) gelang es, durch Kg.sschenkungen reichen Besitz in den 'obersteir. Gft.en', bes. im Admonttal und um →Judenburg, sowie in der Mark an der Mur zu erwerben und damit seine Position zu stärken. Ks. Konrad II. ließ ihn trotz des Widerstandes seines Sohnes Heinrich (III.) durch ein Fs.engericht absetzen. Es folgten in raschem Wechsel Hzg.e, die K. z. T. gar nicht betraten. 1039-47 stand K. direkt unter der Herrschaft Heinrichs III. Die zahlreichen Mgft.en wurden bald von K. getrennt: bereits Anfang 11.Jh. Krain, mit dem später ein Teil der um 1025 gebildeten Mark im Sanntal (Saunien) als 'Windische Mark' vereinigt wurde. Die Mark an der Mur kam 1035 an die Gf.en v. Wels-Lambach und um 1055 an die Otakare v. Steyr, die daraus die Steiermark formten. Krain und Istrien, die schon von den Weimar-Orlamünde gemeinsam verwaltet worden waren, übertrug Heinrich IV. mit Friaul im Investiturstreit 1077 an das Patriarchat Aquileia. 1147 fiel die Mark hinter dem Drauwald mit Marburg (Maribor) an die steir. Otakare, und 1151 wurde auch die Mark Verona dem Hzg. v. K. entzogen. Heinrich IV., der nach seinem Gang nach →Canossa wegen der Sperre der Salzburger Straße über »die steilen Engpässe K.s« ins Reich zurückkehren mußte, verlieh K. nochmals an die ihm treuen →Eppensteiner. Nach deren Ende 1122 fiel ihr reicher Eigenbesitz an die steir. Otakare und trug wesentl. zur Landwerdung der Steiermark bei. Als Nachfolger in K. verfügten 1122-1279 die aus Rheinfranken stammenden →Spanheimer, die mit Hilfe der Salier hier Fuß gefaßt hatten, nur über eine schwache Stellung. Hzg. →Bernhard II. (1202-56) vermochte zwar das hzgl. 'Städtedreieck' →St. Veit (Residenz), →Klagenfurt, →Völkermarkt größtenteils auf altem Kirchenbesitz aufzubauen und nannte sich auch Landesfs. (princeps terrae), konnte aber das bamberg. →Villach nicht ausschalten. Insges. blieb die Macht der Hzg.e, die in Oberk. nur die Herrschaft Greifenburg besaßen, gering. Ein Versuch der Gf.en →Meinhard III. v. Görz und Albert III. v. Tirol, ganz Oberk. ihrer Herrschaft einzugliedern, wurde in der Schlacht bei Greifenburg 1252 abgewiesen, wo Bernhards Sohn, der erwählte Salzburger Ebf. Philipp, ihnen eine schwere Niederlage zufügte. Im Frieden v. Lieserhofen mußten die Görz-Tiroler auf wichtige Besitzungen und Rechte verzichten. Hzg. Ulrich III. (1256-69), der sich als Gatte der Agnes v. Andechs-Meranien auch Herr v. Krain nannte, vermachte seinem Vetter, Kg. Ottokar II. Přemysl v. Böhmen, 1268 die Länder K. und Krain. Erst nach dem Tode Ottokars, der 1269-75 in K. geherrscht hatte, wurde Ulrichs Bruder Philipp, der Salzburg wegen der fehlenden Weihen aufgeben mußte und sich als 'erwählter' Patriarch in Aquileia nicht durchsetzen konnte, von Kg. Rudolf I. mit K., Krain und der Wind. Mark belehnt. Er lebte aber als 'Pensionär' der Habsburger bis zu seinem Tod 1279 in Krems. Kg. Rudolf verlieh K. 1286 an seinen engsten Parteigänger, Meinhard II. (IV.) v. Görz-Tirol, dem er auch Krain verpfändet hatte. Ein gegen Meinhard und Albrecht I. v. Habsburg gerichteter Aufstand, in dem sich Gf. Ulrich v. Heunburg hervortat, wurde 1293 niedergeschlagen. Die folgenden Hzg.e aus dem Geschlecht der Görz-Tiroler betrachteten K. neben der reicheren, weiter entwickelten Gft. Tirol nur als Nebenland. Zuletzt hat Hzg. →Heinrich VI. (1295-1335) durch seine Politik als Kg. v. Böhmen und Polen (1306-10) das Land finanziell schwer belastet. Während Tirol seiner Tochter →Margarethe Maultasch als Erbe verblieb, fielen K. und als an die Görz-Tiroler verpfändete Krain an die Habsburger.

IV. KÄRNTEN ALS ERBLAND DER HABSBURGER: Unter den Habsburgern bildete K. stets nur ein Nebenland ohne eigenen Landesfs.en. Hzg. Otto d. Fröhliche unterzog sich 1335 für seinen gelähmten Bruder Albrecht II. den Zeremonien am Fürstenstein, die unter Hzg. →Ernst d. Eisernen 1414 letztmalig durchgeführt, aber nicht mehr verstanden und deshalb abgeschafft wurden, während die 'Herzogseinsetzung' am Herzogsstuhl noch bis 1596 vom Hzg. persönl. geübt wurde. Auf die angebl. Würde des K.er Hzg.s als 'des Reiches Erzjägermeister' stützte Rudolf IV. (1358-65) im gefälschten Privilegium maius den Titel 'Erzherzog', den zunächst die innerösterr. Linie (als Hzg.e v. K.) und in ihrer Nachfolge alle Habsburger führten. Auch nach der habsb. Länderteilung 1369 blieb K. in der innerösterr. Ländergruppe nur ein Nebenland der Steiermark, wo in Graz der Herrscher residierte. Der Aufstieg der Gf.en v. →Cilli zu Reichsfs.en (1436), die in K. als Erben der Heunburger und Ortenburger über Gft.en und umfangreiche Rechte verfügten, drohte K. in mehrere Territorien aufzuspalten. Das Ende der Cillier 1456 und der Sieg über die Gf.en v. Görz, die deren Erbe beanspruchten, stärkten die Position der Habsburger. Im Frieden v. Pusarnitz 1460 mußten die Görzer allen Besitz in Oberk. bis Lienz abtreten. Die Erhaltung der Landeseinheit war v. a. ein Verdienst der Landstände, die auch die Hauptlast bei der Türkenabwehr zu tragen hatten. Unter der Herrschaft Friedrichs III. wurde K. von wiederholten Naturkatastrophen, Türkeneinfällen, plündernden Söldnerscharen (Baumkircherfehde) und dem verheerenden Ung. Krieg (1479–90) zw. dem Ks. und Matthias Corvinus heimgesucht. Da der zur Türkenabwehr gegr. St. Georgs-Ritterorden mit Sitz in Millstatt völlig versagte und auch der Adel keinen Schutz bot, kam es zu schweren Bauernaufständen (1478 und 'Wind. Bauernkrieg' 1515). Nach dem Ende der Gf.en v. Görz zog Kg. Maximilian I. 1500 deren 'vordere Gft.' mit Lienz ein, schlug sie aber trotz des Protestes der K.er Stände zu Tirol. In Verträgen mit Kg. Ferdinand I. mußten Salzburg und Bamberg (1535/36) auch für ihre Besitzungen die Landeshoheit der Habsburger anerkennen, womit die Einheit K.s gesichert war.

V. GESELLSCHAFT UND WIRTSCHAFT: Der slav. Adel behielt auch nach der Ablösung der Fs.en durch bayer. Gf.en Besitz und gesellschaftl. Rang, nahm aber bald bibl. und dt. Namen an und verschmolz mit den in K. seßhaft gewordenen Geschlechtern der Reichsaristokratie. An der Familie der hl. →Hemma v. Gurk ist diese Entstehung eines neuen K.er Adels deutl. zu verfolgen. Auch die auf slav. Wurzeln zurückgehenden Edlinger konnten ihre rechtl. Sonderstellung durch Jahrhunderte bewahren. Neben die Sippen des Hochadels traten seit dem 12. Jh. die Ministerialen des Hzg.s, die v. a. um die Hzg.sstadt St. Veit ansässig waren, aber auch der geistl. und weltl. Herren wie der Ebf.e v. Salzburg, der Bf.e v. Bamberg, Brixen und Gurk, der steir. Otakare, der Spanheimer, der Gf.en v. Görz, Ortenburg und Heunburg etc. In den überwiegend dt. Städten spielten die Slaven als Bürger keine Rolle. Stadtministerialität gab es nur in den landesfürstl. Städten, reiche Bürger v. a. in den Handelsstädten Villach, Friesach und St. Veit, jüd. Handelsniederlassungen schon im FrühMA bei Villach, Karnburg und Friesach; größere Judengemeinden bestanden seit dem 12./13. Jh. bis zur Ausweisung unter Maximilian I. 1496 in Friesach, Villach und Völkermarkt. Das städt. Handwerk ist in Friesach bes. früh bezeugt (1220 ebfl. Ordnung für die Lederer und Schuster). Die seit dem SpätMA meist als Windische bezeichneten Slaven stellten einen namhaften Teil der Landbevölkerung, in großen Teilen Unterk.s die Mehrheit. Ältere slav. Wirtschaftsformen wurden seit dem 9. Jh. durch die Villikationsverfassung überlagert und die slav. Siedlergemeinschaften (→Župa) in die Grundherrschaft eingegliedert. Es gab aber weiterhin slav. Huben, man lebte z. T. nach slav. Recht, und der Župan behielt seine abgabenfreie Doppelhube. In der Wirtschaft dominierten Bergbau und Handel. Die bes. Güte des nor. Stahls wird schon von den röm. Autoren Horaz, Ovid, Plinius d. J. und Petronius bezeugt. Im MA unterstand der Hüttenberger Eisenbergbau, die K.er 'Haupteisenwurzen', allein dem Ebm. Salzburg, erst am Ende 15. Jh. erlangten auch die Habsburger als Landesfs.en wesentl. Anteile daran. Das Eisen wurde teils im Land verarbeitet (Eisenkappel, Kanaltal von canale del ferro), teils nach Krain exportiert. Um das Niederlagsrecht gab es heftige Auseinandersetzungen zw. dem Salzburger Markt Althofen und der landesfürstl. Stadt St. Veit. Auch in Innerkrems (Salzburg) und im Lavanttal (Bamberg) wurde Eisen abgebaut. Ende 15. Jh. erlangte der Bleibau in Bleiberg große Bedeutung, die →Fugger engagierten sich in Gailitz (Fuggerau), wo sie auch Kupfer saigerten und Messing herstellten. Gold und Silber wurde v. a. in Oberk. (Obervellach) gewonnen. Unter den Handelsrouten dominierten die 'untere Straße' über Katschberg und Radstädter Tauern, die einen wesentl. Teil des Venedighandels aufnahm, und der 'schräge Durchgang' über den Perchauer Sattel in die Donauländer. Im O-W-Handel spielte die Tuch-Eisen-Straße (Königsweg) von Pettau über die Drautal, Villach und das Kanaltal im SpätMA eine wichtige Rolle. Tuche wurden nach Ungarn gebracht und ung. Vieh nach Italien exportiert. V. a. Villacher Bürger haben sich als Unternehmer und Faktoren im Venedighandel engagiert und ztw. eine dominierende Stellung im ung. Ochsenhandel erlangt. H. Dopsch

Q.: Mon. hist. ducatus Carinthiae. Die K.ner Gesch.sq., I–IV; Erg.-H. (–1269), hg. A. v. JAKSCH, 1896–1915; V–XI, hg. H. WIESSNER, 1956–72 – *Lit.*: G. v. ANKERSHOFEN, Hb. der Gesch. des Herzogthumes K., I–II; IV (mit K. TANGL), 1842–64; fortges. v. H. HERMANN (1335–1518), 1860 – E. AELSCHKER, Gesch. K.s von der Urzeit bis zur Gegenwart, 2 Bde, 1885 – A. v. JAKSCH, Gesch. K.s bis 1335, 2 Bde, 1928/29 – H. WIESSNER, Gesch. des K.ner Bergbaus, 3 Bde (Archiv für vaterländ. Gesch. und Topographie 32, 1950; 36/37, 1951; 41/42, 1953) – W. FRESACHER, Der Bauer in K., 3 Bde (Archiv für vaterländ. Gesch. und Topographie 31, 1950; 39, 1952; 43/44, 1955) – S. VILFAN, Rechtsgesch. der Slowenen, 1968 – B. GRAFENAUER, Zgodvina slovenskega naroda, I, 1978³; II, 1965² – 1000 Jahre K., hg. W. NEUMANN (Carinthia I, 166, 1976) – C. FRÄSS-EHRFELD, Gesch. K.s, I: MA, 1984 [Lit.] – W. NEUMANN, Bausteine zur Gesch. K.s (Das K.er Landesarchiv 12, 1985) – K. BERTELS, Carantania, Carinthia I, 177, 1987, 87–196 [Lit.].

Karolellus → Karl d. Gr. B

Karolina de ecclesiastica libertate (Constitutio Carolina), Privilegienreihe Ks. Karls IV. zum Schutz der kirchl. Freiheit, im 15. Jh. als allg. Gesetz betrachtet. Grundlage ist eine Urk. für die Kirchenprov. Hamburg-Bremen und Magdeburg (1354), mehrfach für Empfänger im N des Reichs erneuert, in einer letzten Ausfertigung 1377 werden auch die Kirchenprov. Mainz und Köln einbezogen. Ihre Bestimmungen richten sich unter unverkennbarem Rückgriff auf das →'Krönungsgesetz' Friedrichs II. (1220) gegen Eingriffe laikaler Gewalt in kirchl. Freiheiten. Am Ausgang des 14. Jh. wird zum wirksamen Instrument der päpstl. Delegationsgerichtsbarkeit im Gesamtgebiet des Reichs, das Konzil v. →Konstanz spielt in ihrer Ausgestaltung eine wichtige Rolle. Der Höhepunkt ihrer Wirkung in der gerichtl. Praxis liegt um die Mitte des 15. Jh., sie wird ins Deutsche übers. und von einigen dt. Rechtsbüchern rezipiert. Um 1500 erlöschen die Berufungen auf die K. P. Johanek

Lit.: P. JOHANEK, Die 'K.', BDLG 114, 1978, 797–831 – W. HÖLSCHER, Kirchenschutz als Herrschaftsinstrument. Personelle und funktionale Aspekte der Bm.spolitik Karls IV. (Stud. zu den Luxemburgern und ihrer Zeit 1, 1985).

Karolinger, frk. Adelsfamilie, Kg.s- und Ks.haus, benannt nach →Karl Martell, dem ersten Träger dieses Namens.
I. Die Anfänge – II. Die Zeit der karolingischen Einheitsherrschaft – III. Ost- und westfränkische Karolinger – IV. Nachwirkung und Bedeutung.

I. DIE ANFÄNGE: Die Gesch. der aus dem Maas-Mosel-Gebiet stammenden K. läßt sich bis in das 7. Jh. zurückverfolgen, als Bf. →Arnulf v. Metz und der n. der Ardennen begüterte Adlige →Pippin im Kampf des austras. Adels gegen die Kgn. →Brunichild dem neustr. Kg. →Chlothar II. zur Gesamtherrschaft im Merowingerreich verhalfen (→Frankenreich B. I). Da Arnulf wie Pippin als Spitzenahnen der K. gelten, verwendet die Forsch. für die Frühzeit dieser Familie auch die Sammelbezeichnung →'Arnulfinger' bzw. 'Pippiniden'. Sie gewann fast ununterbrochen gegenüber dem Kg.shaus der →Merowinger ebenso wie die anderen frk. Adelsfamilien an Einfluß bis zur Erlangung der Kg.swürde (751). Auf dem Weg dahin war neben dem infolge geschickter Heiratspolitik wachsenden Reichtum der Familie v. a. die Ausübung des austras. Hausmeieramts (→Hausmeier) durch →Pippin d. Ä. († 640) und seinen Sohn →Grimoald I. († um 662) maßgebl.

Nach dem Aussterben der Pippiniden im Mannesstamm gelang es Arnulfs Sohn →Ansegisel (∞→Begga, Schwester Grimoalds), den Aufstieg der frühen K. fortzusetzen. Der nach dem Großvater mütterlicherseits benannte Sohn →Pippin d. Mittlere stieg zum princeps Francorum auf, nachdem er den neustr. Hausmeier →Berchar 687 bei →Tertry geschlagen und damit die Einheit des Frankenreiches unter austras. Führung wiederhergestellt hatte. Durch den Einsatz seiner Söhne →Drogo und →Grimoald (II.) als dux in der Champagne bzw. als neustr. Hausmeier versuchte Pippin die Vorherrschaft seiner Familie im Reich zu sichern, beließ aber die merow. Kg.e in ihrer nominellen Führungsposition. Nach seinem Tod 714 schien die pippinid.-karol. Sukzession gefährdet, doch gelang es Pippins Friedelsohn →Karl (Martell), sich durchzusetzen und die prinzipatartige Herrschaft so weit zu festigen, daß er es wagen konnte, von 737 an den merowing. Thron unbesetzt zu lassen und als Hausmeier in quasi-kgl. Stellung selbständig zu regieren. In der Teilung des Reiches unter seine Söhne →Karlmann und →Pippin d. J. ebenso wie in der Beisetzung Karls in der merow. Königsabtei →St-Denis wird die Annäherung der karol. Herrschaft an die →Merowinger sichtbar.

Nach Karl Martells Tod 741 regierten in Austrien, Alemannien und Thüringen Karlmann, in Neustrien, Burgund und der Provence Pippin; ihr nicht als vollbürtig geltender Halbbruder →Grifo wurde von der Mitherrschaft ausgeschlossen. In der Folgezeit erhob sich gegenüber den beiden Hausmeiern in den Randgebieten Aquitanien, Alemannien und Bayern Widerstand von seiten der dortigen duces, welche die K. nicht als höhere Instanz anerkannten. Zur Stärkung der karol. Position setzte deshalb Karlmann (und Pippin?) 743 den merow. Kg. →Childerich III. ein. Vier Jahre später endete die Samtherrschaft (d. h. gemeinsame Herrschaft) der Brüder, als Karlmann der Welt entsagte und sein regnum zusammen mit seinen Söhnen, v. a. →Drogo, an Pippin tradierte. Pippin, dessen Stellung nicht unumstritten gewesen zu sein scheint, verschaffte sich, infolge seiner Adoption durch den langob. Kg. →Luitprand (734) bereits Kg.ssohn geworden, durch die Hinwendung zum Papsttum (seit 750/751, auf Kosten der traditionellen frk. Freundschaft mit den →Langobarden) die Rangerhöhung zum Kg. und wurde damit Begründer der zweiten frk. Dynastie; dies bringt auch die →Clausula de unctione Pippini regis zum Ausdruck.

II. DIE ZEIT DER KAROLINGISCHEN EINHEITSHERRSCHAFT: Im doppelten Akt der Wahl durch die frk. Großen und der bfl. Salbung zu →Soissons 751 sowie der päpstl. Salbung in St-Denis 754 Kg. geworden, hat Pippin entsprechend dem durch die Schwurfreundschaft v. →Ponthion gefestigten Kurs. Bündnis mit dem Papsttum 754 und 756 das Langobardenreich erobert und den →Kirchenstaat begründet. Nicht weniger zukunftweisend sind seine Anstöße zur Kirchenreform und die Kontakte zu Byzanz. Indem Pippin 754 auch seine Söhne Karl und Karlmann salben ließ, nahm er das von den Merowingern vorgegebene Prinzip der geteilten Kg.sherrschaft auf, variierte es aber in der vor seinem Tod 768 vollzogenen Gebietszuweisung, da die Francia nicht west-östl., sondern nord-südl. geteilt wurde; damit sollte der alte Gegensatz zw. →Neustrien und →Austrien überwunden werden.

Diese Lösung hatte nach dem Tod Pippins, der wie sein Vater in St-Denis bestattet worden ist, allerdings nicht lange Bestand; denn durch den frühen Tod Karlmanns 771 wurde die karol. Einheitsherrschaft unter seinem Bruder Karl, dem bereits die Zeitgenossen das Attribut 'der Große' zuerkannten, wiederhergestellt. Dessen im →Kaisertum von 800 gipfelnde, 46 Jahre währende Regierung läßt Genese, Eigenart und Selbstverständnis der karol. Dynastie deutlich hervortreten: Während Karl in den Spuren seines Vaters bis in die späten 70er Jahre hinein noch manche hausmeierl. Tradition beibehielt, lenkte er damals in mehrfacher Hinsicht in merow. Bahnen (vgl. die Namengebung der beiden 778 geb. Söhne Chlodwig und Chlothar: »Ansippung« an die Merowinger). Dieses gesteigerte Selbstbewußtsein des inzwischen Kg. der Langobarden und →Patricius Romanorum gewordenen Frankenkg.s spiegelt sich auch in der neuen, herrscherbezogenen Geschichtsdarstellung der karol. Historiographie um und nach 800 im Vergleich zur früheren konsensorientierten Sehweise. Es verdient allerdings Beachtung, daß für die K. nach Karl d. Gr. wieder das Konsensprinzip fundamentale Bedeutung für die Auffassung und Ausübung ihrer Herrschaft erhielt.

Zur selben Zeit fand die karol. Dynastie in der Metzer »Commemoratio genealogiae domini Karoli gloriosissimi imperatoris« ihre erste Deutung: In ihr kommt die doppelte Ansippung der K. an den senator. Adel Galliens ebenso wie an die Merowinger zum Ausdruck; der hl. Arnulf galt als Keim der prosapia regum Francorum, die Kirche St. Arnulf zu →Metz wurde Grablege von nichtregierenden Mitgliedern des karol. Hauses, allerdings auch Ks. Ludwigs d. Fr. Andererseits fehlt es nicht an Zeugnissen, die unter Übergehung Arnulfs eine pippin. Herkunftslinie zogen oder in der 2. Hälfte des 9. Jh. einerseits Rom und die Merowinger, andererseits Karl d. Gr. und Ludwig d. Fr. in den Mittelpunkt des Dynastieverständnisses stellten.

Auch in der Heiratspolitik lassen sich die für die K. typ. Besonderheiten ausmachen: Im Unterschied zu den Merowingern heirateten die K. vorzugsweise adlige Frauen aus dem Frankenreich; auswärtige Verbindungen blieben selten. Offenbar sahen die K. in der einheim. Heiratspolitik ein Mittel zur Verklammerung von Kgtm. und Adel.

Richtungsweisend war ferner die von Karl d. Gr. betriebene Nachfolgeregelung: Abweichend von der merowing. Gewohnheit hat Karl auf eine gleichmäßige Teilung des Reiches verzichtet und stattdessen in der →Divisio regnorum von 806 mit der Zuweisung der Francia an seinen ältesten Sohn Karl und mit der Einrichtung der nichtfrk. regna Italien und Aquitanien für die jüngeren Söhne Pippin und Ludwig eine neuartige Lösung angestrebt, durch welche die Einheitlichkeit des regnum Francorum gesichert werden sollte. Durch den Tod Karls d. J. und Pippins 811 ergab sich allerdings eine neue Situation: Der aquitan. Kg. →Ludwig (der Fromme) rückte in die Position des Nachfolgers als Frankenkg. und in der Ks. würde, die ihm als Mitherrscher nach byz. Vorbild sein Vater 813 in dem seit dem Ausgang des 8. Jh. neu geschaffenen Zentrum des Reiches übertrug. Hier, wo Karl d. Gr. in den letzten Jahren fast ununterbrochen residierte und in der Marienkirche ein geistl. Zentrum seines Hofes geschaffen hatte, nicht (wie von ihm ursprgl. vorgesehen) in St-Denis, ist Karl 814 beigesetzt worden.

Auch sein Sohn und Nachfolger Ludwig d. Fr. hielt sich vorzugsweise in Aachen auf und setzte hierin die Tradition Karls d. Gr. fort ebenso wie in der Erhebung seines ältesten Sohnes →Lothar zum Mitks., der in der Namengebung den merow. Traditionsstrang des Kgtm.s Karls d. Gr.

manifestierte. Die beiden anderen Söhne aus Ludwigs Ehe mit der frk. Adligen Irmingard, →Pippin und →Ludwig (d. Dt.), wurden als Unterkg.e in Aquitanien und Bayern eingesetzt und anders als in der Divisio von 806 dem älteren ksl. B uder deutlich untergeordnet. So regelte es die →Ordinatio imperii von 817, die in kühnem Konzept künftige weitere Teilungen der karoling. Herrschaft verbot.

Wesentl. schwerer als die mit größter Härte bestrafte Empörung →Bernhards, des Sohnes von Kg. Pippin, wog die Opposition, die sich gegen Ks. Ludwig wegen der auf Betreiben der Welfin →Judith, seiner zweiten Gemahlin, 829 getroffenen neuen Teilungsordnung wandte. Die Abweichung von der Ordinatio von 817 und die Zuweisung eines alem.-burg. Dukats an den 823 geb. →Karl (den Kahlen), der programmat. den Namen des berühmten Großvaters erhalten hatte, löste eine Hofrevolte aus (→Wala v. Corbie), die in einen gemeinsamen Aufstand der Ks.söhne einmündete (833), so daß es zur ztw. Absetzung des Ks.s und zu einer erzwungenen Kirchenbuße zu Soissons kam. In der Folgezeit wechselten allerdings die Interessenlagen und Bündnisse im karol. Haus häufig; 835 wurde Ludwig im Dom der K.stadt Metz wiedereingesetzt und teilte 839 – nach dem Tode Pippins v. Aquitanien – das Reich nun unter Beschränkung Ludwigs auf Bayern zw. Lothar und Karl. Gegen den hierauf erfolgenden Widerstand Ludwigs und des um den gleichnamigen Sohn Pippins gescharten aquitan. Adels zog Ludwig zu Felde; schwer erkrankt, designierte er Lothar zu seinem Nachfolger. Nach seinem Tod 840 entbrannte der Bruderzwist im karol. Hause aufs neue, da Lothar die vollen Ks.rechte beanspruchte. Das gegen ihn gerichtete Bündnis Ludwigs d. Dt. und Karls d. K. bewährte sich erfolgreich in der Schlacht bei →Fontenoy 841, von den Zeitgenossen als Kampf zw. Brüdern und Christen beklagt, und wurde in den →Straßburger Eiden von 842 bekräftigt. Damit war der Weg für den Vertrag v. →Verdun (843) bereitet; die hier unter Mitwirkung der Großen gefundene Teilung des regnum Francorum in ein Karl zufallendes Westreich, ein Ludwig zufallendes Ostreich und ein die Ks.städte Aachen und Rom umfassendes Mittelreich Lothars sollte trotz späterer Korrekturen die künftige Herrschaft der K. in Europa bestimmen.

III. OST- UND WESTFRÄNKISCHE KAROLINGER: In der Folgezeit stand die karoling. Gesch. einerseits im Zeichen des von brüderl. fraternitas und caritas getragenen Bemühens um die unitas imperii, andererseits in der v. a. von der Kirche beklagten Zersplitterung. Während Karl d. K. und Ludwig d. Dt. zunächst von einer Teilung ihres Gebietes absahen, überließ gerade der Hauptverfechter des Einheitsgedankens, Ks. Lothar I., seinem ältesten Sohn Ludwig II. Italien, wo dieser durch den Papst 844 zum Kg. und 850 zum Ks. gekrönt wurde – eine folgenreiche Rückkehr der Ks.würde nach Rom –, und wies 855 seinem Sohn Karl die Rhonelande, seinem Sohn Lothar II. den n. Reichsteil, die später nach ihm benannte Lotharingia (→Lotharingien), zu. Der Tod des söhnelosen Karl führte zwar zu einer Aufteilung von dessen Gebiet unter seine Brüder. Gerade der Rhone-Saône-Raum wurde aber wenig später (879) der Rahmen für das erste nichtkarol. Kgtm. des mit den K.n nur verschwägerten →Boso v. Vienne, dem 887/888 weitere nichtkarol. Herrscher, allen voran dem Robertiner →Odo in der Francia occidentalis, folgten (→Francia).

Die Jahrzehnte bis zu diesem Krisenpunkt in der Gesch. der K. waren äußerl. von der Bedrohung des Reiches durch die Normannen im W und Slaven im O, innerl. vom wachsenden Einfluß der Großen und der kirchl. Autorität geprägt; vor diesem Hintergrund sind die Auseinandersetzungen der karol. Kg.e um Reichsgebiete, ihre Nachfolgeregelungen und ihr Bemühen um die Ks.würde zu sehen: Gestützt auf westfrk. Große, die gegen Karl d. K. opponierten, versuchte Ludwig d. Dt. 856 und 858, die Herrschaft in der Francia occidentalis zu übernehmen, mußte sein Vorhaben aber wegen des Widerstands der westfrk. Bf.e, voran Ebf. →Hinkmars v. Reims, aufgeben, die sich als Hüter des Heils und der Einheit der Christenheit verstanden. Kirchl. Einfluß ist auch bei der Lösung des Problems der Nachfolge Lothars II. zu beobachten, der bei seinem Versuch, dem Sohn aus der Friedelehe mit Waldrada, →Hugo, als vollbürtigem Erben Anerkennung zu verschaffen, letztl. am kirchl. Rechtsdenken und am Widerstand seiner beiden Onkel Karl d. K. und Ludwig d. Dt. scheiterte. Diese teilten sich nach Lothars Tod im Vertrag v. →Meerssen 870 das regnum Lotharii und setzten sich damit über das nähere Erbrecht ihres Neffen Ks. Ludwigs II. hinweg. Darüber hinaus richteten sie ihr Interesse auf die Nachfolge in dessen ital. Kgtm. wie in der Ks.würde. Es ist für das polit. Denken im karol. Hause bezeichnend, daß hierfür zwei Wege beschritten wurden: Ludwig d. Dt. erreichte von Ludwig II. die Designation für seinen ältesten Sohn Karlmann, während Karl d. K. sich die Ks.würde vom Papst in Aussicht stellen ließ. Dieser an der außerdynast. Institution der Kirche orientierte Weg führte nach dem Tode Ludwigs II. 875 zum Erfolg; die so erlangte Ks.würde, die er als →renovatio imperii Romanorum et Francorum verstand, ließ ihn auch den Plan verfolgen, die Osthälfte Lotharingiens seinem Reich zu inkorporieren, da die Francia orientalis nach dem Tod Ludwigs d. Dt. 876 geschwächt schien; denn dieser hatte das Reich unter seine drei Söhne →Karlmann (Bayern), →Karl III. (Alemannien, Rätien und Elsaß) und →Ludwig d. J. (Rhein- und Mainfranken und n. Gebiete) geteilt. Der Sieg Ludwigs bei Andernach vereitelte Karls Plan, und auch in Italien machte Karlmann nun seine Herrschaftsrechte erfolgreich geltend.

Nach dem Tod Karls d. K. 877 und seines kaum regierungsfähigen Sohnes →Ludwig d. Stammlers († 879) entbrannte im Westfrankenreich ein von Fragen dynast. Legitimität und von polit. Gruppenbildung geprägter Kampf, da die Söhne Ludwig III. und Karlmann aus der ersten, zwischenzeitl. gelösten Ehe Ludwigs d. Stammlers mit Ansgard nicht als erbberechtigt galten und Ludwigs Sohn →Karl (der Einfältige) von der zweiten Frau, Adelheid, erst postum zur Welt kam. In dieser offenen Nachfolgefrage wurde der ostfrk. Kg. von einem Teil der westfrk. Großen zu Hilfe gerufen, von einem anderen aber mit Aussicht auf das w. Lotharingien zum Verzicht bewogen; die beiden älteren Söhne Ludwigs d. Stammlers konnten nun doch die Nachfolge antreten, während Karl als illegitim zunächst ausgeschlossen blieb. Was sich 879 momentan als gesamtfrk. Lösung abzeichnete, wurde 885 für zwei Jahre eine wenn auch brüchige Wirklichkeit: Von den Söhnen Ludwigs d. Dt. überlebte Karl III. seine Brüder Karlmann († 880) und Ludwig d. J. († 882), so daß er nicht nur über die gesamte Francia orientalis, sondern auch über Italien herrschte; 881 empfing er die Ks.krone. Der Tod der beiden westfrk. Kg.e (882, 884) und die weitere Ausschaltung Karls d. Einfältigen hatten jetzt zur Folge, daß unter Ks. Karl III. noch einmal das frk. Imperium unter einer Krone vereint war, wenn man von dem prov. Kgtm. Bosos v. Vienne absieht.

Doch führten die außenpolit. Schwäche (gegenüber den →Normannen) und allg. Regierungsunfähigkeit des schwerkranken Ks.s dazu, daß 887 der kinderlose Karl von den ostfrk. Großen verlassen wurde, ohne daß er eine Nachfolgeregelung für seinen illegitimen Sohn Bernhard oder vielleicht auch für den von ihm adoptierten (?) Ludwig, Sohn Bosos, hatte erreichen können. Sein Nachfolger im Ostfrankenreich wurde Karlmanns illegitimer Sohn →Arnulf (v. Kärnten), während in den übrigen karol. Teilreichen nun nach dem Beispiel Bosos v. Vienne frk. Große nach der Kg.swürde trachteten, z. T. in weibl. Linie von den K.n abstammend (z. B. →Berengar v. Friaul in Italien) oder ihnen seitenverwandt (der Welfe →Rudolf in Hochburgund), z. T. ohne verwandtschaftl. Nähe zu ihnen (z. B. der Robertiner →Odo im Westfrankenreich, →Wido v. Spoleto in Italien).

In Reaktion auf die Schwächung der karol. stirps regia gegen Ende des 9. Jh. formierte sich ein spätkarol. »Legitimismus« (E. HLAWITSCHKA), wenn z. B. →Regino v. Prüm Ks. Karl III. als dominus naturalis von den neuen Kg.en abhob oder der →Poeta Saxo von der gotterwählten stirps in regno sprach, die schon lange besteht und noch lange bestehen soll. In der um 900 verfaßten →Visio Karoli spiegelt sich der aus der Verwandtschaft mit den K.n gespeiste Anspruch Ludwigs des Blinden auf die Nachfolge im karol. Gesamtreich. Auf seine Weise symptomat. für das späte 9. Jh. und zugleich auf das Ende des 10. Jh. vorverweisend ist wiederum das Gegeneinander des in karol. Tradition in →Compiègne, dem Aachen Karls d. Kahlen, 888 zum westfrk. Kg. gekrönten Robertiners Odo, der mit den K.n nicht verwandt war, und des 893 in Reims gekrönten Karl des Einfältigen, des illegitimen Sohnes Ludwigs d. Stammlers.

Im Vergleich hierzu war die Stellung Arnulfs als ostfrk. Kg. unbestritten. Trotz des Angebots, in Westfranken einzugreifen, konzentrierte er seine Kräfte auf die Herrschaft in der Francia orientalis. Für seine illegitimen Söhne Zwentibold und Ratold erlangte er von den Großen ein Nachfolgerecht, allerdings unwirksam für den Fall, daß ein vollbürtiger Sohn vorhanden wäre. Nach der Geburt →Ludwigs (d. Kindes) 893 setzte Arnulf Zwentibold in Lothringen als Kg. ein und nahm damit die letzte karol. Reichsteilung vor. 896 beschloß er die Reihe der K., die die Ks.würde erlangten. Nach seinem Tod setzte sich sein Sohn Ludwig in der gesamten Francia orientalis – und damit auch gegen Zwentibold – durch. Mit seinem Tod 911 erlosch die ostfrk. Linie der K.

In der Francia occidentalis konnte Karl d. Einfältige seine nach dem Tod Kg. Odos gefestigte Herrschaft nach 911 durch die Einbeziehung Lothringens erweitern, mußte dieses aber wieder an Kg. Heinrich I. abtreten; gleichwohl blieb Lothringen weiterhin Zankapfel zw. den westfrk. und ostfrk. (bzw. otton.) Kg.en. Gegen Kg. Karl und seine Lotharingienpolitik revoltierte zu Beginn der 20er Jahre der westfrk. Adel unter Führung von Kg. Odos Bruder →Robert v. Neustrien. Dieser wurde 922 westfrk. Kg., nach seinem Tod 923 sein Schwiegersohn →Rudolf. 936 kehrte →Ludwig IV. (Transmarinus), der Sohn des in Gefangenschaft verstorbenen Karls d. Einfältigen, aus engl. Exil nach Frankreich zurück. Im Zuge der auf Betreiben →Hugos d. Gr., des Sohnes Kg. Roberts und Vaters Hugo Capets, bewerkstelligten »Karol. Restauration« (H. WOLFRAM) herrschten hier Ludwig IV. bis 954, nach ihm sein Sohn →Lothar († 986) und danach für ein Jahr dessen kinderloser Sohn Ludwig V. Seine Rolle als Kg.smacher ließ Hugo den Gr. zur entscheidenden polit. Kraft im Westfrankenreich (dux Francorum) werden; auch mit Kg. →Otto I. schloß er 937 ein durch Heirat gefestigtes Bündnis. Ludwig IV. sah seinerseits 939 die Chance, gegen Otto I. in Lothringen Fuß zu fassen, mußte aber schließl. 942 den Ausgleich mit Otto I. und bei ihm zugleich Rückhalt gegen den bedrängenden Robertiner suchen. Unter Ludwigs Nachfolger Lothar wurde Lothringen wieder Streitobjekt. Als Ludwig V. 987 kinderlos starb, übergingen die westfrk. Großen unter Führung des Reimser Ebf.s den Erbanspruch Hzg. →Karls v. Niederlothringen und wählten den Robertiner →Hugo Capet, dessen Familie bereits zwei westfrk. Kg.e gestellt hatte, zum Kg., ohne daß Karl, dem der auch damals noch starke karol. Legitimismus zugute kam, das Feld kampflos räumte. Mit dem Tod von Karls Sohn Otto, der seinem Vater im Hzg.samt nachfolgte, endete 1012 die westfrk. Linie der K.

IV. NACHWIRKUNG UND BEDEUTUNG: Während ihrer jahrhundertelangen Kg.s- und Ks.herrschaft ist den K.n gelungen, zur stirps regia von »exklusivem Rang« (G. TELLENBACH) in und für Europa zu werden, wie dies auch in der seit dem 10. Jh. belegten Sammelbezeichnung 'Karoli' (seit dem 12. Jh. 'Karolingi') zum Ausdruck kommt. Als reges Francorum die Merowinger ablösend und zugleich als solche beanspruchend, haben sie, allen voran der von den Zeitgenossen 'pater Europae' genannte Karl d. Gr., in polit. wie kultureller Hinsicht die Grundlagen für die weitere gesch. Entwicklung gelegt und sind dabei sowohl für folgende Kg.sdynastien als auch für Fs.enhäuser, die ihren Ursprung auf die K. zurückführten, zum legitimierenden Vorbild geworden. Th. Zotz

Lit. [allg. und übergreifende Darstellungen]: NDB XI, 1977, 284-292 [Lit.] – Nascita dell'Europa ed Europa carolingia (Sett. cent. it. 27), 1981 – P. RICHÉ, Les Carolingiens. Une famille qui fit l'Europe, 1983 [dt. 1987] – R. MCKITTERICK, The Frankish Kingdoms under the Carolingians, 1983 – K. F. WERNER, Les origines (Hist. de France 1), 1984 [dt. 1989] – H. K. SCHULZE, Vom Reich der Franken zum Land der Dt. Merowinger und K., 1987 – [Einzelthemen]: BRAUNFELS, KdG I [J. FLECKENSTEIN, K. F. WERNER, E. HLAWITSCHKA]: IV [K. HAUCK, E. MEUTHEN, R. FOLZ] – O. G. OEXLE, Die K. und die Stadt des hl. Arnulf, FMASt 1, 1967, 250-364 – E. HLAWITSCHKA, Lotharingien und das Reich an der Schwelle der dt. Gesch., 1968 (MGH Schr. 21) – I. HASELBACH, Aufstieg und Herrschaft der K. in der Darstellung der sog. Annales Mettenses priores, 1970 – S. KONECNY, Die Frauen des karol. Kg.shauses, 1976 – J. SEMMLER, Zur pippinid.-karol. Sukzessionskrise 714-723, DA 33, 1977, 1-36 – G. TELLENBACH, Die geistigen und polit. Grundlagen der karol. Thronfolge, FMASt 13, 1979, 184-302 – B. SCHNEIDMÜLLER, Karol. Tradition und frühes frz. Kgtm., 1979 – A. ANGENENDT, Das geistl. Bündnis der Päpste mit den K.n, HJb 100, 1980, 1-94 – W. AFFELDT, Unters. zur Kg.serhebung Pippins, FMASt 14, 1980, 95-187 – M. WERNER, Der Lütticher Raum in frühkarol. Zeit, 1980 – Charles the Bald: Court and Kingdom, hg. M. GIBSON-J. NELSON, 1981 – R. SCHIEFFER, Ludwig d. 'Fromme'. Zur Entstehung eines karol. Herrscherbeinamens, FMASt 16, 1982, 58-73 – J. FRIED, Der karol. Herrschaftsverband zw. »Kirche« und »Königshaus«, HZ 235, 1982, 1-43 – J. HANNIG, Consensus fidelium, 1982 – J. JARNUT, Chlodwig und Chlothar: Anm. zu den Namen zweier Söhne Karls d. Gr., Francia 12, 1984, 645-651 – E. HLAWITSCHKA, Zu den Grundlagen des Aufstiegs der K., RhVjbll 49, 1985, 1-61 – W. WENDLING, Die Erhebung Ludwigs d. Fr. zum Mitks. im Jahre 813 ..., FMASt 19, 1985, 201-238 – J. FLECKENSTEIN, Die Grundlegung der europ. Geschichte im MA, 1986 – B. SCHNEIDMÜLLER, Nomen patriae, 1987 – M. BECHER, Drogo und die Kg.serhebung Pippins, FMASt 23, 1989, 131-153 – E. FREISE, Die 'Geneologia Arnulfi comitis' des Priesters Witger, ebd., 203-243 – Charlemagne's Heir, hg. P. GODMAN-R. COLLINS, 1990 – TH. ZOTZ, Palatium publicum, nostrum, regium. Bemerkungen zur Kg.spfalz in der K.zeit (Die Pfalz, hg. F. STAAB, 1990), 71-99 – s. a. die Lit. zu den einzelnen Herrschern und zu →Franken, Frankenreich.

Karolingische Kunst s. unter den einzelnen Kunstgattungen wie →Baukunst; →Buchmalerei; →Elfenbein; →Goldschmiedekunst; →Mosaik; →Wandmalerei u. a.

Karolingische Minuskel. [1] *Frühzeit und Entfaltung (8., 9. Jh.):* Seit etwa Mitte des 8. Jh. lassen sich bei den im

Frankenreich auf spätantiker Grundlage entstandenen kursiven und halbkursiven Buchminuskelschriften Tendenzen zur Stilisierung bzw. zur Auflösung in Einzelbuchstaben erkennen. Unter diesen sog. Frühminuskeln stellt der in →Corbie unter Abt Maurdramnus um oder vor 780 entwickelte Typ mit dem schon früher belegten kleinen unzialen 'a' (anstelle des 'cc-a') die älteste K.M. dar. Diese auf dem Prinzip des buchstabierenden Schreibens beruhende Schrift kam den Bemühungen Karls d. Gr. um sprachl. korrekte Texte sehr entgegen, was zusammen mit ihrer harmon. Form zur raschen Verbreitung in den damals im ganzen Reich aufblühenden Skriptorien beitrug. Ihre erste Phase ist gekennzeichnet durch Freiheit der Gestaltung unter Einbezug der jeweiligen Hausstile. Zu den früh rezipierten Neuerungen gehören neben dem erwähnten 'a' die gegen 800 erfundene Kürzung für '-ur' und das bisher unbekannte Fragezeichen. Erst in der um 810/820 beginnenden zweiten Phase vollzog sich ein Wechsel von mehr runden, schweren zu schlankeren, rechtsgeneigten Formen, vielfach unter Abstoßung von bisher hauseigenen Doppelformen und vieler Ligaturen. In dieser bis ins späte 9. Jh. dauernden Phase wurde die K.M. nicht nur von den Skriptorien der dt.-insularen Schriftprovinz (→Insulare), sondern auch von nord- und mittelit. Schreibzentren übernommen.

[2] *Entwicklung bis zur Gotik (spätes 9. bis 12. Jh.)*: Seit dem späteren 9. Jh. macht sich in Dtl. ein Wandel bemerkbar mit folgenden Hauptmerkmalen: Verlust der Lebendigkeit, Verhärtung des Duktus, Bildung von krallenförmigen Bögen sowie von winklig ansetzenden An- und Abstrichen bei senkrechten Hasten, in Schriften mittlerer Stilhöhe wieder vermehrte Verwendung von Ligaturen. Erst zu Beginn des 11. Jh. bildete sich, vielleicht zunächst in Regensburg (vgl. BISCHOFF, Kalligraphie, 34), der an der O-Form am besten zu erkennende 'schrägovale Stil' heraus, der während fast zwei Jahrhunderten die K.M. über S-Dtl. hinaus prägte. In Frankreich ist dieser Wandel im ausgehenden 9. Jh. weniger markant, obwohl auch dort ein Nachlassen der Spontaneität unverkennbar ist. Typ. ist die schon gegen Mitte des 11. Jh. einsetzende Gabelung der Oberlängen. Nach England kam die K.M. v. a. mit der Benediktinerreform in der 2. Hälfte des 10. Jh. und wurde an die ags. Minuskel angeglichen. Die Verbreitung in Spanien hängt insbes. mit der Cluniazenserreform und mit dem 1090 von einer Synode in León erlassenen Verbot des Gebrauchs der westgot. Schrift für liturg. Bücher zusammen.

[3] *Als Urkundenschrift* ist die K.M. seit dem frühen 9. Jh. belegt (z. B. in St. Gallen). In der ostfrk. Kg.skanzlei wurde sie dagegen erst unter Hebarhart (seit 859) eingeführt und zur langschäftigen 'diplomat. Minuskel' umgestaltet, ihrerseits im 12. Jh. Vorbild für die 'päpstl. Minuskel'.
P. Ladner

Lit.: ChLA – CLA – A. BRUCKNER, Scriptoria medii aevi Helvetica II, 1936; III, 1938 – B. BISCHOFF, Die südostdt. Schreibschulen, I, 1960²; II, 1980 – A. M. BISHOP, English Caroline Minuscule, 1971 – N. DANIEL, Hss. des 10. Jh. aus der Freisinger Dombibl., 1973 – J. AUTENRIETH, Probleme der Lokalisierung und Datierung von spätkarol. Schriften ..., Codicologia 4, 1978, 67–74 – B. BISCHOFF, Die K.M., Ma. Stud. 3, 1981, 1–4 – DERS., Panorama der Hss.überl. aus der Zeit Karls d. Gr., ebd., 5–38 – DERS., Kalligraphie in Bayern, 8.–12. Jh., 1981 – DERS. Paläographie des röm. Altertums und des abendländ. MA, 1986², bes. 151–171, 320–324 [Lit.] – H. HOFFMANN, Buchkunst und Kgtm. im otton. und frühsal. Reich (MGH Schr. 30, 1,2, 1986).

Karolingische Renaissance → Bildungsreform Karls d. Gr.; →Karl d. Gr.; →Renaissance

Karolus de Tocco → Tocco, Karolus de; →Glossatoren

Karolus Magnus et Leo papa → Karl d. Gr. B.

Karpaten (slowak., russ., poln.: Karpaty, ung. Kárpátok, rumän. Carpaţi), ca. 1300 km lange, bogenförmige Gebirgskette in O-Mitteleuropa, geolog. Verbindung zw. Alpen (bei Preßburg/Bratislava) und Balkangebirge an der Porta Orientalis und dem Eisernen Tor (an der unteren Donau) und damit natürl. Schranke gegenüber O-Europa und dem Balkan. Der Name K. ist vorröm., die Herkunft nicht gesichert (indoeurop. *kar* < 'loben'; alban. *karpe* < 'Fels'; *sker/ker* < 'schneiden' vorgeschlagen), er wird in gr. (ὁ Καρπάτης ὄρος, τὸ Καρπαθον ὄρος), röm. (Carpates montes, Carpatae) und mlat. Schriftq. (Carpati montes, Alpes Bastarnicae [Tabula Peutingeriana]) erwähnt und war für das Volk der Karpen (2. Jh. n. chr.) ö. der O-K. namengebend.

Die K. gliedern sich in: Slowak. Erzgebirge, Tatra mit der Zips (ČSFR); Beskiden oder N-K. (Polen, UdSSR, Ungarn) mit Galizien und der Karpato-Ukraine; Wald-K. mit der Marmarosch (Rumänien), Bukowina (UdSSR, Rumänien); O-K. mit der Moldau; S-K. mit der Walachei im S, dem Banat im W, Siebenbürgen im N; W-K. mit dem Siebenbürg. Erzgebirge als Schranke gegen Pannonien und die Theißsenke (Rumänien). Allg. leicht zu überwinden, sind die K. im Abschnitt der Wald-K. (Dukla-Paß) und der W-K. am durchlässigsten.

In der röm. Prov. Dacia bildeten die Flüsse Tibiscus/Temesch (ung. Temes, rum. Timiş) mit der Porta Orientalis, Schiel (rum. Jiu) und Alt (lat. Aluta, rum. Olt) mit dem Roten-Turm-Paß (rum. Turnu Roşu) K.-Übergänge, Handelswege und z.T. Wallsysteme. In den W-K. wurden Gold und Silber bergmänn. abgebaut, ebenso Salz insbes. bei Potaissa Salinae, s. Torda/Turda). Nach Aufgabe Dakiens zw. 270 und 275 n. Chr. wurde Bergbau noch in den W-K. und bis nach Pannonien betrieben.

Vor dem und im FrühMA drangen germ. Stämme (Vandalen 171/172; Gepiden 249, Goten um 375) und Reitervölker (Hunnen 376; Awaren um 567, Protobulgaren um 681) von O über die Wald-K. nach W; Siebenbürgen erreichten die meisten über die W-K. Nur die einwandernden Slaven scheinen direkt über die O-K. gekommen zu sein. Römerstraßen und seit dem 6. Jh. auch die röm. Städte im Innern des K.bogens verfielen wieder. Nur der Salzhandel über die Flüsse bestand weiterhin.

Die einzige dauerhafte übergreifende Herrschaftsbildung im Donau-K.raum im MA war das ung. Reich der Stephanskrone (bis 1526). Die ung. Landnahme in Pannonien (ab 896) erfolgte ebenfalls über die Wald-K. nach W: Siebenbürgen und der innere K.bogen wurden erst während des 11. Jh. erreicht. Zur Grenzwacht an den K. und zur wirtschaftl. Erschließung der Salz- und Edelmetallvorkommen in Siebenbürgen wie der Buntmetallförderung in der Slowakei wurden Grenzwächter (Szekler, Awaren, Petschenegen) und westeurop. hospites (Zipser und die Siebenbürger →Sachsen) angesiedelt. Der Salzbergbau wurde wieder belebt (erster ma. Beleg für Torda 1075); in den S-K. (Hatzeger Land) wurde im 14. Jh. auch Kohle abgebaut. Die Buntmetalle in der Slowakei und später auch die Edelmetalle in den W-K. wurden vom Großunternehmen Johann →Thurzos und Jakob →Fuggers d. Reichen gefördert. Neben den alten Römerstraßen über die W- und S-K. wurden neue nach S und O erschlossen, die den Donau-K.raum an die großen N-S-Handelswege von O-Europa nach Konstantinopel anbanden. An den K.pässen entstanden Zollstationen.

Entlang den zu Saumpfaden verfallenen Römerstraßen, zumindest seit dem 12. Jh. aber auch im Bereich der O-

und Wald-K. trieben walach. Hirten und Viehzüchter transhumante Wirtschaftsformen. Ch. Zach

Lit.: K. HOREDT, Siebenbürgen im SpätMA, 1986 – V. SPINEI, Moldavia in the 11th–14th Centuries, 1986 – E. HÖSCH, Gesch. der Balkanländer, 1988 – R. POPA, La începutul evului mediu românesc. Țara Hațegului, 1988.

Karpen (Κάρποι, Carpi; Zos. 3,34,6 Καρποδάκοι wohl als ethn. Hinweis), dak. Stamm (→Daker), in der Ks.zeit in der Moldau ansässig, treten im 4. Jh. fast durchwegs zusammen mit den →Goten auf und nehmen ab 238 an deren Invasionen über die Donau wie nach Dakien teil, die sie trotz vorübergehender Tributzahlung 251 bis in die Tetrarchie fortsetzen. Der Siegertitel 'Carpicus Maximus' für die Ks. Philippus, Aurelian, Diokletian, Maximian, Galerius und Constantinus Chlorus (Euseb. Hist. Eccl. 8,17,3) zeugen von andauernden Kämpfen. Einen Teil siedelte Aurelian in Thrakien, Diokletian wohl um 295 einen anderen in Pannonien (Amm. 28,1,5) und Moesia Superior (Amm. 27.5,5, vgl. Aur. Vict. Caes. 39,43) an, während der Rest wohl weiter bei den Goten verblieb. Eine klare archäolog. Eingrenzung der K. ist nicht mögl., unbekannt auch die Form ihrer polit. Organisation. Elemente der K. n. der Donau erscheinen nach 380 (Zos. a. a. O.) als Verbündete von Skiren und →Hunnen, mit denen sie später verschmolzen sein dürften. G. Wirth

Lit.: RE III, 1608–1610 – K. ZEUß, Die Deutschen und ihre Nachbarstämme, 1838, 658 – B. RAPPAPORT, Die Einfälle der Goten ins röm. Reich bis auf Constantin, 1899 – L. SCHMIDT, Gesch. der Ostgermanen, 1934², 97, 204 – C. DAICOVICIU, Brève hist. de la Transylvanie, 1965, 53 – A. ALFÖLDI, Stud. zur Gesch. der Weltkrise des 3. Jh. n. Chr., 1967, 313 – H. WOLFRAM, Gesch. der Goten, 1990³, 54, 65.

Karpfen (slav. Krupina, ung. Korpona), an der von Gran nach Altsohl führenden Straße, am K.-Flüßchen anfangs 13. Jh. von Sachsen gegr. Stadt mit regelmäßiger Anlage, viereckigem Hauptplatz, befestigter Marienkirche und zwei, die Hauptstraße abschließenden Toren, jedoch ohne Befestigung. Ein Elisabeth-Spital entstand im 14. Jh. Die →hospites (1238 erstmals erwähnt) erhielten ihren im Mongolensturm verlorenen, 1244 erneuerten Freiheitsbrief von Béla IV. Gewährt wurde freie (jedoch nur nach kgl. Bestätigung gültige) Richterwahl. Das Gericht mit 12 Schöffen war in allen Streitfragen zuständig und urteilte nach Magdeburger Recht. Der frei gewählte Pfarrer bekam den Zehnten (libera decima). Diese Freiheiten wurden an zwei Dutzend Kleinstädte (u. a. Dobschau 1326) und Dörfer vergeben. In K. entstand im Appellationsgericht, dem sich Ende des 14. Jh. Sillein anschloß. 1396 erhielt K. einen Jahrmarkt. Bis 1428 kgl. Freistadt, kam K. in den Besitz der Kgn.en. In der Einwohnerschaft lösten Bayern die Sachsen ab. E. Fügedi

Lit.: M. MATUNÁK, Korpona sz. kir. város polgármesterei 1278–1898, 1898 – H. WEINELT, Die ma. dt. Kanzleisprache in der Slowakei, 1938.

Karpfen, Fisch → Teichwirtschaft; s. a. →Fisch

Karren → Transportmittel

Kartause, Kl.anlage des →Kartäuserordens, gen. nach der ersten Niederlassung im Tal von La Chartreuse (Cartusia) n. v. Grenoble, wo →Bruno v. Köln und seine Gefährten 1084 ein Einsiedlerleben begonnen hatten. Für die zumeist in einsamen Waldtälern gelegene Kl.anlage gab es keine Regeln. Grundsätzl. bestand eine K. aus der Kirche und dem anschließenden kleinen Kreuzgang mit den gemeinsamen Räumen (schlichter Kapitelsaal, flachgedecktes Refektorium für die Feiertage, Bibliothek) sowie dem großen Kreuzgang (galilaea maior) als Mittelpunkt des anachoret. Lebens mit den Mönchszellen (ein- oder zweigeschossig, mit Küche, Werkstatt und Holzlager, im Obergeschoß Wohn-Schlafraum und Hauskapelle) und ihren kleinen ummauerten Gärten. Die Kirche war eine einfache, zumeist gewölbte Saalkirche in heim. Bautradition, seit dem 14. Jh. getrennt durch einen Lettner mit Lettnerbühnen in die Bereiche für die Chormönche und Laienbrüder mit jeweils eigenem Chorgestühl an den Langwänden, so daß die Gewölbedienste auf Konsolen abgefangen werden mußten. Zunächst waren die Chöre einfach rechteckig geschlossen (Seiz, Geirach, Freudental), dann entsprechend der got. Bauentwicklung polygonal. Für den Prior waren zumeist eigene Räumlichkeiten am kleinen Kreuzgang oder auch außerhalb vorgesehen. Die Wirtschaftsgebäude befanden sich im »unteren Haus« (domus inferior) in dem abgesonderten Kl. der Laienbrüder. Gut überlieferte Anlagen sind Freudental im ehem. Krain/Slowenien 2. Hälfte 13. Jh., Nürnberg 1380–Ende 15. Jh. (seit 1866 Germ. Nat. Mus.), Köln 2. Hälfte 14.–15. Jh., Buxheim bei Memmingen 15. Jh., Basel 1408–87. G. Binding

Lit.: F. MÜHLBERG, Zur Kl.anlage des Kartäuserordens [Diss. Köln 1949] – M. ZADNIKAR – A. WIENAND, Die Kartäuser, 1983 [Lit.] – G. BINDING–M. UNTERMANN, Kleine Kunstgesch. der ma. Ordensbaukunst in Dtl., 1985 [Lit.].

Kartäuser, Kartäuserinnen

I. Kartäuser – II. Kartäuserinnen – III. Liturgie.

I. KARTÄUSER: [1] *Entstehung des Ordens und seiner Statuten:* Der Orden der K. ging hervor aus der Einsiedelei der Grande →Chartreuse (Kartause), gegr. 1084 in einer öden Voralpenlandschaft vom hl. →Bruno v. Köln, der nachhaltig vom hl. →Hugo, Bf. v. →Grenoble, unterstützt wurde. Zur frühen Gesch. →Chartreuse. Den Ausgangspunkt der kartäus. Observanz bildeten die »Consuetudines«, die der Prior der Chartreuse, →Guigo (Guigues), um 1125 für drei unabhängige Priorate (Portes, St-Sulpice und Meynat) verfaßte. Anthelmus (Anthelme), der zunächst in Portes eintrat, seit 1134 Procurator, seit 1139 dann Prior der Chartreuse war, versammelte 1141 die Prioren der Einsiedeleien, die Guigos »Consuetudines« folgten. Er fügte den »Consuetudines« liturg. Vorschriften hinzu. 1155 berief der Prior Basilius (Basile), der zuvor Mönch in →Cluny gewesen war, das erste Generalkapitel ein; er promulgierte 1170 an die »Consuetudines« Guigos angelehnte ausführl. Statuten. Jancelin vervollständigte sie 1222. 1248 erließ Bernard de la Tour Vorschriften in 30 Kap., »De reformatione«, durch die er Mönche und Konversen wieder der strengen Observanz zuführen wollte.

1255 setzte Papst Alexander IV. eine Kommission aus drei Dominikanern zur Schlichtung der Auseinandersetzungen zw. der Chartreuse und Portes ein. Einer dieser Schiedsrichter war →Humbert v. Romans, der in seinen Predigtschemata, die er für K.mönche und -konversen entwarf, größere Milde empfahl.

1259 faßte Riffier die älteren Gewohnheiten, die Beschlüsse der Generalkapitel und die Weisungen Humberts (II^a pars, c. 24, n. 9) in einem Statutenwerk, das später »Statuta antiqua« betitelt wurde, zusammen. In dieser Zeit hatten sich 'Redditi' *(Rendus)* den eigtl. K.n als Helfer angeschlossen; sie lebten nach weniger strenger Disziplin und nahmen Außenkontakte wahr.

1368 fügte Guillaume Raynal den Statuten eine Reihe von Ergänzungen bei (»Statuta nova«). Die K. ließen nun auch Donati zu, die sich ledigl. durch ein einfaches Gelübde an den Orden banden.

1509 schloß François du Puy die ma. Ordensgesetzgebung mit der »tertia compilatio« ab. Dieses dreibändige Werk erschien 1510 bei →Amerbach in Basel im Druck.

Mit der »nova collectio« von 1582 erfuhr die Ordenstradition dann eine tiefe Zäsur.

[2] *Lebensform:* Die K. zählten zum 'Ordo monasticus'; ihr Choroffizium entspricht der →Regula Benedicti, desgleichen ihre Profeßformel; im MA wurden Neueintretende, die bereits schon Mönche waren, nicht nochmals konsekriert. Wie die altchr. Mönche legten sie ihre Profeß für ein bestimmtes Kl. ab und wählten einen Prior.

Der Habit der K. entspricht der traditionellen monast. Tracht: Tunika und Gürtel, in weißer Farbe wie die neuen Orden des 11. und 12. Jh. Sie kannten nicht die weitärmlige Kutte, sondern trugen ein als 'cucculla' bezeichnetes Skapular, dessen beide Teile in Höhe des Gürtels durch zwei Streifen (sog. 'point de St-Benoît') verbunden war.

Die K. folgten bestimmten koinobit. Gewohnheiten. Sie versammelten sich des Nachts zu Mette und Laudes, morgens zur Messe, nachmittags zur Vesper. Am Sonntag nahmen sie ihre Mahlzeit gemeinsam ein und machten einmal wöchentl. einen Spaziergang (spacimentum). Sie besprachen die Angelegenheiten ihres Hauses im →Kapitel.

Die Ausübung des koinobit. Lebens vollzog sich im Umkreis der Kirche, die flankiert war vom kleinen Kreuzgang, auf den sich Kapitelsaal und Refektorium öffneten. Doch verbrachten die K. ihre Zeit vorwiegend in eremit. Weise in ihren individuellen, wie kleine Häuser gestalteten Zellen, in denen sie wohnten, beteten und ihrer Arbeit (im MA hauptsächl. Abschreiben von Büchern) nachgingen. Die um den großen Kreuzgang angelegten Zellen waren mit einem Garten und einer kleinen Galerie ausgestattet.

Die K. des MA schufen sich eine abgeschlossene Domäne, das desertum *(désert)*. In einem weiträumigen, exakt abgegrenzten Bereich kauften sie alle anderen Grundbesitzer aus, erwarben andererseits aber keinerlei Besitz außerhalb dieses Geländes. Innerhalb der Domäne, die oft einen Talgrund einnahm, lag – hinter einem leicht zu sperrenden Engpaß – die *correrie* oder *maison basse*, das Haus der mit Landwirtschaft und Handwerk beschäftigten Brüder, während die Patres in der höher gelegenen *maison haute* residierten.

Guigo hatte die Zahl der Bewohner einer Kartause auf den Prior, zwölf Mönche und sechzehn Konversen beschränkt, doch gab es in der Folgezeit auch größer besetzte Kartausen (u.a. Paris: 24 Mönche, Grande Chartreuse: 36 Mönche). Die dennoch stets geringe Zahl gewährleistete zusammen mit der starken Leitungsgewalt die Kontinuität des Ordens.

[3] *Ausbreitung des Ordens:* Die Zahl der Häuser nahm langsam und stetig zu. Die älteste Einsiedelei, Portes (dép. Ain), wurde 1115 gegr. In den folgenden Jahren kam eine Reihe von Kartausen in Ostfrankreich, dem Alpengebiet, Jura und den Ardennen hinzu. Gegen Ende des 12. Jh. entstanden Häuser in Spanien, Italien, England und Dänemark. Im 14. Jh. erfolgte starke Ausbreitung in Dtl. Zahlreiche Städte hatten in ihrem Umkreis Kartausen: Vauvert bei Paris (1257), Rom (1370), →Dijon (1383: Kartause Champmol mit der →Grablege der Hzg.e v. →Burgund), →Pavia (1396: reich ausgestattete 'Certosa'), Basel (1401), Venedig (1422), →Miraflores bei Burgos (1441: prunkvoller Ausbau durch den kast. Hof). Im frühen 16. Jh. erreichte der Orden seinen Höchststand mit fast 200 Kartausen, eingeteilt in 15 Provinzen. Die Reformation führte zur Aufhebung der Häuser in England und Dtl.

II. KARTÄUSERINNEN: Im 12. Jh. wünschten zahlreiche weibl. Religiosen, sich an einen Orden zu binden, was einigen – trotz starker Zurückhaltung der Mönchsorden – auch gelang. Die K.innen trugen einen weißen Habit mit der kreuzweise gebundenen cuculla. Der Schleier, in weißer Farbe bei den K.innen mit einfachem Gelübde, war schwarz bei den geweihten Jungfrauen.

Die K.innen feierten den Gottesdienst nach dem Ritus der K. In der Zelle sprachen sie einen Teil der Meßliturgie und die üblichen Gebete. Ihre Zellen bestanden nicht in abgeschlossenen Häusern, sondern in nebeneinanderliegenden Zimmern. Alle Mahlzeiten wurden im Refektorium eingenommen, unter strikter Enthaltsamkeit von Fleisch. Es gab zwei Erholungszeiträume (recreationes) am Tag; die übrige Zeit wurde in der Zelle verbracht.

Sind von angebl. im 12. Jh. von Johannes v. Spanien verfaßten Regel der K.innen keine Spuren vorhanden, so enthalten die großen Statutenwerke Vorschriften für den weibl. Ordenszweig (Statuta antiqua: 3a pars, c. 34, Statuta nova, 3a pars, c. 4; Tertia compilatio, c. 12), in denen der disziplin. Charakter stark hervortritt; bes. betont werden strenge Klausur und Unterbindung der persönl. oder briefl. Kontakte mit dem weltl. Bereich (Verbot des Empfangs kleiner Mädchen).

Zw. den Generalkapiteln der K. und den K.innen traten starke Spannungen auf. Bereits das Generalkapitel von 1228 setzte für die Häuser der K.innen einen Prior ein. An seine Stelle trat später ein Vikar, der die Priorin zu kontrollieren hatte und als alleiniger Vertreter des Hauses beim Generalkapitel fungierte. Die K.innen von Prébayon, des ältesten den K.n angeschlossenen Frauenkl., nahmen diese Vorschrift jedoch nicht hin und wurden, trotz päpstl. Interventionen im 14. Jh., aus dem Orden ausgeschlossen, behielten aber dessenungeachtet kartäus. Ritus und Habit bis 1735 bei.

Die K.innen, zu denen nicht mehr als acht Häuser gehörten, bewahrten stets den Ritus der Jungfrauenweihe und der Übergabe der Armbinde und der Stola, der Insignien des Diakons. Doch stammt das älteste Zeremoniale erst von 1437. – Die Gesch. des weibl. Zweiges der K. ist weithin unerforscht.

J. Dubois

Bibliogr.: A. GRUYS, Cartusiana, 1976 – Q.: Ed.pr. der Ordensgesetzgebung bei J. Amerbach, Basel 1510 – AnalCart 1970, 1978 [ed. J. HOGG] – SC 313, 1984 [cf. RHEF 72, 1986, 209–244] – Lit.: DIP II, 782–838 [Lit.] – TRE XVII, 666–673 (Q. und Lit.).

III. LITURGIE. In seinen auf Bitten mehrerer Einsiedeleien verfaßten Consuetudines (1127) beschreibt →Guigo Gottesdienst (Stundengebet, Kirchenjahr, Messe, Profeß-, Kranken-, Sterbe- und Totenliturgie) und anachoret. und benediktin. Tradition verbindende Lebensform der Chartreuse: An Werktagen überwiegt das eremit. Element (Mahlzeit und Kleine Horen in der Zelle; in der Kirche nur die gemeinsam gesungenen Horen Vigilien/Laudes und Vesper; in der Regel keine Messe), an Sonntagen und Hochfesten das zönobitische (Konventamt und alle Horen außer der Komplet in der Kirche; Refektorium). Guigo führte keine neue Liturgie ein, sondern hielt die gelebten Traditionen fest und brachte die bereits unter Bruno begonnene Reform (Antiphonar) der liturg. Bücher zum Abschluß. In dem für die neugegr. Häusern bestimmten Prolog gibt er Rechenschaft über die Prinzipien, die bei der Erstellung dieses mit seinen tägl. von allen auswendig zu singenden und in der wöchentl. recordatio anhand des Tonales vorzubereitenden Antiphonen und Responsorien bes. wichtigen und zugleich, im Unterschied etwa zum Graduale, am meisten reformbedürftigen Buches angewandt wurden: Von dem mit jahrelangen Gesangsstudien unvereinbaren eremit. Leben her fordert er, im Sinne →Agobards, ein auf das notwendige Maß beschränktes Repertoire von Gesängen ausschließl. bibl. Herkunft und verweist auf Bf. Hugo, unter dessen Aufsicht das Antiphonar entstand, das, obwohl nur aus Texten der Tradition bestehend, sich in seiner Anlage am weitesten von dieser entfernt. Wenn auch die Consuetudines und alle liturg. Bücher eine monast. Liturgie bezeugen, so waren doch in den Anfängen der Chartreuse nicht die benediktin., sondern die kanonikale Tradition, aus der Bruno und seine Gefährten kamen, maßgebend. Das Antiphonar ist nach Traditions-, Schrift-, Einfachheits- und Ordnungsprinzipien aufgebaut. Ihm liegt ein zu Zeiten Brunos entstandenes urkartusiens. Antiphonar zugrunde, das noch vor Guigo, unter Verkennung des Ordnungsprinzips, im Sinne der monast. Offiziumsordnung erweitert wurde. Unter den fundamentalen Dokumenten kartusiens. Liturgie und Spiritualität nimmt neben den Consuetudines dieses Antiphonar eine hervorragende Stellung ein. Ihm vergleichbar sind das Homiliar, in dem unter Verzicht auf Hl. enviten die authent. Texte der großen Kirchenväter zusammengestellt sind, und das ebenfalls auf Bruno zurückgehende, noch keine monast. Festrangbezeichnungen enthaltende Kalendar des 'Vademecum', das durch die Reduzierung der Feste die zentrale Bedeutung von Zelle (eremit. Offiziumsordnung) und Bibel (psalterium feriale; scriptura currens) manifestiert und garantiert. Durch die Übernahme der Consuetudines auf dem 1. Generalkapitel wird aus der von St. Ruf und Chaise Dieu herkommenden Liturgie der Kartause die Liturgie des K.ordens. Noch heute ihn wesentl. unverändert gefeiert, ist sie die bedeutendste Reformliturgie des MA. H. Becker

Lit.: H. BECKER, Die Responsorien des K.breviers ..., MthSt II. Syst. Abt., 39. Bd, 1971 – DERS., Das Tonale Guigos I., Münch. Beitr. z. Mediävistik und Renaiss.-Forsch. 23, 1975 – P. TIROT, Un »Ordo Missae« monastique: Cluny, Cîteaux, La Chartreuse, Bibl. Ephemerides Liturgicae Subsidia 21, 1981 – DERS., Die Kartause ..., Anal Cart 116/5, 1990.

Karte, Kartographie. Kartographie hatte im MA weithin dienende Funktion, d. h. sie illustrierte geogr. Erscheinungen. Entsprechend sind die meisten K.n nicht etwa in geogr. oder gar geometr.-astronom. Werken zu finden, sondern in lit., theol., hist., jurist. und polit.-programmat. Texten, wenn sie nicht, wie die älteren Portulane, ganz ohne schriftl. Zusammenhang überliefert sind. In dieser dienenden Funktion nehmen die K.n – ähnl. wie in der NZ themat. K.n – Elemente auf, die nicht strikt aus geogr. Sachverhalten bestehen. Außerdem sind die Mittel der Darstellung sehr vielfältig, im einen Extrem nicht immer von der Malerei, im anderen schwer von Architekturplänen oder geometr. Zeichnungen zu trennen. Aus wissenschaftshist. Sicht ist die ma. Kartographie zu beschreiben als Kartographie des Übergangs von der freihändigen Zeichnung der Erdoberfläche und einzelner ihrer Teile nach dem Augenschein hin zur geometr. systemat. Erfassung und Darstellung geogr. Sachverhalte.

Die wiss. Kartographie erwuchs aus den beiden Quadriviumfächern →Geometrie und →Astronomie. Im MA vereinigten sich hierbei zwei unterschiedl. Grundlagen: das Bemühen der Griechen, mittels astronom. Längen- und Breitenbestimmung der geogr. Orte die gesamte Erde zu erfassen, und das Interesse der Römer, durch Landvermessung die Ausdehnung der Länder festzuhalten. Sowohl nach der Erhebung der Daten als auch nach der Methode der Darstellung gliedert sich die ma. Kartographie folgendermaßen: 1. Schemak.n, respektive schemat. Zeichnungen, 2. freihändige Zeichnungen und Gemälde nach Augenschein, 3. durch Vermessen und Projektion erstellte K.n.

[1] Aus der Antike übernommen sind verschiedenartige schemat. Zeichnungen, die die ganze Erde skizzieren: das sog. T-Schema ⊕, mit dem die Größenverhältnisse der Kontinente Europa, Asien und Afrika (im Anschluß an Herodot, modifiziert seit Augustinus) angegeben werden und das, neben dem Planetensymbol ☿, zum weitverbreiteten Zeichen für die Erde wurde; das sog. Schema der Klimazonen (Zonenk.), das sieben oder mehr Streifen gleicher geogr. Breiten auf der n. Halbkugel (im Anschluß an verschiedene hellenist. Autoren) aufweist; die 5-Zonen-K.n (nach Macrobius), die die n. und s. Halbkugel nach ihrer Bewohnbarkeit in zwei arkt., zwei gemäßigte Zonen und eine verbrannte Zone einteilten. Trotz ihres geringen geogr. Aussagewertes werden diese Zeichnungen in der Lit. oft zu den mappae mundi gezählt. Die Schemata liegen, mit gewissen Modifikationen, auch den freihändigen Zeichnungen und Gemälden zugrunde. Zu den reinen Schemata zählen noch die gezeichneten →Itinerare, die allerdings im späteren MA nur einzelne Wegstrecken beinhalten, während das das ganze Imperium Romanum umfassende Itinerarwerk, die sog. →Tabula Peutingeriana (4. Jh.; nur in einer Abschrift des 13. Jh. erhalten) keine Fortführung gefunden hat. Rein schemat. ist ein Teil der Jerusalem-'pläne', die als Bezug auf Christus nur ein + oder X aufweisen. Zeitl. sind diese schemat. Zeichnungen über das ganze MA verteilt und leben auch noch in Drucken fort.

[2] Die Grenze zw. den Schema-K.n und den freihändigen Zeichnungen ist nicht immer leicht zu ziehen, wenn etwa in die meist kleinformatigen, z. T. auch geringfügig abgewandelten Schemata weitere geogr. Namen und Umrisse eingetragen sind (in Hss. von Sallust und Isidor v. Sevilla), oder wenn eine mit vielen Namen beschriebene Fläche gar keine, respektive nur spärl. graph. Unterteilung (z. B. bei Ranulph →Hidgen, 14. Jh.) aufweist. Eindeutig in diese Gruppe fallen die wirkl. mappae mundi, sofern damit überhaupt eine K. (nicht ein Text oder ein Globus) gemeint ist. Ihr gemeinsames Characteristicum ist, daß Größenverhältnisse und Umrisse von Ländern und Gebirgen, die Lage von Orten und Flußläufe weitgehend willkürl. gezeichnet sind. Häufig ist ein Rest des T-Schemas zu erkennen, der dem Gesamtplan der K. eine Struktur gibt, oft liegt Jerusalem im Mittelpunkt und ist bes. hervorgehoben. Darüber hinaus enthalten diese K.n Zeichnungen von polit., religiösen, hist., mytholog. und myth. Gestalten und Geschehnissen. Bes. reich ist in dieser Hinsicht die →Ebstorfer Weltk. (1235-39, nach A. WOLF). Erstaunl. wenig beeinflußt von ihrem zugeordneten Text sind dagegen die meist nicht bes. dekorativen K.n im Offb-Komm. des span. Mönchs →Beatus v. Liebana († nicht vor 798). Außer der Ebstorfer K. sind noch zwei großformatige mappae mundi erhalten: die Vercelli-K. (um 1200) mit 84 × 72 cm und die →Hereford-K. (ca. 1283). Unter den mappae mundi, die eine Buchseite ausfüllen, seien erwähnt die Albi-K. (9.[?]Jh.), die Cottaniana aus einem Prisciantext (10. Jh.), die K. des Heinrich v. Mainz (12. Jh.), die K. des →Matthaeus Paris (13. Jh.), eine engl. Psalterk. (13. Jh.), sowie mehrere K.n des Ranulph Higden (14. Jh.).

Während diese mappae mundi nur recht lose mit den Texten, denen sie zugeordnet sind, in Zusammenhang stehen, gab es noch weitere – auch nur freihändig gezeichnete – K.n, die zur Illustration von Rechtsstreitigkeiten, von hist.-geogr. Beschreibungen und von techn. Bauten dienten: die Inselk.n (Isolario) des ö. Mittelmeers, Lage- und Stadtpläne (Situs), Regionalk.n, Küsten- und Routenskizzen im Bereich der skand. Schiffahrt, Pläne von

Wasserleitungen. Diese K.n sind vermutl. noch nicht auf der Basis geodät. Messungen entstanden, obwohl Vermessungsmethoden seit dem 10. Jh. entwickelt, jedoch bis zum Ausgang des MA nicht auf kartograph. Niveau angewendet wurden. Es wurde vielmehr nach Augenschein gezeichnet. Durch die Angabe von Entfernungen oder – selten – im quadrat. Gitter (Palästina-K. des Pietro Vesconte, 1320) wird bei einzelnen K.n erstmals (seit den Agrimensorentexten) der Versuch eines Maßstabes erkennbar. Dadurch wird bei dieser Gruppe der K.n die Grenze zu den vermessenen und projizierten K.n fließend.

[3] Während die letztgenannte Gruppe von K.n zur Landesaufnahme gehören, die im 16. Jh. durch die erste Triangulationen (Apian, Gemma Frisius, Mercator) weitergeführt wird, gehören die Ptolemaeusk.n und die Portulane zum Typ der Weltk.n. Der hellenist. Astronom →Ptolemaeus hatte um 100 n. Chr. in seinem Werk »Kosmographie« das Gradnetz und Projektionsmethoden als Grundlagen der Kartographie erläutert und gefordert, daß die geogr. Länge und Breite von Orten mit von ihm angegebenen Methoden bestimmt werden sollten. Das erhaltene Werk umfaßt tatsächl. lange Ortslisten mit ihren Längen- und Breitengraden. Während die Breitenbestimmung kein größeres Problem bot, ist Ptolemaeus selbst zur exakten Längenmessung nicht gekommen, sondern hat auf die Daten der augusteischen Landvermessung zurückgegriffen. Seine K.n zeigen – neben anderen Fehlern – eine charakterist. Verzerrung des mittleren Mittelmeeres, die vermutl. auf eine Fehleinschätzung des Erdumfanges zurückzuführen ist. Wahrscheinl. wurden die ursprgl. Ptolemaeus-K.n von byz. Kartographen des 11. und 12. Jh. erhebl. verbessert bzw. erst auf ihren jetzigen Stand gebracht. Im 13. Jh. gelangten erste Exemplare nach Italien, seit 1409 liegt eine lat. Übers. durch Jacopo Angelo vor, seit 1477 wurde die »Kosmographie« mit allen K.n durch Drucke verbreitet (erster d. Druck Ulm 1482). Im w. Mittelmeer entstanden im 13. Jh. Küstenk.n (Portulane), die Mittelmeer, Schwarzes Meer und später auch die west- und nordeurop. Küsten umfassen. Moderne Überprüfungen ergaben eine wesentl. höhere Genauigkeit der Portulane als der Ptolemaeus-K.n. Die Portulane sind nicht in das Gradnetz projiziert, ja sie haben überhaupt keine einheitl. Projektion, obwohl sie alle von einem (geometr.) Netz von Sehnen überzogen sind, die je nach K. in unterschiedl. Anzahl von Punkten einen oder mehrere Kreise schneiden. Sie heißen auch Kompaß-K.n (compass = Zirkel), weil sie im wesentl. mit dem →Zirkel hergestellt wurden. Die scheinbare oder sogar angezeigte Nordlage der K.n weicht um ca. 11° nach W vom magnet. Nordpol ab. Den Landgebieten ist relativ wenig Beachtung geschenkt worden, manchmal sind die leeren Flächen prächtig mit Figuren oder Stadtansichten geschmückt. Von Pietro Vesconte sind auch Detailk.n der Mittelmeerküsten überliefert. In den Küstengewässern weisen verschiedene Zeichen auf die Fahrstraßen, respektive Hindernisse hin, die polit. Verhältnisse auf den Inseln des ö. Mittelmeeres sind mit Flaggen markiert. Als Grundlage der Portulane dürften einzelne astronom. Vermessungen, gekoppelt mit Entfernungsmessungen, gedient haben. Die älteste erhaltene K. (sog. Pisa-K.) entstammt dem ausgehenden 13. Jh. Wichtige Portulanmacher des 14. Jh. waren: Angelino Dulcert, Giovanni Carignano, Domenico und Francesco Pizigano, Guilermo Soler (→Cresques Abraham (→Katalan. Weltkarte), Pietro Vesconte. Im ausgehenden 15. Jh. wurden neue K.n mit den jeweiligen Vorzügen der Portulane (Genauigkeit) und der Ptolemaeus-K.n (Gradnetz) hergestellt. Als dekoratives Element lebten die Sehnen-Netze auf Seek.n noch bis ins 19. Jh. fort.

Nicht in dieser Gliederung unterzubringen sind K.n mit Symbolcharakter. Das kann K.nteile betreffen wie das herzförmige Sizilien und das sandalenförmige Sardinien auf der Ebstorfer K. Hier handelt es sich um reine Schematisierungen. Als Mittel der polit. Propaganda hat Opicinus de Canistris in einem Portulan Europa als hilflose Frau und das islam. N-Afrika als aggressiven Mann gezeichnet. Solche figürl. Transpositionen finden in der frühen NZ mehrfach Nachahmung.

Die islam. Kartographie bewegte sich zum großen Teil im Bereich der mappae mundi, auch was die Funktion als Illustration in nicht-geogr. Texten betrifft. Als im 8. und 9. Jh. das Interesse an antiker gr. Wiss. groß war und Kalifen die Übers. antiker Texte ins Arab. förderten, wurde auch die Kosmographie des Ptolemaeus übersetzt, sogar zweimal, aber im Gegensatz zum Almagest haben die Araber der Kosmographie keine weitere Beachtung zugewandt. Die Weltk. des Geographen →al-Idrisi (ca. 1100–ca. 1165) galt als unabhängige, große Leistung, obwohl man sie heute im Mittelmeerraum und in Europa für weniger genau halten würde als die uns bekannten K.n der Kosmographie, die aber entscheidende Verbesserungen möglicherweise erst in Byzanz erfuhren. In N-Afrika und Asien bietet sie allerdings Informationen, die auf europ. K.n damals nicht zu finden waren. Seit dem ausgehenden 14. Jh. gab es auch K.n des Portulantyps mit arab. Beschriftung. U. Lindgren

Lit.: P. Schnabel, Text und K.n des Ptolemaeus, 1939 – J. Vernet-Ginés, The Maghreb Chart in the Bibl. Ambrosiana, Imago Mund: 16, 1962 – B. Degenhart–A. Schmitt, M. Sanudo und P. Veneto, Röm. Jb. für Kunstgesch. 14, 1973 – P. D. A. Harvey, The Hist. of Topographical Maps, 1980 – M. de la Roncière – M. Mollat, Portulane, 1984 – L. Bagrow – R. A. Skelton, Meister der Kartographie, 1985[5] – U. Lindgren, Eine Abstraktion des Weltbildes: Schemak.n, Gesch. in Wiss. und Unterricht 36, 1985 – J. B. Harley – D. Woodward, The Hist. of Cartography I, 1987 [Beitr. T. Campbell; P. D. A. Harvey; D. Woodward] – A.-D. von den Brincken, Kartograph. Q. Welt-, See- und Regionalk.n, 1988 – A. Wolf, Neueste Ebstorfer Weltk. Entstehungszeit – Ursprungsort – Autorschaft (Das Benediktinerkl. Ebstorf im MA, hg. K. Jaitner, 1988) – L. Zögner, Komm. zum Weltatlas von Antonio Millo, 1988 – U. Lindgren, Portulane aus wissenschaftshist. Sicht (Kartographie und Staat [= Algorismus 3], 1990) – P. Mesenburg, Unters. zur geom. Struktur und zur Genese der Portolankarte des Petrus Roselli aus d. J. 1449 (4. Kartographie hist. Colloquium Karlsruhe, 1988), 1990.

Kartell (Consortium, Einung, Syndikat), bewußter Zusammenschluß mehrerer (dadurch vom →Monopol im engeren Sinne unterschieden) Unternehmer zwecks Beschränkung oder Ausschaltung des Wettbewerbs im Interesse der Preisbeherrschung. K.e kamen im SpätMA sowohl in der gewerbl. Produktion als im Handel vor. Das Privileg der →Zünfte, für den eigenen städt. Markt zu erzeugen, ließ diese ein Produktionsk. anstreben. Deren Bildung war wohl vielfach von dem Wunsch angeregt, die Konkurrenz aus der lokalen Wirtschaft fernzuhalten. So waren die Meister besser in der Lage, die Preise von Roh- oder Hilfsstoffen (z. B. preuß. →Bernsteins bei den Paternostermachern in Lübeck und Brügge) sowie die Löhne der Arbeitnehmer (z. B. in der Florentiner Wolltuchindustrie) durch gemeinsames Auftreten zu drücken bzw. die Fertigware zu beliebig hohem Preis abzusetzen. Wiederholt schritten Stadtregimenter, v. a. bei Lebensmittelknappheit, aus sozialen Gründen gegen Mißstände auf diesem Gebiet ein. Vielfach wurde das Angebot an Waren und Diensten wirksam durch Einführen der Erblichkeit der Meisterschaft verringert, insbes. bei Dienstberufen, wie bei Binnenschiffern, durch einen Turnus zw. den Meistern. Beide Vorgänge erschienen gegen Ende des MA häufiger, offenbar in Anbetracht des konjunkturellen Niedergangs. K.e kamen auch im Warenverkehr vor. Ansätze dazu lieferten auf lokaler Ebene die städt. →Bannmeilen und im Gastrecht begründeten Beschränkungen des Handels von Fremden. In seltenen Fällen reichte das Niederlagsrecht so weit, daß die anfahrenden Kaufleute gezwungen wurden, ihre Waren in der Stapelstadt zu verkaufen (→Stapel). Es handelte sich v. a. darum, den städt. Bürgern ein ständiges kollektives Monopol des Zwischenhandels zu sichern. Im →Fernhandel traten K.e im SpätMA auf. Angesichts der Tatsache etwa, daß England die beste Wollqualität exportierte, bildeten die in der Company of the Staple vereinigten Stapelkaufleute ein Verkaufsk., das um die Mitte des 14. Jh. von seinem Sitz in Calais aus seinen Zweck im Bereich der Nord- und Ostsee erzielte, freil. vom 15. Jh. an immer mehr durch kgl. Lizenzen untergraben wurde. In den Jahren nach 1498 wurden von den →Fuggern mit anderen Augsburger Firmen K.e zwecks Verkauf von ung. und Tiroler →Kupfer abgeschlossen: die Teilnehmer verteilten die zu vertreibenden Mengen vertragl. untereinander und schrieben sich Minimal- und Maximalpreise vor. Als die ptg. Faktorei in Antwerpen beträchtl. Mengen Metall abnahm und dafür Gewürze anbot, funktionierte das Syndikat im Hinblick auf das Kupfer als Verkaufsk. und auf die Gewürze als Einkaufsk.: der gesteigerte Preis der Gewürze beim Weiterverkauf in Deutschland regte nach 1523 den Reichstag zu ergebnislosen Einwänden an. Das älteste bekannte Beispiel eines Einkaufsk.s soll auf 1283 zurückgehen, als die Venezianer sich auf Vorschrift der Stadtverwaltung beim Einkauf von Pfeffer und Baumwolle in Alexandrien darauf einigten, einen vereinbarten Preis nicht zu überschreiten. J. A. van Houtte

Lit.: J. STRIEDER, Stud. zur Gesch. der kapitalist. Organisationsformen, 1925² – G. MICKWITZ, Die K.funktion der Zünfte und ihre Bedeutung bei der Entstehung des Zunftwesens, 1936 – O. GÖNNENWEIN, Das Stapel- und Niederlagsrecht, 1939 – J. A. VAN HOUTTE, Ambernijverheid en paternostermakers te Brugge gedurede de XIVᵉ en XVᵉ eeuw, Handelingen van het Genootschap 'Société d'Emulation' te Brugge 82, 1939, 149–184. Medieval Trade in the Mediterranean World, hg. R. S. LOPEZ–I. W. RAYMOND, 1955 – E. SCHREMMER, Dt. K.e des 15. Jh. (Wirtschaft, Gesch. und Wirtschaftsgesch. Fschr. FR. LÜTGE, 1966), 74–87 – J. A. VAN HOUTTE, Essays on Medieval and Early Modern Economy and Society, 1977, 49–80.

Karthago, Stadt auf einer Halbinsel nö. des heut. Tunis, gegr. Ende 9. Jh. v. Chr. von Tyros aus als 'neue Hauptstadt' am Handelsweg von Phönikien nach S-Spanien. Grundlage des Wohlstands war neben dem Fernhandel die Landwirtschaft. Die Ausdehnung des karthag. Machteinflusses auf die Balearen, S- und O-Spanien, Sizilien, Sardinien und Korsika führte zunächst zu Zusammenstößen mit den Griechen (Seesieg bei Alalia 535, Niederlage bei Himera auf Sizilien 480). In den drei Pun. Kriegen (264–241; 218–201; 149–146) fiel die Entscheidung über die Vorherrschaft im w. Mittelmeer, die mit der Zerstörung K.s durch Rom endete, nachdem die Stadt in der 1. Hälfte des 2. Jh. nochmals einen bes. Aufschwung genommen hatte. Nach Kolonistenansiedlung 122 v. Chr. wurde K. nach 29 v. Chr. unter weitgehender Beibehaltung der pun. Stadtstruktur neu gegr. (Colonia Iulia Carthago) und entwickelte sich als Metropole der Prov. Africa consularis zur bedeutendsten Stadt des Westens nach Rom. Ihr Hafen war der Hauptausfuhrplatz für afrikan. Getreide nach Italien, so daß die Verfügung darüber zu einem entscheidenden Faktor im Kampf um die Macht im W wurde (→Gildo). Nach Verwüstungen 310 stattete Konstantin K. erneut mit prächtigen öffentl. Gebäuden aus. Nach Eroberung durch die Vandalen 439 und Rückeroberung durch →Belisar 533 (Colonia Iustiniana Carthago) bricht die Siedlungskontinuität mit der nach einem Aufstand der Einw. erfolgten Zerstörung durch die Araber 698 endgültig ab. Die Ruinen dienten als Steinbruch für die neue Hauptstadt Tunis.

In der Ks.zeit spielt K. eine hervorragende Rolle als Bildungszentrum (Apuleius) wie auch des frühen Christentums: Hinrichtung der Scilitan. Märtyrer 180; erster Bf. Agrippinus Ende 2. Jh.; Verfolgungen unter Septimius Severus (Märtyrer v. Thuburbo 202; Passio Perpetuae et Felicitatis), Decius 248, Valerian 257, Diokletian 303/304. →Tertullian und →Cyprianus (184.C.) sind die Hauptvertreter der afrikan. patrist. Lit. im 3. Jh., →Augustinus vollendete hier seine rhetor. Studien (370) und hatte 374–383 den Lehrstuhl für Rhetorik inne. Die Kämpfe mit den →Donatisten prägten 311–412 das kirchl. Leben K.s mit seinen mehr als 22 Kirchen. Unter der Vandalenherrschaft erlebte Ende 5./Anfang 6. Jh. die lat. Lit. in K. nochmals eine Blüte. J. Gruber

Lit.: DHGE XI, 1149–1233 – KL. PAULY III, 135–138 – RE X, 2150–2242 – A. AUDOLLENT, Carthago romaine, 1901 – G. und C. CHARLES-PICARD, La vie quotidienne à Carthage, 1958 [dt. 1983] – G. PICARD, La Carthage de s. Augustin, 1965 – C. LEPELLEY, Les cités de l'Afrique romaine au Bas-empire, 2 Bde, 1979/81, bes. II, 11–53 – J. G. PEDLEY, New light on ancient Carthage, 1980 – M. CHALON u. a., Memorabile factum, Antiquités Africaines 21, 1985, 207–262 [Lit. der Vandalenzeit] – F. RAKOB, Die internat. Ausgrabungen in K., Gymnasium 92, 1985, 489–513 – *Grabungsber.:* Bull. de Centre d'Études et de Documentation Archéol. de la Conservation de Carthage, 1978ff. – W. ELLIGER, K., 1990.

Karton → Wirkteppiche

Kartular (Chartular; Kopialbuch, Kopiar; byz. Kontakion), in Buch-, manchmal auch in Rollenform angelegte Slg. mit Abschriften von Urkk. verschiedener Aussteller für einen Empfänger bzw. dessen Rechtsnachfolger. Das Anwachsen des Urkk.materials einerseits, dann aber auch die Gefahr der Beschädigung der kostbaren →Originale und →Siegel durch zu häufige Benutzung oder der Vernichtung durch Brand und Kriegseinwirkung, vermutl. auch die Mühe, die mit dem Heraussuchen des oder der gewünschten Stücke im →Archiv verbunden war, haben – zunächst in geistl., später auch in weltl. Institutionen – zur Anlage von K.en geführt, die einen schnellen und genauen Überblick über Rechts- oder Besitztitel ermöglichten. K.e zählten bes. im SpätMA zu den wichtigsten Verwaltungshilfsmitteln. Die Anordnung der Abschriften konnte überaus verschieden sein: Die Urkk. wurden entweder nach lokalen, rechtl. und chronolog. Gesichtspunkten zusammengestellt, mitunter auch ganz unsystemat. aneinandergereiht. Häufig wurden K.e notariell beglaubigt. Das K. des Johannes-Prodromos-Kl. bei Serrai weist sogar die Unterschriften des Ks.s und des Patriarchen auf. Die Texte können in ihrem ganzen Umfang wiedergegeben werden, mit Nachbildung auch der äußeren Merkmale ihrer Vorlagen (Elongata, → Chrismon, →Monogramm, Siegel). Dies wird z. B. in bes. eindrucksvoller Weise beim »Chronicon Casauriense« (→Casauria) oder beim »Regestum Farfense« (→Gregor v. Catino) sichtbar. Öfter wurden die Urkk. aber unvollständig und mit orthograph. Veränderungen abgeschrieben. Neben diesen keineswegs in unredl. Absicht vorgenommenen Abwandlungen haben die Kopisten mehr als einmal zum Mittel der →Fälschung gegriffen (z. B. Eberhard v. →Fulda, →Petrus Diaconus v. →Montecassino). Nicht selten waren die Abschriften mit Texten anderer Q.gattungen, etwa einer Gesch. der Institution (z. B. in der als 'Bärenhaut' bekannten Hs. des Stifts →Zwettl), oder wirtschaftsgesch. Aufzeichnungen verbunden. Das um 1255 unter Bf. Otto v. Lonsdorf angelegte Kopialbuch hat weit über seine Bedeutung für Passau hinaus Berühmtheit dadurch erlangt, daß nur in ihm die →Raffelstettener Zollordnung überliefert ist. K.e gab es bereits in frk. Zeit. Zu den ältesten K.en auf dt. Boden gehört der »Cod. traditionum« (→Traditionsbücher), der um 824 im Auftrag des Bf.s →Hitto v. Freising durch den Freisinger Mönch, Notar und Priester Cozroh aufgrund der damals noch im bfl. Archiv vorhandenen Originalurkk. zusammengestellt wurde. Dadurch sind Hunderte frühma. Urkk. (die älteste stammt aus dem Jahr 744) erhalten, die sonst verloren wären. Etwa zur gleichen Zeit begann man in Fulda auf Veranlassung von →Hrabanus Maurus mit der Führung von K.en. Mit fortschreitender Entwicklung des Kanzleiwesens (→Kanzlei) wurde im weiteren Verlauf des MA auch das Erschließungssystem des K.s immer mehr verfeinert (Überschriften, Inhaltsangaben, bisweilen aufgrund der Dorsualvermerke auf den Originalurkk., Indices). Dadurch wurde das K. zum Vorläufer des Archivrepertoriums. A. Gawlik

Lit.: Bresslau I, 94ff. – A. Giry, Manuel de diplomatique, 1894, 28–34 – R. C. Van Caenegem – F. L. Ganshof, Kurze Q.kunde des westeurop. MA, 1964, 71–74 – F. Dölger – J. Karayannopulos, Byz. Urkk.lehre I, 1968, 26 – W. Heinemeyer, Ein Fragment der verschollenen karol. Cartulare der Abtei Fulda, ADipl 17, 1971, 126–135 – D. Walker, The Organization of Material in Medieval Cartularies (The Study of Medieval Records. Essays K. Major, 1971), 132–150 – W. Scherzer, Die Anfänge der Archive der Bf.e und des Domkapitels zu Würzburg, AZ 73, 1977, 21–40 – J. Wild, Kopialbuch (Die Fürstenkanzlei des MA, 1983), 92ff. – W. Davies, Forgery in the Cartulaire de Redon (MGH Schr. 33, 4, 1988), 265–274.

Karwoche (von ahd. *kara* 'Totenklage'), auch 'Hohe' bzw. 'Große' Woche, frz. semaine sainte, ndl. Goede Week, reicht vom Palmsonntag (dominica in palmis) bis →Ostern. Die eine Feier der Ostervigil entfaltet sich Ende des 4. Jh. zu einem »sacratissimum triduum crucifixi, sepulti, suscitati« (Aug., Ep. 55, 14,24) (→Karfreitag). Bedingt durch die ma. Vorverlegung der Osterfeier auf den Karsamstag wird dem Oster-Triduum ein am →Gründonnerstag beginnendes Kar-Triduum vorangestellt. Der Karsamstag, Tag der Grabesruhe, blieb ohne Eucharistiefeier (Buß- und Fasttag); dies wurde aber für die morgendl. Feier der Ostervigil (!) 'durchbrochen'. Markanter Beginn der K. am Palmsonntag; seit dem 7. Jh. wird der Einzug Jesu in Jerusalem aus gallikan. Tradition in einer (Palm-)Prozession dramatisiert: Repräsentation Christi im mitgeführten Kreuz, im Evangeliar, seit dem 10. Jh. Aufkommen des →Palmesels. Im Gottesdienst wird nach röm. Tradition immer die Mt-Passion gelesen, während die Mk- und Lk-Passion dem Dienstag und Mittwoch der K. zukommen. K. Küppers

Lit.: B. Fischer, Paschatis Sollemnia, 1959, 146–156 – Hj. Auf der Maur, Feiern im Rhythmus der Zeit, I (Gottesdienst der Kirche 5, 1983), 76–79, 83–85, 98–113 [Lit.].

Kaschau (ung. Kassa, slowak. Košice, lat. Cassovia), am Hernad an der Straße nach Krakau liegende ung. Siedlung, ging wahrschl. im Mongolensturm (1241) unter, wurde vor 1249 von sächs. →hospites, die in Zehntleistung und Gericht privilegiert waren, wiedererrichtet. Sie erhielten das Dorf Ober-K., bauten eine Elisabeth-Kirche (erweitert im 14. Jh.). Der Pfarrer (um 1257 erwähnt) wurde 1290 von der Amtsbefugnis des Archidiakons befreit und erhielt 1293 den Zehnten. Den Ring bildete die erweiterte Hauptstraße. Die Bürger besaßen Schankrecht.

Vor 1283 entstand ein Bürgerspital, 1303 ein OP-, 1384–1401 ein OFM-Kl., 1290 ein kgl. Münzamt (mit K.er Pfund). Anfang 14. Jh. kam K. unter die Herrschaft von Amadeus Aba, der 1311 im Kampf mit den Bürgern starb. 1312 belagerten seine Söhne die Stadt, die an der Seite Kg. Karls I. ausharrte. Der Kg. belohnte sie 1319 mit Zollfreiheit bis zur Theiß. Weitere Privilegien folgten: 1321 Erleichterung des Geldwechsels, Bestätigung des Stadtgerichts in allen Angelegenheiten (1342), aller bisher gewährten Freiheiten und des Ofener Rechts (1347). Damit wurde K. unabhängige kgl. Freistadt (erste Ratsordnung 1404). 1369 erhielt sie ein (1423, 1453 erweitertes) Wappen und führte in ihrem Siegel das Bild der hl. Elisabeth. 1462 erwarb die Stadt das Münzprägerecht. K. produzierte anfängl. nur Wein, ging aber rasch zum Handel über, schloß 1324 einen Vertrag mit Krakau, beteiligte sich Ende 14. Jh. über Groß-Wardein am siebenbürg. Handel (ung. Bergwerksprodukte, Wein). Das Stapelrecht (1361) erweiterte Kg. Sigmund 1404 (Aufhebung der Hälfte der Umsatzsteuer und des Großhandelsprivilegs der Fremden). Mit 7500 Einw. größte Stadt Oberungarns (1401 mit einer Windischgasse der Slowaken), geriet K. im 15. Jh. dennoch in ökonom. Abhängigkeit Krakaus. E. Fügedi

Lit.: AÖG, 1864 [Krones] – E. Fügedi, StSlHung 1956, 185–213 – G. Györffy, Geogr. Hist. Hungariae, 1963, I, 102–108 – B. Warsik, Osídlenie košickej kotliny, 1964, I, 155–169.

Kaschauer, Jakob, Bildhauer und Maler, von 1429 bis 1463 in Wien bezeugt, wo in der Bauhütte von St. Stephan 1420 und 1429 ein Niclaus und ein Caspar K. tätig waren. Das einzige für ihn belegte Werk sind Schreinfiguren des ihm von Bf. Nicodemus della Scala v. Freising für den dortigen Dom verdingten, 1443 geweihten Hochaltars. Die Statuen der Muttergottes mit Stifterfigur und St. Korbinian (Bayer. Nationalmus. München) und des hl. Sigismund (Württ. Landesmus. Stuttgart) lassen in K. einen der führenden Meister unter ndl. Einfluß sehen, Zeitgenosse Hans →Multschers. Als Maler werden K. unter dem Namen 'Meister des Albrechtsaltars' die Tafeln des 1438/41 entstandenen Altars für Hzg. →Albrecht V. v. Österreich (2. A.) (jetzt Slg. Klosterneuburg) zugeschrieben. A. Reinle

Lit.: Thieme-Becker XIX, 579–580; XXXVII, 9 – W. Paatz, Prolegomena zu einer Gesch. der spätgot. Skulptur im 15. Jh., 1956, 82–85 – Th. Müller, Sculpture in the Netherlands, Germany, France and Spain (The Pelican Hist. of Art, 1966), 76 – Gotik in Österreich, Krems an der Donau, Ausst.kat. 1967, 211.

Kaschuben (wahrscheinl. von slav. *kaszuby* 'Sumpfböden', 'Moraste'), zw. Niederelbe und Niederweichsel toponomast. gut bezeugter Begriff, erscheint in den Q. Mitte des 13. Jh. mit Bezug auf Mecklenburg, dann auf W- und Mittelpommern, wohl nicht mit ethn., sondern bloß polit. Bedeutung. Die Existenz eines (urkundl. nicht belegten) K.-Stammes läßt sich nicht beweisen, obwohl archäolog. nachgewiesene Siedlungskonzentrationen theoret. einen solchen Schluß zulassen. In der 2. Hälfte des 13. Jh. wurde der Name »K.« in die amtl. Titulierung des (west-)pommerschen Hzg.shauses übernommen (»duces Slavorum et Cassubiae«), zunächst nur für den Westteil, dann auch im O. Als die Dynastie der →Greifen 1455/66 in den Besitz der Lande Lauenburg und Bütow kam, dehnte sich der Name K. auch auf →Pommerellen aus, wo er sich bis heute erhalten hat. J. Strzelczyk

Lit.: F. Lorentz, Gesch. der pomoran. (kaschub.) Sprache, 1925 – A. Dobrowolska, O nazwie 'Kaszuby', Onomastica 4, 1958, 333–353 – J. Spors, Pochodzenie i zasięg terytorialni nazwy Kaszuby w znaczeniu politycznym, ZapHist 37, 1972, 3, 7–28 – H. Popowska-Taborska, Kaszubszczyzna, 1980 – G. Labuda, The Key Problems of the Hist. of the Kashubs against the Background of Pomeranian Hist., Polish Western Affairs/La Pologne et les affaires occidentales 30, 1989, 1, 3-29.

Käse, die von der Molke abgeschiedenen und durch diverse Meiereiverfahren veränderten festen Bestandteile (Matten) der Kuh-, aber auch der Schafs- und Ziegenmilch. Bis zum 16. Jh. war in der bäuerl. Hauswirtschaft der leicht verderbl. Sauermilchk. vorherrschend, der zusammen mit Brot und den Nebenprodukten der Käserei (K. suppe) die Grundnahrung in den viehwirtschaftl. bestimmten Regionen bildete. Der durch das Dicklegen frischer Milch mit Lab (Ferment bes. aus Hasen- oder Kälbermägen) gewonnene Lab- oder Süßmilchk. ist, vermittelt durch röm. Tradition, schon im FrühMA bekannt; der Verbrauch dürfte bei dem vorherrschenden Getreideanbau bis ins 12. Jh. gering und auf die Oberschicht beschränkt gewesen sein. Seit dem 13. Jh. nahmen infolge der gestiegenen städt. Kaufkraft die Herstellung und der Vertrieb des lagerungsfähigen Labk.s stetig zu. Fettk. wurde zu einem festen Bestandteil der Mahlzeiten der europ. Mittel- und Oberschicht. Die Viehhaltung intensivierte sich, Produktionsformen wurden ausgebildet, die unabhängig von der Getreideerzeugung waren (Schwaighöfe, Sennerei). Führend in der spezialisierten Erzeugung von Hartk. n wurden engl. Gebiete (Cheshire), Flandern, Friesland, das schweiz. Emmental und Greyerz. Schafsk. kam aus dem frz. Roquefort, v. a. aus Italien, Spanien. Antwerpen, Köln, Basel, Straßburg und Venedig entwickelten sich zu wichtigen Umschlagplätzen für europ. K. produkte.
G. Fouquet

Lit.: HWDA IV, 1029-1066 [Lit.] – F. GLAUSER, Handel mit Entlebucher K. und Butter, SchZG 21, 1971, 1-63 – H. POHL, Köln und Antwerpen um 1500 (Köln, das Reich und Europa, 1971), 469-552 – U. DIRLMEIER, Unters. zu Einkommensverhältnissen und Lebenshaltungskosten..., 1978.

Kasel → Kleidung, liturgische

Käsenbrot, Augustinus (A. Olomucensis, Moravus), *März 1467 Olmütz, † 3. Nov. 1513 ebd., stammte aus reicher dt. Bürgerfamilie, studierte in Krakau, 1486 Bacc., 1488 Mag.; setzte sein Studium in Padua fort und wurde 1494 zum Dr. des Kirchenrechts promoviert. Seit 1496 war K. in der böhm. kgl. Kanzlei in Buda als Schreiber und 1506-11 als kgl. Sekretär tätig. 1497 zum Kanoniker in Brünn und 1498 zum Propst in Olmütz ernannt. Seit seinem ital. Aufenthalte neigte K. den humanist. Ideen zu, die er in mehreren lit. Schr. (»Dialogus in defensionem poetices«) und Briefen an bekannte Humanisten (C. Celtis) ausdrückte; K. unterstützte die Sodalitas litteraria Danubiana und schenkte seine reiche Bibl. dem Olmützer Kapitel. Als Gegner der Waldenser und der Brüderunität verfaßte K. polit.-ideolog. Polemiken.
M. Polívka

Lit.: Repfont I, 423f. – F. BAUCH, A. O., Zs. des Vereins für die Gesch. Mährens und Schlesiens 8, 1904, 120 – Rukověť humanistického básnictví v Čechách a na Moravě I, 1966, 111-116 – J. NECHUTOVÁ – M. RÖSSLEROVÁ, A. O., Tractatus de sacta Valdensium, Studia facultatis philos. universitatis Brunensis 30, 1985, 133-147.

al-Kāšī, Ğiyāṯaddīn Ğamšīd b. Masʿūd, einer der letzten großen Mathematiker und Astronomen der islam. Zeit, ca. 1380-1429, pers. Abstammung, wirkte im Iran. Insbes. war er am Ende seines Lebens an der von → Uluġ Beg gegr. Sternwarte zu Samarqand; die dortigen Umstände schilderte er in einem Brief an seinen Vater. Er schrieb zahlreiche Abh. sowohl auf arab. wie auf pers. In der Astronomie ist er v. a. für seine Tafeln (→Tafeln, astronom. und math.) bzw. für den entscheidenden Beitrag bei der Herstellung der (postum fertiggestellten) Zīğ-e Uluġ Beg sowie für die Beschreibungen astronom. →Instrumente berühmt. In der Mathematik entfalteten sich seine Fähigkeiten für das Rechnen: v. a. weitreichende Verwendung von Dezimalbrüchen, Näherungsverfahren beim Wurzelziehen (Hornersches Verfahren, eigtl. eine chin. Erfindung), Darstellung des Pascalschen Dreiecks (→al-Karağī), Ausrechnung von π auf 16 Dezimalstellen mit Hilfe einer Abänderung des (Archimed.) Verfahrens mittels ein- und umgeschriebener Vielecke, Bestimmung von sin 1° mittels eines Iterationsverfahrens. Vieles ist zwar nicht al-K.s Erfindung, geriet aber durch seine Darlegung zur vollen Reife.
J. Sesiano

Lit.: DSB VII, 255-262 [Lit.] – E. S. KENNEDY–M.-TH. DEBARNOT, al-K.s impractical method of determining the solar altitude, Journal for the Hist. of Arabic Science 3, 1979, 219-227 – J. HAMADANIZADEH, The trigonometric tables of al-k. in his Zīj-i Khāqānī, HM 7, 1980, 38-45 – E. S. KENNEDY, Spherical astronomy in K.s Khāqānī zīj, Zs. für Gesch. der arab.-islam. Wiss. 2, 1985, 1-46.

Kasimir

1. K. I. Restaurator (nach Legende des 13. Jh. ʿder Mönchʾ; poln. Kazimierz Odnowiciel), Hzg. v. Polen 1034-58, * 25. Juli 1016, † 28. Nov. 1058; Sohn →Mieszkos II. und der →Richeza (→Ezzonen), ∞ Maria Dobroniega, Kiever Gfs. en-Tochter, um 1040. Der wegen der Krise des poln. Staates i. J. 1032 mit seiner Mutter nach Deutschland geflüchtete K. übernahm nach dem Tod des Vaters 1034 den Thron. Innere Wirren und der Kriegszug der Böhmen, die das Land bis Gnesen verwüsteten und Schlesien besetzten, zwangen K. 1038 erneut zur Flucht über Ungarn an den Hof Ks. Heinrichs III., mit dessen militär. Unterstützung er dann zurückkehren konnte. Sein Versuch, während der dt.-böhm. Auseinandersetzungen 1040/42 Schlesien wiederzuerlangen, scheiterte zunächst. Dagegen gelang ihm mit Kiever Hilfe nach zwei Feldzügen (1042-47?) schließlich die Rückeroberung Masowiens. Sein Konflikt mit Sememisl, Hzg. v. Pommern, wurde 1046 vor Heinrich III. verhandelt. Schlesien entriß den Böhmen 1050, doch wurde er vier Jahre später vom Ks. dafür zu Tributzahlungen an Böhmen gezwungen. Pommern hat er wohl in lose Abhängigkeit zu Polen gebracht. Am Ende seines Lebens war es ihm so gelungen, das Reich seines Volkes wieder zu vereinigen.

Gleichermaßen suchte er, mit Unterstützung seiner Mutter und seines Onkels, des Ebf.s Hermann II. v. Köln, die in der Zeit der religiösen und sozialen Unruhen in Polen zerrüttete kirchl. Organisation wieder zu festigen. Er ließ Benediktiner nach Polen kommen (Kl. Tyniec b. Krakau, Mogilno b. Gnesen), berief Aaron, Abt v. Tyniec, zum Bf. v. Krakau (1046-59) und stellte das Bm. in Schlesien wieder her (Bf. Hieronymus, 1056?-62). Die sozialen Aufstände hatten die Dezentralisierung bes. der Steuerverwaltung erzwungen: Die Kirche, die bis dahin die Zehnteinnahmen von der Staatskammer bezogen hatte, erhielt jetzt ländl. Grundbesitz sowie direkte Zehntleistungen der Bevölkerung. Die vorher in Gefolgschaftsverbänden organisierten Ritter wurden teils mit direkten bäuerl. Abgaben versorgt, teils mit ländl. Gütern ausgestattet, von denen aus sie Heeresdienst leisteten. Diese Reformen leiteten die Entwicklung der Grundherrschaft in Polen ein.
G. Labuda

Q.: Galli Anonymi Cronicae, ed. K. MALEZYŃSKI, MPH NS 2, 1952 – Lit.: PSB XII, 261f. – P. DAVID, Casimir le moine et Bolesłas Pénitent, 1932 – S. KĘTRZYŃSKI, Kazimierz O. (Polska X-XI wieku, 1961), 353-592 – H. KOWMIAŃSKI, Początki Polski VI/I, 1986.

2. K. II. der Gerechte (poln. Kazimierz Sprawiedliwy), Hzg. v. Polen 1177-94, * 1138, † 5. Mai 1194 (vielleicht durch Gift), Sohn →Bolesławs III. Kryzwousty (3. B.) und der Salome v. Berg, ∞ Helene, Tochter des

Gfs.en Rostislav v. Kiev, 1185; erhielt, da nach Abfassung des Testamentes des Vaters geboren, keine Prov. zugeteilt. Der 1157 für einige Jahre als Geisel an den Hof Friedrich Barbarossas geschickte K. erhielt erst 1166/67 nach dem Tode des Bruders Henryk von den Brüdern Bolesław IV. und Mieszko III. Stary ein Drittel des Hzm.s Sandomir um Wislica. Gegen Mieszko rebellierende Magnaten beriefen ihn 1177 zum Hzg. v. Krakau und setzten ihn nach der Vertreibung Mieszkos als Seniorfs.en (princeps) v. Polen ein. Seine Politik war fortan auf Ausgleich ausgerichtet: Er überließ Odo, dem Sohn Mieszkos, das Hzm. Posen, behinderte 1182 die Rückkehr Mieszkos nach →Großpolen (Hzm. Gnesen) nicht und versah die Kirche 1180 auf der Synode in Lęczyca mit Immunitäten und Privilegien (Bestätigung durch Papst Alexander III. 1181). Eine mögl. militär. Intervention Friedrich Barbarossas zugunsten Mieszkos vermochte er durch Anerkennung der ksl. Oberhoheit abzuwenden (1184). K. unternahm mehrere Heereszüge gegen die Fsm.er Drohicin, Brest und Halič mit dem Ziel, sie mit russ. Verwandten zu besetzen (1180–90); die zeitweilige Besetzung Krakaus durch seinen Bruder Mieszko (1191) konnte er mit russ. Hilfe beenden.

G. Labuda

Lit.: PSB XII, 263f. – T. WASILEWSKI, Kazimierz II. S. (Poczet królów i książąt polskich, 1977) 122–130.

3. K. III. d. Große (poln. Kazimierz Wielki), Kg. v. Polen 1333–70, * 3. April 1310, † 5. Nov. 1370, Sohn Kg. Władysławs I. Lokietek (→Piasten); ∞ 1. Aldona, litauische Prinzessin (1325–39); ∞ 2. Adelheid, hess. Prinzessin (1341 bis zur Ungültigkeitserklärung 1368); ∞ 3. Hedwig, schles. Prinzessin. Alle Ehen blieben ohne männl. Nachkommen; aus illegitimen Verhältnissen (u. a. Christina de Rokyczano, aus Prag, 1357–64; Esther) stammen mehrere Söhne. Vom polit. Erbe seines Vaters übernahm K.: 1. das Bündnis mit Ungarn, verstärkt durch die Heirat seiner Schwester →Elisabeth (11. E.) mit Karl v. Anjou, Kg. v. Ungarn; 2. die Konflikte mit dem Dt. Orden um Pommerellen, mit den Luxemburgern Johann und Karl IV. um die Oberherrschaft in Schlesien sowie mit Johann, der als Kg. v. Böhmen auch auf die poln. Kg.skrone Anspruch erhob. Während sein Vater militär. Entscheidungen gesucht hatte, strebte K. nach friedl. und diplomat. Lösungen. 1335 verzichtete Kg. Johann für 20000 Schock Prager Groschen auf die poln. Krone; gleichzeitig ließ K., um die Allianz zw. den Luxemburgern und dem Dt. Orden zu entkräften, seine Ansprüche auf Schlesien fallen. Nach ergebnislosen Verhandlungen mit dem Dt. Orden um Pommerellen und das Kulmer Land strengte er einen Prozeß vor der päpstl. Kurie an. Da das für Polen günstige Urteil (1339) vom Papst nicht bestätigt wurde, verzichtete K. 1343 im Frieden v. →Kalisch gegen Herausgabe des 1332 vom Orden besetzten Fsm.s Kujawien auf die Rückgabe von Pommerellen und des Kulmer Landes, ohne jedoch die Rechtstitel preiszugeben. 1341–43 besetzte er einige schles. Kleinfsm.er an der Grenze und 1345 kam es zu krieger. Auseinandersetzungen mit den Luxemburgern um Schlesien, an deren Ende K. 1348 im Frieden v. →Namslau auf seine Rechte auf Schlesien verzichten mußte. Seit 1343 suchte er seinen Einfluß in (W-)Pommern zu festigen (Bündnis mit den →Greifen der Stettiner wie Wolgaster Linie), was zur Besetzung einiger Netze- und Neumarkdistrikte führte. K.s Hauptinteresse lag jedoch in den russ. Fsm.ern, die er mit Unterstützung Ungarns teils direkt, teils als Lehen seinem Reich angliederte: Halič, Lemberg (1340), Vladimir, Podolien (1349–52, 1366). K.s Politik verhalf Polen zu einer machtvollen Stellung in Mitteleuropa.

Gleichermaßen erfolgreich verliefen die Reformen im Innern, die in wirtschaftl. Hinsicht die Besiedlung von Wüstungen, die Übertragung von Recht auf Städte und Dörfer, eine kgl. Zoll- und Steuerpolitik, die Erschließung und Sicherung von Handelswegen, den Erlaß von Judenprivilegien (1344) und die Eröffnung von Salinen betrafen, verfassungsrechtl. die Kodifikation des Landrechtes (sog. 'Statuten K.s d. Gr.'), die Einführung der Generalstarosteien mit administrativen und gerichtl. Befugnissen, Staatsrat und Kanzleiführung bewirkten. K. sicherte die W-Grenze seines Reiches mit 50 befestigten Burgen, gründete die Univ. Krakau (1364), schuf eigene Appellationsgerichtshöfe für dt. Recht und verbot die Appellation nach Magdeburg.

Bereits 1339 schloß er mit seinem Schwager, dem ung. Kg. Karl v. Anjou, einen Nachfolgevertrag, den er 1355 zugunsten seines Neffen Ludwig I. d. Gr. erneuerte und der nach seinem Tod realisiert wurde.

G. Labuda

Lit.: PSB XII, 265–269 – Z. KACZMARCZYK, Monarchia Kazimierza Wielkiego, 2 Bde, 1939–47 – J. DĄBROWSKI, Corona regni Poloniae w XIV w., 1956 – Z. KACZMARCZYK, Polska czasów Kazimierza W., 1964 – P. W. KNOLL, The Rise of the Polish Monarchy – Piast Poland in East Central Europe, 1320–70, 1971 – O. KOSSMANN, Polen im MA, II, 1985, 348ff. – J. WYROZUMSKI, Kazimierz W., 1988[2].

4. K. Andreas IV. (poln. Kazimierz Jagiellończyk), Kg. v. Polen 1447–92, Großfs. v. Litauen 1440–90, * 29. Nov. 1427, † 7. Juni 1492, Sohn →Jagiełłos und der Sofia Holszańska; ∞ Elisabeth, Tochter Kg. Albrechts II. (2. A.), 10. Febr. 1454, 13 Kinder. Nach der Ermordung des litauischen Gfs.en → Sigismund (1440) wurde K. von seinem älteren Bruder Władysław III., Kg. v. Polen und Ungarn, nach Litauen gesandt und von den dortigen Magnaten zum Gfs.en gewählt. Nach dem Tod Władisławs in der Türkenschlacht bei →Varna 1444 wurde K. 1445 zum Kg. v. Polen gewählt, doch zögerte er, das Amt anzutreten. Als er 1447 den poln. Thron übernahm, bestand er auf der staatl. Selbständigkeit Litauens; die bestehende poln.-litauische Union wurde zu einer Personalunion zweier Staaten. Während in Polen K.s Macht durch verschiedene verfassungsrechtl. Einrichtungen begrenzt war, fühlte er sich in Litauen als absoluter Herrscher. Von Litauen aus betrieb er eine aktive Politik gegen Moskau sowie gegen die Krim-Tataren und Türken, deren Expansion er aber nicht verhindern konnte (→Caffa 1475, →Durostorum, Kilia, Belgorod 1484). Ebenso erfolglos waren K.s Versuche, die Expansion Moskaus nach W einzudämmen (Eroberung Novgorods 1478), was wesentl. zum Niedergang des Hansehandels in den ostbalt. Ländern beitrug.

Größerer Erfolg war K. im Kampf mit dem Dt. Orden beschieden. 1454 hatte sich der→Preuß. Bund vom Orden losgesagt und dem Kg. v. Polen gehuldigt (Inkorporationsprivileg vom 4. März 1454). Die Folge war ein dreizehnjähriger Krieg, der 1466 zum 2. →Thorner Frieden führte, in dem der Orden auf Pommerellen, das Kulmer Land und die Gebiete um Marienburg und Elbing verzichtete, die bfl. Herrschaft Ermland der Krone Polens unterstellt wurde und der Hochmeister für den verbliebenen preuß. Besitz die Oberhoheit des poln. Kg.s anerkennen mußte (→Dt. Orden, IV [8]). Ebenfalls erfolgreich war K.s Politik gegenüber den Donauländern: Mit Böhmen unterhielt er während der Regierung Kg. Georgs v. Podiebrad gute Beziehungen (Glogauer Zusammenkunft 1462). Zwar vermochte er Böhmen nicht vor dem ung. Kg.

Matthias Corvinus, der Mähren, Schlesien und die Lausitz eroberte, zu schützen. Er konnte aber nach dem Tode Georgs gegen Matthias die Wahl seines Sohnes Władysław (1456–1516) zum Kg. v. Böhmen durchsetzen, der nach dem Tode von Matthias auch zum Kg. v. Ungarn gewählt wurde (1490), während der Versuch K.s, seinen Sohn und Nachfolger Johann Albrecht auf den ung. Thron zu erheben, scheiterte. K. designierte seinen Sohn Alexander zum Gfs.en v. Litauen (1492); als Kg. v. Polen regierte Alexander 1501–06. Ihm folgte 1506–48 sein jüngerer Bruder, Sigismund I. Ein weiterer Sohn K.s, Kasimir, der sich vergebl. um die ung. Kg.swürde bemüht hatte, wurde nach seinem frühen Tod (1484) Landesheiliger und Patron Litauens (kanonisiert 1521). Von den Töchtern K.s heiratete Jadwiga Hzg. →Georg d. Reichen v. Bayern-Landshut (7. G.) ('Landshuter Fs.enhochzeit'), Sophie Mgf. Friedrich v. Brandenburg, Anna den Hzg. v. Pommern, →Bogislaw X. (5. B.), Barbara Hzg. Georg v. Sachsen und Elisabeth Friedrich v. Liegnitz.

Um die poln. Ritterschaft zum Kampf gegen den Dt. Orden zu gewinnen, erließ K. in Nessau 1454 'Statuten' zugunsten des Adels. Danach benötigten Kriegsaufgebot sowie Erlaß von Steuern und neuen Gesetzen die Zustimmung der Provinziallandtage. Schlechte Erfahrungen mit dem ritterl. Aufgebot (Niederlage bei Konitz 1454) bewogen ihn zur Aufstellung eines Söldnerheeres. In K.s Regierungszeit änderten sich auch die Formen des parlamentar. Lebens: Staatsrat und Reichstag bildeten ein Zwei-Kammersystem. Der Herren- und Ritterstand gewann die Oberhand über die Bürger- und Bauernstände, womit der Grundstein der späteren Adelsrepublik von Polen und Litauen gelegt war. G. Labuda

Lit.: R. URBANEK, Věk Poděbradský, Česke dějiny III, 2–3, 1918 – L. KOLANKOWSKI, Dzieje Wielkiego Księstwa Litewskiego za Jagiellonów, 1930 – R. STACHÓN, Polityka Polski wobec Turcji i akcji antytureckiej w XV wieku, do utraty Kilii i Białogrodu, 1930 – S. ROMAN, Przywileje nieszawskie, 1957 – M. BISKUP, Trzynastoletnia wojna z Zakonem Krzyżackim, 1454–66, 1967 – Z. WDOWISZEWSKI, Genealogia Jagiellonów, 1968, 52ff. – M. BUGUCKA, Kazimierz J. i jego czasy, 1981 – M. BISKUP-K. GÓRSKI, Kazimierz J., 1987.

5. K., hl. * 3. Okt. 1457, † 4. März 1484 Grodno, ▢ Wilna; zweiter Sohn Kg. →Kasimirs IV. und der Elisabeth, Tochter Kg. Albrechts II. (2. A.). 14jährig von aufständ. ung. Magnaten zum Gegenkg. gewählt, wurde er vom Vater mit einer Armee nach Ungarn gesandt, jedoch im Kampf gegen Kg. Matthias Corvinus nicht unterstützt. Nach seiner Rückkehr nach Polen wurde K. 1481 vom Vater zum Statthalter in Polen ernannt und versah das Amt vorzüglich. Sehr begabt, hatte K. eine ausgezeichnete humanist. Ausbildung erhalten und mied von Jugend an höf. Umgang; er neigte zu frommen und mildtätigen Werken und war deshalb im Volk beliebt. Lungenkrank starb er im 'Geruche der Heiligkeit' (in odore sanctitatis). Die 1521 vom Papst Leo X. ausgestellte Kanonisationsbulle ging während des sacco di Roma verloren, eine zweite stellte Clemens VIII. 1602 aus; Fest: 4. März. Sein Kult nahm v. a. in Litauen volkstüml. Züge an.
G. Labuda

Q. und Lit.: AASS Mart. I, 334–355 – LCI VII, 284f. – PSB XII, 286–288 [K. GÓRSKI] – K. DRZYMAŁA, Swięty Kazimierz królewicz (Polsky świeci, III, 1984), 106–132.

6. K. I., Hzg. v. Pommern seit 1155/56, * nach (?) 1130, † Herbst 1180, Sohn →Wartislaws I., teilte mit seinem älteren Bruder →Bogislaw I. die Herrschaft. Nach der Niederlage gegen →Heinrich d. Löwen bei Verchen (1164) wurden beide dessen Lehnsmannen; K. erhielt ein Drittel des Landes Wolgast unter dän. Hoheit. 1168 nahm er mit Bogislaw im Auftrag Heinrichs an der Eroberung Rügens durch die Dänen teil. In diesen Jahren dürfte er Zirzipanien erworben haben. K. hielt Heinrich die Treue und unternahm 1178/79/80 auf dessen Geheiß Kriegszüge in die Lausitz und das Land Jüterbog. Er fiel, ohne Erben zu hinterlassen, im Kampf gegen Otto I. v. Brandenburg, einen Gegner Heinrichs. K. war Gründer der Stifte Broda (1170) und Belbuck (1170, eher 1177), wirkte wesentl. an der Gründung des Kl. →Dargun mit (1172/74) und gewährte 1176/80 dem nach →Kammin verlegten pommerschen Bm. weitreichende Privilegien. R. Benl

Lit.: M. WEHRMANN, Gesch. von Pommern I, 1919², 78ff. – Hist. Pomorza, red. G. LABUDA, I/2, 1972, 63–69 – J. PETERSOHN, Der s. Ostseeraum im kirchl.-polit. Kräftespiel des Reichs, Polens und Dänemarks, 1979 – D. LUCHT, Pommern und das Reich..., BSt NF 70, 1984, 7–21 – →Bogislaw I.

7. K. IV., Hzg. v. Pommern, * 1351, † 2. Jan. 1377, ▢ Kl. OCist. Byszewo (Krone a. d. Brahe), aus der Wolgaster Linie der →Greifen. Sein Vater, Bogislaw V., hatte 1368/72 den hinterpommerschen Teil des Hzm.s Wolgast (mit Sitz in Stolp) übernommen. Nach dessen Tod (1373/74) trat K., zugleich Vormund seiner drei jüngeren Brüder, die Regierung an. Aufgrund verwandtschaftl. Verbindungen stand er mit den Herrschern der wichtigsten Staaten des ö. Mitteleuropa in engen Beziehungen. Erzogen wurde er, wie seine ältere Schwester Elisabeth (1363 vierte Gemahlin Ks. Karls IV.), am Hofe des Großvaters mütterlicherseits, Kg. →Kasimir III. d. Gr. v. Polen, der ihn bald nach 1364 in der Absicht, ihn zum Thronerben zu machen, adoptierte und ihm reiche Besitzungen im n. Polen vermachte. Nach dem Tode Kasimirs III. 1370 übernahm K. das Land Dobrzyń sowie die Schloßbezirke Bromberg, Flatow und Deutsch Krone als poln. Lehen; der Kg.sthron jedoch erlangte sein Onkel, →Ludwig I. d. Gr. K.s Ehen (1. ∞ 1359 Kenna [Johanna], Tochter des Gfs.en Olgerd v. Litauen, Schwester des späteren Kg.s Władysław Jagiełło v. Polen; 2. ∞ 1368 Margarete, Tochter Hzg. Ziemowits III. v. Masovien) blieben kinderlos. Als Lehnsmann Ludwigs nahm K. am Kampf gegen den aufständ. Hzg. Władysław v. Kujawien teil und wurde bei der Belagerung der Burg Złotoria a. d. Drewenz tödlich verwundet. R. Schmidt

Lit.: NDB XI, 316f. [Lit.]

Käsmark (slovak. Kežmarok, ung. Késmárk, O-Slovakei, im MA O-Ungarn), im MA eine der bedeutendsten Städte in der Zips, im n. Teil des Poprader Talkessels. Im 11. Jh. war auf dem Gebiet von K. eine slav. Siedlung, zu der im 12. Jh. eine Siedlung ung. Grenzwächter kam. Nach dem Mongoleneinfall 1241 wurden hier dt. Insassen angesiedelt. Ihre Siedlung gehörte den Turocer Prämonstratensern, doch erlangten sie 1269 einen Freiheitsbrief, der eine städt. Entwicklung ermöglichte. K. gehörte zur Universitas der Zipser Sachsen, spielte im 14. und 15. Jh. eine führende Rolle im Handel mit Polen und wurde zum wichtigen Handwerkszentrum (ca. 30 Branchen). Im 14. Jh. ummauert, im 15. Jh. wurde in K. eine Burg errichtet. Die Einw.zahl im 15. Jh. lag bei ca. 2–3000. K. hatte im 14. Jh. schon Stapelrecht, um dessen Wahrung es mit Leutschau in erbittertem Kampf lag und der im 16. Jh. mit dem Sieg Leutschaus endete. Seither verlor K. schrittweise an Bedeutung. A. Körmendy

Lit.: S. DOMANOVSZKY, A szepesi városok árumegállítási joga. Löcse és Késmárk küzdelme az árumegállításért 1358–1570, 1922 – P. RATKOŠ, Vznik města a hradu Kežmarok, ČČH XIII, 1965.

Kassel, Stadt in Hessen, entstand um die 913 ersterwähnte frk. curtis Chassella, am Zusammenfluß von Ahna und Fulda. Die 11 ha große Altstadt (Marktsiedlung 10. Jh.)

mit der 1325 neuerbauten Pfarrkirche (☧ Cyriakus) erhielt zw. 1152 (villa) und 1189 (civitas) 1239 bestätigte Stadtrechte (1225 Siegel, consules) von den Lgf.en v. →Thüringen, nach deren Erlöschen K. 1247 an →Heinrich I., Lgf. v. Hessen (50.H.), fiel, der K. 1277 zum Vorzugsort bestimmte; gleichzeitig erfolgte der Bau einer Fuldabrükke und der befestigten Unterneustadt (Stadtrecht 1283, Pfarrkirche ☧ Maria Magdalena). Um 1330 kam es zur planmäßigen Anlage der Neustadt Freiheit (mit Stiftskirche St. Martin 1364/66) und Erweiterung der Umwehrung des 13.Jh. 1378 schlossen sich die drei bisher selbständigen Städte zu einer ca. 35 ha umfassenden Stadt mit einheitl. Rat zusammen. Versuche des Lgf.en, 1391–1413 die städt. Selbstverwaltung einzuschränken, mißlangen zunächst. Nach 1500 (4000 Einw.) gewinnt bes. die Residenzfunktion des im 14.Jh. blühenden regionalen Handels- und Handwerkszentrums K. (1336 Stapelrecht, fünf Jahrmärkte) an Bedeutung. A. Cosanne

Q. und Lit.: H. Brunner, Gesch. der Residenzstadt C., 1913 – J. Schultze, Kl., Stifter und Hospitäler der Stadt K. und Kl. Weißenstein, 1913 – R. Friderici, Beitr. zur ma. Gesch. der Stadt K., I, Zs. für hess. Gesch. 65/66, 1954/55, 43–54, 228–235; II, 67, 1956, 98–118; III, 69, 1958, 33–65.

Kassia, Dichterin und Nonne, 1. Hälfte 9.Jh. in Konstantinopel, verfaßte liturg. Dichtungen, von denen einige noch heute in der orth. Liturgie in Gebrauch sind, und Sentenzen über allg. menschl. Themen. Ihre Lebensdaten sind unsicher. Laut einer bei byz. Chronisten überlieferten Episode (Glaubwürdigkeit umstritten) soll sie an der Brautwahl für Ks. Theophilos teilgenommen haben. K. gründete in Konstantinopel ein Kl. und lebte dort als Nonne. Sie stand in freundschaftl. Beziehungen zu Theodoros Studites, von dem 3 Briefe an sie erhalten sind. K. wurde Gegenstand von Legenden und lit. Werken. I. Rochow

Lit.: I. Rochow, Stud. zu der Person, den Werken und dem Leben der Dichterin K., 1967 – Ph. Th. Vlachopulu, Βιβλιογραφικὸ δοκίμιο γιὰ τὴν Κασ(σ)ία-Κασ(σ)ιανή. Ὁ Θρύλος γύρω τῇ βυζαντινὴ ποιήτρια καὶ ἡ ἱστορικότητά του, Βυζαντινὸς δόμος 1, 1987, 139–159.

Kastamonu (zahlreiche Namensformen, gr. Καστάμων, arab./türk. Ḳasṭamūnī(ya), Stadt in NW-Anatolien, teilt das Schicksal der festen Plätze der Landschaft Paphlagonien (→Çankırı, →Sinop) von Mantzikert (1071) bis zur kampflosen Einnahme durch Meḥmed II. (1461). Für die Seldschukenherrscher kontrollierte die turkmen. Familie der Cobaniden das bergige Hinterland. Münzen werden in K. auf den Namen Abū Saʿīds (→Īlḫāne) 1324/25 geschlagen. Als →Ibn Baṭṭūṭa im Winter 1331/32 oder 1334/35 K. aufsucht, sind die Isfendiyār-Söhne bzw. Candariden selbständige Oberherren der Region. Die Eroberung durch →Bāyezīd I. 1392 wird nach der Schlacht v. →Ankara 1402 durch Timur rückgängig gemacht. Der bekannteste osman. Statthalter war der spätere Rivale →Bāyezīds II., Prinz →Ǧem Sultan (1469–74). K. Kreiser

Lit.: EI², s. v. Ḳasṭamūnī – Y. Yücel, Çoban-Oğulları, Candar-Oğulları Beylikleri, 1980.

Kastanie → Laubhölzer

Kästchen v. Auzon (Franks Casket), um 700 oder später entstandenes, aus geschnitzten Walbeinplatten zusammengefügtes K., im 19.Jh. in Auzon (Haute-Loire) entdeckt (Brit. Mus.; rechte Seitenplatte im Bargello, Florenz), weist neben bildl. Darstellungen germ., christl. und antiker Themen (Wieland d. Schmied, Anbetung durch die Weisen aus dem Morgenland, Romulus und Remus, Einnahme Jerusalems durch Titus) auch nordhumbr. Runeninschriften (sowie eine lat. Inschrift) auf. Während der Sinn von Bild und Versinschrift auf der rechten Seite des K.s nicht sicher zu deuten ist, bezieht sich die Versinschrift auf der Vorderseite auf den gestrandeten Wal, aus dessen Knochen das K. gefertigt wurde. Auf dem Deckelbild wird ein Bogenschütze als »Ægili« identifiziert. Bedeutung und Zweck des K. sind umstritten. M. Osborn

Bibliogr.: NCBEL I, 280f. – Ed.: ASPR VI, CXXVff., CLXXVIff., 116, 204–207 – Lit.: A. S. Napier (English Misc. pres. to Dr. Furnivall, 1901) – A. Vandersall, Gesta 11, 1972 – A. Becker, Franks Casket, 1973.

Kastell → Befestigung

Kastellanei

I. Allgemein. West- und Mitteleuropa – II. Ostmitteleuropa.

I. Allgemein. West- und Mitteleuropa: Die Vorstellung der K. (châtellenie) im MA ist doppeldeutig: Sie bezeichnet zum einen den Besitz einer Burg (turris, firmitas, castellum; seltener: castrum, da Bezeichnung für die öffentl. Befestigung), zum anderen die Organisation eines von dieser Burg abhängigen Territoriums. Die Bezeichnung 'dominus' (sire, Herr, lord u.a.; →Herr, -schaft) ist für den Inhaber einer K. eher angemessen als der – seltener genannte – Begriff des Kastellans.

Die Entstehung der K. vollzog sich in zwei Etappen: a) Die Schwächung der gfl. Autorität (→Graf, →Grafschaft; s.a. →Fürstentum), die sich nach 900 vollzog, führte zur Abtretung eines Teils der →regalia an untergeordnete Amtsträger der Gf.engewalt (Vicecomites, Vicarii/viguiers, Missi usw.); diese übernahmen v.a. Elemente der Herrschaftsausübung, die 'tuitio' und 'salvamentum' (→Schutz) betrafen. In Teilen alter Gft.sbereiche verstärkten sich oft schon früher bestehende lokale Territorialgewalten (centena/centenarius, von Lothringen bis zur Weser; →hundred in England; viaria in N- und Westfrankreich sowie Nordspanien; ager in Südfrankreich, →Schultheißen in Sachsen und Bayern; Wapetaken in York, sculdahis in Oberitalien usw.) – b) Seit 920–950 und bis ins 12.Jh. wurde diese Übergangsphase von einer neuen Entwicklung abgelöst: Neben den Amtsträgern, die sich von der gfl. Kontrolle freigemacht hatten, traten nun Allodialbesitzer (→Allod), zumeist große Grundherren (→Grundherrschaft), als Träger von Herrschaft auf und bemächtigten sich der Befehlsgewalt (praeda, querimonia, malae consuetudines, mals usos).

Der Kastellan besaß eine Burg, meist als →Motte und vielfach auf einem natürl. Bergsporn errichtet, und kontrollierte einen Bezirk, der in der Regel zwei bis zwanzig Dörfer umfaßte. Die Bevölkerung dieses Machtbereichs war seiner Banngewalt (→Bann) unterworfen.

Die starken regionalen Unterschiede in der Ausprägung der K. lassen mehrere Typen erkennen: 1. In Mittel-, Ost- und Südfrankreich (Mâconnais, Auvergne, Gascogne, Provence, Lotharingien) erscheint die »unabhängige« K. Hier hatten seit 950/975 sowohl von der Gf.engewalt befreite Amtsträger (in etwa 50% der Fälle) oder aber große Allodialbesitzer sich der →Vogtei bemächtigt und große Besitzkomplexe, in denen sie volle Herrschaftsgewalt (districtus et potestas) ausübten, geschaffen. Der Prozeß der Herausbildung dieses Typs der K. war um 1020–30 abgeschlossen. – 2. Den Gegenpol hierzu bildete die K. in jenen Gebieten, die durch eine starke Autorität des Fs.en (Gf., Hzg.) geprägt waren (Flandern, Normandie und norm. England, Sachsen, Bayern). Hier standen die Kastellane als bloße Amtsträger unter der Kontrolle der Zentralgewalt, die ihnen manchmal (wie z.B. den engl. →Sheriffs) sogar militär. Kompetenzen vorenthielt. Diese Form des K.wesens wurde im wesentl. zw. 1000 und 1100 errichtet. – 3. Keine Ausbildung der K. erfolgte in Nordspanien (da die →Reconquista vom Kgtm. ausging), im zentralen Pariser Becken (wegen der massiven Präsenz des Kgtm.s der →Kapetinger) und in Mittelitalien (wo Gf.en oder Vizegf.en keine Rolle spielten). Entsprechende Amtsträger in diesen Gebieten (*castlà* in Katalonien/Aragón, Verwalter des *castro* in Mittelitalien, *sires* der Ile de France) waren in der Regel von bescheidenem Rang und hatten allenfalls in begrenztem Maße Anteil an den regalia (960–1050). – 4. Die übrigen Gebiete des ma. W- und Mitteleuropa (Westfrankreich, Oberitalien, zentrales Deutschland) sind in bezug auf die K. nur schwer auf einen Nenner zu bringen. Zwar erlangten die großen Grundherren auch hier Verfügung über die Vogtei und ein autonomes Burgrecht, doch blieb die Reichsgewalt (Plantagenêt, sal. und stauf. Kgtm.) bei aller Distanz doch präsent. Die Herausbildung von K.en konnte hier sehr früh (920–940 im Poitou) oder aber erst zu einem sehr späten Zeitpunkt erfolgen.

Die Möglichkeiten der Kastellane, Herrschaft über die freien Leute in ihrem Machtbereich auszuüben, waren vielfältig: militär. Dienste und Abgaben (Heeresaufgebot, Gastung, Herberge, Burgwacht u.a.), Frondienste (zur Instandhaltung der Burg oder auf den Feldern des Herrn, oft in Vermischung mit an sich privaten grundherrl. Diensten und Abgaben), Gerichtsrechte (Ladung zum →Ding bzw. →placitum, Bußen, Gerichtsgefälle, Unterhalt der »Polizeikräfte« des Kastellans), Abgaben wirtschaftl. Natur (Steuer auf Agrarerträge in einer späteren Phase seit Mitte des 12. Jh.), schließl. die →taille, →Bede, questa, tonsio als Zeichen der militär. Kontrolle. Dieses ganze Spektrum von Rechten bildete die 'consuetudo', die andererseits auch die Verpflichtung des Schutzes von Freien und Unfreien sowie eines »gerechten Gerichts« beinhaltete.

Diese Rechte, ob nun durch Usurpation oder reguläre Abtretung erlangt, waren bereits in den Händen eines Herrn, wenn er seine Burg auf vom Kg. oder Gf.en übertragenen Fiskalland errichtete. Die Position der Kastellane wurde nachdrückl. gestärkt durch Heiratsverbindungen mit benachbarten Kastellanenfamilien, durch ein sich ausbildendes feudales Beziehungsgeflecht (→Lehnswesen), das aber mit den Rechten der Kastellane eo ipso nichts zu tun hatte, und durch die Anhäufung von Landbesitz.

Diese Situation, die sich – in regionaler Abstufung – zw. 950/975 und 1075/1100 ausbildete, bestand im wesentl. über zwei Jahrhunderte. Mancherorts setzte jedoch bereits um 1175/80 ein Machtverfall ein, wobei K.rechte an kleinere Burgherren kamen. Schließlich bezeichnete 'castellanus' nur mehr den Besitzer einer Turmburg, der oft nicht einmal mehr im Besitz von Bannrechten war. Zur Schwächung der K. trug entscheidend der Ausbau der monarch. Gewalt (Frankreich, Aragón, England), aber auch die Dauerhaftigkeit der kirchl. →Immunitäten bei. In den Lehnseiden (*aveux*) des 14. und 15. Jh. tritt die K. nur mehr im Sinne von grundherrl.-senioralen Besitzrechten auf, die nicht mehr an Burgherrschaft im älteren Sinne geknüpft waren.
R. Fossier

Lit.: K. BOSL, Herrscher und Beherrscher im dt. Reich des 10.–12. Jh., 1963 – R. BOUTRUCHE, Seigneurie et féodalité, I, II, 1978–81 – V. FUMAGALLI, Coloni e signori nell'Italia settentrionale..., 1978 – Algemene Geschiedenis der Nederlanden I, 1981–83 – R. FOSSIER, Enfance de l'europe, II, 1982 – D. BARTHÉLEMY, Les deux âges de la seigneurie banale..., 1984 – Neue dt. Gesch. I, 1985 – M. BOURIN, Villages médiévaux en Bas Languedoc..., 1987 – D. BARTHÉLEMY, L'ordre seigneurial (XIe–XIIe s.), 1989.

II. OSTMITTELEUROPA: Mit dem Terminus 'K.' bezeichnet die Forschung jene regionale Einheit, die nach der Herausbildung der Staatswesen in →Polen, →Böhmen und →Ungarn die Basis der Administration in rechtl., militär. und wirtschaftl. Hinsicht bildete. Wesentl. Elemente der K.en waren die K.-Burg (castrum, castellum; →Burg, C. VI, VII) als Mitelpunkt des Verwaltungsbezirks sowie das mit einem fsl. Beamten besetzte Amt des Kastellans (castellanus, comes castellanus in den Q. des 13. Jh.). Ursprgl. waren jedoch nur die Mitglieder der Burgbesatzung als castellani bezeichnet worden, während die Kastellane comites genannt wurden. Ursprung und Zeitpunkt der Einführung des K.systems sind unsicher: Es existieren gewisse Parallelen zur karol. Gft.sversammlung (comitatus, →Grafschaft) sowie möglicherweise zur slav. Stammeszeit (→civitas des →Geographus Bavarus), und in Ungarn gab es eine enge Verbindung mit den →Komitaten, für die ein autochthoner Ursprung vorgeschlagen wurde. Anzahl und Größe der K.en (in Polen zw. 100 und 1000 km^2) waren abhängig von der Besiedlung des Landes und von den Bedürfnissen der Landesverteidigung, die der meist aus dem Kreis der lokalen Adligen erwählte Kastellan als Befehlshaber der Burg organisierte. Als Repräsentant der fsl. Gewalt (→ius ducale) war er auch für die Einziehung der Abgaben der Bevölkerung verantwortl., von denen ein Drittel zur Ausstattung seines Apparates bestimmt war. In diesem Bereich ist ein direkter Zusammenhang mit der Organisation der →Dienstsiedlungen zu vermuten. Schließl. übte der Kastellan die Rechtsprechung aus. In allen Funktionen wurde er durch weitere Beamte unterstützt. Der Zerfall des K.systems setzte im 13. Jh. ein, als das Anwachsen der Immunitäten immer größere Teile der Bevölkerung vom ius ducale ausnahm und damit aus der Jurisdiktion der K. ausklammerte. Gleichzeitig verloren die Burgen, deren militär. Bedeutung zurückging, ihre Funktion als wirtschaftl. und polit. Zentren an die Städte.
Ch. Lübke

Lit.: SłowStarSłow II, 388–390 [A. GĄSIOROWSKI; ält. Lit.] – K. MODZELEWSKI, Organizacja gospodarcza państwa piastoswkiego (X–XIII wiek), 1975, 92–135.

Kasten → Elfenbein, →Holzschnitzkunst, →Möbel, →Reliquiar

Kastenbrust, dt. Abwandlung des it. vorgewölbten Bruststücks, gekennzeichnet durch scharfe Seitenkanten und eine horizontale Querkante. Zw. etwa 1420 und 1440 in Gebrauch, anschließend bis um 1460 abgelöst von einem polyedrischen Bruststück mit Mittelgrat.
O. Gamber

Lit.: O. GAMBER, Harnischstud. V, JKS 50, 1953.

Kastilien, Kgr.
I. Die Anfänge – II. Der Aufstieg im 11. und 12. Jahrhundert – III. Das Zeitalter der Reconquista – IV. Die Entwicklung im Spätmittelalter.

I. DIE ANFÄNGE: [1] *Frühmittelalterliche Voraussetzungen:* K. entstand als bes. bedrohte Grenzmark im äußersten O des astur. Reiches, im N der heutigen Provinz Burgos und ohne die Ebro, in den Tälern der Trueba, des Salón und der Losa, angrenzend an das Gebiet des bask. Álava und ohne Schutz vor muslim. Einfällen aus dem Ebrotal, was die Vielzahl kleiner befestigter Zentren erklärt, die dem Land seinen Namen gaben: die ersten Chroniken nennen es *Vardulia*, aber Ende des 8. Jh. wird es bereits K. (im Arab. *al-Qilā*) genannt.

Die Herrschaft über K. lag in der Frühzeit in der Hand dort ansässiger Gf.en, die ihre polit. Abhängigkeit von den Kg.en v. →Asturien anerkannten: Gf. Rodrigo, ein Zeitgenosse Kg. Ordoños I. (850–66), eroberte Amaya

(860) und das heute zur Provinz Burgos zählende Gebiet von La Bureba und Oca, bis er schließl. den strateg. wichtigen Paß Pancorbe beherrschte, der den Weg ins Ebrotal öffnete, sowie Gebiete in den Hochtälern des Arlazón und des Pisuerga. Damit begann (in Abhebung von den gemeinsamen Bestrebungen des astur.-leones. Reiches) die kast. Expansion ins Duero-Becken. Gf. →Diego Rodríguez gründete 884 →Burgos. Bis 912 stießen die Gf. en zur Duero-Linie vor (Roa, Osma, Clunia), etwa gleichzeitig mit der Verlagerung der Hauptstadt nach →León durch Kg. García I. Die Eroberung der →Rioja um 920 durch den Kg. v. →Navarra, Sancho García I., sicherte die Ostflanke ab.

[2] *Die Entstehung der einheitlichen Grafengewalt und des Königtums:* Unter →Fernán González erfolgte die Einigung des bis dahin in einzelne Gft.en unterteilten K. Mit Unterstützung Ramiros II. v. León (931–950) konnte der Gf. die Angriffe des Kalifats v. →Córdoba abwehren, Osma und Simancas erobern und Sepúlveda südl. des Duero besiedeln (940). Nach seinem ersten Aufstand gegen den leones. Kg. (944) intervenierte er in den Kämpfen zw. dessen Nachfolgern. Nachdem er die Gft. seiner Familie als Erbe gesichert hatte, hinterließ er sie seinem Sohn →García Fernández (970–995), der sich ab 981 den Angriffen →al-Manṣūrs stellen mußte, aber gleichzeitig seine Herrschaft im N, in Trasmiera und Asturias de Santillana festigen konnte. Dessen Sohn und Nachfolger →Sancho García (995–1017) setzte auf eine Bündnispolitik mit Córdoba, intervenierte sogar nach dem Tode al-Manṣūrs in den internen Auseinandersetzungen im Kalifat (1008) und konnte seine Vorposten im S des Duero (Sepúlveda und Atienza) ausbauen. In den folgenden Jahren wurden die Beziehungen zum Navarra Kg. Sanchos Garcés III. 'el Mayor' (1008–35) zur Absicherung der kast. Grenzen gegenüber Álava und der Rioja, auch durch ein Heiratsbündnis, vertieft. Dies hatte eine Verstärkung des navarres.-bask. Einflusses in K. zur Folge. Als Gf. García Sánchez (1017–28) in León ermordet wurde, nahm der navarres. Kg. den kast. Gf.entitel an, fiel mit Unterstützung der Gf.en v. Monzón, Saldaña und Carrión in León ein und versetzte der alten astur.-leones. Dynastie den Todesstoß.

Nach seinem Tod (1035) folgte ihm in K. sein Sohn →Ferdinand (I.) mit dem Kg.stitel nach; die so in ein Kgr. verwandelte Gft. umfaßte auch die Gebiete zw. Pisuerga und Cea. Östl. Territorien, zumeist von Basken und Navarresen besiedelt, wurden dagegen an Navarra abgetreten. Ferdinand I. (1035–65) hatte Sancha, die Schwester des letzten leones. Kg.s →Vermudo III., geheiratet; nach dessen Tod 1037, auf einem Feldzug gegen Kastilien, vereinte Ferdinand K. und León, wobei die beiden Länder jedoch ihre Eigenständigkeit wahrten.

II. DER AUFSTIEG IM 11. UND 12. JAHRHUNDERT: [1] *Annäherung an Westeuropa und beginnende Expansion:* Dieses Ereignis fiel mit dem Zerfall des Kalifats v. Córdoba in einzelne Taifenreiche (→mulūk-at-ṭawā'if) zusammen, wodurch Ferdinand I., ausgehend von der von seinem Vater durchgeführten Neugestaltung des span.-chr. Raumes, eine erfolgreiche Hegemonialpolitik betreiben und die begonnene kulturelle Annäherung an Westeuropa fortführen konnte (Ausbreitung des Benediktinerordens, ab 1055 Gebetsverbrüderung mit →Cluny, Belebung des Pilgerwegs nach →Santiago). Der Konflikt mit dem älteren Bruder, Kg. García v. Navarra (⚔ 1054 bei Atapuerca), führte zur Rekuperation der 1035 abgetretenen Gebiete und v. a. zur Anerkennung der kast. Vorherrschaft über Navarra. Den Taifenreichen gewährte Ferdinand I. gegen hohe Tributzahlungen (→*Parias*, ab 1055) seine Schutzherrschaft. Nur im W eroberte er neue Gebiete (1064 →Coimbra). Als er starb, verteilte er seine Kgr.e und Parias unter die Söhne: Der Erstgeborene, →Sancho II., erhielt K. und die Parias v. →Zaragoza, Alfons bekam →León und die Parias v. →Toledo, García →Galicien und die Parias v. →Sevilla und →Badajoz, so daß die späteren Expansionsziele bereits vorgezeichnet waren. Nach der Ermordung Sanchos (1072) gewann Alfons das ganze Erbe für sich. Er war der Protagonist einer neuen Zeit, die mit dem Einsetzen der →Reconquista im eigtl. Sinne im Zeichen der Annexion ausgedehnter Gebiete stand.

[2] *Besiedlung:* Eine wichtige Voraussetzung der Expansion war – neben einer starken, kriegserfahrenen Gf. endynastie, die die Erblichkeit durchgesetzt hatte – der organisierte Zusammenschluß der ansässigen, unter ständiger Kriegsgefahr lebenden Gruppen in den *alfoces* (Rechtsbezirke um städt. Siedlungen) oder *territorios*. Seit dem 9. Jh. sah sich K. wie León mit der großen Aufgabe der Besiedlung und herrschaftl. Organisation der weiträumigen Gebiete des Duero-Beckens konfrontiert (→Repoblación). Es löste diese Aufgabe durch Einsatz namentl. von Siedlern aus den kantabr. und bask. Bergländern, die kaum in der röm.-got. Kulturtradition standen. Die Besiedlung erfolgte häufig spontan (→*pressura*), ztw. aber auch unter stärkerer Kontrolle der Gf.en. Sie führte häufig zur Inbesitznahme und Nutzung des Bodens sowohl durch eine Fülle kleiner freier Eigentümer wie auch durch Dorfgemeinschaften *(comunidades de aldea)*, die in ihrer genossenschaftl. Ausrichtung bei bereits starken sozialen Unterschieden vielfach auf Verwandtschaft (*profiliatio*) beruhten. Der Zeitpunkt der Ausbildung großer Latifundien und bäuerl. Abhängigkeit ist in K. weit später anzusetzen und hatte geringeren Umfang als in León oder Galicien. Gleichwohl gab es Zonen starker Macht- und Besitzkonzentration der Gf.en selbst (um Lara und Burgos) oder großer klösterl. Grundherrschaften des 10. Jh. (Cardeña, Arlanza, Oña, Silos). Während abhängige bäuerl. Gruppen wie *collazos*, *juniores* usw. nur selten auftreten, fallen andere Formen der Abhängigkeit auf, wie z. B. die Kommendation an einen beliebigen Herrn (homines de benefactoria, →*behetría*). Leute, die im Besitz von Waffen und eines Pferdes waren, konnten noch leicht den Status des ansässigen Adels (→*infanzones*) erreichen (Fuero v. Castrojeriz 974): diese →*caballería villana* ist ein weiteres Anzeichen für die Mobilität der Sozialstrukturen in K.

[3] *Rechtswesen:* Die Sonderstellung K.s (oft umschrieben als 'particularismo castellano') im Vergleich zur Lage im Kgr. León zeigte sich auch in den polit. und rechtl. Formen. Das K. des Fernán González ist, als feudaler Prinzipat ('principado feudal') definiert, in gewisser Weise den →Fürstentümern des nachkarol. Westeuropa vergleichbar: Die Gf.en, deren Amt erbl. geworden war, erkannten den Kg. v. León an, insbes. auch die Hegemonie des leones. regnum-imperium als neogoticist. Erneuerung des Westgotenreiches, bewahrten jedoch ihre Handlungsfreiheit. Auch die territoriale Gliederung, mit den *territorios* oder *alfoces* als Keimzellen, wies Besonderheiten auf. Zudem gab es wesentl. weniger Immunitätsverleihungen an Grundherrschaften, und die Bm.sorganisation war bis zur Absicherung des Sitzes von Burgos im 11.Jh. noch kaum gefestigt. Während in León bes. im →Liber Iudiciorum fixierten Rechtsnormen galten, herrschte in K. die mündl.-gewohnheitsrechtl. Überlieferung vor, die auf Weistümern der gfl. Gerichtstage, 'concilia' oder 'placita', oder Urteilen bzw. *fazañas* legendärer Richter der Vorzeit beruhten. Der (germ.-westgot.?) Ur-

sprung dieses altertüml. Rechtswesens wie auch anderer Überlieferungen (mündl. tradierte Epik) bleibt umstritten.

[4] *Entwicklung im späten 11. und 12. Jahrhundert:* Von den Anfängen der Gft. K., jener sprichwörtl. kleinen Ecke (»pequeño rincón«), an die das →Poema de Fernán González erinnert, bis zum Kgr. der Mitte des 11.Jh. war es ein großer Schritt. Im Verlauf der bis zum letzten Drittel des 13.Jh. dauernden Periode der Expansion glich sich allerdings die polit., gesellschaftl. und wirtschaftl. Entwicklung in K. den Verhältnissen in León weitgehend an; die polit. Union beider Reiche konsolidierte sich, wenn auch nicht ohne Rückschläge. Die Zeit →Alfons' VI. (1066–1109), der seit 1072 Kg. v. León und K. war, markiert den Beginn dieser Epoche. 1076 nahm er erstmals Teile Navarras, die Rioja, Álava, Guipúzcoa und Vizcaya ein. Er trieb den Europäisierungsprozeß weiter voran, indem er Pilger und Einwanderer, die auf dem Santiagoweg ins Land kamen, zum Bleiben ermutigte und das städt. Leben im Umkreis des Pilgerweges förderte, ebenso aber auch die Gregorian. Reform, die Einführung der röm. Liturgie, die Niederlassung der Cluniazenser, das Vordringen der roman. Kunst und die Aufnahme von polit.-dynast. Beziehungen zu »fränkischen« Großen, die militär. Hilfe leisteten und neue Formen polit. Feudalstrukturen ins Land brachten (→Raimund v. Burgund ∞ →Urraca; →Heinrich, Gf. v. →Portugal, ∞ →Teresa).

Ab 1076 verstärkte Alfons VI. den Druck auf die Taifenreiche, nahm 1085 →Toledo ein, womit er die strateg. Grenzachse zu den Muslimen zerschlug und zudem das Symbol des alten Westgotenreiches in seine Hand brachte sowie den Ks.titel mit seinem inhärenten Hegemonialanspruch (»Adephonsus Imperator Toletanus Magnificus Triumphator«) erneuerte. Die Eroberung Andalusiens durch die nordafrikan. →Almoraviden entzog ihm allerdings die Einnahmequelle der Parias. Nach mehreren Niederlagen (Sagrajas 1086, Consuegra 1097, Uclés 1108) und dem Verlust der Kontrolle über die Taifen v. →Valencia (durch den →Cid 1099) und →Zaragoza verheiratete er kurz vor seinem Tode und in Sorge um sein Lebenswerk die Tochter →Urraca mit dem Aragonesen →Alfons I. 'el Batallador', um so die militär. Kräfte gegen die Muslime zu vereinen. Doch kam es zw. 1110 und 1126 zu bürgerkriegsähnl. Zuständen, in deren Gefolge die Gft. Portugal ihre Unabhängigkeit festigte, entlang des Jakobsweges städt. Aufstände ausbrachen, Toledo nur mit Mühe gehalten werden konnte, während Alfons I. v. Aragón das mittlere Ebrotal eroberte (→Zaragoza 1118) und sich weiterhin einen starken Einflußbereich im O K.s wahrte, bis er mit dem neuen kast.-leones. Kg. →Alfons VII. (1126–1157) übereinkam, daß dieser dafür Álava, Vizcaya und Guipúzcoa an Navarra, das damals mit Aragón vereint war, abtrat (Friede v. Támara 1127).

[5] *Kaisertum und christliche Reiche:* Alfons VII. krönte sich 1135 zum Ks. in der Absicht, im chr. Spanien eine hierarch., auf seine Person bezogene Machtsphäre aufzubauen. Gleichwohl konsolidierte sich in der Praxis die Unabhängigkeit der einzelnen Reiche. Nach dem Tode Alfons' I. v. Aragón (1134) mußte Alfons VII. letztendl. die katal.-aragones. Vereinigung unter Gf. → Raimund Berengar IV. v. Barcelona anerkennen, desgleichen auch die Wiederherstellung der Unabhängigkeit Navarras durch García Ramírez. In Portugal nahm Alfons, der Sohn Teresas, 1139 den Kg.stitel an, was 1143 von Alfons VII., allerdings als integriertes Glied eines ksl. Spanien, anerkannt wurde. Gleichzeitig begünstigte der Zerfall des Almoravidenreiches die Wiederaufnahme der chr. Eroberungstätigkeit. Alfons VII. konsolidierte u. a. seine Stellung im mittleren Tal des Tajo und in der Mancha, eroberte 1147 Almería und legte 1151 im Vertrag v. →Tudellén mit Aragón die künftigen gegenseitigen Expansionszonen fest.

Mit dem Tode Alfons' VII. erlosch auch die Idee einer Lehenspyramide, deren Spitze der Kg. und Ks. zugleich war. Er selbst teilte erneut die Reiche K. und León. In K. sollten nacheinander sein ältester Sohn →Sancho III. (1157–58), sein Enkel →Alfons VIII. (1158–1214), das Kind →Heinrich I. (1214–17) und →Ferdinand III. (1217–52) regieren, während in León Ferdinand II. (1157–88) und Alfons IX. (1188–1229) herrschten. Trotz der verwandtschaftl. und dynast. Bande verhielten sich diese Kg.e keineswegs immer solidarisch. In dieser Zeit der fünf Reiche ('Cinco Reinos') errichteten und konsolidierten die →Almohaden ihre Herrschaft über al-Andalus (bis 1172). Das militär. Gleichgewicht zw. Christen und Muslimen am Oberlauf und Mittellauf des Turia, Júcar und Guadiana, in der Extremadura, am Tajo und im ptg. Alemtejo konnte aber durch das Auftreten neuer Streitkräfte gewahrt werden, die aus den Bürgerwehren der städt. →*concejos,* den Bruderschaften (→*Cofradías*) und den →Ritterorden gebildet wurden, die entweder aus dem Hl. Land kamen oder in Spanien selbst zw. 1156 und 1175 (→Alcántara in León seit 1156, Calatrava in K. seit 1157 und →Jacobusorden in beiden Reichen seit 1170) entstanden. Der Prozeß der Wiederbesiedlung und Kolonisation im Innern der Reiche wurde, bedingt durch schnelles Bevölkerungswachstum und verbesserte gesellschaftl. Rahmenbedingungen, intensiviert. Die Feudalstruktur des Hochadels erleichterte dies ebenso wie die endgültige Ausbildung der städt. Verfassungen und eine Steigerung der Kg.sgewalt im Rahmen dieser Gesellschaftsordnung.

In dieser Periode traten militär. Konflikte mit dem nach S und W expandierenden Portugal auf. Dies erklärt das Bündnis Ferdinands II. mit den Almohaden (1169). Aragón nutzte den Zerfall der letzten Taifenreiche, um Teruel und sein gebirgiges Hinterland zu erobern (1172). Während der Minderjährigkeit Alfons' VIII. mußte K. sowohl die Angriffe Leóns abwehren, um das Gebiet zw. Cea und Pisuerga wiederzugewinnen, als auch die der Navarresen in der Rioja. Im kirchl. Bereich wurde der Primat Toledos von den anderen Metropolen wie →Santiago (in León), →Braga (in Potugal) und →Tarragona (in Katalonien-Aragón) angefochten. Doch sicherten die Kastilier ihre Expansion in drei Richtungen ab: nach O, um die Grenze mit Aragón festzulegen, so daß auf die Eroberung Cuencas (1199) der Vertrag v. →Cazorla (1179; eigtl. Cazola) folgte, der die Ausweitung der aragones. Grenzen in Zukunft auf die Linie Biar-Calpe beschränkte und die Unabhängigkeit der Herrschaft Albarracín garantierte; nach W, wo Alfons VIII. 1186 Plasencia besiedelte, um diese gefährdete Grenze besser abzusichern, und v. a. nach S, wo K. durch das obere und mittlere Tal des Guadiana vorstieß. Die großen Offensiven der Almohaden (1191, 1197) brachten K. in Bedrängnis (1195 Niederlage in Alarcos). Aber in den folgenden Jahren normalisierten sich die Beziehungen zu Sancho I. v. Portugal, Alfons IX. v. León, der die kast. Infantin Berenguela heiratete (Sohn: →Ferdinand III.), und Peter II. v. Aragón. Der letzte Krieg gegen Navarra (1198–1200) führte zur endgültigen Eingliederung von Álava, Vizcaya und Guipúzcoa in K. und zu einer Ausweitung der polit. und wirtschaftl. Interessen K.s in den kantabr. Raum, die durch Wiederbesiedlung der →Häfen, Schaffung von Handelsverbindungen und Anknüpfung von dynast. (Heirat mit →Eleonore, der

Tochter Heinrichs II.) wie handelspolit. Beziehungen mit England gefördert wurden. Als Antwort auf die Offensiven der Almohaden führte Alfons VIII. 1212 einen großen Kreuzzug durch, an dem alle Kgr.e, mit Ausnahme von León, teilnahmen, und errang mit d. Sieg v. Las →Navas de Tolosa den Schlüssel für weiteres Vordringen in den S.

III. DAS ZEITALTER DER RECONQUISTA: [1] *Eroberungen und außenpolitische Aktivität im 13. Jahrhundert:* Die große Reconquista fand zw. 1224 und 1266 statt. Ihre Führer waren v. a. Ferdinand III., Kg. v. K. (seit 1217) und v. León (seit 1230), und sein Sohn →Alfons X. (1252-84), Jakob I. v. Aragón-Katalonien (1213-76) und Sancho II. v. Portugal (1223-45). K. drang im Zuge dieser großen militär. Unternehmungen nach Oberandalusien vor (Einnahme von Quesada, Cazorla und Baeza 1224 und 1226). Nach der Vereinigung wurden beide Angriffslinien weiter vorangetrieben: Trujillo fiel 1232 und in den folgenden Jahren bis 1239 die heutige Baja Estremadura, während gleichzeitig im Tal des Guadalquivir Úbeda, Córdoba (1236), Jaén (1246) und Sevilla (1248) erobert wurden. Gleichwohl gestattete man 1247 die Bildung eines Emirats in Granada als Vasall K.s und bis 1262 die Existenz eines weiteren Taifenreiches in Niebla im äußersten W K.s. Der Taife v. Murcia, im SO, hatte seinerseits seit 1243 die kast. Schutzhoheit und militär. Präsenz anerkannt, bis 1244 in Almizra ein neuer Grenzvertrag mit Aragón, das in der Zwischenzeit Mallorca und Valencia erobert hatte, abgeschlossen wurde. Die territoriale Expansion der chr. Kgr.e hatte riesige Ausmaße angenommen: León und K. vergrößerten sich von 235000 auf 355000 km². Zugleich aber traten Probleme der Wiederbesiedlung, der staatl. Organisation und Verteidigung der neueroberten Ländermasse auf. Das Ende der Reconquista fiel mit dem Beginn kostspieliger außenpolit. Unternehmungen zusammen: K. baute seine Präsenz im kantabr. Raum aus. Dies trieb Alfons X. dazu, eine Annexion der →Gascogne anzustreben und 1253 und 1274 Ansprüche auf den Thron v. →Navarra zu erheben. Größte Bedeutung jedoch erlangte sein Streben nach dem Ks.titel, den er von 1257 bis 1274 beanspruchte. Trotz des Scheiterns seiner Kandidatur führten die Umstände dieser »fecho del Imperio« zu vielfältigen Kontakten und Erfahrungen der kast.-leones. Krone in Europa.

[2] *Die Wiederbesiedlung:* Die Wiederbesiedlungsaktionen des 11. bis 13. Jh. hatten verschiedene große Trassen in O-W-Richtung durchs Land gezogen, die man ebenso wie die N-S-Teilung, die die Ausbildung der durch Eroberung gebildeten Reiche charakterisiert, in Betracht ziehen muß, um viele regionale Besonderheiten der span. Gesellschaft verstehen zu können. In den vor Mitte des 11. Jh. chr. beherrschten Ländern kam dem Jakobsweg bis weit ins 12. Jh. hinein eine bedeutsame Rolle für die Einwanderung und Besiedlung des Landes zu, während gleichzeitig Kultivierung und Urbanisierung der nördl. Mitte des Duero-Beckens (Valladolid 1095) abgeschlossen und Mitte des 12. Jh. von Galicien aus ein gewaltiger Prozeß zur Reorganisation der Besiedlung und Bebauung des ganzen n. Teils in Gang gesetzt wurde, der zwei Jh. später in der Vizcaya und Guipúzcoa seinen Abschluß fand: La Coruña, Avilés und die astur. *polas,* San Vicente de la Barquera, Santander, Laredo, Castro Urdiales, Bermeo, Bilbao (1300), San Sebastián, Fuenterrabía oder Vitoria verdanken diesem Phänomen ihren Ursprung. Die zw. 1085 und 1215 eroberten Gebiete machen die zweite große Fläche aus: in K. und León sind dies die →Estremadura, d. h. die südl. Mitte des Duero-Beckens mit seinen Ausläufern in der Cordillera Central, die seit der Einnahme Toledos wiederbesiedelt wurden. Dort galt das Rechtssystem der Fueros, das eine Vorherrschaft der Städte über ausgedehnte Ländereien ebenso begünstigte wie die Ausbildung mächtiger Stadträte *(concejos)* und die vornehml. von kleinen und mittleren Bauern durchgeführte Besiedlung von Salamanca, Ávila, Segovia, Soria und anderen Bereichen. Ein Sonderstatus kam Toledo und seinem Reich zu, das prakt. das ganze heutige Neuk. umfaßte, da dort Überreste chr. Bevölkerung *(mozárabes)* und Verwaltungsformen der Maurenzeit wie die Einwanderung von *francos,* die von jenseits der Pyrenäen kamen, und von Kastiliern eine typ. Toledaner Rechtsorganisation schufen. Der Ost- (Cuenca, Alarcón und Alcaraz) und der Westsektor (Plasencia und Coria) dagegen folgten dem Beispiel der Städte im S des Duero und übernahmen deren Grenzrecht, dessen Prototypen die Fueros v. Sepúlveda, Cuenca und Coria waren. Der dritte große Bereich umfaßte die seit 1224 eingegliederten Gebiete und die Nachzügler, die dank der Eroberung Frieden und Sicherheit fanden: dies traf für weite Gebiete von Neuk. und der Extremadura zu, deren Kultivierung in den Jahren zw. 1215 und 1275 sowohl von Kg.en und kgl. Städten (Trujillo, Cáceres, Badajoz, Ciudad Real, Alcaraz) wie auch von den Johannitern und den Ritterorden v. Santiago, Calatrava und Alcántara, die großräumige Herrschaften aufbauten, betrieben wurde. Aber das wichtigste Ereignis war die schnelle Wiederbesiedlung Andalusiens im Bereich des Guadalquivir, aus dem prakt. die ganze muslim. Bevölkerung nach 1264 auswanderte. Hier treten wieder alle Phänomene der Wiederbesiedlung auf: Gründung großer, oft an muslim. Herrschaftszentren angelehnter Kg.sstädte mit ihrem Hinterland (Sevilla, Jerez, Écija, Córdoba, Jaén, Úbeda, Baeza) und die Ausbildung von Herrschaften der Ritterorden sowie vereinzelt des weltl. Adels. Seit 1266 in Murcia, wo ein Großteil der maur. Bevölkerung zurückgeblieben war, auch eine beachtl. Zahl katal. Siedler zu verzeichnen.

[3] *Wirtschaftliche und kulturelle Entwicklung:* Die Krone K.-León war zur Zeit ihrer großen Blüte im 12. und 13. Jh. voll in die Kulturwelt des chr. Okzidents integriert, mit den regionalen Besonderheiten einer expandierenden »frontier society«, für die etwa die *caballería villana* ein gutes Beispiel ist. Die Kultivierung neuer Gebiete führte zu einer Umschichtung der Landbevölkerung. Es gab jetzt trotz des Wächstums adliger und kirchl. Besitzrechte viele rechtl. freie Kleinbauern. Die Notwendigkeit, Ödland oder wenig besiedelte Gebiete zu gliedern, begünstigte andererseits extensive bzw. bewegl. Bewirtschaftungsformen, wie sie die Weidewirtschaft bot, die Alfons X. auf der Grundlage früherer Entscheidungen für das ganze Reich regelte (Privilegien der →Mesta, 1270-1273). Auch der immer bedeutender werdende städt. Adel gewann starkes Interesse an der Viehwirtschaft. Die span. Christen lernten sehr früh Phänomene der entwickelten islam.-andalus. Gesellschaft kennen wie städt. Leben, Handel und Geldwirtschaft. Dies begünstigte die frühzeitige Ausbildung urbaner Gesellschaftsformen. Im 13. Jh. begann sich K. in den Seehandel einzuschalten, exportierte landwirtschaftl. Produkte und Rohstoffe (→Eisen, →Wolle und →Leder, →Getreide und →Wein) über die Häfen Kantabriens, was wirtschaftl. Aufschwung von Burgos, im S dagegen von Sevilla führte.

Auf sozialer und kultureller Ebene führte der Kontakt mit Muslimen und Juden zum Phänomen der Kulturmischung *(aculturación),* man suchte nach gemeinsamen Lebensformen und geistigem Austausch (Übersetzer schule von →Toledo), aber die religiösen und kulturellen Unterschiede traten immer klarer hervor, wie auch die Religion als Grundlage und Rechtfertigung von Kreuzzugsunternehmungen und Reconquista unter dem Schutz des Apostels →Jacobus (Santiago) viel stärker betont wurde als in den anderen europ. Ländern. Die Wiederherstellung der Kirchenordnung wurde damit zu einem primär polit. Ziel; deshalb die beharrl. Verteidigung des Primats v. Toledo, der Rückgriff auf eine vermeintl. Diözesanteilung vom Ende des 7. Jh., die →Divisio Wambae, die bei der Dotierung neuer Diöz.n, wenn auch nicht immer, als Kriterium herangezogen wurde, die großzügige Besitzausstattung von Bm.ern und Kathedralkapiteln – letztere hatten sich im Laufe des 12. Jh. konstituiert – und die kgl. Unterstützung bei der Eintreibung kirchl. Zehnten zur Zeit Alfons' X. Ebenso bezeichnend war, daß die Ansiedlung neuer monast. Orden und Gemeinschaften polit. und gesellschaftl. unterstützt wurde: zw. 1141 (Sacramenia) und 1215 gründeten die Zisterzienser in K. 16 und in León 6 Männerkl. wie auch einige Frauenkonvente, darunter so bedeutende wie →Las Huelgas bei Burgos (Alfons VIII., 1180). Die gleiche Förderung erfuhren im 13. Jh. die →Franziskaner und die auf einen Kastilier zurückgehenden →Dominikaner, desgleichen auch →Trinitarier und →Mercedarier, die sich auf den Freikauf von Gefangenen spezialisiert hatten.

[4] *Die Rolle des Königtums:* Die starke Stellung des Kgtm.s in K.-León war bedingt durch die Übernahme westgot. Traditionen, die Entwicklung der Ks.idee, die unvollständige und späte Feudalisierung der Institutionen, eine bessere Wahrung der Regalien und Machtbefugnisse des Kgtm.s, eine Konzeption des Landes, in welche die Bewohner eingebunden waren, schließl. eine ausgedehnte Machtfülle des Herrschers als Heerführer, Gerichtsherr und Gesetzgeber, bes. zur Zeit Alfons' X. unter dem Einfluß der Rezeption des röm. Rechts (Fuero Real, Espéculo, Partidas). Reconquista und Kultivierung des Landes wurden vom Kgtm. genutzt, um die Einkünfte und die →Finanzverwaltung auszubauen; seit 1269 wurden Abgaben (→*servicios*) für die Cortes eingezogen, Zehnte auf die Zölle (→*almojarifazgos*) und *tercias* auf die kirchl. Zehnten erhoben.

Die Ausübung der Kg.sgewalt erfolgte über das Haus und den Hof des Kg.s. Dort war der Sitz der curia regis, die sich später zum Concejo, dem kgl. Rat, weiterentwickeln sollte, dort residierten Beamte wie der Kanzler, der Haushofmeister, der →*alférez* und die Hofrichter (→*alcaldes*) (seit 1274), der kgl. Verwaltung waren auch die im 13. Jh. wiedereingerichteten Regionalbeamten abhängig, deren Ämter den →*Merinos Mayores* (Provinzgouverneuren) und den →*Adelantados Mayores* (Stellvertretern des Kg.s in den Provinzen) unterstanden. Viele Verwaltungsaufgaben des Kg.sgutes oder →*realengo* unterstanden den städt. Concejos, in denen die Ritter dominierten. Sie hatten eine eigene Gesetzgebung (→*Fueros*), die ihrer eigenen unterzuordnen sich die Kg.e seit Alfons X. bemühten. Dagegen waren adlige Grundherrschaften noch immer relativ selten. Neben den Besitzungen monast. oder kanonikaler Gemeinschaften erlangten die Herrschaften der Ritterorden andererseits seit Mitte des 12. Jh. jedoch immer größere Bedeutung. Damals zeichnete sich auch die frühe Entwicklung zu »ständ.« Versammlungen ab, die ersten →Cortes wurden in León 1188, in K. (Valladolid) 1217 abgehalten. Trotz ihrer wichtigen polit., finanzpolit. und legislativen Funktionen (letztere allerdings nur beratender Natur) übten die Cortes anders als in Aragón jedoch nie eine institutionelle Einschränkung der Kg.sgewalt aus.

IV. DIE ENTWICKLUNG IM SPÄTMITTELALTER: [1] *Krise und Adelsrevolten:* Das Ende der Expansion kam mit dem Aufstand der →Mudéjares in Andalusien und Murcia (1264), dem ersten Einfall der nordafrikan. →Meriniden und dem Beginn der Kriege gegen →Granada (1275). Gleichzeitig wuchsen die Schwierigkeiten bei der Wiederbesiedlung, die polit. Konflikte spitzten sich zu (Adelsaufstände 1272). Darüber hinaus kam es zu einer Krise des sozialen Gleichgewichts (1275-1325) mit den Begleiterscheinungen von demograph. Rezession, Niedergang der landwirtschaftl. Produktion und Inflation. In der Epoche des SpätMA nahm die Krone von K.-León in festen Grenzen neue charakterist. Züge an, von denen viele eine Folge der Krisen und sozialen wie auch kulturellen Umwälzungen des Okzidents im 14./15. Jh. waren. Auf polit. Ebene strebte K., unter Besinnung auf die Wurzeln seines eigenen hist. Erbes, die Errichtung einer starken monarch. Staatsgewalt an. Problemat. erschien dabei die Rolle der Adelsgewalten sowie der städt. und kirchl. Institutionen, die nach innen Erneuerung suchten; hier liegt ein Schlüssel zum Verständnis der komplexen und z. T. recht gewaltsamen polit. Entwicklung des SpätMA wie auch zur Ausbildung der Doktrin von der Kg.sgewalt und der Mittel ihrer institutionellen Umsetzung.

Seit dem Tode des Infanten Ferdinand de la Cerda, des Erstgeborenen Alfons' X. (1275), bis zur Volljährigkeit Alfons' XI. (1325) entfachte der kast. Adel, bes. die Verwandten des Kg.s und die →*ricos hombres* der Häuser →Lara und →Haro, zahlreiche Aufstände. Die Adligen suchten neue Quellen für Macht und Reichtum, nachdem die Eroberungen zum Abschluß gekommen waren, insbes. eine bessere Verteilung der durch die neue kgl. Finanzverwaltung in einer Hand konzentrierten Einkünfte und die Gewährung von Herrschaften. Ersteres erreichten sie weitgehend, doch ihre Aufspaltung in einzelne Fraktionen ermöglichte es ihnen im Gegensatz zur zeitgenöss. aragones. *Unión* nicht, die Krone durch Verträge zu einer Umverteilung der Macht zu nötigen. In den kgl. Städten gelangten Gruppen oder Geschlechter von *Caballeros* im Kampf mit der Bürgergemeinde *(común)* an die Macht. Gleichzeitig versuchten die städt. Vertreter in den Cortes und im kgl. Rat (zw. 1282 und 1325: von den Cortes ernannte *hombres buenos*), die Macht des Kg.s zu begrenzen oder an ihr teilzuhaben. Während der Minderjährigkeit des Kg.s (1295-1302 und 1313-25) traten Städtebündnisse (→*Hermandades*) auf.

Alfons XI. besiegte die letzten adligen Aufständischen, wobei ihm das Aussterben vieler Geschlechter der *nobleza vieja* zugute kam. Er initiierte eine Erneuerung der ritterl. Bräuche seitens der Krone, errang Aufsehen und Ruhm in den Kriegen gegen die Muslime (Granada, Algeciras: 1344) und verhielt sich im engl.-frz. Konflikt (→Hundertjähriger Krieg) neutral. Die Grundlagen seiner Innenpolitik waren: Bündnis mit dem Caballero-Adel und den →Hidalgos, die in den 30er und 40er Jahren der Macht in den Stadträten innehatten *(regidurías)*, Reorganisation des Finanzwesens mit Einführung einer allg. Verkaufssteuer (→*alcabala*) ab 1342, Neuregelung des Salzverkaufs und der Abgaben, die für den Viehtrieb zu leisten waren *(montazgo)*, Stärkung der legislativen Gewalt und Vorrangstellung kgl. Gesetze (Ordenamiento de Alcalá, 1348). Seine Regierung war für die Ausbildung der polit. Strukturen K.s von grundlegender Bedeutung.

[2] *Innere und äußere Auseinandersetzungen und institutionelle Entwicklung im 14. und 15. Jahrhundert:* Zw. 1355 und 1385 durchlebten die meisten span. Reiche fast unablässig einen Zyklus von Gewalt und Krieg. →Peter I. 'el Cruel'

(1350–69) bekämpfte diejenigen Adligen, die Gefolgsleute des Infanten Heinrich v. Trastámara waren. Diese selbstherrl. Politik wurde von den Städten trotz großer wirtschaftl. Schwierigkeiten akzeptiert, obwohl sie zu Kriegen mit Aragón und später zum Eintritt K.s in den engl.-frz. Konflikt führte: Peter I. suchte die Unterstützung Englands, Heinrich seit 1366 diejenige Frankreichs. Nach seinem Sieg bekräftigte →Heinrich II. (1369–79) das dauerhafte frz.-kast. Bündnis und bemühte sich um Wiederherstellung des Friedens mit seinen Nachbarn. Sein Nachfolger →Johann I. (1379–90) griff in die Machtkämpfe um die ptg. Krone nach dem Tode Ferdinands I. ein, unterlag aber dem Hause →Avis und seinen engl. Verbündeten. Trotz der Kriege und Gewalttaten sorgten die ersten Kg.e aus dem Hause →Trastámara gemäß der von Alfons X. und Alfons XI. eingeschlagenen Politik für eine Erweiterung der Handlungsfreiheit der Kg.sgewalt unter Einbeziehung der röm.-rechtl. Vorstellungen von Herrschergewalt und Souveränität, schufen den *Consejo Real* in seiner definitiven Form, richteten einen ständigen obersten Gerichtshof, die *Audiencia*, ein und schufen die *Contadurías Mayores* als oberste Behörde der →Finanzverwaltung. Zur Tilgung der Staatsschulden nahmen sie um 1369 und 1387 eine Geldentwertung vor; erst die Regierungszeit Heinrichs III. (1390–1406) brachte wieder Währungsstabilität und die Sanierung der kgl. Finanzen.

Offen geblieben war immer noch die Frage nach dem Verhältnis und der Machtverteilung zw. dem Kgtum. und den sozio-polit. Kräften. Die Cortes traten zw. 1369 und 1393 häufig zusammen, und ihre Macht nahm in Krisenzeiten (so z. B. zw. 1385 und 1391) zu. Aber das Ende der außenpolit. Schwierigkeiten unter Heinrich III. und die Konsolidierung neuer Hochadelsfamilien verhinderten die Erringung einer vertragsrechtl. Mitsprache der Städte (bzw. der städt. Cortes-Vertreter) in den Reichsangelegenheiten. So kam die Revolution der Trastámara v. a. dem Hochadel zugute, der eine Vielzahl von Gnadenerweisen und Herrschaften erhielt. Viele Geschlechter lebten wieder auf, andere, die nun zur *nobleza nueva* zählten, kamen hinzu: die →Mendoza, →Velasco, →Manrique, →Guzmán, Ponce de León, →Stúñiga, →Pimentel, →Enríquez, →Cerda, →Fernández de Córdoba, Fajardo. Im 15. Jh. stiegen weitere auf: die Alvarez de Toledo, die →Pacheco, →Girón, Cueva, →Quiñones u. a. Währenddessen hielt die Kirche, die über eigene Jurisdiktionsrechte und Steuern verfügte, ihre enge Bindung zum polit. Leben aufrecht: viele Bf.e nahmen aktiv daran teil, die Kg.e intervenierten während des Großen Schismas (K. gehörte zur Avignoneser Oboedienz) und bei der Provision vakanter Bf.ssitze, was in den Jahren 1486 bis 1523 zur Errichtung eines kgl. Patronatsrechts *(Patronato Regio)* führte.

Der vorzeitige Tod Heinrichs III., als sein Erbe erst ein Jahr alt war (Johann II. 1406–54), brachte einen erneuten Machtzuwachs für den Adel um den Regenten Ferdinand, den Onkel des Kg.s, und seine Söhne, die sog. Infanten v. Aragón (Ferdinand 'v. Antequera' war seit 1412 Kg. v. Aragón und begründete die dortige Linie der Trastámara-Dynastie). Anderseits nahm Ferdinand den Krieg gegen Granada wieder auf (1407–10). In den folgenden Jahrzehnten spaltete sich der Hochadel mit vergleichsweise klaren polit. Programmen in Parteien oder Ligen wechselnder Zusammensetzung, mit dem übergreifenden Ziel, die Kg.e auf vom Adel ausgearbeitete Regierungsprogramme zu verpflichten, die obersten Ämter in der Verwaltung einzunehmen und die Einnahmen der eigenen Herrschaften, die im Durchschnitt gerade 35% des Landes ausmachten, ebenso zu steigern wie die vom Kg. gewährten Einkünfte. Zudem wollte man die kgl. Städte kontrollieren, die Mitglieder des niederen (städt.) Adels zur Klientel gewinnen und den Cortes jede polit. Funktion nehmen. Trotz der Anstrengungen des Álvaro de →Luna, des Günstlings des Kg.s in der Zeit zw. 1422 und 1453, endete jede polit. Krise mit einem Zuwachs der Adelsmacht, die während der Regierungszeit →Heinrichs IV. (1454–74) ihren Höhepunkt erreichte. Aber die Unfähigkeit des Adels, seine polit. Aktionen zu koordinieren, und Zwistigkeiten zw. den einzelnen Gruppen führten ab 1465 zum Bürgerkrieg, der in einen Streit um die Nachfolge des Kg.s überging, bis eine Lösung zugunsten →Isabellas I. (1474–1504) eintrat.

Im Verlauf des Konflikts (parallel zum Bürgerkrieg in Katalonien, 1462–72) zeichnete sich ein neues Gleichgewicht ab, das seit 1480 in die Tat umgesetzt wurde: Wiederherstellung der Kg.sgewalt in Theorie und Praxis mit effektiver Machtausübung im *realengo* (Kontrolle über die Städte und die Cortes, Bildung einer *hermandad general*), wobei aber die Macht und die soziale Vorrangstellung des Adels unangetastet blieben, Vereinigung von K. und Aragón auf dynast. Ebene (→Katholische Kg.e) und polit. Vormachtstellung K.s.

Verschiedene Faktoren waren dafür maßgebl.: Die Bevölkerung der Krone K. wuchs im 15. Jh. bis 1492 auf 4,3 Millionen an, dazu kam die Steigerung der landwirtschaftl. Produktion, die rasche Entwicklung der Städte, des Handels (Messe v. →Medina del Campo) und der Seefahrt, eine echte Blüte von Kultur und Lit. in kast. Sprache und eine bedeutende Reform der Kirche unter fläm.-burg. Einfluß mit Besinnung auf die eigenen Traditionen. K. war, trotz der Periode polit. Instabilität vor 1480 und der sozialen Spannungen, die sich teils gegen den muslim. Feind, teils gegen die jüd. Minderheit (Vertreibung der Juden 1492) wie auch gegen die jüd. Konvertiten (Einführung der Inquisition nach 1478) richteten, ein blühendes und aufstrebendes Land. M. A. Ladero Quesada

Q.: Vgl. die ausführl. Zusammenstellungen bei García de Valdeavellano, Instituciones, und Hillgarth, Kingdoms, sowie Fuentes Medievales Castellano-Leonesas, Colección, hg. J. J. García-F. J. Peña, bisher 20 Bde, 1983–87 – Libro Becerro de las Behetrías, 3 Bde, hg. G. Martínez Díez, 1981 – Ders., Leyes de Alfonso X., I: Espéculo, 1985; II. Fuero Real, 1988 – Mª. A. Barrero García–Mª. L. Alonso Martín, Textos del derecho local español en la Edad Media, Cat. de fueros y costums municipales, 1989 – *Lit.*: Hist. de España, begr. R. Menéndez Pidal, III–VII/1; XIII/1, XIV–XV – J. Pérez de Urbel, Hist. del Condado de Castilla, 3 Bde, 1945 – R. Menéndez Pidal, La España del Cid, 2 Bde, 1969^7 – H. Grassotti, Las instituciones feudovasalláticas en León y Castilla, 2 Bde, 1969 – J. F. O'Callaghan, A Hist. of Medieval Spain, 1975 – L. García de Valdeavellano, Curso de Hist. de las instituciones españolas, 1975^4 – J. Suárez Fernández, Nobleza y Monarquía. Puntos de vista sobre la hist. castellana del siglo XV, 1975^2 – R. Pérez-Bustamante, El gobierno y la administración de los reinos de la Corona de Castilla, 1230–1474, 2 Bde, 1976 – J. L. Martín Rodríguez, La península en la Edad Media, 1976 – Ch.-E. Dufourcq–J. Gautier Dalché, Hist. économique et sociale de l'Espagne chrétienne au MA, 1976 – C. Sánchez-Albornoz, Nuevos y viejos estud. sobre las Instituciones medievales españolas, 3 Bde, 1976 – J. N. Hillgarth, The Spanish Kingdoms, 1250–1516, 2 Bde, 1976–78 – A. Mackay, Spain in the MA. From Frontier to Empire, 1977 – A. Barbero–M. Vigil, La formación del feudalismo en la Península Ibérica, 1978 – M. A. Ladero Quesada, España en 1492, 1978 – J. Gautier Dalché, Hist. urbana de León y Castilla en la Edad media, 1979 – S. de Moxó, Repoblación y sociedad en la España cristiana medieval, 1979 – M. C. Gerbet, La noblesse dans le Royaume de Castille, 1979 – Hist. de la Iglesia en España, hg. R. García Villoslada, I–III, 1979–82 – Hist. de España, III–V, hg. M. Tuñón de Lara, 1980 – L. García de Valdeavellano, El feudalismo hispánico y otros estud. de hist. medieval, 1981 – J. A. Maravall, El concepto de España de la Edad Media, 1981^3 – D. Torres Sanz, La administración central castellana en la Baja Edad Media, 1982 – Hist. General de España y América, III–V, 1982–88 – L. GARCÍA DE VALDEAVELLANO, Hist. de España Antigua y Medieval, 3 Bde, 1988⁶ – J. F. POWERS, A Society Organized for War. The Iberian Municipal Militias in the Central MA 1988 – J. A. GARCÍA DE CORTAZAR, La sociedad rural en la España medieval, 1988 – DERS., La época medieval, 1988² – Las Cortes de Castilla y León en la Edad Media, 2 Bde, 1988 – J. M. CARRETERO ZAMORA, Cortes, monarquía, ciudades. Las Cortes de Castilla a comienzos de la época moderna (1476–1515), 1988 – P. IRADIEL, S. MORETA, E. SARASA, Hist. Medieval de la España Cristiana, 1989 – M. A. LADERO QUESADA, La genèse de l'État dans les royaumes hispaniques médiévaux 1250–1450 (Le premier âge de l'État en Espagne 1450–1700, hg. CH. HERMANN, 1989), 9–65 – s.a. →León, Kgr.

Kastilische Kongregation → Valladolid, Kongregation v.

Kastilische Sprache und Literatur → Spanische Sprache und Literatur

Kastl, ehem. Abtei OSB im Bm. Eichstätt (Krs. Neumarkt), auf einem Höhenrücken an der Lauterach gelegen. Schon der Name weist auf eine frühere Burganlage hin. 1102 wurde hier von drei Mitgliedern der pfgfl. Familie ein Kl. gestiftet. Da eine Stifterin (Grabmal erhalten) die Schwester des Bf.s Gerhard v. Konstanz war, des Führers der papsttreuen Opposition und urspgl. Mönchs von →Hirsau, darf angenommen werden, daß cluniazens. Gedankengut frühzeitig Eingang fand. Die roman. Kirche ist trotz mancher Renovation noch erhalten, wobei der Stützenwechsel der Langhauses (Säule und Pfeiler) als erster Beleg in Nordbayern auffällt. Pfgf. Ruprecht, der nachmalige Kg., war ein bes. Förderer des Kl.lebens. Großen reformer. Eifer entwickelte Abt Otto Northeimer (1378–99), der die »Consuetudines Castellenses« verfaßte (bestes Exemplar: Stiftsbibl. St. Gallen, Cod. 928; Ed. in Vorb. [P. MAIER]). K. säkularisierte sich 1563 selber und wurde 1625 von Kfs. Maximilian rekatholisiert; 1808 aufgehoben.

Die *Kastler Reform*, die erste spätma. Reform im süddt. Raum (→Benediktiner B. IV), erreichte die Kl. Reichenbach (1394), Ensdorf (1413), Weihenstephan (1418), Michelfeld (1436), St. Gallen (1440), Veilsdorf (1446) und St. Emmeram/Regensburg (1452). Michelfeld seinerseits beeinflußte Weißenohe (1438) und Michelsberg, Reichenbach dagegen Mallersdorf (1410), Weltenburg (1413), St. Egid (1418), Prüfening (1423), Frauenzell (1426), Metten (1492) und Biburg (1505). St. Egid wirkte auf Füssen (1430), Donauwörth (1440), Mönchröden (1446), Ottobeuren (1447), Münsterschwarzach (1466) und vielleicht noch Neresheim (1483). Von Donauwörth aus wurden Füssen (1458) und Plankstetten (1458) reformiert. Die K.er Reform wurde jedoch von den weitaus stärkeren Reformbewegungen aus →Melk und Bursfeld (→Bursfelder Kongregation) überdeckt, die eine straffere Zusammengehörigkeit praktizierten.   St. Schaller

Lit.: DIP V, 339ff. – LThK² VI, 14–16 [Lit.] – B. WÖHRMÜLLER, Beitr. zur Gesch. der K.er Reform, SMGB 42, 1924, 10–40 – ST. HILPISCH, Gesch. des Mönchtums, 1929, 272–276 – PH. SCHMITZ, Gesch. des Benediktinerordens III, 1955, 171–173 – J. HEMMERLE, Germania Benedictina, II: Bayern, 1970, 18, 125–129 [Abtreiben, ältere Lit.] – Kunstführer Nr. 278, hg. H. SCHNELL, 1985⁷ [Abb., Plan, Lit.].

Kastor → Biber

Kastoria (slav. Kostur, osman. Kesriye), Stadt im gebirgigen SW-Makedonien am gleichnamigen, 30 km² großen See, in der Nähe der älteren Städte Keletron und Diokletianupolis von Justinian auf einem bis 1 km breiten Landstreifen, der eine bis 890 m hohe (Halb-)Insel mit dem w. Seeufer verbindet, gegr. und nach dem See K. (von gr. *kastor* 'Biber'?) benannt. Um 790 verbannte Ksn. Irene die Anhänger ihres Sohnes dorthin. Etwa ab den 970er Jahren war die Stadt Teil des von Samuel geschaffenen Reichs, bis 1018 Basileios II. sie in Besitz nahm. Als Bm. gehörte K. zum autokephalen Ebm. →Ochrid. 1082–84 und 1096 war die Stadt von norm. Feldzügen betroffen, fiel vor 1220 an Theodoros v. Epirus, im Winter 1252/53 an den nizän. Ks. Johannes III. Michael II. v. Epirus gelangte 1257 wieder in den Besitz der Stadt, verlor sie aber 1259 an Johannes Palaiologos. Von 1345 an stand K. unter serb. Herrschaft, bis es (nach einem alban. Zwischenspiel ab 1380?) vermutl. 1385 osman. wurde. Reste der ma. Stadtmauer erhalten; unter den etwa 70 Kirchen K.s sind 8 mit Fresken geschmückte byz. (9.–14. Jh.): H. Stephanos, H. Anargyroi, H. Nikolaos tu Kasnitzes, Panagia Kumpelidike (oder Kastriotissa), Taxiarches (nahe der Kumpelidike), Taxiarches Metropoleos, H. Nikolaos Kyritze, Panagia Mauriotissa.   P. Soustal

Lit.: RByzK III, 1190–1224 – N. K. MUTSOPULOS, K. Ἱστορία, μνημεῖα, λαογραφία. Ἀπὸ τὴν ἱδρυσή της μέχρι τὸν 10ον μ. χ. αἰῶνα, Epistem. Epeteris Polytechn. Scholes ... Thessalonikes 6/1, 1973–74, 257–474 – T. MALMQUIST, Byz. 12th century frescoes in K., 1979 – ST. PELAGIDES, Βιβλιογραφικὸ σχεδίασμα γιὰ τὴν πόλη καὶ τὴν περιοχή K.ς, Makedonika 24, 1984, 262–296 [Lit.] – ST. PELEKANIDES–M. CHATZEDAKES, K., 1984.

Kastration, vorsätzl. Entfernung der Hoden (Halbschnittene) und des Penis (Verschnittene), bei der Frau Exzision der Eierstöcke und des Uterus. In der semit. und gr. Mythologie (Attiskult) wird die Selbstentmannung ebenso erwähnt wie in der röm. Lit. (Catull). Im Talmud war die K. verboten. Wohl unter Berufung auf Mt 19,12 wurde die asket. Selbstk. im frühen Christentum populär (Origenes, Sekte der Valensianer). Das Konzil v. Nikaia (325) und die Synode v. Arles (353) verwarfen die Selbstk. von Klerikern, ebenso das Ius Canonicum (985, 5). Die Fremdk., in der Antike aus dem Rom importiert, wurde im byz. bzw. islam. MA fortgeführt (→Eunuchen) und war auch im w. Abendland bekannt. Im sal.-frk. Recht war K. Strafe für Vergewaltigung mit Todesfolge, ferner Verstümmelungsstrafe bei spezif. Delikten (Diebstahl durch Sklaven, Wildfrevel). Die K. von Sängerknaben dürfte erst im 16. Jh. Bedeutung gewonnen haben (Italien). Die Operationstechnik der K. wird ausführl. durch Paulus v. Aegina (7. Jh.) und Bruno v. Longoburgo (13. Jh.) beschrieben, wobei, wie schon bei Celsus, Caelius Aurelianus und Aetius, der therapeut. Aspekt im Vordergrund steht (Hernien, Varikozelen, Hodenverletzungen). Die K. der Frau spielte, wie auch die Klitorisbeschneidung, im europ. MA im Gegensatz zu außereurop. Regionen keine nennenswerte Rolle. Zur kulturgesch. Bedeutung der K. vgl. →Eunuchen.   K. Bergdolt

Lit.: HWDA IV, 1067–1074 – CH.-E. FÉLIX, Recherches sur l'excision des organes génitaux externes chez l'homme, 1883 – E. GURLT, Gesch. der Chirurgie, III, 1898, 790f. – M. NEUBURGER – J. PAGEL, Hb. der Gesch. der Medizin, 1905, 304–306 – P. BROWE, Zur Gesch. der Entmannung, 1936.

Kastrioti, Fs. engeschlecht in →Albanien; berühmt durch Skanderbeg (→Georg K.). Im Späten 14. Jh. noch eine kleinere Familie des no.-alban. Hochlandes, ansässig zw. Mazzrek und Mati, begann ihr Aufstieg mit *Gjergj* K., 'Fs.' v. Ujmishti, der ins Gebiet des →Drim (Drin) vorstieß, aber noch vom Meer abgeschnitten blieb. Sein Sohn *Gjon* (Jon, Ivan) († nach 1439) wurde zum Vasall der Türken, wodurch er die Stadt →Kruja gewann, zugleich zum Bündnispartner von Venedig und Ragusa (1413 dort Bürger) und nahm das Küstengebiet zw. Mati- und Ishmimündung mit den reichen Salinen v. Suffada in Besitz. Stieß seine Expansion im Küstengebiet auf den Widerstand Venedigs, so schob Gjerg im O seine Herrschaft bis nach Makedonien vor; 1420 verlieh er Ragusa ein Privileg, das von Ishmi bis Prizren galt. 1423 mußten Gjons Söhne, unter ihnen →Georg (Gjerg), der spätere 'Skanderbeg', als Geiseln an den Hof Murads II. gehen. 1429 verlor Gjon wegen seines antitürk. Aufstandes Kruja, das schließlich zum Hauptsitz Skanderbegs werden sollte. Nach dessen Tod (1468) zogen sich die K., die seit 1447 Vasallen des Kg.s v. Neapel waren, nach Italien auf ihre Güter in Apulien (Galatina, Soleto) und Sizilien (Palazzo Adriano) zurück. A. Ducellier

Lit.: D. RADESHI, Principata e Kastrioteve, Buletin i Univ. te Tiranes, 1961, IV, 27–43 – A. DUCELLIER, La Façade maritime de la principauté des Kastriote (L'Albanie ente Byzance et Venise, 1987).

Kastron (κάστρον, von lat. castrum) bezeichnet im Byz. Reich die Festung (bzw. befestigte Stadt), aber auch die (Grenz-)Burg.

I. Kastron – II. Burg

I. KASTRON: Der Begriff K. drang seit dem beginnenden 6. Jh. als lat. Fremdwort in die griech. (Militär-)Sprache ein. Er bezeichnete zunächst fortifikator. Anlagen (→Befestigungen, Burg) an den Reichsgrenzen. Seit dem 7. Jh. wurde K. zunehmend als Synonym für πόλις (Stadt, civitas) gebraucht und bezeichnete schließlich die mittelbyz. »Festungsstadt«. Der Zerfall der spätantiken Poleis äußerte sich meist in einer drastischen Reduktion der besiedelten Fläche und gelegentl. auch in einer Siedlungsverlagerung. Diese reduzierte Fläche wurde seit dem 7. Jh. meist stark befestigt. Vorhandene Akropoleis wurden oft zu einem inneren Verteidigungsring ausgebaut. Diese Kastra hatten in der Regel vorwiegend militär. Bedeutung, was seine Ursachen in den seit den 40er Jahren des 7. Jh. zeitweise jährl. stattfindenden arab. Angriffen auf das Byz. Reich hatte. Ehemalige Poleis (wie z. B. Ankyra, Amorion, Sardes, Milet, Pergamon) wurden zu schwerbefestigten Militärstützpunkten, wo neben der militär. Besatzung, wenigen zivilen Verwaltungsbeamten und dem Bf. kaum noch Zivilbevölkerung Platz fand. Nur in militär. Krisensituationen dienten sie auch als Fluchtburgen. Als Vororte der byz. Heeresbezirke (θέματα) hatten einige der Kastra (z. B. Ankyra, Amorion, Korinth) eine zentrale Bedeutung für die Reichsverwaltung. Von diesen Kastra, die – wenn auch in meist stark reduzierter Form – einige städt. Funktionen (Verwaltung, Kultur, Religion) ausübten, sind die Kastra zu unterscheiden, die als Festungen strictu sensu anzusehen sind. Diese waren insbes. in den östl. Grenzzonen zu finden. Seit etwa dem 10. Jh. wurden einige der bedeutenderen Kastra zu Keimzellen neuen städt. Lebens. Die Besiedlung drang nun über die alten Befestigungslinien hinaus, wie z. B. die Ausgrabungen in Pergamon deutlich zeigen. Handel und Handwerk begannen sich zu entwickeln. Kirchen, Verwaltungsgebäude usw. wurden ausgebaut. Über die inneren Zustände der Kastra ist kaum etwas bekannt. Municipale Selbstverwaltungsinstitutionen, wie sie die Antike und Spätantike kannten, gab es wohl nicht mehr. Vielmehr spielten die Bf.e und die militär. wie zivilen Funktionsträger eine wesentl. Rolle. Nach dem Verlust großer Teile Kleinasiens an die Seldschuken (1071 →Manzikert) wurden neue Kastra errichtet, die die restl. byz. Besitzungen schützen sollten (zusammengefaßt im Thema Neokastra, zw. 1162 und 1173 gegr.). Auch die Herrscher des byz. Restreiches v. Nikaia entfalteten im 13. Jh. eine umfängl. Bautätigkeit. Zum Bau dieser Festungen wurde im Byz. Reich seit dem 10./11. Jh. eine Sondersteuer (καστροκτισία) erhoben. W. Brandes

Lit.: A. P. KAŽDAN, Vizantijskie goroda v VII–XI vv., SA 21, 1954, 164–188 – E. KIRSTEN, Die byz. Stadt (Berichte zum XI. Internat. Byzantinistenkongr. V/3), 1959 – Tabula Imperii Byzantini Iff., 1976ff. – C. FOSS, Byz. and Turkish Sardis, 1976 – DERS., Archeology and the »Twenty Cities« of Byzantine Asia, American Journal of Archeology 81, 1977, 496–486 – DERS., Ephesus after Antiquity, 1979 – CH. BOURAS, City and Village: Urban Design and Architekture, JÖB 31/1, 1981, 611–653 – T. E. GREGORY, Fortifications and Urban Design in Early Byz. Greece (City, Town and Coubtryside in the Early Byzantine Era, ed. R. L. HOHLFELDER, 1982), 43–64 – M. ANGOLD, The Shaping of the Medieval Byz. City, Byz. Forsch. 10, 1985, 1–37 – J. F. HALDON, Some Considerations on Byz. Society and Economy in the Seventh Century, Byz. Forsch. 10, 1985, 75–112 – W. MÜLLER-WIENER, Von der Polis zum K., Gymnasium 93, 1986, 435–465 – J. RUSSEL, Transformations and Limitations in Early Byz. Urban Life, The 17th Internat. Byz. Congress, Major Papers, 1986, 135–154 – W. BRANDES, Die byz. Stadt in Kleinasien im 7. und 8. Jh. – ein Forschungsbericht, Klio 70, 1988, 176–208 – DERS., Die Städte Kleinasiens im 7. und 8. Jh., 1989.

II. BURG: Byz. Burgen sind als eigenständige Bauform archäolog. und lit. erst seit dem 9. Jh. nachweisbar, bedingt durch die innere Entwicklung der byz. Gesch. (Themata, Feudalwesen) und die äußere Bedrohung. So ist auch entwicklungsgesch. der Begriff 'Burg' erst seit dieser Zeit anwendbar, er wird nahezu ausschließl. als 'Höhenburg' verstanden.

Die Mehrzahl der Burgengruppen konzentriert sich in den Grenzregionen und in den siedlungsintensiven Landschaften. Systemat. Bauprogramme sind – z. T. als Folge der Rückeroberung ehemaliger byz. Gebiete – vereinzelt erkennbar (Nordsyrien, kleinasiat. Südküste unter Alexios Komnenos, westanatol. Hochland zur Gebietssicherung gegenüber den Seldschuken u. a.).

Zwei Hauptgruppen mit unterschiedl. Funktionen lassen sich unterscheiden: siedlungsnahe Fluchtburgen und Grundherren- bzw. Gebieterburgen. Die Entwicklung von Burgen als Dynastensitze von Grundherren und Militärführern im Gegensatz zu den Befestigungen (→Befestigung, B) wird zuerst in den Grenzgebieten als Gipfelburgen (*kastellia*; →Kleisura) vielfach bei ethn. Gruppen (z. B. Armeniern) faßbar. Seit dieser Zeit sind in den Q. mit Kastra nicht nur Städte, sondern auch Burgen gemeint. Die enge Bindung von Stadt und Befestigung wird teilweise aufgegeben bzw. ergänzt zugunsten von Burgen an strateg. Orten (z. B. Fernstraßen, Pässe) oder zur Territorialsicherung. Als Sonderformen erscheinen Kl. (Klerus-)burgen mit vielfältigen Mischformen bis in postbyz. Zeit (Latmosgebiet, Athos, Meteora u. a.), ebenso die Geschlechtertürme auf der Halbinsel Mani (Peloponnes), deren Vorbilder sich schon in »Mistra abzeichnen.

Byz. Burgen unterliegen (im Gegensatz zu frühbyz. Befestigungen) keinen bes. erkennbaren typolog. Mustern, sondern sind grundsätzl. aus dem lokalen und topograph. Bedingungen heraus entwickelt und aus örtl. anstehendem Material in Bruchstein errichtet, selten ist die Verwendung von Spolien und Ziegel. Das im byz. Befestigungsbau des 5. und 6. Jh. entwickelte Entwurfsrepertoire mit architekton. durchgebildeten Einzelformen geht nahezu völlig verloren. Die Mauern folgen als Polygonzüge den zu sichernden Umrissen des (Fels-)Geländes, oft sind die Mauerarbeiten gering dimensioniert (ca. 0,60–0,70 m); Türme in unterschiedl. Formen, zumeist den Kurtinen gleich hoch, sind oft nur noch spärl., in unregelmäßiger Folge gesetzt, die Toranlagen vielfach nur einfache, relativ ungeschützte Durchlässe. Große Zisternen mit sorgfältiger Mörteldichtung sichern die Wasserversorgung. Mehrgeschossige, befestigte Wohntürme (den ma. europ. Donjons vergleichbar) in den Burgen entwickeln sich vereinzelt als lokale Eigenarten ohne äußere Vorbilder. – Burgen außerhalb des byz. Reichsgebietes (Bulgarien und Balkangebiet, Armenien, Georgien) sind wesentl. vom byz. Vorbild geprägt.

H. Hellenkemper

Lit.: [außer der unter Abschnitt I angegebenen]: A. BON, The Medieval Fortifications of the Acrocorinth and Vicinity (Corinth III, 2), 1936 – D. CONČEV, Traits caractéristiques dans la construction des forteresses bulgares et byz. aux temps féodaux, Byzslav 16, 2, 1955, 265–269 – H. AHRWEILER, Les forteresses construites en Asie Mineure face à l'invasion seldjoucide (Akten 11. Byzantinisten - Kongr., 1960), 182–189 – W. MÜLLER-WIENER, Ma. Befestigungen im südl. Ionien, Istanbuler Mitt. 1, 1961, 4–122 – N. OIKONOMIDÈS, The Donations of Castles in the last Quarter of the 11th cent. (Fschr. F. DÖLGER, 1966), 413ff. – W. MÜLLER-WIENER, Das Theaterkastell v. Milet, Istanbuler Mitt. 17, 1967, 279–290 – Carevgrad Tărnov. Le Palais des rois bulgares..., hg. Acad. bulgare des sciences, 1973 – A. J. BERKIAN, Armen. Wehrbau im MA [Diss. Darmstadt 1976; Lit.] – C. FOSS, Late Byz. Fortifications of Lydia, JÖB 28, 1979, 297–320 – Pyrgoi kai kastra, hg. N. K. MOUTSOPOULOS (Akten der 15. Konferenz der wiss. Kommission des Burgenforschungsinstituts, 1980) – →Befestigung, B.

Kastrophylax (καστροφύλαξ 'Stadtwächter'), Funktion ohne formalen Ehrenrang in der byz. Hierarchie der späten Zeit, im 13. Jh. der militär. Kommandant einer Stadt, im restaurierten Byzanz nach 1261 der Vertreter des →Kephales für den militär. Bereich; erscheint auch als Mitglied der Lokalgerichte und Katasterkommissionen.

Lj. Maksimović

Lit.: M. ANGOLD, A Byz. Government in Exile, 1974 – LJ. MAKSIMOVIĆ, The Byz. Provincial Administration under the Palaiologoi, 1988.

Kastvogt, Kast(en)vogtei (advocatus granariorum, castenvoit) wird vornehml. in süddt. Urkk. (einschl. Schweiz und Österreich) seit 1130 (D. L. III 24) gebraucht. Während die ältere rechtsgesch. Forsch. (H. BRUNNER, LUSCHIN) die untergeordnete K.- oder Dingvogtei der Untervögte von der hohen Schirmvogtei des Landesfs.en scheiden wollte, hat H. HIRSCH gezeigt, daß als K. der Haupt- und Großvogt (advocatus principalis) einer Kirche bezeichnet wird, der die hohe Gerichtsbarkeit ausübt und gleichzeitig oberster Schirmherr ist. Das Wort K. ist von Kasten (granarium, Speicher) abgeleitet (Verfügungsgewalt des K.s über die Wirtschaftsführung des bevogteten Hochstifts oder Kl.) und nimmt zugleich Bezug auf den Kasten des Vogtes, in den die für den gewährten Schutz zu leistenden Abgaben (Vogthafer, Vogtzins) zu entrichten waren. Die K. ist nicht im →Eigenkirchenrecht, sondern reichsrechtl. in der Wahl und Bestätigung des Vogtes begründet und geht in ihren Wurzeln auf die Zeit vor dem Investiturstreit zurück. Rudolf v. Habsburg bezeichnet 1275 die Reichsvogtei über Lindau als K. Die Bedeutung, die der K. bisweilen für die Entstehung der Landesherrschaft beigemessen wurde (SRBIK), ist letztlich in der erst allmähl. durchgesetzten allg. Schirmvogtei des Landesfs.en begründet. Die Bezeichnung K. blieb bis zum Ende des MA üblich (1467 bezeichneten sich die Schwyzer als K. e des Kl. Einsiedeln). →Vogtei. H. Dopsch

Lit.: A. WAAS, Vogtei und Bede in der dt. Ks.zeit, 2, 1923, 127ff. – G. TELLENBACH, Die bfl.-passauischen Eigenkl. und ihre Vogteien (Hist. Stud. 173), 1928 – H. HIRSCH, Über die Bedeutung des Ausdruckes K. (Aufs. zur ma. Urkk.forsch.), 1965, 197–202 [Nachdr. eines Aufs. von 1931] – F. REICHERT, Landesherrschaft, Adel und Vogtei, AK Beih. 23, 1985, 129.

Katakomben. In der röm. Ks.zeit trugen unterird. Anlagen für Urnenbestattung und →Begräbnis die Bezeichnung 'hypogaea' (zu ca. 60 Hypogäen Roms vom späten 2. bis späten 4. Jh. vgl. REEKMANS). Neben und z. T. aus ihnen entstanden (vielleicht aus Raumnot beim Wechsel von Brand- zu Körperbestattung) seit dem späten 2. Jh. große unterird., oft mehrstöckige Gang- und Kammersysteme, von Christen wie die Grabbezirke über der Erde als 'coemeterium' (Ruhestätte) bezeichnet; seit der Wiederentdeckung röm. K. im 16. Jh. (Baronio, Ugonio, Ciacconio, Bosio) wird die in ihrer Herkunft umstrittene (Lit. bei RASCH) Ortsangabe 'ad catacumbas' für ein coemeterium bei S. Sebastiano allgemeiner Name, und zwar auch für K. an anderen Orten (z. B. Neapel, Sizilien, N-Afrika). Einfache Gräber (loculi) wurden von den fossores dicht über- und nebeneinander in den Wänden aus dem Tuff gehauen, meist in den Gängen der K. Arme sollten nur die Aushöhlung und die Ziegel für den Grabverschluß bezahlen (Hippolyt, trad. apost. 40 [SC 11b, 122]); aufwendiger war eine Marmorplatte mit eingemeißelter Inschrift. Vornehmere Gräber wurden, meist in Kammern (cubicula), sarkophagartig in der Wand angelegt und mit einem Bogen überwölbt (arcosolia). Daß K. als Zufluchts- und Aufenthaltsort für Christen der Verfolgungszeit gedient haben, ist fromme Legende. Kirchl. Verwaltung von K. ist seit dem frühen 3. Jh. gesichert, zunächst für die Kallixtus-Katakombe, die auch für Papstbeisetzungen diente. Die Mehrzahl der K.-Bestattungen erfolgte im 4. und 5. Jh. (nach datierten Inschriften; letztes belegtes Datum: 535 n. Chr.). Trotz Verurteilung der Gemeinsamkeit durch Cyprian (ep. 67, 6 [CSEL 3, 2, 740]) sind einige K. mit sowohl chr. wie heidn. Bestattungen gesichert. Seit der 2. Hälfte des 4. Jh. strebte man nach einem Begräbnis in der Nähe von Märtyrergräbern, um deren Ausstattung sich Papst →Damasus I. bes. bemühte. Zunehmende Unsicherheit Roms führte im 5./6. Jh. zur Bestattung im Stadtgebiet, im 7. bis 9. Jh. zur Translation der generell, wenn auch oft unbegründet, als Märtyrerreliquien angesehenen Gebeine aus den K. in innerstädt. Kirchen. Trotzdem erfolgten auch noch Restaurationen in K. und sind Malereien des 8./9. Jh. erhalten (Liste bei OSBORNE); ma. Pilgerführer erwähnen noch eine größere Anzahl von K. (ebd., 297). Die frühesten K. malereien dürften gegen Anfang 3. Jh. entstanden sein. In Bildern jüd. K. Roms fehlen bibl. Szenen: Beschränkungen des Dekors auf Kultgeräte und Ornamente. →Friedhof, A, →Grab, A. II. 1.

J. Engemann

Lit.: LThK² VI, 20–26 – H. J. LEON, The Jews of Ancient Rome, 1960 – P. TESTINI, Le Catacombe e gli antichi cimiteri cristiani in Roma, 1966 – A. NESTORI, Rep. topografico delle pitture delle catacombe romane, 1975 – E. CONDE GUERRI, Los 'fossores' de Roma paleocristiana, 1979 – J. J. RASCH, Das Maxentius-Mausoleum an der Via Appia in Rom, 1984 – Roma Sotterranea, Ausst.-Kat. hg. R. LUCIANI, 1984/85 – J. OSBORNE, The Roman Catacombs in the MA, Papers of the British School of Rome 53, 1985, 278–328 – L. REEKMANS, Spätröm. Hypogaea (Stud. zur spätantiken und byz. Kunst [Fschr. F. W. DEICHMANN, 2, 1986]), 11–37.

Katalanische Kompa(g)nie, spätma. Söldnertruppe. – Nach dem Frieden v. →Caltabellotta (1302) zw. Neapel und Sizilien bot der Söldnerführer Roger de →Flor die beschäftigungslos gewordenen katal. Söldner Kg. Friedrichs III. v. Sizilien dem byz. Ks. Andronikos II. zum Einsatz gegen die Türken an. Im Sept. 1303 trat die K.K., bestehend aus 1500 Reitern, 4000 Almugavaren (→Almogávares), und 1000 weiteren Infanteristen, in Konstantinopel ein. Roger heiratete Maria Asanina, die Nichte des Ks.s und erhielt den Titel Megas Dux. Von Kyzikos aus stießen die Katalanen im Frühjahr 1304 erfolgreich bis Philadelphia vor, verheerten jedoch byz. und türk. Gebiete in gleicher Weise. Nach einem gescheiterten Angriff auf das Byz. Magnesia rief Andronikos II. sie Ende Aug. nach Europa zurück, wo sie auf der Halbinsel Gallipoli ein Lager bezogen. Dort verstärkte Berengar d'→Entença die K.K. mit 300 Reitern und 1000 Almugavaren. Die Ermordung des inzw. zum 'Kaisar' avancierten Roger de Flor durch alan. Söldner des Mitks.s Michael IX. am 30. April 1305 führte zum offenen Kampf zw. Byzantinern und Katalanen, die 2000 Türken unter Khalil in ihre Dienste nahmen. Am 10. Juli 1305 erlitt Michael IX. bei Apros eine vernichtende Niederlage durch die Katalanen. Die Landgebiete Thrakiens waren nun ihren Beutezügen preisgegeben, doch konnten die Städte z. T. erfolgreich Widerstand leisten (Adrianopel 1306, Bizye 1307). Versorgungsprobleme zwangen die K. K. im Sommer 1307 zum Abmarsch nach Makedonien. In dem unterwegs ausgebrochenen Kampf zw. den Anführern konnte sich Bernhard v. Rocaforte als alleiniger Befehlshaber durchsetzen. Kurze Zeit später leisteten die Katalanen Thibaut de Cheproy, einem Abgesandten Karls v. Valois, des lat. Prätendenten auf den Thron v. Konstantinopel, den Gefolgschaftseid. Nach Überwinterung in Kassandreia 1307/08 unternahmen sie z. T. erfolglose Angriffe und Plünderungszüge auf Thessalonike und die Athoskl. Da die Sperrmauer von Christupolis ihnen den Rückzug nach Thrakien verlegte, zogen sie nach Thessalien weiter, überwinterten 1308/09 in der Gegend des Olymp und traten 1310 in die Dienste Walters v. →Brienne, des Hzg.s v. Athen. Für diesen eroberten sie Demetrias, Zeituni, Halmyros und andere Städte Süditaliens. Als ihnen der Hzg. den rückständigen Sold für vier Monate verweigerte und nur 500 Angehörige der K. weiterbeschäftigen wollte, kam es zum Bruch. Am 15. März 1311 vernichteten die Katalanen am Kephissos in Böotien das Ritterheer Walters v. Brienne, wobei dieser den Tod fand. Anschließend eroberten sie einige Baronien Mittelgriechenlands und das Hzm. Athen. Sie unterstellten sich wieder Friedrich III. v. Sizilien, der Berengar Estanjol als Regenten für seinen Sohn Manfred einsetzte. Ihre Nachkommen konnten ihre Herrschaft über Böotien und Attika bis 1387/88 behaupten. K.-P. Todt

Lit.: A. E. LALOU, Constantinople and the Latins, 1972, 127–233 – D. M. NICOL, The Last Centuries of Byzantium 1261–1453, 1972, 136–146 – K. M. SETTON, Catalan Dominion of Athens 1311–1388, 1975.

Katalanische Sprache und Literatur. Das Katal. zählt zu den (west)roman. Sprachen auf der Iber. Halbinsel. Gesch. Herausbildung und sprachl. Eigenart werden geprägt durch die Verbreitung zunächst beiderseits der Pyrenäen in einem schon früh intensiv romanisierten Gebiet mit wichtiger Brückenfunktion und älteren Substraten. Nach westgot. Herrschaft und arab. Invasion wirkte sich die Eroberung durch die Franken mit der für die Folge dadurch bestärkten Ausrichtung auf das S Frankreichs (Kontakte zum gaskon. und okzitan. Sprachgebiet) auf die Entwicklung im altkatal. Raum aus. Die weitere sprachl. Entfaltung ist verbunden mit territorialer Ausdehnung nach der Verbindung der Gft. Barcelona mit Aragón (12. Jh.) und durch die Eroberung der Balearen, Pityusen (ab 1229) und des Kgr.s Valencia (1238). Mit der aragon.-katal. Herrschaft im Mittelmeer gelangt das Katal. nach Sardinien (14. Jh.), Mitte des 15. Jh. an den alfonsin. Hof in Neapel und dient zeitweilig als lingua franca im ö. Mittelmeer. Das älteste erhaltene Sprachzeugnis ist eine bruchstückhafte, gelegentl. mit Provenzalismen durchsetzte Übertragung des westgot. Gesetzbuchs 'Forum Iudicum' (1. Hälfte 12. Jh.). Nach prov. Vorlage entstanden um 1200 die Predigttexte der sog. Homilies d'Organyà. Die Anfangsphase der katal. Schriftsprache kennzeichnet eine lit. Zweisprachigkeit: Bildungssprache und Schriftmedium höf. Dichtung ist das Okzitan. (→Altprovenzalisch), das in dieser Funktion erst zu Ausgang des 14. Jh. vom Katal. verdrängt wird. Als Kanzleisprache löst das Katal. die lat. Sprache weitgehend im 13. Jh. ab. Die Kanzleinorm wirkt vereinheitlichend auf die Volkssprache. Infolge dynast. Veränderungen tritt zu Anfang des 15. Jh. zunächst das Kast. im Amtsgebrauch gegenüber dem Katal. hervor. Durch die Verbindung der Kronen von Kastilien und Aragón (1469) wird die Zweisprachigkeit in der Staatsverwaltung und in der Lit. gefördert, wenngleich sich das Kast. als schriftl. Ausdrucksmittel immer stärker durchsetzt, so daß das Katal. zu Beginn der frühen NZ in die alltagssprachl. Mündlichkeit zurückfällt. An der Wende zum 16. Jh. zeigt das katal.-dt. Wb. von 1502 noch die internat. Ausstrahlung und Bedeutung des Katal., das gerade von dt. Frühdruckern im katal.-valencian. Raum verbreitet wird. Bereits 1474 erscheint das erste Buch in Valencian. Für die Ausformung des Katal. als Lit.sprache ist das Werk des Mallorkiners Ramon Llull (Raimundus →Lullus) von entscheidender Bedeutung. Die Verwendung der Volkssprache für theol.-philos. Fachtraktate durch einen Laien war nicht nur kühn, sondern auch schwierig, da sich Llull als Denker, Prosaschriftsteller und Dichter erst verfeinerte sprachl. Ausdrucksmittel schaffen mußte. Außerdem wird schon mit Llull die Wichtigkeit der Übersetzungen für Sprache und geistig-lit. Leben deutlich, die bis in die Zeit des Humanismus zahlreich sind auf allen Wissensgebieten. Die Bezeichnung *català* für die Sprache ist jünger als die für das Land (Catalunya) und seine Bewohner (→Katalonien). Gegen Ende des 13. Jh. findet sich neben *romanç* ('Volkssprache') das Wort *catalanesch*; um die Mitte des 14. Jh. ist der Ausdruck *llengua catalana* belegt. Die Etymologie bleibt ungeklärt.

Auf katal. Gebiet entstand nicht nur katal., sondern auch arab., hebr., lat., kast. und prov. Schrifttum. Im Vergleich zur Größe des Territoriums und der Bevölkerung ist die lit. Entwicklung von eindrucksvoller Vielfalt und Qualität. Seit dem zweiten Drittel des 11. Jh. schreiben katal. Troubadours ihre Gedichte in der lit. Koiné des Okzit., zumeist in der Art des *trobar leu* (verständl. Dichten). Die »Razos de trobar« des Ramon →Vidal de Besalú (1160–1210) stellt erstmals die prov. Minnedichtung in größerem Zusammenhang unter Berücksichtigung sprachl.-grammat. Einzelfragen dar. Auch Ramon Llull, der Schöpfer der katal. Prosa, schreibt seine Gedichte in Prov., wenngleich sie themat. keineswegs den Traditionen der Minnelyrik verpflichtet sind. Bis in das 15. Jh. mischen sich häufig Okzitanismen in die poet. Sprache. Kl. am Pyrenäenrand bilden frühe Zentren lit. Aktivität und Überlieferung (Ripoll, »Cant de la Sibila«).

Zu den bedeutenden Leistungen auf dem Gebiet der Prosa gehört die Historiographie als Ausdruck des erstarkenden katal. nat. Selbstverständnisses. Die frühe Geschichtsschreibung nimmt möglicherweise mündl. überlieferte Reste ep. Dichtung auf. Die erste der vier Chroniken, »Libre dels feyts rey En Jacme«, ist von →Jakob I., dem Eroberer, Kg. v. Aragón und Gf. v. Barcelona (1208–1276), angeregt oder selbst verfaßt worden. Das in der ersten Person Plural geschriebene Werk enthält sichtl. auf eigenem Erleben beruhende genaue Schilderungen. Petrus Marsilius OP fertigte davon 1313 eine lat. Fassung an. Die zweite, zw. 1283–1288 abgefaßte Chronik ist der »Libre del rei En Pere d'Aragó e dels seus antecessors passats« von →Bernat Desclot († 1289?). Das auf Dokumente und persönl. Beobachtung zurückgreifende Buch erschien erst 1616 in kast. Übers. im Dr. und stellt die Taten Peters d. Gr. dar (z. B. Eroberung des Kgr.s Sizilien). Auf diese Chronik folgt der autobiograph., zw. 1325–28 niedergeschriebene Bericht des Ramon →Muntaner (1265–1336), eine Selbstdarstellung von hohem lit.

Rang, die als Fs.enspiegel gedacht war und ein frühes Loblied auf die katal. Sprache enthält. Die vierte Chronik entstand in der Regierungszeit Peters IV. (1336–1387). Die Geschichtsschreibung des 15. Jh. bleibt dagegen bedeutungslos.

In der Gesch. der ma. katal. Prosa nimmt Ramon Llull eine bes. Stellung ein mit über 40 noch erhaltenen Schriften. Sie sind oft nicht bloß abstrakte Darlegungen, sondern lebendige, die Erzählung, die Fabel, den Dialog und die symbol. Bildersprache umspannende Demonstrationen für Laien, ja Nichtchristen. Der Doctor illuminatus versucht eine durch Argumente überzeugende Synthese von Glaube und Aufklärung, von Mystik und Wissenschaft herzustellen. »Blanquerna« (um 1283) mit dem eingeschobenen myst. Büchlein »Libre d'amis e d'amat« ist der erste europ. »bürgerl.« Bildungsroman. In seinem anderen großen philos. Roman »Fèlix de les meravelles del món« werden die theol. Kenntnisse jener Zeit hineinverwoben. Der »Libre de contemplació en Deu« (um 1272), aus dem Arab. ins Katal. übers., faßt eindrucksvoll, zumal durch die eingefügte autobiograph. Schilderung seines geistigen Werdegangs, Llulls myst., theol., philos., eth., pädagog. und gesellschaftl. Auffassungen zusammen. Sein Bemühen, das überlieferte Wissensgut nicht nur enzyklopäd. aufzuarbeiten, sondern auch als zusammenhängendes Gefüge der Erkenntnis zu durchdringen, zeigt die Summe »Arbre de ciència« mit eingearbeiteter belehrender Novellenslg. Der apologet. »Libre del gentil e los tres savis« bietet die muslim., jüd. und christl. Glaubenslehren vergleichend dar. In der »Vida coetània« legt Llull Rechenschaft über sein Leben ab. Der Lehrer, Missionar, Mann der Tat und Philosoph schrieb auch geistl. und lehrhafte Gedichte.

Das religiöse Prosaschrifttum hat sich in Katalonien reich entfaltet. Neben Bibelübers. und Erbauungsbüchern stehen zahlreiche wichtige Übertragungen patrist. und geistl. Bücher. Der Hl. Vinzenz →Ferrer († 1419) wanderte predigend durch ganz Europa. Der Franziskaner Francesc →Eiximenis (etwa 1340–1409) verfaßte eine Fülle von theol. und belehrenden Werken in katal. Sprache (»Libre de les dones«, 1396; »Lo Crestià«, eine theol. Enzyklopädie; »Libre dels Angels«, 1393). Zu den bemerkenswertesten Erbauungsbüchern des 15. Jh. zählen »Lo pecador remut« von Felip de →Malla († 1431), der im Gefängnis niedergeschriebene »Mirall dels divinals assots« (1463) des Mönches Pero Martines, der »Spill de la vida religiosa«, ein weitverbreitetes myst.-allegor. Reise- und Betrachtungsbuch sowie die Schriften der Nonne Isabel de Villena (1430–90).

Auch in der Fachprosa hat die ma. katal. Lit. bedeutende Leistungen aufzuweisen. Bes. Beliebtheit genießen Spruchslg.en. Übers. (Cicero, Boethius, Seneca u.a.) spielten für die frühe humanist. Bewegung eine entscheidende Rolle. →Anselm Turmeda (ca. 1352–1430) mit seiner satir. »Disputa de l'ase«, ein aus Mallorca stammender, zum Islam konvertierter Minorit, und der bekannte Arzt und Spirituale Arnau (→Arnald) de Vilanova (um 1240–1311) gehören zu den unruhigsten Geistern des katal., heterodoxen und schwärmer. Erneuerungsbewegungen bes. aufgeschlossenen SpätMA.

Im jurist. Fachschrifttum haben die Slg. des Seerechts »Llibre del consolat del mar« (begonnen im 13. Jh.) sowie die »Usatges de Barcelona« weitreichende Bedeutung erlangt.

Meisterwerke lit. Prosa des 15. Jh. sind nach Bernat →Metges »Lo Somni« die Ritterromane →Curial e Güelfa (zw. 1435/1462 geschrieben) und der Libre del cavaller Tirant lo Blanch von Joanot →Martorell († 1468), nach 1460 verfaßt, 1490 gedruckt. Cervantes nannte ihn »der Welt größtes Buch«.

Der frühe Humanismus brachte für die katal. Lyrik und Prosa einen bedeutenden Aufschwung sowohl durch Übers. klass. Autoren (Ovid, Seneca) als auch der Italiener (Dante, Petrarca, Boccaccio). Für die eigene Entwicklung der katal. Dichtung gibt Ramon Llull den Anstoß, wenngleich Formen und Vorbilder der prov. Troubadourlyrik noch lange fortwirken, gestützt durch Reimwörterbücher (Jaume March, »Libre de concordances«, 1371) oder Rhetorikhandbücher (Luys d'Averçó, »Torcimany«) und die Einrichtung der Dichterwettbewerbe (jocs florals, Gaya Ciència). Unter den Dichtern des 15. Jh. ragen Ausias →March, →Joan Rois de Corella und →Jaume Roig (Spill oder Libre de les dones, um 1459) hervor. Mit dem 15. Jh. geht die Blütezeit der katal.-valenc. Lit. zu Ende. Die kast. Sprache drängt sich beherrschend in den Vordergrund. Lediglich volkstüml. mündl. Textüberlieferung erfolgt auf katal.
D. Briesemeister

Bibliogr.: Bibliogr. of Old Catalan Texts, hg. B. JORGENSEN CONCHEFF, 1985 – *Lit.:* J. MASSÓ TORRENTS, Rep. de l'antiga lit. catalana. La poesia, I, 1932 – A. TERRY, Introducción a la lengua y la lit. catal. 1977 – Diccionari de la lit. catal., 1979 – D. MESSNER–H.-J. MÜLLER, Iberoroman. Einf. in Sprache und Lit., 1983 – M. DE RIQUER, Hist. de la lit. catal., 4 Bde, 1984–85 – D. J. VIERA, Medieval Catalan lit., prose and drama, 1988 – P. J. BOEHNE, The Renaissance Catalan novel, 1989.

Katalanische Weltkarte, undatierte, anonyme, vierteilige und ursprgl. auf Holz aufgezogene Weltkarte (Paris, BN, MS Espagnol 30) im Portolanstil, stammt höchstwahrscheinl. von →Cresques Abraham aus Mallorca, der von seinem Sohn Jafuda unterstützt wurde. Sie gelangte zw. 1373 und 1380 in die Bibl. Kg. Karls V. v. Frankreich, vermutl. als Geschenk des Thronerben vom Aragón, des späteren Johann I. Zum Kartenwerk gehören außerdem 2 Bll. astronom.-astrolog. Inhalts. Die Bll. im Format von 640 × 250 mm sind im Original teilweise sehr blaß, worüber neuere Faksimilierungen (FREIESLEBEN, GROSJEAN) mit verstärkter Farbgebung hinwegtäuschen. Im Unterschied zu den gleichzeitigen it. Portolanen sind hier Meere und Inlandflächen stark beschrieben und figürl. bemalt, zudem das System der größten Flüsse und Gebirge, wenn auch recht schemat., eingezeichnet. Die Asien umfassenden Bll. 5 und 6 nähern sich eher dem Stil der Weltgemälde (Ebstorf-Karte, Hereford-Karte). Die Schnittflächen der Bll. wurden offenbar mit unterschiedl. Sorgfalt gearbeitet. Während Korsika, Sardinien und Genua zw. Bl. 3 und 4 einwandg gezeichnet sind, damit kein Zwischenstück fehle, liegen Bl. 4 und 5 so dicht beieinander, daß sich Schwarzes und Kasp. Meer fast zu berühren scheinen. Die im SpätMA polit. bes. interessanten Inseln zw. Griechenland und Kleinasien dagegen liegen auf dem Knick in der Mitte von Bl. 4 und sind so gut wie unleserlich. V. a. die prächtige Illustration gab der Karte Vorbildcharakter für das folgende Jahrhundert der Portolankunst. U. Lindgren

Lit.: L'Atlas Català de Cresques Abraham. Primera edició en el siscents aniversari de la seva realització 1375–1975, 1975 – H. C. FREIESLEBEN, Der Kat. Weltatlas v. J. 1375, 1977 – G. GROSJEAN, Mapamundi: Der Kat. Weltatlas v. J. 1375, 1977 – J. RAYNAUD-NGYEN, Kat. Atlas (M. DE LA RONCIÈRE–M. MOLLAT, Portulane, 1984).

Katalaunische Felder (Campi Catalauni, Iord. Get. 36; Cassiod. MGH AA IX, 157; Hydat. ibid. 26), Ebene in der Gegend von Châlons-sur-Marne, 451 Schlachtfeld zw. den →Hunnen →Attilas und der röm.-westgot. Föderation des →Aëtius. Eindeutige Lokalisierung des Ortes ist nicht mögl., wahrscheinl. zw. Châlons und Troyes (Chron. Gall. MGH AA IX, 663, vgl. Cons. It., ibid., 302; Greg.

Tur., Hist. Franc. 2,7; Lex. Burgund. 17,1), wobei sich auch angesichts des durch die vorwiegend angewandte Reitertaktik zweifellos ausgedehnten Operationsfeldes die Bezeichnungen nicht zu widersprechen brauchen.

G. Wirth

Lit.: J. B. Bury, Hist. of the Later Roman Empire, 1924, 293 – A. Alföldi, Les Champs catalauniques, Revue d'études hongroises 6, 1928, 108–111 – E. A. Thompson, Hist. of Attila and the Huns, 1948, 131 – J. Hatt, Hist. de la Gaule romain, 1959, 323, 558 – O. Maenchen-Helfen, The World of the Huns, 1973, 131, 318 [dt. 1978, 98, 333].

Katalog → Bibliothek

Katalonien, Principat (heute Region) im nö. Spanien, bezog sich im MA über die heut. Fläche hinaus auch auf die Gft. →Rousillon, die n. Hälfte der Gft. Cerdanya (→Cerdaña) und ö. Teile Aragóns.

[1] *Allgemeine und politische Geschichte:* Für die Einheit konstitutive Elemente sind schon seit dem 5./6. Jh. zu beobachten, aber der Name K. ist vor dem 12. Jh. nicht nachweisbar, 'Principat de Catalunya' erst seit dem 14. Jh. Die polit. Ausformung geschah teils durch die frk. Eroberung (Beibehaltung des westgot. Rechts, »Marca Hispanica« aber nur ein unpräziser geogr. Begriff), teils durch Gf. →Wifred »el Pilós«, dessen Familie bis zum späten 10. Jh. die meisten Gft.en in gemeinsamer Herrschaft besaß. Alle diese Gft.en gingen im 12./13. Jh. in der Gft. →Barcelona auf. Für die Ausdehnung nach SW war die alte Grenze der Tarraconensis (→Tarragona) und des Taifenreiches von →Tortosa maßgebend. Die fakt. Unabhängigkeit vom Kg. v. Westfranken (bzw. →Frankreich) setzte im späten 9. Jh. mit der Erblichkeit der Ämter ein, und seit ca. 998 setzten die Gf.en auch die Funktionen des Kg.s fort, erkannten dessen Hoheit formal aber noch bis in die 2. Hälfte des 12. Jh. an. Die lehnsrechtl. Lebensordnung war so beherrschend wie in Südfrankreich, wurde aber um die Mitte des 11. Jh. in den →Usatges schriftl. fixiert und damit kontrollierbar.

Mit der Heirat →Raimund Berengars IV. v. Barcelona mit der Erbtochter des Kgr.es →Aragón trat K. in das Gefüge der Krone Aragón. Seine Eigenstaatlichkeit mit eigenen→Cortes (*Corts*) und eigener Administration blieb gewahrt, aber die Verbindung mit Aragón war mehr als eine reine Personalunion; fortan fungierte der Herrscher in Aragón als Kg., in K. als Gf. Der seit Ende des 11. Jh. gewachsene territoriale Ausgriff auf Südfrankreich mußte im 13. Jh. zurückgenommen werden (Vertrag v. →Corbeil), dafür orientierte Kg. Jakob I. den Expansionswillen nach S. Seine Eroberungen von →Mallorca und →Valencia sollten Stationen auf dem Wege nach Sizilien, Nordafrika und in das ö. Mittelmeerbecken sein; es waren Aktionen der Krone Aragón, in ihr die Katalanen mit ihren Seefahrtsinteressen aber die treibende Kraft.

Die kostspielige Außenpolitik und der sich steigernde Glanz des Hofes, der im 14. Jh. seinem Höhepunkt zustrebte, spornte aber auch den Willen des Adels und der Städte zur Kontrolle (Gründung der »Diputació General«; →Generalität, →Diputacions del General) und zur Mitwirkung an. Ihre Opposition steigerte sich unter den →Trastámara; die Katalanen hatten →Ferdinand I. nur widerwillig hingenommen, profitierten aber handelspolit. von der Besetzung des Kgr.es Neapel durch →Alfons V. Die auch sozial bedingte Krise der Landbevölkerung (pagesia de remences; →Remensa) führte im 15. Jh. zum Aufstand der Generalitat und der Stadt Barcelona, die →Johann II. mehrere neue Kg.e entgegenstellten. Erst seinem Sohn Ferdinand II. (→Kathol. Kg.e) gelang die Befriedung K.s.

[2] *Kirchliche und geistesgeschichtliche Entwicklung:* Die Eroberung durch die Franken schloß die Kirche in K. dem röm.-frk. Ritus an, führte im 9. Jh. die →Karol. Minuskel ein und öffnete wieder die Beziehungen zum Papsttum. Im 10./11. Jh. traten die Bf.ssitz Vic (→Vich) und das Kl. →Ripoll als Vermittler von Kenntnissen aus dem Arab. (→Gerbert v. Aurillac) und als ungewöhnl. tätige Skriptorien in den Vordergrund. Ihr Bf. und Abt →Oliba war zugleich eine Persönlichkeit der Kirchenreform. Auf Drängen des Reformpapsttums unterstellten die Gf.en ihre Kl. Reformzentren in Frankreich (zumeist St-Victor de →Marseille, →St-Ruf d'Avignon, aber kaum Cluny) und ließen sich durch päpstl. Schutz ihre Herrschaft legitimieren. Vereinzelt gibt es schriftl. Zeugnisse in katal. Sprache schon aus dem 12. Jh., aber die Blütezeit der katalanischsprachigen Lit. fällt in das 13./14. Jh. (→Katal. Sprache und Lit.). Durch Alfons V. in Neapel gelangte der →Humanismus rasch nach K. – Vgl. zur Gesch. im einzelnen auch →Aragón, →Barcelona.

F. Udina Martorell

Q.: zu den großen Q.sammlungen vgl. →Aragón; ferner: P. de Marca, Marca Hispanica, 1688 [Nachdr. 1972] – J. L. Villanueva, Viaje literario a las Iglesias de España, 22 Bde, 1803–52 – Cortes de los antiguos reinos de Aragón y de Valencia y Principado de Cataluna, 26 Bde, 1896–1927 – R. D'Abadal i de Vinyals, Catalunya carolíngia, II, 2 Bde, 1926–52; 2 Bde, 1955 – F. Miquel Rosell, Liber Feudorum Maior, 2 Bde, 1945 – F. Udina, El 'Llibre Blanch' de Santas Creus, 1947 – J. Ruis Serra, El Cart. del Monasterio de S. Cugat del Vallés, 4 Bde, 1945–81 – F. Udina, El Archivo Condal de Barcelona en los siglos IX–X, 1951 – J. M^A. Font Rius, Cartas de población y franquicia de Cataluna, Bd. I, 1–2 – II, 1969–83 – Usatges de Barcelona. El Codi a mitjan segle XII, a cura de J. Bastardas, 1984 – Fiscal Accounts of Catalonia under the early Count-Kings (1151–1213), hg. Th. N. Bisson, 2 Bde, 1984 – *Lit.:* [vgl. auch die Lit. zu →Aragón und →Barcelona]: A. Rovira i Virgili, Hist. Nacional de Catalunya, 8 Bde, 1922–38 – P. Kehr, Das Papsttum und der katal. Prinzipat bis zur Vereinigung mit Aragon, AAB 1926, Nr. 1 – J. Vincke, Staat und Kirche in K. und Aragón während des MA, 1931 – F. Udina, El nom de Catalunya, 1961 – P. Vilar, La Catalogne dans l'Espagne moderne, 1, 1962 – F. Soldevila, Hist. de Catalunya, 1962–63 – Ch.-E. Dufourcq, L'Espagne catalane et le Maghrib au XIIIe et XIVe s., 1966 – J. Vicens Vives, Obra dispersa, 1, 1967 – Els Castells Catalans, hg. P. Català i Roca, 6 Bde, 1967–80 – R. D'Abadal i de Vinyals, Dels Visigots als Catalans, 2 Bde, 1969–70 – O. Engels, Schutzgedanke und Landesherrschaft im östl. Pyrenäenraum (9.–13. Jh.), 1970 – P. Bonnassie, La Catalogne du milieu du Xe à la fin du XIe s., 2 Bde, 1975–76 – A. Iglesia Ferreiros, La creación del derecho en Cataluña, AHDE 47, 1977, 99–423 – J. M. Salrach, El procés de formació nacional de Catalunya (segles VIII–IX), 2 Bde, 1978 – J. Fried, Der päpstl. Schutz für Laienfs.en, 1980 – S. Sobrequés i Vidal, Hist. de la producció del dret català fins al Decret de Nova Planta, 1981 – M. J. Peláez, Catalunya després de la guerra civil del segle XV, 1981 – Hist. dels països catalans. Dels orígens a 1714, hg. A. Balcells, vol. 1–2, 1982² – Hist. de la Catalogne, hg. J. Nadal Farreras – Ph. Wolff, 1982 – L. Vones, Zur Diskussion um die wirtschaftl. und gesellschaftl. Auswirkungen der sog. »Krise des SpätMA« in den Ländern der Krone Aragón (Europa 1400. Die Krise des SpätMA, 1984), 267–283 – J. E. Ruiz Doménech, L'estructura feudal. Sistema de parentiu i teoria de l'aliança en la societat catalana (c. 980–c. 1220), 1985 – J. M^A. Font i Rius, Estudis sobre els drets i institucions locals en la Catalunya medieval, 1985 – La formació i expansió del Feudalisme català, 1985–86 – R. D'Abadal i de Vinyals, Catalunya Carolíngia, I, 1986 – Hist. de Catalunya, hg. P. Vilar, II [J. M. Salrach]; III [C. Batlle], 1986–88 – V. Ferro, El Dret Públic Català. Les Institucions a Catalunya fins al Decret de Nova Planta, 1987 – J. Lalinde Abadia, Las Cortes Catalanas en la Edad Media, II, 1988, 439–490 – Th. N. Bisson, Medieval France and her Pyrenean Neighbours, 1989 – O. Engels, Reconquista und Landesherrschaft, 1989 – A. de Fluvià, Els primitius comtats a vescomtats de Catalunya, 1989 – F. Udina, El naixement polític de Catalunya (Enciclopèdia de temes catalans, n°. 2), 1989 – M. Zimmermann, En els orígens de Catalunya, 1989.

Kataplasma → Arzneiformen

Kataster. [1] *Allgemein:* K. (von mittelgriech. κατάστιχα [Liste] abgeleitet, Beschreibung und Sachschätzung von Immobilien zum Zwecke der Abgabenerhebung. Während sich bereits in der Antike für Mesopotamien und das Niltal Katastrierungsarbeiten nachweisen lassen, gab es im Abendland fast während des gesamten MA keinen K. im eigtl. Sinn. Auch die →Inventare, →Urbare und andere Güter- und Abgabenverzeichnisse lassen sich nicht so einordnen. Während der fortschreitenden Auflösung des röm. Reiches verschwanden auch die Praktiken der Agrimensores; die Grundsteuern wurden von nun an gewohnheitsmäßig als Kopfsteuer erhoben. Vom 5./6. bis zum 12. Jh. läßt sich kein Katastrierungssystem des Grundbesitzes feststellen. Dies beweist schon die Ausdrucksweise der Diplome. Südl. der Alpen begegnet eine zu Schätzzwekken vorgenommene Beschreibung des Grundbesitzes erst wieder, als die Städte die Herrschaft über ihr Umland antraten; sie wird allmähl. genauer und detaillierter. Der K. nahm jedoch erst im 15. Jh. definitive Formen an, die als direkte Vorläufer des modernen K.systems bezeichnet werden können. Für die Anlage der K. enthalten städt. Verordnungen und kommunale Statuten genaue Anweisungen, ebenso für die Angaben zum eigenen Vermögen, die jeder zu liefern hatte. Die Steuer wurde gemäß den »libbre« der Vermögensschätzung *(estimo)* festgesetzt (mlat. »allibrare«, →Allivrement). Für jeden einzelnen städt. Bezirk und Bereich wurden diverse K. angelegt, entsprechend der Lage des Grundbesitzes und der rechtl.-sozialen Stellung der Eigentümer. Die größten Mängel der spätma. K. bestanden allerdings in der Ungenauigkeit der Schätzung und daher in der willkürl. und fehlerhaften Verteilung der Abgabenlast sowie in der verzögerten Anpassung an die konkrete wirtschaftl. und rechtl. Entwicklung. Nördl. der Alpen tauchten K. erst in der frühen NZ auf und enthalten zunächst sporad. (Leiden 1584), dann zunehmend häufiger auch Pläne, die die Identifizierung des besteuerten Gegenstandes im Raum erlauben.

P. M. Conti

Lit.: Atlante storico delle città italiane, hg. F. Bocchi–E. Guidoni, 1986ff.

[2] *Florentinischer Kataster* (1427): Dieses umfassendste Steuererfassungssystem des ma. Italien diente nicht zur Festlegung einer effektiven Abgabenquote, z. B. auf jährl. Basis, sondern nur zur Bestimmung des Koeffizienten, aufgrund dessen die je nach den staatl. Erfordernissen variierenden Abgaben erhoben wurden. Abgesehen von Ausnahmen, die einen Teil der Bevölkerung von Zahlungsleistungen befreiten, sah der florent. K. als Normalfall vor, daß alle männl. Erwachsenen im arbeitsfähigen Alter eine festgelegte Personalsteuer zu leisten hätten, entsprechend der bereits zu Beginn der kommunalen Epoche üblichen »Kopfsteuer«. Er stand in der Kontinuität des *estimo* und der »libra«, die in den kommunalen Ordnungen seit dem 12. Jh. vorgesehen waren; zum Unterschied von den direkten Sachsteuern der Vergangenheit, die entweder loses Gut oder Immobilien (in der Stadt und auf dem flachen Land) betrafen, wurde die aufgrund des K.s errechnete Sachsteuer ohne Ausnahme auf beide Arten von Eigentum erhoben. Die Grundlage des florent. K.s bildeten relativ umfassende »Steuererklärungen«, die theoret. durch Gegenkontrollen auf ihren Wahrheitsgehalt überprüft werden konnten. Er sah ferner – abgehend von der sonst zumeist üblichen kollektiven Verantwortlichkeit der Verwaltungseinheit, in der der Steuerzahler eingegliedert war – die persönl. Verantwortlichkeit des Steuerzahlers gegenüber dem Fiskus vor.

M. Luzzati

Lit.: P. L. Spaggiari, Le finanze degli Stati it. (Storia d'Italia V, 1, 1973) – A. Molho, L'amministrazione del debito pubblico a Firenze nel quindicesimo sec. (I ceti dirigenti nella Toscana del Quattrocento, 1987), 191–207.

Katechumenen (von gr. κατηχέω 'unterrichten', 'belehren'; Kompetenten [lat.], Photizomenen [gr.]), in der Alten Kirche die Taufbewerber, die ein Lehrer der Gemeinde in der kirchl. Glaubenslehre unterrichtete und deren Lebensführung aufmerksam beobachtet wurde. Die Zeit intensiver Taufvorbereitung, an der die Gemeinde mitbeteiligt war, hieß das Katechumenat. Mit Anfängen im 2. Jh. ist es um 200 eine ausgebildete kirchl. Einrichtung; die Dauer war im allg. auf drei Jahre festgelegt.

Die reichskirchl. Zeit veränderte das Institut. Der starke Andrang zur Kirche brachte allen Gemeinden eine große Zahl von K., die einen eigenen Stand bildeten. Der weitverbreitete Taufaufschub entwertete jedoch das Katechumenat. Prakt. trat es nur noch in den Wochen vor der Taufe in Erscheinung, wo die Vorbereitung liturg. reich ausgestaltet wurde: Handauflegung, Exorzismen, Gebet der Gemeinde, Skrutinien. Im Mittelpunkt der katechet. Unterweisung stand die Erklärung von Glaubensbekenntnis und Herrengebet. Bekannte Taufkatechesen sind erhalten, z. B. von Kyrillos v. Jerusalem, Johannes Chrysostomos, Ambrosius; Augustinus' »De catechizandis rudibus« enthält eine Theorie der Katechese und zwei Musterkatechesen. Mit der Durchsetzung der Kindertaufe verschwand das Katechumenat; die alten Riten gingen z. T. in das Taufritual ein.

K. S. Frank

Lit.: J. Daniélou, La catéchèse aux premiers s., 1968 – G. Kretschmar, Die Gesch. des Taufgottesdienstes, 1970 – E. Nagel, Kindertaufe und Taufaufschub, 1980 – →Taufe.

Kategorema →Logik

Kategorien (ursprgl. gr. Gerichtssprache κατηγορία 'Anklage', im übertragenen Sinn: 'aussagen', 'positiv prädizieren'; auch κατηγορήματα, lat. praedicamenta). Nach bedeutsamen Entwürfen (die zehn Gegensatzpaare der Pythagoreer und die fünf obersten Gattungen in Platons Sophistes) – hat Aristoteles den Begriff der K. zu einem Terminus der philos. Fachsprache gemacht, der hier den Sinn von Formen der Aussage erhält. Gemeint sind die Weisen, etwas auf der Seite seines Seins zu prädizieren, die weder von anderen abgeleitet noch auf einander zurückgeführt werden können. K. sind oberste Gattungsbegriffe, die Aristoteles aus disputationslog. Gründen, bes. um eine undifferenzierte Verwendung des vieldeutigen ὄν zu vermeiden, in seiner K.-Tafel (Top. I, 9; De cat. 4) aufführt. Die K. sollen den Sinn von 'seiend' festlegen. Seiendes ist kein Gattungsbegriff. Die Unterscheidung von erster und zweiter Substanz (Wesensbegriff) erlaubt eine Differenzierung der Funktionsweisen von Individuellem und Allgemeinem, das in Gattungs-, Art- und Unterschiedsbegriff log. einordenbar ist. Die K. sind so keine Konstitutionsbegriffe des Seienden; sie sind aber auch nicht reine Klassifizierungsbegriffe von Wörtern; durch sie werden Strukturen des Seins eröffnet, die im Denken sprachl. repräsentieren.

Nachdem die Stoa die vier K. Substrat, Qualität, Sich-Verhalten und Relation nur als konstitutive Prinzipien im Aufbau der realen Welt kennt, Plotin die zehn K. des Aristoteles auf die sichtbare Welt beschränkt und die spätantiken Aristoteleskommentatoren, bes. Simplicius, die K. weder nur als rein log. Begriffe noch als metaphys. Strukturprinzipien behandeln, ist für das lat. MA die Übers. und Kommentierung der aristotel. K.-Schrift »De interpretatione« und der »Isagoge« des Porphyrius durch Boethius von Bedeutung. Für ihn sind die

K. sowohl oberste genera significationum als auch oberste genera rerum (MPL 64, 178). Auch wird von ihm das Grundverhältnis 'de subiecto dicitur' und 'in subiecto est' (ebd., 175) überliefert. Die Auseinandersetzung mit der Logica vetus prägt zunächst die Entwicklung der K.-Lehre, wobei diese mit einer log.-semant. Theorie der Sprache verbunden wird. Zu nennen sind Anselm v. Canterbury und Abaelard. Neben dieser Tradition gibt es auch ein an Augustinus anknüpfendes theol.-metaphys. Interesse. Nach Johannes Scotus Eriugena sind die K. weder nur prädikative Bestimmungen über Dinge (de subiecto) noch nur Eigenschaften an ihnen (in subiecto); auch sind sie nicht wirkl. oberste Gattungsbegriffe; denn die K. Substanz, Quantität, Lage und Ort lassen sich auf Ruhe (status) und die anderen sechs auf Bewegung (motus) zurückführen, die in der 'universitas' übereinkommen und in ihrer gegenseitigen Verschränkung die Welt hervorbringen (De div. nat. I, 22).

Mit Aristoteles versteht Thomas v. Aquin unter den K. eine Klassifizierung mögl. allg. Prädikate, die einem Seienden als Subjekt eindeutig zugesprochen werden können und von denen 'seiend' in vielfacher Weise ausgesagt wird (ens multipliciter dicitur), aber stets 'auf eines hin' (Analogie). Der Sinn von ens ändert sich je nach dem Kontext, in dem sein Begriff verwendet wird; ob man ihn von der Substanz (ens per se) prädiziert oder von einem Akzidens (ens in alio), das nur in einem Zugrundeliegenden Bestand hat, wobei dann die Weisen, an einem Zugrundeliegenden Bestand zu haben, also die Bestimmungen der Quantität, Qualität usw., ursprgl. verschieden und nicht auf einander rückführbar sind. Diese werden durch die K. benannt, die von den Transzendentalien zu unterscheiden sind (De ver. 1,1; De ente et essentia, 1). Seiendes wird so in die zehn K. (Praedicamenta) nicht univoce, sondern secundum diversum modum essendi gegliedert, die wiederum den modi praedicandi proportional sind. Dabei beziehen sich die Aussageweisen auf die erste Substanz, das Subjekt, über das alle anderen Aussagen gemacht werden. Je nach dem Kontext der Aussage, ob sie essentielle, nicht-essentielle oder schlechthin äußere Bestimmungen der ersten Substanz betreffen, ergeben sich die zehn K. (In Phys. III, 5, n. 322). Es handelt sich bei Thomas um den Versuch einer Deduktion der K., wobei die eine nicht in der anderen enthalten sei, sie sich also gegenseitig ausschließen.

Thomas beschränkt zwar die kategorial ausgelegte Wirklichkeit nicht nur auf die Substanz, das ens naturae, sondern alles, worüber eine affirmative Aussage gemacht werden kann, gehört zum Bereich des Wirklichen, also auch das ens rationis. Aber erst Johannes Duns Scotus erkennt die Notwendigkeit, über die aristotel. K.-Tafel hinaus K. für das seit Heinrich v. Gent sog. 'esse obiectivum', das vorgestellte, gedachte Sein, aufzustellen (Super Praed., q. 11). Mit dem zunehmenden Bewußtsein um das Problem der Sprache als eines eigenständigen Seinsbereichs erweist sich die aristotel. Einteilung des Wirklichen in Substanz und Akzidens als zu eng, um das Gesamt der Wirklichkeit kategorial ausdeuten zu können. Entsprechend erhalten die K. seit Duns Scotus einen anderen Stellenwert, bes. bei Wilhelm v. Ockham: »Est autem sciendum, quod hoc nomen praedicamentum est nomen secundae intentionis sicut hoc nomen genus, quamvis illa, de quibus praedicatur, sint incomplexa primae intentionis« (»Man muß aber wissen, daß der Name Prädikament [K.] wie auch der Name Genus [Gattung] ein Name der secunda intentio [Bezeichnung von Bezeichnungen] ist, obgleich jenes, worüber etwas ausgesagt wird, unverbun-

dene Ausdrücke der prima intentio [Ausdruck der Referenz eines Zeichens auf das, was selbst nicht Zeichen ist] sind«) (Summa Logicae I, cap. 40). Sie sind Ordungsbegriffe von Begriffen, gehören wie diese zu den entia rationis, auf die Seite menschl. Denkens, sind also keine Strukturbegriffe der außersprachl. Wirklichkeit. Mit dieser Rücknahme der K. in die Tätigkeit des Erkennenden ist die neuzeitl. Entwicklung der K.-Lehre vorbereitet. Im Ausgang des MA greift man z. T. auf die aristotel. K.-Lehre positiv zurück wie Nikolaus v. Kues, der sie als Strukturbegriffe der Welt anerkennt (De doc. igno. II, cap. 6) oder man lehnt sie ab wie Lorenzo Valla, der die K. der Substanz, Qualität und Aktion in ihrer Einheit herausstellt. J. H. J. Schneider

Lit.: HWP IV, 714–725 [H. M. BAUMGARTNER, G. GERHARDT, K. KONHARDT, G. SCHÖNRICH] – L. OEING-HANHOFF, Sein und Sprache in der Philos. des MA (Sprache und Erkenntnis im MA, hg. W. KLUXEN, 1981 [Misc. Medievalia, 13/1]), 165–178 – The Cambridge Hist. of Later Medieval Philos., hg. N. KRETZMANN, A. KENNY, D. J. PINBORG, 1982 – TH. KOBUSCH, Sein und Sprache, 1987, 329–437.

Katenen → Bibel

Katepan, Katepanat Italia, Bezeichnung für den Militärkommandanten und Gouverneur des byz. Italien und für die von ihm verwaltete Prov., Residenz in der Kapitale Bari an der Stelle der heut. Basilika S. Nicola. Der K. leitete die Prov. (Thema) »Italia«, früher »Longobardia« (heut. Apulien und Teil der heut. Basilicata). Nach anderer Auffassung wurde der Herrschaftsbereich des K. durch Vereinigung der Themen Longobardia und Kalabria und eventuell auch des Thema Lukania gebildet. Der K.at wurde konstituiert, um die Angriffspolitik des w. Ksm.s und die Ansprüche der Ottonen auf das karol. Erbe in Süditalien in Schranken zu halten. Die Prov. Italia war eines der ersten Gebiete, in denen aus militär. Gründen eine Verwaltungsreform stattfand, die allmähl. auf die anderen Themen des byz. Reiches ausgedehnt wurde: Die K.e lösten die Strategen in der Provinzverwaltung ab, effizientere Berufsmilizen (Tagmata) wurden in stärkerem Maße herangezogen als die lokalen Milizen. Der frühest belegte K. datiert in die Regierungszeit Nikephoros' II. (963–969). Bis zum Normanneneinfall begegnen in verschiedenen, meist narrativen Q. 32 K.ennamen. Bes. Bedeutung hatte der K. →Boioannes, der in seiner ungewöhnl. langen Amtszeit von 10 Jahren die →Capitanata befestigte und wiederbevölkerte. Trotz Angriffen der Araber und internen Aufständen hielt sich der K.at Italia ein Jh. lang bis zur Eroberung von Bari durch die Normannen (1071). Das Amt des K. bestand auch im norm.-stauf. Kgr. weiter als hohes lokales Verwaltungsamt mit jurisdiktionellen Kompetenzen. F. Luzzati Laganà

Lit.: F. TRINCHERA, Syllabus Graec. membranarum, 1865, 58, n. 7 – A. GUILLOU, Stud. on Byz. Italy, 1970, VIII, 10–12 – N. OIKONOMIDÈS, Les listes de préséance byz. des IXe et Xe s., 1972, 263, 265 – V. v. FALKENHAUSEN, La dominazione biz., 1978, 46–59, 85–100, passim – A. GUILLOU, L'Italia biz. dalla caduta di Ravenna all'arrivo dei Normanni (Il Mezzogiorno dai Bizantini a Federico II, 1983), 1–126.

Katharer

I. Bezeichnungen – II. Herkunft und Geschichte – III. Theologie und Glaube – IV. Kult, religiöse Praxis, Lebensführung – V. Geistesgeschichtliche Herkunft, Wertung.

I. BEZEICHNUNGEN: Die K. nennen sich selbst in der Regel 'Gute Christen/-innen' oder 'Gute Männer/Frauen'. K. ist eine Fremdbezeichnung, die zuerst in Dtl., dann auch in Italien begegnet, wo auch →Patarener üblich war. In Frkr. war →Albigenser (nach →Albi) gebräuchlich, doch dient i. a. die Genus-Bezeichnung haereticus 'Ketzer' als Bezeichnung für die Sekte der K. Der Name K., vielleicht von gr. καθαρός 'rein', benennt im chr. Sprachgebrauch ursprgl. bes. die →Novatianer. Umstritten ist, wie er zur Bezeichnung seiner ma. Träger wurde.

II. HERKUNFT UND GESCHICHTE: Die K. trennen sich in der zweiten Hälfte des 11.Jh. von den →Bogomilen und gründen eigene Ortskirchen. Um 1100 erhalten Franzosen, die mit dem Heer des I. Kreuzzuges nach Konstantinopel gekommen waren, dort eine eigene Kirche. Zw. 1100 und 1170 werden Kirchen in Slowenien/Bosnien/Dalmatien, in N- und S-Frankreich sowie im Rheinland gegründet. Ob die balkan. mit der sog. Bosn. Kirche gleichgesetzt und diese als kathar. betrachtet werden kann, ist noch umstritten.

Ab etwa 1155 faßt der Katharismus in Italien Fuß. Im Verlauf der nächsten Jahrzehnte spalten sich die dortigen K. in mehrere mit den ö. Mutterkirchen verbundene Ortskirchen, die deren Bekenntnisunterschiede übernehmen. Mit ihrem Erstarken gehen großkirchl. Gegenmaßnahmen einher (Predigten, Widerlegungsschr., bfl. und päpstl. Inquisition, ksl. und städt. Erlasse). Um 1200 spalten sich die Concorezzenser (→Concorezzo) in die Anhänger des →Nazarius und Desiderius, um 1230 die Albanenser in die des Bellesmanza und →Giovanni di Lugio. Um die Wende zum 14.Jh. finden sich nur mehr geringe Spuren des Katharismus in Italien. Die letzten erkennbaren K. leben um 1380 in Piemont und stehen mit der Bosn. Kirche in Verbindung.

Infolge der Mission durch die nordfrz. Kirche wird um 1145 eine Kirche im Rheinland gegründet. Nach weiterer Mission und der Verfolgung in der 2. Hälfte des Jh. verliert sich die Spur des Katharismus im dt. Raum mit der Inquisition des →Konrad v. Marburg um 1230.

III. THEOLOGIE UND GLAUBE: Die K. waren in versch. Bekenntnisse getrennt. Deren grundlegendes Kennzeichen ist die Annahme zweier Prinzipien (→Dualismus) oder eines Prinzips. Ihre Vertreter im it. Raum werden in der Regel Albanenser (nach einem Ort oder einer Person), Concorezzenser und Bagnolenser (nach Bagnolo S. Vito bei Mantua) genannt. Im frz. Raum sind Spuren der Einprinzipienlehre bis in die Zeit um 1220 zu finden. Diese Trennung ist wahrscheinl. um 1150/60 unter den K.n der ö. Kirchen entstanden. Grundsätzlich ist die kathar. Theologie nicht systemat., sondern heilsgesch. ausgerichtet. Ihr Hauptaugenmerk gilt der Gesch. des Gottesvolkes, also dessen Weg aus der himml. Heimat über die Verbannung in der ird. Welt zur erneuten und dauerhaften Seligkeit. Die übrigen theol. Inhalte werden um diese Mitte angeordnet.

[1] *Albanenser* (→Desenzano): Die bes. Grundgedanken der albanens. Theologie, die große Parallelen zu jener der Albigenser aufweist, sind die gegensätzl. Zweiheit und Spiegelbildlichkeit der Verhältnisse, Vorgänge und atl. Gestalten. Zwei gegensätzl., sich im Aufbau entsprechende Machtbereiche werden von Gott und Satan als den ewigen, voneinander unabhängigen Prinzipien beherrscht. Satan ist zwar der Gott der ird. Welt und des AT, gleicht aber Gott nicht in der Gottheit. Beide schaffen aus den unsichtbaren oder sichtbaren vier Elementen ihre Welten und Völker, näml. die Engel als Menschen Gottes oder die Dämonen als Engel Satans und die ird. Menschen. Die Gesch. des Gottesvolkes wird von AT und NT geschildert. Sie vollzieht sich in drei Abschnitten und beginnt mit der Verführung oder Entführung der Seelen eines Teiles des Gottesvolkes. Dabei geschieht die einzige und eigtl. Sünde, die von Gott vorherbestimmt ist und nicht aus der Willensfreiheit stammt. Während die Seelen in den Bereich Satans gelangen, bleiben ihre Geister und Körper auf der Erde Gottes zurück. Das alles geschieht vor der Erschaffung der ird. Menschen. Die gefallenen Engelsseelen dienen nunmehr einem Teil dieser Menschen als Seelen, während ein anderer von den Seelen Satans belebt wird. Jene wandern durch Menschen- und Tierkörper, bis sie in den eines K.s gelangen. K. gibt es erst seit dem Auftreten des Engels Christus auf der ird. Erde, der als Sendbote Gottes das Consolamentum, die Geisttaufe, als einziges Rettungsmittel einsetzt. Bei dessen Spendung empfängt die gefallene Engelsseele ihren Geist, den Hl. Geist, dazu den Tröstergeist, während der Hauptgeist (der großkirchl. Hl. Geist) stets im Bereich Gottes bleibt. Der Empfang dieser Taufe macht den Menschen zum Mitglied der kathar. Kirche. Stirbt der Körper eines K.s, kehrt die Engelsseele nach ihrer Bußwanderung in ihre Heimat zurück. Sie wird erneuert und nunmehr dauerhaft mit ihrem Geist und Körper verbunden; darin besteht die Auferstehung der Toten. Ist die letzte dieser Seelen heimgekehrt und damit der zu Beginn ihres Geschickes gefällte Gerichtsspruch Gottes erfüllt, ist die ird. Welt nur mehr die Hölle. Um 1230 führt Giovanni di Lugio neue Lehren ein, und um 1240 entsteht aus ihm nahestehenden Kreisen der →»Liber de duobus principiis«.

Nach den wenigen, bis auf die »Sermones adversus catharorum errores« des →Ekbert v. Schönau nicht sehr ausführl. Q. entspricht die kathar. Lehre im dt. Raum in der zweiten Hälfte des 12. Jh. der der Albanenser.

[2] *Concorezzenser:* Trotz der Trennung in den himml. und ird. Bereich nehmen die Concorezzenser nur ein Prinzip, einen wirkl. Gott an, der mit Christus und dem Hl. Geist nicht wesens-, sondern willenseins ist. Satan, ein geschaffener Engel namens Lucifer, wird nach seinem Fall zum 'Gott' der ird. Welt und des AT. Gott schafft aus Nichts seinen Bereich und dessen Bewohner, die Engel, dazu die vier Elemente, die als Grundstoff der ird. Welt dienen. Nach seiner Vertreibung aus dem Himmel und mit Gottes Erlaubnis teilt sie Satan, bildet aus ihnen die ird. Geschöpfe in ihren konkreten Gestalten und beherrscht sie. Der Mensch besteht aus einem Bestandteil Gottes, der Seele, und einem Satans, dem Körper, den die Seele wie ein Werkzeug gebraucht. Erst mit der Ankunft Christi gibt es für die Menschen die Möglichkeit durch das Consolamentum gerettet zu werden. Wer K. und damit Mitglied der Kirche Gottes wird, gelangt nach dem Tod seines Körpers und dem Endgericht in die für alle gleiche, ewige Seligkeit. Die anderen werden in der Hölle, die dann aus der Auflösung von Welt und Elementen entsteht, gleich gepeinigt.

Nazarius vertritt die älteren Auffassungen der Concorezzenser; er steht jedoch auch albanens. Vorstellungen nahe. Sein Gegner Desiderius vertritt um 1200 neue Ansichten: Christus, dem Wesen nach Gott, nimmt aus der wirkl. Frau Maria eine wirkl. Menschheit mit Körper und Seele an, lebt, handelt, stirbt und aufersteht wirkl. als Mensch; seinen Körper legt er bei der Himmelfahrt ab.

[3] *Bagnolenser:* Sie nehmen mit den Concorezzensern Gott als das einzige Prinzip an. Satan ist der 'Gott' des AT und der ird. Welt. Ein Teil der Engel sündigt vor der Weltentstehung im Himmel. Gott gießt einen Teil dieser Sünder allmähl. menschl. Körpern ein. Sie tun dort als Seelen Buße und werden gerettet. Ein anderer Teil, die Dämonen, wandert bis zum Weltende unbußfertig durch Körper. Um sie zu ersetzen, schafft Gott neue Engel, die gerettet werden, und gießt sie Körpern ein. Sie allein nehmen am Endgericht teil. Dabei wird es die gleiche Anzahl von guten und schlechten Engeln geben; nur die letzteren werden ewig bestraft. Gott sendet drei Engel in die Welt: Christus, Maria, den Evangelisten Johannes. Sie

eignen sich einen luftigen, geistigen Körper in männl. oder weibl. Gestalt an, die jeweils von einem Engel ernährt werden. Daher sind ihr Leben und Tun, bei Christus auch Kreuzigung und Auferstehung, nur scheinbar.

Eine Gruppe, die sich den Concorezzensern annähert, unterscheidet bei der Verführung Satan freiwillig zustimmende Engel, die zu Dämonen und niemals gerettet werden, von solchen, die Satan gewaltsam aus dem Himmel zieht; dazu gehören die Seelen Adams und Evas. Aus ihnen werden andere Seelen fortgepflanzt, um die Zahl der Dämonen zu ersetzen; nur sie werden gerettet.

IV. KULT, RELIGIÖSE PRAXIS, LEBENSFÜHRUNG: Die K. kennen eine Reihe von kult. Handlungen im eigtl. Sinn, daneben solche, die kult. gestaltet sind, aber eher in den Alltagsbereich gehören.

[1] *Kultische Handlungen*: Im Melioramentum, der Verehrung des Hl. Geistes im K. durch Kniebeugen oder Verneigungen, drückt der Mensch die Hinwendung zum Katharismus aus und wird so zum Gläubigen. Sachl. und im Vollzug mit ihm verbunden ist der Friedenskuß. Durch die Brotsegnung, die im Rahmen der Mahlzeit stattfindet, versuchen die K., dem Vorbild Christi zu entsprechen. Die Übergabe des Vaterunsers, durch die der Gläubige am einzigen Gebet der K. tätig teilnehmen darf, ist der vorletzte Schritt zu seiner Rettung durch das Consolamentum. In ihm wird bei der Auflegung von Evangelienbuch und Hand der Hl. Geist verliehen, wird der Gläubige zum K. Wegen der strengen Lebensweise, die sich daraus ergab, wurde es überwiegend auf dem Sterbebett empfangen. Außerdem wird in seiner Gestalt die Ordination vollzogen. Die K. gestalten ihren Tagesablauf durch Gebetszeiten, zu denen sie mehrmals das Vaterunser, verbunden mit Gebetsformeln, sprechen. Das Apparellamentum, ein monatl. Bußgottesdienst mit allg. Bekenntnis und Vergebungsformel, dient der Reinigung von den Beeinträchtigungen des ird. Lebens.

[2] *Religiöse Praxis*: Auch das Alltagsleben der K. war mehr oder weniger religiös und kult. geprägt. So gibt es einen Ritus des Grußes, der Mahlzeit, verpflichten sich Gläubige und K. in der Convenientia vertragl., das Consolamentum auch bei Sprach- und Bewußtlosigkeit des Empfängers zu empfangen und zu spenden, besteht die lebenslange Buße der K. neben drei wöchentl. Fasttagen und drei jährl. Fastenzeiten in der ständigen Enthaltung von allem, was nicht Fastenspeise sein kann, sowie von jeder Übung der Geschlechtlichkeit, gibt es v. a. im frz. Raum die Endura, ein Fasten zum Tod, und das Begräbnis von K. n. Die kathar. Ortskirchen und Gemeinden werden von Amtsträgern (Bf., Filius maior und minor, Diakon) geleitet, die bei den kult. und religiösen Handlungen den Vorsitz führen.

Aus all dem und infolge des Selbstverständnisses als einzige und wahre Kirche Christi werden die entsprechenden Gegenstücke der kath. Kirche (Kult und Sakramente) scharf kritisiert und verworfen, ebenso die Zulassung der ehel. Geschlechtlichkeit und die Ehe überhaupt.

[3] *Lebensführung*: V. a. aus Inquisitionsverfahren und dem frz. Raum stammende Q. geben Auskunft über das Alltagsleben der K.: Sie lügen, schwören und töten nicht, haben Häuser, in denen männl. oder weibl. K. unter einem/einer Oberen gemeinsam leben, sowie Herbergen für reisende Glaubensgenossen. In der Regel besuchen die männl. K. zu zweit die Gläubigen, halten sich in deren Häusern auf, predigen und vollziehen kult. Handlungen. Ihre Kleidung entspricht nach Art und Farbe der damals üblichen. Sie arbeiten in verschiedenen Handwerken (öfters erwähnt wird Weberei) und vertreiben ihre Erzeugnisse. Spenden und Vermächtnisse von Gläubigen gewährleisten ihren Unterhalt und ermöglichen einen gewissen Wohlstand der Ortskirchen.

Ranieri →Sacconi gibt 1250 die Gesamtzahl der K. mit weniger als 4000 an (Italien etwa 2550; Frankreich etwa 200; ö. Kirchen etwa 600). Diese Zahl mag vor den Albigenserkriegen und dem Wirken der Inquisition höher gewesen sein. Die Anzahl der Gläubigen war um ein Vielfaches höher. A. DONDAINE hält 100 000 in der Lombardei für wahrscheinl. Sie werden von den K.n seelsorger. betreut, gehören aber nicht zur Kirche und sind deshalb vom Heil ausgeschlossen.

V. GEISTESGESCHICHTLICHE HERKUNFT, WERTUNG: Der Katharismus stammt nicht geradlinig vom Manichäismus (→Manichäer) ab; auch ist die Vaterschaft des Paulikianismus (→Paulikianer) ungesichert und zweifelhaft. Wegen der Übereinstimmungen, aber auch der Unterschiede erscheint der Katharismus als 'reformierter' Bogomilismus, indem er sich stärker als dieser ntl. und kirchl. ausrichtet.

Die K. leiten ihre Glaubensgemeinschaft von Christus her, stützen sich in Theologie und kirchl. Ordnung auf das NT, deuten es und das AT jedoch mit Hilfe gewichtiger und folgenreicher Vorstellungen, die nicht im Sinne der bibl. Aussagen sind. Christus büßt damit seine Stellung als Erlöser ein. Das ist neben der Annahme eines bösen Prinzips wohl der deutlichste Widerspruch zur chr. Lehre. Eigtl. Glauben und Leben der K. um das Geschick der gefallenen Engel(seelen). Als deren Träger wissen sie sich als Gottesvolk mitten in einer bösen und vergängl. Welt, das seiner Rettung gewiß sein kann. In diesem Welt- und Lebensgefühl mit seinen Folgen und dieser Gewißheit besteht ihre Größe wie Tragik, ihre Anziehungskraft und ein Grund ihres Unterganges. Darin sind sie am weitesten vom Evangelium, von Glaube und Leben der Großkirche entfernt.
G. Rottenwöhrer

Bibliogr.: Zs. KULCSAR, Eretnekmozgalmak a XI–XIV. században, 1964 – H. GRUNDMANN, Bibliogr. zur Ketzergesch. des MA (1900–66), 1967 – C. T. BERKHOUT – J. B. RUSSELL, Medieval Heresies: A Bibliogr. 1960–79, 1981 – *Lit.:* A. DONDAINE, La hiérarchie cathare en Italie, APraed 19, 1949; 20, 1950 – A. BORST, Die K., 1953 – G. SCHMITZ-VALCKENBERG, Grundlehren kathar. Sekten, 1971 – G. ROTTENWÖHRER, Der Katharismus, 3 Bde, 1982–90 [mit Q.] – R. MANSELLI, Il secolo XII, 1983, 141–156, 227–246, 251–260 – G. ROTTENWÖHRER, Unde malum?, 1986, 355–543 – MARIANO D'ALATRI, Eretici e inquisitori in Italia, 2 Bde, 1986/87 – J. DUVERNOY, Le catharisme: la religion des cathares, 1989³ – DERS., Le catharisme: L'hist. des cathares, 1989².

Katharina, hl. (v. Alexandrien), Märtyrerin (Fest 25. Nov.). Die hagiograph. Überl. bietet sich in zwei Stufen dar. Zunächst entstand die Passio, die starke Verbreitung erfuhr und in zahlreiche Sprachen, ohne wesentl. Abänderung, übertragen wurde. Von ihr ausgehend, erfolgte dann weitere romanhafte Ausschmückung, die im 12.–15. Jh. in wachsende Legendenbildung einmündete.

Nach der Passio vollzog sich das Martyrium der hl. K. in folgender Weise: In Alexandrien befiehlt der röm. Ks. Maxentius unter Androhung der Todesstrafe, den heidn. Göttern zu opfern. K., eine 18jährige chr. Jungfrau, begibt sich zum Ks., um sich gegen den Gottesdienst zu wenden. Im Gespräch mit dem von ihrer Schönheit bezauberten Ks. verweist K. auf ihre hohe (kgl.) Abkunft und ihre philos. Bildung, die sie aber um Christi Willen als eitel verworfen habe. Der Ks. bietet gegen sie 50 Philosophen auf, die K. in Disput überwindet und die dem Feuertod überantwortet werden. K. selbst wird ins Gefängnis geworfen, am 12. Tag aber erneut vor Maxentius geführt, der ihr die Mitherrschaft anbietet. Als sie dies ablehnt, will der Ks. sie rädern lassen, doch die Marterinstrumente zerbrechen. Dieses Wunder führt zur Bekehrung der Ksn. und von 100 Soldaten, die daraufhin enthauptet werden. K. wird vor die Stadt geführt, spricht im Angesicht des Todes ein Gebet (Fürbitte für alle, die ihren Namen anrufen), das Gott – aus einer Wolke zu ihr sprechend – erhört. Dann wird sie enthauptet; aus ihren Wunden fließt Milch statt Blut, Engel tragen ihren Leichnahm zum →Sinai empor.

Die Passio, eines der schwächsten Werke dieser Art, bietet keinerlei hist. Anhaltspunkte. Versuche, die Historizität der Passio anhand der Kirchengesch. des Eusebius oder anderer Q.werke zu belegen, sind gescheitert. Auch archäolog. Belege fehlen (ihr Sarkophag befindet sich im Dornbusch-Katharinenkl. am Sinai in der justinian. Basilika).

Die Passio war ursprgl. höchstwahrscheinl. gr. verfaßt; der älteste schriftl. Hinweis auf K. ist allerdings in einem lat. Passional der Zeit von 840 enthaltenen (München, Bayer. Staatsbibl., clm 4554). Der früheste bekannte Verehrer der hl. K. war Paul v. Latros († 956). Im 11. Jh. erscheint ihr Name in einigen →Synaxarien. Vom 12. Jh. an wird sie allg. verehrt, nun auch im Abendland. Im 14. Jh. kam die berühmte Legende von der myst. Vermählung der hl. K. auf, nach der in einer Traumvision der frischgetauften Hl.n der Jesusknabe im Arm seiner Mutter K. den Vermählungsring an den Finger steckt und über sie die Worte der Jungfrauenweihe spricht.

Im späten MA zur populärsten Gestalt unter den →Nothelfern geworden, ist K. die Schutzpatronin der Philosophen, Advokaten, Studenten, der Wagner, Scherenschleifer, Waffenschmiede und Töpfer, der Nonnen und weibl. Religiosen, aber auch der heiratslustigen jungen Mädchen.

Die überreiche Ikonographie der – zumeist gekrönten – Hl.n (Attribute: Rad, Palme, Buch, Schwert, gekrönte männl. Figur zu ihren Füßen [Ks. Maxentius]) vereint Werke der bedeutendsten Maler. J. Dubois

Q. und Lit.: LCI VII, 289–298 – MPG CXVII, 276–301 – Bibl. hag. gr. 30 – Bibl. hag. or., 26, AnalBoll XXVI, 13–32 [arab. Passio mit lat. Übers. und Einf., ed. P. PEETERS, 5–13] – J. VITEAU, Passions des saints Ecaterine et Pierre d'Alexandrie, Barbara et Anysia, 1897, 5–23, 25–39 – Georg. Passio noch uned. – BHL, n. 1657–1666 – MOMBRITIUS, Sanctuarium, T. I, fol. 160–162 v° – Ed. Solesmes, I, 283–287 – H. VARNHAGEN, Zur Gesch. der Legende der K. v. A., 1891 – [Zur Geburt der Hl.n]: BHL, n. 1668 – Cat. cod. hag. Bibl Bruxell., II, 162–164 – [Bekehrung und myst. Hochzeit]: n. 1669, ebd., I, 105–165; t. I, 105–108 – Versch. Rezensionen (n. 1670–1674) – BHL, n. 1675–1678 [Viten] – H. KNUST, Gesch. der Legenden der hl. K. v. A., 1890 – E. WEIGAND, Zu den ältesten abendländ. Darst. der Jungfrau und Märtyrerin K. v. A., Pisciculi (Mél. DÖLGER, 1939), 179–289 – T. DA OTONE, La leggenda di S. Caterina vergine e martire, 1940.

Katharina

1. K. v. Valois, *Kgn. v. England*, * 27. Okt. 1401 in Paris, † 3. Jan. 1437 in Bermondsey Abbey, ⌐ Westminster Abbey; jüngste Tochter von Karl VI., Kg. v. Frankreich, und der Isabella v. Bayern; ∞ 1. →Heinrich V., Kg. v. England, 2. Juni 1420 (bereits 1413 vereinbart), gemäß den Abmachungen im Vertrag v. Troyes, der die beiden Kgr.e vereinigen sollte; 2. Owen →Tudor, ein walis. Knappe, der im Dienst Heinrichs V. gestanden hatte; Kinder: von 1.: →Heinrich VI., von 2.: vier Kinder (bedeutend: Edmund, Earl of Richmond, Vater von →Heinrich VII.). Nach dem Tod Heinrichs V. (31. Aug. 1422) soll K. eine Heirat mit Edmund →Beaufort beabsichtigt haben. Ihre Ehe mit Owen Tudor wurde erst nach ihrem Tod bekannt, als Owen vom kgl. Rat angeklagt wurde.

R. L. Storey

Lit.: DNB III, 1198 f. – R. A. GRIFFITHS, The Reign of King Henry VI, 1981, 60–62 – DERS.–R. S. THOMAS, The Making of the Tudor Dynasty, 1985, 25–32.

2. K. v. Aragón, *Kgn. v. England*, * 15. Dez. 1485 in Alcalá de Henares, † 7. Jan. 1536, Kimbolton Castle, Hunts., Tochter der →Kath. Kg.e, ∞ 1. (Nov. 1501) Arthur, Prinz v. Wales († 2. April 1502), ∞ 2. (Juni 1509) Heinrich VIII. Tudor, Kg. v. England (geschieden 23. Mai 1533). Von ihren Eltern zur Bekräftigung einer polit. Allianz (Vertrag v. →Medina del Campo 1489, 1499 erneuert) mit dem engl. Thronfolger verheiratet, wurde K. sieben Jahre nach dem frühen Tod ihres Gatten, mit dem sie die Ehe nicht vollzogen hatte, Gemahlin seines jüngeren Bruders, mit dem sie eine Tochter, die spätere Kgn. Maria v. England (Maria Tudor), hatte. Berühmt wurde sie durch ihre Scheidung, gegen die sie sich bis zuletzt sträubte und die nur durch die Loslösung der engl. Kirche von Rom erzwungen werden konnte. L. Vones

Lit.: J. Mª. DOUSSINAGUE, La política internacional de Fernando el Católico, 1944, 242–280 – J. D. MACKIE, The Earlier Tudors 1485–1558, 1952, 93 ff., 171 ff., 322 ff.

3. K. v. Lancaster, *Kgn. v. Kastilien*, * 6. Juni 1372/31. März 1373, Bayonne, † 2. Juni 1418, Valladolid, ⌐ Toledo, Kathedrale (Capilla de los Reyes Nuevos), Tochter von →John of Gaunt, 1. Hzg. v. Lancaster und Konstanze v. Kastilien, ∞ Heinrich III. v. Kastilien (Sept. 1388), um die Abmachungen des Vertrags v. →Bayonne zu bekräftigen. Die meist dem Rat ihrer Günstlinge folgende Kgn. erhielt erst entscheidendes polit. Gewicht, als sie nach dem Tod ihres Gatten mit ihrem Schwager Ferdinand (seit 1412 Kg. v. Aragón) 1406/07 an die Spitze des Regentschaftsrates für ihren unmündigen Sohn Johann (II.) trat. Bei der Aufteilung des Reiches in Interessenzonen infolge Uneinigkeit erhielt K. die früheren Machtzentren Altkastiliens und León. Selbst nach dem Tod Ferdinands (1416) hatte sie als einzige verbleibende Regentin mit diesen mächtigen Söhnen und diese unterstützenden Adelsparteien zu ringen. Unter dem Einfluß Pablos de →Santa María und inspiriert von den Ideen Vicente →Ferrers setzte sie in ihrem Herrschaftsbereich eine äußerst restriktive Gesetzgebung gegen Muslime und Juden durch. Ihre Unterstützung der Position Papst Benedikts XIII. und ihre anfängl. Ablehnung des Konzils v. →Konstanz waren durch ihre Feindschaft gegen Ferdinand v. Aragón bestimmt. L. Vones

Lit.: P. E. RUSSELL, The English Intervention in Spain & Portugal in the Time of Eduard III and Richard II, 1955 – J. TORRES FONTES, Moros, judíos y conversos bajo la regencia de don Fernando de Antequera, CHE II, 1961, 60–97 – L. SUÁREZ FERNÁNDEZ, Nobleza y Monarquía 1975² – J. Mª. MONSALVÓ ANTÓN, Teoría y evolucíon de un conflicto social. El antisemitismo en la Corona de Castilla en la Baja Edad Media, 1985, 158 ff., 270 ff.

4. K. v. Foix, *Kgn. v. Navarra* →Johann III. v. Albret, Kg. v. Navarra

5. K., Tochter Karls IV. → Rudolf IV., Hzg. v. Österreich

6. K. (Caterina Vigri) **v. Bologna**, hl. Mystikerin, * 8. Sept. 1413 in Bologna, † 9. März 1463 ebd. K. war ca. zehnjährig an den Hof von Ferrara gekommen, zog sich aber nach etwa vier Jahren zurück und wurde 1431 Klarissin (u. a. wirkte sie als Novizenmeisterin). Ab 1456 Äbt. im neugegr. Bologneser Kl. dieses Ordens, legte sie die Erfahrungen ihres religiösen Lebens, das durch große Demut und himml. Erscheinungen gekennzeichnet war, in it. und lat. Schriften nieder: »Le sette armi spirituali« (ed. P. PULIATTI, 1963; C. FOLETTI, 1985) für die Novizen;

»Il Breviario«, »Rosarium metricum«. Auch einige Malereien K.s sind erhalten. P. Dinzelbacher

Lit.: AASS Mart. 2, 1865, 35–89 – Bibl. SS III, 980–982 – DBI XXII, 381 – DSAM II, 288–290 – THIEME-BECKER 34, 359 – M. PETROCCHI, Storia della spiritualità it., I, 1978, 158–163 – Wb. der Mystik, hg. v. P. DINZELBACHER, 1989, 300f.

7. K. v. Gebersweiler

(Gebweiler, Guebwiller u. ä.), spätes 13./frühes 14. Jh. Seit der Kindheit Angehörige des Dominikanerinnenkl. Unterlinden zu Colmar, wirkte K. dort, möglicherweise auch als Priorin, bis zum Lebensende. Wie andere südwestdt. Frauenkl. war Unterlinden ein Zentrum der →Mystik, zu deren wichtigsten Zeugnissen die Vitae Sororum K.s gehören. Gegen Lebensende von K. nach dem Vorbild dominikan. Vitenslg. (Gerhard v. Frachet) verfaßt, bietet das 'Schwesternbuch' in Prolog und 48 Kap. eine erbaul. Darstellung des Colmarer Kl.lebens. In 42 höchst unterschiedl. und lebendigen Persönlichkeitsbildern bemüht sich K., die existentielle Vorbildlichkeit der ersten dominikan. Nonnengeneration für ihre Mitschwestern zu verdeutlichen. Bes. Beachtung finden außer den asket. Leistungen der Nonnen ihre Visionen sowie Christus- bzw. Marienerscheinungen. Tendenziell ähneln die in diesen Vitae Sororum als ältester lat. Slg. von Nonnenlebensbildern geschilderten myst. Erfahrungen den Darstellungen in den zahlreichen mhd. Dominikanerinnenviten aus dem südd. bzw. südwestdt. Raum.

D. Berg

Ed.: J. ANCELET-HUSTACHE, AHDL V, 1930, 317–509; dt. Übers. L. CLARUS, 1863 – *Lit.*: DSAM II, 348ff. – Repfont III, 208 – Verf.-Lex.² IV, 1073ff. – L. PFLEGER, Die Mystik im Kl. Unterlinden, Colmarer Jb. III, 1937 35–45 – W. BLANK (Mystik am Oberrhein, ed. H. H. HOFSTÄTTER, 1978), 25–36 – P. DINZELBACHER, Vision und Visionslit. im MA, 1981 – G. JARON-LEWIS, Bibliogr. zur dt. Frauenmystik des MA, 1988.

8. K. v. Genua

hl., * 1447, † 15. Sept. 1510, kanonisiert 1737, entstammte der genues. Adelsfamilie →Fieschi. Entgegen ihrem Wunsch, in das Kl. S. Maria delle Grazie einzutreten, wurde K. aus polit. Erwägungen mit 16 Jahren zur Heirat mit Giuliano Adorno gezwungen. Ihr Mann war nicht imstande, die Sensibilität seiner Frau zu verstehen und ergab sich zudem Ausschweifungen. K. führte ihrerseits fünf Jahre lang ein leichtfertig-mondänes Leben. Nach einer tiefen religiösen Krise lebte sie in Enthaltsamkeit und Askese, geißelte sich und pflegte Arme und Kranke. Ihr Mann († 1497) folgte in seinen letzten Jahren ihrem Beispiel. Um K. scharte sich bald eine Gruppe von Gleichgesinnten, die sich der tätigen Nächstenliebe widmete (Divino Amore). Gegen Ende ihres Lebens wurde Cattaneo Marabotto ihr geistl. Führer, auf den wahrscheinl. ein Teil des ihr zugeschriebenen »Opus Catharinianum« zurückgeht. Jedenfalls wird K. als Verf. des sog. »Dialogo« angesehen, und das gesamte Opus trägt den Stempel ihrer Lehre. Sie vertritt die Anschauung, zur Unio Mystica sei eine völlige Läuterung erforderlich. Von bes. Interesse ist ihre Vorstellung vom Fegefeuer: Obwohl ein Ort des Leidens, sind die Seelen von Freude erfüllt, weil sie sich von Gott geleitet wissen. Es verstärken sich daher paradoxerweise Freude und Schmerz, je näher der Zeitpunkt ihrer Erlösung heranrückt.

G. Barone

Ed.: Genua 1551 – *Lit.*: Bibl. SS III, 984–990 – DBI XXII, 343–345 – DHGE XI, 1506–1515 – DSAM II, 290–325 – LThK² III, 62 – Wb. der Mystik, 1989, 301ff. – L. SERTORIUS, K. v. G., 1939 – S. SPANO (Hist. des saints et de la sainteté chrétienne VII, 1986), 96–101.

9. K. v. Schweden

hl., dritte Tochter Ulf Gudmarssons und der hl. →Birgitta, * um 1332, † 24. März 1381 in →Vadstena; ∞ mit 12 Jahren Eggard v. Kyren, begab sie sich vor dem Vollzug der Ehe 1350/51 zu ihrer Mutter nach Rom, erfuhr dort vom Tode ihres Gatten. Sie blieb bei Birgitta bis zu deren Tod 1373, begleitete 1374 ihren Leichnam zur Beisetzung in Vadstena und initiierte in Fortführung des geistigen Erbes ihrer Mutter dort ein erstes Konventsleben. 1375 kehrte K. nach Rom zurück, um die Rechtslage des Birgittenordens (→Birgittiner) abzusichern. Sie erlangte am 3. Dez. 1378 von Papst Urban VI. die Approbation der Ordensregel (Regula Salvatoris) ihrer Mutter. Nach ihrer Rückkehr 1380 leitete sie als erste Vorsteherin das Kl. Vadstena (keine förml. Wahl). Vita und liturg. Offizium der hl. K. verfaßten zwei Birgittiner, Ulf Birgersson († 1433) und Johannes Benechini († 1461). Nach dem Kanonisationsprozeß 1475/77 gestattete Innozenz VIII. am 14. Juni 1488 den K.-Kult für die drei nord. Kgr.e und für die Birgittenkl.; K.s Gebeine wurden am 2. Aug. 1489 in Vadstena feierl. erhoben. Die Religiosität K.s war stärker als die ihrer Mutter klösterl. geprägt, von innerl. Charakter, weniger polit. Ihre Gestalt wurde um 1500 einigendes Band für den Orden.

T. Nyberg

Q. und Lit.: KL VIII, 345–347 – Ulf Birgersson, Vita K.e, Stockholm 1487; Neudr. 1869, ed. G. E. KLEMMING; ed. T. ANNERSTEDT, SSrer-Svec III/2, 1876, 244–263; ed. T. LUNDÉN, 1981 [mit schwed. Übers.] – G. E. KLEMMING, Hymni sequentiae et piae cantiones in regno Sueciae olim usitatae, 1885–87 [Officium] – Processus seu negocium canonizacionis B. C.e de Vadstenis, ed. I. COLLIJN, Samlingar utgivna av Svenska Fornskriftssällskapet 2/III, 1942–46 – B. KLOCKARS, Birgittas svenska värld, 1976, 95–100 – A. ANDERSSON, S. K. av Vadstena, 1981 [auch it.] – T. NYBERG, K. av Vadstena (Birgittinsk festgåva, ed. C. F. HALLENCREUTZ, 1991) [im Dr.].

10. K. v. Siena

hl., * 25. März 1347 in Siena, als 24. Kind des wohlhabenden Pelzfärbers Jacopo Benincasa und seiner Frau Lapa, † 29. April 1380 in Rom, ⌐ S. Maria sopra Minerva, ebd. Ihr nur 33 Jahre währendes Leben (kein hagiograph. Topos im Hinblick auf die Lebensjahre Jesu!) läßt sich in drei Perioden einteilen: a) die in der Familie verbrachte Zeit: K., seit früher Jugend von tiefer Religiosität geprägt, lehnte es ab, sich zu verheiraten, und zog sich in eine Kammer in ihrem Elternhaus zurück, um sich in Einsamkeit unter Fasten und auch körperl. Bußübungen dem Gebet, der Meditation und Askese zu widmen. Trotz des Widerstands der Familie, v. a. ihrer Mutter, die sie zur Aufgabe ihrer selbstgewählten Einsamkeit zwang, hielt sie an ihrer religiösen Berufung fest, die sie jedoch nicht ins Kl. führte, sondern einen Mittelweg zw. häusl. und kl. Leben einschlagen ließ: 1364/65 erwirkte sie die Aufnahme unter die Dominikanertertiarinnen (wegen ihres langen schwarzen Umhanges »Mantellate« gen.), wobei sie wegen ihrer Jugend und ihres unverheirateten Standes erst Widerstände aus den Reihen der Mantellate überwinden mußte. b) Die Zeit als »Mantellata« bezeichnet den Übergang von der vita contemplativa zur vita activa: K. widmete sich karitativen Werken der Fürsorge für die Armen und Kranken von Siena im Ospedale della Scala und im Leprosorium S. Lazzaro. Sie erkrankte dabei selbst, erlangte jedoch auf wunderbare Weise rasch ihre Gesundheit zurück. Unter der Führung ihrer Beichtväter aus dem OP vertiefte sich K.s Spiritualität, aber auch ihre Gabe, andere zu religiösem Leben anzuleiten und zu beraten. So bildete sich um sie eine »Familia«, ein Kreis von Ordensleuten und Laien, Männer und Frauen, die ihren Ratschlägen folgten und aus denen sie die Sekretäre wählte, denen sie ihre Briefe diktierte. c) K.s dritte Lebensphase ist durch ihre Kontakte zu Papst Gregor XI. geprägt. 1374 wies ihr das Generalkapitel OP →Raimund v. Capua als geistl. Führer zu, der später auch ihre Biographie verfaßte und 1380 zum Generalminister des Ordens gewählt wurde. Angeleitet von diesem gelehrten und gebildeten Dominikaner, begann K. sich für kirchenpolit. Probleme in Siena und in anderen toskan. Städten zu interessieren und nahm persönl. oder briefl. Verbindung zu verschiedenen bedeutenden Persönlichkeiten ihrer Zeit auf. Durch Raimund v. Capua kam K. mit Gregor XI. in Kontakt; 1376 reiste sie nach Avignon und wurde durch Vermittlung Raimunds vom Papst empfangen. In ihren 14 an den Papst gerichteten Briefen stehen drei Themen im Mittelpunkt: die Rückverlegung der päpstl. Kurie von Avignon nach Rom; der Aufruf zu einem Kreuzzug und die Notwendigkeit einer Kirchenreform unter dem Gesichtspunkt der Rückkehr zur moral. Reinheit und Armut der Ursprünge. In ihren Schriften drückt K. auch ihre Friedensliebe aus, u. a. bittet sie den Papst, diejenigen nicht zu verfolgen, die sich gegen ihn erhoben hatten, sondern sie durch Güte und Geduld zu gewinnen.

Der Ton ihrer Briefe ist eine Mischung aus Bitte und Aufforderung. K. ist sich bewußt, nach Gottes Gebot zu handeln, der sie ermutigt, völlig in ihrer Mission aufzugehen; sie handelt, ordnet an und klagt an als Botin Gottes, nicht als gewöhnl. Frau. Bes. mutig und energ. drängt sie auf die Reform der Kurie: v. a. müsse der Korruption eines Großteils der Hierarchie ein Ende bereitet werden und Kard.e und Klerus sollten sich mehr um die Seelsorge kümmern.

Nach ihrer Rückkehr aus Avignon (deren Zeitpunkt nicht feststeht), wandte sich K. nicht mehr an Gregor XI., der Januar 1377 in Rom eintraf. Mit seinem Nachfolger Urban VI., dessen Reformideen sie teilte, nahm K. jedoch sogleich Verbindung auf und ermutigte und unterstützte ihn nach dem Ausbruch des Schismas. 1378 begab sich K. nach Rom, wo sie knapp zwei Jahre später starb. Aufgrund vieler Wunder, die durch ihre Anrufung um Fürsprache bei Gott geschahen, wurde durch den Bf. v. Castello (Venedig), Francesco Bembo, ihr Kanonisationsprozeß eingeleitet. 1461 wurde sie unter Pius II. heiliggesprochen. Seit 1939 ist K. – neben Franziskus v. Assisi – Schutzpatronin Italiens.

In der Gesch. der ma. Kirche nimmt K. eine bes. Rolle ein, da sie – für eine Frau sehr ungewöhnlich – zur Ratgeberin von Päpsten wurde. Ihr Wirken für die Rückkehr des Papstes nach Rom ist nur mit demjenigen der hl. →Birgitta v. Schweden († 1373) vergleichbar, von der sie u. a. sowohl ihre Christus geweihte Jungfräulichkeit unterscheiden als auch eine von den Dominikanern beeinflußte Konzeption des Papsttums. Da sie zudem in ihrer ersten Vision (mit 6 Jahren) Christus im Ornat des Papstes sah, umgeben von den Hl.n Petrus, Paulus und Johannes, hat sich ihr die myst. Verbindung von Christus und Papst in die Seele eingeprägt. K. ist eine der großen Mystikerinnen des it. Trecento: ihrem Biographen zufolge erlebte sie 1367 eine myst. Vermählung mit Christus und tauschte ihr Herz mit ihm. Sie war von starker Verehrung für das Blut Christi erfüllt und wurde während ihres ganzen Lebens durch Manifestationen übernatürl. Waltens bestärkt. Zeugnis dafür geben ihre Briefe und ihr sog. »Dialogo« (»Il libro«), 1378 beendet, den sie der Überlieferung nach in einer Erleuchtung diktierte. In dieser Schrift richtet K.s Seele vier Bitten an den Herrn: um die Gnade der Buße für sich selbst; um die Reform der Kirche; um den Frieden in der ganzen Welt und v. a. zw. den Christen; und daß die Göttl. Vorsehung sich aller Menschen annehme. Die wichtigsten Q. in K.s Leben, abgesehen von ihren eigenen Werken, sind die von Raimund v. Capua 1385–89 verfaßte »Legenda maior«, die »Legenda minor« des Tomaso Caffarelli (Thomas v. Siena) aus dem Anfang des 15. Jh. sowie der »Processo Castellano« (26 Aussagen über K.s Leben und Tugenden, 1411–16) und die »Miracula« eines Florentiner Anonymus (seit 1374 im Umlauf).

E. Pásztor

Ed. und Lit.: ed. E. Dupré-Theseider, 1940; N. Tommaseo, 1970; U. Meattini, 1987⁴ – Dialogo (Il libro): ed. G. Cavallini, 1968; U. Meattini, 1975⁴ – Fontes Vitae S. Catherinae Sen. Hist. I–XX, 1936–42 – L. Zanini, Bibliogr. analit. di s. Caterina da S., 1901–50, 1971 – DBI, s. v. C. da S. [E. Dupré-Theseider] – Bibl. SS, s. v. C. da S. – Wb. der Mystik, hg. P. Dinzelbacher, s. v. – Atti del simposio internaz. Caterininano-Bernardiniano, hg. D. Maffei–P. Nardi, 1982.

Katharinental → St. Katharinental

Kathedra. Das aus dem Griech. übernommene Wort bezeichnet einen Sessel oder Stuhl mit Rücken- und Armlehnen. Im kirchl. Bereich war in altchr. Zeit (in Italien vielfach noch heute) sein Platz im Scheitel der Apsis hinter dem Altar der Domkirche, später auf der Evangelienseite des Altars. Damit werden Lehr- und Hirtenamt des Bf.s sowie seine Funktion als Richter hervorgehoben. Er allein durfte darauf sitzen. Schon im 6. Jh. ist die Bf.skirche die *cathedralis ecclesia*. Die Autorität des Papstes wird mit dem Wort umschrieben: *ex cathedra*.

Dieser hohen Bedeutung scheint es zu widersprechen, wenn die ältesten K. sehr schlicht, sogar primitiv aussehen; zum Gebrauch wurden sie mit Tüchern bedeckt. In Italien, Frankreich und Spanien blieben viele erhalten, in Deutschland nur die in Augsburg und Regensburg. Stein und Marmor sind die gewöhnl. Materialien, die der K. Dauer verleihen. Elfenbein zeichnet ganz wenige aus: die des Ebf.s Maximian in Ravenna (545–553) und die →Cathedra Petri in Rom. Dieser als Reliquie des Apostelf.en verehrte Stuhl besteht aus Eichenholzpfosten mit einem Dreiecksgiebel über der Rückenlehne. Ehemals war das Holz völlig mit Elfenbeinplatten, Silber und Gold bekleidet. In der Mitte der Rückenlehne befindet sich die Halbfigur eines Kg.s. Nach dem Vorbild der K. Petri schmückte man im 11./12. Jh. die Bf.sthrone im Umkreis Roms mit ebensolchem Dreiecksgiebel, mit Reliefs und auch mit Steininkrustationen. Darüber hinaus ahmte man die Holzkonstruktion in Marmor nach (Monte Sant'Angelo, Canosa, Bari), ebenso in Canterbury. Sehr oft ruhen zwei Löwen auf oder unter den Armlehnen. Ein Holzsitz des 12. Jh. ist in Italien nur in Montevergine erhalten. Weil hieran chr. Symbole fehlen, war er ursprgl. vielleicht ein Herrschersitz. Dasselbe ist von mehreren Stühlen bzw. Bänken des 11.–13. Jh. zu vermuten, die aus kleinen Kirchen Schwedens und Norwegens stammen und Bf.sstühle gen. werden, u. a. in Husaby und aus Kungsåra in Statens Historiska Mus. Stockholm. Jedoch ihr geschnitzter oder gedrechselter Dekor gibt darüber keinen Aufschluß. Die gen. Orte waren Kg.shöfe; sie liegen an dem Weg, den ein neu gewählter Kg. Schwedens bereiste, um die Huldigung der Landesteile zu empfangen (Eriksgata).

Auf Reisen benutzten die Bf.e einen →Faltstuhl. In Miniaturen und auf ihren Siegeln sind sie vielfach dargestellt, wie sie auf einem solchen thronen, aber auch auf Kastensitzen ohne Lehnen. Das beweist, daß im MA der Faltstuhl (wie schon in der Antike) als ein amtl. Sitz angesehen wurde. Bis ins hohe MA wurde er Äbten und gelegentl. auch Äbt.nen nur als bes. Privileg zugestanden. Normalerweise hatten diese im →Chorgestühl den vom Altar aus gesehen ersten Platz oder den in der Mitte, dem Altar gegenüber. Ein Baldachin, der seit Beginn der Gotik viele Chorgestühle und die Dreisitze der Liturgen bekrönt, wurde gelegentl. auch der K. hinzugefügt, aber erst in der NZ allgemein Sitte. – Vgl. auch →Synthronon.

H. Appuhn (†)

Lit.: LThK VI, s. v. – RDK II, s. v. Bf.sstuhl – TH. KLAUSER, Die K. im Totenkult, 1927 – W. KARLSON, Studier i Sveriges Medeltida Möbelkonst., 1928 – A. GRABAR, Trones episcopaux du XIe et XIIe s. en Italie Méridionale, Wallraf-Richartz-Jb. XVI, 1954, 7f. – W. F. VOLBACH, Frühchr. Kunst, 1958 (Taf. 226-235 K. des Ebf.s Maximian) – M. MACCARONE, A. FERRUA, P. ROMANELLI, P. E. SCHRAMM, La Cattedra Lignea di S. Pietro in Vaticano (Atti d. Pontif. Accad. Rom. Archeol. Ser. III, Memorie X, 1971) – H. APPUHN, Beitr. zur Gesch. des Herrschersitzes im MA, I. T.: Gedrechselte Sitze, Aachener Kunstbll. 48, 1978/79, 25f. [Husaby].

Kathedrale → Kirchenbau

Kathedralkloster, -priorat (in England und Wales). Im Vergleich zum Kontinent (→Bischof, Bistum, →Bischofsstadt, →Kirche) war die Zahl der Kathedralkirchen in England gering. Zw. 1133 und 1540 gab es nur 17 Diöz. im Kgr. England, was zur Folge hatte, daß die Mutterkirchen dieser Diöz. eine herausragende Stellung einnahmen. Sie verfügten über ein großes Kirchenvermögen, traten architekton. bes. hervor und waren geistl. Zentren. Die Existenz von bfl. Kathedralen im spätröm. Britannien konnte nicht nachgewiesen werden. Eine einheitl. Verteilung von christl. Kathedralkirchen erfolgte erst unter Gregor d. Gr., der zur Bekehrung den hl. →Augustinus (Augustine) nach England entsandte und ihn 601 beauftragte, zwölf Bf.e zu weihen, die dem Metropoliten v. London unterstellt wurden, zusätzl. für zwölf weitere Kathedralen, die dem Ebf. v. York (oder Eboracum) subordiniert waren. Doch erwies sich Gregors Versuch, 26 Kathedralen in England einzurichten, als zu ehrgeizig, bes. im N. Einige der bereits im 7. Jh. existierenden Kathedralgemeinschaften bestanden nur kurze Zeit (→Hexham, 678-821; →Ripon, um 666-679), während andere Störungen unterworfen waren oder verlegt wurden (so die Gemeinschaft des hl. →Cuthbert v. →Lindisfarne [635] nach →Chester-le-Street [883], dann nach →Durham [i. J. oder um 995]). Obwohl der Besitzerwerb bei vielen bedeutenden ags. Kathedralen durch erhaltene Urkk. gut dokumentiert ist, fehlt es an Q. zur Entwicklung der Kathedralgemeinschaften (so z. B. in →York) während der ersten zwei Jahrhunderte nach der Ankunft der Normannen. Gesichert ist jedoch, daß die Kathedralen von →Canterbury, →Winchester und →Worcester zu den wichtigsten Zentren geistl., kulturellen, künstler. und kirchl. Lebens in den Jahren vor der norm. Eroberung gehörten.

Eine Veränderung begann für die Kathedralkirchen unter Kg. Wilhelm I. und Ebf. →Lanfranc v. Canterbury. Festzustellen ist, daß sich Zahl und Sitz der Kathedralen für das restl. MA nicht mehr veränderten. Nach 1133, als noch das Bm. →Carlisle gegr. wurde, gab es 19 Kathedralkirchen im Kgr. England, zusätzl. vier in Wales (→Bangor, →Llandaff, →St. Asaph's und →St. David's). An den engl. Kathedralen übten in →Chichester, →Exeter, →Hereford, →Lichfield, →Lincoln, →London, →Salisbury, →Wells und York Säkularkanoniker, in →Bath, Canterbury, →Coventry, Durham, →Ely, →Norwich, →Rochester, Winchester und Worcester Benediktiner und in Carlisle Augustiner-Chorherren den geistl. Dienst aus. Eine engl. Besonderheit stellte im Gegensatz zum übrigen christl. Abendland der hohe Anteil an Kathedralkapiteln mit monast. Kommunitäten dar, ein Zeugnis für das hohe Ansehen der →Benediktiner im 10. und 11. Jh. in England. Kathedralpriorate wie Canterbury und Durham waren die bedeutendsten Kl. bis zu ihrer Auflösung im 16. Jh. Fast ununterbrochen konnten sie eine tatsächl. Kontrolle über ihre Kathedralen, sogar gegen ihre Bf.e und Titularäbte, ausüben.

Seit dem 13. Jh. gehörte zu fast allen Kathedralkapiteln mit säkularen Kommunitäten eine große Zahl von Kanonikern (York hatte z. B. 36), an deren Spitze *dean, treasurer, precentor* und *chancellor* standen, die jedoch – ebenso wie die meisten Kanoniker – wegen ihrer Verwaltungstätigkeit im Dienste der Krone nur selten anwesend waren. Zahlreiche Chorvikare versahen an ihrer Stelle den Gottesdienst in der Diöz. Die anderen, v. a. die Verwaltung betreffenden Aufgaben verblieben in der Hand einer kleinen Gruppe von präsenten, sehr einflußreichen Kanonikern. Die engl. Kathedralen waren bis ins 16. Jh. (trotz zunehmender Kritik) innerhalb ihrer Diöz. sowohl Zentren für Rechtsprechung und Verwaltung als auch religiöse Mittelpunkte für Wallfahrten und die Darstellung des opus Dei.
R. B. Dobson

Q.: H. WHARTON, Anglia Sacra, 2 Bde, 1691 – W. DUGDALE, Monasticon Anglicanum, ed. J. CALEY, H. ELLIS, B. BANDINEL, 6 Bde, 1817-30 – H. BRADSHAW – CH. WORDSWORTH, Statutes of Lincoln Cathedral, 2 Bde, 1892-97 – *Lit.*: A. HAMILTON THOMPSON, The Cathedral Churches of England, 1925 – M. D. KNOWLES, The Monastic Order in England, 943-1216, 1940, 1963 – DERS., The Religious Orders in England, 3 Bde, 1948-59 – K. EDWARDS, The English Secular Cathedrals in the MA..., 1949 – R. B. DOBSON, Durham Priory, 1400-1450, 1973 – A Hist. of York Minster, hg. G. E. AYLMER – R. CANT, 1977 – R. MORRIS, Cathedrals and Abbeys of England and Wales, 1979 – N. BROOKS, The early Hist. of the Church of Canterbury, 1984 – N. ORME, Exeter Cathedral As it Was, 1050-1550, 1986.

»Katherine«-Gruppe (Meidenhad-Gruppe), Slg. von fünf frühme., größtenteils auf lat. Q. beruhenden Texten in kunstvoller alliterierender Prosa (→Alliteration, C.III), überliefert in Hs. Oxford, Bodleian Libr., Bodley 34 und zwei weiteren Hss. Die Texte entstanden wohl um 1200 im w. Mittelland (Herefordshire), wahrscheinl. am gleichen Zentrum wie die →»Ancrene Riwle«; ob sie von einem oder mehreren Autoren stammen, ist unsicher. Die K.-G. umfaßt drei Heiligenlegenden (Katharina, Margarete, Juliana; vgl. →Hagiographie, B. VII[2]), den Traktat »Hali Meiðhad« ('Hl. Jungfräulichkeit') und die →Allegorie »Sawles Warde« ('Hüter der Seele'), die den Menschen als Haus darstellt, in dem die Seele wohnt, und das von guten und bösen Geistern umkämpft wird. Die Texte sind als Erbauungslit. (Predigtlegenden) für Nonnen und Reklusinnen geschrieben und preisen v. a. die →Jungfräulichkeit und die Hinwendung zu Christus als dem himml. Bräutigam; »Hali Meiðhad« zeichnet als Kontrast zu den Freuden der Jungfräulichkeit ein drast. Schreckbild von der ehelichen Mühsal.
H. Sauer

Bibliogr.: NCBEL I, 523-526 – Manual ME 2. V., 1970, 597ff. [Nr. 154, 157, 184] – ME Prose, hg. A. S. G. EDWARDS, 1984, 1-25 – *Faks.*: N. R. KER, Facs. of MS. Bodley 34, EETS 247, 1960 – *Ed.*: F. M. MACK, Seinte Marherete, EETS 193, 1934 – S. T. R. O. D'ARDENNE, ðe Liflade ant te Passiun of Seinte Iuliene, 1936 EETS 248, 1961 – J. A. W. BENNETT – G. V. SMITHERS, Early ME Verse and Prose, 1968² [u. ö.], Nr. XIX [Sawles Warde] – S. T. R. O. D'ARDENNE, The K.-Group, 1977 – DIES. – E. J. DOBSON, Seinte K., EETS SS 7, 1981 – B. MILLETT, Hali Meiðhad, EETS 284, 1982 – *Lit.*: T. WOLPERS, Die engl. Hl.nlegende des MA, 1964, 177-186 – R. M. WILSON, Early ME Lit., 1968³, 117-128 – J. A. W. BENNETT, ME Lit., hg. D. GRAY, 1986, 275-291.

Katholikos, Titel, Bedeutung vielleicht 'allgemeiner Bf.', seit dem 4. Jh. für die Kirchenoberhäupter in den Staaten ö. des Röm. Reiches (Armenien, Georgien, kaukas. Albanien, Sāsānidenreich) gebraucht. Im 4. und 5. Jh. entsprach die Rangstellung der K.i etwa der von Ebf.en und Metropoliten. In späteren Jahrhunderten konnten die K.i v. Armenien und Georgien die Autokephalie und uneingeschränkte Jurisdiktion erringen (Zusatz 'Patriarch'), während der K. des kaukas. Albanien wohl immer dem arm. K. unterstand.

Anders lagen die Dinge in der ostsyr. Kirche des Sāsānidenreiches, die nie dem Bf. v. Antiocheia unterstand.

Doch spielte bei der Errichtung einer hierarch. Ordnung unter K. Isaak (Synode v. Seleukeia-Ktesiphon 410) der Einfluß w. Bf.e eine wichtige Rolle (Mārūtā v. Maiperqat). Die Synode von 424 verbot aber Appellationen an die byz. Reichskirche und untersagte den Bf.en, über den K. zu richten oder seine Anordnungen in Frage zu stellen. Dieser hatte das Recht, die Metropoliten und Bf.e zu ernennen und die innerkirchl. Grenzziehung und die liturg. Ordnung zu bestimmen. Seit 544 führte er den Patriarchentitel. Der arm. K. unterstand ursprgl. dem Ebf. v. Kaisareia, von dem er auch geweiht wurde. Die Teilung Armeniens zw. Rom und dem Sāsānidenreich (384) und die langwierigen Kämpfe zw. Armeniern und Persern (bis 485) unterbrachen die Verbindungen zu Kaisareia und führten in der 2. Hälfte des 5. Jh. zur Autokephalie der arm. Kirche.

Das georg. Katholikat wurde erst zw. 472 und 482 vom monophysit. Patriarchen Petros Gnapheus v. Antiocheia eingerichtet. 608/609 brach die georg. Kirche mit dem Monophysitismus. Ca. 140 Jahre später verlieh ihr der gr.-orth. Patriarch v. Antiocheia, Theophylakt (744–751), die Autokephalie. Melchisedek I. (1012–45) nannte sich dann 'K.-Patriarch'.

Wohl nach 540 wurde für die Melkiten im Sāsānidenreich ein Katholikat in Weh-Antioch-i Chusro bei Ktesiphon eingerichtet. Diese Melkiten wurden 762 nach Chorasan und Transoxanien umgesiedelt, wo der K. v. Romagyris vielleicht zunächst in Taschkent und später in Merw residierte. 970 errichtete der gr.-orth. Patriarch Christophoros v. Antiocheia für die Melkiten Bagdads das Katholikat Eirenopolis. K.-P. Todt

Lit.: F. HEILER, Die Ostkirchen, 1971, 52f., 303f., 307, 315–377 – Kleines Wb. des or. O.s, 1975, 162–164 – J. NASRALLAH, L'Église melchite en Iraq, en Perse et dans l'Asie centrale, Proche-Orient Chrétien 25, 1975, 135–173; 26, 1976, 16–33, 319–353 – C. D. G. MÜLLER, Gesch. der oriental. Nationalkirchen (Die Kirche in ihrer Gesch. I, 1981), 268–367 – A. A. AKOPJAN, Albanija-Aluank v grekolatinskich u drevnearmjanskich istocnikach, 1987, 124–142, 277.

Katholische Arme → Pauperes catholici

Katholische Könige, 1494 von Papst Alexander VI. Ferdinand v. Aragón und Isabella v. Kastilien als Anerkennung für die Eroberung des maur. Granada verliehener Ehrentitel, wurde schon in der Zeit und dann in der Historiographie zum glorifizierenden Beinamen für beide Herrscher und zum epochenprägenden Begriff. Mit Philipp II. bürgert sich die Bezeichnung 'kath. Kg.' und 'kath. Monarchie' für die span. Kg.e bzw. für Spanien allg. in Europa ein.

Ungeachtet der Titelverleihung war die Iber. Halbinsel ausgangs des 15. Jh. noch nicht das kath. »Musterland« Europas, zu dem es sich erst im Verlauf der Gegenreformation entwickelte. Christentum, Islam und Judentum prägten die Region noch stark am Ausgang des MA. Es waren jedoch die K.K., die die Religion zu einem Instrument ihrer Einigungspolitik erhoben. Mit der Reform von Kirche und Klerus, der Wiedererrichtung der Inquisition unter staatl. Kontrolle zur Sicherung chr. Rechtgläubigkeit gegenüber unter dem Mantel des Christentums weiterlebenden jüd. und islam. religiösen Bräuchen und Glaubensvorstellungen, der Vertreibung nicht bekehrungswilliger Juden und der Zwangsbekehrung der Mauren suchten die Begründer des modernen Spanien die religiös-kulturelle Homogenität ihres Reiches zu verwirklichen, womit sie zugleich zahlreiche Elemente der Politik des Zeitalters der Religionskriege vorwegnahmen. Ungeachtet dieser Religionspolitik tolerierten die K.K. ein breites Spektrum spätma. innerchr. religiöser und theol. Strömungen. Mit der Eroberung der Kanar. Inseln (seit 1478) und der Expansion in Amerika (seit 1492) förderten die K.K. zunehmend auch die chr. Mission unter ihren neuen heidn. Untertanen mit dem Ziel, diese zu chr., sprich europ. Lebensweise zu erziehen, um sie zu jurist. gleichberechtigten Untertanen der kast. Krone zu formen. Auch hier wurden Zwangsmittel eingesetzt, indem die K.K. gestatteten, sich nicht der Mission öffnende Heiden zu versklaven.

Ungeachtet dieser vielfältigen, in die Zukunft weisenden religiös-kirchl. Aspekte bildete die Religionspolitik nicht den entscheidenden Grundzug der Herrschaft der K.K. Im Vordergrund standen vielmehr die Wiederherstellung der inneren Ordnung in den von Bürgerkriegen und sozialen Spannungen heimgesuchten Teilreichen durch zahlreiche administrative, wirtschafts-, finanz- und sozialpolit. Maßnahmen von großer Tragweite, die Stärkung der kgl. Autorität und eine weit ausgreifende, auf die Eindämmung Frankreichs, die Sicherung span. Einflusses in Italien und dem w. Mittelmeer und die maritime Abwehr des türk. Vordringens durch den militär. Erwerb nordafrikan. Stützpunkte gerichtete Außenpolitik. Die in Verfolgung dieser außenpolit. Ziele betriebene Heiratspolitik führte schließlich zu der unerwünschten habsb. Thronfolge, die das nunmehr dynast. geeinte Spanien zur europ. Vormacht im 16. und der ersten Hälfte des 17. Jh. aufsteigen ließ, gleichzeitig aber die Kräfte des Landes überforderte und die innere Entwicklung des Staates verhinderte. H. Pietschmann

Lit.: J. PEREZ, Isabelle et Ferdinand. Rois Catholiques d'Espagne, 1988.

Katlenburg, Gf.en v. Seit 997 sind die Brüder Heinrich und Udo als Gf.en v. K. nachweisbar, die, da Luder-Udo v. Stade († 994) als ihr Vater gilt, wohl einer Seitenlinie der Stader Gf.en entstammten. Sie nannten sich nach der im s. Niedersachsen gelegenen K. (Krs. Northeim), wo sie seit Anfang des 11. Jh. Sitz genommen und im Leine- und Vorharzgebiet einen größeren Herrschaftsbereich aus Komitats- und Vogteirechten sowie Allodialbesitz geschaffen hatten. Die Eigengüter lagen v. a. im Gau Hemmerfelden, im Lis- und Rittigau und damit in dem Gebiet an der oberen Leine, in dem die K. er auch die Gf.enrechte ausübten. Bes. Bedeutung für die Herrschaftsbildung gewann das Eigengut in →Einbeck (damit verbunden Forstrechte im Harz); ztw. nannten sich die K.er auch 'comes de Embeke'. Während Dietrich II. auf dem Einbecker Grundbesitz um 1080 das Chorherrenstift St. Alexandri gegründet hatte, stiftete sein Sohn Dietrich III., mit dessen Tod 1106 das Geschlecht in der vierten Generation ausstarb, 1105 auf dem Stammsitz K. ein Augustinerkl. Der k.ische Besitz kam im Erbgang an die Welfen. E. Plümer

Lit.: R. SCHÖLKOPF, Die Sächs. Gf.en 919–1024 (Stud. und Vorarb. zum Hist. Atlas Niedersachsens 22, 1957), 126ff. – H. W. VOGT, Das Hzm. Lothars v. Süpplingenburg 1106–25 (Q. und Darstellungen zur Gesch. Niedersachsens 57, 1959), 39ff., 55ff., 69ff. – H.-J. WINZER, Die Gf.en v. K. 999–1106 [Diss. Göttingen 1974].

Katoptrik → Optik

Katze. Die aus Texten, ikonograph. Zeugnissen und durch Mumien bekannte K. des alten Ägypten verbreitete sich unter dem Namen 'felis' in den ersten Jahrhunderten unserer Zeit im W des röm. Reiches.

Die häufige Erwähnung im frühma. Irland, Wales und Schottland legt nahe, daß die K. auch dort verbreitet war, wohl unter dem Namen 'catos, cattus'; als Mäusefänger hieß die K. (auch die Wildk. oder der Luchs) auch 'muriceps' (murilegus, musipulus, musio; pilax). Nach archäolog. Unters. stellt sich die K. seit dem 6./7. Jh. als kleinwüchsiges Tier von geringer Lebenserwartung dar, das wohl in Gruppen streunte und sich bisweilen mit der Wildk. paarte. Die vor der Mitte des 12. Jh. seltenen ikonograph. Darst.en (Book of Kells; Cassineser Hrabanus Maurus, 1023) zeigen – wohl in antiker Tradition – dagegen entweder robuste Tiere mit aufrecht gestellten Ohren oder aber kleine, unscheinbare Exemplare, oft ohne Schnurrbart, mit vielfältiger Fellzeichnung.

Die seit dem europ. FrühMA bekannte K. stammt nicht von der Wildk. (Felis sylvestris Schreiber) ab, sondern von der im w. Europa in beschränkter Anzahl verbreiteten ägypt. K. (Felis lybica Forster), deren Nachkommen im Umkreis von Ansiedlungen lebten, als natürl. Feind der Mäuse (und Schlangen) im Haus und z. T. auf Schiffen (Schottland) geduldet. Die Wirtschaftsentwicklung seit dem 11. Jh. (Getreidelagerung und -handel) machte verstärkt den Einsatz von K.n zur Mäusebekämpfung erforderlich. Auch erscheint die K. gelegentl., bes. in Kreisen des Mönchtums, als geliebtes Haustier; vgl. z. B. das ir. Gedicht über die weiße K. 'Pangur Ban' (9. Jh.), die K. des Eremiten (in Versionen der Vita Gregors d. Gr., spätestens seit 874) oder die K. des Eadmer, Schülers des hl. Anselm. Im theol. Denken vermag die K. positive Züge zu verkörpern (Vergleich der nach Mäusen jagenden K. mit dem nach Erkenntnis strebenden Menschen; Blick der K., der das Dunkel durchdringt). Gelegentl. werden K.n zu Füßen von Maria sitzend dargestellt (Lochner). Die Volksüberlieferung kennt die K. als Glücksbringer (Gesch. des Richard →Whittingdon; später Märchennovelle vom Gestiefelten Kater).

Chroniken, Bußbücher, später Bestiarien – im Physiologus kommt die K. nicht vor –, Buchmalerei vermitteln dagegen ein negatives Bild. Die K. gilt als unbezähmbar, grausam, aggressiv, wollüstig, träge, gefräßig, heuchlerisch, undankbar. Dieses Bild, das die traditionelle Interpretation von Verhaltensweisen der K. (nächtl. Jagd, Liebesschreie, starrer Blick, durch K.nfell erzeugte Allergie) widerspiegelt (z. B. in den naturkundl. Enzyklopädien von Thomas v. Cantimpré 4, 76 = Vinzenz v. Beauvais 19, 92, verkürzt bei Thomas III, ed. BRÜCKNER, und Konrad v. Megenberg III. A. 51) und dem mag.superstitiöse Praktiken korrespondieren, zeigt, wie sehr die K. eine Zwischenstellung zw. dem Menschl. und Tier. einnahm. Die ambivalente Haltung der K. gegenüber ist wohl in der Tatsache begründet, daß sie, um nützl. zu sein, ihre Natur des wilden, jagenden Tieres wahren muß und den vom Menschen geschätzten Gehorsam vermissen läßt. Ist die K. bei Wilhelm v. Aquitanien »mal et félon«, so ist sie andererseits ein Tier, das der bäur. Sphäre der 'vilain' angehört, der verachteten Mäusejagd obliegt und dessen Fell nur von sozial Niederen getragen wird. In ihrer vermeintl. Lüsternheit und Verschlagenheit steht sie auch für das (negative) Bild der →Frau und repräsentiert in einer von männl. (adligen, kirchl.) Werten geprägten Kultur das Verabscheuungswürdige schlechthin. Das ambivalent-dämon. Bild der K. gewinnt seit dem HochMA eine neue Dimension. Das dämon. Tier, das bei Paulus v. StPère de Chartres sexuelle Orgien von Häretikern anführt, wird von Walter Map um 1180 mit einer großen schwarzen K. identifiziert. Wilhelm v. Auvergne oder Papst Gregor IX. assoziieren sie mit Luzifer (→Teufel). Schon kurz zuvor hatte u. a. Alanus ab Insulis die Begriffe 'Katharer' und 'catus' einander angenähert. Die Vorstellung, daß bei satan.-orgiast. Kulten ein K.nidol präsent sei, tritt nicht nur in der Buchmalerei auf, sondern wird auch im →Templerprozeß (1308-11) angeführt – charakterist. Verklammerung von gelehrt-kirchl. und volkstüml. Traditionen und Ängsten. Seit dem 14.-15. Jh. zunehmend der Sphäre der Hexerei (→Hexe) zugewiesen, hat die K. hier v. a. die Funktion des weibl. Tieres, deren Gestalt die Hexen vermeintl. annehmen.

Volksmed. bietet nur für die Wildk. nach Ps. Rhazes cap. 31 Albertus Magnus, animal. 22, 41. R. Delort

Q.: →Albertus Magnus, →Thomas Cantimpratensis, Lib. de nat. rer., T. I, ed. H. BOESE, 1973 – A. BRÜCKNER, Q. stud. zu Konrad v. Megenberg [Diss Frankfurt/M. 1961] – Konrad v. Megenberg, Das Buch der Natur, ed. F. PFEIFFER, 1861 [1961] – *Lit.*: R. DELORT, Les animaux ont une hist., 1984, 321–352 – L. BOBIS, Contribution à l'hist. du chat dans l'Occident médiéval: éd. crit. des sources [Thèse, École des Chartes, 1990; Q., Lit.].

Katze, Begriff aus der ma. Belagerungstechnik (→Antwerk). Ein aus Holzbrettern oder Weidenrutengeflecht hergestellter seitl. offener oder geschlossener Unterstand, häufig auch auf Rädern, unter dessen Schutz sich Angreifer mit ihrem Belagerungsgerät (→Widder) der Mauer oder dem Tor des belagerten Objekts nähern konnten.

Lit.: B. RATHGEN, Das Geschütz im MA, 1928. E. Gabriel

Katzenelnbogen, Gft. Die Herrschaftsbildung gründete sich anfänglich auf Vogteien der Kl. Prüm, Siegburg und Bleidenstadt sowie des Ebm.s →Mainz im Gebiet südl. der Lahnmündung. Namengebend wurde die um 1095 erbaute Burg K. (Rhein-Lahn-Kreis). St. Goar und Braubach wurden wichtig, wo die K.er als Untervögte der Gf.en v. Arnstein aufstiegen. Nach vorübergehendem Auftreten im Kraichgau als Anhänger Kg. Konrads III. wurden Stellungen an der Bergstraße, im Odenwald und im Ried aufgebaut. Die Landesherrschaft gliederte sich fortan in die Nieder- und die Obergft.

In erstaunlich zielstrebiger Kombination von Heiratspolitik, Kauf und Pfand, aber auch krieger. Aktivität erweiterten die Gf.en ihren Besitz im Rheingental, auf dem Hunsrück, an der Lahn und im Taunus.

In der Obergft. wurde stetig die innere Konsolidation betrieben. Aus der Niedergft. griff man auf Kosten fast aller Nachbarn in den Westerwald und in die Wetterau aus. Auf Verpfändungen der geistl. Kfs.en beruhen die Erfolge einer Rheinzollpolitik, die das Haus K. zu einem der finanzstärksten Mächte aufsteigen ließ. Grundzug des polit. Verhaltens der Gf.en blieben seit der Stauferzeit Reichsdienstleistungen für alle Kronträger. Verwaltungssitze waren Burgen mit einem dem Grafenhaus eigenen Baustil. Nach dem Erlöschen des Hauses 1479 fiel die Gft. an die →Landgft. Hessen, die dies wertvolle Erbe in Kämpfen mit allen Nachbarmächten erst im Frankfurter Frieden v. 1557 sicherte. A. Gerlich

Q. u. *Lit.*: K. E. DEMANDT, Reg. der Gf.en v. K. 1060-1486, 4 Bde, 1953-57 – DERS., Die Anfänge des K.er Grafenhauses und die reichsgeschichtl. Grundlagen seines Aufstieges. NassA 63, 1952, 17–71 – DERS., Die letzten K.er und der Kampf um ihr Erbe, ebd. 66, 1955, 98–132 – B. DIESTELKAMP, Das Lehnrecht der Gft. K. im 14. und 15. Jh., 1980.

Kauen → Kaunas

Kauf, -recht. Als Umsatzgeschäft Ware-Geld urspgl., auch sprachl., nicht immer deutl. vom Tausch zu unterscheiden, gab es den K. im Rahmen des →Fernhandels, sehr früh auch innerhalb der Gemeinwesen. Die frühma. Rechtsq. geben über den K. von Grundstücken wie auch von Fahrnis (häufig Sklaven) nur bruchstückhaft Auskunft. Dem damals üblichen Bargeschäft entspricht es, daß man den K. erst mit vollzogener Übereignung sowie Gegenleistung (Zahlung) als geschlossen angesehen hat. Einige →Leges gehen von einer Beurkundung aus. Teils wird deren Notwendigkeit ausdrückl. betont – sie beweist dann auch die Zahlung –, teils soll deren Fehlen nicht schaden, wenn Zahlung geleistet ist. Auch das im Einflußbereich des westgot. Rechts noch gebräuchl. spätantike Angeld (→Arra) war nicht imstande, eine Ausnahme von dem allg. Grundsatz zu begründen, daß man erst nach dem Austausch beider Leistungen von einem perfekten K. auszugehen hat. Das andere Problem, mit dem sich eine Gruppe von Leges beschäftigt, ist der unberechtigte Verkauf einer fremden Sache. Hier geht es – erkennbar in Anlehnung an spätantike Vorbilder – um die Rechte des Käufers gegenüber dem Verkäufer, wenn die Sache vom Eigentümer beansprucht wird und an diesen bei nicht geleisteter oder nicht erfolgreicher →Gewährschaft herausgegeben werden muß. Die hier anzutreffende Unterscheidung zw. bösgläubigem und gutgläubigem Verkäufer zeigt, wie sehr man das Ganze als deliktisch ansah. So ist auch die Buße verständl., die der unberechtigte Verkäufer an den Eigentümer entrichten soll. Im übrigen sind wir über – unterschiedliche – Ausgestaltungen des frühma. K.s aus Formularen und Urkk. unterrichtet. Dies gilt insbes. für Verkäuferpflichten wie etwa die Übernahme der Haftung für Sachmängel oder die Pflicht, Gewährschaft zu leisten.

Mit der Entstehung des städt. →Marktes, der Zunahme der →Geldwirtschaft und des Fernhandels, einer Verbesserung des prozessualen Schutzes, aber auch dem Einfluß des gelehrten Rechts hat die Weiterentwicklung des ma. K.rechts neue Anstöße erhalten. V. a. das kaufmänn. geprägte →Stadtrecht trug dem Bedürfnis Rechnung, daß ein K. auch ohne Erbringung irgendeiner oder einer einseitigen Vorleistung verbindl. sein muß. Erleichtert wurde das durch die Verwendung oft schon älterer Abschlußformalitäten wie der wadia in Oberitalien, der Erklärung vor Gericht, Gastung, Weinkauf und Gottespfennig. Die gelehrten Juristen konnten hier an das röm. Recht anknüpfen, nach denen bloßer Konsens genügt, vermochten sich jedoch nicht darüber zu einigen, ob dem Käufer bei Nichtleistung durch den Verkäufer bloß Schadensersatz zusteht oder aber, wie sich das in der spätma. Praxis auch durchsetzte, die Erfüllungsklage. Unvermeidl. war jetzt eine Stellungnahme zur Frage des Preiszahlungsrisikos bei Untergang oder Verschlechterung der Sache (Preisgefahr) nach Abschluß des K.s. Grundsätzl. traf es bis zur Übergabe der K.sache (→Auflassung, →Besitz, →Gewere) den Verkäufer; die röm. rechtl. Regel »periculum est emptoris«, wonach das Preiszahlungsrisiko mit Abschluß des K.s grundsätzl. auf den Käufer übergeht, wurde nur vereinzelt rezipiert. Im besonderen Fall des Versendungskaufs, v. a. über See, gab es keine einheitl. Lösung. Die Zunahme von K.en auf dem Markt und das Bedürfnis, diesen zu fördern, führte bei unberechtigtem Verkauf durch den Nichteigentümer zu einem verstärkten Käuferschutz. Weil hier der Verkäufer oft unbekannt oder nicht mehr erreichbar war und daher nicht zur Gewährschaft herangezogen werden konnte, war der Käufer häufiger dem Diebstahlsvorwurf ausgesetzt (→Anefang). Zur Reinigung davon genügte ihm jetzt zunehmend der Eid, auf dem Markt erworben zu haben. Die K.sache selbst mußte er freilich wie bisher dem Eigentümer herausgeben. Günstiger war es für ihn, wenn er nur gegen Erstattung des K.preises herausgeben mußte (sog. Lösungsrecht). Die im frühma. Recht nur im Zusammenhang mit dem Viehkauf nachweisbare Regel, daß der Verkäufer allenfalls für zur Zeit des Abschlusses unentdeckbare Mängel haftet, setzt sich jetzt allg. durch. Doch kamen dem Käufer jetzt die Qualitätsnormen des Handwerks- und Marktrechts zugute. Zur weiteren Ausgestaltung der Sachmängelhaftung trug längerfristig auch das gelehrte Recht bei. Eine allg. Pflicht zur Gewährschaft durch den Verkäufer konnte sich auch jetzt noch nicht durchsetzen. Flexiblere Regeln für andere Fälle der Leistungsstörung wie in Gestalt des Selbsthilfeverkaufs oder die Schaffung neuer Geschäftsformen wie der Lieferungskauf als Spekulationsgeschäft sind Ergebnisse der spätma. Vertragspraxis. Ein weiteres Beispiel für die Verwendung des anerkannten Vertragsmodells K. ist der Rentenkauf. Wie der →Fürkauf zeigt, war die Verwendbarkeit aber nicht unbegrenzt.

K. O. Scherner

Lit.: DtRechtswb VII, 567ff. – Hoops² III, 19ff. – HRG I, 1766ff. [W. Sellert]; II, 675ff.; III, 337ff. [K. O. Scherner] – O. Stobbe, Zur Gesch. des Vertragsrechts, 1855 – F. Conze, K. nach hanseat. Q., 1889 – K. v. Amira, Nordgerm. Obligationenrecht, 2 Bde, 1892/95 – H. Mitteis, Rechtsfolgen des Leistungsverzugs beim K.vertrag nach ndl. Q. des MA, 1913 – F. Beyerle, Weink. und Gottespfennig an Hand westdt. Q. (Fschr. A. Schultze, 1934), 251–282 – P. S. Leicht, Storia del diritto it. Il diritto privato, III: Le obbligazioni, 1948 – W. Ebel, Lüb. Kaufmannsrecht, o. J. – E. Levy, Weström. Vulgarrecht. Das Obligationenrecht, 1956 – P. Ourliac – J. de Malafosse, Hist. du Droit privé, I. Les Obligations, 1969² – K. O. Scherner, Salmannschaft, Servusgeschäft und venditio iusta, 1971.

Kaufbeuren, Stadt in Oberschwaben, 1301 erstmals Kufburun (1241 Buren) gen., liegt im Kreuz der Fernverbindungen Augsburg-Fernpaß und Memmingen-Schongau an der Wertach. Der aus einer frk. curtis (8. Jh.?) entstandene Markt war bis 1167 im Besitz der Edelherren v. Beuren, kam dann an das Kl. Ottobeuren, mußte aber Welf IV. verlehnt werden, geriet 1191 in Stauferhand, wurde von diesen planmäßig zur Stadt erweitert. Ein stauf. officiatus ist 1224, um 1230 sind cives belegt, 1249 wurde die civitas (1261) ummauert. Nach 1268 fiel K. an das Reich. Kg. Rudolf I. privilegierte 1286 die jetzt kgl. Stadt und verlieh Überlinger Stadtrechte; zugleich entstand die Ratsverfassung (1261 Siegel, 1302 Rat, 1350 Bürgermeister); weitere kgl. Privilegien folgten (bes. 1373 Zoll, 1398 Gerichtsstand, 1418 Blutbann). K. war seit 1330 Glied verschiedener bünd. Einungen (→Schwäb. Städtebund). Das Amt Beuron wurde zum reichsstädt. Territorium. Ein erweiterter, ca 20 ha umfassender, gut 2000 Einw. schützender Bering bezog im frühen 14. Jh. auch das Spital (1249) im NO mit ein. Ab ca. 1430 wurden Mauerring und Pfarrkirche St. Martin erneuert. Grundlage des trotz Brand 1325 und Seuchenzügen im SpätMA blühenden Wirtschaft waren Schmiedehandwerk, Weberei und Textilfernhandel (→Reichsstadt). F. B. Fahlbusch

Lit.: Monogr. zur Stadtgesch. fehlt – DtStB V/2, 279–283 – K. O. Müller, Die oberschwäb. Reichsstädte…, 1912, 121–136.

Kaufhaus, auch Kaufhalle, ein städt. Gebäude, häufig in Verbindung mit dem Rathaus, mit großen Hallen zum Auslegen und mit Gewölben zum Speichern der Waren. Große Städte errichteten für wichtige Lebensmittel wie Fleisch (Fleischhalle, Metzig) oder für das Hauptprodukt ihrer Wirtschaft (Tuchhalle, Heringshaus in Lüneburg) ein- oder mehrgeschossige K.er. Im 14. Jh. begann der Bau von K.ern für Lagerung, Verzollung und Großverkauf der Waren durchreisender Kaufleute (Stapelrecht), bestehend aus ein- oder dreischiffigen Innenräumen mit verschließbaren Bretterverschlägen. Bedeutendes Beispiel Mainz 1314/1315, Freiburg i. Br. 1520. G. Binding

Lit.: F. Schröder, Die got. Handelshallen in Belgien und Holland, 1914 – E. Nickel, Ein ma. Hallenbau am Alten Markt in Magdeburg, 1960 – G. Nagel, Das ma. K. und seine Stellung in der Stadt, 1971.

Kaufleutekompagnie, Lübecker, gehört zu den kaufmänn. →Bruderschaften des MA, die sich aus religiösen, karitativen und gesellschaftl. Motiven verbanden. Wohl 1450 unter maßgebl. Beteiligung des späteren Bürgermeisters Hinrich→Castorp gegr., vereinigte die K. junge, neu in Lübeck fußfassende Kaufleute gehobener Schicht, deren Handel nicht auf bestimmte geogr. Regionen festgelegt war wie bei den →Fahrerkompagnien. Überwechseln in die 1379 etablierte →Zirkelgesellschaft war möglich. Wie diese stellte die K. im 15. und 17. Jh. zahlreiche Ratsmitglieder. Die erste überlieferte Ordnung v. 1500 regelte die Gelage (dabei →Fastnachtsspiele), aber erst die Ordnungen v. 1582 und 1595 legten Aufnahme (Höchstzahl 30), Zuwahl, Ämter, Kassenführung und Begräbnis fest, nachdem die K. den Wullenweverschen Unruhen 1531 zum Opfer gefallen und 1581/82 durch Nachkommen der Brüder neugegr. worden war. Die K. ging 1853 wie die Fahrerkompagnien in der Handelskammer auf.

A. Graßmann

Lit.: G. Neumann, Hinrich Castorp, 1932, 89–93 – A. Grassmann, Die Statuten der K. v. 1500, Zs. des Vereins für Lübeckische Gesch. und Altertumskde 61, 1981, 19–35.

Kaufmann, Kaufleute. Der K., heute gebraucht für den ein selbständiges Handelsgewerbe Treibenden, war im MA v. a. der Fern- und Großhändler, der sich (lat. mercator, negotiator) vom Krämer (institor), Höker und Hausierer unterschied. Als Fernhändler betätigten sich nach der Völkerwanderungszeit im merow. Gallien Syrer, Griechen und Juden, die vornehml. mit levantin. Luxuswaren handelten, während der Franke →Samo im Verkehr mit den Wenden und die Friesen von der Nordseeküste aus ihre händler. Tätigkeit ausübten.

Nach den Invasionen der Araber und der Wikinger (Normannen) bildeten sich drei Handelsräume und von ihnen ausgehende Vernetzungen heraus. Ihre Hauptträger waren Kaufleute, deren Funktion mehr oder weniger bedingt wurde durch die Kultur und Religion des betreffenden Raumes. Im islam. Bereich waren neben den jüd. Kaufleuten die bemerkenswertesten Gruppen die Rādāniten, die vom w. Mittelmeer aus Handel bis nach Afrika und Asien trieben, sowie die Kārimī, die vom Mamlukenreich aus Handelskontakte mit Indien unterhielten. Hauptstützpunkte der islam. Kaufleute waren die Basare an den Wallfahrtsorten und die Karawansereien an den Pilgerrouten. Im byz. Reich waren die Kaufleute einem streng kontrollierten Behördensystem unterworfen, das von Byzanz aus bis zu den Grenzzollstationen reichte. In der kath. gewordenen abendländ. Welt, die auf dem naturalwirtschaftl. Lehnssystem beruhte, leitete das aufblühende Städtewesen mit seinem Exportgewerbe eine neue Phase des von Kaufleuten gelenkten Groß- und →Fernhandels ein, so in den it. Seehandelszentren, aber auch im lombard. und toskan. Binnenland sowie an der Küste der Provence und Ostspaniens. Durch die Kreuzzüge begünstigt, bildeten sich Niederlassungen von Kaufleuten über den Bosporus hinaus in den Häfen des Schwarzen Meeres, an der Küste von Syrien und Nordafrika, die, mit Sonderrechten des Fondacosystems (→Fondaco) ausgestattet, durch die →Konsulatsverfassung mit der Mutterstadt in Verbindung standen und bis tief nach Asien (Marco →Polo) und Afrika hinein Handel trieben.

Im N und NW Europas traten zu den Friesen und Angelsachsen die Skandinavier als Konkurrenten, wobei den Gotländern und den Kaufleuten an der Schlei wichtige Brückenfunktionen zufielen. Eine beherrschende Rolle erlangten dann die Kaufleute der →Hanse unter der Führung von →Lübeck. Ihr Ursprung geht auf die bewaffneten Schwurbrüderschaften zurück, die im Ausland Niederlassungen gründeten, von denen der Stalhof in London, die »Kontore« in Novgorod, Bergen und Brügge die bedeutendsten waren. Anfänglich privilegiert als merca-tores regis bzw. imperii, sicherten sie sich Privilegien der Gastländer. Mit ihren Aldermännern genossen sie weitgehende Autonomie. Die »Kaufmannskirchen« des hans. Bereichs wie der Skandinavier waren Zentren religiöser Betätigung und Zufluchtsstätten in Zeiten der Gefahr. In diesen Zusammenhang gehören die Bartholomäusbruderschaften in Lissabon und S. Bartolomeo, die Grabkirche der dt. Kaufleute in Venedig, die im →Fondaco dei Tedeschi Sonderrechte für den Preis der Kontrolle ihres Handels durch die Serenissima genossen.

Der zunehmende Schriftverkehr hat zwar wesentl. zur Seßhaftigkeit des K.s beigetragen, aber die nach dem Besuch der Lateinschule meist im Ausland (Italien, Niederlande) führende Lehrzeit, Dienstreisen als →Faktor, Besuch der im Jahreszyklus wechselnden →Messen und Reisen, etwa im Rahmen der hans. Fahrgesellschaften, kennzeichneten weiterhin die dynam. Lebensweise des K.s.

Aus ihrer fernhändler. Tätigkeit ergab es sich, daß sich die Kaufleute auch in ihrer Heimat zu →Gilden zusammenschlossen. Die Gilde war zunächst das polit. Organ des K.swiks und genoß unter dem Wik- oder Hansgf.en (*prévôt des marchands*) ein Sonderrecht (ius mercatorum), das neben dem Marktrecht für die Ausbildung der Stadtverfassung wichtig wurde. Die Gemeinde der Kaufleute des Wiks war ein Zusammenschluß freier Leute im Gegensatz zu den Hörigen des Stadtherrn. Die weitere Entwicklung wurde stark von den Vorgängen im Mittelmeergebiet beeinflußt, wo sich, zunächst im Grenzbereich zw. Imperium und byz. Reich, Seestädte unter der Führung von Kaufleuten zu unabhängigen Stadtrepubliken durchsetzten (Amalfi, Venedig). N. der Alpen trat die polit. Aktivität der Kaufleute deutl. während des →Investiturstreits hervor. Unter der Führung der Gilde der Kaufleute schloß sich 1112 in →Köln die Bürgerschaft zu einer Schwurgemeinde (→coniuratio) zusammen, löste sich von der Stadtherrschaft des Bf.s und gab sich die Selbstverwaltung. Neben den vom Land zugezogenen Adligen und Ministerialen bildeten die reich gewordenen und ritterl. lebenden Kaufleute das Handelspatriziat und stellten mit die »ratsfähigen Geschlechter«. Im Verlauf der Zunftkämpfe, die zu einer Demokratisierung der Stadtverfassung mit einem Inneren und Äußeren →Rat führten, behaupteten sich im Inneren Rat meist die Geschlechter und unter ihnen die Kaufleute, weil sie am ehesten über die erforderl. »Abkömmlichkeit« und Welterfahrung verfügten.

Die »Kommerzielle Revolution« führte zu grundlegenden Änderungen im kaufmänn. Bereich. Das äußerte sich in der verstärkten Verwendung des Schriftverkehrs, der Einrichtung des →Notariats, der doppelten →Buchhaltung, der Verwendung des →Wechselbriefs und im Ausbau der Betriebsverfassung. Im Gegensatz zum Binnenland bevorzugten die Kaufleute der Seestädte neben der Commenda das Kommissionsgeschäft; große Gesellschaftsbildungen waren Ausnahmen. Im Binnenland (Toskana, Lombardei) tendierte die Entwicklung auf komplexe »sistemi di aziende« (F. Melis) oder Holdings (R. de Roover) hin, deren Außenverbindungen mittels des Filialsystems koordiniert wurden, wobei die »associazione in partecipazione« dominierte und das »studio«, die Schreibstube, als Zentrale einer vielseitigen Information und Sammelstelle reiche nur von der Firma zu nutzende »Pratica di Mercatura« diente. In Oberdtl. behauptete sich die →Handelsgesellschaft meist auf Familien- und Verwandtenbasis, während die Außenbeziehungen durch das straffere Faktoreisystem wahrgenommen wurden.

Zusätzl. Betriebskapital beschaffte man sich hier wie in Italien durch Kommanditen und Depositen.

Bei den großen Unternehmen der Toskana gab es keine Spezialisierung. Sie waren »aziende mercantili-bancarie-industriali, di trasporto-assecuratrici-agricole« (MELIS). Andererseits ist die Spezialisierung auf das Bank- und Kreditgeschäft bei jüd. und lombard. Kaufleuten sowie den →Kawertschen und in Venedig zu beachten. Aus dem Handel mit Luxuswaren, v. a. der Betätigung im Wechsel- und Kreditgeschäft, ergaben sich vielfältige Zugänge zur →Hochfinanz. Dank ihrer über weite Teile Europas sich erstreckenden Niederlassungen dienten am stärksten die it. Kaufleute der Papstfinanz und wurden, häufig über die Zoll- und Steuerpacht, zu Kreditgebern verschiedener Fs.enhöfe. In Oberdtl. führte v. a. das Metallgeschäft zu Kreditverbindungen der Nürnberger Kaufleute mit den Wittelsbachern und Luxemburgern und später der Augsburger Kaufleute mit den Habsburgern. Eine führende Persönlichkeit der Kirche, Kard. Melchior v. Meckau († 1509) trug mit ihren Depositen zum Aufstieg der →Fugger bei. Auch bei der Finanzierung der Entdeckungen und der übersee. →Expansion spielten die it. und obdt. Kaufleute (neben Einheimischen wie Burgalesen und Neuchristen) eine Rolle.

Durch ihre zunächst stillschweigende Praxis des Zinsnehmens, die schließlich öffentl. propagiert wurde (Disputation v. Bologna), und die Beeinflussung der Marktverhältnisse sowie der Preisentwicklung (Monopolstreit) trugen die Kaufleute wesentl. zur Entfaltung des →Frühkapitalismus bei. Die zunehmende Rolle der Kaufleute in der Wirtschaft veranlaßte die Theologen verstärkt seit dem 13. Jh., von der Verdammung der mercatores im Sinne von Matt. 21,12 abzuweichen und nach einer log. Motivation des wirtschaftl. Prozesses sowie der Abkehr von bislang geltenden moral. Prinzipien zu suchen. Neben →Alexander v. Hales, →Heinrich v. Gent und →Johannes Duns Scotus legte der Provenzale Petrus Johannis →Olivi dar, daß das vom K. angesammelte →Kapital, bes. wenn seine →Investition dem →bonum commune diene, das Zinsnehmen bzw. die entsprechende Preisbeeinflussung rechtfertige. Allerdings verdrängte die Scholastik mit ihrem Wucherbegriff diese Auffassung im 14. Jh. wieder. Erst die Franziskaner des 15. Jh. (→Bernardinus v. Siena, →Bernardinus v. Feltre) und die →Monti di Pietà wie auch die liberale Deutung von K. Peutinger brachten neue, dem K. günstigere Ansätze des Wirtschaftsdenkens.

Die durch die ma. Wirtschaftsethik bedingte Diskreditierung des K.s und die Vorzugsstellung des Adels in der ständ. Hierarchie begünstigten die Tendenz der reich gewordenen K.s zur adligen Lebensweise (einseitig als »Verrat der Bourgeoisie« gedeutet). Andererseits haben religiös bedingte Stiftergesinnung (Conto di Messer Iddio) sowie im Selbstbewußtsein und Repräsentationsbedürfnis begründetes Mäzenatentum der Kaufleute wesentl. zur Blüte der Kultur der Renaissance beigetragen.

Über die persönl. Umwelt des ma. K.s wissen wir wenig. Zufallsfunde (Kairoer →Geniza), Testamente, Chroniken, Prozeßakten (Jacques →Cœur), selten persönl. Aufzeichnungen (Ulman Stromers Püchel) gestatten tiefere Einblicke. Mit der Renaissancekunst traten an die Stelle des allg. Themas des Wucherers oder Geld zählenden K.s das Stifterbild und das repräsentativ gemalte Porträt oder die Büste bzw. Medaille des K.s. Dies sowie Geschäftsbücher und sonstige Hinterlassenschaften haben es ermöglicht, die Biographien großer Kaufleute und ihrer Familien zu schreiben (→Datini, →Medici, Fugger).

H. Kellenbenz

Lit.: Hb. der europ. Wirtschafts- und Sozialgesch. III, 1985, 26–33 – HRG II, 687–694 – Y. RENOUARD, Les hommes d'affaires italiens du MA, 1949 – A. SAPORI, Le marchand italien, 1952 – H. KELLENBENZ, Der it. Großk. und die Renaissance, VSWG 45, 1958, 145–167 – J. LE GOFF, Marchands et banquiers du MA, 1966³ – R. SPRANDEL, Das ma. Zahlungssystem nach hans.-nord. Q., 1975 – E. ENNEN, Die europ. Stadt des MA, 1979³ – F. BRAUDEL, Vie matérielle et capitalisme, 3 Bde, 1979 – F. MELIS (I mercanti italiani nell'Europa medievale e rinascimentale, hg. L. FRANGIONI, 1990) – W. v. STROMER, Ulman Stromer, Leben und Leistung (Ulman Stromer, Püchel von mein geslecht, 1990), 91–144 – Pietro di Giovanni Olivi, Usure, Compere e Vendite. La scienza econ. del XIII. sec., hg. A. SPICCIANI, F. VIAN, C. ANDENNA, 1990.

Kaufmannsbücher → Buchhaltung

Kaufmannskirche, ein in erster Linie von der Geschichtswiss. geprägter Begriff, der auf P. JOHANSEN zurückgeht. Nach seiner These, die von der Novgoroder Schra ausgeht, besaß die K. in N-Europa häufig Zentralfunktionen für ausländ. Fernhändler, vergleichbar den →Fondachi im Mittelmeergebiet. Die K.n waren nicht nur geistl. Institutionen, sondern dienten ebenso als Archive und Speicher für die Kaufleute, während der Priester beim Schriftverkehr half. Zur Kirche gehörte ein Kirchhof und anderer Grundbesitz, sie bezog Einkünfte von den Handelsabgaben, aus Grundbesitz und der Vermietung z. B. von Geräten. Gegen diese These hat sich H. YRWING gewandt und mit Recht darauf hingewiesen, daß nur eine Kirche – St. Peter in Novgorod – die von JOHANSEN genannten Kriterien erfüllt. K. BLASCHKE (1967–70) hat auf die mögliche Bedeutung der Nikolaikirchen (→Nikolaus v. Bari, hl.) im Ostseegebiet (nach 1100) als Zentren der dt. Handelsexpansion hingewiesen.

Wie YRWING betont, darf als K. eigtl. nur die Faktoreikirche, einschließlich der Altarstiftungen für Ausländer, angesehen werden. Es sollte eher von Kirchen und Altären für Fremde gesprochen werden, die für die Kaufmannskolonien ein Kultzentrum (Beichte und Predigt in der eigenen Sprache) darstellten. Die Verknüpfung von bestimmten Patrozinien mit entsprechenden Nationalitäten sollte nur mit Vorsicht erfolgen. Während z. B. die frühen Olaikirchen (→Olaf, hl.) als ein Indiz für skand. Handelstätigkeit anzusehen sind, können die späteren eher als Stiftungen von dt. Kaufleuten, die in Skandinavien (Norwegen) Handel trieben, eingestuft werden.

Th. Riis

Lit.: KL X, 74f. [Lit.] – K. BLASCHKE, Nikolaipatrozinium und städt. Frühgeschichte, ZRGKanAbt 84, 1967, 273–337 – E. CINTHIO, Hl.npatrone und Kirchenbauten während des frühen MA, Acta Visbyensia III, 1969, 161–170 – K. BLASCHKE, Nikolaikirchen und Stadtentstehung im pommerschen Raum, Greifswald-Stralsunder Jb. 9, 1970/71, 21–40 – H. YRWING, Die k. köpmanskyrkorna, Fornvännen 75, 1980, 44–58 – K. FRIEDLAND, Sankt Olav als Schutzpatron nordeurop. Kaufleute, Acta Visbyensia VI, 1981, 17–26 – T. NYBERG, St. Olav als der Erste einer Dreiergruppe von Hl.n, ebd., 1981, 69–84.

Kaufringer, Heinrich, Verf. kleinerer dt. Reimpaardichtungen, ostschwäb., 1. Hälfte 15. Jh.; sein Name erscheint in der in den Text integrierten Schlußsignatur von 13 der 28 für ihn gesicherten Stücke (Identifizierung des Dichters mit einem von zwei gleichnamigen Bürgern von Landsberg am Lech nicht ganz zweifelsfrei; als geistiger Raum kommt eher das reichsstädt. Augsburg in Frage). Die beiden Haupthss. ergänzen sich in ihrem Bestand; die jüngere bietet in eine Teichnerslg. eingestreute Reden und Bispelerzählungen, die ältere von 1464 überliefert ein autornahes, mit lit. Typen und Themen planmäßig aufgebautes Corpus, in dem die lit. bedeutsamsten Stücke, die 13 Mären, von geistl. Erzählungen und Reden eingerahmt sind. Ein Märe (Nr. 3) ist eine frühe Dorfgeschichte mit sozialkrit. Zügen, die anderen zeigen Spielarten erot.

Überlistung, wobei bes. Weiterbildungen und Vertiefungen des stoffgesch. festgelegten schemat. Handlungsablaufs packend sind. Unter den Märendichtern der Zeit (Rosenplüt, Folz) nimmt K. nach erzähler. und themat. Gestaltungsfähigkeit einen bes. Rang ein. P. Sappler

Ed.: H.K., Werke, hg. P. SAPPLER, I, 1972 [Text]; II, 1974 [Indices] – Lit.: Verf.-Lex.² IV, 1076–1085 [P. FISCHER, Stud. zur dt. Märendichtung (besorgt von J. JANOTA), 1983², 148–152, 356–361 [Lit.] – J. D. MÜLLER, Noch einmal: Maere und Novelle. Zu den Versionen des Maere von den 'Drei listigen Frauen' (Philol. Unters. Fschr. E. STUTZ, 1984), 289–311 – H.-J ZIEGELER, Erzählen im Spät-MA. Mären im Kontext von Minnereden, Bispeln und Romanen (MTU 87, 1985), 220–225, 306–310 u. ö.

Kaunas (dt. Kauen, poln./russ. Kowna[o]), Stadt in →Litauen (1920–1939 Hauptstadt), am Einfluß der Dubissa in die →Memel.

[1] *Burg:* Der offenbar schon früh (seit etwa 5. Jh. n. Chr.) genutzte Burgberg trug anfängl. eine Holz-Erde-Befestigung und wurde seit Mitte des 14. Jh. ummauert. 1317/20 erstmals vom Dt. Orden erobert, wechselte die Burg seit 1362 (Zerstörung durch Hochmeister →Winrich v. Kniprode, nachfolgender Wiederaufbau durch Gfs. →Kynstute) mehrfach den Besitzer. 1409 wurde sie endgültig von Gfs. →Witowt erobert, der oft hier residierte. Nach Witowts Tod (1430) befand sich in K. das administrative Zentrum für →Schemaiten.

[2] *Stadt:* Am Memelufer befand sich ein Suburbium, das erst im beginnenden 15. Jh. zur Stadt erwuchs. 1409 sind »Bürger und Kaufleute« erwähnt; 1414 werden 2 Bürger (mit dt. Namen), 1414 und 1434 Vögte (ebenfalls Dt.) genannt. 1414 rühmt Gilbert de »Lannoy Burg und Stadt »Caune«. Am 14. Febr. 1408 verlieh Witowt in einer zu Unrecht in ihrer Echtheit bezweifelten Urkunde der Stadt das →Magdeburger Recht mit eigenem Gerichtsvogt, Tuchscherwerkstatt, Stadtwaage, Wachsfabrik und Schrotmühle sowie zwei Jahrmärkten und Zuweisung einer Stadtmark auf dem linken Memelufer. Zum Stadtrecht zugelassen waren nur Katholiken, d. h. Deutsche, nicht dagegen Litauer und Russen. Wiederholt (1432, 1441, 1463, 1492) wurden von den Gfs.en bzw. Kg.en die städt. Privilegien bestätigt (1432 durch Gfs. Sigmund Ausdehnung des Stadtrechts auf Orthodoxe [Russen], 1463 durch Kg. Kasimir IV. auf alle Christen). Der Gästehandel nahm in K. zu; trotz Gewährung eigenen Rechts durch Kasimir IV. (22. Jan. 1441) kam es zw. den auswärtigen, meist um Preußen lebenden Kaufleuten zu Auseinandersetzungen. Ein Hansekontor, geleitet von Danziger und Königsberger Kaufleuten, erlangte infolge der Konkurrenz der einheim. dt. Kaufleute nur geringe Bedeutung und wurde 1532 aufgelöst. 1492 wurde Juden und Fremden, mit Ausnahme der Hansekaufleute, verboten, in K. zu wohnen. Die sich langsam entwickelnde kirchl. Organisation der zum Bm. Wilna gehörenden Stadt (Hauptkirche: St. Peter, St. Paul und St. Katharina) war z. T. geprägt von den Franziskanern. Der dt. Einfluß wurde noch im 15. und v. a. im 16. Jh. teilweise durch den poln. verdrängt. M. Hellmann

Lit.: W. STEIN, Vom dt. Kontor in Kowno, HGbll 22, 1916, 225–266 – P. KARGE, Zur Gesch. des Deutschtums in Wilna und Kauen, Altpreuß. Monatsschrift 54, 1917, 53ff. – K. FORSTREUTER, Die Memel als Handelsstraße Preußens nach O, 1931 – Z. IVINSKIS, Lietuvos prekyba zu Prusais, 1934 – K. FORSTREUTER, Kauen, eine dt. Stadtgründung (DERS., Deutschland und Litauen im MA, 1962) [zuerst 1942] – Z. IVINSKIS, Lietuvos istorija iki Vykauto didziojo mirties, 1978, passim – Vgl. die Lit. zu →Witowt – →Kasimir IV.

Kaupang, wüstgefallener wikingerzeitl. Siedel- und Hafenplatz ö. Larvik (S-Norwegen) unweit der Einfahrt zum Oslofjord, besteht aus zwei Grabungskomplexen, der eigtl. Siedlung und den Gräberfeldern Lamøya und Bikjholbergene. In der Siedlung (nur zu ca. 3% ausgegraben) wurden sechs Häuser festgestellt (davon wohl nur zwei Wohnhäuser), die parallel zum Ufer liegen, sowie zwei steinerne Landungsbrücken, die auf Hafenstraßen (aus auf Sand gelegten Steinen) münden. Aufgrund von Keramik und Münzfunden ist die Siedlung auf die Zeit vom Ende des 8. Jh. bis um 900, die Gräber sind auf ca. 800–950 zu datieren.

Die Grabungsbefunde weisen auf dichte Besiedlung und soziale Differenzierung der Bewohner hin; Verbindungen zu →England und →Irland werden belegt durch Bronzeschmuck, Beziehungen mit Friesland, dem Rheinland, Nordseeraum und den slav. Gebieten durch Keramik. Handel und Handwerk (Textil-, Metallgewerbe, Export von Specksteinschalen, wohl auch Glas-, Bernstein- und Bergkristallverarbeitung) spielten wirtschaftl. die Hauptrolle, doch wurden auch Fischfang und Landwirtschaft betrieben. Temporärer Aufenthalt von in Buden oder Zelten lebenden Fremden kann aus Feuerresten an einer der Hafenstraßen geschlossen werden.

K., das nie zur Stadt wurde, verfiel um 900, wohl wegen fehlender Ausdehnungsmöglichkeiten. Die ein halbes Jh. später erfolgte Aufgabe der Gräberfelder dürfte auf die Christianisierung zurückzuführen sein. Eine funktionale Kontinuität zu dem nö. gelegenen →Tønsberg (Funde erst seit dem späten 11. Jh.) ist bislang nicht erweisbar. Th. Riis

Lit.: CH. BLINDHEIM, K. by the Viks Fjord in Vestfold, 1975, 125–173 – DIES., B. HEYERDAHL-LARSEN, R. L. TOLLNES, K.-funnene, I, 1981.

Kausalität. Die ma. Auffassungen von K. sind durch die griech. Philos. initiiert. Platon (Tim. 28 a 4; Phileb. 26 e 3) formuliert das K.sprinzip: »Alles Entstehende entsteht mit Notwendigkeit aus einer Ursache« (vgl. auch Heraklit VS I 141, 19. 22 und Leukipp VS 67 B 2; Demokrit VS II 84, 18). Darüber hinaus legt er die Vier-Ursachen-Lehre dar (Tim. 29 d 7ff.): Der Demiurg ($νοῦς$) als wirkende Ursache gestaltet die unentstandene Materie im Hinblick auf die Ideen (Formursache) aufgrund seiner Gutheit (Zielursache). Noch wichtiger wird für das MA die aristotel. Auffassung (zur Vermittlung vor der Aristotelesrezeption vgl. Seneca, ep. 65, 4ff.; Boethius, In Porph. comm. II 3). Aristoteles (Met. 1013 a 24ff. – Phys. 194 b 23ff.) entfaltet die Ursachenlehre im Anschluß an Platon, nimmt aber Änderungen vor entsprechend seiner Ablehnung des $χωρισμός$ der Ideen und unterscheidet Ursache des Seins, des Werdens und des Erkennens (Met. 1013 a 17). Materialursache ist die immanente Ursache des Entstehens (erste und zweite $ὕλη$); Formursache ($εἶδος$) ist der immanente Grund der artgemäßen Besonderheiten; Zielursache ($τέλος$) ist der bewußt oder unbewußt erstrebte Abschluß sowohl bei menschl. Tun als auch bei Naturprozessen. Die Wirkursache bringt Stoff-, Form- und Zielursache in ein Zusammenwirken. Ziel-, Form- und Wirkursache gehen oft eins zusammen (Phys. 198 a 24). Die vier Ursachengruppen sind gleichermaßen bei Naturprozessen und bei menschl. Hervorbringen nachweisbar, weil die Strukturen der Naturprozesse und menschl. Hervorbringens gleich sind. Der Finalursache untergeordnet ist die Instrumentalursache (part. an. 645 b 14): Jedes Werkzeug hat seinen Zweck. Bes. Bedeutung erlangt im MA die aristotel. Differenzierung wesentl. und beiläufiger Ursachen und im Zusammenhang hiermit die Beantwortung der Frage nach der Unendlichkeit der Ursachenreihen. Eine unendl. Reihe hat kein erstes Glied (Phys. 256 a 18). Für die Reihen wesentl. Ursachen, und zwar für alle vier Gruppen (Met. 994 a 1–b 31) gilt (Phys. 250 b 11ff.):

Diese Reihen sind begrenzt, einerseits durch die Ursache, welche die Veränderung vermittelt, andererseits durch die erste Ursache, welche die Veränderung begründet, ohne daß eine andere auf sie einwirkt. Die Merkmale solcher Reihen sind: Die begrenzte Zeit, in welcher der konkrete Veränderungsprozeß abläuft (Phys. 242 b 11. 44), Abhängigkeit und Rangordnung im Ursachesein (ergibt sich aus dem oft zitierten Beispiel: Die Hand bewegt den Stock, der Stock den Stein [Phys. 256 a 6; vgl. z.B. Thomas v. Aquin, S. th. I. q.2 a.3]). Die Annahme einer unendl. Ursachenreihe für einen zeitl. begrenzten Veränderungsprozeß ergäbe, daß die unendl. Reihe bewegt-bewegender Ursachen in einer begrenzten Zeit bewegen müßte, was in sich widersprüchl. ist (Phys. 242 a 20ff.; vgl. z.B. Thomas v. Aquin, ScG I 13). In vermeintl. Übereinstimmung mit Aristoteles werden alle Reihen wesentl. Wirk-, Form- und Finalursachen auf Gott zurückgeführt (vgl. Avicenna, Met. VI, 4; Thomas, S. th. I. q.44 a.4 ad 4). Die causa prima (bisweilen 'oberste Ursache innerhalb einer Gattung'), Gott als causa universalis totius esse (Thomas, S. th. I. q.45 a.2), bringt die Mittelglieder, die Zweitursachen, hervor und bewirkt deren Ursachesein. Für causa prima und causae secundae gelten folgende Axiome: »Causa prima plus influit quam causa secunda« (vgl. Liber de causis I 1); »causa secunda agit in virtute causae primae«. Ursachenreihen, deren Merkmal lediglich zeitl. Sukzession ist, müssen kein erstes Glied haben (Thomas, S. th. I. q.46 a.2 ad 7; zum ordo causarum vgl. ebd. I. q.5 a.2 ad 1; a.4; I–II q.1 a.2). Die Finalursache ist insofern eine äußere Ursache, als sie das agens zum Handeln veranlaßt; wenn die umgestaltete Ideenlehre (Ideen in der göttl. Vernunft) mit der aristotel. Ursachenlehre verbunden wird, ist auch die Formursache äußere Ursache. Sie verleiht das Sein (vgl. Boethius, De hebd. 29–30; De trin. 2, 21) und ist Prinzip des Wirkens. Im strengen Sinne sind nur die Ideen im göttl. Geist Formursachen, während die Formen, welche die Materie gestalten, 'Abbilder' der Formen sind (Thierry v. Chartres, Commentum II, 64). Die Ideen bilden keine reale Vielheit in Gott und sind mit Gott ident. (vgl. Plotin, Enn. V, 9, 8, 4, u. a. über den νοῦς und die Ideen), daher ist Gott die forma formarum (Thierry v. Chartres, Lectiones II, 38ff.). Die Idee als causa formalis ist ineins causa exemplaris. Im Bereich der ars ist causa exemplaris das Urbild oder der Plan, nach welchem etwas hergestellt wird (so schon Seneca, ep. 58, 20). Die Lehre von der Schöpfung aus Nichts führt zur Abgrenzung von creare gegen Entstehen von Substanzen und Veränderung im akzidentellen Bereich. Gott als creator und causa prima ist causa causarum (zur Formulierung vgl. bereits Seneca, Quaest. nat. II 45, 2). Creare als emanatio totius entis a causa universali (Thomas. S. th. I. q.45 a.1) besagt ebensowenig wie bei den Neuplatonikern, daß Gott sich wesensmäßig anderen mitteile (vgl. z.B. Plotin, Enn. V, 1, 3, 11). Dasselbe trifft zu für Formulierungen wie »bonum est diffusivum sui esse« (vgl. z.B. Thomas, S. th. I. q.5 a.4 ad 2; zur Herkunft vgl. Ps.-Dionysius, De div. nom. 4, 1. 20, MPG 3, 720). Das agens divinum ist causa essendi et fiendi, während ein agens naturale lediglich causa fiendi ist (Thomas, S. th. I. q.104 a.1): Die causa fiendi vereinigt mit der Materie eine Form, deren Ursache sie nicht selbst ist; die causa essendi et fiendi verursacht die Form und vereinigt sie mit der Materie. Die höchste causa essendi et fiendi ist Gott, weil er ens per essentiam suam, jede Kreatur aber ens participative ist (ebd.). Die Unterscheidungen agens univocum, aequivocum, analogicum bedeuten: Das agens univocum erzeugt ein Individuum derselben Art, das agens aequivocum bringt ein Individuum anderer Art

hervor. Agens analogicum ist das agens universale (ebd., I. q.13 a.5 ad 1). Das agens naturale ist zur Hervorbringung einer bestimmten Wirkung determiniert, während das agens voluntarium in Freiheit sein Ziel wählt (ebd., I. q.19 a.4). Jedes agens wirkt propter finem (ebd.; Aristoteles, Phys. 199 a 8ff.), und jede wesentl. Ursache ist von höherer Nobilität als ihre Wirkung (vgl. Aristoteles, An. post. 72 a 29; Thomas, S. th. I. q.4 a.2). Synonym mit causa kann ratio sein (ratio sufficiens, vgl. z.B. Thomas, S. th. I. q.84 a.4 u.a.). Zureichender Grund (causa sufficiens) für das Sein der Welt ist der Wille des Schöpfers (Boethius v. Dacien, De aeternitate mundi 488). Gottes Wesenheit ist Ursache der Existenz. Marius Victorinus kennzeichnet das erstmals mit causa sibi (Candidi ep. I 3, 12). Gemäß Proklos (Elem. theol. 40–51) haben die dem überseienden Übereinen nachgeordneten Prinzipien einen zweifachen Ursprung: Sie sind von den ihnen übergeordneten Prinzipien verursacht und konstituieren sich selbst (αὐθυπόστατον). Nikolaus v. Kues (De princ. 5, 10ff.) versteht unter authypostaton Gott als per se existens. Thomas v. Aquin (De ente et essentia 4 nr. 27 u.a.) lehnt die Auffassung ab, etwas könne Ursache seines Seins sein, spricht aber von causa sui hinsichtl. der Entscheidungsfreiheit (De ver. q.24 a.1). Daß der Kausalnexus weder evident noch demonstrierbar sei, lehren u.a. Wilhelm v. Ockham und Nikolaus v. Autrecourt. K. Bormann

Lit.: HWP I, 101f. [Agens; R. SPECHT], 973–976 [causa ...; DERS.], 976f. [Causa sui; P. HADOT]; III, 902–910 [Grund; K. BENDSZEIT]; IV, 798f. [K.; R. SPECHT], 803–806 [K.sprinzip; H. W. ARNDT]; VII, 1321–25 [Primordialursachen; W. HÜBENER], 1345–55 [Prinzip; G. WIELAND] – A. LANG, Das Kausalproblem, 1904 – E. GILSON, Hist. of Christian Philos. in the MA, 1955.

Kauterisation (καῦσις, ustio, coctura, brennen), Gewebezerstörung durch Brennmittel (cauterium actuale), meist aus Metall (cauterium, brenn-îsen), oder Ätzmittel (c. potentiale), meist ungelöschter Kalk (calx viva, Ätzkalk), daneben auch organ. Stoffe (→Hahnenfuß), als therapeut. Verfahren bereits vorantik bezeugt, mit zwei unterscheidbaren Zielen: 1. Ableiten von Krankheiten; 2. Verkochung von Gewebe, v. a. bei Blutstillung bzw. Tumorbehandlung üblich, die zur Entwicklung eines hochspezialisierten Instrumentars (Schutzplatten, -zangen, -kanülen; Begleit-Pharmazie) führte. K.straktate sind seit dem FrühMA bezeugt, das auch reich an K.sfiguren (Brennstellenmännlein) ist. Die ikonograph. Tradition greift bis zu den Laßstellenschemata (→Aderlaß) sowie zum Pest-Laßmännlein aus. Sonderform der K.sikonographie sind ill. Instrumentenkataloge. G. Keil

Lit.: E. GURLT, Gesch. der Chirurgie und ihrer Ausübung, 1898, III, 635–638 – D. DE MOULIN, De heelkunde in de vroege middeleeuwen, 1964, 87–110 – M. TABANELLI, Tecniche e strumenti chirurgici del XIII e XIV secolo, 1973 – G. WERTHMANN-HAAS–G. KEIL, Zur Ikonographie des Pestlaßmännleins, Fortschritte der Med. 106, 1988, 267–269.

Kawer(t)schen (von mlat. c[k]avercinus, cawerschinus, afrz. chaorsin, cahorsin, mhd. kawer[t]zin, kauwe[i]r[t]zin, karzin), im späten 13. und 14.Jh. Bezeichnung für den trotz kanon. Zinsverbots wuchertreibenden, ausländ. Kaufmann. Der Begriff geht mit hoher Wahrscheinlichkeit auf die swfrz. Stadt→Cahors zurück. Seit dem letzten Drittel des 12. Jh. sind Großkaufleute aus der Oberschicht dieser Stadt und des Umlandes in Häfen des Mittelmeers und des Atlantiks, auf Sizilien und in Aragón nachweisbar. In England, wo sich ihre Spuren am deutlichsten verfolgen lassen und die Forsch. am weitesten fortgeschritten ist, tauchen sie trotz der frühen Verbindung Aquitaniens mit England erst nach 1205/25 und dann in überraschend geringer Zahl auf. Dennoch gelingt es einer Handvoll

Großkaufleute, am engl. Kg.shof noch vor den Italienern maßgebl. Einfluß zu gewinnen, den sie zum Ausbau ihres Handels mit einheim. Wein und engl. Wolle nutzen. Handelsmanipulationen, bes. aber ihre enge Verbindung zu Heinrich III. als kgl. Kaufleute, Kreditgeber und Steuereintreiber ließen sie zur Zielscheibe des Volkszorns, ihren Namen zum Inbegriff des wuchertreibenden ausländ. Kaufmanns werden. Im England des späten 13. Jh. konnte der Begriff infolgedessen sowohl zur Herkunfts- wie (stark abwertend) zur Berufsbezeichnung dienen. Ähnlich wie in England, wenn auch weit schlechter dokumentiert und untersucht, muß sich die Begriffsentwicklung auf dem Kontinent vollzogen haben. Namentl. in Aragón, Frankreich und Flandern lassen sich Kaufleute aus Cahors bis nach der Mitte des 13. Jh. nachweisen, vereinzelt auch in hohen polit. Ämtern. Die Begriffsumschmelzung setzt sehr früh ein, schon um 1230 zeigen sich 'caturcenses' in Ypern in Wuchergeschäfte verstrickt, 1247 sind die 'cahorsins' von Douai in Wahrheit wuchertreibende it. Kaufleute aus Asti und Chieri. Erst in diesem pejorativen Sinne taucht der Begriff *cowercini* erstmals 1266 im dt. Sprachgebiet auf, wo er sich bis Ende des 14. Jh. vornehml. im Rheingebiet verfolgen läßt. Der Begriff wird zunehmend austauschbar mit demjenigen des →Lombarden und bildet zuweilen mit ihm eine Tautologie. Dabei scheint zunächst 'Lombarde' für den einzelnen, namentl. bekannten Geldverleiher zu stehen, 'K.' dagegen für die ausländ. Wucherer schlechthin. Im Laufe des 14. Jh. setzte sich der Begriff des Lombarden durch. A. Schlunk

Lit.: HRG II, 695 – B. Kuske, Die Handelsbeziehungen zw. Köln und Italien, Westdt. Zs. für Gesch. und Kunst 27, 1908 – F. Arens, Grundsätzliches zur Problematik der 'K.' (Caorsini), VSWG 25, 1932, 251–260 – N. Denholm-Young, The Merchants of Cahors, Medievalia et Humanistica 4, 1096, 37–44 – F. Vercauteren, Documents pour servir à l'hist. des financiers Lombards, Bull. de l'Inst. hist. belge de Rome 26, 1950/51, 43–67 – Ph. Wolff, Le problème des Cahorsins, AM 62, 1951, 229–238 – C. Tihon, Aperçus sur l'établissement des Lombards, RBPH 39, 1961, 334–364 – Y. Renouard, Les Cahorsins, hommes d'affaires français du XIII° s., TRHS V/2, 1968, 43–67 – J. Heers, L'occident aux XIV° et XV° s., 1973 – M. Mollat, Usure et hérésie: les 'cahorsins' chez eux (Studi i. M. di F. Melis I, 1978), 269–278 – F. Irsigler, Juden und Lombarden am Niederrhein im 14. Jh. (Zur Gesch. der Juden im Dtl. des späteren MA und der frühen NZ, hg. A. Haverkamp, 1981 [= Monogr. zur Gesch. des MA, 24]), 122–162 – N. Fryde-v. Stromer, Die Kaufleute v. Cahors im 13. Jh. – Bankiers oder Wucherer? (Kredit im spätma. und frühnz. Europa, hg. M. North), 1991.

Kayseri (Kaisareia, Caesarea), Stadt in der Türkei (Inneranatolien), am Fuße des 3916 m hohen erloschenen Vulkans Erciyes Daği (Argaios) gelegen.

I. Spätantike und byzantinische Zeit – II. Im 12.–15. Jahrhundert.

I. Spätantike und byzantinische Zeit: Ursprgl. Name Mazaka, in hellenist. Zeit Polis Eusebeia, von Ks. Augustus Kaisarea gen. Seit 17 n. Chr. Hauptstadt der röm. Provinz →Kappadokien, seit 372 der Kappadokia I, als deren kirchl. Metropolis K. den ersten Rang (Protothronos) unter den Metropolen des Patriarchats →Konstantinopel einnahm. Heimat des Kirchenlehrers →Basileios, der hier 370–379 als Bf. und »Stadtherr« wirkte; u. a. Bau eines Fürsorgezentrums (»Basileias«, mit Armenhaus, Spital, Herberge). Trotz Eroberungen durch Sasaniden (260, 611) und Araber (646, 726) blieb K. byz. Etappenstation bzw. Heerlager ($ἄπληκτον$) für die Kämpfe um die O-Grenze (→Byz. Reich H). 963 wurde Nikephoros Phokas in K. zum Ks. proklamiert und leitete von hier aus die Rückeroberung→Kilikiens. 1022 trat Ks. Basileios II. K. an den Armenier Dawitʿ v. Vaspurakan ab. Erste Plünde-rung durch Turkmenen 1067; die Ritter des 1. Kreuzzuges fanden 1097 die Stadt bereits in Ruinen vor. F. Hild

Lit.: RE III, 1289f. – DHGE XII 199–203 – EI² (frz.) IV, 876–879 – Tabula imperii byz. 2, 193–196.

II. Im 12.–15. Jahrhundert: Von den turkmen. Überfällen (1067) bis zur endgültigen Besitznahme durch die →Osmanen (1474) ist das Schicksal von K. durch die Spannung zw. mittleren (→Seldschuken, →Karaman) und größeren Mächten (→Mongolen/Īlchāne, →Mamlūken) geprägt. →Qïlïč Arslan II. entriß die Stadt 1168 den Danišmend-Fs.en, die Mongolen nahmen sie unter Einsatz schwerer Wurfmaschinen 1243 ein, der Mamlūke →Baibars zog sich 1277 rasch wieder zurück. Unter den →Eretna bildete K. kurzzeitig (1343–81) ein selbständiges Staatswesen. Höhepunkt der baul. Entwicklung war das 13. Jh. (u. a. Doppelstiftung von Medizinschule und Hospital der Gevher Nesībe und ihres Bruders Giyāsaddīn Kayḫusrau; »Komplex« H^{v}and Hatun, ab 1238). Obwohl K. im überregionalen Transithandel mit →Ankara und Tokat nicht konkurrieren konnte, behauptete es im 16. Jh. seinen Platz als zweitgrößte Stadt Anatoliens. K. Kreiser

Lit.: EI² IV, 842ff. – Yurt Ansiklopedisi 7, 1982–83, 4670ff. – O. C. Tuncer, Anadolu Kümbetleri I, 1986.

Kaysersberg, Burg und Stadt im Elsaß am Eingang des Weißtals. Von den Herren v. Horburg und v. Rappolstein erwarb der Hagenauer Schultheiß Wölfelin im Namen Heinrichs (VII.), evtl. auf Anregung Friedrichs II., für 250 Mark das Land, auf dem in strateg. wichtiger Lage zu →Lothringen (Vogesenpaß) eine Burg für 40 Ritter errichtet wurde (1227). Vor 1230 civitas gen., gelangte K. 1247 an die Staufergegner und wurde 1251 an Rudolf v. Habsburg verpfändet. 1330 wurde K. Sitz der Reichsvogtei in Weiß- und Münstertal, wegen finanzieller Nöte aber an Johann v. Böhmen verpfändet. Die 1293 mit Privilegien ausgestattete Gemeinde trat, um die Reichszugehörigkeit zu schützen, 1342 dem Bündnis der elsäss. Reichsstädte bei (→Dekapolis). V. a. durch Karl IV. und Sigmund wurden die Freiheiten der Stadt erweitert. In der Verfassung K.s, das ca. 9,5 ha umfaßte und dessen Bevölkerung um 1500 mit ca. 1000 anzusetzen ist, verdrängten im 15. Jh. die Zünfte den Adel; Weinbau und -handel sicherten wirtschaftl. Aufschwung, kulturelle Blüte bezeugen Theologen und Humanisten wie der berühmte Kanzelredner Geiler v. K. Im 13. Jh. setzten sich Deutschherren in K. fest, 1458 franziskan. Observanten. F. Rapp

Lit.: Encyclopédie de l'Alsace VII, 1984, 1431–1441 – J. Becker, Gesch. der Reichsvogtei K., 1902 – W. Maier, Stadt und Reichsfreiheit. Entstehung und Aufstieg der elsäss. Hohenstaufenstädte, 1972 – L. Sittler, K., 1979.

Kazan' (tatar. 'Kessel'), Stadt an der Einmündung der Kazanka in die →Wolga, heute Hauptstadt der Autonomen Tatar. SSR. K. erlangte als tatar. Herrschaftszentrum Bedeutung in der Zeit des Zerfalls der →Goldenen Horde, war Sitz eines eigenen Chanats (seit 1438) und Messeplatz. Durch den Feldzug →Ivans III. (1487) geriet K. unter Vorherrschaft des Gfsm.s →Moskau, mit dem im frühen 16. Jh. noch rege polit. und diplomat. Beziehungen bestanden. Infolge des Bruchs zw. Moskau und dem Chanat der →Krim verschärften sich gegen Mitte des 16. Jh. die Spannungen und Grenzkonflikte. 1552 eroberte Ivan IV. das Chanat K.; der bereits in den zeitgenöss. russ. Historiographie als Triumph der orth. Zaren über den heidn. Erzfeind gefeierte Sieg kann als ein Ausgangspunkt der Moskauer Expansionspolitik über den engeren russ. Bereich hinaus gelten. U. Mattejiet

Q. und Lit.: PSRL XIX (K.ski Letopisec) – B. Spuler, Die Goldene Horde, 1965², bes. 164 [Lit.] – HGeschRußl I, II, passim – Lex. der Gesch. Rußlands, hg. H.-J. Torke, 1985, 200f.

Kazazi → Edlinger

Kazimierz, 1001–38 vermutl. Wohnstätte ital.-poln. Eremiten, von denen einige 1003 ermordet wurden (Vita Quinque Fratrum; →Brun v. Querfurt). Die örtl. Festlegung ist umstritten: Nach Thietmar, Chron. lib. VI c. 27, wird K. in Meseritz (»abbacia, quae Mezerici dicitur«) lokalisiert. Andere suchen ihn in K., nach den Angaben der poln. Annalen (Kamenzenses, Posnaniensis, 1003), w. von Posen, am Fluß Sama. Im 14. Jh. wurde auf der Basis der Annalenangaben der Kult der Fünf Märtyrerbrüder wieder aufgenommen und der Sitz des Kl. in →Kazimierz Biskupi, etwa 50 km sö. von Gnesen, lokalisiert. Da das Heer Kg. Heinrichs II. 1005 bis hierher nicht vorgedrungen ist, muß diese Lokalisierung später erfolgt sein.
G. Labuda

Q. und Lit.: Brun v. Querfurt, Vita Quinque Fratrum Eremitarum, ed. J. Karwasińska, MPH NS IV, fasc. 3, 41f. [mit geogr. Erl.].

Kazimierz Biskupi, etwa 50 km sö. von Gnesen an der alten Straße von Kalisch über Konin nach Kruschwitz gelegen. Es wird vermutet, daß →Kasimir I. Restaurator hier Benediktiner-Eremiten (hl. →Romuald v. Camaldoli) angesiedelt hat. Immerhin könnten Überreste von Feldsteinmauerwerk in der noch heute vorhandenen Pfarrkirche St. Martin auf Anfänge im 11. Jh. verweisen. Jan →Długosz nennt diesen Kirchenbau »Ad Quinque Fratres« und bezeugt die örtl. Tradition der Fünf Märtyrerbrüder (→Brun v. Querfurt). Auch an der spätgot. Kirche des vom Posener Bf. Jan Lubrański 1510 begr. Bernhardiner-Kl. haftet der Name der Fünf Brüder. Deren Kult zog Pilger an, so daß sich der günstig gelegene Ort zu einer Marktsiedlung entwickelte, die 1287 mit dt. Stadtrecht bewidmet wurde.
K. Zernack

Lit.: SłowStarSłow II, 21 – T. Wojciechowksi, Szkice historyczne jedenastego wieku, 1951³, 31–53.

Kedrenos, Georgios, byz. Geschichtsschreiber, biograph. Daten nicht bekannt (Bezeichnung πρόεδρος ἐκ τῆς Κέδρου in den Proömiumversen einiger Hss. wohl tautolog.), verfaßte an der Wende zum 12. Jh. eine in etwa 20 Hss. erhaltene Universalgesch. (Σύνοψις ἱστοριῶν) von der Erschaffung der Welt bis zu Isaak Komnenos (1057). K. schöpft für den Zeitabschnitt bis zum 9. Jh. aus zum größten Teil erhaltenen Chroniken wie Theophanes, Georgios Monachos und v. a. Ps.-Symeon Logothetes (Paris, gr. 1712). Für die Periode ab 811 übernimmt er wörtlich die Σύνοψις ἱστοριῶν des Joh. Skylitzes. Als hist. Primärq. unbedeutend, ist sein Werk für die Kenntnis der Mechanismen der byz. historiograph. Tradition interessant (Beziehung und Wechselwirkung zw. Leser, Schreiber und Kompilator).
R. Maisano

Ed.: I. Bekker, CSHB, 2 Bde, 1838–39 – *Lit.*: Hunger I, 393f. [Lit.] – R. Maisano, Sulla tradiz. manoscritta di G. C., RSBN 14–16, 1977–79, 179–201 – Ders., In margine al cod. Vat. di G.C., Rendic. Accad. Arch. Lett. B. Arti Napoli 57, 1982, 67–90 – Ders., Note su G.C. e la tradiz. storiografica biz., Riv. Internaz. St. Biz. e Slavi 3, 1983, 237–254 [in Vorber. Ed. CFHB].

Keeper of the Privy Seal ('Bewahrer des Geheimsiegels'), ein engl. Staatsamt, das infolge der Eduard II. 1311 auferlegten Ordinances (→Ordainers) eingerichtet wurde. Das kleinere Siegel des Kg.s verblieb bei denen Kanzler über die →*wardrobe.* Die Ablösung der Schreibbehörde vom kgl. Hofhalt *(household)* sollte die Handlungsweise der kgl. Regierung reformieren. Doch wurde das →Privy Seal nicht völlig aus dem kgl. Hofhalt ausgegliedert. Obwohl die K. ein Haus in London für seine Schreibbehörde einrichtete, begleitete er den Kg. auf seinen Reisen innerhalb Englands und sogar während der Feldzüge in Frankreich. Viele der K. aus dem 14. Jh. begannen ihre Laufbahn im Hofhalt. Alle waren – bis auf Nicholas Carew (1371–77) – Kleriker. Sie wurden ständige Mitglieder des kgl. Rats *(King's →council),* und ihre Schreiber waren für dessen Schriftverkehr zuständig. Wegen der großen Bedeutung des Privy Seal innerhalb der Regierung blieb der K. – anders als der kgl. Sekretär *(→secretary)* bis 1483 – ein wichtiger Amtsträger.

Seit 1416 waren die meisten K. graduierte Juristen, häufig Doktoren des Rechts, die vorübergehend an geistl. Gerichtshöfen tätig waren. Ihre Kenntnis des weltl. Rechts wurde für diplomat. Missionen benötigt. Die früheren K. wurden Bf. e, doch William →Alnwick (1422–32) war der erste K., der sein Amt auch nach seiner Weihe zum Bf. 1426 beibehielt. Bes. lange hatte Richard Fox das Amt inne (1487–1516). In der Folgezeit wurde es zur Sinekure für verdiente kgl. Ratsmitglieder, die die eigtl. Aufgaben dem stellvertretenden K. of the Privy Seal Office überließen (vgl. Thomas→Kent).
R. L. Storey

Lit.: Handbook of British Chronology, 1986, 92–96 – A. L. Brown, The Governance of Late Medieval England, 1989.

Keeper of the Rolls ('Bewahrer der →Rolls'), höherer Beamter der engl. →Kanzlei. Neben seiner Tätigkeit als Verwalter der Urkk. wurde er mit der tägl. anfallenden Arbeit der Kanzlei beauftragt, da der Kanzler *(→chancellor)* häufig abwesend war. Wenn ein Kanzler aus seinem Amt entlassen wurde, erhielt der K. das Gr. Siegel *(Great Seal)* bis zur Ernennung eines Nachfolgers. Nach der Vertreibung der Juden aus →England 1290 gehörten dem Domus Conversorum (1232 in einem westl. Vorort von London gegr.), das in der Regel unter der Aufsicht der K. stand und später ständiger Sitz der Kanzlei wurde, nur wenige Beamte an. Die meisten der ma. K. waren in der Verwaltung ausgebildet und geistl. Standes. Der erste bekannte Amtsinhaber war John →Kirkby (1263–84), später Treasurer of England und Bf. v. Ely; seine Nachfolger John →Langton und William Hamilton wurden Kanzler. Nach ihnen erreichte nur noch John →Scarle (1399–1401) die Kanzlerwürde. In der Folgezeit wurde das Amt des K. auch als Master of the Rolls bezeichnet. Im späten 15. Jh. wurden die K. außerhalb der Kanzlei ernannt und waren graduierte Juristen, wie z. B. John→Morton (1472).
R. L. Storey

Lit.: H. C. Maxwell-Lyte, Historical Notes on the Use of the Great Seal, 1926 – Handbook of British Chronology, 1986, 85–88, 93–95, 104.

Kegelhelm, aus der oriental. Früheisenzeit stammender hoher, spitzer Helm. Die Steppenkultur setzte diese weit verbreitete Helmform aus Stirnreif und Vertikalstreben mit Füllstücken zusammen (sarmat. System) oder aus gezackten Zwickeln (turkmen. System). Seit dem 8. Jh. in S-Rußland in einer Gruppe mit Naseneisen (Helm aus dem Oskol) und einer Gruppe ohne Naseneisen vertreten. Zu letzteren gehören auch die sog. 'Goldenen Helme' von Kiev (10.–11. Jh.). Am K. hing eine Panzerkapuze oder ein Nackenschutz. Im späten 15. Jh. entstand aus pers. und mongol. Elementen die 'Oriental. Sturmhaube' mit spitzer Glocke, Wangenklappen, Nackenschirm, Sonnenschirm und bewegl. Naseneisen. Sie wurde von den Osmanen noch im 16. Jh. getragen. Der byz. K. des MA war kürzer, gewölbter und gewöhnl. mit einem Nackenschutz versehen, aber stets ohne Naseneisen.
O. Gamber

Lit.: H. R. Robinson, Oriental Armour, 1967 – A. Kirpitschnikow, Drewnerusskoje Oruschtschie, Archeologija SSSR, 1971 – T. Kolias, Byz. Waffen, 1988.

Kehdingen. 'Land K.' meint im Unterschied zum älteren Landschaftsnamen K. (1156/57: Kadingis) den Bereich einer bäuerl. Landesgemeinde, die sich in der Elbmarsch zw. Stade und der Oste-Mündung, einem Gebiet starker, auch von 'Hollerkolonisation' berührter hochma. Siedlungsverdichtung und günstiger Besitzrechte, Mitte 13.Jh. gebildet hat. Sie konnte in mehreren Aufständen gegen die Ebf.e v. Bremen 1274 bis Mitte 14.Jh. weitgehende Autonomie gewinnen und bis ins 16.Jh. behaupten, auch dank umsichtiger Bündnispolitik. Die landesgemeindl. Struktur band auch eingesessenen Adel. Seit ca. Mitte 14.Jh. repräsentierten von der Landesversammlung gewählte 'Hauptleute', für Nord-K. als Vertreter von Bauerschaften, für Süd-K. als Vertreter von Kirchspielen, das Land. Sie waren auch an der von landesherrl. 'Gräfen' geübten Gerichtsbarkeit beteiligt. Seine innere Selbstverwaltung konnte Land K. bis ins 19.Jh. bewahren.

H. Schmidt

Lit.: I. Mangels, Die Verfassung der Marschen am linken Ufer der Elbe im MA, 1957 – B. U. Hucker, Adel und Bauern zw. unterer Weser und Elbe im MA, NdsJb 45, 1973, 97–113 – A. E. Hofmeister, Besiedlung und Verf. der Stader Elbmarschen im MA, 2 Teile, 1979/81.

Kehlbalken → Dach

Kehlriemen → Zaumzeug

Kekaumenos, byz. Schriftsteller, ca. 1020–Ende des 11.Jh., armenisch-slav. Herkunft, geb. in S-Makedonien oder Thessalien, diente in Armee und Verwaltung; fälschl. identifiziert mit dem Befehlshaber Katakalon K. Das Werk des K. (nach Aug. 1075 geschrieben; der Hs.titel »Στρατηγικόν« ist jüngeren Datums und spiegelt den Inhalt nur eines der Abschnitte) ist eine Mahnrede: an seine Kinder über die Verhaltensregeln in Familie und Gesellschaft, in der militär. wie in der zivilen Laufbahn; an einen ausländ. Herrscher, wie er der Abhängigkeit vom Imperium ausweichen kann, und an den Ks. über die Notwendigkeit, für die Armee und den militär. Stand zu sorgen und die Willkür der zivilen Bürokratie auszurotten. Reich an Beispielen aus dem privaten Leben oder aus der militär. und staatl. Praxis, enthält das Werk viele wertvolle, teils auch einzigartige Berichte und Nachrichten über Alltagsleben und Sitten in den byz. Provinzen, über das byz. Geistesleben sowie hist. Ereignisse des 10.–11.Jh.

G. G. Litavrin

Ed.: G. G. Litavrin, Sovety i rasskazy Kekavmena. Sočinenie vizatijskogo polkovodca XI veka, 1972 [Ed., Übers., Komm.] – Neuedition v. Ch. Wrinch-Roueché (CFHB) [im Dr.] – Übers.: H.-G. Beck, Vademecum des byz. Aristokraten, 1964² – Lit.: Hunger, Profane Lit., I, 162; II, 337–338 – Karayannopulos/Weiss, Quellenkunde z. byz. Gesch., 1982, Nr. 372 [Lit.] – G. Prinzing, JÖB 38, 1988, 1–31, hier 19–22.

Kelch (calix, ποτήριον), vornehmlichstes unter den chr. →Altargeräten. Zur Aufnahme des eucharist. Trankes bestimmt, eng verbunden mit der →Patene. Die Gestalt des K.s ist von unterschiedl. Formtraditionen antiker Trinkgefäße abzuleiten (scyphus, crater). Ein halbkugeliger bzw. eiförmiger Becher (cuppa), mit oder ohne Henkel, wird von einem meist hohen und eingezogenen Fuß (Ständer) mit oder ohne Standring getragen. Ein Knauf (nodus) als Zwischenstück dient als Handgriff. Diese Grundform bleibt seit frühester Zeit erhalten, trotz vielfältiger Abwandlung v. a. der Kuppaform, vom stark gewölbten Becher byz. Zeit zur flacheren Schale roman. K.e und zur eher trichterförmigen got. Kuppa. Bes. liturg. Verwendungen bedingen gestaltl. Unterschiede. Das MA unterscheidet Calix minor (gewöhnl. Meßk.; vgl. sog. Liudger-K., Essen-Werden) bzw. maior (Spendek. [calix ministerialis] für die K.kommunion, mit Henkeln versehen; vgl. sog. Gauzelin-K., Nancy). Daneben begegnen sehr kleine Reisek.e sowie bei der Bestattung von Bf.en und Priestern verwendete Grabk.e.

Den unterschiedl. liturg. Bestimmungen entsprechen variierende materielle Beschaffenheit und Ausstattung: Der hohen sakramentalen Funktion erscheint von Anfang an die Bevorzugung von Gold und Silber angemessen. Gegen Verwendung unedler Metalle und Materialien (Glas, Horn, Holz) wenden sich zahlreiche ma. Synoden. Die aus dem frühbyz. Bereich erhaltenen liturg. K.e sind vorwiegend aus Silber gefertigt, in mittelbyz. Zeit öfter mit Kuppa als Halbedelstein (S. Marco, Venedig). Aus abendländ. Funden der FrühMA überwiegen K.e aus unedlem Material, doch gibt es selbst Reise- und Grabk.e aus Silber und Gold (Hildesheim, Trier). Die insularen Silberk.e (Ardagh bzw. Derrynaflan, Dublin) stellen auch eine Sondergruppe in der Formentwicklung des abendländ. liturg. K.s dar. Erhalten ist ferner ein karol. Einzelstück aus Elfenbein (Utrecht); sogar ein Grabk. aus Leder ist nachgewiesen (Mainz).

Bei der künstler. Ausstattung des K.s finden sich Ornamente verschiedener Art und Edelsteinbesatz sowie schon in frühbyz. Zeit symbol. und figurenbildl. Schmuck (Baltimore/New York). Der ikonograph. wie hist. bedeutsame →Tassilo-K. (Kremsmünster) ist in karol. Zeit einzigartig, ebenso der symbol. den Lebensbrunnen andeutende sog. Lebuinusk. (Utrecht). Architekturbildl. Gliederung an Kuppa und Fuß bezeugt an nicht wenigen Beispielen das im Weiheritus ausgedrückte Verständnis der K.s als »novum Christi sepulchrum« (vgl. Silos, Reims, Ottobeuren). Roman. K.e können mit ausführl. Bilderzyklen ausgestattet sein, unter Einbeziehung des Bildschmucks der Patene (Wien, Tremessen). Got. K.e sind in der Regel schlichter, meist über Sechspaßfuß aufsteigend, mit architekton. Zierformen bzw. aufgelegten Bildmedaillons in verschiedenen Techniken.

V. H. Elbern

Lit.: DACL II, 1595–1651 – LThK² VI, 104–106 – J. Braun, Das chr. Altargerät, 1932, 17–197 – V. H. Elbern, Der eucharist. K. im frühen MA, 1964 – J. M. Fritz, Goldschmiedekunst der Gotik in Mitteleuropa, 1982, passim – M. Ryan, The Derrynaflan and other Irish Eucharistic Chalices (Ireland and Europe in the Early MA, hg. M. Richter-P. Ní Chatháin, 1982) – P. Skubiszewski, Die Bildprogramme der roman. K.e und Patenen (Metallkunst von der Spätantike bis zum ausgehenden MA, hg. A. Effenberger, 1982), 198–267.

Kelchkommunion, unverzichtbarer Bestandteil der →Eucharistiefeier für den zelebrierenden Priester. Daß die K. noch bis weit ins 13.Jh. hinein auch für den Laien üblich gewesen sein soll (herrschende Meinung), ist quellenmäßig nicht überzeugend belegt und im Blick auf die ma. Kommunionpraxis auch zu bezweifeln (vgl. G. →Duranti v. Mende, d. Ä.: Rat. div. IV, p.7, c.42 ed. 1559 fol. 170v). Schon früh suchte man die K. durch andere Spendeformen zu ersetzen. In den n. Ländern war die intinctio verbreitet, das Eintauchen der geweihten Hostie in den konsekrierten Wein, der dem Gläubigen gereicht wurde; eine Praxis, die schon das Konzil v. Braga (675) ausdrückl. mißbilligte. Auch das →Decretum Gratiani (um 1142, ed. Friedberg I, 1318) sah sich gezwungen, die K. anzumahnen, ihren Verzicht als superstitio (Irrglaube) bezeichnend. Als im 11./12.Jh. die intensivere Reflexion über die Eucharistie die Gegenwart des totus Christus unter jeder der Gestalten von Brot und Wein glaubend erkennen läßt, wurde dadurch jene Praxis bestätigt und forciert (u. a. von Kard. →Robert Pullus, † 1146), die es den Laien gestattete, auf die K. zu verzichten. Die Situation änderte sich 1414, als →Jakobell v. Mies die K. für Laien in die werdende

Glaubensgemeinschaft der →Hussiten einführte, beeinflußt von der Eucharistielehre J. →Wyclifs wie auch von der böhm. Reformbewegung, namentl. ihrer Forderung, die Laien häufiger kommunizieren zu lassen (Malogranatum, →Matthias v. Janov). Jakobell begründete die K. mit seiner »revelatio«, in der er die K. ntl. fundiert und als heilsnotwendig (Jo 6,53) manifestiert sah. Als das Konstanzer Konzil die K. zwar als urspgl. Kirchenpraxis bestätigte, aber im Blick auf die Kirchendisziplin verbot (DENZINGER-SCHÖNMETZER 1198/99), avancierte die Einführung des Laienkelches rasch zum einheitsstiftenden und gruppenbildenden Zeichen der hussit. Richtungen. Diese forderten in den Vier Prager Artikeln (1420) die K. für alle. Die in den →Basler (1433) und Iglauer Kompakten (1436) für Laien im böhm. Raum zugestandene K. wurde von Pius II. 1462 aufgehoben. In der Reformation war der Vorwurf der Entziehung der K. ein wichtiges Kampfmittel gegen die Kirche, wie auch umgekehrt die Gleichsetzung der luther. Bewegung mit →Utraquisten und →Hussiten →Luthers Lehre und Anhängerschaft diskriminieren sollte.   M. Gerwing

Lit.: TRE I, 102 – A. FRANZEN, Die Kelchbewegung am Niederrhein im 16.Jh., 1955 – A. JUNGMANN, Missarum Solemnia, II, 1962⁵ – B. NEUNHÄUSER, Eucharistie in MA und NZ, 1963 (HDG IV/4b) – B. FISCHER, Die K. im Abendland, LJ 17, 1967, 18–32 – W. EBERHARD, Konfessionsbildung und Stände in Böhmen 1478 bis 1530, 1981 – H. SMOLINSKY, Augustin v. Alvedt und Hieronymus Emser, 1983 – M. GERWING, Malogranatum..., 1986 – W. SEIBT, Hussitica, 2. erg. Aufl. 1990.

Keller, ganz oder teilweise in den Boden eingetiefter gemauerter, zumeist gewölbter Raum unter hölzernen oder steinernen Wohngebäuden, auch unter Anbauten in Bergen und Felsen, als Vorrats-, Wein- oder Bierk. genutzt, gelegentl. auch als Laden oder Schankstube (Ratsk.). Der K. ist zugängl. entweder vom Gebäude über eine K.treppe (SpätMA) oder von außen durch den K.hals, bei dem der unter dem Haus liegende Teil der Treppe mit einer steigenden Tonne überwölbt sein kann; der außerhalb liegende Teil ist ein Geländeeinschnitt, der ummauert, mit Brettertüren abgedeckt oder auch überwölbt ist. Seit dem 14.Jh. versuchen die Stadtverwaltungen diese Eingänge zu verbieten, da sie die »Freiheit der Gassen« einschränken. Vereinzelt können K. durch teilweise weitverzweigte Gänge als Zuflucht in Kriegszeiten und als zusätzl. Lagerraum verbunden sein. Die K. sind bei Wohnhäusern meist nur unter einem Teil des Hauses angelegt, häufig nachträgl. erweitert; sie werden auch bei Neubauten belassen, so daß durch das Aufmaß der K. (K.pläne) die ältere Bebauungsstruktur zu erahnen ist (Gelnhausen, Goslar, Magdeburg, Prag). Die K. können aber auch beeindruckende Größe erreichen (Overstolzenhaus Rheingasse 8, Köln, um 1230, zweischiffig 17,5 × 12,4 m, 5,5 m hoch, flachgedeckt, Außenzugang).
G. Binding

Lit.: A. FUHS, Gelnhausen. Städtebaul. Unters., 1960.

Keller, Kellerei (*kellner*, →*cell(er)arius*), Beamter bzw. Amt, zuständig für die Wirtschaftsverwaltung in Kl., Fronhofsverbänden (→Villikation, →Meier) und in Territorien mit einer Ämterverfassung als Grundlage der Wirtschaftsverwaltung. Hier war der K. urspgl. als Burgbeamter zuständig für das leibl. Wohl der Burgbesatzung. Seit mit der Einführung der Ämterverfassung die Einkünfte eines Amtes als Pertinentien der Burg gesehen werden, wird er zum K. des Amtes, wobei er zunächst auch oft als Kastner oder Rentmeister bezeichnet wird. Wo keine Burg als Amtsmittelpunkt existiert, bilden Hochgericht und Kellerei das Amt. Meist ist jedem →Amtmann (→Pfleger, →Vogt) ein K. je nach Region neben- oder untergeordnet, der häufig im Gegensatz zum niederadligen Amtmann der Bürgerschaft des Amtsmittelpunktes entstammt. Die Bezeichnung leitet sich ab vom Keller als dem Ort der Lagerung der herrschaftl. Naturaleinkünfte, für den er zuständig ist. Sein Aufgabenbereich umfaßt die Einhebung und Abrechnung der landesherrl. Einnahmen, die im Amtskeller gesammelt werden, sowie die Anlage von Zins- und Gültregistern, in einigen Gegenden auch die Ausübung der niederen Gerichtsbarkeit. Später wird dies noch erweitert (Landvergabe, Aufsicht über Landwehr). V. a. in kleineren Ämtern oder einzelnen selbständigen Vogteien kann er auch die Funktion des Amtmannes übernehmen. Gegen Amtsmißbrauch und Erblichkeit wurden häufig Einjahresverträge abgeschlossen. Insgesamt wirkte sich der Dualismus zw. Amtmann und K. positiv auf die landesherrl. Finanzverwaltung aus.
D. Rödel

Lit.: Dt. Rechtswb VII, 717–738 – HRG II, 696–700 – E. BAMBERGER, Die Finanzverwaltung in den dt. Territorien des MA, Zs. für die gesamte Staatswiss. 77, 1922/23, 168–255 – G. DROEGE, Die Ausbildung der ma. territorialen Finanzverwaltung (Der dt. Territorialstaat im 14.Jh., I, hg. H. PATZE, 1970 [VuF 13]), 325–345 – W. JANSSEN, Die mensa episcopalis der Kölner Ebf.e im SpätMA (Die Grundherrschaft im späten MA, I, hg. H. PATZE, 1983 [VuF 27]), 313–341 – H. DOPSCH, Wandlung und Konstanz der spätma. Grundherrschaft im Erzstift Salzburg, ebd. II, 229–276.

Kells, Kl. und Bm. im nördl. →Irland. Die früheste Erwähnung von K. als einer kirchl. Stätte erscheint in den Annalen v. Ulster s. a. 807: »Constructio noue civitatis Columbae Cille hi Ceninnus« ('Der Bau einer neuen Bischofskirche des Colum Cille [Columba] zu Cenannas [Kells]'). Die Nennung des hl. →Columba weist darauf hin, daß K. zur →Paruchia des Columba-Kl. →Iona gehörte. Die enge Bindung an Iona wird auch durch einen weiteren Eintrag in den Annalen v. Ulster, s. a. 814, bezeugt, wonach Ceallach, Abt-Bf. v. Iona, die Würde des 'princeps' niederlegte und sich in das soeben fertiggestellte K. (»finita constructione templi Cenindsa«) zurückzog. Der Zeitpunkt der Errichtung von K. wird allgemein mit den heftigen Wikingerangriffen gegen Iona in Verbindung gebracht; K. habe den aus Iona vertriebenen Mönchen als Refugium gedient. Doch zeigt die Neubesetzung des von Ceallach aufgegebenen Bf.samtes v. Iona durch Diarmait, daß offenbar längst nicht alle Mönche von Iona nach K. übersiedelten. Wichtige Funktion von K. dürfte zunächst die Bergung der kostbaren Reliquien von Iona gewesen sein.

Bes. Gründe für die Wahl von K. als Bischofssitz sind trotz einer gewissen Bedeutung des Ortes (wohl alte 'civitas regalis' neben →Tara, vielleicht herausgehobene Stellung als ein Herrschaftssitz der südl. →Uí Néill) nicht recht erkennbar; eher wären traditionsreiche Columba-Stätten wie →Derry oder →Durrow in Frage gekommen. Die Gründung von K. leitete gleichwohl eine neue Ära in der Gesch. des columban. Mönchtums ein, dessen Kristallisationspunkt nun von schott. Inselkl. Iona wieder nach Irland zurückkehrte.

Über die Gesch. von K. im späten 9. und im 10.Jh. ist wenig bekannt. Nach einer Serie heftiger Angriffe durch Wikinger und Iren im 10.Jh. erfolgte im 11.Jh. eine Verschiebung in der polit. Orientierung des Klerus von K., dessen Reichtum wuchs. 1007 wurde das →Book of Kells, das 'Große Evangeliar des Colum Cille', aus der Kirche entwendet, kam jedoch nach einigen Monaten in den Besitz des Kl. zurück, unter Verlust des mit kostbaren Metallarbeiten verzierten Buchdeckels. Um die Mitte des

Kells, Synode v. (1152). Die Bewegung für kirchl. Organisation und Reform, die im späten 11. und frühen 12. Jh. die Kirchen →Irlands erfaßte, erreichte ihren Höhepunkt in einer Reihe von Synoden: Cashel (1101), →Ráith Bresail (1111) und K. (1152). Die neue Diözesanstruktur war zuerst auf der vorwiegend von südir. Kirchenmännern besuchten Synode v. →Ráith Bresail festgelegt worden, wobei die fakt. Autonomie des Bm.s →Dublin und seine Bindung an →Canterbury weiterhin anerkannt blieb. Diese Situation änderte sich mit der Synode v. K., die unter Vorsitz des Legaten Johannes Paparo tagte und auf der die erste offizielle päpstl. Anerkennung einer unabhängigen, von einer kanon. Hierarchie geleiteten ir. Kirche erfolgte. Vorausgegangen war eine ir. Deputation an den Hl. Stuhl, die nach dem Tod des hl. →Malachias v. Armagh († 1148), des Vertrauten Bernhards v. Clairvaux, entsandt worden war. Papst Eugen III. akzeptierte die Wünsche der ir. nationalen Synode und verlieh vier Ebm.ern das Pallium: →Armagh, →Cashel, →Dublin und →Tuam; der bestehenden ir. Diözesanstruktur wurden auf diese vier Metropolen hin ausgerichtet, der →Primat v. Armagh bestätigt, die Verbindung zu Canterbury gelöst. Durch diesen Entscheid und eine Reihe anderer Beschlüsse kann K. als die bedeutendste Reformsynode der ir. Kirche gelten.

D. Ó Cróinín

Lit.: J. F. KENNEY, Sources for the early hist. of Ireland, 1929, 768 – K. HUGHES, The church in early Irish society, 1966, 263–271.

Kelso, OSB Abtei in Schottland, gehörte zu der Kongregation von →Tiron (Thiron-Gardais); 1113 von Kg. →David I. v. Schottland in Selkirk gegr. und 1128 nach K. in die Nähe des kgl. burgh v. Roxburgh verlegt. Die Abtei erhielt umfangreiche Schenkungen des Kg.shauses und entwickelte sich rasch zu einem der am reichsten ausgestatteten Kl. in Schottland. Die Wahl von Tiron als Mutterkl., von dem die ersten Mönche kamen, ist der Bewunderung Davids für die monast. Reformorden, also Zisterzienser, Prämonstratenser und Augustiner, zuzuschreiben. Die Verbindung zu Tiron bestand bis zum 14. Jh. Doch war K. wegen der großen Entfernung zu Tiron von Anfang an eine autonome Abtei; der Abt besaß seit 1165 das Recht, die Mitra zu tragen. Tochterkl. von K. waren: Lesmahagow (1144), Kilwinning (1160–70?), Arbroath (1178) und Lindores (1191). Die spätroman. Abteikirche (nur noch der westl. Turm ist erhalten) gehörte zu den größten Schottlands. Obwohl K. erhebl. unter den engl. Angriffen während der Wars of independence litt, soll die Abtei 1517 35 Mönche besessen haben; 1540 umfaßte der Konvent 21 Mitglieder. K. wurde 1607 in eine weltl. Herrschaft umgewandelt.

G. W. S. Barrow

Lit.: G. W. S. BARROW, The Kingdom of the Scots, 1973 – I. B. COWAN–D. E. EASSON, Medieval Religious Houses: Scotland, 1976 – S. CRUDEN, Scottish Medieval Churches, 1986.

Kelten. Der Name 'K.' (lat. *Celtae*, gr. Κελτοί) bezeichnet diejenigen Völker, die eine der kelt. Sprachen sprechen, die einen Zweig der indoeurop. Sprachfamilie bilden. Der Begriff hat über die sprachl. Definition hinaus seit langem eine ethnolog. Dimension angenommen, so daß Ur- und Frühgeschichtler wie Archäologen aufgrund der materiellen Überlieferung von einer 'kelt.' materiellen Kultur und Sozialorganisation sprechen. Für den Mediävisten ist es jedoch unerläßl., sich zu vergegenwärtigen, daß die Annahme eines 'kelt.' Charakters bzw. Einflusses oft auf nur fragmentar. materiellen Spuren und lit. Belegen beruht. Hinzu kommt, daß die kelt. Ethnien und Stämme selbst kein entsprechendes Gemeinschaftsbewußtsein besäßen (selbst wenn die Gallier die Bezeichnung 'Celtae' als einen über die einzelnen Stämmen stehenden Oberbegriff kannten). Für die Völker, die kelt. Sprachen über die frühgesch. und antike Periode hinaus bewahrten (d. h. die Bewohner Irlands, Britanniens und der Bretagne), gilt, daß sie zum Zeitpunkt, an dem eine gesicherte Quellenüberlieferung einsetzt, über getrennte Sprachen verfügten, die eine Verständigung untereinander nicht zuließen, und daß ihnen ein Bewußtsein der Zusammengehörigkeit (die eher von außenstehenden Beobachtern wahrgenommen wurde) unbekannt war.

Von der wiss. Forsch. wird zunehmend erkannt, daß es falsch war, in der Kultur und Zivilisation der inselkelt. Völker des MA ein Abbild des Keltentums zu sehen, wie es im Zeitalter Caesars existiert haben mag. Der vermeintl. Archaismus der frühen ir. Tradition (man hat in Sagen und Legenden wie dem Rinderraub-Epos→»Táin Bó Cúailgne« ein »window on the Iron Age« bzw. eine Widerspiegelung der La-Tène-Zeit sehen wollen) wird heute nachdrückl. in Frage gestellt. Für die Annahme einer Kontinuität der kelt. Kultur von der späten Bronzezeit bis ins MA finden sich keine überzeugenden Argumente. Die Behauptung einer bes. kelt. Lebensform im FrühMA (v. a. in bezug auf das als stark konservativ-archaisch geltende Irland), die sich grundsätzl. von den zeitgenöss. Verhältnissen im Kontinentaleuropa der Völkerwanderungszeit abgehoben hätte, ist nicht haltbar und nur geeignet, den Beitrag der einheim. Tradition wie den Anteil des kontinentaleurop. Einflusses an der Kultur Irlands und Britanniens in undifferenzierter Weise zu verwischen. Das Bild eines archaischen Irland, das von heroischen, nomad. lebenden Kriegerbanden durchstreift wurde, wird von den air. Rechtstraktaten ebenso widerlegt wie die Vorstellung, es habe – bei nur oberflächl. Christianisierung – eine die ir. Gesellschaft beherrschende Druiden-Kaste gegeben, die weiterhin ihre gleichsam zeitlosen mündl. Überlieferungen pflegte. Aus Unters. der letzten Jahre ergibt sich, daß ein unveränderter Fortbestand archaischer 'kelt.' Institutionen in keiner Weise belegbar ist und daß insulare Gesch. und Kultur stärker als bisher im Kontext mit den polit. und sozialen Entwicklungen des ma. Europa gesehen werden müssen. – S. im einzelnen →Irland, →Britannien, Briten, →Wales, →Bretagne sowie die entsprechenden sprach- und lit.hist. Beitr. wie →Irische Sprache und Lit.

D. Ó Cróinín

Lit.: K. McCONE, Pagan past and Christian Present in Early Irish Lit., 1990.

Kelter (ahd. *calctûre*, aus lat. *calcatura*, von *calcare* ['mit den Füßen treten/stampfen'], lat. *torcular/ium* ['Gerät zum Auspressen von Weintrauben, Oliven, auch anderen Früchten']). Bei Plinius d. Ä. beschrieben: Die Baumk. nutzt die Hebelwirkung eines schweren Balkens (K.baum), der mittels Seilen/Flaschenzügen, oft mit Hilfe einer Schraube niedergedrückt und hochgezogen wird – oder er wird nur in einer Führung aus zwei Balken gehebelt und mittels Stiften fixiert. Bei der platzsparenden Schrauben- bzw. Spindelk. (auch: Schraubenpresse) ohne K.baum wird über eine Schraube von oben Druck auf das Pressgut ausgeübt. Vom 10. Jh. an zeigen Abb. Baumk.n mit Schraube. Seit dem 14. Jh. kommen Schraubenk.n vermehrt in Gebrauch. Regional finden sich Bannk.n. Eine bes. Rolle in der Ikonographie des MA spielt die myst. K. (→Andachtsbild).

A. Hedwig

Lit.: R. KELLERMANN – W. TREUE, Die Kulturgesch. der Schraube, 1962², 48–58 – F. W. BASSERMANN-JORDAN, Gesch. des Weinbaus I, 1975³, 336–361 – A. THOMAS, Die Darstellung Christi in der K. (Forsch. zur VK 20/21, 1935) [Nachdr. 1981].

Keltische Sprachen und Literaturen →Irische Sprache und Literatur; →Walisische Sprache und Literatur; →Bretonische Sprache und Literatur

Kemāl Reʾīs, türk. Korsar und Admiral Bāyezīds II., geb. wohl in Gallipoli von aus Qaraman stammenden Eltern, nahm an der osman. Eroberung Euboias 1470 teil. Seit etwa 1486 unternahm er Korsarenfahrten im w. Mittelmeer, seit 1495 ist eine Funktion in der osman. Flotte nachweisbar. K. war an den osman. Siegen 1498–1500 bei Lepanto und der Peloponnes maßgebl. beteiligt, unternahm dann weiter in staatl. Auftrag Kaper- und Geleitfahrten, die typ. für die den Venezianern und Rhodesern noch unterlegene osman. Flotte der Zeit waren. 1511 ertrank K. in einem Sturm. Ch. K. Neumann

Lit.: EI² IV, 88of. [Lit.] – E. ESIN, The Aegean expeditions of Bayezid II., Erdem 1, 3, 1985, 789–799.

Kemāl, Sarīġa, aus Bergama; beendete 1490 im Auftrag →Bāyezīds II. eine osman. Reimchronik von 3000 V. mit dem Titel *Selāṭīnnāme-i-Al-i-ʿOsmān*, die durch die eingestreuten gelungenen Gedichte bekanntgeworden ist; beendete 1489 die Übers. eines pers. Geschichtswerks unter dem Titel *Belāġetnāme*. Seine Identität mit dem Gaseldichter dieses Namens wird nicht einhellig anerkannt.

B. Flemming

Lit.: MOG I – BABINGER, GOW – R. ANHEGGER, Die Fabel von der Grille und der Ameise in der türk. Lit., Asiat. Stud., 1942 – DERS., Türkiyat Mecmuasi IX, 1951 – DERS., TDED IV, 1952 – Teilabdr. F. İz, Nazīm II – J. R. WALSH, J Turk Stud 3, 1979 – R. ANHEGGER, ebd. 6, 1984.

Kemālpašazāde, Šemseddīn Aḥmed b. Süleymān, türk. Rechtsgelehrter und Geschichtsschreiber, geb. 1468 als Sohn des Sanğakbegs v. Amasya, gest. 1534. Verließ die militär. Karriere, um die noch geachtetere Gelehrtenlaufbahn einzuschlagen. Seit 1516 Oberrichter (*Kadiʿasker*) von Anatolien und von 1526 bis zu seinem Tode *Scheichülislam*, spielte er eine bedeutende Rolle im religiösen und polit. Leben des →Osman. Reiches (1516 Berater →Selīms I. auf dem Ägyptenfeldzug). 1502 begann er im Auftrage →Bāyezīds II. mit der Abfassung seiner offiz. Gesch. des Osman. Reiches, die er bis 1526 (Rückkehr Süleymāns von Mohács) führte. Er gilt heute im Vergleich zu dem überschätzten →Idrīs-i-Bidlīsī als überragender Historiker seiner Zeit (→Chronik, S. II). Allerdings wurden die zehn Teile des Geschichtswerks erst nach und nach wiederentdeckt und sind nur z. T. ediert. K.s umfangreiches theol.-jurist. und lit. Werk gliedert sich in Poesie. *Dīvān*, eine pers. Bearbeitung des Gulistān von Saʿdī unter dem Titel »Nigāristān« und etwa hundert arab. wiss. Abhandlungen. B. Flemming

Lit.: EI² [V. L. MÉNAGE] – PAVET DE COURTEILLE, Hist. de la campagne de Mohacz, 1859 – Ş. TURAN, Ibn Kemal. Tevārih-i Al-i Osman. VII. Defter, 1954 – DERS., Tenkidli Transkripsyon, 1957 – DERS., Ibn-i-Kemal. Tevārih-i Al-i Osman. I. Defter, 1970 – A. UǦUR, The Reign of Sultan Selīm in the Light of the Selīm-name Lit., 1985.

Kemenate (Kemnate; auch Dünitz, Dornse, *caminata camera*), Zimmer mit Kamin, heizbarer Wohnraum in einer Burg, speziell Frauengemach, auch auf das ganze Gebäude übertragen; ebenfalls ein Gebäude auf dem Gelände eines städt. Wohnhauses als zwei- bis dreigeschossiger Bruchsteinbau (bes. Niedersachsen: Goslar, Braunschweig, Osnabrück), in Sachsen und Thüringen als rechteckiger Turm von bes. Breite, durch massive Quermauern zumeist in drei gleich große quadrat. Räume geteilt (Wendhausen b. Thale, Kapellendorf, Orlamünde). Die K. wird bei der Übernahme in das Bürgerhaus im 15. Jh. durch Hinterladeröfen zum rauchfreien Raum, der →Stube entwickelt. Die K. war ursprgl. der einzige einigermaßen beheizbare Raum, zumeist mit kleineren Fenstern, die mittels Holzläden oder mit Häuten bespannten Holzrahmen, im SpätMA auch teilweise mit Glas verschließbar waren. G. Binding

Lit.: RDK IV, 326–332.

Kemp(e), John, Kard., Ebf. v. →York seit 1426, Ebf. v. Canterbury seit 1452, →Chancellor of England, * um 1380, † 22. März 1454, ▭ Canterbury, Kathedrale; 2. Sohn von Thomas Kemp, einem Adligen aus Wye in Kent. Seit 1400 Mitglied des Merton College in Oxford, Dr. der Rechte und an kirchl. Gerichtshöfen tätig, so 1413 im Häresieverfahren des Sir John →Oldcastle; Generalvikar des Ebf.s Henry →Chichele, 1416–22 in diplomat. Diensten Heinrichs V. Im Jan. 1419 wurde er zum Bf. v. Rochester gewählt und zum Kanzler in der Normandie ernannt, doch am 28. Febr. 1421 nach London zurückberufen. Während der Minderjährigkeit Heinrichs VI. war er im kgl. Rat und unterstützte Kard. Heinrich →Beaufort gegen den Protektor →Humphrey, Hzg. v. Gloucester. 1426–32 war er Chancellor of England, 1433 Gesandter am Konzil v. →Basel, 1434 Teilnehmer der Verhandlungen v. →Arras. Das Ausbleiben eines dauerhaften Friedensschlusses mit Frankreich machte ihn in England unpopulär. Eugen IV. erhob ihn im Juli 1439 zum Kard.presbyter v. S. Balbina. K. blieb – trotz Rückzugs aus der aktiven Politik – Vertrauter Heinrichs VI. und wurde am 31. Jan. 1450 nochmals Chancellor. 1451 war er an der Niederschlagung des Aufstandes in Kent (→Cade) und an den folgenden Gerichtsverfahren beteiligt. Er stiftete das Wye College in Kent. A. Cameron

Lit.: DNB XXX, 384–389 – Lives of Archbishops of Canterbury V, 1798, 188–267 – J. HASTED, Hist. of Kent., 1894 – The Historians of the Church of York, II, hg. J. RAINE, 1879–94.

Kempe, Margery, engl. Mystikerin, * um 1373 in King's Lynn (Norfolk), 1439 dort zuletzt bezeugt. Die Lebensumstände der einer angesehenen Familie entstammenden M. K. kennen wir aus dem autobiogr. Bericht, den zwei Helfer nach dem Diktat der des Lesens und Schreibens unkundigen Frau aufgezeichnet haben (»The Book of M. K.«: 2 Bücher, 89 + 10 Kap.; die einzige erhaltene Abschrift aus dem 15. Jh., aus dem Besitz der Kartäuser von Mount Grace, heute BL Add. 61823, wurde erst 1934 wiederentdeckt). – Mit etwa 20 Jahren vermählt, geriet »diese Kreatur« (wie sie sich durchgehend selbst nennt) nach ihrer ersten Niederkunft in einen wirren Zustand; eine Christus-Vision brachte ihr Heilung. Nachdem geschäftl. Unternehmungen fehlgeschlagen waren, bewirkten Visionen eine Hinwendung zum spirituellen Leben. Nach etwa 20 Ehejahren (und der Geburt von 14 Kindern) bewog sie ihren Gatten zur Enthaltsamkeit. M. K. unternahm dann Wallfahrten und Reisen in England, auf dem Kontinent (u. a. nach Danzig) und ins Hl. Land. Sie traf mit Seelsorgern, Mystikern und Reklusen zusammen, u. a. mit →Juliana v. Norwich. Schriften von →Birgitta v. Schweden und Walter →Hilton, den »Stimulus Amoris« (Pseudo-Bonaventura), →Rolles »Incendium Amoris« u. a. ließ sie sich vorlesen. Ihr myst. Erleben, etwa während des Gottesdienstes oder der Predigt, äußerte sich in Schreien und Weinkrämpfen; ihr zweiter biograph. Helfer sah hier eine Parallele zu →Maria v. Oignies. M. K. erregte in Lynn und als (zumeist alleinreisende) Pilgerin häufig Aufsehen und Ärgernis; man hielt sie für eine Anhängerin der →Lollarden, und mehrfach lief sie Gefahr, als Ketzerin verbrannt zu werden. B. A. Windeatt

Bibliogr.: NCBEL I, 524 – Manual ME 7. XIX, 1986, 2242, 2457-2458 [Nr. 7] – J. C. Hirsh (ME Prose, hg. A. S. G. Edwards, 1984), 116-119 – Ed.: The Book of M. K., hg. S. B. Meech – H. E. Allen, EETS 212, 1940 – The Book of M. K., übers. B. A. Windeatt, 1985 – Lit.: C. W. Atkinson, Mystic and Pilgrim, 1983 – J. C. Hirsh, The Revelations of M. K., 1989.

Kempten, Stift und oberschwäb. Reichsstadt, liegt im Fernstraßenkreuz von Ulm/Augsburg zu Fernpaß und Bodensee auf der Grenze der Diöz.n Augsburg und Konstanz. Ö. einer Furt der ab hier flößbaren Iller entstand ab 15 n. Chr. eine röm. Siedlung, die wohl um 260 aufgegeben und (jetzt mit Kastell) auf der anderen Flußseite neu angelegt wurde (Burghalde). Eine schwache Siedlungskontinuität könnte vorgelegen haben, als im frühen 8. Jh. eine St. Galler Missionszelle (wohl an der Stelle der heut. St. Mang-Kirche) gegr. wurde, aus der in unklar belegtem, längerem Vorgang (Diplomfälschung 12. Jh.) sich ein kgl. privilegiertes (bes. durch Ludwig d. Fr. 834 und Otto I. 939), reich ausgestattetes OSB-Kl. (Weihe 742/ 743?) entwickelte. Vor dem 12. Jh. wurde das eng in die kgl. Politik des HochMA verflochtene Reichskl. an den heut. Standort verlegt; aus einer Kl.siedlung der frühen Zeit wuchs vor dem 12. Jh. eine präurbane Siedlung mit Markt und Zollrechten, die in spätstauf. Zeit ummauert wurde. Um 1250 war die Stadtwerdungsphase abgeschlossen; 1257 sind cives, 1269 der stiftische Ammann, 1273 ein Rat mit noch starker ministerial. Prägung, 1313 das Stadtsiegel bezeugt. Die Vogtei fiel 1150 den Welfen, 1191 den Staufern zu; 1289 wurde das oppidum durch Kg. Rudolf I. der Jurisdiktion des Abtes entzogen und dem ostschwäb. Landvogt unterstellt, ohne daß allfällige Reibereien zw. Abt als urspr̀gl. Stadtherrn, der mit der 'marca Campidonensis' im SpätMA die Grundlagen des Stiftsterritoriums schuf, und nun kgl. Stadt ein Ende gehabt hätten. 1340 sind Ulmer Stadtrechte belegt; ab dieser Zeit hält sich K. auch zu den bünd. Einungen des oberdt. Raumes; 1408 erhält der Rat Hochgerichtsrechte. Vor 1379 kommt es unter Einbezug von Zunftvertretern zur Umgestaltung der Ratsverfassung. 1363 wurde der Sitz des Stiftsvogts auf der Burghalde zerstört, danach die städt. Autonomie 1379 im 'ewigen Bund' durch das Stift anerkannt. Handel (bes. Wein, Salz), Leinwand- und Schmiedegewerbe (bes. Waffen, Sensen) bewirkten im späten MA einen erhebl. Aufschwung, ablesbar im Neubau von St. Mang (ab 1426), des Rathauses (ab 1474) sowie des Spitals 1412. Unter Einschluß zweier 1470-88 ummauerter Vorstädte ist im 15. Jh. bei einer Fläche von ca. 27 ha innerhalb des Berings (ohne Stift, um das nach 1648 eine eigene, 1712 mit Stadtrecht bewidmete Stadt wuchs) von 3000 Einw. auszugehen. Die bauernkriegsbedingten Probleme des Stiftes ermöglichten 1525 den Kauf der letzten Rechte und Besitzungen des Stiftes in der Stadt ('großer Kauf'). Die Einführung der Reformation in der Stadt verschärfte die weiter vorhandenen Gegensätze zum papsttreu bleibenden Stift. F. B. Fahlbusch

Lit.: DtStB V/2, 291-299 – Germania Benedictina II, 1970, 129-136 [J. Hemmerle; Q., Lit.] – P. Blickle, K. (Hist. Atlas v. Bayern, T. Schwaben, H. 6, 1968) – W. Hübener, Cambodunum, K. im Allgäu (Hist. Atlas v. Bayer.-Schwaben², III/7, 1985) – Gesch. der Stadt K., hg. V. Dotterweich u. a., 1989 [Q., Lit.].

Kendal, Earls of. Das engl. *earldom* v. K. wurde für Johann, den 3. Sohn Kg. Heinrichs IV. geschaffen, dem dieser Titel zusammen mit dem des Duke of →Bedford am 16. Mai 1414 verliehen wurde. Die ursprgl. Verleihung nur auf Lebenszeit wurde am 8. Juli 1433 auf seine männl. Erben ausgedehnt. Als er kinderlos im Sept. 1435 starb, erlosch der Titel. Am 28. Aug. 1443 wurde Johann →Beaufort zum Earl of K. und Duke of →Somerset erhoben, aber der Titel verschwand erneut bei seinem Tod ohne männl. Erben am 27. Mai 1444. Am 23. Aug. 1446 wurde Jean de Foix, vicomte v. Castillon, der die engl. Regierung in der Gascogne unterstützte und bereits Ritter des →Hosenbandordens war, zum Earl of K. erhoben. In frz. Gefangenschaft war er 1453-60. Bei der Absetzung Heinrichs VI. 1461 entschied sich Foix für den Kg. v. Frankreich als seinen Lehnsherrn und verzichtete auf sein engl. earldom und später auf seinen Hosenbandorden.

Lit.: Peerage VII, 108-110. C. T. Allmand

Kenilworth, Dictum v., am 31. Okt. 1266 erlassene Friedensakte, die als Schlußstrich in der Auseinandersetzung zw. der engl. Krone und der baronialen Opposition gedacht war (→Barone, Krieg der; Simon v. →Montfort). Neben gemäßigten Royalisten trug der päpstl. Legat Ottobuono (→Hadrian V.) entscheidend zum Zustandekommen bei. Im Namen Kg. Heinrichs III. sowie der Barone, Ratgeber und Vornehmen wurde u. a. festgelegt: Der Kg. soll uneingeschränkt im Besitz seiner Macht sein und sie frei ausüben; die kirchl. Freiheiten sowie die Freiheitsurkk. (→Magna Carta) und Forsturkk. sollen beachtet werden; die von der Adelsfronde bewirkten Verfügungen sind ungültig, doch sollen diejenigen Konzessionen, welche Heinrich »spontaneus non coactus« gemacht hat, in Kraft bleiben; Rebellen, deren Güter konfisziert wurden, erhalten die Möglichkeit, sie gegen Zahlung einer Geldsumme wiederzuerlangen (→Disinherited, the); hinfort soll ungestört Friede herrschen, jegl. private Rache ausgeschlossen sein. Das D. v. K. war Basis für einen Ausgleich, welcher der kgl. Rechtsposition Rechnung trug, aber auch Raum für 'government by consent' ließ. K. Schnith

Ed.: Statutes of the Realm I, 1810, 12-17 [tlw. W. Stubbs, Select Charters, 1913⁹, 407-411] – Lit.: B. Wilkinson, Const. Hist. of Medieval England I, 1948, bes. 36f., 162f. – M. Prestwich, Edward I, 1988 [Lit.].

Kennedy. 1. K., James, Bf. v. →Dunkeld 1437-40 und →St. Andrews 1440-65, * ca. 1408, † 1465; Mitglied der mächtigen Familie der K. v. Dunure und Sohn der Schwester des schott. Kg.s Jakob I. Schüler und Begründer des St. Salvator's College in St. Andrews und in erster Linie Kirchenmann, war er auch ein bedeutender Politiker, obwohl er nie ein öffentl. Amt bekleidete. Er diente Jakob II., indem er rastlos den päpstl. Einmischungsversuchen in schott. Pfründen widerstand. Doch trat er gleichzeitig für den Papst bei den Vertretern des →Konziliarismus ein. Während der Minderjährigkeit Jakobs III. (der 1460 folgte) hatten K. und die Kgn.mutter Marie (Mary) v. Geldern gemeinsam die polit. Kontrolle in Schottland inne, wobei K. die dominierende Rolle zukam. Bis zu ihrem Tod (1463) unterstützte Marie die Yorkists, während K. Anhänger der Lancastrians blieb, was unnötigerweise zu einer Verschärfung des bereits angespannten engl.-schott. Verhältnisses führte. Sein späteres Ansehen basiert sicher auf Überschätzung. J. Wormald

Lit.: A. Dunlop, The Life and Times of J. K., Bishop of St. Andrews, 1950 – Church, Policy and Society: Scotland, 1408-1929, hg. N. MacDougall, 1983.

2. K., Walter, schott. Dichter, * vor 1460, † nach 1508, aus gäl. Hochadel in Ayrshire; Studium in Glasgow, 1476 B.A., 1478 M.A., 1481 Prüfer; seit 1491 Erbvogt in Carrick, dann wohl Kirchendienst; sprach-, zunft- und heimatbewußter Versesmied *(Maistir, makar),* hinter

→Dunbar, Gavin →Douglas und →Skelton fähigster Dichter im Wetteifer der Chapel Royal (→Hofkapelle, IV) Jakobs IV. zu Stirling mit der Royal Chapel Heinrichs VII. in Windsor. Schmales Textvermächtnis: »The Flyting of Dunbar and Kennedy« (satir., [pseudo]biogr. Streitgedicht und Schimpfduell, 552 Verse in 69 Strophen aus wandelreimend 10-silbigen 8-Zeilern ['ababbccb']); vier religiöse Kurzgedichte: »The Praise of Age«, »An Aged Man's Invective against Mouth Thankless«, »A Ballad in Praise of Our Lady«, »Pious Counsel« in 4-/5-hebigen 8-Zeilern der alten Balladenstrophe ('ababbcbc' mit Refrain); Langgedicht »The Passion of Christ« im Arundel Ms. 285 aus 1715 Verszeilen in 245 Strophen im *rhyme royal* ('ababbcc'), nach Glaubensq. und →Ludolf v. Sachsen; epische Lesefassung eines Passionsspiels mit bibl.-konkreten und allegor.-abstrakten Figuren.   H. Weinstock

Ed.: J. Schipper, The Poems of W.K., Denkschr. der Ksl. Akademie der Wiss. Wien, Phil.-hist. Cl. 48, 1902 – J. Kinsley, The Poems of William Dunbar, 1979, 76–95 – *Lit.*: I. S. Ross, William Dunbar, 1981 – J. A. W. Bennett, Poetry of the Passion, 1982 – D. W. Riach, »W. K.'s The Passioun of Crist: a reassessment«, Scottish Lit. Journal 9, 1982, 5–20 – R. D. S. Jack, The Hist. of Scottish Lit., I: Origins to 1660 (Mediæval and Renaissance), 1988.

Kenneth

1. K. (Mc Alpin) **I.**, *scot. Kg.* (→Schottland), herrschte wahrscheinl. von 841–843 über die Dál Riada und von 843–858 im Kgr. der →Pikten; Sohn von Alpin, der möglicherweise ein Dálriadic-Kg. im 9. Jh. war. Doch gibt es Belege für die Abstammung K.s über Alpin von Fergus Mór mac Eirc († wahrscheinl. 501), einem Führer der Dál Riada, die unter dem Druck norw. Angriffe standen. K. richtete seine Aufmerksamkeit daher auf das Gebiet der →Pikten. Ein erfolgreicher Feldzug machte ihn 843 zum Kg. v. Scone, d. h. wahrscheinl. v. Fortriu. Bis 850 gelang es ihm, die anderen Gebiete der Pikten zu unterwerfen, und er wurde Kg. der Pikten (von den Iren Alba gen.). Ob er die Oberherrschaft auch über die Dál Riada behaupten konnte, ist umstritten. K. fiel sechsmal in Northumbrien ein und kam bis →Dunbar und →Melrose, auch wehrte er die Invasionen der Briten aus→Strathclyde und der Dänen ab. Ihm wird die Übertragung von Reliquien des hl. →Columba an das Kl. →Dunkeld zugeschrieben. 858 folgte sein Bruder→Donald I. als Kg.   D. J. Corner

Lit.: M. Anderson, Kings and Kingship in Early Scotlands, 1973, 196 – A. Duncan, Scotland; the Making of the Kingdom, 1975, 56–59.

2. K. II., *scot. Kg.* (→Schottland), † 995 in Fettercairn; folgte 971 Culen, der zusammen mit seinem Bruder in Lothian durch Rhiderch, Kg. v. →Strathclyde, getötet worden war. K. war der Bruder von Dubh († 966), dem Vorgänger Culens als Kg. Sofort nach seinem Herrschaftsantritt intervenierte K. in Strathclyde, doch blieb sein Versuch, die schott. Vorherrschaft in diesem Bereich zu festigen, erfolglos. 973 erkannte K. in →Chester den engl. Kg. →Edgar als seinen Oberherrn an und gelobte, ihn zu Land und zu Wasser zu unterstützen. K. erhielt →Lothian und kehrte mit vielen Ehrenbezeugungen nach Schottland zurück. Die Übergabe von Lothian war wahrscheinl. eine Anerkennung durch Edgar, die der Sicherung Northumbriens dienen sollte. K. scheint den Frieden bis 994/995 eingehalten zu haben, als er wohl in England intervenierte und dadurch Lothian verlor. K.s Nachfolger wurde →Konstantin III.   D. J. Corner

Lit.: M. Anderson, Lothian and the Early Scottish Kings, SHR 39, 1960, 98–112 – A. Duncan, Scotland: the Making of the Kingdom, 1975, 95–97.

3. K. III., *scot. Kg.* (→Schottland), folgte 997 →Konstantin III., † 1005; Sohn von Dubh, der von Culen, Konstantins Vater, 966 getötet worden war. Angebl. hat ein sonst unbekannter Sohn von Kenneth, Malcolm, Konstantin getötet, so daß K. möglicherweise für den Tod seines Vorgängers verantwortl. war. Während K.s Regierung gibt es einen Hinweis auf einen zweiten scot. Kg. Giric, den Sohn K.s. Wahrscheinl. wollte K. andere Familienmitglieder von der Nachfolge ausschließen, als er seinen Sohn nicht nur zum *tanaise*, sondern auch zum *leth righ* ernannte. Das Vorgehen →Malcolms II., der 1005 K. in Monzievaird tötete und die Nachfolge antrat, dürfte darauf zurückzuführen sein, daß er sich von der Thronfolge und der Nachfolge der→*clanns* von Áed-Konstantin III. und wahrscheinl. auch von Dubh ausgeschlossen fühlte.
  D. J. Corner

Lit.: A. Duncan, Scotland: the Making of the Kingdom, 1975, 97, 113.

Kenning (pl. *kenningar*, fem.; 'Kennzeichnung'), konstituierendes Stilmittel der altisländ./anorw. Skaldendichtung (→Skald, →Altnord. Lit.), seit dem 9. Jh. zur metaphor. Umschreibung bestimmter Begriffe. Die K. erfuhr durch die Isländer →Snorri Sturluson († 1241; »Skáldskaparmál« [Snorra Edda], um 1220) und Oláfr Þórdarson hvítaskáld († 1259; »Málskrúðsfræði« [3. Grammat. Traktat]) eine theoret. Behandlung.

Snorri unterscheidet zw. *ókent heiti* 'ungekennzeichneter Ausdruck' (der ein Objekt sprachl. erfaßt; →Heiti) und *kent heiti* 'gekennzeichneter Ausdruck' (= 'Kenning', von *kenna* 'kennzeichnen'). Die K. ist danach stets zweigliedrig und besteht aus einem Grundwort und einem genitiv. Bestimmungswort (beides Substantive).

Charakteristisch ist, daß der dem Grundwort unterliegende Begriff zunächst mit einem ihm wesensfremden Ausdruck benannt, damit also zugleich verschleiert wird. Das genitiv. Bestimmungswort charakterisiert das Grundwort aber dann in der Weise, daß die Metapher auf den eigtl. Gegenstand zurückverweist, wie etwa in »brynju meiðr« 'der Brünne Baum' = Krieger, oder »Ullr ímunlauks« 'Ull [Gott] des Schlachtlauches [d. h. des Schwertes]' = Krieger. Eine K. ließe sich demnach als »Metapher mit Rücklenkung« (v. See) definieren.

Die einzelnen Glieder einer K. können ihrerseits in K.e aufgelöst werden, so daß sich bisweilen ganze K.ketten über eine skald. Halbstrophe oder Strophe erstrecken. Mit K.en werden immer nur bestimmte Schlüsselbegriffe wie Mann, Frau, Krieger, Gold, Schiff, Meer, Schwert u. a. umschrieben. Insgesamt zielt die K. nicht auf eine bildl. stimmige Anschaulichkeit, sondern darauf, daß sich bestimmte Assoziationen beim Hörer gedankl. zu einem sinnvollen Ganzen zusammenfügen. Die Bild- und Assoziationsbezüge haben dabei meist wenig mit dem Inhalt der jeweiligen Strophe zu tun. Gerade im virtuosen Einsatz dieses hochartifiziellen Stilmittels zeigt sich die Wortkunst und das anspielungsreiche Wortspiel der Skaldendichtung.

Das Begriffs- und Bezugsmaterial der K. stammt in der Regel aus Mythos und Heldensage, deren genaue Kenntnis bei Dichter und Publikum vorausgesetzt werden, denn die K.e bieten nur Anspielungen. Die in der christl. Skaldendichtung abgeschwächt fortlebende Verbindung zur heidn. Mythologie wird von Snorri noch einmal umfassend dokumentiert. K.e sind häufig die letzten Reflexe verlorener mytholog. Überlieferung. K.e in der →Edda gehen indessen meist auf skald. Einfluß zurück.

Die Ursprünge der K.kunst sind schwer faßbar. Ir. Einfluß scheidet angesichts des frühen Auftretens von K.en (Runeninschriften um 700) aus. Möglicherweise steht die K. in Verbindung mit Sprachtabus im Bereich des

Totenkults, oder aber – was wahrscheinlicher ist – mit der Wortmagie, die in der hintergründigen Anspielungskunst der Skaldendichtung noch weiterzuleben scheint.

H. Ehrhardt

Lit.: KL VIII, 375 ff. – H. Kuhn, Das nordgerm. Heidentum in den ersten chr. Jhh., ZDA 79, 1942, 133–166 – A. Heusler, Altgerm. Dichtung, 1943² – J. de Vries, K. en und Christentum, ZDA 87, 1956/57, 125–131 – W. Lange, Stud. zur chr. Dichtung der Nordgermanen, 1958 – K. v. See, Skaldendichtung, 1980, 32 ff. – E. Marold, K.kunst, 1983 – P. Foote, Skand. Dichtung der Wikingerzeit (Neues Hb. der Lit.wiss. 6, 1985), 330 ff. – R. Simek–H. Pálsson, Lex. der Altnord. Lit., 1987, 206 ff. [ält. Lit.].

Kensington-Stein, ein 1898 auf dem bäuerl. Anwesen des schwed. Einwanderers Olof Ohman in Kensington (Douglas Co., Minnesota, USA), einem Siedlungsschwerpunkt skand. Einwanderer, aufgefundener Stein mit einer linear angeordneten Inschrift aus nord. Runenzeichen. Sie berichtet in Einzelheiten über eine angebl. »Entdeckungsfahrt«, die i. J. 1362 von 8 Göten (Schweden) und 22 Norwegern von Vinland aus nach W unternommen worden sei. Der K. konnte aufgrund zahlreicher Indizien (u. a. neuskand. Sprachformen, Einsprengsel im Dialekt der skand. Einwanderer Minnesotas, willkürl. Archaisierung; Fundumstände) bald als Fälschung entlarvt werden, entstanden wohl im skand. Einwanderermilieu. Durch den Einsatz des amerikan.-skand. Geschichtsautors Hjalmar R. Holand, der die Echtheit des K.s verfocht, entbrannte – vor dem Hintergrund der Frage nach dem skand. Anteil an der Entdeckung →Amerikas – der Streit um die Authentizität der Runenritzung seit 1911 aufs neue und kam erst Ende der 1950er Jahre zum Erliegen.

H. Ehrhardt

Lit.: E. Wahlgren, The Kensington Stone, a Mystery solved, 1958.

Kent, ags. Kgr., später Gft., im äußersten SO Englands am Kanal gelegen.

I. Angelsächsisches Königreich – II. Earldom.

I. Angelsächsisches Königreich: K., das Stammesgebiet der kelt.-brit. Cantiaci (Cantii), Vorort: →Canterbury, wurde 43 n. Chr. röm. erobert. Seit dem 5. Jh. drangen →Angelsachsen ein (in K. und anderen südengl. Gebieten wohl vornehml. sächs. Gruppen). Trotz ags. Herrschaft blieb weiterhin romano-brit. Einfluß bestehen. Das Kgr. K., das zur sog. 'Heptarchie' der Angelsachsenreiche (→England A) zählte, gewann bes. Bedeutung unter Kg. →Æthelberht (560–616), der in Beziehungen zum Frankenreich stand (Heirat mit der merow. Prinzessin Bertha), die Würde des →Bretwalda innehatte und das Christentum förderte. 597 nahm er den hl. →Augustinus auf (Gründung der Bm.er →Canterbury und →Rochester sowie →London). Æthelberht erließ das älteste ags. Gesetz, dem im späten 7. Jh. weitere Gesetzestexte, erlassen von →Hlothhere und Eadric, folgten (→Codex Roffensis, →Angelsächs. Recht, →Gesetzgebung C.I); sie geben Einblick in Institutionen und Gerichtsverfassung des frühma. K. Nach Æthelberhts Tod folgte eine Periode heidn. Reaktion; doch blieb in Canterbury stets die christl. Kontinuität, in engem Anschluß an das Papsttum, gewahrt (Taufe des Kg.s Eadbald, Missionsansätze in →Northumbrien durch →Paulinus, im späten 7. Jh. Weihe des Ebf.s →Theodorus v. Tarsus).

Das wirtschaftl. entwickelte (frühe Münzprägung in Canterbury), kirchl.-kulturell dem Kontinent (Frankenreich, Rom) zugewandte K. wurde im 7. und 8. Jh. polit. von seinen mächtigen Nachbarn (→Mercien, →Wessex) überflügelt und war (einer älteren Zweiteilung des Landes folgend?) zeitweilig geteilt. Im 8. Jh. geriet K. in zunehmende Abhängigkeit von den Kg.en v. Mercien (→Æthelbald, →Offa). Nach letzten Versuchen, ein unabhängiges Kgtm. wiederherzustellen, wurde K. im frühen 9. Jh. von →Egbert dem entstehenden Großreich der Kg.e v. Wessex eingegliedert. Als Unterkgr. der Wessexer Dynastie kam K. nach dem Tode Æthelwulfs († 858) durch Reichsteilung vorübergehend an Æthelberht († bereits 866) und war danach, seit Æthelred (866–871) und →Alfred d. Gr. (871–899), fester Bestandteil des westsächs. Reiches, in dessen Gft.sorganisation (→shire) es einbezogen wurde. K. hatte stark unter den Wikingereinfällen (851, 1011) zu leiden. Nach 1066 wurden hier von den Normannen mächtige Burgen (Dover, Rochester) und Kathedralen (Canterbury, Rochester) errichtet. K., ein Agrarland mit vielfältigem Acker- und Gartenbau, profitierte seit dem SpätMA von dem sich entwickelnden Absatzmarkt der Metropole London. 1450–51 war es Ausgangspunkt des Bauernaufstandes des J. →Cade.

U. Mattejiet

Lit.: Stenton³, s. v. Register – VHC Kent, 3 Bde, 1928–31 – J. E. F. Jolliffe, Pre-Feudal England. The Jutes, 1933 [Nachdr. 1973] – S. E. Chadwick-Hawkes, Early Anglo-Saxon K. (Royal Archaeol. Inst., Progr. of the Summer Meeting Canterbury, 1969) – H. Vollrath-Reichelt, Kg.sgedanke und Kgtm. bei den Angelsachsen, 1971, 152–181 – B. Philip, Excavations in West K. (1960–70), 1973 – K. P. Witney, The Kingdom of K., 1982 – J. Hasted, Hist. of K., 1894 – England, →Canterbury.

II. Earldom: Das Earldom wurde von Wilhelm I. für seinen Halbbruder →Odo, Bf. v. Bayeux († 1097), geschaffen, der zusammen mit ihm in →Hastings gekämpft hatte. Dieser erhielt über 500 Grundbesitzungen *(manors)*, von denen 200 in K. lagen. Odo spielte bei der Niederschlagung des Aufstandes von 1075 eine bedeutende Rolle. 1080 wurde er nach Northumberland gesandt, um den Mörder von Bf. Walcher v. Durham zu bestrafen. 1082 wurde er eingekerkert. Angebl. plante er, nach Italien zu ziehen, um dort die Papstwürde zu erlangen. Odo wurde seines Earldoms für verlustig erklärt und in der Normandie eingekerkert. Er erlangte jedoch die Gunst Wilhelms II. Als er 1088 zugunsten von →Robert v. d. Normandie rebellierte, verlor er sein Earldom erneut, das trotz des von seinem Neffen erhobenen Anspruchs aufgehoben wurde. Unter Kg. Stephan v. Blois bekam der fläm. Söldnerkapitän →Wilhelm v. Ypern den größten Teil von K., doch wurde er nie zum Earl erhoben.

Der Titel wurde erst wieder 1227 von Heinrich III. an *Hubert de* →*Burgh* († 1243) verliehen, der eine bedeutende Rolle unter Kg. Johann spielte. Seit 1215 Justitiar, erhielt er dieses Amt 1228 auf Lebenszeit. Als er →*Constable* v. Dover und 1202 *warden* der Cinque Ports wurde, beauftragte man ihn mit der Aufsicht über K., doch erhielt er den Rang eines Earl erst, als Kg. Heinrich III. für mündig erklärt worden war. Während der ersten Regierungsjahre Heinrichs spielte er eine beherrschende Rolle am Hof, doch fiel er 1232 in Ungnade und verlor seinen Earl-Titel, v. a. weil er sich 1230 geweigert hatte, am Feldzug gegen Frankreich teilzunehmen. Auch stand er wohl in Verbindung mit dem antipäpstl. Aufruhr unter →Robert Twenge. Sein Sturz wurde von dem am Hof einflußreichen Pierre des Roches und seinem Neffen Pierre des Rivaux betrieben. 1234 erfolgte eine Versöhnung mit Heinrich III., und Hubert de Burgh erhielt sein Earldom zurück, doch durfte sein einziger Sohn aus erster Ehe keinen Erbanspruch geltend machen.

Erst 1321 wurde der Titel erneut verliehen. Eduard II. übertrug ihn seinem Halbbruder →*Edmund v. Woodstock* (* 1301, † 1330), der sich nur kurz in K. aufhielt. 1322 kämpfte er gegen →Thomas, Earl of Lancaster, und nahm auch an dem schott. Feldzug im selben Jahr teil. 1325 in die Gascogne entsandt, begleitete er Kgn. Isabella zu den Friedensverhandlungen mit Philipp V. v. Frankreich. Ein Gegner Eduards II., blieb er mit der Kgn. im Exil und nahm 1326 an ihrer Invasion in England teil. 1327 erhielt er honour und Burg von →Arundel. Wahrscheinlich wurde sein Sturz von Roger →Mortimer betrieben. Im März 1330 gefangengenommen, wurde er des Verrats angeklagt und hingerichtet. Sein Sohn *Edmund* (*1326, †1331) erhielt von Eduard III. alle Ländereien und Titel seines Vaters. Als er früh verstarb, folgte sein Bruder *John* (*1330, †1352), der, obwohl erst sechzehnjährig, beauftragt wurde, sich den Truppen in →Calais 1346 anzuschließen. 1347 erhielt er die Ländereien seines Vaters und erbte 1351 die seiner Mutter. Seine Ehe mit der Tochter des Mgf.en v. Jülich (1348) blieb kinderlos. Der Earl-Titel ging nun an seine Schwester *Johanna v. Kent* (* ca. 1328, †1385) über, die Thomas →Holland († 1360) geheiratet hatte. Doch als dieser an einer Preußenreise teilnahm, mußte sie sich auf Wunsch ihrer Familie mit William Montague, dem Erben des Earldoms v. Salisbury, vermählen. Nach seiner Rückkehr appellierte Holland 1347 an den Papst. Die Entscheidung fiel – gemäß dem Wunsch Johannas – zugunsten von Holland aus, und 1349 wurde die Ehe mit dem Earl of Salisbury annulliert. Holland schlug eine bedeutende militär. Laufbahn bei den Feldzügen gegen Frankreich ein. 1360 wurde er kurz vor seinem Tod jure uxoris zum Earl of K. erhoben. Seine Witwe heiratete 1361 →Eduard d. Schwarzen Prinzen in einer heiml. Zeremonie.

1380 erhielt *Thomas* →*Holland* (* ca. 1350, † 1397), der Sohn von Thomas und Johanna, den Earl-Titel. Er beschritt die militär. Laufbahn und spielte keine Rolle bei den polit. Auseinandersetzungen während der Regierung Richards II. Ihm wurde 1384 der Schutz von Cherbourg übertragen, 1385 beaufsichtigte er die Verteidigung von →Calais. Am schott. Feldzug Richards II. nahm er 1385 teil und begleitete 1394 den Kg. nach Irland. Nach seinem Tod 1397 folgte sein gleichnamiger Sohn *Thomas* (*1371, †1400), der Richard II. unterstützte. Neben dem Titel eines Duke of Surrey erhielt er das Amt des Marshals v. England und wurde 1398 zum Lieutenant v. Irland ernannt. Als Heinrich IV. den Thron bestieg, wurde er seines Hzm.s für verlustig erklärt und wegen seiner Beteiligung an einer Verschwörung gegen den neuen Kg. von einer aufgebrachten Volksmenge 1400 enthauptet. Sein Nachfolger wurde sein Bruder *Edmund* (*1383, †1408), der in der Schlacht v. Shrewsbury 1403 kämpfte und an der Seeschlacht v. 1405 gegen die Franzosen teilnahm. 1407 diente er als Admiral und wurde 1408 bei einem Gefecht in der Bretagne getötet. Da er kinderlos war, erlosch das Earldom of K. erneut.

1461 erhielt *William* →*Neville*, Lord Fauconberge († 1463), der 8. Sohn des Earl of Westmorland, den Titel. Er hatte die Vorhut der York-Partei in den Schlachten v. Northampton und Towton befehligt. 1462 wurde er Admiral v. England. Er starb wahrscheinl. bei der Belagerung von →Alnwick und hinterließ keinen männl. Erben. Das Earldom erlosch erneut. Den Earl-Titel erhielt 1465 *Edmund* →*Grey of Ruthin* (*1416, † 1490), der einen wesentl. Anteil an dem Ausgang der Schlacht v. Northampton v. 1460 gehabt hatte. Er verließ Heinrich VI. und wechselte zu dem Duke of York über. Eduard IV. ernannte ihn 1463 zum Lord High Treasurer, doch machte er anschließend keine große Karriere. Bis zum 18. Jh. verblieb das Earldom in der Familie der Grey.

M. C. Prestwich

Lit.: DNB VII, 315; XVI, 410; XXVII, 156f.; XXIX, 393; XL, 304; XLI, 424 – GEC V, 281–285; VII, 130–165 – R. I. Jack, The Grey of Ruthin Valor, 1965 – D. A. Carpenter, The Fall of Hubert de Burgh, Journal of British Stud. 19, 1980, 1–17.

Kent, Thomas, engl. Diplomat und Beamter, † 1469, Doktor des kanon. und weltl. Rechts, studierte wahrscheinl. in Oxford und lehrte 1440–41 in Pavia. 1444 folgte er Adam →Moleyns als Ratsschreiber *(clerk of the →council)* und als zweiter (stellvertretender) →*keeper of the privy seal office*. Er verließ sein Rektorat in London und trat in den Laienstand. Zweimal war er verheiratet. Als Laie erhielt er seine Besoldung vom Kg., von Heinrich VI. einen Lohn von £ 100 pro Jahr sowie andere Zuwendungen, einschließlich Langley manor, Kent. Seit 1458 besaß er gemeinsam mit Richard Langport, einem Beamten des privy seal office, das Schreiberamt, doch behielt er das höher dotierte Amt des stellvertretenden keeper bis zu seinem Tod bei. Er diente auch Eduard IV. Zw. 1449 und 1468 war er an verschiedenen diplomat. Missionen beteiligt.

R. L. Storey

Lit.: BRUO II, 1037f. – A. L. Brown, The Early Hist. of the Clerkship of the Council, 1969.

Kentaur, naturdämon. Mischwesen der gr. Mythologie mit dem Unterkörper eines Pferdes (Isidor. Hisp., etym. 11, 3, 37 = Hraban. M., de univ. 7, 7 mit rationaler Mythenerklärung, vgl. Anon. de monstris 1, 11) mit angebl. gewissem Sprachvermögen, vielleicht nach der Begegnung des hl. Antonius mit einem K. in der Wüste (Hieron., Vita Pauli), aber meist mit Onokentaur (Mensch und Esel nach Glosse zu Is. 34, 14 bei Isidor 11, 3, 39 = Hraban.) verwechselt (Anon. de monstris 1, 11; Physiologus Y, c. 15 und B, c. 12, vgl. McCulloch, 166; Barthalom. Angl. 18, 77; Thomas Cantimprat. 4, 82 = Albertus M., animal. 22, 126 = Vinc. Bellovac, spec. nat. 19, 97, vgl. Thomas III, ed. Brückner = Konrad v. Megenberg III. A. 55 u. a. m.). Das Werfen von Zweigen bzw. Steinen nach Verfolgern bei Thomas (nach »Experimentator«) ist wohl Mißverstehen des Bogenschießens der antiken K.en. Bei Ps.-Hugo (de bestiis 2, 3 und 33) ist der Onok. wegen seiner heterogenen Elemente Sinnbild für Toren und Doppelzüngige.

Ch. Hünemörder

Q.: →Albertus Magnus, →Bartholomaeus Anglicus, →Hrabanus Maurus, →Isidor v. Sevilla – Konrad v. Megenberg, Das Buch der Natur, ed. F. Pfeiffer, 1861 [1962] – Ps. Hugo, de bestiis et aliis rebus, MPL 177 – Thomas Cantimpratensis, Lib. de nat. rer., T. 1, ed. H. Boese, 1973 – Vincentius Bellovacensis, Spec. nat., 1624 [Neudr. 1964] – Anonymus de monstris, ed. M. Haupt, Opuscula 2, 1876 – *Lit.*: F. McCulloch, Medieval Lat. and French Bestiaries, SRLL 22, 1960 – A. Brückner, Q. stud. zu Konrad v. Megenberg [Diss. Frankfurt 1961].

Kentigern → Mungo

Kephale (auch κεφαλατ[τ]ικεύων, von κεφαλή 'Kopf'), übliche Bezeichnung des Prov. gouverneurs in den letzten zwei Jahrhunderten der byz. Gesch., taucht im 13. Jh. auf, kommt allmähl. in Gebrauch, wird aber nie in die offizielle Titelliste aufgenommen. Der Amtsbereich eines K. trug gewöhnl. die Bezeichnung κατεπανίκιον, bestehend aus ein oder zwei Städten mit der nächsten Umgebung. Neben diesen lokalen gab es auch allg. (καθολική, περιέχουσα) K. mit Befugnissen über einen weiten Bereich (z. B. Gegend von Thessalonike, Thessalien, Morea). Diese Bereiche sind keine ständigen administrativen Einheiten, auch dann nicht, wenn sie geogr. und hist. ein Ganzes darstellen. Der K., gleichzeitig ziviler und militär. Verwalter, verfügte auch über bestimmte gerichtl. Kompetenzen. Angesichts des staatl. Zerfalls in spätbyz. Zeit nahm seine Funktion zunehmend privaten Charakter an, und er ist eher Oberhaupt der örtl. Adelsschicht. Im 14. Jh. taucht der K. auch in Serbien auf. Lj. Maksimović

Lit.: A. Heisenberg, Aus der Gesch. und Lit. der Palaiologenzeit, 1920, 68–79 – E. Stein, Unters. zur spätbyz. Verfassungs- und Wirtschaftsgesch., MOG 2, 1923–25 [Nachdr. 1962], 21–25, 27 – D. Zakythinos, Le despotat grec de Morée II, 1953, 65–71 – L. Maksimović, The Byz. Provincial Administration under the Palaiologoi, 1988, 117–166.

Kephallenia, Insel w. des Golfs v. Patras im O des Ion. Meeres, kontrolliert den Eingang in den Golf v. Korinth, ca. 750 km² groß; wichtiger byz. Stützpunkt für Flottenunternehmungen nach Sizilien und Unteritalien. Um die Mitte des 8. Jh. richteten die Byzantiner auf der Insel einen eigenen Kommandobereich, das Thema K., ein und lösten damit Kerkyra (Korfu), Ithaka, Leukas und Zakynthos samt Nebeninseln aus dem Verband des Themas Hellas. Es umfaßte damit alle westgriech. bzw. Ion. Inseln mit Ausnahme Kytheras, allerdings war das höchst wichtige Kerkyra offenbar ztw. ein selbständiges Thema. Zweck dieser Maßnahme war v. a. die Bekämpfung der Araber im W des Reichs zur See. 880 besiegte eine byz. Flotte unter Nasar die Araber, die plündernd bis K. und Zakynthos vorgedrungen waren; an der anschließenden byz. Expedition nach Sizilien war der Strategos Musulikes v. K. beteiligt. In der Folge war die Kommandogewalt über K. und Longobardia (im letzten Viertel des 9. Jh. im Zuge der Rückeroberung S-Italiens als Thema eingerichtet) in der Hand eines Strategen vereinigt. 1085 belagerten Normannen vergebl. die Hauptstadt von der K., die sich wahrscheinl. etwa 4 km landeinwärts im Südteil der Insel auf einer Erhebung beim heutigen Dorf Kastron befand (ab dem 13. Jh. unter dem Namen *kastron H. Georgiu* belegt). 1185 wurde K. von Normannen erobert und gehörte fortan nie wieder zum Byz. Reich; 1194–1325 war die Insel in der Hand der Orsini, dann der Anjou, bis sie schließl. nach mehrfachem Herrschaftswechsel (Tocco, Venezianer, Türken) 1500 ven. wurde. P. Soustal

Lit.: D. Zakythinos, Le thème de Céphalonie et la défense de l'occident (L'Hellenisme Contemporain 2/8, 1954), 303–312 – N. Oikonomidès, Constantin VII ... et les thèmes de Céphalonie et de Longobardie, RevByz 23, 1965, 118–123 – P. Soustal, Nikopolis und K. (Tabula Imperii Byzantini 3, 1981), 52–55, 175–177 – D. Antonakatu, Ἐϱευνες καὶ συμπεϱάσματα γύϱω ἀπὸ τὴ Μεσαιωνικὴ Κεφαλονιὰ μὲ βάση τὸ πϱακτικὸ τῆς λατινικῆς ἐπισκοπῆς Κεφαλληνίας τοῦ 1264, Βυζαντινά 12, 1983, 291–356 – A. Sabbides, Τὰ βυζαντινὰ Ἑπτάνησα 11ος-ἀϱχὲς 13ου αἰώνα, 1986.

Kephissos, Schlacht am, → Katalanische Kompa(g)nie

Keramik

I. Archäologie – II. Islamische Keramik.

I. Archäologie: [1] *Allgemein:* Die (Gefäß)-K. ist bes. geeignet, die Verbreitung materieller Kultur zu ermitteln, denn sie steht quantitativ an der Spitze des geborgenen archäolog. Materials. Damit ergibt ihre Kartierung ein verläßl., dichtes Bild. Sie ist zunächst kleinräumig verbreitet und wird als Hauswerk zumeist von Frauen getöpfert. Die Töpferscheibe breitet sich nach einer vorübergehenden Nutzung durch die Römer erst seit der Merowingerzeit aus. Dies führt zu gewerbl., im MA fast industrieller Produktion und zu einer gewissen Normierung der Waren. Die K. wird härter gebrannt und ist auch über weite Strecken transportierbar. In breitem Strom dringen rhein. Waren bis nach Mittelschweden vor. Trotz der holprigen Wege transportierte man die K. auch mit dem Wagen. Doch bevorzugte man den Wasserweg mit seinen geringeren Erschütterungen. Karol. Kugeltöpfe und rhein. Steinzeug fanden sich als Schiffsbruch in niederrhein. Flußkiesen. In → Hollingstedt (Treene) bezeugen kistenweise Scherben den Bruch an der Verladestelle am Wasser.

K. ging auch im Haushalt schnell zu Bruch und mußte ersetzt werden. Das förderte den Umsatz und das Aufkommen neuer Formen, die meist zeitl. fixierbar sind.

Die Datierung erfolgt v. a. auf typolog. Weg. Absolut wird sie durch Münzgefäße, Vergesellschaftung mit gut datiertem Metallschmuck, v. a. auch durch Einbettung in hist. datierte Straten (Gründung und Zerstörung von Siedlungen u. a.) bestimmt. Jüngere Waren sind gelegentl. durch Inschriften datiert. Die Thermoluminiszenzmethode benutzt die durch große Hitze erfolgte Zementierung der magnet. Ausrichtung der Partikel als Basis für Zeitbestimmungen.

[2] *Mitteleuropa:* In Mitteleuropa schließt sich die frk. K. an spätröm. Formen an. Auf der Drehscheibe werden Knickwandtöpfe, Kannen, Flaschen und Schalen geformt, die Haupttypen beider Reihengräberkreise. Die K. ist auf der Oberwand mit Stempel- und Rollraddekor verziert. In karol. Zeit verflacht der Bauchknick, hohe Töpfe mit nur wenig Verzierung werden üblich. Die Gefäße erhalten einen Linsen(Wackel)boden, der langsam in einen Kugelboden übergeht, während im N plumpe Kümpfe oder schlanke Eitöpfe weiterhin handgeformt werden. Die Kugeltöpfe sind von der Nordsee bis zum Bodensee typ., doch bleibt ein Oststreifen von Thüringen bis ins Ostalpengebiet bei den Standböden. Die karol. K. wird im Ton ockerfarben-gelbl., was wohl ebenso wie die Rotbemalung (Tupfen/Streifen) des 8.–10. Jh. auf mediterrane (byz.?) Einflüsse zurückgeht (→Pingsdorfware, rotbemalte nordfrz. Ware). – Der Kugeltopf wird mit der Hand geknetet, allenfalls der Rand abgedreht (Formholz). Seit dem 10. Jh. ist diese Ware blaugrau reduzierend gebrannt. Der Kugeltopf als Gebrauchsform ist von schlichter Konstanz, was Datierungen erschwert. Um 1200 setzt sich der Hals ab, wird dann gerillt und länger (Bombentopf). Für den Stand erhält er drei Standknubben, daraus werden Beine. Diese Grapen halten sich dem 13./14. Jh. bis in die NZ.

Mit dem 13. Jh. wird der Brand härter, die Magerung scheint körnig durch. Diese »geriefte« Ware des 13. Jh. ist nur der Übergang zum Steinzeug. Ähnl. Waren werden auch in den großen ndl. Töpfereizentren in Schinveld und Brunssum im Maasgebiet gebrannt. Als »Rhein. Steinzeug«, meist aus weißl. Pfeifenton, im Westerwald auch bläul.-grau, in Raeren bräunl., wird es an vielen Stellen gefertigt. Bekannt sind Köln, → Siegburg, Frechen, Raeren, Westerwald. Darunter sind techn. und künstler. Meisterwerke, die Meister sind teils bekannt (Siegburger Schnellen). Grundherren bemühten sich um die Ansiedlung des lukrativen Gewerbes in ihren Grenzen.

Grapen und Kugeltöpfe waren Kochgefäße, das Steinzeug für Flüssigkeiten gedacht. Es erhielt Konkurrenz durch die glasierte Ware, die schon in der Römerzeit als grünl.-gelbl. Bleiglasur bekannt war. Sie geriet in Vergessenheit, wurde aber seit karol. Zeit wiederbelebt, meist als Teilglasuren (sparsame Glasur on →Andenne), dann als Vollglasur. Die durchscheinende Salzglasur über rotem Ton war idealer Malgrund für die Gießhornmalerei (weiß/grün/gelb) seit dem 15. Jh., die Teller und Krüge bedeckte. Opulent waren die großen niederrhein. Schüsseln, geschätzt die Qualitätsware von Wahnfried (Weser).

[3] *Slavischer Bereich:* Östl. der Elbe entstand mit der Einwanderung der Slaven eine andere K.-Landschaft. Am Beginn stehen unverzierte handgemachte schlanke Töpfe vom Prager Typ. Von denen setzen sich die südl. kräftigen Töpfe vom Donautyp ab. Beide werden bald von typ. Dekor mit Wellenbändern, Kammstrichen und Stempeln überzogen. Es gibt eine Reihe spätfrühslav. Gruppen, die

auch einzelnen Stämmen zugeordnet werden (Suckow-Feldberg-Tornow-Gruppe). Die mittelslav. K. ist durch doppelkon. reichverzierte Töpfe gekennzeichnet. In der spätslav. Periode bevorzugt man schlanke Töpfe, dicht mit Drehrillen bedeckt. In Siedlungen und auf den slav. →Burgwällen fällt eine große Menge K. an, die in vielen Grabungspublikationen vorgelegt ist.

Die in N-Europa in der Völkerwanderungszeit noch blühende K.produktion läßt sowohl in Technik wie Verzierung merkl. nach und wird farblos, was gezielte Datierungen erschwert. Vielleicht traten Holz- und Specksteingefäße in den Vordergrund. Dann kamen Importe vom Kontinent und auch aus England.

[4] *Britannien*: Im w. Europa nimmt Britannien eine Sonderstellung ein. Zunächst wird nach röm. Technik eine romano-brit. Ware erzeugt, die sich im 5. Jh. dem Geschmack der Germanen anpaßt. Im ags. Bereich wird zunächst die vom Festland mitgebrachte K. handgetöpfert. Bes. die Grabk. ist mit Buckeln, Rippen und Stempeldekor reich gegliedert. Daneben gibt es einfache handgemachte Ware mit Standböden. Da an vielen Stellen brauchbarer Ton ansteht, gibt es viele Orte mit K.produktion, die namengebend wurden. In der mittelsächs. Periode (650–850) wird die K. schlichter, der Wackelboden auch kugelig. Die Formen beschränken sich auf Krug, Kochtopf, Schalen, Flaschen. Es gibt →Ipswich-Ware, solche von Whitby und die handgemachte Maxey-K. Die Namen bezeichnen nicht immer den Produktionsort, sie geben manchmal auch nur die Typengruppe an. In dieser Zeit wird K. auch vom Rheinland importiert. Die Entwicklung zur meist unverzierten Drehscheibenware mit den gleichen Formen reicht von 850–1150 (Saxon-Norman Periode). Thetford-, St. Neot- und Stamfordwaren mit Untergruppen werden herausgestellt. Torkey und Lincoln, York, Winchester u. a. Orte werden zur Kennzeichnung der Gruppen genannt. In dieser Zeit erfolgen Importe von →Badorf- und Pingsdorfk. aus dem Rheinland oder vom Typ →Beauvais aus Frankreich. H. Hinz

Lit. [nur Auswahl]: zu [1 und 2]: W. BRAAT, Funde ma. K. in Holland und ihre Datierung, BJ 142, 1937, 157ff. – E. SCHIRMER, Die dt. Irdenware des 11.-13. Jh. im engeren Mitteldtl., 1939 – K. BÖHNER u.a., Ausgrabungen in den Kirchen von Breberen und Doveren, BJ 150, 1950, 207f. – G. MILDENBERGER, Die Herstellung der ma. Kugeltöpfe, Germania 29, 1951, 63ff. – K. BÖHNER, Die frk. Altertümer des Trierer Landes, 1958 – W. HÜBENER, Die K. von Haithabu, 1958 – A. BRUIN, Die ma. Töpferindustrie in Brunssum, R.O.B. 9, 1959, 139ff. – DERS., Die ma. Töpferindustrie in Schinveld, Ber. R.O.B. 10–11, 1960–61, 463ff. – H. HINZ, Einige niederrhein. Fundstellen mit ma. K., BJ 162, 1962, 231ff. – DERS., Die karol. K. in Mitteleuropa (Karl d. Gr. III, 1965), 282ff. – R. CHRISTLEIN, Das alam. Reihengräberfeld von Marktoberdorf im Allgäu, 1966 – R. PIRLING, Das röm.-frk. Gräberfeld von Krefeld-Gellep, 1966 – B. BECKMANN, Die Grabung auf dem Scherbenhügel in Siegburg, 1967 – U. LOBBEDEY, Unters. ma. K., vornehml. aus Süddtl., 1968 – W. HÜBENER, Absatzgebiete frühgesch. Töpfereien in der Zone n. der Alpen, 1969 – H. STEUER, Der Beginn des Fernhandels mit K. in Norddtl., 1973 – P. HARTMANN, K. des MA und der frühen NZ in Nordfriesland, 1975 – K. D. HAHN, Die einheim. K. von Haithabu [Diss.-Druck Kiel 1977] – zu [3]: K. A. WILDE, Die Bedeutung der Grabung Wollin 1934, 1953 – E. SCHULDT, Die slav. K. in Mecklenburg, 1956 – J. HERRMANN, Siedlung, Wirtschaft und gesellschaftl. Verhältnisse bei den slav. Stämmen zw. Oder/Neiße und Elbe, 1968 – V. VOGEL, Die slav. K. in Wagrien, 1972 – P. DONAT, Archäolog.-kulturelle Gebiete der materiellen Kultur in slav. Stammesgebieten vom 8.–13. Jh. (Archäologie in der DDR 1, 1989), 268ff. [Typentaf.] – zu [4 und Skandinavien]: A. JENSEN, Jydepotter, 1924 – D. SELLING, Die wikingerzeitl. und frühma. K. in Schweden, 1955 – A. STEENSBERG, Primitivt pottemageri i Europa (Folkelive og Kulturleven, 1960) – B. AMBROSIANI u.a., Birka-Svarte Jorden Hamnomrade undersökning, 1970/71 (Östersjönfeller slavisk K.), 32ff. [mit B. ARRHENIUS, K., 115ff.] – Sammelbd. von D. M. WILSON, The Archeology of Anglo-Saxon England, 1981 [mit ausführl. Lit.]; dazu: J. G. HURST, The Pottery, 283ff.

II. ISLAMISCHE KERAMIK: Die K. (arab. al-Faḫḫār) des vorislam. Arabien ist nicht systemat. untersucht, die der islam. Länder gilt als eine der ästhet. Tugenden der islam. Kunst, in vielen Epochen vom MA bis zur Gegenwart in Europa nachgeahmt. Die Übernahme der Erfahrungen aller islam. gewordenen Länder führte bald zu techn. und artist. Innovationen. Porzellan ist trotz häufiger Importe aus China entweder aus Rohstoffmangel nicht produziert worden oder blieb unerwünscht. Die sog. Quarz-Fritte-K. erlaubte äußerst hohe Brenntemperaturen und sehr große Festigkeit. Trotz eines reichen Vorrats an Kenntnissen bleibt die Zahl unbeantworteter Fragen groß. Datierungen und Lokalisierungen sind durch Grabungen besser gesichert worden, freiwillige und erzwungene Umsiedlungen von K.meistern sowie Im- und Export von K., ihren Rohstoffen und den Herstellungsmethoden komplizieren die Forschung trotz einer Anzahl von Meisternamen und Datierungen, die der Sammlung noch harren. Nationale Traditionen erhalten sich bis in das 9. Jh. und länger. Chin. Porzellan wurde immer wieder wegen seiner techn. Perfektion bewundert, als Glücksbringer geschätzt und für den Export imitiert, außer im 9. Jh. auch in der Zeit der Mongolen im 13. und 14. Jh. und der Timuriden (1370–1506 in Transoxanien und Persien). In der Gefäßk. werden die vorislam. Formen bald durch neue, typ. islam. ersetzt; sie werden als Modeln geprägt oder gedreht, Ornamente werden gestempelt, eingeschnitten oder geritzt, in Relief aufgetragen oder in eine zweite äußere Wand durchbrochen. Neben unglasierten Waren, v. a. im 7. Jh. finden sich bald ein- und mehrfarbige Glasuren, selten auch Vergoldungen. Die Dekorationsklassen sind von extremer Vielfalt, etwa 10 Prozent anthropomorph, etwa 20 zoomorph; geometr. und vegetabil. Schmuckformen treten in allen Variationen auf und ebenso Schrift, etwa in kalligraph. perfekten Einzeilern innen oder außen an der Lippe von Schalen. Segenswünsche, Gedichte und Sprichwörter sind wohl häufiger als Korantexte. Für die bekannt schwierige Komposition im Rund von Schalen finden sich in mehreren Epochen bewundernswert perfekte Lösungen. Beliebt ist der Eindruck spontaner, schneller Dekoration, der Kontrast des unglasierten Fußes gegen die farbige Glasur, der Handwerklichkeit durch ständige Abweichungen in Farbe und Zeichnung. Die weitverbreitete Lüsterk. ist eine Eigenart der islam. K. Metalloxyde nehmen beim Brennen Variationen von goldenen Tönen an. Der Ursprung ist umstritten, die Herkunft aus den silberoxydierten spätröm. Gläsern Ägyptens ist nicht unwahrscheinl., denn die ersten inschriftl. datierten Gläser, in Fusṭāṭ, der ersten islam. Stadt in Ägypten, gefunden, sind von 773 und 779 (dieses in kopt. Ziffern). In Sāmarrā, der abbasidischen Hauptstadt im Irak von 838–883, findet sich Lüsterk. Fliesen für den Miḥrāb der Gr. Moschee v. Kairuan werden 862 aus Mesopotamien importiert. Im fatimid. Fusṭāṭ (909–1174) findet sich Lüsterk. mit einer erstaunl. weiten Ikonographie, einschließl. christl. Themen. Die Technik erhielt sich in Spanien länger, als die großen Alhambravasen, die in Granada und Malaga hergestellt wurden, Lüster auch mit Blau verbanden.

Gebäude werden seit dem 10. Jh. außen und innen mit Fliesen verkleidet, v. a. in Persien, im Irak, der Türkei und in Zentralasien werden sie darin unverwechselbar islam., v. a. die Moscheen. Die Schrift, fast immer Koran, wird entweder vor dem Brennen in den Ton eingeschnitten oder sie wird auf Fliesenreihen vor dem letzten Brennen aufgeschrieben oder sie wird in der sog. Fayence-Mosaik-Technik in kleinen Flächen aus großen monochromen Fliesen ausgeschnitten und auf einem Karton vor dem Einbau versammelt. Die Kalligraphie ist immer herausragend gut, zuweilen im sog. Quadrat-Kūfī, in der sich aus ausgefüllten und leeren Quadraten die Worte des fortlaufenden Textes ergeben. Reine Ornamente, häufig aus Flechtbändern oder reziproken Mustern wie in der Alhambra in Granada, 14.–15. Jh., sind Resultate alter, komplexer Symmetriemathematik.   K. Brisch

Lit.: K. A. C. Creswell, A Bibliogr. of the Architecture, Arts and Crafts of Islam to Jan. 1960, 1961 – Ders., Suppl. Jan. 1960 to Jan. 1972, 1973; Suppl. Jan. 1972 to Dec. 1980, 1984 – A. Lane, Early Islamic Pottery, 1971⁴ – Ders., Later Islamic Pottery, 1971² – A. Craiger-Smith, Tin-Glaze Pottery in Europe and the Islamic World, 1973 – M. Jenkins, Islamic Pottery, 1983 – O. Watson, Persian Luster Ware, 1985.

Keramikmosaik → Mosaik

Keration → Währung

Kerbel (Anthriscus cerefolium [L.] Hoffm./Umbelliferae). Der bei den Griechen offenbar nicht gebräuchl., von den Römern hingegen genutzte Echte oder Garten-K. wird bereits im →»Capitulare de villis« (70) und bei Walahfrid Strabo (Hortulus, ed. Stoffler, 235–247) erwähnt. Med. verwendete man cer(i)folium als harntreibendes und menstruationsförderndes Mittel, ferner gegen Geschwüre sowie bei Hüft- und Leibschmerzen, Verdauungsbeschwerden u.a.m. (Macer, ed. Choulant, 928–946; Hildegard v. Bingen, Phys. I, 70; Gart, Kap. 86). Darüber hinaus diente die – bis heute als Küchengewürz beliebte – aromat. Pflanze in den Kl. als Fastenspeise.   P. Dilg

Lit.: Marzell I, 330f. – H. Küster, Wo der Pfeffer wächst. Ein Lex. zur Kulturgesch. der Gewürze, 1987, 102–104.

Kerbholz (regional – unter slav. Einfluß – Rabisch oder Rabusch), Holzstock, -span oder -stab, in den Zahlen und Zeichen eingekerbt, eingeschnitten wurden, um danach Berechnungen vorzunehmen, Schulden festzuhalten. Zunehmende Schriftlichkeit im Rechtswesen und das Papier drängen das K. seit dem 12./13. Jh. allmähl. zurück. Neue Ausdrücke wie Kerb-, Span- oder Anschnittzettel erweisen die Übergänge in eine Zeit, die dann allg. Brief und Siegel als zuverlässigere Beweismittel schätzt. Während das üblicherweise fortschrittl. Bergrecht im süddt.-alpenländ. Raum um 1500 nur Spanzettel anerkennt, auf Holzspäne gleichwohl weiterhin Angaben der privatrechtl. Sphäre, beispielsweise über bezogene Lebensmittel, eingeschnitten werden, hält sich im sächs. Montanwesen das K. auch offiziell bis weit ins 16. Jh. hinein. In England war das K. (tailly) beim unteren und oberen Exchequer in Gebrauch (vgl. auch →Assignment, →Finanzwesen, B.IV).   K.-H. Ludwig

Kerkerhaft → Gefängnis

Kerotakis → Alchemie; →Destillation

Kerry → Ciarraige

Kertzenmacher, Peter (auch: Kärtzenmacher), Mainzer Alchemist, kompilierte »Alchimi und Bergwerck« (Straßburg 1534), eine von 1538 bis 1720 dann unter dem Titel »Alchimia« erschienene Fachschr. für Alchemisten und 'kunstbare Werkleute'. Dieses Frühwerk der dt.-sprachigen Kunstbuchlit. metallurg.-alchem. Inhalts machte mit Auszügen aus Werken von Kard. Gilbert (»De aqua penetrativa«), Ulrich v. Ellenbog (»Von giftigen Metalldämpfen«) und aus anderen um 1500 aktuellen Alchemia-practica-Schr. bekannt. Es enthält farbtechnolog. Anweisungen, Vorschriften zur Stoffpräparation, Ratschläge zum Silber- und Goldgewinn und scheidekünstler. Praktiken; vermittelt werden hauptsächl. alchemometallurg., stoff- und verfahrenskundl. Kenntnisse aus spätma. Zeit.   J. Telle

Lit.: E. Darmstaedter, Berg-, Probir- und Kunstbüchlein (Münchener Beitr. zur Gesch. und Lit. der Naturwiss. und Medizin, H. 2/3, 1926), 41f., 47f. – R. Hirsch, The Invention of Printing and the Diffusion of Alchemical and Chemical Knowledge (Ders., The Printed Word ..., 1978, Nr. X [1950¹]) – H. Wilsdorf, Alchimie und Bergwerck ..., Abh. des Staatl. Mus. für Mineralogie und Geologie zu Dresden 11, 1966, 315–376 – D. L. Paisey, Some sources of the 'Kunstbüchlein' of 1535, Gutenberg-Jb. 1980, 113–117 – W. Eamon, Arcana disclosed ..., Hist. of Science 22, 1984, 111–150 – L. Suhling, 'Philosophisches' in der frühun. Berg- und Hüttenkunde ... (Die Alchemie in der europ. Kultur- und Wiss.gesch., hg. C. Meinel, 1986), 293–313 – Frühnhd. Lesebuch, hg. O. Reichmann–K.-P. Wegera, 1988, 206–208 [Textprobe].

Kerze (lat. candela, cereus, ahd. charza). Ihre Nutzung ist in etrusk. Zeit nachgewiesen, sie war bei den Römern in Gebrauch und wurde aus heidn. Brauchtum der Totenverehrung in den chr. Ritus übernommen. Bes. in N-Afrika gibt es frühe Zeugnisse liturg. K.gebrauchs, der nach anfängl. Ablehnung (Tertullian) seit dem 3. Jh. im Bereich des Totenkultes, später auch auf Hl.ngräbern, Altären und bei Prozessionen erscheint. Das seit 700 überlieferte K.ntragen bei der Meßfeier des Papstes wurde wohl dem Ks.zeremoniell entliehen. Liturg. K.nbenutzung im FrühMA erwähnen →Sidonius Apollinaris, →Gregor v. Tours und →Venantius Fortunatus. Der Bedarf der ma. Kl. und Kirchen an K.nwachs wurde über grundherrl. Eigenversorgung, K.nopfer (Lichterstiftung) und schon seit dem FrühMA durch die rechtl. Verpflichtung bestimmter Personen zur Wachsabgabe (Wachszinser) gedeckt.

K.n wurden aus →Wachs, Talg oder →Pech hergestellt, für kirchl. Zwecke war ein bestimmter Wachsgehalt vorgeschrieben. Die K.nfertigung erfolgte durch Kneten, Ziehen oder Gießen am K.ndocht bzw. in Modeln. Talgk.n enthielten v. a. Rinder- und Hammeltalg (Unschlitt), ihre Herstellung lag oft in Händen der Seifensieder. Lichtzieher lassen sich in Frankreich 1061 nachweisen, im 14. Jh. bilden K.nzieher in Hamburg eine Innung, in Frankfurt ein zumeist weibl. Nebengewerbe. Die K. wurde nach 1200 verstärkt auch zur profanen →Beleuchtung genutzt, sie blieb aber zunächst ein Gegenstand des gehobenen Bedarfs. In Privathaushalte, die die billigen Talgk.n bevorzugten, ziehen Wachsk.n erst im SpätMA ein.

Als sog. K.nuhr benutzten z. B. Alfred d. Gr. um 875, Ludwig d. Hl. und Karl V. v. Frankreich gleich große Wachsk.n.   K. Elmshäuser

Lit.: DACL III, 1613–1622 – LThK VI, 127 – RDK I, 1088–1105 – L. Benesch, Das Beleuchtungswesen vom MA bis zur Mitte des XIX. Jh., 1905 – E. Wohlhaupter, Die K. im Recht, Forsch. und Fortschritte 13, 1937, 20f. – F. M. Feldhaus, Die Technik der Vorzeit, 1965², 1217.

Kessiner (Chizzini, Kicini, Kycini[i]), slav. Volksstamm, siedelte zw. unterer Warnow (Linie Doberan-Schwaan im W) und (vielleicht erst später) der Peene-Recknitz-Trebel-Linie (im heut. Mecklenburg-Vorpommern). Erste Erwähnung bei →Adam v. Bremen († 1080/85). Stammesbildung möglicherweise erst im 10. Jh. durch Abspaltung (Erbteilung?) von den →Zirzipanen. Das Gebiet des neuen Stammes bis dahin wahrscheinl. von den →Abodriten beherrscht; bei der Gründung des Bm.s →Oldenburg wurde es ihm zugeschlagen. Nach dem großen Slavenaufstand 983 (Abfall von den Abodriten?) werden die K. als einer der Kernstämme des →Lutizenbundes bezeichnet. In den innerlutiz. Kämpfen (1057) zw. Zirzipanen einerseits sowie Redariern und Tollensern andererseits unterstützen die K. die letzteren. Infolge des Eingreifens der Abodriten, Sachsen und Dänen in die Auseinandersetzung gerieten sie erneut (?) unter abodrit. Herrschaft. Später wird ihr Siedlungsgebiet Teil des slav. Hzm.s →Mecklenburg. L. Dralle

Q.: Adam v. Bremen, Gesta Hammaburgensis ecclesiae pontificum, ed. B. SCHMEIDLER, 1917, MGH SRG (in us. schol.) 2 [Namenregister] – Helmold v. Bosau, Chronica Slavorum, ed. B. SCHMEIDLER, 1937, MGH SRG (in us. schol.) 32 [Ind. nominum] – *Lit.:* W. BRÜSKE, Unters. zur Gesch. des Lutizenbundes, 1955, 133 ff. – W. H. FRITZE, Beobachtungen zu Entstehung und Wesen des Lutizenbundes, JGMODtl 7, 1958, 6 – J. HERRMANN, Siedlung, Wirtschaft und gesellschaftl. Verhältnisse der slaw. Stämme zw. Oder/Neisse und Elbe, 1968, 22f. – J. PETERSOHN, Der s. Ostseeraum im kirchl.-polit. Kräftespiel des Reichs, Polens und Dänemarks vom 10. bis 13. Jh., 1979, 18f., 21, 28f., 38 – L. DRALLE, Slaven an Havel und Spree, 1981 – CH. LÜBKE, Reg. zur Gesch. der Slaven an Elbe oder Oder, 1984ff., Nr. 169, 475a, 742ff.

Kessler, Nicolaus, Druckerverleger, * um 1450 in Bottwar (Württ.), † nach 1519 in Basel. Nach dem Studium der →Artes liberales an der Univ. Basel, das er 1471 mit dem Bakkalaureat abschloß, trat K. als Buchführer in die Dienste des Buchdruckers Bernhard →Richel (1475) und heiratete dessen Tochter Magdalene. Nach dem Tod seines Schwiegervaters (1482) ging die Druckerei an ihn über. Er druckte viel Theologisches für die Hand des Seelsorgers und das Studium, auch ein Brevier und ein Basler Meßbuch, aber auch humanist. Schr. (u. a. die »Cosmographia« des Laurentius Corvinus [GW 7799]). K. arbeitete mit einem gut zusammengestellten Typenapparat, stattete seine Drucke aber nur selten mit Holzschnitten aus. Sein Signet zeigt zwei Schilde am Ast, links mit drei Kesselhaken, rechts mit einem Kessel. S. Corsten

Lit.: GELDNER I, 121f. – E. SOLTÉSZ, Die Erstausg. des Pauliner-Breviers, Gutenberg-Jb. 1960, 132–140 – E. WEIL, Die dt. Druckerzeichen des 15. Jh., 1970², 40.

Kettenhemd (→Brünne), von den Kelten erfundener Panzer aus Ringelgeflecht, vom röm. Heer übernommen, erhielt den Schnitt einer kurzärmligen Tunica. Bei Reitern des oström. Heeres sehr lang, wurde das K. in kürzerer Form auch von den Germanen gebraucht. Während der Kreuzzüge erhielt das K. unter byz. und oriental. Einfluß eine Kapuze und lange Ärmel samt Fäustlingen, welche um 1330 wieder verschwanden. In seiner kurzärmligen Ausgangsform diente das K. im 15. Jh. als Unterlage des →Plattenharnisches. O. Gamber

Lit.: V. NORMAN, Waffen und Rüstungen, o. J.

Ketubba → Ehe, Abschnitt E

Ketzer → Häresie

Ketzertaufe → Taufe

Keule, urtüml. Waffe in Gestalt eines oben verdickten Knüttels, Ausgangsform des →Streitkolbens. Zur röm. Ks.zeit wurde die K. von germ. Hilfsvölkern als Schlagund Wurfwaffe benutzt. Im MA bäuerl. Behelfswaffe oder aber Kommandoabzeichen, wie das 'baculus' des Teppichs v. →Bayeux. O. Gamber

Lit.: W. BOEHEIM, Hb. der Waffenkunde, 1890.

Keure, Küre (afries. *kest, liodkest,* lat. petito [sive electio]) ist die Bezeichnung für bestimmte hochma. Rechtsquellen der fries. Stämme. Die 17 K.n, welche in mehreren (acht) afries. Fassungen – z. T. mit Zusätzen – (Hunsigo, Emsigo, Rüstringen, Westerlauwerssscher Text), zwei lat. sowie zahlreichen mnd. Fassungen überliefert sind, werden auf Tagungen zurückgeführt, welche von den durch Ei-

nung verbundenen fries. Landschaften zu →Upstalsbom bei Aurich abgehalten wurden. Hier wurde durch geschworene Vertreter (iurati, deputati) das Recht aufgezeichnet, das sich selbst auf Karl d. Gr. als Stifter (lat. concessio, afries. *iest*) bezieht, aber nur durch Hss. erhalten ist, welche frühestens aus dem 13. Jh. stammen. Tatsächl. sind die 17 gemeinfries. K.n vielleicht im 11./12. Jh. (noch im 11. Jh.?) erstmals schriftl. festgelegt (entstanden?). 1231 verfiel dann der Upstalsbomer Bund und konnte erst 1323 erneuert werden. Diese Erneuerung ist ein wesentl. Bestandteil der 7 Überk.n *(urkera).* Neben den gemeinfries. K.n sind auch verschiedene K.n einzelner Landschaften (Hunsigo 1252 usw.) belegt.

Inhaltl. bestimmt z. B. die erste K., daß ein jeder im Besitz seines Gutes bleiben soll, solange er es nicht verwirkt hat. Die zweite K. legt fest, daß der Friedensbruch an Gotteshäusern und Geistl. mit 72 Pfund zu 7 Kölner Pfennigen gebüßt werden soll. Nach der zehnten K. brauchen Friesen auf keine Heerfahrt kraft des Kg.sbannes zu ziehen usw.

Der Herkunft nach sind die K.n wohl teilweise Weistumsrecht und teilweise Satzungsrecht. Auffällig sind die vielfachen Bezugnahmen auf Karl d. Gr. Sachl. stehen die bes. Freiheiten der Friesen, aber auch der dem Friedensrecht eigene Schutz der Schwachen im Mittelpunkt. Kennzeichnend wirken Bußtaxen und Reinigungseid, jedoch kennt die 16. K. auch Rädern und Hängen als Todesstrafen. In Parallele etwa zum Sachsenspiegel verwenden die K.n auch den Ausdruck Landrecht. →Fries. Recht. G. Köbler

K.n heißen auch die großen Statuten der Städte →Flanderns (→Arras, dann →Gent, →Brügge, →Douai, →Lille, →Ypern), die vom Gf.en →Philipp v. Elsaß (1157/68-91) erlassen wurden und mit denen eine engere Bindung der Städte an die Grafengewalt erreicht werden sollte (→Statuten).

Q. und Lit.: Fries. Rechtsq., hg. K. v. RICHTHOFEN, 1840, 2ff. – K. v. RICHTHOFEN, Unters. über fries. Rechtsgesch., 2, 1, 1882 – J. HOEKSTRA, Die gemeinfries. Siebzehn K.n, 1940 – W. EBEL, Gesch. der Gesetzgebung in Dtl., 1958² [Neudr. 1988] – H. CONRAD, Dt. Rechtsgesch., 1, 1962², 354 – Das Rüstringer Recht, hg. W. EBEL, 1963, 32ff., 79ff., 83ff., 133ff. – N. ALGRA, De tekstfiliatie van de 17 K.n en de 24 Landrechten, Estrik 39, 1966, 60f. – Das Emsiger Recht, hg. W. J. BUMA-W. EBEL, 1967, 19ff., 45, 47, 49, 93, 97 – Das Hunsigoer Recht, hg. W. J. BUMA-W. EBEL, 1969, 21ff., 47, 73, 91, 119 – Das Fivelgoer Recht, hg. W. J. BUMA-W. EBEL, 1972, 27ff., 55, 173, 185 – Westerlauwerssches Rechts I., hg. W. J. BUMA-W. EBEL, 1977, 131ff., 201, 253 – P. GERBENZON, Apparaat voor de studie van oudfrieds recht, 1f., 1981 – P. GERBENZON–N. ALGRA, Voortgang des Rechtes, 1987⁶.

Keuschheit →Jungfräulichkeit; →Evangelische Räte

Keuschlamm → Mönchspfeffer

Keve (Kovin), Burg, Komitat und Stadt in S-Ungarn (gehört seit 1920 zu Jugoslawien), wahrscheinl. nach dem ersten comes benannt, den Kg. Stephan I. hier einsetzte; als Stadt zuerst 1071 erwähnt, dann 1147 in den Berichten →Odos de Deuil über den 2. Kreuzzug, da K.s Donaufurt am Pilgerweg nach Jerusalem lag. – Al-Idrīsī beschreibt 1153 K. als eine der wichtigsten Handelsstädte Ungarns. 1223 übertrug Andreas II. K. seiner Schwester, der Witwe Kg.s →Isaak II. Angelos, dann 1235 ihrem Sohn Kalojan. Infoge des Mongoleneinfalls verlor K. an Bedeutung. Für die slav. Einwanderer wurde um 1350 von Rom aus ein franziskan. Kustodiat gegr. Kg. Sigmund verlieh 1392-1428 den eingewanderten, meist serb. Handwerkern Privilegien, doch mußten sie wegen der türk. Angriffe 1440 die Stadt verlassen und auf die Insel →Csepel (s.

von Budapest) übersiedeln, wo sie die kgl. Stadt K. (heute Ráckeve) gründeten. Gy. Györffy

Lit.: F. Pesty, Az eltűnt régi vármegyék, 1880, I, 369-410 – D. Csánki, Magyarország történelmi földrajza, II, 1894, 114-123 – Gy. Györffy, Geogr. hist. III, 1987, 305-313, 317-319.

Kevin, hl. → Glendalough

Kézai, Simon (Simon v. Kéza), ung. Chronist, † nach 1285. Der aus einem kleinadligen Geschlecht stammende Hofkleriker des Kg.s Ladislaus IV. (des 'Kumanen') gilt als Verfasser jener Gesta Hungarorum, welche die heute verschollenen »Ur-Gesta« aus dem 11. Jh. bzw. ihre um 1272 entstandene Überarbeitung durch den Hofkaplan Ákos 'de genere Ákos' fortsetzte und ergänzte. K.s eigener Beitrag war ein ausführlicher Vorspann über die Gesch. der →Hunnen, die er – im Anschluß an andere Verfasser, z. B. →Gottfried von Viterbo – als die Vorfahren der →Ungarn ansieht. Somit wurde die Landnahme der Magyaren im 9. Jh. ihre »Rückkehr nach Pannonien«. In diesem Abschnitt beschreibt K. ausführlich eine gleichsam souveräne 'communitas' der freien Krieger, die über Krieg und Frieden entschied und ihre 'rectores' nötigenfalls absetzte. Den »Gesta« ist auch eine Liste eingewanderter ('advena') Sippen angehängt, die K. – im Gegensatz zu seiner von Meister Ákos verfaßten Vorlage – weniger vornehm als die »einheim.« Sippen darstellt. All diese Ansichten spiegeln wohl die polit. Ideen jenes Kleinadels wider, der, im späten 13. Jh. in Komitatsgemeinden zusammengeschlossen, eine Selbstverwaltung anstrebte und sich gegen die »fremden« Günstlinge des Kg.s wandte. J. Bak

Ed.: A. Domanovszky (SS rerHung, ed. E. Szentpétery, I, 1937), 131-194 – Lit.: R. F. Kaindl, Stud. zu den ung. Geschichtsq. X. K.s Chronik, AÖG 88, 1900, 400-424 – C. A. Macartney, The Origin of the Hun Chronicle and Hungarian Hist. Sources, 1951 – J. Szűcs, Theoret. Elemente in Meister Simon v. Kézas »Gesta Hungarorum« (Nation und Gesch., 1981), 263-328.

Kiburg (Kyburg), **Gf.en v.**, Adelsfamilie. Gf. Hartmann (I.) v. →Dillingen erwarb durch seine um 1065 erfolgte Eheschließung mit Adelheid v. Winterthur aus dem Geschlecht der →Udalrichinger umfangreiche Güter in der Nordschweiz. Zu ihrem Schutz baute er die Kyburg als Höhenburg aus. Sie wurde schon bald zu einer namengebenden Burg der Familie.

Nach dem Tode Hartmanns (I.) 1121 wurden die Familiengüter jeweils unter den Söhnen Hartmann (II.) († 1134, kinderlos) und Adalbert (I.) († 1151) und den Enkeln Adalbert (II.) († 1170, kinderlos) und Hartmann (III.) († 1180) in die schwäb. und schweizer. Besitzungen geteilt. Durch die Kinderlosigkeit Hartmanns (II.) und Adalberts (II.) entstand noch keine selbständige K.er Linie der Familie. Die Familiengüter in der Nordschweiz hatten sich durch die Heiraten Adalberts (I.) mit Mathilde v. Mörsberg und Hartmanns (III.) mit Richinza v. →Lenzburg als Erbtöchtern ihrer Familien beträchtlich erweitert, obwohl die lenzburg. Erbschaft durch Ansprüche der →Staufer gemindert wurde. Die Söhne Hartmanns (III.) teilten 1180 den Familienbesitz endgültig in einen schwäb.-dilling. und einen schweizer.-kiburg. Teil. Letzteren erhielt Ulrich († 1227), Stammvater der Grafen von K. Durch seine Ehe mit Anna v. →Zähringen erwarb er nach dem Tode Bertholds V. 1218 einen großen Teil des Zähringererbes in der Schweiz. Dazu erhielt er von Friedrich II. von Teile aus der alten lenzburg. Erbschaft zurück. Von den Söhnen Ulrichs wurde Ulrich Bf. v. →Chur (1233-37), Werner starb 1228 auf dem Kreuzzug im Hl. Land und Hartmann (IV.) starb 1264 als letztes männl. Familienmitglied, nachdem sein Neffe Hartmann (V.), der Sohn Gf. Werners, bereits 1263 verstorben war. Die K.er blieben bis in die 2. Hälfte der 40er Jahre des 13. Jh. Parteigänger der Staufer, obwohl ihnen diese 1173 und 1218 Teile des lenzburg. und zähring. Erbes streitig gemacht hatten. Sie unterstützten den Burgenbau ihrer Vasallen, bauten selbst eine Reihe von Burgen und gründeten Städte und Märkte in der Nordschweiz. Ebenso stifteten sie mehrere geistl. Institutionen (Heiligenberg bei Winterthur, →Töß, →St. Katharinental, Fraubrunnen und Paradies bei Schaffhausen).

Nach dem Erlöschen der Gf.en v. K. fiel ihr Erbe zum kleineren Teil (Thun-Burgdorf) an Gf. Eberhard v. Habsburg-Laufenburg als Ehemann der Anna, Tochter Hartmanns (V.), zum überwiegenden Teil dagegen an →Rudolf v. Habsburg als Sohn Hedwigs, der Schwester Hartmanns (IV.). Die →Habsburger traten durch dieses Erbe die Nachfolge der Lenzburger, Zähringer und K.er in der Nordschweiz an, wodurch der Aufstieg Rudolfs zum Königtum 1273 weitgehend vorbereitet wurde. I. Eberl

Lit.: HBLS II, 723; IV, 483 f. – P. Brau, Gesch. der Gf.en v. Dillingen und K., Hist. Abh. der Akad. München 5, 1823 – C. Brun, Gesch. der Gf.en v. K. bis 1264 [Diss. Zürich 1913] – M. Feldmann, Die Herrschaft der Gf.en v. K. im Aaregebiet 1218-26, 1926 – B. Meyer, Stud. zum habsbg. Hausrecht, IV: Das Ende des Hauses K., ZSchG 27, 1947 – K. Keller, Die Städte der Gf.en v. K., Kat. 1980 – Die Gf.en v. K., 1981 [Lit.] – E. Rieger, Das Urk.wesen der Gf.en v. K. und Habsburg, 2 Bde, 1986.

Kiefer → Nadelhölzer

Kiel, Stadt in Schleswig-Holstein (Landeshauptstadt). Die Gründung K.s, der größten (Ende 13. Jh. ca. 1800, 15. Jh. ca. 2400-2500 Einw.) und bedeutendsten Landstadt →Holsteins wurde im Rahmen der Urbanisierungsperiode des 13. Jh. von Gf. Adolf IV. initiert und von seinen Söhnen Johann I. und Gerhard I. abgeschlossen (Gründungsurkunde 1242). Es liegen Indizien für das Vorhandensein einer Vorgängersiedlung deutscher Kaufleute vor (mit »Gegenhafen« Flemhude an der Eider für Transithandel West-Ost). Der Stadtgrundriß auf einer fast kreisrunden Halbinsel mit gitterförmigem Straßennetz weist auf genaue Planung. K. hatte eine Stadtverfassung nach →lübischem Recht. Neben seiner Stellung als Regionalzentrum besaß K. auch Fernhandel (u. a. Getreide, Schwerpunkt Ostseeraum; Hans. Pfundzolliste 1362: 50% der Einnahmen im Vergleich zu Kolberg). Als Mitglied der →Hanse war K. wenig zuverlässig. Der fsl. Einfluß auf die Stadt wuchs deutlich seit 1321, als die schauenburg. Plöner Gf.en Stadtherren wurden.
E. Hoffmann

Lit.: Ch. Jessen, K. als Mitglied der dt. Hanse, ZSHG 12, 1882, 133-161 – H. Landgraf, Bevölkerung und Wirtschaft K.s im 15. Jh. (Q. und Forsch. zur Gesch. Schleswig-Holsteins 39, 1959) – H. Willert, Anfänge und frühe Entwicklung der Städte K., Oldesloe und Plön (ebd. 96, 1990).

Kienspan → Beleuchtung

Kieselmosaik → Mosaik

Kietz, -siedlung. Von den überwiegend im Gebiet zw. Elbe und Oder, aber auch in benachbarten Landschaften (Pommern, Großpolen) mit dem Namen K. gekennzeichneten Siedlungen geht nur ein Teil auf das MA zurück. Daneben verdanken zahlreiche Wohnplätze diese Bezeichnung erst einem späteren Spottnamen, der ihnen in Anlehnung an die als abgelegen oder minderwertig empfundene Lage der ma. K.e gegeben wurde. Ein moderner K.begriff bezeichnet schließl. ein durch seine geschlossene Sozialstruktur charakterisiertes Wohngebiet. Die echten ma. K.e – sie erscheinen in den Q. seit der Mitte des 13. Jh. (in den Formen *kitz, Khycz, kys, Kysse* u. ä.) – sind entgegen älterer Meinung nicht mit speziellen Fischerdörfern gleichzusetzen: Gewässerlage und Fischerei sind zwar vorwiegendes, aber nicht unabdingbares Kennzeichen dieser Siedlungen. Die K.e lagen in unmittelbarer Nähe von strateg., polit. und wirtschaftl. bedeutsamen Plätzen (so verfügte →Brandenburg über vier K.e) und ihre Bewohner standen in bes. Beziehungen zu den dort errichteten Burgen. In diesem wichtigen Punkt der durch H. LUDATS grundlegende Unters. herausgearbeiteten Ergebnisse ist die Kontroverse um Alter, Ursprung und Funktion der K.e begründet. Während der Fortbestand slav. Bevölkerungsreste noch bis zum Ende des MA gerade in den K.en und der bes. Charakter der →Abgaben (Abschnitt III) und Dienstleistungen, die in den fsl. →Dienstsiedlungen in Polen und Böhmen (aber auch in Ungarn) gewisse Parallelen finden, auf vorkolonialen Ursprung schließen lassen, wurde der von der Archäologie erbrachte Nachweis dt. blau-grauer Keramik in den echten K.en bei gleichzeitigem Fehlen altslav. Keramik als Beweis für ihre Entstehung erst in der Zeit des Landesausbaus und somit als Einrichtung der →Askanier gedeutet (KRÜGER). Als einer zuerst offenbar von Slaven bewohnten Siedlung ist der slav. Etymologie des Namens K. (*chyč* 'Hütte, Haus') der Vorzug gegenüber der Ableitung von einem ursprgl. nhd. *kötze, kieze* 'Tragkorb' zu geben. Eine n. an das Verbreitungsgebiet der K.e angrenzende, in ihren Ursprüngen als Dienstsiedlung ähnl. Einrichtung wurde als Wiek bezeichnet.   Ch. Lübke

Lit.: H. LUDAT, Die ostdt. K.e, 1936, 1984² [Lit.] – B. KRÜGER, Die K.siedlungen im n. Mitteleuropa, 1962 – G. SCHLIMPERT, Brandenburg. Namenbuch, Bd. 3, 1972, 106ff. – D. WARNKE, Wieken an der s. Ostseeküste, 1977, 91–104.

Kiev
A. Reich – B. Stadt – C. Höhlenkloster

A. Reich
I. Vorgeschichte und Anfänge – II. Christianisierung, politische und kulturelle Entwicklung – III. Die Teilfürstentümer – IV. Gesellschaft und Wirtschaft.

I. VORGESCHICHTE UND ANFÄNGE: K.er Rus' (Kievskaja Rus'), K.er Reich, erstes gemeinsames Staatsgebilde unter den Ostslaven. Entstanden im 9. Jh. in der Dnepregion entlang der Handelsroute von der Ostsee zum Schwarzen Meer aus dem Zusammenwirken einheim. und äußerer Faktoren (HELLMANN). Der Übergang zu übergreifenden herrschaftl. Organisationsformen unter den auf dem Weg »von den Warägern zu den Griechen« siedelnden ostslav., balt. und finnougr. Stämmen ergab sich zu dieser Zeit aus der Notwendigkeit, eine dauerhafte machtpolit. Durchdringung und wirtschaftl. Erschließung der Wald- und Waldsteppenzone sicherzustellen. Auf dem Höhepunkt seiner territorialen Ausdehnung erfaßte das K.er Reich in einem losen Verbund rjurikidischer Fs.enherrschaften ein Areal, das im N vom Peipussee bis zum Beloozero und an den Oberlauf der Wolga reichte und sich im Novgoroder Hinterland über die Nördl. Düna bis zum Ural (Jugra) erstreckte, im W vom Oberlauf der Weichsel und des Westl. Bug über das mittlere Dnepregiet bis an die Okamündung und im SW vom Karpatenland bis über den Don im O hinausgriff. Mit →Tmutarakan' war zeitweise sogar im 10. und 11. Jh. jenseits der von turkstämmigen Reitervölkern beherrschten Steppenzone ein Außenposten am Azov'schen Meer angegliedert. Die K.er Periode der aruss. Gesch. endet mit der Katastrophe des Mongolensturmes von 1238/40.

Die Vorgesch. des Rus'-Reiches läßt sich anhand einer sehr lückenhaften Überlieferung nur in groben Umrissen rekonstruieren. Die unvoreingenommene Ausdeutung des verfügbaren archäolog. und schriftl. Quellenmaterials wird zudem durch außerwiss. Anforderungen und Erwartungen (Normannismusstreit, Feudalismus-Debatte; →Feudalismus, B. III) behindert, die immer wieder zu vorschnellen oder unbegründeten Schlußfolgerungen verleiten.

Die russ. Chronik (Nestor-Chronik/→Povest' vremennych let) datiert die Entstehung der Rus' (der »russkaja zemlja«) auf das Jahr 852 (6360 nach der byz. Weltära), allerdings setzt sie das Datum irrtüml. mit dem Regierungsantritt des byz. Ks.s Michael III. (842–867) gleich. Die eigtl. »Staatsgründung« wird mit der Ankunft der drei waräg. Brüder →Rjurik (skand. Hrørikr/Roderick), Sineus (skand. Signiútr) und Truvor (skand. Torvar) i. J. 862 in Verbindung gebracht. Sie sollen von den einheim. slav. und finnougr. Stämmen über das Meer gerufen worden sein, um Frieden zu stiften, und sich in →Alt-Ladoga bzw. →Novgorod (Rjurik), am →Beloozero (Sineus) und in →Izborsk (Truvor) mit ihren Sippen niedergelassen haben.

Über die ererbten Strukturen, unter denen die im Chroniktext mehrfach gen. slav. Stämme zu dieser Zeit lebten, schweigt sich der Kompilator aus, nur den →Poljanen um K. gesteht er einen schon fortgeschrittenen Entwicklungszustand zu. Aus den gelegentl. Hinweisen antiker Autoren des 6. Jh. (Jordanes, Prokop, Ps.-Maurikios) lassen sich nur sehr vage Mutmaßungen über Siedlungsgebiete, innere Gliederung und Lebensweise der Slaven ableiten. Die Vertreter der sog. Autochthonentheorie suchten einen unmittelbaren Zusammenhang mit den bekannten frühgesch. Kulturen in Südrußland (Zarubyncy-Kultur, Černjachov-Kultur) herzustellen. Sie gehen von einer weit in die Vergangenheit zurückreichenden Siedlungs- und Herrschaftskontinuität unter den Slaven im Dnepraum aus und sehen in dem Verfall der alten Sippenverfassung und der Herausbildung lokaler Fs.enherrschaften und übergreifender Stammesverbände oder Stammesbünde (z. B. Anten) Vorstufen der K.er Reichsgründung des 9. Jh. Die Anhänger der sog. Migrationstheorie rechnen mit einer späteren Zuwanderung slav. Stämme im Dneprgebiet, teilweise mit einem Abschluß der »Ethnogenese« der Ostslaven erst am Vorabend der »Staatsgründung« (LJAPUŠKIN).

Waräg. Kriegerkaufleute sind nach Ausweis arab. Münzfunde (Dirhem) seit der 2. Hälfte des 8. Jh. in das Flußsystem der →Wolga eingedrungen (→Waräger). Sie dürften um 800 erstmals auch über die Westl. Düna bzw. vom Ladogasee aus mit ihren wendigen Einbäumen über Schleppstellen den oberen Dnepr erreicht haben und dneprabwärts bis ins Schwarze Meer gelangt sein. Abgesandte der »Rhos«, die als Schweden identifiziert wurden, baten 839 in der Kaiserpfalz Ludwigs d. Fr. in Ingelheim um sicheres Geleit zurück in ihre Heimat, als ihnen wegen der verworrenen Lage im Steppenzone die direkte Rückkehr aus Konstantinopel verwehrt war. Am 23. Juni 860 nutzten die »Russen« die Abwesenheit Michaels III. und versuchten einen überraschenden Angriff auf die Kaiserstadt am Bosporus. Im »Russenkapitel« des byz. Staatshandbuches »De administrando imperio« hat Ks. →Konstantin VII. Pophyrogennetos (913–959) wohl Berichte von Augenzeugen verarbeiten lassen. Sie enthielten detaillierte Auskünfte über die Tributeintreibung der Dneprfs.en und den gefahrvollen Transport der Waren nach Konstantinopel. Die »russ.« (d. i. nord.) und slav. Benennungen der Dnepr-Stromschnellen und die nord. Namen der Fs.en und ihrer Bevollmächtigten, die für die Vereinbarungen mit den byz. Ks.n in den sog. Griechenverträgen der russ. Chronik von 911/912 und 944/945 bürgten, belegen die führende Rolle der Waräger bei der Organisation dieses lukrativen Handelsaustausches (s. a. →Byz. Reich, E, G).

Das K.er Reich ist aus der Sicht des Chronisten ein Werk der →Rjurikiden. Sie haben erfolgreich die einheim. und nord. Mitkonkurrenten verdrängt oder ausgeschaltet, slav. Stammesfs.en und lokal begrenzte Burgherrschaften abgelöst und schon bestehende waräg. Teilherrschaften zu einem lockeren dynast. Verbund zusammengeführt. Nach dem Tode Rjuriks (879) war demnach →Oleg (skand. Helgi) i. J. 881/882 mit seinem Gefolge nach S aufgebrochen und hatte die Herrschaft der Warägerfs.en →Askol'd und Dir in K. gewaltsam beendet. Er hat damit den n. und s. Herrschaftsbereich waräg. Fs.en in einer Hand zusammengeführt. In den folgenden Jahren zwang er einen Großteil der umliegenden ostslav. Stämme (882 →Slovenen, →Krivičen, 883 →Drevljanen, 884 →Severjanen, 885 →Radimičen) in tributäre Abhängigkeit zum K.er Fs.ensitz. Mit Novgorod als Nebenland, das er von einem Statthalter verwalten ließ, verfügte er über eine solide Machtbasis, um sich gegenüber den →Wolgabulgaren im O und dem →Chazarenreich im SO zu behaupten.

Die russ. Fs.en der Frühzeit verdankten ihre Machtstellung dem Recht des Stärkeren, ihrem persönl. Wagemut und einer ergebenen krieger. Gefolgschaft (→družina, →Adel), die sie an der reichen Beute aus den Raubzügen und den gewaltsamen Tributeintreibungen vor Ort (russ. polud'e) sowie an den lukrativen Außenhandelsunternehmungen teilhaben ließen. An den Aufbau eines monarch. Herrschaftssystems und flächendeckender Verwaltungsstrukturen war wegen der instabilen inneren und äußeren Lage, den andauernden Fehden und den an der Steppengrenze drohenden Gefahren noch nicht zu denken. Fs. →Igor' (skand. Ingvar) hatte sich schon 914/915 (6423) eines Einfalls der →Pečenegen zu erwehren, 944/945 (6453) wurde er auf einem Raubzug gegen die →Drevljanen erschlagen. Die Regentschaft fiel an seine Frau →Ol'ga (skand. Helga). Sie nahm grausame Rache für ihren Mann, versuchte aber offensichtl. auch, zu einem geregelten System der Tributeintreibung überzugehen. Ihre persönl. Hinwendung zum Christentum (955 oder 957), ihr auch in byz. Quellen erwähnter Besuch in Konstantinopel und ihre Kontaktaufnahme zum dt. Kg. Otto I. (959) deuten auf weitergehende polit. Ambitionen hin. Dieser Weitblick war ihrem Sohn →Svjatoslav, der sie 962 ablöste, fremd. Als verwegener Haudegen und heidn. Kriegsheld warf er 963-965 das Chazarenreich nieder (womit er ungewollt den Steppenvölkern den Weg nach W öffnete), besiegte 965 die Wolgabulgaren und kämpfte 969 als Verbündeter des byz. Ks.s erfolgreich jenseits der Donau gegen die Bulgaren. 971 wurde er jedoch zu einem schmähl. Abzug von der Donaufestung →Durostorum (Durostolon, Silistria) gezwungen und büßte auf dem Rückweg an den Dnepr-Stromschnellen bei einem Überfall der Pečenegen sein Leben ein.

II. CHRISTIANISIERUNG, POLITISCHE UND KULTURELLE ENTWICKLUNG: Mit der Herrschaft seines Sohnes →Vladimir d. Hl. ist die erste Glanzperiode des K.er Reiches verbunden. Den Weg zum Thron mußte er sich von seinem Stützpunkt Novgorod aus mit einer eigens in Schweden angeworbenen waräg. Streitmacht gegen seinen älteren Bruder Jaropolk freikämpfen (980). Er weitete das Reich bis in das Karpatenvorland aus und unterwarf im NW die balt. →Jadwinger (Jatvjagen, 982/983). Gegen die Einfälle der Pečenegen baute er im SW von K. durch Burganlagen eine funktionsfähige Vorfeldsicherung auf. 988/989 hat er in engem Einvernehmen mit dem byz. Ks. Basileios II., dessen Schwester Anna er ehelichte, in K. (nach POPPE vermutl. am Epiphaniefest, 6. Jan. 988), nach anderer Überlieferung in Cherson, persönl. den Übertritt zum Christentum vollzogen und anschließend die K.er Bevölkerung zur Massentaufe im Dnepr (vermutl. im Sommer 988) gezwungen. Dieser Sieg der chr. Religion war durch vereinzelte Missionserfolge der griech. Kirche innerhalb der heidn. Gefolgschaft schon vorbereitet worden. Die Chronik berichtet von ersten chr. Märtyrern zum Jahre 882/883 (6491).

Griech. Missionare haben in der Folgezeit über bulg. Vermittlung die byz.-chr. Schriftkultur nach K. gebracht. Der Aufbau der Kirchenorganisation im K.er Reich geschah wohl von Anfang an im jurisdiktionellen Verband der Mutterkirche in Konstantinopel. Als Leiter der neuen Kirchenprov. entsandten die Patriarchen in der Zeit vor dem Mongoleneinfall in der Regel griech. Metropoliten. An der Ausgestaltung der gfsl. Residenz waren griech. Baumeister, Künstler und Handwerker beteiligt. 989–996 entstand als erster Steinbau auf russ. Boden in der sog. Vladimir-Stadt in K. die Zehntkirche (russ. *Desjatinaja cerkov'*), die als Hofkirche in einem größeren Palastkomplex diente.

In einem eigenen Kirchenstatut *(ustav)* hat Vladimir der jungen Kirche den Wirkungsraum in der K.er Gesellschaft gesichert. Die Christianisierung der Rus' war eine typ. »Revolution von oben«. Sie nahm vom Fs.enhof und von den städt. Zentren ihren Ausgang. Die chr. Predigt hat die Masse der verstreut siedelnden bäuerl. Bevölkerung erst mit erhebl. zeitl. Verzögerung erreicht. Altheidn. Glaubensvorstellungen hielten sich offensichtl. noch längere Zeit auch in chr. Überformung (sog. »Doppelglaube«, russ. *dvoeverie*). Die Chronik berichtet mehrfach vom aufrühr. Wirken heidn. »Priester«.

Der Tod des »apostelgleichen« Herrschers in →Berestovo 1015 beschwor den mörder. Bruderkampf herauf. Svjatopolk Okajannyj (der »Verfluchte«), der sich K.s bemächtigt hatte, ließ seine Brüder →Boris und Gleb noch im gleichen Jahr umbringen. Sie zählen als sog. »Leidenerdulder« zu den ersten Hl.n der russ. Kirche aus der herrschenden Dynastie. Ihr Mörder wurde 1016 von →Jaroslav ins Exil am Hofe →Bolesław I. v. Polen gezwungen und kehrte erst 1018 vorübergehend nach K. zurück. Nach seinem Tode 1019 mußte sich Jaroslav die Herrschaft bis 1036 mit seinem Bruder →Mstislav teilen, der von Tmutarakan' bzw. später von Černigov aus die Gebiete ö. des Dnepr für sich beanspruchte.

Als Alleinherrscher (1036–54) hat Jaroslav »d. Weise« der Rjurikidendynastie zu einem europaweiten Ansehen verholfen. Durch eine geschickte Heiratspolitik war er mit führenden Adelshäusern verschwägert. Selbst hatte Ingigerda, die Tochter des Schwedenkg.s →Olaf, geehelicht. Sein Sohn und Nachfolger →Izjaslav († 1078) war mit der Tochter des Polenkg.s Mieszko II. verheiratet. Zu seinen Schwiegersöhnen zählten die Kg.e v. Norwegen (Harald III. d. Strenge), Ungarn (Andreas I.) und Frankreich (Heinrich I.). Die Chronik feiert Jaroslav als eifrigen Förderer der Kirche (K.er Höhlenkloster) und der Bildung. Er hat den K.er Fs.enhof nach dem architekton. Vorbild der byz. Ks.metropole ausgebaut und 1037 den Grundstein zur Metropolitankirche in K., der Sophien-Kathedrale, gelegt, die er mit Fresken und Mosaiken prachtvoll ausgestalten ließ. Als Gesetzgeber hat er den Anstoß zu einer ersten Kodifikation der überlieferten Rechtsgewohnheiten gegeben (sog. →*Pravda Russkaja*).

Um eine erneute dynast. Krise nach seinem Tode zu vermeiden, verpflichtete er seine Söhne auf eine Erbfolgeregelung nach dem Senioratsprinzip. Da er es aber versäumte, die Nachkommen seiner verstorbenen Söhne einzubeziehen, brachen schon unter dem Triumvirat der älteren Jaroslav-Söhne die klass. Onkel-Neffen-Fehden auf, die die Einheit des Reiches immer mehr in Frage stellten. Die Generation der Enkel sah sich daher auf dem Fs.entreffen v. →Ljubeč 1097 nach den bitteren Erfahrungen der vorausgegangenen Bürgerkriege veranlaßt, dem Prinzip des Vatererbes (russ. *otčina*) den Vorrang einzuräumen und die dauerhafte Absonderung teilsl. Herrschaftsbereiche hinzunehmen. Nur noch vorübergehend konnte eine herausragende Herrscherpersönlichkeit wie →Vladimir Monomach auf dem K.er Gfs.enthron (1113–25) den Gedanken an die Reichseinheit wachhalten. Er hat in seiner »Ermahnung« (→*Poučenie*) an die Söhne eine bewegende Schilderung seines unsteten und gefahrvollen Fs.enlebens in der damaligen Zeit hinterlassen. Die Zukunft gehörte den fest in den Regionen verwurzelten Fs.enherrschaften, die sich selbst wieder in viele Seitenlinien verzweigten und in wechselnden Koalitionen einander heftig befehdeten. Selbst in der Abwehr gefährl. äußerer Feinde wie der Schweden, Dänen, Deutschen, Litauer oder der →Kumanen (russ. Polovcer), die ab der Mitte des 11. Jh. die Pečenegen an der Steppenfront ablösten, fanden sich nur noch die Aufgebote aus den unmittelbar betroffenen Fsm.ern zu gemeinsamen Aktionen zusammen. Das →»Igor'-Lied«, das russ. Nationalepos, ist einem solchen Unternehmen, der unglückl. Heerfahrt des Fs.en →Igor' Svjatoslavič v. Novgorod-Seversk gegen die Polovcer i.J. 1185, gewidmet.

III. Die Teilfürstentümer: Jaroslav d. Weise hatte dem ältesten Sohn den gfsl. Thron in K. zusammen mit →Novgorod, →Pskov und →Turov-Pinsk überlassen. →Černigov fiel mit →Murom und Tmutarakan' an →Svjatoslav, Perejaslavl' mit den nö. Gebieten von →Rostov-Suzdal' und Beloozero an Vsevolod, →Smolensk an Vjačeslav und Vladimir in Wolhynien an Igor'. Überregionale Bedeutung erlangten in der sog. »Periode der Teilfsm.er« (russ. *udely*; →Udel) seit der Mitte des 12. Jh. Černigov mit Novgorod-Seversk unter den Svjatoslaviči bzw. Ol'goviči, und an der Westgrenze Smolensk unter den Rostislaviči. Im SW erstand erstmals 1199 unter Fs. →Roman Mstislavič (1170–1205) aus dem Zusammenschluß von Vladimir (Volhynien) und Halič (Galizien) ein mächtiger Länderkomplex, der ztw. bis K. ausgriff (→Halič-Volhynien). Die Fs.en hatten sich allerdings ständiger poln. und ung. Eingriffe zu erwehren und die Landesherrschaft im Innern mit einer starken und selbstbewußten Bojarenschicht zu teilen. Unter Daniil Romanovič (1201–64), dem der Papst 1254 eine Kg.skrone überbringen ließ, konnte Halič-Volhynien seine vorteilhafte strateg. Lage nutzen und sich vorübergehend noch der mongol. Oberhoheit entziehen. Die Polocker Fs.en hatten wegen der übermächtigen Nachbarn im W, der Litauer und des Dt. Ordens, dagegen keine Entfaltungsmöglichkeiten. Die Fsm.er an der gefährdeten O- und SO-Grenze, Murom, Rjazan' und Perejaslavl', gerieten immer mehr in Abhängigkeit von Suzdaler Land.

Die künftige Führungsmacht unter den Ostslaven ist im entfernten NO »jenseits der Wälder« unter dem Monomachsohn →Jurij Dolgorukij (1120–57) und dessen beiden Söhnen →Andrej Bogoljubskij (1157–74) bzw. →Vsevolod III. (1176–1212) herangewachsen. Im ursprgl. vornehml. von finnougr. Stämmen besiedelten Zweistromgebiet zw. oberer Wolga und Oka, das erst zur Jahrtausendwende von einer kompakteren slav. Einwanderungswelle erfaßt worden war, hatte sich das polit. Zentrum unter Vladimir Monomach vom alten Rostov nach →Suzdal' und schließlich in das 1108 an der Kljaz'ma gegr. →Vladimir verlagert. Jurij Dolgorukij hat durch Städtegründungen (u. a. 1152 →Jur'ev Pol'skoj und →Peresjaslavl'-Zalesskij) den weiteren Landesausbau betrieben und mit Unterstützung der neuen Bürgerschaften den alteingesessenen Bojarenfamilien eine starke Fs.enmacht aufgezwungen. Das alte Reichszentrum K. wurde zum Spielball der rivalisierenden Familienclans, fiel 1169 der Verwüstung durch Truppen Andrej Bogoljubskijs anheim und verlor schon vor dem Tatareneinfall von 1240 als Herrschersitz seine Bedeutung. Jurijs Sohn Andrej ließ in der architekton. Ausgestaltung seiner Residenzstadt Vladimir eine getreue Nachbildung K.s erstehen und errichtete in →Bogoljubovo 1158–65 nach dem Vorbild stauf. Pfalzen einen prunkvollen Palastkomplex. Zur Dokumentation der beanspruchten Herrschaftskontinuität ließ er aus Vyšgorod die berühmte Muttergottesikone (sog. Vladimirskaja) überführen.

Eine Sonderentwicklung durchlief der russ. NW. In Novgorod, das ursprgl. als Nebenland dem gfsl. Thron zugeordnet war, hatten im 12. Jh. die begüterten Teile der städt. Bevölkerung einen beherrschenden Einfluß auf das Stadtregiment gewonnen (→*veče*) und beließen dem Fs.en als Führer des städt. Aufgebotes nur noch ein vertragl. festgelegtes beschränktes Mitwirkungsrecht. Tatsache ist, daß während der Teilfs.enperiode in den Q. eine selbstbewußtere städt. Gesellschaft erkennbar wird, die sich energ. zu Worte meldete und wiederholt in wichtigen Angelegenheiten (z. B. bei der Fs.enwahl) polit. Mitspracherechte in Anspruch nahm.

IV. Gesellschaft und Wirtschaft: Mit der Herausbildung landesherrschaftl. Strukturen im K.er Reich haben sich offensichtl. die gesellschaftl. und wirtschaftl. Voraussetzungen der Fs.enmacht grundlegend verändert. Die Ungunst der Quellenlage erlaubt nur sehr hypothet. Aussagen. Vieles spricht dafür, daß Reichtum und Macht der Fs.en ursprgl. eher auf Kriegsbeute und gewaltsamen Tributeintreibungen unter der bäuerl. Bevölkerung beruhte als auf privatem Besitz ausgedehnter landwirtschaftl. Nutzflächen. Von einem nennenswerten Agrarexport kann in der K.er Frühzeit noch keine Rede sein, da eine überwiegend kleinbäuerl. Subsistenzwirtschaft auf Rodeland vorherrschte. Die mediterranen Märkte wurden vornehml. mit begehrten Erzeugnissen des Waldes (Wachs, Honig und insbes. kostbaren Pelzen) und mit Sklaven beliefert. Adliges Grundeigentum ist quellenmäßig nicht vor der 2. Hälfte des 11. Jh. zu belegen, wird aber unter dem Systemzwang eines engen Feudalismus-Begriffes immer wieder auch schon für die Anfänge des K.er Reiches stillschweigend vorausgesetzt. Sicher ist, daß mit der Auflockerung des dynast. Gedankens und den bodenständigen Elementen zwangsläufig ein stärkeres Gewicht zugefallen ist. In diesem Zusammenhang hat sich die krieger. Gefolgschaft der Frühzeit, die als mobiler Personenverband den Fs.en auf seinem unsteten Wanderleben begleitet hatte und häufig die Dienstherren wechselte, immer mehr in eine ortsverbundene adlige Grundbesitzerschicht (→Adel, E.) verwandelt. Die Bojaren stellten wohl weiterhin bei Hofe die engsten Berater des Herrschers und besetzten die wichtigsten Ämter in der Verwaltung, ihre hauptsächl. Einkünfte bezogen sie aber nicht mehr ausschließl. aus dem Fs.endienst, sondern aus ihren Gutsbesitzungen, die von Sklaven oder abhängigen Bauern bewirtschaftet wurden. Dabei dürfte es sich zunächst weniger um reine Agrarbetriebe gehandelt haben. Im Vordergrund standen eher Viehzucht und die verschiedenen Formen der Forstnutzung. Unabhängig davon ist in der aruss. Agrargesellschaft noch lange Zeit von einer überwiegend freien Bauernschaft (→Bauer, russ. *smerdy*) auszugehen.

Weiterhin kontrovers diskutiert werden die Genesis und die typolog. Zuordnung des Städtewesens unter den Ostslaven. Die nord. Überlieferung kennt das K.er Reich schon in der Frühzeit als das »Land der Städte« *(Gardariki)*. Zu dieser Charakterisierung dürfte die Vielzahl kleinerer, durch Gräben und Erdaufschüttungen gesicherter Herrschersitze (russ. *grad/gorod*) den Anstoß gegeben haben (→Burg, C. XIV, →Gorod). Für den Nachweis einer weiter in die Vergangenheit zurückreichenden Siedlungskontinuität in diesen burgstädt. Anlagen fehlen noch ausgedehntere Flächengrabungen. Die überlieferten alten Städtenamen lassen sich nur bedingt gentilen Vorstufen nichtagrarischer Siedlungsformen mit zentralörtl. Bedeutung zuordnen. Selbst für eine Abgrenzung der »Städte« von anderen Siedlungstypen sind noch keine überzeugenden Kriterien entwickelt worden. Für die Zeit vom 10. bis zum Ausgang des 14. Jh. sind inzwischen annähernd 1500 befestigte Siedlungen ermittelt worden, nur zu 414 finden sich Hinweise in den schriftl. Q. (in der chronikal. Überlieferung sogar nur zu 271). Die multifunktionalen Erscheinungsformen, unter denen städt. Leben in Altrußland faßbar wird, und dessen erhebl. lokale Variationsbreite sind nur mit Einschränkungen aus den jeweiligen konkreten Erfordernissen einer fortschreitend arbeitsteiligen Gesellschaft zu erklären. Nach dem derzeitigen Kenntnisstand sind eigene Kaufmanns- und Handwerkerviertel (Vorstädte, Suburbien, russ. *podol, posad*) in der Regel seit dem 10. Jh. nicht als eigenständige Stadtgemeinden, sondern zunächst als Annexe zu schon bestehenden Burgbezirken entstanden. Reiche Grabungsfunde und eine sich differenzierende Handwerksterminologie deuten auf eine rasche Entfaltung handwerkl. Fähigkeiten in der einheim. Bevölkerung hin.

Ein polit. Gegengewicht ist - von Novgorod abgesehen - den Fs.en nur vorübergehend in allg. Krisensituationen aus einer mehr genossenschaftl. organisierten freien Bürgerschaft in den größeren Städten erwachsen. Über gildeartige Verbindungen der Kaufleute liegen aus Novgorod, dessen Stadtregiment schließlich ganz in nichtfsl. Hände überging, detailliertere Nachrichten vor. In den anderen Regionen des K.er Reiches hat die Fs.enmacht den weiteren Ausbau einer lebensfähigen städt. Autonomie erfolgreich verhindert, obwohl lautstarker Bürgerprotest wiederholt über die Fs.enwahl entschieden hat und mancher Herrscher dem angestauten Volkszorn weichen mußte (K.er Aufstände 1068/69 bzw. 1113).

Die gesamtwirtschaftl. Entwicklungstrends der Udelperiode haben die aruss. Städte wenig begünstigt. Die Steppenvölker haben seit der Mitte des 12. Jh. den unmittelbaren Zugang zu den mediterranen Märkten erschwert. Der Orienthandel auf dem Wolgaweg mit den arab. Ländern ist von der Zerschlagung des Chazarenreiches empfindl. getroffen worden, wenn auch der Handelsaustausch nicht völlig zum Erliegen kam und noch im 13. Jh. feine Keramikwaren, Seide, teure Glaserzeugnisse und Juwelierarbeiten aus dem O bezogen wurden. Spätestens nach der Eroberung Konstantinopels durch die Lateiner (1204) hat der Dneprhandel mit der Kaisermetropole seine frühere Bedeutung eingebüßt. Nur in vermindertem Umfang sind die Warenlieferungen in die Niederlassungen der it. Städte im n. Schwarzmeerraum umgelenkt worden. Zur gleichen Zeit haben im NW der Vorstoß Schwedens über →Finnland bis zur Karel. Landenge (Gründung Wiborgs 1293; →Karelien) und das Erscheinen der dt. Ordensritter, Kaufleute und Siedler in Livland den Bewegungsspielraum der nw- und westruss. Städte und Fsm.er eingeengt. Daran sollten auch mittelfristig die vertragl. Absicherung des Dünahandels, die der Fs. Mstislav Davydovič v. Smolensk 1229 erreichte, und die Einbeziehung Novgorods in den Ostseehandel der →Hanse (ältester erhaltener Vertrag: 1189) nichts mehr ändern. Die russ. Kaufleute blieben auf ausländ. Vermittlerdienste angewiesen. Obwohl Novgorod und Pskov im 14. und 15. Jh. den Höhepunkt ihrer republikan. Entwicklung durchliefen, sind durch die mittelbaren Folgen der tatar. Fremdherrschaft den aruss. Städten und Fsm.ern auf lange Sicht die eigenständigen polit. und ökonom. Entfaltungsmöglichkeiten genommen worden. Die Zeit begünstigte neue polit. Kräfte, die von den Rändern aus, von →Litauen bzw. Polen-Litauen (seit 1385/86) im W und dem aufstrebenden Fsm. →Moskau im NO, eine Sammlungsbewegung einleiteten. Diese Aufteilung der ehem. Rus'-Lande hat die weitere Ausdifferenzierung bestehender regionaler Unterschiede unter den Ostslaven beschleunigt und die Aufgliederung in Großrussen, Kleinrussen bzw. Ukrainer und Weißrussen verfestigt.

E. Hösch

Bibliogr., Q.kunde, Hilfsmittel: N. DE BAUMGARTEN, Chronologie ecclésiastique des terres russes du Xe au XIIe s., 1930 – AE. HERMAN, De fontibus iuris ecclesiastici Russorum. Comm. hist.-canonicus, 1936 – N. G. BEREŽKOV, Chronologija russkogo letopisanija, 1963 – B. A. RYBAKOV, Drevnjaja Rus'. Skazanija, Byliny, Letopisi, 1963 – V. P. ŠUŠARIN, Sovremennaja buržuaznaja istoriografija drevnej Rusi, 1964 – L. V. ČEREPNIN, Novgorodskie berestjanye gramoty kak istoričeskij istočnik, 1969 – A. S. KUZ'MIN, Russkie letopisi kak istočnik po istorii Drevnej Rusi, 1969 – Russia Mediaevalis, 1973ff. – Sovetskaja istoriografija Kievskoj Rusi. Pod. red. V. V. MAVRODINA, 1978 – K. ONASCH, Liturgie und Kunst der Ostkirche in Stichworten unter Berücksichtigung der Alten Kirche, 1981 – E. HÖSCH–H. J. GRABMÜLLER, Daten der russ. Gesch. Von den Anfängen bis 1917, 1981 – G. PODSKALSKY, Christentum und theol. Lit. in der K.er Rus' (988–1237), 1982 – Slovar' knižnikov i knižnosti Drevnej Rusi. Vyp. I (XI-pervaja polovina XIV v.), Otv. red. D. S. LICHAČEV, 1987 – I. JA. FROJANOV, Kievskaja Rus'. Očerki otečestvennoj istoriografii, 1990 – Q.: PSRL – L. K. GOETZ, Kirchenrechtl. und kulturgesch. Denkmäler Altrußlands nebst Gesch. des russ. Kirchenrechts, 1905 [Neudr. 1963] – A. STENDER-PETERSEN, Die Varägersage als Q. der Aruss. Chronik, 1934 – Povest' vremennych let, 2 Bde, 1950 – Pamjatniki prava Kievskogo gosudarstva IX–XII vv., 1952 – V. A. ARCICHOVSKIJ u. a., Novgorodskie gramoty na bereste, 1953ff. – V. M. POTIN, Drevnjaja Rus' i evropejskie gosudarstva v X–XIII vv., Istoriko-numizmatičeskij očerk, 1968 – V. L. JANIN, Aktovye pečati Drevnej Rusi X–XV vv., T. I, 1970 – I. G. SPASSKIJ, Russkaja monetnaja sistema, ebd., 1970^4 – CH. M. FRAEHN, Ibn Foszlan's und anderer Araber Berichte über die Russen älterer Zeit. Nachdr. der Ausg. von 1823, 1976 – Drevnerusskie knjažeskie ustavy IX–XV vv., hg. JA. N. ŠČAPOV, 1976 – Drevnejšie istočniki po istorii narodov SSSR, hg. V. T. PAŠUTO, 1977ff. – V. A. BULKIN–I. V. DUBOV–G. S. LEBEDEV, Archeologičeskie pamjatniki Drevnej Rusi IX–XI vekov, 1978 – N. GOLB–O. PRITSAK, Khazarian Hebrew documents of the tenth century, 1982 – P. A. RAPPOPORT, Russkaja architektura X–XIII vv., Kat. pamjatnikov, 1982 – Rossijskoe zakonodatel'stvo X–XX vv., T. 1, Zakonodatel'stvo Drevnej Rusi, 1984 – S. O. VYSOC'KYJ, Kievskie graffiti XI–XVII vv., 1985 – M. F. KOTLJAR, Drevnjaja Rus' i K. v letopysnych predanijach i legendach, 1986 – Die Orth. Kirche in Rußland. Dokumente ihrer Gesch. (860–1980), hg. P. HAUPTMANN–G. STRICKER, 1988 – Rauchspur der Tauben. Radziwiłł-Chronik, 1988 – *Gesamtdarstellungen:* A. N. NASONOV, »Russkaja zemlja« i obrazovanie territorii Drevnerusskogo gosudarstva, 1951 – B. D. GREKOV, Kievskaja Rus', 1953^6 – G. LAEHR, Die Anfänge des russ. Polit. Gesch. den 9.–10. Jh. 1965 – Drevnerusskoe gosudarstvo i ego meždunarodnoe značenie, 1965 – Istorija SSSR, Ser. I, 1–2, 1966 – V. V. MAVRODIN, Obrazovanie Drevnerusskogo gosudarstva i formirovanie drevnerusskoj narodnosti, 1971 – A. P. NOVO-

SEL'CEV, V. T. PAŠUTO, L. V. ČEREPNIN, Puti razvitija feodalizma (Zakavkaz'e, Srednjaja Azija, Rus' Pribaltika), 1972 – G. VERNADSKY, Kievan Russia, 1973⁷ – M. LARAN, La Russie ancienne. 9ᶜ–17ᵉ s., 1975 – Drevnerusskie knjažestva X–XIII vv., 1975 – H. RÜSS, Das Reich von K. (HGeschRußlands 1, 1980), 199–429 – B. A. RYBAKOV, Kievskaja Rus' i russkie knjažestva XII–XIII vv., 1982 – L. BOEVA, Starata Kievska Rusija: istorija, kultura, literatura, 1983 – J. FENNELL, The Crisis of Medieval Russia 1200–1304, 1983 – B. A. RYBAKOV, Mir istorii. Načal'nye veka russkoj istorii, 1987² – A. SAJKIN, »Se povesti vremAn'nych let« ot Kija do Monomacha, 1989 – Vorgesch. und Anfänge: V. THOMSEN, The relations between ancient Russia and Scandinavia and the origin of the Russian state, 1877 [Neudr. 1965] – N. K. CHADWICK, The Beginnings of Russian Hist. An Enquiry into Sources, 1946 – H. PASZKIEWICZ, The Making of the Russian Nation, 1963 – I. I. LJAPUŠKIN, Slavjane Vostočnoj Evropy nakanune obrazovanija Drevnerusskogo gosudarstva (VIII–pervaja polovina IX v.), Istoriko-archeologičeskie očerki, 1968 – M. HELLMANN, Einheim. und äußere Faktoren bei der Entstehung des ma. Rußland, Sett. cent. it. XVI, 1969, 205–232 – Stanovlenie rannefeodal'nych slavjanskich gosudarstv., 1972 – F. HELLMANN, Poszątki Polski. Z dziejów Słowian w I tysiącleciu n.a. 5, 1973 – Archeolohyia Ukraïns'koï RSR v trech tomach, 3: Rann'oslovjans'kyj ta dav'norus'kyj periody, 1975 – Archeologičeskoe izučenie Novgorada, Pod. obšč. red. B. A. KOLČINA – V. L. JANINA, 1978 – V. V. MAVRODIN, Proischoždenie russkogo naroda, 1978 – V. V. SEDOV, Vostočnye slavjane v VI–XIII vv., 1982 – Kirche, Christianisierung: E. E. GOLUBINSKIJ, Istorija russkoj cerkvi, 2 Bde in 4 Bd.en, 1900–11 – A. M. AMMANN SJ., Unters. zur Gesch. der kirchl. Kultur und des religiösen Lebens bei den Ostslaven, H. 1: Die ostslav. Kirche im jurisdikt. Verband der byz. Großkirche (988–1459), 1955 – L. MÜLLER, Zum Problem des hierarch. Status und der jurisdikt. Abhängigkeit der russ. Kirche vor 1039, 1959 – G. P. FEDOTOV, The Russian Religious Mind, 2 vol., 1966² – A. POPPE, Państwo i Kościół na Rusi w XI w., 1968 – M. KLIMENKO, Die Ausbreitung des Christentums in Rußland seit Vladimir d. Hl.n bis zum 17. Jh. Versuch einer Übers. nach russ. Q., 1969 – A. P. VLASTO, The Entry of the Slavs into Christendom. An Introduction to the Medieval Hist. of the Slavs, 1970 – A. S. CHOROŠEV, Cerkov' v social'no-političeskoj sisteme novgorodskoj feodal'noj respubliki, 1980 – DERS., Političeskaja istorija russkoj kanonizacii (XI–XVI vv.), 1986 – L. MÜLLER, Die Taufe Rußlands. Die Frühgesch. des russ. Christentums bis zum Jahre 988, 1987 – Vvedenie christianstva na Rusi, 1987 – J. V. PAVLENKO, Chersones Tavričeskij i rasprostranenie christianstva na Rusi, 1988 – O. M. RAPOV, Russkaja cerkov' v IX–pervoj reti XII v. Prinjatie christianstva, 1988 – Äußere Beziehungen: N. DE BAUMGARTEN, Généalogies et mariages occidentaux des Rurikides russes du Xᶜ au XIIIᶜ s., 1927 – M. V. LEVČENKO, Očerki po istorii russko-vizantijskich otnošenij, 1956 – V. D. KOROLJUK, Zapadnye slavjane i Kievskaja Rus' v X–XI vv., 1964 – V. P. KARGALOV, Vnešnepolitičeskie faktory razvitija feodal'noj Rusi, 1968 – V. T. PAŠUTO, Vnešnjaja politika Drevnej Rusi, 1968 – I. FORSSMANN, Die Beziehungen aruss. Fs.engeschlechter zu Westeuropa. Ein Beitr. zur Gesch. O- und Nordeuropas im MA, 1970 – E. A. RYDZEVSKAJA, Drevnjaja Rus' i Skandinavija IX–XIV vv. (Materialy i issledovanija), 1978 – I. P. ŠASKOL'SKIJ, Bor'ba Rusi protiv krestonosnoj agressii na beregach Baltiki v XII–XIII vv., 1978 – A. N. SACHAROV, Diplomatija Drevnej Rusi IX–pervaja polovina X ., 1980 – DERS., Diplomatija Svjatoslava, 1982 – J. Z. HORODYSKY, Byzantium and Rus' relations during the reign of the Comneni dynasty, 1983 – R. M. MAVRODINA, Kievskaja Rus' i kočevniki: pečenegy, torki, polovcy. Istoriografičeskij očerk, 1983 – V. N. ZOČENKO, Istoriko-ėkonomičeskie svazi Kieva s Jugovostočnoj Pribaltiki v IX–načale XIII v., 1984 – A. B. GOLOVKOV, Drevnjaja Rus' i Pol'ša v političeskich vzaimootnošenijach X–pervij treti XIII vv., 1988 – L. N. GUMILEV, Drevnjaja Rus' i Velikaja step', 1989 – Staat und Herrschaft, Gesellschaft und Wirtschaft: M. D'JAKONOV, Očerki obščestvennago i gosudarstvennago stroja drevnej Rusi, 1908² – A. ECK, Le MA Russe, 1933 [Nachdr. 1968] – B. A. GREKOV, Feodal'nye otnošenija v kievskom gosudarstve, 1936 – S. V. JUŠKOV, Očerki po istorii feodalizma v Kievskoj Rusi, 1939 [Neudr. 1969] – B. A. RYBAKOV, Remeslo drevnej Rusi, 1948 – B. D. GREKOV, Krest'jane na Rusi s drevnejšich vremen do XVII veka, 1, 1952² [dt. Übers. 1, 1958] – M. N. TICHOMIROV, Krest'janskie i gorodskie vosstanija na Rusi XI–XIII vv., 1955 – F. DVORNIK, Byz. Political Ideas in Kievan Russia, DOP 9–19, 1956, 73–121 – M. N. TICHOMIROV, Drevnerusskie goroda, 1956 – Očerki po istorii Russkoj derevni X–XII vv., 1959 – V. V. MAROVDIN, Narodnye vosstanija v Drevnej Rusi XI–XIII vv., 1961 – M. HELLMANN, Slaw., insbes. ostslaw. Herrschertum (Das Kgtm., 1963), 243–278 – I. I. SMIRNOV, Očerki social'no-ėkonomičeskich otnošenij Rusi XII–XIII vv., 1963 – K. RAHBEK-SCHMIDT, Soziale Terminologie in russ. Texten des frühen MA (bis zum Jahre 1240), 1964 – B. A. ROMANOV, Ljudi i nravy Drevenj Rusi, 1966 – N. G. TIMIČENKO, K istorii ochoty i životnovodstvo v Kievskoj Rusi (Srednee Podneprov'e), 1972 – A. A. ZIMIN, Cholopy na rusi s drevnejšich vremen do konca XV v., 1973 – I. JA. FROJANOV, Kievskaja Rus'. Očerki social'no-ėkonomičeskoj istorii, 1974 – O. M. RAPOV, Knjažeskie vladenija na Rusi v X–pervoj polovine XIII v., 1977 – M. G. RABINOVIČ, Očerki ėtnografii russkogo feodal'nogo goroda. Gorožane, ich obščestvennyj i domašnyj byt, 1978 – G. V. STYCHOV, Goroda Polockoj zemli (IX–XIII vv.), 1978 – I. JA. FROJANOV, Kievskaja Rus'. Očerki social'no-političeskoj istorii, 1980 – U. HALBACH, Der russ. Fs.enhof vor dem 16. Jh., 1985 – Drevnjaja Rus'. Gorod, zamok, selo, hg. B. A. RYBAKOV, 1985 – J. MARTIN, Treasure of the land of darkness. The fur trade and its significance for medieval Russia, 1986 – K. HELLER, Russ. Wirtschafts- und Sozialgesch., 1, 1987 – M. P. TOLOČKO, Drevnjaja Rus': očerki social'no-političeskoj istorii, 1987 – N. L. PUŠKAREVA, Ženščiny Drevnej Rusi, 1989 – s.a. die Lit. zu den einzelnen Fsm.ern und Städten – Rechtsgesch.: M. N. TICHOMIROV, Posobie dlja izučenija Russkoj Pravdy, 1953 – P. I. ŽUŽEK SJ., Kormčaja Kniga. Stud. on the Chief Code of Russian Canon Law, 1964 – JA. N. ŠČAPOV, Knjažeskie ustavy i cerkov' v Drevnej Rusi XI–XIV vv., 1972 – DERS., Vizantijskoe i južnoslavjanskoe pravovoe nasledie na Rusi v XI–XIII vv., 1978 – JU. G. ALEKSEEV, Pskovskaja Sudnaja gramota i ee vremja, 1980 – D. H. KAISER, The Growth of the Law in Medieval Russia, 1980 – s.a. →Ostslav. Kunst, →Russische Lit.

B. Stadt

Archäol. Grabungen haben die Entstehung K.s als zentralen Siedlungsort im Gebiet der Poljanen auf dem rechten Hochufer des Dnepr bisher nur teilweise aufklären können. Für eine von ukrain. Archäologen (P. P. TOLOČKO) angenommene 1500jährige Stadtgesch. fehlen bislang die schlüssigen Beweise, ebenso wie für die Historizität der in der Gründungslegende der russ. Chronik gen. Brüder Kij, Šček und Choriv.

Schriftl. Quellen belegen erst seit dem 9. Jh. auf dem K.er Burgberg einen Herrschersitz mit polit.-administrativen, kult.-religiösen und militär. Zentralfunktionen im Stammesgebiet der Poljanen. Das Areal des ma. K. ist offensichtl. erst allmähl. aus mehreren eigenständigen Ansiedlungen – auf dem Burghügel bzw. Schloßberg (Zamkovaja gora oder Kiselevka), das durch frühe Besiedlung Keramikfunde schon aus dem 6./7. Jh. bezeugen, auf der sog. Altk.er Anhöhe (Starokievskaja gora oder Andreevskaja gora) und in der Talsiedlung (Podol) am Dneprufer – zu einem einheitl. Siedlungskomplex zusammengewachsen. Den ersten polit. und städtebaul. Höhepunkt erlebte die »Mutter der russ. Städte« seit der Mitte des 9. Jh. schon für die Zeit der Fsn. Ol'ga ist je ein Fs.enhof innerhalb *(v gorode)* und außerhalb *(vne grada)* der Befestigungsanlagen bezeugt. Unter Vladimir d. Hl.n und v. a. unter Jaroslav d. Weisen sind planmäßige Stadterweiterungen (sog. Vladimir- bzw. Jaroslav-Stadt) vorgenommen und die ersten repräsentativen weltl. und kirchl. Monumentalbauten (Zehntkirche, 989–996; Goldenes Tor und Sophienkathedrale, 1037–61; Kirchen des Georgs- und des Irene-Kl., um 1051–53; →K., Höhlenkloster) in Stein ausgeführt worden. Als Metropole des K.er Reiches beherbergte K. in seinen Mauern neben dem großfsl. Hof auch die Residenz des kirchl. Oberhauptes, des russ. Metropoliten. Die herausragende polit., wirtschaftl. und religiöse Bedeutung K.s spiegelt sich in den städtebaul. Anlagen und in der demograph. Entwicklung wider. Thietmar v. Merseburg berichtet schon für den Anfang des 11. Jh. von mehr als 400 Kirchen und 8 Märkten. Die Chronik weiß noch aus dem 12. und dem Anfang des 13. Jh. von einer regen Bautätigkeit zu berichten. Als bevölkerungsreichste russ. Stadt des MA zählte K. am

Vorabend des Mongolensturms annähernd 40 000 Einw. Zu diesem Zeitpunkt hatte es seinen Höhepunkt längst überschritten. Durch den fortschreitenden Zerfall des K.er Reiches verlor es seinen alten Glanz als Reichszentrale. Die Umlenkung der Warenströme im internat. Handelsverkehr nahmen ihm die traditionelle Vermittlungsrolle am Kreuzungspunkt der N- und Südeuropa, Orient und Okzident verbindenden Transversalen. Die gefährl. Randlage zur Steppenzone setzte die Stadtbevölkerung den verheerenden Angriffen der Steppenvölker aus. Am Nikolaustag des Jahres 1240 stürmten die Truppen Batus den Mauerring der Stadt und hinterließen ein weithin verwüstetes Areal. →Johannes de Plano Carpini, der 1246 auf dem Wege zum mongol. Großchan durch K. reiste, zählte im Zentrum nur noch etwa 200 Höfe. Von der einstigen Großstadt waren nur noch etwa 2000 Einw. geblieben. E. Hösch

Lit.: Istorija Kieva, 2 Bde, 1963-64 – P. P. Toločko, Istoryčna topohrafija starodavn'oho Kyjeva, 1970 – P. P. Toločko, K. i Kievskaja zemlja v epochu feodal'noj razdroblennosti XII–XIII vekov, 1980 – A. Poppe, The Building of the Church of St. Sophia in K., Journal of Medieval Hist. 7, 1981, 15–66 – Istorija Kieva v trech tomach, 1–2, 1982–83 – Ju. S. Aseev, Architektura drevnego Kieva, 1982 – K. N. Gupalo, Podol v drevnem Kieve, 1982 – G. J. Ivakin, K. v. XII–XV vekach, 1982 – S. R. Kilievič, Detinec Kieva IX – pervoj poloviny XIII vekov, 1982 – Ders., Na gore Starokievskoj, 1982 – M. A. Sagajdak, Velikij gorod Jaroslava, 1982 – S. O. Vysoc'kyj, Zolotye vorota v Kieve, 1982 – M. K. Karger, Drevnij K. Očerki po istorii material'noj kul'tury drevnerusskogo goroda, 2 Bde, 1983 – I. H. Šovkopljas – N. H. Dmytrenko, Sovetskaja lit. po istorii drevnego Kieva: 1918–1983, 1984 – Archeologičeskie issledovanija Kieva: 1978–1983 gg., 1985 – I. I. Močvan, Istoričeskaja topografija okolicy drevnego Kieva: IX–XIII vv., 1986 – E. Mühle, Die Anfänge K.s (bis ca. 980) in archäolog. Sicht. Ein Forsch.sbericht, Jbb. für Gesch. Osteuropas NF 35, 1987, 80–101 – Ders., Die topograph.-städtebaul. Entwicklung K.s vom Ende des 10. bis zum Ende des 12. Jh. im Licht der archäolog. Forsch., ebd. 36, 1988, 350–376.

C. Höhlenkloster (einschließlich Paterikon)

[1] *Höhlenkloster:* Gemäß der Kiever Chronik (→Povest' vremennych let, ed. Lichačev, 1950, I, 104 ff; Übers. L. Müller, Helden und Hl.e aus russ. Frühzeit, 1984, 58–62) siedelte in einer vom späteren Kiever Metropoliten →Ilarion in den Hügeln am rechten Ufer des Dnepr, ca 3 km s. von Kiev gehauenen Höhle 1051 ein russ. Einsiedler aus Ljubeč bei Černigov. Vom monast. Leben ergriffen, begab sich daraufhin der Einsiedler auf den →Athos, wo er den Mönchsnamen Antonij erhielt. Auf den Befehl seines athonitischen geistigen Vaters kehrte er in die Rus' zurück und lebte wieder in der von Ilarion erbauten Höhle. Der Nachfolger →Jaroslavs des Weisen (1019–54) auf dem Kiever Thron, sein Sohn Fs. →Izjaslav (1024–78), unterstüzte die junge Mönchsgemeinschaft. Noch zu Lebzeiten des Antonij († 1072/73), um 1070, veranlaßte Abt Feodosij (ca. 1036–1074) eine Erweiterung der Kl.anlagen auf der Erdoberfläche und führte das Studiu-Typikon ein, das sich dann in den russ. Kl. verbreitete, bis es durch das Jerusalemer sabbait. Typikon durch die Tätigkeit des Metropoliten →Kiprian v. Kiev und ganz Rußland (1380–1406) abgelöst wurde. Ausgehend von der Kl.-gründung in Höhlen (altslav. *peštera*) erhielt das Kl. den Beinamen *pečerskij*. Es wurde eine Holzkirche zu Ehren des Dormitio der Muttergottes erbaut, die dann durch einen mit Fresken und Mosaiken geschmückten, 1089 durch Metropolit Ioann konsekrierten Steinbau ersetzt wurde. Dem K. H. entstammen mehrere Bf.e in der russ. Eparchie. Die Haltung des bald mächtig gewordenen Kl. dem Kiever Fs.en gegenüber zeigt sich auch in der altruss. Chronistik, die in seinen Mauern seit der Zeit des Abtes →Nikon (1078–88), u. a. durch den Mönch →Nestor, gepflegt wurde. Um 1088 verfaßte Nestor die Lebensbeschreibung des früheren Abtes Feodosij. 1168 entflammte ein kirchenrechtl. Streit zw. Abt Polikarp und dem Kiever Metropoliten Konstantin II. Unter Hinweis auf die athonit. Herkunft des Gründers Antonij konnte das H. sich der Einmischung des Kiever Metropoliten bei der Wahl des Igumen entziehen, ohne de jure stauropegial (d. h. exemt) zu sein. Um 1174 erlangte der Abt den Rang eines Archimandriten, kurz danach wurde das Kl. als Laura bezeichnet. Die Unterstellung unter das fsl. Patronat förderte Schenkungen, so daß die Kl.anlagen durch neue Bauten vergrößert und Metochia in anderen Städten (1196 in Suzdal') gegründet werden konnten. Im Laufe der Streitigkeiten um die Union von Florenz (→Ferrara-Florenz) nahmen die Mönche des H.s bereits 1440 Partei für den Moskauer Metropoliten →Isidoros, der die Union unterschrieben hatte. Um die Mitte des 16. Jh., zur Zeit der Gegenreformation, war das H. ein Bollwerk der Orthodoxie. – Der Kreuzkuppeltypus der Hauptkirche bestimmte die weitere Entwicklung in Altrußland, vor ihrer ersten Zerstörung durch ein Erdbeben 1230 und weiteren Beschädigungen 1240 bei den Tatareneinfällen. – Infolge des 'zweiten südslav. Einflusses' in Rußland (14.–15. Jh.) verstärkten sich die lit. und geistigen Beziehungen zw. den Athos-Kl., dem bulg. →Rila-Kloster und dem H. Neben der Schriftkultur wurde auch im H. die Musikkultur gepflegt: bereits 1074 ist der Sänger *(domestik)* Stefan dort bezeugt. Aus dieser Amtsbezeichnung wird gelegentl. die Existenz einer bes. Gesangsart, *demestvennyi rospev*, für diese frühe Zeit postuliert. Aus der späteren Zeit stammt der berühmte Kiever Gesangsstil und die durch Wiederholung von Wortteilen charakterist. Gesangsart des K. H.s (z. B. Cherubim-Hymnus). Ch. Hannick

Lit.: J. Herbinius, Religiosae Kijovienses Cryptae sive Kijovia subterranea, 1675 – L. K. Goetz, Das K. H. als Kulturzentrum des vormongol. Rußlands, 1904 – L. I. Denisov, Pravoslavnye monastyri Rossijskoj imperii, 1908, 288–295 – A. Poppe, Kijowski klasztor pieczerski, SłowStarSłow II, 413–415 – M. Čubatyi, Istorija chrystyjanstva na Rusy-Ukrajini I, 1965, 359–370 – I. Smolitsch, Russ. Mönchtum. Entstehung, Entwicklung und Wesen 988–1917, 1978² – H. Faensen, Kirchen und Kl. im alten Rußland. Stilgesch. der altruss. Baukunst von der Kiever Rus bis zum Verfall der Tatarenherrschaft, 1982, 50, 53 – J. N. Ščapov, Gosudarstvo i cerkov' Drevnej Rusi X–XIII vv., 1989.

[2] *Paterikon:* Sammlung von Lebensbeschreibungen von Mönchen des K. H. aus dem 11.–12. Jh. In den zwanziger Jahren des 13. Jh. richtete der ehemalige Mönch des H.s und nunmehrige Bf. v. Vladimir-Suzdal', Simon, einen Brief an seinen ehemaligen Mitbruder, den Kiever Mönch Polikarp, in dem er ihn an die monast. Tugenden erinnert. Diese 14. Erzählung des P. stellt den Anfang der Sammlung dar, die in dieser ersten Zusammenfassung auf Simon und Polikarp zurückgeht und die noch im 13. Jh. in der 'Grundredaktion' aufgenommen wurde. Anfang des 15. Jh. entstand im Auftrag Bf. Arsenijs v. Tver' eine neue Redaktion (cod. Leningrad GPB, Q. п p. I. 31, aD 1406), die um Elemente aus der Kiever Chronik wie die Vita des Feodosij Pečerskij (8. Erzählung, zw. 1074 und 1088 entstanden) bereichert wurde. Eine weitere Umarbeitung erfuhr die Sammlung 1460 und 1462 durch den Mönch des H.s Kassian, der im Zuge der Auseinandersetzungen mit dem Katholizismus, als Kiev dem Gfs.en v. →Litauen understand, einen antilat. polem. Traktat (9. Erzählung) hinzufügte. Im Zuge der Gruppenkanonisierung von Mönchen aus dem H. unter dem orthodoxen Kiever Metropoliten Petr Mohyla (1632–1647) wurde das K. P. 1635 in poln. Übers. gedruckt; die originale kirchenslav.

Fassung erschien erstmalig in Kiev 1661 auf der Grundlage der poln. Ausg. und einer Bearbeitung von Jozif Trizna (1647-1656). Ch. Hannick

Ed.: Kievo-Pečerskij Paterik, ed. D. I. ABRAMOVIČ, 1931 [Nachdr. D. TSCHIŽEWSKIJ 1964] – *Übers.:* L. A. DMITRIEV, Pamjatniki literatury Drevnej Rusi XII v., 1980, 413-623 – Das Väterbuch des K. H.s, hg. D. FREYDANK, G. STURM, 1988 – The Paterik of the Kievan Caves Monastery, transl. M. HEPPELL, 1989 – *Lit.:* A. POPPE, Paterykon Pieczerski, SłowStarSłow IV, 41-42 – F. BUBNER, Das K. P. Eine Unters. zu seiner Struktur und den lit. Q. [Diss. 1969] – H. REITER, Stud. zur ersten kyrill. Druckausg. des K. P., 1976 – W. GESEMANN, Vergleichende Analyse der Originalität des Kievo-Pečersker P., Slavist. Stud. z. IX. Intern. Slavistenkongreß, 1983, 129-143 – L. A. OL'ŠEEVSKAJA, Paterik Kievo-Pečerskij, Slovar' knižnikov i knižnosti Drevnej Rusi XI – pervaja polivina XIV v., 1987, 308-313.

Kiever Blätter (K.er Missale), älteste Hs. mit zusammenhängendem Text in slav. Sprache (heute in der Bibl. der Ukrain. Akad. der Wiss., Kiev), geschrieben in glagolit. Schrift (→Alphabet, III) des ältesten bekannten Typus; sieben Pergamentfolia, 1ʳ später beschrieben. Inhalt: manchmal etwas freie (erhabene poet. Sprache) Übers. eines Teils des lat. Gregorian. Sakramentars. Nach F. W. MAREŠ stammt die Hs. aus dem 9. Jh. aus Mähren; andere Slavisten haben sie in die 1. Hälfte des 10. Jh. (Böhmen) bis ins 12. Jh. datiert. Sprache: mähr. Variante des Altkirchenslav. (→Kirchenslav. Sprache und Lit.). HAMM vermutete, daß es sich um ein Falsum des 19. Jh. handelt. Durch der von NIMČUK angeregte naturwiss. Untersuchung und seine ausführl. Analyse der Argumente HAMMS wie durch die Entdeckung der Hs. 5/N auf dem Berg Sinai (Katharinenkl., 1975) sind die Bedenken HAMMS überwunden. F. W. Mareš

Ed. und Lit.: L. C. MOHLBERG, Il messale glagolitico di Kiew (sec. IX) ed il suo prototipo romano del sec. VI-VII, Atti della Pontif. Acc. romana di archeol., III (Memorie), II, 1928, 207-320 – V. V. MAREŠ, Drevneslavjanskij literaturnyj jazyk v Velikomoravskom gosudarstve, Voprosy jazykoznanija 10/2, 1961, 12-23 [Sprachsystem] – J. HAMM, Das Glagolit. Missale v. Kiew, 1979 – F. W. MAREŠ, An Anthology of Church Slavonic Texts of Western (Czech) Origin, 1979 [neueste Ed. des slav. Textes] – V. V. NIMČUK, Kyïvs'ki hlaholyčni lystky, 1983 – J. SCHAEKEN, Die K.B., 1987.

Kiever Paterikon → Kiev, C. 2

Kildare (Cell Dara 'Kirche der Eiche'), bedeutendes Kl. und Bm. im ö. Irland (Co. Kildare), in →Leinster im Tal der Liffey gelegen. K. wurde seit dem 6. Jh. in Verbindung gebracht mit der hl. →Brigida (B.), der Patronin v. Leinster, der die Gründung des Doppelkl. K. zugeschrieben wird. Doch steht die Stätte in älterer Tradition: Die namengebende Eiche, die im 10. Jh. noch gestanden haben soll, war wohl bereits im Zentrum eines heidn. Kults. →Giraldus Cambrensis berichtet im 12. Jh. von einem durch einen Flechtzaun geschützten immerwährenden Feuer, das von den Nonnen unterhalten wurde. Nach dem Ausweis früher Q. dürfte die B.-Verehrung im Kult einer gleichnamigen air. (kelt.) Göttin wurzeln, deren Fest am 1. Febr. (ir. *imbolc*) zu den vier großen Kultfeiern des vorchr. Irland zählte. Das sog. Glossar des →Cormac nennt drei air. Göttinnen namens Brigida (Schutzgöttinnen des Wissens, der Heilkunde bzw. der Metallbearbeitung), von denen zumindest einige Züge auf die hl. B. übergegangen sind.

Über ihre tatsächl. Lebensumstände ist dagegen wenig bekannt, obwohl sich K. des wohl ältesten Werks der ir. →Hagiographie rühmen kann, der »Vita Brigitae« des →Cogitosus (um 650?). Während bei Cogitosus wie auch in den späteren B.-Viten nur wenig hist. Faßbares über das Leben der hl. Gründerin zu finden ist, bieten sie anschaul. Nachrichten über das Kl.leben (u. a. Schilderung des vom

Abt überwachten Baus einer Wassermühle, Reparatur der großen Kirchentür durch erfahrene Zimmerleute unter der Leitung ihres obersten Meisters, des 'doctor et omnium praeuius artificum Hibernensium'); berühmt ist die Beschreibung der ungewöhnl. großen und mit Edelsteinen und kostbaren Metallen verzierten Kirche, die sich einer 'schola cantorum' rühmen konnte.

In früher Zeit stand das Kl. in polit. Verbindung zu dem wenig bekannten Stamm der Fothairt/Fotharta, dem B. angehörte; der verwandte Stammesverband der Déisi aus →Munster hatte einen Zweig, der sich Uí Brigte ('Nachkommen der B.') nannte. Bereits im 6. Jh. wurde K. jedoch zum Spielball anderer, aufstrebender Dynastien, deren kirchl. Hauptziel die Verfügungsgewalt über das berühmte Kl. war. Frühzeitig wird deutl., daß die hohen Ämter in K. von den Dynastien, die in →Leinster dominierten, als Symbol ihrer Oberherrschaft monopolisiert wurden. Ist über die Gesch. von K. unter den Uí Failgi und Uí Bairrche nur wenig bekannt, so gewannen Abtei und Bm. K. unter den →Uí Dúnlainge, deren machtvoller Kg. Faélán mac Colmáin im frühen 7. Jh. die Oberherrschaft durchsetzte, hohe Bedeutung. Dies bezeugt ein in den frühen Königsgenealogien v. Leinster überliefertes herrliches Gedicht, das die Zeit beschwört, als in K. ein Bf. herrschte, dessen Bruder der Kg. (Faélán) war und dem als Abt der Neffe des Kg.s nachfolgte; auch die B.-Vita des Cogitosus dürfte als Propagandawerk für die Uí Dúnlainge entstanden sein.

Nicht zuletzt aufgrund der B.-Viten erhob K. – ähnl. wie →Armagh – kirchl. Primatsansprüche. Hatten in der Frühzeit die Vorrechte der beiden großen Kirchen noch nebeneinander Anerkennung gefunden, so setzte Armagh seinen Anspruch schließlich immer stärker durch, während K. an Bedeutung verlor. Doch wurde es noch auf der Synode v. →Ráith Bresail (1111) als eines der fünf Bm. er v. Leinster anerkannt. D. Ó Cróinín

Bibliogr.: M. LAPIDGE – R. SHARPE, Bibliogr. of Celtic-Latin lit. 400-1200, 1985, 84, No. 302 – *Lit.:* J. F. KENNEY, Sources for the early hist. of Ireland I, 1929, 356ff. – F. J. BYRNE, Irish kings and high-kings, 1973, 152-155 – K. McCONE, Brigit in the 7th century: a saint with three lives?, Peritia 1, 1982, 107-145.

Kildare, Earls of, bedeutende angloir. Adelsfamilie (→Irland, B. II). Das Earldom of K. wurde am 14. Mai 1316 für *John fitz Thomas* (der einem Zweig der →Fitz Gerald entstammte) geschaffen, verbunden mit der 'liberty of K.', einem ausgedehnten Immunitätsbezirk, in dem der Earl nahezu unumschränkt schalten und walten konnte; nur die placita coronae ('four pleas of the crown') waren der kgl. Gewalt vorbehalten. Dieser günstige Zustand fand aber sein Ende, als der 4. Earl, *Maurice fitz Thomas* (1342-90), aus unbekannten Gründen im Aug. 1345 von dem kgl. Justitiar Ralf Ufford gefangengenommen, die 'liberty' eingezogen wurde. Zwar wurde Maurice 1346 wieder freigelassen, um seine Besitzungen gegen die Iren zu verteidigen, und erlangte die kgl. Gnade zurück (1347-48); doch gab der Kg. die 'liberty' nicht wieder heraus, sie wurde zur Gft. K. Dieser Verlust wurde wettgemacht durch den Erwerb großer Ländereien in verschiedenen Teilen Irlands (Meath, K., Dublin, Offaly, Limerick, später Louth). Maurices Sohn und Nachfolger, *Gerald fitz Maurice,* starb 1432 ohne legitime männl. Erben. Unklar ist, wer ihm nachfolgte, möglicherweise sein illegitimer Bruder *John.* Seit 1468 waren die Besitzungen in der Hand von *Thomas fitz Gerald* († 1478), vielleicht Sohn von John. Thomas' Sohn *Gerald,* der 8. Earl, stellte die wirtschaftl. und polit. Machtposition der Familie wieder her. Als oberster Statthalter der angloir. 'Lordship' und durch ein weitverzweigtes Geflecht von Klientelbeziehungen, das bis Connacht und Ulster reichte, kontrollierte er nicht nur das engl. beherrschte Irland, sondern auch Teile der bei den einheim. Iren verbliebenen Gebiete. Trotz mehrerer Fehlschläge (kurzsichtige Unterstützung der 'Yorkists' im engl. Thronstreit, Konfiskation von 1494–95) blieb Thomas über ein Vierteljahrhundert die dominierende polit. Figur in Irland. Seinem Beispiel folgte sein Sohn *Gerald*, der 9. Earl, der das Earldom seit 1513 innehatte, 1534 aber wegen Rebellion der Ächtung verfiel.

G. MacNiocaill

Lit.: G. Mac Niocaill, The Red Book of the Earls of K., 1964 – A. J. Otway-Ruthven, A Hist. of Medieval Ireland, 1968 – R. Frame, English Lordship in Ireland 1318–61, 1982 – A New Hist. of Ireland II, hg. A. Cosgrove, 1987.

Kildare-Gedichte, Bezeichnung für die me. Gedichte der Hs. London, B. L. Harley 913, bekannt als Kildare-Hs. 12 der 17 me. Gedichte, die diese bald nach 1330 beendete Slg. zw. 31 lat. Prosa- und Verstexten bewahrt, dürften in Irland entstanden sein. Sie stellen das älteste bzw. einzige substantielle erhaltene Corpus ir.-me. Sprache bzw. Dichtung dar. Desgleichen bilden die 220 Verse des »Rithmus facture ville de Rosse« aus der K.-Hs. zusammen mit zwei Achtzeilern das zweitgrößte erhaltene Corpus anglofrz. Dichtung aus Irland. Obwohl einzelne der me. Gedichte (bes. das des 'Frere Michel Kyldare'), wie traditionell angenommen, in Kildare verfaßt sein könnten, scheint der Schreiberdialekt nach Waterford zu weisen. Über die explizit franziskan. Bezüge lat. Texte hinaus sprechen religiöse und sozialkrit. Akzente für ein franziskan. Ambiente. Am bekanntesten ist die →Parodie vom →Schlaraffenland der Mönche, »The Land of Cokaygne«.

R. Haas

Bibliogr.: Manual ME 5, XIII, 1975, 1407–1412, 1654–1657 [Nr. 33–42] – Ed.: W. Heuser, Die K.-G., 1904 [Nachdr. 1965] – Lit.: A. Bliss–J. Long, Lit. in Norman French and English to 1534 (New Hist. of Ireland, II, 1987), 708–736 – M. Benskin, The Style and Authorship of the K. Poems (In Other Words, hg. J. L. Mackenzie–R. Todd, 1989), 57–75.

Kilfenora (Cell Finnabrach 'Kirche des Finnabair', Gft. Clare), Kl. und Bm. im w. Irland, Hauptkirche des Stammes und Gebiets der Corcomroe (Corcu Mo-Druad) im n. Clare. Der Überlieferung nach gegr. von einem Hl. en des 6. Jh., Fachtnán (vielleicht ident. mit dem Gründer von Ros Cairbre, ebenfalls 6. Jh.), wird K. jedoch erst 1055, anläßl. des (vielleicht vorsätzl. gelegten) Brandes seiner Steinkirche, in den Quellen erwähnt. Die Kirche wurde auf der Synode v. →Ráith Bresail (1111) nicht als Bf.ssitz bestätigt; gleichwohl fungiert K. (episcopus de Celliunabrach) im Verz. der Bm.er, das von der Synode v. →Kells (1152) aufgestellt wurde, als Suffraganbm. v. →Cashel. 1172 war der 'Finnabrensis episcopus' unter den ir. Bf.en, die Kg. Heinrich II. v. England huldigten. Weitere Nachrichten über das Bm. des 12. Jh. liegen jedoch nicht vor, obwohl ein berühmtes →Hochkreuz im Friedhof v. K., das sog. Doorty Cross, einen Bf. mit Mitra zeigt.

D. Ó Cróinín

Lit.: A. Gwynn–N. Hadcock, Medieval religious houses, Ireland, 1970, 83 f.

Kilia (Kilija), bedeutende Handelsstadt im Donaudelta, am nördl. Mündungsarm (Kilijaarm) der →Donau, einige Kilometer entfernt vom heut. Dorf Chilia Veche, zu unterscheiden vom stromabwärts an der Mündung gelegenen Licostomo sowie von Chilia Nouǎ, das am Ende des 14. Jh. auf dem linken Ufer gegr. wurde. K., als byz. Stadt seit dem 11. Jh. bekannt, erhielt seinen Namen nach einem 1324 erwähnten Getreidespeicher (τὰ κελλία).

Um 1352 ging die Stadt aus byz. Besitz an →Genua über, das hier durch einen Konsul vertreten war. 1360–61 besaß K. ein Kommunalhaus, die Griechenkirche St. Johannes, ein Arsenal und Landungsstege *(scale)* im Strom. Die Bevölkerung umfaßte Griechen, Armenier, Valachen, Turktataren und Ligurer, die Ausfuhr von Getreide, Wachs und Honig, Einfuhr dagegen von Wein und Tuchen betrieben. Vor 1368 gaben die Genuesen K. zugunsten der Wojewoden der →Moldau auf.

Die Stadt wurde als Ausgangspunkt der großen Handelswege (valach. Route nach Ungarn, moldav. Route nach Polen) im 15. Jh. zum Zankapfel zw. Ungarn, den rumän. Fsm.ern, Polen und der Hohen Pforte. 1412 unter moldav. Kontrolle geraten, strebte bereits →Sigmund v. Luxemburg danach, K. für Ungarn zu gewinnen, was 1448 Johannes →Hunyadi gelang. 1465 eroberte →Stefan d. Gr. die Stadt jedoch zurück, wodurch eine Serie von Konflikten mit Ungarn, der Valachei und dem Osman. Reich ausgelöst wurde. Nach einem gescheiterten Eroberungsversuch 1476 nahmen die Osmanen K. am 14. Juli 1484 ein. Bāyezīd II. siedelte hier deportierte Fischer aus Silistria an und machte die Stadt – im Rahmen der osman. Seeherrschaft – zum »Schlüssel der Ostländer« mit intensiven Handelskontakten zu Syrien, →Lemberg, Westeuropa und den Tatarenländern.

M. Balard

Lit.: N. Beldiceanu, Le monde ottoman des Balkans [Nachdr. 1976] – S. Papacostea, De Vicina à K. Byzantins et Génois aux bouches du Danube au XIVᵉ s., RESEE 16, 1978, 1, S. 65–69 – O. Iliescu, A la recherche de K. byz., RESEE 16, 1978, 2, 229–238 – E. Todorova, Gli insediamenti genovesi alle foci del Danubio... (Genova e la Bulgaria nel Medioevo, 1984), 427–459 – S. Papacostea, La fin de la domination génoise à Licostomo, Anuarul Institutului de Istorie şi arheologie A. D. Xenopol, 22, 1, 1985, 29–42 – P. Diaconu, K. et Licostomo ou K. = Licostomo, Revue roumaine d'Hist., 25, 4, 1986, 301–317 – G. Pistarino, I Gin dell'Oltremare, 1988 – M. Balard, La mer Noire et la Romanie génoise [Nachdr. 1989].

Kilian, hl., ir. Bf., Glaubensbote Ostfrankens, * angebl. in Mullagh (Co. Cavan, Irland), † (ermordet) um 689 in →Würzburg, ▭ ebd. – K. und die Zwölfergemeinschaft, in welcher er auf den Kontinent kam, gehörte zu jenen ir. Missionaren, die das radikale Gebot der Nachfolge Christi (Mt 19,29) in »asket. Heimatlosigkeit« verwirklichten. Was die Details seines Lebens angeht, ist schon die ältere passio (die Mehrzahl der Argumente spricht eher für ihre Entstehung um 840 als für einen früheren Ansatz; ed. MGH SRM V, 711–728) wenig mitteilsam und zuverlässig. Festzuhalten ist wohl, daß K., bereits in Irland Bf. war, während seiner offenbar nur wenige Jahre während Missionstätigkeit in Würzburg die dortige, von der passio als heidn. bezeichnete Hzg.sfamilie (→Hedene), deren Angehörige aber zweifellos getauft waren, wenn auch ihr Leben kaum vom chr. Glauben geprägt gewesen sein dürfte, mit dem Kirchenrecht konfrontierte: Er verlangte von Hzg. Gozbert die Trennung von seiner Frau Geilana, da sie die Gattin seines (verstorbenen) Bruders gewesen sei. Im Gegensatz zu röm. Recht und germ. Praxis stand nach damaligem Kirchenrecht einer solchen Ehe das trennende Hindernis der Schwägerschaft entgegen. Geilana aber ließ auf dieses Verlangen hin K. mit seinen Gefährten Kolonat und Totnan ermorden. Im Unterschied zum Wirken der Frankenapostel um die Organisation der Kirche über ihr Tod eine starke und dauernde Faszination aus. Würzburgs erster Bf., →Burchard I., erhob am 8. Juli 752 ihre Gebeine, die 788 in Gegenwart Karls d. Gr. in den Würzburger Salvator-Dom verbracht wurden. Der zunächst grabgebundene, von den karol. Herrschern geförderte Kult entwickelte sich bes. in Mainfranken dicht und kontinuierl., schlug auch in Würzburgs sächs. Missionsgebieten (→Paderborn) Wurzeln. In Irland entstand spätestens im 9. Jh. ein Sekundärkult. Das Fest ist überall am 8. Juli (Tag der Translation). A. Wendehorst

Bibliogr.: L. M. Walter, St. K., Schrifttumsverz. zu Martyrium und Kult der Frankenapostel (Würzburger Diöz.-Gesch.-Bll. 51, 1989, Ergbd.) - *Q. und Lit.:* BHL II; Nov. Suppl., Nr. 4660–4663 – DNB IV, 363f. – LCI VII, 310–312 – NDB XI, 603 – A. Wendehorst, K., Frk. Lebensbilder 3, 1969, 1–19 – Ders., Die Iren und die Christianisierung Mainfrankens (Die Iren und Europa im früheren MA, hg. H. Löwe, I, 1982), 319–329 – St. K. 1300 Jahre Martyrium der Frankenapostel (Würzburger Diöz.-Gesch.-Bll. 51, 1989) – K., Mönch aus Irland, aller Franken Patron, Katalog- und Aufsatz-Bd., 1989.

Kılıč Arslan → Qılıč Arslan

Kilikien

I. Spätantike und byzantinische Zeit – II. Osmanische Zeit.

I. Spätantike und byzantinische Zeit: K., Landschaft an der Mittelmeerküste im SO Kleinasiens mit den anschließenden Abschnitten des Tauros und Amanos, die vom Melas (Manavgat Çayı) im W bis zum Steilabfall des Amanos in den Golf v. Issos (İskenderun Körfezi) im O reichte, wobei der vorwiegend gebirgige W-Teil bis zum Fluß Lamos »Kilikia Tracheia« (Rauhes K.) hieß, während das ö. K. mit den weiten Ebenen an den Mündungen der Flüsse Kydnos (Tarsus Çayı), Saros (Seyhan) und Pyramos (Ceyhan) »Kilikia Pedias« (Ebenes K.) genannt wurde. Die röm. Prov. Cilicia (Kilikia) mit der Hauptstadt →Tarsos verteilte sich in frühbyz. Zeit auf drei Prov.en: Kilikia I (Hauptstadt: Tarsos), Kilikia II (Anazarbos) und Isauria (Seleukeia am Kalykadnos). Das aufständ. Bergvolk der →Isaur(i)er, das v. a. zu Beginn des 5. Jh. von der Kilikia Tracheia (Isauria) aus Überfälle in die Nachbarprovinzen und bis Palästina unternahm, konnte erst Ende des 5. Jh. befriedet werden (Umsiedlung nach →Thrakien).

Die Kilikia Pedias (K. I, II) erlebte damals eine wirtschaftl. (Oliven, Wein) und kulturelle (Architektur: z. B. Kirchen v. Korykos, Palast v. Akkale) Blüte. Sie wurde im 7./8. Jh. von den Arabern erobert und als arab. Grenzmark (aṯ-Ṯuġūr aš-šāmīya 'die syr. Grenze') mit den wichtigen Festungsstädten Ṭarasūs, Aḏana, ʿAin Zarba (Anazarbos), Maṣṣīṣa (Mopsuestia) und al-Hārūnīya (Eirenupolis) ausgebaut. Die Isauria blieb byz.; ihre Küste wurde in das See-Thema der Kibyrraioten eingegliedert, das Binnenland wurde zur →Kleisura, später zum →Thema Seleukeia. Am Grenzfluß Lamos wurden die Gefangenen der byz.-arab. Kämpfe ausgetauscht. Die Emire v. Tarsos verfügten auch über eine Flotte und bedrohten gemeinsam mit →Saifaddaula v. →Aleppo im 10. Jh. das byz. Kleinasien, bis den Ks.n Nikephoros Phokas und Johannes Tzimiskes die Rückeroberung K.s gelang (962–965).

Über →Kappadokien kamen nun Armenier in das entvölkerte K.; nach der byz. Niederlage gegen die Türken bei →Mantzikert (1071) beherrschte der Armenier Philaretos Brachamios von Germanikeia (Maraš) auch K. Daneben wurden die Rubeniden im östl. kilik. Tauros und die Hetʿumiden im westl. kilik. Tauros seßhaft (→Armenien, II). 1085 eroberten die Türken auch K., wurden jedoch 1097 durch den 1. →Kreuzzug vertrieben. Im folgenden Jh. kämpften Byzantiner, Armenier und Franken v. →Antiocheia um K., das auch unter Einfällen der →Seldschuken v. →Konya und der →Danişmendiden v. →Melitene zu leiden hatte. Ks. Johannes II. Komnenos zog 1137, Ks. Manuel I. Komnenos 1158 durch K. nach →Antiocheia. 1190 kam Ks. Friedrich I. Barbarossa auf dem 3. →Kreuzzug in den Fluten des Kalykadnos (Saleph) um.

1199 wurde der Rubenide →Leo II. – als Lehensträger des dt. Ks. s – König des kilik. Armenien (Kleinarmenien) mit Residenz in Sis. K. erlebte unter abendländ. Einfluß eine neue kulturelle und wirtschaftl. Blüte: die it. Seerepubliken (Genua, Venedig, Pisa) wurden in Handel und Verkehr einbezogen, →Ayas (Lajazzo) diente als wichtiger Hafen. Seit 1226 herrschten die Hetʿumiden, 1342 folgten die →Lusignans v. Zypern. Gemeinsam mit den prochristl. Mongolen kämpften die Hetʿumiden gegen die ägypt. →Mamlūken, die seit 1265 auch K. bedrohten und nach und nach die ganze Kilikia Pedias eroberten, während die Karamaniden W.-K. (Isaurien) an sich rissen (→Karaman). Mit dem Fall von Sis erlosch 1375 das armen. Kgr. in K. und ging ins Mamlūken-Reich auf. 1378 kamen in K. (Adana) die Ramadanoğulları (als mamlūk. Vasallen) an die Macht. Das karamanid. Isaurien wurde 1483 osman., das Ebene K. 1516. F. Hild

Lit.: EI² (frz.) II, 35–39 – Kl. Pauly III, 208f. – RByzK IV, 182–356 – Tabula Imperii Byzantini 5, 1990.

II. Osmanische Zeit: Die osman. Verwaltung gliederte K. in vier Großdistrikte (→*sanǧaq*): Alanya, İčel, Tarsus und Adana. Als Stadt und Handelszentrum war nur Adana bedeutend (Rastplatz für die von Istanbul nach Damaskus reisenden Karawanen, insbes. für Mekkapilger; überdachter Bazar). Als osman. Statthalter entfalteten die Ramaḏānoġulları hier eine rege Bautätigkeit. →Tarsus war dagegen eine kleinere Stadt (männl. Bevölkerung nur etwa 600), doch mit einer großen Anzahl von Läden, die frommen Stiftungen gehörten. Ermenek, wohl die bedeutendste Stadt İčels, hatte eine über einer Höhle gelegene Festung, die von den Osmanen ausgebaut wurde, eine Große Moschee, errichtet 1302–03 von dem Karamaniden Maḥmūd beg, sowie eine theol. Schule (1339–40). →Alanya, dessen Höhepunkt im 12.–13. Jh. lag (seldschuk. Marienearsenal), blieb im 16. Jh. nur als Festung von Bedeutung. Die osman. Steuerregister des 16. Jh. nennen zahlreiche weitere Bergfesten im gebirgigen İčel, das im wesentl. keine abgeschlossenen Dörfer, sondern nur Streusiedlungen kannte. Das städt. Leben (Handwerk, Märkte) verlagerte sich im Sommer aus den malariaverseuchten Küstenebenen auf die höhergelegenen Weiden. Es gab zahlreiche Nomadenstämme, die neben der Schafzucht in den Winterquartieren Ackerbau betrieben (Getreide, Sesam, auch schon →Baumwolle, das überregional bedeutender Weberei um Gülnar). Trotz eines deutl. Wirtschaftsaufschwungs im 16. Jh. betrachtete die osman. Zentralverwaltung K. als abseitige Region, deren Küstenzonen überdies von Piraten bedroht waren. Die Häfen von Alanya, Gilindere und Silifke dienten dem Import von Getreide, das im 16. Jh. von Binnenzöllen befreit war, um die Ernährung des unfruchtbaren Hinterlandes sicherzustellen. S. Faroqhi

Lit.: J. H. Konyalı, Abide ve Kitâbeleri ile Karaman Tarihi, Ermenek ve Mut Âbideleri, 1967 – M. Soysal, Die Siedlungs- und Landschaftsentwicklung der Çukurova, 1976 (Erlanger Geogr. Arbeiten) – S. Faroqhi, Sixteenth Century Periodic Markets in Various Anatolian Sancaks..., JESHO 22, 1979, 32–80.

Kilkenny, Kl. und Bm. im sö. Irland, in angloir. Zeit wichtige Stadt und Sitz einer Herrschaft (→Irland, B. II).

[1] *Kloster und Bistum:* Es wurde gegr. im späten 6. Jh. vom hl. →Cainnech, dessen Hauptkl. →Aghaboe war. Für die Zeit vor 1085 gibt es über K. nur dürftige Nachrichten. 1085 und erneut 1114 litt das Kl. unter Bränden. Im frühen 12. Jh. war es bedeutender als das Stammkl. Aghaboe und wurde durch die Synode v. →Raith Bresail (1111) als Bm. v. Ossory (→ Osraige) konstituiert. Seit dem frühen 13. Jh. wurde der Bf.ssitz durchgängig mit Angloiren oder Engländern besetzt. Eine neue Kathedrale

wurde unter Bf. Hugh de Mapilton (1251–56) begonnen. Der im frühen 14. Jh. errichtete Turm stürzte bereits 1332 ein; der Wiederaufbau wurde erst unter Bf. David Hacket (1460–78) abgeschlossen.

[2] *Stadt und Herrschaft:* Erste Ansätze zu einer städt. Siedlung bildeten sich um das Kl. Die Stadt entwickelte sich rasch bei der Burg, die Richard de →Clare, Earl of Pembroke und Erbe der 'Lordship' →Leinster, bald nach 1172 an einem strateg. wichtigen Flußübergang des Nore errichtete. Zw. 1207 und 1211 erhielt die Stadt K. von William →Marshal d. Ä. ein Statut *(charter)*, weitere Privilegien von William Marshal d. J. 1223. Bis zum späten 14. Jh. hatte K. städt. Rechte erworben, die im wesentl. denen von →Gloucester entsprachen. Zus. mit Teilen der in engl. Hand verbliebenen Reste von Leinster wurde K. 1391 von den damaligen Besitzern, den →Despenser, an James →Butler, den 3. Earl of →Osmond, verkauft; dieser machte K. zum Zentrum seiner ausgedehnten Herrschaft. K. besaß – wie andere bedeutende engl. und angloir. Städte – die charakterist. geistl. Einrichtungen: Konvente der Dominikaner (gegr. von William Marshal d. J. 1225) und Franziskaner (gegr. um 1232); Hospital St. Johannes Ev. (gegr. 1202 von William Marshal d. Ä.), Hospital St. Johannes Bapt. (St. Johannes v. Akkon). Obwohl von geringer Größe (1383–84 hatte die Stadt wohl nur 119 Bürger), spielte K. dank seiner strateg. Bedeutung und der Macht seiner Lords in den wirtschaftl. und polit. Angelegenheiten Herrschaftsbereichs eine wichtige Rolle.   G. MacNiocaill

Lit.: C. McNeill, Liber Primus Kilkenniensis, 1931 – G. Mac Niocaill, Na Buirgéisí, XII–XV Aois, 1964 – A. Gwynn–R. N. Hadcock, Medieval religious houses: Ireland, 1970.

Kilkenny, Statute of (1366), erlassen auf einer Versammlung des ir. Parliament unter Vorsitz von →Lionel, Duke of Clarence, des 3. Sohnes von Kg. Eduard III. v. England. Es umfaßte zwei Bestimmungen: 1. die Bewahrung des 'engl. Charakters' der angloir. 'Lordship' (→Irland, B. II) durch Verbot familiärer Beziehungen zu einheim. Iren (Heirat, Konkubinat, →*fosterage*), Vermeidung einer Annahme ir. Sprache und Sitten sowie Ausschluß ir. Kleriker von kirchl. Ämtern und Pfründen innerhalb der Lordship; 2. Koordination der militär. Verteidigungsanstrengungen gegenüber den einheim. Iren. Das Statute of K. zeigt, in welchem Ausmaß die angloir. Kolonie im 3. Viertel des 14. Jh. in die Defensive geraten war.

G. MacNiocaill

Lit.: Statutes... of Ireland, ... John-Hen. V, ed. H. F. Berry, V, 1907 – G. J. Hand, The forgotten statutes of K.: a brief survey, Irish Jurist 1, 1966.

Killaloe (Cell Da-Lua), Kl., später Bm. im w. →Irland (Gft. Clare), angebl. gegr. von Do-Lua/Mo-Lua (ident. mit Lugaid moccu Ochae, einem den Cluain Ferta Mo-Lua entstammenden berühmten Kl.gründer des 6. Jh.?). Seit dem 10. Jh. galt der hl. Flannán mac Tordelbaig als Kirchenpatron; seine Ursprünge liegen – trotz zweier lat. Viten – gleichfalls im dunkeln. Nach einer in der lat. Vita des hl. Cainnech of Aghaboe (Achad Bó, Gft. Kilkenny) überlieferten Anekdote soll K. ('Kell Tolue') dagegen nach einem Dolue Lebdeic benannt sein, ein Hinweis auf einen älteren Hl.nkult. In hist. Quellen wird das Kl. dagegen erst am Ende des 10. Jh. erwähnt, als es unter der Kontrolle der mächtigen →Dál Cais (spätere Uí Briain) stand. Mehrere Äbte und Bf.e des 11. und 12. Jh. waren Verwandte des berühmten Kg.s →Brian Bóruma. Die längere »Vita Flannani« (12. Jh.) dürfte wegen ihrer starken inhaltl. und stilist. Eigenheiten entweder von einem Iren, der lange im Ausland gelebt hatte, oder von einem zugewanderten Ordensmann stammen. Trotz der engen Verbindungen K.s mit den kontinentalen Mönchsorden setzten die Äbte und Bf.e die air. kirchl. und liturg. Tradition ungebrochen fort. Der erste Bf. v. K., Domnall Ua hÉnnai († 1098), wird in seiner Todesnotiz als »edler Bf. des w. Europa, Quelle des Erbarmens der Welt, herausragender Kenner beider Rechte (d. h. des röm.-kanon. wie des ir. Rechts)« gerühmt. Sein Nachfolger Maél Muire Ua Dúnáin († 1117), der ebenfalls eng mit den Uí Briain verbunden war, setzte die Einbindung des Bm.s K. in die ir. Kirchenreform fort.   D. Ó Cróinín

Lit.: J. F. Kenney, Sources for the early hist. of Ireland 1, 1929, 395, 404f. – A.Gwynn–R.N.Hadcock, Medieval religious houses: Ireland, 1970, 86f. – D. Ó Corráin, Dál Cais – church and dynasty, Ériu 24, 1973, 57f. – Ders., Foreign connections and domestic politics: K. and Uí Briain in 12th c. hagiography (Gedenkschr. K. Hughes, 1982), 213–231 – Ders., Maél Muire Ua Dúnáin (1040–1117) (Fschr. R. A. Breatnach, 1983), 47–53.

Killeshin (Glenn Uissen 'Tal des Flusses Uisiu', Gft. Laois), Kl. im südöstl. →Irland, gegr. von Diarmait mac Siabar alias Mo-Dimmóc, einem Hl.n des 6. Jh. aus dem Geschlecht der →Uí Bairrche. Die Gründung, deren Umstände ungeklärt sind, wird auch mit dem hl. Comgán, einer anderen Gestalt des 6. Jh., in Verbindung gebracht; spätere Äbte werden als 'Erben' (*comarbai*; →comarba) des hl. Comgán bezeichnet. Wenn auch weniger bedeutend als →Kildare oder →Glendalough, war K. doch stets ein wichtiges und in den Annalen häufig erwähntes Kl., das über bedeutende Bauwerke verfügte (Rundturm, in Resten erhalten; roman. Portal). K. wurde 1042 vom Kg. →Diarmait mac Maél na mBó zerstört, wobei hundert Männer erschlagen wurden. Ein weiterer Angriff traf 1077 das Kl. Das berühmte →Book of Durrow bewahrt eine Urk., die einen Vertrag zw. →Durrow und K. darstellt; Hintergrund hierfür waren Versuche des Kl., die Gunst der mächtigen →Dál Cais zu gewinnen. Unter den namentl. überlieferten *fir légind* (→fer léigind) des Kl. ist auch Dublittir Ua hUathgaile, der Autor des bedeutenden mittelir. Traktates »De sex aetatibus mundi«. Ein Abt v. K. unterstützte →Bernhard v. Clairvaux bei seinen Nachforschungen über das Leben des hl. →Malachias v. Armagh.

D. Ó Cróinín

Lit.: A. Gwynn–N. Hadcock, Medieval religious houses, Ireland, 1970, 39 – D. Ó Cróinín, The Irish Sex Aetates Mundi, 1983.

Kilmacduagh, Kl. und Bm. im w. Irland (Gft. Galway), gegr. im frühen 7. Jh. von Colmán, dem Sohn von Duí. Die als Ruinen erhaltenen Bauten des Kl. (bzw. der Kathedrale) entstammen erst der Zeit seit dem 11. Jh. Im 12. Jh., zw. 1111 und 1152 (Synode v. →Kells), wurde K. zum Bf.ssitz, dessen Diöz. im wesentl. der weltl. Herrschaft der →Uí Fiachrach Aidhne (s. Galway) entsprach. Das Bm. war arm; 1327 wurde eine Einverleibung der Diöz. K. (gemeinsam mit den Bm.ern Annaghdown und Achonry) in das Bm. →Tuam in Aussicht genommen. Doch wurde diese Maßnahme nach dem Tod des Bf.s Johann († 1357) annulliert (1358). Im 14. und 15. Jh. waren die Bf.e meist Mitglieder führender lokaler Familien (Ó Leaáin, Ó Connmhaigh, Ó Donnchadha).

G. MacNiocaill

Lit.: P. Harbison, Guide to Nat. Monuments in the Republic of Ireland, 1975 – A. Gwynn–R. N. Hadcock, Medieval religious houses: Ireland, 1970.

Kilmainham, Priorat St. Johannes Bapt. im ö. Irland (Leinster, heute Vorort von →Dublin), am Platz der älteren Kirche St. Maignenn gegr. für den →Johanniterorden von Richard fitz Gilbert (de →Clare), gen. Strongbow, Earl of Pembroke. K. wurde zum Haupthaus der Johanniter in Irland; sein Status und Besitzstand, der ausgedehnte Ländereien in Irland umfaßte, wurde 1212 von Innozenz III. bestätigt. – Seine Prioren wurden innerhalb der polit. Angelegenheiten des angloir. Bereichs häufig mit Ämtern von höchster Bedeutung betraut: Mehrere Prioren (Roger Outlaw 1318, William Tany 1373, William fitz Thomas 1422) hatten das Amt des Justitiars inne, eine Reihe anderer das des stellvertretenden Justitiars. →Irland, B. II.

G. Mac Niocaill

Lit.: C. McNeill, Registrum de K., 1932 – A. Gwynn–R. N. Hadcock, Medieval religious houses: Ireland, 1970 – A New Hist. of Ireland, hg. A. Cosgrove, II, 1987.

Kilmallock, Kl. und Stadt im sw. Irland (Gft. Limerick). Das Kl. wurde im frühen 7. Jh. von einem Mo-Cheallóc gegr.; seine Gesch. liegt völlig im dunkeln. Zu Beginn des 13. Jh. gehörte es dem Bf. v. →Limerick; das Rektorat der Kollegiatskirche St. Peter und Paul unterstand dem Kollegium der Vikare zu Limerick. Ein Dominikanerkonvent wurde gegen den Widerstand des Bf.s 1291 gegr. Die Stadt war im wesentl. eine Schöpfung angloir. Siedler im 13. Jh.; 1375 wurde sie befestigt.

G. Mac Niocaill

Lit.: J. Mac Caffrey, The Black Book of Limerick, 1907 – A. Gwynn–R. N. Hadcock, Medieval religious houses: Ireland, 1970.

Kilmore, Bm. im n. zentralen Irland (Gft. Cavan). Von einer frühen monast. Stätte ist nichts bekannt. Das Bm K., dessen Anfänge im 12. Jh. dunkel bleiben (es ging wohl aus einer größeren Diöz. hervor, die die weltl. Herrschaft der →Uí Briúin, →Breifne, umfaßte und der heut. Gft. Cavan sowie Teilen von Longford, Westmeath und Meath entsprach), gewann erst im 13. Jh. klarere Umrisse; Hauptkirche war wohl →Kells (Gft. Meath). Verwirrung bringt noch das päpstl. Steuerregister von 1302–06, das die Kl. Kells und Fore in der Diöz. Meath einschließt. Im 14. und 15. Jh. wurden die Bf.e oft von zwei lokalen Adelsfamilien gestellt, den Ó Raghallaigh und den Mac Brádaigh.

G. Mac Niocaill

Lit.: A. Gwynn, Origins of the diocese of K., Breifne I, 1958–61.

Kilwardby, Robert → Robert Kilwardby

Kimchi, jüd. Gelehrtenfamilie K., deren Hauptzweig aus Südfrankreich – hier erhielt sie den Beinamen 'Petit' – und Spanien stammt. Die älteste Genealogie der K. findet sich in einem Nachw. einer von Isaak b. Josef K. angefertigten Kopie des »Iggeret ha Wikkuach« des Schem Tob Falaqera. Sie weist Isaak K. (um 1090), Josef (um 1125), David (um 1160), Isaak (um 1200), Mordechai (um 1250), Salomo (um 1300) und Josef (um 1350) auf. Die bedeutendsten Familienmitglieder sind:

Josef ben Isaak K. ('Maitre Petit'), ca. 1105–70, Grammatiker, Exeget, Übersetzer und Polemiker, emigrierte während der Verfolgung durch die Almohaden von Spanien nach Narbonne und vermittelte die span.-jüd. Kultur in den südfrz. aschkenas. Raum und in chr. Europa. Er verfaßte das erste vollständige Lehrbuch des Hebräischen »Sef. Sikkaron« ('Buch der Erinnerung'). Als Exeget betonte er in seinem Komm. zur Tora sowie anderen bibl. Schr., u. a. gestützt auf die Grammatik, den Wortsinn. In seinem gegen chr. Dogmen, Vorwürfe und Schriftbeweise gerichteten Werk »Sef. ha-Berit« ('Buch des Bundes'), einem neben Jakob ben Reubens »Milchamot ha-Shem« ('Gotteskämpfe') ersten Zeugnis antichr. Polemik in Europa, gibt er einem 'Lernenden' in Dialogform Argumente, die sowohl mittels des philolog.-hist. Schriftverständnisses als auch aufgrund rationaler Beweise sowie Hinweise auf die jüd. Lebensführung die Einwände entkräften.

Moses K., gest. 1190, Sohn des Josef K., Grammatiker und Exeget, verfaßte die Grammatik »Machalal Shebile ha daat« ('Weg der Pfade des Wissens'), in der er erstmals die Stammformen des Verbs nach der noch heute üblichen Reihenfolge anordnete. V. a. dieses Werk diente im 16. Jh. zum Erlernen des Hebräischen und wurde von S. Münster als »Liber viarum linguae sanctae« übersetzt. In seiner Exegese war er von →Abraham ibn Ezra beeinflußt, sein Proverbienkomm. wird in der Rabbinerbibel ibn Ezra zugeschrieben.

Rabbi David K., 1160?–1235?, Sohn des Josef K., Bruder und Schüler des Moses K., war Lehrer, Grammatiker und Exeget in Narbonne. Sein grammatikal. Hauptwerk »Michlol« ist in einen grammat. Teil und das Wb. »Buch der Wurzeln« (Sef. ha Shorashim) gliedert. In seinen exeget. Schr. (u. a. Komm. zur Tora, den Psalmen und den 12 kleinen Propheten), die gleich mit den ersten Bibelausg. neben den Komm. Raschis gedruckt wurden, dominieren die rationalen und die philolog.-hist. Argumente, die den Wortsinn mit Hilfe der Grammatik zu erfassen suchen. Sie richten sich gegen christolog. Deutungen des AT und hatten solche Bedeutung, daß die apologet. Auslegungen und Exkurse des Psalmenkomm. gesondert als »Teshubot la-Nozrim« ('Entgegnungen zu den Christen') gedruckt wurden. Sein Interesse für Philos. ließ ihn im antimaimonid. Streit für →Maimonides eintreten. Als Gesandter der Gemeinden von Narbonne und Lunel brach er 1235 nach Toledo auf, um die Gegner der Antimaimonisten zu unterstützen und sie zu Aktionen (Bann) zu bewegen.

R. Schmitz

Lit.: S. W. Baron, A Social and Religious Hist. of the Jews, V, 1965[4], 82–127; VII, 1965[2], 240–244 [Lit.] – J. Maier, Gesch. der jüd. Religion, 1972, 243 [Lit.].

Kind

I. Westliches Europa – II. Byzantinisches Reich – III. Arabisch-islamischer Bereich.

I. Westliches Europa: [1] *Lebensalter und frühkindliche Erziehung:* Kindheit ist der erste Lebensabschnitt im menschl. Lebenslauf vor Jugend und Erwachsenwerden. Die Begriffe und Alterszäsuren entstammen dabei antiker Tradition: Infantia und pueritia sind durch einen Einschnitt um das 7. Lebensjahr getrennt und entsprechen somit auch heute gültigen Erkenntnissen der med. Anthropologie, welche mit dem Zahnwechsel und dem Abschluß der Sprechentwicklung die Periode Infans I enden läßt. Maßgebl. für das MA wurde →Isidor v. Sevilla (Etym. XI 2): »Die infantia erstreckt sich von der Geburt des Kindes bis zum 7. Jahr ..., denn solange die Zähne noch nicht richtig ausgebildet sind, mangelt es an sprachlicher Ausdrucksfähigkeit ... Das zweite Alter ist die pueritia, der noch die Zeugungsfähigkeit fehlt, sie erstreckt sich bis zum 14. Jahr. « puer konnte hierbei sowohl den Knaben wie das K. allg. bezeichnen, während in der →Kinderheilkunde im MA das kranke K. zumeist als infans erscheint. Als infantia, die Zeit der Sprachlosigkeit, wird häufig in der med. wie in der enzyklopäd. Lit. des SpätMA die erste Lebensphase von der Geburt bis zum Ende der Stillzeit – mit dem Ende des 2. Lebensjahres – das Säuglingsalter –, als dentium plantativa die folgende Phase bis zum 7. Jahr bezeichnet.

Weniger eindeutig läßt sich der Übergang von der pueritia zur adolescentia, der Jugendzeit, eingrenzen. Vielfach ist er, abhängig von der Rechtsstellung, dem Geschlecht und der Standes- und Schichtzugehörigkeit, mit dem fakt. Übergang ins Erwachsenenalter gleich- und der Beginn des Arbeitslebens sogar noch früher anzusetzen. Neben dem 14. finden sich in theoret. Abhandlungen für diesen Übergang Altersangaben zw. dem 10. und 16. Jahr.

Nach dem übereinstimmenden Zeugnis der bildl., (auto)biograph., hagiograph., med., theol., pädagog. Q. war das K. dem MA stets als ein Wesen sui generis und nicht als ein »kleiner Erwachsener« bewußt. Im Durchgangsstadium zum Erwachsensein erschien das K. nach dem Zeugnis vieler Erziehungsschriften wie eine unbeschriebene Tafel, bildbar »wie weiches Wachs« (→Erziehungs- und Bildungswesen). Entscheidend konnte bereits die rechte Wahl einer Amme sein; wobei festzuhalten bleibt, daß nach übereinstimmenden Aussagen der Q. – anders als in den roman. Ländern – Säuglinge im deutschsprachigen Raum, mit wenigen Ausnahmen beim hohen Adel und in der städt. Oberschicht, von ihren Müttern selbst gestillt wurden. Um das 7. Lebensjahr stand die Entscheidung einer geistl. oder einer weltl. Erziehung an; an ihrem Ende sollte in jedem Fall der chr., im Dienst Gottes heiligmäßig lebende Mensch stehen. Dem Vater wird neben der Mutter frühzeitig ein eigener Anteil an der kindl. Erziehung zugewiesen.

[2] *Rechtsstellung:* Das K. steht wie die →Frau und die übrigen Angehörigen der →Familie unter der →Munt des Haushaltsvorstandes. Diese Schutz- und Verfügungsgewalt des Vaters bleibt bis zum Eintritt der Volljährigkeit und faktisch bis zur Gründung eines eigenen Hausstandes bestehen. Als frühester Mündigkeitstermin wird im ae. Recht das 10. Lebensjahr genannt, im frk. und altisländ. Recht das 12. Jahr, ebenso im Sachsenspiegel wie im Magdeburger Recht. Nach röm. und germ. Recht gelten K.er unter sieben Jahren als strafunmündig, danach als eingeschränkt straf- und handlungsfähig. »Zu seinen Jahren«, d. h. zur Volljährigkeit und Ehemündigkeit, kommt das K. zw. dem 14. und dem 18. Jahr.

Diese Bestimmungen betreffen jedoch nur das ehel. K. freier Eltern. Daneben dürfte die Zahl unehel. und außerehel. K.er, die vielfacher Diskriminierung unterlagen, nicht gering gewesen sein. Eine Eingliederung in die Welt der ehel. Geborenen war durch kirchl. →Dispens und seit dem SpätMA durch römischrechtl. Legitimation möglich. Die Unehelichen waren im mittleren und unteren Bürgertum für gewöhnl. von der normalen Berufsausübung, der Heirat mit Angehörigen der »ehrlichen« Handwerksberufe und der gemeinsamen Geselligkeit ausgeschlossen; vielfach blieben ihnen nur die »unehrlichen« Berufe, Taglöhnertätigkeit oder der Gesindedienst.

[3] *Kindestötung und Kindersterblichkeit:* Insbes. außerehel. geborene oder mißgebildete K.er waren von K.esaussetzung und K.estötung bedroht, sofern sie nicht, wie die Nachkommen des Adels, als pueri oblati in Kl. oder Stiften Aufnahme fanden. Das Recht zur Tötung des Neugeborenen ist für das heidn. Germanien durch jurist. wie hagiograph. Texte bezeugt; es wurde in der Folge auf verwaiste K.er eingeschränkt. Im chr. MA wurde K.estötung anfangs allein von der kirchl. Gesetzgebung mit Strafe bedroht: Das Delikt der oppressio infantium, des unabsichtl. (oder auch intentionalen) Erstickens im Schlaf, wird in →Bußbüchern, bfl. und päpstl. Dekreten, Rechtssummen und Synodalbeschlüssen seit dem FrühMA mit einer Buße zw. 3 und 15 Jahren sanktioniert, und es wird an das – recht weltfremde – Verbot erinnert, K.er mit ins elterl. Bett zu nehmen. In der weltl. Gesetzgebung tauchen entsprechende Verbote und Strafen erst im SpätMA und in der frühen NZ auf. Kindsmörderinnen wurden mit der Todesstrafe durch Ertränken oder Lebendigbegraben mit Pfählung bedroht. Insgesamt kam das Delikt jedoch in der kirchl. wie in der zivilen Gesetzgebung eher selten zur Anklage.

Von erschreckendem Umfang waren im MA die Säuglings- und K.ersterblichkeit: mehr als jedes zweite K. starb vor Erreichen des 14. Lebensjahres. Dies bezeugen sowohl die Auswertungen archäolog. Grabungen für den ländl.-agrar. wie autobiograph. Aufzeichnungen für den stadtbürgerl. sowie Familienepitaphien des späteren MA für den adligen Bereich. Die Gefahr des Todes bedrohte hierbei bereits im Kindbett Mutter und Kind in gleichem Maße.

[4] *Kinderspiel und Kinderspielzeug:* Vom Spiel der K.er ist in Text- und Bildzeugnissen vielfach die Rede, und vom Spielzeug geben eine Vielzahl durch die Mittelalterarchäologie geborgener und ausgewerteter Funde Kenntnis. Das Spiel war alters- und teilweise auch geschlechtsspezif. differenziert: In den ersten Lebensjahren standen Beißringe und Rasseln, später Windrädchen, Steckenpferde, Reifen, Kreisel und Bälle im Vordergrund. Einfach herzustellende Musikinstrumente wie Pfeifen, Flöten oder Trommeln gehören ebenso zum Fundgut wie »Haushalts-« bzw. »Kriegsspielzeug«: Puppen und Küchengerätschaften in kleinem Maßstab und Reiterfiguren mit zugehöriger Bewaffnung. Das Spielzeug entstammte z. T. häusl. Produktion, war jedoch auch schon Handelsgut spezieller Töpfereien oder spezialisierter Puppenmacher (z. B. in Nürnberg). Nicht immer ist sicher zu entscheiden, ob es sich, etwa bei Spielsteinen oder Würfeln, um Spielgegenstände von K.ern oder Erwachsenen handelt. Bildl. bezeugt ist daneben das Spiel mit den Tieren, v. a. mit Vögeln und Hunden.

[5] *Kindheit in Kunst und Literatur:* Die Darstellung von K.ern in der Kunst verrät viel über ihren Alltag. Werden bei den nahezu ausschließl. bibl. Bildgegenständen zwar hl. K.er dargestellt, so werden diese aber im Erscheinungsbild der jeweiligen Gegenwart gezeigt. So wird bei Geburtsszenen Christi oder Marias die zeitübliche Wickeltechnik demonstriert und bei Szenen aus ihrer Lebensgesch. kindgemäße Bekleidung des MA vorgeführt. Dessenungeachtet sind, verstärkt in der Malerei und Skulptur seit dem SpätMA, eindrückl. Studien der kindl. Entwicklung und einfühlsame Darstellungen der Mutter-K.-Beziehung gelungen. Das Thema der »Kindheit Jesu« wird sowohl in der Kunst wie in der geistl. Lit. aufgegriffen. Weitere Motive mit K.erdarstellungen sind der bethlehemit. K.ermord, verschiedene Hl.nleben, die hl. →Anna Selbdritt und die hl. Sippe. Profane K.er- und Familiendarstellungen finden sich dagegen vergleichsweise selten.

In der geistl. und weltl. Lit. des MA erscheinen zumeist idealisierte, frühreife K.ergestalten: »der jâre ein kint, der witze ein man« (→Gregorius). V. a. im afrz. und mhd. Epos wird K.heit vielfach nur als im Durchgangsstadium gesehen. Die frühreifen K.er der enfances im Übergang zum Heldendasein erweisen sich ebenso wie früh vollendete Hl.e als Abwandlungen des puer-senex-Motivs. Doch im »Armen Heinrich« →Hartmanns v. Aue, in der Erzählung vom »Jüdel« und vom zwölfjährigen Mönchlein werden K.er durchaus altersgemäß geschildert.

[6] *Geschlechtsspezifische Sozialisation und Stellung in der Gesellschaft:* Bereits K.erspiel und K.erspielzeuge sind Indizien für die Existenz weibl. und männl. Geschlechtssphären, die auch Gegenstand der Sozialisation von K.ern und Jugendlichen sind. Die kommenden Generationen wachsen so in ihre »natürl.« Geschlechterrollen und eine geschlechtsspezif. Arbeitsteilung hinein, die in aller Komplementarität als stärker an Haus und Familie gebunden und den Mann eher als außenorientiert und in seiner Arbeit von männl. Körperkraft bestimmt sieht.

Nicht allein an diesem Aspekt zeigt sich die starke Kontinuität im ma. Verhältnis zum K. Ansätze zum Wandel – sofern sie nicht nur aus einem breiter fließenden Strom der Q. resultieren – zeigen sich am ehesten im Verlauf des 15. Jh. und unter dem Einfluß des it. Renaissancehumanismus, während die Reformation offenkundig keinen entscheidenden Einschnitt bedeutete.

Ungeachtet der Tatsache, daß K.er auch im MA gelegentl. als störend empfunden wurden, hat die ma. Gesellschaft sie ganz überwiegend in ihrer Eigenständigkeit gesehen, sie als Teil der Familie geschätzt und in ihre Zukunft investiert; ihr Tod wurde betrauert und den Überlebenden Liebe und Hochschätzung zuteil.   K. Arnold

Lit.: HRG II, 717–725 – H. BOESCH, K.erleben in der dt. Vergangenheit, 1900 [Nachdr. 1979] – H. FEHR, Die Rechtsstellung der Frau und der K.er in den Weistümern, 1912 [1971] – P. HEMMERLE, Das K. im MA, T. 1, 1915 – PH. ARIÈS, L'enfant et la vie familiale sous l'Ancien Régime, 1960, 1973² [dt.: 1975] – The Hist. of Childhood, hg. L. DEMAUSE, 1974; [dt.: 1977] – U. GRAY, Das Bild des K.es im Spiegel der altdt. Dichtung und Lit., 1974 – L'enfant, 1975–77 [= RecJean Bodin 35–39] – D. HERLIHY, Medieval Children (DERS., Essays on Medieval Civilisations, 1978), 109–141 – K. ARNOLD, K. und Ges. im MA und Renaissance, Beitr. und Texte zur Gesch. der K.heit, 1980 – L'enfant au MA, 1980 (= Senefiance 9) – Les entrées dans la vie, 1982 – P. RICHÉ, L'enfant dans la soc. chrétienne au XIᵉ–XIIᵉ s. (La christianità dei s. XI e XII in occidente, 1983), 281–302 – H. ZIELINSKI, Elisabeth v. Thüringen und die K.er (Elisabeth, der Dt. Orden und ihre Kirche, 1983), 27–38 – M. WINTER, K.heit und Jugend im MA [Diss. Freiburg i. Br. 1983], 1984 – A. NITSCHKE, Die Stellung des K.es in der Familie im SpätMA und in der Renaissance (Haus und Familie in der spätma. Stadt, hg. A. HAVERKAMP, 1984), 215–243 – N. ORME, From Childhood to Chivalry, 1984 – P. A. QUINN, Benedictine Oblation [Diss. State Univ. of New York, Binghamton 1984] – R. METZ, La femme et l'enfant dans le droit canonique médiévale, 1985 – D. NICHOLAS, The Domestic Life of a Medieval City, 1985 – K. ARNOLD, K.heit im europ. MA (Zur Sozialgesch. der K.heit, hg. J. MARTIN – A. NITSCHKE, 1986), 443–467 – J. A. BURROW, The Ages of Man, 1986 – E. SEARS, The Ages of Man, 1986 – M. DE JONG, K.en kloster in de vroege middeleuwen, 1986 – R. SPRANDEL, Die Diskriminierung der unehel. K.er im MA, Zur Sozialgesch. der Kindheit ... [s. o.], 487–502 – K. ARNOLD, Mentalität und Erziehung (Mentalitäten im MA, hg. FR. GRAUS, 1987) 257–288 – G. KREUTZER, K.heit und Jugend in der an. Lit., T. 1, 1987 – J. E. BOSWELL, The Kindness of Strangers, 1988 – R. CARRON, L'Enfant et parenté dans la France médiévale, XIᵉ–XIIIᵉ s., 1989 – C. LÖHMER, Die Welt der K.er im 15. Jh., 1989 – SH. SHAHAR, Childhood in the MA, 1990 – M. BEER, Eltern und K.er des späten MA in ihren Briefen, 1990 [= Schr.reihe des Stadtarchivs Nürnberg 44].

II. BYZANTINISCHES REICH: Die griech. Begriffe τέκνον (neutr.) und παῖς (sowohl masc. als auch fem.) wurden gleichermaßen auf Knaben und Mädchen angewandt. Die Byzantiner kannten die 'hebdomadische' (Siebenjahrs-) Theorie der antiken Welt über die Entwicklung des Menschen, desgleichen das augustin. Konzept der sechs Jahre, entwickelte diese Auffassungen jedoch nicht weiter. Eine klare Abgrenzung zw. Säuglings- und Kleinkindalter, K.heit und heiratsfähigem Alter bestand in Byzanz nicht. Unter rechtl. Gesichtspunkt wurde 'Minderjährigkeit' (die einen Vormund nötig machte) im Codex Iustinianus auf das 25. Lebensjahr, in der 28. Novelle Leons VI. dagegen auf das 18. (bei Mädchen) bzw. auf das 20. (bei Knaben) Jahr begrenzt. Die röm. Vorstellung der 'patria potestas' trat stark zurück und bot keine Grundlage mehr für die Abgrenzung von Jugend- und Erwachsenenalter. Eine Übergangsphase – wie in der griech. Antike die 'Ephebeia' – gab es in der byz. Kultur nicht.

Da Nachkommenschaft als Endziel der Familiengründung galt, wurde die Geburt eines K.es festl. begangen. Unfruchtbarkeit der Frau oder Zeugungsunfähigkeit des Mannes galten als schwerer Mangel; die hagiograph. Lit. ist voll von Erzählungen über Frauen, die Heilung von ihrer Kinderlosigkeit suchten. Andererseits waren Empfängnisverhütung und Abtreibung bekannt (zunächst unter Prostituierten, dann aber auch bei Frauen, die Liebesbeziehungen hatten, v. a. wenn durch sie ein Keuschheitsgelübde gebrochen worden war). Manche Paare stellten nach der Geburt des ersten K.es den Geschlechtsverkehr ein. Die K. erzahl variierte; statist. Material liegt nicht vor. Als hagiograph. Zeugnis sei die Vita der hl. Maria der Jüngeren erwähnt; sie schenkte vier K.ern das Leben, von denen zwei überlebten. Materialien über die bäuerl. Bevölkerung im Makedonien des 14. Jh. bieten ein ähnl. Bild: Die Durchschnittszahl der K.er eines Haushalts lag bei ca. 3–5.

Die Säuglinge (βρέφος, in fiskal. Q.: παῖς ὑπομάζιος) wurden bis zum 2. oder 3. Lebensjahr gestillt, in wohlhabenden Haushalten vielfach von Säugammen, deren Wert in der byz. Gesellschaft aber umstritten war. Das weitverbreitete Stillen wurde durch das Vorbild der stillenden Jungfrau ('Galaktotrophousa', Maria lactans) religiös überhöht. Beliebter hagiograph. Topos ist die Verweigerung des Saugens durch den jungen Hl.en an hohen Feiertagen.

Das K.erspielzeug war recht einfach und wurde vielfach von den K.ern selbst aus Ton, Knochen, Stöcken oder Lumpen verfertigt; Jungen spielten mit (beinernen) Würfeln und mit Bällen, die zumeist an das Haus gebundenen Mädchen mit Tonpuppen. Manche K.erspiele ahmten die Erwachsenengesellschaft nach (Imitation von Zirkusspielen und Liturgie, vgl. die Vita des hl. Athanasios v. Alexandria, der bei einem solchen Spiel bereits als Bf. fungierte). K.er, selbst Knaben, konnten kostbaren Schmuck tragen; so wurde der hl. Theodoros v. Sykeon von seiner Mutter, einer Prostituierten vom Lande, mit goldenen Arm- und Halsreifen geschmückt.

K.er wurden früh zur Arbeit herangezogen; Bauernjungen hüteten mit 7 Jahren Schweine oder Schafe, vom 12. Lebensjahr an lebten zahlreiche Knaben als Lehrjungen im Hause ihres Meisters, für den sie Botengänge oder Hilfsdienste in Laden und Werkstatt zu verrichten hatten. Die Ausbildung – wenn überhaupt eine stattfand – war dürftig; die nach dem 7. Jh. nur noch selten auftretenden Schulen vermittelten nur rudimentäre Kenntnisse (mechan. Hersagen von Psalmen, etwas Lesen, Schreiben, Rechnen mit den Fingern). Üblicherweise lag die Ausbildung aber in den Händen von Verwandten (Onkeln) oder von Mönchen oder Notaren. Noch geringer war die Mädchenbildung; der Panegyrikus auf →Anna Komnene erwähnt, daß ihre Eltern sie beim Streben nach gelehrter Bildung zu behindern suchten. Bei Söhnen aus angesehenen und adligen Familien umfaßte die Erziehung auch die Jagd, das Reiten sowie die Beherrschung der Waffen, andererseits wurde bei einem wohlerzogenen Adligen auch Musikausübung erwartet.

Trotz der Abkehr vom röm. Grundsatz der 'patria potestas' behielten die Eltern auch in der byz. Kultur starken Einfluß auf die K.er. Körperl. Züchtigung war (trotz Kritik von Moralisten wie Johannes Chrysostomos) weitverbreitet. Eltern konnten ihre Söhne zu →Eunuchen machen lassen oder ihre Töchter der Prostitution anheimgeben. Die K.esaussetzung auf der Schwelle von reichen Privathäusern, Kirchen oder wohltätigen Stiftungen, wiewohl verboten, war weitverbreitet. Gleiches gilt für den Verkauf von K.ern in die →Sklaverei. Verlöbnisse und Heiraten wurden von den Eltern arrangiert; viele K.er lebten als Verheiratete weiter im elterl. Hause, in inferiorer Stellung. Der Vater-Sohn-Konflikt tritt in der hagiograph. Lit. oft auf, meist als Flucht des Sohnes, der fern vom Vaterhaus ein frommes Leben als Mönch oder Einsiedler beginnt. In Romanen wird dagegen häufiger die

Flucht junger Mädchen mit ihren Liebhabern geschildert. Neben dem Ablegen eines monast. Gelübdes (Mindestalter: 10 Jahre) und der Heirat (Mindestalter: 12–14) war es meist der Eintritt in den Militärdienst oder die Eröffnung eines eigenen Ladens oder einer Werkstatt, die das abhängige K.esalter beendeten.

Trotz der Strenge elterl. Autorität beschreibt die byz. Lit. häufig die liebevolle Bindung zw. Eltern und Kindern; v. a. die Mutter-K.-Beziehung war stark. Im 7. Jh. erhob Johannes v. Thessalonike die Liebe des K.es zur Mutter in die religiöse Sphäre, indem er sie mit der Liebe Jesu zu Maria verglich. Sehr eng war die Verbindung zahlreicher K.er zu ihrem Onkel (von mütterl. Seite?).

Bestimmte Kategorien von K.ern hatten in ihrem Rechtsstatus wie in der Realität des Familienlebens eine Sonderstellung: Stiefk.er behielten bestimmte Rechte auf das Vermögen ihres verstorbenen Elternteiles; adoptierte K.er konnten leichter vom Erbe ausgeschlossen werden; natürl. K.er von Konkubinen lebten in ungesicherter Rechtslage, zumal die Gesetzgebung über sie Schwankungen unterlag. Im Verhältnis von K.ern zu ihren Taufpaten trat 'geistl. Verwandtschaft' an die Stelle der leibl. Beziehung. Waisen (v. a. arme Waisen) genossen nur wenig rechtl. Schutz und wurden von Verwandten, Nachbarn oder aber in Waisenhäusern aufgezogen. In der Theorie waren Knaben und Mädchen zwar hinsichtl. des Erbrechts gleichgestellt (Primogenitur oder Ausschluß von Nachkommen der weibl. Linie im Sinne des 'salischen' Erbrechts waren in Byzanz unbekannt); in der Praxis jedoch waren sie aber in einer schwächeren und abhängigen Position.   A. Kazhdan

Lit.: A. P. Christophilopoulos, Σχέσεις γονέων καί τέκνων κατά τό βυζαντινόν δίκαιον..., 1946 – H. Antoniadis-Bibicou, Quelques notes sur l'enfant de la moyenne époque byz., Annales de démographie hist., 1973, 77–84 – E. Patlagean, Structure sociale, famille, chrétienté à Byzance, X, 1981, 85–93 – J. Beaucamp, L'allaitement: mère ou nourrice?, JÖB 22/2, 1982, 549–598 – A. Kazhdan, Hagiographical Notes, Byzantion 54, 1984, 188–192 – A. Moffatt, The Byz. Child, Social Research 53, 1986, 705–723 – P. Schreiner, Eine Obituarnotiz über eine Frühgeburt, JÖB 29, 1989, 209–216.

III. Arabisch-islamischer Bereich: Unmittelbar nach der Geburt sind einem Neugeborenen religiöse Formeln, die das islam. Glaubensbekenntnis enthalten, in beide Ohren zu flüstern (aḏān ins rechte Ohr, iqāma ins linke Ohr). Der heidn. Brauch, neugeborene Töchter lebendig zu begraben, wurde im Koran ausdrückl. verboten (Sure XVI, Vers 59, Sure LXXXI, Vers 8). Es gilt als empfehlenswert, dem K. am 7. Tag nach der Geburt seinen Namen zu geben. Am gleichen Tag gilt ein Opfer (ʿaqīqa) als wünschenswert (mustaḥabb), und zwar für Jungen zwei Schafe oder Ziegen, für Mädchen ein Tier. Das Fleisch wird zum Teil an Arme verschenkt. Die alte Sitte, den Kopf des Kindes mit dem Blut des Opfertieres zu benetzen, wird im Islam nicht mehr weitergepflegt. Außerdem wird jedoch empfohlen, so viel Silber oder gar Gold als Almosen (ṣadaqa) zu spenden, wie das bei dieser Gelegenheit abgeschnittene Haar des K.es wiegt. Die schon in heidn. Zeit übliche Beschneidung (ḫitān bzw. taṭhīr bei Jungen, ḫafḍ bei Mädchen) hat sich ohne ausdrückl. Weisung im Koran auch in islam. Zeit gehalten. Die Pflicht (wāǧib) ergebe sich aus dem Befehl an die Gläubigen, sich der Religion Abrahams anzuschließen (Sure IV, Vers 125). Die Beschneidung soll am 7. oder 40. Tag nach der Geburt vorgenommen werden, erfolgt aber auch erst im 7. Lebensjahr oder bei Eintritt der Geschlechtsreife. K.er, die mindestens sechs Monate nach Vollziehung der Ehe und bis zu vier Jahre nach ihrer Auflösung geboren sind, werden dem Ehemann der Mutter als legitime Abkömmlinge zugerechnet. Außerdem wurden K.er, die ein Herr mit seiner Sklavin gezeugt hat, als legitim angesehen. Die K.er gehören der Religion des Vaters an. Der Ehemann der Mutter kann die legitime Abstammung durch den sog. Verwünschungseid (liʿān) anfechten, durch den er Allahs Fluch auf sich herabwünscht, falls er seine Frau zu Unrecht der Unzucht (zinā) beschuldigt. Mit etwa sieben Jahren erlangt ein Minderjähriger (ṣaġīr = 'klein') ein gewisses Unterscheidungsvermögen (tamyīz). Als mumayyiz (einer, der unterscheiden kann) ist der Minderjährige beschränkt geschäftsfähig und wird allmähl. dazu angehalten, die religiösen Pflichten, insbes. das tägl. Gebet (ṣalāt), zu erfüllen. Volljährig (bāliġ) wird der Heranwachsende (murāhiq) mit der Geschlechtsreife (bulūġ), deren Eintritt überwiegend mit Vollendung des 14. Lebensjahres angenommen wird. Für den Abschluß eines Ehevertrages ist kein Mindestalter vorgeschrieben. K.erehen sind im Islam nicht verboten gewesen. So heiratete der Prophet Mohammed ʿĀʾiša im Alter von sechs Jahren. Die elterl. Gewalt bzw. elterl. Sorge (wilāja) steht grundsätzl. dem Vater in allen persönl. (wilāyat an-nafs = Personengewalt) und vermögensrechtl. Angelegenheiten (wilāyat al-māl) allein zu. Töchter unterstehen außerdem der Vormundschaft des Vaters in bezug auf die Eheschließung (wilāyat an-nikāḥ). Ersatzweise sind der Großvater väterlicherseits und die übrigen männl. Verwandten der männl. Linie (ʿaṣabāt) als Vormund (walī) berufen. Vater und Großvater können einen Vormund durch eine letztwillige Verfügung bestimmen. Auch der Mutter des K.es kann testamentar. die elterl. Gewalt übertragen werden. Hilfsweise hat die Obrigkeit (ḥākim = Herrscher, Richter) für ein K. zu sorgen, was durch die Bestellung eines geeigneten Vormundes geschehen kann. Der Mutter des K.es steht grundsätzl. nur das Recht und die Pflicht der tatsächl. Personensorge (ḥaḍāna, frz. tutelle) zu, die das Aufziehen des K.es, seine Erziehung und Ausbildung umfaßt. Die tatsächl. Personensorge dauert bei Jungen nach sunnit. Lehre bis zur Vollendung des 7. Lebensjahres, nach schiit. Theorie nur bis zur Vollendung des 2. Lebensjahres, bei Mädchen nach sunnit. Lehre bis zur Vollendung des 9. Lebensjahres, nach schiit. Auffassung bis zur Vollendung des 7. Lebensjahres. Durch richterl. Verfügung können diese Altersgrenzen verlängert werden, soweit das Wohl (maṣlaḥa) des K.es es erfordert. Eine Scheidung der elterl. Ehe hat keinen Einfluß auf die Verteilung der elterl. Gewalt und der tatsächl. Personensorge. Doch kann die Mutter bei Wiederheirat grundsätzl. nicht Inhaberin der tatsächl. Personensorge (ḥāḍina) bleiben. Die Verteilung der elterl. Gewalt und tatsächl. Personensorge ist zwingendes Recht, weil sie auch Pflichten beinhalten. Durch Vereinbarung können sie nicht geändert werden. Der Unterhalt (nafaqa) von K.ern obliegt grundsätzl. ihrem Vater, solange sie minderjährig und bedürftig sind. Andererseits sind K.er gegenüber ihren Eltern und anderen Aszendenten unterhaltspflichtig, soweit sie bedürftig und erwerbsunfähig sind. Zu einem illegitimen K. steht sein natürl. Vater in keinerlei rechtl. Beziehungen. Demzufolge ist der Vater einem solchen K. gegenüber auch nicht unterhaltspflichtig. Dem natürl. Vater ist es daher auch nicht verboten, seine illegitime Tochter zu heiraten. Dagegen ist das Verhältnis der Mutter zu ihren K.ern ohne Rücksicht auf das Bestehen einer Ehe stets legitim. Durch ein ausdrückl. oder stillschweigendes Anerkenntnis (iqrār) kann der natürl. Vater das K. als sein (legitimes) K. anerkennen. Dafür ist Voraussetzung, daß die behauptete (legitime) Abstammung (nasab) wahrscheinl. ist. Insbes.

muß das K. unbekannter (legitimer) Abstammung *(maǧhūl an-nasab)* sein, und es muß ein angemessener Altersunterschied zw. dem K. und dem Annehmenden bestehen. Durch das Anerkenntnis wird die widerlegbare Vermutung aufgestellt, daß das anerkannte K. in legitimer Weise von dem Anerkennenden abstammt und daß zw. dem Anerkennenden und der Mutter des K. es zur Zeit der Zeugung eine gültige Ehe bestand. Eine Legitimation durch nachfolgende Ehe ist dem islam. Recht fremd. Auch die Adoption gibt es im Islam nicht. Einer K.esannahme *(tabannī)* kommt nach dem Koran keinerlei Wirkung zu; denn Gott habe die »Nennsöhne« *(daʿī)* nicht zu wirkl. Söhnen gemacht (Sure XXXIII, Vers 4). Deshalb sollen sie nach ihrem Vater benannt werden (Sure XXXIII, Vers 5). Mohammed demonstrierte diese Lehre an seinem freigelassenen Sklaven Zaif ibn Ḥāriṯa, den er als Sohn angenommen hatte: Damit die Gläubigen sich wegen der Heirat von Ehefrauen ihrer Nennsöhne nicht bedrückt fühlen sollten (so Sure XXXIII, Vers 37), heiratete er Zainab, die Frau von Zaid, nachdem dieser die Ehe mit ihr durch Verstoßung *(ṭalāq)* aufgelöst hatte. Bestünde durch die Annahme ein verwandtschaftl. Band, hätte Mohammed die Frau nicht heiraten können, da sie dann seine Schwiegertochter gewesen wäre und eine solche Ehe nach dem Koran (Sure IV, Vers 23) verboten ist. Nach einer anderen Ansicht sei die Annahme für wirkungslos erklärt worden, weil die Ehe des Propheten mit Zainab wegen des Eheverbots der Verschwägerung zu Unmut bei den Gläubigen geführt habe. Ein Findelk. *(laqīṭ)*, das die Religion der Bevölkerung am Fundort teilt, kann durch ein Vaterschaftsanerkenntnis in eine Familie eingegliedert werden. Zu diesem Zweck werden gelegentl. nichtehel. K.er als Findelk.er ausgegeben.

K. Dilger

Lit.: TH. W. JUYNBOLL, Hb. des islam. Gesetzes, 1910, 159ff., 182ff. – J. SCHACHT, An Introduction to Islamic Law, 1966, 124ff., 161ff. – ASAF A. A. FYZEE, Outlines of Muhammadan Law, 1974⁴, 197ff.

Kinderbischof. Der K. steht im Mittelpunkt eines Kinder- und Schulfestes, das an ma. Kl.- und Stiftsschulen, später auch von städt. clerici und scholares an verschiedenen Tagen (13. Jan.: 'Kinderpapst' in Augsburg, Gregorius/12. März, Nikolaus, Fest der Unschuldigen Kinder, Weihnachten) begangen wurde. Ein frühes Zeugnis findet sich für 911/912 in Ekkehards IV. »Casus s. Galli« (c. 16; 26), wonach Konrad I. den Knaben drei Spieltage zugestand und Bf. Salomo v. Konstanz sich bei einer solchen Gelegenheit freikaufen mußte. Wiederholt wurde in der Folge dem jugendl. Übermut Grenzen gesetzt: 1224 in Regensburg durch Innozenz IV., 1274 durch Synodalbeschluß in Salzburg, 1336 durch Bf. Heinrich v. Lübeck zur Beschneidung der Ausgaben für 'Geckenbf.' und 'Geckenabt', 1407 in Braunschweig; belegt ist der Brauch bis ins 18. Jh.

K. Arnold

Lit.: LThK¹ V, 955 – LThK² VI, 151 [Lit.] – F. FALK, Die Schul- und Kinderfeste im MA, Frankfurter zeitgem. Brosch. 3, 8, 1880, 229–248 – K. ARNOLD, Kind und Gesellschaft in MA und Renaissance, 1980, 76, 111.

Kinderheilkunde. Die ältesten germ. Zeugnisse über den Umgang mit dem hilfsbedürftigen Kind finden sich in den nord. Sagas und beziehen sich meist auf die Hilfe bei der Geburt (→Schwangerschaft und Geburt). In Odruns Klage (Edda) wird erstmals eine Frau erwähnt, die als Hebamme bei schwerer Geburt Hilfe leistet. Soranos (Gynäkologie 28) und Galen (De sanitate tuenda I, 10) berichten von der Sitte der Germanen, die Lebenskraft des Neugeborenen in kaltem Wasser zu erproben. Im Heliand (vor Mitte 9. Jh.) und in Otfrids Evangelienbuch (868) wird gesagt, daß das neugeborene Kind mit Binden umwickelt wurde, wie es auch in der griech.-röm. Antike üblich war und von Plinius (Nat. hist. VII, 3) kritisiert wird. Geburtshilfe und heilkundl. Behandlung des kranken Kindes gründen sich einerseits auf empir. Fertigkeiten (Massagen, Bäder, Dämpfe) und Heilkräuter (Solanum, Papaver), die auch gegen Krampfzustände eingesetzt wurden, andererseits auf mag. Mittel (Zauberformeln, Amulette) zur Abwehr bedrohender Dämonen und Elbgeister, auf deren Einfluß Zuckungen, Krämpfe und Schwachsinn des Kindes zurückgeführt wurden. Orakelzeichen sollten auch vor Mißgestalt schützen, die als Kindsvertauschung ('Wechselbalg') durch unterird. lebende Zwerge gedeutet wurde.

Maßgebend für die gelehrte K. des ganzen MA und darüber hinaus war →Rhazes (865–925). Er behandelt im Buch an Almansor (IV, 27, 29, 30) diätet. Fragen der Ernährung und Pflege des Kindes, differenziert im »Capitulum de curis puerorum in prima aetate« der Opuscula Rhazis erstmals in der med. Lit. Erkrankungen im Kindesalter und verfaßt eine Schr. »Über die Pocken und Masern«. →Avicenna (973/980–1037) orientiert sich im »Liber canonis« (I,3,1–4) sowohl an den diätet. als auch therapeut. Erörterungen des Rhazes, erweitert aber die Aufgabe der K. um die Erziehung und Pflege des Kindes bis zum 4. Lebensjahr. Damit ist das Aufgabengebiet bestimmt, wie es der K. in den ma. Regimina sanitatis zugewiesen wird: sowohl für die richtige Ernährung und Pflege des Kindes als auch für seine med. Behandlung bis zur Übergabe an den Lehrer zu sorgen. Die salernitan. Schr. →»Trotula« (12. Jh.) handelt im 18. Abschnitt 'de regimine infantis', im 19. 'de electione nutricis', nennt aber neben den bekannten diätet. Ratschlägen weniger 'Krankheiten' als Krankheitszeichen an Kindern. Das »Regimen sanitatis« (1429) des Freiburger Kl.bruders Heinrich v. Louffenberg ist bereits in der Form des humanist. Lehrgedichts verfaßt. Die ersten gedruckten kinderheilkundl. Schr. stammen von →Bagellardi, →Metlinger und Roelans. Während Bagellardi, orientiert an Rhazes, in »De egritudinibus infantium et de morbis puerorum« (Padua 1472) eine Zusammenfassung des Wissens und der Lehrmeinungen zur med. Behandlung der Kinder vorlegt, beabsichtigt der Augsburger Arzt Metlinger im »Regiment der jungen Kinder« (Augsburg 1473), Ratgeber für die Eltern zu sein. Cornelius Roelans von Mecheln hingegen betont im »Opusculum egritudinum puerorum« die Gelehrtheit seiner Schr., indem er auf antike Q. verweist und 52 Erkrankungen im Kindesalter unterscheidet. Die Tendenz, Erkrankungen der Kinder von den Erwachsenen zu unterscheiden und durch Besonderheiten der Konstitution zu erklären, setzt sich endgültig bei dem Paduaner Arzt Hieronymus Mercurialis (1530–1606) durch, der in »De puerorum morbis tractatus locupletissimi« (Padua 1583) die hohe Kindersterblichkeit im Sinne antiker Konstitutionspathologie als Ungleichgewicht der Säfte erklärt und erstmals explizit den Begriff 'Kinderkrankheiten' gebraucht.

J. N. Neumann

Lit.: M. NEUBURGER, Gesch. der Medizin, 2 Bde, 1911 – K. SUDHOFF, Erstlinge der pädiatr. Lit., 1925 – A. PEIPER, Chronik der K., 1966⁴ – R. H. REICHOLD, Die Auffassung vom Kindesalter und die Behandlung der Kinder bei Hieronymus Mercurialis [Diss. Freiburg 1975] – K. ARNOLD, Kind und Gesellschaft in MA und Renaissance, 1980 – J. N. NEUMANN, Der Zwerg in Sage und Märchen – Ursache oder Abbild der Mißgestalt des Menschen?, Gesnerus, 1986, 223–240.

Kinderkreuzzug. Als Folge der →Kreuzzugsbewegung und -begeisterung brachen 1212 einige Tausend 'Kinder' unter Führung eines Kölner Knaben Nikolaus zu einem eigenen Kreuzzug ins Hl. Land auf. Er hatte seinen Ursprung in den Rheinlanden und in Niederlothringen und sollte nach Überquerung der Alpen von Genua aus auf dem Schiffsweg nach Palästina führen, endete jedoch für jenen Teil, der nicht im Herbst 1212 nach Hause zurückkehrte, zumeist auf mediterranen Sklavenmärkten. Neben Kindern und Jugendlichen nahmen auch Gruppen von Erwachsenen und Klerikern an dem unbewaffneten, schlecht organisierten und auch vom Papsttum nicht unterstützten Zug teil. Der frz. Kg. vermochte eine Gruppe unter Führung eines Knaben Stephan aus dem Vendômois, der sich auf eine Erscheinung Christi als armer Pilger und einen →Himmelsbrief berief, in St-Denis aufzulösen. Die neuere Forsch. tendiert – wenn auch durch die Terminologie der zeitgenöss. Q. kaum gestützt – dazu, als Teilnehmer des K.s eher Arme und Randständige der ma. ländl. Gesellschaft anzunehmen, die in göttl. Auftrag das Scheitern der offiziellen Kreuzzüge wettzumachen suchten.

Weitere 'K.e' hat es im späteren MA in Gestalt von Kinderwallfahrten gegeben: So brachen 1456–59 viele hundert Kinder aus der Schweiz, aus Mittel- und Westdeutschland nach dem →Mont Saint-Michel auf. In diesem Zusammenhang wäre auch an die Sage des Auszugs der Hämelschen Kinder zu denken. K. Arnold

Lit.: R. RÖHRICHT, Der K. 1212, HZ 36, 1876, 1–8 – G. MICCOLI, La 'crociata dei fanciulli' del 1212, StM 2, 1961, 407–443 – J. DELALANDE, Les extraordinaires croisades d'enfants et des pastoreaux au MA: Les pèlerinages d'enfants au Mont Saint-Michel, 1962 – U. GÄBLER, Die Kinderwallfahrten aus Dtl. und der Schweiz zum Mont Saint-Michel 1456–59, Zs. für Schweiz. Kirchengesch. 63, 1969, 242ff. – P. RAEDTS, The Children's Crusade of 1212, Journal of Medieval Hist. 3, 1977, 279–324 – U. GÄBLER, Der 'K.' vom Jahre 1212, SchZG 28, 1978, 1–14 – H. E. MAYER, Gesch. der Kreuzzüge, 1985[6].

Kindermord, bethlehemischer → Kindheitsgeschichte Jesu

Kinderspiele und -spielzeug → Spiele

Kindertaufe → Taufe

Kindesaussetzung → Kind

Kindheitsgeschichte Jesu

I. Frühchristentum – II. Byzanz und der Osten – III. Abendländisches Mittelalter.

I. FRÜHCHRISTENTUM: Ein früh einsetzendes volkstüml. Interesse an der K.J. bezeugen die ntl. →Apokryphen, bes. das 'Proto-Evangelium des Jakobus' und das 'Thomas-Evangelium'. Hier sind den Erzählungen der kanon. Evangelien des Mt und Lk (Verkündigungen an Maria und Joseph; Begegnung von Maria und Elisabeth ['Heimsuchung']; Zug nach Bethlehem und dortige →Geburt Jesu; Verkündigung an die Hirten und deren Anbetung des Kindes; Zug der Magier, ihre Begegnung mit Herodes und Huldigung vor dem Kind (→Drei Könige); Beschneidung Jesu; Darbringung im Tempel; Flucht nach Ägypten; Bethlehemit. Kindermord; Zwölfjähriger Jesus im Tempel) zahlreiche Legenden beigefügt und eine Kindheitsgesch. Mariens ähnl. Charakters vorangestellt. Diese Legenden haben in bildl. Darstellungen des MA Verbreitung gefunden, bes. im O, aber auch im W. Gibt es in der Grabkunst des 4. Jh. nur einzelne Szenen der K.J. aus den kanon. Evangelien, so sind seit dem frühen 5. Jh. zykl. Szenenfolgen belegt, die auch apokryphe Motive einschließen. Im Mosaik der Apsisstirnwand von S. Maria Maggiore in Rom (ab 432) wird in einer der Magierhuldigung gegenüberstehenden Szene allg. die Begegnung der hl. Familie mit Aphrodisius, Hzg. v. Sotinen, vermutet (Pseudo-Mt 20–24). Diese Mosaiken lassen erkennen, daß zykl. Darstellung nicht etwa mit chronolog. Abfolge und narrativer Schilderung gleichzusetzen ist, z. B. in der Szenenumstellung zur Betonung der herrscherl. Aspekte für Christus und Abwertung des Herodes und in der Ersetzung der Geburtsszene (1. Ankunft Christi) durch den Thron Christi, der auf seine Parusie hinweist (2. Ankunft Christi). Das zerstörte Apsismosaik dürfte Maria mit dem Kind dargestellt haben, ein Thema, das als Apsisbild etwa gleichzeitig für Capua Vetere bezeugt ist. Auf einem Goldamulett in Istanbul nehmen K.J. und öffentl. Wirken je eine Seite ein, beim Buchdeckel in Eriwan (VOLBACH Nr. 142, 6. Jh.) zeigt die Marientafel die K.J. (einschließl. Fluchwasserprobe Mariens), die Christustafel spätere Szenen des Lebens Jesu (vgl. auch ebd. Nr. 125–129). Weniger konsequent ist die Trennung auf den Tafeln in Paris (ebd. Nr. 145) und Mailand (ebd. Nr. 119, 5. Jh.). Die Auffassung der K.J. als eigenen Abschnitt des Lebens Jesu lassen auch die Christusmosaiken in S. Apollinare in Ravenna erkennen (frühes 6. Jh.), in denen sich das öffentl. Wirken seit der Berufung der Jünger und die Passion seit dem letzten Abendmahl gegenüberstehen, die K.J. aber fehlt. J. Engemann

Lit.: LCI I, 39–85 – CH. IHM, Die Programme der chr. Apsismalerei vom 4. Jh. bis zur Mitte des 8. Jh., 1960 – B. BRENK, Die frühchr. Mosaiken in S. Maria Maggiore zu Rom, 1975 – W. F. VOLBACH, Elfenbeinarbeiten der Spätantike und des frühen MA, 1976[3].

II. BYZANZ UND DER OSTEN: Die bereits in der Frühzeit der byz. Kunst zu beobachtende Zyklenbildung setzt sich nach dem Bilderstreit in mittelbyz. Zeit fort. In der stärker aufkommenden Monumentalmalerei sind zwar für Konstantinopel im 9./10. Jh. nur lit. Q. greifbar (Kirchweihpredigten Ks. Leons VI., Mosaiken der Apostelkirche), doch haben sich in Kappadokien Beispiele erhalten (Göreme Kap. 29 [Kılıçlar Kilise] u. a.), die den bereits von Anfang an zu beobachtenden Trend, in die durch die kanon. Evangelien überlieferten Themen Elemente der →Apokryphen einzubauen bzw. nur diesem Fundus eigene Szenen in den Zyklus einzubeziehen, weiterführen. Das Gewicht des Themenkreises der K.J. belegen die Mosaikzyklen von →Hosios Lukas und →Daphni Anfang und Ende des 11. Jh. Auch die Byzanz benachbarten Gebiete (Georgien, Kiev, Armenien) bieten zahlreiche Beispiele, ebenso Italien (S. Marco, Venedig; Sant' Angelo in Formis). Sinn der K.J. im Rahmen des byz. Bildprogramms ist nicht das narrative Element, wie das aufgrund des großen Gewichts der apokryphen Bestandteile mit ihren Legenden vermutet werden könnte, sondern der Hinweis auf die Gottheit Christi bzw. Zeugenschaft und Zeugniswert der einzelnen Geschichten für die Inkarnation Gottes. Vermutl. aus diesem Grund werden die Buchmalerei der nachikonoklast. Zeit zwei Darstellungen aus der K.J., aber in der Regel nur in homilet. (Cod. Paris. gr. 510; Gregorpredigten; Cod. Vat. gr. 1162, Cod. Paris. gr. 1208; →Jakobos v. Kokkinobaphu) oder anagog. interpretierendem Sinn (Randpsalterien) bzw. bei Menolog-Illustr. (Vat. gr. 1613; Basileios-Menolog). Die Zyklusbildung ist dort nur in Ansätzen erkennbar. Nicht einmal im Rahmen der erst in der Komnenenzeit anzutreffenden Vollillustr. der Evangelien (Paris. gr. 74; Florenz Laur. VI. 23) erhält die Thematik der K.J. in der Buchmalerei das ihr in der Monumentalmalerei eingeräumte Gewicht (im Paris. gr. 74 nur 10 von 372 Miniaturen), ein Zeichen dafür, daß das Narrative kein hinreichender Grund für die sonstige Beliebtheit der Darst. der K.J.-Szenen ist. Höhepunkte der weiteren Entfaltung der Darst. der K.J. in spätbyz. bzw. palaiolog. Zeit. sind Zyklen in Serbien (Studenica, Ohrid u. a., Werke der Milutin-Schule) sowie die Mosaiken der Kariye Camii in Konstantinopel. Von hier aus werden noch einmal kräftige Einflüsse auf die russ. Kunstzentren in Novgorod (Volotovo) und Moskau in Gang gesetzt.

M. Restle

Lit.: G. MILLET, Recherches sur l'iconographie de l'Evangile, 1916 [Nachdr. 1960] – J. LAFONTAINE-DOSOGNE, Iconographie de la Vierge dans l'Empire byz. et en Occident, 1964 f. – I. HUTTER, Die Homilien des Mönches Jakobos und ihre Illustr. (Vat. gr. 1162 – Par. gr. 1208), 1970 – P. A. UNDERWOOD, The Kariye Djami 4, 1975, 161 ff. [J. LAFONTAINE-DOSOGNE] – O. DEMUS, The Mosaics of San Marco in Venice I, 1984, I, 127–147.

III. ABENDLÄNDISCHES MITTELALTER: Ereignisse aus der K. J. gehören neben solchen aus der →Passion zu den am häufigsten dargestellten Episoden aus dem →Lebens Jesu. Die meisten der hierzu zählenden Begebenheiten sind in der abendländ. Kunst schon früh zu unterschiedl. vollst. Zyklen zusammengestellt worden. Die Überlieferung setzt in karol. Zeit mit Zeugnissen v. a. aus Wandmalerei (Müstair) und Kleinkunst (Frankfurter Elfenbeintafel) ein. In otton. Hss. sind Bilder der K. J. regelmäßig Bestandteil von Leben-Jesu-Zyklen; häufig Zuordnung zum Mt-Text in Evangeliaren (Reichenau, Köln, Echternach). Daneben gibt es weitere Bildträger: Die Holztür von St. Maria im Kapitol in Köln (1065) reserviert eine Hälfte der Felder der K. J. Frz. Bauplastik kennt das Thema seit dem 11. Jh. bes. an Kapitellen (St-Benoît-sur-Loire), im 12. Jh. an Fassaden (Poitiers, N.-D.-la-Grande) und Portalen (Chartres, Königsportal), im 13. Jh. auch als Monumentalfiguren (Reims, Mittelportal). Hinzu kommen Darst. in der Glasmalerei (St-Denis), wobei auch immer häufiger ungewöhnl. Szenen Eingang finden (Chartres-West: Empfang der Rückkehrenden aus Ägypten durch die Bewohner von Nazareth). Roman. Psalterillustr. stellen die K. J. oft in Antithese zur Passion (Albanipsalter, Ingeborgpsalter), was die Tafelmalerei später aufnimmt; darüber hinaus Einbau von Szenen in ein typolog. System, auch diese Tradition läuft bis ins 15. Jh. weiter (Heilsspiegel). Lettner des Hoch- und SpätMA und Kanzeln bes. in Italien (Pisa, Dom) tragen z. T. umfangreiche Zyklen der K. J., nicht minder ausführl. die Schilderung auf Altären oder Tafelbildern seit dem 14. Jh. (Kölner Malerschule, vielleicht nach it. Retabeln; Meister Bertram), die teilweise ausschließl. der K. J. gewidmet sind. Auch themat. anders konzipierte Zyklen enthalten Ereignisse daraus, bes. Darst. aus dem Marienleben. Sechs Begebenheiten der Sieben Freuden (Memling) und drei Episoden aus den Sieben Schmerzen Mariens gehören zur K. J.

Bedeutende Stationen der K. J., die in wichtigen kirchl. →Festen ihren Niederschlag fanden, werden im Laufe des MA zunehmend Gegenstand eigener, nicht zykl. gebundener Darst. (Meister v. Flémalle, Mérode-Altar: Verkündigung; Lochner, Altar der Stadtpatrone in Köln: Anbetung der Kg.e; Lochner, Altar im Mus. Darmstadt: Darbringung im Tempel; Stoß, Engl. Gruß). Völlig aus szen. Umfeld gelöst, finden bes. die Gruppen der thronenden Madonna mit Kind, zuweilen in die Wurzel Jesse integriert, und der Anna Selbdritt in Malerei und Skulptur Verbreitung. Weitere, seit etwa 1300 nachzuweisende Einzelbildwerke, wie Jesusknaben, Kinderwiegen usw., gehören in den Bereich der (Frauen-)→Mystik und dienen als →Andachtsbilder.

Als Q. individueller Ausgestaltung einzelner Szenen der K. J. im Bild werden neben dem NT (Mt 1, 18–2, 23; Lk 1, 26–2, 51) schon früh →Apokryphen, exeget. Lit. und Legenden herangezogen. Letztere geben v. a. Anlaß für genrehafte, die Erzählung ausschmückende Elemente, welche im SpätMA bisweilen die eigtl. Aussage in den Hintergrund drängen können. Ähnliches findet sich in Spielen, wobei die Priorität des einen Mediums vor dem anderen nicht immer sicher auszumachen ist. Die ikonograph. Entwicklung der einzelnen Darst. ist sehr unterschiedl. Altchristl. und byz. Typen behalten häufig auch unter Umformungen lange ihre Gültigkeit. So bleibt z. B. in der Verkündigung das einfache Zweifigurenschema erhalten, bei dem der Engel meist von links auf die stehende, kniende oder sitzende Maria zutritt. Die Geisttaube als Zeichen der Inkarnation und/oder das von Gottvater ausgesandte Jesuskind (Meister Bertram, Grabower Altar) verdeutlichen die theol. Aussage. Die Spanne der v. a. im spätma. Bild angelegten Möglichkeiten reicht von der Charakterisierung des bürgerl. Innenraums (altndl. Malerei) bis zur Visualisierung der Ausdeutung des Geschehens, etwa in der conceptio per aurem (Würzburg, Marienkapelle: Tympanon). Durch die zusätzl. Wiedergabe der sich im Mutterleib begegnenden Kinder bei der Heimsuchung wird das Geschehen um eine wichtige Dimension erweitert. Während der Befehl zur Volkszählung, die Reise nach Bethlehem mit der Herbergssuche und der Traum Josefs keine sehr reiche Ikonographie entfalten, sind die Geschehnisse um die →Geburt Christi als immer wieder durch die Kunst anschaul. gemachte und interpretierte Heilsereignisse mannigfacher formaler Änderung unterworfen. Seit otton. Zeit wird die Vielfalt der aus altchr. Q. herzuleitenden Bildthemen eingeschränkt zugunsten einer Konzentrierung auf die hauptsächl. Szenen. Ein strenger Aufbau des Geburtsbildes mit der oft sarkophagartigen Krippe im Zentrum, Josef und Maria zu den Seiten bzw. die Gottesmutter neben der Krippe ruhend, dazu Ochs und Esel, als Sinnbilder von Juden- und Christentum, bildet das Grundschema, das durch weitere Ausstattung im Laufe der Zeit komplettiert wird. Auch inhaltl. verschieben sich die Akzente: das Verhältnis von Mutter und Kind wird inniger; seit dem 13. Jh. liegt die Betonung insbes. auf der Anbetung des Neugeborenen: Maria kniet vor dem auf dem Boden liegenden Christkind. Die Einwirkung franziskan. und dominikan. Frömmigkeit war für die neue Bildidee entscheidend; auch die Huldigung der Hirten gehört in diesen Zusammenhang; die Verkündigung an sie durch einen Engel war dagegen schon lange vorher ein eigenes Bildthema gewesen (Perikopenbuch Heinrichs II.). Seit der 2. Hälfte des 14. Jh. nimmt die Tendenz zu genrehafter Einkleidung zu, auch burleske Elemente wie in den Spielen werden übernommen (Josef). Häusl. Szenen (Maria und Elisabeth bei der Arbeit) finden ebenso Eingang in die Kunst wie die eher beschaul. Zusammenkunft von Maria und Kind mit Hl.n in der Natur (Paradiesgärtlein) oder die Präsentation der Großfamilie Mariens seit dem 15. Jh. (Hl. Sippe). Das SpätMA versucht, verschiedene Ereignisse zusammenzuziehen und so mehrere Aspekte der K. J. in einem Bild zu vereinen (Berlin-W, Gemäldegalerie: Niederrhein. Meister um 1400). Das Weiterspinnen der K. J. von den ersten Schritten bis zum Schulbesuch des Jesuskindes und der von ihm gewirkten Wunder schließt sich z. T. eng den seit Ende des 13. Jh. verbreiteten volkssprachl. Darst. des Lebens Christi und Mariens an (Bordüre im Stundenbuch der Katharina v. Lochorst). Für die im SpätMA oftmals nur oberflächl. scheinende Einbringung der realen Welt ins hl. Bild ist häufig ein symbol. Sinn anzunehmen. Deutl. voneinander geschieden sind immer die kompositor. vergleichbaren Szenen der Beschneidung und der Darbringung im Tempel, die als Bilder zuerst in liturg. Hss. auftreten, später in der Tafelmalerei einige Verbreitung erlangten (F. Herlin, Zwölfbotenaltar, Rothenburg; 1466). Das strenge Schema der Darbringung mit dem

Altar in der Mitte und den Personen(gruppen) zu den Seiten (Wolfenbüttel, Evangeliar aus Corvey; Brandenburger Evangelistar) ist allg. verbindl. geblieben. Mehr Freiheit gestattet die Wiedergabe der Huldigung der Weisen, die zunächst in »phryg. Tracht« auftreten, dann zu Kg.en werden. Bes. zwei Darstellungstypen erlangten in der w. Kunst Bedeutung: die heranschreitenden Magier in einiger Entfernung von Mutter und Kind, z. T. auf zwei Seiten einer Hs. verteilt (Perikopenbuch Heinrichs II.) und die eigtl. Huldigung, bei der der erste Kg. kniet, die anderen sich unterhalten und einer auf den Stern weist. Dieser Typ, schon in roman. Kunst verbreitet (Evangeliar aus Hardehausen), ist häufig auf frz. Elfenbeinen des 14. Jh. zu finden, aber auch als vollplast. Gruppe im Kirchenraum aufgestellt (Würzburg, Dom; Nürnberg, St. Lorenz). Seit dem 14. Jh. ausführl. Erzählung der Gesch. mit genauer Schilderung der Realien und des Beiwerks (Gentile da Fabriano). Die Flucht nach Ägypten wird stets durch die auf dem Esel sitzende Maria veranschaulicht; auf apokryphe Texte zurückgehend sind verschiedene Wunder der Reise, etwa Sturz der Götterbilder bei der Ankunft in Sotine, dargestellt (Elfenbein aus Bamberg in Florenz, Bargello). Die Ruhe auf der Flucht wird, mit Ausnahme bei Meister Bertram (Grabower Altar), erst seit dem 16. Jh. thematisiert. Der Kindermord zu Bethlehem begegnet in allen Bildgattungen seit dem 9. Jh. (Befehl und Ausführung); die Dramatik wird durch Ausschmücken der Szene seit dem 11. Jh. noch verstärkt. Von Bildern des heranwachsenden Jesus ist neben dem seltenen Gang nach Jerusalem (Köln, Clarenaltar) v. a. die Darst. des Zwölfjährigen im Tempel zu nennen. Der aus frühchr. Zeit in karol. Kunst übernommene und noch in spätgot. Schnitzaltären (Creglingen) zu findende Lehrtyp zeigt das Kind inmitten der Schriftgelehrten an erhöhter Stelle sitzend, z. T. mit Maria und Josef an den Seiten, der seltener vorkommende Diskussionstyp die asymmetr. Gegenüberstellung der Kontrahenten.

B. Braun-Niehr/K. Niehr

Lit.: LCI I, 225, 271–273, 473–476, 539–549; II, 4–7, 43–47, 86–113, 229–235, 400–406, 434f., 509–513, 657–678; III, 533f.; IV, 126f., 163–168, 421–432, 470f., 583–589 – RDK III, 590–607 – E. LANDOLT-WEGENER, Darst. der K.slegenden Christi in Historienbibeln aus der Werkstatt D. Laubers, ZAK 23, 1963/64, 212–225 – U. WACHSMANN, Die Chorschrankenmalereien im Kölner Dom, 1985, I, 38ff., 99ff. – M. W. COTHREN, The Infancy of Christ Window from the Abbey of St-Denis, ArtBull 68, 1986, 398–420 – W. ESSER, Die hl. Sippe, 1986 – H. M. v. ERFFA, Ikonologie der Genesis, 1989, 507ff. – M. SCHAWE, Ikonogr. Unters. zum Göttinger Barfüßer-Altar von 1424, 1989, 69ff.

Al-Kindī Abū Yūsuf Yaʿqūb al-K.), gen. ʿder Philosoph der Araberʾ, geb. gegen 805 Baṣra, gest. gegen 873 Bagdad, aus adliger Familie; er lebte in Freundschaft mit dem Kalifen al-Muʿtaṣim, der ihm die Erziehung seines Sohnes anvertraute und dem er einen seiner metaphys. Traktate widmete. In Bagdad begegnete er der wiss. Strömung seiner Zeit und ließ viele Mitarbeiter und chr. Übersetzer für sich arbeiten. Unter den Übers.en sind erwähnenswert: »Ps.-Theologie des Aristoteles«, die er revidierte, die »Geographie« des Ptolemäus und der von einem gewissen Asṭāt (= Eusthatius?) übersetzte Teil der aristotel. Metaphysik. Über 260 Titel werden ihm zugeschrieben. Er war nicht nur Philosoph, sondern auch Mathematiker, Astronom und Musiktheoretiker und interessierte sich für die verschiedenen Bereiche der Naturwiss. Als erster arab. Philosoph behauptete al-K. die Übereinstimmung von Religion und Philosophie; er lehrte aber auch, daß die Schöpfung ex nihilo, die Nicht-Ewigkeit der Welt und die Auferstehung des Fleisches nur durch die Offenbarung bekannt und garantiert sind. Sein Traktat »De Intellectu« war im lat. Okzident sehr bekannt. Girolamo Cardano bezeichnete ihn in seinem »De Subtilitate« (16. B.) als einen der zwölf Geister der Menschheitsgesch. mit dem größten Einfluß.

G. C. Anawati

Lit.: DSB XV, Suppl. I, 261–267 – EI² V, 122f. – MGG, s. v. – NEW GROVE, s. v.

Kinematik, Kinetik. Die eingehendsten empir. Forsch. auf kinemat. Gebiet, die im MA unternommen wurden, betrafen zweifellos das Studium der →Planetenbewegung (Himmelskinematik; NORTH, 1978). Im folgenden soll jedoch nur von der ma. Bewegungslehre in der Erdebene die Rede sein, die in den Werken →Gerhards v. Brüssel und →Nikolaus' Oresme ihre Blütezeit erlebte (CLAGETT 1984, 1968). Während die K. im MA meist als Teil der Philos. behandelt wurde, gehört Gerhards Werk »De motu« zur ʿscientia mediaʾ insoweit es math. aufgebaut ist, mit Postulaten und aus ihnen abgeleiteten Sätzen. Für Punkte und Linien ging Gerhard von den Voraussetzungen aus, daß das Verhältnis der Bewegungen von Punkten dasjenige der in gleicher Zeit beschriebenen Linien ist (B. I, suppositio 8), während von gleichen geraden Linien diejenige, die in derselben Zeit größeren Raum und zu entfernteren Grenzen durchquert, mehr bewegt ist (ebd., suppositio 4). Wird eine Linie gleichmäßig, gleichförmig und parallel zu ihrer Ausgangsposition bewegt, so bewegt sie sich in gleichem Maße wie jeder ihrer Teile und Punkte (ebd., suppositio 2; CLAGETT 1984, 63 f.). Die bedeutendste Leistung Gerhards ist sein Beweis, daß eine kreisförmige Scheibe, die in ihrer eigenen Ebene rotiert, sich 4/3mal so schnell bewegt wie ihr Radius (Nachweis des Umstands, daß die durchschnittl. Geschwindigkeit der Punkte einer rotierenden Scheibe vier Drittel derjenigen des Radiusmittelpunkts beträgt). Er gelangt zu dem richtigen Ergebnis, indem er den Kreis durch ein Dreieck desselben Flächeninhalts ersetzt, wobei er eine Dreiecksseite dem Kreisradius, eine andere dem Kreisumfang gleich setzt; das Dreieck rotiert um eine Achse, die der dem Kreisumfang entsprechenden Seite parallel ist und durch den Eckpunkt führt, den die Hypotenuse mit der dem Kreisradius entsprechenden Seite bildet. Mit dem von dieser Rotation betroffenen Rauminhalt lassen sich dann gewissermaßen die Geschwindigkeiten aller Punkte messen.

Nach Gerhard hat kein ma. Denker mehr auf derart hohem Niveau Ergebnisse erzielt, aber Oxforder Gelehrte (→Mertonschule), insbes. William →Heytesbury und →Richard Swineshead, sowie in Paris Nikolaus Oresme entwickelten eine Lehre, die zumindest die einfacheren Bewegungsarten bewältigte. Zu den damit beschriebenen Geschwindigkeiten gehörten konstante (uniformis), gleichförmig wachsende und sich vermindernde (uniformiter difformis) sowie ungleichförmig zu- und abnehmende (difformiter difformis). Für rotierende Körper verständigten sich die Oxforder Gelehrten auf die Regel, daß die Rotationsgeschwindigkeit eines Körpers diejenige seines schnellsten Punktes sein solle; für gleichförmig beschleunigte und verlangsamte Bewegungen bestimmten sie indes die zurückgelegte Gesamtstrecke als diejenige, der der Körper bei gleichförmiger Bewegung während derselben Zeit mit der mittleren Geschwindigkeit durchmessen hätte. Nikolaus Oresme machte sich diesen sog. Mittelgeschwindigkeitssatz zu eigen und bewies ihn geometr. mit Hilfe seiner ʿKonfigurationenʾ: Wenn die Zeit als Gerade dargestellt wird und die momentanen Geschwindigkeiten als dazu senkrechte Linien, dann ist die Fläche des Dreiecks, das einer gleichförmig beschleunigten oder verlangsamten Bewegung entspricht, gleich der des Rechtecks, das eine gleichförmige Bewegung gleicher Dauer mit der Geschwindigkeit des mittleren Zeitpunkts der ungleichförmigen Bewegung ausdrücken soll.

Obwohl im späteren MA kinemat. Erörterungen sich oft um die bei gleichförmig beschleunigten oder verlangsamten Bewegungen zurückgelegten Strecken drehten, fanden reale Bewegungen, auf die das Modell anzuwenden gewesen wäre, auffälligerweise wenig oder keine Beachtung (WALLACE, 1981). Insbes. wurde nicht festgestellt, daß frei fallende Körper gleichförmig beschleunigt werden. In Anbetracht des im späteren MA allg. gebilligten, von Thomas →Bradwardine postulierten, dynam. Zusammenhangs von Kräften, Widerständen und den sich aus ihnen ergebenden Geschwindigkeiten hätte man eine sich nichtlinear ändernde Kraft bzw. Widerstand annehmen müssen, um eine gleichförmig beschleunigte bzw. verlangsamte Bewegung (uniformiter difformis) zu erhalten (→Dynamik). Tatsächl. war eines der Probleme der spätma. Bewegungslehre die Frage nach dem Verhältnis von auf dynam. Weg berechneten Geschwindigkeiten (Bestimmung 'tanquam penes causam') zu kinemat. ermittelten (Bestimmung 'tanquam penes effectum'); dazu SYLLA, 1989.

Ferner ist zu beachten, daß das MA drei Grundarten der →'Bewegung' (Veränderung) unterschied: neben die räuml. oder örtl. Bewegung stellte man die Intensitätsänderung (Steigerung und Nachlassen von Formen und Eigenschaften) sowie die Umfangsänderung (Verdünnung und Verdichtung, Vergrößerung und Verringerung). Begriffe, die später auf die örtl. Bewegung angewandt wurden, waren nicht selten urspr. für das Verständnis von Qualitäts- oder Quantitätsänderungen entwickelt worden (dazu SYLLA, 1971, 1973; CLAGETT, 1959, 1968).

Das spätma. Interesse an unteilbaren, kontinuierl. und unendl. Größen, Maxima und Minima usw. führte zur Entstehung von Begriffen wie dem der Momentangeschwindigkeit (CLAGETT, 1959). Eine Minderzahl späterer Scholastiker spielte mit dem Gedanken, daß Raum, Zeit und Bewegung diskontinuierl. seien und sich aus einer endl. oder unendl. Anzahl unteilbarer Elemente zusammensetzten (MURDOCH, 1974). Mit der Erörterung des Beginnens und des Aufhörens oder des ersten und des letzten Bewegungsmoments suchte man die Grenzen von Bewegungen zu erfassen (KRETZMANN, 1976, 1977, 1981, 1982). E. Sylla

Lit.: DSB XIII, s.v. Swineshead Richard [J. MURDOCH–E. SYLLA] – A. MAIER, Stud. zur Naturphilos. der Spätscholastik, 5 Bde, 1952–68 – M. CLAGETT, The Science of Mechanics in the MA, 1959 – J. MURDOCH, Rationes Mathematice: Un aspect du rapport des mathematiques et de la philos. au MA, 1962 – M. CLAGETT, Nicole Oresme and the Medieval Geometry of Qualities and Motions, 1968 – J. MURDOCH, Mathesis in Philosophiam Scholasticam Introducta... (Arts Libéraux et Philos. au MA. Actes 4ième Congr. internat. de Philos. Médiévale, 1969), 215–254 – E. SYLLA, Medieval Quantifications of Qualities: the 'Merton School', AHExSc 8, 1971, 9–39 – DIES., Medieval Concepts of the Latitude of Forms: The Oxford Calculators, AHDL 40, 1973, 223–283 – J. MURDOCH, Naissance et développement de l'atomisme au bas moyen–âge latin (La science de la nature: théories et pratiques [= Cah. d'études médiévales, 2], 1974) – N. KRETZMANN, Incipit/Desinit (Motion and Time, Space and Matter, hg. P. MACHAMER–R. TURNBULL, 1976), 101–136 – DERS., Socrates is Whiter than Plato Begins to be White, Nous 11, 1977, 3–15 – J. NORTH, Kinematics – More Ethereal than Elementary (Machaut's World..., hg. M. PELNER COSMAN–B. CHANDLER [= Annals New York Ac. of Sciences, 314], 1978, 89–102 – J. MURDOCH–E. SYLLA, The Science of Motion (Science in the MA, hg. D. LINDBERG, 1978), 206–264 – CH. LEWIS, The Merton Tradition and Kinematics in Late 16th and Early 17th Century Italy, 1980 – N. KRETZMANN, Richard Kilvington and the Logic of Instantaneous Speed (Studi sul XIV secolo in mem. A. MAIER, hg. A. MAIERU–A. PARAVICINI, 1981), 143–178 – W. WALLACE, The Enigma of Domingo de Soto (Prelude to Galileo..., 1981) – Infinity and Continuity in Ancient and Medieval Thought, ed. N. KRETZMANN, 1982 – M. CLAGETT, Archimedes in the MA, V, 1984 (Memoirs American Philos. Soc. 157) – E. SYLLA, Galileo and the Oxford Calculatores: Analytical Languages and the Mean-Speed Theorem for Accelerated Motion (Reinterpreting Galileo, hg. W. A. WALLACE, 1986), 53–108 – J. SARNOWSKY, Die aristotel.-scholast. Theorie der Bewegung: Stud. zum Komm. Alberts v. Sachsen zur Physik des Aristoteles, 1989 – E. SYLLA, Alvarus Thomas and the Role of Logic and Calculations in 16th Century Natural Philos. (Stud. in Medieval Natural Philos., hg. ST. CAROTI, 1989), 257–298.

King Horn, eine der ältesten me. Versromanzen der *Matter of England*-Gruppe (Mitte des 13. Jh.), überliefert in drei voneinander unabhängigen, zw. 1290 und 1330 zu datierenden Hss. In ca. 1500, nach frz. Vorbild paarweise gereimten Versen, deren Rhythmus jedoch die Abkunft vom traditionellen, alliterierenden Vers durchschimmern läßt, werden die Abenteuer des Kg.ssohns Horn dargestellt; der schmucklose Stil ist nicht ohne Wirkung, zumal die Handlung häufig in direkter Rede vorangetrieben wird. Zwei bekannte Erzählmotive sind hier verbunden: Rückkehr des verbannten Helden in die Heimat, um Rache zu nehmen (Rahmenerzählung), und Trennung und endl. Vereinigung der treuen Liebenden (Horn und Rimenild). Gleichzeitig handelt es sich jedoch um eine Art »Erziehungsroman«. Das Verhältnis des K.H. zu der etwas älteren anglonorm. Fassung des Stoffes (ca. 1170–80) ist nicht eindeutig geklärt. – Eine spätere me. Fassung ist »Horn Childe (and Maiden Rimnild)« (ca. 1320). M. A. Coppola

Bibliogr.: ManualME 1.I, 1967, 18–20, 206–209 [Nr. 1] – NCBEL I, 429f. – J. A. RICE, ME Romance, 1987, 307–314 – *Ed.*: J. R. LUMBY – G. H. McKNIGHT, K.H., EETS 14, 1901² – J. HALL, K.H., 1901 – R. ALLEN, K.H., Garland Med. Texts 7, 1984 – *Lit.*: W. ARENS, Die anglonorm. und die me. Fassungen des Hornstoffes, 1973 – W. R. J. BARRON, Engl. Medieval Romance, 1987, 65–69 – A. SCOTT, Plans, Predictions, and Promises... (Stud. in Medieval Engl. Romances, hg. D. BREWER, 1988), 37–68.

Kingis Quair, The (»Des Königs Büchlein«), Titel eines Gedichtes (197 Strophen in *rhyme royal*), das →Jakob I. v. Schottland zugeschrieben wird (Hs. Oxford, Bodleian Libr., Seld. Arch. B.24, so auch Walter Bower, um 1448; John Mair, 1518). Der Befund des Textes selbst weist in die gleiche Richtung und macht als Abfassungszeit etwa 1435 wahrscheinlich. Die siebenzeilige Strophenform hat der Kg. von →Chaucer, an dem er sich generell orientiert, übernommen (→Chaucernachfolger), und ihre Verwendung durch ihn hat ihr den Namen rhyme royal eingetragen. In dem Gedicht, das autobiograph. angelegt ist (u. a. Hinweise auf seine Gefangenschaft, Liebe und Heirat), vergleicht der Dichter sein Schicksal mit der »Kreisgestalt des Himmels« (die buchstäbl. auch den Text umschließt: Strophen 1 und 196). Die Schlußstrophe huldigt den Meistern→Gower und Chaucer. M. P. McDiarmid

Bibliogr.: Manual ME 4.X, 1973, 961–965, 1123–1137 – *Ed.*: J. NORTON-SMITH, James I of Scotland, The K.Q., 1971, 1981 – M. P. McDIARMID, The K.Q. of James Stewart, 1973 – *Lit.*: J. R. SIMON, Le livre du roi, 1967.

King's Bench, English Court of, engl. Kg.sgericht. Seit frühester Zeit gehörten zum Gefolge des engl. Kg.s Richter, die diese bei der Anhörung von Klagen unterstützten, doch sind Urkk. eines Gerichtshofes »coram rege« erst seit dem Regierungsantritt von Johann Ohneland (1199) überliefert. Der K.'s B. wurde nach der frz. Eroberung der Normandie und der Beschränkung Johanns auf England der bedeutendste Gerichtshof. Jedoch wurde mit dem Beginn der Minderjährigkeitsregierung Heinrichs III. 1216 der Court of →Common Pleas (»the Bench«) in Westminster wieder als der entscheidende Gerichtshof eingerichtet. Als 1234 Heinrich seinen eigenen Gerichtshof forderte, entwickelten sich bis zur »Judicature Act« von 1873 zwei für das Common Law zuständige, zentrale Gerichtshöfe parallel. Allerdings besaß der K.'s B., vor dem v. a. Fälle behandelt wurden, die für die Krone von Interesse waren, das Recht, Fehlurteile des Common Bench zu korrigieren. Bald nach 1234 fand der Begriff →'Parliament' Anwendung auf erweiterte Sitzungen des K.'s B., die komplizierte, von den ordentl. Gerichtshöfen nicht zu entscheidende Fälle behandelten. Die Jurisdiktion des K.'s B. erfuhr durch die Gerichtsfälle im Zusammenhang mit dem neuen Tatbestand der Besitzstörung (→*trespass*) eine Ausweitung, die Klägern eine Rechtshilfe bei Verletzungen des Kg.sfriedens einräumte. Als die Institution der kgl. Reiserichter (→*eyre*) im ganzen Land am Ende des 13. Jh. zusammenbrach, wurde der K.'s B. der wichtigste Kriminalgerichtshof in England, vor dem die schweren Anklagen wegen Hochverrats und →Felony in erster Instanz verhandelt wurden und der gelegentl., abgelöst vom Kg., unter der Leitung einer Richterkommission mit Befehlsübertretung in einem bestimmten Teil des Landes tagte. →Engl. Recht.

A. Harding

Lit.: G. O. Sayles, The Court of K.'s B. in Law and Hist., 1959 – Ders., Select Cases in the Court of K.'s B., 7 Bde, 1936–71 – A. Harding, The Law Courts of Medieval England, 1973, 90f., 109f.

King's Lynn (bis 1536 Bishop's L.), Hafenstadt in der ostengl. Gft. Norfolk, bedeutendste norm. Stadtanlage in →Ostanglia. Auf Betreiben ansässiger Händler weiht Bf. Herbert Lozinga v. Norwich 1095 eine Kirche (ð St. Margaret) mit angeschlossenem OSB Kl. Das entstehende →borough erhält Markt- und Messeprivilegien und untersteht der Jurisdiktion des Kl. Bereits 1146 folgte die Weihe der St. James-Kirche. Bis 1174 entsteht n. des Kernbereichs eine dem Norwicher Bf. unterstehende Plananlage (Newland) mit dualem Straßenraster, Befestigung, Markt und Kirche (ð St. Nikolas). 1204 werden beiden Siedlungen Oxforder Stadtrechte verliehen (1233, 1280, 1313 ['liber burgus'] bestätigt), zugleich die Gilda mercatoria privilegiert. Alleiniger Stadtherr wird nun der Bf. v. Norwich. Zu 1154 ist die Münze belegt, seit 1248 sind Bürgermeisterlisten überliefert; ab 1283 waren Vertreter der Stadt im →parliament. Seit 1286 findet sich ein Kontor der →Hanse. K. wird einer der Haupthäfen für den Getreide-, Woll- und Tuchhandel Ostangliens (Ende 13. Jh. neue Kaianlagen, 1373 Stapelprivileg). Die Poll Tax von 1377 verzeichnet 3217 steuerpflichtige Einw. bei einer anzusetzenden Gesamtbevölkerung von ca. 8000–10000. Seit 1295 sind fünf Orden ansässig, 1389 wenigstens 39 Bruderschaften und sechs Gilden vorhanden. 1536 geht die Stadtherrschaft an den Kg. über.

B. Brodt

Q. und Lit.: H. Harrod, Rep. on the Deeds and Records of the Borough of K., 1874 – H. J. Hillen, Hist. of the Borough of K., 2 Bde, 1907 – D. M. Owen, The Making of K., 1984 – S. Jenks, Der Liber Lynne und die Besitzgesch. des hans. Stalhofs zu Lynn, Zs. des Vereins für Lübeck. Gesch. und Altertumskunde 68, 1988, 21–81.

Kingston-on-Thames, Stadt in England (Surrey), war im FrühMA kgl. Besitz der westsächs. und ags. Kg.e und Versammlungsort ihres Rates (→*witan*) 838, 972 und 1016–20. Die Königsweihe von mehreren Kg.en des 10. Jh. fand in K. statt (→Æthelstan, →Eadred, →Eadwig →Ethelred II.), die erste Weihe erfolgte wohl mit Kg. Æthelwulf 838.

N. P. Brooks

Lit.: S. D. Keynes, The Diplomas of King Æthelred the Unready, 1980, 270f. – P. H. Sawyer, The Royal tun in Pre-conquest England (Ideal and Reality..., hg. P. Wormald, 1983), 273ff.

Kingston-on-Thames, Vertrag v. (12. Sept. 1217), auch Vertrag v. Lambeth, geschlossen zw. Ludwig, Sohn Philipps II. v. Frankreich, und den engl. Kg.sanhängern unter der Führung von William the →Marshall, die Heinrich III., Sohn des engl. Kg.s Johann, vertraten. Er beendete den Krieg zw. dem engl. Kg. und den Baronen. Die Vertragsbedingungen, nur in einer Kopie aus dem 17. Jh. erhalten, fielen so günstig für Ludwig aus, daß William the Marshall später des Verrats bezichtigt wurde. Sie beinhalten u. a.: eine hohe Entschädigung sowie Absolution durch den päpstl. Legaten Gulo für Ludwig; Lossprechung der engl. Barone, die rebelliert hatten, von dem Ludwig geleisteten Treueid; diese erhielten ihren alten Landbesitz zurück; Freilassung der Gefangenen; Zusicherung Ludwigs, seinen Vater zur Rückgabe der 1204–05 eroberten engl. Besitzungen in der Normandie zu bewegen.

J. Critchley

Q.: T. Rymer, Foedera, I, 148.

Kingston-upon-Hull → Hull

Kinnamos, Johannes (Ἰωάννης Κίνναμος), byz. Historiker, * kurz nach 1143, † vermutl. um 1203. Ksl. Sekretär Ks. Manuels I. Komnenos, den er auf Feldzügen in Europa und Asien begleitete. Vielleicht war K. 1176 Augenzeuge der byz. Niederlage bei Myriokephalon. K.' Gesch.swerk (»Ἀφήγησις τῶν πραχθέντων«, »Χρονικαὶ ὑποθέσεις« oder »Ἱστορίαι«; Epitome [ἐπιτομή] 'Abkürzung' für das ganze Werk verwendet, ist unrichtig), geschrieben um 1180–83, ist eine der Hauptq. zur byz. Gesch. der Komnenenzeit (bes. für Außenpolitik, O-W-Beziehungen) und zugleich ein wichtiges lit. Denkmal. K. erweist sich darin als Apologet Ks. Manuels, der zentralen Gestalt des Werkes. Aufgabe der Gesch.sschreibung ist nach K. eine 'Untersuchung' des Lebens des Helden, d. h. das rationale Begreifen menschl. Verhaltens. Neben militär. Problemen interessieren K. nach eigener Aussage auch philos. Auseinandersetzungen (bezeugt von Zeitgenossen, z. B. Niketas Choniates). Seine Darstellungsweise, die Personen niedriger Herkunft mit einer gewissen Mißachtung behandelt und im Gegensatz dazu Edelmut von hoher Abkunft ableitet, erlaubt, in ihm den Nachkommen einer vornehmen Familie zu sehen. Die Zuordnung zum Militäradel läßt sich jedoch nicht ohne weiteres vornehmen, die Familie der K.oi scheint vielmehr eher dem Kreis der Zentralbürokratie zuzugehören. In der Darstellung folgt K. in der Regel konsequent dem chronolog. Ablauf der Episoden, allerdings mit oft schnellem Wechsel des Schauplatzes, und überrascht bisweilen durch das Einfügen themat. 'fremder' Bruchstücke (z. B. aus der Kirchengesch.) oder von Ekphraseis. K. verfaßte auch eine Ethopoiie, die den Einfluß des →Nikephoros Basilakes erkennen läßt, dessen Schüler K. vermutl. war.

M. V. Bibikov

Ed. und Lit.: I.is c.I Epitome rerum ab Ioanne et Alexio Comnenis gestarum, ed. A. Meineke, 1836 (CB) – Hunger, Profane Lit., I, 409–416 – C. Neumann, Gr. Gesch.sschreiber und Gesch.sq. im 12. Jh., 1888, 78–102 – F. Babos, Symbolae ad historiam textus C.i, 1944 [ung.] – M. M. Frejdenberg, Trud Ioanna Kinnama kak istoričeskij istočnik, VV 16, 1959, 29–51 – M. V. Bibikov, Vizantijskije istoričeskije sočinenija: Ioann Kinnam, 1991 [russ.; in Vorbereitung].

Kinnkette → Kandare

Kinnreff, Kinnstück des Visierhelms, im 15. Jh. beim frz. 'Grand Bacinet' einteilig, zweiteilig und in Kinnmitte verschließbar beim it. →Armet, einteilig und um die Visierbolzen drehbar beim dt. Visierhelm.

O. Gamber

Lit.: W. Boeheim, Hb. der Waffenkunde, 1890.

Kintyre (Cenn Tíre 'Kopfland'), gebirgige Halbinsel an der W-Küste Schottlands, die w. Begrenzung des Firth of Clyde, bildete im FrühMA den südlichsten Zipfel des Kgr. es der →Dál Riada und dessen Nordgrenze zum brit. Kgr. →Strathclyde (dessen Vorort, Dumbarton Rock, an der Nordküste des Firth of Clyde lag). K. war seit dem 5. Jh. von den Cenél nGabráin, einem Zweig der Dál Riada, besetzt. In frühen Q. wird die Halbinsel mehrfach als Ort großer Schlachten erwähnt. In dem walis. Gedicht »Y Gododdin« (→Aneirin) heißt das Gebiet 'pentir' und wird hier genannt als Stätte des berühmten Sieges der Briten über den Kg. der Dál Riada, →Domnall Brecc, der seine Heerscharen von 'pentir' nach Strathcarron führte, wo er unterlag und fiel (642). In der »Vita Columbae« des →Adamnanus (um 700) erscheint K. als 'Caput Regionis'.

D. Ó Cróinín

Lit.: M. O. ANDERSON, Kings and Kingship in early Scotland, 1973 – J. BANNERMANN, Stud. in the Hist. of Dalriada, 1974.

Kiprian, hl. (seit 1472), Metropolit v. →Kiev und ganz Rußland, * um 1330, † 16. Sept. 1406 Moskau. Die Verlegung des Metropolitansitzes nach Moskau Ende des 13. Jh. und die polit. Spannung zw. dem Moskauer und litauischen Großfsm. machten es dem Metropoliten Aleksej (1354–78) unmöglich, Kiev und die s. Teile seiner Eparchie zu besuchen. Auf Bitten der russ. Fs.en setzte Patriarch →Philotheos Kokkinos 1375 seinen Vertrauten, den Mönch bulg. Herkunft, K. (vermutl. aus dem Geschlecht der Camblak) als Metropolit v. Kiev, Kleinrußland und Litauen ein, ohne dadurch die russ. Metropolie spalten zu wollen, da K. als designierter Nachfolger des Aleksej galt (GRUMEL-LAURENT Nr. 2665). Erst 1381 konnte K. sein Amt in Moskau ausüben (DIES., Nr. 2847). Neben kanon. Briefen verfaßte K. 1381 eine Vita des Metropoliten Petr v. Kiev (1308–26). Eine Red. des slav. Euchologion (Moskau GIM Sin. sobr. 344/601) sowie liturg. Gebete gehen auf ihn zurück. Er führte in Rußland die Homilien-Slg. »Učitel'noe evangelie« sowie vermutl. das Synaxar mit Versen (»Stišnoj prolog«) ein. Als Kopist fertigte er u. a. eine slav. Abschrift der Klimax des Ioannes an.

Chr. Hannick

Ed.: N. DONČEVA-PANAJOTOVA, Starobulg. lit. 2, 1977, 147–155 [Vita Petri] – Pamjatniki lit. Drevnej Rusi XIV–seredina XV v., 1981, 430–443 [Epistel an die Äbte Sergej und Feodor] – *Lit.*: BLGS II, 40zf. – A. AI. TACHIAOS, Ἐπιδράσεις τοῦ ἡσυχασμοῦ εἰς τὴν ἐκκλησιαστικὴν πολιτικὴν 'εν Ῥωσία 1328–1406, 1962 – F. TINNEFELD, Byz.-russ. Kirchenpolitik im 14. Jh., BZ 67, 1974, 359–383 – Rečnik na bŭlg. lit. II, 1977, 202–204 [L. GRAŠEVA] – Tŭrnovska knižovna škola II, 1980, 64–70 [L. A. DMITRIEV]; 282–292 [O. A. KNJAZEVSKAJA–E. V. ČEŠKO] – N. DONČEVA-PANAJOTOVA, Kiprian starobŭlgarski i staruski knižovnik, 1981 – Slovar' knižnikov i knižnosti Drevnej Rusi II: vtoraja polovina XIV–XVI vv., I, 1988, 464–475 [N. F. DROBLENKOVA–G. M. PROCHOROV] – J. MEYENDORFF, Byzantium and the Rise of Russia, 1989².

Kirche

I. Kirche und Kirchenorganisation – II. Theologie.

I. KIRCHE UND KIRCHENORGANISATION: [1] *Zum Begriff*: Das Wort leitet sich von κυριακή (οἰκία) ab, seinerseits von Terminus ἐκκλησία (vgl. chiesa, église, iglesia) verdrängt, der über seine ntl. Bedeutung 'Volk Gottes' hinaus den räuml. Sinn jener Bezeichnung mit einschloß. Mit K. werden die institutionellen, rechtl. und sozialen Formen christl. Religion umschrieben; v. a. die hierarch. gegliederte Organisation der – im lat. MA noch universellen – Repräsentanz des Glaubens steht im Zentrum.

[2] *Frühmittelalter*: Aus der Spätantike übernimmt die ma. K. die episkopale Verfassung, die trotz gravierender Änderungen prinzipiell auch weiterhin bestimmend bleibt, zunächst sogar verstärkt wegen der Bedeutung vieler Bf.e der Völkerwanderungszeit als stabilisierender Ordnungsfaktoren im zerfallenden Imperium Romanum. Für ihre oft in den staatl.-administrativen Bereich ausgreifende Regierung verfügen die →Bischöfe über umfangreiche jurist. und strafrechtl. Kompetenzen; unterstützt werden sie von einem aus dem städt. Klerus gebildeten Presbyterium und von Diakonen, die sich bes. Verwaltung, Vermögen und Armenfürsorge widmen, sowie der unter ihrer Leitung abgehaltenen, auch Landgeistliche und wichtige Laien einschließenden Diöz.synode. Der ihnen unterstehende, in abgestufter Form K. ngewalt besitzende Klerus bildet aber gegenüber den Laien einen früh durch →Privilegien (privilegia canonis, fori, immunitatis, competentiae) wie Pflichten abgegrenzten Stand. Mehrere Bm. er formen seit dem 4. Jh. einen Metropolitanverband, der sich eng an die spätröm. Prov. ordnung anlehnt. Der Leiter – für ihn wird seit dem 6. Jh. die ursprgl. Ehrenbezeichnung archiepiscopus (→Erzbischof) üblich – fungiert als Kontroll-, Bestätigungs- und Appellationsinstanz, teilw. zusammen mit dem Prov. konzil. Zw. Metropolit und Papst steht der →Patriarch, der in der lat. K. jedoch nie zur eigenständigen Jurisdiktionsinstanz wird; seine Stellung reduziert sich bald auf einen bloßen Ehrenrang. In der röm. Bf.s-, Metropolitan- und Patriarchenwürde wurzelt das →Papsttum, dessen Primatsansprüche bes. von Leo I. und Gelasius I. gefördert und von Gregor I. gegen Byzanz verteidigt werden. Im W vermögen die Päpste sich auf Dauer durchzusetzen, im Gegensatz zum griech. O, in dessen Bereich aber die ersten ökumen. Konzilien unter ksl. Auspizien stattfinden, auf denen nach langen christolog. Auseinandersetzungen das Glaubensgut verbindl. definiert wird, wobei die arian. Irrlehren im W allerdings unter germ. Stämmen fortleben (→Arius, Arianismus).

Neben dem von Papst, Metropoliten und Bf.en verkörperten monarch. Prinzip stehen die Konzilien auf allen Ebenen für das ursprgl. kaum minder wichtige kollegiale Element in der K. nverfassung. Das →Mönchtum ließ sich darin zunächst nur schwer einbinden. Die Mönche im W, zuerst verschiedenen Regeln folgend und meist nicht dem Klerikerstand angehörig, erlangten v. a. im ir.-ags. Raum eine führende Stellung, um durch ihre missionar. peregrinatio pro Christo auch auf dem Kontinent Einfluß zu gewinnen. Doch mit der allg. Durchsetzung der dem zuständigen Ortsbf. Aufsichts- und Weihegewalt einräumenden →Regula S. Benedicti und dem Aufbau einer romorientierten ags. K. im Gefolge der Synode v. →Whitby (664) fand das Mönchtum seinen Platz innerhalb der lat. K. Diese verdankte wiederum den Missions-, Reform- und Organisationstätigkeit petrusfrommer ags. Mönche unter Führung des Winfrid-→Bonifatius die »christl. Grundlegung Europas« (TH. SCHIEFFER), da sie die neue Führungsmacht der Franken an die cathedra Petri banden. Dieser Bund bedeutete für das im →Bilderstreit ohnehin auf Distanz zu Konstantinopel gegangene Papsttum die entscheidende Voraussetzung weiteren Aufstiegs, dessen erste Etappen die Gründung des →K.nstaats und der Sieg der röm. Ks.idee (→Kaiser) im 9. Jh. waren. Zunächst allerdings wurde die frühere Unterstellung unter den Basileus durch die Abhängigkeit von Karl d. Gr. abgelöst. Dieser gab zusammen mit seinem Hof wie dann auch Ludwig d. Fromme unter vorwaltendem Einfluß seiner geistl. Berater für das kirchl. Leben im karol. Europa entscheidende Impulse, die sich bes. im organisator. und geistl.-geistigen Bereich auswirkten: Definitive Etablierung der Metropolitanverfassung; Vereinheitlichung der Regeln für Kl. und Stifte, die fortan nach der von →Benedikt v. Aniane reformierten Regula S. Benedicti samt eigenen consuetudines bzw. nach einer in Anlehnung daran erstellten Kanonikerregel (→Institutiones Aquisgranenses) lebten; Sorge um rechte bibl. und liturg. Texte, und, damit verbunden, Förderung von →Kloster- und →Domschulen, die so zu Trägern der kirchl. geprägten »karol. Renaissance« im 9. Jh. wurden. Der eigtl. von Klerus und Volk des Sitzes zu wählende Bf. war jetzt ein vom Hof bestimmter Mann; die bis ins Theol. reichende kgl. K.nherrschaft zeigte sich auch auf den Reichssynoden, die bereits unter den Merowingern zur höchsten landeskirchl. Instanz geworden waren. Die ordnungsgemäße Einnahme und Verwaltung der in karol. Zeit üblich gewordenen kirchl. (→Zehnt-)Abgaben bildeten einen wesentl. Grund für die Entstehung von →Pfarreien auf lokaler Ebene, doch erstreckte sich dieser Prozeß auf dem Lande bis ins HochMA. (Der seit dem 8. Jh. belegte, mit Weiherechten ausgestattete Landbf. [→Chorbischof] deutete indes auf eine zunehmende seelsorger. Durchdringung auch des Landes.). In der Stadt bestand zunächst meist nur eine Pfarrei, auf dem Land wurden mehrere Pfarreien zum Dekanat zusammengefaßt, an deren Spitze ein Archipresbyter oder Landdekan als Zwischeninstanz zw. Bf. und Pfarrer stand. Grundsätzl. wurden die Pfarrer vom zuständigen Bf. nominiert (gewisse Regionen kennen später auch Pfarrerwahlen), der ihnen einen Teil seiner potestas ordinis übertrug und ihre Amtsführung überwachte (→Visitation). Dies galt jedoch zunächst nicht für die zahlreichen →Eigenkirchen, an denen sich – wie auch beim frühma. Kl.wesen (→Laienabt) – die starke Laienherrschaft in der K. (und deren grundherrl. Einbettung) zeigt. Sie fand im Patronatsrecht ihre abgeschwächte Fortsetzung, während die geistl. Herren einer Eigenk. diese oft in ihr Institut inkorporierten.

Mit dem 10. Jh. setzte die große Zeit bfl. Herrschaft ein, im Reich nicht zuletzt durch die Reform von →Gorze und die otton.-sal. →Reichsk. nachhaltig gefördert. Der Bf., Leiter der Diöz. wie Stadtherr, wurde bei der Regierung von den Kanonikern seiner K. unterstützt. Die im 9. Jh. einsetzende Scheidung der Einkünfte und Liegenschaften (mensa episcopi – mensa canonicorum), die Ausbildung einer Ämterhierarchie innerhalb dieser Gemeinschaft mit einem Propst bzw. Dekan an der Spitze führten im 12. Jh. zur vollen Ausbildung des korporativ organisierten, als jurist. Person anerkannten und den Bf. wählenden Domkapitels, das vielerorts nur adlige Mitglieder kannte. Eine ähnl. rechtl. und soziale Entwicklung nahmen oft auch die sonstigen Stiftskapitel (→Kapitel). Mit einer bestimmten Kapitelwürde war meist das Amt des →Archidiakons verbunden, der urspgl. dem spätantiken Kolleg der Diakone vorgestanden hatte und nunmehr mit einem beneficium auf Lebenszeit und im Besitz einer iurisdictio ordinaria in seinem festen Amtssprengel als Konkurrent des Bf.s auftrat. Dieser vermochte seine volle Regierungsgewalt erst seit dem 13. Jh. wieder durch die von ihm eingesetzten, mit iurisdictio delegata ausgestatteten Beamten auszuüben, den für die allg. Verwaltung zuständigen →Generalvikar und den mit der geistl. Gerichtsbarkeit beauftragten →Offizial.

[3] *Hoch- und Spätmittelalter:* Indes sollte die Gewalt der Bf.e und v. a. der (zur persönl. Einholung des pallium in Rom verpflichteten) Metropoliten viel stärker durch das hochma. Papsttum beschränkt werden. Eine aus der Rückbesinnung auf das Wesen des priesterl. Amts erwachsene Reformbewegung gewann mit Hilfe Ks. Heinrichs III. entscheidenden Einfluß auf die cathedra Petri; das aus den Verstrickungen in die röm. Adelsherrschaft gelöste, nunmehr internationale (aber durch den definitiven Bruch mit der griech. Kirche 1054 endgültig auf den W beschränkte) Reformpapsttum fand seit Leo IX. zu neuem Amtsverständnis, dem Gregor VII. im →Dictatus Papae beredten Ausdruck verlieh und das mit seinem Anspruch auf Vorrang des sacerdotium gegenüber dem imperium zum Kampf mit dem Ksm. führte (→Investiturstreit). Die ecclesia Romana als caput, mater, fons et fundamentum (→Humbert v. Silva Candida), der Papst als solus omnium ecclesiarum universalis episcopus (→Petrus Damiani) drängten die episkopal-synodalen Strukturen ebenso wie lokale, regionale oder nat. Eigenheiten zugunsten einer primatial-zentralist. Ordnung zurück. Die päpstl. plenitudo potestatis gründete v. a. in einer umfassenden Jurisdiktionsgewalt, der seit Gregor VII. durch Entsendung von →Legaten und Ernennung delegierter Richter vor Ort Nachdruck verliehen wurde. Diese neue, auch von cluniazens. Ideen beeinflußte Position, im →Wormser Konkordat 1122 kompromißhaft festgeschrieben, wurde dann im 12./13. Jh. durch die großen Juristenpäpste wie Alexander III., Innozenz III. und Innozenz IV. weiter befestigt. Das anfängl. gesuchte alte, sodann durch →Gratian vereinheitlichte und von den Päpsten fast allein fortgeschriebene K.nrecht (→Kanon. Recht) ließ im Verein mit einem umfassenden Verwaltungs- und Finanzwesen die röm. Papstkirche v. a. als zentralist. organisiertes Rechts- und Fiskalinstitut erscheinen. Die differenzierte Administration mit den Kernen Apostol. →Kanzlei und →Kammer sollte aber für die Entwicklung moderner Bürokratie und damit Staatlichkeit von großer Bedeutung werden. Die Finanzierung dieses Apparats gründete v. a. auf dem päpstl. Provisionsrecht, das Innozenz III. aus der plenitudo potestatis abgeleitet hatte und sich seit der 2. Hälfte des 13. Jh. auf immer neue Kategorien von Pfründen erstreckte, für deren Erlangung und später auch bloße Exspektativ die Kandidaten Abgaben zu leisten hatten (→Annaten, →Servitien). Hinzu kamen →Peterspfennig, Ablaßgelder (→Ablaß) – seit 1300 bes. im Hl. Jahr –, →Subsidien, (oft zweckentfremdete) Kreuzzugszehnte u. a. m. Die vom Eigenk.nrecht befreite K. war gleichsam »die Eigenk. des Papsttums geworden, das ... für sie Gesetze gab, ihr oberster Richter war, in letzter Instanz die Ämter verlieh und sie besteuerte« (A. WERMINGHOFF). Dieses, das kanon. Wahlrecht wie lokale Gewohnheiten verletzende Provisions- und Nominationssystem konnte sich teilw. auch mit Hilfe der Fs.en behaupten, die genehme Kandidaten so durchsetzten oder Vertraute versorgten. Vertreter radikaler Armut, die schließlich die bestehende K. ablehnten, wurden als Ketzer im Verein mit der bewaffneten. Gewalt verfolgt. Im Fall der Mendikanten gelang jedoch eine Einbindung, woraus für die Gesamtk. wiederum wertvolle reformer. wie theol. und spirituelle Impulse resultierten; insbes. die Scholastik wurde wesentl. von →Bettelorden getragen. Auch bei den in Rom veranstalteten allg. Konzilien, erwachsen aus seit Leo IX. abgehaltenen Reformsynoden, dominierte der Papst von der Einberufung bis zur Publikation der Beschlüsse. Indes bleibt zu beachten, daß diese approbante concilio gefaßt wurden, daß überdies mit dem sich im 12. Jh. als exklusives Papstwahlorgan formierenden Gremium der →Kard.e das traditionelle Element weiterhin Bestand hatte. Es verfügte über eigenes Vermögen, seine Mitglieder leiteten die großen kurialen Behörden und regierten mit dem Papsttum zusammen im →Konsistorium. Dieses sich überwiegend allg. in vielen polit. und gesellschaftl. Bereichen Europas entfaltende korporative Denken erfuhr gerade aus dem kirchl. Bereich entscheidende Anstöße; neben den Domkapiteln ist an die Hierarchie mit Kollegialität verbindenden Verfassungen

der Zisterzienser und v. a. der Mendikanten sowie an die Strukturen der unter kirchl. Auspizien entstehenden Univ.en zu denken. Im Gefolge der Auseinandersetzungen zw. Bonifaz VIII. und Kg. Philipp d. Schönen v. Frankreich sowie der von auswucherndem Fiskalismus gekennzeichneten avign. Epoche des Papsttums und v. a. des →Abendländ. Schismas wurden zuerst an der Univ. Paris Überlegungen mit dem Ziel einer stärker von kollegial-korporativen Elementen geprägten K.nordnung angestellt, die im Generalkonzil als oberster Repräsentanz und Instanz der Christenheit ihren adäquaten Ausdruck finden sollte. Diese letztl. im nunmehr konziliar ausgelegten kanon. Recht wurzelnden, keineswegs demokrat.-egalitären Ideen manifestierten sich auf den Pariser Synoden 1395-1408 unter dem Vorzeichen des →Gallikanismus, sie gipfelten auf dem Konzil v. →Konstanz (1414-18) mit seinen Dekreten »Haec Sancta« und »Frequens«, um schließl., radikal übersteigert, mit dem →Basler Konzil (1431-49) zu scheitern, dessen Mitglieder aber nicht nur im Streit um papale oder konziliare Superiorität, sondern auch in der Auseinandersetzung mit den wyclifit.-hussit. Vorstellungen von K. (→Hussiten) einen wesentl. Beitrag zur Entwicklung geschlossener Ekklesiologien leisteten. Der →Konziliarismus wurde nicht in theol. Diskussion, sondern polit. liquidiert, als das Papsttum hierfür den Preis durch Konkordate mit den Landesfs.en zahlte, die somit den eigtl. Vorteil aus dem Streit um die rechte Gewichtung des K.nregiments zogen. Innerkirchl. aber war damit das entscheidende Verfassungsproblem 'Zentralismus-korporatives Prinzip' zugunsten Roms gelöst worden. Diese spätma. Konzilien stehen auch für Bemühungen um umfassende K.nreform an Haupt und Gliedern, die indes keineswegs nur im synodalen Rahmen betrieben wurden. Denn ungeachtet der fehlenden Reformwilligkeit bzw. -fähigkeit der Kirchenspitze bleiben die zahlreichen (indes vereinzelten) institutionellen und spirituellen Reformen zu beachten, für die stellvertretend nur die benediktin. in Italien und im obdt.-österr. Raum sowie die →Devotio moderna genannt seien. Auch der →Humanismus ist ohne kirchl. Basis und Förderung nicht denkbar. Das spätere 15. Jh. hat als eine der frömmsten und »ketzerfreien« Epochen zu gelten. Die religiösen Bedürfnisse der nach Heilsversicherung in unsicheren Zeiten suchenden Gläubigen konnten aber nicht mehr durch eine K. befriedigt werden, in der sich vom fiskalisierten Papsttum bis zum klerikalen Proletariat auf allen Ebenen eine Vielzahl von Mißständen zeigte. In der K. des ausgehenden MA spiegelt sich letztl. auch eine komplizierter und widersprüchlicher gewordene Welt.

Vgl. auch →Ostkirchen   Heribert Müller

Lit. [Auswahl]: Dict. of the MA III, 372-377 – HAUCK I-V/2 – Hb. der Dogmen- und Theologiegesch., hg. C. ANDRESEN, I, 1982, 406-757 – HDG III, 3 c/d – HE IV-XIV/2 – HKG II/2-III/2 – RGG III, 1549-1564 – TRE XIX, 121-140 – Die K. in ihrer Gesch., Lfg. CI-H – Hist. du droit et des institutions de l'Église en Occident v. G. LE BRAS, VII, 1965; VIII/2, 1979; X, 1974; XIII, 1971 – PLÖCHL²I/II – FEINE I – A. WERMINGHOFF, Verfassungsgesch. der dt. K. im MA, 1913² – H. v. SCHUBERT, Gesch. der christl. Kirche im FrühMA, 1921 – A. SCHULTE, Der Adel und die dt. K. im MA, 1922² – H. FUHRMANN, Stud. zur Gesch. ma. Patriarchate, I-III, ZRGKanAbt 39-41, 1953-55, 112-176, 1-84, 95-183 – TH. SCHIEFFER, Winfrid-Bonifatius und die christl. Grundlegung Europas, 1954 – B. TIERNEY, Foundations of the Conciliar Theory..., 1955 – H. FUHRMANN, Das ökumen. Konzil und seine hist. Grundlagen, Gesch. in Wiss. und Unterricht 12, 1961, 672-685 – H. KÜNG, Strukturen der K., 1962 – Y. CONGAR, La collégialité épiscopale, 1965 – M. BORDEAUX, Aspects économiques de la vie de l'Église aux XIVᵉ et XVᵉ s., 1969 – W. AYMANS, Das synodale Element in der K.nverfassung, 1970 – H. GRUNDMANN, Religiöse Bewegungen im MA, 1970³ – R. W. SOUTHERN, Western Society and the Church in the MA, 1970 [dt. 1976] – W. ULLMANN, The Growth of Papal Government in the MA, 1974⁴ [dt. 1969²] – G. SCHWAIGER, 'Suprema Potestas' (Fschr. H. TÜCHLE, 1975), 611-678 – Die Entwicklung des Konziliarismus, hg. R. BÄUMER, 1976 – H. JEDIN, Kleine Konziliengesch., 1978⁹ – F. KEMPF, Primatiale und episkopal-synodale Struktur der K. ..., AHP 16, 1978, 27-66 – W. ULLMANN, Kurze Gesch. des Papsttums im MA, 1978 [engl. 1972] – F. OAKLEY, The Western Church in the Later MA, 1979 – J. GAUDEMET, La société ecclésiastique dans l'Occident médiéval, 1980 – K. A. FINK, Papsttum und K. im abendländ. MA, 1981 – G. ALBERIGO, Chiesa conciliare..., 1981 – L. BUISSON, Potestas und Caritas, 1982² – Y. CONGAR, Droit ancien et structures ecclésiastiques, 1982 – Y. RAPP, L'Église et la vie religieuse en Occident à la fin du MA, NouvClio 25, 1983³ – Gestalten der K.ngesch., hg. v. M. GRESCHAT, III/IV (MA I/II), 1983; XI/XII (Papsttum I/II), 1985 – K. PENNINGTON, Pope and Bishops 1984 – J. HELMRATH, Das Basler Konzil, 1987 – J. AVRIL, La paroisse médiévale..., RHEF 74, 1988, 91-113 – B. SCHIMMELPFENNIG, Das Papsttum, 1988³ – La riforma gregoriana et l'Europa, StGreg XIII, 1989 – Hist. du christianisme des origines à nos jours, hg. J.-M. MAYEUR u. a., 1990ff. – s. a. die Lit. zu →Bischof, →Kanonisches Recht, →Konzil, →Konziliarismus, Konzil v. →Basel, Konzil v. →Konstanz, →Mönchtum, →Papst, Papsttum etc.

II. THEOLOGIE: Das frühe MA tradiert den gnadenhaft-heilsgesch. konzipierten K.ngedanken der Patristik (ecclesia electorum) unter Verwendung der Bilder vom Leib Christi, von der Braut und Mutter und vom Volk Gottes in den Liturgien, den allegorisierenden Schriftkommentaren (Hoheslied, →Beda) und Homilien, wobei der Doppelcharakter von »himmlischem« und »irdischem Jerusalem« noch ungeschieden in der Vorstellung von der »ecclesia universalis« und der »res publica christiana« zusammenliegt. Die Karolingerzeit fügte mit der stärker werdenden Ausbildung des Landeskirchentums und der Symbiose von geistl. und weltl. Herrschaft eine sozio-iurid. Perspektive hinzu, die das ekklesiolog. Denken v. a. auf die Erörterung des K.-Staat-Verhältnisses und der kircheneigenen äußeren Strukturen (Papsttum, Kard.skollegium, Metropoliten, Klerus) fixierte. Die schon mit den ps.-isidor. Dekretalen (Mitte des 9. Jh. im W-Frankenreich) anhebende Auseinandersetzung um die »Herrschaft der Laien« in der K. (→libertas ecclesiae, →Investiturstreit), die mit Bewegungen zur inneren Reform (→Cluny, →Petrus Damiani) verbunden war, führte einerseits zu einer Vertiefung der geistl.-myst. Auffassung vom Leib Christi (auf den seit dem 12. Jh. das Adjektiv »mystisch« übertragen wird), erbrachte andererseits aber eine Verfestigung des iurid. Aspektes mit einer Dominanz des vertikal-monarch. Elementes. In Gregor VII. (→Dictatus papae) gelangten diese Tendenzen zur Einheit, aus welcher nicht nur alle K.ngewalt abgeleitet wurde, sondern auch ein Befehlsanspruch an die weltl. Macht (nicht aber ein Herrschaftsanspruch über sie). Obgleich dieser Entwicklung manche Gegenkräfte erwuchsen (so unter den dt. Bf.en und im Norm. →Anonymus), gewann sie doch, unterstützt von der aufstrebenden Kanonistik (→Decretum Gratiani, jedoch ohne theokrat. Tendenz) und ihrem korporativ-soziolog. K.nverständnis, über Innozenz III. (»vicarius Christi«) weiteren Einfluß bis hin zu Bonifatius VIII., nach dem Christus und der Papst das unum caput des myst. Leibes bilden. Obgleich →Bernhard v. Clairvaux in seiner spirituell-asket. Sicht der K. das weltl.-herrscherl. Gehabe kritisierte, stand er dieser Auffassung im Grundsätzlichen nicht fern (→Zwei-Schwerter-Lehre). Dagegen erwuchs dem theokrat. Tendenzen ein Gegengewicht in der monast. Theologie des 12. Jh., dem »goldenen Zeitalter der Symbolik«, da →Isaac de Stella († um 1178) im Sinne Augustins die Christuseinheit der K. im Geist betont, →Rupert v. Deutz die spirituelle und pastorale Prägung hervorhebt und

→Hildegard v. Bingen sich an der geistl. Fruchtbarkeit der K. erbaut. Den Reichtum dieser Gedanken versuchte die Frühscholastik lehrhaft-analyt. zu bestimmen und der Grundvorstellung vom Leibe Christi einzuordnen. So schließt →Hugo v. St-Victor den K.ngedanken an die Lehre von der Inkarnation an, auf diese Weise das christolog. und sakramentale Verständnis grundlegend. Daraus erwuchsen beherrschende Einzelthemen wie »De Christo capite« (beginnend bei →Petrus Lombardus, endend bei →Wilhelm v. Auxerre) und »De gratia capitis« (→Petrus Cantor). Das sakramentale Verständnis eröffnet auch Verbindungen der K.nvorstellung zur Taufe (→Abaelard) und zur Eucharistie (→Honorius Augustodunensis). In diesem Licht wird auch die innere Ordnung der K. in bezug auf Priestertum, Weihestufen (bei Hugo und danach bes. in der franziskan. Theologie an die »himmlische Hierarchie« des Ps.-Dionysius angelehnt), Episkopat und K.ngliedschaft (Unterscheidung zw. Zugehörigkeit zum corpus und zur ecclesia) erhellt. Auf der Grundlage des corpus Christi mysticum baut die Hochscholastik, den iurid. Aspekt der Kanonistik überlassend, sowohl die Lehre vom myst. Wesen der K. (→Bonaventura) als auch von ihrer organ. Institution auf, bei →Thomas v. Aquin unter Hervorhebung der instrumentalen Kausalität der Menschheit Christi und des Hl. Geistes als Seele. Der Gnadenwirksamkeit Christi ist nach Thomas das Wirken seiner Wahrheit koexistent, das der K. auch die Infallibilität verleiht. Ihr Verhalten zur staatl. Macht (das danach in den ersten eigenen ekklesiolog. Traktaten bevorzugt erörtert wurde: →Johannes v. Paris) wird unter Zuhilfenahme der »Ethik« und »Politik« des Aristoteles im Sinne einer relativen Autonomie entwickelt. Das organ.-institutionelle Modell, das schon im Gegensatz zum ma. Spiritualismus entwickelt ist, wird danach weniger durch die Verinnerlichung seitens der dt. →Mystik unwirksam als vielmehr durch ein positivist. (→Duns Scotus) und empirizist. Denken (→Marsilius v. Padua; →Wilhelm v. Ockham) abgelöst, das zum →Spiritualismus (→Wyclif und →Hus) wie zum →Konziliarismus treibt, worin sich die Auflösung der ma. Idee der ecclesia universalis abzeichnet.

L. Scheffczyk

Lit.: HDG III, 3c [Y. Congar; Lit.] – M. Grabmann, Die Lehre des hl. Thomas v. Aquin von der K. als Gotteswerk, 1903 – W. Scherer, Des sel. Albertus Magnus Lehre von der K., 1928 – A. Dempf, Sacrum imperium, 1929 – H. Beresheim, Christus als das Haupt der K. nach dem hl. Bonaventura, 1939 – J. Leclercq, Jean de Paris et l'ecclésiologie du XIII^c s., 1942 – H. de Lubac, Corpus mysticum, 1944 – J. Beumer, Zur Ekklesiologie der Frühscholastik, Scholastik 26, 1951, 364–389 – G. B. Ladner, The Concepts of »Ecclesia« and »Christianitas« and their Relation to the Idea of Papal »Plenitudo Potestatis« from Gregory VII to Boniface VIII, Misc. Hist. Pontif. XVIII, 1954 – H. Riedlinger, Die Makellosigkeit der K. in den lat. Hldkomm., 1958 – W. Beinert, Die K., Gottes Heil in der Welt, 1973 – L. Scheffczyk, Von der sakramental-myst. Schau der K. zum rational-theol. Wesensverständnis (Reich Gottes – Kirche – Civitas Dei, 1980).

Kirchenamt → Amt, kirchliches

Kirchenausstattung im weiteren Sinne bezieht die →Bauplastik, →Glas- und →Wandmalerei, Boden- und Deckengestaltung usw. mit ein, im engeren Sinne umfaßt sie die bewegl. und unbewegl. funktionelle Ausrüstung. So →Altar und →Retabel, →Taufbecken, →Sakramentshaus, →Ambo und →Kanzel, →Chorgestühl, →Zelebrantensitz, →Thron, Bank, →Glocke, →Orgel, liturg. Geräte, Paramente der Kleriker und des Altares, Bücher, →Leuchter und Ampeln, →Andachts- und Kultbilder, →Vortrage- und Altarkreuze, →Reliquiare, →Fahnen, Grabmäler (→Grab), Votivbilder usw., auch Curiosa wie z. B. fossile Tierknochen sind nicht ausgeschlossen. Hinsichtl. ihres Reichtums und bestimmter ikonograph. Themen unterscheiden sich naturgemäß Kathedralen, Ordens- und Pfarrkirchen, wobei wenigstens in ihren Anfängen die Zisterzienser und Bettelorden äußerste Zurückhaltung übten. Im SpätMA unterscheidet sich die K. der großen städt. Pfarrkirchen kaum von der einer Kathedrale. Eine enorme Rolle spielen dabei die →Stiftungen, verbunden mit Grablege und Totenkult. Im Gegensatz zu den einheitl. konzipierten K.en von Renaissance und Barock bildet die K. des MA ein Konglomerat aus unterschiedlichsten Zeiten. Während die Anordnung der Altäre – z. B. auf dem →St. Galler Kl.plan im Jahr 820/830 – streng durchdacht war, bestand in ihrer Gestalt keinerlei Symmetrie. Zur K. zählen auch die im Vorgelände aufgestellten Ölberge, Kruzifixe und Kreuzwegstationen, seit dem 15. Jh. häufig letztere von 7 bis 14 Szenen variierend.

A. Reinle

Lit.: G. Bandmann, Früh- und hochma. Altaranordnungen als Darstellung (Das erste Jahrtausend, I, 1962), 371–411 – Ornamenta Ecclesiae, Kunst und Künstler der Romanik, Ausst.kat., 3 Bde, hg. A. Legner, 1985 – A. Reinle, Die Ausstattung dt. Kirchen im MA, 1988 – Materielle Kultur und religiöse Stiftung im SpätMA, hg. H. Kühnel (Veröff. des Inst. für ma. Realienkunde Österreichs Nr. 12, 1990).

Kirchenbann → Bann, B.

Kirchenbau

I. Westen – II. Byzanz – III. Altrußland.

I. Westen: K., ein der chr. Gottesdienst (Liturgie) dienendes Gebäude (Sakralbau) als Bf.s- (Kathedrale, Dom), Pfarr-, Filial-, Kl.-, Stifts-, Wallfahrts- oder Pilger-, Memorial-, Coemeterial-, Spital-Kirche, Pfalz- oder Burgkapelle usw., als Sonderräume die →Kapelle, das →Baptisterium, der →Karner, in den Bauformen als →Zentralbau, →Basilika, →Halle, →Saal oder Kreuzkuppelbau, an deren Kirchenschiff weitere Bauteile angefügt sind: im O →Querhaus (Transept) und →Chor, dazu →Chorumgang, Sakristei (Zither), →Pastophorien, →Krypta und Chortürme, im W →Vorhalle, →Empore, →Westwerk, →Westbau, →Ein- oder →Doppelturmfassade, in der Kreuzung von Mittelschiff, Querschiff und Chor über der →Vierung der →Vierungsturm. Im Innern ist die K. mit →Altären, →Kanzel, →Lettner, →Chorgestühl mehr oder weniger reich ausgestattet.

Im MA ist der K. die führende Bauaufgabe, die andere Bereiche des Bauens beeinflußt und in der sich alle wichtigen gestalterischen und techn. Neuerungen entwickeln. Der K. ist bestimmt als Raum für die Liturgie, gleichzeitig kann er aber auch häufig der Repräsentation von Kirche, Bauherr oder Stifter dienen. Um die Kirche, zeitweise auch für bestimmte Personengruppen in der Kirche, sind die Toten der zur Kirche gehörenden Siedlung bestattet. Das begehrte Bestattungsrecht sichert in Stiften und Kl. dem Stifter den fürbittenden Gebetsdienst und die Hilfe der in den Reliquien anwesenden Hl.n. Anfängl. zumeist auf röm. Friedhöfen errichtete Memorialbauten waren Keimzellen für frühma. Stiftskirchen. Kontinuität von spätantik-frühchr. K.ten zu frühma. Anlagen ist schwer nachweisbar, zumindest ein Anknüpfen an röm. Plätze und Bauten oder Wiederbenutzung ist in den röm. Prov.en häufig. Bf.ssitze wie Trier und Köln gehören dazu, im übrigen hatten anfängl. die Bf.e noch keinen eigenen K., sondern wirkten an umherziehenden Fs.enhöfen oder in Verbindung mit Kl.

In frühchr.-frühma. Zeit werden mehrere, unterschiedl. Funktionen dienende K.ten zu einem Komplex zusammengefaßt, die eine »Kirchenfamilie« (E. Lehmann) bilden: Bf.s- und Gemeindekirche, Baptisterium,

Grabkapelle; weitverbreitet in Kleinasien, Dalmatien (Salona, Parento), Palästina, Italien (Aquileia, Pavia), röm. Prov.en (Trier, Avignon, Nantes), auch in gall. und frk. Kl. bis in karol. Zeit (Disentis, Schaffhausen, Nivelles). Die weitere Entwicklung des frühma. K.s führte zur liturg. und räuml. Vereinheitlichung, wobei Pfarrkirchen neben Stiftskirchen bestehen blieben. Andererseits können mehrere Kirchen zu einem ikonolog. bestimmten Kirchenkreuz oder Kirchenkranz geordnet (Fulda, Konstanz, Köln) und an entsprechenden Feiertagen für Stationsgottesdienste genutzt werden (Rom, Köln).

Der frühchr. K. wird in der 2. Hälfte des 4. Jh. als fertige Lösung erkennbar, für die Gemeindekirchen die Basilika, für Memorialkirchen häufig und für frühma. →Baptisterien an Bf.skirchen allgemein, später nur noch in Italien, der Zentralbau, Grundschema der ungewölbten Basilika: langgestrecktes, dreischiffiges (Mittelschiff, begleitet von zwei niedrigeren Seitenschiffen), selten fünfschiffiges (Alt-St. Peter in Rom) Langhaus mit Säulen (Kolonnaden oder Arkaden), im O eine Apsis mit dem Altar, an der Wand die Priesterbank (Subsellium) und der Bf.sthron im Scheitel, im Abendland im W ein →Atrium, bes. im Orient im O ein Querhaus, Nebenräume an der Apsis (→Pastophorien, Prothesis und Diakonikon), Seitenschiffemporen und in Syrien turmartige Aufbauten. Im byz. K. sind seit dem 5. Jh. Kuppelwölbung und kreuzförmige Anlagen mit Tendenz zum Zentralbau vorherrschend, was den russ. K. beeinflußt hat.

Seitenschiffemporen konnten versch. Zwecken dienen: als Kapellen, Chorus, Raumausweitung oder auch für Prozessionen. Als Widerlager für Gewölbe im 12. Jh. genutzt, waren sie wohl vornehml. zur Bereicherung des Mittelschiffs und des Hauptchores gedacht, wie das Vorkommen von Scheinemporen beweist. Auch landschaftl. und zeitl. Bevorzugung ist festzustellen: 12./13. Jh. im Rheinland, in der Normandie, Lombardei und in Unteritalien. Emporen im W und in der Nähe des Chores waren für Nonnen, Stiftsdamen und Patronatsherren bestimmt. Die im 9.–12. Jh. weitverbreitete →Krypta, teilweise zu großen Unterkirchen (Speyer, St. Maria im Kapitol in Köln, S. Miniato in Florenz) ausgeweitet, hatte ebenfalls verschiedene Aufgaben: Annäherung an Märtyrer/Reliquien, selten Grablege, Brunnen für liturg. Handlungen, auch Chorunterbau.

Die konstantin. Gründungen in Rom waren wie antike Tempel mit dem Eingang nach O ausgerichtet; der Offiziant am Altar und der Bf. auf seinem Thron in der Apsis hinter dem Altar waren nach O gewendet, die Gemeinde wandte sich jeweils beim Gebet nach O um. Im Ostteil des röm. Reiches war von Anfang an die Orientierung üblich, die sich im 5. Jh. auch im W durchsetzte. Die Orientierung eines K.s ist nur in Ausnahmefällen (Aachener Pfalz) genau eingehalten; die z. T. beträchtl. Abweichungen sind durch Gelände, Vorgängerbebauung oder kaum nachvollziehbare Ausrichtung nach dem Sonnenaufgang bedingt. In karol.-otton. Zeit ist die bes. Ausgestaltung der Westrichtung bei doppelchörigen Kirchen mit dem bewußten Bezug auf Rom zu erklären. Die Ausrichtung auf den mit der Sonne aufsteigenden Christus im Jüngsten Gericht findet sich ebenfalls bei den Toten (Blick nach O, Kopf im W). Auch bei den im W stehenden Altären war O die Zelebrationsrichtung. Die im W wirkenden dämon. Kräfte wurden durch zumeist hochgelegene Michaelsaltäre in Westbauten abgewehrt; Westwerke und Doppelturmfassaden in der Nachfolge antiker Stadttorsymbolik dienten darüber hinaus aber auch als porta coeli, als Eingang in den K. als Abbreviatur des →Himmlischen Jerusalem. Die Nordrichtung (dunkel, heidnisch) führte vereinzelt zur Formenreduktion (Mainzer Dom, Ilbenstadt bei Friedberg). In der Kirchenachse zu beobachtende Knicke sind nicht ikonolog. zu deuten, sondern in der Bauabfolge (Meßfehler) zu erklären (z. B. Gernrode).

Der frühchr. K. ist vornehml. Innenarchitektur, außen zumeist schmucklos. Der Wandschmuck im Innern (Mosaike, Marmorverkleidung, Stuck, Malerei) richtet sich nach Rang und Funktion der Bauteile (Obergaden, Sanktuarium). Architektur und Schmuck stehen in der Tradition der röm. Reichsarchitektur. Säulen, selten Pfeiler, tragen Gebälk oder Bogen bzw. Haupt- und Seitenschiffe. Der Raumeindruck wird durch das bemalte Gebälk des offenen Dachwerks oder einer Flachdecke, seltener, bes. im O, durch Gewölbe bestimmt. Neben der Basilika finden sich Zentralbauten, deren Mauern genischt, von einem Umgang umgeben oder durch Raumteile erweitert sind. Roms K. hat vornehml. auf die Entwicklung des Abendlandes eingewirkt, daneben aber auch Mailand, Ravenna und Aquileia, die unter oström. Einfluß standen, und immer wieder in Sonderfällen Byzanz mit Konstantinopel (per operarios graecos ca. 1020 für Busdorfkapelle in Paderborn).

Während die altgallikan. wie die orth. Liturgie die Vormesse mit Zubereitung der Eucharistie im Nebenraum der Prothesis kannte, vollzog sich die vereinfachte röm. Messe am Hochaltar, so daß als verbreitete Chorlösung die mit einem Querhaus verbundene Apsis, auch um ein Chorjoch erweitert, auftritt. Für die zahlreichen Privat- und Votivmessen und die von den zugehörigen Stiftungen bezahlten Priestermönche und Kanoniker wurde eine Vermehrung der Altarstellen in karol. Kl. und Stiften gefordert; so finden sich in karol. K. Nebenapsiden (später auch Chorumgang mit Kapellenkranz), kreuzförmiger Grundriß der flachgedeckten Basilika mit durchgehendem Querschiff und Apsiden oder dreiräumiges Querhaus (→Zellenquerbauten), dazu Westwerk oder →Doppelchoranlagen, →Krypta sowie die Einführung von Türmen (Chorturm, Vierungsturm, Chorflanken- und Chorwinkeltürme und im W versch. Turmgruppen); weitverbreitet ist daneben als Pfarrkirche die Saalkirche mit Annexräumen und Rechteckchor, seltener mit Apsis.

Zunächst sind im N nur die größeren bedeutenden Kirchen aus Stein gebaut, weitverbreitet ist die →Holzkirche, in Norddeutschland und Skandinavien die →Stabkirche. Die zumeist nur als Pfostengruben oder Bodenverfärbungen in Resten nachgewiesenen Holzkirchen sind durch ihren Zusammenhang mit Gräbern (Friedhöfe) oder aus ihren steinernen Nachfolgebauten als K. zu erschließen, die Konstruktion ist selten eindeutig erkennbar. Die Steinbauten bestehen zunächst aus Bruchstein, im 11. Jh. auch aus Kleinquadermauerwerk, selten aus Großquadern (Limburg a. d. Haardt um 1030), erst im 12. Jh. wird der reine Quaderbau weit verbreitet; in der Gotik besteht der K. durchgehend aus steinmetzmäßig bearbeitetem Naturstein. In Gegenden, in denen Natursteine fehlten, wurde der Backsteinbau um die Mitte des 12. Jh. eingeführt (Oberitalien, schwäb.-bayer. Hochebene, norddt. Tiefebene, Holland). Das örtl. verfügbare Baumaterial hat die Baukunst geprägt. Die Dachdeckung bestand bis ins 13. Jh. aus Blei, selten Kupfer, bei bescheideneren Bauten aus Holzschindeln, dann seit dem 12. Jh. aus Ziegeln (signierte Ziegel von Bf. Bernward in Hildesheim 1. Viertel 11. Jh.) und wohl bald auch aus Schiefer.

Das in karol.-otton. Zeit Erprobte festigte sich zu Beginn des 11. Jh. (z. B. St. Michael in Hildesheim 1010–22). War die frühroman. Basilika im Innern noch von den

Horizontalen geprägt, so ändert sich das mit der allgemeinen Einwölbung der Kirchen seit der Mitte des 12. Jh. (Mitte 11. Jh. schon Seitenschiffe von Speyer und St. Maria im Kapitol in Köln gewölbt) und dem sog. gebundenen System, bei dem zwei Seitenschiffjoche einem Mittelschiffjoch entsprechen; das Vierungsquadrat bestimmt schon seit dem 11. Jh. die Abmessungen für den ganzen Bau, Stützenwechsel, Jochbildung und Wandgliederung bringen einen rhythm. Wechsel und Vertikalisierung. Am reichsten entwickelte sich die Romanik in Frankreich in der 1. Hälfte des 12. Jh., in Deutschland in der 2. Hälfte des 12. Jh. und zu Anfang des 13. Jh. Seit 1140 (St-Denis) erfolgte in der Ile-de-France eine Umbildung zur →Gotik. Der wandbetonte Baukörper wird durch den im Vertikalismus aufstrebenden opt. Skelettbau ersetzt, der die Wände in Gewölbestützen auflöst und dazwischen Glaswände spannt. Die Gotik wurde ab 1235/50 in Deutschland übernommen; das basilikale System mit dem reichen →Strebewerk, das den Außenbau bestimmt, fand in Deutschland nur eine reduzierte Aufnahme; die in Westfalen beliebte →Hallenkirche bekam immer mehr Einfluß, bis sie in der Spätgotik ihre charakterist., bestimmende Ausprägung erfuhr. In Italien, das die ihm wesensfremde Gotik stets stark umgebildet hatte, setzte schon um 1400 der Renaissance-Stil ein, der, an die Antike anknüpfend, in der Frührenaissance v. a. auf dekorative Wirkung abzielte und zu Beginn des 16. Jh. auch den N erreichte, die Gotik aber nur langsam verdrängte.

Bautypen und Bauformen können durch Funktion, Stifter, Hl.e, Tradition u. a. vorbildhaft und nachahmenswert werden, die Einzelgestaltung richtet sich nach regionalen Traditionen, Ansprüchen oder auch bewußten Rückgriffen, wobei gleiche Typen oder Formen unterschiedl. Ansprüchen genügen können: z. B. Zentralbau als Baptisterium, Grab- oder Memorialbau, Reliquienkapelle, Herrscherkapelle (Aachen und Nachfolge). Basilika, Halle, Saal sind in ihrer Grundform als Bf.s-, Stifts-, Kl.- und Pfarrkirche üblich. Die in großen Zügen darstellbare Entwicklung (→Baukunst) ist aber auch geprägt durch unterschiedl. Einflüsse, bes. der Orden (Gorze, Cluny, Zisterzienser, Mendikanten) und regionale Besonderheiten, die durch polit. Entwicklungen überregional einflußreich werden können: Sachsen für die Ottonen, Oberrhein für die Salier und Staufer, Sachsen für Heinrich d. Löwen, Burgund für die Zisterzienser im 12. Jh., Ile-de-France für die Gotik. Zur hist. Entwicklung der Bauformen vgl. die Artikel →Baukunst, →Kloster und die typolog. Einzelartikel. G. Binding

Lit.: →Baukunst – LThK² VI, 199–206 – RGG III, 1348–1372 – TRE XVIII, 442–456 – E. Lehmann, Die entwicklungsgesch. Stellung der karol. Kl.kirche zw. Kirchenfamilie und Kathedrale, Wiss. Zs. der Friedrich-Schiller-Univ. Jena 1952/53, 131–144 – C. Ahrens, Frühe Holzkirchen im n. Europa, 1982 – G. Binding, Städtebau und Heilsordnung, 1986.

II. Byzanz →Baukunst, B

III. Altrussland
Das Modell der (aus einem Kompromiß zw. K. als Architektur- und Bedeutungssystem [liturg. Funktionsbau, Symbol- und Zeichenensemble] entstandenen) byz. Kreuzkuppelkirche (Kk.) wurde nach der Taufe der Kiever Rus' um 980 von ihr übernommen. Kaum Innovationen, aber bemerkenswerte Variationen zeigen Einflüsse des Klimas, des autochthonen, langlebigen →Holzkirchenbaus, des kaukas. und des byz., v. a. des K.s in →Konstantinopel. Das gilt auch für das →Bildprogramm. Die Zehntkirche in Kiev (996) war eine dreischiffige Kk. mit 25 Kuppeln, während die Sophienkathedrale (1036–39) mit fünf Schiffen, 13 Kuppeln, Emporen und Außengalerien eine einmalig-schöpfer. Variante des byz. Prototyps darstellt. Die Uspenie-Kathedrale des Kiever Höhlenkl. (1073–78), dreischiffig, sechs Stützen, eine Kuppel, Narthex, erlangte Einfluß auf Kl.- und Gemeindekirchen. In den Fsm.ern →Černigov, →Halič-Volhynien, →Polock, →Smolensk entstanden in den mächtigen Kathedralen der Fs.en- und Bf.ssitze eigenständige Varianten der Kk., einschließl. des »Reduktionstyps« (z. B. Pjatnica-Kathedrale in Černigov, 12./13. Jh., vier Stützen, eine Kuppel auf hochragendem Tambour mit ansteigenden Blendbögen, drei Apsiden; Elias-Kathedrale, um 1072, stützenlos, Pendentifs, eine Apsis, eine Kuppel auf hohem Tambour). Als Gegenbild zu Kiev und Wiege des Gfsm.s →Moskau entwickelte Vladimir als Residenz von →Vladimir-Suzdal' einen eigenen Stil mit roman., kaukas. und byz. Elementen (Uspenie-Kathedrale, 1189 beendet; Dmitrij-Kathedrale, 1194–97; Pokrov an der Nerl, 1165, mit optimaler Vertikalität »Kleinod des russ. K.s«; Geburt der Gottesmutter, Suzdal', 1222–25; Georgs-Kathedrale, 1231–34, in Jur'ev Pol'skoj, beide interessante Varianten der byz. Kk. Der Außendekor dieser Kirchen (Steigerung in Jur'ev Pol'skoj) macht die Wand zum bibl.-kosm. Symbolträger. Nach dem Sturz des Fs.en 1136 in →Novgorod und seinen Repräsentationsbauten (Sophien-Kathedrale, 1045–52 [zur Vorgängerin →Holzkirchenbau]; Nikolaus im Jaroslavhof, 1113 Grundstein; Georgs-Kathedrale im Jur'evkl., 1119; Erlöser an der Neredica, 1198) setzte sich die konsequent reduzierte Kk. mit vier Stützen, einer Kuppel auf mäßig erhöhtem Tambour, quadrat. Grundriß, drei Apsiden, Emporen mit Kapellen für Gäste und Handelsgespräche als Bürgerkirche durch, z. B.: Verkündigung in Arkaž, 1179; Paraskeva-Pjatnica (»Hl. Frydach«), 1207 (s. o. Černigov); Verklärung, 1374; Uspenie auf Volotovo, 1352; Fedor Stratilat, 1360 (Einflüsse des balt. K.s?). Noch intimer neben der Troica-Kathedrale, 1365–67 (mit komplizierter Vertikalität) in →Pskov der K., z. B. Spas-Kathedrale im Mirožkl., vor 1156; Vasilij Velikij, 1413; Uspenie, 1462–63. Mit Erstarken des Gfsm.s →Moskau wurde durch Verarbeitung älterer Traditionen sein K. normativ. Anwendung neuer Technologien durch →Fioravanti förderte den neuen Typ des aruss. K.s im Kreml', nachdem der Reduktionstyp mit seiner betonten Vertikalität seinen Höhepunkt erreicht hatte (Troica-Kathedrale in Zagorsk, 1422; Uspenie in Zvenigorod, um 1400; Spas Andronikov in Moskau, vor 1427). Die Kathedralen des Kreml' repräsentieren das Gfsm. und die orth. Kirche: Uspenie, 1479, fünf Kuppeln, fünf Apsiden, drei Schiffe; Verkündigung, 1484–89, drei Kuppeln, auf Postamenten mit kielförmigen Blendbögen; Gewandniederlegung, 1484–85; Erzengel, 1501, fünf Kuppeln. Kennzeichen des Überganges vom aruss. zum nz. K. sind: Fortentwicklung des vertikalisierten Baukörpers als Eigenleistung des russ. K.s, seine Krönung mit Zeltdach statt der traditionellen Helm- oder Zwiebelkuppel, Verselbständigung liturg. Raumeinheiten und andere Auflösungstendenzen der klass. Kk.-Kirche. K. Onasch

Lit.: G. H. Hamilton, The Art and Architecture of Russia, 1954 – J. E. Grabar, AAVV, Gesch. der Russ. Kunst, 1–3, 1957–59 – K. Karger, Drevnij Kiev, 1–2, 1958/61 – N. N. Voronin, Zodčestvo Severo-Vostočnoj Rusi, 1–2, 1961/62 – I. A. Bartenev–B. N. Fedorov, Architekturnye Pamjatniki Russkogo Severa, 1968 – A. A. Rybakov, Chudožestvennye Pamjatniki Vologdy XIII–XX veka, 1980 – K. Onasch, Liturgie und Kunst der Ostkirche, 1981 – H. Faensen, Kirchen und Kl. im alten Rußland, 1982 – P. A. Rappoport, Russkaja Architektura X–XIII vv., Kat. Pamjatnikov, 1982 – A. I. Komeč, Drevnerusskoe Zodčestvo konca X–načala XII, 1987 – V. P. Vygolov, Architektura Moskovskoj Rusi Serediny XV veka, 1988 –

H. FAENSEN, Siehe die Stadt, die leuchtet. Symbol und Funktion aruss. Baukunst, 1989.

Kirchenbücher → Matrikel

Kirchenburg, auch Wehrkirche, zur Verteidigung eingerichtete, auch durch Wehrmauern mit Tor und Türmen befestigte Kirche, die bei Gefahr den Gemeindemitgliedern, teilw. einschließl. ihrer Habe und des Viehs, Schutz bietet. Seit dem 10. Jh. im O und SO des dt. Reiches, aber auch in Ungarn, Skandinavien und Frankreich aus Selbsthilfe der ländl. Bevölkerung errichtet, seltener bei Dom- und Kl.kirchen (Königsberg, Havelberg, Albi, Großkomburg, Mont-Saint-Michel). Oft erhöht gelegen, bergfriedartiger Turm mit Schießscharten, Wehrplatte, teilw. Wehrgang und Pechnase, seltener befestigtes Langhaus, allg. Wehrkirche gen.; als K. von Wehrmauer mit Tor und Türmen umgeben, häufig als befestigter Friedhof. Größere Gruppen haben sich erhalten im Erzgebirge, Werra- und Maingebiet, in Friesland, auch in Ungarn und Frankreich, bes. aber in Österreich und Siebenbürgen, hier z. T. mit mehrfacher Ringmauer, Bastionen und Außentürmen. Innerhalb der Mauern fanden sich Speicherbauten. G. Binding

Lit.: K. KOLB, Wehrkirchen in Europa, 1973 [Lit.] – H. und A. FABINI, K.en in Siebenbürgen, 1985 [Lit.].

Kirchenfamilie → Kirchenbau, I

Kirchengeschichtsschreibung (im MA; s.a. →Historiographie). Das abendländ. MA kennt im Grunde nur chr. Historiographie, nicht eigtl. 'Kirchengeschichte', auch wenn dieser Begriff seit dem 12. Jh. gelegentl. begegnet. Die Anfänge der K. liegen im NT (bes. Apg) und wurden nach Zurücktreten der Parousieerwartung apologet. entwickelt (Sextus Julius Africanus; →Hippolytus v. Rom). Die Grundlagen der K. des Altertums schuf v. a. →Eusebios v. Kaisareia († um 339/340) durch seine Weltchronik (um 303) und seine Kirchengesch. (303, vor der Verfolgung Diokletians; ergänzt und bis 324 weitergeführt; 10 Bücher). Dem W bot →Rufinus v. Aquileia († 410) als erster eine Kirchengesch., indem er 403 die Kirchengesch. von Eusebios lat. bearbeitete und um zwei Bücher vermehrte (Weiterführung bis 395). Im gr. Bereich wurde Eusebios' Kirchengesch. im 5. Jh. weitergeführt v. a. durch →Sokrates (für 305–439), →Sozomenos (für 324–422) und →Theodoret (für 323–428); an sie knüpfte an →Evagrius Scholasticus († um 600; für 431–594). →Cassiodor († um 580) verfaßte selber eine Weltchronik und ließ durch →Epiphanios Scholastikos die Kirchengesch.n des Sokrates, Sozomenos und Theodoret ins Lat. übersetzen und nach dem Vorbild des Theodorus Lector zu einer »Historia tripartita« (12 Bücher) verarbeiten; Eusebios' Kirchengesch. in der lat. Bearbeitung und Erweiterung des Rufinus und diese »Historia tripartita« wurden die grundlegenden kirchengesch. Bücher für das MA.

Ähnl. Bedeutung für den Typus der Weltchroniken (→Chronik) gewann für ein Jahrtausend die Weltchronik des Eusebios in der lat. Bearbeitung durch →Hieronymus († 419/420). Das wichtigste Werk für das gesch. (geschichtstheol.) Denken des ganzen abendländ. MA, tief in die NZ nachwirkend, wurden die 24 Bücher »De civitate Dei« des →Augustinus (verfaßt 413-426). Wie dieses Werk, unmittelbar veranlaßt durch die Plünderung Roms 410, sind die etwa gleichzeitigen »Historiae adversus paganos« des →Orosius eine Verteidigung gegen den Vorwurf, das Christentum sei an den Drangsalen der jüngsten Zeit schuld. Der Kampf zw. Glaube und Unglaube wird zum Hauptthema der geschichtstheol. als Heilsgesch. gedeuteten Weltgesch. Die chr. Weltchroniken entstanden parallel zur eigtl. K. und suchten die gesamte Menschheitsentwicklung in chr. Sicht zu erfassen und (apologet.) zu deuten. Die als Heilsgesch. verstandene Weltgesch. wird dabei anschließend an Dan 7 eingeteilt in vier Weltreiche (Orosius), nach den Zeiten der Arbeiter im Weinberg (Mt 20) in fünf Weltzeitalter oder analog zum →Hexaemeron der bibl. Weltschöpfung in sechs je tausendjährige Weltentage (→Justinus Martyr, →Irenäus v. Lyon, Hippolytus v. Rom, →Lactantius, Augustinus, Isidor v. Sevilla, Beda). Daneben steht bei Augustinus die heilsgesch. Dreiteilung 'ante legem', 'sub lege', 'sub gratia'. Das um 400 begründete röm.-chr. Gesch.sbild bestimmte völlig die Gesch.sschreibung des Früh- und HochMA der abendländ. (lat.) Christenheit und wirkte unmittelbar bis in die NZ hinein.

Noch im Übergang von der chr. Spätantike ins FrühMA werden Gesch.n der zum Christentum bekehrten Germanenvölker geschrieben, konzipiert als Sieg des rechten Glaubens in diesen arian.-heidn. Völkern: →Gregor v. Tours († 594; Gesch. der Franken; Anhang zur Gesch. der Bf.e v. Tours); →Isidor v. Sevilla († 636; Gesch. der Westgoten; Weltchronik; Etymologien); →Beda († 735; »Historia ecclesiastica gentis Anglorum«; Über die sechs Weltalter; Anleitung zur Berechnung des Ostertermins). →Dionysius Exiguus hatte die 'chr. Ära' 532 chronolog. begründet (Berechnung der Geburt Christi für 754 ab urbe condita) und damit die Geburt Christi zum Mittelpunkt der heilsgesch. Ausrichtung der ganzen Weltgesch. gemacht.

Bis zum HochMA entwickelte die beherrschende kirchl. Historiographie v. a. vier lit. Formen, wobei die Übergänge vielfach fließend sind: Weltchroniken, →Annalen, →Vitae (Biogr. und Legende), →Gesta. Die zahlreichen chr. Weltchroniken, in der Regel Werke eines einzelnen, sind für die frühe Zeit meist reine Kompilationen ihrer Vorbilder Eusebios/Hieronymus und deren Fortsetzer. Mit der Nähe zur Gegenwart steigt der Q.wert. Bedeutende Vertreter waren: Isidor v. Sevilla, Beda, →Frechulf v. Lisieux, →Ado v. Vienne, →Regino v. Prüm, Hermann v. Reichenau, sein Schüler →Berthold (22. B.), →Bernold v. Konstanz, →Frutolf v. Michelsberg, →Ekkehard v. Aura, →Sigebert v. Gembloux, →Marianus Scotus. In Deutschland blieb die Frutolf-Ekkehard-Chronik maßgebend; sie lieferte auch den Stoff für →Otto v. Freising († 1158), der diese Art Weltchronistik zur Vollendung brachte (»Chronica sive Historia de duabus civitatibus«), maßgebl. geleitet von Augustinus' Gesch.theologie. Otto entfaltete das geschlossenste Bild der Weltgesch. im MA, fand aber darin keine Nachfolge. Chronisten der Folgezeit (oft zeitl. und räuml. eingeschränkt, im SpätMA gelegentl. vom Lat. zur Volkssprache übergehend) sind durchweg schwächer, z. B. →Otto v. St. Blasien, →Gottfried v. Viterbo, →Vinzenz v. Beauvais, →Martin v. Troppau (wohl am weitesten verbreitet), →Andreas v. Regensburg. Die →Annalen (seit dem 8. Jh. faßbar), meist anonym verfaßt und oft über Generationen weitergeführt, bringen Aufzeichnungen überlieferter und erlebter Schicksale eines Kl., eines Bm.s; dabei kann sich das Blickfeld zur Kirchen- und Reichsgesch. der Zeit weiten, wie bei →Thietmar v. Merseburg († 1018). Zu den besten Autoren gehören →Flodoard v. Reims († um 966) und →Adam v. Bremen († nach 1081; »Gesta Hammaburgensis ecclesiae pontificum«).

Dem regelmäßigen Gebetgedenken der Toten dienen Memorialbücher (→Memorialüberlieferung), →Nekrologien und die in manchen Kl. geführten Totenannalen.

Die Vita (meist, aber nicht nur Hl. en-Viten), von erbaul. Tendenz geprägt, dient oft dem liturg. Kult, auch erbaul. Unterhaltung. Virtutes und miracula sollen das Leben außerordentl. Menschen aufzeigen, was konkrete Lebensnähe nicht ausschließt. Dazu gehören die »Vitae patrum« des Rufinus, die Wundergesch.n Gregors v. Tours, die Dialoge Papst Gregors I. und später v. a. die »Legenda aurea« des →Jacobus de Voragine (um 1260/70). Bedeutende Vitae stammen u. a. von →Sulpicius Severus (Martin), →Eugippius (Severin), →Venantius Fortunatus (Radegunde), →Jonas v. Bobbio (Columban), →Arbeo v. Freising (Emmeram und Korbinian), →Alkuin (Willibrord), →Willibald (Bonifatius), →Hugeburc in Heidenheim, →Eigil in Fulda, →Einhard (Vita Caroli M.), →Ruotger (Brun v. Köln), Norbert v. Iburg, →Eadmer (Anselm v. Canterbury), →Otloh v. St. Emmeram (Wolfgang). Die Darstellungsform der →Gesta fügt biograph. Momente in einen sachl. Zusammenhang. Vorbildl. wurde für manche der »Liber Pontificalis« (seit dem 6./7. Jh. fortlaufend, mit kleinen oder umfangreichen Notizen zu den Papstviten). Wichtige Autoren und Werke sind: Paulus Diaconus (»Gesta episcoporum Mettensium«); »Gesta abbatum Fontanellensium«; »Casus s. Galli« (Ratpert, →Ekkehard IV., Continuationes); →Flodoard v. Reims.

Die kirchl. Reformbewegung des 11./12. Jh. schien der K. einen neuen Impuls zu geben, der aber kaum zur Entfaltung kam. Zwar taucht der Name Kirchengesch. im frühen 12. Jh. wieder auf (→Hugo v. Fleury, →Ordericus Vitalis), aber geboten wird nur eine geschichtstheol. Kompilation von Welt- und Heilsgesch. Der ma. Theologie fehlt bezeichnenderweise ein eigener Traktat über die Kirche (der kommt über Ansätze kaum hinaus). Die theol. Reflexion über die Kirche setzt in größerem Maß erst im Hoch- und SpätMA ein, nach dem Kampf der duae potestates im Investiturstreit, und jetzt in Verbindung mit der Lehre vom Primat des Papstes. Kirche als Gegenstand der Gesch.stheologie erscheint bei →Rupert v. Deutz († 1129), →Gerho(c)h v. Reichersberg († 1169), →Anselm v. Havelberg († 1158), →Joachim v. Fiore († 1202). Das Ideal sehen die Reformer in der Kirche der Vorzeit (Zeit Jesu, der Apostel, chr. Altertum), nach der man sich im gegenwärtigen 'Verfall' ausrichten müsse (Dekadenz-Theorie). Der neugewonnenen Geltung des Sacerdotium entsprechend wird Kirchengesch. bei →Johannes v. Salisbury († 1180) und →Bartholomaeus v. Lucca (OP, † 1327) weithin Papstgesch., ebenso beim wenig originellen Bartolomeo →Platina (»Liber de vita Christi et pontificum«, 1479). Die Bettelorden (OP, OFM) griffen neben ihren chronikartigen Ordensgesch.n und den gewöhnl. legendar. verklärten Vitae der Stifter und Hl. en ihrer Orden (z. B. →Bonaventura über →Franziskus v. Assisi) wieder die Weltchronik auf (→Vinzenz v. Beauvais, →Bernardus Guidonis, Martin v. Troppau, Antoninus v. Florenz).

Die bedeutendsten kirchengesch. Werke des SpätMA entstanden zu den bewegenden zeitgesch. Themen 'Großes Schisma' und 'Reformkonzilien', z. B. →Dietrich v. Nieheim († 1418; »De schismate«); Ludolf v. Sagan († 1422; über Schisma, Hussiten); →Martin v. Alpartil († 1440; »Chronica actitatorum temporibus Domini Benedicti XIII«); →Johannes v. Segovia († 1458; über das Konzil v. Basel). Neue Impulse der K. brachten krit. Sinn und philolog. Interesse der Humanisten, bes. ihre zunächst philolog. Q.kritik (Lorenzo →Valla; →Erasmus v. Rotterdam), die bereits hinüberleitet in die konfessionelle K. des Reformationszeitalters und die Begründung der wiss. K. im 17./18. Jh. G. Schwaiger

Lit.: HKG I³, 17–55 – TRE XVIII, 1989, 535–560 [Lit.] – H. ZIMMERMANN, Ecclesia als Objekt der Historiographie, 1960 – P. MEINHOLD, Gesch. der kirchl. Historiographie, 2 Bde, 1967 – H. GRUNDMANN, Gesch.sschreibung im MA, 1978³ – Gesch.schreibung und geistiges Leben im MA (Fschr. H. LÖWE, hg. K. HAUCK–H. MORDEK, 1978) – F.-J. SCHMALE, Funktion und Formen ma. Gesch.sschreibung, 1985 – H. FUHRMANN, Papstgeschichtsschreibung (Gesch. und Gesch.wiss. in der Kultur Italiens und Dtl.s, hg. A. ESCH–J. PETERSEN, 1989), 141–191.

Kirchengewalt → Potestas ecclesiastica

Kirchengut → Vermögen, kirchliches

Kirchenjahr, Begriff vermutl. erst seit dem 16. Jh. existent (Postille des Magdeburger Pfr. J. Pomarius, Magdeburg 1585), vorher als 'anni circulus' (in Sakramentaren), 'corona anni', 'officium orbiculare' oder '(tage in dem) jar' (vgl. älteste dt. Gesamtauslegung der Messe ca. 1480, ed. F. R. REICHERT) bezeichnet. Der (im kalendar. Sinn) Beginn des K. es ist im MA nicht allg. festgelegt: 1. Adventssonntag (seit 10. Jh. in Sakramentaren), Weihnachten, Mariä Verkündigung, Ostern. Die Osterfeier (mit vorgeschalteter Quadragesima [Septuagesima], 'Karwoche' und folgender Osterzeit und Pfingsten [4./5. Jh.]) und Weihnachtsfeier (mit Advent und folgenden Festtagen [4.–6. Jh.]) sowie (Christus- und Heiligen-)Feste im Jahreskreis werden im MA weiter ausgestaltet. Eine Strukturierung in Oster-, Weihnachtsfestkreis etc. ist dem MA unbekannt (vgl. Artikel zu den einzelnen Festen). Faktoren, die zur Ausfaltung eines K. es beitragen, sind: *anthropolog.* ('homo ludens'; vgl. J. HUIZINGA, Homo ludens, 1938, 1987²) und *jahreszeitl.* Gegebenheiten (mit Einfluß etwa auf Weihnachten und Epiphanie), –*jüd.* (v. a. Pessah/Schawuoth mit Einfluß auf Termine von Ostern/Pfingsten) und *heidn.* (etwa Sonnwendfeiern bezüglich Weihnachten) *Festrhythmen,* – *die (chr.) Heilsgesch.* (auf kerygmat. Kern [Sonntag/Ostern] oder katechet. Entfaltung [Vervielfältigung der Christusfeste] konzentriert), – *Theologie und Frömmigkeit* (so bei Ideen- und Devotionsfesten, die eine stat.-abstrakte Idee [Eucharistiefrömmigkeit, →Fronleichnam] und kein Heilsereignis feiern), – *kirchenpolit.* Daten (Sieg über die Türken – Verklärung des Herrn [1457]; das Politikum selbst wird in der röm. Liturgie nicht angesprochen). Der Gedanke, im einzelnen Fest das je ganze Heilsmysterium zu feiern, tritt immer stärker zurück. Die Feste werden zunehmend als ein 'Nachspielen' einzelner Begebenheiten der Lebensgesch. Jesu verstanden. Das fördert die Systematisierung des K. es. Entstehen Feste zunächst aus gemeindl./ortskirchl. 'Initiative und Rezeption' (AUF DER MAUR), so setzt sich seit dem 13. Jh. die röm. Anordnung durch (z. B. Fronleichnam 1264, Dreifaltigkeit 1334). Schon immer reflektieren Theologen über einzelne Feste und Festzeiten. Etwa ab dem 12. Jh. tauchen theol. Konzepte des K. es auf. →Joachim v. Fiore ordnet dem status secundus seiner Gesch.skonzeption (Zeit des Sohnes und des geistig-fleischl. Menschen) die 'Passionszeit', dem status tertius (Zeit des Geistes und des geistig-pneumat. Menschen) die 'Osterzeit' zu, während Pfingsten auf das Leben im Himmel hindeutet (De vita s. Benedicti et de officio divino secundum eius doctrinam). →Sicard v. Cremona weist den Epochen der Weltzeit (magnus annus vitae praesentis) das liturg. Jahr zu: tempus revocationis – Advent, t. deviationis – Septuagesima bis Osteroktav, t. reconciliationis – österl. Tage bis Pfingstoktav, t. peregrinationis – Pfingstoktav bis Advent. Nicht eine Historisierung des Lebens Jesu (denn Weihnachten und Septuagesima fehlen), sondern die Feier der Heilsgesch. ist Gegenstand (Mitrale V, prologus). →Duranti(s) kennt ebenfalls vier Abschnitte des Jahres, die er nun christolog. deutet: Geburt Christi (circumcisio, apparitio, baptismus, purificatio); Leiden Christi (ieiunium, tentatio); Auferstehung Christi (ascensio in coelum, sancti Spiritus emissio); Ankunft zum Gericht (transfiguratio, miraculorum operatio) (Rationale VI, 1). Gemeinsam ist allen Deutemodellen noch eine relative Unschärfe. Die numer. Ordnung des K.es (vgl. SUNTRUP, 336) ist Gegenstand der Zahlenallegorese (z. B. K. – Lebensgesch. Jesu; drei Kartage – Zeit des Antichrist). Durch die Interpretation der Zahlen des K.es geschieht Exegese des 'tempus'. Die liturg. Zeit transzendiert auf Heilsgesch. hin. Das MA sieht das Jahr noch als K. Doch ein neuer Umgang mit der Zeit, die u. a. exakter quantifizierbar (durch genauere Uhren) und stärker nach ökonom. Aspekten organisiert wird (vgl. J. LE GOFF, Zeit der Kirche und Zeit des Händlers im MA [C. HONEGGER, Schrift und Materie der Gesch., 1977]), fördert seit der Renaissance des 16. Jh. ein immer deutlicheres Nebeneinander von bürgerl. Jahr und K. B. Kranemann

Lit.: TRE XVIII, 575–599 [Lit.] – G. KUNZE, Die gottesdienstl. Zeit, Leiturgia 1, 1954, 437–535 – H. AUF DER MAUR, Feiern im Rhythmus der Zeit, 1: Herrenfeste in Woche und Jahr (Gottesdienst der Kirche 5, 1983) [Lit.] – R. SUNTRUP, Zahlenbedeutung in der ma. Lit.allegorese, ALW 26, 1984, 321–346 – M. AUGÉ u. a., L'anno liturgico (Anàmnesis 6, 1988) – W. EVENEPOEL, La délimitation de l''année liturgique' dans les premiers siècles de la chrétienté occidentale. Caput anni liturgici, RHE 83, 1988, 601–616.

Kirchenkranz, bildl. Umschreibung für das sakraltopograph. Ensemble der städt. und vorstädt. Siedlungseinheiten, insbes. der 'hl. Städte' der otton.-sal. Zeit. Der Begriff ist mißverständl., da die Anordnung der Abteien, Stifts- und Kathedralkirchen nicht nur in Kranz- bzw. Strahlen-, sondern auch in Kreuz- oder Linienform erfolgte (z. B. Bamberg, Konstanz, Paderborn; →Bischofsstadt, →Heilige Stadt, →Klerus). B.-U. Hergemöller

Lit.: G. BANDMANN, Ma. Architektur als Bedeutungsträger, 1951 – H. MAURER, Kirchengründung und Romgedanke am Beispiel des otton. Bf.ssitzes Konstanz (Bf.s- und Kathedralstädte, hg. F. PETRI, 1976), 47–59.

Kirchenlehen (feudum ecclesiasticum), Kirchengut (Grundbesitz) oder nutzbares Hoheitsrecht, das in Form eines →Lehens ausgetan wurde, als solches den weltl. Lehensgesetzen folgend, aber dem Anspruch nach der kirchl. Gerichtsbarkeit unterliegend. Bereits karol. Hausmeier haben durch Vergabe kirchl. Lehen (die Eigentum der Kirche blieben) ihre Vasallen an sich binden wollen. Später wurden Bf.e und Äbte selbst Lehnsherren. Päpstl. Lehen ist ein vom Papst verliehenes, davon stammt ein feudum datum aus dem patrimonium S. Petri, das feudum oblatum (uneigentl. Lehen, Lehnsauftragung) aus anderen Rechtstiteln. Seit dem 11. Jh. haben zahlreiche ma. Herrscher (erstmals 1059 Robert Guiscard für Sizilien) ihre Reiche vom Papsttum als feudum oblatum genommen. Insbes. Gregor VII. und Urban II. sowie dann Innozenz III. haben eine konsequente päpstl. Lehnspolitik verfolgt, in deren Verlauf bis zum Ende des 13. Jh. ein dichtes Netz lehnsrechtl. Abhängigkeitsverhältnisse ma. Staaten vom Papsttum entstand (1204 Peter II. für Aragón, 1213 Johann für England, 1265 Karl v. Anjou für das regnum Siciliae). Am Ende der Entwicklung steht Nikolaus V. (1454 westafrikan. Lehen an Portugal durch die Bulle »Romanus Pontifex«). Krummstablehen wurden vom Bf. oder Abt aus dem jeweiligen Eigenbesitz, Pfarrlehen aus Pfarrgut verliehen. Aus den Rechts- und Sozialverhältnissen des frühen MA erwachsen, wurde das K. später Q. zahlreicher Konflikte mit Laiengewalten, führte zu innerkirchl. Mißständen und wurde deshalb durch die sich bildenden Nationalstaaten, aber auch die kanon. Gesetzgebung eingeschränkt bzw. bekämpft. B. Roberg

Q.: CIC X 2.2. 6f.; X 3.13.8.11f.; X 3.20.1f.; VI 3.9.1.f. – Extravag. com. 3.4.1 – *Lit.:* K. JORDAN, Das Eindringen des Lehnswesens in das Rechtsleben der röm. Kurie, AU 12, 1932, 13–110 – G. TELLENBACH (Fschr. G. RITTER, 1950), 25f., 34–37 – F. MERZBACHER, Kirchenrecht und Lehnsrecht, ÖAKR 12, 1961, 113ff.

Kirchenlehrer (doctor ecclesiae), Titel bedeutender Theologen im MA, schon seit dem 8. Jh. zunächst Bezeichnung der (später Kirchenväter, patres ecclesiae, gen.) vier großen Theologen des lat. Altertums: Gregor d. Gr., Augustinus, Ambrosius und Hieronymus, deren liturg. Festfeier Guillelmus →Durandi, Rationale divin. offic. VII c. 1 Nr. 33f., erwähnt und Bonifatius VIII. (Lib. VI. tit. 22, ed. AE. FRIEDBERG II, 1059) bestätigte. Ihnen treten als Vertreter der ö. Theologie an die Seite Athanasius, Basilius d. Gr., Johannes Chrysostomos und Gregor v. Nazianz. Später (seit dem 16. Jh., endgültige Definition durch Benedikt XIV.) werden auch (und v. a.) die führenden Theologen des MA (und der NZ) doctores ecclesiae genannt, insofern sie Zeugen der Tradition als der – mit der Bibel – zweiten Glaubensq. sind; ihren Aussagen kommt mithin bei Konsens bes. dogmat. Qualifikation zu. Orthodoxie der Lehre und hervorragende wiss. Leistungen sind demnach neben vorbildl. Leben entscheidende Voraussetzungen für die Erhebung zum doctor ecclesiae, die durch den Papst ausgesprochen wird. Ma. Kirchenlehrer sind: Thomas v. Aquin (1568 erhoben), Bonaventura (1588), Anselm v. Canterbury (1720), Isidor v. Sevilla (1722), Petrus Damiani (1828), Bernhard v. Clairvaux (1830), Hilarius v. Poitiers (1854), Johannes Damaskenos (1890), Beda Venerabilis (1899), Albertus Magnus (1931), Antonius v. Padua (1946), Katharina v. Siena (1970). B. Roberg

Lit.: Benedictus XIV., De servorum Dei beatificatione, 1783, lib. IV, c. II, n. 11 – DThC IV, 1509f. – LThK² VI, 230f.

Kirchenmodell → Architekturmodell

Kirchenmusik → Musik

Kirchenprovinz → Bistum; →Kirche; →Metropolit, Metropolie

Kirchenrecht → Kanonisches Recht

Kirchenschatz (geistl.), lat. thesaurus ecclesiae, theol. Bild-Begriff, der im Konnex der Auseinandersetzungen um den →Ablaß im 14. Jh. virulent wurde und bei Papst Clemens VI. seine erste lehramtl. Nennung fand (DENZINGER-SCHÖNMETZER, 1025ff.; Sixtus IV.: ebd. 1398; Leo X.: ebd. 1447ff.; CJC c.911), aber schon von →Hugo v. St-Cher als ein »im Schrein der Kirche niedergelegte Schatz« vorgestellt wurde, dessen unschätzbarer Wert sich aus dem »vergossenen Blut Christi und der Martyrer« speist (Hostiensis, Summa aurea V de remiss. § 6). Nach →Thomas v. Aquin greift die Kirche beim Ablaß auf diesen von ihr verwalteten K. zurück, sofern sie die »im Himmel verwahrten Verdienste« Jesu Christi und der Hl.n vornehml. zur Tilgung zeitl. Sündenstrafen (→Buße) in Anspruch nimmt. M. Gerwing

Lit.: TRE VII, 471–473 – H. VORGRIMLER, Buße und Krankensalbung (HDG IV, 3), 117–119 – J. FINKENZELLER, Der Ablaß, Theologie der Gegenwart in Auswahl 26, 1983, 243–251.

Kirchenslavische Sprache und Literatur
I. Sprache – II. Literatur.
I. SPRACHE. Die altkirchenslav. (akslav.) Sprache gehört neben Griechisch, Lat., Gotisch, Ahd. bzw. Ags. zu den ältesten Schriftsprachen Europas ('Schriftsprache' eng definiert = überdialektal, normiert, stilist. differenziert, verschiedenen Bedürfnissen der gegebenen Gemeinschaft dienend). Sie wurde kurz vor 863 aufgrund des slav.

Dialekts der Umgebung von Thessalonike von Konstantin-Kyrill (→Konstantin und Method) im Zusammenhang mit der Mission nach Großmähren standardisiert und zuerst mit der Glagolica, etwas später auch mit der Kyrillica (→Alphabet, III, IV) geschrieben. Die Schriftsprache war für alle Slaven bestimmt. Aus Mähren hat sie sich nach Böhmen, Makedonien, Bulgarien, in das kroat. Küstenland, teilw. vielleicht auch nach Südpolen verbreitet, von den Südostslaven weiter nach Rußland, zu den Serben und nach Bosnien und – neben einer anderen Linie aus Südrußland – auch zu den nichtslav. Rumänen. Periodisierung: 1. Akslv. (kanon., 'klassisch') war ein wohlnormiertes Sprachgebilde, das auf dem Bewußtsein einer lebenden Sprache beruhte; Varianten: mähr. (nur →Kiever Blätter erhalten), makedo-bulg. (Mehrzahl der Denkmäler), bzw. slowen. (falls die →Freisinger Denkmäler nicht als slowen. einzustufen sind). Die Hss. stammen vom Ende des 10. und aus dem 11. Jh. (älter nur Kiever Blätter). Bis zu einem gewissen Grad kann das Akslv. die nichtbelegte slav. Ursprache ('Urslavisch') linguist. vertreten; als einzige Slavine sind ihre Denkmäler vor der Zeit der meisten großen Umwandlungen im slav. Sprachsystem entstanden. 2. Kirchenslavisch (K.) war eine Buchsprache, die in das akslav. Erbe jüngere Züge der Lokaldialekte der jeweiligen Gebiete, auf denen sie als Schriftsprache fungierte, aufnahm. Es formierten sich sechs Redaktionen des K.en (stärker differenziert als die Varianten des Akslav.): a) südostslav. (makedo-bulg.), b) serb. (mit bosn. Subredaktion), c) kroat.-glagolit., d) tschech., e) russ. (mit oft als ukrain. und weißruss. bezeichneten Subredaktionen) und f) rumän. Durch das ganze MA hindurch und noch lange in die NZ vermittelte K. den fruchtbaren Austausch von Lit. und Kulturgütern zw. den Slaven. In Böhmen erlosch die k. Sprache und Kultur 1097 (fsl. Verbot der slav. Liturgie im Sasau-Kl.), sie förderte aber das frühe Entstehen der tschech. Schriftsprache. Im 14. Jh. wurde die kroat.-glagolit. Redaktion des K.en auf Wunsch Karls IV. ins Prager Emaus-Kl. übertragen, wo sie bis zu den Hussitenkriegen im Gottesdienst verwendet wurde. Dieses Spezifikum verbreitete sich vom Prag aus nach Schlesien (Öls) und nach Krakau (Kleparz-Kl.), wo es sich vielleicht durch das ganze 15. Jh. erhielt. Bes. starken Einfluß übte das K. auf die russ. Sprache aus. Im Vergleich mit der akslav. Periode war die k. Sprachnorm im allg. gelockert. In der Liturgie diente K. bei den Kroaten, in Prag, Öls und Krakau dem röm. Ritus, ansonsten überall dem byz. 3. Neukirchenslav. ist auf die Aufgabe der lingua sacra reduziert, koexistiert neben der etablierten jeweiligen Schriftsprache und wird, streng normiert, nur für kirchl. Zwecke gebraucht. Schließlich wurden drei Typen festgelegt: a) russ. (mit ukrain. Variante), heutzutage überall im byz. Ritus benutzt (mit national verschiedener Aussprache); b) kroat., im röm. Ritus bei den Kroaten verwendet (1921–72 auch bei den Tschechen); c) tschech., 1972 von V. TKADLČÍK aufgrund alter Denkmäler für den röm. Ritus in den böhm. Ländern konstruiert.

II. LITERATUR: In der kyrill.-method. Epoche (863–885) wurde die ganze Bibel (Ausnahme eventuell Makkabäer) übersetzt (→Bibelübersetzungen, XV) – die zweitälteste komplette Bibelübersetzung in eine europ. Volkssprache, älter ist nur die got. Bibel →Ulfilas (4. Jh.). Weiter wurden die byz. liturg. Texte (auch Stundengebet), die Petrusliturgie (?) und röm. Meßtexte (aus dem Lat.) übertragen. Aus der gr. Ekloge wurde das Strafgesetzbuch für Laien (*Zakon sudnyj ljudem*; mit Elementen aus abendländ. und altem, mündl. überlieferten slav. Recht) übersetzt. Eine Ergänzung dazu bildet das Pönitential (*Zapovědi sv. otec,* aus dem lat. »Liber poenitentialis« aus Merseburg). Aus der gr. »Synagoge L titulorum« (Johannes Scholastikos) stammt der akslav. Nomokanon (Slg. weltl. und kirchl. Gesetze). Method übersetzte auch ein patrist. Werk, nach MAREŠ die »Dialoge« Gregors d. Gr. (Proömium aus dem Lat.). In akslav. Hss. sind auch homilet. Texte enthalten; kaum entscheiden läßt sich jedoch, welche kyrill.-method. Ursprungs sind und welche der postmähr. Zeit angehören. Kurze Beichtformeln gehen auf das ahd. St. Emmeramer Gebet zurück (aus der vorkyrill.-method. Zeit in Mähren überliefert?). Die Übers.en stehen auf hohem stilist. und künstler. Niveau und beruhen, soweit nicht anders angeführt, auf gr. Vorlagen. Auch die Originaltexte sind von hohem ästhet. Wert. Zu nennen sind die Prosawerke: sog. »Chersoner Legende«, panegyr. Rede Konstantins über die Translation des hl. Klemens d. Römers (mit stark poet. Zügen); Traktat Methods über die Kunst der Übers. (Leitgedanke: Sinn und Stil, nicht Ausdrücke und Wörter sind von Wichtigkeit). Aus der Neige der mähr. Epoche stammen zwei lit. und hist. wertvolle Lebensbeschreibungen: »Vita Constantini« und »Vita Methodii«. Erstere beruht vielleicht auf einem gr. Tagebuch Konstantins, Method war an der Bearbeitung beteiligt (?); die Autoren der letzteren waren Jünger. Poet. Werke: Der »Proglas«, dichter. Vorw. Konstantins zur Übers. des Evangeliars (so MAREŠ; A. VAILLANT: Vorw. zum Tetraevangelium), in zwölfsilbigen reimlosen Versen. Konstantin ist wahrscheinl. der Autor des byz. liturg. Kanons zu Ehren des hl. Demetrios v. Thessalonike und eines akrophon. Alphabetgebets *(»Az jesm vsemu miru svět . . . «)*. Die k. Periode hat die akslav. Übersetzungstätigkeit und das originale Schaffen überall fortgesetzt und das alte Erbe bewahrt: manche Werke sind nur in k. Abschriften erhalten. Das Schrifttum wurde wesentl. erweitert (z. B. Predigten, Lebensbeschreibungen, Bildungslit., theol. u. a. Traktate, Apokryphen, Gesch. u. ä.).

F. W. Mareš

Lit.: F. MIKLOSICH, Lex. palaeoslovenico-graeco-latinum, 1862–65² [Neudr. 1977] – P. A. GIL'TEBRANDT, Spravočnyj i ob'jasnitel'nyj slovar' k Novomu zavetu, 1882–85 [Nachdr. 1988f.] – V. JAGIĆ, Entstehungsgesch. der k. Sprache, 1913² – M. WEINGART, Československý typ cirkevnej slovančiny, 1949 – F. GRIVEC, Konstantin und Method, Lehrer der Slaven, 1960 – P. DIELS, Akslav. Grammatik, 1963² – F. W. MAREŠ, Česká redakce círk. slovanštiny v světle Besěd Řehoře Velikého (Dvojeslova), Slavia 32, 1963, 417–451 – R. VEČERKA, Slovanské počátky čes. knižní vzdělanosti, 1963 – Magnae Moraviae fontes hist., 5 Bde, 1966–76 – Slovník jaz. stsl./Lexicon linguae palaeoslovenicae, bisher 4 Bde, 1966ff. – H. G. LUNT, Old Church Slavonic Grammar, 1974⁶ – Slava veche şi slavona românéască, hg. P. OLTEANU, 1975 – H. BIRNBAUM, On the Significance of the Second South Slavic Influence for the Evolution of the Russian Lit. Language, 1976 – F. W. MAREŠ, An Anthology of Church Slavonic Texts of Western (Czech) Origin. With an outline of Czech Church Slavonic language and lit. and with selected bibliogr., 1979 – G. PODSKALSKY, Christentum und theol. Lit. in der Kiever Rus' (988–1237), 1982 – S. DAMJANOVIĆ, Tragom jezika hrvatskih glagoljaša, 1984 – Kirilometodievska enciklopedija, hg. P. DINEKOV, 3 Bde, 1985ff. – Tre alfabeti per gli Slavi, 1985 – Slovar' knižnikov i knižnosti drevnej Rusi, I (XI–1. pol. XIV v.), hg. D. S. LICHAČEV, 1987 – I. C. TARNANIDIS, The Slavonic Mss. Discovered in 1975 at St. Catherine's Monastery on Mount Sinai, 1988 – F. W. MAREŠ, Die neukirchenslav. Sprache des russ. Typus und ihr Schriftsystem (P. A. GIL'TEBRANDT, Spravočnyj ... [s. o.], 2, 1988, V–XXXVII – Hb. 'Wörterbücher. Dictionairies. Dictionnaires' XX/IV: 208, 2255–2267, 1991 [DERS.].

Kirchenstaat bezeichnet sowohl die Patrimonien der röm. Kirche als auch den Territorialbesitz in Mittelitalien, über den der Papst die volle Verfügungsgewalt hatte. Zum eigtl. K. rechnet man im engeren Sinn die mittelit. Territorien, obwohl viele Patrimonien über den K. verstreut waren.

Die Gesch. des K.s beginnt im 8. Jh., als die Päpste unter fiskal. Druck, in bürokrat. Abhängigkeit und in doktrinäre Probleme mit Byzanz gerieten, zu einem Zeitpunkt, als die Langobarden Mittelitalien bedrohten. Seit Gregor II. beriefen sich die Päpste auf ihre Funktion als Schutzherren des »populus S. Petri« zw. Venedig und Benevent. Die päpstl. Ansprüche beruhten auf drei Grundsätzen: 1. auf dem pastoralen Wunsch, über das geistl. und soziale Wohlergehen dieses Volkes zu wachen; 2. einer Ausdehnung der kirchl. Aktivitäten auf den weltl. Bereich, z. B. auf den karitativen Dienst; 3. einem ideolog. Anspruch, der durch die sog. →Konstantinische Schenkung repräsentiert, aber nicht geschaffen wurde. Nach ihr soll Konstantin d. Gr. Papst Silvester und seinen Nachfolgern im weström. Reich die polit. Autorität verliehen haben.

Die Päpste erhoben den Anspruch auf die Regierung über den größten Teil Italiens, doch fehlte ihnen die tatsächl. Machtbasis. Bereits 739 und dann erfolgreicher in den 50er Jahren des 8. Jh. baten die Päpste die Franken um ihren Schutz. In den folgenden anderthalb Jahrhunderten wurde das päpstl.-frk. Bündnis bei fast jedem Amtswechsel in Rom oder im Frankenreich erneuert. Die Karolinger garantierten den päpstl. Besitz von bestimmten Territorien in Italien und den Schutz vor allen Feinden. Der K. wurde als autonomes Gebiet unter päpstl. Herrschaft in das karol. Reich inkorporiert. Die erste detaillierte Beschreibung des K.s ist im →Pactum Hludowicianum von 817 überliefert, einem Dokument, das Übereinstimmung zw. Karl d. Gr. und Hadrian I. in den 80er Jahren des 8. Jh. widerspiegelt. Der K. umfaßte einen Gebietsstreifen, der von Kampanien und der Küstenregion s. von Rom nö. bis in die Romagna und nach Ravenna reichte. Päpstl. Ansprüche auf Venedig, Istrien, Spoleto und Benevent wurden fakt. aufgegeben, doch gelangten später einige dieser Gebiete zeitweise in päpstl. Besitz.

Am Ende des 9. Jh. konnten die Karolinger nicht länger ihre Schutzfunktion gegenüber den Päpsten erfüllen. Rom wurde nun von Kämpfen zw. mächtigen Adelsfamilien beherrscht, die in Pontifikat und päpstl. Verwaltung nur einen Preis im Spiel um die Macht in Rom sahen. Unter →Theophylakt und seinen adligen Nachfolgern tauchte ein das Papsttum lange beeinflussendes Phänomen auf. Es kam wie nie zuvor zu einer Verweltlichung des Papsttums, doch wurde der K. gestärkt und unabhängiger. Bis zum Ende des MA folgten große Krisen in der Gesch. des Papsttums (z. B. der →Investiturstreit) bzw. in der Gesch. des K.s (z. B. der Versuch der Staufer, dieses Gebiet zu beherrschen) gleichzeitig, aber mit unterschiedl. Konsequenzen.

962 erneuerte Otto I. die karol. Schutzherrschaft (nach dem Vertrag von 824), doch konnten weder er noch seine Nachfolger, trotz mehrmaligen Eingreifens, die tatsächl. Herrschaft in Rom erlangen, wo sie auf den heftigen Widerstand der verschiedenen Adelsparteien stießen. In der Mitte des 11. Jh., als der deutsche Einfluß unter Heinrich III. zunächst zunahm, während der Minderjährigkeit Heinrichs IV. jedoch nachließ, nahmen die Päpste zur Stärkung ihrer Position wieder ihre alte Politik der Bündnisse mit Fs.en in Süditalien auf. Während bisher u. a. die Fs.en v. Capua und Benevent in der röm. Politik und gegen die Fs.en der Toskana als Verbündete fungierten, wurde unter Nikolaus II. ein Bündnis mit den Normannen gegen die dt. Herrscher geschlossen. Für mehr als ein Jahrhundert war nun das Papsttum in Auseinandersetzungen mit weltl. Herrschern um weltl. und geistl. Jurisdiktion verwickelt, während der K. von ständig wechselnden Bündnissen zw. den Päpsten, röm. Parteien, dt. Herrschern, Normannen und gelegentl. den Byzantinern beherrscht wurde. Die Päpste selbst mußten sich mit den allg. Veränderungen in der it. Gesellschaft auseinandersetzen, bes. mit der Verbreitung des Lehnswesens und der kommunalen Bewegung. Mitte des 12. Jh. bat Hadrian IV. den dt. Kg. Friedrich Barbarossa um Hilfe gegen die weltl. Kommune in Rom und deren Führer →Arnold v. Brescia, doch wandte sich der Papst bald darauf an Byzanz und schließlich an die Normannen um Unterstützung gegen die Herrschaft Friedrichs I. Hadrian konnte bedeutende Finanz- und Verwaltungsreformen durchführen und errichtete ein Netz von Lehen im ganzen K. Das Werk Hadrians und seiner Nachfolger wurde durch die Verbindung von Deutschland und Sizilien unter Heinrich VI. gefährdet, weil damit die päpstl. Politik der Sicherung der Unabhängigkeit von Mittelitalien und des K.s durch das Ausspielen des S gegen den N untergraben wurde.

Im späten 12. Jh. brach die norm.-dt. Herrschaft in Süditalien zusammen, als Heinrich VI., der die norm. Erbin →Konstanze geheiratet hatte, 1197 unerwartet starb. Für fast 20 Jahre hatte das Papsttum keine ernsthaften Gegner mehr in Italien, und Innozenz III. nutzte die Gelegenheit, um den K. wiederherzustellen. Diesem Ziel sollte eine Rekuperationspolitik dienen, mit der er päpstl. Verwaltung verlorengegangene wichtige Territorien zurückgewann oder Gebiete in Besitz nahm (z. B. den Dukat v. Spoleto oder die Mark Ancona), auf die er nur geringe Ansprüche hatte. Außerdem teilte er den K. in Provinzen und Rektorate ein und begann, eine bürokrat. Hierarchie zu errichten, in deren Verantwortung der administrative, finanzielle und rechtl. Bereich lagen. Diese neue Struktur unterschied sich weitgehend von der sonst üblichen kirchl. Verwaltung, die seit dem 8. Jh. sowohl für die Kirche als auch den K. ausreichend war. Obgleich Innozenz III. und seine Nachfolger die direkte päpstl. Herrschaft im K. vorantrieben, übten sie auch indirekt durch Vasallen und Kommunen Herrschaft aus. Innozenz ernannte die Staufer zu Garanten des K.s, doch kehrte er nicht zu der alten päpstl. Politik zurück, die die karol. Privilegien als Basis für die rechtl. und territorialen Ansprüche auf den K. benutzte.

Innozenz' Werk wurde durch die Entwicklungen am Beginn der 30er Jahre des 13. Jh. bedroht. Kämpfe der Adelsparteien in Rom (häufig hervorgerufen von Kard.en dieser Familien; vgl. v. a. →Colonna, →Orsini) führten zur Veräußerung vieler Territorien. Friedrich II. versuchte, seine Herrschaft in Italien allg. sowie über den K. und die Päpste wiederherzustellen. Wiederholte Versuche der Päpste für den Kampf gegen Friedrich II. Truppen aufzustellen und Geld zu beschaffen, machten ihnen einerseits Feinde und nötigten sie andererseits zu Konzessionen an Adlige und Städte. Doch bedeutete das Ende der stauf. Herrschaft nicht das Verschwinden der päpstl. Gegner in Italien, da die →Anjou (→Karl I. v. Anjou) in den 60er Jahren des 13. Jh. dort erschienen und für Jahrzehnte Bündnisse sowohl mit als auch gegen die Päpste schlossen, unter Bedingungen, die die Unabhängigkeit des K.s gefährdeten.

Im 14. Jh. erfolgte eine große Veränderung im K. Der frz. Angriff auf Bonifatius VIII. hatte keine sofortigen Auswirkungen auf den K., aber während des langen Exils in Avignon (1305–78) konnten die Päpste nur indirekt ihre Herrschaft in Italien ausüben. Der traditionelle Kampf der Adelsparteien in Rom brach erneut aus, und →Cola di

Rienzo errichtete eine weltl. Verwaltung in direktem Gegensatz zum Papst. Trotzdem gelang es kompetenten und energ. Legaten wie dem Kard. Aegidius →Albornoz (→Constitutiones Aegidianae), einen bedeutenden Teil der päpstl. Autorität zu wahren. Das →Abendländ. Schisma hatte katastrophale Folgen für den K., da es den Verlust vieler Territorien und einen fast völligen Zusammenbruch der zentralen Autorität zur Folge hatte. Unter so energ. Päpsten des 15. Jh. wie Martin V. und Nikolaus V. erfolgte eine umfangreiche Wiederherstellung des K.s, doch wurden unter dem →Nepotismus der Päpste Sixtus IV. und Alexander VI. erneut Territorien veräußert. Im frühen 16. Jh. konnte Julius II. viele Territorien wieder eingliedern, die unter seinen unmittelbaren Vorgängern oder als Folge der von ihm teilweise mithervorgerufenen frz. Invasion von 1494 verlorengegangen waren. Seine Erneuerungen hatten bis zur dt. Invasion von 1527 Bestand.

Insgesamt läßt sich feststellen, daß die Gesch. des Papsttums im MA nicht von der Gesch. des K.s zu trennen ist. →Papst, Papsttum. T. F. X. Noble

Q.: Codex diplomaticus dominii temporalis S. Sedis, ed. A. Theiner, 3 Bde, 1861f. [Repr. 1964] – Q. zur Entstehung des K.s, ed. H. Fuhrmann, 1968 – Lit.: L. Halphen, Études sur l'administration de Rome au MA, 1907 – D. Waley, The Papal State in the Thirteenth Century, 1961 – P. Partner, The Lands of St. Peter, 1968 – P. Colliva, Il cardinale Albornoz, lo Stato della chiesa, le Constitutiones Aegidianae, 1977 – M. Laufs, Politik und Recht bei Innozenz III. – Ks. privilegien, Thronstreitregister und Egerer Goldbulle in der Reichs- und Rekuperationspolitik Papst Innozenz' III., 1980 – R. Volpi, Le regioni introvabili: centralizzazione e regionalizzazione dello Stato pontificio, 1983 – T. F. X. Noble, The Republic of St. Peter, 1984.

Kirchenstrafe → Strafe

Kirchentonarten (Kirchentöne), nz. Fachwort für die im MA und bis zum 17. Jh. maßgebenden, modi oder toni gen. Kriterien der 'tonalen' Unterscheidung einstimmiger Melodien, dann auch mehrstimmiger Sätze bis zur Konstituierung des (aus K. entstandenen) Dur-Moll-Tonartensystems. Das Lemma 'Modi Cantus Ecclesiastici octo; die acht Kirchen-Tone' in J. G. Walthers Musikal. Lex. (1732) weist, als Zeugnis der Übergangszeit, auf die Wortbildung aus Übers. und auf Leitmomente der K.: Acht-Zahl und Verwurzelung im Kirchengesang. Beides wird in der ältesten Lehre der K. (→Aurelianus [3. A.], Mitte 9. Jh.) durch die Wahl der Beispiele und kosmolog. Hinweise (8 'astrorum motus') hervorgehoben (Gerbert I, 40); das auch andernorts behandelte Ordnungs- und Benennungsschema der K. (Abb. a) ist als w. Analogiebildung zum byz. →Oktoëchos anzusehen. Texte noch im 9. Jh. (ebd., 119, 139) ergänzen Benennungsalternativen, die später überwiegen: die lat. Zählung von primus bis octavus [modus/tonus] (Abb. b) und die mißverstanden den K. zugeordneten (Stammes-)Namen der antiken tonoi (Transpositionsskalen) bzw. Oktavgattungen (Abb. c; der Genese entsprechend hieß der letzte Kirchenton zunächst 'hypermixolydius').

Wichtiger als Zählung und Benennung sind die Kriterien, mit denen die K. als Abstraktionen charakterist. strukturierter und zentrierter Melodieräume die 'tonalen' Eigenarten der Gesänge erfassen. Diese Kriterien unterliegen den Bedingungen des Tonsystems (der Heptatonik), hängen miteinander zusammen, wurden aber von den Autoren der K.-Lehre im Spannungsfeld zw. Theorie und Praxis recht unterschiedl. akzentuiert. Theoret. vorrangig ist die →Finalis; Gesänge aus dem →Choral-Repertoire, die nicht in der Finalis schließen (bes. im Bereich der den Kirchentönen zugeordneten Psalmtöne mit ihren →Differenzen) fordern das Beachten weiterer Kriterien. Die 'Ideal'-Umfänge einer Oktave, abgesteckt durch Quint- plus Quartraum zur Finalis (Abb.), gleichen nur tendenziell dem Ambitus der realen Melodien und können um ein bis zwei Stufen unter- wie überschritten werden (ebd. II, 13); im 14./15. Jh. unterscheiden it. Autoren je nach beanspruchtem Umfang zw. [tonus] perfectus, imperfectus, plusquamperfectus, erwähnen aber auch die Kombination von K.: mit 'tonart-eigenen' Quint- und Quartgattungen als [tonus] mixtus, mit 'fremden' als commixtus (ebd. III, 101 ff.). Finalis und Ambitus implizieren jeweils typ. Halbtonpositionen – somit die verschiedenen Quint- und Quartgattungen; diese Merkmale aber wirken sich auf bevorzugte Wendungen (bes. am Anfang, bei Zäsuren, vor der Finalis) und auf den 'Charakter' der einzelnen K. aus (ebd. II, 148). Ein von der Praxis (der →Psalmodie) bestimmtes Kriterium ist die Lage des Rezitationstones (repercussa, ténor, tuba), der auch außerhalb der Psalmtöne relativ wichtig ist und einen Gegenpol zur Finalis bildet; er verlagerte sich ab 10.–12. Jh. bei h weg von seiner 'Norm' (Finalis-Oberquint in den authent., -terz in den plagalen K.) zu c (Abb.: Pfeile) und im 4. Kirchenton nach a neben g.

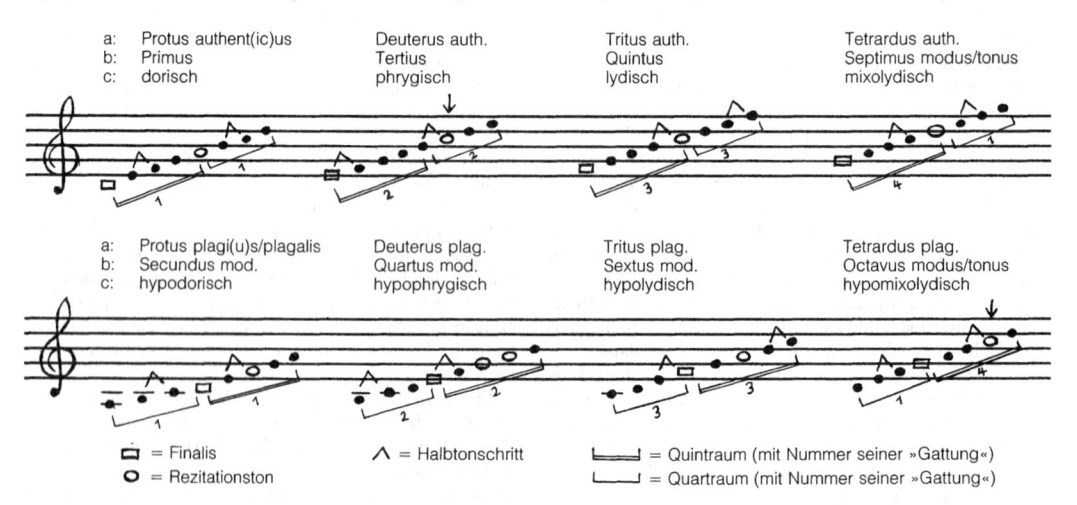

Fig. 3: Schema der acht Kirchentonarten, ihrer Benennungen (a–c) und wichtigsten Merkmale

Insgesamt erwiesen sich die acht K. als nützl., das vorhandene Melodiengut zu klassifizieren (→Tonar) und seine Redaktion wie auch das Neuschaffen zu regulieren; gleichwohl bildeten sie kein geschlossenes System. Ansätze zu ihrer Erweiterung finden sich schon bei Aurelianus, dann als parapteres oder toni medii (ebd. I, 41, 149; II, 73) und führten zuletzt zur Aufnahme der K. mit Finalis a (äol.) und c (ion.) in den 12 Modi Heinrich Glareans (1547), ohne aber das Konzept der 8 K. zu verdrängen. Auf die Mehrstimmigkeit wurde die K.-Lehre erst seit dem 15. Jh. gezielt angewendet; Leitaspekte sind die Verteilung finalisgleicher Modi auf die Einzelstimmen des Satzes, wobei ein entlehnter Cantus firmus oder der (vom Text her) intendierte 'Tonartencharakter' die Wahl bestimmen kann, sowie die Bildung modusgerechter Kadenzen. Wandel und Ablösung der K. erfolgten im Zuge kompositionstechn. Entwicklungen. K.-J. Sachs

Lit.: MGG II, 1283–1288 – NEW GROVE XII, 378–418 – C. DAHLHAUS, Unters. über die Entstehung der harmon. Tonalität, 1968 – B. MEIER, Die Tonarten der klass. Vokalpolyphonie, 1974 [Lit.] – M. MARKOVITS, Das Tonsystem der abendländ. Musik im frühen MA, 1977 [Lit.] – Hwb. der musikal. Terminologie, 1978 [s. v. Parapter; C. M. ATKINSON] – W. WERBECK, Stud. zur dt. Tonartenlehre in der ersten Hälfte des 16. Jh., 1989.

Kirchenunion → Union, Kirchliche

Kirchenväter
I. Begriff – II. Ikonographie.

I. BEGRIFF: K. sind die anerkannten Lehrer der Alten Kirche; mit ihrem Schrifttum gelten sie als Zeugen der Überlieferung und Rechtgläubigkeit. Der Vaterbegriff wird mit 1Kor 4,15 erklärt. Diese geistige Vaterschaft wurde zunächst auf die Bf.e, dann auf die kirchl. Lehrer ausgedehnt (Irenäus, Adv. haer. 41,2). Die Berufung auf die Väter gehörte schon früh zur theol. Methode; ausgebaut wurde sie bes. zur Zeit der christolog. Konzilien im 5. Jh. Einschlägige Vätertexte wurden in Florilegien oder Testimoniensl.en zusammengestellt (Joh. Cassian, Cyrill v. Alexandria, Theodoret v. Cyrus [im Eranistes – um 447 – 238 Testimonien aus 88 Väterschriften] u. a.). Vinzenz v. Lerinum definierte (434) erstmals den Väterbegriff: Anerkannte Väter (magistri probabiles) sind jene Lehrer, die zu ihrer Zeit und an ihren Orten in der Einheit der Kirchengemeinschaft und des Glaubens lebten (Commonitorium 41). Zur Lehrgemeinschaft mit der rechtgläubigen Kirche als erstem Merkmal der Väter (»doctrina orthodoxa«) kommen hinzu: Heiligkeit des Lebens (»sanctitas vitae«), Aufnahme in die kirchl. Lehrtradition (approbatio ecclesiae), Zugehörigkeit zum kirchl. Altertum (antiquitas). – Am Ende der Väterzeit konnte sich die Theologie verbal mit der Wiedergabe der Väterlehre zufriedengeben (Joh. Dam., Dial. 2; Isidor. Hisp., Quaest. in VT, praef.). Die Theologie des MA blieb an die Väter gebunden und folgte dem »consensus unanimus Patrum«. Aus der Vielzahl der K. hob sie die →Kirchenlehrer als bes. qualifizierte Lehrzeugen heraus. – Die wiss. Patrologie verzichtet auf den dogmengesch. bedingten Begriff des Vaters und erfaßt alle altkirchl. Schriftsteller. K. S. Frank

Lit.: ALTANER-STUIBER, 1978[8] [mit Ed.] – Diz. Patrist. e di Antichità crist., 1983 – H. v. CAMPENHAUSEN, Gr./Lat. K., 1986[7] – F. PIERINI, Mille anni di pensiero crist., 1988 – R. HERZOG–P. L. SCHMIDT, Hb. der lat. Lit. der Antike, 1989 – A. QUACQUARELLI, Complementi interdisciplinari di Patrologia, 1989.

II. IKONOGRAPHIE: Im lat. W besteht schon früh das Bestreben, die 1295 als →Kirchenlehrer bestätigten vier großen K. →Ambrosius, →Augustinus, →Gregor I., →Hieronymus als Gruppe zusammenzufassen (je drei: Boethius-Diptychon, Innenseite; Egino-Cod.; Chartres, Kath., Bekennerportal; Naumburg, Dom, Glasmalerei im Westchor; je vier: Rom, S. Clemente, Apsismosaik; mit Paradiesflüssen, →Evangelistensymbolen und Kardinaltugenden im clm 14159). Die Ikonographie kann sich dabei an die in Einzeldarstellungen entwickelten Typen anlehnen (stehend oder thronend in geistl. Ornat, Autorenbilder). Häufiger seit 1300, teilw. in ikonograph. weiter gefaßte Programme eingebunden, in Wand-, Glas-, Tafelmalerei (Assisi, S. Francesco, Oberkirche; Pacher, Kirchenväter-Altar) und Skulptur (Wien, St. Stephan, Pilgram-Kanzel). In der Ostkirche entsprechend den kult. Bedingungen unterschiedl. Gruppen der K.: →Joh. Chrysostomos, →Basilius mit →Gregor v. Nazianz (= 3 Hierarchen), die letzteren und →Gregor v. Nyssa (= 3 Kappadokier), →Athanasios und Kyrill v. Alexandria – bisweilen zusammen mit anderen Hl.n (Großer Einzug; Ikonostase; »Früchte der Lehre der hl. Väter«). Sie werden als Bf.e (stehend, Halbfiguren, Autorenbilder) dargestellt, auch in Kleinkunst (Elfenbeine, liturg. Gerät) und Buchmalerei (Sacra Parallela). Gemeinsam finden sich lat. und griech. K. fast nur im byz. beeinflußten W: außer in Fresken des 8. Jh. in Rom, S. Maria Antiqua wieder in Mosaiken des 12. Jh. in Cefalù, Dom; Palermo, Cap. Palatina; Venedig, S. Marco. B. Braun-Niehr

Lit.: LCI II, 529–538; VI, 455–457, 517f.; VII, 273, 312–314; VIII, 535 – RByzK II, 1038–1049 – CH. TEISSEYRE, L'iconographie médiévale des grands docteurs de l'Église, grecs et latins, L'Information d'hist. de l'art 14, 1969, 233–235.

Kirchenverfassung → Kirche

Kirchenvogt → Vogt, Vogtei

Kirchheim, frühma. Wüstung bei München, teilw. freigelegt; 30 Pfostenbauten, bis auf ein vierschiffiges Bauernhaus alle zweischiffig, dazu 40 →Grubenhäuser, Brunnen und einige Gräber. Das Dorf (ca. 250 Einw.), etwa 500 × 300 m groß und durch Straßen gegliedert (ein Straßengraben einmal nachgewiesen), wurde im 6. oder 7. Jh. gegr. und ist offenbar vor dem 9. Jh. wieder aufgelassen und zur jetzigen Pfarrkirche verlegt. H. Hinz

Lit.: R. CHRISTLEIN, K. bei München (Das Archäolog. Jahr in Bayern, 1980), 162ff. [Vorbericht].

Kirchhof → Friedhof

Kirchweihe (dedicatio oder consecratio ecclesiae): [1] *Liturgie:* Noch im 6. Jh. geschah die Einweihung einer Kirche im Bereich der röm. Liturgie durch die erste Eucharistiefeier (Papst Vigilius an Profuturus v. Braga 538), obwohl einzelne Riten, die den Kern der späteren K. ausmachen, wie Lustration mit Weihwasser oder Beisetzung von Märtyrerreliquien bzw. deren Ersatz im Altar schon seit längerem existierten. Aus diesen Kernriten entwickelten sich seit dem 6. Jh. vornehml. im gall. Raum die Teilriten, aus denen die K. zusammenwachsen sollte: Altarweihe und Translatio bzw. Depositio der Reliquien (älteste Form im sog. Ordo v. St. Amand = OR [Ordo Romanus] XLIII, ANDRIEU, Les ordines Romani IV, 409–413; OR XLII, Mitte des 8. Jh., ANDRIEU IV, 395–402: Ordo quomodo in sancta romana ecclesia reliquiae conduntur). Unter zunehmendem Einfluß atl. Überlieferung wurde aus der Altarweihe die eigtl. K., wie sie in OR XLI erhalten ist (ANDRIEU IV, 339–347: Ordo quomodo ecclesia debet dedicari). Diese stellt eine Erweiterung des Altarweihe- und Depositionsritus dar unter Einbeziehung des Kirchengebäudes, das nun, wie Altar bzw. Reliquiengrab im Altar eine reinigende Waschung mit geweihtem Wasser (Gregoriuswasser) und Salbung mit Chrisam erhält, nachdem zuvor im Alphabetritus das in Form des gr. Chi (X) auf den Boden der Kirche eingeschriebene Alphabet (urspgl. lat., seit dem 10. Jh. auch gr.) die Besitznahme der Kirche durch Christus symbolisieren mag (möglicherweise ein Ritus ir. Ursprungs). Die im 10. Jh. erweiterten Rituale des OR XLI und OR XLII (Zusätze bei Wasserweihe, Litaneien, Umzüge, Reliquiendeposition, Weihe der Altargeräte) wurden in einer Art Tutiorismusmentalität unterschiedl. miteinander verbunden und ausgestaltet, so daß im röm.-dt. Pontifikale v. St. Alban in Mainz (10. Jh.) gleich zwei K.riten vorhanden sind, die durch Rezeption in Rom zum Grundstock aller weiteren Entwicklung wurden (VOGEL-ELZE I, XXXIII und XL, I, 82–89, 124–173). Das Pontificale Romanum des 12. Jh. hat dieselben Riten des OR XLII (ANDRIEU, Le Pontifical I, XVII, 176–195). Mit dem Pontifikale des Durandus v. Mende (13. Jh.) erhielt die durch den Bf. zu vollziehende K. im wesentl. ihre endgültige Gestalt (ANDRIEU, ebd. III, Lib. II, II, 455–478): Vigil bei den Reliquien, Lustration der Kirche von außen, Einzugsriten, Alphabetritus, Lustration und Salbung von Altar und Kirche (diese an 12 Stellen, Apostelkreuze), Übertragung und Beisetzung der Reliquien, Weihe der Altargeräte und erste Eucharistiefeier. Dieser reiche K.ritus, einer der feierlichsten Riten überhaupt, kam dem Symbolverständnis des ma. Menschen sehr entgegen, wie die ma. Erklärungen der K. deutl. machen (z. B. der Remigius v. Auxerres zugeschriebene Traktat Quid significat duodecim candelae, VOGEL-ELZE, I, 90–121; Ivo v. Chartres, De sacramentis dedicationis, MPL 162, 527–535). Er macht die Kirche als Haus Gottes zum Bild des Tempels im AT wie des himml. Jerusalems der Apokalypse. K. J. BENZ

Ostkirchen: Der chr. O bezeugt wohl früh schon eine Segnung des ständigen gottesdienstl. Raumes, auch wenn die Quellenfrage nicht exakt zu lösen ist (vgl. Übersicht in DACL IV, 377f.). Dagegen haben wir einen sicheren Hinweis in Kanon 7 des 2. Konzils v. Nikaia (787). Er spricht von einer καθιερώθησις schon vor diesem Zeitpunkt und schreibt verpflichtend die Niederlegung von Märtyrerreliquien dabei vor, sogar als nachzuholen, wo eine Weihe ohne diese depositio stattgefunden habe, was wohl im Zusammenhang mit dem Ikonoklasmus geschehen sein konnte. Eine ansprechende symbol. Deutung speziell der Altarweihe hat Nikolaos Kabasilas (Ende 14. Jh.) in seiner Schrift »Leben in Christus« hinterlassen, eine Beschreibung und Deutung der ganzen K. Symeons v. Thessalonike (Anfang 15. Jh.).

H.M. Biedermann

[2] *Baugeschichtlich:* Hist. überlieferte Weihen (Altar- und K.n) sind im Früh- und HochMA nur selten zur Bestimmung von Kirchenbauzeiten heranzuziehen, weil es sich um Altarweihen auf Baustellen handelt, z. B. anläßl. der Anwesenheit höherer Persönlichkeiten oder reine Altarweihen (Lantbert in der Vita s. Heriberti um 1002 Köln-Deutz »ferner wird in der Kirche, nachdem die Reliquien angesammelt waren, ein Altar geweiht, damit die Weihe dem Fortschreiten der Mauern diene und Gott schneller Ehre zuteil werde«) oder Rekonziliationsweihen (Kölner Dom 870). Die früheste überlieferte K. ist die der Kathedrale v. Reims 862 durch Hinkmar. G. Binding

Q.: COD 1973³, 144f. – MPG 155, 305–361 – SC 361, 12–37 – M. ANDRIEU, Les Ordines Romani du Haut MA, 5 Bde, 1931–61 – DERS., Le pontifical romain au MA, 4 Bde, 1938–41 – S. BENZ, Zur Gesch. der röm. K. nach den Texten des 7.–9. Jh., Enkainia, 1956, 62–109 – C. VOGEL-R. ELZE, Le pontifical romano-germanique du dixième s., 3 Bde, 1963–72 – *Lit.:* DACL IV, 1, 374–405 – LThK² VI, 303ff. – Nuovo Diz. di Liturgia, hg. D. SARTORE–A. TRIACCA 1983, 352–366 – K. J. BENZ, Unters. zur polit. Bedeutung der K. unter Teilnahme der dt. Herrscher im hohen MA, Regensburger Hist. Forsch. 4, 1975, 8–20 – DERS., Ecclesia pura simplicitas. Zur Gesch. und Deutung des Ritus der Grundsteinlegung im hohen MA, Archiv für mittelrhein. Kirchengesch. 32, 1980, 9–25 – A. G. MARTIMORT, L'église en prière I, 1984², 223–231 – K. J. BENZ, Überlegungen zur Konstanzer Münsterweihe v. 1089 (Die Konstanzer Münsterweihe von 1089, hg. H. MAURER, 1989), 99–126.

Kirkby, John, † 1290, Bf. v. Ely seit 1286, einer der bedeutendsten Beamten unter Eduard I. Er begann seine Laufbahn in der Kanzlei unter Heinrich III. und diente dort unter Robert →Burnell, bis er 1284 das Amt des →*treasurer* erhielt, das er bis zu seinem Tod innehatte. Auf ihn gehen wahrscheinl. viele Entscheidungen zur Verbesserung der Finanzverwaltung zurück. 1282 erhielt er den Auftrag, bei einer Reise durch das Land die lokalen Gemeinden zur finanziellen Unterstützung des Krieges gegen Wales zu bewegen. Eine entscheidende Untersuchung der Lokalverwaltung von 1285 erhielt die Bezeichnung »K.'s Quest«. 1285 sorgte er dafür, daß die City of →London Eduard I. unterstellt wurde. Auf den Bf.ssitz von Rochester (1283) mußte er verzichten, da Ebf. John →Pecham ihn als Pluralisten ablehnte. Bei seiner Wahl zum Bf. v. Ely gab es keine Gegenstimmen. M. C. Prestwich

Lit.: DNB XXXI, 204 – M. C. PRESTWICH, Edward I, 1988.

Kirkjubær ('Kirchenhof'), OSB Kl. und Großhof (K. á Síðu) im SO Islands (Vestur-Skaftafellssýsla). Der Hof wurde in der isländ. Landnahmezeit (ca. 870–ca. 930; →Island) von dem chr. Landnehmer Ketill inn fíflski ('der Dumme'; Beiname möglicherweise wegen seines chr. Glaubens?) gegr. und vielleicht mit einem Kirchenbau versehen (Hofname). Wie lange sich die chr. Tradition inmitten einer heidn. Umwelt halten konnte, läßt sich nicht sagen. In der Umgebung von K. sollen sich der Überlieferung nach (→Landnámabók) vor der skand. Landnahme ir. Einsiedlermönche aufgehalten haben. 1186 wurde auf K. das einzige Benediktinerinnenkl. des freistaatl. Island (930–1262/64) gegr. (1295 entstand in Reynistaður ein zweites) und 1189 eine Äbt. geweiht. Nach schwierigen Wirtschaftsverhältnissen wurde 1218 das Kl. (und der Hof als Kl.gut unter der Verwaltung eines Häuptlings [→Godel]) der Vormundschaft des Bf.s v. →Skálholt unterstellt. Ein Neuansatz des klösterl. Lebens erfolgte unter Bf. Árni Þorláksson Ende des 13. Jh., der seine Schwestertochter Agata Helgadóttir zur Äbt. weihte. Das Kl. bestand bis zur Einführung der Reformation. H. Ehrhardt

Lit.: J. JÓHANNESSON, Islands historie i mellomalderen, 1969, 5f., 101, 164.

Kirsche, Kirschbaum (Prunus avium L. und Prunus cerasus L./Rosaceae). Ob mit lat. *cerasus* (für den Baum) und *cerasum* (für die Frucht) sowie den daraus entlehnten ahd. und mhd. Namen *kirsa, kirse* u. ä. die Süß- bzw. Vogel- oder die – auch *amarenum, amarellum* (Albertus Magnus, De veget. III, 80) gen. – Sauer- bzw. Weichsel-K. gemeint ist, läßt sich nach der Q. nicht klar entscheiden. Jedenfalls sieht bereits das →'Capitulare de villis' (70) den Anbau von K.bäumen verschiedener Art vor, die in Deutschland dann v. a. am Oberrhein kultiviert worden sind. Med. von untergeordneter Bedeutung (Hildegard v. Bingen, Phys. III, 6; Gart, Kap. 120), spielten K. und K.baum hingegen im Volksglauben eine große Rolle.

P. Dilg

Lit.: MARZELL III, 1097–1110 – HWDA IV, 1425–1433 – K. und F. BERTSCH, Gesch. unserer Kulturpflanzen, 1947, 112–117.

Ḳīršehir ('Stadt in der Steppe', euphemist. Gülšehir 'Rosenheim'), Ort in Zentral-Anatolien, wohl Nachfolgerin der bis ins späte 14. Jh. häufig gen. Metropole Mocissus. Überwiegend im seldschuk. Herrschaftsbereich (ca. 1173–1307), nach 1228 Lehen *(iqtâʿ)* des Mengücekiden

Muẓaffar ad-Dīn ('Malik Gazi'). Unter →Bāyezid I. vorläufig, unter →Murād II., der es den →Dulġadir Oġullarï abnahm, endgültig osman. K., polit. unbedeutend, spielte kulturgesch. eine herausragende Rolle als Stätte anatol. Dichtung und Spiritualität (→ ᶜĀšïq Paša, →Aḫī Evrān).
K. Kreiser

Lit.: EI², s. v. – A. TEMIR, Kirşehir Emiri Caca oğlu Nur el-din'in 1272 tarihli Arapça-Moğolca Vakfiyesi, 1959 – Yurd Ansiklopedisi VII, 1982f., 4895-4977 – N. SAKAOĞLU, Türk Anadolu'da Mengücek Oğullarï, 1971, 6ff. – Sp. VRYONIS, The Decline of Medieval Hellenism in Asia Minor, 1971 [Ind.: Mocissus] – C. CAHEN, La Turquie Pré-Ottomane, 1988 [Ind.: Qirshéhir].

Kitāb, arab. 'Geschriebenes, Schrift', 'Aufschrift, Inschrift', 'Schriftrolle, Urk., Vertrag', 'schriftl. Mitteilung, Brief', v. a. 'Schriftwerk, Buch', im koran. Gebrauch auch 'geoffenbartes Buch, hl. Schrift' (danach →ahl al-kitāb), sowie par excellence der →Koran selbst. In seiner alltägl. Bedeutung 'Buch, Monographie' steht K. vor jedem ma.-arab. Buchtitel; analog werden *Maqāla* 'Abhandlung, Aufsatz' und *Risāla* 'Botschaft, Sendschreiben' (→Brief), gebraucht. (Als Titel selbst ist »al-Kitāb« der ersten Gesamtdarst. der arab. Grammatik von Sībawayh, gest. 793, vorbehalten.) Als Termini zur Untergliederung des K. finden sich *ǧuzʾ*, 'Teil', *bāb*, 'Kapitel', *maqāla*, 'Abhandlung' u. a. – Die Q. der blühenden Buchproduktion in Form von Hss. liegen in der Überlieferung und Interpretation der Hl. Schrift und der kodifizierten Tradition des Propheten Muḥammad, in dem um Schrift und Tradition willen entstehenden gelehrten Schrifttum und in der Aneignung und Fortentwicklung der antiken – hauptsächl. hellenist. – wissenschaftl. Lit. Äußerl. begünstigt wurde die massenweise Produktion von Hss. durch die allmähl. Verdrängung (8.-11. Jh.) der Beschreibstoffe Papyrus und Pergament durch das Papier, die mit der Etablierung von festen Formaten, Einbandtypen, Heftungsweisen und Schriftarten und -formen einherging (→Buch). Zeichen der Buchkultur im Islam sind auch ein florierender Buchhandel, große private und öffentl. →Bibliotheken, zahlreiche Äußerungen der Bibliophilie und Preisungen des Buchwissens und eine »professionelle Ethik« der mit der schriftl. Überlieferung befaßten Personen (Gelehrte, Kommentatoren, Kopisten, Bibliothekare).
H. H. Biesterfeldt

Lit.: EI² V, 207f. [R. SELLHEIM] – Grdr. der arab. Philologie I, 1982, 271-296, 306-314 [G. ENDRESS]; II, 1987, 448-473, 489-491 [G. ENDRESS] – F. ROSENTHAL, The Technique and Approach of Muslim Scholarship, 1946 – Wb. der klass. arab. Sprache I, s. v. kitāb, 1970 – J. PEDERSEN, The Arabic Book, 1984.

Kit(z)scher, Johann(es) v., Jurist und Humanist, * 1470?, † wohl 1521 als Propst v. Altenburg; Studium in Leipzig (1478/79), Rom (ab 1490) und Bologna (Dr. iur. 1498), dann Orator bei Hzg. →Bogislaw X. v. Pommern, dessen Palästinafahrt die »Tragicomoedia de iherosolomitana profectione illustrissimi principis Pomerani« (Drucke Leipzig 1501, Stettin 1594) darstellt. Als Kanzler →Friedrichs III. d. Weisen wirkte K. ab 1504 in Wittenberg; 1508-12 war er Generalprokurator des Dt. Ordens in Rom. Zeitkritik enthalten der als Jenseitsvision angelegte »Dialogus de Sacri Romani Imperii rebus« (Drucke Leipzig [1501/04?], Wittenberg [1504?]) und zwei allegor. Dialoge »Virtutis et Fortunae dissidentium certamen« (Leipzig 1515); die »Oratio ad serenissimum Polonorum Regem« erschien 1513.
B. Wagner

Lit.: G. BAUCH, Dr. J. v. K., NASG 20, 1899, 286-321 – M. GROSSMANN, Humanism in Wittenberg 1485-1517, 1975 – Verzeichnis der im deutschen Sprachbereich erschienenen Drucke des 16. Jh., VD 16, 1. Abt., 1983.

Klage, Kläger
I. Römisches Recht – II. Kanonisches Recht – III. Germanisches und deutsches Recht – IV. Englisches Recht.

I. RÖMISCHES RECHT: →Actio; →Gerichtsverfahren, I; →Libellus.

II. KANONISCHES RECHT: [1] *Zivilprozeß:* Die K. (lat. actio, querela) diente der Einleitung des Prozesses zur Sicherung bzw. Durchsetzung eines subjektiven Rechts oder des Besitzes durch das geistl. Gericht und war dessen Voraussetzung. Im ordentl. Verfahren mußte sie grundsätzl. schriftl. abgefaßt werden. Im sog. »libellus« waren bestimmte Formalien zu beachten (»quis, quid, coram quo, quo iure petat, a quo«). Daraus leiteten sich folgende rechtl. Voraussetzungen ab: Es mußten ein klagefähiger Anspruch, ferner die örtl. und sachl. Kompetenz des Richters, dem die K. vorgetragen wurde, allg. und für den speziellen Fall gegeben sein. Der Kläger mußte persönl. zu gerichtl. Handlungen befähigt sein und über seine Rechte selbständig und frei verfügen können. Daraus ergab sich eine Einschränkung des K.rechts von Minderjährigen, Frauen, Unfreien, Verwandten oder Abhängigen. Mönche und Regularkanoniker konnten nicht ohne Erlaubnis ihres Abtes oder Vorgesetzten im eigenen Namen klagen. Geistig Behinderte bedurften eines Curators. Exkommunizierte konnten zwar gerichtl. belangt werden, hatten jedoch, sofern sie vitandi waren, kein K.recht. Das galt auch für Meineidige. In bestimmten Fällen wurde das K.recht aberkannt, z. B. bei eidl. Verzicht (Renuntiation) oder bei einer wirksamen exceptio doli. Auch bezügl. der Person des Beklagten konnte u. U. die K. abgewiesen werden. Vor dem geistl. Gericht war grundsätzl. die Prozeßvertretung durch sog. Procuratoren zugelassen. Neben der Hauptk. war eine Widerk. im selben Verfahren möglich. Nach der sog. litis contestatio durfte der Gegenstand der K. nicht mehr verändert werden.

[2] *Strafprozeß:* Die Anklage (lat. accusatio) war für den sog. →Akkusationsprozeß unabdingbare Voraussetzung. Auch hier gab es, ähnl. wie im Zivilprozeß, gewisse Ausschlüsse des K.rechts, so bei Heiden, Juden, Häretikern, Infamen, Mittätern, Verwandten, Vasallen, Unfreien und Abhängigen. War die Anklage auf ein sog. crimen exceptum, z. B. Simonie oder Häresie, gerichtet, so entfiel meist diese Beschränkung der Klägerstellung. Im ursprgl. →Inquisitionsprozeß sollte die K. durch die mala fama ersetzt werden. Daraus entwickelte sich eine Prozeßeinleitung »ex officio«.
W. Trusen

Lit.: K. W. NÖRR, Die Lit. zum gemeinen Zivilprozeß (COING, Hdb. I), 383ff. – W. TRUSEN, Die gelehrte Gerichtsbarkeit der Kirche (ebd.), 467ff.

III. GERMANISCHES UND DEUTSCHES RECHT: Die K. ist anfängl. der Unrechtsvorwurf, mit dem der wehrhafte Mann seinen Gegner rügt. Sie konnte zur →Fehde oder zum Sühneverfahren führen. Noch im →Ding der merow. Zeit richtete der Kläger die K. an den Gegner, von dem er direkt Antwort und Recht forderte. Im 8. Jh. wird die K. an den Richter adressiert und enthält die Bitte des Klägers, ihm zu seinem Recht zu verhelfen. So wurde, gestützt auch durch die Kirche, selbst die K. der Witwen und Waisen allmähl. eine gerichtliche. In aller Regel bedurfte es zur Eröffnung eines →Gerichtsverfahrens der K. Jede K. war delikt. Natur, erging »um Unrecht«, nicht wegen eines zivilen Anspruchs. Zur K. berechtigt waren der Verletzte oder seine Familie. Beim →Anefang begann die K. bereits außergerichtl. mit dem Anfassen der Sache. Beim Handhaftverfahren (→Handhafte Tat) ersetzte das →Gerüfte die K. War jedoch der Angreifer getötet worden, so mußte zur Verklarung die K. »gegen den toten

Mann« erhoben werden. Sachsenspiegel Ldr III, 90 § 2 kennt eine K. »mit deme doden«, bei der der handhafte Täter mitsamt der Leiche vor Gericht gebracht wurde. Nur das Rügeverfahren (→Rüge) umging schon in frk. Zeit das K. erfordernis. Die reine Bußk. war zwar nicht im Sinne starrer K. formeln, wohl aber insofern formalisiert, als bestimmte, zunächst noch heidn. Beteuerungsforme(l)n (z. B. Anrufung Gottes, Voreid) und typisierte Bezeichnungen des Unrechts volkssprachl. wie in Lat. (z. B. malo ordine possidere im Liegenschaftsstreit) gebraucht wurden. Durch K. gewere garantierte der Kläger dem Beklagten vertragl. seine Befugnis zur K. Ferner bestand eine Verbindung zw. K. und Beweisrecht insofern, als man die »schlichte« K. von der »verstärkten« K. mit qualifiziertem Voreid oder Beweisangebot (→Zeugen, Urkk., →Gottesurteil) schied. Vom Erbieten zum →Zweikampf hat die Kampfk. ihren Namen. Die →Rechtsbücher teilen die K.n nach dem Objekt des Begehrens in solche um »ungerichte« und »umme scult«, »uppe gut«, »up erve«, »umme eygen oder len«. Sie kennen auch die Widerk. (Sachsenspiegel Ldr III, 79 § 3). Im 14. Jh. unterscheidet der romanisierende Richtsteig Landrechts, c. 5, drei Hauptarten der K.: bürgerl., peinl. und gemischte. Auch die schriftl. K. gehört dem gelehrten Prozeß an. Im SpätMA trat zudem die amtl. K. neben die Eröffnung eines peinl. Verfahrens durch private K. Die Unterscheidung von K. (Zivilprozeß) und Anklage (Strafprozeß) gehört erst der NZ an. J. Weitzel

Lit.: BRUNNER, DRG II², 454-464 – HRG II, 838ff. – G. KÖBLER, K., klagen, Kläger, ZRGGermAbt 92, 1975, 1-20.

IV. ENGLISCHES RECHT: Das als Anklage (*indictment*) bekannte Rechtsverfahren entstand unter Heinrich II. In den von ihm 1166 erlassenen Assisen v. Clarendon wurde das große Geschworenengericht (*grand jury*) institutionalisiert: In jeder Gft. sollten period. 12 Männer aus jedem *hundred* und vier Männer aus jeder Dorfgemeinde ausgewählt oder in der Geschworenenliste aufgeführt werden, die vor dem Gft.sgericht erscheinen und vor dem →*Sheriff* oder vor den kgl. Reiserichtern unter Eid die Personen namentl. benennen mußten, die des Mordes, des Diebstahls oder des Versteckens von Verbrechern angeklagt waren. 1176 wurden in den Assisen v. Northampton Fälschung und Brandstiftung zusätzl. aufgeführt, in der Folgezeit noch andere Verbrechen für anklagbar erklärt. Der Sheriff mußte dafür sorgen, daß die Angeklagten zur Gerichtsverhandlung erscheinen. Sie wurden vor den Reiserichtern verhört. Der Prozeß erfolgte durch ein →Gottesurteil mit Kaltwasserprobe. Unterlag ein Angeklagter, verlor er nach den Assisen v. Clarendon einen Fuß und mußte das Kgr. verlassen. Gottesurteile wurden bis zum IV. Laterankonzil v. 1215 durchgeführt. In der Folgezeit wurde ein Angeklagter vor das kleine Geschworenengericht (*petty jury*) geladen. Dieses Verfahren markiert den Beginn der Kriminalgerichtsbarkeit vor dem Geschworenengericht. Seit der Mitte des 13. Jh. waren fast alle Kriminalverbrechen anklagbar. – Eine bes. Form der Anklageerhebung war die direkte Anklage durch das Opfer eines Verbrechens. Im Falle eines solchen *appeal* (appellum) klagte der Kläger (*plaintiff*) den Beschuldigten nicht nur eines Verbrechens an, sondern auch der Verletzung des Kg.sfriedens. Von den norm. Kg.en wurden z. B. Verrat, Raub, Notzucht, Fälschung als den Kg. sfrieden verletzende Verbrechen angesehen. In der Folgezeit konnte fast jedes Vergehen als Bruch des Kg. sfriedens betrachtet und vor dem kgl. Gericht verhandelt werden. Diese Form der Anklage existierte bis zum Ende des MA, wurde aber nach dem 13. Jh. selten angewandt. Das große Geschworenengericht entwickelte sich zu der Instanz, die Verfahren gegen Verbrecher dem kgl. Gericht überstellte. B. Lyon

Lit.: F. W. MAITLAND, The Hist. of English Law before the Time of Edward I, 2 Bde, 1895² – T. F. T. PLUCKNETT, Edward I. and Criminal Law, 1960 – R. V. TURNER, The King and His Courts..., 1968.

Klagenfurt, autonome Landeshauptstadt →Kärntens, wurde ursprgl. an der etwas nördl. des heutigen Stadtzentrums die Glan überschreitenden Furt einer spätantiken Straßenverbindung nach Virunum über den Loiblpaß nach Emona (Laibach) wahrscheinl. durch Hzg. Hermann v. Kärnten (1161-81) als Markt (1195 erstmals gen.), z. T. auf Besitz der Abtei OCist →Viktring, angelegt. Wohl andauernde Überschwemmungen veranlaßten Hzg. →Bernhard II. (1202-56), um 1250 den Markt zu verlegen, dessen Mittelpunkt der heutige wö. verlaufende, planmäßig angelegte »Alte Platz« war, an dessen Westseite (heute Heiligengeistplatz) schon zuvor eine hzgl. (Wasser)Burg entstanden war. K. war anfängl. eine Ackerbürgerstadt (wohl größtenteils →Edlinger aus der Umgebung). 1338 bestätigte Hzg. →Albrecht II. v. Österreich die Stadtrechte, nachdem sich schon um 1330 das Stadtgericht aus dem hzgl. Gericht gelöst hatte. 1514 brannte K. vollkommen ab. 1518 schenkte Ks. Maximilian I. den Kärntner Ständen auf deren Bitten hin die Stadt als Eigentum. G. Hödl

Lit.: Hist. Stätten Österr. II, 1978², 252-256 – Die Landeshauptstadt K., 2 Bde, 1970.

Klandestinehe (Geheimehe). Während des gesamten MA gab es K.n, gegen die sowohl weltl. wie kirchl. Gesetzgebung nicht viel ausrichtete. Ursache war der Grundsatz des kanon. Eherechts (von Nikolaus I. 866 formuliert; →Ehe, B.II), daß allein der Konsens der Partner die Ehe bewirkt, während im O (→Ehe, D) um die gleiche Zeit die priesterl. Eheeinsegnung als entscheidend angesehen wurde. Auch die Androhung der Exkommunikation gegen Zuwiderhandelnde (u. a. c. 51 IV. Laterankonzil 1215) konnte das Übel nicht beseitigen, weil fakt. auch eine Eheschließung im Bett gültig, aber nicht beweisbar sein konnte. Daher waren viele Ehen in ihrem Bestand unsicher, evtl. für die Betroffenen selber unklar, so daß Auflösungen gültiger Ehen und Bigamien wegen Beweisschwierigkeiten nicht verhindert werden konnten, wie der Blick in jedes kirchl. Gerichtsbuch des MA erweist. Erst die Einführung der Formpflicht durch das cap. 'Tametsi' des Konzils v. Trient 1563 brachte diesen sozialen Mißstand allmähl. zum Verschwinden. R. Weigand

Lit.: J. FREISEN, Gesch. des Canon. Eherechts bis zum Verfall der Glossenlit., 1893², 138-151 – G. H. JOYCE, Die chr. Ehe, 1934, 103-124 – R. WEIGAND, Ehe- und Familienrecht in der ma. Stadt (Haus und Familie in der spätma. Stadt, 1984), 161-194.

Klangarkaden, Schallöffnung, Maueröffnung an Türmen in der Höhe des Glockenstuhles, häufig als gekuppelte Arkaden oder maßwerkgefüllte Fenster; um das Eindringen von Regen und Schnee zu verhindern, mit hölzernen Schalläden, Schalldächern oder Schallbrettern versehen. G. Binding

Klara → Clara

Klaret (Bartholomaeus de Solentia dictus Claretus, Bartoloměj z Chlumce nad Cidlinou), Begründer der tschech. Lexikographie, ca. 1320-70; Mag. art., wahrsch. Rektor der Prager Domschule, verfaßte für seine Schüler und Studenten der Karlsuniv. mehrere lat.-tschech. Wörterbücher, die in Versform (meist leonin. Hexameter) zu den lat. Termini aller Wissensbereiche tschech. Äquivalente (viele Neologismen, auch Paläoslovenismen und Südslavismen) brachten: »Medicaminarius«, »Complexionarius«, »Astronomicus« und Forts. »Secundus liber de naturalibus«, »Ortulus phizologye«, »Vocabularius« (Termini des Triviums und Quadriviums), »Bohemarius« (enzyklopäd. Charakter, konfrontativ Termini und Appellative), erweitert im größten »Glossarius« (etwa 7000 Wörter); für die Folkloristik sind »Enigmaticus« (Rätselslg.) und »Exemplarius auctorum« (Exempla) wichtig. J. Vintr

Ed. und Lit.: K. a jeho družina, ed. V. FLAJŠHANS, I, 1926; II, 1928 – A. VIDMANOVÁ, Mistr K. a jeho spisy, Listy filologické 103, 1980, 213–223 – E. MICHÁLEK, Česká slovní zásoba v K.ových slovnících, 1989.

Klári saga, anorw.-island. Saga vom Anfang des 14. Jh. Der Titelheld Klárus (Klarus, Clarus u. ä.), Kaisersohn aus Saxland, wirbt um die schöne, hochmütige Prinzessin Serena v. Frakkland. Nachdem sie Klárus dreimal gedemütigt und mißhandelt hat, überwältigt er sie mit einer List. Klárus' zauberkundiger Lehrmeister Perus zwingt in der Gestalt eines Gauklers die in ihrer Macht gebrochene Prinzessin zu einer erniedrigenden Wanderschaft, an deren Ende die Versöhnung von Klárus und Serena steht.

Die K. s. stellt eine frühe lit. Variante des Märchentyps AT 900 (Kg. Drosselbart) dar. Vermutl. um 1300 in Paris vom norw. Dominikaner →Jón Halldórsson (1322–39 Bf. im island. Skálholt) auf der Grundlage einer verlorenen lat. Vorsversion in anorw. Prosa übersetzt, ist die Erzählung in einem Dutzend island. Hss. seit der Mitte des 14. Jh. überliefert. Die kurze K. s. wird für gewöhnl. den Riddarasögur – an. Übersetzungen höf. Romane – zugerechnet, weist aber auch enge entstehungsgesch., themat., erzählstrukturelle und ideolog. Parallelen mit den Exempla ('æventyri') auf. Das in der K. s. prototyp. ausgeformte Brautwerbungsschema der jungfräul. Herrscherin ('meykongr') wurde in einer Reihe von Sagas aus dem 14. und 15. Jh. gattungskonstituierend adaptiert. J. Glauser

Bibliogr.: M. E. KALINKE–P. M. MITCHELL, Bibliogr. of Old Norse-Icelandic Romances, 1985, 72–75 [Lit.] – *Ed.*: An. Sagabibl. 12, 1907 [G. CEDERSCHIÖLD] – *Lit.*: KL VIII, 450f. – H. GERING, Islendzk æventyri, 1882–3 – A. JAKOBSEN, Studier i Clarus saga, 1963 – M. E. KALINKE, Bridal-Quest Romance in Medieval Iceland, 1990.

Klarissen, Frauenorden, gegr. 1212 in Assisi von der hl. →Clara. Bis zu ihrem Tode i. J. 1253 war die Zahl der Konvente auf 150 angewachsen. Nur wenige (Florenz, Perugia, Reims, Prag unter der sel. →Agnes) befolgten die Regel der hl. Clara, die strengste Armut vorschrieb; die meisten machten sich die Regel Urbans IV. (1263), die Güterbesitz und den Einsatz von 'servitiales' (Dienerinnen) zuließ, zu eigen (daher auch 'Urbanistinnen' oder 'reiche K.' gen.). Der Großteil der Konvente war von bescheidenen Ausmaßen. Reich ausgestattete, von hohen Adligen bewidmete und frommen Frauen gegr. Kl. waren z. B. →Longchamp bei Paris, einige Kl. in Polen, Stockholm, Wien, Kastilien, Aragón, Neapel. Diese Konvente umfaßten ca. 100–200 Nonnen und adlige Mädchen zur Ausbildung. Am Ende des 14. Jh. zählte der K.-Orden mehr als 15000 Mitglieder in ca. 450 Kl. Infolge des zunehmenden Verfalls der Kl.zucht bildeten sich im 15.Jh. zwei Erneuerungsbewegungen aus: die Reform der hl. →Colette (→Colettaner) und diejenige der Observantinnen. Letztere, die unter dem Einfluß der Franziskaner, bes. des hl. →Bernardinus v. Siena, stand, wirkte die vorangetrieben und führte zur Wiederaufnahme der ursprgl. Regel der hl. Clara (sog. 1. Regel), deren Text emendiert und kommentiert wurde (vgl. die 'explicatio' des hl. →Johannes von Capestrano). Wichtigste Zentren der K. waren in Italien: Mailand, Mantua, S. Lucia de Foligno, Monteluce de Perugia, Pesaro, Ferrara, Bologna, Messina; in Deutschland: Nürnberg mit Charitas →Pirckheimer. Mehrere K. haben dank ihrer hohen humanist. Bildung ihre myst. Erfahrungen artikuliert, so die hl. →Katharina v. Bologna († 1463) und Battista da Varano († 1524). Auf Betreiben der Observantinnen traten regulierte Tertiarinnen in den Orden ein, die einen unter der Regel der hl. Clara (in Italien: die sel. Antonia, in Frankreich: Gruppe des 'Ave Maria', in Andalusien: Unbeschuhte K. der Schwester Marina de Villaseca), die anderen unter der Urban-Regel (Marguerite de Lorraine zu Argentan, 1520). Trotz Einigungsbestrebungen von seiten der Hierarchie blieb der Orden vielgestaltig.

M. C. Roussey OSC

Q.: Fra Mariano da Firenze, Libro delle dignita et excellentie del ordine..., introd., note e indici del P. G. BOCCALI, 1986 – *Lit.*: B. DEGLER-SPENGLER, Das K.kl. Gnadental in Basel 1289 bis 1529, 1969 – I. OMAECHEVARRIA, Las Clarisas a través de los siglos, 1972 – K. S. FRANK, Das K.kl. Söflingen, 1980 – M. C. ROUSSEY, Regard sur l'hist. des Clarisses, 2 Bde, 1980/82 – Il movimento religioso femminile in Umbria nei secoli XIII–XIV, Atti del convegno internazionale di studio nell'ambito delle celebrazioni per l'VIII° centenario della nascita di S. Francesco d'Assisi, 27–29 ottobre 1982, hg. R. RUSCONI, 1984.

Klasse, Klassenkampf → Sozialstruktur, →Revolte

Klaus. 1. K. v. Bismarck (Claws Bysmark, Nicolaus de Bismark), * um 1309, † nach 1377, entstammte einer führenden Patrizierfamilie von →Stendal, 1328 Mitglied der Gewandschneidergilde, um 1339 ebd. Ratsherr, trieb umfangreichen Fernhandel im Hanseraum und bis nach Oberdeutschland. Als Kreditgeber des brandenburg. Mgf. en Ludwig I. (→Wittelsbacher) unterstützte er dessen Politik und wurde 1345 mit dem Schloß Burgstall belehnt. Nach Verfassungsänderung in Stendal zuungunsten des Patriziats im gleichen Jahr nur noch bis 1353 als civis gen., begann mit ihm der Aufstieg der Familie in den Kreis des schloßgesessenen Adels. Als Berater der wittelsbach. Mgf. en und nach 1367 als Stiftshauptmann seines Neffen, des Ebf.s v. Magdeburg, →Dietrich v. Portitz, blieb er vorwiegend als Finanzmann tätig. F. Escher

Lit.: ADB II, 680 – A. F. RIEDEL, Gesch. des schloßgesessenen adeligen Geschlechts v. B., MärkF 11, 1867, 27–145 – L. GÖTZE, Nachtrag..., ebd. 14, 1878, 26–28 – G. SCHMIDT, Das Geschlecht v. B., 1908 – E. ENGEL, Brandenburg. Bezüge im Leben und Wirken des Magdeburger Ebf.s Dietrich v. Portitz (Karl IV. Politik und Ideologie im 14. Jh., hg. E. ENGEL, 1982), 197–213 – E. ENGELBERG, K. v. B. und das Machtspiel Karls IV. (ebd.), 214–228.

2. K. v. Matrei, Tiroler Wundarzt, * um 1435, † nach 1488, 1476–87 in Diensten Hzg. Siegmunds v. Tirol, begleitete hzgl. Söldner 1476/87 in die 'Burgunderkriege' gegen Karl d. Kühnen, lernte auf dem Kriegszug den Hoch-Schwarzwald kennen, dessen Arzneipflanzen er erkundete. Am Innsbrucker Hof von humanist. Leibärzten als Scharlatan verschrien, fiel er 1487 beim Hzg. in Ungnade, was ihn veranlaßte, ein »Arzneibüchlein« zu verfassen, um dessen Gunst zurückzuerlangen. Das dreigliedrige Werk, textl. weitgehend eigenständig und nicht frei von standeskrit. Angriffen gegen Akademikerärzte, beginnt mit Drogenmonographien, bringt im zweiten Teil den Hzg. interessierende Verfahren (gynäkolog. und gerontolog. Rezepte) und im Schlußabschnitt ein wundärztl. Antidotar, das gezielt kriegschirurg. Wissen einbegreift. Von der Wirkungsgesch. zeugen fünf hs. Überlieferungsträger, ein Frühdr. (Augsburg 1572) und mehrere Bearbeitungen. G. Keil

Lit.: Verf.-Lex.² IV, 1190–1193 – H. EBEL, Der »Herbarius communis« des Hermannus de Sancto Portu und das »Arzneibüchlein« des Claus v. Metry, 1940 [Ed.] – P. ASSION, Der Hof Hzg. Siegmunds v.

Tirol als Zentrum spätma. Fachlit. (Fachprosa-Stud., hg. G. KEIL, 1982), 37–75.

Klause (cella, Einsiedelei), Zelle in der Einsamkeit, manchmal mit einer Kapelle, in der ein(e) Klausner(in) oder Einsiedler(in) wohnte, oder (cluyse, inclusorium, reclusorium) eine sich an Kirchen (manchmal auch Stadtmauern oder Brücken) anlehnende Zelle, in der ein(e) →Inkluse(-in) meistens auf Lebenszeit eingemauert war. Es gab auch K.n innerhalb einer Kirche, z. B. in einem Pfeiler (Utrecht, Jacobikirche). Die K. sollte drei Fenster haben; eines für die Teilnahme am Gottesdienst, das andere, um Nahrung empfangen und (hinter einem Vorhang) Kontakt mit Besuchern haben zu können; das dritte, um Sonnenlicht einzulassen. Nicht nur Einsiedeleien, auch K.n sollten kleine Gärten haben (Regula Solitariorum des Grimlaicus, MPL 103). Der Klausner wurde meist in seiner Zelle bestattet. Namentl. im SpätMA schlossen sich mehrere Inklusen an einer Stadtkirche unter einer rectrix oder magistra zusammen (Köln): ihr Leben glich dem klösterl. Leben unter strenger Klausur.
Die K. hatte kaum kirchenrechtl. Status (keine feierl. Gelübde, genaugenommen keine Regeln), war aber für das religiöse Leben von großer Bedeutung. Sie war wie ein hl. Ort, zu dem das Böse nicht vordringen und wo der Klausner wie im Paradies (oft mit wilden Tieren als Haustieren) und in enger Beziehung zu Gott leben konnte (myst. Gaben, Prophezeiung). A. B. Mulder-Bakker
Lit.: DHGE XV, 771–774 [Lit.] – LThK² VI, 320f. [Lit.]. – E. VAN WINTERSHOVEN, Recluseries et ermitages, 1903 – J. ASEN, Die K.n in Köln, AHVN 90, 1927, 180–201 – A. K. WARREN, Anchorites and their Patrons in Medieval England, 1985.

Klausel (lat. clausula 'Schluß, Ende, Schlußvers, -formel', von claudere 'beschließen, beenden', auch in rhetor. Sinn). In der ma. ein- und mehrstimmigen Musik einerseits (neben distinctio) Bezeichnung für einen in sich geschlossenen Abschnitt, so daß Anonymus IV (13. Jh.) die von →Perotinus ersetzten, modernisierten Oberstimmenpassagen in Leonins →organa clausulae oder puncta nennt. Andererseits für den Schluß selbst (wobei die weltl. Musik zw. Halb- und Ganzschluß unterscheidet: apertum bzw. clausum). Clausulae heißen seit dem 14./15. Jh. auch die dreitönigen melod. Formeln aus vorvorletztem, vorletztem und letztem Schlußton, die zur Schlußbildung je nach ihrer Position in den Lagenstimmen Diskant, Alt, Tenor und später Contratenor und Baß bestimmte Schritte ausführen müssen. Der harmon. Zusammenklang der einzelnen melod. Formeln heißt dann seit dem 16. Jh. cadentia (→Kadenz), während clausula weiterhin die melod. Schlußbewegung der Einzelstimme bedeutet. Überschneidungen beider Termini waren und sind häufig.
H. Leuchtmann
Lit.: MGG, s. v. Kadenz; K. – NEW GROVE, s. v. clausula – RIEMANN, s. v. K.; Schluß.

Klausel, rhetorisch → Cursus

Klausenburg (ung. Kolozsvár, rum. Cluj), Stadt in Siebenbürgen, entstand in zentraler Verkehrslage am Fernweg von →Großwardein im Samoschtal auf dem Gebiet des 5 ha umfassenden röm. municipiums Napoca. Im frühen MA wuchs hier ein Herrschaftszentrum; die eigtl. städt. Entwicklung setzte erst nach dem Tatareneinfall von 1241 mit der wohl auf Stephan V. zurückgehenden Plananlage (Pfarre St. Michael) ein, wozu bes. der erneute Zuzug dt. Siedler beitrug. Noch im 12. Jh. wird unter Géza II. w. der Stadt beim Kl. St. Marien die erste Hospitessiedlung entstanden sein. 1173/77 wird K. erstmals erwähnt; 1213 sind 'castrenses de Clus', 1235 ist ein 'civis Clusinensis' bezeugt (1316 'civitas'). Von den Anjou-Kg.en wurde K. gefördert, planmäßig dann von Sigmund in die Herrschaftsausübung einbezogen. Zeitgleich ist eine z. T. bereits gemauerte Befestigung anzusetzen, die Ende des 15. Jh. bei wohl ca. 7000 Einw. schützte. Erst im 16. Jh. überflügelte K. bei Zurückdrängung des dt. durch das ung. Element die siebenbürg.-sächs. Städte →Hermannstadt und →Kronstadt. F. B. Fahlbusch
Lit.: S. GOLDENBERG, Clujul în sec. XVI..., 1958 – Istoria Clujului, hg. Ș. PASCU, 1974 – H. STOOB, Die ma. Städtebildung im Karpatenbogen (Die ma. Städtebildung im sö. Europa [= Städteforsch. A 4], 1977, 184ff. – P. NIEDERMAIER, Siebenbürg. Städte... [= Siebenbürg. Archiv 15], 1979 – F. B. FAHLBUSCH, Städte und Kgtm. im frühen 15. Jh. ... (Städteforsch. A 17), 1983, 30–38 – K. G. GÜNDISCH, Die Führungsschicht in K. (1438–1526) (Forsch. über Siebenbürgen... [Fschr. A. T. SZABÓ–ZS. JAKÓ 1987]), 67–91 [Q. und Lit.].

Klausner, Klausnerin → Inklusen

Klausur. Grundlage des monast. Lebens ist die Abschließung von der Welt, die unerläßl. ist, um Frieden und Sammlung für das Gebet und die Vereinigung mit Gott zu erreichen. Das monast. Ideal vollkommener →Keuschheit verlangt die Trennung zw. den Geschlechtern. In der Regula Benedicti wird mit Strafe bedroht, »qui praesumpserit claustro monasterii egredi« (67,7). Das von →Benedikt v. Nursia benutzte, dem klass. Lat. entstammende Wort 'claustra' (sg. claustrum, zu claudere 'schließen') bezeichnet sowohl Vorrichtungen zum Verschließen von Türen (Schloß, Riegel) als auch durch ein natürl. oder künstl. geschaffenes Hindernis abgesperrte Räume im weitesten Sinne (Häuser, Grundstücke, aber auch Täler oder Meeresbuchten usw.). Das seltenere Wort 'clausura', von gleichem Ursprung, bezieht sich vorwiegend auf Gefängnisse oder (Tier-)Gehege, so in den Leges Barbarorum (z. B.: clausura piscium 'Fischteich, -behälter'); vgl. für das Byz. Reich den gr. Begriff →Kleisura ('Engpaß, Sperrfestung'). Seit dem 9. Jh. bezeichnet 'claustrum' im engeren Sinne den in der Mitte eines →Klosters gelegenen Kreuzgang; doch wurde auch der Gesamtkomplex des Kl. weiterhin als 'claustrum' bezeichnet. Mit dem weniger häufig auftretenden Wort 'clausura' wurde die Grenze des allein den Mönchen oder Nonnen vorbehaltenen Bereichs bezeichnet, schließlich dieser Bereich selbst (im konkreträuml. wie im institutionellen Sinne). Man unterschied nun die aktive K. (Verpflichtung der Mönche oder Nonnen, im Kl. zu leben) und die passive K. (Zutrittsverbot für alle, die nicht der betreffenden monast. Gemeinschaft angehörten). Im monast. Bereich sind also 'claustrum' und 'clausura' keine vollkommen ident. Begriffe, da es in jedem Kl. Räume gibt, die nicht zur K. gehören (Kirche, Sakristei, Sprechzimmer usw.). Wesentl. Moment der K. ist die Trennung der Geschlechter in Hinblick auf den von Mönchen und Nonnen absolut und ausnahmslos geforderten →Zölibat. In der Praxis wurde die K. bei Frauen stets rigoroser angewandt als bei Männern. Angesichts der unumgängl. Kontakte der Mönche und Nonnen mit der Außenwelt wurden Milderungen der strengen K. vorschriften zumindest stillschweigend geduldet. Im vollen Sinne lebten nur die in einer →Klause eingemauerten →Inklusen in K. Die →Eremiten (»Klausner«) waren zwar prinzipiell von der Außenwelt abgesondert; doch empfingen bes. die berühmten Einsiedler (→Romuald v. Camaldoli) häufig Besucher, hatten zahlreiche Schüler und führten oft ein unstetes Wanderleben. Die von den Cluniazensern und anderen Orden eingerichteten →Priorate, die oft nur wenige Mönche umfaßten, befolgten die K. in nur unvollkommener Weise. Gegen diese Situation wandten sich im 12. Jh. →Petrus Venerabilis und im 13. Jh. →Eudes

Rigaud (»Registrum visitationum«). Im 14. Jh. erfolgte dann die Aufhebung der meisten kleineren Priorate, während den größeren (mit mindestens 8–10 Mönchen) die K. vorgeschrieben wurde. In der von Bonifatius VIII. 1298 erlassenen ersten Dekretale über die K. wurden die Gewohnheiten der Nonnen, Laien aufzusuchen und Gäste jedweder Art im Kl. zu empfangen, getadelt. Das Verlassen der Kl. war nur bei schwerer Erkrankung erlaubt; nur ehrenhafte Personen durften, aus triftigem Grund und mit Erlaubnis der Oberin, im Kl. empfangen werden. Weitere Bestimmungen schränkten die Reisemöglichkeiten von Äbtissinnen und Priorinnen ein. Der Erfolg dieser Dekretale und anderer Bestrebungen zur Wiederbelebung der strengen K. stellte sich nur langsam ein. Aufschlußreich für frz. Nonnenkl. des 15. Jh. sind die Visitationsprotokolle der Cluniazenser, v. a. der Bericht über das Kl. Marcigny (Juli 1436), der zumindest für die jungen Nonnen eine beachtl. Freizügigkeit bei der K. feststellt, diese aber (weil sie offenbar als Normalzustand galt) nicht rügt.
J. Dubois

Lit.: DACL III, 2, 2024ff. – DDC III, 892ff. – DIP II, 1166ff.

Klee (Trifolium pratense L. u. a./Leguminosae). Obschon versch. Leguminosen (z. B. Geiß-, Stein- bzw. Honig-, Horn- oder →Bockshorn-K.), aber auch Vertreter anderer Familien (Sauer- oder Bitter- bzw. Fieber-K.) so bezeichnet werden, ist unter diesem allg. Namen die artenreiche Gattung Trifolium und hier zumeist der Wiesen-K. zu verstehen. Ahd. *calta* oder *bin(e)suga* (STEINMEYER-SIEVERS II, 687; III, 387 und 551) gen., fand *cle* lg. *trifolium* v. a. als Viehfutter (Hildegard v. Bingen, Phys. I, 108; Albertus Magnus, De veget. VII, 111), gelegentl. auch in der Med. Verwendung (Gart, Kap. 397 und 398). Darüber hinaus gilt der einst als Zauberkraut geschätzte vierblättrige K. bis heute als Glücksbringer.
P. Dilg

Lit.: MARZELL IV, 761–795 – HWDA IV, 1447–1458.

Kleiderordnungen waren – sieht man vom kirchl.-monast. Bereich ab – Erlasse der weltl. Obrigkeit zur Reglementierung des Kleideraufwands. Hinter den Ordnungen standen im MA 1. sittl.-moral., 2. sozialfürsorger. und 3. auf die Konservierung der sozialen Schichtung gerichtete Motive in einem häufig nicht mehr erkennbaren Mischungsverhältnis. Kleidervorschriften konnten sowohl zur Stigmatisierung bestimmter Gruppen wie zur Bekämpfung von kollektivbildender Kleidung dienen. Sie sind separat oder in →Luxusordnungen zusammen mit anderen Aufwandsbestimmungen, zunächst auch später noch häufig im Rahmen von Stadtrechten, Landfrieden, Gesetz- und Ratsbüchern überliefert und aus ganz Europa bekannt. Karl d. Gr. setzte 808 den Stoffaufwand für Rock und Hose eines Bauern fest. Weitere frühe K. stammen aus Spanien (1234/56), Frankreich (1279/94), Italien (13. Jh.) und England (1336). In Deutschland (zuerst Göttingen 1340, Braunschweig 1349) zeigen sie, entsprechend dem reich entwickelten Städtewesen, bes. Vielfalt. Die starke Zunahme in der 2. Hälfte des 14. Jh. wird auf das damals in diesem Ausmaß neue Phänomen der Mode zurückgeführt, v. a. bei der Verkürzung der männl. Tracht und den Schnabelschuhen. In den Maßnahmen gegen diese wie gegen zahlreiche andere Kleidungsstücke, Zierate und Stoffe liegt der große Q.wert der K. für Volks- und Realienkunde des MA. Dagegen läßt die Zunahme der K. wohl nicht auf allg. zunehmenden Luxus schließen. Stattdessen verbinden sich, wie bei den Luxusordnungen im allg., konservative, topisch zu verstehende Moralsätze mit der Absicht, den Menschen vor den ruinösen Folgen seiner 'Verschwendungssucht' zu bewahren. Daß →Kleidung soziale Unterschiede widerspiegelte, konnten und sollten die K. gleichwohl nicht verhindern. In Deutschland teilten schon die frühen Göttinger Ordnungen die städt. Bevölkerung in drei Vermögensklassen ein. In der 2. Hälfte des 15. Jh. tritt bereits eine stärker ständ. differenzierende Terminologie in den K. hervor. So wurde in Wien Mitte des 15. Jh. zw. ratsfähigen Bürgern, anderen Patriziern bzw. Kaufleuten, Handwerkern, Dienern bzw. Knechten differenziert.
J. Schneider

Lit.: HRG II, 864–866 – L. C. EISENBART, K. der dt. Städte zw. 1350 und 1700, 1962 – G. HAMPEL-KALLBRUNNER, Beitr. zur Gesch. der K., 1962 – E. MASCHKE, Die Unterschichten in den ma. Städte (Gesellschaft. Unterschichten in den swdt. Städten, hg. DERS.-J. SYDOW, 1967), bes. 9–11 – V. BAUR, K. in Bayern vom 14. bis zum 19. Jh., 1975 – U. DIRLMEIER, Unters. zu Einkommensverhältnissen und Lebenshaltungskosten in obdt. Städten des SpätMA, 1978, 260ff. – V. KESSEL, Die sdt. Weltchroniken der Mitte des 14. Jh., Stud. zur Kunstgesch. in der Zeit der großen Pest, 1984 – →Kleidung.

Kleidion, befestigter Paß im Belasica-Gebirge oberhalb des Tales der Strumešnica zw. Petrič und Makrievo nahe der heut. bulg.-griech. Grenze, wo am 29. Juli 1014 das Heer →Samuels von den byz. Truppen unter Führung Basileios' II. und seines Feldherrn, Nikephoros Xiphias, geschlagen wurde. Basileios ließ angebl. 14–15 000 Soldaten blenden und schickte sie zu Zar Samuel, dem die Flucht gelungen war. Ihr Anblick führte zu einem Schlaganfall, an dessen Folgen der Zar am 6. Okt. 1014 starb. Der Sieg führte zur Annexion des Reiches Samuels, trug Basileios den Namen 'Bulgarentöter' (Βουλγαροκτόνος) ein und wurde ikonograph. verherrlicht im Psalter Basileios' II. (um 1019; Marc. gr. 17).
P. Schreiner

Q. und Lit.: Ioannis Scylitzae synopsis historiarum, rec. I. THURN, 1973, 348, 934–945 – VizIzv III, 104–107, 202, 232 [J. FERLUGA] – D. ANGELOV-B. ČOLPANOV, Bŭlgarska voenna istorija, 1989, 45f. [mit Lagezeichnung].

Kleidung

I. Weltlicher Bereich – II. Liturgischer Bereich – III. Judentum.

I. WELTLICHER BEREICH: Für eine Rekonstruktion der Entwicklung der ma. K. sind wir in erster Linie auf schriftl. und bildl. Q. angewiesen, da originale weltl. K.sstücke nur in sehr geringer Zahl erhalten sind. Auf die Problematik der ma. K.sterminologie und -typologie kann hier nicht näher eingegangen werden (vgl. BRÜGGEN, 1988 und 1989 sowie »Terminologie und Typologie ma. Sachgüter: das Beispiel der K.«, 1988). K. bedeutet für den ma. Menschen neben Schutz vor der Witterung auch Kennzeichnung von Rang, Stand, Zugehörigkeit zu einer bestimmten sozialen Schicht etc.; daher kommt es schon sehr früh zu einer schriftl. festgelegten Reglementierung in →Kleiderordnungen. Die soziale Differenzierung der Mode macht sich bereits in frk. Zeit bemerkbar. Die frk. Tracht weist eine Vermischung von germ. und antiken Elementen auf: Auf der Schulter gefibelter kurzer →Mantel, kurzer tunikaartig geschnittener Rock, darunter lange leinene →Hose, mit Binden umwunden, gehören zu den festen Bestandteilen frk. K. Für Luxusartikel ist man zunächst auf die Einfuhr aus dem byz. Reich angewiesen, da es noch keine eigenständigen Produktionsstätten gibt. In den erhaltenen Beschreibungen karol. Trachten werden die mit Goldplättchen besetzten Stoffe, die reiche Verwendung von Pelzen und Schmuck bes. hervorgehoben. Die bäuerl. K. setzt sich aus Kittel, Hosen und Bundschuh zusammen. Im 10. und 11. Jh. verlängern sich, vermutl. unter kirchl. Einfluß, der Männerrock; unter der langen Tunika wird eine zweite, meist etwas längere als Unterkleid (→Unterkleidung) getragen. Der Mantel paßt sich dieser neuen Länge an. Trägt man die kurze Tunika, so kleidet man die Beine in eng anliegende, bisweilen aus Leder gefertigte →Beinkleider, die Beinlinge. Die Frauenk. besteht weiterhin aus zwei übereinander getragenen Tuniken und einem Mantel. Material und Kleider werden zunächst zuhause hergestellt. Erst durch die Entstehung städt. Zentren entwickeln sich eigene Produktionsstätten. Byz. und oriental. →Seiden und →Brokate werden eingeführt. Die wesentl. Bestandteile der höf. Frauenk. des 12. und 13. Jh. sind Untergewand (Hemd), →Obergewand (Rock, Cotte) und Mantel. Neu ist die mod. Form von Hemd und Rock. Beide werden eng an den Körper geschnürt und betonen so die weibl. Formen. Darüber kann neben dem Mantel, der nun als sog. Tassel- oder Schnurmantel gebildet wird, noch ein Surkot (Suckenie, Kursit) getragen werden, der weiter geschnitten, ohne Ärmel und oft mit Pelz unterfüttert ist. Wichtige Accessoires sind der →Gürtel und die reich gestalteten, abnehmbaren Schmuckärmel, die – ähnl. dem Rock – oft eine Schleppe ausbilden. Enge und Länge der K.sstücke machen deutl., daß diese nicht von der arbeitenden Bevölkerung getragen werden können, und schaffen damit eine weitere soziale Differenzierung der K. Als →Kopfbedeckung dienen, neben diversen Schleierformen, →Schapel oder Gebende. Die männl. K. dieser Zeit zeichnet sich, wie auch die weibl., durch die Verwendung kostbarer Stoffe und durch eine große Farbenfreudigkeit aus. Diese Buntheit wird durch die verschiedenen Farben der übereinander getragenen K.sstücke erreicht sowie durch die Verwendung des →Mi-parti. Die wichtigsten Bestandteile sind als Untergewand ein aus feinen Materialien kunstvoll genähtes Hemd, als Obergewand ein Rock mit engerem Oberteil, dessen Schoßteil in der vorderen und hinteren Mitte aufgeschnitten und durch eingesetzte Geren (Stoffkeile) erweitert wird, um dem Träger eine größere Bewegungsfreiheit zu gewähren, und ein Mantel, meist in der Form des Tassel- und Schnurmantels. Als Kopfbedeckung dienen Schapel, Hut oder Bundhaube (→Calotte), die aus kostbarem Material, bestickt und mit Federn verziert sein können. Gegen die Mitte des 14. Jh. vollzieht sich in der Männerk. ein grundlegender Wandel: An die Stelle des langen Rockes tritt ein kurzer, den Körper modellierender Rock, die →Schecke. Der immer engere Zuschnitt bewirkt schließlich, daß der Rock vorne aufgeschnitten und mit Knöpfen versehen wird. Zu den mod. Kopfbedeckungen dieser Zeit zählt die Gugel. Die →Schuhe enden in langen, oft ausgestopften Spitzen (Schnabelschuh). Als Mantel wird ein ärmelloser, glockenförmig geschnittener Umhang, der auf der rechten Schulter geschlossen wird, die Heuke, getragen. Er gehört auch nach Aussage der Kleiderordnungen bis zum 16. Jh. zum festen Bestand der Frauenk., bes. in N-Dtl. Die rasante wirtschaftl. Entwicklung, das Erstarken der Städte und damit des Bürgertums bewirken, daß diese Mode rasch auch von der vermögenden Stadtbevölkerung aufgegriffen wird. Verordnungen und Predigten versuchen dies – ohne Erfolg – einzudämmen. Selbst die Länge der Schnabelschuhe wird nach dem Stand des Trägers reglementiert. In der Frauenmode, die ja in bezug auf Enge der Männerk. vorausgegangen ist, setzt sich das Dekolleté durch. Als Kopfbedeckung dient – neben dem Schapel für unverheiratete Mädchen und dem Schleier sowie der Rise (Wimpel oder →Brustschleier) für Verheiratete – der Kruseler als mod. Variante. Gegen Ende des 14. Jh. finden sich – auf bild. Darstellungen und in Schriftq. erwähnt – die ersten Hörnerhauben und Hennins. Währenddessen bleibt die K. der Bauern und Handwerker nahezu unverändert. Sind Paris und der Prager Hof während des 14. Jh. maßgebl. an der Ausbildung der Mode beteiligt, so ist es zu Beginn des 15. Jh. Burgund. Für das 1. Viertel charakterist. ist die Houppelande bzw. der Tappert, ein bes. stoffreich ausgebildetes, oft mit Zaddelschmuck versehenes Obergewand mit reich ausgebildeten Ärmeln, zumeist in einer Schleppe endigend, das von beiden Geschlechtern getragen wird. Gegen die Mitte des Jahrhunderts verengt sich der Schnitt der männl. K.sstücke zunehmend, die Betonung des Körpers wird nach Ausweis der bildl. Q. v. a. bei jugendl. Trägern wieder wichtig. Wams bzw. Schecke werden unter einem kurzen Schultermantel getragen und verkürzen sich zunehmend. Es wird notwendig, die Beinlinge, die am Wams angenestelt sind, durch eine Naht miteinander zu verbinden, um ungewollte Entblößungen zu vermeiden. Eine ähnl. Entwicklung zur Körperbetonung weist die Frauenmode auf, ohne allerdings die Verkürzung mitzumachen. Bes. Formenvielfalt zeigt die →Haube (Hörnerhaube, Wulsthaube, Balzo in Italien). Das charakterist. K.sstück der 2. Hälfte des 15. Jh. ist im dt. Bereich die →Schaube, ein stoffreiches, mit Ärmeln versehenes, vorne offenes Obergewand, das meist einen Kragen besitzt und mit Pelz gefüttert oder besetzt ist. Weitere wichtige männl. K.selemente sind das darunter getragene →Wams, das Hemd und die Hose sowie als Kopfbedeckung das →Barett. Bes. Aufmerksamkeit wird der Ausstattung der Ärmel des Wamses bzw. der Schecke sowie des Frauenrockes geschenkt. Sie werden gepufft und geschlitzt, mit andersfarbigem Futter unterlegt. Der Schnabelschuh wird vom Kuhmaul abgelöst. In ähnl. Formen zeigt sich die Frauenmode am Übergang vom SpätMA zur Renaissance. Rock und Oberteil des Obergewandes trennen sich; unter dem so entstehenden Mieder wird ein Hemd getragen, das, wie beim Mann, den Kleidausschnitt füllt, und sich in den Schlitzen der Ärmel zeigt. Das Dekolleté kann auch durch einen großen Kragen, dem Goller, bedeckt werden. Neben diversen Haubensonderformen (etwa dem Sturz für den frk. Bereich) wird in zunehmendem Maß auch das Barett als weibl. Kopfbedeckung verwendet.

E. Vavra

Lit. [Auswahl]: M. VIOLLET-LE-DUC, Dict. raisonné du mobilier français, III, IV, 1874 – V. GAY, Glossaire archéologique, 2 Bde, 1887 – P. POST, Das Kostüm und die ritterl. Kriegstracht im dt. MA von 1000–1500 (G. LÜDTKE–L. MACKENSEN, Erg. zum dt. Kulturatlas, 1928–39) – M. BRAUN-RONSDORF, Frauenk. der Spätgotik (ca. 1380–1490), 1933 – A. GÜDESEN, Das weltl. Kostüm im Trecento, 1, 1933 – E. BERTELT, Gewandschilderungen in der erzählenden höf. Dichtung des 12. und 13. Jh., 1936 – E. NIENHOLDT, Die dt. Tracht im Wandel der Jh., 1938 – M. HOUSTON, Medieval Costume in England and France (13.–15. Cent.), 1939 – R. RODHE LUNDQUIST, La mode et son vocabulaire, 1950 – W. CUNNINGTON–PH. CUNNINGTON, Handbook of Engl. Medieval Costume, 1952 – J. EVANS, Dress in medieval France, 1952 – O. ŠROŇKOVÁ, Die Mode der got. Frau, 1955 – E. NIENHOLDT, Kostümkunde, 1961 – L. RITGEN, Die höf. Tracht der Isle de France in der 1. Hälfte des 13. Jh., Waffen- und Kostümkunde 4, 1962, 8–24, 87–111 – F. J. BENISCH, Die Tracht Nürnbergs und seines Umlandes vom 16. Jh. bis zur Mitte des 19. Jh., 1963 – R. LEVI-PISETZKY, Storia del costume in Italia, 1–2, 1964ff. – F. BOUCHER, Hist. du costume en occident de l'antiquité à nos jours, 1965 – F. PIPONNIER, Costume et vie sociale (Civilisation et Sociétés 21, 1970) – O. RADY, Das weltl. Kostüm von 1250–1450 nach Ausweis der figürl. Grabsteine im mittelrhein. Gebiet, 1976 – G. LINDSKOG-WALLENBURG, Bezeichnungen für Frauenk.sstücke und Kleiderschmuck im Mittelnd. (Göteborger Germ. Diss.reihe 5, 1977) – R. M. ANDERSON, Hispanic Costume 1480–1530, 1979 – ST. M. NEWTON, Fashion in the Age of the Black Prince in the Years 1340–1365, 1980 – M. SCOTT, The Hist. of Dress Ser. – Late Gothic Europe 1400–1500, 1980 – E. THIEL, Gesch. des Kostümes, 1980[5] – V. MERTENS, Mi-parti als Zeichen, 1983 – W. SAUERLÄNDER, Kleider machen Leute, Arte medievale 1, 1983, 221–240 – G. RAUDSZUS, Die Zeichensprache der K., 1985 – J. ZANDER-SEIDEL, Das erbar gepent. Zur ständ. K. in Nürnberg im 15. und 16. Jh.,

Waffen- und Kostümkunde 27, 1985, 119–140 – M. Scott, A Visual Hist. of Costume – The Fourteenth & Fifteenth Centuries, 1986 – I. Loschek, Reclams Mode- und Kostümlex., 1987 – E. Brüggen, Die weltl. K. im hohen MA, Beitr. zur Gesch. der Dt. Sprache und Lit. 110, 1988, 202–228 – H. Kühnel, Mentalitätswandel und Sachkultur (Realien und Gesch. = Sachüberlieferung und Gesch. 3, 1988) – H. M. Zijlstra-Zweens, Of his array tells I no lenger tale, 1988 – Terminologie und Typologie ma. Sachgüter: das Beispiel der K. (Sb. der Österr. Akad. der Wiss. phil. hist. Kl. 511 = Veröff. des Inst. für ma. Realienkunde, 1988) – E. Brüggen, K. und Mode in der höf. Epik des 12. und 13. Jh. (Beih. zum Euphorion 23), 1989 [ausführl. Bibliogr.] – Bildw. der K. und Rüstung, hg. H. Kühnel, 1991 [ausführl. Bibliogr.].

II. Liturgischer Bereich: Als Unterscheidungszeichen von Priester und Gemeinde ist l.K. zunächst unbekannt. Weder kann man auf Vorschriften Jesu, der Apostel oder der hl. Schrift zurückgreifen, noch verstehen sich die frühchr. Bf.e und Presbyter in der Tradition des atl. Priestertums und seiner Kultkleidung. Die hierarch. Gliederung der Gemeinde drückt man durch den (räuml.) Vorsitz des Priesters aus. Man trägt in der Feier der Liturgie festl. K., die aber in Material und Design den üblichen (außerchr.) Gepflogenheiten entspricht. Eine eigentl. l.K. entwickelt sich vom 4. bis 9. Jh. Bestimmte Gewänder werden bestimmten liturg. Funktionen fest zugeordnet. Gravierende Unterschiede zw. Alltagsk. und l.K. entstehen, als in der Alltagsk. infolge des Einflusses germ. K.sbräuche (weite Hose mit knielangem, gegürtetem Hemd) nach der Völkerwanderung die Talartunika durch die Kurztunika, die Paenula (ein zeltartiges K.sstück mit Kopfloch) durch den offenen Mantel ersetzt werden. Aus pragmat. Gründen (geeignet für die Liturgie) und wegen des Unterscheidungscharakters (Klerus jetzt als Stand empfunden) hält der Klerus an der alten K. fest. Dieser Konservatismus, der durch eine Sakralisierung der l.K. infolge des neuen Verständnisses des Priesters als 'Kultpriester' gestärkt wird, prägt die weitere Entwicklung. So liegen schon im 6. Jh. die Hauptbestandteile der l.K. fest. Die (röm.) l.K. findet sich im 9. Jh. bereits im gesamten Abendland. Veränderungen betreffen den Verwendungszweck einzelner K. und die Erweiterung des Bestands. Für das 9. bis 13. Jh. gilt, daß nicht mehr Rom allein die Entwicklung der l.K. beeinflußt. Vom 13. Jh. an stehen Form, Stoff und Ausstattung im Vordergrund. Ein regelrechter Farbkanon (→Farbe) der l.K. entwickelt sich seit dem 12. Jh.

Bes. Ausgestaltung erfahren im 9. bis 13. Jh. die Pontifikalgewänder und die damit verbundenen Insignien. Gegen einen generellen Rückgriff auf Insignien der röm. Beamtenschaft (Braun) und die Verleihung der Insignien durch den Ks. (Klauser) wird man nur im Einzelfall von einer Übernahme gesellschaftl.-polit. Machtzeichen sprechen können (so z. B. beim Pallium) und die Verbreitung der Insignien päpstl. Initiative (Förderung des Primats) und außerröm. Anstoß zuschreiben (Engels). Bis ins frühe MA kann man die l.K. als Gewand bezeichnen. Die zunehmende Verzierung mit Stickereien und Edelsteinen verwandelt es in einen Ornat.

Die l.K. bleibt nicht von Kritik verschont. Gibt es generell einen Ruf nach einfacher und bescheidener geistl. K., so gilt dieser insbes. der l.K. Ein Gottesdienst mit luxuriöser Prachtentfaltung auf Kosten der Fürsorge für die Armen wird abgelehnt. Wie kann man Christus in der Liturgie in seidenen Gewändern verehren, während man ihn auf der Straße, wo er vor Kälte zugrundegeht, nicht beachtet? (Joh. Chrysostomos).

Das sakrale Verständnis der l.K. manifestiert sich in ihrer Segnung, die seit Beginn des 6. Jh. für Rom gesichert scheint, wenngleich erste schriftl. Zeugnisse erst aus dem 9. Jh. (Ps.-Isidor, Benedictus Levita) vorliegen. Die Segnung ist offensichtl. immer dem Bf. vorbehalten, da man die Gewänder mit der Ordination in Beziehung setzt. Die Sakralität der l.K. wird auch durch die Gebete unterstrichen, die man beim Anlegen spricht. Zunehmend (v. a. im Sinne des 'Kultpriestertums') wird die l.K. vom AT und hohepriesterl. K. aus gedeutet.

Die l.K. erfährt verschiedene allegor.-heilsgesch. Ausdeutungen (so umfassend zuerst bei Hrabanus Maurus und Amalar; vgl. Suntrup). Die 'moral.' Deutung (zur Terminologie vgl. Braun) stellt einen Zusammenhang zw. l.K. und notwendigen Tugenden des Priesters her. Die typ. dogmat. Deutung, die die Gewänder auf (die Glaubenslehre von) Christus bezieht, findet sich erst im 12. Jh., als der Priester in der Eucharistie als Stellvertreter Christi verstanden wird (vgl. Rupert v. Deutz, Sicard, Innozenz II.). Die dogmat.-repräsentative Deutung (seit dem 13. Jh.) stellt mittels der l.K. in der Person des Priesters das Leiden Christi dar (deshalb die Abbildungen des Gekreuzigten auf got. Meßgewändern). Im Hintergrund steht insbes. die Vorstellung, die Messe sei eine Erneuerung dieses Leidens. Weniger verbreitet ist jene allegor. Deutung, die den Priester im Kampf mit dem Feind des Gottesvolkes sieht und die l.K. als Waffen deutet. Auffallend ist insgesamt die Differenz der Liturgieerklärungen zu jenen liturg. Texten, die während des Ankleidens gesprochen werden und vorwiegend moral.-asket. Charakter haben.

Zu den liturg. Untergewändern gehören der *Amikt* (Schultertuch, leinenes Rechteck, das mittels zweier Bänder gebunden wird; nach röm. Ritus unter, nach Mailänd. und Lyoner Ritus über der Albe getragen; dabei wurde der A. so angelegt, daß sich ein verzierter Kragen [A. parure] entwickeln konnte), der *Fanone* (zusätzl. Schultertuch des Papstes aus zwei unterschiedl. großen, übereinandergenähten Seidenstücken, deren eines unter der Albe getragen wird, während das andere Kragenfunktion hat), die *Albe* (liturg. Untergewand in Tunika-Form; im W weiß [daher alba], im O auch farbig [Sticharion mit selbständigen Manschetten (Epimaniken)]; sie wird von allen Weihestufen benutzt), das *Cingulum* (Gürtel zum Schnüren der Albe aus weißem Leinenstreifen, später auch aus geflochtenen Stricken, die in den liturg. Farben gehalten sein können), das *Subcinctorium* (als Zubehör zum C. päpstl. Sondergewand; Stoffstreifen in liturg. Farben mit Goldstickerei [Kreuz/Lamm], das bei feierl. Gelegenheiten links über dem C. getragen wird) sowie *Rochett* (gehört als Chorgewand zur l.K., ansonsten außerliturg. Klerikerk., dem Talar ähnl. Gewand mit engen Ärmeln, das neben Bf.en und Prälaten nur der tragen darf, der ein entsprechendes Privileg besitzt) und *Superpelliceum* (Chorrock mit weiten Ärmeln, den man seit dem 12. Jh. bei Sakramenten- und Segensfeiern trägt).

Die *Kasel* (seit dem 4. Jh. Amtsk. des Klerus; Oberbekleidung des Priesters, seitdem für die Diakone die Dalmatik zum Amtsgewand wurde; in Form und Gestaltung hist. und regional bedingte Vielfalt), *Dalmatik* (ursprgl. weißes Obergewand aus Leinen oder Wolle mit rotem Ärmelbesatz und zwei Mittelstreifen (clavi) auf Vorder- und Rückseite; im 4. Jh. Gewand des Papstes und der Diakone; seit 9. Jh. allgemeine l.K., im 11. Jh. liturg. Obergewand der Diakone und Bestandteil der bfl. Pontifikalk.) und *Tunicella* (der Dalmatik verwandtes Gewand der Subdiakone in engerem Schnitt) sowie das *Pluviale* (offener Chormantel in (seit 12. Jh.) liturg. Farbe; von Bf. bei Synoden und festl. Prozessionen, von Priestern an Festtagen zum Altarinzens in der Matutin und zum Magnifikat der Vesper sowie bei Segnungen, von Kantoren beim Offizium getragen) bilden die liturg. Obergewänder. *Pontifikalhandschuhe* und *Pontifikalschuhe* gehören ebenfalls zur l. K.

Als Insignien sind *Manipel* (ursprgl. als Serviette oder Schweißtuch gedacht, verziertes Stoffband, vom Subdiakon an in der Mitte des linken Unterarms getragen [vergleichbar im O das Epigonation]), *Stola* (ursprgl. Tuch zur Mund- oder Gesichtsreinigung, Tuchstreifen, bei Sakramenten und Sakramentalien von Bf.en und Priestern unter der Kasel um Nacken und über die Schultern gelegt, von Diakonen als Schärpe von linker Schulter zur rechten Seite gelegt getragen [vergleichbar im O Orarion und Epitrachelion]), *Pallium* (von Papst, Metropoliten und Erzbf.en getragen, entwickelt sich zu einer Wollstola in Ringform mit Stoffstreifen nach vorn und hinten, mit schwarzen Kreuzen geschmückt [vergleichbar im O Omophorion]) und *Rationale* (entsprechendes Zeichen der Bf.e, über der Kasel auf beiden Schulter getragen) zu nennen.

B. Kranemann

Lit.: LThK IV, 850–853 – TRE XIII, 159–167 – F. Bock, Gesch. der liturg. Gewänder des MA, 3 Bde, 1856–71 [Nachdr. 1970] – J. Braun, Die liturg. Gewandung im Occident und Orient. Nach Ursprung und Entwicklung, Verwendung und Symbolik, 1907 [Nachdr. 1964] – Th. Klauser, Der Ursprung der bfl. Insignien und Ehrenrechte [1949] (Ders., Ges. Arbeiten zur Liturgiegesch., Kirchengesch. und Chr. Archäologie, hg. E. Dassmann, 1974, 195–211 [vgl. dazu Engels, s. u.]) – R. Suntrup, Die Bedeutung der liturg. Gebärden und Bewegungen in lat. und dt. Auslegungen des 9. bis 13. Jh., 1978 – E. Dassmann, Zur Entstehung von liturg. Gewändern und Geräten (Schwarz auf Weiß. Informationen und Berichte der Künstler-Union-Köln 16,2, 1984), 16–30 – R. Berger, Liturg. Gewänder und Insignien (Ders. u. a., Gestalt des Gottesdienstes, 1987), 309–346 – O. Engels, Der Pontifikatsantritt und seine Zeichen (Segni e riti nella chiesa altomedievale occidentale, 1987, 2), 707–766 – A. Reinle, Die Ausstattung dt. Kirchen im MA, 1988, 153–173.

III. Judentum: Bis ins frühe MA war wie bereits in der Antike zunächst die K. kein Unterscheidungsmerkmal zw. Juden und Nichtjuden. Eine Abgrenzung geschah einerseits durch eigene und andererseits durch muslim. und chr. Obrigkeitsvorschriften. Im »Omarvertrag« (9. Jh.) wurde die Kennzeichnung Ungläubiger angeordnet. Somit mußten sich auch Juden – für sie galt die Farbe gelb – zum Tragen von Gürtel, Turban/Hut und Mantel – einer pers. Tracht – oder zumindest zum Anbringen von zwei Knöpfen an Hut/Turban und ab 835 zum Tragen von zwei gelben Stoffflecken verpflichten. Die Bestimmungen, die in der Praxis zwar variierten, wurden bisweilen gewaltsam durchgesetzt. Für den chr. Bereich bestimmte das IV. Laterankonzil 1215 (c. 68), daß Juden und Sarazenen beiderlei Geschlechts in allen chr. Ländern und jederzeit durch die Beschaffenheit des Gewandes sich von Christen unterscheiden sollten. Gelb blieb während der langen Durchsetzungsdauer in den vielen K.svarianten die Konstante. Bis ins 16. Jh. blieben in Aschkenas »Judenhut« und »langer Mantel« kennzeichnend, während man in den übrigen Gebieten und in verschiedenen Varianten den (meist gelben) Fleck einführte, in England 1218 als Gebotstafeln, als Ring an Brust, Schulter, Rücken oder Hut in Kastilien 1219, der Provence 1234 und im Kirchenstaat 1257. Im 15. Jh. war er schließlich in ganz Europa vorgeschrieben. Für Frauen galten als Kopfbedeckung der Schleier sowie lange Kleider. U.a. sind aus den span. Ländern präzise Kleidervorschriften erhalten (s. F. Baer). Als jüd. Vorschrift galt von altersher das Verbot von Mischgewebe aus Wolle und Flachs (Lev 19,19: Dtn 22,11) sowie die eindeutige Unterscheidung von Männern und Frauen durch K. Die detaillierten Vorschriften islam. und chr. Obrigkeiten gegen die prachtvolle Entfaltung von Minderheiten durch luxuriöse K. und Schmuck kamen der strengen jüd. Auffassung vom bescheidenen Leben im Exil entgegen und wurden durch Mahnungen gegen Kleiderluxus sublimiert (Sef. Minhagim; Shebet Jehuda; Iggeret Mussar). Zur genuin jüd. K. gehörte das Tragen der Tefillin (Gebetsriemen) – zumindest zu den Gebeten –, der Zizit (Kleiderquasten) – von →Jakob ben Ascher erstmals belegt – sowie bei Männern in der Regel der Vollbart.

R. Schmitz

Lit.: F. Singermann, Die Kennzeichnung der Juden im MA, 1915 – F. Baer, Die Juden im chr. Spanien, I, 1929, Nr. 456 (716), 464 (733) – A. Rubens, A Hist. of Jewish Costume, 1967 – H. Pollack, Jewish Folkwise in Germanic Lands (1648–1806), 1971.

Kleinarmenien → Armenien

Kleinasien → Kapadokien, →Kilikien etc.

Kleinchroniken, byz. → Chronik, N

Kleines Kaiserrecht. Bezeichnung beruht auf der alten Unterscheidung zum 'Großen' Kaiserrecht (später →Schwabenspiegel gen.); der Name 'Frankenspiegel' hat sich in der Lit. nicht durchgesetzt, gilt als jüngstes der ab dem 13. Jh. entstehenden →Rechtsbücher. Wohl zw. 1328 und 1350 von einem frk. Gefolgsmann Ludwigs d. Bayern in der Wetterau verfaßt, stellt es unter freier Verwendung des Schwabenspiegels, Frankfurter Stadtrechts, hess. Landsiedelrechts und vielerlei Formen des →frk. Rechts ein allumfassendes »Keyserrecht« (Prolog) teilweise mit Rückführung auf Karl d. Gr. dar. Stets wird die ksl. Gesetzgebungsgewalt betont. Möglicherweise sollte damit der von Ludwig d. Bayern wiederbelebte Ks.gedanke theoret. gestützt und zugleich frk. Recht als →Ks.recht herausgestellt werden. In ca. 35 Hss. überwiegend aus dem 15. Jh. erhalten, steht das in Bücher und Kap. eingeteilte K.K. oft zusammen mit einem der anderen Rechtsbücher ergänzend neben der Aufzeichnung eines Stadtrechts. Verbreitet war es in Hessen, in den Reichsstädten, am Niederrhein sowie in N-Deutschland. Buch I behandelt Prozeßordnung und Gerichtsverfassung, Buch II Privat- und Strafrecht sowie das Reichsgut, Buch III Lehensrecht unter Hervorhebung der Reichsdienstmannen und Buch IV die Reichsstädte und das Recht ihrer Bürger. In der vielleicht ursprgl. Fassung waren 10 lat. Kap. über Reichshöfe eingefügt. Die Ausstrahlung des K.K.s steht weit hinter der von →Sachsen- und Schwabenspiegel zurück, bedingt auch durch die ungenaue Fassung vieler Rechtsregeln, die bei der Beurteilung des Einzelfalles wenig hilfreich waren.

D. Munzel

Ed. und Lit.: H. E. Endemann, Das Keyserrecht nach der Hs. von 1372, 1846 – D. Munzel, Die Innsbrucker Hs. des K.K.s (Rechtsbücherstud. I, 1974), 159–381 – U. D. Oppitz, Die dt. Rechtsbücher des MA, I, 1990.

Kleinhandel → Handel

Kleinheiligtümer → Wegheiligtümer

Kleinpolen (poln. Małopolska, 'jüngeres Polen', lat. Polonia Minor [in den Q. erst 1412 faßbar], im Gegensatz zu →Großpolen, lat. Polonia Maior, und zu [Gesamt]polen). Im 9.–10. Jh. Stammesgebiet der →Wislanen ('Anwohner der Weichsel'), das 950 durch die Böhmen erobert wurde. Nach der Eroberung durch →Mieszko I. 'Land Krakau' gen., wurde K. 1138 aufgrund des Testaments von →Bolesław III. Krzywousty in die Hzm.er Krakau und Sandomir gegliedert, die im 13. Jh. wieder vereinigt wurden. Seit 1320, nach der Krönung →Władysławs I. zum Kg. v. Polen, wurde →Krakau Hauptstadt des Kgr.es und die Prov. zum Kernland Polens. Die Grenzen des 1000 in Krakau gegründeten Bm.s entsprachen den ältesten Grenzen K.s und umfaßten die Gebiete um die obere und mittlere Weichsel, im S bis an die Karpaten, im W bis Schlesien mit Auschwitz und Beuthen, im N fast bis zum Fluß Pilica, im O bis an die Flüsse Wisłok und Wieprz, sowie Sandomir und Lublin; Ende des 12. Jh. wurden die Fsm.er Zator, Auschwitz und Siewierz Oberschlesien angeschlossen, gelangten jedoch Mitte des 15. Jh. an K. zurück. Im Kgr. Polen wurden die alten Hzm.er zu Wojewodschaften: Wojewodschaft Krakau, Sandomir, Lublin (erst nach 1474) und Fsm. Siewierz, das dem Bf. v. Krakau gehörte (1443). Für kurze Zeit (1166–77) selbst Hzm., wurde das Gebiet von Wiślica erneut dem Hzm. Krakau angeschlossen und später Teil der Wojewodschaft Sandomir. G. Labuda

Lit.: J. WIDAJEWICZ, Pánstwo Wiślan, 1947 – S. ARNOLD, Geografia historyczna Polski, 1951 – G. RHODE, Die Ostgrenze Polens, I, 1955 – J. NATANSON-LESKI, Rozwój terytorialny Polski do r. 1527, 1964.

Kleisuren (gr. κλεισούρα, lat. clausura, clusura), geogr. und militär. Terminus für Engpässe in gebirgigem Gelände, z. T. (v. a. in Grenzzonen des Byz. Reiches) mit Verteidigungsanlagen versehen. Die Dauerüberwachung einzelner K. (z. B. in Strymon und Arabissos) durch militär. Einheiten ist spätestens ab Mitte des 7. Jh. anzusetzen. Als Kommandant ist seit der 2. Hälfte der Kleisurophylax und später der Kleisur(i)arches belegt. Aus der ständigen Truppenstationierung im Gebiet bestimmter K. an der O-Grenze ergab sich deren Organisation als administrative Einheiten spätestens ab Ks. Theophilos († 842), wobei in Einzelfällen turmai in K. umgewandelt wurden. Es gab keine K. auf dem Balkan. Unbekannt ist das Ausmaß ziviler Kompetenzen der Kleisurarchen bzw. deren Abhängigkeit von den Behörden der →Themen. Als erste K. sind Kappadokia, Charsianon und Seleukeia belegt, unter Ks. Leon VI. († 912) wurden Sebasteia, Mesopotamia, Leontokome, Likandos, Symposion, Larisse und Tzamandos eingerichtet, unter Romanos I. (920–944) Abara, vielleicht auch Basileias und Soteropolis. Die meisten K. wurden noch vor dem 11. Jh. in Themen umgewandelt; nach der seldšuq. Eroberung Kleinasiens (1071) sind keine K. mehr belegt. J. Koder

Lit.: J. FERLUGA, Niže vojno-administrativne jedinice tematskog uređenja, ZR VI 2, 1953, 76–85 – H. GLYKATZI-AHRWEILER, Recherches sur l'administration de l'empire byz. aux IX–XI s., BCH 34, 1960, 78–88 – N. OIKONOMIDÈS, L'organisation de la frontière de Byzance aux Xe–XIe s. ... (Actes XIVe Congrès Internat. Ét. Byz. I, 1974), 285–302 – J. FERLUGA, Le clisure biz. in Asia Minore, ZRVI 16, 1975, 9–23 – R.-J. LILIE, Die byz. Reaktion auf die Ausbreitung der Araber... (Misc. Byz. Monacensia 22), 1976, 302–304 – M. GREGORIU-IOANNIDU, Οἱ βυζαντινὲς κλεισοῦρες καὶ κλεισουραρχίες, Byzantiaka 9, 1989, 179–202.

Klemens → Clemens, →Kliment

Klementia v. Ungarn (Clémence de Hongrie), Kgn. v. Frankreich 1315–16, * 1293, † 13. Okt. 1328 in Hôtel du Temple zu Paris, ▭ ebd., Dominikanerkirche. K. entstammte als Tochter Kg. →Karls I. Martell v. Ungarn (→Anjou) dem Hause der Kapetinger; Mutter: Klementia v. Habsburg. – Die Prinzessin wurde Dez. 1314 mit →Ludwig X. v. Frankreich, der seine erste Gemahlin, Margarete v. Burgund, wegen Ehebruchs verstoßen hatte, verlobt und Hugo v. →Bouville von Apulien an den frz. Hof geleitet. Die Hochzeit fand am 19. Aug. 1315 in Paris, die Krönung am 24. Aug. 1315 in Reims statt. K. erhielt als →Dotalicium mehrere Lehen in der Normandie und eine Rente von 25 000 *livres tournois*. Als ihr Gemahl am 5. Juni 1316 verstarb, erwartete K. einen Sohn, →Johann I., der nur fünf Tage alt wurde. Die Kgn. verbrachte ihre Witwenjahre zurückgezogen in den Dominikanerkonventen v. Avignon und Aix. E. Lalou

Q. und Lit.: DBF VIII, 1420 – L. DOUËT D'ARCQ, Nouveau recueil de comptes de l'argenterie des rois de France, 1874, III–XIII.

Klementinen → Clementinae

Klempner, seit dem 15. Jh. belegter md. Begriff für blechverarbeitende (Messing-, Weiß- und Schwarzblech) Handwerker (in SO-Deutschland *klampferer*), hergeleitet entweder von nd. *klampe* 'Haken', 'Spange', oder md. *klempern* ('Arbeitsgeräusch'). Nach Einführung der Blechhammermühlen und des Weißblechs in der 2. Hälfte des 14. Jh. kommt es in dieser Berufssparte zu einer starken Differenzierung. Man unterscheidet nach den verschiedenen Produkten Flaschner, Harnischer, Becken- und Kesselschmiede, Laternenmacher, Plattner, Spengler etc. Einige dieser z. T. synonymen Bezeichnungen finden nur regional begrenzt Verwendung und kommen gelegentl. auch nebeneinander vor. So gibt es 1363/70 in Nürnberg 17 Flaschner, 13 Spengler und 10 Blechschmiede. Urspgl. zur Schmiedezunft gehörig, verselbständigen sich die K. und die anderen blechverarbeitenden Handwerke meist erst in der NZ. D. Rödel

Lit.: M. HEYNE, Das altdt. Handwerk, 1908 – F. FUHSE, Schmiede und verwandte Gewerke in der Stadt Braunschweig, 1930 – G. VOCKE, Gesch. der Handwerksberufe, 1960 – R. REITH, Lex. des alten Handwerks, 1990.

Klenkok, Johannes → Johannes Klenkok

Kleopatra, Kurzkompendium aus zwei (meist selbständigen) gynäkol. Texteinheiten (in vorsalernitan. Hss. seit dem 9. Jh. überliefert; Ed. fehlt), wendet sich an weibl. Benutzer, sucht deren Verlangen nach weibl. Personalautorität (→Trotula) durch Berufung auf die Verfasserschaft der ägypt. Kgn. (69–30 v. Chr.) zu entsprechen. Die erste Texteinheit ist ein Traktat zur prakt. →Frauenheilkunde, dessen Kompilator auf Soran v. Ephesus zurückgriff, die zweite ein angehängtes Rezeptbüchlein mit Anweisungen für emmenagog. Pessare. Die K. ging versatzstückweise in den Lehrbrief →»Theodorus Priscianus ad Secarium filium« (12. Jh.) ein und wurde auszugsweise vom Kompilator des »Boecs van Medicinen in Dietsche« um 1300 verdeutscht. Zahlreiche Exzerpte hat →Thomas v. Bellinghen seiner Enzyklopädie eingegliedert und 300 Jahre später Kaspar Wolf seinem frauenheilkundl. Florilegium »Harmonia gynaeciorum« einverleibt (»Gynaeciorum ... libri ueterum et recentiorum«, Basel 1566), II, 1–186; übers. G. FRAVEGA, 1962 [Scientia veterum 30]). G. Keil

Bibliogr.: G. SABBAH, P.-P. CORSETTI, K.-D. FISCHER, Bibliogr. des textes méd. lat.: antiquité et haut moyen âge, 1987, 58, Nr. 150f. – Lit.: P. DIEPGEN, Frau und Frauenheilkunde in der Kultur des MA, 1963, 76 – W. F. DAEMS, Boec van Medicinen..., 1967, 49–51, 179–181.

Klerikerfeste, nichtweltl. →Feste, die der Klerus durch Feier der Messe oder Teilnahme an ihr (und durch Chordienst) feiert, im engeren Sinne die liturgiebezogenen paraliturg. Feste der Gruppen innerhalb des Klerus, die sich für die Zeit zw. Weihnachten und Neujahr herausbildeten. Als bedeutendste werden im 12. Jh. genannt: Leviten (= Diakonen-), Priester-, Kinder- und Subdiakonenfest, die am Tage des 'Diakons' Stephanus (26. Dez.), des 'Priesters' Johannes (27. Dez.), der (Unschuldigen) Kinder (28. Dez.) und des Beschneidungsfestes (1. Jan.) stattfinden, allerdings mit vielen personellen und terminl. (Kinderfest zu Nikolaus, 6. Dez.; Subdiakonenfest zu Epiphanie, 6. Jan.) Überlagerungen. Da die K. in ihren Auswüchsen damals schon und für Jahrhunderte bekämpft wurden (bis zur Androhung der Exkommunikation in

Nevers 1246 und der Androhung der Häresieunters. durch Inquisition 1444 in Paris, ist ein höheres Alter anzusetzen. Sie überlagerten unterschiedl. erfolgreich wohl heidn. Wintersonnwendbräuche, u. a. und bes. die 'Verkehrte Welt' der röm. Saturnalien, die in der libertas Decembrica des Subdiakonenfestes nicht nur verbal wiederkehrt: Der Chorknabe oder ein junger Subdiakon bekam den 'Kommando'-Stab (baculus) des Kantors am Bakelfest, seine 'Untertanen' hatten 'Privilegien' ihrer sonst Vorgesetzten, mußten beschenkt und freigehalten werden (vgl. die röm. strenae). Festkritikern sind diese heidn. Rückbezüge noch im 12. Jh. (durch Augustinus) bewußt. An anderen Festen wurden Knabenbf. e und Narrenpäpste 'inthronisiert', es kam zu Saufgelagen und Sakramentenverhöhnungen in der Kirche, wenn die ausgelassene Fröhlichkeit über die Stränge schlug. Mancherorts zogen (maskierte) Kleriker mit Laien durch die Stadt, tanzten und verursachten ein närr. Chaos, das wohl auch entarten konnte (1199 wird Blutvergießen als Verbotsmotiv angegeben). Die unscharfe und über das Subdiakonenfest hinausgehende Bezeichnung 'Narrenfest' (festum stultorum, f. follorum, *fête des fous*) trifft ein wesentl. Element. Die Ventilfunktion dieser K., deren Vorstufen gesittetere gruppenspezif. Feste gewesen sein dürften, ist unbestreitbar. Das wertvollste lit. Relikt aus den ursprgl. klerusinternen, weil lat.-sprachigen Vergnügungen sind die sog. Bakellieder, (afrz.-)mlat. rhythm. (-metr.) Gedichte, vielfach in zeitkrit. Haltung, die der in der Schule überlieferten Gattung (Vers-)Satire neuen Sitz im Leben boten. U. Kindermann

Lit.: Wetzer und Welte's Kirchenlex. IV, 1886², 1395–1436 [A. Heuser] – E. K. Chambers, The Mediaeval Stage, I, 1903, 274–371 – K. Young, The Drama of the Medieval Church, I, 1933, 104–111 – W. Arlt, Ein Festoffizium des MA aus Beauvais in seiner liturg. und musikal. Bedeutung, I: Darstellungsbd., 1970, 38–51.

Klerus, Kleriker. [1] *Begriffsdefinition:* Im NT wird unter dem gr. Begriff κλῆρος ('Los', 'Ackerland', 'Erbgut') das 'Erbe' ('Volk') oder der 'Anteil' am Dienst Jesu Christi (1 Petr 5,3; Apg 1,17) verstanden. Etwa seit der Mitte des 3. Jh. bezeichnet K. (ordo, clerici, status clericalis, clerus) jene vom Volk (λαός, laici, populus) unterschiedene Personengattung (genus), der durch Wahl und Weihe 'Anteil' am kirchl. →Amt und an geistl. Vollmacht (potestas) verliehen wird (C.12 q.1 c.7). Im hohen und späten MA werden unter K. *(klerkesie, klerisey)* häufig alle Personen zusammengefaßt, die unter Kirchenrecht leben, auch wenn sie keine geistl. Weihen besitzen (fratres, sorores, Scholaren). Eine lehramtl. Definition des 'Sacramentum Ordinis' kennt das MA nicht; diese wird erst 1947 nachgeholt (DS 3857 [2301]).

[2] *Frühe Kirche:* Bereits in der »apostol. Kirche« werden Gemeindemitglieder mit Leitungs- und Ordnungsfunktionen betraut: die Zwölfe; die Sieben (Apg 6); die Ältesten (Apg 14,23); die Aufseher und Diener (Phil 1,1) sowie die 'Apostel', Propheten, Katechumenen, Diakonissen und Witwen. Als übliche Form der Geistübertragung gilt die Handauflegung (Apg 6,6; Didache 15, 1f.).

Im 2. Jh. beginnen sich der »monarchische Episkopat« (→Bischof) und die Ordo-Trias »Bf., Presbyter, Diakon« herauszubilden. Um die Mitte des 3. Jh. wird die Zahl der Weihegrade auf sieben festgelegt, die (seit 1203) in die ordines minores: Ostiarius (Türhüter, Hausmeister); Lector (Schriftleser); Exorcista (Teufelsaustreiber) und Sequens/Akoluthus/Akolytha (Meßgehilfe) sowie in die ordines maiores: Subdiaconus, Diaconus und Presbyter (Priester) aufgeteilt werden (D.77 c.1–9; X.1.14.9). Hieraus resultiert die Zweiteilung des gesamten K. in 'Minoristen' und 'Majoristen'.

[3] *Frau und Klerus:* Der schriftbegründete Anteil der Frau an geistl. Ämtern und Weihen wurde im W systemat. zurückgedrängt bzw. transformiert, insbes. der Gemeindedienst der Witwe (1 Tim 5,5.9–16) und der Diakonisse (Lk 2,36ff.: Anna filia Phanuelis; Röm 16,1: Phoibe aus Kenchreä, 'diakon'). Trotz zahlreicher Verbote (Oranges 441, Epaon 517, Orléans 533) ist die Existenz freiweltl. lebender Diakonissen bis ins 11. Jh. nachweisbar. Ansonsten wird die Diakonissenweihe auf die Leiterinnen von Kanonissenstiften beschränkt. Die liturg. Funktion der gottgeweihten Jungfrauen (παρθένοι, virgines sacrae, ancillae dei, canonicae) ging im 5./6. Jh. allg. unter. Die ma. Jungfrauenweihe (consecratio virginum), die in zahlreichen Ordines vom 4. bis zum 15. Jh. beschrieben wird (→Guillelmus Durantis d. Ä.), bezieht sich in der Regel auf Kl. frauen (moniales). Zum früh- und hochma. K. gehören dagegen die adligen Stiftsäbt. nen, die mit bfl. Insignien und Herrschaftsrechten ausgestattet sind und z. T. hohen Anteil an der Reichspolitik nehmen (Gandersheim, Quedlinburg; vgl. X. 1.33.12.).

[4] *Hoch- und Spätmittelalter:* Epochenspezif. Charakteristika des ma. K. sind: 1. die Organisation nach dem Territorialprinzip, 2. die Neu- und Umgestaltung geistl. Ämter und Dignitäten, 3. die Dualität von Regular- und Säkularklerus sowie 4. ein gewandeltes Weiheverständnis. 1. Nach der »Konstantinischen Wende« werden aus der Erbmasse der röm. →civitates (dies- und jenseits der Alpen) Diöz. gebildet, die nach diversen Zwischenstufen in Ebm.ern (→Erzbischof) zusammengefaßt und in Pfarrgemeinden untergliedert werden. Zur Sicherstellung kontinuierl. Seelsorge und materieller Versorgung des K. wird in der Spätantike auf eine feste Verbindung zw. Weihe und titulus ordinationis (→Beneficium) sowie die ordinatio absoluta der »clerici akephali« untersagt (Konzil v. →Chalkedon 451, c.6; D. 70 c.1–2). Erst Innozenz III. (1198–1216) erklärt die absolute Ordination aufgrund einer Verobjektivierung des Weiheverständnisses für zulässig (X.3.5.16). 2. Innerhalb der röm. civitates und der neugegr. Bm.er wurden Kathedral- und Kollegiatstifte errichtet, in denen sich ein eigenes System geistl. Dignitäten entfaltet (Propst, Dekan, Cantor, Succentor, Thesaurar etc.). Ein spezif. röm. Novum stellt das Kollegium der →Kard.e dar, das nach der Weihetrias gestaffelt wird und seit dem 12. Jh. universalkirchl. Bedeutung erlangt. Auf der kleinräumigen, parochialen Ebene bildet sich im späten MA eine breite Meßpriesterschicht. 3. Nach dem Sieg des zönobit. über das anachoret. Mönchtum und nach der Organisation des benediktin. Kl. wesens (→Benedikt v. Aniane) entfaltet sich parallel zum Säkularklerus der Regularklerus, der eigenständige hierarch. Strukturen, Wahl-, Weihe- und Lebensvorschriften entwickelt. Der Einzug der exemten Mendikanten in die Städte des 13. Jh. führt zu innerklerikalen Konflikten um Sakramentenspendung und geistl. Oblationen. 4. Bereits im 5. Jh. sind die ordines minores inhaltl. weitgehend ausgehöhlt. Dem folgt eine langsame Verkümmerung des Subdiakonats und Diakonats (→Diakon). Seit Innozenz III. wird der Exklusivanspruch des Priesters auf die Binde- und Lösegewalt (Mt 18,18) sowie auf die Zelebration der Eucharistie nachdrückl. hervorgehoben (DS 430; X. 1.1.1). Bes. im späten MA weichen zahlreiche hohe Kleriker (→Bischof, →Elekt), aber auch Pfarrer und andere der Priesterweihe aus, um den geistl. Standespflichten zu entgehen und um einen dispensierten Rückzug in den Laienstand offenzuhalten. Daher wird der größte Teil der cura animarum den Meßpriestern aufgebürdet, deren Priesterwürde oft in krassem Mißverhältnis zu deren sozialem Rang steht.

Wir unterscheiden insbes.: a) die Kapläne, d. h. Inhaber eines Benefiziums, das der freien Collatio des Pfarrers unterliegt; b) ewige Vikare oder Lehenspriester, die als Inhaber eines beneficium perpetuum einem weltl. Patron (Stifter, Stadtrat) unterstehen, sowie c) Kommendisten oder Befehlspriester, d. h. Lohn- und Mietkleriker, die nach Gutdünken der Stifter oder Treuhänder angestellt oder entlassen werden können.

[5] *Kirchenrecht:* Seit dem 13. Jh. war der K. in feste, universal gültige Kirchenrechtsstrukturen eingebunden. Die Grundlegung eines Klerikerstandes erfolgte im Viererschritt der Benennung (postulatio, praesentatio, nominatio) bzw. Wahl (electio), der Bestätigung (admissio, confirmatio), Weihe (ordinatio, consecratio) sowie Einführung in Amt und Besitz (installatio, investitura; →Investitur). Das freie Wahlrecht der Ortsgemeinden war auf vereinzelte Orte mit Pfarrwahlrecht beschränkt. Die Weihe vollzog sich im sakramentalen Doppeltakt von Kultgeste (Handauflegung, Salbung, porrectio instrumentorum) und Zusagewort (professio). Seit dem 6. Jh. bildete die →Tonsur das Symbol für die Zugehörigkeit zum K.; das damit verbundene Verbot der Barttracht (X.3.1.5-7) wurde im späten MA gelockert.

Die Standespflichten des Majoristen bestanden in: Gottesdienst (applicatio), Stundengebet, Zölibat, würdigem Lebenswandel, Tragen der Standestracht sowie Oboedienz und Reverenz gegenüber den geistl. Superioren. Die Standesprivilegien des K. (→Privilegien) waren insbes.: 1. privilegium canonis (Rechtsschutz gegen Realinjurien: Lat. II. 1139, c. 15); 2. privilegium fori (Befreiung vom weltl. und Zuordnung zum geistl. Gerichtsstand: Nov. 79; 83; 123, 8. 21-22; X.2.1.2.); 3. privilegium immunitatis (Befreiung von weltl. Lasten, z. B. vom Militärdienst: X.3.49.4; VI.3.23) sowie 4. beneficium competentiae (Rechtswohltat des Notbehelfs: X.3.23.3.). Die subjektiven Voraussetzungen zur Ordination wurden durch Bestimmungen zur →Irregularität eingeschränkt. Wichtige Weihehindernisse waren: aetas deficiens (Mindestalter nach Gratian: Subdiakon 20, Diakon 25, Priester bzw. Bf. 30 Jahre: D.77 c.4-6); defectus natalium (Makel unehel. Geburt); defectus corporis (körperl. Gebrechen); infamia iuris (Mangel an Ehre); defectus lenitatis (Mangel an mildem Herzen, z. B. frühere Richtertätigkeit) oder abusus ordinis (Amtsanmaßung). Vgl. auch →Dispens; zu den Strafen für Kleriker s. →Deposition, →Degradation.

[6] *Sozialgeschichtliche Aspekte:* In der ma. Gesellschaft wuchs dem K. ein breites Betätigungsfeld zu, das in alle Bereiche des sozialen Lebens hineinreichte. Neben der religiös-theol. Arbeit nahm der K. polit.-gesellschaftl. (Herrschafts-)Rechte, wirtschaftl.-finanzielle Interessen und kulturell-künstler. Aufgaben wahr. Aus dieser Verquickung von geistl. und weltl. Funktionen resultierten zahlreiche Konflikte zw. K. und Gemeinde (→Bischof, →Bf.sstadt). Die städt. →Gravamina gegen den K. betrafen u. a. die Zahl und Kosten der geistl. Oblationen (Sakramente), das Asylrecht (→Asyl), die Gerichtsbarkeit, die Stadtlasten (Befestigungen), die →»Tote Hand« (→Amortisationsgesetze), die Befreiung des K. von Steuer- und Bürgerrecht, die Tätigkeit geistl. Gewerbebetriebe (Bier, Wein, Leder, Textil u. a.), das geistl. Schulmonopol (Stiftsschulen), den Lebenswandel der Kleriker (»Pfaffenmägde«) sowie deren Prozessiersucht. Im 15. Jh. nahmen die Kämpfe der Bürger gegen den Stiftsklerus zu, dem zunehmende geistl. Funktionslosigkeit bei verstärkter adliger Interessendurchsetzung vorgeworfen wurde. In zahlreichen Städten steigerten sich diese Gegensätze zu handgreifl. Tumulten und Kämpfen (vgl. z. B. Köln,

Trier), z. T. mit Todesfolge. Die spätma. Spott- und Reformschriften beklagen eine hohe Arbeitslosenquote und ein materielles Absinken der unteren Meßpriester, große Bildungsdefizite auf allen geistl. Ebenen sowie ein weitverbreitetes Abweichen von den Standespflichten. Die ökonom. Situation des K. umspannte den weiten Bogen von der fsl. Lebenshaltung der Kard.e bis zur dürftigen Pfründenkumulation des Mietpriesters. Das Einkommen der Kleriker auf parochialer Ebene dürfte meist dem handwerkl. Vergleichsniveau entsprochen haben.

[7] *Stadtgeschichtliche Aspekte:* Die Organisationsformen und Institutionen des K. konnten stadtbildend, -gestaltend, -fördernd oder -hindernd wirken. Stadtbildende Impulse gingen (von Fehlgründungen wie →Büraburg abgesehen) von den Bf.ssitzen aus. Die →Bf.sstadt ist gekennzeichnet durch die Existenz einer Kathedrale bzw. mehrerer Bf.skirchen (der Begriff 'Bf.s- und Kathedralstadt' ist redundant), durch eine ausgeprägte Sakrallandschaft sowie durch die Konzentration geistl. und weltl. Funktionen. Zahlreiche mittlere und kleinere Städte gehen auf ausschließl. oder dominierende Grund-, Eigentums- und/oder Herrschaftsrechte von Äbten, Äbt.nen oder Stiftskapiteln zurück (→Abteistadt, →Stiftsstadt). Der typolog. Begriff 'Klosterstadt' ist dagegen mißverständl., da er sowohl synonym zu Abteistadt als auch zur Bezeichnung kl.- und tempelähnl. Baukumulationen (z. B. Athos) verwendet wird. Im Rahmen der vergleichenden Städteforsch. meint 'Klosterstadt' (*monastic town, ecclesiastical city*) v. a. aus Kl.anlagen hervorgegangene Frühsiedlungen mit zentralörtl. Funktionen, insbes. die frühir. (gäl.) »Protostädte« wie Armagh, Kildare oder Kells, die sowohl als kirchl. Mittelpunkt und Pilgerziel als auch als Bildungsstätten, Sammel-, Verteilungs- und Handelszentren fungierten. – Im hohen MA wirkten auch die Niederlassungen des →Dt. Ordens in Ostpreußen und im engeren Reichsgebiet stadtbildend bzw. stadtgestaltend (z. B. Allenstein, →Marienwerder, Ellingen, →Mergentheim). Die →Bettelorden griffen dagegen auf die vorhandenen urbanen Strukturen zurück, die sie durch Kirchen- und Schulbauten, durch Grundstücks- und Rentenerwerb nachhaltig beeinflussen und verändern konnten. Dagegen wirkten sich beispielsweise präurbane Pfarrsprengel, geistl. Herrschaftsrechte in Bf.s-, Abtei- und Stiftsstädten oder fortifikator. ausgestaltete vorstädt. Abteianlagen hindernd auf die Entfaltung der kommunalen Sakral- und Sozialorganisation aus. Der Ausbau des städt. Kirchensystems war im engeren Reich gegen 1300 abgeschlossen; spätma. Veränderungen führten in allg. zu langwierigen Konflikten und/oder gewaltsamen Tumulten.

B.-U. Hergemöller

Lit.: A. Werminghoff, Verfassungsgesch. der dt. Kirche im MA, 1907 – J. Behm, Die Handauflegung im Urchristentum, 1911 – A. Störmann, Die städt. Gravamina gegen den K., 1916 – U. Stutz, Die röm. Titelkirchen, ZRGKanAbt 9, 1919, 288–312 – A. Schulte, Der Adel und die dt. Kirche im MA, 1922² – L. Hanser, Von der Mönchsweihe der lat. Kirche, Stud. und Mitt. zur Gesch. des OSB, NF 12, 1925, 54–72 – Ders., »Abbatissae nullius?«, ebd., 219–221 – V. Fuchs, Der Ordinationstitel von seiner Entstehung bis auf Innozenz III., 1930 [Neudr. 1963] – Ploechl I–III, 1931ff. – K. Frölich, Die Rechtsformen der ma. Altarpfründen, ZRGKanAbt 51, 1931, 457–544 – Ders., Kirche und städt. Verfassungsleben im MA, ZRGKanAbt 53, 1933, 188–287 – D. Pleimes, Weltl. Stiftungsrecht, 1938 – F. W. Oediger, Über die Bildung der Geistlichen im SpätMA, 1953 – F. Petri, Die Anfänge des ma. Städtewesens in den Niederlanden und im angrenzenden Frankreich (VuF 4, 1958) – R. Kiessling, Bürgerl. Gesellschaft und Kirche in Augsburg im SpätMA, 1971 – Feine⁵ – B. Moeller, Kleriker als Bürger (Fschr. H. Heimpel II, 1972), 195–224 – D. Kurze,

Der niedere K. in der sozialen Welt des späteren MA (Fschr. H. HELBIG zum 65. Geburtstag 1976), 273–305 [Lit.] – F. PETRI, Bf.s- und Kathedralstädte des MA in der frühen NZ (Städteforsch. A/1, 1976) – H. JOHAG, Die Beziehungen zw. K. und Bürgerschaft in Köln zw. 1250 und 1350, 1977 – G. SCHMELZER, Religiöse Gruppen und sozialwiss. Typologie, 1979 – Bürgerschaft und Kirche, hg. J. SYDOW, 1980 – K. ELM, Stellung und Wirksamkeit der Bettelorden in der städt. Gesellschaft, 1981 – B. NEIDIGER, Mendikanten zw. Ordensideal und städt. Realität, 1981 – A. SIMMS, Frühformen der ma. Stadt in Irland, Würzburger Geogr. Arbeiten 60, 1983 – Strutture ecclesiastiche in Italia e in Germania prima della Riforma, hg. P. PRODI–P. JOHANEK, 1984 – H. JÄGER, Entwicklungsphasen ir. Städte im MA (Civitatum Communitas I, Städteforsch. A 21/I, 1984) – B.-U. HERGEMÖLLER, Die hans. Stadtpfarrei um 1300 (ebd.) – DERS., »Pfaffenkriege« im spätma. Hanseraum, 2 Bde, 1988.

Klet(t), Georg (Gregor Clettus, Klette), Alchemiker, * 1467, † 7. Febr. 1513 Görlitz; nach jurist. Studien in Leipzig (1482) und Mainz (um 1490) spätestens seit 1496 Syndikus in Bautzen, 1497–1509 Protonotarius und bis 1512 Schöffe der Stadt Görlitz. Aus den Jahren 1496 bis 1506 erhielten sich zwölf Briefe, die von K. vielleicht an den Mainzer Arzthumanisten Dietrich Gresemund d. Ä. (um 1444–1514) gerichtet worden sind. Diese derzeit ältesten dt.sprachigen Zeugnisse eines briefl. geführten Erfahrungsaustauschs zw. Alchemikern ermöglichen informative Einblicke in die Laborpraxis von K. und eines ungenannten 'Freundes' (K.s Schwiegervater, der Görlitzer Bürgermeister und Großkaufmann Georg Emerich?); ihren themat. Schwerpunkt bilden teilw. traktatartig ausgearbeitete Darlegungen über chem. Verfahren zum Gewinn des 'Steins der Weisen'. Ferner liefern sie wertvolle Aufschlüsse über die um 1500 im dt. Kulturgebiet aktuelle Alchemielit. J. Telle

Ed.: Azot Philosophorum Solificatum. Das ist/Gründtliche Erklärung/aller fürnembsten Handtgriff vnd Vortheilen/so Herr Georgius Clettus (...) falsch oder gerecht vnd Warhafft befunden... (Cabala chymica, hg. F. KIESER, Frankfurt 1606), 405–581 – Lit.: Verf.-Lex.² IV, 1215–1218 – R. GELIUS, Neue Erkenntnisse in der Frage der 'Lausitzer Alchimistenbriefe', SudArch 71, 1987, 62–77.

Klette (Arctium lappa L. u. a./Compositae). Die charakterist. Eigenschaft der K.-Blütenköpfe, an den Kleidern zu haften, wird schon bei Plinius (Nat. hist. 24, 176), ferner bei Isidor (Etym. XVII, 9, 66) oder Albertus Magnus (De veget. VI, 376) erwähnt; desgleichen nimmt der dt. Name für die Pflanze (ahd. *klenan* 'kleben') darauf Bezug. In der Heilkunde empfahl man die – auch in der Sympathiemedizin verwendeten, u. a. *lappa* und *bardana* gen. – K.-Arten bes. gegen Steinleiden (Hildegard v. Bingen, Phys. I, 98; Gart, Kap. 227). P. Dilg

Lit.: MARZELL I, 374–383 – HWDA IV, 1527–1530.

Klettenberg, thür. Gf.engeschlecht mit Stammsitz in K. bei Walkenried am Harz, mit Albert v. K. 1187 erstmals nachweisbar. Es stand mit Kl. →Walkenried in Beziehung und ist wahrscheinl. von der edelfreien Familie v. Ballhausen abzuleiten, die im Dienste Ks. Friedrichs I. in Italien aufstieg. Die schmale Güterausstattung des Geschlechts lag am s. Rande der Goldenen Aue und bei Nordhausen. Vor den Gf.en v. →Ho(h)nstein, mit denen sie 1219 in Fehde lagen, mußten die K.er schließlich weichen, ihr Besitz wurde 1253 in die Gft. Ho(h)nstein einverleibt, 1267 verloren sie ihre letzten Güter und verschwanden aus der Überlieferung. Bis 1593 gab es eine Linie v. Lohra der Gf.en v. Ho(h)nstein. K. Blaschke

Lit.: K. MASCHER, Reichsgut und Komitat am Südharz im HochMA, Mitteldt. Forsch. 9, 1957, 17–32 – H. EBERHARDT, Landgericht und Reichsgut im n. Thüringen, BDLG 95, 1959, 74–80.

Klettgau. Die karol. Gft. zw. Rhein (Schaffhausen bis zur Wutachmündung), Wutach und Randen vielleicht unter Einschluß des Albgaus entwickelte sich weiter zur hochma. Gft. K. Inhaber der Gft. sind seit 827 nachweisbar. Ende des 11. Jh. befand sie sich im Besitz der Gf.en v. →Lenzburg, von denen sie an die Gf.en v. Stühlingen und die Herren v. Küssaburg gelangte. Ehe letztere 1245 in Mannesstamm erloschen, erwarben die Gf.en v. Regensberg die Herrschaft Balm, die sich zu einer eximierten Herrschaft im K. entwickelte und 1294 an Gf. Rudolf v. Habsburg-Laufenburg verkauft wurde. Friedrich d. Schöne verlieh dessen Sohn Johannes das ksl. freie Landgericht im K. Die Herrschaft Balm war bereits 1310 an die Gf.en v. Regensberg weiterverkauft worden und Burg und Stadt Kaiserstuhl mit dem Hof Hohentengen an das Bm. Konstanz. Die habsbg. Lgf.en im K. erloschen im Mannesstamm 1408. Ihr Erbe fiel an Gf. Rudolf v. →Sulz, der 1409 auch die Herrschaft Balm erwarb, während die Schirmvogtei über das Kl. →Rheinau an Hzg. Friedrich v. Österreich kam. Der Enkel Gf. Rudolfs brachte die Vogtei mit Gewalt in seine Hand, befestigte das Kl. und vertrieb sogar ztw. die Mönche. Die daraus sich ergebenden Streitigkeiten bewogen →Schaffhausen, sich der Schweizer. →Eidgenossenschaft anzuschließen. Unter der Herrschaft der Gf.en v. Sulz gelangten Neunkirch und Hallau (beide Kt. Schaffhausen) unter Vorbehalt der landgräfl. Rechte 1457 an den Bf. v. Konstanz. Die Gf.en v. Sulz überließen auch die obere Hälfte des K.s der Stadt Schaffhausen. Seit 1482 gehörte die bis dahin zum Albgau zählende Stadt Tiengen zum K. I. Eberl

Lit.: HBLS IV, 504 – M. WANNER, Gesch. des K.s, 1857 – H. BRANDECK, Gesch. der Stadt Tiengen, 1936.

Kleve

I. Familie – II. Grafschaft/Herzogtum – III. Stadt.

I. FAMILIE: Wie die Gf.en v. →Geldern stammten auch die K.r Gf.en von den 'flamenses' Gerhard und Rutger ab, die vom Ks. (Heinrich II.?) Besitz und Lehen in K. und Wassenberg erhielten. Die Genealogie der auf Rutger zurückgehenden K.r Gf.en ist für das 11. Jh. ungeklärt. Als erster ist 1092 ein 'comes Thiedericus de Cleve' belegt. Dieses Gf.enhaus starb 1368 im Mannesstamm aus. Über weibl. Erbfolge gelangte das Land an Gf. Adolf v. der →Mark, Elekt v. Münster und Köln, einem Bruder des regierenden märk. Gf.en Engelbert. Adolfs gleichnamiger Sohn, der 1394 in K. die Nachfolge antrat, gewann 1398 auch die Herrschaft über die Mark. Er mußte aber den überwiegenden Teil der Gft. seinem Bruder Gerhard († 1461) auf Lebenszeit überlassen. 1417 wurde er zum Hzg. erhoben. Die 1418 eingeführte Primogeniturerbfolge konnte Adolfs Sohn Johann I. nach Gerhards Tod durchsetzen. Unter dessen Enkel Johann III., der 1496 mit der jül.-berg. Erbtochter Maria verheiratet wurde und der 1511 die Herrschaft in Jülich-Berg antrat, erfolgte 1521 der Zusammenschluß von K., Mark, →Jülich, →Berg und →Ravensberg zu dem niederrhein. Großterritorium der Vereinigten Hzm.er. 1609 starb das aus dem märk. Gf.engeschlecht hervorgegangene K.r Hzg.haus aus.

II. GRAFSCHAFT/HERZOGTUM: Der älteste Besitz der K.r Gf.en ist der s. Teil des Nimwegener Reichswaldes zw. K., Kalkar und Monterberg. Er wurde vor 1092 durch die Anlage der Burg K. gesichert. Ein weiteres Zentrum lag im S: Burg und Herrschaft Tomburg mit dem dazugehörenden Flamersheimer Wildbann. In dieser frühen Phase stützte sich K. auf die Kölner Kirche. Weiteren Machtzuwachs brachte auf deren Kosten der Erwerb der Vogteien der reichen niederrhein. Stifte und Kl. (Zyfflich, Fürstenberg, Obervogtei Xanten neben verschiedenen Ortsvogteien). Nach dem Bruch mit den Ebf.en wandte sich K. in

Richtung Utrecht (Lehnsmann des Bf.s in der Betuwe) und Holland. Mit dem Erwerb der Weseler Waldgft. (Erbe der Ida v. Brabant, † 1147) faßte man erstmals im Rechtsrheinischen Fuß. Im Verlauf des 12. und 13. Jh. wurde der Besitz in und um →Wesel bis lippeaufwärts nach Gahlen erweitert und in Dinslaken und Duisburg Fuß gefaßt. Linksrheinisch fiel den K.rn 1247 Hülchrath als Erbe zu, das aber an die Sekundogenitur der Luf v. K. kam, die es nach 1300 zusammen mit den Tomberger Besitzungen an Köln verkauften. Der wichtigste Verbündete seit dem ausgehenden 12. Jh. wurde →Brabant, doch ließen sich die K.r nicht in den Worringer Konflikt (1288) hineinziehen. Im 14. Jh. trennte sich K. im Rahmen seiner Arrondierungspolitik von den Außenposten zw. Maas und Waal und intensivierte die Territorialbildung im Raum zw. Lippe und Rur. Der Versuch, sich gegen den Hzg. v. Geldern in die Adelsfehden des Landes einzumischen, endete mit einem Fiasko und kostete letztl. den Erwerb von Moers. Mittel zur Stabilisierung der Herrschaft waren eine intensive Stadtgründungspolitik und die Urbarmachung und Kolonisation der Brüche und Wälder. Als erste Städte wurden Wesel (1241), K. (1242), →Kalkar (1233/42) und Grieth (1254/55) gegründet, bis ins 14. Jh. kamen Dinslaken, Kranenburg, Uedem, Sonsbeck und die Zollstätten Büderich, Orsoy und Huissen dazu. Sie entwickelten sich rasch zu blühenden Gewerbestädten, v.a. Wesel (Tuchmacherei). Die Meliorisationen begannen im großen Stil im ausgehenden 13. Jh. und endeten in den Pestjahren des 14. Jh.

Erst im ausgehenden 14. Jh. setzten die märk. Gf.en die Erwerbungspolitik fort. Nach dem Gewinn von Aspel und Rees (1392/94) fiel als uneingelöstes Pfand das geldr. Emmerich um 1400 an K., eine Spätfolge seines Sieges über den jül.-geldr. Rivalen Wilhelm bei Kleverhamm (1397). Nach der →Soester Fehde (1444-49) wurden Soest mit der Börde und Xanten angegliedert; die Stellung als Satellit Burgunds erbrachte 1473 auf Kosten Gelderns die Ämter Goch, Wachtendonk und Düffel, den Lobither Zoll und die Vogtei Elten. Damit war die Territorialbildung abgeschlossen, die im 15. Jh. vornehml. aus Kriegsgewinnen bestand. Um die Mitte des 14. Jh. war der innere Aufbau K.s weitgehend beendet. Die meisten Ämter waren eingerichtet, an ihrer Spitze stand der →Drost oder →Amtmann. Die beiden Stände spielten noch keine polit. Rolle. 1392 tauchte erstmalig die klev. Ritterschaft in einem Vertrag mit Kurköln auf. Im 15. Jh. gewannen Ritterschaft und Städte polit. Mitspracherecht, deutl. erkennbar an ihrer Zustimmung zum Primogeniturvertrag von 1418.

III. STADT: Das sich im Schutz der K.r Burg entwikkelnde gleichnamige Kirchdorf wurde 1242 zur Stadt erhoben. K.r Stradtrecht galt für die meisten klev. Städte (Ausnahme Wesel und Büderich). Nach der Aufgabe von Monterberg wurde K. zur bevorzugten Residenzstadt. Seit dem 14. Jh. existierte eine Ratsverfassung mit starkem Schöffeneinfluß. 1431 trat zu den beiden existierenden Jahrmärkten ein dritter. Führendes Gewerbe waren die Tuchmacher. W. Herborn

Lit.: TH. ILGEN, Q. zur Gesch. der rhein. Territorien. Hzm. K., Ämter und Gerichte, I, II, 1-2, 1921-25 – D. KASTNER, Die Territorialpolitik der Gf.en v. K., 1972 – W. JANSSEN, Die niederrhein. Territorien in der zweiten Hälfte des 14. Jh., RhVjbll 44, 1980, 47-67 – DERS., Niederrhein. Territorialbildung. Voraussetzungen, Wege und Probleme (Soziale und wirtschaftl. Bindungen im MA am Niederrhein, 1981), 95-113 – TH. R. KRAUS, Stud. zur Frühgesch. der Gf.en v. K. und die Entstehung der klev. Landesherrschaft, RhVjbll 46, 1982, 1-47 – Land im Mittelpunkt der Mächte. Die Hzm.er Jülich, K., Berg, 1985³ [Beitr. W. JANSSEN, D. KASTNER, K. FLINK (wichtigste ältere Lit.)] – Klev. Städteprivilegien (1241-1609), hg. K. FLINK, 1989.

Kleve, Adolf v., Herr v. Ravenstein, burg. Generalstatthalter; jüngerer Sohn von Adolf I., Hzg. v. →Kleve, und Maria, Tochter des Hzg.s Johann (→Jean sans peur) v. →Burgund; * 28. Juni 1425, † 18. Sept. 1492. Gemeinsam mit seinem Bruder, Hzg. Johann, am Hof v. Burgund erzogen, trat A. als Turnierkämpfer und Feldhauptmann hervor, nahm seit 1443 an allen großen Kriegszügen teil und fungierte seit dem 22. Juli 1475 als hzgl. Generalstatthalter in den Niederlanden. In der Krisenperiode nach dem Tode →Karls des Kühnen war A. als Prinz von Geblüt und Ritter des →Goldenen Vlieses, als Regent und Erzieher des Erbprinzen →Philipp des Schönen eine dominierende Figur unter den burg. Räten. Räten; am 28. Jan. 1477 von Hzgn. →Maria im Generalstatthalteramt für die gesamten burg. Länder bestätigt und am 7. Juli 1477 zum Generalkapitän des von Frankreich bedrohten →Hennegau ernannt, tragen im Zeitraum von Jan. bis Mai 1477 alle hzgl. Privilegien für die burg. Niederlande sein Siegel. Am 5. Juni 1483 berief ihn Ehzg. →Maximilian zum ersten Mitglied des Regentschaftsrates in Flandern. Als dieser im Okt. 1483 wieder aufgehoben wurde, hielt A., in kollegialem Einvernehmen mit den fläm. Städten, an seinem Amt fest und geriet so in die Reihen der Opposition. Im April 1491 klagte Maximilian A. der Rebellion an und drängte vergeblich auf seinen Ausschluß aus dem Goldenen Vlies. A.s Sohn Philipp, der noch 1488 für die Freilassung Maximilians aus Brügger Gefangenschaft gebürgt hatte, führte 1488-92 den Aufstand gegen den Ehzg. an.
W. P. Blockmans

Lit.: W. BLOCKMANS, Autocratie ou polyarchie? La lutte pour le pouvoir politique en Flandre de 1482 à 1492, Bull. Comm. Royale d'Hist. 140, 1974, 257-368 – Le privilège général et les privilèges régionaux de Marie de Bourgogne, hg. DERS., 1985.

Klientel, -wesen → Sozialstruktur

Klima. Die für Deutschland geltenden Elemente und Daten des K.s (→Deutschland, F. II), seine Faktoren und Prozesse sind unter Berücksichtigung regionaler Varianten auf das übrige Mitteleuropa übertragbar. Wird unter K. der allg. Charakter des tägl., monatl. und jährl. Ablaufs der meteorolog. Erscheinungen eines Gebietes, wie er sich als Durchschnitt für einen längeren Zeitraum ergibt, verstanden, so hat es zw. dem 4./5. Jh. und ca. 1500 keine K.änderungen größeren Ausmaßes, wohl aber säkulare Schwankungen und – innerhalb und außerhalb davon – Extremperioden, zumeist von einigen aufeinanderfolgenden Jahren, gegeben. Das regionale K. von Mitteleuropa ist durch den nach O abnehmenden atlant. Einfluß geprägt, außerdem bestehen oft im Witterungsverlauf der Jahreszeiten zw. n. und s. Landschaften merkl. Unterschiede. Die wirkl. Temperaturen der Monate und Jahre weichen in der Regel von den mehrjährigen, gewöhnl. auf 30 Jahre bezogenen Mittelwerten ab, und da sich die in den einzelnen Perioden ebenfalls voneinander unterscheiden, kann das K. nur für bestimmte Zeitpunkte und Landschaften genau bestimmt werden. Dabei sind neben den regionalen Daten die topograph. Verhältnisse (Tal-, Gebirgs-, Luv-, Leelagen) in Rechnung zu stellen, da sie zu erhebl. Abweichungen des lokalen K.s führen können. Da lückenlose K.reihen auf instrumenteller Grundlage in aussagekräftiger Stationsdichte erst für die letzten ca. 100 Jahre vorliegen, stützen sich alle Aussagen über ma. Verhältnisse auf schriftl. Zeugnisse (u. a. Chroniken, zerstreute Mitteilungen über Witterung in Urkk.) und mittelbare Indikatoren (u. a. Seespiegel-, Gletscher- und Moränenstände, dendrolog. Befunde, Änderungen von Fauna und Flora, von Böden, der Gewässerführung); gewisse Rückschlüsse lassen auch außereurop. Befunde zu, wie Analyse von Eisbohrkernen aus der Arktis. Von den Elementen des ma. K.s ist die Temperatur am besten erforscht, dahinter stehen die Kenntnisse über Niederschlag, Verdunstung, Wind, Luftfeuchtigkeit, -druck und Strahlung teilweise erhebl. zurück.

Da die ma. K.schwankungen nur mit einer Erhöhung (Optimum ca. 950/1000–1300) oder einer Erniedrigung (Pessimum ab ca. 1550–1850) der Temperatur von jeweils ca. 1 °C gegenüber der Mitte unseres Jahrhunderts verbunden waren, können in Mitteleuropa mit seinen im ganzen gemäßigten Verhältnissen die Auswirkungen auf Bevölkerung, Besiedlung und Wirtschaft nur auf jenen Standorten bedeutend gewesen sein, deren Qualitäten sich unter den jeweils veränderten Bedingungen merkl. verschlechtert oder verbessert hatten. Das gilt ebenso für eine Häufung extremer Jahre und für Fluktuationen außerhalb von Optimum und Pessimum. Von einer Verschlechterung des K.s, v. a. im höheren Gebirge, waren Vegetation, Tierwelt und der Mensch betroffen: Die Anfälligkeit der Gesamtbevölkerung gegenüber Krankheiten nahm zu; bes. Säuglinge, Kleinkinder und Alte verzeichneten höhere Sterberaten. Das Optimum mit seinen relativ warmen und trockenen Sommern konnte die ökolog. Verhältnisse im Gebirge für Flora, Fauna und die wirtschaftenden Menschen verbessern, aber gleichzeitig die landwirtschaftl. Bedingungen auf bis dahin bereits relativ warmen und trockenen Sandböden verschlechtern. Begriffe wie K.verschlechterung und -verbesserung werden zwar im Schrifttum oft auf große Teile von Europa bezogen, gelten aber nicht gleichzeitig für jeden Naturraum. Zu den wenigen ma. Kulturpflanzen, die bereits erhebl. von K.schwankungen in der Größenordnung von ± 1 °C in ihren Höhenstandorten und Verbreitungsarealen betroffen werden, gehört der →Wein. Für die meisten Prozesse im Bereich der ma. Siedlung, Bevölkerung und Wirtschaft kommt, abgesehen von Grenzertragsstandorten, in Mitteleuropa das K. allenfalls als mitwirkender Faktor in Betracht, da polit., demograph., wirtschaftl., med., gesellschaftl., techn., mentale und ökolog., darunter klimat., Faktoren und Prozesse interferieren. Das gilt in Mitteleuropa auch für die sog. spätma. →Agrarkrise, die →Wüstungsprozesse, die Änderung der Bodennutzung u. ä. (→Deutschland, G). Für W- und N-Europa zeichnen sich zu Mitteleuropa im ganzen parallele Verläufe der ma. K.kurven ab. Im hochatlant. K. der Brit. Inseln und an den Höhen- und Polargrenzen der Wirtschaft und Besiedlung in Island und Skandinavien wirken sich bereits Änderungen der Temperatur von 1 °C viel stärker aus, so daß dort bei Ausdehnung und Schrumpfen ländl. Siedlungsgebiete und demograph. Prozessen das K. als mitwirkender Faktor eine größere Rolle als in Mitteleuropa gespielt hat. Betreffend O-Europa sind erhebl. Zeitunterschiede in der Periodisierungen gegenüber W- und Mitteleuropa zu bedenken. H. Jäger

Lit.: Climate and Hist., hg. T. M. L. WIGLEY–M. J. INGRAM–G. FARMER, 1981 – Climatic changes on a yearly to millenial basis, hg. N.-A. MÖRNER–W. KARLÉN, 1984 – H. FLOHN, Das Problem der K.änderungen in Vergangenheit und Zukunft, 1986 – CH. PFISTER, Veränderungen der Sommerwitterung im s. Mitteleuropa von 1270–1400 als Auftakt zum Gletscherhochstand der NZ, Geographica Helvetica 1985, 186–195 – P. ALEXANDRE, Le climat en Europe au MA, 1987 – →Deutschland, F.

Kliment v. Smolensk (?) (Klim Smoljatič), Metropolit v. →Kiev, 12. Jh., Todesjahr unbekannt. Profeßmönch (Großes Schema) und Klausner (Herkunftsort offen, Beiname Smoljatič kann auch genealog. gedeutet werden), wurde gegen seinen Willen vom Kiever Fs.en →Izjaslav Mstislavič zum (zweiten russ.stämmigen) Metropoliten v. Kiev bestimmt und im Juli 1147 – statt der bis dahin üblichen Ernennung/Weihe durch den Patriarchen v. Konstantinopel – mit den Kopfreliquien des hl. Clemens Romanus konsekriert. Einseitige Protektion und unkanon. Einsetzung beschworen aber Opposition unter den russ. Bf.en (Führer: Bf. →Nifont v. Novgorod) herauf und beschränkten K.' Wirkungskreis. Grundsätzl. Meinungsunterschiede der Kontrahenten in der Frage der klösterl. Armut verschärften die Auseinandersetzung. Wegen der engen Bindung an das Schicksal Izjaslavs konnte K. sein Amt nur bis Aug. 1149 (Flucht) und von April 1151 bis kurz nach dem Tode seines Mentors (1154) ausüben; zwei Rehabilitationsversuche (1158, 1160) blieben erfolglos. Die Hypathioschronik nennt K. einen herausragenden 'Bücherkenner und Philosophen'. Von seinen 'vielen' Schr. ist nur eine Apologie (Poslanie) an den Priester Thomas (Foma) mit einem Anhang von Schriftallegorien erhalten, in der K. Inhalt und Stil seiner Exegese verteidigt. Weitere Zuschreibungen müssen als unbeweisbar gelten. G. Podskalsky

Ed. und Lit.: A. F. ZAMALEEV–V. A. ZOC, Mysliteli Kievskoj Rusi, 1981, 86–101 – G. PODSKALSKY, Christentum und theol. Lit. in der Kiever Rus' (988–1237), 1982, Register [s. v.], bes. 47–49, 93–96, 298f. – D. S. LICHAČEV, Slovar' knižnikov i knižnosti Drevnej Rusi, I, 1987, 227f. [O. V. TVOROGOV].

Klis, spätantikes und ma. castrum, ca. 4 km n. von →Salona, an der Schlüsselposition der Paßstraße ins dalmatin. Hinterland. Erwähnt bei Konstantinos Porphyrogennetos (De adm. imp., c. 30 $Κλεῖσα$) im Zusammenhang mit der Eroberung von Salona, als curtis in der (gefälschten?) Urk. des dux Trpimir von 852 (Clusan, Clysium u. ä.). Zentrum der altkroat. župa $Παραθαλασσία$ (De adm. imp., c. 30). Unterhalb des castrum in Rižinice liegt die von Trpimir gestiftete Kirche des OSB-Kl. mit vorroman. Skulptur. Die Herren v. K., insbes. die comites v. Bribir (Šubići) im 13. und 14. Jh., bedrohten immer wieder die Stadt Split und ihr Umland. 1537 wurde K. von den Türken erobert. Ž. Rapanić

Lit.: EncJugosl. s. v. – LJ. KARAMAN, Oko drevne kliške tvrdjave, 1933 – L. KATIĆ, Granice izmedju Splita i Klisa, Starohrvatska prosvjeta 6, 1958 – N. KLAIĆ, Povijest Hrvata u ranom srednjem vijeku, 1971 – DIES., Provijest Hrvata n razvijenom srednjem vijeku, 1976.

Klistier ('ἔνεμα), Instrument für einen Mastdarmeinlauf unter Druck, vergleichbar dem Mutterrohr ($μητρεγχύτης$) zur Scheiden- bzw. dem Katheter ('syringa') zur Blasenspülung, seit dem 2. vorchr. Jt. belegt, in der antiken Med. schon →Hippokrates geläufig; von den Indern und Arabern zwar verwendet, aber abgelehnt; seit dem 14. Jh. im therapeut. Kompetenzbereich der →Apotheker. Konsistenz (Luft, Flüssigkeit, Paste) wurden in eine (Schweins-)Blase eingebracht und über eine daran festgezurrte Kanüle mit seitl. oder endständiger Öffnung mittels Druck beider Hände in den Enddarm ausgepreßt. Behandelt wurden Darmpolypen, -fisteln, -würmer und bes. Darmträgheit; der Patient befand sich vornübergeneigt in Knie-Ellenbogen-Lage. Weiterentwicklungen ersetzen den geschlossenen Balg durch einen offenen Trichter bzw. einen Irrigationsschlauch (subaquales Darmbad). Stempelspritzen kleineren Kalibers sind ab Ruphus v. Ephesus bezeugt und kamen für Gehörgangsspülungen ($ὠτεγχύτης$), aber auch für das Drainieren von Pleuraempyemen zum Einsatz; der als 'caputpurgium' zum Provozieren von Niesanfällen verwendete ῥινεγχύτης zeigte Näpfchenform mit Ausgußschnaube. Vorläufer eines 'Klystiergeräts' mit abgewinkeltem Treibbehälter bzw. doppelläufigem Einlaufrohr lassen sich ab dem 15. Jh. greifen. G. Keil

Lit.: J. Arderne, Treatise of fistula in ano, haemorrhoids and clysters, hg. Sir D'Arcy Power, 1910 – K. Sudhoff, Beitr. zur Gesch. der Chirurgie im MA, I–II, 1914–18 – A. Martin, Darstellung eines K.s in Knieellenbogenlage, SudArch 11, 1919, 330f. – H. Reich, Die pseudogalen. Schr. »De usu farmacorum« und »De clisteribus et colica« in der Dresdner lat. Galenhs. [Diss. Leipzig 1921] – K. Sudhoff, Mutterrohr und Verwandtes im med. Instrumentarium der Antike, SudArch 18, 1926, 51–71 – J. Friedewald – S. Morrison, The hist. of the enema.., Bull. Hist. Med. 8, 1940, 68–114, 239–276 – W. Brockbank, Ancient therapeutic arts, 1954, 13–65 – F. v. Zglinicki, Kallipygos und Äskulap. Das K. in der Gesch. der Med., Kunst und Lit., 1972.

Kloben. Nach der Fallensystematik wird der beim Vogelfang gebrauchte K. zu den Klemmfallen gerechnet. Er bestand aus einem gespaltenen Holzstab (ahd. *klobo* zu *klioban* 'spalten') oder aus zwei aufeinander passenden Holzleisten, die beim Fang zangenartig mit der Hand zusammengedrückt oder mit Hilfe einer Zugschnur zusammengepreßt wurden, wodurch der Vogel, der sich auf dieser Fangeinrichtung niedergelassen hatte, am Fuß oder Flügel festgeklemmt und am Entkommen gehindert wurde. Beim Fang mit dem K. tarnte sich der Fänger in der Regel durch Zweige oder benutzte eine tragbare oder ortsgebundene Hütte, um sich darin zu verbergen. Zum Anlocken der Vögel wurden in der Tonhöhe abgestimmte Pfeifchen, meist aus Röhrenknochen, oder ein Lockkauz verwendet. Der K. scheint – im Altertum unbekannt – zur germ. Jagdtechnik zu gehören; er wird im lat. geschriebenen Waltharilied (→Waltharius, Wende 9./10. Jh.) erstmals erwähnt, in den Hss. von →Thomasin v. Zerclaere »Welscher Gast« abgebildet (älteste Darstellung im Cod. Pal. Germ. 389, Univ. sibbl. Heidelberg, Ende 13. Jh.). Im HochMA begegnen wir dem Vogelfang mit dem K. in Dtl., Italien und Frankreich, doch schwindet dann seine Bedeutung im roman. Sprachbereich. Er wurde zum Fang verschiedener mittelgroßer Vogelarten, bes. Weindrosseln, gebraucht. S. Schwenk

Lit.: J. Lips, Fallensysteme der Naturvölker, Ethnologica III, 1927, 123–89 – G. Tilander, Le livre de chasse du Roy Modus, 1931 – St. Lagercrantz, Beitr. zur Fallensystematik, Ethnos II, 1937, 361–366 – K. Lindner, Die Jagd im frühen MA, 1940 – Dt. Jagdtraktate des 15. und 16. Jh., I., hg. Ders., 1959.

Klokotnica (gr. *Κλοκοτινίτζα*, türk. [bis 1906] Semihça), heute Ortschaft im bulg. Thrakien ca. 10 km nw. der Stadt Chaskovo, im MA zudem an einer Trasse der byz. Via militaris, etwa in der Mitte des Abschnitts zw. Philippopel und Adrianopel, gelegen. Schauplatz einer bedeutsamen Schlacht, die am 9. März (Gedenktag der 40 Märtyrer v. Sebasteia) 1230 zw. dem (nach Akropolites) zahlenmäßig stärkeren Heer des Ks.s →Theodoros Dukas v. Epeiros und der Streitmacht des bulg. Zaren →Ivan II. Asen ausgetragen wurde. Der epirot. Herrscher, der von Adrianopel aus gegen den mit ihm bislang verbündeten Zaren überraschend vorgerückt war, unterlag und geriet mit vielen Notabeln und Anverwandten bis 1237 in bulg. Gefangenschaft. Ks. Theodoros verlor schlagartig an polit. Gewicht und schied als Konkurrent der →Laskariden v. Nikaia vorerst aus, während Bulgarien unter Ivan II. Asen für ein Jahrzehnt die Hegemonie über die s. Balkanländer errang; dies bezeugt deutl. die Siegesinschrift der Zaren aus der damals fertig ausgemalten Kirche der 40 Märtyrer zu Tărnovo. G. Prinzing

Q. und Lit.: Georgius Acropolites I, ed. A. Heisenberg, 1903, 41–43 – D. M. Nicol, The Despotate of Epiros, 1957, 110ff. – C. Asdracha, La région des Rhodopes aux XIIIᵉ et XIVᵉ s., 1976 – K. M. Setton, The Papacy and the Levant (1204–1571), I, 1976, 55ff. – Istorija na Bălgarija, 3, 1982, 165 [Geländefoto], 166–170 – A. Popov, Carevgrad Tărnov, 4, 1984, 8f., 68f. [beste Ed. der Inschrift] – K. Nehring, Iter Constantinopolitanum, 1984, 22 – A. Dančeva-Vasileva, Bălgarija i Latinskata imperija (1204–61), 1985, 127ff.

Kloster

A. Geschichte – B. Baukunst

A. Geschichte

I. Allgemeine Voraussetzungen – II. Benediktinisches Klosterwesen im Früh- und Hochmittelalter – III. Wandlungen seit dem Hochmittelalter – IV. Entwicklung im Spätmittelalter.

I. Allgemeine Voraussetzungen: Die lat. Bezeichnung 'monasterium' (m.), die dem Wort 'K.' entspricht (im Frz. *monastère* und *couvent*, im Engl. *monastery*, im It. *monastero* usw.), wurde im gesamten MA sehr unscharf angewandt und konnte sich auf einen Gebäudekomplex, einen Kirchenbau oder aber eine monast. Gemeinschaft beziehen. Im altchr. O bezeichnete m. ursprgl. die Zelle eines alleinlebenden Asketen (monachos; →Mönchtum). Die gemeinsame Lebensführung mehrerer Asketen gab den Anstoß zum Koinobitentum, der auf das K. zentrierten Form des Gemeinschaftslebens. Die ersten K. wurden von den ägypt. bzw. syr. Wüstenvätern begründet (→Pachomius). Im W erfolgten die ersten K.gründungen nach östl. Vorbild; mehrere Regeln gaben dem inneren Leben dieser K. Zusammenhalt. Als m. wurde primär das Gebäudeensemble bezeichnet, dessen Anlage der gewählten Lebensform folgte. Es war üblicherweise durch eine Umfriedung oder Mauer von der Außenwelt abgeschlossen. Kirche und Kreuzgang bildeten seine spirituelle Mitte. Größe und innere Organisation konnten flexibel dem jeweiligen monast. Ideal der Bewohner, ihrem Geschlecht und der Form des Gemeinschaftslebens (Mönche, Kanoniker, weibl. Religiosen) angepaßt werden; entsprechend dem Rechtsstatus des K.s und seines Vorstehers war die Benennung unterschiedl. (Abtei, Priorat, Konvent).

II. Benediktinisches Klosterwesen im Früh- und Hochmittelalter: Im 6.–11. Jh. herrschte weithin der vom hl. →Benedikt v. Nursia und seiner Regel (→Regula Benedicti) geprägte Typ des K.s vor (→Benediktiner). In seiner oft starken Ausdehnung stellt sich das K. als planvoll strukturiertes Ensemble dar, als dessen Modell der →St. Galler Klosterplan gilt. Innerhalb dieser weiträumigen klösterl. Agglomeration konzentrierte sich das religiöse Leben der Mönche auf einen umfangmäßig kleinen Bezirk: Kirche, Kreuzgang, Dormitorium, Refektorium, Kapitel. Dieser streng den geistl. Personen vorbehaltene Bereich war als Klausur von der Außenwelt abgeschirmt und dem Zutritt von Frauen verschlossen. Um diesen zentralen Bereich herum erstreckten sich intensiv bewirtschaftete Areale (Gärten, Obsthaine), Wirtschaftsgebäude (Pferde- und Viehställe, Brauerei, Mühle, Werkstätten) sowie Gäste- und Empfangshäuser (Herberge, Abtshaus). K. dieser Größenordnung konnten mehrere Hektar Raum einnehmen, mehrere Kirchen besitzen (vgl. →Jumièges und →St-Riquier) und Hunderten von Menschen (Mönche, Handwerker, Knechte, Gäste) Aufnahme bieten und sie ernähren (s. a. →familia). Das durch eine Mauer geschützte K. war zugleich Heiligtum, Festung und Siedlung. Von der Gründung an mit – oft kontinuierl. wachsendem – Grundbesitz dotiert, besaß ein großes K. manchmal ein Patrimonium von mehreren tausend Hufen, das sich auf nahegelegene und weitentfernte Güter und Besitzungen verteilte. Dadurch wurde das K. zum Zentrum einer →Grundherrschaft, die die von den Bauern und Hörigen des K.s erwirtschafteten Agrareinkünfte verwaltete und nutzte. Als Q. des Reichtums und Träger von Herrschaft zogen die K. das Interesse der weltl. Großen auf sich. Besitzrechtlich konnte ein K. in den Händen der Gründerfamilie verbleiben (dies gilt bes. für die kleineren K., namentl. für Frauenk.; s. a. →Eigenkirchenwesen), dem Bf. gehören (Bischofsk.) oder dem Kg. unterstehen (Königsk.). In karol. und nachkarol. Zeit wurden K. bisweilen als Benefizien (→Beneficium) an Große oder Vasallen verliehen, die als nichtregulierte Äbte (sog. →Laienäbte) an der Spitze des Kl. standen, dessen Leitung aber in der Regel einem Mönch oder Prior anvertrauten. Vom späten 10. Jh. an war die →Vogtei in der Hand von Adligen, deren aus dem Vorwand des Schutzes, wie ihn die Vögte der Karolingerzeit geleistet hatten, zu Herren der betreffenden Abtei aufschwangen, deren Patrimonium sie zum Ausgangspunkt ihrer Herrschaft machten (s. a. →Landesherrschaft). Der Inhaber der Verfügungsgewalt über das K. nahm häufig Einfluß auf die Wahl des K. vorstehers (Abt/Äbtissin, Prior/in, Propst usw.). Seit dem 10. und 11. Jh. erreichten manche K. die Befreiung von der bfl. Gewalt und die direkte Unterstellung unter den Hl. Stuhl (→Exemtion). Zumeist behielt jedoch der Bf. die Jurisdiktionsgewalt über das jeweilige K., dessen Abt er weihte und dem er →Pfarreien zuordnete.

Der Eintritt in das K. erfolgte in jedem Lebensalter, auch in frühester Jugend (→Oblaten). Er war primär Adligen vorbehalten, doch war adlige Abkunft wohl nur in Frauenk.n zwingend vorgeschrieben. In diesen wurde die Aufnahme oft auch von einer Dos (Ausstattung) abhängig gemacht.

Die großen K. waren mit ihren Skriptorien und Bibliotheken die wichtigsten Pflegestätten der Bildung, Erziehung und Kunstausübung, wegen ihres Reichtums aber auch bei feindl. Einfällen in bes. Maße bedroht. Wurde das Grab des hl. Patrons eines K.s zum Gegenstand der Verehrung, so entwickelte sich das K. schon frühzeitig zum Wallfahrtsort. Die bedeutendsten K. des Früh- und HochMA lagen auf dem Lande, manche in der Nähe von größeren Städten, während die in den Städten selbst gelegenen K. (v.a. Frauenkl.) zumeist nur geringere Bedeutung erlangten. Einige der großen K. spielten eine wichtige polit. und kirchl. Rolle: als Missionszentren (z. B. Münster, Magdeburg), Verteidigungsplätze, Etappenorte an großen Handelsrouten und Pässen. Manchmal Ausgangspunkt städt. Entwicklung (→Abteistadt), waren einige der bedeutendsten Abteien Kristallisationspunkte der wirtschaftl. Wiederbelebung (Lendit-Messe bei →St-Denis), zumal sich in den K.n über einen langen Zeitraum der Besitz von Edelmetall und Münzen, manchmal verbunden mit eigenem Münzrecht, konzentrierte (s. a. Klerus, [7]).

Als K. wurden ohne Unterschied nicht nur die großen Abteien, sondern auch die Priorate bezeichnet, die von →Cluny, dann auch von anderen Abteien auf ihren Domänen errichtet wurden. Diese Priorate sind zu unterscheiden von bloßen 'cellae', in denen nur wenige Mönche lebten und die zwar Kirche oder Kapelle, nicht aber einen Kreuzgang besaßen. Annalen und Chroniken bieten reiche Nachrichten über Gründung, Gesch., 'gesta abbatum' und Besitzstand der großen Abteien des Frankenreiches. Demgegenüber waren die Neugründungen des 10. und 11. Jh. in der Regel weniger reich ausgestattet und spielten keine so zentrale Rolle mehr.

Das K. war definiert durch Ideal und Lebensform seiner Bewohner, die sich ganz Gott geweiht hatten, ihr tägl. Leben nach den liturg. Abläufen ausrichteten und sich völlig von der Außenwelt abschirmten. Die beiden Bereiche der Konzentration des religiösen Lebens waren die Kirche als Ort der Liturgie und der Kreuzgang als Stätte der Meditation. Das K. hat im Leben der Kirche des FrühMA auf allen Gebieten eine beherrschende Rolle gespielt.

III. Wandlungen seit dem Hochmittelalter: Seit dem HochMA vollzog sich eine Vervielfachung des K.- und Ordenslebens, das aber – trotz der Berufung auf die im FrühMA entstandenen Grundlagen – eine sehr unterschiedl. Funktion innehatte.

Es wurden Männer- und Frauenk. gegr., die der →Augustinusregel und den Kongregationen v. →Regularkanonikern folgten; sie unterschieden sich noch kaum von den älteren Formen des K.s. Die neuen Mönche, die nach der Regula Benedicti lebten, vertraten dagegen ein bereits in einigen Punkten abweichendes Konzept. Zu den Zisterzienserk.n gehörten die →Konversen, die als Mönche betrachtet wurden, aber von bestimmten liturg. Handlungen ausgeschlossen blieben. Die Zisterzienser errichteten ihre K. üblicherweise in Talsohlen, wo Wasser als Energiequelle (→Energie) genutzt werden konnte (war diese am Ort nicht vorhanden, wurden →Kanäle gebaut, so in Obazine). Sie installierten in ihren K.n →Mühlen und Schmieden. Zumindest in ihrer Frühzeit kultivierten und bewirtschafteten sie ihren Grundbesitz, gestützt auf die →Grangien. Die →Kartäuser, die eine isolierte Lebensform in ihren um den Kreuzgang gruppierten Zellen begründeten, schufen einen neuen, zweiteiligen Typ des K.s, der eine klare Trennung der 'Chormönche' von den Konversen beinhaltete.

Die →Bettelorden des 13. Jh. (→Franziskaner, →Dominikaner) etablierten sich in den Städten; ihre K. bauten, die im Unterschied zu den K.n der Benediktiner und Regularkanoniker als 'Konvente' bezeichnet wurden, waren auf ein Minimum reduziert: einschiffige Kirche, Kreuzgang, Wohntrakt; aufgrund ihrer Lebensweise als Almosenempfänger war die Errichtung von größeren Amts- und Wirtschaftsgebäuden ausgeschlossen. Ihre Seelsorge- und Predigttätigkeit öffnete ihre K. zur Welt.

Ein weiterer, im ganzen W verbreiteter Typ des K.s war das →Doppel-K. (im engeren Wortsinn), in dem eine männl. und eine weibl. Gemeinschaft einem einzigen Vorsteher unterstellt war und ein gemeinsames Patrimonium besaß. – Eine engl. Besonderheit bilden seit dem 10. Jh. die acht →Kathedralk., in denen der Bf. zugleich Abt war und die Mönche die Stellung von Kanonikern hatten.

Die Leitung eines K.s war einer einzigen (männl. oder weibl.) Person anvertraut, die den Titel des Abtes/der Äbtissin oder des Priors/der Priorin trug und die Gemeinschaft mit umfassender Autorität in Temporalien und Spiritualien regierte. Ihr standen zwei Vikare, einer für die religiösen, der andere für die weltl. Belange, zur Seite. In größeren K.n waren dem Abt jedoch mehrere Amtsträger beigeordnet: ein oder zwei Prioren (oder ein Dekan) sowie ein Cellerar/Keller (bzw. Propst, Thesaurar), die z. T. wieder Untergebene hatten. In Frauenk.n war der Priorin oder Äbtissin häufig ein Prior zur Seite gestellt. In kleineren K.n wurde neben dem Prior oft ein Mönch zur Wahrnehmung der wirtschaftl. Belange eingesetzt. Die Organisationsweise war – mit einigen Unterschieden entsprechend der Größe des K.s oder des Geschlechts seiner Bewohner – überall weithin ähnlich.

IV. Entwicklung im Spätmittelalter: Mit dem Aufschwung des Städtewesens und den großen sozialen und demograph. Wandlungen seit dem HochMA schwand die beherrschende Rolle, die die K. bis etwa zum Jahre 1000 gespielt hatten. Im Zuge von Reformen wandelte sich die innere Struktur der alten K., während die neuen einer starken Diversifizierung unterlagen. Auf dem Lande begnügten sich zahlreiche K. mit der Verwaltung ihres Grundbesitzes und ihrer Pfarreien (Bestellung von Priestern und Vikaren, Erhebung des Zehnten). Die größten K. waren zu Keimzellen von Städten oder vorstädt. Siedlungen geworden. Um die Zisterzienserk. bildeten sich in manchen Fällen Dorfsiedlungen. Die Benediktiner betrieben aufgrund ihres reichen agrar. Grundbesitzes Getreide- und Weinhandel; die Zisterzienser (v. a. in Spanien und England), die im Besitz großer Schafherden waren, kontrollierten und kommerzialisierten den Wollhandel. In den Städten unterschied man in zunehmendem Maße zw. den alten, grundbesitzenden Benediktinerk.n und den Konventen der Bettelorden. Die K. hatten in ihrer großen Mehrzahl ihre Autonomie verloren und gehörten Orden und →Kongregationen an, deren Generalkapitel die allg. religiöse Politik bestimmten. In den letzten Jahrhunderten des MA erlebten zahlreiche K. infolge von Kriegsereignisse und der wirtschaftl. Depression einen Verfall, der sich in Verarmung und einer Verkleinerung der Konvente niederschlug. Eine Abkehr vom Regularabbatiat war häufig (→Kommende). S. a. →Irland, C; →Mönchtum (Ostkirchen). M. Parisse

Lit.: DACL XI, 2, 1774-1945; XI-2, 2182 – DDC II, 297-346; V, 928-933 – DIP VI, 48-51 – RGG III³, 1671-1677 – R. MOLITOR, Aus der Rechtsgesch. benediktin. Verbände I, 1928 – PH. SCHMITZ, Hist. de l'ordre de saint Benoît, 7 Bde, 1942/56 – D. KNOWLES, The Monastic Order in England, 1966 – R. LORENZ, Die Anfänge des abendländ. Mönchtums im 4. Jh., ZKG 77, 1966, 1-61 – A. H. HÄUSSLING, Mönchskonvent und Eucharistiefeier (Liturgiegesch. Q. und Forsch. 58, 1973) – J. WOLLASCH, Mönchtum des MA zw. Kirche und Welt, 1973 – K. S. FRANK, Die K.anlage nach der regula magistri, RBSt 6/7, 1977/78, 27-46 – K. ELM, Beitr. zur Gesch. der Konversen im MA (Berliner Hist. Stud. 2, 1980) – C. HEITZ, Gallia praeromanica, 1982 – R. GREGOIRE, L. MOULIN, R. OURSEL, Die Kultur der K., 1985 – F. FELTEN, Herrschaft des Abtes (Herrschaft und Kirche, hg. F. PRINZ, 1988), 147-296 – F. PRINZ, Frühes Mönchtum im Frankenreich, 1988².

B. Baukunst

Eine entscheidende Prägung erfuhr das chr. Mönchtum und damit auch der K.bau mit der Regel, die →Benedikt v. Nursia dem von ihm gegr. Montecassino um 529 gab. Benedikt verband den oriental. Gedanken der Weltflucht mit Werten röm. Gesellschaftsethik, neben die Kontemplation trat die Verpflichtung zu aktiver Tätigkeit; daraus bestimmt sich auch die Bauanlage des K.s, die bei ihm schon besteht aus: oratorium, refectorium, dormitorium, coquina, bibliotheca, hortus, cella hospitum, cella novitiorum, cella ostiarii, cella infirmorum; später kamen hinzu Kapitelsaal, parlatorium, calefactorium und Abtshaus. In Kap. 66 seiner Regel bestimmt Benedikt ferner, das K. müsse so angelegt sein, daß man dort alles Nötige finde: Wasser, Mühle, Werkstätten, Garten. All diese Einrichtungen finden sich schon auf dem um 820/830 entstandenen →St. Galler Klosterplan.

Die Benediktiner, Cluniazenser, Hirsauer und Zisterzienser kamen aufgrund ihres streng geregelten Lebens zu einer differenzierten und allgemein verbindl. Raumaufteilung und Anordnung innerhalb der Klausur; der Wirtschaftsbereich richtete sich nach den örtl. Bedingungen. Von der üblichen Anlage weichen die K. der →Bettelorden bedingt durch die Innenstadtlage und der →Kartäuser mit ihren Einzelhäusern mit Garten an einem großen Kreuzgang ab. Gleiche Anlagen bauten die Stifte, bis im Verlauf des 11./12. Jh. zumindest die Zellen als Einzelbauten (Kanonikerhäuser, z. B. Xanten) aus dem Kreuzgangverband gelöst wurden. Die zunächst kargen, häufig in Holz errichteten und nur in den Kreuzgangarkaden und im Kapitelsaal reicher ausgestatteten Anlagen entwickelten sich im 12./13. Jh. zu prächtigen Bauformen, bes. bei den Zisterziensern (Fontenay, Eberbach, Maulbronn), aber auch bei den Reformorden (Cluny, Großkomburg).

Das Zentrum der Klausur des K.s ist der *Kreuzgang*, ein auf vier Seiten von einem Gang (ambitus) umgebener, rechteckiger Hof, zumeist südl., aber auch nördl. (Lorsch-Kreuzwiese um 760, Hochelten 967, Köln-St. Pantaleon 965, Eberbach 1135, Maulbronn 1147, Altzella 1175), seltener westl. (Fulda Anfang 9.Jh., Xanten 8./9. Jh., Großkomburg 11. Jh.) oder östl. (Heiligenberg b. Heidelberg um 1030) der Kirche gelegen. Der Kreuzgang diente häufig der Sepultur (Bestattungsort, Mortuarium) für die Mönche, während die Äbte in der Kirche oder im Kapitelsaal bestattet wurden. Der Kreuzgang verbindet die zur Klausur des K.s gehörenden Gemeinschaftsräume und Zellen, die auf drei Seiten anschließen, während sich die vierte Seite direkt an die Kirche anlehnt. Der Gang ist seit dem 12. Jh. zumeist gewölbt und in Arkaden über einer Brüstungsmauer zum Hof geöffnet; reichgestaltete Kapitelle und Verdoppelung der Säulen, später reiches Maßwerk geben dem Kreuzgang seine beherrschende Gestaltung, die schon Bernhard v. Clairvaux um 1124 in einer Streitschrift gegen den Bauluxus abgelehnt hat: »Was machen dort jene lächerlichen Monstrositäten, ... so wunderbare Mannigfaltigkeit verschiedener Geschöpfe erscheint überall, daß man eher in den gemeißelten als in den geschriebenen Werken liest.« Der an der Kirche gelegene Flügel ist vereinzelt auch breiter oder zweischiffig, da er als Kapitelsaal und für feierl. Handlungen (z. B. Fußwaschung) genutzt wurde. Die offenen Arkaden werden in der Spätgotik mit Maßwerk und Glasfenstern geschlossen. Die Rückwände waren für Gemälde willkommen. Ein großer Teil der Kreuzgangausstattungen ist verloren, eine Vorstellung davon bieten die figürl. Skulpturen der südfrz. roman. Kreuzgänge in Moissac und Arles sowie Monreale auf Sizilien, die Verluste an got. Plastiken lassen die zahlreichen Fragmente von Notre-Dame-en-Veaux in Châlons-sur-Marne erahnen.

An den Kreuzgang liegt im Ostflügel der seit dem 12. Jh. übliche *Kapitelsaal*, der Versammlungs- und Beratungsraum des Konvents, nach der Kirche der bedeutendste Raum des K.s, der normalerweise quadratisch (in Frankreich rechteckig), über einer, zwei oder zumeist vier Säulen gewölbt ist und zum Kreuzgang in reichen Arkaden seitl. eines axial gelegenen Eingangs geöffnet ist, damit Novizen u. a. von dort aus an den Lesungen im Kapitelsaal teilnehmen können. Im Kapitelsaal kann ein Altar stehen, auch in einer Apsidiole oder einem kleinen, nach außen vorstehenden Kapellenanbau (Bronnbach, Maulbronn). An engl. Kathedralen ist der Kapitelsaal als rechteckiger oder polygonaler freistehender Bau ausgebildet und mit dem Kreuzgang durch einen Stichgang verbunden (→Chapter House). Zw. Kapitelsaal und Kirchenquerschiff sind häufig eine gewölbte *Sakristei* und ein Armarium *(Bibliothek)* eingefügt. Im Zisterzienserk. schließen an den Kapitelsaal das *Parlatorium* (Sprechhaus) und das *Auditorium* an, in dem der Prior den Mönchen die Arbeit und die Arbeitsgeräte zuweist, in den die Mönche von der Außenarbeit zurückkehren und der als Arbeits- und Studienraum dient. Zumeist über diesem Ostflügel befinden sich das →*Dormitorium* als zwei- oder dreischiffiger Schlafraum beträchtl. Größe oder seit dem 14. Jh. mit Zellen an einem Gang (Dorment); eine Treppe führt direkt in das Querschiff der Kirche.

An dem der Kirche gegenüberliegenden Flügel liegen das →*Refektorium,* der häufig zweischiffige Speiseraum, die Küche und das *Calefactorium* (Wärmestube), der einzige durch Hypokausten beheizte Raum des K.s, in dem sich die Mönche aufwärmen, Pergament und Tinte herrichten, ihre Schuhe einfetten und sich nach dem Regen trocknen konnten. Der westl. Flügel beherbergt Vorratsräume, Keller *(Cellarium)* und die Kleiderkammer *(Vestiarium),* die auch über dem Calefactorium liegen kann. Im Zisterzienserkl. kann der Westflügel auch Refektorium und Dormitorium der Konversen (Konversenbau) aufnehmen. Das runde oder polygonale *Brunnenhaus* (lavatorium) liegt zumeist an der Innenseite des Kreuzganges gegenüber dem Refektorium; es dient dem Händewaschen, auch zum Rasieren und Schneiden der Tonsur. Nicht an den Kreuzgang angeschlossen sind das *Wohn- und Repräsentationshaus des Abtes* bzw. *Priors* (St. Galler Kl.plan, Maulbronn, Konradsheim b. Büdingen), das *Noviziat,* die *Infirmerie* (→Hospital, z. B. Eberbach), das *Gästehaus* und die *Pforte* mit dem Empfangsraum für Gäste und die Kapelle für Frauen. Der Klausur und Kirche vorgelagert oder diese umgebend sind die *Wirtschaftsbauten* angelegt (Kornspeicher, Scheunen, Mahl- und Walkmühlen, Bäckerei, Brauerei, Werkstätten, Ziegelei, Brennöfen, Ställe). Ein durch das K. geführter Wasserlauf liefert das notwendige Wasser, dient aber zugleich auch der Entsorgung, bes. in der recht aufwendig angelegten *Abortanlagen* (necessaria; Lorsch, Zwettl, Royaumont). Die K.anlage ist häufig mit Mauern, Türmen und Toren umschlossen, die auch mit Verteidigungseinrichtungen versehen sein können (Maulbronn, Mont-St-Michel). Eine Sonderform bildet der →Deutsche Orden mit seinen Burgen heraus.

G. Binding

Lit.: E. LEHMANN, Die Bibl.sräume der dt. K. im MA, 1957 – W. BRAUNFELS, Abendländ. K.baukunst, 1969 – J. F. O'GORMAN, The Architecture of the Monastic Library in Italy 1300-1600, 1972 – J. RYAN, Irish monasticism. Origins and early development, 1972², 285-294 – CH. BROOKS, Die große Zeit der K. 1000-1300, 1976 – W. HORN – E. BORN, The plan of St. Gall, 3 Bde, 1979ff. – G. BINDING, Köln – Aachen – Reichenau. Bem. zum St. Galler K.plan von 817-819, 1981 – K. HECHT, Der St. Galler K.plan, 1983 – G. BINDING – M. UNTERMANN, Kleine Kunstgesch. der ma. Ordensbaukunst in Dtl., 1985 [Lit.] – A. ZETTLER, Die frühma. K.bauten der Reichenau, 1988.

Klosterapotheke → Apotheke

Klosterbibliothek → Bibliothek

Klosterbischof übt »unter Umgehung des Diözesanbf.s die Weihefunktionen« aus (H. FRANK). Die Einrichtung des K.s ist ir. Ursprungs. Beda erwähnt die 'ungewöhnl. Ordnung' von der Priesteräbten untergebenen Bf.en (Hist. eccl. III, 4). Columban und das irofrk. Mönchtum erstritten die Kl.exemtion: die 'kleine' oder auch die 'große Freiheit' (E. EWIG), letztere als Recht, jedweden Bf. für im Kl. anstehende Weihehandlungen beizuziehen oder sogar einen eigenen Bf. im Kl. zu haben. Gall. Kl. hatten im 7. und 8.Jh. oft einen Abt, der zugleich Bf. war (Abtbf.), seltener einen dem Abt untergeordneten Mönchsbf. Die Reform des →Bonifatius erneuerte die alleinige Zuständigkeit des Bf.s in seiner Diöz. und bekämpfte die episcopi vagantes. Von der Einrichtung der K.e ist zu unterscheiden das im Ursprung schon spätantike und v.a. ags. 'Domkloster': der Bf. führt mit seinen Klerikern ein klösterl. Leben, ist aber zuerst Bf., daneben Abt (ähnl. der span. 'episcopus, qui sub regula vivit'), ebenso der →Chorbf., der Hilfsbf. für Weihehandlungen.

A. Angenendt

Lit.: RAC XV, 1–26 [Hibernia; L. BIELER] – H. FRANK, Die K.e des Frankenreiches, 1932 – A. ANGENENDT, Monachi peregrini..., 1972, 175-187 – R. SCHIEFFER, Die Entstehung von Domkapiteln in Dtl., 1976, 176-231 – E. EWIG, Spätantikes und frk. Gallien, 2, 1979, 411-583 – R. SHARPE, Some Problems concerning the Organization of the Church in medieval Ireland, Peritia 3, 1984, 230-270 – F. PRINZ, Frühes Mönchtum im Frankenreich, 1988² [Register].

Klostergarten → Garten

Klostermedizin (überlieferungsgesch. weiter gefaßt auch 'frühma.' oder 'vorsalernitan. Med.') bezeichnet die Med. des 6.–12. Jh., die im Abendland weitgehend von Mönchen ausgeübt wurde, weil die Kl. die Zentren med. Praxis und Ausbildung waren. Die →Regula Benedicti ordnete nicht nur den Tageslauf der Brüder selbst nach den Grundsätzen einer diätet. Lebensordnung – wofür der Regelkomm. der →Hildegard v. Bingen beispielhaft steht –, sondern trug (Kap. 36) ihnen auch die Sorge für Gesunde und Kranke auf (→Deontologie, →Christus medicus). In diesem Sinne entwickelten die Kl. ein durchorganisiertes Hospitalwesen und bemühten sich um heilkundl. Ausbildung (→Arzt). Von der Praxis monast. Krankenfürsorge geben die Expositio Regulae des →Hildemar v. Corbie sowie der →St. Galler Kl.plan ein Bild, mit einem Infirmarium innerhalb der Klausur, einer Domus hospitum für Vornehme und einem Hospitale pauperum, das in der Tradition der byz. →Xenodochien (→Hospital) zur Aufnahme von Armen, Pilgern und Kranken der Umgebung bestimmt war. Daneben bieten Ärztewohnungen, Räume für Schwerkranke, für →Aderlaß, →Bad, →Apotheke und Kräutergarten. Maßgebl. Impulse zur Entwicklung der Wiss. hatte →Cassiodor gegeben: In seinen Institutiones forderte er auch Kenntnis und Pflege med. Schr. Spätere monast. Enzyklopädisten, wie →Isidor v. Sevilla, →Beda oder →Hrabanus Maurus faßten das naturkundl. und med. Wissen ihrer Zeit zusammen. In den von →Artes liberales bestimmten Bildungsplan der Kl. nahm die Med. freilich eine Außenseiterrolle ein: Teils wurde den →Artes mechanicae zugerechnet, teils, wie bei Isidor, als Integration aller Artes, oder, im Rahmen der karol. Bildungsreform, als 'achte Kunst' gewertet. Richtungsweisend in seiner wiss. polit. Konzeption ist hier der →Bamberger Cod. (Lorscher Provenienz erst unlängst gesichert): Er bietet neben einer bibl. Rechtfertigung medizinfeindl. Tendenzen gegenüber eine programmat. Einf. in die Med., die unter ausdrückl. Einbeziehung nichtchr. Autoritäten die Heilkunde als vollwertiges Lehrfach neben die Artes liberales stellt. Freilich konnte sich die K. nach dem Niedergang der antiken Kultur im W zunächst nur auf geringe Reste von Lit. stützen, die, an byz. Q. gespeist, seit dem 5. Jh. wieder in vulgärlat. Übers., Bearb. und Exzerpten verfügbar wurden: Neben Autoren wie →Oreibasios, →Paulos v. Aegina oder →Alexander v. Tralleis waren es nur wenige Schr. des Corpus Hippocraticum (→Hippokrates) oder des →Galen in überarbeiteter oder kommentierter Form. Selbst die Heilmittellehre des →Dioskurides fand sich selten in den Bibl. Dafür standen als Schriftengruppe niederer Qualität die →Kräuterbücher im Vordergrund, die z.T. reich ill. oder in Versform (→Odo v. Meung) an antike Autoren und das Herbar des →Pseudo Auleius anknüpften. Soran kannte man nur unter Titeln wie 'Aurelius' oder 'Esculapius', die man aus den Responsen des →Caelius Aurelianus kompiliert hatte, wie überhaupt die Vermittlungsform des Wissens prakt. Bedürfnissen entsprach. Beliebt waren naturkundl. und med. Glossare. Die →Diagnostik von →Harn und →Puls fand ihren Niederschlag in zahllosen anonymen Kurztraktaten und Lehrbriefen. Weit verbreitet war eine pseudohippokrat. Krankheitsprognostik, die →Capsula eburnea. Für die therapeut. Praxis waren Arz-

neibücher im Gebrauch. Stark durchdrungen war die K. von volksheilkundl. und religiös-mag. Elementen (→Zaubersprüche, →Benediktionen). Dafür steht im ags. Sprachraum bis zum Ende des 10. Jh. die Tradition des »Laecebōk«. Um 1100 begann sich auch eine dt.sprachige Rezeptlit. zu entwickeln (→Arzneibücher, →Bartholomäus). Gegen Ende des 11. Jh. machte sich in der K. der Einfluß der Schule v. →Salerno bemerkbar. Unter der Wirkung des einfließenden →Arabismus und seiner neuen Materialien begann sich die enzyklopäd. Statik ihres am Artesschema orientierten Bildungskonzeptes mehr und mehr aufzulösen. Die Med. wurde selbständiges Fach der jungen Univ.
H. H. Lauer

Lit.: K. SUDHOFF, Eine Verteidigung der Heilkunde aus der Zeit der »Mönchsmedizin«, SudArch 7, 1913, 223–237 – H. CAPREZ, Die K., Ciba Zs. 52, 1951, 1725–1756 – H. SCHIPPERGES, Krankheitsursache, Krankheitswesen und Heilung in der K. dargestellt am Weltbild Hildegards v. Bingen [Diss. Bonn 1951] – L. C. MAC KINNEY, Med. Education in the Middle Ages, Cah. Hist. Mond. 2, 1955, 835–861 – J. DUFT, Stud. zum St. Galler Kl.plan (Mitt. zur vaterländ. Gesch., hg. Hist. Verein des Kt. St. Gallen 42, 1962) – H. SCHIPPERGES, Die Benediktiner in der Med. des frühen MA (Erfurter theol. Schr. 7, 1964) [Lit.] – R. SCHNABEL, Pharmazie in Wiss. und Praxis. Dargestellt an der Gesch. der Kl.apotheken Altbayerns vom Jahre 800 bis 1800, 1965 – C. H. TALBOT – E. A. HAMMOND, The Med. Practitioners in Medieval England, 1965 – G. BAADER, Zur Überlieferung der lat. med. Lit. des MA, Fortbild. Praxis, Fortbild. 17, 1966, 139–141 – D. JETTER, Gesch. des Hospitals, I: Westdtl. von den Anfängen bis 1850, SudArch Beih. 5, 1966 – C. H. TALBOT, Med. in Medieval England, 1967 – G. BAADER, Die Anfänge der med. Ausbildung im Abendland bis 1100, Sett. cent. it. 1972, 669–718 – J. DUFT, Notker der Arzt. K. und Mönchsarzt im frühma. St. Gallen, 1972 – G. BAADER, Ma. Medizin in bayer. Kl., SudArch 57, 1973, 275–296 – G. ZIMMERMANN, Ordensleben und Lebensstandard..., 1973 – W. LIZALEK, Heilkundl. Rezepte aus der Lorscher Kl.bibl. (Beitr. zur Gesch. des Kl. Lorsch, 1980²) – G. BAADER–G. KEIL, Med. im ma. Abendland (WdF 363, 1982) [Lit.] – G. BAADER, Early Medieval Adaptions of Byz. Med. in Western Europe, DOP 38, 1984, 251–259 – Das Lorscher Arzneibuch. K. in der Karolingerzeit, hg. Heimat- und Kulturverein Lorsch, 1989 – Das Lorscher Arzneibuch. Faks. und Übers. U. STOLL–G. KEIL, hg. G. KEIL, 1989 [Lit.] – U. STOLL, Das »Lorscher Arzneibuch« ... [Diss. Würzburg 1989].

Klosterneuburg, Stift CanR an der Donau in Niederösterreich, 13 km n. von Wien. Auf dem seit dem 11. Jh. wieder besiedelten Platz eines röm. Kastells (1. Jh.) gründete Mgf. →Leopold III. in Verbindung mit seiner neuen Burg 1114 ein weltl. Kollegiatstift, vielleicht als Vorstufe einer Bm.gründung. 2. Propst wurde sein Sohn →Otto (später Bf. v. Freising); 1133 auf Betreiben der Bf.e Umwandlung in ein Augustiner-Chorherrenkl., zugleich Verzicht auf Eigenkirchenrecht des Stifters. 1136 Weihe der großen Stiftskirche, am 15. Nov. 1136 stirbt Leopold III., wird im Kapitelsaal begraben und bald als Hl. verehrt. Seit 1133 erfolgt unter Propst →Hartmann (2.H.) eine große Blüte des Kl. K. war stets Parteigänger der kirchl. Reform und Anhänger der röm. Observanz. Das Chorfrauenstift in K. bestand 1133–1568. 1135 päpstl. Schutz, 1142 Gründung des CanR Kl. Neustift (Novacella) bei Brixen, 1261 Gründung des Chorfrauenstiftes St. Jakob in K. (1432 erloschen); Pontifikalienrecht 1359. Wegen seiner reichen Bestiftung spielte K. eine wichtige Rolle in der österr. Landespolitik. Der K.er Traditionscod. ist eine der wichtigsten landesgesch. Q. Das Kl. entfaltete schon im 12. Jh. rege wiss. Tätigkeit (theol. Programm für das Emailwerk des →Nikolaus v. Verdun 1181 von Propst Rudiger v. K.), lit. Produktion (K.er Osterspiel), musikal. Impulse (Volksgesang, Polyphonie), unterhielt ein bedeutendes Skriptorium und eine der größten Bibliotheken. Unter Propst Stephan v. Sierndorf (1317–35) erfolgte

eine hohe künstler. Blüte, unter Georg Müestinger (1418–42) ist K. Zentrum geogr.-kartograph. Forsch.en, hier entstanden die besten Weltkarten der Zeit. Seit Mitte des 15. Jh. ist K. Pflegestätte des Humanismus. Von bes. Wichtigkeit für K. ist die Verehrung des Stifters Leopold III. Sie war Anlaß für die Schaffung vieler bedeutender Werke der Spätgotik (Babenberger Stammbaum, Zyklus Rueland→Frueaufd. J. usw.).
F. Röhrig

Lit.: UB FontrerAustr II/10; II/28 – Jb. des Stiftes K. 1908–19; NF 1961ff. – L. SCHABES, Alte liturg. Bräuche in K., 1930 – F. RÖHRIG, K., 1972 – DERS., Stift K. und seine Kunstschätze, 1984 – DERS., Mgf. Leopold III., 1985 – Der hl. Leopold, Ausst.kat., 1985.

Klosterneuburger Altar → Nikolaus v. Verdun

Klosterrath (Rolduc), CanA Stift, alte Diöz. Lüttich, im 12. Jh. eines der Zentren der Kanonikerreform zw. Rhein und Maas. 1104 gründete der Kanoniker v. Tournai Ailbert v. Antoing eine Klause auf Besitz der Gf.en v. Saffenberg. Dessen Ministeriale Embrico trat mit seiner Familie hier ein und wandelte sie in einen Doppelkonvent nach Salzburger Consuetudines um. Sein unbeliebter, ehrgeiziger Sohn Hermann ging nach Skandinavien, war an den kurialen Verhandlungen über die Anerkennung →Eskils v. Lund (1138) beteiligt und wurde Bf. v. Schleswig (ca. 1140–46). Einführung des →Springiersbacher Ordo durch Abt Borno (1124–37), der 1126 die 'sorores' nach Kerkrade aussiedelte, welche 1140 als abhängiger Konvent nach Marienthal/Ahr umzogen. Zw. 1243 und 1246 wurde ein inzwischen wieder hinzugekommener Frauenkonvent endgültig nach Sinnich (Hzm. Limburg) verlegt. Im 15. Jh. schlossen sich mehrere K. unterstellte fries. Konvente der →Windesheimer Kongregation an, 1486 wurde sogar die eigene Gründung Marienthal in deren Sinne reformiert, wogegen die K.er Äbte immer erfolglos protestierten. K. war bedeutend für Wiss. und Unterricht (Bibl.skatalog von ca. 1120–50 mit 244 Titeln). Der Konvent stand unter dem Schutz der Gf.en v. Saffenberg (1104–37), der Hzg.e v. Limburg (1137–1288) und Brabant (ab 1288).
J. Simon

Q. und Lit.: Annales Rodenses, MGH SS XVI, 688–723; ed. P.C. BOEREN–G. W. A. PANHUYSEN, 1968 [Faks.] – H. E. KUBACH–A. VERBEEK, Roman. Baukunst an Rhein und Maas I, 1976, 466–472 – ST. WEINFURTER, Consuetudines canonicorum regularium Springiersbacenses-Rodenses, 1978 (CChrCM 48) – A. H. THOMAS, Springiersbach, Klosterrade in Prémontré, AnalPraem 56, 1980, 177–193 – H. DEUTZ, Stud. zur Gesch. der Abtei K. (= Burg Rode Herzogenrath e.V. Arbeitskreis Gesch. 2, 1984) – L. AUGUSTUS, De abdij Rolduc en de Windesheimers (Munsters in de Maasgouw [Fschr. A.J. MUNSTERS, 1986]), 184–196 – J. A. K. HAAS, Schets van de geschiedenis der abdij K., 1986 [Lit.].

Klosterschulen waren vom 8. bis zum 12. Jh. im Bereich der lat. Kirche außer den →Domschulen die wichtigsten Bildungsstätten. In den alten Kl.regeln ist zwar von ihnen nicht mehr die Rede. Aber daß die Mönche lesen können bzw. lernen, war »ein monast. Gemeinplatz« (HOLZHERR 79, vgl. 69). Schon die Regel des →Pachomios verlangte, daß jeder Mönch »discat litteras et de Scripturis aliquid teneat« (Praecepta Pachomii 140, ed. A. BOON, Pachomiana lat., 1932, 50), und auch die benediktin. Lektüreregeln (→Regula Benedicti XLVIII 4f., 13–23) setzten Lesekenntnis voraus. K.n, die mehr als Elementarkenntnisse des Lesens, Schreibens und Singens sowie der gottesdienstl. Texte vermittelten, sind erst aus dem ir. Mönchtum des 6./7. Jh. bekannt (Kl. →Bangor; →Columba; →Columbanus). Seit dem 7. Jh. spielten sie auch im ags. Bereich eine Rolle (→Beda Venerabilis). Iren und Angelsachsen haben wohl dazu beigetragen, daß auch auf dem Kontinent K.n seit dem 8. Jh. Zentren der Bildungstradition wurden, bis zum Ende des 9. Jh. in höherem Maße oder gleichrangig mit den Domschulen. Die Bestimmung der Aachener Synode (817), daß eine K. nur denen, »qui oblati sunt«, offenstehen solle, wurde in vielen Kl. übernommen, hat jedoch nicht verhindert, daß weiterhin Schüler von auswärts eine bekannte K. besuchten, insbes. wenn sie von einem hochangesehenen Lehrer geleitet wurde – wie zuvor Tours z. Zt. →Alkuins († 804), so im 9. Jh. z. B. unter →Hrabanus Maurus als Lehrer und Abt (818–842), St-Germain zu Auxerre z. Zt. →Heirics († 876) und seines Schülers →Remigius († ca. 908), St. Gallen unter →Notker Balbulus († 912).

Der →St. Galler Kl.plan sieht keine 'äußere Schule' vor. Daß es aber vielerorts neben der schola interior (claustri) für die Oblaten eine schola exterior für die clerici/canonici (und/oder Laien, zumal in Italien?) von auswärts gab, ist gut bezeugt. In St. Gallen leitete z. B. Notker Balbulus die schola claustri, Iso unterrichtete die exteriores (Ekkehard IV., Casus s. Galli c. 2); für St. Hubert/Ardennen nennt dessen Chronik (»Cantatorium«, 11. Jh.) einen scholasticus exterior und einen sch. interior. Nur in wenigen Kl. ist die Lehre an der 'äußeren' Schule Weltklerikern übertragen worden, z. B. in →Lobbes. Auch am Unterricht der nachweisbaren Schulen in Frauenkl. konnten Nicht-Nonnen teilnehmen (vgl. PARISSE, 165–169).

Nach den Zerstörungen vieler Kl. und dem Niedergang des klösterl. Lebens in manchen Gegenden des Frankenreiches infolge der Normannen-, Sarazenen- und Ungarneinfälle von der Mitte des 9. bis in die ersten Jahrzehnte des 10. Jh. begegneten einige monast. Reformer im Zuge der Erneuerung des monast. Lebens den K.n, bes. der nichtgeistl. Schullektüre, mit Vorbehalten, z. B. die →Cluniazenser des 10./11. Jh. und der monast. von Fonte Avellana geprägte →Petrus Damiani (1007–72). Andererseits blühten im selben Zeitraum an vielen Orten K.n auf. Gefördert von geistig interessierten Äbten und/oder unter bekannten Lehrern erlangten sie Bedeutung für das geistige Leben im jeweiligen Kl., manche zogen auch auswärtige Mönche und Kleriker als Schüler an, z. B. St. Gallen unter →Notker Labeo, St. Emmeram unter →Otloh, Tegernsee unter →Froumund und den Äbten Gozbert und Ellinger, Lobbes unter Abt →Heriger, Fleury unter Abt →Abbo, Le Bec unter →Lanfranc und →Anselm, St. Martial in →Limoges, →Ripoll unter Abt →Oliva. Sie standen wohl weder an Zahl noch geistigem Gewicht den gleichzeitigen bekannten Domschulen nach.

Eine geringere Rolle haben die K.n seit dem 12. Jh. gespielt, sowohl in den alten Kl. wie in den neuen Orden (OCist, OPraem, Bettelorden usw.). Dazu haben die Heraufsetzung des Aufnahmealters (z. B. Cluny 20 Jahre), v. a. aber die geistigen Neuorientierungen ('Renaissance des 12. Jh.', Scholastik in Philosophie und Theologie, Kanonistik und Legistik) und seit ca. 1200 die Möglichkeit eines Univ.sstudiums beigetragen. Die Aufgabe der K.n blieb nun reduziert auf die Vermittlung solcher Kenntnisse und Fertigkeiten für das Kl.leben, zumal viele Novizen nicht mehr als illiterati ins Kl. eingetreten sind. Da diese Vermittlung in den einzelnen Kl. oder Orden erfolgen konnte, bei weitergehenden Bildungsinteressen ein Studium an Univ. oder Generalstudien mögl. wurde, entfiel immer mehr die Frage nach Berechtigung oder Notwendigkeit einer Außenschule, gegen die sich die Zisterzienser zunächst noch ausdrückl. entschieden hatten; wohl sind aus kleinen Häusern gelegentl. Schüler in Studienhäuser einer Ordensprov. geschickt worden. Ähnl. haben im späten MA manche Kl., deren Novizenzahl klein geworden war, ihre Junioren auf auswärtigen Schulen unterrichten lassen, etwa aus rhein.-westfäl. Kl.n, z. B. →Werden, auf Schulen von Devoten oder Fraterherren, z. B. in Deventer oder Emmerich, offensichtl. ohne Bedenken gegen das Miteinander mit Laien.

Gelehrt wurden seit karol. Zeit wohl in allen K.n die Fächer des Trivium, anscheinend nur in wenigen auch die des Quadrivium, von diesen am häufigsten die →Komputistik als Teil der Astronomie. Am Anfang mußten die oblati jedoch die für den gemeinsamen Gottesdienst notwendigen Psalmen, Cantica und Hymnen des Stundengebetes auswendig lernen, dann folgten die Lektüre der Kl.regel und der ersten Bibelerklärungen sowie geistl. Texte, z. B. Cassians »Collationes« (vgl. Statuta Murbacensia II, CCM I, 442). Die anschließende Einführung in die Grammatik, mancherorts auf Priscians Werk, andernorts auf Donat gestützt, sollte als Grundlage für die Beschäftigung mit den weiteren Disziplinen, nicht zuletzt dem Bibelverständnis dienen. Zur grammt. Schulung, v. a. aber zur weiteren Bildung in Dialektik und Rhetorik wurden – mit bemerkenswerten Unterschieden – spätantike chr. (z. B. Boethius, Sedulius, Prudentius), aber auch röm. heidn. Autoren (z. B. Vergil, Cicero, Horaz, Persius, Juvenal, Ovid) dem Unterricht zugrundegelegt. Unterschiede in der Wahl der Autoren, die sich aus den alten Bibl.skatalogen – bes. aus Zusammenstellungen von Schulbüchern oder deren Fehlen – erschließen lassen, dürften zu spirituellen Unterschieden im Verhältnis zu Kultur und geistiger Tätigkeit erwachsen sein: Ablehnung heidn. Werke hier (z. B. Otloh v. St. Emmeram, →Manegold v. Lautenbach), unbefangener Gebrauch aller Zeugnisse geistiger Überlieferung dort – ein Unterschied z. B. zw. cluniazens. und lothr. Reform im 10./11. Jh. – mit manchen Zwischentönen.

Eine nur annähernd einheitl. 'monast. Theologie' – im Unterschied zu Unterricht und geistigen Interessen an Domschulen – ist weder durch bibliothekar. noch lit. Zeugnisse noch durch die erhaltene hs. Überlieferung bezeugt, auch kein den K.n gemeinsamer Lektürekanon. Ebensowenig kann undifferenziert von einer geistigen Überlegenheit der Domschulen gegenüber den K.n gesprochen werden, auch nicht im 10.–12. Jh. Wohl sind damals anscheinend die Fächer des Quadrivium in einigen Domschulen (z. B. Reims, Chartres, Lüttich, Köln) intensiver gelehrt worden als in K.n (z. B. St. Gallen im 10./11. Jh.), aber die Qualität und Intensität des Trivium-Unterrichts in den K.n und deren Ausstrahlung und Bedeutung für die geistige Überlieferung sollten nicht geringer gewertet werden.   R. Kottje

Lit.: LThK² VI, 351f. – R. BEER, Die Hss. des Kl. S. Maria v. Ripoll, I, SAW 154, 1907; II, 155, 1908 – U. BERLIÈRE, Écoles claustrales au MA, Bull. de la Classe des Lettres de l'Acad. royale de Belgique 1921, 12, 550–572 – G. HOLZHERR, Regula Ferioli..., 1961 – Los monjes y los estudios (IV Semana de estudios monasticos, Poblet 1961), 1963 – R. KOTTJE, Kl.bibl. und monast. Kultur in der zweiten Hälfte des 11. Jh., ZKG 80, 1969, 145–162 – G. GLAUCHE, Schullektüre im MA..., 1970 – La scuola nell'occidente lat. dell'alto medioevo, 2 Bde (Sett. cent. it., XIX), 1972 – F. WEISSENGRUBER, Monast. Profanbildung in der Zeit von Augustinus bis Benedikt (Mönchtum und Gesellschaft im Früh-MA, hg. F. PRINZ, 1976), 387–429 – P. RICHÉ, Les écoles et l'enseignement dans l'Occident chrétien de la fin du V s. au milieu du XI s., 1979 – B. BISCHOFF, Die Bibl. im Dienste der Schule (DERS., Ma. Stud. III, 1981), 213–233 – M. PARISSE, Les nonnes au MA, 1983 – P. RICHÉ, Les moines bénédictins, maîtres d'école VIIIᵉ–XIᵉ s. (Benedictine Culture 750–1050, ed. W. LOURDAUX–D. VERHELST, 1983), 96–113 – M. MOSTERT, The Library of Fleury, 1989 – Monast. Reformen im 9. und 10. Jh., hg. R. KOTTJE–H. MAURER 1989 (VuF 38, 1989).

Klosterstadt → Klerus, [7]

Klotzbüchse, im 15. Jh. Bezeichnung für eine meist kurze →Steinbüchse, bei der die Treibkraft der Pulverladung nicht direkt auf das Geschoß, sondern auf einen zw. Pulver und Kugel in die Pulverkammer eingelegten 'Klotz' (Holzklotz) wirkte. Dies erhöhte nicht nur die Reichweite der Waffe, da ein Teil der Explosionsgase nun nicht ungenützt am Geschoß vorbeistreichen konnte, die Verwendung eines 'Klotzes' ermöglichte es auch, statt einer Steinkugel mehrere kleine Blei- oder Eisenkugeln, gehacktes Blei, kleine Eisenstücke oder Steine zu laden und eine Steinbüchse als →Hagelgeschütz zu verwenden.

E. Gabriel

Lit.: V. SCHMIDTCHEN, Bombarden, Befestigungen, Büchsenmeister, 1977.

Kluge und törichte Jungfrauen → Jungfrauen

Klugheit (gr. φρόνησις, auch σωφροσύνη; lat. prudentia), mhd. *kluchheit, klukeit* von *kluoc* 'fein', 'zierl.', 'zart', ein Sprachgebrauch, den Wolfram v. Eschenbach (nach 1150) als 'behend', 'gewandt', 'listig', 'glatt', 'bewegl.', 'gescheit' auslegt. K. steht dieser Etymologie zufolge zw. Einsicht (Verständigkeit, Wissen um das Richtige, Zweckdienliche) und Weisheit.

Die K., von alters her zu den Kardinaltugenden (Gerechtigkeit, Mäßigkeit, Tapferkeit) gezählt, hält unter ihnen eine Vorrangstellung als 'Gebärerin' wie auch 'Wagenlenker' (auriga) aller Tugenden und gilt als Voraussetzung für die Gewinnung der Weisheit. Sie ermöglicht als in allem ausgewiesene sittl. Einstellung das umsichtig überlegte Einbeziehen aller handlungsrelevanten Elemente für eine konkrete Entscheidung und leistet dies im Blick auf die Lebensvorhaben und -ziele des Menschen. In diesem Verständnis von K. kommt das innere Strukturelement chr.-abendländ. Ethik deutl. zum Vorschein: Das Gute ist das Kluge.

Wesentl. Orientierung für die Befassung mit der K. vermittelte Augustinus mit seiner Auslegung: »Prudentia est amor bene discernens ea, quibus adjuvetur ad tendendum in Deum ab his, quibus impediri potest« (De mor. Eccl., 1, 1c. 15). K. erscheint damit als eine ausgesprochene theologal-vertikal bestimmte Tugend. Sofern, sich der Vorlage Augustins anschließend, die frühma. Autoren mit der K. als einer eigenständigen Tugend befassen, erfolgt das unter spezif. theol., nicht zuletzt bibl. Rücksicht. Der Schwerpunkt der einschlägigen Auskünfte liegt auf dem 'supernaturalen' Charakter der K. Diese Sichtweise veänderte sich im HochMA, als durch die Rezeption des gr.-röm. Gedankengutes (v. a. Aristoteles, Stoa) nachhaltiger die philos. Aspekte der K. in das Blickfeld der wiss. Erörterung traten.

Für das HochMA sollen von den Lehrern, die sich mit der K. in umfassender Weise auseinandergesetzt haben, v. a. Bonaventura und Thomas v. Aquin bes. gewürdigt werden. Im »Breviloquium« (Pars V. 4, 11ff.) befaßt sich Bonaventura mit den wesentl. Elementen und Eigenschaften der K. Unter Bezugnahme auf Augustinus wie aber auch auf Cicero bestimmt er die 'partes' der K. als 'memoria', 'intelligentia' und 'providentia'. Mittels der Erinnerung blickt der Geist auf das Vergangene, die 'intelligentia' befaßt sich mit der Gegenwärtigkeit, die 'providentia' (Voraussicht) greift das Zukünftige auf, bevor es zur Gegenwart wird. Dem folgt die Bemerkung: »Si prudens es, animus tuus tribus temporibus dispensetur.« Unter Berufung auf Macrobius vertritt Bonaventura jedoch die Auffassung, daß der eigtl. entscheidende Auftrag der K. sei, diese Welt und alles in ihr Befindliche von der Betrachtung der göttl. Dinge her ins Auge zu fassen und alles Denken allein auf das Göttliche hin auszurichten.

Im Unterschied zu Bonaventura ist nach Thomas v. Aquin die K. nicht auf die letzten (natürl. und übernatürl.) Ziele des Menschen, sondern nur auf die Wege zu diesen Zielen bezogen. K. ist demnach nicht theoret., sondern bezieht sich auf die Bereiche der konkreten Wirklichkeit menschl. Handelns, das sie leitet. K. ist eine vorausblickende Fähigkeit, welche die erst noch kommenden oder eintreffenden Unsicherheiten und Fraglichkeiten des Lebens sorgsam zu erwägen sucht (S. th., II, II, q. 47, 1c). Demzufolge kann denn auch der Mensch als klug bezeichnet werden, der »bene ordinat actus suos in finem«, der es also versteht, seine Handlungen auf ihr mögl. Ziel hin gut zu bedenken (ebd.; vgl. q. 55, 1 ad 1). Integrale Elemente der K. sind die 'memoria' (das 'seinstreue Gedächtnis' [J. PIEPER]), der 'intellectus' (Fertigkeit, die jeweilige Situation richtig zu beurteilen) und die 'docilitas' (Bereitschaft, sich von anderen vor Bekundung der eigenen Stellungnahme und Entscheidung belehren zu lassen); schließlich ist K. angewiesen auf die 'sollertia', auf die Befähigung, angesichts unerwarteter Vorkommnisse schnell die Gründe der Zweckmäßigkeit und des Wertes einer Handlung zu erkennen. Die K., zu ihrer Ausfaltung und Reifung gekommen, entläßt eine ganze Reihe sittl. bedeutsamer Tüchtigkeiten (S. th., II, I, q. 57, a 6; II, II q. 48–51): Die 'eubolia', die Befähigung, auch in verworrenen Verhältnissen einen guten Rat und Ausweg zu geben; die 'synesis', die Gabe der richtigen Anwendung des Naturgesetzes und des menschengesetzten positiven Gesetzes; die 'gnome', die Sicherheit, selbst unter Umständen, unter denen das Gesetz seinem Wortlaut nach nicht mehr Anwendung finden kann, eine Abweichung von demselben mit Zweck und Absicht des Gesetzgebers in Einklang zu bringen. Wichtigstes Element der K. ist jedoch die Befähigung zur Vorausschau, insofern ja die künftigen Möglichkeiten und kontingenten Handlungen zum menschl. Lebensziel zusammenhängen. Wie hoch Thomas solches Vorausblicken einschätzt, zeigt sein Versuch, 'prudentia' etymolog. von 'providentia' abzuleiten (S. th. II, II, q. 49 a 6).

B. Stoeckle

Lit.: DSAM 2476–2484 – DThC XIII, 1023–1076 – HWP 857–863 – LThK[2] VI, 353–355 – N. PFEIFFER, Die K. in der Ethik von Aristoteles und Thomas v. Aquin, 1943 – O. LOTTIN, Psychologie et moral aux XIIe et XIIe s., III, 1949, 255–326 – TH. DEMAN, RTh 20, 1953, 40–59 [dazu Bull. thom. 9, 1955, 345–362] – J. PIEPER, Traktat über die K., 1960[9] – R. DOHERTY, The Judgements of Conscience and Prudence, 1961 – M. BEHNEN, De virtute prudentiae apud S. Bonaventuram, 1965 – Dt. Thomas-Ausg., hg. J. ENDRES, 1966, 17b [S. theol. II–II, 34–56] – J. GRÜNDEL, Die Lehre des Radulfus Ardens von den Verstandestugenden, 1976 – P. J. PAYER, Speculum 54, 1979, 55–70 – KL. HEDWIG, Studi tomistici XXV, 1984.

Knab, Erhard, Med.-Prof. in Heidelberg, * um 1420 Zwiefalten (Württemberg), † Anfang Febr. 1480 Heidelberg; ebd. 1439–43 Studium der Artes mit Promotion zum Mag. art.; seit 1445 Lehrtätigkeit in der Artistenfakultät, ab 1451 studierte er zugleich Med. unter Johannes v. Swenden, Promotion zum Lic. med. März 1462. Anfang 1464 wurde er zu ärztl. Tätigkeit nach Speyer beurlaubt, im Dez. zurückgerufen und zum Nachfolger des verstorbenen Ordinarius der med. Fakultät bestimmt. Die dafür erforderl. Promotion zum Dr. med. konnte er im Nov. 1465 feiern, nachdem der Einspruch gegen seine Berufung von seiten des kurfürstl. Leibarztes H. Münsinger zurückgenommen worden war. K.s Tätigkeit im Dienste der Univ. (zweimal Dekan der Artistenfakultät, viermal Rektor) sind durch seine Einträge in den Akten der Univ. belegt. Im Auftrag des Kfs.en Friedrich I. v. d. Pfalz bearbeitete er mit zwei im Dienste des Kfs. en stehenden Ärzten die in zwei Fassungen erhaltene »Heidelberger Pharmakopöe«. Er sah in der Med. einen Zweig der Philos., die, in einem Begriffssystem erfaßbar, für die Praxis zur Verfügung stehe. Dafür berief er sich auf die alten Philosophen, zu denen er die großen antiken Ärzte rechnete. Seine mehr als 20 umfangreichen Codd. mit philos. und med. Schr. sowie von ihm glossierte und komm. Texte, Quaestionen und Kompilationen sind im Fonds 'Codd. Palatini Latini' der Bibl. Vaticana erhalten.

L. Schuba

Lit.: NDB XII, 148f. – Verf.-Lex.² IV, 1264–1271 – L. Schuba, Die med. Hss. der Codd. Pal. Lat. in der Vat. Bibl. 1981 – C. Jeudi–L. Schuba, E. K. und die Heidelberger Univ., QFIAB 61, 1981, 60–108 – Semper apertus (Fschr. 600 Jahre Univ. Heidelberg, I, 1985), 171–176.

Knabenkrautgewächse (Orchidaceae). Die in der antiken und ma. Lit. erwähnten, in Europa heim. Orchideen oder K. lassen sich nicht eindeutig identifizieren. Im engeren Sinn bezieht sich der Name 'Knabenkraut' jedenfalls auf die Gattung Orchis (bzw. Dactylorhiza), deren Bezeichnung auf die Form der paarigen Wurzelknollen (gr. orchis 'Hode') zurückgeht. Entsprechend der Signaturenlehre dienten bes. die verschiedenen Orchis-Arten denn auch seit alters als →Aphrodisiaca. Darauf weisen nicht zuletzt zahlreiche Synonyme hin, wie gr./lat. *priapiscus, satirion, testiculus canis/leporis/vulpis* [analog zu arab. ḥuṣā t – ta 'lab 'Fuchshoden'; daraus dann 'Salep' für K.], desgleichen die jeweiligen Volksnamen, z. B. *stendelkrut/wurz* (Circa instans, ed. Wölfel, 109; Albertus Magnus, De veget. VI, 454, 458 und 459; Minner, 216f.; Gart, Kap. 355).

P. Dilg

Lit.: Marzell III, 419–447 – HWDA IV, 1555–1564 – H. H. Lauer, Zur Überlieferungsgesch. der Salep-Wurzel (Fachlit. des MA, Fschr. G. Eis, 1968), 395–420 – V. J. Brøndegaard, Orchideen als Aphrodisiaca, SudArch 55, 1971, 22–57 – B. Kreutzer, Zur Gesch. der einheim. Orchideen..., Q. und Stud. zur Gesch. der Pharmazie 42, 1988.

Knabenlese (türk. *devširme* 'Aushebung'), spezif. osman. Methode der Rekrutierung junger Männer zum Dienst des Herrschers. Die Ausgehobenen waren prinzipiell Sklaven des Sultans, die im Palast und Zentralheer verwendet wurden (im islam. Raum weit verbreitet). Die Besonderheit der K. liegt darin, daß gegen Bestimmungen der →Scharia die Sklaven nicht gekauft oder im Kriege erbeutet, sondern unter den chr. Untertanen (und bosn. Muslimen) systemat. und zwangsweise ausgehoben und islamisiert wurden. Bei der Auswahl der 8–18jährigen Knaben wurde auf geistige und körperl. Eignung und ihren sozialen Hintergrund geachtet; man hob Söhne der besser gestellten Landbevölkerung aus, einen Knaben auf 40 Haushalte. In Gruppen von 100–150 Knaben in die Hauptstadt gebracht, wurden sie gemustert, ein kleinerer Teil kam in Palastschulen, der größere erst zu türk. Bauern fern der Heimat, um nach einigen Jahren →ᶜaǧemī oǧlan zu werden. Später erfolgte in der Regel die Aufnahme in das Korps der →Janitscharen. Die K., wohl unter Murād I. (1360–89) in Zusammenhang mit der Einrichtung der Janitscharen eingeführt, war ein recht billiges Verfahren, loyale, weil sozial an den Herrscher gebundene Militärs und Verwaltungsbeamte zu rekrutieren und auszubilden; es verminderte aber die Aufstiegschancen muslim. Untertanen. Mit dem Eindringen in staatl. Ränge wurde im 17. Jh. die K. selten.

C. K. Neumann

Lit.: EI² II, 210–213 [devşirme] – Uzunçarşılı, Kapukulu I, 13–30 – B. Papoulia, Ursprung und Wesen der K. im Osman. Reich, 1963 – S. Vryonis, Seljuk Gulams and Ottoman Devshirmes, Islam 41, 1965, 224–252 – V. L. Menage, Some notes on the Devshirme, BSOAS 29, 1966, 64–78 – C. Cahen, Note sur l'esclavage musulman et le devshirme ottoman... JESHO 13, 1970, 211–218 – A. D. Novičev, K istorii rabstva v Osmanskoj imperii. Sistema devširme, Turkologičeskij Sbornik 1976, 88–108.

Knagge, in Ständer und vorstehenden Balken eingezapftes Winkelholz senkrecht zur Fachwerkwand, das die Deckenbalken verriegelt und die Vorkragung gegen die Wand konsolenartig abstützt, im späten MA reich profiliert oder auch ornamental oder figürl. beschnitzt.

G. Binding

Lit.: G. Binding–U. Mainzer–A. Wiedenau, Kleine Kunstgesch. des dt. Fachwerkbaus, 1989⁴.

Knappe (famulus, serviens, valettus, scutarius, armiger, Knabe, Edelknecht, →*écuyer*, →*damoiseau*, *squire*), seit dem HochMA Jugendlicher ritterbürtiger Herkunft, der noch nicht die Ritterwürde besitzt, die er formell erst durch den feierl. Akt der →Schwertleite (Ritterschlag, →*adoubement*) erlangt, sich aber zu seiner militär. und höf. Ausbildung im Dienst eines fsl. Herrn befindet, um an dessen Hof die Voraussetzungen für den Eintritt in die ritterl. Gesellschaft zu gewinnen. Aussagen zur Lebenswelt des K.n wurden in der älteren Rittertumsforsch. v. a. aus der höf. Epik und lit. Q. gewonnen, weniger aber aus hist. Q., so daß der Aspekt der sozialen Realität vernachlässigt wurde. Jüngere Unters. über die Sachkultur des hochma. Adels und ritterl. Lebensformen haben neue Erkenntnisse über die Alltagswelt der K.n erbracht.

Adlige Jugendliche wurden im HochMA oft frühzeitig aus der elterl. Fürsorge entlassen und an den Hof angesehener Fs.en geschickt, um dort als K.n eine ritterl. Ausbildung zu erhalten. Im frühen 12. Jh. genoß der Hof des bayer. Hzg.s Welf V. z. B. einen solchen Ruf, daß nach Aussage der »Historia Welforum« viele Adlige ihre Söhne dorthin zur Erziehung sandten. Gute Informationen gibt es über die Erziehung adliger Jugendlicher im hochma. Frankreich und England, wo zahlreiche Fs.enhöfe als Zentren der Ausbildung des Adels fungierten. Diese betraf sowohl das ritterl. Waffenhandwerk als auch die geistige und charakterl. Erziehung; insgesamt ging es um die Unterweisung in ritterl. Umgangsformen, die Vermittlung von Verhaltensnormen der höf. Gesellschaft. Ausführl. Schilderungen ritterl. Ausbildungsformen finden sich in einigen lit. Werken; zu den Grundzügen derartiger Erziehungslehren gehört die Abfolge verschiedener Phasen mit wechselnden Erziehern und die Differenzierung in Waffenübung, höf. Anstandslehre, schul. Bildung und Lebensregeln allg. Art. Höf. Umgangsformen, Hofieren von Damen und kultivierte Tischsitten werden dabei bes. hervorgehoben. Das ritterl. Erziehungsprogramm wird durch einen Tugendkat. ergänzt, in dessen Mittelpunkt die Werte Treue, Maß und Ehre stehen.

Von diesen adligen K.n sind jene K.n, von größtenteils niedriger Herkunft, zu unterscheiden, die bes. als Hilfsmannschaften der Ritterheere in Erscheinung treten. Die Entwicklung der Kriegstechnik führte im 12./13. Jh. dazu, daß ein gepanzerter Ritter über drei bis vier Hilfskräfte verfügen mußte. Diese hatten bes. für die Verpflegung der Pferde zu sorgen, den Transport von Teilen der ritterl. Bewaffnung zu übernehmen und dem Ritter beim Anlegen der Rüstung zu helfen. Der Anteil solcher einfacher K.n war in ma. Ritterheeren zweifellos viel bedeutender als jener der adligen K.n. – →*iuvenes*.

W. Rösener

Lit.: K. H. Roth v. Schreckenstein, Die Ritterwürde und der Ritterstand, 1886 – A. Schultz, Das höf. Leben zur Zeit der Minnesinger, I, 1889, 178ff. – H. Feilzer, Jugend in der ma. Ständegesellschaft, 1971 – N. Orme, From Childhood to Chivalry, 1984 – J. Bumke, Höf. Kultur, 1986 – Die Ritteridee in der dt. Lit. des MA, hg. J. Arentzen – U. Ruberg, 1987 – L. Fenske, Der K.: Erziehung und Funktion (Curialitas, Stud. zu Grundfragen der höf.-ritterl. Kultur, hg. J. FLECKENSTEIN, 1990), 55–127.

Knebelspieß, uralte Jagdwaffe, in Ugarit bereits für die oriental. Bronzezeit belegt (Paris, Louvre), von Römern und Franken benutzt. In der Karolingerzeit wurde der K. eine beliebte Kriegswaffe mit dreieckigen 'Flügeln' anstelle der früheren dünnen Knebel (Flügelspieß). Diese Form erhielt der K. als Jagdwaffe bis zum Ende des MA. In der NZ kamen angenietete oder angebundene Knebel auf.

O. Gamber

Lit.: W. BOEHEIM, Hb. der Waffenkunde, 1890.

Knebeltrense → Trense

Knecht. Bei dem Wort K. handelt es sich um eine junge, auf die westgerm. Sprachen beschränkte Bildung. Mhd., ahd. as. *kneht* 'Knabe', 'Jüngling', 'Krieger', 'Diener,' 'Schüler', engl. *knight* 'Ritter' sprechen für die Annahme einer Ausgangsform *knehta. Gegenwartssprachl. ist K. eine Sozialbezeichnung, bei der synchron die Aspekte 'Abhängigkeit von einem Herrn' und 'dienende Tätigkeit' die Bedeutung tragen. Unter Berücksichtigung der Diachronie ist zw. drei Bedeutungen zu unterscheiden: 1. 'Mensch' mit den eingrenzenden Bedeutungsaspekten 'jung', 'unmündig'; hier finden sich die frühesten Wortbelege (8./9. Jh., ahd. Isidor-Übers., Tatian). Diese Inhaltsseite hält sich bis ins 16. Jh., v. a. im Obermd. Mit der Konnotation 'Junggeselle' bleibt der Aspekt der Alters- und Geschlechtsbezeichnung v. a. in österr. Q. bis ins 17. Jh. erhalten. Der Wechselbezug zw. der Alters- und Geschlechtsbezeichnung und zw. der Bezeichnung für Dienende gilt außer für K. auch bei zahlreichen anderen Wörtern (salfrk. *smala*, lat. *puella ingenua, ancilla*, frklat. *rencus*, lat. *puer, puella*, ahd. *diorna, magad; Bube, Bursche, Junge, Mädchen*). 2. Standesbezeichnung in unterschiedl. sozialer Abstufung: a) Das Wort tritt als Bezeichnung für Unfreie in Glossenhss. als ahd./mhd. Interpretament zu latinisiertem 'vassus', lat. *satellites, colonus* auf, b) v. a. im Hoch- und SpätMA als Bezeichnung für den untersten Rang innerhalb der ständ. Hierarchie oder für Unfreie unterschiedlichster Abhängigkeitsgrade, c) für ritterl. Eigenleute, d) für Dienstmannen und Ministeriale und schließlich e) für Ritter; 3. Bezeichnung einer dienenden Stellung im Beruf, die frühesten Belege stammen aus dem 13. Jh., a) 'Dienstbote', 'Gehilfe', b) 'Handwerksgeselle' (seltener 'Lehrling'), c) 'Bergknappe', d) 'Kriegsk.', e) 'Amtsgehilfe'.

Der Begriff 'K.' war vom frühen MA bis zur NZ zahlreichen Wandlungen unterworfen. Hier ist nach regionalen und zeitl. Gesichtspunkten zu differenzieren: Für das frühe MA steht die Frage der Abgrenzung zw. 'Unfreiheit' und 'Sklaverei' im Vordergrund des Interesses. Die dt. sprachige mediävist. Forsch. spricht nicht wie die Althistoriker und die frz. sprachige Mediävistik von 'Sklaven', sondern von 'K.en' oder 'Unfreien' (lat. *servus*, ags. ϸeow, ϸeowmon, salfrk. *theo*, ahd./frk. *rencus*, alem./frk. *mari-, senescalcus* 'Pferde-, Altk.', ahd. *scalc, ambaht[man], vassus*, ahd., as. *kneht*). Die Minderung des gesellschaftl. Ansehens bei den Germanen beruhte v. a. auf der ausgeübten dienenden Tätigkeit. Die weitgehende Anpassung an die Vorbilder aus dem röm. Recht hat zur Schlechterstellung der Unfreien geführt. Im Hoch- und zunehmend im SpätMA und in der frühen NZ kommen zu den Aspekten 'Dienst und Abhängigkeit von einem Herrn' Abstufungen von persönl. Unfreiheit, fehlendem Freizügigkeit und verschiedene, unterschiedl. hohe Abgaben hinzu. Insgesamt gilt – allerdings nur im Zusammenhang mit männl. Unfreien in dienender Stellung –, daß der Herrendienst zur sozialen Höherbewertung führen konnte (*mariscalcus* 'Pferdek.' zu *Marschall* 'Aufseher über das fsl. Gesinde auf Reisen und Heerzügen', 'Haushofmeister'). G. v. Olberg

Lit.: DtRechtswb VII, 1141–1148 – HRG II, 895–898 – H. NEHLSEN, Sklavenrecht zw. Antike und MA (Germ. und röm. Recht in den germ. Rechtsaufzeichnungen, I, 1972), bes. 52ff., 58ff. – G. v. OLBERG, Zum Freiheitsbegriff im Spiegel volkssprachl. Bezeichnungen in den frühma. Leges (Akten des 26. Dt. Rechtshistorikertages, 1987), 441–426, bes. 420ff.

Knechtsharnisch, → Plattenharnisch für Knechte, bei der schweren Infanterie des 15. Jh. nur durch den fehlenden → Rüsthaken vom Reiterharnisch unterschieden, bei leichter Infanterie nur bis zu den Knien oder Oberschenkeln reichend und mit gesichtsfreien Helmen (Eisenhut, Sturmhaube, Beckenhaube) versehen. Die Platten wurden namentl. in W-Europa oft durch armierte lederne Rüststücke ersetzt.

O. Gamber

Knez, südslav. Variante eines in allen slav. Sprachen bekannten Begriffs, mit dt. 'König' verwandt, bedeutet ursprgl. wie lat. *princeps*, dt. Fürst, allg. 'Ältester', 'Oberhaupt', 'Erster'. In lat. Texten seit dem 12. Jh. steht, falls nicht die slav. Form belassen ist, als Entsprechung 'comes'.

Erstmals im südslav. Bereich auf der glagolit. Tafel von Baška (→ Baščanska ploča, → Inschriften, B) am Anfang des 12. Jh. belegt, findet sich das Wort Ende des 12. Jh. in einer Reihe von lat. und kyrill. Texten. Der letzte selbständige Herrscher v. Duklja (→ Zeta) Michael (bis ca. 1185) trug den Titel eines *veliki k.* (*comes magnus*). Ebenso oder einfach als k. bezeichnete sich in Serbien und ähnl. in Bosnien schon seit dem 12. Jh. v. a. ein naher Verwandter des Herrschers, der diesen in einem größeren Teilgebiet vertrat. Der Titel konnte in der Familie vererbt werden. Aus Bosnien ist ein *dvorski k.* (*comes curialis*) bekannt; am serb. Hof diente ein *comes camerarius*. Im 13. und 14. Jh. nannten sich in Kroatien, Bosnien und Serbien zahlreiche Territorialherren k.

Das Stadtoberhaupt in den dalmatin. Städten (→ Dalmatien) trug seit dem Anfang des 12. Jh. den Titel *comes*; am Ende des 12. Jh. ist erstmals für Dubrovnik als slav. Entsprechung *k.* belegt. Der *comes-k.* vertrat einerseits die Kommune, andererseits den Träger der Oberherrschaft (Venedig, ung., serb. Kg.). M. Blagojević

Lit.: DJ. DANIČIĆ, Rječnik iz književnih starina srpskih I, 1863, 451–457 – Rječnik hrvatskoga ili srpskoga jezika V, 1898–1903, 110–114 – JIREČEK II, 1952, 17f. – S. ĆIRKOVIĆ, Istorija srednjovekovne bosanske države, 1964, 216–218 – D. KOVAČEVIĆ-KOJIĆ, O knezovima u gradskim naseljima srednjovjekovne Bosne, Radovi Filozofskog fakulteta VI, 1971, 333–345 – Istorija na Bǎlgarija 2, 1981, 169 – L. STEINDORFF, Die dalmatin. Städte im 12. Jh., 1984, 149–151.

Kniebuckel → Genualia

Kniehose → Senftenier

Knight (von ags. *cniht*; lat. *miles*), Ritter in England, dessen Status sich von dem →Ritter (s. a. →chevalier) auf dem Kontinent unterschied. Bis 1066 waren k.s in England unbekannt. K. bezeichnete ursprgl. einen sozial herausgehobenen Reiter, am Beginn des 12. Jh. erscheinen einige als *agrarii milites* mit geringeren militär. Aufgaben. Die im 11. Jh. geschaffenen 5000 Ritterlehen können mit den Ländereien der ags. →*thegns* verglichen werden, die vor 1066 eine ähnliche Stellung wie die k.s besaßen. Im 12. Jh. hatten die meisten k.s Ritterlehen mit Einkünften von wenigstens £ 20 pro Jahr. Während der Regierung Heinrichs II. war bei Kriegszügen eine Beteiligung aller k.s mit Lehen unmöglich. In der Folgezeit entwickelte sich die Schicht der k.s zu einer kleinen Elite. Obwohl die Lehen erblich waren, blieb die ritterl. Würde – anders als auf dem Kontinent – nicht vererbbar. Trotz unterschiedl. Ansichten darf wohl von etwa 1500 aktiven k.s im England des 13. Jh. ausgegangen werden, wobei die Kosten für den einzelnen Ritter, z. B. für die Ausrüstung, stiegen. Auch veränderten sich die wirtschaftl. Verhältnisse zugunsten der großen Grundbesitzer. Die zeremonielle Erhebung in den Ritterstand wurde weiter ausgebaut, das Rittertum schloß sich zunehmend nach außen ab. Auch beteiligte die Krone die k.s häufiger an der lokalen Regierung und zog sie zur Bildung von Geschworenengerichten *(juries)* heran sowie zum Dienst in einigen kgl. Kommissionen. Das Verfahren des →*distraint of knighthood* ('zwangsweise Verleihung der Ritterwürde') wurde eingerichtet, mit einem festgesetzten Auswahlkriterium für die Erhebung in den Ritterstand. In den 70er Jahren des 14. Jh. stieg die Zahl der k.s wahrscheinl. bes. an, denn seit dieser Zeit wurde fast ein Viertel der engl. Reitertruppen von den k.s gebildet. Ihr Anteil verringerte sich jedoch schnell. Die Luxusgesetzgebung *(sumptuary legislation)* von 1363 bestimmte, daß k.s ein Vermögen von wenigstens 200 Mark haben sollten, ein Hinweis auf ihren ständig steigenden sozialen Status. M. C. Prestwich

Lit.: N. DENHOLM-YOUNG, Feudal Society in the Thirteenth Century: the K.s, History 39, 1944 – S. HARVEY, The K. and the K.s Fee in England, PP 49, 1970 – R. A. BROWN, The Status of the Norman K. (War and Government in the MA, hg. J. GILLINGHAM – J. C. HOLT, 1984) – P. R. Coss, Bastard Feudalism Revised, PP 125, 1989.

Knight of the Garter → Hosenbandorden

Knin, Stadt in Kroatien, heute am Fuß des Berges Sv. Spas (auf diesem Funde aus Neolithikum und Bronzezeit); hier lagen römerzeitl., spätantikes und frühma. castrum wie auch später ven. und österr. Festung. K. ist bei Konstantinos Porphyrogennetos als Burg (De adm. imp., c. 30, 31 τὸ Τενήν) und Zentrum der Županie ἡ Τνήνα erwähnt. Seit ca. 1040 Bf.ssitz, war K. eines der administrativen Zentren des ma. →Kroatien und wichtiger Verkehrsknotenpunkt auf dem Weg vom dalmatin. Küstengebiet (Zadar, Biograd, Šibenik, Trogir, Split) nach Slavonien und Bosnien. Lange Zeit im Besitz der comites v. Bribir (Šubići), wurde K. 1522 von den Türken erobert. Ž. Rapanić

Lit.: EncJugosl. s. v. – K. S. GUNJAČA, O položaju kninske katedrale, Starohrvatska prosvjeta 1, 1949 – DERS., Tiniensia archaeologica-hist.-topographica, ebd. 5, 1957; 6, 1958 – D. JELOVINA, Schwerter und Sporen karol. Formgebung (Mus. kroat. archäolog. Denkmäler, 1986).

Knjaz' ('Fürst'), aus urgerm. *kunigaz* (König), aruss. Herrschertitular, die eine spätere chronikal. Überlieferung schon den ersten slav. und waräg. Burg- und Gefolgschaftsherren des 9. und 10. Jh. zuschreibt. In frühester Zeit bildeten Fs. und →Družina eine enge Treue- und Freundschaftsbeziehung. Entsprechend der hohen gefolgschaftl. Mobilität war die herrschaftl. Verbindung der Fs.en zu ihrem Land anfangs noch schwach entwickelt. Die größte Macht konzentrierte sich in den Händen der Fs.en v. →Kiev, das zum Mittelpunkt der ersten großen ostslav. Reichsbildung wurde, sich jedoch nach dem Tode →Jaroslavs d. Weisen (1054) in zahlreiche eigenständig (bei grundsätzl. Anerkennung der Kiever Oberhoheit) regierte Herrschaftsgebiete aufsplitterte. Das der Reichsteilungskonzeption Jaroslavs zugrunde liegende Senioratsprinzip in der fsl. Nachfolge konnte sich nicht generell und auf Dauer durchsetzen. Bei einem Fs. entreffen in →Ljubeč (1079) wurde erstmals der Versuch unternommen, einen inneren Friedenszustand durch die Anerkennung des Satzes, daß »ein jeder in seinem Vatererbe herrsche«, herbeizuführen, was aber nicht die verfassungsmäßige Grundlage der Entstehung von Landesherrschaften unter bestimmten fsl. Zweigen geschaffen hat. Das Überwechseln der Fs.en von einer in die andere Herrschaft gehörte auch weiterhin zum Verfassungsalltag der Kiever Rus'. Umstritten ist die Frage nach dem polit. Kräfteverhältnis zw. den Fs.en und ihren Gefolgschaften auf der einen und der Masse der Bewohnerschaft in den städt. fsl. Zentren auf der anderen Seite. War der Fs. nach einer Auffassung ein relativ souverän waltender Repräsentant der führenden adligen Herrschaftselite, so sah eine andere Meinung in ihm nur ein in die städt.-gemeindl. Struktur (→Veče) eingebundenes Werkzeug von Lokalinteressen. Den weitestgehenden, durch Vertrag *(rjad)* geregelten Machtbeschränkungen waren die Fs.en in →Novgorod unterworfen.

Im Moskauer Reich standen die mit Teilgebieten ausgestatteten Verwandten des →Großfürsten als Teilfs.en *(udel'nye knjaz'ja)* an zweiter Stelle der Fs.enhierarchie; ihre Beziehungen zum Gfs.en wie untereinander waren mit dem traditionellen Begriffsapparat des Ältestenrechts ('Vater', 'Bruder', 'älterer' bzw. 'jüngerer Bruder') geregelt. Ihr Herrschaftsstatus war labil (keine außenpolit. Souveränität, Verpflichtung zur Heerfolge und Beteiligung an Tributzahlungen). – Die Dienstfs.en *(služebnye knjaz'ja)*, bei denen es sich um Fs.en handelte, die mit oder ohne Land aus dem litauischen Herrschaftsbereich in denjenigen Moskaus übergetreten waren, besaßen ihr Gebiet zwar in erbl. Besitz, waren jedoch an den Dienst für den Moskauer Gf.en gebunden und sind daher in der zweiten und dritten Generation konsequent den Weg der Integration in die Aristokratie der →Bojaren gegangen. H. Rüß

Lit.: E. P. KARNOVIČ, Tituly v Rossii, Istoričeskij Vestnik 20, 1885, 5–31 – Ėnciklopedičeskij slovar' 15, 1895, 474–476 – HGeschRußlands I [H. RÜSS, C. GOEHRKE, G. STÖKL] – I. JA. FROJANOV–A. JU. DVORNIČENKO, Goroda-gosudarstva Drevnej Rusi, 1988 – A. A. ZIMIN, Formirovanie bojarskoj aristokratii v Rossii vo vtoroj polovine XV – pervoj treti XVI v., 1988 – →Großfürst.

Knoblauch → Lauch

Knochenasche (Spodium, σπόδιον), Asche verbrannter Knochen oder Zähne des Elefanten (ebur ustum). Arab. und salernitan. Autoren (Constantinus Africanus, Lib. graduum, III, 21; Liber iste, 26, Müll.; Circa instans, 109, Wölf.; Rufinus, Herb. 55; vgl. Otho Cremonensis V, 134f.; Hortus sanitatis, II, 55; Ps.-Mesue, Grabadin, 25 Verwendungen) erwähnen K., die als Hämostatikum bei Nasenbluten, (mit Wegerichsaft vermischt) bei Menstruation, Blutsturz, Blutspeien und roter Ruhr, als Adstringens bei Leberentzündung und Akne und als Mitigans bei Magenreizung und Galleerbrechen diente. s. a. →Elfenbein, A. M. E. v. Matuschka

Lit.: W. SCHNEIDER, Lex. zur Arzneimittelgesch. I, 1968, 35 – R. MÖHLER, Epistula de vulture, Würzburger med. hist. Forsch. 45, 1990, 358–361.

Knochenhauer → Fleischer

Knolles, Robert, engl. Heerführer des →Hundertjährigen Krieges, * 1320/30, † 15. Aug. 1407, ⌑ London, Karmeliterkl. Whitefriars. Eltern: Richard K. of Tushingham (Malpas, Cheshire), Eva, wohl Schwester von Sir Hugh Calveley; ⚭ Constance († um 1390); Teilnahme am Bret. Erbfolgekrieg (→Bretagne) und am »Kampf der Dreißig« (26. März 1351), bei dem er gefangengenommen wurde. K., der bei Mauron (14. Aug. 1352) kämpfte, vereinigte seine Truppen 1356 mit den Verbänden →Heinrichs, Hzg.s v. Lancaster, in der Normandie. Nach der Belagerung von Rennes (1356–57) griff er die Franzosen bei Honfleur an (1357). Von Okt. 1358–März 1359 unternahm K. eine *chevauchée* (Reiterstreifzug). Er eroberte →Chalon, verteidigte →Auxerre und unternahm Plünderungszüge nach Burgund und in die Auvergne. Bei seiner Rückkehr in die Bretagne nahm er Bertrand →Du Guesclin gefangen. Gegen Ende 1361 war er in Savoyen. Er gehörte zu den Befreiern von Bécherel (bis 1363) und den Siegern v. Auray (29. Sept. 1364). K. erhielt von Hzg. Johann IV. v. der Bretagne die konfiszierten Herrschaften Derval und Rougé zu Lehen. Mit →Eduard, Prince of Wales, zog K. im Frühjahr 1367 nach Kastilien und kämpfte bei →Nájera (3. April 1367). 1370 unternahm er im Auftrag Eduards III. eine wenig erfolgreiche chevauchée in Nordfrankreich. Der Kg. ließ daraufhin K.' Besitzungen in England beschlagnahmen, Rougé und Derval wurden im Mai 1373 durch Karl V. v. Frankreich konfisziert. Nach seiner Versöhnung mit Eduard kämpfte K. wieder in der Normandie und zur See im Kanal gegen die kast. Flotte. Nachdem er in Brest als *capitaine* abgesetzt worden war, begleitete er Richard, Earl of Arundel, bei einem Zug gegen Harfleur und →John of Gaunt, Duke of Lancaster, gegen St-Malo (Aug. 1378), 1380–81 dann →Thomas, Earl of Buckingham, auf einer chevauchée, die mit einer vergebl. Belagerung von Nantes endete. Für die Beteiligung an der Niederschlagung des Wat →Tyler-Aufstandes erhielt er das *freedom* v. London. K. nahm am Flandernfeldzug des Bf.s →Despenser zur Unterstützung Urbans VI. teil. Während des Schottlandfeldzuges Richards II. (1385) war K. militär. Befehlshaber in Südengland.

M. Jones

Lit.: DNB XI, 281–286 – J. C. Bridge, Two Cheshire Soldiers..., Journal of the Chester Archaeological Society 14, 1908, 112–231 – M. Jones, Ducal Brittany, 1970 – M. J. Bennett, Community, Class and Careerism, 1983.

Knopf (mhd. *knouf* 'Knauf', 'K.', afrz. *bouton, bonton* etc.). Der bereits in der Antike und während der Völkerwanderungszeit bekannte K. gerät im frühen MA in Vergessenheit. Als Gewandverschluß benutzt man u. a. →Fibel, Spange, Haken und Ösen. Erst im 13. Jh. finden sich Belege für die Verwendung des K.es. Er dient als Schmuck und Gewandverschluß, wobei K.loch, Schlinge oder Öse den Gegenhalt bilden. Schlitze an den Ärmeln und am Halsausschnitt werden mit K.en verschlossen. Der körpernahe Schnitt der Männerkleidung im 14. Jh., die nun nicht mehr über den Kopf gezogen werden kann, macht ein Aufschneiden des Rockes im vorderen Bereich nötig und damit eine vordere Knöpfung, die oft sehr zahlreich ausfallen kann (→Schecke). Auch Frauenröcke werden mit K.reihen an Ärmeln und in der vorderen Mitte verziert (z. B. Surkot). Außerdem findet die K. zur Befestigung der Wechselärmel Verwendung. Im 15. Jh. ist es dann v. a. das →Wams, das K.e benötigt. Die in der Q. oft gemachte Unterscheidung zw. 'geknöpftem' Gewand und Gewand 'mit K.en' gibt Aufschluß über die Verwendung des K.es als Zierelement oder als Gewandverschluß, wobei diesem immer auch schmückende Funktion zukommt. Materialien, Farbe und Formen der K.e im MA sind vielfältig und reichen vom einfachen Bein- oder Holzk. bis zum kunstvoll aus Edelmetallen und/oder Edelsteinen angefertigten Luxusgegenstand.

E. Vavra

Knöterich (Polygonum-Arten/Polygonaceae). Teilweise schon von Dioskurides (Mat. med. II, 161; IV, 4) beschrieben, waren im MA unter zahlreichen Synonymen folgende Arten bekannt: Vogel-K. (P. aviculare L.): *centinodia* (Albertus Magnus, De veget. VI, 322), auch *proserpinaca, sanguinaria* oder dt. *weg(e)tret(a) u. ä.* gen.; Natterwurz bzw. Wiesen-K. (P. bistorta L.): *bistorta* (Circa instans, ed. Wölfel, 24); Floh-K. (P. persicaria L.): *persicaria* (Alphita, ed. Mowat, 46 und 143) und der ähnl. Wasserpfeffer (P. hydropiper L.): *piper aquae* (Albertus Magnus, De veget. VI, 412 und 480). In der Sympathiemed. bei Augenleiden, Quartanfieber und übermäßiger Menstruation empfohlen (Ps.-Apuleius, Herbarius, ed. Howald-Sigerist, 54 und 289), wurden die verschiedenen K.-Arten ansonsten v. a. zur Wundheilung, ferner als Mittel gegen Blutspeien und Nasenbluten, Ruhr, Harnzwang, Fisteln, Ausschläge und Blattern sowie gegen giftige Tiere verwendet (Gart, Kap. 89, 302, 331, 428).

P. Dilg

Lit.: Marzell III, 888–944 – HWDA V, 23–27.

Knud (Knut)

1. **K. d. Gr.**, Kg. v. →England, →Dänemark und →Norwegen, * um 995, † 12. Nov. 1035 in Shaftesbury, ⎕ Winchester, Old Minster; Sohn von →Sven Gabelbart und einer Tochter des poln. Fs.en Mieszko (bei Adam v. Bremen Gunhild gen.), ⚭ 1. →Ælfgifu (konkub. Verbindung, wahrscheinl. 1015), 2. →Emma seit 1017. Kinder: von 1.: Svein und →Harald 'Harefoot'; von 2.: →Hardeknut, Gunhild (⚭ Ks. Heinrich III.). K. begleitete seinen Vater bei der Invasion in England im Herbst 1013 und wurde nach dessen Tod (3. Febr. 1014) von der dän. Flotte zum Kg. gewählt, jedoch von den Engländern nicht anerkannt, die→Ethelred II. aus dem Exil zurückriefen. K. ging nach Dänemark, das von seinem Bruder Harald regiert wurde, kehrte aber im Spätsommer 1015 nach England zurück, wo er rasch die Unterstützung von Wessex und später von Northumbria erlangte. K. belagerte im April 1016 London, wo Ethelred am 23. April starb, doch setzte dessen Sohn →Edmund Ironside den Widerstand fort bis zur Niederlage in der Schlacht b. →Assandun (Ashingdon) am 18. Okt. 1016. Bei der nun erfolgten Teilung Englands erhielt Edmund Wessex und K. das Gebiet n. der Themse, einschließlich London. Nach Edmunds Tod (30. Nov. 1016) wurde K. als Kg. überall in England anerkannt. 1017 ließ er einige engl. Große hinrichten und schickte Mitglieder der kgl. Familie ins Exil oder ließ sie töten. 1018 zahlte K. den größten Teil seiner Flotte mit einem Tribut von £82 500 aus, der von den Engländern aufgebracht wurde. Als sein Bruder Harald 1019 starb, ging K. nach Dänemark und wurde als Kg. anerkannt. In Schweden konnte er jedoch die hegemoniale Stellung seines Vaters nicht erreichen. Olof Skötkonung verweigerte die Unterwerfung und veranlaßte eine Heirat zw. einer seiner Töchter und Olaf Haraldsson, der in Norwegen 1015–28 die Macht behielt. Während K. 1019–20 in Dänemark weilte, fungierte Thorkell in England als Regent, der jedoch im Nov. 1021 von K. geächtet wurde. Nach einer Versöhnung 1023 übernahm Thorkell für Hardeknut, den Sohn K.s von Emma, die Regentschaft in Dänemark. Als 1016 eine Invasion der Norweger und Schweden unter der Führung von →Olaf Haraldsson und Anund, Olof Skötkonungs Sohn und Nachfolger, in Dänemark erfolgte, führte K. am Helgeå, wahrscheinl. im ö. Skåne, eine Schlacht gegen sie, die jedoch unentschieden verlief. K. nahm an der Ks.krönung Konrads II. (26. März 1027) in Rom teil. Als er gegen Ende des Jahres 1027 nach England zurückkehrte, bezeichnete er sich als Kg. aller Engländer, Dänen, Norweger und teilweise der Schweden und sammelte Streitkräfte, um seine Ansprüche auf Norwegen erneut geltend zu machen. 1028 schickte er Olaf Haraldsson mit Hilfe von Bestechungsgeldern ins Exil; Håkon Eriksson, K.s Vizekg. in Norwegen, ertrank 1029. Olaf, der zurückkehrte, wurde am 29. Juli 1030 in Stiklestad getötet. K.s Sohn Svein wurde Kg. v. Norwegen, für den seine Mutter Ælfgifu die

Regentschaft führte. Noch vor K.s Tod brach seine Herrschaft in Norwegen zusammen. In Schweden beschränkte sich seine Oberherrschaft v. a. auf seine Gefolgschaftsleute, von denen einige in schwed. Runeninschriften (z. B. Drængar) gewürdigt wurden.

Eine bes. Förderung erfuhren Verwaltung und Kirche. K. veranlaßte die Einführung des ags. Rechts. Zwei von ihm erlassene Gesetze wurden von →Wulfstan, Ebf. v. York, kompiliert. Das Münzwesen erfuhr keine Veränderung. Bedeutend war die Teilung Englands in vier →earldoms (Wessex, Mercia, East Anglia und Northumbria). Er gründete in Ashingdon eine Kathedralkirche. In Dänemark führte er die erste dän. Münze ein und errichtete die ersten Bf.ssitze.
P. H. Sawyer

Q. und Lit.: Encomium Emmae Reginae, ed. A. Campbell, 1949 – L. M. Larson, Canute the Great, 1912 – P. Stafford, Unification and Conquest, 1989, ch.4 – P. H. Sawyer, K., Sweden and Sigtuna (Avstamp- för en ny Sigtunaforskning, hg. S. Tesch, 1989), 88–93 – A. R. Rumble–D. Hill, The Reign of Cnut/Knut, 1991.

2. K. IV. d. Hl., *Kg. v.* →*Dänemark* 1080–86, * spätestens 1054, † 10. Juli 1086 in der Kirche St. Albani zu →Odense, ▫ ebd., seit 1095 im Dom; außerehel. Sohn von Kg. →Sven II. Estridsen; ⚭ um 1080 Adela (Ethela), * um 1065, † 1115, Tochter des Gf.en Robert I. v. Flandern und der Gertrud v. Sachsen; Sohn: →Karl d. Gute, Gf. v. Flandern.

1069 als Teilnehmer des Englandzuges seines Onkels bezeugt (demzufolge waffenfähig, d. h. mindestens 15 Jahre alt), bewarb er sich nach dem Tode seines Vaters (1074) um die Kg.swürde, unterlag aber seinem Bruder Harald und ging ins Exil. Nach Haralds Tod 1080 zum Kg. gewählt, war er um Besserung der Rechtslage von nicht privilegierten Gruppen (Fremde, Freigelassene, Sklaven) bemüht, förderte den Klerus und das kirchl. Leben (z. B. Vorschrift zur Einhaltung der Fasten) und machte große Schenkungen an die Kirchen v. →Lund, →Roskilde und Dalby. Sein Versuch, den →Zehnt einzuführen, scheiterte am Widerstand der Großen. K.s Schenkungsbrief für den Lunder Dom (1085) zeigt seine monarch. Herrschaftsauffassung (Anspruch auf erbl. Kg.swürde und Regalienrechte).

Der Plan eines großangelegten Angriffs gegen England (1085), für den K. bereits das Flottenaufgebot versammelt hatte, scheiterte an der unsicheren Lage im südl. Dänemark, die K. zwang, die Flotte zu verlassen und nach Schleswig zu fahren. Die Strenge und Habgier seiner Beamten bei der Steuereintreibung und der Widerstand gegen seine als Usurpation betrachteten Herrschaftsansprüche lösten 1086 einen Aufstand aus, der K. zum Rückzug aus Nordjütland nötigte. Von Schleswig aus segelte er nach Fünen. Seine Gegner verfolgten ihn nach Odense und erschlugen ihn mit 17 Männern seiner →Hird in der Albanikirche.

Die infolge einer Agrarkrise ausgebrochene Not in den Jahren nach 1090 wurde als Strafe Gottes für den Mord gedeutet; 1095 nahm der Odenser Domklerus die →Elevation vor. Kg. →Erich I., ein Bruder K.s, erwirkte, wohl 1099, die Kanonisation; am 19. April 1100 fand die feierl. →Translation im Odenser Dom statt. K.s Kult genoß im SpätMA wachsende Popularität; die kath. Kirche verehrt ihn als Landespatron Dänemarks. Seine Person ist in der Historiographie umstritten: Sieht ihn die eine Richtung als Gewaltherrscher (dessen Tyrannei von der kirchl. Geschichtsschreibung verschleiert worden sei), so hebt die andere Partei (bei Anerkennung des tendenziösen Charakters der Q.) seine Leistungen hervor.
Th. Riis

Q.: Vitae Sanctorum Danorum, ed. M. Cl. Gertz, 1908–12 – Lit.: DBL³ VIII, 58–60 – E. Hoffmann, Die hl. Kg.e bei den Angelsachsen und den skand. Völkern, 1975 – Th. Riis, Les institutions politiques centrales du Danemark 1100–1332, 1977, 195–198 – Knuds-Bogen 1986. Studier over Knud den Hellige, hg. T. Nyberg u. a. (Fynske Studier XV, 1986) – St. Knud Konge, hg. J. Nybo Rasmussen u. a., 1986 – C. Weibull, Bidrag till tolkningen av K. den heliges gåvobrev till Lunds domkyrka år 1085, Scandia 55, 1989, 5–11.

3. K. Laward ('der Brotspender'), hl., *dän. Hzg.* ('dux Daciae'), * wohl an einem 12. März um die Mitte der 1090er Jahre, † 7. Jan. 1131 in Haraldsted, ▫ Ringsted, Marienkirche (jetzt St. Bendt); Sohn Kg. →Erichs I. →Dänemark und der Kgn. Bodil, ⚭ Ingeborg, Tochter des Fs.en Mstislav v. Novgorod und der Christina v. Schweden. Der durch den Tod der Eltern auf ihrer Pilgerfahrt ins Hl. Land früh verwaiste K. wurde zunächst von dem seeländ. Adligen Skjalm Hvide, dann am Hofe Hzg. Lothars v. Sachsen (→Lothar III.) erzogen und erhielt, wohl zw. 1111 und 1122, das Amt des 'praefectus' der Bf.sstadt →Schleswig. Zu einem unbekannten Zeitpunkt wurde er zum 'dux Daciae' (Hzg. v. Dänemark) ernannt; diese Würde war wohl (in Analogie zum Hzg.samt in →Schweden) mit der Koordination des Militärwesens verbunden. Die umstrittene Frage, ob sein Hzg.stitel sich auf Schleswig bezog (als Vorläufer des späteren Titels 'Hzg. v. Schleswig'), ist zu verneinen.

Als 'praefectus' förderte K. Wirtschaft und Handel Schleswigs und galt als strenger, aber gerechter Richter. 1129 erreichte er bei Lothar III. die Belehnung mit dem Land der slav. →Abodriten. Er konnte seine Herrschaft militär. konsolidieren und wurde schließlich von Abodriten, →Wagriern und wohl →Polaben als Fs. *(knese)* anerkannt.

Magnus, der Sohn des regierenden Kg.s, sah in K. einen gefährl. Mitbewerber um den Thron und ermordete 1131 den Hzg. auf heimtück. Weise. K.s Bruder Erich II. bemühte sich schon bald um die Kanonisation, die aber erst →Waldemar I., dem Sohn K.s, gelang; 1170 fand die feierl. →Translation der Gebeine in die Marienkirche zu →Ringsted statt. Als internat. anerkannter Hl. erhielt K. eine bedeutende Stellung in der Ideologie der dän. Kgtm.s (Spitzenahn der herrschenden Dynastie, Vorläufer Kg. Waldemars in Analogie zu Johannes d. Täufer); er war Patron mehrerer Kl.gründungen im slav. Bereich und seit 1177 der Gilde der dän. Fernhändler im Ostseeraum.
Th. Riis

Lit.: DBL³ VIII, 61–63 [Q. und Lit.] – V. La Cour, Om studiet af vore danske voldsteder, HTD 12, R.I, 1963–66, 170–173, 182–185 – N. Skyum-Nielsen, Kvinde og Slave, 1971 – Th. Riis, Les institutions centrales du Danemark 1100–1332, 1977.

4. K. VI., *Kg. v.* →*Dänemark*, * 1162/63, † 12. Nov. 1202, ▫ Ringsted, Marienkirche (jetzt St. Bendt), Sohn von Kg. →Waldemar I. und Sophia v. Minsk (um 1141–98), ⚭ 1177 Gertrud v. Sachsen, Tochter Hzg. →Heinrichs d. Löwen und der →Clementia v. Zähringen. – K. wurde 1166 von der Flottenmannschaft zum Thronfolger ausgerufen; diesem Akt vorausgegangen war die Anerkennung des dän. Erbkönigtums durch Papst →Alexander III. (1165/66), der damit dem Frontwechsel Dänemarks im Schisma Rechnung trug. Anläßl. der feierl. →Translation der Gebeine des Großvaters v. K., →Knud Laward, zu →Ringsted (25. Juni 1170) wurde K. zum Kg. gekrönt, 1182 zum Fs.en v. Halland ernannt. Nach dem Tode des Vaters, der in den gleichen Jahr starb, versicherte sich K. auf regionalen Dingversammlungen der Treueversprechen der kgl. 'milites'. Der erneut aufflammende Aufstand in →Schonen wurde niedergeschlagen; K. ließ sich – gegen seine ursprgl. Absicht – von Ebf. →Absalon zu größerer Milde gegenüber den Besiegten überreden.

K.s Regierung stand innenpolit. im Zeichen einer bemerkenswerten Gesetzgebungsinitiative (Gesetz für Schonen über Totschlag und Wergeld zur Bekämpfung der Blutrache) und v. a. einer ideolog. Festigung des Kg.sgedankens (Geschichtswerke →Saxos und →Sven Aggesens sowie dessen Schrift über die Regeln der →Hird, des ritterl. Kg.sdienstes).

Außenpolit. setzte K. die offensive Politik des Vaters im Ostseeraum fort (Eroberung →Holsteins, 1194-1203; Unterwerfung →Lübecks, 1201). Wegen der 1192 erfolgten Gefangennahme des Bf.s Waldemar v. Schleswig, der erst 1206 auf päpstl. Vermittlung wieder freikam, trübten sich zeitweilig die Beziehungen zur Kurie. Die wachsende Stärke Dänemarks zeigt sich in der erfolgreichen Verweigerung des Lehnseides gegenüber dem Ks. und in der auf frz. Initiative geschlossenen Ehe →Ingeborgs, der Schwester K.s, mit →Philipp II. August.

Ein persönl. Anteil des Kg.s an den polit. Initiativen seiner Regierung ist allerdings kaum erkennbar; starken Einfluß hatten bedeutende Ratgeber wie Ebf. Absalon und weitere Mitglieder von dessen Familie, z. B. Ebf. Anders Sunesen (→Andreas filius Sunonis). Die Mitwirkung des Bruders und späteren Nachfolgers →Waldemars (II.) erklärt u. a. die bemerkenswerte Kontinuität der dän. Politik in diesem Zeitalter.   Th. Riis

Lit.: DBL³ VIII, 60f. – J. GALLÉN, Vem var Valdemar den Stores drottning Sofia? (Beretning. Det nordiske Historikermøde i København, 1971), 80f. – N. SKYUM-NIELSEN, Kvinde og Slave, 1971 – TH. RIIS, Les institutions politiques centrales du Danemark 1100–1332, 1977.

5. K. Eriksson, Kg. v. →*Schweden*, Sohn →Erichs IX. d. Hl., † vor 8. April 1195/96, besiegte seinen Vorgänger Karl Sverkersson (12. April ?) 1167, herrschte spätestens seit 1173 über ganz Schweden, sicherte d. s. Ostküste und die neuerworbenen Teile Finnlands durch Burgenbau (→Burg, XII. [2]), konnte aber 1187 die Zerstörung von Sigtuna durch Seeräuber nicht verhindern. Während K. E.s Regierungszeit gestatteten die Ebf.e v. →Uppsala die Verehrung seines Vaters als Hl.n (Elevation 1167, 1178 oder 1189). K. E. gründete das SOCist Kl. Viby/Saba-Julita und bezog die Johanniter v. Eskilstuna in sein Herrschaftssystem ein. Durch einen Handelsvertrag mit →Heinrich d. Löwen öffnete K. E. Schweden für eine auf Geld beruhende Wirtschaftsweise. Umstritten bleibt sein Einsatz für das Kanzleiwesen. Für die schwed. Expansion nach O und N fand er maßgebl. Unterstützung bei der mächtigen Familie seiner namentl. nicht bekannten Gattin (Papstbrief 1193).   T. Nyberg

Q.: Sverges Traktater med Främmande Magter I, 1877, Nr. 50, dat. [1173-79] – *Lit.:* SBL XXI, s.v. – M. OLSSON, En grupp runda kastaler från romansk tid på Sveriges östkust, Fornvännen 1932, 273–304 – A. TUULSE, Kastell i nordisk borgarkitektur, ebd., 1947, 7–38, 85–108 – Å. LJUNGFORS, Bidrag till svensk diplomatik före 1350, 1955, 42–50 – T. NYBERG, Skand. Kgtm., Papsttum und Johanniter: Versuch einer Charakterisierung (Ordines Militares, Colloquia Torunensia Hist. V, 1990), 127–142.

Knýtlinga saga ('Gesch. der Nachkommen Knuts'; zeitgenöss. auch »Ævi Danakonunga« 'Leben der Dänenkg.e' und »Sögur Danakonunga« 'Geschichten der Dänenkg.e'), auf Island in der 2. Hälfte des 13. Jh. anonym verfaßte Gesch. der dän. Kg.e von →Harald Blauzahn (ca. 940–986) bis Knut VI. Waldemarsson (1182–1202). Der Hauptteil (Kap. 28–63) handelt vornehml. von Knut d. Hl. (1080–86). Mögliches Vorbild für die geschlossene, romanartige Darstellung ist die 'Große Saga von Olaf d. Hl.', aber auch die in der isländ. Sammelhs. →Morkinskinna erwähnte verlorene 'Knúts saga'. Der Einleitungsteil (u. a. über Harald Blauzahn, →Knut d. Gr. 1018–36, →Sven Estridsen 1047–75) nutzt u. a. die »Heimskringla« →Snorri Sturlusons als Q., während der Schlußteil (u. a. über Sven III. Grade 1147–57; Waldemar d. Gr. 1157–82 und Knut VI. Waldemarsson 1182–1201) auffällige Ähnlichkeiten mit der »Gesta Danorum« des →Saxo Grammaticus (ca. 1200) aufweist. Wegen der Nähe der K. zu »Heimskringla« und den Sagas über →Olaf d. Hl. und zu anderen isländ. Sagawerken wird nicht ausgeschlossen, daß der Neffe Snorri Sturlusons, Óláfr Þórðarson hvítaskáld Autor der K.s. gewesen ist.   H. Ehrhardt

Ed.: C. AF PETERSEN–E. OLSEN, Sögur Danakonunga, 1919–25 – B. GUÐNASON, Danakonunga sǫgur, 1982 – *dt. Übers.:* Slg. Thule II, 1966² – *engl. Übers.:* H. PÁLSSON–P. EDWARDS, K.s., 1986 – *Lit.:* KL VIII, 615ff. – R. SIMEK–H. PÁLSSON, Lex. der an. Lit., 1987, 211ff. – F. JÓNSSON, K., dens Kilder og hist. Værd, 1900 – G. ALBECK, Knytlinga, 1946 – P. HALLBERG, Óláfur Þórðarson hvítaskáld, K. s. och Laxdæla, ANF 80, 1965 – R. HELLER, K. s., ebd. 82, 1967 – C. WEIBULL, Knytlingasagaen och Saxo (Scandia 42), 1976.

Koadjutor, Stellvertreter oder Helfer eines kirchl. Amtsträgers, bes. eines Bf.s, Abtes oder Pfarrers. Da diese Ämter grundsätzl. auf Lebenszeit vergeben wurden, konnte sich ein Amtsträger wegen zu großer Arbeitslast, bei Krankheit oder Altersschwäche einen Helfer nehmen oder ein solcher wurde ihm, bes. bei einem Bf., von Amts wegen (durch den Papst) bei schwerwiegender Behinderung der Amtsführung (auch wegen Exkommunikation) gegeben, wie zahlreiche Beispiele in päpstl. Schreiben des 13. Jh. erweisen. Das Recht der Nachfolge hatte der K. nur in Sonderfällen. Bonifatius VIII. erklärte die Ernennung eines K.s der Bf.e und höheren Prälaten für eine causa maior, die dem Papst allein zustehe, gestand jedoch dem Bf. in einem weit entfernt liegenden Land das Recht der Bestellung eines K.s in Einvernehmen mit dem Kapitel zu, das auch allein tätig werden konnte, wenn der Bf. seiner Sinne nicht mehr mächtig war. Gegen den Willen des Bf.s war das nicht mögl. (VI 3.5.1)   R. Weigand

Lit.: P. HINSCHIUS, System des kath. Kirchenrechts ... II, 1878, 249–254 – PH. HOFMEISTER, Von den K.en bei den Bf.e und Äbte, AKKR 112, 1932, 369–436.

København → Kopenhagen

Koberger, Anton, Druckerverleger und Buchhändler, * um 1440/45, † 3. Okt. 1512 in Nürnberg, begann 1470/71 in einem Haus am Ägidienhof in Nürnberg zu drucken. Er besaß ca. 30 Typenalphabete der verschiedenen Stilarten, seine Produktion wird auf ca. 250 Titel geschätzt. Aus seinen Pressen kamen u. a. die 9. dt. Bibel von 1483 (GW 4303), ein Dominikanerbrevier 1485 (GW 5219) und die lat. und dt. Ausg. von Hartmann →Schedels Weltchronik 1493. K. legte Wert auf reiche Bebilderung seiner Drucke und lieferte seine Bücher auch mit 'Verlegereinband' und rubriziert. K., der auch andere Offizinen für sich arbeiten ließ (so Johannes →Amerbach in Basel), schuf für seine buchhändler. Aktivitäten ein ganz Mitteleuropa umfassendes Netz von Agenturen und besuchte regelmäßig die Messen in Frankfurt und Leipzig. Gegen Ende seines Lebens beschränkte er sich auf das Verlagsgeschäft und den Buchhandel.   S. Corsten

Lit.: GELDNER I, 162–167 – O. v. HASE, Die K., 1885² [Neudr. 1967] – E. RÜCKER, Die Schedelsche Weltchronik, 1973 – H. M. WINTEROLL, Summae innumerae, 1987, 295–337.

Koblenz (lat. apud Confluentes), Stadt an Rhein und Mosel am Südrand des Neuwieder Beckens (Rheinland-Pfalz). Vorgesch. Funde im heut. Stadtgebiet. Wohl unter Ks. Tiberius wurde am Moselübergang der Heerstraße Mainz–Köln, im Bereich des späteren Siedlungskerns, eine röm. Militärsiedlung errichtet, die im Gefolge der Frankeneinfälle (259/260) mit einer starken Mauer (umschlossene Fläche: ca. 5,8 ha) umgeben wurde. Die spätröm. Befestigung, deren äußerer Umfang noch heute im Stadtbild erkennbar ist, ermöglichte wohl die Siedlungskontinuität. Nachdem das röm. Kastell im 5. Jh. aufgegeben worden war, wurde dort ein merow. Kg.shof ausgebaut. Die 863 geweihte St. Kastor-Kirche wurde durch ihre Lage am Rhein richtungweisend für die weitere Stadtentwicklung. Wesentl. Veränderung erfuhr das Stadtbild erst infolge des zweiten Mauerbaus in den 70er und 80er Jahren des 13. Jh., womit der Erweiterung der Stadt zum Rhein hin Rechnung getragen wurde, auch wenn die Rheinfront, im Vergleich zur moselseitigen Befestigung, verhältnismäßig schmal war (ungefähr im Verhältnis 1:2). Bis in die NZ ließ dieser ummauerte Bereich mit einer Fläche von ca. 42 ha reichlich Platz für die Besiedlung.

Kirchl. gehörte K. bereits seit frk. Zeit zum Ebm. →Trier, seit dem Ende des 13. Jh. befand sich hier der Sitz eines eigenen →Offizials für das Niedererzstift. Was die Zugehörigkeit zu weltl. Herrschaftsgebieten anbetrifft, so gelangte das röm. Kastell K. im Laufe des 5. Jh. zum frk. Kg.sgut. 1018 schenkte Ks. Heinrich II. dem Trierer Ebf. Poppo den Kg.shof K. im Trechirgau. Spätestens mit dem Erwerb der Vogtei von den Gf.en v. Nassau i. J. 1253 gehörte den Trierer Ebf.en die uneingeschränkte Landeshoheit in K. Im Zusammenhang mit dem zweiten Mauerbau und der gleichzeitig betriebenen Errichtung einer ebfl. Burg innerhalb der Stadt kam es in der 2. Hälfte des 13. Jh. zu heftigen Auseinandersetzungen, die mit einer Niederlage der Bürgerschaft endeten. Auch das allmähl. Eindringen neuer Bevölkerungsgruppen in die städt. Führungsschicht und die Etablierung eines Rats neben dem Schöffenkolleg im 14. Jh. änderten nichts an der dominierenden Stellung des Landesherrn. Aus dem Verbund der Grundherrschaft des ehem. Kg.shofs K. resultierten vielfältige Verknüpfungen der Stadt mit den umliegenden Ortschaften Moselweiß, Lützel-K. und Neuendorf und den Gemeinden Horchheim und Rübenach sowie mit den Städten Boppard, Oberwesel, Andernach, Bonn und Duisburg.

Wirtschaftl. erlangte K., dessen Markt nach den Zolltarifen des Trierer St. Simeonstifts für den K.er Zoll noch ein weitreichendes Einzugsgebiet besaß, während des MA keine herausgehobene Bedeutung. Zuverlässige Angaben zur Bevölkerung sind erst im 15. Jh. möglich. Ein Schutzgeldverzeichnis aus dem Jahre 1440 führt 580 schutzgeldpflichtige Einw. auf. Im »Bürgerbuch von 1469« werden 248 in K. ansässige Familien genannt. 1474 wurden 519 waffenfähige Personen aufgeboten. K. spielte seit dem HochMA eine zunehmend wichtige Rolle im Erzstift, vermochte jedoch die Bedeutung Triers auch nicht annähernd zu erreichen. Im Zusammenhang mit der rechtsrhein. gegenüberliegenden Burg Ehrenbreitstein entwickelte sich die Stadt seit dem 14. Jh. jedoch zur Residenz der Trierer Ebf.e und zum Herrschaftszentrum des Erzstifts Trier.

Aufgrund der günstigen Lage an Rhein und Mosel war K. seit dem frühen MA mehrfach Schauplatz wichtiger reichspolit. Ereignisse und Zusammenkünfte. Zu nennen sind u. a. die Vorverhandlungen zum Vertrag v. Verdun i. J. 842, die Friedensverhandlungen der drei Karolinger vom 5.-7. Juni 860, die Kg.swahl des Staufers Konrad III., die Schlacht zw. Philipp v. Schwaben und Otto IV. im ausgetrockneten Moselbett bei K. am 8. Sept. 1198, der Hoftag Ludwigs d. Bayern 1338, auf dem er zw. England und Frankreich vermittelte, und ein Reichstag Maximilians I. im Jahre 1492. D. Kerber

Q.: M. Bär, Der K.er Mauerbau. Rechnungen 1276-81, 1888 – Ders., Urkk. und Akten zur Gesch. der Verfassung und Verwaltung der Stadt K. bis zum Jahr 1500, 1898 – A. Schmidt, Q. zur Gesch. des St. Kastorstiftes in K., 2 Bde 1974 – Ders., Q. zur Wirtschafts- und Sozialgesch. des Stiftes St. Kastor in K., 2 Bde 1975-87 – J. Simmert, Inventar des Archivs der Kartause St. Beatusberg vor K., 1987 – Lit.: F. Pauly, Der kgl. Fiskus K., Jb. für Gesch. und Kunst des Mittelrheins 12/13, 1960/61, 5-25 – F. Michel, Die Gesch. der Stadt K. im MA, 1963 – T. Roslanowsky, Recherches sur la vie urbaine et en particulier sur le patriciat dans les villes de la Moyenne Rhénanie septentrionale, 1964 – A. Diederich, Das Stift St. Florin in K., 1967 – G. Despy, Pour un 'corpus' des tarifs de tonlieux de l'Europe occidentale au MA, Recherches sur l'hist. des finances publiques en Belgique, 2, 1970, 253-287 – H. Bellinghausen, 2000 Jahre K., 1973 – W. Hess, Zoll, Markt und Münze im 11. Jh. Der älteste K.er Zolltarif im Lichte numismat. Q. (Hist. Forsch. W. Schlesinger, hg. H. Beumann 1974), 170-193 – K. Eiler, Stadtfreiheit und Landesherrschaft in K., 1980 – H.-H. Wegner, K. und der Kreis Mayen-K., 1986 – D. Kerber–U. Liessem, Der Dt. Orden in K., 1990.

Kocaeli, Großdistrikt (sanğaq) der Prov. (vilâyet) Anadolu, umfaßte den nw. Zipfel der anatol. Halbinsel, mit drei wichtigen, wenn auch kleineren Städten. Das im 16. Jh. stark anwachsende Üsküdar bildete für anatol. Einwanderer die Eingangspforte zu Istanbul. Auch Izniqmid (heute Izmit) lebte von Dienstleistungen für die osman. Kapitale (v. a. Holzhandel, Mühlenbetrieb). Die erste Hauptstadt des damals noch auf die Umgebung des Marmara-Meeres beschränkten osman. Fsm.s lag in Iznik. Die Moschee des Orḫan beg wurde 1334 begründet; ihre theol. Schule (medrese) ist die älteste auf osman. Gebiet. Während des 16. Jh. entwickelte sich hier eine Manufaktur von feinen Töpferwaren und Keramikfliesen (in der Architekturdekoration Istanbuls verwendet). Das Hinterland von K. war stark bewaldet; gewisse Wälder waren zur Nutzung dem Marinearsenal bzw. dem Palast vorbehalten. S. Faroqhi

Lit.: EI², s. v. Izniḳ [J. H. Mordtmann–G. Fehérvahi] – S. Faroqhi, Towns and Townsmen of Ottoman Anatolia, 1984.

Kocel, Fs. in →Pannonien, † um 875, herrschte nach seinem Vater Privina († um 860) in der Hauptburg →Mosapurg (Zalavár) am Plattensee. Sein Name (in den lat. Q. Chozilo, Chezilo), der nicht slav. Ursprungs ist, geht wohl auf frk.-bayer. Einfluß zurück. Unter dem Eindruck des Wirkens der aus Mähren nach Rom reisenden Slavenlehrer →Konstantin und Method an seinem Hof (ca. 867) entschloß sich K. zur Förderung der slav. Liturgie. Gegen Ansprüche des Ebm.s Salzburg, wie sie in der →Conversio Bagoariorum et Carantanorum dargestellt sind, rechnete er sein Herrschaftsgebiet nun ztw. zur Diöz. des von Papst Hadrian II. zum Ebf. ernannten Method. Nach K.s Tod ging das pannon. Fsm. in der frk. Markenorganisation auf. Ch. Lübke

Lit.: H. Wolfram, Conversio Bagoariorum et Carantanorum, 1979 – Gesch. Salzburgs I/1, hg. H. Dopsch 1983², 184-189.

Koch. Die in der Antike ausgeformte Berufstradition des K.s setzte sich anscheinend kontinuierl. an den frühma. Fs.enhöfen fort, wie dies alem. und westgot. Volksrechte belegen. K. oder Köchin gehörten in Hoch- und SpätMA, von Ausnahmen bedeutender Küchenmeister abgesehen (Maistre Chiquart, Taillevent, Meister Hans) zum niederen und entsprechend gering entlohnten Gesinde jedes größeren öffentl., kirchl. und privaten Haushalts. K.e sind als Bedienstete auf ma. Baustellen ebenso zu finden wie in Heeresaufgeboten. In spätma. Städten können K.e auch als selbständige (Garküchen) bzw. abhängige (Trinkstuben von Patriziat und Zünften) Unternehmer nachgewiesen werden, wobei diese Berufsgruppe hohe Mobilität (Konstanzer Konzil) auszeichnet. Die Funktionen der K.e und ihres Hilfspersonals an großen Haushaltungen sind in Ökonomiken (→Konrad v. Megenberg) und Diätetiken beschrieben, die Aufgaben in Hofordnungen bzw. städt. Dienstanweisungen geregelt, ihre Anzahl entsprechend der ständ.-sozialen Stellung des Haushalts in Reformschr. (Reformatio Sigismundi) reglementiert worden. An großen Höfen unterstand der K. einem Küchenmeister als betriebswirtschaftl. Leiter. Wert wurde v.a. auf Sauberkeit, auf spärl. Umgang mit Salz (Diätetik), Gewürzen und Feuerholz, auf eine den Jahreszeiten angepaßte Speisevielfalt und auf Vorkosten (Vergiftungsfurcht) gelegt. Speisezubereitungsarten, Mengenverhältnisse, Brat- und Kochzeiten, Lebensmittel- sowie diätet. und med. Kenntnisse waren Teil eines mündl. tradierten, als verfeinerte K.kunst im ganzen europ. Raum verbreiteten, aber streng bewahrten Berufswissens. →Kochbücher und Rezeptslg.en, in der Regel von Berufsk.en diktiert bzw. angelegt, sind daher vor dem 16. Jh. selten und enthalten kaum techn. Einzelheiten über Speisebereitung und -folgen.

G. Fouquet

Q. und Lit.: HWDA V, 47f. – B. GUILLEMAIN, La cour pontificale d'Avignon 1309–76, 1966 – H. WISWE, Kulturgesch. der K.kunst, 1970 – G. FOUQUET, 'Wie die kuchenspise in solle'. Essen und Trinken am Hof des Speyerer Bf.s Matthias v. Rammung, Pfälzer Heimat 39, 1988, 12–27 – →Ernährung, →Kochbücher.

Kochbücher. Neben Hss., in denen vereinzelte Kochrezepte anzutreffen sind, und solchen, die nur Mahlzeitordnungen oder Speisezettel enthalten, gibt es auch ma. K., d. h. Slg.en von Kochrezepten, die eigens zu diesem Zweck angefertigt worden sind; manchmal von diätet. Anweisungen begleitet, die der Humorallehre des Hippokrates und Galen entnommen sind. Das älteste Kochbuch des lat. MA ist »De re coquinaria« von Apicius, einem Feinschmecker des 1. Jh. n. Chr., dessen Rezepte um 390 aus mündl. Überlieferung kompiliert und hs. weitergegeben wurden (älteste vollständige Hs. 9. Jh.). Inzwischen hatte sich im islam. Welt eine hochverfeinerte Kochkultur entwickelt, die sich mit den Eroberungen über das Mittelmeer verbreitete und die Kochrezeptur des chr. Europa beeinflußt haben muß. Die Vorliebe für Zucker, Mandeln und Südfrüchte entstammt wohl z. T. diesem Einfluß, wie sich aus den Namen mancher Gerichte schließen läßt. Zuerst finden sich derartige Gerichte in einem von zwei lat. K.n vom Beginn des 14. Jh. aus Italien oder S-Frankreich (Liber de coquina), später auch in mehreren engl. Kochtexten des 14. und 15. Jh. Die it. Kochkultur hat sich sonst im 14. Jh. in N-Italien entwickelt und schließlich im 15. Jh. ihre vollendete Form gefunden im röm. Kochbuch des Maestro Martino, dessen Rezepte erst in der lat. Übers. des vatikan. Bibliothekars Platina »De honesta voluptate« (um 1480; viele Frühdrucke) in anderen Ländern bekannt wurden. Eine eigene Tradition entwickelte sich in Frankreich seit dem Ende des 13. Jh., die im 14. Jh. im »Viandier« des Taillevent, Chefkoch am Hofe Kg. Karls V., sowie im Buch des Ménagier de Paris, eines Pariser Bürgers um 1393, gipfelte. Eine originelle Variante verfaßte der Chefkoch des Hzg.s Amadeus VIII. v. Savoyen, Maistre Chiquart. Unter frz. und it. Einfluß hat sich seit dem Ende des 13. Jh. die engl. Kochkunst entwickelt, zuerst in der »Form(e) of Cury« am Hofe Kg. Richards II. In Deutschland finden sich seit dem 14. Jh. Rezeptslg.en, einsetzend mit dem »Buch von guter Spise« aus Würzburg. Unter dt. Einfluß entstanden wohl auch die zwei kleinen dän. Kochtexte des 14. Jh., zu Unrecht dem Arzt Harpestraeng zugeschrieben. Das älteste ndl. Kochbuch ist ein »Keukenboek« des 15. Jh., dessen Rezepte, wie üblich für die gehobenen Schichten, stark internat. beeinflußt sind.

J. M. van Winter

Q.: Apicius, De re coquinaria, ed. J. ANDRÉ, 1965 – A. Baghdad Cookery-book, transl. from the Arabic by A. J. ARBERRY, Islamic Culture, An English Quarterly, 13, 1939, 21–47, 189–214 – M. MULON, Deux traités inédits d'art culinaire médiéval, Bull. Philol. et Hist. (jusqu'à 1610), 1968, 369–435 [Tractatus de modo preparandi et condiendi omnia cibaria, Liber de coquina] – L. THORNDIKE, A mediaeval sauce-book, Speculum 9, 1934, 183–190 [Magninus Mediolanensis, Opusculum de saporibus] – S. MORPURGO, LVII Ricette d'un libro di cucina del buon secolo della lingua, 1890 [Modo di cucinare] – E. FACCIOLI, Arte della cucina, Libri di ricette dal XIV al XIX secolo, I, 1966, 19–57 [Anonimo Toscano, Libro della cocina]; 61–105 [Anonimo Veneziano]; 117–204 [Maestro Martino, Libro di arte coquinaria] – I. BOSTRÖM, Anonimo Meridionale, Due libri di cucina, Acta Univ. Stockholmiensis; Romanica Stockholmiensia 11, 1985 – B. LAURIOUX, Le 'Registre de cuisine' de Jean de Bockenheim..., MEFRL, Moyen Age – Temps Modernes 100, 1988, 709–760 [Registrum coquine] – Platina, De honesta voluptate et valitudine, 1475 [und spätere Inkunabel- und Postinkunabeldrucke; keine moderne Ed.; Frgm.e bei FACCIOLI, I, 210–233] – Libre de Sent Soví, ed. R. GREWE, 1979 – Mestre Robert, Libre del coch..., ed. V. LEIMGRUBER, 1977 [1982²] – O livro de cozinha da Infanta D. Maria, ed. G. MANUPELLA–S. DIAS ARNAUT, 1967 – G. LOZINSKI, La bataille de caresme et de charnage, App. I, Bibl. École des Hautes Études, fasc. 262, 1933, 181–187 [Vez ci les enseignemenz qui enseignent a apareillier toutes manieres de viandes] – P. AEBISCHER, Un ms. valaisan du Viandier attribué à Taillevent, Vallesia 8, 1953, 73–100 – Le Viandier de Guillaume Tirel, dit Taillevent, ed. J. PICHON–G. VICAIRE, nouvelle ed. S. MARTINET, 1892 [Nachdr. 1967]; ed. T. SCULLY, 1989 – Le Ménagier de Paris, ed. J. PICHON, 2 Bde, 1847 [Nachdr. 1966], bes. 2, 134–272; ed. G. E. BRERETON–J. M. FERRIER, 1981, bes. 197–283 – Du fait de cuisine par Maistre Chiquart, 1420, ed. T. SCULLY, Vallesia 40, 1985, 101–231 – Le Recueil de Riom, ed. C. LAMBERT, Le Moyen Français, 1987, 71–83 – Two Anglo-Norman culinary collections..., ed. C. B. HIEATT–R. F. JONES, Speculum 61, 1986, 859–882 – Curye on Inglysch. English culinary mss. of the 14th century (including the Forme of cury), ed. C. B. HIEATT–S. BUTLER, EETS, 1985 – An ordinance of pottage, ed. C. B. HIEATT, 1988 – Liber cure cocorum, ed. R. MORRIS, Suppl. to Transactions of the Philological Soc., 1862 – Two 15th century cookery-books, ed. TH. AUSTIN, EETS 91, 1888 [Nachdr. 1964] – A noble boke off coockry ffor a prynce houssolde, Mrs. NAPIER, 1882 – Ms. Pepys 1047, Magdalene Coll., Cambridge, Faks. in Stere hit well, ed. G. A. J. HODGETT–D. SMITH, 1972 – H. Harpestraeng, Gamle danske urtebøger, stenbøger, og kogebøger, ed. M. KRISTENSEN, 1908–20, 194–199, 215–221 [Incipit libellus de arte coquinaria (Ny Kgl. Saml. 66, 70 R)] – Daz buch von guter spise, ed. H. HAJEK, Texte des späten MA 8, 1958 – Ein alem. Büchlein von guter Speise, ed. A. BIRLINGER, SAW 1865, II 171–206 – A. FEYL, Das Kochbuch Meister Eberhards [Diss. Freiburg 1963] – W. WACKERNAGEL, Kochbuch von Maister Hannsen des von Wirtenberg Koch, ZDA 9, 1853, 365–373 – H. WISWE, Ein mnd. Kochbuch des 15. Jh., Braunschweig. Jb. 37, 1956, 19–56; 39, 1958, 103–121 – Aus der Küche der dt. Ordensritter, ed. GOLLUB, Prussia 31, 1935, 118–124 – Küchenmeisterei in Nürnberg von Peter Wagner um 1490, Faks., ed. H. WEGENER, 1939 – Keukenboek, ed. C. A. S[ERRURE], Maatschappij der Vlaamsche Bibliophilen, 1872 – W. L. BRAEKMAN, Een belangrijke Middelnederlandse bron voor Vorselmans Nyeuwen Coock Boeck (1560), VK 87, 1986, 1–24 – Een nieuw Zuidnederlands kookboek..., ed. DERS., Scripta 17, 1986 – Een notabel boecxken van cokeryen [gedr. um 1510] bij Thomas van der Noot, Faks., 1925 – Lit.: T. EHLERT, Das Kochbuch des MA, 1990.

Köcher → Armbrust; →Bogen

Kodinos, Georgios, Autor, unter dessen Namen drei inhaltl. und zeitl. völlig verschiedene Werke überliefert sind: 1. »Patria« (Zusammenstellung der Baudenkmäler Konstantinopels); 2. Kleinchronik von der Schöpfung bis 1453; 3. Traktat über Ämter. K. scheidet als Autor (oder Redaktor) des Ämtertraktats wie der Chronik mit Sicherheit aus, eine Redaktorentätigkeit bei der Zusammenstellung der »Patria« ist dagegen mögl. Die Zuweisung an einen einzigen Autor ist durch die gemeinsame Überlieferung der drei Werke in vielen Hss. bedingt. Deshalb wird der unbekannte Verf. des Ämtertraktats (ohne einheitl. gr. Titel überliefert) als Ps-Kodinos bezeichnet, der in der Regierungszeit Johannes' VI. Kantakuzenos (1347–54) ein Hb. der Hofverwaltung verfaßte, eine unschätzbare Q. zur inneren Gesch. des spätbyz. Reiches. P. Schreiner

Ed. und Lit.: J. VERPEAUX, Ps.-K., Traité des offices, 1966 – Tusculum-Lex., 1982³, 443 – TH. PREGER, Beitr. zur Textgesch. der Πάτρια Κωνσταντινουπόλεως, Progr. Max-Gymn. München, 1895 [Autorenfrage] – P. SCHREINER, Die byz. Kleinchroniken, I, 1975, 121–155 – J. KARAYANNOPULOS–G. WEISS, Q.kunde zur Gesch. von Byzanz, II, 1982, 511f. – A. BERGER, Unters. zu der Patria Konstantinupoleos, 1988, 52.

Kodizill → Testament

Koelhoff d.Ä., Johann, Druckerverleger, aus Lübeck stammend, † Frühjahr 1493 in Köln, lernte die Buchdruckerkunst in Venedig. Von dort begann er eine rundgot. Letter nach Köln, wo er 1471 zu drucken begann. Als weitere Neuerung führte er gedr. Lagensignaturen ein. Seit 1475 brachte er für den Univ.sunterricht Handbücher, v. a. jurist., aber auch Pilgerführer und Erbauungslit. in dt. Sprache heraus. Seine Agenten bereisten Skandinavien und das Baltikum. K. besaß 22 fortschrittl. zusammengesetzte Typenalphabete und führte in seinem Signet das Kölner Stadtwappen. Sein gleichnamiger Sohn († nach 17. Jan. 1502 in Köln) führte die väterl. Offizin in beschränktem Umfang weiter. Unter den vielen Kleindrucken und Amtsdrucksachen, die aus seiner Presse hervorgingen, ragt die dt.sprachige »Cronica van der hilliger Stat van Coellen« (GW 6688) hervor. S. Corsten

Lit.: GELDNER I, 93, 103 – R. JUCHHOFF, Die Univ. Köln und die frühen Typographen (Fschr. J. BENZING, 1964), 233–243 – E. VOULLIÉME, Der Buchdruck Kölns bis zum Ende des 15. Jh., 1978², XX–XXVI, LXV–LXIX – S. CORSTEN, Die Köln. Chronik von 1499, 1982.

Koerbecke, Johann, * um 1410, † 13. Juni 1490 Münster, dort seit 1453 nachweisbar, einer der bedeutendsten Maler der Spätgotik in Westfalen. Vermutl. in der Werkstatt des 'Meisters des Schöppinger Altars' in Münster ausgebildet, ist sein Frühwerk durch die Flügelbilder des Langenhorster Altars (Münster, Westfäl. Landesmus.) repräsentiert. Sein überragendes Hauptwerk, die Tafelbilder des Hochaltars der Marienfelder SOCist Kl.kirche, wurde 1457 vollendet (Innenseiten der Flügel: 8 Szenen der Heilsgesch. vom Tempelgang Mariens bis zur Krönung Mariens durch die Hl. Dreifaltigkeit; Außenseiten: 8 Bilder des liturg. Festkreises um Ostern). Heute befinden sich diese Tafelbilder in verschiedenen Museen zw. Chicago und Moskau, sechs davon im Westfäl. Landesmuseum. Sein Spätwerk ist u. a. durch die Frgm. eines Johannes-Altars (Oxford, Münster) und die Mitteltafel des um 1470 entstandenen Amelsbürener Altars (Münster) vertreten, den er zusammen mit Johannes v. Soest ('Meister des Liesborner Hochaltars') schuf. G. Jászai

Lit.: A. STANGE, Dt. Malerei der Gotik VI, 1954, 14–21 – K.-H. KIRCHHOFF, Maler und Malerfamilien in Münster zw. 1350 und 1534, Zs. Westfalen 55, 1977, 98–110 – P. PIEPER, Die dt., ndl. und it. Tafelbilder bis um 1530 (Bestandskat. Westfäl. Landesmus., 1986), 140–200 – J. LUCKHARDT, Der Hochaltar der Zisterzienserkl.kirche Marienfeld, 1987.

Kogge, ahd. *kogcho*, mnd. *kogge*, in ähnl. Form ins Ae., Afrz., Anord. usw. übernommen, Bezeichnung für ein der fries. Wattenküste entwickeltes → Schiff, archäolog. seit dem 7./8. Jh., schriftl. in Utrechter Urkk. ab dem 9. Jh. greifbar (*cogscult* – Pflicht, eine K. zur Kriegsfahrt zu stellen). Ab 1200 steigerten sich Größe und Ladefähigkeit des ursprgl. kleinen Schiffes: die K. wurde zum typ., auf allen Fahrtgebieten eingesetzten Schiff der → Hanse (viele Hansestädte führten sie im Siegel), bis sie im 15. Jh. vom größeren Holk verdrängt wurde. Die größte bisher bekannte K. (von 1380), 1962 in Bremen gefunden, ist 23,27 m lang, 7,62 m breit und mittschiffs 4,62 m hoch. Kennzeichnend für K.n sind scharfwinklig an den Kiel ansetzende Steven, Kraweelplanken im Schiffsboden, geklinkerte Planken mit typspezif. Nagelung an den Bordwänden, mächtige Querbalken, ein Mast mit Rahsegel. Das ursprgl. Seitenruder wurde im 13. Jh. durch ein Heckruder ersetzt. U. Schnall

Lit.: O. CRUMLIN-PEDERSEN, Danish Cog-Finds (Medieval Ships and Harbours in Northern Europe, ed. S. McGRAIL, 1979), 17–34 – D. ELLMERS, Es begann mit der K. (Stadt und Handel im MA, 1980), 21–33 – R. REINDERS, Cog Finds from the Ijsselmeerpolders, Flevober. 248, 1985 – P. HEINSIUS, Das Schiff der hans. Frühzeit, 1986² – Die Hanse-K. von 1380, hg. K.-P. KIEDEL–U. SCHNALL, 1989².

Kohl → Obst und Gemüse

Kohle, Köhlerei. Als K. bezeichnete man im MA hauptsächl. das durch Holzdestillation, d. h. die Zersetzung von Holz mittels trockener Erhitzung unter Luftabschluß, gewonnene Rückstandsprodukt. Die Holz-Verkohlung erfolgte in Gruben, oder, auch schon im Altertum techn. fortgeschrittener, in bes. zusammengesetzten, mit Erde abgedeckten und als Schwelbrand entzündeten Holzstößen, den Meilern. Die in etwa sieben Tagen im groben Verhältnis von 4/5 : 1 Gewichtsvolumen aus Holz erzeugte K. (in den Q. meist *carbones*) besaß als Brennstoff hohen Heizwert. Er wurde für Schmelzprozesse im (kunst-)handwerkl. Bereich, v. a. aber für die Erzschmelze zur Erzeugung von → Eisen, seit dem HochMA verstärkt auch von unedlen Metallen und Edelmetallen genutzt. In gemahlener Form diente K. auch für iatrochem. Zwecke, zum Polieren und Schleifen und seit dem 14. Jh. als Bestandteil (15%) des → Schießpulvers. Zunehmend wurde Wert auf bestimmte vegetabil. Ausgangsstoffe gelegt: Neben dem Holz der Buchen und Eichen sowie der Nadelbäume wurde auch das Holz der Erle, Linde, Weide, Weinrebe usw. verkohlt.

Mit der Ausweitung des Bergbaubetriebs im HochMA und steigendem Brennstoffbedarf für die Schmelze tritt das Gewerbe des Köhlers hervor. Das Trienter Bergrecht verzeichnet 1185 »quilibet kener (Kärrner) tam carbonariorum quam aliorum«. Auch in anderen Bergbaugebieten wird die Köhlerei genannt: Massa Marittima, 2. Hälfte 13. Jh.; Villa di Chiesa (Sardinien) 1327. Nach England taucht sie in Bergordnungen n. der Alpen verstärkt auf, als beginnende Holzknappheiten Regelungen der Brennstoffragen erforderten (Gossensass 1427; Freiberg/Sachsen nach 1466; Goslar 1476; Pustertal 1486 usw.). Eine frühe bildl. Darstellung findet sich in einer der it. Tacuinum-sanitatis-Hss. der ersten Hälfte des 15. Jh.

Nennenswerte Verwendungen von Steink. und von Braunk. erfolgten relativ spät. Beide Brennstoffe erlangten im HochMA im Bereich der Lagerstätten Bedeutung, in England, Wallonien und S-Frankreich. In diesen Gebieten kam es zu gewerbl. Nutzungen, insbes. durch Schmiede, später auch Kalkbrenner, Büchsenmacher und nicht zuletzt Vitriolsieder, während Hüttenleute meistens Holzk. vorzogen. Ende des 13. Jh. berichtet Marco Polo über ihm zuvor unbekannte brennbare schwarze Steine im n. China, die zum Heizen und zur Warmwasserbereitung dienten, während in Europa der hohe Schwefelgehalt der Stein- und Braunk. die Verwendung in offenen Herdfeuern zunächst ausschloß (Verbot auch für Schmiede im

Stadtrecht von Zwickau 1348). Verbesserte Öfen und Abzugskamine schufen allg. erst in der NZ Abhilfe. Aus dem Jahre 1277 sind vertragl. Regelungen über Steinkohlengruben bei Lüttich bekannt und aus dem 15. Jh. über Braunkohlengruben im Gebiet von Saaz (Zatec). Georgius→Agricola nennt im 4. Buch seines Anfang 1546 abgeschlossenen Werks »De natura fossilium« in Deutschland Steinkohlengruben im Gebiet von Aachen, bei der Stadt Essen und bei Zwickau. K.-H. Ludwig

Lit.: E. FRHR. V. KÜNSSBERG, Der Wald im dt. Bergrecht, Berg- und Hüttenmänn. Jb. 52, 1904, 193ff. – J. U. NEF, Coal Mining and Utilization (A Hist. of Technology, hg. CH. SINGER u. a., III, 1957), 72ff. – D. SCHELER, K. und Eisen im ma. 'Ruhrgebiet' (Vergessene Zeiten. MA im Ruhrgebiet, hg. F. SEIBT u. a., II, 1990), 111–117.

Koimesis (Dormitio, »Entschlafen« der Gottesmutter). I. Hochfest der byzantinischen Liturgie – II. Ikonographie.

I. HOCHFEST DER BYZANTINISCHEN LITURGIE: Das Fest vom 15. Aug. und seine Einführung durch Ks. Maurikios (588–602) im byz. Reich gehen zurück auf eine Erneuerung der Jerusalemer Marienkirche v. Gethsemane, die als Stätte der Grablegung Mariens galt, und die Weihe der Marienkirche »Kathisma« (»Rast«) an einem 13. Aug., wo in Verbindung mit der Geburt Christi im 4./5. Jh. schon das älteste Mariengedächtnis Jerusalems gefeiert worden war, das im byz. Begleitfest vom 26. Dez. fortlebt und in Gallien im Fest der »Erwartung der Geburt« eine adventl. Parallele hatte. Ein ursprgl. wohl analoges Fest in Syrien, Kleinasien, Gallien und Ägypten (18. bzw. 16. Jan.) erscheint im 5. Jh., dem »Dies natalis« der Märtyrer entsprechend, als Heimgang Mariens (so Gregor v. Tours, unter Bezugnahme auf eine Dormitio-Kirche Konstantins: MPL 71, 713). – In den röm. Ritus gelangt das Dormitio-Fest vom 15. Aug., das erst seit dem 9. Jh. den Namen »Assumptio« (»Aufnahme« in den Himmel) vom Fest des 18. Jan. aus der Liturgie Galliens übernimmt, noch vor dem syr. Papst Sergius I. (687–701). Von diesem stammen eine Prozession und die Oration (Greg. Hadr.), die sagt, daß Maria als Gottesgebärerin »von den Banden des Todes nicht festgehalten werden konnte«. H.-J. Schulz

II. IKONOGRAPHIE: Die Darstellung der K., Maria auf dem Totenbett, an welchem Christus ihre Seele bzw. ihren Verklärungsleib (Kleinfigur) aufnimmt, gehört zu den wichtigsten Szenen des Festtagszyklus im mittel- und spätbyz. Kirchenraum (häufig Westwand). Als Ursprungsort gilt Jerusalem (Sionkirche: Bericht des Andreas v. Kreta, * um 660). Aufnahme auch im W gesichert (3 Szenen im sog. Tempel der Fortuna Virilis in Rom, 872–882). Weite Verbreitung in der Monumentalmalerei des O seit dem 9. Jh. (Kappadokien) wie auch in Buch-, Ikonenmalerei und Kleinkunst (Elfenbein). Die Details der Szene(n) werden teils den in die apokryphe Legende »De Transitu B. Mariae Virginis« (mit syr., kopt., arab., gr., lat. Fassungen) eingegangenen mündl. Traditionen, teils der Homiletik seit Ps.-Melito v. Sardeis bzw. Joh. v. Thessalonike entnommen. Der in der mittelbyz. Zeit »klassische« Typ umfaßt neben Maria 2 Apostelgruppen, 2–4 Hierarchen, Engel und Christus. Erweiterungen (Christus zweifach als Aufnehmer der Seele am Totenbett wie thronend im Himmel, Apostel eilen auf Wolken herbei, trauernde Frauen) sowie Aufnahme weiterer Szenen (Gebet Marias auf dem Ölberg, Überbringung der Todesnachricht durch Engel, Verabschiedung von den Aposteln, Jephoniasgeschichte, Translatio-Grabprozession, Apostel am leeren Grab) führen seit dem 13. Jh. zu einem »komplexen« Typ der Darst. bzw. zu K.-Zyklen, die wohl auch als Rückgriff auf frühere Zyklen (vgl. Rom, Fortuna Virilis) verstanden werden dürfen. Anregung dazu gab die Homilienlit. (seit Joh. v. Damaskus). Übernahme im W häufig in der otton. Buchmalerei (Sakramentar v. Ivrea, Reichenau) wie später (Salzburger Buchmalerei um Custos Bertolt) auch in der Wandmalerei (Maria Trost in Untermais-Meran). Ikonograph.-kompositor. Vorbild für Darst. des Todes hochgestellter bzw. heiligmäßiger Persönlichkeiten (serb. Kgn. Anna Dandolo um 1263 in Sopoćani, Manasses-Chronik, Mitte 14. Jh.).

H.-J. Schulz/M. Restle

Lit.: zu [I]: B. CAPELLE, Muséon 56, 1943, 1–33 – M. JUGIE, La Mort et l'Assumption de la S. Vièrge, 1944 – A. RAES, OrChrPer 12, 1946, 162–274 – B. BOTTE, Sacris Erudiri 2, 1949, 111–122 – CH. SCHAFFER, K. Mit einem Anh. über die Gesch. des Festes v. K. GAMBER, 1985 – zu [II]: RByzK IV, 136–182, s. v. – H. R. PETERS, Die Ikonographie des Marientodes [Diss. Bonn 1950].

Koinobiten, von gr. κοινὸς βίος, davon abgeleitet κοινόβιον, lat. coenobium 'Kloster', κοινοβίτης, lat. coenobita 'der im Kl. Lebende'. Die asket.-monast. Gemeinschaft entwickelte sich aus der altkirchl. Eremitentum. Die Übergänge sind aus der lockeren Eremitensiedlung Ägyptens (Vita Antonii, Historia Lausiaca, →Historia Monachorum in Aegypto, →Apophthegmata Patrum), auch Syriens (→Theodoret v. Kyrros, Historia Religiosa) abzuleiten. Im Werk des→Pachomios († 346) zeigt sie sich voll ausgebildet als regel- und ortsgebundenes, uniformes Leben. →Basilius v. Caesarea († 379) ist in seinen »Mönchsregeln« um Lehrer der gemeinsamen Lebens geworden ('Brüder-/Schwesterngemeinschaft'). Das monast. Programm →Augustins ist ganz auf die Vita communis ausgerichtet; Apg 4, 32 wird unter der neuplaton. Begeisterung für das 'Eine' zur bibl. Begründung für das koinobit. Leben. →Cassian bestimmt die K. als niedere Stufe des Mönchslebens (Conl. 18, 4; 19). Der Magister und Benedikt sehen im K. tum die normale monast. Leben und bestimmen es als ein 'Leben unter Regel und Abt' (1, 1). Das abendländ. Mönchtum lebt im wesentl. koinobit. Gibt es im 4.–7. Jh. etwa 30 verschiedene Kl. regeln, die diese Lebensform ordnen und der je eigenen Ortsverhältnissen anpassen, beherrscht mit der in der Karolingerzeit als alleinige monast. Norm festgelegten→Regula Benedicti das K. tum die Möchsschaft. Einheitlichkeit und Gemeinsamkeit des Lebensvollzugs führen zur 'gebauten Ordnung' in der gleichförmigen Kl. anlage. Auch die hochma. Mönchsreform bleibt der koinobit. Lebensweise treu, doch gehören zu ihr eremitor. Gegenbewegungen, die das Kl. leben mit dem Eremitenleben verbinden (z. B. →Kamaldulenser, →Kartäuser, →Grammontenser). Die ma. Bettelorden leben ebenso koinobit. Aus dem selbständigen, ortsgebundenen Kl. wird bei ihnen zwar der ortsunabhängige Personalverband, im einzelnen Konvent wird jedoch koinobit. gelebt. K. S. Frank

Lit.: TRE XIX, 275–281 [R. FISCHER; Kl., Kl. anlage] – A. DE VOGÜÉ, La communauté et l'abbé dans la Règle de S. Benoît, 1961 – F. PRINZ, Frühes Mönchtum in Frankreich, 1965 [1988²] – W. BRAUNFELS, Abendländ. Kl.baukunst, 1969 [1985⁵] – PH. ROUSSEAU, Ascetics, Authority and the Church, 1978 – H. LEYSER, Hermits and the New Monasticism, 1984 – Monks, Hermits and the Ascetic Tradition, hg. W. J. SHEILS, 1985 – →Askese, →Basilius, →Benedikt, →Pachomios, →Mönchtum usw.

Kokenhusen (liv. Kukenois, lett. Koknese), Burg, Fsm., kleine Stadt 88 km flußaufwärts von →Riga. Auf einem Berg am rechten Ufer der →Düna lag die von einem Fs. en Vetseke (Vjačko) beherrschte Wallburg in vorwiegend lett. (lettgall.) Siedlungsgebiet, vielleicht um 1190 von →Polock aus zur Überwachung des Handelsverkehrs errichtet, dem Fs. en v. Polock untergeordnet; der Fs. übte zw. den Flüssen Oger und Ewst und etwas jenseits der

Düna nach S im Selenland Tributherrschaft über die Letten aus. 1250 schloß er mit Bf. →Albert I. v. Riga einen Friedensvertrag, trug ihm 1207 die Hälfte von Fsm. und Burg zu Lehen auf, überfiel und zündete die Burg aber noch im gleichen Jahr an und floh nach Rußland. Seit 1209 wurde auf dem Burgplateau eine Bf.sburg errichtet. Die vorgelagerte zweitürmige Vorburg trennte ein tiefer Graben von der kleinen, vor 1277 erwachsenen, ummauerten städt. Siedlung (suburbium), die nie Stadtrecht erhielt. 1269 an die →Tiesenhausens verlehnt, 1395 vom Ebf. v. Riga als Residenz und Sitz des Vogtes für die s. Gebiete des Erzstifts zurückgenommen, wurde K. 1546 vom Dt. Orden besetzt. M. Hellmann

Q.: Henrici Chronicon Livoniae, ed. L. ARBUSOW–A. BAUER (MGH SRG [in us. schol. 31], 1955), IX–XI, XIV, XVI–XVIII – Lit.: BL, 3441 ff. [H. LAAKMANN] – SłowStarSłow II, 557 – K. LÖWIS OF MENAR, Burgenlex. für Alt-Livland, 1922 – Latvijas Konversācijas Vārdnīca IV, 1933, 16946–51 – M. v. TAUBE, Russ. und litau. Fs.en an der Düna..., JKGS NF 11, 1935, 367–502 – J. LEIGHLY, The Towns of the Medieval Livonia, Univ. of California Publ. in Geography, 6, nr. 7, 1939, 272f. – M. HELLMANN, Das Lettenland im MA, 1954, 48 – P. A. STARODUBEC, Knažestvo Kokneze v bor'be s nemeckimi zachvatčikami v vostočnoj Pribaltike v načale XIII veka, Srednie Veka 7, 1955, 199–216.

Kolbatz, ehem. OCist-Kl., älteste OCist-Niederlassung in Pommern, das erste Kl. des Landes ö. der Oder (w. des Madüsees), gestiftet im Zusammenhang mit dem Däneneinfall ins Odermündungsgebiet 1173 vom Stettiner Kastellan Wartislaw Swantiboriz. Hzg. Bogislaw I. bestätigte Stiftung und Ausstattung, darunter eine villa Theotonicorum, die erste urkundl. nachgewiesene dt. Ansiedlung in Pommern. Sein Bruder Kasimir I. erteilte 1176 die Genehmigung zur Ansiedlung von Kolonisten; neben dt. ist auch mit dän. zu rechnen. Der Konvent kam aus dem dän. Kl. Esrom auf Seeland. Die Kl.gründung wurde (vor 1180) von Alexander III. und von späteren Päpsten bestätigt. 1183 wird die Marienkirche erstmals erwähnt, 1185 ein Hospital. Der Bau einer Backsteinkirche (dän. Einfluß) ist für 1210 bezeugt (geweiht 1307; Ruine 1851/52 restauriert). Der Besitz des Kl. weitete sich durch Schenkungen, Kauf, Rodungen und Kolonisationstätigkeit erhebl. aus. In der 2. Hälfte des 14. Jh. gehörten ihm mehr als 50 Dörfer, ein Besitz, der an Größe den aller übrigen Kl. Pommerns übertraf. Neben der Landwirtschaft (Grangien) entwickelte sich auch die Mühlenwirtschaft eine nicht unbeträchtliche. Hausindustrie. Bereits 1183 wurde für die Schiffahrt ein Zugang zur Oder hergestellt. Das bedeutendste Kolonisationswerk war die Kultivierung des Pyritzer Weizackers. Von K. sind drei weitere Zisterzienserkl. besetzt worden: 1186 Oliva bei Danzig, 1294 Marienwalde bei Arnswalde und in der 1. Hälfte des 14. Jh. Himmelstädt bei Landsberg a. d. Warthe. Etliche Äbte waren als Räte der pommerschen Hzg.e tätig. – Mit K. verbinden sich die sog. K.er Annalen (Codex Ms. theol. lat. Fol. 149 der Staatsbibl. Preuß. Kulturbesitz). Die Hs., vor der Mitte des 12. Jh. im Domkl. zu Lund entstanden, enthält eine auf Beda beruhende kurze Weltchronik, ein bis 1177 reichendes Annalenwerk, Ostertafeln, einen kirchl. Festkalender mit Nekrologeintragungen u. a. Sie gelangte um 1180 über das Prämonstratenserstift Belbuck bei Treptow a. d. Rega nach K. und wurde hier bis 1568 fortgesetzt. R. Schmidt

Lit.: P. WEHRMANN, Kl. K. und die Germanisierung Pommerns, 1. Teil (Beilage zum Programm des Kgl. Bismarck-Gymnasiums zu Pyritz, 1905) – H. HOOGEWEG, Die Stifter und Kl. der Prov. Pommerns, 1, 1924, 223–309 – H. HEYDEN, Kirchengesch. Pommerns 1957² – J. PETERSOHN, Forsch. und Q. zur pommerschen Kultgesch., vornehml. des 12. Jh. (Veröff. der Hist. Komm. für Pommern, R. IV: Forsch. zur pommerschen Gesch. 18, 1972) [darin: Unters. und Ed. des Lund-K.er Kalendariums, 52–61, 68–80] – DERS., Der s. Ostseeraum im kirchl.-polit. Kräftespiel des Reichs, Polens und Dänemarks vom 10. bis 13. Jh. (Ostmitteleuropa in Vergangenheit und Gegenwart 17, 1979) [Register] – K. CONRAD, Hzgl. Städtegründungen in Pommern auf geistl. Boden (Pommern und Mecklenburg, hg. R. SCHMIDT [Veröff. der Hist. Komm. für Pommern, R. IV: Forsch. zur pommerschen Gesch. 19], 1981), bes. 60–65 – R. BENL, Die Gestaltung der Bodenrechtsverhältnisse in Pommern vom 12. bis zum 14. Jh. (Mitteldt. Forsch. 93, 1986) [Register].

Kolberg, pommersche Stadt an der Mündung der Persante in die Ostsee; erste Erwähnung bei →Thietmar v. Merseburg als Bm. Salsa Cholbergiensis, das dem im Jahre 1000 errichteten Ebm. →Gnesen zugeordnet wurde und als Missionsbm. für die Pomoranen geplant war. Es ist fraglich, ob dieses Bm. als sakrale Institution je ins Leben getreten ist (PETERSOHN, 42). Ein nicht namentl. gen. Hzg. der Pommern hat sich in K. (castrum und urbs) 1107/08 dem poln. Hzg. →Bolesław III. Krzywousty unterworfen. Die von Bf. →Otto v. Bamberg 1125 in K. geweihte Marienkirche lag in der slav. Siedlung n. der Burg (aus der Mitte des 9. Jh.). Diese sog. »Altstadt« K. ist gemeint, wenn bei der Gründungsausstattung des pommerschen Bm.s Wollin 1140 auch von den Einkünften aus dem castrum K. die Rede ist. Neben dem Fischfang bildeten Salzgewinnung und -handel schon früh die Grundlage für die wirtschaftl. Bedeutung K.s und eines durch archäolog. Funde belegten weitreichenden Handels. In der Altstadt befand sich eine Johanniskirche (1222 von den Hzg.switwen Miroslawa und Ingardis dem großpoln. OSB-Kl. Mogilno [bei Gnesen] bestätigt). Die Anfänge des mit der Marienkirche verbundenen, 1219 bereits bestehenden Kollegiatstifts liegen im dunkeln; ob es schon vor 1176 anzusetzen ist, erscheint fraglich. 1248 überließ Hzg. →Barnim I. dem Bf. v. →Kammin (im Tausch gegen das Land →Stargard) das Land K. als Kern eines sich entwickelnden geistl. Territoriums. – 1255 gründeten der Kamminer Bf. Hermann v. Gleichen und der Pommernhzg. Wartislaw III. etwa 2 km n. der Altstadt eine dt. Stadt mit →Lübischem Recht, die seit 1278 allein dem Bf. unterstand, der in ihr seinen Sitz nahm. Das Kollegiatstift wurde an die hier als got. Hallenkirche erbaute Marienkirche verlegt. Eine Vereinbarung zw. Bf. Hermann und Herzog Barnim I. von 1273 belegt, daß auch im Lande K. nun der Zuzug dt. Siedler einsetzte. Die Marienkirche der Altstadt wurde dem 1277 gegr. OSB-Kl. (aus Rühn in Mecklenburg) zugewiesen, das 1468 ins Hl.-Geist-Hospital (seit 1266) bezeugt) der dt. Stadt verlegt wurde. 1267 besteht in K. ein →Kaland, um 1300 eine Domschule. Die im 12./13. Jh. von den Hzg.en z. T. kirchl. Institutionen verliehenen Salzkotten befanden sich seit der Mitte des 13. Jh. im Besitz der Bürgerschaft (Gilde der Salzsieder um 1300 gegr.). Seit dem 14. Jh. war K. Mitglied der Hanse. Im 15. Jh. kam es, zunächst wegen der Saline und des Hafens, dann im Zusammenhang mit dem sog. Kamminer Bf.sstreit, zu heftigen Streitigkeiten und z. T. krieger. Auseinandersetzungen der Stadt mit den Bf.en (→Henning, Iwen) sowie mit dem Domkapitel, in die auch die Hzg.e eingriffen. R. Schmidt

Q.: Das älteste K.er Stadtbuch von 1277–1373, bearb. E. SANDOW (BSt, NF 42, 1940), 90–137 – Das K.er Kotbuch von 1473, bearb. DERS., 1940 – Lit.: H. RIEMANN, Gesch. der Stadt Colberg..., 2 Bde, 1873 – H. HOOGEWEG, Die Stifter und Kl. der Prov. Pommern, Bd. 1, 1924, 310–390 – H. BOLLNOW, Stud. zur Gesch. der pommerschen Burgen und Städte im 12. und 13. Jh. (Veröff. der Hist. Komm. für Pommern, R. IV, 1964), 92–169 – J. PETERSOHN, Der s. Ostseeraum... (Ostmitteleuropa in Vergangenheit und Gegenwart 17, 1979).

Kölbigker Tanzlied → Tanzlied v. Kölbigk

Kollegiatkirche, Kollegiatstift. K.kirche ist eine nichtbfl. Kirche mit Klerikern, die zumeist mit zahlenmäßig fest bestimmten Präbenden ausgestattet sind (K.- oder Stiftskapitel). K.stift (Chorherrenstift) bezeichnet etwa seit dem 12. Jh. die Körperschaft oder das Kollegium von →Kanonikern (auch Kapitulare, Stifts- oder Chorherren gen.) an der K.kirche, und zwar als Niederstift im Gegensatz zu den als Hochstiften bezeichneten Domkapiteln, dessen gesch. und verfassungsmäßige Entwicklung es weitgehend teilte (→Kapitel I). Entstanden aus dem gemeinschaftl. Leben nichtmonast. Geistlicher, um 755 durch →Chrodegang v. Metz und 816 in den →Institutiones Aquisgranenses geregelt, wurden die K.stifte auch durch die Kirchenreform des 11. Jh. beeinflußt (→Augustiner-Chorherren; s. a. →Prämonstratenser). In diesem Jahrhundert wurde das Stiftsvermögen aufgegliedert und als Präbende einzelnen Chorherren zugeteilt. Die Anteile an Vermögen und Einkommen wurden meistens gemeinschaftl. verwaltet. Das gemeinsame Leben beschränkte sich weitgehend auf Gottesdienst und Stundengebet in der K.kirche. An der Spitze des K.stifts, dessen Mitglieder bisweilen auch Laien sein konnten, stand der vom Kapitel frei gewählte Stiftspropst oder -dekan. Die Mitgliederzahl war meist begrenzt, die Pfründen abgestuft, oft bestand ständ. Absperrung. Für ihre Zuteilung galt nach gemeinem Recht gemeinschaftl. Besetzung durch Bf. und Kapitel, in Stiftsbriefen (v. a. bei Neugründungen ab dem 12. Jh.) wurden auch andere Verfahren festgesetzt (z. B. ein Teil durch das K.stift, ein Teil durch das Herrscherhaus). Propst und Chorherren wohnten in der Umgebung der K.kirche in Pfründenhäusern mit eigenem Haushalt. Ein Konventgebäude mußte nicht vorhanden sein (z. B. Kapitelsitzungen im Hause des Propstes). Bei den Aufgaben der K.stifte standen neben dem Chordienst Pfarrfunktionen im Vordergrund. Die Stiftspröpste, später ihre Vertreter (Kustoden), besorgten die Pfarrseelsorge, die übrigen Chorherren versahen wochenweise den Gottesdienst. Archidiakone (St. Cassius in Bonn, St. Viktor in Xanten, Karden) und Kleinarchidiakonate (Dortmund, Koblenz-St. Castor und Koblenz-St. Florin) konnten mit Stiftspropsteien verbunden sein. Daneben bestanden gefreite Bezirke der Pröpste (z. B. Karden und Boppard). Im poln. Kirchengebiet waren die Archidiakone meist Inhaber selbständiger Dom- und Stiftsdignitäten. Das vereinzelt noch bestehende Bf.swahlrecht (Wahl durch Klerus und Volk), an dem auch die Chorherren teilhatten, wurde durch das Wahlrecht der Domkapitel verdrängt (D.63 c.35; X 1.6.42). Reichsrechtl. waren die meisten K.stifte reichsmittelbar, später landständ. und den Bf.en der Diöz. untergeordnet. Einige erlangten reichsfürstl. Würde und Exemtion (Fs.propsteien Weißenburg, Ellwangen, Berchtesgaden), andere als Eigenkirchen des Reiches Reichsunmittelbarkeit (Marienmünster, Aachen; Bartholomäusstift, Frankfurt, beide wegen des Zusammenhangs mit Kg.swahl und -krönung). S. a. →Kanonissen.
R. Puza

Lit: DDC III, 530–595 – Enciclopedia del diritto VI, 1960, 217–224 [M. Ferraboschi] – Feine, 188, 196–200, 202, 379–391 [391 f. Lit.] – HRG II, 932–935 – Plöchl I, 1960², 349–352; II, 1962², 155–163, 223 – RGG III, 1721 f. – P. Hinschius, Das Kirchenrecht der Kath., 1878, 49–161 – J. Heckel, Die evangel. Dom- und K.stifter Preußens, Kirchenrechtl. Abh. 100/101, 1924 – G. P. Marchal, Die Statuten des weltl. K.-Stifts St. Peter in Basel (Q. und Forsch. zur Basler Gesch. 4, 1972) – Ders., Die weltl. K.stifte der dt.- und frz.sprachigen Schweiz (Helvetia Sacra II/2, 1977) – Novissimo Digesto Italiano II, 1979, 849–856 [M. Gorino-Causa] – H. Maurer, Das Stift St. Stephan in Konstanz (Das Bm. Konstanz, 1 [= Germania Sacra NF 15], 1981) – Hb. des kath. Kirchenrechts, hg. J. Listl, H. Müller, H. Schmitz, 1983, 376–380 [R. Puza] – J. Köhler, Die Gründung und Verfassung des Chorherrenstiftes in Horb (600 Jahre Stiftskirche Heilig-Kreuz in Horb, hg. Ders., 1987), 53–64.

Kollekte, Kollektor. K. (von lat. colligere 'zusammenlesen, zusammentragen'), zunächst fast ausschließl. im kirchl. Bereich für Gebet, Fürbitte, Agende verwendet (z. B. K. vor den röm. Stationsgottesdiensten; Orationen oder kirchl. Bittgebete vor der Epistel in der tridentin. Messe). Jünger ist die Bedeutung von Einsammeln von (Geld-)Spenden in Kirchengemeinden, Orden (bes. Bettelorden), Zünften oder Gilden zur Bestreitung gemeinschaftl. Aufgaben (Gaben für die Eucharistie, Armenpflege, Unterhalt der Gemeindevorsteher, Hilfe für die anderen Gemeinden) – der Sache nach aber bereits für die urchr. Gemeinde bekannt (z. B. Apg 4,34 f.; 1 Kor 16,1; 2 Kor 8.9,11 f. [K. für Jerusalem]).

Anfang des 13. Jh. setzte die Entsendung und Bevollmächtigung von kurialen Einnehmern zur Erhebung des päpstl. Zehnten und der röm. Kirche geschuldeter Abgaben ein. Es bildete sich eine bes. Klasse von Beamten, Kollektoren, die mit der Apostol. →Kammer in Verbindung standen. Ihre Aufgaben waren: Verzeichnen und Einschätzen von Bedeutung und Ertrag der Objekte päpstl. Steuerpolitik (Benefizien, Präbenden); Festlegung der Höhe der Fiskalleistungen; Erhebung der päpstl. Zehnten, Einkünfte (Zwischennutzung) aus reservierten Benefizien und Ämtern, Annaten, Spolien, Zinsen und außerordentl. Abgaben (Kreuzzugszehnt). Aufgezeichnet in den Büchern der Apostol. Kammer (»Collectoriae« und »Introitus et exitus Camerae Apostolicae«) sind diese Auflistungen aussagekräftige Q. der Wirtschafts-, Geldund Kulturgesch. Die Namen zahlreicher Kollektoren, die in zwei Klassen aufgeteilt waren, wie die ihnen zugeteilten Gebiete (ztw. ein Generalkollektor mit diözesanen Subkollektoren für den ganzen dt. Sprachraum), sind bekannt. Die Erhebung der Gelder stieß oft auf Widerstand: Wo die weltl. Gewalt nicht Hilfe leisten wollte, konnten die Kollektoren mit Zensuren (Exkommunikation, Interdikt, Suspension) vorgehen. Sie standen in der Regel mit Kaufleuten in Verbindung, die die Summen an die Zentralstelle übermittelten. Da die Kollektoren, deren Niedergang nach dem avign. Exil einsetzte, auch mit diplomat. Aufgaben betraut waren, ist ein Zusammenhang mit der Entwicklung von Nuntiaturen in einzelnen Ländern (z. B. Spanien, Neapel) nicht auszuschließen.
R. Puza

Lit.: DDC III, 388–454, bes. 404–408 – Feine, 348 ff. – Plöchl II, 1962², 103, 111, 438 ff. – TRE XIX, 359–363 – Die päpstl. Kollektorien in Dtl. während des XIV. Jh., hg. J. P. Kirsch, 1894 [bes. Einl.] – H. Biaudet, Les nonciatures apostoliques permanent jusqu'en 1648, 1910 – A. Wynen, Die päpstl. Diplomatie, 1922, bes. 50–54 – R. Hierzegger, Collecta und Statio, ZKTH 60, 1936, 511–554 – R. Zerfass, Die Idee der röm. Stationsfeier und ihr Fortleben, LJB 8, 1958, 218–229 – N. del Ré, La Curia Romana, 1970³, 301 f.

Kolmarer Liederhandschriften → Liederhandschriften

Köln, Stadt am Rhein (Nordrhein-Westfalen) und Ebm.
A. Stadt – B. Erzbistum

A. Stadt
I. Antike – II. Mittelalter.

I. Antike: Die geograph. Lage K.s am Südrand der niederrhein. Tiefebene und am Schnittpunkt des Rhein-Wasser- und Landweges mit zwei Fernstraßen aus dem Inneren Galliens (über Trier bzw. Bavay) bot – gemeinsam mit hochwasserfreiem Siedlungsraum und einem natürl. Hafenbecken – günstige Bedingungen für die Entwicklung zum Handels- und Verwaltungszentrum. Voraussetzung für die Stadtwerdung war die Landnahme der germ. Ubier auf linksrhein., unter röm. Oberhoheit stehendem Gebiet (Aufnahme als verbündete 'civitas' in das Imperium durch Agrippa, den Statthalter Galliens, 39 v. Chr.). Das 'oppidum Ubiorum', der Vorort der Civitas auf K.er Stadtgebiet, mit der 'ara', der zentralen Kultstätte Germaniens, wurde zu einem bislang unbekannten Zeitpunkt gegr., jedoch vor 9 n. Chr. Es war mit Holz-Erde-Mauer nebst Graben umwehrt, durch ein regelmäßiges Straßennetz erschlossen, beherbergte eine Vielzahl von Handwerksbetrieben, Thermen (St. Cäcilien – St. Peter) und private Häuser (Wandmalereien, Mosaiken). Zuzug erfolgte aus Gallien und Italien sowie anderen Reichsteilen, nicht zuletzt bedingt durch die Einrichtung großer militär. ('legatus' des niedergerm. Heeres, Rheinflotte) und ziviler (wohl seit 85 v. Chr. Sitz des Statthalters der Germania inferior) Verwaltungsinstitutionen. Das mehrfach umgebaute Prätorium nahm schließlich eine Fläche von vier insulae ein.

50 n. Chr. wurde die Stadt (als erste in Niedergermanien) auf Veranlassung der hier geborenen Ksn. Agrippina zur Colonia (Colonia Claudia Ara Agrippinensium: CCAA) erhoben. Bald danach begann die Errichtung einer monumentalen Steinmauer (Länge: ca. 3912 m, 19 Rundtürme, 9 Tore, Graben). Sie umschloß ein Areal von 96,8 ha, erschlossen durch ein rechtwinkliges (jedoch nicht völlig gleichförmiges), in insulae (Wohnblocks) gegliedertes Straßennetz. Die Baugestalt des zentralen Forums (am Schnittpunkt von →Cardo und →Decumanus maximus) ist noch weitgehend unbekannt. Das Hauptheiligtum, das Capitolium, ist durch Grabungen unter der Stiftskirche St. Maria im Kapitol nachgewiesen und in die Frühzeit der Colonia datiert. Weitere, häufig nicht lokalisierte Tempel dienten z. T. der Verehrung von Gottheiten einheim. Ursprungs (z. B. kelt.-germ. Matronen-Göttinnen). Drei Mithräen sind festgestellt.

Die erst in Ausschnitten erforschten Wohn- und Wirtschaftsbauten umfassen neben einfachen 'Streifenhäusern' auch geräumige Häuser italischen Typs (mit Atrium und Peristyl). Mit dem Aufblühen K.s seit flavischer Zeit entstand ein Ring von Vorstädten (Verlagerung von Gewerbebetrieben: Töpfereien, Glashütten, Metallschmelzen, lederverarbeitende und Textilbetriebe, Speicher [horrea]). Fernhandelsbeziehungen bestanden u. a. mit Britannien, den Donauprov.en und der Germania libera. Die Friedhöfe wurden vornehml. entlang der Fernstraßen angelegt. Zahlreiche Siedlungsfunde aus dem Umland sind mit 'villae rusticae' zu identifizieren (Getreideanbau, Weidewirtschaft).

Niedergermanien wurde erst spät von den Germaneneinfällen des 3. Jh. betroffen. Nachdem Ks. Gallienus 257 sein Hauptquartier in K. aufgeschlagen hatte, machte der Usurpator Postumus die Stadt 260 zur Hauptstadt des von ihm begründeten kurzlebigen 'Gallischen Sonderreichs'.

Konstantin, der die Franken offensiv bekämpfte, errichtete zum Schutze K.s auf der rechten Rheinseite das Kastell Divitia/→Deutz (um 310-315), das er durch eine feste Brücke mit K. verband. Unter Konstantin sind, erstmals 313, ein Bf. und eine chr. Gemeinde bezeugt (Abschnitt B). Der Bf.ssitz ist unter der Domkirche identifiziert worden ('Domgrabung'). Bei (im Vergleich zu →Trier) eher spärl. Überlieferung sind Mitglieder der chr. Gemeinde durch Grabinschriften und wohl auch Grabbeigaben faßbar. Chr. Bestattungen sind u. a. im Bereich der ma. Stiftskirche St. Severin im Kontext eines bereits seit claud. Zeit bestehenden Gräberfeldes nachgewiesen (St.

Severin I: cella memoriae, mittleres 4. Jh.; St. Severin II: Coemeterialkapelle, um 400). Neben einer Coemeterialkirche der 2. Hälfte des 4. Jh. (im Bereich der Stiftskirche Hl. Jungfrauen/St. Ursula, im N) hat der Kernbau von St. Gereon, entstanden wohl nach Mitte des 4. Jh., als bedeutendste spätantike Sakralarchitektur zu gelten.

Nach einer letzten Periode relativer Stabilität unter Valentinian I. und Gratian setzte zu Beginn des 5. Jh. die Auflösung der röm. Herrschaft im gall.-germ. Bereich ein. Teile des Provinziallandes wurden germanischen Kriegern überlassen. Nach der Ermordung des →Aëtius (454) waren auch die wenigen unter röm. Kontrolle verbliebenen Stützpunkte am Rhein nicht mehr zu halten. Die Besetzung und Besiedlung K.s durch einen Verband der →Franken begann (sog. 'Francia Rinensis').

P. Noelke

Lit.: H. SCHMITZ, Colonia Claudia Ara Agrippinensium, 1956 – Frühchr. K., hg. Röm.-Germ. Museum K., 1965 – H. v. PETRIKOVITS, Altertum. Rhein. Gesch. 1, 1, 1978 – H. STEUER, Die Franken in K., 1980 – Führer zu vor- und frühgeschichtl. Denkmälern 37-39, Köln I-III, 1980 – Die Römer in Nordrhein-Westfalen, hg. H. G. HORN, 1987.

II. MITTELALTER: [1] *Topographie:* Die Gesch. der Stadt K. ist geprägt durch ihre verkehrsgünstige Lage am Südrand der niederrhein. Tiefebene in unmittelbarer Flußnähe. Ausgangspunkt der ma. Siedlung war die ummauerte röm. Colonia Claudia Ara Agrippinensium mit der Bf.skirche an der Stelle des heutigen Doms und dem Statthalterpalast (Prätorium), der in die Verfügungsgewalt der frk. Herrscher überging. Der röm. Stadt vorgelagert war eine schon in der Antike bebaute Rheininsel, die im MA infolge der Verlandung des sie abtrennenden Rheinarms enger an die Altstadt angeschlossen wurde. In otton. Zeit wurde die Rheinvorstadt wohl durch eine Mauer gesichert, deren Verlauf der östl. Begrenzung des ebfl. Hofzinssprengels entsprochen haben dürfte. Im 12. Jh. hat die Siedlung diese Grenze überwunden, eine neue Rheinmauer wurde im 13. Jh. weiter östl. errichtet. Die Hafenanlagen mit Anlegeplätzen für die verschiedenen Schiffstypen der Oberländer und Niederländer erstreckten sich über die gesamte Rheinfront. In der Rheinvorstadt lagen die großen Marktflächen des Alter Markts und des Heumarkts. Weitere Siedlungskerne bildeten Kirchen im Umkreis der Stadt, die fast alle auf röm. Friedhöfen standen. Während der Kämpfe zw. Heinrich IV. und Heinrich V. wurde 1106 die Stadtbefestigung im N (Niederich), im W beim Stift St. Aposteln und im S (Airsbach) erweitert. Mit der 1180 begonnenen Umwallung, die ein Gebiet von etwa 400 ha umschloß, erreichte das Stadtgebiet seine größte Ausdehnung. Der nachfolgend errichtete Mauerring besaß 11 Feldtore und zwei Eckbastionen am Rhein (Bayenturm, Frankenturm). Die Rheinmauer hatte zahlreiche Durchlässe (1470: 22).

Hauptkirche war der Dom (St. Peter und St. Maria, Weihe 870), der seit der Translation der Reliquien der Hl. →drei Könige 1164 ein Pilgerzentrum von europ. Rang wurde (Domneubau seit 1248). Ältere kirchl. Zentren waren die sieben städt. Männerstifte St. Gereon (ursprgl. Cömeterialbasilika), St. Severin (Cömeterialbasilika St. Cornelius und Cyprian), St. Kunibert (ursprgl. St. Clemens), St. Andreas (Stift unter Ebf. →Brun I.), St. Aposteln (vollendet von Ebf. →Pilgrim), St. Mariengraden (Weihe 1057) und St. Georg (erwähnt 1059, 1067) sowie die Damenstifte St. Maria im Kapitol (zunächst Kl.; ◻ Plektrudis, Gemahlin Pippins d. Mittleren), St. Ursula (Stift seit 922 durch Verlegung der Kanonissen von Gerresheim) und St. Cäcilien (941 bezeugt). Als erstes Benediktinerkl. gründete Brun I. um 957 St. Pantaleon, das bes.

von Ksn. →Theophanu gefördert wurde, die dort ihre Grablege wählte. Von Ebf. →Everger (986–988) wurde das von Brun errichtete Stift Groß St. Martin in ein Kl. umgewandelt, das bis zum Ende des 11. Jh. Schottenmönche beherbergte. Im 12. Jh. entstanden das Kl. St. Mauritius (1144) und das Machabäerkl. (1188) der Benediktinerinnen. Seit Ende des 12. Jh. ließen sich weitere Orden in K. nieder: Augustiner, Mechtern (1180–1276); Augustinerinnen, St. Maximin (1188), Weiherkl. (1198); Dt. Orden (um 1217, St. Katharina); Zisterzienserinnen, Mariengarten (um 1220), Sion (1246); Dominikaner (1221), Dominikanerinnen (1257, St. Gertrud); Minoriten (1221, 1229); Klarissen (1304); Karmeliter (1256); Augustinereremiten (1264); Weißfrauen (1229); Johanniter (1237, St. Johann und Cordula); Sackbrüder (1260–75); Antoniter (1298); Alexianer (1306); Kreuzbrüder (1307); Kartäuser (1334); Brüder vom gemeinsamen Leben (1402, Weidenbach); Windesheimer Kanoniker (1426, Herrenleichnam). K. war ein Zentrum der →Beginen. Bis 1500 lassen sich etwa 150 Beginenhäuser nachweisen. 1291 wurde ein Begardenhaus gegr., das 1328 an die Franziskanertertiarier (Olivenbrüder) überging. Das ma. K. zählte 35 Hospitäler. Die Zahl der Pfarrkirchen, deren Entstehungszeit durchweg hypothet. ist, wuchs bis zum HochMA auf 18 (seit 1333 durch Anerkennung der Pfarreigenschaft von St. Maria im Pesch 19). Darüber hinaus gab es eine Vielzahl von Kapellen. Die Kirchen, aus deren Anordnung man die bewußte Gestaltung einer Sakrallandschaft herausgelesen hat, prägten wesentl. das Erscheinungsbild der Stadt. Der Reliquienreichtum (11000 Jungfrauen) förderte Ruhm und Attraktivität K.s.

Die Judengemeinde, deren Ursprünge bis in die Spätantike zurückreichen, verfügte über ein geschlossenes Wohnbezirk im Kirchspiel St. Laurenz mit Synagoge, Frauensynagoge, Bad und Gemeindehaus. 1349 wurden die Juden vertrieben, 1372 wieder aufgenommen und 1424 endgültig vertrieben. Die Synagoge wurde in die Ratskapelle St. Maria in Jerusalem umgewandelt.

[2] *Stadtgeschichte im Früh- und Hochmittelalter:* Nach der Einnahme K.s durch die Franken vor 459 war die Stadt Residenz der sog. ripuar. Kg.ssippe. Die kgl. Präsenz ging nach der Integration das Reich der Merowinger zurück, wenn K. auch weiterhin ein zentraler Ort im austras. Reichsteil blieb. Durch die Abschwächung der kgl. Residenzfunktion gewannen die K.er Bf.e an Bedeutung für die Stadt. Unter Kg. Dagobert spielte Bf. →Kunibert (ca. 626–nach 648) eine führende Rolle. In der Amtszeit Bf. →Hildebolds (787–818) wurde K. zum Ebm. erhoben. 881/882 zerstörten die Normannen die Stadt. Entscheidend für die weitere Entwicklung war der Episkopat Bruns (953–965), dem Bruder Ottos I., in dessen Zeit man die Ausgliederung der Stadt mit ihrer Bannmeile aus dem Kölngau und damit die Bildung eines städt. Hochgerichtssprengels verlegt. Die Ebf.e profilierten sich als Stadtherrn. Ihre Hofhaltung bildete das ideelle Zentrum der Stadt. Sie verfügten über das Hochgericht und die später als Regalien definierten Rechte an Münze (ebfl. Prägungen neben kgl. seit Ebf. →Pilgrim, 1021–36, seit Ebf. Anno II., 1056–75, ausschließlich), Zoll, Maß, Rheinstrom und Befestigung. Die ebfl. Münze auf dem Alter Markt wurde von einem Münzerhausgenossenkonsortium betrieben. Von in Privateigentum überführten öffentl. Grund bezogen die Ebf.e einen Hofzins. Der größte Teil der städt. Bevölkerung unterstand nur der Gerichts- und Schutzherrschaft der Ebf.e, war also persönl. frei. Unter den unfreien Stadtbewohnern ragten die Wachszinser des Doms und der anderen Kirchen hervor. Als ordentl. Hochrichter erscheint seit dem 11. Jh. als Vasall des Ebf.s ein edelfreier Burggraf, dem die kgl. Bannleihe unmittelbar zuteil wurde. Neben ihn trat seit der Zeit Annos II. konkurrierend der der ebfl. →Ministerialität angehörende Stadtvogt. Urteiler im Hochgericht waren bürgerl. Schöffen (belegt 1103). Von den Hofbeamten des Ebf.s wirkten v. a. die Zöllner und Kämmerer in der Stadt.

Bürgerl. Autonomiebestrebungen werden erstmals 1074 in einem Aufstand gegen Ebf. Anno II. erkennbar. Als treibende Kraft dieser Bewegung hat →Lampert v. Hersfeld die Kaufmannschaft herausgestellt. Deutlichere Konturen erhält das Aufstieg der Bürgerschaft unter Ebf. →Friedrich I. (1100–31). Der in der →Kölner Kg.schronik zu 1112 überlieferte Satz »Coniuratio Colonie facta est pro libertate« wird heute allerdings nicht mehr einhellig auf eine bürgerl. Schwurvereinigung bezogen (vgl. auch →coniuratio). Dennoch dürften die Gründung einer Genossenschaft des Meliorats (→Richerzeche) mit zwei jährl. wechselnden Bürgermeistern an der Spitze und damit zusammenhängend die Schaffung eines Stadtsiegels (ältester Beleg 1149) und die Einrichtung eines Bürgerhauses (bezeugt um 1130) in die Jahre zw. 1114 und 1119 gehören. Die Schöffen nahmen seither auf dem Bürgerhaus im Verein mit den meliores kommunale Leitungsfunktionen wahr. Zu dem in der Richerzeche organisierten Meliorat hatten auch in der Stadt ansässige ebfl. Ministerialen Zugang gefunden. Die K.er Oberschicht des 12. Jh. kannte keine schroffe Abgrenzung von Bürgertum und Ministerialität.

Der Ausformung bürgerl. Institutionen für die Gesamtstadt war wohl die Organisation von Selbstverwaltungskörperschaften in den überwiegend an Pfarrsprengeln orientierten 12 Unterbezirken (→Sondergemeinden, besser in Anlehnung an die Q. Kirchspiele, Parochien) vorangegangen. Die Amtleutekollegien mit Burmeistern an der Spitze tagten in eigenen Geburhäusern. Sie übten bis zum Ende des 14. Jh. die niedere Gerichtsbarkeit aus und verwalteten das Vermögen der Pfarrkirchen. Im 13. Jh. erlangten sie z. T. entscheidenden Einfluß auf die Pfarrerwahlen. Seit etwa 1130 führten die Amtleute sog. Schreinskarten (später →Schreinsbücher) über Kauf, Erbschaft und Verpfändungen von Häusern und Grundstücken sowie Bürgerlisten zu Steuerzwecken.

Die bürgerl. Autonomie entwickelte sich im Laufe des 12. Jh. stetig weiter. Ein städt. Urkk.wesen ist seit 1149 nachzuweisen. Zur selben Zeit war schon ein Stadtbuch (Schöffenschrein) in Gebrauch.

Während des dt. Thronstreits war K. zwar zeitweise der wichtigste Stützpunkt der welf. Kgtm.s, die Bürgerschaft stand aber nicht einhellig auf der Seite Ottos IV. Gegen den drohenden Aufstieg der stauferfreundl. Kräfte nach dem Sieg Friedrichs II. und als Reaktion auf Abgrenzungstendenzen innerhalb des Meliorats bildete sich nach der Wahl →Engelberts I. zum Ebf. 1216 ein Rat, der das Schöffenregiment in der bestehenden Form ablösen wollte. Er wurde nach kurzer Zeit unterdrückt, lebte aber, gestützt auf die Kirchspiele unter Heinrich von Müllenark (1225–38), wieder auf, allerdings mit reduziertem Anspruch. Einfluß hatte der Rat zunächst v. a. auf dem Gebiet der Stadtfinanzen. Erst seit 1258 wurde er als Glied des Stadtregiments anerkannt und entwickelte sich bis 1268 zu der führenden städt. Behörde. Der Rat schuf zahlreiche Ratsämter (z. B. Rentmeister für die Stadtkasse). Seit 1318 ist ein weiterer Rat als Vertretung der Kirchspiele bezeugt. Seit den Jahren des Thronstreits bestanden Spannungen innerhalb der städt. Oberschicht, die 1268 durch die Vertreibung der Geschlechtspartei der Weisen (von der Mühlengasse) durch die der Overstolzen ihre Lösung fanden. Auseinandersetzungen zw. der Stadt und Ebf. →Konrad v. Hochstaden (1238–61) wurden 1258 im Großen Schied geschlichtet. 1259 versuchte Konrad, gestützt auf handwerkl. Bruderschaften und andere mit der Geschlechterherrschaft unzufriedene Kreise, durch Absetzung der Schöffen und Ächtung von Angehörigen des Meliorats seine stadtherrl. Rechte zu stärken. Unter seinem glücklosen Nachfolger →Engelbert II. v. Berg wurden die alten Verhältnisse 1262 wiederhergestellt und ab 1263 durch ein Bündnissystem mit adligen →Außenbürgern gesichert. Durch die Niederlage des →Siegfrieds v. Westerburg in der Schlacht v. →Worringen 1288 wurde die städt. Autonomie weiter gefestigt. Dem Ebf. blieben aber die durch den Kauf der Burggrafschaft 1279 verstärkten Gerichtsrechte erhalten.

[3] *Stadtgeschichte im Spätmittelalter:* Das 14. Jh. war geprägt durch die Herrschaft der 15 Geschlechter, die den Rat stellten. 1370/71 kam es zu einem Aufstand der Weber. 1388 wurde auf städt. Initiative eine Univ. gegr., deren Vorläufer die Domschule (im späten 12. Jh. Blüte der Kanonistik) und die seit 1248 errichteten Generalstudien der Bettelorden waren, an denen u. a. →Albertus Magnus, →Johannes Duns Scotus und Meister →Eckhart lehrten. Gegen Ende des 14. Jh. gerieten die herrschenden Geschlechter unter den Druck wirtschaftl. starker Gruppen (führend die Gaffel Eisenmarkt), die nach polit. Einfluß strebten. Ihre Spaltung in Parteien (Greifen-Freunde) beschleunigte ihren Niedergang. 1396 wurde die Geschlechterherrschaft beseitigt. Der durch den Verbundbrief vom 14. Sept. 1396 begründete neue Rat wurde von 22 Gaffeln (ursprgl. Kaufleutekorporationen, seit 1396 auch aus einer oder mehreren Zünften und freien Mitgliedern gebildet) gewählt. Als Gemeindevertreter fungierten die Vierundvierziger. Ein Umsturzversuch 1481/82 scheiterte. Am 19. Sept. 1475 war K. wegen seiner reichstreuen Haltung im Neusser Krieg gegen Karl d. Kühnen von Ks. Friedrich III. der Status einer freien Reichsstadt verbrieft worden.

Herausragende Werke K.er Geschichtsschreibung waren die Bf.skataloge und Viten (»Vita Brunonis« des →Ruotger) sowie die universal ausgerichtete K.er Kg.schronik. Im Auftrag der Weisen entstand um 1260 eine nur in Frgm.en erhaltene lat. Verschronik. Um 1270 schrieb der spätere Stadtschreiber →Gottfried Hagen eine dt. →Reimchronik. An diesem Werk orientierte sich das Gedicht über die Weberschlacht (nach 1371). Die zum Umsturz von 1396 führenden Ereignisse behandelt das »Neue Buch« Gerlachs v. Hauwe. Auf bescheidene chronist. Werke des 14. Jh. folgte die »Agrippina« des Heinrich v. Beeck (um 1469–72), die in der 1499 gedruckten »Koelhoffschen Chronik« verarbeitet wurde.

[4] *Wirtschaft:* Die Q. zur K.er Wirtschaftsgesch. fließen erst seit dem 11. Jh. reichlicher. Aber schon für die Merowinger- und die Karolingerzeit wird mit einem leistungsfähigen Handwerk gerechnet, das nicht nur Gegenstände des tägl. Bedarfs lieferte, sondern auch Luxusartikel für die kgl. und bfl. Hofhaltung und die zahlreichen Kirchen (Goldschmiedearbeiten, Glas, Keramik). Darüber hinaus war K. regionales Marktzentrum. Ackerbau, Viehhaltung und Weinbau in der Stadt und ihrem Umland sicherten die Versorgung der Bevölkerung. Die Randlage K.s im frk. Reich setzte der Entfaltung des Fernhandels gewisse Grenzen. Über K. lief aber der Export von Wein, Mayener Basalt (Mühlsteine) und Keramik (→Badorfer, →Pingsdorfer Ware). Die Eingliederung der Stadt in das otton. Reich änderte die Standortbedingungen grundlegend. Im 10. Jh. wurde K. zu einem der bedeutendsten Marktorte des dt. Reiches mit vorbildl. Marktrecht. Die Münzprägung wurde intensiviert; der K.er Pfennig begann seinen bis zum Ende des 13. Jh. währenden Aufstieg. Im 11. Jh. wurden in K. drei Messen gehalten: zu Ostern, zu Petri Kettenfeier (1. Aug.) und zum Severinsfest (23. Okt.). Die stark spezialisierten Märkte lagen in der Rheinvorstadt. Die Gründung des Neumarkts bei St. Aposteln, wohl im frühen 11. Jh., erwies sich als Fehlschlag. Im SpätMA wurde dort der Viehhandel abgewickelt. Seit dem 12. Jh. überlieferte bürgerl. Beinamen weisen auf starken Zuzug nach K. hin. Die K.er Gewerbe produzierten für den Export (Tuch, Pelze, Metallwaren, Schwerter, Goldschmiedearbeiten, Kunstgegenstände). K.er Kaufleute sorgten für den Absatz und die Beschaffung von Rohstoffen (engl. Wolle, Metalle). Für fremde Kaufleute war K. Umschlag- und Etappenplatz. Hier kreuzte sich die ns. ausgerichtete Rheinroute mit der von Flandern nach Sachsen führenden Ost-Westroute. Die Gunst der Lage ermöglichte die Ausbildung eines Stapelrechts, das 1259 voll entwickelt erscheint. Durch den Stapel bezog K. erhebl. Profit aus dem Zwischenhandel; der Stadthaushalt konnte sich stark auf Erträge aus →Akzisen stützen. K. war herausragender Finanz- und Kreditplatz (→Lombarden). Schon im 12. Jh. wurde die sog. jüngere Satzung des Pfandrechts entwickelt. Groß war die Bedeutung des Englandhandels (Weinexport). K. erhielt 1175/76 Privilegien von Heinrich II. und gründete ein Handelshaus in London (Stalhof), das später als Hansekontor diente. Weitere Ziele des Handels waren die Niederlande (seit dem späten 14. Jh. v. a. Antwerpen, ansonsten Brügge), Skandinavien, der Ostseeraum, die Donauroute (Tuchhandel), der Oberrhein (Straßburg, Basel), Italien, die Moselroute, Frankreich (→Champagnemessen) und die iber. Halbinsel (Lissabonfahrer). Seit etwa 1330 lassen sich K.er auf der Frankfurter Messe nachweisen. Der Ebf. hatte seit dem 12. Jh. nur noch über seine Rechte an Zoll, Waage, Maß, Grut und Rheinstrom Anteil an Handel und Gewerbe. Eine Kaufmannsgilde führte im 12. Jh. nur noch ein Schattendasein. Seit dem 13. Jh. findet man spezialisierte Kaufmannseinungen wie die Fraternitas Danica (1247) und die Englandfahrer. Im 14. Jh. entstanden in den Gaffeln neue Kaufleutekorporationen (Eisenmarkt, Himmelreich, Windeck). K.er Kaufleute nahmen im Ausland die hans. Privilegien für sich in Anspruch. K. nahm zwar im hans. Verband regionale Vorortfunktionen wahr, verfolgte aber auch wiederholt die hans. Politik widerstrebende Eigeninteressen. Von 1471–76 war K. wegen seiner eigenmächtigen Englandpolitik sogar verhanst. Handwerkerzünfte sind seit dem 12. Jh. bezeugt (Bettziechenweber 1149). Für Zunftgründungen war die Richerzeche zuständig (um 1185 Drechsler, 1225 Filzhutmacher). Die stärkste Zunft war die der Wollenweber, die auch die Deutzer Weber und – über ein Verlagssystem – darüber hinaus noch das weitere Umland kontrollierte. Auch in anderen Gewerben wird mit Verlagspraktiken gerechnet. Ein bedeutendes Gewerbe waren die Blaufärber. Nach der Auflösung der Richerzeche übernahm der Rat die Zunftaufsicht. Im SpätMA läßt sich die Ansiedlung neuer Gewerbe (etwa Seidenverarbeitung) in K. feststellen. Eine Besonderheit stellen die →Frauenzünfte dar. Im Wirtschaftsleben der Stadt spielten die zahlreichen kirchl. Institutionen K.s eine bedeutende Rolle, bes. im Bereich des Weinhandels und -ausschanks, wobei die →Privilegien der Geistlichen oft auf den Widerstand der Bürgerschaft stießen.

1464/66 führte Ulrich →Zell den Buchdruck ein. K. wurde bald ein bedeutendes Zentrum der Buchproduktion. Die in der älteren Forschung vorherrschende Ansicht, die K.er Wirtschaft habe seit dem SpätMA stagniert oder gar einen Niedergang erlebt, weicht in jüngerer Zeit einer positiveren Einschätzung der K.er Wirtschaftskraft.

M. Groten

Q. und Lit.: zu [1-3]: Q.: Q. zur Gesch. der Stadt K., ed. L. ENNEN-G. ECKERTZ, 6 Bde, 1860-79 – Die Chroniken der dt. Städte 12-14, 1875-77 – W. STEIN, Akten zur Gesch. der Verfassung und Verwaltung der Stadt K. im 14. und 15. Jh., 2 Bde, 1893-95 – R. HOENIGER, K.er Schreinsurkk. des zwölften Jh., 1884-94 – R. KNIPPING, Die K.er Stadtrechnungen des MA, 2 Bde, 1897/98 – H. KEUSSEN, Topographie der Stadt K. im MA, 2 Bde, 1910 – DERS., Die Matrikel der Univ. K., 1928ff. – TH. BUYKEN-H. CONRAD, Die Amtleutebücher der köln. Sondergemeinden, 1936 – H. PLANITZ-TH. BUYKEN, Die K.er Schreinsbücher des 13. und 14. Jh., 1937 – Lit.: L. ENNEN, Gesch. der Stadt K., 5 Bde, 1863-80 – F. LAU, Entwicklung der kommunalen Verfassung und Verwaltung der Stadt K. bis zum Jahre 1396, 1898 – R. KOEBNER, Die Anfänge der Gemeinwesens der Stadt K., 1922 – W. HERBORN, Die polit. Führungsschicht der Stadt K. im SpätMA, 1977 – G. HELLENKEMPER-E. MEYNEN, K. (Dt. Städteatlas II, 6, 1979) – K. MILITZER, Ursachen und Folgen der innerstädt. Auseinandersetzungen in K. in der zweiten Hälfte des 14. Jh., 1980 – H. STEHKÄMPER, Die Stadt K. in der Salierzeit (Die Salier und das Reich, III, hg. S. WEINFURTER, 1991), 75-152 – zu [4]: Q.: H. v. LOESCH, Die K.er Zunfturkk.... bis zum Jahre 1500, 2 Bde, 1907 – B. KUSKE, Q. zur Gesch. des K.er Handels und Verkehrs im MA, 4 Bde, 1917-34 – Lit.: Zwei Jahrtausende K.er Wirtschaft, hg. H. KELLENBENZ, Bd. 1, 1975 – F. IRSIGLER, Die wirtschaftl. Stellung der Stadt K. im 14. und 15. Jh., 1979.

B. Erzbistum

I. Erzbischöfe – II. Kirchenprovinz, Innere Organisation des Erzbistums – Niederkirchenwesen, Priorenkolleg – III. Domkapitel und geistliche Verwaltung im Spätmittelalter – IV. Territorium und weltliche Verwaltung.

I. ERZBISCHÖFE: Während sich erste christl. Zeugnisse in der röm. civitas Colonia Claudia Ara Agrippinensium bereits im 2. und 3. Jh. finden lassen, ist die Existenz eines K.er Bm.s frühestens 313 gesichert. Der erste bekannte K.er (und spätere Trierer) Bf. war Maternus (Teilnahme an den Synoden in Rom und Arles 313, 314; →Donatisten). Die Absetzung seines Nachfolgers Euphrates wegen Apostasie durch eine angebl. K.er Synode (346) ist eine Fiktion des 8. und 10. Jh. Ihre Entstehung verdankte sie dem Anspruch →Triers auf den kirchl. Primat im frk.-dt. Reich. Der Sprengel des spätantiken K.er Bm.s deckte sich weitgehend mit den Provinzgrenzen der röm. civitas. Der Untergang der civitas-Verfassung in Niedergermanien um 400 und die endgültige Inbesitznahme K.s durch die Franken 459 bedingten eine Lücke in der Bf.sliste von 397 (Tod des hl. →Severin, des ersten in K. selbst nachweisbaren Bf.s) bis 565/567. Die mit personeller Hilfe der Bf.e v. Trier vorangetriebene und von den frk. Herrschern unterstützte kirchl. Erneuerung K.s war unter →Kunibert (ca. 626-ca. 648) abgeschlossen.

Ende des 6. Jh. begann die bis zum Ende des 13. Jh. reichende, kontinuierl. enge Bindung der K.er Bf.e an Kg. und Reich. Die Vertrauensstellung bei den merow. Kg.en ist durch Teilnahme an Reichskonzilien, wichtige Gesandtschaften und Vormund- bzw. Regentschaften für die in K. residierenden Unterkg.e Austrasiens (→Dagobert I., →Sigibert III.) gekennzeichnet. Ihre Dienste für den Bestand des Reiches belohnten die Kg.e mit Schenkungen von Kg.sgut (u. a. castellum →Utrecht). Schon vor 638 besaßen die K.er Bf.e nähere Beziehungen (amicitia) zu den Pippiniden. Der Plan Papst Zacharias' von 745, K. mit der Erhebung des →Bonifatius zum Bf. zum kirchl.-polit. Zentrum für dessen weitreichende Reform- und Missionspläne zu machen, scheiterte am Widerstand des reformfeindl. frk. Episkopats. Karl d. Gr. belohnte den unermüdl. Hofdienst Bf. →Hildebalds 794/795 mit dem zunächst persönl. verliehenen Ehrentitel eines archiepiscopus. Die prokgl. Parteinahme Ebf. Gunthars im Prozeß um die Ehescheidung Kg. →Lothars II. (860-863) erregte den heftigen Widerspruch Papst Nikolaus' I., der jenen noch 858/860 als ersten K.er Ebf. mit dem Pallium ausgezeichnet hatte. Die röm. Synode v. 863 bestrafte Gunthar mit Absetzung und Exkommunikation.

Die norm. Zerstörung K.s 881/882 bremste den Aufstieg zur führenden Macht im niederrhein.-lothr. Gebiet, der dann unter Ebf. →Brun erfolgreich vorangetrieben wurde. Seine hegemoniale Stellung zeigte sich v. a. in seinen Ämtern als sog. archidux in Lotharingien (ab 953) und als Reichsverweser (961-965). Mit der im kgl. Auftrag ausgeübten Hochgerichtsbarkeit und den ihm verliehenen Bannabgaben legte er den Grundstein für die bis 1288 behauptete Stadtherrschaft der Ebf.e. Entscheidende Weichenstellungen im Verhältnis zu Kg. und Papst erfolgten unter den Ebf.en →Pilgrim und →Hermann II., die die hervorragende Stellung der K.er Ebf.e im dt. Episkopat begründeten. Neben dem Vorrecht der Krönung des dt. Kg.s erhielten sie von den Saliern das Erzkanzleramt für Italien (seit 1031). Mit dem berühmten Privileg vom 7. Mai 1052 verlieh Papst Leo IX. dem K.er Ebf. wichtige Ehren- und Vorrechte: außer der Bestätigung des Krönungsrechts und des Erzkanzleramts des apostol. Stuhls (1051-67) mit Übertragung der röm. Kirche S. Giovanni a Porta Latina v. a. die Einrichtung eines lokalen Kardinalats mit sieben Kard.priestern und ebenso vielen Diakonen und Subdiakonen zur Meßfeier an den beiden Hauptaltären im K.er Dom sowie das uneingeschränkte Recht des K.er Ebf.s auf Leitung der Synoden in seiner Kirchenprov. und den primatus sedendi nach dem Papst oder seinem Legaten.

Die unermüdl. Sorge um den Fortbestand des Reiches und um ein einvernehml. Verhältnis zw. Papst und Kg., die das polit. Handeln →Annos II. vorrangig leiteten, diente seinen ebfl. Nachfolgern nicht als Vorbild. Im →Investiturstreit standen sie vielmehr dem Kg. als äußerst loyale Parteigänger zur Seite. Nach 1122 (→Wormser Konkordat) schwand der herrscherl. Einfluß auf die Besetzung des K.er Ebm.s merkl.; →Rainald v. Dassel und →Philipp v. Heinsberg sind die einzigen Ebf.e, die ohne Rücksicht auf die rechtmäßige Wahl auf kgl. Befehl erhoben wurden. Die Bf.swahl war zw. 1131 und 1261 durch die Rivalität der rhein. Adelsgeschlechter →Berg und →Are-Hochstaden bestimmt, die bis 1297 11 von 17 Ebf.en stellten. Neben der Sicherung einer ausreichenden materiellen Basis nutzten die stauf. Kg.e die Übertragung des lothr. und westfäl. Dukats (1151 bzw. 1180) v. a. dazu, um die Ebf.e stärker im Reichsverband zu verankern und die Verfügbarkeit ihrer großen Lehnsmannschaft zu erhöhen. An den Auseinandersetzungen Friedrich Barbarossas mit Alexander III. und den it. Kommunen hatten die Ebf.e wesentlichen Anteil.

Der sich an der Englandpolitik und der Regelung der Nachfolge im dt. Kgtm. entzündende Streit zw. den Ebf.en und den Staufern gipfelte 1198-1204 in der Schaffung und Unterstützung eines welf. Kgtm.s durch Ebf. →Adolf v. Altena. Sein Wechsel zu →Philipp v. Schwaben 1204 führte zum ersten bis 1216 dauernden Bf.sschisma. Obwohl →Engelbert v. Berg als Erzieher Heinrichs (VII.) und Reichsverweser (1220-25) noch einmal ins stauf. Lager zurückfand, verfocht →Konrad v. Hochstaden im Bündnis mit Papst und Ebf. v. Mainz seit 1240/41 eine wirksame antistauf. Politik. Seit der ausgehenden Stauferzeit stieg der Ebf. v. K. durch den Rückzug des Kgtm.s zum eigtl. Träger der Ks.sgewalt im NW des Reiches auf, wo Konrad v. Hochstaden Ende 1258 von Kg. Richard v.

Cornwall nicht nur die Reichsrechte, sondern auch 1260 das Recht erhielt, hier anstelle des Kg.s Bf.e einzusetzen. Der sich seit 1250 zuspitzende Konflikt der Ebf.e mit den Bürgern von K. um die Stadtherrschaft und mit den benachbarten niederrhein. Territorien →Brabant, →Jülich, Berg und →Kleve um die Hegemonie im NW mündete in die Katastrophe von 1288 (Schlacht v. →Worringen), die die Vormachtstellung des Ebf.s endgültig beseitigte.

Seit 1274 (erste päpstl. Reservation) entschied das Papsttum über die Besetzung des Ebm.s. 1332 providierte erstmals Johannes XXII. in →Walram v. Jülich einen Ebf. v. K. Trotz der von Papst und Kard.en geforderten Unsummen an Servitiengeldern und Kreuzzugszehnten bestanden zw. den Ebf.en und den Päpsten im 14. und 15. Jh. einvernehml. Beziehungen. Erst seit 1480 besaß der Ebf. v. K. das päpstl. Vertretungsrecht als legatus natus in seiner Kirchenprov. Die Ebf.e des 14. und 15. Jh. übten den ihrem fsl. Rang gemäßen Einfluß auf Politik und Verfassung des Reiches in sehr unterschiedl. Intensität aus. Als loyale Parteigänger des avign. Papsttums erkannten Heinrich v. Virneburg und →Walram v. Jülich das Kgtm. →Ludwigs d. Bayern nicht an. Die 1338 (→Rhenser Kurverein) und 1346 (Wahl Karls IV.) sichtbaren geringen reichspolit. Ambitionen des Ebf.s änderten sich erst unter →Wilhelm v. Gennep, dessen großer (außenpolit.) Einfluß auf Karl IV. sich auch in der Mitwirkung an der Redaktion der →Goldenen Bulle (1356) niederschlug. In den durch den →Hundertjährigen Krieg bedingten wechselnden Bündnissystemen versuchten die Ebf.e, eine neutrale Haltung einzunehmen, die insbes. Rücksicht auf den England-Handel der Stadt K. nahm. →Dietrich v. Moers wirkte als maßgebl. Befürworter einer oligarch. Leitung des Reiches durch die Kfs.en (Kurverein v. →Bingen 1424) führend in der neutralen Haltung von Ks. und Kfs.en (Frankfurter Protest von 1432/38) im Streit zw. Papsttum und →Baseler Konzil mit. Dietrichs Besetzung und Kontrolle der Bf.sstühle v. Paderborn, Münster, Osnabrück und Utrecht sowie seine Einmischung und Vermittlerrolle in regionalen Erbfolgestreitigkeiten führten zum Konflikt mit Hzg. →Philipp d. Guten v. Burgund, der im Bündnis mit dem niederrhein. Fs. seinen Herrschaftsbereich bis zur Weser auszudehnen versuchte. Durch die Niederlagen in der →Soester Fehde (1444-49) und der →Münsterschen Stiftsfehde (1450-56) sank das Erzstift endgültig zu einer zweitrangigen Macht herab und spielte bis zur Aufhebung 1802/03 keine führende Rolle in der Reichspolitik mehr.

Der Anspruch des Ebf.s v. K. auf die Krönung und Salbung des dt. Kg.s läßt sich erstmals 936 bei der Wahl Ottos I. nachweisen. Die Ebf. Pilgrim übertragene, gegen Mainz gerichtete Weihe Heinrichs III. zum dt. Kg. in Aachen, Ostern 1028, erlangte »traditionsbildende Bedeutung« (BOSHOF) für Krönungsort und Krönungsrecht des K.er Ebf.s. Für den verfassungsmäßigen Wandel im Verfahren der Erhebung des Kg.s seit 1198 leistete Ebf. Adolf v. Altena als eifriger Verfechter des Fs.enwahlrechts einen der elementarsten Beiträge. Seine Durchsetzung des ersten Rangs der K.er Kirche unter den Reichsfs.en, der v. a. im Anspruch auf die prima vox bei der Kg.swahl zum Ausdruck kam, löste den dt. Thronstreit aus. Konrad v. Hochstaden gewann die zeitweilig an Mainz verlorene führende Rolle K.s bei den Kg.swahlen 1246, 1247 und 1257 zurück. Er beanspruchte v. a., daß bei Doppelwahlen die Kur des K.er Ebf.s den Ausschlag gebe. Nach der seit 1262 nachweisbaren »Kölner Theorie« (ERKENS) gründete sich der Vorrang des K.er Ebf.s gleichermaßen auf sein Wahl- und Krönungsrecht. Während sein Votum bei Zwiekuren ein bes. Gewicht erhielt, wurde die Aachener Krönung als der allein herrschaftsbegründende Rechtsakt verstanden. Die konstitutive Bedeutung der Krönung konnten die Ebf.e 1292, 1308, 1314 (?) erstmals durchsetzen. Heinrich v. Virneburg steigerte die K.er Forderung nach Wahlentscheidung bei Doppelwahlen zur Richterkompetenz über die beiden Gewählten. Heinrich scheiterte mit seiner Unterstützung →Friedrichs d. Schönen bei der Anwendung seiner Theorie völlig. Die Goldene Bulle wertete die Stimme des K.er Ebf.s gegenüber der Mainzer und Trierer Kur erhebl. ab.

II. KIRCHENPROVINZ, INNERE ORGANISATION DES ERZBISTUMS – NIEDERKIRCHENWESEN, PRIORENKOLLEG: Im Rahmen der Durchführung der Metropolitanverfassung Karls d. Gr. erhielt K. Anfang des 9. Jh. (vor 811) seinen Rang als Metropole zurück, den es bereits zw. 400 und Anfang des 8. Jh. besessen hatte (erster Beleg für die K.er Kirchenprovinz: Weihe Bf. →Liudgers v. Münster, 805). Glieder der K.er Kirchenprovinz waren die Bm.er →Tongern-Lüttich (um 814/816), →Minden (nach 803/804), →Münster (ab 805), →Osnabrück (um 803?) und Utrecht (777, vor 811). Das Bm. Bremen (um 800 gegr.) schied durch seine Vereinigung mit dem Ebm. →Hamburg (847/864) aus der K.er Kirchenprovinz aus. Der Versuch Philipps v. Heinsberg, die K.er Kirchenprovinz durch die Angliederung des Bm.s →Cambrai 1168 zu vergrößern, schlug fehl.

Die Anfänge eines Pfarrwesens reichen im linksrhein. Teil des Ebm.s vermutl. bis ins 6. Jh. zurück, während die erste Einteilung des westfäl. Gebiets s. der Lippe in verhältnismäßig weiträumige Pfarrsprengel Ende des 8. Jh. erfolgte. Zu den zw. dem 6. und 8. Jh. meist vom Bf. eingerichteten Urpfarreien gehörten die Kirchen von →Nijmegen, →Xanten, →Neuß, →Deutz, →Bonn/Dietkirchen, →Zülpich und Jülich. Der parallel zur Siedlungsentwicklung verlaufende Ausbau des Pfarrnetzes im Ebm. war um 1100 weitgehend abgeschlossen. Die Zahl der bfl.en Pfarrkirchen und Zehnten war durch großzügige Schenkungen an Stifte und Kl. seit dem 9./10. Jh. rückläufig.

Die Anfänge der bfl. Organisationsstruktur auf mittlerer Ebene sind weitgehend unbekannt. Die Chorbf.e hatten ihre zeitweilige Bedeutung um 900 fast vollständig eingebüßt. Daß die Archidiakonatsbezirke an die Sprengel der alten Chorepiskopate angeknüpft haben, ist zieml. ausgeschlossen. Mit der Wahrnehmung seiner Aufsichts- und Gerichtsrechte betraute der Ebf. zu einem nicht mehr bestimmbaren Zeitpunkt den Dompropst im Jülich-, Gil- und Deutzgau sowie in den westl. Teilen des Bm.s, den Stiftspropst v. St. Cassius im Zülpich-, Eifel-, Ahr- und Auelgau und den Stiftspropst v. St. Viktor i. Xanten im Mühl-, Hattuarier- und Düffelgau. Diese »Großarchidiakonate« – der Sprengel des Domdekans, des jüngsten Archidiakons, wurde Ende des 11. Jh. aus dem Bezirk des Dompropstes ausgegliedert – wurden an der Wende zum 12. Jh. durch die vier Archidiakonate jüngerer Ordnung abgelöst. In der neuesten Forsch. (ERKENS) wird dagegen bestritten, daß die K.er Archidiakonate auf bfl. Initiative zurückgehen und an ältere Verwaltungsstrukturen anknüpfen. Daß das Archidiakonat seit seiner ersten urkdl. Nennung (1103, 1109/10) mit einer anderen kirchl. Würde verbunden war, weise vielmehr darauf hin, daß es »von unten heraufgewachsen« (GESCHER) sei und seine Anfänge bereits in der Mitte des 11. Jh. gelegen hätten.

Einiges spricht dafür, vor 1040/50 auch die Einrichtung der Landdekanate anzusetzen, nach GROTEN in einem einzigen Akt. Sie geht auf die bfl. Vorgänger Annos II.

zurück, die wegen ihrer starken Beanspruchung im Reichsdienst dazu übergingen, ihre Visitations- und Gerichtsaufgaben mangels anderer Amtsträger an die Landdekane zu delegieren. Die damit bezweckte Intensivierung der Diözesangewalt wurde jedoch schon bald aus den Augen verloren, da die Ebf.e seit 1067 zur materiellen Sicherung ihrer z. T. neugegr. geistl. Gemeinschaften diese mit Dekanien ausstatteten. Während die Ebf.e damit ihre Verfügungsgewalt über die Landdekanate weitgehend verloren, erlangten die Pröpste und Äbte mit Hilfe des ihnen übertragenen, uneingeschränkten Sendrechts als decani nati eine quasi-archidiakonale Stellung, die im 12. Jh. zu zahlreichen Zusammenstößen mit den archidiaconi nati, den Inhabern der vier Archidiakonate, führte. Die 22 ma. Landkapitel des Ebm.s K. orientierten sich in Benennung und gebietsmäßiger Abgrenzung ebenfalls an den alten frk. Gauen. Eine Eigenart der K.er Dekanatsverfassung ist, daß die meisten Landdekanate seit dem 12. Jh. ständig mit einem der sieben stadtköln. Stifte verbunden waren.

Das Priorenkolleg (PK) stellt ein bes. Phänomen der episkopalen Organisationsstruktur der K.er Kirche dar, das sich ansatzweise nur noch in Utrecht finden läßt. Während seine Anfänge vermutl. in die 1. Hälfte des 11. Jh. zurückreichen, trat seine Institutionalisierung unter Anno II. (zw. 1056/57 und 1061) in die entscheidende Phase, die Anfang des 12. Jh. abgeschlossen war. Das PK konnte seine führende Stellung als Mitbestimmungs- und alleiniges Wahlgremium (in den Bf.swahlen von 1131–1225) gegenüber dem Domkapitel bis zur Mitte des 13. Jh. weitgehend behaupten. Das Domkapitel drängte die Pröpste v. Bonn und Xanten aus dem PK und entzog ihm im Zusammenwirken mit Ebf. Konrad v. Hochstaden um 1248 seine wichtigsten polit. und kirchenrechtl. Befugnisse.

III. DOMKAPITEL UND GEISTLICHE VERWALTUNG IM SPÄTMITTELALTER: Obwohl das erste Zeugnis einer Kanonikergemeinschaft an der K.er Domkirche von 866 stammt, lassen sich Vorläufer bis zum 7. Jh. zurückverfolgen. In der Güterumschreibung von 866 rangierten die Domkanoniker an erster Stelle vor den geistl. Gemeinschaften der Stifte in K., Bonn und Xanten. Die institutionelle Ausbildung des Domkapitels (DK), das seit 1106/19 ein eigenes Siegel führte, war erst nach 1122 abgeschlossen. Bei der Bf.swahl 1156 konnte das DK erstmals seinen Kandidaten, Friedrich v. Berg, mit Hilfe Friedrich Barbarossas gegen das PK durchsetzen. Der Aufstieg des DK zur führenden Kraft neben dem Ebf. wurde durch sein Engagement in der kirchl. und territorialen Erfassung und Anbindung Westfalens an das Erzstift erhebl. beschleunigt. Zw. 1164 und 1190 war die innere Verfassung des DK einschneidenden Wandlungen unterworfen. Die Einführung der Individualpfründe und Präsenzpflicht verstärkte den Rentencharakter der Pfründe, die damit einen genau taxierten Wert erhielt. Gegen Ende des 12. Jh. setzte sich das DK aus 36 Kanoniker-, 16 Supplementarier- und 20 Scholarenpfründen zusammen; seit 1216/18 wurden acht Vollpfründen für Priesterkanoniker reserviert, die ein Minimum an Messen sicherstellen sollten. Anfang des 13. Jh. war der Prozeß der Lösung des DK vom Erzstift abgeschlossen: Das DK besaß das Selbstversammlungs- und Selbstbestimmungsrecht ohne jede Einschränkung (GROTEN). Seit 1232 mußten die Kanoniker auch nicht mehr für die Schulden der Ebf.e haften. Bis 1500 stammte die überwiegende Mehrheit der Domherren vom Nieder- und Mittelrhein sowie aus Sachsen. Nach der Ausschaltung des PK um 1250 begann das DK sich ständ. abzu-

schließen: Söhne von K.er Ministerialen und Bürgern fanden nun keine Aufnahme mehr. Im 14. und 15. Jh. war das DK bemüht, seine Mitspracherechte und Einflußnahme auf den Landesherrn kontinuierl. zu vergrößern, was v. a. im Bereich der geistl. Verwaltung des Erzstifts zu Verbesserungen führte. Das erstmals 1252 nachweisbare Amt des →Offizials hatte sich zu Beginn des 14. Jh. bereits zu einer eigenständigen Behörde entwickelt. Als weitere Amtsträger, die mit bfl. Weihe- und Gerichtsgewalt ausgestattet waren, erscheinen seit dem 14. Jh. Weihbf. und →Generalvikar (ab 1374). Seit 1414 verlangte das DK von den Ebf.en →Wahlkapitulationen, die seine Autonomie und seinen Besitzstand garantierten.

IV. TERRITORIUM UND WELTLICHE VERWALTUNG: Der Rückzug des lothring. Hzg.s aus dem linksrhein. Gebiet des K.er Erzstifts im 10. Jh. zwang die Ebf.e, eine eigenständige Machtstellung aufzubauen, um sich gegenüber den lokalen Adelsgewalten zu behaupten. Entscheidende Ansätze einer gebietsmäßigen Erfassung und herrschaftl. Durchdringung des Erzstifts sind bereits unter Anno II. zu erkennen. Die Zerschlagung der Machtstellung der →Ezzonen 1059/60 befreite die Ebf.e von ihrem schärfsten territorialen Rivalen am Niederrhein, dessen wichtigste Stützpunkte, der Siegberg und die Tomburg, an K. fielen. Unter Ebf. →Friedrich I. begann der herrschaftl. Ausbau im westfäl. Teil des Erzstifts: Durch das Aussterben der Gf.en v. →Werl gelangte ein Großteil ihrer Besitzungen an K. Bedeutend war auch die Anlage der Burg Volmarstein an der Ruhr und der Erwerb der Burg Padberg (1120).

Das wirksamste Herrschaftsinstrument der K.er Ebf.e in vorterritorialer Zeit (11.–13. Jh.) blieb jedoch das Lehnswesen, da sie nur im Gilgau Gf.enrechte erwerben konnten. Dem Lehnshof der Ebf.e gehörten u. a. der Hzg. v. →Limburg, die Gf.en v. Saffenberg, Jülich, Berg, Are, →Geldern, Kleve, Kessel und Zutphen sowie die Herren v. Hochstaden, →Isenburg, Tomburg und →Heinsberg an; von den westfäl. Mitgliedern des Lehnshofs, wo die Lehnsbindung eine geringere Rolle spielte, sind v. a. die Gf.en v. →Arnsberg, →Altena, von der Mark, →Tecklenburg und die Herren zur →Lippe zu nennen. Seit dem dt. Thronstreit und dem bfl. Schisma von 1205–16 entbrannten immer häufiger heftige Auseinandersetzungen zw. den Ebf.en und ihren Vasallen, die sich dem wachsenden herrschaftl. Zugriff ihres Lehnsherrn zu entziehen suchten. Eine Schwäche des ebfl. Lehnssystems offenbarte sich auch darin, daß die Ebf.e das Auftreten ihrer bedeutendsten Vasallen als homines ligii seit dem 13. Jh. nicht verhindern konnten. Während der Verleihung des K.er Dukats an Ebf. →Arnold II. durch Konrad III. 1151 mangels landrechtl. Verankerung außer der Landfriedenswahrung keine hoheitl. Vorrechte und territorialen Gewinne einbrachte, begann der planmäßige Ausbau einer Gebietsherrschaft auf landrechtl. Grundlage (terra Coloniensis) unter Rainald v. Dassel und →Philipp v. Heinsberg. Dieses hochgesteckte Ziel versuchten die Ebf.e durch den gezielten Erwerb adliger Güter und Burgen (um 1160 Altena, 1164 Arnsberg), den Rückkauf von Vogteirechten, die Durchsetzung des Offenhausrechts zur Nutzung im Kriegsfall und durch den intensiven Einsatz einer großen Dienstmannschaft zu erreichen. Trotz großer Fortschritte, auch durch Städtegründungen und im kirchl. Ausbau Westfalens mit Hilfe der →Prämonstratenser, und der Übertragung des Hzm.s Westfalen und Engern 1180 setzten sich die Ebf.e weder mit ihrem Anspruch auf das Heimfallrecht bei Gft.en oder auf die hzgl. Vorrechte des Burgenbaus und der Gründung von Städten durch noch errangen sie die Oberhoheit über die gfl. Landgerichte.

Mit der Niederlage bei Worringen (1288) verlor der Ebf. nicht nur K. als Haupt- und Residenzstadt, deren Funktion Bonn-Poppelsdorf und Brühl nie ganz ausfüllten, sondern es verfestigte sich auch die bis 1802/03 bestehende Dreiteilung des erzstift. Territoriums in Rheinland, Vest Recklinghausen und Westfalen. Doch gelang den Ebf.en im 14. Jh. trotz des Verlustes von Rhens, Xanten und Rees-Aspel zumindest eine Verdichtung des rhein. und westfäl. Territoriums durch den Kauf der Gft.en Hülchrath (1314) und Arnsberg (1368), der Herrschaften Rheinbach (1342), Oedt (1345), Linn (1392) und Helpenstein (1404).

Zur Stabilisierung und zum Ausbau ihrer Landesherrschaft, v. a. zur Erhöhung der finanziellen Ressourcen, bildeten die Ebf.e von K. auch eine weltl. Verwaltung mit entsprechenden Amtsträgern aus, deren Anfänge im FrühMA liegen. Der älteste bfl. »Beamte« (vicedominus) wurde Ende des 11. Jh. durch die ebfl. →Ministerialen abgelöst, die die vier Hofämter an der ebfl. Kurie besetzten, als Schultheiße die erzstift. Güter verwalteten und die Besatzungen der K.er Burgen stellten. Das um 1170 entstandene K.er →Dienstrecht schrieb die Rechte und Pflichten der Ministerialen gegenüber ihrem Dienstherrn, dem K.er Ebf., fest. In Westfalen richtete Ebf. Engelbert I. 1217 das nichterbl. Amt eines Marschalls als ebfl. Statthalter ein.

Die Einrichtung einer flächendeckenden ebfl. Lokalverwaltung mit Ämtern und Kellnereibezirken war erst um 1340 abgeschlossen. Das rhein. Gebiet des Erzstifts war Ende des 14. Jh. in 22, Westfalen in 20 Amtsbezirke aufgeteilt. Nach der Kanzlei war der Landesrentmeister (redditurarius) seit 1330/34 der erste zentrale Beamte in der Finanzverwaltung des Erzstifts. Zwar führte er die Kontrolle über die noch nicht getrennten Hof- und Landesfinanzen, doch fehlten ihm weiterreichende Kompetenzen.

Der unter Walram v. Jülich erstmals nachweisbare fsl. Rat wurde erst im 15. Jh. zu einer festen Einrichtung. Die in der Erblandesvereinigung von 1463 erhobenen Forderungen der vier Stände (Sicherung ihrer »konkurrierenden Rechte in allen wichtigen Regierungs- und Verwaltungsgeschäften«, Anerkennung ihrer Bewilligung der Landessteuern, Einrichtung eines ständigen Rats aus Geistlichen und Weltlichen, Zustimmungsvorbehalt bei Kriegserklärungen) wurden von Ebf. →Ruprecht von der Pfalz weitgehend erfüllt. Er berief 1469 einen vierköpfigen Rat mit ständiger Präsenz am Hof (Sitz in Brühl), der zusammen mit dem Landesherrn alle laufenden Geschäfte erledigen sollte, das Hofgericht besetzte und Kompetenzen in der Finanzverwaltung und bei der Einziehung der Landessteuern erhielt. Während alle Ebf.e seit 1469 bei ihrem Amtsantritt die Erblandesvereinigung bestätigen mußten, schränkten die Nachfolger Ruprechts den Entscheidungs- und Handlungsspielraum des ständigen Rats wieder ein. H. Seibert

Q.: Reg. der Ebf.e v. K., I–X, 1901–87 – GP VII, I, 1986 – *Lit.*: A. J. Binterim–J. H. Mooren, Die Erzdiözese K. im MA, neubearb. A. Mooren, I, 1892 – F. Gescher, Der köln. Dekanat und Archidiakonat in ihrer Entstehung und ersten Entwicklung, 1920 – A. Franzen, Die K.er Archidiakone in vor- und nachtridentin. Zeit, 1953 – E. Ewig, Das Bm. K. im FrühMA, AHVN 155/156, 1954 – F. W. Oediger, Die bfl. Pfarrkirchen des Ebm.s K., Düsseldorfer Jb. 48, 1956, 1–37 – E. Ewig, Beobachtungen zur Früh-gesch. des Bm.s K. (Fschr. W. Neuss, 1960) – Ders., Zum lothring. Dukat der K.er Ebf.e (Fschr. F. Steinbach, 1960), 210–247 – W. Pötter, Die Ministerialität der Ebf.e von K…, 1967 – F. W. Oediger, Das Bm. K. von den Anfängen bis zum Ende des 12. Jh., 1972² – H. Wolter, Das Privileg Leos IX. für die K.er Kirche vom 7. Mai 1052 (JL. 4271) (Rechtsgesch.-diplomat. Stud. zur frühma. Papsturkk., 1976), 101–151 – W.-D. Penning, Die weltl. Zentralbehörden im Erzstift K. von der ersten Hälfte des 15. bis zum Beginn des 17. Jh., 1977 – E. Boshof, K., Mainz, Trier…, JbKGV 49, 1978, 19–48 – G. Droege, Das köln. Hzm. Westfalen (Heinrich d. Löwe, hg. W.-D. Mohrmann, 1980), 275–305 – M. Groten, PK und DK von K. im Hohen MA, 1980 – W. Janssen, Die Ebf.e v. K. und ihr »Land« Westfalen im SpätMA, Westfalen 58, 1980, 82–95 – S. Weinfurter, Colonia (GAMS, Ser. V, T.I, 1982) – E. Ennen, Stadterhebungs- und Stadtgründungspolitik der K.er Ebf.e (Fschr. B. Schwineköper, 1982), 337–353 – W. Janssen, Die mensa episcopalis der K.er Ebf.e im SpätMA (VuF 27, 1, 1983), 313–341 – Ders., Die Kanzlei der Ebf.e v. K. im SpätMA (Münchener Beitr. zur Mediävistik und Renaissance-Forsch. 35, I, 1984), 147–169 – Kurköln, Der Bf. in seiner Zeit (Festg. J. Kard. Höffner, hg. P. Berglar–O. Engels, 1986) – F.-R. Erkens, Der Ebf. v. K. und die dt. Kg.swahl, 1987 – L. Tewes, Die Amts- und Pfandpolitik der Ebf.e v. K. im SpätMA, 1987 – F.-R. Erkens, Die Bm.sorganisation in der Diöz.en Trier und K. – ein Vergleich (Die Salier und das Reich, II, hg. S. Weinfurter, 1991), 267–302 – R. Schieffer, Ebf.e und Bf.skirche v. K. (ebd.), 1–29.

Kölner Konföderation, benannt nach der 'confederacio', die auf dem einzigen Hansetag, der in Köln stattfand, am 19. Nov. 1367 abgeschlossen wurde. Teilnehmer des Bundes waren die Städte Lübeck, Rostock, Stralsund, Wismar, Kulm, Thorn, Elbing, Kampen, Harderwyk, Elburg, Amsterdam und Briel. Köln selbst war nicht an der Konföderation beteiligt, die nicht rein hans. war, sondern hans. Städte mit zuiderseeischen und Städten aus Holland und Seeland vereinigte. Die K.K., ein gegen →Waldemar IV. Atterdag gerichtetes Kriegsbündnis, sah klare finanzielle und militär. Regelungen vor. Seit der Eroberung Gotlands durch Waldemar 1361 befanden sich die wend. Städte der →Hanse im Krieg gegen den Dänenkg., der durch seine Übergriffe auch auf Schiffe anderer Städtegruppen der preuß. und zuiderseeischen Städte gegen sich aufbrachte. Die Laufzeit der K.K. sollte über den Krieg hinausreichen und erstreckte sich tatsächl. bis 1385, während der Krieg gegen Waldemar 1370 bereits mit einem großen Erfolg für die verbündeten Städte endete. Der K.K. gelang es in den drei Kriegsjahren zwar nicht, binnenländ. Städte der Hanse in das Bündnis zu ziehen, dafür jedoch eine Koalition mit Schweden, Mecklenburg, Holstein und mit Waldemar verfeindeten dän. Adligen zu bilden. Die militär. Schlagkraft der Verbündeten zwang Ende 1369 den dän. Reichsrat, um Frieden zu bitten. Am 24. Mai 1370 wurden im Frieden v. →Stralsund alle hans. Privilegien in Dänemark bestätigt und ein Mitspracherecht der Hanse bei der Thronbesteigung von Waldemars Nachfolger festgelegt. M. Puhle

Q. *und Lit.*: Hanserezesse, I. Abt., Bd. 1, ed. K. Koppmann, 1870 – J. Götze, Von Greifswald bis Stralsund, HGBll. 88, 1970 – P. Dollinger, Die Bedeutung des Stralsunder Friedens in der Gesch. der Hanse, ebd.

Kölner Königschronik (Chronica regia Coloniensis), Annalenwerk über die Kg.e und Ks., in Köln nach 1197 entstanden, 1202 für 1198/99 fortgesetzt. Bis 1106 folgte der Autor, wohl ein Mitglied des Domklerus, fast ausschließl. der Chronik des →Frutolf und Ekkehard (4.E.). Bis 1144 hielt er sich an die Corveyer (früher Paderborner) Annalen. Danach schrieb der Autor selbständig und breiter, benutzte nur noch wenige auch heute noch feststellbare Q., bewahrte aber die annalist. Darstellungsform. Die K.K. – ihr Thema ist das ganze stauf. Reich als imperium Romanum – ist insgesamt prostauf., ohne daß dem Ks. ein Vorrang gegenüber dem Papsttum eingeräumt wird. Nach 1220 wurde die K.K. von einem zeitgenöss. Autor fortgesetzt. Bedingt durch den dt. Thronstreit ist hier die Haltung zum Kgtm. distanzierter, während das Papsttum höchste Autorität genießt; der Berichtshorizont ist nun auf das Dt. Reich beschränkt.

Mit der K.K. ist die Chronica s. Pantaleonis (Annales s.P.) kontaminiert worden. Ohne Titel und anonym überliefert, wurde das vom Weltreichsgedanken geprägte Werk nach 1237 im Kl. St. Pantaleon zu Köln unter Verwendung antiker, früh- und hochma. Q., auch der K.K., sowie klostereigener Materialien verfaßt. Seit der zweiten Hälfte des 12. Jh. hielt sich sein Autor stärker an die K.K. (Abhängigkeit im einzelnen noch ungeklärt), von 1200 an schrieb er als Zeitgenosse selbständig. Die verlorene authent. Fassung ist nur für den Zeitraum von 700–1177 rekonstruierbar. Das Werk erfuhr in St. Pantaleon eine auf Ebf. →Konrad v. Hochstaden konzentrierte Forts. bis 1249. C. A. Lückerath

Ed.: K.K.: MGH SS XVII, ed. G. H. Pertz, 1861, 736–788 [Hs. Florenz] – MGH SS XXIV, ed. G. Waitz, 1879, 4–20 [Hs. Trient; 1175–1220] – MGH SRG (in us. schol. [18]), ed. Ders., 1880 [bis 1106 Teildr.] – AusgQ 21, ed. C. A. Lückerath [in Vorb.] – dt. Übers.: K. Platner, W. Wattenbach, GdV 69, 1896[2] – Chronica S. Pantaleonis: Vollst. krit. Ausg. fehlt – Corpus hist. I., ed. J. G. v. Eckart, 1723, 688–944 [bis 1162] – MGH SS XVII, ed. K. Pertz, 1861, 749–847 – MGH SRG (in us. schol [18]), ed. G. Waitz, 1180 [als Rezension B und C der K.K.] – dt. Übers.: J. G. v. Eckart, 945–1106 [920–1162] – K. Platner, W. Wattenbach, GdV 69, 1896[2] [1106–1237] – Lit.: Wattenbach-Schmale, I, 105–115 – Verf.-Lex.[2] I, 1251–1253, 1255f. – N. Breuer, Gesch. bild. und polit. Vorstellungswelt in der K.K. sowie der »Chronica S. Pantaleonis« [Diss. Würzburg 1969].

Kölner Pfennig (lat. denarius Coloniensis) setzte sich, in Köln geprägt, seit dem Beginn des 10. Jh. als Leitmünze einer von Westfalen und den Niederlanden bis nach Flandern reichenden Region durch und wurde im 10./11. Jh. in vielen anderen Münzstätten (z. B. Soest, Andernach, Tiel, Trier) nachgeahmt. In der Epoche des regionalen →Pfennigs (12./13. Jh.) diente der K.Pf. als Fernhandelsmünze und beherrschte zugleich ein Währungsgebiet, das von der Wetterau über das Rheinland bis in die Niederlande und nach Westfalen reichte, wie die Urkk.sprache, die Münzen und die Münzfunde (bis nach Ungarn hin) belegen. Angesichts des Vordringens des →Hellers brach die Vorherrschaft des K.Pf.s am Ende des 13. Jh. zusammen, der Ebf. v. Köln stellte die Prägung ein. P. Berghaus

Lit.: W. Hävernick, Der K.Pf. im 12. und 13. Jh., Periode der territorialen Pfennigmünze, 1930 – Ders., Die Münzen von Köln vom Beginn der Prägung bis 1304, 1935 – P. Berghaus, Der K.Pf. in Westfalen, Dona Numismatica, 1965, 193–204 – L. Huszar, Der Umlauf der Kölner Denare im ma. Ungarn, ebd., 183–192 – N. Klüssendorf, Stud. zu Währung und Wirtschaft am Niederrhein..., 1974, 86–95.

Kölner Schreinsbücher → Schreinswesen

Koloman

1. **K. Asen** (korrekt: Kaliman, Καλιμᾶνος ὁ ’Ασάν) bulg. Zar 1241–46, * um 1234, Eltern: →Ivan II. Asen und Anna (Maria) v. Ungarn. Da K.A. beim Tod seines Vaters 1241 unmündig war, regierten in seinem Namen Regenten, die den Vertrag mit dem Reich v. Nikaia erneuerten und Frieden mit dem Lat. Reich schlossen. 1245 schlug ihm Papst Innozenz IV. briefl. vor, sich zusammen mit dem bulg. Volk der kath. Kirche anzuschließen. Er starb 1246 unter Umständen, die einen gewaltsamen Tod vermuten lassen. I. Božilov

Lit.: I. Božilov, Familijata na Asenevci (1186–1460), Genealogija i prosopografija, I, no. 18, 1985, 104f. – P. Schreiner, Die Tataren und Bulgarien. Bem. zu einer Notiz im Vaticanus Reginensis gr. 18 (Ders., Stud. Byz.-Bulgarica, 1986 [= Misc. Bulgarica, 2]), 31–35.

2. **K.** ('d. Buchkundige', Könyves Kálmán), Kg. v. →Ungarn 1095–1116, * vor 1074, † 3. Febr. 1116. Eltern: →Géza I. und Synadene, Nichte von Nikephoros Botaneiates; ∞ Tochter →Rogers I. v. Sizilien, 1096 (durch Vermittlung Urbans II.). Kg. →Ladislaus I. destinierte seinen buckligen, äußerst intelligenten Neffen zum Priester und ernannte ihn vor 1092 zum Bf. v. →Großwardein. Als Ladislaus sich 1093 im Investiturstreit gegen Urban II. wandte, emigrierte K. nach Polen, übernahm jedoch auf Bitte des sterbenden Kg.s den ung. Thron. Seinen jüngeren Bruder, Hzg. Álmos, von Ladislaus 1091 zum Kg. v. (Alt-)→Kroatien ernannt, entthronte K. nach 1096 und belehnte ihn mit dem →Ducatus in Ungarn. 1096 ließ K. zwei Kreuzfahrerheere durch Ungarn ziehen, warf aber eine räuber. Bande unter Peter dem Eremiten und das Heer Gottschalks nieder; mit →Gottfried v. Bouillon regelte er vertragl. den Durchzug der Kreuzfahrer. Er schloß Frieden mit Vitale Michieli, dem Dogen v. Venedig, nach dessen Tod er S-Kroatien und Dalmatien eroberte (1105). 1106 verzichtete er gegenüber Paschalis II. auf das Investiturrecht der ung. Kg.e. Álmos wandte sich von 1098 an mehrmals gegen K. und mischte sich in die Außenpolitik ein; K. erlitt 1099 bei Przemyśl eine Niederlage gegen die Kumanen, 1106 führte Álmos poln. Truppen gegen ihn und rief 1108 Ks. Heinrich IV. zur Belagerung von →Preßburg auf. Vor einer neuen Verschwörung 1113 ließ K. Álmos und dessen Sohn →Béla II. blenden. 1114 ernannte K. seinen Sohn Stefan II. zum Kg. v. Kroatien und Dalmatien. Von inneren Reformen K.s zeugen Gesetze und Synodalbeschlüsse; er gründete das Bm. v. →Nitra. Verordnungen gegen die Kirche (Rücknahme von Schenkungen) trugen zur negativen Darstellung K.s in den Chroniken bei. Gy. Györffy

Q. und Lit.: SSrer Hung I, 420–433 – BLGS II, 439f. – Hóman, I, 360–378 – G. Györffy (Magyarország története, 1984, I), 940–966, 1671–1673 [Bibliogr.].

3. **K., hl.** → Coloman

Kolomna, Burgstadt in Rußland, ca. 115 km sö. von Moskau (Name wohl von finn.-ugr. Kolm 'Grab, Friedhof', russ. kolomišče, oder von altslav. Wurzel kolo 'Kreis, Umkreis'), in strateg. hervorragender Lage am Zusammenfluß von Kolomenka, Moskva und Oka gelegen, Kreuzungspunkt wichtiger Flußhandelswege. Erhalten sind Überreste (Holzbefestigungen) der ältesten, den →Vjatičen zugeschriebenen Siedlung am Zusammenfluß von Kolomenka und Moskva (11. Jh.). Die erste chronikal. Erwähnung (1177) betrifft die vorübergehende Inbesitznahme K.s, das im Grenzgebiet des Fsm.s →Rjazan' lag, durch die Fs.en v. →Rostov und →Suzdal', Vsevolod. Im Späten 12. Jh. mehrfach von den Fs.en v. →Vladimir beansprucht (1180, 1184, 1186), war K. bereits in der Zeit des Mongolensturms (→Mongolen) eine starke Festung, zur Landseite mit Wassergraben und Palisaden geschützt. Sein →Kreml' hatte nur ein Eingangstor (Pjatnickie). Vor K. unterlag 1237 in blutiger Schlacht ein russ. Heer unter Fs. Vsevolod v. Vladimir der mongol. Hauptabteilung, geführt von →Batu; die Stadt wurde geplündert und zerstört. Mehrfach erlitt K. tatar. Zerstörungen und Plünderungen (1293, 1382, 1408, 1440, 1525).

Unter Ausnutzung polit. Wirren in Rjazan' eroberte →Daniil Aleksandrovič v. →Moskau 1301 die Stadt, die seit 1306 dauernd in Moskauer Besitz blieb. Diese Eroberung steht am Beginn des »Sammelns der russ. Lande« durch die Moskauer Gfs.en. 1353 ist erstmals ein Bf. (Afanasij) erwähnt. Unter →Dmitrij Donskoj entstanden umfangreiche Steinbauten (befestigte Kl., nach dem Tatarensieg von 1378 die mächtige Uspenskij-Kathedrale, ausgemalt von →Feofan Grek). Die Höfe des Gfs.en und des Bf.s lagen auf dem Areal des Kreml'; hier wurden später auch Adelshöfe (der Patrikeevy, Romanovy, Godunovy, Šujskie u. a.) errichtet. Nach dem Zeugnis einer

Chronik (1385) war K. eine reiche Stadt mit bedeutender adliger und kaufmänn. Oberschicht. Es war Sitz eines gfsl. Statthalters und diente als Musterungs- und Sammelplatz von Truppen gegen die Tataren (1380, 1480, 1541, 1552), aber auch als Verbannungsort innenpolit. Gegner. Die hölzerne Befestigung wurde 1525-33 durch eine 2 km lange Steinmauer ersetzt. H. Rüß

Lit.: PSRL 25, 1949 – N. P. MILONOV, Istoriko-archeologičeskij očerk goroda Kolomny, Istoriko-archeologičeskij sbornik, 1948 – N. N. VORONIN, K charakteristike architekturnych pamjatnikov Kolomny vremeni Dmitrija Donskogo, 1949, 217-237 – T. N. SERGEEVA-KOZINA, Kolomenskij kreml', Architekturnoe nasledstvo, Nr. 2, 1952, 133-163 – M. N. TICHOMIROV, Drevnerusskie goroda, 1956 – V. N. TATIŠČEV, Istorija Rossijskaja 3, 1964 – Goroda Podmoskov'ja, kn. III, 1981, 18-71.

Kolonat → Kolone

Kolone. Colonus, coloni(c)a (c.) verweisen auf den antiken Kolonat als Rechtsinstitution, die mit dem Röm. Reich verfiel – in erzählenden Texten bezeichnet colonus allg. den Bauern, c. Niederlassung, Kolonie.

[1] *Frühmittelalter:* Als Rechtsbegriffe finden sie sich in frühma. Q., v. a. in Wirtschaftsdokumenten, Testamenten, in den sog. Volksrechten (leges) und bes. in den karol. Polyptychen (→Polyptychon, →Urbar). So begegnet der Terminus 'c.' in den urbarialen Aufzeichnungen der Ravennater Kirche (Papyrus 3, Mitte 6. Jh.) und bezeichnet eine herrschaftl. bestimmte bäuerl. Wirtschaftseinheit, auch einen Neubruch, deren Inhaber über die Pacht hinaus u. a. zu Arbeitsleistungen (1 bis 3 Tage im Jahr) auf dem Herrenhof und zur Abgabe von xenia verpflichtet sind. C. e werden auch durch Äußerungen Gregors d. Gr. (Ende 6. Jh.), Maßnahmen der Bf. e v. Reims (seit dem frühen 7. Jh.), das Testament des Berthramn v. Le Mans (616), einige Formeln Marculfs (Ende 7. Jh.) und die Abrechnungen von St-Martin in Tours (Ende 7. Jh.) bezeugt, die uns über Leistungsverpflichtungen jedoch weitgehend im unklaren lassen. Im Verlauf des 8. Jh. verliert sich der altertüml. Terminus 'c.' als Siedlungsbezeichnung, auch von Ackerland, eingeschränkt freier, aber selbständig wirtschaftender Pächter mit normierten Leistungen in n. Frankenreich fast gänzlich. In den Q. wird hingegen der soziale und ökonom. Status des K.n immer häufiger betont – der K. war zwar in den frühen leges der Ostgoten und Burgunder dem Sklaven gleichgestellt, galt aber wie der servus massarius der Langobardenrechte v. a. als selbständig wirtschaftender Pächter. Im Gegensatz zum Besteuerungsverfahren des antiken Staates, das den K.n, Bauern und Pächter zum glebae adscriptus herabdrückte, erstreckte sich die frühma. potestas des Herren im Rahmen der Grundherrschaft gleichmäßig über K.n und servi. Nach dem Verständnis der frühma. Autoren blieb der ursprgl. Status des Freien im Begriff des K.n präsent – in der Lex Alamannorum (8. Jh.) etwa werden die K.n in der Kirche, analog zu denen des Kg.s, im Wergeld den »Gemeinfreien« gleichgestellt –; der Terminus eignete sich somit im Rahmen der dominatio der Grundherrschaft zur funktionalen Unterscheidung des K.n vom servus, der, dem antiken esclave-colon entsprechend, zwar auch auf einer selbständigen Bauernstelle angesetzt sein konnte, aber durch spezif. Leistungen, v. a. der wöchentl. 3-Tages-Fron, dem Zugriff des Herrn als servus weiterhin direkt unterworfen blieb. Der »freie« Status des K.n, der vielfach auch durch Oppression oder Autotradition in die Herrengewalt geraten war, läßt sich an Prozessen um die freie Geburt von K.n, dem Besitz von mancipia, v. a. aber an der Bezeichnung ihres Hofes als mansus ingenuilis (→Hufe) erkennen. Die erbl. Hofstellen der K.n (→heredi-

tas) wurden insbes. zu Arbeits- und Transportdiensten, häufig im Rahmen einer lex, zugunsten des Herrenhofes herangezogen, typ. »servile« Leistungen wurden ihnen zunächst nicht abverlangt; qualitativ wie quantitativ waren ihre Leistungen für die zweigeteilte frühma. Grundherrschaft konstitutiv, bes. für die Bewirtschaftung der großen Salland(Getreide-)flächen in saisonalen Stoßzeiten. In den Polyptychen des 9. Jh., insbes. aus der Francia, sind K.n zunächst noch Inhaber einer Freienhufe – kenntl. auch an der Abgabe der Heeressteuer – und haben das Recht, weitere Grundstücke hinzuzuleihen/-pachten. Im 10./11. Jh. vermischen sich die K.n und servi immer mehr und gleichen sich sozial und funktional im Hörigenverband so weit an, daß eine begriffl. Unterscheidung aus rechtl. Gründen obsolet wird und zur allg. Grundhörigkeit des MA führt.

[2] *Hoch- und Spätmittelalter:* Die K.n der späteren Zeit sind häufig, bes. im agrar. Bereich, allg. An-/Neusiedler, verschiedentl. auf neuangelegten Bauernstellen oder in Siedlungen: c. e – im Sinne von Kolonisation (→Landesausbau und Kolonisation). Daneben, nicht zuletzt durch die Wiederbelebung des röm. Rechtes, leben Elemente, die bereits dem antiken Kolonat bekannt waren, seit dem HochMA in vielen Gegenden wieder auf. Pächter unterschiedl. Leiheformen treten mitunter als K.n entgegen. Im Rahmen der großen Kolonisationsbewegungen, speziell im O, waren durch günstige Pachtbedingungen (niedriger census, Erbleihe, hoher Grad an persönl. Freiheit) Anreize für Neusiedler, K.n, geschaffen. Bes. im Altsiedelland finden sich K.n in Zeitpachtverhältnissen (Zeitlehen, mit der Tendenz zur Erblichkeit), und vom 12. Jh. an breitet sich der Teilbau (colonus partiarius) in Italien schon im FrühMA nachweisbar) stark aus (Hof-, Parzellenteilbau, dabei maßgebl. die Halbpacht [*métayage, mezzadria*]). In Italien etwa wird seit dem 13. Jh. ein maßgebl. Teil der Agrarflächen im Teilbau bewirtschaftet, wobei für die dortige c. parziaria kurze Pachtzeiten, oft nur ein Jahr, typ. sind. Dieses, auch als Quotalprinzip bezeichnete System wird n. der Alpen in die bergmänn. Kontraktform der Lehenschaft übernommen: um 1300 unterscheidet das →Kuttenberger Bergrecht nach coloni principales, secundarii et tercii et sic deinceps. D. Hägermann/A. Hedwig

Lit.: Hb. der europ. Wirtschaftsgesch. II, 1980, 429-449 [I. IMBERCIADORI] – HRG I, 945-952 – A. VERHULST, Quelques remarques à propos des corvées de colons, Rev. de l'Univ. de Bruxelles, 1977, 89-95 – K. P. JOHNE u. a., Die K.n in Italien und den w. Prov. des röm. Reiches (Schr. zur Gesch. und Kultur der Antike 21, 1983) – D. HÄGERMANN, Einige Aspekte der Grundherrschaft (Le grand domaine, hg. A. VERHULST [Centre Belge d'Hist. Rur. 61], 1985), 51-77 – Bergbau und Arbeitsrecht, hg. K.-H. LUDWIG-P. SIKA, 1989, 18f. – J. DURLIAT, Les finances publiques de Dioclétien aux Carolingiens (Beih. Francia 21, 1990).

Kolonisation und Landesausbau → Landesausbau

Kolophon, Zusatz am Schluß eines Textes, der sich – anders als das Explicit – nicht oder nicht ausschließl. auf Verf. und Titel des gebotenen Werkes bezieht, sondern Bemerkungen zur Entstehung einer Druckaufl. bzw. einer Hs. enthält. Im K. können Ort und Datum einer Abschrift, Schreiber, Maler, Korrektor, Auftraggeber oder sonstige Personen gen. sowie persönl. Äußerungen gemacht werden. Neben solchen individuell abgefaßten Einträgen finden sich nach Inhalt bzw. Wortlaut formelhaft wiederkehrende Verse und Sprüche, in denen der Schreiber Gott dankt, vom Leser Fürbitte erfleht, Erleichterung ausdrückt, sich für Fehler entschuldigt, Lohn fordert, dem Bücherdieb das Anathem androht u. ä.; auch für diese Floskeln forscht REYNHOUT nach Kriterien zur räuml. und zeitl. Einordnung. Original-K.e können also Erkenntnisse über Schriftheimat und Datierung von Hss. und damit indirekt über Bibliotheken vermitteln, noch in Wiederabschrift Indizien zur Textkritik und Überlieferungsgesch. aufzeigen und, je zahlreicher sie im Laufe des MA werden, der Mentalitätsgesch. als Quelle dienen.

H. Spilling

Ed. und Lit.: Bénédictins de Bouveret, Colophons de mss. occidentaux des origines au XVIe s., 1–6, 1965–82 (Spicilegii Friburgensis Subsidia 2–7) – L. REYNHOUT, Pour une typologie des c.s de mss. occidentaux, Gazette du livre médiéval 13, 1988, 1–4.

Kolumban → Columban

Kolumbus (it. Colombo, span. Colón), **Christoph**, * ca. 1451 Genua, † 20. Mai 1506 Valladolid, Entdecker →Amerikas in kast. Diensten, Admiral des Ozean. Meeres, Vizekg. und Gouverneur der 'Indien' ('Las Indias', jur. korrekt 'de las Islas y Tierre Firme del Mar Océano'). K.' Abstammung und Herkunft ist quellenmäßig schwer zu belegen, zumal die in Spanien zu adliger Stellung und hohem Ansehen aufgestiegene Familie wenig Interesse daran gehabt zu haben schien, ihre bescheidene soziale Abstammung von einer genues. Weberfamilie zu betonen. K. selbst bezeichnete sich als Italiener, konnte sich schriftl. aber nur in einem mit ptg. und it. Brocken versetzten Spanisch äußern. Aufgrund verschiedener Q. belege zweifelt die Forsch. heute nicht daran, daß K. aus Genua stammte. Bereits in seiner Jugend der Seefahrt zugewandt, diente er 1472/73 als Korsar René d'Anjou im Kampf um die Krone Neapels und tauchte als Agent der Kaufmannsdynastien Spinola, Di Negro und Centurione auf. 1476 folgte er seinem Bruder Bartolomé nach Lissabon und nahm dort bis zu seiner Übersiedlung nach Kastilien 1485 an mehreren Reisen nach Island, England, den Azoren, Madeira, den Kanaren, den Kapverd. Inseln und zum afrikan. Festland teil. 1479 heiratete er Felipa Moniz Perestrelho, eine Tochter aus verarmtem adligen Haus, deren Vater etwa zwei Jahrzehnte zuvor Gouverneur v. Porto Santo/Azoren gewesen war. Sie starb jedoch bald und hinterließ K. dessen einziger legitimer Nachkommen, den 1480 geb. Sohn Diego. Im ptg. Seefahrer- und Kaufmannsmilieu erwarb K. als Autodidakt kosmograph. Kenntnisse und entwickelte sein Projekt, Ostasien auf dem w. Seeweg zu erreichen, das auf seinen naut. Erfahrungen im Atlantik und dem Studium antiker und ma. Autoren wie Aristoteles, Seneca, Ptolemäus, Averroes, Alfraganus, Pierre d'Ailly, Plinius etc. beruhte, deren Werke, von K. teilw. mit Marginalien versehen, in der von seinem humanist. gebildeten außerehel. Sohn Hernando (Mutter: Beatriz Enríquez de Arana) zusammengetragenen Bibl. Colombina, Sevilla, erhalten sind. Ausgehend von der allg. akzeptierten Vorstellung der Kugelgestalt der Erde, berechnete K. in Anlehnung an d'→Ailly die Länge der Gradeinteilung des Globus falsch und gelangte so zu einem Erdumfang von nur ca. 30000 km, da er die antiken Meilenangaben zu kurz (ca. 1480m) annahm. Unter Übertragung der Berechnungen auf den tatsächl. bekannten Erdkreis vermutete K., gestützt von zeitgenöss. Autoritäten wie →Toscanelli, daß die Entfernung zw. den westlichsten Punkten Europas und Ostasien weitaus geringer sei als die ö. Seeweg um Afrika. Darüber hinaus hatte K. Berichte über unbekannte Inseln im w. Atlantik von Seeleuten, die über die regelmäßig befahrenen Verbindungslinien Azoren, Madeira, Kanaren und Kapverd. Inseln (→Atlant. Inseln) weiter nach W gefahren bzw. abgetrieben worden waren, und konnte damit rechnen, auf seiner Fahrt nach Indien auf dazwischen liegende Inseln zu stoßen. Die erst jüngst wieder vorgetragene These, K. habe zuverlässige Nachricht von Landgebieten w. der bekannten Inselgruppen gehabt (MANZANO, PÉREZ DE TUDELA Y BUESO), erscheint jedoch überzogen und ist auf vereinzelten, spekulativ ausgedeuteten Q. aufgebaut. Tatsache ist, daß die Vorstellung, w. der bekannten Inselgruppen im Atlantik weiteres Land zu finden, im kommerziell-maritimen Milieu Portugals und Andalusiens verbreiteter war, als gemeinhin angenommen, K. jedoch eindeutig nicht neue Inseln entdecken, sondern nach Ostasien, nach Cathay und Cipango, dem Land des Großkhans, bzw. nach Japan, gelangen wollte.

1483/84 trug K. sein Vorhaben der ptg. Krone vor, doch nach Anhörung einer gelehrten Junta lehnte Kg. Johann II. das Projekt ab. Verschuldet wandte sich K. im Frühjahr 1485 über Palos (?) nach Kastilien. Unklar bleibt, ob er bereits damals an das Kl. La Rábida herantrat, dessen Mönche Fray Antonio de Marchena und Fray Juan Pérez später seine wichtigsten Förderer wurden. Die Kg.e Ferdinand und Isabella, bereits im Krieg gegen das maur. Granada begriffen, empfingen K. 1486 in Alcalá de Henares, um ihm ein Jahr später im Feldlager vor Málaga den ablehnenden Bescheid der mit der Prüfung des Plans beauftragten Junta mitzuteilen. Sowohl die ptg. wie kast. Ablehnung gründeten in den Berechnungsfehlern des K., nicht aber an antiquierten Vorstellungen von der Erdgestalt, wie ebenfalls behauptet wurde. Auf Vermittlung des Hzg.s v. Medinaceli wurde K. 1489 von Kgn. Isabella empfangen, die eine erneute Prüfung des Projekts versprach. K.' Bruder Bartolomé trug den Plan erfolglos in London Kg. Heinrich VII. vor. 1491 besorgte Fray Juan Pérez aus dem Kl. La Rábida – der Franziskanerorden hatte seit 1472 den Auftrag zur Bekehrungsarbeit unter den Heiden im afrikan.-atlant. Raum –, ein ehemal. Beichtvater Kgn. Iabellas, eine weitere Audienz bei dieser. Im Dez. 1491 nahm K. erneut die Verhandlungen am Hofe auf, drohte nunmehr an seinen als maßlos erscheinenden Forderungen (→Almirante de Indias) zu scheitern. Am 12. April 1492, in den sog. Kapitulationen v. Santa Fé (Feldlager der Kg.e vor Granada), billigten die Kg.e K.' Projekt und Forderungen und erklärten sich zur Finanzierung – mit Hilfe nennenswerter Kredite aus Höflingskreisen – bereit. Mit Hilfe der Mönche von La Rábida überwand K. das dem Ausländer feindl. Ambiente in andalus. Seefahrerkreisen, und die Brüder Pinzón aus Palos erklärten sich zur Teilnahme an der Unternehmung bereit. Mit der 'Nao' (hochbordiges Handelsschiff) Santa María und den beiden Karavellen Niña und Pinta stach K. in der Frühe des 3. Aug. 1492 von Palos aus in See. Die Expedition (Kosten: zwei Millionen Maravedis) wurde von einer Mannschaft, bestehend aus 90–120 Seeleuten aus dem kast.-andalus. Küstengebiet, getragen. Über die Kanar. Inseln wandte sich K. nach W und stieß mit seinen drei Schiffen in der Nacht des 11./12. Okt. 1492 auf eine der Bahama- oder der Lucaya-Inseln, Guanahani, von K. San Salvador gen. (nicht mehr genau identifizierbar). Die Ereignisse der Reise und die Namen der entdeckten Inseln, deren wichtigste Haiti (La Española) und Kuba waren, sind in dem von Bartolomé de las →Casas in Auszügen überlieferten Bordbuch des K. beschrieben. K. war und blieb bis zu seinem Tod überzeugt, Asien vorgelagerte Inseln entdeckt zu haben. Mit den Resten der schiffbrüchigen Santa María ließ K. das Fort 'La Navidad' bauen, in dem ein Teil der Mannschaft zurückblieb, als er am 16. Jan. 1493 die Rückfahrt antrat. Ende April 1493, nach einem witterungsbedingten Umweg über Lissabon, wurde K. am Hof der Kg.e in Barcelona triumphal empfangen. Die

Kg.e bemühten sich umgehend um die päpstl. Anerkennung aller von K. gemachten und noch zu machenden Entdeckungen, um auf diese Weise den ptg., mit dem Vertrag v. Alcáçovas (1479) begründeten Ansprüchen zu begegnen. Mit Hilfe von drei päpstl. Bullen (1493), die die Rechtstitel der kast. Kg.e anerkannten, kam es dann 1494 zur Festlegung einer neuen Trennungslinie der pgt. und kast. Interessengebiete im Atlantik im Vertrag v. →Tordesillas.

Am 25. Sept. 1494 unternahm K. mit siebzehn Schiffen und ca. 1200 Mann die zweite Fahrt nach Amerika, entdeckte die kleinen Antillen, Jamaica und erkundete die s. Küsten von Kuba und Haiti, bevor er das zurückgelassene Fort zerstört und die Mannschaft getötet vorfand. Vom 11. Juni 1495 an wieder in Spanien und mit seinem Bruder Bartolomé als Stellvertreter in Amerika suchte K. vom Mutterland aus die Kolonisation Haitis voranzutreiben, ließ seine Privilegien bestätigen und organisierte die dritte Fahrt auf der Suche nach dem asiat. Festland, die Spanien am 30. Mai 1498 verließ. Auf dieser Fahrt stieß K. erstmals auf das südamerikan. Festland und entdeckte u. a. die Mündung des Orinoco. 1499 kam es auf La Española zur Rebellion eines Teils der Kolonisten gegen K. und die von ihm benannten Autoritäten, in deren Gefolge die Kath. Kg.e Francisco de →Bobadilla nach Amerika entsandten, der K. verhaftete und als Gefangenen nach Spanien schickte. Rehabilitiert unternahm K. 1502 seine vierte und letzte Fahrt nach Amerika, die ihn bis an die Küsten von Honduras und unter schwierigen Umständen wieder zurück nach La Española führte, wo inzwischen ein von der Krone eingesetzter Gouverneur N. de Ovando regierte, da die Kg.e K. seiner Ämter als Vizekg. und Gouverneur enthoben hatten. Ende 1503 kehrte er nach Spanien zurück und versuchte, wieder in seine verbrieften Rechte eingesetzt zu werden, geriet aber bald in die Wirren um die Regentschaft nach Isabellas Tod. Zwar nicht verarmt, wie die Legende will, aber in schwierigen Verhältnissen starb K. 1506 in Valladolid, möglicherweise an der Pest. Seine Ansprüche mündeten in einen 30 Jahre währenden Prozeß zw. seinen Erben und der Krone, der 1536 mit einem Kompromiß endete: den Erben wurde der Titel eines Hzg.s v. Veragua mit der gleichnamigen Grundherrschaft am Isthmus v. Panamá und über die Insel Jamaica gesichert, alle anderen Rechtstitel aber fielen an die Krone zurück. Die Nachwelt hat beständig an der Glorifizierung K.' gearbeitet, Bemühungen, die in der 2. Hälfte des 19. Jh. im Versuch zur Heiligsprechung gipfelten. Umstritten ist nach wie vor der Verbleib seiner sterbl. Überreste (Grab in der Kathedrale v. Sevilla oder der v. Santo Domingo).

H. Pietschmann

Q. und Lit.: S. E. MORISON, Admiral of the Ocean Sea. A Life of Ch. C., 2 Bde, 1942 – DERS., Journals and other Documents on the Life and Voyages of Ch. C., 1963 – A. RUMEU DE ARMAS, La Rábida y el descubrimiento de América, 1968 – J. MANZANO MANZANO, Colón y su secreto, 1976 – P. E. TAVIANI, Cristóbal C. Génesis del gran descubrimiento, 2 Bde, 1977 – Ch. K., Bordbuch, hg. F. GEWECKE [Nachw.; zeitgenöss. Illustr.], 1981 – J. HEERS, Ch. Colomb, 1981 – Cristóbal C., textos y documentos completos, hg. C. VARELA, 1982 – A. MILHOU, C. y su mentalidad mesiánica en el ambiente franciscanista español, Cuadernos Colombinos, XI, 1983 – J. PÉREZ DE TUDELA Y BUESO, Mirabilis in Altis..., 1983 – Cristóbal C., Cartas de particulares y relaciones coetáneas, ed. J. GIL-C. VARELA, 1984 – A. RUMEU DE ARMAS, Nueva luz sobre las Capitulaciones de Santa Fé 1492, 1985 – F. MORALES PADRÓN, C.C., Almirante de la Mar Oceana, 1988 – R. A. LAGUARDIA TRIAS, La ciencia española en el descubrimiento de América..., Cuadernos Colombinos XVI, 1990.

Komburg (Comburg). Gf. Burkhard v. Rothenburg-Comburg gründete 1079 in seiner über dem Kochertal s. von Schwäbisch Hall gelegenen Burg mit Zustimmung seiner Brüder ein Kl. OSB. Der Gründungskonvent scheint aus Brauweiler gekommen zu sein, doch wurde er 1086/88 von Hirsauer Mönchen abgelöst. Damit war auch zumindest teilweise ein Patroziniumswechsel der Kl. kirche verbunden (St. Maria und St. Nikolaus). Als Hirsauer Reformkl. wurde K. von den Stiftern dem Ebf. v. →Mainz unterstellt. Die Stifterfamilie behielt die Vogtei, von der sie an die Staufer fiel. Versuche der Schenken v. →Limpurg, im stauf. Endkampf die Abtei an sich zu ziehen, konnte K. abwehren. Das Kl. war 1265–1317 ohne Vogt, dann übertrug Kg. Ludwig der Bayer den Vogtei der Stadt →Schwäbisch Hall (1348 endgültig bestätigt). Sie kam 1485 an den Ebf. v. Mainz, dessen Untervögte dann die Schenken v. Limpurg wurden. Das Kl. erreichte in der 1. Hälfte des 12. Jh. hohe kulturelle Blüte, wie nicht nur der überlieferte Radleuchter und das Antependium beweisen, sondern auch die Überlieferung, daß ein Mönch des Kl. um 1130 Orgeln im Konstanzer Münster und der Kl. kirche Petershausen baute. In der 2. Hälfte des 13. Jh. setzte ein Niedergang mit Güterverkäufen ein, 1319 wurde der Konvent wegen seiner Schulden ztw. aufgelöst. Abt und Konvent stritten 1330–60 um die Nutzung der Kl. güter. Erst am Ende des Jahrhunderts begann sich die wirtschaftl. Lage des Kl. zu konsolidieren. Fehlschlag von Reformversuchen im Kl. und neuerl. wirtschaftl. Niedergang ermöglichten es dem aus Niederadel, Haller Patriziat und frk. Ritterschaft stammenden Konvent, 1488 die Umwandlung des Kl. in ein Chorherrenstift durchzusetzen. – Das St. Aegidius geweihte Klein-K., 1108 als Propstei gegr., hat wohl auch den bei den Hirsauer Reformkl. üblichen Frauenkonvent beherbergt (nur 1291 urkdl. erwähnt). Die um 1120 errichtete Kirche ist weitgehend erhalten.

I. Eberl

Lit.: R. Jooss, Kl. K. im MA, 1971 [1987²] – K., Germania Benedictina 5, 1975, 351 ff. [Lit.].

Kometen, nach Anaxagoras Planetenkonjunktionen, nach Aristoteles Ausdünstungen heißer, trockener Dämpfe der von der Sonne erhitzten Erde, galten als Symbole guter wie schlechter Vorbedeutung. Im Stern von Bethlehem sah man zuweilen einen K., wie dies z. B. Giotto di Bondone um 1304 in seiner 'Anbetung der Weisen', möglicherweise unter dem Eindruck des 1301 auftauchenden Halleyschen K., tat. Dessen astrolog. Bedeutung führte wahrscheinl. auch in China zu sorgfältiger Beobachtung der K., die zumindest seit 611 v. Chr. in den chin. Annalen beschrieben werden. Weitaus seltener sind Erwähnungen von K. in lat. und arab. Chroniken des MA. In der islam. Welt kann man seit Beginn des 9. Jh. ein Interesse für K. feststellen: sowohl das »Muġnī« des in Bagdad lebenden chr. Astrologen Ibn Hibintā wie das »Muḏākarāt« ('Memorabilia'), in dem Šāḏān b. Baḥr Anekdoten und Lehren seines Meisters →Abū Maʿšar (787–886) sammelte, erwähnen einen K., 'al-Kayd' gen. (üblicherweise Bezeichnung für Mondknoten). Eine solche Gleichsetzung ist jedoch unmögl., da al-Kayd in diesen Q., wie auch in vielen späteren, mit einer rückläufigen Bahn von 2,5 Grad pro Jahr beschrieben wird, während die Mondknoten alle 18,6 Jahre eine volle rückläufige Umdrehung ausführen. Aus astronom. Sicht bleibt festzustellen, daß Abū Maʿšar im »Muḏākarāt« die aristotel. Vorstellung zurückweist, wonach sich die K. unterhalb des Mondes bewegen. Er betont, selbst einen K. jenseits der Laufbahn der Venus gesehen zu haben, andere sogar solche jenseits von Jupiter oder Saturn, erklärt aber das von ihm zur Entfernungsbestimmung des K. angewandte

Verfahren nicht. Seine Beobachtung beeinflußte dank der lat. Übers. des Werkes die europ. Astronomen des 16. Jh. bis Girolamo Cardano (1501–76) und Tycho Brahe (1546–1601). J. Samsó

Lit.: J. WILLIAMS, Observations of Comets from 611 to 1640. Extracted from the Chinese Annals, 1871 – L. THORNDIKE, Isis 45, 1954, 22–32 – O. NEUGEBAUER, JAOS 77, 1957, 211–215 – W. HARTNER, Oriens-Occidens, 1968, 268–286, 394–404, 496–507 – R. R. NEWTON, Medieval Chronicles and the Rotation of the Earth, 1972, 669–683 – R. J. OLSON, Scientific American 240/5, 1979, 160–170 – PH. VÉRON–J.-C. RIBES, Les c.: De l'antiquité à l'ère spatiale, 1979 – P. HOSSFELD, Angelicum 57, 1980, 533–541 – E. S. KENNEDY, Centaurus 24, 1980, 162–180 – DERS., Stud. in the Islamic Exact Sciences, 1983, 311–318 – L. A. SHORE, Three treatises on c. in Middle French... [Diss. Toronto 1984] – J. VERNET, De ᶜAbd al-Raḥmān I a Isabel II, 1989, 251–258, 377f.

Komitat, vom 11.–19. Jh. wichtigste Verwaltungseinheit Ungarns, die sich im MA aus einer kgl. Einrichtung in eine adlige wandelte. Der kgl. K. (parochia, provincia, compagus civitatis, comitatus c.; seit dem 13. Jh. comitatus) war seit der Gründung des Kgtm.s grundlegende Macht- und Verwaltungseinheit und unter einem →Gespan um eine Burg (→Burg, VII) organisiert. Bis zum 13. Jh. gab es auch Grenzk.e (marchiae), ferner kleinere Burgbezirke, von denen sich einige im Zuge des Landesausbaus zu K.en entwickelten. Die K.e verloren im 13. Jh. an Bedeutung, da →Immunitäten und Privilegien der →hospites die richterl. Amtsgewalt des Gespans einschränkten, und die massenhafte Verschenkung kgl. Güter zum wirtschaftl. Zusammenbruch des gesamten Systems führte, wodurch den Iobagiones castri ihre Existenzgrundlage entzogen wurde. Erhalten blieben die kgl. K.e jedoch in ihrer militär. Funktion und als Territorialeinheiten.

Der adlige K. (comitatus) war die Selbstverwaltungseinheit des niederen Adels (universitas nobilium c.). Die Grundlagen legten →servientes regis (1232), die im Rahmen des kgl. K.s eigene Gerichtsbarkeit durchsetzten. Ihr Richterstuhl (sedes iudiciaria, sedria) entwickelte sich zum K.sgericht. Unter dem Vorsitz des Gespans (tatsächl. seines vicecomes) und besetzt mit vier aus dem K.sadel gewählten iudices nobilium (iudlium, ung. *szolgabíró* 'Schöffen') fungierte dieses in kleineren Streitfragen der Adligen als erste Instanz, für Dorf- und Herrschaftsgerichte als Berufungsinstanz. Justizreformen Karls I. förderten die Entwicklung. Die (prinzipiell) jährl., meist unter dem Vorsitz des Palatins tagende congregatio generalis ergänzte die Richterbank durch die sedria-Mitglieder und acht gewählte adlige Geschworene. Zugleich sicherte die inquisitio communis (Zeugenverhör) dem Adel Einfluß auf die an der kgl. Kurie geführten Prozesse. Der Gespan blieb weiterhin Führer der K.struppe. Seit Anfang des 14. Jh. war sein Amt in dreizehn K.en mit dem des →Kastellans der K.sburg gekoppelt. Aus dem Notar des Gespans wurde der K.snotar. Um Verwaltungsarbeiten zu erleichtern, teilte man Anfang des 15. Jh. das K.sgebiet entsprechend der Zahl der iudlium in vier Bezirke auf (reambulatio, processus). Die neue Rolle der K.e ermöglichte ihnen die Beteiligung an den polit. Entscheidungen. Seit 1385 schickten sie Vertreter zu den Reichstagen; sie spielten eine Rolle bei der allg. Bewilligung wie auch bei der Festsetzung und Erhebung von Steuern. In Ungarn gab es seit dem 14. Jh. 64 K.e (davon 7 unter dem Wojewoden v. Siebenbürgen, 7 unter dem Banus v. Slawonien). S. a. →Comitatus, →Grafschaft. E. Fügedi

Lit.: K. TÁGÁNYI, Megyei önkormányza tunk keletkezése, 1899 – GY. GÁBOR, A megyei intézmény alakulása és működése, 1908 – G. ISTVÁNYI, A generalis congregatio, Levéltári Közlemények, 1939–41 – GY. KRISTÓ, A vármegyék kialakulása Magyarországon, 1988.

Komitopuloi ('Söhne des Komes'), gemeinsame Bezeichnung der vier Söhne des Komes Nikolaos, eines Statthalters aus der Mitte oder der 2. Hälfte des 10. Jh., wahrscheinl. in W-Makedonien. Die Brüder David, →Aaron, Moses und Samuel erhoben sich gemeinsam 976 in W-Makedonien gegen die neuerrichtete byz. Macht. Aus dem Aufstand ging die Ks.herrschaft (→Samuel) hervor, mit der Byzanz bis 1018 Kriege auf dem Balkan führte. Lj. Maksimović

Lit.: →Aaron, →Samuel.

Kommemoration, liturg. Begriff: Bei Konkurrenz von zwei Festen am gleichen Tag werden in der Messe eine zweite Oration (auch: Gebet, Postcommunio) von dem rangniedrigen übernommen, in Laudes und Vesper die Antiphonen zu Benedictus und Magnificat gesungen mit Versikel und Oration. A. Häußling

Vgl. →Memoria

Kommendatarabt → Kommende

Kommendation (lat. commendatio). Darunter versteht man meist – in starker Einengung des Wortsinns, denn 'commendare' deckt das ganze Bedeutungsfeld 'übergeben, anvertrauen, empfehlen' ab und kommt mit diesen Bedeutungen sowohl in antiken als auch in frühma. Q. vor – die freiwillige Begebung in die Abhängigkeit eines Herrn durch einen feierl. Akt. Parallele Phänomene, der Mönch, der sich beim Eintritt in das Kl. dem Abt kommendiert, oder der Kg., der auf dem Sterbebett seine Kinder einem Vertrauten kommendiert (also eine K. durch Dritte), stehen ebenfalls nur am Rande des Interesses der Forsch. Für sie ist die K. v. a. der Begründungsakt der persönl. Seite des Lehensverhältnisses (→Lehen). Dabei stand der Unterwerfung des →Vasallen die Verpflichtung des Herrn zu Schutz und Unterhaltsleistungen gegenüber. In ihren Wurzeln reicht die K. bis auf röm. Vorbilder zurück und ist daher einer der Kontinuitätsstränge von der Antike ins FrühMA. Es ist umstritten, ob die K. ursprgl. serviler Herkunft ist oder aber einen Vertrag zw. Freien darstellt. Der freie Wechsel von einem Herrn zum anderen, den Art. 310 des Cod. Euricianus (um 475) dem →bucellarius (dienstverpflichteten Soldaten) garantiert: »habeat licentiam, cui se voluerit commendare«, da man einen freien Mann daran nicht hindern könne, deutet in die letztere Richtung. Die rund 300 Jahre jüngere, oft zitierte Formelslg. aus Tours (um 750) spricht dann von der lebenslangen Bindung an den Herrn. Eng mit der K. zusammen hängt der Handgang, der symbol. Akt der Ergebung in die Herrschaft. Dabei legte der künftige Vasall seine Hände in die Hände des Herrn, unter Umständen gehörten noch Treueeid und Kuß zum Ritual. Die ersten Belege für einen solchen Handgang stammen aus dem 8. Jh.; daß die K. schon vorher damit verbunden war, ist also nicht gesichert. Bes. berühmt ist die K. – allerdings sagenhafte – Schilderung der K. des Dänenkg.s Harald an Ludwig d. Fr. 826 bei →Ermoldus Nigellus (In hon. Hludowici, IV, 601–622). Der Höhepunkt der K. ist die Karolingerzeit, danach werden die Belege seltener. Im HochMA, etwa seit dem 11./12. Jh., wird die Begründung des Lehensverhältnisses nicht mehr als K., sondern als Homagium, Hulde oder Mannschaft bezeichnet. Ob mit dem Wandel in der Bezeichnung auch inhaltl. Änderungen verbunden sind, ist ungeklärt. A. Cordes

Lit.: HRG II, 960–963 – F. L. GANSHOF, Was ist das Lehnswesen?, 1967², 4–7, 26–30 – W. KIENAST, Die frk. Vasallität, 1990, bes. 73–138.

Kommende (lat. commenda, von commendare = 'anvertrauen'). [1] Von Dienstverpflichtung befreite geistl. Pfründe. Handelte es sich ursprgl. um die befristete Übertragung eines kirchl. Amtes samt Benefizium aufgrund Vakanz oder Behinderung des Inhabers, erfolgten schon bald Verleihungen auf Lebenszeit. Bereits unter den karol. Hausmeiern dehnte sich die Praxis auf die Belehnung von Laien mit der Abtswürde aus. Diese Kommendataräbte (→Abt) übten beschränkte Jurisdiktion aus, was sie zum Ziel der Kritik früher Reformorden machte. Lag das Belehnungsrecht in landesherrl. Gewalt, fielen K.n häufig an Kard.e und Bf.e, bes. in Italien, Spanien und Frankreich. Zwar hatte das II. Konzil v. Lyon 1274 das K.nwesen mit Vorschriften zur Residenzpflicht und Verbot der Pfründenhäufung zu beschränken versucht, doch behielt selbst der Hl. Stuhl diese Praktiken bei. So konnten im späten MA mehrere K.n in einer Hand vereinigt sein, und es entstanden die sog. »jüngeren K.n«, Kaplaneien an Altarstiftungen mit zugehöriger Nutzung.

[2] Bei den →Ritterorden die unterste selbständige Verwaltungseinheit. Der Name K. leitet sich von commendator ab. Johanniter und Templer gebrauchten seit Mitte/Ende des 12. Jh. diesen Begriff, aus dem sich durch Eindeutigung die Bezeichnung Komtur für den Vorsteher der K. entwickelte; der →Dt. Orden schloß sich dem Sprachgebrauch an. Zur K. konnten eine oder mehrere Burgen gehören. Nicht immer hatte die K. einen Konvent, auch wenn die Ordensregeln dies vorschrieben. Beim Dt. Orden wurden mehrere K.n zu einer Ballei unter Leitung eines Landkomturs zusammengefaßt; sein Sitz hieß Landk. In Preußen und Livland entsprach der K. die Komturei.

[3] Form einer Handelsgesellschaft oder eines Kommissionsgeschäfts: →Kommission. G. Michels

Lit. zu [1]: DDC III, 1029–1085 – FEINE, 1972⁵ – PH. SCHMITZ, Gesch. des Benediktinerordens, Bf. 4, 1960 – zu [2]: Die Statuten des Dt. Ordens, ed. M. PERLBACH, 1890 [Neudr. 1975] – Cartulaire général de l'Ordre de St. Jean de Jérusalem, ed. J. DELAVILLE LE ROULX, Bd. 1, 1894 – G. SCHNÜRER, Die ursprgl. Templerregel, 1903 – J. RILEY-SMITH, The Knights of St. John in Jerusalem and Cyprus 1050–1310, 1967 – K. MILITZER, Die Entstehung der Deutschordensballeien im Dt. Reich, 1981².

Kommentar

I. Mittellatein – II. Romanische Literaturen – III. Englische Literatur.

I. MITTELLATEIN: Unter K. versteht man die durchgehende Erläuterung eines Textganzen im Unterschied zur →Glosse (Interpretament eines Einzelwortes) und zum →Scholion (ausführl. Erklärung eines Wortes oder einer Stelle). Der K. kann der äußeren Form nach als eigenständige, mit dem Grundtext nur durch Verweiszeichen oder Lemmazitate verbundene Schrift auftreten oder – seit dem Übergang von der Buchrolle zum Codex – dem Grundtext beigeschrieben werden. Unter dem Aspekt der inneren Form ist zu unterscheiden zw. dem Scholienk. mit fortlaufender Erklärung schwieriger Stellen, dem Expositionsk. mit kontinuierl. Paraphrase und Interpretation des gesamten Quellentextes und dem sich mit den Inhalten des Quellentextes frei auseinandersetzenden K.schrift.

Alle gen. Formen wurden in der Antike entwickelt und dem MA weitervererbt. Der Scholienk. geht zurück auf die Dichtererklärungen der hellenist. Schulen v. Alexandria (Aristarch, um 217–145) und Pergamon (Krates, 2. Jh. v. Chr.), von denen erstere mit ihrer philolog. Ausrichtung (lexikal., grammatikal., mytholog., hist. und antiquar. Interpretationen) noch den Vergilk. des →Servius prägt, während die philos. orientierte Schule v. Pergamon (allegorisierende Dichterinterpretation) im Vergilk. des →Fulgentius 2 nachwirkt. Der Expositionsk. begegnet bei →Donatus 8, v. a. aber in der patrist. Exegese (→Bibel, II. 3); die K.schriften hingegen beziehen sich vorzugsweise auf Autoren philos., rhetor. und grammat. Texte: Aristoteles, Cicero, Donat (Marius Victorinus, 4. Jh.; Macrobius 4.–5. Jh.; →Boethius; →Grammatici latini).

Das frühe MA setzt kompilierend die Tradition des antiken Stellenk.s fort (→Johannes Scotus, →Heiric und →Remigius v. Auxerre), verlagert jedoch das Hauptgewicht von der Dichtung auf die Prosa (→artes-Schrifttum, →Boethius' »Consolatio philosophiae«). Einige bedeutende Bibelk.e (→Beda, →Paschasius Radbertus, →Haimo und →Remigius v. Auxerre) sind der Gattung K.schrift zuzuordnen, während die Mehrzahl der Bibelk.e dem im 6. Jh. entwickelten griech. Typus des Ketten- oder Katenenk.s (→Bibel, II. 3) vertreten, die Exzerpte aus der exeget. Lit. – gewöhnl. mit Nennung des zitierten Autors – aneinanderreiht, häufig in Form der Rahmenkatene, die, auf den Blatträndern eingetragen, den Grundtext rahmenförmig umgibt. (Die Form der Rahmenkatene wird im HochMA von den K.en zum →Corpus iuris civilis und zum →Corpus iuris canonici übernommen, vgl. →Glossatoren. S. a. →Commentum; →Kommentatoren.)

Das Hoch- und SpätMA bringt – in der Nachfolge des Fulgentius, Johannes Scotus und Remigius v. Auxerre – weitere allegorisierende K.e hervor (→Bernardus Silvestris, K. zu Aeneis VI); ferner werden auch ma. Dichtungen wie die →Ecloga Theoduli«, der »Architrenius« (→Johannes de Hauvilla), der »Anticlaudianus« (→Alanus ab Insulis) und die »Alexandreis« (→Walter v. Châtillon) u. ä. in die K.arbeit einbezogen. Ebenso werden im philos. Bereich jetzt neben intensivierter Boethiuserklärung (→Wilhelm v. Conches, →Gilbert v. Poitiers, →Thierry v. Chartres) auch Texte kommentiert, die dem FrühMA ferner lagen (Platons »Timaios« [Wilhelm v. Conches]) oder nicht bekannt waren (→Aristoteles, Logica nova, Physica, Ethica, Naturalia, »Rhetorik« und »Poetik«). Das Kennenlernen der arab. und jüd. Aristoteles-K.e (→Avicenna, →Gabirol, →Averroes), die mit der Rezeption der Werke verbunden war, befruchtete den lat. philos. K. (→Robert Grosseteste, →Thomas v. Aquin) und regte →Albertus Magnus zu seinem fast das gesamte aristotel. Œuvre umfassenden, in Form von Expositionsk.en dargebotenen Erklärungszyklus an. Daneben entwickelte die Scholastik v. a. in der um 1200 einsetzenden Kommentierung der »IV libri sententiarum« des →Petrus Lombardus den Typ des Quästionenk.s, der im Anschluß an den Quellentext eigene Fragestellungen abhandelt. Letzterer Typ überwiegt zahlenmäßig ab dem 14. Jh.

Mit den volkssprachl. Kommentaren (→Abschnitt II, III) tritt der K. über den engen Bezirk der Schule hinaus und öffnet sich breiteren Schichten des bürgerl. Bildungspublikums. B. K. Vollmann

S. a. →Fachliteratur; →Medizin.

Rep.: F. STEGMÜLLER, Rep. in sententias Petri Lombardi, 1947 – P. O. KRISTELLER–F. E. CRANZ, Cat. translationum et commentariorum, 1958–86 – A. ZIMMERMANN, Verz. ungedr. K.e zur Metaphysik und Physik des Aristoteles, 1971 – G. VERBEKE, Rép. des commentaires lat. médiév. sur Aristote: L'homme et son univers, hg. C. WENIN I, 1986, 141–154 – Ed.: →Einzelartikel – Lit.: LAW 2723–2726 – Gesamtdarst. fehlen – GRABMANN, Geistesleben, I–III – P. COURCELLE, Ét. crit. sur les commentaires de la Consolation de Boèce, AHDL 14, 1939, 5–140 – L. HOLTZ, Les mss. lat. à gloses et à commentaires de l'antiquité à l'époque carolingienne: Il libro e il testo, hg. C. QUESTA, 1982, 140–167 – E. JEAUNEAU, Gloses et commentaires de textes philos.: Les genres litt. dans les sources théol. et philos. médiév. 1982, 117–131.

II. ROMANISCHE LITERATUREN: K.e im Sinne der Allegorese (→Allegorie) begegnen seit dem prov. »Boeci« (Fragm., Anfang 12. Jh.) und in einzelnen →Bibelübers., etwa im frz. K. zu Ps 44 »Eructavit« (1181–87) oder in der frz. »Genesis« des Evrat (1198), zwei am Hof der →Marie de Champagne entstandenen Werken (vgl. GRLMA VI). Die Allegorese bildet bis ans Ende des MA eines der Grundmuster der K. e. Es lassen sich drei K.-Typen unterscheiden: a) K.e zu volkssprachl. Texten; b) Selbstk.e; c) K.e übers. aus dem Lat. oder K.e in Übers.

a) Die ersten K.e zu volkssprachl. Texten betreffen die prov. Lit., näml. die z.T. dem Troubadour Uc de Saint-Circ zugeschriebenen, aber anonym überlieferten Lebensbeschreibungen (→»vidas«) und Erklärungen von einzelnen Troubadourgedichten (»razos«) aus dem 13. Jh. Bes. die »razos« entspringen einer 'positivistischen' Haltung, d.h. sie extrapolieren den Literalsinn auf die Lebensumstände des Dichters. In der Romantik wurden sie noch eifriger als Q. benutzt. — 1285 schrieb der Troubadour Guiraut→Riquier einen umfangreichen K. in Vv. zu einer Kanzone des Troubadours →Guiraut de Calanson; ins 14. Jh. gehört die »Gloza« in Vv. von Raimon de Cornet zu einem Gedicht des Bernat de Panassac. Eine Art 'umgekehrten' K. findet man im 1288–90 verfaßten →»Breviari d'Amor« des Matfre →Ermengaud (3. E.), der, gleichsam anstelle eines K.s, Gedichte der Troubadours als Beweis für die Richtigkeit der vorgebrachten Ideen zitiert. — Im 14. und 15. Jh. entstehen in Italien zahlreiche it. und lat. K.e zu Dantes »Commedia« (→Dante Alighieri, B.IV) sowie zu einzelnen Gedichten oder zum ganzen »Canzoniere« und zu den »Trionfi« →Petrarcas. B. von Jacopo della Lana, →Benvenuto da Imola, A. →Lancia, Pietro Lapini, Antonio da Tempo, F. →Filelfo, L. →Bruni, Francesco Patrizi, Jacopo di Poggio Bracciolini u.a. 1390–1400 verfaßte der Pikarde Evrart de Conty einen großangelegten enzyklopäd.-mythograph. Prosak. zu den →»Echecs amoureux«, den ersten großen frz. K. zu einem frz. Text.

b) Als Vorstufe zum Selbstk. kann man das um 1169 entstandene Gedicht »Escotatz, mas non say que s'es« des Troubadours Raimbaut, Gf. v. Orange, ansehen, denn jede Strophe schließt mit einem erklärenden Prosateil. Eigtl. Selbstk.e entstehen jedoch erst mehr als hundert Jahre später in Italien. Die ersten stammen von Dante Alighieri. In der »Vita Nuova« kommentiert er in Prosa nach dem Muster der Allegorese einige seiner Jugendgedichte; diese erlangen damit über den kontingenten Sitz im Leben hinaus allg. Bedeutung. Der philos. ausgerichtete Selbstk. von Canzonen im »Convivio« orientiert sich an der »Consolatio« des →Boethius. Ein Interpretationsmuster zur »Commedia« gibt Dante in der »Epistola a Cangrande«. — 1309-10 schrieb Francesco da Barberino (1264-1348) die »Documenti d'Amore« (Hs. Vat. Barberini Lat. 4076, Autograph, illustr.), eine umfassende Slg. von Hofregeln, in der Amor zwölf personifizierte Tugenden den Menschen das gesellschaftl. Benehmen lehren läßt. Auf die it. Vv. folgen jeweils eine lat. Übers. und ein ausführl. lat. K. — Seinen »Teseida« (1340-41), das älteste it. Epos, versieht →Boccaccio mit einem Marginalk. in Prosa (Hs. Florenz, Bibl. Medic.-Laurenziana, Acquisti e Doni 325, Autograph). Ist die Gestaltung der Seiten in der »Teseida«-Hs. noch typisch mittelalterlich, ändert sich das Bild grundsätzl. in einigen Texten des 15. Jh., in denen Text und K. eine Einheit bilden, wie dies schon bei Francesco da Barberino der Fall war. In der »Epistre Othea« der →Christine de Pisan (um 1400) besteht jeder der 100 Abschnitte aus vier Teilen, einer Miniatur (frz. »histoire«), darunter zunächst der »texte« in Vv., eine eher allusive Bildbeschreibung, dann die moral.-erklärende »glose« in Prosa, schließlich die moral.-anagog. »allegorie«, ebenfalls in Prosa, die mit einem lat. Bibelzitat schließt. Neu ist hier, daß der Ausgangspunkt des dreifachen K.s ein Bild ist. — Noch ganz mittelalterlich hingegen ist der Traktat »Los doze trabajos de Hércules« von Enrique de →Villena (1417; Original katal., vom Autor selbst ins Kast. übers.); jede zwölf Taten des Helden wird in vier Abschnitten vorgestellt: 1. die »istoria nuda«, d.h. die Fabel; 2. deren »declaración«, eine allegor. Erklärung; 3. die hist., respektive euhemerist. »verdad«; 4. die »aplicación« auf einen der zwölf Stände der Gesellschaft. — Juan de →Mena versieht jede der 51 Strophen seiner allegor. »Coronación del marqués de Santillana« mit einem gelehrten K., v.a. zu den mytholog. und hist. Anspielungen. Ähnl. wie Villena unterscheidet Mena die Fiktion oder Metapher von der wahren Geschichte und deren moral. »aplicación«, doch in der Darstellung der Fabeln Ovids tritt der didakt. Charakter hinter das rein Erzählerische zurück.

c) Einer der ersten K.e in Übers. ist Brunetto →Latinis »Livre du Tresor« (1262-66); im 2. Buch übers. und erläutert er Teile der »Nikomachischen Ethik« (→Aristoteles, C), im 3. Buch über Rhetorik paraphrasiert er hauptsächl. Ciceros »De inventione«. — Zu Beginn des 14. Jh. entsteht der einflußreiche frz. »Ovide moralisé«, in welchem die Versübers. der »Metamorphosen« moral. und chr.-allegor. erklärt wird. Einen Komplex für sich bilden die Übers. der »Consolatio« des Boethius. Einige Übers. verwenden lat. K.e, z.B. die anonyme frz. (burg.) Prosaübers. (Anfang 13. Jh.), welche den lat. K. des →Wilhelm v. Conches übernimmt, während der lat. K. des →Nikolaus Treveth († um 1334) von →Chaucer in seiner engl. Prosaübers. und von Renaut de Louhans in seiner in über 30 Hss. erhaltenen frz. Versübers. (1336-37) verwendet wird. — Die Übersetzer, die für Karl V., Kg. v. Frankreich, arbeiteten, benutzten oft lat. K.e; etwa →Nikolaus Oresme in seinen 1370-82 entstandenen Übers. aristotel. Schriften, oder Raoul de Presles, der in seinem K. zur frz. Übers. (1370-75) von →Augustins »De civitate Dei« v.a. auf die lat. K.e von Thomas Waleys und von Nikolaus Treveth zurückgreift, oder der schon gen. Evrart de Conty, der in seiner Übers. der ps.-aristotel. »Problemata« den lat. K. von →Pietro d'Abano übernimmt. Die lat. K.e zu Valerius Maximus von Dionysius v. Borgo San Sepolcro (→Dionysius [2. D.]) und von Luca de Penna (1374, in Avignon) fanden Verwendung in der frz. Übers., die 1375 von Simon de Hesdin begonnen und von Nicolas de Gonesse 1409 beendet wurde. Auch Jean →Courtecuisse benutzte lat. K.e in seiner 1403 entstandenen Übers. der »Formula vitae honestae«. Zur K.lit. des MA, gerade auch zum Phänomen der Übernahme lat. K.e in die Volkssprache sowie zum Verhältnis der volkssprachl. K.e zu den lat. K.en allgemein, gibt es bislang nur punktuelle Studien. M. R. Jung

Lit.: DLII, s.v. Commenti Danteschi, C. Petrarcheschi, Commento – J. MACLENNAN, Autocomentario en Dante y comentarismo lat., Vox Romanica 19, 1960, 82–129 – P. BAGNI, »Res ficta non facta«, Studi di Estetica 1, 1973, 113–163 – A.J. MINNIS, Medieval Theory of Authorship, 1984 – DERS.–A. B. SCOTT, Medieval Literary Criticism. The Commentary Tradition, 1988 – Les Commentaires et la naissance de la critique litt. Actes du Coll.internat. de Paris 1988, hg. G. MATHIEU-CASTELLANI–M. PLAISANCE, 1990.

III. ENGLISCHE LITERATUR: Me. Bibelk.e basieren u.a. auf →Petrus Lombardus, wie der von Richard →Rolle zum Ps, oder auf der »Catena aurea«. Die Auslegung von Hld 1.2 entnimmt Rolle seinem eigenen K. Eine Summe (→Summa) von ca. 1400 zieht die »Glossa ordinaria« für den geistl. und für den Literalsinn →Nikolaus' v. Lyra heran, der auch für die Wycliffanhänger wichtig ist. Einen frz. K. zu den Bußpsalmen übersetzt um 1450

Eleanor Hull. Zwei me. Versionen der Pariser Apokalypse (B.N., fr. 403) tradieren einen mit bestimmten →*bibles moralisées* verwandten K. Joachimit. K. e beeinflussen v. a. die franziskan. Erklärungen der Messe. →»Deonise Hid Diuinite« verarbeitet den K. des →Thomas Gallus, der auch Spuren in »The →Cloud of Unknowing« hinterlassen hat. – Karol. K. e zu den Schulautoren sind im Spätae. direkt bekannt und kursieren in Form von →Glossen. Ob →Alfred d. Gr. für seine Boethiusübers. →Remigius benutzt hat, bleibt strittig. – Bei den Bearbeitungen älterer Texte verwenden die Autoren oft zusätzl. die gängigen K. e; →Chaucer und →Walton etwa benutzten für ihren Boethius →Trevet, der seinerseits Alfreds Version kannte. Ein K. zu Buch I von Chaucers »Boece« ist aus dem 15. Jh. erhalten. Der engl. Text von →Gowers »Confessio Amantis« wird von einem lat. K. begleitet. Auf Trevet greift auch →Henryson in »Orpheus and Eurydice« zurück, während Gavin →Douglas für seine »Aeneis«-Übers. bereits J. Baldius Ascensius verwendet und einen eigenen K. in den Prologen sowie dem Marginalien zu Prolog I und Buch I. 1–7 bietet. K. Bitterling

Bibliogr.: Manual ME 2.IV, VI, 1970; 7.XX, 1986 – *Lit.:* M. LAPIDGE, The Study of Latin Texts in late AS England ... (Latin and the Vernacular Languages in Early Medieval Britain, ed. N. BROOKS, 1982), 99–140 – A. J. MINNIS, Medieval Theory of Authorship, 1984 – The Medieval Boethius, ed. DERS., 1987 – Medieval Lit. Theory and Criticism ... (The Commentary-Tradition, ed. DERS.–A. B. SCOTT, 1988).

Kommentatoren nennt man die it. und frz. Juristen der Zeit vom späten 13. bis zum frühen 16. Jh., als Verf. der für die Rechtswiss. dieser Zeit charakterist. Erläuterungswerke, »commentaria« (s. a. →Commentum), zu den Teilen des →Corpus iuris. Diese Kommentare, meistens aus Vorlesungen hervorgegangen, stimmen meth. weitestgehend mit den Glossenapparaten (→Apparatus glossarum) ihrer Vorgänger, der →Glossatoren, überein. Sie wurden aber nicht mehr in Form von Glossen, sondern als fortlaufende Texte redigiert. Kennzeichnend ist die ständige Auseinandersetzung mit den Auffassungen der Glossa ordinaria von →Accursius († 1263) und, später, mit den Lehren des berühmtesten K. selbst, →Bartolus' de Saxoferrato († 1357). Deshalb werden die K., v. a. die frühen, auch →Postglossatoren« und, die späten, »Bartolisten« genannt; unhist. ist freilich der abwertende Nebensinn, den die erste Bezeichnung bei SAVIGNY hatte. Immer mehr in die Einzelheiten gehende jurist. Beweisführungen und breitere Auseinandersetzungen mit der immer umfangreicher werdenden Lit. blähten die Kommentare auf und führten zuletzt dazu, daß nur noch einzelne ausgewählte Quellenstellen erklärt wurden (s. a. →Jason de Mayno).

In der Zeit der K. breitete sich das gelehrte Recht als →gemeines Recht in ganz S-, W- und Mitteleuropa aus: die (aus dt. Sicht so gen.) »Rezeption« des röm. Rechts. Auch in der Rechtspraxis entfaltete es eine überragende Wirkung. Neben zahlreichen Monographien haben die K. daher auch Tausende von Rechtsgutachten (→Consilia) hinterlassen; F. WIEACKER hat deshalb vorgeschlagen, die K. »Konsiliatoren« zu nennen. Unzutreffend wäre aber die Meinung, daß erst die K. »Praktiker«, die Glossatoren aber noch reine Theoretiker gewesen seien.

Bedeutende K. waren neben anderen: →Dinus de Rossonis, →Cino da Pistoia, →Albericus de Rosate, →Bartolus, →Baldus de Ubaldis, →Bartholomaeus de Saliceto, →Alexander de Tartagnis und →Jason de Mayno sowie die frühen Franzosen Jacobus de Ravanis (Jacques de →Revigny) und Petrus de Bellapertica (→Pierre de Belleperche).

P. Weimar

Lit.: HRG III, 1842f. [G. DOLEZALEK] – SAVIGNY, V–VI – F. OLIVIER-MARTIN, Hist. du droit français des origines à la Révolution, 1951², 428ff. – F. CALASSO, Medio Evo del diritto I, 1954, 563ff. – F. WIEACKER, Privatrechtsgesch. der NZ, 1967², 80ff. – U. NICOLINI, I giuristi postaccursiani e la fortuna della Glossa in Italia (Atti del Convegno internaz. di studi accursiani II, 1968), 799–943 – COING, Hdb. I, 261ff. [N. HORN] – H. SCHLOSSER, Grundzüge der neueren Privatrechtsgesch., 1988⁶, 34ff.

Kommerkion, Bezeichnung für die Haupthandels- und Warensteuer im byz. Reich; abgeleitet von lat. commercium (als Recht zum gegenseitigen Kauf und Einkauf von Ulpian Reg. XIX, 4, 5), seit Konstantin VI. (780–797) als Steuer belegt, die in erster Linie beim Verkauf von Waren (zur Hälfte vom Käufer und Verkäufer) oder bei der Ein- und Ausfuhr, im allg. in Höhe von 10% des Warenwertes erhoben wurde. Bei der Vergabe von Handelsprivilegien an Ausländer durch den Ks. (erstmals 907/911 für die Russen) konnte auf das K. auch ganz oder teilweise verzichtet werden, während vergleichbare Maßnahmen Inländern nur selten gewährt wurden. Das K. wurde von eigens dafür bestellten Personen, den Kommerkiariern, erhoben, deren Funktion und Aufgaben in jüngster Zeit erhebl. diskutiert wurden. P. Schreiner

Q. und Lit.: H. ANTONIADIS-BIBICOU, Recherches sur les douanes à Byzance, 1963, 97–155 – N. OIKONOMIDÈS, Silk trade and production in Byzantium ...: the seals of Kommerkiarioi, DOP 40, 1986, 33–53 – W. BRANDES, Die Städte Kleinasiens im 7. und 8. Jh., 1989, 160–174.

Kommission. In den Handels-, Hafen- und Messestädten nahmen Geschäftsleute ihre Transaktionen selbstverständl. durch Makler, Vermittler und Beauftragte vor. Dies gilt nicht nur für auswärtige Handelsbeziehungen, sondern auch für Geschäfte am Ort selbst. Innerhalb des Personenkreises der Vermittler bestanden vielfältige Arten und Stufen der Zusammenarbeit mit oder in Abhängigkeit von einem Auftraggeber/Partner, die im Einzelfall durchaus klar erkennbar sind. Demnach ist die Terminologie schwankend und wenig präzis, was von der komplexen Natur derartiger Vermittlungstätigkeiten herrührt. Die Vorstellung einer »K.« im eigtl. Sinne, d. h. einer prozentualen Beteiligung des Vermittlers (auf der Grundlage des eingesetzten Kapitals oder aber des erzielten Gewinns), tritt nur selten auf.

Die Bezahlung eines Vermittlers erfolgte üblicherweise bei genau abgegrenzten Tätigkeiten durch einen Lohn, der pauschal oder nach Tagen abgegolten wurde. Häufiger wurde die Vergütung durch eine Form der direkten Assoziierung vorgenommen; dies war z. B. der Fall bei der in den Mittelmeerhäfen gebräuchl. *commenda,* einem Gesellschaftsvertrag zw. einem reisenden Kaufmann und einem Partner, der ihm Kapital oder Waren vorstreckte; der Reisende erhielt für seine Tätigkeit, die in der Suche von Käufern und im Verkauf der Waren bestand, in der Regel ein Viertel des Gewinns. Dieser hohe Anteil zeigt, daß es sich hier eher um einen Vertrag zw. gleichrangigen Partnern als um eine Vermittlungstätigkeit im engeren Sinne handelt.

Die bloßen Vermittlungs- und Maklerfunktionen, die nicht zuletzt im Zusammenbringen von Verkäufern und potentiellen Kunden bestanden, wurden vielmehr von den Vertretern unterschiedl. Gewerbezweige durchgeführt; diese unterhielten zu diesem Zweck »Banken« auf öffentl. Plätzen oder am Hafen. Ihre Bezahlung erfolgte zumeist durch fixe Entlohnung, nicht durch prozentualen Anteil. Viele dieser Vermittler erwarteten auch nur entsprechende Gegendienste, Protektion oder die Bestätigung, daß sie zu den Kreisen der Handeltreibenden gehörten. Im spezif. Bereich des Geldwechsels wurde auf Wechselbriefe keine »K.« genommen; Gewinne wurden durch eine geschickte Taxierung des Wechselkurses erzielt. — S. a. →Commissaire J. Heers

Lit.: W. SCHMIDT-RIMPLER, Gesch. des K.sgeschäftes in Dtl., 1915 – A. E. SAYOUS, Les méthodes commerciales à Barcelone au XVe s., RHDFE, 1936 – R. SPRANDEL, Die Konkurrenzfähigkeit der Hanse im SpätMA, HGBll 102, 1984, bes. 27ff.

Kommune (Stadtgemeinde)

I. Allgemein und Italien – II. Frankreich.

I. ALLGEMEIN UND ITALIEN: Die Entwicklung der städt. Selbstverwaltung zählt zu den wichtigsten Erscheinungen des hohen und späten MA. Ihre Auswirkungen haben – trotz späterer polit. Wandlungen – die institutionellen und sozialen Strukturen Europas geprägt: Die K., wie sie zw. dem 11. und 13. Jh. entstand, war das Ergebnis des Umwandlungsprozesses einer Gesellschaft, die einen demograph. Aufschwung erlebte als Folge einer Wachstumsphase, die das ganze Abendland umfaßte und polit. und wirtschaftl. Implikationen hatte. Zeitl. Ablauf und Erscheinungsformen dieses Phänomens waren jedoch in den einzelnen Gebieten sehr verschieden. Die it. Städte waren bereits vor dem Entstehen der K. in rechtl. Hinsicht von der übrigen Bevölkerung des Territoriums unterschieden, da im 10./11. Jh. ihre Bewohner weiterhin volle Freiheit genossen hatten, während ein Großteil der Bevölkerung des Umlands (→Contado) lokalen Signorien zinspflichtig geworden war, die überall von den »potentes«, die sich auf ihre Burgen stützen konnten, errichtet worden waren. In den Städten hatte die Präsenz des Bf.s als concivis, nicht als dominus, und sein bes. Verhältnis zum Reich zur Bewahrung des formellen Status unmittelbarer kollektiver Abhängigkeit vom Ks. (→Reichsunmittelbarkeit) geführt, verbunden mit dem Genuß bes. libertates (v. a. der Handelsfreiheit), und zur Entwicklung eines ausgeprägten städt. Bewußtseins beigetragen. Der Übergang von der Bf.sherrschaft zum kommunalen Stadtregiment erfolgte daher spontan, ohne Eingriffe eines Machthabers oder Herrschers, wobei die neue Führungsschicht bewußt den polit. Begriff »civitas« aufnahm. Im Dt. Reich der 1. Hälfte des 12. Jh. sahen die Privilegien der Herrscher keine Formen städt. Selbstverwaltung vor, sondern betrauten stadtherrl. ministeriales mit administrativen Kompetenzen, die gleichzeitig im – nicht immer klar getrennten – öffentl.-städt. Bereich und im kirchl. Patrimonium wirkten. Erst in der Folgezeit, aber nicht in allen Gebieten, führten gemeinsame Interessen zu Annäherung und Verschmelzung von Ministerialen, Bürgern und Kaufleuten, die nun gemeinsam polit. Verantwortung übernahmen und Ende des 12. Jh. die »Ratsversammlung« begründeten.

Gewöhnl. wird die »Entstehung der K.« mit dem ersten Auftreten neuer Ämter gleichgesetzt, die das bestehende Stadtregiment änderten. Das heißt natürl. nicht, daß es bis zur Erreichung dieses Ziels keine Zwischenformen polit. Repräsentanz gab, zweifellos bedeuten die consules jedoch einen neuen Faktor. Fast gleichzeitig begegnen erstmals consules in mehreren it. Städten (um 1085 in Pisa und Lucca, 1092 in Asti, 1097 in Mailand, 1098 in Arezzo, 1099 in Genua, 1105 in Pistoia und Ferrara, 1112 in Cremona, 1123 in Piacenza) und, etwas später als in Italien, auch in Südfrankreich (1131 in Arles, 1144 in Nizza, 1132 in Narbonne, 1152 in Toulouse); erst an der Wende zum 13. Jh. erscheint in den dt. Städten ein dem Konsulat vergleichbares Amt (1216 in Köln), 1198 begegnet in Speyer ein dem Kollegium der Konsuln vergleichbarer »Rat«. Diese relativ späte Übernahme polit. Verantwortung durch die Stadtbevölkerung führte dazu, daß auch die Phase sozialer Konflikte später auftrat als in den it. Städten. Die langsamer vor sich gehende Formierung einer Führungsschicht und die Bewahrung der Standesunterschiede konnten im Laufe des 14. Jh. jedoch oft in städt. Tumulte ausartende Machtkämpfe innerhalb der Gruppe der Mächtigen nicht verhindern, die man als Konkurrenzkämpfe innerhalb der Führungsschicht ansehen kann. Natürl. fehlte es auch keineswegs an Bestrebungen, den Kreis der Träger polit. Verantwortung zu erweitern: das aus Handwerkern und kleineren Kaufleuten bestehende Bürgertum vermochte in vielen Städten Europas am Ende des 14. Jh. eine einheitl. Bürgerschaft formal »popularen« Charakters zu konstituieren und – zumindest dem Anschein nach – im wesentl. Ämterparität zu erreichen. Durch die Mischung verschiedener Traditionen zeigten die Städte Europas eine lebendigere soziale Vielfalt als die ländl. Gebiete, aber nur in Italien entstand eine neue Gesellschaft, die sich von den Strukturen der Vergangenheit radikal unterschied. Bedeutend vielschichtiger und vielfältiger als die städt. Gesellschaft n. der Alpen, ist die Gesellschaft der reichsit. Städte durch eine innere Mobilität gekennzeichnet, wie sie dem übrigen Europa mit seinem vorherrschenden Ordnungsprinzip rechtl. voneinander abgegrenzter Schichten weitgehend fremd ist. Es gab jedoch auch in Italien, insbes. in der sog. Longobardia, Versuche einer von dem Feudalsystem der ländl. Gebiete abgeleiteten Gesellschaftsordnung. Wer jedoch stadtsässig wurde, nahm rasch die städt. Mentalität mit ihrem in Italien sehr früh ausgeprägten spezif. Selbstbewußtsein an, wobei die Möglichkeit lukrativer wirtschaftl. Tätigkeiten die innere Abkehr und äußere Unterscheidung von der Mentalität der Landbevölkerung förderte. So begegnen etwa in Mailand seit der Mitte des 11. Jh. neben den feudalen Ordines (*capitanei* und *valvassori*) in vorderster Linie die negotiatores. Dennoch erscheint die Kultur der städt. Oberschicht als eine ritterl.-höf., obwohl der Großteil ihrer Einkünfte aus dem Handel herrührte. Zum Unterschied zu der außerhalb Italiens vorherrschenden Differenzierung von »Bürgern« und »Lehnsträgern« (Feudalherren), bildeten die maiores hier eine ihrer sozialen Herkunft nach heterogene, ihrem Verhalten nach jedoch einheitl. Schicht. Daraus erklärt sich, daß der städt. Adel einen ständigen Unruheherd darstellte, da er zur Erlangung der Vorherrschaft auf die Mittel der signorialen Gesellschaft (wie Privatkriege, Blutrache etc.) zurückgriff. Breitere Schichten der Gesellschaft führten im Laufe der Zeit institutionelle Veränderungen herbei: den Übergang von einer allgemeinen Versammlung (*arengo*) zu dem kleineren Kreis des »*consiglio di credenza*« sowie zur Ersetzung der consules durch den zur Ausschaltung der Konkurrenzkämpfe des Consularadels und zur Wahrung des Friedens in der Stadt von auswärts berufenen →Podestà. Erst mit der Entstehung der polit. Organisation des populus gelang es den bereits nach Stadtteilen in societates zusammengefaßten unteren Schichten, einen einheitl. Organismus zu bilden, der nach direkter Ausübung der Macht drängte. Der Sieg des »populus«, der von Aristokraten, die nach persönl. Erfolg strebten, unterstützt wurde, führte zur aktiven Beteiligung breiterer Schichten an der Stadtpolitik und zur Ausschaltung der früheren maiores (Antimagnatengesetze), begünstigte jedoch gleichzeitig den Aufstieg der obersten Schicht des populus (*grandi di popolo*) zu einer den Magnaten vergleichbaren Stellung, da man deren Gebräuche und Verhaltensweisen übernahm. Eine starke Mobilität und die häufige Nachahmung adliger Vorbilder kennzeichneten in Italien die soziale Dynamik der Städte, die zugleich eng mit ihrem polit. Aufstieg verbunden war. Dieser Prozeß kam zum Stillstand, als die Möglichkeiten der städt. Selbstverwaltung durch die neuen Signorien beschnitten wurden. Die Autorität des Signore, der urspgl. als friedenstiftende Kraft in den innerstädt. Konflikten und Tumulten eingesetzt wurde, übernahm die territorialen Strukturen und die administrative Ordnung der freien K., ohne ihre Funktionen zu verändern, entleerte sie jedoch allmähl. ihres polit. Inhalts der Selbstverwaltung. Die it. K. schuf faktisch im Laufe des 13./14. Jh. die Voraussetzungen für die Entstehung des »Territorialfürstentums« in Italien durch die Einrichtung eines abhängigen »districtus«, die bis in die NZ bewahrt wurde. Das Prinzip des Territoriums, auf dem die Prärogativen der stadtsässigen cives gründeten, hatte das anfangs unübl. Prinzip des »Bürgerrechts« zur Folge, das mit der Teilnahme an den kommunalen militär. Verpflichtungen und Leistung von Steuern und Abgaben verbunden war; schließl. wurde die Kontrolle über die Bewohner des Umlands ausgedehnt und die städt. Institutionen auf den Contado projiziert, bis die gesamte Diöz. dem Territorium der Stadt einverleibt war, wozu auch die Auffassung beitrug, gemäß der jede Stadt ein bes. Recht auf ihren hist. comitatus habe. Bei der Errichtung eines kommunalen Territoriums sind Ansätze zur Staatenbildung festzustellen, obgleich die K. in der Praxis zur Unterwerfung der ländl. Gebiete sich gebräuchl. feudaler Bindungen bediente, um die Machtbeziehungen zw. konkurrierenden Kräften zu regeln.

R. Bordone

Lit.: D. WALEY, Die italienischen Stadtstaaten, 1969 – Unters. zur gesellschaftl. Struktur der ma. Städte in Europa, 1966 – A. I. PINI, Dal comune città-stato al comune ente amministrativo (Storia d'Italia, 1981), 451–587 – Beitr. zum hochma. Städtewesen, hg. B. DIESTELKAMP, 1982 – R. BORDONE, La società urbana nell'Italia comunale (secoli XI–XIV), 1984 – Aristocrazia cittadina e ceti popolari nel tardo medioevo in Italia e in Germania, hg. R. ELZE–G. FASOLI, 1984 – H. KELLER, Mehrheitsentscheidung und Majorisierungsproblem ... (Fschr. H. STOOB [Städteforsch. A 21], 1984), 2–41 – Modelli di città. Strutture e funzione politiche, hg. P. ROSSI, 1987 [G. TABACCO, La città vescovile nell'Alto Medioevo, 327–345 – R. BORDONE, La città comunale, 347–370 – G. CHITTOLINI, La città europea tra Medioevo e Rinascimento, 371–393] – La Storia, hg. N. TRANFAGLIA–M. FIRPO, 1988ff [R. BORDONE, E. ARTIFONI] – L'evoluzione delle città italiane nell'XI secolo, hg. R. BORDONE–J. JARNUT, 1988.

II. FRANKREICH: Es ist zu unterscheiden zw. kommunaler Bewegung, kommunaler Autonomie und kommunalen Institutionen.

[1] *Kommunale Bewegung:* Als eines der Phänomene, die die europ. Geschichte des 11. und 12. Jh. (und noch der nachfolgenden Jahrhunderte) beherrschten, hat die kommunale Bewegung seit der 2. Hälfte des 19. Jh. von den Historikern unterschiedlichste Interpretationen erfahren. Ihr Auftreten wurde erklärt durch die Kontinuität von Munizipalinstitutionen der Antike, deren sich das Bürgertum des MA zur Sicherung seiner Autonomie bedient habe (A. THIERRY). Nach anderer Auffassung (H. PIRENNE) ist die kommunale Emanzipationsbewegung dagegen nur durch das Auftreten von Kaufleutegenossenschaften und Gilden erklärbar, die eine Absicherung der Privilegien ihrer Mitglieder im Rahmen der von ihnen kontrollierten autonomen städt. Institutionen durchgesetzt hätten. Die neuere Historiographie ist bestrebt, die kommunale Bewegung, wie sie sich seit dem späten 11. Jh. ausprägte, von ihrer Stoßrichtung gegen die willkürl. und zuweilen gewaltsame Herrschaft der adligen Grundherren *(seigneurs)* her zu verstehen und ihren Zusammenhang mit dem wirtschaftl. und demograph. Aufschwung herauszuarbeiten: Die städt. Bevölkerung, die durch Handwerker, Handeltreibende und 'kleine Leue' (menu peuple, it. *popolo minuto)* stark anwuchs, habe nach einer Befreiung vom grundherrl. →Bann gestrebt. Desgleichen wurde der Zusammenhang mit der kirchl. →Gottesfriedensbewegung, deren diözesane →Einungen häufig mit dem Begriff 'communitas' bezeichnet werden, festgestellt.

Die kommunale Bewegung, in Frankreich im wesentl. auf das Gebiet n. der Loire beschränkt, nahm oft gewaltsame Formen an, bis hin zu wahrhaft revolutionären Zügen, die sowohl die Zielvorstellungen (egalitäres Prinzip, begründet im Schwurverband aller Mitglieder der K.) als auch die Art des Vorgehens (Rückgriff auf den bewaffneten Kampf) betrafen. Trotz der Aufstände, die von städt. →coniurationes ausgingen (Le Mans 1070, Cambrai 1077, Laon 1112, Sens 1147), ist eine Bereitschaft zum Ausgleich zumeist unverkennbar, was zur Gewährung von →Chartes (Statuten), die die wechselseitigen Rechte des Stadtherrn und der K. fixierten, führte.

[2] *Kommunale Autonomie:* Sie war das für das Leben der K. entscheidende Moment und verkörperte den Sieg derjenigen Kräfte, die sich durch gemeinsamen →Eid in der 'communio' zur Wahrung des →Friedens verbunden hatten. Auf der K. beruhte der Verband, dessen Mitglieder zu →Bürgern wurden und die in der Stadt volle Rechtsfähigkeit genossen. Seine Stärke beruhte auf der Unauflöslichkeit des Eides. Als Friedenseinung war die K. unverletzlich; die ihr zugrundeliegende 'communio' gewann in zunehmendem Maße den Charakter einer eigenständigen, von den einzelnen Mitgliedern abgehobenen Rechtspersönlichkeit. Das konkrete Ausmaß der kommunalen Autonomie schwankte jedoch beträchtlich. Es wurde zumeist durch ein Statut definiert, das einem Nutzniesern zumindest einen bes. Rechtsstatus einräumte. Auch wenn das Rechtssprichwort »Stadtluft macht frei« nur selten in vollem Umfang galt, waren die Mitglieder einer K. in bezug auf ihre Person und ihre Güter doch zumindest teilweise vor dem Zugriff des Seigneurs gesichert. Die Befreiung von grundherrl. Frondiensten und Abgaben *(taille, chevage, corvées)* wurde in unterschiedl. Maß erreicht; Grundbesitz und Häuser waren dagegen dem Zins des Grundherrn entzogen, während Heiratsabgabe und Sterbfall *(formariage, mainmorte)* allmähl. ganz entfielen. Im Gegenzug wurden die K.n jedoch in die neue, oft nicht weniger drückende Fiskalität des Territorialherrn einbezogen, und die kommunalen Gerichte hatten vom Herrn entsandte Vertreter in ihren Reihen zu akzeptieren. Aus diesem Grunde waren die K.n, deren Autorität bereits stärker gefestigt war, bestrebt, daß umfassendere Autonomie in ihren Statuten Aufnahme fand. Sie erstreckte sich auf die Gesamtheit der Bewohner, die, als eigenständige Körperschaft konstituiert, das Recht hatte, unabhängig von jeder seigneurialen Bevormundung zu handeln und zu entscheiden. Eine solche vollständige Freiheit wurde symbolisiert durch ein abgegrenztes städt. Territorium, dessen Bevölkerung (Bürger, Einwohner und →Ausbürger) der kommunalen Kontrolle unterlag, den Bau eines →Belfrieds, die Einrichtung einer städt. Lade (→Schreinswesen, →Archiv), die Verfügungsgewalt über die städt. Schlüssel und die Führung eines eigenen →Siegels.

[3] *Kommunale Institutionen:* Diese Autonomie wurde durch die kommunalen Institutionen gefestigt. Sie stützten sich auf die Versammlung der Einwohner, die allerdings nur selten als Vollversammlung einberufen wurde. Die Macht der →Konsuln und Magistrate ging somit von der Gesamtheit der städt. Einwohner aus, mochten diese

das Recht der direkten Wahl oder nur ein bloßes Vorschlagsrecht besitzen. Der →Rat, in dem die als →Schöffen *(échevins)* oder →Geschworene *(iurés,* →iurati) bezeichneten 'custodes communiae' saßen, war mit durchschnittl. 7-30 Mitgliedern das städt. Leitungsgremium. An seiner Spitze stand ein maior *(maire;* →Bürgermeister). Vom Rat gewählt, war er verantwortl. Oberhaupt und oberster Repräsentant der K. Er und die Schöffen bzw. Geschworenen übten die Banngewalt sowie die Rechtsprechung in Zivil- und Strafsachen aus. Auch waren sie ausgestattet mit den erforderl. fiskal. und finanziellen Kompetenzen, aufgrund derer sie die Führung der städt. Finanzen, die Ausschreibung neuer Steuern sowie die Steueranlegung und -erhebung vornahmen. Zur Verteidigung der Stadt verfügte der Magistrat über eine Miliz, die gewöhnl. dem direkten Oberbefehl des maire unterstand.

A. Rigaudière

Lit.: A. VERMEERSCH, Essai sur les origines et la signification de la Commune dans le Nord de la France (XIe et XIIe s.), 1966.

Kommunion → Eucharistie; →Hostie; →Messe.

Komnenen *(Κομνηνοί),* byz. Adelsfamilie und Kaiserdynastie, benannt nach dem Dorf Komne, dessen Lokalisierung umstritten ist: wahrscheinlicher in Kleinasien als in Thrakien, im mittleren 11. Jh. lagen ihre Güter jedenfalls im Gebiet v. →Kastamon(u). Seit der Regierungszeit Basileios' II. (976-1025) sind die K. als Großgrundbesitzer, Statthalter und Militärbefehlshaber namhaft. *Isaak I. Komnenos* errang durch einen militär. Staatsstreich den Ks.thron (1057-59), doch wurden die K. zunächst wieder von den rivalisierenden →Dukai verdrängt. Nach 1078 konnten sich die K., die sich mit den Dukai verbanden (Heirat →Alexios', des Neffen von Isaak I., mit Irene, einer Enkelin von Johannes →Dukas), erfolgreich durchsetzen und mehr als ein Jahrhundert den Ks.thron behaupten (1081-1185). Nach der Etablierung ihrer dynast. Herrschaft übten die Mitglieder des K.hauses und der verschwägerten Familien nahezu alle hohen militär. Ämter aus, z.T. verbunden mit neugeschaffenen Ehrentiteln. Sie stellten nach einer Schätzung zw. 1118 und 1180 90% der ranghöchsten Elite des Reiches, waren im Zivildienst und in der kirchl. Hierarchie dagegen wenig vertreten. Ihre Rolle im kulturellen Leben war, abgesehen von →Anna Komnene und dem Sebastokrator Isaak (Porphyrogennetos), bescheiden; stärker treten K. als Stifter und Patrone von Kl. hervor.

Alexios I. bestieg den Thron in einer bedrängten Lage des Reiches, das von drei Seiten angegriffen wurde: von →Normannen, →Pečenegen und →Selğuqen. Die ersten drei Herrscher der K.-Dynastie, *Alexios I., Johannes II.* und *Manuel I.,* verstanden es jedoch, dieser Gefahren Herr zu werden und eine unangefochtene Herrschaft zu errichten, die die Kontrolle über Gebiete Bulgariens, eine Oberhoheit über Serbien und Ungarn, Beherrschung des kimmer. Bosporus und vasallit. Abhängigkeit der neuen Kreuzfahrerherrschaften (→Antiocheia u.a.) einschloß. Diese Machtstellung erlaubte Byzanz eine aktive Außenpolitik gegenüber Unteritalien, Ägypten und der Kiever Rus'.

Die Gründe für den Wiederaufstieg des Byz. Reiches unter den K. liegen nicht offen zutage. Neben der geschickten byz. Diplomatie und der Bedeutung der Kreuzfahrer im Kampf gegen die Selğuqen sind als tiefergehende Ursachen zu nennen: die städt. Entwicklung des 11. und 12. Jh., die zu einem Aufblühen der Provinzstädte führte; die Ausbildung halbfeudaler Strukturen (→Feudalismus, B.I), die eine starke grundbesitzende Schicht als Kern des »nationalen« Heeres entstehen ließ; die »Westbindung« des Byz. Reiches, die Heiratsverbindungen mit abendländ. Herrscherhäusern, Einsatz westl. Militärtechniker, Aktivierung der Handelsverbindungen (Ansiedlung westl. Kaufleute) sowie der geistig-kulturellen Beziehungen (theol. Disputationen) einschloß. Neben der Tätigkeit westl. Ratgeber am byz. Hof ist z. B. das Auftreten dt. Söldner *(Alaman)* auf Zypern, von denen einige sogar zu Hl.n erklärt wurden, bemerkenswert. Militär. Tüchtigkeit wurde im Zeitalter der K. allenthalben hochgeschätzt, während die »verweichlichten« Eunuchen aus Staats- und Hofdienst verdrängt wurden.

Doch blieben die Reformen der K. Stückwerk. *Andronikos I. Komnenos,* der Onkel des letzten legitimen Ks.s., des jungen *Alexios II.* (1180-83), riß die Macht an sich, ermordete den Neffen und errichtete eine gegen die komnen. Aristokratie gerichtete Terrorherrschaft, die trotz ihrer kurzen Dauer (1183-85) das von den Vorgängern geschaffene System zerrüttete. Mit der neuen Dynastie, den →Angeloi, kehrte die alte Zivilbürokratie, die sich wieder auf Eunuchen und fremde Generäle stützte, an die Macht zurück. Das neue Regime führte das Reich in die Katastrophe von 1204.

Die Familie der K. hat sich vom Terror Andronikos' I. nicht mehr erholt. Trotz des relativ bescheidenen Ranges einiger K. des 13. Jh. war der Glanz ihres Namens jedoch keineswegs verblaßt. Zahlreiche Dynastien der byz. Spätzeit (Angeloi in Konstantinopel und Epiros, Vatatzes in Nikaia, 'Großkomnenen' in Trapezunt) haben den K.-Namen als eine Art Königstitel geführt.

Das Urteil der byz. Forschung über die Leistung der K. ist gegensätzlich: Nach der Auffassung von V. VASIL'EVSKIJ, die von G. OSTROGORSKY ausgebaut, von P. LEMERLE modifiziert wurde, haben die K. durch Übernahme des westl. Feudalismus die überkommenen byz. Institutionen zerstört und damit den Niedergang des Reiches eingeleitet. Demgegenüber betonen A. KAZHDAN und R.-J. LILIE die positive Wirkung der K.-Herrschaft. Unbestritten bleibt, daß das 12. Jh. eine Blütezeit der byz. Kultur (Kunst, Literatur, Recht) war, mag man diese Epoche nun als 'Renaissance' oder 'Proto-Renaissance' bezeichnen. Aus der Sicht westl. Zeitgenossen war Byzanz damals das wohlhabendste Land Europas.

A. Kazhdan

Lit.: F. CHALANDON, Les Comnène, 2 Bde, 1900-12 – A. KAZHDAN, Zagadka Komninov, vv 15, 1964, 53-98 – A. HOHLWEG, Beiträge zur Verwaltungsgesch. des Oström. Reiches unter den K., 1965 – K. BARZOS, He genealogia ton Komnenon, 2 Bde, 1984 – R.-J. LILIE, Des Ks.s Macht und Ohnmacht, Poikila byz. 4, 1984, 9-120 – A. KAZHDAN – A. WARTON-EPSTEIN, Change in Byz. Culture in the Eleventh and Twelfth Centuries, 1985, 1990².

Komnenos → Chronik von Epeiros

Komödie → Elegienkomödie

Komorn (Komárom, Komárno), Burg und Komitat in NW-Ungarn (seit 1920 z.T. Tschechoslowakei). Der Erdwall bei der Mündung des Flusses Waag in die Donau wurde durch die Sippenoberhäupter des Geschlechts Katapán im 10. Jh. errichtet; Kg. Stephan I. konfiszierte die Burg mit zwei Dritteln des Sippengebietes und den Hörigen der Katapanen und unterstellte sie z.T. dem comes castri, z.T. der kgl. Hoforganisation, daneben hat er Burgsoldaten (→Iobagie) um die Burg angesiedelt, die 1242 den Mongolen widerstanden. Bis 1275 wurden Burg und Organisation den Kammergf.en als Lehen geschenkt; nach 1276 gelangten sie an verschiedene hohe Würdenträger. 1317 eroberte Kg. Karl I. die Burg K. vom ehem. Palatin Matthäus →Csák, übertrug sie erst dem Ebf. v.

→Gran, dann seinem treuen Gespan Donch. Kg. Sigmund hat K. öfters verpfändet bzw. verschenkt, Kg. Matthias Corvinus nahm sie wieder in kgl. Besitz und baute hier eine Sommerresidenz. Die Stadt genoß seit 1277 kgl. Freiheiten und besaß ein OP-Kl. Gy. Györffy

Lit.: D. Csánki, Magyarország történelmi földrajza, III, 1897, 482–488 – Gy. Györffy, Geographia historica Hungariae tempore stirpis Arpadianae 3, 1987, 385–401, 427–433.

Kompa(g)nie, militär. Verband (z. B. →Katal. K., →Navarres. K.; →compagnia di ventura in Italien; zur K. in handelsgesch. Sinn →Handelsgesellschaft).

[1] *Frankreich:* Der Begriff der 'Compagnies' oder 'Grandes Compagnies' (lat.: societates, seltener: comitivae) tritt seit den Jahren um 1360 bis gegen Ende des 14. Jh. als charakterist. Erscheinung des →Hundertjährigen Krieges auf. Es handelt sich um Kriegerverbände, die ihr Zerstörungswerk in großem Stil und am Rande etablierter Machtausübung betrieben. Manche dieser gefürchteten Scharen trugen eigene Namen, z. B. die *Tard-Venus*, die 1359–60 Champagne, Burgund und das Rhônetal verwüsteten. Die Mitglieder einer K. bezeichneten sich selbst als *compagnons* bzw. *compagnons à l'aventure*; die unter ihnen leidende Bevölkerung nannte sie *pillards, robeurs, larrons*. Oft von gemeinsamer ethn. Abkunft (Engländer, Bretonen, Gascogner), heißen sie in den Q. auch *gens de C.* oder 'kopflose Leute' (cohortes acephalae, gens acephalica), da an ihrer Spitze nicht ein von der öffentl. Gewalt eingesetzter Befehlshaber, sondern ein selbstgewählter Anführer stand. Dem Unwesen der K.n stellten sich nicht nur die weltl. Herrschaftsgewalten, sondern auch die bedrohten Avignoneser Päpste (namentl. Urban V.) entgegen (feierl. Exkommunikation, 1361 Ausrufung eines Kreuzzugs gegen die K.n).

Erzählende Q. (v. a. →Froissart) berichten für 1357 erstmals vom massiven Auftreten der K.n; niemand, der Bündel oder Lasten trug, sei vor ihren Überfällen sicher gewesen. Da die K.n sich im wesentl. aus beschäftigungslos gewordenem Kriegsvolk zusammensetzten, tauchten nach jedem Frieden oder Waffenstillstand neue Heerhaufen vor z. T. beträchtl. Größenordnungen auf (1368 im Pariser Becken Einfall einer anglo-gascogn. K. von 4800 Mann – das entspricht einer Gesamtzahl von ca. 30 000 berittenen Männern und Frauen). Doch auch während der Kriegshandlungen wurden von den gegner. Parteien unter hohen Kosten immer wieder K.n, die als bes. schlagkräftig galten, angeworben. So haben sowohl Eduard III. als auch Karl V. mit den Anführern von K.n verhandelt.

Die Behörden in den von den K.n bedrohten Regionen reagierten auf zweifache Weise: einerseits durch forcierte Verteidigungsanstrengungen, andererseits durch Zahlung einmaliger oder längerfristiger Lösegelder (*rançons*) – Erpressung war ein bevorzugtes Mittel der K.n. Bemühungen, sie in offener Feldschlacht zu besiegen, schlugen dagegen fehl (Jacques de Bourbon, 6. April 1362: Niederlage bei Brignais). Schon frühzeitig gab es Versuche, sie auf Kriegsschauplätze außerhalb Frankreichs abzulenken (Lombardei, Deutschland, Ungarn, Balkanhalbinsel), indem man ihnen eine reguläre militär. Führung und konkrete Kriegsziele gab, zudem Straffreiheit verhieß. →Du Guesclin setzte sie 1365 in →Kastilien ein, doch kehrten viele bereits Anfang 1368 unter →Eduard, Prince of Wales, in ihre »chambre«, das reiche Frankreich Karls V., zurück.

In seiner Reformschrift »Le Songe du Vieil Pelerin« (1389) rät Philippe de →Mézières Kg. Karl VI., die Plage der K.n, die sich vom »sang du pauvre peuple français« ernährten, zu beseitigen, teils durch Einsatz gegen Glaubensfeinde im O, teils durch Einreihung in die reguläre Armee (nach Ausschaltung der Protektoren der K.n, der großen Herren und Barone), notfalls aber durch militär. Vernichtung.

Während der Kämpfe zw. →Armagnacs et Bourguignons ist ein Nachhall der Zeiten der 'Grandes C.s' zu verzeichnen: Im Okt.–Nov. 1411 bekämpften die geistl. Räte des Burgunderhzg.s Johann (Jean sans Peur) die Armagnacs mit Hilfe der alten, gegen die K.n gerichteten Bannbullen Urbans V.

Als Karl VII. 1444–45, nach dem Waffenstillstand v. Tours, Teile des kgl. Heeres auflöste, befürchteten seine Räte ein Wiederaufflammen der Plünderungszüge der K.n, das zum Erstaunen vieler Zeitgenossen jedoch ausblieb. Die entlassenen Kriegsleute, von denen sich viele eine *lettre d'abolition*, die Straffreiheit gewährte, ausstellen ließen, zerstreuten sich rasch. – Zur K. als Einheit der unter Karl VII. neu organisierten kgl. Armee →Compagnie d'ordonnance. Ph. Contamine

Lit.: H. Denifle, La guerre de Cent ans et la désolation des églises, monastères et hôpitaux, 1899 – Ph. Contamine, Les c.s d'aventure en France pendant la guerre de Cent ans (La France aux XIVe et XVe s. Hommes, mentalités, guerre et paix, 1981, VII).

[2] *Iberische Halbinsel:* Im SpätMA bildeten sich in den am weitesten entwickelten Gebieten Vereinigungen von Kaufleuten und Handelsherren, 'compañías', die unter vorher festgelegten Bedingungen – Einbringung von Kapital oder Arbeitskraft – den Gewinn nach genormten, aber flexiblen Mustern, wie in den Partidas festgelegt, aufteilten. Im Heerwesen wurde mit 'compañía' oder 'capitanía' eine Kampfeinheit bezeichnet, die, mit einem Hauptmann (capitán) an der Spitze in größere Verbände eingegliedert, im Sinne des entstehenden neuzeitl. Staates dem Streben nach Vereinheitlichung und einem gewissen Grad von Beständigkeit (stehendes Heer) entsprach. Solche Formationen erscheinen schon zur Zeit der Kath. Kg.e unter dem Einfluß von Militärexperten wie Gonzalo de Ayora oder dem →Gran Capitán. J. L. Bermejo Cabrero

Lit.: J. Martinez Gijon, La compañía mercantil en Castilla hasta las Ordenanzas de Consulado de Bilbao en 1737: legislación y doctrina, 1979.

Kompanationstheorie → Transsubstantiation

Kompaß (von it. *compasso* 'Zirkel'), ab dem 15. Jh. in Mittel- und N-Europa verwendete Bezeichnung für ein den Erdmagnetismus nutzendes, richtungweisendes Gerät. Im N ersetzte 'K.' das einheim. *Leiðarsteinn* (an., belegt ab ca. 1300; 'Leit-, Wegstein'), in S-Europa wurden die Bezeichnungen *bussola* 'Büchse' bzw. *aguja* 'Nadel' noch lange weiterverwendet. Die verschiedenen Namen spiegeln unterschiedl. Entwicklungsstadien.

Die Kraftwirkung des Magnetsteins (→Magnet, →Magnetismus) ist in Europa seit der gr. Antike, in China wohl schon seit der Mitte des 3. Jahrtausends v. Chr. bekannt, offenbar ohne daß bis zum MA gebrauchsfähige Instrumente entwickelt wurden. Die seit 1600 (W. Gilbert, De Magnete) öfter geäußerte These, der K. sei von europ. China-Reisenden (Marco Polo) nach Europa gebracht worden, ist ebenso wenig belegbar wie eine eventuelle arab. Vermittlung: Die erste sichere arab. Q. datiert von 1243.

Die früheste europ. Erwähnung eines Schiffsk.es findet sich bei Alexander Neckam (De utensilibus, 1187) für die Gegend des Engl. Kanals. Im 13. Jh. ist der K. dann gut bezeugt (Jakob v. Vitry, Vinzenz v. Beauvais, Brunetto Latini, Dante u. a.). Der frühe K. wurde auf See offenbar nur gebraucht, wenn opt. Orientierungsmöglichkeiten fehlten; er war zu ungenau: Die magnet. Mißweisung war zunächst unbekannt, die Konstruktion der Geräte primitiv. Es wurde entweder ein Stück Magnetstein auf eine Holz- oder Korkscheibe gelegt oder eine magnet. Nadel durch einen Halm gesteckt. Scheibe oder Halm wurden dann in ein mit Wasser gefülltes Gefäß gelegt und konnten sich schwimmend in N-S-Richtung einstellen (Guiot de Provins, um 1206). Schon 1269 beschrieb →Petrus Peregrinus v. Maricourt in der »Epistola de magnete« zwei K.typen, einen Schwimmk. mit Magnetstein und 360°-Einteilung für astronom. Nutzung und einen Trockenk. mit Magnetnadel, den er den Seefahrern empfahl. Erst das Aufsetzen der Nadel auf einen Stift (Pinne) und die Verbindung mit einer Rose in 360°-Teilung, beides eventuell um 1300 in Amalfi von Flavio Gioia entwickelt, führte zu dem gebrauchsfähigen Instrument, das für die Hochseeschiffahrt des späten MA unentbehrl. wurde. U. Schnall

Lit.: W. E. May, From Lodestone to Gyro-Compass, 1952 – H. Balmer, Beitr. zur Erkenntnis der Gesch. des Erdmagnetismus, 1956 – E. G. R. Taylor, The Haven-Finding Art, 1958² – M. Metzeltin, Die Terminologie des Seek.es in Italien und auf der iber. Halbinsel bis 1600, 1970 – U. Schnall, Navigation der Wikinger, 1975 – H.-Chr. Freiesleben, Gesch. der Navigation, 1978².

Kompendium → Lehrhafte Literatur

Komplexionenlehre → Temperamentenlehre

Komputistik, zykl. Berechnung des Jahreskalenders, in der Regel bezogen auf die bewegl. Kirchenfeste in Abhängigkeit von Ostern (→Osterfestberechnung; →Osterstreit). Eingebunden in die K. werden häufig Berechnungen des Weltalters nach den chronolog. Angaben der Bibel (→Chronologie; →Ära) sowie des hist. Termins der Kreuzigung und der Auferstehung Christi sowie annalist. Nachrichten. Es lassen sich im wesentl. drei Phasen feststellen: 1. In der Spätantike und im frühen MA ringt die K. um die Aufstellung geeigneter Methoden zur Vorausberechnung des Ostertermins, unabhängig von der astronom. Definition (1. Sonntag nach Frühlingsvollmond). Erst mit →Beda werden die method. Grundlagen festgeschrieben und setzen sich im Laufe des 9. Jh. im Abendland durch. 2. Danach wird die K. zum Unterrichtsgegenstand, da jeder Kleriker in der Lage sein sollte, den chr. →Festkalender für die Jahre im voraus zu erstellen (→computus). Eine Vielzahl von Abhandlungen dokumentiert in dieser Zeit die Bedeutung der K. 3. Mit dem Eindringen der arab. Astronomie in das Quadrivium (→Artes liberales) beginnt man, die astronom. Bedingungen zu untersuchen (Feststellung des astronom. Äquinoktiums und des Mondumlaufs) und K. und Kalenderfragen miteinander zu verschmelzen. Den Streit, ob die astronom. bedingte Definition des Ostertermins oder der Kalender geändert werden sollten, beendet Gregor XIII. 1582 durch die Kalenderreform (→Gregorian. Kalender). Ihren Höhepunkt und ihren Abschluß findet die ma. K. mit J. C. Scaligers Entwicklung der Julian. Periode, die die computist. Elemente des 28jährigen Sonnenzirkels und des 19jährigen Mondzirkels mit der →Indiktion zu einem Zyklus von 7980 Jahren (= 2914695 Tagen) verbindet, der auch heute noch in der Kalendariographie und Astronomie gebräuchl. ist.

Berechnungsgrundlagen waren: der Julian. →Kalender, die →Epakten (zykl. Berechnung des Mondalters am 22. März) – äquivalent dazu die Goldenen Zahlen – und die Concurrenten (Wochentag des 24. März), später auch der Sonntagsbuchstabe sowie die Definition des Zeitraums, in den der Ostertermin fallen konnte (claves terminorum). Das Konzil v. →Nikaia (325) beschloß eine allg. Definition des Ostertermins, bestimmte aber keine verbindl. Berechnungsgrundlage. Deshalb kam es auch weiterhin bis zur Mitte des 6. Jh. zu unterschiedl. Auslegungen und Berechnungen. Die Alexandriner bestimmten den 21. März als Frühlingsäquinoktium und die Ostergrenzen 22. März– 25. April (→Athanasius, Osterbriefe; Ostertafel des Anatolius); die röm. Kirche hingegen den 25. März–21. April (supputatio Romana). Während Rom die Osterfeier nach einem 84jährigen Zyklus auf der Basis eines 12jährigen Mondzyklusses berechnete und als Ostertag auch den Tag des Ostervollmondes (luna XIV; Quartodecimaner) zuließ, legten die Alexandriner den 19jährigen Mondzyklus des Meton zugrunde und feierten Ostern zw. luna XV und XXI. Eine Vielzahl von Schriften zur K. boten unterschiedl. zykl. Berechnungen an (Dionysius Alexandrinus, →Theophilos, →Kyrillos, →Anianus, →Hippolytus, →Ambrosius, der →Chronograph von 354 – der Laterculus des Augustalis, Zeitzer Ostertafel). Erst mit der K. des →Victorius v. Aquitanien setzten sich der 19 × 28 = 532jährige Zyklus und die alexandrin. Ostergrenze als Berechnungsgrundlage durch, wenn dieser auch noch für die extremen Osterdaten jeweils zwei Termine angibt. Er zählt die Jahre nach dem Jahr der Kreuzigung und Auferstehung des Herrn, das er auf das Jahr 28 n. Chr. legt. →Dionysius Exiguus setzt endgültig den 532jährigen Zyklus und die Ostergrenzen 22. März–25. April durch. Sein Computus zählt erstmalig die Jahre nach Christi Geburt (Inkarnationsära) und gibt eindeutige Regeln zur Berechnung (argumenta de titulis pascalis Aegyptorum).

Beda gelingt es, sowohl in der ags. und ir. Kirche als auch im 9. Jh. im frk. Reich den von Rom akzeptierten 532jährigen Zyklus des Dionysius Exiguus endgültig durchzusetzen und für die gesamte röm. Kirche verbindl. zu machen. Die komputist. Schriften des 9.–13. Jh. beruhen sämtl. auf diesem Fundament und bieten – überhaupt – ledigl. in Einzelheiten operative Verbesserungen (→Hrabanus Maurus, →Notker Labeo, →Dicuil, →Helpericus, →Abbo v. Fleury, Wichram v. St. Gallen). Die von Beda bis zum Jahre 1063 gefertigte Ostertafel und ihre Fortschreibungen bieten vielfach Raum für annalist. Einträge, die konsequente Nutzung der Inkarnationsära führt zu ihrer allg. Verbreitung und ihrer Dominanz in der entstehenden Weltchronistik. Bedas Schriften bilden die Grundlage für das einheitl. Berechnungsschema des Osterfestes; darüber hinaus sind seine kalendariograph. Festlegungen (Jahresanfang 1. Jan., Namen von Monaten und Tagen, Korrelation von Ären) für das MA und die NZ bestimmend geblieben. Schon seit dem 9. Jh. findet komputist. Schriften Eingang in Kalendarien, so sind sie z. B. im Kalendarium Karls d. Gr. oder im »Hortus deliciarum« (→Herrad v. Landsberg) im Zusammenhang mit Ostertafeln, Heiligenkalendern, Beschreibungen des Zodiakus o. ä. enthalten.

Seit dem 13. Jh. wendet sich die K. mehr und mehr dem Aufzeigen der Fehlerhaftigkeit des Julian. Kalenders zu (Verschiebung des Frühlingsäquinoktiums, zykl. Berechnung der Mondphasen). Schon die Computi des →Hermann v. Reichenau (Regulae in Computum, De defectu solis et lunae), des →Robert Grossetestes (Canon in Kalendarium, Computus, Computus correctorius, Computus minor) und des Johannes de Saxona weisen Veränderungsvorschläge für die Regulierung des Julian. Jahres und/oder des Mondzyklusses auf. →Roger Bacon fordert bereits die Erneuerung der komputist. Berechnungsgrundlagen, indem er, den Vorschlägen Robert Grossetestes folgend, den Fehler des Julian. Kalenders von 1 Tag in 125 Jahren angibt und anstelle der unzureichenden zykl. Berechnung der Mondphasen eine astronom. Berechnung verlangt. Diese Kritik führt im 14. Jh. zu einer ersten Diskussion über eine Reformierung der Osterfestberechnung und des Kalenders (→Johannes de Muris, Firminus de Bellavalle, Nikephoros →Gregoras, →Isaak Argyros). Auf den Konzilien des 15. und 16. Jh. werden verschiedene Reformvorschläge diskutiert (→Nikolaus v. Kues), ohne daß es zu einer Entscheidung kommt. Johannes →Regiomontanus verzichtet in seiner komputist. Schrift (1474) gänzl. auf die zykl. Berechnungsgrundlagen, benutzt die tatsächl. astronom. Daten der Neu- und Vollmonde und zeigt daran die Fehler der traditionellen K. auf. Auf der Grundlage des Vorschlags von A. Lilius kommt es zur Gregorian. Kalenderreform, die die zykl. Berechnung beibehält und den Kalender diesen Erfordernissen angleicht. Die Berechnung des Ostertermins durch die Kurie erfolgt bis heute auf komputist. Grundlage. W. Bergmann

Lit.: →Chronologie – Ginzel III – J. Schmid, Die Osterfestberechnung auf den brit. Inseln vom 4. bis zum Ende des 8. Jh., 1904 – E. Schwartz, Chr. und jüd. Ostertafeln (AGG phil.-hist. Kl., NF 8, Nr. 6, 1905), 1–195 – A. Mentz, Beitr. zur Osterfestberechnung bei den Byzantinern [Diss. Königsberg 1906] – J. Schmid, Die Osterfestberechnung in der abendländ. Kirche vom I. Allg. Konzil zu Nicäa bis zum Ende des 8. Jh. (Straßburger Theol. Stud. 9,1, 1907) – B. Krusch, Stud. zur chr.-ma. Chronologie (AAB phil.-hist. Kl. H. 8, 1938) – A. Cordoliani, Les traités de Comput du Haut MA, ALMA 17, 1943, 51–72 – Ch. W. Jones, Bedae Opera de temporibus, 1943 – J. Mayr, Der Computus ecclesiasticus, ZKTH 77, 1955, 301–330 – A. van de Vyver, L'évolution de Comput Alexandrin et Romain du 3e au 5e s., RHE 52, 1957, 5–25 – W. Huber, Passa und Ostern, Zs. für die ntl. Wiss. und die Kunde der älteren Kirche, Beih. 35, 1965 – D.P. Ogitzky, Canonical Problems of the Orthodox Easter Computation and the Problems of the Dating of the Pascha in Our Times, St. Vladimirs Theol. Quarterly 17, 1973, 274–284 – A. Grafton, Joseph Scaliger and Hist. Chronology, Hist. and Theory 14, 1975, 156–185 – A. Strobel, Ursprung und Gesch. des frühchr. Osterkalenders, 1977 – M. Zelzer, Zum Osterfestbrief des hl. Ambrosius und zur röm. Osterfestberechnung des 4. Jh., Wiener Stud. 91, NF 12, 1978, 187–205 – R. Cantalamessa, Ostern in der alten Kirche, aus dem It. übertragen von A. Spoerri, 1981 – A. Strobel, Texte zur Gesch. des frühchr. Osterkalenders, 1984 – W. Bergmann, Chronographie und K. bei Hermann v. Reichenau (Historiographia Medievalis 1, 1988), 103–117.

Komtur (commendator). Im Templer- und Johanniterorden war vor der Erhebung des Dt. Ordens zum Ritterorden der Titel 'commendator' geläufig, ohne daß die Verwendung an die Wandlung vom Hospital- zum Ritterorden gebunden gewesen wäre. Bei den Templern läßt sich die Bezeichnung erstmals 1155 belegen, bei den Johannitern ab 1157. Nicht eindeutig geklärt sind die Funktionen des commendator. Der urkdl. Gebrauch legt aber nahe, daß es sich entweder um den Verwalter eines Hauses oder einer Prov. gehandelt hat, so daß kein prinzipieller Unterschied zw. den Titeln 'preceptor' und 'commendator' bestand. Die dt. Bezeichnung 'K.' dürfte vom afrz. *commandeor* abzuleiten sein. Einen Hinweis gibt die dt. Fassung der Statuten des Dt. Ordens, die preceptor mit *commendur* wiedergeben. Wie bei den älteren Ritterorden ist auch im Dt. Orden vom Gebrauch des Titels 'commendator' nicht der Übergang vom Hospital- zum Ritterorden ablesbar. Der Begriff *comptur* als Positionsbezeichnung in einer Beamtenhierarchie des Verwaltungsaufbaues des Dt. Ordens hat sich erst im Laufe der Zeit durchgesetzt. Ein dreistufiger Aufbau Großmeister – Landk. – K. ist beim Johanniterorden um 1200 nachweisbar (vergleichbarer Verwaltungsaufbau beim Templerorden bis zum Ende des 12. Jh. fertig ausgebildet). Für den Dt. Orden hieß das, daß bei seiner Erhebung zum Ritterorden 1198 die Verwaltungsorganisation der älteren Orden bereits ausgeprägt bestand. Abgesehen von einer gewissen Eigentümlichkeit hat der Dt. Orden dieses Verwaltungssystem übernommen. Die Statuten des Dt. Ordens unterscheiden commendator = K. und preceptor = Großk. Ledigl. in der »Regel« und in den »Gewohnheiten« wird der Landk. mit dem Zusatz *provincialis* gekennzeichnet. Die Statuten sind hinsichtl. der Verwendung der Titel 'preceptor' und 'commendator' indifferent. Der spätma. Gebrauch des Titels 'commendator'/'K.' ist dann ausgeprägter als Hierarchiebegriff auch für die NZ verbindl. geworden. C. A. Lückerath

Q.: Die Statuten des Dt. Ordens, hg. M. Perlbach, 1890 [Neudr. 1975] – Lit.: J. v. Pflugk-Harttung, Die Anfänge des Johanniterordens in Dtl., 1899 – H. Prutz, Die geistl. Ritterorden, 1908 – K. Tumler, Der Dt. Orden, 1955 – K. Forstreuter, Der Dt. Orden am Mittelmeer, 1967 – K. Militzer, Die Entstehung der Deutschordensballeien im Dt. Reich, 1970 – Die geistl. Ritterorden Europas, hg. J. Fleckenstein–M. Hellmann, 1980 (VuF 26) – 800 Jahre Dt. Orden [Kat.], 1990, 5ff.

Konche (gr.-lat. 'Muschel'), Apsiskalotte, Halbkuppel, die als Einwölbung eines halbkreisförmigen Raumabschnitts dient und meist nach einem größeren Hauptraum offen ist. Im Unterschied zur →Apsis, die den gesamten Raumabschnitt bezeichnet, umschreibt der Begriff K. nur die eigtl. Wölbung, steht aber auch für einen halbkreisförmigen, zum Hauptraum geöffneten Anbau, vor dem sich kein Altar befindet. F. A. Bauer

Lit.: →Apsis.

Kondominat, gemeinsame Herrschaftsausübung mehrerer Hoheitsträger über einen Ort oder eine Landschaft. K.e gab es v. a. in Regionen mit starker territorialer Zersplitterung, insbes. in Thüringen, Franken und Baden. Sie verdanken ihre Entstehung dem spätma. Prozeß der 'Verdichtung' (P. Moraw) der einzelnen Herrschaftsrechte wie Grund-, Leib- und Gerichtsherrschaft zur umfassenden obrigkeitl. Gewalt. Wo diese Rechte durch Verkäufe, Verpfändungen, Erbteilungen usw. in viele Hände gelangt waren, bot das K. die Möglichkeit, den Ansprüchen der verschiedenen Herren Rechnung zu tragen: Sie teilten sich eben die Ortsherrschaft, gelegentl. durch einen Schiedsspruch zu diesem Kompromiß veranlaßt – was nicht ausschließt, daß die Beteiligten die alleinige Herrschaft über das K. anstrebten. Doch die genaue Bestimmung und Abgrenzung der Rechte der K.sherren führte nicht selten dazu, daß die K.e sich als recht stabil, geradezu starr, erwiesen, obwohl das Alltagsleben durch die Vervielfachung der herrschaftl. Positionen fraglos kompliziert wurde. Die Zuordnung der Rechte und Einnahmen aus der gemeinsamen Herrschaft erfolgte, wenn es sich nicht um eine Berechtigung zu →Gesamthand handelte, entweder nach ideellen Bruchteilen (am häufigsten die hälftige Berechtigung zweier Herren) oder durch Zuteilung konkreter Objekte an jeweils einen Herrn. Die von der Herrschaft zu besetzenden Ämter wie Schultheiß, Vogt usw. wurden von ihnen entweder abwechselnd oder aber doppelt vergeben. Parallele Phänomene, die vom K. zu unterscheiden sind, sind einerseits das unabhängige Nebeneinander mehrerer Herren in einem Dorf, andererseits die ritterschaftl. →Ganerbschaft; bei der letzteren sind die Herren enger, bei der ersteren weniger eng miteinander verbunden als bei den K.en. Ob die K.e durch ihre bes. Struktur, bei der sich die Herren gegenseitig im Schach hielten, zum einen friedl. Konfliktlösungen bes. begünstigten und zum anderen den Bewohnern die Schaffung von Freiräumen ermöglichten, die es unter einer einheitl. Herrschaft nicht gegeben hätte, sind offene Fragen.
A. Cordes

Lit.: HRG II, 997–999 – K. S. Bader, Das bad.-fürstenberg. K. im Prechtal, 1934, bes. 21–29.

Könemann (Konemann) **v. Jerxheim,** Geistlicher und Dichter, * um 1240/45, † Juli 1316 in Goslar, entstammte einer Ministerialenfamilie des Harzvorlandes, stand in enger Beziehung zum Stift St. Simon und Juda und hatte eine Reihe kirchl. Ämter in und um →Goslar inne (so 1306–16 Scholasticus am Domstift). Neben einer fragmentar. erhaltenen Reimbibel verfaßte K. zwei umfangreiche Werke mit erbaul.-seelsorger. Zielsetzung: »Der Kaland« (entstanden um 1270/75), gewidmet der Kalandsbruderschaft zu Eilenstedt, erläutert im ersten Teil Ursprung, Sinn und Formen des Gemeinschaftslebens des →Kalands, um sich im allgemeiner gehaltenen zweiten Teil einer eschatolog. Thematik zuzuwenden (Gericht über die Seele, Jüngstes Gericht, Schrecken der Verdammnis und Freuden des Himmelreiches). – »Der Wurzgarten Mariens« (vollendet 1304) behandelt die Erlösung des Menschen. Der Anfangsteil gestaltet in dramat. Form das allegor. Thema des Streites der 'vier Töchter Gottes' und die Menschwerdung Christi; der stärker lyr. Mittelteil ist dem Marienlob gewidmet; der Schlußteil, mit dramat. und epischen Zügen, hat Passion und Auferstehung Christi zum Thema. K.s Werk, dessen Sprache gemäß dem regionalen Wirkungsbereich des Autors eine Zwischenstellung zw. dem Mhd. und dem (an der Schwelle zu einer eigenen Literatursprache stehenden) Mnd. einnimmt, hat im norddt. Raum lange Nachwirkung erfahren. U. Mattejiet

Ed.: Die Dichtungen K.s, ed. L. Wolff, 1953 [Nd. Denkmäler 9] – *Lit.:* Verf.-Lex.² V, 64–68 [H. Beckers, Lit.] – H. J. Rieckenberg, Zur Biographie des Dichters Konemann v. J., AK 61, 1979, 186–190.

Kong Valdemars Jordebog → Erdbuch Waldemars II.

Kongregation. Im Unterschied zu den Begriffen 'monasterium', 'Kl.' oder 'Abtei', die den baul., besitzmäßigen oder jurisdiktionellen Aspekt des Mönchtums betonen, wurde unter K. primär eine Gruppe von Männern oder Frauen, die unter einer gemeinsamen Autorität lebten, verstanden. Eine K. vereinigte auch die Mönche einzelner 'cellae', die von einer Abtei abhingen, z. B. im Kl. →Fulda des 9. Jh. Im Gefolge der 'Gebetsverbrüderungen und 'confraternitates' wurde das Wort 'K.' zunehmend für Personengruppen gebraucht, die einer gemeinsamen Lebensregel und entsprechenden consuetudines anhingen, sich der Autorität einer reformer.-innovativen Persönlichkeit unterstellt hatten und untereinander enge Beziehungen unterhielten (Austausch von Mönchen zw. den einzelnen Kl., Bestellung eines Mönches aus einem bestimmten Kl. zum Abt eines anderen usw.; vgl. z. B. die Kl. unter Leitung des hl. →Pirmin). Die Behauptung, daß →Benedikt v. Aniane Oberhaupt aller Abteien der frk. Welt gewesen sei (817), suggeriert da und dort die Vorstellung, es habe unter seiner Leitung eine weitgespannte monast. K. bestanden (→Benediktiner, A.I). Das Prinzip einer einheitl. Autorität über mehrere, durch einen Abt oder Prior geleitete Kl. wurde erst von →Cluny aufgenommen und führte zur Entstehung der Ordensvorstellung. Die K.en der →Regularkanoniker wie der →Zisterzienser folgten demselben Grundsatz. Von nun an begegnen Orden und K.en als nebeneinander bestehende und in ihren Merkmalen oft schwer unterscheidbare monast. Vereinigungen. Die K.en hatten eine insgesamt flexiblere, offenere Struktur und boten auch die Möglichkeit zu informellen Zusammenschlüssen. Mit der Konstituierung eines →Kapitels wurde ein zentrales Gremium und ein Oberhaupt (Superior) geschaffen, die Kontrolle ausübten, ggf. Visitationen durchführten, die 'consuetudines' definierten, innere Konflikte regelten und die K. gegenüber der Außenwelt und namentl. vor dem Hl. Stuhl repräsentierten und verteidigten. Die in den →Nekrologien des 10.–12. Jh. häufig gen. Bezeichnung »monachus nostrae congregationis« konnte sowohl den Mönch eines Kl. als auch den einer Gruppe zusammengeschlossener Abteien charakterisieren. Unter den unterschiedl. fest konstituierten K.en (→Cluny, →Hirsau, →Dijon, →Verdun usw.) zeichnete sich Cluny durch imperativen Zentralismus aus, während →Cîteaux trotz seiner Zentralisierung den einzelnen Kl. eine gewisse Autonomie beließ und die anderen K.en eher locker gefügte Zusammenschlüsse darstellten. Mit der Weisung, regelmäßige Kapitel abzuhalten, hat das IV. →Lateran-konzil (1215) eine wichtige Rolle bei der weiteren Verfestigung der K.en gespielt. Am Ende des MA haben mehrere Orden, die zumeist reformer. Ziele verfolgten (→Benediktiner, B), sich als K.en bezeichnet: →S. Giustina in Padua (1419), →Bursfelde (1459), →Chezal-Benoît (1488), →Valladolid (1489) u. a. Dem Vorbild von S. Giustina folgten z. T. die K.en v. →Melk und →Kastl, die aber weniger gefestigt waren. Die Zisterzienser konnten die Bildung von K.en innerhalb ihres Ordens nicht verhindern (1189 Flore; im 15. Jh. in Holland, Italien, Portugal). In der NZ bezeichnet der Begriff der K. in der kath. Kirche religiöse Vereinigungen verschiedenster Prägung.

M. Parisse

Lit.: DDC II, 328–330; III, 784–790; IV, 177–181 – DIP II, 1466, 1477–1485 – M. Heimbucher, Die Orden und K.en der kath. Kirche, I, 1933 – K. Schmid–J. Wollasch, FMASt 1, 1967, 365–405 – J. Semmler, Benediktin. Reform und ksl. Privileg (Fschr. C. Violante, 1991).

König, Königtum

A. Allgemein und Germanische Königreiche – B. Deutsches Reich – C. Kgr. Sizilien – D. Frankreich – E. England – F. Iberische Halbinsel – G. Skandinavien – H. Böhmen – I. Polen – J. Ungarn – K. Südosteuropa – L. Jerusalem.

A. Allgemein und Germanische Königreiche

I. Allgemein und Frühzeit – II. Frühmittelalter.

I. Allgemein und Frühzeit: In der klass. verfassungsgesch. Theorie des 19. und frühen 20. Jh. kam dem Kgtm. allenfalls eine sekundäre Rolle zu. Im System der Gemeinfreien und der Markgenossenschaft war eine Wahlinstitution konstitutioneller Art (G. Waitz; L. v. Maurer). Nach Formulierung des Kontrastes Herrschaft – Genossenschaft als der bestimmenden Konstante der gesch. Entwicklung (O. v. Gierke) und der Formulierung des klass. Systems der Rechtsgesch. (H. Brunner u. a.) war eine ambivalente Deutung möglich. Einflußreich wurde F. Kerns Modell des Gegensatzes von umwandelbarem germ. Recht (Geblütsrecht; →Widerstandsrecht) und dem aus bibl.-patrist. Wurzeln erwachsenden →Gottesgnadentum. In der Folge wurden die sakralen Momente betont und aus dem Geblütsrecht die Geblütsheiligkeit abgeleitet. Mit der Vorstellung von autogener Adelsherrschaft (H. Dannenbauer; O. Brunner) wurde dies verknüpft und zu dem Konzept eines die Gesch. Alteuropas durchziehenden Dualismus zw. Kgtm. und Adel fortgebildet.

Darin wurde die Gemeinfreiheit durch K.s- und Rodungsfreiheit ersetzt. Doch Vorstellungen, das Kgtm. sei erst in den frühchr. Jahrhunderten als Institution entstanden, beeinflußten nachhaltig eine Reihe von Darstellungen mit großer Breitenwirkung. – Die starke Betonung des Adels in der Forsch. seit den 40er Jahren ließ das Phänomen Kgtm. wieder an den Rand geraten. Wesentl. erweiterten die neue Lehre konsequent gezogene Folgerungen, die Gewalt über das Haus sei die gemeinsame Wurzel von Adels- und K.sherrschaft. Danach war über die Bildung des Gefolges der Aufstieg von Blut- und

Verdienstadel zum Kgtm. erfolgt. Die Theorie des königslosen Zustandes wurde ersetzt durch die Konstatierung einer Abfolge Kgtm. – königsloser Zustand um Christi Geburt – Kgtm. in der Zeit der Völkerwanderung. In partieller Aufnahme von KERN wurde die qualitative Abhebung des Kgtm.s vom Adel auf den Einfluß chr. Vorstellungen zurückgeführt (SCHLESINGER). Die Zusammenschau der Institution Kgtm. mit der Stammesgenese führte zu weitreichender Präzisierung und Modifizierung des erreichten Standes. Zur Erklärung beider Phänomene erwies sich MITTEIS' Begriff der Repräsentation als sehr fruchtbar. Danach war auszugehen von einem bes. bei den ostgerm. Stämmen nachweisbaren archaischen sakralen Kleinkgtm., das zur Zeit der sog. kelt. Revolution (1. Jh. v. Chr.) die Stämme des Rhein-Weser-Mittelgebirgsraumes beseitigt hätten. Bei der Landnahme habe ein Heerführer oft den Zustand königsloser Prinzipatsverfassung beendet und ein neues Kgtm., ein Heerkgtm., begründet (WENSKUS). – Unter Modifizierung dieses Forsch.sstandes ergibt sich: Archäolog. Befund und v. a. Nachrichten antiker Autoren lassen für die Zeit um Christi Geburt das Nebeneinander von reges (mit nobilitas) und duces (mit virtus) deutl. werden. Berichte zu den einzelnen Stämmen lösen den begriffl. Gegensatz eher in eine Synthese auf: Nobilitas war Grundlage eines archaischen Kleinkgtm.s, dessen u. a. in Doppel- und Vielkgtm. (Kimbern; Teutonen; Bastarnen; Friesen; Vandalen; Alemannen; Franken) sich äußernde Sakralkomponenten bis in das 5. Jh. erkennbar sind. – Um Christi Geburt begründeten meist Angehörige eines alten K.sgeschlechts über das Heerführeramt – bei der Konstituierung des Stammes (gens) also – ein neues Heerkgtm., so vielleicht bei den Sueben, sicher bei den sueb. Markomannen, den Cheruskern und den Batavern. Der Vorgang ist nicht auf ostgerm. Stämme beschränkt und bis zum 5. Jh. (rhein. Franken) zu verfolgen. Von hierher erklärt sich das Nebeneinander von Heerk. und Sakralk. bei Batavern/Chatten und Burgunden. Die Schilderhebung scheint für das frühe Heerkgtm. charakteristisch.

Das Heerkgtm. ist wesentl. Bestandteil der Verfassung in der Zeit der Wanderung, bes. der sog. Völkerwanderung. Dabei waren, wie vorher, Elemente sakraler Legitimierung mit der neuen Institution verschmolzen. Sie äußern sich in den aus der Sphäre des Hauses abzuleitenden Phänomenen von Doppel- und Vielkgtm., von Herrschaftsteilung, Brüdergemeinschaft und Samtherrschaft sowie in der Mitwirkung der nobilitas, aus der sich ursprgl. die K.e rekrutierten, an der Regierung. Diese strukturellen Merkmale blieben bisweilen auch nach Ansiedlung dieser Verbände im röm. Reich (Foederaten) noch erhalten. – Bei den Westgoten ist der Übergang vom Heerführertum zum Heerkgtm. einigermaßen erkennbar. Während der Wanderungen im röm. Reich (376–418) führten zunächst noch mehrere duces das Volk. Um 400 gelang Alarich – als dem Repräsentanten seines Stammes – die Steigerung zu königsmäßiger Stellung. Dabei blieb die Mitwirkung des Heeres bei der K.serhebung ausschlaggebend, grundsätzl. auch noch, als die Westgoten das tolosan. Reich als röm. Foederaten innehatten (418–507). Das Kgtm. Eurichs wie das seiner Vorgänger war ein kräftiges Heerkgtm. Hofverwaltung und Ks.erhebung nach Ermordung der Vorgänger (453 und 466) zeigen das kgl. Haus (Brüdergemeinschaft) als wesentl. Grundlage dieser Herrschaft. – Sakral-charismat. Grundzüge zeigt auch das auf die Dynastie der Amaler konzentrierte Kgtm. der Ostgoten. Zu ihr zählen die Mitte des 5. Jh. wohl nach geblütscharismat. Vorstellungen in Brüdergemeinschaft regierenden Walamer, Tiudimer und Vidimer. Doch lag offenbar schon eine Abschichtung in der Herrschaft vor. Dem Charakter des Heerkgtm.s entsprach das Wahlrecht des exercitus, das sich noch in den mehrfachen K.serhebungen (mit Schilderhebung) des Theoderich und in seiner Herrschaftsbegründung niederschlug. Die früh bezeugte Designation (474) ist wohl wieder von Vorstellungen charismat. Auszeichnung der Amalersippe her zu erklären. – Bei den Burgunden ist nach dem Sonderphänomen der Doppelherrschaft eines absetzbaren Heerk.s (hendinos) und eines niemandem verantwortl. Volksk.s (sinistus) (4. Jh.) bei der Gründung des Reiches am Mittelrhein ein einheitl. (Heer)kgtm. unter Gundahar bezeugt. Trotz vieler Transformationen unter röm. Einfluß begegnet im burg. Foederatenreich an der Rhone (443–534) eine in gewisser Analogie zu den ostgot. Verhältnissen abgeschichtete Herrschaftsteilung. – Die Vandalen kannten das Kgtm. zunächst als Samtherrschaft von Geiserich und seinem Bruder. Auch war zunächst (bis 442) die Mitwirkung des Heeres an der Regierung noch gegeben. Aus verschiedenen Elementen gestaltete Geiserich das System zu einem monarch. Despotismus um. – Bei den Langobarden war Ende des 4. Jh. Agilmund Begründer der Kgtm.s. Zu Beginn des 5. Jh. konnte eine Dynastie mit fakt. Erbrecht für anderthalb Jahrhunderte begründet werden. Doch meldete das Heer seine Mitwirkung an Einsetzung und Regierung des Heerk.s wieder an. – Verschiedene Formen monarch. Herrschaft kennzeichnen die frühen Verfassungsverhältnisse bei den frk. Teilgruppen. Den Q. (bes. →Gregor v. Tours) ist der Übergang von der Dukats- zur K.sverfassung zu entnehmen. Bei den rhein. Franken läßt er sich auf etwa 450 bis 479 datieren. Klar waren Momente archaischen Geblütscharismas mit diesem Kgtm. verbunden. Doppelkgtm. ist für eine frk. Gruppe am Mittelrhein für etwa 450 bezeugt. Um diese Zeit liegen auch die Anfänge der merow. Dynastie bei den Saliern (Merovech; Chlodio). Childerich und sein Sohn Chlodwig († 511) übten ein starkes Heerkgtm. aus, bei dem Schilderhebung (meist nur bei irregulärer Herrschaft) noch begegnet. Zurückgedrängt ist der Einfluß der Großen bei der K.serhebung. Bei Übernahme fremder Reiche artikuliert er sich in der die Wahl bewirkenden Herrscherverlassung. Mochte nach röm. Interpretation (→Remigius v. Reims) Chlodwig als Inhaber eines röm. Verwaltungssprengels erscheinen, so blieb das eroberte regnum Grundlage der Herrschaft. Im 6. Jh. waren trotz Konversion die Traditionen des Heerkgtm.s noch stark. Mit ihm sind Momente des Hausrechts und des K.sheils verknüpft: Von hier ist wohl das Teilungsprinzip zu erklären, nach dem 511 und 561 vier um röm. civitates gruppierte und gleichsam in Brüdergemeinschaft zu regierende Reichsteile entstanden.

II. FRÜHMITTELALTER: Fließend sind die Übergänge von der Frühzeit zum FrühMA. Der Grad der Unabhängigkeit der nun voll auf dem Boden des (ehem.) Imperiums etablierten Reiche soll als Unterscheidungsmerkmal dienen. Größere Konsistenz hatten zunächst die Reichsbildungen der ostgerm. Stämme, doch von längerer Dauer waren die Reiche westgerm. Stämme. Bei den Konsolidierungen der Reiche erfuhr das (in seinem Wesen germ. Heerkgtm. bleibende) Kgtm. Transformationen, die durchweg seine Präsentation und weithin sein Selbstverständnis änderten. Wesentl. dafür waren die Herrschaft über die Romanen, die Beziehungen zum west- und oström. Ksm., das Verhältnis der durchweg arian. Reiche zum Katholizismus. Im einzelnen gilt: Bei den Vandalen war es Geiserich, der Elemente germ., kelt., röm. und maur. Herkunft aufgriff und damit das überkommene Heerkgtm. zu einem Despotismus sui generis steigerte. Dem exzeptionell rücksichtslosen Vorgehen gegen roman. Possessoren und Katholiken entsprach die Beseitigung des vandal. Volksadels. Vielleicht in Übernahme kelt. Praxis (früher bei der siling. Teilgruppe der Vandalen) löste Geiserich die Samtherrschaft durch eine Erbordnung nach dem Senioratsprinzip auf. – Vornehml. röm. Einfluß gab dem burg. Kgtm. im Rhone-Reich neues Aussehen. Abgeschichtete Herrschaftsteilung, rex-Titel (Herrschaftsgrundlage über die Burgunden) und Einfluß der optimates auf die Gesetzgebung sind die wesentl. germ. Komponenten. Rechtl. und reale Basis für die Herrschaft über die Romanen und für die selbständige Außenpolitik war das vom röm. Reich übertragene Heermeisteramt, das sich wohl nicht in der Titulatur niederschlug, doch das Selbstverständnis des K.s prägte: Einfügung in den Dienst des west- und oström. Imperiums und auf Unifikation (Heer; connubium; Religion) der im Recht getrennt gehaltenen Volksteile zielende Politik. – Die germ. Grundlagen für das Heerkgtm. des Ostgoten Theoderich (Designation; Schilderhebung) blieben auch in Italien gewahrt (erneute Proklamation 493). Für die akzeptierte oström. »Staatsräson« war die Anerkennung der ostgot. Herrschaft durch den Ks. eine Notwendigkeit. Theoderich verstand sich wohl als Herrscher eines – unter Beachtung von Relikten oström. Letztzuständigkeit – unabhängigen regnum. Dabei veranschaulicht seine Titulatur '(Flavius) Theodoricus rex' (anders als bei Vandalen und Franken fehlt ein gentiler Bezug) eine mit den Zielen der burg. K.e vergleichbare Programmatik: Er wollte K. über Goten und Italiker sein und gab seiner Herrschaft damit wie mit der Toleranzpolitik gegenüber den Romanen (Ansiedlung; Religion) die neue Dimension des germ.-roman. Kgtm.s. Nach Theoderich setzten sich autochthone Bestandteile des Heerkgtm.s (Designation; K.sheil; Schilderhebung) wieder durch. – Bei dem labilen Kgtm. der Westgoten in Spanien hatten die Großen zunächst erhebl. Einfluß auf die K.serhebung – »K.swahl«. Dem Erbrecht verhalf dagegen Leowigild wieder zum Durchbruch. Neue Konturen der Herrschaft kamen im imperialisierenden Gestus (Städtegründungen; Hauptstadt Toledo; Münzen; Herrscherepithete; Praenomen Flavius) und in einer auf die rechtl. und religiöse Zusammenfassung der Untertanen gerichteten Politik zum Ausdruck. Unter entgegengesetzten Vorzeichen verwirklichte der Nachfolger Rekkared die religiöse Einheit durch die Konversion zum Katholizismus. Dem Dualismus Kgtm. – Adel entsprechend, der die Geschichte des Reiches in seinem letzten Jahrhundert (601–711) prägte, herrschte zunächst die durch zahlreiche K.sabsetzungen und Usurpationen gestärkte Wahlpraxis. 633 wurde sie rechtsverbindl. festgelegt (primates gentis und Bf.e als Wahlgremium). Diesen Tendenzen wirkten die K.e in der Folgezeit mit Mitregenten-Erhebungen und Designationen entgegen. Die wohl seit den 30er Jahren geübte K.ssalbung gab der monarch. Institution eine neue Dimension. Seit dem dritten Nationalkonzil von 689 entwickelte sich die Reichssynode v. Toledo zum einflußreichen Instrument der Mitregierung und der Kontrolle. Die Konzilien und Persönlichkeiten wie →Isidor v. Sevilla formulierten eine K.sideologie, die mit ihrer Verbindung von antikstoischen (utilitas publica) und chr. Herrschaftsmaximen (pietas; iustitia) und mit ihrer Objektivierung (K.skronen) des Kgtm.s zum an die Gesetze gebundenen ministerium Wesentl. vorwegnahm. – Als eine im ganzen labile Größe stellte sich das langob. Kgtm. in Italien (568–774) dar. Erst Authari (Flaviustitulatur) konnte die Zentralgewalt stärken. In dem von nun an stets wirksamen Antagonismus zw. kgl. Macht und partikularer Hzg.sgewalt gelang es im 7. Jh., das Kgtm. zeitweise auf einen Höhepunkt zu führen. Ansprüche von Thronprätendenten bewirkten häufige gewaltsame Herrscherwechsel und hatten strukturelle und rechtl. Folgen: Nur Agilulf konnte eine Dynastie begründen, die ausschlaggebende Rolle des Heeres (Stammesversammlung) stärkte die aus der Wanderungszeit bewahrten Züge des Heerkgtm.s und führte zur Verbindung von Erbrecht und Wahl bei der K.serhebung. Sakrale Elemente im Sinn einer Götteransippung fehlen. Erbrecht und Brüdergemeine sind aus der Sphäre des Hauses abzuleiten, die häufige Bestellung von Mitregenten entsprach prakt. Erfordernissen. Die Katholisierung ab der Mitte des 7. Jh. verstärkte die Tendenzen zur Objektivierung (Kronen) und zur Formulierung eines chr. Herrscherideals (Dei gratia). Doch sind diese eher Randphänomen, wie auch Salbung und byz. Ks.zeremoniell (Krönung; Thronsetzung; Einkleidung) erst gegen Ende des Reiches auftreten. – Das sakrale Element (Rückführung des kgl. Geschlechts auf Wodan) war beim ags. Kgtm. in seiner heidn. Zeit voll ausgebildet. Entsprechend waren Erbrecht und Designation bei der K.serhebung entscheidend. Die »Wahl« (Zusicherung der Mannschaftstreue durch den Rat der Großen [→witan]) kam nur ergänzend hinzu, nicht war die Herrschaft, deren vornehmstes Signum die Heeresführung war, durch Konsens- und Treuebindung den Großen gegenüber eingeschränkt. Hierin sowie im System des Vielkgtm.s, der Heptarchie, sind Merkmale des frühen Kgtm.s bewahrt. Nach der Christianisierung wurden charismat. Vorstellungen zum Gottesgnadentum transformiert und das Ideal des chr. »rex iustus« formuliert. Dem entsprach im Verfassungsgefüge eine bis ins hohe MA weitergeführte extensive kgl. Kirchenherrschaft. – In Irland existierte in heidn. Zeit ein archaisches Kleinkgtm., dessen Herrschaft Spruchtraktate und →Fs.enspiegel in kosm. Bezügen zeigen. In Zusammenhang mit einer Konzentration auf die →Uí Néill-Dynastie ab Mitte des 7. Jh. propagierte Abt →Adamnanus v. Hy um 700 die wohl noch nicht geübte Salbung. Über die Collectio →Hibernensis und v. a. über den Traktat des sog. Ps.-Cyprian, »De XII abusivis saeculi«, in dem das alte kosm. Thema mit chr. Wertungen zu einem spezif. Bild einer unter der iustitia stehenden Herrschaft verknüpft ist, erlangten diese Vorstellungen große Wirkung auf dem Kontinent. – Bei den Franken im 6. Jh. noch dominierende Züge des Kgtm.s der Wanderzeit (Hausrecht, Teilungen; K.sheil) treten seit dem 7. Jh. klar zurück. Zum Hausrecht und zur geglückten Dynastiebildung gehört die Erhebung von Kinderk.en, die als regierend galten, für die aber Regenten handelten. Ein erschließbarer, wohl schon älterer Erhebungsordo (ursprgl. Schilderhebung; Thronsetzung; Huldigung) trug neben der Umgestaltung der Reichsteile in die Teilreiche Austrasien, Neustrien, Burgund zu jener Objektivierung der Monarchie bei, die sich in der Benutzung von K.sthron und K.skronen ausdrückt. Mit dieser Institutionalisierung ging eine bes. bei Dagobert I. erkennbare Verchristlichung einher. – Immer stärker geriet das Kgtm. in Konfrontation mit dem Adel: mit den Repräsentanten der älteren Stammeshzm.er wie mit den Großen der Teilreiche, deren Konsens für die Regierung des Reiches notwendig wurde und zu deren Vertretern sich die →Hausmeier entwickelten. Die mächtigsten Vertreter des Adels, die austras. Arnulfinger-Pippiniden, ließen schon als Hausmeier in Rechtstitel (Urkk.) und Ideologie (Regnumbezug; Princepstitel) klare Tendenzen zum Kgtm. hin sichtbar werden; bes. nach der fakt. Durchsetzung im Gesamtreich 687. Pippin d. M. und Karl Martell ließen das merow. Kgtm. bestehen, gestatteten aber keine Teilungen des Reiches mehr unter den K.en, sondern praktizierten diese nun in ihrer Hausmeierdynastie. Der Bündelung der fakt. und ideolog. Tendenzen entsprach 751 die Absetzung der Merowinger und die Erhebung Pippins d. J. zum K. Resten geblütscharismat. begründeten Legitimismus begegnete man mit der Unterstützung des Papstes, der mit spätantiker Idoneitätsvorstellung, patrist. Nomentheorie und augustin. Ordokonzeption das bestehende Machtverhältnis legalisierte. V. a. hatte hier die nun bei den Franken erstmals geübte K.ssalbung ihre Funktion. Wenn auch noch nicht systemat. angewandt, ist sie doch ab jetzt Signum des karol. Kgtm.s. – Mit Weihekgtm. und weiterer Verchristlichung zum Gottesgnadentum (Dei-gratia-Formel) werden schon bei Pippin d. J. Ansätze zur karol. Theokratie sichtbar, die unter Karl d. Gr. durch innere Reformpolitik, äußere Mission und Übernahme der Ksm.s zu voller Entfaltung kam. Daneben behielt das Kgtm. seine frk. Grundlagen. Die Teilungen wurden weiter vorgenommen. Das in der Merowingerzeit ansatzhaft entwickelte Unterkgtm. wurde ab 781 in die Teilungspraxis eingefügt. Trotz Proklamierung der Unteilbarkeit des Reiches durch Ludwig d. Frommen 817 blieben die Teilungen feste Übung, um im Vertrag v. →Verdun Grundlage in die Zukunft weisender Reichsbildungen zu werden. Basis der Herrschaft blieb das Kgtm., das Ksm. hatte ab 840 nur noch geringe Bedeutung. – Auch weitere Entwicklungen ab Ludwig d. Frommen wiesen in die Zukunft. Kapitularien, Staatstraktate und Fs.enspiegel brachten eine Reflexion neuer Qualität über das Kgtm. Ihre von →Augustinus, →Gregor d. Gr., Isidor v. Sevilla, →Gelasius I. übernommenen Inhalte wurden verwertet für die Objektivierung der Herrschaft zur Institution (ministerium) hin, für deren eth. Bindung und Kompetenzeneinschränkung und für die Formulierung einer gegen Erbrecht und Geblütscharisma gerichteten chr. Amtsidoneität. In dem die kirchl. Autonomieforderung zuspitzenden westfrk. kirchl. Gesellschaftsgedanken hat über die im späten 9. Jh. entwickelten Krönungsordines diese neue Reflexion für Jahrhunderte normbildend gewirkt. In ihnen erscheinen als Formalakte bei der K.serhebung in aussagekräftiger Abfolge 'K.spromissio – Wahl – Salbung – Krönung'. Damit sind bipol. Bindung und sakrale Erhöhung des Kgtm.s verdeutlicht. Im übrigen wurde 843 als neue Form der K.sherrschaft eine chr. interpretierte Brüdergemeinschaft intendiert. Die Einheit des Reiches galt als weiterbestehend, doch wurden künftige Teilungen angelegt. – So war diese Konstruktion nur von kurzer Dauer. Konsistent hingegen war die Mitwirkung des Adels an der Regierung. Unter Karl d. Gr. und Ludwig d. Frommen bildete sich die Reichsaristokratie. Ihr wachsender Einfluß erreichte eine Klimax zw. 830 und 850. Doch zeigten sich nun charakterist. Differenzen: Im westfrk. Reich zwangen die Großen das Kgtm. zu einem Vertragsverhältnis, im O (und im Mittelreich) blieb die Gottunmittelbarkeit (keine Salbung) der Monarchie zunächst erhalten. – 887/888 vollzog sich auch hier ein bedeutender Wandel. Wesentl. unter Führung der Adligen der Stämme (noch nicht als nat. Repräsentanten) wurde nach dem Idoneitätskriterium Karl III. abgesetzt und durch Arnulf v. Kärnten ersetzt. Schon bald griffen die jüngeren Stammeshzm.er entscheidend ein, so 911 beim Ende der karol. Dynastie im Ostfrankenreich mit der Erhebung Konrads v. Franken. Schon unter dem letzten Karolinger, Ludwig d. Kind, war eine für die künftigen Strukturen wichtige Neubildung sichtbar geworden: die nun konstitutive Geltung des consensus fidelium, die sich bei Minderjährigkeiten in fakt. Regentschaften ausdrückte. Mit seiner Politik gegen die aufsteigenden Stammesgewalten im Bündnis mit der Kirche klang bei Konrad I. das karol. Kgtm. aus.

B. Deutsches Reich

I. Bis zum Investiturstreit – II. Seit dem Investiturstreit.

I. BIS ZUM INVESTITURSTREIT: Deutl. ist vom Kgtm. her die Kontinuität zw. spätkarol. Zeit und dem 10. Jh. Spätansätze für die Entstehung des Dt. Reiches scheinen von daher gestützt. Doch kann man auch für den Frühansatz strukturelle Kriterien anführen. Relevant ist die Rolle des Kgtm.s in diesem Prozeß. Bewußte Fortführung spätkarol. Ansätze (Wahl der Franken und Sachsen 919; Auschaltung des bayer. Gegenkgtm.s; Wahl und K.serhebung 936) und ihre Verknüpfung mit der verfassungsgesch. neuen Unteilbarkeit des Reiches gaben dem immer stärkeren kulturellen Individualitätsgefühl der ostfrk. Stämme einen polit. Rahmen und markieren so den polit. und verfassungsgesch. Einschnitt. Die Anerkennung der Stammeshzm.er, der Rückgriff auf die ältere ostfrk. Tradition mit Ablehnung der Salbung, die klare Separation gegenüber dem karol. regieren the W und die Einsetzung des amicitia-Instituts zu Bündnissen mit K.en, aber auch mit Adligen des eigenen Reiches, zeigen das Kgtm. unter Heinrich I. als Kraft, die Überkommenes und Neues zu einer Synthese gestaltete. Unter den weiteren liudolfing. Herrschern war das Kgtm. einerseits bestimmt von seiner Rolle im →Reichskirchensystem, das ihm mit der Intensivierung des K.sschutzes die gesteigerte staatskirchl. Kompetenzen zu forcierter Kirchenherrschaft ermöglichte, andererseits durch die korrespondierende Ideologie theokrat. Herausgehobenheit (Krönungsordines; Ikonographie). Doch geriet das Kgtm. insgesamt in ein Spannungsverhältnis mit dem 962 wiederbegründeten Ksm. und dessen universalen Tendenzen. Otto I. hielt noch mit seiner inneren und äußeren Politik (Mission) die aus beiden Größen resultierenden Aufgaben und Kompetenzen in Balance. Doch durch die gesteigerte Ks.- und Romkonzeption v. a. Ottos III. wurde der kgl. Bereich durch den ksl. gleichsam absorbiert (Ostpolitik). Dazu steuerten Heinrich II. und Konrad II. einen pragmat. Gegenkurs. Unter ihnen erfuhr der K.swahlgedanke gegenüber dem dynast. Erbrecht, als dessen Ausfluß die immer häufigeren Mitk.serhebungen zu betrachten sind, Stärkung und bleibende Nachwirkung. Unter Konrad II. und bes. unter Heinrich III. kulminierte der theokrat. K.sgedanke (Herrscher in Ordines und Historiographie als christus Domini und vicarius Christi). Auf dieser Grundlage übernahm Heinrich III. die Führung in der frühen, konservativen Kirchenreform (gegen →Simonie und →Nikolaitismus). Als sich diese verselbständigte und die schon in karol. Zeit und im 10. Jh. gegen das Staatskirchentum erhobenen Forderungen nach kirchl. Autonomie vermehrt und zu hierokrat. Monismus gesteigert wurden, wurde das theokrat. Kgtm. in seinen Grundlagen getroffen. In dem nicht allein aus solchen theoret. Positionen zu erklärenden sog. →Investiturstreit konnte die kirchenautonomist. Publizistik mit der Differenzierung 'Saecularia – Divina/Spiritualia' im bfl. Amt und der noch stärkeren Ausweitung des spirituellen Sektors zur Bestreitung der staatskirchl. Prärogativen des K.s gelangen. Die Transpersonalisierung der K.sherrschaft und das Kriterium chr. Amtsidoneität wurden schärfer als im 9. Jh.

formuliert. Hieraus zog der Wahlgedanke starke Kraft, so daß in königsloser Zeit die Fs.en in ihrer Gesamtheit das Reich repräsentieren konnten. – Zur Rechtfertigung der kgl. Kirchenherrschaft betonten die Heinrizianer mit traditionell-theokrat. und mit neuen (röm. Recht) Argumenten den gelasian. Gewaltendualismus (→Zweigewaltenlehre) sowie Gottunmittelbarkeit, naturrechtl. Dignität und Sakralität der weltl. Herrschaft und deren verfassungsmäßige Kompetenzen (Papstwahl; Bf.sinvestitur). Von daher erhielt der Regalienbegriff seine neue, geläufige Bedeutung. Auf die Wahrung der K.srechte war die Politik Heinrichs IV. und Heinrichs V. gerichtet. Doch erfuhr die kgl. Position, v. a. durch die Sanktionen Papst Gregors VII. (→Canossa) und seiner Nachfolger, schwere Einbußen. Gregor VII. steigerte nachhaltig das Kriterium der kgl. Idoneität. Ihm und dem gewachsenen Einfluß der Fs.en entsprach 1077 die Erhebung des Gegenk.s Rudolf v. Schwaben in freier Fs.enwahl. Kompromißvorschläge im ausgehenden 11. und frühen 12. Jh. zielten auf die Differenzierung 'regalia (temporalia) - spiritualia' und brachten im Ergebnis, im →Wormser Konkordat v. 1122, einen schweren Schlag für das Kgtm. H. H. Anton

Lit.: Gesch. Grundbegriffe, hg. O. BRUNNER, W. CONZE, R. KOSELLECK, IV, 141–168 [H. K. SCHULZE] – G. EITEN, Das Unterkgtm. im Reiche der Merowinger und Karolinger (Heidelberger Abh. zur mittleren und neueren Gesch. 18, 1907) – H. MITTEIS, Die dt. K.swahl, 1944² – W. BERGES, Designatsrecht, StGreg 2, 1947, 189–209 – TH. MAYER, Fs.en und Staat, 1950 – Das Kgtm. (VuF 3, 1956) – R. SCHMIDT, K.sumritt und Huldigung in otton.-sal. Zeit (VuF 6, 1961), 97–233 – WENSKUS, Stammesbildung – W. SCHLESINGER, Beitr. zur dt. Verfassungsgesch. des MA, Bd. 1, 1963 – H. WOLFRAM, Intitulatio, 3 Bde (MIÖG-Erg.bde 21, 24, 29, 1967, 1973, 1988) – P. E. SCHRAMM, Ks., K.e und Päpste, I, 1968, 249–286 – W. ULLMANN, The Caroling. Renaissance and the Idea of Kingship (The Birkbeck Lectures 1968–69, 1969) – E. HLAWITSCHKA, Zum Werden der Unteilbarkeit des ma. dt. Reiches, Jb. Univ. Düsseldorf, 1969/70, 43–55 – E. PETERS, The Shadow King, 1970 – K.swahl und Thronfolge in otton.-frühdt. Zeit, hg. E. HLAWITSCHKA (WdF 178, 1971) – D. CLAUDE, Adel, Kirche und Kgtm. im Westgotenreich (VuF-Sonderbd. 8, 1971) – W. ULLMANN, Schranken der K.sgewalt im MA, HJb 91, 1971, 1–21 – R. SCHNEIDER, K.swahl und K.serhebung im FrühMA (Monogr. zur Gesch. des MA 3, 1972) – P. D. KING, Law and Society in the Visigothic Kingdom (Cambridge Stud. in Medieval Life and Thought 5, 1972) – H. H. ANTON, Der K. und die Reichskonzilien im westgot. Spanien, HJb 92, 1972, 257–281 – E. EWIG, Stud. zur merow. Dynastie, FMSt 8, 1974, 15–59 – K.swahl und Thronfolge in frk.-karol. Zeit, hg. E. HLAWITSCHKA (WdF 247, 1975) – W. GIESE, Zu den Designationen und Mitk.serhebungen der dt. K.e im HochMA (936–1237), ZRGGermAbt 92, 1975, 174–183 – E. HLAWITSCHKA, Adoptionen im ma. K.shaus (Fschr. H. HELBIG, 1976), 1–32 [Nachdr.: E. HLAWITSCHKA, Stirps regia, hg. G. THOMA–W. GIESE, 1988, 11–42] – P. H. SAWYER– I. N. WOOD, Early Medieval Kingship, 1977 – K. BUND, Thronsturz und Herrscherabsetzung im FrühMA (BHF 44, 1979) – G. TELLENBACH, Die geistigen und polit. Grundlagen der karol. Thronfolge, FMSt 13, 1979, 184–302 [Nachdr.: DERS., Ausgew. Abh. und Aufsätze 2, 1988, 503–621] – H. FRÖHLICH, Stud. zur langob. Thronfolge..., 2 T. [Diss. Tübingen 1980] – D. CLAUDE, Die ostgot. K.serhebungen (Die Völker an der mittleren und unteren Donau im 5. und 6. Jh., hg. H. WOLFRAM–F. DAIM [DÖAW, phil.-hist. Kl. 145, 1980]), 149–186 – W. AFFELDT, Unters. zur K.serhebung Pippins, FMASt 14, 1980, 95–187 – J. FRIED, Der karol. Herrschaftsverband zw. »Kirche« und »K.shaus«, HZ 235, 1982, 1–43 – G. ALTHOFF–H. KELLER, Heinrich I. und Otto d. Gr., 2 Bde (Persönlichkeit und Gesch. 122/125, 1985) – M. J. ENRIGHT, Iona, Tara und Soissons. The Origin of the Royal Anointing Ritual (Arbeiten zur FrühMAForsch. 17, 1985) – E. KARPF, Herrscherlegitimation und Reichsbegriff in der otton. Gesch.sschreibung des 10. Jh. (AAMz 10, 1985) – H. KELLER, Schwäb. Hzg.e als Thronbewerber..., ZGO 131, 1985, 123–162 – DERS., Herrscherbild und Herrschaftslegitimation, FMASt 19, 1985, 290–311 – DERS., Grundlagen otton. K.sherrschaft (Reich und Kirche vor dem Investiturstreit, hg. K. SCHMID, 1985), 17–34 – J. L. NELSON, Politics and Ritual in Early Medieval Europe (Hist. ser. 42, 1986) – H.-W. GOETZ, Staatsvorstellung und Verfassungswirklichkeit in der Karolingerzeit (Zusammenhänge, Einflüsse, Wertungen, 1986), 229–240 – E. HLAWITSCHKA, Unters. zu den Thronwechseln der ersten Hälfte des 11. Jh. und zur Adelsgesch. S-Dtl.s (VuF-Sonderbd. 35, 1987) – K. F. WERNER, Gott, Herrscher und Historiograph (Fschr. A. BECKER, 1987), 1–31 – DERS., Hludovicus Augustus... (Charlemagne's Heir, hg. P. GODMAN–R. COLLINS, 1990), 3–123 – TH. KÖLZER, Das Kgtm. Minderjähriger im frk.-dt. MA, HZ 251, 1990, 291–323; →Fürstenspiegel, →Gottesgnadentum, →Monarchie u. a.

II. SEIT DEM INVESTITURSTREIT: Im Herbst 1073 bezeichnete sich Heinrich IV. in einem Brief an Gregor VII. als rex Romanorum und bekundete so seinen Anspruch auf das Ksm. Gregor reagierte seit März 1075 indirekt, indem er Heinrich als rex Teutonicus, dessen Reich als →regnum Teutonicum bezeichnete und dabei ausdrückl. feststellte, daß kein regnum dem K. eines anderen Reiches untertan sein dürfe. Das mußte sich auch gegen die Hoheit des »deutschen« K.s über Italien und Burgund richten. Gregors Versuch, den »deutschen« K. auf den Status der anderen Herrscher herabzuwürdigen, ist zwar fehlgeschlagen, dennoch hatten seine Angriffe weitreichende Konsequenzen: 1. Seit Heinrich V. bezeichneten sich die noch nicht zum Ks. gekrönten »deutschen« K.e stets als rex Romanorum ('römischer König'). Damit wurde die Grenze zw. Ksm. und Kgtm. auch in der Titulatur verwischt. 2. Das Wahlrecht, dessen Vorrang vor dem Erbrecht Rudolf v. Rheinfelden 1077 explizit anerkannt hatte, wurde nachdrückl. in Erinnerung gerufen und 1125 gegen die als Erben der Salier auftretenden Staufer zur Geltung gebracht. 3. Gregor hat die Basis für den später förml. erhobenen Anspruch auf Approbation von Wahl und Person des röm. K.s gelegt. 4. Die sakrale, theokrat. Würde des Kgtm.s wurde durch Absetzung und Bann sowie durch dessen Lösung in Canossa in ihrem Kern tangiert, auch wenn die Salbung den K. weiterhin über die anderen Laien emporhob.

Die Verwischung der Grenze zw. Ksm. und Kgtm., wie sie im Titel des »rex Romanorum« zum Ausdruck kam, ist offenbar nur selten als Problem erkannt oder auch nur empfunden worden. Die Volkssprache unterschied nicht zw. regnum und imperium, sondern hatte nur ein Wort für beides: das *rîche*. Im Lat. gab es zwar den Terminus regnum Teutonicum, aber das war entweder (bis um die Mitte des 12. Jh.) ein Äquivalent für den Begriff des traditionellen →regnum Francorum oder aber die Bezeichnung für einen geogr. Sachverhalt. Allerdings sah man von außen her einen Unterschied zw. dem Kgtm. der Deutschen und dem röm. Ksm. So hat man seit dem →Interregnum v. a. im Umkreis der Anjou die These propagiert, nur ein in Rom gekrönter oder ein vom Papst approbierter K. könne in Burgund oder Italien Herrschaftsrechte ausüben, eine Einschränkung, die im 14. Jh. auch auf Lothringen und die dt. Gebiete des Reiches Anwendung finden sollte. Nach der kaiserlosen Zeit von Friedrichs II. Tod bis zum Ende Albrechts I. hat Heinrich VII. die Existenz solcher Lehren als einen der Gründe für seinen Romzug genannt. Brisant wurde das Problem des Unterschieds zw. Ksm. und Kgtm. unter Ludwig d. Bayern und Johannes XXII. Der Papst hat dem von ihm nicht approbierten gewählten röm. K. generell die Ausübung seiner Herrschaft, d. h. auch über die dt. Lande, untersagt. Unter dem Druck der von Ludwig mobilisierten öffentl. Meinung haben die Kfs.en im sog. →Rhenser Kurvereins deklariert, daß der einmütig oder mit Mehrheit zum röm. K. Gewählte sich den kgl. Titel aneignen und die Güter und Rechte des Reiches (imperii) verwalten könne (16. Juli 1338). Das Licet iuris (6. Aug. 1338) konstatierte, daß jemand, der von den Wählern des Reiches (ab electoribus imperii) – einmütig oder mehrheitl. – zum Ks. oder K. gewählt wurde, allein aufgrund dieser Wahl K. oder Ks. der Römer sei. Neuerdings hat man diese Bemühungen um eine Klärung des Problems in die Formel fassen wollen: so wie der K. von Frankreich imperator in regno suo sein wollte, so sollte jetzt der Ks. als dt. Herrscher rex in imperio suo sein. Eine solche Deutung wird der Komplexität des Sachverhalts nicht gerecht: Eine räuml. oder institutionelle Einschränkung des röm. Kgtm.s war mit den Deklarationen von 1338 nicht beabsichtigt, und Ludwig d. Bayer datierte nicht nur das Licet iuris sowohl nach K.s- als auch nach Ks.jahren, widersprach somit im Grunde seiner eigenen Deklaration. Die Grenze zw. Kgtm. und Ksm. blieb auch weiterhin unscharf, was den röm. K.en die Ausübung von spezif. ksl. Rechten ermöglichte (Restitution Ehrloser, Legitimation Unehelicher, Notarsernennungen etc.). Sigmund hat als röm. K. als Schirmvogt des Konstanzer Konzils agiert; wenn ihm dabei das anfangs in Anspruch genommene Recht auf Mitsprache in den nicht-germ. Konzilsnationen verwehrt wurde, so lag das nicht daran, daß er noch nicht zum Ks. gekrönt worden war. Maximilian hat 1508 ohne Ks.krönung den Titel eines erwählten röm. Ks.s angenommen, wobei er die Einschränkung (erwählt) mit dem Respekt vor dem Papst erklärte. Welche Konsequenzen eine mehrfach ins Auge gefaßte oder befürchtete →Translatio imperii auf ein anderes Volk für das Kgtm. der Deutschen gehabt hätte, scheint man nie ernsthaft diskutiert zu haben. Im Umkreis K. →Roberts v. Neapel hat man um 1313 dafür plädiert, in Zukunft nicht einmal einen K. der Deutschen zu approbieren.

Die durch das Eingreifen Gregors VII. bekräftigte Dominanz des Wahlprinzips hat sich bis 1438 und darüberhinaus als stabil erwiesen, obwohl es mehrfach Versuche gab, es in Frage zu stellen. Der →Erbreichsplan Heinrichs VI., der den Vasallen ein unbeschränktes Erbrecht an den Reichslehen eingeräumt hatte, ist im Zusammenhang mit der gesamten Herrschaftssphäre der Staufer zu sehen, die über Burgund und Italien bis nach Sizilien reichte und bis nach O-Rom und ins Hl. Land auszugreifen schien. Die Verwirklichung dieses Plans hätte folgl. nicht zu einer der frz. vergleichbaren Entwicklung führen müssen. Anders verhält es sich mit dem von →Tolomeo v. Lucca bezeugten Erbreichsplan zur Zeit Rudolfs v. Habsburg. Die im Einvernehmen mit dem Papst beabsichtigte Aufteilung des Imperiums in ein dt. regnum sowie ein burg. und zwei it. Reiche hätte dem röm.-dt. Kgtm. den Anspruch auf eine universale Geltung genommen und es auch ideell auf den Rang der anderen regna gestellt, so wie Gregor VII. das beabsichtigt hatte. Der Plan ist aber gescheitert, und zwar nicht nur am Widerstand der Kfs.en. Daß Rudolf v. Habsburg und seine beiden Nachfolger aus unterschiedl. Gründen darauf verzichtet haben, sich in Rom krönen zu lassen, hatte allerdings zur Folge, daß der Anspruch der röm. K.e auf das Ksm. in Zweifel gezogen wurde. Romzug und Ks.krönung Heinrichs VII. können als eine kaum noch für mögl. gehaltene Renovatio des Ksm.s gewertet werden. Mit Ausnahme Wenzels und Albrechts II. haben alle folgenden K.e versucht, sich zum Ks. krönen zu lassen; mit Ausnahme Ruprechts haben alle Erfolg dabei gehabt.

Die materielle Basis des röm.-dt. Kgtm.s, das Reichsgut und die Nutzung der →Regalien, ist durch die Dominanz des Wahlprinzips allmähl. beeinträchtigt, im Verlauf des 14.Jh. fast aufgezehrt worden. Lothar III. hat sein Kgtm. noch nahezu im gesamten dt. Teil des Reiches durchsetzen können, danach ließ die Rivalität zw. Staufern und Welfen die Machtbasis des Kgtm.s schrumpfen. Heinrich d. Löwe verfügte über nahezu die Hälfte der dt. Gebiete. Das Ergebnis von Heinrichs Sturz (1180) und der Doppelwahl von 1198 war die Etablierung eines nach unten abgeschlossenen Fs.enstandes und der Beginn des Ausbaus von Landesherrschaft unterhalb der Ebene des Kgtm.s. Friedrich II. hat diese Entwicklung mit den Fs.engesetzen von 1220/32 sanktioniert. Die Periode von der Absetzung Friedrichs II. (1245) bis zur Wahl Rudolfs v. Habsburg (1273) ist von den Zeitgenossen als Zeit der Reichsvakanz, als Interregnum, empfunden und bezeichnet worden. Die Restitution des Kgtm.s unter Rudolf I. fand ihre Grenzen an den Interessen des sich vollendenden Gremiums der Kfs.en, die mit den Wahlen von 1292, 1308 und 1314 für merkl. Kontinuitätsbrüche sorgten. Dementsprechend ist es weder Rudolf noch seinen Nachfolgern gelungen, die zentralen und regionalen Behörden des röm.-dt. Kgtm.s zu wirkl. effektiven Organen zu entwickeln. Wichtigste Institution blieb die (Reichs-)Hofkanzlei. Die auf der Basis älterer Institutionen unter Rudolf I. eingerichteten Reichslandvogteien haben bis in die Zeit Karls IV. eine beachtl. Bedeutung gehabt, sind dann aber wegen der Preisgabe des Reichsgutes durchweg zu leeren Titeln herabgesunken. Im Bereich von Währung und Münzprägung konnte das Kgtm. allenfalls regulierend, nicht aber maßgebl. wirksam werden. Als Prärogative des Kgtm.s verblieben: die Lehnshoheit über die Fs.en, die Landfriedenshoheit sowie die Erteilung von Privilegien, deren Durchsetzung indes den Begünstigten vorbehalten war.

Die vier inmitten des Reichsgutes ansässigen Kfs.en aus dem frk. Raum haben, zunächst planlos, seit 1308 bewußt, das Kgtm. aus ihrem Einflußbereich zu verdrängen versucht. Unter Rudolf I. galt es noch als selbstverständl., daß der K. seine Herrschaft auf das Reichsgut, nicht also auf die Hausmacht stützen solle. Erst seit Karl IV. kann man von einem wirkl. Hausmachtkgtm. sprechen. Er hat das verbliebene ländl. Reichsgut aufgegeben. Das Scheitern von Ruprechts Kgtm. kann als Konsequenz dieser Politik gewertet werden. Sigmund verfügte um 1415 in Dt.-Landen über keinen Fußbreit eigenen Bodens. Die Hausmacht Albrechts II. und Friedrichs III. befand sich in einer sö. Randzone. Die um 1414 einsetzende Reformdiskussion plädierte durchweg für eine Stärkung der Monarchie auf Kosten v. a. der geistl. Fs.en und für ein Zusammengehen des K.s mit Städten und ritterl. Adel. Erst die Übernahme des burg. Erbes w. des rhein. Kfsm.er durch Maximilian schuf die Basis, von der aus Kgtm. und Ksm. ohne eigene Hausmacht im Inneren Dtl.s existenzfähig erhalten werden konnten. Die Reform von 1495 ließ das Reich zu einem zw. dem Hause Österreich-Burgund und den großen Territorialmächten ausbalancierten Herrschaftssystem werden.

Gregors VII. Angriff auf den theokrat. Status des röm.-dt. Kgtm.s führte 1122 (→Wormser Konkordat) zu einem Teilerfolg: Ring und Stab wurden bei der →Investitur der Bf.e nicht mehr von Ks. oder K. übergeben. In der Folge hat man versucht, Ks., K. und Reich eine Heiligkeit sui generis zuzuschreiben, so mit dem Epitheton Sacrum (imperium) oder der Heiligsprechung Karls d. Gr. Karl IV. kreierte 1347 den kgl. Weihnachtsdienst, die Lesung der Worte: »Exiit edictum a Caesare Augusto«. Die seit Konrad II. übl. Beisetzung der Herrscher in Speyer wurde mit Lothar III. unterbrochen, von Rudolf I. zwar noch einmal aufgegriffen, aber nach der Bestattung Adolfs und Albrechts I. eingestellt. Anstelle einer St-Denis vergleichbaren zentralen Grablege avancierten Frankfurt (Wahl,

Altarsetzung) und Aachen (Thronbesteigung) zu Weihestätten des Kgtm.s; andere Städte wurden bevorzugt als Versammlungsorte von Hof- und Reichstagen gewählt, so Nürnberg (hier auch Aufbewahrung der Reichskleinodien), Speyer, Worms oder Regensburg. H. Thomas

Lit.: DtRechtswb VII, 1226ff. – HRG II, 999ff. – P. E. SCHRAMM, Herrschaftszeichen und Staatssymbolik, Bd. 1-3, 1954/56 – H. ANGERMEIER, Kgtm. und Landfriede im dt. SpätMA, 1966 – D. UNVERHAU, Approbatio, 1973 – H. G. WALTHER, Imperiales Kgtm., Konziliarismus und Volkssouveränität, 1976 – K.-F. KRIEGER, Die Lehnshoheit der dt. K.e im SpätMA, 1979 – E. SCHUBERT, K. und Reich, 1979 – K. U. JÄSCHKE, Zu universalen und regionalen Reichskonzeptionen beim Tode Heinrichs VII. (Fschr. B. SCHWINEKÖPER, 1982), 415ff. – H. HEIMPEL, Kgl. Weihnachtsdienst im späteren MA, DA 39, 1983, 131ff. – Dt. Verwaltungsgesch., Bd. 1, 1983, 22ff. [P. MORAW; Lit.] – H. ANGERMEIER, Die Reichsreform 1410-1555, 1984 – Das spätma. Kgtm. im europ. Vergleich, hg. R. SCHNEIDER (VuF 32, 1987) – H. MITTEIS – H. LIEBERICH, Dt. Rechtsgesch., 1988¹⁸, 144ff. – Hauptstadt, Zentren, Residenzen, Metropolen in der dt. Gesch., 1989 – Die Salier und das Reich, hg. ST. WEINFURTER, Bd. 1-3, 1990; →Kaiser, Kaisertum, →Translatio imperii.

C. Kgr. Sizilien

Das siz. Kgtm. wurde nach der gewaltsamen Eroberung und Vereinigung der unterit. und siz. Herrschaftsgebiete der Normannen (→Hauteville), die seit 1059 päpstl. Lehen waren, 1130 durch die von einem Legaten des Gegenpapstes Anaklet II. vorgenommene Salbung Hzg. →Rogers II. begründet, der die Krone aus der Hand Fs. Roberts II. v. Capua empfing. Die Anerkennung durch den rechtmäßigen Papst Innozenz II. wurde 1139 erzwungen (Friede v. →Mignano). Soweit bedeutete diese eigenmächtige, unter Ausnutzung des Schismas vollzogene Standeserhöhung nur einen Etikettenwechsel, forderte aber in zeitweiliger Interessenkoalition die einander widerstreitenden ksl. und päpstl. Ansprüche auf das Kgr. heraus.

Aus norm. Sicht war dieses Kgtm. kein völliger Neubeginn; es trat in legitimer Weise in die Fußstapfen früherer unterit. Herrschaftsträger, die als Vorgänger angesehen wurden. Ähnl. diesen herrschten die norm. Kg.e über ein fremdes Völkergemisch, das seit der Eroberung nur von einer dünnen Schicht neuer Herren überwölbt worden war, deren frz. Sprache, die Hofsprache blieb, kaum jemand verstand; Griech., Arab. und Hebr. spielten im Alltags- und Rechtsleben weiterhin eine große Rolle, während sich als Amtssprache nun zunehmend das Latein durchsetzte. In seinem autokrat. Herrschaftsanspruch und der monarch. Repräsentation eiferte das neue Kgtm. dem Vorbild des byz. Ks.s nach, sichtbar schon an der Gewandung (Loros), den Herrschaftsinsignien (Labarum, Reichsapfel, Kamelaukion), dem höf. Zeremoniell (Proskynese) und anderen Formen monarch. Selbstdarstellung (Porphyrsarkophage in Cefalù bzw. Palermo), die mit oriental. Prachtentfaltung einherging. In Form und Sprache der K.surkk. finden sich starke Entlehnungen aus der Papsturk. (Rota, Bleibulle). Friedrich II. schließl. war Erbe sowohl der norm. K.sidee als auch der eschatolog. gefärbten stauf. Ks.idee, die in der spätestens bei der »Ks.wahl« 1211 eintrat und sie nach 1220 unter bes. Betonung der röm.-chr. Komponenten ausgestaltete (→Augustalis; →Liber Augustalis). Die betonte Sakralisierung des Ksm.s mochte manchen Zeitgenossen in Verbindung mit den im letzten Lebensjahrzehnt hervortretenden antik-heidn. Elementen als erster Ansatz der Apotheose gelten.

Alle Herrschaftsgewalt im Kgr. war vom K. delegierte, normativ umschriebene und streng kontrollierte Amtsgewalt. Das Amt, nicht der im wesentl. auf das Militär. beschränkte Lehnsnexus (→Catalogus baronum), war Keimzelle aller Staatsverwaltung. Feudale und städt. Gewalten waren und blieben Untergebene, nicht Teilhaber an der K.sherrschaft; Bemühungen um größere polit. Spielräume wurden gewaltsam unterdrückt, standen a priori unter dem Stigma des Majestätsverbrechens (crimen laesae maiestatis), das – weit gefaßt – alle polit. Eigeninitiativen lähmte.

Das Kgtm. konnte sich stützen auf die in arab.-byz. Tradition ausgebildete lokale und regionale Verwaltung (→Beamtenwesen, VI), die allmähl. auch eine differenzierte Zentralverwaltung am K.shof erforderte und nach sich zog (→Curia, III; →Kanzlei). Der K.shof war das konkurrenzlose administrative und polit. Zentrum des Kgr.es. Er war zugleich auch geistiger Mittelpunkt, obwohl eine kulturelle Ausstrahlung nach außen erst unter Friedrich II. zu beobachten ist. Die heterogenen, hist. gewachsenen Teile des Kgr.es, die seit 1136 auch im offiziellen K.stitel erscheinen (rex Sicilie, ducatus Apulie et principatus Capue), wurden erstmals durch die →Assisen v. Ariano (1140), sodann durch die Assisen v. Capua und Messina (1220/21) und schließl. – gegen päpstl. Widerstand – im Liber Augustalis (1231) und den späteren Novellen in einem einheitl., aus verschiedensten Rechtsquellen schöpfenden Gesetzesrahmen verschmolzen, der gleichwohl den einzelnen ethn. Gruppen tolerante Freiräume gewährte. Zugleich wurde damit der monarch.-theokrat. Absolutismus byz. Prägung fest verankert und zur fiktiven Allgegenwart des Herrschers gesteigert (z. B. LA, 1,16: Defensa). Der pax und iustitia verpflichtete K. galt allein als Quelle des Rechts, er war die lex animata. Seine Gesetze hoben alle entgegenstehenden Rechtsnormen und Gewohnheiten auf; die großen Privilegienrevokationen (1144, 1196/97, 1220/21) unterwarfen alle Privilegierten von neuem und auf Dauer (Widerrufsvorbehalt) der Gnade des Herrschers. Die nur sporad. einberufenen Versammlungen der Großen und Lehnsträger hatten allenfalls beratende Funktion, boten im wesentl. nur die Bühne für herrscherl. Handeln.

Das siz. Kgtm. steht ganz in chr. Tradition (Christianorum adiutor et clipeus im frühen K.stitel Rogers II.), wird ohne priesterl. Vermittlung als von Gott gegeben betrachtet. Die Urkk.arengen spiegeln diese Gottunmittelbarkeit ebenso wie die Krönungsmosaiken in der Martorana (Palermo) oder in Monreale. Von daher erklären sich – neben polit. Gesichtspunkten – auch die harten Gesetze gegen Häretiker: die Häresie richtete sich als Verrat zugleich direkt gegen den vicarius Christi, der nicht etwa als weltl. Arm einer geistl. Autorität (Papst) reagierte. Bezeichnenderweise galt es – justinian. Recht folgend – als Sakrileg, Entscheidungen des K.s in Zweifel zu ziehen. Die 1098 von Urban II. Gf. →Roger I. verliehene apostol. Legation gab dem siz. K. zugleich eine konkrete innerkirchl. Funktion und schuf so eine Sonderstellung, die das Papsttum in der Folgezeit durch das Konkordat v. →Benevent (1156) abschwächen und ausgangs des 12. Jh. in den Konkordaten mit →Tankred und →Konstanze weitgehend beseitigen konnte. Ungeachtet dessen und seiner noch 1220 gegenüber der Kurie gegebenen Zusagen blieb jedoch Friedrichs II. Kirchenpolitik am eigenen Nutzen orientiert und ständiger Streitpunkt mit dem Papst.

Das siz. Kgtm. ist eine Erbmonarchie; eine Wahl fand nur bei der gegen die Erbansprüche Konstanzes I. und gegen andere Thronprätendenten erfolgten Erhebung Tankreds statt. Eine weibl. Thronfolge war grundsätzl. tolerabel, und Konstanze hat nach dem Tod Heinrichs VI. 1197/98 durchaus als Souverän regiert, nicht stellvertretend für ihren Sohn. Der päpstl. Lehnsherr hatte auf die

Nachfolgeregelung de iure keinen Einfluß, sofern der neue K. den Lehnseid erneuerte. Unter Heinrich VI. und Friedrich II., beide zugleich röm. Ks., war die Lehnsbindung des siz. K.s an den Papst fakt. suspendiert

Th. Kölzer

Q. *und Lit.:* Codex dipl. regni Siciliae, ser. I, t. II/1 und V, 1987, 1982; ser. II, t. I/2, 1983 – Le Assise di Ariano, ed. O. ZECCHINO, 1984 (→Liber Augustalis) – F. CHALANDON, Hist. de la domination normande en Italie et en Sicile, II, 1907 [Neudr. 1960], 611f. – M. HOFMANN, Die Stellung des K.s v. Sizilien nach den Assisen v. Ariano (1140), 1915 – J. DEÉR, Der Kaiserornat Friedrichs II., 1952 – DERS., The Dynastic Porphyry Tombs of the Norman Period in Sicily, 1959 – R. ELZE, Zum Kgtm. Rogers I. v. Sizilien (Fschr. P. E. SCHRAMM, I, 1964), 102–116 – M. CARAVALE, Il regno normanno di Sicilia, 1966 – CHR. U. SCHMINCK, Crimen laesae maiestatis, 1970 – A. MARONGIU, Byzantine, Norman, Swabian and Later Institutions in Southern Italy, 1972 – A. LIPINSKY, Le insegne regali dei sovrani di Sicilia e la scuola orafa palermitana, Atti Congr. internaz. d. studi sulla Sicilia normanna, 1972, 162–194 – G. CATALANO, Studi sulla Legazia Apostolica di Sicilia, 1973 – H. M. SCHALLER, Die Ks.idee Friedrichs II., Probleme um Friedrich II. (VuF 16), 1974, 109–134 – F. GIUNTA, Bizantini e bizantinismo nella Sicilia normanna, 1974² – L.-R. MÉNAGER, Hommes et institutions de l'Italie normande, 1981 – H. ZIELINSKI, Zum K.stitel Rogers II. v. Sizilien (1130–1154), Politik, Gesellschaft, Geschichtsschreibung (Fschr. F. GRAUS, 1982), 165–182 – P. DELOGU, Idee sulla regalità: l'eredità normanna, Potere, società e popolo tra età normanna ed età sveva (Centro di studi normanno-svevi, Atti 5), 1983, 185–214 – W. STÜRNER, Rerum necessitas und divina provisio., DA 39, 1983, 467–553 – F. MARTINO, Federico II: Il legislatore e gli interpreti, 1988.

D. Frankreich

I. Die Anfänge – II. Die Feudalmonarchie des 13. Jahrhunderts – III. Die Wandlungen unter Philipp IV. – Die Entwicklung im 14. und 15. Jahrhundert.

I. DIE ANFÄNGE: Seit den letzten Jahrzehnten des 9. Jh. und das ganze 10. Jh. hindurch vollzog sich eine Festigung der Grenzen und der Unteilbarkeit der 'Francia occidentalis' (→Francia), während gleichzeitig der Grundsatz der Erblichkeit durch den Gedanken der →Wahl erschüttert wurde. Diese Entwicklung ging einher mit einer Konsolidierung der geistl. und weltl. Mächte (→Fürst, Fürstentum), die bemüht waren, der monarch. Gewalt eine vertragsmäßige Grundlage zu geben. 987 fanden Wahl, Weihe und Krönung des →Robertiners →Hugo Capet (987–996) statt, von dem behauptet wurde, er wolle – über sein Patrimonium hinaus – für sich die Machtpositionen seiner karol. Vorgänger zurückgewinnen. →Abbo v. Fleury hat im Kapitel »De ministerio regis« seiner »Collectio canonum« (991–993) das Kgtm. zur einzigen legitimen polit. Institution erklärt und – nach karol. Vorbild – dem K. die Aufgaben der Rechtswahrung, des Schutzes der Schwachen und der Regelung der großen Angelegenheiten des Kgr.es, mit Rat und Hilfe der Großen, zugewiesen. Für ihn wie für Ebf. →Adalbero v. Reims, den Hauptinitiator der Ausschaltung der →Karolinger, war das Kgtm. eine Würde, die durch Wahl dem Besten und Fähigsten zuerkannt werden solle (Idoneitätsprinzip). Nach der aus der Karolingerzeit stammenden Formel 'dei gratia' beruhte die K.swürde auf der Gnade Gottes (→Gottesgnadentum).

Während des ganzen 11. Jh. übten die →Kapetinger ihre Gewalt nur im engeren Bereich ihrer Domäne (um →Orléans, →Sens, →Paris und →Senlis) aus. Sie unterhielten mit den Fs.en und Großen auf Gleichheit beruhende Beziehungen. Zahlreiche geistl. Würdenträger (Bf.e, Äbte) waren durch ein bes. Treueband mit dem K. verbunden; das kgl. →Zeremoniell (Weihe, Krönung), das üblicherweise in →Reims stattfand, verlieh dem Kgtm. einen charismat. Charakter, der den sonstigen Fs.en fehlte. Die K.e vermochten durch Designation und Weihung des Sohnes zu ihren Lebzeiten den Wahlgedanken zurückzudrängen und die Vorstellung einer dynast. vererbten K.swürde zu fördern. Auch hatte die Übertragung der Krone auf den ältesten Sohn Eingang gefunden.

Im 12. Jh. prägte sich, insbes. dank des Denkens und Handelns →Sugers v. St-Denis, eine Vorstellung aus, nach der die Herrschaften *(terres)* des Kgr.es in ihrer Gesamtheit sich in feudaler Abhängigkeit vom Kgtm. befanden; der K. stand somit grundsätzl. an der Spitze der Pyramide der Vasallen und Aftervasallen (Idee der →Suzeränität). Die Monarchie, gestärkt durch die Unterstützung des Papsttums und 'sakralisiert' durch die →Salbung, sah sich »an die Spitze des Gottesvolkes gestellt, um dieses zu regieren« (Ludwig VII.). Die Krone Frankreichs (→Corona, III) wurde zu einem polit. Bezugspunkt. Auf großen Versammlungen der Prälaten und Barone wurden, unter Vorsitz des K.s, bedeutende Beschlüsse im Interesse von 'commoditas' und 'utilitas regni' gefaßt. Keiner der Mächtigen im Kgr., nicht einmal →Heinrich II. v. England mit seinen großen Fsm.ern in W-Frankreich, konnte daran denken, den Kapetinger, der doch nur über eine schmale territoriale Grundlage verfügte, aus seiner Position zu verdrängen.

II. DIE FEUDALMONARCHIE DES 13. JAHRHUNDERTS: Ein grundsätzl. Wandel, in den Prinzipien wie in der polit. Praxis, setzte unter →Philipp II. (1180–1223) ein, der als letzter K. v. Frankreich zu Lebzeiten des Vaters die Weihe empfing. Ausdruck der Neuentwicklung war der Kanzleigebrauch, der nun den Titel 'rex Franciae' gegenüber 'rex Francorum' bevorzugte. Aus Q. dieser Epoche wird deutl., daß der Begriff der '(tota) Francia' nicht mehr nur die Domäne, sondern das gesamte Kgr. meinte. Hinzu trat die Betonung einer karol. Abkunft des K.shauses (→Reditus ad stirpem Karoli) wie der trojan. Abstammung (→Trojaner) des frk./frz. Volkes und Herrschergeschlechts. Das »Testament« Philipps II. von 1190 hebt dezidiert die Verpflichtung des kgl. →Amtes auf das öffentl. Wohl aller Untertanen hervor. Dem Papst →Innozenz III., der bereits betont hatte, daß der K. v. Frankreich in weltl. Angelegenheiten keinen Höheren über sich habe (Per venerabilem, 1202), wurde anläßl. des Vorgehens gegen Raimund VI. v. Toulouse (→Albigenser) von kgl. Seite bedeutet, daß diese Auseinandersetzung eine feudale, nur den K. angehende Frage sei. Philipps II. vieldeutiger Beiname 'Augustus' muß nicht zuletzt unter dem Aspekt einer Annäherung an eine kaisergleiche Würde gesehen werden. Von nun an wurde allg. anerkannt, daß der K. v. Frankreich nie Vasall eines anderen Herrschers sein könne. In dieser Epoche treten auch die zwölf →Pairs de France und das kgl. frz. Lilienwappen (→Wappen) auf. Die Wende, die das frz. Kgtm. im Kampf gegen →Johann Ohneland und seine Verbündeten herbeiführte, zeigt, wie sehr der K. v. Frankreich die feudalen Institutionen zu seinen Gunsten zu benutzen wußte. Philipp August war der erste feudale K. v. Frankreich.

Im 13. Jh. vollzog sich der weitere Ausbau der frz. Feudalmonarchie. Kgl. Gesetzgebung begann nicht nur die Krondomäne, sondern auch das übrige Kgr. zu erfassen, hier allerdings noch abhängig von der Zustimmung der →Barone. Das →Parlement wurde seit den Jahren nach 1250 als Instrument für die kgl. →Justiz für die Jurisdiktionsbereich *(ressort)* des gesamten Kgr.es installiert. Die Doktrin der →*cas royaux* (K.sfälle) nahm Gestalt an, desgleichen die Vorstellung der *garde générale* (→Garde), ausgeübt durch das Kgtm. (Philippe de Beaumanoir). Seit den Jahren um 1260 erscheint die Formel »Le roi de France est prince en son royaume«, die später durch die (aus dem Italien des späten 12. Jh. stammende) Formel »Le roi de France est empereur en son royaume« abgelöst wurde. Als 'primogenitus' gewann der älteste Sohn des K.s eine bes. Rechtsstellung, während zugunsten der jüngeren Söhne →Apanagen geschaffen wurden. Aus dem →Ordo der K.sweihe (→Sacre) verschwanden seit Mitte des 13. Jh. fast alle Momente, die an einen Wahlakt erinnerten. Gegen die päpstl. Ansprüche machte der K. sein Recht geltend, die Schätze der Kirchen bei Bedarf frei zu nutzen (Ludwig IX.). Seit Philipp III. d. Kühnen (1270–85) wurden die K.surkunden vom Tode des Vorgängers an und nicht mehr von der Weihe an datiert.

III. Die Wandlungen unter Philipp IV.: →Philipp IV. d. Schöne (1285–1314) zerschlug zu seinen Gunsten das bisherige fragile Gleichgewicht der Feudalmonarchie. Er schuf nicht nur neue Pairswürden (Bretagne, Artois), sondern verfocht auch gegenüber Papst→Bonifatius VIII. in anmaßender Weise das Recht, die »gallikan.« Kirche zu besteuern, und wollte gar die Grundfesten der päpstl. Theokratie antasten. Zugleich suchte er auch die bis dahin weitgehend eigenständigen Fsm.er, insbes. →Guyenne und →Flandern, seiner Justiz und Verwaltung zu unterwerfen. Der K. und seine →'Legisten' machten bei ihrem Vorgehen regen Gebrauch vom Konzept der 'defensio regni', um so der Gesamtheit der Untertanen größtmögliche Opfer auf fiskal. und militär. Gebiet abzuverlangen. Mehr als seine Vorgänger war Philipp IV. bestrebt, das Münzrecht zu seinen Gunsten auszunutzen. Die Erfolge seiner K.sherrschaft wurden von zahlreichen Schmeichlern gepriesen, und die Kanonisation →Ludwigs IX. 'd. Hl.n' steigerte den Glanz des frz. K.shauses. Neben neuen militär. Auseinandersetzungen mit England und Flandern artikulierte sich jedoch in den letzten Regierungsjahren allg. Unzufriedenheit in der Schicht der Barone. In einer nach dem Tode des K.s gehaltenen Predigt führt der florent. Dominikaner Remigio de' Girolami die hohe Bedeutung der Herrschaft des 'potentissimus' auf Ausdehnung und Reichtum des Reiches, die große Zahl seiner Untertanen, des Ansehen seiner Ritterschaft und die Spitzenstellung unter allen K.en (Lehnsherrschaft über drei K.e: England, Navarra, Sizilien, wohingegen der K. v. Frankreich selbst keinen Lehnsherrn über sich habe) zurück. Als Hauptleistung der Regierung Philipps IV. kann darüberhinaus gelten, daß er, obwohl er seinen Untertanen größte Anstrengungen abrang, die Entstehung 'konstitutioneller' Kontrollmechanismen zu vermeiden wußte. Seit dem Ende des 13. Jh. wurde der K. v. Frankreich gern mit dem 'princeps' des röm. Rechtes gleichgesetzt.

IV. Die Entwicklung im 14. und 15. Jahrhundert: In den beiden letzten Jahrhunderten des MA bildeten sich mehrere (erst im 16. Jh. so bezeichnete) »lois fondamentales« des Kgr.es aus: 1. der Ausschluß der Frauen (1316) und der männl. Nachkommen in weibl. Linie (1328) von der Erbfolge, seit dem frühen 15. Jh. als 'Salisches Gesetz' bezeichnet; 2. die auf das vollendete 13. Lebensjahr festgesetzte Volljährigkeit des K.s (1374); 3. die Unmöglichkeit für den K., über die Krone, als deren bloßer Träger er galt, nach Gutdünken zu verfügen, bei gleichzeitiger Verpflichtung zur Respektierung der Thronfolgeordnung (1419–20); 4. die sofortige Nachfolge beim Tode des Vorgängers (1403, 1407); 5. die Beschränkung der Gewalt eines Regenten, der – auch bei Minderjährigkeit des K.s – nur in dessen Namen amtieren darf (1380, 1483); 6. Unveräußerlichkeit nicht nur der Krondomäne, sondern der – eng mit ihr verbundenen – »droits et noblesses de la couronne de France«, seit Karl V. Bestandteil des kgl. Eides bei der Weihezeremonie.

Der Kampf zw. Frankreich und England wie auch die Praxis der Apanagen ließen die strenge Definition der drei Schlüsselbegriffe der frz. Monarchie entstehen: *foi et hommage* ('Glaube und Treueid'), *ressort* ('Jurisdiktionsgewalt') und *souveraineté* ('Souveränität'). Nach Jean de →Montreuil war »die Souveränität so untrennbar von der Krone Frankreichs wie der Schatten vom Körper«.

Die unumschränkten gesetzgebenden und jurisdiktionellen Rechte des K.s (→Ordonnanz) fanden Ausdruck in der Formel: »Si veut le roi, si veut la loi« (Jean Boutillier, Somme rurale, Ende des 14. Jh.) und – seit dem frühen 15. Jh. – im kgl. Ausspruch: »Car tel notre (bon) plaisir.«

Die einzigartige Würde des K.s v. Frankreich (und damit des Kgr.es) wurde nun zunehmend zum Gegenstand der Propaganda, die nicht zuletzt den wundertätigen Charakter der frz. Monarchie unterstrich (göttl. Ursprung des Wappens v. Frankreich, hl. Ampulle, Skrofelheilung, Oriflamme). Der K. trug, in Anbetracht der jahrhundertelangen Verdienste des frz. Kgtm.s um Kirche und Papsttum, den Titel 'rex christianissimus' ('roi très chrétien'), verbunden mit reichen spirituellen Privilegien. Zeremonien unterstrichen nun verstärkt die kgl. Majestät; neben dem 'Sacre' sind v. a. die →*lits de justice* (seit Karl V.), die großen Einzüge in die 'bonnes villes' und die kgl. Begräbnisse zu nennen.

Mit der sich im 15. Jh., durch den →Gallikanismus, verstärkenden Rolle des K.s als Oberhaupt der gallikan. Kirche entwickelte sich auch, aufgrund älterer Wurzeln, die Theorie des myst. Leibes des Kgr.es, mit dem K. als Haupt. Den Teilen des sozialen Organismus (→Christine de Pisan spricht vom 'corps de policie') wurde nun der Dienst für den K. anempfohlen (Jean →Gerson, Jean Jouvenel des Ursins).

Bei Betonung des allg. Untertanenstatus aller Franzosen wurde die Liste der 'cas royaux', der Prärogativen und exklusiven Souveränitätsrechte des frz. Kgtm.s auf fast alle jurist. und polit. Bereiche ausgedehnt, ein Anspruch, der in der Praxis aber längst nicht eingelöst werden konnte. Die Würde der frz. Monarchie, deren Verletzung nun als Majestätsbeleidigung geahndet wurde, schlug sich in Titeln wie »Votre (sacrée) Majesté« oder gar »Majesté imperiale« nieder (→Majestät).

Hervorgehoben aus der Masse der Untertanen waren die nahen Verwandten des K.s ('princes des fleurs de lys' bzw. 'princes du sang royal'). Der älteste Sohn des K.s führte seit dem 14. Jh. den Titel des →Dauphin (de Viennois).

Der starke K.sgedanke des frz. SpätMA entstammte z. T. dem Ideengut des Gottesgnadentums (nicht zuletzt →Jeanne d'Arc war geprägt von der Vorstellung des K.s als »ministre de Dieu«, von Gott »elu, sacré et confirmé«), hob auf den unvergleichbar hohen Rang Frankreichs ab (Ludwig XI.: »la plus notable région et nation de dessus la terre qui est le royaume de France«) und nahm den alten Begriff des »seigneur naturel« (im Gegensatz zum »tyran mortel«) und die jüngere Vorstellung des »vrai époux« der Francia auf.

Hat das frz. Kgtm. über ein halbes Jahrtausend hinweg einen ideolog. und institutionellen Aufstieg erlebt wie kaum eine andere Monarchie Europas, so muß doch festgestellt werden, daß die Herrschaftspraxis am Ende des MA dem theoret. Anspruch nicht durchweg gleichkam. In der tägl. Ausübung der Macht sah sich das Kgtm. mit einer Reihe von Hindernissen konfrontiert. Ganze Regionen waren noch der Verpflichtung zu fiskal. und militär. Leistungen entzogen; eigenständige polit. Mächte (Kirche, Fs.en von Geblüt, Territorialfs.en und große Adlige, Städte) konnten nur auf dem Wege des Dialogs und der Verhandlungen eingebunden werden (s. a. →États). Die Monarchie kontrollierte mächtige sozio-polit. Kräfte des Kgr.es, ohne daß sie aber der engl. Verfassungsentwicklung vergleichbare Institutionen hatte entstehen lassen (vgl. daher die negative Bewertung Frankreichs aus engl. Sicht durch Sir John →Fortescue). Nach Ansicht des Publizisten Claude de Seyssel (frühes 16. Jh.) war Frankreich gleichwohl keine 'absolute' Monarchie, vielmehr ein durch Gegengewichte ('freins'), nämlich Religion, Justiz und 'Polizei' (kgl. Ordonnanz-Gesetzgebung), 'geregeltes' Gemeinwesen.

Ph. Contamine

Lit.: F. Olivier-Martin, Études sur les régences I, 1931 – W. Kienast, Untertaneneid und Treuvorbehalt in England und Frankreich, 1952 – M. David, La souveraineté et les limites du pouvoir monarchique du IXe au XVe s., 1954 – F. Lot-R. Fawtier, Hist. des institutions françaises au MA, II, 1958 – P. E. Schramm, Der K. v. Frankreich, 2 Bde, 1960^2 – D. M. Bell, L'idéal éthique de la royauté en France au MA, 1962 – F.J. Pegues, The Lawyers of the Last Capetians, 1962 – G. Tessier, Diplomatique royale française, 1962 – J.-F. Lemarignier, Le gouvernement royal au temps des premiers Capétiens (987–1108), 1965 – J. de Pange, Le roi très chrétien, 1965^2 – J.-P. Royer, L'Église et le royaume de France au XIVe s., ..., 1969 – Ch. Petit-Dutaillis, La monarchie féodale en France et en Angleterre, 1971^2 – The Medieval French Monarchy, hg. J. B. Hennemann, 1973 – Ph. Contamine, L'oriflamme de St-Denis aux XIVe et XVe s., 1973 – W. Kienast, Dtl. und Frankreich in der Ks.zeit (900–1270), 3 Bde, 1974–75 – E. Bournazel, Le gouvernement capétien au XIIe s., 1108–1180, 1975 – P. S. Lewis, La France à la fin du MA, la société politique, 1977 – J. R. Strayer, The Reign of Philip the Fair, 1979 – B. Guenée, L'Occident aux XIVe et XVe s., Les États, 1981^2 – J. Krynen, Idéal du prince et pouvoir royal en France à la fin du MA (1380–1440), 1981 – R. Cazelles, Société politique, noblesse et couronne sous Jean le Bon et Charles V, 1982 – H. Pinoteau, Vingt-cinq ans d'études dynastiques, 1982 – J. Barbey, La fonction royale, essence et légitimité d'après les »Tractatus« de Jean de Terrevermeille, 1983 – M. Bloch, Les rois thaumaturges, 1983^3 – S. Hanley, The »Lit de justice« of the Kings of France, 1983 – J. Richard, Saint Louis roi d'une France féodale, soutien de la Terre sainte, 1983 – R. A. Jackson, Vivat Rex, 1984 – La France de la fin du XVe s. Renouveau et apogée, hg. B. Chevalier – Ph. Contamine, 1985 – J. W. Baldwin, The Government of Philip Augustus, 1986 – A. W. Lewis, Le sang royal. La famille capétienne et l'État, 1986 – Y. Sassier, Hugues Capet, 1987 – Le miracle capétien, hg. S. Rials, 1987 – R. E. Giesey, Le roi ne meurt jamais, 1987 – Ders., Cérémonial et puissance souveraine, 1987 – J.-L. Harouel, J. Barbey, E. Bournazel, J. Thibault-Payen, Hist. des institutions de l'époque franque à la Révolution, 1987 – J. Le Goff, »Le MA« (Hist. de la France, hg. A. Burguiere–J. Revel, 1989), 21–180.

E. England

I. Angelsächsische Königreiche – II. Von der Normannischen Eroberung (1066) bis zum Ende des Mittelalters.

I. Angelsächsische Königreiche: →Beda Venerabilis († 735) steht mit der Nennung der sieben Kgr.e Kent, Essex, Sussex, Wessex, Ostanglien, Mercien und Northumbrien (Heptarchie) inmitten eines bereits Jahrhunderte andauernden Konzentrations- und Konsolidierungsprozesses einer Vielzahl völkerwanderungszeitl. Kleinherrschaften. Zu diesem trug auch die von Gregor d. Gr. 596/597 eingeleitete Missionierung bei, denn der Papst hatte in Unkenntnis der polit. Verhältnisse die Errichtung einer gesamtags. »Ecclesia Anglorum« und damit einer die Einzelkgr.e übergreifenden Institution verfügt. Die 787 vollzogene Salbung Ecgfriths, Sohn des Mercierkg.s Offa, ist die erste eindeutig nachweisbare K.ssalbung im ags. Bereich und wohl auf das frk. Vorbild zurückzuführen. Die das 8. Jh. prägende Machtstellung der merc. K.e (»merc. Suprematie«) ging im 9. Jh. auf die westsächs. K.e über, von denen schon Egbert (802–839) seine Herrschaft über ganz Südengland bis zum Humber ausdehnen konnte, ein Erfolg, der sich in dem Egbert in der Ags. Chronik beigegebenen →Bretwalda-Titel niederschlug. Die Extensivierung des westsächs. Kgtm.s vollzog sich vor dem Hintergrund zunehmender Wikingereinfälle seit dem Ende des 8. Jh. Dem Westsachsenk. Alfred d. Gr. (871–899) gelang eine wirksame Verteidigung, auch wenn er den Ostteil der Insel den Wikingern unter Guthrum überlassen mußte. Seine Nachfolger Eduard d. Ä. (899–924) und Æthelstan (924–939) konnten den größten Teil des ags.-dän. England unter ihrer K.sherrschaft vereinigen. Nach ihnen gewinnt erst wieder die Regierung K. Edgars (959–975) etwas deutlichere Konturen. Sein Zusammenwirken insbes. mit dem Ebf. →Dunstan v. Canterbury in der Kl.- und Kirchenreform ließ seine Regierungszeit in den Viten der Reformer als Hoch- und Glanzzeit erscheinen, die man mit dem Herrschaftsantritt seines Sohnes Æthelred II. »Unread« (978–1016) zusammenbrechen sah. Das ist wohl v. a. auf die erneut einsetzenden Wikingereinfälle zurückzuführen, die schließlich bewirkten, daß der Wikinger Knut »d. Gr.« von den Angelsachsen als K. anerkannt wurde. Nach Knuts und seiner Söhne Tod wurde der im norm. Exil lebende Sohn Æthelreds, Eduard d. Bekenner, 1042 einvernehml. zum K. erhoben. Nicht die Herrschaft des Wikingers Knut, die als Friedenszeit erinnert wurde, sondern die Eduards mit seinem großen norm. Gefolge galt ags. Großen als Fremdherrschaft, gegen die sie sich unter der Führung Godwins und seiner Söhne 1051 erhoben. Gegen die vom kinderlosen Eduard betriebene K.snachfolge des Normannenhzg.s Wilhelm wurde Godwins Sohn Harald beim Tode Eduards 1066 zum K. gewählt. Er führte den ags. Widerstand bis zu seiner Niederlage in der Schlacht b. →Hastings.

H. Vollrath

II. Von der Normannischen Eroberung (1066) bis zum Ende des Mittelalters: K. Wilhelm I. gründete seine Herrschaft über das Ags. Reich u. a. auf Verwandtschaft mit Eduard d. Bekenner, eine Designation durch diesen, die K.sweihe, aber auch auf ein Recht der Eroberung. Die verschiedenen »Rechtstitel« wurden zum Aufbau einer starken Monarchie genutzt. Der gesamte Boden war (großenteils an Vasallen ausgegebenes) Eigentum der Krone. Etwa ein Fünftel des Grundbesitzes verblieb unmittelbar in der Hand des K.s. Seine Stellung beruhte auf einer theokrat. und einer feudalen Komponente. Als Stellvertreter Christi und Herrscher von Gottes Gnaden war er seinem Anspruch nach alleiniger Wahrer des Friedens (king's peace) und im Grunde unbeschränkter, wenn auch durch den Krönungseid an das Recht gebundener Gesetzgeber. Der gesalbte Herrscher galt als unverletzl. und nicht richtbar. Als oberster Lehnsherr stand er zu den Vasallen in einem beide Seiten verpflichtenden Verhältnis. Das Lehnswesen war dabei zentripetal ausgerichtet und betonte die Rechte des K.s. Dieser galt als dominus ligius sowohl der Kron- wie der Untervasallen. Im Kriegsfall trat er an die Spitze des Feudalheeres. Die Thronfolge fußte auf erb- und geblütsrechtl. Vorstellungen, weniger auf einem Wahlrecht des Adels. Der K. sollte vornehml. von den Erträgen des Kronguts leben, verfügte jedoch auch über Lehnsgefälle, Einkünfte aus dem Spolien- und Regalienrecht und diverse Steuereinnahmen. Das »angevinische« Kgtm. (seit Heinrich II.) fügte England in einen weitgespannten westeurop. Territorialkomplex ein; im

Inneren wurden Reichsverwaltung und kgl. Gerichtsbarkeit ausgebaut. Die K.e des 13.Jh. stießen vielfach auf Oppositionsbewegungen des Adels (Johann Ohneland, Heinrich III.), doch konnten auch Reformgesetze (Eduard I.) zur Stärkung der Monarchie erlassen werden. Für die folgenden Jahrhunderte ist ein Dualismus zw. der Krone und dem neuentstandenen →Parliament charakteristisch. Nach einer Krise unter Eduard II. konnte Eduard III. durch militär. Erfolge über Frankreich (→Hundertjähriger Krieg) das Ansehen des Kgtm.s wiederherstellen. Er fand »nationale« Unterstützung im Bürgertum. Der Versuch Richards II., »absolutistisch« zu regieren, scheiterte. Heinrich V. v. Lancaster erneuerte erfolgreich den Krieg in Frankreich. Dann brachte die Regierung des unfähigen Heinrich VI. eine Schwächung des Kgtm.s, die sich in den →Rosenkriegen fortsetzte. Eduard IV. aus dem Hause York erreichte eine gewisse Konsolidierung, deren Erben die Tudors wurden. Im 14./15.Jh. stützten sich die K.e immer weniger auf das in Auflösung geratene Lehnswesen, an dessen Stelle ein →Bastard Feudalism hervortrat. Obwohl aus dem kgl. Hofhalt verschiedene Behörden hervorgingen, wurde die Bindung der »Beamten« an den Herrscher grundsätzl. gewahrt. Die oberste Gerichtsbarkeit lag weiterhin beim »König im Rat« und konnte mittels Petitionen in Anspruch genommen werden. In der spätma. Staatslehre bereitete sich die (später von den Tudor-Juristen voll ausgebildete) Unterscheidung von »zwei Naturen« im K. vor, dem (sterbl.) *body natural* und dem *body politic,* in dem das bleibende Kgtm. verkörpert sein sollte. K. Schnith

Lit.: zu [I]: H. R. LOYN, The Governance of Anglo-Saxon England 500–1087, 1984 – S. KEYNES, A Tale of two Kings..., TRHS, 5th ser. 36, 1986, 195–217 – The Origins of Anglo-Saxon Kingdoms, hg. ST. BASSET, 1989 – K. F. KRIEGER, Gesch. Englands, 1990 – zu [II]: HEG II, 778–862 [K. SCHNITH] – E. H. KANTOROWICZ, The King's Two Bodies, 1957 – W. ULLMANN, Principles of Government and Politics in the MA, 1961 – J. E. A. JOLLIFFE, Angevin. Kingship, 1963² – W. ULLMANN, Papst und K., 1966 – P. E. SCHRAMM, Gesch. des engl. Kgtm.s im Lichte der Krönung, 1970² – M. T. CLANCHY, England and its Rulers 1066–1272, 1983 – K. KLUXEN, Engl. Verfassungsgesch.: MA, 1987 – →England.

F. Iberische Halbinsel

Im westgot. Spanien war der Herrscher ein K. seines Volkes (rex gothorum), übte aber zugleich die kgl. Befehlsgewalt über die ganze Bevölkerung und das Reich aus. Das span.-got. Kgtm. entwickelte jedoch gleichzeitig im 7.Jh. eine auf moral. Normen beruhende kirchl. Legitimationstheorie der K.sgewalt, die von →Isidor v. Sevilla und den Konzilien v. →Toldeo verkündet wurde. Sie nahm die Doktrin vom göttl. Ursprung der K.sgewalt wieder auf, die in den folgenden Jahrhunderten (»rex gratia Dei«-Formel) ebenso fortbestand wie das Bild vom »rex vicarius Dei«, der über die Volksgenossen gesetzt ist, um in weltl. Angelegenheiten die Aufrechterhaltung von Gerechtigkeit und Wahrheit zu garantieren (Alfons X., Partidas II, 1, 5), oder das Bild vom K. als Haupt des Gemeinwesens, als Abbild der Beziehung Christi zu seinem myst. Leib, der Kirche. Andere spätma. Autoren stellen das Reich Gottes als »polit. Archetypus« dar oder den K. als Erfüller tausendjähriger Prophetien. Die kgl. »potestas« ist ein polit.-weltl. Amt, impliziert aber zugleich religiöse und moral. Ziele. Durch die Verteidigung des Glaubens stärkt der K. (rex christianissimus seit 1496 die Reyes Católicos), seitdem der Kampf gegen den Islam als Kreuzzug gilt (Ende 11.Jh.), seine Macht und ist zudem Schutzherr der durch ihn wiedereingesetzten Kirche. Daß der Tyrann oder der rex inutilis außerhalb des Gesetzes steht, wird auch mit religiösen Argumenten begründet (Partidas II, 1, 10; Aufstände gegen Peter I. und Heinrich IV. v. Kastilien). In Navarra und Aragón-Katalonien gewann die Vorstellung vom Bestehen eines Vertrages zw. dem K. und den polit.gesellschaftl. Kräften an Raum, in Kastilien-León blieben die kgl. Vorrechte bestehen, und die K.sgewalt erfuhr durch die Entwicklung einer span. Ks.idee wie auch durch die im 12.Jh. gebrauchten Begriffe der »regia maiestas« und der »plenitudo potestatis« eine Stärkung. Seit der Zeit Alfons' X. (1252–84) fanden die polit. Theorien der röm. Rechtsgelehrten in Kastilien Verbreitung: die Vorstellung von einer res publica, von der Suprematie des K.s *(mayoría de justicia)* und bereits im 15.Jh. in bes. Fällen von der Souveränität und absoluten Macht des Kgtm.s. Zudem entwickelte sich das Gefühl einer natürl. Zusammengehörigkeit *(naturaleza)* aller Bewohner eines Reiches und ihres natürl. Herrn, des K.s. Während Kastilien so auf eine absolutist. Form des modernen Staates zusteuerte, konsolidierten sich in Navarra und Aragón paktist. Tendenzen, die das Kgtm.-Reich als Vertrag verstanden, wobei die »sociedad política« durch die Cortes und eine größere Selbständigkeit der einzelnen Herrschaften und Städte eine gewisse Kontrolle über die K.sgewalt ausübte. So war die Beziehung der polit. Kräfte zueinander, obgleich es überall einige gemeinsame ideolog. Grundlagen und analoge Verfassungsentwicklungen gab, in den einzelnen Reichen unterschiedl., und die Kath. K.e (1474–1504) mußten zwei verschiedene Modelle der K.sgewalt miteinander vereinbaren.

Die Insignien des Kgtm.s waren germ. Ursprungs (Speer und Fahne oder *bandwa* 'Banner'), leiteten sich von der durch Leowigild initiierten imitatio Imperii (Krone, Zepter, Purpurmantel, Thron und, in Aragón und Navarra, goldener Reichsapfel) her oder gaben die kgl. Heraldik wieder (Burgen und Löwen im Geviert, katal. Balken und navarres. Ketten, seit dem 13.Jh.). Die nicht kontinuierl. Führung des Ks.titels durch das leones. Kgtm. vom 10. bis zum 12.Jh. war Ausdruck eines span. Zusammengehörigkeitsgefühls auf kultureller Ebene in neogoticist. Sinn.

Die Westgoten ersetzten die Schilderhebung des neuen Königs im 7.Jh. durch Salbung und Krönung. Nach Alfons VII. wurden die K.e in Kastilien-León nur noch selten gesalbt. Der Tod ihres Vorgängers, die Akklamation und die Entgegennahme der Lehnshuldigungen bestimmte ihr Kgtm.; die feierl. Krönung erfolgte später und durchaus nicht immer (Sancho IV., Alfons XI. 1332, Johann I.). In Aragón kam es in der Zeit zw. Peter II. (1204) und Peter IV. (1353) prakt. immer zu einer Krönung. Letzterer fügte in seine *Ordinacions* (1353) ein Zeremoniell ein, bei dem die Machtfülle des K.s durch den Akt der Selbstkrönung deutlich wurde. In Navarra wurden die K. auf den Schild gehoben. Seit Alfons II. pflegte der K. einen Eid auf die Gesetze abzulegen, in Navarra ging dieser seit 1234 der Schilderhebung voraus. Die Westgoten hatten ein Wahlkgtm., wobei man häufig am K.shaus festhielt oder ihm nahe stehende Personen wählte. Das IV. Konzil v. Toledo (633) legte die Wahlberechtigung der Adligen *(primates)* und der Bf.e fest. In Asturien setzte sich die Erbfolge durch, obwohl es bis gegen Ende des 10.Jh. Wahlformalitäten gab. In Kastilien-León designierte seit Ferdinand I. der K. seinen Nachfolger, normalerweise seinen Erstgeborenen. Alfons X. (Partidas II, 15, 2) regelte das Nachfolgerecht, aber seine Vorstellung eines Repräsentationsrechts fand keinen Anklang. In Navarra dagegen wurde dieses Recht in den »Fuero General« aufgenommen. Das Lehnsrecht bestimmte in Katalonien die männl. Nachfolge mit Vorrang des Erstgeborenen. Waren keine männl. Erben vorhanden, so konnten in Kastilien die Frauen die volle Regierungsgewalt ausüben, in Navarra waren sie der Vormundschaft ihres Gatten unterstellt, in Aragón konnten sie einzig ihr Recht auf den Thron weitergeben. In Ausnahmefällen fiel das Recht der K.swahl an das Reich zurück (»Fuero General de Navarra«) oder man appellierte an Schiedsrichter, die jene Person der K.sfamilie bestimmen sollten, die den besten Rechtsanspruch hatte (Kompromiß von →Caspe 1412 in Aragón). Im SpätMA sah man die Vereinigung verschiedener Reiche zu einer Krone bereits als unauflösl. an: so seit Alfons X. in Kastilien-León, seit Jakob II. (1319) in Aragón, und nur wenig später räumte man dem Thronerben größere Rechte ein: in Aragón-Katalonien wurde er Hzg. v. Gerona (1351), in Kastilien Príncipe de Asturias (1388), in Navarra Príncipe de Viana (1423).

M.-A. Ladero Quesada

Lit.: R. Menéndez Pidal, El Imperio hispánico y los Cinco reinos, 1950 – P. E. Schramm, Las insignias de la realeza en la Edad Media española, 1960 – J. Orlandis, El poder real y la sucesión al trono en la Monarquía visigoda, Estudios Visigodos 3, 1962, 57–102 – C. Sánchez-Albornoz, La sucesión al trono en los reinos de León y Castilla, Estudios sobre las instituciones medievales españolas, 1965, 639–704 – A. García Gallo, El derecho de sucesión del trono en la Corona de Aragón, AHDE, 1966, 5–187 – A. Barbero de Aguilera, El pensamiento político visigodo..., Hispania 30, 1970, 245–326 – J. M. Lacarra, El juramento de los reyes de Navarra (1234–1329), 1972 – B. Palacios Martín, La coronación de los reyes de Aragón, 1204–1410, 1975 – J. L. Bermejo, Derecho y pensamiento político en la literatura española, 1980 – J. M. Nieto Soria, Fundamentos ideológicos del poder real en Castilla (siglos XIII–XVI), 1988.

G. Skandinavien

Über die K.sinstitution in den skand. Reichen läßt sich vor den definitiven Reichsbildungen und der Christianisierung nichts näheres sagen. Für Dänemark lassen die Q. keine Rückschlüsse auf eventuelle Sakralfunktionen des heidn. Kgtm.s zu, für Schweden und Norwegen nur, wenn man die Nachrichten der um 1230 verfaßten Ynglingasaga →Snorri Sturlusons als hist. anerkennt. Zugehörigkeit zum Herrschergeschlecht und persönl. Idoneität waren Voraussetzungen für den Thronprätendenten, der bei der Konungstekja (K.sannahme) die auf dem Thing Versammelten um die Annahme bat. Bei seiner Anerkennung wurden ihm Land und Pegnar (freie Untertanen) durch Urteil zugesprochen. Er mußte die Einhaltung der Gesetze versprechen und empfing dafür den Treueid des Volkes. Die Huldigung auf dem Thing (das bedeutendste war seit 1260 das Øyrathing b. Drontheim) war die entscheidende Rechtshandlung. Nach dem Gesetz v. 1163 sollte die Konungstekja durch eine Reichsversammlung erfolgen, auf der aus jedem Bm. ein Bf. und zwölf von diesem gewählte Repräsentanten anwesend waren. Während des erbl. Kgtm.s (um 1200–1450) war die Konungstekja nur eine Huldigung. Nach dem Gesetz v. 1273 mußte die K.swahl vor der Reichsversammlung vorgenommen werden, wenn keine erbberechtigten Mitglieder der K.sfamilie vorhanden waren, auch übertrug sie den männl. Nachkommen der weibl. Linien das Erbrecht, das von dem Thronfolgegesetz v. 1302 auf die weibl. Mitglieder der K.sdynastie ausgedehnt wurde. 1319–1450 wurden in der Regel Reichsversammlungen zur Huldigung des neuen K.s abgehalten, doch hatte diejenige von 1344 eher den Charakter einer Ständeversammlung. Allmähl. übernahm der Reichsrat das Wahlrecht, das 1450 rechtl. anerkannt wurde. In Schweden, wo der K. zunächst auf der Moraer Wiese (Mora Äng, in der Nähe von Uppsala) zum K. proklamiert wurde, stellte beim Umritt (Eriksgata), der einer bestimmten Route folgte, jede Landschaft dem K. Geiseln, um den benachbarten Landschaften die Rechtmäßigkeit des K.s zu dokumentieren. Der K. mußte auf jedem Thing seine Treue zum Volk und die Einhaltung der Gesetze beschwören und empfing dafür den Treueid des Volkes. Im 14. Jh. sollten zwölf Repräsentanten der Landschaften, durch die der Umritt führte, die K.swahl auf der Mora Äng vollziehen, der Umritt mußte jedoch weiterhin durchgeführt werden (1335 erstmals dokumentiert). Auch der dän. K. wurde auf den Landsthingen (1423 versuchte man, die Reihenfolge Viborg-Lund-Ringsted festzulegen) aus dem Kreis der erbberechtigten Mitglieder der K.sdynastie gewählt. Im 13. und 14. Jh. (zuletzt 1376) wurde eine Vorwahl bereits von der Reichsversammlung (meliores regni, Parlament, →Danehof) getroffen, seit dem 15. Jh. dann vor dem Reichsrat. Mit Reichsrat und Reichsversammlung mußte sich der Thronprätendent einigen. Die Einigungen von 1320, 1326, 1376 und seit 1448 fanden ihren Ausdruck in →Wahlkapitulationen (Håndfæstninger, 'Handfesten'). In den drei skand. Reichen wurde die Wahl durch die kirchl. Krönung bestätigt, bei der der K. versprach, die Gesetze des Reiches einzuhalten und die Kirche zu schützen etc. Die erste Krönung ist in Norwegen 1163 belegt, in Dänemark 1170, in Schweden 1210. Sowohl in Schweden als auch in Dänemark (wahrscheinl. auch in Norwegen) wurde wohl der sog. Mainzer Krönungsordo angewendet. Krönungsort war in Norwegen ursprgl. →Bergen, seit 1299 →Drontheim (Christoph III. und Christian II. wurden in Oslo gekrönt), in Dänemark im 13. Jh. →Lund, seit 1448 →Kopenhagen, in Schweden wechselte der Krönungsort häufig. Krönungsinsignien waren in Schweden: Krone, Zepter, Reichsapfel (alle 1311), Schwert (1455); diese Insignien werden auch in Dänemark genannt; in Norwegen erscheinen 1247: Krone, Goldring, zwei silberne Zepter mit goldenem Kreuz bzw. goldenem Adler, Krönungsmantel, aber kein Reichsapfel, außerdem wohl die Axt als Attribut des hl. →Olaf. In den skand. Reichen wurde im Laufe des 12. Jh. die Devotionsformel dem K.stitel angefügt. 1163 wurde der norw. K. als Vasall des hl. Olaf, dem rex perpetuus Norvegiae, angesehen. Die Stärkung der kgl. Herrschaft seit Ende des 12. Jh. zeigt sich im »Konungs skuggsiá« (→Fürstenspiegel, B.IV) aus der Mitte des 13. Jh., nach der Bf. und K. je ein Schwert von Gott erhalten haben. In Dänemark wandelte sich mit der Alleinherrschaft Waldemars I. (1157) und deren Konsolidierung unter seinen Söhnen der ideolog. Anspruch des imitatio imperatoris in den der imitatio Christi. Der schwed. K.sspiegel »Um styrilsi kununga ok høfdinga« (→Fürstenspiegel, B.IV) zieht gegenüber dem herkömml. Wahlkgtm. das kgl. Erbrecht vor. Die Gesetzgebung wurde seit etwa 1200 von den schwed. K.en beansprucht und ausgeübt. In Dänemark und Norwegen erfolgte sie seit Mitte des 12. Jh. in Zusammenarbeit zw. K. und den Großen des Reiches oder dem Rat. Eine bes. Gerichtsbarkeit galt seit Anfang des 13. Jh. für die kgl. Gefolgschaft (→hird) in Norwegen und seit Mitte des 12. Jh. in Dänemark. Ein bes. K.sgericht entstand in Schweden um 1200, in Dänemark im Laufe des 13. Jh. Die wirtschaftl. Grundlage der K.smacht waren die Einkünfte aus den Domänen und aus den Regalien.

Th. Riis

Lit.: KL IV, 22–28; IX, 1–72, 90–97, 497–502; XI, 260–263 – P. J. Jørgensen, Dansk Retshistorie, 1947² – S. Carlsson-J. Rosén, Svensk Hist. I, 1962³ – K. Helle, Konge og gode menn i norsk riksstyring ca. 1150–1319, 1972 – E. Hoffmann, K.serhebung und Thronfolgeordnung in Dänemark bis zum Ausgang des MA (Beitr.

zur Gesch. und Q.kunde des MA 5, 1976) – TH. RIIS, Les institutions politiques centrales du Danemark 1000–1332, 1977 [Lit.].

H. Böhmen

Nachdem Svatopluk im 9. Jh. in Altmähren für kurze Zeit den K.stitel geführt hatte, erhielt Hzg. Vratislav II. (1061–92) 1085 den K.stitel ad personam von Ks. Heinrich IV. Friedrich Barbarossa krönte Vladislav II. (1140–72) zum K., und schließlich erwarb Přemysl Otokar I. 1198 die erbl. K.swürde. Die Přemisliden des 13. Jh. bauten den zentralisierten böhm. Staat aus und expandierten auch in die sog. Nebenländer. Nach dem Aussterben dieser Dynastie setzte ein zeitweiliger Verfall der kgl. Machtstellung bis zu Johann v. Luxemburg ein, der im Kampf mit dem heim. Adel unterlag. Karl IV. gelang die Restitution der K.smacht, bes. in Verbindung mit der Würde des röm. K.s bzw. Ks.s (→Goldene Bulle, →Maiestas Carolina). Dagegen wurde die Zentralmacht unter Wenzel IV. geschwächt, v. a. nach seiner Absetzung im Reich und infolge der Hussitenbewegung (→Hussiten). Sigmund konnte die Anerkennung als Nachfolger Wenzels nicht erlangen, und sowohl seine Anhänger, die in Mähren und in den übrigen Nebenländern das Übergewicht hatten, als auch hussit. Fraktionen teilten sich in der Folgezeit die Herrschaft. 1423 wurde Albrecht v. Habsburg mit Mähren belehnt. Eine kurzfristige Restitution der K.smacht gelang Sigmund 1437. Nach der Reichsverweserschaft für →Ladislaus Postumus und nach dessen Tod (1457) wurde der Gubernator →Georg v. Podiebrad 1458 K., dem jedoch in den sog. Nebenländern der ung. K. Matthias Corvinus als Gegenk. gegenüberstand. Vladislav II. Jagiello, der zunächst nur in Böhmen seine K.swürde wahren konnte, wurde nach dem Tod von Matthias Corvinus 1490 auch K. v. Ungarn. Er schenkte künftig den böhm. Angelegenheiten wenig Aufmerksamkeit: der Verfall der kgl. Macht in Böhmen hatte seinen Höhepunkt erreicht.

Lit.: →Böhmen; →Lit. zu den einzelnen K.en. I. Hlaváček

I. Polen

Der poln. Begriff *król* (von slav. **korlj*, kirchenslav. *kral*) für K. wurde von west- und südslav. Herrschern seit dem 9./10. Jh. von Karl d. Gr. abgeleitet. Nach der unvollständigen Krönung in Gnesen (1000) durch Ks. Otto III. ließen sich →Bolesław Chrobry 1025 und nach seinem Tod sein Sohn →Mieszko II. krönen. →Bezprym sandte nach Mieszkos Sturz 1031 die Krönungsinsignien an Ks. Konrad II. Bolesław II. Śmiały erhielt 1076 die Krone. Die Krönungen bestätigten die Stellung des Herrschers gegenüber jüngeren Mitgliedern der Dynastie und dem Adel sowie die Unabhängigkeit von Dt. Reich. Als nach der Vertreibung von Bolesław II. (1079) die poln. Hzg.e nicht mehr zum Kg. gekrönt wurden, behielt das Land weiterhin die Bezeichnung *regnum*, und der hohe Klerus verwahrte die Insignien (Krone, Zepter, Lanze) seit 1253 in der Schatzkammer des Doms zu →Krakau (urbs et sedes regia). Das Kgtm. wurde 1295 von Przemysł II., Hzg. v. Großpolen, erneuert, sein Nachfolger Wenzel II. v. Böhmen wurde 1300 zum Kg. v. Polen in Gnesen gekrönt. Nach dem Tod von dessen ungekröntem Sohn Wenzel III. (1306) erhielt Władysław Łokietek 1320 in Krakau die Krone, wo künftig die poln. Kg.e vom Ebf. v. Gnesen gekrönt und gesalbt wurden. Seit Przemysł II. war das Wappenzeichen des Kgtm.s ein weißer, goldgekrönter →Adler. Der Krönungsordo wurde zunächst aus dem Pontificale Romano-Germanicum übernommen, dann folgte seit der Mitte des 15. Jh. der böhm. Ordo nach engl. Vorbild. Zu den Insignien gehörten: Krone (1320 angefertigt), Zepter, Reichsapfel, Schwert (Szczerbiec, aus dem 13. Jh.). Dem die ehemaligen poln. Hzm.er umfassenden »regnum Poloniae«-Begriff folgte in der Mitte des 14. Jh. der Begriff der →»corona regni Poloniae«, der auch die Lehen einschloß. Von 1386 (Władysław Jagiełło) bis 1572 (Aussterben des Jagiellonengeschlechts) war Polen eine Wahlmonarchie, wo die Kg.e aus den Dynastiemitgliedern vom Adel gewählt wurden. A. Gieysztor

Lit.: G. LABUDA, Rozpowszechnienie tytułu króla wśród Słowian zachodnych, Wieki średnie, 1962, 57–81 – J. BARDACH, Hist. państwa i prawa I, 1964, 121f., 242f., 379f., 436f. – F. SŁAWSKI, Słownik etymologiczny języka polskiego III, 1966–69, 153f. – P. E. SCHRAMM, Ks., Kg.e und Päpste, IV, 2, 1971, 570–605.

J. Ungarn

Nachdem bereits die Großfs.en der Arpadensippe im späten 9. Jh. eine monarch. Stellung erlangt hatten, konnte das durch die Krönung Stefans I. (1000–38) erhöhte, nunmehr christl. Kgtm., in Zusammenarbeit mit der Kirche eine starke Zentralmacht ausbauen. Obwohl die Konflikte um die Nachfolge wegen des Senioratsprinzips erst um 1200 zugunsten der Primogenitur beendet werden konnten, war die Position der Herrscher im wesentl. unerschüttert. Jüngere K.sbrüder konnten meist mit dem Hzg.stitel, der mit der Herrschaft über einen bedeutenden Teil des Landes verbunden war, abgefunden werden. Otto v. Freising beschrieb die Macht des K.s als unbegrenzt (Gesta Fred. lib. I, cap. 32). Erst als umfangreiche Schenkungen das K.sgut verminderten und der Zerfall der Burgenverfassung die traditionellen Grundlagen des K.s untergrub, gelang es den Großen, die K.smacht zu beschränken. Die Rekuperation des Krongutes und der K.smacht unter Béla IV. (1235–70) wurde durch den Mongoleneinfall 1241 vereitelt. Danach gewannen die Großgrundbesitzer rasch an Macht, so daß sie unter den letzten Arpaden (nach 1272) zu Duodezfs.en aufstiegen und das Kgtm. in Frage stellen konnten. Um 1290 gab es auch einige frühe, kurzlebige Versuche, der K. eine ständ. Versammlung gegenüberzustellen. Nachdem das auf das Erlöschen der Gründerdynastie folgende Interregnum zugunsten der siz. Anjou beendet worden war, konnten Karl I. (1308–42) und Ludwig I. (1342–82) dem Kgtm. mit Hilfe einer neuen Aristokratie, einer reformierten Heeresverfassung (→Banderien) und erweiterter Regalieneinkünfte wieder eine nie mehr erreichte Machtfülle verleihen. Die Ereignisse nach 1301 dokumentierten auch die außerordentl. Bedeutung der Herrschaftssymbole (Stephanskrone), die bis zum Ende des Kgtm.s erhalten blieb. K. Sigmund (1387–1437) war anfangs den ihn »wählenden« Baronen ausgeliefert, doch nach etwa 1403 übte die monarch. Regierung, wenn auch oft durch den K. ergebene Magnaten, wieder die Macht in Ungarn aus. Erst nach 1439 – und noch mehr im Interregnum 1444–53 – verlor das Kgtm., zusammen mit den letzten Resten des Krongutes, seine Vormachtstellung, die in die Hände der auf die adlige *dieta* (Reichstag) beherrschenden Barone überging. Seit der Berufung Sigmunds zum K. gewann das Wahlprinzip an Geltung, und die Verpflichtung des »gewählten« Herrschers, eine Wahlkapitulation zu erlassen, wurde zur festen Tradition. Diese Entwicklung konnte auch der mit großer »nationaler« Begeisterung gewählte Matthias I. Corvinus (1458–90) nicht aufhalten, dem es nicht gelang, die polit. Entscheidungsbefugnis und die Verwaltung der Aristokratie zu entziehen. Nach seinem Tod schritten Verarmung und Machtverfall des Kgtm.s voran, was schließlich auch zur Niederlage bei Mohács beigetragen haben dürfte. J. M. Bak

Lit.: P. v. VÁCZY, Die erste Epoche des ung. Kgtm.s, 1935 – J. M. BAK, Kgtm. und Stände in Ungarn im 14.–16. Jh., 1973 – J. GERICS, Über das

Rechtsleben Ungarns um die Wende des 13.–14. Jh. (Annales Universitatis Scientiarum Budapestiensis de R. Eötvös nominatae: Sectio hist. 17, 1976), 45–80 – E. Fügedi, Coronation in Medieval Hungary (Stud. in Medieval and Renaissance Hist. NS 3, 1980), 157–189 – J. M. Bak, Monarchie im Wellental (Das spätma. Kgtm. im europ. Vergleich, hg. R. Schneider, VuF 32, 1987) – E. Mályusz, Ks. Sigismund in Ungarn 1387–1437, 1989.

K. Südosteuropa

Im südslav. Raum fand der Titel *kralj* 'König' (abgeleitet von ahd. 'Karl' mit Bezug auf Karl d. Gr.) zuerst bei den Kroaten Verwendung, für deren Herrscher seit Tomislav (ca. 910–928) in einigen lat. Q. die Intitulatio 'rex' belegt ist. Der Titel »K. v. Kroatien« ging bei der Personalunion mit Ungarn um 1100 auf die →Arpaden über. Auch die Herrscher v. Duklja (→Zeta) führten seit Michael (1077–81) den K.stitel. Die serb. Herrscher aus dem Haus der →Nemandjiden führten den Titel seit Stefan d. Erstgekrönten, der 1217 von Papst Honorius III. die K.skrone erhielt. Bei den Nemandjiden wurde es bald üblich, daß der älteste Herrschersohn den ihn zugleich als Nachfolger kennzeichnenden Titel *mladi kralj* 'junger K.' erhielt. Als Stefan Dušan (1331–55) 1346 den Zarentitel annahm, wurde sein Sohn Uroš zum K. und Mitherrscher gekrönt, der wiederum als Zar den Magnaten Vukašin um 1365 zum kralj und Mitherrscher erhob. Dessen Sohn und Nachfolger Marko (1371–95) bezeichnete sich als kralj. Im Übernahme der staatsrechtl. Tradition Serbiens ließ sich Tvrtko v. Bosnien 1377 im Kl. Mileševa zum K. krönen. Der Titel blieb in Bosnien bis zum Beginn der osman. Herrschaft (1464) in Gebrauch. B. Ferjančić

Lit.: Jireček I–II – T. Taranovski, Isrorija srpskog prava u nemanjičkoj državi, 1931 – M. Ivković, Ustanova mladog kralja u sredujovekovnoj Srbiji, Ist. Glasnik 3–4, 1957, 59–80 – I. Beuc, Povijest institucija državne vlasti kraljevine Hrvatske, Slavonije i Dalmacije, 1985.

L. Jerusalem

Das Kgtm. v. →Jerusalem wurde 1100, mit der Annahme der Krone durch →Balduin I., begründet. Erfolgte dies mit päpstl. Approbation, so waren die K.e v. J. doch nie Vasallen des Papstes. Trotz der mögl. Anerkennung einer byz. Oberhoheit durch K. Amalrich und einer gewissen Beeinflussung der Insignien durch das byz. Vorbild blieb J. auch gegenüber dem Byz. Reich fakt. souverän. Die Erblichkeit der Krone wurde in der Praxis nicht immer strikt beachtet (Balduin II., 1118; Hugo I., 1269); sie führte dazu, daß das Kgr. zeitweilig an weibl. Nachkommen kam oder aber an auswärtige Herrscher, die ihre Regenten oder Statthalter einsetzten. In solchen Perioden wurde die Macht der feudalen Aristokratie des Kgr.es gestärkt. Polit. Diskussionen um Stellung und Rechte der K.s führten zur Ausbildung einer bemerkenswerten Schule der Jurisprudenz. Nach der Auffassung dieser 'baronialen' Rechtsgelehrten ging das Kgtm. in J. auf einen Herrschaftsvertrag zw. K. und Vasallen zurück. Dem K. wurden in der Theorie Souveränität und Regalienrechte weithin bestritten, seine Rolle auf die eines 'chef seigneur', der streng an seine Vertragspflichten gebunden sei, eingeengt. Dieses Bild entsprach auch eher dem Wunschdenken der feudalen Aristokratie als der Realität. Das Kgr. J. war in der Tat in einzelne Feudalherrschaften zersplittert, und außerhalb der Krondomäne bestanden keine kgl. Gerichtshöfe. Die kgl. Zentralinstitutionen entwickelten sich vergleichsweise schwach. Andererseits hatte das sich auf den Davidsthron zurückführende Kgtm. ein starkes Ansehen, und die frühen K.e verstanden es, durch ihre energ. Politik gegenüber Adel und Kirche die feudalen Strukturen zu ihren Gunsten zu nutzen und Verfügungsgewalt über die Kirche zu erlangen. Mindestens bis ins spätere 13. Jh. war die Krone reicher als ihre Vasallen, namentl. auch durch stadtherrl. Patronatsrechte (fiskal. Nutzung der Häfen).

J. Riley-Smith

Lit.: H. E. Mayer, Das Pontifikale v. Tyrus und die Krönung der lat. K.e v. J., DOP 21, 1967 – J. Prawer, Hist. du royaume latin de J., 1969f. – Ders., The Latin Kingdom of J., 1972 – H. E. Mayer, Stud. on the Hist. of Queen Melisende of Jerusalem, DOP 26, 1972 – J. S. C. Riley-Smith, The Feudal Nobility and the Kingdom of J., 1973 – P. W. Edbury, Feudal Obligations in the Latin East, Byzantion 47, 1977 – R. C. Smail, The Internat. Status of the Latin Kingdom of J. (The Eastern Mediterranean Lands..., hg. P. M. Holt, 1977) – J. Prawer, Crusader Institutions, 1980 – H. E. Mayer, Mél sur l'hist. du royaume de J., Mém. de l'Acad. des Insprictions et Belles-Lettres NS 5, 1984 – Ders., Gesch. der Kreuzzüge, 1985⁶ – S. Tibble, Monarchy and Lordships in the Latin Kingdom of J., 1989 – M. Rheinheimer, Das Kreuzfahrerfsm. Galiläa, 1990.

König Rother, einer der ersten mhd. Texte (um 1160), der einen mündl.-profanen Stoff (den auch die Osantrix-Erzählung der Thidrekssaga benutzt) literarisiert. Die Entstehungsgesch. des K.R. ist nicht sicher rekonstruierbar. Verarbeitet sind hist. Reminiszenzen (u. a. die langob. Kg.e Authari und Rothari) sowie Anleihen aus der Heldensage; prägender ist aber das in verdoppelter Form benutzte 'Brautwerbungsschema' (→Brautwerberepos): Der weström. Kg. Rother wirbt um die Tochter des byz. Herrschers Konstantin, der das Gesuch ablehnt. Eine erste Werbungsfahrt mißlingt, da Konstantin seine nach Italien entführte Tochter rückentführen läßt. Eine zweite Fahrt sichert den endgültigen Erfolg, der primär Rothers Vasallen zu danken ist, die ein großes Heidenheer besiegen. Zurück in Italien, gebiert Rothers Gattin einen Thronfolger (Pippin, den Vater Karls d. Gr.). Als Pippin volljährig wird, tritt Rother in ein Kl. ein. Trotz geistl. Einflüsse im zweiten Teil (Kreuzzugsmotiv, Kl.eintritt etc.) ist der K.R. von Herrschafts- und Reichsthematik bestimmt. In Rother und seinen Vasallen wird das idealisierte Modell eines von Treue, Kooperativität und Interessenausgleich getragenen feudalen Personenverbandes präsentiert; die tyrann. Herrschaft Konstantins dient als (unterlegenes) Gegenmodell. Die Dichtung zeigt antibyz. Tendenzen und versucht, offenbar aktuelle Spannungen zw. Staufern und Komnenen aufgreifend, ep. die Überlegenheit des weström. Herrschers über seinen oström. Konkurrenten zu demonstrieren. Der anonyme Rother-Dichter war vermutl. ein mittel- (oder nieder-?)frk. Kleriker, der für ein bayer. Publikum schrieb; darauf deuten der eigentüml. Dialektmischung der einzigen vollständigen Hs. (neben vier Frgm.en) wie Anspielungen auf bayer. Adelsschlechter. Eine sichere Identifikation der Auftraggeber – erwogen wurden u. a. Tengelinger (Urbanek, Meves) und Welfen (Bumke) – ist bislang nicht gelungen.

A. Otterbein

Ed.: K. R., ed. Th. Frings – J. Kuhnt, 1922 – Rother, ed. J. de Vries, 1922, 1974² – K.R., übers. G. Kramer, 1961 – Lit.: Verf.-Lex.² V, 82–94 [H. Szklenar, Lit.] – M. Curschmann, Spielmannsepik, 1968 – U. Meves, Stud. zu K.R., Hzg. Ernst und Grauer Rock, 1976 – F. Urbanek, Ks., Gf.en und Mäzene im K.R., 1976 – Spielmannsepik, hg. W. J. Schröder, 1977 – J. Bumke, Mäzene im MA, 1979, 91–96 – D. Neuendorf, Stud. zur Entwicklung der Herrscherdarstellung..., 1982 – P. K. Stein, Do newistich weiz hette getan... (Fschr. I. Reiffenstein, 1988), 309–338 [Lit.].

Könige, hl. drei → Drei Könige, hl.

Königgrätz (ursprgl. Hradec, H. Králové), Name vom zeitweiligen Status der Stadt als Leibgedinge der böhm. Kgn., am frühesten belegte Stadt Böhmens (1225); als Burgwallsiedlung, später Burg, seit dem 10. Jh. sicher bezeugt. Für die Stadt mit →Magdeburger Recht sind schon seit dem 13. Jh. u. a. vier Kl. (Dominikaner, Dominikanerinnen, Minoriten, Deutschherren), eine städt. und vier vorstädt. Pfarrkirchen sowie der Sitz des Erzdiakonats und ein Dekanat belegt; in vorhussit. Zeit rund 5000 Einw., überwiegend tschech. Herkunft. Während der Hussitenbewegung eine der wichtigsten Stützen der Hussiten unter dem Priester Ambros († 1439), dann Hauptsitz der →Orebiten, war K. auch im 15. Jh. eine der größten und einflußreichsten Städte des Landes. I. Hlaváček

Q. und Lit.: Cod. iuris municipalis regni Bohemiae II, hg. J. ČELAKOVSKY, 1895 – P. BĚLINA, Ze správní a hospodářské agendy města Hradce Králové ve 14. a na poč. 15. stol., Sborník archiv. prací 23, 1973, 156–191 – DERS., Místopisný obraz Hradce Králové v době předhusitské, Historická geografie 21, 1983, 315–335.

Königgrätzer Handschrift (Hradecký rukopis), bekanntester Sammelbd. bedeutsamer alttschech. versifizierter Denkmäler aus den 1370er Jahren (heute Univ. Bibl. Prag, XXIII G 92, 146 fol.). Unter den insges. elf Einzelwerken steht neben »Planctus Mariae Magdalenae«, »Planctus Mariae«, »Neun Freuden Mariae«, »Ave Maria«, »Leidensgesch. des Herrn«, »Apostel-Johannes-Legende«, »Von einem Reichen« am wertvollsten »Legenda o svatém Prokopu« (Prokoplegende), die Satiren »Desatero kázanie Božie« (Zehn Gebote; für jedes werden Sünder-Exempla angeführt, einige wachsen zu Kleinerzählungen an), »Satiry o řemeslnících a konšelích« (Handwerker- und Ratsherrensatiren; sozialkrit. Darstellungen von Schuster, Ratsherr, Schmied, Brauer, Barbier, Metzger, Bäcker) und bes. die meisterl. »Bajka o lišce a čbánu« (Fabel vom Fuchs und Krug). J. Vintr

Q. und Lit.: J. HRABÁK, Staročeské satiry Hradeckého rukopisu, 1962, 5–52, 161–163 – Hradecký rukopis. Sborník českých veršovaných skladeb z druhé poloviny 14. stol. Versus Bohemici secunda parte s. XIV. compositi, ed. B. HAVRÁNEK, 2 Bde, 1969 [Faks.; mit tschech., engl., frz., dt., russ. Vorwort].

Königsaal (Zbraslav/Aula regia), böhm. OCist-Kl. an der Moldau nahe Prag. Von den Kladrauer Benediktinern kaufte der Prager Bf. Johannes III. (1258–78) den Platz Zbraslav, Kg. Přemysl Ottokar II. tauschte ihn 1268 gegen andere Güter und ließ dort ein Jagdhaus errichten. 1292 gründete Kg. Wenzel II. an dieser Stelle das Kl. 'Aula regia' als Kg.skl. und -grablege. Die ersten Mönche und der erste Abt Konrad v. Erfurt (1292–97, 1298–1315) kamen aus dem böhm. Sedletz. Im reich ausgestatteten K. wurden die letzten Přemysliden (Wenzel II., Wenzel III., Kgn. Elisabeth) beigesetzt. V. a. wegen der Nähe zu Prag erlitt das Kl. in den Thronwirren nach 1306 schweren Schaden, wurde aber auch durch die Finanzpolitik Kg. Johanns belastet, andererseits aber von dessen Gemahlin →Elisabeth (5. E.) und später von Karl IV. sehr gefördert, so daß es seinerzeit Platz für 300 Mönche gehabt haben soll. Die ersten Äbte, bes. Konrad, spielten als polit. Berater des Kg.s und als Diplomaten eine bedeutende Rolle in der böhm. Politik. Das Kl. bewahrte lange dt. Charakter. Von kultureller Blüte zeugen zwei herausragende Werke: die »Chronik von K.« der Äbte Otto v. Thüringen und →Peter v. Zittau (1316–38?) sowie die weitverbreitete religiöse Reformschr. →»Malogranatum«. 1420 wurde K. von einem Hussitenhaufen unter Führung des Koranda verwüstet und niedergebrannt. Von diesem Schlag erholte sich das Kl. im 15. und 16. Jh. nur sehr langsam, obwohl das Ordensleben nicht gänzl. erlosch. P. Hilsch

Q. und Lit.: Listy kláštera Zbraslavského, hg. F. TADRA, 1904 – Chronicon Aulae Regiae, ed. J. EMLER, FontrerBohem IV, 1905 – V. NOVOTNÝ, Klášter Zbraslavský, 1948².

Königsbann → König

Königsberg (russ. Kaliningrad), Stadt in Preußen am Pregel kurz vor dessen Einmündung ins Frische Haff. Hier lagen eine pruß. Burgwallanlage, ein Dorf und ein Hafenplatz, den wiking. und wohl auch lübeck. Kaufleute aufsuchten. Als der →Dt. Orden 1230 mit der Eroberung Preußens begann, plante Lübeck die Gründung einer Tochterstadt im Gebiet des späteren K. Nachdem die Ordensheere 1255 die Region erreicht hatten, wurde anstelle der alten Wallanlage eine Burg angelegt. Das suburbium neben ihr ging 1262 beim Aufstand der unterworfenen Prußen zugrunde. Nach dessen Niederschlagung 1283 gründete der Orden ö. seiner Burg und dem Pregel die wohl nach Kg. Ottokar II. v. Böhmen, der am Kriegszug von 1255 teilgenommen hatte, gen. Stadt K. 1286 erhielt sie Kulmer Recht (→Kulmer Handfeste), ebenso die benachbarten Gründungen Löbenicht (1300) und Kneiphof (1327). Die drei Städte wurden erst 1724 zusammengeschlossen. Im O der Kneiphof-Insel wurden seit 1330 der Dom der Bf. e v. Samland und die Kurien des Kapitels errichtet. In der K.er Burg hatte der Marschall des Ordens, einer der fünf Großgebietiger, seinen Sitz. K. kam namentl. während der Litauer-Kriege des 14. Jh. große Bedeutung als Etappenstation der aus ganz Europa kommenden Kreuzzugsteilnehmer zu. Hier amtierte auch einer der beiden für den Eigenhandel des Ordens zuständigen Großschäffer. Er leitete den Handel mit dem an der samländ. Küste gewonnenen Bernstein. Nachdem der Orden im 13jährigen Krieg mit seinen Untertanen und Polen 1457 →Marienburg verloren hatte, nahm der Hochmeister seinen Sitz in der K.er Burg. So wurde die Stadt Hauptort des Ordensstaates und 1525 Hauptstadt des Hzm. s Preußen. H. Boockmann

Lit.: UB der Stadt K. in Preußen, bearb. H. MENDTHAL, I (1256–1400), 1910 – O- und W-Preußen, Hb. der hist. Stätten, 1966, 100–107 – F. GAUSE, Die Gesch. der Stadt K. in Preußen, 1965 – Die Hanse. Lebenswirklichkeit und Mythos 1, 1989, 288–290 [J. SARNOWSKY].

Königsboden (Ungarn) → Ungarn

Königsbote → Missus

Königsbürger (*bourgeois du roi;* burgenses regis, homines regis, advocati regis), Gruppe des frz. →Bürgertums. Bis zur →Ordonnanz vom Mai 1287 bleiben Definition und Status der K. unsicher. Sie waren freie, dem Gericht des Kg.s unterstehende Leute, die aber auf dem Territorium eines Feudalherren lebten. Um einen solchen Status zu erlangen, genügte es, bei einer kgl. Stadt einen Bürgerbrief *(lettres de bourgeoisie)* zu erwirken; ständiger Aufenthalt in dieser Stadt war noch nicht vonnöten. Gegenüber abweichender Auffassung ist festzustellen, daß der Status des K.s wohl nicht durch die bloße Abgabe einer diesbezügl. Erklärung *(aveu)* erreicht werden konnte; diese hatte vielmehr ein bereits bestehendes Untertanenverhältnis zur betreffenden kgl. Stadt zur Voraussetzung (Coutume de Troyes: »Les bourgeois du roy ne peuvent advouer bourgeois du roy par simple adveu sans monstrer lettre de bourgeoisie...«). Zumindest seit 1287 gilt, daß alle K. und ihre Nachkommen einer bestimmten kgl. Stadt angehören und hier als kgl. Untertanen dem Gericht und der →*Garde* des Kg.s unterstehen. Es entstanden in bezug auf die K. manche Konflikte zw. adligen Grundherren und kgl. Beamten (seltener dem Kg. selbst) über Gerichts- und Fiskalrechte.

Mit der Ordonnanz v. 1287, die nicht speziell den K.n galt, war das Kgtm. bemüht, den individuellen, ungeregelten Eintritt in das Bürgerrecht zu beschneiden. Jeder, der K. werden wollte, war nun gehalten, eine formelle Bitte an den *prévot* oder *maire* der betreffenden Stadt zu richten (Formel: »Sire, je vous requier la bourgeoisie de ceste ville et suis appareliez de faire ce que j'en doi faire«.). Bei zustimmendem Bescheid war eine Aufnahmegebühr und der Kauf oder Bau eines Hauses in der Stadt (als ständiger Wohnsitz und Sicherheit bei Schuldforderungen) vorgeschrieben. Über den Rechtsakt wurden ein Protokoll sowie ein Bürgerbrief für den Neubürger ausgefertigt. Anschließend konnte dieser dem früheren Herrn die Untertänigkeit in formeller Weise aufkündigen (désaveu). Um in den Genuß der Privilegien der kgl. Stadt zu kommen, war der neue K. zur Leistung aller Steuern und zu ständigem Aufenthalt verpflichtet (mit grundsätzl. Residenzpflicht vom Allerheiligen- bis zum Johannesabend). Zwar war das Rechtsinstitut des K.s nicht die furchtbare Waffe in den Händen des Kgtm.s, als das man es früher betrachtet hat, bildete aber für die grundherrl. Städte, die in der Nähe einer kgl. Stadt lagen, eine permanente Bedrohung, für die Amtsträger des Kg.s ein wirksames Instrument zur Wiedergewinnung verlorengegangener Regalienrechte. Dies gilt insbes. für die Champagne.

A. Rigaudière

Lit.: C. CHABRUN, Les bourgeois du roi [Thèse droit, Paris 1908].

Königsdienst → Servitium regis

Königsfelden, Doppelkl. für Klarissen und Franziskaner, 1309 an der Todesstätte des am 1. Mai 1308 ermordeten Kg.s → Albrecht I. v. Habsburg gegr. (heute Gemeinde Windisch, Kt. Aargau, Schweiz). Aufgabe des Männerkonvents war es, dem Frauenkl. die Seelsorger zu stellen. Umgekehrt war das Frauenkl. verpflichtet, für den Unterhalt des Männerkonvents, der gemäß der Franziskanerregel kein eigenes Vermögen besitzen durfte, zu sorgen. Nach dem Tod der Hauptstifterin, der Kgn. witwe →Elisabeth († 1313), führte ihre Tochter →Agnes (4. A.), Witwe des Kg.s Andreas III. v. Ungarn, das Werk weiter. Sie regelte die inneren Verhältnisse des Kl. und mehrte zielbewußt dessen Besitz; K. entwickelte sich zu einem der reichsten Kl. SW-Deutschlands. Als habsbg. Hauskl. und Familienmausoleum verlor K. an Bedeutung, als mit der Eroberung des Aargaus Landeshoheit und Kastvogtei über das Kl. von Habsburg an Bern übergingen. In der Reformation wurde es aufgelöst (1528). Außer der Kirche mit den berühmten Glasfenstern im Chor (1325-30) stehen heute nur noch Teile des Frauenkl., das Archivgewölbe als Rest des Männerkl. sowie die Hofmeisterei.

B. Degler-Spengler

Lit.: Helvetia Sacra V/1, 1978, 206-208, 561-576 [G. BONER; Lit.] – E. MAURER, K., 1986⁶ (Schweizer. Kunstführer, 398) [Lit.].

Königsfreie. Die Lehre von den K.n geht auf TH. MAYER, H. DANNENBAUER und K. BOSL zurück und betont im Gegensatz zur Gemeinfreienlehre der älteren Forsch. für die liberi der frk. Q. eine ständ. Schichtung in geborene Urfreie und Personen in »Staatsuntertänigkeit«, die als K. Träger einer vom Kgtm. verliehenen »funktionalen Freiheit« waren. Die K.n sind demnach vom 6.–9. Jh. auf Fiskalland angesetzte bäuerl. Siedler, die Grund und Boden zu Erbleihe oder freier Erbpacht besaßen, Kg.szins und andere Abgaben schuldeten, zur Heeresfolge verpflichtet waren und für das Kgtm. militär. Aufgaben wie Grenzwache, Burgenbau und Botendienst übernahmen. Vorgänge wie die Binnenkolonisation (Rodungsfreie) und militär.-strateg. Planungen (Wehrsiedler) wurden hier mit →Barschalken (Bayern), Bar-(Bier)gelden (Sachsen; →Bargilden), →Arimannen (Italien) und Aprisionären (Span. Mark) unter die einheitl. Siedlungsstrategie des »Staates« subsumiert. Die in den frk. Polyptycha verzeichneten coloni, ingenui, lidi wurden als ehem. K. ebenso in Anspruch genommen wie die liberi der Kapitularien und die Freien der Volksrechte. Die Rechtskonstruktion der K.n ist mit Widersprüchen behaftet. So ist, da K. in den Q. nicht genannt werden, unklar, ob diese als frei oder unfrei zu gelten haben. Auch läßt keine der von der Forsch. mit ihnen in Verbindung gebrachten Gruppen (ingenui, liberi, franci homines, bargildi, lidi) eine einheitl. Sonderbeziehung zum Kgtm. erkennen. Während TH. MAYER ihre Staatsuntertänigkeit betonte und die K.n mit den leudes, »kg.srechtl. Freien« und den lidi in Zusammenhang brachte, sprach H. DANNENBAUER von Kg.szinsern, persönl. freien Siedlern auf Kg.sland. K. BOSL behandelte die K.n als »Gruppe der landbauenden Unterschichten« und betonte das Institut der Schutzherrschaft, wobei der K. eine »freie Unfreiheit« genoß, die man jedoch auch »unfreie Freiheit« nennen könnte. Bes. der Gleichsetzung aller liberi mit K.n wurde in der Forsch. teils heftig widersprochen, so v. a. von E. MÜLLER-MERTENS. Auch die Gleichsetzung regional differenzierter Gruppen mit den K.n kann bei genauer Prüfung nicht bestehen. Die Aprisionäre Septimaniens und der Span. Mark waren als freie Siedler auf Fiskalland von Zinsbelastungen an den Kg. befreit, hatten weitgehendes Verfügungsrecht über ihr Gut und wurden zu Heeres-, Wach-, Gastungs- und Botendienst herangezogen. Personenrechtl. waren sie »sicut caeteri liberi homines« (815) gestellt, ihre Freiheit leitete sich nicht von der Ansiedlung auf Kg.sland ab. Nach den Forsch. G. TABACCOS sind auch die langob. Arimannen keine K.n, sondern →exercitales. H. KRAUSE konnte in seiner grundlegenden Studie zu den liberi der →Lex Baiuvariorum keine Hinweise auf die Richtigkeit der Gleichsetzung der liberi mit den K.n finden.

K. Elmshäuser

Lit.: HRG II, 1029-1032 – TH. MAYER, Kgtm. und Gemeinfreiheit im frühen MA, DA 6, 1943, 329-362 – H. DANNENBAUER, Die Freien im karol. Heer (Fschr. TH. MAYER I, 1954), 49ff. – DERS., Freigft.en und Freigerichte (VuF 2, 1955), 57-76 – TH. MAYER, Die K.n und der Staat des frühen MA (ebd.), 7-56 – K. BOSL, Freiheit und Unfreiheit, VSWG 44, 1957 – H. DANNENBAUER, Freie und Ministerialen, Grundlagen der ma. Welt, 1958, 240ff., 329ff. – K. BOSL, Über soziale Mobilität in der ma. Ges., VSWG 47, 1960 – DERS., Potens und Pauper (Fschr. O. BRUNNER, 1963) – E. MÜLLER-MERTENS, Karl d. Gr., Ludwig d. Fr. und die Freien, 1963 – K. BOSL, Die Gesellschaft in der Gesch. des MA, 1964, 106-135, 156-203 – G. TABACCO, I Liberi del re nell'Italia carolingia e postcarolingia, 1966 – K. BOSL, Franken um 800, 1969² – H. KRAUSE, Die liberi der Lex Baiuvariorum (Fschr. M. SPINDLER, 1969), 41-70 – K. H. SCHULZE, Rodungsfreiheit und Königsfreiheit, HZ 219, 1974.

Königsgalerie, moderner Ausdruck für die Statuenreihen von Herrschern hoch an frz. Kathedralfassaden. Deutung entweder als atl. Kg.e oder Monarchen Frankreichs seit langem umstritten. Das älteste Beispiel, an Notre-Dame in Paris um 1220, erscheint 1284 in einem Spottgedicht als mit den Merowingern beginnende frz. Kg.sreihe (1793 auf Beschluß der Commune heruntergerissen). Diesem Prototyp folgten K.n in Reims, Chartres, Amiens und Rouen, in span. Burgos und, mit unterschiedl. Deutung, an mehreren engl. Kathedralen, sicher aber an den Lettnern in Canterbury und York. An der Straßburger W-Fassade begann man eine Reihe reitender Herrscher wie Chlodwig I., Dagobert und Rudolf v. Habsburg, andere dt. Beispiele fehlen. Man darf die K.n nicht isoliert betrachten, dazu gehören auch die einst in St-Remi zu Reims befindl. Kg.szyklen der Glasgemälde des 12. und 13. Jh. und die im Seitenschiff des Straßburger Münsters erhaltene Glasgemäldereihe. Herrscher vom Ende des 12. Jh., ferner die Přemyslidenreihe von 1134 (Wandmälde) in der Burgkapelle von Znaim sowie die Reihe 16 dt. Herrscher auf dem Aachener Karlsschrein.

A. Reinle

Lit.: LCI II, 545f. – J. G. v. HOHENZOLLERN, Die K. der frz. Kathedrale, 1965 – A. REINLE, Das stellvertretende Bildnis, 1984, 66–112, insbes. 72–89.

Königsgut → Reichsgut; →Krondomäne

Königshagen, Wüstung, Gem. Barbis, Kr. Osterode; durch Ausgrabungen konnte die Entwicklung von Dorf und Häusern geklärt werden: Innerhalb eines kreisförmigen Grabens eine leichte Anschüttung, auf deren Mitte sich ein Rechteckbau aus Stein erhob, zunächst eine Burg mit Ringgraben und Palisade, an deren Innenseite sich eine dichte Reihe kleiner Bauten anschloß; der Steinbau wurde später dreiräumig und als Kirche adaptiert. Die Bauten des Ringes rückten dicht zusammen. Nur einzelne Gehöfte sind ganz ergraben (zehn Vollbauern, drei andere). Hof 1 ist ein Vierseithof mit Pfostenhäusern und lehmverstrichener Flechtwand sowie Firstsäulen. Die einzelnen Häuser haben verschiedene Funktionen, Wohnbauten mit Keller sind erkennbar. Das Dorf, zw. 1131 und 1158 auf Kg.sgut gegr., lag innerhalb der Flur mit Terrassenäckern und wurde nach Brand 1413–20 aufgegeben. H. Hinz

Lit.: W. JANSSEN, K., ein archäolog.-hist. Beitr. zur Siedlungsgesch. des sw. Harzvorlandes, 1965 – H. HINZ, Motte und Donjon, 1981, 115.

Königshof → Curia regis

Königshort (thesaurus, camera), namentl. in den Reichen des FrühMA wesentliches Herrschaftsinstrument. Ohne K. konnte ein Kg. nicht regieren. Zeitgenöss. Q. setzen den Verlust des K.es häufig mit dem Ende der Selbständigkeit eines Reiches gleich (vgl. Gregor v. Tours, Hist. II, 40, 42; Thegani vita Hludovici cap. 8). Er war nicht nur dem Kg., sondern auch der gens zugeordnet. Sein Umfang wies den Kg. und sein Volk als reich und deshalb mächtig aus, wie auch ep. Q. (Beowulf, Nibelungenlied) bezeugen. Der K. bestand aus in Truhen aufbewahrten gemünzten und ungemünzten Edelmetallen, Schmuck, silbernem und goldenem Tafelgeschirr, Edelsteinen, Prunkwaffen, Kuriositäten, Luxuswaren und Dokumenten. Die kgl. Kapelle galt wohl als Teil des K.es; sie enthielt Reliquien (z. B. Mantel des Hl. Martin), liturg. Geräte und Bücher. Die von SCHRAMM vorgeschlagene Unterscheidung zw. Hort und Schatz als Teil des Hortes findet in den Q. keine Stütze. Von bes. Bedeutung waren Prestigeobjekte mit hohem Materialwert. Zum westgot. K. gehörte ein angebl. 500 Pfund schweres Goldgefäß. Kg. Chilperich ließ ein 50 Pfund wiegendes goldenes, edelsteinbesetztes Tafelgerät 'zum Ruhme der Franken' anfertigen. Karl d. Gr. gehörten drei silberne Tische und ein goldener. Während im FrühMA der Metallwert im Vordergrund stand, bildeten seit der Karolingerzeit dem Herrscher zugeordnete Objekte mit Insigniencharakter (Kronen, Zepter, 'Reichsapfel', hl. Lanze, Ornat) den Kern des K.es; ihr Besitz legitimierte den Herrscher. Der K. unterstand kgl. Beauftragten (thesaurarii, custodes).

Der K. vermehrte sich durch Erbschaft, Beute, Steuern, Bußen, Mitgiften, Geschenke der Untertanen und auswärtiger Herrscher sowie Subsidien und Tribute. Als Ausgaben werden Schenkungen an Kirchen und Getreue, fremde Herrscher, Morgengaben und Tribute erwähnt. Die Austeilung von Geschenken galt als Herrscherpflicht und Ausweis kgl. 'Milde'. Gaben waren zur Sicherung der Loyalität namentl. der Großen unerläßlich. Somit fluktuierte der Bestand des K.es. Selbst Insignien konnten verpfändet oder verkauft werden. Der Kg. führte einen Teil des K.es auf Reisen mit sich. So verlor Karl d. Kahle 865 vorübergehend drei Kronen. In der Stauferzeit wurde der Schatz ztw. in Burgen (Trifels) aufbewahrt. Teile frühma. Kg.sschätze sind als Grabbeigaben überliefert (z. B. Childerich-Grab in Tournai, Sutton Hoo). Nicht nur Kg.e, sondern auch Große verfügten über Schätze erhebl. Umfangs. Näherer Unters. bedarf der Schatz des oström. Ks.s; er verschenkte namentl. Prestigeobjekte im Rahmen der Reichspropaganda. D. Claude

Lit.: HRG II, 242f. [P. E. SCHRAMM] – H. PIRENNE, Le trésor des rois mérov. (Fschr. H. KOHT, 1933), 71–78 – R. DOEHARD, La richesse des mérov. (Studi in onore G. LUZZATO, 1949), 30–46 – D. CLAUDE, Beitr. zur Gesch. der frühma. Kg.sschätze, EMSt 7, 1973, 5–24 – H. STEUER, Die Franken in Köln, 1980, 45–55 – P. E. SCHRAMM – FL. MÜTHERICH, Denkmale der dt. Kg.e und Ks., 1981².

Königskanonikat. K. ist die moderne Bezeichnung für die Mitgliedschaft des Kg.s oder Ks.s in einem Domkapitel (→Kapitel) oder sonstigem →Kollegiatstift. In vollem Umfang, d. h. mit dauerhafter Überlassung einer bestimmten Pfründe (→Beneficium), mit Stimmrecht im Kapitel und fakt. Wahrnehmung durch einen geweihten Vikar, setzt das K. die Pfründenteilung der Kapitel voraus und ist erst seit dem späten 12. Jh. sicher bezeugt, u. a. in Utrecht, Aachen, Köln und Rom (St. Peter). Fortan blieb es für Jahrhunderte zeremonieller Ausdruck bes. Beziehungen der Herrscher zu einzelnen Reichskirchen. Strittig ist, inwieweit unter demselben Begriff ältere Zeugnisse (seit dem späten 10. Jh.) zu subsumieren sind, die persönl. →Gebetsverbrüderungen des Kg.s und seiner Familie mit geistl. Gemeinschaften (nicht nur kanonikalen) erkennen lassen und teilweise bereits eine Beteiligung an den Einkünften einschließen. Analoge Erscheinungen sind aus Frankreich und England bekannt. R. Schieffer

Lit.: HRG II, 1042f. – A. SCHULTE, Dt. Kg.e, Ks., Päpste als Kanoniker an dt. und röm. Kirchen, HJb 54, 1934, 137–177 – J. FLECKENSTEIN, Rex Canonicus (Fschr. P. E. SCHRAMM, Bd. 1, 1964), 57–71 [auch in: DERS., Ordnungen und formende Kräfte des MA, 1989, 193–210] – M. GROTEN, Von der Gebetsverbrüderung zum K., HJb 103, 1983, 1–34 – H. HEIMPEL, Kgl. Weihnachtsdienst im späteren MA, DA 39, 1983, 131–206 – H. BOOCKMANN, Eine Urk. Konrads II. für das Damenstift Obermünster in Regensburg (Fschr. J. FLECKENSTEIN, 1984), 207–219 – H. FUHRMANN, Rex canonicus-Rex clericus? (ebd.), 321–326 – J. WOLLASCH, Ks. und Kg.e als Brüder der Mönche, DA 40, 1984, 1–20.

Königskerze (Verbascum-Arten/Scrophulariaceae). Wie bereits bei Dioskurides (Mat. med. IV, 103) und Plinius (Nat. hist. 25, 121) erwähnt, benutzte man die auffällige Pflanze auch im MA als Kerze bzw. Fackel, worauf die Namen *herba luminaria* (Alphita, ed. MOWAT, 68 s. v. flosmus) oder *candela* (Gart, Kap. 110) hinweisen. Unter den vielen Synonymen begegnen ferner *tapsus barbatus* (Circa instans, ed. WÖLFEL, 115) sowie *kunges kerze* (STEINMEYER–SIEVERS III, 545) und – wegen der filzig behaarten Blätter – *wullena* (Hildegard v. Bingen, Phys. I, 123). Med. von geringerer Bedeutung, sprach man dem 'Wollkraut' dagegen im Volksglauben schon früh sympathet. und apotropäische Kräfte zu (Marcellus Empiricus, De medicam. 36, 19; Ps.-Apuleius, Herbarius, ed. HOWALD–SIGERIST, 129f.). Außerdem verwendete man die K. zum Fischfang. P. Dilg

Lit.: MARZELL IV, 1023–1044 – DERS., Heilpflanzen, 231–233 – HWDA V, 182–187 – R. ZAUNICK, Die Fischerei-Tollköder in Europa vom Altertum bis zur NZ, Arch. für Hydrobiologie Suppl. 4, 1928, 557–572 – A. M. VAN PROOIJEN, Pharmacohist. Stud.: XCI. Verbascum, Pharmaceut. Tschr. Belgie 37, 1960, 65–70.

Königskloster → Kloster

Königskrone → Corona; →Krone

Königslutter, ehem. OSB-Kl. am n. Rand des Elm, im 11. Jh. von den Mgf. en v. →Haldensleben als Kanonissenstift (ð Petrus) eingerichtet. Mit dem Erbe der Haldenslebenerin Gertrud († 1116) gelangte es an deren Enkel Ks. Lothar III. (v. Süpplingenburg). Dieser stiftete »Luttere« 1135 zu einem OSB-Kl. um (ð Petrus und Paulus) und berief einen Konvent aus dem hirsauisch geformten Kl. →Berge bei Magdeburg unter dem Gründungsabt Eberhard. Nach Lothar, der mit DLo. III. 74 (Besitzliste zweifach interpoliert) die Umstiftung und die erbl. Senioratsvogtei beurkundet hat, wurden die Welfen Vögte des Kl. Eine Bauhütte des nordlt. Meisters Nikolaus begann 1135-37 mit der Errichtung von Chorpartie, Vierung und Querhaus der Kl.kirche, die als Grabkirche des Ks.s und als Repräsentationsbau eines lothar.-welf. Kgtm.s konzipiert war. Architektur und Bauornamentik wurden Vorbild für zahlreiche sächs. Kirchen des 12. und frühen 13. Jh. Die Bestattung des Ks.s 1137 in der Achse der Kirche vor dem späteren Kreuzaltar erfolgte vor Baubeginn des Langhauses. An Lothars Seite wurden n. seines Sarkophages seine Gemahlin →Richenza († 1141) und s. →Heinrich d. Stolze († 1139) beigesetzt (ksl. Grablege 1620 und 1978 geöffnet). Im 15. Jh. besaß die Wallfahrt nach K. am PeterPauls-Tag (29. Juni) große Anziehungskraft. W. Petke

Lit.: Ch. Römer, Germania Benedictina VI, 1979, 273-298 – H. Rötting, Die Grablege Lothars III. in der Stiftskirche zu K. (Kirchen, Kl., Manufakturen, hg. vom Braunschweig. Vereinigten Kl.- und Stud.fonds, 1985), 61-82 – Th. Gädeke, Die Architektur des Nikolaus (Stud. zur Kunstgesch. 49, 1988) – K. Nab, Die älteren Urkk. des Kl. K., ADipl 36, 1990, 125-167.

Königsschutz, Teil des Kg.sfriedens, gilt bereits in frk. Zeit sowohl Einzelpersonen als auch →Kaufleuten und →Juden sowie geistl. Gemeinschaften (→defensio ecclesie). In der karol. Epoche und später umfaßt er generell Kleriker, Witwen und Waisen. Der als →mundiburdium oder tuitio faßbare K., der auch für die →Fremden gilt, sichert den so Geschützten nach den Volksrechten ein höheres, meist doppeltes →Wergeld und garantiert das Eigentum. Nicht selten bildeten die Verleihung des K.es und die traditio des Objekts an den Kg. eine rechtl. Einheit, so daß insbes. Kl. in die Verfügungsgewalt der Krone gerieten. Seit Ludwig d. Fr. gehen →Immunität und K., auch im Urkk.formular, eine dauerhafte Verbindung ein. Galt der K. für Juden und Kaufleute in der frk. Zeit v. a. Einzelnen, so entwickelte sich in der otton.-sal. Epoche der individuell verliehene k. zum generellen Judenprivileg einzelner Ortschaften, der Schutz des Händlers erfährt eine Ausweitung auf die Kaufmannschaft ganzer Marktorte mit dem Ziel, Handel und Wandel zu sichern. Der K. gilt im HochMA auch für die Mitglieder der →Hanse und schlägt sich im SpätMA im →Geleit nieder, das zumeist in die Hände der Landesherren übergeht. D. Hägermann

Lit.: HRG II, 1058-1060 [Lit.] – F.-L. Ganshof, L'étranger dans la monarchie franque (L'Étranger [= RecJean Bodin, X], 1958) – Ders., L'immunité dans la monarchie franque, ebd. – Ders., Les liens de vassalité et les immunités (= RecJean Bodin, I), 1958² – W. Schlesinger, Der Markt als Frühform der dt. Stadt (Vor- und Frühformen der europ. Stadt im MA 1, hg. H. Jankuhn u. a., 1974), 262.

Königsteiner Liederbuch → Liederhandschriften

Königs- und Hofgericht, unter dem Vorsitz des Kg.s oder seines unmittelbaren Stellvertreters tagendes Gericht. Bis zur Unterlassung der Neubestellung 1451 war die als K. formierte →curia regis zentrales Rechtsprechungsorgan des ma. Reiches. Für die ältere Zeit ist die Bezeichnung als K., seit 1235 die als Reichs- oder kgl. Hofgericht üblich. Die Anfänge des frk. K.s sind unbekannt, erste exakte Einblicke eröffnen die seit der Mitte des 7. Jh. überlieferten →placita (→Gerichtsverfahren). Das K. ist an Person und Aufenthaltsort des Kg.s gebunden. Das K. entschied materiell aufgrund einer Verbindung der in Reichsangelegenheiten bestehenden Rechtsgewohnheiten mit stammes- bzw. landrechtl. Elementen. Das Verfahren folgte dt.rechtl. Grundsätzen in ihrer jeweils üblichen Form. Einflüsse des gelehrten Rechts sind nur punktuell unter den Staufern und im SpätMA auszumachen.

Die vielgestaltige Zuständigkeit ergab sich aus der Stellung des Kg.s als des obersten Richters und Garanten des Rechts. Im Prinzip nahm das K. die für das Gerichtswesen zentralen ('Instanz'-) Funktionen wahr und entschied in Angelegenheiten des Reiches sowie seiner Großen. In frk. Zeit Buß ('Zivil')- und Kriminal ('Straf')gericht, wurde es im dt. MA auch oberstes Lehnsgericht. Blutgerichtsbarkeit hat es dann nicht mehr geübt. Im SpätMA wurde das K. stark vom Niederadel und den Städte(r)n in Zivilsachen frequentiert. Die Zentralfunktion fand in der hier auszusprechenden (Reichs-)→Acht, in der ungeschmälerten Kompetenz für alle Formen von Rechtsverweigerung, im Evokationsrecht des Kg.s und im →Rechtszug an das K. Ausdruck. Zum echten Rechtsmittelgericht ist das K., da der Rechtszug weitgehend ausfiel und die →Appellation erst seit der Mitte des 15. Jh. praktiziert wurde, nicht mehr geworden.

Anläßl. des Mainzer Hoftages 1235 reorganisierte Ks. Friedrich II. das K., um es zu einer z. T. professionalisierten und bürokrat. Institution zu machen: Das K. sollte zur Verschriftlichung des Rechts beitragen und durch Einbeziehung von Strafsachen stärker dem Friedensschutz, wohl auch der Herrschaftsentfaltung, dienen. Vornehml. wurden das Amt eines →Hofrichters und eine Hofgerichtskanzlei (→Hofgerichtsurkk.) geschaffen. Die Reform konnte die traditionellen Standes-, Organisations- und Verfahrensprinzipien nicht überwinden. Das K. blieb ein Teil des 'Hofes'; wichtige Entscheidungen konnten nur auf Hoftagen (→Reichs- und Hoftag) getroffen werden. Nach erneuten Reformversuchen anfangs des 15. Jh. unterlag das K. dem kgl. →Kammergericht. J. Weitzel

Lit.: HRG II, 1034-1040 [E. Kaufmann]; IV, 615-626 [F. Battenberg] – J. Weitzel, Der Kampf um die Appellation ans Reichskammergericht, 1976, 87-137, 342f. – Ders., Dinggenossenschaft und Recht, 1985 – B. Diestelkamp, Die höchste Gerichtsbarkeit in England, Frankreich und Dtl., Rättshistoriska Studier XVI, 1990, 19-45.

Königsurkunden → Kaiser- und Königsurkunden

Königswahl → König; →Wahl

Königsweihe → Sacre

Konjunktion, wichtiger Begriff der →Astronomie und →Astrologie, die Begegnung zweier Gestirne in gleicher Stellung zum →Tierkreis. Sind diese →Planeten, so wird bes. wenn es sich um obere Planeten handelt – in der Astrologie bereits dann von einer K. gesprochen, wenn beide im Umkreis eines bestimmten Grades des Tierkreises zusammentreffen. Die K. von Jupiter und Saturn wird, sofern sie am Beginn des Widders erfolgt, als 'große K.' bezeichnet. Die K. von Sonne und Mond muß präzise im selben Grad des Tierkreises stattfinden; generell wird unterschieden zw. der mittleren K., bei der die mittleren Koordinaten (mittlere Bewegungen) der beiden Himmelskörper ident. sind, und der echten K., bei der ihre Örter tatsächl. Identität aufweisen. Die Abweichung zw. zwei K.en der Mondbewegung bestimmt die Dauer der Lunation (des Mondwechsels), da die K. zw. den beiden Himmelskörpern den Neumond schafft. Den Gegensatz zur K. bildet die Opposition zw. Sonne und Mond (180°), durch die Vollmond eintritt; die Mondviertel entsprechen der Quadratur der beiden Himmelskörper. E. Poulle

Lit.: E. S. Kennedy, Ramifications of the World Year Concept, 1962, 23-45 – K. M. F. Boll, C. Bezold, W. Gundel, Sternglaube und

Sterndeutung, 1966 – K. M. WOODY, Dante and the doctrine of the great conjunctions, Dante Stud. 95, 1977, 119–134 – E. POULLE, L'astronomie de Postel (Guillaume Postel, 1581–1981, 1985), 337–348 – Y. MARQUET, Ibn Ḥaldūn et les conjonctions de Saturn et de Jupiter, Stud. Islamica 65, 1987, 91–96.

Konjunktur. Als Indikatoren für die allg. Wirtschaftslage im MA kommen v. a. Produktionsdaten, Handelsumsätze, Münzprägungen und Bevölkerungszahlen in Betracht. Da einschlägige Q. für das FrühMA entweder völlig fehlen oder im besten Fall selten mehr als annähernden Wert haben und auch für das SpätMA zeitl. und geogr. nur vereinzelt (ab 13./14. Jh.) seriell vorliegen, müssen sich Betrachtungen über ma. K. insgesamt auf allg. Eindrücke stützen und auf langfristige Trends beschränken.

Umstritten bleibt, wie lange die Wirtschaftskrise der Spätantike sich nach der Völkerwanderung im W hinzog. Offenbar war die Situation im byz. O erhebl. besser, insbes. infolge seiner aktiven Zahlungsbilanz gegenüber dem W, wo die Produktion dauernd geschwächt blieb. Anzunehmen ist, daß die Bevölkerungsverluste infolge der sog. justinian. Pest im 6. Jh. ztw. auch in Byzanz die K. einigermaßen drückte. Eine bestimmte Erholung erfuhr die K. durch den Aufschwung der Wirtschaft im spätmerow. und karol. Frankenreich sowie im ags. England in ihrer Verbindung mit dem skand. N, v. a. infolge des Durchbruchs der →Waräger in den osteurop. Raum, der eine neue Route für die Beziehungen zw. dem W und dem Orient eröffnete. Eine neue Welle verwüstender Einbrüche in das chr. Europa durch Araber, Ungarn und Normannen soll im 9./10. Jh. die Aufwärtsbewegung unterbrochen haben.

Um die Jahrtausendwende offenbarte sich, an der besseren Quellenlage ersichtl., mit Entschiedenheit eine ansteigende K. bewegung. Die Bevölkerung nahm stark zu und wandte sich in höherem Maße als vorher, unter klimahist. gesehen günstigen Umständen, der Urbarmachung neuer Landstriche sowie der gewerbl. Produktion zu. Daraus ergaben sich neue Möglichkeiten für den Handel, um so mehr als die w. Vorherrschaft über das Mittelmeer diesem seine im FrühMA gefährdete Bedeutung für den Verkehr zw. W und O wiedergab. Die neue Bewirtschaftung führte zu einer Intensivierung der betriebsamen städt. Lebensweise. Der Aufschwung der K. wurde, dank dem Fortschritt in der Erzförderung, insbes. von Edelmetallen, sowie dem Zufluß von Gold aus Afrika s. der Sahara, von einem gesteigerten Umlauf von Zahlungsmitteln unterstützt, wozu auch eine Umkehr in der Zahlungsbilanz Europas mit dem O beitrug. Neue Formen des →Kredits, v. a. der →Wechselbrief, erweiterten die Leistungen zumindest des it. und katal. Geschäftslebens. Somit zeichnete sich das HochMA als eine Zeit europ. Hochk. aus.

Gegen Ende des 13. Jh. zeigten sich erste Anzeichen einer Krise. Anscheinend trat das Klima in eine kältere Phase ein, deren Folgen auf die agrar. Erträge nicht ausblieben. Die Bevölkerung kann daher allmähl. einer natürl. Begrenzung ausgesetzt gewesen sein, die mangels bedeutender technolog. Erneuerungen kein weiteres Anwachsen mehr ertrug, ohne die Ernährungslage erhebl. zu gefährden. Im Gewerbe hatte die zunehmende Industrialisierung einen schärferen Wettbewerb zur Folge. Sie bereitete älteren Produktionsrevieren Absatzschwierigkeiten und verringerte ihre Gewinnmargen. Die eindeutig zunehmende Abgeschlossenheit der →Zünfte und der lokalen Märkte könnte wohl als Reaktion auf diese Vorgänge gedeutet werden. Die allg. europ. →Hungersnot von 1316/17, der noch aufsehenerregender Schwarze Tod 1348 und die bis weit ins 15 Jh. sich wiederholenden Pestausbrüche sowie das Elend großer krieger. Auseinandersetzungen (→Hundertjähriger Krieg, Hussitenkriege [→Hussiten] usw.) bewirkten einen erhebl. europ. Bevölkerungsrückgang und ließen die Wirtschaft auf einen Tiefpunkt sinken, von dem sie sich wohl nicht mehr vor Ende des 15. Jh. völlig erholte. Auch waren manche Edelmetallvorkommen erschöpft.

Seit etwa 1450 wurden jedoch vereinzelt neue Aufwärtstrends sichtbar, angeregt durch ein wieder stärker in Erscheinung tretendes Unternehmertum, bes. im mitteleurop. Bergwesen sowie in der maritimen Expansion der südeurop. Völker, zunächst nach Afrika, schließlich nach Asien und Amerika. Damit ging die Wirtschaftskrise des SpätMA in die kräftig aufstrebende K. der beginnenden NZ über. J. A. van Houtte

Lit.: W. ABEL, Agrarkrisen und Agrark., 1966^2 – F. GRAUS, Das SpätMA als Krisenzeit..., MBohem, Suppl. I, 1969 – W. ABEL, Strukturen und Krisen der spätma. Wirtschaft, 1980 [vgl. dazu: R. SPRANDEL, Die spätma. Wirtschaftsk. und ihre regionalen Determinanten, VSWG Beih. 84, 1987, 168–179].

Konklave, abgeschlossener Ort (*cum clave*) für die Papstwahl, dann der Wahlmodus selbst, der seit 1274 als Konstitution des II. Konzils v. →Lyon kirchl. Recht wurde; das Dekret sah zur Sicherung baldiger und unbeeinflußter Wahl den Beginn zehn Tage nach Eintritt der Vakanz, die hermet. Abschließung der Kard.e (in einem Raum) und den Verlust der Einkünfte der Wähler während der Wahl vor. 1294 geringfügig erweitert in den Liber Sextus (VI, 1, 6, 3, ed. FRIEDBERG 2, 946–949) aufgenommen, seither mit einigen Änderungen Grundlage der Papstwahl. B. Roberg

Lit.: K. WENK, Das erste K. der Papstgesch., QFIAB 18, 1926, 101–170 – B. ROBERG, Der konziliare Wortlaut des K.-Dekrets Ubi Periculum von 1274, AHC 2, 1970, 231–262 – Atti del Convegno 'VII Centenario del 1° Conclave, 1268–71', ed. P. BREZZI, 1975 – B. ROBERG, Das Zweite Konzil v. Lyon (1274) 1990, 293–309.

Konkordanz (concordantia 'Übereinstimmung'), ein Begriff, der unterschiedl. Anwendung findet:

1. ein Buch, in dem die Stellen eines oder mehrerer Bücher unter Angabe der jeweiligen Fundstelle(n) zusammengetragen sind, die in den Wörtern übereinstimmen (Verbal-K.) oder Sachen, Gedanken enthalten (Real-K.); z. B. Bibelk.: hierunter versteht man die in alphabet. Ordnung gebrachte Sammlung aller in der Hl. Schrift vorkommenden Worte, gleichlautenden Redensarten und Ausdrücke mit Angabe der Stellen (→Bibel, B.I, e).

2. im Buchdruck: typograph. Längenmaß von 4 Cicero, gleich 48 typograph. Punkten (Punkt = 0,376 mm).

3. in der Grammatik: im Gegensatz zur Kongruenz (der idg. Sprachen) strebt die K. durchgängige lautl. Gleichheit der Beziehungselemente an, mit denen Satzglieder verknüpft sind. P.-J. Schuler

Konkordanztafel → Kanontafel

Konkordat. Der Begriff K. begegnet erstmals 1418 attributiv in der Formel 'capitula concordata' der sog. Konstanzer K.e. es handelt sich um ein Abkommen zw. (modern) Staat und Kirche, deren Rechtsgültigkeit erst seit dem 16. Jh. theoretisiert und hinsichtl. des Zustandekommens kontrovers (kirchl. Privilegien-, staatl. Legaltheorie) diskutiert wurde. Erst seit dem →Investiturstreit meint man K.e ausmachen zu können, vorherige Pacta (z. B. über den →Kirchenstaat und päpstl. Lehensreiche) zählen nicht dazu. Die gemäß dem Vorbild des nur historiograph. (z. B. bei →Eadmer) überlieferten Londoner K.s (1107) den dt. Investiturstreit beendende Pax Wormatiensis (1122; →Wormser K.) wurde auch erst 1693 von Leibniz als K. bezeichnet. Derlei Vereinbarungen figurieren im MA unter verschiedenen anderen Namen (z. B. der Vertrag v. →Benevent 1156 als 'concordia'). Die von Papst Martin V. mit den Konzilsnationen 1418 befristet abgeschlossenen K.e sollten die am Konzil v. →Konstanz nicht erledigte Kirchenreform ersetzen. Die sog. Fs.en-K.e (1447) und das →Wiener K. (1448) besiegelten die Wendung des Reiches vom→Basler Reformkonzil zum röm. Papsttum. Jetzt erscheint 'concordata' erstmals als Substantiv. Die Publ. erfolgte nur durch Papst Nikolaus V., nie reichsgesetzl. durch Ks. Friedrich III. H. Zimmermann

Ed.: A. Mercati, Raccolta di Concordati, I, 1954 – *Lit.*: HRG II, 1067–1070 – E. Lange-Ronneberg, Die K.e, 1929 – W. Bertrams, Der nz. Staatsgedanke und die K.e des ausgehenden MA, 1950² – H. Raab, Die Concordata Nationis Germanicae in der kanonist. Diskussion des 17.–19. Jh., 1956 – A. Meyer, Das Wiener K. v. 1448, QFIAB 66, 1986, 108–152 – →Wormser Konkordat.

Konkubinat. Im röm. Recht bezeichnete concubinatus eine rechtl. nicht anerkannte Lebens- und Geschlechtsgemeinschaft von Mann und Frau. Im Unterschied zur →Ehe fehlte diesem Verhältnis der honor matrimonii, die Kinder galten als Uneheliche. Im Laufe der ersten Jahrhunderte verlor der K. jedoch viel von seinem Makel. Unter Justinian wurde er sogar als Ehe minderen Rechts anerkannt (legitima coniunctio). Den Kindern aus dieser Verbindung (liberi naturales) kam im Vergleich zu den übrigen nichtehel. Kindern (spurii) eine gehobene Rechtsstellung zu, die sich in gewissen Unterhaltsansprüchen und der Möglichkeit zur Legitimation zeigte. Die Kirche nahm an der Rechtsform des K.s zunächst keinen Anstoß, solange es sich um eine monogame Verbindung handelte und die Partner nicht grundsätzl. jeden Nachwuchs ausschlossen (vgl. Konzil v. Toledo 400; Decr. Grat. d. 34 c. 4). Erst nachdem sich im hohen MA die chr. Ehedoktrin gefestigt hatte, setzte eine negative Bewertung des K.s ein. Da man zur Gültigkeit der Ehe das Einverständnis der Braut als erforderl. ansah und da man ferner die Unauflöslichkeit der Ehe als göttl. Gebot auffaßte, unterschied man nun streng zw. einer Ehe im Rechtssinne und einer unrechten Verbindung. Nunmehr erhielt der Begründungstatbestand eine entscheidende Bedeutung: Nur eine mit Übergabe der dos begründete Ehe, in der der Konsens der Partner zur Eingehung der Lebensgemeinschaft vor Zeugen erklärt worden war, galt als rechte Ehe. Die anderen Verbindungen wurden als K. oder Winkelehe abgelehnt. Viele kirchl. Synoden des 13. und 14. Jh. haben den K. mit Strafe bedroht, ohne freilich durchschlagend Erfolg zu haben. Auch das Dekret des Basler Konzils gegen die Konkubiniarier von 1435, die Bestimmungen des V. Laterankonzils v. 1514 und die des Konzils v. Trient von 1563 hatten nur eine beschränkte Wirkung. Selbst der Klerikerk. blieb lange eine soziale Erscheinung, wie nicht zuletzt die ständig wiederholten Strafdrohungen belegen. Erst die spätma. Stadtrechte und insbes. die Landesordnungen der frühen NZ haben mit ihren z. T. drast. Polizeistrafen den K. zurückdrängen können. H.-J. Becker

Lit.: DDC III, 1513ff. – HRG II, 1074f. – P. M. Meyer, Der röm. K., 1895 [Nachdr. 1966] – E. M. Löwenstein, Die Bekämpfung des K.s in der Rechtsentwicklung, 1919, 1–75 – H. Vandenberghe, De juridische Betekenis van het concubinaat, 1970, 3–27 – H.-F. C. Thomas, Formlose Ehen, 1973, 17–37 – R. Kottje, K. und Komunionwürdigkeit im vorgratian. Kirchenrecht, AHC 7, 1975, 159–165 – H.-J. Becker, Die nichtehel. Lebensgemeinschaft (K.) in der Rechtsgesch. (Die nichtehel. Lebensgemeinschaft, hg. G. Landwehr, 1978), 13–38 – D. Schwab, Eheschließungsrecht und nichtehel. Lebensgemeinschaft – Eine rechtsgesch. Skizze, Zs. für das gesamte Familienrecht, 1981, 1151–1156 – C. Schott, Lebensgemeinschaft zw. Ehe und Unzucht – ein hist. Überblick (Die nichtehel. Lebensgemeinschaft, hg. A. Eser, 1985), 13–32.

Konkurrenten (auch: concurrentes septimanae, Sonnenepakten, Epactae solis oder maioris, Adiectiones solares) sind durch den 28jährigen Sonnenzyklus bedingt, wie auch der Sonntagsbuchstabe. Sie kommen nicht nur in den →Ostertafeln vor, sondern bilden auch sonst ein häufig gebrauchtes Mittel zur Sicherung des Datums. Die K. geben, durch Zahlen 1–7 ausgedrückt, wobei 1 = Sonntag ist, den Wochentag an, welcher in irgendeinem Jahr dem 24. März (locus, sedes concurrentium) zukommt. Jedes Jahr kann nur eine Concurrens haben, da die K. im Gegensatz zum Sonntagsbuchstaben nur den Wochentag des 24. März angeben. Die K. folgen nicht in der regelmäßigen Reihenfolge, da bei jedem Schaltjahr eine Zahl übersprungen wird; da das 1. Jahr des abendländ. Sonnenzirkels ein Schaltjahr ist, entfällt im ersten Zyklus das Jahr 5 usw. Der Wechsel der K. soll mit dem 1. März eintreten, jedoch lassen die ma. Urkk. schreiber den Wechsel auch am 1. Jan. stattfinden.

Werden zu den K. die →Regulares (regulares solares mensium, regulares feriales) addiert, kann man mit ihrer Hilfe den Wochentag eines angegebenen Tages berechnen. Zählt man die Osterregularen (regulares paschae), die den Zeitraum zw. dem 24. März bis zur jeweiligen Ostergrenze bezeichnen, hinzu, erhält man den Wochentag des Ostervollmondes. P.-J. Schuler

Lit.: Ginzel II, 143–146 – H. Grotefend, Chronologie des dt. MA und der NZ, 1906, 286f. – F. Rühl, Chronologie des MA und der NZ, 1907, 142–145.

Konkurrenz (concurrentia) und Okkurrenz (occurrentia) sind Fachworte der Liturgie-Rubrizistik, die im Hoch- und SpätMA die Regeln bezeichnen, nach denen beim Zusammentreffen entweder von zwei Festen oder Anlässen (= K.) oder deren 1. und 2. Vesper (Vorabend- und Abendgottesdienst am Festtag selbst = Okkurrenz) der Vorrang geregelt wird. Das ranghöhere Fest setzt sich durch, das rangniedrigere wird allenfalls mit der Antiphon zum Canticum »Magnificat« (in der Vesper) und »Benedictus« (in den Laudes) sowie in der Meßfeier mittels der Orationen 'kommemoriert'. Zur konkreten Regelung wurden eigene Festrang-Tabellen angelegt. A. Häußling

Konkurs (concursus creditorum), Zahlungsunfähigkeit eines Schuldners, insbes. Gerichtsverfahren, das angewandt wird, um aus den Vermögensresten des Schuldners möglichst viel für die Gläubiger zu retten. Im Rahmen der von den Italienern beherrschten ma. Geld- und Kreditwirtschaft identifiziert sich der Begriff v. a. mit dem Zusammenbruch (fallimento) der Handelsgesellschaft der →Bonsignori in Siena (1302) sowie der →Bardi und →Peruzzi in Florenz (1348). Öffentl. Maßnahmen hielten sich in engen Grenzen, abgesehen vom betrüger. →Bankrott. Nach den Statuten, die seit dem 13. Jh. die nordit. Städte erließen, um Rechtskonflikte, die sich aus dem Zusammenstoß mit dem gemeinen röm. Recht ergaben, zu lösen, sollten Bürger zuerst befriedigt, Fremde hintangesetzt werden. Nur Venedig ließ auch den Fremden einen bes. Schutz zukommen. Die Gerichte hielten sich im übrigen an den usus mercatorum, wonach die Handelsgesellschaften die unbegrenzte, solidar. Haftung auf sich nahmen. Beim Zusammenbruch der Bonsignori erreichten die jüngeren Gläubiger die Aufgabe des Solidaritätsprinzips, das aber durch den Constituto v. 1310 wiederhergestellt wurde. In Florenz brachte ein Gesetz 1408 eine Haftungsbeschränkung der Kommanditisten; Nürnberg erlangte eine solche 1464 als ksl. Privileg für das Reich. Ursprgl. galt auch n. der Alpen zunächst das Prioritätsprinzip. Seit Ende des 13. Jh. setzte sich in den Stadtrechten der Hansestädte wie in Oberdeutschland allmähl. der Grundsatz durch, die Gläubiger quotenmäßig zu befriedigen. Daraus entwikkelte sich ein Vollstreckungsverfahren, das sich auf das Gesamtvermögen des Schuldners bezog und für alle Gläubiger gemeinschaftl. durchgeführt wurde. Wie sich das 'Falliment' oder die 'Gant' noch im 16. Jh. bei einer großen Handelsgesellschaft auswirken konnte, zeigt der Tod des Ambrosius →Hoechstetter im Augsburger Schuldgefängnis. Auch das →Einlager als bes. Form der Schuldhaft behauptete sich in einigen Gegenden, wenn eine Vollstreckung wegen der Position des Schuldners (Adlige) schwer durchzuführen war. Im internat. Bereich gab es, wie die Verschuldung Eduards III. v. England zeigt, noch keine rechtl. Absicherung. H. Kellenbenz

Lit.: HRG I, 1348f. [Gant]; II, 1083–85 [K.] – F. HELLMANN, Das K.recht der Reichsstadt Augsburg (Unters. zur dt. Staats- und Rechtsgesch. 6, 1905) – F. MEILI, Die gesch. Entwicklung des internat. K.rechts (Fschr. L. v. BAR, 1908), 1–78 – A. SAPORI, La crisi delle Compagnie dei Bardi e dei Peruzzi, 1926 – U. SANTARELLI, Per la storia del fallimento nelle legislazioni it., 1964 – W. v. STROMER, Zur Struktur der Handelsgesellschaft in Oberdtl. (3ᵉ Confér. Internat. d'Hist. Ec., Munich 1965), 1974, 156 – R. SPRANDEL, Das ma. Zahlungssystem, 1975.

Konon, Papst seit 21. Okt. 686, † 21. Sept. 687 Rom. Nach dem »Liber pontificalis« Sohn eines Offiziers vom Armeekorps der Thrakesier, in Sizilien erzogen, röm. Presbyter. Nach dem Tod Johannes' V. entschied sich der Klerus zunächst für den Archipresbyter Petrus, die röm. Miliz forderte den Presbyter Theodor. Als Kompromißkandidat wurde vom Klerus der hochbetagte Presbyter K. gewählt, mit dem sich die Miliz nach kurzem Zögern einverstanden erklärte, da er sich bisher von Parteiungen ferngehalten hatte. Die bestehenden Gegensätze dauerten aber in dem kurzen Pontifikat des unpolit., stets kränkl. K. an und brachen nach seinem Tod erneut auf (→Sergius I., Papst; →Justinian II., Ks.). G. Schwaiger

Lit.: DHGE XIII, 461 – LP I, 368–370; III, Register – E. CASPAR, Gesch. des Papsttums II, 1933, 620–623, 631 – H. H. ANTON, Von der byz. Vorherrschaft zum Bund mit den Franken (Das Papsttum, hg. M. GRESCHAT, I, 1985), 100–114 – A. ANGENENDT, Das FrühMA, 1990.

Konrad

1. K. I. ostfrk. Kg. 911–918, aus der Familie der →Konradiner; † 23. Dez. 918, ▭ Kl. Fulda; ⚭ 913 Kunigunde, Schwester →Erchangers und Bertholds; Brüder: Otto, →Eberhard (2. E.), Burchard. Als Sohn Konrads (d. Ä.) und, nach dem Tod seines Oheims Gebhard, Haupt der Konradinerfamilie, die, von ihrem Eigengut im Lahngebiet aus, im späten 9.Jh. eine führende Stellung in Hessen und am Mittelrhein gewann und, nach der Zurückdrängung der →Babenberger in langen Kämpfen (897–906), auch in Mainfranken aufrichten konnte und deren Einfluß bis nach Thüringen, Lothringen und an den Niederrhein reichte, gehörte K. (d. J.), Laienabt v. Kaiserswerth, Gf. im Wormsfeld, im Hessen- und im Keldachgau, der mächtigsten Familie in Franken an, die unter →Ludwig d. Kind maßgebl. und nach 909 unter den weltl. Ratgebern sogar ausschließl. die Reichsgeschäfte mitbestimmt hatte. Die Wahl des Franken zum ostfrk. Kg. zw. 7. und 10. Nov. 911 in →Forchheim nach dem Aussterben der ostfrk. Karolinger war daher die gegebene Lösung, mit dem Verzicht auf eine Einladung des westfrk. Kg.s, Karls d. Einfältigen, aber zugleich ein wichtiger Schritt bei der Verselbständigung des ostfrk. Reichs. Gestützt auf seine Berater, v. a. die Ebf.e v. Mainz und den Kanzler Bf. →Salomon III. v. Konstanz, verfolgte K. anfangs eine – gemessen an seinem Vorgänger – aktive, alle Reichsteile einbeziehende und – in gewandelter Situation – entschlossen an der karol. Tradition festhaltende Politik, konnte in drei Kriegszügen (912/913) aber nicht verhindern, daß Lothringen zum Westreich abfiel. Nachdem dann Ungarneinfälle nur von den territorialen Gewalten abgewehrt werden konnten und Aufstände in Alamannien (Erchanger und Berthold), Bayern (→Arnulf [2. A.]) und Sachsen (→Heinrich [1. H.]) ihm diese Reichsteile zunehmend verschlossen, sah sich K. nach 913/914 in seinem polit. Wirkungskreis ganz auf seine frk. Stammlande beschränkt, wo er v. a. sein Eigenstift Weilburg ausstattete, gab seine Herrschaftsansprüche auf das Gesamtreich aber nie auf, konzentrierte sich, wohl nach einem Abkommen mit dem Sachsen Heinrich, auf den S gewann sie hier, unterstützt von der Kirche (Synode v. →Hohenaltheim 916) auch kurzfristige Erfolge erringen. Mit dem frühzeitigen Tod K.s ist diese Politik gescheitert, mit dem Übergang der Kg.sherrschaft auf die Sachsenhzg.e – nach (apologet.) sächs. Überlieferung auf Designation K.s hin – war die Möglichkeit der Ausbildung einer konradin. Kg.sdynastie vertan. Dennoch ist das Verdikt der früheren, nationalorientierten Forsch., die K. den Verlust Lothringens anlastete und ihm vorwarf, die Zeichen der Zeit in den neuen, bekämpften Hzg.sgewalten nicht erkannt zu haben, wie schon zeitgenöss. Urteile zeigen, kaum berechtigt. H.-W. Goetz

Lit.: F. STEIN, Gesch. des Kg.s K. I. v. Franken und seines Hauses, 1872 – M. HEIDMANN, Kg. K. I. [Diss. masch. Jena 1922] – I. DIETRICH, Das Haus der Konradiner [Diss. masch. Marburg 1952] – W. H. STRUCK, Die Stiftsgründungen der Konradiner im Gebiet der mittleren Lahn, RhVjbll 36, 1972, 28–52 – H.-W. GOETZ, Dux und Ducatus, 1977 – DERS., Der letzte Karolinger? Die Regierung K.s I. im Spiegel seiner Urkk., ADipl 26, 1980, 56–125 – D. C. JACKMAN, The Konradiner. A Study in Genealogical Methodology, Ius commune 47, 1990.

2. K. II., Ks., dt. Kg., aus dem Hause der →Salier, * um 990, † 4. Juni 1039 in Utrecht, ▭ Speyer, Dom. Eltern: Heinrich, ältester Sohn Hzg. Ottos v. Kärnten und Adelheid, Tochter des Gf.en Richard v. Metz; ⚭ zw. 31. Mai 1015 und Jan. 1017 mit →Gisela († 1043), Tochter Hzg. →Hermanns II. v. Schwaben und Gerbergas, der Tochter Kg. Konrads I. v. Burgund. Kinder: Ks. Heinrich III. († 1056); Beatrix, seit 1025 in Kl. Quedlinburg; Mathilde († 1034), verlobt mit Kg. Heinrich I. v. Frankreich; Stiefsohn: →Ernst II. v. Schwaben (✕ 1030).

Als mit dem Tode Heinrichs II. das liudolfing. Ks.haus erloschen war, wurde am 4. Sept. 1024 auf Betreiben Ebf. →Aribos v. Mainz K. d. Ä. zu Kamba im Rheingau zum Kg. gewählt, nachdem sein Vetter, Konrad d. J., zum Verzicht bereitgefunden hatte. Am 8. Sept. erfolgte die Krönung durch Ebf. Aribo in Mainz, während K.s Gemahlin Gisela – wohl infolge eherechtl. Bedenken Aribos – erst am 21. Sept. von Ebf. →Pilgrim in Köln die Krone empfing. Mit K. kam das im Worms- und Speyergau begüterte Geschlecht der Salier an die Herrschaft, das seinen Ursprung auf Hzg. →Konrad d. Roten und dessen Gemahlin Liutgard, eine Tochter Ottos d. Gr., zurückführte. K., der nach dem frühen Tode seines Vaters Bf. →Burchard v. Worms zur Erziehung übergeben worden war, hatte selbst nur geringen Anteil an den ausgedehnten Gütern und Lehen der Familie. Anfängl. Widerstände gegen seine Wahl, der die Sachsen ferngeblieben waren, konnten auf dem anschließenden Kg.sumritt beseitigt werden. Mit der Wahl und der Krönung seines 1026 designierten Sohnes Heinrich III. Ostern 1028 war der Bestand der neuen Dynastie gesichert.

In konsequenter Weiterführung der Herrschaft Heinrichs II. gelang es K., die Machtstellung des Reiches weiter auszubauen. Trotz mehrerer Aufstände seines Stiefsohnes

Hzg. Ernsts II. v. Schwaben war seine Herrschaft niemals ernstl. gefährdet. Zur Wiederaufrichtung der dt. Herrschaft brach K. im Febr. 1026 nach Italien auf, wo er von Ebf. Aribert v. Mailand die lombard. Kg.skrone empfing. Den aufständischen Pavesen soll K. nach dem Zeugnis seines Biographen →Wipo damals vorgehalten haben, daß das Reich auch nach dem Tode des Kg.s fortbestehe. Ostern (26. März) 1027 fand in Rom in Anwesenheit der Kg.e Knut d. Gr. v. Dänemark-England und Rudolf III. v. Burgund die Ks.krönung durch Papst Johannes XIX. statt. Der röm. Charakter des Ksm.s wurde in der möglicherweise von Wipo stammenden Bullenumschrift »Roma caput mundi regit orbis frena rotundi« zum Ausdruck gebracht. Ein weite Teile Oberitaliens erfassender Aufstand der kleinen Vasallen (→valvassores) gegen ihre zumeist geistl. Lehnsherren gab den Anlaß für K.s zweiten Italienzug (Ende 1036). Im Unterschied zu der bisher von den dt. Kg.en befolgten Praxis ergriff K. gegen die mächtigen Bf.e Partei, indem er den 'Valvassoren' in seinem Lehensgesetz vom 28. Mai 1037 (→Constitutio de feudis) den uneingeschränkten Besitz und die Erblichkeit der Lehen bestätigte. Während K. die N- und O-Grenze des Reiches teilweise nur durch Gebietsabtretungen zu sichern vermochte, erfuhr das Reich durch den Erwerb des Kgr.es Burgund (Krönung am 2. Febr. 1033 in Peterlingen zum Kg. v. Burgund) einen bedeutenden territorialen Zuwachs.

Wie sein Vorgänger stützte auch K. seine Herrschaft auf die Reichskirche. Gleich diesem vermied er es, in die röm. Verhältnisse einzugreifen. Wohl als erster hat er in größerem Umfang →Ministeriale zur Reichsverwaltung herangezogen. Die finanzielle Inanspruchnahme der Reichskirchen und -kl. trug ihm vom Standpunkt späterer Reformer den Vorwurf der Simonie ein. Dennoch war K. keineswegs ein unkirchl. gesinnter Laie. Obgleich selbst ohne gelehrte Bildung, führte er doch den Vorsitz auf Synoden und förderte die Bemühungen →Poppos v. Stablo zur Erneuerung der Kl.zucht. Auf der väterl. Stammburg gründete er das Kl. Limburg a. d. Hardt und begann den Bau des Speyerer Domes als Grablege des sal. Hauses. →Deutschland, C. II. T. Struve

Q.: Wipo, Gesta Chuonradi II. imperatoris, ed. H. Bresslau (MGH SRG [in us. schol.] 61, 1915) – MGH DD K. II., ed. Ders., 1909 – RI III, 1 – Lit.: Gebhardt I⁹, 299-307 – Hauck III, 541-571 – Hegi, 716-723 – NDB XII, 492-495 – JDG K. II., 2 Bde, 1879-84 – Th. Schieffer, Heinrich II. und K. II., DA 8, 1951, 384-437 – M. Lintzel, Zur Wahl K.s II. (Fschr. E. E. Stengel, 1952), 289-300 – H. Schreibmüller, Die Ahnen Ks. K.s II. und Bf. Brunos v. Würzburg (Herbipolis jubilans [= Würzburger Diözesangesch.sbll. 14/15, 1952/53]), 173-233 – K. J. Benz, Ks. K. II. und die Kirche, ZKG 88, 1977, 190-217 – T. Schmidt, Ks. K.s II. Jugend und Familie (Fschr. H. Löwe, 1978), 312-324 – P. E. Schramm – F. Mütherich, Die dt. Ks. und Kg.e in Bildern ihrer Zeit, 1983, 222-227, 132-143 [Abb.] – H. Keller, Zw. regionaler Begrenzung und universalem Horizont..., 1986 (Propyläen Gesch. Dtl.s, II) – E. Boshof, Die Salier, 1987, 33-92 [Lit.] – Intitulatio III (MIÖG Ergbd. 29), 1988, 172-176.

3. K. III., *dt. Kg.*, aus dem Haus der →Staufer, * 1093, † 15. Febr. 1151 in Bamberg, ▢ ebd.; Sohn Hzg. →Friedrichs I. v. Schwaben und der Agnes, Tochter Ks. Heinrichs IV. Wurde 1116, als sein Bruder →Friedrich II. v. Schwaben zum Reichsverweser für Heinrich V. aufstieg, zum Hzg. im ö. Franken ernannt. Ließ sich nach seiner Rückkehr vom Hl. Land am 18. Dez. 1127 in Rothenburg ob d. T. zum Gegenkg. ausrufen. Gegen →Lothar v. Süpplingenburg konnte er sich nicht durchsetzen und mußte sich ihm 1135 unterwerfen; heiratete wahrscheinl. damals auch Gertrud v. →Sulzbach († 1146). Ebf. →Albero v. Trier beförderte am 7. März 1138 aus regionalpolit.

Gründen in einer irregulären Versammlung zu Koblenz die Kg.serhebung K.s, die am Pfingstfest vom Adel mit Ausnahme der →Welfen akzeptiert wurde, weswegen →Heinrich d. Stolze (34. H.) die beiden Hzm.er Bayern und Sachsen verlor. Das Kgtm. K.s wird heute nicht mehr so negativ bewertet. Der stauf.-welf. Gegensatz freilich, den er nicht zu überwinden vermochte, wirkte außenpolit. hemmend. Das Ziel, die Eroberung des südit. Normannenreiches, konnte deswegen und infolge der zu engen Bindung an die Babenberger, die im O gegen Ungarn entlastet werden mußten, nur im Bündnis mit Manuel I. v. Byzanz ins Auge gefaßt werden. Da dieser aber 1148 in Thessalonike von K., der vom 2. Kreuzzug heimkehrte, Unteritalien als Mitgift seiner Frau →Bertha v. Sulzbach verlangte und K. – angesichts der Opposition im Reich – durch Heirat seines Sohnes Heinrich (VI.) († 1150) und schließlich seiner selbst mit der byz. Prinzessin die Abmachung über eine künftige Abtretung Unteritaliens an Byzanz gegenstandslos zu machen suchte, kam das Projekt nicht zur Ausführung. Wegbereiter seines Nachfolgers Friedrich Barbarossa indessen war er in der erfolgreichen Territorialpolitik, im Umbau der Reichskanzlei und in einer Autoritätssteigerung durch gehobene Urkk.sprache. O. Engels

Q.: MGH DD K. III. und seines Sohnes Heinrich, ed. F. Hausmann, 1969 – Ottonis et Rahewini Gesta Friderici I imperatoris, MGH SRG (in us. schol. [46]), ed. G. Waitz – B. v. Simson, 1912 – Ausg. Q 17, ed. F. J. Schmale, 1965, lib. I [mit dt. Übers.] – Lit.: NDB XII, 496-499 – W. Bernhardi, JDG K. III., 1883 – F. Geldner, Zur neueren Beurteilung Kg.' K.s III. (Fschr. B. Kraft, 1955), 395-412 – F. Hausmann, Reichskanzlei und Hofkapelle unter Heinrich V. und K. III., 1956 – R. M. Herkenrath, Das 'Reich' in der frühstauf. Kanzlei, SAW.PH 264, 5, 1969 – H. Vollrath, K. III. und Byzanz, AK 59, 1977 [dazu J. P. Niederkorn, RHMitt 28, 1986; O. Engels (Fschr. A. Becker, 1987), 235-258] – O. Engels, Stauferstud., 1988, 160-176, passim.

4. K. IV., *dt. Kg.* 1237-54, Kg. v. Jerusalem, * 25. April 1228 Andria (Prov. Bari), † 25. Mai 1254 Heerlager bei Lavello, ▢ Messina, Kathedrale; Sohn Ks. Friedrichs II. und der →Isabella II. v. Brienne. Als der Ks. 1235 nach Deutschland zog, um die Rebellion seines Erstgeborenen, Kg. Heinrich (VII.), niederzuschlagen, nahm er K. mit sich, der die ersten Lebensjahre im Kgr. Sizilien verbracht hatte. Der Versuch, K. auf dem Mainzer Hoftag 1235 zum Kg. zu wählen, mißlang. Bei seinem Aufbruch nach Italien ernannte ihn der Ks. aber 1236 zu seinem Stellvertreter in Deutschland. Schließlich setzte sich der Ks. doch durch: K. wurde im Febr. 1237 in Wien zum dt. Kg. und künftigen Ks. gewählt (im Juli von den Fs.enversammlung in Speyer bestätigt). K., der nie gekrönt wurde, führte von da an den Titel 'in Romanorum regem electus'. Für den minderjährigen Kg. bestellte der Ks. Ebf. Siegfried III. v. Mainz als Reichsgubernator. Diesem zur Seite trat ein Regentschaftsrat (consilium regium), der sich aus Vertrauenspersonen Friedrichs II. zusammensetzte. Zu einem langjährigen Bürgerkrieg kam es in Deutschland, als Siegfried aus territorialem Ehrgeiz vom K. abfiel und sich im Sept. 1241 mit Ebf. Konrad v. Köln offen gegen ihn verbündete.

1242 ernannte der Ks. →Heinrich Raspe, den Landgf.en v. Thüringen, und Kg. Wenzel v. Böhmen zu Prokuratoren. Nach der Absetzung des Ks.s auf dem Konzil v. Lyon (17. Juli 1245) wurde Heinrich Raspe zum Gegenkg. gewählt. Partei am 22. Juni 1246 zum Gegenkg. gewählt. Obwohl K. von diesem durch den Verrat des Gf.en v. Württemberg u. a. schwäb. Adliger in der Schlacht v. Frankfurt (5. Aug. 1246) geschlagen wurde, vermochte er die stauf. Stellungen in Schwaben zu halten und sich in den heftigen Kämpfen im Rhein-Main-Gebiet zu behaupten. Am 16. Febr. 1247 starb Heinrich Raspe, am 3. Okt. 1247 wurde Gf. →Wilhelm II. v. Holland zum neuen Gegenkg. gewählt. Auch er konnte sich zunächst nicht gegen K. durchsetzen. Der Kampf war noch unentschieden, als am 13. Febr. 1250 Friedrich II. starb. Angesichts des nun vermehrt um sich greifenden Abfalls von der stauf. Sache gingen K. wichtige Positionen verloren (u. a. Stadt Boppard). Da seine Lage in Deutschland immer aussichtsloser wurde, scheint sich K. entschlossen zu haben, sich des Kgr.es Sizilien zu bemächtigen. Nachdem er sich durch Verkauf oder Verpfändung von Reichs- und Hausgut die nötigen finanziellen Mittel verschafft hatte, ernannte er Hzg. Otto II. v. Bayern zu seinem Stellvertreter in Deutschland und brach im Okt. 1251 nach Italien auf. Im Jan. traf er im Kgr. Sizilien ein, wo es nach dem Tod seines Vaters zu schweren Aufständen gegen die stauf. Herrschaft gekommen war. K. wurde ihrer ebenso Herr, wie er es verstand, seinen Halbbruder →Manfred in die Schranken zu verweisen. Den Umständen Rechnung tragend, versuchte K., sich mit Innozenz IV. ins Einvernehmen zu setzen, wurde jedoch am 9. April 1254 exkommuniziert. Als K. sich nach der Gewinnung Siziliens wahrscheinl. anschicken wollte, miklitär. in Deutschland einzugreifen, starb er. P. Thorau

Q. und Lit.: RI V, 796-849, 2130-2132 - P. ZINSMAIER, Nachträge..., ZGO 102, 1954, 233-236 - NDB XII, 500f. - H. DECKER-HAUFF, Das Stauf. Haus (Staufer III, 1977), 364f.

5. K. Kg., * 12. Febr. 1074 Kl. Hersfeld, † 27. Juli 1101 Florenz, ▢ ebd. Eltern: Ks. Heinrich IV. und Bertha v. Turin; ⚭ Maximilla, Tochter des Gf.en →Roger I. v. Sizilien, 1095. Der im Alter von knapp zwei Jahren bereits als Nachfolger Heinrichs IV. anerkannte K. begleitete den Vater 1076/77 auf seinem Zug nach →Canossa. Von Heinrich IV. in der Obhut Ebf. Thedalds v. Mailand zurückgelassen, verbrachte K. fortan die meiste Zeit seines Lebens in Italien. Er begleitete das kgl. Heer bei den verschiedenen Zügen auf Rom, blieb aber auch nach der Ks.krönung Heinrichs IV. in Italien. Am 30. Mai 1087 empfing er in Aachen die Kg.sweihe. Durch die Mgfn. →Mathilde v. Tuszien zum Wechsel in das päpstl. Lager bewogen, wurde K. 1093 in Mailand zum Kg. v. Italien gekrönt. Kurz nach der Synode v. Piacenza (1095) leistete er Papst Urban II. in Cremona einen Sicherheitseid und versah den Stratordienst, worauf ihm derselbe die Ks.krönung zusicherte. Zur festeren Bindung an die gegen Heinrich IV. gerichtete Opposition vermittelte Urban II. K.s Vermählung mit der Tochter Rogers v. Sizilien. Von einer Reichsversammlung in Mainz (1098) für abgesetzt erklärt, vermochte K. kaum noch, auf das polit. Geschehen in Italien Einfluß zu nehmen. T. Struve

Q.: MGH DD H. IV., ed. D. v. GLADISS-A. GAWLIK, 1941-78, 671-676 - Lit.: GEBHARDT I⁹, 331, 348f. - HEG II, passim - NDB XII, 496 [Lit.] - JDG H. IV. und H. V., Bd. 2-5, 1894-1904, passim - W. HOLTZMANN, Maximilla regina, soror Rogerii regis, DA 19, 1963, 149-167.

6. K. I., Kg. in Burgund 937-993, † 19. Okt. 993, ▢ Kl. St-André-Le-Bas zu Vienne. K. war beim Tod seines Vaters →Rudolf II. v. »Hochburgund« 937 noch minderjährig, so daß der Bestand des jungen welf. Kgr.es (→Burgund, Kgr.) gefährdet war. Otto d. Gr. durchkreuzte die Ausdehnungsabsichten Kg. →Hugos v. Italien, der die Witwe Rudolfs II., Berta, zu seiner Frau genommen und seinen Sohn →Lothar mit K.s Schwester →Adelheid verlobt hatte, indem er K., mit dem er vielleicht über seine Gemahlin →Edgith verschwägert war (HLAWITSCHKA), an seinen Hof nahm und dafür sorgte, daß K. um 942 das Erbe seines Vaters, der bereits enge lehnsrechtl. Bande zum otton. Hof unter Heinrich I. geknüpft hatte, antreten konnte. Gestützt auf Otto d. Gr. konnte K. seine Herrschaft damals nicht nur im transjuran. Alpenvorland, dem alten Kernland des welf. Kgr.es (→Konrad, Dux in Transjuranien), sondern auch im Viennois und im Lyonnais, wo die westfrk. Kg.e zeitweilig geherrscht hatten, durchsetzen, nach dem Tod Hugos v. Italien auch in Niederburgund und der Provence. Gegen Ende seiner langen, überaus quellenarmen und ereignislosen Regierungszeit scheint er den Aufstieg der regionalen Dynasten v. a. im S seines Reiches nicht mehr verhindert haben zu können (972 Vertreibung der Sarazenen aus →Fraxinetum unter Führung des Gf.en →Wilhelm v. Arles). Die engen Kontakte zu Otto d. Gr., für den Burgund wegen seiner Alpenpässe (→Großer St. Bernhard) nach dem Beginn seiner Italienpolitik noch an Bedeutung gewann (951 Vermählung mit Adelheid), setzten sich unter Otto II. fort, den K. 981 in Rom aufsuchte. Zuletzt ist K. 984 am ostfrk. Hof bezeugt. Mit seinem Sohn →Rudolf III. geriet Burgund endgültig in den Bannkreis des ostfrk.-dt. Reiches.
H. Zielinski

Q. und Lit.: MGH DD Rudolf, ed. TH. SCHIEFFER, 12-19 [ältere Lit.], 131ff. [knapp 50 Urkk.] - DERS., Hb. der europ. Gesch. I, 645f. - E. HLAWITSCHKA, Die verwandtschaftl. Beziehungen zwv. dem hochburg. und dem niederburg. Kg.shaus (Grundwiss. und Gesch., Fschr. P. ACHT, 1976), 48-57 - W. GLOCKER, Die Verwandten der Ottonen und ihre Bedeutung in der Politik, 1989, 23f. - C. BRÜHL, Dtl. und Frankreich, 1990, 484-487.

7. K. v. Montferrat, Kg. v. Jerusalem, * um 1146, † 28. April 1192 Tyrus, jüngerer Sohn Mgf. Wilhelms V. v. →Montferrat und der Judith v. Österreich, Onkel Kg. Balduins V. v. Jerusalem, Vetter Ks. Friedrichs I. und des frz. Kg.s Ludwig VII.; ⚭ 1. NN, ⚭ 2. Frühjahr 1187 Theodora, Schwester des byz. Ks.s Isaak II. (noch 1187 verlassen), ⚭ 3. 24. Nov. 1190 Isabella, Tochter →Amalrichs I. v. Jerusalem. Tochter aus 3. Ehe: Kgn. Maria v. Jerusalem. Nach Teilhabe an der bewegten Gesch. Reichsitaliens und Zwischenspielen in Konstantinopel landete K. kurz nach der Katastrophe v. →Ḥaṭṭīn in →Tyrus, wo er, das Kommando der Stadt übernehmend, zwei Belagerungen Saladins abwehrte. In Rivalität zu Kg. →Guido baute K. Tyrus zu seiner Machtbasis aus. Nach dem Tod der Kgn. Sibylla und ihrer Töchter 1190 (Erlöschen der rechtl. Legitimation der Kg.swürde Guidos) setzten die Gegner des Lusignan die Vermählung K.s mit Sibyllas Stiefschwester und Erbin Isabella durch. Im Mai 1191 bezeichnete sich K. als rex electus. Nach dem Fall Akkons setzte Kg. Richard I. Löwenherz durch, daß Guido als Kg., Isabella und K. als Thronfolger anerkannt wurden. Richards Entschluß zur Rückkehr nach England ermöglichte im April 1192 die Entscheidung der Barone, allein K. als Kg. zu akzeptieren, doch wurde er wenig später von →Assassinen ermordet. H. H. Kaminsky

Lit.: DBI XXIX, 381f.

8. K. (Kuno) I., Hzg. v. →Bayern 1049-53, † 1055, ▢ 1063 St. Mariengraden, Köln; Eltern: Ludolf, Pfgf. v. Lothringen (→Ezzonen) und Mathilde v. Zutphen; wurde am 2. Febr. 1049 von Ks. Heinrich III. unter Umgehung des Wahlrechtes der einheim. Großen zum Hzg. v. Bayern erhoben. K. gehört in die Reihe der durchwegs nur wenige Jahre herrschenden stammesfremden Hzg.e, die die sal. Ks. bis ins letzte Drittel des 11. Jh. im 'Kronland' Bayern einsetzten, um es verstärkt an das Kgtm. zu binden. Doch versuchte K., durch die gegen den Willen Heinrichs III. eingegangene Ehe mit Judith v. Schweinfurt weiter im bayer. Raum Fuß zu fassen. Seine Einsetzung erfolgte im Rahmen der sal. Ostpolitik. Dementsprechend nahm er an den Ungarnkriegen 1050/51 teil. Doch geriet er rasch in Gegensatz zu Heinrich III., als dieser das Hzm. seinem 1050 geborenen Sohn Heinrich übertragen wollte. Die Spannungen wurden durch das feindl. Verhältnis des Hzg.s zu Bf. →Gebhard III. v. Regensburg, dem Onkel Heinrichs III., verschärft. Als K. die bfl. Burg Parkstein überfallen hatte, wurde er seines Amtes 1053 enthoben und kam kurz später sogar in die Reichsacht. Daher zettelte er 1055, gestützt auf einzelne einheim. Kräfte, v. a. aber mit Hilfe der Ungarn, eine Verschwörung gegen den in Italien weilenden Ks. an, um selber auf den Thron zu gelangen. Der Aufstand brach nach seinem raschen Tod zusammen. A. Schmid

Lit.: ADB XVI, 571f. – NDB XII, 501f. – SPINDLER I, 1981², 317f. [K. REINDEL] – E. KIMPEN, Ezzonen und Hezeliniden in der rhein. Pfgft., MIÖG Ergbd. XII, 1933, 11 – DERS., Zur Genealogie der bayr. Hzg.e von 908–1070, JbfFL 13, 1953, 81 – Bayer. Biogr., hg. K. BOSL, 1983, 440 [R. REISER].

9. K. I., *mähr. Teilfs. und Hzg. v.* →*Böhmen*, * um 1035, † 6. Sept. 1092. Als dritter der fünf Söhne →Břetislavs I. und der Judith v. Schweinfurt wurde er mit einem von Böhmen abhängigen mähr. Teilsm. abgefunden. »Da er dt. konnte« (Cosmas v. Prag), bekam er den an Österreich grenzenden, s. Anteil (Brünn). Zu seinem Bruder →Vratislav II. (seit 1061 Hzg. v. Böhmen), der sich mit dem neugegr. Bm. Olmütz einen Stützpunkt in Mähren schuf, stand K. mit den Brüdern Otto v. Mähren und Bf. →Jaromir v. Prag, dessen Wahl er durchsetzen half, in Opposition. Jedoch zog er 1082 mit allen Přemysliden gegen den österr. Mgf.en →Leopold II., den Anhänger des Gegenkg.s Hermann v. Salm, zu Felde (Schlacht bei Mailberg). Nach dem Tod der jüngeren Brüder suchte Vratislav 1091 K. aus seiner Herrschaft zu vertreiben, der sich jedoch durch ein Bündnis mit Vratislavs Sohn Břetislav halten konnte. Er vermittelte erfolgreich zw. Vater und Sohn und wurde nach dem Tod Vratislavs (Jan. 1092) für einige Monate Hzg. v. Böhmen, wie sein Vorgänger in gutem Einvernehmen mit Heinrich IV. K. hinterließ von seiner Gattin Wirpirg zwei Söhne, Udalrich und Lutold.

Lit.: V. NOVOTNÝ, České dějiny I, 2, 1913. P. Hilsch

10. K. II. »**d. Jüngere**«, *Hzg. v.* →*Kärnten* 1036–39, * um 1002, † 20. Juli 1039, aus der »Wormser Linie« der Salier, Sohn Konrads I., Hzg. v. Kärnten, und der Mathilde, Tochter Hzg. Hermanns II. v. Schwaben. Nach dem Tode des Vaters wurde K. bei der Nachfolge im Hzm. Kärnten zugunsten →Adalberos v. Eppenstein übergangen, den er 1019 gemeinsam mit seinem Vetter Konrad »d. Älteren« im Kampf um das Erbe Hzg. Hermanns II. v. Schwaben bei Ulm besiegte. Bei der Kg.swahl in Kamba 1024 ermöglichte er als wichtigster Gegenkandidat durch seine Zustimmung die Wahl seines älteren Vetters Konrad II. Dafür zu wenig belohnt, empörte er sich 1025 gemeinsam mit Hzg. Ernst II. v. Schwaben und Hzg. Friedrich II. v. Oberlothringen gegen Konrad II., mußte sich aber 1027 unterwerfen; seine wichtigsten Burgen wurden gebrochen. Nach der Absetzung Hzgn. Adalberos (1035) erreichte er 1036 von Konrad II. die Belehnung mit dem um die Karantan. Mark (→Steiermark) verkleinerte Hzm. Kärnten, wo er jedoch kaum über Besitz verfügte. 1036/37 begleitete er Ks. Konrad II. nach Italien, wo ihm und dem Patriarchen Poppo v. Aquileia der gefangene Ebf. →Aribert v. Mailand anvertraut wurde, der jedoch bald entfliehen konnte. Nach K.s Tod behielt Kg. Heinrich III. Kärnten in seiner Hand, obwohl K. vielleicht einen gleichnamigen Sohn hinterlassen hatte. H. Dopsch

Lit.: H. BRESSLAU, JDG K.II., 2 Bde, 1879/84 [Neudr. 1967] – A. v. JAKSCH, Gesch. Kärntens I, 1928 – C. FRÄSS-EHRFELD, Gesch. Kärntens I, 1984, 134ff. – E. BOSHOF, Die Salier, 1987² – D. MERTENS, Vom Rhein zur Rems (Die Salier und das Reich, I, hg. ST. WEINFURTER, 1991), 221–252.

11. K. d. Rote, *Hzg. in* →*Lothringen* 944–953, * ?, ✗ 10. Aug. 955, ▭ Worms, Dom; Vater: Gf. Werner im Worms- und Speyergau, Mutter: ?; ⚭ 947 (?) Liutgard († 953), Tochter Kg. Ottos I. Als Nachfahre der aus Mittellothringen an den Rhein seit dem 8. Jh. vorandrängenden →Salier verfügte K. über die Gft.en im Worms-, Speyerund Nahegau sowie in der →Wetterau. Durch die Niederlage der mit den Saliern versippten →Konradiner in deren Auseinandersetzungen mit Kg. Otto I. wurde K.s Position am Mittelrhein, verstärkt durch Reichsgut und Vogteien über Kirchenbesitz, in der Kooperation mit dem Kg. weiter gefestigt und im Mayenfeld ausgebaut. Bereits als Jüngling (adolescens) erhielt K. 944 das Hzm. Lothringen; durch die Vermählung mit →Liutgard wurde seine Verbindung zum Herrscherhaus noch enger. Gegenüber dem Ebf. →Friedrich v. Mainz trat K. als Rivale um die Macht am Mittelrhein auf. Daß er in Bingen, Mainz und Speyer Münzen schlagen ließ, ist wichtiges Indiz seiner Stärke. Mittelpunkt seiner Machtstellung und Grablege der Sippe war Worms. Am 1. Italienzug Ottos 951 nahm K. teil, kehrte jedoch rasch wieder nach Dtl. zurück. Die Gründe für seine Beteiligung am Aufstand →Liudolfs und das krierger. Auftreten am Rhein dürften im Widerstand gegen das autokrat. Regiment des Herrschers und in Hofintrigen zu suchen sein. Noch vor Liudolf suchte K. im Sommer 954 den Ausgleich mit dem kgl. Schwiegervater und unterwarf sich in Langenzenn. Allerdings verlor er sein lothring. Hzm. und mußte die Hoffnungen auf eine Wiederherstellung des ehedem konradin. Hzm.s in Franken aufgeben. Für die weitere Zukunft gehalten werden konnte die Dukatsstellung im Wormser Raum als eine der Grundlagen sal. Reichsherrschaft. Als Anführer des frk. Aufgebotes fiel K. am 10. Aug. 955 in der Schlacht auf dem →Lechfeld. A. Gerlich

Lit.: H. BÜTTNER, Zur Gesch. des Erzstiftes Mainz im 10. Jh. (Jb. für das Bm. Mainz 2, 1947), 260–273, bes. 266 – H. WERLE, Das Erbe des sal. Hauses [Diss. masch. Mainz 1952], 53ff., 221ff., 230–243 – DERS., Titelhzm. und Hzg.sherrschaft, ZRGGermAbt 73, 1956, 225–229, bes. 239–264 – DERS., Das Saliergut an Mittel- und Oberrhein (944–1125) (Pfalzatlas, Textbd. 1, hg. W. ALTER, 1964), 105–110, Karte 2 – W.-A. KROPAT, Reich, Adel und Kirche in der Wetterau..., 1964, 42ff., 152ff., 200 – L. FALCK, Mainz im frühen und hohen MA, 1972, 57–61, 65, 72–80 – E. BOSHOF, Die Salier, 1987², 7–20, 30ff. – ST. WEINFURTER, Herrschaftslegitimation und Kg.sautorität im Wandel (Die Salier und das Reich, I, hg. DERS., 1991), 55–96, bes. 64ff. – I. HEIDRICH, Bf.e und Bf.skirche von Speyer (ebd. II), 187–244, bes. 188ff.

12. K. II., *Fs. v.* →*Mähren/Znaim* seit 1123, † nach 1161; ⚭ Maria, Tochter Stefan Uroš' v. Serbien. Vom böhm. Hzg. →Vladislav I. als přemyslid. Teilfs. eingesetzt, wurde er 1128 von dessen Nachfolger →Soběslav I. festgenommen und Heinrich v. Groitzsch zur Bewachung übergeben. Seine Regierungszeit nach seiner Rückkehr in sein Fsm. (1134) war durch heftige Spannungen mit Bf. v. Olmütz, →Heinrich Zdik, gekennzeichnet, der gegen das hochadlige Eigenkirchenrecht vorging und auf Seiten der böhm. Herrscher stand. Beim Aufstand des böhm. Adels gegen →Vladislav II. stellte sich K. (offenbar als Thronkandidat) mit den anderen mähr. Teilfs.en an die Spitze des aufständ. Heeres, schlug den Hzg. bei Čáslav und belagerte Prag (1141/42). Das militär. Eingreifen Kg. Konrads III. rettete Vladislav, der daraufhin Rachefeldzüge nach Mähren unternahm; erst 1146 unterwarf sich ihm K. 1160 wird er, wahrscheinl. nach Übernahme auch des Brünner Landesteils, 'princeps Moraviensium' gen.

Lit.: V. NOVOTNÝ, České dějiny I, 2, 1913. P. Hilsch

13. K. III. Otto, *Mgf. v. Mähren und Hzg. v. →Böhmen* (seit 1189), † 9. Sept. 1191 bei Neapel; ⚭ Helicha v. Wittelsbach. Wahrscheinl. Sohn des mähr. Přemysliden Konrad II., war er nach diesem seit den 60er Jahren Teilfs. v. Znaim, später auch v. Brünn. Er wurde, mit guten Beziehungen zum dt. Hof, zum großen Gegenspieler der Prager Přemysliden in den langjährigen Thronwirren nach 1173. Zunächst bei krieger. Fehden mit Österreich auf seiten Hzg. →Soběslavs II., wechselte K. jedoch dann die Fronten und führte den auch vom Ks. unterstützten →Friedrich (11. F.) auf den Prager Thron. Der Adel verjagte Friedrich 1182 wieder und wählte K. O. zum Hzg., der daraufhin Prag einnahm. Zwar mußte er auf dem Regensburger Hoftag 1182 Böhmen wieder an Friedrich abgeben, dafür bekam er wohl hier ganz Mähren als Reichslehen verliehen und nannte sich fortan Mgf. Nach heftigen böhm. Einfällen in sein Land (Schlacht bei Lodenitz) kam es zur Übereinkunft von Knin (1186): K. O. anerkannte die Oberhoheit Hzg. Friedrichs und wurde zu dessen Nachfolger bestimmt; problemlos wurde er nach dem Tod Friedrichs böhm. Hzg. Wahrscheinl. deshalb löste er sein früheres Kreuzzugsversprechen nicht ein. Vom Ks. soll er zum 'imperialis coadiutor' Heinrichs VI. ernannt worden sein; im Interesse des Reiches führte er einen Feldzug nach Meißen durch. Die diplomat. Fähigkeiten, die friedl. Zusammenarbeit mit Adel und Kirche, die Initiative zur ersten schriftl. Gesetzesslg. (»Statuta Conradi«) erweisen den gebildeten K. O. als einen der bedeutendsten Přemyslidenfs.en des 12. Jh. 1191 beteiligte er sich am Romzug Heinrichs VI., war bei der Ks.krönung anwesend und starb bei der Belagerung von Neapel. P. Hilsch

Lit.: J. DEMEL, K. Ota, první markrabí Moravský, ČMM 18, 1894 – V. NOVOTNÝ, České dějiny I/2, 1913; I/3, 1928.

14. K. I., *Hzg. v. Masowien* (Mazowiecki), * um 1187, † 31. Aug. 1247, aus der kleinpoln.-masow. Linie der →Piasten, Eltern: Kasimir II. der Gerechte und Helena, ⚭ 1207 Agafia v. Vladimir, Söhne: Kasimir I. v. Kujawien und Siemowit I. v. Masowien. In den Kämpfen um die Vorherrschaft gegen →Mieszko Stary aus der großpoln. Linie übte K. seit 1199 vorläufige hzgl. Herrschaft in Masowien und Kujawien aus, in Sieradz und Łęczyca von 1202 an, ab 1210 endgültig. 1205 wehrte er zusammen mit seinem älteren Bruder, dem Senior →Leszek Biały, in der Schlacht bei Zawichost die Gebietsforderungen Romans I. v. Vladimir und Brest ab. An der N-Grenze seines Herrschaftsgebietes bildeten die heidn. Prußen und Jatvjagen einen ständigen Unruheherd. K. forderte deshalb den Hochmeister des →Dt. Ordens, Hermann v. →Salza, auf, den Kampf gegen die Prußen aufzunehmen, und stellte ihm den Besitz des zu erobernden Landes in Aussicht. Der im →Kruschwitzer Vertrag (1230) beurkundete Schenkungsakt gegenüber dem Dt. Orden wurde wohl K.s folgenschwerste polit. Aktion. K.s Versuch, sich vor der Ankunft des Dt. Ordens durch Neugründung des Ritterordens v. →Dobrin ein Druckmittel zu verschaffen, erledigte sich spätestens 1235 bzw. 1237, als dieser dem Dt. Orden inkorporiert wurde.

In den Kampf um die Vorherrschaft in Polen schaltete sich K. wieder ein, als nach dem Tode Leszeks 1227 die Gegensätze unter den Fs.en erneut aufbrachen. Nachdem K. unter Berufung auf das Senioriatsprinzip 1229 Krakau mit Kleinpolen in Besitz genommen hatte, stieß er ab 1233 mit dem Hzg. Heinrich d. Bärtigen aus der schles. Piasten-Linie zusammen, der Krakau und Teile Großpolens für sich vereinnahmte. K.s erneuten Versuch, 1241 in Kleinpolen Fuß zu fassen, verhinderte Bolesław V. Wstydliwy (d. Schamhafte), der Sohn Leszeks, der K. für den Rest seines Lebens auf sein ursprgl. Herrschaftsgebiet im N beschränkte. C. A. Lückerath

Lit.: W. KENTRZYNSKI, Der Dt. Orden und K. v. M. 1225–35, 1904 – Wielka Encyklopedia Powszechna Pwn 5, 1965, 817 – R. GRODECKI, Polska piastowska, 1969⁵ – B. WŁODARSKI, Polityczne plany Konrada I. księcia mazowieckiego, 1971 – P. JASIENICA, Polska Piastów, 1974⁵ – Piastowie w dziejach Polski, hg. R. HECK, 1975 – H. ŁOWMIANSKI, Anfänge und polit. Rolle der Ritterorden an der Ostsee im 13. und 14. Jh. (Der Deutschordensstaat Preußen in der poln. Gesch.sschreibung der Gegenwart, hg. U. ARNOLD–M. BISKUP, 1982), 36–85.

15. K., *Mgf. v. →Meißen* 1123–56, * vor 1100, † 5. Febr. 1157 Kl. →Petersberg b. Halle, ⌂ ebd.; Sohn des Gf.en Thimo v. Wettin ('v. Kistritz'), erbte um 1116 die Gft. Brehna und übernahm beim Tode seines älteren Bruders Dedo IV. 1124 als einziger männl. Sproß des Hauses den Allodialbesitz um Wettin und Camburg. Als 1123 sein Neffe 2. Grades, Gf. Heinrich v. Meißen und der Ostmark, ohne Erben starb, übertrug Ks. Heinrich V. die Lehen an Gf. →Wiprecht v. Groitzsch. Mit Hilfe des sächs. Hzg.s →Lothar v. Süpplingenburg, dem sich K. gegen das sal. Kgtm. angeschlossen hatte, konnte er jedoch noch 1123 die Herrschaft in der Mgft. Meißen antreten (förml. Belehnung nach dem Tode Ks. Heinrichs). 1136 gewann er auch die Ostmark (Niederlausitz) und von seinem erbenlos verstorbenen Schwager Heinrich Eigengüter aus Groitzscher Familienbesitz. Später fielen ihm das Land um Dresden und die Oberlausitz zu. Kg. Konrad III. übertrug ihm 1143 die Gft. Rochlitz und die Vogtei über das Reichskl. Chemnitz; über das Hochstift Naumburg hatte er ebenfalls die Vogtei inne. 1139 ausgebrochene poln. Thronstreitigkeiten führten K. zu einem mißglückten Feldzug nach O. 1145 unternahm er eine Pilgerreise nach Jerusalem, 1147 nahm er am gescheiterten →Wendenkreuzzug teil. Mit seinem Bruder Dedo stiftete er 1124 das CanAug-Stift auf dem Petersberg b. Halle, in das er 1156 nach Resignation von seiner Herrschaft eintrat. Seinen zielstrebig aufgebauten Landbesitz teilte er unter seine fünf ihn überlebenden Söhne. Er gilt als Begründer der wettin. Macht im meißn. Land. →Wettiner. K. Blaschke

Lit.: NDB XII, 512 – W. HOPPE, Mgf. K.v.M., der Reichsfs. und Gründer des wettin. Staates, NASG 40, 1919, 1–53 – K. BLASCHKE, Der Fs.enzug zu Dresden, 1991.

16. K., *Pfgf. bei Rhein* aus dem Haus der →Staufer, * um 1134/36, † 8. Nov. 1195, ⌂ Kl. Schönau (Steinachtal); Eltern: Hzg. →Friedrich II. v. Schwaben (37. F.) und Gfn. Agnes v. Saarbrücken (1115–47?). Früh verwaist, wuchs K. unter der Vormundschaft seines Halbbruders Friedrich Barbarossa auf. Als dieser 1152 zum Kg. gewählt wurde, übertrug er dem inzwischen volljährig gewordenen K. die Vormundschaft über den Vetter Hzg. →Friedrich IV. v. Rothenburg (38. F.). K. nahm an den ersten Feldzügen Ks. Friedrichs I. teil, stand nach 1159 auf dessen Seite im Schisma, neigte aber im Gegensatz zum Kölner Ebf. →Rainald v. Dassel zum Ausgleich mit der Opposition in Italien. 1156 zum Pfgf.en (→Pfalzgrafschaft bei Rhein) ernannt, suchte K. an Mittel- und Niederrhein die Herrschaft zur rhein. Vormacht auszubauen und geriet in Widerstreit mit den Ebf.en v. Köln und Trier. Sein auf Stärkung der Hausstellungen in Schwaben, Franken und am Rhein bedachtes Streben wurde vom Ks. aus Rücksichtnahme auf die Kölner Ebf.e Rainald v. Dassel und →Philipp I. v. Heinsberg nicht unterstützt, und K. konnte seine Initiativen fortan nur im Mainzer Raum, an der Nahe, im Hunsrück, an der Haardt entfalten und im Elsaß weiterverfolgen. Das Hauptgewicht verlagerte er in das Neckargebiet (möglicherweise Begründung der Vorrangstellung →Heidelbergs), in die linksrhein. Region um den Donnersberg mit bes. Förderung von Alzey und Neustadt an der Weinstraße. Nach der Wiederannäherung an Friedrich I. 1168 wirkte K. in Italien und Niederlothringen und 1187 auf des Ks.s Seite bei dessen Zusammenkunft mit Kg. Philipp II. August. Seine auf Ausgleich bedachte Politik setzte er auch unter Ks. Heinrich VI. fort, bes. als es um die Befreiung Kg. Richards Löwenherz und um die Versöhnung mit Heinrich d. Löwen ging. In diese Linie fügte sich die von K.s zweiter Gemahlin Irmgard v. Henneberg († 1197) arrangierte Hochzeit der Erbtochter Agnes († 1204) mit →Heinrich (V.) v. Braunschweig (67.H.). A. Gerlich

Lit.: NDB XII, 520–523 [Lit.] – SPINDLER III/2, 1979^2, 1255ff. [W. VOLKERT] – H. BÜTTNER, Staufer und Welfen im polit. Kräftespiel zw. Bodensee und Iller... (Schwaben und Schweiz im frühen und hohen MA, 1972 [= VuF 15]), 337–392 – H. DECKER-HAUFF, Das stauf. Haus (Staufer III, 1977), 352, 357 – H. MAURER, Der Hzg. v. Schwaben, 1978, passim – M. SCHAAB, Gesch. der Kurpfalz I, 1988, 36–63 – →Pfalzgrafschaft bei Rhein.

17. K. v. Rothenburg, Hzg. v. →Schwaben aus dem Haus der →Staufer, * ca. 1172, † 15. Aug. 1196 Durlach (ermordet), □ Lorch, fünfter Sohn Ks. Friedrichs I. und der Beatrix v. Burgund. Die nach dem Tode Hzg. Friedrichs IV. v. Rothenburg († 1167) freigewordenen stauf. Hausgüter in Franken wurden K. zugewiesen. Im Text der (nicht wirksam gewordenen) Eheabsprache vom 23. April 1188 zw. K. und Berengaria (→Berenguela), der Tochter Kg. Alfons' VIII. v. Kastilien, ist der damalige Besitz K.s im Detail aufgeführt. Nach dem Tode Friedrichs V. empfing K. 1192 die Schwertleite sowie das Hzm. Schwaben, dem der gesamte Welfenbesitz in Oberschwaben verbunden war, der nach dem Tode Hzg. Welfs VI. 1191 entsprechend der Erbschaftsabsprache mit Friedrich Barbarossa endgültig an das stauf. Haus fiel. In der Umgebung seines Bruders, Ks. Heinrichs VI., ist er bis zu seinem Tode anzutreffen und hat die stauf. Interessen in Schwaben und Franken vertreten. Aus dem Bericht, seine Ermordung sei Racheakt eines Ehemanns gewesen, dessen Frau er vergewaltigt habe, schloß man auf ausschweifende Lebensweise des als tüchtiger Krieger gerühmten Staufers. Sein früher Tod brachte die Hausordnung Barbarossas zum Scheitern, als deren Erbe zunächst nur Philipp v. Schwaben zurückblieb. H. Schwarzmaier

Lit.: NDB XII, 527f. – C. F. STÄLIN, Wirtemberg. Gesch. II, 1847, 130ff. – P. RASSOW, Der Prinzgemahl. Ein Pactum matrimoniale aus dem Jahr 1188, 1950 – G. BAAKEN, Die Altersfolge der Söhne Friedrich Barbarossas, DA 24, 1968, 46ff. – E. ASSMANN, Friedrich Barbarossas Kinder, DA 33, 1977, 434ff., 458f. – H. DECKER-HAUFF, Das stauf. Haus (Staufer III, 1977), 356 – H. MAURER, Der Hzg. v. Schwaben, 1978, 273.

18. K., Hzg. v. →Spoleto, aus dem edelfreien schwäb. Haus Urslingen (Stammburg Irslingen, Gemeinde Epfendorf, Krs. Rottweil); * ca. 1153, † Nov. (?) 1202 Sizilien, ∞ NN, möglicherweise Seitenverwandte der Staufer (Hochburgund?, Teck?), Ziehmutter Ks. Friedrichs II. 1195–97 (98?); Kinder: 4 Söhne, mindestens 1 Tochter. – K. erscheint ab 1172 mit Christian v. Mainz in Italien, wurde wohl 1174 Legat im Hzm. Spoleto und 1176/77 Hzg. v. Spoleto und Gf. v. Assisi, erhielt das Hzm. aber erst ca. 1195 als Erblehen. Er bemühte sich um Frieden und dauerhafte Ordnung. Seit 1191 war K. mehrfach im Kgr. Sizilien und wurde 1195 Vikar des Kgr.s. Nach dem Tod Heinrichs VI. konnte er sein Prinz. gegen die päpstl. Rekuperationen nicht halten. Von Kg. Philipp weiter als Hzg. anerkannt, ging K. 1202 nach dem Tod →Markwards als Reichsverweser nach Sizilien. K. Schubring

Lit.: K. SCHUBRING, Die Hzg.e v. Urslingen, 1974 – H. DECKER-HAUFF, Das stauf. Haus (Staufer III, 1977), 359 – Il Ducato di Spoleto, Atti Spoleto 1983 [D. WALEY] – TH. KÖLZER, Urkk. und Kanzlei der Ksn. Konstanze, Kgn. v. Sizilien (1195–98), 1983.

19. K., *Dux in Transjuranien,* um 870, Stammvater der burg. →Rudolfinger, die mit K.s Sohn →Rudolf (I.) 888 das Kgr. →Burgund begründeten. Durch seinen Vater Konrad d. Älteren ein Neffe der Ksn. →Judith, zudem Bruder des →Hugo Abbas (sog. westfrk. →Welfen), ist K. um 860 als Gf. v. Auxerre bezeugt. Er war damals mit einer gewissen Waldrada verheiratet und wird noch 863/864 als propinquus Karls d. Kahlen bezeichnet, den er 858/859 gegen Ludwig II. v. Ostfranken unterstützt hatte. Bald darauf muß er aber in Ungnade gefallen sein, sich an den Hof Lothars II. begeben haben und durch dessen Vermittlung von Ks. Ludwig II. v. Italien, dem älteren Bruder Lothars II., mit Transjuranien betraut worden sein. Diesen alten Dukat zw. Jura und Alpen, also das Land um Genf, Lausanne und Sitten, hatte Lothar II. schon 859 seinem Bruder abgetreten. Fakt. herrschte dort ohnehin nicht Lothar selbst (bzw. Ludwig II.), sondern Lothars mächtiger, mit ihm aber verfeindeter Schwager Hukbert v. St-Maurice, den K. noch 864 bei Orbe besiegte. K., dessen Todesjahr unbekannt ist, vererbte seine neue Herrschaft vor 878 seinem Sohn Rudolf, der damals erstmals als Gf. und (Laien-)Abt v. St-Maurice d'Agaune begegnet. Möglicherweise war auch K. in der Nachfolge Hukberts schon Laienabt dieser auf den mit der neuen Dynastie bes. eng verbundenen Abtei. H. Zielinski

Q. und Lit.: RI I/3, 1, 1991, Nr. 179 und 228 – Recueil des Actes de Charles II le Chauve, ed. G. TESSIER, II, Nr. 260f., 269f. – R. POUPARDIN, Le royaume de Bourgogne (888–1038), 1907 – E. HLAWITSCHKA, Franken, Alemannen, Bayern und Burgunder in Oberitalien (774–962), 1960, 214f.

20. K. v. Zähringen, Hzg. v. Zähringen, Rektor v. Burgund, * um 1095, † 8. Jan. 1152, □ St. Peter im Schwarzwald, Sohn →Bertholds II. und der Agnes v. Rheinfelden. Schon vor dem Tod seines Bruders, Hzg. →Berthold III. v. Zähringen, griff der 'dominus' und 'puer adolescens' K. 1120 Schaffhausen an und gründete auf seinem Eigengut den Marktort →Freiburg im Breisgau. Seit 1122 Hzg., mischte er sich in die Abtswahl in St. Gallen ein; 1125 erhielt er die Kl.vogtei über St. Blasien. Um diese Zeit mit Clementia, Tochter des Gf.en Gottfried v. Namur, vermählt, setzte er sich im Kampf um das Erbe Gf. Wilhelms IV. v. Burgund erfolgreich durch und konnte zu den großen Erbschaften von 1090 (Rheinfelden) und 1127 (Gf.en v. Burgund) von Kg. Lothar III. auch den Rechtstitel eines 'Rektors' v. Burgund erlangen. Das Rektorat erstreckte sich nachweisl. auf 'Ostburgund', betraf aber wohl ganz 'Reichsburgund', wie auch der Vertrag Kg. Friedrichs I. mit Hzg. Berthold IV. (1152) vor dem Verzicht 1156. Als 'Rektor v. Burgund' war K. Anhänger Kg. und Ks. Lothars und seit 1138 als 'Hzg. v. Burgund' Kg. Konrads III. Im stauf.-welf. Konflikt war er geschickt auf Ausgleich bedacht. Er begab sich nicht auf den zweiten Kreuzzug ins Hl. Land, sondern schloß sich dem Wendenkreuzzug →Heinrichs d. Löwen an und vermählte seine Tochter →Clementia mit diesem. Schon vorher (1146) hatte ihn der junge Schwabenhzg. Friedrich in Zürich, am Oberrhein und im Breisgau (Zähringen) angegriffen, womit der Staufer seine Herrschaftsansprüche kundtat. Wegen seiner zielstrebigen Territorialpolitik hält man K. für den bedeutendsten zähring. Hzg. K. Schmid

Q.: →Berthold V. (9. B.), →Zähringer – U. PARLOW, Kommentierte Q.dokumentation zur Gesch. der Hzg.e v. Zähringen [Diss. Freiburg i. Br. 1991] – *Lit.:* BWbDG II, 1542 – NDB XII, 533f. – H. HEINEMANN,

Unters. zur Gesch. der Zähringer in Burgund, ADipl 29, 1983, 42-192; 30, 1984, 97-257 – G. ALTHOFF, O. G. OEXLE, K. SCHMID, H. SCHWARZMAIER, Staufer–Welfen–Zähringer ..., ZGO 134 NF 95, 1986, 21-87 – Die Zähringer, hg. H. SCHADEK–K. SCHMID, I–III, 1986/ 90 [Lit.: I, III].

21. K. v. Wallenrode, →*Hochmeister des* →*Dt. Ordens,* * um 1350, † 23. Juli 1393, ⌐ Marienburg, Hochmeistergruft; aus altem frk. Adelsgeschlecht (Schwabach, s. von Nürnberg). Als Ordensmitglied erstmals 1365-74 (Pfleger v. Preuß. Eylau) nachweisbar; 1376 Hauskomtur in Christburg, 1377-82 Komtur v. Schlochau, 1382-87 Oberster Marschall, 1387 Großkomtur, nach dem Tode des Hochmeisters Konrad Zöllner v. Rotenstein am 20. Juli 1390 Hochmeister-Statthalter, am 12. März 1391 zum Hochmeister gewählt. K. suchte die seit Jan. 1390 bestehende Bündnisverbindung mit →Witold v. Litauen zu stärken; doch fiel dieser 1392 auf Betreiben Kg. Władisławs v. Polen vom Orden ab, um sich mit jenem auszusöhnen. Im Gegenzug nahm K. von Hzg. Władisław v. Oppeln das Hzm. →Dobrin zum Pfand unter Rückendeckung Kg. Siegmunds v. Ungarn und ließ dieses strateg. wichtige Gebiet sofort durch Ordenstruppen besetzen. Das Verpfändungsangebot der →Neumark durch die Luxemburger lehnte K. ab. Er straffte die Finanzverwaltung und förderte entschieden den Eigenhandel, was zu einer Geldakkumulation des Ordensstaates führte, aber den Gegensatz zu den preuß. Ständen, insbes. zu den Städten, verstärkte. In der Kirchenpolitik griff K. energisch in den Streit des Ordens mit dem livländ. Episkopat ein, ließ nach der Flucht des Ebf.s v. →Riga ebfl. Gebiete besetzen und setzte durch, daß der Orden die Verwaltung des Landes an sich zog. Während Kg. Wenzel den livländ. Episkopat stützte, konnte K. die Kurie für sich gewinnen und bereitete so der Verleihung des Ebm.s an seinen Neffen→Johann v. W. und die Inkorporation des Erzstifts in den Orden vor. – Die negative Bewertung K.s, so in der späteren Chronistik, leitet sich her aus dem Urteil der Klausnerin →Dorothea v. Montau († 1394), zu der K. in Ablehnung stand. C. A. Lückerath

Q.: SSrerPruss II, III, 1863-66 – *Lit.*: ADB XL, 732f. – Altpreuß. Biogr. II, 1967, 772f. – NDB XII, 516f. – J. VOIGT, Gesch. Preußens, 1832 – O. SCHREIBER, Die Personal- und Amtsdaten der Hochmeister (Oberländ. Gesch.-Bll. 15, 1913) – M. TUMLER, Der Dt. Orden, 1955 – B. JÄHNIG, Johann v. W., 1970 – W. PARAVICINI, Die Preußenreisen des europ. Adels I, 1988.

22. K. v. Jungingen, →*Hochmeister des* →*Dt. Ordens,* * um 1355, † 30. März 1407 Marienburg, ⌐ ebd., St. Annenkapelle; aus schwäb. Niederadel. Wohl um 1380 nach Preußen gekommen, ist K. 1387 als Hauskomtur in Osterode erstmals nachweisbar. 1390 wurde er Tressler, am 30. Nov. 1393 wählte ihn das Große Kapitel zum Hochmeister. Das polit. Umfeld hatte sich durch die Thronbesteigung Władysław →Jagiełłos grundlegend geändert, führte sie doch zu einem andauernden Kriegszustand zw. dem Orden und Litauen. Die Beziehung zu den Luxemburgern, Kg. Wenzel und Sigmund v. Ungarn, wurden schwächer, das Verhältnis zu Skandinavien verschlechterte sich durch die wachsende Macht der Kgn. Margarete, aber auch wegen der Duldung des Seeräuberunwesens. Mit England kam es zu Spannungen wegen der gegenseitigen Handelskonkurrenz. Es bestanden Differenzen mit dem livländ. Episkopat, die auch durch die Wahl→Johanns v. Wallenrode zum Ebf. v. Riga nicht beseitigt werden konnten. K. war bemüht, Polen und Litauen zu trennen, indem er die Ostexpansion des Gfs. en Witowt, vertragl. abgesichert, unterstützte. Dafür trat Witowt dem Orden im Frieden v. Sallinwerder (1398)

Schamaiten ab, während der Orden den Litauern Nowgorod als Interessengebiet zusprach, Pleskau sollte dem livländ. Orden zufallen. Bei der Eroberung der Gebiete wollte man gemeinsam vorgehen. Die polit. Allianz mit Litauen gab K. freie Hand für eine aktive Seepolitik. Mit einer durch die Ausstädte ausgerüsteten Flotte eroberte er die Seeräuberinsel Gotland samt Visby und nahm sie formal von Hzg. →Albrecht III. v. Mecklenburg in Pfand. Doch bereits 1401 ging Witowt mit Polen eine förml. Union ein. Als Kg. Sigmund 1402 dem Orden die →Neumark zum Kauf anbot, entbrannte ein offener Grenzstreit mit Polen (Driesen, Zantoch). Nach einem dän. Angriff auf Gotland entschloß sich K. zu einem friedl. Ausgleich mit Polen und Litauen, der im Mai 1404 durch den Friedensvertrag v. Raciąż besiegelt wurde: Der Orden überließ Polen das ihm 1392 von Hzg. Władysław v. Oppeln verpfändete Hzm. Dobrzyń. Kg. Władysław bestätigte den Frieden v. Sallinwerder und anerkannte den Friedensschluß v. →Kalisch (1443). Über die neumärk. Grenzfrage sollte in einem Abkommen geschlossen werden.

Die innere Landesverwaltung war unter K. noch unbelastet von Konflikten mit den Ständen; der autochthone Adel verpflichtete sich weitgehend dem Ordensdienst, und die städt. Interessen deckten sich mit denen der Landesherrschaft, was insgesamt zu einer stabilen Finanzsituation im Ordensstaat beitrug. C. A. Lückerath

Lit.: moderne Biogr. fehlt – ADB XIV, 718ff. – Altpreuß. Biogr. I, 313 – NDB XII, 517f. – K. NEITMANN, Die Staatsverträge des Dt. Ordens in Preußen 1230-1449, 1986, 150ff. u. ö.

23. K. v. Erlichshausen →*Hochmeister des* →*Dt. Ordens,* * um 1390 Ellrichshausen b. Crailsheim, † 7. Nov. 1449 Marienburg, ⌐ ebd., St. Annenkapelle; aus schwäb. Ministerialiengeschlecht. Erstmals nachgewiesen ist K. im Dt. Orden in Preußen als 'Kumpan' des Hochmeisters 1415-18, danach war er Vogt zu Grebin und ztw. zu Roggenhausen, 1425-32 Komtur zu Ragnit, Tilsit und Labiau. 1432 gelangte er als Großkomtur in den Kreis der obersten Gebietiger. 1434-36 war er Oberster Marschall. Wohl wegen interner Differenzen 1436 in die unbedeutende Komturei Kulm-Althaus umgesetzt, erscheint er 1438 als Komtur in Thorn. 1440 wirkte er gemeinsam mit dem Großkomtur Wilhelm v. Helfenstein und anderen Gebietigern angesichts der landsmannschaftl. Unruhen an der Erzwingung eines Ämterwechsels gegenüber Hochmeister →Paul v. Rusdorf mit. Am 1. März 1440 wieder Oberster Marschall, führte er die Reformpartei im Orden an. Als K. nach der Resignation Rusdorfs am 12. April 1441 zum Hochmeister gewählt wurde, stand ihm die Aufgabe einer polit. Antwort auf den Zusammenschluß der Stände zum →Preuß. Bund bevor, zumal durch die Interventionen des Deutschmeisters, aber auch des Landmeisters v. Livland, die Autorität des Hochmeisteramtes beschädigt worden war. Ein Ausgleich mit den Livländern gelang K. Dagegen mußte er sich auf eine Anerkennung der gefälschten Orselnschen Statuten gegenüber dem Deutschmeister einlassen, suchte sie aber ordensintern zu umgehen, u. a. mit der Hilfe der Kurie. Das ständ. Problem verlor insofern an Brisanz, als die außenpolit. Stützung und damit der auswärtige Druck von seiten Polen-Litauens nachgelassen hatten. Dagegen zog der Krieg der Hanse mit den Holländern die Landwirtschaft in Preußen stark in Mitleidenschaft. Das gab K. die Möglichkeit, den durch Handelsverbote der Hanse schwer geschädigten Adel gegen die Städte auszuspielen. So konnte er den unentbehrl. Pfundzoll in einigen Landesteilen wieder einführen und die Städte dazu zwingen, u. a. das ksl. Hofgericht anzurufen. Die Auflösung des Preuß. Bundes konnte

K. aber letztl. nicht durchsetzen, obwohl er auch die Universalinstanzen Ks. und Papst gegen jenen einzusetzen versuchte.
C. A. Lückerath

Lit.: ADB VI, 223 ff. – Altpreuß. Biogr. I, 167 f. – NDB XII, 518 f. – K. E. Murawski, Zw. Tannenberg und Thorn. Die Gesch. des Dt. Ordens unter Hochmeister K. v. E. 1441–1449, 1953 – K. Gorski, Die Anfänge der ständ. Vertretung der Ritterschaft im Ordensland Preußen im 15.Jh. (Der Ordensstaat Preußen in der poln. Gesch.sschreibung, hg. U. Arnold – M. Biskup, 1982), 218 ff.

24. K. I. v. Querfurt, *Bf. v.* →*Hildesheim* nach 1194–99 und →*Würzburg* 1198–1202, aus edelfreiem sächs. Geschlecht; Vater: Burchard II., Burggf. v. Magdeburg († 1178). Als Hildesheimer Domherr studierte K. in Paris, wo er den späteren Papst Innozenz III. kennenlernte, wurde 1188 ksl. Kaplan und Propst v. St. Simon und Juda in Goslar, 1194 auch Propst in Aachen. Nach 1194 zum Bf. v. Hildesheim geweiht, wurde er bald danach Kanzler Ks. Heinrichs VI., dann ksl. Legat für Italien. 1196/97 in Italien zum Bf. geweiht, war er an der Vorbereitung des Wiederaufnahme des 3. →Kreuzzuges beteiligt. Auf der Fahrt ins Hl. Land krönte er im Auftrag des Ks.s in Nikosia Amalrich II. v. Lusignan zum Kg. v. Zypern. Noch im März 1198 bei der Gründung des Dt. Ordens in Akkon zugegen, wurde er wahrscheinl. durch den beginnenden dt. Thronstreit und wohl auch durch die Nachricht von seiner Wahl zum Bf. v. Würzburg zur vorzeitigen Rückkehr veranlaßt. Die Annahme der Würzburger Wahl führte zum Konflikt mit Papst Innozenz III. Im März 1200 zog K., vielleicht gedrängt von Kg. Philipp, der ihn als Kanzler übernahm, nach Rom, wo er von den Kirchenstrafen absolviert wurde. Der Papst bestätigte ihn schließlich im Sommer 1201 nach Postulation durch das Domkapitel als Bf. v. Würzburg, vielleicht mit den Preis der Unterstützung Kg. Ottos IV., des päpstl. Kandidaten im Thronstreit. Jedenfalls fiel K. im Herbst 1202 von Kg. Philipp ab und wurde seines Kanzleramtes enthoben. Bevor der zu einem Zug gegen ihn aufbrechende Kg. Würzburg erreichte, wurde K. von Bodo v. Ravensburg, dem Exponenten der Stiftsministerialität, deren Position er durch zielstrebige Territorialpolitik geschwächt hatte, am 2. Dez. 1202 ermordet. Kg. Philipp war an dem Mord, so gelegen er ihm kommen mußte, unschuldig.
A. Wendehorst

Lit.: NDB XII, 504 f. – A. Wendehorst, Das Bm. Würzburg 1 (GS NF 1, 1962), 183–200 – St. Jenks, Die Anfänge des Würzburger Territorialstaates in der späteren Stauferzeit, JbffL 43, 1983, 103–116 – H. Goetting, Das Bm. Hildesheim 3 (GS NF 20, 1984), 457–477 – G. Bach, K. v. Q., Kanzler Heinrichs VI., Bf. v. Hildesheim und Würzburg, 1988.

25. K. v. Hochstaden, *Ebf. v.* →*Köln* 1238–61, * kurz vor 1200 (erster Beleg 1210), † 18. Sept. 1261, ▭ Köln, Dom; aus dem Hause der Gf.en v. →Are, Sohn Lothars I. v. Hochstaden; dürfte der Kölner Domkanoniker gewesen sein, der 1216 in Paris studierte (Mittelrhein. UB III, 44). Zu dieser Zeit hatte ihn sein Bruder Lothar schon für die Pfarrstelle in Wevelinghoven vorgeschlagen. Seit etwa 1232 Propst des Mariengradenstiftes in Köln, versuchte er seit 1233/34, Dompropst Konrad v. Büren das Amt streitig zu machen, und wurde deswegen 1237 gebannt. Dennoch wurde er am 30. April 1238, v. a. auf Betreiben des Domkapitels, zum Ebf. gewählt. Sein Episkopat war zu Beginn an von regionalen Territorialkonflikten überschattet. Die Regalien empfing K. im Aug. 1238, die päpstl. Bestätigung erfolgte im April 1239. Seither förderte K. die päpstl. Partei gegen Friedrich II. Im Verlauf von Kämpfen mit stauf. gesinnten Dynasten wurde er 1242 vom Gf.en v. Jülich gefangengenommen. 1247 führte K. die Wahl →Wilhelms v. Holland zum dt. Kg. herbei. Als Entschädigung für die verweigerte Bestätigung seiner Wahl zum Ebf. v. Mainz fungierte K. 1249/50 als päpstl. Legat. In dieser Zeit führte er das Amt des →Offizials in Köln ein (bezeugt 1252). Gegen den selbständiger agierenden Kg. Wilhelm nahm K. Kontakte mit →Ottokar v. Böhmen auf. 1257 betrieb er die Wahl →Richards v. Cornwall, der ihn 1258 zum Reichsvikar im NW des Reiches bestellte und Ende 1260 mit der Investitur der Bf.e betraute. K. vermehrte das erzstift. Territorium um sein Familienerbe (Hochstadensche Schenkung 1246) und Güter der letzten Gf.en v. Sayn (1247). Durch Siege über seine westfäl. und rhein. Gegner 1254 befestigte K. die Machtstellung des Erzstifts, die jedoch durch Emanzipationsbestrebungen der großen ebfl. Vasallen langfristig eine ihrer tragenden Säulen zu verlieren drohte. Vor diesem Hintergrund sind die im letzten Jahrzehnt seiner Amtszeit intensivierten Bemühungen um Stärkung der stadtherrl. Rechte in Köln zu sehen (1252 Kleiner Schied, 1258 Großer Schied). 1259 beseitigte K. u. a. mit Hilfe der Zünfte (Bruderschaften) das Stadtregiment des Meliorats, setzte neue Schöffen ein und beteiligte neben dem Rat die Bruderschaften an der Regierung der Stadt. 1248 legte K. den Grundstein zum Neubau des Kölner Doms. Mit polit. Gespür, zugleich wagemutig und mit realist. Geschäftssinn begabt, machte K. seine Amtszeit zu einem Höhepunkt köln. Machtentfaltung. Die Schwächen seiner Stellung wurden erst unter seinen Nachfolgern offenbar.
M. Groten

Q. und Lit.: ADB XVI, 583 ff. – NDB XII, 506 f. – Die Reg. der Ebf.e v. Köln im MA/I (Publ. der Ges. für Rhein. Gesch.skunde 21), 1909 – H. Cardauns, K. v. H. ..., 1880 – M. Kettering, Die Territorialpolitik des Kölner Ebf.s K.v.H., JbKGV 26, 1951, 1–84 – H. Stehkämper, K. v. H., ebd. 36/37, 1961/62, 95–116 – Rhein. Lebensbilder 2, 1966, 7–24 [E. Wisplinghoff] – B. Leying, Niederrhein und Reich in der Kg.spolitik K.s v. H. bis 1256, Vest. Zs. 73–75, 1971–73, 183–248 [Lit.].

26. K. I., *Ebf. v.* →*Mainz* 1161–65 und 1183–1200, *Ebf. v.* →*Salzburg* 1177–83, * um 1130, † 25. Okt. 1200, ▭ Mainz, Dom. Als →Wittelsbacher wurde K. nach dem Studium in Paris (und/oder Bologna?) zunächst Domherr in Salzburg, ehe ihn Ks. Friedrich I. auf dem Konzil zu →Lodi 1161 zum Ebf. v. Mainz erhob. Nach vergebl. Versuchen, durch Verhinderung der Wahl eines Gegenpapstes (Paschalis III.) das Schisma zu beenden, stellte sich K. auf die Seite Alexanders III. 1165 ersetzte ihn der Ks. durch →Christian v. Buch (2.Ch.) als Ebf. v. Mainz. K. ging ins Exil nach Frankreich, wo er im Gefolge Alexanders III. mit Ebf. →Thomas v. Canterbury Freundschaft schloß. Der Papst weihte ihn, verlieh ihm das Pallium, erhob ihn zum Kard.priester v. S. Marcellus (1165) und Kard.bf. v. S. Sabina (1166). In den folgenden Jahren wirkte er in Italien und mehrfach als Kard.legat, u. a. um die Streitigkeiten zw. Ebf. Adalbert II. v. Salzburg mit dessen Suffragan Heinrich I. v. Gurk über die Rechtsstellung des Bm.s zu entscheiden. Die auf Bayern bezogene Legatenwürde ermöglichte es dem Wittelsbacher, nachhaltig in die Auseinandersetzungen um das ztw. von Friedrich I. besetzte Salzburger Erzstift einzugreifen. Als er im Gefolge des Friedens v. →Venedig das Ebm. erhielt, begann dort eine Phase der Entspannung und des inneren Wiederaufbaus. Nach Christians Tod kehrte er 1183 wieder nach Mainz zurück. In den Jahren bis zu seinem Tod entfaltete er rege Tätigkeit für Ks. Friedrich I. und Kg. Heinrich VI. Höhepunkt seines Wirkens waren die →Mainzer Hoftage von 1184 und 1186 (Curia Jesu Christi). An dem noch in Heinrichs VI. Zeit vorbereiteten

→Kreuzzug nahm er teil und kehrte erst 1199 zurück, als im Reich bereits der stauf.-welf. Thronstreit herrschte. Der stauferfeindl. Haltung Papst Innozenz' III. folgte K. nicht, auch vermochte er zw. den Lagern im Reich nicht mehr zu vermitteln. Andererseits schlichtete er im Sommer 1200 noch im päpstl. Auftrag den Thronstreit in Ungarn.

K. zählt zu den bedeutendsten Reichs- und Kirchenpolitikern während der zweiten Hälfte des 12. Jh. Grundzug seines Wirkens war die Zurückdrängung laikaler Einflüsse auf die Kirche. Aufgeschlossen für Reformbewegungen und Orden widmete er den geistl. Aufgaben in Seelsorge und Verwaltung des Ebm.s im Gegensatz zu Christian v. Buch alle Kraft. Dies gilt ebenso im Blick auf die Wiederherstellung des Erzstiftes Mainz. Ihm gelang unter Aufbietung erhebl. Finanzmittel die Wiedererlangung von Besitz und Rechten am Mittelrhein, in Hessen und Thüringen. Die Lehensrechtsbeziehungen zu den ebfl. Vasallen wurden wieder gefestigt. In Mainz selbst begann damals der Bau des roman. Domes, erstmals wurde in der Stadt aber auch das Spannungsverhältnis zw. geistl. und weltl. Gerichtsbarkeit fühlbar. A. Gerlich

Q.: Reg. der Ebf.e v. Mainz II, bearb. J. F. Böhmer–C. Will, I–VII, 1886, Nrn. 1–90, 265–288 – Mainzer UB II, bearb. P. Acht, 1971, Nrn. 265–288, 291f., 294, 296f., 304f., 311, 319, 333, 342, 348, 354f., 357, 361, 363, 367, 370, 378–387, 393, 398f., 414, 435f., 457a–721 – Lit.: NDB XII, 510f. – Hauck IV – S. Oehring, Ebf. K. I. v. Mainz im Spiegel seiner Urkk. und Briefe (Q. und Forsch. zur hess. Gesch. 25, 1973) – H. Dopsch, Gesch. Salzburgs. Stadt und Land 1, 1981, 284–308, 1276–1284 – A. Gerlich, Der Aufbau der Mainzer Herrschaft im Rheingau im HochMA, Nassauische Ann 96, 1985, 9–28, bes. 21ff. [Lit.] – Ders., Thronstreit – Ebm.sschismen – Papstpolitik 1189–1208 (Deus qui mutat tempora, Fschr. A. Becker, hg. E.-D. Hehl u. a., 1987), 283–320 [Lit.].

27. K. II. v. Weinsberg, *Ebf. v. →Mainz 1390–96*, * um 1340, † 19. Okt. 1396, ⌐ Mainz, Dom; stammte aus der angesehenen Ministerialensippe Weinsberg; Domscholaster, im Juni 1390 zum Ebf. gewählt. Im Unterschied zu seinem Vorgänger aus dem Gf.enhaus →Naussau hielt er fest zur röm. Obödienz. Um gegen Hessen Rückhalt zu finden, stand er im Bund mit Kurpfalz, den Gf.en in der →Wetterau und →Thüringen. Reichspolit. schloß er sich der erstarkenden Kfs.enfronde gegen Kg. Wenzel an. Den im Rheingebiet auftretenden Ketzerbewegungen trat er energ. entgegen. A. Gerlich

Q. und Lit.: NDB XII, 511 – RTA II – A. Gerlich, K. v. W., Kfs. des Reiches und Ebf. v. Mainz, Jb. für das Bm. Mainz 8, 1958, 179–204 – Ders., Habsburg-Luxemburg-Wittelsbach im Kampf um die dt. Kg.skrone, 1960, 34ff., 60ff., 99ff., 111ff., u. ö.

28. K. III., Wild- und Rheingf. v. Dhaun, *Ebf. v. Mainz*, * ca. 1380, † 10. Juni 1434 Eltville, ⌐ Mainz, Dom; Eltern: Johann II., Wild- und Rheingraf v. Dhaun († 1383), Jutta, Gfn. v. Leiningen-Dagsburg. Als Domherr in Mainz, Propst v. St. Bartholomäus in Frankfurt und ztw. Amtmann auf Rusteberg im Eichsfeld emporgestiegen, wurde K. am 10. Okt. 1419 zum Ebf. gewählt. Grundlinien seines Wirkens wurden vorgegeben durch die Politik seines Vorgängers →Johann II. v. Nassau sowie aus der dynast. Konstellation in der Tendenz zur Kooperation mit Pfgf. Ludwig III. und den Kfs.en v. Köln und Trier. Deren Opposition gegen Kg. Sigmund verlieh er zunächst Richtung im Projekt eines Mainzer Reichsvikariats 1422, konkreter im →Binger Kurverein 1424, in dessen Verlauf er auch die Admission des Hauses Wettin als neuem Inhaber des Kfsm.s Sachsen förderte. Interessenunterschiede der Kfs.en ließen den Bund jedoch trotz einer Erneuerung 1427 kraftlos werden. Dies kam der Reichspolitik Sigmunds zugute. Bes. Aktivität zeigte K. seit 1420 in der Bekämpfung der →Hussiten in Böhmen und am Rhein sowie zur Vorbereitung des Konzils v. →Basel in metropolitan. Synodaltätigkeit. Im fortdauernden Gegensatz des Erzstiftes zur Lgft. Hessen erzielte K. zwar Anfangserfolge (Schutzherrschaft über die Kl. Fulda und Hersfeld), im 1425 ausgebrochenen Krieg unterlag er jedoch. Kurmainz mußte im Frankfurter Frieden vom 8. Dez. 1427 die folgenreiche Schwächung seiner Position hinnehmen. K.s Verhältnis zur Stadt Mainz blieb nach anfängl. Hilfsmaßnahmen für den verschuldeten Rat höchst gespannt.
A. Gerlich

Q. und Lit.: NDB XII, 512 – RTA VIII–XI – J. Fischer, Frankfurt und die Bürgerunruhen in Mainz 1352–1462, 1958 – D. Demandt, Stadtherrschaft und Stadtfreiheit im Spannungsfeld von Geistlichkeit und Bürgerschaft in Mainz (11.–15. Jh.), 1977, 107ff. – Ch. Mathies, Kfs.enbund und Kgtm. in der Zeit der Hussitenkriege, 1978 [Lit.] – F. Jürgensmeier, Das Bm. Mainz, 1988, 151–158, 171f.

29. K. I., *Bf. v. Oldenburg–Lübeck 1164–72*, † 17. Juli 1172 Tyrus, ⌐ ebd. Aus vornehmer schwäb. Familie, seit 1150 Abt des SOCist Kl. Riddagshausen b. Braunschweig, gemeinsam mit seinem Bruder Gerold (hzgl. Kaplan und Notar, Scholaster und Kanoniker in Braunschweig, 1154–63 Bf. v. Oldenburg, Verlegung der sedes nach →Lübeck) im engsten Kreis um →Heinrich d. Löwen. Unter konsequenter Nutzung der 1154 vom Kg. erhaltenen Rechte an den nordelb. Kirchen ernannte der Welfe 1164 K. zum Nachfolger seines Bruders Gerold. Freilich verweigerte K., gestützt auf seinen Metropoliten →Hartwig I. v. Hamburg–Bremen, den Lehnseid, schloß sich 1166 der sächs. Opposition an und wurde aus seinem Bm. vertrieben. Trotz der auf seiner Reise zum zisterziens. Generalkapitel in Frankreich geknüpften Bindungen zur Partei Alexanders III. gelangte K. durch Vermittlung Friedrichs I. 1168 zur Aussöhnung mit dem Hzg., deren Dauerhaftigkeit durch K.s Teilnahme an der Pilgerreise Heinrichs d. Löwen 1172 ins Hl. Land erwiesen wurde. Während des glanzvollen Aufenthalts in Konstantinopel bestritt K. eine beachtete Disputation mit byz. Theologen über den Ausgang des Hl. Geistes. Im Verlauf der Pilgerfahrt starb K. in Tyrus. B. Schneidmüller

Q. und Lit.: Helmold v. Bosau, Cronica Slavorum, ed. B. Schmeidler, MGH SRG (in us. schol.) [32], 1937, cap. 97 – Gams V 2, 66 [Lit.] – J. Ehlers, Die Anfänge der Kl. Riddagshausen.., Braunschweig. Jb. 67, 1986, 81ff.

30. K., *Bf. v. →Passau 1148–64*, Ebf. v. Salzburg 1164–68, aus dem Geschlecht der →Babenberger, 6. Sohn des Mgf.en Leopold III. v. Österreich, * um 1125, † 28. Sept. 1168 in Admont. Durch seinen Halbbruder, Kg. Konrad III., fand K. 1139 Aufnahme in dessen Hofkapelle und diente in mehreren geistl. Ämtern als zuverlässige Stütze des stauf. Kgtm.s, so als Kanoniker im Kölner Domstift, als Dompropst zu Utrecht (1142) und Hildesheim (1143), schließlich als Bf. v. Passau. Doch weder die familiären Verbindungen zu Konrad III. und Friedrich I. noch babenberg. Familieninteressen hinderten K. daran, energisch die Rechtspositionen seines Bm.s gegenüber den beiden Herrschern und Hzg. Heinrich II. v. Österreich zu vertreten und den Ausbau einer bfl. Territorialherrschaft zu verfolgen. 1161 ging die Reichsabtei Niedernburg in Passauer Besitz über, schon 1159 hatte K. als Gerichtsherr von St. Pölten den Bürgern ein Gerichtsbarkeitsprivileg verliehen, das als ältestes Stadtrecht auf österr. Boden gilt. Im Alexandrin. Schisma unterzeichnete er zwar 1160 in Pavia die Beschlüsse des Konzils zur Anerkennung des ksl. Gegenpapstes Viktor IV., jedoch nur unter dem Vorbehalt einer späteren Revision des Verfahrens. Als Sympathisant des Papstes Alexander III.

wurde K. am 29. Juni 1164 von Klerus und Ministerialität des Erzstiftes Salzburg zum Ebf. gewählt. A. Zurstraßen
Lit.: ADB XVI, 615 – NDB 12, 525 – L. LÜPKES, K., Bf. v. Passau, Ebf. v. Salzburg, 1880 – F. HAUSMANN, Reichskanzlei und Hofkapelle unter Heinrich V. und Konrad III., 1956, 297 – S. WACH, Ebf. K. II. v. Salzburg (Diss. masch. Wien 1965) – Gesch. Salzburgs, hg. H. DOPSCH, Bd. I, 1981, 284 – A. ZURSTRASSEN, Die Passauer Bf.e des 12. Jh., 1989.

31. K. I., *Ebf. v.* →*Salzburg* 1106–47, * um 1075, † 9. April 1147, Sohn des Gf.en Wolfram v. Abenberg (Mittelfranken); von Heinrich V. 1106 zum Ebf. v. Salzburg investiert, konnte dort den Widerstand der Ministerialen brechen und den von Heinrich IV. 1085 eingesetzten Gegenbf. Berthold v. Moosburg entmachten. Durch sein Eintreten für Papst Paschalis II. auf dem Romzug 1111 geriet K. in Gegensatz zu Heinrich V., mußte sich auf Anklage der Salzburger Ministerialen vor dem Ks. verantworten und verbrachte die Jahre 1111–12 im Exil in Tuszien, in der Steiermark (Admont) und in Sachsen. Nach seiner Rückkehr begann er mit Unterstützung bedeutender Mitarbeiter (Hiltebold und Roman I. v. →Gurk, →Hartmann v. Brixen, →Gerhoch v. Reichersberg) ein großzügiges Aufbau- und Reformprogramm: Die 1077 errichteten Festen Hohensalzburg, Werfen und →Friesach wurden erweitert und stark befestigt, teils zu bfl. Pfalzen umgestaltet, die Kirchengüter in der Steiermark wurden durch starke Burgen (Leibnitz, Pettau, Reichenburg) gesichert; eine neue Gruppe ebfl. Ministerialen übernahm die führenden Positionen in Heerwesen und Verwaltung. Das Stadtbild von Salzburg wurde durch die Erweiterung des Domes (W-Türme), den Bau des Domstifts und der ebfl. Residenz sowie die Ausstattung des Peterskl. für Jahrhunderte geprägt. Wichtige Impulse setzte K. im Zehentwesen, in der Armenfürsorge, im Urkk.wesen und bei der Förderung von Handel und Verkehr. Als Grundlage für die Seelsorge schuf K. den Salzburger Reformkreis der Can-Aug mit eigener Observanz, dem unter Führung des Domkapitels 17 neugegr. oder reformierte Stifte angehörten. Das hohe Ansehen K.s im Reich wurde bei den Kg.swahlen 1125 und 1138 deutl.; trotz mancher Charakterschwächen zählt K. zu den imposantesten Kirchenfs. in Deutschlands im HochMA. H. Dopsch
Q.: Vita Chunradi archiepiscopi Salisburgensis, ed. W. WATTENBACH (MGH SS XI), 1854, 63–77 – *Lit.:* CH. MEYER, Ebf. K. I. v. S. [Diss. Jena 1868] – K. ZEILLINGER, Ebf. K. I. v. S., 1968 – ST. WEINFURTER, Salzburger. Bm.sreform und Bf.spolitik im 12. Jh., 1975 – H. DOPSCH, Ebf. K. I. (Gesch. Salzburgs I/1, hg. DERS., 1984²), 254–274 [*Lit.*].

32. K. I. v. Scharfenberg, *Bf. v.* →*Speyer und* →*Metz,* * um 1165, † 24. März 1224 Speyer, ▫ebd. Dom, aus dem Geschlecht der Reichsministerialen v. Scharfenberg; 1186–96 Propst des Stiftes v. St. German bei Speyer, dann Domdekan. Zunächst als Protonotar im Dienst Kg. Philipps v. Schwaben (1198–1200), blieb er auch nach der Wahl zum Bf. v. Speyer für diesen tätig. Nach der Ermordung Kg. Philipps (21. Juni 1208) trat er für eine Beilegung des stauf.-welf. Gegensatzes ein und wurde von Otto IV. zum Reichshofkanzler bestellt. Nach der Bannung des Welfen durch Innozenz III. schloß sich K. 1212 Friedrich II. an, der ihn in der Leitung der Reichskanzlei ebenso bestätigte wie der Papst seine Wahl zum Bf. v. Metz. In den folgenden Jahren wurde er zu einem der wichtigsten Berater Friedrichs II., als dessen Reichslegat er 1220 nach Italien ging und die Ks.krönung vorbereitete. Wieder in Deutschland, hatte er bis zu seinem Tode maßgebl. Einfluß auf die Regierung des noch unmündigen Kg.s Heinrich (VII.). P. Thorau
Lit.: NDB XII, 528 [*Lit.*] – F. BIENEMANN, Conrad v. Sch., Bf. v. Speier und Metz und ksl. Hofkanzler 1200–24 [Diss. Straßburg 1886] – F. SCHOENSTEDT, K. v. Sch., Westmärk. Abh. zur Landes- und Volksforsch. 4, 1940, 9–21.

33. K., *Bf. v.* →*Utrecht* 1076–99, † 13. April 1099 Utrecht (ermordet), ▫ ebd., Marienstift (von ihm gegr.); Bruder: Abt Wolfram v. Prüm (1078–1109); vor seiner Bf.serhebung wahrscheinl. Kanoniker in Goslar und Hildesheim, Kämmerer des Ebf.s v. Mainz, vielleicht Propst des Aachener Marienstifts. 1076 wurde er wohl Pfingsten auf dem Reichstag zu Worms von Heinrich IV. investiert; unklar bleibt, ob er erst 1085 die Weihe empfing. Im →Investiturstreit treuer Anhänger des Herrschers, nahm K. teil an der Absetzung Gregors VII. in Brixen (1080), der Inthronisation Clemens' III. (1084), den Verhandlungen von Kaufungen (1081) und Gerstungen (1085), der ksl. Synode in Mainz (1085) und dem dritten Italienzug Heinrichs IV. (1090). Im Konflikt mit den Gf.en v. →Holland erlitt K. bereits 1076 eine Niederlage gegen Dietrich V. Heinrich IV. stärkte jedoch die Utrechter Stellung im NW des Reichs, indem er dem Bf. die Gft.en in Stavoren (1077), Oster- und Westergau sowie Ijsselgau (1086) übertrug. Um 1087 betraute der Ks. ihn mit der Erziehung seines Sohnes →Heinrich (6. H.). Am 13. April 1099 wurde K. von einem Friesen erstochen. R. Große
Q.: Oorkondenboek van het sticht Utrecht tot 1301, I, hg. S. MULLER – A. C. BOUMAN, 1920, 214–232 – *Lit.:* NDB XII, 531 – R. AHLFELD, K. v. U., Erzieher Heinrichs V., AHVN 157, 1955, 197–200 – R. R. POST, Kerkgeschiedenis van Nederland in de Middeleeuwen, I, 1957, 99–102 – GAMS V/1, 1982, 193f. – H. ZIELINSKI, Der Reichsepiskopat in spätotton. und sal. Zeit (1002–1125), I, 1984.

34. K. v. Ammenhausen, Klostergeistlicher und späterer Leutpriester in Stein a. Rhein, Verf. einer gereimten dt. Schachallegorie, die er nach eigener Angabe als noch junger Mann 1337 abgeschlossen hat. Ein Ausleihvermerk in einer Reichenauer Hs. bezeugt ihn zw. 1324 (Ausleihdatum) und 1335 (Rückgabedatum). Quelle K.s ist das lat. Schachbuch des →Jacobus de Cessolis. K. erweitert ihr gegenüber die Zahl der Exempelerzählungen, ist in den belehrenden Partien breiter und verstärkt die Tendenz zur Allegorese. Die Auslegung der Schachfiguren ist auf Vielseitigkeit und Differenzierung bedacht, ohne jedoch ein vollständiges Abbild der bestehenden Gesellschaft bieten zu wollen. Mit 19336 Versen ist das Werk bei weitem das umfangreichste dt. →Schachzabelbuch und mit 27 ganz oder teilweise erhaltenen Hss. auch das am breitesten überlieferte. Es bildet die Q. für Bearb.en noch im 16. Jh. (Jacob Mennel 1507, Jacob Köbel 1520, Christian Egenolf 1536). Sein Einfluß auf mehrere didakt. Großdichtungen des 15. Jh. wird vermutet. Th. Cramer
Faks.: K. v. A., Das Schachzabelbuch. Die Ill. der Stuttgarter Hs. (Cod. poet. et philol. fol. No. 2). In Abb., hg. C. BOSCH-SCHAIRER, 1981 – *Ed.:* Das Schachzabelbuch Kunrats v. A. Nebst den Schachbüchern des Jakob v. Cessole und des Jakob Mennel, hg. F. VETTER, 1892 – *Lit.:* Verf.-Lex.² V, 136–139 [G. F. SCHMIDT] – H. J. KLIEWER, Die ma. Schachallegorie und die dt. Schachzabelbücher in der Nachfolge des Jacobus de Cessolis, 1966 – H. HOFFMANN, Die geistigen Bindungen an Diesseits und Jenseits in der spätma. Didaktik, 1969.

35. K. v. Ebrach OCist, † 9. Dez. 1399 in der Nähe von Wien, Mönch der Abtei →Ebrach, Oberfranken, Studium in Paris und Bologna, dort 1370 Mag. theol. 1375–84 Prof. theol. in Prag, beteiligte sich auch an der Organisation der theol. Fakultät. Infolge des Kolligaturenstreits zw. Deutschen und Tschechen unter Kg. Wenzel übersiedelte K. 1385 an die soeben gegr. theol. Fakultät in Wien, wo er mit →Heinrich v. Langenstein, →Heinrich Totting v. Oyta und Gerhard v. Kalkar die Statuten nach dem Muster von Paris und Bologna ausarbeitete; hier Mitbegründer und Magister des OCist Kollegs St. Nikolaus in der Singerstraße. Zur Zeit des Schismas ernannte ihn Urban VI. 1383 zum 'Abt v. Morimund' und übertrug ihm Leitungsfunktionen bei den romtreuen Zisterziensern. Werke: »Super 4 libros Sententiarum (13 Hss., gedr. unter dem Namen Dionysius Cisterciensis, Paris 1511), »De cognitione animae Christi«, »Tractatus de contractibus«, »Compendium de confessione«, mehrere Sermones.   K. Lauterer

Lit.: Verf.-Lex.² V, 160–162 – A. ZUMKELLER, Dionysius de Montina, ein neuentdeckter Augustinertheologe des SpätMA, 1948 – K. LAUTERER, K.v.E., Lebenslauf und Schr., 1962.

36. K. v. Eichstätt (Mag. Chunradus de Ascania), Arzt und med. Fachautor, * im letzten Viertel des 13. Jh., † 1342, wirkte vorwiegend in seiner Vaterstadt Eichstätt. Mit dem »Zehnten zu Piburch« belehnt, gelangte er zu Wohlstand. Neben einer Privatbibliothek hinterließ er u. a. ein Brauhaus und Landgüter. K. bietet in seinen um 1300 abgefaßten Schriften, sog. »Urregimen« (Urfassung), »Sanitatis conservator« (kürzende Bearb. des »Urregimen«) und »De qualitatibus ciborum« (Nahrungsmitteldiätetik) ein Regelwerk für gesundheitsgerechte Lebensführung, das aus Texten der ma. Schulmedizin sowie dem →»Regimen sanitatis Salernitanum« kompiliert ist. Zahlreiche volkssprachl. Übers. bzw. Bearb. der diätet. Schriften K.s fanden bis über die Kochbuchlit. im dt. Kulturraum weite Verbreitung.   M. E. v. Matuschka

Lit.: Verf.-Lex.² V, 162–169 – T. EHLERT, Wissensvermittlung in dt.sprachiger Fachlit., oder: Wie kam die Diätetik in die Kochbücher? (Würzb. med. hist. Mitt. 8, 1990), 137–159 – vgl. Heinrich v. Laufenberg (121.).

37. K. v. Füssen OP, 1. Hälfte 14. Jh., regte während seiner Tätigkeit als Beichtvater im Kl. →Engelt(h)al 1317–24 die Aufzeichnungen der Offenbarungen Friedrich →Sunders und Christine →Ebners an. Einen Teil letzterer redigierte er selbst aufgrund von mündl. und schriftl. Angaben Christines und ihrer Mitschwestern.
   P. Dinzelbacher

Lit.: W. OEHL, Dt. Mystikerbriefe des MA 1100–1550, 1931 [1972²], 344–347 – S. RINGLER, Viten- und Offenbarungslit. in Frauenkl. des MA, 1980, 174f. – U. PETERS, Religiöse Erfahrung als lit. Faktum, 1988, 155–164.

38. K. v. Fußesbrunnen nennt sich am Ende der mhd. Verserzählung »Kindheit Jesu« als deren Autor (v. 3019). Urkdl.ist er um 1182 als Angehöriger eines edelfreien Geschlechts nachgewiesen (*Fuezprun* = Feuersbrunn/Niederösterr.). Er dürfte um 1160 geboren sein; sein Werk ist aufgrund stilist. Kriterien nur ungefähr auf die Jahre 1195–1220 zu datieren.

K. stellt die Kindheit Jesu nach dem apokryphen »Evangelium Ps.-Matthaei« in einer erweiterten Fassung (Räuberepisode) dar. Sie beginnt mit der Vermählung von Maria und Joseph und erzählt die Ereignisse um Christi Geburt in genrehafter Idyllik, aber auch mit dogmat. Aufmerksamkeit (Hebammenepisode); die Flucht nach Ägypten gibt den Rahmen ab für die breit ausgesponnene Räuberepisode, die mit der Einkehr im Hause des guten Schächers Anlaß bietet für die Demonstration höf. Haltung und Etikette; den Schluß bildet eine Serie von Jugendstreichen und Wundertaten des Jesusknaben in Nazareth.

Die kleine Dichtung (3027 v.) bietet ihren geistl. Stoff in einer am Stilideal der höf. Klassik, bes. →Hartmanns v. Aue, gebildeten Form dar. Sie nimmt als Versuch einer höf. Bibelerzählung eine Sonderstellung ein. Die Überlieferung (3 Hss., 7 Frgm., 1 Prosaauflösung, 1 Rückübers. ins Lat.) zeigt die unterschiedl. Bezugsrichtungen durch die Einordnung sowohl in frühmhd. geistl. (Hss. A und B) wie in höf.-klass. (Frgm. L, Hs. C) Kontexte an. Relativi-

sierung und Prosaauflösung binden den Stoff in seine Ausgangssituation zurück.   K. Grubmüller

Ed.: K. v. F., Die Kindheit Jesu, hg. H. FROMM–K. GRUBMÜLLER, 1973 – K.v.F., Die Kindheit Jesu, Ausgew. Abb. zur gesamten hs. Überlieferung, hg. H. FROMM, K. GÄRTNER, K. GRUBMÜLLER, K. KUNZE, 1977 – *Lit.*: Verf.-Lex.² V, 172–175 – A. MASSER, Bibel- und Legendenepik des dt. MA, 1976, 95–98 – M. REDEKER, Konrad v. Heimesfurt und K.v.F. im Sangallensis 857, ZDA 119, 1990, 170–175.

39. K. (Sifridi) **v. Gelnhausen**, Theologe, erster Kanzler der Univ. →Heidelberg, * um 1320 in Gelnhausen, aus begüterter Bürgerfamilie, † 13. April 1390 in Heidelberg; 1344 Bacc. und lic. art. in Paris, mag. art. vermutl. weiter Theologie. Ab 1363 wirkte er als Offizial der Propstei Mariengreden/Mainz, ging 1369 nach Bologna, sofort als Prokurator der dt. Nation amtierend. Um 1375 Dr. decr., Propst des Wormser Domstiftes, geriet er 1378 in Paris mit dem Plan, den Magistergrad zu erlangen, in die Schismadiskussion. Er vertrat seinen Lösungsvorschlag der via concilii vor Kg. Karl V. (veröffentlicht 1379 in der »Epistola brevis«). Um die Clementisten, bes. Petrus Amelii, zu widerlegen, arbeitete er 1380 in der »Epistola concordie« (auch an Kg. Wenzel und Pfgf. Ruprecht I. gerichtet) seine Ansicht wiss. aus, indem er die auf Aristoteles basierenden Theorien der Epikie im Notstand auf das Schisma anwandte und die kirchenrechtl. Argumente zusammenführte. So hat er mit →Heinrich v. Langenstein (120.H.), der sich auch auf ihn stützte, den sog. »Konziliarismus begründet. Doch in Paris setzten sich die Gegner durch; er ließ sich wohl in Prag zum Dr. theol. promovieren. Der Pfgf. holte ihn nach Heidelberg zum Aufbau der Univ. Seit 1387 hielt es theol. und jurist. Vorlesungen. Die über 200 Bücher seines Nachlasses, von ihm zur Ausstattung eines Kollegs nach Art der Sorbonne bestimmt, wurden der Kern der Univ.sbibl.   K. Colberg

Ed. und Lit.: NDB XII, 539f. [K. HENGST] – Verf.-Lex.² V, 179–181 [G. KREUZER] – Bibliotheca Palatina, hg. E. MITTLER, 1986², I, 57f.; II, 37 [A. BÜHLER].

40. K. v. Haimburg (v. Gaming), einer der bekanntesten religiösen Dichter des lat. SpätMA, † 17. Aug. 1360, urkdl. bezeugt als Prior (1342–45) der Kartause Seitz (Steiermark), dann im Konventuale der Prager Kartause Smichov und bis zu seinem Tod als Prior in Gaming. Seine 69 in zahlreichen Hss. überlieferten paralitug. Cantiones (Leselieder, Reimgebete) lassen sich unterteilen in Heiligen- und Marienlieder. Erstere sind ein nach der Allerheiligenlitanei geordneter Zyklus auf die Apostel und als Fürsprecher bei Gott im MA beliebte Märtyrer, Bekenner und Jungfrauen. Inhaltl. ist die komprimierte Darstellung der Legende der Apostrophierten mit bes. Akzentuierung ihrer Tugenden als Appell zur imitatio Christi. Reich an spiritueller Metaphorik sind die Marienlieder, virtuos in Komposition, Sprache, Verskunst und Rhetorik, einzigartige Zeugnisse spätma. religiöser Dichtkunst. Einige sind Glossenlieder auf das Ave Maria, das Magnificat, das Salve Regina und den Hymnus »Ave maris stella«. Die allegor. Marienlieder sind mariolog. Exegesen zu bibl. Themen mit bilderreicher Blumen-, Pflanzen- und Edelsteinmetaphorik. K.s Lieder wurden auch in die Volkssprache übersetzt (Heinrich v. Laufenberg, Sebastian Brant).   F. Wagner

Ed.: AnalHym III, 21–102 – *Lit.*: SZÖVÉRFFY, Annalen II, 325–356 – Verf.-Lex.² V, 182–189.

41. K. d. Ä. v. Halberstadt OP. Infolge der Unterscheidungsschwierigkeiten zw. zwei Dominikanern gleichen Namens im 14. Jh. läßt sich für K. d. Ä. nur seine Teilnahme am Generalkapitel 1321 in Florenz als Vertreter der Saxonia und seine Tätigkeit als Beauftragter Meister

→Eckharts in dessen Inquisitionsprozeß 1327 in Köln mit hoher Wahrscheinlichkeit annehmen. Umstritten ist auch die Autorenschaft K.s d. Ä. für diverse Schriften, u. a. für die naturkundl. Konversationsschrift »Responsorium curiosorum«, die unterhaltsame Scherzschrift »Mensa philosophica« oder eine bekannte Bibelkonkordanz. Wahrscheinl. ist K. nur als Verfasser einer »Postilla super librum Sapientiae« (»completa a. 1351«) zu betrachten, deren einzige Danziger Hs. heute verloren ist. D. Berg

Lit.: LThK² VI, 464 – NDB XII, 541 – Verf.-Lex.² V, 189–191 – P. v. LOE, Statist. über die Ordensprov. Saxonia, 1910, 17ff. – G. FRENKEN, Die älteste Schwanksig. des MA, JbKGV 8–9, 1927, 105–121 – TH. KAEPPELI, Scriptores Ord. Praed. I, 1970, 276–278 – R. H. ROUSE – M. A. ROUSE, The verbal Concordance of the Scriptures, APraed 44, 1974, 5–30.

42. K. d. J. v. Halberstadt OP, † nach 1355. Im Zusammenhang mit der Tätigkeit K.s als Lektor am Ordensstudium in Magdeburg (1342ff.), später als theol. Mag. und Provinzial der Saxonia (1350–Ablösung 1354) sowie als Vertrauter Karls IV. entstand sein umfangreiches, z. T. nicht exakt identifizierbares Schrifttum. Außer einem Sentenzenkomm. und kleineren theol. Traktaten erfuhren K.s Kompendien Beachtung wie die Dicta- und Exemplaslg.en »Tripartitus moralium« (1342ff.) und »Trivium praedicabilium« (1344), das Predigerhb. »Liber similitudinum naturalium« (nach →Johannes v. S. Gimignano) und die Typologieslg. »Figurae historiae Christi«. Eigenständiger ist die »Cronographia interminata« mit einem neuen Modell der Weltgesch. in vier Teilen und acht aetates, das u. a. von →Hermann Korner rezipiert wurde. D. Berg

Lit.: LThK² VI, 464 – NDB XII, 541 – Verf.-Lex.² V, 191–194 – GRABMANN, Geistesleben, II, 366f. 581; III, 350 – J. TŘÍŠKA, Nová lit. doby K.a Václavova, Sborník historický X, 1962, 33–40 – TH. KAEPPELI, Scriptores Ord. Praed., 1970, 278–283 – Bohemia sacra, hg. F. SEIBT, 1974, 366 [J. BUJNOCH] – W. BAUMANN, Die Lit. des MA in Böhmen, 1978, 192ff.

43. K. v. Heimesfurt, Autor der beiden bald nach 1200 für ein volkssprachiges Publikum verfaßten kleinen geistl. Reimpaarepen »Unser vrouwen hinvart« (1209 V.) und »Diu urstende« (2162 V.) (ed. K. GÄRTNER–W. J. HOFFMANN, 1989 [ATB 99]); als Q. dienten ihm im MA beliebte ntl. Apokryphen, der »Transitus Mariae« des Ps.-Melito für die Dichtung über Marias Himmelfahrt und das »Evangelium Nicodemi« für die andere über Prozeß, Auferstehung und Höllenfahrt Jesu. K. v. H. (= Hainsfarth bei Oettingen im Ries), der sich in seinen Werken selbst nennt, ist vermutl. ident. mit dem gleichnamigen Ministerialen, der 1198–1212 in vier Urkk. des Bf.s Hartwig v. Eichstätt (1196–1223) erscheint. Er gehört zusammen mit →Konrad v. Fußesbrunnen zu den wenigen Autoren aus der Zeit um 1200, die einen geistl. Stoff mit den neuen lit. Mitteln der höf. Klassiker erfolgreich bearbeiteten. In den Prozeßszenen der »Urstende« zeigt sich K. v. H. als kompetenter Kenner der zeitgenöss. Gerichtspraxis und Rechtssprache. K. Gärtner

Lit.: Verf.-Lex.² V, 198–202 [W. FECHTER] – M. REDEKER, K. v. H und Konrad v. Fußesbrunnen im Sangallensis 857, ZDA 19, 1990, 170–175.

44. K. v. Hirsau wirkte im 12. Jh. als Lehrer im Kl. →Hirsau. Sein Nachruhm beruht v. a. auf dem »Dialogus super auctores«, der zu den bedeutendsten Zeugnissen über die ma. →Schullektüre gehört. Stärker als vorher systematisiert, soll das umfangreiche Programm mit Hilfe eines 'modernen' Erklärungsschemas bewältigt werden. K. beginnt mit dem Grammatiker Donat; Disticha Catonis sowie die Fabeln des Äsop und Avian folgen als leichter Lesestoff für den Anfänger. Anspruchsvoller sind danach die Werke der chr. Dichter Sedulius, Juvencus, Prosper, die gewöhnl. unter die 'minores' eingestufte →Ecloga Theoduli, Arator, Prudentius. Bei den klass. Autoren für den fortgeschrittenen Schüler wird K.s strenge cluniazens. Gesinnung, die auf den prakt. Nutzen dieser Lit. für das geistl. Leben abzielt, bes. deutl.: Er behandelt die Satiriker Horaz, Juvenal, Persius nur deshalb, weil sie die Laster der röm. Geellschaft anprangerten, und von Ovid lehnt er einseitig und entgegen sonstiger Unterrichtspraxis die gesamte Liebespoesie nebst Metamorphosen als moral. bedenkl. ab. Von K.s übrigen Schr. sind zu nennen: die katechet. »Altercatio Pauli et Gamalielis« mit Anklängen an sein Hauptwerk und der »Dialogus de mundi contemptu vel amore« als Einleitung zu einer Sentenzenslg. mit Beigaben in uneinheitl. Überlieferung. Noch immer nicht gesichert ist K.s Autorschaft des weit verbreiteten erbaul. →Speculum virginum, zweifelhaft dürften auch einige der K. von →Johannes Trithemius und dem Hirsauer Abt Parsimonius zugewiesenen Opuscula sein. G. Glauche

Ed.: R. B. C. HUYGENS, Accessus ad auctores. Bernard d'Utrecht. C. d'H., Dialogus super auctores, 1970, 71–131 – R. BULTOT, Dialogus de mundi contemptu vel amore attribué à C. d'H., Anal. mediaevalia Namurcensia 19, 1966 – *Lit.*: Verf.-Lex.² V, 204–208 – T. O. TUNBERG, C. of H. and His Approach to the Auctores, Medievalia et Humanistica 15, 1987, 65–94.

45. K. v. Luppburg (Oberpfalz) OSB, Historiograph, 1206–25 Abt v. →Scheyern, dann im Priorat Fischbachau, † nicht vor 1245. K. verfaßte eine Chronik (bis 1209), die Gründungsgesch. seiner Abtei sein sollte und deren Entwicklung unter spiritualem und besitzrechtl. Aspekt würdigt, unversehens aber zu einer Gesch. der Gründerfamilie, der Gf.en v. Scheyern (Wittelsbach), wurde. So hat sich die beabsichtigte Fundatio einer Frühform 'dynast.' Historiographie angenähert. Die Angaben gelten heute als großenteils zuverlässig. Von Interesse sind die Nachrichten zum Wirtschaftsleben (Gebirgsrodung) in Kap. 2. Vielleicht schrieb oder veranlaßte K. auch einen Papst-Ks.-Kat. und dazugehörige Annalen (bis 1226). Während seiner Amtszeit wurde der Neubau der Kl.kirche geweiht und die künstler. Tätigkeit im Konvent auf einen Höhepunkt geführt (über ein von K. angeregtes Matutinale mit reichem Bildschmuck s. R. KROOS). K. Schnith

E.: Chronicon Schirense, MGH SS XVII, 615ff. – Die Chronik des Abtes v. Scheyern…, hg. P. FRIED, 1980 [MGH-Text, Faks., Übers.] – *Lit.*: Verf.-Lex.² V, 252ff. – AAM IX, 2, 1866, 205ff. [F. M. HUNDT] – H. PATZE, Adel und Stifterchronik…, BDLG 100, 1964, 8ff.; 101, 1964, 67ff. – R. KROOS, Die Bildhss. des Kl. Scheyern… (Wittelsbach und Bayern I/1, 1980), 477ff. – K. SCHNITH, Die Gesch.schreibung… (ebd.), bes. 361 – J.-M. MOEGLIN, Les Ancêtres du Prince, 1985.

46. K. v. Marburg, * zw. 1180/1200 Marburg, † 30. Juli 1233 (ermordet). Mit dem Namen K.s sind drei Momente verbunden: Sein Wirken als päpstl. Kreuzzugsprediger seit 1215/16, seine Rolle als Seelenführer der hl. →Elisabeth und Promotor ihrer Heiligsprechung, schließlich sein gnadenloses Wirken als Ketzerverfolger 1231–33, das zu seiner Ermordung führte. Die frühesten Nachrichten über ihn zeigen ihn in päpstl. Auftrag als Propagator der Kreuzzugsidee im nord- und mitteldt. Raum, wozu ihn hohe Bildung (er führte den Mag.-Titel) und asket. Lebensführung in bes. Maße befähigten. Im Laufe dieser Tätigkeit erwarb er sich das Vertrauen der thür. Lgf.enfamilie, so daß er nicht nur für die Zeit des Kreuzfahrt Ludwigs IV. 1226/27 die Verwaltung der landgräfl. Kirchenlehen übertragen erhielt, sondern als Beichtvater der jungen Lgfn. Elisabeth deren wichtigster geistl. Berater wurde. 1226 legte sie in seine Hände ein persönl. Gehorsamkeitsgelöbnis ab, nach dem Tode des

Lgf.en (11. Sept. 1227) wurde K. in Wahrnehmung eines päpstl. Schutzauftrages für Elisabeths Person rechtl. verbindl. ihr Vormund. Unter K.s Leitung begründete Elisabeth ihr Marburger Spital, nach seinen Anweisungen verzehrte sie sich in Askese, in Kranken- und Armenpflege. Nach ihrem Tod am 16./17. Nov. 1231 leitete K. an der Kurie das Kanonisationsverfahren ein, zu dem er selbst einen Lebensabriß beisteuerte. Den Erfolg seiner Bemühungen erlebte er nicht mehr. Er wurde ermordet, als er seit dem 11. Okt. 1231 das neue Amt des päpstl. delegierten Ketzerinquisitors insbes. im mittelrhein. Gebiet ohne Ansehen der Person mit einer die Zeitgenossen entsetzenden Härte ausübte. Er fand seine letzte Ruhestätte in der Marburger Elisabeth-Kirche neben der Frau, der er Vorbild und Autorität gewesen war, der er an Rigorosität der Frömmigkeit durchaus gleichkam, von deren Humanität ihn jedoch ein Abgrund trennte. A. Patschovsky

Lit.: NDB XII, 544–546 – M. WERNER, Die hl. Elisabeth und die Anfänge des Dt. Ordens in Marburg (Marburger Gesch. Rückblick auf die Stadtgesch. in Einzelbeiträgen, 1979), 121–164 – A. PATSCHOVSKY, Zur Ketzerverfolgung K.s v. M., DA 37, 1981, 641–693 – M. WERNER, Die hl. Elisabeth und K.v.M. (St. Elisabeth, Fs.in, Dienerin, Hl., 1981), 45–69.

47. K. v. Megenberg, * 1309 in Mäbenberg nahe Abenberg/Mfr., † 14. April 1374, entstammte einer verarmten Ministerialenfamilie. Nach 1334 Mag.art an der Univ. Paris und Lektor für Philosophie im Zisterzienser-Kolleg St. Bernhard. Im Auftrag seiner Studenten-Nation reiste er 1337 und 1341 an die Kurie in Avignon, die er später noch zweimal, im Auftrag der Stadt Regensburg (1357) und des Ks.s (1361), aufsuchte. Die erste, nicht erhaltene Fassung seines »Planctus ecclesiae in Germaniam« (1337) widmete K. Johannes de Piscibus an der Kurie in Avignon in der vergebl. Hoffnung auf eine Pfründe. Die zweite Fassung (1746 gereimte leonin. Hexameter) übergab er 1338 dem päpstl. Legaten Arnold v. Verdala. Thema ist der Ausgleich von Sacerdotium und Imperium (Gleichnis von Sonne und Mond, die beide die Welt erhellen). K. versuchte bei Benedikt XII., Verständnis für Ludwig d. Bayern zu wecken. 1342–48 leitete K. die Stephanschule in Wien, aus der später die Univ. hervorging. Um 1347 kommentierte er die »Sphaera« des Johannes de Sacrobosco (Standardlehrbuch der Astronomie an der Artistenfakultät) in seinen »Expositiones« und »Quaestiones super speram« für den Schul- und Univ.unterricht und gestaltete danach den Text auch als »Deutsche Sphära« (ed. O. MATTHAEI, 1912; F. B. BRÉVART, 1980) für volksprachige Leser (mit eigenen erklärenden Exkursen). Noch in Wien begann K. den »Liber de natura rerum« des →Thomas Cantimpratensis nach der Fassung III (Thomas III), die fälschl. Albertus M. zugeschrieben wurde, auf dt. zu bearbeiten. Das »Buch von den natürl. Dingen« (»Buch der Natur«, 1348/50, ed. F. PFEIFFER, 1861 [Nachdr. 1971]) erlebte im SpätMA und in der frühen NZ einen überwältigenden Erfolg. 1358 entstand in einem Anonymus ohne Wissen K.s eine Hzg. Rudolf IV. v. Österreich gewidmete Zweitfassung. Eine als Wunder empfundene Heilung durch Fürbitten des hl. Erhard veranlaßte K., 1348 nach Regensburg überzusiedeln, wo er bis zu seinem Tode als canonicus, als scolasticus, 1359–63 auch als Dompfarrer von St. Ulrich wirkte. In Regensburg entfaltete K. eine außergewöhnl. rege lit. Tätigkeit. Noch während der Arbeit am »Buch der Natur« begann er eine moralphilos. Trilogie nach dem Vorbild von »De regimine principum« des →Aegidius Romanus, in der die Ethik des Individuums (»Monastik«, unveröff.), die häusl. (»Yconomica«) und die staatl. Gesellschaft (»Politica«, wohl nicht ausgeführt) behandelt werden sollten. In der »Ökonomik«, B. III, kommentierte K. auch die 1277 von Bf. →Tempier verurteilten 219 Thesen der Pariser Artistenfakultät. In seinem »Tractatus de translatione imperii« handelte er das Thema des »Planctus« streng wiss. und scholast. ab: K. versteht das imperium als tocius orbis monarchia. Der Ks. als princeps mundi et dominus soll defensor ecclesiae et rector laicorum sein. Doch die potestas regularis in temporalibus besitzt der Papst dank seiner Binde- und Lösegewalt super terram und seiner Lehrgewalt über die insipientes laici. Als vicedeus ist der Papst jedoch nicht berechtigt, das Ksm. auszuschalten und ist de iure zur translatio imperii verpflichtet. Wohl schon in Paris begann K., →Wilhelm v. Ockham zu bekämpfen. Der »Tractatus contra Wilhelmum Occam« (28. Sept. 1354) wendet sich gegen die Unterwerfungsformel Clemens' VI., die die Anerkennung Karls IV. als rechtmäßigen Herrscher und den Verzicht auf die Meinung, der Ks. könne den Papst ein- und absetzen, verlangt. Im »Tractatus contra mendicantes ad papam Urbanum V.« (»Lacrima ecclesiae«) rechnet er scharf mit Beichtstuhlpraxis, Armutsideal und »Ketzereien« der Bettelorden ab. Von beachtl. Wirkung (Andreas v. Regensburg, Hieronymus Streitl, »Chronicon episcoporum Ratisbonensium«) war sein »Tractatus de limitibus parochiarum civitatis Ratisponensis« (31. Mai 1373; ed. PH. SCHNEIDER, 1906), der die kirchl. Ordnung in Regensburg behandelte. K.s innige Marienfrömmigkeit bezeugt am stärksten sein theol. Hauptwerk, der »Commentarius de laudibus B.V. Mariae« (unveröff.), in dem er die unbefleckte Empfängnis und die Himmelfahrt Mariens verteidigt. G. Steer

Ed.: Repfont III, 610–612 – De causa terre motu (Andreas v. Regensburg, Sämtl. Werke, hg. G. LEIDINGER, 1903 [Nachdr. 1969]), 65–67 – Tractatus contra Wilhelmum Occam (R. SCHOLZ, Unbekannte kirchenpolit. Schr. II, 1914), 346–391 – De translatione imperii (ebd.), 249–345 – Tractatus de mortalitate in Alamannia (De epidimia magna) (S. KRÜGER, Krise der Zeit, 1972, 862–883) – Ökonomik, 3 Bde, ed. S. KRÜGER (MGH Staatsschr. III, 1973–84) – Planctus ecclesiae in Germaniam, bearb. R. SCHOLZ (MGH Staatsschr. II,1, 1977) – Lit.: A. BRÜCKNER, Q.stud. zu K.v.M. Thomas Cantimpratanus »De animalibus quadrupedibus« als Vorlage im »Buch der Natur« [Diss. Frankfurt a. M. 1961] – K.v.M., Von der sel., hg. G. STEER, 1966 – S. KRÜGER, K.v.M. (Frk. Lebensbilder, hg. G. PFEIFFER 1968), 83–103 – G. STEER, Zur Nachwirkung des »Buchs der Natur« K.s v. M. im 16. Jh. (Volkskultur und Gesch., hg. D. HARMENING u.a., 1970), 570–584 – S. KRÜGER, Krise der Zeit als Ursache der Pest? (Fschr. H. HEIMPEL, II, 1972), 839–883 – K. ARNOLD, K.v.M. als Kommentator der »Sphära« des Johannes v. Sacrobosco, DA 32, 1976, 147–186 – J. P. DESCHLER, Die astron. Terminologie K.s v. M. (Europ. Hochschulschr. R I, Dt. Lit. und Germanistik 171, 1977) – W. BLANK, Mikro- und Makrokosmos bei K.v.M. (Geistl. Denkformen in der Lit. des MA, hg. K. GRUBMÜLLER, R. SCHMIDT-WIEGAND, K. SPECKENBACH, 1984), 83–100 – T.-M. NISCHIK, Das volkssprachl. Naturbuch im späten MA, 1986 – M. WEBER, K.v.M. Leben und Werk (Beitr. zur Gesch. des Bm.s Regensburg 20, 1986), 213–324 – G. STEER, Geistl. Prosa (DE BOOR-NEWALD, II/2, 1987), 350–354 – G. HAYER, Die Überl. von K.s v. M. »Buch der Natur« (Dt. Hss. 1100–1400. Oxforder Koll. 1985, hg. V. HONEMANN – N. F. PALMER, 1988), 408–423 – K. FLASCH, Aufklärung im MA?, Excerpta classica VI, 1989 – R. IMBACH, Laien in der Philos. des MA, Bochumer Stud. zur Philos. 14, 1989.

48. K. v. Mure, * ca. 1210 in Muri/Aargau, † 30. März 1281, Weltgeistlicher, Leiter der Stiftsschule am Zürcher Großmünster (1244–71), seit 1246 Chorherr und 1259 Kantor ebd., stand in freundschaftl. Kontakt zu Kg. Rudolf v. Habsburg. Neben reger notarieller und schiedsrichterl. Tätigkeit ist ein umfangreiches lat., v.a. didakt.-poet. Œuvre bezeugt.

Für den Unterricht verfaßte K. zw. 1244 und ca. 1250 den »Novus Graecismus«, eine augmentierte Bearb. des

»Graecismus« des →Eberhard v. Béthune, sowie den »Libellus de naturis animalium« (ca. 1255), eine allegorisierende Systematik der naturkundl. Bücher XI und XII der Etymologien Isidors v. Sevilla mit einem wertvollen Exkurs zur Pergamentproduktion und ma. Hss. kunde (V. 417–622). Der »Libellus de sacramentis« (um 1260; ca. 3800 Leoniner) ist ein pastorales Hb. zu Sakramentenlehre, Dogmatik, Liturgie und Kirchenrecht für junge Kleriker. Vor 1264 dürfte der ebenfalls leonin. gehaltene »Clipearius Teutonicorum« (Beschreibung von insgesamt 73 kgl., gfl. und freiherrl. Wappen) entstanden sein. Von hohem bildungsgesch. Wert ist das 1273 abgeschlossene Prosawerk »Fabularius«, ein alphabet. angeordnetes Hb., das reiches Wissensgut aus Grammatik, Poetik, Lit.-gesch., Historiographie, Mythologie und Hagiographie kompiliert und dessen Wirkungsgesch. bis ins 16. Jh. reicht. Ebenfalls von großer Gelehrsamkeit zeugt die dem OSB Konvent v. Muri gewidmete »Summa de arte prosandi« (1275/76), die in die Kunst des guten Brief- und Urkk.stils einführt. K. hat hier umfangreiche Partien der »Summa dictaminis« des →Guido Faba und die eigenen »Novus Graecismus« eingearbeitet. Wenige Frgm.e sind von zwei hist. Gelegenheitsgedichten erhalten (»Commendatitia Rudolfi regis Romanorum« [Ende 1273, auf den Einzug des Kg.s in Zürich]; »De victoria regis Rudolfi« [Preisgedicht auf Rudolfs Sieg über Ottokar II. v. Böhmen bei Dürnkrut, 26. Aug. 1278]). Verloren sind neben hagiograph. und liturg. Werken (»Passio SS. Felicis et Regulae et Exsuperantii«, »Vita S. Martini«, »Laudes b. Virginis« auch umfangreiche Memorial-Dichtungen (»Libellus de propriis nominibus fluviorum et montium«, »Cathedrale Romanum«, »Catalogus Romanorum pontificum et imperatorum«). Dagegen wurde das von K. (1260) angelegte »Breviarium chori Turicensis« mit Ergänzungen bis 1520 verwendet. Im 15. Jh. suchte in Zürich Felix →Hemmerli durch eine später wieder verlorene Slg. aller Werke die Erinnerung an K. zu beleben. K.s weitgespanntes Œuvre ist ein wichtiges Dokument der beginnenden geistigen Blütezeit der freien Reichsstadt Zürich.

W. Maaz

Ed. und Lit.: Repfont III, 613f. – Verf.-Lex² V, 236–244 – W. KRONBICHLER, Die Summa de arte prosandi des K.v.M., 1968 – K.v.M., De naturis animalium, hg. A. P. ORBÁN, 1989.

49. K., Pfaffe, Dichter des →»Rolandslieds« (9094 Vv.), einer mhd. Bearbeitung der afrz. »Chanson de Roland«. Entstanden wohl in Regensburg um 1170. Auftraggeber ein »herzog Hainrich«: vermutl. Hzg. Heinrich d. Löwe, der wohl eine Darst. des 'Kreuzzugs' seines angebl. Ahnherrn, Karls d. Gr., wünschte. K. übersetzte den afrz. Text ins Lat. (nicht erhalten), von da aus ins Mhd. Die Vorlage veränderte er entscheidend.
Thema: Karls Krieg gegen die span. Heiden, die Vernichtung der Nachhut unter Roland (Folge von Geneluns Verrat), Rolands verspäteter Hornruf, Rückkehr Ks. Karls und Sieg über ein riesiges Heidenheer, Bestrafung des Verräters. Ideolog. Fundament ist die Kreuzzugsidee. Sie macht eine Neumotivierung des Konflikts von Genelun und Roland notwendig. Geneluns Unverständnis der chr. Märtyrergesinnung wird zum Grundlage des Streits. Genelun ist Abbild von Judas, Roland und die Seinen sind Gottesstreiter. – Vom raschen Erfolg zeugen 6 Hss. vor 1200 (!). Modernisierung des »Rolandslieds« nach 1200 (→Strickers »Karl«, über 40 Hss.).

E. Nellmann

Ed.: [diplom] C. WESLE – P. WAPNEWSKI, 1985³ (ATB 69) [Bibliogr.] – D. KARTSCHOKE, 1971 [mit Übers.] – *Lit.*: Verf.-Lex.² V, 115–131 [E. NELLMANN; Bibliogr.] – F. OHLY, Beitr. zum »Rolandslied« (Fschr. K. STACKMANN), 1987, 90–135 – R. ZAGOLLA, Der »Karlmeinet« und seine Fassung vom »Rolandslied«..., 1988 – K.-E. GEITH, Zur Stellung des »Rolandslieds« innerhalb der [Chanson-]Überlieferung..., Wolfram-Stud. 11, 1989, 32–46 – D. KARTSCHOKE, »in die latine bedwungen«, PBB (Tübingen) 111, 1989, 196–209.

50. K. v. Preußen (de Grossis) OP, † 10. März 1426 Schönensteinbach. Seit 1370 Mitglied des Dominikanerordens, bemühte sich K. nach tiefen religiösen Erfahrungen auf Reisen ins Hl. Land um eine Reform des Lebens in seinem Orden. Seine Bestrebungen nach strengerer Beachtung der Regelvorschriften, insbes. des Armutspostulats, wurden vom Ordensgeneral →Raimund v. Capua und vom Generalkapitel v. Wien 1388 unterstützt, die ihm umfassende Vollmachten zur Durchführung von Reformen in der Dominikanerprov. Teutonia übertrugen. Zuerst Vikar des Berner Konvents, danach (1389) Vikar im Kl. Colmar, unternahm K. gemeinsam mit 30 reformwilligen Mitbrüdern erfolgreich eine Erneuerung des dortigen religiösen Lebens. Später widmete sich K. als erster Generalvikar auch der Reform von dominikan. Nonnenkl. in Dtl., so 1395 in Schönensteinbach. Nach Priorentätigkeit in Nürnberg bemühte sich K. um eine Reform der Saxonia, zuerst im Konvent von Utrecht. K. genoß hohes Ansehen wegen seiner Erfolge in der Erneuerung des Ordenslebens, aber auch als Prediger und Seelsorger.

D. Berg

Ed. und Lit.: DHGE XIII, 496ff. – LThK² VI, 470 – NDB XII, 540 – J. MEYER, Buch der Reformacio, ed. B. M. REICHERT, Buch 4–5, 1908, 7–26 – A. WALZ, Compendium Hist. Ord. Praed., 1948², 65ff. – W. A. HINNEBUSCH, The Hist. of the Dominican Order, II, 1973, 262ff.

51. K., Priester. Der Verf. des dt. Predigtbuchs der Hs. Wien Cod. 2684 * nennt sich in der Vorrede: 'Cunradus prespiter'. Da die Slg. vermutl. in Tirol entstanden ist, kommt einer der beiden bezeugten Kapellane des Brixener Fs.bf.s in Frage: der ältere Konrad (1140–80) bzw. der jüngere (1184–90). Beide stehen mit dem Augustiner-Chorherrenstift Polling (bei Weilheim/Oberbayern) in Verbindung; dazu paßt das Lob des hl. Augustinus und seiner Regularkanoniker in Predigt 90. K.s Predigtbuch umfaßt einen vollständigen Jahrgang von Temporale und Sanctorale und geht auf lat. und dt. Vorlagen zurück, v. a. eine größere erschlossene, in verschiedenen Predigtbüchern benutzte dt. Slg. der Mitte des 12. Jh. Die Predigten folgen dem Vulgat-Typ des 12. Jh.: Referat von Epistel bzw. Evangelium und meist allegor. Auslegung auf die Glaubenswahrheiten und Grundsätze chr. Lebens. Auch stilist. sind entsprechende Slg.en (Speculum ecclesiae dt., St. Pauler Predigten) zu vergleichen. Bestimmung der Slg. ist laut Vorrede die Predigtvorbereitung, die die Texte verarbeiten soll, die Form ist jedoch die einer intendierten mündl. Pfarrpredigt mit Anreden und entsprechenden rhetor. Fragen. Teile der Slg. werden bis ins 15. Jh. überliefert und die Wiener Hs. auch in dieser Zeit noch benutzt.

V. Mertens

Ed.: A. E. SCHÖNBACH, Altdt. Predigten, III, 1891 [Neudr. 1964] – PL. STRAUCH, Altdt. Predigten, ZDPh 27, 1895, 148–209 – V. MERTENS, Das Predigtbuch des Priesters K. (MTU 33, 1971) 185–284 – *Lit.*: Verf.-Lex.² V, 131–134 [V. MERTENS] – K. ROTH, Predigten des 12. und 13. Jh., 1839 – V. MERTENS [s. o.] – P. JENTZNIK, Zu Möglichkeiten und Grenzen typolog. Exegese in ma. Predigt und Dichtung (GAG 112, 1973) – S. HAIDER, Das bfl. Kapellanat I ... (MIÖG Ergbd. 25, 1977), 199ff., 218, 300f.

52. K. v. Sachsen OFM (K. Holtnicker), * Braunschweig, † 30. Mai 1279 Bologna. Nach Studium in Paris und Lektorat in Hildesheim wirkte K. 1247–62, 1272–79 als Provinzial der Sächs. Franziskanerprov., wobei er für strenge Beachtung der Ordensregel Sorge trug. Seine bekanntesten Werke, wahrscheinl. in der Zeit zw. seinen

Provinzialaten (1262–72) entstanden, sind die Predigtzyklen und das Marien-Speculum, die oft fälschl. als Bonaventura-Schr. überliefert sind. Von den Sermones (Hauptq.: Bibel und Kirchenväter) sind noch ca. 6 Slg.en erhalten, die als Predigthilfen für den Klerus dienen sollten und eine themat. Struktur aufweisen. Bes. verbreitet war K.s von tiefer myst. Frömmigkeit geprägtes Marien-Speculum, das auf einer komplexen Mariologie basiert und intensiv in der mhd. Lit. rezipiert wurde. D. Berg

Ed.: Conradus de Saxonia, Speculum B. Mariae Virginis ac Sermones Mariani, ed. P. DE ALCANTARA MARTINEZ, 1975 – *Lit.*: NDB XII, 549 – Verf.-Lex.² V, 247ff. – S. GIROTTO, Corrado di Sassonia, 1952 – J. B. SCHNEYER, Rep. der lat. Sermones des MA, I, 1969, 748ff. – W. WILLIAMS-KRAPP, Das Gesamtwerk des sog. 'Schwarzwälder Predigers', ZDA 107, 1978, 50–80.

53. K. v. Soest, westfäl. Maler, * um 1370 in Dortmund (?), † nach 1422; ebd. 1394 verehelicht und von 1413–22 gen. Sein signiertes und 1403 datiertes Hauptwerk, der große Flügelaltar in der Stadtkirche Wildungen (13 Szenen aus dem Leben Christi von der Geburt bis zum Weltgericht um den Kalvarienberg) verbindet lokale typolog. und ikonograph. Traditionen mit starken, wohl aus der Q. geschöpften franco-fläm. Einwirkungen. Für Soester Kirchen entstanden die frühe Tafel mit St. Nikolaus und weiteren Hl.n (Nikolauskapelle) und die Altarflügel mit Dorothea und Ottilie (Münster, Landesmus.), für Dortmund der Flügel mit Petrus und Reinold (München) und das andere, späte Hauptwerk, der Marienaltar (Marienkirche), in dem das Erzählerische einer monumentalen Strenge weicht. Ch. Klemm

Lit.: K. STEINBART, K. v. S., 1946 – R. FRITZ, Der Wildunger Altar, 1954 – A. STANGE, Krit. Verz. der dt. Tafelbilder vor Dürer, I, 1967, 139–143 – P. PIEPER, Die dt., ndl. und it. Tafelbilder bis um 1530 (Bestandskat. Westfäl. Landesmuseum, 1986), 39–50.

54. K. v. Soltau, * um 1350, † 11. Jan. 1407; seit 1368 Mag. art. in Prag; 1372 Dekan der Fakultät, 1384/85 Rektor der Univ. Als solcher griff er in den durch die böhm. Mitglieder des Lehrkörpers entfachten Nationalitätenstreit ein. Als Kg. Wenzel IV. für die böhm. Partei eintrat, verließ er Prag unter Protest, ging 1386 als Lehrer der Theologie v. →Heidelberg und wurde 1399 Bf. v. →Verden. Er hinterließ u. a. einen Sentenzenkomm. und eine Erklärung des »Caput Firmiter«, Psalmenerklärung und Predigten (RBMA II, 2018–2022; RCS I, 173–176; B. SCHNEYER, ZGO 112, 1965, 497–516). Befreundet mit und beeinflußt von →Heinrich Totting v. Oyta, setzte er sich für eine umfassende Kirchenreform ein, namentl. für die sittl.-moral. Erneuerung des Klerus. M. Gerwing

Lit.: CH. LOHR, Medieval Lat. Aristotle Comm., Traditio 23, 1967, 313–413, bes. 395 – M. GERWING, Malogranatum oder der dreifache Weg zur Vollkommenheit, 1986 – H.-J. BRANDT, Univ., Gesellschaft, Politik und Pfründen am Beispiel K. v. S. ... (Les universités à la fin du MA, Actes Univ. internat. Louvain 26–30 mai 1975, hg. Kath. Univ. zu Löwen, 1978), 614–627.

55. K. v. Stoffeln, vermutl. Autor (nur in Hs. D gen.) des im alem. Raum 2. Hälfte des 13. Jh. entstandenen Artusromans »Gauriel von Muntabel« (ed. F. KHULL, 1885 [Nachdr. 1969]). Die Identität mit einem 1252–82 bezeugten K. des Hegauer Freiherrngeschlechts v. Hohenstoffeln ist fragl. Im Roman wird erzählt, wie Gauriel, der 'Ritter mit dem Bock', durch einen Tabubruch seine Feengeliebte verliert, nach Kämpfen mit Artushof mit den besten Artusrittern ins Feenreich einzieht und so die Fee wiedererlangt. Danach kehrt er für ein Jahr, in dem er weitere Aventiuren besteht, an den Artushof zurück. Vor Ablauf dieser Frist erscheint seine Geliebte; Heirat und beider Rückkehr ins Feenreich beschließen den Roman. Im »Gauriel«, dessen Textbestand in der Überlieferung (2 Hss., 2 Frgm.e) stark schwankt, werden Motive aus Artusromanen und den Lais der Marie de France (»Lanval«) verquickt; Feenmotivik und Tendenz zur Gattungsmischung machen ihn zu einem typ. Roman des späten 13./14. Jh. (→'Friedrich von Schwaben'). Matthias Meyer

Lit.: Verf.-Lex.² V, 254f. [C. CORMEAU; Lit.] – W. ACHNITZ–H.-J. SCHIEWER, Ein bisher unbekanntes 'G.'-Frgm. in München, ZDA 118, 1989, 57–76.

56. K. v. Waldhausen (Waldhauser), CanAug, Reformprediger in Prag; * um 1325, nahe Grein, oberösterr. Mühlviertel, † 8. Dez. 1369 Prag; um 1349 vermutl. in Passau zum Priester geweiht. Nach seiner Romwallfahrt 1350 entfaltete er u. a. in Wien rege Predigttätigkeit, reiste 1363 nach Prag, wo →Karl IV. seine Übersiedlung nach Böhmen veranlaßte und ihm die Pfarrei Allerheiligen zu Leitmeritz gab. Er predigte bei St. Gallus in der Prager Altstadt und 1365 in der Pfarrkirche Maria am Tein. Seine dt. Predigten hatten auch außerhalb Prags und Böhmens starken Zulauf (u. a. in der Erzdiöz. Salzburg und in Erfurt). 1368 wurde ihm wegen angebl. ketzer. Auffassungen der Prozeß gemacht. K. verteidigte sich vehement (»Apologia«, K. HÖFLER, 1865, 17–39), doch starb er, bevor es zu einer Entscheidung kam. Hauptwerk: 73 Musterpredigten für die Theologiestudenten der Prager Univ. (»Postilla studencium«; J. B. SCHNEYER, Rep. der lat. Sermones des MA, I, 1969, 792–797). K. trat auf gegen Luxus und Sittenverfall bei städt. Laien, dem hochgestellten Klerus und einflußreichen Bettelorden und zielte eine umfassende Sitten- und Kirchenreform an, die sich an der täglich-tätigen Nachfolge Christi orientierte. Er beeinflußte Jan →Milíč v. Kremsier, →Matthias v. Janov und Johannes →Hus. M. Gerwing

Lit.: Verf.-Lex.² V, 259–268 [Werkliste, Lit.] – K. F. RICHTER, W., Karl IV. und sein Kreis, hg. F. SEIBT, 1978, 159–174 – M. GERWING, Malogranatum oder der dreifache Weg zur Vollkommenheit, 1986.

57. K. v. Weinsberg, um 1370–1448. Aufgrund von Familienverbindungen (der gleichnamige Onkel war Ebf. v. Mainz, der Vater Engelhard Reichshofrichter unter Kg. Ruprecht) gelangte K. 1414 an den Hof Kg. Sigmunds. Als Reorganisator der Judensteuern (1415–18) – für die jüd. Gemeinden eine erhebl. Belastung, für das Kgtm. aber eine ebenso erhebl. Einnahmequelle – stieg K. zu einem der einflußreichsten, auch in polit. Missionen bewährten Räte des Luxemburgers auf, eine Stellung, die durch eigenes Verschulden und Hofintrigen kurzfristig zw. 1428 und 1430 unterbrochen wurde. K.s wichtigstes Anliegen, seinem Erbkämmereramt realen Inhalt zu verschaffen und die Reichseinnahmen des Kg.s auf gesicherte Grundlagen zu stellen, scheiterte ebenso angesichts des verwirrenden kgl. Finanzgebarens der regellosen Anweisung von Gefällen wie sein Versuch, eine geordnete Reichsmünze (ein wichtiger Ansatz zur →Reichsreform) 1432/33 zu schaffen. E. Schubert

Lit.: H. WELCK, K. v. W. als Protektor des Basler Konzils, 1973 – F. IRSIGLER, K. v. W., Württ. Franken 66, 1982, 59–80.

58. K. v. Würzburg, einer der wichtigsten Vertreter der mhd. 'nachklass.' Lit., städt. Berufsdichter, Verf. zahlreicher Dichtungen; * wohl in Würzburg, † 31. Aug. (?) 1287 in Basel, ▭ in der Maria-Magdalenen-Kapelle des Basler Münsters.

Nach Anfängen in Franken und am Niederrhein – vielleicht als fahrender Berufsdichter – etablierte sich K., wohl in den 1260er Jahren, in Basel. In der geistl. und weltl. Oberschicht Straßburgs und Basels fand er (vielfach in seinen Werken gen.) Gönner, unter ihnen den Ritter Peter Schaler, eine der polit. einflußreichsten Persönlichkeiten Basels. Als künstler. Vorbild nennt K. →Gottfried v. Straßburg. Selbst wird K. von zahlreichen zeitgenöss. und späteren Dichterkollegen gerühmt, u. a. von Frauenlob, Hugo v. Trimberg und Heinrich v. Mügeln; die →Meistersinger verehrten ihn als einen der Zwölf alten Meister.

Zu K.s sangbaren Dichtungen zählen Lieder, zwei Leichs, Sangsprüche und die stroph. Dichtung »Die Klage der Kunst«, die den Mangel an Freigebigkeit gegenüber wahrer Kunst in Form einer Prozeßallegorie thematisiert. Ausgeprägte Schematisierung, artist. Reimkunst und Tendenzen zur 'Objektivierung', zu abstrakter Reflexion und Didaxe kennzeichnen K.s Minnelieder. Die Sangsprüche behandeln vorwiegend die Themen Kunst, Herrenlehre, Minne, daneben Politik und Religion. Der Minneleich beklagt, Abhilfe fordernd, die von der Minne 'abgefallene' Gegenwart. Marien- und Christuspreis formuliert der religiöse Leich. Wie dieser ein Musterbeispiel des geblümten Stils, ist K.s berühmtes und wirkungsmächtiges Marienpreisgedicht »Die Goldene Schmiede«.

K.s Verslegenden (nach lat. Vorlagen) – »Silvester«, »Alexius«, »Pantaleon« – sind dagegen knapp und in schlichtem Stil abgefaßt, in deutl. Unterschied zur romanhaften Legendenepik des 13. Jh. Als Propagandadichtung für den umstrittenen dt. Kg. Richard v. Cornwall gilt das »Turnier von Nantes« (1257/58). K.s vier Verserzählungen behandeln unterschiedl. Themen: den →Lohengrin-Stoff zum Zweck der ruhmträchtigen genealog. Herleitung der Adelshäuser Brabant, Geldern, Kleve und Rieneck-Loon (»Schwanritter«); die Begegnung Wirnts v. Grafenberg mit der von vorn wunderschönen Frau Welt, deren von Ungeziefer zerfressener Rücken den Ritter zu Weltabkehr und Kreuzfahrt bewegt (»Der Welt Lohn«); das weitverbreitete Motiv vom unwissentl. gegessenen Herzen des Geliebten und dem darauf folgenden Liebestod der Dame (»Herzmaere«); die sich unter extremen Umständen bewährende unerschrockene Kühnheit eines Ritters (»Heinrich v. Kempten«).

K.s drei Romane gehören drei verschiedenen Gattungen an: dem Legendenroman (»Engelhard«), dem Minne- und Aventiureroman (»Partonopier und Meliur«) und dem Antiken-, bzw. hist. Roman (»Trojanerkrieg«). Der »Engelhard«, nach einem lat. Exempel des Typus »Amicus und Amelius«, verknüpft die Motive der Brautgewinnung mit Hilfe des Freundes und der Aussatzheilung durch das Blut von Kindern mit einer zum Minneroman ausgestalteten Liebeshandlung unter der gemeinsamen Thematik der Treue. »Partonopier und Meliur« (1277), die Gesch. von Gewinn, Verlust und Wiedergewinn der byz. Ks.tochter Meliur durch Partonopier, nach dem zur Verherrlichung des Hauses Blois-Champagne nach 1150 eines unbekannten Autor verfaßten frz. »Partonopeus de Blois«, verbindet Erzählmuster und Themen von Feenmärchen, Antikenromanen, Chansons de geste und Matière de Bretagne und ist mit raffinierter Sentimentalisierung, Ironie und gezielten Stimmungseffekten erzählt. Den »Trojanerkrieg« (1281–87), sein größtes Werk, hinterließ K. unvollendet. Nach dem frz. »Roman de Troie« →Benoîts de Sainte-Maure (um 1165) und verschiedenen lat. Trojatexten (u. a. Ovid und Statius) als Q. versucht K., die Summe der mit dem Trojan. Krieg in Verbindung stehenden Geschichten in glanzvollem Stil zu einem einheitlichen und geschlossenen Erzählzusammenhang zu fügen. Gegenüber den Parteien zeigt K. äußerste Objektivität. Die Handlung stellt er unter die Deutungsperspektive einer unausweichl. Fatalität, der allenfalls die Kunst als positives Gegengewicht entgegenzustellen ist.

K.s literaturgesch. Bedeutung beruht auf der Vielfalt der von ihm gepflegten Gattungen, seinem eigenschöpfer. Umgang mit lit. Traditionen, seinen Ansätzen zu einer Ästhetik der Autonomie sowie auf seiner sprachl. Virtuosität.
E. Lienert

Ed.: Sangbare Dichtungen, Verserzählungen: Kleinere Dichtungen, hg. E. SCHRÖDER, 3 Bde, 1924–26 u. ö. – *Mhd. und Übers.*: H. RÖLLEKE, K. v. W.: Heinrich v. Kempten, Der Welt Lohn, Das Herzmaere, 1968 – H. J. GERNENTZ, Der Schwanritter. Dt. Verserzählungen des 13. und 14. Jh., 1979², 31–253 [Klage der Kunst/Verserzählungen] – Goldene Schmiede: E. SCHRÖDER, 1926 u. ö. – Legenden: P. GEREKE, 1925–27 (ATB 19–21) – Engelhard: P. GEREKE-I. REIFFENSTEIN, 1982³ (ATB 17) – Partonopier und Meliur: K. BARTSCH, 1871 [Nachdr. 1970] – Trojanerkrieg: A. v. KELLER, 1858 [Nachdr. 1965] – *Lit.*: Verf.-Lex.² V, 272–304 [H. BRUNNER; Lit.] – R. BRANDT, K. v. W., 1987 [Lit.] – K. v. W. Seine Zeit, sein Werk, seine Wirkung, hg. H. BRUNNER (Jb. der Oswald-v.-Wolkenstein-Ges. 5, 1988/9) – H. KOKOTT, K. v. W. Ein Autor zw. Auftrag und Autonomie, 1989.

Konradin (Konrad), Kg. v. Sizilien und Jerusalem, Hzg. v. Schwaben, aus dem Hause der →Staufer, * 25. März 1252 Burg Wolfstein (nö. von Landshut), † (hingerichtet) 29. Okt. 1268 Neapel, ▭ ebd., S. Maria del Carmine; Eltern: Konrad IV. und Elisabeth v. Wittelsbach, Tochter Hzg. →Ottos II.; ⚭ Sept. 1266 (durch Vertreter) Sophia, Tochter des Mgf.en Dietrich v. Landsberg.

K. (Verkleinerungsform zuerst ironisch in Italien) wuchs in Bayern und Schwaben unter der Obhut seiner Oheime Hzg. Ludwig II. und Hzg. Heinrich XIII. auf. Von den Päpsten Innozenz IV., Alexander IV., Urban IV. und Clemens IV. nur als Kg. v. Jerusalem und Hzg. v. Schwaben (seit 1262) anerkannt, hielt er seine Erbansprüche auf das Kgr. Sizilien aufrecht, wo seit 1258 Kg. →Manfred herrschte. Versuche, ihn gegen →Richard v. Cornwall zum dt. Kg. zu erheben, scheiterten 1261/62 am Widerstand →Otakars II. Přemysl und an Papst Urban IV., 1265/67 an Papst Clemens IV. Nach dem Tod Manfreds bei →Benevent (26. Febr. 1266) wurde ein Italienzug zur Eroberung seines Erbreichs geplant, wozu K. die ksl. Partei in Oberitalien, die Ghibellinen der Toscana und v. a. von →Karl I. v. Anjou vertriebene Exulanten (v. a. Petrus de Prece) aus dem Kgr. Sizilien ermutigten. Im Sept. 1267 brach das Heer von Augsburg aus auf und gelangte über Verona nach Pavia und Pisa. Am 18. Nov. 1267 wurde K. von Clemens IV. exkommuniziert, der am 5. April 1268 ihm das Kgr. Jerusalem entzog und am 17. April Karl v. Anjou zum Reichsvikar in der Toscana ernannte. Durch Übereinkunft mit dem von Karl enttäuschten Senator v. Rom, →Heinrich v. Kastilien (23. H.), zog K. am 24. Juli 1268 in Rom ein. Dort wurde der Weitermarsch nach Lucera beschlossen, doch in der Palentin. Ebene ö. von →Tagliacozzo trat ihm Karl entgegen und errang am 23. Aug. einen entscheidenden Sieg. Der flüchtige K. wurde Anfang Sept. bei Astura (s. von Anzio) von Giovanni →Frangipani gefangengenommen und an Karl ausgeliefert. Nach einem in Einzelheiten unbekannten Prozeß wurde Konradin zum Tode verurteilt und am 29. Oktober 1268 auf dem Marktplatz von Neapel hingerichtet.
P. Herde

Lit.: DBI XXIX, 364–378 [Q., Lit.] – NDB XII, 557–559 [Lit.] – K. HAMPE, Gesch. K.s v. Hohenstaufen, 1894 [Nachdr. mit Anhang H. KÄMPF, 1940/42] – P. HERDE, Die Schlacht bei Tagliacozzo, ZBLG 25, 1962, 679–744 – A. MÜLLER, Das K.bild im Wandel der Zeit, 1972 – E. THURNHER, K. als Dichter, DA 34, 1978, 551–560 – Das Hl. Land im MA, hg. W. FISCHER-J. SCHNEIDER, 1982, 83–93 [P. HERDE].

Konradiner, Hochadelsfamilie (Bezeichnung ist eine Kunstschöpfung). Das möglicherweise aus dem mittleren Loireraum stammende Geschlecht tritt im 9. Jh. im Lahngebiet auf (Gründung der Stifte Kettenbach-Gemünden, 845/879; →Wetzlar, 897; →Limburg, 910; →Weilburg, 912, hervorgehoben als Grablege; St. Florin in →Koblenz [?]). Die Sippe war während der Machtkämpfe zw. den →Karolingern nach dem Vertrag v. →Verdun in Lotharingien und Ostfranken engagiert (bes. Ebm. →Trier), konzentrierte ihre Position nach →Lothars II. Tod und dem Vertrag v. →Meerssen (870) auf die Regionen zw. Sieg und Mittelrhein-Main sowie weiter s. beiderseits des unteren Neckars. Über ihre vielfältigen Gf.enrechte hinaus weist der Hzg.stitel auf eine nicht stammesmäßig, sondern machtpolit. begründete Vorrangstellung hin. In der sog. Babenberger Fehde errangen sie zw. 897 und 906 die Vorherrschaft in →Franken und →Thüringen. Seit 903 gehörte Gebhard das Hzm. in →Lothringen.

Die Ausschaltung der (älteren) →Babenberger war eine wesentl. Voraussetzung für den Aufstieg →Konrads I. zum Kgtm. (10. Nov. 911). Während dieser nirgends eine reale Machtausweitung erzielen konnte, behauptete sein Bruder →Eberhard die mittelrhein.-frk. Positionen 915 im Kampf mit Hzg. →Heinrich v. Sachsen. Hauptverbündete der K. waren die Mainzer Ebf.e →Hatto I. und →Heriger. Nach Konrads I. Tod (23. Dez. 918) leitete Eberhard in polit. weitschauender Weise die Großen zur Kg.swahl seines Gegners Heinrich v. Sachsen, der Empfehlung des Bruders folgend. Eberhard stand während Heinrichs Regierung dem Kgtm. nahe. Obwohl an der Erhebung →Ottos I. 936 beteiligt, verschlechterten sich bald die Beziehungen zu dem autoritär auftretenden König. Eberhard schloß sich opponierenden Kräften an, während seine Vettern, die Gf.en Konrad Kurzbold und →Udo sowie Hzg. →Hermann I. v. →Schwaben, auf der Seite des Herrschers verharrten. Nach Eberhards Tod im Gefecht von Andernach (2. Okt. 939) wurde das konradin. Hzm. in Franken nicht mehr erneuert. Im mittelrhein.-hess.-frk. Großraum entfiel damit die Möglichkeit einer Bündelung der regionalen Kräfte.

Von in ihrer Wertigkeit minderen Bedeutung blieb die sich von Gebhard ableitende Nebenlinie. Dessen Sohn Hermann I. erhielt 926 das Hzm. Schwaben und das Elsaß. Die konradin. Einwirkung auf den SW des Reiches blieb etwa hundert Jahre lang erhalten. Die Ehe →Giselas mit →Konrad (II.) brachte die Verbindung mit den →Saliern. Bedingt durch die Rivalität des Hzg.s →Hermann II. v. Schwaben bei der Kg.swahl 1002, stand Ks. →Heinrich II. den K.n feindlich gegenüber (Anfechtung der Ehe der letzten agnat. Angehörigen, Gf. Ottos v. →Hammerstein).
A. Gerlich

Lit.: I. Dietrich, Das Haus der K. [Diss. masch. Marburg 1952] – Dies., Die K. im frk.-sächs. Grenzraum von Thüringen und Hessen, HJbll 3, 1953, 57-95 [ält. Lit.] – W. Kienast, Der Hzg.stitel in Frankreich und Dtl., 1968, 316ff., 369, 375, 380, 414, 446 – E. Hlawitschka, Die Anfänge des Hauses Habsburg-Lothringen, 1969, 46ff. – W.-H. Struck, Die Stiftsgründungen der K. im Gebiet der mittleren Lahn, RhVjbll 36, 1972, 23-52 – H. Maurer, Der Hzg. v. Schwaben, 1978, 30, 48ff., 55, 132f., 199 – E. Hlawitschka, Wer waren 'Kuno und Richlint v. Öhningen'?, ZGO 128, 1980, 1-49 – A. Wolf, Wer war Kuno 'v. Öhningen'?, DA 36, 1980, 25-83 – O. Renkoff, Naussauische Biogr. (Veröff. der Hist. Komm. für Nassau 39, 1985), 85, Nr. 495, 214, Nrr. 1243-1245 [Lit.] – M.-L. Crone, Konrad Kurzbold, NassA 98, 1987, 35-60 – H. Gensicke, Landesgesch. des Westerwaldes, 1987², 43ff., u.ö. – D. C. Jackman, The K. A Study in Genealogical Methodology, 1990, 78ff., 84ff., 109-127, 174f., 186f. – s.a. →Burchard I. v. Worms [W. Metz, 1976].

Konsens → Loci theologici

Konservierung. Verfahren zum Haltbarmachen von tier. und pflanzl. Produkten spielten im ma. Nahrungswesen als Voraussetzungen des Lebensmittelfernhandels und einer die saisonalen Schwankungen des Marktangebots ausgleichenden Vorratswirtschaft eine bedeutende Rolle. Dem Salz kam zwar als K.smittel die größte Bedeutung zu, doch wurden daneben noch zahlreiche andere chem. und physikal. K.stechniken angewendet. Bereits in der Antike war das Pökeln von →Fisch und →Fleisch bekannt. Für die Versorgung des europ. Binnenlandes hatte dabei die K. von billigem Hering eine eminente Bedeutung, wobei man aber den Fisch nicht nur mit Salz haltbar machte. Aus Yarmouth (Norfolk) z. B. kamen neben dem Salzhering auch gesalzene und geräucherte bzw. getrocknete Heringswaren in den Handel. Ein weiterer Massenartikel war der Kabeljau. Er wurde im Unterschied zum Hering als luftgetrockneter Stockfisch bzw. als gesalzener und getrockneter Klippfisch in großen Mengen aus dem Baskenland bzw. aus Skandinavien exportiert. Süßwasserfische, Vögel und rohes Fleisch ließen sich durch Beizen mit Essig (→Acetum) oder Gewürzen über längere Zeit frisch halten. Essig galt dabei schon in der →Geoponika des 10. Jh. als K.smittel. In Italien wurden Süßwasserfische in Olivenöl gebacken, die nach den Angaben Ulrichs v. Richental lange haltbar waren. Durch Kombination verschiedener K.sverfahren (Salzlake, Trocknung, Räuchern) stellte man im spätma. Fernhandel vertriebene Spezialitäten wie z. B. Westfäl. Schinken her. Früchte und Obst wurden zur besseren Haltbarkeit entweder eingekocht oder mit →Honig bzw. in geringeren Mengen mit →Zucker kandiert. Im SpätMA galten in Mitteleuropa die zuerst in Byzanz und den arab. Ländern konsumierten kandierten Früchte als Kennzeichen der luxuriösen Küche. Einfacheren Ansprüchen genügte Latwerge oder Defrut, das mit Honig und Gewürzen versetzt und in dünnen Scheiben luftgetrocknet wurde. Als Delikatesse wurden auch in Oxymel, einer Mischung aus Essig/Wein und Honig, eingelegte Früchte angesehen. Bestimmte Obstsorten (Birnen, Feigen, Pflaumen, Kirschen, Weintrauben) eigneten sich zum Dörren. Getrocknete Südfrüchte wie die beliebten Rosinen gelangten durch den Handel bis weit nach Nordeuropa. Das Verfahren des Einsäuerns war neben der K. von Milch (→Käse) bes. wichtig für die Bevorratung von ganzem (Osteuropa) bzw. geschnittenem (Mittel- und Westeuropa) Kohl, ein in allen Schichten der ma. Bevölkerung verbreitetes Massennahrungsmittel.
G. Fouquet

Lit.: G. Eis, Fleischk. und Küchenkniffe aus altdt. Hss., Die Fleischwirtschaft 6, 1954, 203 – H. Wiswe, Kulturgesch. der Kochkunst, 1970, 145-147 – R. Heiss-K. Eichner, Haltbarmachen von Lebensmitteln, 1984 – Von der gesunden Lebensweise. Nach dem alten Hausbuch der Familie Cerruti, 1985 – Essen und Trinken in MA und NZ, hg. I. Bitsch, T. Ehlert, X. v. Ertzdorf, 1987 – →Ernährung, →Fisch, →Honig, →Kochbücher.

Konsiliatoren → Kommentatoren

Konsilium ('eins arzâtes rât'), Gattung der med. Kleinlit., nach dem Vorbild des Rechtsgutachtens um 1220 in Bologna und Florenz (Michael Scotus, Taddeo →Alderotti) entstanden, kasuist. angelegt, wendet sich als ärztl. Ratschlag an den Patienten bzw. dessen pfleger. Umfeld. Nach den →Pest-Pandemien kommen ab Mitte des 14. Jh. auch Konsilien für Gruppen auf; in der Frühzeit der Gesundheitskatechismen bezeichnete K. schließlich eine krankheitsbezogene Aufklärungsschrift für jedermann. Dargestellt werden nosolog., diätet., galen. sowie therapeut. Inhalte. Als Sonderformen begegnen Pest-Konsilien und forens. Gutachten von Ärzten (Lepragutachten). Als

Derivattexte finden sich die weitverbreiteten Branntweintraktate und jene nosograph. Kleinformen, aus denen sich im spätma. Florenz die patholog. Anatomie herausbildet (Antonio →Benivieni, »De abditis nonnullis ac mirandis morborum et sanationum causis«). Seit dem 13. Jh. sind die kleinen Texte im scholast. Unterricht bezeugt; seit dieser Zeit werden Konsilien einzelner Autoren gesammelt und zu Kompendien zusammengefaßt, die hinsichtl. ihres Aufbaus der Gliederung von Rezeptaren (→Arzneibücher) folgen. Hohe Überlieferungsdichte korreliert oft mit innovativem Inhalt: ein Großteil des spätma. med.-pharmazeut. Fortschritts spiegelt sich zuerst in den Konsilien und macht sie zum wesentl. Instrument med. Wissensvermittlung zw. Akademikern und Laien. G. Keil

Lit.: Taddeo Alderotti, I 'Consilia', hg. G. M. Nardi, 1937 – D. P. Lockwood, Ugo Benzi: medieval philosopher and physician, 1951, 89f. – A. Costa-G. Weber, L'inizio dell'anatomia patologica nel Quattrocento fiorentino, Archivio 'De Vecchi' per l'Anatomia patologica 39, 1963, 429–878 – G. Kisch, Consilia. Eine Bibliogr. der jurist. Konsilienslg.en, 1970 – W. Schmitt, Theorie der Gesundheit und Regimen sanitatis im MA [Habil.schr. Heidelberg 1973], 8 – N. G. Siraisi, Taddeo Alderotti and his pupils, 1981, 270–302 – T. Pesenti, Generi e pubblico della letteratura med. padovana nel Tre- e Quattrocento (Univ. e società nei secoli. Nono Convegno int. Centro it. di studi di storia e d'arte, 1982), 523–545 – Ch. Boot-G. Keil, 'Meister Michel der doctor': Ein K. gegen Steinleiden ..., Jb. schles. Friedrich-Wilhelms-Univ. Breslau 27, 1986, 287–296 – J. Agrimini-C. Crisciani, 'edocere medicos': Med. scolastica nei secoli XIII–XV, 1989, 160f.

Konsistorium, in der Spätantike Kronrat, Versammlung höchster Reichsbeamter unter Vorsitz des Ks.s zur Beratung wichtiger Fragen. Die Entscheidung trifft der Ks. (Cod. Iust. 12,10; Nov. Iust. 62,1). Der Name (seit Diokletian) stammt wohl daher, daß die Ratsmitglieder den sitzenden Ks. umstanden. Das päpstl. K., dem ksl. nachgebildet, ging hervor aus den Versammlungen (Synoden) des röm. Presbyteriums unter Vorsitz des Papstes. Unter Johannes VIII. wurden solche Sitzungen regelmäßig zur Beratung und Beschlußfassung wichtiger Angelegenheiten gehalten, zweimal monatl. in einer Titelkirche oder Diakonie, zweimal wöchentl. im päpstl. Palast. Mit der Ausbildung des Kard.kollegs im 11./12. Jh. gewann die K. (Papst und Kard.e) seine eigtl. Bedeutung. Die ersten Ansätze des K.s sind unter Urban II. festzustellen. Vom 12.–16. Jh. übte es den größten Einfluß auf die Leitung der Kirche aus, anfangs auch in der Gerichtsbarkeit. Unter Innozenz III. trat es wöchentl. dreimal, später zweimal zusammen. Seit dem späten 16. Jh. wurde der Einfluß der Kard.e stark zurückgedrängt; das K. erhielt fortschreitend nur noch zeremoniellen Charakter. G. Schwaiger

Lit.: LThK VI², 476f. – J. Sydow, Il 'consistorium' dopo lo scisma del 1130, RSCI 9, 1955, 165–176 – H.-W. Klewitz, Reformpapsttum und Kard.kolleg, 1957, 9–134 – C. Morris, The Papal Monarchy, 1989 – I. S. Robinson, The Papacy, 1073–1198, 1990 – →Kardinal, →Kurie, Röm.

Konsole, vorkragendes Tragelement, im Steinbau als Kragstein, im Holzbau ähnl. der →Knagge zur Unterstützung von überstehenden Konstruktionsteilen, von Figuren oder auch als Auflager von Streichbalken zur Aufnahme von Decken- oder Dachbalken. Die K., in der Regel viertelkreisförmig oder dreieckig ausgebildet, kann profiliert und ornamental verziert sein und wird zusätzl. zum Zierglied, z. B. K.ngesimsen (K.n-Geison) in Aufnahme antiker Gewohnheit in karol.-sal. Zeit. G. Binding

Konstans → Constans

Konstans II., byz. Ks., Beiname »pogonatos« ('mit dem Kinnbart'), Enkel des Herakleios, Sohn Konstantins III. und der Gregoria, * 7. Nov. 630, † 15. Juli (oder 15. Sept.) 668, gekrönt Ende Sept. 641; ∞ 642 Fausta, die ihm drei Söhne gebar. Unter seine Regierungszeit fallen entscheidende Umwälzungen: Eroberung Ägyptens durch die Araber (642) und ihr Vordringen in die ö. Reichsgebiete, die Verwandlung der röm. Provinzialverwaltung in die Themenstruktur (→Thema), Veränderungen im Finanzwesen und Schwund der Stadtkultur. Religionspolit. bedeutsam ist das 648 erlassene Verbot einer Diskussion über Monenergetismus und →Monotheletismus, woraus eine Auseinandersetzung mit Papst Martin und →Maximus Confessor entstand. Zw. 662 und 668 regierte K. das Reich von Italien, bes. Syrakus, aus, wo er ermordet wurde.
P. Schreiner

Q. und Lit.: Theophanes, Chronographia, ed. C. de Boor, 342–352 – Nikephoros Patriarches, ed. C. Mango, 82–85 – A. N. Stratos, Byzantium in the Seventh Century 3, 1974 – P. Corsi, La spedizione It. di Costante II., 1983 – J. F. Haldon, Byzantium in the Seventh Century, 1990, 53–63.

Konstantin (s. a. Constantin[us])

1. **K. I. (d. Gr.)**, röm. Ks. 306–337.
I. Leben – II. Reichspolitik – III. Der christliche Herrscher – IV. Das Bild Konstantins im Mittelalter.

I. Leben: K., geb. um 280, gest. 337. Sohn des →Constantius I. (Chlorus) und der →Helena, einer Herbergswirtin im illyr. Naissus (Niš), wuchs am Hofe Diokletians in Nikomedeia auf, wo er sich als tribunus primi ordinis militär. auszeichnete. Zu seinem Vater zurückgekehrt, wurde er bei dessen Tod in Eburacum (York) i. J. 306 von den Soldaten zum Augustus ausgerufen, begnügte sich jedoch mit dem Titel Caesar, den ihm →Galerius zugestand. Von seiner Hauptstadt →Trier aus unternahm er erfolgreiche Feldzüge gegen Alemannen und Franken (Bau einer Rheinbrücke von →Köln nach →Deutz). 307 heiratete er Fausta, die Tochter des →Maximianus (Herculius). Nach dem Tod seines gegen ihn revoltierenden Schwiegervaters (310) verbündete er sich mit →Licinius, dem Augustus des Westens, und zog gegen den in Rom residierenden Usurpator →Maxentius, den er nach einem raschen Siegeszug durch Norditalien am 28. Okt. 312 in der berühmten Schlacht an der Milvischen Brücke schlug (Darst. auf dem Konstantinsbogen in Rom). Der Sieger, vom Senat zum ranghöchsten Augustus erhoben, beherrschte jetzt auch Italien, Spanien und Afrika. Im Frühjahr 313 traf er sich mit Licinius in Mailand, wo die gegenseitige Anerkennung der Gesetzgebung vereinbart wurde. Zur Festigung des Bündnisses heiratete dieser Constantia, die Halbschwester K.s. Nachdem er in einem ersten Bürgerkrieg mit Licinius, der seit 313 den Osten beherrschte, →Illyricum gewonnen hatte (wohl 316), eröffnete er von seiner Residenz Serdica (Sofia) aus den Entscheidungskampf gegen seinen Rivalen, der eine zunehmend christenfeindl. Politik betrieb. Der entscheidende Sieg bei Chrysopolis und die rasche Gewinnung von Byzanz ließen K. zum Herrn des gesamten Imperiums werden (324). Die Bevölkerung der eroberten Prov.en gewann er durch umfassende Restitutions- und Toleranzedikte. Seine Machtstellung offenbart sich sogleich in der Einberufung des Konzils v. →Nikaia (325). Ein dunkles Kapitel stellen die sog. Verwandtenmorde dar (326), in deren Verlauf K.s Sohn Crispus und auch Fausta, wohl nicht ohne Zutun der Helena, hingerichtet wurden. Bleibendes Verdienst erwarb sich K. durch die Neugründung von Byzanz als neuer Hauptstadt des Reiches, die fortan den Namen des Ks.s trug. Das aus geograph.-militär. Gründen gewählte →Konstantinopel, weit günstiger gelegen als das von den Herrschern seit langem verlassene →Rom, wurde i. J. 330 feierl. eingeweiht, erhielt, um das Vierfache seines Umfangs erweitert, mit Ks.palast und Konstantinsforum ein neues polit. Zentrum und erfuhr weitgehende Angleichung an Rom, bei Wahrung gewisser Rangunterschiede.

Die letzten Lebensjahre des Ks.s waren bestimmt durch einen entscheidenden Sieg über die Goten und Sarmaten an der unteren Donau (bei →Marcianopel), dem eine umfassende Umsiedlung von Barbaren auf Reichsboden folgte (332), sowie von Kriegsvorbereitungen gegen das Perserreich →Šapurs II. Zur Sicherung der Nachfolge hatte der Ks. bereits frühzeitig seine drei Söhne Constantin, →Constantius und →Constans zu Caesares ernannt, desgleichen 335 seinen Neffen Dalmatius. Jedem Caesar wurde ein Reichsteil unterstellt, dem Neffen Hannibalianus als »Kg. v. Armenien« der Schutz der Nordostgrenze anvertraut. K. starb am Pfingstfest des Jahres 337 in Achyrona, einer Vorstadt von Nikomedeia, nachdem er vorher von dem Ortsbf. Eusebius die Taufe erhalten hatte.

II. REICHSPOLITIK: Die Neuordnung im Innern läßt sich weithin als Fortsetzung des diokletian. Reformwerks verstehen. Geschaffen wurden weitere Hofämter mit verschiedenen Rangstufen, neu erscheint der Titel →nobilissimus, der auf eine Wiederherstellung des Patriziats (→Patricius) verweist. Der bereits eingeleiteten Trennung von militär. und ziviler Gewalt entsprach die Beschränkung der →praefecti praetorio, der obersten Reichsbeamten, auf den nichtmilitär. Bereich, neu eingerichtet wurden die Ämter des →quaestor sacri palatii (des obersten Hofbeamten) und des →magister officiorum (des obersten Chefs der ksl. Kanzlei), dem die anstelle der bereits 312 aufgelösten Prätorianergarde gebildete Hoftruppe, die schola palatina, unterstand. Daneben fungierten der Leiter der Staatseinnahmen und -ausgaben, der →comes sacrarum largitionum, sowie der Verwalter der ksl. Spenden, der →comes rerum privatarum. Eine entscheidende Umgestaltung erfuhr das Heerwesen. Hier wurde das Amt der Heermeister, der →magistri militum, geschaffen, welche das Kommando über die protectores, ein bes. Offizierskorps nach Art des Generalstabs, hatten. Ebenfalls auf diokletian. Anfänge läßt sich die Zweiteilung des Heeres zurückführen: in die comitatenses, eine stets einsatzbereite Truppe, welche die Ks. auf ihren Feldzügen begleitete, und die limitanei, eine fest stationierte Grenztruppe. Bes. hervorzuheben ist die stete Zunahme germ. Soldaten und Offiziere in dieser Zeit.

Bereits i. J. 309 ließ K. in der Trierer Münzstätte eine neue Goldmünze prägen, den →solidus, dessen Wert ebenso wie der des argenteus auffällig stabil blieb und so die Grundlage für eine solide Finanzpolitik bildete. Einer Festigung des bereits vorhandenen gesellschaftlichen Zwangssystems diente das Gesetz vom Jahre 332, das die Bindung der →Kolonen an ihre Grundstücke und damit ihre Abhängigkeit von den Grundbesitzern weiter festschrieb (Cod. Theod. V 17, 1).

III. DER CHRISTLICHE HERRSCHER: K. lernte die chr. Religion wohl schon im Hause seines Vaters kennen. So erklärt es sich, daß er sogleich nach seinem Regierungsantritt den Christen allg. Duldung gewährte, auch wenn er sich nach dem Ausweis der Münzen als Verehrer des unbesiegten Sonnengottes zu erkennen gibt. Ausgestattet mit den Zügen Apollos, prophezeite ihm dieser in einem gall. Tempel (im heut. Grand/Vogesen) die Weltherrschaft. Auf seinem Marsch nach Rom führte er den chr. Bf. →Hosius v. Córdoba mit sich. Dieser dürfte ihn von der Siegeskraft des Christengottes überzeugt haben, was sich in der chr. Überlieferung über die bekannte Vision niederschlägt: Nach Laktanz, mort. pers. 44, 5, sei K. vor der Schlacht gegen Maxentius ermahnt worden, »das himml. Zeichen des Gottes« auf den Schilden seiner Soldaten anzubringen, während der wesentl. später schreibende Eusebios v. Kaisareia (vit. Const. I, 26ff.) von einer Erscheinung des →Kreuzes mit der Beischrift τούτῳ νίκα ('dadurch siege') spricht. Daß sich dahinter ein hist. Kern verbirgt, beweisen gewisse Maßnahmen des Siegers nach seinem Einzug in Rom: Er unterläßt den Gang zum Kapitol mit dem anschließenden Jupiteropfer und schenkt dem röm. Bf. den Grund für den Bau einer Kirche (der späteren Lateranbasilika), er zeichnet seine Statue mit dem Zeichen des heilbringenden Leidens (Kreuzzeichen?) aus und befreit chr. Kleriker von Munizipallasten. Schließlich läßt sich bereits auf das Jahr 315 das bekannte Silbermedaillon von Ticinum datieren, das K. mit dem Christogramm (☧) auf dem Helm zeigt. Daß all dies aber nicht im Sinne einer persönl. Bekehrung aufzufassen ist, zeigen nicht nur die Wahl des neutralen Begriffs 'divinitas' auf dem vom Senat errichteten Siegesbogen in Rom und ähnl. zurückhaltende Formulierungen in einem zeitgenöss. Panegyricus (XII), sondern auch die Weiterführung des Sol Invictus-Emblems auf den Münzen. Auf die göttl. Gunst, die er im Kampf gegen Maxentius erfuhr, beruft er sich auch im sog. »Edikt v. Mailand« (313) – in Wirklichkeit handelt es sich um ein Reskript des Licinius an ö. Statthalter –, in dessen Ausführungen trotz formaler Gleichstellung aller Religionen eine gewisse Vorliebe für das Christentum deutl. wird (Lact. mort. pers. 48). In seiner Sorge für den Reichsfrieden und die Erhaltung des göttl. Wohlwollens fühlt sich K. verpflichtet, im Streit zw. der kath. Kirche und den abtrünnigen →Donatisten in Nordafrika persönl. einzugreifen. Obwohl er diese von vornherein als Unruhestifter charakterisiert, nimmt er zunächst eine neutrale Richterstellung ein (Einberufung des Konzils v. Arles, 314). Als sich die verurteilten Donatisten dem geistl. und weltl. Spruch zur Unterwerfung widersetzen, befiehlt K., mit Waffengewalt gegen sie vorzugehen. Jedoch das Scheitern aller Zwangsmaßnahmen führt ihn zur Einsicht, daß die Bestrafung Gott überlassen sei, da Unrecht auf Erden nicht vergolten werden dürfe. Eine weitere Hinwendung zur neuen Lehre zeigt sich bereits in einigen vor 324 erlassenen Gesetzen, so im Verbot der privaten Haruspizien, wobei die heidn. Kulte als »praeteritae usurpationis officia« bezeichnet werden (Cod. Theod. IX 16, 2), in der Freilassung von Sklaven in der Kirche in Gegenwart des Bf.s (Cod. Theod. I 27, 1: Manumissio in ecclesia), in der Übertragung von Zivilstreitigkeiten an das Gericht der Bf.e (Cod. Theod. IV 7, 1: Audientia episcopalis) und in der Einführung des chr. Sonntags als eines staatl. Ruhe- und Feiertags i. J. 321 (Cod. Theod. II 8, 1, mit deutl. Abneigung gegen den jüd. Sabbat). Seit 324 tritt K. offen vom Heidentum zurück, was im Verschwinden heidn. Münzembleme und in einer Bevorzugung chr. Beamter und einer Reihe von Tempelplünderungen und -schließungen sichtbar wird. Ein generelles Verbot heidn. Kulte erfolgte jedoch nicht, auch die mit Tempeln verbundene Ks. verehrung blieb bestehen, allerdings ohne Götteropfer (CIL XI 2 nr. 5265, in Hispellum/Italien). Der Sorge des Ks.s um die Eintracht der Kirche entsprach sein Eingreifen auf dem Konzil v. Nikaia. Trotz der hier erfolgten Verbannung des Arius und der einhelligen Festlegung der Bf.e auf ein Bekenntnis begnadigte K., der sich als »Bf. über die äußeren Angelegenheiten« verstand, Arius bald wieder und relegierte dessen Gegenspieler Athanasios nach Trier, der ihm nun als der größere Störenfried erschien. Da er für die Durchführung von Konzilsbeschlüssen auf staatl. Wege sorgte und sogar persönl. bei der Besetzung von Bf.sstühlen eingriff (so in Antiochia i. J. 328), wird er bisweilen als »erster Vertreter des Caesaropapismus« bezeichnet (DEMANDT). Seine starke Hinneigung zur chr. Kirche läßt sich weiterhin an dem von ihm initiierten und geförderten Bau von Kirchen erkennen, so in Trier, Aquileia, Rom (Lateran, St. Peter, St. Marcellinus und Petrus), Konstantinopel (Irenen-, Sophien- und Apostelkirche), Antiochia und bes. in Palästina, wo Helena in seinem Auftrag tätig war (Grabeskirche in →Jerusalem, Geburtskirche in →Bethlehem u.a.). Seiner Auffassung als Stellvertreter und »hochgeliebter Freund des höchsten Gottes« (Euseb. tric. III, 3) entsprach die Bestattung zw. je 6 Apostelstelen in dem mit der Apostelkirche in Konstantinopel verbundenen Mausoleum. Die von ihm gewünschte Erhebung als ἰσαπόστολος erleichterte seine Anerkennung als Hl. im chr. Orient, aber auch die Entstehung von Silvesterlegende und sog. Konstantinischer Schenkung. R. Klein

IV. DAS BILD KONSTANTINS IM MITTELALTER: Persönlichkeit und weltgesch. Leistung K.s wurden, v.a. infolge der stark hagiograph. Darstellung des →Eusebios v. Kaisareia, zum festen Bestandteil der byz. 'Reichstheologie'. K. genoß gemeinsam mit seiner Mutter Helena Heiligenverehrung und war neben ihr Protagonist der Auffindung des wahren →Kreuzes. Die Kritik an K. aus spätheidn. (→Julianus, →Libanios, →Zosimos), aber auch aus zeitgenöss. chr. Sicht (wegen staatl. Einmischung in die christolog. Streitigkeiten: →Athanasios, →Hilarius v. Poitiers gegen K.s Sohn Constantius II.) war gänzlich zurückgetreten.

Im Westen war das Bild K.s stärker geprägt von Silvesterlegende (→Silvester) und Constitutum Constantini (sog. →Konstantin. Schenkung). Die betonte Einbindung des vorbildhaften chr. Ks.s in die röm.-päpstl. Überlieferung stellte K. schließlich in eine Reihe mit →Karl d. Gr., was sich auch in der bildl. Gegenüberstellung beider Herrscher niederschlug (Mosaik Leos III., Lateran; karol. Kunst: →Einhardsbogen). Dargestellt als Reiter, verkörperte K. den Prototyp des 'miles christianus' (ma. Deutung des Reiterstandbildes Marc Aurels in Rom als K.; roman. Fassadenplastik in SW-Frankreich). Ein Unikum in der volkssprachl. Chronistik ist die fiktive Erzählung in der →Kaiserchronik (1140/50), nach der K. (im Sinne des propagierten harmon. Zusammenwirkens von sacerdotium und imperium) vom Papst gekrönt wurde. U. Mattejiet

Lit.: LCI II, 546–551 – RAC III, 306–379 [J. VOGT] – TRE XIX, 489–500 – H. DÖRRIES, Das Selbstzeugnis Ks. K.s, 1954 – H. KRAFT, Ks. K.s religiöse Entwicklung, 1955 – J. VOGT, Constantin d. Gr., 1960² – K. d. Gr., hg. H. KRAFT (WdF 301, 1974) – T. D. BARNES, The New Empire of Diocletian and Constantine, 1982 – TH. GRUENEWALD, Constantinus Maximus Augustus, 1990 – zu [IV]: E. EWIG, Das Bild K.s d. Gr. in den ersten Jh. des abendländ. MA, HJb 75, 1956, 1–46 – W. KAEGI, Vom Nachleben K.s, SchZG 8, 1958, 289–326.

2. K. III., röm. Usurpator, † 411, wurde 407 als angebl. Nachkomme Konstantins d. Gr. in Britannien zum Ks. erhoben, während der Reichsverweser →Stilicho im Auftrag des Westks.s →Honorius Krieg gegen das oström. Reich führte. K. setzte rasch nach Gallien über, wo er aufgrund von Verträgen mit Franken, Alemannen und Burgundern eine Beruhigung des Landes erreichte. Nach einem Sieg über den von Stilicho entsandten Feldherrn Sarus und der erfolgreichen Sicherung der Rheingrenze gegen die Germanen wurde er vorübergehend von Honorius als Mitregent anerkannt. K.s Sohn →Constans gelang es, Spanien zu gewinnen. Als nach dem Tode Stilichos (408) Constantius, der neue Heermeister des Westens, sich anschickte, die n. Prov.en zurückzuerobern, ging zunächst Spanien verloren (409/410). Der in Arles belagerte K. ließ sich zum Priester weihen, um dem Strafgericht des Siegers zu entgehen, wurde aber nach der Einnahme der Stadt nach Italien gebracht und ermordet. R. Klein

Lit.: RE IV 1, 1028ff. – A. DEMANDT, Die Spätantike (HAW III 6, 1989), 143ff.

3. K. IV., byz. Ks., * ca. 650, † Sept. 685, entstammte der Ehe von Konstans II. und der Fausta, zum Mitks. gekrönt zw. 5. und 26. April 654, ∞ um 668 eine gewisse Anastasia, die ihm →Justinian II. und Herakleios gebar. Seine Regierungszeit ist von drei wichtigen Faktoren gekennzeichnet: Vordringen der Araber bis zum Marmarameer und vierjährige Belagerung Konstantinopels, die 678 durch die Anwendung des →Griech. Feuers beendet wurde, Festsetzung der Bulgaren südl. der Donau (681) und Beendigung der christolog. Streitigkeiten im 6. ökumen. Konzil (680/681). P. Schreiner

Q. und Lit.: Theophanes, Chronographia, ed. C. DE BOOR, 352–361 – Nikephoros Patriarches, ed. C. MANGO, 85–95 – A. N. STRATOS, Byzantinum in the Seventh Century 4, 1968 – J. F. HALDON, Byzantinum in the Seventh Century, 1990, bes. 63–70.

4. K. V., byz. Ks. 741–776, kam als Sohn Leons III. zur Herrschaft, wurde aber sogleich von →Artabasdos verdrängt, der in der Propaganda gegen K. hauptsächl. mit einer Krankheit (K. sei von Gott verlassen, bekämpfe Christus; Epileptiker?) argumentierte. In einem Bürgerkrieg konnte K. sich durchsetzen (743). Militär. begegnete er den Erfahrungen des Bürgerkrieges mit dem Ausbau der Truppen der Hauptstadt (Tagmata). Ideolog. war er bestrebt, das negative Bild der Propaganda des Artabasdos zu korrigieren: Er sei der wahre Freund Christi, und das bedeutet in Forts. der Linie seines Vaters ein Verehrer nicht des Bildes, sondern des Kreuzes Christi. K. bestimmte – wohl infolge der Pest von 746/747 –, daß das Bild nicht der Proskynese teilhaftig werden darf, auch nicht während der Liturgie, so daß alle Bilder in Altarrichtung abgenommen werden mußten. Das von ihm einberufene Konzil v. Hiereia (754) beschloß, daß das Bild 'aus Materie' keine Verehrung genießt und das eigentl. Bild Christi der in seiner Nachfolge lebende Christ ist (→Bilderstreit). Trotz großer militär. Erfolge (v.a. auf dem Balkan) wuchsen K.s Verhärtung und sein Mißtrauen: Er ging z. T. sehr hart gegen wirkl. oder angebl. Verschwörer vor (später alle als Verteidiger der Bilder bezeichnet). Das negative Bild K.s als grausamen Herrschers überwog, so daß →Irene sich von ihm distanzieren konnte und zum Bilderkult fand. P. Speck

Lit.: P. SPECK, Artabasdos, der rechtgläubige Vorkämpfer der göttl. Lehren, Ποικίλα Βυζαντινά 2, 1981 – DERS., Ich bin's nicht, Ks. K. ist es gewesen, Ποικίλα Βυζαντινά 10, 1990 – s. a. Lit. zu →Irene, →Leon III.

5. K. VI., byz. Ks. (780–)790–797, Sohn Leons IV. und der →Irene, die von 780–790 als sein Vormund regierte. Nachdem er mit Hilfe des Militärs seine Mutter entmachtet hatte, versuchte er, die Erwartungen, die an ihn als letzten Vertreter der Dynastie Leons III. gestellt wurden, zu erfüllen, indem er sozusagen als orth. Konstantin V. die Linie seiner Vorfahren fortsetzte. Da entscheidende militär. Erfolge ausblieben, fehlte ihm der nötige Rückhalt in der Bevölkerung. Die Geburt eines Sohnes in K.s zweiter Ehe veranlaßte Irene, die befürchtete, aus ihrer Stellung als Mitks. (seit 792) verdrängt zu werden, gegen K. zu putschen und ihn blenden zu lassen. Er starb an der Blendung.

Lit.: →Irene. P. Speck

6. K. VII. Porphyrogennetos, 905–959, *byz. Ks.*; Eltern: Ks. Leon VI. und Zoe Karbonopsina; ⚭ Helene Lakapene; nach dem Tod seines Onkels Alexandros 913 de iure Autokrator, de facto von der Regentschaft unter Patriarch →Nikolaos Mystikos, später unter →Romanos I. Lakapenos, von der Herrschaft ausgeschlossen, nützte die Jahre bis zur Machtergreifung (945) zu kulturpolit., lit. und künstler. Tätigkeit. Im Sinne des von →Photios und →Arethas eingeleiteten Enzyklopädismus stellte sich K. mit einem Mitarbeiterstab in den Dienst der Erhaltung und Tradierung antiker und frühbyz. Texte. Außer dem inhaltl. Gerüst einer in 53 Fachgebiete gegliederten Enzyklopädie sind Exzerptenslg. en mit größeren Partien mehrerer hist. Autoren erhalten. Bes. wertvoll sind die »Excerpta de legationibus« (Gesandtschaften von und nach Byzanz; sehr hoher Anteil an sonst verlorenen Autoren); die »Excerpta de virtutibus et vitiis« sind für die Cassius Dio-Überlieferung wichtig. Auf großes Interesse stießen in Byzanz gewiß die Exzerpte über die Thronbesteigung und jene über Attentate und Usurpationsversuche (»Excerpta de insidiis«). Auf die prakt. Auswertung waren ein landwirtschaftl. Slg. (Geoponika), ein med. Hb. (Iatrika) und eine veterinärmed. Slg. (Hippiatrika) berechnet. In dem seinem Sohn Romanos (II.) gewidmeten, unter dem Titel »De administrando imperio« bekannten Werk geht K. auf Vor-und Nachteile außenpolit. Partner für Byzanz, deren richtige Behandlung, Gesch. und Lebensverhältnisse ein. In didakt. Absicht schildert er Möglichkeiten der diplomat. Vorgangsweise gegenüber Pečenegen, Chazaren, Russen, Bulgaren und Ungarn. Ein Sammelwerk über die byz. Prov.en (De thematibus, ed. A. PERTUSI, StT 160, 1952) enthält Namenserklärungen und -veränderungen für Prov.en und Städte. Buch I des kulturhist. wertvollen sog. Zeremonienbuchs (De ceremoniis«) bringt detaillierte Angaben zum Hofzeremoniell (Akklamationen der Demen, Prozessionsitinerarien, Titel und Kleidung der Würdenträger, Räumlichkeiten des Ks.palasts, Archivmaterial zu frühbyz. Ks.krönungen u.a.) Eine bisher sog. Appendix besteht aus drei Teilen von Auszug und Heimkehr des Ks.s anläßl. krieger. Expeditionen in den O. Buch II enthält u.a. Anweisungen an die Zeremonienmeister (wie B.I), Berichte über Staatsbesuche, den Patriarchen und die Große Kirche, die Ks.gräber, die Kretaexpeditionen usw. Der Anteil K.s an den drei zuletzt gen. Werken ist ungeklärt. De adm. imp. und De cer. enthalten einleitend eine Rechtfertigung des Autors in bezug auf den umgangssprachl. gefärbten Ton. Insges. sind die Arbeiten des K. mehr als durchschnittl. byz. Texte auf prakt. Ziele ausgerichtet. Das gilt v.a. für die Vita seines Großvaters Basileios I. (= Theophanes Contin. B. 5), ein polit. manipuliertes Enkomion, das den Mörder Michaels III. als Idealfigur erscheinen läßt. Wenn K. als Oberbefehlshaber der Armee zwei Reden an die Soldaten richtete, mit denen er nie ins Feld zog, so ist die rhetor. Übung zumindest aus einer potentiell realen Situation hervorgegangen. Die Homilie über das 944 feierl. nach Konstantinopel gebrachte →Mandylion (MPG 113, 424–453) behandelt ein zeitgesch. Ereignis von ideolog.-polit. Bedeutung.

Die Regierung K.s war von Kämpfen an der Ostfront (Araber) und von reger diplomat. Tätigkeit geprägt (Omayyaden v. Cordoba, Otto d. Gr., Besuch der Fsn. Olga v. Rußland). Von der hohen Qualität höf. Kunsthandwerks zeugen u.a. die Staurothek von Limburg, Miniaturenhss. und Elfenbeine. H. Hunger

Ed.: Excerpta hist. iussu imp. C.i P.i confecta, hg. U. PH. BOISSEVAIN, C. DE BOOR, TH. BÜTTNER-WOBST, I–IV, 1903–10 – *De adm. imp.*: G. MORAVCSIK–R. J. H. JENKINS, 1967² [Komm. F. DVORNÍK et al., 1962] – *De cer.*: I. I. REISKE, 2 Bde, CB, 1829–30 – A. VOGT, 2 Bde, 1935–40 [B. I, Kap. 1–92] – *Vita Basilii*: I. BEKKER, CB 1838 [B. 5, 211–353; Neuausg. I. ŠEVČENKO, i. Dr.] – *Demegorien*: H. AHRWEILER, TM 2, 1967, 397–399 – J. F. HALDON, C. Porphyrogenitus, Three Treatises on Imperial Military Expeditions I, 1990 – *Lit.*: Ostrogrosky, Geschichte³, 216–221, 225f., 232–236 – HUNGER, Profane Lit. I, 360–367 – A. TOYNBEE, C. Porphyrogenius and his World, 1973 – Κωνσταντίνος Ζ' ὁ Πορφυρογέννητος καὶ ἡ Ἐποχή Του, 1989.

7. K. IX. Monomachos, *byz. Ks.* 1042–55, * wohl bald nach 1000, † zw. 7., 8. und 11. Jan. 1055, Angehöriger einer angesehenen und reichen Familie; 1. ⚭ NN, 2. Nichte des Ks.s Romanos III. aus der Familie der →Skleroi († spätestens um 1035/36). Von Romanos zunächst mit dem Titel eines patrikios geehrt, wurde er 1035/36 nach Mytilene verbannt, 1042 von Ksn. →Zoe zurückgeholt, in dritter Ehe mit ihr vermählt und am 11. Juni zum Ks. gekrönt. Die subjektive Darstellung seiner Regierungszeit bei Michael →Psellos hat in der Forsch. sein Charakterbild als eines willensschwachen und dem Luxus hingegebenen Herrschers beeinflußt. In seine Regierungszeit fällt eine Hochblüte der Bildungsinstitutionen in Konstantinopel, eine der finanziellen Situation kaum angemessene Bautätigkeit, aber auch das Vordringen der Pečenegen, ein letzter vergebl. Versuch zur Verdrängung der Araber aus Sizilien und die Niederlegung der Bannbulle Leos IX. (1054), die, wenigstens chronolog., die Trennung zw. der O- und der W-Kirche markiert. Zu Unrecht schrieb ihm die Forsch. die Zusendung einer Krone an Andreas I. v. Ungarn zu. Auch war die Mutter des 1053 geb. russ. Gfs.en Vladimir Monomach keine Tochter des Ks.s, eher eine nahe Verwandte. P. Schreiner

Q. und Lit.: Michel Psellos, Chronographie, ed. E. RENAULD, 1926/28, I, 124–154; II, 1–71 – Ioannis Scylitzea synopsis hist., rec. I. THURN, 1973, 422–478 – OSTROGORSKY, Gesch.³, 270–279 – W. SEIBT, Die Skleroi, 1976, 70f.

8. K. X. Dukas, *byz. Ks.* 1059–67, * 1006 wohl in Paphlagonien als Sohn des Andronikos →Dukas, † 23. Mai 1067; ⚭ 1. Tochter des Konstantinos Dalassenos; 2. →Eudokia Makrembolitissa, Nichte des Patriarchen →Michael Kerullarios. Bis 1057 ist seine Laufbahn weitgehend unbekannt. Er besaß die Hofwürde eines Vestarches und wurde unter Ks. Isaak Komnenos (1057–59) zum Vorsitzenden (proedros) des Senats ernannt. Von bes. Bedeutung war seine Freundschaft mit Michael →Psellos, der bei der Abdankung des Isaak Komnenos (21./22. Nov. 1059) K. als Nachfolger (Krönung am 23. Nov.) durchsetzen konnte. Trotz der Bedrohung des Reiches durch Pečenegen, Uzen und v. a. Seldschuken blieb K. passiv und war in einer schwierigen Zeit den polit. Problemen nicht gewachsen. Sein Interesse galt (nach Psellos) der Lit., bes. auch der Theologie. P. Schreiner

Q. und Lit.: Michel Psellos, Chronographie, ed. E. RENAULD, II, 1928, 138–152 – OSTROGORSKY, Geschichte³, 282–284 – D. I. POLEMIS, The Dukai, 1968, 28–34.

9. K. XI. Palaiologos (auch: K. Dragases), *byz. Ks.* 1449–53, * 8. Febr. 1405 in Konstantinopel, ✕ 29. Mai 1453 ebd.; 4. Sohn von Manuel II. Palaiologos und Helene Dragaš, ⚭ 1. Maddalena Tocco (→Tocco), 1428–29; 2. Caterina Gattilusi (→Gattilusi), 1441–42. – Gemeinsam mit seinen Brüdern Theodor und Thomas seit 1428 Despot v. →Morea, bemühte sich K. um Erweiterung des byz. Machtbereichs auf Kosten der letzten frk. Besitzungen (1429 Eroberung von →Patras). Gegen den wachsenden Expansionsdruck der →Osmanen ließ K. u. a. 1444 die Sperrmauer am Isthmos v. Korinth (Hexamilion) wiederherstellen. Hart bedrängt durch einen verheerenden Feldzug Murāds II. (1446), verpflichtete sich K. zu Tributleistungen an die Osmanen. – Nach dem Tode seines ältesten Bruders Johannes' VIII. wurde er zum Ks. erhoben (Krönung: 6. Jan. 1449 in Mistra, Einzug in Konstantinopel erst 12. März 1449). Der neue osman. Herrscher Meḥmed II. betrieb planmäßig und mit überlegenen militär. Kräften die Eroberung Konstantinopels. K. hoffte, auch durch Verkündung der heftig umstrittenen Kirchenunion (12. Dez. 1452), westl. Militärhilfe zu erreichen, die aber weithin ausblieb. Der letzte byz. Ks. fiel während der türk. Eroberung der Stadt im Kampf. U. Mattejiet

Lit.: BLGS II, 462f. – PLP, Nr. 21500 – I. DJURIĆ, Sumrak Vizantije..., 1984 – s. a. →Morea, →Palaiologen.

10. K. Tich Asen, bulg. Zar, 1257–77; bulg. Boljar, dessen Familie im SW des Landes begütert war. In der Zeit des Bürgerkrieges in Bulgarien (1256–57), nachdem der erste Prätendent für den Thron (Koloman) ermordet, der zweite, Mico, zur Emigration nach Byzanz gezwungen wurde, erlangte K. mit Unterstützung eines großen Teils der bulg. Aristokratie den bulg. Thron. Die ersten Schritte des neuen Herrschers waren auf die Legitimation der Lage gerichtet: Ehe mit der nikäischen Prinzessin Eirene (eine Enkelin von →Ivan II. Asen) und Erhaltung des Familiennamens Asen. Die Außenpolitik K.s stand unter dem starken Einfluß seiner beiden Michael VIII. Palaiologos feindl. gesinnten Gattinnen, Eirene Laskarina und dann Maria Palaiologina, während er im Innern v. a. die Legitimation seines zum Mitherrscher ausgerufenen Sohnes Michael anstrebte. Die Bemühungen K.s, die innerbulg. Gegensätze von 1256/57 aufzuheben, blieben erfolglos. 1277 erreichten die Spannungen, verstärkt durch die Einfälle der Tataren, ihren Höhepunkt, und ein neuer Bürgerkrieg unter Führung →Ivajlos brach aus. In einem Gefecht mit der Armee der Aufständischen wurde K. getötet. I. Božilov

Lit.: I. BOŽILOV, Familijata na Asenevci (1186–1460), Genealogija i prosopografija, I, no. 24, 1985, 115–118.

11. K. I., scot. Kg. (→Schottland) 862–ca. 877. Sohn von →Kenneth McAlpin, folgte seinem Onkel →Donald McAlpin. Während K.s Regierung wurde wahrscheinl. das Kgr. drei oder vier Mal von Wikingern heimgesucht, die während ihres Aufenthaltes Tribut verlangten. Infolge einer dieser Wikingerinvasionen wurde →Dumbarton nach einer Belagerung 870 eingenommen und vermutl. ein Vorort der Wikinger. Der Kg. v. →Strathclyde wurde beraubt und seine Tötung 872 möglicherweise von K. angeregt. Entgegen dem Bericht von Duald mac Firbis ließ K. →Olaf, Kg. v. Dublin, wohl nicht töten; es gibt glaubwürdige Belege dafür, daß Olaf sich nach 869/871 noch in Norwegen aufhielt. K. wurde wahrscheinl. von Wikingern getötet. Sein Nachfolger wurde sein Bruder Áed. D. J. Corner

Lit.: A. DUNCAN, Scotland: the Making of the Kingdom, 1975, 90 – A. P. SMYTH, Warlords and Holy Men, 1984.

12. K. II., scot. Kg. (→Schottland) seit 900, † 952; Sohn von Áed († 878), folgte seinem Vetter →Donald II. Aus den ersten Regierungsjahren ist nur bekannt, daß es 903–904 einen ir.-wiking. Überfall auf Scotia gegeben hat, der sich bis nach →Dunkeld auswirkte. Bei einem erneuten Angriff unter Rognvald 913–915 suchte Ealdred v. →Bamburgh bei K. Zuflucht. 918 verwüstete Rognvald Dunblaine (→Dublin) und griff Scotia an oder sah →Strathclyde, bevor er sich nach S wandte und bewirkte, daß die Dänen v. York den Schutz von →Æthelflæd, der Domina v. Mercien, suchten, die entweder zu diesem Zeitpunkt oder bereits 914 ein Bündnis mit Scotia und Strathclyde zum gegenseitigen Beistand geschlossen hatte. Aufgrund dieses Abkommens kämpften K. und Ealdred gegen Rognvald in der Schlacht v. Corbridge, die wohl die Preisgabe v. York an Rognvald zur Folge hatte. Ein Vertrag v. 920 zw. K., Rognvald, Ealdred und dem Kg. v. Strathclyde sah die Anerkennung der Oberherrschaft von →Eduard d. Ä., Kg. v. Wessex, vor. Ein zweiter Vertrag zw. diesen Herrschern und Æthelstan, Eduards Nachfolger, wurde 927 geschlossen. K. brach 934 den Frieden und veranlaßte Æthelstan zu einer Invasion von der See her. Als sich K. 937, vielleicht mit dem Kg. Owen v. Strathclyde, an der großen Invasion von →Olaf Guthfrithson, Kg. v. Dublin (→Dublin, skand. Kgr.), in England beteiligte, wurde er von Æthelstan bei →Brunanburh besiegt. Strathclyde blieb weiterhin abhängig von Scotia. Doch wurde wohl →Lothian an den Lord v. Bamburgh und den engl. Kg. abgetreten. 943 verzichtete K. auf den Thron und wurde Abt der →Céli Dé in St. Andrews. 950 veranlaßte er seinen Nachfolger →Malcolm I., erneut in England zu intervenieren. D. J. Corner

Lit.: A. DUNCAN, Scotland: the Making of the Kingdom, 1975, 91–94 – A. P. SMYTH, Warlords and Holy Men, 1984.

13. K. III., scot. Kg. (→Schottland), folgte 995 →Kenneth II.; † 997; Sohn von Culen, der 971 in →Lothian von Rhiderch, Kg. v. →Strathclyde, getötet worden war. Nachfolger von K. wurden entweder Giric, Enkel von Dubh, oder →Kenneth III., Girics Vater, der möglicherweise für die Tötung K.s verantwortl. war. Die plausibelste Erklärung für die Ermordung K.s und die sich in den Q. widersprüchl. darstellenden Ereignisse zw. 997 und 1005 ist, daß Kenneth III. andere Familienmitglieder von der Thronfolge ausschließen wollte und deshalb seinen Sohn Giric als leth righ zum Mitregenten erhob. D. J. Corner

Lit.: A. DUNCAN, Scotland: the Making of the Kingdom, 1975, 97 – A. P. SMYTH, Warlords and Holy Men, 1984.

14. K. Dragaš, Fs. →Dragaš

15. K. Vsevolodvič, Fs. v. →Rostov, * 1186, † 2. Febr. 1218, ⚭ 1195 eine Fs. entochter v. →Smolensk († 1220); ältester Sohn des mächtigen Gfs. en v. →Vladimir, →Vsevolod (gen. 'das große Nest'), der K. 1206 in →Novgorod einsetzte, ihm 1207 aber das Fsm. Rostov als 'Vatererbe' (otčina) übertrug. K. entfaltete in Rostov, →Jaroslavl' und →Uglič reiche Bautätigkeit. 1211 wurde er vom Vater bei der Erbfolgeregelung übergangen; sie sah vielmehr die Übertragung der Gfs.enwürde an den jüngeren Sohn, Jurij, vor. Da K. diese Entscheidung nicht akzeptierte, kam es zu militär. Konflikten, in deren Verlauf K. seine Brüder Jurij und Jaroslav (II.) bei Lipica besiegte (1216). Doch konnte Jurij nach K.s Tod (1218) die Gfs.enwürde schließlich ungefochten behaupten. Das Fsm. Rostov jedoch schied unter K. und seinen Nachkommen aus dem Herrschaftsverband von Vladimir-Suzdal' aus. U. Mattejiet

Lit.: Lex. der Gesch. Rußlands, 210 – HGeschRußlands I, 345f. [H. RÜSS].

16. K. Bodin, Herrscher v. Zeta, um 1082–um 1102. Sein Vater, Kg. Michael (um 1055–um 1082), schickte 1072 K.B. mit einer Hilfstruppe zur Unterstützung des antibyz. Aufstandes in Skopje. In Prizren unter dem Namen Petar zum 'Zaren der Bulgaren' ausgerufen, kämpfte K.B. erfolgreich in der Gegend von Niš, wandte sich aber nach S, als sich die Byzantiner Skopjes bemächtigten. Bei Thaonion (Pauni, Kosovo polje) wurde er geschlagen und gefangengenommen. Sein Vater hat ihn mit ven. Hilfe befreit (um 1074/75). In den letzten Jahren stand er seinem Vater zur Seite; ungewiß ist, ob er einen Teil des Staates als eigenes Gebiet verwaltete. Im Frühjahr 1081 wurde K.B. mit einer Magnatentochter aus dem norm. Bari vermählt. Während der norm. Belagerung v. →Dyrrhachion (Okt. 1081) im byz. Lager, nahm K.B. aber an der entscheidenden Schlacht nicht teil. Byz. Schwierigkeiten hat er zu Angriffen auf die Küstenstädte und zur Ausweitung der Grenzen im Innern genutzt. Als sich Byzanz nach der Vertreibung der Normannen gegen ungetreue Verbündete wandte, wurde K.B. zw. 1085 und 1090 erneut geschlagen und gefangengenommen. Er blieb dennoch Herrscher und empfing die Teilnehmer des 1. Kreuzzuges (Winter 1096/97). Von Papst Clemens erlangte K.B. die Rangerhöhung der Stadt→Bar (1089) zum Ebm.   S. Ćirković

Lit.: A. Petrov, Kniaz K.B., Sbornik V.I. Lamanskog, 1885, 240–251 – Istorija srpskog naroda I, 1981.

17. K., Bf. v. Nakoleia in Phrygien (Suffragan der Metropolie Synada), Theologe, zu Beginn des →Bilderstreits in Briefen des Patriarchen →Germanos I. v. Konstantinopel erwähnt (Grumel-Darrouzès, Nr. 328f.). Seine wahrscheinl. nach dem Vulkanausbruch zw. den Inseln Thera und Therasia i. J. 726 geäußerte Kritik an der den Ikonen erwiesenen Proskynese, die nur Gott zukäme, führte zu Widerspruch und Interventionen, in deren Verlauf K. sich in Konstantinopel vor dem Patriarchen rechtfertigte. Nach seiner Rückkehr nach Nakoleia wegen Nichtbefolgung der Anordnung des Patriarchen vorläufig von der Ausübung des Priesteramtes ausgeschlossen (um 727). Auf der 7. ökumen. Synode (787, Nikaia II) wurde K. von den Ikonodulen als Urheber der ikonoklast. Häresie hingestellt und mit dem Anathem belegt.
   G. Schmalzbauer

Lit.: P. Speck, Ks. Konstantin VI., 2 Bde, 1978 – D. Stein, Der Beginn des byz. Bilderstreites..., 1980 – P. Speck, Artabasdos, der rechtgläubige Vorkämpfer der göttl. Lehren, 1981 – G. Fedalto, Hierarchia Ecclesiastica Orientalis I, 1988, 176 – Kl. Belke–N. Mersich, Phrygien und Pisidien, 1990, 344–346.

18. K. Kostenecki, südslav. Literat ('Philosoph'), * um 1380, gehörte zu den Schülern des letzten Patriarchen v. Tŭrnovo, →Evtimij, als sich dieser im Exil im Bačkovo-Kl. befand. Dort wurde K. in die Kenntnis des Griech. und die lit. Prinzipien der Schule v. Tŭrnovo eingeführt. Nach der Verwüstung der Rhodopen durch die Türken 1410 floh K. nach Serbien, wo er beim Despoten Stefan Lazarević Aufnahme fand. Nach dem Tode seines Beschützers (1427) verfaßte K. eine Lebensbeschreibung des serb. Despoten im hist., nicht mehr im früheren hagiograph. Stil. Den Traktat zu Fragen der slav. Orthographie und Schriftsprache »Skazanie izjavljenno o pismenech« widmete er Stefan Lazarević (Akrostichon). Didakt. Zwecke verfolgte die knappe Abh. »Slovesa v kratcě«. Anläßl. einer Reise nach Jerusalem zw. 1415–20 verfaßte K. einen Reisebericht, der aus gr. Q. schöpft. Um 1427 fertigte er eine Übers. des Hld-Komm. des Theodoretos v. Kyrrhos (CPG 6203) an.   C. Hannick

Ed.: K. Kuev, Žitieto na Stefan Lazarević ot K.K., 1983 – K. Kuev – G. Petrov, Sŭbrani sŭčinenija na K.K., 1986 – Lebensbeschreibung des Despoten Stefan Lazarević von K. dem Philosophen im Auszug hg. und übers. v. M. Braun, 1956 – *Lit.:* BLGS II, 465f. [M. Stoy] – St. Stanojević, Die Biogr. Stephan Lazarević's von K. dem Philosophen als Gesch.sq., AslPhilol 18, 1896, 409–472 – K. Kujew, Konstantyn K. w literaturze bułgarskiej i serbskiej, 1950 – Dj. Trifunović, Pesma nad Pesmama u prevodu ili u redakciji Konstantina Filosofa (Kostenečkog) (Tŭrnovska knižovna škola I, 1974), 257–261 – Rečnik na bŭlgarskata lit., II, 1977, 236–238 [K. Kuev] – G. Svane, K.K. i ego biografija stardogo despota Stefana Lazareviča. Starobulgarska lit. 4, 1978, 21–38 – Ders., Russkij 'Chronograf' i 'Biografija Stefana Lazareviča' (Tŭrnovska knižovna škola II, 1980), 109–132 – P. Lukin, 'Skazanie o pis'menach' Konstantina Kostenečkogo i 'ispravlenie cerkov-nych knig' v Serbii pri Stefane Lazareviče, Palaeobulgarica 14, 1990, 2, 69–80.

19. K. v. Preslav, altbulg. Schriftsteller des 9.–10. Jh., aus der Generation der Schüler von →Konstantin und Method, bedeutender Vertreter der lit. Schule v. Preslav, Priester, dann Bf. in Moesia inferior. Werke: Slg. von 51 Homilien zu den Evangelienperikopen nach dem bewegl. Kirchenjahr mit zahlreichen Entlehnungen aus Joh. Chrysostomos; zumindest Hom. 42 gilt als sein Originalwerk (ed. Vaillant). In der ältesten Abschrift des »Evangelie učitel'noe«, Cod. Moskau GIM, Sin. 262 (2. Hälfte 12. Jh.) sind weiters enthalten: eine »Kirchl. Erläuterung« (Skazanie cerkovnoe; Übers. der Historia mystica eccl. cath. Germanos' I. v. Konstantinopel [CPG 8023] aus dem Anfang des 8. Jh.) sowie eine chronolog. Auflistung der Personen und Ereignisse von der Weltenschaffung bis zum Ende des 9. Jh. (Istorikii). Die nach der Weltära von 5505 angelegte Chronographie schöpft aus dem Chronicon paschale sowie aus dem Χρονογραφικὸν σύντομον Patriarch Nikephoros' I. Das Evangelie učitel'noe wird durch ein das Versmaß der byz. didakt. Dichtung (Zwölfsilber) nachahmendes Vorwort sowie ein »Alphabetisches Gebet« (Azbučnata Molitva) eröffnet. K. wird ferner ein Offizium auf seinen Lehrer Methodios zugeschrieben. Das →Triodion bereicherte er mit durch Akrostichis verbundenen Liedern. Um die junge bulg. Lit. zu entfalten, übersetzte K. die Orationes c. Arianos des Athanasios (CPG 2093) sowie den chrysostom. Sermo in sanctum pascha (CPG 4612). Er gilt auch als Übers. des Katechesen des Kyrillos v. Jerusalem (CPG 3585), die fragm. bereits in den aksl. Blättern von Hilandar (Odessa, Staatl. Bibl. 1/1–533) aus dem 11. Jh. erhalten sind.   Ch. Hannick

Ed.: V. Jagić, Nedeljna propovedanja K.a prezvitera bugarskoga po starosrpskom rukopisu XIII vjeka, Starine 5, 1873, 28–42 – V. N. Zlatarski, Najstarijat istoričeski trud v starobŭlgarskata knižnina, SpisanieBAN klon ist.-fil. 27, 1923, 122–182 – A. Vaillant, La trad. vieux-slave des Catéchèses de Cyrille de Jérusalem, Byzslav 4, 1932, 253–302 – D. Kostić, Bugarski episkop K. pisac službe sv. Metodiju, Byzslav 7, 1937–38, 189–211 – A. Vaillant, Discours contre les Ariens de St. Athanase, Version slave et. trad. fr., 1954 [1. Oratio] – Ders., Une homélie de C. le Prêtre, Byzslav 29, 1967, 68–81 – K. M. Kuev, Azbučnata Molitva v slavjanskite lit., 1974 – G. Popov, Triodni proizvedenija na K. P.ski, Kirilo-Metodievski studii 2, 1985 – *Lit.:* SłowStarsłow II, 460f. – BLGS II, 468 – Rečnik na bŭlgarskata lit. II, 1977, 238f. [K. Kuev] – E. G. Zykov, O literaturnom nasledii K.a P.skogo, Starobŭlgarska lit. 3, 1978, 34–47 – L. Graševa, Naj-rannoto izsledvane za K. P.ski..., ebd. 17, 1985, 117–130 – D. Efendulov, »Granesa dobra« na K. P.ski v otnošenie kŭm chimničnata poezija, ebd. 22, 1990, 53–63.

Konstantin und Method, hl. Über das als 'Lehrer der Slaven' in die Gesch. eingegangene Brüderpaar aus Thessalonike berichten ausführl. die altslav. Vita Constantini (VC) und Vita Methodii (VM), die beide byz. hagiograph. Mustern folgen. Als Verf. der vielleicht zunächst gr. aufgezeichneten VC gilt M., während die VM von einem Schüler M.s, vielleicht →Clemens v. Ochrid, stammt. Unter den lat. Q. verdient die sog. 'Legenda italica'→Leos v. Ostia (spätes 9. Jh.; BHL 2073) bes. Erwähnung. Das Brüderpaar, einer hohen Beamtenfamilie entstammend, genoß eine ausgezeichnete Ausbildung in Konstantinopel im Umkreis des Patriarchen →Photios. Der ältere Bruder M. (* um 815) bekleidete zunächst hohe Verwaltungsämter, bevor er in das Kl. Polychronion im Marmarameer eintrat (VM, IV 6), während K. (* 826/827) als versierter Theologe an Glaubensgesprächen mit Arabern anläßl. einer Gesandtschaft an den abbasid. Kalifen Mutawakkil betreffs Gefangenenaustausches (VC, VI; Dölger, Reg. 451) teilnahm. Über seine theol. Disputation mit den judaisierenden →Chazaren in der Hauptstadt des Reiches am Westufer des Kasp. Meeres (DÖLGER, Reg. 458) verfaßte K. ein dem Patriarchen und dem Ks. zugedachtes Memorandum (in VC, X auszugsweise aufgenommen). Eventuelle kirchl. Weihen vor der Slavenmission sind umstritten. 862 bat der slav. Herrscher an der Morava, →Rastislav, Ks. Michael III. um Entsendung von Lehrern, die u. a. in der Lage sein sollten, byz. Gesetzbücher ins Slavische zu übertragen. 863 wurde eine byz. Delegation zu Rastislav entsandt (DÖLGER, Reg. Nr. 463), an deren Spitze K. und M. standen, die dank ihrer Abstammung aus Thessalonike die Sprache der südslav. Makedonen/Bulgaren beherrschten. Zum Zwecke der schriftl. Fixierung der zu übersetzenden Texte hatten sie zuvor das glagolit. Alphabet (→Alphabet, III, IV) geschaffen. Wegen Differenzen mit dem im Gebiet Rastislavs bereits vor ihrer Ankunft tätigen lat. Klerus beschlossen K. und M. 866, ihr Wirken nach Pannonien zu Fs. →Kocel zu verlagern. Wenig später gingen sie über Venedig (→Dreisprachenhäresie) nach Rom, um ihre Unternehmungen zu legitimieren, möglicherweise neue Mitarbeiter zu gewinnen und die Unterstützung des Papstes zu erbitten. Aus diesem Schritt sowie aus dem Briefverkehr Papst Nikolaus' I. und Patriarch Photios' (GRUMEL-DARROUZÈS, Nr. 472), wird ersichtl., daß das Tätigkeitsgebiet des Brüderpaares, ἡ μεγάλη Μοραβία, innerhalb des Illyricums lag. Archäolog. Funde in →Mähren (Umkreis von →Nitra) bezeugen bereits im 9. Jh. eine chr. Kultur, deren Blüte jedoch in die 1. Hälfte des 9. Jh., also vor Ankunft der Brüder, fällt. Die überwiegende Zahl der Forscher hält an der Tradition der kyrillomethodian. Mission Mährens fest. Dagegen spricht u. a. ein Hinweis bei Konstantinos Porphyrogennetos (De adm. imp., 13 und 40; LITAVRIN-NOVOSEL'CEV 52, 164), wonach Großmähren sich am mittleren Lauf der Donau, beim Zusammenfluß der Sava, befinde. Diese Lokalisierung bestätigt auch die Nestorchronik (→Povest' vremennych let) s. a. 898 (LICHAČEV I, 21 ff.), ist jedoch bis heute strittig.

K. starb in Rom unter dem Mönchsnamen Kyrillos am 14. Febr. 869. M. wurde von Papst Hadrian II. zum Ebf. v. →Sirmium geweiht und in seinen Sprengel, sein bisheriges Tätigkeitsgebiet in Südpannonien und an der Donau, zurückgeschickt. Die fortdauernden Spannungen mit dem lat. Klerus führten zur ztw. Gefangenschaft M.s in Süddeutschland (vermutl. Reichenau). Erst 873 wurde M., dank wiederholter Ermahnungen Papst Johannes' VIII. befreit; dabei wurde ihm auferlegt, von der Liturgie in slav. Sprache Abstand zu nehmen. Nach Photios' Wiedereinsetzung als Patriarch (Okt. 877) unternahm M. 881/882 (ev. erst 883) eine letzte Reise nach Konstantinopel, deren Ziele aus der Vita (VM, XIII) nicht klar hervorgehen (Gewinnung neuer Mitarbeiter für das Übersetzungswerk? Überreichen der Reliquien des Papstes Clemens?). Fest steht, daß M. auf der Durchreise Bulgarien besuchte und mit dem Fs.en →Boris I. zusammentraf. Nach dem Tode M.s (6. April 885) fanden seine Schüler Zuflucht in Bulgarien.

Das Lebenswerk der Lehrer der Slaven bestand in der Einführung des Slavischen als liturg. Sprache (→Kirchenslav. Sprache und Lit.), wobei dies nicht Ausdruck der offiziellen Missionspolitik des byz. Staates und der Kirche war, sondern der persönl. Initiative und Überzeugung der Brüder entsprang (VAVŘÍNEK). Zu diesem Zwecke übertrugen sie das Evangelium (VC, XIV 14), das Psalterium (älteste Hss. 10.–11. Jh.) sowie die für den liturg. Gebrauch notwendigen Perikopen des AT (Parimejnik = προφητολόγιον). Umstritten bleibt, ob die vollständige Übers. des AT – außer den Makkabäerbüchern (VM, XV 1) – auf M. und seine Mitarbeiter zurückgeht. Gemäß ihrer Herkunft und Erziehung besteht kein Zweifel, daß K. und M. nach byz. Ritus zelebrierten. M. soll slav. liturg. Gedichte zu Ehren des hl. Demetrius verfaßt haben, wie eine slav. Übers. des Hirmologions voraussetzt (VM, XV 4). Ob die Übertragung liturg. Texte w. Herkunft (→Kiever Blätter, kürzl. aufgefundenes sinait. Missale) auf die kyrillomethodian. Epoche zurückgeht und somit im Umkreis von M. auch der röm. Ritus in Anwendung kam, bleibt umstritten. Vermutl. auf M. geht eine Ermahnung an den Herrscher zurück, die im Clozianus-Homiliar aus dem 11. Jh. aufgenommen wurde. Unter den Übers. aus dem Griechischen ins Slavische, die die Slavenlehrer anfertigten, ragt das Nomokanon in 50 Titeln des Patriarchen Johannes Scholastikos hervor (VM, XV 4). Umstritten bleibt der Hinweis in VM, XV 4 auf die Übers. von 'Väterbüchern' (vielleicht »Dialogi« Gregors d. Gr. nach der gr. Übers. Papst Zacharias', Mitte 8. Jh. [BHG 1446–1448]). Zur Festigung der Kirchenorganisation übersetzte M. eine unter dem Titel 'Zakon sudnyj ljudem' (lex iudicialis de laicis) bekannte Kompilation aus der 726 erlassenen Ἐκλογὴ τῶν νόμων. Vor Beginn der Slavenmission verfaßte K. einen gr. Bericht über die Auffindung der Reliquien des hl. Clemens Romanus, der als slav. Übers. 'Slovo na prenesenie moštem sv. Klimenta' ab dem 15. Jh. hs. erhalten ist. Auf die Slavenlehrer geht wahrscheinl. auch der Anfang einer slav. Chronographie zurück, die die Povest' vremennych let übernahm.

Während die VM bereits im →'Uspenskij Sbornik' (12.–13. Jh.) erhalten ist, begegnet die ältere VC erst in Hss. ab dem 15. Jh. sowie in Auszügen in kroat.-glagolit. Breviarien aus dem 14. Jh. Das Gedächtnis des hl. K./Kyrill am 14. Febr. wird bereits im altslav. Assemani-Evangeliar (2. Hälfte 10. Jh.) sowie im aruss. Ostromir-Evangelium (1056/57) genannt. In kroat.-glagolit. Missalen und Breviarien ist ein Fest der hl. Kyrill und Method am 14. Febr. seit dem 14. Jh. bezeugt. K. gilt auch als der Verfasser einer Vorrede (Proglas) zu der Evangelienübers., die nach Muster des byz. zwölfsilbigen Verses angefertigt wurde. Diese Vorrede gilt als das erste Denkmal der Verskunst bei den Slaven.   Ch. Hannick

Bibliogr.: G. A. IL'INSKIJ, Opyt sistematičeskoj kirillomefod'evskoj bibliografii, 1934 – M. POPRUŽENKO–ST. ROMANSKI, Bibliografski pregled na slavjanskite kirilski iztočnici za života i dejnostta na Kirila i Metodija, 1935 – R. JAKOBSON, Kirilometodievska bibliografija za 1934–40 g., 1942 – I. E. MOŽAEVA, Bibliografija po kirillo-mefodievskoj problematike, 1945–74 gg., 1980 – I. DUJČEV, A. KIRMAGOVA, A. PAUNOVA, Kirilometodievska bibliografija 1940–80, 1983 – Kirilo-metodievska enciklopedija I, hg. P. DINEKOV, 1985 – Reihe, Zs.: Kirilo-Metodievski studii, 1–6, 1984–89 – Cyrillomethodianum 1ff., 1971ff. – Q.: C.us et M.ius Thessalonicenses, Fontes, ed. F. GRIVEC–F. TOMŠIČ, Radovi staroslavenskog instituta 4, 1960 – Magnae Moraviae fontes hist., I–V, 1966–76 – Kliment Ochridski, Sŭbrani sŭčinenija III: Prostranni žitija na Kiril i Metodij, ed. B. ST. ANGELOV–CH. KODOV, 1973 – Conversio Bagoariorum et Carantanorum, hg. H. WOLFRAM, 1979 – Žitija Kirilla i Mefodija, 1986 [Beitr. D. S. LICHAČEV, I. DUJČEV, B. N. FLORJA] – L. E. HAVLÍK, Kronika o Velké Moravě, 1987 [vgl. dazu M. MLADENOVA, Palaeobulgarica 14, 1990, 3, 109f.] – O. KRONSTEINER, Das Leben des hl. M., des Ebf.s v. Sirmium (Die slaw. Sprachen 18, 1989), [mit dt. Übers.] – Übers.: A. VAILLANT, Textes vieux-slaves I–II, 1968 [Ed., frz. Übers.] – J. BUJNOCH, Zw. Rom und Byzanz, Slav. Gesch.sschreiber 1, 1972² – N. RANDOW, Die pannon. Legenden, 1972 – J. SCHÜTZ, Die Lehrer der Slawen Kyrill und M., 1985 – Lit.: BLGS II, 539–541; III, 165–167 – TRE VIII, 266–270 – F. DVORNÍK, Les légendes de C. et de M. vues de Byzance, 1933 – FR. GRIVEC, K. und M. Lehrer der Slaven, 1960 – V. VAVŘÍNEK, Staroslověnské životy Konstantina a Metoděje, 1963 – N. RADOVICH, Le pericopi glagolitiche della Vita C.i e la tradizione manoscritta cirillica, 1968 – K.-Kyrill aus Thessalonike, hg. A. SALAJKA (Das ö. Christentum 22, 1969) – JU. K. BEGUNOV, 'Slovo pochval'-

noe Klimentu Rimskomu' – predpolagaemo sŭčinenie na Konstantin-Kiril Filosof, Ezik i literatura, 1972, 2, 83–88 – T. WASILEWSKI, Bizancjum i Słowianie w IX wieku, 1972 – CH. HANNICK, Die gr. Überlieferung der Dialogi des Papstes Gregorius und ihre Verbreitung bei den Slaven im MA, Slovo 24, 1974, 41–57 – Methodiana. Beitr. zur Zeit und Persönlichkeit sowie zum Schicksal und Werk des hl. M., 1976 – Rečnik na bŭlgarskata lit. II, 1977, 205–210 [B. ANGELOV] – CH. HANNICK, Byz. Missionen (Kirchengesch. als Missionsgesch. II/1, 1978), 279–359 – A. A. ALEKSEEV, Proekt tekstologičeskogo issledovanija Kirillo-Mefodievskogo perevoda Evangelija, Sovetskoe slavjanovedenie, 1985, 1, 82–94 – D. PETKANOVA, Literaturnoto delo na K.-Kiril (Izsledvanija po kirilo-metodievistika, 1985), 96–115 – JA. N. ŠČAPOV, 'Nomokanon' Mefodija v Velikoj Moravii i na Rusi (Velikaja Moravija, ee istoričeskoe i kul'turnoe značenie, 1985), 238–253 – H. WOLFRAM, Slaw. Herrschaftsbildungen im pannon. Raum als Voraussetzung für die Slawenmission, Mitt. des Bulg. Forsch.sinst. in Österreich 8/1, 1986, 51–58 – L. E. HAVLÍK, On the dating in the Old Slav monuments and on the primary Slav chronography, Studia źródłoznawcze 30, 1987, 1–38 – M. KISKINOVA, Josif Simonij Asemani – Kalendari za vselenskata cŭrkva za srednite slavjanski apostoli Kiril i Metodij, 1987 – S. MANNA, L'approvazione di Roma all'opera di Cirillo e Metodio e gli ostacoli di alcuni ambienti occidentali, Nicolaus 14, 1987, 98–135 – B. MIRČEVA – S. BŬRLIEVA, Predvaritelen spisŭk na kirilo-metodievskite izvori (Kirilo-metodievski studii 4, 1987), 486–515 – V. VAVŘÍNEK, Kul'turnye i cerkovno-političeskie predposylki vozniknovenija slavjanskoj liturgii (ebd.), 130–137 – Christianity among the Slavs, The heritage of saints Cyril and Methodius, 1988 – H. SCHELESNIKER, Die hist. und polit. Hintergründe der kyrillomethodian. Mission (Symposium Methodianum, 1988), 269–279 – S. NIKOLOVA, Problemŭt za izdanieto na sŭčinenijata na Kiril i Metodij (Kirilometodievistika simpozium [Vtori meždunaroden kongres po bŭlgaristika 21, 1989]), 156–165 – D. EFENDULOV, 'Proglas kŭm evangelieto' v otnošenie kŭm biblejskite tekstove, Literaturna misŭl 24, 1990, H. 9, 22–34.

Konstantinische Schenkung, gängiger Name für eine zw. der Mitte des 8. und der Mitte des 9. Jh. gefälschte überlange Urk., die Ks. Konstantin I. († 337) als Aussteller und Papst Silvester (314–335) als Empfänger nennt. Formal gibt sie sich als Kopie. Vom Aufbau her gliedert sie sich in zwei inhaltl. deutl. unterschiedl. und häufig auch getrennt überlieferte Teile: eine »Confessio«, in der in Aufnahme der Silvesterlegende Konstantin von seiner Heilung durch die von Silvester vollzogene Taufe berichtet, mit der ein Glaubensbekenntnis verbunden ist, und eine »Donatio«, in der die dem Papst aus Dankbarkeit gewährten Rechte und Geschenke aufgeführt sind. Vom zweiten Teil leitet sich die landläufige Bezeichnung K.S. für die ganze Urk. ab, obwohl der volle Text im MA meist mit der Bezeichnung Constitutum Constantini oder Privilegium sanctae Romanae ecclesiae angekündigt ist.

[1] *Entstehung, Überlieferung, Wirkung:* Trotz großen Forsch.saufwands sind Entstehungszeit und -ort noch nicht mit letzter Sicherheit ermittelt. Auszugehen ist von dem unabweisbaren Befund, daß der paläograph. älteste Text in den Hss. der um 850 entstandenen →pseudoisidor. Dekretalen steht und daß die K.S. ihre große Verbreitung nicht zuletzt der pseudoisidor. Vermittlung verdankt. Dennoch ist es unberechtigt, in den Autoren der pseudoisidor. Dekretalen auch den Verf. der K.S. zu sehen (so C. SILVA-TAROUCA; SCH. WILLIAMS); vielmehr läßt sich deutl. eine vor den pseudoisidor. Dekretalen liegende Textgestalt ausmachen (sog. »Frk. Version«). Als Entstehungszeit sind die Jahre um die »Pippin. Schenkung« (754), am häufigsten das dritte Viertel des 8. Jh. (manche Papstbriefe dieser Zeit weisen ein ähnl. Vokabular wie die K.S. auf), jedoch auch die Zeit nach der Ks.krönung Karls d. Gr. (800) vorgeschlagen worden. Der Vorgang der Entstehung ist nicht voll geklärt: ob die K.S. in einem Zuge oder stufenweise (so W. GERICKE) verfaßt worden ist. Als Fälschungsort ist im allg. Rom angenommen worden, zuweilen präziser die päpstl. Kanzlei, doch wurden auch die Lateranbasilika und die Kirche S. Anastasia in Rom genannt; aus Gründen der Überlieferung wurde das Kl. St-Denis oder allg. ein westfrk. Ursprung erwogen.

Die ersten Spuren einer Benutzung oder einer Abhängigkeit der K.S. lassen sich schwer ausmachen. Ob die Übertragung der ksl. Insignien an den Papst, wie sie in der K.S. beschrieben ist, eine imperiale Stellung des Bf.s v. Rom begründen oder eine Voraussetzung schaffen sollte für eine vom Papst wahrzunehmende →translatio imperii, bleibt ungewiß. Es ist nicht ausgeschlossen, daß Papst Hadrian I. 778, als er Karl d. Gr. das Vorbild Konstantins vor Augen hielt, »durch dessen Schenkung die röm. Kirche erhoben worden ist«, an die K.S. gedacht hat. Auffällig ist, daß in einer wahrscheinl. für den Papst bestimmten Fassung der →Divisio regnorum von 806 die Intitulatio Karls mit der Konstantins in der K.S. übereinstimmt. Bei einigen Päpsten der Karolingerzeit – bei Nikolaus I., Hadrian II. und Johannes VIII. – lassen sich Spuren der Berücksichtigung der K.S. feststellen. Daß sie im 10. Jh. in der päpstl. Kanzlei verwendet wurde, zeigen Umstände bei der Ks.krönung Ottos I. 962 und die in einem Brief Benedikts VII. (979) eingerückte Pönformel der K.S.

Energisch und ausführl. wurde die K.S. durch Leo IX. (1053) zur Begründung des päpstl. Primats eingesetzt, und von dieser Zeit an reißen die Hinweise auf die K.S. bis zum SpätMA nicht ab. Innozenz III. und Gregor IX. haben territoriale Forderungen aus der K.S. abgeleitet; zugleich jedoch ist der päpstl. Argumentation eine gewisse Zurückhaltung anzumerken, die mit der Ambivalenz der K.S. zusammenhängt: die päpstl. Herrschaft konnte als Geschenk eines röm. Ks.s, nicht als göttl. Stiftung erscheinen. Die Eingliederung der K.S. in das Kirchenrecht war gegeben, als sie in einem rechtsbegründenden Teilen in die Kirchenrechtsslg.en der Reform und schließl. in das →Decretum Gratiani aufgenommen wurde (c. 14 D.96).

[2] *Echtheitskritik:* Ob die anfängl. Zurückhaltung mit einem Fälschungsverdacht zusammenhängt, ist ungewiß. Otto III. lehnte 1001 die K.S. in einer vom Kard. Johannes digitorum mutilus im Zusammenhang mit der Ks.krönung verfälschten Form ab. →Arnold v. Brescia († 1155), gewisse Ketzerkreise und Anhänger eines radikalen Armutsideals verwarfen die K.S. als →Fälschung, weil sie in Widerspruch stände zu Gottes Heilsplan. Die formale Unechtheit hat →Nikolaus v. Kues 1433 dargelegt; mit hauptsächl. sprachl. Argumenten wies Lorenzo →Valla um 1440 den Fälschungscharakter nach, doch verschafften der Schrift Vallas erst Hutten und Luther Verbreitung. Für die Haltung der kath. Kirche war das Urteil des Kard.s Cesare Baronio († 1607) richtungweisend. Es habe zwar eine Schenkung Konstantins gegeben, aber die K.S. sei eine Fälschung der Griechen, die später ins Lat. übersetzt worden sei; erst J. v. DÖLLINGER hat die Haltlosigkeit dieser These endgültig erwiesen. H. Fuhrmann

Bibliogr.: bis 1980 in TRE VIII, 200–202 – *Ed.:* Das Constitutum Constantini (K.S.). Text, hg. H. FUHRMANN, MGH Fontes iuris 10, 1968 – *Lit.* [zu [1]:] P. SCHEFFER-BOICHORST, Neuere Forsch. über die K.S. (DERS., Ges. Schr. I, 1903), 1–62 – G. LAEHR, Die K.S. in der abendländ. Lit. des MA bis zur Mitte des 14. Jh., 1926 – DERS., Die K.S. in der abendländ. Lit. des ausgehenden MA, QFIAB 23, 1931/32, 120–181 – W. LEVISON, K.S. und Silvester-Legende (DERS., Aus rhein. und frk. Frühzeit, 1948), 390–465 – W. GERICKE, Wann entstand die K.S.?, ZRGKanAbt 43, 1957, 1–88 – E. PETRUCCI, I rapporti tra le redazioni latine e greche del Costituto di Costantino, BISI 74, 1962, 45–160 – W. SCHLESINGER, Ksm. und Reichsteilung (DERS., Beitr. zur dt. Verfassungsgesch. des MA I, 1963), 193–282 [= Zum Ksm. Karls d. Gr., hg. G. WOLF, 1972, 116–173] – D. MAFFEI, La Donazione di Costantino nei giuristi medievali, 1964 – H. FUHRMANN, K.S. und abendländ. Ksm., DA 22, 1966, 63–178 – W. STÜRNER, Die Q. der Fides Konstantins im Constitutum Constantini (§§ 3–5), ZRGKanAbt 55, 1969, 64–206 – H. FUHRMANN, Einfluß und Verbreitung der pseudoisidor. Fälschungen II (MGH Schr. 24,2, 1973), 354–407 – R. J. LOENERTZ, Constitutum Constantini, Aevum 48, 1974, 199–245 – J. PETERSMANN, Die kanonist. Überlieferung des Constitutum Constantini bis zum Dekret Gratians, DA 30, 1974, 356–449 – N. HUYGHEBAERT, La Donation de Constantin ramenée à ses véritables dimensions, RHE 71, 1976, 45–69 – W. POHLKAMP, Privilegium ecclesiae Romanae pontifici contulit (Fälschungen im MA II, MGH Schr. 33,2, 1988), 413–490 – H. FUHRMANN, Pseudoisidor und das Constitutum Constantini (In Iure Veritas. Stud. in Canon Law in Memory of SCH. WILLIAMS, 1990) – *zu [2]*: W. SETZ, Lorenzo Vallas Schrift gegen die K.S., 1975 – J. QUILLET, Autour de quelques usages politiques de la Donatio Constantini au MA: Marsile de Padoue, Guillaume d'Ockham, Nicolas de Cues (Fälschungen im MA II, MGH Schr. 33,2, 1988), 537–544 – K. ZEILLINGER, Otto III. und die K.S. (ebd.), 509–536.

Konstantinopel/Istanbul (Byzantion, Byzanz), Stadt in der Türkei, auf der dreieckigen, an der Spitze hornartig gebogenen, hügeligen thrak. Landzunge zw. Marmara-Meer (S), Bosporus (O und NO) sowie der trichterartigen Flußmündung des Goldenen Horns (N), an der Grenze zw. Europa und Asien, in günstiger Lage an einer Schlüsselstelle der Landverbindungen nach O und W sowie der Seewege nach N mit mehreren Hafenbuchten. Hauptstadt des →Byz. Reiches, seit 1453 des →Osman. Reiches.
I. Byzantinisches Reich – II. Osmanisches Reich.

I. BYZANTINISCHES REICH: [1] *Stadtgeschichte:* Durch Einzelfunde ist die Besiedlung im Neolithikum (Ende 3./Anfang 2. Jt.) belegt; von Thrakern besiedelt (Lygos?: Plinius d. Ä.; Hist. Nat. IV, 46). Megarer gründeten um 658 v. Chr. eine Kolonie. Der thrak. Ortsname *Byzantion* wurde später legendär als der eines Anführers gedeutet. Die Stadt umfaßte topograph. etwa das Areal des heut. Topkapı Sarayı auf der hornartigen Spitze der Landzunge. Als hist. Kern verschiedener Legenden kann eine langsame Unterwanderung der thrak. Siedlung Lygos durch Kolonisten aus Megara und Argos erschlossen werden. Aus späteren Q. (Xenophon, Cassius Dio) sind mehrere Heiligtümer (Apollon, Artemis, Aphrodite, Poseidon, Athena, Ge, Demeter und Kore u. a.) erschließbar. Die Stadt, Mitglied des Attischen Bundes und seit 146 v. Chr. civitas foederata von Rom, konnte ab dem 4. Jh. v. Chr. ihren Landsitz wesentl. erweitern (Chalkedon, Selymbria) und den Seehandel kontrollieren. Die Folge war eine wirtschaftl. Blüte, die erst durch die Steuerpflicht gegenüber dem röm. Statthalter (unter Vespasian) und die Parteinahme für Pescennius Niger mit der dadurch verursachten Belagerung und Zerstörung durch Septimius Severus 195/196 n. Chr. unterbrochen wurde: Stadtrecht und Name wurden ihr genommen. Ab 197 erfolgten Wiederaufbau (Mauern, Apollotempel) und Erweiterung (Hippodrom, Zeuxippos-Thermen), die unter Ks. Caracalla weitergeführt wurden. 324 Schauplatz des Kampfes zw. →Licinius und →Konstantin, wurde die Stadt nach dem Sieg Konstantins noch im selben Jahr zur künftigen Hauptstadt erklärt. 330 erfolgte die offizielle Inauguration der neuen Hauptstadt des Röm. Reiches, die bald als *Konstantinupolis* bezeichnet wurde. Der Ausbau dauerte bis weit in das 5. Jh. hinein.

Eine schwierige Zeit begann für die Stadt mit der Belagerung durch die Perser sowie →Avaren und Slaven i. J. 626, denen aber die Mauern und ihr Verteidiger ebenso widerstanden wie den Araberbelagerungen (668/669, bes. 674–678 sowie 717/718). Zwar wurden die Araber im Laufe des 8./10. Jh. zurückgedrängt, doch traten an ihre Stelle als neue Gefahr für die Stadt die →Bulgaren (erste Belagerung 813). Die Stadt war immer wieder Angriffen und Belagerungen ausgesetzt (860, zw. 907 und 943 Rus', mehrfach Bulgaren, 1090 Pečenegen), die aber wegen der starken Mauern in der Regel nur zu Plünderung und Verwüstung des thrak. Umlandes bzw. der Bosporus-Region führten.

Der Ikonoklasmus (→Bilderstreit) beschäftigte zwar über 100 Jahre, bis 843, Politik und Kirche, minderte aber weniger als der durch die Verteidigungsanstrengungen des Reiches bedingte Geldmangel eine Blüte von Bautätigkeit und Kunst. Er verhinderte im übrigen ledigl. die Darstellung göttl. und hl. Personen wie entsprechender Szenen in Kirchen bzw. auf Ikonen sowie auch deren Verehrung.

Der Beginn des Niedergangs des mittelbyz. Reiches wird allg. mit dem Tode Ks. Basileios' II. 1025 angesetzt. Die kleinasiat. Magnatenfamilien waren übermächtig geworden, und der dadurch bedingte Verlust des Kleinbesitzes führte zu einem drast. Rückgang der Steuereinnahmen, verschärft durch die Praxis von Söldnerheeren. Geldverschlechterungen kamen hinzu. Der Einfall der Seldschuken in Kleinasien (byz. Niederlage 1071 bei →Mantzikert) und der Verlust Süditaliens und Siziliens an die Normannen ab der Mitte des 11. Jh. wie das Auftreten der Pečenegen bedrohten die zentrale Macht. Das kulturelle Leben im K. des 11. Jh. (Michael →Psellos) schien ungebrochen. Doch die rasche Aufeinanderfolge von Ks.n ließ keine Konsolidierung aufkommen, bis schließlich mit Alexios I. Komnenos, einem Vertreter der Militäraristokratie, eine neue Ära begann (→Komnenen). Der Versuch, das norm. Vordringen von W aufzuhalten, gelang nur mit Hilfe der Venezianer, denen im Gegenzug in einem Vertrag 1082 Handelsprivilegien, Zollnachlässe überall im Reich und ein Handelsquartier in K. zugestanden werden mußten. Der Versuch, im W Hilfe zu finden, führte zum Kreuzzugsaufruf des Papstes (1095). Die schlecht ausgerüsteten Scharen kamen 1096 nach K. Unter den folgenden Komnenenkaisern Johannes II. und Manuel I. konnte die Politik einer Konsolidierung fortgeführt werden.

Der Zusammenbruch des Reiches, der sich bereits während der Regierung des Manuel Komnenos (Vertreibung der Venezianer aus K., Niederlage gegen die Seldschuken 1176 bei →Myriokephalon, Friede v. →Venedig 1177) und in den nachfolgenden Thronstreitigkeiten in K. ankündigte, gipfelte in der Ankunft der Kreuzfahrerflotte unter Führung der Venezianer vor K. (1203) und schließlich in der Eroberung der Stadt Juli 1203 und April 1204 (→Kreuzzug, 4.). Ein großflächiger Stadtbrand und die hemmungslose Plünderung durch Kreuzfahrer und Venezianer 1204 bedeuteten das Ende von Blüte und Reichtum der Stadt. Die Installation eines →Lat. Ksr.es durch den Dogen Enrico →Dandolo führte wegen der Aufteilung des byz. Gebietes auf die Heerführer des Kreuzzuges zu keiner eigtl. Machtkonzentration in der alten Zentrale. Bereits 1261 fiel K. in die Hände des Ksr.es v. →Nikaia, desjenigen der griech. Staaten, der sich gegenüber den anderen Teilreichen erfolgreich durchgesetzt hatte. Ein Vertrag mit Genua (1261) sollte das Gleichgewicht zw. den westl. Seemächten herstellen. Er führte zur Gründung der genues. Kolonie →Galata gegenüber der Stadt auf der N-Seite des Goldenen Horns. Ein Wiederaufbau kam nur zögernd und punktuell zustande, obwohl K. und das Byz. Reich wieder zu einer Großmacht geworden waren.

Zwei mehrjährige Bürgerkriege, in die sich die erstarkten Nachbarstaaten →Bulgarien und →Serbien einschalteten, schwächten das Reich. Zum entscheidenden Faktor allerdings wurde die Niederlassung der Osmanen in Bithynien, die die Stadt mehr und mehr einschnürten. Die Eroberung→Bursas, der Hauptstadt der Osmanen, durch die Mongolen (→Timur, 1402) verschaffte K. noch einmal eine Atempause. 1422 und 1432 belagerte Murād II. die Stadt noch ohne Erfolg; am 29. Mai 1453 jedoch erlag er nach fast achtwöchiger Belagerung dem Ansturm der Türken unter →Meḥmed II. Die islam. Osmanen traten in der Stadt wie im Reich auf ihre Weise das Erbe Konstantins an.

Die wirtschaftsgeogr. Bedingungen, denen K. seine beherrschende Größe verdankte, hatten sich am Beginn der Neuzeit noch nicht geändert. K. war als zentrale Hauptstadt, Mittelpunkt von Verwaltung, Handel, Wirtschaft und Kultur eines Reiches geplant und aufgebaut worden. Diese Funktion hat es, mit Ausnahme des Interludiums von 1204–61, konsequent auch über das Ende des chr. Rhomäerreiches hinaus erfüllt. Eine Aufspaltung dieser Funktion hat es nach dem Versuch von 395 nie mehr gegeben. Konsequent war es 381 auch zum kirchl. Mittelpunkt (→Patriarchat) geworden. Konzilien und Synoden tagten in K. oder seinem unmittelbaren Einflußbereich (ökumen. Konzilien v. →K.; →Nikaia, →Chalkedon). Die *Synodos endemousa*, das Beratungsgremium der am Patriarchensitz gerade anwesenden Bf.e, wurde zu einer immer wichtigeren Institution. Das kulturelle, geistige und künstler. Leben spielte sich vorwiegend in der Hauptstadt ab. Der Hof war tonangebend. Die Vorbildfunktion K.s in Staat und Politik wie in Kultur und Kunst war für das gesamte MA in O, W und N bestimmend. Erst nach 1204 gab es Epizentren in Thessalonike und →Mistra.

Die soziale Gliederung der Bevölkerung in drei Schichten erlaubte den Aufstieg und war auf Durchlässigkeit angelegt. Die polit. Meinungsbildung war anfängl. weitgehend in der Hand der Zirkusparteien (→Demen); später spielten die Korporationen (→Handwerk, B.I) eine größere Rolle (vgl. →Eparch, -enbuch). Deren Bedeutung scheint mit dem Rückgang des Handels und dem Verlust der Monopole (Seide, Edelmetalldefizit) gesunken zu sein. Die zunehmende Niederlassung auswärtiger Händler in K. infolge der Handelsverträge (Araber [seit 718 Moschee in K.], Bulgaren, Russen und Kaufleute der it. Handelsstädte →Amalfi, →Venedig, →Pisa und →Genua), die Übernahme des Fern- und Seehandels durch sie (Fehlen von Großbanken in K.) sind Symptome für die Einbuße an Wirtschaftskraft. Am Ende scheinen reiche griech. Familien sich in westl. Gesellschaften eingekauft zu haben. Die Einfuhr von Fertigprodukten ab dem 13. Jh. belegt die zunehmende techn. Überlegenheit des W. Zur allg. Gesch. →Byz. Reich.

[2] *Topographische und demographische Entwicklung:* Das Areal der Stadt wurde von knapp 200 ha (unter Septimius Severus und Caracalla) auf rund 600 ha unter Konstantin und schließlich durch den Bau der neuen Landmauer 413 unter Theodosius II. auf etwa 1200 ha erweitert. Die Ausdehnung der Stadt konnte aufgrund ihrer Lage nur nach W hin erfolgen. Die Bevölkerung stieg von ca. 200 000 (unter Einbeziehung der immer noch zahlreichen Heiden und →Juden) um 400 auf ca. 400 000–500 000 unter Justinian I. im 6. Jh. Der Neubau großer unterird. Zisternen im Stadtzentrum mit zusammen ca. 130 000 m³ Fassungsvermögen suchte die Versorgung mit Trinkwasser zu sichern. Verordnungen gegen die Landflucht und Zuzugsbeschränkungen erwiesen sich trotzdem als notwendig. Die große Pest von 542 dürfte allerdings den Druck vermindert und wenigstens zu einer Stagnation, wenn nicht zu einem Rückgang der Bevölkerungszahlen geführt haben. Eine grundlegende Planung des Ausbaus der Stadt wird deshalb von den meisten Forschern für das 4. und 5. Jh. angenommen.

Ziel des Straßenausbaues schien es zu sein, die traditionelle O-W-Achse durch Auffächerng der Hauptstraße in einen N- und S-Zweig effektiver zu gestalten. Gleichzeitig mit der Neuanlage der Häfen an der Marmaraküste mußten diese mit dem O-W-Straßensystem samt dessen Plätzen und den Häfen bzw. Anlegestellen am Goldenen Horn verbunden werden, was zu entsprechenden N-S-Querachsen führte. Die Hauptachsen wurden dabei in traditioneller hellenist. Weise als Säulenstraßen ausgebildet, bei denen der Einbau von Läden im Stadtzentrum in der Nähe der Plätze möglich war. Der wichtigste Platz der älteren Stadt, das Tetrastoon, wurde zum eigtl. Zentrum auch der neuen Stadt. Hier endete die große Hauptstraße, die *Mese*: Denkmäler wurden aufgestellt und der Platz erhielt einen neuen Namen: Augusteion. Um ihn herum gruppierten sich wichtige Neubauten: die →Hagia Sophia, der Ks.palast und die Basilika; in unmittelbarer Nähe lagen auch Zeuxippos-Thermen und Hippodrom. Neu hinzu kam auch das als Rundplatz mit Säulenhallen ausgebildete Konstantinsforum weiter im W. Der Hippodrom des Septimius Severus (unvollendet?) wurde vergrößert neu aufgebaut. Die von Konstantin aus dem ganzen Reich zusammengesuchten antiken Statuen und Kunstwerke wurden zum größten Teil zur Verschönerung des Zentrums und im Hippodrom aufgestellt. Die großen Kirchen der Stadt, Hagia Eirene und Hagia Sophia, sind Gründungen Konstantins, allerdings erst in späterer Zeit vollendet. Der dritte große Kirchenbau, den Konstantin begann und sein Sohn →Constantius II. vollendete, war die Apostelkirche, in Kreuzform errichtet, Grabstätte für Konstantin selbst und zukünftiger Bestattungsplatz vieler byz. Ks. In ihrer Nähe wurden auch große Thermen begonnen, deren Fertigstellung sich aber bis 427 hinzog. Der ksl. Palast ist im alten Zentrum mit Zugang vom Augusteion auf dessen S- und W-Seite errichtet worden: im östl. Teil das Eingangstor der Chalke und der Magnaurapalast, im SW die Quartiere der Scholai (Leibgarden), weiter im W Repräsentationsbauten wie das Tribunal und Triklinium, schließlich der eigtl. Daphnepalast als Wohntrakt des Ks.s in Verbindung mit der ksl. Loge im Hippodrom. Es folgte noch das sog. Philadelphion (ursprgl. eine Tetrarchengruppe, 1204 nach Venedig verschleppt). Südl. lag ein Halbrundplatz mit anschließendem Rundbau, nördl. das Kapitol.

In theodosian. Zeit wurden entlang des südl. Stranges der Hauptstraße eine Reihe weiterer Fora errichtet: unter Theodosios der Tauros, mit einer Denkmalssäule im Zentrum, mit Reliefband und Standbild des Ks.s (Reste des Bogens am Ausgang und Relieffragmente der Historiensäule erhalten), das Arkadiosforum (Sockel der Säule erhalten) noch weiter im W, das dem Theodosiosforum nach Aussage der Q. weithin glich. Ehrensäulen wurden auch für Leon I. (Kapitell erhalten) und Markian (ohne die Ks.statue noch in situ) errichtet. Um 390 wurde ein ägypt. Obelisk für K. (aus dem Amontempel in Karnak) aufgestellt. Anläßl. der Absetzung und Vertreibung des Patriarchen →Johannes Chrysostomos ist in den dadurch bedingten Unruhen die Hagia Sophia i. J. 404 abgebrannt. Vom Neubau (eingeweiht 415) sind die wichtigsten Bauglieder eines monumentalen Propylons erhalten. Die der Hagia Sophia gegenüberliegende Marienkirche im Chalkopratenviertel ist eine Stiftung der Ks.familie aus der Mitte oder der 2. Hälfte des 5. Jh.

In theodosian. Zeit erfolgte auch der Ausbau der Seepaläste (Theodosios II.) und des Ks.palastes (Peristylhof mit Apsidensaal, Fußbodenmosaiken). In der Nähe des Hippodroms entstanden Paläste hoher Beamter wie der des Antiochos (später zur Kirche der hl. Euphemia umgestaltet) und der des Lausos.

Die große Landmauer wurde über 4 km vom Stadtzentrum um das Augusteion entfernt in nur fünf Jahren Bauzeit mit einer Länge von 6,5 km errichtet, als dreifache Befestigungsanlage mit Hauptmauer, Vormauer (beide mit fast 100 Türmen bewehrt) und Graben, die später mit den älteren konstantin. Uferbefestigungen an Marmarameer (439) bzw. Goldenem Horn (erst 626) verbunden wurde. Sie ist häufig instandgesetzt, in ihrem nw. Teil durch Manuel I. Komnenos erweitert worden und in wesentl. Teilen heute noch erhalten. Erstürmt wurde die Landmauer zum ersten und einzigen Mal am 29. Mai 1453.

Der →Nika-Aufstand des Jahres 532 mit der Brandzerstörung fast des gesamten Zentrums der Stadt war für Justinian willkommener Anlaß zur Neugestaltung. Der eindringlichste Zeuge dafür ist die →Hagia Sophia, die in der knappen Bauzeit zw. 532–537 errichtet wurde. Mit ihrer reichen Ausstattung ist sie als Inbegriff byz. Architektur schlechthin sowie Achtes Weltwunder gefeiert worden. Gleiches geschah mit der Eirenenkirche und dem als Fünfkuppelkirche konzipierten Apostoleion Konstantins und seiner Nachfolger. Den Bauwillen Justinians demonstrierte schon vor dem Nika-Aufstand die Petrus- und Paulusbasilika und das nach 527 angefügte Kuppeloktogon v. Sergios und Bakchos. Auch die Basilika am Augusteion wurde neuerbaut. Unter den Ks.n Justin II. und Justinian II. erhielt auch der Ks.palast neue Teile (Kuppeloktogon des Chrysotriklinos).

Erst geraume Zeit nach dem Ende des Bilderstreites scheint man die Kirchen mit figürl. und szen. Mosaiken ausgestattet zu haben, allen voran die Hagia Sophia. Anstelle von Monumentalbauten treten nun kleinere Kirchenbauten im Typ der Kreuzkuppelkirche, die ihre Vorzüge in der klaren hierarch. Strukturierung des Raumes und seiner Gewölbe einschließl. der Kuppel(n) wie des Außenbaues erkennen lassen (Kl.kirche des Konstantinos Lips, 906/907; Kirche des Myrelaionkl. von Romanos Lakapenos, um 922).

Die Profanarchitektur der Makedonenzeit dokumentieren der Palast des Romanos Lakapenos bei der Bodrum Camii und der für die Geliebte des Ks.s Konstantin IX. Monomachos, Maria Skleraina, erbaute Manganenpalast, beides rechteckige Saalbauten. Gravierend für den Baubestand der Stadt und ihrer Denkmäler waren die andauernden Erdbeben (869), die 986 wieder zum Einsturz des westl. Kuppeltragebogens der Hagia Sophia führten (Wiederaufbau bis 994 durch den armen. Architekten Trdat).

Der erste Komnenenbau, eine Gründung der Mutter des Ks.s Alexios, Anna Dalassena, war der recht kleine Kreuzkuppelkirche des Pantepoptoskl. (kurz vor 1087). Ausgedehntere Bautätigkeit in K. ist erst unter Johannes und Manuel Komnenos festzustellen. Hauptunternehmung war das Pantokratorkl. mit seinen drei Kirchen und Hospital (vor 1136). Dazu traten das Pammakaristoskl. (vor 1118) und die in ihren Patrozinien nicht gesicherten Bauten der Gül Camii (Christos Euergetes-Kl.?) und der Kalenderhane Camii (Kyriotissa-Kl.?). Die Kirchen des Pantokrator, der Gül und Kalenderhane Camii zeigen eine neue Monumentalität in Höhe und Weite des Raumes. Der Pantokrator ist zur Grabkirche der Komnenenks. und ihrer Gemahlinnen geworden. In der NW-Ecke der Stadt wurde im Blachernenviertel ein neuer Palast begonnen:

auch er bestand aus zu einem größeren Ganzen zusammengesetzten Einzelbauten (u. a. »Hoher Palast« Manuels I., nach seiner Gemahlin →Bertha v. Sulzbach auch »Palast der dt. Ksn.« genannt). Das neue Palastviertel sicherte Manuel durch die an die alte Landmauer des Theodosios anschließende Blachernenmauer.

Zu den im späten 13. Jh. durch Stiftungen hoher Adliger erweiterten Kl. und Kirchen zählten u. a. das Lipskl. und das Pammakaristoskl. 1321 wurde das vernachlässigte →Chora-Kl. durch Theodoros →Metochites erneuert, nach dem Erdbeben von 1344/45 sogar die Wiederherstellung der Hagia Sophia bis 1354 bewältigt.

Bis 1204 lag, trotz des allenthalben zu konstatierenden Niedergang es, die Einw.zahl sicher noch deutlich über 100000; am Vorabend der türk. Eroberung waren es höchstens noch 50000 Einw. Weite Teile des riesigen Stadtareals wurden so gar nicht mehr gebraucht. An die Stelle der alten Säulenstraßen traten Baumalleen. Selbst Ämter waren in Holzgebäuden untergebracht. K. scheint eine »Gartenstadt« geworden zu sein. Andererseits konnte Michael VIII. noch in der Nähe der Apostelkirche eine Siegessäule errichten, die auf ihrer Spitze ein Bronzebildwerk des Erzengels Michael mit dem knienden Ks. zeigte. Auch eine Neubelebung der marmornen Reliefsculptur ist für das 13. und die 1. Hälfte des 14. Jh. inzwischen belegt. Von höchster Qualität allerdings sind die erhaltenen Schöpfungen der Mosaikkunst und Wandmalerei aus dem 13. und 14. Jh.
M. Restle

Lit.: RByzK IV, 366–737 [M. Restle] – R. Janin, Constantinople byz., 1950, 1964² – H.-G. Beck, Stud. zur Frühgesch. K,s, 1973 – G. Dagron, Naissance d'une capitale, 1974 – M. Restle, Istanbul, Bursa, Edirne, Iznik, 1976 – W. Müller-Wiener, Bildlex. zur Topographie Istanbuls, 1977 – P. Schreiner, Byzanz, 1986 – →Byz. Reich, →Byz. Kunst.

II. Osmanisches Reich: In osman. Zeit wurde der aus εἰς τὴν Πόλιν entstandene Name zusammen mit der offiziellen Form Kostantiniyye sowie zahlreichen Epitheta ornantia für die Altstadt von I., die verwaltungsmäßig von Eyüb, →Galata und Üsküdar geschieden war, gebraucht.

Sultan Meḥmed II. war von Anfang an entschlossen, I. auf Kosten der alten Residenzen →Bursa und Edirne (→Adrianopel) zur Hauptstadt des Reiches zu machen. Einen Teil der Voraussetzungen schuf er noch in den ersten Jahren nach der Eroberung. Militär. und demograph. Erwägungen standen im Vordergrund: Reparatur der Landmauern und von Teilen der Seemauern, Ausbau der Festungen an den Meerengen (→Dardanellen), Anlage des späteren Topkapı Sarayı als Zitadelle (ohne Frauenhäuser, der Harem war bis in die Mitte des 16. Jh. im Eski Saray am Forum Tauri untergebracht), Erweiterung der fünfeckigen Befestigung bei der Porta Aurea zum »Schloß der Sieben Türme« (Yedikule). Die weitreichende Vertreibung und Versklavung der Bevölkerung erschwerte die Wiederbesiedlung von I. Der Geschichtsschreiber →Dukas berichtet von einem ersten Dekret, das 5000 Familien in allen Prov.en zum steuerfreien Bezug verlassener Wohnungen aufforderte. Eine Haushaltszählung von 1477 ergab eine Mehrheit der muslim. Bevölkerung (8951 gegenüber 3151 Griechen und 3095 Armeniern, Zigeunern und Lateinern). Mit ca. 1500 Familien in Galata und einer mittleren Zahl von Angehörigen der privilegierten ʿaskeri-Klasse und Sklaven kann man von insgesamt 50000–100000 Einw. ausgehen. Erst im frühen 16. Jh. wurde auf Zwangsmaßnahmen verzichtet, ausgenommen waren Spezialisten einzelner Branchen. Während die Hagia Sophia sofort in die erste Freitagsmoschee verwandelt wurde, blieb dem Patriarchen →Gennadios II.

übergebene Apostelkirche zunächst in griech. Besitz, mußte aber 1463 dem 1471 vollendeten Fātiḥ-Komplex (mit 383 Benefizianten und 1117 tägl. Kostgängern) weichen. Umstritten bleibt, ob man aus der Fortexistenz von Kirchen aus byz. Zeit auf die freiwillige Übergabe einzelner Stadtviertel schließen darf (insbes. Petrion, Phanar und Psamathia). Alle Nachfolger Meḥmeds II. bis Süleymān I. statteten I. mit großen Stiftungskomplexen aus. Hohe Würdenträger, mittlere und kleinere Stifter konzentrierten ihre Baumaßnahmen auf I., wobei die Einnahmequellen zur Belebung der Altstadt häufig in Galata lagen.

Die islam. Stiftungsbauten waren auf zahlreiche Viertel verteilt; dagegen besaß I. schon unter Meḥmed II. ein Geschäftszentrum mit mindestens einer Kaufhalle vom Typ Bedesten (1455/56), in der Ende des Jahrhunderts fast ausschließl. muslim. Händler residierten.

Der Grundriß der Stadt folgte in den Hauptachsen dem ma. Muster, erhielt aber durch den Einschluß großer Stiftungskomplexe, das Basar-Viertel und den Palastbereich des sog. Neuen Serail einen bes. Charakter. Obwohl die Stadt außer dem Grabmal des Prophetengenossen Ayyūb (im Vorort Eyüp, extra muros am Goldenen Horn) keine wichtige islam. Wallfahrtsstätte in ihren Mauern barg, erhöhte die doppelte türk.-mongol. und islam. Legitimation der Herrscher, insbes. nach der Eroberung Ägyptens (1517), den Rang I.s über alle islam. Hauptstädte.

Die Lösung der immer problemat. Versorgung mit Wasser (Reparatur der Halkalı-Leitung unter Meḥmed II. und Erweiterung des Erschließungsnetzes unter seinen Nachfolgern) und mit Nahrungsmitteln (Getreide aus dem Moldau-Gebiet, Fleisch aus Thrakien) sowie die Beschäftigungsmöglichkeiten auf Baustellen, in Arsenalen und Manufakturen ließen I. rasch wieder zur größten Metropole im östl. Mittelmeerraum – trotz der Pestepidemien und Erdbeben (v. a. 1509) – anwachsen. K. Kreiser

Lit.: EI², s. v. K., Ḳusṭanṭīniyya – ST. RUNCIMAN, The Fall of Constantinople 1453, 1965 [dt. 1966] – H. INALCIK, The Policy of Mehmed II towards the Greek Population of Istanbul and the Byz. Buildings of the City, DOP 23–24, 1969–70, 231–249 – E. H. AYVERDÎ, İ. mi'mârî çağının menşe'i, 3.4. Osmanlı mi'mârîsinde Fâtih devri. 855–886 (1451–81), 1973/74 – A. PERTUSI, La Caduta di Costantinopoli, 1.2, 1976 – ST. YERASIMOS, La Fondation de Constantinople et de Ste-Sophie dans les traditions turques, 1990.

Konstantinopel, ökumen. Konzilien v.

1. K., II. ökumen. Konzil v. (381), einberufen von Ks. →Theodosius I. Das »Konzil der 150 Väter« tagte von Mai bis Juli 381 zunächst unter der Leitung →Meletios' v. Antiocheia, dann des neuen Ortsbf.s →Gregor (v. Nazianz) und, nach dessen dramat. Rücktritt, seines den Konzil gewählten Nachfolgers →Nektarios. Der Ks. war zwar anscheinend bei den Konzilsverhandlungen nicht anwesend, bestimmte jedoch die Tagesordnung und die Beschlüsse und schuf damit ein später vorbildl. Modell für das Verhältnis von Ks. und →Konzil.

Das II. K. v. K. befaßte sich mit der Annullierung der Bf.sweihe und den Amtshandlungen des Bf.s Maximos v. Konstantinopel, der Einsetzung Gregors v. Nazianz als rechtmäßigen Bf., der Nachfolgeregelung für den verstorbenen Meletios v. Antiocheia, den (gescheiterten) Einigungsverhandlungen mit 36 zu diesem Zweck eingeladenen →»Pneumatomachen«, der Formulierung einer antiarian. Glaubensdefinition (→Arius, Arianismus), der Promulgierung des »nicäno-konstantinopolitan. →Symbolums« und der Regelung disziplinärer Fragen durch Festlegung von kirchenrechtl. Bestimmungen. Das Konzil besiegelte das Ende des »arian. Streites«.

Das bereits auf der Synode v. Konstantinopel 382 als »ökumen.« bezeichnete Konzil wurde spätestens auf dem Konzil v. →Chalkedon (451) als »das II. ökumen. Konzil« anerkannt. Diese hohe Ehre und die Rezeption verdankt das Konzil erstens der »Ekthesis der 150 Väter«, d. h. dem »Credo Nicaenoconstantinopolitanum«, dessen Verbindlichkeit und Unantastbarkeit bereits auf dem Konzil v. →Ephesos (431; Kan. 7) festgelegt wurde, und zweitens der kirchenrechtl. Bestimmung, die dem Bf. v. Konstantinopel einen Ehrenvorrang nach dem Bf. v. Rom verlieh, »weil Konstantinopel das neue Rom sei« (Kan. 3). Beide Entscheidungen haben im MA eine nachhaltige Wirkung auf das Verhältnis von Ost- und Westkirche gehabt: die »Credo« wegen des →Filioque-Streites und der Ehrenvorrang, weil er die Grundlage für die Entstehung des »ökumen.« Patriarchats v. Konstantinopel schuf, wobei seine immanent polit. Begründung den Streit mit »Alt-Rom« um den röm. Primat auslöste. Aus diesem Grund war die Haltung Roms dem Konzil gegenüber reserviert bzw. ablehnend, bis Gregor I. seine ökumen. Rezeption bekräftigte.

Verhandlungsprotokolle des Konzils sind nicht erhalten, wohl weil seine konkrete Tagesordnung die Protokollierung der Gesta überflüssig erscheinen ließ. Das Konzil beschränkte sich auf die Ausgabe einer epistola synodica, welche die einzelnen Beschlüsse in Glaubens- und Rechtsfragen enthielt und die (mit einem erhaltenen Begleitschreiben) an den Ks. gerichtet wurde, der seinerseits die Beschlüsse mit Edikt vom 30. Juli 381 (Cod. Theod. XVI, 1, 3) bestätigte. E. Chrysos

Q.: CPG IV, 8598–8601 – COD, 17–31 – Lit.: TRE XIX, 518–524 – I. ORTIZ DE URBINA, Nizäa und K. (Gesch. der ökumen. Konzilien I, 1964) – A. M. RITTER, Das K. v. K. und sein Symbol, 1965 – Le IIᵉ concile œcuménique, 1982 [Tagungsakten] – E. CHRYSOS, Die Akten des K.s v. K. (381) (Romanitas-Christianitas [Fschr. J. STRAUB, hg. G. WIRTH, 1982]), 426–435.

2. K., V. ökumen. Konzil v. (553). Der programmat. Plan Ks. →Justinians I., die Einheit der Kirche im ganzen Reich wiederherzustellen, führte zu wiederholten Versuchen, die bestehenden Streitfragen mit den →Monophysiten zu klären. Justinian hat persönl. in die theol. Diskussion mit eigenen Traktaten und Edikten eingegriffen. Er betrieb die Verurteilung der »Drei Kapitel« (Person und Werk Bf. →Theodors v. Mopsuestia, Werke Bf. →Theodorets v. Kyrrhos, Brief Bf. →Ibas' v. Edessa; →Dreikapitelstreit). Doch viele Theologen, bes. aus dem W (z. B. →Facundus v. Hermiane), sahen in dieser Konzession eine verfängl. und unannehmbare »Korrektur« der dogmat. Beschlüsse des Konzils v. →Chalkedon, das bes. im W höchste Verehrung genoß. Dieser Widerstand zwang Justinian schließlich, die Debatte auf einem eigens dafür einberufenen Konzil führen zu lassen. Papst Vigilius war offensichtl. der theol. Auseinandersetzung nicht gewachsen. Da er seine Wahl den Byzantinern verdankte, die seinen gotenfreundl. Vorgänger Silverius abgesetzt hatten, mußte er kurz vor der Wiedereinnahme Roms durch die Goten (546) die Stadt verlassen und sich nach längerem Aufenthalt in Sizilien nach Konstantinopel begeben, wo er unter ksl. Druck zunächst der dogmat. Initiative Justinians zustimmte, dann aber sein Urteil wieder zurücknahm. Schließlich trat das Konzil in Abwesenheit des Papstes und der meisten Bf.e aus dem W zusammen und tagte vom 3. Mai bis 2. Juni 553 im Bf.spalast v. Konstantinopel in acht Sitzungen unter der Leitung des Ortsbf.s Eutychios, der Patriarchen v. Alexandreia und Antiocheia sowie des Legaten des Patriarchen v. Jerusalem. 148 weitere Bf.e nahmen teil. Die Beschlüsse wurden von 13 zusätzl. Bf.en unterzeichnet. Justinian blieb zwar persönl. dem Konzil fern, kontrollierte jedoch völlig den Verlauf der Verhandlungen. Die in 14 Anathematismen formulierte dogmat. Entscheidung des Konzils ist eigtl. eine weitgehende Übernahme der 13 Anathematismen des 2. Edikts Justinians »Über den rechten Glauben«. Der so errungene Sieg der ksl. Theologie (Neochalkedonismus) hat im O kaum Früchte getragen, im W hingegen ein langandauerndes Schisma verursacht. Schließlich stimmte Vigilius den Konzilsbeschlüssen nachträgl. zu, ebenso alle seine Nachfolger, ohne jedoch den Widerstand, bes. im langob. gewordenen N-Italien, brechen zu können. Diese Spaltung wurde erst auf einer Synode v. Pavia (698/699) beendet.

Die gr. Konzilsakten sind nach 681, als sie auf dem VI. ökumen. Konzil irrtüml. als Fälschungen erkannt wurden, vernichtet worden. Die lat. Akten sind dagegen sowohl in der ursprgl. wie auch in einer kürzeren Version überliefert, die das Produkt einer wohl von Justinian selbst noch 553 in Auftrag gegebenen Überarbeitung des Originals ist und in der alle Stellen, die Vigilius belasteten, beseitigt sind.　　　　　　　　　　　　　　E. Chrysos

Q.: ACO IV, 1, 2 – *Lit.:* E. Chrysos, Die Bf.slisten des V. ökumen. Konzils, 1966 – E. Chrysos, Η 'Ε κκλησιαστική Πολιτική τοῦ Ἰουστινιανοῦ, 1969 – R. Schieffer, Zur Beurteilung des nordit. Dreikapitel-Schismas, ZKG 87, 1976, 167–201 – A. Grillmeier, Jesus der Christus im Glauben der Kirche, II, 2, 1989 – Fr. X. Murphy–P. Sherwood, K. II und III (Gesch. der ökumen. Konzilien 3, 1990).

3. K., VI. ökumen. Konzil v. (680/681), auf Initiative Ks. →Konstantins IV. Pogonatos (668–685) einberufen. Es sollte den langandauernden »monenerget.-monothelet.« Streit bzw. das Schisma beenden (→Monotheletismus, →Ekthesis pisteos). Das in enger Zusammenarbeit mit Papst Agatho vorbereitete und von seinen Legaten mitgestaltete Konzil tagte in 18 Sitzungen zw. dem 7. Nov. 680 und dem 16. Sept. 681 im Kuppelsaal (in Trullo) des Ks.palastes unter der Leitung des Ks.s und formulierte nach subtilen, in den Konzilsakten festgehaltenen philol., überlieferungsgeschichtl. und theol. Prüfungen des Belegmaterials die Lehre von den zwei Willen Christi auf der Grundlage der Theologie des →Maximos Homologetes. Die Glaubensdefinition wurde von 170 Teilnehmern unterschrieben und von Ks. und Papst (inzwischen Leo II.) bestätigt. Die auf ihrer Position verharrenden Monotheleten unter der Führung Makarios' v. Antiocheia wurden verurteilt, ebenso die verstorbenen Patriarchen v. Konstantinopel, Sergios, Pyrrhos, Paulos und Petros, Kyros v. Alexandreia und auch Papst Honorius I. (Mansi XI, 556).　　　　　　　　　　E. Chrysos

Q.: CPG, 9416–9442 – Mansi XI, 181–922 – ACO II/2, ed. R. Riedinger [im Dr.] – *Lit.:* R. Riedinger, Der Codex Vindobonensis 418, 1989 – Fr. X. Murphy – P. Sherwood, K. II und III (Gesch. der ökumen. Konzilien 3, 1990).

4. K., Concilium Quinisextum (692). Da das V. und VI. ökumen. Konzil keine disziplinären Kanones aufgestellt hatten, berief Ks. →Justinian II. ein als ökumen. konzipiertes Konzil im Kuppelsaal (in Trullo) des Ks.palastes ein, das als Quinisextum alle seit dem Konzil v. →Chalkedon (451) kirchlicherseits offengebliebenen kanon. Fragen regeln sollte. Es wurden 102 Kanones aufgestellt und von 220 anwesenden Bf.en unterschrieben. Sie trugen den grundlegenden und vielfältigen Veränderungen in der byz. Gesellschaft stattgefunden hatten, und schufen einen Verhaltenskodex, der während der ganzen byz. Ära gelten sollte. In einer Reihe von Vorschriften setzte sich das Konzil vom röm. Brauchtum grundsätzl. ab. Rom leistete deswegen heftigen Widerstand, erst 711 lenkte Papst Konstantin I. zögernd ein und stimmte zu, daß die Kanones im O in Geltung blieben.　　　　　　　　　　　　　　　　　　　E. Chrysos

Q.: Discipline générale antique (IIe–IXe s.): Les canons des conciles oecuméniques, hg. P. P. Joannou, 1962, 98–241 – *Lit.:* V. Laurent, L'œuvre canonique du concile in Trullo, RevByz 23, 1965, 7–41 – H. Ohme, Das Concilium Quinisextum und seine Bf.sliste, 1990.

5. K., VIII. ökumen. Konzil v. (869/870 bzw. 879/880). [1] Synode, die in der Hagia-Sophia-Kirche vom 5. Okt. 869 bis 28. Febr. 870 unter der Leitung von päpstl. Legaten bzw. des Ks.s Basileios I. in zehn Sitzungen tagte, um die Absetzung des angebl. unkanon. gewählten →Photios zu bestätigen und die von ihm vorgenommenen Weihen zu annullieren. Außerdem befaßte sich das Konzil mit der Aufstellung von (nach der gr. Überlieferung) 14 bzw. (nach der lat. Überlieferung) 27 Kanones.

[2] Eine zehn Jahre später (Nov. 879–13. März 880) an demselben Ort zusammengekommene Synode mit 383 Teilnehmern unter der Leitung des inzwischen rehabilitierten Photios, deren Akten interpoliert wurden und zur Entstehung der sog. »Photios«-Legende mitbeitrugen, hob unter Mitwirkung von Legaten des Papstes Johannes VIII. die Spaltung zw. Ost- und Westkirche auf, annullierte die Beschlüsse der Synode von 869/870 und bestätigte die Wiedereinsetzung von Photios und der von ihm geweihten Kleriker.

Die hist. Überlieferung in MA und NZ, ob und welche der zwei gen. Synoden das Attribut »VIII. ökumen. Konzil« verdient, ist nicht eindeutig. In der röm.-kath. Kirche zählt heute die Synode v. 869/870 als VIII. ökumen. Konzil. Vielleicht sollte man wie der Kanonist Antonio Agustín († 1587) von einem »Doppelkonzil« sprechen.　　　　　　　　　　　　　　　　　　　E. Chrysos

Q.: Mansi XVI, XVII – *Lit.:* Fr. Dvornik, Le schisme de Photius, 1950 – D. Stiernon, K. IV (Gesch. der ökumen. Konzilien 5, 1975) – J. Meijer, A Successful Council of Union, 1976.

Konstantinopel, Rechtsschulen v. Inwieweit in der Prinzipatszeit, in der Rom und Berytos (→Beirut) die führenden Zentren des Rechtsunterrichts waren, auch in K. Rechtsunterricht erteilt worden ist, entzieht sich unserer Kenntnis. Es wird wohl auf die Angleichung der Institutionen der von Konstantin d. Gr. gegr. zweiten Reichshauptstadt an die Einrichtung Roms zurückzuführen sein, daß erstmals eine constitutio der Ks. Theodosius und Valentinian (CTh 14.9. 3.1 vom 27. Febr. 425) einen institutionalisierten Rechtsunterricht in K. einrichtete. Die const. regelte zunächst den Unterricht in lat. und gr. Rhetorik durch zahlenmäßig festgesetzte und staatl. besoldete professores in Rom und K. Insofern wurde ein bislang bloß staatl. geförderter Unterricht – spätantiken Tendenzen der Verstaatlichung und Verrechtlichung folgend – in die unmittelbare staatl. Verwaltung eingegliedert. In K. existierten seit 425 zwei Professorenstellen, deren Inhabern aufgetragen war, »iuris ac legum formulas pandere«. Eine zwei Wochen später ergangene const. (CTh 6. 21. 1) legte den Rang der öffentl. Professoren in der Verwaltungshierarchie fest, wobei offenbar gleichzeitig die ersten Ernennungen auf die eben geschaffenen Dienstposten erfolgten. Dieselbe const. nennt mit Leontios auch den Namen des ersten Professors der Rechtswiss. in K. Als flankierende Maßnahme der Verstaatlichung des Unterrichts ordneten die Ks. an, daß die Professoren keinen Unterricht in Privathäusern erteilen durften. Die Ausschließlichkeit des staatl. organisierten jurist. Lehrtriebes in den Städten Berytos, Rom und K. hat erst Justinian 533 im Rahmen der const. Omnem (§ 7) festgelegt. Dieselbe const. regelte auch die inhaltl. Gestaltung der Rechtsstudien. Wenngleich deren spezif. Organisation und Ausrichtung an staatl. Anstalten in der Form, wie er nach der justinian. Kodifikation rekonstruiert werden kann, mit dem Ende der Ära Justinians erloschen sein dürfte, ist daraus nicht zu schließen, daß der Rechtsunterricht in K. überhaupt aufgehört hat. Die Organisation des höheren Unterrichts in K. in den sog. »dunklen« Jh. kehrte lediglich zum System privater Förderung zurück. Für den Bereich der jurist. Studien bedeutete dies, daß Beamte und/oder Anwälte die Ausbildung der künftigen Funktionäre übernahmen. Dieser Zustand hat grundsätzl. auch über die Epoche der →makedon. Ks. angedauert, wenngleich nach dem →Eparchenbuch Leons VI. der Rechtsunterricht im Rahmen der Ausbildung der →Notare in das Gesichtsfeld des Staates gelangte. Den Anschein staatl. Einflußnahme erweckt eine Novelle Konstantins IX. Monomachos. Dieser Ks. setzte 1043 den Richter →Johannes Xiphilinos zum νομοφύλαξ ein, der in den vom Ks. zugewiesenen Räumlichkeiten seinen διδασκαλικὸς θρόνος (»Lehrstuhl«) haben sollte, um die künftigen Beamten jurist. auszubilden. Diese Institution dürfte – nach den späteren Belegen für den Titel νομοφύλαξ zu schließen, den u. a. die berühmten Juristen →Balsamon und →Konstantinos Armenopulos trugen – wohl unter weiterer staatl. wie später auch kirchl. Förderung Bestand gehabt haben. Freilich ist im Einklang mit den neueren Lit. zu betonen, daß alle Versuche einer Institutionalisierung des höheren Unterrichts in K. nicht unter dem Gesichtspunkt der Verstaatlichung gesehen werden dürfen. Auch Ks. als Gründer von Unterrichtsanstalten verfolgten schwerl. die staatl. Lenkung der Bildung. Eher bezweckten sie im Sinne der Herrscherpropaganda die Stärkung ihres Renommees als kultureller Förderer. Somit sind die postjustinian. R. in K. grundsätzl. als private Anstalten zu sehen, die sich gelegentl. mehr oder minder stärker ksl. Förderung erfreuten. P. Pieler

Lit.: B. KÜBLER, Rechtsunterricht, RE A 1, 394–405 – L. WENGER, Q. 616–619, 632–637, 717–719 – P. LEMERLE, Le premier humanisme byz. Notes et rémarques sur l'enseignement et culture à Byzance des origines au Xe s., 1971, bes. 261–263 – P. SPECK, Die ksl. Univ. von K., 1974 – W. WOLSKA-CONUS, Les écoles de Psellos et de Xiphilin sous Constantin IX. Monomaque (TM 6, 1976), 223–243 – DIES., L'école de droit de l'enseignement du droit à Byzance au XIe s.: Xiphilin et Psellos, ebd., 1977, 1–103.

Konstantinos

1. K. Akropolites, Sohn des Gesch.sschreibers Georgios →A., Gegner der Unionspolitik Michaels VIII., unter Andronikos II. dann hoher Beamter, zunächst Logothetes τοῦ γενικοῦ, 1294–ca. 1321 Megas Logothetes; † vor 1324. Produktivster hagiograph. Autor der spätbyz. Zeit; daneben vielfältige lit. Tätigkeit auch in anderen Genera: Rede zur Einweihung oder Veranlassung seines Vaters restaurierten Anastasis-Kirche in Konstantinopel (gleichzeitig Typikon des zugehörigen Kl.), Testamente, Homilien, eine Antiphon, Progymnasmata, zahlreiche Briefe (er selbst ist auch Adressat einer Reihe von Briefen bekannter Autoren der Zeit), vielleicht auch eine röm.-byz. Chronik von Aeneas bis 1323. Viele Werke (darunter die meisten Briefe) sind noch unediert. W. Hörandner

Ed. und Lit.: PLP, 520 – D. NICOL, C. A. A Prosopographical Note, DOP 19, 1965, 249–256 [mit Ed.-Liste] – R. ROMANO, Tre epistole inedite di C. A., Boll. della Badia gr. di Grottaferrata 35, 1981, 37–43 – DERS., Per l'edizione dell'epistolario di C.A., Rendiconti Acc. Archeol. Lett. e Belle Arti di Napoli 56, 1981, 83–103 – Tusculum-Lex.³, 1982³, 26f. – F. HALKIN, Éloge de Ste Euphrosyne la Jeune par C.A., Byzantion 57, 1987, 56–65 – R. ROMANO, Etopee inedite di C.A. (Talariskos. Studia ... A. GARZYA oblata, 1987), 311–338.

2. K. Anagnostes, einer Notiz im Cod. Vat. Palatinus gr. 367 (14. Jh.) zufolge 1259 als 'Primmikerios der Tabularioi auf Kypros' und 'Anagnostes' (kirchl. Lektor), anscheinend in der Kanzlei des gr.-orth. Ebf.s v. Zypern beschäftigt, gilt als Verf. zweier in derselben Hs. f. 136ᵛ–139ʳ überlieferter gr. Gedichte aus 92 Hemiamben in Siebensilbern bzw. 46 sog. polit. Versen: Ersteres (das allein mit einer Zuweisung an den Autor K.A. versehen ist) hat er reinsprachl., letzteres aber gemischt rein- und volkssprachl. abgefaßt. So gehört K., der entgegen früheren Annahmen nicht auch der Schreiber der Hs. war, zu den Wegbereitern volkssprachl. Dichtung im byz. Kulturkreis. G. Prinzing

Ed.: N. BĂNESCU, Deux poètes byz. inédits du XIIIe s., 1913, 14–18 [Korrekturen: S. G. MERCATI, Coll. byz. I, 1970, 227–231] – *Lit.*: BECK, Volkslit., VII, 112 – PLP Nr. 14214 [Lit.] – Tusculum-Lex.³, 48f. – P. CANART, Un style d'écriture livresque dans les mss. chypriotes du XIVe s. (La paléographie gr. et byz., 1977), 303–321.

3. K. Armenopulos, byz. Autor, * 1320, † 1383, Richter *(καθολικὸς κριτής)* und hoher Verwaltungsbeamter *(νομοφύλαξ)* in Thessalonike. Von seinen persönl. Lebensumständen wissen wir nur wenig: er war Parteigänger des →Johannes Kantakuzenos und vertrat die antipalamit. Richtung. Sein wichtigstes Werk ist ein Kompendium des weltl. byz. Rechts in 6 Büchern, die Hexabiblos. Die Q. dieser letzten byz. Kompilation bildeten die Synopsis Maior der →Basiliken, die →Ekloge samt Appendices, die Eisagoge, der →Procheiros Nomos, Slg. en epitomierter Ks.novellen, die Peira des Eustathios Romaios, die →Rhopai sowie die in der Überlieferung mit dem Eparchenbuch eine Einheit bildende Schrift des Julian v. Askalon über Baurecht. Im Bereich des Eherechts zitiert A. auch kanon. Recht in Form von Patriarchalschreiben und Synodaltomoi. Offensichtl. war der Autor bemüht, eine Summe der um die Mitte des 14. Jh. in Thessalonike greifbaren jurist. Lit. zu bieten. Dem umfangreichen, aber noch überschaubaren Werk war großer lit. Erfolg beschieden (fast 70 erhaltene Hss.). Die während der Turkokratie von den kirchl. Gerichten als Rechtsquelle bevorzugte Hexabiblos wurde von der provisor. griech. Nationalversammlung 1828 zum Gesetzbuch des neuen Staates erhoben. – A. verfaßte auch eine »Epitome canonum« sowie theol. Werke, u.a. ein chronolog. geordnetes Häresienverzeichnis. P. E. Pieler

Ed.: G. E. HEIMBACH, 1851 – K. G. PITSAKIS, 1971 – *Lit.*: M. TH. FÖGEN, Fontes Minores IV, 1981, 256–345 – Tusculum-Lex³., 316f. – BECK, Kirche, 788 – HUNGER, Profane Lit II, 474f. [P. E. PIELER].

4. K. Rhodios, byz. Dichter, * ca. 870/885 in Lindos/Rhodos (Eltern: Johannes und Eudokia), † nach Aug. 931 (spätestens 944), 908 Sekretär des ksl. Kanzlers Samonas, dann im Dienst der Ks. Leon VI. und Konstantin VII., 927 Angehöriger des ksl. Klerus und Gesandter nach Bulgarien. Er verfaßte drei religiöse Epigramme (Anthologia Palatina XV, 15–17), Spottgedichte auf Leon Choirosphaktes (ca. 907) und Theodor Paphlagon (mit zeilenfüllenden Schimpfwörtern in der Art des Aristophanes) sowie eine anscheinend unvollendete Beschreibung der sieben Wunder von Konstantinopel und der von Justinian I. erneuerten Apostelkirche (981 Zwölfsilber im Auftrag Konstantins VII., bes. Hervorhebung der Architektur der Kirche). Seine dichter. Begabung war eher gering.
E. Trapp

Ed.: H. BECKBY, Anthologia Graeca IV, o. J.², 266–269 – P. MATRANGA, Anecdota graeca II, 1850, 624–632 – E. LEGRAND (mit TH. REINACH), REG 9, 1896, 32–102 – *Lit.*: HUNGER, Profane Lit. I, 181; II, 111, 169 – C. DOWNEY, Late Classical and Medieval Stud. in honor of A. FRIEND, 1955, 212–221 – C. ANGELIDE, Σύμμεικτα 5, 1983, 91–125.

KONSTANZ

Konstanz, Stadt am Bodensee (Baden-Württemberg)
I. Bistum – II. Stadt.

I. BISTUM: Eine zu vermutende spätröm. Befestigung mit dem wohl auf Ks. Constantius II. (337–361) zurückgehenden Namen Constantia bildete die topograph. Grundlage, um nahe dem Ausfluß des Rheins aus dem Bodensee an der Wende vom 6. zum 7. Jh. einen Bf.ssitz zu errichten und mit ihm zugleich die Tradition des spätantiken Bf.ssitzes Windisch zu verbinden. Durch seine Lage sollte er die nur schwach christianisierten alem. Landschaften n. von Hochrhein und Bodensee mit den bereits frühchristl. Gemeinden aufweisenden Landschaften s. dieser Linie vereinen. Die Gründung geschah offensichtl. unter Mitwirkung des alem. Hzg.s Gunzo ebenso wie unter derjenigen des Merowingerkg.s →Dagobert I. Ausgestattet wurde das neue Bm. mit Kg.sgut, das vor allem s. von K. ('Bischofshöri') und um Arbon im Thurgau gelegen war. Der sich allmähl. herausbildende Sprengel des Bm.s reichte im HochMA von Breisach im W bis Ulm im O und von den Alpen im S bis zum mittleren Neckar im N. Deutlichere Konturen erhielt das Bild von der frühen Gesch. des Bm.s erst im Laufe des 8. Jh. Geprägt wurde diese Epoche v. a. durch das Verhältnis der K.er Bf.skirche einmal zu dem unter Abt →Otmar um 720 gegr. Kl. →St. Gallen und zum anderen zu dem um 724 gegr. Inselkl. →Reichenau. Von 736 bis 746 verwalteten K.er Bf.e zugleich als Äbte das Kl. Reichenau in Personalunion, und von 759 bis 854 war das Kl. St. Gallen der K.er Bf.skirche geradezu einverleibt. Einen Höhepunkt erlebte das Bm. unter Bf. →Salomo III. (890–919), der, zugleich Abt v. St. Gallen, Notar, Kapellan, schließl. Kanzler der Herrscher des späten 9. und des frühen 10. Jh., das Ansehen seines Bm.s in vielerlei Hinsicht mehren konnte. Vergleichbare Bedeutung hatten sodann Bf. →Konrad (934–975), der sich v. a. auf die Ausgestaltung seines Bf.ssitzes konzentrierte, und Bf. →Gebhard (979–995), der Gründer des ersten bfl. Eigenkl. Petershausen. Beide Bf.e sind 1123 bzw. 1134 heiliggesprochen worden. Charakterist. für die erste Hälfte des 11. Jh. ist die erneute enge Verbindung mit dem Kgm.; mehrere aufeinanderfolgende Bf.e waren zuvor Mitglieder der kgl. →Hofkapelle gewesen. Nach der Mitte des 11. Jh. hatten die Herrscher bei jeder Bf.seinsetzung mit dem Widerspruch des zu einer eigenständigen Kraft herangewachsenen Domkapitels (→Kapitel I) zu rechnen. Das zeigte sich erstmals an dem Protest des Domkapitels gegen den von Heinrich IV. aufoktroyierten Bf. Karlmann (1069–71) und an der ausgeprägten Stellungnahme des Kapitels für Gregor VII. und seine Ideen, allen voran die durch ihre Werke bedeutsam gewordenen Domherren Bernhard, →Bernold und Wolferad. Die Folge waren 1084 die Wahl eines dem Papsttum und den Gedanken der Reform anhängenden Bf.s (des Zähringers →Gebhard III.) und der Beginn einer Doppelbesetzung des Bf.sstuhles. Die Stauferzeit bedeutete den Höhepunkt der K.er Bm.sgesch. des HochMA. In der Pfalz des ihm eng verbundenen Bf.s Hermann I. (v. Arbon, 1138–65) hat Friedrich Barbarossa 1153 mit Papst Eugen III. den →'Konstanzer Vertrag' und 1183 mit den Lombard. Städten den →'Konstanzer Frieden' geschlossen. Der Herrscher dankte 1155 'seinem' Bf. durch die Gewährung eines umfassenden Privilegs für die K.er Bf.skirche. Bf. →Diethelm (v. Krenkingen, 1189–1206) hat das Bm. noch einmal aufs engste mit dem stauf. Herrscherhaus verbunden. Das 13. Jh. war für die Bf.e v. a. gekennzeichnet durch eine Stärkung der Macht des Domkapitels und durch die Auseinandersetzung mit dem Rat der Bf.sstadt. Die Folge war die Anlage bfl. 'Residenzen' im Vorfeld von K. (Meersburg, Gottlieben), die in Krisenzeiten immer wieder aufgesucht werden konnten. Gleichzeitig haben die Bf.e in der 2. Hälfte des 13. Jh. die Besitzungen und die Herrschaftsrechte des Hochstifts noch einmal entscheidend gemehrt, v. a. im Bereich des Zusammenflusses von Aare und Hochrhein. Der als 'Mäzen' von Dichtern und Künstlern bedeutsame Bf. Heinrich (II.) v. Klingenberg (1294–1306) veranlaßte als erster die Anlage eines Gesamturbars über das bfl. 'Territorium'. Das 14. Jh. erhielt seine Prägung durch die seit der Jahrhundertwende stetig wiederkehrenden Doppelwahlen und die Einbeziehung des Bm.s in den Kampf zw. Ksm. und Papsttum. Die Situation wurde durch die kaisertreue Haltung der dementsprechend auch mit dem Interdikt belegten Stadt im Gegensatz zu derjenigen des schließl. obsiegenden Bf.s Nikolaus I. v. Frauenfeld (1334–44) noch verschärft. Die Folge war ein weiterer wirtschaftl. Niedergang des Hochstifts ebenso wie ein zunehmender Zerfall der Sitten innerhalb des Klerus. Die Situation der Spaltung wiederholte sich, als sich im Gefolge des Schismas 1384–1410 erneut jeweils zwei Bf.e gegenüberstanden. Bald überwog indessen die röm. Obödienz. Indem die Eidgenossen (→Eidgenossenschaft, Schweizer.) von S her bis 1460 entscheidende Teile der Diöz. ihrer Herrschaft unterwarfen, gerieten die Bf.e v. K. immer mehr in die Auseinandersetzung zw. den Eidgenossen einerseits und dem Reich und Österreich andererseits. Dieser Dauerkonflikt offenbarte sich am deutlichsten im sog. Bf.sstreit (1474–80), der zw. Domkapitel und Papst um das Recht auf Bestimmung der Bf.snachfolge entbrannt war. Das Ende des MA wurde geprägt durch die Gestalt des gebürtigen Eidgenossen Bf. Hugo v. Hohenlandenberg (1496–1530), der ebenso wie Bf. Heinrich IV. v. Hewen (1436–62) das Verdienst hatte, auf den verschiedenen Gebieten reformatorisch tätig zu sein und ähnl. wie der Bf. des Konzils, Otto v. Hachberg (1410–34), als Mäzen zu wirken.

II. STADT: Aus dem frühma. Bf.ssitz mit seinen beiden Kirchen, der Bf.skirche und der nahe bei ihr gelegenen Pfarrkirche St. Stephan (seit ca. 900 zugleich Stiftskirche), entwickelte sich eine 'Bischofsstadt' K. v. a. dadurch, daß unter Bf. Salomo III. (890–919) Markt, Münze und Hafen einen ersten großen Aufschwung erfuhren. Die weitere Ausgestaltung zur 'Stadt' ist sodann den Bf.en Konrad (934–975) und Gebhard (979–995) zu verdanken. Sie erweiterten die Siedlung durch den Bau von Kirchen (Konrad: St. Johann, St. Lorenz, St. Paul), eines Hospitals und eines Kl. (Gebhard: Petershausen) derart, daß K. nicht nur durch die Patrozinien seiner Kirchen zu einem Abbild Roms wurde, sondern auch auf das rechte Rheinufer hinübergriff. Eine feste Verbindung über den Fluß zu der Reichsabtei →Petershausen und der um sie erwachsenen Vorstadt wurde freil. erst um 1200 durch den Bau einer Rheinbrücke geschaffen. Erste Regungen bürgerschaftl. Selbstbestimmung wurden gegen Ende des 11. Jh. erkennbar, als die Bürger der K. 1092 ihren Bf. mit Waffen gegen seinen Gegner, den Abt v. St. Gallen, verteidigten. Dieses bürgerl. Selbstbewußtsein korrespondierte mit der ebenfalls seit dem 11. Jh. sichtbar werdenden Funktion von K. als Handelszentrum, von dem aus v. a. Leinwand (→Leinen) nach Italien, ja in den ganzen Mittelmeerraum, einschließl. der nordafrikan. Küste, nach Frankreich (Champagnemessen) und England exportiert wurde. Zeugen dieses weitgespannten Fernhandels sind der Bau des Kauf- und Stapelhauses am Hafen (1388) und die Beteiligung von K.er Kaufmannsfamilien an der Großen →Ravensburger Handelsgesellschaft seit Beginn des 15. Jh. Die Emanzipation der Bürgerschaft vom Stadtherrn, dem Bf., begann gegen Ende des 12. Jh. und setzte sich fort mit der Bildung eines Rates zu Beginn des 13. Jh. und der Schaffung eines Bürgermeisteramtes zu Beginn des 14. Jh. Indem Ks. Heinrich VI. der Bürgerschaft von K. 1192 erstmals ein Steuerprivileg ausstellte und Friedrich II. die Vogtei über K. in eine Reichsvogtei umwandelte, wurde K. allmähl. aus einer Bf.sstadt zu einer Bf.s- und Reichsstadt zugleich. Den ständigen Auseinandersetzungen mit dem Bf. entsprachen seit dem Beginn des 14. Jh. 'Bürgerkämpfe' zw. den Zünften und dem in der Gesellschaft 'zur Katz' zusammengeschlossenen Patriziat bzw. zw. den 'ärmeren' und den 'reichen' Zünften im Rat (1342, 1370, 1389, 1429/30). Diese inneren Kämpfe endeten 1430 mit der Oktroyierung einer neuen Verfassung durch Kg. Siegmund zugunsten der Patrizier. Nach außen hin war die (Quasi-)Reichsstadt K. seit Beginn des 14. Jh. immer wieder von neuem das Haupt der miteinander verbündeten Städte am Bodensee. Diese Rolle entsprach der Geltung der Stadt als Sitz eines Bf.s und zugleich als eines der bedeutendsten Handelszentren Oberdeutschlands. Die Hoffnung der Stadt, mit Hilfe des ihr 1417 durch Kg. Siegmund verpfändeten Landgerichts im →Thurgau im unmittelbaren Vorfeld von K. ein Territorium aufzubauen, mußte freil. schwinden, seitdem K. immer mehr in den Kampf um eine Sonderstellung der Eidgenossenschaft im Reich verstrickt wurde (1460 Eroberung des Thurgaus durch die Eidgenossen); mit der Niederlage der Reichstruppen am nahen →Schwaderloh 1499 verlor die Stadt das Landgericht im Thurgau an die Eidgenossen. K. kam damit für immer unmittelbar an eine 'Staatsgrenze' zu liegen. Die Auseinandersetzung mit den Eidgenossen und der ständige Zwang zum Lavieren zw. diesen, der Herrschaft Österreich und dem Reich sowie ständige Konflikte mit dem Bf. als einem der Stadtherren schwächten die Wirtschaftsstellung der Stadt seit ca. 1460 in entscheidendem Maße. Nachdem Maximilian I. die Stadt 1498 zum Eintritt in den →Schwäb. Bund gezwungen hatte, vermochte er sie durch den gleichfalls erzwungenen Abschluß eines 'Schirmvertrages' mit Österreich 1510/11 immer mehr an sein eigenes Haus zu binden und ihre Reichsfreiheit einzuschränken. H. Maurer

Lit.: Die Bf.e v. K., hg. E. L. Kuhn u. a., 2 Bde, 1988 – H. Maurer, K. im MA, 2 Bde, 1989.

Konstanz, Friede v., (1183), festigte vertragl. die 1177 in Venedig angebahnte Verständigung zw. Friedrich I. Barbarossa und dem von Mailand angeführten Lombardenbund, der damit anerkannt wurde, durch Interessenausgleich und band zugleich dessen Mitglieder als oberit. Ordnungskraft in das Reich ein. Die Vertragspunkte, im März/April in Piacenza ausgehandelt, wurden vom Ks. und Heinrich VI. in Konstanz ratifiziert (20. Juni 1183, Urk. ausgestellt am 25. Juni). Barbarossa überließ den Kommunen die in →Roncaglia beanspruchten Regalien gegen eine einmalige oder jährl. Geldzahlung, während sich die Städte zur Leistung des →Fodrum bei jedem Italienzug verpflichteten. Seine Stellung als Oberherr wurde neben dem Treueid der Kommunen dadurch festgeschrieben, daß die frei gewählten Konsuln vom ksl. nuntius und alle fünf Jahre vom Ks. selbst investiert werden mußten; überdies konnte in wichtigen Fällen an den Ks. als obersten Gerichtsherrn appelliert werden. Der Vertragstext wurde jurist. kommentiert von →Odofredus de Denariis († 1265) und →Baldus de Ubaldis († 1400). Th. Kölzer

Q. und Lit.: MGH DD F. I. 848 [vgl. ebd. 842–844] – J. Riedmann, Die Beurkundung der Verträge Friedrich Barbarossas mit it. Städten (SAW. PH 291/3), 1973 – La pace di C. 1183. Un difficile equilibrio di poteri fra società it. ed impero, 1984 – Studi sulla pace di C., 1984 – A. Haverkamp, Der K.er F. zw. Ks. und Lombardenbund (1183) (Kommunale Bündnisse Oberitaliens und Oberdtl.s im Vergleich [= VuF 33], 1987), 11–44.

Konstanz, Konzil v. (1414–18). Dem Beschluß des Konzils v. →Pisa, daß die zu Pisa nicht erledigte Reform Aufgabe eines alsbald einzuberufenden Konzils sein solle, entsprach Johannes XXIII. durch ein Konzil, das nur eine Sitzung am 10. Febr. 1413 in Rom abhielt und im wesentl. allein die Lehren →Wyclifs verurteilte. Ein weiteres Konzil erschien sowohl wegen der böhm. Häresie (→Hus, →Hussiten) und der Reform, v. a. aber zur Überwindung des Schismas notwendig. Johannes XXIII. (Pisaner Oboedienz) hatte im Vergleich zu Gregor XII. (röm.) und Benedikt XIII. (avign.) die weitaus größte Oboedienz, war auch im Besitz des Kirchenstaats, weshalb der am 20. Sept. 1410 gewählte röm. Kg. Siegmund ihn anerkannte. Gegenüber der bisherigen Ansicht, dieser habe den durch →Ladislaus v. Durazzo-Neapel bedrängten Johannes XXIII. gegen seinen Willen zur Einberufung des K.s v. K. bestimmt, ja dieses selbst einberufen, ist festzuhalten, daß ein allgemeines Konzil Johannes die beste Möglichkeit bot, als Papst allg. anerkannt zu werden. Die Wahl der Reichsstadt Konstanz als Tagungsort erfolgte im Einvernehmen zw. Siegmund und Johannes XXIII. am 31. Okt. 1413 in Como. Im Rahmen des Kongresses v. Lodi, auf dem die Abwehr des die mittel- und nordit. Staaten bedrohenden Ladislaus v. Neapel beraten werden sollte, berief Johannes XXIII. am 9. Dez. 1413 das Konzil auf den 1. Nov. 1414 nach Konstanz ein. Da diese Einberufung seitens der Oboedienz Gregors XII. und Benedikts XIII. ohne Preisgabe ihres eigenen Standpunktes nicht anerkannt werden konnte, lud Siegmund auch seinerseits zum Konzil.

Trotz des frz.-engl. Krieges, des Bürgerkrieges in Frankreich, des Konfliktes zw. dem Dt. Orden und Polen und innerit. Spannungen versammelte sich im Laufe der ersten Konzilsmonate in Konstanz der größte Kongreß des MA. Nachdem Siegmund am Weihnachtsabend 1414 in Konstanz eingetroffen war, begann das Konzil, das zunächst unbestritten unter der Leitung Johannes' XXIII. stand. In engem Zusammenwirken der Kard.e Pierre d'→Ailly und Guillaume →Fillastre mit Siegmund und den Engländern wurde in der Folge Johannes' Position erschüttert. Dies gelang durch die geltende Normen umstürzende Erweiterung des Stimmrechts über den Kreis der Bf.e hinaus und durch den gleichfalls durch Deutsche und Engländer erzwungenen Abstimmungsmodus per nationes (bisher per capita). Durch diesen verfahrenstechn. Handstreich wurde jeder Nation eine einzige Stimme zugeteilt, unabhängig von ihrer Mitgliederzahl.

Entscheidend für den weiteren Gang des Konzils, dem seit 23. Jan. 1415 auch eine gewichtige Delegation Gregors XII. unter der Führung des Kard.s Giovanni →Dominici angehörte, war, daß die führenden Kreise des Konzils – Siegmund, Fillastre, d'Ailly, Bf. Hallum v. Salisbury – nun offen den Weg der cessio omnium zur Lösung der Schismafrage propagierten. Allg. Überzeugung war, daß keiner der drei Prätendenten unbezweifelbar legitimer Papst sei, de facto also Sedisvakanz bestehe.

Johannes XXIII., der die Situation realist. einschätzte, erklärte am 2. März 1415 feierl. und unzweifelhaft aufrichtig seine Bereitschaft zur Abdankung, wenn und sobald auch Gregor XII. und Benedikt XIII. desgleichen täten. Als diese jedoch unter unzumutbaren Bedingungen erzwungen werden sollte und Johannes seine Freiheit und Sicherheit mit Recht bedroht sah, floh er mit Hilfe Hzg.

→Friedrichs IV. v. Österreich am 20./21. März aus Konstanz. Daraufhin beschloß das Konzil in der 5. Sessio publica am 6. April 1415 das Dekret »Haec sancta«, das indes keine konziliare Lehrentscheidung zugunsten einer Oberhoheit des Konzils über den Papst darstellt (anders P. DE VOOGHT, H. KÜNG u. a.); vielmehr besitzt das Konzil nach »Haec sancta« die oberste Autorität in der Kirche für den zu Konstanz akuten Fall, daß drei zweifelhaft legitime 'Päpste' die Nachfolge Petri für sich beanspruchen. »Haec sancta« stellte deshalb keinen Verfassungs- bzw. Traditionsbruch dar. Seine Gültigkeit ist insofern grundsätzlicher Art, als seine wesentl. Aussagen in einer vergleichbaren Situation wieder aktuell werden würden.

Nach der Gefangennahme durch Pfalzgf. →Ludwig III., Hzg. v. Bayern, in Breisach, erzwungenem Amtsverzicht und dem vor dem Konzil gegen ihn geführten Prozeß wurde Johannes XXIII. am 29. Mai 1415 'abgesetzt'. Gegen H. ZIMMERMANN ist festzuhalten, daß in Konstanz keine 'Papstabsetzung' erfolgt ist – es gab keinen zweifelsfrei legitimen Papst, der hätte abgesetzt werden können –, wenngleich das Konzil beanspruchte, Johannes wie später Benedikt abgesetzt zu haben.

In der 8. Sessio (4. Mai 1415) wurden Wyclifs Lehren erneut verurteilt und seine Schr. verboten. In der 13. Sessio (15. Juni 1415) wurde das Verbot des Laienkelchs ausgesprochen, wobei gegenüber dem Biblizismus in der Argumentation →Jakobells v. Mies auf die verbindl. Kraft der kirchl. Überlieferung verwiesen wurde. Nachdem das Konzil Gregor XII. zugestanden hatte, daß auch er seinerseits pro forma das Konzil einberief, vollzog er durch seinen Prokurator Carlo →Malatesta seine Abdankung vor dem Konzil in der 14. Sessio (4. Juli 1415). Zwei Tage später erfolgte das Urteil gegen Jan Hus.

In derselben Sitzung wurde die These des Jean Petit über den Tyrannenmord verurteilt. Auch die haßerfüllte antipoln. Satira des im Dienst des Dt. Ordens schreibenden Dominikaners Johannes →Falkenberg gehörte zu den causae fidei des Konzils, das jedoch nicht mehr zu ihrer Verurteilung kam. Die Hinrichtung des Hus erfolgte am 6. Juli 1415, die seines Mitstreiters, →Hieronymus v. Prag (6. H.), am 30. Mai 1416.

Zur Lösung des noch anstehenden Problems »Benedikt XIII.« begab sich Siegmund in Begleitung einer Delegation des Konzils nach Narbonne, um mit Benedikt und seiner Oboedienz, insbes. mit Kg. Ferdinand v. Aragón, zu verhandeln. Nachdem Benedikt XIII. sich nicht zum Amtsverzicht entschließen konnte, kam es zur Einigung zw. Siegmund, dem Konzil und Ferdinand v. Aragón sowie den übrigen Fs.en der Oboedienz Benedikts. Am 13. Dez. 1415 wurden die sog. »Capitula Narbonensia« unterzeichnet. Sie enthielten im wesentl. den Beschluß, seitens der Oboedienz Benedikts das K. v. K. zu beschikken. Zugleich sollten alle eventuellen rechtl. Folgen des Schismas aufgehoben, die Rechtsakte Benedikts zugunsten seiner Anhänger bestätigt werden.

Die öffentl. und feierl. Erklärung der Aufkündigung der Oboedienz gegenüber Benedikt XIII. mußte dessen langjähriger Beichtvater, Vicente →Ferrer, am 6. Jan. 1416 in Perpignan in einer großen Predigt verkünden und begründen. Damit war die Voraussetzung geschaffen, daß durch die Teilnahme der Oboedienz Benedikts XIII. das K. v. K. seit Frühjahr 1417 zu einem de facto allgemeinen Konzil wurde, die Natio Hispanica war als fünfte der Nationen dazugekommen. Nach einem langwierigen Prozeß erklärte das Konzil am 26. Juli 1417 Benedikt für abgesetzt.

Über die Frage, ob nun Papstwahl oder Kirchenreform den Vorrang haben solle, kam es zu einer Konfrontation zw. Siegmund, der Natio Germanica und Anglica auf der einen Seite, der Kard.en mit dem übrigen Konzil auf der anderen Seite. Insbes. die Kard.e drängten auf rasche Papstwahl. Die Diskussion um den Wahlmodus für das künftige Konklave führte zu Kompromissen, die den Fortgang des Konzils ermöglichten. Einmal wurde beschlossen, noch vor der Papstwahl die bereits abschließend beratenen Reformmaterien zu verabschieden. Sodann einigte man sich auf die Modalitäten des Konklaves. Den Kard.en der drei Oboedienzen sollten von jeder Nation 6 delegierte Wähler beigesellt werden, und zur Sicherung der allg. Anerkennung des Gewählten wurde bestimmt, daß zur Gültigkeit der Wahl je 2/3 der Stimmen der Kard.e und jeder der Nationsdelegationen notwendig sein sollten.

Am 17. Okt. 1417 war das Dekret »Frequens« verabschiedet worden, das für die Zukunft die period. Abhaltung von Konzilien – 5 Jahre nach dem Abschluß des K.s v. K., dann in sieben Jahren und später alle zehn Jahre – vorsah. Entgegen landläufiger Meinung war damit nicht die Etablierung des Konzils als parlamentar. Kontrollinstanz über den Papst, sondern eine wirksame Instanz zur Durchführung der Reform und v. a. die Vorkehrung gegen künftige Schismen beabsichtigt.

Im wesentl. bezog sich die Konstanzer Reform auf die gerechte Verteilung von Benefizien etc., wobei der Interessenkonflikt zw. Hierarchie und den Univ.stheologen des Ausgleichs bedurfte. Einen wichtigen und in die Zukunft reichenden Niederschlag fand diese Reform auch in den sog. Konstanzer →Konkordaten, deren Gegenstand auch der Modus der Benefizienverleihung und die damit verbundenen Abgaben an den Heiligen Stuhl (Annaten, Servitien etc.) war.

Nachdem Martin V. (gewählt am 11. Nov. 1417) am 19. April 1418 in der 44. Sitzung dem Dekret »Frequens« entsprechend das nächste Konzil auf das Frühjahr 1423 nach Pavia einberufen hatte, schloß er am 22. April angesichts allg. Konzilsmüdigkeit die Kirchenversammlung. Die häufig diskutierte Frage, ob Martin V. das K. v. K. und insbes. die ›Konstanzer Dekrete‹ »Haec sancta« und »Frequens« bestätigt habe, ist falsch gestellt. Da sie vor seiner Wahl verabschiedet worden waren, bedurften sie der Bestätigung nicht, da das sede vacante tagende Konzil auch ohne Papst oberste Autorität in der Kirche besaß.

Das Konzil hat seine Aufgaben – die causa fidei, unionis und reformationis – in unterschiedl. Maße erfüllt. In der causa fidei erfolgten zwar die notwendigen Lehrverurteilungen, doch wurde der von Wyclif und Hus bestrittene sakramental-hierarch. Charakter der Kirche nicht durch positive Darlegung der kirchl. Lehre beantwortet. Die causa reformationis stand allzusehr im Schatten des Schismaproblems, als daß sie umfassend hätte behandelt werden können. Gelöst wurde – und das ist das hist. Verdienst des Konzils – die causa unionis. Daß indes die Wiederherstellung der Kircheneinheit und der hierarch. Spitze der Kirche mit Hilfe einer durch das korporationsrechtl. Modell verfremdeten und streckenweise konziliarist. Ekklesiologie (→Konziliarismus) erreicht wurde, steht in schwer auflösbarem Widerspruch zur erklärten Intention des Konzils, die durch das Schisma tief erschütterte hierarch. Ordnung, mit dem Papst an der Spitze, wiederherzustellen. So verwundert es nicht, daß nach einem Vorgeplänkel zu Pavia-Siena (1423/24) zu Basel erneut ein Schisma ausgebrochen ist (→Basel, Konzil v.). W. Brandmüller

Q.: MANSI XXVII–XXVIII – Repfont III, 542–549 – Acta scitu dignissima docteque concinnata Constantiensis concilii celebratissimi, Hagenau 1500 – E. SCHELSTRATE, Gesta Constantiensis Concilii, Antwerpen 1683 – E. MARTÈNE–U. DURAND, Thesaurus novus anecdotorum II, Paris 1717 – Chronique du Religieux de Saint-Denys V, hg. L. F. BELLAGUET, 1852 – F. FIRNHABER, Petrus de Pulka, AÖG 15, 1856, 1–70 – Ulrich v. Richental, Chronik des Constanzer Concils, hg. M. R. BUCK, 1882 [Faks. der Ausg. 1465/1536; Neudr. 1936, 1965] – H. FINKE, Forsch. und Q. zur Gesch. des K.er K.s, 1889 – Andreas v. Regensburg, Sämtl. Werke, hg. G. LEIDINGER, 1903 – Raccolta di Concordati ..., I, hg. A. MERCATI, 1919 [Nachdr. 1954] – H. HEIMPEL, Aus der Kanzlei Ks. Sigismunds, AU 12, 1932, 111–180 – DERS., Regensburger Ber. vom K.er K. [(Fschr. G. HUGELMANN, 1959, I)], 213–272 – Die Ber. der Generalprokuratoren des Dt. Ordens an der Kurie II, bearb. H. KOEPPEN, 1960 – CH. M. D. CROWDER, Constance Acta in English Libraries (Das K.v.K., hg. A. FRANZEN – W. MÜLLER, 1964), 477–517 – DERS., Correspondence between England and the C. of C. 1414–18, Stud. in Church Hist. 1, 1964, 154–206 – Lit.: TRE XIX, 529–535 [W. BRANDMÜLLER; Lit.] – Das K.v.K., hg. A. FRANZEN – W. MÜLLER, 1964 – Die Welt zur Zeit des K. K.s (Reichenau-Vortr. im Herbst 1964), 1965 – Die Entwicklung des Konziliarismus, hg. R. BÄUMER, 1976 – Das K.er K., hg. DERS., 1977 [ältere Lit.] – W. BRANDMÜLLER, Papst und Konzil im Großen Schisma, Stud. und Q., 1990 – DERS., Das K.v.K., I (Konziliengesch. A), 1991.

Konstanz, Vertrag v.,
Vertrag zw. Friedrich I. Barbarossa und Eugen III., an der Jahreswende 1152/53 in Rom ausgehandelt und in Form eines ksl. Privilegs für den Papst ratifiziert (23. März 1153). Er fixierte polit. Ziele im Verhältnis zw. dem künftigen Ks. als Vogt der Kirche und dem Papst sowie gegenüber Dritten, v. a. gegen den siz. Kg. (→Roger II.). In im wesentl. einander entsprechenden Vertragspunkten verpflichteten sich beide gegenseitig zur Wahrung des honor papatus bzw. honor imperii, was Interpretationsmöglichkeiten ließ. Barbarossa versprach, mit den Römern und dem siz. Kg. nicht ohne päpstl. Einverständnis Frieden zu schließen (eine direkte päpstl. Entsprechung fehlt), die Römer zu unterwerfen und (wie auch der Papst) dem byz. Ks. keine Zugeständnisse auf it. Boden zu machen. Überdies verpflichtete er sich zum Schutz und zur Rekuperation der regalia b. Petri. Eugen III. versprach, die Ks.krönung vorzunehmen und auf Wunsch mit seiner geistl. Strafgewalt gegen Reichsfeinde vorzugehen. Die betonte Wahrung des honor imperii gilt als Schlagwort für eine neue Politik Barbarossas, doch mehren sich die Anzeichen, daß er in vielem seinem lange unterschätzten Vorgänger verpflichtet war. Auch wesentl. Teile des V.s v. K. könnten schon Inhalt der Abmachungen zw. Eugen III. und Konrad III. kurz vor dessen Tod gewesen sein (ENGELS). Das in Konstanz fixierte Einvernehmen, 1155 mit Hadrian IV. erneuert, wurde durch die im Vertrag v. →Benevent (1156) vollzogene Neuorientierung der päpstl. Politik zugunsten des siz. Kg.s konterkariert. Th. Kölzer

Q. und Lit.: MGH DD F. I. 52 (vgl. ebd. 51, 98) – RI IV/2, 164, 169, 271 – zweisprachig: AusgQ 32, 1977, 222–227 – O. ENGELS, Der K.er Vertrag v. 1153 (Deus qui mutat tempora [Fschr. A. BECKER, 1987]), 235–258.

Konstanze, hl.
Das Mausoleum, das die Tochter Konstantins d. Gr., →Constanti(n)a, neben S. Agnese fuori le mura an der Via Nomentana in Rom für sich und ihren Gatten Hannibalianus errichtet hatte, wird urkundl. erstmals im 9. Jh. als Kirche S. Costanza bezeichnet. Die K.legende (der Name Constantia setzt sich schließl. gegenüber »Constantina« durch) entwickelt sich im Zusammenhang mit der Agneslegende: in der Agnes-Passio erscheint die Tochter Konstantins als heidn. »virgo prudentissima«, die durch Anrufung der hl. Agnes, die ihr im Traum erscheint und sie auffordert, Christin zu werden, von schwerer Krankheit geheilt wird. In der »Passio Gallicani«, von der auch Elemente in versch. Rezensionen der »Passio Johannis et Pauli« übergehen, sowie in einer »Vita Constantinae« führt die Tochter Konstantins nach ihrer wunderbaren Heilung und Bekehrung ein keusches Leben und erwirkt durch ihre Gebete, daß auch der Konsul Gallicanus, der sie zur Ehe begehrt hatte, zum Christentum übertritt und sich der Askese weiht. K.s Name erscheint nur in sehr späten Hl.nkatalogen und wurde nicht in das Martyrolog. Rom. aufgenommen. Ihr Gedächtnis wurde vorwiegend am 18. Febr. begangen.
F. Scorza Barcellona

Q.: AA SS Febr. III, 67–71 – Vita Constantinae (BHL 1927): C. NARBEY, Suppl. AA SS ..., II, 1912, 131–152 – Lit.: BiblSS IV, 257–259 – EM III, 130f. – A. P. FRUTAZ, Il complesso monumentale di S. Agnese e di S. Costanza, 1960 (1969²).

Konstanze
I. K. I., *Ksn., Kgn. v. Sizilien*, postum geborene Tochter Kg. →Rogers II. v. Sizilien († 26. Febr. 1154) und dessen 3. Gemahlin Beatrix v. Rethel, † 28. Nov. 1198, ⬜ Palermo, Dom. Zusammen mit ihrer Mutter verbrachte K. Kindheit und Jugend am Palermitaner Kg.shof. Auffällig ist ihre späte Heirat (27. Jan. 1186) mit dem dt. Thronfolger, →Heinrich VI., weshalb man seit dem späten 13. Jh. ein zwischenzeitl. Leben als Nonne erfand (vgl. Dante, Parad. III, 109 ff.). Die Vorgesch. der Heirat liegt im dunkeln, steht aber eindeutig unter polit. Vorzeichen: sie befestigte den seit 1177/83 bestehenden Frieden zw. Sizilien und dem Reich und ließ den Staufern doch Hoffnung auf eine friedl. Realisierung aller Ansprüche des Reichs auf das Kgr. Eine Eventualerbfolge K.s wurde 1185 von den Großen des Kgr.s anerkannt, die nach dem Tod des kinderlosen Kg.s Wilhelm II. (1189) jedoch →Tankred v. Lecce als Kg. erhoben. Nach ihrer Krönung zur Ksn. (15. April 1191) geriet K. während des ersten Eroberungszuges ihres Gemahls gegen Sizilien in Salerno in die Gefangenschaft Tankreds, der sie im folgenden Jahr dem Papst übergeben sollte. Glückl. Umstände erlaubten ihre vorzeitige Befreiung und Rückkehr nach Deutschland. Kurz nach der Eroberung Siziliens durch Heinrich VI. gebar K. in Jesi (Prov. Ancona) den Thronfolger →Friedrich II. (26. Dez. 1194), der in dt. Obhut in Foligno aufwuchs. Diese späte Erstgeburt gab schon kurz nach dem Tod K.s zu mancherlei propagandist. Gerüchten Anlaß, die von der antistauf. Historiographie in folgenden ausgemalt wurden. K. wurde Ostern 1195 für die Dauer der Abwesenheit des Ks.s mit der Regentschaft in Sizilien beauftragt. Sie selbst hat diese Herrschaft freil. kraft eigenen Rechts als Erbin ihres Vaters beansprucht und sich ganz in die Tradition ihrer norm. Vorgänger gestellt. Bezeichnend ist, daß man ihre eigene Beteiligung an der Verschwörung gegen den Ks. zutraute (1197), wofür jedoch sichere Belege fehlen. Nach dem Tod Heinrichs († 28. Sept. 1197) herrschte sie als Souverän, nicht stellvertretend für ihren Sohn, der im folgenden Jahr zum siz. Kg. gekrönt wurde. Bewegungsfreiheit verschaffte ihr die Ausweisung →Markwards v. Annweiler und aller Deutschen. Trotz intensiver Bemühungen K.s, Friedrich II. auch die Option auf das Ksr. offen zu halten, scheiterte sie an der unnachgiebigen Haltung des Papstes; Friedrich II. verzichtete mit seiner Krönung auf den röm. Kg.stitel. K. selbst führte zwar den Titel einer röm. Ksn. weiter, beschränkte sich in ihren Handlungen jedoch auf das Kgr. Nach harten Verhandlungen mit dem päpstl. Lehensherrn um den Erhalt der Sonderrechte der siz. Kg.s mußte sie sich auch hier den kurialen Bedingungen beugen. Infolge ihres plötzl. Todes konnte sie jedoch den schon ausgehandelten Lehenseid nicht mehr leisten. In ihrem bruchstückhaft überlieferten Testament setzte sie Innozenz III. zum Vormund ihres Sohnes ein. So brachte ihre Regierungszeit nicht nur eine

Wiederherstellung, sondern sogar eine Verstärkung des päpstl. Einflusses auf den siz. Lehensstaat. Th. Kölzer

Q. und Lit.: MGH DD XI/3, ed. Th. Kölzer, 1990 – DBI XXX, 346–356 [Ders.] – Ders., Urkk. und Kanzlei der Ksn. K., Kgn. v. Sizilien, 1983 – Ders., Sizilien und das Reich im ausgehenden 12. Jh., HJb 110, 1990, 3–22.

2. K. II., *Kgn. v. Ungarn und Sizilien, Ksn.*, * ca. 1182/83, † 23. Juni 1222 Catania, ⌑ Palermo, Dom. Älteste Tochter Kg. →Alfons' II. v. Aragón und der Sancha v. Kastilien. 1. ⚭ Kg. →Emmerich v. Ungarn († 1204), 1198, Sohn: Ladislaus III. († 1205); auf Betreiben Innozenz' III. 2. ⚭ Kg. Friedrich II. v. Sizilien, 1208 (Kontrakt; Zeremonie Aug. 1209), dessen Verlöbnis mit K.s jüngerer Schwester Sancha Ende 1204 für diese Verbindung gelöst worden war. Aus der Ehe ging 1211 nur ein Sohn hervor, →Heinrich (VII.). 1212–16 amtierte K. während Friedrichs II. Aufenthalt in Deutschland, von dem sie vergebl. abzuraten gesucht hatte, als Regentin, folgte dann ihrem Gemahl über die Alpen und wurde zusammen mit ihm 1220 in Rom zur Ksn. gekrönt. Die Verehrung des Ks.s für seine Gemahlin zeigt sich u. a. darin, daß er ihr seine Krone ins Grab legte (heute Palermo, Domschatz). Th. Kölzer

Q. und Lit.: RI V/I, Nr. 5550b–5553a; V/4, Nr. 780–782 – DBI XXX, 356–359 [N. Kamp] – W. Kowalski, Die dt. Kgn.nen und Ksn.nen von Konrad III. bis zum Ende des Interregnum, 1913, 38–43 – A. Javierre Mur, Constanza de Sicilia en las crónicas de su tiempo, Rivista storica del Mezzogiorno 1, 1966, 172–186.

3. K. v. Sizilien, *Kgn. v. Aragón (seit 1276) und Sizilien (seit 1282),* * 1247/48, † 1302 Barcelona, ⌑ ebd., OFM-Konvent, Tochter Kg. →Manfreds, ⚭ 13. Juni 1262 in Montpellier mit dem Infanten →Peter (III.) v. Aragón, Sohn Kg. →Jakobs I.; Kinder: →Alfons (III.) v. Aragón (* 4. Nov. 1265), →Jakob (II.) v. Aragón (* 10. Aug. 1267), →Friedrich (III.) v. Sizilien-Trinacria (* 1272), Peter (* 1275), Isabella, die Hl., v. Portugal (* 4. Jan. 1271), Violante (* 1273, ⚭ Robert v. Neapel). Durch die Heirat erhielt Peter nicht nur Ansprüche auf die siz. Krone, sondern konnte auch den Ambitionen →Alfons' X. v. Kastilien entgegentreten, in Italien als Erbe der Staufer aufzutreten. Die stauf.-aragones. Ansprüche, die durch den Tod Manfreds 1266 und die Hinrichtung →Konradins an Gewicht gewannen, aber seit der Übertragung des Kgr.es →Sizilien durch Urban IV. an →Karl v. Anjou nicht durchgesetzt werden konnten, dienten 1282 als rechtl. Begründung für die →Siz. Vesper, durch die Kg. Peter III. Sizilien in Besitz nahm. K., 1283 in Palermo zur Kgn. gekrönt, lebte v. a. nach dem Tod ihres Gatten 1285 hauptsächl. in den siz. Residenzen. Am 11. April 1286 wurde sie durch Honorius IV. exkommuniziert. In der Auseinandersetzung ihrer Söhne Jakob und Friedrich um den Besitz der Insel, als Folge des Vertrags v. Anagni (1295), ergriff sie in Rom vor dem Papst die Partei des aragones. Kg.s, was ihre Übersiedlung nach Katalonien 1297 zur Folge hatte. Bereits seit 1291 Klarissin, starb sie dort nach Jahren frommen Lebens. »Buona Constanza« in Dantes »Purgatorium«. L. Vones

Lit.: Gran Encyclopèdia Catalana V, 1973, 526 – F. Soldevila, Vida de Pere el Gran, 1963 – A. Boscolo, L'eredità sveva di Pietro il Grande, re d'Aragona, XI CHCA, I, 1983, 83–99 – C. de Ayala Martínez, Directrices fundamentales de la política peninsular de Alfonso X, 1986, 298ff.

4. K. v. Arles, *frz. Kgn.*, † Juli 1034 in Melun, ⌑ St-Denis, Tochter Gf. Wilhelms I. v. d. Provence und Adelheids v. Anjou. Die dritte Gattin Kg. →Roberts II. (Heirat 1004/05) sorgte mit ihrem südfrz. Anhang am Hof für Aufsehen. K. (Dhondt: »ce démon femelle«) griff vor und nach Roberts Tod erhebl. in die Thronfolge ein, indem sie nach dem Tod des ersten Sohnes →Hugo (1025) gegen →Heinrich I. (1031–60) die Kandidatur des dritten Sohnes Robert betrieb und dazu ein gefährl. Bündnis mit Gf. →Odo II. einging, das erst 1033 zusammenbrach.

B. Schneidmüller

Lit.: C. Pfister, Études sur le règne de Robert le Pieux, 1885 – F. Lot, Les derniers Carolingiens, 1891, 361ff. – J. Dhondt, Une crise du pouvoir capétien 1032–34 (Misc. Med. J. F. Niermeyer, 1967), 137–148 – DBF IX, 491f.

5. K. v. Portugal, *Kgn. v. Kastilien,* * um 1290, † 13. Nov. 1313, Tochter der Kg.e →Diníz und →Isabella v. Portugal; ihre bereits 1291 und 1293 geplante Heirat mit →Ferdinand IV. v. Kastilien wurde im Vertrag v. Alcañices (Sept. 1297) Bestandteil des zw. Kastilien und Portugal geschlossenen Friedens und nach Erteilung der päpstl. Dispens (Sept. 1301) im Jan. 1302 gefeiert. Kinder: Leonore (* 1307), künftige Kgn. v. Aragón, und →Alfons (* 1311; 16.A.), Thronfolger in Kastilien. 1312 gründete sie in der Kathedrale v. Córdoba die Capilla Real als Grablege Ferdinands IV. Zusammen mit dem Infanten Peter hatte sie bis zu ihrem Tode die Vormundschaft über ihren Sohn. M.-A. Ladero Quesada

Lit.: C. González Mínguez, Fernando IV de Castilla (1295–1312), 1976.

6. K., *Kgn. v. Léon und Kastilien,* † 1093 Sahagún, Tochter Hzg. →Roberts I. v. Burgund und Nichte Abt →Hugos v. Cluny; zweite der vier Frauen →Alfons' VI. (⚭ Ende 1079), einzige Tochter: →Urraca (* um 1080). Nach der Verstoßung seiner ersten Frau Agnes v. Aquitanien 1077 wegen Kinderlosigkeit heiratete Alfons K., unmittelbar nachdem er das Kl. S. María de Nájera an →Cluny übertragen hatte. Nach der Übernahme des röm. Ritus in den Reichen Alfons' VI., so wie es der Kard.legat Richard seit 1078 gefordert hatte, zog Gregor VII. Mitte 1080 seine Einwände gegen die Rechtmäßigkeit dieser Heirat zurück. Die K. begleitenden Kleriker und Mönche nahmen Schlüsselpositionen ein. Der Cluniazenser →Bernhard wurde Abt v. →Sahagún und dann erster Ebf. v. Toledo (1085). K.s einzige Tochter war als Thronerbin vorgesehen, da Alfons nur noch einen illegitimen Sohn Sancho († 1108) und mehrere andere Töchter hatte. M.-A. Ladero Quesada

Lit.: B. Reilly, The Kingdom of León-Castilla under King Alfonso VI, 1065–1109, 1988.

7. K. v. Aragón, *Kgn. v. Mallorca,* * 1318/22, † 1346 Montpellier, Tochter Kg. Alfons' IV. v. Aragón und der →Teresa de Entenza, ⚭ 24. Sept. 1336 (Heiratsversprechen 1325) mit Kg. →Jakob III. v. Mallorca; Kinder: →Jakob (IV.) v. Mallorca, Isabella (⚭ 1358 Johannes Palaiologos, Mgf. v. Montferrat). Die Heirat sollte zur Entspannung des Konfliktes zw. der Krone Aragón und dem Kgr. Mallorca beitragen, doch verschärften sich die Gegensätze dann unter →Peter IV. Während des Kampfes ihres Gatten gegen ihren Bruder Peter IV. wurde K. 1342 mit ihren Kindern nach Girona und Montblanc gebracht, bevor sie nach der Niederlage Jakobs III. sich mit ihnen im Kl. S. Cugat del Vallés und schließlich seit 1345 durch Vermittlung Papst Clemens' VI. in Montpellier bis zu ihrem Tode aufhielt. L. Vones

Lit.: Gran Enc. Cat. V, 1973, 525 – J. E. Martínez Ferrando, La tràgica història dels reis de Mallorca, 1960.

Konstitutionen → Constitutiones

Konstitutionen v. Melfi → Liber Augustalis

Konsubstantiation, im Unterschied zu →Transsubstantiation das Verbleiben der Substanzen von Brot und Wein mit dem corpus Domini nach der eucharist. Konsekration. Die patrist. und teils auch die frühscholast. Theologen sprachen in der Eucharistielehre vielfach zu unabgesichert analog zur christolog. Zweinaturenlehre. Unter dem Einfluß der neuplaton. Formphilos. konnten sie den Schichtenbau der sakramentalen Wirklichkeit auch konsubstantial denken. Berengar v. Tours, der mit Joh. Scotus in plotin.-ambrosian. Tradition das Zeichen Brot und die Wirklichkeit des corpus Domini in dialekt. Spannung betrachtete, formulierte das Problem: Muß die eucharist. Wandlung als solche des Substrates oder auch als solche des Bestandes von Brot und Wein verstanden werden? Petrus Lombardus Sent. IV d. 11 c. 2 erwähnt ohne negative Zensur, manche seien der Ansicht, daß im Sakrament die Substanzen von Brot und Wein verbleiben. Joh. Quidort v. Paris OP bezeichnete in seiner Sentenzenerklärung IV d. 8 (Cod. lat. Paris. Mazar. 889, f. 84ra) die Lehre von der K. als »error«, gleichzeitig erörterte er aber die Frage: betrifft die eucharist. Wandlung das Wesens-Ganze oder ist sie eine solche des Ganzen (Substrates)? Nach universitätsöffentl. Disputation der beiden Erklärungsweisen der Verwandlung (1304) determinierte er: Die wahre und wirkl. Existenz des corpus Domini im Sakrament kann auch dadurch erklärt werden, daß die Wesensform des Brotes durch die Leiblichkeit des Herrn in die Einheit und Identität des Subjekts aufgenommen wird. Engelbert v. Admont wandte sich gegen diese These (ed. G. B. Fowler), da sie nicht zu erkennen gäbe, daß und wie das heilbringende corpus Domini, das aus Maria der Jungfrau geboren wurde und am Kreuze hing, gegenwärtig sei. Auch an der Univ. Paris wurde die Theorie intensiv diskutiert, innerhalb des OP v. a. von Herveus Natalis, Petrus de Palude und Durandus de S. Porciano. Letzterer hielt sie zwar begriffl.-systemat. für probabler und probabel, lehnte sie aber in der Befürchtung, sie könne auf den Irrtum der Impanation hinauslaufen, ab. In seiner folgenschweren Stellungnahme Lect. Paris. IV d. 11 q. 3, ed. Wadding, XI. 2, 667–673 respektierte Joh. Duns Scotus die kirchl. Lehre von der Transsubstantiation, hielt aber dafür: die Lehre von der K. schütze voll die Wahrheit des Sakramentes, postuliere weniger »miracula« und sei ebenso probabel. Pierre d'Ailly wiederholte fast wörtl. diese Meinung, der auch M. Luther in De captivitate Babylonica Ecclesiae gegen die kath. Transsubstantiationslehre zustimmte. L. Hödl

Lit.: LThK² VI, 505f. – H. Jorissen, MBTh 28.1, 1965 – G. B. Fowler, RTh 41, 1974, 92–176; 42, 1975, 52–131 – A. Pattin, Angelicum 54, 1977, 184–206.

Konsul → Consul, →Kommune, →Konsulat

Konsulat

I. Allgemeine Grundlagen – II. Ursprung, geographische Verteilung, Chronologie – III. Rechtskompetenzen – IV. Institutionen.

I. Allgemeine Grundlagen: In den Städten mit K.sverfassung wurde von der Forsch. lange Zeit ein spezif., sich von den Städten mit Kommunalverfassung (→Kommune) grundsätzl. unterscheidender Stadttyp gesehen. Diese Auffassung der traditionellen Historiographie bedarf einer grundlegenden Revision, ausgehend von den zahlreichen Bedeutungen des Begriffs 'consulatus'. Noch bevor dieser einen Typ der Stadtverfassung bezeichnete, wurde er in mehrfacher Hinsicht gebraucht, so für die Einw. einer Stadt, ihr Recht auf Abhaltung einer Versammlung (consulatum tenere), den Versammlungsort oder das konsular. Amt (officium consulatus). In der prakt. und polit. Realität ist das K. nichts anderes als das fundamentale Recht der Gesamtheit (universitas) der Einw., eine Körperschaft (d. h. eine Gemeinschaft mit Rechtspersönlichkeit) zu bilden, die zur Beratung der eigenen Angelegenheiten frei zusammentreten kann. Dieses Recht des 'consulere' muß als Grundlage und Kern des K.s, von dem her sich die weiteren institutionellen Momente ausbildeten, begriffen werden. In welcher Form diese Ausbildung erfolgte, ist dagegen von geringerer Bedeutung, zumal in bestimmten Gegenden derselbe Typ der Stadtverfassung unterschiedslos als K. oder Kommune bezeichnet wurde.

II. Ursprung, geographische Verteilung, Chronologie: Wenn der Mittelmeerraum und sein Einzugsbereich die hauptsächl. Verbreitungszone des K.s war, so ist dies in der Herkunft dieses Typs der städt. Autonomie begründet: Von seinem Ursprungsland Italien aus konnte das K. sich leicht in den Ländern roman. Sprache und Tradition, unter Anwendung des semant. Arsenals und der Traditionen des röm. Rechts verbreiten, entwickelte dabei aber eine differenzierte Chronologie und ein breites Spektrum von institutionellen Eigenarten.

Das System des K.s entstand in den Städten der nord- und mittelit. Zentrallandschaften um 1100. Ausgehend von der Lombardei und Ligurien, erfaßte die Bewegung noch im Laufe des 12. Jh. in rascher Folge S-Frankreich und Spanien und schließlich das westl. Deutschland (Rheinland, Westfalen). Die dynam. Entwicklung, die sich im 12. Jh. und im 1. Drittel des 13. Jh. vollzog, wurde später nie wieder erreicht, doch noch im 15. Jh. gipfelten mancherorts städt. Bewegungen in der Forderung nach einem K.sstatut *(charte de consulat)*, das als Symbol städt. Autonomie galt.

Die Entwicklung im 12. und 13. Jh. vollzog sich in drei klar umrissenen Phasen: 1. Die Periode bis ca. 1150 ist eine Phase der Rezeption, in der sich das Modell des K.s in kontinuierl. Rhythmus verbreitet. Außerhalb Italiens wird zunächst das Rhônetal erfaßt, von dort die Küstengebiete des alten Septimanien (Provence und Languedoc), bis zur Aude. Nahezu alle Städte, die in dieser frühen Periode ein K. begründeten, liegen an wichtigen See-, Fluß- oder Landwegen (Avignon, 1129; Arles und Béziers, 1131; Narbonne, 1132; Montpellier, 1141; St. Gilles, 1143; Tarascon, um 1150; im O Nizza, 1144, das aber unmittelbar von Genua beeinflußt wurde); die K.sentwicklung war in dieser Phase auf das untere Rhônetal und die westl. anschließende Küstenregion beschränkt. – 2. Die zweite Phase, die bis zum Ende des 12. Jh. reichte, umfaßte die Verbreitung des Modells von den genannten Küstenstädten aus, in konzentr. Zonen, bei immer stärkerer Einbeziehung des (z. T. gebirgigen) Landesinneren, v. a. in westl. Richtung im Garonnetal (1152 Toulouse, dessen capitularii/capitouls 1175 auch Konsuln heißen; 1192 Carcassonne; 1195 Montauban; Millau, 1187; Grasse, 1155; Marseille, 1178). – 3. Die dritte Phase begann nach 1190, reichte bis ins frühe 16. Jh. (bei sich seit dem 13. Jh. abschwächender Dynamik) und verbreitete die K.sverfassung in den an S-Frankreich angrenzenden Gebieten der Krone Aragón (Perpignan und Lérida, 1197; Cervera, um 1182; Barcelona, wohl vor 1219) sowie in W- und Mittelfrankreich (Agen, 1197; Condom, 1210; Limoux, 1218; Limoges, 1202; Périgueux, 1205; Rodez, 1214; Cahors und Brive, 1207; Alès, 1200; Lodève, 1202; Uzès, 1206; Florac, 1291; Montferrand, 1196; Aurillac, 1202; St-Flour, 1250; Le Puy 1219, 1248). In den Landschaften der frz. Zentralmassivs (Cevennen, Causses, Velay), in Dauphiné und Comtat Venaissin vollzog sich die K.sausbildung bereits recht schleppend.

Innerhalb dieses Prozesses, der z. T. auf heftigen Widerstand der geistl. Stadtherren (Bf.e, Äbte) stieß, waren die größeren Städte als zentrale Punkte des Verkehrsnetzes und wirtschaftl. Umschlagplätze stets die führende Kraft und beeinflußten die weniger bedeutenden, in Gebirgsregionen gelegenen Städte.

III. RECHTSKOMPETENZEN: Je entwickelter die Institutionen einer Stadt waren, desto stärker spiegelten sie auch die starke Rechtsstellung, die die Gemeinschaft der Einw. errungen hatte, wider. Das fundamentalste dieser Rechte, das Recht des 'consulere', beinhaltete die Anerkennung der Rechtsqualität des 'corpus' (Körperschaft) der betreffenden universitas, die befugt war, als 'communitas' ihre eigenen Angelegenheiten – ohne Kontrolle von außen – zu regeln. Wie die Kommunen des N pflegten auch die K.e ihre oft teuer erkaufte Autonomie durch sichtbare äußere Zeichen zu dokumentieren (Wappen, Banner, Inschrift am Stadthaus, städt. Siegel, Lade).

Der mehr oder weniger große Spielraum städt. Autonomie folgte aus den gewährten Rechten, deren Indikator das Gerichtsrecht war. Ohne je völlig in die Verfügungsgewalt der städt. Einw. zu fallen, war die Justiz im günstigen Falle weitgehend in den Händen des K.s, doch stellte sich dieser Zustand erst nach längerer Zeit ein; zu Beginn der städt. Entwicklung unterstand die Gerichtsbarkeit gewöhnl. dem Grundherrn *(seigneur)*, der ungern auf dieses Instrument der Macht und diese Quelle reicher Einkünfte verzichtete.

Zunehmend verstanden es jedoch manche Städte, Zivil- und Kriminalgerichtsbarkeit in ihre Hand zu bekommen. So rissen in Toulouse die →*prud'hommes* innerhalb der *capitouls* im 13. Jh. einen Teil der Gerichtsrechte an sich. Die Konsuln v. Millau, ausgestattet mit weitgehenden Gerichtsrechten, entschieden Zivilsachen allein, ohne Beiziehung von Richtern. Selbst K.e kleiner Städte (v. a. im Lauraguais) hatten ausgedehnte Justizbefugnisse. Fakt. herrschte oft eine Gewaltenteilung zw. dem Seigneur und den Repräsentanten des K.s vor, wobei letztere als Beisitzer in Prozessen fungierten (z. B. an den Kriminalgerichten von Narbonne, Albi, Limoux und Cordes). Mancherorts bestanden auch ein Gerichtshof des Seigneurs und der Konsuln nebeneinander (letzterer war fast ausschließl. mit Zivilprozessen befaßt). Doch gab es auch Städte, in denen die Gerichtsbarkeit ganz in der Hand des Seigneurs verblieb.

Dagegen konnten die Konsuln sich im Polizeiwesen in aller Regel frei entfalten und ihre reglementierende Aufsicht über Handel, Gewerbe, Stadtverwaltung, städt. Arbeiten, Sittlichkeit und öffentl. Sicherheit ausüben. Ein den Konsuln mancherorts offiziell zuerkanntes Recht zum Erlaß von Verordnungen ('potestas statuendi') wurde mit Hingabe wahrgenommen, wie etwa das Beispiel der Konsuln v. Montpellier zeigt.

Alle K.e hatten außerdem die Verwaltung des städt. Besitzes und der Finanzen inne. Die Grundprinzipien der Zweckbestimmung städt. Mittel und der Unveräußerlichkeit städt. Besitzes wurde vielerorts wohl im Umkreis der städt. Domanialverwaltung entwickelt. Auf besitz- und finanzpolit. Gebiet gewannen die K.e rasch große Kompetenz, die sie die unzureichenden Einnahmen aus der städt. Domäne bald durch eine ausgeklügelte Fiskalität, von der nicht zuletzt die kgl. Steuerpolitik inspiriert wurde, ergänzen ließ. Im Zusammenhang hiermit entstand ein starkes städt. Rechnungswesen, dessen – vielfach erhaltenes – reiches Aktenmaterial (Rechnungsbücher) das eigtl. Zeugnis des kollektiven Gedächtnisses einer städt. Gemeinschaft darstellte. Im Laufe des 13. Jh. entwickelten die K.e die Fähigkeit, einen städt. Haushalt aufzustellen, und verfügten nun über ein wirksames Instrument, das ihnen eine effiziente Ausgabenpolitik (v. a. für Verteidigungsbedürfnisse) ermöglichte. Auch das Kgtm. profitierte davon, konnte es doch einen Großteil der Lasten an die Städte delegieren. In diesem Stadium der Reife – ausgestattet mit Entscheidungsfreiheit, oft mit Gerichtsrechten, stets mit Polizei-, Steuer-, Verteidigungs- und Budgetrecht – schufen sich die K.e die für die Wahrnehmung dieser Rechte erforderl. Institutionen.

IV. INSTITUTIONEN: Die Institutionen erwuchsen in der Regel mehr aus prakt. Bedürfnissen als aus jurist. Regelungen der K.sstatute. Sie spiegelten oft die innerstädt. Konflikte und Machtkämpfe (zw. *popolo grasso* und *minuto*, *majores* und *minores*, *burgenses* und *populares*) wider. Es entstand ein System, das – bei großen Unterschieden, bedingt durch Zeit, Ort und Art der beteiligten soziopolit. Kräfte – einem gemeinsamen Modell entspricht, das auf den drei Grundpfeilern der allg. Einw.versammlung, des Rates und des Kollegiums der Konsuln beruht.

Infolge des aristokrat. Ursprungs des K.s sah sich die allg. Einw.versammlung durchgängig in eine sekundäre Rolle abgedrängt. Ihre Stellung und Rechtsverhältnisse sind einer der am schlechtesten beleuchteten Bereiche der städt. Rechtsgesch.; dies wirft das Problem der Anwendung der Maxime »Quod omnes tangit« in den städt. Institutionen auf. Selten vollzählig einberufen und schlecht besucht, ist ihr Verfall eine Konstante der städt. Entwicklung im 13. und 14. Jh. Dies führte zur Einführung eines Quorums (zur Beschlußfassung erforderl. Mindestzahl von Teilnehmern), das z. T. auf zwei Drittel der Einberufenen (duae partes), oft aber nur auf die 'sanior pars' der Stadtbevölkerung bezogen wurde, wodurch die aristokrat. Tendenzen verfestigt wurden. Im Zuge ihres Bedeutungsschwundes hatte die Einw.versammlung schließl. nur noch zeremonielle und akklamator. Funktionen (feierl. Einsetzung neuer Konsuln, Zustimmung zu neuen Steuern).

Der Rat (consilium, *conseil*) von unterschiedl. großer Mitgliederzahl (von 12 bis über 100) stand oft in Nachfolge der prudentes viri (→*prud'hommes*) und boni viri (→boni homines, *bonhommes*), die die Helfer des Seigneurs bildeten. In vielen Fällen wurde von ihnen die Existenz und die Autonomie des K.s bestätigt. Der Rat war somit älter als das Kollegium der Konsuln. Teils aus ehem. Konsuln bestehend, die nach Ende ihrer aktiven Amtstätigkeit das Recht auf lebenslange Mitgliedschaft hatten, gehörten ihm zum anderen Teil gewählte Mitglieder, die durch amtierende Ratsmitglieder designiert wurden, an. Diese Wahlen erfolgten nicht zu einem festgesetzten Zeitpunkt, sondern waren eher durch Augenblicksbedürfnisse bestimmt. Nach Vereidigung ins Amt eingeführt, wurden die Mitglieder des Rates von den Konsuln regelmäßig bei der Behandlung wichtiger Fragen beigezogen.

Mit der definitiven Entstehung der K.sverfassung, die die Vereinigung der städt. Gemeinschaft zum rechtl. anerkannten 'corpus' beinhaltet, tritt in der Regel das Kolleg der Konsuln in Erscheinung, das, an der Spitze der K.sverfassung stehend, die doppelte Funktion des Entscheidungs- wie Exekutivgremiums hat. Entgegen der älteren Ansicht einer völligen Gleichheit der Mitglieder ist zu betonen, daß in der Realität ein consul major *(consul mage)* als eigtl. Repräsentant der Stadt die Leitungsgewalt innehatte und gegenüber seinen Kollegen eine Reihe von Vorrechten besaß. Art und Modus der Designation des Kollegiums waren von Stadt zu Stadt und entsprechend dem Maß der erreichten Autonomie verschieden; folgende Grundtypen zeichnen sich ab: Der älteste Modus war die Einsetzung der Konsuln durch den Seigneur, der sie aus dem Kreis seiner Ratgeber auswählte. Eine abgeschwächte Form seigneurialen Einflusses war die Vorlage einer Liste, aufgrund derer die Konsuln gewählt wurden. Den Gegenpol hierzu bildete das selten auftretende System der Wahl der Konsuln durch Akklamation der Einw.versammlung, womit den sozialen Gruppen der Stadt eine breite Repräsentanz ermöglicht wurde. Zw. den beiden Extremen der Einsetzung durch den Seigneur und der Wahl durch die versammelte Bürgerschaft setzten sich zumeist komplexe Mischformen durch, bei denen die Wählerschaft begrenzt war auf den Rat oder auf einen größeren Ausschuß (unter Beteiligung von Repräsentanten der Einw.versammlung, ausgewählt durch den Rat, die scheidenden Konsuln oder aber die Handwerkerzünfte, sofern diese Einfluß gewonnen hatten). Diesen Wahlgremien waren die Praktiken der Kooptation keineswegs fremd. Resultat dieser Designationsmodi waren zumeist Konsulskollegien, die von einer städt. Aristokratie des Besitzes und der Bildung beherrscht waren, trotz aller Bemühungen der gewerbetreibenden Schichten, die Geschicke der Stadt mitzubestimmen. Ein in mehreren Städten (Montpellier, Nîmes, Béziers, Alès) eingerichtetes Wahlsystem in Stufen (mit den drei zeremoniell geregelten Vorgängen der 'electio', 'creatio' und 'receptio') veränderte die aristokrat. Zusammensetzung der K.e kaum. In aller Regel traten die aus der städt. Führungsschicht stammenden einflußreichen Helfer und Mitarbeiter der Konsuln (Steuereinnehmer, Rechtsberater und Notare) später die freigewordenen Stellen im Kollegium der Konsuln an.

Als dezentralisierte Form der städt. Regierung und Finanzverwaltung sicherte das K. der städt. Gemeinschaft, die es zugleich reglementierte, eine gewisse Autonomie. Seine Mitglieder wurden wegen ihrer prakt. Kenntnisse oft in der kgl. Lokal- und Regionalverwaltung herangezogen; die frz. Monarchie entnahm einen nicht geringen Teil ihrer Verwaltungstechniken aus dem Arsenal der K.sverwaltung. A. Rigaudière

Lit.: P. C. Timbal, Les villes de consulat dans le Midi de la France (RecJean Bodin VI, La ville, 1954), 343–370 – G. Sautel, Les villes du Midi méditerranéen au MA (RecJean Bodin VII, La ville, 1955) 313–356 – A. Gouron, Diffusion des consulats méridionaux et expansion du droit romain aux XIIe et XIIIe s., BEC 121, 1963, 26–76 – Ders., La potestas statuendi dans le droit coutumier montpelliérain du XIIIe s. (Diritto comune e diritti locali nella storia dell'Europa, Atti del Convegno di Varenna [1979], 1980), 98–117 – A. Rigaudière, Saint-Flour ville d'Auvergne au bas MA, 2 Bde, 1982 – Ders., Hiérarchie socioprofessionelle et gestion municipale dans les villes du Midi français au bas MA, RH, 1982, 25–76 – Ders., »Universitas«, »corpus«, »communitas« et »consulatus« dans les chartes des villes et bourgs d'Auvergne du XIIe au XVe s., RHDFE, 1988, 337–362.

Konsulatsjahr, röm. Jahreszählung nach Konsulaten, die bis ins FrühMA üblich war. →Chronologie, →Jahr, →Datierung von Urkk.

Kontakion, Kontakarion, Gattung der byz. Hymnographie, die mit der syr. metr. Homilie im Zusammenhang steht und mit →Romanos Melodos (6. Jh.) ihren Höhepunkt erreichte. Das K. besteht aus einer Einleitungsstrophe (Prooimion oder Kukulion) und bis zu 30 weiteren Strophen (Oikoi, aus dem syr. bēt). Das Prooimion unterscheidet sich von den gleich aufgebauten Oikoi in metr.-musikal. Hinsicht. Nicht selten sind die Strophen durch eine Akrostichis verbunden. Das K., dessen Reste, das Prooimion und ein einziger Oikos, seit seiner Verdrängung durch den Kanon im Zusammenhang mit dem Verbreitung des monast. Typikon in der byz. Kirche innerhalb des Kanons nach der 6. Ode gesungen wird, stellt nicht selten in Dialogform eine aktualisierte Exegese der Bibelperikopen zu den jeweiligen Festtagen dar. Verbindendes Element zw. Prooimion und den Oikoi ist eine refrainartige Schlußzeile. Als eines der bekanntesten K. gilt der →Akathistos-Hymnos (Fest: Mariä Verkündigung, 25. März). Die Struktur dieses 24-strophigen Liedes (vgl. Marzi, Wellesz) wurde später, bes. in Rußland, mehrmals imitiert (Akafist, Akafistnik).

Aus dem 11.–12. Jh. sind Kontakaria, Slg.en von K.a erhalten, in denen die Hymnen mit den Oikoi überliefert sind. Der übliche Vermerk der Tonart und ggf. der Musterstrophe beweist, daß die K.a für den Gesang gedacht waren. Neumierte Kontakaria sind aber erst ab dem 13. Jh. erhalten. In diesem nicht zahlreichen Hs.typus vorwiegend südit. Herkunft, Psaltikon gen., werden Prooimion und der erste Oikos musikal. geboten. Die volldiastemat. mittelbyz. Notation ermöglicht die einwandfreie Transkription der melod. Linie. Im Gegensatz zu den nichtneumierten enthalten die neumierten Kontakaria (Psaltika) Elemente, die wegen der gleichen musikal. Kompositionsmerkmale zum Psaltikonstil gezählt werden, so z. B. Alleluiaverse und Hypakoai für das festl. Morgenoffizium (Orthros). Der Psaltikonstil des Kontakarion wird durch ausgedehnte Melismata und Formelhaftigkeit gekennzeichnet. Eine spezielle Notation für K.a ist in fünf aruss. Hss. des 12.–13. Jh. bezeugt (→Byz. Musik). In diesen aruss. Kontakaria begegnen dem K.-Repertoire fremde Elemente, die dem Tropologion entstammen.

Ch. Hannick

Ed.: →Byz. Musik [C. Hoeg; A. Bugge; A. Dostál–H. Rothe] – E. Wellesz, The Akathistos Hymn, MMB Transcr. 9, 1957 – C. A. Trypanis, Fourteen Early Byz. Cantica, 1968 – Lit.: P. Maas, Das K., BZ 19, 1910, 285–306 – E. Mioni, I kontakari del Monte Athos. Atti 1. Ist. Ven. sc., lett. ed arti 96/2, 1936, 23–87 – I. D. Petrescu, Condacul Naşterii Domnului – Studiu de muzicologie comparată, 1940 – C. Floros, Das K., DVjs 34, 1960, 84–106 – G. Marzi, Melodia e Nomos nella musica biz., 1960 – C. Floros, Die Entzifferung der Kondakarien-Notation, Musik des Ostens III, 1965, 7–71; IV, 1967, 12–44 – K. Levy, Die slav. Kondakarien-Notation (Anfänge der slav. Musik, 1966), 79–92 – K. Metsakes, Βυζαντινὴ ὑμνογραφία, Α. Ἀπὸ τὴν Καινὴ Διαθήκη ἕως τὴν εἰκονομαχία, 1971 [1986²] – J. Grosdidier de Matons, Romanos le Mélode et les origines de la poésie religieuse à Byzance, 1977 – K. Levy, The earliest slavic melismatic chants (Fundamental problems of early slavic music and poetry, 1978), 197–210 – J. Grosdidier de Matons, Liturgie et hymnologie: k. et kanon, DOP 34–35, 1980–81, 31–43 – Ders., Aux origines de l'hymnographie byz. (Liturgie und Dichtung I, ed. H. Becker–R. Kaczynski, 1983), 435–463 – J. Koder, K. und polit. Vers, JÖB 33, 1983, 45–56 – Ch. Hannick, Zur Metrik des K. (Byzantios [Fschr. H. Hunger, 1984]), 107–119.

Kontemplation, lat. contemplatio, bezeichnet bereits bei Cicero eine auf das Wesen der Dinge gehende vernunftgeleitete Erkenntnis. Als lat. Übers. von gr. theoria findet der Begriff über die Schr. des Boethius (dort in Konkurrenz zu speculatio) und des Augustinus Eingang in ma. Denken. V. a. die Bestimmung der K. als geistiger Schau Gottes (De Trin. 1, 8, 17) durch Augustinus im Rahmen seiner exemplarist. Erkenntnismetaphysik wird für das Verständnis des lat. MA bestimmend und überformt die zweite bedeutsame Traditionslinie, die in der Schr. des Ps.-Dionysius Areopagita ihren Ursprung hat und das Ziel der K. im Horizont negativer Theologie in einer Gottesschau im Dunkel der göttl. Unbegreiflichkeit erblickt (DN 1).

Ihren Höhepunkt erfährt die Lehre von der K. im 12. Jh. sowohl in monast.-spiritueller als auch in spekulativer Hinsicht. Bernhard v. Clairvaux, der für die erste Richtung steht, begreift die contemplatio im Unterschied zur suchenden consideratio als Angekommensein bei der unmittelbaren Evidenz des Wahren selbst, als wahre und sichere Betrachtung des Geistes in Hinblick auf jeden mögl. Gegenstand (MPL 182, 745B). Als Vorkosten der noch nicht offenbaren Wahrheit ist die K. Gnade und göttl. Geschenk. Die wahre Schau geschieht im Abstieg des göttl. Wortes zur menschl. Natur und in der Erhöhung des Menschen durch Gottesliebe (MPL 183, 704B, C). Diese Vereinigung der erkennenden Seele mit Gott im Akt der K. beschreiben Wilhelm v. St. Thierry wie auch Bernhard mit Bildern und Begriffen der Brautmystik aus der Hoheliedauslegung (MPL 180, 483BC; MPL 183, 794AB).

Für Hugo v. St. Viktor besagt K. gemäß seiner Theorie von den drei Augen sowohl die dem Menschen gegebene ursprgl. Erschlossenheit Gottes (MPL 176, 329C) als auch die letzte Stufe seines erkennend und liebend zu vollziehenden Rückweges, auf der er, mit Gott wiedervereint, zur höchsten Gewißheit gelangt (MPL 175, 998B). Die Stufenfolge dieses Erkenntnisweges entfaltet Richard v. St. Viktor in seinen Benjamin-Schr. Nur die K., der er die reine intelligentia als Erkenntnisvermögen zuordnet, ist zu einer Erweiterung (dilatatio), Erhebung (sublevatio) und selbstvergessenen Hingabe (alienatio) fähig (MPL 196, 169D–170A). Richard unterscheidet sechs Stufen der K., die von den wahrnehmbaren Erscheinungen über die Betrachtung des Unsichtbaren und über die Selbsterkenntnis schließl. zur K. des Schöpfergottes in seiner Wesenheit und als Trinität führen (ebd., 70C–72B). Diese offenkundige Dominanz eines erkenntnistheoret. Interesses zeigt auch Richards Definition der K. als klarsichtigen und freien Anblick des Geistes hinsichtl. der zu betrachtenden Dinge wie in der Schau der Weisheit (MPL 196, 67D).

Auf diese Tradition der sogenannten spekulativen Mystik des 12. Jh. nimmt auch noch Bonaventura Bezug. Insbes. das »Itinerarium mentis in Deum« ist nach dem spekulativen Modell des erwähnten Sechserschemas der K. aufgebaut (Itin. 1, 2–6). In den »Collationes in Hexaëmeron« finden wir jedoch den contemplatio-Begriff auf seine Mittlerstellung am äußersten Rand der natürl. Erkenntnis als 'luculenta consideratio' (Hex. 21, 1) verengt. Darin und in der Gegenüberstellung von vita activa und contemplativa (ebd. 20, 18) deutet sich jener Wandel im Verständnis von K. an, der mit der Aristotelesrezeption und der erneuten Rezeption der aristot. theoria-Lehre einhergeht, und insbes. das augustin.-spekulative Element zurückdrängt. Dabei erlangt die auf Boethius zurückgehende Differenzierung zw. contemplativus und speculativus (Porph. 1, 1, 3) neues Gewicht, wobei speculatio in erkenntnistheoret. Hinsicht häufig an die Stelle von contemplatio tritt. Dies gilt v. a. für die auf Aristoteles zurückgehende Unterscheidung zw. spekulativer und prakt. Erkenntnis und Wissenschaft.

Auch Thomas v. Aquin durchdenkt die Lehre von der theoret. Erkenntnis neu. K. und cognitio speculativa stehen im Gegensatz zur cognitio practica (S. th. II–II q. 179), wobei K. den Akt des intellectus speculativus bezeichnet (ebd. I–II q. 3 a. 5). Während K. v. a. für das reine Schauen, den Besitz der Wahrheit und die unmittelbare, intuitive Erkenntnis Gottes steht, bezeichnet speculatio das wiss., diskursive Denken und Suchen (3 Sent. 35, 1, 2, 3c). Daneben erhält der Begriff der K. im Gefolge der Rezeption der Nikomach. Ethik eine ausgesprochen prakt. Ausrichtung als Vollendung des künftigen Lebens (S. th. I–II q. 5 a. 3). Bereits Albertus Magnus hatte das kontemplative Glück, das sich als theoret. Leistung vollzieht, als das ranghöchste und vollkommenste Glück und mithin als universalen Bezugspunkt des menschl. Lebens ausgewiesen (Eth. X 2, 2 [B 7]).

Bei Dionysius dem Kartäuser gewinnt die auf Ps.-Dionysius zurückgehende Tradition erneut an Einfluß und damit das affektive gegenüber dem intellektiven Moment. So spricht Dionysius von der K. als einer 'sapientia unitiva' (De contemplatione II, 10), in der die erkennende mens Gott verbunden wird. Diese K. Gottes, die der theologia mystica und nicht der theologia speculativa zugerechnet wird, geschieht jedoch auf dem Weg der Negation (De fonte lucis, Art. 13). Dieses Motiv der gelehrten Unwissenheit (docta ignorantia) bestimmt auch das Theorieverständnis des Nikolaus v. Kues. K. als intellektuale Schau (De apice theoriae 26, 5–10) meint nicht in aristotel.-scholast. Sicht die metaphys. Fähigkeit spekulativer Vernunft, letzte Seinsprinzipien zu erkennen, sondern in der Tradition des Ps.-Dionysius die Einsicht in ihre Unfähigkeit, das absolute Prinzip der letzten Seinsprinzipien zu erfassen: Vom unbegreifbaren Gott kann nichts außer seiner Unbegreifbarkeit begriffen werden (De docta ignorantia I 2–4).
A. Speer

Lit.: DSAM II, 1643–2193 – L. KERSTIENS, Die Lehre von der theoret. Erkenntnis in der lat. Tradition, PhJb 66, 1957, 375–424 – F. OHLY, Hohelied-Stud. ..., 1958 – W. VÖLKER, K. und Ekstase bei Ps.-Dionysius Areopagita, 1958 – H. BRINKMANN, Ma. Hermeneutik, 1980 – W. KLUXEN, Philos. Ethik bei Thomas v. Aquin, 1980² – B. THOMASSEN, Metaphysik als Lebensform..., BGPhMA N.F. 27, 1985 – Nicolai de Cusa De apice theoriae. Einl. und Komm. H. G. SENGER, 1986 – ST. ERNST, Gewißheit des Glaubens..., BGPhMA N.F. 30, 1987 – A. SPEER, Triplex Veritas..., Franz. Forsch. 32, 1987.

Konterbande (Ableitung von 'contra bannum' wahrscheinl., aber nicht gesichert), auch Banngut, sind Güter und Waren, die geeignet sind, das militär. Potential einer kriegführenden Partei zu vergrößern. Ihr Transport auf neutralen und feindl. Schiffen wird durch die andere kriegführende Partei verboten. Im MA fehlen noch nat. gesetzl. Regelungen, doch ist das Prinzip allg. anerkannt und wird entsprechend praktiziert: bereits im HochMA gesetzl. Verbote von Päpsten (Alexander III., Clemens V.), Kriegsmaterial an Nichtchristen zu liefern; Einbeziehung von Lebensmitteln, Werkzeugen und Geräten durch die Kriege und →Blockaden der Hanse gegen Dänemark 1368. Die objektive Identifizierung einer Ware als K. war kaum mögl.; die Hansestädte schreiben daher 1369 beglaubigte Warenbegleitpapiere vor. Nach dem Grundsatz 'feindl. Ware macht feindl. Schiff' konnten Transportmittel als →Prise eingezogen werden.
J. Goetze

Lit.: A. NUSSBAUM, Gesch. des Völkerrechts, 1960, 23, 146ff. – Wb. des Völkerrechts II, hg. H. J. SCHLOCHAUER, 1961, 290ff. [U. SCHEUNER] – U. H. BÖHRINGER, Das Recht der Prise gegen Neutrale in der Praxis des SpätMA, 1972, bes. 10ff.

Kontext. Die ma. Urkk. folgten in ihrem Aufbau festen Regeln, die sich vielfach an röm. Vorbildern orientierten. Der K. (Text) liegt zw. dem festen Rahmen des →Proto- und →Eschatokolls und zerfällt in eine Reihe gesondert zu unterscheidender Formeln teils individuellen, teils mehr oder weniger stereotypen Charakters. Auf die einleitende →Arenga folgt die den Sachverhalt bekanntgebende →Publicatio. Daran schließt sich die →Narratio an, in der im Gegensatz zu den allg. Ausführungen der Arenga die Einzelumstände geschildert werden, die die Ausfertigung der Urk. veranlaßt haben. Mit der Narratio können die →Petitio und Intervention (→Intervenienten) verbunden sein. Den Kern der Urk. bildet die →Dispositio, die entsprechend dem jeweiligen Rechtsinhalt eine ganze Reihe von Sonderformeln umfassen kann, wie z. B. die Immunitätsformel (→Immunität), die Aufzählung der Pertinenzen bei Güterübertragungen oder die Vorbehaltsklauseln, die zuerst in den Papsturkk. auftreten. Den Abschluß des K.es bilden die →Sanctio mit der Androhung einer Strafe bei Zuwiderhandlung und die →Corroboratio mit der Angabe der Beglaubigungsmittel. Daran kann sich eine Zeugenliste anschließen, in der in strenger Rangordnung erst die geistl., dann die weltl. →Zeugen erscheinen.

A. Gawlik

Lit.: BRESSLAU I, 45ff., passim – W. ERBEN, Die Ks.- und Kg.surkk. des MA in Dtl., Frankreich und Italien, 1907, 301ff. – G. TESSIER, Diplomatique royale française, 1962, passim – F. DÖLGER-J. KARAYANNOPULOS, Byz. Urkk.lehre I, 1968, 48f., 76, 80ff. – B. MEDUNA, Stud. zum Formular der päpstl. Justizbriefe von Alexander III. bis Innocenz III. (1159–1216): die »non obstantibus«-Formel, 1989.

Kontinente → Weltbild, geograph.

Kontingenz (lat. contingentia, im Dt. kein entsprechender Terminus). Der für das ma. K.verständnis zentrale Text findet sich bei Aristoteles: »Im Bereich des nicht ewig Wirklichen gibt es etwas, was geradesogut sein wie nicht sein kann. Bei solchem ist beides möglich (ἐνδέχεται, lat. contingunt), das Sein und das Nichtsein« (Aristoteles, De interpr. 9, 19 a 9ff.). Er wurde diskutiert im Anschluß an die Übersetzung und die Kommentierung durch Boethius. – Im 13. Jh. kommentiert →Thomas v. Aquin die gesamte aristotel. Schrift »De interpretatione«, er benutzt dabei zusätzl. den durch →Wilhelm v. Moerbeke ins Lat. übers. Komm. des alexandrin. Neuplatonikers Ammonios (5. Jh.). Das oben angeführte Aristoteles-Zitat führt Thomas erläuternd fort: »andernfalls müßte es immer sein oder immer nicht sein« (In ... Peri Hermeneias ... Ed. Leonina I, 1.14, n. 6); »für alles kontingent Seiende (omnibus ... contingentibus) aber besteht die Möglichkeit (existit posse), zu sein und nicht zu sein«, hatte er bei Ammonios zur Stelle gelesen (Amm.: Comm. sur le P. Hermeneias... Trad. de G. De Moerbeke, hg. G. VERBEKE, 1961, 286). K. bedeutet nicht Ursachelosigkeit sondern nur Nicht-Notwendigkeit: »non omnia ex necessitate sunt vel fiunt – nicht alles ist oder geschieht aus Notwendigkeit« (Thomas a.a.O., n. 7). Alles Sein und Geschehen beruht auf zureichenden Ursachen (causa efficiens), »aber nicht jede Ursache ist so ..., daß ihre Wirkung nicht verhindert werden könnte« (a.a.O., n. 11). Vernunft und Wille (intellectus et voluntas) können in die Ursachenkette eingreifen (a.a.O., n. 14). Im konkret Seienden überschneiden sich Notwendigkeit und K., wenigstens ein Moment von bedingter Notwendigkeit (aliquid necessarium) findet sich in jedem Kontingenten; der jeweilige Anteil begründet eine Stufung im Sein, eine wachsende Intensität des Existierens (Thomas v. Aquin, S. Theol. I, 86,4c). Im dritten der »fünf Wege« (a.a.O. 2, 3c, →Gottesbeweise) geht Thomas von diesem Moment an Notwendigkeit in jedem Kontingenten aus: es zu denken verlangt ein Mitdenken eines letztbegründenden »per se necessarium – durch sich Notwendigen«. Der (hier exemplar. an Thomas v. A. vorgestellte) K.begriff wirft die Frage nach der Weise auf, wie Gott Kontingentes weiß. Beides muß gelten: seine Erkenntnis ist mit Gewißheit wahr, dennoch wird dadurch aus dem kontingenten Geschehen kein notwendiges. Vgl. dazu etwa Wilhelm v. Ockham, De praedestinatione, hg. PH. BOEHNER, 1945, Qu. II, L. – Seinen vorrangigen Platz hat das K.denken in seinsmetaphys. Kontexten (→Einheitsmetaphysik – Seinsmetaphysik), während bei einheitsmetaphys. orientiertem Denken das »Kontrakt-Sein« (→Contractus, Contractio) die wesentl. Bestimmung der endl. Wirklichkeit ist (vgl. etwa Nikolaus v. Kues, De docta ignorantia, II).

H. Meinhardt

Lit.: A. BECKER-FREYSENG, Die Vorgesch. des philos. Terminus »contingens«, 1938 – G. JALBERT, Nécessité et Contingence chez S. Thomas d'Aquin et ses prédécesseurs, 1961 – P.-C. COURTÉS, Participation et Conting. selon S. Th. d'Aquin, Rev. thom. 69, 1969, 201–235.

Kontinuität. [1] *Begriff:* Der humanwiss. Begriff der K. leitet sich aus der Mathematik und Naturphilosophie der Antike sowie der Scholastik her (→Continuum). Seine modernen Ausformungen beruhen auf dem K.sprinzip von G. W. LEIBNIZ und der K.shypothese von G. CANTOR. In der Umgangssprache der Gebildeten wird er ohne Bezug hierauf für die Fortdauer und Stetigkeit von Institutionen, Vorgängen, Verrichtungen gebraucht, das Gegenteil als Disk. bezeichnet. Die math.-naturwiss. Herkunft des Begriffs »K.« wirkt sich dahingehend aus, daß er nicht in allen Kultursprachen auch generell für die Humanwiss. verwendbar ist. Der Begriff »K.« in den Humanwiss. gehört somit zu den Besonderheiten der dt. Wissenschaftssprache, die im Ausland nur schwer nachvollzogen werden.

In der Geschichtswiss. und in allen mit hist. Methode arbeitenden Wiss. wird der Begriff »K.« wegen seiner Flexibilität häufig angewendet. Regelmäßig spielt er eine Rolle, um bei Phänomenen des Wandels zugleich Identität und Fortexistenz postulieren und verifizieren zu können. In aufsteigender Intensität von Entwicklung über Wandel bis zu Untergang können der K. viele Gegenbegriffe gegenübergestellt werden. Die im Rahmen der westl. Bildungstradition bedeutendste geschichtswiss. Anwendung des Begriffs »K.« ist die auf dem Gebiet des Übergangs von der Antike zum MA.

[2] *Kontinuitätsproblem, -theorie (Antike/MA):* K.sproblem und K.stheorie sind zur Ablösung der vorangegangenen Denkmodelle für den Übergang zw. Antike und MA bes. in bezug auf das weström. Reich geschaffen worden, deshalb durch sie immer auch bedingt. Die wichtigsten Vorläufer waren die Konzepte 1. der vier Weltreiche (→Orosius), 2. des »dunklen« MA (→Petrarca), 3. des Niedergangs Roms und dem gleichzeitigen Aufstieg des Christentums (E. GIBBON), 4. des Aufstiegs der Germanen (K. F. EICHHORN, L. v. RANKE), 5. des Umsturzes der »Sklavenhaltergesellschaft« (K. MARX, F. ENGELS), 6. der Katastrophentheorie (N. D. FUSTEL DE COULANGES, A. PIGANIOL), abgeschwächt durch die Krankheitstheorie (F. LOT). Diese Konzepte enthalten aus ihrem zeitgesch. Kontext heraus starke affektive Werte: 1. Vertrauen in die Fortdauer des röm. Reiches und der Kirche, 2. massive Bevorzugung der Antike gegenüber dem MA, 3. Zurückweisung des transzendentalen Anspruchs des Christentums, 4. Liebe zu den Germanen und ihre Gleichsetzung mit den Dt. (entstanden vor dem Hintergrund der Befreiungskriege gegen Napoleon), 5. Glaube an den Urkommunismus, 6. Liebe zu den Römern und ihre Gleichsetzung mit den modernen Völkern roman. Zunge (entstanden vor dem Hintergrund des dt.-frz. Krieges 1870/71). K.sproblem und -theorie haben deshalb nicht nur jeweils Gegenpositionen zu den Vorläufertheorien angelagert oder die Vorläufertheorien relativiert, sondern auch deren affektive Werte nicht honoriert und werden z.T. schon deshalb allein deshalb zu Gegnerschaft auf sich. Im säkularisierten und nationalsprachl. Kontext verloren seit dem 19. Jh. Phänomene wie die über die Antike hinausreichende Tradition des Christentums oder der lat. Bildung und Schriftlichkeit an Prägnanz, so daß der Gedanke der K. zw. Antike und MA zunächst unglaubhaft erschien.

Konzeption und umfangreiche Begründung der K.stheorie ist das Verdienst von A. DOPSCH, der 1918/20 die These aufstellte, das Ende des weström. Reiches 476 habe die Entwicklung der antiken Zivilisation im röm. W, auch in den Prov.en Noricum und Germanien, nicht unterbrochen. Nach ihm waren die auf Reichsboden einwandernden Germanen der Völkerwanderungszeit bereits seit langem dem röm. Einfluß ausgesetzt und weder Naturvölker, noch Urkommunisten, noch generell gleichberechtigte Freie. Ihre Volksentwicklung verdankten sie geradezu dem Zusammenleben mit den Römern. Der wirtschaftl. Niedergang des Westreiches sei bereits im 4. Jh. erfolgt, trotzdem hätten sogar in Germanien die Städte viele ihrer Funktionen behalten. Aufgrund einer gekürzten engl. Fassung seines Hauptwerks (E. PATZELT, 1937) sprach die Cambridge Ancient Hist. 1939 erstmals nicht mehr vom »Fall of the Roman Empire«. Trotzdem gab es genügend Kritik an Einzelheiten, aus der K.stheorie wurde das K.sproblem.

Einen mehr theoret. Zugang suchte H. AUBIN 1921, um für die Rheinlande Bewertungsmaßstäbe der röm. Traditionen im MA zu finden. Er differenzierte zw. Stadt und Land, verschiedenen Handwerken, Ober- und Unterschichten der Bevölkerung, Dispositionen der Einwanderer zur Akkulturisation, Wirtschaftslage des 3. und 4. Jh. Insgesamt diagnostizierte er eine K. von geschrumpfter Differenzierung. Bei einer Neuaufl. 1938 mußte er aufgrund archäol. Entdeckungen einräumen, die Qualität der zivilisator. K. in den Rheinlanden unterschätzt zu haben.

Wie DOPSCH, so kam auch H. PIRENNE 1922 und 1936 zu dem Ergebnis, der Einfall der Germanen, deren Beitrag zur europ. Kultur gering sei, habe für die weström. Zivilisation keineswegs das Ende bedeutet. Doch habe die arab. Eroberung der südl. Mittelmeerländer von Palästina bis Spanien der röm. Wirtschaft die wichtigsten Produktionsstätten und Märkte genommen, wofür ein Indiz die Aufgabe des Goldstandards in Gallien und Germanien sei. Die wegen der inhärenten affektiven Werte sehr ausgeuferte Lit. erbrachte eine durchgehende Revision von PIRENNES Theorie.

Nach dem 2. Weltkrieg wurde die Diskussion über das Ende der Antike und den Beginn des MA unter folgenden Perspektiven geführt: Thesen von GIBBON oder PIRENNE, genereller Neuanfang (diese drei bes. auch in der ausländ. Forsch.), K.sproblem. Für die Frage der K. erbrachten bes. die Arbeiten von E. EWIG 1954 und K. BÖHNER 1958 den Nachweis eines bis dahin nicht für mögl. gehaltenen Fortlebens der Antike im Trierer Land, dem erst nach Jahrhunderten durch Ausgleichsvorgänge die Integration in den dt. Sprachraum folgte. Dies und die Gelegenheit, in den zerstörten Städten neue archäol. Unters. anstellen zu können, belebte die K.sdiskussion.

Heute zeichnen sich folgende Tendenzen ab: 1. Stärkere Akzeptanz einer K., 2. Unters. in den Einzeldisziplinen für räuml. und zeitl. nicht zu weit gefaßte Abschnitte, 3. Berücksichtigung der anderen Völker neben Romanen und Germanen.   F. Staab

Lit.: A. DOPSCH, Wirtschaftl. und soziale Grundlagen der europ. Kulturentwicklung aus der Zeit von Cäsar bis auf Karl d. Gr., 1–2, 1918–20, 1923–24² – H. PIRENNE, Mahomet et Charlemagne, RBPH 1, 1922, 77–86 – DERS., Mahomet et Charlemagne, 1936 – B. LYON, Henri Pirenne, 1974 – H. AUBIN, Vom Altertum zum MA, 1949 [ges. Aufs.] – E. EWIG, Trier im Merowingerreich, 1954 – K. und Tradition (Konferenzen der Ranke-Ges. und der Hist.-Theol. Komm. der Evangel. Akad., 1956) – K. BÖHNER, Die frk. Altertümer des Trierer Landes, 1–2, 1958 – Kulturbruch oder Kulturk. im Übergang von der Antike zum MA, hg. P. E. HÜBINGER, 1967 – Bedeutung und Rolle des Islam beim Übergang vom Altertum zum MA, hg. DERS., 1968 – Zur Frage der Periodengrenze zw. Altertum und MA, hg. DERS., 1969 – E. EWIG, Spätantikes und frk. Gallien, 1–2, hg. H. ATSMA, 1976–79 [ges. Aufs.] – K., Disk. in den Geisteswiss., hg. H. TRÜMPY, 1973 – F. STAAB, Unters. zur Ges. am Mittelrhein in der Karolingerzeit, 1975 – Von der Spätantike zum frühen MA, hg. J. WERNER–E. EWIG, 1979 – K. und Einheit (Fschr. F. MÜSSNER, 1981) – Die Bayern und ihre Nachbarn, 1–2, hg. H. WOLFRAM, A. SCHWARCZ, H. FRIESINGER, F. DAIM, 1985 – Ortsnamenwechsel, hg. R. SCHÜTZEICHEL, 1986 – Typen der Ethnogenese unter bes. Berücksichtigung der Bayern, 1–2, hg. H. WOLFRAM, W. POHL, H. FRIESINGER, F. DAIM, 1990 – A. ANGENENDT, Das FrühMA, 1990 [Lit.].

Konto, -führung → Buchhaltung

Kontobuch (Byzanz). Als K.er im byz. Raum sind öffentl. oder private Texte zu verstehen, die Angaben über Geld in Form von Einnahmen, Ausgaben, Schulden sowie Waren in Ankauf, Verkauf oder Besitz, einschließl. der mit den verschiedenen Aktionen verbundenen Personen, enthalten. Die kontoführenden Texte tragen in den meisten Fällen keine Bezeichnung. Allenfalls begegnet (auch indirekt, etwa in Urkk.) κατάστιχον (-ος), so benannt nach der Anordnung in Zeilen (στίχος), nur für Einzelabrechnungen findet sich λογαριασμός (Rechnung) oder ἐνύμησις (Notiz). Nur bis zum 8. Jh. sind in ägypt. Papyri staatl. Steuerk.er erhalten (z. B. Aphrodito Papyri). Alle übrigen Texte stammen von privaten Personen oder Institutionen. Frühbyz. private K.er sind ebenfalls in Papyrusslg.en erhalten (z. B. Nessana), aber nie systemat. untersucht worden. Zw. dem 8. und dem 14. Jh. sind keinerlei unmittelbare Kontozeugnisse überliefert. Erst im 14. und 15. Jh. begegnen Kontotexte meist auf Deckblättern oder freien Folios von Hss. Der Verlust aller staatl. und privaten Archive, aber auch der grundsätzl. zeitbedingte oder auch geheime Charakter von Kontoaufzeichnungen verhinderten den Erhalt isolierter Dokumente. Erst eine neue Händler- und Auftraggeberschicht (seit der Paläologenzeit), die über eigenen Hss.besitz verfügte und dort (teilweise oder ausschließl.) Eintragungen vollzog, trug zum Erhalt solcher Texte bei, die allerdings von der Überlieferungsart her nie den Umfang w. spätma. K.er (→Buchhaltung) erreichen. Streng genommen sind keine »Bücher« erhalten, sondern eher Rohmaterial für solche Bücher. Ein Vergleich der Kontoführungspraktiken zeigt, daß (trotz der langen Belegslücke) eine Kontinuität zur frühbyz. Zeit eher anzunehmen ist als ein Einfluß it. Handelsbücher.   P. Schreiner

Q. und Lit.: Greek Papyri in the British Museum, IV: The Aphrodito Papyri, ed. H. I. BELL, 1910, 81ff. – C. J. KRAEMER, Excavations at Nessana, III, 1958, 89, 90, 95 – P. SCHREINER, Texte zur spätbyz. Finanz- und Wirtschaftsgesch. in Hss. der Bibl. Vat. (StT, 1991) [im Dr.].

Kontor, ursprgl. Bezeichnung für einen pultartigen Schreib- oder Laden-/Zähltisch (frz. *comptoir*, zu lat. computare, zuerst belegt 1327), der ein Fach zur sicheren Aufbewahrung wertvoller Gegenstände (Geschäftsbriefe, Rechnungsbücher, Geld) besaß. K. bezeichnet darüber hinaus die Schreib- und Geschäftsstube eines →Kaufmanns, die mit zunehmender Schriftlichkeit, entwickelteren Formen des bargeldlosen Zahlungsverkehrs und der Buchführung sowie dem Seßhaftwerden der Kaufleute der organisator. Mittelpunkt eines manchmal weit verzweigten Geschäftsbetriebs wurde (→Handel, →Faktor). Im 16. Jh. wurden im hans. Raum auch die im 13./14. Jh. entstandenen Niederlassungen der nd. Kaufleute im Ausland, speziell in Novgorod, Bergen, London und Brügge, K.e gen. Sie waren die wichtigsten Stützpunkte des hans. Handels und seit der 2. Hälfte des 14. Jh. der Aufsicht des allg. Hansetags unterstellt, galten selbst jedoch nicht als Mitglieder der →Hanse. Das Zusammenleben der Kaufleute in den K.en und die Beziehungen zu ausländ. Geschäftspartnern waren streng geregelt. An der Spitze der K.e standen gewählte Aldermänner, zu deren Hauptaufgaben die Vertretung der hanse-kaufmänn. Interessen gegenüber den örtl. Obrigkeiten, die Aufrechterhaltung der Ordnung innerhalb der K.e und – v. a. in London und Brügge – die Übernahme diplomat. Missionen in gesamthans. Angelegenheiten gehörten. Die K.e besaßen eigene Kassen und eigene Siegel.   V. Henn

Lit.: P. JOHANSEN, Umrisse und Aufgaben der hans. Siedlungsgesch. und Kartographie, HGBll 73, 1955, 49ff. – Die Hanse – Lebenswirklichkeit und Mythos, hg. J. BRACKER, 1989, I, 146–176 – DOLLINGER, Hanse⁴, 132–142 – J. SCHNEIDER, Die Bedeutung von K.en, Faktoreien, Stützpunkten (von Kompagnien), Märkten, Messen und Börsen in MA und Früher NZ (Die Bedeutung der Kommunikation für Wirtschaft und Ges., hg. H. POHL, 1989), 37–63.

Kontumaz. Im röm. Recht bedeutet *contumacia* ('Ungehorsam'), daß eine Partei ungeachtet der an sie ergangenen Ladung nicht vor Gericht erscheint. Seit dem SpätMA bezeichnete man als K. die Nichtvornahme bzw. mangelhafte Vornahme einer Prozeßhandlung, welche einer der Parteien oder einer dritten am Prozeß beteiligten Person obliegt (→Gerichtsverfahren). Die Folgen des Ungehorsams bestehen einerseits in eigtl. Strafen (sog. poenae contumaciae speciales), die gewöhnl. den Verlust eines prozessualen Rechts und somit Rechtsnachteile, die dem Prozeßgegner nützen, nach sich ziehen, oder bisweilen auch Ordnungsstrafen sind und andererseits in der Bezahlung der durch den Ungehorsam verursachten Kosten (sog. poena contumaciae generalis). Für den Eintritt dieser Nachteile gelten in allen Fällen folgende Voraussetzungen: Verpflichtung zu einer Prozeßhandlung aufgrund einer gesetzl. Vorschrift, richterl. Anordnung oder gültigen Vereinbarung der Parteien; Ablauf der Frist; Verschulden; vorausgegangene ausdrückl. Androhung des Nachteils in einem richerl. Dekret sowie, bei Privatstrafen, eine Ungehorsamsbeschuldigung des selbst nicht ungehorsamen Prozeßgegners (accusatio contumaciae). Da das Verschulden vermutet wird, muß der Ungehorsame zu seiner Entschuldigung einen unvorhergesehenen und unabwendbaren Hinderungsgrund (impedimentum legitimum), z. B. eine plötzl. Erkrankung, geltend machen, wenn er gegen die Strafen des Ungehorsams Wiedereinsetzung in den vorherigen Stand (in integrum restitutio) verlangen will.   S. Holenstein

Lit.: R. OSTERLOH, Lehrbuch des gemeinen dt. ordentl. Civilprozesses, I, 1856, 266–278 – M. A. v. BETHMANN-HOLLWEG, Der Civilprozeß des gemeinen Rechts in dessen Entwicklung, III, 1866, 300–311 – H. v. BAYER, Vortr.e über den gemeinen ordentl. Civilprozeß, 1869, 494–514 – A. RENAUD, Lehrbuch des gemeinen dt. Civilprozeßrechts, 1873, 480–494 – G. W. WETZELL, System des ordentl. Civilprozesses, 1878, 605–633 – G. SALVIOLI, Storia della procedura civile e criminale (P. del Giudice III, 1925/27).

Konunga sögur ('Königssagas'). Unter diesem bereits anord. belegten Begriff wird eine Gruppe von altisländ.-anorw. Chroniken und Prosaerzählungen des 12. und 13. Jh. zusammengefaßt, die Ereignisse der Gesch. Norwegens, zu kleineren Teilen die anderer Gebiete des wikingerzeitl. und ma. Nordens zum Inhalt haben. Zusammen mit den ältesten anord. Legendenübers. (Heilagramannasögur) repräsentieren die K. jene Textgruppe der Sagalit., die für die Formierung der →Íslendingasögur im 13. Jh. den maßgeblichsten Einfluß ausübte.

Im einzelnen lassen sich sechs chronolog. Etappen in der Entwicklungsgesch. der K. als lit. Gattung unterscheiden: 1. Vorläufer und zugleich wichtigste Q. der K. im engeren Sinne waren ein verlorenes (vermutl. lat.) Verz. über die norw. Kg.e 858–1047 von →Sæmundr Sigfússon (1056–1133) sowie die ebenfalls nicht erhaltene urspgl. Redaktion der →»Íslendingabók« des →Ari enn fróði (1067/68–1148). – 2. Als »norw. Synoptiken« sind die lat. →»Historia de antiquitate regum Norvagensium« (zw. 1177 und 1188) des Theodoricus Monachus und die lat. →»Historia Norvegiae« (anonym, zw. 1170 und 1210) und das nur fragmentar. bewahrte anorw. →»Ágrip af Nóregskonunga sǫgum« (anonym, ca. 1190) bezeichnet worden. – 3. In die formative Periode ca. 1150–1200 fällt die Entstehung der ersten selbständigen K., so Eiríkr Oddssons verl. »Hryggjarstykki« (um 1150). Aus späterer Zeit stammen die ältesten Teile von Karl Jónssons († 1213) →»Sverris saga« (ca. 1185–88), eine verlorene Gesch. der norw. Lade-Jarle (»Hlaðajarla saga«, ca. 1200), die »Skjǫldunga saga« (ca. 1180/1200) über die dän. Herrscher bis ins 10. Jh. sowie die sog. »Legendar. Óláfs saga hins helga« (um 1200) und die nur fragmentar. überlieferte »Hákonar saga Ívarssonar« (Anfang 13. Jh.). Noch vor dem Ende des 12. Jh. entstanden im nordisländ. Kl. Þingeyrar die von hagiograph. Tradition geprägten lat. Biogr. über →Olaf Tryggvason (reg. 995–1000) der Mönche Oddr Snorrason und Gunnlaugr Leifsson († 1218/19). – 4. Innerhalb von knapp zwei Jahrzehnten wurden in der 1. Hälfte des 13. Jh. die wichtigsten K.-Kompendien geschrieben: →»Morkinskinna« (anonym, ältestes verlorene Fassung von 1217/22), →»Fagrskinna« (anonym, kurz nach 1220), →Snorri Sturlusons (1179–1241) auf älteren K. und Skaldengedichten basierende sog. »Selbständige Óláfs saga hins helga« (1220/30) und »Heimskringla« (um 1230), die fundamentale und wirkungsmächtige Darstellung der norw. Gesch. bis 1177, bei welcher der genaue Anteil von Snorris Autorschaft allerdings weiterhin ungeklärt ist. Obschon die K. bereits vor Snorri voll ausgeformt vorlag, erreichte die island. Saga mit seinen Werken einen ersten künstler. Höhepunkt. Die vielleicht als dän. Gegenstück zur Heimskringla konzipierte →»Knýtlinga saga« (1240/70, von Óláfr Þórðarson geschrieben?) fällt in ästhet. Hinsicht wieder hinter diese Sagas zurück. – 5. Die letzten K., →Sturla Þórðarsons (1214–84) wohl 1264/65 und um 1280 geschriebene Lebensgeschichten von Hákon Hákonarson (reg. 1217–63) und Magnús lagabœtir (reg. 1263–80), fügen sich als »zeitgenöss.« Texte in die Reihe der kgl. Auftragsarbeiten ein und schließen an die »Sverris saga« und die »Bǫglunga sǫgur« an. – 6. Um 1300 schließlich begann die Produktion großer Kompilationen. Zu den wichtigsten einschlägigen Hss., die K. mit teilweise stark erweiterten Textfassungen (z. B. Große Sagas über Olaf Tryggvason und Olaf d. Hl.n) bewahren, gehören Eirspennill, Codex Frisianus (beide Anfang 14. Jh.), →Hauksbók (1. Drittel 14. Jh.), Hulda–Hrokkinskinna (Mitte 14. Jh. und Anfang 15. Jh.), →Flateyjarbók (um 1390), Bergsbók (um 1400), Skálholtsbók yngsta (um 1450). Diese Sammelwerke entsprachen den lit.-ästhet., polit.-hist., ideolog. und religiösen Vorstellungen vermögender Isländer des SpätMA über die Gesch. Norwegens und Islands vom 9. bis ins 13. Jh. Von den durchwegs anonym überlieferten Íslendingasögur unterscheiden sich die K. u. a. dadurch, daß eine Anzahl ihrer Verf. sowie der Auftraggeber und Primärrezipienten namentl. bekannt sind. Als Folge der spezif. sozio-kulturellen Voraussetzungen in Island weisen auch diese vorwiegend norw. Ereignisse thematisierenden Sagas ausnahmslos ein markant isländ. Element auf. Literarhist. von bes. Interesse sind dabei nicht zuletzt die variierenden Behandlungen gleicher Inhalte in den individuellen Texten sowie die vieldiskutierten Q.- und Abhängigkeitsfragen der verschiedenen Hss. und Redaktionen. Im Gegensatz zu dem starken Interesse, das die Anf. der nord. Gesch.sschreib. gefunden haben, sind Werke wie Morkinskinna oder Fagrskinna, v.a. jedoch die »nachklass.« K. des späten 13. und 14. Jh., bisher nicht in nennenswertem Umfang zum Gegenstand lit.hist. Untersuchungen gemacht worden.

J. Glauser

Bibliogr.: Islandica III, 1910; XXVI, 1937 – Bibliogr. of Old Norse-Icelandic Stud., 1964ff. – *Ed.:* Fornmanna sögur, eptir gömlum handritum, 1–12, 1825–37 – Íslenzk fornrit 26–28, 1941–51; 29, 1984; 34, 1965; 35, 1982 – Editiones Arnamagnææanæ A, 1–2, 1958–61 – *Lit.:* KL IX, 41–46 – S. BEYSCHLAG, K., 1950 – S. ELLEHØJ, Studier over den ældste norrøne historieskrivning, 1965 – J. LOUIS-JENSEN, Kongesagastudier, 1977 – J. E. KNIRK, Oratory in the Kings' Sagas, 1981 – L. BLÖNDAL, Um uppruna Sverrissögu, 1982 – C. J. CLOVER, The Medieval Saga, 1982 – M. E. KALINKE, Sigurðar saga Jórsalafara: The Fictionalization of Fact in Morkinskinna, Scandinavian Stud. 56, 1984, 152–167 – TH. M. ANDERSSON, King's Sagas, Islandica XLV, 1985, 197–238 – J. KRISTJÁNSSON, Eddas and Sagas, 1988 – A. HEINRICHS, Der Ólafs þáttr Geirstaðaálfs, 1989 – G. LANGE, Die Anfänge der ísländ.-norw. Gesch.sschreibung, 1989 – A. WOLF, Roland – Byrhtnod – Olafr helgi (Fschr. O. GSCHWANTLER, 1990), 483–512.

Konungs skuggsiá (Speculum regale), bedeutender norw. Kg.sspiegel, verfaßt wohl um 1255. Zum Werk und seiner Bedeutung s. im einzelnen →Fürstenspiegel, B. IV.

Konvent → Kloster, →Mönchtum

Konventualen → Franziskaner

Konversen (fratres conversi, laici, illiterati, idiotae, barbati, exteriores) sind seit dem 5. Jh. belegt, wobei unterschiedl. Formen eines Religiosentums dieses Namens zu unterscheiden sind. In der ursprgl. Bedeutung von conversio als geistiger Wendung wurden als K. jene Christen bezeichnet, die nach der kirchl. Bußdisziplin eine religiöse Umkehr vollzogen hatten und als continentes freie Askese übten. Mit dem Zurückdrängen dieses geistl. Standes durch das organisierte Mönchtum verstand man im 7. Jh. unter K. Kl.angehörige, die im Unterschied zu den bereits im Kindesalter dem Kl. übergebenen pueri oblati oder nutriti (→Oblatus) erst als Erwachsene – wegen mitgebrachter Schenkungen oft auch donati gen. – dem Ordo beitraten. Sie galten im vollen Sinne als Mönche und konnten nach dem Noviziat zu Priesteramt und Abtwürde gelangen. Neben diesem sog. »älteren K.-Institut« bildete sich ein weiterer Typus aus, der Anfang des 11. Jh. in →Camaldoli und →Vallombrosa, später in →Hirsau und →Cluny auftrat und diejenigen Religiosen umfaßte, welche ohne klerikale Weihen in begrenzter Askese lebten und der klösterl. familia zugerechnet wurden. Als laikale Gruppe im Kl.verband hatten sie ein einfaches Versprechen abgelegt und führten zur Entlastung der Ordensgeistlichen prakt. Arbeiten aus. Diese Laienmönche sind jedoch abzusetzen von den homines mercenarii und famuli, die dem Kl. als Tagelöhner zur Verrichtung manueller Tätigkeiten vertragl. verpflichtet waren. Auch bei den Ritter- und Hospitalorden, den Regularkanonikern und den Mendikanten entstanden in den Ausprägungen der jeweiligen Spiritualität dem K.tum vergleichbare Einrichtungen (servientes, tertiarii). Ebenso gab es in den Nonnenorden Laienschwestern, um die Chorfrauen für den Gottesdienst von der Handarbeit freizustellen. Eine wichtige Bedeutung gewannen K. bei den →Zisterziensern, wo sie an der Bewirtschaftung des Landbesitzes und am Handel der Stadthöfe großen Anteil hatten. Die anfängl. lose Bindung an die monast. Lebensform und deren unvollkommene Nachahmung gliederte die K. bis zum 13. Jh. zunehmend in das Kl.gefüge ein, sie besaßen aber stets einen abgesonderten Rang unterhalb jenem der Mönche, der auch durch Barttracht, Kleidung und getrennte Unterbringung erkennbar war. Als eine Art »Kl.brüder zweiter Klasse« trat für K. an die Stelle kontemplativer Verpflichtungen eine erhöhte Arbeitsleistung. Von der liturg. Lebensmitte des Koinobiums und der Abtwahl ausgeschlossen, dienten sie als Vermittler zur Außenwelt und übernahmen alle Geschäfte im Umkreis von Haus und Hof. Mit der konsequenten Einführung von K. in Landwirtschaftsbetrieben und Werkstätten wurden in der zisterziens. Gesetzgebung (»Regula conversorum«, »Usus conversorum«) Status und Gewohnheiten der Laienbrüder festgelegt. Dabei widersprachen die in den Kodifizierungen stark betonte Handarbeit und die Auflage, K. nur aus niederen Schichten aufzunehmen, ihrer heterogenen sozialen Herkunft und dem breiten Spektrum ihrer Aufgabenbereiche. Neben anspruchslosen Beschäftigungen auf den Kl.gütern befehligten K. als Vorgesetzte des weltl. Personals besoldete Knechte (redditi) und bewaffnete Dienstleute (garciones), beaufsichtigten als conversi monialium die Wirtschaftsführung von Zisterzienserinnen und nahmen deren klösterl. Rechte wahr. Diesen notwendigen Helfern wurde jedoch der Aufstieg in das Mönchtum verwehrt. Das Verhältnis von Mönchen zu K. betrug etwa 2:3 oder 1:3. Gelegentl. kam es zu Spannungen zw. der Mönchskommunität und den K., bisweilen sogar zu vereinzelten Aufständen. Mit der Etablierung der Reformorden nahm auch die Attraktivität des K.tums ab, was zu einer Krise führte, die sich im Rückgang der K.zahlen und der Auflösung der →Grangien ausdrückte. Während sich in den jüngeren Orden über die Erlaubnis des Ordensgelübdes bis ins 15. Jh. ein allmähl. Anpassungsvorgang zur familia und monasterium vollzog, gelang den Zisterzienser-K. eine solche Annäherung nur sehr beschränkt.   A. Rüther

Lit.: DDC IV, 562–588 – DHGE XVIII, 1262–1267 – DIP III, 110–120; IV, 762–794 – Dict. de spiritualité II, 2218–2224; V, 1194–1210 – LThK² VI, 518f. – NCE IV, 285f. – K. HALLINGER, Woher kommen die Laienbrüder?, AnalCist 12, 1956, 1–104 – PH. HOFMEISTER, Die Rechtsverhältnisse der K., ÖAKR 13, 1962, 3–47 – J. LECLERCQ, Comment vivaient les frères convers, AnalCist 21, 1965, 239–258 – J. DUBOIS, L'institution des convers au XIIe s. (Misc. del Centro di Studi Medioevali V, 1968), 183–261 – C. D. FONSECA, I conversi nelle comunità canonicali, ebd., 262–305 – W. TESKE, Laien, Laienmönche und Laienbrüder in der Abtei Cluny, FMASt 10, 1976, 248–322; 11, 1977, 288–339 – Ordensstud. 1: Beitr. zur Gesch. der K. im MA, hg. K. ELM, 1980 – C. DAVIES, The 'Conversus' of Cluny: Was he a Lay-Brother? (Benedictus. Stud. i. H. of St. Benedict of Nursia, 1981), 99–107 – M. TOEPFER, Die K. der Zisterzienser, 1983.

Konversion, Konvertiten. K. aus oder zu dem Judentum – →Apostasie und Proselytismus – erhielten im MA aufgrund der kirchl., staatl., ökonom. und rechtl. Situation der Juden eine neue Gewichtung, so daß sich die Zahl der Proselyten gegenüber der gaonäischen Zeit (7.–11. Jh.) verringerte. Ursachen für K. aus dem Judentum zum Christentum oder Islam waren nur in geringem Maße theol. Natur. Apostasie wurde zwar einerseits prinzipiell als Abtrünnigkeit verurteilt, was sich u. a. an der Verrichtung der Sterbegebete für den Apostaten zeigt, andererseits jedoch »nur« als (schwer) sündhaftes Verhalten gesehen, das gleichwohl ein permanentes Verbleiben in der kollektiven Berufung der Erwählungsgemeinschaft zum Toragehorsam beinhaltet, da der einzelne sich nicht nach Belieben von ihr trennen kann. Mit zunehmender kirchl. und gesellschaftl. Unterdrückung der Juden kam es zu zahlreichen Übertritten zum Christentum, die infolge von Restriktionen, Disputationen und Inquisition zur Zwangsk. (Marranen, Konversos, Anusim) führten, wenn auch K. en infolge innerjüd. Auseinandersetzungen vorkamen, z. B. Nicolaus Donin, der im 13. Jh. wegen Zweifel an der »mündl. Tora« gebannt wurde und sich den Franziskanern zuwandte. Die Zwangsk. rief seit dem 11. Jh. halach. Diskussionen (→Halacha) über den Status eines Juden hervor, der nach erzwungener Taufe zum Judentum zurückkehrte. Nach Rashi (1040–1105) war er dem gleichgestellt, der der Häresie verdächtigt wurde. Bisweilen traten zwangsgetaufte Konvertiten als Ankläger gegen das Judentum auf, wie Salomo ha-Levi, d.i. →Paulus v. Burgos († 1435), Abner v. Burgos, d.i. Alfonso de Valladolid (ca. 1270–1340), und Johannes Pfefferkorn, der 1504 zum Christentum konvertierte und als Gewährsmann der Dominikaner die Vernichtung der rabbin. Lit., Zwangsk. und Vertreibung forderte, worin ihn trotz vehementer Kritik, bes. v. J. Reuchlin, die ksl. und päpstl. Seite unterstützte.

K. zum Judentum ermöglichte der Anspruch Israels, daß sein Gott der einzige schlechthin ist und die Gesch. auf seine Anerkennung durch die Völker zielt, so daß in der messian. Zeit sich alle Nationen zum Judentum bekehren (Hai ben Scherira Gaon, 939–1038). Von jüd. Mission zeugen die Berichte über die Bekehrung einzelner, z.B. des Bodo (Elazar), der 838 den Hof Ludwigs d. Fr. verließ, zum Judentum konvertierte und nach Spanien ging, sowie von Volksgruppen, z.B. der →Chazaren, deren Oberschicht im 8. Jh. zum Judentum konvertierte, und nicht zuletzt die vielen kirchl. Verbote jüd. Aktivitäten zw. dem 5. und 8. Jh. In die jüd. Gemeinschaft wurde der »Ger Zädäq« durch Erklärung vor einem Rabbinatsgericht, Beschneidung und Proselytentaufe aufgenommen. Über die Bewertung der Proselyten bestanden große Meinungsunterschiede. So verneinte z.B. Jehuda ha-Levi (gest. 1141) im Gegensatz zu Maimonides (1135–1204), daß ein Proselyt aufgrund des fehlenden natürl. Erbzusammenhangs der prophet. Disposition des »geborenen« Juden gleich sein könne (Kusari I, 115). Unter ma. Recht war es für einen Juden tödlich, einen Christen zum Judentum zu konvertieren, während in der Folgezeit ein Prozeß einsetzte, der K. als »normal« und den Konvertiten nach Erfüllung der Bedingungen dem »geborenen« Juden in seinen Rechten und Pflichten gleichstellte (Schulchan Aruch, Jore Deah, 268f.).

Die K.en aus oder zu dem Judentum waren mit symbol. Namensänderungen verbunden, wobei die gebräuchlichsten Namen bei Eintritt in die jüd. Gemeinschaft Abraham und Sara waren. Für Juden, die zum Christentum übertraten, waren Paulus, Christianus sowie Maria weit verbreitet, daneben auch die Übernahme von Namen kirchl. und weltl. Würdenträger. R. Schmitz

Lit.: J. ARNON, A Comprehensive Bibliogr. on Proselytes and Proselytism from 9th Century up to our Times, 1963 – D. M. EICHHORN, Conversion to Judaism, a Hist. and Analysis, 1965.

Konya/Ikonion (Iconium), Stadt und Bm. in Kleinasien (Lykaonien) im zentralanatol. Hochland.

I. Byzantinische Periode – II. Unter türkischer Herrschaft.

I. BYZANTINISCHE PERIODE: K., seit klass.-griech. Zeit (Xenophon) bekannt, lag in röm., byz. und osman. Zeit an einer wichtigen Diagonalverbindung durch Kleinasien nach →Kilikien und →Syrien. Gehörte bis zur diokletian. Provinzialreform zur röm. Provinz Galatien. Missionierung durch den Apostel Paulus. Spätestens seit Beginn des 3. Jh. Bm., wurde K. etwa 370 n. Chr. Hauptstadt der neuen Provinz Lykaonien und Sitz eines Metropoliten. In mittelbyz. Zeit zusammen mit der auf einem Berg 11 km nw. gelegenen Festung Kabala wichtiges Bollwerk gegen arab. Einfälle im Thema Anatolikon. 723 von den Arabern erobert, 906 vom Emir v. →Tarsus niedergebrannt. Einer ersten Plünderung durch die Türken 1069 folgte die endgültige Eroberung noch unter Süleiman vor 1084. Von den drei Rückeroberungsversuchen der →Komnenen scheiterten zwei (1116, 1176) bereits auf dem Anmarsch, einer (1146) vor den Mauern der Stadt. K. wurde vom Heer des 1. →Kreuzzuges 1097 und den »Nachzüglern« 1101 berührt, von Friedrich Barbarossa (3. Kreuzzug) 1190 (mit Ausnahme der Zitadelle) erstürmt, aber sofort nach Abschluß eines Vertrages mit Qılıç Arslan wieder geräumt. – Nach Zerstörung dreier Kirchen (1. Hälfte des 20. Jh.) sind nur noch wenige Bauteste (u.a. Kapitelle) des byz. K. erhalten. K. Belke

Lit.: Tabula imp. byz. 4, 176–178 – REIX/1, 990f. – RUNCIMAN I, 178f.; II, 26, 28 – S. EYİCE, Sanat Tarihi Araştırmaları 4, 1971, 269–303.

II. UNTER TÜRKISCHER HERRSCHAFT: Die erste Einnahme K.s durch türk. Heere (1069) war nur vorübergehend. Erst nach der Eroberung durch Mas'ūd und seiner Thronbesteigung 1116 sollte Qūniya die wichtigste Residenz der anatol. →Seldschuken werden. In der langen Friedensperiode nach der Schlacht von Alaşehir/Philadelphia (1211) entwickelte sich eine rege Bautätigkeit: Ausbau der Moschee von ʿAlāaddīn Kaikobād, Errichtung zahlreicher, überwiegend von hohen Amtsträgern gestifteter Bethäuser und Medresen (Šams as-Dīn Altun Aba, Mu'īn al-Dīn »Pervāne«, Faḫr ad-Dīn genannt Sāhib ʿAṭā, Qaratay u.a.). Die Stadtmauer (erste Renovierungsinschrift von 1203/04) erhielt über 100 Türme und einen Graben, der auch zur Ableitung period. Hochwässer diente. Die Herrscher bewohnten Palastbauten auf dem Stadthügel (Kiosk des Oïlïç Arslan II [1155–92]). Der extra muros gestiftete Konvent des großen Mystikers Ğalāluddīn-i →Rūmī entstand 1273/74 und erreichte bald überregionale Bedeutung als Zentrum der →Mevleviye-Bruderschaft. K. mit seiner kosmopolit. Bevölkerung und einem offenen religiösen Klima spielte eine erhebl. Rolle bei der Islamisierung des spätma. Anatolien. Die zeitweise Besetzung (1277/78), schließlich definitive Annexion (1313) durch die turkmen. Karamanlı-Fs.en (→Karaman) bedeutete das Ende der Glanzzeit, in der K. seine mittelanatol. Rivalen (Sivas, Tokat) übertraf. In osman. Zeit (1520–30) zählte K. ca. 6000 Einwohner. Entsprechend müssen hohe Bevölkerungszahlen für das MA korrigiert werden.
K. Kreiser

Lit.: EI² V, 253ff. – T. BAYKARA, Türkiye Selçuklarï devrinde K., 1985 – C. CAHEN, La Turquie pré-ottomane, 1988.

Konzelebration (von lat. concelebrare [in Gemeinschaft], 'feiern'), liturg. Begriff, in der Westkirche seit dem FrühMA existent, meint im weiteren Sinn den gemeinsamen Vollzug einer liturg. Handlung unter Führung eines Hauptzelebranten, im engeren (hier behandelten) Sinn die gemeinsame Feier der Messe durch mehrere priesterl. bzw. bfl. Amtsträger. Die Alte Kirche verstand noch jede Eucharistiefeier als 'K.', d.h. als ein gemeinsames Handeln der ganzen, hierarch. gegliederten Gemeinde unter Führung des Bf.s Das Hochgebet sprach allein der Bf. ('stille' K. der Priester). Das Wachstum der Kirche zw. dem 3. und 7. Jh. verlangte zunehmend die Aufteilung und die selbständige Feier der Messe durch die Priester. Seit dem FrühMA (7./8. Jh.) verlor die Messe ihren Einheitscharakter, die K. wurde auf die hohen Feste beschränkt. Zugleich breitete sich die 'gesprochene' K. ('Ko-Konsekration') aus, bei der die Konzelebranten die Wandlungsworte mitsprachen (Ordo Rom. III); denn die Wandlung galt nun als das Wesen der Messe, und das Sprechen der Konsekrationsworte wurde als ein eigentl. priesterl. Tun betrachtet. Im HochMA war die festtägl. K. verschwunden, die Ko-Konsekration aber hielt Einzug in die Weihemessen (PontRom 12. und 13. Jh.; für die Priesterweihe verpflichtend erst PontRom 1596). Verstanden wurde die K. nun aber nicht mehr als Zeichen der Einheit, sondern als Initiation des Neugeweihten. R. Gesing

Lit.: A. A. KING, Concelebration in the Christian Church, 1966 – A. FRIES, Die eucharist. K. in der theol. Kontroverse des 13. Jh. (Fschr. J. HÖFFNER, hg. F. GRONER, 1971), 341–352 – H. B. MEYER, Eucharistie (Gottesdienst der Kirche 4, 1989), 485-497 [Lit.].

Konzept, Vorstufe für eine anzufertigende Reinschrift, bezeichnet ein bes. Stadium im Gange der Beurkundung. Man unterscheidet Vollk.e, d. h. Entwürfe, die bereits den vollen Wortlaut der Urk. enthalten, und Vorakte (Minuten), die in knappen Notizen das Wesentliche festhalten (z.B. Gegenstand des Rechtsgeschäfts, Namen der Vertragspartner, Zeugen, Datierung). Die Notizen konnten auf der Schriftseite des für die Reinschrift bestimmten Pergaments am Rand stehen (Marginalk.) oder waren auf der Rückseite angebracht (Dorsualk.). Mit Hilfe des Formulars konnten diese Notizen dann zur vollen Urk. ausgestaltet werden. Schließlich konnten vom Empfänger eingereichte →Vorurkunden als K.e verwendet werden, indem man in der Kanzlei Änderungen oder Zusätze anbrachte. Es ist kein K. bekannt, das →Eschatokoll und →Monogramm aufweist. Dagegen wurden K.e gelegentl. besiegelt. In Italien haben sich die K.e zu den →Imbreviaturen ausgebildet, von denen sie sich dadurch unterschieden, daß sie keine Beweiskraft besaßen. K.e für Privaturkk. sind aus dem Archiv des Kl. St. Gallen erhalten (für ca. 750/760–907). In Italien setzen Beispiele für solche K.e ebenfalls im 8. Jh. ein, doch muß dieser Brauch bereits in langob., wenn nicht sogar schon in röm. Zeit dort üblich gewesen sein. Im späteren MA wurden K.e öfter in eigene Bücher eingetragen, so daß förml. K.bücher entstanden. Für die Kg.surkk. des frühen MA sind K.e kaum überliefert (MGH DD Karol. I, Nr. 116; DD Karol. dt. III, Nr. 103). Es ist aber mögl., daß Marginalk.e nach Abschluß der Reinschrift abgeschnitten worden sind. Ein Unikat ist das Diplom Kg. Albrechts I. vom 23. Juli 1299. Das Original enthielt, lange unbeachtet, unter der Plica, auf einem Holzstäbchen aufgerollt, das in der kgl. Kanzlei angefertigte K., das mit dem Original in die Hände des Empfängers gelangt ist. Eine Reihe von K.en sind in →Register eingeheftet worden (zuerst in der Kanzlei Ludwigs d. Bayern). Für die Papsturkk. ist die Herstellung von K.en seit dem 9. Jh. erwiesen. Aus dem 12. und 13. Jh. ist eine Anzahl von K.en päpstl. Mandate und Justizbriefe überliefert. Daneben gibt es eine Reihe ganz aus Originalk.en zusammengesetzter Registerbände.

A. Gawlik

Lit.: BRESSLAU II, 116ff. – Corpus altdt. Urkk. I, XLIIIff. – O. REDLICH, Die Privaturkk. des MA, 1911, 56ff. – A. DE BOÜARD, Manuel de diplomatique française et pontificale I, 1929, 82ff. – H. ZATSCHEK, Stud. zur ma. Urkk.lehre: K., Register und Briefslg., 1929 – A. BRUCKNER, Die Vorakte der älteren St. Galler Urkk., 1931 – DERS., Zum K.wesen karol. Privaturkk., ZSchG 11, 1931, 297–315 – L. SCHIAPARELLI, Note diplomatiche sulle carte longobarde VII …, ASI 92, 1934, 38ff. – G. TESSIER, Diplomatique royale française, 1962, 108, 164, 283–285 – R. C. VAN CAENEGEM–F. L. GANSHOF, Kurze Q.kunde des westeurop. MA, 1964, 69f. – P. HERDE, Beitr. zum päpstl. Kanzlei- und Urkk.wesen im 13. Jh., 1967², 161ff. – I. HLAVÁČEK, Das Urkk.- und Kanzleiwesen des böhm. und röm. Kg.s Wenzel (IV.) …, 1970, 229ff. – H. BANSA, Die Register der Kanzlei Ludwigs d. Bayern, 1971, *31ff., *98ff. – J. WILD, Formularbuch und K.buch (Die Fs.enkanzlei des MA, 1983), 102ff. – TH. FRENZ, Papsturkk. des MA und der NZ, 1986, 32, passim.

Konzeptionistinnen. Der Orden der Inmaculada Concepción wurde Ende des 15. Jh. in Toledo von der hl. Beatriz de Silva (Hl.sprechung: 3. Okt. 1976), einer in der nordafrikan. Stadt →Ceuta geborenen Adligen, gegr. In Campo Mayor (Portugal) erzogen, kam sie als Hofdame der Infantin Isabella v. Portugal, der Gemahlin Johannes' II. v. Kastilien, 1447 an den kast. Hof. Ab 1453 zog sie sich in das Kl. S. Domingo el Real in Toledo zurück, um durch eine kontemplative Lebensführung dem Rufe Gottes besser zu folgen, und gründete dort den ersten Orden, der das Geheimnis der unbefleckten Empfängnis Mariens feierte. Mehr als 30 Jahre lang lebte sie dort in immerwährendem Schweigen, dem Gebet und der Buße hingegeben, und verhüllte ihr Gesicht vor den Blicken aller, außer ihrer Vertrauten, der Kgn. →Isabella d. 'Katholischen'.

1484 übertrug ihr Kgn. Isabella zur Gründung des neuen Ordens den Galiana-Palast und die angrenzende Kirche S. Fe. Nachdem Beatrix dort 12 Schwestern um sich versammelt hatte, bestätigte Papst Innozenz VIII. am 30. April 1489 in der Bulle »Inter universa« die Gründung, verfügte jedoch den Anschluß an die →Zisterzienser. Er erlaubte die Führung eines eigenen Ordensnamens, die bes. Liturgie zu Ehren der Unbefleckten Empfängnis und die in der Eingabe angeführten Ordensregeln wie auch das Tragen eines weißen Ordenskleides mit gleichfarbigem Skapulier.

Am 2. Aug. 1490 erfolgte die Promulgation der Bulle durch den Bf. v. Guadix, am 17. Aug. starb Beatrix de Silva. 1494 erhielten die K. die päpstl. Erlaubnis, sich von den Zisterzienserinnen zu lösen, die Regel der hl. →Clara zu übernehmen und neue Kl. nach dem Vorbild des ersten Konvents in Toledo zu gründen. 1511 gewährte ihnen Papst Julius II. mit der Bulle »Ad statum prosperum« eine eigene Regel.

D. Pérez Ramírez

Lit.: DIP II, 1389–1399 – I. OMAECHEVARRIA, Las monjas concepcionistas, 1973.

Konzeptualismus, Bezeichnung für einen der traditionellen Versuche, das →Universalienproblem zu lösen. Im MA wurden Verteidiger einer konzeptualist. Beantwortung dieser Frage gewöhnl. nominalist genannt, im Gegensatz zu den reales. In der Bedeutungslehre am Anfang von »De interpretatione« des Aristoteles werden die konventionellen Sprachmittel als willkürl. und veränderl. Zeichen von Gedanken, und die Gedanken als natürl. Zeichen und für alle Menschen gleiche Abbilder von Dingen in der Welt betrachtet. Von späteren Auslegern wurden die Gedanken oft als Elemente einer inneren Sprache aufgefaßt, wobei Begriffe als mentale Wörter oder Termini den gesprochenen und geschriebenen Sprachzeichen gegenübergestellt wurden. Als nun im sog. Universalienstreit die Frage aktuell wurde, wo die Allgemeinheit der generellen Prädikatausdrücke für Gattungen und Arten primär zu lokalisieren sei, konnten diejenigen, welche diese Allgemeinheit nur auf das menschl. Vermögen, konkret-individuelle Dinge generalisierend zu konzipieren, zurückführen wollten, als nominales bezeichnet werden, im Gegensatz zu den reales, die den Ort dieser Allgemeinheit in der außersprachl. und extramentalen Welt suchten, entweder in einem platon. Ideenreich oder, mit Aristoteles, in den Einzeldingen und deren gemeinsamer Natur. Im MA ist jedoch kaum ein Nominalismus im engeren Sinne, wonach ausschließl. Wörter der konventionellen Sprache einen allg. Charakter haben, vertreten worden. Demzufolge werden in der Lit. über ma. Philos. die Bezeichnungen 'Nominalismus' und 'K.' meist synonym verwendet. Bekannteste Vertreter dieses K. oder mentalen Nominalismus sind →Abaelard und →Wilhelm v. Ockham.

Nach Abaelard haben Nomina und Verba eine doppelte Bedeutung: einerseits bezeichnen sie etwas in der außersprachl. Welt, andererseits sind sie Ausdruck eines Allgemeinbegriffs (intellectus), womit der Sprecher die Einzeldinge generalisierend erfaßt und den er zugleich im Geiste des Hörers hervorruft. Obgleich die Möglichkeit, Einzeldinge zusammenzufassen, auf dem Umstand beruht, daß sie einander in bestimmter Hinsicht ähnl. sind, ist Abaelard der Meinung, daß dieser status, zum Beispiel das gemeinsame Menschsein, nicht selber wieder ein Weltding ist. Art ist. Um der Neigung, zu glauben, daß mit dem generellen Begriff eine verdinglichte Allgemeinheit in der Außenwelt korrespondiere, entgegenzuarbeiten, vergleicht er einen Satz wie 'Ich denke an einen Menschen' mit 'Ich wünsche mir einen Hut' (Desidero cappam). Wie es keinen allg. Hut gibt, den man sich mit diesen Worten wünscht, sondern das grammat. Objekt vielmehr die bes. Art des Wunsches ausdrückt, so ist der Mensch, an den man abstrahierend und verallgemeinernd denkt, nicht etwas, das außerhalb des Denkens liegt, sondern vielmehr eine bestimmte adverbiale Beschaffenheit des Denkens selbst.

In Wilhelms v. Ockham Betrachtungen über die Universalienfrage können zwei Phasen unterschieden werden. Anfängl. war er Anhänger einer Theorie, nach welcher ein Konzept, das mit einem allg. Sprachausdruck assoziiert wird, aus zwei Komponenten besteht: aus einem individuellen Denkakt, dessen Subjekt der Geist ist, und einem Inhalt, worin das Objekt, an das gedacht wird, auf eine bestimmte Art und Weise im Geiste vergegenwärtigt wird und ihm so innerl. gegenübersteht. Das Allgemeine ist dann Inhalt des Denkakts und existiert als solcher nur objective, d.h., insofern die Einzeldinge, sogar in Wirklichkeit gar nicht existierende, im Geiste generalisierend repräsentiert werden und nur so lange wie der Denkakt dauert. Später aber hat Ockham diesen K. der 'objektiven' Existenz, worin der Allgemeinbegriff als Inhalt oder internes Objekt eines generalisierenden Denkakts gedeutet wird, durch eine explizitere Form ersetzt. Der Gebrauch von allgemeinen Ausdrücken sei genügend erklärt durch die bloße Annahme von wirkl. existierenden abstrahierenden Denkakten, ohne daß dazu noch eine bes. Existenz für gedachte und eventuell gar nicht reelle Entitäten postuliert zu werden brauche. Ein derartiger, auf die Annahme von reellen Denkakten beschränkter K. scheint ihm mehr in Übereinstimmung zu sein mit dem Prinzip, daß man nicht mehr Entitäten einführen soll als für eine befriedigende Erklärung notwendig ist (Ockhams Rasiermesser).

G. Nuchelmans

Lit.: HWP IV, 1086–1091; VI, 874–884 – J. JOLIVET, Comparaison des théories du langage chez Abélard et chez les nominalistes du XIVe s. (P. Abelard, hg. E. M. BUYTAERT, Mediaev. Lovan., Ser. I, Stud. II, 1974), 163–178 – M. McCORD ADAMS, Ockham's Nominalism and Unreal Entities, Phil. Rev. 86, 1977, 144–176 – Cambr. Hist. of Later Mediev. Philos. hg. N. KRETZMANN – A. KENNY – J. PINBORG, 1982, 143–157 [M. M. TWEEDALE]; 411–439 [M. McCORD ADAMS] – C. PANACCIO, Nominalisme occamiste et nominalisme contemporain, Dialogue 26, 1987, 281–297.

Konzil. [1] *Zur Geschichte:* Das seit dem Ende des 2. Jh. bezeugte und seit der Mitte des 4. Jh. voll ausgebildete K.swesen wurde zw. dem 6. und 15. Jh. in Theorie und Praxis schöpfer. weiterentwickelt. Vom 6. bis 15. Jh. fanden auf der höchsten Ebene, der des sog. ökumen. K.s, nach der seit R. Bellarmin († 1621) üblichen Zählung 13 K.ien statt (Nr. 5–17): →Konstantinopel II und III (553 und 680/681), →Nikaia II (787), →Konstantinopel IV (869/870), →Lateran I–IV (1123, 1139, 1179, 1215), →Lyon I und II (1245 und 1274), →Vienne (1311/12), →Konstanz (1414/18) und →Basel/Ferrara-Florenz (1431/45). Diese Reihe ist das Ergebnis eines Prozesses, der mit der Auflistung von zunächst vier allg. K.ien des 4. und 5. Jh. (→Nikaia I, →Konstantinopel I, →Ephesos und →Chalkedon) begann, denen man später im O noch drei, im W vier Synoden hinzuzählte (Grat. D. 16 c.8, »Sancta octo«). Spätestens seit dem K. v. Konstanz (Sess. 39) konnumeriert der W zusammen mit den acht östl. allg. Synoden drei westl., und zwar das IV. Lateranense, das II. Lugdunense und das Viennense. Nicht zuletzt unter dem Einfluß der Kontroverstheologie wurde die Liste schließlich gegen Ende des 16. Jh., wie oben angedeutet, erweitert. Die allg. Synoden sind nicht nur hinsichtl. ihres Gegenstandes (bei den östl. ging es um den Glauben, bei den westl. eher um die Kirchendisziplin), sondern v.a. auch hinsichtl. ihres Selbstverständnisses einem großen Wandel unterworfen. Letzterer kommt in erster Linie im Verhältnis gegenüber dem Papst zum Ausdruck. Vom 5. bis 10. Jh. ist die beherrschende Gestalt – trotz aller ihr damals schon eingeräumten Vorrechte – nicht der Papst, sondern der oström. Ks. Er beruft das K. ein, läßt es durch seine Beamten leiten und setzt sich für die Verwirklichung der gefaßten Beschlüsse ein. Nach dem Entstehen des westl. Ksr.es und dem Ausbruch des Morgenländ. Schismas gelingt es dann dem Papst, seine eigenen Info. K.ien zu allg. Synoden des Abendlandes ganz unter seiner Kontrolle auszubauen. Der päpstl. Zentralismus des HochMA und die Krise des Papsttums im →Abendländ. Schisma führen schließlich nicht nur zu einer Wiederbesinnung auf die selbständige Rolle der Generalk.ien, sondern zu einem Antagonismus zw. beiden Gewalten, der die folgenden Jh. bestimmt. Während die sog. ökumen. K.ien eher spektakuläre Einzelereignisse mit bedeutenden Weichenstellungen für die Zukunft darstellen, ist der Alltag der Kirche von den zahlreichen Synoden auf den unteren Ebenen der Hierarchie bestimmt, sind sie doch vor dem Aufkommen des päpstl. Zentralismus im 2. Jt. die eigtl. Instrumente der kollegialen Kirchenregierung. Behindert wurde dieselbe nicht nur durch das Unabhängigkeitsstreben der einzelnen Bf.e, sondern auch durch die weltl. Gewalt. Aus diesem Grund mußte die Abhaltung regelmäßiger Synoden auf den verschiedenen Ebenen immer wieder angemahnt werden. Eine bes. Rolle spielten nach dem Zerfall des röm. Reiches und der Entstehung der germ. Kgr.e die nach den ökumen. Synoden den höchsten Rang einnehmenden sog. Nationalk.ien. Von herausragender Bedeutung sind hier v. a. die westgot.-span. Nationalk.ien mit ihrer großen Gesetzgebungstradition und die frk. Nationalk.ien.

[2] *Konziliare Theorie:* An drei »Orten« wird die K.spraxis reflektiert und die konziliare Theorie weiterentwickelt: 1. im Kirchenrecht, d.h. in den einschlägigen Canones der verschiedenen Kirchenrechtsslg.en, v. a. des →Decretum Gratiani (D. 15–18, zusammen mit den Komm. der →Dekretisten); 2. in der Streitschriftenlit. zunächst zw. Ks. und Papst im 14., zw. den Anhängern der verschiedenen Parteien im großen Abendländ. Schisma im 15. Jh.; 3. in der →Filioque-Kontroverse mit der gr. Kirche. – Wichtigere Elemente der konziliaren Theorie: Hinsichtl. des Umfangs unterschieden die Dekretisten drei genera conciliorum: a. generalia, b. provincialia, c. episcopalia (= Diöz.synoden). Oder man subdistinguiert und stellt den »universalia seu generalia concilia« die »particularia« gegenüber, »quorum quaedam sunt provincialia, quaedam episcopalia« (→Henricus de Segusio). Im 14. und 15. Jh. unterscheiden manche Autoren zw. concilia generalia (= allg. K.ien der westl. Kirche) und concilia universalia (= allg. K.ien der geeinten Kirche). Eine Wesensbestimmung allgemeinster Art sieht im K., v. a. im Anschluß an altkirchl. Vorstellungen, das Zustandekommen eines Konsenses. Wie weit die Auffassungen über den Träger dieses Konsenses dann aber auseinander

gehen, zeigen die verschiedenen definitiones des Generalk.s an, die aufgestellt werden. So definiert der O das Generalk. als Versamlung der fünf Patriarchen. Im W ist für den Dekretisten →Huguccio das entscheidende Element die Teilnahme des Papstes, für →Wilhelm v. Ockham die Repräsentation der Gesamtkirche, desgleichen für die »Konziliaristen« →Heinrich v. Langenstein und →Konrad v. Gelnhausen, für den Papalisten →Johannes de Turrecremata, nach der Erfahrung von Basel, neben der führenden Rolle des Papstes der Ausschluß der niederen Geistlichkeit. In Kontinuität zur Grundeinschätzung – K.ien stellen die höchste nicht mehr hinterfragbare Autorität in der Kirche dar – kommt es zu immer ausdrücklicherer Affirmation dieser höchsten Autorität bis hin schließlich zu dem Satz, K.ien seien unfehlbar. →Konziliarismus.

H.-J. Sieben

Lit.: HEFELE-LECLERCQ, II, 1–VII,2, 1908–16 – H. FUHRMANN, Das ökumen. K. und seine hist. Grundlagen (Gesch. in Wiss. und Unterricht 12, 1961), 672–695 – K.iengesch., hg. W. BRANDMÜLLER, R.A., 1979ff. – H.-J. SIEBEN, Die K.sidee der Alten Kirche, 1979 – DERS., Die K.sidee des lat. MA, 1984 [Lit.] – DERS., Traktate und Theorien zum K., 1983 – DERS., Die Partikularsynode, 1990.

Konziliarismus bezeichnet die Auffassung, die das allg. →Konzil als höchste Instanz in der Kirche betrachtet, der auch der Papst – in Ausnahmesituationen oder grundsätzl. – unterworfen ist. K., als Terminus 1438 von Laurentius v. Arezzo gebraucht, ist kein einheitl. System. So unterscheidet man zw. einem gemäßigten K., der dem Konzil in Ausnahmesituationen eine Oberhoheit über den Papst zuspricht, und einem extremen K., der die primatiale Stellung des Papstes zugunsten einer Demokratisierung der Kirchenverfassung ändern will. Dazwischen bewegt sich eine Reihe unterschiedl. Arten von K.

Die Wurzeln des K. liegen in der Kanonistik des MA. Der Satz »Prima sedes a nemine iudicatur« findet nach den Kanonisten eine Grenze, wenn der Papst Häretiker wird. Die Ansicht, daß der Papst bei Häresie gerichtet werden könne, fand Aufnahme in das Decretum Gratiani, D. 40 c.6, »Si papa«. Das Abweichen vom Glauben wurde z. T. von den Kanonisten auch auf scandalum, →Simonie und Beharren im Schisma ausgedehnt. In Glaubensfragen betrachteten Kanonisten das Konzil als höchste Instanz in der Kirche, wenn die Dekretisten das Konzil auch unter Einschluß des Papstes verstehen. 1210 formulierte →Alanus »ubi de fide agitur, concilium maior est«.

Konziliare Ideen fanden Unterstützung durch weltl. Mächte. So appellierten z. B. Friedrich II., Philipp d. Schöne und Ludwig d. Bayer vom Papst an das Konzil als an eine höhere Instanz. Sie fanden die theol. Unterstützung von Theologen wie →Johannes v. Paris, →Marsilius v. Padua und →Wilhelm v. Ockham. Marsilius griff in seinem »Defensor pacis« die hierarch. Struktur der Kirche an und vertrat die Ansicht, daß der Papst dem Konzil Rechenschaft schuldig sei. Ockham hat konziliare Gedanken mit Berufung auf die ma. Kanonisten weitergetragen. Die Möglichkeit der Konzilsappellation beschränkte er auf wenige Fälle.

Im →Abendland. Schisma wurde der K. von →Konrad v. Gelnhausen, →Heinrich v. Langenstein, →Dietrich v. Nieheim, Pierre d'→Ailly und →Johannes Carlerius de Gerson als Mittel zur Lösung des Schismas entwickelt. 1409 kam es zur Konzilsberufung der Kard.e nach →Pisa. Sie begründeten ihr Handeln mit der Lehre der Kanonisten, daß im Notstand das Berufungsrecht des Konzils auf die Kard.e bzw. den Ks. devolviere. Auf dem →Konstanzer Konzil wurde nach der Flucht von Johannes XXIII. am 6. April 1415 das Dekret »Haec sancta« verabschiedet, das die Oberhoheit des Konzils in Fragen des Glaubens, der Überwindung des Schismas und der Reform der Kirche an Haupt und Gliedern aussprach. Die Verbindlichkeit dieses Dekretes wird bis in die Gegenwart unterschiedl. beurteilt. Das Dekret »Frequens« vom 9. Okt. 1417 bestimmte, das nächste Konzil solle nach fünf, dann nach sieben, anschließend alle zehn Jahre zusammentreten. Das Dekret wurde von Martin V. und Eugen IV. beachtet. Die Ablehnung von »Haec sancta« wurde bereits in dem Verbot der Konzilsappellation Martins V. vom 10. Mai 1418 sichtbar, ebenso in den Auflösungsvollmacht des Konzils, die Martin seinen Konzilslegaten nach Pavia mitgab. Auf dem Konzil v. →Basel erlebte der K. eine Neubelebung und Radikalisierung in der Absetzung Eugens IV.

Aber damit war zugleich der Höhepunkt des K. überschritten. Seine Wirkkraft trat aus Furcht vor einem neuen Schisma zurück. Eugen IV. verurteilte 1439 in der Bulle »Moyses vir dei« und 1441 in der Bulle »Etsi non dubitemus« den K., der in den folgenden Jahrzehnten weiter an Bedeutung verlor. Er wirkte zwar fort, wie Konzilsappellationen, Konzilsdrohungen und der Basler Konzilsversuch von 1478 zeigen. Der Mißerfolg der antipäpstl. Synode v. Pisa 1511 bestätigte, daß der K. trotz der Unterstützung durch weltl. Mächte nur noch einen kleinen Kreis in der Kirche ansprach. Was dem K. Rückhalt gab, war die Verbindung der Vorstellung von Konzil und Reform, die in der Reformationszeit eine Neubelebung erfuhr.

R. Bäumer

Lit.: TRE XIX, 579–586 [Lit.] – B. TIERNEY, Foundation of the Conciliar Theory, 1968³ – R. BÄUMER, Die Entwicklung des K., 1976 – U. HORST, Papst, Konzil, Unfehlbarkeit, 1978 – H. SIEBEN, Traktate und Theorien zum Konzil, 1983 – U. HORST, Zw. K. und Reformation, 1985 – J. HELMRATH, Das Basler Konzil 1431–1449, 1987 – H.-J. BECKER, Die Appellation vom Papst an ein allg. Konzil, 1988 – H.-J. SIEBEN, Die kath. Konzilsidee von der Reformation bis zur Aufklärung, 1988 – W. BRANDMÜLLER, Papst und Konzil im Gr. Abendländ. Schisma, 1990 – W. BRANDMÜLLER, Das Konzil v. Konstanz I, 1991.

Kootwijk (Veluve), Dorfwüstung zw. Barneveld und Appeldoorn (Ndl.). Auf dem K.er Sand bestand bereits eine römerzeitl. Siedlung (dreischiffiges Haus, Kleinhaus mit Außenpfosten). Flächengrabungen legten große Teile eines planmäßig um 800 angelegten Dorfes frei (bis 11. Jh. nachweisbar, vermutl. wegen Verdünnung aufgegeben): Dorfstraße mit rechtwinkligen Abzweigungen, zu den Wegen orientierte Giebel der dichten Bebauung; schiffsförmige Wohnhäuser mit kleineren Nebengebäuden (herdlose als Scheunen bezeichnet), Grubenhäuser, Vierpfostenspeicher, Fünfrutenberge (fünfeckig), bei Mittelpfosten sicher ein bewegl. Dach für offene Heu- und Kornspeicher; Brunnen bes. zum ostwärts gelegenen Moor hin, Einfriedungen längs der Wege und im Dorf; Wohn- und Scheunenbauten mit Firstpfetten oder Stielen. Die Wohnbauten hatten zunächst wandparallele Außenpfosten, die jüngeren nur starke Wandpfosten. Das Dorf schob sich langsam von der Ackerflur zum Moor hin. Ackerbau ist durch Pflugspuren nachgewiesen. H. Hinz

Lit.: A. VAN ES, Ber. R.O.B. 15–16, 1965, 66, 233ff. – H. A. HEIDINGA, Verdwenen dorpen in het K.erzand, Schaffelaarreks 3, o.J. – DERS. (Helinium 17, 1977), 288.

Kopenhagen (dän. København), Hauptstadt von →Dänemark am Sund, an der Ostküste der Insel Seeland gelegen.

[1] *Stadtgeschichte:* Im Schutz der Insel Amager und mehrerer kleiner Inseln entstand vor der Mitte des 12. Jh. ein Fischerdorf am Strand. Zunehmender Heringsfang im Sund führte wohl zur Bildung einer Budensiedlung, deren Benutzern Parzellen gegen Zahlung eines Grundzinses zur

Verfügung gestellt wurden. Kg. Waldemar I. (1157–82) schenkte spätestens 1167 dem Roskilder Bf. →Absalon die Burg Hafn, die gleichnamige Siedlung und mehrere Landgüter. Absalon bestimmte, daß K. nach seinem Tod den Roskilder Bf.en gehören sollte. Während der Auseinandersetzung zw. Kg. Erich IV. und dem Roskilder Bf. wurde K. um 1247 vom Kg. besetzt und im Bürgerkrieg zw. Erich und seinem Bruder Abel 1249 von einer lübeck. Flotte gebrandschatzt. Unter Kg. Abel (1250–52) wurde wieder der Roskilder Bf. Stadtherr, der 1254 und 1294 das Stadtrecht verlieh. Während der Reichsauflösung übernahm K. 1329 Gf. Johann v. Holstein, aber nach der Wiederherstellung des dän. Kgtm.s (1340) gelang es Waldemar IV., die Stadt 1342 zu erobern. Die Hansestädte griffen die kgl. Festung 1362 und nochmals mit Erfolg 1368 an. Die Stadt wurde erobert und teilweise niedergebrannt, die Burg Absalons abgerissen. Nach dem Tod Waldemars 1375 unterstand die Stadt wieder dem Roskilder Bf., der um 1400 anstelle der zerstörten Burg eine neue Residenz zu errichten begann. Nach dem Tod Bf. Peters 1416 forderte der Kg. K. als unrechtmäßig abhanden gekommenes Ks.sgut zurück, das nun im kgl. Besitz blieb. Bereits 1428 zeigte sich im Krieg gegen die Hansestädte (→Hanse) der militär. Wert K.s als Schutz für die Flotte. Unter Christoph III. (1439–48) wurde K. bevorzugte kgl. Residenz (um Mitte des 15. Jh. Finanzverwaltung in K., seit 1448 Liebfrauenkirche Krönungskirche). Die entscheidende Entwicklung zur Hauptstadt begann erst unter Christian III. (1534/36–59).

1377 gab es in K. 381 Steuerzahler (wohl mit den städt. Grundbesitzern ident.) und etwa 2100 Einw. (einschließlich der Geistlichkeit). Zur Zeit der Großen Pest (1349–50) dürfte die Einw.zahl etwa 3100 betragen haben, 1510 etwa 3300 (davon 100 Geistliche). Der dt. Bevölkerungsanteil ging von 25 % i.J. 1377 auf 12 % i.J. 1510 zurück. Die erst nach 1375 wieder zugelassenen Gilden mußten von Bf. und Kapitel gestiftet worden sein. Wenigstens vier entstanden in Anknüpfung an die Hauptkirchen (Liebfrauen-, St. Petri- und St. Nikolaigilde; Heiliggeistgilde). Außerdem gab es die Gilden der ewigen Vikare (1. Hälfte des 15. Jh.), die St. Eriks- und St. Antonii- (oder Kalente-) gilde (→Kaland), während die Katherinagilde (erstmals 1464 erwähnt) ursprgl. der Verband der Hofdiener war. Die Gilde der dt. Kaufleute (bes. aus Stettin, Stralsund und Wismar) ist seit 1382 belegt, die der dän. Kaufleute während der 1440er Jahre begründet. Die Regierung versuchte vergebl., 1475–77 die dt. Kaufmannsgilde zugunsten der dän. abzuschaffen. Die Handwerkerzünfte wurden nur im 15. Jh. und Anfang des 16. Jh. mit einer weitgehenden Spezialisierung in den Q. erwähnt, 1526 wurden sie aufgehoben, aber später allmähl. wieder toleriert. Die Tätigkeit der von städt. Steuern befreiten Handwerker im Kg.sdienst bildete eine Streitfrage zw. Hofdienern und Stadt, als K. um Mitte des 15. Jh. Hauptresidenz wurde.

Die Burg K. unterstand einem Befehlshaber, während die eigtl. Stadtregierung von Rat und Stadtvogt wahrgenommen wurde. Es gab zwei Gerichte, *Byting* (Stadtgericht) und *Rådstueret* (Ratsgericht). Der Stadtvogt wurde gemäß dem Stadtrecht von 1443 von Schloßvogt und Rat gewählt, der sich durch Kooptation erneuerte (im 13. Jh. hatte der Bf. die Ratsherren ernannt). Die Zahl der consules betrug 1275 12 (1526 16), denen seit der Mitte des 14. Jh. zwei Bürgermeister (1526 vier) vorstanden.

[2] *Topographie:* Der am ö. Rand der heut. Stadt K. am Strand gelegene Turm war wahrscheinl. ein Teil der 1167 begonnenen, auf einer Insel gelegenen Burg Bf. Absalons. Ob die Siedlung gegenüber der Burg schon zur Zeit Absalons befestigt wurde, ist fragl., doch erwähnt das Stadtrecht von 1254 eine Holz-Erde-Umwallung. Die ma. Stadtmauer wurde im 16. Jh. mit Türmen verstärkt. Der Verlauf der Befestigungsanlagen veränderte sich seit dem 13. Jh. wenig. Die umwallte Stadt hatte ein zunächst nur gering bebautes Areal von 70 ha. Zum Kirchspiel der Clemenskirche im SW (älteste Kirche, 1192 erstmals gen.) gehörten mehrere Dörfer. Nach 1192 wurde an der vom Nordertor zum Hafen laufenden Straße die Liebfrauenkirche errichtet (seit 1209 Kollegiatkapitel, ursprgl. sechs, seit 1422 13 Mitglieder), in deren Nähe Mitte des 13. Jh. (1304 erstmals erwähnt) St. Peter, seit Mitte des 15. Jh. Annex der Kollegiatkirche. Im O der Stadt, unweit des Strandes, war die Nikolaikirche Zentrum eines Kirchspiels (erste Erwähnung 1261), wohl eine Kirche der Schiffer und Fischer. An den vom W nach O verlaufenden Straßen wurden Franziskanerkl. (nach 1238) und Hl.-Geist-Haus (um 1296; um 1469 Kl., 1474 vom Papst bestätigt) errichtet. Unweit des Nordertors lag die Gertrudenkapelle (in den 1440er Jahren erwähnt), im NO der Stadt das Klarissenkl. (1505 eingeweiht). Außerhalb des Westertores lag das Leprosorium (erstmals 1261 erwähnt, ursprgl. dem hl. →Olaf geweiht, spätestens 1368 mit Georgspatrozinium). Die Lateinschule wurde erstmals um die Mitte des 14. Jh. erwähnt, die Univ. mit vier Fakultäten (Theologie, Recht, Medizin, Artes liberales) 1479 eröffnet; ein Buchdrucker ist um 1490 belegt.

Th. Riis

Q.: K.s Diplomatarium I–VIII, hg. O. NIELSEN, 1872–87 – Danmarks Gilde - og Lavsskraaer for Middelalderen I–II, hg. C. NYROP, 1895–1904 – Danmarks Kirker I: K. 1–6, 1945–87 – Danmarks gamle Købstadlovgivning III, hg. E. KROMAN, 1955, 1–120 – Lit.: TH. JEXLEV, K.s Borgere 1377 og 1510, Historiske Meddelelser om K., 1978, 3/59 – D. TAMM, K.s forfatning fra middelalderen til 1978, ebd., 7–38 – E. KJERSGAARD, Byen og borgen Havn (= K.s Historie I, 1980) [Q., Lit.] – H. LUNDBAK, ...Såfremt som vi skulle være deres lydige borgere, 1985 – A. CHRISTOPHERSEN, Fra Villa Hafn til Portus Mercatorum, Historiske Meddelelser om K., 1986, 7–34 [Q., Lit.] – M. VENGE, Danmarks Hovedstad, ebd., 1987, 7–24 – TH. RIIS, Vom Reisekgtm. zur absolutist. Hauptstadt, Wiss. Mitt. der Hist. Ges. der DDR, II–III, 1988, 57–66.

Köpenick, Stadt sö. von Berlin. An der Mündung der Dahme in die Spree entwickelte sich auf einer Insel seit ca. 650 eine slav. Burg, Vorort der im 10. Jh. gen. Sprewanen. Obwohl hier eine bedeutende W-O-Straße die Flüsse überquerte, entstand wegen des wirtschaftl. schwachen Umlandes kein Suburbium. Wohl seit 1000 zu Polen gehörend, war die 'Burgstadt' um 1150 Sitz des Fs.en →Jaxa v. K. Ende 12. Jh. wettin., wurde K. ca. 1240 brandenburg. Die dt. Stadt entstand n. der Burg nach 1200 auf einer Insel um St. Laurentius (1298 oppidum, 1325 civitas, 1381 Ratsverfassung). Im 13. Jh. wurde auf dem ö. Dahmeufer als Kietz angelegt, in dem noch 1379 »Slawen wende« lebten. 1381 Ratsverfassung erwähnt, 1424 Jahr- und Wochenmarkt verliehen. Als einzige ma. Innung wurde die der Imker im 15. Jh. gen., die Zeidlerei ist schon 965 (Urk. Ottos I.) belegt. Seit Ende des 14. Jh. wechselte mehrfach der Stadtherr, wobei sich aber die kommunale Selbständigkeit festigte.

E. Bohm

Lit.: A. JASTER, Gesch. Cöpenicks, 1926 – J. HERRMANN, K., 1962.

Koper → Capodistria

Köperbindung, auch Diagonal- oder Sergebindung, neben Atlas- und Leinenbindung eine der drei Grundbindungsarten. Charakterist. ist eine diagonale Struktur des Stoffes. Drei oder mehr Kettfäden werden mit drei oder mehr Schußfäden so verwoben, daß jeder Kettfaden über oder unter zwei oder mehr aufeinanderfolgenden Schußfäden oder über dem nächstfolgenden oder mehreren Schußfäden bindet. Dadurch verschieben sich die Bindungspunkte immer in der gleichen Richtung um einen Kettfaden über aufeinanderfolgende Schüsse, wodurch die diagonalen Grate entstehen. In K. wurde im MA u.a. Serge hergestellt.

E. Vavra

Kopernikus, Nikolaus (Copernicus), Astronom, * 19. Febr. 1473 Thorn, † 24. Mai 1543 Frauenburg. Nach dem Tod seines Vaters, eines Kaufmanns, wurde K. vom Bruder seiner Mutter, Lucas Watzenrode, später Bf. des →Ermlandes, erzogen. In Krakau studierte er die Artes liberales (1491-95). Seine jurist. und med. Studien in Bologna, Padua und Ferrara schloß er mit dem Titel eines Doktors des kanon. Rechts ab (1503); in Bologna betrieb K. unter →Dominicus Maria de Novara auch astronom. Studien. 1495 wurde er Kanoniker am Kapitel des Ermlandes. Von 1503 bis zu seinem Tod wirkte er in der kirchl. Verwaltung (ztw. als Generaladministrator) im Ermland: bis 1510 in Heilsberg, danach fast ausschließl. in Frauenburg.

Werke: 1509 veröffentlichte K. eine Übers. der Briefe von →Theophylaktos Simokattes. Zw. 1508 und 1514 entwickelte er im Grundzüge seines heliozentr. Systems, nach dem sich im Gegensatz zu →Ptolemaeus die Planeten kreisförmig um die Sonne bewegen. Ein erster Entwurf, der »Commentariolus«, entstand vor 1514; er kursierte anonym in hsl. Form. In der Folgezeit (1512-29) sammelte K. Daten zur Stützung seiner Theorie, jedoch blieb die Zahl der eigenen Beobachtungen gering (27 Planetenbeobachtungen und einige weitere Ergebnisse, die K. in seine Bücher eintrug). 1524 verfaßte K. ein briefl. Gutachten über die Schrift »De motu octavae sphaerae« von Johannes →Werner, die sich mit der →Präzession der Äquinoktien beschäftigte (»Wapowski-Brief«). Wohl noch vor 1530 begann K. mit der Abfassung seines Hauptwerks »De revolutionibus orbium coelestium libri sex«. Die Arbeit war um 1535 im wesentl. abgeschlossen, doch K. stimmte erst 1539 einer Publ. zu. Joachim Rheticus, der sich von 1539 bis 1541 in Frauenburg aufhielt, veröffentlichte 1540 die »Narratio prima«, in der die Hauptgedanken von K.' Lehre dargestellt wurden. Die trigonometr. Teile ließ Rheticus 1542 in Wittenberg drucken (»De lateribus et angulis triangulorum«). K.' Hauptwerk wurde unter Rheticus' Aufsicht erst 1543 in Nürnberg nach einer Abschrift des Autographs gedruckt, die wohl um 1540 angefertigt worden war; ohne K.' Wissen fügte Andreas Osiander eine Vorrede bei, in der die heliozentr. Lehre als Hypothese bezeichnet wurde. K. war auch an der Reform des Münzwesens in Preußen beteiligt (Denkschrift von 1519). K.' heliozentr. Idee wurde durch Vorstellungen antiker und ma. Autoren beeinflußt (Aristarch, Herakleides Pontikos, →Martianus Capella, →Nikolaus v. Kues, →Regiomontanus). K. wollte keine neue Astronomie schaffen, sondern die Grundlagen der vorptolemaeischen →Astronomie wiederherstellen und mit den Kenntnissen des Ptolemaeus, der Araber und der westl. Astronomen verbinden. Er kritisierte Ptolemaeus, weil dieser durch die Einführung des punctum aequans das Gleichförmigkeitsaxiom verletzt und außerdem das Weltsystem unnötig kompliziert habe; durch die Annahme einer tägl. Drehung der Erde um ihre Achse und einer jährl. um die Sonne konnte K. die Hilfskreise des Ptolemaeus wesentl. reduzieren. K.' Erklärung der →Planetenbewegungen war einfacher, aber nicht genauer als die des Ptolemaeus; wie Ptolemaeus benutzte auch K. Epizykel und Exzenter. K.' Hauptwerk veranlaßte E. Reinhold zur Aufstellung neuer Planetentafeln (»Pruten. Tafeln«). Gegen Ende des 16. Jh. versuchte Tycho Brahe zu klären, welches der beiden Systeme besser sei. Keplers Entdeckung der Ellipsenbahnen konnte die Richtigkeit der Lehre des K. zwar nicht beweisen, aber doch wahrscheinl. machen. Die kath. Kirche, die sich zunächst gegenüber dem Werk des K. neutral verhalten hatte, nahm erst vom Ende des 16. Jh. an Stellung gegen die heliozentr. Lehre. →Weltbild.

M. Folkerts

Bibliogr.: H. BARANOWSKI, Bibliogr. kopernikowska 1509-1955, 1958; 1956-71, 1973 – *Lit.:* DSB III, 401-411 – L. PROWE, N. C., 2 Bde, 1883-84 [Nachdr. 1967] – E. ZINNER, Entstehung und Ausbreitung der Coppernican. Lehre, 1943 [1988² mit Erg.] – H. BLUMENBERG, Die kopernikan. Wende, 1965 – F. SCHMEIDLER, N. K., 1970 – M. BISKUP, Reg. Copernicana, 1973 – N. C. Gesamtausg., Bd. 1-2, 1974-84 – P. JORDAN (Die Großen der Weltgesch. IV, 1974), 672-687 – N. M. SWERDLOW–O. NEUGEBAUER, Mathematical Astronomy in C.'s De Revolutionibus, 2 T.e, 1984.

Kopfbedeckung. Als Q. stehen neben schriftl. und bildl. Zeugnissen nur wenige Originalobjekte zur Verfügung. Man kann annehmen, daß im frühen MA K.en v.a. als Schutz vor Witterungseinflüssen getragen wurden. Daneben kommen den K.en auch Funktionen als Würde- und Standessymbol zu, im bes. dem →Hut bzw. der →Haube als Zeichen für die verheiratete Frau. Vermutl. unter ö. Einfluß treten neben den seit alters her bekannten halbkugeligen Kappen der phryg. Mütze verwandte Formen auf. Frauen, v.a. verheiratete, tragen die Haare unter Schleier und Kopftüchern verborgen. Im 12. und 13.Jh. beginnt sich in der Männermode der Hut durchzusetzen. Haubenartige, vielleicht aus Byzanz übernommene K.en dienten in kostbarer Ausstattung als Schmuck, in einfacher Form als Schutz, etwa unter dem →Helm getragen (→Calotte). Für die verheiratete Frau wird das Tragen des Gebendes charakterist., ein Kinnband, das sich straff um das Gesicht legt und meist noch durch ein zweites, kronenartig aufgesetztes, versteiftes Band ergänzt wird. Bisweilen wird darüber noch ein Schleier gelegt oder das →Schapel aufgesetzt. Ein weiterer Schleier, die Rise, verhüllt Hals, Nakken und Kinn. Die typ. männl. K. des 14.Jh. ist die Gugel, ein kapuzenartiges Kleidungsstück mit angeschnittenem Kragen, deren Zipfel sich zum Schwanz auswächst: aus einer in den unteren Schichten getragenen Schutzk. wird so ein mod. Accessoire. In Dtl. ist als weibl. K. der Kruseler verbreitet, eine aus dem Schleier entwickelte Haubenform, deren Rand durch Reihen mehrfacher Krausen gebildet wird. Länge des Gugelschwanzes und Anzahl der Schleierkrausen werden in →Kleiderordnungen wie in der Predigt ordnend bzw. tadelnd erwähnt. Gegen Ende des 14.Jh. finden sich in schriftl. und auf Bildq. die ersten Erwähnungen bzw. Darstellungen der Hörnerhauben und des Hennin, einer hohen, zuckerhutartig geformten K., an deren Spitze ein Schleier befestigt ist. Die Formen des 15.Jh. werden stark vom Einfluß der burg. Mode geprägt. Aus der Gugel entwickeln sich turbanartige K.en, indem das Gesichtsloch der Gugel aufgesetzt und die Stoffülle inklusive Gugelschwanz um das Haupt geschlungen wird. Darunter werden eng anliegende Kappen getragen, die vermutl. zur Befestigung des komplizierten Gebildes dienen. Der Kopfputz der Frauen ist weiterhin dahingehend ausgerichtet, das Haupthaar völlig zu verhüllen, das an Stirn und Schläfen zusätzl. ausrasiert wird. Die Haare werden seitl. zu Hörnern aufgedreht und darüber die oft weit ausladenden Hörnerhauben getragen. Ebenso überdimensionierte Formen erreicht v.a. im burg. Bereich der Hennin. Ähnl. bizarr sind

die aus zwei riesigen Wülsten gebildeten, reich verzierten Wulsthauben. Gegen Ende des Jahrhunderts treten die ersten →Barette auf; zunächst eher klein und auf die Männermode beschränkt, dann zunehmend auffälliger geformt, mit Federn reich verziert, werden sie zur K. beider Geschlechter und aller Schichten.
E. Vavra

Lit.: E. NIENHOLDT, Haubenformen der Spätgotik und Frührenaissance in den norddt. Hansestädten, Zs. für hist. Waffen- und Kostümkunde NF 4, 1932 – S.-F. CHRISTENSEN, Die männl. Kleidung in der süddt. Renaissance, 1934 – A. G. PETITPIERRE, Zur Kulturgesch. des Hutes, Ciba-Rundschau 31, 1938, 1131–1143 – B. SCHIER, Die ma. Anfänge der weibl. Kopftrachten im Spiegel des mhd. Schrifttums (Beitr. zur sprachl. Volksüberlieferung [Fschr. A. SPAMER, 1953]), 141–155 – H.-F. FOLTIN, Die K.en und ihre Bezeichnungen im Dt. (Beitr. zur dt. Philol. 26, 1963) – E. NIENHOLDT, Das Gefrens, Waffen- und Kostümkunde 16, 1974, 119–122 – L. v. WILCKENS, Zöpfe, Bänder, Fransen, ebd. 17, 1975, 139–142 – E. THIEL, Gesch. des Kostümes, 1980⁵ – G. KROGERUS, Bezeichnungen für K.en und Kopfschmuck im Mittelniederdt. (Commentationes Humanarum Litterarum 72, 1982) – J. ZANDER-SEIDEL, Das erbar gepent..., Waffen- und Kostümkunde 27, 1985, 119–140 – M. GINSBURG, The Hat through the Ages, 1990 – Bildwb. der Kleidung und Rüstung, hg. H. KÜHNEL, 1991.

Köpfchen (ndl. *kopje*). Die 1323 in den fries. Leges Upstalsbomicae gen. *copkini* werden seit 1865 als K. auf die leichtgewichtigen Denare der Gf.en v. Holland aus der Münzstätte Dordrecht, gelegentl. auch aus Medemblik bezogen, die seit Gf. Dirk VI. (1190–1203), in Massen seit Floris V. (1256–96) geprägt wurden und mit Gf. Wilhelm III. (1304–37) auslaufen. Sie zeigen auf der Vorderseite den Kopf des Gf.en im Profil, auf der Rückseite anfangs ein Doppelfadenkreuz, später ein schlichtes Kreuz. Die K. liefen in großer Zahl auch in W-Deutschland um und wurden in den Niederlanden, im Rheinland (Kleve, Jülich, Heinsberg, Randerath) und Westfalen (Wiedenbrück) nachgeahmt.
P. Berghaus

Lit.: H. GROTE, Osnabrück'sche Geld- und Münzgesch., Münzstud. 4, 1865, 99–101 – F. v. SCHROETTER, Wb. der Münzkunde, 1930, 313 [A. SUHLE] – C. VAN HENGEL, De munten van Holland in de 13e eeuw, 1986.

Kopfreliquiar → Reliquiar

Kopfsteuer → Steuer, →Taille

Kopialbuch → Kartular

Kopie. Urkk. sind entweder im →Original oder in K.n überliefert. Diese lassen sich in verschiedene Gruppen unterteilen: 1. Einfache K.n: Sie geben nur den Inhalt, nicht die äußeren Merkmale der Vorlage wieder. 2. Beglaubigte K.n: Voraussetzung für die Anfertigung einer solchen K. war, daß der Aussteller entweder als Inhaber eines authent. →Siegels oder als öffentl. Beurkundungsperson (z. B. →Notar) zur Beglaubigung in fremder Sache rechtsförml. in der Lage war (→Vidimus, →Transsumpt). Bevorzugt wurden geistl. Personen oder Institutionen von den Interessenten um die Beglaubigung gebeten. 3. Nachahmungen: Diese Kategorie von K.n beschränkt sich nicht allein auf die Wiedergabe des Originals, sondern versucht auch auf das genaueste, sein äußeres Erscheinungsbild nachzuahmen. In Byzanz wurden derartige K.n durch die ksl. Kanzlei ausgestellt. Manchmal waren sie mit Bleibullen (→Bulle) besiegelt. Im übrigen sind besiegelte Nachahmungen aus dem Bereich der →Fälschungen bekannt. 4. Inserierte K.n (→Insert). Im Bereich der in Buchform zusammengestellten Abschriften werden die →Register von den Kartularen unterschieden. K.n konnten sowohl für den internen Gebrauch als auch zur Vorlage bei Verwaltungs- und Gerichtsinstanzen angefertigt werden. Um rechtl. →Beweiskraft zu erlangen, mußten K.n beglaubigt werden. Die Texte zahlreicher Urkk. sind häufig nur durch K.n überliefert (so ist z. B. keine

langob. Kg. s. urk. im Original erhalten). In diesen Fällen spielen die K.n eine hervorragende Rolle. Bei einer bes. Kategorie von Urkk., den Purpururkk., handelt es sich nach neueren Unters. bei den im W entstandenen Exemplaren teilweise um kalligraph. Abschriften, nicht um Originale.
A. Gawlik

Lit.: BRESSLAU I, 88ff. – F. DÖLGER-J. KARAYANNOPULOS, Byz. Urkk.-lehre I, 1968, 129ff. – C. BRÜHL, Purpururkk. (Aus MA und Diplomatik II, 1989), 615ff.

Koproskopie (Stuhl-, Kotschau), nach Harnschau, Pulsgreifen, Blutschau und Pustelwertung (→Capsula eburnea, →Hippokrates) wichtigstes Verfahren humoral-patholog. Diagnostik, das von den Darmausscheidungen (egestiones) ausgeht und deren quantitative (Menge, Frequenz) sowie qualitative Merkmale (Farbe, Geruch, Konsistenz, Formung, [Wurmanteile]) wertet. Die Flatulenz wird hinsichtl. ihrer osm. und akust. Phänomene bis hin zum Meteorismus einbegriffen. Planmäßige K. begegnet seit dem hippokrat. »Prognostikon«; von Theophilus wurde das Befunderheben für 'sedes' ('assellationes') systematisiert. Michele ◆ Savonarola versuchte, die sex res (non) naturales sowie das Schema der 'res contra naturam' (→Ars medicinae) für die Strukturierung seines Egestionen-Textes nutzbar zu machen und bietet als Zusatz-Kapitel noch eine Kot-Anatomie. Aus der ma. koproskop. Praxis sind zahlreiche Stuhlschau-Kat.e und -Kurztraktate belegt.
G. Keil

Lit.: Verf.-Lex.² V, 1067f.; VI, 587 – F. KNOEDLER, De egestionibus. Texte und Unters. zur spätma. K. (Würzburger med.hist. Forsch. 18, 1979) – R. JANSEN-SIEBEN, Een Middelnederlandse k. (Fschr. W. F. DAEMS [Würzburger med.hist. Forsch. 24, 1982]), 255–268 – K. GOEHL, Zur Stuhlschau des Theophilus (Würzburger med.hist. Mitt. 2, 1984), 29–78 – DERS.-G. KEIL, Eine Salzburger spätmhd. Stuhlschau, SudArch 71, 1987, 113–115.

Kopten (von arab. al-Qibṭ, al-Qubṭ, Plural al-Aqbāṭ, für gr. *Αἰγύπτ[ε]ιος*), bezeichnet die Bewohner des zur Zeit der arab. Eroberung (639–642) überwiegend chr. Nillandes. Da der Islam nur Buchreligionen anerkennt, standen sich bald nur noch Muslime (Araber) und Christen (K.) gegenüber. Das Oberhaupt der K., der Papst und Patriarch v. →Alexandrien und des Missionsbereiches des hl. Markus, erhob seit jeher den Anspruch auf ganz Afrika. Richtung W, im libyschen Raum, vermochte er diesen nur wenig zu realisieren, dafür um so mehr gegen S, in Nubien und Äthiopien. Die dortigen Christen unterstanden seiner Jurisdiktion und damit dem kopt. Einflußbereich. Man kann ihn als Oberhaupt der nordostafrikan. Christen bezeichnen, deren Geschicke zu einem Gutteil von seinen Fähigkeiten abhingen. Benjamin I. (626–665) gelang eine Einigung mit dem Eroberer →ʿAmr ibn al-ʿĀṣ. Der gr. Patriarch wurde ausgeschaltet und konnte in Zukunft, sofern er überhaupt in Alexandrien residierte, nur mehr im Rahmen der gr. Kolonie wirken, während Benjamin und seine Nachfolger die Repräsentanten der K. waren. Durch die Errichtung von Kirchen und Kl., Bemühungen um die Hebung von Disziplin und Sitte bei Klerus und Laien und zahlreiche Visitationsreisen erzielte Benjamin große Wirkung. Außerdem schlichtete er als Gerichtsherr Streitigkeiten seiner Gläubigen, Prinzip des Eigenlebens in islam. Umgebung noch nach ihm. Schwierigkeiten ergaben sich immer dann, wenn der muslim. →Qāḍī zur innerchr. Auseinandersetzung angerufen wurde. Nicht zuletzt klärte Benjamin die theol. Grundlagen für die K., nahm ihre Tradition auf und festigte ihre Position als entscheidende Macht der antichalkedonens. Orthodoxie (→Monophysiten). Von der treuen Bewahrung ihrer Lehre und kirchl. Ordnung hing das Schicksal der K. künftig entscheidend ab. Das Verhältnis zu Byzanz war durch Zwangsmaßnahmen, Vereinheitlichung des geistigen, kirchl. Lebens nach gr. Muster und durch zunehmend als drückend empfundene Steuern und Abgaben vergiftet. Mit Benjamin schien ein neuer Anfang gemacht, die Eroberer wurden bereitwillig unterstützt. Die sich nun in →Ägypten ansiedelnden Araber, zumeist Jemeniten, hielten jedoch eng zusammen und fühlten sich durchaus als Herren, die Anspruch auf den Reichtum des Landes hatten. Bis zum Beginn der Abbasidenherrschaft (749) stand ein Präfekt aus Syrien an der Spitze der Verwaltung, die von Damaskus nicht weniger rigoros als früher von Konstantinopel neu geordnet wurde. 730 fand eine erste Volkszählung statt. Ein Paßzwang sollte die Reisen der K. unterbinden, die z. T. in die zahlreichen Kl. geflohen waren, denn auch die neuen Herren hatten bald drückende Abgaben verlangt. Schon Johannes III. (681–689) konnte nur durch Zahlung einer großen Summe die staatl. Anerkennung erreichen. Im 8. Jh. verschlechterte sich die Situation zusehends. Die Kl. wurden ruinösen Steuern unterworfen. Die Islamisierung des Landes begann: 706 wurde durch ᶜAbdallāh ibn ᶜAbdalmalik ibn Marwān das Arabische als Verwaltungssprache eingeführt und der Aufschwung der kopt. Sprache jäh gebremst. 722 verfügte der Schatzmeister ᶜUbaidallāh ibn al-Ḥabḥāb die Zerstörung der chr. Bilder, die bis dahin Ägypten äußerl. immer noch als chr. Land erscheinen ließen, obschon bereits 689 im gesamten islam. Reich alle religiösen Darstellungen außen an den Kirchen zerstört werden sollten. Das führte zu der ersten kopt. Revolte (725) von Hauf im ö. Delta. 739 folgte ein blutig unterdrückter Aufstand in Oberägypten. Zunehmend wurden arab. Nomadenstämme auf chr. Ländereien angesiedelt. Entlastung für die K. brachten die erstarkten chr. Nubier. 745 rückte Kg. Kyriakos mit seinen Truppen bis nach Unterägypten vor, erreichte al-Fusṭāṭ und befreite den gefangenen Patriarchen Michael (744–768). Allerdings waren die Araber aufgrund ihres Kampfes gegen Byzanz und interner Auseinandersetzungen geschwächt. Die K. gaben nicht auf. Erst nach ihrem letzten und blutigsten Aufstand, dem Baschmūrenaufstand (829–830) überließen sie dem Islam endgültig die Macht. Zahlreiche überlebende Familien wurden in die Gegend von Bagdad deportiert. Fortan dominierte in Unterägypten der Islam, während sich in Oberägypten noch lange Zeit ein kopt. Eigenleben entfalten konnte. Für die Verwaltung und Seefahrt blieben Christen weiterhin unentbehrlich, waren jedoch von dem Wohlwollen der Obrigkeit abhängig. In der Folge, anhebend mit den ehemaligen türk. Präfekten Ibn Ṭūlūn (868–884), wurde das islam. Ägypten zum vom Kalifat unabhängigen Herrschaftsgebiet mit eigenen Dynastien (Ṭūlūniden, Iḫšīdiden) und eigenständiger Entwicklung. Die K. konnten ihre Sitten und ihre Sprache bewahren. Ein erhebl. Teil der erhaltenen Hss. entstammt dem ereignisreichen 9. Jh. Nach dem Scheitern der Aufstände konzentrierte man sich auf die Bewahrung der eigenen Tradition. Noch im 10. Jh. wurden mündl. überlieferte kopt. poet. Texte aufgezeichnet, die auf eine chr. Gesangs- und Theatertradition zurückgehen, die die K. mündl. bereits seit langem u. a. an Wallfahrtsfesten pflegten.

969 gelangten die →Fāṭimiden in Ägypten zur Herrschaft und gründeten Kairo. Abgesehen von al-Ḥākim behandelten die fāṭimid. Herrscher (bis 1171) die Christen meist liberal und ließen sie in höchste Staatsstellungen aufsteigen. Zumindest in Unterägypten erzwungen die neuen Verhältnisse den Übergang zur arab. Umgangssprache. In der 2. Hälfte des 10. Jh. wird der Sekretär Abū Bišr, später Mönch und Bf. v. al'Ašmūnain, unter dem Namen Severos ibn al-Muqaffaᶜ erster arab. Autor der K. im Gefolge der Syrer, die das Arabische auch zur chr. Lit.sprache gemacht hatten. Von mehreren Autoren wird die Patriarchengesch. im Laufe der Zeit zu dem umfangreichsten kopt. Gesch.swerk arab. Sprache ausgebaut. Severos, der Leiter dieses Unternehmens, dürfte ursprgl. an eine hist. Verteidigungsschr. der antichalkedonens. K. gegen die melkit., ks.treue Gesch.schreibung der Griechen gedacht haben. Höhepunkt des arab. Schrifttums der K. waren die drei Brüder Ibn al-ᶜAssāl, zu denen ein vierter als Sekretär des →Dīwāns der Armee im Staatsdienst gehörte. Die kopt. Wiss. stand im 13. Jh. auf gleicher Höhe wie die islamische. Chr. wie muslim. Gelehrte wetteiferten in der Anlage großer Bibliotheken und breiteten die Ergebnisse der Arbeit von Generationen in umfängl. Schr. aus. Aṣ-Ṣafī Abū l-Faḍāʾil ibn al-ᶜAssāl verteidigte die Wahrheit der chr. Religion, die Trinitätslehre, die Gottheit des Heilandes und die Wahrheit der Hl. Schrift gegen den muslim. Fälschungsvorwurf. Der theoret. Rechtslit. der muslim. Welt stellte er einen chr. Beitrag gegenüber. Sein Nomokanon gelangte in leicht veränderter Form in Äthiopien als 'Fetḥā Nägäśt' (Recht der Kg.e) sogar zu staatl. Geltung. Aber auch alle anderen Lit.gattungen bis hin zur Poesie pflegten die Brüder. Sie beteiligten sich auch an der nun aufkommenden Pflege der kopt. Sprache. Al-Asᶜad Abū l-Farağ Hibatallāh ibn al-ᶜAssāl verfaßte eine Grammatik, sein Bruder Al-Muʾtaman Abū Isḥāq Ibrāhim ein kopt.-arab. Wb. Der Armenier Abū Ṣāliḥ bereiste um 1200 ganz Ägypten und publizierte eine Beschreibung der Kirchen und Kl. bis weit nach Nubien. Abū l-Barakāt († 1324) schrieb mit seiner »Lampe der Finsternis« die für die kopt. Kirche maßgebl. Enzyklopädie. Noch 1322 verfaßte ein unterägypt. Mönch mit dem »Triadon« ein umfängl. Stück belehrender kopt. Poesie. Die Kenntnis des Griechischen war zumindest in mönch. Kreisen und im höheren Klerus keineswegs ausgestorben, sondern wurde in nicht unerhebl. Maß tradiert. Das Koptische war nie offizielle Sprache, sondern die Einführung des Arabischen löste das Griechische als Verwaltungssprache ab. Auch die andauernde Präsenz des Griechischen bes. in Nubien, aber auch Äthiopien läßt auf seine Bedeutung schließen. Sogar der Verkehr mit der westsyr. Kirche, mit der man 616 auf einer Synode v. Alexandrien glaubensmäßig vereinigt hatte, erfolgte noch in arab. Zeit griechisch. Gabriel II. ibn Turaik (1083/84; 1131–46) führte den bohair. Dialekt des Koptischen als Kirchensprache ein, veranstaltete kopt.-arab. liturg. Formulare und setzte die noch heute gültigen Texte gegen oberägypt. Sondergebräuche durch. Nur hier im S hielt sich das Koptische als Umgangssprache bis in die NZ. Seit 1074 der Armenier Badr al-Ğamālī Wesir in Ägypten wurde, spielten armen. Christen neben der syr. Kolonie eine größere Rolle im Lande und hatten ztw. am Nil auch einen eigenen Patriarchen, ein eigenes Kl. und ein erhebl. Truppenkontingent. Dennoch kam es zu keinem engeren Zusammengehen mit den K., Mißtrauen herrschte vor. Seit dem 9. Jh. hatten die K. in Jerusalem eine eigene Kirche, ab 1238 einen Ebf., die die kopt. Kapelle in der Auferstehungskirche fest in seine Hand brachte. Kopt. Mönche gelangten nach Jerusalem, doch die Kreuzfahrerzeit führte zu keiner eigentl. Begegnung mit den w. Christen, und die Anwesenheit des Hegumenos Andreas auf dem Konzil v. →Ferrara-Florenz (1439) blieb folgenlos.

Im kopt.-arab. Diplom, das Gabriel IV. (1370–78) für Timotheus als nub. Bf. ausstellt, bezeichnet er Äthiopien und Nubien ausdrückl. als ihm unterstehend. Nubien war während des MA chr. und spielte für die K. auch polit. eine erhebl. Rolle, da nach der 2. Schlacht v. Dongola (652) die Araber einen Pakt schlossen und die Grenze zumindest prakt. anerkannten. Der nub. Raum erscheint in Apg 8,38 in der Gestalt des Kämmerers der Kandake, der Kgn. mutter des Reiches v. Meroë, das ab dem 8./7. Jh. v. Chr. geblüht hatte, im 4. Jh. n. Chr. von den Äksumiten erobert wurde, jedoch noch bis in das 8. Jh. existierte. Für die Nubienmission ausschlaggebend war Philae. Vom 4./5. Jh. an griff die Mission von Ägypten, aber auch von Byzanz nach Nobadien und Makurien aus. Das auf meroït. Boden liegende Alodien wurde eher von Äksum aus christianisiert. Die größte kulturelle Tat der K. ist die Schaffung der nub. Schrift, einer gr., mit einigen meroït. Kursivhieroglyphen angereicherten Schrift (Vorbild: gr.-kursivhieroglyph. kopt. Schrift). Erst mit dem Sieg des Islams wurde die nub. Kultur erneut schriftlos. 1317 wurde die Kirche v. Dongola Moschee und 1484 das chr. Restreich v. Dotawo in Unternubien letztmals erwähnt. Nur Äksum blieb chr. und durch einen abgefälschten, im 7. Jh. entstandenen Kanon des Konzils v. Nikaia (325) an Ägypten gekettet. Hier entstanden Übers.en kopt. Lit. aus dem Arabischen, und es wurde 1144 durch Otto v. Freising als Reich des Presbyters →Johannes (vom amhar. Titel für Majestät) bekannt. Doch die Rolle des nub. Kg.s als 'Protektor' der K. konnte dieser Herrscher nie spielen. Bis zum Ende der Mamlüken (1517) wurden die K. in ihrer Bedeutung für Ägypten endgültig auf den modernen Umfang zurückgedrängt. C. D. G. Müller

Lit.: É. AMÉLINEAU, La géographie de l'Égypte à l'époque copte, 1893 – G. GRAF, Gesch. der chr. arab. Lit. II, 1947 – O. F. A. MEINARDUS, The Copts in Jerusalem, 1960 – C. D. G. MÜLLER, Art. Triadon (Kindlers Lit. Lex. VI, 1965, 3025f.) [dazu Übers. P. NAGEL, Das Triadon, 1983] – E. HAMMERSCHMIDT, Äthiopien, 1967 – ST. JAKOBIELSKI, A hist. of the Bishopric of Pachoras, 1972 – W. Y. ADAMS, The twilight of Nubian Christianity (K. MICHAŁOWSKI, Nubia, 1975), 11–17 – J. M. PLUMLEY, The Scrolls of Bishop Timotheus, 1975 – W. Y. ADAMS, Nubia, 1977 – C. D. G. MÜLLER, La position de l'Égypte dans l'Orient Ancien, Le Muséon 92, 1979, 105–125 – DERS., Gesch. der oriental. Nationalkirchen, 1981 – S. J. BERSINA, Problems on Meroitic chronology: Beginning and End of Meroe, Meroitica 7, 1984, 215–219 – W. GODLEWSKI, Le monastère de St. Phoibammon, 1986 – C. D. G. MÜLLER, Arab. wird zur Sprache der K., Nubica I/II, 1987–88, 277–290 – P. O. SCHOLZ, Frühchr. Spuren im Lande des ἀνὴρ αἰθίοψ, 1988 [Diss. Bonn 1985] – A. GRILLMEIER, Jesus der Christus im Glauben der Kirche, 2/4: Die Kirche von Alexandrien mit Nubien und Äthiopien, 1990 – C. D. G. MÜLLER, Gab es ein kopt. Theater?, Bull. de la Soc. d'archéologie copte 29, 1990, 9–22 – DERS., Gabriel II. ibn Turaik, Oriens Christianus 74, 1990, 168–186.

Koptische Kunst → Ägypten, V

Koralle, in wärmeren Meeren heim., festsitzendes, meist kolonienbildendes Hohltier mit oder ohne Kalkgerüst. Seit den Griechen (Lithodendron 'Steinbaum') bis ins 18. Jh. als Stein angesehen. Von den verschiedenen bekannten Arten und Farben wurde von jeher der roten K. bes. Bedeutung zugewiesen. Sie galt als apotropäisch (Hagel und Unwetter, böse Geister und Gespenster, »Böser Blick«, Krankheiten insbes. der Kinder) und war daher als Amulett seit dem Altertum sehr beliebt. Als Heilmittel gegen zahlreiche Krankheiten waren rote und weiße K.n bis zum 18. Jh. in fast allen Arzneibüchern vertreten. Im religiösen Gebrauch waren Rosenkränze aus K.n verbreitet, was ebenfalls an die ihnen zugewiesene Macht anknüpfte. Aus ihrer Beliebtheit als Apotropaion für Kinder erklärt sich die häufige Darstellung von K.nkette oder K.nast (Verkörperung des Lebensbaums) in der bildenden Kunst des MA und der Renaissance (Piero della Francesca, Madonna v. Sinigaglia, Urbino, Pal. Ducale; M. Grünewald, Isenheimer Altar, Colmar). In der Profanikonographie wurde die K.nkette Attribut des Kindesalters (H. Baldung Grien, Die Lebensalter der Frau, Leipzig). M. Grams-Thieme

Lit.: HWDA V, 239–241 – LCI II, 556 – W. G. ROBERTSENS, The Use of Unicorium Horn, Coral and Stones in Medicine, Ann. Med. Hist. 8, 1926, 240–248 – W. KIRFEL, Der Rosenkranz, 1949 – L. HANSMANN – L. KRISS-RETTENBECK, Amulett und Talisman, 1966 – E. GRABNER, Die K. in Volksmed. und Volksglaube, ZVK 65, 1969 (2), 183–195.

Koran (arab. *qur'ān* 'liturg. Lesung'). Der K., das hl. Buch des Islams, ist die Slg. der Offenbarungen, die der Prophet Muḥammad/→Mohammed (ca. 569–632) seit seiner Berufung (ca. 610) empfing. Der K. gliedert sich in 114 Abschnitte (Suren). Diese sind – mit Ausnahme der ersten – der Länge nach angeordnet, so daß die meist sehr kurzen frühen Suren am Ende stehen. Dieser Aufbau des K.s stammt aus den ersten Jahrzehnten nach Muḥammads Tod. Die einzelnen Suren gliedern sich in Prosa-Verse; Gruppen von Versen werden durch Endreim zusammengefaßt (Reimprosa). Die Sprache des K.s steht im altarab. Dichtersprache nahe, enthält aber Eigentümlichkeiten, die man als Spuren der hedschasischen Mundart deutet.

Der K. spiegelt die letzten, sehr ereignisreichen zwanzig Lebensjahre Muḥammads wider. Der Stil der Offenbarungen ist dementsprechend uneinheitlich. In den ältesten Suren (oft durch Schwurformeln eingeleitet, wie sie die Wahrsager benutzten) werden in knappen, erregten Versen die Schrecknisse des Weltendes und des Jüngsten Gerichts geschildert, bei dem irdischer Besitz und eine starke Sippe nichts gelten. An die Seite der Warnung tritt sehr früh die Botschaft vom barmherzigen Schöpfergott, der dem Reumütigen verzeiht. Sich Gott zuzuwenden, lautet daher die Forderung an die Mekkaner; denn so ist das Heil zu sichern. Diese Botschaft wird in den Jahren bis zur Hidschra (mittel- und spätmekkan. Phase, ca. 615–622) in vielfältiger Weise variiert. Argumentative Passagen prägen mehr und mehr den Stil der Offenbarungen. Inbegriff des Glaubens an den einen richtenden Schöpfergott, den einen, dem man keine andern Götter beigesellen darf, ist die Dankbarkeit; denn er hat das Universum erschaffen und erhält es ohne Unterlaß. Das unaufhörl. Wirken in der Natur ist auch der »Beweis« für das Vermögen Gottes, am Tage des Gerichts die Toten aufzuerwecken; die Heiden stritten diese Möglichkeit ab. Durch Straflegenden, in denen sich zahlreiche Motive aus dem AT und der Haggada finden, wird zudem veranschaulicht, daß Unglaube schon im Diesseits in die Vernichtung führen kann. Auf alle Fälle zieht er im Jenseits die Höllenstrafe nach sich, während auf die Gläubigen lebhaft ausgemalte Paradiesfreuden warten.

In den mittel- und spätmekkan. Suren zeigen sich die ersten Spuren der Gemeindebildung. Das rituelle Gebet (*ṣalāt*), über dessen Gestalt für diese Zeit noch nichts bekannt ist, und eine Abgabe (*zakāt*), die ursprgl. unrechtmäßigen Erwerb sühnen sollte, werden genannt und bald stereotyp zur Kennzeichnung der jungen Gemeinde verwendet.

In den Offenbarungen aus medinens. Zeit nehmen die Aussagen über das Wesen der Gemeinde der »Gläubigen« – so die Selbstbezeichnung – und ihre Struktur zu. Die Stellung Muḥammads als des Gesandten Gottes, der in dessen Namen die Macht ausübt, Krieg gegen seine noch heidn. Vaterstadt führt und den Einnahme bestrebt ist, wird nun deutl. herausgehoben. Vereinzelte gesetzl. Bestimmungen und erste Versuche, den Inhalt des Glaubens zu definieren, finden sich ebenso in medinens.

Suren wie an polem. Schärfe zunehmende Abgrenzungen gegen Juden und Christen. Der Stil ist jetzt bisweilen weitschweifig und ermüdend.

Nach muslim. Verständnis stellt der K. das letzte Glied einer Kette von inhaltl. gleichen Offenbarungen dar. Er enthält deshalb das ewige Gotteswort rein und unverfälscht. Auf diese Annahme gründet sich der absolute Geltungsanspruch des Islams.

Auf Anregung von →Petrus Venerabilis (gest. 1156) schuf Robert v. Ketton die erste lat. Paraphrase des K.s. Sie bestimmte in starkem Maße die Vorstellungen des ma. Europa vom Inhalt des K.s. T. Nagel

Lit.: EI², s.v. Ḳurʿān – J. KRITZEK, Peter the Venerable and Islam, 1964 – T. NAGEL, Der K., 1983.

Korbinian (Corbinianus), * vor 700 unweit Melun (dép. Seine-et-Marne); † um 728/730 Freising. Eltern: Waltekis, Corbinina; offensichtl. vornehmer Herkunft. Einzige Q. ist die von Bf. →Arbeo v. Freising um 770 verfaßte Vita. Von der Mutter erzogen, dann angesehener Einsiedler mit Ausstrahlungskraft bis zum Hausmeier Pippin d. Mittleren († 714). K. unternahm zwei Romreisen, bei der ersten (vor 714) erhielt er Priester- und Bf.swürde. Die zweite Reise (ca. 715/717) führte ihn über Alemannien und Bayern, wo er den Bayernhzg. Theodo in Regensburg und den Teilhzg. Grimoald in Freising aufsuchte; letzterer versuchte, ihn mit allen Mitteln zu halten. K. reiste – offenbar mit großer Begleitung – über Trient und Pavia nach Rom. Auf der Rückreise besuchte er das Heiltum des hl. Valentin in Kuens b. Mais/Meran, das er später zu einer Art Kanonikerstift ausbaute. Hier wurde er von bayer. Grenzwächtern gedrängt, zur Hzg.spfalz Freising zu reisen, wo er die Funktion eines Hofbf.s erhalten sollte. Während seines Freisinger Aufenthalts gründete er das Kl. oder Stift Weihenstephan. Das Verhältnis K.s zu Hzg. Grimoald war zunächst reibungslos, bis K. die Auflösung der kirchenrechtl. verbotenen Ehe des Hzg.s mit Pilitrud forderte. K. floh vor dem Hzg.spaar nach Kuens (um 724/725), zu einer Zeit, in der sich der Konflikt des Hzg.s mit dem Hausmeier Karl Martell und mit dem (Teil-?)Hzg. Hucbert anbahnte. Nach dem Tode Grimoalds wurde K. von dessen Gegner Hzg. Hucbert nach Freising zurückgerufen, starb aber bald darauf. K. ließ sich in Kuens bestatten. Erst ca. 40 Jahre später wurden seine Gebeine nach Freising überführt, wo schon 739 sein enger Mitarbeiter (oder Bruder) Ermbert erster Diözesanbf. geworden war.

W. Störmer

Ed. und Lit.: Arbeonis Vitae SS. Haimhramni et C.i, MGH SRG, 1920 – H. LÖWE, C.s Romreisen, ZBLG 16, 1951, 409–420 – H. GLASER, F. BRUNHÖLZL, S. BENKER, Vita C.i, 1983 – Hochstift Freising, hg. H. GLASER, 1990, 417–468 [G. DIEPOLDER].

Korčula, Insel im mitteldalmatin. Archipel mit gleichnamiger Stadt, im 4. Jh. v. Chr. von Griechen kolonisiert (Κόρκυρα Μέλαινα). Im 10. Jh. stand K. unter der Herrschaft der →Narentaner; Konstantin VII. Porphyrogennetos (De adm. imp., 30, 36) erwähnt Insel und Stadt gesondert von den Inseln unter byz. Herrschaft. Seit 1000 übten →Venedig, →Hum, die comites v. Krk (→Frankopani), die ung.-kroat. Kg.e, Kg. →Tvrtko v. Bosnien und Dubrovnik die Herrschaft über K. aus; seit 1420 unterstand die Insel Venedig. Die Stadt entwickelte sich in sehr günstiger Verkehrslage und bildete früh eine Kommune. Das Statut v. 1214 (erhaltene Redaktion v. 1265) gehört zu den ältesten →Dalmatiens. Die Stadt hat die typ. Merkmale dalmatin. Küsten- und Inselsiedlungen: Hügellage, Ummauerung und eine von Gotik und Renaissance geprägte Struktur mit zahlreichen Baudenkmälern.

Ž. Rapanić

Lit.: EJug s. v. – V. FORETIĆ, Otok K. u srednjem vijeku do 1420. god, Rad Jugosl. Akad. 36, 1940 – N. KLAIĆ, Povijest Hrvata u ranom srednjem vijeku, 1975² – DIES., Povijest Hrvata u razvijenom srednjem vijeku, 1976 – V. T. PAŠUTO – I. V. ŠTAL', K. Korčul'skij statut, 1976 – Korčulanski statut, 1987.

Korfu (gr. Kerkyra, auch Korypho), dem westgriech. Festland s. der Straße v. Otranto vorgelagerte, 585 km² große Insel und ihre an der dem Festland zugekehrten O-Küste gelegene Hauptstadt. Kerkyra ist seit dem 5. Jh. als Nikopolis unterstehendes Bm. nachweisbar, ab der Wende de 9./10. Jh. als Ebm. und ab 1088 als Metropolis (ohne Suffragane). 551 wurde es von den Goten Totilas geplündert. Anfang des 7. Jh. flohen Bewohner des nahen Festlandes (von der Stadt Euroia) nach Kassiope im N K.s. Die Insel war zwar von der folgenden Slaveninvasion betroffen, doch ist mit kontinuierl. gr. Besiedlung zu rechnen. Kerkyra gehörte zunächst zum Thema →Kephallenia, ist aber später auch selbständiges Thema. 1081–85 und 1147–49 stand K. unter norm. Herrschaft. 1204 wurde es den Venezianern zugesprochen, die die Insel aber erst 1207, nach der Vertreibung des Genuesen Leone Vetrano, in Besitz nehmen konnten. Von 1214–59 gehörte Kerkyra zum epirot. Reich, dann fiel es an den Staufer →Manfred v. Sizilien. Die angiovin. Herrschaft über K. begann 1267 (de iure) bzw. 1272 (de facto) und dauerte bis 1386. In diesem Jahr erwarben die Venezianer K. nach Ausschaltung der ebenfalls an der Insel interessierten Genuesen und behielten es bis 1797. Die große Bedeutung K.s lag in der Lage der Insel an einer wichtigen Schiffahrtsroute (Verbindung der Adria mit der Ägäis und dem ö. Mittelmeerraum) und ihrer Funktion als Brückenkopf bei Angriffen von S-Italien auf die gr. Halbinsel. Im SpätMA war K. in Dekarchien bzw. vier Balleien unterteilt. Wichtige ma. Festungen waren neben der Inselhauptstadt Angelokastron und Gardiki. P. Soustal

Lit.: RByzK IV, 1, 4–64 – E. BACCHION, Il domino veneto su C. (1386–1797), 1956 – N. STAMATOPOULOS, Old C. Hist. and Culture, 1978² – P. SOUSTAL, Nikopolis und Kephallenia, 1981 – A. ACCONCIA LONGO, Per la storia di C. nel XIII sec., RSBN NS 22/23, 1985/86, 209–243.

Koriander (Coriandrum sativum L./Umbelliferae). Der wohl aus dem ö. Mittelmeergebiet stammende K., dessen Name (gr. koris 'Wanze') vielleicht auf den unangenehmen Geruch Bezug nimmt, wurde bereits im alten Ägypten, dann bes. von den Römern und den Arabern als Gewürz und Arznei hoch geschätzt. Obwohl in Mitteleuropa erst seit dem 16. Jh. in größerem Maß angebaut, begegnen die ahd. *chullintar, chullenter* u. ä. (STEINMEYER-SIEVERS I, 274 u. ö.) gen. Pflanze schon im frühen MA als Gartengewächs (Capitulare de villis [70]; St. Galler Kl.plan). In der Med. verwendete man *col(i)andrum* oder *coriandrum* zur Stärkung der Verdauung (Circa instans, ed. WÖLFEL, 42), gegen Geschwüre, Schwindel, Fallsucht u.a.m., wobei vor unsachgemäßem Gebrauch gewarnt wird (Albertus Magnus, De veget. VI, 306 und 307; Konrad v. Megenberg V, 30; Gart., Kap. 104). P. Dilg

Lit.: MARZELL I, 1159–1163 – H. KÜSTER, Wo der Pfeffer wächst. Ein Lex. zur Kulturgesch. der Gewürze, 1987, 109–113.

Korinth, Stadt in Griechenland nahe dem Isthmos v. K., am Ostende des Golfs v. K. in der Landschaft K.ia (NO-Peloponnes), aufgrund verkehrsgünstiger Lage (Kreuzung einer N-S-Straße mit einem O-W-Schiffahrtsweg [in byz. Zeit: Diolkos]) und günstiger Topographie seit je polit. bedeutendes Handels- und Gewerbezentrum. Nach Zerstörung durch die Römer (146 v. Chr.) Neugründung durch Caesar (44 v. Chr.) als Kolonie, seit 27 v. Chr. Metropolis der Prov. Achaia. Trotz Zerstörungen (Goten und Heruler 267/268; Westgoten Alarichs 395; Erdbeben 521/522) und Epidemien (v. a. Pest, 542) blieb K. Zentralort von überregionaler Bedeutung, die erst durch das alles zerstörende Erdbeben (551/552), slav. Landnahme (ab den 580er Jahren) und arab. Piraterie für einige Zeit verloren ging. Im Zuge der administrativen Reorganisation des Byz. Reiches ab Ende des 7. Jh. gehörte K. zum Thema Hellas und war noch vor 805 Hauptstadt des neuen Themas Peloponnes, das im 11. Jh. wieder mit Hellas vereinigt wurde.

Schon seit den Apostelzeiten (Mission Paulus', K. erbriefe) Sitz einer Christengemeinde, wurde K. im 2. Jh. Bf.ssitz, im 4. Jh. Metropolis v. Achaia, mit ztw. päpstl. Exarchengewalt vor der endgültigen Eingliederung in den Patriarchat v. Konstantinopel (wohl 732/733). Teile des Kirchensprengels mußten ab etwa 800 an Athen und Patras abgegeben werden. Mittelbyz. Blüte (Waffen-, Schiffs-, Papier-, Keramik-, Glas-, Seidenindustrie) auch durch den Namen 'Emporion' (Handelsplatz) für die Unterstadt belegt; 1147 Eroberung durch die Normannen und allmähl. Niedergang durch Vergabe byz. Handelsprivilegien (ab 1082 Venedig, 1169 Genua, 1170 Pisa), durch arab. Piraterie und lokale Tyrannis (ab 1202 Leon Sguros). Nach der Eroberung Konstantinopels 1204 wurde auch K. 1209/10 frk.; es gehörte über ein Jahrhundert lang zum Fsm. Achaia (lange Münzstätte), ab 1338 den florent. →Acciaiuoli ab 1394 mit Unterbrechungen zum Byz. Reich (Despoten v. →Mistra, →Morea). Einer anfängl. Blüte nach 1204 folgten ab Anfang 14. Jh. Angriffe durch die →Katal. Kompanie und mehrfach durch türk. Piraten und Heere, 1458 schließlich Eroberung von Akrok. durch Mehmed II. und Eingliederung in das Osman. Reich.
J. Koder

Lit.: RByzK IV, 746–811 – RE Suppl. IV, 991–1036; Suppl. VI, 182–199 – H. N. FOWLER–R. STILLWELL u. a., Corinth Iff., 1932ff.; bes. XVI: R. SCRANTON, Mediaeval Architecture, 1957 – A. BON, Le Peloponnèse byz. jusqu'en 1204, 1951 – H. AHRWEILER, Byzance et la mer, 1966 – A. BON, La Morée franque, 1969 – D. I. PALLAS, Corinthe et Nicopolis pendant le haut MA, Felix Ravenna 18, 1979, 93–142 – J. KODER, Der Lebensraum der Byzantiner, 1984.

Kormčaja Kniga (nach vorherrschender etymolog. Deutung das »Steuermannsbuch«, vgl. gr. πηδάλιον), eine seit dem 13. Jh. belegte, in der russ. Kirche im 17. Jh. »kanonisierte«, im wiss. Sprachgebrauch auch als Typusbegriff verwendete Bezeichnung für slav. Codices des zunächst ausschließl. auf byz. Vorlagen basierenden Kirchenrechts. Man unterscheidet gewöhnl. drei oder vier »Familien«, die traditionell nach der jeweils wichtigsten bzw. am längsten bekannten Hs. oder nach ihrer nicht in allen Fällen unumstrittenen Herkunft bezeichnet werden: 1. die im Kern vielleicht noch auf das 9. Jh. zurückgehende, jedenfalls aber spätestens im 11. Jh. entstandene »altslav.« (oder »bulg.«) Efrem-K., deren Zentraltext das Syntagma in 14 Titeln (→Nomokanon in 14 Titeln) mit der Slg. der Kanones ohne Komm. ist; 2. die von manchen mit dem hl. →Sava in Verbindung gebrachte »serb.« oder Rjazaner K., die u. a. die von Alexios →Aristenos komm. Synopsis canonum mit zusätzl. Auszügen aus dem Kanoneskomm. des Johannes →Zonaras bietet; 3. die in der 2. Hälfte des 13. Jh. kompilierte »russ.« (Novgoroder oder Sophien-)K., welche den Volltext der Kanones aus der »altslav.« mit den Komm. aus der »serb.« K. kombiniert. Als vierte Familie wird von einigen die »mähr.« (Ustjuger) K. angeführt, deren Kern die für den sog. Nomokanon des Methodios bildet. Neben diesen Haupttexten enthalten die Handschriften in teilweise auch innerhalb der Familien stark variierenden Anhängen zahlreiche weitere Texte des

byz. kirchl. und weltl. Rechts, u. a. die Collectio 87 capitulorum von →Johannes [46] III. Scholastikos, die →Ekloge, den →Procheiros Nomos, die Auswahl aus dem mosaischen Gesetz, ferner mehrere Kaisernovellen, Synodalakte, Abhandlungen und →Erotapokriseis vornehmlich zum Eherecht, außerdem dogmat. und polem. theol. sowie vereinzelte kalendar. und hist. Texte. Bes. die ihrerseits in mehreren Redaktionen überlieferte »russ.« K. fand in Rußland weite Verbreitung und wurde um genuin slav. Texte ergänzt. 1649/50 bzw. 1653 wurde die K. als offizielle Kodifikation des russisch-orthodoxen Kirchenrechts in Moskau gedruckt.
L. Burgmann

Ed.: Drevneslavjanskaja Kormčaja XIV titulov bez tolkovanij, ed. V. N. BENEŠEVIČ, I–II, 1906, 1987 [vollst. Ed. der »altslav.« K. mit gr. Paralleltexten] – *Lit.:* S. V. TROICKI, Kako treba izdati Svetosavsku krmčiju (Srpska Akademija Nauka. Spomenik 102, 1952) [Lit.] – I. ŽUŽEK, K. K. Stud. on the Chief Code of Russian Canon Law, 1964 [Lit.] – JA. N. ŠČAPOV, Vizantijskoe i juznoslavjanskoe pravovoe nasledie na Rusi v XI–XIII vv., 1978 – D. BOGDANOVIĆ, Krmčija svetoga Save (Sava Nemanjić – Sveti Sava, 1979).

Kormčija → Kormčaja Kniga

Kormlen'e ('Fütterung'), in Altrußland Verpflichtung der Bevölkerung eines Gebiets, durch Naturalabgaben für den Unterhalt (*korm*) des gfsl. Statthalters aufzukommen. Dieses Abgabesystem, das sich seit dem 13. Jh. ausgebildet hatte, lastete v. a. auf den »schwarzen« (d. h. voll steuerpflichtigen) Bauern (→Bauerntum, D. XI, 2). Bereits Ivan III. versuchte, das System des K., das zu Mißbräuchen führte, in eine Geldabgabe umzuwandeln. Mit der Aufhebung der Statthalterwürde, die Ivan IV. im Zuge seiner bojarenfeindl. Maßnahmen durchführte, verschwand auch das K.-System in der hergebrachten Form (1556).
Lit.: HGesch Rußlands I, 702 [P. NITSCHE].
U. Mattejiet

Kormoran (Phalacrocorax carbo), größte der drei europ. dunklen Scharbenarten, von Aristoteles h. a. 8, 3, p. 593 b 20–24 als »sog. Rabe« unter den Wasservögeln (storchengroß, aber kurzbeiniger mit Schwimmhäuten) beschrieben, nicht ident. mit »corvus aquaticus = phalacrocorax« bei Plinius n. h. 10, 133 und 11, 130 (nach LEITNER, 197 = Waldrapp). Aus unbekannter Q. (Liber rerum?) kennt Thomas Cantimpr. 5, 82 den »morplex« als milangroßen Vogel mit geselliger Nistweise auf Bäumen. Das übl. Gefiedertrocknen mit ausgebreiteten Flügeln deutet er als Zeichen einer sehr warmen Natur humoraltheoret. (von Albertus M., animal. 23,126 korrigiert) und erwähnt Absterben der Ruhebäume durch den Kot. Albert ergänzt den Flug dicht übers Wasser mit eintauchendem Schwanz (Spitzname »Feuchtsteiß«, humidus culus).
Ch. Hünemörder

Q.: →Albertus Magnus – Thomas Cantimpr., Liber de nat. rer., T. 1: Text, hg. H. BOESE, 1973 – *Lit.:* H. LEITNER, Zoolog. Terminologie beim Älteren Plinius, 1972.

Kornelimünster → Inden

Kornhaus, in vielen Städten noch vorhandener oder lagemäßig gesicherter städt. Großspeicherbau für Getreide, zumeist mit mehreren Dachgeschossen (z. B. in Dinkelsbühl, Isny u. v. a.). →Stadt, Abschnitt Wirtschaft.

Korones, Xenos, byz. Melograph, 1. Hälfte des 14. Jh., * um 1270/80, Chorvorsteher (Lampadarios, später Protopsaltes) an der Hagia Sophia in Konstantinopel. K. (Taufname Ioannes) nahm am Ende seines Lebens das Mönchtum an (Xenophon – Xenos). Sein umfangreiches musikal. Œuvre ist noch nicht gesichtet (ältestes Hs. Athen 2458: 1336). Er vertonte u. a. Hymnen des Patriarchen Isidoros I. v. Konstantinopel (1347–50) und verfaßte ein Übungsstück über Teretismoi. Manuel →Chrysaphes nennt ihn in seiner in der 1. Hälfte des 15. Jh. entstandenen Lehrschr. über die Phthorai. Ch. Hannick

Lit.: HUNGER, Profane Lit. II, 194 – PLP 13243 – L. TARDO, L'antica melurgia bizantina, 1938, 254 – M. VELIMIROVIĆ, Byz. Composers in Ms. Athens 2406 (Essays presented to E. WELLESZ, 1966), 17 – A. JAKOVLJEVIĆ, Δίγλωσση παλαιογραφία καὶ μελῳδοὶ – ὑμνογράφοι τοῦ κώδικα τῶν Ἀθηνῶν 928, 1988, 79–81.

Körperverletzung (lat. lesio, mhd. *letzunge*, mnd. *seringe*). Der Angriff gegen Leib und Gesundheit einer Person faßt das ma. Recht nicht unter einen einheitl. Tatbestand. Berücksichtigt werden vielmehr die konkreten Verletzungshandlungen in kasuist. Verästelung, wobei der äußerl. wahrnehmbare Erfolg auch die Abgrenzung von verwandten Delikten bestimmt.

Aus realist. Lebenserfahrung geschöpft, katalogisieren die Volksrechte der frk. Zeit ein breitgefächertes Spektrum gebräuchl. K.en. In der →Lex Salica etwa (100-Titel-Text, Tit. 48) werden allein bei der Handverstümmelung sieben Fälle aufgezählt und je nach Grad objektiver Behinderung im Kriegs- bzw. Erwerbsleben mit unterschiedl. hohen Bußen angesetzt. Andere Rechtsq. (z. B. →Pactus Alamannorum [1–11], →Lex Baiuvariorum [Tit. IV]) lassen bereits die bis zur frühen NZ beibehaltene Dreiteilung erkennen: »trockener« (unblutiger) Schlag (percussio bis sichtbarer *pulislac* 'Beulenschlag'), blutfließende Wunde (vulnus, *blutrunst*) und Lähmde (debilitatio, mancatio, *lemede*), eine K., die eine Verstümmelung bewirkt oder das verletzte Körperglied auf Dauer funktionsuntüchtig macht. Entsprechend stufen die Volksrechte den Bußensatz: am geringsten wird der schlichte Schlag, am härtesten (bis zur Höhe des halben →Wergelds) die Lähmde geahndet. Detaillierte Unterteilung erfahren die (Blut) Wunden. So wird etwa die Schwere einer Knochenwunde von der →Lex Alamannorum (57 § 4) danach bemessen, ob der abgehaue Splitter, aus 24 Fuß Entfernung gegen einen Schild geworfen, noch einen hörbaren Klang erzeugt. Den Hieb unter die Kopfhaut präzisiert die Lex Baiuvariorum (IV, 4) als *kepolscini* ('Schädelschein'). Zusätzl. gebüßt wird die 'Schamwunde', die bleibende Verunstaltung des Verletzten.

In den hochma. Rechtsq. werden die Einzeltatbestände der K. gestrafft und zunehmend abstrahiert, wobei man an der gen. Dreiteilung festhält. Auch bleibt man weithin bei der Auffassung, daß mehrere Verletzungen ein und derselben Person einzeln (MGH Const. 2, Nr. 427 § 69), alle beschädigten Körperteile gesondert zu büßen sind (→Sachsenspiegel Ldr II 16 §§ 5,6). Die verfahrensrechtl. Entwicklung läuft auf eine Dichotomie hinaus: Trockene Schläge werden der Nieder-, vulnera der Hochgerichtsbarkeit zugeordnet. V. a. aber wird das herkömml. Kompositionensystem durch die peinl. Strafen der Landfriedensgesetzgebung und der Stadtrechte überlagert. Typ., 'spiegelnde' Unrechtsfolge der K. ist der Handverlust (ZEUMER Nr. 9, c.3); spätere Q. betonen mitunter den Talionsgedanken (→Schwabenspiegel Ldr Normalform Uh 176a, 201b).

Als straflos gilt die (nicht letale) K., die der Haus-, Dienst- oder Lehrherr an seinen Schutzbefohlenen im Rahmen des Züchtigungsrechts verübt; auch die sog. Rechtelosen genießen keinen oder nur minderen Gerichtsschutz gegen K.en, die ihnen von 'ehrbaren Leuten' zugefügt werden. Strafverschärfend wertet das spätma. Recht, beeinflußt von der Kanonistik, die vorsätzl., in niederträchtiger Gesinnung begangene K. Berücksichtigt wird nun ferner das Interesse des Geschädigten an einem individuell bemessenen Schadensersatz. H. Drüppel

Lit.: HRG II, 1159ff. – SCHRÖDER-KÜNSSBERG, 382, 837f. – R. WILDA, Das Strafrecht der Germanen, 1842, 729ff. – J. GRIMM, RA I, 109; II, 184ff. – R. HIS, Das Strafrecht der dt. MA, 1920 [Neudr. 1964], I, 250ff., 600ff.; II, 95ff. – DERS., Gesch. des dt. Strafrechts bis zur Carolina, 1928, 125ff. – E. KAUFMANN, Das spätma. dt. Schadensersatzrecht..., ZRGGermAbt 78, 1961, 93ff. – H. CONRAD, Dt. Rechtsgesch. I, 1962², 173ff. – H. RÜPING, Grdr. der Strafrechtsgesch. 1981, 3f., 7, 12, 14.

Korrektor → Corrector litterarum apostolicarum

Korrektorienstreit. → Wilhelm v. la Mare OFM schrieb 1277 (oder wenig später) das »Correctorium fr. Thomae«, das in 2 Redaktionen überliefert ist: 1. Red. mit 118 Artikeln (aus der Summa, den Quaest. disp., den Quodlibeta und aus I Sent.), 2. Red. mit 138 Artikeln (nach 1286 verf., uned., Cod. lat. Vat. 4413). Die »Declarationes« (ed. F. PELSTER, Op. et text. 21, 1956) sind nicht das Ur-Correctorium, wie PELSTER meinte, sondern wurden nach der 2. Red. von einem anonymen Autor geschrieben. Das Correctorium kritisierte grundlegende philos.-theol. Lehren des Thomas v. Aquin. Sie betreffen Erkenntnis Gottes und der Engel, Wesensstruktur der reinen Geister, Einheit der substanzialen Form, Verhältnis der Seele zu ihren Potenzen, Verhältnis von Erkennen und Wollen, und auch den internen Streit der Mendikanten über das Verständnis der evangel. Vollkommenheit. Der Kritiker des Thomas erkannte auf »falsum« und »erroneum« bzw. auf Widerspruch zur Glaubenswahrheit. In 11 Artikeln erwähnt er auch 12 »errores« aus dem Verurteilungsdekret des Bf. →Tempier v. Paris (7. März 1277). Im Unterschied zu den Declarationes macht das Correctorium vom Pariser Verurteilungsdekret gegen die Artisten, das in England keine Gültigkeit hatte, kein bes. Aufheben; aber er dehnte die dort errichtete Frontstellung auch auf Thomas aus. – Schüler und Anhänger des Thomas verfaßten gegen das Correctorium, das sie als »Corruptorium« bezeichneten, Gegenschriften. »Correctoria Corruptorii« (= CC, in der Regel nach dem Anfangswort zitiert). Gegen die 1. Red. des Corr. richten sich: CC »Quare« des Wilhelm v. Knapwell OP (mit 118 Artikeln ed. P. GLORIEUX, Bibl. Thom. IX, 1927 zus. mit dem Corr. des Wilhelm de la Mare); CC »Sciendum« des Robert v. Orford OP (mit 118 Artikeln, ed. DERS., ebd. XXI, 1956); CC »Circa« des →Joh. Quidort v. Paris OP (mit 57 Artikeln, ed. J. P. MÜLLER, StAns XII–XIII, 1941); CC »Quaestione« des →Wilhelm v. Macklesfield OP (?) (mit 29 Artikeln, ed. DERS., ebd. XXXV, 1954). Das Apologeticon veritatis contra Corruptorium des Rambertus de' Primadizzi de Bologna (ed. DERS., StT 108, 1943) richtet sich nicht nur gegen das Corr. (2. Red.), sondern auch gegen andere zeitgenöss. Kritiker des Thomas.

Zahlreiche im Umfeld des K. entstandene Traktate und Quästionen (z. B. über das Formproblem), trugen wesentl. zur Ausbildung der thomas. Unterscheidungslehren (»Frühthomismus«) bei. Ebenso dürften hier einige ps.-epigraph. Schriften des Thomas (»De principio individuationis«, »De natura materiae et dimensionibus interminatis«) ihren Ursprungsort haben. L. Hödl

Lit.: LThK VI, 561f. – L. HÖDL, RTh 33, 1966, 81–114 – TH. SCHNEIDER, BGPhMA 8, 1973, 262–281 [Lit.] – M. D. JORDAN, Speculum. 57, 1982, 292–314 – R. HISSETTE, Misc. Med. 15, 1982, 226–246 – DERS., RTh 51, 1984, 230–241 – D. BURR, Speculum. 60, 1985, 331–342.

Korruption

I. Allgemeine Problematik – II. Mittelalter – III. Byzantinisches Reich.

I. ALLGEMEINE PROBLEMATIK: Ob etwas K. sei oder nicht, hängt wesentl. von der Existenz rationaler, an der sachl. Erfüllung öffentl. Aufgaben orientierter gesellschaftl. Organisationsformen und Verhaltensnormen und dem Ausmaß ihrer Akzeptierung ab. K. wird demzufolge als das öffentl. Verhalten definiert, das aus privatem oder Gruppeninteresse derartige Verhaltensnormen verletzt. Eine Wertung von Gut und Böse gibt es dabei nicht.

Die Phänomene selber lassen sich in die Grundtypen der Bestechung, der Erpressung, der Unterschlagung und der illegitimen Postenbesetzung einteilen, von der etwa der Ämterkauf ein Unterfall wäre. Bes. einschlägige Gebiete des öffentl. Handelns sind die Rechtsprechung, das Finanz- und das Beamtenwesen. Bei der Rechtsprechung stehen die schlichte Bestechung oder aber die schwierige Frage des Verhältnisses von objektiver Rechtslage und gesellschaftl. Einfluß im Vordergrund, beim →Finanzwesen neben dem Mißbrauch öffentl. Kassen v. a. die Praxis der Steuereintreibung und beim →Beamtenwesen die Fragen nach dem Erwerb des Amtes, den Kriterien der Beförderung, den Einkünften, der Amtsauffassung. Weiter ist auf die genaue Bestimmung des Verhältnisses zu verwandten Handlungsweisen zu achten, die nicht mit K. verwechselt werden dürfen, aber zu ihr beitragen können: Wann wird legitimer sozialer Einfluß zu korrupter Beeinflussung? Wann ist ein Geschenk nicht mehr Ausdruck der Höflichkeit oder der sozialen Reverenz, sondern Bestechung? Wann wird die gebotene Sorge für Verwandte und Klienten zur verbotenen Vetternwirtschaft?

Wichtig sind die Maßnahmen, die gegen K. getroffen werden. Je weniger ernsthaft und effektiv sich die Öffentlichkeit verhält, um so größer ist die soziale Akzeptanz des Vorgangs und um so schwieriger ist es, ihn als K. zu bezeichnen. Ebenso kann der Vorgang des K.saktes selber dafür aufschlußreich sein, wie akzeptiert das jeweilige Verhalten ist: durch den Grad der Reibungslosigkeit und des gegenseitigen Verstehens der Partner, durch die allg. Offenheit oder Verheimlichung des Aktes oder auch die Art, wie K. bezeichnet wird; sie ist oft Gegenstand verschleiernder, verschmitzter, amüsierter Umschreibungen. Insbes. die mehr oder weniger große Offenheit ist ein wichtiges Indiz: Je offener das von uns als K. Bezeichnete geschieht, um so deutlicher handelt es sich um ein adäquates Sozialverhalten, das bei völliger Abwesenheit von Widerstand oder negativer Bewertung schließl. nicht mehr korrupt ist, sondern ein normales Strukturprinzip darstellt. Wichtig sind weiter die Ursachen: Neben den unterschiedl. Auffassungen von öffentl. Verhalten, deren Konflikt K. zur Folge haben kann, ist der Gesichtspunkt des Bedürfnisses zu beachten. Wichtig ist auch die Frage nach der Funktion der K.: Negativ kann sie in der Auflösung von allg. akzeptierten Sozialverhalten gesehen werden. Sie kann aber auch viele positive Aspekte haben, die natürl. wieder von Wertungen abhängen. Als Durchbrechung ungerechter oder drückender Verhältnisse kann die K. eine humanisierende Funktion haben. Weiter kann die K., in großem Umfang betrieben, soziale Mobilität bewirken, indem Personen oder Bevölkerungsschichten durch sie nach oben gelangen können.

Method. erweist sich die K.sforsch. deshalb als fruchtbar, weil man durch den gewissermaßen negativen Zugriff Positives sich deutlicher abheben sieht, v. a. die Art und die Grade des öffentl. Verhaltens. Das vom Gesichtspunkt des Rationalen und Öffentl. korrupt Erscheinende kann dabei als personales und privates Verhalten interpretiert werden, das mit ersterem in Konflikt liegt. Beide Arten des Verhaltens kommen dabei nie rein für sich vor, sondern immer in »Gemengelage«. Für deren konkretes Mischverhältnis ist die K. ein Indikator und damit auch für Normenkonflikte und Normenwandel. W. Schuller

Lit.: W. SCHULLER, Ämterkauf im röm. Reich (Der Staat 19, 1980), 57–71 – K. im Altertum, hg. DERS., 1982 – J.-U. KRAUSE, Spätantike Patronatsformen im W des Röm. Reiches, 1987 – Political Corruption, hg. A. J. HEIDENHEIMER, M. JOHNSTON, V. T. LE VINE, 1989 – W. SCHULLER, Zw. Klientel und K. (Fschr. R. WERNER, hg. W. DAHLHEIM u. a., 1989), 259–268.

II. MITTELALTER: [1] *Zum Begriff:* Die (mittel-)lat. Vokabeln corruptio, corruptela, corrumpere, corruptus (u. a.) beziehen sich auf den materiellen Verfall (corruptio monetae), auf die metaphys. Vergänglichkeit (Gegensatz: corruptibilitas – incorruptibilitas) sowie auf Mißstände, Delikte, Verbrechen, Schadenswirkungen und Irrlehren (z. B. auf →Simonie: IV. Laterankonzil, 1215, c. 63). Das Verb 'corrumpere' trägt oft sexuellen Beiklang (c. virginem 'eine Jungfrau entehren'; se corrumpere 'sich mißbrauchen', 'in sündhafter Form ergießen'). Der heutige Begriff K. wird im MA ansonsten durch die Substantive abusus, (mala) consuetudo, obscuritas, fraus et dolus, vis et metus ('Erpressung'), defectus, scandalum, divisio u. a. umschrieben. Etwa seit dem 17. Jh. bezeichnet er eine unehrenhafte, normenwidrige (nicht aber notwendigerweise zugleich gesetzeswidrige) Handlungsweise von Personen des öffentl. Vertrauens bzw. die Interaktion zw. Privat- und Amtspersonen zum Zweck der (heiml., unüblichen) Herbeiführung eines wechselseitigen Vorteils. In diesem weiten Sinne ist K. nicht an eine bestimmte polit. und jurist. Form gebunden, etwa an die modernen Beamtenstaat (VAN KLAVEREN). Die Übertragung des Begriffs K. auf das MA erfordert aber eine im Einzelfall schwierige (bzw. unmögl.) Differenzierung zw. statthaftem Herkommen und normverletzenden Phänomenen. Unter diesen Einschränkungen kann auf einige Schwerpunktbereiche der ma. K. hingewiesen werden:

[2] *Städtischer Bereich:* Amtierende Ratmannen konnten durch Besitz, Verwaltung und Verpachtung kommunaler Ämter (z. B. Gericht, Wein, Bier, Akzise, Mühle, Saline, Zoll, Waage) hohe Erträgnisse erzielen und damit die durch die Prinzipien der Abkömmlichkeit und Ehrenamtlichkeit verursachten wirtschaftl. Nachteile kompensieren. Auch die Gebräuche der Kooptation und der Steuerfreiwilligkeit mußten derart Verdachtsmomente provozieren, so daß den Ratmannen während innerstädt. Erhebungen in stereotyper Form persönl. Bereicherung und Verschleuderung öffentl. Mittel vorgeworfen wurde (z. B. Augsburg, Köln, Lübeck). In Einzelfällen wurde das Privatvermögen destituierter Ratmannen beschlagnahmt; als »korrupt« geltende Ratmannen konnten hingerichtet werden. – Im 15. Jh. häufen sich zudem die Klagen der Umlandbevölkerung über unerträgl. Formen der Verwaltung und wirtschaftl. Bedrückung.

[3] *Adel und Amtsträger:* Die auf Zeit berufenen und vom Herrscherwillen abhängigen ständ. Amtsträger (Vogt, Schultheiß, Burggf., kgl. Vikar), die weder über ein festes Gehalt noch über die Erstattung der amtsbedingten Auslagen verfügten, mußten ihr Einkommen aus dem übertragenen Tätigkeitsbereich bestreiten und waren daher oft geneigt, die Einkünfte nach dem Gewinnprinzip zu maximieren, die Rechtsprechung zum eigenen Vorteil auszulegen und aufbegehrende Abhängige mit Gewalt zurückzudrängen. Gravierende Mißstände resultierten auch aus der entgeltl. Unterverpachtung an Dritte. – Die Verminderung der Grundherrschaft des spätma. Hochadels sowie der Fall der Feudalrente des Niederadels begünstigten Formen der unrechten →Fehde bzw. der einfachen Bandenkriminalität wie Straßenraub (Überfälle auf Kaufleute), Entführungen mit Lösegeldforderungen, Brandschatzung und Kirchenfrevel. Städt. Selbsthilfebündnisse

und gesetzl. Maßnahmen (z. B. →Maiestas Carolina für Böhmen) suchten diese Auswüchse vergebl. einzuschränken.

[4] *Kirche:* Die Bestimmungen »De vita et honestate« (X.3.1-3) fanden im späten MA oft keine Beachtung (→Klerus). Das Kirchenrecht wurde durch geldgierige Amtsträger (Officiales, Procuratores, Advocatores, Latores etc.) oft zu Lasten der illiteraten (Land-)Bevölkerung gehandhabt. Willkürl. oder nichtvollzogene Fristsetzungen, Abpressung privater »Schenkungen«, Bestechung, Parteienverrat und Auswüchse des Schuldbanns trugen zur Erbitterung breiter Kreise bei. Allg. beklagt wurden die hohen Nebenkosten, die die Rechtsgewährung an der röm. →Kurie erforderten. Als bes. korrupt galten einige »Renaissancepäpste« und deren Berater, denen Beförderung unreifer Günstlinge, Versorgung eigener Kinder [s. a. →Nepotismus], die Anwendung von Lüge und Mord sowie offener Ämterschacher zur Last gelegt wurde.

[5] *Könige:* Formen kgl. K. sind: Rechtsbeugung und Verfolgung Unschuldiger (z. B. Templermorde durch Philipp IV. v. Frankreich; →Templer), schockierende Greueltaten (z. B. Tötung des →Johannes v. Pomuk [160.J.] durch Kg. Wenzel), Geiselnahme (z. B. die Festsetzung 400 hans. Kaufleute durch Erich v. Pommern [→Erich VII.]) und persönl. Bereicherung.

B.-U. Hergemöller

Lit.: Hb. der Wirtschaftswiss. IV, 1978, 565-573 [K. Schmidt – Ch. Garschagen] – J. van Klaveren, Die hist. Erscheinung der K., VSWG 84, 1957, 289-324 – *[zum späten MA]*: A. Esch, Das Papsttum unter der Herrschaft der Neapolitaner (Fschr. H. Heimpel, II, 1972), 713-800 – K. Fritze, Bürger und Bauern zur Hansezeit, 1976 – P.-J. Schuler, Die »armen lüt« und das Gericht (VuF 23, 1977), 221-236 – D. Brosius, Eine Reise an die Kurie i. J. 1461 (QFIAB 58, 1978), 411-440.

III. Byzantinisches Reich: 'K.' war in der byz. Welt ein System der Ausübung privater Macht zur Erlangung von öffentl. oder privaten Zielen oder Vorurteilen, unter Ausnutzung einer latenten Willfährigkeit der staatl. oder kirchl. Autoritäten. Dieses System beruhte auf einem »Korpsgeist« innerhalb der Bürokratie und wurde durch die Vermischung privater und öffentl. Momente im Beamtenwesen gefördert. K. fand ihren Ausdruck in Patronage (zugunsten von Verwandten, Freunden, früheren Bediensteten und Sklaven), Bestechungsgeldern, die auch offiziellen oder halboffiziellen Charakter annehmen konnten (Geschenke an Amtsinhaber oder Lehrer, Sporteln für Richter oder Steuereintreiber), moral.-religiösem Druck zur Erlangung frommer Zuwendungen (z. B. Erpressung einer Stiftung für ein Kl.), eigennütziger Verwendung von Untergebenen als Arbeitskräfte (Ausbeutung von Soldaten durch einen Strategen, von Bauern durch einen örtl. Grundbesitzer). Weitverbreitete Formen waren der illegale Erwerb von privaten Besitztümern durch Beamte oder mächtige Nachbarn, die Erpressung eines über die staatl. festgesetzte Norm hinausgehenden Steueranteils durch Fiskalbeamte oder die Aneignung von staatl. Eigentum (z. B. Tauwerk oder anderen für die Schiffsausrüstung bestimmten Gütern). Der Staat duldete und institutionalisierte z. T. diese Praktiken (Bezahlung mancher Statthalter durch die örtl. Bevölkerung, Richter durch Prozeßparteien usw.). Institutionalisierte Formen der K. waren auch die Verpachtung des Rechts der Steuereinziehung (üblicherweise in öffentl. Versteigerung); dies ebnete einer verbreiteten Käuflichkeit von Ämtern und Würden in Verwaltung und Hofdienst den Weg; sehr gesucht waren Titel, die mit einer lebenslangen Pension, der Roga, verbunden waren.

Gleichwohl war der Staat bestrebt, die K. der →Mächtigen einzudämmen, da deren wachsender privater Einfluß als für den Staat bedrohl. angesehen wurde. Zu den entsprechenden Maßnahmen gegen K. zählten: das Verbot des Landkaufs für Statthalter in ihrem Amtsbezirk; die Aufrechterhaltung des gerechten Peises; die Gesetzgebung mehrerer Ks. des 10. Jh., die die Verdrängung der »Schwachen« durch die »Mächtigen« zu unterbinden suchte; das Verbot des Unterhalts privater Gefängnisse; die Bekämpfung des privaten Gefolgschaftswesen und der sog. Prostasia (προστασία), der privaten 'Kommendation'. Hieraus ergibt sich, daß K., die sich im üblichen Rahmen der Verwaltungsstrukturen bewegte, zwar vielfach toleriert wurde, eine Bekämpfung aber stets dann einsetzte, wenn starke Kräfte, die den Staat gefährden konnten, sich der K. bedienten.

Die Haltung der byz. Gesellschaft gegenüber K. war zwiespältig. Sie wurde begünstigt durch die Idee der Philia (φιλία), der Freundschaft, die insbes. im 11. und 12. Jh. propagiert wurde (z. B. durch Michael →Psellos), wobei als φίλοι nicht nur persönl. Freunde und nahe Verwandte, sondern auch Untergebene und Abhängige unbedingte Förderung erfahren sollten. Anderseits lehnten viele Byzantiner bestimmte Formen der K. ab; dies galt selbst für institutionalisierte Praktiken wie Titelkauf oder Steuerpacht; Niketas →Choniates beklagte, daß Männer von geringer Herkunft, ohne Fähigkeiten noch Erfahrung, sogar militär. Ämter käufl. erwerben könnten. Dagegen verurteilte →Kekaumenos die Steuerpacht nicht aus moral. Bedenken gegen unlauteren Gewinn, sondern wegen ihres riskanten Charakters. Exzessive, eindeutig verbrecher. Formen der K. werden bei Choniates geschildert; z. B. der üble Fall eines Gefängnisverwalters in Konstantinopel namens Lagos, der die Gefangenen über Nacht freiließ, um am nächsten Morgen das Raubgut mit ihnen zu teilen. Zu einem handfesten Skandal kam es 1336/37, als vier Oberste Richter (καθολικοί κριταί) der K. angeklagt wurden und nur einer freigesprochen wurde. A. Kazhdan

Lit.: G. Kolias, Ämter- und Würdenkauf im früh- und mittelbyz. Reich, 1939 – P. Lemerle, Le juge général des Grecs et la réforme judiciaire d'Andronic III (Mémorial L. Petit, 1948), 292-316 – I. Ševčenko, Léon Bardalès et les juges généraux, Byzantion 19, 1949 [Nachdr. in: Ders., Society and Intellectual Life in Late Byzantium, 1981, 247-259] – R. Guilland, Vénalité et favoratisme à Byzance, RevByz 10, 1953, 35-46 [Nachdr. in: Ders., Recherches sur les institutions byz. I, 1967, 73-83] – G. J. Theocharides, Die Apologie der verurteilten höchsten Richter der Römer, BZ 56, 1963, 69-100 – P. Lemerle, 'Roga' et rente d'état aux Xe-XIe s., RevByz 25, 1967, 77-100 – P. Veyne, Clientèle et corruption au service de l'État, Annales 36, 1981, 339-360 – R. MacMullen, Corruption and the Decline of Rome, 1988, 58-121.

Korsaren → Kaper, -schiffahrt

Korseke (it. *corsesca*), spätma. Stangenwaffe mit drei gegabelten Spitzen, wobei die äußeren meist gezackt sind.

O. Gamber

Lit.: L. Boccia – E. Coelho, Armi Bianche It., 1975.

Korsika (Corse), Mittelmeerinsel. Aufgrund ihrer günstigen Lage im Herzen des w. Mittelmeerbeckens reizte die Insel zu allen Zeiten fremde Eroberer. Nachdem K. unter röm. Herrschaft im 2. und 3. Jh. n. Chr. eine Periode relativen Wohlstands erlebt hatte, wurde es seit dem 4. Jh. wie andere Gebiete des Imperiums zur Zielscheibe von Invasionen und Völkerbewegungen. Während des Niedergangs des röm. Reiches wurde die durch Steuerdruck verarmte Provinz von der Zentralgewalt aufgegeben. Inmitten des Verfalls bildete ledigl. die bereits stärker verankerte Kirche einen Stützpfeiler des sozialen und wirtschaftl. Lebens. Von mehreren Invasionen heimgesucht (Westgoten, 410; Vandalen, 455; Ostgoten, 500), fiel K. unter Justinian an das Byz. Reich, dessen sonst so rege Bautätigkeit auf der Insel keine Spuren hinterlassen hat. 575 landeten die Langobarden, die aber nur einige strateg. wichtige Küstenplätze besetzten, während das Landesinnere in byz. Hand verblieb. Die Periode der Invasionen trug, nicht zuletzt durch vehemente Steuerforderungen, zum weiteren wirtschaftl. Ruin K.s bei.

Einen Neuansatz bildete der Pontifikat →Gregors I. d. Gr. (590–604), der im Zeichen seines reformer. Wirkens die Insel als Missionsgebiet reklamierte und hier den chr. Glauben, die Kirchenorganisation und die Durchsetzung des kanon. Rechts entscheidend förderte. Trotz der Schwierigkeit, ins abgeschlossene Landesinnere vorzudringen, gelang es dem Papst, erste Grundlagen einer Verwaltung zu schaffen; die lange vakant gebliebenen Bm.er wurden nun auf Dauer neubesetzt. Während die zerfallende byz. Herrschaft die sozialen Ungleichheiten vertiefte, bildete die kirchl. Herrschaftsgewalt das eigtl. Moment der Stabilität und Kontinuität; die auf die Autorität des Papstes verpflichteten Bf.e wurden zu echten Oberhäuptern der Bevölkerung.

Eine neue Bedrohung erwuchs der Insel durch die Einfälle der →Sarazenen, die seit dem frühen 7. Jh. die Mittelmeerküsten verwüsteten (→Razzia). In dieser Zeit kehrten auch die Langobarden zurück, die versuchten, K. gegen den Ansturm der Muslime zu verteidigen. Über Jahrhunderte war die Gesch. der Insel von blutigen Kämpfen zw. den Sarazenen und lokalen Herren (wie dem berühmten Gf.en Arrigo Bel Messere, †1000) bestimmt, wobei sich auf chr. Seite auch auswärtige Mächte beteiligten, die damit Herrschaftsansprüche auf K. (oder Teile der Insel) anmeldeten. Die Gesch. K.s in dieser dunklen Periode ist fast ausschließl. durch spät, mit Legenden durchsetzte Q. (Chronik des Giovanni della Grossa, 1388–1464) bekannt. Folge der Invasionszeit war wohl eine starke sarazen. Prägung; die sozialen Strukturen K.s waren infolge der ständigen inneren Kämpfe des Feudaladels geschwächt.

Im 11. Jh. übte das Papsttum (→Kirchenstaat) nach wie vor die Oberherrschaft über K. aus. Gregor VII. übertrug die Verwaltung an →Pisa. Die pisan. Schutzherrschaft sicherte der Insel für mehrere Jahrzehnte Frieden und Wohlstand. Zahlreiche Kirchen wurden errichtet (u. a. 'la Canonica'). 1124 landeten die Genuesen (→Genua) auf K. und machten in erbitterten Kämpfen den Pisanern den Besitz streitig. Zur Dämpfung der Rivalität der beiden Stadtrepubliken teilte Papst Innozenz II. die Diöz.n K.s unter ihnen auf. Diese Maßnahme konnte die Feindseligkeiten jedoch nicht beenden. Gestützt auf einen örtl. Herrn, Sinucello della Rocca (den 'Giudice di Cinarca'), konnten sich die Pisaner noch einige Zeit halten, räumten dann aber den Genuesen das Feld. Deren Vordringen rief jedoch starken lokalen Widerstand hervor, der trotz aller Fehlschläge immer wieder aufflackerte.

1297 übertrug Papst Bonifatius VIII. dem Kg. v. →Aragón die Suzeränität über K. und →Sardinien. Gemäß der durch die Rivalität zw. Aragón und Genua geprägten neuen Situation entstand eine Teilung der Insel in zwei 'campi': der N, die sog. 'Terra dei Signori', war beherrscht von einem starken lokalen Feudaladel, der sich an Aragón anlehnte; der S, die sog. 'Terra dei Comuni', erlebte 1358 eine Volksbewegung unter dem Nationalhelden Sambuccio d'Alando, durch die egalitär-kommunale Herrschaftsformen geschaffen wurden: Organisation der *Pieve* (Pfarrbezirke) unter je drei gewählten 'Vätern', Gemeineigentum des Landes, das nach dem Rotationsprinzip vergeben wurde. Dieses soziale Experiment scheiterte aber schon nach einem Jahr, woraufhin die Aufständischen Genua um Hilfe ersuchten und sich zur Zahlung einer jährl. Kopfsteuer verpflichteten. Mit diesem Bündnis hatte Genua eine neue Legitimationsbasis seiner Herrschaftsansprüche gefunden. Der Kampf zw. N und S hielt nun über Jahre mit Heftigkeit an; Aragón beherrschte den S mit Hilfe des Vincentello d'Istria, der zum Vizekg. erhoben wurde. Die immer drückendere Macht Genuas setzte sich schließlich durch; das anderweitig gebundene Aragón zog sich 1434 aus K. zurück.

Auch in den folgenden zwei Jahrzehnten ging der verheerende N-S-Konflikt weiter. Schließlich trat Genua, von innerit. Schwierigkeiten bedrängt, seine Herrschafts-, Gerichts- und Fiskalrechte an die →Casa di S. Giorgio ab, die in Genua einen Staat im Staate bildete. Nachdem sich die Casa des Treueids der 'Terra dei Comuni' versichert hatte, nahm sie den Kampf gegen die Herren des S auf, unterbrochen von dem Zwischenspiel einer Herrschaft des Hzm.s →Mailand (1463–78). Mit dem Wiederantritt ihrer Herrschaft (1478) eröffnete die Casa di S. Giorgio einen neuen Krieg gegen den S, in dessen Verlauf die erste große Auswanderungsbewegung von Korsen auf das südfrz. Festland erfolgte. Die jahrhundertelangen Invasionen und Bürgerkriege hatten für K. einen allseitigen Rückstand zur Folge, der sich in der Folgezeit noch verschärfen sollte. B. Andrei

Lit.: H. TAVIANI, Corse, terre de Saint Pierre (Hist. de la Corse, hg. P. ARRIGHI, 1971) – PH. PERGOLA, Vandales et Lombards en Corse, 1981 – O. JEHASSE, Corsica Classica, 1986 – S. GRIMALDI, La Corse et le monde, 1988 – J. A. CANCELLIERI, Corses et Génois... (État et Colonisation au MA et à la Renaissance, hg. M. BALARD, 1989).

Korsun' → Chersonesos

Körtling ('Kurzling'), niedersächs. Groschenmünze, zunächst im Wert von 6 Pfennigen erstmals 1429 in Göttingen im Gewicht von 1,58 g geprägt, in Einbeck seit 1498, in Northeim seit 1540, in Osterode und Dortmund 1541/42 nachgeahmt. Um 1480/1501 wurde der Wert auf 8 Pfennig erhöht. Als K.e wurden im 16. Jh. weitere niedersächs. und ostwestfäl. Kleinmünzen bezeichnet, so die von 1536–55 nach dem Vorbild der Tiroler →Kreuzer in Münden, Hildesheim, Goslar, Hameln, Minden und Herford geprägten Münzen. P. Berghaus

Lit.: F. v. SCHROETER, Wb. der Münzkunde, 1930, 313 [A. SUHLE] – H. BUCK, Das Geld- und Münzwesen der Städte in den Landen Hannover und Braunschweig, 1935, 25 – B. DORFMANN, Norddt. K.e nach Kreuzertyp, HBNum 3, 1949, 70–80 – U. E. G. SCHROCK, Münzen der Stadt Göttingen, 1987, 16–18.

Kortrijk (frz. Courtrai), Stadt an der Leie (Lys) in der ehem. Gft. →Flandern (Belgien, Prov. Westflandern). Im FrühMA Vorort des 'pagus Curtracensis', seit dem 11. Jh. Sitz einer Kastellanei. Schon in gallo-röm. Zeit wichtiger vicus, wird K. zu Beginn des 8. Jh. als municipium gen., in der 2. Hälfte des 9. Jh. als civitas. Trotz der zentralörtl. Bedeutung im FrühMA (Münzprägung) setzte die Stadtentwicklung erst am Ende des 12. Jh. ein (1190: oppidum). K. war bevorzugte Residenz des Gf.en Balduin IX. (1194–1206), der um 1200 in der Burgkirche ein Säkularkanonikerstift einrichtete. In einer Urk. dieses Gf.en wird auch erstmals der Jahrmarkt erwähnt (1197). Das 13. und die 1. Hälfte des 14. Jh. waren eine starke Wachstumsperiode, gestützt auf das reiche Tuchgewerbe, dessen erstes Privileg von der Gfn. →Johanna, Tochter Balduins IX., verliehen wurde (1224). Die feinen K.er Tuche, hergestellt aus engl. Wolle, waren im gesamten Hansegebiet, Frankreich und Italien begehrt. K. schuf sich eine städt. Infrastruktur (Hospitäler, um 1233 Leprosorium, 1242 Beginenhof, 1265–67 Verlegung der Abtei OCist Groeninge in die Umgebung der Stadt). Der Wohlstand der Stadt kommt noch 1360 in der Erhöhung der Schöffenzahl von 7 auf 13 zum Ausdruck. Das späte 14.Jh. war für K. eine Krisenperiode. Im 1. Viertel des 15. Jh. wurde die Tuchproduktion, die nach wie vor die Schlüsselstellung in der städt. Wirtschaft behauptete, neubelebt. An die Stelle des in Verfall geratenen alten Tuchgewerbes trat jedoch seit Mitte des 15. Jh. die Herstellung eines feinen Leinengewebes. Die städt. Bevölkerung umfaßte 1440 ca. 5400, 1530 über 6900 Einw. G. Declercq/P. Stabel

Lit.: Ph. Despriet, 2000 jaar K., 1990 – E. Warlop, De middeleeuwen (De geschiedenis van K., hg. N. Maddens, 1990), 34–147.

Kortrijk, Schlacht v. ('Goldsporenschlacht', nach den erbeuteten vergoldeten Sporen der frz. Ritter), fand statt am 11. Juli 1302, zw. Mittag und 15 Uhr, vor den Mauern von →Kortrijk zw. dem kgl. frz. Ritterheer unt. Robert II. v. Artois und dem Heer der Flamen, bestehend vorwiegend aus den Milizen der Städte und geführt von Gui v. Namur und Wilhelm v. Jülich, zwei jüngeren Söhnen des Gf.en v. →Flandern, →Gui v. Dampierre, der selbst in frz. Gefangenschaft lag. Unter den Führern der Stadtmilizen sind namentl. Pieter de →Coninc und Jan →Breidel aus Brügge sowie Jan →Borluut aus Gent zu erwähnen. Beide Heere umfaßten je ca. 8000 Mann, wobei die Franzosen mit 2500–3000 Rittern gegenüber den Flamen, die vorwiegend Fußvolk aufboten (nur ca. 350 Berittene), ein qualitatives Übergewicht hatten. Durch taktisch günstige Aufstellung zw. den Mauern von K. und der Groeningebeek konnten die Flamen den frontalen Angriff der schweren frz. Reiterei brechen und den Sieg erringen. Der Tod von ca. 1000–1100 frz. Rittern (unter ihnen Robert v. Artois) sorgte in Westeuropa für nachhaltiges Aufsehen. K. war ein Wendepunkt im 1297 ausgebrochenen Konflikt zw. dem Gf.en v. Flandern und dem Kg. v. Frankreich, →Philipp IV. d. Schönen. Trotz des militär. Erfolges der Flamen konnte Frankreich auf diplomat. Feld sein Übergewicht behaupten (Vertrag v. →Athis-sur-Orge, 1305). Für die innere Entwicklung der Gft. und ihrer großen Städte markiert K. die definitive polit. Emanzipation der Handwerkerschaft, die das Machtmonopol des alten Patriziats durchbrach. Die Goldsporenschlacht blieb fortan ein Symbol des fläm. Freiheitskampfes. M. Boone

Lit.: J. F. Verbruggen, De Slag der Gulden Sporen, 1952 – Ders., 1302 in Vlaanderen. De Guldensporenslag, 1977 – Algemene geschiedenis der Nederlanden, T. 2, 1982, 403–415 [M. Vandermaesen].

Kosače, Adelsfamilie aus Bosnien im 14. bis 17.Jh. Der Aufstieg der K. begann mit Vuk K. um die Mitte des 14. Jh. Sein Sohn Vlatko Vuković war Befehlshaber (vojvoda) des Kg.s →Tvrtko I. Die erweiterten Familienbesitzungen erbte 1392 sein Neffe Sandalj Hranić K. Bis 1410 bemächtigte sich Sandalj eines großen Territoriums zw. den Flüssen Neretva und Lim und der Bucht v. →Kotor. Sein Nachfolger war der älteste Neffe Stefan Vukčić K. Nach Stefans Titel 'herceg svetoga Save' wurde sein Territorium später →Herzegowina gen. Von seinen drei Söhnen stammen die Zweige der K. ab: die Nachkommen Vladislavs in Ungarn und Walachei (ausgestorben nach 1605), die Nachkommen Vlatkos in Venedig (ausgestorben 1642) und die Nachkommen des islamisierten Aḥmed Hersekoglu (als Kind Stefan), die sich bis 1585 verfolgen lassen. S. Ćirković

Lit.: →Herzegowina

Kosaken, ethn. heterogene, in den Randzonen des ostslav. Siedlungsraumes lebende Grenzerbevölkerung, deren Name (aruss. kozak) auf das türk. qazaq 'herumstreifender Räuber, Abenteurer, freier Krieger, der keinem Fs.en unterworfen ist' zurückgeht und seit dem 13. Jh. auftaucht. Urspgl. handelte es sich um vorwiegend turksprachige (kuman.? »tatar.«) Elemente, die sich aus dem Reichsverband der →Goldenen Horde gelöst und im Niemandsland zw. der Horde und den Gfsm.ern →Litauen und →Moskau niedergelassen hatten. Seit Ende des 15. Jh. schlossen sich ihnen ostslav. Gruppen an, u. a. auch flüchtige Bauern (uchodniki), die sich den vermehrten Belastungen durch ihre Grundherren entzogen hatten. Die Grundlage der wirtschaftl. Existenz der K. bildeten neben Fischfang und Jagd Raubzüge und Flußpiraterie (»Steppenbeutertum«). Andere Gruppen traten als besoldete Grenzwächter, Kundschafter und Kuriere in den Dienst genues. Schwarzmeerkolonien, Litauens, Rjazans und Moskaus. Sie genossen dort weitgehend Steuerfreiheit, während ihre Führungsschicht in Moskau der untersten Dienstadelsklasse der »Bojarenkinder« (deti Bojarskie) rechtl. gleichgestellt war. Heerwesen und Gesellschaftsstruktur der ostslav. K. weisen, wie auch die Terminologie (ataman, yurt u. ä.) verrät, z. T. tatar. Einfluß auf. Erst mit dem Aufkommen organisierter K.heere um die Mitte des 16. Jh. gewann das slav. Element endgültig die Vorherrschaft. H. Göckenjan

Lit.: M. Hruševskyj, Istorija Ukraïny-Rusy VIII, 1909 – G. Stökl, Die Entstehung des K.tums, 1953 – V. A. Golobuckij, Zaporožske kazačestvo, 1957 – A. v. Gabain, Kazakentum, ActaOrHung 11, 1960, 161–167 – G. Doerfer, Türk. und mongol. Elemente im Neupers., III, 1967, 462–468 – P. Rostankowski, Siedlungsentwicklung und Siedlungsformen in den Ländern der russ. K.heere, 1969 – Ph. Longworth, Die K., 1973 – C. Goehrke, Die russ. K. im Wandel des Geschichtsbildes, SchZG 30, 1980, 181–203 – N. J. Nikitin, O formacionnoj prirode rannich kazač'ich soobščestv (Feodalizm v Rossii, 1987), 236–245 – G. P. March, Cossacks of the Brotherhood, 1990.

Kosmas und Damian, hl. (Feste: 1. Juli, 17. Okt., 1. und 18. Nov.). [1] *Legende:* Die urspgl. Legende des Brüderpaars K. und D. ist zuerst syr. überliefert: die Ärzte K. und D., 'Anargyroi' gen., weil sie kein Geld annehmen durften, arbeiteten in Pheremma bei Kyrrhos (Kilikien) im 'Sohn-Gottes-Hospital' und wurden 282/283 unter der Regierung des Karinus durch einen eifersüchtigen Kollegen umgebracht (BHG 376). Das Brüderpaar ist schon durch →Johannes Malalas im 6. Jh. bezeugt. Danach wurde die Geschichte in den ö. Texten in Rom angesiedelt. Eine zweite Legende geht von Konstantinopel aus, derzufolge sich das Grab in Pheremma befindet. Dort hätte D. einmal Eier (als Lohn) von einer Frau angenommen, weshalb K. nicht mit ihm zusammen begraben werden wollte. Nach D.s Tod heilt K. eine Kamelstute, die nach K.' Tod deutl. erklärt, daß beide Brüder zusammen begraben sein sollten. Diese asiat. Fassung (BGH 372, Wunder BGH 385–392) ist meist gr., aber auch arab., georg. und lat. überliefert. Eine dritte 'arab.' Legende erscheint in Aigai in Kilikien, wo die Anargyroi zusammen mit drei weiteren Brüdern arab. Herkunft unter Diokletian umgebracht wurden. Diese Version (BHG 378/9) entwickelte sich in Ägypten und wurde 530 von Felix IV. in Rom durchgesetzt. 443 gab es bereits zwei K. und D.-Kirchen in Konstantinopel. Rom scheint schon unter Felix II. (335–365) eine K. und D.-Kirche gehabt zu haben ('ad sanctam Mariam'). Die Verehrung der 5 Märtyrer wurde 569 durch Justinus II. in Konstantinopel eingeführt. Die Zersplitterung des Anargyrendossiers in drei Parallellegenden ist höchstwahrscheinl. durch innerkirchl. Streitigkeiten zu erklären: Die Kopten führten die Verfolgungen durch Diokletian auf den Verrat des Bf.s v. Antiochia zurück, denn vorher konnten die Anargyroi ihr Christentum frei ausüben. Hinter diesen Vorstellungen stehen die alexandrin. Vorwürfe gegen Paulus v. Samosata. Das gr. Synaxar gibt die drei Legenden unabhängig voneinander wieder und zählt damit je drei K. und D. M. van Esbroeck

[2] *Kultverbreitung:* Der Kult im O nahm seinen Anfang an den Grabstätten der Hl.n in oder bei Kyrrhos, verbreitete sich nach Edessa, Aleppo, Jerusalem und Konstantinopel (Pilgerziel und Hospital beim Blachernenpalast), von dort in den Balkan, nach Italien und Rußland. Von Rom aus, wo die Anargyroi im 4. Jh. in den Meßkanon aufgenommen wurden, gelangte ihre Verehrung zu einer schnellen Verbreitung auch in W- und Mitteleuropa, zu welcher der OSB nicht unwesentl. beitrug. Bereits Gregor v. Tours besaß Reliquien von K. und D., im 9. Jh. waren solche im Besitz von Centula, Prüm, Essen und Hildesheim, im 10. Jh. von Bremen. Im späteren MA finden sich zahlreiche Kultstätten u. a. in den Hansestädten und im schwäb.-alem. Raum. Es bildeten sich eine Reihe von Bruderschaften. Jacobus de Voragine nahm in seine »Legenda aurea« die 'arab.' Fassung für K. und D.-Legende auf. K. und D. gelten als Patrone der Ärzte, Kranken, Barbiere, Bader und Chirurgen, Helfer gegen die Pest und in Seenot.

[3] *Darstellung:* Als Hauptvertreter der Anargyroi erscheinen K. und D. im O regelmäßig im Bildprogramm der Kirchen. Bereits in vorikonoklast. Zeit sind Darstellungen häufig (H. Georgios, Thessalonike, Kuppelmosaik, letztes Viertel 4. Jh., SS. Cosma e Damiano, Rom, 526/530, Poreč, 6. Jh.). Nach dem Bilderstreit werden K. und D. (vorwiegend in Frontalansicht) als hl. Ärzte mit ihren Stand kennzeichnenden Attributen dargestellt. Auch im W führen sie Arztattribute (Gürteltasche, Pillenschachtel, ärztl. Instrumente, Harnglas), im späteren MA werden sie zuweilen durch die Tracht differenziert (akadem. Arzt, Wundarzt). Episoden ihrer Legende ('arab.' Fassung) finden sich als Zyklus oder Einzelszenen (im W beliebt ist die Verpflanzung des Mohrenbeins.)

Lit.: LCI VII, 344–352 [W. ARTELT] – A. WITTMANN, K. und D., Kultausbreitung und Volksdevotion, 1967 – M. VAN ESBROECK, La diffusion orientale de la légende des saints C. et D. (Hagiographie Cultures et Sociétés IVe–XIIe s., 1981), 61–77 [Bibliogr.].

Kosmas (s. a. Cosmas)

1. K. Indikopleustes (so seit dem 9. Jh.; vielleicht von Kosmos 'Welt'; Indikopleustes = 'Indienfahrer'), in der 1. Hälfte des 6. Jh. in Alexandreia lebender Autor (eigentl. Name unbekannt), von dessen Werken nur eine chr. Topographie erhalten ist, in der seine übrigen verlorenen (?) Schr. (Werk über die Geographie; Abh. über den Lauf der Sterne; Komm. zu Hld) erwähnt sind. Er bezeichnet sich in der urspgl. Version als (nestorian.) 'Christ', war ein Gewürzhändler, der das Mittelmeer, das Rote Meer und den Pers. Golf bereiste und bis an die Küsten Somalias gelangt war, über Indien und Ceylon jedoch nicht als Augenzeuge berichtet. Das in drei für die Ausg. maßgebl. Hss. und verschiedenen Frgm.en erhaltene Werk (Titel »Τοπογραφία Χριστιανική« nur in einer Hs. überliefert) verdankt seine Beliebtheit der Tatsache, daß in ihm dem heidn. ein bewußt chr. Weltbild entgegengestellt wird: in deutl. Opposition gegen die Kugelgestalt ist die Erde als viereckige Scheibe gedacht, über die sich zweigeschossig der Himmel wölbt. Trotz des Urteils des →Photios (Bibl., Cod. 36) über K. als 'Märchenerzähler' beeinflußte das Werk dank vieler Väterzitate und erbaul. Geschichten verschiedene Werke der byz. Lit. und Kunst, und kann als einer der wenigen byz. Versuche gelten, naturwiss. Vorgänge ganz in chr. Interpretation darzustellen.

P. Schreiner

Ed. und Lit.: HUNGER, Profane Lit. I, 520f., 528–530 – Tusculum-Lex., 1982³, 452f. – W. WOLSKA, La 'topographie chrétienne' de C. I., Théologie et science au VIe s., 1962 – C. I. Topographie chrétienne, ed. W. WOLSKA-CONUS, 3 Bde, 1968–73 – DIES., RevByz 48, 1990, 155–191.

2. K. v. Majuma, Beiname 'der Melode', 'Hagiopolites' u. a.; Lebensdaten unsicher, Adoptivbruder des →Johannes Damaskenos. Mit ihm zusammen unterrichtet von einem Mönch gleichen Namens, wurde er zu Anfang des 8. Jh. mit Johannes Mönch in Mar Saba. Wohl 735 zum Bf. v. Majuma gewählt, starb er kurz nach 750. Er gilt, zusammen mit Johannes und →Andreas v. Kreta, als Schöpfer einer neuen Form liturg. Dichtung, der Kanones. Wahrscheinl. sind ihm alle Dichtungen unter dem Namen 'Kanones des Mönchs' zuzuteilen. Seine Gesänge haben ihren festen und hervorragenden Platz im orth. Stundengebet. Gedächtnis am 14. Okt.

H. M. Biedermann

Ed.: MPG 98, 459–524 [Dichtungen]; 38, 340–680 [Scholien zu Gregor v. Nazianz] – W. CHRIST-M. PARANIKAS, Anthologia Graeca carminum Christianorum, 1871, 161–204 – *Lit.:* DACL III, 2993–2997 – ThEE VII, 884–887 – BECK, Kirche, 515 [Lit.] – TH. DETORAKIS, *K. ὁ Μελωδός. Βίος καὶ ἔργον,* 1979 [Lit.] – NONNE IGNATIJA, Bogoslovskie trudy 22, 1981, 116–138.

3. K. (Kozmas) **Presbyter,** bulg. kirchl. Schriftsteller, 2. Hälfte 10. Jh., vermutl. Prediger in der Umgebung des bulg. Herrschers, verfaßte nach 972 in der Zeit der durch die byz. Eroberung Bulgariens unter Ks. Johannes Tzimiskes hervorgerufenen Unruhen eine »Widerlegung« (Beséda) des →Bogomilentums. Neben Frgm. aus dem 12. Jh. ist der vollst. Text in russ. Hss. ab dem 15. Jh. (Leningrad, GPB, Solov. 856, a. D. 1491–92) erhalten. Nach einer Darlegung der bogomil. Lehre vermittelt K. wichtige Angaben zur sozialen, ökonom. und kulturellen Lage Bulgariens, v. a. in bezug auf Mängel im Klerus. Unterschiede in Stil und Ton zw. beiden Teilen führten zur Annahme (KISELKOV) zweier urspgl. getrennter Abhandlungen. Bes. wichtig für die Gesch. des slav. Bibeltextes sind die zahlreichen Bibelzitate.

Ch. Hannick

Ed.: M. G. POPRUŽENKO, Kozma Presviter bolgarskij pisatel' X. v., Bŭlgarski starini 12, 1936 – A. VAILLANT, Textes vieux-slaves I, II, Textes publ. p. l'Inst. d'Etud. Slav. 8, 1968, 83, 99–168 – JU. K. BEGUNOV, Kozma Presviter v slavjanskich literaturach, 1973 – *Übers.:* H.-CH. PUECH–A. VAILLANT, Le traité contre les Bogomiles de Cosmas le Prêtre, Trav. publ. p. l'Inst. d'Etud. Slav. 21, 1945 – Kozma Presbyterens traktat mod bulgarske kaettere (Bogomilerne), übers. u. komm. G. SVANE, 1971 – Stara bŭlgarska literatura II, Oratorska proza, ed. L. GRAŠEVA, 1982 – *Lit.:* SłowStarSłow 2, 499f. – BLGO II, 497f. – M. GAGOV, Theologia antibogomilistica Cosmae P. i bulgari (S.X) 1942 [lat. Übers., 47–124] – V. KISELKOV, Prezviter Kozma i negovite tvorenija, 1943 – A. DAVIDOV, Rečnik-indeks na Prezviter Kozma, 1976 – Rečnik na bŭlgarska literatura II, 1977, 232f. [K. KUEV].

Kosmatenböden → Cosmaten

Kosmetik → Schönheitspflege

Kosmographie (von gr. κόσμος 'Welt, -ordnung' und γραφία '[Be]schreibung'), Genus der ma. geograph. Lit. wiss.-didakt. Charakters, das eine Darstellung der gesamten Erde (Oikumene) zum Thema hat. Bei großen Unterschieden in Anlage und Auffassung sind die kosmograph. Werke des MA im wesentl. geprägt durch eine Kontamination biblischer kosmolog. Auffassungen (→Kosmologie) mit konkreten Nachrichten, angereichert durch aus der Antike überkommene Vorstellungen und Konzeptionen; diese gehen u. a. zurück auf Pomponius Mela, »De chorographia« (1. Jh.), insbes. aber auf Plinius, Nat.hist., das auf Mela und Plinius aufgebaute populäre Werk des Iulius Solinus, »Collectanea rerum memorabilium« (3. Jh.) sowie Martianus Capella. Auch die Kirchenväter waren einflußreich (Exegesen des →Hexameron). Wichtige Werke der Spätantike und des FrühMA sind die K.n des →Julius Honorius (4.-5. Jh.), →Geographus Ravennas (7. Jh.), →Aethicus Ister (8. Jh.); als →Enzyklopädien mit kosmograph. Abhandlungen sind u.a. die Werke von →Kosmas Indikopleustes (Entwurf einer speziell chr. geprägten, für das geograph. Weltbild der Byzantiner folgenreichen K.), →Isidor v. Sevilla, →Beda Venerabilis (De nat. rer.), →Dicuil, →Roger Bacon (Speculum maius) zu nennen. S. im einzelnen →Geographie, →Weltbild (geogr.), -beschreibung. – Als K.n wurden auch Weltkarten (→Kartographie) bezeichnet, z. B. Waldmüllers »Universalis cosmographia« (1507). A. Podossinov

Lit.: →Geographie, →Weltbild (geogr.).

Kosmologie. Die aristotel. K., die der Wahrnehmung entspricht, wurde im MA übernommen, philos. durchdacht und später durch weitere Beobachtungen differenziert. Ein wichtiges Merkmal der ma. K. ist die Verbindung mit Aussagen der Hl. Schrift über die Form des Weltalls, die Verteilung der Elemente und der Bezug zur liturg. Zeitrechnung. Die kosmolog. Hauptlehren betreffen die Geozentrik, Anfang und Ende der Welt, die Perfektion ihrer Gestalt, auch ihrer Ordnung, die der Natur der Dinge entspricht. Der Mensch weiß sich in einer Welt geborgen, die durch die Weisheit Gottes geschaffen ist.

In der Patristik wurde die gr. K. nur partiell rezipiert, da einige Annahmen dem literalen Verständnis der Hl. Schrift widersprachen. Während nach Augustinus das Weltall dem Modell göttl. Ideen nachgebildet ist, werden die Grundeinsichten der antiken K. von Isidor v. Sevilla, Beda (Kugelgestalt der Erde, Abfolge der Planeten) und Hrabanus Maurus vermittelt. In einer Synthese zw. chr. Schöpfungslehre und Neuplatonismus wird bei Johannes Scotus und in dessen Nachwirkung (Clavis physicae) der Kosmos als Emanation, der Mensch als Mikrokosmos verstanden. Im 12. Jh. werden die Korrespondenzen des Mikrokosmos (Hildegard v. Bingen) und die allegor. Sinnschichten des Kosmos (Bernardus Silvestris) weiter ausgearbeitet. Die Welt gleicht einem 'Buch' (Alanus ab Insulis), in das der Schöpfer die Naturgesetze eingeschrieben hat. In der Schule v. →Chartres, in der man Platons Timaeus (Chalcidius), den lat. Asclepius und erste arab. Übers.en kannte, wird die Welt als ein Organismus begriffen. Für einige Autoren ist die Weltseele (anima mundi) der Hl. Geist, aber nicht notwendig im pantheist. Sinn, für andere eine natürl. Lebenskraft. Der Kosmos, als ein Gefüge natürl. Kräfte, ist secundum physicam et litteram zu erklären (Thierry, Clarenbaldus). Auch Wilhelm v. Conches, der eine heliozentr. Bewegung für Merkur und Venus annimmt, unterstreicht die rationale Erklärung der Natur.

Nach Mitte des 12. Jh. werden durch Übers.en (Sizilien, Toledo) die naturphilos. Schriften des Aristoteles (Phys., De caelo et mundo, De gen. et corrupt., Meteor. I–III) und der Almagest des Ptolemaios bekannt. Die K. des Aristoteles wird weitgehend rezipiert: die Kugelgestalt der Erde, unbewegl. im Mittelpunkt der endl., aber ewigen Welt lokalisiert, die Elemente, die Sphären von Mond, Sonne und Planeten konzentr. geordnet und durch einen ersten unbewegten Beweger bewegt. Während Aristoteles die scheinbar unregelmäßigen Bewegungen der Himmelskörper durch die Annahme von Extra-Sphären erklärte, nahm Ptolemaios Epizyklen an. Die Schwierigkeiten beider Theorien wurden von Avempace, Averroes, Ibn al-Haiṭam und Maimonides verschieden beurteilt. Nach den Übers.en von Michael Scottus (Astrologie des al-Biṭrūǧi, De caelo, Komm. des Averroes) dominiert, gegenüber der ptolem. Lehre, zunächst die aristotel. K., die aber im Gegensatz zu gewissen chr. Glaubenslehren steht.

In der ma. Komm.lit. werden die Sphären und Himmel (Fixsternhimmel, Kristallinum, Empyreum) in Zahl, Ordnung und Bewegungsprinzipien von Michael Scottus, Wilhelm v. Auvergne, Roger Bacon und Albertus Magnus verschieden angegeben. Eine Sonderstellung nimmt Robert Grosseteste ein, der das 'Licht' (lux) als die 'erste körperl. Form' (corporeitas) begreift, die die simultan geschaffene Materie als 'Kugel' (sphaera) ausdehnt und die natürl. Bewegungen den Gesetzen der Geometrie entsprechend expliziert (secundum angulos, lineas et figuras). Es ist umstritten, ob damit die fakt. oder nur postulierte Mathematisierung der Natur beginnt.

Thomas v. Aquin betrachtet die tradierten Weltbilder als Hypothesen, die er – Simplikios folgend – im Komm. zu »De caelo« scharfsinnig erläutert (In II De caelo, 17, n. 451; S.th. I, 32, 1 ad 2). Auch wenn eine Theorie die Erscheinungen erklärt, besagt dies nicht, daß sie wahr sei. Im Rahmen des aristotel. Weltbildes hält Thomas an der Differenz zw. der Region der Himmelskörper und dem sublunaren Bereich fest. Eine Beseelung der Himmelskörper wird abgelehnt, nicht aber untergeordnete Beweger einzelner Sphären, da Gott die geistigen Geschöpfe an der Leitung des Alls beteiligt. Die Himmelskörper, deren konstante Bewegung nicht aus ihrer 'Natur' zu erklären ist, die zur Ruhe strebt, werden von einer mit Erkenntnis begabten Substanz (→Intelligenzen) bewegt. Nicht der natürl. Ort, sondern der Grad der Vollkommenheit ist daher für die natürl. Bewegungen bestimmend. Das heißt, daß die ontolog. Nähe zum ersten Himmel für die Stufung, ebenso für die Bewegung der Dinge zu ihrem natürl. Ort konstitutiv ist. Der erste, unveränderl. und zuhöchst vollkommene Himmel umfaßt alle übrigen Körper, ähnl. wie in der kosm. Zeit alle Zeiten enthalten sind. Die Himmelskörper wirken, da alle Dinge in einem kosm. Zusammenhang stehen, auch auf den sublunaren Bereich ein, nicht aber auf den Verstand und den freien Willen des Menschen.

Diese von vielen Autoren im 13. Jh. vertretene sider. Influenz ist Grundlage der im MA weitverbreiteten →Astrologie, aber sie wird auch unter kosmolog. Gesichtspunkten untersucht: Es handelt sich v. a. um die Einwirkungen des Mondes auf die Gezeiten und um die universale Kausalität der Sonne, die am Entstehen und Vergehen der Arten und Individuen mitwirkt (homo generat hominem et sol). Ein kosmolog. wichtiges Thema im 14. Jh. ist die Frage, warum die Erde in ihrem Ort verbleibt. Bereits Alexander v. Aphrodisias hatte zw. dem Zentrum des Weltalls und der Erde unterschieden. Andere Autoren befassen sich mit dem natürl. Ort des Wassers, der Schwere der Elemente und der ausgleichenden Bewegung der Erde, die durch Orogenese und Abtragung geschieht. Auch die Kontinente ändern ihre Gestalt. Campanus v. Novara versucht eine Ausmessung des Weltalls.

Man nimmt an, daß die theol. Verurteilung von 1277 den Umsturz der aristotel. K. und die Heraufkunft der modernen Wiss. vorbereitet habe. Die kosmolog. Hauptpositionen werden in der Weise umgedacht, daß sie der 'Allmacht Gottes keine Grenzen' setzen. Nach Aegidius Romanus sind nur die Hypothesen zugelassen, die die einfachste Erklärung der Phänomene geben. Für Johannes Duns Scotus, Wilhelm v. Ockham, wie bereits zuvor für Roger Bacon, ist die Materie des Himmels und der Erde derselben Art, während Johannes Buridanus den Himmel als reine Form, ohne Materie, bestimmt und den Begriff des impetus auf die sider. Mechanik überträgt. Das Verständnis für die metaphys. Kausalität geht verloren.

Die kosmolog. Änderungen betreffen verschiedene Sachgebiete. Die Spekulationen über das Unendliche, über Ort und Zeit (Gottfried v. Fontaines, Heinrich v. Gent), die Ablösung der Bewegung vom Ort (Petrus Aureoli, Buridanus, Nikolaus Bonetus), die neue Bestimmung der Schwerkraft (Roger Bacon), die Eliminierung einer absoluten Zeit in der Natur (Ockham, Nikolaus Bonetus), die geänderte Bestimmung der Bewegung als ratio von Abstand und Zeit (Thomas Bradwardine) und – durch Buridanus und Albert v. Sachsen vorbereitet – die Hypothese einer Achsendrehung der Welt (Nikolaus v. Oresme). Nikolaus v. Kues vertritt noch einen Geozentrismus, ebenso die Stufung der Sphären, aber die Hierarchie und Endlichkeit des Weltalls werden aufgegeben. →Astronomie, →Dynamik, →Kinematik, →Planeten, →Planetenbewegung, →Weltbild.   L. Elders

Lit.: P. Duhem, Le système du monde, 10 Bde, 1906–59 – F. Fellmann, Scholastik und kosmolog. Reform, 1971 – A. C. Crombie, Von Augustinus bis Galilei, 1977 [Lit.] – E. Grant, Cosmology (D. L. Lindberg, Science in the MA, 1978), 265–302.

Kosmologischer Gottesbeweis → Gottesbeweise

Kosovo polje (Campus Turdorum, C. Merularum; Amselfeld; Rigomező), Schauplatz zweier berühmter Schlachten 1389 und 1448 bei →Priština.

Am 15. Juni 1389 traf hier das Heer Murāds I. auf die serb. Truppen des Fs.en →Lazar Hrebeljanović und seines Schwiegersohnes Vuk Branković, verstärkt durch ein Hilfskontingent Kg. →Tvrtkos I. Nachrichten über Zahl der Teilnehmer und Gefallenen sind widerspruchsvoll und unrealist. (Philippe de Mézières: 20000 Tote auf beiden Seiten). Die Schlacht war blutig und brachte den Tod beider Heerführer. Über ihren Verlauf kamen unmittelbar danach verschiedene Versionen in Umlauf, auf die sich ein starker Strom der Überlieferung, bes. bei den Serben, stützt. Seit M. Dinić ist man sich der Diskrepanz zw. den ältesten chr. Q., die von einer türk. Niederlage sprechen, und sämtl. jüngeren bewußt, die den Osmanen den Sieg zuschreiben. Schwerwiegend waren jedenfalls die Folgen für die Serben, die die Oberherrschaft Bāyezīds anerkennen mußten.

Die zweite Schlacht, ausgetragen am 17.–19. Oktober 1448 zw. einem türk. und einem chr. Heer unter der Führung Johannes →Hunyadis, hat großes Aufsehen erregt und endete mit der Niederlage der Christen. Die beiden Führer blieben am Leben. Hunyadi geriet in Gefangenschaft des serb. Despoten Djuradj →Branković, der zwar nicht am Krieg teilgenommen hatte, ihn aber wegen des seinem Lande zugefügten Schadens beschuldigte.

S. Ćirković

Lit.: EJug V [Kosovska bitka; M. Dinić] – M. Braun, 'Kosovo'. Die Schlacht auf dem Amselfelde in gesch. und ep. Überlieferung, 1937.

Kossäten, Angehörige einer unterbäuerl. Schicht in Brandenburg und Mecklenburg, vergleichbar mit den Köttern, Kätnern und Kotsassen in NW-Deutschland, mit den Gärtnern im sächs.-schles. Raum und den Seldnern in Schwaben. Anders als die Höfe der spannfähigen Hufenbauern lagen die Stellen der K. zumeist in der nicht verhuften Flur, waren am Dorfrand angesiedelt oder auch von alten Höfen abgeteilt. Die Betriebe der K. reichten häufig zum Lebensunterhalt nicht aus und verlangten von ihren Inhabern einen Zuerwerb durch handwerkl. Arbeit oder im Tagedienst auf den Bauern- und Herrenhöfen. Lange Zeit nahm man an, die K. seien slav. Abkunft und hätten, mit minderen Rechten versehen, in dt. rechtl. Dörfern als Hintersassen gedient. Die ältere Forsch. wies somit den ethn. als nicht gleichwertig angesehenen Slaven auch im agrarwirtschaftl. Bereich eine untergeordnete Rolle zu. Neuerdings neigt man dazu, die alte Gegenüberstellung von dt. und slav. Bevölkerungsteilen als ausschließl. Erklärung des Verhältnisses von Hufnern und K. aufzugeben und die K. vorwiegend als unterbäuerl. Schicht mit Parallelen zu Köttern, Seldnern und Gärtnern zu verstehen. Die K., oft Nachkömmlinge in Dörfern mit bereits aufgeteilter Hufenflur, gingen ihrer Tätigkeit als Fischer, Zeidler oder sonstige Gewerbetreibende nach. Die Ausübung solcher Berufe ließ sich leicht mit der Übernahme von landarmen K.stellen vereinbaren. – →Bauer, A. VI.   W. Rösener

Lit.: H. Witte, Wend. Bevölkerungsreste in Mecklenburg, 1905 – W. Ribbe, Zur rechtl., wirtschaftl. und ethn. Stellung der K. (Germania Slavica II, hg. W. H. Fritze, 1981), 21–40 – E. Münch, Bäuerl. Unterschichten im entwickelten Feudalismus: die Kätner, ZfG 36, 1988, 219–225.

Kotanitzes, byz. Magnat wahrscheinl. aus der Familie der Tornikioi, versuchte im byz.-serb. Grenzgebiet in Makedonien eine selbständige Herrschaft aufzubauen. Um 1280 erhob er sich gegen Ks. Michael VIII. Palaiologos. Konstantin Porphyrogennetos Palaiologos, der dritte Sohn Michaels VIII., bezwang ihn, und um der Blendung zu entgehen, mußte K. in Brusa ins Kl. eintreten. Nach Flucht zu den Serben fiel er 1297 wieder in byz. Territorium ein. Doch als Kg. →Stefan Uroš II. Milutin 1298 auf das Friedensangebot von Andronikos II. einging, lieferte er K. aus (Frühjahr 1299). K. wurde im Nov. 1299 nach Konstantinopel gebracht, wo sich seine Spur verliert. Die Güter der Familie K.' waren seit 1299 Teil des serb. Staatsgebietes.   I. Djurić

Bibliogr.: PLP VI, Nr. 13317 – M. Laskaris, Vizantiske princeze u srednjevekovnoj Srbiji, 1926 – G. Schmalzbauer, Die Tornikioi in der Palaiologenzeit, JÖB 18, 1969, 130f. – A. E. Laiou, Constantinople and the Latins..., 1972 – L. Mavromatis, La fondation de l'Empire serbe..., 1978 – I. Djurić, Pomenik svetogorskog protata s kraja XIV veka, ZRVI 20, 1981, 166f. – F. Barišić, Konstantin Porfirogenit Paleolog, ZRVI 22, 1983, 43f. – A. Failler, Georges Pachymérès, Relations hist. II, 1984 – Lj. Maksimović–I. Djurić, VizIzv, VI, 1986, 30f., 98f.

Kotor (τὰ Δεκάτερα, Catarum; it. Cattaro), Stadt in der Bucht v. K. (→Montenegro), erstmals erwähnt beim →Geographus Ravennas (7. Jh.). 787 nahm Bf. Johannes v. K. am Konzil v. Nikaia teil. Das unter westkirchl. Jurisdiktion stehende Bm. gehörte seit 1174 zur Kirchenprov. →Bari. Unter byz. Herrschaft, evtl. mit Unterbrechung im 11. Jh., bis zur Eroberung durch →Stefan Nemanja 1186. Im serb. Staat hatte K. eine führende Rolle als Handelsstadt und bedeutsames Handwerks- und Kunstzentrum; wie andere dalmatin. Städte als Kommune organisiert, genoß K. weitestgehende Autonomie. Seit 1371 in wechselnder Abhängigkeit von der ung. Krone, von Bosnien, Venedig und den Balšići, stand K. ab 1420 dauerhaft unter ven. Herrschaft. Die von lombard. Bauleuten errichtete Kathedrale St. Tryphon, geweiht 1166, eine dreischiffige Gewölbebasilika mit Mittelkuppel entsprechend byz. Tradition, steht in ihrer Konzeption der apul. Romanik nahe (unter der Sakristei Reste einer kreuzförmigen Kirche, wahrscheinl. mit der alten, bei Konstantin VII. Porphyrogennetos erwähnten St. Tryphon-Kirche identisch). In den Kirchen St. Lukas (1195), St. Martin (St. Anna) und St. Marien (beide 2. Jahrzehnt 13. Jh.) sind Architektureinflüsse Byzanz' und der Schule v. Raszien (Serbien) erkennbar. Einige spätma. Paläste und Wohnhäuser sind großteils erhalten.   V. Korać

Lit.: K. JIREČEK – I. SINDIK, Komunalno uredjenje Kotora od druge polovine XII do početka XV stoljeća, 1950 – Istorija Crne Gore I–II, 1, 1967–70 – J. DARROUZÈS, Listes episcopales du Concile de Nicée (787), RevByz 33, 1975, 27f. – Istorija srpskog naroda I, 1981 – M. ČANAK-MEDIĆ, Spomenici srpske arhitekture srednjeg veka. Arhitektura Nemanjinog doba II, 1989.

Kotromanići, herrschende Dynastie in →Bosnien, 13.–15. Jh., der das SpätMA Alter und dt. Abstammung beilegte: (»Cotromanichi che foron segnori ab antiquo« [1403]; Stammvater »Cotromanno Goto« oder »C. Tedesco« [1430]). Genealog. Verbindungen lassen sich nur bis Prijezda (um 1250–78) und seinen Verwandten Matej Ninoslav (1232–um 1250) zurückverfolgen. In Bosnien hat man den K. eine Art Geblütsrecht zuerkannt: der Banus, seit 1377 der Kg., wurde zwar vom Landtag (*sbor, stanak*, stanichum, università dei baroni) gewählt, aber ausschließl. aus dem Geschlecht der K. Ihre Verzweigungen und Nebenlinien sind kaum bekannt. Mit Stefan Ostoja (1398–1404 und 1409–1418) hat sich eine Linie (Hristići?) behauptet und mit ihr ist in der 2. Hälfte des 15. Jh. mit der Generation der Kinder des Kg.s Stefan Tomas (1443–61) und seines Bruders und Gegners Radivoj das Geschlecht untergegangen. S. Ćirković

Lit.: L. THALLÓCZY, Stud. zur Gesch. Bosniens und Serbiens im MA, 1914 – V. ĆOROVIĆ, Pitanje o poreklu Kotromanića, Prilozi KJIF 5, 1925, 15–20 – Ć. TRUHELKA, Kolijevka i groblje prvih Kotromanića, Nastavni vjesnik 41, 1932/33, 189–201.

Kottanner(in), Helene, aus der kleinadligen Familie Wolfram, zuerst Frau von Peter Székeles, dem ung. Bürgermeister von Ödenburg/Sopron, heiratete nach dessen Tod 1432 Johann K., den Kammerherrn des Wiener Dompropstes. So kam sie 1436 an den Hof des Hzg.s Albrecht V. v. Österreich, des Schwiegersohnes Kg. Siegmunds v. Ungarn. Nach Siegmunds Tod wurde Albrecht ung. Kg. Als Erzieherin von Albrechts Tochter folgte H. K. samt Familie ihrem Herrn, als dieser am 5. Mai 1439 nach Ungarn zog. Hier setzen ihre »Denkwürdigkeiten«, die ältesten Frauenmemoiren der dt. MA, ein. Sie behandeln im wesentl. die Thronwirren nach Albrechts frühem Tod (27. Okt. 1439), den durch H. K. organisierten Raub der Kg.skrone aus der Burg Visegrád, Geburt und Krönung des Ladislaus Postumus (erste ausführl. Beschreibung der ung. Kg.skrönung), dessen Zurückweichen nach W-Ungarn vor dem Gegenkg. Wladyslaw, mit vielen Einzelheiten. K. Mollay

Ed.: K. MOLLAY, Die Denkwürdigkeiten der H. K. (1439–40), 1971.

Kötter → Kossäten

Köttlach, Landkrs. Glognitz, Niederdonau. Der Karantan.-K.er Kulturkreis ist nach dem Gräberfeld von K. benannt. Er umspannt das 8.–11. Jh. und ist auf Kärnten und die angrenzenden Teile des Friaul, des heut. Jugoslawien und Niederösterreichs begrenzt. Das archäolog. Material stammt – wie in K. – zumeist aus Körpergräbern, doch auch aus Siedlungen (Somerein). Häufig ist →Keramik, vom gröberen Theisstyp, öfter vom Donautyp; selten sind Schwerter, häufiger Lanzen als Beigaben. Zahlreich ist der Frauenschmuck (einige Gürtelteile, viele Ohrringe verschiedener Form [mit Bommeln, Trauben, s-förmigen Enden; mondsichelförmig mit Ornamenten]). Auffällig sind viele Scheibenfibeln mit Dreipaß und geometr. Ornamenten oder Symbolen. Einige sind emailliert. H. Hinz

Lit.: W. SMID, Altslov. Gräber Krains, Carniola 1, 1908, 17ff. – K. DINKLAGE, Frühdt. Volkskultur in Kärnten und seinen Marken, 1943 – R. PITTIONI, Das frühma. Gräberfeld v. K., Sonderschr. des Archäolog. Inst. des dt. Reiches XIV, 1943 – W. MODRIJAN, Die frühma. Funde aus dem 7.–11. Jh. der Steiermark, Schild v. Steier 11, 1963, 45ff.

– H. DOLENZ, Die Gräberfelder von Judendorf bei Villach, Neues aus Alt-Villach 6, 1969 – V. SRIBAR, Slawen in Ostfriaul, Balcano Slavica 2, 1973, 109ff. – H. FRIESINGER, Stud. zur Archäologie der Slaven in Niederösterreich, 1974.

Kouřim, Stadt am ö. Rand Mittelböhmens, ursprgl. mächtiger slav. Burgwall, ungefähr 1 km sö. der heut. Stadt in dicht besiedeltem Gebiet. Als 'urbs quedam, Kurim vocata' tritt dieses alte K. in den Q. (→Christian [6. Ch.]) schon im Zusammenhang mit den inneren Kämpfen in Böhmen Anfang des 10. Jh. hervor. Bald danach ist es untergegangen. Später haben die →Přemysliden in seiner w. Nachbarschaft eine neue Burg gegr., die Mittelpunkt fsl. Staatsverwaltung mit wirtschaftl. Funktionen wurde. In der 1. Hälfte des 13. Jh. verlor K. an Bedeutung und vor 1261 errichtete Kg. Přemysl Otakar II. nw. davon die kgl. Stadt K. Die regelmäßig angelegte Stadt mit ihrer heute noch gut erhaltenen ma. Stadtmauer und der Stephanuskirche gehörte im MA zu den bedeutenden Städten Böhmens. J. Žemlička

Lit.: Z. ŠOLLE, K. v. průběhu věků, 1981.

Kowna(o) → Kaunas

Kozma → Kosmas

Krabbe (Kriechblume), Ornament in Form eines plast. Blattes, das in regelmäßiger Reihung an den Kanten von Fialriesen (→Fiale), →Wimpergen, →Giebeln und Graten in der Gotik der Auflockerung gerader Kanten dient und den Eindruck der Aufwärtsbewegung unterstützen soll. In der Spätgotik erhalten die K.n sehr bewegte und ausladende Formen. G. Binding

Kraft → Statik

Kraft, Adam, Steinbildhauer und Werkmeister, aus einer Steinmetz- und Schreinerfamilie in Nürnberg stammend, daselbst von 1490 bis zum Tod 1508 durch archival. Q. und Werke belegt, nach den z. T. anekdot. Erinnerungen Johann Neudörfers v. a. mit dem Erzplastiker Peter →Vischer d. Ä. befreundet. Hauptwerke: 1490/92 Passionsreliefs der Grabnische Schreyer und Landauer am St. Sebalduschor, 1493/96 Sakramentshaus der Lorenzkirche (detaillierter Werkvertrag mit dem Stifter Hans Imhoff d. Ä.), 1506/08 Kreuzwegstationen mit Kalvarienberg und Hl. Grab beim Johannisfriedhof. Epitaphe zu Gräbern, Hl.nfiguren und Reliefs von Hauszeichen, so von der öffentl. Waage 1497. Architektur: Nebst dem Sakramentshaus in St. Lorenz ein solches 1499/1500 in der Zisterzienserkirche Kaisheim, zerstört 1690; 1506/08 St. Michaelschor über der Vorhalle der Frauenkirche; 1508 ereilt den Schwerkranken der Tod bei der Bauberatung der St. Annakapelle in Schwabach. Im Œuvre K.s dominiert die Reliefkunst, doch die Freifiguren des Meisters und zweier Gesellen am Fuß des Sakramentshauses zeigen ihn als souveränen Vollplastiker. Anderseits bieten die Passionsreliefs am Sebalduschor, die nach dem schriftl. Auftrag entsprechende Gemälde zu ersetzen hatten, Analogien zur zierl. Finesse gleichzeitiger Graphik und Malerei. A. Reinle

Lit.: W. SCHWEMMER, A. K., 1958 – TH. MÜLLER, Sculpture in the Netherlands, Germany, France and Spain 1400 to 1500, The Pelican Hist. of Art, 1966, 183f. – M. BAXANDALL, The Limewood Sculptors of Renaissance Germany, 1980, 288.

Kragstein → Konsole

Krähen (gr. *koronai*, lat. *cornices*), von Plinius nach Aristoteles dem Rabengeschlecht zugeordnet (Arist., h. a. 1, 1 *korakoeidon genos*, in der arab.-lat. Version des Michael Scotus zu der recht keuschen angebl. Art »gracocenderon« entstellt, s. Thomas Cantimpr., 5, 53 = Konrad v. Megenberg III.B.32, nach Thomas III Vorbild für den Menschen), aber nicht artmäßig unterschieden. Viele antike Motive (Fütterung des brütenden Partners und der flüggen Jungen, von Basil., hom. 8, 6, 6 = Ambr., exam. 5, 18, 58 als Zeichen elterl. Liebe gedeutet; Regenvorhersage als Augurenvogel [von Isidor, etym. 12, 7, 44 und Albertus Mag., animal. 23, 38 abgelehnt]; Angriff auf Greifvögel; Öffnen von Nüssen durch Fallenlassen auf Fels) übernahmen die ma. naturkundl. Enzyklopädiker (Barth. Angl. 12, 9; Thomas 5, 32 = Vinc. 16, 60 = Konrad III.B.19 nach Thomas III). Unter Abtrennung vom →Eichelhäher beschreibt Thomas (5, 62 = Vinc. 16, 89) die Saatk. als »graculus«, noch genauer Albert (23, 120). Das gesellige Brüten des »ruoch« bezieht Konrad (III.B.40) sinnbildl. auf gute geistl. Gemeinschaften. Ch. Hünemörder

Q.: →Albertus Magnus, →Ambrosius, →Bartholomaeus Anglicus, →Basilius d.Gr., →Isidor v. Sevilla, →Konrad v. Megenberg – Vincentius Bellov., Speculum nat., 1624 [Neudr. 1964] – Thomas Cantimpr., Liber de nat. rer., T.1: Text, hg. H. BOESE, 1973.

Krain (lat. Carniola, altslow. Krajna, slow. Kranjska), hist. Landschaft (Fsm., Mgft., Hzm.), die den größten Teil des heut. Sloweniens umfaßt und im MA im W an →Friaul bzw. an →Görz und im SW und S über den Karst an →Istrien, im S und O an →Kroatien bzw. →Slavonien und die Untersteiermark und im N an →Kärnten grenzte. Das Land ist von W über die N-O-Pforte Italiens (am Birnbaumersattel) und von O entlang der Save leicht zugänglich.

Wie in die Ostalpenregionen insgesamt wanderten im 6. Jh. auch in die K. Teile verschiedener slav. Stämme ein, v. a. in den beiden letzten Jahrzehnten des Jahrhunderts nach dem Abzug der →Langobarden nach Italien (seit 568). Der Umfang dieser Besiedlungen reichte aus dem s., noch heute slow. Gebiet nordwärts bis an die Donau, westwärts erstreckte er sich am weitesten im Drautal. Dieses ursprgl. nur dünn besiedelte Gebiet, in dem es n. der Karawanken im Lauf des 7. Jh. durch das polyethn., doch slav. bestimmte Fsm. der Karantanen zur ältesten frühma. Stammesbildung kam, die sich im Ostalpenraum aus Zuwanderern und Einheimischen vollzog und dabei einen bodenständigen Namen erhielt, entsprach ungefähr dem Dreifachen des heut. slow. Raumes. Welche Teile der n. K. damals karantan. wurden, ist unklar. →Paulus Diaconus unterschied die Carniola ('Kleine Karnia' = UrK.) als 'patria Sclavorum' von Carantanum, wo ein anderes Slavenvolk, die 'Carniolenses' (die K.er), lebte, die erstmals 820 so benannt erscheinen, und von der antiken 'patria Carnium' am Oberlauf von Piave, Tagliamento und Isonzo. Die K.er an der oberen Save stehen den Karantanen ethn. und kulturell sehr nahe ('Köttlacher Kultur' [→Köttlach]), doch gibt es keinen Anhaltspunkt dafür, daß sie vor dem Ende der Karolingerzeit eine geschlossene polit. Einheit gebildet hätten. Wie die Karantanen standen auch die K.er im 7. und 8. Jh. in wechselnden Beziehungen und Abhängigkeiten zu den →Avaren, die 788 langob. Grenzfesten in K. (z. B. →Krainburg) überrannten u. nach Italien vorstießen, bis sie 795/796 durch die Aufgebote Karls d. Gr. endgültig besiegt wurden. Die K. wurde damit in das friaul. Ostland Hzg. →Erichs (9. E.) eingegliedert und Teil eines frk.-bayer. Unterpannoniens. 828 wurden wie in Karantanien die frk. Gft.sverfassung eingeführt und je ein bayer. Gf. eingesetzt. Bis zu diesem Zeitpunkt lebten die K.er nach einem eigenen, nie verschriftlichten Gewohnheitsrecht. Um 838 ist in der K. ein bayer. Gf. Salacho bezeugt. In der Zeit →Arnulfs 'v. Kärnten', des unabhängigen Gebieters über ein großes 'regnum Carantanum' seit 876, das als karantan.-pannon. Herrschaftskomplex auch die Gft. an der oberen Save sowie das Sisak-Fsm. an deren Mittellauf umfaßte, begegnen keine K.er Gf.en, erst um 900 ein Ratold. Schon zu Beginn des 9.Jh. war fast die gesamte K. kirchl. dem Patriarchat →Aquileia unterstellt worden. Wie Karantanien hatte auch K. etwas weniger unter den Ungarneinfällen des 10. Jh. zu leiden als der weithin offene Donauraum.

Beim Aufbau des otton. Markensystems seit 960 wurde die in karol. Zeit einheitl. K. in zwei Markengebiete zerlegt (K. und Wind. Mark), in die 973 gen. 'Creina marcha' (Oberk., Gorenjska) und die Mark Saunien (ausgehend von der Mark im Sanntal, später Gft. →Cilli), die s. der Save bis Unterk. (Dolenjska) unter Einschluß der Wind. Mark reichte (der s. Teil wurde nach 1036 markgräfl.-krain., Vereinigung im Doppelnamen festgehalten). 989, 1002 und 1004 erscheinen ein Waltilo als Gf. v. K., zw. 1004 und 1011 der Bayer Ulrich v. Sempt-Ebersberg und seit 1040 als erster ausdrückl. Mgf. ein Eberhard, was der Politik Ks. Heinrichs III. entsprach, die seit 976 dem Hzm. Kärnten mehr oder weniger eng zugeordneten Marken selbständiger zu gestalten. Auf Eberhard folgte seit 1058 Ulrich v. Weimar-Orlamünde aus einer jener mittelt. Familien, die sich in der Ottonenzeit im Ostalpenraum festgesetzt hatten.

Wie Istrien und Friaul gab Kg. Heinrich IV. die Mark K., die im HochMA nur wenig von dt. Siedlung erfaßt wurde und slow. Bauernland mit dt. (oder assimiliertem) Adel und Klerus blieb, 1077 und endgültig 1093 an die Patriarchen v. Aquileia, die aber zu kaum waren, um sich selbst gegen die Konkurrenz der vierzehn großen bfl. (v. a. →Freising, →Brixen) und edelfreien Herrschaftskomplexe durchzusetzen. So gaben sie im 12. Jh. das Mgf.enamt als Lehen an die in K. ansässigen, mächtigen Gf.en v. →Andechs-Meranien. Deren Besitz und Machtstellung sind durch die Andechserin Agnes erst an den babenberg. Hzg. →Friedrich II. v. Österreich und Steiermark (28.F.), dann an den spanheim. Hzg. →Ulrich III. v. Kärnten übergegangen, die sich beide 'dominus Carniolae' nannten. 1269 kam das spanheim. Erbe an Kg. Přemysl Otakar II. v. Böhmen, der im O der K. kurzfristig über die Sotla vorstieß. Kg. Rudolf I. behandelte K. und die Wind. Mark nach 1278 als Reichslehen und gab sie 1282 an seine Söhne aus, um sie gleichzeitig unter dem neuen Kg. v. Kärnten (seit 1286), Gf. Meinhard II. v. Görz und Tirol, zu verpfänden. Die aquileische Lehenshoheit ist seither verschwunden. 1311 wurde der n. Teil Sauniens, die alte Mark im Sanntal, an die Habsburger abgetreten und verschmolz mit der →Steiermark. Mit Kärnten kam 1335 auch K. nach dem Erlöschen der Meinhardiner im Mannesstamm an die Habsburger, deren an die Adria ausgreifende Territorialpolitik das Gebiet K.s ans Meer erweiterte und zwar 1366 um die Herrschaften derer v. Duino zw. dem Timavo und dem Quarnero und seit 1382 um Triest. 1366 kauften die Habsburger auch Adelsberg (Postojna). 1364 nahm Hzg. →Rudolf IV. v. Österreich den Titel eines Hzg.s v. K. an und erhob damit das bisherige 'dominium' stillschweigend zum Hzm. 1374 fielen an den Hzg. en Albrecht III. und Leopold III. v. Österreich infolge von Erbverträgen die görz. Herrschaften in der Wind. Mark (samt Möttling) und in Istrien (die Gft. Mitterburg) zu.

Erst in der 1. Hälfte des 13. Jh. entstanden im Binnenland alle heute noch bedeutenden Städte, mehrheitl. als Neugründungen. Zur Hauptstadt wurde Laibach (→Ljubljana), wo sich wie anderswo auch dt. Einfluß im Bürgertum geltend machte. Im unbewohnten Waldgebiet zw. Reifnitz (Ribnica) und der Ku(l)pa kam es im 14. Jh. mit der →Gottschee zur größten dt. Rodungssiedlung der

K. In den 70er und 80er Jahren des 15. Jh. wurde die K. von Türkeneinfällen heimgesucht. Bedrohungen wie diese stärkten den Zusammenhalt Innerösterreichs (Kärnten, Steiermark, K.), wie er sich noch im 15. Jh. in gemeinsamen Ausschußlandtagen dokumentierte. G. Hödl

Lit.: Erl. zum hist. Atlas der österr. Alpenländer I, 4: K. Bearb. L. HAUPTMANN, 1929, 306-483 – B. GRAFENAUER, Zgodovina slovenskega narodna, I–III, 1964², 1965², 1956 – S. VILFAN, Rechtsgesch. der Slowenen bis 1941, 1968 – H. WOLFRAM, Die Geburt Mitteleuropas, 1987, 354, passim.

Krainburg (Kranj), Stadt in →Slowenien an der Mündung der Kanker (Kokra) in die Save (Sava). Ausgehend von einer Mgf.enburg (Sitz des marchio Carniolae seit dem 11. Jh.) mit zwei parallelen Straßenzügen und rechtwinkligem Marktplatz am linken Saveufer angelegt, wurde K., das kelt.-röm. und slav. Siedlungskontinuität aufweist und ztw. auch als langob. Grenzfeste gegen Avaren und Slaven diente, bald Hauptort der Oberkrain (Gorenjska; →Krain), der in der Zeit der Herrschaft der Patriarchen v. →Aquileia landgräfl. Amtslehen war, im 13. Jh. Stadtrecht erwarb (1256 als civitas bezeugt, 1309 ein Stadtrichter) und schon früh über Hospital und Schule verfügte. Die günstige Verkehrslage der Stadt förderte die spätma. Wirtschaft, von deren Blüte die von der Bürgerschaft in prächtiger Spätgotik um die Mitte des 15. Jh. errichtete Stadtpfarrkirche zum hl. Kanzian sowie das um 1500 erbaute Pavšlarhaus zeugen. G. Hödl

Krak des Chevaliers (le Crat, le Crac, Qualᶜat al Ḥiṣn a-Akrād), Burg der →Johanniter in Syrien, 650 m über NN auf einem nordwärts gerichteten Bergsporn, in strateg. beherrschender Lage, kontrollierte den Engpaß, der →Homs und Hama mit den Küstenstädten →Tripoli und →Tortosa verband. Eine ältere Burg von 1031, das sog. 'Kurdenschloß' (Ḥiṣn al-Akrād), wurde 1110 von Tankred v. Antiocheia eingenommen, 1112 Sitz eines Lehens des Gf.en v. Tripoli, das 1142 von den Johannitern gekauft wurde. Diese errichteten die Burg neu, die sie namentl. 1169-70 und 1201-02 weiter ausbauten. K. wurde 1188 gegen Saladin gehalten und erst am 8. April 1271 an den mamlūk. Sultan →Baibars übergeben.

Die Burg folgte auf drei Seiten dem Gelände; die S-Seite war durch einen Graben geschützt, an den wichtigsten Ecken war die Burg mit vorspringenden Türmen oder Tourellen befestigt. Um 1205 wurde eine äußere Befestigungsmauer mit Rundtürmen hinzugefügt. Die S- und W-Seite der inneren Befestigungsmauer war mit einem gemauerten, abgedachten Vorbau (mit eingebauter Galerie: Schießscharten) verstärkt. Den Zugang zur Burg bildete eine überwölbte, gebrochene Eingangsrampe (ca. 130 m Länge).

K. ist mit 2,5 ha nicht die größte der Kreuzfahrerburgen (→Burg, D. I), aber eine der besterhaltenen, ein eindrucksvolles Beispiel konzentr. Festungsbaues, wie er im W erst im späteren 13. Jh. rezipiert wurde. Wilbrand v. Oldenburg schätzt 1212 die Besatzung des K. auf 2000 Mann (die Zahl der Ritter könnte 50 betragen haben). D. Pringle

Lit.: P. DESCHAMPS, Le K., 1929 – DERS., Les Châteaux des croisés en Terre Sainte I, 1934 – DERS., Terre Sainte Romane (Zodiaque 21, 1964), 73-137 – W. MÜLLER-WIENER, Burgen der Kreuzritter, 1966 – J. FOLDA, Crusader frescoes at Crac des Chevaliers and Marqab Castle, DOP 36, 1982, 177-210 – A. RIHAOUI, The Krak of the Knights: Touristic and Archaeological Guide, 1982.

Krakau (poln. Kraków), Stadt an der Oberweichsel in Südpolen und Bm.
I. Stadt – II. Bistum.

I. STADT: Vom 11. bis zum Ende des 16. Jh. war K. Hauptresidenz der poln. Herrscher. Die günstige Lage ermöglichte eine fast kontinuierl. Besiedlung seit der Altsteinzeit. Der sog. Kopiec Krakusa ('Erdhügel des Krakus') auf der rechten Weichselseite ist entweder in kelt. Zeit oder um das 7. Jh. als Grablege eines Stammeshäuptlings entstanden. Um das 8. Jh. wurde an der linken Weichselseite auf dem Wawel-Hügel ein mächtiger Burgwall in Holz-Erde-Technik mit teilweise befestigtem Vorburg im N errichtet. Diese Burganlage war bis in das 9. Jh. Hauptzentrum des Stammesgebietes der →Wislanen. Durch K. führte einer der wichtigsten Handelswege des damaligen Europa (von Kiev über Prag nach Regensburg), der sich in K. mit der S-N-Verbindung zw. Ungarn und dem Ostseegebiet kreuzte. Die spätere, seit Anfang des 13. Jh. urkundl. greifbare Sage verband die Entstehung K.s mit Krak (»Drachenhöhle« am Wawel, dem angebl. Herrscher der (Alt-)Polen (Lechiten; →Lech), und seiner Tochter Wanda. Zunächst wurde K. bei dem jüd. Reisenden →Ibrāhīm ibn Yaᶜkūb um 965/966 als zu Böhmen gehörig erwähnt. Am Ende des 10. Jh. kam K. an Polen und wurde bald eines der wichtigsten Zentren des frühpoln. Staates, seit 1000 Bf.ssitz im Rahmen der Gnesener Metropole. Von der böhm. Intervention und dem Aufstand der 30er Jahre des 11. Jh. weitgehend verschont, wurde K. seit →Kasimir I. die Hauptresidenz der poln. Fs.en und Kg.e und teilte diese Funktion nur vorübergehend mit →Płock und →Gnesen. 1079 wurde in K. im Namen →Bolesławs II. Śmiały Bf. →Stanisław ermordet, den man 1254 heiligsprach und zum Patron Polens erhob. Das Thronfolgestatut →Bolesławs III. Krzywousty von 1138 erhob K. zur Hauptstadt des Fsm.s, von dem aus der Senior die Oberherrschaft über die jüngeren Piasten ausübte. Es wurde bald zum Objekt interner Machtkämpfe (u. a. 1146, 1177, 1191, 1229) in Polen. 1223 ließen sich die ersten Dominikaner, 1237 die ersten Franziskaner in K. nieder, 1241 wurde die Stadt (außer der Burg) von den Mongolen zum großen Teil zerstört. Nach vergebl. Versuchen erhielt K. 1257 das →Magdeburger Stadtrecht durch Hzg. Bolesław V., was zur Entstehung einer bedeutenden planmäßigen Stadtanlage mit großem Markt, zum Bau einer mächtigen Stadtbefestigung und zur Verbindung der Stadt mit dem Wawel führte. In der Mitte des 13. Jh. war das Stadtareal schon 50 ha groß und umfaßte mindestens 20 Kirchen. Früh nahm K. den führenden Platz im geistigen Leben Polens ein. Nach 1000 begann die Annalistik (»Annales capituli Cracoviensis«; →Chronik, M.II), im 12. Jh. entstand die Domschule, der später eine Schule bei der Marienkirche und eine dominikan. folgten. Am Anfang des 13. Jh. entstand in K. die poln. Chronik des Bf.s →Vincentius Kadłubek als erstes umfassendes Zeugnis des poln. Nationalbewußtseins. Dazu gab es seit dem 13. Jh. eine umfangreiche Hagiographie (hl. Stanislaw, hl. →Hyazinth, hl. Kunigunde u. a.).

In der 2. Hälfte des 13. Jh. kam es erneut zu Auseinandersetzungen um K. Das seit 1285 durch Leszek d. Schwarzen bes. begünstigte K. gelangte 1291 an →Wenzel II., 1306 an →Władysław Łokietek. Nach der Überwindung eines proböhm. Aufstandes des zum großen Teil deutschstämmigen Patriziats unter der Führung des Vogtes Albert (1311-12) wurden der Stadt die Privilegien vorübergehend entzogen bzw. reduziert. Seit der Kg.skrönung Łokieteks 1320 war K. bis zum 18. Jh. Krönungsstadt der poln. Kg.e. →Kasimir III. d. Gr. gründete die Nachbarstädte Kazimierz (1355) und Kleparz (1366), die aber keine wirtschaftl. Konkurrenz für K. bedeuteten und in der NZ in K. eingemeindet wurden. 1419 wurde Stradom Kazimierz angeschlossen. Seit 1306 mit dem Stapelrecht ausgestattet und in regem Handelsaustausch mit den

Städten der böhm. Krone (bes. Prag und Breslau) sowie mit Thorn im Deutschordensstaat, erlebte K. in der 2. Hälfte des 14. Jh. seine erste Blütezeit. 1364 wurde die Univ. gegr., nach Prag die zweite in Mitteleuropa. 1400 erneuert, wurde sie im 15. Jh. ein anerkanntes Zentrum der Wiss. und des geistigen Lebens. Neben dem kanon. Recht und der Theologie wurden in K. die →artes liberales (bes. Mathematik und Astronomie) sowie Medizin gelehrt und studiert. 1356 richtete Kasimir d. Gr. den obersten Gerichtshof auf der K.er Burg ein, als höhere Instanz des dt. Rechts in Polen. K. blieb von der allg. Krise, die den großen →Epidemien von 1348–50 folgte, weitgehend verschont. Die Stadt blieb Zentrum des Wirtschafts- und Kulturlebens der poln. Kgr.es, obwohl sich dessen Grenzen in der 2. Hälfte des 14. Jh. stark nach O verschoben und K. seitdem an der Peripherie lag. Seit der 2. Hälfte des 14. Jh. war K. (wie Breslau) Mitglied der Hanse, spielte aber wohl keine aktive Rolle. Die Einwohnerzahl K.s wird für die Zeit um 1400 auf etwa 14000 geschätzt. Außer den Zuwanderern aus Polen haben in K. viele Deutsche (vornehml. aus Bayern, dem Rheinland und Sachsen), aber auch Italiener, Franzosen, Flamen, Ungarn und Böhmen gewohnt. 1427 zählte man in K. 28 Zünfte, gegen Ende des MA 13 Kl., seit 1473 ist der Buchdruck bezeugt. In der 2. Hälfte des 14. Jh. wirkte sich die steigende wirtschaftl. Bedeutung →Danzigs nachteilig auf die Stellung K.s aus. Ihren kulturellen Höhepunkt erreichte die Stadt K. erst im 16. Jh., als sich auch frühere humanist. Ansätze vollständig entfalteten. 1495 mußten die Juden von K. nach Kazimierz übersiedeln, wo eine namhafte jüd. Gemeinde entstand.

Von großer Bedeutung sind die roman. und got. Bauwerke: u.a. Dom (I [roman.], Dom des hl. Wenzel mit Gereon-Krypta, II [1095–1142], III [got., 1322–1364]), St. Andreas-Kirche, Marienkirche am Hauptmarkt und Profanbauten. Die got. Burg auf dem Wawel entstand im 14. Jh. an der Stelle des älteren Holzbaues.

II. BISTUM: Die Hypothese von der Existenz eines slav. Bm.s in K. vor dem Jahre 1000 läßt sich nicht beweisen. Das 1000 entstandene Bm. (neben Breslau, Kolberg und dem schon seit 968 in Posen existierenden) wurde der Gnesener Metropole als Suffraganbm. untergeordnet. Um die Mitte des 11. Jh. erhielt Aaron die Ebf.swürde, die allerdings nicht in K. verblieb. Seit dem 13. Jh. nahmen die K.er Bf.e (1207 wurde hier die erste kanon. Bf.swahl durchgeführt) den zweiten Platz in der poln. Kirche nach dem Gnesener Ebf. ein und machten ihm später gelegentl. den Rang streitig. Die Diöz. war die größte im ma. Polen und umfaßte ca. 54000 km². Am Ende des MA gab es im Bm. 253 Siedlungen (darunter 11 Städte) mit insgesamt 3019 Hufen. J. Strzelczyk

Lit.: SłowStarSłow II, 507–513; VI, 341–349 – Kraków, studia nad rozwojem miasta, 1957 – T. DOBROWOLSKI, Sztuka Krakowa, 1959² – R. JAMKA, Kraków w pradziejach, 1963 – A. ŻAKI, Archäolog. Forsch. über das frühma. K., Arbeits- und Forsch.ber. zur sächs. Bodendenkmalpflege 11–12, 1963, 581–598 – Dzieje Uniwersytetu Jagiellońskiego w latach 1364–1764, I, 1964 – Kraków, jego dzieje i sztuka, 1965 – A. ŻAKI, Początki Krakowa, 1965 – K. POTKAŃSKI, Kraków przed Piastami, 1898 (DERS., Lechici-Polanie-Polska, 1965), 170–413 – Z. KOZŁOWSKA-BUDKOWA, La fondation de l'Université de Cracovie, en 1364, et son rôle dans le développement de la civilisation en Pologne (Les Universités Européennes du XIVᵉ au XVIIIᵉ s., 1967), 13–25, 56–63 – Sztuka polska przedromańska i romańska do schyłku XIII w. (Dzieje sztuki polskiej, I, 1971), 707–723, 816–820 – K. RADWAŃSKI, Kraków przedlokacyjny. Rozwój przestrzenny, 1975 – A. ŻAKI, Der Wawel im frühen MA, Arbeits- und Forsch.ber. zur sächs. Bodendenkmalpflege 20–21, 1976, 646–655 – A. WITKOWSKA, Kulty pątnicze piętnastowiecznego Krakowa, 1984 – Z. PIANOWSKI, Z dziejów średniowiecznego Wawelu, 1984 – K. OŻÓG, Kultura umysłowa w Krakowie w XIV w. Środowisko duchowieństwa świeckiego, 1987 – G. LABUDA, Studia nad początkami państwa polskiego, II, 1988 – Z przeszłości Krakowa, 1989 – Urzędnicy małopolscy XII–XV w. Spisy, 1990, 48–137, 266–277, 284–290, 307–317.

Krake → Weichtiere

Krákumál, anonymes an. Gedicht (29 Strophen), wahrscheinl. im 12. Jh. auf den Orkneys entstanden; Sterbelied, das der Wikingerfs. Ragnarr loðbrók (9. Jh.) gesprochen haben soll, nachdem ihn der engl. Kg. Ella in eine Schlangengrube geworfen hatte. Anhebend mit einer Aufzählung von Ragnars Heldentaten, deren große Zahl die in den ersten 28 Strophen wiederkehrende Anfangszeile »Hjöggum vér með hjörvi« ('Wir schlugen mit dem Schwert') formal unterstreicht, wendet es sich dann Ragnars gegenwärtiger Lage zu. In sicherer Erwartung von Nachruhm, Rache seiner Söhne und glückl. Weiterleben in Walhall sieht Ragnarr freudig dem Tod entgegen. Die K., schon 1636 in Ole Worms »Runir« publiziert, verdankt ihre Rolle bei der Rezeption an. Lit. v. a. der berühmten Schlußzeile »Hlæjandi skal ek deyja« ('Lachend werde ich sterben'), in der man lange eine Quintessenz germ. Lebensgefühls sehen wollte. G. Kreutzer

Ed.: F. JÓNSSON, Den norsk-islandske skjaldedigtning A I, 1912, 641–649 – E. A. KOCK, Den norsk-isländska skaldediktningen, I, 1946, 316–321 – Übers.: T. PERCY, Five Pieces of Runic Poetry, 1763 – F. D. GRÄTER, Nord. Blumen, 1789 – Lit.: J. DE VRIES, An. Lit.gesch. II, 1942, 100–103 – J. U. TERPSTRA, Ten Kates Übers. von Ragnar Lodbroks Sterbelied (K.)..., Neophilologus 44, 1960 – A. HEINRICHS, Von Ole zu Lambert ten Kate. Frühe Rezeption der 'K.' (Sprache in Gegenwart und Gesch. [Fschr. H. M. HEINRICHS, 1978]), 294–306.

Kral → König, Königtum, I.

Kran (abgeleitet von Kranich) bezeichnet Arbeitsmittel mit hochragendem Ausleger zum Heben, Senken und Versetzen von Lasten. Der Einsatz derartiger, bereits in der Antike bekannter Geräte ist im w. Europa im frühen MA im Salzwesen (Soleschöpfanlage – cyconia) und seit dem hohen MA in verschiedenen Bereichen nachgewiesen (v.a. Baustellen, Häfen, spätma. Bergbau). Die großen Bauvorhaben der Gotik im 12. und 13. Jh. förderten die Konstruktion von Bauk.en. Als Antrieb ist um 1250 die Haspel mit horizontaler Welle und wenig später das Tretrad (→Baubetrieb) bezeugt, das im 14. Jh. zum Heben und Senken von Lasten vielfach genutzt wird. Mit dem Anwachsen des Handelsverkehrs, dem Bau größerer Schiffe, der neugestalteten Infrastruktur vieler Häfen (Kaianlagen) wurden vornehml. in siedlungsnahen Häfen die Verladeeinrichtungen für Schwergut aufwendiger. Hafenk.e, ein wichtiger, bis heute nachwirkender Beitr. zur Verbesserung der Hafentechnik, sind im 13. Jh. zunächst in ndl.-flandr. und nordöstl. Häfen bezeugt und finden als Tretradk.e zum Umschlag schwerer Lasten v.a. im hans. und dt.sprachigen Bereich weite Verbreitung, ohne jedoch ältere Verladetechniken und einfachere Einrichtungen (Wippe, Winde, Ladebaum u.ä.) zu verdrängen. Bei den Tretradk.en handelt es sich meist um Drehk.e in Holzbauweise bei geringem Anteil von Eisen mit einem um eine senkrechte Achse schwenkbaren Ausleger. Vom Standort her lassen sich fest installierte Landk.e von in Ufernähe verankerten Schwimmk.en (Schiffsk.e) unterscheiden. Die Konstruktionstypen weisen regionale Unterschiede auf. Am Rhein und seinen Nebenflüssen finden sich Turmk.e mit feststehendem hölzernem, später oft steinernem K.haus, bei denen nur ein Teil des Daches und der Ausleger um die K.achse drehbar sind. Im flandr.-ndl. Gebiet dominieren Bockk.e, deren gesamtes K.gebäude bewegt wird. Hier wie in weiteren 'K.landschaften' bestehen Zusammenhänge zw. der Bauweise von K.en und →Mühlen. Die meist anderen Hafeneinrichtungen funktional zugeordneten Hafenk.e (→Hafen) dienten, häufig im Zusammenhang mit Zoll- und Stapelpolitik, auch fiskal- und territorialpolit. Zwecken der Städte und Landesherren. Bei Flußhäfen befanden sich Landk.e oft zw. Stadtmauer und Fluß, konnten dort auch militär. Funktionen übernehmen und wurden mancherorts zu stadtbildprägenden Bauten. Die Organisation des K. betriebs war unterschiedl. gestaltet, erforderte aber geschultes Personal, darunter jenes, das in gefährl. Arbeit die Treträder antrieb. Die Errichtung von Hafenk.en stieß wiederholt auf den Widerstand traditioneller Berufszweige im Transportbereich, die sich in ihren Arbeitsmöglichkeiten beeinträchtigt sahen. Der Einsatz von Tretradk.en, die nicht mehr als 2 bis 3 Tonnen heben konnten, entsprach offenkundig der Ausprägung spezif. Lastgrößen/-formen und aufeinander abgestimmter Transportverhältnisse zu Wasser und Land. Tretradk.e fehlten als Hafeneinrichtungen ganz oder weitgehend in Frankreich, Italien und Ungarn. Bei andersartigen geogr. Voraussetzungen, Transportverhältnissen und Hafenstrukturen (z.B. 'Verladebrükken' in Genua) spielte hier die menschl. Arbeitskraft beim Be- und Entladen eine größere Rolle als im Verbreitungsgebiet der tretradgetriebenen Hafenk.e. M. Matheus

Lit.: F. Toussaint, Lastenförderung durch fünf Jahrtausende, dargest. in Dok. der bildenden Kunst (DEMAG A 6), 1965 – D. Ellmers, Ma. Hafeneinrichtungen am Rhein, Beitr. zur Rheinkunde 33, 1981, 36–46 – M. Matheus, Hafenk.e (Trierer Hist. Forsch. 9, 1985) – See- und Flußhäfen vom HochMA bis zur Industrialisierung, hg. H. Stoob (Städteforsch. A/24, 1986) – I porti come impresa economica (XIXᵃ Settimana Prato, 1987 [1988]).

Kranich (gr. *géranos,* lat. grus), im Mittelmeerraum nur als Durchzügler schon bei Aristoteles h. a. 8, 12 genannt unter Ablehnung des Volksglaubens eines zur Goldprüfung taugl. Magensteins als Ballast, nicht aber des Kampfes mit den Pygmäen in Oberägypten (vgl. Plinius, n. h. 7, 26 und 10, 58). Das Motiv des Wachhaltens mit einem Stein in der erhobenen Kralle während der nächtl. Rast am Boden findet sich zuerst bei Plinius (10, 59 = Solin. 10, 16; vgl. Isidor, etym. 12, 7, 15 und Jakob v. Vitry, hist., c. 92). Das angebl. Dunkelwerden des Gefieders im Alter wird seit Aristoteles h. a. 3, 12 bei den naturkundl. Enzyklopädikern (z. B. Barth. Ang. 12, 15 und Praef. B. 12; Thomas Cantimpr. 5, 55 = Albertus Mag., animal. 23, 113f. = Konrad v. Megenberg III.B.34 nach Thomas III; vgl. Vinc. 16,91–93) mit anderen Motiven verbunden (u.a. Tragen eines vom Flug erschöpften Genossen; Aufnahme goldhaltigen Sandes als Ballast; Verteidigung mit emporgerichtetem Schnabel gegen Greifvögel). Verschiedene dem K. zugeschriebene Eigenschaften deutet Hugo de Folieto de avibus 1,39 in christl. Symbolik.
Ch. Hünemörder

Q.: →Albertus Magnus, →Ambrosius, →Bartholomaeus Anglicus, →Basilius d. Gr., →Hugo de Folieto, →Jakob v. Vitry, →Konrad v. Megenberg – Solinus, Collect. rer. memorab., ed. Th. Mommsen, 1895² [Neudr. 1958] – Vincentius Bellov., Speculum nat., 1624 [Neudr. 1964] – Thomas Cantimpr., Liber de nat. rer., T. 1: Text, hg. H. Boese, 1973.

Krankenhaus → Hospital

Krankenölung → Krankensalbung

Krankensalbung
I. Okzident – II. Osten.

I. Okzident: Die in den Evangelien bezeugte Zuwendung Jesu zu den Kranken setzt sich fort im Auftrag an die Jünger, Kranke zu heilen (Mk 10,8). Dies geschieht bereits in apostol. Zeit durch Salbung mit Öl (Mk 6,13), womit Jak 5,14f. zufolge das Gebet der Gemeindeleiter über den Kranken verbunden ist, aufgrund dessen Gott dem Kranken leibl. Rettung, Kraft zur seel. Bewältigung seines Leidens und ggf. die Sündenvergebung schenkt. Die Bedeutung des Gebets kommt in der gr. Bezeichnung für die K. zum Ausdruck: Euchelaion (Öl des Gebets). Bis zur karol. Reform sind außer gelegentl. Hinweisen bei den Kirchenvätern auf die Salbung von Kranken nur Gebete zur Segnung des von den Gläubigen in die Kirche mitgebrachten Öls überliefert. Aus dem 4./5. Jh. stammt das vom Gebet Hippolyts (um 215) (TrAp 5: Botte 18) beeinflußte, nach mehrmaligen Veränderungen am Ende des Hochgebets der röm. Messe – seit dem 5. Jh. nur noch durch den Bf. am Gründonnerstag – zur Segnung gebrauchte Gebet (GeV 382; GrH. 334), gemäß dem man das Öl zur Salbung oder (im FrühMA) als Trank verwendet. Bis ins 8. Jh. haben die Laien das Recht, das in der Kirche gesegnete Öl bei sich selbst und bei anderen anzuwenden. Die Salbung kann bei jeder Krankheit vorgenommen werden, wobei v.a. die kranken Körperstellen gesalbt werden. Eine Verpflichtung besteht jedoch nicht. Vom ausgehenden 8. Jh. an nehmen Bf.e und Synoden gegen die Vernachlässigung der K. Stellung. Während den Laien untersagt wird, das gesegnete Öl anzuwenden (Statuta Ps.-Bonifatii, cann 4f.: MPL 89, 821), werden die Priester ermahnt, die K. zu spenden, v.a. den Todkranken. Die ersten liturg. Formulare erscheinen; sie werden in den liturg. Büchern seit dem 9. Jh. in Verbindung mit Krankenbuße, Sterbe- und Begräbnisliturgie angeordnet und begünstigen so die Entwicklung der K. zum Sterbesakrament. Aus dem Auftrag an die Priester, die K. wenigstens Sterbenden zu spenden, wird die Bestimmung, sie als »Letzte Ölung« (Extrema unctio) – so der seit dem 12./13. Jh. gebräuchl., in die liturg. Bücher im 15. Jh. eingegangene Name – nur noch Todkranken zu spenden. Es kommt dazu, sie erst nach dem Viaticum als »Salbung in den letzten Augenblicken des Lebens« (Unctio in extremis: Petrus Lombardus, In Sent. IV d.23 1.2 a.4 s.2) zu erteilen, was der auf die »Ars moriendi« ausgerichteten Frömmigkeit entspricht. Diese Praxis wird – ohne genaue Kenntnis der hist. Entwicklung in W und O und ohne Heranziehung anderer liturg. Texte als die Begleitworte zu den inzw. meist auf die Sinnesorgane beschränkten Salbungen – von der spekulativen Theologie sanktioniert und systematisiert. Das Wesen des Sakraments der K. wird nun in den seel. Wirkungen gesehen: Vorbereitung auf das ewige Leben (Mag. Simon um 1140/50 und Madrider Traktat »De septem sacramentis«, 1160/75), Beseitigung aller Hindernisse vor dem Eingang in die himml. Glorie, Vollendung des kirchl. Bemühens um die Heilung der Seele (Bonav., Brevil. VI c.11; Thomas, In Sent. IV d.23 q.2 a.4 s.2; S.c.g. IV c.73; Suppl. q.32 a.2 ad 2). Die K. ist zum Sakrament der letzten Zurüstung und Befähigung für die Gottesschau geworden. Symeon v. Thessalonike († 1429) kann den Lateinern Verfälschung der Lehre über dieses Sakrament vorwerfen, weil sie die Spendung auf Sterbende zuließen (MPG 155, 517).
R. Kaczynski

Lit.: TRE XIX, 664–669 – R. Kaczynski, Die Feier der K. (Gottesdienst der Kirche, 7/2), 1991 [Lit.].

II. Osten: Bibl. Überlieferung gemäß trägt die byz. Ordnung der K., εὐχέλαιον = Gebetsöl genannt, ganz den Charakter des Gebetes um Heilung von Krankheit und Sündenvergebung. Sie wird nach Möglichkeit von mehreren, im Idealfall von 7 Priestern gemeinsam vollzogen. Ursprgl. bestand sie aus der jeweils neu von den Priestern vorgenommenen Weihe des Olivenöls, zwei Schriftlesungen (Jak 5,10–16; Mk 6,7–13) und der Salbung des Kranken und aller Anwesenden unter Gebet. Die ideale Siebenzahl der Spender veranlaßte um die Jahrtausendwende die Versiebenfachung der Schriftlesungen, der Priestergebete und der Salbungen. Nach variierender Einbettung der K. in den Tageszyklus von Stundengebet und eucharist. Liturgie setzte sich im 14. Jh. die fixe Verbindung mit Elementen des Orthros (Matutin) durch, unter denen der spezielle 9-Oden-Kanon des Arsenios (v. Kerkyra, 9./ 10. Jh.?) hervorsticht. Neben der zeitunabhängigen Salbung einzelner Kranker ist bis heute mancherorts die der gesamten Gemeinde samt dem Klerus in der Karwoche üblich. Die Nestorianer scheinen die K. schon früh aufgegeben zu haben; bei den Armeniern wird sie seit dem 14. Jh. nicht mehr geübt. Die K. der übrigen altoriental. Kirchen ist jener nach byz. Ritus vergleichbar. P. Plank

Lit.: DDC V, 725–789 [J. DAUVILLIER] – Venedikt (Alentov), Čin tainstva eleosvjaščenija, Sergiev Posad 1917 – P. N. TREMPELAS, Ἡ ἀκολουθία τοῦ εὐχελαίου, Theologia (Athenai) 19, 1941-48, 113-152, 239-270 – E. MÉLIA, Le sacrement de l'onction des malades dans son développement hist. (La maladie et la mort du chrétien dans la liturgie [B. ELS I], 1975), 193-228 – E. CHR. SUTTNER, Die K. (das »Öl des Gebets«) in den altoriental. Kirchen, EL 89, 1975, 371-396 – weitere Lit. ebd., 430-433.

Krankheit. [1] *K. als natürl. Schicksal:* Nach der überlieferten antiken Säftelehre wird K. zunächst als eine Entgleisung aus der Harmonie der natürl. Gleichgewichte gewertet, die es durch spezif. Heilmaßnahmen wiederherzustellen gilt. Als störende Veränderungen gelten Mangel (defectio), Überfluß (abundantia) oder Verdorbenheit (corruptio) der Säfte. Die Störung äußert sich allg. (z. B. Fieber) oder lokal (Entzündung). Dem entspricht die mhd. Bezeichnung von *kranc* = 'schwach' (debilis, infirmus). Während der Begriff *siech* (aeger) eher den langwierigen Leiden vorbehalten blieb, beschränkte sich *sucht* auf die ansteckenden K.en (vgl. Seuche, Siechenhäuser). In ihrer Heilkunde leitet →Hildegard v. Bingen K. vom Verlust des Säftegleichgewichts ab, insbes. vom 'phlegma', einer unheilvollen Säftekonstellation, die mit dem Fall Adams in Verbindung gebracht wird und zum Verlust der 'integritas' führte. K.en bleiben dabei abhängig von der angeborenen Lebenskraft (vitalis virtus), von Einflüssen der Umwelt, der Ernährung, der berufl. Betätigung und der affektiven Haltung des Menschen. Der Säfte-Haushalt wird dabei wörtl. als ein ökonom. System verstanden, das den Menschen in seiner labilen Verfassung vielfältigen Dispositionen aussetzt und Veranlassung für die einzelnen K.sbilder gibt. Im 12. und 13. Jh. kommen über die gr.-arab. Aristotelesrezeption schärfere und mehr morpholog. strukturierte K.sbegriffe zum Durchbruch. Die spätscholast. Ätiologie unterscheidet die krankhaften Zustände deutlicher von einem patholog. Geschehen. Unterschieden werden die subjektive Hilfsbedürftigkeit (aegritudo) von der zu diagnostizierenden Störung, dem Objekt der ärztl. Eingriffe (insanitas) oder auch der sozialen Notlage (infirmitas). K. wird zum Gegenstand einer eigenen K.slehre (Pathologie), die sich differenziert in eine Ätiologie (Ursachenlehre), eine Pathogenese (Entstehung, Verlauf der Leiden) und die Symptomatologie (Erscheinungsweisen des K.sbildes). Sie dienen dem Arzt zur Beurteilung der K. (Diagnostik), der Grundlage der Therapie.

[2] *Zur sozialen Einordnung der K.:* Die naturalist. Konzeptionen der gr. Medizin und die stoischen Theorien der Spätantike kommen bereits in der Frühscholastik mit der personalist. Auffassung von Kranksein und Leiden zu einer Einheit und führen zu einer umfassenden Einordnung der K. in die ma. Sozietät. Nach der →Regula Benedicti gelten die Kranken als Glieder Christi, denen der Abt die größte Sorge zuteil werden läßt und denen in der Kl. gemeinschaft ein eigener Dienst zukommt. K. bedarf bes. Fürsorge und erfährt in der Barmherzigkeit personale Zuwendung. Die Krankenpflege erhält erstmals und zunehmend einen institutionellen Rang, wobei die Leibespflege (cura corporis) gleichrangig neben der →Seelsorge (cura animae) steht. Ausdruck dafür sind die Krankenräume, Apotheken und Krankenküchen innerhalb der Kl.-Ökonomie (SpätMA: Ausbau autonomer Spitalanlagen). In den Schr. der gr. und lat. Kirchenväter werden aber auch antike Topoi aus der hippokrat. Säftelehre herangezogen, um die Analogie von K. und Sünde, →Gesundheit und →Tugend aufzuzeigen und auf den Sinn von K. wie Heilung zu verweisen.

[3] *Kranksein als existentielles Problem:* Die ma. Heilkunde hat K. durchgehend mit den Lehren der chr. Offenbarung in Verbindung gebracht. K. wird bezeichnet als Abfall (destitutio) von der Erschaffung des Menschen im gesunden Urstand (constitutio), aber auch als krit. Umkehr, Weg zur Bekehrung, Mittel zur Sühne und Hinwendung zum heilen Endstand (restitutio). K.en werden von Gott aus verschiedenen Gründen zugelassen (Hiob: Erprobung der Verdienste; Paulus: Bewahrung vor Hochmut; Wunderheilungen: Besserung des Sünders, Verkündigung des göttl. Ruhmes; Herodes: Beginn der ewigen Strafe schon hier auf Erden). Die Heilungswunder Christi greifen dabei über das atl. Vergeltungsdenken (K. als Folge der Sünde) hinaus und erscheinen als Zeichen anbrechender Gottesherrschaft. Im Kranksein eröffnen sich aber auch für den leidenden Menschen neue Wege zu geistiger Läuterung. Tradiert wird die Auffassung des →Ambrosius, wonach K. des Leibes zur Ernüchterung und Läuterung führe. Für →Augustinus hingegen bedeutet das Übel (malum) die Korruption der Natur (res contra naturam) schlechthin. K.en unterliegen 'schwindenden Ursachen' (causae deficientes). K. und Gesundheit erscheinen durchgehend als polare Existenzweisen, jenes Übergangsfeld eines Zustandes zw. 'gesund' und 'krank' (neutralitas) umspannen, auf das im MA in erster Linie die therapeut. Maßnahmen gerichtet waren. H. Schipperges

Lit.: TRE XIX, 689–694 – A. V. HARNACK, Medicinisches aus der ältesten Kirchengesch., 1892 – W. V. SIEBENTHAL, K. als Folge der Sünde, 1950 – K. DEICHGRÄBER, Professio medici. Zum Vorw. des Scribonius Largus, 1950 – K. H. RENGSTORF, Die Anfänge der Auseinandersetzung zw. Christusglaube und Asklepiosfrömmigkeit, 1953 – H. J. FRINGS, Med. und Arzt bei den gr. Kirchenvätern bei Chrysostomos, 1959 – G. MÜLLER, Arzt, Kranker und K. bei Ambrosius v. Mailand, SudArch 51, 1967, 193–216 – G. ZIMMERMANN, Ordensleben und Lebensstandard, 1973 – H. SCHIPPERGES, Die Kranken im MA, 1990.

Krankheitslunar, Gattung med. Kleinlit., zum prognost. Schrifttum gehörend, seit dem 9. Jh., zunächst im mlat. Bereich, nachweisbar. Die Vorhersagen gehen vom Mondzyklus aus, legen – mit dem Neumond beginnend – 30 Lunationen zugrunde und beziehen sich auf akut einsetzende Krankheiten, deren erster Erkrankungstag mit dem entsprechenden Mondalter korreliert wird. Die prognost. Wertung erstreckt sich auf Dauer, Schweregrad sowie Heilungsaussichten der Krankheit; als Entscheidungshilfe wurden Kriterien des Verlaufs mit einbezogen. Spätma. Bearb.en bieten vereinzelt auch Vorschläge zur Therapie. Landessprachige Versionen ab dem HochMA und die kompilative Verflechtung mit Speziallunaren anderer Thematik (zu Sammellunaren) zeigen die Bedeutung der Gattung für die ma. Laienastrologie. Obwohl K.e in der Schulmed. keine Rolle spielten, sind Ärzte als Benutzer der kleinen Texte belegt. G. Keil

Lit.: Ch. Weisser, Stud. zum ma. K. (Würzburger med. hist. Forsch. 21, 1982) – Ders., Ein mnd. Vers-Sammellunar aus der Pariser Hs. Lat. 7998 und seine Prosa-Bearb., SudArch 71, 1987, 90–95.

Krantz, Albert, Gelehrter, Geistlicher, Syndikus, * 1448 Hamburg, † 7. Dez. 1517 ebd., bezog nach dem Besuch der Hamburger Domschule 1463 die Univ. Rostock (1465 Bacc., 1467 Mag., 1480 Prof., 1481–86 Dekan der Artistenfakultät) und wurde 1482 dort zum Rektor gewählt. 1486–91 trat K. als Syndikus in lüb. Dienste (wohl wegen des Rostocker Domstreits). 1491 ging K. nach Mainz (kanon. rechtl. Doktorgrad) und beendete 1493 in Perugia sein Studium (Dr. theol.). Seit Mai 1493 lector primarius am Hamburger Dom, gleichzeitig als Syndikus für Lübeck, Hamburg und Beauftragter der →Hanse tätig, verfaßte er in den folgenden Jahren philos. und theol. Schr. Der Streit des Rates mit dem Domkapitel in Hamburg unterbrach seine diplomat. Tätigkeit, ebenso bedingte das Interdikt eine lange Pause in der Lektur, die K. zur Abfassung (1500–02 mit Nachträgen bis 1504/09) einer umfassenden Gesch. des nord.-hans. Gesamtraumes in sechs Büchern nutzte. Die postum gedruckten Werke (krit. Ed. fehlt; »Wandalia«, Köln 1519; »Saxonia«, Köln 1520; »Chronica regnorum aquilonarium [Dania, Suecia, Norvagia]«, dt. 1545, lat. Straßburg 1546; »Metropolis«, Basel 1548) vereinen die Betrachtungsweise des überlegenen hans. Diplomaten, der durch it. Vorbilder geprägten Humanisten sowie des reformwilligen, aber konservativen Theologen. Auch nach der Wahl zum Domdekan in Hamburg 1508 amtete K. dort als Syndikus bis zu seinem Tod.
Lit.: H. Stoob, A.K., HGBll 100, 1982, 87–109. A. Cosanne

Kranz, allg. Bezeichnung für einen runden, gewundenen Kopfschmuck. Der K. kann als Herrschaftssymbol (→corona) dienen, als Zeichen der Standesfreiheit, der Amtswürde oder als Sieges- und Ehrenzeichen. Als Bestandteil ma. Festkleidung wird er von beiden Geschlechtern getragen. Vielfältige Materialien gelangen zur Verwendung: natürl. Blumen und Laub, Seidenbänder, Gold-, Silber- und Perlenschnüre, Flitter, Federn, vergoldete Blüten oder Kunstblumen etc. Diese kostenintensive Ausstattung bewirkt eine Reglementierung des K.es in den →Kleiderordnungen. K.e werden von Männern auf den bloßen Haar getragen oder um →Kopfbedeckungen gewunden. Als Zeichen der →Jungfräulichkeit tragen Mädchen den K. auf dem frei fallenden, unbedeckten Haar, verheiratete Frauen legen ihn über das Gebende oder die →Haube. Eine Differenzierung zw. K. und dem oft synonym gebrauchten Terminus →Schapel ist nur schwer möglich. →Brautkleidung. E. Vavra
Lit.: Grimm, DWB V, 2043–2056 – L. C. Eisenbart, Kleiderordnungen... (Göttinger Bausteine zur Gesch.swiss. 32, 1962), 154f. – H.-F. Foltin, Die Kopfbedeckungen und ihre Bezeichnungen im Dt. (Beitr. zur dt. Philol. 26, 1963), 220 – G. Krogerus, Bezeichnungen für Frauenkopfbedeckungen und Kopfschmuck im Mnd. (Commentationes Humanarum Litterarum 72, 1982).

Krapp, Farbstoff zum Rotfärben von Textilien. K. verlangt ein gemäßigt warmes Klima und lößhaltige lockere Böden. Intensiver K.anbau ist seit dem 12. Jh. im ndl. Seeland und auf den südholl. Inseln, seit dem 13./14. Jh. im Elsaß (Straßburg, Hagenau), am Oberrhein (Speyer), an der Obermosel (Trier), in W-Brabant, Flandern, seit dem Ende des 15. Jh. in Schlesien belegt. Kleinere Anbaugebiete gab es um Braunschweig, in der Provence (Avignon), Spanien (Kastilien) und Ungarn. Die Farbkraft stammt aus der Wurzel, die nach 2 bis 3 Jahren mit bes. Arbeitsgeräten im Frühherbst unter hohem Einsatz von Spezialarbeitskräften gegraben wurde, um die nur wenig unter der Erdoberfläche liegenden Wurzeln nicht zu zerstören. Um die Wurzelbildung zu fördern, wurde das Laub mehrfach gemäht. Der Anbau geschah im Umkreis der Städte meist in kleinflächigen Gärten, in Seeland wohl auf Feldern. Frühe Anbauverbote und -einschränkungen belegen bereits im 14. Jh. monokulturelle Tendenzen. Die K. wurzeln wurden in Öfen getrocknet, danach zerkleinert und gemahlen. Aus Kern, inneren und äußeren Schichten der Wurzeln entstanden unterschiedl. Qualitäten als Handelsprodukte, die je nach Verunreinigung mit Erde die verschiedenen Färbequalitäten und -tönungen von hell- bis dunkelrot beeinflußten. C. Reinicke
Lit.: W. L. J. de Nie, De ontwikkeling der noordnederlandsche textielververij van de veertiende tot de achttiende eeuw, 1937, 128–183 – C. Wiskerke, De geschiedenis van het meekrapbedrijf in Nederland, Econom.-Hist. Jaarboek 15, 1952, 1–144 – J. M. G. van der Poel, De teelt van meekrap (Zeres en Clio, 1965), 129–165 – F.-W. Henning, Die Produktion und der Handel von Färberröte (K.) in Schlesien im 16. und im beginnenden 17. Jh., Scripta Mercaturae 10/2, 1976, 25–51.

Krassó, Burg und Komitat in S-Ungarn (seit 1920 Rumänien). Die Burg lag bei der Mündung des Flusses Krassó (Karas) in die Donau, zu ihr gehörte als befestigte Kirchensiedlung Haram (Hram; heute Moldaua Noua). Die ma. Stadt wurde oft mit der Burg Krassófő bzw. Krassó (heute Carașova) verwechselt, die in den Bergen am Oberlauf des Flusses Krassó um 1300 erbaut wurde und im SpätMA den Namen K. allein weiterführte. Im 14. Jh. wurden die →Gespane v. K. auch v. Haram gen. (dort um 1350 Franziskanerkl.). Die Burg, im 12. Jh. gegen Byzanz gerichtet, verlor ihre militär. Bedeutung; nach dem Mongolensturm wurden Burg und Stadt Somlyó bzw. Érdsomlyó (heute Werschetz) Mittelpunkt des Komitats. Für die Kongregationen des Komitats waren das Kollegiatstift St. Stephan und das Augustinerkl. St. Th. Becket in der Stadt Mezösomlyó bedeutend, die während der Türkenherrschaft wüst wurde. Gy. Györffy
Lit.: D. Csánki, Magyarország történelmi földrajza, II, 1894, 93–113 – Gy. Györffy, Geogr. hist., III, 1987, 469–476, 487–490.

Kratovo, Bergwerk und Stadt in NO-Makedonien, in einem Krater neben dem Bach Kratovska reka liegend. Seit dem 14. Jh. wurden hier Blei, Kupfer und Silber gewonnen. Die Beteiligung dt. Bergleute ('Sachsen') durch Toponymie belegt (Dörfer Šlegovo, Štalkovica, Sase). Obwohl die Stadt von ragusan. Kaufleuten besucht wurde, wird sie selten in Q. erwähnt. K. gehörte im 14. Jh. dem mächtigen Landesherrn Jovan Oliver, später den Brüdern →Dragaš. Sie gelangte bald nach der Schlacht v. →Kosovo polje (1389) unter türk. Herrschaft, spätestens 1395. Während der Blütezeit im 15./16. Jh. genoß die Berggemeinde eine gewisse Autonomie. S. Ćirković
Lit.: N. Beldiçeanu, Les actes des premiers sultans conservés dans les mss. turcs de la Bibl. nat. à Paris, II, 1964.

Kräuterbücher

I. Definition und Benennung – II. Inhalt und Aufbau – III. Texte und Textgeschichte – IV. Ikonographie und Sacherschließung.

I. Definition und Benennung: Gattung des med.-pharm. Schrifttums, die im Gegensatz zu den →Arzneibüchern Pflanzen- bzw. Drogenmonographien als Bausteine benutzt, in der Regel als wesensnotwendigen Bestand Abb. aufweist und nach gängiger Definition erst mit dem Beginn des Buchdrucks einsetzt; in einem erweiterten Sinn betrachtet, läßt sich indes auch die ältere pflanzen- bzw. drogenkundl. Lit. (wie etwa med.-botan. Lehrgedichte) dazu rechnen. Während die verwandten →Bestiarien und →Lapidarien Tiere bzw. Steine (Mineralien) beschreiben, behandeln die Herbarien also Heilpflanzen (herbae) bzw. deren Teile (häufig allerdings auch einzelne Animalia, Mineralia [→Materia medica] u.a. – Diese

Phytotherapeutika haben zugleich die Benennungsmotivation abgegeben: einmal für das adjektiv. gebrauchte *(liber) herbarius*, das auch den Kräuterkundigen ('Kräutler') bezeichnet, zum anderen für das substantiv. *herbarium*, das ursprgl. den Ort, an dem die Pflanzen wachsen, also etwa 'Kräutergarten', bedeutete. Unter einem 'Herbar(ium)' ist demnach bis zum Beginn der NZ ein 'Kräuterbuch' und nicht (wie im heut. Sinn) eine 'Slg. getrockneter Pflanzen' zu verstehen, da solche Demonstrationsobjekte zu wiss. Zwecken erst im Laufe des 16. Jh. aufkamen. In die europ. Volkssprachen ist der Terminus seit dem HochMA übernommen worden, wobei Entlehnungen (ndl. *herbarijs*, it. *erbolario*, me. *herbal*, afrz. *arbolayre/* frz. *herbier*) den Übers. (*kriuterbuoch, kruidenboek, urtebog*) vorausgehen.

II. INHALT UND AUFBAU: a) *Drogenmonographien [Primärstruktur]*: Seit altägypt. Zeit bezeugt und in der Antike vielfach belegt, erweisen sich die Drogenmonogr. als ähnl. traditionsreich wie die fachlit. Kleinform des →Rezepts. Sie lassen einen zweiteiligen Aufbau erkennen, wobei der erste Teil die Pflanze bzw. Droge beschreibt (Benennungen [Synonymik], Aussehen, Vorkommen, Wachstums-/Standort, Sammelzeit, Lagerung), während der zweite sich mit Zubereitungen, Heilanzeigen sowie Anwendungen (Dosierung) befaßt. Die schon durch den sog. Macer berücksichtigten Primärqualitäten (→Humoralpathologie) haben im 12. Jh. zur Vollform des ersten Textteils geführt, die sich beispielhaft in →»Circa instans« ausprägte und vielfach nachgeahmt wurde. – b) *Kombinationsprinzipien [Sekundärstruktur]*: Während die schlichten Drogenmonogr. der Antike eine Gliederung nach Wuchsformen bzw. Lebensdauer (Kräuter, Sträucher, Bäume) nahelegten und die jeweilige Verwendung als Bauprinzip empfahlen, ließen die pharmakodynam. angelegten Werke des arab.-lat. HochMA (→Ibn al-Ġazzār u. a.) eine Reihung der Monogr. nach den Intensitätsgraden der Primärqualitäten zu. Im Lehrgedicht des Macer scheint bereits eine botan.-taxonom. Gruppierung nach Familienzugehörigkeit versucht, aber mangels Kenntnissen nur ansatzweise verwirklicht worden zu sein. Unter Salerner Einfluß setzt sich seit dem 12. Jh. das halbalphabet. Ordnungsprinzip durch, das die Monogr. nach dem ersten Buchstaben der mlat. Namens zu mehr als 20 Blöcken zusammenfaßt ('Dyascorides alphabeticus'; »Circa instans«). Durch Einbezug auch des Zweit- und Drittbuchstabens konnte diese Gliederungshilfe dann in Richtung auf die Vollalphabetisierung weiterentwickelt werden (→Rufinus, »Herbarius« [Einleitung]; →»Promptuarium medicinae«). – c) *Kompilationsprinzipien [Tertiärstruktur]*: Durch das Zusammenführen unterschiedl. Texte entstanden Kompendien, die auf Paragraphen- oder auf Kapitelebene kompiliert waren. Im ersten Fall wurden die Ausgangstexte zerlegt und in klein- oder großfeldriger Versatzstückfügung zu neuen Drogenmonogr. zusammengesetzt ('Dyascorides alphabeticus'; →»Secreta Salernitana«; 'Speyrer K.'; →»Herbarius Moguntinus«; →»Gart der Gesundheit«); im letzteren Fall ergab sich eine Reihung von Drogenmonogr. in freier, lediglich. auf den Arzneistoff bezogener Folge (Rufinus; 'Schwarzwälder K.') oder in einer zusätzl. nach der Herkunft festgelegten Sequenz ('Schles. K.', Ludwig V., Pfgf. bei Rhein, 'Med. Slg.', I–II). Daß derartige Kompendien ihrerseits wiederum verschränkt werden konnten *[Quartärstruktur]*, zeigt die Textgesch. vom »Gart der Gesundheit« und →»Hortus sanitatis«. – d) *Unselbständige K.*: Solche begegnen in med. Handbüchern, z. B. im »Melleus liquor physicae artis« des Alexander Hispanus (→Henrik Harpestraeng), oder sind in Enzyklopädien eingefügt, wo sie nach unterschiedl. Gliederungsprinzipien (meist nach Lebensdauer bzw. Wuchsform) den pflanzl. Bereich der 'Imago mundi' zu repräsentieren suchen. Beim Übergang in die Landessprachen kam es indessen um 1400 vielfach zur Verselbständigung dieser pflanzenkundl. Anteile (→Thomas v. Cantimpré u. a.).

III. TEXTE UND TEXTGESCHICHTE: Die K. lit. des frühen MA wird bestimmt von kurzen Text(slg.)en, unter denen der »Herbarius« des →Ps.-Apuleius (spätes 4. Jh.) als bescheidener Repräsentant der →Dioskurides-Tradition eine herausragende Stellung einnimmt. Die vulgärlat., fast vollst. Übers., der sog. Dioscorides langobardus, spielte gegenüber derartigen Auszügen nur eine untergeordnete Rolle, was auch für ihre Salerner Bearb., den weit verbreiteten 'Dyascorides alphabeticus' (11. Jh.) gilt. Diese hochma. Version hat zwar Kap. und Versatzstücke aus zahlreichen antiken und arab. Q. integriert, zeigt textgesch. jedoch ausgeprägte Zersetzung, weshalb sie trotz Aufnahme in →Enzyklopädien sowie Kompendien und ungeachtet ihrer Kommentierung durch →Petrus de Abano der ma. Phytoteraphie kaum von Nutzen war; ihre wuchernde Synonymik hat indessen Pflanzenglossare über die Epochengrenze hinaus geprägt. – Den eigtl. Beginn der (im erweiterten Sinn betrachteten) K.lit. des MA markiert der sog. Hortulus des →Walahfrid Strabo aus den 40er Jahren des 9. Jh., dessen Verse dem Lehrgedicht des Macer um 1060 z. T. als Vorbild wie als Q. dienten. Die durch →Constantinus Africanus bereitgestellte Intensitätsgrade-Text »Liber de gradibus« hingegen beeinflußte u. a. den um 1130 angelegten →»Liber iste« ('Glossae Ps.-Platearii') und gab wenig später die Grundlage für die Standard-Drogenkunde des MA ab: das →»Circa instans«, das (parallel zum →»Antidotarium Nicolai«) um 1150 in Salerno entstand, wie kaum ein anderes Werk die Verselbständigung der Pharmazie vorantrieb und dessen bis zum →»Gart der Gesundheit« ausgreifende Textgesch. fast unüberschaubar ist: Neben Kurzfassungen (→Henrik Harpestraeng; →Hermann v. Heilighafen) fallen erweiterte Textstufen auf ('Petroneller Circa instans', »Lexicon plantarum«, »Herbarijs«, 'Schles. K.'), die Versatzstücke unterschiedl. Herkunft aufnahmen und in den sog. →Secreta Salernitana beachtl. Umfang erreichten. – Nennenswerte Textzufuhr erhielt die K. lit. einmal durch Übers. des 11.–13. Jh. (→Isaac Judaeus, »Viaticus«; Ibn al-Ġazzār, »Liber fiduciae«; Ps.-Serapion, →'Aggregator'), zum anderen ab dem 12. Jh. durch naturkundl.-botan. Werke (→Hildegard v. Bingen, »Physica«; →Albertus Magnus, »De vegetabilibus«; sie wird darüber hinaus auch in Kompendien (Rufinus, »Herbarius« sowie in Texten der Rezeptlit. (→Klaus v. Matrei [Metry]) greifbar, die gerade im volkssprachigen Bereich phytotherapeut. Neuland erschließen. Landessprachige K. sind ags. seit dem 11. Jh. (Ps.-Apuleius), mhd. seit etwa 1100 belegt ('Prüller K.') und gewannen ab 1200 zunehmend an Bedeutung. Während im frz.-niederfrk. Raum Übertragungen bzw. verschiedene Fassungen des erweiterten 'Circa instans' dominieren (»Herbarijs«; →»Boec van Medicinen in Dietsche«; →Hesse; »Livre des simples médecines«; »Arborist«), herrschen in der dt., dän. und engl. Fachlit. Macer-Bearb. vor, von denen sich allein im mhd. Schrifttum 7 Prosa- und 1 Versübers. nachweisen lassen: Am bedeutendsten ist der 'Ältere deutsche Macer' eine thür.-schles. Version des 13. Jh., die unterschiedl. Q. verarbeitet, zweimal alphabetisiert sowie mehrfach redigiert wurde und sich über die »Gart«-Kompilation des →Johann Wonnecke v. Kaub bzw. deren Bearb. (u. a. →Breyell) bis an die Schwelle zum 19. Jh. behauptete; der in mehr als 100 Hss. tradierte Text erlangte so großen Einfluß, daß er in Kompendien integriert, mit →Konrad v. Megenbergs »Buch der Natur« verschränkt sowie illustriert (→Hartlieb) und endl. ins Lat. rückübers. wurde. – Entstammten die Verf. derartiger Fachlit. zunächst und hauptsächl. dem monast.-klerikalen Bereich, so finden sich seit dem 14. Jh. zunehmend auch Ärzte, vereinzelt sogar Apotheker (→Minner), unter den Autoren. Mit den Inkunabeln setzt dann schließlich die K.lit. im engeren Sinn ein, die sich nicht zuletzt an die Hausväter als Benutzer richtete: 1481 in Rom Erstdruck des ill. »Herbarius« des Ps.-Apuleius, 1483 in Magdeburg des »Promptuarium medicinae«; 1484 bzw. 1485 erschienen in Mainz der »Herbarius Moguntinus« und der »Gart der Gesundheit« (beide von P. →Schöffer herausgebracht) sowie 1491 der von J. →Meydenbach besorgte »Hortus sanitatis«, die – von zahlreichen Nachdr., Neuaufl. und Bearb. gefolgt – zugleich den Abschluß der ma. Pflanzenkunde bilden. Ähnliches gilt für andere europ. Länder: etwa für Frankreich, wo 1486/87 das »Arbolayre« und 1498 das »Grant herbier en francoys« im Druck erschienen, während in England das »Great Herball« erst 1526 auf den Markt kam.

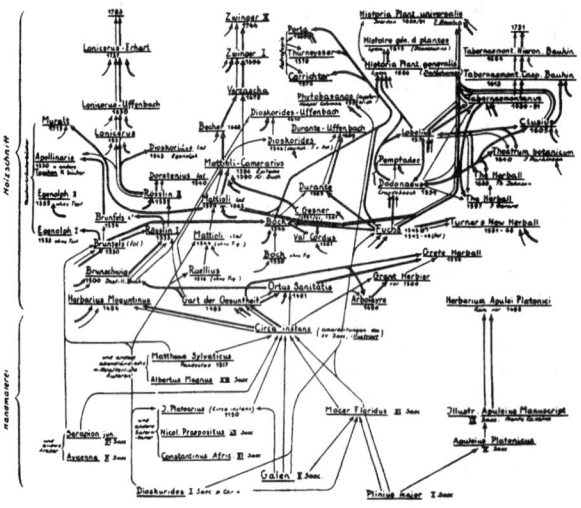

Fig. 4: Stammtafel der Kräuterbücher (Nach A. Schmid, Über alte Kräuterbücher, 1939)

IV. Ikonographie und Sacherschliessung: Bild-Archetypen haben sowohl der sog. Wiener Dioskurides und eine aus dem 10. Jh. stammende Hs. des sog. Dioscorides langobardus als auch der – bis zu den Wiegendrucken Überlieferungskontinuität wahrende – »Herbarius« des Ps.-Apuleius entwickelt, wobei wohl in keinem Fall die Bildausstattung zum Urtext gehörte. Jeder Pflanzenbzw. Drogenmonogr. ist in der Regel eine Abb. beigegeben, wobei der hohe Qualitätsstand der byz. Hss. im Abendland wie in der arab. Tradition nicht gehalten werden konnte. Zur naturgetreuen Ill. ist die europ. Pharmakobotanik erst seit dem 12. Jh. wieder in der Lage, unter großer schemat. Exaktheit der →Pflanzendarstellung (Thür. »Circa instans«-Illustrator [um 1400]; →Auslasser), teilweise und v. a. in it. Hss. auch später nie mehr erreichter Schönheit (Codex Bellunensis; →Rinio). Die »Circa instans«- bzw. »Secreta-Salernitana«-Bildarchetypen bleiben freilich rein schemat. und trotz eingestreuter Genreillustrationen wenig aussagekräftig. Bemerkenswert ist dagegen sowohl das drucktechn. Ineinandergrei-

fen von Text und Bild beim »Herbarius Moguntinus« (ansatzweise schon in Hartliebs K.) als auch der Aufwand, den →Bernhard v. Breidenbach als Auftraggeber in die Holzschnittausstattung des »Gart der Gesundheit« investierte. – Programmatisches zur alphabet. Sacherschließung von K.n hat bereits Albrecht v. Borgunnien geäußert; auch Rufinus gab seinem »Herbarius« ein Register bei und durchschoß den alphabetisierten Text mit den Nebeneinträgen eines Synonymars. Unerreicht blieb hier indes das »Promptuarium medicinae«, das 1483 in Dtl. die Reihe der K.drucke eröffnete: Durch Alphabetisierung, Synonymen-Verweise und zwei parallel geführte Register war damit ein pharmakobotan. Nachschlagewerk geschaffen worden, dessen Erschließungstechnik P. Schöffer und J. Meydenbach mehrfach, aber erfolglos nachahmten.
G. Keil/P. Dilg

Lit.: [allg.]: E. [H. F.] Meyer, Gesch. der Botanik, I–IV, 1854–57 [Neudr. 1965; grundlegend] – L. Choulant, Graph. Incunabeln für Naturgesch. und Medicin, 1858 [Neudr. 1963] – A. Arber, Herbals. Their origin and evolution. A chapter in the hist. of botany 1470–1670, 1912 [Neudr. der 2. erw. Aufl. (1938) 1953] – E. S. Rohde, The Old [!] English Herbals, 1922 [Neudr. 1971] – W. L. Schreiber, Die K. des XV. und XVI. Jh., 1924 [Neudr., hg. R. W. Fuchs, 1982] – A. C. Klebs, A catal. of early herbals ... with an introd.: herbal facts and thoughts (L'art ancien: Bull. 12, 1925) – Ch. Singer, The herbal in antiquity and its transmission to later ages, J. Hellenic Stud. 47, 1927, 1–52 – H. Fischer, Ma. Pflanzenkunde (Gesch. der Wiss.: Gesch. der Botanik 2, 1929) [Neudr. 1967] – A. Schmid, Ueber alte K., 1939 – C. Nissen, K. aus fünf Jh. Med.hist. und bibliogr. Beitr., 1956 – O. Bessler, Prinzipien der Drogenkunde im MA [Habil.schr. Halle 1959; grundlegend] – Virtù delle erbe secondo i sette pianete: L'erbario detto di Tolomeo e quelli di altri astrologi, hg. A. Pazzini, 1959 – A. Delatte, Herbarius. Recherches sur le cérémonial usité chez les anciens pour la cueillette des simples et des herbes magiques, 1961³ – J. R. Stracke, The Laud Herbal Glossary, 1974 – J. Blome, Fachnomenklator. Unters. zu einem der ältesten bebilderten K. Mitteleuropas (»gelërter der arzenie, ouch apotêker« [Fschr. W. F. Daems, Würzb. med. hist. Forsch. 24, 1982]), 551–588 – G. Keil, »Gart«, »Herbarius«, »Hortus«. Anmerkungen z. d. ältesten K.-Inkunabeln, ebd., 589–635 – M. Ryden, The English plant names in the Great Herbal (1526) (Acta Univ. Stockholm.: Stockholm Stud. in English 61, 1984) – B. Schnell, »Von den wurzen«. Text- und überlieferungsgesch. Stud. zur pharmakograph. dt. Lit. des MA [Habil.schr. Würzburg 1989] – *speziell [soweit nicht bei den betr. Lemmata angegeben]:* Verf.-Lex.² I, 179f., 552f., 1282–1285; IV, 53–58, 396–398; V, 3f., 343–348, 348–351, 1086f.; VII, 494–496 – G. Camus, L'opera salernitana »Circa instans« ed il testo primitivo del »Grant herbier en francoys«, 1886 – Livre des simples médecines. Trad. franç. du Liber de simplici medicina, dictus Circa instans, de Plateurius tirée d'un ms. du XIIIᵉ s., hg. P. Dorveaux, 1913 – H. Amsler, Ein hs. ill. Herbarius aus dem Ende des 15. Jh. und die med.-botan. Lit. des MA [Diss. Zürich 1925 (Ps.-Serapion)] – Albrecht van Borgunnien's (Herbal and) treatise on medicine, hg. W. L. Wardale (St. Andrews Univ. Publ. 38, 1936) – P. Aebischer – E. Olivier, L'Herbier de Moudon. Un recueil de recettes médicales de la fin du 14ᵉ s. (Veröff. der Schweizer. Ges. für Gesch. der Med. und der Naturwiss. XI, 1938) – »Agnus castus«. A ME Herbal, hg. G. Brodin, 1950 – Un inedito erbario farmaceutico medioevale, hg. T. Gasparrini Leporace u.a. (Bibl. della 'Riv. Sci. med. nat.' 5, 1952) – L. J. Vandewiele, De »Liber magistri Avicenne« en de »Herbarijs«, Verhandelingen d. koninkl. Vlaamse Acad. Wetensch. Letteren schone Kunsten van Belgie, Kl. der Wetensch., XXVII, 83, 1965 – L'erbario di Trento: Il ms. n. 1591 del Mus. Prov. dell'Arte, hg. M. Eupo, 1982 – F. Palmer–K. Speckenbach, Träume und Kräuter: Stud. zur Petroneller »Circa instans«-Hs. ... (Pictura et poesis, 1991) [Thüringer »Circa instans«] – *Ikonographie:* W. Blunt–W. T. Stearn, The art of botanical illustr., 1950 – C. Nissen, Die botan. Buchill.: ihre Gesch. und Bibliogr., I–II, 1951 [Neudr. 1966; mit Nachtrag] – R. W. Fuchs, Die Mainzer Frühdr. mit Buchholzschnitten 1480–1500, AGB 2, 1966 [Neudr. 1977], 1–129 – F. A. Baumann, Erbario Carrarese und die Bildtradition des Tractatus de herbis, Berner Schr. zur Kunst 12, 1974 – H. Grape-Albers, Spätantike Bilder aus der Welt des Arztes, 1977 – W. F. Daems u.a., Der Sanddorn, Weleda-Schriftenr. 6, 1986² ['Codex Bellunensis'].

Krautstrunk → Becher

Krawarn, mähr. Herrengeschlecht, wahrscheinl. aus dem ursprgl. in Böhmen ansässigen Geschlecht der Benešovici hervorgegangen, seit der Mitte des 13. Jh. nach K. (Stadt in Schlesien, 8 km ö. von Troppau) benannt. Im 14. Jh. gewannen die Herren v. K. (Hauptzweige: v. Plumlov und v. Strážnice) ansehnl. Vermögen und großen polit. Einfluß in →Mähren. Lacek v. K. wurde Bf. v. →Olmütz (1403–08), der andere Lacek v. K. († 1416) gehörte als Landeshauptmann (seit 1411) zu den einflußreichsten Schutzherren von Johannes →Hus und zu den eifrigsten Anhängern der Hussitenpartei in Mähren. Andere Mitglieder des Geschlechtes unterstützten jedoch Kg. Siegmund, v. a. Heinrich v. Plumlov († 1420). Beide Zweige starben noch im 15. Jh. aus. J. Žemlička

Lit.: Ottův slovník naučný XV, 1900, 98–100 – Hrady, zámky a tvrze v Čechách, na Moravě a ve Slezsku, I–II, 1981–83, passim.

Kraweelbau → Schiff

Kreatur, Kreatürlichkeit → Schöpfung

Krebs → Krustentiere, →Tierkreis

Kredit, -wesen. [1] *Zum Begriff:* Während des gesamten MA und in allen Ländern des chr. Okzidents war das Vertrauen ein Grundprinzip des Wirtschaftslebens und der Geschäftsbeziehungen. Nur derjenige →Kaufmann konnte Erfolg haben, dessen Ansehen untadelig war; dies meint oftmals der in den Q. gebrauchte Begriff 'creditum'. Die Hausbücher, in denen ein Kaufmann die großen Ereignisse seines Lebens verzeichnete und die seinen Söhnen gute Lehren gaben, betonen nachdrückl. das Prinzip absoluter Vertrauenswürdigkeit, das es in der Lebens- und Geschäftsführung zu bewahren galt.

[2] *Kreditwürdigkeit:* Die K.vergabe beruhte auf der Kenntnis der Lebensführung eines Individuums und seiner finanziellen Verhältnisse. Dies erklärt die starken Unterschiede, die bei Geldgeschäften (v. a. Darlehen) gemacht wurden: Die geforderten Sicherheiten konnten in manchen Fällen erhebl., ja drückend sein, in anderen ganz unterbleiben. Ein Geldverleiher verlangte große Sicherheiten von Personen, die er nicht kannte und die keine verläßl. Bürgen stellen konnten (Handwerker, ärmere Stadtbevölkerung, Bauern). Das Mißtrauen gegenüber diesen Personengruppen ließ die Praxis der Pfandleihe entstehen (→Pfand), bei der ein Schuldner in Ermangelung eines (sozialen oder finanziellen) K.s Objekte, die üblicherweise den Wert der geliehenen Summe deutl. überstiegen (Kleinodien, Juwelen, Kleider, sogar Grundstücke), zu verpfänden hatte. Diese Werte mußten in voraus abgetreten werden und verfielen bei Nichtbezahlen der Schuld.

Bei Personen mit besseren Referenzen verzichtete man auf materielle Pfänder und verlangte ledigl. Sicherheiten. Als Vermittler fungierte eine dritte Person, die als Bürge (→Bürgschaft) mit ihrem gesamten Vermögen haftete. Diese Vermittler waren in allg. über jeden Verdacht erhabene Personen, mit denen die Finanzleute vergleichsweise eng zusammenarbeiteten. Ihre Rolle war u. a. bedeutend für die K.bedürfnisse von Fremden, reisenden Kaufleuten, Seefahrern, mitunter Pilgern, die zur Darlehensaufnahme eingeführte Leute am betreffenden Ort benötigten; in den Hafenstädten hatten namentl. die Konsuln die Funktion von Vermittlern.

Dort, wo die persönl. K.würdigkeit unbestritten war, nahmen die Darlehen eine ganz andere Form an. Wegen des engen gegenseitigen Vertrauensverhältnisses wurde nicht nur auf Pfänder und Sicherheitsleistungen verzichtet, sondern (auch zur Vermeidung kirchl. Sanktionen) der Darlehenscharakter einer Zuweisung oft verschleiert. Der geschlossene Vertrag verzichtete daher vielfach auf Sicherheitsklauseln, doch war eine in sehr allg. Form gehaltene Verpflichtung zur getreul. Erstattung des Betrages üblich. Der Unterschied zw. den »Geschäftsdarlehen« an vertraute Personen und Handelspartner und den »Erfüllungs-« oder »Pfanddarlehen« an Personen minderen Ranges ist v. a. hinsichtl. der Höhe der Zinssätze frappierend. Bei dem letzteren Typ von Darlehen gewinnt man den Eindruck, daß die Darlehensaufnahme in dieser Epoche sehr kostspielig war, und es kann hier von →»Wucher« im heut. Sinne gesprochen werden; die →Zinsen waren nicht auf jährl., sondern auf monatl. Basis kalkuliert und übertrafen – trotz aller kgl. Ordonnanzen und sonstigen Maßnahmen gegen Wucherer – manchmal den verpönten Satz von 30% pro Jahr. Ein günstiger Zinsfuß bei Darlehen betrug oft weniger als 10%.

Andererseits manifestierte sich die Bedeutung des guten →Leumundes in den zu beobachtenden Unterschieden zw. dem Verhalten eines Geschäftsmannes in der Heimatstadt, in der er mit Rücksicht auf Nachbarn und Geschäftspartner seine Finanzgeschäfte in aller Stille und Diskretion abzuwickeln pflegte, und demjenigen in einer fremden Stadt, in der er in geringerem Maße auf eine Minderung des sozialen und religiösen Ansehens achten mußte und daher seine Geschäfte in aller Öffentlichkeit betrieb, ohne Furcht, dadurch seinen »moral. K.« zu verlieren.

[3] *Kreditverkehr:* Nicht zuletzt das Kriegswesen hat zur Ausbildung des Systems der durch Bürgschaften von Vermittlern ausgehandelten K.e beigetragen (Lösegeldzahlungen für →Kriegsgefangene, Rüstungskosten). Dies war bes. während den Kreuzzüge der Fall, bei denen it. Kaufleute den zahlungsunfähigen chr. Rittern hohe Summen vorschossen, unter Bürgschaft der großen Ritterorden, die bei allen Vertrauen genossen.

Die Frage nach der persönl. K.würdigkeit hat auch die Techniken der Geschäftsabwicklung stark geprägt, v. a. in Hinblick auf die Schriftlichkeit eines Vorgangs. In den kosmopolit. Hafenstädten (v. a. in Italien und seinem Einflußbereich) und an den großen Messeplätzen, an denen die Fluktuation unbekannter Geschäftsleute stark war, nahm die Schriftlichkeit des K.verkehrs, unter Mitwirkung von Notaren ('tabelliones'), Schreibern und Rechtspersonen, einen breiten Raum ein; in den weniger besuchten Städten des Landesinnern behielt der K. auf persönl. Basis, der weniger Spuren in den Q. hinterließ, dagegen seinen Platz.

In allen Kreisen der Geschäftswelt blieb gegenseitiges Vertrauen das Rückgrat von Transaktionen. Dies hat bei Rechts- und Wirtschaftshistorikern oft zu Mißverständnissen geführt; das späte Auftreten und der geringe Umfang des festgestellten Scheckverkehrs (→Indossament) ließen den Eindruck eines eher zähen Kapitalflusses entstehen. Die Realität war jedoch weitaus differenzierter. Kapitalbewegungen erfolgten in großem Umfang durch (zumeist mündl.) Übertragungen auf ein Girokonto (→Giroverkehr), das aber keineswegs nur von Bankiers, sondern auch von anderen Personen geführt werden konnte. Ein Kaufmann verfügte so in den wichtigsten Handelszentren über offene Konten in den Büchern *(Giornali)* zahlreicher Partner. Im Zuge der auf Vertrauen gegr. Zusammenarbeit wurden auch »ungedeckte« Konten akzeptiert, ohne daß dies zu Schwierigkeiten oder zur Erhebung von Zinsen führen mußte. Die Praktiken waren, dank des K.s, recht flexibel.

Mißtrauen und Kontrollmaßnahmen waren in diesem Bereich nur gegenüber untergeordneten Handelspartnern sowie abhängigen Beauftragten in den Filialen, die nicht unmittelbar vom Herrn der →Firma geleitet wurden, an der Tagesordnung. Zur Ausübung dieser Kontrolle wurde (zuerst wohl in Venedig) das System der doppelten Buchführung (→Buchhaltung) entwickelt.

Zahlreiche wichtige Wirtschaftszweige des agrar. Sektors waren stark kreditabhängig. Bauern, die vom Weizenanbau (→Getreide) lebten, verkauften ihren Jahresertrag schon Monate vor der Ernte, wozu sie der Geldmangel im Frühjahr nötigte. Die Aufkäufer, städt. Kaufleute oder ihre Agenten, boten ihnen sofortige Zahlung gegen Lieferung des Getreides einige Monate später; dies war in verschleierter K. und zudem ein klass. Spekulationsgeschäft (→Fürkauf), da Erträge und Preise starken Schwankungen unterlagen. Diese Form des Getreidehandels wurde im Mittelmeerraum (Sizilien, Neapel, Provence) von it., aber auch jüd. Kaufleuten betrieben, die immer wieder in die gleichen Dörfer kamen, so daß Käufer und Verkäufer langfristig miteinander bekannt waren. In England beruhte der Wollhandel (→Wolle) auf demselben Prinzip. Die *woolmen*, Aufkäufer aus den Costwolds oder Londoner Kaufleute, und die *wool-packers*, die die Wolle sackweise taxierten, tätigten ihre Käufe üblicherweise vor der Wollschur. Für den Wollexport auf den Kontinent streckten die *staplers* anderseits der Krone große Summen vor (Zahlung von Abgaben), erhielten von ihren Käufern in Calais jedoch nur einen Teil der Kaufsumme *(earnest penny)*, während der Rest erst später auf den großen kontinentalen Wollmärkten (Brügge, Bergen op Zoom) gezahlt wurde, was manchmal nicht ohne Schwierigkeiten erfolgte – Beweis eines mangelnden »gegenseitigen K.s« der Handelspartner. J. Heers

Lit.: M. M. Postan, Credit in Medieval Time, EconHR, 1928 – Ders., Private Financial Instruments in Medieval England, VSWG, 1930 – E. Power, Medieval English Wool Trade, 1941 – R. de Roover, Money, Banking and Credit in Medieval Bruges, 1948.

Kreis, Kreissymbolik. Da der K. weder Anfang noch Ende besitzt, vielmehr Anfang und Ende in jedem Punkt enthalten sind, und er sich daher in unendl. Bewegung befindet, gilt er als Symbol der Vollkommenheit. In ihm alle Gegensätze vereinigend, ist er in zahlreichen Kosmogrammen Ausdruck der kosm. Harmonie. Er ist eine der myst.-hermet. Metaphern für Gott, dessen Mittelpunkt sich überall und dessen Umfang sich nirgendwo befindet (Ps.-Hermes Trismegist(h)os, Liber XXIV philosophorum, ed. Cl. Baeumker, 207–214; 12. Jh.). Folgerichtig vertritt, neben dem Zeichen des Dreiecks, der dreifache Ring die Dreifaltigkeit; Dante verglich sie mit drei verschiedenfarbigen K.en; während die beiden ersten, Vater und Sohn, sich ineinander spiegeln, erscheint der dritte, der Hl. Geist, als von Vater und Sohn geschürtes Feuer (Parad. XXXIII). Ähnl. beschrieb Seuse die Trinität. Populäre Religiosität setzte diese Vorstellung bildl. in die aus dreifach verschlungenen, »ewigen« Spiralen bestehenden »Dreifaltigkeitsringe« um.

Auf der Grundlage solcher myst. Spekulationen sah die ma. Vorstellungs- und Bilderwelt den Kosmos als K. oder Scheibe (vgl. den päpstl. Segen urbi et orbi). Die →Ebstorfer Weltkarte stellt die Erde in K. form dar; im Mittelpunkt Jerusalem mit dem auferstandenen Christus. Die Idealtypik ma. Stadtpläne legte das →Himml. Jerusalem mit k. förmigem Grundriß an; reale Bauten (→Hl. Grab, Baptisterien) folgten diesem Strukturschema. Gott blieb der die Philosophie inspirierende Mittelpunkt im Bildungsk. der →artes liberales, die Herrad v. Landsberg im »Hortus deliciarum« (1175/90) in K. form darstellte. Ähnl. wie der Mikrokosmos der ird. Welt bewegte sich auch der Makrokosmos des Universums und die ihn bestimmenden Kräfte in K. bahnen (z. B. Planeten, Tierkreis). Die Frühscholastik rezipierte die spätantike Auffassung vom k. förmigen Verlauf der Zeit innerhalb einer vorwiegend astrolog. gedeuteten Kosmologie (z. B. Joh. Scotus, De div. nat. III, 27; MPL 122, 696–699); der K., häufig in Gestalt einer sich in den Schwanz beißenden Schlange, vertrat die Ewigkeit des zeitl. K.laufs. – In diesem komplexen Symbol- und Deutungssystem reproduzierte sich im K. als dem perfekten geometr. Gebilde auch der menschl. Körper. Leonardo da Vinci zeichnete auf der Suche nach der Quadratur des K. es den vollkommenen Menschen in einen K. ein (um 1485/90), Agrippa v. Nettesheim griff in »De occulta philosophia« (1533) auf ident. Bildschemata zurück, um seine Theorie von der Abstammung des Menschen vom »Runden« und von der Harmonie seiner Glieder mit den Gliedern der Welt und den Maßen des Archetypus zu erhärten (II, Kap. 27). Diesen makrokosm. K. vertraten u. a. die spätma. →Aderlaßtafeln.

Analog hierzu spielte die K. form bei Amuletten und Talismanen eine zentrale Rolle; im komplexen mikro/makrokosm. Denken entsprachen z. B. alle kugelförmigen und runden Dinge der Welt der Sonne, dem Mond, der Hoffnung und dem Glück, während der K. dem Himmel, die K. segmente dem Mond zugeordnet waren (De occ. phil., III, Kap. 29). Der K. versprach Sicherheit vor dämon. Nachstellungen; so zog man entsprechend jüd. Brauch um das Bett der Wöchnerinnen einen K. mit eingeschriebenen kabbalist. Namen zum Schutz vor der Kindbettdämonin Lilith. Zugleich aber benutzte die zeremonielle Magie den K. zur Geisterbeschwörung. Das Buch Zohar, der Grundtext der →Kabbala, der die Kunst der Zauberei von der Schlange der Versuchung ableitete, zählte zu den vom »bösen Barlaam« ausgeübten mag. Praktiken auch die Zeichnung eines K. es, in dem sich nach dem Murmeln von Zauberwörtern die unreinen Geister einfanden (Traktat Haye Sarah, 125b–126a). Die um 1270 verfaßte »Summa de officio inquisitionis« (Florenz, Bibl. Laurenz., Ms. I, plut. VII sin. Cod. 2 fol. 159) enthält u. a. die Frage des Inquisitors an den des »crimen magiae« Beschuldigten nach dem mag. K. Durch die Lit. der frühnz., Dr. Johann Faust(us) zugeschriebenen »Höllenzwänge«, die durch das ill. Volksbuch weite Verbreitung fanden, wurde der K. zum Inbegriff ritueller Magie. Solche, oft konzentr. Zauberk. e enthalten eine Vielzahl von Symbolen wie Tetragrammaton, Davidsstern, die Formel AGLA oder kabbalist. bzw. pseudo-kabbalist. Gottes-, Engels- und Dämonennamen. Im mag. Ritual dienten sie der Evokation von Teufeln und Dämonen, in geschriebener Form (z. B. Breverl) seit dem 16. Jh. als Amulette, Talismane und Heilmittel. Ch. Daxelmüller

Lit.: HWDA V, 462–478 – LCI II, 560–562 – G. Heinz-Mohr, Lex. der Symbole, 1988[10], 164 – J. Hansen, Q. und Unters. zur Gesch. des Hexenwahns und der Hexenverfolgung, 1901 – E. F. Knuch, Die Umwandlung in Kult, Magie und Rechtsbrauch, 1919 – The Zohar II, ed. H. Sperling u. a., 1933 – D. Mahnke, Unendl. Sphäre und Allmittelpunkt, 1937 – W. Braunfels, Die hl. Dreifaltigkeit, 1954 – L. Hautecoeur, Mystique et architecture, Symbolisme du cercle et de la coupole, 1954 – P. E. Schramm, Sphaira–Globus–Reichsapfel, 1958 – W. Müller, Die hl. Stadt, 1961, 53–114 – A. E. Popham, The Drawings of Leonardo da Vinci, 1963, Nr. 215 – G. Poulet, Metamorphosen des K. es in der Dichtung, 1966 – W.-E. Peuckert, Pansophie, 1976[3] (Simboli e Simbologia nell'alto medioevo, I–II, Sett. cent. it. XXIII, 1976 – K.-P. Wanderer, Gedr. Aberglaube, 1976 – H. Schwarz-Winklhofer – H. Biedermann, Das Buch der Zeichen und Symbole, 1980[2] – M. Lurker, Der K. als Symbol im Denken, Glauben und künstler. Gestalten der Menschheit, 1981 – D. DE CHAPEAUROUGE, Einf. in die Gesch. der chr. Symbole, 1987².

Kreisquadratur. In prakt. →Geometrien benutzt man im O und W für π meistens die Näherung $3\frac{1}{7}$, die man schon bei den Agrimensoren findet. →Franco v. Lüttich gab z. T. originelle Näherungsverfahren k. an. Die Problematik wurde unter Rückgriff auf Aristoteles in der Scholastik diskutiert (→Albert v. Sachsen). Die math. Behandlung beruht auf dem archimed. Verfahren (→Archimedes) mit Hilfe der Exhaustionsmethode, das bei den Arabern und im W durch Übers.en und Bearb.en von Archimedes' »Kreismessung« und andere Schriften (z. B. →Banū Mūsā) bekannt war. →Leonardo Fibonacci v. Pisa näherte sich mit Hilfe des 96-Ecks π durch $\frac{864}{275}$ an. →al-Kāšī berechnete mit einer eleganten Abwandlung des archimed. Verfahrens π auf 17 Dezimalen. →Nikolaus v. Kues benutzte die Idee der Isoperimetrie, um den Kreisumfang durch Polygone anzunähern, doch kleidete er seine scharfsinnigen Überlegungen in eine unvollkommene Form. M. Folkerts

Lit.: P. LUCKEY, Der Lehrbrief über den Kreisumfang (ar-Risāla al-muḥīṭīya) von Ġamšīd b. Mas'ūd al-Kāšī, 1953 – M. CLAGETT, Archimedes in the MA, 5 Bde, 1964-84 – Nikolaus v. Kues, Die math. Schriften, übers. J. HOFMANN, 1979.

Kreml', 'Festung, Burg', befestigter Teil einer Stadt mit Sitz der weltl. und kirchl. Verwaltung. Etymolog. von *krem* 'Wald, wo die besten Stämme wachsen' (VASMER), vgl. Krom als Name der Pskover Burg. Synonym werden in der Kiever Rus' und in Vladimir der Begriff *detinec* (in Novgorod der Name der Burg) und sonst *gorod* 'Befestigung, befestigte Stadt' (im Gegensatz zu *posad* 'unbefestigter Stadtteil oder städt. Siedlung') benutzt. Für die Zeit vor 1500 wird K. fast nur auf →Tver' (erstmalig 1316) und →Moskau (erstmalig 1331 und in der Nebenform *gorod Kremnik*) angewandt.

Grundlegende Umbauten machten den Moskauer K. seit Ende des 15. Jh. zum Symbol der Herrschaft des Zaren. Hatten sich dort – v. a. nach der Erweiterung des K. durch neue Steinmauern i. J. 1367 – neben Kirchen und Kl., den Höfen des Gfs.en, seiner Familie und des Metropoliten (seit 1326) auch Höfe des Adels und großer Kaufleute befunden, wurden letztere zugunsten der Hof- und Reichsverwaltung und nur noch weniger Adelsfamilien der höchsten Ränge verdrängt. →Burg, →Gorod.
W. Knackstedt

Lit.: P. A. RAPPOPORT, Očerki po istorii voennogo zodčestva severovostočnoj i severozapadnoj Rusi X–XIV vv., 1961 – J. RABA, The Moscow Kremlin: Mirror of the newborn Muscovite State (The Russian and East European Research Center: Slavic and Soviet Ser. 2, 1976).

Kremnitz (slow. Kremnica, ung. Körmöcbánya), Stadt in der Mittelslovakei, einer der führenden ung. →Bergstädte im MA, im Wald Sosold, inmitten des an Gold- und Silbererzen reichen K.er Gebirgszuges. Im 12. Jh. befanden sich hier Dienstleutesiedlungen (v. a. slav. Bevölkerung), die durch den Tatareneinfall (1241) entvölkert wurden. 1328 verlieh König. Karl I. den hier angesiedelten und anzusiedelnden →hospites das Kuttenberger Recht und das Recht der Waldnutzung im Umkreis von zwei Meilen. K. ist wohl von dt. →Gründnern angelegt worden, deren Vertreter im städt. Gemeinwesen eine herrschende Stellung innehatten. Es handelt sich um eine planmäßige Anlage, deren topograph. Kern der Stadtplatz ist. Über ihm liegt die Burg, eine Ummauerung der Stadt erfolgte im 15. Jh. 1382-83 wurde ein Hospital mit eigener Befestigung errichtet. Karl I. gründete 1329 in K. eine Münzstätte, an die Bergwerksunternehmer Gold und Silber abführen mußten. K. wurde zu einem der Zentren der Finanzverwaltung des ung. Kgtm.s im MA. Im 15. Jh. ist von ca. 3000 Einw. auszugehen. A. Körmendy

Lit.: T. LAMOS, Vznik a pociatky banského mesta Kremnice (1328–1430), 1969.

Krems, Stadt an der Donau (Niederösterreich), urkdl. erstmals 995 als befestigter Platz s. der altsteinzeitl. Siedlung am Hundssteig erwähnt (»orientalis urbs, quae dicitur Chremisa«). Die städtebaul. Entwicklung Mitte 11.–Mitte 12. Jh. erfolgte vom Hohen Markt nach S, Ummauerung (wahrscheinl. Palisaden mit Lehmbewurf) für 1173 und 1231 belegt. Im 2. Drittel des 13. Jh. dritte planvolle Stadterweiterung (Obere Landstraße–Herzogstraße–Hafnerplatz), im 14. Jh. weiterer Ausbau im O und SO bzw. im NW (*Chorngriezz* 'Körnermarkt'): 1477/80 erreichten K. – und auch die Nachbarschaft Stein – ihre bis 1848 bestimmende räuml. Ausdehnung. Ks. Heinrich II. schenkte 1014 Bf. Berengar v. Passau ö. der 'urbs' eine Kg.shufe zur Gründung der Pfarre St. Stephan, deren Rechte infolge der Stadterweiterung im 2. Drittel des 12. Jh. auf die neue Kirche St. Veit übertragen wurden. Die Stadt Stein, seit 1263 eine Tochterpfarre von K., wurde 1324 zur selbständigen Pfarre St. Nikolaus. Niederlassung der Minoriten in Stein 1224, der Dominikaner in K. 1236. Seit 1196 standen zwölf 'meliores' dem Stadtrichter zur Seite; Vorläufer des Rats der Stadt waren die 'iurati'. Im Stadtrecht v. 1305 wurde die Zahl der Räte mit 20 festgelegt, die Zahl der Genannten von ursprgl. 100 im 15. Jh. auf 40 reduziert. Erste Erwähnung eines Bürgermeisters 1418. Um 1400 betrug das Flächenmaß von K. und Stein ca. 41,7 ha.

Der Steiner Zolltarif (1198–1236) läßt einen intensiven Donauhandel der Kaufleute von Regensburg, Passau, Aachen und Köln sowie der →Latini mit erstaunl. vielfältigem Warensortiment erkennen. Zw. 1130 und ca. 1200 bestand in K. eine babenberg. Münzstätte ('Kremser Pfennig'). 1353 wurde K. das Recht der Abhaltung des Jacobi-Jahrmarkts verliehen (1396 auf den Termin Simon und Judas verlegt). Im 15. Jh. kam K. eine Verteilerrolle im überregionalen Ochsenhandel zu. Die – vermutl. seit dem späten 12. Jh. – existierende Judengemeinde umfaßte Ende des 14. Jh. 2% der Gesamtbevölkerung von ca. 2500 Einw. Die Zahl der Häuser wird im 1. Drittel des 16. Jh. auf 300 beziffert. Wichtigster Exportartikel war Wein. 1400–1402 betrug der Anteil von K. und Stein ein Viertel der österr. Gesamtausfuhr (100000 hl.). Stein hatte eine Monopolstellung als Salzniederlage, v. a. für die Saline →Hallein. Erst 1490 ist eine Donaubrücke nachweisbar (bereits 1463 Privileg). H. Kühnel

Q. und Lit.: O. BRUNNER, Die Rechtsq. der Städte K. und Stein (FontrerAustr. III/1), 1953 – Kat. 1000 Jahre Kunst in K., 1971 – H. KÜHNEL, K. a. d. Donau (Österr. Städtebuch IV/2, Niederösterreich, 1976) – DERS., K. und Stein (Österr. Städteatlas, 4. Lfg. 1991).

Kremsmünster, Kl. OSB in Oberösterreich, am Steilabfall des Kremstales nahe einer Altstraßenkreuzung gelegen; 777 von Hzg. →Tassilo III. v. Bayern als Kolonisations- und Missionszentrum gegr. und ausgestattet mit reichem Grundbesitz hauptsächl. zw. den Flüssen Traun, Enns, Steyr und Alm, aber auch vereinzelt weiter n. bis an die oberösterr. und bayer. Donau (bei Straubing, Weingärten bei Aschach und an der Rodl). Der hzgl. Stiftbrief nennt auch slav. Siedler (an Steyr und Enns) und verschiedene (Fach-)Arbeiter. Den ersten Abt Fater hat zuvor hzgl. Kaplan; als Herkunftskl. der ersten Mönche hat man →Niederaltaich, →Mondsee und St. Peter in →Salzburg in Betracht gezogen.

Nach dem Sturz Tassilos III. wurde K. 788 Reichskl. und als solches 818/819 in der mittleren Leistungsgruppe eingestuft. Im 9. Jh. profitierte die Abtei von kgl.-karol. Besitzschenkungen, bes. im niederösterr. Raum ö. der Enns bis ungefähr zur Traisen. Der Niedergang im 10. Jh. dürfte weniger den Ungarneinfällen zuzuschreiben sein, als vielmehr der Umwandlung in ein bfl.-passauisches Eigenkl. ohne eigenen Abt. Dennoch sind so bedeutende Schätze wie der →Tassilo-Kelch, der →Cod. Millenarius und die Tassilo-Leuchter im Kl. bis heute erhalten geblieben. Nach 1013 bekam K. mit Siegmar v. Niederaltaich einen Abt, mit dem die eine neue Aufwärtsentwicklung einleitende Altgorzer monast. Reformrichtung Einzug hielt. Bf. →Altmann v. Passau bestellte den Mönch Theoderich aus →Gorze zum Abt (ca. 1065–85). Die Junggorzer Observanz wurde in K. bis zur Mitte des 12. Jh. befolgt, als mit den Äbten Alram II. (um 1160–73) und Ulrich III. (1173–82), beide Schüler des Abtes Berthold v. Garsten, die cluniazens. Reform Eingang fand. Unter zisterziens. Einfluß führte Abt Friedrich I. v. Aich (1274–1325) das Kl. zu einer monast., kulturellen und wirtschaftl. Blüte. Er trieb den 1232 begonnenen Bau des spätroman.-frühgot. Kl.kirche voran, unter ihm wirkten der Glasmaler und Goldschmied Hertwik v. Schlüsselberg sowie der Gesch.sschreiber →Bernhard v. K. Der ansehnl. Grundbesitz des Kl., das auch zahlreiche Kirchen und Pfarren betreute, war seit dem 12. Jh. in Wirtschaftsämtern organisiert. Seit der 2. Hälfte des 11. Jh. sind Kl.vögte bezeugt; unter Bf. Altmann v. Passau ging die Vogtei an die steir. Otakare über, von diesen 1192 an die babenberg. Hzg.e v. Österreich und Steiermark. Hzg. Leopold VI. vermittelte dem Kl. 1217 die völlige Freiheit von jeder weltl. (Vogtei-) Gerichtsbarkeit. Im 13. Jh. traten im Rahmen der Kl.herrschaft verschiedene Dienstmannengeschlechter hervor, die im 14. Jh. im solch formierenden Ritterstand der Enns aufgingen. Im 15. Jh. bewirkte die →Melker Reform einen neuerl. allg. Aufschwung unter den Äbten Jakob Treutlkofer (1419–54) und Ulrich IV. Schoppenzaun (1454–84). S. Haider

Lit.: J. STRNADT, Die einschildigen Ritter im 13. Jh. um K., 1895 – A. KELLNER, Profeßbuch des Stiftes K., 1968 – K. 1200 Jahre Benediktinerstift, 1977 [Lit.] – Österr. Kunsttopographie 43, 2 Tl.e, 1977 – Cremifanum 777–1977 (Fschr. zur 1200-Jahr-Feier des Stiftes K., Mitt. des Oberösterr. Landesarchivs 12, 1977) – Die Anfänge des Kl. K., Ergbd. Mitt. des Oberösterr. Landesarchivs 2, 1978 – F. REICHERT, Landesherrschaft, Adel und Vogtei, Beih. AK 23, 1985, 164ff.

Kresse (*Lepidium sativum* L. bzw. *Nasturtium officinale* R. Br./Cruciferae). Obschon es sich bei der Bezeichnung 'K.' um einen Sammelnamen für verschiedene scharf schmeckende Kreuzblütler handelt, versteht man darunter im allg. die Garten-, aber auch die Brunnenk. Im ma. Schrifttum läßt sich indes oft nicht erkennen, welche der beiden Pflanzen mit ahd./mhd. *c(h)resso, kresse* u.ä. sowie mit den entsprechenden lat. Synonymen gemeint ist. Gleichwohl bezieht sich (im Unterschied zur heut. Benennung) *nasturcium* meist auf die Gartenk., deren Anbau bereits das →Capitulare de villis (70) empfiehlt. Hingegen erscheint die *burncrasse* (Hildegard v. Bingen, Phys. I, 73) häufig als *nasturcium aquaticum, senacion(um)/senecion* oder *sisimbrium* (Circa instans, ed. WÖLFEL, 84, 110 und 112). Außer zu Salaten nutzte man die K. und bes. deren Samen auch zu Heilzwecken, wobei sich die Indikationen vielfach mit den Angaben des Dioskurides (Mat. med. II, 155) für das *cardamon* decken: so etwa gegen Milz-, Leber- und Blasenleiden, Atembeschwerden, Haarausfall, Geschwüre und Lähmungserscheinungen, ferner als menstruationsförderndes und aphrodisierendes Mittel, das allerdings auch schädl. wirken konnte (Albertus Magnus, De veget. VI, 393; Gart, Kap. 278 und 360). P. Dilg

Lit.: MARZELL II, 1250f.; III, 301–306 – DERS., Heilpflanzen, 95f. – K. und F. BERTSCH, Gesch. unserer Kulturpflanzen, 1949², 185–187 – H. KÜSTER, Wo der Pfeffer wächst. Ein Lex. zur Kulturgesch. der Gewürze, 1987, 115f.

Kreta, größte Insel Griechenlands und fünftgrößte des Mittelmeeres (ca. 8250 km²; Länge [O-W]: 250 km, Breite [N-S]: 12–60 km), 140 km s. der Peloponnes, an den wichtigsten Schiffahrtsrouten in das levantin. Becken gelegen. Die gebirgige (bis ca. 2500 m) mit nur wenigen (Hoch-)Ebenen ausgestattete Insel ist durch tief eingeschnittene Buchten von der N-Küste her zugängl., während die S-Küste durch Hafenarmut und Steilküsten gekennzeichnet ist. Obgleich K. im MA keine ganzjährigen Flüsse mehr besaß, galt es dank regenreicher und milder Winter als klimat. begünstigt und fruchtbar und zählte auch im Röm. Reich (Unterwerfung 69–67 v. Chr.) zu den wirtschaftl. blühenden Gebieten. Nach der theodosian. Reichsteilung (395) gehörte die Eparchie K. zur Diöz. Illyricum, somit zur ö. Reichshälfte; im Zuge der allmähl. administrativen Umstrukturierung des Byz. Reiches wurde auch K. in der ersten Hälfte des 8. Jh. Thema. Während ein angebl. slav. Angriff (623; von der Peloponnes aus?) nur von marginaler Bedeutung gewesen sein dürfte, endete die relativ ungestörte Entwicklung der Insel mit dem Einbruch der islam. Araber in die byz. Seeherrschaft: Einem ersten Angriff Muawijas (651) folgten weitere Plünderungen und Eroberungsversuche, bis die Insel dank Schwächung des Byz. Reiches im Gefolge des Aufstands Thomas' des Slaven (821–823) eingenommen wurde. 815 aus Córdoba vertriebene Araber unter Abū Ḥafs eroberten nach einer zeitweisen Festsetzung im ägypt. Alexandreia ab 824 (?) nach Gründung eines ersten Stützpunktes Chandax (arab. *handaq* 'Graben', heute Herakleion) K., errichteten dort ein Emirat, nutzten es als Ausgangspunkt für zahlreiche Kriegs- und Plünderungszüge gegen Byzanz und beherrschten es trotz wiederholter Rückeroberungsversuche bis zur byz. Reconquista durch den nachmaligen Ks. Nikephoros Phokas 961, welcher K. mit Byzantinern und Armeniern wiederbesiedelte und erneut ein Thema (unter einem Strategen, seit Ende 11. Jh. unter einem *dux* bzw. *katepano*) einrichtete. Über die Gesch. K.s bis 1200 ist wenig bekannt: 1092/93 Niederschlagung des Aufstands des dux Karykes; Ansiedlung von 12 prominenten Adelsfamilien (aus Konstantinopel?), der Legende nach 1082 durch Ks. Alexios I., wahrscheinl. in der 2. Hälfte des 12. Jh., jedenfalls als Reflex der Feudalisierung des Byz. Reiches unter den Komnenenks.n zur Zeit der Kreuzzüge.

Die kirchl. Entwicklung K.s ist durch frühe (Aufenthalt Paulus', Titus erster Bf. v. Gortyn) z. T. aus der jüd. Bevölkerung erwachsene Gemeindegründungen geprägt (erste Bf.snennungen Mitte 2. Jh. für Gortyn und Knossos), welchen eine administrative Strukturierung im Verlauf des 4. Jh. folgte (Ebm. unter dem päpstl. Vikar in Thessalonike bis zur Eingliederung K.s in das Patriarchat v. Konstantinopel, wohl 732/733). Dem Sprengel des Metropoliten v. Gortyn unterstanden anfangs 8, später meist 12 (ztw. über 20) Suffragane (wichtigste: Knossos, Chersonesos, Seteia, Hierapetra, Kisamos, Kydonia). K. stand während des Ikonoklasmus auf seiten der Bilderfreunde und nahm am Aufstand des hellad. Strategen Kosmas (727) und am geistigen Widerstand teil (→Andreas v. K.). Nach der Araberherrschaft, welche zum Niedergang des kirchl. Lebens führte, erfolgte ab 961 die Rechristianisierung und Wiederbesetzung der früheren Bm.er (bis 1204 im wesentl. unverändert).

Die lat. Eroberung Konstantinopels brachte für K. das

Ende der zweiten byz. Periode. Im Geheimvertrag von Adrianopel (Refutatio Cretae, 12. Aug. 1204) wurde K., ursprgl. Bonifatius v. Montferrat zugesagt, den Venezianern zugesprochen, die die Insel den dort 1206 gelandeten Genuesen in einem Krieg (1207–12) entrissen und das *Regno di Candia* errichteten. Sie bauten eine an Venedig orientierte, straffe Administration auf (an der Spitze der *duca di Candia* mit 2 consiliarii) und gliederten K. zunächst in *sexteria*, in welchen Kolonisten aus den analogen Stadtsechsteln Venedigs angesiedelt wurden, anfangs 14. Jh. in 4 *territoria* (Candia, Rettimo, Canea, Sitia). Die drückende Fremdherrschaft führte im 13. Jh. und in der ersten Hälfte des 14. Jh. (Höhepunkte zw. 1272 und 1333) zu zahlreichen, langjährigen, vom einheim. Adel geführten Aufständen, die zu einer allmähl. Verbesserung der Lage der Griechen K.s führten (z. B. Pax Alexii Calergi, 1299). Auf dem kirchl. Sektor brachte die ven. Herrschaft einen lat. Episkopat, der über ein Drittel des Landes verfügte, aber – auch durch die umstrittenen, da ja in ven. Diensten stehenden *protopappades* – kaum Rückhalt in der Bevölkerung hatte, während der Einsetzung orth. Bf.e verboten war. Freilich konnte der Patriarch v. Konstantinopel über (geduldete) außerhalb K.s geweihte orth. Priester den Einfluß auf das Griechentum K.s aufrecht erhalten. Ab Mitte des 14. Jh. entwickelte sich schrittweise eine Annäherung der beiden Bevölkerungsteile (erkennbar z. B. im Aufstand ven. Kreter 1363/64, die kurzzeitig die 'Republik des hl. Titus' ausriefen), so daß auch dem Aufstand der Kallergi (1364/67) bis zum Ende der ven. Herrschaft nur mehr zwei größeren Erhebungen (1458–62, 1570–73) die innere Stabilität der wirtschaftl. und militär. bedrohten ven. Enklave im osman. beherrschten ö. Mittelmeer störten. Doch auch die teilweise erfolgreiche Symbiose von Griechen und Venezianern konnte die türk. Eroberung K.s zw. 1645 und 1669 (Chania) nicht verhindern. J. Koder

Lit.: RByzK IV, 811–1173 – G. GEROLA, Mon. veneti nell'isola di Creta, I–IV, 1905–40 – ST. XANTHUDIDES, *HEvετοκρατία ἐν Κρήτη*, 1939 – H. GLYKATZI-AHRWEILER, L'administration militaire de la Crète byz., Byzantion 31, 1961, 224–237 – G. C. MILES, Byzantium and the Arabs..., DOP 18, 1964, 1–32 – DERS., The Coinage of the Arab Amirs of Crete, 1970 – F. THIRIET, La Romanie vénitienne au M–A, 1975² – DERS., Et. sur la Romanie greco-vénitienne (X°–XV° s.), 1977 – I. F. SANDERS, Roman Crete, An Archaeological Survey and Gazetteer of Late Hellenistic, Roman and Early Byz. Crete, 1982 – K. GALLAS, K. WESSEL, M. BORBOUDAKIS, Byz. Kreta, 1983 – V. CHRISTIDES, The Conquest of Crete by the Arabs, 1984 – J. KODER, Der Lebensraum der Byzantiner, 1984 – TH. DETORAKIS, *Ιστορία τῆς Κρήτης*, 1986, 128–270 – *Κρήτη: Ἱστορία καὶ πολιτισμός*, I–II, 1987–88 – D. TSOUGARAKIS, Byz. Crete. From the 5th century to the Venetian Conquest, 1988.

Kreuz, Stadt in Slavonien → Križevci

Kreuz, Kruzifix
A. Allgemein – B. Theologie und Spiritualität – C. Liturgie; Kreuzfeste – D. Volksfrömmigkeit und Volksglaube – E. Recht – F. Ikonographie.

A. Allgemein
K., wichtigstes Zeichen des Christentums und wird mit diesem identifiziert; es ist ab der Mitte des 4. Jh. das Zeichen fast aller Visionen und wird von den Christen als Form des Segensgestus allg. verwendet (Kreuzzeichen). K. reliquien gelten als die vornehmsten. In monumentaler Form wird das K. als (Sieges-)Denkmal aufgestellt, beeinflußt die Architektur, wird in der Liturgie verwendet und schmückt die liturg. Gefäße. Im Relief, in Mosaik und Malerei wird es zur Dekoration von Kirchen wie Palästen, von Gräbern, öffentl. und privaten Bauten verwendet. Die Kunst bedient sich des hl. Zeichens in ausgedehntem Maße in Groß- wie Kleinskulptur, Mosaik, jeder Art von Malerei, in Metall- und Goldschmiedekunst wie auf Textilien. Zwar wird es im Christentum fast durchgehend als Leidenswerkzeug und Triumphzeichen Christi verstanden, doch ist seine Verwendung bereits vorchr. belegt. So wird auch das altägypt. Zeichen für 'Leben' (Anch) bald als K. verstanden. Von großer Bedeutung war wohl das hebr. Thaw, mit dem nach Ez 9,4 die am Gerichtstag zu Rettenden auf der Stirn bezeichnet sein sollen. In der chr. Taufe scheint danach bereits früh ein Versiegelungsritus mit diesem Zeichen vorgenommen worden zu sein. In der Gnosis seit dem 3. Jh. als »Lichtk.« bekannt und so von Einfluß auf die spätere Ikonographie (Strahlenk., K. in Aureole usw.). M. Restle

B. Theologie und Spiritualität
In vielen Zeugnissen der ma. Spiritualität (z. B. →Geistl. Dichtung, →Geistl. Spiele, Passionsmystik, bildl. Darstellungen [s. Abschnitt F]) spielt das K. eine zentrale Rolle. Den Begriff theologia crucis, wie er von M. Luther geprägt worden ist, gebraucht das MA noch nicht, wohl aber kennt es eingehende theol. Reflexionen auf die im Stichwort 'K.' zusammengefaßten Sachverhalte. Ihre Grundlage sind die vorliegende Überlieferung von Leiden und K. estod Jesu und eine ausgebildete Vergegenwärtigung und Verehrung des K. es. Obwohl die ursprgl. weitverbreiteten Widerstände gegen das K. in der frühen Christenheit grundsätzl. überwunden waren, wird auch im MA immer wieder eine theol. begründete Polemik gegen K. und K. verehrung (→Bilderverehrung) laut (Paulikianer, Bogomilen, Petrus v. Bruis, Katharer, Wicliften, Hussiten u.a.). Die ma. Theologie des K. es setzt insbes. voraus, daß in den aus der Alten Kirche überkommenen Glaubensbekenntnissen der K. estod Christi als eine wesentl. Tatsache der Heilsgesch. festgehalten ist, daß sich das K. eszeichen als Hauptsymbol des Christentums durchgesetzt hat und daß das Bild des Gekreuzigten entwickelt vorliegt. Das MA hat den Umgang mit dem K. wesentl. erweitert und vertieft und dadurch auch intensive theol. Überlegungen angeregt. Diese richten sich v. a. auf: 1. K. und Kreuzigung Christi als Heilstatsache, die im NT überliefert und in den altkirchl. Dogmen fixiert ist; 2. ihre Vergegenwärtigung im Wort, in sichtbarer und tastbarer Abbildung, in Gebärde und im Handeln; 3. das Verhältnis des religiösen Subjekts zum K. Christi. In der Praxis sind diese Aspekte häufig miteinander verknüpft; aber die theol. Lit. läßt die Bildung von Schwerpunkten erkennen: in 1. exeget. und – seit der Frühscholastik – systemat. Werken, 2. Hbb. der Liturgieerklärung (von Amalars v. Metz Liber officialis bis zu Gabriel Biels Expositio canonis missae), 3. Predigten, Traktaten, erzählenden, belehrenden und meditativer Lit. Eine regelrechte K. estheologie, die das K. in den Mittelpunkt aller Überlegungen stellt, findet sich jedoch nur vereinzelt.

In der Auffassung des K. es und dem theol. Umgang mit ihm lassen sich gewisse Entwicklungslinien erkennen. Das FrühMA betont zunächst nur die objektive Bedeutung des K. es Christi: Der Gekreuzigte ist Sieger über den Tod und die Mächte dieser Welt, sein K. Zeichen des Triumphs und Träger apotropäischer Wirkungen und Wunderkräfte. Die K. form heiligt die Materie, die sie gestaltet, und verleiht ihr Macht (Nikolaus I., Ep. 82: MGH Epp. Karol. 6, 438, 17ff.). Das ganze MA bewahrt diese Auffassung; sie ist so selbstverständl., daß sie wohl ausgesprochen, aber nicht theol. reflektiert wird. Durch das K. zeichen ist das Reich des Teufels zerstört, es triumphiert die Kirche (z. B. Guilelmus Duranti, Rat. 4, 6, 18; 5, 2, 11). Form, Ort und Funktion einer Vergegenwärtigung des K. es werden in verschiedenem Zusammenhang dargelegt, stärker als in schulmäßiger Erörterung (z. B. Thomas v. Aquin, S. th. III q.83 a. 5 ad 3.4) freilich in symbol. Auslegung oder erbaul. Anwendung. Im übrigen spielt das K. Christi in der schultheol. Diskussion nur eine begrenzte Rolle. Anselm v. Canterbury beachtet in seiner Satisfaktionslehre mehr die freiwillige Selbsthingabe des Gottmenschen und die Tatsache seines Todes als die bes. Art dieses Todes am K. (Cur Deus homo). Die frühscholast. Christologie konzentriert sich auf Fragen nach der Menschwerdung Gottes (Zweinaturenlehre), ihrer Notwendigkeit und ihren Folgen (Geschöpflichkeit, Sterblichkeit, Wissen Jesu usw.), behandelt den K.estod aber nur am Rande. Petrus Lombardus geht am Ende der Gotteslehre (Sent. 1 d.48) kurz auf den Sinn der Passion Christi, in der Christologie (Sent. 3 d. 15–22) ausführlicher auf Notwendigkeit, Grund, Umstände und Bedeutung seines Leidens ein, ohne die Besonderheit seines K.estodes zu würdigen. Er steckt damit den Rahmen für die Behandlung des Themas in der Univ.stheologie seit dem 13. Jh. ab. Thomas v. Aquin handelt in der S. th. ausführl. von Passion und Tod Christi (III q.46–50) und stellt dabei auch die Frage nach der Notwendigkeit seines Leidens am K. (q.46 a.4).

Einen ganz anderen theol. Zugang zum K.esgeschehen eröffnet die Frage nach seiner Bedeutung für das religiöse Subjekt. Bereits in der karol. Exegese (Candidus) und im →Abendmahlsstreit bahnt sich eine Hinwendung zur Heilsbedeutung des K.estodes Christi an (z. B. Ratramnus, De corp. et sang. dom. 33). Aus dem Mönchtum, das seine Lebensform früh als Nachfolge unter dem K. verstanden hatte (vgl. Joh. Cassianus, Inst. 4, 34f.; 7, 17, 5), erwächst die persönl. Hinwendung zum K.esgeschehen. So führen Vertreter der monast. Reform im 11. Jh. wie Johannes v. Fécamp und Petrus Damiani zur Betrachtung des K.es und zur Nachahmung des Leidens Christi auf. Eine regelrechte K.estheologie entwickelt erst Bernhard v. Clairvaux. Er bezieht das Werk Christi konsequent auf unser Heil (pro nobis, propter nos; ALTERMATT) und kommt durch lange Beschäftigung mit dem Leben des ird. Jesus in seinen Nöten und Leiden zu einer an Paulus (1 Kor 2, 2; Gal 6, 14) orientierten Konzentration auf Christus als den Gekreuzigten (SC 43, 3). Über das Faktum des K.es hinaus vertieft sich Bernhard in die heilende Kraft von Christi Wunden (SC 61). Mit dieser neuen Hinwendung zum leidenden Menschen hat er einen entscheidenden Wandel im Verständnis Christi herbeigeführt, der allerdings frömmigkeitsgesch. stärker zum Tragen kam als theologiegesch. Seine K.estheologie und Passionsmystik haben zunächst in seinem Orden, sodann in den Bettelorden des 13. Jh. und bes. bei den religiösen Frauen starken Widerhall gefunden. Das K. spielt in der Frauenmystik eine wichtige Rolle, die hier jedoch nur selten theol. reflektiert wird (Angela v. Foligno). Im frühen 13.Jh. nimmt bes. die franziskan. Gemeinschaft Bernhards Gedanken auf. Franziskus hatte den Glauben an die wunderbare Macht des K.es zu einer seine Lebensform prägenden K.esverehrung, ja schließlich zur Identifizierung mit dem Gekreuzigten (Stigmatisierung) vertieft. Aus dem Franziskanerorden ging der größte ma. Theologe des K.es hervor: Bonaventura, der seine Spätwerke ganz am K. ausrichtet. Seine Darstellung des Franziskuslebens ist von K.n als Prediger, Träger und Diener des K.es Christi geleitet (Leg. mai. 4, 9f.). Auch die Aufstiegsbeschreibungen seines Itinerarium mentis in Deum oder von De triplici via stehen im Zeichen des K.es, das clavis, porta, via et splendor veritatis ist (Tripl. via 3, 5). Das Lignum vitae stellt Christus symbol. im K. dar, die Collationes in Hexaemeron entfalten einen visionären Weg unter dem K. Kosm. und heilsgesch. Aspekte sind in Bonaventuras K.estheologie miteinander verwoben. Die Höhe seiner spekulativen Durchdringung des K.esgeschehens wurde später nicht wiedererreicht. Die weitere Entwicklung hat v.a. zwei Tendenzen: 1. Sie vertieft die Beziehung des Subjekts zum K. in Erleben und asket. Verhalten. Während Meister Eckhart die Leidensgesch. umgeht, fordert Tauler die Wiedergeburt des Gekreuzigten in uns, ein inneres K. tragen (Predigten 51, 65 VETTER), und Seuse bedenkt ein asket. Leben unter dem K. (Büchlein von der ewigen Weisheit, T. 1), das er spürbar auf dem Leib trägt (Seuses Leben, c. 16). 2. Die Anwendung des K.es auf das eigene Leben verbindet sich mit erzählender Darstellung der Leidensgesch. Dabei wird die bibl. und legendar. Überlieferung in wachsendem Maß mit neuen Einzelheiten bereichert und durch Anleitungen zur meditativen Vergegenwärtigung des K.esgeschehens vertieft (Ps.-Bonav., Meditationes vitae Christi; Ubertino da Casale, Arbor vitae crucifixae Iesu; Ludolf v. Sachsen, Vita Iesu Christi; Thomas v. Kempen, De passione Christi u.a.). – S. a. →Soteriologie. U. Köpf

Lit.: DSAM II, 2576–2623 – TRE XIX, 732–761 [Lit.] – K. RUH, Zur Theol. des ma. Passionstraktats, ThZ 6, 1950, 17–39 – A. HOFFMANN, Komm. zur S.th. III qq. 45–59, DTA 29, 1956, 353–467 – W. HÜLSBUSCH, Elemente einer K.estheol. in den Spätschr. Bonaventuras, 1968 – La sapienza della croce oggi, I-III, 1976 – A. ALTERMATT, Christus pro nobis, AnalCist 33, 1977, 3–176 – M. FLICK–Z. ALSZEGHY, Il mistero della croce, 1978 [Lit.]. – G. LOHAUS, Die Geheimnisse des Lebens Jesu in der S.th. des hl. Thomas v. Aquin, 1985, 185–206.

C. Liturgie; Kreuzfeste

Die Verehrung des K.es hat – im O wie im W – in der Liturgie des →Karfreitags eine zentrale Stellung, ausgehend von der bereits im 4. Jh. bezeugten Jerusalemer Karfreitagsfeier (Itinerarium Egeriae 36, 5ff.: Kuß und Berührung der K.reliquie mit der Stirn durch die Gläubigen). Die oriental. Kirchen gestalteten seit dem 5. Jh. die K.verehrung in der Karwoche unterschiedl. aus. Der röm. Karfreitagsritus im 8. Jh. durch eine Prozession nach S. Croce in Gerusalemme, Verehrung der K.reliquie durch Kuß und Prostration gekennzeichnet (ANDRIEU, OR III, 270f.). Bis zum 12. Jh. bildet sich ein festes Schema der Adoratio crucis aus, das im Lauf des MA durch Ausgestaltung der K.enthüllung und Entwicklung von Elevations- und Depositionsriten dramat. Akzente erhält. – Auch die seit dem HochMA aufkommenden Altark.e werden liturg. verehrt (Kuß, Kniebeuge, Verneigung, Inzensation etc.). Die private Frömmigkeit übernimmt vielfach diese Formen der K.verehrung (zu den K.wallfahrten s. Abschn. D).

Früh entstehen K.feste: Im O im Zusammenhang mit der Weihe der konstantin. Doppelkirche in Jerusalem (13. Sept. 355), verbunden mit der K.auffindung durch →Helena (14. Sept. 320). Im gallikan. Ritus wurde seit dem 8.Jh. ein eigenes Fest K.auffindung begangen (3. Mai), das um 800 in den röm. Ritus übernommen wurde, wo die Wiedergewinnung des K.es durch Ks. →Herakleios (K.erhöhung) bereits früher gefeiert wurde. Im O werden ferner ein Fest, das an die Erscheinung eines K.es über Jerusalem (7. Mai 351) erinnert und ein K.prozessionsfest (31.Juli–14. Aug.) begangen; bes. verehrt wird das K. am 3. Fastensonntag. G. Avella-Widhalm

Lit.: →Karfreitag – LThK² VI, s. v. – TRE XIX, 728, 749f. – HJ. AUF DER MAUR, Feiern im Rhythmus der Zeit, I (Gottesdienst der Kirche 5, 1983), 186–189.

D. Volksfrömmigkeit und Volksglaube

Die K.verehrung bildete einen zentralen Teil ma. Frömmigkeitspraxis. Nicht zuletzt durch Kreuzfahrer und Jerusalempilger waren zahllose Splitter vom K. Christi nach Europa gelangt, wo sie in den Heiltumsschätzen der Kirchen und Kl. (z. B. Bamberg, Trier), aber auch als Reliquien in K.xen Wallfahrtsziele wurden. So besaß die Kristkirken im norw. Nidaros (Trondheim) eine K.partikel, die Kg. Balduin v. Jerusalem Sigurd Jorsalvare (»Jerusalemfahrer«) geschenkt hatte. S. Croce in Gerusalemme mit ihrem Reliquienschatz gehörte zu den sieben röm. Kirchen, die ein Rom-Pilger aufzusuchen hatte. Daneben aber fand die ma. eucharist.-christozentr. Idee ihren Ausdruck in der peregrinatio zu wundertätigen K.xen. In Norwegen sind mit der Verehrung eines um 1230 entstandenen Triumphk.es in Röldal und des zu den vierzehn »kgl. Kapellen« zählenden Fana zwei häufig aufgesuchte K.wallfahrten, in Dänemark u. a. Randers, Boeslunde und Kliplev bezeugt, das in norddt. Testamenten des 14. und 15. Jh. als »St. Salvator« oder »Sunte Helpe« (St. Hjælper) auftaucht; dies verweist auf die Verbindung mit dem später zur »hl. Kümmernis« umgedeuteten Volto Santo im it. Lucca. In ihrem Testament v. 1411 stellte die dän. Kgn. Margarethe I. eine beträchtl. Summe zur Verfügung, damit Pilger u. a. an den K.wallfahrtsorten Solna bei Stockholm und Hattula in Finnland für ihr Seelenheil beten könnten. Ein ursprgl. aus Andechser Besitz stammendes, um 1180 angefertigtes K.x (Legende um 1390/1400) durch Einträge des Andechser Missale faßbar, sollte 1229 nach Seeon gebracht werden, bewegte sich jedoch in Forstenried nicht mehr von der Stelle (»Gespannwunder«) und wurde dort zum Ziel einer Wallfahrt.

Das K. aber bestimmte nicht nur als theol. Idee, sondern auch in seinen zahllosen materiellen Ausformungen und nicht zuletzt als Gebärde den ma. Alltag. Sei es als k.förmiges Amulett, sei es als →K.zeichen, schützte es den Menschen und seine Welt vor den stets gegenwärtigen dämon. Anfechtungen und wurde dadurch als Schutz- und Segensgestus zum zeichenhaften Ritual. Es sicherte Haus, Besitz, Familie und Nahrungsmittel; insbes. die Darstellung des mit dem K.zeichen versehenen Brotes gehört zu den Stereotypen der ma. Bilder- und Freskenzyklen (z. B. Abendmahlsszene). Die Verwendung des signum crucis als Schutzmittel war kirchl. legitimiert, solange die Amulette keine »ignota nomina« enthielten (z. B. Thomas v. Aquin, S. th. II. II. 96, 2). Hier bildeten v. a. in nachreformator. Zeit die Devotionalien ein Bindeglied zw. offiziellem K.kult und populärer, häufig mag. Aneignung. Zu den bekanntesten dt. Kl. und Kirchen, die K.partikel besaßen, zählten Scheyern (Heiltumsweisung unter Abt Baldemar [1171–1203] bezeugt), die Reichsabtei Wiblingen, deren K. vermutl. den Gf.en Hartmann und Otto v. Kirchberg von Urban II. übergeben wurde, und schließlich Donauwörth (als Geschenk des byz. Hofes an den ksl. Gesandten Mangold). Diese drei K.e mit ihrer jeweils charakterist. Form hatten ähnl. wie das Caravaca-K. direkten Bezug zu einer Gnadenstätte, während andere Amulettk.e sich auf einen Hl.n oder eine bibl. Gestalt (z. B. Andreask., Benediktusk., Ulrichsk., Valentinsk., Zachariask.) beriefen, sich jedoch später durch Inskription mag. Zeichen, Buchstabengruppen sowie Gottes- und Engelsnamen u. a. vom Andachtsgegenstand zum Zauberrequisit entwickelten. Ch. Daxelmüller

Lit.: LThK² VI, 605–617 – V. Alberti (Präses)–G. Berthold (Auctor), Diss. theol. de Stauroiatreia sive adoratione crucis dominica, 1694 – G. Schnürer–J. M. Ritz, St. Kümmernis und Volto Santo, 1934 – L. A. Veit, Volksfrommes Brauchtum und Kirche im dt. MA, 1936 – G. Wagner, Volksfromme K.verehrung in Westfalen von den Anfängen bis zum Bruch der ma. Glaubenseinheit, 1960 – Ders., Von ma. K.verehrung in Norwegen und ihren Beziehungen zu Westfalen, Rhein.-westfäl. Zs. für VK 8, 1961, 137–148 – L. Kriss-Rettenbeck, Bilder und Zeichen religiösen Volksglaubens, 1971² – Trondheim i 1000 år, hg. A. Kirkhusmo, 1973² – P. Steiner, Altmünchner Gnadenstätten, 1977 – Ch. Daxelmüller – M.-L. Thomsen, Ma. Wallfahrtswesen in Dänemark, JbV NF 1, 1978, 155–204 – E. Kjersgaard, Mad og Øl i Danmarks middelalder, 1978 – H. O. Münsterer (Amulettk.e und K.amulette, hg. M. Brauneck, 1983) [Lit.].

E. Recht

1. Das K. ist Symbol des Kg.s, der mit der Krönung eine sakrale Weihe erhielt. Schon karol. Münzen zeigen das Bild des Herrschers mit dem K. Über Krone und Reichsapfel ist das K.; es gehört seit Konrad II. zu den Reichsinsignien. Das K. war, wie bei dem byz. Ks., dem Normannenherrscher und dem Kg. der Ungarn, Abzeichen der Krönungsprozession des dt. Kg.s und Ks.s. Die ksl. Fahne hat, seit 1191 nachweisbar, das weiße K. auf rotem Grund und wird von Innozenz III. auch in die Papstfahne übernommen. Das K. wird als Rechtssymbol in der Heraldik, als Feldzeichen und auch in Hauszeichen verwendet. Schriftunkundige zeichnen manchmal mit K.en. Die K.fahrer hefteten sich das K. an. – 2. In der Kirche wird das →Brustk. (Pectorale) Insignie, bei den Päpsten um 1274 bereits üblich, von den Bf.en seit dem 12. Jh., dann auch von Kard.en, Äbten und Apostol. Protonotaren übernommen, im Missale Pius' V. (1570) den Bf.en vorgeschrieben. – 3. K.e werden bei den Grenzzeichen gebraucht, symbolisieren die Gewalt als Gerichts-, Zoll-, Fron-K. Nach dem Sachsen- und Schwabenspiegel steckt der Gerichtsbote ein K. an das Haus oder auf die Sache des gepfändeten Schuldners. In westnord. Rechtsq. ist das K. Botschafts- und Ladezeichen. Nach dem →Frostaþingslǫg (II, 22 f.) sendet der Priester ein K., das von Hof zu Hof weiterzubefördern ist, in der Gemeinde umher, um unter »K.buße« die hl. zu haltenden Tage anzuzeigen. Das Markt-K., während des Marktes oder bleibend aufgerichtet, in Frankreich seit Mitte des 9. Jh., in Deutschland seit 1130 für Staffelstein bezeugt, bedeutet Marktgerechtigkeit und Weichbildsfrieden. Hoheitssäulen sind manchmal von K.en bekrönt. – 4. Burgen Gebannter wurden auch kreuzweise eingerissen. Durch die Errichtung von Sühnek.en und K.steinen bei Totschlägen wurden Fehde und Blutrache sowie gerichtl. Verurteilung abgewendet. – 5. Auf das K. wird geschworen. K.e wurden bei der Brandmarkung dem Bestraften eingebrannt. Bei der K.probe stellten sich die Gegner in der Kirche mit ausgestreckten Armen gegenüber, wer länger in dieser Stellung ausharrte, siegte. Unter Ludwig d. Frommen wurde im frühen 9. Jh. diese K.probe verboten. L. Carlen

Lit.: HRG II, 1184f. – J. Grimm, Dt. Rechtsaltertümer, 1899⁴ – K. v. Amira–C. v. Schwerin, Rechtsarchäologie, 1943 – W. Funk, Pfandschaub. K. und Fahne, ZRGGermAbt 65, 1947, 310 – P. Paulsen, Axt und K. bei den Nordgermanen, 1948 – T. Klauser, Ursprung der bfl. Insignien und Ehrenzeichen, 1953² – C. Cecchelli, Il trionfo della croce, 1954 – H. Fillitz, Die Insignien des Hl. Röm. Reiches, 1954 – E. Dinkler, Signum crucis, 1967 – W. Maisel, Archeologia prawna Europy, 1989.

F. Ikonographie

I. Frühchristentum – II. Abendland – III. Byzanz.

I. Frühchristentum: Möglichst frühe bildl. K.darstellungen nachzuweisen, die auf Christus bezogen werden könnten, ist ein immer aktuelles Anliegen: Noch 1990 wurde von der »eindeutigen Darstellung« des 3. Jh. im römischen Aurelierhypogäum gesprochen (Murray, 729), obwohl Himmelmann 1975 dieses K. als Rest des Girlandensystems der Grabausmalung erwiesen hat. Das Zeichen Konstantins gegen Maxentius wird von Laktanz, De mort. pers. 44, 5, als Christogramm bzw. Staurogramm

beschrieben, später von Euseb., Vita Const. 1, 28–31, als k.förmiges Feldzeichen mit Christogramm. Nach Euseb., Hist. eccl. 9, 9, trug eine Statue Konstantins das Siegeszeichen (Tropaion) des heilbringenden Leidens (nach Vita Const. 1, 40 eine k. förmige Lanze). Als Feldzeichen ist daher auch das 'Symbol des heilbringenden Leidens' im Palast in Konstantinopel anzusehen (ebd. 3, 49). Gegen Mitte des 4. Jh. berichtet Cyrill v. Jerusalem über die angebl. gefundene K.reliquie (→Helena; →Reliquien); es folgt die Verwendung von Enkolpien mit K.reliquien, von Brust-, später auch von Handk.en. Seitdem erscheint das K., durch Attribute, Gemmenschmuck, ausschwingende Arme (Sarkophag aus Sarigüzel, Istanbul) als Siegeszeichen bestimmt, in verschiedenen Zusammenhängen. Simon v. Cyrene trägt das K. als Passionswerkzeug, während eine Darst. der →Kreuzigung erst um 430 auftritt. Ein monumentales K. im Bereich der Grabeskirche in Jerusalem ist um 400 durch →Aetheria/Egeria belegt. Mit dem Siegescharakter des K.es verbindet sich häufig eine eschatolog. Bedeutung (seit dem 2. Jh. wurde das 'Zeichen des Menschensohnes' Mt 24, 27. 30, als K. gedeutet).
J. Engemann

Lit.: LCI II, 562–590 – TRE XIX, 726–732 [MURRAY] – F. J. DÖLGER, Antchr 3, 1932, 81–116 – DERS., Beitr. zur Gesch. des K.zeichens, JbAC 1–10, 1958–67 – E. DINKLER, Das Apsismosaik von S. Apollinare in Classe, 1964 – H. BRANDENBURG, RQ 64, 1969, 74–138 – N. HIMMELMANN, Das Hypogäum der Aurelier am Viale Manzoni, 1975 – M. DIMAIO JR., J. ZEUGE, N. ZOTOV, Byzantion 58, 1988, 333–360.

II. ABENDLAND: Als plast. Nachbildung des K.es Christi verschiedener Größe aus Metall, Elfenbein, Holz u. a. ohne bzw. mit der Figur des Gekreuzigten (Crucifixus) nehmen K. und Kruzifix (K.x) eine herausragende Stelle in der Kunst des europ. MA ein. Zwar geht das K. entwicklungsgesch. dem K.x voraus, dennoch ist die Entscheidung für die eine oder andere Form immer auch gattungsspezif. oder funktional bedingt. Dementsprechend variiert die Gestaltung der Geräte Altar-, Brust-, Vortrage- bis zum monumentalen →Triumphkreuz beträchtl. Wie in altchr. Zeit steht im frühen MA das K. v. a. als Symbol der Wiederkunft Christi und des Endgerichts. Die hierfür typ. Bildung als crux gemmata bleibt vereinzelt sogar bis in Monumentalwerke des 13. Jh. mit Corpus erhalten (Halberstadt, Dom: Triumphk.); sonst bes. als Schmuck liturg. Bücher, wo Struktur und Aufteilung des Einbanddeckels von der K.form bestimmt werden (Trier, Domschatz: Evangeliareinband Rogers v. Helmarshausen); in Weltgerichtsdarstellungen oft ragt ein einfaches Balkenk. neben den übrigen Leidenswerkzeugen (Bamberg, Dom: Fs.enportal). Ist in der insularen Buchmalerei vorkarol. Zeit die ornamentale Füllung der Miniatur bestimmend, so daß selbst die Figur des Gekreuzigten weitgehend in das nichtgegenständl. Schmuckwerk eingebunden wird, zeigt auch die frühma. Kunst des Kontinents eine gewisse Zurückhaltung bei der Wiedergabe des Gekreuzigten (→Kreuzigung Christi). Doppelseitig ausgearbeitete Vortragek.e mit einer eher unauffälligen Gravur des Crucifixus (Aachen, Domschatz: Lothark. und Doppelk.) oder die Einbindung der Figur Christi in den Edelsteinschmuck (Essen, Münsterschatz: Mathildenk.e) zeugen von der noch nicht allg. üblichen Verbindung von K. und Gestalt Jesu. Ähnl. gilt das von einzelnen K.en des Maaslandes, die ganz mit Szenen aus dem Leben Christi bedeckt sind. Bei den seit dem späten 11. Jh. vielleicht in Zusammenhang mit den Auseinandersetzungen um die Realpräsenz Christi (→Abendmahlsstreit) als liturg. Gerät entstehenden Altark.en sind neben in Gravur erscheinenden Symbolen Corpora zu wichtigen Trägern der Aussage geworden. Die Entstehung des monumentalen Crucifixus ist im Abendland zu lokalisieren; frühestes erhaltenes Beispiel das sog. Gero-K. des Kölner Doms (968); karol. Stücke sind nur aus Q. bekannt. Seine Wirkung reicht, wie Nachahmungen belegen, bis ins 11. Jh. Die formale Entwicklung des Gekreuzigten geht von den in der Frühzeit noch vielfältigen Darstellungsvarianten des toten oder lebenden Christus zu einer beruhigten, teilweise fast symmetr. Anlage des Körpers, der vor dem K. zu stehen oder zu schweben scheint. Ein folgenreicher Umschwung setzt nach 1200 ein: die Ersetzung des Viernagel- durch den Dreinagelcrucifixus, der mit Dornenkrone und Seitenwunde alle Zeichen des Leidens bzw. des Todes erhält; diese Ikonographie ist verbindl. bis ins späte MA. Theol. oder frömmigkeitsgesch. Voraussetzungen dafür sind vielleicht auch in den seit den 30er Jahren des 13. Jh. in Paris aufbewahrten Passionsreliquien zu sehen; die Dreinagelung vereinzelt aber schon im 12. Jh. Die Expressivität der Körperhaltung des Crucifixus wird bis zum Ende des 13. Jh. gesteigert; ebenso die Reaktion der trauernden Assistenzfiguren. Eine eigenständige Gruppe bilden K.xe mit dem bekleideten Christus, z. T. Nachbildungen des Volto Santo in Lucca, eines sog. authent. Christusporträts (Braunschweig, Dom; Amiens, Kathedrale). Andere Sonderformen, wie gemalte K.e bes. in Italien seit dem 12. Jh., Scheibenk. in Westfalen und Schweden oder eine ornamentale Flabella (Hildesheim, Domschatz) sind ikonograph. weniger bedeutsam als etwa die seit um 1300 entstehenden neuen Typen: der umarmende Crucifixus (Würzburg, Neumünster) geht letztl. noch auf die Liebesmystik Bernhards v. Clairvaux zurück. Der Wunsch, die →Passion Christi nachzustellen, führt zum Gekreuzigten mit beweg. Armen, der bestattet werden kann. Die Ausformung des K.es als unregelmäßig gebildetes Gabelk. mit dem geschundenen Leib Jesu (Crucifixus dolorosus) ist als unmittelbare Umsetzung zeitgenöss. Frömmigkeit bes. in Italien und Deutschland verbreitet (Köln, St. Maria im Kapitol, 1304; →Andachtsbild). Nach 1400 setzt sich ein neuer, ebenmäßig gestalteter Crucifixus nach it. Vorbildern durch. Die hieraus sich entwickelnden Typen des weichen Stils in Malerei und Skulptur bleiben trotz Umformungen auch für das 16. Jh. bestimmend. Gehörten die monumentalen hochma. K.xe fast ausnahmslos zur Kircheninnenausstattung, so tritt seit dem frühen 15. Jh. das Einzelwerk aus Stein unabhängig vom Bau in Erscheinung (Nikolaus Gerhaert: K.x in Baden-Baden); seltener beherrschend an der Kirchenfassade (Kathedrale v. Toul).
K. Niehr

Bibliogr.: R. SCHNEIDER BERRENBERG, K.-K.x, Eine Bibliogr., 1973 – *Lit.*: s. a. →Kreuzigung Christi – LCI II, 585–590, 677–695 – RDK IV, 524f. – TRE XIX, 732–761 – R. HAUSSHERR, Das Imervard-K. und der Volto-Santo-Typ, ZKW 16, 1962, 129–170 – DERS., Der tote Christus am K., 1963 – G. OLDEMEYER, Die Darst. des gekreuzigten Christus in der Kunst des »weichen Stils«, 1965 – M. LISNER, Holzk.xe in Florenz und in der Toskana, 1970 – Monumenta Annonis, 1975, 133ff. – M. ALEMANN-SCHWARTZ, Crucifixus dolorosus, 1976 – R. SCHNEIDER BERRENBERG, Stud. zum monumentalen K.xgestaltung des 13. Jh., 1977 – J. TAUBERT, Farbige Skulpturen, 1978, 38ff. – Staufer V, 291–330 [P. BLOCH] – H. HALLENSLEBEN, Zur Frage des byz. Ursprungs der monumentalen K.xe... (Fschr. E. TRIER, 1981), 7–34 – E. HÜRKEY, Das Bild des Gekreuzigten im MA, 1983 – M. DURLIAT, La signification des Majestés catal., CahArch 37, 1987, 69–95 – R. MARTH, Unters. zu roman. Bronzek.en, 1988 – Christus am K., 1990.

III. BYZANZ: Im Laufe der Zeit entstand eine Vielfalt von Formen und Varianten des K.es mit z. T. uneinheitl. Terminologie, gr. bzw. lat. K. (mit gleichem bzw. ungleich langem K.balken), Staurogramm, K. mit ausschwingenden Armen, ähnl. das Malteserk. Krückenk.

mit Querhasten an den Enden der K.balken, Henkelk. (ägypt. Anch = 'Leben'). Weiterhin gibt es verzierte bzw. erweiterte Formen, z. B. Stufenk., Strahlenk., Patriarchenk. (mit K.titulus) und russ. K. (mit titulus und schräger Fußstütze), K. aus Blättern entspringend, K. mit Alpha und Omega, mit Tropfenverzierungen an den Enden der K.balken oder mit vier kleinen K.en in den Ecken (Jerusalemk.). Die von der in einem Kästchen Platz findenden Urreliquie (vera crux) in der Grabeskirche in Jerusalem, die am Karfreitag zur Verehrung dargeboten wurde, stammenden Reliquien des K.es wurden im MA in mehr oder weniger aufwendig gestalteten Staurotheken geborgen, von denen die wichtigsten neben Jerusalem in Konstantinopel aufbewahrt und 1204 dort geraubt wurden (Limburger Staurothek).

Die liturg. Geräte wie Kelch, Patene, aber auch Leuchter und liturg. Tücher trugen meist das K.zeichen. Das K. gehört auf den Altar, zw. Leuchter, und wird auf einer Stange bei den Prozessionen vorangetragen, es schmückt Hängelampen (Polykandela) und Inzensorien. Das eucharist. Brot wird mit dem K. gestempelt (Brotstempel), Kleriker und Laien tragen K.e auf Brust und Kleidern (als Zeichen der Erlösung und zum Schutz vor dem Bösen), und der Ks. verschenkt bei bestimmten Gelegenheiten K.e. Die Insignien des Ks.s werden zum Zeichen seiner Stellvertreterschaft für Christus mit dem K. geschmückt und seine Unterschrift endet mit dem K. Das Urbild Christus wie seine Heerscharen, die Engel, tragen den K.stab.

Die gesamte chr. Kunst verwendet das K.zeichen extensiv. In der Architektur ist es zwar nicht Ursache »k.förmiger« Kirchenräume bzw. -grundrisse, da solche in der Antike bereits bekannt sind, wohl aber wird eine Deutung in diesem Sinne später vorgenommen. Das K. ist Dachbekrönung und Türschmuck, wird als Motiv in die Bauplastik eingeführt (Kämpferblöcke, Kapitele, Architrave, Archivolten, Tür- und Fensterstürze, Säulen, Schrankenplatten) und ist Zentrum eines jeden Bildprogrammes, wo es als Zeichen des glorreichen Sieges, der Theophanie und der Wiederkunft Christi anstelle eines Bildes in Apsis und Kuppel stehen kann (S. Apollinare in Classe bei Ravenna, H. Sophia in Konstantinopel, Bildprogramme in Georgien u. a.). Während des Ikonoklasmus wird es als einzige Darstellung Christi bzw. Gottes toleriert (H. Eirene in Konstantinopel), ohne allerdings – allein und an so prominenter Stelle – auf diese Zeit beschränkt zu sein. In der byz. Ikonographie ist das K. einzige Insignie der Hl.n. In der Buchmalerei wird es vielfältig als Schmuck verwendet, und Titelseiten wie Bucheinbände zeigen oft ein aufwendig geziertes K. Bei Gräbern ist das K. selbstverständl. Schmuck (auf Sarkophagen seit spätkonstantin. Zeit, Grabplatten u. ä.). M. Restle

Lit.: RByzK V, 1-285.

Kreuzblume, auch Firstblume, besteht aus einer oder zwei Reihen um einen Stamm kreuzförmig angeordneter, stilisierter Blätter, oben abgeschlossen mit einem Knauf, einer Blüte oder einer Reihe kleiner Blätter. Die K. steht auf der Spitze got. →Wimperge, →Fialen und auch auf Strebepfeilern. G. Binding

Kreuzer, 1271 von Gf. →Meinhard v. Tirol nach dem Vorbild der Trienter Zwainziger im Gewicht von 1,63 g geprägter Grossus im Wert von 20 Veroneser Denaren. Urspgl. Meinhards-Zwainziger (lat. vigintarius) gen., erhielt der K. seinen volkstüml. Namen nach dem Bild der Rückseite (Doppel- oder Radkreuz) zunächst in S-Deutschland. Seit 1477 wurde der K. in Meran geprägt. Er kursierte vornehml. in Oberitalien, den österr. Landen, Tirol und S-Deutschland und wurde im 14. Jh. in oberit. Münzstätten, in S-Deutschland erst seit dem 16. Jh., als →Körtling 1536-55 auch in Niedersachsen und nö. Westfalen nachgeahmt. P. Berghaus

Lit.: F. v. SCHROETTER, Wb. der Münzkunde, 1932, 324f. – B. DORFMANN, Norddt. Körtlinge nach K.typ, HBNum 3, 1949, 70-80 – H. RIZZOLI, Die Tiroler Münzprägung, 1979.

Kreuzestheologie → Kreuz

Kreuzfahrer → Kreuzzüge

Kreuzfahrerkunst, Bezeichnung für die Kunst in den infolge der →Kreuzzüge ab 1098 entstandenen chr. Levantestaaten Kgr. →Jerusalem, Gft. →Tripoli (ab 1109), Fsm. →Antiocheia einschließl. Lattakia, Gft. →Edessa. Dazu kommen das polit. wie religiös den Kreuzfahrerstaaten verbundene Kgr. Kleinarmenien, →Zypern (unter den Lusignan, ab 1197 Kgr.) und →Rhodos (ab 1097, 1309-1522 Sitz des Johanniterordens), im weiteren Sinne auch das im 4. Kreuzzug von den Franken eroberte Griechenland (Peloponnes seit 1259 wieder byz.) mit den Kykladen. Dem ideellen und propagierten Zweck der Kreuzzüge entsprechend sah man Instandsetzung, Erneuerung, Wiederaufbau und Schutz der Hl. Stätten und Pilgerkirchen als Ziel der K. Vornehmste Aufgabe war daher der Neubau der Grabeskirche in Jerusalem (Weihe 1149) mit Kl. und Kreuzgang im Stil der ausgehenden Romanik und beginnenden Gotik Frankreichs (Chorumgang mit drei radialen Kapellen wie St. Étienne in Nevers 1063 und Paray-le-Monial um 1130, Emporen und Pendentifkuppel wie die Pilgerkirchen in der Auvergne, der Normandie und England, zweigeschossige, zweiachsige Südfassade wie in Poitou). Weiter die Gethsemanekirche und die Oktogone auf dem Ölberg und über dem Mariengrab, Emmaus (Abu Ghôs), Tyros 1127 begonnen, St. Johannes in Akkon und Notre Dame in Tortosa. Der Befestigung v.a. des Mittelpunkts wie der wichtigsten Hafenstädte dienten Zitadellen (Jerusalem, Sidon, Byblos, Tripolis) und Mauerringe (Caesarea, Akkon); hochgelegene Burgen schützten die Zugänge im Landesinneren. Dazu kam der Bau von karitativen Einrichtungen (Johanniter-Spitäler). Herrschte in der Architektur der K. der frk. Einfluß vor, so lieferte die Kunst der Komnenenzeit im byz. Reich wie auch die byz. Lokaltradition Hauptanregung und leitende Künstler für Mosaik und Malerei. Bedeutendstes Unternehmen war hier wohl die Neuausstattung der Geburtskirche in Bethlehem durch das Zusammenwirken des byz. Ks.s Manuel Komnenos, des Jerusalemer Kg.s Amalrich wie des Ortsbf.s Raoul (Mosaiken mit Festzyklus im Trikonchos und wohl auch Konzilsdarstellungen im Langhaus, Malereien mit Hl.n auf den Säulen der Schiffe) um oder kurz vor 1169. Weitere bedeutende Wandmalereien in Abu Ghôs u.a. Auch die Buchmalerei bediente sich ausgiebig byz. Vorbilder (für Kgn. Melisende 1131-43 entstandener Psalter Brit. Mus. London, Missale in Perugia Bibl. Capit. cod. 6, für den hl. Ludwig 1250-54 geschriebene Bibel in Paris Bibl. de l'Arsenal Cod. 5211, alle aus einem Scriptorium in Akkon). Ähnl. die Ikonenmalerei (Ikonen des 13. Jh. im Katharinenkl. auf dem Sinai, die frz. und ven. Malern bzw. solchen aus dem Kreis des Johanniterordens zugeschrieben wurden). Bei der Skulptur handelt es sich fast ausschließl. um Bauskulptur, bei der auch Figürliches eingeschlossen wurde (Fassade der Grabeskirche, Denkmäler des 13. Jh.). Charakterist. ist das Anknüpfen an spätantikes und frühbyz. Formengut unter zunehmender Einbeziehung stilist. Eigenarten dieser Vorbilder (feingezahnter Akanthus, betonte Bohrlöcher). Die Auswirkungen d. K. auf d. w. Kunst sind wenig untersucht. M. Restle

Lit.: →Burg, D. I, →Jerusalem, A. II – C. ENLART, Les monuments des croisés dans la royaume de Jerusalem, 1925–28 – H. BUCHTAL, Miniature Painting in the Latin Kingdom of Jerusalem, 1947 – K. WEITZMANN, Icon Painting in the Crusader Kingdom, DOP 20, 1966, 49–83 – W. MÜLLER-WIENER, Burgen der Kreuzritter im Hl. Land, auf Zypern und in der Ägäis, 1966 – K. BARASH, Crusader figural Sculpture in the Holy Land, 1971 – H. BUSCHHAUSEN, Die südit. Bauplastik in Kgr. Jerusalem, 1978 – Crusader Art in the Twelfth c., hg. J. FOLDA, 1982 – G. KÜHNEL, Wall Painting in the Latin Kingdom of Jerusalem, 1988.

Kreuzfuß, Gerät, das dazu dient, ein Kreuz auf die Altarmensa zu stellen; im weiteren Sinne jede Vorrichtung, ein Kreuz am, beim oder auf dem Altar zu befestigen bzw. zu tragen. Die Stellung des Priesters am Altar versus orientem ist eine Voraussetzung, nicht jedoch die eigtl. Veranlassung für die Aufstellung von Kreuzen auf der Altarmensa. Vielmehr läßt die charakterist. Affinität des K.es zur Ikonographie des (Kreuz-)Altars ihn generell als seine Forts. mit anderen Mitteln erscheinen. Teilweise Kreuz und Leuchter kombinierende Vorformen des hochma. Kreuzständers sind in der byz. Kunst bereits seit dem 5./6. Jh. nachweisbar. Bildl. Darstellungen von Altarkreuzen legen nahe, daß schon in karol. Zeit – wenn nicht früher – neben Verbindungen von Reliquiar und Kreuzständer (vgl. →Einhardsbogen) den hochma. verwandte Altark.e im Gebrauch waren. Daraus erklären sich formale Interferenzen und Unsicherheiten in der Benennung. Entsprechendes gilt für die formale Angleichung an geneaolog. ältere Typen des (Altar-)Leuchters. Das Mißverhältnis zw. den knapp 60 erhaltenen hochma. K.en und den zahlreichen Altarkreuzen bzw. Corpora legt nahe, daß im MA Kreuze auch mittels anderer Vorrichtungen auf, hinter oder beim Altar aufgestellt wurden. Die nach Material, Form und inhaltl.-bildl. Akzentuierung unterschiedl. K.e lassen sich auf wenige Grundtypen reduzieren; gemeinsam ist ihnen, daß sie formal und inhaltl. im Zentrum mit dem von ihnen getragenen Kreuz als Zeichen Christi und der Erlösung durch sein Opfer auf Golgatha kulminieren. In diesem Sinne bilden Kreuz und Ständer stets eine Einheit. Die entsprechenden inhaltl. Komponenten, die das unterstreichen, können mehr oder weniger deutl. ausgeprägt sein. Sie kommen dort ganz direkt zum Ausdruck, wo eine Inschrift auf das heute nicht mehr vorhandene Kreuz hinweist oder wo ein komplexes ikonograph. Programm Kreuzesopfer und Auferstehungshoffnung im kosmolog. Bezugsrahmen miteinander verbindet. Charakterist. für die weitere Entwicklung ist seit dem 13. Jh. eine zunehmende Lockerung der Verbindung zw. formalem Typus und christolog.-kosmolog. Sinngebung. Entsprechend prägen, von wenigen Ausnahmen abgesehen, bis in die Gegenwart primär funktionale und dekorative Komponenten das Erscheinungsbild des K.es als eines nicht länger inhaltl. zu-, sondern dienend untergeordneten Gerätes. P. Springer

Lit.: P. SPRINGER, K.e, Ikonographie und Typologie eines hochma. Gerätes (Bronzegeräte des MA 3, 1981) [ältere Lit.] – A. LEGNER, Dt. Kunst der Romanik, 1982 – Ornamenta Ecclesiae, Ausstellungs-Kat., I und III, 1985, Kat. Nr. B 57, C 46, F 19, H 29, H 34 – O. TER KUILE, Koper & Brons (Catalogi van de verzameling kunstnijverheid van het Rijksmuseum te Amsterdam, Deel 1, 1986), 22–25 (Kat. Nr. 15, 16) – R. MARTH, Unters. zu roman. Bronzekreuzen ... [Diss. FU Berlin 1988], bes. 47–60 – B. MONTEVECCHI-S. VASCO ROCCA, Suppellettile Ecclesiastica I (4. Dizionari Terminologici, 1988), 69ff.

Kreuzgang → Kloster, B

Kreuzgroschen. Die Abwertung des →Meißner Groschens 1369 führte zur Einführung des K.s, der sich von seinen Vorgängern durch ein Kreuz unterschied, das im Münzbild vor dem Löwen erscheint. In der Urkk.sprache wird der K. entsprechend als *Cruczegrossen* oder *Cruziger grossen* bezeichnet. Die Prägung des K.s, dessen Silbergehalt in 40 Jahren um 73 % gefallen war, wurde 1407 mit der Einführung des Schildgroschens beendet. P. Berghaus

Lit.: F. v. SCHROETTER, Wb. der Münzkunde, 1930, 326f. [A. SUHLE; fehlerhafte Interpretation] – G. KRUG, Die meißn.-sächs. Groschen, 1338–1500, 1974, 35, 41, 45, 51, 94, 119–124, 127–129.

Kreuzherren (Kreuzbrüder, Cruciferi, Crucigeri, Cruciati), Bezeichnung für die mit einem Kreuz gekennzeichneten Angehörigen der Hospital- und Ritterorden, im engeren Sinne für eine Gruppe im 12. bzw. 13. Jh. unabhängig voneinander entstandener und trotz mehrerer Unionsversuche voneinander unabhängig gebliebener Orden, die die Verehrung des Kreuzes gemeinsam haben und ihre Anfänge mit den →Kreuzzügen in Verbindung bringen können bzw. in die Frühzeit der Kirche zurückdatieren. Neben den →Chorherren vom Hl. Grab und denjenigen v. →S. Cruz in Coimbra sowie den seit Ende des 12. Jh. nachweisbaren, ordensgeschichtl. schwer einzuordnenden K. in Irland sind dies:

[1] Der *K.orden v. Bologna* (Ordo Cruciferorum), hervorgegangen aus dem Mitte des 12. Jh. vor der Porta Ravegnana errichteten, der Beherbergung von Reisenden und Pilgern dienenden Hospital S. Maria di Morello, wurde von einem vor 1169 verstorbenen Cletus gegr. und erfreute sich des Wohlwollens Alexanders III., der in ihm auf der Flucht vor Friedrich I. Unterkunft gefunden haben soll. Die von Alexander am 20. Dez. 1169 vorgenommene Approbation (Ital. Pont. V, 285) schuf die Voraussetzung für eine schnelle Expansion in N- und Mittelitalien. Bereits 1228 gehörten dem Orden, der als Hospitalorden des Kirchenstaates auch von den Nachfolgern Alexanders gefördert wurde, nicht weniger als 55 Spitäler an, denen im Verlaufe des 13. bzw. 14. Jh. weitere in Italien, Palästina, auf Zypern und Kreta sowie in Griechenland folgten. Unter den it. Ordenshäusern, die am Ende des MA vier Prov. en bildeten, spielten neben dem Bologneser Mutterhaus die Häuser in Rom (S. Matteo in Merulana), Mailand (S. Maria, später S. Croce), Neapel (S. Maria delle Vergini) und Venedig (S. Maria di Crosechieri) eine führende Rolle. Trotz unter Pius II. 1462, Innozenz VIII. 1484 und Pius V. 1568 unternommener Reformversuche gelang es nicht, die Einheit des Ordens zu behaupten und die Folgen von Verpfründung und Kommendation zu beseitigen. Der Orden wurde 1656 aufgehoben. Die Ordenshistoriographie des 16. Jh. führt die in Ordensname, Tracht und Emblem (die drei Kreuze auf Golgotha) zum Ausdruck kommende Kreuzverehrung auf die angebl. Gründung durch den röm. Bf. Anaklet und eine auf Veranlassung der hl. Helena von Cyriakus v. Jerusalem vorgenommene Erneuerung zurück.

[2] Der *Orden der K. mit Kreuz und rotem Stern* (Ordo Can. Reg. SS. Crucis a Stella rubea) geht auf das ca. 1231 bei St. Katulus in Prag gegr. Franziskusspital zurück, das mit dem Frauenkl. St. Franziskus das »Böhm. Assisi« bildete, in dem die Přemyslidin →Agnes, Tochter Kg. Ottokars I. v. Böhmen, nach dem Vorbild der hl. →Clara v. Assisi die ursprgl. Formula vitae des hl. Franziskus zu verwirklichen suchte. Im Zuge der von Gregor IX. betriebenen Anpassung an das traditionelle Ordensleben löste sich das Hospital aus dem doppelkl.artigen Verband. Die Hospitalbrüder nahmen 1237 die Augustinerregel an, wurden 1238 der geistl. Leitung der Dominikaner unterstellt und siedelten 1235 in das ehem. Deutschordenshos-

pital St. Peter im Poříč um, von wo sie 1252 an ihren endgültigen Standort an der späteren Karlsbrücke zogen. Nach der Annahme von Kreuz und Stern als Ordensemblem (1252) bürgerten sich die Bezeichnungen Stellati (1276), Stelliferi und Cruciferi cum rubea cruce et stella (1296) ein, was gelegentl. zu Verwechslungen mit dem Orden der Bethlehemiten (→Bethlehem) führte. Mit Unterstützung der Přemysliden, Luxemburger und Piasten konnte der Orden (1292 neu organisiert) in Böhmen, Mähren und Schlesien umfangreichen Besitz erwerben, zahlreiche Spitäler gründen bzw. übernehmen und ein beachtl. geistl. Leben entfalten (Brevier des Meisters Leo von 1356). Das zw. 1242 und 1245 von der Hzg.switwe Anna, Schwester der Agnes v. Böhmen, bei St. Matthias in Breslau errichtete Elisabethhospital entwickelte sich zum Haupt des schles.-poln. Ordenszweiges, der bis zu seiner Aufhebung (1810) die 1402 verbriefte weitgehende Unabhängigkeit vom Prager Mutterhaus behaupten konnte. Hussitenkriege, Utraquismus und Reformation führten zu vorübergehendem Exil des Großmeisters nach Eger. Im Verlauf des 15. Jh. erfolgte die Umwandlung des bisher laikalen Hospitalordens zu einem Klerikerorden. Er erhob in zahlreichen Traktaten den Anspruch, von der hl. Helena in Bethlehem als Hospitalorden gegr. und als solcher 1207 nach Böhmen (Hłoupetin) gekommen zu sein.

[3] Der *K.orden mit dem roten Herzen* wurde am 9. April 1256 von Innozenz IV. in einem an das röm. Kl. S. Maria de Metrio gerichteten Privileg als Ordo canonicus secundum regulam S. Augustini et institutiones FF. de Poenitentia BB. Martyrum bestätigt. Nach →Thomas v. Eccleston ging er auf einen in Paris lebenden dt. Adligen namens Martin zurück. Obwohl der Orden bereits über Niederlassungen in Italien, Spanien, England, Dtl., Böhmen und Polen verfügte, gehörte er zu den →Bettelorden, deren Aufhebung das Konzil v. Lyon beschloß. Er verlor im Verlauf des 14. Jh. seine Niederlassungen in Italien, England, Spanien und Dtl., konnte jedoch trotz des Konzilsbeschlusses seine auf die Seelsorge gerichtete Tätigkeit in Böhmen und Polen fortsetzen. In Böhmen verfügte er neben dem bereits vor 1256 in Prag errichteten Kreuzkl. über vier weitere Kl. In Polen war das ca. 1263 in Krakau errichtete Markuskl. Haupt der dortigen Prov., der sich im 15. Jh. die in Litauen entstandenen Kl. anschlossen. Trotz der Rückschläge durch Hussitenkrieg und Utraquismus, die die Prager K. zwangen, sich zunächst nach Regensburg und dann nach Krakau ins Exil zu begeben, konnte sich der Orden unter der Leitung des Krakauer Hauses, das seit 1470 die Mitte des 14. Jh. vom Prager Kreuzkl. eingenommene Stellung eines Caput ordinis übernahm, behaupten. Die K. mit dem roten Herzen glaubten, ihre Ursprünge auf Anaklet bzw. Cyriakus v. Jerusalem zurückführen zu können.

[4] Die *Entstehung des belg.-ndl. K.ordens* (Ordo S. Crucis) steht in Zusammenhang mit der 1248 von Innozenz IV. an die Bf. e v. Lincoln, Langres und Lüttich gerichteten Aufforderung, den in ihren Diöz.n lebenden Fratres S. Crucis die Annahme der Augustinerregel und die Befolgung eigener, am Vorbild der Dominikaner ausgerichteter Konstitutionen zu gestatten (Registres, 4155). Als einziger der Angesprochenen vollzog der Bf.-Elekt v. Lüttich, Heinrich v. Geldern, am 31. Dez. 1248 die Approbation der in seiner Diöz., in Clairlieu (Clarus locus) an der Maas, lebenden Crucis Servitores. Ursprgl. Lage (Seillers oder Huy), Charakter und Vorgesch. dieser Kommunität sind umstritten. Einerseits wird auf ihre Nähe zu den religiösen Bewegungen des 13. Jh., anderereits auf ihre Verbindung mit der in der Diöz. Lüttich starken Tradition des vom vita apostolica-Ideal geprägten Regularkanonikertums hingewiesen. Sicher ist, daß die K. v. Clairlieu bereits vor 1248 Kontakt mit ähnl. orientierten Fratres S. Crucis in Frankreich und England hatten, von denen sich einige nach der Regulierung dem Orden anschlossen. Der unter der Leitung der in Clairlieu residierenden Generalprioren stehende Orden vermochte im 13. Jh. weitere Niederlassungen im heutigen Belgien, England, Frankreich und dem Rheinland zu gründen. Möglicherweise im Zusammenhang mit dem Aufhebungsbeschluß des II. Konzils v. Lyon trat zu Beginn des 13. Jh. eine für das ganze Jahrhundert charakterist. Stagnation ein. Erst die 1410 von dem Generalprior L. Janssen und seinen vornehml. aus den Niederlanden und Dtl. stammenden Nachfolgern betriebene Reform ließ den Orden zu einem der bedeutendsten NW-Europas werden. Zw. 1422 und 1503 entstanden fast 40 neue Niederlassungen. Gleichzeitig entfaltete sich in enger Verflechtung mit der →Devotio moderna ein intensives geistiges Leben, das in reger Bautätigkeit, zahlreichen geistl. Traktaten und einer intensiven Schreibtätigkeit zum Ausdruck kam. Die Geschichtsschreibung des Ordens geht, gestützt auf den Chronisten Russelius (1635), der ältere, aus dem 15. Jh. stammende Berichte verwendet, davon aus, daß Clairlieu von Theoderich v. Celles und fünf weiteren Lütticher Chorherren nach der Rückkehr von Kreuzzug und Albigenserkrieg mit der Absicht gegr. worden sei, hier nach Art der Chorherren vom Hl. Grab zu leben und damit eine auf Anaklet, Helena und Cyriakus zurückgehende, von der hl. Odilia schon früher an der Maas heim. gemachte Tradition fortzusetzen.   K. Elm

Lit.: *[all.]*: H..F. CHETTLE, The Friars of the Holy Cross, Hist. 34, 1949, 204–220 – J. P. B. BULLOCH, The Crutched Friars, Rec. Scott. Church. Hist. Soc. 10, 1949/50, 81–106, 154–170 – R. N. HADCOCK, The Order of the Holy Cross in Ireland (Medieval Stud. pres. to A. GWYNN, 1961), 44–53 – K. ELM, Der gescheiterte Versuch einer Union zw. belg. und böhm. K., Westfalen 53, 1980, 121–132 – *zu [1]*: DIP III, 311ff. – G. GENTILI, I Crociati, Strenna Stor. Bolognese 12, 1962, 95–106 – S. LUNARDON, Hospitale S. Mariae Cruciferorum, 1985 – *zu [2]*: DIP VI, 1392–1398 – J. SZABLOWSKI, Kosciol Św. Marka w Krakowie, Rocznik Krakowski 22, 1929, 80–98 – Z. HLEDÍKOVÁ, Řád křížovníků s černym srdcem ve středověku, Sborník prací východočeských archivů 5, 1989, 209–235 – K. ELM, Der Anteil der geistl. Orden an der Christianisierung Litauens (La Cristianizzazione della Lituania, 1989), 175–203 – *zu [3]*: DIP III, 313 f. – W. LORENZ, Die K. mit dem roten Stern, 1964 – F. MACHILEK, Die selige Agnes v. Böhmen und der Orden der K. mit dem roten Stern (Von der alten zur neuen Heimat, hg. F. KUBÍN – A. RIEBER, 1986) [Bibliogr.] – H. SOUPOVÁ, Anežský klášter v Praze, 1989 – *zu [4]*: DHGE XIII, 1042–1062 – DIP III, 304–311 – H. VAN ROOIJEN, De Orsprong der K., 1961 – H. V. WEISS, Die K. in Westfalen, 1963 – J. M. HAYDEN, The C. in England and France, Clairlieu 22, 1964, 91–109 – A. VAN DEN PASCH, Definities der Generale Kapittels van de Orde von het H. Kruis, 1969 – K. ELM, Entstehung und Reform der belg.-ndl. K., ZKG 82, 1971, 292–313 – G. Q. REINERS, Kruisspiritualiteit in de Geschiedenis van de orde van het H. Kruis, 1988 – P. VAN DEN BOSCH, Die K.reform des 15. Jh. (Reformbemühungen und Observanzbestrebungen im spätma. Ordenswesen, 1989), 71–82 – *zur Forschungslage*: G. Q. REINERS, A Survey of European Crosier Historiography in the Last Fifty Years, Clairlieu 46, 1988, 99–113.

Kreuzigung Christi

I. Frühchristentum – II. Abendland – III. Byzanz.

I. FRÜHCHRISTENTUM: Als zentrales Ereignis des →Lebens Jesu und der →Passion Christi gehört die K. (vgl. Mt 27, 33–56; Mk 15, 23–41; Lk 23, 33–49; Joh 19, 17–37) zu den wichtigsten Bildthemen ma. Kunst, doch hat sie erst im 5.Jh. Eingang in die bildende Kunst gefunden. Der Versuch DERCHAINS, die Echtheit von Gemmen des 3./4. Jh.

mit K.sdarstellung zu erweisen, überzeugt nicht (MASER, ENGEMANN, MRAS). Die sog. Passionssarkophage (seit Mitte 4. Jh.) zeigen nie die K., sondern ein →Kreuz als Siegeszeichen. Ob aus Prudentius, Dittochäum 42 (um 400), eine K.sdarstellung zu erschließen ist, bleibt umstritten. Die beiden frühesten K.sbilder entstanden um 430. Auf einem Elfenbeinkasten (London, Brit. Mus.; VOLBACH, Elfenbeinarbeiten Kat.-Nr. 116) ist die K. Teil eines Zyklus, der von der Handwaschung des Pilatus bis zum Ungläubigen Thomas reicht. Christus (unbärtig, leidlos, mit offenen Augen und mit Subligaculum bekleidet) ist an den Händen an ein Kreuz mit ausschwingenden Armen genagelt; darunter Maria, Johannes und der Soldat, der die Seite Christi durchsticht. Neben der K. der Freitod des Judas. Auf der Holztür in S. Sabina, Rom, ist Christus ähnl., aber bärtig dargestellt, ohne Begleitpersonen, aber zw. den beiden Schächern. Bis zu unten behandelten frühma. K.sbildern bleiben Darst. selten: ein Hinweis bei Gregor v. Tours, De gloria mart., 1, 23; ein Katakombenfresko in S. Gennaro, Neapel. J. Engemann

Lit.: LCI II, 606–642 – RAC XI, 293 f. [J. ENGEMANN] – H. ACHELIS, Die Katakomben von Neapel, 1936 – Christentum am Nil, hg. K. WESSEL, 1964, 109–113 [PH. DERCHAIN] – RivAC 52, 1976, 257–275 [P. MASER] – G. JEREMIAS, Die Holztür der Basilika S. Sabina in Rom, 1980 – M. MRAS, s.v. K. C., RByzK [i. Dr.].

II. ABENDLAND: Zw. den Polen der Einzeldarstellung (→ Kreuz, Kruzifix) und dem sog. volkreichen Kalvarienberg, d. h. der einer primär theol. Aussage und der eher vordergründigen Beschreibung eines hist. Geschehens, spannt sich im MA eine Reihe fast unbegrenzter Darstellungsmöglichkeiten, jeweils modifiziert und präzisiert aufgrund der Intention der künstler. Aussage. Die Scheu, Christus am Kreuz darzustellen, ein Erbe des Frühchristentums, wird noch deutl. im Anfangsstadium des Prozesses einer langsamen Emanzipierung des Themas innerhalb des abendländ. Bilderkreises. Erst die Betonung des sakramentalen Charakters der K. als Opfertod Jesu, deren Wurzeln wohl in Verbindung mit dem karol. →Abendmahlsstreit zu sehen sind, fördert die Bereitschaft zur Darstellung im Bild. Schon seit dem 8. Jh. als Ausgestaltung der T-Initiale zu Beginn des Meßkanons in der Buchmalerei verbreitet (Sakramentar v. Gellone), wird die K. bald zum üblichen →Kanonbild des MA (Sakramentar Heinrichs II.). Hinzu kommen atl. Typen, die Opferung Isaaks und →Melchisedek, die die Bedeutung der K. unterstreichen; später immer wieder auf Tragaltären (Mönchengladbach) oder in monumentaler Form (Wechselburg, Lettneranlage) zu belegen. Gegenüberstellungen der K. mit der ehernen Schlange (Evangeliar v. Averbode) oder die Verbindung mit der Auferstehung Adams, die sowohl an Kreuzfüßen (Chur, Domschatz), aber auch noch in der Großplastik zu finden ist (→Triumphkreuz), verweisen auf die Erlösung durch den Tod Jesu. Schon früh war über die aus der Schrift entlehnte Ausstattung der K.sszene mit Maria, Johannes und Soldaten (Lanzenstich als Beglaubigung des Todes Christi) als drei- oder fünffigurige Gruppe (Köln, Schnütgenmus.: Heribertkamm) und die Schächerkreuze (Essen, Münsterschatz: Buchdeckel des Evangeliars der Äbt. Theophanu) hinaus eine Ergänzung um Ecclesia und Synagoge, den neuen und den alten Bund symbolisierend, vorgenommen worden (Müstair, Wandmalereien; Einband des Perikopenbuchs Heinrichs II.; Hortus Deliciarum). Weitere allegor. eingekleidete Darstellungen verstehen sich als Interpretation des Vorgangs auf Golgatha und über das hist. Ereignis hinausweisende Exempel: Das Kreuz als Lebensbaum mit Knospen (Hildesheim, Dom: Bernwardtür), als Gegensatz zum Baum des Todes im Paradies, v.a. auch noch in Theologie und Darstellungen des SpätMA und der Reformationszeit von Wichtigkeit, evoziert die Deutung Christi als Frucht dieses Baumes; damit wird die eucharist. Komponente der K. betont. Die K. durch die Tugenden, seit Mitte des 13. Jh. nachzuweisen, setzt ältere Überlegungen Bernhards v. Clairvaux ins Bild um. Das seit dem 15. Jh. dargest. lebende Kreuz wird als Handlungsträger aktiv an der Erlösung der Menschheit beteiligt. Die K. ist in der Skulptur am Außenbau der Kathedrale kein wichtiges Thema; ledigl. größere Tympana des 13. Jh. räumen dem Kreuz innerhalb der Passionsgesch. seinen Platz ein (Straßburg, Münster: Mittleres Westportal). Als Bekrönung des →Lettners dagegen ist das Kruzifix für das ganze MA hindurch belegt, wobei auch hier eine enge Beziehung zum ikonograph. Programm der Chorabschrankung gegeben ist (Naumburg, Westlettner; Amiens; Paris, fragmentar. erhalten). Die bes. Ausformung des Crucifixus (→Kreuz), die auf die Einbeziehung des Betrachters in das Leiden Jesu abzielt, wirkt sich auch auf das szen. Umfeld der K. aus (Maria und Johannes als »Vorbilder« der Trauer [Naumburg]); die bes. in der altndl. Malerei betonte Wirkung des Kreuzestodes Christi auf die Umstehenden (Rogier v.d. Weyden) verdichtet sich in der Gestalt der das Kreuz umarmenden Magdalena. Zeigten otton. Elfenbeine die K. schon im Zentrum eines großen szen. Aufgebotes, so hat doch erst die spätgot. Malerei den eigtl. Typus des volkreichen Kalvarienbergs und der K. »mit dem Gedräng« geschaffen, wobei sich häufig eine dialog. Struktur in der Trennung von Gut und Böse zu Seiten des Kreuzes erkennen läßt; dargest. auch durch das Mittel unterschiedl. gekleideter Personen (Konrad v. Soest, Wildunger Altar). Hier auch Raum für eine Fülle ergänzender, teilw. der Legende entnommener Begebenheiten (blinder Longinus); zugleich detailversessene Schilderung der Realien. Die Einbindung der K. in das Passionsgeschehen, das auch in Schnitzaltären bis ins 16. Jh. hinein oftmals wie auf einer Bühne präsentiert wird, ist weiter gefaßt noch in der Gruppe der großen Kalvarienberge seit dem 15. Jh. (C. Sluters Anlage für Champmol durch Q. auf 1395–1402 zu datieren; später v.a. in der Bretagne), die das ganze Leben Christi von der Verkündigung bis zur Auferstehung im Bild erzählen. Dagegen steht in der Malerei zu Ausgang des MA der einsame Crucifixus (J. Bellini), der durch die Konzentration auf das Hauptgeschehen die Qualität eines Andachtsbildes erhält und als solches durch Zufügung einer das Kreuz verehrenden Person auch verstanden wird (Cranach). K. Niehr

Lit.: s.a. →Kreuz – LCI II, 490f., 492–495, 595–600, 606–635 – R. L. FÜGLISTER, Das lebende Kreuz, 1964 – F. P. PICKERING, Lit. und darst. Kunst im MA, 1966, 146ff. – E. ROTH, Der volkreiche Kalvarienberg, 1967[2] – H. KRAFT, Die Bildallegorie der K. Ch. durch die Tugenden, 1976 – G. FABIAN, Friedhofscrucifixi und Kalvarienberge im Rheinland und in Westfalen, 1986 – H.-M. v. ERFFA, Ikonologie der Genesis, 1989, 107ff., 114ff. – B. C. RAW, Anglo-Saxon Crucifixion Iconography and the Art of Monastic Revival, 1990.

III. BYZANZ: Später als für den W sind K.sbilder aus dem O des röm. Reiches bezeugt (Chorikios v. Gaza, Laudatio Marciani I, vor 536). Ältestes erhaltenes und datiertes Denkmal ist die vielfigurige K.sminiatur im 586 niedergeschriebenen syr. Rabbula-Codex. Sie zeigt Christus im langen, purpurnen Gewand und mit offenen Augen, was bis in den Ikonoklasmus hinein verbindl. blieb. Offenbar ging dieser Darstellungsweise jedoch eine Kombination von Kreuz und Christusbüste – mit Tunica und Pallium – zw. den Gestalten der Schächer voraus. Möglicherweise

im 2. Viertel des 6. Jh. in Jerusalem als monumentales Kunstwerk entstanden, findet diese abstrakte Gestaltungsweise durch die Pilgerampullen weite Verbreitung. Jünger als jene sind Weihrauchgefäße aus Bronze, von denen manche Beschädigungen aufweisen, die ihnen wohl durch Ikonoklasten zugefügt wurden. Veränderungen betreffen u.a. die ganzfigurige Darstellung Christi im Kolobion, die Wiedergabe von Sonne und Mond als Scheiben – z.T. mit Gesicht – statt durch Büsten bzw. Stern und Halbmond sowie die oftmals fortgelassenen Schächer, die das Geschehen zuvor fast immer verdeutlichten. Die christolog. Debatten, die während des Ikonoklasmus geführt wurden, resultierten auf seiten der sich durchsetzenden Ikonodulen in einer Betonung der menschl. Natur Christi. Die Einführung des Typus des toten Christus mit geschlossenen Augen geht daher wohl auf diese zurück (MARTIN). Um die menschl. Natur weiter zu betonen, wurde das herrscherl. Gewand seither gegen einen einfachen Lendenschurz ausgetauscht (Randpsalterien). Nach Ansätzen im 10. Jh. gewinnt im 11. Jh. die Form des toten Gekreuzigten, dessen Körper nach links ausschwingt und dem das Haupt im Laufe der Zeit stärker in Richtung zur Schulter sinkt, an Bedeutung; diese Form hält sich bis weit über das Ende des mittelbyz. Reiches hinaus. Der Gefahr, die menschl. Natur einseitig zu betonen, begegnen die Einführung eines blockhaften Suppedaneums, das an den Fußschemel eines Herrschers erinnert, sowie die Hinzufügung von Engeln, welche die Hoheit Christi unterstreichen. Ein ebenfalls erst nachikonoklast. Element der K.sikonographie ist der Schädel Adams am Kreuzesfuß. Dies ergibt sich aus der überzeugenden Umdatierung der Fieschi-Morgan-Staurothek ins erste Viertel des 9. Jh. (KARTSONIS), die auch die Pektoralkreuze mit Nielloverzierung betrifft. Auf diesen »historiated reliquaries« wird Christus nur von Maria und Johannes flankiert und mit diesen durch eine Inschrift nach Joh 19, 26f. verbunden. Es spricht viel dafür, daß die erhaltenen Exemplare dieser Denkmälergruppe ebenso wie ihre Drei-Personen-Konstellation frühestens nach Ausbruch des Ikonoklasmus entstanden. Somit entfallen die ikonograph. Parallelen, die WEITZMANN 1976 im Zusammenhang mit seiner Datierung der Sinai-Ikonen anführte (s. speziell Kat.-Nr. B 32, aber auch B 36, B 50f.). Im Kontext der K. C. sind die Personifikationen Ekklesia und Synagoge erstmals auf einem georg. Email des 10. Jh. nachweisbar. Seit dem 11. Jh. findet sich auch der Centurio. Mit Beginn der spätbyz. Zeit werden Emotionalisierung und Dramatisierung des Bildes zunehmend wichtig; im 13. und 14. Jh. wird zuweilen die Ohnmacht der Gottesmutter dargestellt. Nachdem schon unter dem Einfluß der Kreuzfahrerkunst in einzelnen Fällen die Ikonostasis nicht nur mit einem Kreuz, sondern mit einem Tafelkruzifix bekrönt wurde (WEITZMANN, 1972), dürfte die erneute Übernahme – diesmal aus Venedig – erst in postbyz. Zeit, am ehesten während des 16. Jh. anzusetzen sein (HALLENSLEBEN).
M. Mrass

Lit.: T. MARTIN, The Dead Christ on the Cross in Byz. Art (Fschr. A.M. Friend Jr., 1955), 189–196 – K. WEITZMANN, Three Painted Crosses at Sinai (Fschr. O. Pächt, 1972), 23–35 – s. Lit. zu I und III.

Kreuzkuppelkirche, in mittel- und spätbyz. Zeit vorherrschender Kirchenbautyp. Kernzelle ist ein Zentralbau, bei dem vier in einem Quadrat- oder Rechteckraum frei eingestellte Säulen mit verbindenden Vierungsbögen eine Zentralkuppel tragen. An die Vierungsbögen schließen versteifend kreuzförmig angeordnete Tonnengewölbe an, die der Mittelkuppel weiteren Halt verleihen. Die verbleibenden Eckkompartimente, meist niedriger eingewölbt oder auch überkuppelt (daher wegen der mögl. fünf Kuppeln auch »quincunx« gen.), ergänzen den kreuzförmigen Raum zum Kubus. An den Ostkreuzarm und die ö. Eckkompartimente schließen eine oder mehrere Apsiden an. Nach W zu meist ein Narthex oder/und eine Vorhalle, nach N und S auch weitere Mantelräume bzw. stark nach außen geöffnete Hallen (mißverständl. oft »fünfschiffige K.« gen.). Bei Übernahme der Last auf der Ostseite durch die Bemamauern bzw. durch die mit ihnen eng verbundenen Pfeiler spricht man von einem »Zweistützentyp«. Ähnl. kann auch auf der Westseite verfahren werden (Achtstützentyp oder oktogonale K.). Ziel ist in allen Fällen Vergrößerung des Kuppeldurchmessers und dadurch Vereinheitlichung des Kirchenraumes. Anfügung von Apsiden (»Choroi«) im N und S der Kreuzarme wegen des Antiphonierens in Kl.kirchen häufig (Athos-Typ). Die teils über dem Narthex anzutreffenden, teils U-förmig auch über die Eckkompartimente bzw. die äußeren Mantelräume ausgreifenden Emporen sollen in der Regel für Herrscher und Hof eigenen Raum schaffen (so in die aruss. Baukunst übernommen). Im spätbyz. Mistra werden gelegentl. auch der n. und s. Kreuzarm durch Säulenarkaden geschlossen, im Emporenbereich die Tonnen jedoch offen gehalten. Der Typus der K. ist in den byz. beeinflußten Landschaften Italiens und Siziliens ebenso anzutreffen wie vereinzelt im roman. W. Auch die Renaissance zeigt gelegentl. Vorliebe für die geometr.-kristalline Struktur des Typs (Venedig, S. Giovanni Crisostomo). Kuppel-, Gewölbe- und Wandflächen der K. sind für den Ausbau des byz. Bildprogramms bes. bedeutend. Die strukturelle Einheit von Architektur und Malerei bzw. Bildprogramm ist bereits früh belegt (Marienkirche am Pharos, Konstantinopel zw. 842 und 846, Kapelle 29, Göreme Ende 9. Jh.). Die Entstehung des Typus wurde teils durch Entwicklungstheorien im Umfeld Basilika–Zentralbau erklärt, teils durch sasanid. Einfluß (Pers. Feuertempel) oder als Rückgriff auf röm. und spätantike Beispiele (nabatäisch-syr. Tempel 1./2.Jh., aber ähnl. auch monumental bereits gratian. Umbau des Trierer Doms 367–383).
M. Restle

Lit.: RByzK V.

Kreuzlied → Kreuzzugsdichtung

Kreuzpredigt → Predigt

Kreuzreliquien → Kreuz, →Reliquien

Kreuztragung Christi → Andachtsbild

Kreuzweg (bivium), Kreuzgabelung (trivium). Der Ursprung des bis in die mesopotam. Magie zurückverfolgbaren Glaubens an die Machthaltigkeit der Wegkreuzung ist nicht restlos geklärt. Gemäß der gr. Mythologie erhielt Hekate als Göttin der (Drei)wege an K.en Speiseopfer. Als Herrin des Zaubers führte sie das nachts über die K.e streifende Wilde Heer an; in dieser Funktion spielte sie eine wichtige Rolle in der spätantiken Dämonologie und Magiologie. Die spätere Dämonisierung des Ortes läßt sich auch auf die Sitte zurückführen, Verbrecher oder Exkommunizierte auf dem Schindanger, am Galgen oder an K.en zu begraben. Ursprgl. war die Bestattung an solchen durch ihre Abgelegenheit furchteinflößenden Orten durchaus übl. gewesen; so hatte noch 1128 der Bf. v. St-Brieuc Weggabelungen als Begräbnisstätten verteidigt, obwohl längst die Beerdigung in Kirchen und auf Friedhöfen gebräuchl. geworden war. Die auf solche Orte bezogenen Ängste fanden in zahllosen Geschichten von den an K.en umherirrenden unerlösten Seelen ihren Ausdruck. Auf den bereits in der Antike ausgeformten Glauben an die religiöse und mag. Bedeutung des K.s bezogen sich die frühchr. Superstitionenkritik und die Dekalog-Lit., die den Kult an K.en, meist erwähnt in Verbindung mit Naturobjekten wie Bäumen, Felsen oder Quellen, als paganen Aberglauben ablehnten. Diese Listen wie der »Indiculus superstitionum et paganiarum« (8. Jh.) dienten den Missionaren zur Identifizierung evtl. noch lebendiger heidn. Glaubensvorstellungen. Sie stehen in der Tradition spätantik-mediterraner Aberglaubenskompilationen; dies wird etwa bei Burchard v. Worms deutl., der sich gegen den an die röm. Compitalia erinnernden Brauch, Kopfbinden an K.-Kreuzen aufzuhängen, wandte (Corrector, Kap. 94). Die ma. Aberglaubensbekämpfung, so z. B. die auf Caesarius v. Arles zurückgehende Musterpredigt aus der Vita Eligii (Ps.-Eligius v. Noyon, MGH SRM IV, 705–708) oder Pirmin v. Reichenau, sah im K. v. a. die Verehrungsstätte heidn., nun dämonisierter Gottheiten. Burchard v. Worms lehnte, ähnl. wie Martin v. Braga oder eine Predigt-Hs. des 12. Jh., Anzünden von Kerzen, Ableistung von Gelübden sowie Verzehren von Opferspeisen an K.en als Götzendienst ab (Corrector, Kap. 66). Ferner bezeugte er den K. als für Augural- und zauber. Praktiken (Vergraben v. Brot, Kräutern u. a. als Schutz- und Schadenszauber für Tiere) geeigneten Platz (ebd., Kap. 63). Aus der Gleichsetzung der K.e mit den Kultstätten nichtchr. Gottheiten und aus dem damit verbundenen Vorwurf der Idolatrie entwickelte sich im MA der Glaube, Wegkreuzungen eigneten sich in bes. Maße für Verehrung des Teufels und Dämonenbeschwörung. Die Anklage, mag. Praktiken und Rituale am K. durchgeführt zu haben, tauchte daher häufig in Zaubereiprozessen auf. – S. a. →Andachtsbild, →Kirchenausstattung.

Ch. Daxelmüller

Lit.: HWDA V, 516–529 – LThK² X, 976f. – L. BLAU, Das altjüd. Zauberwesen, 1897/98 – A. WUTTKE–E. H. MEYER, Der dt. Volksaberglaube der Gegenwart, 1900³ – W. BOUDRIOT, Die altgerm. Religion in der amtl. kirchl. Lit. des Abendlandes vom 5.–11. Jh., 1928 – U. v. WILAMOWITZ, Der Glaube der Hellenen I, 1931, 169–177 – H. HOMANN, Der Indiculus superstitionum et paganiarum und verwandte Denkmäler, 1965 – D. HARMENING, Superstitio, 1979 – PH. ARIES, Gesch. des Todes, 1980, 59–62.

Kreuzzeichen

I. Lateinische Kirche – II. Ostkirche.

I. LATEINISCHE KIRCHE: Segensgeste über den eigenen Körper (und Körperteile) oder über Personen und Sachen, ausgeführt mit der (rechten) Hand oder mit Gegenständen, meist unter trinitar. Begleitformel (Einfluß des Taufbefehls Mt 28,19). – Entstanden aus dem Wunsch des Christen, das Kreuz ihres Herrn »auf sich zu nehmen« (Mt 16,24 par.), dessen »Siegel« sie seit der »Taufe auf den Namen Jesu« auf ihrer Stirn trugen (vgl. 2 Kor 1,22; Eph 1,13; 4,30 in Verbindung mit Ez 9,4.6; Offb 14,1). – Nach Tertullian (De cor. mil. 3,4 [CCL 2, 1034]) ab 2. Jh. allg. verbreitet; dabei auch vorchr. Berührungsgesten durch K. ersetzt. – Zwei Formen: 1. (älteres) kleines K. mit dem Daumen auf Stirn, Mund, Brust, bes. bei Salbungen der Sakramentenspendung. 2. (jüngeres) großes K. mit ausgestreckten Fingern über den ganzen eigenen Körper (erst linke, dann rechte Schulter) oder über Personen und Sachen; zahlreiche K. mit Gegenständen (Kreuz, Monstranz usw.; vgl. auch J. A. JUNGMANN, Missarum sollemnia, 1962⁵, II, 620). K. zu Beginn und am Ende des Gottesdienstes, vor den Lesungen und Cantica aus den Evangelien. – Apotropäischer Gebrauch geht häufig in Aberglauben und Magie über.

F. Bartunek

Lit.: DACL III 2, 3139–3144 – Gottesdienst der Kirche III, 34f., 231f. – HWDA V, 535–562 – LCI II, 562–569 – LThK² VI, 630f. – TRE XIII, 153f.; XIX, 728, 746f. – F. J. DÖLGER, Beitr. zur Gesch. des K.s, JbAC 1, 1958 – 10, 1967 – R. SUNTRUP, Die Bedeutung der liturg. Gebärden... 9.–13. Jh., 1978, 256–294 – B. FISCHER, Das K. mit trinitar. Begleittext (Fschr. W. BREUNING, 1985), 428–434.

II. OSTKIRCHE: Im Gegensatz zu den Christen der altoriental. Nationalkirchen, deren Bekreuzigung meist jener der lat. Katholiken ähnelt, berühren die Gläubigen byz. Tradition beim K. die rechte vor der linken Schulter. Dogmengeschichtl. bedeutsamer ist das Zusammenlegen der Finger: Seit dem 8. Jh. bezeugt man im byz. Reich durch das Zweifingerkreuz die beiden Naturen Christi gegen die Monophysiten. Daneben kam im 13. Jh. das Dreifingerkreuz zum Bekenntnis der Trinität Gottes auf, das sich allmähl. durchsetzte. Mitte des 17. Jh. spielte das Festhalten der »Altgläubigen« am Zweifingerkreuz eine zentrale Rolle bei der bleibenden Spaltung der russ. Kirche.

P. Plank

Lit.: E. E. GOLUBINSKIJ, K našej polemike s staroobrjadcami, 1905 – Johannes Chrysostomus [BLAŠKEVIC], Die »Pomorskie Otvety«, OrChrAn 148, 1957, 178–186.

Kreuzzüge

A. Definition – B. Die Kreuzzüge im Osten – C. Die Kreuzzüge außerhalb des Orients

A. Definition

I. Der heilige Krieg im Christentum – II. Der Kreuzzug – III. Die Stellung des Kreuzfahrers.

I. DER HEILIGE KRIEG IM CHRISTENTUM: Grundlage der Definition des 'hl. Krieges' waren die verbindl. Ausführungen des hl. →Augustinus über das Wesen des gerechten Krieges (→bellum iustum), auf denen die kanonist. Lehre des Hoch- und SpätMA (→Gratian) fußte. Drei Kriterien für einen gerechten und gottgefälligen Krieg treten hervor: 1. Ein Krieg muß im Namen und auf Anordnung einer legitimen Autorität – z. B. Ks. oder Papst – geführt werden, wobei aber schon Augustinus die Idee eines unmittelbar von Gott autorisierten Krieges kennt, die sich im MA mit der Vorstellung von Christus als dem Kg. des transzendentalen Gottesreiches verbindet; dieses anzugreifen, kommt einer Störung des göttl. Heilsplanes gleich. – 2. Ein Krieg darf nur aus einem gerechten Kriegsgrund (iusta causa), hervorgerufen durch eine Unrechtshandlung (iniuria) eines Gegners, geführt werden; bei Augustinus findet sich jedoch bereits das Argument, daß ein auf göttl. Autorität beruhender Krieg seiner Natur nach gerecht sei, doch gehen nur wenige ma. Apologeten so weit wie →Henricus de Segusio, der einen Krieg gegen Ungläubige allein aus der Überlegenheit des chr. Glaubens rechtfertigt. – 3. Dem Krieg müssen gute Absichten (rectae intentiones) zugrundeliegen, d. h. er soll von der caritas, der göttl. Liebe und Barmherzigkeit, getragen sein, wobei die Apologeten der K.e die Liebe zu den chr. Brüdern und Schwestern betonen, nicht aber die den Zeitgenossen unverständl. Liebe zu den Feinden.

II. DER KREUZZUG: Der K. wurde nach Auffassung der Zeitgenossen unmittelbar von Gott, durch den Mund des Papstes, befohlen; er war Bußübung und Kriegszug zugleich. Als Werk der →Buße war er umrahmt von liturg. Handlungen, wie sie ähnl. das Pilgerwesen kannte, und wurde auch bevorzugt mit Begriffen der Pilgerschaft (→peregrinatio) umschrieben. In seiner Eigenschaft als Krieg diente er zum einen der Rückeroberung chr. Besitzes, insbes. Palästinas, das durch das Leben und den Kreuzestod Christi geheiligt war und zudem einst zum röm. Reich gehört hatte, zum andern der Verteidigung gegen echte oder vermeintl. Glaubensfeinde innerhalb und außerhalb der chr. Welt (Muslime, heidn. Slaven und Balten, Mongolen, Schismatiker wie gr. oder russ. Orthodoxe, Häretiker, aber auch polit. Gegner des Papsttums). Neben den höchstes Ansehen gewährenden K.en zur Befreiung oder Verteidigung →Jerusalems wurden K.e auch in anderen Teilen der ma. Welt (Naher Osten, Spanien/→Reconquista, Nordafrika, balt. Länder, Osteuropa, sogar in Westeuropa) durchgeführt. Bei starken regionalen Unterschieden – die K.e in Spanien trugen bereits quasi-nationale Züge, die K.e im Baltikum betonten stark das missionar. Element – gilt für alle K.e, daß sie mit der Sache der gesamten Christenheit gleichgesetzt wurden und die K.sheere (selbst wenn sie regional zusammengesetzt waren) als supranational galten. Von daher muß der K. von anderen Formen des Kriegführens (wie der Verteidigung des lat. Ostens durch die dort ansässig gewordenen Christen oder den Kämpfen der Ritterorden, deren Brüder im übrigen kein K.sgelübde ablegten) unterschieden werden. Eine Wandlung des K.s im SpätMA markieren seit dem 14. Jh. die 'K.sligen', bestehend aus souveränen Staaten, die nicht mehr so sehr die gesamte Christenheit, sondern sich selbst repräsentierten.

III. Die Stellung des Kreuzfahrers: Die Teilnahme am K. war populär, was im bemerkenswert geringen Umfang der K.skritik zum Ausdruck kommt. Bei jedem K. legte eine (oft große) Anzahl von Teilnehmern ein K.sgelübde ab, dessen sichtbares Zeichen das auf dem Gewand angeheftete Kreuz war (Kreuznahme). Das Gelübde war rechtsverbindl. und ging bei Nichterfüllung vom Vater auf den Sohn über. In einer Reihe von Fällen konnte jedoch ein Kreuzfahrer, allerdings nur durch den Papst oder seinen Bevollmächtigten, von der unmittelbaren Erfüllung eines K.sgelübdes entbunden werden (→Dispens); zu nennen sind: defermentum (Aufschub), commutatio (Umwandlung einer K.steilnahme in einen anderen Bußakt), substitutio (Entsendung eines Ersatzmannes zum K.), redemptio (Dispensierung gegen eine Geldzahlung, die theoret. den aufzuwendenden Kosten entsprach). Unter Papst Innozenz III. (1198–1216) wurde die Redemption zum Instrument der K.sfinanzierung; mit der Aufforderung an kriegsuntaugl. Personen, das Kreuz zu nehmen und nachträgl. um Redemption zu ersuchen, wurde ein K.fonds geschaffen.

Das K.sgelübde entsprach im wesentl. dem älteren Gelübde des Pilgers, und die Kreuzfahrer erhielten z. T. auch ähnl. Privilegien wie diese. Sie umfaßten: Rechtsschutz des Besitzes der Kreuzfahrer und ihrer Vasallen oder Hörigen während der Abwesenheit; Aufschub bei Lehens- und Hofdienst sowie bei Gerichtsverfahren (bzw. auf Wunsch des betreffenden Kreuzfahrers schneller Rechtsentscheid); →Moratorium für die Rückerstattung von Schulden sowie für die Zinszahlung bis zur Heimkehr; Freiheit von Zöllen und Steuern; für Kleriker das Recht zur Nutzung eines Beneficiums auch während der kreuzzugsbedingten Abwesenheit, für Laien das Recht, Lehen oder andere sonst unveräußerl. Besitztümer zu verkaufen oder zu verpfänden. Allen Kreuzfahrern wurde →Ablaß gewährt; es war das Gelübde und der aus ihm erwachsende Ablaß, der einen Mann oder eine Frau als Kreuzfahrer auswiesen.

Eine tiefe Kluft trennte die abstrakten Darlegungen der Kanonisten und Theologen über Gewalt und Krieg von der emotionalen Haltung der Laienwelt. Diese Kluft zu überbrücken, war Aufgabe der Päpste und der K.sprediger, die die subtilen theol. Argumente den Laien in mitreißender Form zu vermitteln suchten (→Predigt). Ein überraschendes Resultat dieser Bemühungen war, daß Laien vielfach den Kampf für Christus, ihren spirituellen Vater, und die bedrängten Christen, ihre Brüder und Schwestern, in Begriffen der Blutrache erfaßten. Das Racheverlangen der Laien, das Mitglieder des höheren Klerus oft erschreckte, artikulierte sich nicht zuletzt in den grausamen Judenmorden, die mehreren K.en vorausgingen (nach: 1090, 1140, 1180; →Judenfeindschaft). Der stets spürbare Graben zw. der Ebene der kirchl. Theologie und dem Laienverständnis scheint sich im 14. Jh., mit der Verstärkung ritterl. Vorstellungen im Denken der Kreuzfahrer, noch vertieft zu haben.

B. Die Kreuzzüge im Osten
I. Der 1. Kreuzzug – II. Der 2. Kreuzzug – III. Der 3. Kreuzzug – IV. Der 4. Kreuzzug – V. Der 5. Kreuzzug – VI. Die Kreuzzüge Ludwigs d. Hl.n – VII. Volkskreuzzüge des 13. und 14. Jahrhunderts – VIII. Kreuzzüge im Spätmittelalter.

I. Der 1. Kreuzzug: Den Anlaß für den ersten der K.e lieferten die türk. Eroberung des byz. Kleinasien und der Hilfsappell des Ks.s Alexios I. Komnenos an den W. Wohl bereits 1089 faßte Papst Urban II. den Plan, Freiwillige zur Hilfe für Byzanz zu gewinnen; die byz. Gesandtschaft erhielt auf dem Konzil v. Piacenza (1095) einen günstigen Bescheid. Der einer champagn. Ritterfamilie entstammende Papst durchreiste 1095–96 Frankreich; die Serie seiner großen Kreuzpredigten begann am 27. Nov. 1095 auf dem Konzil v. →Clermont. Er rief zu einem Befreiungskrieg auf, der Jerusalem und die östl. Christenheit vom Joch der Muslime freimachen sollte. Dies machte den geplanten Zug für die Laien zur Bußwallfahrt und zum 'Kreuzweg'; ein Charakteristikum der frühen Kreuzpredigt war die Übertragung monast. Vorstellungen auf die Aktivitäten der Laien.

Urbans Aufruf fand starken Widerhall: Neben kleineren Gruppen waren es v. a. drei große K.swellen, die zw. Frühjahr 1096 und Frühjahr 1101 in den O aufbrachen; die Gesamtzahl betrug wohl ca. 120000 Männer (und Frauen), unter ihnen vermutl. weniger als 10% Adlige und Ritter. Über die Motive der armen Kreuzfahrer wissen wir nur wenig; für die Adligen und Ritter war die Kreuzfahrt ein gefahrvolles und kostspieliges Unternehmen, das von vielen nur durch Verkauf oder Verpfändung ihrer Güter durchgeführt werden konnte. Materielle Anreize dürften eine nur geringe Rolle gespielt haben; es waren wohl eher religiöse Motive, wobei die Annäherung zw. Kirche und Laiengesellschaft, die ein Charakterzug des 11. Jh. war, nun ihre späten Früchte trug.

Die erste K.swelle, deren Mitglieder die Verantwortung für die blutigen Judenverfolgungen, namentl. im Rheinland, trugen, bestand aus vier großen undisziplinierten Heerhaufen, von denen drei nur bis Ungarn gelangten; der vierte, unter Führung →Peters d. Eremiten, wurde nach der Ankunft in Kleinasien von den Türken vernichtet. Ein gleiches Schicksal ereilte die Kreuzfahrer der dritten K.swelle; ihr Scheitern gab Anlaß zu theol. Deutungen, die ihnen sündiges Verhalten vorwarfen. Ledigl. die zweite, mittlere Welle erreichte ihr Ziel: Nach einem dreijährigen Zug, der zu den größten militär. Leistungen des MA gezählt werden muß und in dessen Verlauf →Antiocheia und →Edessa eingenommen wurden, erstürmten die Kreuzfahrer am 15. Juli 1099 →Jerusalem, das sie plünderten und verwüsteten. Da der vorangegangene Feldzug zwar einige Erfolge zu verzeichnen hatte, ansonsten aber von Entbehrungen, Hungersnöten und Streitereien der militär. Anführer überschattet gewesen war, muß die Einnahme Jerusalems die Kreuzfahrer überrascht haben und legte den Gedanken an ein Eingreifen Gottes nahe; in der letzten Phase des Feldzuges hatten sich im Kreuzheer die visionären Erlebnisse gehäuft, Gefallene waren als Märtyrer gefeiert worden.

Auch in den Perioden zw. den »großen«, durch die klass. Zählung hervorgehobenen K.en fanden immer wieder bedeutende K.sunternehmungen statt; zu nennen sind: der K. des norw. Kg.s →Sigurd 'Jórsalafari' (1107–10), der an der Eroberung von →Sidon mitwirkte; ein K. →Bohemunds v. Tarent (1107–08), der sich – in Vorwegnahme des 4. K.es – bereits gegen Byzanz richtete, aber vor →Dyrrachion scheiterte; ein großangelegtes K.sunternehmen Calixts II. (1122–26: Spanien; Osten: Einnahme v. →Tyrus); der gegen →Damaskus gerichtete K. von 1128–29, für den u. a. →Hugo v. Payens, der erste Meister der →Templer, predigte.

II. DER 2. KREUZZUG: Nach dem Fall v. Edessa (Dez. 1144) erließ Papst Eugen III. mit »Quantum praedecessores« die erste (erhaltene) K.sbulle für den O. Kg. Ludwig VII. v. Frankreich versprach, die Führung des K.s zu übernehmen; →Bernhard v. Clairvaux predigte den K. und bewog Kg. Konrad III. zur Kreuznahme. Trotz der wohl weitgespannten Planungen (fünf Heere in O, vier Heere gegen die heidnischen Wenden, vier Züge in Spanien) erwies sich das Unternehmen, außer in Spanien, als Fehlschlag. Das dt. K.sheer unter Konrad III. unterlag im Herbst 1147 den Türken, und Ludwig VII. war im Frühjahr 1148 genötigt, in Antalya den Großteil des Heeres seinem Schicksal zu überlassen. Die Überlebenden unternahmen gemeinsam mit Kräften des lat. Ostens im Juli einen erfolglosen Angriff gegen Damaskus. Nach diesem Desaster wurde die K.sbewegung, insbes. Bernhard v. Clairvaux, zur Zielscheibe erbitterter Kritik.

Die drei Jahrzehnte nach dem 2. K. waren von insgesamt schwacher Aktivität geprägt; die Aufrufe der Päpste (1157, 1165, 1166, 1169, wohl 1173, 1181, 1184) fanden nur geringes Echo; lediglich die Kreuzfahrt des Gf.en v. Flandern, →Philipp v. Elsaß (1177), war von größerer Bedeutung.

III. DER 3. KREUZZUG: Die Nachricht von der Vernichtung des chr. Heeres durch →Saladin bei →Ḥaṭṭīn und die nachfolgende muslim. Eroberung Jerusalems und großer Teile Palästinas führten zur Neubelebung der K.sbewegung. Dem Erlaß der Bulle »Audita tremendi« (Okt. 1187) folgte der Aufbruch eines großen dt. Kreuzheeres unter Ks. Friedrich Barbarossa. Es durchzog in disziplinierter Weise das byz. Reichsgebiet, wo es mit der Feindseligkeit Ks. Isaaks II. Angelos konfrontiert war, und Kleinasien. Der plötzl. Tod des Ks.s beim Baden im Saleph (10. Juni 1190) führte zum Zerfall des Heeres. Nur eine Abteilung traf Anfang Okt. bei der Belagerung von →Akkon ein, während die westeurop. Kontingente schon zur See angereist waren.

Der Aufbruch der engl. und frz. Hauptstreitmacht hatte sich durch polit. Konflikte zw. den beiden Kgr.en und infolge des Todes Heinrichs II. v. England immer wieder hingezogen. Am 20. April 1191 landete Philipp II. v. Frankreich, erst am 8. Juni dagegen Richard Löwenherz v. England, der überraschend seine Fahrt unterbrochen hatte, um →Zypern zu erobern. Nach der Einnahme von Akkon (12. Juli) kehrte Philipp II. nach Frankreich zurück; Richard, der bis zum 9. Okt. 1192 in Palästina verblieb, konnte zwar Jerusalem nicht zurückgewinnen, aber einige größere Siege erringen (Arsuf, 7. Sept. 1191; Jaffa, 31. Juli–5. Aug. 1192).

Ein Nachspiel des 3. K.s war der dt. K. von 1197, geplant von Heinrich VI., der aber vor dem Aufbruch verstarb. Mit der Einnahme von Sidon und →Beirut vollendeten die Kreuzfahrer die Eroberung des größten Teils der palästinens. Küste, das wichtigste Ergebnis des 3. K.s, da es dem Kgr. Jerusalem die lebenswichtige Verbindung mit dem W sicherte.

IV. DER 4. KREUZZUG: Papst Innozenz III. fügte den K.sgedanken in das offizielle kirchl. Lehr- und Denkgebäude ein, dem er mit seltener Klarheit und Prägnanz Ausdruck verlieh. Im Aug. 1198 erließ er seinen ersten K.saufruf. Trotz volkstüml. Begeisterung zeigten Adel und Ritter erst spät i. J. 1199 stärkeres Interesse, wohl weil sie die im Dez. 1199 bekanntgemachten Pläne des Papstes, dem Klerus eine K.ssteuer aufzuerlegen, schon vorher erfahren hatten. Die Gf.en v. Champagne, Blois und Flandern übernahmen die Führung und schickten eine Delegation nach Venedig zu Verhandlungen über den Seetransport. Da der benötigte Schiffsraum von den Gesandten weit überschätzt wurde, waren die Kreuzfahrer bei den Venezianern hochverschuldet und folgten – gegen Gewährung eines Zahlungsaufschubs – der ven. Aufforderung, die chr. Stadt →Zadar (Zara) in Dalmatien, die der Krone →Ungarn unterstand, zu erobern. Dieses Unternehmen, das zur Exkommunikation der Kreuzfahrer hätte führen müssen, spaltete das K.sheer.

Anschließend ließen sich die Kreuzfahrer zur Intervention in Byzanz gewinnen. Hier sollte Alexios Angelos, der Sohn des von seinem Bruder Alexios III. entthronten Isaaks II., eingesetzt werden; weitergehende Ziele waren die Unterstellung des Patriarchats v. Konstantinopel unter röm. Oberhoheit und eine Beteiligung der Byzantiner am Jerusalem-K. und an dessen Kosten. Der byz. Thronprätendent versprach die Summe von 200000 Silbermark, die zu gleichen Teilen unter Venezianer und Kreuzfahrer aufgeteilt werden sollte. Trotz ablehnender Haltung einiger Kreuzfahrer wurde diese Vereinbarung angenommen. Unter der Führung von →Bonifaz v. Montferrat erschienen die Kreuzfahrer am 5. Juli 1203 vor Konstantinopel, erstürmten am 17. Juli die Stadt und führten den gewünschten Thronwechsel herbei. Doch verschlechterten sich die Beziehungen bald, ein Staatsstreich stürzte im Jan. 1204 Isaak II. und seinen Sohn Alexios. Am 12. April 1204 brachen die Kreuzfahrer in die Stadt ein, die sie drei Tage lang plünderten. Sie errichteten das →Lat. Ksr., zu dessen Oberhaupt Gf. →Balduin v. Flandern gewählt wurde, teilten die besetzten Reichsgebiete nach einem vor der Eroberung der Stadt beschlossenen Plan und hatten bis 1205 Griechenland in ihre Hand gebracht. Die byz. Kräfte, die sich in Randzonen des Reiches zurückzogen (Epiros, Thessaloniki, Nikaia, Trapezunt), erreichten 1261 die Rückeroberung Konstantinopels.

V. DER 5. KREUZZUG: Im April 1213 proklamierte Innozenz III. einen neuen K. im O (Bulle »Quia maior«), den er, auch durch eigene Predigt, sorgsam vorbereitete. Am 14. Dez. 1215 billigte das IV. →Laterankonzil die Konstitution »Ad liberandam«, ein klass. Dokument der K.sgeschichte, durch das sich der Papst das Recht sicherte, den Klerus zum Zwecke des K.s zu besteuern. Als erster traf Kg. Andreas II. v. Ungarn in Palästina ein (Herbst 1217). Die Hauptstreitmacht aus dem W langte ab April 1218 an; seit 27. Mai 1218 rückten die Truppen gegen →Damietta in Ägypten vor, das erst am 4.–5. Nov. 1219 fiel. Das weitere Vordringen nach Ägypten wurde bis Juli 1221 verschoben, da die Kreuzfahrer – stets vergebl. – auf das Eintreffen Friedrichs II. warteten. Schließl. wurden sie bei Mansura zw. zwei Nilarmen eingeschlossen, mußten beim Sultan al-Kāmil um Frieden nachsuchen und am 30. Aug. dem Abzug aus Ägypten zustimmen.

Friedrich II. hatte erstmals 1215 den K. gelobt, dieses Versprechen mehrfach erneuert, es 1225 durch Heirat mit

→Isabella II. v. Brienne, Erbtochter v. Jerusalem, bekräftigt, den für 1227 vorgesehenen Aufbruch aus Krankheitsgründen aber wieder verschoben, was ihm die Exkommunikation durch Gregor IX. eintrug. Als Gebannter schiffte er sich gegen Ende Juni 1228 ein u. erreichte Akkon am 7. Sept. Da die meisten Kreuzfahrer bereits wieder das Land verlassen hatten, sah er sich nicht in der Lage, einen Krieg zu beginnen, konnte aber die Rückgabe Jerusalems an die Christen aushandeln (18. Febr. 1229).

Angesichts des 1239 bevorstehenden Ablaufs des von Friedrich abgeschlossenen Waffenstillstands erließ Gregor IX. vorausschauend bereits 1234 einen K.saufruf. Ein starkes frz. Kreuzheer unter Tedbald IV. v. Champagne und Hugo IV. v. Burgund landete Anfang Sept. 1239 in Akkon. Am 13. Nov. bereits wurde eine Heeresabteilung von den Ägyptern bei Gaza schwer geschlagen. Tedbald trat in Verhandlungen mit den muslim. Mächten, Damaskus und Ägypten, ein. Richard v. Cornwall, der jüngere Bruder Kg. Heinrichs III. v. England, der sich seit dem 8. Okt. 1240 in Akkon aufhielt, konnte diese Verhandlungen mit einem Waffenstillstand, der den Christen umfangreiche Territorien zurückgab, abschließen (8. Febr. 1241).

VI. DIE KREUZZÜGE LUDWIGS DES HEILIGEN: Die Tatsache, daß 1244 Jerusalem und ein Teil der 1241 gewonnenen Gebiete von den Muslimen zurückerobert wurde, könnte den Entschluß Kg. Ludwigs IX. 'd. Hl.n' v. Frankreich zum K. ausgelöst haben. Der von ihm durchgeführte 6. K. war wohl der am sorgfältigsten vorbereitete aller K.e. Das Kreuzheer verließ Frankreich im Aug. 1248 und erreichte – nach achtmonatigem Zwischenaufenthalt auf Zypern – am 4. Juni 1249 Damietta, das am 6. Juni erobert wurde. Am 20. Nov. 1249 begann der Feldzug ins Landesinnere, der wieder bei Mansura zum Stillstand kam. Auf dem Rückmarsch fiel Ludwig am 6. April 1250 in ägypt. Gefangenschaft. Nach seiner Freilassung zog er sich nach Palästina zurück, wo er bis zum 24. April 1254 blieb und die Position der Christen durch Waffenstillstandsverhandlungen, Ausbau der Festungen und Etablierung einer frz. Garnison, die dort bis 1286 stationiert war, zu sichern suchte.

Am 2. März 1267 nahm Ludwig nochmals das Kreuz, desgleichen die Kg.e v. Aragón und England. Ludwig brach am 2. Juli 1270 auf und wandte sich zunächst nach Tunis, vielleicht in der Hoffnung auf eine Bekehrung des dortigen Herrschers aus dem Geschlecht der →Ḥafṣiden. Eine Seuche brach im frz. Heerlager aus, der Ludwig am 25. Aug. 1270 erlag. Karl v. Anjou, der Bruder des Kg.s, befahl daraufhin den Rückzug. – Jakob I., Kg. v. Aragón, begann seinen K. bereits am 1. Sept. 1269, doch kehrte er mit dem Großteil seiner Flotte bald wegen Sturmschäden um. Eduard, der Sohn Heinrichs III. v. England, zog über Nordafrika nach Akkon (9. Mai 1271) und kehrte nach einigen Feldzügen am 22. Sept. 1272 wieder nach Europa zurück.

Mit Gregor X. gelangte 1271 einer der eifrigsten Anhänger der K.sidee auf den Hl. Stuhl. Auf dem 2. Konzil v. →Lyon erließ er die »Constitutiones pro zelo fidei«. In diesem bedeutendsten päpstl. K.sdokument seit »Ad liberandam« baute Gregor X. die Organisation des K.szehnten aus. Das große K.sunternehmen, das Rudolf v. Habsburg 1277 durchführen sollte, kam mit dem Tode des Papstes (1276) zum Erliegen.

VII. VOLKSKREUZZÜGE DES 13. UND 14. JAHRHUNDERTS: In der Zeit von 1212-30 traten religiöse Volksbewegungen auf, die, beflügelt wohl durch die Predigt für den Albigenserkreuzzug (1212), zu spontanen 'K.en' wurden. Zum sog. →Kinderkreuzzug brachen 1212 im Rheinland Tausende von Kindern und Jugendlichen auf, aber auch erwachsene Laien und Kleriker. 1251 entstand in Nordfrankreich, im Zusammenhang mit der Nachricht von der Gefangennahme Ludwigs IX. auf dem K., die gewaltsame Aufstandsbewegung der →Pastorellen (Pâtoureaux), die Züge eines (häret.) Volksk.s trug und u. a. auch judenfeindl. Ausschreitungen beinhaltete. Weitere spontane 'K.e' erfolgten 1309 und 1320 (diese ebenfalls als Pastorellenbewegung bezeichnet).

VIII. KREUZZÜGE IM SPÄTMITTELALTER: Durch die Nachrichten vom Fall der letzten Kreuzfahrerbastionen in Palästina und Syrien (1291) entflammte erneut der K.sgeist. Die in einer Reihe von K.straktaten entwickelten Projekte lassen (neben dem Wunsch nach einer chr. Friedensordnung in Europa) zwei Hauptziele erkennen: 1. die Rückeroberung Jerusalems, nebst Vernichtung des Mamlūkenreiches (ein Schritt in diese Richtung war das bis 1344 aufrechterhaltene →Embargo); 2. den Schutz des lat. Griechenland vor türk. Piraterie. Die im frühen 14. Jh. durchgeführten K.e brachten nur partielle Erfolge (u. a. Stärkung der →Johanniter auf Rhodos). Am Hofe Philipps IV. v. Frankreich, der 1313 das Kreuz nahm, wurden dagegen weitgespannte Planungen betrieben. Das K.sprojekt Peters I. v. Zypern, der hierfür in ganz Europa warb, führte zur Eroberung von Alexandria (10. Okt. 1365), das aber nur wenige Tage gehalten werden konnte. Entgegen den Erwartungen der zeitgenöss. K.stheoretiker, die in einem Angriff auf Ägypten den Auftakt zum nächsten K. sahen, verlagerte sich die K.saktivität im 14. Jh. stark auf den Seekrieg: die erste 'K.sliga', in der sich Venedig, die Johanniter, Byzanz, Frankreich und der Papst zusammenschlossen (1334), war eine Flottenallianz, die die Seeräuberei der türk. Fsm.er (→Aydïn, →Menteşe) bekämpfte und 1344-1402 den wichtigen Hafen →Smyrna zu behaupten vermochte. Ein Zug →Humberts II. v. Viennois nach Smyrna (1345-47) war Ausdruck des in Westeuropa wieder entflammten K.sfiebers.

Seit ca. 1370 bildeten die →Osmanen, die sich bereits einen Brückenkopf in Europa geschaffen hatten, eine Bedrohung, der das religiös gespaltene Europa (→Abendländ. Schisma) mit neuen K.saktivitäten zu begegnen suchte. Ein von beiden Päpsten autorisierter K. endete in der Katastrophe v. →Nikopolis (25. Sept. 1396); sie machte für die Osmanen den Weg ins Innere der Balkan-Halbinsel frei. Der W lieferte den Türken ledigl. Seescharmützel unter Jean →Boucicaut (1399-1400, 1403).

Nach der durch den Feldzug des Mongolenherrschers →Timur (1400-02) erzwungenen Unterbrechung führten die Osmanen ihre Eroberungstätigkeit bis 1440 erfolgreich weiter. Der von Eugen IV. am 1. Jan. 1443 ausgerufene K. endete nach anfängl. Erfolgen in Bulgarien mit der Vernichtung des Kreuzheeres vor →Varna (10. Nov. 1444).

→Konstantinopel fiel am 29. Mai 1453. Diesem Desaster folgte eine Flut von K.serlassen und -kongressen. Dank der Anstrengungen des hl. →Johannes v. Capistrano, des größten K.spredigers seit Bernhard v. Clairvaux, brach am 22. Juli 1456 ein zumeist aus Ungarn bestehendes Kreuzheer auf, das die Türken vor Belgrad zum Rückzug zwang. In mühevollen Verhandlungen war Pius II. bestrebt, einen neuen K. zustandezubringen; er starb am 15. Aug. 1464 in Ancona während der Musterung der K.sflotte. Konnte 1472 eine neue K.sliga nochmals Antalya und Smyrna angreifen, so gilt für die Zeit bis 1522, daß viel über den K. geredet, aber wenig gehandelt wurde; die polit. Situation in Europa und das Chaos, dem Italien nach 1494 verfiel, machte die Verwirklichung von K.splänen nahezu unmöglich.

C. Die Kreuzzüge außerhalb des Orients

I. Iberische Halbinsel – II. Östliches Deutschland und Baltikum – III. Mongolenkreuzzüge – IV. Kreuzzüge gegen Christen.

I. Iberische Halbinsel: Span. Kreuzfahrer nahmen am 1. K. teil, jedoch gegen den Willen Urbans II., der sie lieber im eigenen Land →Reconquista treiben sah. In der Zeit, die dem 1. K. folgte, war Spanien Hauptschauplatz von K.saktivitäten (Gf. Raimund Berengar v. Barcelona, 1114–16; von Papst Gelasius II. verkündeter K. gegen →Zaragoza, Einnahme: 19. Dez. 1118), die aber noch stark von auswärtigen Kräften bestritten wurden, während die Spanier wohl erst seit den Jahren nach 1120 ihre Reconquista mit dem K. assoziierten. Ein Höhepunkt war der Zug Alfons' I. v. Aragón nach →al-Andalus (1125–26), von wo aus er 10000 mozarab. Familien in das Ebrotal umsiedelte. Die Iber. Halbinsel war auch in den 2. K. involviert; →Almería, →Santarem und →Lissabon fielen, in Katalonien wurden die Muslime aus ihren letzten Stützpunkten verdrängt. Nach 1149 ließen die Aktivitäten nach; die Christen gerieten seit 1157 gegenüber den →Almohaden in die Defensive. Doch wurden in diesen Jahren die span. →Ritterorden gegr. 1189 konnte Kg. Sancho I. v. Portugal mit Hilfe zweier westeurop. K.sflotten Silva und Alvor erobern.

1210 fühlte sich Alfons VIII. v. Kastilien stark genug, um in die Offensive zu gehen; der Verlust der dem Orden v. →Calatrava gehörenden Burg Salvatierra bewog Innozenz III. zur Proklamation eines neuen K.s (es hatte bereits 1193 und 1197 K.saufrufe gegeben; s. a. →Cruzada). Ein großes Kreuzheer aus Spaniern, Portugiesen und Franzosen schlug die Muslime bei Las →Navas de Tolosa (17. Juli 1212). Dies war die große Wende der Reconquista, obwohl der Papst nach kurzer Zeit die Kreuzfahrerströme nach Palästina (5. K.) umlenkte. Erst 1229 wurde wieder ein allg. K. mit vollem Ablaß für Spanien verkündet. Damit begann die größte Ära der Reconquista-K.e, unter Jakob I. v. Aragón (Eroberung →Mallorcas, 1229–31, des Kgr.es →Valencia, 1232–53) und Ferdinand III. v. Kastilien (Eroberung von →Badajoz, 1230; →Jérez, 1231; →Córdoba, 1236; →Sevilla, 1248). Die span. K.e unterschieden sich insofern von allen anderen, als sie unter der Kontrolle des Kgtm.s standen.

Der Rhythmus der Reconquista verlangsamte sich in den Jahren nach 1260, bedingt durch den Aufmarsch von Truppen der →Meriniden in Andalusien. Erst 1328 begannen wieder größere Aktivitäten, an denen sich auch auswärtige Kräfte beteiligten. Am 30. Okt. 1340 besiegte Alfons XI. v. Kastilien die Meriniden am Rio →Salado, im März 1344 nahm er →Algeciras ein und drängte so die Invasoren über die Straße v. Gibraltar ab. Nachdem Alfons XI. 1350 an der Pest verstorben war, ruhte die Reconquista für ein Jh. Der Zusammenschluß v. Aragón und Kastilien (1479) und der nach dem Fall v. Konstantinopel wiederbelebte K.geist führten seit 1482 zu offensivem militär. Vorgehen gegen das letzte muslim. Reich in Spanien, →Granada, das am 2. Jan. 1492 fiel. Damit war ein Sprungbrett für die Invasion Nordafrikas geschaffen; die Spanier eroberten bis 1510 mehrere Brückenköpfe, u. a. das weit ö. gelegene Tripolis.

II. Östliches Deutschland und Baltikum: Schon 1108 hatte es in Sachsen einen Ansatz gegeben, die Kämpfe gegen die westslav. (»wend.«) Stämme (→Elb- und Ost-

seeslaven) als K.e zu führen. Aber erst während des 2. K.s wurde, auf Wunsch dt. Kreuzfahrer und durch Vermittlung Bernhards v. Clairvaux, offiziell der →»Wendenk.« verkündet (Bulle »Divina dispensatione« Eugens III., 13. April 1147); Bernhard wie der Papst kamen in ihrer Begründung der Idee des Missionskrieges nahe. Der sog. →Wendenk. bestand v. a. in Zügen gegen die slav. Vororte Dobin, →Demmin und →Stettin (obwohl dieses bereits chr. war). In einer späteren Phase eroberten dän. Kreuzfahrer pommersche Ostseeküstengebiete sowie →Rügen (1168).

Im Zuge der von Dt., Dänen und Schweden getragenen Expansions- und Kolonisationstätigkeit griffen die Dänen auf den ö. Ostseeraum aus (→Finnland 1191, 1202; →Estland 1194, 1197; →Ösel 1206; →Preußen 1210). Die Eroberung des n. Estland erfolgte 1219/20, während schwed. Kreuzfahrer ab 1240 Finnland einnahmen. Bedeutender noch waren die mit unerbittl. Härte geführten K.e, die in →Livland zur Verteidigung der Mission stattfanden (1193, 1197, 1199). Sie führten unter der energ. Leitung →Alberts I. v. Buxhövden, des Bf.s v. Riga, und des →Schwertbrüderordens zur Eroberung des ganzen Landes. Ein Spezifikum war hier die ausgeprägte Marienverehrung der dt. Kreuzfahrer und Ordensbrüder.

Nach 1230 wurde das westlicher gelegene Preußen zum Hauptschauplatz; bestimmend war die Rolle des hier seit 1225 ansässigen →Dt. Ordens, der das Land seit 1234 als päpstl. Lehen hielt. Zur Unterwerfung und Missionierung der heidn. →Prußen, die seit 1229 einsetzten, bewilligte Innozenz IV. 1245 als einzigartiges Privileg einen ständigen K., der keiner bes. Proklamation mehr bedurfte. Nach 1309 richtete sich die krieger. Aktivität des Dt. Ordens hauptsächl. gegen das mächtig gewordene, heidn. →Litauen. Während des ganzen 14. Jh. strömten Adlige und Ritter in das Ordensland, um auf den Winter- und Sommerfeldzügen des Ordens (Reysen) zu kämpfen (→Preußenreise). Die poln.-litauische Union von 1386, die die Christianisierung Litauens beinhaltete, nahm diesen Zügen ihre Berechtigung, so daß der Zustrom an Kreuzfahrern gegen Ende des 14. Jh. immer mehr nachließ.

III. Mongolenkreuzzüge: Die →Mongolen drangen 1241 nach Mitteleuropa vor und schlugen ein dt. Heer bei →Liegnitz; Gregor IX. predigte den K. gegen sie, der 1243 nochmals bestätigt wurde. 1245 wurde die Abwehr der Mongolen beim 1. Konzil v. Lyon diskutiert; 1249 erlaubte Innozenz IV. sogar Palästina-Kreuzfahrern, ihr Gelübde auf den Kampf gegen die Mongolen bzw. Tataren zu übertragen. Während des 14. Jh. wurde eine ganze Reihe von K.sprivilegien erteilt, namentl. an Polen, Ungarn, Genua und Venedig, die durch ihre Niederlassungen im Schwarzmeerraum (→Krim) Nachbarn der Tataren (→Goldene Horde) waren.

IV. Kreuzzüge gegen Christen: [1] Allgemein: K.e dieses Typs wurden zwar gelegentl. kritisiert, waren aber aus zeitgenöss. theol. Sicht nicht schwer zu rechtfertigen. Die K.sbewegung war in einem gewissen Maße aus dem sog. →Investiturstreit hervorgegangen (es gab schon bald nach dem 1. K. Ansätze, dies theoret. zu untermauern); Gewalt gegen Häretiker war schon seit ca. 400 als Norm anerkannt, und in den Augen der kirchl. Denker wie →Petrus Venerabilis im 12. und →Henricus de Segusio im 13. Jh. war gewaltsames Vorgehen gegen abtrünnige Christen in manchen Fällen gerechter als dasjenige gegen Heiden.

[2] Kreuzzüge gegen polit. Gegner des Papsttums: Ein Dekret des Konzils v. Pisa (Mai 1135) sah für Kämpfer

gegen papstfeindl. Kräfte, in diesem Fall die südit. Normannen, den gleichen Ablaß vor wie für die Teilnehmer des 1. K.s. Dies ist ein Bindeglied zw. den Auseinandersetzungen des 11.Jh. und den 'polit. K.en' des 13.Jh., deren erster 1199 von Innozenz III. gegen den stauf. Reichsministerialen →Markward v. Annweiler gepredigt wurde, doch noch ohne größeres Echo blieb.

Der erste K. gegen den Staufer Friedrich II. wurde in Italien, Dtl. und Ungarn 1239-41 gepredigt. Er wurde 1244 erneuert; nach Friedrichs Absetzung (1245) ergoß sich ein Strom päpstl. K.sbriefen ins Reich; das Heer, das im Okt. 1248 Aachen für den Gegenkg. Wilhelm v. Holland in Besitz nahm, hatte zahlreiche Kreuzfahrer in seinen Reihen. Nach 1250 wurden die K.saufrufe gegen Friedrichs Nachfolger und ihre Anhänger erneuert; seit 1255 trafen sie den Staufererben Manfred. Die Kriege Karls v. Anjou gegen ihn (Schlacht v. →Benevent; 26. Febr. 1266) wie gegen Konradin (Schlacht v. →Tagliacozzo, 23. Aug. 1268) wurden als K.e geführt. Mit der Übergabe der letzten Stauferfestung →Lucera an die Angiovinen im Aug. 1269 war diese erste Phase beendet.

Die zweite Phase begann mit dem antiangiovin. Aufstand der →Siz. Vesper (30. März 1282) zugunsten Peters III. v. Aragón, des Schwiegersohnes von Manfred. Der folgende Krieg der Angiovinen gegen Aragón wurde mit dem päpstl. K.szehnten finanziert; er endete erst mit dem Frieden v. →Caltabellotta (1302). 1285 führte Frankreich einen K. unmittelbar gegen Aragón (→Aragón, Kreuzzug v.), der scheiterte (Rückzug und Tod Philipps III.).

In Italien wurden K.e regelmäßig gegen die →Ghibellinen gepredigt; sie erhielten durch das avign. Exil der Päpste neue Impulse. So wurden K.e verkündet gegen: Venedig (1309), Ferrara (1321), Mantua (1324), die Besetzung Roms durch Ludwig d. Bayern (1328), fast ununterbrochen in den Jahren nach 1350/60 zur Wiedergewinnung des →Kirchenstaates.

[3] *Kreuzzüge gegen Häretiker:* 1208 predigte Innozenz III. den K. gegen die →Albigenser. Die Kreuzfahrer, die aus Teilen W-Europas und Frankreich (trotz der Vorbehalte des Kg.s v. Frankreich gegen diesen K.) kamen, erhielten Ablaß für 40 Tage. Sie vermochten den Oberbefehlshaber, Simon de →Montfort, bei der Sicherung der von ihm gegen den Gf.en v. Toulouse mit Mühe gehaltenen Landesteile zu unterstützen. Allerdings wurde das militär. Vorgehen dadurch geschwächt, daß Innozenz III. 1213 den Albigenserk. zugunsten des 5. K.s aussetzte; zu Frieden kam erst 1229. Der K. trug kaum zur Zerschlagung der Häresie bei; dies vollbrachte erst die 1233 in Toulouse eingerichtete Inquisition.

K.e gegen Ketzer waren kaum je erfolgreich, und es wurden vergleichsweise wenige durchgeführt: 1227 und 1234 gegen die häret. Bosn. Kirche; ein K. gegen die bäuerl. Landesgemeinde der →Stedinger, den der Ebf. v. →Hamburg-Bremen 1232 erwirkte und 1234 durchführte; ein K. in Piemont gegen Fra →Dolcino, 1306-07; ein Katharerk. in Ungarn, der 1327 proklamiert, aber wieder abgeblasen wurde, da die Inquisition hierin eine unbefugte Einmischung sah; ein Ketzerk. in Böhmen, 1340; schließl. die Hussitenkriege (→Hussiten), die auf einem Reichstag zu Breslau im März 1420 proklamiert wurden und auch der Verwirklichung der böhm. Thronansprüche →Siegmunds v. Luxemburg dienen sollten. Trotz Beteiligung von Kreuzfahrern aus dem gesamten Europa schlugen alle fünf Feldzüge fehl und riefen im Gegenzug Einfälle hussit. Heere in das Reichsgebiet hervor.

[4] *Kreuzzüge gegen Schismatiker:* Seit der Eroberung Konstantinopels im 4. K. wurde das Instrument des K.s auch gegen die byz. »Nachfolgestaaten« (wie Epiros, Nikaia) und das gleichfalls orthodoxe Bulgarien angewandt, da diese Reiche die (kath.) Christenheit bedrohten (1231, 1239). Auch wurde nach der byz. Rückeroberung Konstantinopels ein K. zur Wiedergewinnung proklamiert (1306-07). Der K. Amadeus' VI. v. Savoyen (1366) galt nicht nur den Türken (Gallipoli), sondern im zweiten Zug auch den Bulgaren, diesmal jedoch im Einvernehmen mit dem Byz. Reich.

Im Ostseeraum wurden K.e gegen Russen geführt. Neben den *Rejsen*, die nach der Christianisierung Litauens (1386) noch einige Zeit gegen Russen fortgeführt wurden, sind mehrere skand. K.sunternehmungen im ungesicherten Grenzraum Finnlands (→Karelien) gegen das orth. Novgorod zu nennen (1323 von Papst Johannes XXII. verkündeter K.; 1348, 1350, 1351 K.e des Kg.s Magnus' v. Schweden-Norwegen, der unter Einfluß der hl. →Birgitta, seiner Base, stand).

Das →Abendländ. Schisma brachte im übrigen zwei K.e hervor, die, beide in England entstanden, den röm. Papst stützen sollten: der K. des Henry →Despenser, Bf.s v. Norwich, gegen die 'Clementisten' in Flandern (Mai-Aug. 1383) und der erfolglose K. →Johns of Gaunt gegen Kastilien (1386-87).

[5] *Ausklang:* Die K.sbewegung überlebte das Ende des MA. Gegen die Reformation, das abtrünnige England, war die Armada Philipps II. v. Spanien gerichtet (1588), und die Muslime wurden noch wiederholt im 16. Jh. von K.sligen bekämpft (u.a. Lepanto, 1571). Die letzte dieser Ligen bestand 1684-99 unter Führung des kreuzzugsbegeisterten Papstes Innozenz XI. (ztw. Rückeroberung des Peloponnes). Bis 1798 behaupteten die Johanniter ihren Ordensstaat auf Malta. J. Riley-Smith

Bibliogr.: H. E. MAYER, Bibliogr. zur Gesch. der K.e, 1960 – DERS. – J. MCLELLAN, Select Bibliogr. of the Crusades (K. M. SETTON, A Hist. of the Crusades VI, 1989), 511–664 – *Lit.*: C. ERDMANN, Die Entstehung des K.sgedankens, 1935 – M. VILLEY, La croisade: essai sur la formation d'une théorie juridique, 1942 – S. RUNCIMAN, A Hist. of the Crusades, 3 Bde, 1951–54 (dt. Übers. 1957–60) – G. CONSTABLE, The Second Crusade as seen by Contemporaries, Traditio 9, 1953, 213–279 – A. WAAS, Gesch. der K.e, 2 Bde, 1956 – J. GOÑI GAZTAMBIDE, Hist. de la Bula de la Cruzada en España, 1958 – R. I. BURNS, The Crusader Kingdom of Valencia, 2 Bde, 1967 – E. SIVAN, L'Islam et la croisade, 1968 – J. A. BRUNDAGE, Medieval Canon Law and the Crusader, 1969 – H. E. MAYER, Lit.ber. über die Gesch. der K., HZ Sonderh. 3, 1969, 641–731 – H. ROSCHER, Papst Innozenz III. und die K., 1969 – A Hist. of the Crusades, 6 Bde, hg. K. M. SETTON, 1969–89[2] – Heidenmission und K.sgedanke in der dt. Ostpolitik des MA, hg. H. BEUMANN, 1973[2] – M. PURCELL, Papal Crusading Policy 1244-1291, 1975 – F. H. RUSSELL, The Just War in the MA, 1975 – K. M. SETTON, The Papacy and the Levant (1204-1571), 4 Bde, 1976-84 – J. S. C. RILEY-SMITH, What were the crusades?, 1977 – J. LONGNON, Les compagnons de Villehardouin, 1978 – D. E. QUELLER, The Fourth Crusade, 1978 – W. C. JORDAN, Louis IX and the Challenge of the Crusade, 1979 – J. MULDOON, Popes, Lawyers and Infidels, 1979 – E. CHRISTIANSEN, The Northern Crusades, 1980 – E. DELARUELLE, L'idée de croisade au MA, 1980 – E. D. HEHL, Kirche und Krieg im 12.Jh., 1980 – J. S. C. RILEY-SMITH, Crusading as an Act of Love, History 65, 1980, 177–192 – R. J. LILIE, Byzanz und die Kreuzfahrerstaaten, 1981 – N. J. HOUSLEY, The Italian Crusades, 1982 – B. Z. KEDAR, Crusade and Mission, 1984 – H. E. MAYER, Gesch. der K., 1985[6] – E. SIBERRY, Criticism of Crusading 1095-1274, 1985 – P. M. HOLT, The Age of the Crusades: the Near East from the eleventh century to 1517, 1986 – N. J. HOUSLEY, The Avignon Papacy and the Crusades, 1305-78, 1986 – J. POWELL, Anatomy of a Crusade, 1213-21, 1986 – J. S. C. RILEY-SMITH, The First Crusade and the Idea of Crusading, 1986 – R. CHAZAN, European Jewry and the First Crusade, 1987 – R. A. FLET-

CHER, Reconquest and Crusade in Spain c. 1050–1150, TRHS 5th ser., 37, 1987, 31–47 – J. S. C. RILEY-SMITH, The Crusades. A Short Hist., 1987 – S. LLOYD, English Society and the Crusade, 1216–1307, 1988 – C. TYERMAN, England and the Crusades 1095–1588, 1988 – The Atlas of the Crusades, hg. J. S. C. RILEY-SMITH, 1991.

Kreuzzugsbriefe → Publizistik

Kreuzzugsbulle → Cruzada, →Kreuzzüge

Kreuzzugsdichtung

I. Mittellateinische Literatur – II. Französische Literatur – III. Deutsche Literatur – IV. Mittelniederländische Literatur – V. Englische Literatur – VI. Skandinavische Literatur.

I. MITTELLATEINISCHE LITERATUR: →Epos, B.I.

II. FRANZÖSISCHE LITERATUR: [1] *Epik:* Die frz. Epik kennt zwei große Kreuzzugszyklen, korrespondierend zu der allg. linguist. Unterteilung in die afrz. und mfrz. Periode. Der erste Zyklus, der eine variierende Anzahl von einzelnen Epen umfaßt, entstand im 12. und 13. Jh.; der zweite, von der Mitte des 14. bis zur Mitte des 15. Jh. abgefaßt, entlehnte seinen Stoff dem ersten Zyklus, wobei aber eine vollständige Umarbeitung vorgenommen wurde.

a) *Der erste Zyklus:* In der vollständigsten Hs. (E, Paris BNB fr. 12569) umfaßt der erste Zyklus folgende Einzelwerke (mit insgesamt 42315 Vv.; Verszahlen nach der Alabama-Ed. oder der jüngsten Ed.):

La Naissance du Chevalier au Cygne	3153	Elioxe 3499
(= Les Enfants Cygnes)		Beatrix 3196
La Fin d'Elyas	4523	4571
Les Enfances Godefroi	2886	
Le Retour de Cornumaran	1439	
La Chanson d'Antioche	7719	9537 (D–Q)
Les Chétifs	3895	4101
La Conquête de Jérusalem	9034	9135 (Hip.)
La Chrétienté Corbaran	1008	1464
La Prise d'Acre	1927	1867
La Mort Godefroi	1564	
La Chanson des rois Baudouin		
Fin de Baudouin	2160	
Règnes Baudouin Ier et II	–	4131
Débuts Saladin	1127	

Der Kern des Zyklus wurde gegen Ende des 12. Jh. von einem gewissen Graindor v. Douai, der sich zu Beginn der »Chanson d'Antioche« selbst nennt, ausgearbeitet; als Verf. dieser Chanson nennt er gegen Schluß des Werks einen Pilger Richard, »der das Lied machte ... und von dem wir es haben« (9013–9014). Über den Charakter dieses von Richard verfaßten Gedichts ist viel diskutiert worden; nach älterer Ansicht war Richard ein Teilnehmer des 1. Kreuzzuges, der unter dem Eindruck der Einnahme Antiochias (3. Juni 1098) ein quasi-hist. Gedicht (»la première histoire en vers en langue vulgaire«, SUMBERG, 371) verfaßt habe. Die heut. Forsch., die sich auf den Kern des Zyklus (die zwei Kreuzzugsepen im engeren Sinn: »Chanson d'Antioche« nebst »Les Chétifs« und »La Conquête de Jérusalem«) konzentriert, nimmt an, daß Richards Gedicht wohl von Anfang an nach Gestalt und Grundhaltung eine →Chanson de geste war. Bei seiner Umarbeitung ein Jh. später fügte Graindor wohl die bereits existierenden Chansons »Chétifs« und »Jérusalem« hinzu (das erstgen. Werk könnte er auch selbst verfaßt haben). Keines der drei Epen erscheint für sich allein in einer der Hss.; vielmehr begegnen sie stets in der Reihenfolge »Antioche«, »Chétifs«, »Jérusalem«. Das 1. und 3. Epos (6 und 8 innerhalb des Zyklus) haben klar erfaßbare hist. Grundlagen (Eroberung von Antiocheia und Jerusalem während des 1. Kreuzzugs), während das Personal des mittleren Epos, »Les Chétifs«, zwar z.T. aus hist. identifizierbaren Gestalten besteht, diese aber in eine fiktionale Handlung (Gefangennahme durch die Sarazenen und nachfolgende Abenteuer) eingebunden sind. Von dem Kern dieser drei Epen aus expandierte der Zyklus in zwei Richtungen: zum einen behandelten mehrere Chansons die legendären Vorfahren des Protagonisten →Gottfried v. Bouillon, näml. den Schwanenritter und seine Geschwister (in allen 12 Hss.); zum anderen wurden die wechselhaften Ereignisse um das Kgr. Jerusalem in weiteren Chansons angefügt (in 3 bzw. 4 Hss.), bis zum Beginn des Auftretens Saladins. Alle gen. Epen sind ebenfalls nur im Rahmen des Zyklus, nicht aber für sich überliefert. Das zykl. Moment kommt u.a. in der chronolog. Reihung der Chansons in allen Hss. zum Tragen; in den vollständigen Hss. wird das Konzept des Zyklus (Vorfahren und Aufstieg Gottfrieds v. Bouillon, seine Eroberung Jerusalems; sein Tod, schließlich Uneinigkeit der Christen und Verlust der hl. Stätten) deutlich.

b) *Der zweite Zyklus:* Der wesentl. lockerer gefügte zweite Zyklus besteht in einer umfangreichen Neufassung des ersten Zyklus bis zum Tode Gottfrieds (»Chevalier au Cygne et Godefroi de Bouillon«, in zwei Hss.; 35180 Vv.). Zwei andere Chansons sind in einer Hs. vereinigt: der »Bâtard de Bouillon« (6554 Vv.), dem »Baudouin de Sebourc« (25778 Vv.) vorausgeht (letzterer Roman ist auch in einer anderen Hs. überliefert). Alle drei Chansons können um die Mitte des 14. Jh. datiert werden. Die Anordnung der einzelnen Romane innerhalb einer Gesamtkonzeption ist nicht eindeutig feststellbar. Der den Zyklus abschließende, zw. 1465 und 1468 verfaßte Roman »Saladin« (Eroberung von Jerusalem durch die Kreuzfahrer, Rückeroberung durch Saladin, der von der chr. Hzgn. v. Ponthieu abstammt, sein Tod durch das Schwert Cornumarants und seine Selbsttaufe) ist nur in Prosa überliefert. Es gibt keine Hinweise auf eine Versfassung.   L. S. Crist

Ed.: The Old French Crusade Cycle, I–X, ed. E. MICKEL u.a., 1977–92 – La Chanson d'Antioche, ed. S. DUPARC-QUIOC, 1977–78 – Le Chevalier au Cygne et Godefroi de Bouillon, ed. BARON DE REIFFENBERG–M. A. BORGNET, 1846–59 – Le Bâtard de Bouillon, ed. R. F. COOK, 1972 – Baudouin de Sebourc, ed. L. N. BOCAL, 1841; ed. L. S. CRIST–R. F. COOK [im Dr.] – Saladin, ed. L. S. CRIST, 1972 – *Lit.:* S. DUPARC-QUIOC, Le Cycle de la Croisade, 1955 – L. A. M. SUMBERG, La Chanson d'Antioche, 1968 – E. J. MICKEL, JR.–J. A. NELSON, BM Royal 15 E VI and the Epic Cycle of the First Crusade, Romania 92, 1971 – R. F. COOK–L. S. CRIST, Le Deuxième Cycle de la Croisade, 1972 – R. F. COOK–F. GRILLO, Un ms. composite de cycle épique: le Cycle de la Croisade dans le ms. de Londres, Rev. d'Hist. des Textes 8, 1978, 233–246 – S. DUPARC, Les poèmes du 2e Cycle de la Croisade: Problèmes de composition et de chronologie, Rev. d'Hist. des Textes 9, 1979, 141–181 – R. F. COOK, Chanson d'Antioche, chanson de geste: Le Cycle de la Croisade est-il épique?, 1980 – K.-H. BENDER–H. KLEBER, Le Premier Cycle de la Croisade, GRLMA 7, 1, 2, A, fasc. 5, 1986.

[2] *Französische und provenzalische Lyrik:* Neben der im Rückblick geschriebenen Epik und den narrativen Versdichtungen mit Propagandacharakter von →Rutebeuf gibt es im 12. und 13. Jh. zahlreiche prov. und frz. lyr. K., die in der Regel die Form der höf. Canzone (→Canso) aufweisen. Sie sind teils anonym, wie das älteste frz. Lied zum 2. Kreuzzug, teils von bekannten Troubadours und Trouvères (→Marcabru, →Bertran de Born, →Giraut de Bornelh, →Gaucelm Faidit, →Conon de Béthune, dem Kastellan v. →Coucy, →Guiot de Dijon, →Hugues III. de Berzé-le-Châtel [2. H.]). Inhaltl. sind viele Lieder eine Mischung von Aufruf und Minneabschied, weswegen die Abgrenzung des Corpus in der Forsch. umstritten ist. HÖLZLE berücksichtigt nur Lieder, in denen der Aufruf das liedbeherrschende Thema ist, doch ist klar, daß die Ab-

schiedslieder ohne diese Kreuzzugsthematik eine andere Konfiguration aufweisen würden. Um den lit. Ort der themat. bivalenten Lieder im gesamten lyr. Gattungsgefüge ausmachen zu können, muß das Corpus weit gefaßt werden. M.-R. Jung

Ed. und Lit.: GRMLA II – J. BEDIER–P. AUBRY, Les chansons de croisade, 1909 [mit Melodien] – K. LEWENT, Das prov. Kreuzlied, 1905 – S. SCHÖBER, Die afrz. Kreuzzugslyrik des 12. Jh., 1976 – P. HÖLZLE, Die Kreuzzüge in der okzitan. und dt. Lyrik des 12. Jh., 1980 – D. C. MARTIN, The Crusade Lyrics: Old Provençal, Old French and Middle High German, 1100–1280 [Ph. D. Diss. 1984] – D. A. TROTTER, Medieval French Lit. and the Crusades (1100–1300), 1987.

III. DEUTSCHE LITERATUR: K. ist für die dt. Lit. ein themat., gattungsübergreifender Begriff. Wie es im Mhd. keine genaue Entsprechung für den Terminus 'Kreuzzug' gibt (*vart*, aber auch mit dem Zusatz *über mer, über sê, ze dem heiligen grabe*, meint die Pilgerfahrt und das krieger. Unternehmen, *daz kruize nemen* das Kreuzzugsgelübde ablegen), wurde auf der Kampf gegen die Heiden zu verschiedenen Zeiten und an verschiedenen Orten (Hl. Land, Spanien, Preußen) lit. als gleichartiges Thema verstanden; Kreuzzugsideen und -symbole wurden entsprechend auf Stoffe übertragen, die vor 1097 und außerhalb der hist. gezählten Kreuzzüge spielen. Daß K. erst Mitte des 12. Jh. auftaucht, ist durch die Entwicklung der dt. sprachigen Lit. bedingt. Aufgrund unterschiedl. Ausprägungen des Themas werden Geschichtsdichtung, Epik und Lyrik voneinander abgesetzt.

[1] *Geschichtsdichtung:* Die 1147 abgebrochene →»Kaiserchronik« enthält einen Bericht über den 1. Kreuzzug. Obwohl nicht Teil der dt. Reichsgesch., ist er in die Darstellung des negativ bewerteten Heinrichs IV. kontrastiv eingeführt im Preis des gottgefälligen »ersten Kg.s« v. Jerusalem, →Gottfried v. Bouillon. Der Kreuzzug erscheint hier als Unternehmen zur Ehre Gottes, nicht ohne Bedrängnisse, aber durch Wunder begleitet und von Gott zum Erfolg geführt. Zum selbständigen Thema von Geschichtsdichtung ist keiner der hist. bedeutenden Kreuzzüge geworden. »Lgf. Ludwigs Kreuzfahrt« (um 1300), zw. Geschichtsdichtung und höf. Roman stehend, benutzt Kreuzzugsthematik zur Verherrlichung der schles. Fs.en durch einen Vorfahren Lgf.s →Ludwig v. Thüringen. Zu diesem Zweck werden in der scheinbar hist. Darstellung Fakten aus den Kreuzzügen Friedrichs I. und Friedrichs II. unkrit. vermischt, Ludwig III. und Ludwig IV. fließen zusammen. Im Zentrum stehen die Belagerung Akkons und Ludwigs Bewährung. Die »Deutschordenschronik« erfaßt die Gesch. Preußens unter dem Vorzeichen des gottgefälligen Heidenkampfes, den die Ordensstatuten von der militia dei fordern und der durch sich ereignende Wunder entsprechende Anerkennung findet (→Deutschordensliteratur).

[2] *Epik:* In Werken der religiösen Heldenepik mit hist. Kern aus dem Karlskreis ist die Kreuzzugsthematik als ein wesentl. Gestaltungsaspekt eingegangen. Das »Rolandslied« des Pfaffen →Konrad (um 1170), markantester Ausdruck der Kreuzzugsideologie, propagiert den Heidenkampf im Auftrag Gottes als unversöhnl. Ringen zw. civitas dei und civitas diaboli. Kreuzzugspredigt, Kreuzzeichen auf den Gewändern, Gebet und Segen sens mitstreitender Bf.s zeigen im Kampf aktualisieren Karls Pyrenäenkrieg zum Kreuzzug, ohne daß Anlaß oder Zusammenhang mit einem bestimmten Unternehmen im Umkreis des Auftraggebers, Heinrichs d. Löwen, zu ermitteln ist. Der »Willehalm« →Wolframs v. Eschenbach, ebenfalls eine →*chanson de geste* als Kreuzzugsepos stilisierend, problematisiert den Heidenkrieg, in dem Verwandte und generell Geschöpfe Gottes gegeneinander stehen. In Abwendung von der aggressiven Tendenz des »Rolandlieds« werden die Schonung der Heiden und ein neues Heidenbild propagiert, der Krieg nur zur Verteidigung gebilligt. Diese im »Parzival« vorbereitete, mit laientheol. Reflexionen begründete Botschaft wird in der Rezeption auf die Vorstellung des edlen Heiden in einem analogen höf. Lebensraum reduziert (der »Willehalm«-Fortsetzer →Ulrich v. Türheim benutzt in seinem »Rennewart« wieder die Alternative Taufe oder Tötung), während die religiöse Dimension verlorengeht.

Ohne bes. religiöses Engagement sind themat. Elemente und Reflexe der Kreuzzüge in verschiedene Epen vom 12.–14. Jh. eingegangen: in die aus mündl. Stofftradition kommenden →»König Rother« und →»Herzog Ernst«, in die Legendenromane →»Orendel« und →»Oswald« sowie in die Liebes- und Abenteuerromane »Graf Rudolf« (2. Hälfte 12. Jh.), »Wilhelm v. Österreich« (1314) des Johann v. Würzburg und »Reinfried v. Braunschweig« (um 1300). Die Kreuzzugsmotive dienen hier der Auszeichnung chr. Ritter, der Schaffung der Konfliktkonstellation einer Liebesbeziehung zw. chr. und heidn. Seite, v. a. eröffnen sie fremde, wunderbare Lebensräume und münden damit in eine allg. Orientthematik ein.

[3] *Lyrik:* Von Liedern für Kreuzzugsteilnehmer oder Pilger sind nur Einzelstrophen und Liedanfänge in erzählenden Texten erhalten. Rein religiös werbende Gesänge sind ebenfalls selten: Der »Kreuzzugsleich« →Heinrichs v. Rugge (nach dem 3. Kreuzzug entstanden) propagiert Kreuzzugsbereitschaft als Wesensbestimmung des Ritters, Weigerung als Verlust der Seligkeit und des gesellschaftl. Ansehens; ein Werbungslied →Walthers v. d. Vogelweide (L 76,22) – ganz im religiösen Vorstellungshorizont – preist den Kreuzzug als Heilsangebot für die sündige Menschheit; ähnl. verbinden sich in Walthers »Elegie« Erlösungs- und Kreuzzugssehnsucht; das »Palästinalied«, die Ankunft eines Kreuzfahrers im Hl. Land und wesentl. Stationen des Lebens Jesu imaginierend, hatte durchaus auch polit. Funktion in den Kreuzzugsproblemen Friedrichs II. ähnl. wie andere Lieder im hist. Vortragskontext.

Die Mehrzahl der Kreuzzugslieder (*kriuzliet*) innerhalb der höf. Lyrik kombinieren Minne- und Kreuzzugsthematik, sie gehören zum Liedcorpus der bedeutendsten Sänger: →Friedrich v. Hausen, →Albrecht v. Johansdorf, →Reinmar d. Alte, →Neidhart, →Tannhäuser u. a. Neben der Werbung für die Fahrt und den gängigen Argumenten der Predigt und neben der Forderung bußfertiger Gesinnung behandeln die Dichter mit unterschiedl. Akzenten den Konflikt zw. Kreuzzugsforderung und Minneverpflichtung, zw. Aufbruchsnotwendigkeit und Sehnsucht nach Nähe. Aufkündigung des Minnedienstes, Aushalten des Zwiespalts, Teilhabe der Geliebten an der Fahrt und am Lohn werden als Möglichkeiten durchgespielt.

In der Sangspruchdichtung ist die Kreuzzugsthematik explizit mit polit. Argumenten verbunden. Bei Walther v. d. Vogelweide dient der Kreuzzug in Otto IV. und Friedrich II. betreffenden Sprüchen v. a. zur Legitimation des Herrschers und seiner sakralen Würde im Spannungsfeld ksl. und päpstlicher Hegemonieansprüche. Bruder →Wernher sieht im Kreuzzug eher ein Mittel zur Einigung der Mächte. Kritik an der Kreuzzugspraxis, insbes. am Verhalten der Parteien, der Mißachtung des Menschen und der Nichtanerkennung der Erfolge Friedrichs II. formuliert →Freidank in den »Akkon-Sprüchen«, ohne die religiöse Kreuzzugsidee zu verwerfen.

Absage an das Unternehmen überhaupt in iron. Distanzierung bringen Lieder Neidharts und des Tannhäusers.

Kreuzzugsmotive werden auch in späterer Lyrik verwendet, doch nicht mehr auf die Züge des 12. und 13. Jh. bezogen, sondern im übergreifenden Kontext von Pilgerfahrt und Kampf gegen die Ungläubigen. U. Schulze

Ed.: K., ed. U. MÜLLER, 1969 [Anthologie] – *Lit.:* Reallex. der dt. Lit.gesch. I, 1958², 885–895 [H. SCHNEIDER-F. W. WENTZLAFF-EGGEBERT] – F. W. WENTZLAFF-EGGEBERT, K. des MA, 1960 – M. BÖHMER, Unters. der mhd. Kreuzzugslyrik, 1968 – W. HAUBRICHS, Reiner muot und kiusche site, 1978, 295–324 – R. WISNIEWSKI, K. Idealität in der Wirklichkeit, 1984.

IV. MITTELNIEDERLÄNDISCHE LITERATUR: Von etwaiger lyr. K. ist im Mndl. nichts erhalten geblieben. In der ep. Gattung sind Fragmente von mndl. Übers. der afrz. 'Cycles de la Croisade' überliefert: Godevaerts Kintshede (afrz. Enfances Godefroi), Roman van Antiochie (afrz. Chanson d'Antioche), Boudewijn van Seborch (afrz. Baudouin de Sebourc) und der Roman van Saladin (Übers. des verlorenen afrz. Proto-Saladin). Godevaerts Kintshede und Antiochie dürften noch aus der 2. Hälfte des 13. Jh. stammen, Boudewijn van Seborch und Saladin sind nach 1350 entstanden. Die erhaltenen Frgm. datieren aus der 2. Hälfte des 14. Jh. Von den mndl. Übers. ist kein Dichter bekannt. Die Übers. sind – sofern die Quellensituation dies zuläßt – als freie Bearbeitungen zu betrachten. In dem Frgm. Leiden UB, B.P.L. 2894 ist eine wahrscheinl. ursprgl. mndl. Bearbeitung des Kreuzzugsstoffes erhalten. Im späteren 15. Jh. werden Kreuzzugsromane auch gedruckt: Dystorie van Saladine (Oudenaerde, ca. 1483), ein ep. Text in Versen, ist von großer Bedeutung für die Erforschung der afrz. Saladin-Tradition. Die mit dem Kreuzzugszyklus verbundene Schwanenritter-Legende ist nur in gedruckter Form überliefert. G. H. M. Claassens

Lit.: G. H. M. CLAASSENS, 'De Middelnederlandse kruisvaartromans, een verkenning', Millennium 3, 1989, 16–31 (engl.: Olifant 14, 1989, 165–178).

V. ENGLISCHE LITERATUR: Geogr., polit. und sprachl. Gründe bewirken, daß Kreuzzugsthematik nur in geringem Ausmaß anzutreffen ist. Die Sprache der Kreuzzugsritter ist anglonorm. Der Karlskreis (→Karl d. Gr., B.III) ist nur mit wenigen Beispielen vertreten; Erzählungen über →Gottfried v. Bouillon kennt man fast gar nicht. Der Kampf gegen die Sarazenen spielt eine Rolle in →Romanzen wie »Bevis of Hamton« (vgl. →»Bueve de Hanstone«), »Guy of Warwick« (Gui de →Warewic) und »Sir Isumbras«, die Bekehrung in »King of Tars«. Noch spätere Chroniken beeinflußt die Schilderung der Taten Richards I. in »R. Coer de Lyon« (bald nach 1300), dessen Verhältnis zu →Ambroise und zum »Itinerarium ... Ricardi« unklar ist. Eine auch separat kursierende Klage über den Tod Richards steht in Gottfrieds v. Vinsauf (→Galfridus, 2.G.) »Poetria nova« (vgl. →Chaucer, »Canterbury Tales«, VII.3347ff.). In der Elegie auf Eduard I., die in anglonorm. und me. Fassung vorliegt, erteilt der todkranke Kg. den Befehl, sein Herz in den Kampf gegen die Sarazenen zu schicken, ein Motiv, das auch in John →Barbours »Bruce« und in Richard Hollands »Buke of the Howlat« auftaucht. In dem Porträt des Ritters führt Chaucer die drei wichtigsten Kriegsschauplätze des 14. Jh. mit engl. Beteiligung an (»Canterbury Tales«, I.43ff.). Die Frage nach der Legalität von Kreuzzügen und des Tötens von Heiden stellt John →Gower (»Conf. Amantis«, III.2485ff.; vgl. jedoch »Vox Clamantis«, III.651ff. und »In Praise of Peace«, 246ff.). Frühe Kritik übte Ralph Niger (um 1189); Steuern, Ablässe und die mißbräuchl. Ausdehnung der Kreuzzugsidee (Zug Henry →Despensers nach Flandern, 1383) haben dann zu Protesten →Wyclifs und der →Lollarden geführt. Kreuzzugspropaganda in Form von Predigten ist seit dem Bericht von →Giraldus Cambrensis bezeugt (d. h. seit 1188); aus dem Anfang des 13. Jh. kennen wir eine »Brevis ordinacio de predicacione Sancte Crucis laicis facienda«. K. Bitterling

Bibliogr.: ManualME 1.I, 1967; 5.XIII, 1975 [Nr. 29]; 8.XXI, 1989 [Nr. 6, 15] – *Lit.:* J. J. N. PALMER, England, France and Christendom, 1377–99, 1972 – D. METLITZKI, The Matter of Araby in Medieval England, 1977 – M. KEENE, Chaucer's Knight, the English Aristocracy and the Crusade (English Court Culture in the Later MA, ed. V. J. SCATTERGOOD–J. W. SHERBORNE, 1983), 45–61 – H. SPERBER, Hist.-polit. Gedichte im England Edwards I., 1985.

VI. SKANDINAVISCHE LITERATUR: Kreuzzugsthemen begegnen vom 11. bis zur Mitte des 12. Jh. in metr. vielgestaltiger Überlieferung im skald. Fürstenpreislied (→Drápa) und in situationsbezogenen Einzelstrophen (→Lausavísur) von kreuzzugsbeteiligten norw. und isländ. Dichtern, ohne daß von K. als selbständiger Gattung die Rede sein kann. Gegen Ende des MA wird der Kreuzzugsgedanke von der →Folkevise aufgegriffen und im Zuge der skand. Ostmission als bellum Deo auctore in Reimchroniken (z. B. →Erikskrönikan) aktualisiert. – Wallfahrtserlebnis und Glaubenskrieg verarbeitet die skald. Dichtung freilich schon vor der eigtl. Kreuzzugsbewegung (Sighvatr, Stúfr inn blindi). So überträgt das Nachrufgedicht »Stúfsdrápa« (um 1067) eth. Wertvorstellungen im Sinne einer 'militia christiana' auf Kg. Harald Sigurðarson, der als byz. Söldner zw. 1034–44 in Palästina gekämpft haben soll. – Die Kreuzfahrt im engeren Sinne behandelt Markús Skeggjason im Preislied »Eiríksdrápa« (um 1104), das u. a. auf den trag. endenden bewaffneten Pilgerzug des dän. Kg.s Erich I. Ejegod Bezug nimmt, der 1103 auf Zypern starb, ohne das befreite Jerusalem betreten zu haben. 1107 begann unter dem norw. Kg. Sigurd Jórsalafari ('Jerusalemfahrer') das einzige militär. erfolgreiche nord. Kreuzzugsunternehmen im Hl. Land, das von nicht weniger als drei isländ. Skalden verherrlicht wurde: von Þórarinn stuttfeldr (»Stuttfeldardrápa«, um 1120), Halldór skvaldri (»Útfarardrápa« und fragm. »Útfararkviða«, um 1120) sowie dem letzten und zugleich bedeutendsten Preisdichter des 12. Jh., →Einarr Skúlason (fragm. »Sigurðardrápa«, vor 1159). Während die Kreuznahme in der »Eiríksdrápa« vom persönl. Wunsch nach Erlösung und Sündentilgung motiviert wird, schöpfen die Dichtungen auf Sigurd aus dem Bestand bekannter Topoi und entwickeln vorzugsweise die Motive des Heidenkampfes und der Rituale am Jordan. Die Ungläubigen gelten als »Diener des Teufels«, deren unnachgiebige Verfolgung durch »Feuer und Schwert« sich als gottgewollte Tat legitimiert. – Mit der sich 1152 an den 2. Kreuzzug anschließenden Flottenaktion des Orkney-Jarls Rǫgnvaldr kali († 1158, kanon. 1192) entsteht eine neue Überlieferungssituation, indem die Ereignisse im Hl. Land nicht mehr als Fürstenpreis reflektiert werden, sondern der Jarl selbst als Urheber eines Zyklus von Gelegenheitsstrophen auftritt. Diese Stegreifpoesie, nach wie vor im →Dróttkvætt-Metrum, nimmt von spiritueller Verarbeitung des Pilgererlebnisses Abstand und nutzt die Jerusalemfahrt u. a. als Bezugsrahmen für eine lit. vorgebildete Minnefiktion, die den Einfluß früher Troubadourdichtung nahelegt. Wenn dabei die Sarazenen als ritterl. Gegner apostrophiert werden, verliert mit dem Verblassen der Kreuzzugsidee auch der Heidenkampf an eth.-religiöser Schärfe. Rǫgnvalds Strophenzyklus bezeichnet den Endpunkt der Kreuzzugsskaldik, die im Verlauf weniger Jahrzehnte einen Themenbereich zu integrieren und formal zu bewältigen versucht, den die mhd. Lyrik sich in vollem Umfang erst mit dem 3. Kreuzzug zugängl. macht. H.-P. Naumann

Lit.: P. RIANT, Skandinavernas Korstog og Andagtsreiser til Palæstina, 1868 – F. PAASCHE, Kristendom og kvad, 1914 – W. LANGE, Stud. zur chr. Dichtung der Nordgermanen 1000–1200, 1958 (Palæstra 222) – B. FIDJESTØL, Det norrøne fyrstediktet, 1982 – H.-P. NAUMANN, Nord. K. (Fschr. O. BANDLE, 1986), 175–189.

Krewo (litau. Kriava), Fs.enburg im litau. Kernland →Aukštaiten, um die Mitte des 13. Jh. Herrschersitz des Kg.s →Mindowe, seit Ende des 13. Jh. im Besitz der →Jagiellonen. Hier schloß Gf. Jagiełło v. Litauen am 14. Aug. 1385 den Unionsvertrag mit den Abgesandten des Kgr.es Polen und verpflichtete sich, mit seinem noch heidn. Volk das röm. Christentum anzunehmen, die junge Kgn. →Hedwig/Jadwiga zu heiraten und damit Kg. v. →Polen zu werden, sein Land der Krone Polen anzugliedern (applicare) und alle Polen verlorengegangenen Gebiete zurückzugewinnen.   M. Hellmann

Lit.: →Jagiełło, →Litauen.

Krieg. Für die Erfassung des K.sbegriffs im MA ist die Bedeutungsentwicklung des Wortes 'K.' wichtig. Aus dem ahd. *chrey* ('Hartnäckigkeit') leiten sich die mhd. Wörter *kriec, krieg, kriec* ab, deren Bedeutungsbreite sehr groß ist. Sie reicht u.a. über 'Anstrengung, Streben nach etwas, Widerstand, Kampf' hin zu Streit im Sinne von Wettstreit und v.a. Rechtsstreit.

Nach vereinzelten früheren Belegen als ein Streit oder Kampf mit Waffen (so Gottfried v. Straßburg, Tristan, 368: »wan ze urluige und ze ritterschaft | hœret verlust unde gewin: | verliesen unde gewinnen | duz treit die kriege hinnen.«; Minnesinger 3, hg. v. HAYER, 1838, 468: »und komt der herren krieg in allen landen breit«) und zusammengesetzten Redewendungen (Minnesinger 3, 2679: »er ist bereit zekrieg und ouch ze strite«) sowie Zwillingsformeln wie »krieg und urluige« erhält das mhd. Wort kriec erst während des 14. Jh. in weiterer Verbreitung die Bedeutung, die dem klass.-lat. Wort bellum entspricht und dem modernen Verständnis von K. als einem mit Waffengewalt ausgetragenen, zwischenstaatl. oder innerstaatl. Konflikt nahekommt.

Neben dem in seiner Terminologie jetzt eingeengten Wort kriec fanden aber über das 14. Jh. hinaus bis in die frühe NZ andere Wörter für den Begriff K. Verwendung. So existierte dazu zunächst noch parallel das mhd. *ve(he)de* für 'Kampf, Streit', das sich alsbald in unseren Begriff von →Fehde hineinentwickelte. Lang hält sich auch noch das v.a. für das 12. und 13. Jh. wichtige, vom ahd. *urlay* ('Schicksal, Krieg') herrührende mhd. *urlinge, -louge* für 'Krieg, Kampf, Streit, Fehde', das eigtl. einen gesetzlosen Zustand (*ur* = aus, *lag* = lex) beschreibt und sich im Ndl. *(oorlog)* und Dän. *(orlog)* erhalten hat. Daneben fand Verwendung noch im Früh- und HochMA das vom ahd./as. *werran* abgeleitete *werre* mit den Bedeutungen 'Verwirrung, Not, Bedrängnis, Leid und Aufruhr', das sich im Engl. *(war)* gehalten hat und in seiner latinisierten Form *(guerra)* in die roman. Sprachen Eingang gefunden hat. Bereits seit dem frühen MA findet sich guerra in zunehmendem Maße in den uns erhaltenen lat. abgefaßten Q.werken. Das lat. Wort bellum hingegen wird in seiner klass. Bedeutung zwar noch vereinzelt verwendet (Lex Visigothorum, Petrus de Ebulo, Ordericus Vitalis u.a.), tritt jedoch in diesen Q. deutl. in den Hintergrund. Im allg. Sprachgebrauch verwendet man dagegen bellum in der Hauptsache für 'Schlacht' und bellare für 'kämpfen'. Dieser Umstand kann nicht verwundern und ist für die Begriffsbestimmung des K.es im MA von Bedeutung. Mit dem Zusammenbruch des röm. Reiches und seiner öffentl.-rechtl. Vorstellungswelt, die den K. als einen gewaltsamen Modus der staatl. Konfliktaustragung (Cicero: »genus decertandi per vim«) verstand, war das Gewaltmonopol des Staates und die auctoritas principis, die allein über den K. zu entscheiden hatten, verschwunden. Statt dessen setzten sich die krieger. Anschauungen von germ. Völkergemeinschaften durch. Der Kampf gegen andere Sippen und Stämme war von fundamentaler ökonom. Bedeutung für die Gruppe, die ihre materiellen Lebensgrundlagen schützte und erweiterte, indem sie über fremdes Gebiet herfiel, es ausplünderte und alles Wertvolle wie Nahrungsmittel, Schmuck, Vieh, Mädchen und Knaben als Beute fortschleppte. Sowohl Ursache wie Konsequenz dieses Vorgehens war oft die →Rache, zu der jeder Freie verpflichtet war. Die für Raub, Tötung oder Ehrenkränkungen ausgeübte Rache artikulierte sich als Fehde und Sippenfehde und konnte zu beständigem Kleink. führen. Kampf und →Fehde blieben unter veränderten Vorzeichen »Grundprinzipien des ma. polit. und rechtl. Lebens« (A. BOOCKMANN) und erhielten sich als Recht des Adels zur Gewaltanwendung vielerorts bis in das späte MA. Das mhd. Wort ve(he)de umschreibt somit den üblichen (Klein.)k., der sich mit seinen Verheerungen, Morden und Plünderungen im MA als fast alltägl. Plage darstellt – wie Mißernten und Hungersnöte –, unter der v.a. die in der Hierarchie der Macht am weitesten unten Stehenden zu leiden hatten, die den K. als *werre* im Sinne von Not, Leid und Bedrängnis erlebten.

Zwar fehlte es seit dem frühen MA nie an Versuchen, das Fehdewesen einzudämmen, doch scheiterten diese meist an der Schwäche der kgl. Zentralgewalt. Zu den Bemühungen des Kgtm.s, die Fehde grundsätzl., d.h. auch weiträumig, zu verbieten, kamen auch noch regionale Sonderfrieden oder Friedensbestimmungen für begrenzte Zeiten, an denen sich ungefähr vom Jahr 1000 an die Kirche maßgebl. beteiligte, die den ständigen Kleink., unter dem auch sie zu leiden hatte, nachdrücklicher als bisher verdammte. Der →Friede sollte nicht mehr etwa ein saisonales Zwischenspiel, sondern die Grundlage für die Ordnung der Welt sein. Wenn auch die verkündeten →Gottesfrieden nicht immer die beabsichtigte Wirkung hatten, wurden sie doch zu Vorläufern der Landfriedensbewegung (→Landfrieden). Gleichwohl tat sich für die Kirche ein Widerspruch durch ihre quasi-dualist. Weltsicht auf: Gott selbst lag in beständigem K. mit Satan, der das Böse verkörperte. Der gute Christ war deshalb aufgerufen, für Christus zu den Waffen zu greifen. Indem der K. diese Ziele verfolgte, wurde er zum →bellum iustum, zum gerechten K., der von der Kirche oder dem gesalbten Kg., dem rex pacificus, gegen Unfromme, Heiden und Häretiker geführt wurde (→Kreuzzüge).

Mit dem Erstarken der westeurop. Monarchien im 13. Jh. und der →Landesherrschaft in Deutschland setzte eine Entwicklung ein, die das Recht auf den gewaltsam ausgetragenen Rechtsstreit im Sinne der Fehde und des begrenzten K.es immer weiteren Personenkreisen streitig machte. Die Versuche, das Fehdewesen einzudämmen und die Streitenden durch eine Neuordnung des Gerichts- und Prozeßwesens zu zwingen, ihre Streitigkeiten vor Gericht auszutragen, und die gleichzeitig einsetzende Monopolisierung der Macht in den Händen des Kg.s oder Fs.en führten im 13. und 14. Jh. (in dem das mhd. kriec die moderne Bedeutung 'K.' annimmt) dazu, daß nur dem Fs.en, der keinen übergeordneten Richter mehr anerkannte, das Recht zur legitimen Gewaltanwendung eingeräumt wurde. Er allein konnte jetzt den kriec als Streit mit Waffengewalt nach außen oder innen austragen, der dadurch zu unserem K. wurde.

Eine Kriegserklärung im modernen Sinn kannte das

MA noch nicht. Das Werfen einer Lanze, das bei Römern und Germanen ein Symbol für den Beginn des K.es oder der Schlacht sein konnte, verliert sich und findet sich so oder in ähnl. Form (Überreichung eines Schwertes) v.a. in lit. Verarbeitung. Die Feindschaft begann meist nicht durch abgegebene Erklärungen, sondern durch den tatsächl. Angriff auf den Gegner und seinen Rechtsbereich. Die K.svorbereitung durch die Einberufung des →Aufgebots konnte und wurde als indirekte K.serklärung aufgefaßt. Später kam es durch Verhängung der Reichsacht (→Acht) zur K.serklärung. Wegen der nahen Verwandtschaft bzw. Vermischung von K. und Fehde sind jedoch auch deren Regeln zu beachten. Zur K.führung →Heerwesen.

P. Thorau

Lit.: [Auswahl]: [zur Begriffsgesch.]: DU CANGE I, 621ff. [bellum]; 4, 129ff. [guerra] – DtRechtswb VII, 1520ff. – GRIMM, DWB V, 2216ff. – KLUGE, 1989[22] – LEXER I, 1726ff.; 2, 2007ff.; 3, 42, 338, 790ff. – Gesch. Grundbegriffe III, 1982, 567ff. – [zur hist. Entwicklung]: J. GERNHUBER, Die Landfriedensbewegung in Dtl. bis zum Mainzer Reichslandfrieden von 1235, 1952 – K.-G. CRAMM, Iudicium belli, 1955 – O. BRUNNER, Land und Herrschaft, 1965[5] – F. DICKMANN, K. und Fehde im MA (DERS., Friedensrecht und Friedensbewegung, 1971) – Q. WRIGHT, A Study of War, 1971[3] – J. F. VERBRUGGEN, The Art of Warfare in Western Europe during the MA, 1976 – A. DUBY, K. und Gesellschaft im Europa der Feudalzeit (Wirklichkeit und höf. Traum, 1986), 133ff. – PH. CONTAMINE, La guerre au MA, 1986[2] – →Heerwesen.

Krieg, Heiliger (Ğihād), der Kampf (wörtl.: das 'Sich-Mühen') 'auf dem Weg Gottes' (fī sabīl Allāh), entstanden im Zusammenhang mit der Entwicklung der muslim. Gemeinde und den Lebensbedingungen der nomadisierenden Sippen und Stämme auf der Arab. Halbinsel, die von ständigem Kleinkrieg und Raubzug, der →Razzia, geprägt waren (→Heer, C). Seine polit.-theoret. und religiöse Rechtfertigung erhielt er durch den Koran und das islam. Recht. Solange sich Mohammed und seine Gemeinde in Mekka in der Minderheit und Defensive befanden, sind die Suren noch von Geduld gegenüber feindl. Nachstellungen und Verfolgungen geprägt. Nach der Auswanderung nach Medina änderte sich diese Haltung: Da die Muslime ihr Überleben bedroht sahen, entwickelte sich die Pflicht, die dem Propheten feindl. Mekkaner zu bekämpfen. Nach der Einnahme Mekkas und der Einigung Arabiens wurde der Ğ. zu einer (in der Theorie allen gesunden Muslimen obliegenden) Pflicht; sie ist solange gültig, bis die ganze Welt der Herrschaft des Islam unterworfen ist. Dieser universelle Anspruch trat vollends zutage, als nach dem Tod des Propheten die Eroberungszüge über die Grenzen Arabiens hinaus begannen. Fiel ein Muslim in einem solchen Krieg, war ihm als Märtyrer das Paradies sicher. Der Ğ. wurde so zu einer auch religiös attraktiven Ziel der vorrangig aus sozio-ökonom. Gründen erfolgten Expansion. Als diese zum Stehen kam und das islam. Großreich im 9. Jh. allmähl. in verschiedene Machtzentren zerfiel, verlor der Ğ. mit Ausnahme der Gebiete, die an nicht-islam. Territorien angrenzten, weitgehend seine Bedeutung, da es innerhalb der muslim. Gemeinde theoret. keinen Ğ. geben kann. Im philos.-theol. Bereich wurde die Idee des Ğ. jedoch weiterentwickelt und modifiziert und blieb im Bewußtsein der muslim. Gemeinde lebendig und konnte im HochMA für polit. Zwecke reaktiviert werden, wie die Kämpfe →Nūraddīns, →Saladins und später der Mamlūkensultane, v.a. →Baibars', zeigen.

P. Thorau

Lit.: EI[1], 1087f. – EI[2] II, 538–540 – A. NOTH, H. K. und Hl. Kampf in Islam und Christentum (Bonner Hist. Forsch. 28, 1966) – E. SIVAN, L'Islam et la Croisade, 1968 – W. MONTGOMERY WATT, Islamic Conceptions of the Holy War (The Holy War, hg. TH. P. MURPHY, 1976), 141–156.

Kriegerheilige. Verweigerung des Kultopfers für den Gottks. brachte chr. Offizieren und Soldaten des Heeres unter Diokletian die Todesstrafe und damit das Martyrium ein. Zu diesen K.n als Märtyrer kamen, vorwiegend in Ägypten, personifizierte Reiterkämpfer als Helden und Bezwinger des Bösen wie der Dämonen (Schlangen und Drachen). Die dabei übl. Darstellung als Reiter wirkte auf die Darst. der übrigen Soldatenhl.n ein. Tracht der K.n war in der Frühzeit die feierl. Hoftracht (z.B. Georg und Theodor auf der als ksl. Thronzeremonie komponierten Marienikone des Sinaikl., 6. Jh.), oft mit zusätzl. militär. Rang- bzw. Ehrenzeichen. Bereits vor dem Bilderstreit kommen – neben dem für Märtyrer obligator. →Kreuz – auch Waffen wie Lanze und Schild (Sinai, Ikone des hl. Theodor Teron) als Insignien hinzu. Die Darst. als Krieger in voller Rüstung wird zusehends häufiger. Beliebt ist Gruppierung zu Paaren oder größeren Einheiten (40 Märtyrer v. Sebasteia). Im byz. Bildprogramm spielen die K.n als Zeugen der Gottheit Christi eine wesentl. Rolle, die bei Programmen ohne Evangelienszenen zur Darst. als Erzmartyrer (Megalomartyroi) zusammen mit Propheten, Aposteln und Kirchenvätern bzw. -lehrern auch im Presbyterium (Cefalù) bzw. auf Monumentalprogramme widerspiegelnden Kleinkunstwerken (Limburger Staurothek, Triptychon Pal. Venezia, Rom, Harbaville-Triptychon, London u.a.) führte. Grund dafür waren wohl die (immer wieder verbotene, aber deshalb als häufig anzuschende) Benützung der betreffenden legendar. Viten als Perikopen in der Liturgie (für Georg belegt) wie die Erwähnung des ksl. Heeres als Verteidiger des rhomäischen Reiches (Abbild des himml. Gottesreiches) im Anamnese-Gebet nach den Einsetzungsworten der Eucharistie. Im W setzt sich, nach Ansätzen in der karol. Zeit (Einhardsbogen) nur der Reiterhl. Georg allgemein durch.

M. Restle

Lit.: RByzK II, 1049–1061 – LCI VIII, 382f.

Kriegsflegel. vom Dreschflegel abstammende bäuerl. Behelfswaffe, oft mit spitzen Nägeln versehen.

O. Gamber

Lit.: W. BOEHEIM, Hb. der Waffenkunde, 1890.

Kriegsgefangene

I. Allgemein und westliches Europa – II. Kommunales Italien.

I. ALLGEMEIN UND WESTLICHES EUROPA: Ein fundamentaler Charakterzug der Kriegführung im MA ist, daß K. in der Regel nicht mehr versklavt wurden (→Sklave, Sklaverei). Die seit der Merowingerzeit deutl. hervortretende Abkehr von der antiken Praxis, K. in großer Zahl zu Sklaven zu machen, ist einer der Hauptgründe für den Prozeß des Rückgangs und allmähl. Verschwindens der Sklaverei. Die Ursachen sind wirtschaftl. (Rückgang der mit Sklavenarbeit betriebenen Großdomänen) und religiöser Natur (Christianisierung). Sofern die Besiegten nicht getötet wurden, erlangten sie früher oder später ihre Freiheit zurück, meist durch Entrichtung eines hohen Freikaufbetrages. Bei der Behandlung von K.n ist erst wieder für die Zeit des 14. und 15. Jh., eine wirtschaftl.-demograph. Krisenperiode, in größerem Umfang der Arbeitseinsatz von K.n feststellbar.

Im übrigen war auch in innerchristl. Kriegen die Tötung Gefangener durch die siegreiche Partei keineswegs ausgeschlossen. Eine Reihe von Belegen macht deutl., daß vor regelrechten Feldschlachten manchmal eine der Parteien (oder beide) erklärten, daß keine Gefangenen gemacht würden. Derartige Ankündigungen wurden auch von Heeren volkstüml., nichtadligen Charakters gemacht, was im adligen Lager (v.a. wenn Adlige zum

Objekt dieser »unritterl.« Kriegführung wurden) auf Ablehnung und Verachtung stieß.

Ausgehend von den Vorstellungen der Pax und Treuga Dei (→Gottesfrieden), den entsprechenden päpstl. Weisungen sowie theol. und kanonist. Grundsätzen, wurde die Schonung der nicht waffenfähigen Bevölkerungsgruppen (Kleriker, Mönche, Religiosen; Frauen, Kinder, Kaufleute, Bauern, Pilger) propagiert; sie sollten im Kriege weder getötet noch gefangengenommen werden. Ohne daß dieses Prinzip in der Praxis je konsequent befolgt worden wäre, erscheint es doch wiederholt in den militär. Gesetzgebungstexten, die Disziplin, Schlagkraft und Moral der Truppe heben sollten.

Vom 13. Jh. an konstituierte sich ein soldat. Ritual der Ergebung des Unterlegenen auf dem Schlachtfeld: Ein besiegter Kämpfer, der sein Leben bedroht sah, konnte (durch Übergabe eines seiner →Handschuhe oder seines →Schwerts als Schlachtpfand) das »Vertrauen« *(foi)* eines Kämpfers der Gegenseite (mit Vorliebe eines Ritters oder Adligen) anrufen, der nach Annahme der Ergebung als »Herr« *(maître)* des Besiegten für dessen Schonung Sorge trug. Die Kapitulation der Besatzung einer Stadt oder Burg erfolgte dagegen nicht auf individueller, sondern auf kollektiver Grundlage. Zahlreiche Belege zeigen, daß die nichtadligen Kriegsknechte (Schleuderer, Bogen- und Armbrustschützen, Spießknechte usw.) keineswegs immer das Leben ihrer Gegner schonten, andererseits in der Hitze des Kampfes auch viel eher vom siegreichen Gegner umgebracht wurden als die höherrangigen Gefangenen »von Preis«.

K. konnten sich durch ein Lösegeld *(rançon)* aus dem Gewahrsam der Gegenpartei loskaufen (Ranzionierung). Diese in allen Perioden des MA belegte Praxis nahm seit dem 12. Jh. zunehmend feste Formen an, die im Frankreich des →Hundertjährigen Krieges im großen Stil angewandt wurden. Die – zumeist siegreichen – Engländer verlangten von ihren K.n so hohe Summen, daß diese bis zu deren Erbringung oft viele Jahre in engl. Gefangenschaft verbrachten, wenn sie nicht (nach einer Teilzahlung des Lösegelds) auf Ehrenwort freigelassen wurden und fortan, häufig bis zu ihrem Lebensende, die Restschulden abtragen mußten. Niedergang und Ruin mehrerer Adelsgeschlechter dieser Zeit ist z.T. auf ihre hohen Lösegeldzahlungen zurückzuführen.

Jedes Lösegeld beruhte auf einem juristisch und moralisch bindenden Vertrag zw. Sieger und Besiegtem. Der ritterl. Ehrenkodex verlangte, daß ein solcher Vertrag ohne phys. und psycholog. Druck auf den betreffenden K.n abgeschlossen wurde, woran sich nach →Froissart Engländer, Schotten und Franzosen im wesentl. hielten, während Deutsche nicht davor zurückschreckten, aus ihren Gefangenen durch harte Kerkerhaft oder Folterungen hohe Lösegelder herauszupressen.

Streitigkeiten zw. einem K.n und seinem »Herrn« über die Entrichtung von Lösegeldern konnten Gegenstand von Prozessen sein (z.B. vor dem →Parlement v. Paris oder den Gerichtshöfen der Connétablie oder Maréchaussée de France), wobei manchmal Schlachtpfänder als Beweisstücke dienten. Bei (echtem oder vermeintl.) Wortbruch eines auf Ehrenwort entlassenen K.n konnte dessen »Herr« ihn durch Umstürzen des Wappens entehren.

Bei den hohen Lösegeldsummen (sie betrugen im 14. Jh. einschließl. der Unterhaltskosten des K.n mehrere tausend Goldstücke, manchmal zuzügl. eines Pferdes und einiger Silberstücke als Sportuln für gute Behandlung und zügige Abwicklung der Angelegenheit) war der Ruin des gefangenen Herrn oft absehbar, weshalb →Christine de Pisan den Adligen rät, frühzeitig einen entsprechenden Geldvorrat anzulegen. Alle Adligen, die in Kriegsgefangenschaft geraten waren, konnten die eigene Familie, Freunde, ihren Feldhauptmann *(capitaine)* oder Fs.en um Beistand anrufen. Die Kg.e v. Frankreich wandten große Summen zur Befreiung ihrer gefangenen Kriegsleute auf. Seit dem 12. Jh. erscheint in den feudalen und seigneurialen Gewohnheitsrechten Frankreichs und Englands die Verpflichtung der Lehensleute und Untertanen, zur Befreiung ihrer kriegsgefangenen Herrn Steuern (→Aides) aufzubringen; die Erhebung dieser Steuern zugunsten des gefangenen Kg.s ist im Frankreich des 14.–16. Jh. reich belegt (1356 für Kg. Johann II., nach →Poitiers; 1525 für Kg. Franz I., nach Pavia). In Soldverträgen verpflichtete sich mitunter der Söldnerunternehmer, im Falle einer Gefangennahme seines Söldners für das Lösegeld zu sorgen.

Die Lösegeldsumme ging aber vielfach nicht oder nicht ausschließl. an den einzelnen Gefangennehmer. Es gab näml. in manchen Truppenverbänden Verträge der Kriegsteilnehmer über Teilung der Lösegelder (und sonstiger Kriegsbeute), abgestuft nach dem Rang des einzelnen Kriegsmanns in der militär. Hierarchie. Der Abschluß derartiger Teilungsverträge, die die militär. Disziplin und Solidarität stärkten, wurde von den Befehlshabern gefördert. In vielen Ländern behielt sich ohnehin der Kg. oder Fs. einen bestimmten Teil des Lösegeldes vor (in Kastilien ein Fünftel, in England etwa ein Drittel). Reichsstädte wie Metz brachten in der Regel die K.n, die von ihren Truppen gemacht worden waren, gegen eine (oft niedrige) Entschädigungssumme in ihre städt. Verfügungsgewalt. In Frankreich stand dem Kg. zwar kein Anteil an Lösegeldern zu, doch konnte er jeden von seinen *soudoyers* (Söldnern) gemachten K.n gegen eine Ausgleichszahlung in seinen Gewahrsam überführen. Auf diese Weise hatte schon Philipp II. nach der Schlacht v. →Bouvines (1214) die gefangenen gegner. Fs.en als begehrtes polit. Faustpfand in seine Hand gebracht. 1430 »kaufte« Heinrich VI. v. England (in seiner Eigenschaft als Kg. v. Frankreich und in Ausübung der genannten Vorrechts) →Jeanne d'Arc ihren Gefangennehmern für 10000 Francs ab. Bei der Behandlung der K.n im MA wurden offenbar mehrere Faktoren berücksichtigt: »Motivation« der Truppe durch Gewinnung lukrativer Lösegelder; Erzielung einer gewissen soldat. Solidarität durch Lösegeldteilungen; polit. und fiskal. Ansprüche des Kg.s oder Fs.en in Hinblick auf die K.n. Noch am Ende des MA war man jedoch weit entfernt von der modernen Auffassung, die K.n als Gefangene eines kriegführenden Staates zu betrachten.

In den militär. Konflikten zw. Christen und Ungläubigen (→Kreuzzüge) waren gegenüber K.n wohl weitgehend ähnl. Praktiken üblich wie in innerchristl. Kriegen. Insbes. die von den 'Sarazenen' gefangengenommenen Kreuzfahrer wurden vielfach von der Tötung ausgenommen und konnten sich durch Lösegelder freikaufen. Ein Beispiel ist der Loskauf Kg. Ludwigs IX. v. Frankreich und seines Kreuzheeres nach der Niederlage v. Mansura (1250); der Kg. ließ sich trotz immenser Kosten den Freikauf aller seiner Waffengefährten angelegen sein. Nach dem Sieg bei →Nikopolis (1396) metzelten die Türken dagegen ihre meisten ihrer Gefangenen nieder; die verschonten (hochrangigen) K.n kamen zu einem nicht geringen Teil durch die harte Behandlung um, und nur wenige (z.B. Johann, der künftige Hzg. v. Burgund) konnten nach Zahlung hoher Lösegelder in ihre Heimat zurückkehren. In der Zeit der Piratenzüge der muslim. 'Barbaresken' im Mittelmeer widmete sich der 1198 gegr.

Orden der →Trinitarier dem Loskauf der chr. Gefangenen.
Ph. Contamine

Lit.: PH. CONTAMINE, La guerre au MA, 1986² [Lit.] – M. K. JONES, Ransom Brokerage in the Fifteenth Century (Guerre et Société en France, en Angleterre et en Bourgogne, XIVᵉ–XVᵉ s., hg. PH. CONTAMINE, CH. GIRY-DELOISON, M. H. KEEN, 1991), 223-233.

II. KOMMUNALES ITALIEN: Verglichen mit früheren und späteren Epochen, in denen es kaum von dem im übrigen Westeuropa Üblichen divergierte, entwickelte das kommunal organisierte und insofern auf Bürgeraufgebote gestützte Italien der Stadtrepubliken eigenständige Praktiken im K.nwesen, charakterisiert durch staatl. Monopolisierung, Inhafthaltung aller – nicht nur lösegeldträchtiger – gefangener Gegner, kollektive Freilassungen mittels Austausch nach Friedensschluß. Maßnahmen, die die jahrelange Erhaltung beträchtl. Mengen Gefangener implizierten, folgl. enorme logist. (Unterbringung auch in Magazinen, Kirchen, Privatquartieren, auf Schiffen) und ökonom. Probleme aufwarfen, die hinsichtl. der damit verbundenen Schwächung des gegner. Potentials (Ziel: die »depopulatio« des Gegners) in Kauf genommen wurden, um so mehr, da bei asymmetr. Gefangenenmengen (z. B. die einseitige Gefangennahme der Pisaner nach der Niederlage durch Genua bei Meloria 1284) der Unterlegene die Kosten zu ersetzen hatte, während diese bei ungefährem Gleichgewicht in der Regel als kompensiert galten. Die persönl. Heranziehung der Betroffenen für ihren Unterhalt bedeutete Fortbestehen sozialer Diskrepanzen und unterschiedl. Lebensweisen auch in Gefangenschaft und Angewiesensein der Unvermögenden auf staatl. Zuwendungen und Almosen kirchl. und privater Provenienz (bes. von Frauen) sowie Aufrechterhaltung von Kontakten mit der Außenwelt zur Lebensmittelerwerbung, zum Arbeiten (z. B. Kopieren von Mss.), zur Verfolgung von Geschäften. Selbst angekettet und in Blöcken verliert der Gefangene (anders als im röm. Recht) mit der Freiheit weder die Rechtsfähigkeit – er verfaßt Testamente und Vollmachten, die Opfer der Meloria assoziieren sich zu einer »universitas carceratorum Pisanorum Ianue detentorum« mit eigenem Siegel und öffentl. Funktionen – und sind federführend bei den Friedensverhandlungen – noch unterliegt er dem ius vitae et necis der ihn in Haft haltenden – chr. – Macht: überwunden ist mittlerweile das Prinzip der Versklavung (infolge des III. Laterankonzils und der »mores moderni temporis... et consuetudines«: Bartolus de Saxoferrato). Dieses Prinzip wirkte allerdings in Auseinandersetzungen mit islam. Mächten fort und löste rege diplomat. Tätigkeit aus, die im günstigsten Fall zu zeitl. begrenzten bilateralen Friedens- und Handelsverträgen und Austausch der noch auffindbaren Gefangenen führte. Trotz ärztl. Betreuung und Konzessionen, Krankheiten ggf. in Privatquartieren zu kurieren, sofern Haftung und Kautionen von Angehörigen der gefangenenhaltenden – chr. – Macht übernommen wurden, war die Sterblichkeitsrate der häufig verwundeten Gefangenen infolge der Haftbedingungen und Epidemien sehr hoch, was den vielfach erhobenen Vorwurf leichtfertiger Kapitulation abmildern dürfte. Für die Pisaner in Genua mußte ein eigener Friedhof angelegt werden. Von angebl. 5000 im Chioggiakrieg inhaftierten Genuesen erlebte nur ein Drittel in Venedig den Friedensschluß. Innerhalb von 14 Tagen seien 350 Venezianer 1381 in Genua unter mysteriösen Umständen, vielleicht durch Gift, umgekommen und ins Meer geworfen worden. Mißtrauische Aufmerksamkeit und der Grundsatz der Reziprozität regelten im Guten wie im Bösen das K.nwesen unter den it. Mächten, die auch bei Verwendung von Söldnern die Kontrolle zu bewahren trachteten, sich selbst die gefangenen Führer vorbehielten, die anderen K.n (bes. bei mangelnden Transport- und Haftmöglichkeiten) nach Entwaffnung und »promissio habita redeundi« frei- oder aber den Truppen zum Lösegelderheben überließen, oft jedoch mit dem Vorbehalt, sie gegen einen bestimmten Preis selbst in Besitz zu nehmen, v. a., um Verräter und Eidbrüchiger habhaft zu werden.
H. Zug Tucci

Lit.: M. L. CECCARELLI LEMUT, I pisani prigionieri a Genova dopo la battaglia della Meloria (1284. L'anno della Meloria, 1984), 75-88 – H. ZUG TUCCI, Venezia e i prigionieri di guerra nel Medioevo (StVen, n.s. XIV, 1987), 15-89.

Krim (Taurica, Tauria), Halbinsel zw. dem Schwarzen und Azov'schen Meer, heut. Name von der tatar. Stadt K. (Stary K.), seit dem 14. Jh. üblich. Bis ins 3./4. Jh. n. Chr. gehörte die u. a. von Skythen, Sarmaten, Taurern und Griechen bewohnte K. zum Bosporan. Reich; eine Reihe von Küstenstädten, unter ihnen als größte →Chersonesos, standen unter röm., dann byz. Herrschaft. Seit dem 3. Jh. breitete sich das Christentum aus (Bm. seit dem 4. Jh.). Der größte Teil der K. wurde in den Jahren um 250/270 von got. Stämmen erobert, die in den 70er Jahren des 4. Jh. von den →Hunnen verdrängt wurden. Der Kimmer. Bosporos und die Städte der S-Küste waren seit Beginn des 6. Jh. unter byz. Herrschaft. Byz. Ks., bes. →Justinian I. (527-565), bemühten sich um die Verteidigung der N-Grenzen der K. (Festungsbauten im Jailagebirge, um Cherson und an der Küste). Im 7. Jh. verfielen die Städte, auch infolge der chazar. Einfälle. Der größte Teil der K. wurde im 8. Jh. dem Reich der →Chazaren eingegliedert, der Rest organisierte sich im halbselbständigen Fsm. Dori (Krimgotien). Etwa gleichzeitig siedelten sich die Kutriguren und andere protobulg. Stämme an.

Die Städte im S der K., mit Cherson an der Spitze, wurden als nördl. byz. Vorposten um 833 durch das neugeschaffene →Thema der Klimata fest dem Reich eingegliedert, etwa gleichzeitig mit der Errichtung der Donaufestung →Sarkel durch byz. Baumeister (838). Mit der Entstehung der vier Bm. er Cherson, Gotia, Sugdaia und Bosporos wurde die Kirchenorganisation gefestigt. Teilweise stabilisierte sich das wirtschaftl. Leben im 8.-9. Jh. (neue Agrarsiedlungen, Handwerk, Wiederaufbau der Städte). Aufstände gegen die Chazaren waren erfolglos; auch Dori wurde von ihnen unterworfen. Am Ende des 9. Jh. beendeten Einfälle der →Pečenegen die chazar. Herrschaft. Um die Mitte des 10. Jh. geriet der O unter den Einfluß der →Kiever Rus'. Nach 965 wurde Gotia, nach 971 auch O-Taurica dem Byz. Reich einverleibt. Die Stadt Bosporos (Korčev, Kerč) fiel an das russ. Fsm. →Tmutarakan'. In dieser Zeit wurde die K. zum Mittelpunkt des Transithandels zw. den Steppennomaden, der Kiever Rus' und Byzanz. Ende des 9. Jh. bis Anfang des 13. Jh. war die K. unter der Herrschaft der →Kumanen.

Nach der Eroberung Konstantinopels (1204) erkannten die byz. Gebiete auf der K. die Oberherrschaft des Ksr.es v. →Trapezunt an. Die K. wurde 1239-42 von den →Mongolen erobert und zum Ulus der →Goldenen Horde. Sie war seit dem 13. Jh. Anziehungspunkt für die armen. Emigration (armen. Siedlungen und Kl.). Infolge der Verlagerung der großen Handelsrouten seit der 2. Hälfte des 13. Jh. in den Schwarzmeerraum ließen sich Kaufleute aus den it. Seerepubliken in den Häfen der K. nieder. Die Genuesen gründeten auf der K. die führende Faktorei →Caffa (zw. 1270-75) sowie u. a. Cembalo (Balaklava, vor 1357), Soldaïa (Sudak, 1365) und Vosporo (Kerč), seit Beginn des 14. Jh. Sitz eines röm.-kath Ebm.s (1333 Metropole). Der Zerfall der Goldenen Horde ließ nach 1443 das K.-Khanat unter →Ḥāǧǧī Girāi und seiner Dynastie (Gireer) entstehen. 1475 wurden die genues. Niederlassungen auf der K. von den Osmanen erobert. Die Gireer erkannten die Oberhoheit des Osman. Reiches an. S. P. Karpov

Q. und Lit.: M. CANALE, Della Crimea, 3 Bde, 1855–56 – E. SKRŽINSKA, Inscriptions lat. des colonies génoises en Crimée, 1928 – A. VASILIEV, The Goths in the Crimea, 1936 – G. BRĂTIANU, La Mer Noire, 1969 – D. OBOLENSKY, The Byz. Commonwealth, 1971, 232f. – A. L. JAKOBSON, Krym v srednie veka, 1974 – *Αρχειον Ποντου* 35, 1978 [Einzelbeitr.] – M. BALARD, La Romanie génoise, 2 Bde, 1978 – A. BENNIGSEN u.a., Le Chanat de Crimée, 1978 – Architekturno-archeologičeskie issledovanija v Krymu, 1988 – I. A. BARANOV, Tavrika v epochu rannego srednevekovja, 1990.

Kriminalität. Der Versuch, als K. die Realität des kriminellen Verhaltens im MA phänomenolog. zu beschreiben, ist nicht nur wegen der Q.lage, sondern v.a. wegen method. Schwierigkeiten zum Scheitern verurteilt: soll doch erstens auf empir. erfahrbare (reale) Phänomene abgestellt werden, aber doch nur zweitens unter Bezugnahme auf deren normativ-soziale Bewertung als ahndungswürdiges Unrecht durch das MA; und zwar drittens derart, daß trotz aller Differenz eine Beziehung zu unserem heutigen Verständnis von K. bestehen bleibt, was z. B. für die damalige Strafbarkeit von Schadenszauber, Ketzerei, Unzucht oder Hostienfrevel oder für die Bestrafung von Toten und Tieren vor unübersteigbare Probleme stellen muß. Zudem kannte das MA keine durchgehend einheitl. Bewertung. Lange Zeit waren die krieger. Gewalthandlungen im Rahmen der Sippenfehde akzeptierte Reaktionsformen auf Verletzungen des Stellenwertes der angegriffenen Sippe im Ganzen der Ordnung. Die Fehdeführer handelten dabei nicht nur als Private, sondern selbst als (noch in sich differenzierter, uneinheitl.) Staat zugleich: als diese Staatshandlung war die Fehdegewalt von dem einen Rechtsstandpunkt aus rechtl., wegen der noch nicht ausgebildeten Einheitlichkeit des Staates und für die daraus folgenden anderen Rechtsstandpunkte zugleich auch (privates) Unrecht. Gleiches gilt für die Qualifizierung der Anlässe, die zum Ausbruch solcher → Fehden führten: sie waren – je nach Standpunkt – Recht oder Unrecht zugleich. Diese Schwierigkeiten setzen sich fort in der Beurteilung der Verhaltensweisen, die in den Volksrechten zur Abwendung der Fehde mit Bußzahlungen abzugelten waren. Nur schwerl. kann in diesen Handlungen K. gesehen werden, selbst dann, wenn darüber hinaus Friedensgeld zu leisten war: nach heutigem Verständnis geht es eher um Schadenersatz und Bezahlung des Vermittlers. Darüber hinaus konnten auch ausdrückl. angedrohte peinl. Strafen durch Zahlung abgelöst werden. Peinl. bestraft wurden wohl nur Sklaven (Unfreie) und diejenigen, die entweder keiner oder zumindest keiner zahlungskräftigen Sippe angehörten. Töten durfte auch der Herr. Es ist wiederum fragl., ob das gesamte Willkürrecht des Herren über seine Sklaven oder des Hausherren über seine Angehörigen einbezogen und auf diesem Wege geahndetes Verhalten als K. betrachtet werden kann. Ebenso ist es fragl., ob die von den kirchl. Gerichten bestraften Verhaltensweisen als K. aufzufassen sind.

Grundsätzl. könnte es deshalb erforderl. sein, in all diesen Phänomenen des Früh- und noch HochMA bloße Vorformen von K. zu sehen und damit immer auch Vorformen von Nicht-K. (also von Recht und Unrecht zugleich, je nach damals mögl. Rechtsstandpunkt); weshalb es nur darum gehen könnte, gerade aus dieser Un-Entschiedenheit die geschichtl. Herausbildung von eigtl. K. nachzuzeichnen: gemeinsam mit der Herausbildung eines einheitl. Rechtsstandpunktes (näml. der staatl. Rechtsordnung), der mit Gewalt (als rechtl. Sanktion) gegen K. durchgesetzt werden soll. Diese Entwicklung setzte – nach Versuchen bereits der frk. Kg.e – mit der Friedensbewegung ein (→Gottesfrieden, Landfriedenssatzung und Stadtfriedensordnung) und endete bei den Landesherrschaften (mit ihren Halsgerichts- und Polizeiordnungen; →Halsgericht), die die Befriedung (und Waffenlosigkeit) aller Untertanen durchsetzen wollten (wohl im Zusammenhang mit einem allg. Disziplinierungs- und/oder Zivilisierungsprozeß) und das Gewaltmonopol an sich zogen; wobei sicherl. der Rückgriff auf theokrat. Vorstellungen (letztl. des AT) wesentl. war, auch auf den →Dekalog, nach dem sich nun die strafrechtl. Tatbestände ausrichteten.

Die Q. stammen vorwiegend aus dem städt. Bereich und zeigen v.a. einerseits die unterschiedl. Behandlung von Fremden (v.a. der →Fahrenden) und Stadtbürgern. Bei den ersteren reichte die sichtliche Landschädlichkeit (→Landschädl. Leute) der Betroffenen aus, um die Grundzüge des alten Handhaftverfahrens (→Handhafte Tat) anzuwenden. Die Stadtbürger dagegen wurden oft gar nicht strafrechtl. verfolgt, sondern waren nur von informeller (bloß sozialer) Kontrolle betroffen. Andererseits zeigen die städt. Q. die zunehmende Ausweitung des bürgerl. Denkens, das die überkommenen Rechtsstandpunkte der Bauern und der Adligen negierte und die entsprechenden Handlungen kriminalisierte. Erst seitdem diese einheitl. (Be)Wertung sich in der NZ und ihrer bürgerl. Gesellschaft durchsetzte, kann auch eine Darstellung von K. versucht werden. W. Schild

Lit.: K. S. BADER, Aufgaben, Methoden und Grenzen einer hist. Kriminologie, Schweiz. Zs. für Strafrecht 71, 1956, 17–31 – K. KROESCHELL, Dt. Rechtsgesch. 2, 1973, 212–215 – H.-R. HAGEMANN, Vom Verbrechenskat. des altdt. Strafrechts, ZRGGermAbt 91, 1974, 1–72 – H. MAYER, Zur hist. K. (Fschr. R. LANGE, 1976), 597–611 – TH. WÜRTENBERGER, Haupterscheinungsformen der K. in sozialhist. Betrachtung (K., hg. R. KURZROCK, 1976), 9–17 – W. SCHILD, Alte Gerichtsbarkeit, 1985² – Kriminologie und Gesch., Krim. Journal, 2, Beih., 1987 – H. MANDL-NEUMANN, Überlegungen zu K. und Mobilität im späten MA (Migration in der Feudalges., hg. G. JARITZ–A. MÜLLER, 1988), 57–63 – U. ANDERMANN, Ritterl. Gewalt und bürgerl. Selbstbehauptung [Diss. Bielefeld 1988] – Verbrechen, Strafen und soziale Kontrolle, hg. R. VAN DÜLMEN, 1990.

Krinckberg. Der bronzezeitl. Grabhügel K. in Pöschendorf, Krs. Steinberg, war ehemals von einem schwachen Erdwall und Graben umgeben. Er galt als Rest einer karol. Wegwarte, da hier der w. Heerweg nach S lief, und damit als →Motte; auf dem Hügel ein reiches merowingerzeitl. Grab, um den Hügel Branderde, Waffen, Scherben und ein karol. Münzfund, als Zeugen der 'Zerstörung' der Warte (so K. KERSTEN, H. JANKUHN). K. W. STRUVE deutet den Befund besser als zerstörtes frühsächs. Gräberfeld einer Adelsfamilie, mit Bezug auf die nahe Missionskirche Schenefeld. H. Hinz

Lit.: K. KERSTEN, Vorgesch. des Krs.es Steinburg, 1939, 35, 184 – H. JANKUHN, ZSHG 78, 1954, Anm. 52 – K. W. STRUVE, Urkirchspiel im Holstengau, Schenefelder Beitr. zum Ansgar Jahr 1965, 48 – H. HINZ, Motte und Donjon, 1981, 25, 51.

Krippe → Andachtsbild

Kristall, -schnitt
I. Abendland – II. Fatimidisch.

I. ABENDLAND: K. (lat. cristallum), glasähnl. Schmuckstein, Quarz mit inneren Rissen. Im AT und NT als symbol. Materie öfter erwähnt (Ps 147, 16; Offb 4, 6; 21, 11), begegnen in frühchr. Zeit K.schnitte mit Darstellungen, durch Hinterlegung mit Farbe bzw. Gold dem üblicheren Steinschnitt angenähert (→Kameo). Das früheste MA kennt geschliffene K.kugeln als Schmuckanhänger, Schwertperlen u. ä. mit Amulettcharakter, vereinzelt (Ring-)Siegel. Vermutl. an byz. Arbeiten anknüpfend, entfaltet sich in karol. Zeit eine kurze Blüte des K.s, meist ovale gemugelte Stücke mit Bildmotiven, die oft dem wasserhellen Charakter des K.s entsprechen (Taufe, Kreuzigung Christi, Engel). Wichtigstes Beispiel sog. Lothark. (London BM) mit Susanna-Gesch., auch hier das Material symbol. für Keuschheit. Ferner sind mehrere karol. Siegel in K.schnitt erhalten. Das fortschreitende MA bevorzugt K.schliff, v. a. in der Bereicherung profaner und kirchl. Gerätschaften. Unter Bernward v. Hildesheim wird ein K.-Kelch erwähnt (vgl. München, sog. Heinrichs-Kelch), Suger v. St-Denis läßt 1145 eine K.-vase kostbar fassen. Größere K.-brocken werden aufgebohrt als Reliquiare verwendet (Kopenhagen, Jerusalem). Für das 11.-12. Jh. ist die Verwendung eingeführter ägypt.-fatimid. K.schnitte kennzeichnend, Beispiele in otton. Kirchenschätzen (Essen, Halberstadt, Quedlinburg, Borghorst u. a.) (s. II.), Reflexe in den sog. →Hedwigsgläsern. Auch in der techn. Lit. der Zeit wird die K.verarbeitung auf sarazen. Rezepte zurückgeführt (Heraclius-Traktat; Theophilus). Im SpätMA treten bei der K.bearbeitung eigenständige künstler. Ansprüche zurück. Im 13.-14. Jh. gilt Paris als wichtigstes Zentrum, wobei der K.schnitt nur noch wenig Bedeutung hat. – Mit dem K. als (Edel-)Stein verbinden sich seit der Antike orph., mag. (auch gegen Hexerei) und medizinale Vorstellungen. Kristallo(Litho-)mantie war offiziell verpönt und wurde kirchl. verfolgt.

V. H. Elbern

Lit.: DACL III, 2, 3039ff. – HWDA V, 576ff. – RDK II, 275ff. – Frühma. Kunst in den Alpenländern, 1954, 111ff. [J. BAUM] – M. C. ROSS, Cat. Byz. and Early Medieval Antiquities in the Dumbarton Oaks Coll. I, 1962, Nr. 113ff. – Allen Mem. Art Mus. Bull. XXIV, 1966, 35ff. [V. H. ELBERN] – Bull. Inst. Archéol. Liégeois 86, 1975, 245ff. [J. PHILIPPE] – XXVI Corso di Cultura sull'Arte Ravennate e Biz., 1979, 227ff. [DERS.].

II. FATIMIDISCH: arab. *billaur*. Wichtigste Gruppe von rund 170 ägypt.-islam. Bergkristallarbeiten mit Schnitt- und Schliffdekor (Kannen, Flaschen, Pokale, Schalen, Kästen, Knäufe, Schachsteine u. a. m.) aus der Zeit von 906–1171. Heute fast ausschließl. in europ. Kirchenschätzen und Slg.en. Kaum ein Bodenfund. Meist im MA auch über Byzanz nach Europa gelangt. Drei Objekte datieren die Gruppe, zwei (Kanne im Schatz von S. Marco, Venedig; mondförmiger zur Monstranz verarbeiteter Gegenstand, Nürnberg) tragen den Namen eines Fatimidenkalifen, eine weitere Kanne (Florenz) den eines Würdenträgers. An sie werden die anderen Objekte angeschlossen. Weiterer Beleg für die fatimid. Provenienz sind Berichte arab. Autoren, denen zufolge die Kalifenschätze Zehntausende von z. T. mehrere Kilo schwere Objekte umfaßt haben. Dekor: stilisierte Palmetten, Ranken, Blüten, Vierfüßler, Vögel, keine Menschen. Daneben undekorierte Stücke, die wegen des nahtlosen Übergangs spätantiker- und sasanid. Formen in die früh- und ma. islam. Kunst schwer zu datieren sind. H. Erdmann

Lit.: EI I, s. v. billaur, 1220f. – C. J. LAMM, Ma. Gläser und Steinschnittarbeiten aus dem Nahen Osten, Forsch. zur islam. Kunst 5, 1929–30 [2 Bde] – P. KAHLE, Die Schätze der Fatimiden, ZDMG 14, 1935, 329–362 – K. ERDMANN, Opere Islamiche, Il Tesoro di San Marco, hg. H. R. HAHNLOSER, 1971, 2, 101–128.

Kristni saga ('Gesch. [von der Einführung] des Christentums'), altisländ. Prosaerzählung des 13. Jh., schildert in einem ersten längeren Teil (Kap. 1–13) die Ende des 10. Jh. unternommenen Versuche zur Christianisierung Islands. Erste Missionsbestrebungen eines sächs. Bf.s Friðrekr und des Isländers Þorvaldr Koðránsson (Lebensbericht im späten Þáttr þorvalds hins víðfǫrla) 981–985, des Isländers Stefnir Þorgilsson (996–997) und eines Gefolgschaftspriesters von →Olaf Tryggvason, Þangbrandr (997–999), schlugen fehl. Erfolg war erst den vom norw. Kg. nach Island geschickten Hjalti Skeggjason und Gizurr hinn hvíti Teitsson auf dem Althing von 1000 beschieden. Die Darstellung der K.s. gipfelt in der Beschreibung, wie die heidn. Mehrheit der Isländer den neuen Glauben annahm, indem sie der Entscheidung des – selbst noch ungetauften – Goden Þorgeirr folgte (Kap. 12). Der zweite Teil (Kap. 14–18) erzählt vom Wirken der beiden ersten isländ. Bf.e, Ísleifr Gizurarson († 1080) und seines Sohnes Gizurr Ísleifsson († 1118), der 1106 die Bm.er →Skálholt und →Hólar gründete.

Bewahrt in der Sammelhs. →Hauksbók (1306–08), ist die anonym überlieferte K. s. vermutl. ein nach der Jahrhundertmitte verfaßtes Werk →Sturla Þórðarsons (1214–84). In den Hauptzügen darf sie als hist. zuverlässig gelten, behandelt allerdings den Stoff stärker legendenhaft als ihre Hauptq., →Ari enn fróði →Íslendingabók (Kap. 7–10), und läßt sich gattungsmäßig am ehesten den →Biskupasögur zuordnen. J. Glauser

Ed.: An. Sagabibl. 11, 1905 [B. KAHLE] – Dt. Übers.: Thule 23, 1967² [W. BAETKE; unvollst.] – Lit.: HOOPS² IV, 563–577 [H. SCHOTTMANN] – D. STRÖMBÄCK, The Conversion of Iceland, 1975 – J. H. ADALSTEINSSON, Under the Cloak, 1978.

Kristoffer v. Bayern → Christoph III.

Kritische Tage (dies incerti, d. critici, *verbotene täge, scedeliche dage*, Verworfene Tage).

Die →Humoralpathologie kennt im Zusammenhang mit dem hippokrat. Begriff der Krise nosolog. spezif. T., die das entscheidende Stadium des Krankheitsverlaufs bezeichnen. Entsprechende k. T. begegnen auch in der Prognostik der Genesungsproben und →Krankheitslunare sowie in der Diätetik des →Aderlasses. Die spätma. Deontologie verpflichtete die Ärzte, derartige *unrehte zeichen* einschließl. astromed. Konstellationen zu beachten (Decem Quaest. de medicorum statu, 5). Neben Lunaren und (Krankheits-)Hebdomadaren sowie weiteren Praktiken der →Tagewählerei verfügte die ma. *Divinatorik* über das System der Verworfenen T., das die k.n T. mit der Jahresperiode korrelierte und in 2 Kategorien anwandte: 1. *Iatromathematisch*: Bezogen auf Krankheitsbeginn, Weltpolitik u. a. wurden die k.n T. für jedes Jahr berechnet (Guy de Chauliac, De diebus criticis; Hugo de Châtillon), so daß sie als 'bewegl.' Verworfene Tage erscheinen. 2. *Traditionell*: 'Starre' ('feste') Reihen Verworfener T. (Unglückstage, *rest days, böse tage, unsélige tage*) begegnen in zahlreichen Traditionssträngen, von denen 3 für das MA bes. Bedeutung erlangten: Die ersten beiden Reihen zeigen außer der zirkaannalen Periodik eine Bindung an die Monate: *Ägyptische Tage* (aus Ägypten in den offiziellen Kalender der späten röm. Ks.zeit eingedrungen), wechselnde Verteilung von je 2 Unglückstagen für den Monat. Verboten war v. a. der Aderlaß. Zahlreiche Bearbeitungen der antiken Versfassg. in en in den ma. Landessprachen. *Dies Parisienses*: volkssprachig verbreitet, mit astrolog. Prognostik der Pariser Univ. in Zusammenhang gebracht, stammen indessen aus vorsalernitan. Zeit (Lorscher Arzneibuch, 8. Jh., 'dies nocituräe', 8r), 32 bis 38 T. mit Häufung am Jahresanfang und -ende. Drei bes. gefährl. T. nach Ps. Beda, im April, Aug., (Nov. oder) Dez., seit dem 9. Jh. teils als »Beiwerk« zu anderen Listen verworfener

T., phlebotomiebezogen, seit dem HochMA landessprachig überliefert. Kontaminierte Reihen seit dem SpätMA. Als einer der zentralen zeitl. Ordnungsfaktoren spielten die k.n T. trotz kirchl. Verbote im alltägl. Leben eine überragende Rolle. Die moderne Med. hat sich von ihnen erst im Laufe dieses Jh. getrennt; im postmodernen Aberglauben ('Mag.Kalender') und in sprichwörtl. Wendungen ('schwarzer Tag') haben sie bis heute überlebt.
G. Keil

Lit.: J. LOISELEUR, Les jours égyptiens, Mém. soc. nat. Antiqu. de France 33, 1872, 198–253 – R. STEELE, Dies aegyptiaci, Proc. roy. Soc. Med., Sect. Hist. Med. 13, 1918/19, 108–121 – F. AGENO, I »giorni egiziaci«, Lingua nostra 13, 1952, 69–70 – G. KEIL, Die verworfenen Tage, SudArch 41, 1957, 27–58 – L. WELKER, Das »Iatromathemat. Corpus«, Zürcher med.gesch. Abh. 196, 1988, 52–57, 189f.

Kritobulos v. Imbros (Michael Kritopulos), byz. Geschichtsschreiber, * 1400/10 Imbros, † 1468 oder später Konstantinopel. Entstammt einer Archonten-Familie, ausgedehnte Studien wahrscheinl. in Konstantinopel. Nach dem Fall Konstantinopels 1453 polit. führende Rolle auf Imbros, 1456 bis wahrscheinl. 1466 Gouverneur ebd. für →Meḥmed II. bzw. dessen Vasallen →Demetrios Palaiologos. Tätigkeit als Sekretär Meḥmeds II. und Eintritt ins Kl. legendenhaft. Sein Gesch.swerk ($\Xi\nu\gamma\gamma\rho\alpha\varphi\dot{\eta}$ ἱστοριῶν, als Autograph erhalten, Meḥmed II. gewidmet) behandelt in fünf Büchern die Ereignisgesch. der ersten Regierungsjahre Meḥmeds (1451–67). Das Werk, unter dem Aspekt der →translatio imperii vom byz. Basileus auf den osman. Sultan geschrieben, verweist als ideolog. Vorbild auf →Josephus und berichtet, die Person Meḥmeds idealisierend (Vorbild Alexander d. Gr.), vorwiegend über dessen Feldzüge, aber auch über K.' eigene polit.-militär. Tätigkeit, Besiedlungsmaßnahmen, Bauten, lit. Arbeiten sowie die Pest in Konstantinopel (1467). Sprache und äußere Gestaltung folgen den Konventionen der →Historiographie in der Hochsprache. Neben Thukydides, Herodot, Josephus gilt die anverwandelnde Mimesis v. a. Arrians »Anabasis Alexandri«.
D. R. Reinsch

Ed.: Critobuli Imbriotae hist., rec. D. R. REINSCH, 1983 [Lit.] – Dt. Übers.: D. R. REINSCH, 1986 (Byz. Gesch.sschreiber 17) – Lit.: HUNGER, Profane Lit. I, 499–503 – PLP Nr. 13817 [Lit.].

Kriviĉen, ostslav. Stamm, erwähnt bei Konstantinos Porphyrogennetos (10. Jh.), Siedlungsgebiet im nö. Bereich der Rus', an den Oberläufen der westl. Düna, des Dnjepr und der Wolga (nö. von Polock); s. im einzelnen →Ostslaven.

Kříž z Telče, Oldřich (Crux de Telcz, Ulricus), * um 1435, † 1504, Lehrer an mehreren Stadtschulen in Böhmen, 1463 Priesterweihe, ab 1478 im Kl. der Augustiner-Chorherren in Wittingau (Třeboň). Durch seine fleißige Abschreibetätigkeit sind der älteren tschech. Lit. und Gesch. in 29 Sammelhss. (21 in der Univ.Bibl. Prag, 8 im Wittingauer Archiv) zahlreiche Denkmäler und Dokumente, bes. zur hussit. Zeit, erhalten geblieben (meist lat.; z. T. auch alttschech. [z. B. Lieder und Sprichwörter]). Unter seinen nicht zahlreichen eigenen Schr. ist am wichtigsten die Polemik mit dem utraquist. Prager Bf. Johannes →Rokycana »Contra sex propositiones frivolas doctorum apostatarum« (uned.). Sein Gesamtwerk ist eine Art Enzyklopädie der damaligen tschech. gebildeten Welt.
J. Vintr

Lit.: J. KADLEC, O.K. z T., Listy filologické 79, 1956, 91–102, 234–238 [Bibliogr. der Ed.en].

Križevci (lat. [civitas] Crisiensis, dt. Kreuz, ung. Körös [udvarhely]), Stadt in →Slavonien (heut. Jugoslavien, Kroatien) an der Heerstraße von Buda nach Zagreb, seit 1405 befestigt. K. erhielt seinen Namen nach dem Patrozinium der Pfarrkirche. Erste Erwähnungen 1193 und 1209 als Sitz eines →Župans. Nach Ansiedlung von Kolonisten im Umkreis des Županshofes erlangte K. aufgrund eines 1252 vom Banus verliehenen und 1253 von Béla IV. bestätigten Privilegs den Status einer kgl. Freistadt mit autonomer Gemeinde. Die Rechte wurden 1382 und 1597 erneuert. In K. wurde neben den Wochenmärkten ein großer Jahrmarkt abgehalten. Seit 1397 war K. Sitz einer Salzkammer. In K. fanden die Adelsversammlungen der gleichnamigen Županie und slavon. Landtage statt. Am bekanntesten ist der »Blutlandtag« v. K.« 1397, auf dem Kg. Siegmund seine ung. und kroat. polit. Gegner beseitigen ließ.
P. Rokaj

Krk (it. Veglia), Adriainsel in der Bucht von Rijeka, mit gleichnamiger Stadt. Slav. (kroat.) K. von lat. Curicum, Name des liburn. Hauptortes; Veglia von lat. (civitas) vetula. Nach Zugehörigkeit zum byz. Thema →Dalmatien, zu Kroatien unter →Dmitar Zvonimir, unterstand K. ca. 1116–1358 Venedig, dann den comites v. K. (→Frankopani), Vasallen des Dogen bzw. des ung. Kg.s, bis 1480, schließlich bis 1797 erneut Venedig. Roman. *civitas* K. (Bm. seit Spätantike) und kroat. *castella* (kroat. beides: *grad*) organisierten sich seit dem 12. Jh. als Kommunen (communitas kroat. *općina*). Die *castella* waren Zentren der geistl. und weltl. glagolit. Schriftkultur (→Alphabet, III; →Inschriften, B).
L. Steindorff

Lit.: EJug V, 419–424 – Krčki zbornik, 1ff., 1970ff. – N. KLAIĆ, Povijest Hrvata u srednjem vijeku, I–II, 1975/76² – M. BOLONIĆ–I. ŽIC ROKOV, Otok K. kroz vijekove, 1977 – L. STEINDORFF, Die dalmatin. Städte im 12. Jh., 1984 – L. MARGETIĆ–P. STRČIĆ, Krčki (vrbanski) statut iz 1388, 1988.

Kṛna(y) → Johann v. Kṛna(y) (47. J.)

Kroatien, Kroaten
I. Geschichte – II. Archäologie.
I. GESCHICHTE: Die Kroaten waren Slaven, ein vorslav. (wahrscheinl. iran.) Substrat war wohl schon vor ihrer Ankunft im Karpatengebiet bedeutungslos geworden. In den ersten Jahrhunderten n. Chr. zogen sie als Nomaden oder Halbnomaden durch das Schwarzmeergebiet in den Karpatenraum. Trotz einer umfangreichen Lit. sind alle bisherigen Theorien über die Herkunft des Ethnonyms »Kroaten« hypothet. geblieben. In der 1. Hälfte des 7. Jh. wanderten Kroaten aus »Weißkroatien« am Oberlauf der Weichsel in die ehem. röm. Prov.en →Dalmatien und →Pannonien ein.

Über die Gesch. der Kroaten im 7. und 8. Jh. ist kaum etwas bekannt. Von peripheren Bereichen abgesehen, war die Christianisierung der Kroaten bis zum Ende des 9. Jh. abgeschlossen. An der Missionierung waren beteiligt: Rom, →Ravenna, →Aquileia; dann wirkten frk. Missionare und wahrscheinl. Schüler von →Konstantin-Kyrill und Method. Das militär. und polit. Vordringen des Frankenreiches wie des Byz. Reiches (Thema →Dalmatien) in den n. Balkan- und Adriabereich förderte – bei engen Beziehungen des kroat. Fsm.s zu den dalmat. Städten – die wirtschaftl. und kulturelle Entwicklung. Trotz zeitweiliger Einigung größerer Gebiete unter einigen »charismat.« Herrschaftsträgern des 9. und 10. Jh. (→Ljudevit 'Posavski', →Borna, →Trpimir, →Domagoj, →Zdeslav, →Branimir u.a.) kam es noch nicht zu festen Herrschaftsstrukturen. Der nach Schwächung des byz. und frk. Einflusses einsetzenden Bedrohung durch →Bulgaren und →Ungarn leistete →Tomislav (um 910– nach 925) erfolgreich Widerstand. Unter seiner Herrschaft war K. eine vergleichsweise bedeutende Macht mit beachtl.

Heer und Flotte. Auf den Synoden v. Split 925 und 928 wurde erstmals versucht, das Verhältnis von lat. und kirchenslav. Liturgie (mit glagolit. Schrift) zu ordnen. K. wurde kirchl. von der Metropole →Split abhängig. Auf Tomislavs Herrschaft folgte eine Krisenzeit wirtschaftl. Verfalls und innerer Konflikte. Der Aufschwung unter →Držislav (Ende 10. Jh.) war kurzfristig; den Höhepunkt polit. Entfaltung im FrühMA erlebte K. in der 2. Hälfte des 11. Jh. unter →Peter Krešimir IV. (1058-74) und Dmitar →Zvonimir (1075-89), als auch →Slavonien und Teile Dalmatiens unter kroat. Herrschaft gelangten. Zvonimir erhielt von Papst Gregor VII. die kgl. Insignien.

Da aus seiner Ehe mit der ung. Kg.stochter Jelena kein Thronerbe hervorgegangen war, erhob deren Bruder Ladislaus I. Ansprüche auf die kroat. Krone. Ein ung. Heer besiegte 1097 Kg. Petar am Gvozd. Ladislaus' Nachfolger Koloman ließ sich 1102 zum Kg. v. K. krönen und unterwarf 1105 die norddalmat. Städte. Das »regnum Croatie, Dalmatie et Sclavonie« wurde in Personalunion mit →Ungarn vereinigt. Die relative Unabhängigkeit und Einheit der kroat. Länder von der Drau bis ans Meer fand ihren Ausdruck in der Person des →Banus, Dux oder Vertreters des Kg.s, in eigenem Landtag, Steuersystem, Münz- und Heerwesen. Doch während der Kg. über Slovenien die Verfügung erlangte und es durch seine Gefolgsleute kolonisieren ließ, blieb das Gebiet vom Gvozd bis ans Meer in der unbestrittenen Gewalt kroat. Magnatenfamilien, die im 12.–14. Jh. erstarkten und auf lange Zeiten als Garanten kroat. Eigenständigkeit im polit., rechtl. und kulturellen Bereich wirkten. Die Unterwerfung Bosniens durch die →Arpaden 1137 erleichterte die Verbindung zw. den pannon. und dalmat. Teilen Kroatiens. Unter dem Einfluß gesamteurop. Veränderungen und infolge der Belebung des Handels durch die Kreuzzüge erlebte K., insbes. die unter Einfluß Venedigs stehenden Küstenstädte, einen wirtschaftl. Aufschwung.

Am Ende des 12. Jh. konnte das geschwächte Kgtm. das Erstarken der Grundherrschaft in Ungarn und Slavonien nicht mehr aufhalten; die Burgleute (iobagiones castri; →Iobagie) und Bauern sanken zu Hörigen ab. Der Widerstand der freien Kriegerschichten erzwang von Kg. Andreas II. 1222 die →Goldene Bulle. Neben den Magnaten und der Kirche bildete sich ein niederer Adel heraus, dem es gelang, die Gespanschaften (→Gespan) in Slavonien in eine Ständeorganisation umzuwandeln. Die Bestrebungen Bélas IV., durch Gründung kgl. Freistädte v.a. in Slavonien seinen Einfluß wiederherzustellen, hatten nur teilweise Erfolg. Um 1260 wurde für das Gebiet südl. und nördl. des Gvozd jeweils ein eigener Banus bestimmt; seit 1273 fanden sogar eigene Landtage in Slavonien statt. Doch die polit. Einheit blieb durch Einsetzung des Dux für den ganzen Staat erhalten. Starke Magnatenfamilien, v.a. die Babonići in Slavonien und die Herren v. Bribir im südl. Kroatien, bauten große Territorien auf. Die Bribirer (Šubići) unterwarfen →Šibenik, →Trogir und Split (s. a. →Dalmatien). Intensiver Handel und Zunahme des Handwerks förderten den Reichtum der Städte.

Das Ende der Dynastie der Arpaden und die Herrschaftsübernahme durch Karl Robert v. Anjou 1301 brachten zuerst keine grundlegenden Änderungen. Erst als die großen Magnatenfamilien 1323 ihre Macht verloren, konnte der Kg. seine Position stärken. Durch kluges Vorgehen baute Ludwig I. v. Anjou in Kroatien eine starke Kg.sherrschaft auf; Venedig wurde vollkommen von den dalmat. Küsten verdrängt (Frieden v. Zadar, 1358). Die europ. Krise der 2. Hälfte des 14. Jh. wirkte sich, soweit erkennbar, in K., das gerade in dieser Zeit eine wirtschaftl. Blüte erlebte, in nur geringem Umfang aus. Nach dem Tod Ludwigs 1382 verfiel die Zentralgewalt fast völlig, ständige Machtkämpfe folgten. Kg. Tvrtko v. Bosnien bemächtigte sich großer Teile K.s und der meisten dalmat. Städte. Folgenschwer war, daß der Angionine Ladislaus v. Neapel 1409 alle seine Rechte auf Dalmatien an Venedig verkaufte, das bis 1420 dort seine Herrschaft durchsetzte. Nach den ersten Raubzügen der Türken gelang es Kg. Matthias Corvinus in den 60er Jahren des 15. Jh., eine Grenzverteidigung zu organisieren. Doch in der Schlacht bei Krbava 1493 unterlagen die Kroaten den Türken. Adel und Landbevölkerung flüchteten nach N und W. Es entstanden größere und kleinere kroat. Siedlungsgebiete im Burgenland, in Mähren, später in der Vojvodina, im Banat sowie in Italien (Molise), und der ursprgl. kroat. ethn. Raum verlor an Geschlossenheit. Die Gesch. des ma. K. endete mit der Katastrophe v. Mohács (Tod Kg. Ludwigs II.) und der Königswahl des Habsburgers Ferdinand I. durch die kroat. Ständeversammlung in Cetingrad (1526/27). I. Goldstein

Lit.: F. Šišić, Gesch. der Kroaten, I, 1917 – Ders., Povijest Hrvata u doba narodnih vladara, 1925 [Neudr. 1990] – N. Klaić, Povijest Hrvata u ranom srednjem vijeku, 1975² – Dies., Povijest Hrvata u razvijenom srednjem vijeku, 1976 – HEG I, 887-895, 890-892 [M. Hellmann] – J. Adamček, Agrarni odnosi u Hrvatskoj od sredine XV do kraja XVII stoljeća, 1980 – J. Belošević, Materijalna kultura Hrvata od 7. do 9. stoljeća, 1980 – Ž. Dadić, Povijest egzaktnih znanosti u Hrvata, I–II, 1982 – M. Franičević, Povijest hrvatske renesansne književnosti, 1983 – Ž. Rapanić, La costa orientale dell'Adriatico nell'alto medioevo, Sett. cent. it. 30, 1983 – I. Beuc, Povijest institucija državne vlasti kraljevine Hrvatske Slavonije i Dalmacije, 1985 – T. Raukar, Društveni razvoj u Hrvatskoj u XV stoljeću, HZbor 38, 1985 – Ž. Rapanić, Predromaničko doba u Dalmaciji, 1987 – T. Raukar u.a., Zadar pod mletačkom upravom, 1987 – F. Šanjek, Crkva i kršćanstvo u Hrvata, I, Srednji vijek, 1988.

II. Archäologie: Die Karstbecken (Kninsko, Vrličko, Cetinsko, Sinjsko polje) im Dreieck zw. der Küste und den Flüssen Zrmanja und Cetina, Vinodol am Velebit, die Umgebung von Nin und Zadar mit den Ravni Kotari und das Feld von Solin (Salona) waren den archäolog. Funden zufolge die Gebiete erster Besiedlung und Herrschaftsorganisation der Kroaten. Einerseits erfolgte dann die Ausweitung nach O (Županien Livno, Imota), andererseits vom Vinodol nach →Istrien und weiter auf die Inseln des Kvarner. Als Bestätigung diente die Analyse archäolog. Funde, v.a. in Gräberfeldern, die sich durch Grabbeigaben karol. Herkunft (Schwerter, Kampfmesser, Sporen mit Verzierungen) zuverlässig Ende des 8./1. Hälfte des 9. Jh. datieren lassen. Zu nennen sind die Nekropolen von Knin (Biskupija-Crkvina), Vinodol-Stranče, Koljane und Ždrijac (Nin). Archäolog. lassen sich auch die Siedlungsplätze bestimmen. Aus dem 7. und 8. Jh. stammen nur wenige Einzelfunde. Bisher wurden in K. keine Gräberfelder entdeckt, die auf die Anwesenheit einer archäolog. oder ethn. definierten Gemeinschaft verweisen würden. Demnach erfolgte die Ansiedlung der durch ihre materielle Kultur charakterisierten Kroaten nach der frk. Ostexpansion und dem Untergang des Khaganats der →Avaren. Die erwähnten Karstfelder bezeugen durch zahlreiche Nekropolen die Intensivierung des Lebens im 9. Jh., doch ist die Existenz von Siedlungen archäolog. nicht nachgewiesen, aber aus Schriftq. bekannt (villa, vicus, curtis). Auf ihr Bestehen verweisen neben Reihengräbern auch Kirchen, die fast stets auf spätantiken chr. Kultplätzen stehen. Bei den archäolog. Funden der sog. altkroat. Zeit handelt es sich v.a. um Waffen, Reiterausrüstungen, Schmuck, Werkzeuge, Keramikgeschirr und Gebrauchsgegenstände aus Knochen (Kämme, Nadeln) – zum geringeren Teil frk. Direktimporte oder dekorative Gegenstände aus dem byz.-mediterranen Kulturkreis (einschl. byz. Goldmünzen); der größere Teil ist in kroat. Werkstätten entstanden, die sich an ausländ. Vorlagen orientierten, aber auch viel an Eigenständigem hervorbrachten.

Ž. Rapanić

Lit.: Z. VINSKI, Rani srednji vijek u Jugoslavji, Vjesnik Arheološkog muzeja u Zagrebu, III, 5, 1971 – R. MATEJČIĆ, Istraživanje starohrvatske nekropole u Velom dolu kod Križišća u Vinodolu archaeologica 2, 1974, 1 – Z. VINSKI, Novi ranokarolinški nalazi u Jugoslaviji. Arheološkog muzeja u Zagrebu, III, 10–11, 1977–78 – DERS., Zu karol. Schwertfunden aus Jugoslawien, Jb. des Röm.Germ. Zentralmus. 30, 1983 – D. JELOVINA, Schwerter und Sporen karol. Formgebung im Museum Kroat. archäolog. Denkmäler, 1986 – B. MARUŠIĆ, Starohrvatska nekropola u Žminju, Posebno izdanje »Histria archaeologica« 1, 1987 – DERS., Arheološka istraživanja u Istri i Hrvatskom primorju, Izdanja Hrvatskog arheološkog društva, XI, 1–2, 1987.

Kroatische Sprache und Literatur. Südslav. Mundarten, wie sie seit dem 7. Jh. weite Teile des Balkans umspannten, sind in den spätröm. Prov. Dalmatien und Liburnien, der Pannonia Savia, Teilen der Sirmensis und in Istrien vom 9. Jh. an von einer eigenen kulturellen und schriftsprachl. Entwicklung erfaßt worden, die einerseits von der im damaligen regnum Chroatorum erfolgten Rechristianisierung dieser Gebiete ausging, andererseits auf einer Symbiose mit der Kontinuität der lat. Schriftlichkeit in den zunächst unter byz. Herrschaft verbliebenen Städten an der Küste und auf den Inseln beruhte. Diese Mundarten sind von anderen westsüdslav., die in die bosn. und serb. Entwicklung einbezogen wurden, nach sprachwiss. Kriterien nicht abzugrenzen (daher serbokroat.). Die k. S. ist somit eine von Kultur und Schrifttum bestimmte Größe. Zunächst gehörte das Land der Kroatenherrscher auch in seiner lat. Schriftlichkeit dem karol. Kreis an, die Städte mit ungebrochener Kontinuität aus dem Altertum dem byz. W. Schon für das Ende des 9. Jh. ist auch das kirchenslav. Schrifttum (Methodii doctrina) zu belegen, das seither tiefe Wurzeln geschlagen hat. Diese grundlegende Zweisprachigkeit hat die k. L. geprägt. Als 925 die Kirche von Split aus Rom das Metropolitanrecht erhielt, so daß ihr auch das Land der Kroatenherrscher unterstand, war dadurch zw. Drau und Adria der Rahmen für die Entwicklung der k. L. gegeben. Bezeichnend für ihn ist die Symbiose des zahlenmäßig weit überwiegenden slav. Volkstums mit der Tradition der röm. gebliebenen Städten und der walach. Hirten im Gebirge. Der kirchenslav. Gottesdienst der Glagolitenpriester behauptete sich auf Dauer an der Nordadria und in ihrem Hinterland. Dort wurden auch die Rechtsurkk. slav. verfaßt. Außerhalb der Liturgie hat sich das Kirchenslav. schon früh in der Volkssprache aufgelöst. Auch in den Kirchen mit lat. Gottesdienst entwickelte sich ein Schrifttum für das Volk, vornehml. Lesungen, Gebete und Lieder, das auf der kirchenslav. Lit. beruhte, seine Redaktionen aber unter Anlehnung an die verschiedenen Mundarten volkssprachl. gestaltete. Neben der glagolit. kamen dabei allmähl. auch die kyrill. und die lat. Schrift zur Verwendung. Schon früh wurden die roman. Städte zweisprachig. Seit dem 11. Jh. ist in ihnen das K. auch als Familiensprache der Oberschicht nachweisbar. Durch auswärtige Beziehungen und von angesiedelten Fremden mitgebracht, machten auch It., Dt. und Ung. ihren Einfluß geltend. Davon zeugen ma. Lehnwortschichten. It. spielte auch in spätma. Schrifttum eine immer größere Rolle. Die belegbare lat. Schriftlichkeit ist zunächst nur gottesdienstl., diplomat. und epigraph. Aus dem 11. Jh. sind Verzeichnisse von Bücherbeständen und prächtige liturg. Codices, die auch aus dalmatin. Skriptorien stammen, erhalten. Die Kathedralkirche v. Zagreb (Agram) hat einige kostbare gottesdienstl. Hss. aus ihrer Gründungszeit (1094) bewahrt. Aus dieser Zeit stammen auch die ältesten erhaltenen glagolit. Texte (Tafel v. Baška, Wiener Blätter). Alte Memorialvermerke, die bis ins 7./8. Jh. reichen, und eine hagiograph. Überlieferung können aus jüngeren Texten erschlossen werden. Eine dalmatin. Redaktion des LP des 12. Jh. ist mit Nachrichten aus der dalmatin. und k. Gesch. angereichert. Einen Höhepunkt der Historiographie stellt das Werk des Thomas Archidiaconus – Split dar († 1268), in dem die Gesch. der Kirche v. Salona–Split dargestellt wird. Im 14. Jh. entstand eine Reihe von Geschichtswerken, auch weltl. Autoren, die sich hauptsächl. mit der (Zeit-)Gesch. von Split, Zadar, Zagreb und der k. Gesch. befassen. Die Lit. der Glagoliten war zuerst auf die Überlieferung und Bearbeitung der kirchenslav. Grundtexte beschränkt. Bald begann sie auch die neuere Legendenlit. aus dem kirchenslav. O zu übernehmen und ihm Übers. westl. Werke zu vermitteln. Im 13. Jh. ist diese Textmasse für die Redaktion röm. Missale und Breviare verwendet worden. Derartige liturg. Bücher sind aus dem 14. und 15. Jh. erhalten. Im 13. Jh. hörte auch die Übernahme von Texten aus dem O auf. Hingegen sind der Troia- und der Alexanderroman über k. Übers. in den slav. O gelangt. Von Bedeutung für die lit. Kultur sind auch lat. und k. geschriebene Urkk. und Statuten. Im ältesten Zagreber Kathedralgottesdienst sind lat. liturg. Spiele aufgeführt worden. Aus dem späten MA sind k. Kirchendramen von der Adria erhalten. In der Vorrenaissance ist nicht nur das lat. Schrifttum in den dalmatin. Städten, an den Höfen der k. Dynasten und in kirchl. Institutionen des N von einem Aufschwung ergriffen worden, er macht sich auch bei den Glagoliten bemerkbar. Prunkhss. des 14./15. Jh. (Missale v. Novak und Hrvoje, Breviare v. Vrbnik und Novi) und Bücherdruck seit 1483 bezeugen es. So knüpfen im 15./16. Jh. die Humanisten an die Tradition dieser lat. Lit. an, die Wurzeln der Renaissance-Dichtung liegen in der Sprache und Gestaltung der kroatisch verfaßten volkstümlichen Kirchenliteratur, die sich an das Schrifttum der Glagoliten anlehnte.

R. Katičić

Lit.: M. KOMBOL, Povijest hrv. književnosti do preporoda, 1961² – E. HERCIGONJA, Srednjovjekovna književnost, Pov. hrv. knjiž. 2, 1975 – R. KATIČIĆ, Korijeni i pretpostavke hrv. renesansne knjiž., Stud. Slav. Hung. 15, 1979, 217–225 – DERS., Die Lit. des frühen k. MA, WslJb 25, 1979, 217–225.

Krokodil, in der Antike ohne Unterscheidung der Arten v. a. für den Nil und Indien (Plinius, n.h. 6, 75), von Jakob v. Vitry (hist., c. 88) für Palästina bezeugt. Die Angaben bei Aristoteles (h.a. 1. 11, 2, 10; 3, 7; 5, 33) gingen über Plinius (8, 89–94; 10, 170; 11, 159) und Solin (32, 22–28) in die ma. naturkundl. Enzyklopädien ein (z. B. Barth. Angl. 18, 32; Vinz. v. Beauvais 17, 106ff.; Albertus M., animal. 24, 24 nach Thomas; Konrad v. Megenberg III. C. 4 nach Thom. III). K. stränen nach Verschlingen eines Menschen aus dem Physiologus (u.a. Ps.-Hugo v. S. Victor, de bestiis 2, 8., MPL 177; vgl. McCULLOCH, 107f.). Nach Jakob aßen die Sarazenen K. fleisch. Von den organotherapeut. Rezepten bei Plinius (28, 107ff.; zit. bei Vinz.) wurde der Kot als Schminke durch den Physiologus bekannt.

Ch. Hünemörder

Q.: s. Artikel zu gen. Autoren – Vinc. Bell., Spec. nat., 1624 [Neudr. 1964] – Solin., Coll. rer. mem., ed. TH. MOMMSEN, 1895² [Neudr. 1958] – Thomas Cantimpr., Lib. de nat. rer., T. 1, ed. H. BOESE, 1973 – Lit.: F. McCULLOCH, Medieval Lit. and French Bestiaries, SRLL 33, 1960 – N. HENKEL, Stud. zum Physiologus im MA, 1976.

Krokus → Safran, -handel

Krondomäne

I. Frankreich – II. Italien.

I. FRANKREICH: Seit dem 9. Jh. beschränkte der Zersetzungsprozeß kgl. Gewalt die spätkarol. Monarchie in Westfranken auf wenige Kg.sgüter im Oise-Aisne-Raum (v.a. →Laon). Dieser Komplex geriet 987 zum Großteil an die →Kapetinger, die nach dem Verlust vieler robertin. Hausgüter nur in Nordfrankreich und nicht im ganzen regnum fakt. Herrschaft ausübten: zu unterscheiden ist darum zw. dem Legitimations-(regnum Francorum) und dem Sanktionsbereich (Raum direkter kgl. Herrschaft). Die K. bezeichnet die Summe von honores (Hoheitsrechten, die der Kg. direkt über Vasallen, Bauern und Bürger ausübte), Liegenschaften, nutzbaren Rechten (z.B. gista) und Einkünften (fiscus, dominium), nicht jedoch die lehnsrechtl. Suprematie des Kg.s (feoda), obwohl die ma. Verfassungswirklichkeit eine auch in der Forsch. umstrittene eindeutige Trennung unmöglichte.

Die K., in Gemengelage mit adligen und geistl. Domänen, konzentrierte sich unter den ersten Kapetingern auf die →Francia als Verdichtungsraum kgl. Macht, neben den karol. fisci v.a. auf die Gft. →Orléans, seit dem frühen 11. Jh. auf die Gft.en →Dreux, →Paris, →Corbeil, →Melun, im W auf →Montreuil-sur-Mer und Bastais. Dazu kam die geistl. K. aus Bm.ern und Abteien, in denen der Kg. Bf.e und Äbte einsetzte und bestätigte, Regalien-, Spolien- und Gastungsrecht nutzte. Durch seinen Zugriff auf zunächst wohl 14, im 11. Jh. 22, unter Ludwig VII. 25 von 77 Bm.ern und wichtige Reichsabteien (wie →Fleury) besaß der Kg. im regnum Francorum eine herausragende Stellung, zumal sich die geistl. wie ein Ring um die weltl. K. legte und dem Herrscher auch außerhalb seines engeren Aktionsbereichs (z.B. in Tours und Bourges) Einfluß sicherte (→Frankreich, B).

Der Konsolidierung der K. unter Ludwig VI. und Ludwig VII. folgte unter Philipp II. August eine gewaltige, die Kg.sherrschaft verändernde Ausweitung, ohne daß die Kongruenz von K. und Reich dem ma. Kgtm. als Leitziel vor Augen gestanden hätte: Im 13. Jh. fielen weite Teile des angevin. Festlandbesitzes an die kapet. Krone (Normandie, Maine, Anjou, Touraine, Poitou, Saintonge, Toulousain), nun neben den überkommenen praepositi von →Baillis (im N) und →Sénéchaux (im S) verwaltet. Die gewaltigen administrativen Aufgaben suchte Ludwig VIII. durch die Einrichtung von →Apanagen für seine drei nachgeborenen Söhne zu lösen, die weniger als Zersetzung kgl. Zentralgewalt denn als Behauptung kgl. Familiensuprematie zu begreifen sind; mit Ausnahme des Artois fielen die Apanagen wieder an den Kg. zurück. Im Umkreis der Krone wurde im 14. Jh. die Idee der nicht mögl. Entfremdung von Bestandteilen der K. formuliert. →Königtum. B. Schneidmüller

Lit.: BRÜHL, Fodrum – HEG I, 778f.; II, 712 ff. – W. M. NEUMANN, Le domaine royal sous les premiers Capétiens (987–1180), 1937 [dazu: Journal des savants, 1938, 5–15; M–A 49, 1939, 49–54] – P. N. RIESENBERG, Inalienability of Sovereignty in Medieval Political Thought, 1956, 105 ff. – F. LOT–R. FAWTIER, Hist. des inst. françaises au MA II, 1958, 97ff. – G. FOURQUIN, Le domaine royal en Gâtinais d'après la prisée de 1332, 1963 – J.-F. LAMARIGNIER, Le gouvernement royal aux premiers temps capétiens (987–1108), 1965 – C. T. WOOD, The French Apanages and the Capetain Monarchy 1224–1328, 1966 – W. KIENAST, Dtl. und Frankreich in der Ks.zeit (900–1270) I, 1974², 26ff. – E. BOURNAZEL, Le gouvernement capétien au XIIe s., 1975.

II. ITALIEN: K., Demanium (domanium, it. *demanio*, 'Domäne'), Güter in Besitz und Verwaltung des Herrschers, die jedoch zur Verwirklichung staatl. Zwecke zum öffentl. Gebrauch bestimmt sind. Der Terminus ist ma. Ursprungs, sein Begriffsinhalt ist jedoch älter und steht mit der Bildung jeder polit. Gesellschaftsform auf territorialer Grundlage in Zusammenhang. Bereits im röm. Recht lassen sich die »res publicae« nach zwei fundamentalen Kriterien unterscheiden: Zugehörigkeit zu einer nicht privaten Einrichtung und Besonderheit der Nutzung, die nicht ausschließl. einem einzigen Inhaber zukommt, sondern allen Mitgliedern der Gemeinschaft. Die Dialektik zw. den Prinzipien »öffentliche Funktion« und »staatliche Pertinenz« verstärkt sich im SpätMA: der Terminus bezeichnet dann entweder die Güter des obersten Lehnsherrn und der hohen Vasallen, oder – in engerem Sinne wie im Kgr. Sizilien – das Krongut im Gegensatz zu den →Lehen der Vasallen. Die den Umgang mit Staatsgütern regelnde röm. Ordnung war bis zum Einfall der Langobarden unverändert geblieben; danach kam es in N- und Mittelitalien zu einschneidenden Veränderungen auch in institutioneller Hinsicht. Erst zur Zeit der →Theudelinde wurde eine Reglementierung der inzwischen konsolidierten und enorm angestiegenen Güter und Einkünfte der Herrscher erforderlich und führte zu einer Wiederbelebung einiger röm. Einrichtungen im Hinblick auf den kgl. Fiskus. Die für alle dem Kg. gehörenden Güter geltende Regelung hat aber im wesentl. privatrechtl. Charakter, was ihre unbeschränkte Verfügbarkeit sowie Verjährbarkeit impliziert. In der Karolingerzeit setzte sich außerdem immer häufiger ein Recht des Herrschers auch auf die teilweise für den öffentl. Gebrauch bestimmten Güter, z.B. Wälder und Weideflächen, durch. Der Begriff »demanium« wird offiziell nur im »Liber Augustalis« Friedrichs II. verwendet (1231). Die Rechtsgelehrten beschäftigten sich später mit dem Problem, den Begriff einzugrenzen, wie die Auseinandersetzung über die Gleichwertigkeit der Termini »dominium« und »domanium« zeigt, die zuerst von Marinus de Caramanico und danach von Andreas de Isernia angeregt wurde, welche beweisen, daß die privatrechtl. Konzeption des Verhältnisses zw. Kg. und Demanialgütern weiterhin wirksam blieb. M. L. Sagù

Lit.: Novissimo Digesto It., V, 1957, 427–438 – Enc. d. diritto, XII, 1964, 70–83 – F. BRANDILEONE, Il diritto romano nelle leggi normanne e sveve del Regno di Sicilia, 1884, 97, 120 – F. CALASSO, I glossatori e la teoria della sovranità, 1957, 147 – E. H. KANTOROWICZ, The King's Two Bodies, 1957 [dt. 1990] – G. DE VERGOTTINI, Lezioni di storia del diritto it. Il diritto pubblico it. nei sec. XII–XV, 2, 1959, 59 – P. COLLIVA, Ricerche sul principio di legalità nell'amministrazione del regno di Sicilia al tempo di Federico II, 1964, 208–210 – F. CALASSO, Gli ordinamenti giuridici del rinascimento medioevale, 1965, 168 – M. CARAVALE, Il Regno Normanno di Sicilia, 1966, 216–217 – E. MAZZARESE FARDELLA, I feudi comitali di Sicilia dai Normanni ai Aragonesi, 1974, 13 ff. – A. MARONGIU, Storia del diritto it. Ordinamento e istituto di governo, 1977, 43 ff. – M. BELLOMO, Società e istituzioni in Italia tra Medioevo ed età moderna, 1980, 103, 106–107.

Krone

[1] *Herrscherkrone*: Bedeutendstes ma. Herrschaftszeichen, in sich unterschiedl. formale und inhaltl. Traditionen verbinden. Der Begriff K. ist aus dem lat. corona (gr. *stemma*) abgeleitet, einem ursprgl. pflanzl. (Olive, Myrte, Lorbeer) Schmuck des Hauptes in mag.-apotropäischer Kreisform, vom Priester bzw. Opfernden, aber auch bei Hochzeit wie Leichenbegängnis getragen, auch als zivile wie militär. Auszeichnung verliehen (Ehrenbzw. Siegeskranz, Corona civica und muralis). Im spätantik-byz. Ksm. wird die ältere, v.a. im Orient getragene, mit Edelsteinen und Perlen besetzte Stirnbinde (Diadem) zum K.nreif bzw. zur Plattenk. entwickelt, bereichert um Stirnjuwel (Dreiblatt) und Pendilien. Abgrenzung von K. und Diadem ist im MA kaum mögl., beide werden synonym gebraucht. Immerhin kommt das Diadem noch auf Münzbildern Karls d. Gr. und Friedrichs II. vor.

Wesentl. für die Entwicklung der ma. K. wird die Verbindung von Diadem und ksl. Prunkhelm (nobilis galea). Im zeremoniellen Gebrauch entwickelt sich daraus das *Kamelaukion* als ksl. Kopfbedeckung (De admin. imp. XII), unter Alexios I. wird der Bügelhelm als *basilikòn diadéma* bezeichnet. Schon im abendländ. FrühMA begegnen Reflexe der Entwicklung auf germ. Brakteaten und Goldblattkreuzen, doch wird bald die ringförmig geschlossene K. gebräuchl. Als »insigne victoriae sive regii honoris signum« (Isidor., Etym., XIX, 30, 1–3), ist aurea corona fester Bestandteil schon des langob. Herrscherornats (LP I, 407), im Typus vorstellbar mit der sog. K. der Theudelinde (Monza, Schatz). Andere frühma. K.n liegen in Votivk.n (s. u.) westgot. Kg.e des 7. Jh. vor. Als Weihgaben geschenkte K.n konnten erneut als Herrschaftszeichen aktiviert werden (MGH SS Rer. Merov. V, 522). Aus karol. Zeit sind K.n bildl. gut bezeugt als edelsteinbesetzte K.nreifen mit lilienartigen Aufsätzen und Pendilien, vereinzelt auch Bügeln. Da frühma. Herrscher in der Regel mehrere K.n besaßen, ergibt sich keine verbindl. Form dafür. Mit der karol. Verkirchlichung der Einsetzung des Kg.s nahm die K. zunehmend sakralen Charakter an. Stets von der symbol. Kreisform ausgehend, wird die Verleihung der K. auf das atl. Vorbild Davids bezogen, bildl. gespiegelt in der Verleihung der K. durch die Hand Gottes und durch die sakrale Kennzeichnung der K. selbst (Kreuzaufsatz). Seit dem 9. Jh. nachweisbar, kann der K. eine Reliquie eingefügt (Testam. Eberhard v. Friaul) und sie dadurch »fest« gemacht werden (Chanson de geste), frühe K.nreliquiare sind für Boso v. Burgund († 888) und Hugo v. Provence († 948) nachgewiesen. Die ma. K. als »Inbegriff der kosm. Ordnung« (SCHADE) findet vollendeten Ausdruck in der sog. Reichsk. (Wien, Schatzkammer). Als Bügelk. aus dem Kamelaukion entwickelt, enthält sie mit achteckiger Gestalt, Arkadenaufsätzen, zahlensymbol. Edelsteinbesatz und auf AT wie Christus bezogener bildl. Ausstattung (Per me reges regnant) ein Programm des chr. Herrschertums otton. Zeit (Zuweisung an Otto I. bzw. III. oder Heinrich II. strittig). Als corona sancta ist sie seit dem 12. Jh. der universale Typus der abendländ. Ks.k. und steht synonym für die Herrschaft selbst. Die K. ist generell res sacra, auf die auch der Eid geleistet werden kann. Neben der Bügelk. bleibt der Typus der Reifenk. (z. B. Kunigundenk., München, Residenz) verbreitet, oft mit Kreuz- oder Lilienzier. Lilienaufsätze begegnen an der K. der Goldenen Madonna (Essen, Schatz; eventuell Insignie des als Kind gekrönten Otto III.) sowie bei einer von Otto II. für Kl. Berge gestifteten K. als Zierat für ein Kopfreliquiar (Hall. Heiltum). Die Lilienk. der Ste. Foy v. Conques weist zusätzl. einen Doppelbügel auf. Pflanzl. Zierate der K.n werden im späteren MA zunehmend bereichert. Aus der Weitergabe des kgl. K.nprivilegs gehen Fs.en- und Adelsk.n hervor, wichtig innerhalb der Heraldik.

Frauenk.n weisen schon früh Besonderheiten auf. Plattenartige Aufsätze sind für das *stemma* der Ksn. Eudokia († 460) bezeugt, ihr Ursprung wird im pers. Zeremoniell gesucht. Die Weiterführung dieses K.ntyps ist bildl. (Mosaiken, Miniaturen) belegt, erhaltene Beispiele sog. Stephansk. und K. des Monomach (beide Budapest). Aus Bamberg bezeugte Frauenk.n zeigen orientalisierende Zierformen, vermutl. aus dem norm. Bereich. Bereich stammend, unterscheidbar nach einer K. in solemnibus bzw. cotidiana. Spätma. Frauenk.n neigen allg. zu exuberanten Zierformen (Pfälz. K., München). Den verstorbenen Herrschern werden Grabk.n mitgegeben (Speyer, Dom, aus sal. Zeit). Es sind Reifenk.n aus schlichtem Material mit Kreuz- und Lilienaufsätzen. In spätma. Zeit werden Kg.e meist im Schmuck aller Insignien beigesetzt.

[2] *Religiöser und volkskundlicher Bereich:* Entscheidend im ma. Verständnis der K. ist der religiöse Aspekt. Mit der Übertragung des Herrscherzeremoniells auf den himml. Hofstaat geht die K. v. a. auf Christus als Himmelsherrscher über (Offb 14,14). Auch »der am Kreuz Siegreiche« trägt sie häufig. Die »K. des Lebens« gebührt Aposteln, Märtyrern, Jungfrauen u. a. Auserwählten als Himmelslohn, Engel tragen meistens ein Diadem (Tänie). Daneben ist die vielfältige metaphor., lit. wie künstler. Verwendung der K. häufig: als Weihgabe (aurum coronarium), der 24 Ältesten, als Auszeichnung von der Hl. Weisheit, Ekklesia und Tugenden getragen. Die allegor. Spannweite reicht von der K. als Bild des Himml. Jerusalem bis zum Sinnbild der Vergänglichkeit.

In der Verbindung von K.n und Reliquien überschneiden sich die Wertigkeiten beider, nicht zuletzt im k.nförmigen bzw. gekrönten Reliquiar (Namur, Prag, Bamberg, Stockholm, Aachen u. a.). Eine bes. Rolle spielt der Erwerb der Dornenk. Christi durch Ludwig IX. v. Frankreich (1293), mit reicher spätma. Nachfolge von k.ngestalteten Reliquienbehältern. – Als eigenes Kapitel können die zahlreichen K.n auf Bildwerken kgl. Hl., v. a. der Gottesmutter, angeführt werden. Allegor. Ausstattung mit Pflanzen kennzeichnet Maria als neue Eva, Jungfrau, sponsa Christi und Himmelskgn. als apokalypt. Frau trägt sie nicht selten deren K. mit 12 Sternen (Offb, 12,1). Die Auszeichnung von Bildern durch K.n kommt im W zuerst im 9. Jh. vor.

Im volkskundl. Bereich begegnet die K. als Blattkranz zu allen Zeiten als Sinnbild für Keuschheit, Fruchtbarkeit und zauber. Kraft, v. a. in Brautk.n. Im chr. O sind die Hochzeitsk.n auch Hinweis auf die Lichtk. der Stammeltern, Kennzeichnung der Gotteskindschaft sowie der »K. des Lebens« als letztes Ziel des Menschen.

[3] *Votivkrone:* Seit frühchristl. Zeit sind »coronae« = Votivk.n, Hänge- und Lichtk.n in Gold, Silber und Bronze bezeugt (Liber Pontificalis). Abgeleitet vom kreisförmigen kgl. und hohepriesterlichen, dann apokalypt. Herrschaftszeichen (Ex 28, 36; Offb 14,14) vertritt die Votivk. das »primum ornamentum« der himml. Kreisbewegung »circum aras« (Hrabanus Maurus MPL 111, 580), um Edelsteine und vegetabil.-paradies. Dekor bereichert. Q. der Kenntnis sind lit. Hinweise, bildl. Darstellungen und erhaltene Denkmäler. Votivk.n können mit Inschriften, Figuren, Anhängern (tintinnabula) und Hängekreuzchen ausgestattet sein, auch getragene Königsk.n (»regnum«) konnten als Votivk. gewidmet werden (Thietmar Chron. VII, 1). Mehrfach wird Reliquieninhalt erwähnt (Testam. Eberhard v. Friaul). In der Regel am Altar bzw. im Ziborium aufgehängt, sind Votivk.n oft mit Lichtk.n auswechselbar. »Coronae« begegnen auch in der Umgebung des Kg.s, an oriental.-byz. Zeremoniell anknüpfend. – An erhaltenen Denkmälern sind die Votivk.n des Fundes von Guarrazar hervorzuheben, v. a. die des westgot. Kg.s Reccesvinth (653–672), mit reichem Steinbesatz, Pendilien und Hängekreuz. Andere Beispiele sind für die Kathedrale v. Monza bezeugt (sog. Votivk.n der Kgn. Theudelinde. Auch die sog. →Eiserne Krone v. Monza dürfte diese Funktion gehabt haben. Vielzahl und Verwendung der Votivk.n im liturg. Bereich bezeugen Schriftq. sowie Abbildungen (z. B. Escrain de Charlemagne, Antependium Karls d. K., »ornatus palatii« Ks. Arnulfs), am Herrscherthron karol.-otton. Miniaturen. Die Entwicklung von »coronae« als Lichtk.n gipfelt in den roman. Beispielen in Hildesheim, Aachen und Großkom-

burg, als Abbilder des →Himml. Jerusalem. Im späteren MA verlieren Votivk.n bzw. »coronae« an Bedeutung.

V. H. Elbern

Lit.: HOOPS V, 351–376 – LCI II, 558–560, 659–661, 695f. – Lex. der Kunst II, 737f. – RDK III, 1373–1377 – X. BARBIER DE MONTAULT, BullMon 46, 1880 – J. DEER, Beitr. zur allg. Gesch. 8, 1950, 51–87 – K. ERDMANN, Ars Islamica XV–XVI, 1951, 144ff. – P. E. SCHRAMM, Herrschaftszeichen und Staatssymbolik, 1–3, 1954–56 – H. BIEHN, Die K.n Europas und ihre Schicksale, 1957 – A. MERATI, Il Tesoro del Duomo di Monza, 1963 – Karl d. Gr., III, 1965, 125ff. [V. H. ELBERN] – H. SCHADE, Probleme der Kunstwiss., 2, 1966, 170–182 – H. FILLITZ (Fschr. H. USENER, 1967), 21–31 – J. PH. LOZINSKI, Actas XIII Congr. Internat. Hist. del Arte I, 1976, 379ff. – V. H. ELBERN (Fschr. W. MESSERER, 1980), 47ff. – R. BAUMGÄRTEL-FLEISCHMANN, MüJb, 3. F. XXXII, 1981, 25–41 – C. BRÜHL, HZ 234, 1982, 1–31 – P. E. SCHRAMM – F. MÜTHERICH, Denkmale der dt. Kg.e und Ks., 1982² – N. GUSSONE, JbV 1990, 150–176 – M. SCHULZE-DÖRRLAMM, Die Ks.-K. Konrads II. (1024–1039), 1991.

Kronkardinal → Kardinal

Kronrat → Conseil; →Consejo; →Rat

Kronstadt (lat. Corona, Brassou; ung. Brassó, rumän. Brașov). Die 1235 ersterwähnte Stadt im sö. →Siebenbürgen wurde wahrscheinl. 1213 vom →Dt. Orden im →Burzenland, am paßreichen Karpatenbogen gegr. und nach dem Mongolensturm (1241) planmäßig erweitert und befestigt. 1336 erhielt der Pleban v. K. eigene Kirchengerichtsbarkeit, 1380 wurde der Sitz des Burzenländer Dekanats nach K. verlegt. Die gegen den Komitatsgf.en errungene kommunale Autonomie wurde 1353 von Ludwig I., dann von Siegmund (lange Aufenthalte in K.) bestätigt. Handelsprivilegien der ung. Kg.e (ab 1358) sowie der Fs.en der Moldau und der Walachei (ab 1368) ermöglichten eine wirtschaftl. Blüte, die u.a. im 1383 begonnenen Bau der sog. Schwarzen Kirche Ausdruck fand. Mit ca. 11000 Einw. und 43 ha Fläche (ohne Vorstädte) war K. Ende 15. Jh. die größte Stadt Siebenbürgens. Die Stadtführung (16 iurati, ein iudex) lag in den Händen kaufmänn. Unternehmerfamilien. K. wurde im 14. Jh., nach zeitweiser Konkurrenz mit dem früheren Dt.-Ordens-Sitz →Marienburg, Vorort des Burzenlandes und des Distrikts (Erstbeleg 1331). Im 15. Jh. begegnete K. türk. Einfällen durch Ausbau der Befestigungen, Errichtung eines Kundschaftersystems jenseits der Karpaten und Verstärkung seines Einflusses in der Walachei. Ebenfalls wegen der Türkengefahr schloß sich K. 1437 der unio trium nationum der privilegierten Stände Siebenbürgens an und setzte sich für die Bildung der Sächs. Nationsuniv. (1486) ein.

K. Gündisch

Q. und Lit.: Q. zur Gesch. der Stadt K., 8 Bde, 1886–1926 – UB zur Gesch. der Dt. in Siebenbürgen, 6 Bde, 1892–1981 – Ma. Städtebildung im sö. Europa, hg. H. STOOB (Städteforsch. A/4), 1977 – Beitr. zur Gesch. von K., hg. P. PHILIPPI (Siebenbürg. Archiv 17, 1984) – M. PHILIPPI, Die Bürger v. K. (Studia Transylvanica 13, 1986).

Krönung. [1] *Zum Begriff:* In verschiedenen Kulturen war die K. Teil der feierl. Einsetzung des Herrschers. In Hinblick auf das MA verwendet die Forsch. den Begriff »K.« sowohl für die Gesamtzeremonie beim Herrschaftsantritt (vom 8./9. Jh. an) wie im engeren, hier v. a. gemeinten Sinn des »Aufsetzens der Krone«.

Im alten Orient war die K. des Herrschers durch Priesterhand geläufig, wodurch zum Ausdruck gebracht werden sollte, daß er von den Göttern auserwählt war und bes. Gaben besaß. Aus den Kg.sbüchern der Bibel geht hervor, daß dem israelit. Kg. nach der Salbung und vor der Thronbesteigung das Diadem und weitere Insignien angelegt wurden. Im (spätröm.-)byz. Reich wurde das →Zeremoniell des Herrschaftsantritts zunehmend vergeistlicht.

Auf die →Akklamation des Ks.s folgte seine K., die der Patriarch im Namen Gottes vollzog. Bei der Erhebung eines Mitks.s nahm der Autokrator die K. vor.

[2] *Von der Völkerwanderungszeit bis zum 11. Jahrhundert:* Den germ. Kg.sfamilien war vielfach ein Streben nach charismat. Auszeichnung eigen. Isidor v. Sevilla bezeugt die Verwendung goldener Kronen sowohl für die röm. Ks. wie für manche Stammeskg.e (Etym. XIX, 30, 3). Doch ist fragl., ob etwa die westgot. oder langob. Kronen des 7. Jh. als staatssymbol. Zeichen beim Herrschaftsantritt eine Rolle spielten (→Krone). Zweifellos liegen aber im 7./8. Jh. Wurzeln für die spätere Gestaltung der K.shandlung zu einem »polit. Schauspiel«, welches »sichtbar machte, wie der Klerus, die Großen, der Adel, die Untertanen zu ihrem Kg. standen und wie dieser sein Verhältnis zu Gott ausgelegt wissen wollte« (P. E. SCHRAMM). Möglicherweise wurde in der Regierungszeit Pippins d. J., der die →Salbung im Frankenreich einführte, auch die K. schon erstmals. Akt praktiziert. Jedenfalls empfing Karl d. Gr. zusammen mit seinen Söhnen Pippin und Ludwig d. Fr. 781 von Papst Hadrian II. das »kgl. Diadem«. Als i. J. 800 Papst Leo III. während der Weihnachtsmesse in Rom Karl d. Gr. die imperiale Krone aufs Haupt setzte und die Römer akklamierten, war dies eine im Grunde neue. »Kaiserk.«. Karl krönte 813 – wohl nach byz. Vorbild – seinen Sohn Ludwig selbst zum Mitks. Weil aber das Ksm. des W als ein Weltpatronat gedacht wurde zur Lenkung und zum Schutz der Christenheit sowie zur Abwehr von Heidentum und Häresie, war die Vergeistlichung gleichsam vorgezeichnet. 816 wurden mit der Kaiserk. Ludwigs d. Fr. durch Papst Stephan IV. in Reims die Weichen dafür gestellt, daß die feierl. Handlung sich künftig als kirchl.-liturg. Akt darstellte, der Salbung und K. miteinander verband. Die Ordines der Kaiserk. geben Zeugnis vom Ablauf und von den v. a. im 12./ 13. Jh. vorgenommenen Wandlungen (→Ordo). Bis zum Ende des MA blieb der Papst zuständiger Coronator.

Vom Frankenreich aus erfaßte die K. als konstitutiver oder symbol. Akt beim Herrschaftsantritt so gut wie alle abendländ. Kg.e. Meist blieb dabei die Bindung an die Salbung gewahrt. Die K. sollte den sakralen Charakter des kgl. Amtes (→König, Königtum) sichtbar machen. Die Krone, in die vielfach eine Reliquie eingelegt wurde, war Siegel für die göttl. Erwählung des Herrschers und seine Umwandlung in einen neuen Menschen, der er als vicarius Christi sein mußte. Zudem ging es darum, die göttl. Setzung des Herrschertums gegenüber den Untertanen zu betonen (→Gottesgnadentum). Schon das 9. Jh. kannte auch Festk.en, d. h. Wiederholungen der Erstk. durch einen geistl. Würdenträger an hohen Kirchenfesten. Die K.sordines begannen in dieser Zeit, eine Promissio des Herrschers voranzustellen, woraus sich Eide entwickelten, die zu seiner Bindung an die Untertanen führten. In den einzelnen Reichen wurde das K.srecht im allg. mit einem bestimmten Metropolitansitz verknüpft. So stand es in Deutschland seit 1024 dem Ebf. v. →Köln zu, in England spätestens seit 1087 dem Ebf. v. →Canterbury, in Frankreich vom frühen 12. Jh. an dem Ebf. v. →Reims. Die K. nahm je nach den polit. Gegebenheiten zusätzl. Funktionen an. So diente sie in Frankreich während des 10./11. Jh. dazu, die Erbansprüche von Mitkg.en/Thronfolgern zu sichern und das von Adelskreisen vertretene Wahlprinzip zurückzudrängen. In Deutschland wies die Reichskrone mit ihrer vielfältigen Symbolbedeutung auf den theokrat.-universalen Anspruch des westl. Imperiums hin und vielleicht auch auf seine Gleichrangigkeit mit Byzanz. In England festigte die (von den Angelsachsen übernommene) K. nach 1066 die Herrschaftslegitimation der norm. Dynastie Wilhelms d. Eroberers.

[3] *Vom 12. bis zum 15. Jahrhundert:* Als im Gefolge des →Investiturstreits eine Entsakralisierung des Kgtm.s eintrat, trug die festl. Ausgestaltung der K. in mehreren Reichen dazu bei, den Herrscher von neuem mit einer religiösen Nimbus zu umgeben. So verband sich mit den geweihten und gekrönten Herrschern Frankreichs und auch Englands der Glaube, sie besäßen die gottverliehene Gabe, Skrofeln zu heilen. Überdies begannen Krone und K. im Staatsdenken eine größere Rolle zu spielen. In den westl. Monarchien wie in Deutschland wurde es üblich, das Wort →corona stellvertretend für das 'Reich' zu gebrauchen. Dadurch verstärkte sich der Bezug zw. der coronatio und der Vorstellung eines transpersonalen, dauernden Kgtm.s. Die Forderung nach Unveräußerlichkeit der Kronrechte trat hinzu. In Ungarn erscheint die corona seit dem späteren 12.Jh. als Subjekt von Rechten. Die Übertragung der →»Stephanskrone« sollte u. a. das Volk auf die ihm dem Herrscher geschuldete Treue hinweisen. In Böhmen, wo zur Zeit Ks. Karls IV. das K.srecht vom Mainzer auf den Prager Ebf. überging, zielte die K. darauf ab, die Stellung des Herrschers in seinem Lande zu überhöhen und ihn gleichzeitig als den ersten unter den weltl. Kfs.en des Reiches erscheinen zu lassen. In Polen wurde es dagegen ztw. zu einer Funktion der K., die Unabhängigkeit vom Dt. Reich zum Ausdruck zu bringen. In Skandinavien ist die K. seit der 2. Hälfte des 12.Jh. belegt. Zur K. der Kg.e v. Kastilien-Léon, Aragón und Navarra s. →König, Königtum, F.

Zumindest für Frankreich, England und Deutschland gilt, daß die bis zum 14.Jh. ausgebildeten Formen der K. später zwar noch bereichert, aber nicht mehr grundsätzl. geändert wurden. In Frankreich wurde um 1300 diskutiert, was denn die K. noch bringe, da der Kg. auf Grund seines Erbrechtes regiere und ohnehin am Priestertum Anteil habe. Schon seit Philipp III. rechnete man die Herrschaft des Kg.s vom Tode seines Vorgängers an. Im Reich zeichnete sich v. a. seit der Zeit Ludwigs d. Bayern eine Tendenz ab, die gesetzgebende Gewalt des Herrschers von der Aachener Kg.sk. abzuleiten und in der röm. Kaiserk. nur einen zeremoniellen Akt zu sehen. Doch wurde auch die Ansicht vertreten, die Ausübung von Herrschaftsrechten in Italien und Burgund hänge von der Kaiserk. ab. Unbestritten war weiterhin die Zuordnung des Herrschers zum sakralen Bereich, die in den K.sakten ihren Ausdruck fand.

Insofern mit der ma. K.shandlung eidl. Versprechen des Herrschers verbunden waren (z. B. in England im 10.Jh. drei Zusagen: Friedenswahrung für die Kirche und das chr. Volk, Verbot von Raubgier und Übeltaten, Geltung von Gerechtigkeit und Gnade), kann in ihr eine Keimzelle für die neueren konstitutionellen Entwicklungen in den europ. Staaten gesehen werden. Über die K. des Papstes (seit 1058):→Papst, Papsttum.   K. Schnith

Lit.: HRG II, 1235f. [Lit.] – P. E. SCHRAMM, Gesch. des engl. Kgtm.s im Lichte der K., 1937 – O. TREITINGER, Die oström. Ks.- und Reichsidee, 1938 – E. EICHMANN, Die Kaiserk. im Abendland, 2 Bde, 1942 – P. E. SCHRAMM, Herrschaftszeichen und Staatssymbolik, 3 Bde, 1954–56 – DERS., Der Kg. v. Frankreich, 2 Bde, 1960² – Corona Regni, hg. M. HELLMANN, 1961 – P. E. SCHRAMM, Ks., Kg.e und Päpste, 4 Bde, 1968–71 – E. SCHUBERT, Kg. und Reich, Stud. zur spätma. dt. Verfassungsgesch., 1979 – C. BRÜHL, Kronen- und K.sbrauch im frühen und hohen MA, HZ 234, 1982, 1–31 – Coronations, hg. J. M. BAK, 1990 – →Kaiser, Kaisertum, →König, Königtum, →Ordo, →Zeremoniell.

Krönung Mariens → Maria

Krönungsevangeliar, Wiener (auch 'Reichsevangeliar' gen.; Wien, Weltl. Schatzkammer), Hs. mit 236 Purpurbll. (324 × 249 mm), vorwiegend mit goldener, z. T. auch mit silberner Tinte in Capitalis rustica (Vorreden, Capitulare evangeliorum) und Unziale (Text) einspaltig beschrieben. Am Rand von f. 118r »Demetrius presbyter«, vielleicht ein Schreibername; Einband (Silber, vergoldet mit Edelsteinen) von Hans v. Reutlingen (Aachen, um 1500). Nach KOEHLER entstand das K. Ende des 8.Jh. am Hof Karls d. Gr. (Aachen) als Hauptwerk einer kleinen, nach ihm benannten Hss.-Gruppe (ältere Lit.: 'Palastschule'). Der Buchschmuck (16 Kanontafeln, Evangelistenbilder, Initialen zu Beginn der Evangelientexte) unterscheidet sich deutl. von den Werken der Hofschule Karls d. Gr.; z. T. wird unmittelbar an antike Vorbilder angeknüpft; die Vorlagen kamen sehr wahrscheinl. aus Byzanz, möglicherweise auch aus Italien.

Die nach der Tradition bei der Öffnung des Grabes Karls d. Gr. i.J. 1000 gefundene Hs. gehört zu den Reichsinsignien (ältester sicherer Nachweis: Inventar 16.Jh.), bei der Krönung wurde auf sie der Eid abgelegt. K. Bierbrauer

Lit.: W. KOEHLER, Die Karol. Miniaturen 3, 1960, 57ff., passim – P. E. SCHRAMM – F. MÜTHERICH, Denkmale der dt. Kg.e und Ks., 1982², Nr. 13.

Krönungsgesetze Friedrichs II. Am Tag seiner Ks.krönung (22. Nov. 1220) durch Papst Honorius III. ließ Friedrich II. in der röm. Petersbasilika zehn Gesetze verkünden, die er in einem Rundschreiben den Hzg.en, Mgf.en, Gf.en und Völkern seines Reiches mitteilte. Zugleich befahl er den Doktoren und Scholaren der Rechte in Bologna, sie in ihre Rechtsbücher einzutragen. – 1. Alle städt. Statuten und Gewohnheiten, die die Freiheit der Kirche und der Geistlichkeit beeinträchtigen, sind nichtig und binnen zwei Monaten abzuschaffen. 2. Niemand darf Kirchen und Geistlichen Steuern und Abgaben auferlegen. 3. Mit Kirchenbann belegte Kommunen und Personen verfallen nach Jahresfrist auch dem ksl. Bann. 4. Kein Geistlicher darf in Straf- oder Zivilsachen vor ein weltl. Gericht gezogen werden. 5. Wer Klerikern oder Geistlichen ihr Recht verweigert, verliert die Gerichtsbarkeit. 6. Ketzer aller Art verfallen der Infamie und dem Bann; ihr Eigentum wird beschlagnahmt, ihre Kinder können sie nicht beerben. 7. Die städt. Amtspersonen sollen schwören, alle Ketzer aus ihrem Gebiet zu vertreiben. Auch Gastgeber und Verteidiger von Ketzern verfallen dem Bann. 8. Gestrandete Schiffe sowie Hab und Gut der Seeleute dürfen nicht beschlagnahmt werden. Alle dem entgegenstehenden lokalen Gewohnheiten sind aufgehoben. Davon ausgenommen sind nur Schiffe von Seeräubern und Feinden des Ks.s und der Christen. 9. Pilger und Fremde sollen Herberge nehmen können, wo sie wollen, und dürfen über ihren Besitz testamentar. verfügen. Im Todesfall soll ihr Besitz nicht an den Gastgeber fallen, sondern vom örtl. Bf., wenn mögl., den Erben übergeben, andernfalls für fromme Zwecke verwendet werden. 10. Bauern und Ackerbürger, ihr Vieh und ihre Geräte dürfen nicht angegriffen, weggenommen oder beraubt werden.

Sowohl die Gesetze zum Schutz der Kirche als auch diejenigen für Schiffbrüchige, Fremde und Bauern beruhen meist auf dem röm. und kanon. Recht und sind wohl alle vor der Krönung von der päpstl. Kurie vorformuliert und von Friedrich II. im Interesse guter Beziehungen zur Kirche übernommen worden.   H. M. Schaller

Ed.: MGH Const. 2, 107–110, Nr. 85, 86 – *Lit.:* E. WINKELMANN, JDG F. II., 1, 112–117 – G. DE VERGOTTINI, Studi sulla legislazione imperiale di Federico II in Italia, 1952.

Krönungsornat → Zeremoniell

Kronvasall → Vasall, -ität

Krossen (slav. *krosno* 'Fischreuse'), 1005/15 als Burg der →Piasten bezeugt, an einem wichtigen Oderübergang ö. der Bobermündung, im 12. Jh. Kastellaneiort. In der von ihm nach dt. Recht (um 1225) gegr. Stadt residierte häufig Hzg. Heinrich I. v. Niederschlesien gemeinsam mit seiner Gattin →Hedwig. K. war im MA als n. Grenzstadt →Schlesiens Vorort für das umliegende Land, das infolge von Landesteilungen im SpätMA Sitz eines kleinen Fsm.s wurde. 1482 ging es als Pfand an →Brandenburg, 1537 in dessen dauernden Besitz über. Stadtpfarrkirche St. Marien, Franziskaner- und Dominikanerkl. aus dem 13. Jh., ältere Andreaskirche rechts der Oder Propstei. J. J. Menzel

Lit.: DtStb I, 519ff. – K. v. OBSTFELDER, Chronik der Stadt Crossen, 1925² – K. WEIN, Heimatbuch der Stadt C., 1962 – Hist. Stätten Berlin und Brandenburg, 1985, 425-429.

Kröte (gr. *phryne*, lat. bufo), in mehreren Arten in Europa verbreitet, oft mit anderen →Lurchen verwechselt. Angebl. durch eigenes Gift aufgebläht und durch Spinnenbisse (Albertus M., animal 26, 10) zum Platzen gebracht. Ihr Biß gilt als unheilbar. Weitere Motive (z. B. nächtl. Lebensweise, Selbstmedikation bei Verlust eines Auges durch ein Kraut) u. a. von Vinzenz (20, 56) übernommen. Vom K.nstein (borax und afrz. crapadina Thomas 9, 7 und 14, 12) aus dem Kopf bes. span. K.n, unterscheidet Thomas zwei Sorten (= Fossilien, nach NIKUI, 45) unterschiedl. Färbung und Wirksamkeit gegen Vergiftungen und innere Leiden. Albert kennt (26, 10) die Geburtshelferk. Bei Thomas (9, 36 = Albertus M., 26, 24 = Vinz., 20, 62) ist nach Plinius auch die große rana rubeta der Dornbüsche eine giftige K. mit Heil- und mag. Wirkung (NIKUI, 36ff.). In Darstellungen symbolisiert die K. häufig die Mächte des Bösen. Ch. Hünemörder

Q.: →Albertus Magnus – Thomas Cantimpr., Liber de natura rer., I, ed. H. BOESE, 1973 – Vincentius Bell., Speculum nat., 1624 [Neudr. 1964] – *Lit.:* HWDA V, 608-635 – A. NIKUI, Die K. in der Gesch. der Med. [Diss. Köln 1976].

Kruja (Kroja), Stadt im nw. →Albanien (n. von Tirana). Eine protoalban. Siedlung des 7. und 8. Jh., mit reicher Nekropole, ist durch Ausgrabungen (seit 1956) nachgewiesen. Sie stand in engem Kontakt zum byz. →Dyrrachion. Im 10. Jh. tritt K. als griech. Suffraganbm. v. Dyrrachion auf. Schon vor 1165 gehörte die Stadt zu 'Arbanon', das eine Art Protektorat von Byzanz bildete; ein Privileg Manuels I. Komnenos gewährte den Einwohnern Freiheit des Handels mit Dyrrachion. Um 1190 residierten hier erste alban. Dynasten (Progon, Dhimiter und Gjin). Die Stadt ging zum lat. Ritus über; 1187 ließ der Bf. alle Spuren des orth. Kultes entfernen. 1252 kam K. an Byzanz; die Stadt erhielt neue Privilegien, die von Andronikos II. erweitert wurden (Statthalter, Richter). 1343 bemächtigte sich Stefan Dušan der Stadt, der auch er Privilegien verlieh. Später stand K. unter der Herrschaft der Balšići (→Balša) und →Thopia. Die Venezianer, die K. lediglich 1393-95 beherrschten, anerkannten 1404 die Herrschaft von Nikita Thopia, gegen freien Durchzug nach Dyrrachion. K. kam bald darauf an die mit den Türken verbündeten →Kastrioti, wurde aber von den Osmanen eingenommen. →Georg Kastriota (Skanderbeg) machte K. 1443-68 zu seiner Residenz. Er wurde in ihr dreimal von den Türken belagert, die vierte türk. Belagerung (1476-78) endete mit der Einnahme der Stadt. A. Ducellier

Lit.: L. v. THALLOCZY-K. JIREČEK, Zwei Urkk. aus Nordalbanien, Illyr.-Alban. Forsch. I, 1916, 125-152 – M. v. ŠUFFLAY, Städte und Burgen Albaniens hauptsächl. während des MA, 1924 – S. ANAMALI – H. SPAHIU, Varezza e hereshme mesjetare e Krujes, Buletin i Universitetit Shreterorte Tiranes, 1963, 2, 3-85 – A. DUCELLIER, La Façade maritime de l'Albanie au MA, 1981.

Krum, bulg. *Chān* (803-814), Begründer einer Dynastie, die →Bulgarien bis 971 regierte. Seine Außenpolitik war gegen Byzanz gerichtet. Zunächst zog er jedoch gegen die →Avaren in Pannonien. 808 überfiel das bulg. Heer die Ebene des Flusses Struma, 809 nahm es Serdika (→Sofia) ein. Als Antwort unternahm Ks. Nikephoros I. einen Zug gegen die Bulgaren. K. war gezwungen, seine von den Byzantinern eingenommene Hauptstadt →Pliska zu verlassen, brachte aber am 26. Juli 811 den Byzantinern eine Niederlage bei; Nikephoros I. fiel im Gefecht. 812/813 überwältigte K. Städte an der Schwarzmeerküste (→Mesembria, Sozopolis, Develtos), gelangte bis vor die Mauern Konstantinopels, zerstörte fast ganz Thrakien und siedelte die Bevölkerung nach 'Hinterdonaubulgarien' um. Er begann, die Verwaltung zu reformieren und schuf die erste schriftl. Gesetzgebung Bulgariens. I. Božilov

Lit.: ZLATARSKI, Istorija, I, I, 1918, 247-292 – Suidas, Lexicon, ed. A. ADLER, I, 1928, 483f. – I. DUJČEV, La chronique de l'an 811 (DERS., Medioevo biz.-slavo, II, 1968), 425-489 – Istorija na Bǎlgarija, II, 1981, 130-147 – J. FINE, The Early Medieval Balkans, 1983, 94-105.

Krümme → Stab

Krummsteert (Kromstaart), ndl. Groschenmünze zu 2 →Groot, so gen. nach dem auffällig gebogenen Schweif des flandr. Löwen auf der Vorderseite. Seit 1419 in Flandern geprägt, wurde der K. in ndl. und dt. Münzstätten (u. a. Brabant, Holland; Batenburg, 's-Heerenberg, Emden) nachgeahmt; er kursierte in den Niederlanden und in NW-Deutschland. Auch die 1427-34 in Tournai geprägten Plaques (→Plak) sind im Typ dem K. angeglichen. P. Berghaus

Lit.: F. v. SCHROETTER, Wb. der Münzkunde, 1930, 329 – H. E. VAN GELDER, De Nederlandse Munten, 1976⁶, 39, 262 – P. BERGHAUS, Der Münzschatz v. Querenburg in den Bochumer Univ., 1990, 23-25.

Kruschwitz (poln. Kruszwica), poln. Stadt am Nordufer des Goplosees in →Kujavien in altem Siedelgebiet (zumindest seit der Jungsteinzeit). Die frühma. befestigte Siedlung auf der sog. Burginsel entstand wahrscheinl. im 9. Jh. und ist als Hauptburg der Goplanen (Geographus Bavarus: 'Glopeani') zu betrachten. Mit dem sog. Mäuseturm (eigtl. Überrest der Burg aus dem 14. Jh.) verband die Tradition die Burg des sagenhaften Fs.en Popiel und die Anfänge der →Piasten-Dynastie. Im 10.-11. Jh. war K. eine der Hauptburgen der Polanen (→Polen), als Fs.enresidenz und (urkdl. im 12. Jh. bezeugt) Kastellaneisitz. Neben der Burg entstand eine Kirchen- und Handwerkersiedlung. Im 12.-13. Jh. war K. bedeutendes Gewerbe- und Handelszentrum (bes. Glas- und Schmuckherstellung). 1096 wurde K. infolge der internen Kämpfe zw. Władysław I. Hermann und dessen Sohn Zbigniew zerstört. In der 1. Hälfte des 11. Jh., wahrscheinl. 1123, wurde K. Bm.ssitz (umstritten), um die Mitte des 12. Jh. wurde das Bm. nach Włocławek (Leslau) verlegt bzw. mit dem dortigen Bm. zusammengefaßt (Verlagerung des Schwerpunktes Kujaviens). Am 6. Jan. 1148 tagten in K. die ostsächs. Fs.en (unter Ebf. Friedrich v. Magdeburg) mit dem poln. Fs.en. Die Kollegiatkirche Peter und Paul, um 1120-40 errichtet, gehört zu den bedeutenden Denkmälern roman. Architektur in Polen. 1422 wurde K. das →Magdeburger Stadtrecht verliehen. J. Strzelczyk

Lit.: SłowStarSłow II, 528-532 – W. HENSEL, Najdawniejsze stolice Polski. Gniezno, Kruszwica, Poznań, 1960, 63-122 – A. COFTA-BRONIEWSKA, Die Entwicklung der Stadt Kruszwica im frühen MA, Ergon 3, 1962, 442-445 – W. HENSEL-A. BRONIEWSKA, Starodawna Kruszwica od czasów najdawniejszych do r. 1271, 1962 Kruszwica,

1965 – G. LABUDA, Początki diecezjalnej organizacji kościelnej na Pomorzu i na Kujawach w XI i XII w., ZapHist 33, 1968, 3, bes. 38–41 – Sztuka polska przedromańska i romańska do schyłku XIII w. (Dzieje sztuki polskiej, I, 1971), 723-725, 820.

Kruschwitzer Vertrag, (16.) Juni 1230, Originalurk. verschollen, überlieferter Text inseriert in der in Rieti ausgestellten Bulle Papst Gregors IX. vom 3. Aug. 1234 und in Transsumpten von 1257. Durch den K.V. wurden dem →Dt. Orden durch Hzg. →Konrad I. v. Masowien das Kulmer Land sowie alle künftigen Eroberungen in Preußen mit allen zugehörigen Rechten als Schenkung übertragen. Der Vertrag erfüllte, was sich der Dt. Orden 1226 in der →Goldenen Bulle v. Rimini von Ks. Friedrich II. hatte bestätigen lassen. Mit der Papstbulle von 1234 wurden hingegen die zu erobernden heidn. Länder als Eigentum des hl. Petrus in ausschließl. päpstl. Schutz genommen. Der Wortlaut der tradierten Urk. des K.V.s läßt vermuten, daß das Urk.konzept von einem Mitglied des Dt. Ordens stammte. Kontrovers ist am K.V. weniger das Rechtsgeschäft als vielmehr das Echtheitsproblem (bestritten von M. PERLBACH; von der poln. Historiographie weitgehend übernommen). A. SERAPHIM hat erhebl. Gründe für die Authentizität des K.V.s namhaft gemacht. Die Echtheitskontroverse hat insofern grundsätzl. Bedeutung, als im Fälschungsfalle die rechtl. Basis des Ordensstaates in Preußen defizient sein könnte. Außer Frage steht, daß das Ergebnis der Entwicklung in Preußen nicht den ursprgl. Absichten Konrads I. entsprach. Der Dt. Orden betrachtete den K.V. als Instrument zur Schaffung eines selbständigen Herrschaftsgebietes in Preußen.

C. A. Lückerath

Q. und Lit.: Preuß. UB I, 1 Nr. 78, vgl. 108 – M. PERLBACH, Die ältesten preuß. Urkk., Altpreuß. Monatsschr. 10, 1875 – W. KĘTRZYŃSKI, Der Dt. Orden und Konrad v. Masowien, 1904 – A. SERAPHIM, Zur Frage der Urk.fälschungen des Dt. Ordens, FBPrG 19, 1906 – M. TUMLER, Der Dt. Orden, 1955, 253 – G. LABUDA, Die Urkk. über die Anfänge des Dt. Ordens im Kulmer Land und Preußen in den Jahren 1226 bis 1243 (Die geistl. Ritterorden Europas, hg. J. FLECKENSTEIN–M. HELLMANN, 1979), 299ff. – H. BOOCKMANN, Der Dt. Orden, 1982², 87f., 268f.

Kruševac, Stadt an der w. Morava (Serbien), 1376/77 und 1387 erstmals gen. in den Urkk. des Fs.en →Lazar Hrebeljanović für Ravanica, diente Lazar als befestigter Hauptsitz. Ende des 14. und in der 1. Hälfte des 15. Jh. war die von Türken und Ungarn umkämpfte Stadt von großer strateg. Wichtigkeit, verlor aber nach der endgültigen Eroberung durch die Türken 1455 an Bedeutung. K. hatte eine ungleichmäßige, längl. Gestalt mit der Festung im NO und einem Palast im SW. Im Zentrum wurde Ende der 80er Jahre des 14. Jh. die dem hl. Stefan geweihte Hofkirche Lazars (Lazarica) errichtet; sie ist eines der frühesten Baudenkmäler der→Morava-Schule. V. Korać

Lit.: K. kroz vekove, 1972, 3–24 – Istorija srpskog naroda II, 1982 – V. RISTIĆ, Lazarica i kruševački grad, 1989.

Krustentiere, Gliederfüßer, überwiegend im Wasser lebend, von Aristoteles (z. B. h. a 4,2) Weichschaler, *malakóstraka* = animalia mollis teste in arab.-lat. Übers. des Michael Scotus und Plinius (n. h. 9,83) *genera contecta crustis tenuibus* gen. [1] *Hummer oder Languste:* Obwohl Aristoteles den H. (Homarus gammarus = *astakós*) u. a. wegen seiner großen Scheren von der L. (Palinurus vulgaris = *kárabos*) abtrennt, wurden sie öfter verwechselt. Thomas v. Cantimpré behandelt die L. als »locusta maris« (7, 45; vgl. Vinz. 17, 63; Albertus M., 24, 39) ausschließl. nach Plinius (9, 4) und nach Aristoteles als »karabo« oder »ga(m)bari« (6, 31; vgl. Albert, 24, 38). [2] *Krebse oder Krabben*: Die achtfüßigen K. mit einem Scherenpaar rechnet Thomas (7, 19; vgl. Vinz. 17, 37 und Albert, 24, 22–24) mit dem »Liber rerum« zu den Fischen, zitiert »Adelinus« für den Rückwärtsgang, den er auf Gefahr einschränkt. Die im Alter im Kopf auftretenden weißroten Krebssteine halfen (nach einer Ps.-Galen. Anatomie, vgl. Thomas 1, 47) gegen Herzbeschwerden. Kriterium für kulinar. Qualität (Fastenspeise) ist für Konrad (III. D. 8) nach Thomas III Darmfarbe und -füllung. Die Überlistung der Auster durch einen die Schließung der Schalen verhindernden Stein übernimmt er von Ambrosius (exam. 5, 8, 22) ohne die theol. Deutung (aber bei Alex. Neckam, nat. rer. 2, 36 Krebs = Teufel). Die fabulösen, Menschen im ö. Mittelmeer ertränkenden K. mit krokodilhartem Rücken erwähnt zuerst Jakob v. Vitry (hist., c. 90, nicht Solinus!). [3] *Einsiedlerkrebe:* Aristoteles unterscheidet (h. a. 4.4) mindestens drei Arten ohne eigene Namen in Verbindung mit marinen Gehäuseschnecken. Die arab.-lat. Übers. legte den K.n irrtüml. deren Namen bei. Von der folgenden unverstandenen Beschreibung der Schnecke (p. 530 a 12–18) übernahm Thomas (6, 10 = Albertus M., animal. 24, 25) den Namen »cricos« und deutete das Umherstreifen bei schönem Wetter auf weltl. Jünglinge.

Ch. Hünemörder

Q.: →Albertus M. –→Alexander Neckam –→Ambrosius –→Jakob v. Vitry –→Konrad v. Megenberg – Thomas Cantimpr., Liber de nat.rer., T. 1, ed. H. BOESE, 1973 – Vinc. Bellovac., Speculum nat., 1624 [Neudr. 1964] – Lit.: HWDA V, 446-455, 458-460.

Kruto, Fs. der →Abodriten, kämpfte – im Gefolge der heidn. Reaktion von 1066 und legitimiert durch einen Wahlakt – gegen die Dynastie der chr. Nakoniden, zu der seine aus Wagrien (Ostholstein) stammende Familie in Rivalität stand. 1075 nach der endgültigen Ausschaltung von Butue (Budivoj), dem von den Sachsen unterstützten Sohn des Fs.en →Gottschalk, erlangte K. die Samtherrschaft über die Abodriten und verhalf so der Gentilreligion zu alleiniger Geltung. In die Zeit von K.s Herrschaft fällt die Gründung der Burg Bucu an der Stelle des späteren →Lübeck. Um 1090 wurde K. das Opfer eines Komplotts, das von →Heinrich v. Alt-Lübeck, dem jüngeren Sohn Gottschalks, inszeniert worden war.

Ch. Lübke

Lit.: W. LAMMERS, Die Slawen (Gesch. Schleswig-Holsteins IV/1, 1964/72), 133–138 – →Abodriten.

Kruzifix → Kreuz

Krypta
I. Westen – II. Byzanz.

I. WESTEN: K., ein gewölbter Raum unter dem Chor; im MA wird auch ein Neben- oder Eingangsraum, bes. das gewölbte Untergeschoß von Westwerken, oder ein Nebenchor als K. bezeichnet. Die K. bildet in der Regel einen Bestandteil der Kirchenanlage; sie ist als Raum unter dem Ort der Eucharistie ein wichtiger Bedeutungsträger der zentralen Idee von Tod und Auferstehung. Die K. ist eine Synthese aus verschiedenartigen vor- und frühchristl. Kult- und Bautraditionen, die seit dem frühen MA durch den Märtyrer-, Reliquien- und Grabkult der röm. Kirche vorwiegend in Mitteleuropa zustande kam. Die Überbauung der Hl.ngräber durch Kirchen seit konstantin. Zeit erbrachte in vielfältiger Weise räuml. und kult. Zusammenhänge von Gemeindegottesdienst, Märtyrerverehrung und Pilgerverkehr. Die im späten 6. Jh. auftretenden Bauformen und ihre Entwicklung – die Anfänge liegen in 5. Jh. in Nordafrika und Spanien – sind n. und s. der Alpen ähnlich.

Die *Ring- und Stollenk.* ist ein halb oder ganz unterird. tonnengewölbter Gang (Stollen), der innen (St. Peter in Rom 6. Jh., St-Denis, Seligenstadt) oder außen (St. Emmeram in Regensburg 8. Jh.) der Rundung der Apsis folgt, mit zwei Zugängen vom Kirchenraum aus, vereinzelt auch von außen, um den Zugang zum Grab ohne Störung des Gemeindegottesdienstes zu ermöglichen. Im Scheitel der Apsis öffnet sich der Gang mit einem Fensterchen (Fenestella) oder in einem kurzen Stollen zu einer unter dem Hauptaltar gelegenen Kammer (Confessio) mit dem Märtyrer- oder Hl.ngrab (Essen-Werden 830/840). Durch den Grundriß des Chores oder Vorchores bedingt, können die Stollen rechtwinklig geführt (Konstanz, St. Pantaleon in Köln, St. Galler Klosterplan) und im Osten auch kammerartig erweitert sein oder, bes. im Westfrankenreich, in parallelen Kammern enden, um Bestattungen von Vornehmen oder Stiftern »ad sanctos« aufzunehmen. Auch können die Stollen, v. a. in Anlagen n. der Alpen, sich kreuzen (Steinbach 815/827), zu mehreren parallel verlaufen und in Höhe und Breite der Gänge variieren. Die Stollen sind gewölbt mit Tonnen und Stichkappen, seit dem 9. Jh. auch mit Kreuzgratgewölben aus zwei sich durchdringenden Tonnen. Werden Confessio-Raum vergrößert und Durchgänge vom Umgang in die Confessio geschaffen, dann entsteht ein Umgang mit freistehenden Stützen (Meschede Anfang 10. Jh., Kölner Dom 10. Jh., Vilich b. Bonn 1060), wie wir ihn im 10./11. Jh. in Italien und in reifer Ausbildung seit dem 11. Jh. von frz. Chorbildungen kennen *(Umgangsstollenk.).* Seit dem 9. Jh. wird die Confessio durch eine Öffnung (»accessus ad confessionem« auf dem St. Galler Klosterplan) mit dem Kirchenschiff verbunden, damit die Gläubigen auch von dort zum Hl.ngrab gelangen konnten.

Die *Hallenk.* war usprgl. ein kleiner Raum vor der Confessio und entwickelte sich in otton. Zeit (Ostsachsen und Bodensee) zu einem eigenständigen Typus, häufig mit vier Stützen *(Vierstützenk.).* Seit Anfang des 11. Jh. findet man dreischiffige mehrjochige Säulenhallen (Gernrode), die über zwei seitl. Treppen aus dem Querhaus oder Schiff zugänglich sind. Als Gewölbe kommen parallele Tonnen über Architraven, Tonnen verschiedener Höhe und Breite, die sich schneiden und parabelförmige Stichkappen bilden, vor. Im 11. Jh. treten gleich breite und gleich hohe Tonnen auf, die im Schnitt Kreuzgratgewölbe bilden und deren Kappenflächen ineinander übergehen, so in Italien noch im 12. Jh. und auch in Westfalen und Niedersachsen. Ab dem 2. Drittel des 11. Jh. werden die Stützen durch Gurtbögen verbunden und bilden dadurch quadrat. Einheiten, die allerdings durch den Chorgrundriß der Kirche, bes. der Apsis, abgewandelt sein können zu trapezförmigen Jochen. Die K. kann sich auch unter der Vierung, den Querhausarmen oder ein Stück unter das Mittelschiff erstrecken (Speyer um 1030, St. Maria im Kapitol in Köln um 1040). Kombinationen aus Hallen- und Ringk. (St. Étienne in Auxerre um 1030, St. Michael in Hildesheim 1010/15) sowie auch außen um bzw. vor dem Chor gelegene Stollen oder Hallen bilden vielfältige und teilweise komplizierte Raumfolgen, wobei die *Außenk.* eine von der Kirche nicht überbaute, frei hinter dem Chor gelegene K. ist, die auch zweigeschossig sein kann. Sie ist in karol. Zeit als Stollen mit Kammern, dann im 10. und 11. Jh. als mehrschiffiger Hallenraum reicher ausgestattet (St. Emmeram in Regensburg 980, Essen-Werden 1059, Süsteren um 1060). Gewöhnlich hat sie keine eigenen Zugänge von außen, sondern nur von den Querschiffseiten des Chores oder aus dem Chork. mit dem Hl.ngrab. Außenk.n finden sich im West- und Ostfrk. Reich im 9./ 10. Jh., im 10./11. Jh. nur an Rhein und Maas mit Ausstrahlung nach Osten; nach 1100 wurden Außenk.en nicht mehr gebaut.

Die Hallenk. hat ihren Höhepunkt im 11./12. Jh., zu einer Zeit, in der kein monumentaler Kirchenbau ohne K. entstand; nur die Reformorden (im 11. Jh. Hirsauer, im 12. Jh. Zisterzienser und Prämonstratenser) haben auf sie verzichtet. Die Hallenk. ist nicht als Kultraum zur Vermehrung der Altarstellen entstanden; die otton. Hallenk.en haben entweder keinen oder nur einen Altar, während kleinteilige Kammerk.en drei bis acht Altäre haben; vielfältige liturg. Anforderungen und Raumausweitungen sind die Gründe, Altarstellen, Gräber usw. spielen eine untergeordnete Rolle. Das got. Streben nach Vereinheitlichung des Raumes führte, beginnend mit den großen frz. Kathedralen, oft zu einem Verzicht auf die K. Bei kleineren got. Kirchen kann sie durchaus noch vorkommen: häufig als einstütziger Zentralraum (Lienz, Osttirol Mitte 15. Jh.) als Nachbildung des Grabes Christi, aber auch als mehrschiffige Hallenk. (Salzburg, Nonnberg 1463). Die K. wird seit der Hochgotik mehr und mehr vom Kirchenraum abgesondert und erhält in erster Linie ihre Aufgabe als reine Grabeskapelle mit Außenzugängen. In der Renaissance wurde der Bau von K.en aufgegeben, ausgehend von Italien, wo schon seit dem 14. Jh. keine Beispiele mehr vorhanden sind. G. Binding

II. BYZANZ: K. von gr. κρύπτη 'unterird. Gemach, Verlies, Kammer, auch Grabkammer'. Durch den Bau von Gedächtniskirchen über solchen Märtyrergräbern seit der konstantin. Zeit mit Kirchenbauten verbunden (Beispiele im W: memoria apostolorum ad Catacumbas/S. Sebastiano oder S. Pietro in Vaticano u. a.; im O: Johanneskirche und Siebenschläferbezirk in Ephesos, Theklabasilika in Meryamlık, Menasheiligtum in Ägypten, Demetriosbasilika in Thessalonike, Studiosbasilika in Konstantinopel, S-Basilika in Caričingrad; außerhalb der Kirche, aber in Verbindung mit dem Narthex in Stobi). Auch unterird. Gedächtnisräume bzw. -höhlen werden mit Pilgerkirchen verbunden (z. B. Geburtskirche in Bethlehem). Die Grabk.en sind in der Regel sehr klein und können verschiedene Formen eines Hypogeions annehmen (z. B. kreuzförmig bei der Johanneskirche in Ephesos), liegen gelegentl. auch an einem Gang (Siebenschläferkirche in Ephesos) oder werden kirchenähnl. erweitert (Theklabasilika, Menasheiligtum in Ägypten). Allg. Zugang für Pilger wie zur Demetriosmemorie in Thessalonike, zur Theklamemorie oder zur Geburtsgrotte in Bethlehem scheint nicht durchgehend vorgesehen zu sein, wohl aber mindestens ein Schacht oder/und ein winziger Treppenzugang wie beim Johannesgrab in Ephesos. Vollständige Unterkirchen sind in mittelbyz. Zeit mehrfach belegt (Myrelaionkirche des Romanos Lakapenos = Bodrum Camii in Konstantinopel vor 923, Kl. kirche Hosios Lukas in Griechenland Anfang 11. Jh., Gül Camii in Konstantinopel), ihre Benutzung als Begräbniskirche allerdings selten (Hosios Lukas) bzw. erst in späterer Zeit (Myrelaionkirche) oder gar nicht (Gül Camii) belegt. M. Restle

Lit.: LThK[2] VI, 651–653 [Lit.] – H. BUSCHOW, Stud. über die Entwicklung der K. im dt. Sprachgebiet [Diss. Köln 1934] – R. WALLRATH, Die K. [Habil. masch., Köln 1944] – H. CLAUSSEN, Hl.ngräber im Frankenreich [Diss. masch., Marburg 1950] – A. VERBEEK, Die Außenk., ZK 13, 1950, 7–38 – D. WEIRICH, Die Bergkirche zu Worms-Hochheim und ihre K., 1953 – H. CLAUSSEN, Spätkarol. Umgangsk.en im sächs. Gebiet (Karol. und otton. Kunst, 1957), 118–140 – L. HERTIG v. RÜDERSWIL, Entwicklungsgesch. der K. in der Schweiz [Diss. Zürich 1958] – E. H. LEMPER, Entwicklung und Bedeutung der K.en, Unterkirchen und Krufträume vom Ende der Romanik bis zum Ende der Gotik [Habil. masch., Leipzig 1963] – F. OSWALD, Würzburger Kirchenbauten des 11. und 12. Jh., Mainfränk. Hefte 45, 1966 – W. GÖTZ, Zentralbau und Zentralbautendenzen in der got. Architektur, 1968 – L.-F. GENICOT, Les églises mosanes du XIe s., 1972 – M. BURKE, Hall crypts of First Romanesque, 1976 – J. KRAFT, Die K. in Latium [Diss. München 1977] – M. MAGNI, Cryptes du haut MA in Italie, CahArch 28, 1979, 41–85 – F. WOCHNIK, Zur Entstehung der Umgangschoranlagen und der Ringk., SMGB 96, 1985, 87–131 – G. BINDING, Architekton. Formenlehre, 1987², 60–63 – U. ROSNER, Die otton. K. [Diss. Köln 1991].

Kryptoflagellanten, eine aus der Geißlerbewegung (→Flagellanten) 1349 hervorgewachsene Sekte mit antiklerikalen und adventist. Zügen, deren Spiritus rector Konrad Schmid sich in der Rolle des dritten Friedrich sah, der 1369 die Endzeit heraufführen werde. Ihr Wirkungsraum war Thüringen, wo Anhänger der Bewegung noch 1413/14 und 1454 in Sangerhausen und Sondershausen verhört und blutig unterdrückt wurden. Beziehungen zu den →Waldensern und zur Freigeistbewegung sind vermutet, aber nicht schlüssig nachgewiesen worden. Das weitverzweigte, bislang nur ungenügend erfaßte und publizierte Material über die Sekte bedarf noch gründl. Untersuchung. A. Patschovsky

Lit.: TRE XII, 167–169 – A. STUMPF, Hist. Flagellantium, praecipue in Thuringia, Neue Mittheilungen aus dem Gebiete hist.-antiquar. Forsch. 2, 1835, 1–37 – R. RIEMECK, Die spätma. Flagellanten Thüringens und die dt. Geißlerbewegungen [Diss. masch. Jena 1943] – S. HOYER, Die thür. K.bewegung im 15. Jh., Jb. für Regionalgesch. 2, 1967, 148–174 – M. ERBSTÖSSER, Sozialreligiöse Strömungen im späten MA. Geißler, Freigeister und Waldenser im 14. Jh., 1970, 23 ff., 70 ff.

Kryptoporträt, verstecktes, aber für den informierten Zeitgenossen erkennbares →Bildnis, eine noch nicht systemat. erforschte Gattung. Myth. Erhöhung diente z. B. in der Antike die Darstellung Alexanders d. Gr. oder röm. Herrscher als Herkules, andererseits im SpätMA die Schilderung Maximilians I. als Alexander d. Gr., aber auch als hl. Ritter Georg. K.s begegnen als Hl.ndarstellungen, welche zugleich Stifterbildnisse sind (z. B. hl. Ritter an den Flügeln von Dürers Paumgartner-Altar). Das Motiv kann sich verdoppeln, indem der hl. Patron zugleich die Züge des zu seinen Füßen knienden Klienten annimmt, wie der Erzengel Michael auf Jan van Eycks Marienaltärchen 1437 in Dresden. Umfangreiche Gruppen von offensichtl. Porträtcharakter, wie auf Nuño Gonçalves St. Vincenzaltar in Lissabon oder Bernt Notkes ehem. Gregorsmesse in Lübeck waren sicher im engeren Umkreis allg. bekannt. Künstlerselbstbildnisse, oft durch ihre Haltung auffallend, sind in vielen Kunstwerken anwesend, sei es aus Devotions- oder Ruhmesgründen, analog zu schriftl. Signaturen. Ohne bes. Absicht oder nur als Geste persönl. Pietät können Bildnisse von Verwandten und Bekannten präsent sein, die als Modell dienten. Man wird sie kaum als K.s bezeichnen, ebensowenig die Spottbilder von Päpsten bzw. Häretikern in Höllendarstellungen. A. Reinle

Lit.: G. LADNER, Die Anfänge des K.s (Von Angesicht zu Angesicht [Fschr. MICHAEL STETTLER, 1983]), 78–97.

Kryptosignorie → Signorie

Kubebenpfeffer (Piper cubeba L. f./Piperaceae). Die scharf schmeckenden Früchte des in Indonesien heim. K. waren den arab. Ärzten bereits wohlbekannt, bevor sie als begehrte Gewürz- und Arzneidroge (Hildegard v. Bingen, Phys. I, 26; Circa instans, ed. WÖLFEL, 33) im 13. Jh. über Venedig und Genua in den mitteleurop. Handel gelangten. Als teure Importware wurden die *cubebe* (von arab. kabābat) häufig verfälscht, z. B. mit Wacholderbeeren (Albertus Magnus, De veget. VI, 86 u. 87). Med. verwendete man sie v. a. zur Reinigung der Harnwege, zur Auflösung von Blasen- und Nierensteinen sowie gegen Schnupfen und Schwindel (Konrad v. Megenberg IV B, 14; Gart, Kap. 117). P. Dilg

Lit.: MARZELL III, 793 – H. KÜSTER, Wo der Pfeffer wächst, 1987, 118 f.

Kuber, Sohn des Chāns→Kubrat, des Herrschers des sog. Großbulg. Reiches. Nach dessen Zusammenbruch unter den Angriffen der→Chazaren (nach 663) begab sich K. mit einem Teil der Bulgaren nach Pannonien und unterwarf sich den →Avaren. Um 680 wurde er zum Archonten der Sirmisianen (Rhomäer, Nachfolger der von den Avaren verschleppten Bevölkerung) und der Bulgaren. Bald darauf erhob er sich gegen den Chāgan, überschritt die Donau und siedelte in Makedonien, im Feld von Keramision (zw. Bitola und Stobi). Er suchte, sich Thessalonikes zu bemächtigen (682–684) und ein dem Bulgarien seines Bruders →Asparuch ähnl. Reich zu errichten. Nach seinem Mißerfolg verschwinden seine Spuren; seine Bulgaren siedelten in Ostmakedonien und auf der Chalkidike.

I. Božilov

Lit.: P. LEMERLE, Les plus anciens recueils des miracles de St. Démétrius, I, 1979, II, 5: & 286, 288, 289, 291, 292, 297, 302; 304 (S. 228–231, 233); II, 1981, 137–162 – P. CHARANIS, Kouver. The Chronology of his Activities... Balkan Stud. II, 1970, 229–247 – I. BOŽILOV, Bălgarite văv Vizantijskata imperija, III: Prosopografski kat., Nr. 392 [im Dr.].

Kubrat, auch Kuvrat (gr. Κουβρᾶτος/Κροβᾶτος, lat. Crotabus, bulg.-türk.: *Qurt/Kurt*), protobulg. Chān aus dem türk. Geschlecht Dulo, gest. zw. 641 u. 668. Als Neffe des Hunnenfs.en Organas vielleicht um 620 in Konstantinopel getauft und eine Zeitlang am Hof erzogen. Um 632 befreite er seine bulg. Stämme (Unogunduren) von der Oberherrschaft der Avaren (? richtiger wohl: der W-Türken). Dadurch gelang ihm – im Bündnis mit Ks. →Herakleios, der ihm auch die Patrikios-Würde verlieh (Zweifel daran bei SPECK) – die Gründung »Groß (= Alt-)Bulgariens«, eines die bulg. Stämme sowie die Kutriguren umfassenden Herrschaftsgebietes, das sich von den Ufern der Maiotis (Azovsches Meer) bis zum Kuphis (Kuban) erstreckte. Aufgeteilt unter K.s fünf Söhne →Alciocus/Alzeco, →Asparuch, Bajan/Batbajan, Kotrag und Kuber, zerfiel Groß-Bulgarien bald nach K.s Tod. WERNERS bestechende These, die reich ausgestattete Fundstätte von Malaja Perescepina bei Poltava sei das Grab K.s, unterliegt noch der Diskussion. G. Prinzing

Lit.: V. BEŠEVLIEV, Die protobulg. Periode der bulg. Gesch., 1981 – Istorija na Bălgarija 2, 1981, 69–72 [Karte] – Glossar ö. Europa, Ser. A, s.v. Crotabus [Lit.] – I. SZADECZKY-KARDOSS, Einige chronolog. Probleme des Zeitalters von K. (Vtori meždunaroden kongres po bălgaristika, Sofija 1986, Dokladi 6, 1987), 227–235 – W. POHL, Die Awaren, 1988, 268–282 [Lit.] – P. SPECK, Das geteilte Dossier, 1988, 259 ff., 392–398 – J. VERNER (WERNER), Pogrebalnata nachodka ot Malaja Pereščepina i K. ..., prev. M. MATLIEV, 1988 [dt. 1984] – M. MOSKOV, Imennik na bălgarskite chanove, 1988, 181–209, 339 f.

Küchenmeisterei, dt. Kochbuch des 14./15. Jh., in zwei Fassungen erhalten.

1. »Kölner Kochbuch« (hs. Kurzfass.): Angelegt oder zumindest redigiert von einem gastronom. versierten Arzt, versucht der Text über die Nahrungsmitteldiätetik (bes. über die zweite und fünfte der Sex res non naturales [→Ars medicinae; →Hygiene]) zur Gesunderhaltung beizutragen (Speisen, Getränke, Laxantien zur Darmentleerung). 2. *Nürnberger Wiegendruck* (Langfass.): 1485 von Peter Wagner in Nürnberg vorgelegte Bearbeitung eines schwäb. Berufskochs, der die K. auf Eßgewohnheiten städt. Oberschichten zuschnitt. Entsprechend reduzierte er die diätet.-therapeut. Empfehlungen und nahm stattdessen der gastronom. Tradition Oberdtl.s interessante Kochrezepte auf, die Quellengemeinschaft mit dem Würzburger »Bůch von gůter spîse« zeigen und dem patriz. Bedarf an Prunk- und Schaugerichten entgegenkammen. Die inhaltl. Gliederung der Kurzfass. behielt der Bearbeiter bei: Fasten-; Fleisch-; Eierspeisen; Sülzen, Lat-

wergen, Senf, Sauerkraut; Essig, Würzwein; Magen- bzw. Darmheilkunde. Sorgfältig redigiert, mit textsparenden Rezeptstaffeln, setzte sich die K. als dominierender Text in Gesamtdtl. einschl. der Niederlande durch. 12 Inkunabeln und zahlreiche weitere Dr. bis 1615, drei Neubearb. (»Kôch- und Keller[meister]ei«, 1537ff., erw. 1581; »Kôkerye«/»Kakeboeck«, 1570–89; »Nyeuwe coock boeck«, 1560–1615), Marx Rumpolts »Newem Kochbuch« entlehnte Bildausstattung Jost Ammanns. G. Keil

Lit.: Verf.-Lex.² V, 54f.; 396–400 – T. EHLERT, Wissensvermittlung in dt.sprachiger Fachlit. des MA..., Würzb. med.hist. Mitt. 8, 1990, 137–160.

Kuckuck (gr. *kókkyx*, lat. cuculus bei Plinius). Thomas v. Cantimpré (5, 34; vgl. Vinzenz v. Beauvais, 16, 52 und 67) stützt sich für die Schilderung des für den Wirtsvogel und seine Jungen verderbl. Brutschmarotzertums nicht auf Aristoteles (h. a. 6, 7 und Ps.-Arist. 9, 29) in der arab.-lat. Version, sondern auf Plinius (n. h. 10, 25–27) und den davon kaum abweichenden »Liber rerum«. Die wohlbekannte Zugvogeleigenschaft (vgl. Arist. und bes. Plinius 18, 249) leugnet aber jene Q. zugunsten von Winterschlaf in Höhlen. Albertus Magnus, animal. 23, 38, übernimmt dies für den aus Taube und Sperber bzw. Habicht körperl. und eigenschaftsmäßig zusammengesetzten K., tritt jedoch der Behauptung der Futtersammlung gegen den Winter entgegen. Von den mag. Praktiken der Antike (Plin. 30, 85) weist Thomas schärfer als Albert die angebl. Wirkung der beim ersten K.sruf unter dem rechten Fuß ausgegrabenen Erde gegen Flöhe zurück. Gegen den Biß eines tollwütigen Hundes wurde u. a. abgekochter K.skot in Wein getrunken (Plin. 28, 156, zit. bei Vinz.; weitere Rezepte in HWDA V, 743f.). Ch. Hünemörder

Q.: → Albertus Magnus – Vincentius Bell., Speculum nat., 1624 [Neudr. 1964] – Thomas Cantimpr., Liber de natura rer., I, ed. H. BOESE, 1973 – Lit.: HWDA V, 689–751.

Kudrun, mhd. Epos wohl des 13. Jh. in 1705 Strophen, das der Heldendichtung zugeordnet wird; doch die Gattungsbestimmung ist problemat. Der nur im »Ambraser Heldenbuch« (16. Jh.) mit dem Titel »Ditz puech ist von Chautrûn« in frühmhd. Sprache überlieferte Text wurde zur Edition stets ins Mhd. übertragen. Damit wird v. a. die Nähe zum →»Nibelungenlied« hergestellt, von dem die K. in Aufnahme der leicht abgewandelten Strophenform und der Gliederung in →Aventiuren, durch zahlreiche sprachl. Wendungen sowie durch gleiche Motive und Strukturelemente (Brautwerbung, Kämpfe, Feste, Botensendungen, täuschende Verstellung) abhängt oder auf das sie kontrastierend reagiert. Der Verf. der K. ist unbekannt, die Entstehungszeit schwer zu fixieren, denn beobachtete hist. Bezüge bleiben unsicher (auch das 14. Jh. ist nicht auszuschließen). Für die Herkunft aus bair.-österr. Gebiet sprechen Reimuntersuchungen; die verarbeiteten Elemente kaufmänn. und städt. Lebens werden als Indiz für die Entstehung in Regensburg, Wien oder Passau gewertet.

Charakterist. ist die Zusammenfügung bekannter Erzählelemente, die zu einer mehrteiligen Gesch. ausgebaut sind; sie reicht über fünf Generationen, umfaßt vier Brautwerbungen sowie drei Entführungs- und Rückführungshandlungen mit den dominierenden Gestalten: Hagen, Hilde, K. Sie spielen z. T. in geograph. identifizierbaren Ländern (Irland, *Ormanîe* = Normandie oder das Normannenreich in Sizilien), die am Meer liegen.

Versuche, die Stoff- bzw. Sagengesch. zu ermitteln, beschäftigten v. a. die ältere Forsch., haben aber keine eindeutigen Ergebnisse erbracht. In ae. und skand. Überlieferung ist eine Hildesage bekannt, auf die im »Alexander-lied« des Pfaffen →Lamprecht mit nicht genau bestimmbaren Personenkonstellationen Bezug genommen wird (Schlacht auf dem *Wülpenwert*). Fragl. bleibt eine Sagenvorgabe für den themat. und umfangmäßig wichtigsten K.-Teil. Vielleicht stellt er einen Ausbau des Hilde-Teils dar mit neuen Namen, ergänzt durch das signifikante »Südeli«- oder »Meererin«-Motiv (Entführung eines Mädchens, das zur Magd und Wäscherin am Strand erniedrigt und von ihrem Bruder und Bräutigam befreit wird). Die Beziehung zw. K. und →»Dukus Horant« ist ebenfalls ungeklärt.

Markant für das Werk sind auch die letzten, auf Versöhnung ausgerichteten Aventiuren, in denen K. durch drei Eheschließungen in deutl. Gegensatz zu der Rächerin Kriemhild im »Nibelungenlied« Friede stiftet und diesen als Lebensnotwendigkeit propagiert (skept. gegenüber dieser Deutung HEINZLE). Neben der Selbstbehauptung K.s (Nicht-Einwilligung in eine mit phys. Bedrängung und ständ. Degradierung geforderte Ehe) gewinnen die anderen Gestalten wenig personales Eigenprofil, am Schluß fungieren sie als Vollzugsfiguren. Die künstler. Leistung des Verfassers kommt insgesamt weniger in übergreifender Handlungsführung als in der Gestaltung von Einzelszenen zur Geltung. U. Schulze

Ed.: K., ed. K. BARTSCH, 1865 [Nachdr. bearb. K. STACKMANN, 1980] [krit. Ausg.] – K., ed. F. H. BÄUML, 1969 [hs. getreue Ausg.] – Lit.: Verf.-Lex.² V [K. STACKMANN; Lit.] – W. HOFFMANN, Die »K.« Eine Antwort auf das Nibelungenlied, WdF 54, 1976 – J. HEINZLE, Gesch. der dt. Lit., II, 2, Wandlungen und Neuansätze im 13. Jh., 1984.

Kuenringer, österr. Adelsfamilie ungeklärter Herkunft. Als Stammvater gilt Azzo, 1056 als serviens des Mgf.en →Ernst (4. E.) erwähnt, als dessen Sitz später Kühnring bei Eggenburg (Niederösterreich) angenommen wurde. Im 11. und 12. Jh. stiegen die K. zu den führenden Ministerialen auf. Die →Babenberger setzten sie zu Vertretern ein, auf ihrer Burg →Dürnstein war 1192 →Richard I. Löwenherz gefangen. Die Entfaltung von Hoheitsrechten im Zuge des Landesausbaus und eine geschickte Heiratspolitik schufen den K.n bes. im n. Niederösterreich eine dominierende Position, die sie nach 1246 an die Spitze der →Landherren führte. Die K., die in mehrere Linien zerfielen, traten auch als Förderer bzw. Gründer von Städten (Dürnstein, Gmünd, Weitra, Zistersdorf, Zwettl) und Märkten hervor. Das Zisterzienserkl. →Zwettl ist ihre Gründung (1237). Ihre machtvolle Stellung verwickelte sie 1230/31 und 1295 in Aufstände gegen die Landesfs.en. Seit dem späten 15. Jh. zogen sich die K. zunehmend aus der Politik zurück, wofür der allg. Strukturwandel, innerfamiliäre Zwistigkeiten und endl. der Übertritt zum Protestantismus entscheidend waren. Der letzte männl. Sproß, Johann Ladislaus, starb 1594. Die spätere Überlieferung hat die K. fälschl. als Raubritter dargestellt. P. Csendes

Lit.: E. FRIESS, Die Herren v. K., 1874 – K. BRUNNER, Die K., 1980 – Die K. Das Werden des Landes (Kat., 1981) – K.-Forsch., Jb. für LK von Niederösterreich 46/47, 1980/81.

Kugeltopf → Keramik

al-Kūhī (Qūhī), Abū Sahl Waiǧan b. Rustam, berühmter pers. Mathematiker, machte 988 astronom. Beobachtungen in Bagdad, v.a. für seine Leistungen in der Geometrie bekannt. Er löste klass. griech. Aufgaben (z. B. Konstruktion des regelmäßigen Siebenecks, Winkeldreiteilung) mit Hilfe von Kegelschnitten, berechnete den Inhalt des Paraboloides, untersuchte die (geom.) Auflösung einer Gattung der Gleichung 3. Grades (→ʿUmar al-Ḥaiyām) und beschrieb den sog. vollkommenen Zirkel zur Zeichnung

von Kegelschnitten. In der Astronomie befaßte er sich u. a. mit der Herstellung des →Astrolabiums. Ein weiteres Forsch.sgebiet al-K.s war die Mechanik (Schwerpunktsbestimmungen); Analogieschlüsse führten ihn dabei zu einer unverständl. Aussage über die Rationalität von π.
J. Sesiano
Lit.: DSB XI, 239–241 – SZEGIN V, 314–321; VI, 218f. – J. SESIANO, Note sur trois théorèmes de mécanique d'al-Qūhī, Centaurus 22, 1979, 281–297 – J. HOGENDIJK, Al-K.'s construction of an equilateral pentagon in a given square, Zs. für Gesch. der arab.-islam. Wiss. 1, 1984, 100–144.

Kujavien (poln. *Kujawy* 'sandiges, offenes Land'), zw. →Großpolen und →Masovien gelegen, Stammesgebiet der Goplanen ('Anwohner des Goplo-Sees'; 'Glopeani' beim →Geographus Bavarus, 9. Jh.), polit. Zentrum: →Kruschwitz. Im 10.–11. Jh. mit Großpolen verbunden, seit 1138 mit dem Hzm. Masovien. Im 13. Jh. bildete es sich zum eigenständigen Hzm. aus, mit weiteren Aufteilungen (Brześć, Inowrocław, Gniewków), 1332–43 unter der Herrschaft des →Dt. Ordens. Nach der Vereinigung des poln. Staates im 14. Jh. entstanden auf der Grundlage der Teilfsm.er zwei Wojewodschaften: Brześć und Inowrocław. 1124 wurde ein selbständiges Bm. in K. (mit zwei Sitzen: Kruschwitz und →Włocławek) aus der Erzdiöz. Gnesen ausgegliedert, das auch Pommerellen (Archidiakonat P.) umfaßte und viel zur territorialen Integration des Landes beitrug.
G. Labuda
Lit.: S. ARNOLD, Geografia historyczny Polski, 1951 – J. BIENIAK, Rola Kujaw w Polsce piastowskiej, Ziemia Kujawska 1, 1963, 27–71 [grundlegend] – J. NATANSON-LESKI, Rozwój terytorialny Polski do r. 1572, 1964.

Kukuzeles, Ioannes (Beiname Papadopulos), byz. Melograph des 14. Jh., † zw. 1360/75, eröffnete die durch die 'Verschönerung' (Kalophonie) der alten Melodien gekennzeichnete Tradition der Maistores im Kirchengesang; wirkte in der Großen Lavra auf dem →Athos. Weitere Angaben zu Leben (angebl. bulg. Herkunft; Geburtsort Dyrrachion) stammen aus späteren Q. und haben legendären Charakter. Unklar bleibt die Anzahl der von ihm abgeschriebenen Musikhss. Sein musikal. Œuvre (u. a. in Hss. des Typus Τάξις τῶν ἀκολουθιῶν) ist wegen der häufigen späteren Zuweisungen noch gesichert. Sein musikal. Stil ist durch klare melod. Linien und dem Expressionismus ferne Strenge gekennzeichnet. Als Theoretiker verfaßte K. eine vertonte Lehrschr. über die Tonfiguren, die für die Erfosch. der älteren Notationsstufe maßgebend ist (älteste Abschr. Cod. Athen. 2485 [1336]). Ihm wird auch ein Diagramm über das Verhältnis der Tonarten zueinander (τροχός) zugeschrieben.
Ch. Hannick
Lit.: NEW GROVE X, 218f. – PLP, 13391 – HUNGER, Profane Lit. II, 203f. [Ch. Hannick] – M. VELIMIROVIĆ, Byz. composers in Ms. Athens 2406 (Essays presented to E. WELLESZ, hg. J. WESTRUPP, 1966), 16 – E. V. WILLIAMS, John K.' reform of byz. chanting for Great Vespers in the 14th c., 1968 – Joan Kukuzel, život, tvorčestvo, epocha, ed. E. TONČEVA (Muzikalni chorizonti 18/19, 1981) – A. JAKOVLJEVIĆ, *Ὁ Μέγας Μαΐστωρ Ἰωάννης Κουκουζέλης...*, Κληρονομία 14, 1982, 357–374 – L. BRASCHOWANOWA, Die ma. bulg. Musik und Ioan Kukuzel, 1984 – CH. HANNICK, Mitt. des bulg. Forsch.sinstitutes in Österreich 7, 1985, H. 2, 127–132 – N. K. MORAN, Singers in late byz. and slavonic paintings, 1986, 99–101 – E. TRAPP, Critical notes on the biogr. of John K., Byz. and modern Greek stud. 11, 1987, 223–229 – A. JAKOVLJEVIĆ, *Δίγλωσση παλαιογραφία καὶ μελῳδοί-ὑμνογράφοι στοῦ κώδικα τῶν Ἀθηνῶν* 928, 1988, 72–76 – DERS., Cod. Lavra E-108 ..., Hilandarski zbornik 7, 1989, 133–161.

Kuldeer → Céli Dé

Kulikovo, Kulikovo-Zyklus. Die für die Russen siegreiche Schlacht auf dem Schnepfenfelde (K.pole am Don) am 8. Sept. 1380 zw. der Goldenen Horde (unter Chan →Mamāi) und den vereinigten Heeren der russ. Fs.en unter Führung des Moskauer Gfs.en →Dmitrij Ivanovič »Donskoj« war der erste große militär. Erfolg der Russen über die Tataren und der Anfang des noch lange währenden Prozesses (bis in das 16. Jh. und länger) der Befreiung von der Tatarenherrschaft, gleichzeitig Beginn (und Begründung) des Führungsanspruchs des Moskauer Gfsm.s. Im aruss. Schrifttum existieren mehrere umfangreiche lit. Denkmäler, die dieses Ereignis thematisieren: 1. die sog. »Zadonščina« (Z. Velikogo Knjazja Gospodina Dimitrija Ivanoviča i brata ego Volodimera Ondreeviča) des Sofonij Rjazanskij (Entstehungsdatum unsicher, zw. 1380 und 1470), 2. das Skazanie (Povest') o Mamaevom poboišče (anonym: Ende des 14. Jh.), 3. das Skazanie o poboišče Velikogo knjazja Dimitrija Ivanoviča (gute Überlieferungslage in mehreren Redaktionen, Beginn des 15. Jh.) und 4. die »Vita« Dimitrij Donskojs (Žitie i smert' Velikogo knjaza D. I.), entstanden nach 1389. Davon ist die »Zadonščina« von bes. Bedeutung für die Diskussion um die Originalität des →Igorlieds.
G. Birkfellner
Ed.: Zadonščina, ed. UNDOL'SKIJ, 1852 – I. I. SREZNEVSKIJ, 1858 – Povesti o Kulikovskoj bitve, ed. M. N. TICHOMIROV, 1959 – R. JAKOBSON–D. WORTH, 1963 – Moskau–Leningrad, 1966 – A. VAILLANT, 1967 – *Erzählung von der Mamaischlacht*: S. K. ŠAMBINAGO, 1906 – V. P. ADRIANOVA-PERETC, 1947 – I. NOVIKOV, 1949 [russ. Übers.] – PSRL IV, 351–366; VI, 104–111; VIII, 53–60; vgl. auch XI, 108–121 [Nikonovskaja lětopis] – *Lit.*: vgl. zuletzt: Kulikovskaja bitva v literature i iskusstve, 1980.

Kulin, →Banus v. →Bosnien, vor 1180, † nach 1204; Beziehungen zu den früheren Herrschern und Umstände der Thronbesteigung unbekannt. Nach dem Tod Ks. Manuels I. Komnenos (1180) kam Bosnien unter die Schutzherrschaft ung. Kg.e. Thronstreitigkeiten in Serbien (1201/02) und 1203/04 der Verdacht, in seinem Land 'Patarener', dualist. Ketzer, aufgenommen zu haben, überschatteten K.s Regierungszeit. Kg. →Emmerich erhielt vom Papst den Auftrag, K. zu zwingen, die Ketzer zu vertreiben und ihre Güter zu konfiszieren. Überzeugt von der Rechtgläubigkeit seiner Untertanen, überließ K. die Angelegenheit dem päpstl. Stuhl zur Überprüfung. Der päpstl. Legat in Bosnien, Johannes Casamari, leitete im Frühjahr 1203 eine Untersuchung, im Verlauf derer die Vorsteher der 'krstjani' (Christen) die röm. Kirche als Oberhaupt der ganzen Christenheit anerkannten. Bosnien verblieb im Ebm. v. Ragusa (Dubrovnik).
S. Ćirković
Lit.: V. ĆOROVIĆ, Ban K., Godišnjica Nikole Čupića 34, 1921, 13–41 – S. ĆIRKOVIĆ, Istorija srednjovekovne bosanske države, 1964, 46–58 – Osamsto godina povelje bosanskog bana Kulina 1189–1989, 1989.

Kulm (poln. *Chełmno*). [1] *Stadt*: Auf dem rechten Hochufer der Weichsel an wichtigem, vorher bereits besiedeltem (masov. Burg?) Flußübergang wurde K. vom →Dt. Orden 1232 gegr., erhielt am 18. Dez. 1233 das am →Magdeburger Stadtrecht orientierte Privileg (→Kulmer Handfeste), das in gleicher Weise auch für das weichselaufwärts gelegene →Thorn galt. Auf Grund der Bedeutung dieses (Siedlungs-)Rechtes wurde das zwölfköpfige Schöffenkollegium von K. zur Auslegungsinstanz; K., einer der wichtigsten Stützpunkte des Ordens bei der zunächst der Weichsel folgenden Erschließens Preußens, spielte deshalb später ztw. die inoffizielle Rolle einer Hauptstadt des Preußenlandes. Neben Thorn hatte es die erste Münzstätte. Die vom Dt. Orden 1233 ausgestattete Pfarrkirche St. Marien wurde Anfang des 14. Jh als got. dreischiffiger Hallenbau in Stein errichtet. Der Orden hatte mit der Gründung am äußersten SW-Hang der Stadt das Ordenshaus mit Wehrturm angelegt, beide Gebäude wurden später in das K.er Zisterzienserinnenkl. einbezogen. 1228-38 ließ sich der Dominikanerorden in Preußen nieder, der wenig später die Kirche St. Peter und Paul errichtete. 1258 folgte das Franziskanerkl. Das Rathaus wurde inmitten eines weiträumigen Marktplatzes errichtet. Im Laufe des 14. Jh. wurde die Stadt mit einer steinernen, mit 30 Türmen bewehrten Stadtmauer umgeben. Die 1397 von Papst Urban IV. auf Wunsch des Dt. Ordens gewährte Errichtung einer Univ. nach Bologneser Vorbild kam wegen der polit. und krieger. Verhältnisse des frühen 15. Jh. über Planung und rechtl. Grundlegung nicht hinaus. Vor den Mauern der Handelsstadt entstanden Siedlungen, deren Rechtscharakter als Vorstädte mit vorwiegend einheim. Bevölkerung voll erwiesen ist. Mitte des 15. Jh. wird die Gesamtbevölkerung auf ca. 15 000 Einw. geschätzt. Der Wohlstand der Stadt, der sich in den baul. Anlagen spiegelt, beruhte auf (Fern-)Handel und Weichselschiffahrt. Zeugnis der Handelstätigkeit ist das um 1400 entstandene engl. Packhaus am Markt (1779 abgebrochen), neben dem es ein holl. und ein dän. gab. K.s Bedeutung kam auch darin zum Ausdruck, daß ztw. die K.er Bürgermeister, unter diesen namentl. Ertmar v. Herken, allein die Interessen der Preuß. Städte auf den Hansetagen vertraten. Durch den Aufstieg →Danzigs zur wirtschaftl. bedeutendsten preuß. Stadt stagnierte der seegerichtete Handel K.s. 1437 verließ K. die Hanse. Im dreizehnjährigen Städtekrieg ab 1453 wurde K.s Wohlstand zerrüttet; es verlor die Bedeutung als Oberhof für die preuß. Gerichtszüge. Im Ständekrieg (1453-66) eroberte der Söldnerführer Bernhard v. Zinnenberg das ordenstreue K. 1458 und richtete dort sowie im weiteren Pfandbesitz Althaus (Burg K.-Althaus 1232) und Strasburg eine bis 1478 währende eigene Herrschaft ein. Nach einem rechtl. Schwebezustand gelangte 1479 K. an die Krone Polen, 1505 durch Schenkung an den Bf. v. K. Während der wirren Zeitläufte wurde die Einw.schaft dezimiert. Es konnte nach 1466 auch nicht als Bürgerschaft auf den städt. Hofstellen wieder aufgefüllt werden. Von der ztw. bedeutenden Rolle K.s, das dem Landstrich rechts zw. Thorn und Graudenz den Namen 'Kulmer Land' gab, zeugen die sieben Stadtbücher – für eine Stadt dieser Größenordnung im O eine reiche Überlieferung.

K. hatte seit den ausgehenden 14. Jh. außer den vorstädt. Siedlungen von der Stadtanlage weichselabwärts (ca. 15 km) ein ausgedehntes Stadtgebiet mit einer Reihe von Stadtdörfern, wie Neuendorf, Venedy, Koln, Podegest, Lunau, Gogelin, Steinweg und Schöneich, die dem Schöffenkollegium vor den Mauern unterstanden.

[2] *Bistum:* Das Bm. K. mit dem Sprengel zw. Weichsel, Drewenz und Ossa wurde 1243 neben den drei anderen Diöz. des Deutschordenslandes (Pomesanien, Ermland, Samland) durch den päpstl. Legaten Wilhelm v. Modena errichtet. Der erste Bf. Heidenreich (1245ff.) gründete 1251 das Domkapitel als Augustiner-Chorherren-Stift, das bei der Kathedralkirche in Kulmsee residierte, während der Bf. später in der Regel als Sitz Löbau vorzog. 1264 wurden Bm. und Kapitel dem Dt. Orden inkorporiert, allerdings behielt sich die Kurie das Provisionsrecht vor, von dem sie im 14. und 15. Jh. Gebrauch machte. 1245/55 wurde das Bm. in die Kirchenprov. Livland/Riga eingegliedert (bis 1466). Nach dem Zweiten →Thorner Frieden gehörte K. als Säkularbm., dessen Bf.e der poln. Kg. unter Wegfall des Wahlrechtes des Domkapitels einsetzte, zur Kirchenprov. Gnesen.   C. A. Lückerath

Q. und Lit.: zu [1]: SSrerPruss I-III, 1861-66 [Neudr. 1965] – K.er Gerichtsbuch, ed. C. A. Lückerath [in Vorb.] – F. Schultz, Die Stadt K. im MA, Zs. des Westpreuss. Gesch. Ver. 23, 1888 – Hist. Stätten O- und Westpreußens, 1966, 111-114 – T. Jasiński, Przedmieścia Średniowiecznego Torunia i Chełmna, 1982 – C. A. Lückerath, Zur Gerichtsverfassung der Stadt K. im MA (750 Jahre K. und Marienwerder, hg. B. Jähnig – P. Letkemann, 1983), 27-39 – A. Kaim-Bartels, Die Städte K. und Elbing und ihre Dörfer im MA, Beitr. zur Gesch. Westpreußens 11, 1989, 5-67 – zu [2]: UB der Bm.s Culm, ed. C. P. Woelky, 1885-87 – G. Frölich, Das Bm. K. und der Dt. Orden, Zs. des Westpreuss. Gesch. Ver. 27, 1889 – H. Schmauch, Die Besetzung der Bm.er im Deutschordensstaate (bis 1410) [Diss. Königsberg 1919] – A. Liedtke, Zarys dziejów diecezji chełmińskiej, Nasza Przeszłość 34, 1971, 59-116.

Kulmbach, Stadt in Oberfranken, im Zweimaingebiet. Das 1028/40 erstbelegte »Kulma« entstand aus einer Marktsiedlung des 10. Jh. mit Schweinfurter Eigenkirche (ŏ St. Peter) im Kreuz der Straßen Nürnberg-Erfurt und Bamberg-Leipzig. Im ersten Drittel des 12. Jh. konnten sich mit Unterstützung Lothars III. die →Andechser Gf.en gegen die Walpoten als Sachwalter der Bamberger Interessen im Raum K. durchsetzen. Es folgte der Bau der Plassenburg oberhalb des Ortes, dessen städt. Anfänge um 1130 in Folge einer 3. Landesausbauphase in diesem Raum anzusetzen sind. Nach 1231 wurde K. planmäßig erweitert auf 7,2 ha innerhalb des Steinberings (ohne die großen Vorstädte, die Kirchen- und die Plassenburg); von 1284 datiert der erste civis-Beleg. Noch im 13. Jh. wird das 1290 civitas gen. K. mit Nürnberger Rechten begabt, erst um 1400 ist der Ausbau einer ratsgetragenen Selbstverwaltung vollzogen. 1430 kam es durch die →Hussiten, 1553 im Mgf.enkrieg zu schwersten Zerstörungen. Im 15. Jh. hatte K. bis zu 1800 Einw. Stadtherren als Nachfolger der Andechser wurden 1248 die →Orlamünder, 1340 die Zollerschen Gf.en, für die die Plassenburg bis ca. 1600 große Bedeutung als Residenz und Verwaltungsmittelpunkt erhielt.   F. B. Fahlbusch

Lit.: E. Herrmann, Gesch. der Stadt K. (Die Plassenburg 45, 1985) – F. B. Fahlbusch, K. (Dt. Städteatlas, Lfg. IV, Bl. 10, 1989).

Kulmer Handfeste, ein Privileg, mit welchem der →Dt. Orden am 28. Dez. 1233 die Rechtsverhältnisse in den neu gegr. Städten →Kulm und →Thorn regelte; er schuf damit zugleich ein Modell, das für die Rechtsordnung des im Entstehen begriffenen Ordensstaates insgesamt von grundlegender Bedeutung werden sollte. Inhaltl. geht es um drei große Fragenkreise: die Gerichtsbarkeit, die Besitzverhältnisse an Grund und Boden, die Rechte des Ordens. Die Städte haben die Freiheit der Richterwahl und werden verpflichtet, nach →Magdeburger Recht zu urteilen, wobei Kulm die Stellung eines Oberhofes erhält. Die Bürger besitzen ihre Güter zu einem grundsätzl. veräußerbaren, die Nachfolge der Töchter einschließenden Erbzinsrecht; sie sollen von ungerechten Abgaben frei bleiben, sind jedoch zur Heeresfolge verpflichtet. Daneben erhalten auch die Städte selbst Grundbesitz, Gewässer und Fähren. Der Orden behält sich die Seen, Salzadern, Erze u.a. vor. An Jagd, Fischerei und am Mühlenwesen sind sowohl der Orden wie die Bürger beteiligt. – Das Original des Privilegs ist 1233 verbrannt. Es wurde 1251 mit einigen Änderungen erneuert.

Der polit. und rechtl. Hintergrund der K. H. ergibt sich aus dem von Ks. Friedrich II. 1226 dem Dt. Orden gewährten Privileg (→Goldene Bulle v. Rimini). Unter Berufung auf die monarchia imperii räumt Friedrich II. das vom Hzg. v. Masowien noch zu übereignende Kulmer Land sowie das noch zu erobernde Land der Preußen dem Dt. Orden ein und unterstellt es seiner Jurisdiktion. Der Orden betrachtet sich daher als oberster Eigentumsherr allen Landes in seinem Staate. Diese Vorstellung entsprach dem Herrschaftsdenken in der 1. Hälfte des 13. Jh. Die K. H. zieht daraus die Konsequenzen, indem sie eine umfassende Bodenordnung mit der Regelung aller einschlägigen Rechtsfragen errichtet. Diese in hohem Maße rationale Rechtsgestaltung hat den Landesausbau in Preußen auch später geprägt und die starke Stellung des Dt. Ordens als Landesherrn begründet. Andererseits bestimmte auch das günstige Bodennutzungsrecht der K. H. die weitere Siedeltätigkeit v. a. der Deutschen. – Zu unterscheiden ist die K. H. vom Kulmer Recht des sog. »Alten Kulm«, einer Bearbeitung des Breslauer systemat. Schöffenrechts, die im Zuge der zunehmenden Schriftlichkeit der Oberhoftätigkeit am Ende des 14. Jh. entstanden war.

D. Willoweit

Lit.: W. v. Brünneck, Zur Gesch. des Grundeigentums in Ost- und Westpreußen, 2 Bde, 1891–96 – Ders., Zur Gesch. des Kulmer Oberhofes, ZRGGermAbt 47, 1927, 1–48 – G. Kisch, Stud. zur K. H., ebd. 50, 1930, 180–232 – Ders., Stud. zur K. H. (Deutschrechtl. Forsch. 1, 1931) – E. Heymann, Bespr. von G. Kisch, Stud. zur K. H., ZRG GermAbt 52, 1932, 404–407 – Z. Zdrójkowski, Prawo chełmińskie, powstanie, rozwój i rola dziejowa (Dzieje Chełmna i jego regionu, hg. M. Biskup, 1968) – F. Ebel, Kulmer Recht – Probleme und Erkenntnisse (Beitr. zur Gesch. Westpreußens 8, 1983), 9–26 – Z. Zdrójkowski, Zarys dziejów prawa chełmińskiego 1233–1862, 1983 – D. Willoweit, Die K. H. und das Herrschaftsverständnis der Stauferzeit (Beitr. zur Gesch. Westpreußens 9, 1985), 5–24.

Kultur und Gesellschaft, höfische. [1] *Geschichtliche Grundlagen:* Der →Hof war im MA nicht nur Herrschafts- und Verwaltungsmittelpunkt, sondern auch gesellschaftl. und kulturelles Zentrum. Im FrühMA wurde diese Funktion in Deutschland hauptsächl. vom Ks.- und Kg.shof, z. T. auch von den Höfen der geistl. Fs.en wahrgenommen. Der Begriff »Höf. Kultur« bezieht sich speziell auf die Entfaltung des gesellschaftl. und kulturellen Lebens an den weltl. Fs.enhöfen seit dem 12. Jh. Die gesch. Voraussetzungen dafür liegen in der Verschiebung der polit. Gewichte zugunsten der Fs.en durch die Schwächung des Kgtm.s seit dem →Investiturstreit. Zusammen mit alten Herrschaftsrechten des Kg.s übernahmen die Fs.en Normen der kgl. Repräsentation. Nach dem Vorbild des Kg.shofs wurde die Hofverwaltung im 12. Jh. durch die Einführung der →Hofämter und die Errichtung eigener →Kanzleien neu organisiert. Der Kg.shof war auch das Vorbild für ein fsl. Mäzenatentum, das neben Schenkungen und Stiftungen für Kirchen und Kl. auch die Förderung von höf. Lit. umfaßte.

[2] *Die Hofgesellschaft:* Zusammen mit der Herrscherfamilie bildeten die Hofgeistlichen und die Inhaber der Hofämter mit ihren Angehörigen den engeren Kreis der adligen Hofgesellschaft, der durch eine ständig wechselnde Zahl auswärtiger Gäste vergrößert wurde. Zur →familia des Hofherrn gehörte außerdem eine größere Anzahl von Hofleuten, die nur in dienender Funktion am adligen Gesellschaftsleben teilnahmen. Die Hofgeistlichen hatten kirchl. Aufgaben zu erfüllen und waren außerdem als Notare, Ärzte, Erzieher, Architekten und Diplomaten am Hof tätig. Die Hofämter wurden meistens angesehenen Landesministerialen (→Ministerialität) übertragen, in deren Familien sie erbl. wurden. Kennzeichnend für die Lebensweise am Hof war die Ausrichtung des ganzen gesellschaftl. Lebens auf die Person des Herrschers. Die Zwänge dieser Lebensform haben seit dem 12. Jh. spezif. Formen der Hofkritik ins Leben gerufen.

[3] *Sachkultur:* Die Hofgesellschaft war darauf bedacht, sich durch das Erscheinungsbild ihrer materiellen Kultur von der nichtadligen Bevölkerung abzugrenzen. Während für die Entwicklung der höf. Tischsitten und der höf. Kleidung fast nur lit. und bildl. Zeugnisse zur Verfügung stehen, läßt sich der Burgenbau (→Burg) und die Verfeinerung der ritterl. Waffentechnik aus hist. und archäolog. Q. dokumentieren. Kennzeichnend für die Burganlagen des 12./13. Jh. ist die Verbindung von Wehrhaftigkeit und Repräsentation. Die Veränderungen der ritterl. Bewaffnung waren auf die neue Kampftechnik des Reiterangriffs mit der langen Stoßlanze abgestellt. Wichtige Anregungen der höf. Sachkultur sind aus Frankreich gekommen, für den Burgenbau auch aus Italien.

[4] *Gesellschaftliche Umgangsformen:* Der zeremonielle Stil des höf. Gesellschaftslebens fand seinen Ausdruck in einem höf. Protokoll, das nach und nach alle Bereiche des gesellschaftl. Lebens festen Regeln unterwarf. Dabei orientierte man sich in vielen Einzelheiten an der frz. Adelskultur. Aus Frankreich wurden im 12. Jh. auch die ritterl. →Turniere übernommen. Höhepunkte des gesellschaftl. Lebens waren die großen Hoffeste, die an den hohen kirchl. Feiertagen, anläßl. von polit. Versammlungen oder familiären Ereignissen des Herrscherhauses veranstaltet wurden. Bei dieser Gelegenheit wurde der ganze Glanz des höf. Lebens zur Schau gestellt; außerdem waren die Hoffeste geeignet, den Adel des Landes enger an die Person und den Hof des Herrschers zu binden. Über die Stellung der →Frau in der Hofgesellschaft ist aus hist. Q. wenig zu erfahren. Ritterl. Frauendienst, wie ihn die Dichter schildern, hatte wohl kaum eine Grundlage in der Wirklichkeit; aber es gibt Hinweise darauf, daß Ehrerbietung gegenüber den Damen als eine höf. Tugend angesehen wurde. Außerdem hatten die adligen Frauen einen großen Einfluß auf das lit. und gesellige Leben am Hof.

[5] *Höfische Ethik:* Die traditionelle Kriegermoral des →Adels wurde im 12. Jh. von zwei eth. Prinzipien überformt, die von Geistlichen an die Laiengesellschaft vermittelt wurden. a) Der Gedanke, daß der adlige Herr sein Schwert zur Verteidigung der Kirche und des chr. Glaubens und zum Schutz von Witwen und Waisen führen sollte, ist den jungen Adligen im Zeremoniell der ritterl. →Schwertleite vorgetragen worden: ein Geistlicher sprach den Schwertsegen, der den neuen Ritter auf die religiös-eth. Begründung des Waffengebrauchs verpflichtete. b) Der Gedanke, daß es den adligen Herrn auszeichnete, wenn er nicht nur tapfer, klug, umsichtig und gerecht handelte, sondern auch ein höf. Benehmen und Eleganz im Reden und Auftreten bewies, war zuerst für geistl. Würdenträger formuliert worden und wurde dann auch auf den weltl. Adel angewandt. Die Vermittlung erfolgte seit dem 12. Jh. durch volkssprachl. Lehrgedichte, die in der Mehrzahl von Geistlichen verfaßt wurden.

[6] *Höfische Dichtung:* Ihren künstler. Ausdruck fand die höf. Kultur in der volkssprachigen Dichtung, die in Dtl. um 1170 begann, hauptsächl. in Form von Minnelyrik und höf. Epik. Die lit. Vorlagen und Vorbilder fand man in der frz. (für die Lyrik auch in der prov.) Dichtung (→Französische Lit.). Der lit. Rezeptionsprozeß stand im Zusammenhang mit der gesellschaftl. Orientierung nach Frankreich. Der hist. Ort der höf. Dichtung war der Fs.enhof; der Lit. des Ks.hofs blieb überwiegend lateinsprachig. Um 1200 waren erst wenige große Höfe am Lit.prozeß beteiligt; im 13. Jh. wuchs ihre Zahl. Das Interesse der adligen Gesellschaft an der höf. Dichtung zeigt sich am deutlichsten daran, daß Mitglieder des hohen Adels selber als →Minnesänger hervorgetreten sind. Die wichtigste Instanz im Lit.betrieb der Höfe war der fsl. Auftraggeber, der Dichter an den Hof berief, ihnen die Arbeitsmaterialien zur Verfügung stellte, die lit. Vorlagen aus Frankreich beschaffte und manchmal auch auf die lit. Ausführung Einfluß nahm. Auch Frauen waren an der Lit.förderung beteiligt: in Dtl. ist v.a. religiöse Epik im Auftrag fsl.

Gönnerinnen gedichtet worden. Die Verf. der höf. Epen waren meistens →Berufsdichter unbekannter Herkunft, die überwiegend lat. gebildet waren. Die Dichtung wurde in der Regel öffentl. vorgetragen, v. a. bei Gelegenheit festl. Versammlungen; doch hat es auch Privatlektüre gegeben, bes. durch lesekundige Frauen. Die höf. Dichtung diente der Unterhaltung; sie konnte aber auch als Unterweisung in höf. Denk- und Lebensweise gelesen werden. Außerdem hatte die Dichtung eine repräsentative, gesellschaftsstabilisierende Funktion, da die adlige Hofgesellschaft in dem poet. überhöhten Gesellschaftsbild der Dichter eine Legitimierung ihrer eigenen gesellschaftl. Leitvorstellungen sehen konnte.

[7] *Höfische und christliche Wertvorstellungen:* Die höf. Kultur war Ausdruck eines neuen laikalen Selbstbewußtseins. Von der Kirche sind Einzelheiten der Hofkultur scharf angegriffen worden; aber ohne großen Erfolg. Kirchl. Turnierverbote seit 1130 konnten nicht verhindern, daß die Turniere im 12. Jh. immer beliebter wurden. Kirchl. Warnungen vor den Unterhaltungskünsten der Spielleute blieben ohne Widerhall. Asket. gesinnte Geistliche haben den ganzen Prunkbetrieb der Höfe verdammt. Eine generelle Verurteilung der Hofkultur durch die Kirche hat es jedoch nicht gegeben. Gebildete Kleriker hatten als Lehrer und Dichter entscheidenden Anteil am kulturellen Leben am Hof. In der höf. Dichtung kommt z. T. eine betont weltl. Denkweise zum Ausdruck, bes. in der Darstellung der höf. Liebe, die als »Quelle alles Guten« definiert wurde und deren Geboten der höf. Ritter sein ganzes Leben unterwerfen sollte. Die höf. Dichter haben sich jedoch bemüht, den Gegensatz zur chr. Morallehre nicht deutl. werden zu lassen. Das höf. Ritterideal schließt die chr. Tugenden der Demut, des Mitleids und der Nächstenliebe mit ein; und die Minnesänger versichern, daß der höf. Liebende »ohne Sünde vor Gott steht«. Der Gedanke, daß es das höchste Ziel des Ritters sein soll, zugleich Ruhm in der Welt und Gnade vor Gott zu gewinnen, zieht sich wie ein roter Faden durch die höf. Dichtung.   J. Bumke

Lit.: Ritterl. Tugendsystem, hg. G. Eifler, 1970 – Das Rittertum im MA, hg. A. Borst, 1976 – J. Bumke, Stud. zum Ritterbegriff im 12. und 13. Jh., 1977² – U. Liebertz-Grün, Zur Soziologie des 'amour courtois', 1977 – J. Bumke, Mäzene im MA, 1979 – R. Köhn, Militia curialis (Soziale Ordnung im Selbstverständnis des MA, hg. A. Zimmermann, 1979), 227–257 – M. G. Scholz, Hören und Lesen, 1980 – G. Althoff, Nunc fiant Christi milites, qui dudum extiterunt raptores, Saeculum 32, 1981, 317–333 – J. Fleckenstein, Über Ritter und Rittertum (Mittelalterforsch., 1981), 104–114 – Knighthood in Medieval Literature, hg. W. H. Jackson, 1981 – R. Sprandel, Ges. und Lit. im MA, 1982 – J. Flori, L'idéologie du glaive, 1983 – M. Curschmann, Hören – Lesen – Sehen, PBB Tüb. 106, 1984, 218–257 – N. Orme, From Childhood to Chivalry, 1984 – B. Arnold, German Knighthood, 1985 – C. S. Jaeger, The Origins of Courtliness, 1985 – J. W. Nicholls, The Matter of Courtesy, 1985 – R. Schnell, Kirche, Hof und Liebe (Mittelalterbilder aus neuer Perspektive, hg. E. Ruhe-R. Behrens, 1985), 75–111 – Ders., Causa amoris, 1985 – The Spirit of the Court, hg. C. S. Burgess-R. A. Taylor, 1985 – Das ritterl. Turnier im MA, hg. J. Fleckenstein, 1985 – Das Ritterbild in MA und Renaissance, 1985 – J. Bumke, Höf. Kultur, Lit. und Ges. im hohen MA, 2 Bde, 1986 – G. Duby, Ritter, Frau und Priester, 1986² – J. Flori, L'essor de la chevalerie, XIᵉ–XIIᵉ s., 1986 – H.-W. Goetz, Leben im MA, 1986 – Höf. Lit., Hofgesellschaft, Höf. Lebensformen um 1200, hg. G. Kaiser-J.-D. Müller, 1986 – A. Wolf, Dt. Kultur im Hoch-MA, 1986 – The Ideals and Practice of Medieval Knighthood, 2 Bde, hg. C. Harper-Bill-R. Harvey, 1986–88 – D. H. Green, Über Mündlichkeit und Schriftlichkeit in der dt. Lit. des MA (Fschr. K. Stackmann, 1987), 1–20 – U. Peters, Höf. Liebe (Liebe in der dt. Lit. des MA, hg. J. Ashcroft u.a., 1987), 1–13 – J. Fleckenstein, Über den engeren und den weiteren Begriff von Ritter und Rittertum (Fschr. K. Schmid, 1988), 379–392 – E. Brüggen, Kleidung und Mode in der höf. Epik des 12. und 13. Jh., 1989 – Höf. Repräsentation, hg. H. Ragotzky–H. Wenzel, 1990 – Curialitas. Stud. zu Grundfragen der höf.-ritterl. Kultur., hg. J. Fleckenstein, 1990.

Kumanen (türk. *Qipčaq, Quman, Qun* 'Steppen[volk]'; ung. *Kún,* lat. Cuni, Cumani; gr. Koumanoi; mhd. *Valwen, Falben* 'fahl, gelbl.'; aruss. 'Polovci' 'Steppen[volk]'; arm. *Xartešk'n* 'fahl, gelbl.'; georg. *Qivčaq*), reiternomad. Turkvolk umstrittener Herkunft. Erstmals erwähnt in der atürk. Inschrift v. Mogon Šine Usu (Mongolei) im 8. Jh., gehörten die Qipčaq-K. in dieser Zeit zum osttürk. Reich. Nach dessen Verfall gerieten sie im 9. Jh. unter die Herrschaft der protomongol. (?) Kimäk. Im 10. Jh. erstreckten sich die Weidegebiete der Qipčaq-Kimäk-Konföderation bereits bis zum Irtyš. Ihre Westexpansion löste unter den Steppennomaden eine Völkerwanderung aus, in deren Verlauf die sprachverwandten Oghuzen und →Pečenegen nach S und W verdrängt wurden. Um die Mitte des 11. Jh. beherrschten die Qipčaq-K. ein von der Donau im W bis zum Talas-Fluß in Zentralasien im O reichendes Gebiet (seither als *Dašt i-Qipčaq* 'Steppe der Qipčaq' bezeichnet).

Die Gesellschaftsstruktur der K. war v. a. gekennzeichnet durch das Fehlen einer Zentralgewalt. Hingegen wies die Stammesliga der K. Reste eines dualen Herrschaftssystems (Doppelkgtm.?) auf. Die Chāne gingen aus den beiden Clans der Ölberli und Qay hervor. Der Adel rekrutierte sich aus reichen Herdenbesitzern *(bej)* und Angehörigen vornehmer Geschlechter *(özden).* Ihnen unterstand die breite Schicht der nichtadligen K., berittene Krieger *(atlu kiši),* die in den fürstl. Gefolgschaften Dienst leisteten. Groß war die Zahl der Sklaven *(qulluqčy),* v. a. Kriegsgefangene. Als halbnomad. Steppenhirten verfügten die K., die mit ihren Herden entlang der großen Flüsse wanderten, über Sommer- wie Winterlager. Sie trieben Feldbau als Subsistenzwirtschaft, unternahmen period. Raubzüge, um Sklaven und Luxusgüter zu erlangen, und unterhielten über ihre 'Städte' Sudaq, Azaq (Azov) und Saqsin (Itil) Handelsbeziehungen bis nach Zentralasien, Ägypten und W-Europa. Die K., Anhänger des Schamanismus, verehrten wie viele altaische Völker v. a. den Himmelsgott Tängri. Sie setzten ihre Toten unter Grabhügeln *(qurgan)* bei und kannten Pferdebestattungen. Bes. typ. waren 'Grabstatuen' (russ. *kamennaja baba*) verstorbener Krieger. Früh fanden Hochreligionen wie der Manichäismus und das nestorian. Christentum bei ihnen Aufnahme. Um die Mitte des 11. Jh. verbreitete sich der Islam. Seit dem 13. Jh. beteiligten sich die orth. und kath. Kirche an der K. mission. Auf Franziskaner-Missionare geht das bedeutendste kuman. Sprachdenkmal, der →Cod. Cumanicus, zurück.

Als Bundesgenossen wie Gegner übten die K. großen Einfluß auf die innere Entwicklung der Nachbarreiche aus. Bes. eng waren die Kontakte zur Kiever Rus': Z. T. versahen sie für die russ. Fs.en die Grenzwacht und waren sogar mit ihnen verschwägert, z. T. fielen sie – als 'wilde Polov'cer' bezeichnet – häufig in die Rus' ein. Einer der russ. Gegenangriffe, 1185 von →Igor Svjatoslavič unternommen, lebte im →Igorlied fort. Unter dem Eindruck der Polov'cereinfälle begann die Abwanderung der ostslav. Bevölkerung aus den Waldsteppen nach N ein.

In Georgien siedelte Kg. David II. (1089–1125) schon 1118 angebl. 40 000 K. an, die ihm in den Kriegen gegen die Selǧuqen und die widerspenstigen georg. Adel militär. Hilfe leisteten. Andere Verbände bildeten das Substrat für die Ethnogenese der türk. Völker des N-Kaukasus. Krieger. Einfälle der K. in das Byz. Reich erfolgten u. a. 1087, 1094, 1109 und 1160 und konnten nur mühsam abgewehrt werden. K. nahmen aber auch – z. T. als Inhaber von Militärlehen – an der Reichsverteidigung teil und wurden in Thrakien, Makedonien und Kleinasien angesiedelt. Vermutl. waren auch die Dynastien des Zweiten Bulg. Reiches (1186–1396), die Aseniden (?), Terter und Šišman kuman. Herkunft.

Nach Ungarn drangen die K. zum ersten Mal 1091 ein, wurden jedoch von Kg. →Ladislaus I. (1077–95) geschlagen (Kämpfe geschildert in der Ladislauslegende; zahlreiche bildl. Darstellungen [Wiener Bilderchronik, Ung. Anjou Legendarium, Wandfresken in ung. Kirchen, 13.–15. Jh.]). Der Mongolensturm, in dessen Verlauf die K. gemeinsam mit Fs. en der Rus' an der →Kalka und 1238 an der Wolga geschlagen wurden, löste eine Masseneinwanderung nach Ungarn aus. 1239–45 wurden etwa 20 000 K. gegen den Widerstand der ung. Barone und der seßhaften Bevölkerung von Kg. →Béla IV. (1235–70) im Gebiet zw. Donau und Theiß angesiedelt. Als Hilfsvölker nahmen sie an zahlreichen Feldzügen ung. Kg.e teil (→Dürnkrut, Schlacht v.). Unter Kg. →Ladislaus IV. (1272–90) wurden die kuman. Bejs in den »Articuli Cumanorum« rechtl. dem ung. Adel gleichgestellt. Christianisierung und Seßhaftwerdung der K. kamen aber erst im 14. Jh. zum Abschluß. Die kuman. Sprache erlosch in Ungarn im 16. Jh. Die Masse der K. war aber in ihren alten Sitzen unter mongol. Herrschaft verblieben. Nach ihnen wurde die →'Goldene Horde' 'Qipčaq' genannt. Andere K., die als Militärsklaven (mamlūk) nach Ägypten gelangten, begründeten dort um 1250 die Dynastie der →Mamlūken. H. Göckenjan

Lit.: MORAVCSIK, ByzTurc–J. MARQUART, Über das Volkstum der K., AGG Phil.-hist. Kl. 13, 1914, 25–238 – P. PELLIOT, À propos des Comans, JA 1920, 1, 125–185 – D. A. RASOVSKIJ, Polovcy, SemKond 7, 1935, 245–262; 8, 1936, 161–182; 9, 1937, 71–85; 10, 1938, 155–178; 11, 1940, 95–128 – K. GRØNBECH, Koman. Wb., 1942 – GY. GYÖRFFY, A kunok feudalizálódása, Tanulmányok a parasztság történetéhez Magyarországon, 1953, 248–275 – S. A. PLETNEVA, Pečenegi, torki i polovcy v južnorusskich stepjach, Materialy i issledovanija po archeologii SSR 62, 1958 – L. RÁSONYI, Les Turcs non-islamisées en Occident, PTF 3, 1970, 1–20 – A. PÁLÓCZI-HORVÁTH, L'immigration et l'établissement des Comans en Hongrie, ActaOrHung 29, 1975, 313–333 – P. DIACONU, Les Coumans au Bas-Danube aux XIe et XIIe s., 1978 – D. DRÜLL, Der Cod. Cumanicus, 1979 – O. PRITSAK, The Polovcians and the Rus', Archivum Eurasiae Medii Aevi 2, 1982, 321–380 – P. B. GOLDEN, Cumanica, ebd. 4, 1984, 45–87; 6, 1988, 5–29 – The Cambridge Hist. of Early Inner Asia, hg. D. SINOR, 1990, 277–284.

Kümmel (Carum carvi L. bzw. Cuminum cyminum L./ Umbelliferae). Das →Capitulare de villis (70) wie das →Circa instans (ed. WÖLFEL, 35 f.) nennt mit ciminum und careium (bzw. carvi) zwei K.pflanzen, die – im Geschmack völlig verschieden – nicht miteinander verwechselt werden dürfen. Denn während der aus Vorderasien und dem ö. Mittelmeergebiet stammende Röm. oder Kreuz-K. (cyminum) bereits in der Antike bekannt war (Dioskurides, Mat. med. III, 59) und auch im ma. Schrifttum häufig erwähnt wird, wurde der in Mitteleuropa wildwachsende seit alters verbreitete (Wiesen-)K.(car[e]um) erst gegen Ende des MA in größerem Umfang angebaut und verwendet. Es läßt sich deshalb nicht immer klar entscheiden, welche der beiden, v. a. als Gewürz geschätzten Pflanzen mit kumel gemeint ist (Hildegard v. Bingen, Phys. I, 17; Konrad v. Megenberg V, 32), zumal man den (aus lat. cuminum bzw. gr. kyminon entlehnten) dt. Namen erst allmähl. auf den einheim. matkumy oder wiesenkummel (Minner, 101 f.; Gart, Kap. 114 und 115) übertrug. Auch die jeweiligen med. Indikationen sind selten streng getrennt, die den K.samen als verdauungsstärkend, blähungs- und harntreibend, bei maßvollem Gebrauch auch als kosmet. Mittel sowie bei Nasenbluten, Schnupfen, Augenrötung, Husten, Blasenleiden und Bluterguß empfehlen. P. Dilg

Lit.: HWDA V, 805–807 – MARZELL I, 856–861, 1266–1268 – DERS., Heilpflanzen, 151–153 – G. WALLMANN, Beitr. zur Kenntnis von Carum, Cuminum und ihren Nebenarten [Diss. Rostock 1922] – H. KÜSTER, Wo der Pfeffer wächst. Ein Lex. zur Kulturgesch. der Gewürze, 1987, 116–118, 119–123.

Kümmernis, hl. → Volto Santo; →Wilgefortis

Kum(m)et (mhd. Lehnwort, über das Poln. von altslav. chomotu), Schulterkragen, häufig gepolstert, zur effektiven Anspannung von Pferden, der freies Atmen und ungehinderten Blutkreislauf erlaubt im Gegensatz zum Hals- und Unterbrustgeschirr für eine geringe Zuglast von ca. 500 kp. Bereits in der Antike im 1. Jh. n. Chr. bekannt (Sarkophage in Verona, Trier), im 9. Jh. nachweisbar in der Trierer Apokalypse, beschränkte sich der Gebrauch des K.s weitgehend auf Anschirrung von Kampf- und Prunkwagen und fand erst im HochMA verstärkt Eingang in die Landwirtschaft (Eggen: Teppich v. →Bayeux; Lastenwagen und Beetpflug: →Herrad v. Landsberg, »Vieil Rentier«); ein Innovationsschub des FrühMA (→Innovationen, techn.) ging somit von der Einführung des K.s nicht aus. D. Hägermann

Lit.: LEFEBVRE DES NOËTTES, L'attelage: le cheval de selle à travers les âges, 1931 – L. WHITE, Medieval Technology and Social Change, 1962.

Kunibert. 1. K., Bf. v. →Köln 623(?)–663(?), * um 590, † 12. Nov. 663(?), ▭ St. Clemens, heute Pfarrkirche St. K., Köln. Der Sproß einer Adelsfamilie des Trier-Metzer Landes, erzogen am Metzer Hof Theudeberts II., wurde durch seine dortigen Kontakte zur irofrk. Reform wie zum Pariser 'Zentralhof' Mitglied einer geistl.-aristokrat. Führungselite, die im Sinne Chlothars II. und Dagoberts I. eine integralist. Reichskonzeption vertrat. Dies zeigt seine Tätigkeit als Rat der austras. Unterkg.e Dagobert I. und Sigibert III. wie als Trierer Archidiakon und v. a. als Leiter des Kölner Bm.s, das er durch die wahrscheinl. unter seiner Mitwirkung erstellte →Lex Ribuaria endgültig in das Merowingerreich einband. Im Zusammenhang mit der irofrk. Reform steht seine Mission in Friesland und Sachsen, die u. U. in der von ihm errichteten oder erweiterten Kölner Clemenskirche ihr Zentrum hatte. K.s Bund mit den austras. →Arnulfingern-Pippiniden nach Dagoberts I. Tod 639/640 bedeutete keine völlige Aufgabe früherer Positionen, sondern den Versuch mit Hilfe dieser ebenfalls zur 'Reichsgesellschaft' gehörenden Familie Ordnung wie eigenen Einfluß zu wahren. Seit ca. 650 läßt K. sich nicht mehr sicher belegen. Seine Verehrung als Hl. ist seit dem 9. Jh. in seinem Bm. und dessen Nachbargebieten (v. a. Trierer Raum) bezeugt. Heribert Müller

Lit.: P. KÜRTEN, Das Stift St. K. in Köln I/II. 1985/90 – H. MÜLLER, Bf. K. v. Köln, ZKG 98, 1987, 167–205 – DERS., K. v. Köln, Rhein. Lebensbilder 12, 1991, 7–22.

2. K. v. St. Gallen, bei →Ekkehard, Casus s. Galli (c. 91, 127) genannter Mönch aus St. Gallen, wurde durch Hzg. Heinrich I. v. Bayern (947–955) an die →Domschule v. Salzburg berufen, später Abt v. Altaich.

Kunigunde. 1. K., hl., Ksn., Tochter Gf. Siegfrieds I. v. →Luxemburg († 998), † 3. März 1023 Kaufungen, ▭ Bamberg, Dom; ∞ Hzg. Heinrich IV. v. Bayern (Ks. →Heinrich II.) 998/1000. 1002 wurde sie in Paderborn von Ebf. →Willigis v. Mainz zur Kgn., 1004 in Rom an der Seite Heinrichs zur Ksn. gekrönt. Zugunsten des neuen Bm.s →Bamberg verzichtete sie auf ihre Morgengabe, was zu Spannungen mit ihren Brüdern führte, da diese die Hoffnung auf K.s Erbe aufgeben mußten. Offener Konflikt mit ihren Brüdern, dem Metzer Bf. →Dietrich II. v.

Luxemburg und Hzg. →Heinrich V. v. Luxemburg, dem Hzg. v. Bayern, brach aus, als Heinrich II. ihrem Bruder Adalbero, Propst v. St. Paulin in Trier, 1008 das Ebm. →Trier verweigerte. K. hatte insgesamt einen bedeutenderen Anteil an der Regierung als ihre Vorgängerinnen. Etwa ein Drittel der Diplome Heinrichs II. nennt sie als →Intervenientin. 1008 erhielt sie den Kg.shof →Kassel, in dessen Nähe sie 1017 das Kl. Kaufungen gründete, in das sie sich nach Übergabe der Reichsinsignien an den neugewählten Konrad II. zurückzog. Die Kinderlosigkeit ihrer Ehe gab im 12. Jh. Anlaß zur Legendenbildung von der →Josephsehe und dem →Gottesurteil, nach welchem sie zum Beweis der Jungfräulichkeit unversehrt über glühende Pflugscharen schritt. Ihre Vita von geringem Q.wert verfaßte ein Anonymus für ihre Kanonisation, die Papst Innozenz III. am 29. März 1200 aussprach. Ihr legendenreicher Kult intensivierte sich im späten MA, übertraf den Heinrichs II. und nahm Züge der Marienverehrung an.
A. Wendehorst

Bibliogr.: Bibliogr. zur Gesch. von Stadt und Hochstift Bamberg 1945-75, Hist. Verein... Bamberg, 10. Beih., 1980, 453f. - Q.: AASS Mart. I, 266-282 - MGH SS 4, 821-828 - BHL I; Nov. Suppl., Nr. 2001-2009 - Lit.: Bibl. SS 4, 393-399 - LCI VII, 357-360 - NDB XIII, 296f. - A. GEBSER, Die Bedeutung der Ksn. K. für die Regierung Heinrichs II. [Diss. Heidelberg 1897] - J. P. TOUSSAINT, Gesch. der hl. K. v. Luxemburg, 1901 - M. KIRCHNER, Die dt. Ksn.nen in der Zeit von Konrad I. bis zum Tode Lothars v. Supplinburg, 1910 - TH. VOGELSANG, Die Frau als Herrscherin im hohen MA. Stud. zur 'consors regni' Formel, 1954 - E. HLAWITSCHKA, Die Anfänge des Hauses Habsburg-Lothringen, Veröff. der Komm. für saarländ. Landesgesch. 4, 1969, 87-92 - P. HAMER, K. v. Luxemburg, 1985 - E. ROTH, Sankt K. - Legende und Bildaussage, Hist. Verein... Bamberg, 123. Ber., 1987, 5-68 - →Heinrich II.

2. K., böhm. Kgn., * um 1244, † Sept. 1285; Tochter des russ. Fs.en Rostislav Michajlovič v. →Halič und der Arpadin Anna, der Tochter des ung. Kg.s Béla IV., ⚭ böhm. Kg. Přemysl →Otakar II. (25. Okt. 1261). Sie übte auf ihren Gatten, v.a. in Fragen der Ungarnpolitik, beträchtl. Einfluß aus. Nach dem Tode Kg. Otakars (1278) lavierte K. erfolglos zw. Rudolf v. Habsburg und Otto V. v. Brandenburg. Obwohl sie als Mutter des Thronfolgers Wenzel die 'erste Dame des Kgr.es' war, verfolgte sie vorwiegend persönl. Interessen. Als Geliebte →Zawischs (v. Falkenstein) beschwor K. polit. Komplikationen herauf, da sie den jungen Kg. Wenzel II. (1283-1305) dem Einfluß dieses selbstbewußten Magnaten aussetzte. K. starb bald nach der Eheschließung mit Zawisch (Mai 1285).
J. Žemlička

Lit.: J. ŠUSTA, České dějiny II/1, 1935 - V. NOVOTNÝ, České dějiny I/4, 1937.

Kuno

1. K., Kard.bf. v. Praeneste (Palestrina), * um 1060 in S-Deutschland, † 9. Aug. 1122 Praeneste; studierte in England, war bis 1087 Kapellan Wilhelms d. Eroberers, Eremit (ab 1090), 2. Propst v. →Arrouaise (1095/97-1108) und Kard.bf. v. Praeneste (Aug. 1109-22). Zahlreiche Legationen führten ihn unter Paschalis II. und seinen beiden Nachfolgern ins Hl. Land, nach Frankreich und Deutschland. Vorkämpfer einer harten Linie gegen die ksl. Investiturpolitik, exkommunizierte er Heinrich V. auf mehreren Synoden, unterstützte die Opposition der Ebf.e v. Köln und Mainz und entschied den Streit um die Besetzung des Bf.sstuhls v. Metz gegen den ksl. Kandidaten Burchard. Gelasius II., dem er anfängl. skept. gegenüberstand, designierte ihn schließl. sogar zu seinem Nachfolger. K. lehnte ab und unterstützte die Wahl Guidos v. Vienne. In den Jahren nach 1119 konzentrierte sich seine Tätigkeit v.a. auf den engl.-frz. Raum mit Gesandtschaften an den frz. Kg.shof. K. vermittelte im Konflikt zw. Heinrich I. und Ludwig VI. und erreichte vom engl. Kg. die Beilegung des Streits um Ebf. Thurstan v. York. Auf dem im März 1121 von ihm abgehaltenen Konzil v. Soissons kam es zur Verurteilung der Trinitätslehre Abaelards. K. war ein strenger und kompromißloser Verfechter gregorian. Reformideale (Verurteilung der Entfremdung von Kirchenbesitz in Laienhand, Förderung der Regularkanoniker) und einer auf das Papsttum ausgerichteten Universalkirche (zentrale Bedeutung der Legatensynoden).
U. Vones-Liebenstein

Lit.: DBI XXVIII, 25-32 [Q., Lit.] - DHGE XIII, 461-471 [Q.] - NDB XIII, 300f. - TH. SCHIEFFER, Die päpstl. Legaten in Frankreich (Hist. Stud. 263, 1935), 198-212 - R. HIESTAND, Legat, Ks. und Basileus (Aus Reichsgesch. und Nord. Gesch., Fschr. K. JORDAN [Kieler Hist. Stud. 16, 1976]), 141-152 - C. SERVATIUS, Paschalis II. (1099-1118), 1979 [= Päpste und Papsttum 14].

2. K. (Konrad) **I.**, Ebf. (Elekt) v. →Trier (1066), † 1. Juni 1066, ▭ Tholey (Saarland); entstammte wahrscheinl. schwäb. Niederadel (v. Pfullingen), dem ansehnl. Besitztümer zugeschrieben werden. Sein Onkel, Ebf. →Anno v. Köln, verschaffte ihm das Amt eines dortigen Dompropstes und intervenierte bei Kg. Heinrich IV. anläßl. der Besetzung des durch →Eberhards Tod vakanten Erzstuhls zugunsten seines Neffen. Der junge Kg. investierte K. mit Ring und Stab, ohne daß »Klerus und Volk« von Trier Mitwirkungsrechte wahrnehmen konnten. Die Trierer - vornehml. ministerial. - Opposition fand in Gf. Dietrich, Stadt- und Stiftsvogt, einen rücksichtslosen Anführer, der K. auf seinem Inthronisationszug nach Trier bei Bitburg überfiel, einkerkerte und alsbald brutal zu Tode bringen ließ. Der unversorgte Leichnam wurde von Bauern bei Lösnich beerdigt, fand aber noch im gleichen Jahr seine letzte Ruhestätte in der benediktin. Kl.kirche Tholey. K. galt bald nach seinem Tod als Märtyrer und Wundertäter. Der Mönch Theoderich verfaßte zw. 1073 und 1080 seine »Vita et passio«. Gf. Dietrich und seine Helfer blieben unbehelligt. Den empörten Kg. versöhnte die Wahl des ihm genehmen →Udo zum Ebf. v. Trier. Während die ältere Historiographie an der spektakulären Episode v.a. die grausame Ereignisgesch. wahrnahm, betont die jüngere Forsch. (K. SCHULZ, G. JENAL) die polit. und strukturellen Implikationen.
A. Heit

Q. und Lit.: MGH SS VIII, 212-219 [Vita et passio] - JDG H. IV. und H. V., I, 1890 - ADB XVI, s. v. - NDB XII, s. v. - LThK² VI, s. v. - N. GLADEL, Die trier. Ebf.e in der Zeit des Investiturstreits, 1932 - K. SCHULZ, Ministerialität und Bürgertum in Trier, 1968 - F. PAULY, Aus der Gesch. des Bm.s Trier, II, 1969 - G. JENAL, Ebf. Anno II. v. Köln, 1974-75.

3. K. II. v. Falkenstein, Ebf. v. →Trier seit 1362, * 1320, † 21. Mai 1388, ▭ Koblenz, St. Kastor; Sohn des Gf.en Philipp IV. v. Falkenstein-Münzenberg († 1328) und der Gfn. Johanna v. Saarwerden († nach 1347); Scholaster des Mainzer Domkapitels (1345), Verwalter des Mainzer Erzstifts (1348-54), Bestellung zum Koadjutor durch Ebf. →Boemund v. Trier (4. April 1360), Ernennung zum Ebf. v. Trier durch Papst Innozenz VI. (27. Mai 1362), Verwalter des Ebm.s Köln (1363), Koadjutor des Ebf.s →Engelbert III. v. Köln (1366). Nach dessen Tod 1368 wurde K. für die Zeit der Vakanz mit der Verwaltung des Erzstifts Köln betraut. K. betrieb die Wahl seines Neffen →Friedrich v. Saarwerden zum Ebf. v. Köln und blieb auch nach dessen Wahl in Nov. 1370 bis Mitte Juni 1371 apostol. Administrator der Kölner Kirche. 1371 sollte K. auf Wunsch des Mainzer Domkapitels Ebf. v. Mainz werden, was er ablehnte. Nachdem die Auseinandersetzungen im Mainzer Erzstift beigelegt waren, verbesserte sich das

Verhältnis K.s zu Karl IV. Im Nov. 1374 erklärte K. sich bereit, Wenzel nach dem Tod Karls IV. zum Kg. zu wählen. In der Stadt Trier erfolgte 1364 die formalrechtl. Festschreibung der ebfl. Stadtherrschaft, 1367 schloß K. einen Bündnis- und Schirmvertrag mit Trier. 1377 mußte er jedoch auf die Zölle an Saar und Mosel verzichten und zulassen, daß die stadtherrl. Münze in Trier mit jeder anderen gleichgestellt wurde. K. betrachtete fortan Trier nicht mehr als seine Residenz. Nach dem Ausbruch des →Abendländ. Schismas stellte sich K. auf die Seite des röm. Papstes Urban VI., seit 1382 verlor K. das Interesse an der Reichspolitik. Anfang 1388 resignierte K. als Ebf. v. Trier zugunsten seines Großneffen →Werner v. Falkenstein. K. richtete in Trier eine bedeutende Buchmalereiwerkstatt ein (Perikopenbuch, 1380).   D. Jank

Lit.: G. PARISIUS, Ebf. K. II. v. Trier in seinen späteren Jahren 1376–1388, 1910 – A. HAVERKAMP, »Zweyungen, Zwist und Missehel« zw. Ebf. und Stadtgemeinde in Trier i. J. 1377, Kurtrier. Jb. 21, 1981, 22–54 – D. JANK, Das Ebm. Trier während des Gr. Abendländ. Schismas (1378–1417/18), 1983 – F. RONIG, Die Buchmalereiwerkstatt des Trierer Ebf.s und Kfs.en K. v. Falkenstein (1362–1388) (Fschr. A. THOMAS, 1986), 304–311.

Kunsttheorien im MA. Ort ma. K.en ist zunächst der Bereich der →artes. »Ars vero dicta est, quod artis praeceptis regulisque constat« definiert Isidor (Etym. I, I). Aufgabe des Künstlers ist das Wissen um diese festen Regeln und ihre Beherrschung. K.en sind demnach theoret. Überlegungen, die sich auf die Disziplinen der artes liberales sowie der artes mechanicae beziehen. Dieser gegenüber heutiger Auffassung wesentl. umfassendere Kunstbegriff des MA läßt sich nur auf dem Hintergrund der Komplexität theol.-philos. Denkens sowie einer daraus resultierenden wechselseitigen Durchdringung von Theorie und Praxis verstehen. Das Kunstwerk ist niemals Selbstzweck, sondern von der Intention gerade auf höchstmögl. Zweckerfüllung (Vollkommenheit) hin angelegt; darüber hinaus stellt es »keine Kategorie von eigenem Rang dar, die sich qualitativ von Kleidung, Gerät oder Waffen unterschieden hätte« (ASSUNTO, 17). Die Kategorie des Schönen ist nicht losgelöst von seiner Zweckbestimmung zu sehen (Beispiel der »gläsernen Säge«, Thomas v. Aquin, S. th. I, 91, 3). »Für das. Denken bildet das, was wir die ästhet. Schönheit des Kunstwerks nennen mit seiner techn. Herkunft und seiner wiss.-philos. Bedeutung eine untrennbare Einheit« (ASSUNTO, 21). Als transzendentale Bestimmung ist das Schöne dem Sein, dem Wahren und dem Guten gleichwertig und diesen konvertibel. Dies manifestiert sich in der Anschaubarkeit des Kunstwerks, macht dessen 'objektiven' Charakter aus, sowie seine 'moralische' Zielsetzung. In der Auffassung, daß sich in der Form als Bedeutungsträger der jeweiligen Inhalte der 'Zweck' des Kunstwerks manifestiert, rezipieren ma. K.en Gedanken im Sinne aristotel. Entelechiedenkens und platon.-neuplaton. Ideenphilosophie: der Künstler muß um den Zweck, d. h. die zugrundeliegende Idee wissen bei der Gestaltung seines Werkes, dessen anagog. Charakter durch die auf das →Urbild verweisende Abbildlichkeit bedingt ist. – In der Patristik hat vornehml. Augustinus, unter Adaption antiken Bildungswissens verbunden mit den Inhalten chr. Offenbarungstheologie den Boden für eine kunsttheoret. höchst fruchtbare Betrachtungsweise bereitet. Die zahlenhaft strukturierte Ordnung des Kosmos im Sinne von Platons Timaios, die Auffassung der Welt als Kunstwerk, steht nicht im Gegensatz zu einem chr. Schöpfungsbegriff, wonach Gott alles »nach Maß, Zahl und Gewicht« (Sap. 11, 21) geordnet hat (vgl. W. BEIERWALTES, Aug. Interpret. von Sap. 11, 21 in RE Aug. 15, 1969). Die Welt ist ein »pulcherrimum carmen«, das auch in seinen scheinbaren Widersprüchen notwendig und dessen Schönheit dadurch um so vollkommener ist (etwa De civ. Dei XI, 18). Auf dem Hintergrund seiner Signum-Lehre (vgl. C. P. MAYER, Die geistigen Zeichen in der Theologie Augustins, I–II, 1969/74) schafft Augustinus den Rahmen, in dem auch der Verweischarakter ma. Kunstwerke eine Begründung findet. Maß, Zahl und Gewicht erscheinen durch die Schöpfung in der Zeit, geben dem Geschaffenen seine jeweilige Begrenzung (modus), Form (species) und Ordnung (vgl. De nat. bon. 3), bleiben freilich in ihrem Geschaffensein zeichenhaft, auf das Urbild im Geist Gottes verwiesen. Im Rahmen augustin. Trinitätsspekulation kommt dabei der species, bezogen auf die zweite Person innertrinitar. Hervorgängen, bes. Bedeutung zu. So wird auch das Wort Gottes als seine Kunst gedeutet (etwa De trin. VI, 11; Serm. 119,6), die göttl. Kunst als das Gesetz aller Künste (De ver. relig. 57), auch Ermöglichungsgrund menschl. Kunst (De mus. VI, 35). Der Zahl als dem konstituierenden Moment des Geschaffenen ist auch sie verpflichtet; die sich in ihr manifestierenden Gesetzmäßigkeiten (vestigia rationis) verweisen auf eine metaphys. Vollkommenheit (De ordine). In diesem Zusammenhang nehmen für Augustinus Musik und Architektur eine, gemäß ihrer math. Natur, hervorgehobene Stellung ein: »Musica est scientia bene modulandi« (De mus. I, 2, 2) steckt zugleich den Rahmen theoret. Erörterungen ab: die ästhet. 'Qualität' eines Kunstwerkes ist abhängig von seiner rationalen Struktur, die über die Sinne die Vernunft affiziert, Kunst ist von daher Wissenschaft, nicht von der subjektiven Eingebung des Künstlers abhängig, dessen Werk zeichenhaft auf die eigentliche, seinsverleihende Schöpfertätigkeit Gottes verweist. – Eine ähnl. Haltung vertritt auch Boethius: Schönheit wird manifest durch die zugrundeliegende Zahlenharmonie, die in bestimmten Regeln in der Kunst ihren Ausdruck findet. Diese math. Ordnung, aus der nach göttl. Willen die Schöpfung gestaltet ist (etwa De cons. phil. III, met. 9), findet sich in bes. Weise auch hörbar in der Musik (De mus. I, 1). – Eine herausragende Bedeutung haben die im Corpus Dionysiacum (→Dionysius) überlieferten Schriften. Sowohl im byz. Raum als auch später nach ihrer Übers. und Kommentierung im W, ist durch sie die Auffassung von der Schönheit und metaphys. Begründbarkeit der Kunstwerke wesentl. geprägt. Die Offenbarung hat sich in Rücksicht auf das menschl. Erkenntnisvermögen dichterisch heiliger Darstellungen bedient, die es auf anagog. Weise gemäß seiner Natur emporführen (De coel. hierarch. II, 1). Dieser 'anagogicus mos' wird zu einem entscheidenden Merkmal ma. Kunstauffassung. Jede Stufe der Hierarchie wird gemäß ihrem Rang zu einem »Mitwirkenden Gottes« (a.a.O. III, 2). So finden auch ma. Darstellungen des Monströsen und Mißgestalteten ihre metaphys. Rechtfertigung: auf Grund der Teilhabe am Sein besitzen sie ihre je eigene, relative Vollkommenheit, sind Teil göttl. Ordnung. – Das sinnl. Wahrnehmbare, so Joh. Scotus Eriugena, ist Symbol des Göttlichen: teils rein und ähnlicher, teils vermischt und unähnlicher (Sup. Hierarch. coel., MPL 122, 132), das gesamte Universum ein gewaltiges Licht, welches das menschl. Erkenntnisvermögen erleuchtet und stufenweise zur Schau göttl. Geheimnisse führt. – Wirkungsgeschichtl. haben diese Gedanken u. a. im 12. Jh. eine konkret sichtbare Darstellung erfahren (vgl. E. PANOFSKY, Abbot →Suger on the Abbey Church of St. Denis and it's Art Treasures, 1946, dt. 1975). – Auch bei Eriugena findet sich der Verweis auf eine 'analogia trinitatis' im schöpfer. Vorgehen des menschl. Geistes (De div. nat. II, 23/24), dem die artes als »naturales virtutes actionesque« zukommen (a.a.O. I, 44). – In der Schule v. Chartres wird der antike Topos »ars imitatur naturam« (Arist., Phys. B, 2, 194a21), vermittelt durch die Rezeption des Timaios-Komm. des Chalcidius, dahingehend interpretiert, daß das Modell (exemplum) der Artefakte im menschl. Geist zwar vorgedacht ist, hinter der schaffenden Natur, mehr noch hinter der seinsverleihenden Ideentätigkeit Gottes aber zurücksteht (vgl. Wilhelm v. Conches, Glossen zum Timaios, ed. J. M. PARENT, La doctrine de la création dans l'école de Chartres, 1938, 147f.). – Bonaventura verknüpft die artes in einem kunstvollen Bezugssystem von Trinitätsspekulationen, Illuminationstheorie und der Lehre vom mehrfachen Schriftsinn: der dreifachen Entfaltung des Schriftsinns (allegor., moral., anagog.) aus dem sensus literalis entspricht eine dreifache Explikation der Kunst. Das aus der Idee im Geist des Künstlers hervorgehende Schaffen verweist auf die Zeugung des Sohnes aus dem Vater (De red. art. ad theol.), die Schönheit, Brauchbarkeit und Dauerhaftigkeit des Kunstwerks auf die im moral. Schriftsinn dargelegte gottgewollte Ordnung, die Anerkennung des Künstlers aber auf die im anagog. Schriftsinn ausgedrückte Verehrung Gottes; so ist schon die äußere Manifestation des Lichtes in den artes mech. »ein Weg zur Erleuchtung der Hl. Schrift« (a.a.O. 14). – Der Grund, daß die Kunst die Natur nachahmt, liegt darin, daß das Prinzip künstler. Tätigkeit die Erkenntnis ist, diese uns aber durch die Sinne vermittelt wird (In phys. II, 2, 171). Die Natur als ein »opus intelligentiae« ist Werk göttl. Schöpfung, auf ein Ziel gerichtet, ihre rationalen Strukturen ermöglichen eine prinzipielle Nachahmbarkeit durch die Kunst, nicht im Sinne eines platt-verist. Abbildungsverfahrens, vielmehr in einer Angleichung des Vorgehens: »ars enim in sua operatione imitatur naturam« (C. G. 3, 10). Analog setzt dies eine dem Werk vorangehende Konzeption im Geist des Künstlers voraus (vgl. S.th. I., 45, 7), wobei die Natur durch göttl. Kunst substantiale, der Mensch bloß akzidentelle Formen hervorbringt. – Ähnl. sieht Nikolaus v. Kues in künstler. Tun eine Nachahmung der Verfahrensweise der Natur, beide sind auf eine zugrundeliegende, formgebende Idee bezogen (De ven. sap. c.5). In seiner Auslegung des im 'Corpus hermeticum' tradierten Satzes vom Menschen als einem »zweiten Bild Gottes« erfährt diese Auffassung eine deutl. Differenzierung in seiner Bestimmung des Menschen als »zweiter Gott« (De beryllo c.6). Denn wie Gott der Schöpfer des wirkl. Seienden und der natürl. Formen ist, so ist der Mensch Schöpfer des Begrifflichen und der Kunstformen, die nichts anderes sind als Abbilder seiner Vernunft, so wie die Schöpfung Gottes Abbild ist der göttl. Vernunft (a.a.O.). So hat die menschl. schöpfer. Vernunftkraft teil am göttl. Schaffen, bleibt diesem gegenüber freilich immer Abbild. Im Bereich des Endlichen sind Natur und Kunst aufeinander verwiesen (De coniect. II,12); Gott freilich ist in der Sprache des Verstandes absolute Natur und Kunst zugleich, in Wahrheit aber weder Natur noch Kunst noch beides. →Anagoge, →Lichtmetaphysik.

U. Mörschel

Lit.: HWP, s.v. Kunst – K. BORINSKI, Die antike Poetik und Kunsttheorie, 1914/24 – E. PANOFSKY, Idea, 1924 – K. SVOBODA, L'ésthétique de S. Augustin et ses sources, 1933 – H. H. GLUNZ, Die Literarästhetik des europ. MA, 1937 – E. DE BRUYNE, Études d'ésthétique médiév., I-III, 1946 – CURTIUS – G. BANDMANN, Ma. Architektur als Bedeutungsträger, 1951 – V. RÜFNER, Homo secundus Deus, PhJb 63, 1955, 248–291 – E. PANOFSKY, Got. Architektur und Scholastik, 1957 [dt. 1989] – O. V. SIMSON, Die got. Kath., dt. 1968 – R. ASSUNTO, Die Theorie des Schönen im MA, 1964 – K. FLASCH, Ars imitatur naturam (Fschr. HIRSCHBERGER, 1965), 265–306 – F. OHLY, Schriften zur ma. Bedeutungsforsch., 1977 – G. POCHAT, Gesch. der Ästhetik und K.en, 1986 – U. ECO, K. und Schönheit im MA, 1991.

Kunz v. Kauffungen → Prinzenraub, Sächs.

Kupfer, In der ma. Wirtschaft Europas war K. so bedeutend wie →Eisen. Die Entwicklung des kapitalist. Bergbaubetriebs war eng verbunden mit der Ausbeutung von polymetall. Lagerstätten, in denen K. selten rein, sondern meist in Gemenge mit anderen Mineralien (Eisen, Nickel, Kobalt, Blei, Zinn, Schwefel, Arsenik, Silber) vorkommt. K. erhielt seinen bedeutenden Platz in der Metallurgie durch den technolog. Fortschritt, der sich im 15. Jh. bei der Silberveredlung (→Silber) vollzog. Überall wo der Silbergehalt der Kupfererze hochwertig war, verbreitete sich vor Ende des 15. Jh. das Saigerverfahren (→Saigerhütte) zur Trennung von Silber und K. Das veredelte K. fand damit im gesamten mitteleurop. Raum als Nebenprodukt der Silbergewinnung Verbreitung, dessen europ. Preise wegen der Verwendung in Militärtechnik und Münzprägung in die Höhe getrieben wurden. Mit der zunehmenden Erschöpfung der ergiebigsten europ. Silberminen gegen Ende des MA gewährleistete die Nachfrage nach K. auf den europ. Märkten die Amortisation der großen Bergbau- und Hüttenbetriebe, deren Kosten wegen Vertiefung der Schächte immer mehr anwuchsen. So wurde K. entweder für sich oder verbunden mit Silber zu einem bestimmenden Rohstoff. Nicht nur in Verbindung mit Silber, sondern auch als Legierung mit einer Reihe anderer Metalle war K. im MA verbreitet, wobei zumindest die ma. Traktatlit. die Art der Zusammensetzung nicht immer klar erkennen läßt. In der Verbindung mit →Zinn wurde K. zu →Bronze, eine der seit prähist. Zeit am häufigsten verwendeten Legierungen, verbunden mit →Galmei zu →Messing.

Im Hb. des Francesco di Balduccio →Pegolotti (Ende 14. Jh.) werden mehrere K.sorten entsprechend ihrem Gebrauch unterschieden: hartes K. zur Herstellung von Glocken und Mörsern; mildes K. für feinere (Luxus-)Gegenstände (sottili). Dieses »milde« K. gliederte sich wiederum in zwei Qualitäten: das gelbe K., aus dem Becken und Kessel gefertigt wurden und das in Legierungen zur Münzprägung diente, stammte aus Oberungarn (heut. Slovakei) und gelangte über Krakau auf die Märkte Mittel- und W-Europas; das rote K., das in kleinen brotförmigen Platten von tiefroter Farbe vertrieben wurde und u.a. bei der Herstellung von Pferdegeschirr Verwendung fand, stammte v.a. aus Goslar (Harzgebiet) und Massa (Toscana marittima).

Die Verwendung von K. war vielseitig: Küche und Haushalt (z.B. Lampen und Leuchten), Gewerbebetriebe (Brau- und Sudkessel zur Bereitung von Bier oder Zuckerraffinade), Glockenguß, Dachdeckung (v.a. Kirchendächer), Kanonenguß, Grabplatten, Plastiken, Medaillen, Münzen (nicht nur die geringwertigeren »schwarzen« K.münzen, sondern auch die Gold- und Silbermünzen, denen K. beigemengt wurde).

Eine hist. Geographie des K.s zeigt – neben beachtl. Vorkommen von stärker regionaler Bedeutung (Sierra Nevada/Andalusien, Toskana, Serbien, Kopperberg/Falun in Mittelschweden) – im 12.–15. Jh. eine Konzentration auf die großen K.reviere Mitteleuropas, v.a. →Harz und ö. Harzvorland (→Goslar, →Mansfeld), slovak. →Karpaten (Neusohl, Libethen, Schmöllnitz) und →Tirol. Hier entstanden unter der Leitung mächtiger Konsortien große industrielle Betriebe, am Ende des 14. Jh. unter

Beteiligung der Florentiner Hochfinanz, dann aber der oberdt. Firmen, die bis zur Mitte des 16. Jh. dominierten. Die Kapitalkraft der →Fugger beruhte nicht zuletzt auf Verhüttung und Export des im Kgr. Ungarn und in den habsbg. Erblanden geförderten K.s. Große Zentren der handwerkl. Verarbeitung waren: Maasland (mit Lüttich, Dinant, Huy, Verdun u.a.; →Dinanderie), Köln, Braunschweig, Nürnberg, Augsburg und die it. Städte, bes. Venedig und Florenz, dessen Meister wie →Ghiberti, →Brunelleschi und →Donatello die auf dem K. als Grundmaterial beruhende Bronze zu einem führenden Werkstoff der Renaissance machten. Ph. Braunstein

Lit.: P. Ratkos, Das K.wesen in der Slowakei vor der Entstehung der Thurzo-Fuggerschen Handelsges. (Der Außenhandel Ostmitteleuropas 1450–1650, 1971) – E. Westermann, Das Eislebener Gark. und seine Bedeutung für den europ. K.markt 1460–1560, 1971 – L. Suhling, Der Seigerhüttenprozeß, 1976 – Schwerpunkte der K.produktion und des K.Handels in Europa, hg. H. Kellenbenz, 1977 – F. Irsigler, Hans. K.handel im 15. und in der 1. Hälfte des 16. Jh., HGBll 97, 1979, 15–35 – W. v. Stromer, Medici-Unternehmen in den Karpatenländern (Aspetti della vita economica medievale, 1985).

Kupfergewinnung, -handel → Kupfer

Kupferstich → Graphik

Kuppel, Gewölbeform, deren Mantelfläche in d. Regel ein Kugelabschnitt ist, über kreisförm., seltener ovalem Grundriß. Im Aufriß unterscheidet man *Flachk.* (Kugelsegment), *Halbkugelk.*, *Spitzk.* und *Zwiebelk.* Zur Überhöhung des Raumes kann die K. auf einen zylindr. oder polygonalen Tambour gesetzt werden, der oft durchfenstert ist (in der frühchr. Baukunst und in der Renaissance). Bei dem häufig überkuppelten quadrat. Grundriß bieten sich vier Möglichkeiten an: Bei der *Hängek.* ist die Basis der K. ein gedachter Kreis, der das Grundrißquadrat umschreibt; die über das Quadrat hinausgehenden seitl. Kugelsegmente sind als abgeschnitten vorzustellen; ähnlich ist die *Böhmische Kappe*, Platzgewölbe oder Stutzk., bei der die zu überwölbende Fläche kleiner als das Grundquadrat ist; bei der *Trompenk.* ist der Basiskreis der K. dem Grundrißquadrat einbeschrieben, dessen Ecken so gekappt werden, daß ein Oktogon entsteht; die Ecken werden mit Trompen (Trichternischen) übermauert, in der Form eines halben Hohlkegels mit nach unten gekehrter Öffnung dienen sie der Überleitung zur K. Bei der *Pendentifk.* ist eine Hängek. über den Bögen horizontal abgeschnitten und die so entstandene Kreisfläche mit einer Halbkugel überwölbt; die dabei entstehenden sphär. Dreiecke (Kugelstücke) nennt man Pendentifs, Hängezwickel oder Eckzwickel; sie werden von drei Viertelkreisbogen begrenzt, von denen der obere waagrechte ein Viertel des Fußkreises der K. bildet. Pendentif und Trompe ist gemeinsam, daß sie in den Winkel zweier aufeinanderstoßender, vom Boden oder über Gurtbogen aufsteigender Mauern eingesetzt sind. Da aber Trompen zu einem Achteck und die Pendentifs zu einem Kreis überleiten, so ergibt sich daraus ihre unterschiedl. Anwendung: Die Trompe bei achteckigen Vierungstürmen und Kl.gewölben, das Pendentif bei K.n; allerdings ist es auch möglich, das Achteck durch weitere Überleitungen zu einem K.fuß zu runden. Neben der *Massiv-* oder *Schalenk.* gibt es *Rippenk.*, *Faltk.*, *Kassettenk.* und *Zweischalen-* oder *Hohlkörperk.* (aus zwei durch Stege miteinander verbundenen Schalen, Florentiner Domk. von Brunelleschi als Kl.gewölbe). Auch das einfache Kl.gewölbe kommt als Überdeckung polygonaler Räume vor. Zur Belichtung kann die K. im Scheitel eine Öffnung (Auge, Opaion) und darüber noch eine runde oder polygonale, durchfensterte Laterne haben. Bes. Verbreitung haben K.n in der byz. Baukunst gefunden. Im Abendland verwendet man die K. in byz. beeinflußten Landschaften, wie in Aachen oder den Kirchen Aquitaniens im 12. Jh., hier jedoch als Flachk. In Deutschland zeigen v.a. westfäl. Kirchen des 12. und 13. Jh. k.ige Gewölbeformen, jedoch sind reine K.n selten. Reiche Entwicklung und Gestaltung finden K.n zunächst mit Italien mit Beginn der Renaissance (in Florenz ab 1436 mit Brunelleschis Bauten), dann in ganz Europa. S. a. →Baukunst, →Gewölbe. G. Binding

Lit.: R. Huber–R. Rieth, Gewölbe und K.n. Glossarium Artis 6, 1975 [Lit.] – G. Binding, Architektonische Formenlehre, 1987², 163–172.

Kuppelreliquiar → Reliquiar

Kurantgeld, im Umlauf befindl. Münzen (Kurantmünzen) im Gegensatz zum Rechengeld, das nur auf dem Papier stand. Während man das Rechengeld im Handel für die Vereinfachung der Rechnung mit größeren Beträgen verwendete, wurde K. im alltägl. Geldverkehr benutzt. Jedoch traten bestimmte Sorten nebeneinander und nacheinander als Kurant- und als Rechenmünzen auf. So war z.B. der →Schilling bis zum 12. Jh. eine Rechnungseinheit zu 12 Pfennigen, den man erst im 13. und 14. Jh. als K. (z.B. →Turnose) ausprägte. Die Verschlechterung des silbernen Kleingeldes im SpätMA ließ einerseits größere Kurantmünzen (z.B. Doppelschilling) und andererseits stabile Rechnungsmünzen entstehen, auf die die Kurse des K.es bezogen waren. M. North

Lit.: F. v. Schrötter, Wb. der Münzkunde, 1930, 336f., 553 – H. van Werveke, Monnaie de compte et monnaie réelle, RBPH 13, 1934, 123–152.

Küraß, vom griech.-röm. Muskel- und Klappenpanzer abgeleiteter, ärmelloser, kurzer Rumpfpanzer aus gepreßtem Leder, Lamellengeflecht oder mit Schuppenbelag; Teil der Ausrüstung der pers. schweren Kavallerie (Clibanarier). Unter dem Namen 'klibanion' von byz. Reitern und Fußvolk auch allein getragen. In Europa erscheint der K. erst im 13. Jh. unter dem Namen *plâten* (frz. les plates). Er war aus Eisenreifen hergestellt, unter dem →Waffenrock verborgen oder in diesen eingenäht. Aus ihm entstand in der 1. Hälfte des 14. Jh. der →Plattenrock. O. Gamber

Lit.: T. Kolias, Byz. Waffen, 1988 – V. Norman, Waffen und Rüstungen, o. J.

Kurbel, einarmiger Hebel zur Drehung einer Welle, bei →Heron v. Alexandria (1. Jh. n. Chr.) beschrieben, nur vereinzelt bis ins FrühMA nachweisbar, beim Drehen der Handmühle prinzipiell aber gegeben. Im Utrecht-Psalter (9. Jh., nach antiker Vorlage) wird zum Schleifen eines Schwertes ein Schleifstein mit einer K. angetrieben. →Theophilus nutzt die K. verschiedentl., und seit 1150 in Nordspanien, bald darauf in Frankreich, findet sich die Drehleier (→Musikinstrumente) mit K. Im Bergbau ist sie seit dem HochMA verbreitet: Haspel und Doppelhaspel. Mit dem 15. Jh. nehmen Darstellungen zu, so bei C. →Kyeser, im Hausbuch der Mendelschen Stiftung (Nürnberg). Weitere Abb. belegen die Fortentwicklung des K.triebs durch die gekröpfte Welle (K.-Pleuel-Antrieb, oft durch eine Fußwippe; K.welle). A. Hedwig

Kurbinovo, St. Georgskirche am Prespa-See (Makedonien) mit bedeutender Ausmalung. Einschiffiger Bau mit halbrunder Apsis. Die nach Ausweis der gr. Inschrift am Altar im April 1191 begonnenen Fresken sind in drei Zonen eingeteilt: in der oberen Propheten, in der mittleren Szenen der Hochfeste, in der unteren stehende Figuren (insbes. Christus und hl. Georg, einander zugewandt); in der Konche der Apsis Gottesmutter mit Christus und den Erzengeln, darunter die Anbetung des Christus-Opfers auf dem Diskos durch die Kirchenväter; auf der Apsis-Stirnwand u.a. Himmelfahrt Christi und Christus als »Alter der Tage« mit Engeln. In ihren Lösungen bildet die Ausmalung von Kurbinovo die Abschlußphase der Komnenen-Epoche und schließt, in noch gesteigerter Expressivität, an die Fresken von →Nerezi an.

M. Gligorijević-Maksimović

Lit.: R. Ljubinković, Stara crkva sela Kurbinova, Starinar XV, 1942, 101–123 – L. Hadermann-Misguich, K., 1975, 14f. – V. J. Djurić, Byz. Fresken in Jugoslawien, 1976 – P. Miljković-Pepek, Za nekoi graditelјski i slikarski problemi, Likovna umetnost 4–5, 1979, 17–37.

Kürbisgewächse (Cucurbitaceae). Bereits im »Capitulare de villis« (70) werden die im MA bekannten und hauptsächl. als Nahrungsmittel dienenden K. erwähnt: *cucurbita, pepo, cucumer* und *coloquentida*, die – oft miteinander verwechselt – in ihren Bezeichnungen nicht immer eindeutig zu unterscheiden sind. Jedenfalls bezieht sich der (aus lat. [cu]curbita entlehnte) ahd. Name *c(h)urbiz* u.ä. (Steinmeyer-Sievers I, 356, 360 u.ö.) nicht auf den (erst aus Amerika eingeführten) Garten-, sondern auf den schon im alten Ägypten angebauten *Flaschenkürbis* (Lagenaria siceraria [Mol.] Standl.). Diesen und seine Verwendung als Gefäß (später 'Kalebasse') hat Walahfrid Strabo (Hortulus, ed. Stoffler, 99–180) ebenso ausführl. beschrieben wie die (Zucker- oder Garten-)*Melone* (Cucumis melo L.), deren Benennung über lat. *melo* auf gr. melopepon zurückgeht; als Synonyme begegnen ferner (von *pepo* abgeleitet) *pepano, phedema, pfedem* usw. sowie *erdapfel*, welch letzteres auch für die – im MA wenig verbreitete – *Gurke* (Cucumis sativus L.) gebräuchl. war. Eine Schwesterart der Wassermelone ist die *Koloquinte* (Citrullus colocynthis [L.] Schrad.), häufig 'alexandrin.' oder 'wilder' Kürbis gen., die man offenbar vergebl. zu kultivieren suchte. Die K. wurden auch med. genutzt, z.B. als harntreibendes Mittel (Circa instans, ed. Wölfel, 26, 41f., 50; Albertus Magnus, De veget., VI, 81–85 und 312–315; Konrad v. Megenberg IV B, 12; V, 22 und 26; Gart, Kap. 91, 123 und 276).
P. Dilg

Lit.: Marzell I, 1028f., 1252–1266; II, 1152f. – R. v. Fischer-Benzon, Altdt. Gartenflora, 1894 [Neudr. 1972], 54f., 89–95, 221–224.

Küre → Keure

Kuren, Kurland. [1] *Volk und Land:* Die Kuren gehörten zur Stammesfamilie der →Letten und damit zur ostbalt. Sprach- und Völkerfamilie (Indogermanen). Das Kurische ist schon früh dem Lettischen angepaßt worden oder gewichen. Das Siedlungsgebiet der Kuren reichte entlang der Ostsee und dem Rigaschen Meerbusen im S bis zur Memel, im O bis Schlock. Nach N-K. wanderten seit ca. 600 von der See her ostseefinn. →Liven als eine Erobererschicht ein. Sie beherrschten zusammen mit den →Esten die ö. Ostsee.

[2] *Vorgeschichte:* K. bildete vor der hist. Zeit eine Zone lett.-livischer Mischkultur. Die Bevölkerung siedelte in Dörfern und Weilern, die zu Kleingauen (im N 'kilegunden') zusammengefaßt waren, denen *castellaturae* oder *borch-sokinge* übergeordnet waren. Fünf *civitates* des 9. Jh. erscheinen später als die Landschaften Wannema im NO, Sagere, später Winda, an der unteren Windau, Bandowe um Goldingen und Amboten, Esestua, später Bihavelant, im W um Alschwangen und Durben, sowie S-K. (Pilsaten, Megowe, Dowzare und Ceklis). Die Wehrverfassung trug ostseefinn. Züge und war durch Fliehburgen, den Heerbann *(malewa)* und die 'Wartgut'-Steuer für die Überwachung der Grenze zu →Litauen gekennzeichnet. Wie im ganzen ostbalt. Raum wurden Viehwirtschaft und →Brandwirtschaft (Schwende) betrieben, doch zeigen Formen der Feldeinteilung und Heuschlagnutzung ostseefinn. Einfluß. Neben der lett. Sitte der Erdbestattung unter Grabhügeln finden sich auch Brandgräber, deren Beigaben den krieger. Charakter der Liven verraten.

[3] *Frühgeschichte, Eroberung und Christianisierung:* Versuche der Schweden vom 7. bis frühen 11. Jh. und der Dänen seit dem 9. Jh., K. zu unterwerfen, gelangen nie auf Dauer. Ein dän. Missionsversuch im 11. Jh. war erfolglos. Infolge der Bezwingung →Ösels durch die Deutschen (1227) drohte auch den Kuren die dt. Herrschaft. 1228 überfielen sie das Kl. Dünamünde. Doch im Winter 1230/31 zwang sie eine Hungersnot, bei den Deutschen und dem päpstl. Vizelegaten →Balduin v. Alna gegen Unterwerfung und Annahme des Christentums Hilfe zu suchen. In Abwesenheit Balduins wurde das Land zw. dem Bf. v. Riga (Wannema), dem →Schwertbrüderorden (Bandowe und Bihavelant) und der Stadt →Riga (Sagere) in Drittel geteilt. Als Balduin 1233 mit erweiterten Vollmachten wiederkehrte, scheiterte er mit seinen Ansprüchen und mußte das Land verlassen (1234). Jetzt behielt der Orden ein Drittel; aus zwei Dritteln wurde ein neues Bm., K., geschaffen. Doch nach einem Sieg der Litauer über den Orden bei Saule (Schaulen, 1236) fielen die Kuren ab, außer denen in O-K. (jetzt 'Vredecuronia'), das aber dem Bf. v. Riga zugeteilt wurde, der es 1245 seinem Domkapitel übertrug. Das übrige K. wurde zum 2. Mal, jetzt vom →Dt. Orden (1242–44), erobert. Dieser verlangte zwei Drittel, die ihm der päpstl. Legat →Wilhelm v. Modena zuwies. 1252 wurden die Diöz. K. und die Stiftsgrenzen festgelegt, 1253 gemeinsam mit dem Orden die Memelburg errichtet, wo der Bf. residierte. Ihm gehörten: ein Gebiet um Amboten und Neuhausen, ein Küstenstreifen um Libau, ein Gebiet an der Durbemündung sowie NO-K., jedoch ohne den Teil des Rigaschen Kapitels. Alles übrige behielt der Orden. Doch dieser wurde 1260 bei →Durben von den Litauern besiegt; die Kuren fielen wieder ab. Dank seiner Burgentechnik (1243 »Jesusborg« = Goldingen) bezwang sie der Deutsche Orden erneut (bis 1267).

[4] *Unter dem Deutschen Orden:* Für das kurländ. Teilgebiet war dem Orden keinem Bischof zu Gehorsam verpflichtet. Es bestand, nachdem die Komturei →Memel Preußen zugeschlagen war (1328), aus den Komtureien →Goldingen und Windau und den Vogteien Kandau und Grobin, dazu kam das Landgebiet des Ordensmeisters, Tuckum. Kurländ. Freibauern und freie dt. Krüger, Müller, Handwerker stellten die leichte Reiterei. Seit Ende des 15. Jh. vergab der Orden Lehen an Vasallen, verweigerte ihnen jedoch korporative Ständerechte. Infolge der Nähe zu Preußen und durch den Einfluß Hzg. Albrechts hielt die Reformation recht schnell Einzug.

[5] *Das Stift Kurland:* Seit 1263 war der Bf. Angehöriger des Dt. Ordens, seit 1290 auch das Domkapitel dem Orden inkorporiert. Die Residenz des Bf.s wurde schon bald nach →Hasenpoth, 1300 nach Pilten verlegt (»Stift Pilten«, während das Kapitel in Hasenpoth verblieb). Das gesamte Stift wurde durch einen Stiftsvogt verwaltet und war in Ämter unterteilt. 1434 wurde vom Rigaer Domkapitel O-K. hinzuerworben. Der Bf. war in seinem Territorium Landesherr. Seit 1422 nahmen er und sein Domkapitel wiederholt an den livländ. Landtagen teil. Seit 1521 war der Bf. Reichsfürst.
H. v. zur Mühlen

Q.: Liv-, Est- und Kurländ. UB, 1852ff. – Heinrich v. Lettland – Lit.: L. Arbusow, Grdr. der Gesch. Liv-, Est- und K.s, 1918[3] [Neudr. 1964] – H. Dopkewitsch, Die Burgsuchungen in K. und Livland, 1933 – BL, 1939 [Beitr. von P. Johansen, V. Kiparsky, L. Arbusow] – A. Tuulse, Die Burgen in Estland und Lettland, 1942 – M. Hellmann,

Das Lettenland im MA, 1954 – R. WITTRAM, Balt. Gesch., 1954 – F. BENNINGHOVEN, Der Orden der Schwertbrüder, 1965 – W. ECKERT, Altlett. Siedlung in K., 1984 – s.a. →Goldingen (A. BAUER, 1933).

Kürenberger, Der, mhd. Lyriker aus den 50/60er Jahren des 12. Jh., ältester namentl. bekannter und bedeutendster Vertreter des frühen →Minnesangs. Als hist. Person ist K. nicht zu fixieren. Eine Identifizierung mit im bayer.-österr. Salzachgebiet und in der Gegend um Melk belegten Herren v. Kürenberg (Ministerialen der Gf.en v. Burghausen und der Passauer Geistlichkeit) bleibt problemat.; mögl. ist, daß der Sängername vom Sammler der Großen Heidelberger Liederhs. C aus einer Selbstnennung erschlossen wurde (MF 8,5 »in Kürenberges wîse«). Dort sind 15 Strophen in zwei unterschiedl. Tönen überliefert, die ersten 9 auch im Budapester Frgm. Die Strophen kennzeichnen für den frühen Minnesang typ. Merkmale (fehlende Alternation, Assonanzen, Langzeilen, z. T. in Kombination mit Kurzzeilen), 13 entsprechen im Aufbau der Nibelungenstrophe (→Nibelungenlied) und unterstreichen damit die Unabhängigkeit von roman. Einflüssen. Diese Independenz bestimmt die Lieder auch inhaltl.: K.s Lyrik ist Rollenlyrik, wobei die einzelnen Mannes- und Frauenstrophen Liedeinheiten bilden. Einzelne themat. Zweierkonstellationen (C8/9), z. T. auch gegen die Überlieferung vom Inhalt her sinnvoll (Wechsel C4/12), zeigen bereits eine Tendenz zu der dann bei →Dietmar v. Aist realisierten Mehrstrophigkeit. Hervorzuheben sind die vom späteren hohen Sang zu differenzierende Bedeutung von →minne (bei K. noch nicht einseitiger Dienst des Mannes) und die Variationsbreite in der Frauenrolle (Sehnsucht, Trennung, Leid, sexuelle Aggressivität), in der K. menschl. Grunderfahrungen typisierend vorführt: Im »Falkenlied« klagt das Rollen-Ich über den Verlust des untreuen Geliebten. Dem nicht einheitl. bestimmbaren weibl. Part der Lieder (*frouwe, wîp, magetîn*) steht der *ritter* in diversen Ausformungen gegenüber (Werbungsentzug, eigene Werbung, Reaktion auf Außenwelt), charakterisiert durch ein bes. Selbstbewußtsein. Eine epische Dimension erhalten die Gesprächssituationen durch das Skizzieren realer Umgebungen, in denen die Sprecher ihre Gefühle knapp im Zeilenstil artikulieren; eine Entscheidung zw. Liebe und Abneigung ist zwar immer klar getroffen, die Gesamtaussage stellt sich aber erst pointiert verhüllend am Liedende dar. Hierin liegen Ausdruckskraft und Tiefe des Liedcorpus. R. Bauschke

Bibliogr.: H. TERVOOREN, Bibliogr. zum Minnesang, 1969, Nr. 402-439 [Lit.]. – Ed.: G. SCHWEIKLE, Die mhd. Minnelyrik I, 1977 [nhd. Übers.] – Des Minnesangs Frühling, bearb. H. MOSER-H. TERVOOREN, 1988[38] – Lit.: Verf.-Lex.[2] V, 454-461 – P. WAPNEWSKI, Des K.s Falkenlied, Euphorion 53, 1969, 1-19 – R. GRIMMINGER, Poetik des frühen Minnesangs (MTU 27, 1969) – CH. SCHMID, Die Lieder der K.-Slg. Einzelstrophen oder zykl. Einheiten? (GAG 301, 1980) – H. TERVOOREN, Frühe Minnesänger (Dt. Dichter, I: MA, 1989), 101ff. – J. BUMKE, Gesch. der dt. Lit. im hohen MA, 1990, 84f.

Kurfürsten. Die Entstehung des K.kollegs ist umstritten. Ob es sich, so die ältere Auffassung, um eine Folge der Reichskrise seit 1198 oder um eine Verselbständigung der Inhaber kgl. Hofämter, die sog. »Erzämtertheorie« (BOSHOF), handelt, ob genealog. Verbindungen die vornehmsten Geschlechter definierten, sicher ist nur: Erstmals erscheinen die K. im →Sachsenspiegel (III. 57.2). Die polit. Umsetzung dieser Theorie erfolgte erst während des →Interregnums, v. a. bei der Doppelwahl von 1255/56. Die Zahl aller K. (drei geistl.: die Ebf.e v. Mainz, Köln und Trier, vier weltl.: der Kg. v. Böhmen, der Pfgf. bei Rhein, die Hzg.e v. Sachsen und Brandenburg) erscheint erst in dem K.spruch →Reinmars v. Zweter 1239, der nach der neuesten Deutung von H. THOMAS aus böhm. Interesse überhaupt erst das K.gremium angeregt habe.

In der Rezeption des Sachsenspiegels war ein böhm. Wahlrecht lange umstritten. Teilweise wurde die Ansicht vertreten, der Erzschenk des Reiches dürfe allenfalls als Obmann, als Schiedsrichter bei Stimmengleichheit, an der Kur mitwirken. Fakt. aber hat, vom Sonderfall 1273 abgesehen, der Böhme bei den folgenden Wahlen mitgewirkt, bis ihm 1356 die →Goldene Bulle eine gleichberechtigte Kurstimme reichsrechtl. sicherte. Das Kurrecht hatte schon →Eike v. Repgow als Vorstimmrecht aufgefaßt, also nicht als ein ausschließl. Wahlrecht. Die Mitwirkung anderer Großer an der Kg.serhebung läßt sich, mit allerdings auslaufender Tendenz, bis 1314 beobachten.

Die Bedeutung der K. für die spätma. Reichsverfassung geht weit über ihre Funktion als Kg.swähler (→Wahl) hinaus. Wenn auch nicht mit letzter Sicherheit zu beweisen, so kann doch ihre seit Rudolf v. Habsburg erkennbare Verantwortung für das Reich auf Erfahrungen des Interregnums beruhen. Diese Verantwortung drückte sich in der Rechtsform der →»Willebriefe« aus. Zwar wurden augenscheinl. Kg.surkk. auch ohne kfsl. Zustimmung für rechtskräftig gehalten und schon etwa um die Mitte des 14. Jh. wurden die kfsl. Willebriefe von Privilegienempfängern kaum noch eingefordert, aber in ihnen ist doch das Prinzip enthalten, das sich im 14. Jh. entfaltete: die Reichsverantwortung der K. Diese erweist sich am deutlichsten 1338 in dem sog. Rhenser Weistum (→Rhenser Kurverein), sodann im cap. XII der Goldenen Bulle, das (folgenlos) jährl. Zusammenkünfte von Ks. und K. vorsieht, und schließl. im Urbansbund des Jahres 1378 (→Urban VI.), mit dem die Kg.swähler das Reich an die röm. Oboedienz zu binden versuchten. Die im 14. Jh. deutl. hervortretende Reichsverantwortung der K. hing vom Zusammenspiel der vier rhein. K. ab, die im wesentl. die Mitverantwortung für das Reich neben dem Kg. trugen.

Die wiss. Frage, die zur Zeit Ludwigs d. Bayern von →Lupold v. Bebenburg und →Konrad v. Megenberg erörtert wurde, ob näml. die K. »ut singuli« oder »ut collegium« wählten, weist auf die Verfassungsrealität zurück. Im 14. Jh. noch basierte die Reichsverantwortung der K. auf dem eigens vereinbarten Zusammenschluß aller (»ut singuli«). Letztl. war der Gedanke der →Einung maßgebend, der auch die Aufnahme nichtkfsl. Mitglieder zuließ, so 1338 und 1378. Im 15. Jh. wird aber mit den Reichskriegen gegen die →Hussiten offenbar, daß die K. ein eigenes Kollegium bildeten (»ut collegium«), daß ihre Reichsrepräsentanz nicht mehr von einem Kurverein, sondern von der Gemeinsamkeit ihrer bevorrechtigten Stellung im Reich abhing. Auch wenn das Instrument des Kurvereins weiterhin benutzt wurde, wenn von ihnen der →Binger Kurverein v. 1424 immer wieder ohne Änderungen verlängert wurde, zeigte sich doch, daß die K. als eigenes Verfassungsgremium handelten, daß sie sogar einen Reichskrieg 1421 ohne den Kg. führen konnten. Das bedeutete aber auch, daß nunmehr nicht allein die vier rhein. K., sondern nur die Gesamtheit aller sieben (in der Realität die wegen des hussit. Böhmens auf sechs geschrumpfte Wahlkörperschaft) deren Reichsrepräsentanz politisch durchsetzen konnte. Letztl. war die Mainzer Neutralitätserklärung von 1437/38 die letzte große Manifestation einer alleinigen kfsl. Reichsrepräsentanz. Die Entwicklung des kgl. Hoftages zum Reichstag in der 2. Hälfte des 15. Jh. führte nicht nur dazu, daß um 1500 die Gesamtheit der Stände als »das Reich« verstanden wurde, sondern auch dazu, daß die K. eine eigene Kurie innerhalb dieses Reichstages bildeten; die oberste Kurie gewiß, aber eben doch eingebunden in den Willen aller Reichsstände. E. Schubert

Lit.: E. Boshof, Erstkurrecht und Erzämtertheorie im Sachsenspiegel, HZ Beih. 2, 1973, 84ff. – E. Schubert, Die Stellung der K. im spätma. Reich, Jb. für westdt. Landesgesch. 1, 1975, 97ff. – Ch. Mathies, K.bund und Kgtm. in der Zeit der Hussitenkriege (Q. und Abh. zur mittelrhein. Kirchengesch. 32, 1978) – P. Hoffmann, Die bildl. Darstellungen des K.kollegiums von den Anfängen bis zum Ende des Hl. Röm. Reiches, 1982 – A. Wolf, Von den Königswählern zum K.kolleg, VuF 37, 1990, 15–78 – H. Thomas, Kg. Wenzel I., Reinmar v. Zweter und der Ursprung des K.tums i. J. 1239 (Fschr. R. Kottje, hg. H. Mordek) [im Dr.].

Kurie (s. a. curia)
A. Römische Kurie – B. Avignonesische Kurie – C. Bischöfliche Kurie

A. Römische Kurie (Gesamtheit der päpstl. obersten Verwaltungsbehörden und Gerichte, der päpstl. Hofstaat)
I. Bis zur Kirchenreform des 11. Jh. – II. Bis zum Ende des 12. Jh. – III. Bis zum Ende des 13. Jh.

I. Bis zur Kirchenreform des 11. Jh.: In der Spätantike wurde in der röm. Kirche der Bf. vom Klerus und den sieben Regionardiakonen unterstützt. Eine Änderung ergab sich erst mit dem Anwachsen der polit. Aufgaben, die unter Gregor I. besser erkennbar sind. Zum episcopium Lateranense gehörten nun auch Notare, die den Schriftverkehr besorgten, und Defensores, denen die Wohlfahrtseinrichtungen und die Güterverwaltung oblagen. Sie waren in Scholae organisiert und wurden von einem Primicerius und Secundicerius geleitet. – In der byz. geprägten Epoche des Papsttums werden der päpstl. Hofstaat und die Zentralverwaltung immer häufiger als patriarchium Lateranense bezeichnet, erstmals unter Papst Sergius I. Zu den schon genannten Amtsträgern kommen hinzu: Arcarius und Saccellarius für die Finanzen, Nomenculator für das Wohlfahrtswesen, Vestarar für Schatz und Kleiderkammer, in ihrer Gesamtheit als iudices de clero bezeichnet. Dem Haushalt im Lateran (cubiculum) war die Schola cantorum zugeordnet. Im 9. Jh. findet man als neue Beamte den Vicedominus, wohl verantwortl. für die Verwaltung der Stadt Rom, und den Protoscriniarius. Die Päpste rekrutierten sich öfters aus dem Personal der Zentralverwaltung (z. B. Gregor II., Hadrian I.). In karol.-otton. Zeit machten sich die Einflüsse des abendländ. Ksm.s bemerkbar. 827 wird die Bezeichnung »palatium Lateranense« erstmalig verwendet – Anklänge an das kgl. Palatium in Pavia liegen nahe –, in der Folgezeit oft mit dem Beiwort »sacrum« versehen. Als Gegengewicht gegen die der röm. Aristokratie verhafteten Iudices führte Paschalis I. das Amt des →Bibliothecarius ein, der seit 829 fast immer ein suburbikar. Bf. war. Deshalb wurde diese Gruppe allmähl. in die päpstl. Zentralverwaltung einbezogen. Da das Papsttum seit dem späten 9. Jh. fast völlig den Interessen der lokalen Aristokratie ausgeliefert war, hatte die päpstl. Zentralverwaltung einen knapp bemessenen Aktionsradius, und die wenigen Quellenzeugnisse (z. B. die sog. »ältere Richterliste« mit den Bezeichnungen der Ämter, 2. Hälfte 10. Jh.) erschließen kaum die Wirklichkeit.

II. Bis zum Ende des 12. Jh.: Die grundlegende Neuorientierung des Papsttums von einer überwiegend stadtröm. Institution zur monarch. Spitze der Gesamtkirche erforderte andere Organe der Zentralverwaltung. Sie erwuchsen z. T. aus dem Kard.klerus und wurden teilweise im Geiste eingedrungener lehnsrechtl. Prinzipien neu geschaffen, während die früheren zur Bedeutungslosigkeit verkümmerten und im Laufe des 12. Jh. verschwanden. Die weltl. →curia regis diente als Modell, so daß ab Urban II. der Begriff »curia« zur Kennzeichnung des päpstl. Hofes und Hofgerichts auftauchte (1089) und rasch zur gängigen Bezeichnung für die päpstl. Zentralverwaltung wurde. Schon vor der Mitte des 11. Jh. erfüllten die suburbikar. Bf.e nicht nur liturg. Pflichten am Lateran, sondern berieten den Papst auch in Fragen, die über lokale Belange hinausreichten, und nahmen an den röm. Synoden teil. Hingegen versahen die 28 Kard.priester und die 18 Kard.-diakone fast ausschließlich seelsorgl. und karitative Aufgaben. Die Reformpäpste, beginnend mit Leo IX., besetzten die suburbikar. Bm.er und vereinzelt röm. Titelkirchen mit reformer. Gesinnten, betrauten sie mit Legationen und räumten ihnen auf den röm. Synoden ständig wichtigere Funktionen ein, so daß sie zum bevorzugten Beraterkreis der Päpste aufstiegen. Die Ordines der Kard.priester und der Kard.diakone glichen sich den Kard.bf.en mit einer Verzögerung von mehreren Jahrzehnten an, wozu das wibertin. Schisma maßgebl. beitrug. Während des →Investiturstreits profilierten sich die Kard.e als engste Mitarbeiter der Päpste, die ohne deren Zustimmung keine wesentl. Entscheidungen mehr trafen. Ab dem 2. Viertel des 12. Jh. sind die Kard.e die dominierenden Persönlichkeiten der K., und die ständige Beratung des Papstes im sog. →»Konsistorium« machte sie einflußreich und unentbehrl. Das röm. Element überwog nur mehr zeitweilig, das außerit. blieb jedoch stets eine kleine Minderheit. Die Zahl der Kard.e betrug während des 12. Jh. durchschnittl. 25 bis 35 mit fallender Tendenz. – Die päpstl. →Kapelle erfuhr eine entscheidende Entwicklung ebenfalls unter Urban II. Während des 12. Jh. bestand ein enger Zusammenhang mit der →Kanzlei, wo die Kapläne, häufig aus der Gruppe der vom Papst selbst geweihten Subdiakone rekrutiert, als Schreiber fungierten. Sonst nahmen sie ähnl. Aufgaben wie die Kard.e, jedoch in nachgeordneter Stellung, wahr. Kapläne wurden häufig zu Kard.en, seltener zu Bf.en promoviert, ihren Unterhalt bezogen sie wohl aus röm. Pfründen. – Die unzureichenden Einkünfte der frühen Reformpäpste und die ungenügende Finanzverwaltung bewirkten ebenfalls unter Urban II. – eine Neuordnung und die Entstehung der päpstl. →Kammer nach dem Modell von Cluny, aus der auch der erste camerarius kam. Da die Einkünfte nie den weitgespannten Aufgaben entsprachen, bewirkte die meist willkürl. wirkenden Versuche, durch die Petenten das Funktionieren der K. zu finanzieren, Kritik und satir. Äußerungen. Der seit der Antike genährte Topos von der Käuflichkeit Roms fand in der sprichwörtl. kurialen Geldgier neue Nahrung (z. B. →Garsias v. Toledo). – Das Personal der Kanzlei vermehrte sich entsprechend der bes. mit dem Pontifikat Alexanders III. sprunghaft ansteigenden Zahl der Papsturkk. – Mit Ausnahme des Amtes des Marschalls, der – ab Lucius II. belegt – für die päpstl. Tierhaltung und ab dem frühen 13. Jh. auch für die päpstl. Truppen im Patrimonium Petri zuständig war, erlebten die anderen, nach dem Vorbild der weltl. Höfe eingerichteten Hofämter im 12. Jh. nur eine ephemere Existenz. Einen Truchseß findet man zw. Urban II. und Hadrian IV., einen Mundschenk kurz unter Hadrian IV., einen Seneschall unter Alexander III.

III. Bis zum Ende des 13. Jh.: Der größere Reichtum der Q. zeigt konstantes Wachstum und Differenzierung der kurialen Behörden, gemäß den ständig zunehmenden Aufgaben des zentralist. ausgerichteten Papsttums in Gerichtsbarkeit und im allg. Kirchenregiment. – Die Kard.e (etwa 15 bis 25) blieben die wichtigsten Berater des Papstes im sog. »Konsistorium« und fungierten an der K. als →Auditoren am päpstl. Gericht und als Leiter von Behörden. Sie bildeten eigene→»familiae« mit z. T. zahlreichem Personal, wozu es erhebl. Finanzen bedurfte. Deshalb wurde die Teilung der Einkünfte zw. Papst und Kard.en zunächst ein Usus, dann von Nikolaus IV. 1289 garantiert, was die Entstehung der Camera collegii cardinalium (erster sicherer Beleg 1295) bewirkte. Die Mitglieder einer Kard.sfamilia, die öfters große Gelehrte und Kleriker aus mehreren Ländern umfaßte, hatten gute Voraussetzungen für eine kirchl. Karriere. Die K. war im 13.Jh. ausgeprägt röm., da die Familien →Colonna, →Orsini, →Conti, →Savelli u. a. fast immer im Kard.skolleg vertreten waren und ihre weitgespannte Klientel förderten. – Unter den kurialen Behörden war die Kanzlei die wichtigste und personell umfangreichste mit ihren unter Innozenz III. neu entstandenen Abteilungen (→Audientia litterarum contradictarum, →Corrector litterarum apostolicarum, die kollegial organisierten Schreiber) und den ihr zugeordneten Prokuratoren. – Die Kammer stand in enger Abhängigkeit vom Papst, meist unter der Leitung eines niedrigeren Klerikers, der sämtl. Einnahmen und Ausgaben verwaltete, zum obersten Hofbeamten wurde und die Gerichtsbarkeit über die Angehörigen der K. ausübte. Bis zur Mitte des Jahrhunderts unterstand ihm auch der päpstl. Schatz (zu dem →Archiv und Bibliothek [→Vatikan. Bibliothek] gehörten), der dann einem Thesaurar anvertraut wurde. Gegen Ende des Jahrhunderts nahm er nur mehr die Oberleitung der Finanzverwaltung wahr, weil der kirchl. Zahlungsverkehr in die Hände protegierter Bankiers gelangte. – Die Pönitentiarie, zuständig für das Buß-, Ablaß- und Dispensationswesen, entstand unter Innozenz III. und ist seit Honorius III. als eigene Behörde faßbar, der unter der Leitung eines Kard.s als Unterbeamte Schreiber (seit Innozenz IV.) und poenitentiarii minores (seit Clemens IV.) angehörten. – Das wuchernde Justizwesen wurde überwiegend von Kard.en und anderen Kurialen getragen, die vom Papst jeweils mit einer speziellen Vollmacht ausgestattet wurden. Unter Innozenz IV. begegnet erstmals ein Auditor generalis sacri palatii aus dem Kreis der Kapläne, und seit Clemens IV. ist die →Audientia sacri palatii, die Vorläuferin der Rota, ausgebildet, die allmähl. alle gerichtl. Aufgaben der K. an sich zog. – Die Kapelle erreichte im 13. Jh. ihre größte Bedeutung, bes. seit Innozenz IV. Ihre Mitglieder, als Vertraute des Papstes in ähnl. Aufgaben wie die Kard.e eingesetzt, stiegen häufig zu hohen kirchl. Würden auf. Die Elemosinaria ist als kuriale Institution für das Wohlfahrtswesen seit Innozenz III. faßbar, reicht aber sicher in ältere Zeiten zurück. Sie wurde durch die Oblationen von St. Peter, wo sie seit Gregor IX. auch untergebracht war, finanziert. – Die Schola cantorum, zu Ende des 12. Jh. ein Kollegium von 10 Klerikern unter einem Primicerius, besorgte die musikal. Ausgestaltung der Liturgie. Sie wurde von Gregor IX. 1232 und Innozenz IV. 1250 neu geordnet und als stadtröm. Kollegium im späten 13. Jh. mehr und mehr von der päpstl. Kapelle verdrängt. – Der K. gehörten außerdem an: Päpstl. Leibärzte, unter ihnen bedeutende Gelehrte (→Simon v. Genua, →Accursio v. Pistoia); Türhüter, immer wieder Gegenstand der Kritik, weil sie die erste Hürde für die Petenten darstellten; das Personal der Küche mit mehreren Unterabteilungen, des Brotamtes, der Kellerei, des Marschallamtes; Handwerker. – Eine regelmäßige Finanzierung der K. gelang erst Alexander IV. 1255 durch die Einführung des Servitium commune, das alle Prälaten zu leisten hatten, bei deren Beförderung der Hl. Stuhl mitwirkte, und des Servitium minutum für die niedrigeren Kurialen. Früher hatten die Petenten die Verpflichtung, Geschenke zu leisten. Die festen Taxen für ausgestellte Urkk. und für Akte der kurialen Justiz blieben bestehen. Von den für Kuriale reservierten Pfründen, deren Zahl seit Innozenz IV. bes. wuchs, waren frz., engl. und span. Kirchen stärker betroffen. – Zu Ende des 13. Jh. umfaßte die K. etwa 1000 Personen. W. Maleczek

Lit.: →Kammer, →Kanzlei, →Kardinal – DDC IV, 971–1008 – DThC III, 1931–1983 – J. HALLER, Zwei Aufzeichnungen über die Beamten der Curie im 13.und 14.Jh., QFIAB 1, 1898, 1–38 – F. BAETHGEN, Q. und Unters. zur Gesch. der päpstl. Hof- und Finanzverwaltung unter Bonifaz VIII., QFIAB 20, 1928/29, 114–237 – E. CASPAR, Gesch. des Papsttums II, 1933, 625ff. – B. RUSCH, Die Behörden und Hofbeamten der päpstl. K. des 13.Jh., 1936 – K. JORDAN, Die Entstehung der röm. K., ZRGKanAbt 28, 1939, 97–152 [Neudr. mit Nachtrag 1962] – R. ELZE, Die päpstl. Kapelle im 12. und 13. Jh., ZRG KanAbt 36, 1950, 145–204 – DERS., Das »Sacrum Palatium Lateranense« im 10. und 11.Jh., StGreg 4, 1952, 27–54 – J. SYDOW, Unters. zur kurialen Verwaltungsgesch. im Zeitalter des Reformpapsttums, DA 11, 1954/55, 18–73 – W. MALECZEK, Papst und Kard.skolleg von 1191 bis 1216, 1984 – A. PARAVICINI-BAGLIANI, Cardinali di curia e »familiae« cardinalizie dal 1227 al 1254 I–II, 1972 – DERS., Il personale della Curia romana preavignonese (Proc. of the Sixth Internat. Congr. of Medieval Canon Law, Berkeley, 1985), 391–410 – I. S. ROBINSON, The Papacy 1073–1198, 1990.

B. Avignonesische Kurie
Durch die Verlegung der päpstl. K. nach Avignon durch Clemens V. ab 1309 ergab sich eine bes. Möglichkeit der Entwicklung und zugleich Stabilisierung. Außer dem Papst und dem Kard.skolleg (ca. 20 →Kard.e, die durch ihre Teilnahme an Konsistorium, Kommissionen, Gesandtschaften und päpstl. Legationen eine aktive Rolle im Kirchenregiment spielten) gehörten zur K. Personen, die administrative und liturg. Aufgaben sowie Funktionen der materiellen Versorgung, der Außenkontakte und der Sicherheit der K. wahrnehmen. Die Amtsträger, deren Amtsbezeichnung manchmal unpräzise ist (familiaris pape, servitor pape) und die z. T. Ämter häuften, waren jeweils etwa zur Hälfte in Administration und Hausverwaltung tätig; erstere war fast ausschließl. Klerikern vorbehalten, während letztere (mit Ausnahme der →Kapelle) bevorzugt mit Laien besetzt war. Den Amtsträgern zur Seite standen untergeordnete Beauftragte und Familiaren, deren Anzahl schwer faßbar ist. Nicht alle arbeiteten im Papstpalast (→Avignon); die Schreiber der Kanzlei und die Pönitentiare übten ihre Aufgabe wohl in ihren Häusern oder in den Kard.spalästen (*livrées*) aus; die Ämter der Bulle, die →Aumônerie de la Pignotte und der Hof des Marschalls hatten eigene Amtssitze.

Gewissermaßen am Rande der vier großen Ämter fungierte die kleine Gruppe der unmittelbaren Helfer des Papstes: päpstl. →Sekretäre (3–6), →Notare (4–6), einige Schreiber, die →litterae secretae ausfertigten, der →Referendar, der dem Papst die →Suppliken unterbreitete. Die apostol. →Kammer, geleitet vom Kämmerer und →Thesaurar, übte die Finanzverwaltung des Hl. Stuhls aus, mit einem zahlenmäßig eingeschränkten kurialen Personal (2–6 Klerikern der Kammer, einigen Notaren, dem →Auditor der Kammer, einigen untergeordneten Dienern, Räten [seit Urban V.]). Die Kammer zog die kirchl. Steuern und Abgaben (→Zehnten, →Annaten, Spolien, karitative Subsidien, Vakanzen, Zins usw.) mittels der Kollektoren und Subkollektoren in den Kirchenprov.en oder den Thesaurare in den päpstl. Territorien ein, nahm die Verteilung des Steueraufkommens hinsichtl. der Bedürfnisse vor und regelte die Ausgaben der K. Die Kanzlei, die dem Vizekanzler (der stets ein Kard. war) unterstand und von Johannes XXII. reorganisiert wurde (Bulle »Pater familias«, 1331), hatte im Gegensatz zur Kammer ein zu umfangreiches Personal (110 Schreiber, 90 unter Clemens V., von Johannes XXII. auf 70 reduziert, seit Clemens VI. jedoch wieder 100), doch waren viele der Kanzleimitglieder mit ganz anderen Aufgaben betraut. In der →Audientia sacri palatii, geregelt durch die Konstitutionen »Ratio iuris« Johannes' XXII. (1331) und »Decens et necessarium« Benedikts XII., waren ein Dutzend Auditoren tätig, die als Appellationsrichter fungierten. Die →Pönitentiarie, die dem Kard. großpönitentiar unterstand, umfaßte ein Dutzend Pönitentiare, denen es oblag, die dem Papst vorbehaltenen Bußfälle und Absolutionserteilungen zu regeln. Dabei handelte es sich fast immer um Mendikanten aus verschiedenen Ländern, damit sie die Beichte der jeweiligen Pönitenten in der Muttersprache anhören konnten. Außerdem verfügte die Pönitentiarie über ca. 20 Schreiber. Hinzu kam die →Audientia litterarum contradictarum.

Die Versorgung der K. mit Lebensmitteln wurde wahrgenommen durch die verschiedenen Küchenämter (einen Einkäufer, einen Küchenmeister seit Clemens VI., 2–4 coqui, 4 Köche [brodarii], einen Schreiber [später Hüter] der Lebensmittelvorräte, einen Saalmeister seit Urban V.), die Brotmeisterei (panetarii; 2 Brotmeister, die den Einkauf des Brots, unter Urban V. aber auch denjenigen der Früchte und der Tafeltücher, besorgten), das Mundschenkenamt (buticularii; 2–4 Mundschenken, die den als Abgabe erhaltenen Wein einlagerten, aber auch in die Prov. en um Avignon zum Weineinkauf reisten) sowie das Marschallamt (marescalla; unter Leitung eines Meisters des Marschallamts gehörten ihm 10–18 palafrenarii [Roßmeister] an, denen Stallknechte unterstanden, deren Zahl anläßl. der Rückkehr der Päpste Urban V. und Gregor XI. nach Rom deutl. anwuchs). Weitere Ämter bzw. Amtsträger waren: aquarius (Wassermeister, ursprgl. ein Wasserträger des Palastes), Hüter des Wachses, des Tafelgeschirrs, des goldenen Ornats des Papstes wie der Paramente des Konsistoriums, der päpstl. Artillerie, Architekt oder Baudirektor, Weißwäscher oder -wäscherin, Feger, Glöckner, Gärtner, Tierhüter. Die Sorge um die persönl. materiellen Bedürfnisse des Papstes oblag seinen Kämmerern oder Kubikularen (3 unter Benedikt XII., bis zu 9 unter Innozenz VI., der sie üblicherweise aus dem Kreis der alten Familiaren auswählte) sowie den Ärzten und dem Barbier des Papstes.

Die liturg. Zeremonien nahmen einen breiten Raum im Leben der K. ein, doch nur die Kapellane der sog. 'capella intrinseca', die von Benedikt XII. eingerichtet wurde, lasen gemeinsam mit dem Papst tägl. die Messe, während der Rang des capellanus commensalis ein Ehrentitel für hochrangige Prälaten war, die im wesentl. nur an Feiertagen zelebrierten. Der Magister sacri palatii war ein Theologe, fast durchgängig ein Dominikaner. Seit Clemens VI. hatten die Päpste einen offiziellen →Confessor.

Zur Ausübung seiner persönl. Mildtätigkeit (Schenkungen an Konvente, arme junge Mädchen und Witwen, Studenten usw.) hatte der Papst einen elemosinarius secretus (→Elemosinar, →Aumônier). Im übrigen teilte die Aumônerie de la Pignotte mit ca. 15 Mitgliedern die tägl. Armenspende des Papstes (Brot, Essen, gelegentl. Kleider) aus. Sie folgte dem Papst bei seinen Reisen.

Die päpstl. Leib- und Ehrengarde, bestehend aus Laien, umfaßte Tor- und Türwächter (ostiarii et porterii) sowie die bewaffnete Garde (servientes armorum). Auch hier gab es eine Häufung militär. Ämter, deren Inhaber z. T. aus mit Päpsten und Kard. en verschwägerten Adelsfamilien stammten, die wahre Dynastien bildeten, z. B. aber auch Personen bescheidener Herkunft waren. Die Zahl der päpstl. Kuriere (cursores; →Botenwesen) schwankte zw. ca. 30 und ca. 50.

Der päpstl. Hofmarschall hatte die Polizeigewalt inne; dieses Amt bekleidete stets ein Ritter oder Adliger, manchmal ein Verwandter des Papstes (Hugues de la Roche) oder eines Kard.s (Adémar d'Aigrefeuille) oder ein avign. Stadtadliger (Bernard Rascas). Er kommandierte die 30–40 *sergents* und hatte die Aufsicht über zwei Gerichtshöfe (zivile und kriminale Gerichtsbarkeit), denen alle in Avignon weilenden Höflinge (alle Personen, die zur K. gehörten), d. h. weder Stadtbürger noch Kleriker, unterstanden.

Die Amtsträger, früher ausschließl. in Naturalien besoldet, wurden in unterschiedl. Weise entlohnt: viele (bes. die Laien) empfingen alle zwei Monate ein Gehalt, während die Kirchenleute oft nur die Erträge ihrer →Benefizien erhielten. Bestimmte Kurialen (Pönitentiare, Magister der Theologie, Roßmeister, Knappen, Wachsoldaten, Türhüter, Küchenmeister) wurde zweimal im Jahr der Verschleiß ihrer Kleidung (Sommer- und Winterkleidung) vergolten, die Laien der päpstl. →familia erhielten alle 2–3 Jahre ein Entgelt für ihre Wohnung.   A. M. Hayez

Lit.: F. Baix, Notes sur les clercs de la Chambre apostolique (XIIIe–XIVe s.), Bull. de l'Inst. hist. belge de Rome 27, 1952, 18–51 – B. Guillemain, La cour pontificale d'Avignon, 1309–1376, 1962 – Ders., Les carrières des officiers pontificaux au XIVe s., M-A 69, 1963, 565–581 – G. Mollat, Les Papes d'Avignon, 1965^{10}, 456–529 – P. Herde, Audientia litterarum contradictarum, I–II, 1970 – B. Schwarz, Die Organisation kurialer Schreiberkollegien von ihrer Entstehung bis zur Mitte des 15. Jh., 1972 – M. Dykmans, Le cérémonial papal de la fin du MA à la Renaissance, III: Les textes avignonnais 1983 – Le fonctionnement administratif de la papauté d'Avignon (Actes de la Table ronde, organisée par l'École française de Rome ... Avignon 23–24 janvier 1988, 1990).

C. Bischöfliche Kurie

Curia episcopi (synodus, ecclesia, placitum) bezeichnet seit dem 11. Jh. die Gesamtheit der geistl. und weltl. Würdenträger und Ratgeber (Kathedralkanoniker, Äbte, prefecti etc.), die der Bf. oder Ebf. zur Ausübung seiner öffentl. Gewalt (iurisdictio), insbes. zur Urteilsfindung und Rechtsprechung, im Bedarfsfall um sich versammelt. Seit dem Ende des 12. Jh. verselbständigt sich in den meisten Bm.ern eine informelle Gruppe rechtskundiger Mitarbeiter (capellani, clerici, socii) sowohl gegenüber den Kathedralkanonikern als auch gegenüber dem Bf., und es entsteht die curia episcopi als zeitl. unbefristete Institution, als bfl. Gericht unter Leitung des officiales. In Speyer, Mainz u. a. Diöz.n treten dagegen im frühen 13. Jh. nach dem Muster der röm. K. gebildete Sonderrichter (iudices delegati) auf (curiae), die auf Zeit berufen und zum Teil aus den Kanonikern gewählt werden können. Spätestens seit dem 13. Jh. hat sich auch hier der →Offizial als (meist) alleiniger Leiter der curia allgemein durchgesetzt.

Nach Abschluß der güterrechtl. Auseinanderentwicklung von Kathedral- und Bf.svermögen werden die (vielfach ungeschiedenen) Privat- und Amtsräume des Bf.s neben aula, curtis, domus, palatium, curia palatii auch curia episcopi genannt (Regensburg 1263). In der ma. Stadttopographie treten neben Domherren- und Dienstmannenhöfen auch bfl. Wirtschaftshöfe oder Residenzstätten auswärtiger Bf.e auf (in Aachen, Pavia und Regensburg vom 9. bis 13. Jh. belegt), die curtifera, curtes oder curiae genannt werden. Im allg. Sprachgebrauch wird im MA selten, in der Historiographie häufig wird mit bfl. K. (bzw. Ordinariat) die Gemeinschaft aller bfl. Amtsträger und Beamten bzw. Wohn- und Hausgenossen des Bf.s bezeichnet, zu der im MA v. a. der→Generalvikar, Offizial, Archivar, Pönitentiar, die Notare, Boten, Diener und Leibwächter gehörten. Dieser Hof bildete keine jurist. Person und kein Collegium mit Sondervermögen, sondern war allein von der Berufung durch den Bf. (ad nutum) abhängig. Die bfl. K. war nicht ortsgebunden; sie konnte in kleinen Residenzen außerhalb der Bf.sstädte sowie in reisender Form tätig werden.

B.-U. Hergemöller

Lit.: DU CANGE II, 665–670 – Lex. Latinitatis Nederlandicae Medii Aevi II, 1981, 1211–1216 – E. FOURNIER, Aumônier de l'hôpital militaire d'instruction du Val-de-Grace, 1922 [dazu: F. GESCHER, ZRGKan Abt 48, 1928, 611–635; Lit.] – J. LUCZAK, La résidence des évêques dans la législation canonique avant le Concile de Trente, 1931 – R. STROBEL, Regensburg als Bf.sstadt (Bf.s- und Kathedralstädte, hg. F. PETRI, 1976), 60–83.

Küriß, spätma. Bezeichnung für den vollständigen Reiterharnisch. Der K. ist gekennzeichnet durch einen →Rüsthaken als Auflager für die →Lanze. Bei Verwendung von →Harnischschultern it. Art mußte die rechte Schulter für die Lanze tief ausgeschnitten sein. O. Gamber

Lit.: O. GAMBER, Die Harnischgarnitur, Livrustkammaren 7, 1955-57.

Küriẞsattel → Sattel

Kurköln → Köln

Kurland → Kuren

Kurmainz → Mainz

Kurmede → Besthaupt

Kuropalat → Titel

Kurpfalz → Pfalzgft. b. Rhein

Kurpfuscher. Ein buntes Bild von den betrüger. Kunstgriffen und Drogenverfälschungen der K. bietet der arab. Kulturkreis: →Rhāzī wendet sich wiederholt gegen Scharlatane und Quacksalber, ebenso Ibn Buṭlān (11.Jh.) oder al-Ġaubārī (13.Jh.). So grenzte auch die Schule v. →Salerno im Anschluß an antike Traditionen den guten →Arzt vom K. ab (»De adventu medici ad aegrotum«: →Archimatthaeus). Vor diesem Hintergrund ärztl. Deontologie entwickelte sich in erweiterter, oft satir. Form die Kritik des späteren MA am K. Dabei war es nicht nur das fahrende Volk der Marktschreier, dem die Behörden meist vergebl. entgegenzutreten suchten, auch die Schulärzte erwiesen sich durch Gezänk, Phrasendrescherei und Geldgier als K. (Joh. v. Salisbury Metalogicon I, 1). Aegidius Corboliensis kritisiert die Unerfahrenheit vieler Ärzte und Betrügereien der Apotheker. Wilhelm v. Saliceto rät dem Arzt iron. zur Pose des stets Allwissenden (Summa cons. et cur. I). Eine anonyme Satire in Versform, »De more medicorum« (13.Jh.), schildert schwankhaft das Wechselspiel zw. ärztl. Scharlatan und eingebildetem Kranken. Zwielichtig erscheint der Arzt auch in Chaucers »Canterbury Tales« (v. 413-446). Heinrich v. Mondeville warnt in seiner Chirurgie vor dem Unwesen der K. Petrarcas »Invective contra medicum« bilden einen polem. Höhepunkt: Die Therapie der Ärzte wird zum wiss. verbrämten Betrug schlechthin.

H. H. Lauer

Lit.: →Deontologie – M.J. DE GOEJE, ZDMG 20, 1866, 485–510 – M. STEINSCHNEIDER, Virchows Arch. 36, 1866, 570–586; 37, 1866, 560–565 – J. PAGEL, Med. Deontologie, 1897 – M. NEUBURGER, Gesch. der Med. II, 1911, 311f., 382f., 467–469, 493 – F. BRUNHÖLZL, De more medicorum, SudArch 39, 1955, 289–313 – H. SCHIPPERGES, Der Scharlatan im arab. und lat. MA, Dt. Apothekerztg. 12, 1960, 9–13 – M. ULLMANN, Medizin 223–227 – E. WIEDEMANN, Aufs. zur arab. Wiss.

gesch., hg. W. FISCHER I, 1970, 749–775; II, 1970, 102–136 – Ibn Buṭlān, Das Ärztebankett, übers. F. KLEIN-FRANKE, 1984.

Kurrentschrift → Schrift

Kürschner → Pelze, Pelzhandel

Kursit, mhd. Bezeichnung für einen pelzgefütterten Überrock oder →Waffenrock. O. Gamber

Lit.: SAN MARTE, Zur Waffengesch. des älteren dt. MA, 1867.

Kursive (cursiva), Bezeichnung für Schriften, bei denen die Strichelemente der Buchstaben nicht zusammengebaut, sondern möglichst flüssig in einem Zug geschrieben (Innenligatur) und mit dem folgenden Buchstaben verbunden (Außenligatur) sind. K. setzt Bewegungsgewandtheit voraus und ist Zeichen professionellen Schreibens. Außer der röm. Majuskelk., die nach dem 3.Jh. nur noch als litterae caelestes in den Ks.briefen und in Überschriften fortlebte, sind alle abendländ. K.n als →Minuskelschriften entwickelt worden: die röm. Minuskelk. (seit dem 3.Jh.), die auf ihr beruhenden, regional verschieden ausgestalteten und sowohl für Bücher wie auch für Urkk. verwendeten frühma. K.n, dann – nach einer von der →Karol. Minuskel beherrschten Phase – die im Zusammenhang mit der seit dem späteren 12.Jh. gewachsenen Urkk.- und Aktenproduktion entstandenen, aber auch als Buchschrift benützten got. K.n sowie schließlich die um 1423 von Niccolo →Niccoli erfundenen humanist. Minuskel. P. Ladner

Lit.: P. RABIKAUSKAS, Die röm. Kuriale in der päpstl. Kanzlei, 1958 – E. POULLE, Paléographie des écritures cursives en France du XVᵉ au XVIIᵉ s., 1966 – M. B. PARKES, English Cursive Book Hands 1250–1500, 1969 – J. O. TJÄDER, Die nicht-lit. lat. Papyri Italiens aus der Zeit 445–700, 3 Bde, 1954–82 – B. BISCHOFF, Paläographie des röm. Altertums und des abendländ. MA, 1986² – W. HEINEMEYER, Stud. zur Gesch. der got. Urkk.schrift, 1982² – P. RÜCK, Ligatur und Isolierung: Bem. zum kursiven Schreiben im MA, Germanist. Linguistik (Marburg), 93/94, 1988, 111–138 – E. CASAMASSIMA, Tradizione corsiva e tradizione libraria nella scrittura lat. del Medioevo, 1988.

Kurtrier → Trier

Kurverein v. Rhense → Rhense

Kuse (frz. *couse*, von couteau), gerades Stangenmesser, wohl aus langdreieckiger Spießklinge des 13.Jh. entstanden, im 15.Jh. Waffe der burg. Leibgarde (*archers*), wurde im 16.Jh. von den Habsburgern als Waffe der adligen 'Arcieren-Leibgarde' übernommen. O. Gamber

Lit.: W. BOEHEIM, Hb. der Waffenkunde, 1890.

Kuẞ. Der K. ist uraltes Zeichen von Liebe, Freundschaft oder Ehrerbietung. Im Unterschied zur Antike spielte der K. im MA im tägl. Leben und im familiären Bereich keine greifbar große Rolle. Das FrühMA übernahm lediglich. die antike Sitte, den Gast mit einem K. zu bewillkommnen und zu verabschieden. In höf. Zeit wurde hieraus der K. der Etikette, der bei Rangleichheit dem Ankommenden erlaubte, die Burgherrin mit einem K. zu begrüßen. Als gesellschaftl. Gegenstück entstand der Herzensk. als Minne- und Freundesk.

[1] *Liturgie*: Stärkste symbol. Ausprägung fand der K. im kirchl. Bereich. Er galt v.a. als Zeichen des Friedens, der Versöhnung und der Verehrung. Das 'osculum pacis' (Friedens- oder Bruderk.) war bei den Christen schon in apostol. Zeit das Zeichen chr.-brüderl. Begrüßung, nicht nur unter Bekannten, sondern auch bei solchen, die sich zum ersten Mal sahen (Röm 16, 16; 2 Kor 13, 12; 1 Petr 5, 14). Aus dem Privatleben, von dem in diesen ntl. Stellen zunächst die Rede ist, wurde diese Sitte in die Liturgie übertragen. Gemeinsames Gebet wird mit dem K. beschlossen (vgl. Tertullian, De oratione, 18: K. = signaculum orationis). Der Friedens- bzw. Bruderk. gewann

immer mehr an Bedeutung, insbes. als Initiations- oder Weihek. Schon im 3. Jh. findet sich, zuerst in den nordafrikan. Kirchen, der Taufk., den Neugetaufte von den Anwesenden empfingen. Ebenso gaben bei der Bf.sordination die anwesenden Bf.e dem Weihekandidaten den K. brüderl. Liebe. Auch die Wiederaufnahme eines öffentl. Büßers (Rekonziliation) wurde durch den K. des Bußrichters (Beichtigers) vollzogen. Mit einem K. nahm der Papst den gewählten Ks. als Sohn der Kirche an. Am verbreitetsten war (und blieb) der Friedensk. als Zeichen der Verbrüderung im Herrn aber bei der Messe. →Justinus († 165) bezeugt, daß sich die Gemeindemitglieder nach Beendigung des Gemeindegebetes vor Beginn des eucharist. Teils des Gottesdienstes den Bruderk. gaben. →Hippolytus' »Traditio apostolica« bezeugt, daß Männer mit Männern, Frauen mit Frauen, vor den Laien aber die Geistlichen den Friedensk. tauschen sollen. Der Zeitpunkt des Friedensk.es verschob sich, in der westl. Kirche bis vor die Kommunion, in der byz. Liturgie hat er seinen Ort vor →Anaphora. Seit dem 14. Jh. wurde der Friedensk. zurückgedrängt. Mancherorts kam der Gebrauch der 'osculatoria' (instrumentum pacis) auf. Als Ausdruck anbetender Verehrung lebte der K. in der chr. Sitte fort, verehrungswürdige Gegenstände (insbes. Reliquien, Bilder, Kruzifixe, Evangeliumbuch) zu küssen. – S.a. →Kußtafel.

[2] *Rechtsbereich:* Im Rechtsleben diente der K. als Bekräftigung eines Vertrages oder eines Versprechens. Der Lehensk. des weltl. oder geistl. Lehensherrn an den Lehensnehmer besiegelte das Lehensverhältnis (→Lehen) und war Zeichen der Verpflichtung, einander hilfreich beizustehen; in der Form des 'osculum gladii porrecti' (K. auf die Spitze des dargereichten Schwertes) drückt er die Anerkennung der Gewalt des Lehensherrn über den Vasallen aus. Ein *ungekusst lehen* galt als nicht vollständig übertragen (Richtsteig Lehensrechts 22 § 5). Nach kirchl. Vorbild entwickelte sich die allg. Friedens- oder Versöhnungsk. (osculum reconciliatorium), den afries. Q. überliefern; er galt als Symbol behobener Feindschaft. Ebenfalls Versöhnungszeichen war das 'osculum clementiae' (Gnadenk.), den Höhere ihren Untertanen entweder in eigener Person oder auch durch andere widerfahren ließen. Verbreitet war das 'osculum observantiae' als Zeichen der Selbsterniedrigung und Verehrung; s.a. →Fußkuß.

[3] *Heilung:* Eine Übersteigerung der Symbolkraft des K.es kommt in der Vorstellung zum Ausdruck, daß der K. bestimmter Personen heilkräftig sei. Diese galten als so gefeit, daß sie durch ihren K. fremdes Übel ohne Schaden hinwegnehmen konnten (Heilsk.), diese Fähigkeit wurde etwa den Gf.en v. Habsburg und v. Rapperswil nachgerühmt.

[4] *Mißbrauch:* Der Judask. (→Judas), Symbol der Falschheit und des Verrats, war der Inbegriff des mißbräuchl. K.es, ebenso wurde der Vertrags- bzw. Huldigungsk. beim Teufelspakt zum 'osculum in tergo' respektive 'posteriorum', welchen schon →Alanus ab Insulis den Ketzern unterstellte; später wurde er den Templern, dann den Hexen angelastet. – S.a. →Basaticum.

H.-W. Strätz

Lit.: DACL II/1, 117–130 – HWDA V, s.v. – J. H. Zedler, Grosses vollständ. Universal-Lex. XXV, 1740 [Neudr. 1961], 2089ff. – Grimm, RA – Nyrop, The Kiss and its Hist., transl. W. Fr. Harvey, 1901 – Th. Siebs, Zur vergleichenden Betrachtung volkstüml. Brauchs: der K., Mitt. der Schles. Ges. für Volkskunde, H. X, Nr. 1 und 2, 1903 – K. v. Amira–Cl. v. Schwerin, Einf. in die Rechtsarchäologie, 1943 – N. J. Perella, The Kiss sacred and profane, 1969 – H.-W. Strätz, Der Verlobungsk. und seine Folgen rechtsgesch. besehen, nebst drei Anhängen, 1979 [Lit.] – Ders., Der K. im Recht (Die Braut, hg. G. Völger–K. v. Welck), 1985, I, 286ff.; II, 870 [Lit.].

Kußtafel (Pax, pacificale, osculatorium, lapis pacis), liturg. Gerät zur stilisierten Weitergabe des Friedenskusses (→Kuß) in der Eucharistiefeier. Um 1250 wurden K.n in England (Synode v. York) eingeführt, wobei vermutl. das Bedürfnis zur Materialisierung in enger Beziehung von Friedenskuß (Ersatzkommunion seit dem 11. Jh.) und Kommunionempfang steht. Die rasche Verbreitung der K. in England belegen zahlreiche Synodalbeschlüsse und Inventare. Über Nordfrankreich (Synode v. Bayeux, 1300) setzte sich der Gebrauch der K.n auch in Mittel- und Südeuropa (Prager Synode, 1355) durch. Die heute bekannten K.n entstanden in ihrer Mehrzahl im 15. und 16. Jh. Nach dem Tridentinum nahm der Gebrauch allmähl. ab. Zu bes. Anlässen verwendete man weiterhin K.n, z. B. zur Krönung Napoleons III. (zwei K.n im Musée du Tau, Reims).

Nach ihren Funktionen klassifiziert, sind die K.n primär ausschließl. für die Friedenskuß-Spende bestimmt. Sie weisen eine entsprechende Montierung (Griff, Fuß) auf. Als sekundäre K.n sind kostbare Objekte (Bucheinband, Chormantelschließe) mit Funktionswandel zur K. zu bezeichnen. K.n mit Doppelfunktion können u. a. Reliquiare oder Agnus Dei sein.

Typolog. zu unterscheiden sind K.n mit einfacher geometr. Form (rechteckig, bogig abschließend oder rund); bei ihnen korrespondieren häufig Bildfeld und Rahmung. Bei K.n mit architekton., altarartigem Aufbau (Gesprenge, Flügel, Staffel) kann die Rahmung dominieren, das Bildfeld wird austauschbar. Eine dritte Gruppe ist analog zu anderem sakralen Gerät (Reliquiar, Monstranz) gestaltet.

Ikonograph. überwiegen anfängl. Kreuzigungsdarstellungen (13. und 14. Jh.), die sich Ende des 15. Jh. zum Historienbild ausweiten und durch Themen der Passion Christi (Pietà, Ecce homo, Beweinung) ersetzt werden können. Im 14. Jh. wird Maria mit dem Kinde ebenso häufig thematisiert wie die Kreuzigung. Das Marienbild entwickelt sich weiter zu Darstellungen von Geburt Christi und Anbetung des Kindes. Neben regionalen Gesichtspunkten beeinflußte der jeweilige Patronatshl. die Thematik. Hl.ndarstellungen bilden v. a. im 16. Jh. die dritte bedeutende Gruppe bei K.n. Daher wird auch das Reliquiar als K. verwendet. M. Wolff-Dunschen

Lit.: LThK² VI, 696f. – Ph. Labbeus, Sacrorum conciliorum, XXIV, hg. H. Welter, 1903 – R. Koechlin, Les ivoires gothiques français, 1924 – J. Braun, Das chr. Altargerät, 1932 – O. Lehmann-Brockhaus, Lat. Schriftq. zur Kunst in England... bis 1307, 1960 – J. Pope-Hennessy, Renaissance Bronzes from the Kress Coll., 1965 – P. Browe, Die Verehrung der Eucharistie im MA, 1967 – M. M. Gauthier, Émaux du MA occidental, 1972 – E. Steingräber, Lombard. Maleremail um 1500 (Fschr. W. Braunfels, 1977).

Kustodie → Franziskaner, →Custodia Terrae Sanctae

Kūšyār b. Labbān b. Bāšahrī al-Ğīlī, Abū'l-Ḥasan, pers. Mathematiker und Astronom, wirkte um 1000. In seinen »Grundlagen des ind. Rechnens« (d. h. Arithmetik mit den ind.-arab. →Zahlzeichen) erklärt er die vier arithmet. Operationen sowie Quadrat- und Kubikwurzelziehen (nach einem von den Chinesen und zeitgenöss. islam. Mathematikern verwendeten Verfahren) für ganze und gebrochene Zahlen sowie für Sexagesimalzahlen. Letzteres und seine weiteren Werke zeugen von seinem Interesse an der Astronomie; eine »Einf. in die Astronomie« (zahlreiche Hss.), Tafelwerke, mehrere Werke über das Astrolab. J. Sesiano

Lit.: DSB VII, 531–533 – Sezgin V, 343–345; VI, 246–249 – G. Matvievskaya – B. Rozenfeld, Matematiki i astronomyi musulmanskovo srednevekovia i ikh trudyi 2, 216–219 [Hss.] – Istor.-astron. Issled. 21, 1989, 164–174 [Kh. Abdulla-Zade – M. Rozhanskaya].

Kütahya (in der Antike Cotyaeum, in byz. Zeit die Metropolie Κοτυάειον), nordwestanatol. Stadt, nach mehrfachem Besitzwechsel (Plünderungen um 1180, erste Eroberung 1183), 1233/34 endgültig aus byz. Händen an die Seldschuken überging. Im 14. Jh. war K. Mittelpunkt des turkmen. *begliks* der →Germiyān Oġullarï und teilte sein Schicksal bis zur Eingliederung in die osman. Provinzialverwaltung (ca. 1425–29). Aus dem MA haben sich zahlreiche Bauten und Inschriften erhalten (Festung, Moscheen und Medresen des 14./15. Jh., steinerne Stiftungsurk. der Yaḳʿūb Čelebi-Medrese [1411–14]). Die in der NZ hochbedeutende Keramikindustrie hat ihre Anfänge im 15. Jh. und wird in Zusammenhang mit einer frühen arm. Kolonie gebracht. K. Kreiser

Lit.: EI², s. v. Kütāhya – İ. Hakki, Uzunçarşılıoğlu, K. şehri, 1932 – Kutinahay Zamanakgrutʻiwn, hg. P. Zortʻean, 1960 – K., 1981–82.

Kutte, Bezeichnung für ein knöchellanges, gegürtetes, mit langen Ärmeln versehenes Kleidungsstück, das im Schnitt der →Tunika entspricht und meist eine →Kapuze besitzt. Die K., von Mönchen und Nonnen getragen, unterscheidet sich je nach Orden in Farbe und verwendetem Material sowie in Weite und Schnitt der Ärmel.

E. Vavra

Lit.: Grimm, DWB XI, 2891ff.

Kuttenberg (Kutná Hora), Stadt, wichtigstes Silberbergwerkszentrum →Böhmens. K. entstand unter den letzten Přemysliden in der Region älterer verstreuter Bergwerke, die sich vornehml. auf dem Besitz des OCist Kl. →Sedletz befanden. Die reichen Erzadern ermöglichten die großzügige Münzreform Wenzels II. (1300), der in K. eine zentrale Münzstätte schuf und die grossi Pragenses, qualitätvolle und bald in ganz Mitteleuropa beliebte Silbermünzen, prägen ließ. Die Stadtwerdung ist Anfang des 14. Jh. anzusetzen, als auch das *ius regale montanorum* (→K.er Bergordnung) entstand. Schon zu dieser Zeit entwickelte sich in K. die reiche und wichtige Schicht der dt. Patriziats, das in den kg.slosen Zeit nach dem Aussterben der Přemysliden vorübergehend großen polit. Einfluß gewann, gegen den Hochadel auftrat und mit dem Prager Patriziat und dem Hochklerus die Luxemburger nach Böhmen rief. Im Laufe des 14. Jh. erhielt K. viele Privilegien auch nicht-montan. Charakters, und es blieb Zentrum der dt. Sprachinsel in Böhmen. Zusammen mit dem böhm. kgl. Münzmeister kämpfte K. gegen den kgl. Unterkämmerer, dessen Einfluß sich die Stadt 1329 entzog. Nach einem gewissen Verfall unter Kg. Johann erstarkte K. während Karls IV. Regierung erneut, galt neben Prag als vornehmste Stadt Böhmens und durfte gemäß der →Maiestas Carolina nicht verpfändet werden. Mit der Entfaltung des städt. Lebens wurden im 14. Jh. verschiedene kirchl. und weltl. Bauten und Institutionen gestiftet (Spitäler, mehrere Kapellen, zwei Pfarrkirchen, burgartige Stadtbauten [Welscher Hof, u.a. Sitz der böhm. Kg.e; sog. Hrádek]), jedoch kein Stadtkl. wegen des großen Einflusses des nahen Sedletzer Kl. Die Bedeutung der Stadt spiegelte sich auch in ihren ausländ. Kontakten wider (Venedig, Freiberg in Sachsen u.a.). Das kg.streue K. widersetzte sich während Wenzels IV. Gefangennahme dessen Halbbruder Siegmund. In K. wurde das berühmte →K.er Dekret (18. Jan. 1409) Wenzels IV. ausgestellt. Im wachsenden Zwist zw. tschech. Reformpartei und Katholiken stand K. entschieden auf der Seite der alten Ordnung. Während der Hussitenbewegung beinahe vollständig zerstört, erblühte es bald wieder, nun als tschech. geprägte Stadt, die einen wichtigen Platz im polit. Leben einnahm: 1444 wurde in K. →Georg v. Podiebrad zum Hauptmann der ostböhm. Stände, 1471 Władysław II. Jagiełło zum Kg. gewählt. Die nicht sicher feststellbare Einw.zahl lag zw. 4000 und 8000.

I. Hlaváček

Q. und Lit.: Cod. iuris municipalis regni Bohemiae 2, 3, 1895–1948 – Ottův slovník naučný 15, 1900, 413–437 [J. Čelakovský] – E. Leminger, Královská mincovna v Kutné Hore, 1912 – J. Kejř, Právní život v husitské Kutné Hory, 1958 – J. Majer, K nejstarším právním dějinám Kutné Hory, Právně-hist. studie 4, 1958, 131–152 – Příspěvky k dějinám Kutné Hory 1, 1960 – M. Kapavíková, Ke starším dějinám Kutné Hory, Numismatické listy 38, 1983, 33–44.

Kuttenberger Bergordnung (Constitutiones iuris metallici Wenzeslai II.), systemat. Zusammenstellung des Bergrechts, zw. 1300 und 1305 vollendet, unter dem böhm. Kg. Wenzel II. in Kraft gesetzt. Der dt. Name gründet auf der mehrmaligen Nennung der Bergbaustadt →Kuttenberg und der (behaupteten) Übergabe des Werkes an die Stadt (vgl. Sternberg, II, 64; Schmidt v. Bergenhold, 79; anders Zycha I, 86f.). Um 1295 beauftragte Wenzel II. den it. Dr. der Rechte Groczius v. Orvieto (Grotius Urbevetanus [Schmidt v. Bergenhold, 79]; Getius [Arndt]) mit der Ausarbeitung eines für ganz Böhmen gültigen →Bergrechts (erste umfassende landesherrl. Berggesetzgebung). Buch I–III der K. B. enthalten das materielle, Buch IV das prozessuale Recht. Inhaltl. ist die Berücksichtigung, aber gleichzeitig auch Einschränkung der Bergbaufreiheit zugunsten des stark ausdifferenzierten landesherrl. Bergregals festzustellen. Strittig sind die verwendeten Textgrundlagen. Zycha (I, 76) und die auf ihm beruhende dt.sprachige Lit. (neuerdings Willecke, 41) favorisieren die von ihnen um 1290 datierte erste Red. des dt. Iglauer Bergrechts (→Iglau), während tschech. Autoren (grundlegend Bílek) diesen Text ins beginnende 14. Jh. datieren und somit die Abhängigkeit umgekehrt sehen. Die Bedeutung der K. B. beruht v. a. auf der geordneten Darstellung des gesamten bergrechtl. Wissens ihrer Zeit (Westhoff-Schlüter, 72f.).

H.-W. Strätz

Q. und Lit.: F. A. Schmidt, Slg. der Berggesetze der österr. Monarchie, 1832 – K. Sternberg, Umrisse einer Gesch. der böhm. Bergwerke, 2 Bde, 1836/38 – J. A. Tomaschek, Dt. Recht in Österreich im 13. Jh. ..., 1859 – J. F. Schmidt v. Bergenhold, Gesch. des Bergbau- und Hüttenwesens in Böhmen, 1873 – A. Zycha, Das Böhm. Bergrecht, I, 1900 – W. Westhoff–W. Schlüter, Gesch. des dt. Bergrechts, Zs. für Bergrecht 50, 1909, 71ff. – J. Lowag, Beitr. zur Gesch. des Bergbaus..., Montan. Rundschau 5, 1913, 677ff.; 6, 1913, 53ff. – A. Arndt, Zur Gesch. und Theorie des Bergregals, 1916², 74ff. – J. Bílek, Zur hist. Bedeutung und zum Charakter der sog. dt. Iglauer Bergrechts, CCH 23, 1975, 249ff. [tschech., dt. Zusammenfassung] – R. Willecke, Die dt. Berggesetzgebung, 1977, 40ff.

Kuttenberger Dekret, vom böhm. Kg. Wenzel IV. am 18. Jan. 1409 in →Kuttenberg erlassen, sicherte an der Prager Univ. der böhm. Nation drei Stimmen, den drei übrigen Nationen (bayer., sächs. und poln.; sog. 'dt. Nation') nur eine Stimme zu. Wenzel versuchte damit, die Unterstützung der Univ. für die Lösung des päpstl. Schismas auf dem Konzil v. →Pisa zu erlangen, mit der er seine Neuanerkennung als röm. Kg. verband. In der Folge suchte die böhm. Univ.snation ihre Vormachtstellung auszubauen und v. a. die von Johannes →Hus präzisierten Reformziele durchzusetzen. Seine Anhänger beherrschten die Univ., dt. Magister und Studenten verließen Prag, und die nat. und religiösen Spannungen in Böhmen verschärften sich.

M. Polívka

Lit.: Dekret Kunohorský a jeho místo v dějinách, 1959 – P. Moraw u.a., Die Univ. zu Prag, 1986.

Kuttrolf → Angster

Kux, über das Tschech. im 14. Jh. in Böhmen ins Dt. vermittelte Bezeichnung für den Anteil an einer Bergwerksgrube oder einem -stollen. Gegen Ende des 15. Jh. löst sich der *kockis, kukes, kuks* in Sachsen immer mehr vom direkten Bezug auf die Lagerstätte und wird zum bloßen Anteilschein. Diese Eigenschaft behält er im sächs. Bergrecht und in den in der Folgezeit davon abhängigen Ordnungen bei. Die großen Montanreviere im S, v. a. die im Ostalpenraum, in Tirol, Salzburg, Kärnten, der Steiermark, und die im W kennen bis weit in die NZ hinein weder den Ausdruck K. noch überhaupt verhandelbare Anteilscheine. Das spezif. 'K.ensystem' beruhte auf der ideellen Teilung eines Bergwerks in 8tel, 16tel, 32tel usw. Es bedingte das staatl. Direktionsprinzip. Betriebsverluste anstelle von Gewinn hatte der K.enbesitzer durch 'Zubußen' abzudecken, von denen sog. Erbk.e jedoch freigestellt waren (Grundeigentümer, Kirche, Hospital). Ansonsten kam der K. im Falle der Zahlungsverweigerung ins 'Retardat' und ging dem Besitzer verloren. Ein spekulativer K.enhandel über Mittelsmänner (sog. K.-kränzler) bildete sich in Sachsen im 16. Jh. heraus.

K.-H. Ludwig

Lit.: H. ERMISCH, Das sächs. Bergrecht des MA, 1887 – EHRENZWEIG, Das Wort 'K.', Zs. für Bergrecht 62, 1921, 191ff.

Kyburg, Gf.en v. → Kiburg

Kydones, Demetrios, byz. Staatsmann und Literat, * ca. 1324 in Thessalonike, † Herbst/Winter 1397/98, erhielt in Thessalonike die Grundlagen seiner sprachl.-rhetor. und theol. Bildung. 1347 berief ihn Johannes VI. Kantakuzenos, ein Freund seines Vaters, nach Konstantinopel und ernannte ihn bald zum Vorsteher der ksl. Kanzlei ($\mu\varepsilon$σάζων). Kontakte mit abendländ. Gesandten weckten sein Interesse an der lat. Sprache, die er bei einem Dominikanermönch anhand der »Summa contra gentiles« des Thomas v. Aquin erlernte. Diese Begegnung mit der Scholastik entfremdete ihn dem von Johannes VI. vertretenen →Palamismus, seit 1351 offizielle orth. Lehre. K. übersetzte die gen. Werk und dann auch große Teile der »Summa theologiae« ins Griechische. Nach dem Sturz →Johannes' VI. 1354 trat er 1355/56 in den Dienst des Palaiologen →Johannes V., erneut als $\mu\varepsilon\sigma\alpha\zeta\omega\nu$. 1357 zur röm.-kath. Kirche übergetreten, begleitete er Johannes V. 1369 nach Rom, wo dieser in der Hoffnung auf Beistand gegen die Türken ebenfalls konvertierte. Da aber der Erfolg dieses Schrittes ausblieb, kam es bald zur Entfremdung zw. K. und Johannes V. 1371 zog sich K. in das Privatleben zurück, wurde aber 1374–76 und 1379–87 dennoch häufig zu polit. Aufgaben (v.a. Verhandlungen mit abendländ. Gesandten) beigezogen. 1390 folgte er einer Einladung nach Venedig, wo er das Bürgerrecht der Stadt erhielt. Nach Konstantinopel zurückgekehrt, erfuhr er dort wachsende Anfeindungen wegen seiner religiösen Gesinnung. Eine weitere Reise ab 1396 führte ihn nach Venedig und Kreta, wo ihn bald der Tod ereilte. – Werke: Theol. und philos. Werke, Predigten, Reden, Übers. theol. Werke aus dem Lat., ca. 450 Briefe.

F. Tinnefeld

Lit.: DHGE XIV, 205–208 – PLP VI, 78f., Nr. 13876 – ThEE VII, 1075–1079 – TRE XX, 359–362 – D. K., Briefe, übers. und erläutert v. F. TINNEFELD, I/1, 1981 [biograph. Abriß, Werkverz.]; I/2, 1982; II, 1991 – F. KIANKA, Byz.-Papal Diplomacy, Internat. Hist. Review 7, 1985, 175–213.

Kyeser, Conrad, aus Eichstätt, frühester und wichtigster dt. Repräsentant aus dem Kreise der Verf. kriegstechn. Bilderhss. des 15. Jh. »Ingenia rara presumo scribere cara« lautet die Zielsetzung in K.s Werk »Bellifortis«, dessen Ausg. letzter Hand (1405) Kg. Ruprecht gewidmet ist. K. übernimmt Material älterer Autoren, namentl. des →Marcus Graecus, und faßt das kriegstechn. Wissen seiner Zeit zusammen. Im Kontext der Darstellung von Bliden, Kampfwagen, Mauerbrechern, Spannvorrichtungen für Armbrüste, Steinbüchsen, Raketen, Pulverrezepten usw. erscheinen auch Möglichkeiten ziviler Technik: Mühlen, Hebezeuge, Badehäuser, Schiffe mit Schaufelrädern und Göpelantrieb. Mit seinen kriegstechn. Ausführungen steht K. zw. den Zeiten, da die Geräte des Altertums und des MA durch die Feuerwaffeninnovation der beginnenden NZ abgelöst werden. Illustrationen aus dem »Bellifortis« dienen 1471 als Vorlage für die erste in Ulm gedr. Ausg. der »Epitoma rei militaris« des →Vegetius (4. Jh. n. Chr.). Sie werden in spätere frz. Drucke übernommen.

K.-H. Ludwig

Ed.: Faks. nach Göttingen Ms. philos. 63, Umschrift und Übers. G. QUARG, 1967 – *Lit.:* B. GILLE, Ingenieure der Renaissance, 1968, 72–93 – H. HEIMPEL, GGA 223, 1971, 115–148.

Kyffhäuser, Burg im K.gebirge s. des Harzes. Die Reichsburg K. im Zentrum des nordthür. Kg.sgutes wurde 1118 von Hzg. Lothar v. Süpplingenburg zerstört, der dann selbst als Kg. den weiteren Ausbau der gewaltigen, aus Ober-, Mittel- und Unterburg bestehenden, 600 m langen Anlage begann. 1153–1222 sind Reichsministeriale v. K. bezeugt, doch geriet die über der Pfalz Tilleda gelegene Burg bald unter die Botmäßigkeit der Gf.en v. →Rothenburg und im frühen 13. Jh. der Gf.en v. →Beichlingen, die 1357 wegen des K. als wettin. Lehnsträger erscheinen. Schon im späteren 13. Jh. verband sich die außergewöhnl. umfangreiche Burganlage mit Wunschvorstellungen im Volke nach der Wiederkehr Ks. Friedrichs II., die allmähl. auf Ks. Friedrich Barbarossa übertragen wurden, wie es das 'Volksbüchlein vom Ks. Friedrich' 1519 zeigt. Demzufolge wartet der Ks. in der Tiefe des Berges auf die Wiederherstellung eines geeinten dt. Reiches.

K. Blaschke

Lit.: H. WÄSCHER, Die Baugesch. der Burg K., 1959 – H. EBERHARDT, Die K.burgen in Gesch. und Sage, BDLG 96, 1960, 66–103.

Kynstute (litauisch Kęstutis, poln. Kejstut), Fs., Gfs. v. →Litauen, † 15. Aug. 1382 in Krewo, vermählt mit Birutè, Fs.entochter aus Schemaiten. – Als einer der jüngeren Söhne →Gedimins bemächtigte sich K. 1344/45 gemeinsam mit seinem älteren Bruder →Olgerd der Herrschaft über Litauen. Während Olgerd Gfs. mit Sitz in →Wilna wurde, errichtete K. seine Residenz in →Traken und übte die Herrschaft über →Schemaiten, das westl. →Aukštaiten und den SW aus. In den 35 Jahren seiner Herrschaft bestimmte er die Politik Litauens gegenüber dem →Dt. Orden und →Polen. Es gelang ihm, die Angriffe des von Böhmen, Ungarn und dem ritterl. Adel Mittel- und Westeuropas (»Litauerreisen«; →Preußenreise) unterstützten Ordens zurückzuschlagen, die litauische Westgrenze zu halten und den Einfluß in Schemaiten zu wahren. Versuche der Kg.e v. Polen und Ungarn sowie Ks. Karls IV., K. für das röm. Christentum zu gewinnen, schlugen fehl. Mit Gfs. →Jagiełło, dem Sohn und Nachfolger Olgerds († 1377), geriet K. wegen dessen abweichender Grundhaltung zur Christianisierung in Gegensätze, die vom Dt. Orden geschürt wurden (1380 geheime Abmachungen über Schemaiten). K. setzte daraufhin Jagiełło ab und nahm selbst die Gfs.enwürde in Anspruch (Wilna, 1381). Doch gelang es Jagiełło und zweien seiner Brüder, mit dem Dt. Orden einen Waffenstillstand zu vereinbaren, Traken und Wilna einzunehmen. K. wurde in der Burg Krewo unter ungeklärten Umständen ermordet. Der in der Älteren →Hochmeisterchronik als »gar streithafftig man und worhaftig« mit Achtung genannte Fs. hat Litauen die Westgrenze und den Gewinn großer Teile von →Halič-Wolhynien (1350/66: Kämpfe mit Polen) gesichert. M. Hellmann

Lit.: Liet. Enc. 11, 5, 405–07 – A. KUČINSKAS (KUČAS), Kęstutis, 1939 – G. RHODE, Die Ostgrenze Polens I, 1955, 172ff. [Lit.] – Z. IVINSKIS, Lietuvos istorija iki Vyauto Didžiojo mirties, 1978, 247ff. [Lit.] – HGeschRußlands I, 2, 738ff. [M. HELLMANN; Lit.].

Kyprian → Kiprian

Kypros → Zypern

Kyranides, byz. Kompendium aus zwei ursprgl. selbständigen (spät)ks.zeitl. Arzneimittellehren: 1. »Kyranis«, 24teilige, alphabet. geordnete Pharmakognostik in Jamben, die mit antithet. Verschränkung empedokleischer Elemente (→Humoralpathologie) in jedem Kap. eine Pflanze, einen Vogel, einen Fisch und einen »Stein« (Mineral) beschreibt, deren Name mit dem jeweiligen Kap.-Buchstaben anfängt. Die einleitende Auffindungslegende stellt eine Verbindung zum Perserkg. Kyros her. – 2. (Drei bis) fünf vom byz. Redaktor der »Kyranis« (B.I) nachgestellte Traktate (B. II–IV), die unter der Bezeichnung »K.« laufen und in jeweils halbalphabet. Folge nach Provenienzen gruppierte Arzneistoffe abhandeln. Gegen WELLMANNS Postulat einer ps.-salomon. Einheitsvorlage ist unterschiedl., letztl. oriental. Herkunft des Materials anzunehmen, das im gr. Sprachraum kompiliert und später vom byz. Redaktor der 1. »Kyranis« angeglichen wurde. Wirkungsgeschichte: Vermutl. arab. Rezeption im (Hoch-)MA; ausgehend von einer geklüfteten byz. Überl. lat. Teilübers.en seit dem 9. Jh. (»Mülinensche Rolle«), im 12. Jh. in Byzanz geschaffene Vollübers. in vier B. (V und VI fehlen). Sie steht am Anfang der w. Tradition der hermet. Fachlit. (→Hermes Trismegistus) und speist die Schrifttum, das med. Anwendungen mit mag. Praktiken verflicht (u. a. Flaccus Africus, Compendium aureum; Liber Hermetis; Roi Alfonse d'Espagne, Le livre des secrets de natur; Epistula de Vulture; Physiologus). G. Keil

Ed.: L. DELATTE, Textes lat. et vieux frç. relatifs aux Cyranides, Bibl. Fac. philos. et lettr. Univ. Liège 93, 1942 – D. KAIMAKIS, Beitr. zur klass. Philol. 76, 1976 – Lit.: KL. PAULY IV, 840 – RE XI, 1, 127–134 – R. GANSZYNIEC, Stud. zu den K., BNJ I, 1920, 353–367; 2, 1921 – M. WELLMANN, Marcellus v. Side als Arzt und die Koiraniden des Hermes Trismegistos, Philologus, Suppl. XXVII, 2, 1934 – R. MÖHLER, Epistula de vulture, Würzb. med.hist. Forsch. 45, 1990, 48–59, 210f. [K.-Text der »Mülinenschen Rolle«].

Kyriake, hl., Märtyrerin in Nikomedeia unter Diokletian (Fest 6./7. bzw. 26. Juli oder 10. Aug.). Nach der Passio Tochter eines bithyn. Archonten Dorotheos, daher meist mit reich verziertem Gewand und Prosoloma abgebildet. Darstellungen (oft auch gemeinsam mit der Hl. Barbara) erst ab der mittelbyz. Zeit bekannt. Ihre Verehrung als Domenica (lat. Übers.) auch in Sizilien und Kalabrien (Tropea), sogar in Rom verbreitet. Die Gründung des Kl. Monreale erfolgte »supra Sanctam Kiriakam«, dem Sitz des gr. Metropoliten v. Palermo während der sarazen. Besetzung, womit auch der Anspruch Monreales auf ein Bm. begründet wurde. Darstellung im s. Querhaus (St. Domenica) bei Restaurierung 1818 durch Magdalena ersetzt. M. Restle

Lit.: LCI II, 18f. – RByzK II, 1087ff. – O. DEMUS, The Mosaics of Norman Sicily, 1949, 91ff., 118.

Kyriakos. 1. K. v. Jerusalem, nach der Legende ursprgl. Judas gen., soll der Jude gewesen sein, der Ksn. Helena den Ort zeigte, an dem das Kreuz Christi vergraben war. Aufgrund der Zeichen, die durch das Kreuz geschahen, habe er sich bekehrt und bei der Taufe den Namen Kyriakos ('dem Herrn gehörig') erhalten. Angebl. als Nachfolger des Makarios (313–334) Bf. v. Jerusalem, soll K. unter Ks. Julianus Apostata 363 das Martyrium erlitten haben. Daneben führt ihn auch Ancona als Bf. und Patron seiner Kathedrale. Gesicherte biograph. Daten fehlen trotz der Überlieferung seiner Legende in gr., lat. und fast allen oriental. Sprachen. Das Martyrologium Romanum erwähnt ihn am 4. Mai als Besucher in Jerusalem, die gr. Minäen am 28. Okt. als Bf. v. Jerusalem.
H. M. Biedermann

Lit.: LThK² V, 1152 [Juda(s) Cyriacus] – ASS Maii I, 443–456 – N. PIGOULEWSKY, Le Martyre de Saint Cyriaque de Jerusalem, ROC 26, 1927/28, 305–356.

2. K., jakobit. Patriarch v. →Antiocheia, † 19. Aug. 817 in Mosul, ⬜ Tagrit; Mönch des Bizōnā oder 'Säulen'-Kl. bei Kallinikos, am 15. Aug. 793 in Harrān zum Patriarchen gewählt und geweiht. K., von weit größerer Bedeutung für die westsyr. Kirche als von der sich v.a. auf →Barhebraeus stützenden älteren Forsch. angenommen, setzte sich durch das Verbot der eucharist. Formel »Panem coelestem frangimus« Angriffen aus. Diese bereits unter seinem Vorgänger Georgios bestehende Streitfrage glaubte er mit der Synode v. Bêt Bôtin (795) gelöst; sie entzündete sich jedoch wieder in der Auflehnung der Diöz.en Gubbā Barrājā und Kyrros, die 806/807 zu Verfolgungen durch den Kalifen Hārūn ar-Rašīd führten. Auch die von ihm vollzogene Union mit dem julianist. Patriarchen Gabriel (787/788) war wegen übertriebener Forderungen jakobit. Bf.e von kurzer Dauer.
E. Konstantinou

Lit.: LThK² VI, 704 – A. VÖÖBUS, Neue Angaben über die Regierungszeit des Patriarchen Qyriagos, Oriens Christianus 70, 1968, 87ff. – DERS., New Important Ms. Discoveries for the Hist. of syriac. Lit., 1975 (Papers of the Estonian Theol. soc. in Exile, 27) – DERS., Die Entdeckung von zwei neuen Biogr. des Severus v. Antiochien, BZ 68, 1975, 1ff. – DERS., Die Entdeckung der Memre des Qyriagos v. Antiochien, OKS 25, 1976, 193ff.

Kyrie eleison, als Akklamation in vorchr. Zeit bekannt, wird zum bittenden und zugleich huldigenden Ruf an Christus, entgegen der z. B. durch Amalar (Lib. off. III, 6, 2) vertretenen trinitar. Deutung der Ternare. Um 500 – möglicherweise unter Papst Gelasius (492–496): 'Deprecatio Gelasii' – wurden die K.rufe aus ö. Praxis (Ektenien) unter Wahrung ihrer gr. Sprachgestalt in die röm. Liturgie übernommen. Auf der Synode im gall. Vaison (529), c. 3 (CC 148A, 79; MANSI VIII, 727), wurde das K. nach dem Vorbild Roms und des O beim Morgen- und Abendlob und bei der Messe eingeführt. Als Gebetsruf des Volkes seit der Karolingerzeit im Gottesdienst, bei Wallfahrten, Bittgängen, Empfang von Fs.en etc. bezeugt, oft mit K.tropen angereichert (AH 47, 43–216). K. Küppers

Lit.: MERKER-STAMMLER², I, 821f.; II, 62, 367, 370, 383 – J. A. JUNGMANN, Missarum sollemnia I, 1962⁵, 429–446 – A. A. HÄUSSLING, Gottesdienst der Kirche 3, 1990², 233f. [Lit.].

Kyrill

1. K. v. Thessalonike →Konstantin und Method

2. K., russ. Mönch, Bf. v. *Turov* (ca. 1169), † vor 1182. Über sein Leben ist so gut wie nichts bekannt, außer daß er eine Polemik mit dem häret. Bf. Feodor v. Rostov und einen verlorenen Briefverkehr mit Fs. Andrej Bogoljubskij führte. Ihm werden einige moral.-religiöse Erzählungen, darunter »Erzählung über die Seele und den Körper« zugeschrieben. Als Kanzelredner verfaßte er zahlreiche Festpredigten, von denen mindestens 8 als gesichert gelten. Darin zeigt sich K. als guter Kenner der gr. homilet.

Tradition. Seine Festpredigten wurden ab dem 13. Jh. in aruss. Homiliarien überliefert. Ferner werden ihm ca. 30 Gebete und zwei liturg. Kanones (darunter auf die Entschlafung der Fsn. Ol'ga) zugeschrieben. Ch. Hannick

Lit.: A. VAILLANT, Cyrille de T. et Grégoire de Nazianze, RESI 26, 1950, 34–50 – I. P. EREMIN, Literaturnoe nasledie Kirilla Turovskogo, TODRL 12, 1956, 340–361; 13, 1957, 409–426; 15, 1958, 331–348 – K. v. T., Zwei Erzählungen, Slav. Propyläen 5, 1964 – K. v. T., Gebete, Slav. Propyläen 6, 1965 – Pamjatniki literatury Drevnej Rusi XII vek, 1980, 290–323 [V. V. KOLESOV; russ. Übers.] – G. PODSKALSKY, Christentum und theol. Lit. in der Kiever Rus', 1982, 149–159 – Slovar' knižnikov i knižnosti Drevnej Rusi XI–pervaja polovina XIV v., 1987, 217–221 [O. V. TVOROGOV].

3. K. v. Beloozero, * in Moskau 1337, † 1427, Mönch im Simonov-Kl. und Gründungsabt (1397–1427) des Kl. der Entschlafung Mariä am Weißen See, ö. v. Novgorod. Unterschrieb als Abt 25 Urkk. in rechtl. Angelegenheiten. Erhalten sind drei Episteln an Gfs. Vasilij Dmitrievič (1399–1402), an Fs. Andrej Dmitrievič v. Možajsk (1408–15), an Fs. Jurij Dmitrievič v. Zvenigorod (1422) sowie ein Testament (Duchovnaja). Eigene Kopistentätigkeit ist aus seiner persönl. Bibliothek (12 Hss.) ersichtlich. Seine Vita verfaßte Pachomij Logofet um die Mitte des 15. Jh. Bereits um diese Zeit wurde K. als Hl. verehrt (Fest 9. Juni). Ch. Hannick

Lit.: Akty istoričeskie I, 1841, Nr. 12, 16, 27, 32 – N. BARSUKOV, Istočniki russkoj agiografii, 1882, 297–306 – N. NIKOL'SKIJ, Kirillo-Belozerskij monastyr', I–II, 1897, 1910 – G. M. PROCHOROV, Knigi Kirilla Belozerskogo, TODRL 36, 1981, 50–70 – Slovar' knižnikov i knižnosti Drevnej Rusi vtoraja polovina XIV–XVI v., I, 1988, 475–479 [DERS.].

Kyrillica → Alphabet, IV

Kyrillos

1. K., *Patriarch v.* →*Alexandria* 412–444, zeigt in seinem frühen Werk »Über Anbetung und Verehrung in Geist und Wahrheit« (MPG 68) und den »Glaphyra« (MPG 69, 9–678), daß schon der Pentateuch allegor. ausgelegt werden müsse. Den Arianismus bekämpfte er in seinem »Thesaurus de sancta et consubstantiali trinitate« (MPG 75, 9–656) und in sieben Dialogen (ebd., 657–1124). In der Auslegung des Propheten Jesaia (MPG 70, 9–1450) will er auch dem Wortsinn gerecht werden und knüpft wie im Komm. zu den 12 kleinen Propheten (MPG 71; 72, 9–364) an (ungen.) frühere Exegeten an. Auch der umfangreiche Komm. zum Johannes-Evangelium (MPG 73; 74, 9–756) entstand vor dem nestorian. Streit; die Predigten zum Lukas-Evangelium dagegen (Frgm.e MPG 72, 475–950) greifen in den Streit ein. Gegen →Nestorios, seit 428 Patriarch v. Konstantinopel, betonte K., daß dem Gottessohn selbst, wenn auch seine göttl. Natur unverändert bleibt, die menschl. Geburt und das menschl. Leiden zugeschrieben werden müssen, Maria also Gottesgebärerin ist. Beide wandten sich nach Rom; K. erhielt den Auftrag, Nestorius abzusetzen, wenn er nicht binnen 10 Tagen widerrufe. K. hielt selbst eine Synode ab, erklärte die Vereinigung von Göttlichem und Menschlichem in Christus als phys. bzw. als auf der Ebene der Physis oder der Hypostase geschehen (und nicht nur als moral.) und verwarf in 12 Anathematismen die Lehre des Nestorios, die alles menschl. Erleiden vom Gottessohn fernhalten will. Das von Theodosius II. einberufene Konzil v. →Ephesos eröffnete K. am 22. Juni 431 vor dem Eintreffen der oriental. Bf.e: Sein zweiter Brief an Nestorios wurde als rechte Auslegung des Glaubenssymbols v. Nikaia angenommen, der zweite Brief des Nestorios verworfen und dieser abgesetzt; ein Konzil der Orientalen erklärte K. für abgesetzt. K. nahm 433 die Unionformel der Antiochener an (Christus ist wesensgleich mit Gott und mit den Menschen, aber er ist einer), hielt aber an der Rede von der »einen menschgewordenen Natur des Logos« fest; das in Christus existierende vollständige Menschliche mochte er nicht als Natur bezeichnen, weil er unter 'Physis' wie unter 'hypostasis' etwas selbständig Existierendes verstand. Von seiner Widerlegung der drei Bücher des →Julianus Apostata »Gegen die Galiläer« sind die ersten 10 Bücher und Frgm.e erhalten, außerdem die Osterfestbriefe für die Jahre 414–442 (MPG 77, 401–982). H. J. Vogt

Ed.: ACO I – CPG III, 5200–5435 – P. E. PUSEY, 7 Bde, 1869–77 – *Lit.:* RAC III, 499–516 – TRE VIII, 254–260 [Lit.] – BARDENHEWER IV, 23–74 – M. SIMONETTI, Alcune osservazioni nel dibattito sul monofisismo di Cirillo de Alessandria, Augustianum 22, 1982, 493–511 – R. M. SIDDALS, Logic and Christology in Cyril of A., JTS 38, 1987, 341–367 – G. GOULD, Cyril of A. and the Formula of Reunion, DR 106, 1988, 235–252.

2. K., *Bf. v.* →*Jerusalem* ca. 350–387, forderte für seinen Sitz Metropolitanrechte und bereitete so das spätere Patriarchat vor. Dem Nikänum stand er lange Zeit fern, wurde aber auf dem II. Konzil v. →Konstantinopel 381 als rechtgläubig anerkannt. Seine frühen 18 Katechesen für Taufbewerber legen während der Fastenzeit auch das Glaubensbekenntnis von Jerusalem aus; die späten fünf mystagog. Katechesen erklären den Neugetauften während der Osterwoche die Initiationssakramente. Dazwischen steht eine theol. und liturg. Entwicklung: Die Taufkatechesen verbinden die Geistverleihung mit der Handauflegung bei der Taufe, die mystagog. Katechesen mit der Salbung nach der Taufe. K. selbst mag diese eingeführt haben; schon früher nutzte er die konstantin. Kirchenbauten zur Entfaltung der Liturgie. H. J. Vogt

Ed.: MPG 33 – SC 126, 1966 [Catéchèses mystagogiques] – *Dt. Übers.:* PH. HÄUSER, BKV 41, 1922 – *Lit.:* TRE VIII, 261–266 [Lit.] – A. PIANTO, La dottrina di Cirillo di Gerusaleme, 1983 – C. GRANADO, Pneumatologia de San Cirilo De Jerusalén, Estudios Ecclesiasticos 58, 1983, 421–490.

3. K. v. Skythopolis, Mönch und Hagiograph, * 525 in Skythopolis/Palästina, † um 557/558 in der Großen Laura des hl. Sabas bei Jerusalem. Seit frühester Jugend Mönch, lebte K. ab 544 in verschiedenen Kl. Palästinas. K. gehört zu den hervorragenden Vertretern der frühen byz. →Hagiographie. Aufgrund hist. Stud., mündl. Überlieferung und persönl. Begegnung schrieb er Viten palästinens. Mönchsväter (→Euthymios, →Sabas, Johannes Hesychastes, Cyriacus, Theodosius, Theognius, Abramius), wertvolle Q. für das palästinens. Mönchtum seiner Zeit. K. S. Frank

Ed.: CPG, 7535–7543 – E. SCHWARTZ, K. v. S., 1939 – *frz. Übers.:* A. J. FESTUGIÈRE, Les moines d'Orient, 1962/63 – *dt. Auswahl:* S. FELDHOHN, Blühende Wüste, 1957 – *Lit.:* D. J. CHITTY, The Desert a City, 1966.

Kyros der Dichter, † nach 457, aus dem oberägypt. Panopolis, wurde wegen seiner panegyr. Gedichte und Epigramme von der Ksn. Eudokia begünstigt, als Stadtpräfekt von Konstantinopel (435?–441) und Konsul (441) vom Volk mit Konstantin d. Gr. verglichen, wegen seiner hellen. Gesinnung heidn. Ideen verdächtigt. Theodosius II. zwang ihn, sich zum Bf. v. Kotyaion in Phrygien (nicht v. Smyrna) weihen zu lassen. 450 gab er sein Bm. wieder auf und starb als Privatmann und Großgrundbesitzer. W. Cramer

Ed.: Anthologie Grecque I, 1928, I 99; V, 1960², VII 557; VII, 1957, IX 136; VIII, 1974, IX 623, 808f.; VII, 1970, XV 9 – *Lit.:* KL. PAULY III, 420 – RE XII/1, 188–190 – H. DELEHAYE, Une épigramme de l'anthologique grecque (I,99), REG 9, 1896, 216–224 – H. G. BECK, Belisarios und die Mauern Konstantinopels (Die Welt der Slaven 5, 1960), 255–259 – B. BARRY, Cyrus of Panopolis, VC 36, 1982, 160–172.

L

(Unter den Artikeln »La«, »Le«, »Les« usw. vermißte Stichwörter suche man unter dem Hauptnamensbestandteil)

Laaz, Johannes v. (J. v. Lasnioro), dt. Alchemiker, Lebensdaten weitgehend unbekannt, einer der wenigen namentl. bekannten Fachschriftsteller aus der Frühzeit der Alchemie Böhmens. Er gilt als ein Schüler des it. Alchemikers Antonius de Florentia; vor der Mitte des 15. Jh. wirkte er kurze Zeit in der näheren Umgebung von →Barbara v. Cilli, vermutl. in Melník. Sein Traktat »De lapide philosophico« (auch: »Via universalis«; Ed. en: Tractatus de secretissimo antiquorum philosophorum, o. O. 1611; Theatrum chemicum, 4, Straßburg 1659 [1613¹], 579–584) ist einer auf Sulphur (Schwefel), Mercurius (Quecksilber) und Sol (Gold) gegründeten Transmutationsalchemie gewidmet und enthält Angaben über Barbaras alchem. Praktiken zur Metallfälschung. J. Telle

Lit.: Ferguson II, 10f. – A. Wrany, Gesch. der Chemie..., 1902, 6f. – W. Ganzenmüller, Die Alchemie im MA, 1938, 98–100 – H. Tartalja, O kemijskoj djelatnosti kod Južnih Slavena do XVIII stoljeća (Rasprave i građa za povijest nauka 1, 1963), 86f. – E. E. Ploss u. a., Alchimia. Ideologie und Technologie, 1970, 165, 177 – P. Trnka, Dzieła alchemików czeskich XV–XVIII w. (Kwartalnik Historii Nauki i Techniki 31, 1986), 785–788 – V. Karpenko, The Oldest Alchemical Ms. in the Czech Language (Ambix 37, 1990), 61–73.

Labarum (λάβαρον, λάβωρον; Name etymolog. nicht zu erklären), Bezeichnung der Standarte →Konstantins und der folgenden röm. Ks., eingeführt nach dem göttl. Zeichen vor der Schlacht an der Milv. Brücke (Euseb. VC 1,26; HE 9,9,2; Lact., mort. pers. 44; Gothofredus zu CTh, 6,25). Das L. bestand aus einer Fahnenstange mit dem Christogramm an der Spitze und Medaillons der Ks. sowie einem an einer Querstange befestigten Fahnentuch. Nach den Münzbildern des 4. und 5. Jh. wurde das L. dem Ks. vorangetragen. Es versinnbildlichte den göttl. Hintergrund seiner Herrschaft. G. Wirth

Lit.: LThK² VI, 718 – RAC VII, 939 – RE XII, 241 – F. Kampers, Der Werdegang der abendländ. Ks.mystik, 1924 – R. Egger, Das L., SAW 234, 1960, 4 – G. H. Pitt, The Riddle of the L. and the Origin of Christian Symbols, 1966.

Łabędzie, poln. Rittergeschlecht, dessen Wappen einen Schwan (poln. *łabędź*) zeigt. Als Vorfahre galt in der älteren Lit. der schles. Magnat und Palatin Peter Włast († 1153), nach einer frei erfundenen Legende in der Großpoln. Chronik (14. Jh.) von dän. Abstammung. Nach neuerer Ansicht ist Wszebor, der ältere Sohn Peters, als Ahnherr des Geschlechts mit Stammsitz in Skrzynno anzusehen. Seine Nachkommen teilten sich in die Linien Petrikau und Konecko (Kujavien); das Schwanen-Wappen erscheint erst 1326 auf ihren Siegeln. G. Labuda

Lit.: M. Friedberg, Ród Łabędziów w wiekach średnich, 1925 – J. Bieniak, Ród Łabędź (Genealogia, 1987), 9–32.

Laborans, Kard., * ca. 1120–25 Pontormo b. Florenz, † 1189/90 Rom (?), studierte wahrscheinl. in Paris bei Gilbert v. Poitiers Theologie, hielt sich in den 50er Jahren in Unteritalien auf, wo er Kanoniker in Capua war; 1173 Kard. diakon v. S. Mariae in Porticu, 1179 Kard. presbyter v. S. Mariae trans Tiberim. L., seit 1173 überwiegend an der Kurie anwesend, wurde gelegentl. in Oberitalien zu Legationen eingesetzt. Neben vier rein theol. Traktaten hat er eine Umarbeitung des gratian. Dekretes geschaffen, die den Stoff gemäß den Intentionen der Klerikerreform völlig neu anordnet und weiteres Material heranzieht: Mare uitreum (Kan. Slg. in einer Hs. überliefert: Neapel, Bibl. naz. XII A 27); Gilbert v. Poitiers: Ps- und Paulinenkomm.; Rufinus v. Bologna: Summa decretorum; Petrus Lombardus: Sentenzen; Canones des III. Laterankonzils (1179) sowie wenige postgratian. Dekretalen. Von den Kanonisten seiner Zeit wurde dieses Werk nicht rezipiert. N. Martin

Ed.: L.tis cardinalis opuscula, ed. A. Landgraf (Florilegium patristicum 32, 1932) – *Lit.:* Kuttner, 267f. – Schulte I, 148f. – N. Martin, 'Mare uitreum' (Neapel, Bibl. naz. MS XII A 27): Eine Q. der 'Compilatio decretorum' des Kard. s L., BMCL 15, 1985, 51–59 [Lit.].

Laboratorium → Alchemie, III

La Broce, Pierre de, Günstling Kg. Philipps III. v. Frankreich, † (gehenkt) 30. Juni 1278. Sohn eines aus der Touraine stammenden kgl. *sergent* (Amtmannes), wurde 1266 kgl. →*Chambellan* und begleitete Ludwig d. Hl. n auf seinem Tunis-Kreuzzug. Als enger Vertrauter (»compère«) Philipps III. war er Mitglied des Regentschaftsrates und acht Jahre lang einflußreicher Ratgeber des jungen Kg. s. La B. bereicherte sich (Herrschaften: Nogent l'Erembert, bereits 1264, unter Philipp III. dann: Langeais, Châtillon-sur-Indre, Damville, Charmelles u. a.), verheiratete seine Töchter mit wohlhabenden Adligen und brachte Leute aus seiner Familie und Klientel in einträgl. Positionen (Pierre de Benais: Bf. v. Bayeux; Philippe Barbe: Bailli v. Bourges). Der Adel verabscheute La B., doch regte sich Opposition erst unter dem Einfluß der 2. Frau des Kg. s, Maria v. Brabant (1274). Ihre Anhänger stellten sich gegen La B., der seinerseits Anklagen gegen die Kgn., wegen des Verdachts eines Giftanschlags auf den Prinzen Ludwig, äußerte (1276). Im Gegenzug machten ihn seine Feinde für den militär. Mißerfolg von 1276 verantwortlich und erreichten seine Einkerkerung, Hinrichtung und die Konfiskation seines Vermögens. Sein Schicksal, schon von Dante in der »Divina Commedia« erwähnt, wurde Gegenstand mehrerer lit. Werke. E. Lalou

Q.: Arch. nat., J 726–730 – Bibl. nat., fr. 837 (f° 138f, 244ᵛ–246, 247vº–248) – *Lit.:* La complainte et le jeu de P. de la B., ed. A. Jubinal, 1835 – Ch. V. Langlois, Le règne de Philippe III le Hardi, 1887 – Trois poèmes de la fin du XIIIᵉ s. sur P. de la B., ed. E. Schneegans, Romania 8, 1932, 520–550 – R. Bossuat, Manuel bibliogr., 1951, n° 5011-17.

La Broquière, Bertrandon de → Bertrandon de la Broquière

Labyrinth, Gebäude mit übersichtl. Grundriß, im engeren Sinne ein Irrgang mit vielen sich kreuzenden und verschlingenden Wegen, die eine Fülle von Variationsmöglichkeiten, Formen und Typen zum mühsamen Auffinden des Ausganges oder des Zentrums ausgebildet haben, in der Antike meist symmetr. Grundmuster. Die in der ma. Buchmalerei tradierten L. e (um 850 Walahfrid Strabo v. Prüm, um 830 Walahfrid Strabo) mit sieben, später elf Umgängen aus konzentr. Kreisen (Otfried v. Weißenburg 863/871), im chr. Sinne einmal Sinnbild des errors, zum anderen in Kirchen als Architekten-Symbol in bezug auf Dädalus: Reims 13. Jh., 1778 zerstört, 10,2 m Durchmesser, und Amiens achteckig, mit Inschriften und Baumeisterdarstellungen; Chartres (13. Jh.) u. a. vielleicht auch für Osterspiele und Ersatzwallfahrt (unsicher, da erst im 18./19. Jh.). Villard de Honnecourt zeigt 1220/30 in seinem Skizzenbuch einen Chartres seitenverkehrt entsprechenden, in der Buchmalerei verbreiteten Typ.

G. Binding

Lit.: H. R. HAHNLOSER, Villard de Honnecourt, 1972² – U. HAUBRICHS, Error inextricabilis. Form und Funktion der L. abb. in ma. Hss., Text und Bild, hg. C. MEIER (Fschr. F. OHLY, 1980), 63–174 – H. KERN, L. e, 1983² [Lit.].

(La) Cava (Cava dei Tirreni, Prov. Salerno, Kampanien). Die Abtei OSB SS. Trinità di C. wurde um 1020 von dem Salernitaner Adligen Alferius gegr., der sich unter dem Eindruck einer Begegnung mit →Odilo v. Cluny im Kl. S. Michele della Chiusa anläßl. einer im Auftrag Fs. Waimars III. v. Salerno unternommenen Gesandtschaftsreise nach Frankreich zum monast. Leben entschlossen und aus Odilos Hand den Mönchshabit empfangen hatte. Alferius zog sich in das Selanotal zurück und wählte sich eine Nische in einer großen Höhle (»Cava«), gen. »Arsicia«, als Behausung, die bereits früher von Eremiten wie Liutius v. Montecassino bewohnt worden war. Bald scharte sich eine Gruppe von Schülern um ihn, für die er ein kleines Kl. und eine Kirche erbaute, deren Grundmauern in den unterird. Gewölben der heut. Basilika und des anschließenden kleinen Kreuzgangs erhalten sind. Im März 1025 empfing Alferius v. Waimar III. und Waimar IV. v. Salerno das Gebiet als Schenkung, das die Arsicia-Grotte einschloß und den Kern des späteren Patrimoniums der Abtei bildete. Ende des 12. Jh. umfaßte dieses einen Großteil des Cava-Tales sowie ausgedehnte Besitzungen im Umland von Salerno, im Cilento, im Vallo di Diano sowie im n. Kalabrien und in Apulien. Unter Abt Leo (1050–79), der von Alferius selbst als Nachfolger designiert worden war, nahm das Kl. einen beachtl. Aufschwung: durch Schenkungen von Privatleuten und des letzten langob. Fs.en v. Salerno, Gisulf II., wurden Kirchen und Kl. errichtet und der Abtei unterstellt. In der Amtszeit des 3. Abtes, Petrus (1079–1123), erweiterte die Abtei ihren Wirkungskreis über die engeren Grenzen hinaus und trat an die Spitze einer großen, in fast ganz Süditalien präsenten Kongregation. Auch die Zeitgenossen waren sich der Bedeutung des Abtes Petrus bewußt, so daß er in der Todesnotiz der Kl. annalen als »constructor atque institutor huius monasterii Sancte Trinitatis« bezeichnet wird. In der Leitung der Kongregation folgte Petrus dem Organisationsmodell, das sich in →Cluny zur Zeit Abt →Hugos (1049–1109) entwickelt hatte, dessen Capellanus er ein Jahre lang gewesen war. Während jedoch im Cluniazenserorden einige Kl. eine gewisse Autonomie beibehielten und sich bisweilen aus der Abhängigkeit von der burg. Abtei zu lösen versuchten, entwickelte sich im Fall von C. rasch eine völlige Uniformität der Mitglieder der Kongregation, wozu wahrscheinl. auch die Politik der Normannenherrscher beitrug, die systemat. den Anschluß kleiner Kl. an größere Abteien förderten. Infolgedessen wurden nach dem Tode der Äbte, während deren Amtszeit ihre Kl. C. unterstellt worden waren, nur mehr Prioren statt Äbte eingesetzt, die häufig aus C. selbst stammten. Nach cluniazens. Modell war auch der rechtl. Status von C. gestaltet: bereits zur Zeit Abt Leos wurde die Abtei von Gregor VII. für exemt von der Jurisdiktion des Ebf.s v. Salerno erklärt und direkt dem Hl. Stuhl unterstellt. Erst unter Abt Petrus wurde jedoch eine klare Regelung getroffen, trotz des Widerstandes des Ebf.s v. Salerno und der schwankenden Haltung Papst Urbans II. Nach der Bestätigung der Konzessionen Gregors VII. (21. Sept. 1089) und der Präzisierung, daß nur die Abtei C. selbst, nicht aber die von ihr abhängigen Kirchen sind Kl. direkt dem Hl. Stuhl unterstanden, annullierte Urban II. im Mai 1099 die früheren Konzessionen und erkannte die Rechte des Ebf.s v. Salerno auf die Abtei C. wie auf die anderen Kl. der Stadt und der Diöz. an. Sein Nachfolger Paschalis II. stellte jedoch am 30. Aug. 1100 den Status quo ante wieder her und bestätigte die Exemtion der Abtei und der umliegenden Ortschaft von der ebfl. Jurisdiktion.

Ist der cluniazens. Einfluß auf die Kl. verfassung C. s auch sehr ausgeprägt, zeigen sich Spiritualität und Gestaltung des monast. Lebens der Abtei dennoch kaum davon berührt. Es sind keine Neuerungen in spiritueller, liturg. oder kult. Hinsicht festzustellen, deren cluniazens. Provenienz gesichert und deren Verbreitung in Süditalien durch C. vermittelt wäre; auch Zeugnisse für Gewohnheiten, die in einem Kl. rein cluniazens. Prägung eine wichtige Rolle gespielt hätten, wie Verbreitung von Nekrologen, Kommemoration der Toten und Armenfürsorge, sind spärlich.

Unter den Nachfolgern des Abtes Petrus blühte die Kongregation 150 Jahre lang weiter, ohne in den stauf. Thronfolgewirren, in den Auseinandersetzungen zw. Friedrich II. und dem Papsttum und während der Eroberung des Kgr. s Sizilien durch die Anjou Schaden zu nehmen. Mit dem Aufkommen der neuen Dynastie fällt eine neue Phase in der Gesch. C.s zusammen, in der der künstler. und kulturelle Glanz der Abtei nicht mehr von einer analogen Blüte des monast. Lebens begleitet wird. Es entstanden keine Tochtergründungen mehr, auch die reichl. Schenkungen rissen ab. Die Mönche konzentrierten sich zusehends auf Verteidigung und Verwaltung des in früheren Jahrhunderten erworbenen Patrimoniums, die sich infolge der Pressionen, die Adlige und öffentl. Amtsträger seit Beginn des 14. Jh. in zunehmendem Maß auf die Kirchengüter ausübten, als immer schwieriger erwiesen. 1394 wurde die Abtei von Bonifaz IX. zum Bf. ssitz erhoben und an die Spitze einer aus den Territorien ihrer Dependenzen gebildeten Diöz. gestellt. Formal zwar ein Prestigegewinn, führte dieses päpstl. Privileg in Wahrheit jedoch zu einem verstärkten Niedergang des monast. Lebens, da die Abt-Bf. e, die nicht mehr von der Kommunität der Mönche gewählt wurden, sich allmähl. den Belangen des Kl. entfremdeten und sich nur noch um die Verwaltung der Diöz. kümmerten. Unter Abtbf. Angelotto Fusco (1426–44) verschlechterte sich die Lage weiter, da er nach seiner Erhebung zum Kard. 1431 Abtei und Diöz. als →Kommende behalten wollte, nach der Vorgangsweise, die im 14./15. Jh. in fast allen reichen Abteien zu schweren Dekadenzerscheinungen führte. Der letzte Kommendatarabt Oliviero Carafa (1485–97) versuchte indes, C.s alten Glanz wiederherzustellen, verzichtete auf seine Rechte und schloß die Abtei der Reformkongregation v. S. Giustina in Padua an. G. Vitolo

Lit.: IP VIII, 309–331 – P. GUILLAUME, Essai hist. sur l'abbaye de C., 1877 – M. ROTILI, La miniatura nella Badia di C., I–II, 1976–78 – S. LEONE – G. VITOLO, Minima Cavensia, 1984 – G. VITOLO, Insediamenti cavensi in Puglia, 1984 – La Badia di C., hg. G. FIENGO – F. STRAZZULLO, 1985 – G. VITOLO, La Badia di C. e gli arcivescovi di Salerno tra XI e XII sec., Rassegna stor. salernitana IV, 1987, 9–16 – DERS., Il monachesimo latino nell'Italia meridionale, Benedictina 35, 1988, 543–553.

Lac de Joux, OPraem-Stift (ŏ Maria Magdalena), erste Niederlassung der Prämonstratenser im heut. Gebiet der Schweiz (Kanton Waadt), 1126 von Gozbert, einem Gefährten →Norberts v. Xanten, gestiftet, 1127 vom Bf. v. Lausanne bestätigt, von Ebal I., dem Herrn v. La Sarraz und Grandson, reich ausgestattet, der sich selbst und seinen Nachkommen die Kl. vogtei vorbehielt. Das ursprgl. →Doppelkl. wurde gegen 1141 aufgehoben, die Nonnen sind bis zum Ende des 12. Jh. in Rueyres (Gem. Chardonne, Kanton Waadt) nachweisbar. Das Männerkl., das fortan zwölf Chorherren zählte, erhielt zahlreiche Schenkungen (1177 erstmals päpstl. bestätigt). Die Abtei gründete die Filialen Humilimont, Fontaine André und Bellelay. Die Stiftungsausstattung des Vallée de J. war Anlaß eines langjährigen Streits mit der OSB-Abtei St-Oyend (später St-Claude) im Jura, der die Abtei L. de J. schließlich bis zur Reformation Zins leisten mußte. Zu Beginn des 14. Jh. setzte der Niedergang ein, jedoch gelang die Wiederherstellung der Kl. disziplin, aber die Abtei erreichte ihre frühere Bedeutung nicht wieder. Äbte und Chorherren stammten aus dem Waadtländer und seit dem 14. Jh. auch aus dem savoy. Adel. Erst 1517–34 wurde die Abtei vom Kommendenwesen erfaßt, der letzte Abt trat 1536 zur Reformation über. E. Gilomen-Schenkel

Lit.: Dict. hist., géogr. et statistique du canton de Vaud I, 1914, 3–6 – HBLS I, 1921, 45 – GP II, 2: Helvetia pontificia, 1927, 196–198 – H. C. PEYER, Die Entstehung der Landesgrenze in der Vallée de J. (Schweizer. Js. für Gesch. 1, 1951), 429–451 – N. BACKMUND, Monasticon praemonstratense, I, 2, 1984², 465–467 [*Lit.*].

La Chaise-Dieu, Abtei in der sö. →Auvergne (Bm. Clermont, heute Le Puy; dép. Haute-Loire), Haupt einer Kongregation. Der Gründer war ein auvergnat. Adliger, Robert v. Turlande († 1067), der 1043 zunächst in das Kapitel v. →Brioude eintrat, nachdem er (um 1040) eine Reise zum Monte Cassino unternommen hatte. Schließlich zog er sich in die Bergwälder der sö. Auvergne zurück. Auf Rat seines Onkels Rencon, des Bf.s v. Clermont, wandelte Robert seine Einsiedelei in eine Benediktinerabtei um (1050); dieses Vorhaben wurde vom Papst und Kg. gebilligt. Reiche Schenkungen ermöglichten Robert die Gründung zahlreicher Kirchen und Priorate im Bereich der Auvergne und den Nachbardiözesen.

La Ch. erreichte seine Blüte unter den Äbten Seguin d'Escotay (1078–94) und Étienne de Mercoeur (1122–45). Neue Schenkungen ließen, auch außerhalb des Zentralmassivs, den Besitz anwachsen und La Ch. zum Zentrum einer bedeutenden Reformkongregation werden, die sich bis Italien und Spanien ausdehnte und 200–300 geistl. Häuser, unter ihnen ein Dutzend Abteien, umfaßte.

Seit Mitte des 12. Jh. und im 13. Jh. konnte La Ch. angesichts der Konkurrenz der Zisterzienser, der Unruhen in der Auvergne und der von den Bf. en begünstigten Selbständigkeitsbestrebungen innerhalb der Kongregation seine Stellung stabilisieren. Die Äbte unternahmen die Reorganisation der Domänen im Umkreis der Abtei und gestalteten die internationale Kongregation zu einer mächtigen auvergnat. Herrschaft um, die kgl. *sauvegarde* erlangte (1247). Jedoch schränkte 1302 eine Reform der Statuten die Machtfülle des Abtes ein.

Die avignon. Päpste des 14. Jh., namentl. der eng mit La Ch. verbundene (und hier auch begrabene) →Clemens VI. (1342–52) sowie Gregor XI. (1370–78), nahmen ihr Reservatrecht bei der Einsetzung der Äbte wahr, stärkten die Privilegien von La Ch. (1342 Exemtion von bfl. Jurisdiktionsgewalt) und gewährten trotz der allg. Krisensituation und der sonst drückenden päpstl. Fiskalpolitik freigebige Finanzhilfe beim großangelegten Kirchenneubau (1344–53 und 1371–77 durch den südfrz. Architekten Hugues Morel) und bei der Befestigung der Abtei (1359). Die Äbte des 15. Jh. setzten die Bau- und Ausstattungstätigkeit fort (berühmtes Fresko: →Totentanz). Doch geriet die Kongregation zunehmend in Verfall und verlor ihre entfernteren Besitzungen in Spanien, Italien und Toulousain. G. Fournier

Lit.: DIP V, 383ff. – P. R. GAUSSIN, L'abbaye de la Ch.-D., 1962 – DERS., Huit siècles d'hist.: l'abbaye de la Ch.-D., 1967 – DERS., Le rayonnement de la Ch.-D., 1980 – CH. LAMESH, Ombre et Lumière de la Ch.-D., 1986.

La Chastelaine de Vergi → Vergi

Lachs, lat. salmo, volkssprachl. *lasca* nach dem »Liber rerum« bei Thomas v. Cantimpré (7,69 = Vinzenz v. Beauvais, 17,87), großer Brackwasser- und Flußfisch, der auf dem Zug zu den Laichplätzen und zum Meer springend (davon Etym. bei Alexander Neckam, nat. rer. 2,42 zit. Vinc., fälschl. aus dem Physiologus) Hindernisse überwindet. Thomas erwähnt den kleinen Jungfisch und sein rotes sättigendes und v. a. in Aquitanien (nach Plinius, n.h. 9,68) geschätztes Fleisch, Albertus Magnus (animal. 24,51) zieht das der großen L.e aus dem Rhein bei Köln vor. Alexander vergleicht die Hartnäckigkeit des Dranges zum Meer mit dem Streben des Klugen nach Tugend. Hildegard bewertet das Fleisch des nächtl. lebenden Salm als kraftlos, das des tagliebenden L. aber als gut für Gesunde. Gegen schlechte Zähne und eiterndes Zahnfleisch empfiehlt sie mit Salz pulverisierte Salmknochen.

Ch. Hünemörder

Q.: →Albertus Magnus – →Alexander Neckam – Hildegard v. Bingen, Naturkunde, übers. P. RIETHE, 1959, 95f. – Thomas Cantimpr., Liber de nat. rer., T. 1: Text, ed. H. BOESE, 1973 – Vinc. Bellov., Speculum nat., 1624 [Neudr. 1964] – *Lit.*: HWDA V, 884f.

Lactantius (Lucius Caelius Firmianus qui et L.), * ca. 250 in Afrika, † wohl 325. Rhetoriklehrer, von Diokletian nach Nikomedeia (Bithynien) berufen, legte 303 zu Beginn der diokletian. Christenverfolgung das Lehramt nieder«, wurde chr. Apologet. Werke: 303/304 »De opificio dei« (Mensch körperl. und geistig vollkommenes Geschöpf Gottes, ihm zu Gehorsam verpflichtet); »De ave Phoenice« (kryptochr. Sagenelegie, asket. Schluß); 304/311 7 Bücher »Divinae institutiones« (I: »De falsa religione« [Kritik heidn. Götterkults]; II: »De origine errorum« [Götterkult Dämonenwerk; Schöpfungslehre]; III: »De falsa sapienta« [Kritik heidn. Philosophie]; IV: »De vera sapientia et religione« [Synthese chr. Religion als wahre Gotteserkenntnis und -verehrung; Christologie]; V: »De iustitia« [Gerechtigkeit von Christus wiedergebracht, von Verfolgern aus röm. impietas angefochten; Märtyrerethik]; VI: »De vero cultu« [rechtes Verhalten gegen Gott und Mitmenschen]; VII: »De vita beata« [Unsterblichkeit, Gottesnähe als menschl. Ziel; Endzeitschilderung]); um 320 Epitome der »Institutiones«, bis 324 Überarbeitung (unabgeschlossen), Konstantin d. Gr. gewidmet. Nach dem Ende der Verfolgung (Galeriusedikt 311, Einmarsch des Licinius in Nikomedeia 313) wohl 314 »De mortibus persecutorum« (Rache Gottes an Christenverfolgern); spät nach 315 »De ira dei« (Gottes Zorn notwendiger Teil seiner potestas). Um 315 wurde L. von Konstantin als Lehrer des Crispus nach Gallien berufen (wohl Trier). Jugendlit. und spätere Briefslg. en verloren.

L. ist als Theologe rückständig: chiliast. Eschatologie; keine Trinitätslehre; dualist. Welt- und Menschenbild, monist. Überdachung (Gott duldet oder schafft malum wie bonum, um dem Menschen Bewährung seiner virtus zu ermöglichen). Sein Religions- und Gottesbegriff (Gott pater familias und imperator, dem der Mensch zu dienen hat) ist philos. geprägt, kombiniert mit platonist.-gnost. Einflüssen (Hermetik) afrikan. Herkunft; L. vertritt atl.-röm. Lohn- und Vergeltungsdenken. Als erster röm. Christ zitiert L. pagane Lit. ausgiebig und begründet sein Vorgehen theoret. (Inst. 5, 1–4; vgl. 1,1); er schreibt mit lit. Anspruch und will die Gegner auf ihrem Bildungsniveau erreichen. L., Ciceronianer, benutzt häufig Vergil, Lukrez, Seneca u. a. sowohl polem. wie aneignend, verwendet auch viel Offenbarungslit. (Sibyllina), die Bibel nur, wo es unumgängl. ist (Inst. 1,5,1; 4,5,3). Er lehnt die Dichtung nicht wie frühere Christen ab, rechtfertigt die Allegorie als officium poetae (Inst. 1,11,24). Kirchl. als Häretiker eingestuft, entfaltet L. Wirkung in der Renaissance als 'Cicero Christianus'; ca. 300 Hss., seit 1465 (erstes in Italien gedr. Buch) bis um 1740 viele Ausgaben.

E. Heck

Ed.: CSEL 19,27 – Lit.: TRE XX, 370-374 – A. Wlosok, Laktanz und die philos. Gnosis, 1960 – V. Loi, Lattanzio, 1970 – E. Heck, Die dualist. Zusätze und die Ks.anreden bei L., 1972 – Lactance et son temps, hg. J. Fontaine – M. Perrin, 1978 – M. Perrin, L'homme antique et chrétien, 1981 – Hb. der lat. Lit. der Antike V, 1989, 375-404 [A. Wlosok; Bibliogr., auch zu Einzelausg.].

La Cueva, Beltrán de, kast. Aristokrat, † 1492 in Ubeda, entstammte einem andalus. (Anf. des 13. Jh. aus Frankreich zugewanderten) Adelsgeschlecht aus dem zweiten Glied, Sohn des Diego de la C., der Regidor von Ubeda war, und der Mayor de Mercado; ⚭ 1. (1462) Mencía de →Mendoza († 1476), Tochter des Diego Hurtado de Mendoza, des 2. Marqués v. →Santillana, ⚭ 2. (1476) Mencía Enríquez († 1478), ⚭ 3. (1479) María de →Velasco († 1506). La C. stieg unter Heinrich IV. zum kgl. Günstling auf und bekleidete die Ämter eines Guarda (1456), →Mayordomo Mayor sowie Maestresala (1458). Zumeist im Bündnis mit den →Mendoza spielte La C. eine bedeutende Rolle in der von Adelsrebellion und Bürkerkrieg geprägten Politik. Umstritten ist, ob er ztw. Liebhaber der kast. Kgn. Johanna (v. Portugal) war. Am bekanntesten wurde der als Propagandawaffe geschmiedete Vorwurf seiner und des Kg.s Gegner, die Infantin →Johanna sei dem ehebrecher. Verhältnis mit La C. entsprungen (la 'Beltraneja') und daher nicht erbfähig. Trotz der Dominanz seines Widersachers Juan →Pacheco erhielt La C. als Herr v. Gibraltar und Jimena de la Frontera sowie Gf. v. Ledesma (seit 1462) weitere kgl. Gunsterweise und Schenkungen im Wert von 3,5 Mio. Maravedís, erlangte gegen die Konkurrenz Pachecos sogar den →Maestrazgo des Ordens v. Santiago (1464), doch wurde sein Leben von verschiedenen Seiten bedroht, bis sich die Spannungen 1463 in einer heftigen Adelsrevolte entluden. Infolge der Übereinkunft von →Cabezón-Cigales (24. Okt. 1464) verlor La C. seinen Maestrazgo, doch entschädigte ihn der Kg. u.a. mit dem Hzm. Alburquerque und strategisch wichtigen Städten. In den weiteren Auseinandersetzungen des Bürgerkriegs stand er zwar entschlossen zur Partei Heinrichs IV. (Schlacht v. →Olmedo, 1467), zog sich aber immer mehr vom Hof zurück, konnte am 29. Jan. 1472 einen →Mayorazgo begründen und verweilte in einer Art freiwilligen Exils in Cuéllar. Erst unter der Regierung der →Kath. Könige, die Ende 1474 seine Besitzungen bestätigten und ihn zum Gf.en v. Huelma ernannten, trat er wieder häufiger hervor.

L. Vones

Lit.: A. Rodríguez Villa, Bosquejo biográfico de Don Beltrán de la Cueva, 1881 – G. Marañón, Ensayo biológico sobre Enrique IV de Castilla y su tiempo, 1964¹⁰ – M. A. Ladero Quesada, Andalucía en el siglo XV, 1973 – L. Suarez Fernández, Nobleza y Monarquía, 1975² – I. del Val Valdivieso, Isabel la Católica, princesa, 1974 – Dies., Los bandos nobiliarios durante el reinado de Enrique IV, Hispania 35, 1975, 249–293 – W. D. Philips Jr., Enrique IV and the Crisis of Fifteenth-Century Castile 1425-80, 1978 – M. C. Gerbet, La noblesse dans le royaume de Castille, 1979 [Stammt.] – D. Torres Sanz, La administración central castellana en la Baja Edad Media, 1982, 80f. – N. Binayán Carmona, De la nobleza vieja .. a la nobleza vieja (Estudios C. Sanchez Albornoz IV, 1986), 103–138, bes. 126f.

Lacy, bedeutende engl. Adelsfamilie, die aus der Normandie stammte, wo sie Land vom Bf. v. Bayeux zu Lehen erhalten hatte. In ma. England gab es zwei Hauptzweige der L., den einen in Pontefract im südl. Yorkshire, den anderen in den westl. Midlands und in den Walis. Marken. *Ilbert de L.* († um 1093) begann in den letzten Regierungsjahren Wilhelms I., aus vielen engl. Grundbesitzungen den großen →honour v. Pontefract zu schaffen.

Ilbert folgte sein Sohn *Robert* († vor 1129), der wahrscheinl. die Burg Clitheroe errichtete und während der ersten Regierungsjahre Heinrichs I. viel zur Stärkung der kgl. Macht im N beitrug. Doch aus unbekannten Gründen wurde er um 1114 seiner kgl. Besitzungen für verlustig erklärt. Roberts Sohn *Ilbert II.* († 1141/43) konnte nach dem Mord an William Maltravers 1135, der den Besitz für 15 Jahre verpachtet hatte, den honour v. Pontefract für die L.-Familie zurückerlangen. Er hinterließ keine direkten Erben. Die weiteren Nachkommen dieser Linie stammten nun von Roberts älterer Schwester *Aubrey* ab, ihr Enkel *Roger* († 1211), →Constable of Chester, nahm den Namen der L. an. Dessen Sohn *John* († 1240) erwarb durch die Heirat mit einer Miterbin von Ranulf, Earl of Lincoln und Chester, den Titel eines Earl of Lincoln. Der Niedergang dieses Familienzweiges begann mit *Edmund* († 1258) und endete mit *Henry* († 1311), der keinen männl. Erben hinterließ. Seine Tochter *Alice* heiratete →Thomas, Earl of Lancaster.

Der andere Zweig der L.-Familie wurde begründet durch *Walter* († 1085), dem jüngeren Bruder Ilberts I., der wahrscheinl. ein Anhänger von William →FitzOsbern war. Er faßte seine Besitzungen zusammen und bildete so den honour v. Weobley, die bedeutendste Baronie in den westl. Midlands. Sein Sohn *Roger* († vor 1133) rebellierte 1088 und erneut 1094 zugunsten von Hzg. →Robert v. d. Normandie. 1096 gebannt, unterstützte er Hzg. Robert bes. in den Feldzügen, die zur Schlacht v. →Tinchebray 1106 führten. Wilhelm II. gestattete, daß Rogers Ländereien von seinem jüngeren Bruder *Hugh I.* († vor 1126) übernommen wurden. Bei dessen Tod ging der größte Teil des Besitzes an seine Tochter *Sybil* und deren Gatten Payn FitzJohn über. *Gilbert de L.* († nach 1163), Sohn des gebannten Roger, gelang es, während der Regierung Kg. Stephans v. Blois den honour v. Weobley zurückzuerhalten. *Hugh II.* († 1186) spielte eine wichtige Rolle bei der anglo-norm. Invasion in Irland und heiratete eine Tochter von Rory O'Connor, Kg. v. Connacht. Er residierte in Meath. Sein Sohn *Walter II.* († 1241) hinterließ sein Erbe seinen Enkelinnen *Margery* (⚭ John de Verdun, † 1274) und *Maud* (⚭ Geoffrey de Geneville, † 1314). Walters jüngerer Bruder *Hugh* († 1242) wurde 1205 zum Earl of Ulster erhoben.

M. C. Prestwich

Lit.: G. H. Orpen, Ireland under the Normans, 1169-1333, 1911-20 – I. J. Sanders, English Baronies, 1960 – W. E. Wightman, The L. Family in England and Normandy 1066-1194, 1966.

Ląd, Siedlung an der Warthe, im ö. →Großpolen (Polen). Kastellaneiburg (gegr. an der Stelle einer Stammesburg aus dem 7.–9. Jh.), erstmals erwähnt 1136. Nach der Mitte des 12. Jh. (vielleicht ca. 1175) hat höchstwahrscheinl. →Mieszko III. Stary in L. ein Zisterzienserkl. als Filiale des Kl. in →Łekno gestiftet. Das genaue Datum der Stiftung ist nicht bekannt, weil das Privileg von 1145 vermutl. ein Falsifikat des 13. Jh. ist. Den Beschluß des Generalkapitels, das Kl. aufzulösen (1191), hob Mieszko 1193 wieder auf. Das mit weiteren Privilegien ausgestattete Kl. wurde mit einem neuen Konvent aus Altenberg bei Köln besetzt.

A. Wędzki

Lit.: SłowStarSłow III, 29f.; VIII [im Dr.] – Kościół w Polsce I, 1966, 411f. – Gród wczesnośredniowieczny w L. nad środkową Wartą, 1978 – J. Domasławski, Kościół i klasztor w L., 1981.

Lade, im 14./15. Jh. jener Teil einer →Lafette, in dem das noch ohne →Schildzapfen geschmiedete oder gegossene Geschütz gelagert war. Die L. konnte entweder aus Balken gezimmert sein oder aus einer in der Form des Geschützes ausgehöhlten Holzblock bestehen. Bei frühen Lafettenkonstruktionen war das Geschützrohr mit der L.

fix verbunden, bei späteren Konstruktionen war die Verbindung nur lose, wovon auch die jeweilige Methode der Einstellung der Höhenrichtung abhing. E. Gabriel

Lit.: W. HASSENSTEIN, Das Feuerwerkbuch v. 1420, 1941.

Ladeeisen, im 15. Jh. Zubehör zu den Tarrasbüchsen. Während bei den kurzen Rohren der →Steinbüchsen das Laden leicht mit bloßer Hand erfolgen konnte, benötigte man bei den langen Tarrasbüchsen zum Laden des Geschosses von der Mündung aus einen bruchsicheren geschmiedeten Ladstock, das L. E. Gabriel

Lit.: B. RATHGEN, Das Geschütz im MA, 1928.

Ladik (Lādhik), Namen mehrerer türk. Städte in Kleinasien in der Nachfolge eines antiken Λαοδίκεια. Vgl. neben →Denizli v. a. L. bei →Konya und L. in Nordanatolien, das als Sommeraufenthalt der in →Amasya residierenden Osmanenprinzen diente. K. Kreiser

Lit.: EI², s. v. Lādhik.

Ladino (und Judenspanisch). Bei den Juden in Spanien war 'L.' die Bezeichnung für das Span. im Gegensatz zum Hebr., vgl. *enladinar* 'aus dem Hebr. ins Span. übersetzen'. L. texte sind wortwörtl. Lehnübertragungen (nicht Übersetzungen!) hebr. bzw. aram. sakraler Texte der Juden (z. B. AT) anhand des Span. unter Wiedergabe der Vorlagesprache in semant., morpholog. und z. T. (durch Homophone) phonet. Hinsicht: z. B. *šalóm* 'Frieden' und 'Befinden' beides durch *paz*; *ḥayyim* 'Leben', hebr. plur., durch *vidas*; Nominalsätze ohne Kopula wie im Hebr., vgl. »I su fruto dulse para mi paladar« (Kantar de los Kantares). Die Funktion der (zunächst oralen) L. übertragungen war primär, die des Hebr. unkundigen Juden an die hl. Sprache heranzuführen; nach Sakralisierung dieser Texte und ihrer Sprachform wurden sie auch in der Liturgie verwendet. Der Pentateuch v. Konstantinopel (1547; in hebr. Schrift) und die Ferrarabibel (1553; in lat. Schrift) sind nach ma., nicht erhaltenen Vorlagen in einer damals schon archaischen Form des Span. verfaßt. Die Wortwahl ist durch die exeget. Tradition bestimmt. Im span. MA gab es jüd. bzw. jüd.-chr. Bibelübers.en, die sich diesen L. texten in ihrer Wörtlichkeit annäherten (Ms. I. j. 3 und 19, I. j. 4, 5 und 7 des Escorial). Nach dem L. verfahren wurde das AT auch in andere Sprachen übertragen (Targum des Onkelos, aram., 2. Jh.; ins Arab. durch Saadja, 10. Jh.; ins Gr. 1547). Diese Übertragungen implizieren nicht die Existenz eigener jüd. Dialekte. Zu unterscheiden vom L. – teilweise aber auch L. gen. – ist das *Judenspan.* (Romanistik) bzw. *(D)judezmo* (Jüd. Interlinguistik), das die Sprecher *Djudió, Djidió, (E)spanyol, Spaniolisch,* in Israel *Espanyolit* nennen. Das Judenspan. ist ein »Kolonialdialekt« des Span., der sich bei den 1492 vertriebenen Sepharden im Osman. Reich und in Marokko (dort *Ḥakitía* gen.) herausgebildet hat als Gemeinsprache auf altspan. Grundlage mit Einflüssen anderer iber. Dialekte, des Gr., Türk. usw., des It. (Handel Venedig – Thessalonike) und des Hebr. als Kultursuperstrat (bes. im religiös-eth. Bereich). Die Existenz eines judenspan. Dialekts vor 1492 ist umstritten. W. Busse

Lit.: Almerich, La Fazienda de Ultra Mar, hg. M. LAZAR, 1965 – H. V. SEPHIHA, L'Agonie des judéo-espagnols, 1977 – DERS., Le L. (judéo-espagnol calque), 1982 – L. AMIGO, El Pentateuco de Constantinopla y la Biblia medieval romanceada judeoespañola, 1983 – W. BUSSE, Zur Problematik des Judenspan., Neue Romania 12, 1991, 5–45.

Ladislaus (s. a. →Vladislav, →Władysław)

1. L. v. Anjou-Durazzo, *Kg. v. Neapel und Ungarn,* * Anfang 1377 (15. Febr.?) Neapel, † 6. Aug. 1414 ebd. Eltern: →Karl III. und Margherita v. Durazzo. ⚭ 1. 1390 (15. Aug.?) Costanza Chiaromonte, Tochter des Gf. en Manfredi, des Vikars des Kgr.s Sizilien; 2. 1402 Maria v. Lusignan, Schwester des Kg.s v. Zypern; 3. 23. April 1407 Maria d'→Enghien, Fsn. v. Tarent. Im Juni 1379 floh seine Mutter mit ihm vom Hof →Johannas I. nach Morcone; nach der Eroberung des Kgr.es durch Karl III. kehrten beide am 11. Sept. 1381 nach Neapel zurück, wo Karl III. seinen Sohn krönte und mit dem Hzm. Kalabrien investierte (Lehnseid der kalabr. Barone am 4. Dez.). Nach der Ermordung Karls III. in Ungarn (27. Febr. 1386) wurde L.' Nachfolge unter der Regentschaft seiner Mutter von Urban VI. nicht anerkannt; der avignones. Papst Clemens VII. hatte Ludwig II. v. Anjou investiert. In Neapel wurde L.' Autorität durch die neue Institution der »Otto del Buono Stato« eingeschränkt. Am 13. Juli 1387 mußte er infolge der Besetzung Neapels durch die Anjou nach Gaeta fliehen. Von Bonifaz IX. am 18. Nov. 1389 als Kg. anerkannt, entging L. im Febr. 1390 bei einem Giftanschlag der angevin. Partei nur knapp dem Tode. Am 1. Mai gleichen Jahres erhielt er durch den Bruder des Papstes, Giovanni Tomacelli, die Ritterweihe; am 29. Mai krönte ihn der Kardinallegat Angelo Acciaiuoli zum Kg. Im Juli 1392 erwirkte er bei Bonifaz IX. die Auflösung seiner Ehe mit Costanza Chiaromonte, die infolge der Eroberung Siziliens durch die Aragón jede polit. Bedeutung verloren hatte. Im Juli 1393 begann er seine persönl. Herrschaft, nachdem Kgn. Margherita die Regentschaft abgegeben hatte. In einem langen Krieg besiegte L. die angevin. Truppen, setzte sich in Besitz des gesamten Kgr.es und zog am 10. Juli 1399 wieder in Neapel ein. Er machte seine Thronfolgerechte gegen Kg. Siegmund geltend und ließ sich am 5. Aug. 1403 in Zadar (Zara) zum Kg. v. Ungarn krönen. Im Okt. 1404 schlichtete er den Konflikt zw. dem röm. Stadtvolk und dem neugewählten Papst Innozenz VII. und wurde daraufhin zum Rektor der Campagna-Marittima ernannt. Als Parteigänger Papst Gregors XII. besetzte er im April 1408 Rom und erhielt im Juni die Signorie v. Perugia, wodurch ihm in Mittelitalien wichtige Stellungen zufielen und er erneut in Gegensatz mit Ludwig v. Anjou geriet. Ende 1409 verlor er Rom wieder, errang am 17. Mai 1410 zusammen mit den Genuesen einen Seesieg bei →Meloria, wurde aber am 19. Mai 1411 in Roccasecca besiegt. Nach der Rückkehr Ludwigs v. Anjou in die Provence schloß L. im Juni 1412 mit Johannes XXIII. ein Abkommen, besetzte aber ein Jahr später Rom erneut, plünderte und brandschatzte die Stadt und zwang den Papst zur Flucht. S. Fodale

Lit.: A. CUTOLO, Re Ladislao d'Angiò Durazzo, 1968.

2. L. I., d. Hl. ('Szent László'), *Kg. v. Ungarn* seit 1077, * 1042/46 in Polen, † 29. Juli 1095, ⌑ Kl. Somogyvár, bald darauf Translation nach →Großwardein, Dom; Eltern: Béla I. und Tochter Mieszkos II. v. Polen; ⚭ Adelheid, Tochter →Rudolfs v. Rheinfelden. Heimgekehrt aus dem poln. Exil, wurde L. unter Kg. Salomon Dux v. Bihar (1063–74), unter seinem Bruder Géza I. Dux v. Neutra (→Nitra; 1074–77). Wegen seines ritterl. Verhaltens in den Kämpfen 1068 gegen die »kun« gen. →Pečenegen und gegenüber dem 1074 verbannten Salomon wurde er nach seiner Kanonisierung (1192) als »hl. Ritter« verehrt. Die Magnaten v. Ungarn wählten nach dem Tode Gézas I. L. zum Kg. gegen den jungen und leichtsinnigen Salomon, der mit Hilfe seines Schwagers, Ks. Heinrichs IV., die ung. Grenzfestung →Preßburg besetzt hielt, bis L. ihn auf diplomat. Wege zur Abdankung bewog (1080). In Ungarn versuchte L. mit aller Kraft, die kgl. Güter, die während der Thronwirren verlorengegangen waren, wiederzugewinnen; in seinen Gesetzen erließ er strenge Verordnungen gegen Diebstahl. Der Kirche machte er große Schenkungen, gründete zwei Bm.er (Großwardein und →Zagreb) und viele Kathedral- und Kollegiatkapitel. 1083 erwirkte er die Hl.sprechung von Kg. Stephan I., Hzg. →Emmerich und Bf. →Gerhard v. Csanád. Im Investiturstreit stand L. bis 1091 auf seiten des Reformpappstums und unterstützte den Gegenkg. Rudolf v. Rheinfelden. Da Ks. Heinrich IV. den Landweg nach Rom beherrschte, suchte L. einen Seeweg über →Kroatien und →Dalmatien. Nach Aussterben des kroat. Hauses →Trpimir besetzte L. 1091 auf Bitten seiner Schwester Helena (Lepa), der Witwe des kroat. Kg.s →Zvonimir († 1089), den größten Teil Alt-Kroatiens (s. der Save bzw. der Dinar. Alpen) und setzte hier seinen Neffen Álmos als Kg. ein. Da Kroatien seit 1076 päpstl. Lehen war, geriet L. in Gegensatz zu Urban II. Die Eroberung Dalmatiens wurde durch Ks. Alexios I. Komnenos verhindert, der O-Ungarn von den →Kumanen angreifen ließ. L. plante die Teilnahme am 1. Kreuzzug, starb jedoch vor dessen Ausrufung.

Gy. Györffy

Q.: SSrerHung I, 366–427; II, 507–527 – S. L. ENDLICHER, Monumenta Arpadiana, 1849 [Nachdr. 1931], 325–348 – *Lit.*: BLGS III, 2–3 – HÓMAN I, 270–318 – GY. GYÖRFFY, Die Nordwestgrenze des Byz. Reiches und die Ausbildung des »ducatus Sclavoniae« (Mél. offerts a Szabolcs de Vajay, 1971), 295–313 – DERS. (Magyarország története, I/2, 1984), 893–940, 1667–1671 [Lit.].

3. L. IV. (der Kumane, Kun László), *Kg. v. Ungarn* 1272–90, * 1262, † 10. Juli 1290 Körösszeg, ▭ Tschanad/Csanád, Dom; Eltern: Kg. Stephan V. und die kuman. Prinzessin Elisabeth; ⚭ Isabella v. Anjou. Für den minderjährigen Kg. führte zunächst Elisabeth die Regentschaft. Infolge ihrer Unfähigkeit gewannen die rivalisierenden Oligarchen die Oberhand. 1277 vom Reichstag für volljährig erklärt, konnte L. mit Unterstützung der hohen Geistlichkeit und des Adels sowie der 1239 und 1245 eingewanderten →Kumanen die kgl. Zentralgewalt stärken. Er erneuerte sein Bündnis mit Rudolf II. v. Habsburg gegen →Přemysl Otakar II. v. Böhmen und verhalf Rudolf in der Schlacht b. →Dürnkrut 1278 zum Sieg. 1279 sicherte er dem Kg. auf Drängen des päpstl. Legaten Philipp, Bf. v. Fermo, die sofortige Christianisierung und feste Ansiedlung der Kumanen eidl. zu. Als sich der Vollzug verzögerte, wurde L. von dem Legaten exkommuniziert, den der Kg. dafür an die Kumanen auslieferte. Seine Freilassung erreichten die Oligarchen durch die zeitweilige Gefangennahme von L. Obwohl dieser nun den Forderungen der Oligarchen nachgab und 1280/82 einen Kumanenaufstand niederschlug sowie den zweiten Tatareneinfall 1285 abwehrte, ergriff Anarchie das Land. 1287 unterlag L. den Güssingern, den mächtigsten Oligarchen. Wegen seiner kuman. Lebensweise erneut exkommuniziert, wurde L. ein Opfer kuman. Meuchelmörder. L. Solymosi

Lit.: BLGS III, 3f. [Lit.] – K. SZABÓ, Kun László, 1886 [Neudr.: 1988] – J. SZŰCS, Theoretical Elements in Master Simon of Kéza's Gesta Hungarorum, 1975 – L. BLAZOVICH, IV. László harca a kunok ellen, Századok 111, 1977, 941–945 – J. GERICS, A korai középiség Európában és Magyarországon, 1987, 238ff.

4. L. V. Postumus, *Kg. v.* →*Ungarn* 1440 (1444)–57, *Kg. v.* →*Böhmen* 1453–57, *Hzg. v. Österreich,* * 22. Febr. 1440 Komorn, † 23. Nov. 1457 Prag, ▭ ebd., Veitsdom; nachgeb. Sohn von Kg. Albrecht II. und der →Elisabeth v. Luxemburg. Mit Hilfe der Hofdame Helene →Kottanerin gelang es der Kgn. witwe, L. am 15. Mai 1440 zum Kg. v. Ungarn krönen zu lassen. L., dessen Vormundschaft Ks. Friedrich III. ausübte, wurde von den ung. Ständen aber erst 1444 anerkannt und Johannes →Hunyadi als Reichsverweser zugeordnet. Am 28. Okt. 1453 folgte die Krönung zum Kg. v. Böhmen in Prag, wo weiterhin →Georg v. Podiebrad die Regierung führte. L. gelang es, den Einfluß der rivalisierenden Eytzinger (→Eytzing, Ulrich), Cillier (→Cilli) und Hunyadis zu begrenzen und auch seine Ansprüche gegen Ks. Friedrich III. zu vertreten. Nach dem Sieg bei →Belgrad (22. Juli 1456) über das Heer Sultan Meḥmeds II. kehrte L. über Ofen, wo er Ladislaus Hunyadi hinrichten ließ, zusammen mit dem gefangenen Matthias Hunyadi nach Prag zurück. In Prag wurde die Verlobung L.' mit Magdalene, der Tochter des frz. Kg.s Karl VIII., vorbereitet. Der plötzl. Tod L.' löste viele Spekulationen aus; vermutl. starb er an den Folgen der Pest.

K. Nehring

Lit.: J. CHMEL, Urkk., Briefe und Actenstücke zur Gesch. der habsbg. Fs.en Kg. L. Posthumus, Ehzg. Albrecht VI. und Hzg. Siegmund v. Österreich, 1443–73, 1850 – Die Denkwürdigkeiten der Helene Kottanerin, hg. K. MOLLAY, 1971 – H. DOPSCH, Die Gf.en v. Cilli – ein Forschungsproblem?, Südostdt. Archiv 17/18, 1974/75, 9ff.

Laeti (*Λετοί, 'έθνος Γαλατικόν* Zos. 2,54,1; Terminus unklar, wohl niedergerm. Herkunft). Bezeichnung für Mitglieder eines spätantiken Militärcolonates (CTh 13,11,10) aus germ. Elementen in Gallien, seit dem 3. Jh. nachweisbar (Paneg. 8,21; Not. dign. occ. 42,33) und um bestimmte Zentren angesiedelt. Einige Zivilisationsformen scheinen erhalten geblieben zu sein, so daß ein Unterschied zu →Foederaten nicht zu erkennen ist und sich später die Integration in die frk. Reich leicht vollzog. Die L. scheinen sich aus →Dediticii oder friedl. Zugewanderten zusammenzusetzen, sind dem →Magister militum unterstellt, die Verwaltung der Ansiedlung untersteht dem praefectus laetorum. Die militär. Verwendungsweise (eigene Einheiten oder Verteilung) ist zweifellos vielfältig, gleiches gilt für die terminolog. Abgrenzung zu anderen Bezeichnungen (gentiles). Wichtig ist die Verbindung von militär. und bevölkerungspolit. Absichten des Imperiums, die unter anderer Bezeichnung überdies auch in den übrigen Imperiumsteilen praktiziert wird (vgl. Amm. 16,11,4; 20,8,13). Verwendung von L. als solcher auf dem privaten Sektor ist zu bezweifeln.

G. Wirth

Lit.: RE XII, 446 – H. v. SYBEL, BJ 5, 1844, 12 – N. D. FUSTEL DE COULANGES, L'invasion germanique, 1911[3], 365 – J. WERNER, Archaeologia Geographica 1, 1950, 23 – L BROSCH, L. [Diss. masch. Hamburg, 1954] – R. MCMULLEN, L'Antiquité classique, 1963, 582 – H. ROOSSENS, Archaeologica Belgica 104, 1967, 89 – E. DEMOUGEOT (Fschr. F. ALTHEIM, 1970), 101 – R. GÜNTHER, Zs. für Archäologie 5, 1971, 39 – H. W. BÖHME, Germ. Grabfunde des 4. und 5. Jh. zw. Elbe und Loire, 1974 – R. GÜNTHER, Klio 53, 1977, 311.

Laetus, Iulius Pomponius → Pomponius Laetus

La Ferté-sur-Grosne, Abtei OCist in Burgund (Bm. Chalon, dép. Saône-et-Loire), gegr. am 18. Mai 1113 vom hl. →Stephan Harding auf einem Gelände, das 1112 von den Gf.en v. →Chalon geschenkt worden war; die Weihe der Kirche erfolgte am 20. Mai 1113 (Neubau: 1215). Die Domäne der Abtei umfaßte 1166 sechs →Grangien; eine siebente, Maligny, wurde wohl geschaffen, als die Abtei in großem Stil Schafzucht, zur gewerbl. Erzeugung von Wolle, zu treiben begann. 1415, im Hundertjährigen Krieg, wurde die Abtei befestigt.

Die Filiationen von La F. waren wenig zahlreich (16 Männerkl.). La F. gründete in Italien Tiglietto (1120) und Locedio (1124), in Burgund Maizières (1132); Barona (bei Pavia) war nur 1207–24 zisterziensisch. Die letzte Gründung, St-Serge de Gibelet (1231), entstand – wie Jubin und Chortaitis (Tochterklöster von Locedio) – im lat. Osten. Der Abt von La F., der »ersten Tochter von Cîteaux«, rangierte im Zisterzienserorden unmittelbar nach dem Abt v. Cîteaux.

J. Richard

Lit.: DHGE XVI, 1303-1308 – DIP V, 397f. – J. L. BAZIN, Notice hist. (Mém. soc. hist. et archéol. de Chalon, VIII, 1895) – G. DUBY, Les pancartes de l'abbaye de La F., 1953.

Lafette, im 14./15. Jh. eine Holzkonstruktion mit oder ohne Räder, die zur Lagerung des Geschützrohres bzw. zum Abfangen des Rückstoßes beim Schießen und bei Radl.n auch zum Transport des Geschützes diente. L.n besaßen meist auch eine bes. Einrichtung zum Zielen, wobei das Erhöhen des Rohres durch Unterlegen von Keilen (→Richtkeil), durch Einschieben von Bolzen in →Richthörner oder in der Rohrunterseite angebrachte Ösen erfolgen konnte. E. Gabriel

Lit.: W. HASSENSTEIN, Das Feuerwerkbuch v. 1420, 1941.

La Forêt, Pierre de, Kanzler v. Frankreich 1349-57, † 7. Juni 1361. La F. stammte aus dem Maine, geb. in La Suze, war Neffe des Bf.s v. Le Mans, Geoffroy de la Chapelle. Als Jurist und Rechtsprofessor in Orléans und Angers genoß er die Protektion von Jean Cherchemont, der ihm Pfründen (u. a. Kanonikat in St-Martin de Tours) zukommen ließ. 1332 erwirkte Kg. Philipp VI. für ihn die Propstei v. St. Martin. 1335-38 war La F. *Avocat* am Parlement sowie Rat des Gf.en v. Blois und des Kg.s v. Navarra, 1340-47→*Avocat du roi*. 1347 wurde er Kanzler des Hzg.s v. Normandie. Reichgeworden durch seine jurist. Tätigkeit, gab er dem Kg. Darlehen und kaufte Ländereien (z. B. Herrschaft Houpelande). Im Zuge seiner kirchl. Laufbahn war er Kanoniker v. Paris und Archidiakon v. Montfort (1347), Bf. v. Paris (1350), Ebf. v. Rouen (1352) und Kard. (1356). Im Nov. 1349, nach dem Tod von Firmin→Cocquerel, wurde er von Philipp VI. zum Kanzler ernannt. Dieses Amt behielt er auch unter Johann II., auf dessen Politik La F. einigen Einfluß hatte. 1354 wurde er von Johann II. geadelt. Erst unter dem Druck der →*États* und der volkstüml. Opposition legte er sein Amt 1357 nieder und wurde von Gilles Aycelin de Montaigu abgelöst. Von Mai 1357 bis zu seinem Tode residierte La F. als Kard. an der Kurie in Avignon. E. Lalou

Lit.: R. CAZELLES, La société politique et la crise de la royauté sous Philippe de Valois, 1958, 220, 231-232 – G. TESSIER, Diplomatique royale française, 1962, 138, 241 – R. CAZELLES, Société politique, noblesse et couronne sous Jean le Bon, 1982, 169, 210, 245, 267 – R.-H. BAUTIER, Chartes, sceaux et chancelleries, 1990, 750.

La Garde. 1. La G., Étienne de, Ebf. v. →Arles, † 16. Mai 1361, ☐ Arles, Kathedrale. Entstammte einer Familie aus Tulle (Limousin), die mit der Familie Roger, der Papst →Clemens VI. angehörte, verschwägert war. Clemens VI. machte La G. zu seinem Kapellan und erhob ihn zum Bf. v. Lissabon (22. Dez. 1344), dann v. Saintes (17. März 1348), schließlich zum Ebf. v. Arles (8. Jan. 1351). La G. leistete dem Seneschall der Provence am 6. Aug. 1351 für seine Temporalien den Lehnseid. Der Ebf. geriet in einen Konflikt mit der Stadt Salon-de-Provence, da dort sein Generalvikar ermordet worden war, und belegte sie mit dem Interdikt. 1355 verlieh Ks. Karl IV. dem Ebf. ein Privileg über die – wirtschaftl. ertragreiche – Salzgewinnung. Das Ende seines Episkopats war überschattet von den Plünderungszügen des 'Archiprêtre' Arnaud de →Cervole. B. Guillemain

Lit.: → 2. La G.

2. La G., Guillaume de, Ebf. v. →Arles, Neffe von 1, † 22. Juli 1374, ☐ Arles, Kathedrale; aus Tulle (Limousin), Sohn von Bernard, Seigneur v. Pellisane und Co-Seigneur v. Mondragon. La G. war Kanoniker in Orléans, Kanzler des Kapitels v. Beauvais, Auditor an der Rota (→*Audientia sacri palatii*), →Protonotar Clemens' VI. (29. Jan. 1347), als dessen Familiar (→*Familia*, II) am 8. Juli 1347 belegt. Er wurde zum Bf. v. Périgueux (13. Febr. 1348) und Ebf. v. Braga (27. Juli 1349) ernannt. Der Papst betraute ihn mit der Krönung Ludwigs v. Tarent und Johannas (Neapel, 27. Mai 1352). Am 16. Juni 1361 Nachfolger seines Onkels als Ebf. v. Arles. Im Mai 1365 hielt er in Apt ein Provinzialkonzil ab, das 29 Canones (u. a. obligator. Besuch der Sonntagsmesse, Beichte und jährl. Kommunion) erließ. Am 4. Juni 1365 krönte er in der Kathedrale v. Arles Karl IV. zum Kg. v. Arles (→Arelat). Als frz. Truppen unter →Du Guesclin im Auftrag Ludwigs v. Anjou, des Bruders von Kg. Karl V., die →Provence angriffen, wurde La G. des Einverständnisses mit den Franzosen beschuldigt und verlor vorübergehend seine Temporalien. Am 23. Okt. 1370 publizierte er Synodalstatuten. Zum Patriarchen v. Jerusalem ernannt (12. Dez. 1371), behielt er die Administration seiner Diöz. bei. B. Guillemain

Lit.: DHGE XIX, 1228f. – GChrNov III, 672-710 – ST. BALUZE – G. MOLLAT, Vitae paparum, II, 1928 – R. BUSQUET, Hist. de Provence, 1954, 197-199.

La Garde-Freinet → Fraxinetum

Lagny, Abtei und Messeplatz in der →Champagne (dép. Seine-et-Marne, arr. Meaux).

[1] *Abtei:* Die Abtei St-Pierre wurde um 645/650 von dem ir. Eremiten →Fursa (Fursy) auf von Kg. Chlodwig II. geschenktem Land gegr. Im 10. Jh. unterstand sie →Heribert II. v. Vermandois und kam mit der Gft. Meaux an seinen Sohn Robert, dann an dessen Sohn Heribert d. J., der die Abtei, ihren Besitz und ihr monast. Leben erneuerte und L. zu seinem Begräbnisort wählte. Im 12. Jh. wandelte Gf. Tedbald II. v. Champagne seine Rechte als Eigenkirchenherr in eine bloße →Garde um. Auch Tedbald II. ließ sich in L. bestatten. Sein Bastardsohn Hugo war hier 1163-71 Abt.

[2] *Messe:* Seit der 2. Hälfte des 11. Jh. nahm die Messe v. L. ihren Aufschwung. 1124-48 erließ Abt Raoul (Radulf) Verordnungen zur Regelung des Geldwechsels. 1154 stellte Gf. Heinrich I. ('le Libéral') die Gewohnheiten, wie sie unter seinen Vorfahren bestanden hatten, wieder her, auf Betreiben des Abtes, der als Hauptnutznießer sich über eine Beschränkung des Messverkehrs auf zehn Tage beschwert hatte.

Die Messe v. L. eröffnete Anfang Jan. den Zyklus der großen →Champagnemessen. Sie wurde im 13. Jh. von Kaufleuten aus Flandern und Brabant, Languedoc und Provence, Lombardei und Toskana stark besucht. Auf ihr wurden Tuche aus L. und Wein aus dem Marnetal verkauft; der Geldwechsel war bedeutend. Die im Roman »Hervis de Metz« geschilderte Messe verfiel nach 1320.
M. Bur

Lit.: J. A. LEPAIRE, Annales du pays de L., 1880 – J. LEBEUF, Hist. de la ville et de tout le dioc. de Paris [Neuausg. 1883-93], Bd. 5, 543ff. – s.a. Lit. zu →Champagne [M. BUR, 1977], →Champagnemessen [F. BOURQUELOT, 1865; E. CHAPIN, 1937].

La Hire (eigtl. Étienne de Vignolles, Seigneur de Montmorillon; Beiname Anspielung auf sein choler. Temperament?), gascogn. Feldhauptmann (→*capitaine*) Kg. →Karls VII. v. Frankreich, * um 1390 in Préchacq-les-Bains (dép. Landes, arr. Dax, cant. Montfort), † 12. Jan. 1443 auf Schloß Mantauban, ∞ Catherine de Proisy, ohne überlebende Nachkommen. – Entstammte einer Kleinadelsfamilie, blieb zeitlebens Knappe (→*écuyer*), seit 1418 im Dienst des Dauphins Karl (VII.) belegt, mehrfach in Gefangenschaft und infolge einer Verwundung hinkend. 1429 zählte er zu den treuesten Waffengefährten der →Jeanne d'Arc. Seit dieser Zeit hatte er höherrangige

Ämter inne: von 1429 bis zu seinem Tode →Bailli des Vermandois, ztw. Generalkapitän Karls VII. in den Gebieten nördl. der Seine (31. Dez. 1433). 1438–39 kämpfte und plünderte er zusammen mit anderen Hauptleuten der *Écorcheurs* (→Armagnaken) in Lothringen, im Elsaß und der Basler Gegend, dann in Burgund und der Auvergne. Er nahm im Gefolge Karls VII. an kgl. Heerfahrten teil (Pontoise, 1441; »voyage de Tartas«, 1442). La H., dessen drei Brüder ebenfalls Karl VII. Kriegsdienste leisteten, wurde mehrfach vom Gf. en Johann I. v. →Foix unterstützt. – Der Nachruhm La H.s, den bereits Georges →Chastellain in seinem »Mystère de la mort du roy Charles VII« als einen der 24 »bons serviteurs« auftreten läßt, verbreitete sich im 16. Jh.; sein Name wurde (jedoch nicht vor dem 17. Jh.) zur Bezeichnung des Herzbuben im Kartenspiel. Ph. Contamine

Lit.: R. ROHMER, La vie et les exploits d'Étienne de Vignolles, dit la H. (Positions de thèses École nat. des chartes, 1907), 167–173 – F. ROUSSEAU, La H. de Gascogne, 1968.

Lai

I. Französische Literatur – II. Englische Literatur.

I. FRANZÖSISCHE LITERATUR: Der Begriff L. begegnet seit der Mitte des 12. Jh. in der Literatur Englands (s. Abschnitt II) und Frankreichs. Für die Musikgesch. bezeichnet der *lai lyrique* seit dem Ende des 12. Jh. eine bestimmte Gattung der überwiegend einstimmigen afrz. Liedkunst, die auch auf die umliegenden Länder ausstrahlte. Die Anfänge liegen im dunkel; der formal ähnlichen Sequenz und dem L. scheinen gemeinsame Wurzeln zugrunde zu liegen, die bisher jedoch nicht eindeutig zu klären waren. Der formale Bau des L. unterscheidet sich vom Strophenprinzip (als einer gleichförmigen Wiederkehr melod. Komplexe) insofern, als er metrisch wie musikal. verschieden gestaltete Teile unterschiedl. Länge aufweist, die in sich wieder verschieden gestaltet sein können. Möglich sind einfache Abfolgen von paarig gestalteten Gliedern (AA BB CC ...), diese Form kann von unpaarigen Versikeln eingerahmt sein (A BB CC ... E, oder: A BB CC ...), es kommen jedoch auch komplizierte formale Gestaltungen vor, z. B. ABCDEFG EHIJ EHIJ EIJ E AB im »Lai de l'ancien et du nouveau testament«, wo die Paarigkeit (EHIJ etc.) sowie der Rahmen (AB) immerhin noch zu finden sind. Des nicht starren Bauprinzips wegen wird der L. auch Descort (von lat. discordia) genannt. Im 13. Jh. wurde der L. in Frankreich von den Trouvères und Trobadors gepflegt, Einflüsse auf die um 1200 entstehende Motette sind nicht auszuschließen. Im 14. Jh. schuf Guillaume de Machaut eine Anzahl teilweise mehrstimmiger L.s. Das Gestaltungsprinzip erhielt sich im mhd. Leich, in der Estampie und in der damit verwandten Ductia. Zum *narrativen L.* →Novelle. B. Schmid

Ed.: A. JEANROY u. a., L.s et descorts frc. du XIIIᵉ s., 1901 [Nachdr. 1965] – Lit.: MGG – NEW GROVE – RIEMANN – F. WOLF, Über die L.s, Sequenzen und Leiche, 1841 – J. MAILLARD, L., Leich (Gattungen der Musik in Einzeldarst., hg. W. ARLT u. a., 1973), 323ff. – B. STÄBLEIN, Schriftbild der einstimmigen Musik (Musikgesch. in Bildern, III/4, 1975), 95–97.

II. ENGLISCHE LITERATUR: Die Gattung des narrativen L. (*Breton Lay*) ist in der me. Dichtung mit nur wenigen Beispielen (ca. acht) vertreten. Vorbild für die me. Dichtungen sind die L.s der →Marie de France, von denen einige im Me. direkt nachgeahmt wurden (»Lai le Freine«, »Sir Launfal«). Daneben werden zu den breton. L.s im Me. auch kürzere Verserzählungen gerechnet, die sich zwar selbst als L.s bezeichnen, stoffmäßig aber mit Breton. nur entfernt verbunden sind (»Sir Gowther«, »Earl of Toulouse«, »Sir Orfeo« u. a.). Auch formal ist die Gruppe

der me. L.s keineswegs homogen; neben Kurzromanzen in Reimpaaren finden sich auch →Romanzen in der Schweifreimstrophe, wobei insbes. letztere in die Nähe der volkstüml. →Spielmannsdichtung zu rücken sind. Auch →Chaucer verwendet diese Erzählgattung in seinen »Canterbury Tales« (in der »Franklin's Tale«). K. Reichl

Bibliogr.: Manual ME 1.1, 1967, 133–143, 292–297 – J. A. RICE, ME Romance, 1987 – Ed.: T. S. RUMBLE, The Breton Lays in ME, 1965 – L. D. BENSON, The Riverside Chaucer, 1987³ – F. HÜLSMANN, The Erle of Tolous, 1987 – Lit.: M. J. DONOVAN, The Breton Lay: A Guide to Varieties, 1969.

Laib, Konrad, Salzburger Maler, tätig um 1440–60, * Enslingen (Schwaben) gemäß Bürgerbucheintragung in Salzburg 1448, wo er anscheinend schon 1442 Aufträge erhält. Auf einen Marienaltar um 1440 (»Geburt«, Freising; »Anbetung der Kg.e«, Cleveland) folgt als erstes Hauptwerk die monumentale »Kreuzigung im Gedräng« v. 1449 aus Salzburg (Wien; Seitenflügel: Padua, Venedig, wohl als Bekrönung zugehörig: »Hermes«, »Primus«, Salzburg), das der Salzburger Malerei den w. Realismus vermittelt. Das gleiche Thema behandelt das Grazer Dombild v. 1457; letztes bekanntes Werk ist ein Altar in Pettau. Ch. Klemm

Lit.: L. BALDASS, C. L. und die beiden Rueland Frueauf, 1946 – A. STANGE, Dt. Malerei der Gotik X, 1960 – Spätgotik in Salzburg, 1972 – H. ROSENAUER, Zu einer Tafel von C. L.s Kreuzigungsaltar von 1449 (Von österr. Kunst [Festschr. F. FUHRMANN, 1983]), 29–36.

Laibach → Ljubljana

Laichtín mac Toirbín, wenig bekannter ir. Hl. r, † 622, Patron von Achad Úr (Freshford, Gft. Kilkenny) und Domnach Mór Mittine (Donoughmore, Gft. Cork) u. a. Er soll vom hl. →Comgall, dem Gründer von →Bangor, erzogen worden sein. Bekannt ist das kostbare Armreliquiar des Hl.n (Holz, mit Bronzeplatten verkleidet, verziert mit Silber u. a. Materialien) aus dem 12. Jh. (lt. Inschrift: 1118/21), das zunächst wohl in Cill na Móna (Kilnamona, Gft. Clare) bewahrt wurde, dann in Donnoughmore, schließl. (durch Dekan Jonathan Swift) wohl nach England kam, heute im Nat. Mus. Dublin.

D. Ó Cróinín

Lit.: J. COLGAN, Acta Sanctorum Hiberniae, 1948, 654–657 – F. HENRY, Irish Art in the Romanesque Period, 1970, 103f.

Laidcenn mac Báith Bandaig ('Sohn des Báith Bandach'), bekannt auch unter den Namen 'Lathacán' und 'Mo-Lagae', ir. Gelehrter, † 661, entstammte – wie der hl. →Brendan, Gründer des Kl. →Clonfert – wohl der Uí Conairrge, einem Zweig der Familie der Altraige (Gft. Kerry, westl. →Munster). L. war »fer léigind« des Kl. →Clonfert-Mulloe (Gft. Laois), bekannt v. a. als Exeget, Verfasser einer Epitome der »Moralia in Iob« Gregors d. Gr. und einer →Lorica. Weitere Werke (Bibelkomm.) sind verloren (Erwähnung L.s als Autorität der Bibelexegese in einem anonymen ir. Epistelkomm. des 7. Jh.). Auch wird er genannt am Schluß eines ätiolog. Traktats über die Niederlassung von Völkerschaften aus Connacht im nördl. Munster: »De fabulis Connachta Mumain et de ratione na nIris« (wohl 7. Jh.), einem charakterist. Beispiel der lit. Gattung der →Senchas (hist. Überlieferungen). D. Ó Cróinín

Lit.: P. GROSJEAN, Sacris Erudiri 7, 1955, 67–98 – BRUNHÖLZL I, 164f., 194f. – A. BREEN, Peritia 3, 1984, 204–214.

Laie (etymolog. von gr. λαικός, 'zum Volk gehörig' [im Gegensatz zu den Regierenden], abgeleitet von λαός 'das Volk'). Im NT sind mit λαός überwiegend die einfachen Leute, die Menschenmenge oder das Volk Israel (LXX), in wenigen Fällen auch die chr. Gemeinde (im Unterschied zu den Nicht-Glaubenden) gemeint, niemals die L.n im Gegensatz zu den Klerikern (→Klerus). Als Bezeichnung der L.n begegnet λαικός erstmalig im Klemensbrief 96 n. Chr. (40,6). Bei →Clemens v. Alexandria wird die Übertragung des Begriffs L. aus dem Jüd. ins Chr. vollzogen (Reihenfolge: Priester, Diakone und L.n). Mit →Tertullian hat sich im lat. Sprachgebrauch laicus als Bezeichnung für den Nicht-Amtsträger und -Priester verfestigt. Seit der konstantin. Wende steht der Begriff λαός nicht mehr im Gegensatz zu Nicht-Glaubenden, sondern der L. wird zum Nicht-Kleriker. Der Begriff des L.n ist von nun an nur vom Kleriker her verständl. zu machen. Das Amtsverständnis wird zur Bestimmung des L.n bedeutsam. Doch hatte der L.nstand noch breiten Anteil an der Vollmacht der Kirche: L.ntaufe; Austeilen der Kommunion; Spendung (ministrae) des Sakramentes der Eucharistie durch Diakonissen, Witwen oder Jungfrauen an Frauen; →L.nbeichte; Teilhabe an der Jurisdiktionsgewalt (Mitwirkung an der Wahl der Amtsträger, seniores laici in der afrikan. Kirche). Entscheidend für die Entstehung der L.nstandes war auch das →Mönchtum. Im frühen MA lebten die beiden Stände noch in grundsätzl. Harmonie, die jedoch in der →Gregorian. Reform und im Gefolge des →Investiturstreits zerstört wurde. Der Machtanspruch des Papstes (gegen den Ks.) und damit der Überlegenheitsanspruch des Klerus gegenüber den L.n wurde durchgesetzt. Der Papst stützte sich dabei auch auf die L.n. Die Harmonie von Klerus und L.n schlug in eine Kontrastellung um. Nach Gratian gibt es zwei Arten von Christen: Die Kleriker sind die Kg.e. Den L.n ist es erlaubt, zeitl. Dinge zu besitzen, Frauen zu nehmen, das Land zu bebauen, zu richten, Prozesse zu führen, Opfergaben auf den Altar zu legen, Steuern zu bezahlen (C. 12 q. 1 c.7). Der Weltdienst der L.n wurde anerkannt (weltl. Berufe, Arbeit). Versuche einer religiösen Aktivierung der L.n und einer Aufhebung der Ständetrennung waren die Kreuzzüge und die religiösen Bewegungen (Franziskus v. Assisi, Bettelorden, Ketzer). Einschränkend wirkte das Predigtverbot für L.n, das allerdings nur im 13. Jh. bes. streng gehandhabt wurde. Symbol. für die Unterscheidung der Stände wurde das Bild von den zwei Volksgruppen (Sakramentar v. Tournai, Ende 12. Jh.), das im 15. und 16. Jh. Aufnahme fand. Auch das Bild vom Leib bringt nicht mehr die Einheit zum Ausdruck: rechte und linke Seite (11. Jh.); zwei Körper mit je eigenem Haupt, Kg. oder Papst (14. und 15. Jh.). L.n konnten aber im MA auch den Klerikern zumindest in bestimmten Bereichen (Privilegien) gleichgestellt werden, so als Religiosen (Ordensmitglieder) beiderlei Geschlechts, Konversen, Beginen, Mitglieder des Dritten Ordens, aber auch Pilger, Pönitenten und Kreuzzugsteilnehmer, sogar als Studenten. Im MA erlangt der Begriff L. im Zusammenhang mit der Entwicklung des Bildungswesens auch seine pejorative Bedeutung, die des Schrift-und Schreibunkundigen. R. Puza

Lit.: DDC VI, 328-331 – Enc. del Diritto XXIII, 273-283 [Lit.] – LThK² VI, 733-741, 747-748 – Nov. Dig. It. IX, 433-437 – RGG III, 1661-1664 – TRE XX, 378-399 [Lit.] – A. AUER, Weltoffener Christ, 1960 – Y. M.-J. CONGAR, Der L., 1964³ – R. ZERFASS, Der Streit um die L.npredigt, 1974 – P. NEUNER, Der L. und das Gottesvolk, 1988.

Laienabt, im strengen Sinne ein Laie, insbes. im frk. Reich und seinen Nachfolgereichen im 9. und 10. Jh. in der Regel aus dem Kreis der Mächtigen, der als Abt eines oder mehrerer Kl. die höchstmögliche Verfügungsgewalt über deren Menschen und Güter besaß. Häufig werden andere Formen nicht regelgerechten Abbatiats (Weltgeistl., Kanoniker, Bf.e – als Säkularabt, Kommendatarabt – in Mönchskl.), ja Besitz von Kl., hier subsumiert. Die Abgrenzung zw. Laie und Mönch, Abt und Kl. inhaber sowie die Bewertung der Rollen im Kl. (Abt, zweiter Abt, Propst, Dekan, vornehmer 'Mönch' ohne Amt, aber mit großem Einfluß) und ihrer Folgen sind häufig schwierig, da im einzelnen sehr differenziert. Bis in jüngste Zeit wurde, im Einklang mit kirchl., bes. monast.-reformer. Q., die Entfremdung und Ausbeutung des Kl.gutes, der Verfall geistl. Lebens als Folge des Laienabbatiats betont; durchaus bezeugte Fürsorge bis hin zur Reform unter Verzicht auf den Abbatiat (oft zugunsten einer indirekten, quasikgl. Herrschaft oder Vogtei) hellten das Bild kaum auf, zumal eine am starken (Zentral)Staat orientierte polit. Interpretation die Schwächung des Kgtm.s verurteilte, dem seit der Zeit Ludwigs d. Fr. die Verfügung über die Kg.skl. zunehmend entglitt. Neuerdings werden, bei Anerkennung negativer Konsequenzen des Laienabbatiats, die Interessengebundenheit der tradierten Wertungen, die Vielfalt der Formen und Folgen der Institution des L.s und strukturell verwandter Formen der Kl.herrschaft für das geistl. und polit. Leben betont, sie selbst in die Entwicklung der Kl. und der frk. Staatlichkeit eingeordnet: Bedeutung der Gründersippe, adlige Eigenkl. herrschaft, wachsendes wirtschaftl., polit. und militär. Gewicht der Kl., Verbindungen mit geistl. und weltl. Herrschaftsträgern, deren Konkurrenz untereinander und mit dem Kgtm., Reformforderungen mit Betonung der geistl. Qualitäten auf Kosten der polit.-militär. Aufgaben, Verknappung der kgl. Ressourcen in einer Zeit wachsender innerer und äußerer Schwierigkeiten, Herausbildung und Konsolidierung des »jüngeren frk. Fsm.s«, Reformbestrebungen des 10. Jh. F.J. Felten

Lit.: K. VOIGT, Die karol. Kl.politik und der Niedergang des westfrk. Kgtm.s, 1917 [Neudr. 1965] – F. PRINZ, Klerus und Krieg im frühen MA, 1971 – F. J. FELTEN, Äbte und L.e im Frankenreich, 1980 – M. MARGUE, Aspects politiques de la réforme monastique en Lotharingie, RevBén 98, 1988, 31-61.

Laienbeichte, in der neueren Forsch. das kirchl. Sündenbekenntnis gegenüber dem →Laien. Die erst im FrühMA aufgekommene Praxis der Privat- oder Tarifbuße (→Bußbücher) kennt als regulären Adressaten des Bekenntnisses den Priester. Nach Beda ist die Möglichkeit, auch dem Nächsten Sünden zu bekennen, auf die geringen Vergehen des Alltags beschränkt (In Ep. Jac. 5, 16). Ist diese zunächst rein spirituell verstandene L. nach einer glaubhaften Nachricht des →Jonas v. Orléans in karol. Zeit kaum praktiziert worden (Inst. laic. 1,16), so entwickelte sie sich bei zunehmender Wertschätzung des Bekenntnisses unter maßgebl. Einfluß des pseudoaugustin. Traktats »De vera et falsa poenitentia« (10,25; MPL 40, 1122) zur kirchenrechtl. relevanten Ausnahmepraxis für den Fall der Unerreichbarkeit eines Priesters. Theol. seit →Johannes Duns Scotus strittig, wird die L. in der Praxis zum Problem, als häret. Gruppen wie die →Waldenser die Vollmacht des kirchl. Amtes zur Sündenvergebung bestreiten. Ein Verbot der L. spricht jedoch erst Martin V. gegen →Wyclif und →Hus aus (Inter cunctas, DENZINGER-SCHÖNMETZER, 1260). L. Körntgen

Lit.: →Buße, C – HDG IV, 3, 1978² [Lit.] – LThK² VI, 741f. – A. TEETAERT, Le confession aux laïques dans l'Église lat. depuis le VIIIᵉ jusqu'au XIVᵉ s., 1926 – C. DOOLEY, Development of the Practice of Devotional Confession (Questions liturgiques 64, 1983), 9-117.

Laienbrüder → Konversen

Laieninvestitur → Investitur, →Investiturstreit

Laienkelch → Kelchkommunion

Laienspiegel, eine Art jurist. Enzyklopädie, in der das Recht, welches um die Wende zum 16. Jh. von den Laienrichtern und anderen Prozeßbeteiligten beachtet werden mußte, in handl. und verständl. Weise zusammengefaßt war. Da der L. hierbei neben den aktuellen Reichsgesetzen v. a. röm. Rechtsq. heranzog, erlangte er große Bedeutung für die Rezeption des röm. Rechts durch die Laiengerichte. Sein Verf. war der schwäb. Jurist und Beamte Ulrich Tengler (um 1447–1511), der seinem Werk den »Teufelsprozeß« als prozeßrechtl. Lehrstück beigefügt hat (→Belial, →Satansprozesse). Der L. erschien erstmalig 1509, zwei Jahre später dann als »Neuer L.« in einer erweiterten Fassung; in dieser erlebte er bis 1560 rund ein Dutzend Neuauflagen. Mit der Ausbreitung der gelehrten Gerichte von der 2. Hälfte des 16. Jh. an nahm seine Bedeutung rasch ab. A. Cordes

Lit.: HRG II, 1357–1361 [B. KOEBLER] – Der Teufelsprozeß vor dem Weltgericht, hg. und eingel. W. SCHMITZ, 1980 [Faks. wiedergabe und Übers. der fol. 138–151 einer Ausg. des L.s von 1512].

Laigin, Leinster, Stammesverband, Kgr. und hist. Prov. im ö. →Irland. Das alte 'Fünftel' (→cóiced) v. Leinster (L.) war schon im FrühMA ('terra Lagenorum' in der »Vita Columbani« des →Jonas v. Bobbio, um 640) eine festumrissene geogr. Einheit, deren Kernraum aus den Becken der drei Flüsse Liffey, Barrow und Slaney besteht, begrenzt im W von den großen Mooren des Mittellandes im N von einer Waldzone jenseits der Liffey und im S vom Hochland, das sich westl. der Barrow erstreckt. Die genaue ethn. Zugehörigkeit der alten Stämme L.s ist nicht mehr faßbar. Das polit. Zentrum lag im N, um →Kildare; symbol. Mittelpunkt war die alte Höhenbefestigung *(dún)* v. Ailenn. Nach der Gründungssage stammten die L.-Leute aus Gallien, wo ihr myth. Kg. Labraid Loingsech ('der Seefahrer') im Exil lebte (möglicherweise Anklang an eine bei Tacitus, Agricola 24, geschilderte Episode). Nach fiktiver Etymologie leiteten sie ihren Namen von den Speeren ab, die sie trugen. In älteren Überlieferungen heißen die Leute v. L. *Gálióin* ('Speermänner'): im Rinderraub-Epos (→»Táin Bó Cúaigne«) kämpfen sie gegen die Ulster-Leute (→Ulster). Mit den Laigin, den Leuten v. L., wird oft der Stamm der →Dumnonii (Fir Domnann), der in SW-Britannien (Exeter) seinen Hauptsitz hatte, in Verbindung gebracht (Ortsnamenbelege für 'Dumnonii' nicht nur in L., sondern bis nach W-Irland: 'Irrus Domnann', heute Erris, Gft. Mayo). Hinweise in der ältesten Fassung des Rinderraub-Epos u. a. Überlieferungen legen die Annahme nahe, daß der vorgeschichtl. Umfang L.s weitaus größer war als in späterer Zeit, im N bis zum Fluß Boyne reichte, und →Tara vielleicht sein altes Zentrum war. In der hist. Periode waren jedoch die nördl. der Liffey gelegenen Ebenen v. →Mide bereits den vordringenden Heeren der →Uí Néill zum Opfer gefallen, und seit dem 6. Jh. befanden sich die L.-Leute fast ständig in der Defensive.

Eine Reihe von früheren metr. Königslisten liefert wertvolle Nachrichten über die Herrschaftsstruktur L.s im 4. und 5. Jh.; das weicht von dem Bild, das spätere Q. vermitteln, erhebl. ab. Es kann angenommen werden, daß ältere Stammesgruppen (Uí Bairrche, Uí Dego, Uí Enechglaiss) die Oberkg.e der Prov. stellten. Hingegen schreiben spätere Überlieferungen den →Uí Dúnlainge seit dem 6. Jh. eine weitgehende Monopolstellung im nördl. L., den →Uí Chennselaig dagegen im südl. L. zu. Jedoch rühmt sich in situ erhaltene Ogam-Inschrift (→Ogam) bei →Duleek (Gft. Meath) einen »Mac Cairthinn, Enkel des Enechglass«, der offenbar bis zur Boyne, der alten Grenze zw. L. und Ulster, geherrscht hat. Bis zum 7. Jh. wurden aber die meisten dieser älteren Stammesgruppen von der Macht verdrängt, sowohl infolge der zermürbenden Angriffe der Uí Néill als auch durch die Expansion der konkurrierenden Dynastien der Uí Dúnlainge und Uí Chennselaig. Die Uí Dúnlainge im N demonstrierten ihre Macht durch Kontrolle über die Kirche v. →Kildare seit dem frühen 7. Jh. Die konkurrierenden Uí Chennselaig versuchten immer wieder, in den zentralen Ebenen um Kildare Fuß zu fassen, errangen aber erst im 11. und 12. Jh. Erfolge. An der Nordgrenze kam es zwar zu einer gewissen Stabilisierung der Lage, doch erlitt L. 738 gegen die Uí Néill eine vernichtende Niederlage, die v. a. die Uí Chennselaig traf. Die wiedergewonnene Dynamik der Uí Dúnlainge wurde von den Wikingerangriffen (→Dublin, →Wexford, →Waterford) absorbiert. 738–1042 lag das Kgtm. v. L. in den Händen der Uí Dúnlainge. Mit dem Wiedererstarken der rivalisierenden Uí Chennselaig unter →Diarmait mac Máel na mBó († 1072) wurden die Grundlagen für die Ereignisse geschaffen, die im Exil des Kg.s v. L., →Dermot mac Murrough (Diarmait mac Murchada), und im Beginn der anglonorm. Eroberung 1169 gipfelten. L., unter Strongbow (Fitz Gilbert de →Clare), dem Erben Dermot mac Murroughs, als 'Lordship' konstituiert, wurde von engl. Einfluß (Feudalsystem, Kirchenverfassung, engl. Siedler) erfaßt.

D. O. Cróinín

Lit.: F. J. BYRNE, Irish Kings and High-Kings, 1973, 130–164.

Laisrén moccu Imde (auch: Mo-Laisse, Do-Laisse, Lasrianus), ir. Hl.r, † 639, aus dem wenig bekannten Stamm der Dál nImde (Gegend v. Cooley, heut. Gft. Louth, nö. Irland), gilt als Gründer des Kl. Leth-Glenn (Leighlin, Gft. Carlow, sö. Irland). Die Vita des hl. L. ist von geringem hist. Wert. Eine glaubwürdige Überlieferung sieht in ihm einen der führenden südir. Verfechter des »orthodoxen« Ostertermins (→Ostern, Osterstreit) in den Jahren um 630. D. Ó Cróinín

Lit.: J. F. KENNEY, Sources for the Early Hist. of Ireland I, 1929, 450f.

Laisse (Tirade), ep. Strophe von variabler Länge in der frz., prov. und span. gesungenen narrativen Dichtung (→Chanson de geste, →Cantares de gesta, →Vers- und Strophenbau). In der Regel sind die assonierenden L.n älter als die gereimten. In der frz. und prov. Lit. der Zehnsilbner (Ausnahme: Achtsilbner im archaischen →Gormont et Isembart) der ep. Vers, später der Alexandriner. Im →Wilhelmszyklus schließen viele L.n mit einem Kurzvers (vers orphelin), der auch Refraincharakter haben kann. Die L. fand auch Verwendung in der →Hagiographie, in der prov. Lit. schon in einem der ältesten Texte, der »Chanson de ste Foy« (→Fides), in der frz. Lit. etwa in den Versionen des 12. und 13. Jh. des →Alexiusliedes; L.n finden sich in Texten zum →Antichrist oder zu den 15 Zeichen des jüngsten Gerichts. Bes. in den älteren Chansons de geste begegnen L.n-Wiederholungen (l.s similaires, l. parallèles, vgl. RYCHNER) und L.n-Verbindungen, d. h. Wiederholungen, mit Assonanzwechsel, der letzten Verse der vorangehenden L. am Anfang der folgenden L. Diese Technik steht im Zusammenhang mit dem mündl. Vortrag (→mündl. Lit. tradition), hält sich aber bis ans Ende des 15. Jh. Die litaneiartige Melodie muß aus Zitaten erschlossen werden, z. B. bei →Adam de la Halle (6. A.) oder aus →Aucassin et Nicolette (Siebensilbner-L.n mit Kurzvers). M.-R. Jung

Lit.: NEW GROVE, s. v. Chanson de geste – W. MULERTT, L.nverbindung und L.wiederholung in den Chansons de geste, 1918 – J. RYCHNER, La chanson de geste, 1955 – H. WIDMER, Episodenaufbau und L.nstruktur im afrz. Rolandslied, 1978 [berücksichtigt 7 Roland-Hss. vom 12.–15. Jh.] – F. VIELLIARD – J. MONFRIN, Manuel bibliogr. de la lit. française du MA de Robert Bossuat, 3ᵉ suppl. (1960–80), 1986, Nr. 942–952.

La Junquera, Übereinkunft v. (Dez. 1293), war eine Etappe auf dem Weg zum Vertrag v. Anagni (24. Juni 1295). In La J. verabredeten Jakob II. v. Aragón und Karl II. v. Valois als Kern ihrer geheimen Übereinkunft die Heirat Jakobs – dessen Ehe mit Isabella v. Kastilien noch nicht vollzogen war – mit Blanche, der 2. Tochter Karls, die eigentlich für Friedrich (III.), den jüngeren Bruder des Kg.s v. Aragón und Verwalter der Insel →Sizilien, bestimmt gewesen war. Gegen Zahlung einer großen Geldsumme und weitere Zugeständnisse, darunter vielleicht die Überlassung der Herrschaft über →Sardinien, zeigte sich Jakob bereit, die Insel innerhalb von drei Jahren (gerechnet ab Nov. 1294) der Kirche zurückzugeben, die wiederum Karl nach Ablauf eines Jahres erneut mit ihr belehnen durfte. Dieses Abkommen, durch das Kastilien überspielt wurde, bildete die Grundlage für die Verhandlungen in Anagni. L. Vones

Lit.: H. E. ROHDE, Der Kampf um Sizilien in den Jahren 1291–1302, 1913, 68ff. – V. SALAVERT Y ROCA, El Tratado da Anagni y la expansión mediterránea de la Corona de Aragón, EEMCA 5, 1952 – DERS., Cerdeña y la expansión mediterránea de la Corona de Aragón I, 1956, 98ff.

Lakapenoi, byz. Familie wohl arm. Abstammung, Herkunft aus Lakape, auf halbem Weg zw. Melitene und Samosata, das sie wohl im späteren 9. Jh. kolonisierten. Theophylaktos Abastaktos, der noch nicht den Beinamen L. führte, rettete Basileios I. 871 das Leben beim Feldzug gegen →Tephrike. Sein Sohn →Romanos L., nach dem Tod Leons VI. Oberbefehlshaber der ksl. Flotte (→Drungarios [2c]), griff 919 nach der Macht. Er vermählte seine Tochter Helene mit dem unmündigen Ks. →Konstantin VII. und stieg zum Kaisar auf, bis am 17. Dez. 920 seine Krönung zum Ks. erfolgte. Ab 921 Hauptks., ließ Romanos auch drei Söhne zu Mitks.n krönen (Christophoros 921 [† 931]), Stephanos und Konstantinos 924). Seine Tochter Maria heiratete den bulg. Zaren Peter, drei weitere Töchter byz. Adlige. Der jüngste Sohn, Theophylaktos, war 933–956 Patriarch v. Konstantinopel. Am 20. Dez. 944 wurde Romanos von seinen Söhnen Stephanos und Konstantinos gestürzt, am 27. Jan. 945 wurden aber auch diese vertrieben, so daß Konstantin VII. als alleiniger Ks. verblieb.

Nach dem Sturz der L. wurde Michael, ein Sohn des Mitks.s Christophoros, Kleriker (später Magistros und Rhaiktor), Romanos, ein weiterer Sohn des Mitks.s Konstantinos L., der Eunuch war, wurde später Patrikios und Eparchos, ein weiterer Romanos, Sohn des Mitks.s Stephanos, später (als Eunuch) Sebastophoros. →Basileios Parakoimomenos, der natürl. Sohn Romanos' I., ebenfalls Eunuch, erlangte großen Einfluß. Einen Eunuchen Leon L. belegen unpubl. Siegel als Spatharokubikularios und Logariastes für das frühere 11. Jh. Aus der 1. Hälfte des 12. Jh. stammen zwei Siegeltypen eines Konstantinos L. Im früheren 14. Jh. lebte der Schriftsteller Georgios L., der bes. als Briefschreiber hervortrat. W. Seibt

Q. und Lit.: RByz I, 1f. [Abaktistos; J. L. VAN DIETEN] – PLP VI, Nr. 14379 – Tusculum-Lex., 1982³, 459f. – G. SCHLUMBERGER, Mél. d'Archéologie Byz., 1895, 237f. – S. RUNCIMAN, The Emperor Romanus Lecapenus and his Reign, 1929 – H. GRÉGOIRE, Le lieu de naissance de Romain Lécapène et de Digénis Acritas, Byzantion 8, 1933, 572–574 – V. LAURENT, Documents de sigillographie byz. ..., 1952, Nr. 446 – A. P. KAŽDAN, Armjane v sostave gospodstvujuščego klassa Vizantijskoj imperii v XI–XII vv., 1975, 11f. – P. SCHREINER, Die byz. Kleinchroniken II, 1977, 121, 126f. – F. HILD–M. RESTLE, Kappadokien, 1981, 85, 126, 168 – J.-C. CHEYNET, Pouvoir et contestations à Byzance (963–1210), 1990, bes. 271f.

Laktanz → Lactantius

Lalaing, große Hennegauer Adelsfamilie, bekannt seit *Gérard de Forest* (Mitte 12. Jh.), benannt nach einem Dorf in der Kastellanei v. →Lille (dép. Nord, arr. Lille), aber auch nach dem in der Gft. →Ostrevant gelegenen Familienlehen L. (Lallaing, dép. Nord, arr. Douai). Zwei Nachkommen dieses Adligen in direkter Linie aus der 6. Generation, *Nicolas* († um 1369), Herr v. L., und *Simon* († 1386), Herr v. Quiévrain (Belgien, Prov. Hennegau, arr. Mons), hatten im letzten Viertel des 14. Jh. das Amt des Receveur du Bailliage (→Receveur), dann des →Bailli v. →Hennegau inne. Auf Simon geht der Zweig der Herren v. Quiévrain zurück; über seine Urenkelin *Marie* (∞ Jean de Croy, 1428) fiel ihre Herrschaft an die berühmte Familie →Croy. Die Nachkommen von Nicolas dienten den Hzg.en v. →Burgund als führende Räte und Kriegsleute; ein vollendeter Repräsentant des neuen burg. Ritterideals war *Jacques de L.* (* 1421, ✗ 1453 im Krieg gegen Gent), Ritter vom →Goldenen Vlies, der in einem früher Georges →Chastellain zugeschriebenen »livre des faits« gefeiert wird. Jacques' Vater *Guillaume* († 1475) war Bailli des Hennegau, dann Statthalter v. →Holland, Seeland und Friesland; die Onkel waren: *Simon* (um 1405–77), Herr v. Montigny und Hantes (Hennegau, arr. Thuines), Ritter vom Goldenen Vlies, 1473 adliger Rat am Mechelner Parlament; *Sanche* († 1460), Kanoniker v. Douai, dann Propst v. Valenciennes. Einer der Brüder von Jacques, *Philippe* (um 1430–65), fiel in der Schlacht v. →Montlhéry, während ein anderer, *Jean* (1422–98), Propst v. St-Amé de Douai, dann v. St. Lambert zu Lüttich war. Dieser verkaufte 1481 die Herrschaft L. an seinen leibl. Vetter *Josse* († 1483), Herrn v. Montigny, den älteren Sohn von Simon. Josse war burg. Admiral, oberster Bailli v. Flandern, Statthalter v. Holland, Seeland und Friesland und Ritter vom Goldenen Vlies. Sein jüngerer Bruder *Arnoul* († 1483) war Theologe und Jurist, Propst v. Liebfrauen zu Brügge und St. Lambert zu Lüttich und lehrte an der Univ. Löwen. In die höchsten Sphären der Macht gelangten Josses Söhne: *Charles* (1466–1525), Baron (1508) und Gf. (1522) v. L., und *Antoine* (um 1480–1540), durch Heirat Gf. v. Hoogstraten, beide Ritter vom Goldenen Vlies. Antoine verfaßte bedeutende Beschreibungen der Spanienreisen Ehzg. Philipps d. Schönen (1501–03, 1505–06).

J.-M. Cauchies

Q. und Lit.: NBW I, 653–660 – Le Livre des faits ... Jacques de L. (Œuvres de G. Chastellain, hg. J. KERVYN DE LETTENHOVE, VIII, 1866), 1–259 – Coll. des voyages des souverains des Pays-Bas, hg. L.-P. GACHARD, I, 1876, 121–556 – F. BRASSART, Hist. et généalogie des comtes de L. 1854² – DERS., Le Blason de L., Souvenirs de la Flandre wallonne 17–18, 1877–78 – R. BORN, Les L., 1986.

La Marche, Olivier de, burg. Diplomat, Dichter und Memoirenverfasser, * um 1425 in Villegaudin (Bresse); † 1. Febr. 1502 in Brüssel. Seine Familie stand dem Hzg.shaus v. Burgund nahe; der junge La M. wurde nach dem Tode des Vaters (1437) unter die Pagen Philipps des Guten aufgenommen, erhielt 1447 das Hofamt des *écuyer panetier* (Schildknappe und Brotmeister) und wurde zum Dienst für den Erbprinzen Karl (→Karl der Kühne) abgeordnet. Am Morgen der Schlacht v. →Montlhéry (17. Juli 1465) zum Ritter gekürt, betraute ihn Karl schon vor seinem Regierungsantritt, v. a. aber seit 1467 mit zahlreichen diplomat. Missionen und Ämtern (1467 Rat und Hofmeister, 1473 Generalmünzmeister v. Geldern und Gardehauptmann). Bei →Nancy (6. Jan. 1477) gefangengenommen, kam La M. erst Ostern 1477 wieder frei. Unter Maria v. Burgund und Maximilian war er Erster Großhofmeister und Erzieher des Erbprinzen →Philipp des Schönen. Daher widmete La M. diesem die (erst nach

Abschluß des eigtl. Textes verfaßte) Einleitung zu den »Memoires« (1490).

La M.s Werk gliedert sich in zwei Gruppen: Zum einen schrieb er Dichtungen (Rondeaux, Balladen, religiöse und polit. Allegorien), u. a. »Chevalier délibéré« (1483), ein postumes allegor. Preisgedicht auf Karl den Kühnen; »Parement et triomphe des dames« (um 1493–94), eine gleichfalls allegor. Schilderung des »tugendhaften Gewandes« der u. a. mit den »Pantoffeln der Demut« angetanen Damen; »Débat de Cuidier et de Fortune«, verfaßt in der Gefangenschaft. – Sein anderer Bereich sind zeitgeschichtl. Werke. Neben mehreren Karl d. Kühnen gewidmeten höf.-dynast. Traktaten sind als sein Hauptwerk die berühmten »Mémoires« zu nennen, deren erstes Buch, 1470 begonnen, die Erlebnisse des Autors von 1435 bis 1467 beschreibt; das zweite Buch, nur in Form von Gelegenheitsnotizen, führt die Ereignisse bis 1488 fort. Obwohl La M. auch hier das Haus Burgund verherrlichen will, zeigen die Memoiren, die kein Auftragswerk sind, eine nicht geringe Unabhängigkeit des Urteils und Denkens. F. Vielliard

Ed.: H. Beaune–J. d'Arbaumont, 4 Bde, 1883–88 (SHF) – *Lit.:* Molinier, 3961 – R. Bossuat, Manuel bibliogr. 1951, 4826–4836, 5241–5244; Suppl. 1960–80, 7362–7365 – H. Stein, O. de la M., 1888 – H. Stein, Nouveaux doc. sur O. de la M. ..., 1922.

La Marck → Mark

Lambach, OSB-Abtei und Markt in Oberösterreich. Die Abtei entstand aus dem von den Gf.en v. Wels-L. in ihrer Stammburg L. eingerichteten Kanonikerstift, das vermutl. 1056 von →Adalbero v. Wels-L., Bf. v. Würzburg, in ein Benediktinerkl. umgewandelt und durch Besiedlung von →Münsterschwarzach aus in die sog. Junggorzer Reform eingebunden wurde. →Ekkebert aus →Gorze übernahm die Leitung. Gegen Ende des 11. Jh. strahlte L. selbst als Reformzentrum nach →Melk, St. Lambrecht, →Formbach und Michaelbeuern aus. Die Weihe der Kl.kirche 1089 zeigt das Zusammenwirken der Reformbf.e →Altmann v. Passau und Adalbero, nach dessen Tod (†1190) L. würzburg. Eigenkl. blieb. Die Erbvogtei erhielten die →Otakare, Mgf.en v. Steyr, 1192 die →Babenberger. Spätestens 1124 griff die »jungcluniazens.« Reformbewegung (→Cluny, B.III,2) von →Göttweig aus auf L. über. Um 1220 wurde die Verbindung zu Würzburg gelöst, als Hzg. →Leopold VI. den L.er Komplex mit allen Rechten von Bf. Otto v. Würzburg kaufte. Das 13. Jh. ist durch die wechselnden polit. Konstellationen und den Kampf um die Vogtfreiheit bestimmt, die Kg. Rudolf I. bestätigte. In der Folge führte die Delegation der landesfsl. Vogtei dazu, daß die Herren v. Wallsee als Hauptleute des Landes ob der Enns (1288–1478) den Schutz L.s als ihre Erbvogtei betrachteten. Einen neuen Aufschwung bewirkte die Melker Reform mit einer Blütezeit unter Abt Thomas Messerer v. Retzbach (1436–74). Bedeutend war die Beteiligung L.s an der Abwicklung des Ende des 13. Jh. neu etablierten Salzhandels. Berühmt sind die Fresken des ehemaligen Westchores (11. Jh.) und die Leistungen des Skriptoriums im 12. und 15. Jh. W. Stelzer

Lit.: Hist. Stätten Öster. I, 63–65 – A. Eilenstein, Die Benediktinerabtei L. in Österreich ob der Enns und ihre Mönche, 1936 – Österr. Kunsttopogr. 34/II, 1959 – 900 Jahre Kl.kirche L., Ausstellungskat., 1989 [Lit.].

Lambert (s. a. Lambertus)

1. L. v. Spoleto, Ks., * vor 880 (876?), † 898. Als Papst Formosus zu Ostern 892 den ein Jahr zuvor bereits zum Mitkg. erhobenen Sohn Ks. →Widos, L., in Ravenna zum Mitks. salbte, erreichten die Bemühungen der hochadligen, aber nicht mit den Karolingern verwandten →Widonen, in Italien, gestützt auf das Ksm. als höchste Würde der Christenheit, eine eigene Dynastie zu begründen, ihren Höhepunkt. Erst als Wido, der einen uneingeschränkten Herrschaftsanspruch im Sinne großfrk. Traditionen erhob (Bullenlegende: Renovatio regni Francorum), 894 plötzl. starb, gelang es dem ostfrk. Karolinger →Arnulf, seine lockere Suprematie über die übrigen frk. Kg.e ztw. auch auf Italien auszudehnen, wo er 896 nach der Erstürmung Roms von Formosus sogar zum ersten frk. Gegenks. geweiht wurde. Seine bald darauf ausbrechende Krankheit hinderte ihn aber daran, seine Herrschaft über Italien zu behaupten, so daß L., unterstützt von seiner tatkräftigen Mutter, der Ksn. Ageltrude, schon wenig später wieder Herr großer Teile Italiens (Reichsteilung mit →Berengar I. Mitte 896) und Roms wurde (Anerkennung durch Papst Stephan VI. schon 896, Bestätigung zuletzt auf der großen Reformsynode in Ravenna Mai 898 durch Papst Johannes IX.). Es ist letztl. nur dem überraschenden Unfalltod (?) L.s im Okt. 898 zuzuschreiben, daß der bemerkenswerte frk. Restaurations- und Reformversuch der Widonen gescheitert ist. Erst die ostfrk. →Liudolfinger sollten zwei Generationen später erfolgreicher sein. H. Zielinski

Q. und Lit.: L. Schirmeyer, Ks. L., 1900 – G. Fasoli, I re d'Italia (888–962), 1949, 31–55 – R. Hiestand, Byzanz und das Regnum Italicum im 10. Jh., 1964, 60–82 – E. Hlawitschka, Lotharingien und das Reich an der Schwelle der dt. Gesch. (Schr. der MGH 21, 1968), 145–155 – H. Zimmermann, Papstabsetzungen des MA, 1968, 55–59 – E. Hlawitschka, Waren die Ks. Wido und L. Nachkommen Karls d. Gr.?, QFIAB 49, 1969, 366–386 [Stammtafel] – C. Brühl, Dtl.-Frankreich. Die Geburt zweier Völker, 1990, 514–516.

2. L. I., *Hzg. v. Spoleto* →Spoleto

3. L. (II.) Suła, *Bf. v. Krakau* 1061–71, † 22. Aug. 1071, wohl auch als Annalist bzw. Redaktor der »Annales capit. Cracoviensis« tätig, die seine Priesterweihe 1037 erwähnen. Sein Nekrologeintrag in den Codex →Gertrudianus deutet möglicherweise auf Abstammung von den →Piasten. Erst zwei Jahre nach dem Tode →Aarons zum Bf. ernannt, konnte er die Ebf.swürde seines Vorgängers nicht bewahren. L.S. gilt trotzdem als Anhänger Kg. Bolesławs II. Śmiały beim Wiederaufbau der poln. Kirche. Sein Nachfolger war der hl. →Stanisław. J. Strzelczyk

Lit.: PSB XVI, 1971, 423 [Z. Kozłowska-Budkowa] – Katalogi biskupów krakowskich, hg. J. Szymański, MPH NS X, 2, 1974 – Najdawniejsze roczniki krakowskie i kalendarz, hg. Z. Kozłowska-Budkowa, MPH NS V, 1978, 47, 49f.

4. L. v. Ardres, mlat. frz. Chronist, † nach 1203. Die Nachrichten über sein Leben entstammen ausschließl. seinem Werk: L. war Pfarrer und Familienvater in Ardres bei Calais, verwandt mit der Gf.enfamilie v. →Ardres und →Guînes. Er fiel bei seinem Gönner, dem Gf.en Balduin II. v. Guînes, 1194 in Ungnade, da er anläßl. der Hochzeit des (exkommunizierten) Grafensohnes Arnulf (v. Ardres) nicht die Glocken hatte läuten lassen. Um die Gunst des Gf.en wiederzugewinnen, verfaßte er die berühmte »Hist. comitum Ghisnensium«, gegliedert in drei Teile: Gesch. der Gf.en v. Guînes vom 10. Jh. bis zu Balduin II.; Gesch. der Herrschaft Ardres bis zur Heirat der Erbtochter mit dem Gf.en v. Guînes; einige Kapitel über die gemeinsame Gesch. der beiden Herrschaften. Die in Teilen auf mündl. Erzählungen beruhende, farbig geschriebene Chronik gibt tiefen Einblick in das Verhältnis zw. der Kultur der Weltgeistlichen und derjenigen der Aristokratie. L. verfügte über eine gute Schulbildung (Zitate aus der Bibel, aber auch aus antiken Schriftstellern) und betont zugleich die intellektuellen Interessen Balduins II., der zwar lateinunkundig (illiteratus) war, aber eine reiche Bibliothek besaß und Diskussionen mit Klerikern zu führen verstand. Andererseits aber ist L. aufgeschlossen für die mündl. geprägte Kultur der Ritter, die an Winterabenden Ereignisse aus der zeitgenöss. und lokalen Gesch. sowie Episoden aus Chansons de geste und Romanen erzählten, wobei jeder Ritter sein bes. Repertoire hatte. Dank seiner weltzugewandten Haltung vermittelt L. ein reiches Bild der beiden Kulturen und ihrer Berührungspunkte.   P. Bourgain

Ed.: G. de Menilglaise, 1855 – MGH SS 24, 1879, ed. J. Haller, 557–642 – *Lit.:* Manitius III, 1069 – F. Ganshof, A propos de la chronique de L. d'A. (Mél. F. Lot, 1925), 205–234 – M. Kurrie, Feudal Society as depicted in L. of A.'Chronicle..., 1929 – U. T. Holmes, The Arthurian tradition in L. d'A., Speculum 25, 1950, 100–103 – A. Varvaro, Il ruolo della storia nella cultura delle classe subalterne del medio evo, Accademia e biblioteche d'Italia 48, 1980, 215–235 – F. Irsigler, Über Stadtentwicklung: Beobachtungen am Beispiel v. Ardres, ZAMA 11, 1983, 7–19.

5. L. v. Arras, aus Guînes, Archidiakon in Lille, Kanoniker in Thérouanne, † 16. Mai 1115, ⌐ Arras, Kathedrale. L. wurde nach dem Tod Bf. Gerhards II. v. Cambrai zum ersten Bf. des im 6. Jh. untergegangenen Bm.s → Arras gewählt. Am 19. März 1093 weihte ihn Papst Urban II., 1094 leistete er Ebf. Rainald den Gehorsamseid. 1095 wurde L. auf dem Weg zum Konzil v. Clermont auf Veranlassung des frz. Kg.s Philipp I. gefangengenommen, aber auf Bitten Urbans II. bald wieder freigelassen und erneuerte auf der Synode seinen Eid vor dem Reimser Ebf. 1104 löste er im Auftrag des Papstes Paschalis II. die Ehe Kg. Philipps und dessen 2. Gemahlin Bertrada v. Montfort. Über die Durchsetzung des Bm.s Arras gibt es eine Dokumentation, wahrscheinl. von L. selbst (Gesta; 144 Briefe, davon 49 von L.; 14 Urkk.; Kanones v. Clermont [MPL 162, 627–720]).   F.-J. Schmale

Lit.: A. Cauchie, La querelle des investitures dans les diocèses de Liège et de Cambrai 2, 1891, 121–131 – H. Sproemberg, Die Gründung des Bm.s Arras i. J. 1094 (MA und demokrat. Gesch.sschreibung, 1971), 119–153 – R. Kaiser, Bf.sherrschaft zw. Kgtm. und Fs.enmacht... (PHS 17, 1981), 607–610.

6. L. v. Auxerre OP (de Autissiodoro, de Liniaco Castro), * Ligny-le-Châtel (Yonne), † Paris wohl nach 1276. Zw. 1253 und 1257 Erzieher Teobalds II., Kg. v. Navarra, verfaßte zu dieser Zeit wohl in Troyes seine »Summule« (vor den »Tractatus« des Petrus Hispanus!), die er erst 1257/1276, wahrscheinl. um 1260, in einer redigierten Fassung publizierte. Später Beichtvater des Papstes (vermutl. Innozenz' V., d. i. Petrus v. Tarentaise OP). Mit Wilhelm v. Shyreswood und Petrus Hispanus (d. i. Papst Johannes XXI.) zählt er zu den bedeutenden terminist. Logikern des 13. Jh.   M. Laarmann

Ed.: Logica, ed. F. Alessio (Pubbl. Fac. lett. filos. Univ. Milano 59, 1971 [semikrit.]) – De appellatione, ed. A. de Libera, AHDL 48, 1981, 227–285 – *Lit.:* L. M. de Rijk, Vivarium 7, 1969, 160–162 [Datierung der »Summule«] – Peter of Spain, Tractatus... Summule logicales, ed. L. M. de Rijk, 1972 – M. Grabmann, Ges. Akad.-Abh., VGI 25, I–II, 1979, Register s. v. – K. Jacobi, Die Modalbegriffe in den log. Schr. des Wilhelm v. Shyreswood..., 1980 – Th. Kaeppeli, Scriptores OP medii aevi, 1980, III, 57f. [Lit.] – Cambridge Hist. of later Medieval Philos. ..., hg. N. Kretzmann u. a., 1982, Register s. v. – N. J. Green-Pedersen, The Tradition of the Topics in the MA, 1985, 244f., 254, 317 – J. Marenbon, Later Medieval Philos., 1987, 43–47.

7. L. le Tort → Alexander d. Gr., B. V

8. L. v. St-Bertin OSB, * um 1061, † 22. Juni 1125. Von adliger Herkunft, wird er 1070/72 im Kl. Sithiu (seit 1100 St. Bertin) aufgenommen. Umfassend gebildet, teilt er mit vielen seiner Zeit den aufgeschlossenen Umgang mit nichtchr. Denkern. Bes. als Lehrer des Trivium findet er weite Beachtung. Nach einiger Zeit als Prior erfolgt 1095 die Wahl zum Abt des Kl. St-Bertin, das er nach dessen spirituellem und ökonom. Niedergang im Sinne der Cluniazens. Reform zu neuer Höhe bringt (MGH SS 13, 648; 15/2, 951). Das ihm 1106 angetragene Bf.samt v. Reims lehnt er ab. Auch in seiner briefl. dokumentierten Freundschaft mit Anselm v. Canterbury (ep. 197, 421) zeigt sich L. als betont monast. gesinnter Mann von hoher Gelehrsamkeit und kirchenpolit.-pastoralem Gestaltungswillen. Drei Gedichte an Reginald v. Canterbury sind überliefert (NA 14, 1888, 531–534). Seine übrigen, in stark rhetorisiertem Stil verfaßten Werke, über die ein anonymer »Tractatus de moribus L. abbatis« (MGH SS 15/2, 946–953) berichtet, sind dort nur sehr fragmentar. erhalten. Ihre überwiegend anthropolog. Themen bezeugen einen exponierten Willensbegriff und eine differenzierte Tugendlehre.   M. Laarmann

Lit.: LThK² II, 269f. [Lit.]; VI, 758f. [Lit.] – É. de Moreau, Hist. de l'église en Belgique, 1945², 2, 181–193 – Curtius, 477 – Neuere Forsch. über Cluny und die Cluniazenser, hg. G. Tellenbach, 1959, 176, 205.

9. L. v. St-Omer, früher zu Unrecht mit → L. v. St-Bertin identifiziert, wie sein Vater Onulf († 1077) Kanonikus v. St-Omer, hochgebildeter Verfasser eines im Autograph in Gent und in mehreren Abschriften sowie in frz. Übers. erhaltenen zw. 1090 und 1120 kompilierten Exzerptenwerkes »Liber floridus« in 190 (oder 192 bzw. nach Manitius 371) Abschnitten mit zahlreichen Miniaturen. Im Prolog motiviert er seine gegen die geistige Dürre seiner Zeit gerichtete Blütenlese physikotheologisch. Hauptinhalt ist Historisches, auch Landes-, Lokal- und Kirchengesch., Geographisches, Math.-Astronomisches und Naturgeschichtliches. Dieses umfaßte Monstra der fabulösen Anthropologie und Zoologie ebenso wie die verschiedenen Tiergruppen, Pflanzen, Edelsteine, seltsame Gewässer und andere Mirabilien der Natur. Die Q. werden oft angegeben, aber nicht einfach ausgeschrieben, sondern variiert und ergänzt. In die Schilderung der Schöpfung (f. 23^r) ist beim 5. Tag ein Katalog von 33 Wassertieren (Wale, Robben, Fische, Muscheln, Schildkröten und der Leviathan), beim 6. einer von 47 Vierfüßern (einschließl. der Pygmäen und Antipoden), 56 Vögeln (einschließl. Phönix und Greif) angefügt, endend mit der summar. Nennung der Drachen und Schlangen, von Beemoth, Adam und Eva.   Chr. Hünemörder

Ed. und Lit.: Manitius III, 242–244 – LThK² VI, 758f. – MPL 163, 1003–1032 – L. Delisle, Notice sur les mss. du »Liber Floridus« de L., chanoine de Saint-Omer, 1906 (Notices et extraits de mss. de la Bibl. Nat. 38, 577–791) – L. S. Audomari Canonici Liber floridus. Cod. autographus..., ed. A. Derolez, 1968.

Lambertazzi, bolognes. Adelsfamilie, deren Ursprünge – ohne sichere Belege – in das 10. Jh. gesetzt wurden. Sie spielt jedoch in den Chroniken und in der Gesch. Bolognas erst Anfang des 13. Jh. eine entscheidende Rolle, v. a. durch das Verdienst *Bonifacios,* der die Politik seines Hauses ein ghibellin. Ausrichtung gab und als Oberhaupt seiner Faktion sich während des 5. → Kreuzzugs auszeichnete. Unter seinem von Dante (Purg. XIV, 100) erwähnten Sohn *Fabbro* wuchsen Ansehen und Vermögen der Familie sowohl in Bologna, wo er als mächtiger polit. Führer der ks.freundl. Faktion wirkte, als auch in der Region, wo er Feldzüge gegen Modena und Ravenna führte. Er war dort 1230, 1235 und 1239 Podestà in Faenza. *Bulgarino di Guido di Guizzardo* hingegen war 1234 Podestà in Ferrara. Als sich in den 40er Jahren des 13. Jh., der entscheidenden Phase der Herrschaft Friedrichs II., der Konflikt zw. Guelfen und Ghibellinen verschärfte, fungierten die L. als Koordinatoren der kaiserfreundl. Kräfte in Bologna, die sogar den Namen der Familie L. annahmen (gleiches Phänomen bei den rivalisierenden →Geremei). Nach dem Niedergang der Stauferdynastie und dem Tod Fabbros (1259) fand die Familie noch eine Zeitlang eine starke Stütze in der von den →Andalò und anderen mächtigen Häusern wie den →Ubaldini geführten L.-Partei. Als Folge der blutigen Faktionskämpfe im Bologna der 70er Jahre des 13. Jh. sowie des zunehmenden Einflusses der Anjou und der Konsolidierung der päpstl. Oberhoheit über die Gebiete des Exarchats (1278) wurden die Anhänger der L.-Partei mehrfach zur Flucht ins Exil (Faenza und Forlì) zu dem ghibellin. Kondottiere Guido da →Montefeltro gezwungen. Unaufhaltsam erfolgte der rasche Niedergang auch der Familie L., die mehrere Mitglieder und ihre Güter verlor und deren ehemals starke Präsenz im kulturellen Leben der Stadt, v. a. in der Rechtsschule, drast. zurückging. Die L. starben 1408 mit *Giovanni di Castellano* aus.   A. Vasina

Lit.: →Geremei – P. Cantinelli, Chronicon, ed. F. Torraca, RIS 2, XXVIII/II, 1902 – A. Vasina, I Romagnoli fra autonomie cittadine e accentramento papale nell'età di Dante, 1965.

Lambertiner → Widonen

Lamberton, William, Bf. v. →St. Andrews 1297–1328, Mitglied einer mittleren Grundbesitzerfamilie in Stirlingshire, doch stammte deren Name von Lamberton in der Nähe von Berwick on Tweed. Nach seinem Universitätsstudium wurde L. 1293 Kanzler der Kathedrale v. Glasgow und von Robert →Wishart, Bf. v. Glasgow, gefördert. Als Befürworter der Unabhängigkeit des schott. Kgr.es von fremder, insbes. engl. Oberherrschaft wurde er im Nov. 1297 unter dem Einfluß von William →Wallace zum Bf. v. St. Andrews gewählt und mit dessen Unterstützung 1298 an der päpstl. Kurie geweiht. L. war 1298 und 1299 als Gesandter am frz. Hof und an der päpstl. Kurie tätig und kehrte nach Schottland rechtzeitig zurück, um für einige Zeit den Streit zw. den rivalisierenden nat. Führern, John →Comyn und →Robert Bruce, zu schlichten. Zw. 1299 und 1304 unterstützte L. Wallace und war als einer der *guardians* v. Schottland im Namen John →Balliols oder als Gesandter am Hof Kg. Philipps IV. v. Frankreich tätig. 1304 folgte L. gemeinsam mit anderen schott. Führern Eduard I., doch schloß er einen Geheimvertrag mit Bruce, den er unterstützte, als dieser sich 1306 des Throns bemächtigte. Von den Engländern gefangengenommen, erlangte L. den Frieden stufenweise seit 1308 und besaß das Vertrauen sowohl der engl. als auch der schott. Kg.e. Er erneuerte die Verwaltung seiner Diöz. und leitete Vollendung und Einweihung der Kathedrale v. St. Andrews 1318.   G. W. S. Barrow

Lit.: D. E. R. Watt, Biogr. Dict. of Scottish Graduates to 1410, 1977, 318–325 – M. Ash, W.L. (The Scottish Tradition, hg. G. W. S. Barrow, 1974), 44–55.

Lambertus. 1. L., hl. (Landibertus), Bf. v. Tongern/ →Maastricht, † 17. Sept., spätestens 705, ◻ St. Peter in Maastricht, später St. Lambert in Lüttich.

[1] *Leben:* L. entstammte einer chr. Gf.enfamilie des Maastrichter Landes. Sein Vater übergab ihn Bf. Theodardus v. Maastricht; L. hielt sich aber auch am Kg.shof auf. Nach Theodardus' Ermordung (bald nach 669) von Kg. Childerich II. zu dessen Nachfolger designiert, wurde L. nach dem gewaltsamen Ende des Kg.s (675) vertrieben und lebte sieben Jahre im Kl. Stablo im Exil. Nach der Ermordung des Hausmeiers Ebroin (682) kehrte L. auf Geheiß Pippins II. auf seinen Bf.ssitz zurück und nahm sich der Christianisierung des Tongerner Landes an. Nachdem jedoch zwei Neffen L.s Verwandte des domesticus Pippins II., Dodo, getötet hatten, wurde L. im Verlauf der Blutrache in seiner villa zu Lüttich erschlagen; da er den Mord ohne Gegenwehr geschehen ließ, galt er bald als Märtyrer. Ausgangspunkt eines liturg. Kults war frühzeitig Lüttich, wo ihm bereits vor 714 eine Basilika geweiht war. Die Translation seines Leichnams nach Lüttich durch seinen Nachfolger Bf. Hubertus hatte die Verlegung der Maastrichter Bf.sresidenz und den Aufstieg Lüttichs zur Folge.

[2] *Verehrung:* Die erste Vita (Maastricht, 1. Drittel des 8. Jh., BHL 4677) wurde mehrmals aktualisiert (9. Jh.: BHL 4679; um 900: BHL 4683). Aufgegeben wurde die Zuschreibung der 1. Version an einen Kanoniker Godescalcus (BHL 4680, tatsächl. 2. Hälfte 11. Jh.) und der metr. Fsg. an Hucbald v. St-Amand oder Stephan v. Lüttich (BHL 4682, Anf. 10. Jh.). Frz. Fsg. Anf. 13. Jh. in der Île-de-France. Starke Kultverbreitung seit dem 8. Jh., v. a. im Ebm. Köln. 1190 Translation des Hauptes nach Freiburg i. Br. Reliquienweisung 1489 (BHL 4692–4694). In allen Martyrologien erwähnt: Fest 17. Sept., Translation 31. Mai.   J.-C. Poulin

Lit.: Bibl.SS VII, 1079f. – DHGE XXI, 420f. – J. Demarteau, Vie de s. L. en fr. du XIII° s., 1890 – J. Notermans, Een middelnederl.leven van S.L., Publ. Soc.hist. archéol. dansl le Limbourg à Maestricht 74, 1938, 271–288 – M. Zender, Räume und Schichten ma. Hl. enverehrung, 1959, 27–60 – P.-A. Nisin, L'arrière-plan hist. du Triomphe de s. L. à Bouillon (1141), MA 89, 1983, 195–213 – J.-L. Kupper, S.L.: de l'hist. à la légende, RHE 79, 1984, 5–49 – s. a. →Lüttich.

2. L. Magister, Musiktheoretiker und Komponist (aus Belgien?), wirkte um 1270 in Paris. Identifizierungen mit Ps.-Aristoteles sind irrtüml., mit Ps.-Beda längst korrigiert. Sein weitverbreiteter, einflußreicher »Tractatus de musica« über Musikspekulation, -praxis, v. a. Mensuralnotation und rhythm. Modi der Ars antiqua, mit sehr eigenständigen, teils umstrittenen Neuerungen, ist aufgrund einer datierten Gegenschrift auf ca. 1270 anzusetzen.   H. Leuchtmann

Ed.: P. Aubry, Cent motets du XIII° s., publ. d'après le ms. Ed. IV. 6 de Bamberg, 1908 – Coussemaker I, 251–281 – MPL 90, 919–937 – Lit.: MGG – New Grove, s. v. [ausführl. Lit.] – Riemann – G. Reese, The Rhythm of Twelfth – C. Polyphony, 1954.

Lamego, Bm. und Stadt im n. Portugal, ca. 10 km s. des Duero (Grenze zw. den röm. Prov.en Galletia und Lusitania). L. gehörte zur Lusitania, dann zum Suevenreich, schließlich zum Westgotenreich und nach dem Einfall der Mauren zum Taifenreich Badajoz. Vom astur. Kg. Ramiro I. nur vorübergehend zurückerobert, wurde L. 877 von Alfons III. v. Asturien eingenommen. Dessen Besiedlungserfolge beendeten al-Manṣūrs Kriegszüge. 1057 eroberte Ferdinand I. v. León L. endgültig zurück. Gemäß seiner Erbteilung gehörte L. zum galic. Kgr. seines Sohnes García, unter dem Braga und L. wieder Bf.e bekamen (1070). Nach dem Tod des Bf.s Pedro v. L. wurde das bevölkerungsarme Bm. L., inzwischen zur Gft. →Portugal des Kgr.es León gehörig, von den Bf.en v. →Coimbra mitverwaltet, bis es unter Kg. Alfons I. v. Portugal 1147 wieder einen eigenen Bf. bekam. Die Zugehörigkeit L.s und drei weiterer lusitan.-ptg. Bm.er (Coimbra, Viseu, Guarda) zur ptg. Metropole →Braga wurde jahrzehntelang von der leones. Metropole →Santiago de Compostela, der Nachfolgerin →Méridas, bestritten, bis 1199 Innozenz III. ihr L. (und Guarda) zusprach. Im Großen →Abendländ. Schisma belohnte Bonifaz IX. Portugals Zugehörigkeit zur röm. Oboedienz u. a. mit der Unterstellung L.s und Guardas unter die von ihm neugeschaffene Metropole →Lissabon (1393). Zur Zeit Kg. Dinis' blühend (Einrichtung freier Märkte), bedeutete die Favorisierung des Adels durch die späteren Kg.e auch für die Stadt L. den Niedergang. – Zu den in Alcobaça erstellten frühnz. Fälschungen gehören die 'Akten' der 'Cortes v. L. von 1143' (nach ihnen Königskrönung Alfons' I. und Erlaß eines Erbfolgegesetzes, das jede fremden [kast.-span.] Ansprüche auf Portugal für unrechtmäßig erklärte). P. Feige

Lit.: M. GONÇALVES DA COSTA, Hist. do Bispado e Cidade de L., I, 1977 – J. VÉRISSIMO SERRÃO, Projecção Cultural do Bispado de L., Beira Alta 36, 1977, 15–38 – A. X. MONTEIRO, A Acção dos Bispos Lamecenses nos Concílios Peninsulares Visigóticos, Anais 26, 1979, 9–66 – F. CORDEIRO LARANJO, Alguns Sumários da Hist. de L., Beira Alta 39, 1980, 1–46; 40, 1981, 185–221.

Lamellenpanzer, mittels Riemchen oder Bändern zusammengeschnürte Panzerung aus gelochten Metall- oder Lederlamellen, wohl von Assyrern und Urartäern erfunden, noch Griechen und Oströmern wohlbekannt. Hauptverbreitungsgebiet der L.s waren jedoch die ö. Steppen und Ostasien, von wo er durch die Mongolen vom 13. Jh. an neuerl. im Orient verbreitet wurde und auch nach Rußland kam. O. Gamber

Lit.: B. THORDEMAN, Asiatic Splint Armour, Acta Archaeologica 4, 1933.

Lamia, ursprgl. in gr. Mythologie ein weibl. kinderfressender Vampir, später ein Schreckgespenst für Kinder, von Thomas v. Cantimpré (4,56) nach jüd. Tradition als Lilith mit der einen der Parzen identifiziert bzw. als das trotz seiner Grausamkeit (vgl. den Bezug zu den Prälaten bei Konrad v. Megenberg III. A. 39 nach Thomas III) die Jungen säugende atl. Monstrum (vgl. Glossen zu Is. 34,14 und Thren. 4,3 und die Deutung als Teufel, Dämon, Häretiker und Heuchler bei Hrabanus Maurus, de univ. 8,1) sowie – nach einem Gewährsmann – als milchreiches Vieh um Babylon. Wie dieser im »Liber rerum« bezieht Thomas (= Vinzenz v. Beauvais 19,65; Albertus Magnus, animal. 22,112) Aristoteles, h.a. 8,5 p. 594 b 2ff., in der lat. Version des Michael Scotus statt auf den biberähnl. »latax« auf die L. und macht die Heilbarkeit des Bisses (bei Arist. der Enhydris!) vom Schreien einer L. abhängig.
Chr. Hünemörder

Q.: →Albertus Magnus – →Hrabanus Maurus – →Konrad v. Megenberg – Thomas Cantimpr., Liber de nat. rer., T. 1: Text, ed. H. BOESE, 1973 – Vinc. Bellov., Speculum nat., 1624 [Neudr. 1964].

Lämmerallegorie. An die Bezeichnung und Darstellung Christi als Lamm Gottes (→Agnus Dei, →Apokalypt. Motive) schlossen sich in der frühchr. Kunst des W weitere und umfangreichere L.n an. Die häufigste, seit Mitte des 4. Jh. belegte und in Rom bis ins MA dargestellte mehrfigurige L. zeigt 12 Lämmer, die aus den Städten Bethlehem und Jerusalem (→Stadtbilder) heraustreten und sich meist dem Gotteslamm auf dem Paradieshügel nahen. Diese L., auch mit verringerter Lämmerzahl, ist bes. häufig als Begleitfries zur →Gesetzesübergabe. Im Apsismosaik in S. Apollinare in Classe (bei Ravenna, Mitte 6. Jh.) erscheinen die drei Apostel der Verklärung Christi als L., weitere 12 Lämmer rahmen das Bild des Titelhl.n. Wie dies Beispiel zeigt, reicht die Zwölfzahl nicht aus, um zw. einer Allegorie der Apostel oder Gläubigen zu entscheiden, andererseits kann auch eine geringere Zahl von Lämmern Apostel vertreten. Während das Lamm Gottes durch Attribute identifiziert wird, bleiben andere L.n, z. B. auf Sarkophagen, oft unbestimmt. Dies gilt selbst für Lämmer mit Kränzen im Maul, wie auf dem röm. Sarkophagdeckel Repertorium 1, Nr. 138. Singulär sind zwei L.n der röm. Grabkunst: in der Praetextatkatakombe ist Susanna mit den Ältesten (inschriftl. bezeichnet) als Lamm zw. zwei Wölfen gemalt, auf dem Sarkophag des Stadtpräfekten Junius Bassus († 359) sind bei den sechs atl. und ntl. Szenen in den Bogen- und Giebelzwickeln der unteren Reliefzone alle Personen durch Lämmer ersetzt.
J. Engemann

Lit.: DACL I, 877–905 – LCI III, 7–14 – F. GERKE, Der Ursprung der L.n in der altchr. Kirche, ZsNTWiss 33, 1934, 160–196 – CH. IHM, Die Programme der chr. Apsismalerei vom 4. Jh. bis zur Mitte des 8. Jh., 1960.

Lampas, von der Textilforsch. empfohlene Bezeichnung für ein gemustertes Seidengewebe, bei dem das Muster aus einer durch eine Bindekette abgebundene Schußflottierung besteht. Der aus Hauptkette und Grundschuß gebildete Grund kann in verschiedenen Bindungen hergestellt werden (Leinwand-, Köper-, Atlasbindung etc.). Grund- oder Zierschüsse bilden das Muster, indem sie auf der Oberseite flottieren, und werden durch die Bindekette zusätzl. zur Hauptbindung abgebunden. Die ma. Q. verwenden für diesen Gewebetypus zumeist den Terminus →Diasper. L. findet sowohl im kirchl. wie profanen Bereich Verwendung. Die Muster weisen den für →Seide typ. Formenschatz auf. E. Vavra

Lit.: B. KLESSE, Seidenstoffe in der it. Malerei des 14. Jh., 1967 – B. MARKOWSKY, Europ. Seidengewebe des 13.–18. Jh., Kunstgewerbemuseum der Stadt Köln, 1976 – B. SCHMEDDING, Ma. Textilien in Kirchen und Kl. der Schweiz, 1978.

Lampe

I. Frühchristentum – II. Abendländisches Mittelalter – III. Byzanz – IV. Islam.

I. FRÜHCHRISTENTUM: L.n des Mittelmeerraums spendeten Licht durch Verbrennen von Öl mit einem Docht. Die in unübersehbarer Menge erhaltenen handl. Tonl.n wurden wie in der röm. Ks.zeit vor dem Brand aus Ober- und Unterteil zusammengesetzt, die in getrennten Formen handgepreßt wurden. Im Reliefdekor der Oberseite waren figural. Darstellungen, auch mit bibl. Motiven und chr. Symbolen, meist auf die Mitte beschränkt, die Schulter ornamental verziert. Aufschriften sind seltener. Auf die Produktion der einzelnen Prov.en hatte der ausgedehnte Export Tunesiens im 4.–6. Jh. starken Einfluß. Scheibengedrehte L.n beginnen in islam. Zeit. Seltener sind Bronzel.n, meist mit Deckel über dem Öl-Nachfüllloch und öfters mit einer eingearbeiteter Tülle, um ein Aufsetzen auf den Dorn von →Leuchtern für →Kerzen zu ermöglichen. Glasl.n erforderten einen Dochthalter aus Keramik; die meist becherförmige L. wurde beim Einsetzen in einen Metallring durch ein angeschmolzenes Pendel senkrecht gehalten; die im byz. Bereich bis ins MA gebrauchten, meist an drei Ketten aufgehängten Polykandilien faßten viele L.nringe zusammen. Ebenfalls an drei Ketten wurden schüssel- und kelchförmige L.n aus Metall oder Glas aufgehängt; hierfür gibt es viele frühchr. und ma. Belege in Darstellungen, aber weniger erhaltene L.n. Vielleicht sind die 'Weihrauchgefäße' einer ö. Gruppe (Lit. zuletzt: BILLOD) z. T. solche L.n. J. Engemann

Lit.: DACL VIII, 1, 1086–1221; XIV, 1, 1356–1360 – EArteAnt IV, 707–718 – HOOPS² II, 207–210 – M. PONSICH, Les lampes Romaines en terre cuite de la Maurétanie Tingitane, 1961 – M. C. Ross, Cat. Byz. Early MA Ant. Dumbarton Oaks Coll. 1, 1962 – H. MENZEL, Antike L.n im Röm.-Germ. Zentr. Mus. Mainz, 1969² – C. BILLOD, Antike Kunst 30, 1987, 39–56.

II. ABENDLÄNDISCHES MITTELALTER: Die antike L.ntradition, bes. v. a. im byz. und kopt. Raum übernommen und weiterentwickelt wurde, setzte sich im abendländ. MA nur in begrenztem Maße fort. Dabei spielt bes. der kirchl.-liturg. Bereich eine entscheidende Mittlerrolle. Die meist abgestuft trichterförmigen Glasl.n (Ampeln) fungieren als Hängel.n an Grabstätten, vor Altären und als 'ewiges

Licht'. Sie dienen als Einsatzl.n in Kronleuchtern. In ihrer Form und Funktion folgen sie spätantiken Vorbildern. Regelmäßige Darstellung erfahren sie im SpätMA in der bildl. Umsetzung der 'klugen und törichten →Jungfrauen'. Im Privathaushalt finden sie im höf.-adligen und im Milieu der bürgerl. Oberschicht Verwendung. Neben der Trichterform erscheint bei der gläsernen Hängel. auch die Schalen- und Kugelform. L.n aus Metall (Bronze, Messing, Zinn, vereinzelt auch Edelmetalle) können als Schalenl.n, mit oder ohne Standfuß, auch in hängender Variante, sowie ein- oder mehrflammig auftreten. Ihre Funktion als Repräsentationsobjekt zeigt sich bes. auch in der Verwendung als Votivgabe oder Ehrengeschenk. Die übliche Gebrauchsl. des ma. Haushaltes ist dagegen die mehr oder weniger schmucklose Tonl. (Lichttiegel, -scherben, -napf, -faß etc.), die gleichfalls in der Variante mit Standfuß und als Hängel. – hier häufig in Kugelform – auftreten kann. Eine Sonderform mit Tülle ist die Bergwerksl. Als Beleuchtungsmittel in L.n werden im kirchl. Bereich Lichtöl, im profanen Haushalt n. der Alpen u. a. auch verschiedenste andere Arten billigerer tier. und pflanzl. Öle und Fette, bes. Talg, verwendet (→Beleuchtung). G. Jaritz

Lit.: →Beleuchtung – F. RADEMACHER, Die dt. Gläser des MA, 1963² – G. KALTENHAUSER, Tönernes Berggeleucht aus Schwaz in Tirol (Fschr. R. PITTIONI 2, 1976), 68–76 – D. FOY, L.s de verre et vitraux découverts à Ganagobie, ArchM 7, 1977, 229–247 – A. GÜHNE, Spätma. Tonl.n aus dem Stadtkern Freiburg, Arbeits- und Forschungsber. zur Sächs. Bodendenkmalpflege, Beih. 17, 1982, 339–346 – A. LEFEVRE – N. MEYER, Les l.s en céramique des fouilles urbaines de St-Denis, ArchM 18, 1988, 73–111.

III. BYZANZ: Zur →Beleuchtung von Straßen (Ephesos, Arkadiane, Inschrift) in Großstädten, aber auch dunklen Gassen in kleinen Dörfern (Nischen in Häuserfassaden S-Syriens erhalten), von Innenräumen, aber auch als Prunkillumination in Kirchen (H. Sophia, vgl. Paulos Silentiarios vv. 806–920, ihr Ambo vv. 191–208) werden während des ganzen MA neben Fackeln v. a. verschiedene Öl-(λυχνέλαιον) gespeiste L.n aus Stein, Glas, Bronze oder Silber verwendet. Neben der gebräuchlichen Handl. (χειρολυχνία) gibt es Hängel.n wie auch Ständerl.n (λυχεία) mit in der Regel fest darauf sitzenden L.n. Die L.nform ist seit der Antike durch die Funktion bestimmt: Der Docht wird durch eine an das rundl. Ölgefäß mit Eingußloch schnabelartig angearbeitete Tülle gehalten, auf der gegenüberliegenden Seite ist ein Griff angesetzt. Diese funktionelle Formgebung führte wohl zu dem bildhaften Begriff πλοιάριον und in bes. Fällen zur Gestaltung als Schiff oder als Vogel (Rabula-Evg., Bibl. Laur. Florenz. Cod. Plut. I. 56. fol. 9). Der im LP belegte Begriff farum cantharum gilt wohl für größere, kesselförmige Ampeln (bei denen der Docht von einem Schwimmer gehalten wurde), die als Hängel.n belegt (Patene v. Stuma. Arch. Mus. Istanbul; ähnl.: Evangeliar London, Brit. Mus. Cod. Add. 28815, fol. 76) und erhalten (Ausst.kat. Baltimore, Nr. 13, 102f.) sind, wie in einer aufsteckbaren Standversion (Patene v. Riha, Dumb. Oaks Coll.) erkennbar. Polykandela (mehrflammige L.n für Prunkbeleuchtungen) kommen als Hänge- und Ständerl.n vor. Die einzelnen L.n sind meist radial- bzw. kreisförmig in hängenden oder stehenden Tragringen angeordnet. Durch Übereinanderstaffelung unterschiedl. großer Ebenen entstehen baumartige Formen bei Ständerl.n bzw. gestufte kronenförmige (Rad)leuchter. M. Restle

Lit.: K. WESSEL, Die Kultur v. Byzanz, 1970 – Silver from Early Byzantium, Ausst.kat. Baltimore, The Walters Art Gallery, 1986.

IV. ISLAM: Eigene Kennzeichen, v. a. die arab. Schrift, setzen sich auf L.n bald nach der Islamisierung in den versch. Ländern durch. Kleine Öll.n, auch mit mehreren Brennstellen, mit und ohne Ständerfuß, Daumenschutz, Deckel, ornamentaler oder animal. Dekoration aus unglasierter oder glasierter Keramik, Stein oder Metall sind in großer Zahl bekannt. Bei Windlichtern scheint Keramik häufiger. Einsätze aus Glas mit Öl dienten der Beleuchtung in Hängel.n aus Bronze mit kon. oder pyramidalen Wänden, mit Mustern durchbrochen, gegliedert durch ornamentale Flächen oder zuweilen datierende Schriftzeilen, aber auch in hängenden L.n aus Glas; unter diesen ragt eine Gruppe ägypt. oder syr. Provenienz hervor (durch protokollar. Attribute mamlūk. Herrschern zuweisbar), die in mehrfarbigem, bevorzugt blauem Email großflächige Schrift- und Ornamentbänder aufweist. L.n wurden zu Hunderten für die Beleuchtung von Moscheen, insbes. bei Festen verwendet und von eigenem Personal gewartet. Schrift sowie ornamentale und figurale Dekoration scheinen bei L.n der islam. Länder häufiger als in anderen gleichzeitigen Kulturen. →Leuchter. K. Brisch

Lit.: K. A. C. CRESWELL, A Bibliogr. of the Architecture, Arts and Crafts of Islam to 1st Jan. 1960, 1961, Suppl. 1973, 1984 – G. WIET, Lampes et Bouteilles en verre émaillé, Cat. Gén. du Mus. Arabe du Caire, 1929.

Lampert v. Hersfeld, Geschichtsschreiber, * vor 1028, † nach 1081. Einem vermutl. in Mainfranken ansässigen Adelsgeschlecht entstammend, wurde L. an der unter der Leitung des späteren Ebf.s →Anno v. Köln stehenden Bamberger Domschule zum Geistlichen erzogen. Nach eigener Aussage trat er am 15. März 1058 in das Kl. →Hersfeld ein und empfing im Herbst desselben Jahres zu Aschaffenburg die Priesterweihe. Von einer spontan unternommenen Pilgerfahrt nach Jerusalem kehrte er erst im Sept. 1059 nach Hersfeld zurück, wo er eine Zeitlang die Kl.schule geleitet haben dürfte. 1071 unternahm er im Auftrag des Hersfelder Abtes eine Informationsreise zu den von Anno v. Köln reformierten Kl. →Saalfeld und →Siegburg. 1081 wurde er erster Abt des unter seiner Anleitung in ein Kl. umgewandelten Stifts zu →Hasungen. Noch vor dem Einzug von Hirsauer Mönchen unter Abt Giselbert (1082) dürfte er hier an einem 2. Okt. gestorben sein. Unsicher ist hingegen die Annahme, er habe zuletzt im Kl. Helmarshausen Zuflucht gefunden (E. FREISE, FMASt 15, 1981, 247).

Werke: In L.s erhaltenen Werken, einer Lebensbeschreibung des Hersfelder Kl.gründers →Lul (1073), einer nur bruchstückhaft überlieferten Kl.gesch. (1074/76) sowie den kurz vor der Wahl →Rudolfs v. Rheinfelden zum Gegenkg. (15. März 1077) abbrechenden Annalen, verbindet sich eine an klass. Vorbildern, bes. an →Livius, geschulte stilist. Meisterschaft mit einem ausgeprägten Sinn für dramat. Wirkung. Seine Darstellungsweise, bes. in den einen Höhepunkt ma. Geschichtsschreibung bezeichnenden Annalen, ist durchaus tendenziös, wenn auch frei von absichtl. vorgenommener Fälschung. Verständnislos gegenüber dem Anliegen der kirchl. Reformbewegung verteidigte er den Standpunkt des benediktin. Reichsmönchtums. Mißtrauisch verfolgte er den Aufstieg von Ministerialität und Stadtbürgertum. Die noch weitgehend von ungetrübter Eintracht zw. regnum und sacerdotium bestimmte Regierungszeit Heinrichs III. idealisierend, machte er sich andererseits zum energ. Fürsprecher fsl.-adeliger Standesinteressen. V. a. war seine Sicht jedoch von einem die bes. Hersfelder Belange (thür. Zehntstreit) über Gebühr in den Vordergrund rückenden klösterl. Standpunkt geprägt. T. Struve

Ed.: Opera, ed. O. HOLDER-EGGER, MGH SRG [38], 1894 – zweispr. **Ausg.** der Annalen: A. SCHMIDT – W. D. FRITZ, AusgQ XIII, 1957 – **Lit.:** LThK² VI, 757 – MANITIUS III, 322–329 – NDB XIII, 461f. [Lit.] – Verf.-Lex.² V, 513–520 – WATTENBACH-HOLTZMANN-SCHMALE II, 456–471; III, 141*f. – O. HOLDER-EGGER, Stud. zu L. v. H., NA 19, 1894, 141–213, 369–430, 507–574 – G. MEYER v. KNONAU, JDG H. IV. und H. V., Bd. 2, 1894, 785–788; Exkurs I, 791ff. – G. BILLANOVICH, L. di H. e Tito Livio, 1945 – E. E. STENGEL, L.v.H. der erste Abt v. Hasungen (Fschr. TH. MAYER II, 1955), 245–258 [auch in: DERS., Abh. und Unters. zur ma. Gesch., 1960, 342–359] – J. SEMMLER, L.v.H. und Giselbert v. Hasungen, SMBO 67, 1956, 261–276 – T. STRUVE, L.v.H. ..., HJL 19, 1969, 1–123; 20, 1970, 32–142 – DERS., Zur Gesch. der Hersfelder Kl.schule im MA, DA 27, 1971, 530–543 – W. EGGERT, L. scriptor callidissimus, Jb. für die Gesch. des Feudalismus 1, 1977, 89–120 – T. STRUVE, Reginhard v. Siegburg und L.v.H., RhVjbll 42, 1978, 128–160.

Lamprecht. 1. L. v. Brunn, * vor 1330 wohl in Bronn, † 15./17. Juli 1399, entstammte einer kleinadligen Familie im Elsaß. Mönch im elsäss. Kl. Neuweiler, 1354 Abt des OSB Kl. Gengenbach, enge Beziehung zur päpstl. Kurie (Kapellan, 1363–71 Kollektor), zugleich zu den österr. Hzg.en (1359 Rat). Dank seiner Vermittlung zw. Hzg. Rudolf IV. v. Habsburg und Karl IV. trat er in Kontakt mit den Luxemburgern. Seine Ernennung zum Bf. v. Brixen scheiterte, statt dessen kam er die Speyerer Würde (1364–71), hielt sich jedoch als Rat vorwiegend in Karls Umgebung auf. 1371–74 Bf. v. Straßburg, seit 28. April 1374 bis zum Tod Bf. v. Bamberg. Seine treuen Dienste bei Karl IV. übertrug er auf dessen Sohn Wenzel: 1383/84 Relator, kurzfristig auch Hofkanzler (Juli–Dez. 1384). Danach wird die Mitarbeit seltener, doch blieb er fast als einziger Reichsfs. Kg. Wenzel verbunden. I. Hlaváček

Lit.: J. LOOSHORN, Die Gesch. des Bm.s Bamberg 3, 1891 – L. ANGERER, L.v.B., I–III, Programm zum Jahresber. der kgl. Realschule Hof a. d. S., 1892/93–1894/95 – Frk. Lebensbilder 9, 1980, 46–60 [I. HLAVÁČEK].

2. L., Pfaffe, Verf. zweier um 1150 entstandener mhd. Dichtungen. L. nennt sich *paffe* (= clericus), war also geistl. gebildet, seine Sprache ist mittelfrk., Entstehungsort (Köln? Trier?) und Auftraggeber der Werke sind unbekannt. Nur fragmentar. erhalten ist der »Tobias«, eine Bearb. der Tobias-Apokryphe des AT, die ihre Titelfigur als Exempel von Glaubensstärke und caritas präsentiert. Bedeutender ist der »Alexander«, ein nur in der Vorauer Sammelhs. überliefertes Kurzepos, das auf den »Alexandre« Alberics (→Alexander d. Gr., V [1]) zurückgeht und die Rezeption der frz. Lit. in Deutschland einleitet. L. beschränkt sich auf einen Ausschnitt aus der Biogr. Alexanders, dessen Geburt, Erziehung und Jugendtaten knapp referiert werden; breitere Darstellung findet der Kriegszug gegen das Perserreich. Mit dem Sieg über Darius endet der Text abrupt, wirkt aber konzeptionell dennoch abgeschlossen. Der profane Stoff etabliert in der mhd. Lit. einen neuen Heldentypus mit hohem Identifikationspotential für ein adliges Publikum: diesseitige Kriterien (Machtfülle und Eroberungen) konstituieren die Dignität des Heiden Alexander, dessen Vorbildlichkeit auch punktuelle Erzählerkritik nicht grundsätzl. antastet. In Komm. versucht L. allerdings, auch die heilsgesch. Signifikanz des Geschehens anzudeuten (Alexander als Begründer des dritten Weltreiches); damit wird der Stoff z. T. in Traditionen geistl. Dichtung zurückgebunden. Der »Alexander« hat zumindest zwei Forts.en gefunden, die die Vita Alexanders nach lat. Q. komplettieren (→Alexander d. Gr., VI; →»Straßburger Alexander«). A. Otterbein

Ed.: F. MAURER, Religiöse Dichtung, II, 1965, 522–535 [Tobias] – L.s Alexander, ed. K. KINZEL, 1884 – **Lit.:** Verf.-Lex.² V, 494–510 [W. SCHRÖDER] – K. RUH, Höf. Epik dt. MA, 1977², 35–45 – T. EHLERT, Dt.sprachige Alexanderdichtung des MA, 1989, 19–54.

3. L. v. Regensburg, Verf. der ersten dt. Franziskus-Biogr. und des myst. Gedichts »Die Tochter von Sion«; Lebensdaten sind nur aus Andeutungen in seinen Werken und einer Nennung im 'Ehrenbrief' Jakob III. Püterichs v. Reichertshausen (abgeschlossen 1462) zu erschließen. Die Franziskus-Vita dürfte zw. 1237 und 1239, die »Tochter von Sion« etwa 10 Jahre danach entstanden sein. L., der Berthold v. Regensburg und Johannes Anglicus als Zeitgenossen nennt, gibt an, daß er zunächst die Freuden des Lebens genossen habe und sich nun den Idealen der Franziskaner zuwenden wolle; die Anspielung auf Vorbilder ist nicht zu übersehen. Beide Werke sind in paargereimten Versen geschrieben. Die Franziskus-Vita (5049 Verse, 1 Hs.) hält sich eng an die Vorlage, die erste Vita des Thomas v. Celano. Die »Tochter von Sion« (4312 Verse, 4 Textzeugen) thematisiert die Verbindung der Seele mit dem himml. Bräutigam und geht auf einen lat. Traktat zisterziens. Ursprungs zurück. N. R. Wolf

Ed.: K. WEINHOLD, 1880 – **Lit.:** Verf.-Lex.² V, 520–524 [J. HEINZLE].

Lampsakos (heute Lapseki, W-Türkei), Hafenstadt im n. Abschnitt der asiat. Küste der →Dardanellen gegenüber →Gallipoli (Gelibolu); als Kolonie der Phokäer seit klass.-gr. Zeit bekannt. Gehörte in frühbyz. Zeit zur Prov. Hellespontos, in mittelbyz. Zeit zum Thema Opsikion. Seit der 1. Hälfte des 4. Jh. Bm. (Suffragan v. Kyzikos). 364 wurde in L. eine semiarian. Synode abgehalten. Von stets wachsender Bedeutung (z. T. auf Kosten von →Abydos) war der Hafen von L., sowohl für die Verbindung zw. Asien und Europa (Überfahrt nach Gallipoli) als auch als Station für die Fahrt durch den Hellespont von und nach Konstantinopel. L. diente daher wiederholt als Basis für Angriffe auf die byz. Hauptstadt. 1204 wird L. ven.; aus dem Jahr 1219 stammt eine Auflistung der an Venedig abzuführenden Abgaben (TAFEL-THOMAS II, 208f.). 1224 an das Nizän. Reich (→Nikaia) gefallen, wurde L. systemat. zum Hauptstützpunkt der nizän. Hellespontflotte ausgebaut und diente ztw. geradezu als zweite Residenz der Laskaridenks.; von L. aus wurde sowohl die Eroberung der europ. Reichsteile für Nikaia durchgeführt als auch ein erster Angriff auf Konstantinopel lanciert. 1260 erfolgte in L. die Wahl des Metropoliten v. Ephesos, Nikephoros, zum Patriarchen. Eroberung durch die Osmanen in der 1. Hälfte des 14. Jh. K. Belke

Lit.: KL. PAULY III, 473 – RE XII/1, 590–592 – ThEE VIII, 111f. – TOMASCHEK, 15 – V. SCHULTZE, Altchr. Städte und Landschaften, II: Kleinasien I, 374–378 – H. AHRWEILER, Byzance et la mer, 1966 – A. ANGOLD, A Byz. Government in Exile, 1975.

Lamspring (Lambspring, Lambspringk, Lambsprinck, Lampert Spring), dt. Alchemiker, Lebensdaten weitgehend unbekannt, wirkte spätestens um 1500 im norddt. Gebiet. Sein Vers/Bild-Traktat »Vom Stein der Weisen« gehört zu den bedeutenderen Zeugnissen der dt. Alchimia-picta-Tradition. Aus Kenntnis von alchem. Gemeinplätzen des SpätMA und unter auszügl. Verarbeitung einer Allegorie des →Alphidius und weiterer Schr. im allegor. Alchemiestil wird die Alchemie als eine auf den Gewinn einer Universalmedizin zielende 'kunst' dargestellt. Characterist. ist der Gebrauch von zahlreichen meist aus Decknamen entwickelten Sinnbildern; gedankl. wird L.s Werk von gr.-arab. Lehrgut geprägt.

L.s Text/Bild-Ensemble genoß in der frühen NZ beträchtliches Ansehen. Wirkungsgesch. Gewicht besaßen insbes. die Abdrucke der lat. Übers. des frz. Arztalchemikers Nicolas Barnaud (1599). Seine internationale Geltung unterstreichen frühnz. engl. und frz. Übers.en. Gefügt aus 'figuren' (von M. Merian 1625 neu radiert) und aus 'reimen', zehrte es zwar vom Erfolg der extraalchem. 'Gemälpoesie' (Emblembücher). Fundament des frühnz. Tradierungs- und Rezeptionsprozesses bildeten jedoch fachl. Aktualität und hoher Gebrauchswert des L.schen Werks für Alchemiker. J. Telle

Lit.: Verf.-Lex.² V, 524–530 [J. TELLE; Ed., Drucke, Übers. en bis 1985] – A.-M. SCHMIDT, La poésie scientifique en France au seizième siècle... [Diss. Paris 1938 (1970²)], 345–352 – H. BUNTZ, Dt. alchim. Traktate des 15. und 16. Jh. [Diss. München 1968], 89–196 – DERS., Die europ. Alchimie vom 13. bis zum 18. Jh. (E. E. PLOSS u. a., Alchimia. Ideologie und Technologie, 1970), 169–172 – M. PUTSCHER, Pneuma, Spiritus, Geist..., 1973, 71–76, 249 – J. TELLE, Sol und Luna. Literar- und alchemiegesch. Stud. zu einem altdt. Bildgedicht, 1980, s. v. – Lambsprinck, La pietra filosofale, übers. S. ANDREANI, 1984 [it. Übers.] – J. VAN LENNEP, Alchimie. Contribution à l'hist. de l'art alchimique, 1984, 224–226 – The Book of L., 1986 [1893¹; engl. Übers.] – The Book of L., hg. D. BRYCE, 1987 (1893¹), 7–39 [engl. Übers.].

Lancaster, Lancashire, Stadt und Gft. in NW-England. Obwohl ein röm. Militärstützpunkt, ist die ma. Stadt erst im späten 11. Jh. entstanden. Das →Domesday Book (1086) erwähnt bereits eine Kirche, aber der →borough wurde wahrscheinl. von Roger, Gf. v. Poitou, geringfügig später gegründet, der hier eine Burg errichtete, die das Zentrum einer bedeutenden Lehnsherrschaft (→honour) wurde. Er gründete auch ein Priorat, das dem norm. Kl. v. St. Martin de Sées unterstand. L. wurde die Hauptstadt der Gft. Lancashire. Die früheste erhaltene *charter* stammt von 1193 und wurde von Johann Ohneland als Gf. v. Mortain ausgestellt. Als Kg. übertrug er L. 1199 die gleichen Stadtrechte wie Northampton. Als →Edmund Crouchback Earl v. L. wurde, erhielt er 1267 von seinem Vater Heinrich III. Burg und Stadt. Im späten 13. Jh. gab es einen Wochen- sowie einen Jahrmarkt. Auseinandersetzungen um das Marktrecht zw. den →*bailiffs* und der Stadtgemeinde wurden 1302 mit der Festlegung der Rechte beendet. 1337 wurde ein zweiter Wochen- und Jahrmarkt eingerichtet. Die Bürger konnten eine Kaufmannsgilde gründen, und an der Spitze des Stadtregiments stand ein Bürgermeister (*mayor*). 1362 erhielt die Stadt das alleinige Recht, Prozesse des Gft.sgerichts und des Geschworenengerichts in der Gft. durchzuführen. Unter →John of Gaunt war die Stadt nicht Hauptverwaltungszentrum für die Pfgft. v. L., die Kanzlei befand sich normalerweise in Preston. Die Stadt litt offensichtl. sehr unter dem wirtschaftl. Niedergang im Laufe des 15. Jh. Das Priorat wurde 1415 als frz. Besitz aufgelöst.

Der *keep* (→Donjon) der Burg v. L. stammt wahrscheinl. aus dem 12. Jh., die Befestigungen wurden unter Kg. Johann mit Gräben und vielleicht einem zusätzlichen Zwischenwall mit Rundtürmen verstärkt. Ein Ausbau erfolgte unter Heinrich IV. und V. (Errichtung des Torhauses). M. C. Prestwich

Lit.: VCH Lancashire, VIII – R. SOMERVILLE, Hist. of the Duchy of L., 1953 – R. A. BROWN, H. M. COLVIN, A. J. TAYLOR, Hist. of the King's Works, II, 1963.

Lancaster, Earls and Dukes of. Das Earldom v. L. wurde 1267 neu errichtet, als der Titel des Earl of L. dem 2. Sohn Heinrichs III., →Edmund, verliehen wurde. Mit dem Titel waren der →honour of L., der kgl. Domänenbesitz in Lancashire und einige Besitzungen in Yorkshire und Huntingdonshire verbunden. Zum Earldom gehörte auch das erbl. Amt des →sheriff v. Lancashire. Zusätzl. besaß Edmund bereits das Earldom v. Leicester, das er nach dem Tod von Simon de →Montfort 1265 erhalten hatte. Von Montfort erbte er auch den Anspruch auf das Amt des →steward v. England. 1266 kamen die Ländereien von Robert de Ferrers, Earl v. Derby, in seinen Besitz. Edmunds Heirat 1275 oder 1276 mit Blanche v. Artois brachte ihm durch die Ansprüche seiner Frau die Gft. der Champagne. Seine Teilnahme am Krieg in Wales war teilweise erfolgreich, aber seine diplomat. Versuche, den Krieg zw. England und Frankreich 1294 zu verhindern, schlugen fehl. Er starb 1296 auf einem Feldzug in der Gascogne. Edmunds Sohn →Thomas († 1322) nahm das Earldom 1298 zu Lehen. Er vergrößerte die Besitzungen der L. erhebl. durch seine Heirat mit Alice de Lacy, der Erbin von Henry de →Lacy, Earl v. Lincoln, nach dessen Tod er die Ländereien der Earldoms v. Lincoln und v. Salisbury erhielt. Der gesamte Wert der L.-Besitzungen stieg auf über £ 11000 pro Jahr, somit war Thomas der reichste engl. Earl. Als Hauptfeind Eduards II. gehörte er 1311 zu den Lord →Ordainers, 1316 stand er an der Spitze des kgl. Rates. Ein Kompromiß zw. ihm und dem Kg. erfolgte in dem Vertrag v. Leake 1318, doch ließ die zunehmende Machtstellung der →Despenser Thomas in die Opposition gehen. Er wurde in der Schlacht v. →Boroughbridge besiegt und 1322 hingerichtet. Sein Schicksal bedeutete aber nicht den Untergang des Earldom v. L.; seinem Bruder Henry († 1345) wurde der Titel des Earl v. Leicester 1324 verliehen, 1326 erhielt er die Besitzungen und den Titel der L. Die Ländereien der Lincoln verblieben jedoch im Besitz von Thomas' Witwe, Alice, und wurden bis zu ihrem Tod 1348 nicht mit den L.-Besitzungen verbunden. Henry unterstützte zunächst das Regiment von →Isabella und Roger →Mortimer, doch opponierte er später. Seit etwa 1330 erblindete er und konnte keine aktive Rolle mehr in der Politik spielen. →Heinrich Grosmont († 1361), Earl Henrys Sohn, war einer der großen Feldherren Eduards III. Er wurde 1337 zum Earl v. Derby ernannt und folgte 1345 seinem Vater als Earl v. L. 1349 erhielt er den ergänzenden Titel eines Earl v. Lincoln und wurde 1351 mit Zustimmung des Parlaments zum Duke of L. erhoben. Zur gleichen Zeit erhielt L. den Status einer Pfgft., nach dem Vorbild von Cheshire (→Chester Cheshire). Der Duke of L. besaß eine eigene Kanzlei und Gerichtshöfe, doch behielt sich die Krone das Recht vor, Vertreter der Gft. zum Parlament zu laden. Henry hinterließ keine männl. Erben, und als seine ältere Tochter Maud 1362 starb, ging das gesamte Erbe an seine zweite Tochter Blanche (∞ →John of Gaunt, † 1399) über. John of Gaunt hatte bereits 1361 den Titel eines Earl v. L. erhalten, im nächsten Jahr folgte der Hzg.stitel. Er konnte den größten Teil des 1322 verlorenengegangenen Besitzes zurückgewinnen. 1372 übergab er das Earldom v. Richmond, das er 1342 erhalten hatte, an Johann de →Montfort, Hzg. der Bretagne. Dafür bekam er bedeutende Besitzungen, einschließlich Knaresborough und Tickhill, die die Stellung der L. in den nördl. Midlands stärkten. 1390 erhielt er den Titel des Hzg.s v. Aquitanien. Als John starb, war sein Sohn Heinrich (IV.) Bolingbroke im Exil. Richard II. konfiszierte die Besitzungen der L., und Heinrich intervenierte, um den Thron zu erlangen. Das Erbe der L. wurde nun nicht mit dem Besitz der Krone verbunden, sondern getrennt verwaltet. 1399 bekam Heinrich (V.) den Hzg.stitel verliehen, die damit verbundenen Besitzungen erhielt er erst bei seiner Thronbesteigung 1413. Das Hzm. v. L. bildete jedoch weiterhin eine vom Kronbesitz getrennt verwaltete Einheit, sogar unter Eduard IV. v. York, doch gab es nun keine zusätzl. Hzg.e v. L. mehr. 1420 wurde der Umfang der Besitzungen vergrößert. Die Heirat Heinrich Bolingbrokes mit Mary, einer der →Bohun (Hereford)-Erbinnen, hatte dem Hzm. großen Gebietszuwachs gebracht, doch fand die Teilung des Besitzes unter den Erbinnen nicht die Zustimmung Heinrichs V. Bedeutende Ländereien in Essex wurden dem Hzm. v. L.

zugeschlagen, im Austausch mit einigen Besitzungen in den Walis. Marken.

Das Hzm. v. L. war für die Kg.e aus dem Hause L. bes. wegen der Einkunftsmöglichkeiten und des Patronatsrechts außerhalb der Kontrolle des →Exchequer von großer Bedeutung. Die Ländereien dienten als Morgengaben für Katharina, Gemahlin Heinrichs V., und Margarethe, Gemahlin Heinrichs VI., der Einkünfte aus dem Hzm. auch zur Ausstattung der neuen Colleges v. →Eton und →Cambridge verwandte. Die Thronbesteigung Eduards IV. v. York bedeutete keine wesentl. Veränderung in der Verwaltung des Hzm.s, dessen bes. Status durch eine charter v. 1461 bewahrt wurde. M. C. Prestwich

Lit.: R. SOMERVILLE, Hist. of the Duchy of L., 1953 – K. FOWLER, The King's Lieutenant: Henry of Grosmont, First Duke of L. 1310–1361, 1969 – J. R. MADDICOTT, Thomas of L., 1307–1322, 1970.

Lance ('Lanze'), metonym. Bezeichnung für einen Reisigen *(homme d'armes)* und seine(n) bewaffneten Knecht(e). Wurde das Heeresaufgebot *(ost)* in den frz. Q. des späten 13. Jh. und der 1. Hälfte des 14. Jh. noch nach *armures de fer* (Rüstungen) bemessen, so sprechen die Q. (v. a. die erzählenden) seit dem späten 14. Jh. bevorzugt von l.s. Karl VII. schuf 1445 im Zusammenhang mit den →*Compagnies d'Ordonnance* die *l. fournie,* eine mehr administrative als takt. Einheit, die einen homme d'armes als Befehlshaber, einen *coutillier* (er entsprach dem älteren *gros valet*), einen Pagen, zwei *archers* (Bogenschützen) und einen weiteren Pagen oder Diener umfaßte. Diese aus sechs Berittenen (davon vier Kombattanten) bestehende Einheit erhielt sich bis zur Mitte des 16. Jh. Die Armee des Hzm.s Bretagne übernahm das kgl. Vorbild, während die l. im Heer Karls d. Kühnen ztw. noch vier zusätzl. Kämpfer zu Fuß zählte.

Ph. Contamine

Lit.: PH. CONTAMINE, Guerre, État et société, 1972 – CH. BRUSTEN, Les compagnies d'ordonnance dans l'armée bretonne (Grandson 1476, hg. D. REICHEL, 1976), 112–169 – M. JONES, L'armée bourguignonne 1449–91: structures et carrières (La France de la fin du XVᵉ s., Tours, 1983, hg. B. CHEVALIER – PH. CONTAMINE, 1985), 147–165.

Lancelot
I. Französische Literatur – II. Deutsche Literatur – III. Englische Literatur.

I. FRANZÖSISCHE LITERATUR: [1] *Werk des Chrétien de Troyes:* Der Name 'Lancelot de Lac' ist erstmals belegt in v. 1671 des frühesten arthur. Romans (→Artus) des →Chrétien de Troyes, »Erec et Enide« (um 1170/71). L. nimmt in der Hierarchie der Tafelrunde nach Gauvain (→Gawain) und Erec den dritten Platz ein. In »Cligès« (ca. 1176) und »Yvain« (ca. 1177–81) tritt L. in einzelnen Episoden auf. Zentraler Protagonist ist er dagegen im »Chevalier de la Charrete« (ca. 1177–78), ausgestattet mit allen ihm in der späteren lit. Überlieferung eigenen Zügen und Motiven (vgl. zur Handlung des Romans im einzelnen →Chrétien, Abschnitt I).

Chrétien hat die Figur des L. nicht in allen Stücken erfunden. Dem mhd. »Lanzelet« (→Ulrichs v. Zatzikhofen (um 1200) ist ausdrückl. eine verlorene frz. L.-Erzählung, verf. vor 1194, zugrundegelegt. Konnten ihre chronolog. Bezüge zum »Chevalier de la Charrete« nicht völlig erhellt werden, so ist doch davon auszugehen, daß Chrétien diese (oder andere ihm bekanntgewordenen L.-Erzählungen) ähnl. wie im Falle des »Erec« einer Umarbeitung unterzogen hat.

Aus der »Biographie« des Helden, wie sie Ulrich v. Zatzikhofen (entsprechend seiner Vorlage) breit entfaltet (von L.s Erziehung bei der Wasserfee bis zur Ehe mit der getreuen Iblis), übernimmt Chrétien nur einen, jedoch zentralen Ausschnitt: L.s abenteuerl. Suche *(quête)* im Kgr. Gorre nach der von Méléaguant geraubten Kgn. Guenièvre. In radikaler Umdeutung der chevaleresken und sentimentalen Momente gestaltet der Dichter seinen Helden als Prototyp des ganz und gar dem Minnedienst an seiner Geliebten, der Kgn. Guenièvre, hingegebenen Ritters. Damit transportiert Chrétien das grundlegende Motiv des seine Liebessehnsucht besingenden Dichters aus dem Bereich der Lyrik in das ep. Universum des arthur. Romans; an die Stelle des rein dichter. Kampfes treten im Namen der »force d'amors« bestandene Siege und Abenteuer. Bleibt im dunkeln, ob und wieweit diese Umorientierung auf Anregung der Gfn. der Champagne (nach dem Prolog die Auftraggeberin und Adressatin des Romans) zurückgeht, so stellt Chrétiens »Chevalier de la Charrete« eine kühne Transformation der ritterl. Werte und Verhaltensnormen dar. L. demonstriert in exemplar. Weise (durch Besteigen des Schandkarrens, Ausführung noch der willkürlichsten Befehle seiner Kgn., Ausleben der *quête* in allen Qualen der Askese und Verzückungen der Ekstase), daß die bedingungslose Preisgabe an die Liebe, gegen alle Vernunft, der sicherste Weg des Ritters zur Erringung der höchsten Liebesfreude und Erfüllung seiner Mission in der Welt ist. Mit der Rettung der Kgn. aus den Händen ihres Entführers erlöst er auch die in Gorre gefangengehaltenen Leute Kg. Arthurs und fügt so dem Bild des liebenden auch das des heroischen Befreiers hinzu.

[2] *Die späteren Lancelot-Romane:* Der im 1. Drittel des 13. Jh. entstandene »Prosa-L.« und nach ihm der »L.-Graal-Zyklus« (→Gra(a)l, -dichtung) kehren zu einer biogr. Struktur zurück und stellen Leben und Gesch. L.s in den universalen Rahmen des arthur. Weltgeschehens, von den Vorfahren L.s (Abstammung von mütterl. Seite vom hl. »Hause Davids«, von väterl. Seite von Joseph v. Arimathia) bis hin zu L.s Sohn Galaad, dem Erwählten der Gralssuche. L. wird so zur »Kristallisationsfigur« einer ganzen Reihe von Schlüsselmotiven des arthur. Romans; zu nennen sind: die verborgene Kindheit und exemplar. Erziehung des Helden (durch die 'Dame du Lac'); die Liebe als allumfassende Leidenschaft, die einerseits den heldenhaften Dienst für die Dame gebietet, andererseits den Gefährdungen durch Verzweiflung, Tollheit und Unbeständigkeit (wechselnde, unbefriedigende Liebesverhältnisse mit der Fee Morgain, Galehaut, der 'Demoiselle d'Escalot') unterliegt; die Suche nach Name und Herkunft, die geduldig von Grabmal zu Grabmal fortgesetzt wird; der unablässig geführte Kampf gegen die Verkörperungen des Bösen, von der Anfangsepisode des durchbohrten Ritters bis zur Entzauberung von 'Douloureuse Garde'; die in der Abfolge der Aventuren zunehmende Erkenntnis der Grenzen und Nichtigkeit ird. Liebe und weltl. Ruhmes. Gilt L. im überwiegenden Teil des Prosa-L. noch als bester der »ird.« Ritter und verläßl. Garant der arthur. Ordnung, so schlägt das Urteil im Schlußteil des Prosaromans wie in der »Quête du saint Graal« in strenge Verdammung des Ehebruchs mit der Kgn. um. Nur der »jungfräul.« Galaad, Sohn L.s und der Tochter des »Roi Pêcheur« (wobei sich fleischl. und geistl. Abstammung durchdringen), vermag die letzte aller Aventuren, die Schau des Grals und seiner Geheimnisse, zu erringen. In »La Mort le roi Artu« schließlich kann L., ausgesetzt dem Haß der Morgain, Gauvains und seiner Brüder sowie der Eifersucht des Kg.s, den Zerfall der arthur. Welt nicht verhindern, überlebt ihr Ende aber eine Zeitlang als büßender Eremit.

Im »Prosa-Tristan«, der in vielen Zügen dem »Prosa-L.« verpflichtet ist, steht L. seinem großen lit. Rivalen

→Tristan immer noch als absolut verbindl. Repräsentant vollendeter ritterl. Haltung und Liebe gegenüber. In Versromanen des 13.Jh. tritt er aber schon hinter →Gauvain zurück (»Merveilles de Rigomer«, Mitte 13.Jh.).

L. und Tristan, die beiden großen Repräsentanten bedingungsloser Liebe in der Lit. des MA, verändern von Roman zu Roman ihre Gesch. Es läßt sich, in Ansätzen bereits beim Publikum des MA, beobachten, daß das Interesse schließlich nicht so sehr L., dem hingebungsvollen Diener seiner Dame, gilt, sondern vielmehr Tristan, der den Mythos der zum Tode führenden Liebe verkörperte. E. Baumgartner

Ed.: L., ed. W. Foerster, 1899; ed. M. Roques, CFMA, 1958; ed. A. Foulet - K. Uitti, 1989 - L.en prose, ed. A. Micha, 9 Bde, 1978-83 - *vgl. im übrigen:* G. D. West, An Index of Proper Names in French Arthurian Verse Romances, 1969 - Ders., An Index of Proper Names in French Arthurian Prose Romances, 1978 - *Lit.:* R. S. Loomis, Arthurian Tradition and Chrétien de Troyes, 1949 [Neudr. 1982] - J. Ribard, Le Chevalier à la charrete, 1972 - Ch. Méla, La reine et le Graal, 1984 - E. Kennedy, L. and the Grail, 1986.

II. Deutsche Literatur: Der L.-Roman Chrétiens (»Chevalier de la Charrete«) ist als einziger seiner Artusromane nie ins Dt. übertragen worden. Nach 1200 vertritt der »Lanzelet« →Ulrichs v. Zatzikhofen einen Roman mit L. als Protagonisten; Ulrich geht auf ein 'welschez buoch' aus den 70er Jahren (vermutl. anglonorm.) zurück, eine Erzählung, die die Chrétiensche Doppelwegstruktur noch nicht aufweist. Hier ist L. der 'wîpsaelege', der Glück bei vielen Frauen hat, nicht der Ritter der Kgn., der allein auf ihre Liebe und ihren Dienst bezogen ist.

Vor der Mitte des 13.Jh. (erster Textzeuge um 1250 im Rheingebiet) wurde vermutl. am Niederrhein der erste Teil des afrz. Prosa-L. aus einer ndl. (nicht erhaltenen) Bearbeitung in mhd. Prosa übertragen (Eltern-, Karrenepisode), um 1300 folgte der zweite Teil des 'L. propre', dann die 'Gral-Queste' und (später?) der 'Tod des Kg.s Artus' - fast vollständig ist der Zyklus erst in der Heidelberger Hs. cpg 147 um 1430 überliefert, dazu kommt eine teilweise Neuübersetzung in einer Pariser Hs. (Arsenal 8017-8020), abgeschlossen 1576. Ulrich →Fuetrer schuf 1467 eine kürzende Bearbeitung für den Münchner Hof und später auf dieser Grundlage eine Vers-Fassung in Titurel-Strophen, den 'Lantzilett'.

Der 'Prosa-L.' ist, nach frz. Vorbild, der erste dt. Prosaroman, der hier nur an geistl. und chronikal. Prosa sowie Rechtstexte anknüpfen konnte; in der Tat versteht er sich als Chronik des Artus- und Gralsreiches unter heilsgesch. Aspekt. Als Übersetzer hat man, wie für die Verfasser des frz. Originals, Zisterzienser vermutet, die gleichen Kreise, in denen auch der Prosatraktat 'Hl. Regel für ein vollkommenes Leben' entstanden ist. Die Auftraggeber sind in Adelskreisen zu suchen, auch die Überlieferung (acht Textzeugen) weist darauf. Inhaltl. und im Wortlaut folgt die Übersetzung eng der afrz. Vorlage, bezeugt aber in ihrer geschmeidigen Syntax große Vertrautheit mit der geistl. Prosa der Zeit. Im dt. lit. Kontext bedeutet der 'Prosa-L.' die heilsgesch. Perspektivierung des Artus-Stoffes im Unterschied zur eth. Allegorisierung des »Jüngeren →Titurel«. Die Historisierung der Artuswelt bedeutet in der Konfrontation mit dem Gralsstoff ihre Relativierung und schließlich die Widerlegung der immanenten ritterl. Heilslehre, und sie wird damit von der 'Parzival'-Programmatik →Wolframs von Eschenbach gesehen als Entwicklung und Verengung von dessen Gradualismus (der auch noch im 'L. propre' versucht wird) zu einer endgültigen Verurteilung des höf.-arthur. Rittertums vor dem Heilsanspruch des Christentums, der im Gral symbolisiert ist; hierfür haben die neuen Frömmigkeitspostulate der Bettelorden sicher den Hintergrund gebildet.

V. Mertens

Ed.: L., hg. R. Kluge I-III (DTMA 42, 47, 63), 1948, 1963, 1974 - Der Karrenritter, hg. R. Kluge (Kl. dt. Prosadenkmäler des MA 10), 1972 [Teilausg.] - *Lit.:* Verf.-Lex.² V, 530-546 [U. Ruberg; Lit.] - K. Ruh, L., DVjs 33, 1959, 269-282 - U. Ruberg, Die Suche im Prosa-L., ZDA 92, 1963, 12-157 - Ders., Raum und Zeit im Prosa-L. (MAe 9), 1965 - G. Schieb in: Nd.Stud. 18, 1970, 61-77; Stud. z. Gsch. d. dt. Sprache, 1972, 167-230; PBB (Halle) 99, 1978, 5-31 [Arbeiten zur Syntax des Prosa-L.] - R. Voss, Der Prosa-L. (Dt. Stud. 12), 1970 - E. H. Soudek, L. und Lanzelet (Rice Univ. Studies 57), 1971, 115-121 - H. H. Steinhoff, Artusritter und Gralsheld (The Epic in Medieval Society, hg. H. Scholler, 1977), 271-289 - W. Haug, 'Das Land, von welchem niemand wiederkehrt', 1978 - P. W. Krawutschke, Liebe, Ehe und Familie im dt. 'Prosa-L. I' (Europ. Hochschulschr., Reihe I, 229), 1978 - D. Welz, L. im 'verlornen walt', ZDA 107, 1978, 231-247 - Ders., L. auf der 'fremden Insel', Acta Germ. 11, 1979, 53-75 - Ders., Poetry and Truth, Euphorion 73, 1979, 121-131 - H. Fromm, Zur Karrenritter-Episode im Prosa-L. (Fschr. K. Ruh, 1979), 69-97 - C. Santoni-Rosier, Du roman en prose 'L. du Lac' au Prosa-L. (La traduction. Congr. Nancy 1978, 1979), 226-259 - K. Speckenbach, Handlungs- und Traum-Allegorese in der 'Gral-Queste' (Symposium Wolfenbüttel 1978), 1979, 219-242 - P. Utz, L. und Parzival, PBB (Tüb.) 101, 1979, 369-384 - A. Betten, Zu Satzbau und Satzkomplexität im mhd. Prosa-L., Sprachwiss. 5, 1980, 15-42 - K. Ruh, L. Wandlungen einer ritterl. Idealgestalt (Marburger Universitätsreden 2), 1982 - X. v. Ertzdorff, Tristan und Lanzelot, GRM 33, 1983, 21-52 - H. Fromm, L. und die Einsiedler (Symposion Münster, 1982), 1984 (MMS 51) - Wolfram-Stud. IX, Schweinfurter L.-Colloquium 1984, hg. W. Schröder, 1986 - J. Heinzle, Gesch. der dt. Lit. II, 2, 1989, 223-228.

III. Englische Literatur: L. wird in den engl. Artusdichtungen als Mitglied der Tafelrunde gen. (→Artus, V), aber nur wenige der erhaltenen Werke befassen sich ausführlicher mit seiner Biogr. So tritt er im alliterierenden →»Morte Arthure« (ca. 1360) nur am Rande und nicht als Liebhaber Guineveres auf. Dagegen steht er weithin im Zentrum des stroph. »Le Morte Arthur« (ca. 1400), der, in stoffl. Anlehnung an den frz. Prosaroman »Mort Artu«, die Liebe von L. und Guinevere, ihre Entdeckung und den dadurch herbeigeführten Untergang Arthurs und seiner Tafelrunde schildert. L. erscheint als bester aller Ritter; die Katastrophe ist mehr das Werk bösartiger Verleumdung als seines Ehebruchs. Er endet als Büßer und wird (in einer Vision des Ebf.s) von Engeln in den Himmel getragen. Das Gedicht ist die Hauptq. des letzten Teils von Sir Thomas →Malorys »Morte Darthur« (gegen 1470 vollendet), der einzigen zusammenfassenden engl. Darstellung des Artusstoffes. Sie enthält in einem früheren Teil (»The Noble Tale of Sir L. du Lake«) die Vorgesch. L.s (nach dem frz. Prosa-L.), die Begegnung mit Tristram, die vergebl. Suche nach dem Gral und, in den letzten beiden Büchern, die Liebe zw. L. und Guinevere sowie Arthurs Untergang. L.s Tragödie wird als Konflikt zw. höf. Liebe und Treue gegenüber dem Kg., zw. Verpflichtung zur Bewahrung des guten Rufs gegenüber der Gesellschaft und Sündenbewußtsein dargestellt. Trotz seiner Verfehlung bleibt L. für Malory das eigtl. Vorbild des Tafelrundenritters. Die einzige größere L.-Dichtung neben Malory ist das schott. Gedicht »L. of the Laik« (um 1476), eine Art →Fürstenspiegel für Jakob III., das sich auf den frz. Prosa-L. stützt, L.s Jugend beschreibt und ihn als positives Gegenbild zu Arthur entwirft. Die einzige Hs. des Gedichtes bricht ab, ehe es zu einer Liebesbeziehung zw. L. und Guinevere kommt. Zwei in der späten Percy-Hs. (ca. 1600) überlieferte Balladen sowie andere Hinweise zeigen, daß die Gesch. L.s verbreiteter war als die erhaltenen Texte suggerieren. D. Mehl

Bibliogr.: Manual ME 1.I, 1967 [Nr. 21–24]; 3.IX, 1972 – *Ed. und Lit.*: →Artus, V; →Malory; →»Morte Arthure« – M. M. GRAY, L. of the Laik, STS, NS 2, 1912 – A. APP, L. in English Lit., 1929 – T. P. CROSS – W. A. NITZE, L. and Guenevere, 1930 – D. MEHL, The ME Romances of the 13th and 14th Centuries, 1968 – W. R. J. BARRON, English Medieval Romance, 1987.

Lancia. 1. L., Andrea, florent. Notar und Schriftsteller, * um 1280, † 1360, übersetzte neben vielen Verpflichtungen im Auftrag der Signoria verschiedene Werke aus dem Lat.; u. a. werden ihm ein Vergilkomm., die Übers. von »De Amore« des →Andreas Capellanus sowie zahlreiche Übertragungen lat. Klassiker zugeschrieben, darunter der »Epistulae« Senecas und der »Remedia Amoris« Ovids. Er wird allg. als Verfasser des sog. »Ottimo commento« zur »Divina Commedia« (→Dante) angesehen, der wegen seines Alters (entstanden zw. 1330 und 1340) und seiner ausgeprägten »Fiorentinità« bes. Bedeutung hat. L. Rossi
Lit.: L. ROCCA, Di alcuni commenti alla »Divina commedia«, 1891 – C. SERGE, Volgarizzamenti del Due e Trecento, 1953 – B. SANDKÜHLER, Die frühen Dantekomm. und ihr Verhältnis zur ma. Komm.tradition, 1967 – A. KARNEIN, »De Amore in volkssprachl. Lit.: Unters. zur Andreas-Capellanus-Rezeption in MA und Renaissance, 1985 – V. LIPPI BIGAZZI, I volgarizzamenti dell' »Ars amandi« e dei »Remedia Amoris«, 2 Bde, 1987.

2. L., Manfredi (d. Ältere), * um 1168, † um 1215. Abkömmling einer Adelsfamilie, die von den Mgf.en v. Vasto abstammte; Mgf. v. Busca und Gf. v. Loreto, verschuldete sich jedoch im Kampf gegen die Kommune Asti und starb in Armut. Er kann als Prototyp eines Mäzens bezeichnet werden; seine Freigebigkeit gegenüber den Troubadours wird gerühmt. Eigene Dichtungen sind größtenteils verloren: nur eine Strophe (14 Verse in prov. Sprache) einer Tenzone, die er mit →Peire Vidal wechselte, sind erhalten (»Emperador avem de tal manera«, Pillet-C. 285,1 = 364,19), in der der Mgf. sich über die Eitelkeit des Dichters lustig macht und dieser ihm kontert. Die zahlreichen Versuche, das Gedicht genau zu datieren und die darin enthaltenen Anspielungen zu erklären, haben zu keinem gesicherten Resultaten geführt. L. Rossi
Lit.: Peire Vidal, Poesie, hg. D'A. S. AVALLE, II, 1960, 415–422 [Bibliogr.].

Landais, Pierre, bret. Finanzmann und Politiker, Günstling Hzg. →Franz' II., † (gehenkt) 19. Juli 1485, entstammte nach den Behauptungen seiner Gegner dem niederen Volk, angeblich Sohn eines Schneiders oder Strumpfwirkers, tatsächlich aber wohl eines begüterten Tuch- oder Leinwandhändlers aus Vitré. Hochbegabt und tüchtig, fand L. die Aufmerksamkeit des Gf. en Franz v. Étampes, des künftigen Hzg.s der Bretagne, dessen kapriziöse und frivole Launen L. als Financier und Ratgeber zu befriedigen wußte. Mit dem Regierungsantritt seines Gönners (1458) begann L.' steile Karriere: Zunächst mit der →*Argenterie* betraut, benutzte er dieses Amt als Sprungbrett, hatte bald die Leitung der *Trésorerie et Recette Générale de Bretagne* inne, dazu eine Reihe weiterer Ämter und Ehrentitel (*Trésorerie des Guerres, Garde-Robe* u. a.). Er baute ein stabiles Finanzwesen von bis dahin beispielloser Effizienz auf, schuf sich in gezielter Weise ein Netz ergebener Helfer und Protégés und ging rücksichtslos gegen seine Konkurrenten vor (1477 Einkerkerung des Kanzlers Guillaume Chauvin). Durch Schmeicheleien gewann er das Ohr der hzgl. Mätresse Antoinette de Maignelais und häufte zügig ein großes Vermögen an (Stadthäuser in Rennes, Nantes, Vitré, Landbesitz, Handelsschiffe, Preziosen). Seit 1461 polit. einflußreich, bestimmte er ab 1466 als beherrschender Staatsmann auch die Außenpolitik der Bretagne, wobei ihm eine »nationalist.«, auf Abwehr jeder frz. Einmischung bedachte Grundhaltung zugeschrieben wird.

Hochadel, Prälaten und entmachtete Amtsträger verfolgten argwöhnisch den Aufstieg des »Emporkömmlings«. Seine Gegner zettelten schließlich eine Verschwörung an, die zum Scheinprozeß und zur Hinrichtung L.' führte. Seine außergewöhnl. Persönlichkeit hat widersprüchl. Urteile hervorgerufen. L. war weder der geld- und machtgierige Charakter, für den ihn viele seiner Zeitgenossen hielten, noch der breton. Patriot und »Liberale«, Opfer konservativer profranzösischer Kreise, als den ihn spätere breton. Historiker sahen, sicher aber eine der wenigen großen staatsmänn. Begabungen des bret. Spät-MA. Nach J. KERHERVÉ verdient L. trotz oft fragwürdiger Methoden wegen seiner »compétence d'officier et sa maestria d'organisation« Respekt. J. P. Leguay
Lit.: J. P. LEGUAY, Un réseau urbain au MA: les villes du duché de Bretagne aux XIVe et XVe s., 1981 – J. KERHERVÉ, L'État breton aux XIVe et XVe s., 1987.

Landammann, Vorsteher von Orten und Talschaften in der Schweiz, seit der 1. Hälfte des 13. Jh. in Uri, seit der 2. Hälfte des 13. Jh. in Schwyz und Unterwalden. Zuerst Blutrichter an Ks.s statt, baute er seine Macht aus. Der L. wurde nun von den Landleuten gewählt, die ihm den in den Landbüchern festgelegten Eid leisteten. Er leitet die Geschäfte des Landes und die Landsgemeinde, hat richterl., administrative und militär. Befugnisse, vertritt seinen 'Staat' bei den Eidgenossen und auswärtigen Mächten; Schwert u. Stab symbolisieren seine Gewalt. L. Carlen
Lit.: R. BENZ, Der L. in den urschweiz. Demokratien, 1918 – J. J. KÜBLI-MUELLER, Die L.er v. Glarus 1242–1928, Jb. des Hist. Ver. Glarus 46, 1932 – E. ZUMBACH, Die zugerischen Ammänner und L.er, 1932 – F. NIEDERBERGER, Die Nidwaldner L.er, Beitr. zur Gesch. Nidwaldens, 1947 – E. OMLIN, Die L.er des Standes Obwalden und ihre Wappen, 1966 – L. CARLEN, Die Landsgemeinde in der Schweiz, 1976.

Landbuch der Mark Brandenburg (Ks. Karls IV.), nach dem Erwerb der Mark →Brandenburg durch Ks. Karl IV. als Übersicht über die landesherrl. Rechte begonnen, ein in zwei Hauptteile (Übersicht über die allg. Einkünfte und Dorfregister) geteiltes Kataster, das um 1375 angefertigt wurde und in zwei Hss. (14. und 15. Jh.), die auf zwei nicht erhaltene Vorlagen zurückzuführen sind, erhalten ist. Als Vorbild dienten urbariale Aufzeichnungen aus dem lux. Herrschaftsbereich in Schlesien. Während für die Einkünfte aus allen Landesteilen umfassende allg. Angaben vorwiegend aus den Unterlagen der Kämmereiverwaltung entnommen wurden, erfolgte für das Dorfregister nach einem in einer der Hss. erhaltenen Formular eine Neuaufnahme. Für ca. 730 Orte eines Teils der Altmark, großer Bereiche der Mittelmark und des größten Teils der Uckermark liegen so – nicht lückenlos und mit örtl. und regionalen Unterschieden – Angaben zu dem in →Hufen verfaßten Ackerland, ihrer Anzahl und Rechtsqualität, zu den auf den Hufen beruhenden Abgaben (Pacht, Zins, Bede, Zehnt) und sonstigen, nicht auf das Land bezogenen Abgaben (z. B. der Gerichte, Krüge, Mühlen; persönl. Abgaben und Dienste) sowie zu dem nicht bebauten (wüsten) Land in einer wichtigen Q. vor. F. Escher
Ed. und Lit. [Auswahl]: Das L. d. M. B. von 1375, ed. J. SCHULTZE, 1940 – E. ENGEL – B. ZIENTARA, Feudalstruktur, Lehnbürgertum und Fernhandel im spätma. Brandenburg, 1967 – H. ASSING, Wie glaubwürdig ist das L. Ks. Karls IV.? (Karl IV., Politik und Ideologie im 14. Jh., hg. E. ENGEL, 1982), 357–372.

Landbuch der Neumark, ein Register, das vermutl. im Zusammenhang mit dem für die Wiedereinlösung der verpfändeten Niederlausitz (1338) notwendigen außerordentl. →Schoß auf Befehl des wittelsb. Mgf.en →Ludwig d. Ä. ab 1336 angefertigt wurde und das wohl als Teil eines nicht auf die →Neumark von Brandenburg beschränkt angelegten Urbars gedacht war; nur in Abschriften überliefert und bisher unzureichend ediert. Es enthält, nach Landschaften bzw. Waldgebieten und wenigen Adelsbesitzungen geordnet, Angaben über den Siedlungsbestand (auch Wüstungen), Hufenzahlen, Pachtabgaben sowie Einkünfte aus Krügen, Mühlen und Gewässern.   F. Escher

Ed. und Lit.: L. GOLLMERT, Das Neumärk. L. Mgf. Ludwigs d. Ä. vom J. 1337 nach einer neu aufgefundenen Hs. des 14. Jh., 1862 – J. SCHULTZE, Die Mark Brandenburg, II, 1961.

Landesausbau und Kolonisation

I. Mitteleuropa – II. Westeuropa – III. England – IV. Italien – V. Ostmitteleuropa und Ungarn.

I. MITTELEUROPA: [1] *Forschungsgrundlagen und Fragestellungen:* Die Gesch. des ma. L. es ist in bes. Maße auf eine interdisziplinäre Zusammenarbeit angewiesen. An der Erforschung von K.svorgängen beteiligen sich neben der Geschichtswiss. v. a. die Siedlungsgeographie und die Archäologie. Während die Archäologie sich auf die materielle Hinterlassenschaft der ma. Siedlungen konzentriert, befaßt sich die geograph. Siedlungsforsch. mit den räuml. Siedlungsprozessen und den verschiedenen Orts- und Flurformen. An die Stelle überwiegend formaler Betrachtung der Siedlungsstruktur ist in neuerer Zeit eine stärker kausal-funktionale Fragestellung getreten, die in den Orts- und Flurformen nicht mehr allein prägende Elemente der Kulturlandschaft, sondern auch das Resultat wirtschaftl. und sozialer Entwicklungsvorgänge sieht. Die genet. Siedlungsforsch. fragt in bezug auf die K.sprozesse des MA bes. nach den verschiedenen Phasen des L. es, den Trägern der Rodungsaktivitäten sowie nach den Formen der Landerschließung.

[2] *Frühmittelalterliche Kolonisation:* Während des Früh-MA ist die Siedlungsentwicklung gekennzeichnet durch eine Verdichtung in den altbesiedelten Becken- und Tallandschaften sowie durch umfangreiche Rodungstätigkeit in den Waldzonen. Diese Rodungen vollzogen sich einerseits spontan und bildeten so in gewisser Weise eine zweite Welle der Landnahme; andererseits fanden in verschiedenen Gebieten gelenkte Formen der K. unter grundherrl. Leitung statt. Die wichtigsten Träger gelenkter Waldrodungen waren geistl. und weltl. Grundherren; ihr Hauptmotiv bildete das Streben nach wirtschaftl. Erschließung der großen Waldregionen und der sich daraus ergebenden Steigerung der grundherrl. Einkünfte. Ferner war auch das Kgtm. am L. beteiligt, wobei freilich das Ausmaß der sog. frk. Staatsk. umstritten ist.

Zur Erweiterung der Anbauflächen zwang die Zunahme der Bevölkerung. Es ist schwierig zu erkennen, wann die Bevölkerung sich nach den demograph. Einbrüchen des 5. und 6. Jh. wieder kräftig vermehrte; im 8. und 9. Jh. ist jedenfalls eine Verdichtung der Besiedlung und eine deutl. Zunahme von Neugründungen zu beobachten. Die eigtl. Träger des L. es waren die Bauern; sie mußten, wenn sie Neuland übernahmen, über viel Zeit und Kraft sowie über einen Mindestvorrat an Subsidenzmitteln verfügen, um die Rodungsflächen in ertragreiches Land zu verwandeln. Die Siedler mußten Bäume fällen, Wurzeln beseitigen, Gebäude errichten, Geräte herstellen und ausreichend Vieh mitbringen. Die Grundherren beteiligten sich in unterschiedl. Maße an diesen Rodungsvorgängen; sie gewährten v. a. Siedlungskonzessionen, sicherten Schutz und bauten die Herrschaftsorganisation aus.

Im Rahmen der frühma. K. muß neben der Gründung neuer Orte bes. der Innenausbau der Siedlungen gesehen werden; offenbar ging die Vermehrung der Wohnstätten in den vorhandenen Orten in vielen Fällen der Siedlungsausweitung in Form von Neugründungen voraus. Die flurgenet. Forsch. konnte in ausgewählten Orten den Verlauf der Siedlungsausweitung aufzeigen; an die älteren Kernfluren schlossen sich die neuen, durch Rodung gewonnenen Ausbaufluren an. Waren die räuml. Umstände für den Innenausbau der alten Siedlungen ungünstig, schritt man zur Gründung neuer Einzelhöfe oder Weiler. Orte mit Namensendungen auf -hof und -hofen gehören offenbar der karol. Ausbauzeit an, ebenso viele Ortsnamen, die Geländebezeichnungen wie -berg, -bach oder -wald aufweisen. Die Anlage dieser frühma. Ausbausiedlungen wurde offenbar locker und weniger geplant als in späterer Zeit durchgeführt. Die Höfe der Bauern reihten sich in Bergtälern und an Gewässern entlang, so wie die Siedler nacheinander das Land kultivierten.

Man darf das Ausmaß der frühma. Rodungen nicht überschätzen, da während des FrühMA nur die Anfänge des L. s zu verzeichnen sind. In Mittelgebirgen wie Odenwald, Spessart und Schwarzwald wurden nur die Ränder und einige Täler in lockerer Form besiedelt, und auch in den Ebenen gab es noch große Wald- und Niederungsflächen, die erst im HochMA erschlossen wurden. Den frühma. Siedlungsvorstößen war zudem nicht überall Erfolg beschieden. Archäolog. Bodenfunde und Erkenntnisse der Wüstungsforsch. deuten auf Entsiedlungsvorgänge hin, von denen ein Teil der frühma. Siedlungen betroffen war. Die geringe Stabilität mancher Rodungssiedlungen beruhte offenbar auf ungünstiger Verkehrsanbindung und der Anlage auf zu geringwertigen Böden. Der Siedlungsausbau verringerte insgesamt den Gegensatz zw. offenen Beckenlandschaften und waldbedeckten Höhenzonen. Im FrühMA rief der Bevölkerungszuwachs in der Regel keine gezielten Rodungsaktionen hervor; er wurde durch die ungelenkte Besiedlung in den Mittelbirgen und durch den inneren Ausbau der Altsiedelgebiete aufgefangen. L. und Rodungen bewirkten eine stärkere Differenzierung von Wohnplätzen und Fluren nach Größe und Nutzungsintensität. In älteren Siedlungsräumen förderte der L. erste Dorfbildungen mit intensiver Bodennutzung, während in den Rodungsgebieten Einzelhöfe oder Weiler überwogen.

[3] *Der Landesausbau im hohen und späten Mittelalter:* Der L. des HochMA wurde v. a. durch den starken Bevölkerungsanstieg vorangetrieben, der sich nach einer Phase der Stockung einstellte. Während des 11. bis 13. Jh. nahmen die Rodungen parallel zum Bevölkerungszuwachs in vielen mitteleurop. Landschaften große Ausmaße an und bewirkten eine beträchtl. Ausweitung des Kulturlandes sowohl im altdt. Raum als auch in den östl. Neusiedelgebieten (vgl. Abschnitt V; →Ostsiedlung). Der L. des HochMA erlangte gerade für den mitteleurop. Raum eine große Bedeutung, da hier noch viel Rodungsland vorhanden war. Die Binnenk. wurde dadurch erleichtert, daß die ältere Grundherrschaftsform in Gestalt des Fronhofsystems sich auflöste und die Bauern eine größere →Freizügigkeit und mehr Selbständigkeit erlangten. Der Bevölkerungszuwachs erzwang zugleich eine Intensivierung der Bodennutzung; die →Dreifelderwirtschaft setzte sich durch, und die Anbauflächen für →Getreide vergrößerten sich (»Vergetreidung«).

Der Ausbau der Dorfgemarkungen in den Altsiedelgebieten erfolgte in erster Linie zu Lasten der ortsnahen Wald- und Weidezonen. Diese Ergänzungsrodungen lassen sich in erster Linie durch die Unters. der Flurformen sowie der Flurnamen erkennen. Die Rodungsarbeit war nach den Naturbedingungen sehr verschieden, je nach dem Land, das in den Niederungszonen der Flußtäler, in waldreichen Mittelgebirgen oder im alpinen Hochland erschlossen wurde. An den Küsten der Nordsee erbaute man Deiche, die das neugewonnene Land gegen Überflutungen schützten (→Deich- und Dammbau). Entlang der großen Flüsse entwässerte man Sumpfflächen planmäßig und führte sie der landwirtschaftl. Nutzung zu, während in den Waldgebieten neue Anbauflächen durch Waldrodung erschlossen wurden.

Die Grundherren unterstützten den L. durch Privilegien und Freiheitsrechte wie Freizügigkeit und Erbzinsleihe (→Bauernfreiheit). Ferner planten sie Rodungen und Neusiedlungen und bauten eine Gerichts- und Herrschaftsstruktur auf. Die materielle Last der Rodungen ruhte aber weitgehend auf den Bauern, die die schwere Rodungsarbeit durchführten und für die Erstausstattung der Höfe mit Vieh und Arbeitsgeräten sorgten. Die Reformkl. der →Zisterzienser beteiligten sich im 12. und 13. Jh. ebenfalls in einem unterschiedl. Maße an der Landerschließung und errichteten einen Teil ihrer Wirtschaftshöfe (→Grangie) auf neuen Weide- und Ackerflächen.

Die gelenkte Rodungstätigkeit des HochMA erfaßte v. a. die Ausbaugebiete der Mittelgebirge. Im Schwarzwald und in den Vogesen wurden dabei die zunächst vom Adel getragenen Rodungen verstärkt durch die Kl. fortgesetzt. Die Organisationsformen verbesserten sich ständig und erreichten sowohl bei der Binnenk. als auch im Bereich der Ostsiedlung einen gleich hohen Stand. In S-Deutschland kam es auch in der 1. Hälfte des 14. Jh. noch zu planmäßig angelegten Siedlungen, wie z. B. bei den von K. FEHN untersuchten mittelschwäb. Angerdörfern. Die Rodung wurde dort von den Grundherren in die Wege geleitet, die sog. Reutmeister mit der Anwerbung von siedlungswilligen Bauern und mit der Planung der einzelnen Siedlungsschritte beauftragten. Den Siedlern wurden Erbzinsrecht, feste Geldabgaben und eigene Dorfgerichte zugestanden. Die Rodungstätigkeit des HochMA führte vielerorts zu planmäßig geformten Siedlungstypen. Zu den älteren Siedlungsformen in Gestalt von Einzelhöfen und Haufendörfern trat die Anlage neuer Siedlungen in Form von Straßendörfern, Hufendörfern und Rundlingen. Anstelle der frühma. Reihenweiler mit Kurzbreitstreifen traten im HochMA das Straßen- und Angerdorf mit langen Breitstreifen oder die Waldhufensiedlung. Im mittleren Elbegebiet entstanden die sog. Rundlinge, bei denen es sich vermutl. um Wehrsiedlungen im slav.-sächs. Grenzgebiet handelt. Bei den Hufendörfern wurden die Gehöfte wie bei den Straßendörfern entlang von Straßen angelegt, aber das Hufenland den einzelnen Gehöften streng zugeordnet (Waldhufen- oder Marschhufendörfer). Der Umfang der hochma. Rodung spiegelt sich auch in der Verbreitung einiger Ortsnamen und bestimmter bäuerl. Rechtsformen wider. So lassen Ortsnamen auf -hagen, -rode oder -reuth häufig auf hochma. Gründungen schließen. Bei den sog. Hagenhufensiedlungen des Mittelwesergebiets spielte die Privilegierung mit bes. Rechten eine wichtige Rolle; das Hagenrecht (→Hagen) gewährte rodungswilligen Bauern Vorteile wie Erbzinsleihe, persönl. Freizügigkeit und dörfl. Selbstverwaltungsrechte.   W. Rösener

Lit.: K. FEHN, Entstehung und Entwicklung der mittelschwäb. Angerdörfer des 14. Jh., 1963 – H.-J. NITZ, Siedlungsgeogr. Beitr. zum Problem der frk. Staatsk. im südöstl. Raum, ZAA 11, 1963, 34–63 – J. G. TESDORPF, Die Entstehung der Kulturlandschaft am westl. Bodensee, 1972 – M. BORN, Die Entwicklung der dt. Agrarlandschaft, 1974 – W. JANSSEN, Stud. zur Wüstungsfrage im frk. Altsiedelland zw. Rhein, Mosel und Eifelnordrand, 1–2, 1975 – Die dt. Ostsiedlung des MA als Problem der europ. Gesch., hg. W. SCHLESINGER, 1975 – W. ABEL, Gesch. der dt. Landwirtschaft, 1978³ – E. ENNEN – W. JANSSEN, Dt. Agrargesch., 1979 – W. RÖSENER, Zur Wirtschaftstätigkeit der Zisterzienser im HochMA, ZAA 30, 1982, 117–148 – E. GRINGMUTH-DALLMER, Die Entwicklung der frühgesch. Kulturlandschaft auf dem Territorium der DDR, 1983 – H. JÄGER, Entwicklungsprobleme europ. Kulturlandschaften, 1987 – W. RÖSENER, Bauern im MA, 1987³ – H.-J. NITZ, Siedlungsstrukturen der kgl. und adeligen Grundherrschaft der Karolingerzeit (Strukturen der Grundherrschaft im frühen MA, hg. W. RÖSENER, 1989), 411–482.

II. WESTEUROPA: Eine erste Phase frühen L.es setzte im späten 7. Jh. ein und erstreckte sich bis über das 9. Jh.; sie erfaßte insbes. die Mittelmeerküsten, wobei die Wiederbesiedlung aufgegebener Flächen (Languedoc, Lombardei) und die Bindung der bis dahin stark fluktuierenden Agrarsiedlung an einen dauerhaften Standort (Rheinlande, Niederlande; →Dorf) im Vordergrund standen. Eine zweite Phase, von weitaus tiefergehender Wirkung, begann um die Mitte des 10. Jh. in Katalonien, gegen Ende des 10. Jh. in Flandern, erfaßte zu Beginn des 11. Jh. Mittel- und Oberitalien sowie Languedoc und Poitou, um 1050 das Pariser Becken, um 1075–90 eine Reihe weiterer Regionen (u. a. Lothringen, Aquitanien), um 1100 die Gebiete ö. des Rheines und Mitteldeutschland und mündete 1125–50 in den Prozeß der sog. →Ostsiedlung ein. In Teilen Mittel- und N-Europas erstreckte sich dieser Prozeß noch bis zur Mitte des 14. Jh., während er im s. Europa bald nach 1150, in NW-Europa ab Mitte des 13. Jh. verebbte.

Die K. wurde zumeist in manueller Arbeit unter Zuhilfenahme einfacher Arbeitsgeräte, durch Brandrodung (→Brandwirtschaft) und Ausrodung der Baumwurzeln vorangetrieben. Zunächst wurde gewöhnl. eine Kultivierung des Ödlandes mit seinen leichten Böden vorgenommen, im zweiten Zug eine Kultivierung der schweren Böden der sedimentären Becken. Das Ausgreifen auf die Berghänge und die Anlage von Terrassen (in Italien: *gradoni*, in Spanien: *huertas*, usw.) erfolgten in einem langwierigen Arbeitsprozeß (ca. 975–1100), während die Erschließung der Schwemmlandgebiete (Marsch, *moere*, *moor*, *rivages*, *ferragina*) schneller durchführbar war, aber oft erst spät erfolgte (Languedoc, Lombardei, Flandern, Poitou, Fens; →Deich- und Dammbau). Man hat als Rhythmus der Ausbautätigkeit (*essart*, *croft*, *hurst*, *conquest*, *artigue*, Urbarmachung) einen jährl. Landgewinn von ca. 15–20 ar pro Arbeitskraft errechnet. Das Gesamtaufkommen an neukultiviertem Land dürfte für das s. Europa höchstens 10% der alten Anbaufläche, für N- und NO-Europa dagegen 25–30% betragen haben.

Der L. war Angelegenheit regionaler Fs.en sowie mächtiger Adelsfamilien mit großem Grundbesitz (z. B. →Clare, →Percy und die Hzg.e v. Spoleto), aber auch der großen Kl. (bes. der Cluniazenser), Kanonikerstifte, Bm.er und Domkapitel; Beispiele geistl. Grundherrschaften mit bedeutendem L. sind u. a.: Ely, →Ramsey, →Faversham, →St-Germain des Prés, →Bobbio, →Farfa, →Burgos. Die →Zisterzienser haben dagegen eine nur geringe Rolle beim L. gespielt. Die 'Locatio'-Verträge (→Lokator) mit Saatgutleihe und Rekrutierung von »hospites markieren den ersten »klass. «Typ des L. es: Der neue Pächter war zumeist zu einem Naturalzins verpflichtet (campi pars; →Champart), gemäß einem anpassungsfähigen, aber auf einen langen Zeitraum geschlossenen Vertrag (in Italien: →Livello); Rechtsstellung und Abgabenverpflichtungen der Pächter waren insgesamt günstig gestaltet. Es ist jedoch sehr wahrscheinl. (wenn auch durch Q. nicht belegbar), daß ein wesentl. Teil der Rodungsarbeit von Bauern, die Teile des Ödlandes oder brachliegende Flächen der Grundherrschaft selbständig oder eigenmächtig okkupierten, geleistet wurde – vielleicht ein Ausgangspunkt für die zahlreichen späteren Prozesse um Zinsleistungen.

Die Auswirkungen des L.es waren beachtl.: Milderung der Frondienste, zunächst für die Gemeinschaften der hospites, dann für die anderen Dorfbewohner; Wegzug großer Teile der bäuerl. Bevölkerung in die Ausbaugebiete; Gründung von »Rodungsdörfern«, oft in charakterist. Formen (*en arêtes de poisson*, Waldhufendörfer, *mansionile, villeneuves*); Zunahme der Getreideproduktion (→Getreide).   R. Fossier

Lit. [Auswahl]: G. Duby, L'économie rurale et la vie des campagnes ..., 1962 – F. L. Ganshof–A. Verhulst, Cambridge Ec. Hist. II, 1966², 291–339 – C. Sanchez Albornoz, Depoblación y repoblación ..., 1966 – Hist. de la France rurale, T. 1, 1975 – Medieval Settlement, 1976 – J. Chapelt – R. Fossier, Le village et la maison au MA, 1980 – Châteaux et peuplement en Europe occidentale ... (Congr. de Flaran 1, 1979), 1980 – P. Donat, Haus, Hof und Dorf in Mitteleuropa vom 7. bis 12. Jh., 1980 – H. E. Hallam, Rural England, 1066–1348, Fontana Hist. 5, 1980 – Algemene Geschiedenis der Nederlanden, 1981–83 – C. Taylor, Village and Farmstead of rural Settlement in England, 1983 – R. Fossier, Enfance de l'Europe (Nouv. Clio 17, 1984) – Toponymie et défrichements (Congr. de Flaran 8, 1986), 1988.

III. England: Nach dem →Domesday Book (1086) waren Dörfer und Weiler die vorherrschenden Siedelformen. 90% der Bevölkerung lebte in derartigen Siedlungen, nur 10% der Gesamtbevölkerung von etwa zwei Millionen in Städten. Das Domesday Book spiegelt die Bevölkerungssituation in der Mitte einer Expansionsphase wider, die von ca. 800 bis ca. 1300 dauerte. In dieser Zeit stieg die Bevölkerung von weniger als 1 Million auf über 6 Millionen an. Dieses Bevölkerungswachstum war die treibende Kraft bei L. und K., deren Gesch. in erster Linie die Gesch. der Urbarmachung von Ödland und der Rodung von Wäldern war. Die ersten Siedler bevorzugten die leichten und am einfachsten zu bearbeitenden Böden. Ortsnamen belegen eine wichtige Ausbauphase nach den Eroberungszügen der Wikinger: Orte mit Namensendungen auf -by und -thorpe weisen auf eine fortschreitende Besiedlung im Bereich des →Danelaw im 10. und 11. Jh. hin. Dieses Gebiet im östl. England war 1086 relativ dicht besiedelt, ebenso wie der größte Teil des zentralen südl. England. Nördl. einer gedachten Linie zw. den Mündungen des Severn und Humber und der südl. Halbinsel (Devon und Cornwall) stand mehr Raum für den L. zur Verfügung. Nördl. dieser Linie betrug die Bevölkerungsdichte in nur wenigen Gebieten über 10 Einw./km², südl. dieser Linie waren es doppelt soviele Einw./km². Sogar im S und O Englands gab es einige Gebiete mit geringer Bevölkerungsdichte. So war das große Waldgebiet des Weald in Kent und Sussex nur teilweise besiedelt. Ortsnamen zeigen, daß aus Schafweideplätzen Weiler und später allmähl. Dörfer entstanden (Orte mit Namensendungen auf »-fold« in Sussex, »-den« in Kent). Die Rodung in dieser Form war bes. charakterist. für das nördl. und das westl. England. In Devon und Cornwall lagen 1086 75% der Siedlungen zw. 45 m und 150 m hoch. Sowohl Hochmoore (z. B. Dartmoor) als auch Niedermoore wurden nach 1086 urbar gemacht, bes. im 13. und frühen 14. Jh. in Zusammenhang mit der Ausbreitung der Zinnproduktion. 1086 hatten in Yorkshire mehr als die Hälfte der Dörfer durch die Feldzüge Wilhelms d. Eroberers verwüstete Fluren, die wieder rekultiviert werden mußten; 370 neue Siedlungen sind hier nach 1086 belegt. Der größte Teil der gerodeten Landflächen diente als Weide. Bes. bedeutend war dabei der L. der →Zisterzienser. Die im frühen 12. Jh. gegr. Zisterzienserabteien Rievaulx und Fountains sind typisch für die erste Expansionsphase in der Zeit nach der norm. Eroberung. In Lancashire und im West Riding von Yorkshire war die spätere Besiedlung, die bis zum 14. Jh. erfolgte, verbunden mit den Anfängen früher Industrialisierung.

Das kgl. Forstrecht (→Forst) war ein Hindernis bei dem L.: Bußen mußten für unerlaubte Rodung bezahlt werden und regelmäßige Abgaben für *assarts* (von lat. assartare 'umgraben'), die 1s pro acre für die Wintersaat (in der Regel Weizen) und 6d pro acre für die Sommersaat (in der Regel Hafer) betrugen. Die Tatsache, daß die meisten Bußen für ein oder zwei acres entrichtet wurden, zeigt, daß v. a. bäuerl. Kolonisten die Rodung durchführten.

Mit einer guten Dränage konnte wertvolles Marschland (→Marsch, →Deich- und Dammbau) kultiviert werden, z. B. Holderness und die Humber Levels, die Lincolnshire Fenland und die Somerset Levels. Die Regulierung des Wasserspiegels ermöglichte bedeutende techn. Leistungen, so z. B. die Errichtung des Grand Sluice in den 40er Jahren des 12. Jh. in →Boston, der die Versandung des neuen Hafens verhindern sollte. Bei dem L. sowohl in den Waldgebieten als auch im Fen- und Weideland bildete sich eine Bodenprämie aus. In Gloucestershire betrugen im späten 13. Jh. die Preise für Wiesen allg. zw. 1s 6d und 2s pro acre, für Ackerland aber zw. 3d und 6d pro acre. Ein anderes Merkmal für den Mangel an Weideland war das Anwachsen von Streitfällen zw. benachbarten Gemeinden um Weiderechte (→Allmende). Mit diesem Problem beschäftigte sich auch das Parliament, und eines der ersten Statuten (Merton, 1236) gestattete, daß Grundbesitzer →*enclosures* errichten konnten, um mehr als genügend Land für die Weidenutzung freier Pächter lassen.

Der Bevölkerungsrückgang des 14. Jh., bes. nach dem Schwarzen Tod, bewirkte einen Wandel bei der Bodennutzung in vielen Gebieten, die im HochMA kultiviert worden waren. Weideland breitete sich auf Kosten des Ackerlandes aus, doch entstanden keine Ödländereien. Die Periode der Rodung und des L.es markierte einen wichtigen Einschnitt in der engl. Geschichte; sie hatte die Grenzen zw. den einzelnen Siedlungen beseitigt und ihre Beziehungen zum Herrschaftszentrum verstärkt. Viele Forstgebiete blieben zwar bestehen, aber sie wurden stärker in die engl. Agrarlandschaft einbezogen. →England, H.   E. J. King

Lit.: H. E. Hallam, Settlement and Society, 1965 – J. S. Moore, Laughton: A Study in the Evolution of the Wealden Landscape, 1965 – B. Waites, Moorland and Vale-Land Farming in N.E. Yorkshire, 1967 – J. A. Raftis, Assart Data and Land Values: Two Stud. in the East Midlands 1200–1350, 1973 – H. C. Darby, Domesday England, 1977 – The Agrarian Hist. of England and Wales, II, hg. H. E. Hallam, 1988.

IV. Italien: Der Bevölkerungsrückgang, der sich v. a. seit Beginn des 4. Jh. in großen Teilen Italiens bemerkbar machte, erfaßte sowohl die Städte als auch verstärkt bis in das ganze 6. Jh. hinein die ländl. Gebiete. In Zusammenhang mit dem Bevölkerungsrückgang breitete sich das Ödland (Wälder, Heideflächen und Sumpfgebiete) aus. Außerdem wirkten sich die Gotenkriege (535–553) und die Invasion der Langobarden negativ auf die Agrarwirtschaft aus. Seit dem 7. Jh. erfolgte ein leichter Aufschwung. Die Binnenkolonisation und die Kultivierung des Ödlandes machten v. a. vom 9. bis zum 11. Jh. Fortschritte, als die Zahl der großen Gutshöfe (curtes), dörfl. Siedlungen (vici), Burgen (castra), Kirchen und Kl. zunahm. Es blieben aber umfangreiche Wald- und Sumpfgebiete auf den Bergen und in den Tiefebenen erhalten. Im 12. Jh. wurden in vielen Gebieten, auch auf Betreiben der Städte, Ackerbau, Rodung der Wälder und Trockenlegung der Sümpfe vorangetrieben. Die Ausbreitung des Ackerbaus im eigtl. Sinne, v. a. in den ertragreichsten Gebieten Italiens, stand in Zusammenhang mit einer gewissen Entwicklung der Produktionstechnik und bedeutete v. a. eine Ausdehnung der Getreideanbauflächen. Dieser Faktor trug zum Anstieg der ländl. Bevölkerung bei, die nun über mehr bebaute Flächen verfügte und deren Struktur sich wandelte. An die Stelle von Bauern-Hirten-Jägern traten reine Bauern. Der graduelle Anstieg der ländl. Bevölkerung erfuhr im 14. Jh. einen Rückgang, der durch die Agrarkrise und den Schwarzen Tod verursacht wurde. In vielen Gebieten breiteten sich nun Wälder und Sümpfe wieder aus. Viele verarmte Bauern zogen in die Städte. Im 15. Jh. kam es zu keinem spürbaren Zuwachs der ländl. Bevölkerung. Ein Grund dafür war der mangelnde Fortschritt der Agrarwirtschaft.

V. Fumagalli

Lit.: C. CHERUBINI, Signori, contadini, borghesi, Ricerche sulla società italiana del Basso medioevo, 1974 – V. FUMAGALLI, Terra e società nell'Italia padana. I secoli IX e X, 1976 – M. MONTANARI, L'alimentazione contadina nell'alto Medioevo, 1979 – Medioevo rurale. Sulle trace della civiltà contadina, a c. di V. FUMAGALLI–G. ROSSETTI, 1980.

V. OSTMITTELEUROPA UND UNGARN: [1] *Bis 1200:* Bis zur Wende vom 12. zum 13. Jh. gab es in den westslav. Territorien, im Prußenland und in Ungarn große Unterschiede in der Besiedlung. Umfangreichem, nahezu menschenleerem Brachland (v. a. Wald-, Sumpf- und Gebirgslandschaften) standen einzelne Siedelkammern auf landwirtschaftl. leicht nutzbaren Böden mit einer Bevölkerungsdichte bis über 20 Einw./km² gegenüber. Etwa seit der Jahrtausendwende begann in einer ersten Phase des inneren L.es eine Siedlungsverdichtung und -konzentration, welche ältere, teilweise halbnomad. Lebensformen ablöste. Die bäuerl. Bevölkerung lebte in weilerartigen dörfl. Siedlungen mit zumeist geringer Einw.zahl. Daneben entwickelten sich als Wohnplätze von Kaufleuten und Handwerkern Märkte (fora, villae), teils angelehnt an landesherrl. Burgen (Suburbien), teils an Fernhandelsstraßen als Handelsniederlassungen, zumeist bereits mit einem gewissen Anteil an zugewandertem ausländ. Fachpersonal; mit der Verbreitung der Geldwirtschaft seit dem 12. Jh. entstanden kleinere lokale Märkte. Die bedeutendsten unter den präurbanen Agglomerationen mit gewissen landesherrl. Marktprivilegien (z. B. Danzig, Posen, Breslau, Krakau, Prag, Brünn) stellen zwar Städte im ökonom. Sinne dar, Städte zu poln. oder anderem slav. Recht lassen sich jedoch nicht nachweisen. Die Masse der Bevölkerung stand trotz starker sozialer und rechtl. Differenzierung in vielfacher Abhängigkeit von Landesherren und kirchl. wie adligen Grundherren; ein Gemeindeverband mit eigener Mitwirkung an Verwaltung und Gerichtsverfassung fehlte. Im Ackerbau herrschte die extensive Betriebsweise (Grasfelderwirtschaft) vor, Viehzucht und aneignende Wirtschaft (Jagd, Fischerei, Bienenzucht) spielten weiterhin eine wichtige Rolle.

Seit der 2. Hälfte des 12. Jh. bemühten sich die Landes- und vereinzelt bereits Grundherren (S-Mähren) in einer zweiten Phase des L.es um eine wirtschaftl. Evolution ihrer Länder und Besitzungen und eine Vermehrung der Bevölkerungszahlen zur Steigerung ihrer Einkünfte, teils mit einheim. Kräften durch Verbesserungen im System der bäuerl. Frondienste, worauf Ortsnamen wie tschech. Lhota, poln. Lgota (= Ermäßigung) hinweisen, teils durch Ansiedlung von sog. freien Gästen (→hospites). Diese Initiativen haben zwar keine großräumige Bedeutung erlangt, sie bildeten jedoch, gemeinsam mit dem bestehenden Marktesystem, eine entscheidende innere Voraussetzung für die seit Beginn des 13. Jh. einsetzende K.

[2] *Seit der deutschen Ostsiedlung:* Die dt. →Ostsiedlung hatte um 1200 in ihrem nö. Abschnitt etwa die Linie Schwerin-Spandau-Dresden erreicht, südl. der böhm.-mähr. Grenzgebirge war sie bis Thaya und March und gegenüber dem Arpadenreich bis zur Linie Hainburg-Maribor vorgeschoben worden (frühe Ausnahme: Siebenbürgen). Wesentl. Impulse für den von W nach O fortschreitenden hochma. Kulturausweitungsprozeß haben das stetige Bevölkerungswachstum im w. Altsiedelland, die Entwicklung der abendländ. Stadt als Bürgergemeinschaft und v. a. die Fortschritte der Agrartechnik (→Dreifelderwirtschaft, Räderpflug mit Streichbrett, langgestielte Sense, Wasser- und Windmühlen) geliefert, deren einzelne Elemente trotz teilweise älterer Anwendung auch im ostmitteleurop. Raum erst im Zusammenhang mit geänderten Wirtschaftsformen, Bevölkerungsbewegungen und dem Umbau der Sozialstruktur die »agrar. Revolution« bewirkt haben. In den ö. Grenz- und Markengebieten des Reiches (z. B. Erzgebirgsvorland) sind im 12. Jh. die für die K. Ostmitteleuropas beispielgebenden Siedel- und Rechtsformen entwickelt worden. Die prinzipielle Gleichrangigkeit aller Siedler auf Rodeland erforderte die planmäßige Zuteilung gleich großer und gleichwertiger Flurstücke (Hufen, mansi); in den Ebenen mit stärkerer Vorbesiedlung setzte sich das anpassungsfähige Angerdorf mit fläm. Hufen (ca. 16,8 ha) durch, auf Waldböden und im Vorgebirge bis in Gebirgsregionen hinein das strenger gegliederte Waldhufendorf mit frk. Hufen (ca. 24,2 ha). Die mit der Siedlungsplanung und -durchführung verbundenen vielfältigen Organisationsaufgaben sind Siedelunternehmern (→Lokatoren), zumeist aus dem niederen Adel oder aus dem Bürgertum, übertragen worden, die dafür von den Grundherren zins- und zehntfreie Hufen, das erbl. Schulzen- oder Dorfrichteramt (scultetus, iudex) in den Dörfern bzw. die Vogtei (advocatus) in den Städten mit Einkünften aus der niederen Gerichtsbarkeit sowie örtl. Gewerbebetriebe und das Mühlen- und Schankrecht erhielten. Den Siedlern wurden persönl. Freiheit und Freizügigkeit, ungehindertes Verfügungsrecht über den zugeteilten Besitz (Erbleihe) mit vertragl. festgelegten Verpflichtungen (fixierte Zins- und Zehntleistungen, Mitwirkung an Landesverteidigung, Steuern), Recht auf Selbstverwaltung und Ausübung der eigenen materiellen Rechtsgewohnheiten zugestanden; als Summe dieser Freiheiten (libertates) ist das gegenüber den bestehenden Rechtsverhältnissen in Altdeutschland wie den ö. Nachbarstaaten günstigere Siedelrecht als →ius Teutonicum (slav. Länder) bzw. ius hospitum (Ungarn) bezeichnet worden.

Die Gewährung dieser Vorrechte hatte die Befreiung (immunitas) von Lasten und Anforderungen der heim. Rechte durch die Landesherren zur Voraussetzung. Aufgrund dieses Regals, wegen ihrer Stellung als größte Grundherren und ihres Anspruchs auf das Eigentum am unbesiedelten Land sind die →Greifen in Pommern, die →Piasten in den poln. Teilfsm.ern, die →Přemysliden in Böhmen und Mähren sowie die →Arpaden in Ungarn die wichtigsten Initiatoren der K. ihrer Territorien geworden. Wegen der niedrigen Bevölkerungsdichte ihrer Länder zogen sie dazu dt., fläm. und wallon. Siedler heran; neben Zielen der wirtschaftl. Strukturverbesserung und Produktivitätssteigerung (Rentengrundherrschaft) verfolgten sie v. a. in der Frühzeit auch Interessen der Grenzsicherung und Herrschaftserweiterung. Dabei werden Elemente einer umfassenden Landesplanung sichtbar.

Einzelne, weit in Grenzgebiete vorgeschobene Siedelvorstöße zwangen zur Abkehr vom System der breiten, bewaldeten Grenzsäume zw. den Territorien. Daher bildete häufig deren Rodung und Besiedlung die erste Stufe der intensiven K., bes. in Regionen mit zusätzl. hohem Anteil an kirchl. und adligem Großgrundbesitz neben landesherrl. Gut (N- und S-Mähren, S-Böhmen, Neisse-Ottmachauer Bm.sland, w. Großpolen). Als erster slav. Fs. außerhalb des Reiches hat Hzg. Heinrich I. v. Schlesien (1201–38) in großer Zahl dt. Bauern und Bürger anwerben lassen, die in einem komplexen System Städte als wirtschaftl. und rechtl. Mittelpunkte einer Gemeinschaft sowie einheitl. entworfene und angelegte Dörfer in deren Umkreis (Weichbildsystem) in den w. und sw. Grenzgebieten Niederschlesiens in einem Gesamtumfang von 8000 frk. Hufen gegr. haben. Neben hzgl. Lokatoren hat er dabei auch Kl. und Ritterorden eingesetzt, die entweder mit umfangreichen Landausstattungen begabt oder direkt in Grenznähe gegr. worden sind. In ähnl. Weise waren vor der Jahrhundertmitte Zisterzienser, Prämonstratenser, Templer oder Johanniter in den Randzonen Böhmens und Mährens, an der pomm.-großpoln. und der großpoln.-schles. Grenze tätig. Im späten 13. Jh. haben Landesherren kirchl. Organisationen nur noch selten (Ostpommern) zu Siedlungsaufgaben herangezogen.

Vorbildcharakter für den mit gewissen zeitl. Phasenverschiebungen ganz Ostmitteleuropa erfassenden Umgestaltungsprozeß durch die Einführung der Rentengrundherrschaft als Ordnungselement der L. es gewann die großräumige Siedlungsplanung auf landesherrl. Dominialbesitz (z. B. Erschließung des Beskidenvorlands unter Hzg. Władysław v. Oppeln [1246–81] bereits durch Siedler aus Niederschlesien), teilweise auch unter zielgerichteter Einbeziehung des Adels. So verliehen die ung. Kg.e in W-Ungarn, an der umstrittenen Grenze zum Reich, weite Randgebiete an Magnaten zur Besiedlung nach dt. Recht mit Kolonisten aus den Hzm.ern Österreich und Steiermark. Das s. Kleinpolen (Karpatenvorland) und das ö. anschließende Rotreußen sind unter Kg. Kasimir III. (1333–70) durch schles. und poln. Siedler erschlossen worden. Parallel zur weiteren Ausbreitung dt.-rechtl. Rodungssiedlungen im n. Rotreußen (Ostpolen) seit 1370 durch poln. und ukrain. Kolonisten hat im Karpateninnern (oberhalb 500 m) die Besiedlung durch Walachen (Rumänen) und Ukrainer zu walach. Recht eingesetzt (Anpassung des dt. Rechts an hirtenbäuerl. Lebensweise).

Verlief in all diesen Fällen die K. als reine Siedlereinwanderung bzw. -ausbreitung auf Initiative der Landes- und Grundherren in friedl. Bahnen, so stehen im Ordensland Preußen Eroberung, Missionierung und L. in Zusammenhang. Zwar wurden Teile der pruß. Bevölkerung vernichtet, die unterworfenen und christianisierten Adligen und Bauern aber gemeinsam mit dt. Siedlern in das Konzept der Kultivierung einbezogen. Da der Dt. Orden das Obereigentum am Grundbesitz beanspruchte, konnte er weitgehend die Siedlung lenken, die im Kulmerland (→Kulmer Handfeste 1233) einsetzte, bis gegen Ende des 13. Jh. den Nordrand von Pomesanien erreichte und sich im 14. Jh. auf die große Wildnis ausdehnte. Organisiert wurde sie von Ordenskomturen und Dienstgutinhabern. In den s. Landesteilen haben im 15. Jh. auch slav. Kleinadlige und Bauern an der Rodung des Waldes teilgenommen.

Das urspgl. Bestreben, die einheim. Bevölkerung in der alten Rechts- und Sozialstruktur zu halten, ist in der Regel nach wenigen Jahrzehnten aufgegeben worden. Durch die Verleihung des emphyteut. Siedelrechts (→Emphyteusis) an slav. und pruß. Bauern ist eine einheitl., unabhängige Bauernschicht entstanden, große Teile des Altsiedellandes sind durch Reorganisation der bäuerl. Wirtschaft, Einführung der Hufenverfassung, die Ausbreitung der neuen Dorftypen und das Vordringen des Städtewesens tiefgreifend umgestaltet worden. In manchen Gebieten haben sich jedoch Reste der vorkolonialen Agrarverhältnisse erhalten. Während im Pommern und Preußen, im w. Polen, in Schlesien und Mähren neben einheim. auch dt. Bauern im Altsiedelland eingesetzt worden sind, fehlen diese in den zu dt. Recht umgesetzten Dörfern in Innerböhmen, Zentralpolen und Innerungarn fast völlig. Die Ausweitung der landwirtschaftl. Nutzfläche war begleitet von einer Intensivierung und Spezialisierung in der Agrarproduktion (»Vergetreidung«), deren gewaltige Steigerung (bis zu 150%) die Bevölkerungsvermehrung (bis zum Fünffachen) und die Entfaltung des Städtewesens ermöglicht hat.

[3] *Städtegründungen:* Die enge Verflechtung von ländl. und städt. Siedlung stellt einen wesentl. Aspekt der K. dar. Nur bei Siedlung »aus wilder Wurzel« kann man von einer einfachen Übertragung der abendländ. Stadt als ausgebildeter Form sprechen; in den alten Märkten, an deren Stelle oder in deren unmittelbarer Nachbarschaft Stadtgründungen vorgenommen wurden, waren vielfach Voraussetzungen für die Entfaltung des neuen urbanen Systems gegeben. Qualitativ standen die dt. rechtl. Städte auf rechtl. (Selbstverwaltung, eigene Rechtsprechung), wirtschaftl. (Handelsprivilegien, Handwerkervorrechte) und sozialer Ebene (bürgerl. Freiheit) frei. auf einer höheren Stufe, siedlungstechn. waren sie vorwiegend am Zentralmarktschema (»Ring«, Gitter- oder Rastermuster) orientiert. Die frühe Gewährung ethn. Gruppenrechte durch die Landesherren für dt., roman. und jüd. Untertanen (z. B. Hzg. Soběslav v. Böhmen 1176/78 für die Prager Deutschen) enthält bereits Züge späterer Stadtrechtsverleihungen. Als zentrales Element des Lokationsvorgangs haben diese häufig eine Etappe oder den Endpunkt einer langgestreckten Entwicklung mit gesellschaftsstruktureller Annäherung eingesessener Bevölkerung und dt. Zuwanderer gebildet, mitunter blieb die alte Marktsiedlung mit ihren weltl. oder geistl. Besitzern und deren Untertanen neben der Lokationsstadt bestehen, bis der topograph.-ethn. Dualismus durch eine Stadterweiterung ausgeglichen wurde. Die Rechtseinheit in den einzelnen Territorien ist durch die Entstehung von Stadtrechtslandschaften und die Einrichtung von Oberhöfen gewährleistet worden: →lüb. Recht an der Ostseeküste, →Magdeburger Recht mit Unterformen (Kulmer, Neumarkter, Leitmeritzer, Olmützer Recht) von Preußen bis N-Böhmen und -Mähren sowie süddt. Rechte (Nürnberg, Wien) mit Unterformen (Egerer, Prager, Brünner Recht) in Böhmen, Mähren und Ungarn.

Haben zuerst eindeutig wirtschaftl. Interessen – Bergstädte und große Fernhandelszentren als früheste Lokationen – dominiert, so sind bald auch Ziele der Landesverteidigung und administrative Notwendigkeiten für die Gestaltung und den Ausbau des Städtenetzes bedeutsam geworden. In den intensivsten Phasen der K. im 13. Jh. waren daher die Städtegründungen fast ganz in landesherrl. Hand konzentriert; ledigl. zu Beginn und dann in zunehmendem Maße seit dem 14. Jh. entstanden daneben bfl., kl. und Adelsstädte (v. a. in Polen). Die planer. Energie der Landesherren wird in zahlreichen Eingriffen in kirchl. oder adlige Besitzrechte, in einigen Fällen auch in Stadtverlegungen sichtbar. Auf der anderen Seite verhinderte die enge Bindung an den Stadtherrn das Entstehen freier Reichsstädte. Im bes. dicht besiedelten Schlesien betrug der mittlere Abstand zw. den Städten 14–20 km, der größte Teil erfüllte Weichbildfunktionen für durchschnittl. 15–20 Dörfer; dagegen haben an der ö. und sö. Peripherie Ostmitteleuropas wegen des Fortlebens von Märkten ohne formales Stadtrecht stadtarme Bereiche fortbestanden.

In allen ostmitteleurop. Städten des 13. Jh. waren die Ober- und der größte Teil der Mittelschicht dt. Herkunft, so daß selbst in Gebieten ohne dt. Bauernsiedlung dt. Zentren entstanden. In den städt. Unterschichten dürfte zumindest im Altsiedelland die eingesessene Bevölkerung in der Mehrheit gewesen sein, so daß gelegentl. soziale und nationale Gegensätze des SpätMA einander bedingt haben. Seit dem 14. Jh. hat ein sprachl. und sozialer Ausgleichs- und Assimilierungsprozeß eingesetzt, durch den bis zum Beginn der NZ der Großteil Pommerns, die n. Teile Preußens, die Neumark, Schlesien links der Oder und die böhm.-mähr. Randgebiete bis auf kleine Reste dt.-, das ö. Oberschlesien und das s. Kleinpolen wieder poln. sprachig geworden sind; daneben haben sich kleine Sprachinseln und Mischzonen (Zweisprachigkeit) erhalten.
W. Irgang

Q.: AusgQ XXVIa–b, 1968–70 – Lit. [allg.]: HEG II, 1987 [Lit.] – R. KÖTZSCHKE–W. EBERT, Gesch. der ostdt. K., 1937– Dt. Ostsiedlung in MA und NZ, 1971 – W. KUHN, Vergleichende Unters. zur ma. Ostsiedlung, 1971 – Die dt. Ostsiedlung als Problem der europ. Gesch. (VuF 18, 1975) – Die ma. Städtebildung im sö. Europa, hg. H. STOOB, 1977 – Stadt und Landschaft im dt. O und in Ostmitteleuropa, 1982 – CH. HIGOUNET, Die dt. Ostsiedlung im MA, 1986 [Lit.] – [zu Einzelthemen]: J. V. ŠIMÁK, České dějiny I, 5, 1938 – H. LUDAT, Vorstufen und Entstehung des Städtewesens in Osteuropa, 1955 – W. KUHN, Die dt. rechtl. Städte in Schlesien und Polen in der 1. Hälfte des 13. Jh., 1968 – DERS., Beitr. zur schles. Siedlungsgesch., 1971 – S. KURAŚ, Przywileje prawa niemieckiego miast i wsi małopolskich XIV–XV wieku, 1971 – Z. KACZMARCZYK, Kolonizacja niemiecka i kolonizacja na prawie niemieckim w średniowiecznej Polsce (Stosunki polsko-niemieckie w historiografii I, 1974), 218–326 – B. ZIENTARA, Socioeconomic and Spacial Transformations of Polish Towns during the Period of Location, ActaPolHist 34, 1976, 57–83 – J. ŽEMLIČKA, K charakteristice středověké kolonizace v Čechách, ČČH 26, 1978, 58–81– J. J. MENZEL, Die schles. Lokationsurkk. des 13. Jh., 1978 – TH. SPORN, Die »Stadt zu poln. Recht« und die dt. rechtl. Gründungsstadt, 1978 – K. CONRAD, Urkdl. Grundlagen einer Siedlungsgesch. Pommerns bis 1250, ZOF 31, 1982, 337–360 – W. IRGANG, Neuere Urkk.-forsch. zur Siedlungsgesch. Schlesiens und Kleinpolens, ebd., 361–384 – W. KUHN, Neue Beitr. zur schles. Siedlungsgesch., 1984.

Landesgemeinde → Gemeinde; →Friesische Freiheit

Landesherrschaft und -hoheit. Die ma. Q.sprache kennt weder den Begriff L., noch den der Landeshoheit; sie kennt auch keine lat. Entsprechungen, die in die Nähe dieser Ausdrücke zielen. Erstmals mit dem Westfäl. Frieden (1648) wird »Landeshoheit« als Lehnübers. von »superioritas territorialis« bzw. von »ius territorii et superioritatis« verwendet, um dann ein Schlüsselbegriff in der Staatslehre des Alten Reiches zu werden. Über den Inhalt aber dieses Begriffs hatten selbst die damaligen Juristen keine Einigkeit, ja noch nicht einmal eine annähernd konsensfähige Formel entwickeln können (D. WILLOWEIT). Wie schon an der lat. Ursprungsbezeichnung erkennbar, war der Begriff nicht organ. aus der Fs.enherrschaft herausgewachsen, sondern bildete ein gelehrtes Implantat, welches von der Wirklichkeit häufig genug abgestoßen wurde.

Auch nach dem Zusammenbruch des Alten Reiches verloren sich die Begriffe Landeshoheit und sein (im 18. Jh. entwickeltes) Pendant L. nicht aus dem hist. Schrifttum. Jedoch mit dem Ausgang des 19. Jh. wurden sie zu den Schlüsselbegriffen, mit denen die Staatlichkeit dt. Fs.enherrschaft im MA erklärt werden sollte. Man hoffte, den Begriff Landeshoheit auf frühere Zeiten anwenden zu können, weil damit nur terminolog. exakt benannt werde (C. v. SCHWERIN, 1934, 173f.), was bereits seit dem 12. Jh. im Begriff »princeps terrae« angelegt gewesen sei. Dabei wurde nicht beachtet, welch unscharfes Wort →»terra« ist. Der Einsicht, daß terra, 'Land', als Rechtsraum in Opposition zu Fsm. steht und deshalb auch kein Vorläufer der im Westfäl. Frieden angewandten Terminologie sein kann, verschloß sich die Forsch.

Aus der Diskussion um das Wesen der L. schälte sich bald nach 1900 der Gedanke heraus, sie sei die ältere, in ihren Wurzeln bis in karol. Zeit zurückreichende Form der Fs.enherrschaft gewesen, der dann mit dem 13. Jh. die neue Gestalt der Landeshoheit gefolgt sei. Man gebrauchte die Begriffe nicht mehr synonym, sondern unterstellte eine zeitl. Abfolge (O. STOLZ, 249). Denn seit H. BRUNNER und J. FICKER hatte sich die Auffassung von einem Qualitätssprung fsl. Herrschaft im hohen MA durchgesetzt, der in den Reichsfs.engesetzen Friedrichs II. 1220 (→Confoederatio cum principibus ecclesiasticis) und 1232 (→Statutum in favorem principum) seinen Ausdruck gefunden habe.

Polem. stritt man sich um den mögl. Inhalt der Begriffe L. und Landeshoheit, nicht aber um ihre Berechtigung (F. KEUTGEN, 155–159). Als A. GASSER diese Trennung verteidigte (1930, 302–304), erzielte er doch einen Fortschritt darin, daß er die Landeshoheit als neue Form der Obrigkeit verstand, die sich erst im späten 15. Jh. entwickelt habe. H. MITTEIS hingegen verteidigte diese Trennung engagiert, weil sie ihm, ganz im traditionellen Sinne, eine zeitl. Stufung von »Gebietsherrschaft, L. und Landeshoheit« ermöglichte (Lehnsrecht, bes. 280–283).

Erstaunlicherweise hat die Forsch. keinen Konsens über den Inhalt der beiden Begriffe erzielt. W. SCHLESINGER zog sich (1941, 2) darauf zurück, daß die Landeshoheit ein wiss. Vereinbarungsbegriff sei. Sie erscheint in einigen Gebieten früher, in anderen später (W. SCHLESINGER, 1954, 169); die Maßstäbe aber, an denen sie gemessen werden kann, werden hier ebensowenig dargelegt wie etwa in der Kartographie. Nach F. UHLHORN sind L. und Landeshoheit Kunstwörter, denen keine einheitl. Definition zugrunde liegt.

Über folgende Tatbestände dürfte trotz aller – um mit O. BRUNNER zu reden – »terminolog. Irrsal« Einigkeit bestehen: L. bezeichnet zunächst keine Gebietsherrschaft. Sie kennt – durch Wildbannschenkungen seit dem 10. Jh. vorgegeben – nur ein flächenmäßig zu definierendes Herrschaftselement, den umgrenzten →Forst. Das war angesichts der Entwicklungsmöglichkeiten, insbes. im Zuge der Binnenkolonisation (→Landesausbau und Kolonisation), ein wichtiges, v. a. ein entwicklungsfähiges Herrschaftsrecht, aber nur eines unter mehreren. Diese Bedeutung der Forsten erkannte schon F. RÖRIG (1910), doch erst durch eine Anregung TH. MAYERS wurde diese Grundlage der L. in den 50er Jahren wieder entdeckt.

Die →Gerichtsbarkeit, nach älterer Lehre Mittelpunkt der L., enthielt nicht von vornherein Elemente einer Gebietsherrschaft. Schon 1922 entzog H. HIRSCH (wenn auch in der zeitl. Fixierung überspitzt) mit der Erkenntnis der hochma. Wandlung zur Blutgerichtsbarkeit der älteren Lehre den Boden, die in der gfl. Judikatur das Kontinuum von der Karolingerzeit zur hochma. Fs.enherrschaft gesehen hatte. Das Gericht über Leib und Leben war wichtig für die »auctoritas« eines Fs.en, war emotionsbehafteter Ausdruck von Herrschaft, aber kein wirkl. Herrschaftsmittel. Erst mit ihrer weiteren Umformung unter Betonung der von ihr abgespaltenen niederen Gerichtsbarkeit (die viel besser zu instrumentalisieren war) konnte sie eine territorialbildende Kraft werden. Was P. FRIED für Bayern oder O. MERKER für Niedersachsen nachwiesen, näml. die Umformung der Gerichtsbarkeit zu neuen administrativen Einheiten, die zum Pflegamt in Bayern oder zum →Go im NW führten, kann als Grundlage dessen verstanden werden, was damals allg. in dt. Landen begegnet: die Bildung von →Ämtern. Diese - »districtus« in der lat. Q.sprache - hatten die Tendenz zur Flächenherrschaft. Aber erst am Ende des SpätMA wurde ein Fsm. in Ämter gegliedert. Insofern dürfte die alte Vorstellung von einer neuen Form der Landeshoheit, die auf die L. gefolgt sei, ihre Berechtigung haben, als diese Ämter, an die Burgenorganisation (→Burg) als Machtrückhalt zunächst angelehnt die einzelnen Herrschaftstitel (und das hieß bes. Einkunftstitel) eines Fs.en zusammenfaßten. Aber auch die Summe der Ämter bildete nicht das, was die ältere Forsch. der Fs.enherrschaft unterstellt hatte: Gebietsherrschaft als Vorstufe zum nz. Flächenstaat.

Ein grundsätzl. Fehler in der Erforschung der L. liegt in der entweder unterstellten oder behaupteten Linearität der Entwicklung. Aber was in der →Ministerialität als Konkurrenz zur überlieferten Vasallität (→Vasall) im 12. und beginnenden 13. Jh. Stabilisierung der Herrschaft durch eine Art →Dienstrecht gewesen war, hatte mit der Wandlung dieser Ministerialität zur Ritterschaft, zum niederen Adel, und ihrer Eingliederung in das Lehnrecht (→Lehen) insofern auflösende Folgen, als das spätma. Lehnrecht dann auch selbst umgestaltet werden mußte. Ebenso ist auch bei den Städten zu beobachten, daß ihre ursprgl. Funktion als Stabilisatoren der L., die sich in einer mit dem frühen 14. Jh. abebbenden Welle hochma. fsl. Städtegründungen ausdrückte, nicht bei den größeren Kommunen zu behaupten war, die im 14. und 15. Jh. beachtl. Freiheits- und Autonomierechte gegen ihre Herren durchsetzen konnten. L. also nicht als ein Katalog von Rechten zu beschreiben (auch die heutige Formel - sie wäre eine Bündelung von Herrschaftsrechten - hilft nicht weiter), sondern als ein Wandlungen unterliegender dialekt. Prozeß zw. Fs. und →Land und Leuten.

Die ma. Kontinuität der L. liegt in den personalen Beziehungen, die diese zu Land und Leuten, zum Adel und zu kirchl. Gemeinschaften entwickelte. Erst unter Lockerung dieser personalen Bindungen mit dem Neuansatz der Landessteuer im 15. Jh., die notwendigerweise eine Tendenz zur Flächenherrschaft ebenso wie zur Bildung von Untertanenverbänden hatte, konnte das ma. Fsm. Wegbereiter nz. Staatlichkeit werden.

E. Schubert

Lit.: HRG II, 1383-1388; 1388-1394 - J. FICKER, Vom Reichsfs.enstande, Bd. 1, 1861 - H. BRUNNER, Das gerichtl. Exemtionsrecht der Babenberger in Österreich, SAW.PH 47, 1864 - F. RÖRIG, Die Entstehung der Landeshoheit des Trierer Ebf.s, 1906 - F. KEUTGEN, Der dt. Staat des MA, 1918 - H. AUBIN, Gft., Immunität und Vogtei am Niederrhein, 1920 - G. v. BELOW, Der dt. Staat im MA, 1924² - A. GASSER, Entstehung und Ausbildung der Landeshoheit im Gebiete der Schweizer. Eidgenossenschaft, 1930 - H. MITTEIS, Lehnrecht und Staatsgewalt, 1933 - TH. MAYER, Die Ausbildung der Grundlagen des modernen Staates im MA, HZ 159, 1939, 457ff. - W. SCHLESINGER, Die Entstehung der L., 1941 - C. v. SCHWERIN, Grundzüge der dt. Rechtsgesch., 1941² - O. STOLZ, Land und Landesfsm. in Bayern und Tirol, ZBLG 13, 1942, 161ff. - W. SCHLESINGER, Die L. der Herren v. Schönburg, 1954 - H. HIRSCH, Die Hohe Gerichtsbarkeit im dt. MA, 1958² - K. BOSL, Forsthoheit als Grundlage der Landeshoheit (DERS., Zur Gesch. der Bayern, 1965), 443ff. - O. BRUNNER, Land und Herrschaft, 1965⁵ - O. MERKER, Gft., Go und L., NdsJb 38, 1968, 1ff. - Der dt. Territorialstaat im 14. Jh., 2 Bde, hg. H. PATZE, 1970/71 - P. FRIED, Modernstaatl. Entwicklungstendenzen im bayer. Ständestaat des SpätMA (ebd., Bd. 2), 301ff - D. WILLOWEIT, Rechtsgrundlagen der Territorialgewalt, 1975 - H. JÄGER-W. SCHERZER, Territorienbildung, Forsthoheit und Wüstungsbewegung im Waldgebiet w. von Würzburg, 1984.

Landévennec, Abtei OSB an der W-Küste der →Bretagne (Cornouaille, dép. Finistère), benannt nach ihrem Gründer, dem hl. →Winwaloe (frz. Guénolé). Wohl im späten 6. Jh. gegr., aber erst 818 nachweisbar. Während der Blütezeit der Abtei und ihres Skriptoriums im 9. Jh. verschmolzen karol. und insulare Bildungstraditionen; wichtige in L. entstandene Werke sind die »Vita Winwaloei« des Abtes Wrdisten (857/884, in mehreren Fassungen) und das Harkness-Evangeliar (New York Publ. Libr. ms. 115). Die polit. Bedeutung der an der Westgrenze des frk. Einflußbereiches gelegenen Abtei für die Karolinger zeigt das Diplom Ks. Ludwigs d. Fr. (818), durch das er L. der →Regula Benedicti erschließen wollte. Der verheerende Einfall der Wikinger (913) beendete die Blütezeit; vom Exil in Montreuil-sur-Mer aus bemühte sich Abt Johannes erfolgreich, den nach England geflohenen Bretonenfs.en Alan II. zur Rückeroberung seines Landes zu bewegen (936). Die Gf.en v. Cornouaille förderten im 10.-11. Jh. den Wiederaufstieg der Abtei (Besitzerwerb in der SW-Bretagne und im Nantais, Anlage eines Kartulars, Quimper, Bibl. Mun. ms. 16, mit charakterist. kelt. Urkk. formularen). Bewahrte die Abtei noch im 11. Jh. ihre Lebenskraft (Hauptzeuge ist die als Ruine erhaltene roman. Kirche, mit älteren Bauteilen des 9.-10. Jh.), so setzte ein Niedergang ein, als die Gf.en v. Cornouaille der Abtei Ste-Croix in Quimperlé ihre Gunst zuwendeten. Neben den Namen von Äbten ist aus der späteren Periode lediglich ein Prozeß (1233-36) mit dem Bf. v. →Quimper näher belegt. Die Abtei und die bei ihr entstandene kleine Stadt litten unter den anglo-frz. Kriegen (1296 und 1386 engl. Plünderungen) sowie unter Piratenüberfällen (1498 Exkommunikation von Seeräubern, die die Güter von L. geschädigt hatten, durch Papst Alexander VI.). Seit 1522 unter - meist frz. - Kommendataräbten, 1792 aufgehoben, seit 1950 wieder Abtei, 1962 wiederaufgebaut.   J. M. H. Smith

Bibliogr.: DIP V, 1978, 442 - M. LAPIDGE-R. SHARPE, A Bibliogr. of Celtic-Latin Lit., 1985, Nr. 824, 827, 925, 958, 999 - *Lit.:* C. R. MOREY u. a., The Gospel-Book of L. in the New York Public Library, Art Stud. VIII, 1931, 223-286 - M. SIMON, L'Abbaye de L. de St-Guénolé à nos jours, 1985 - L. et le Monachisme Breton du haut MA (Actes du Coll., L. 1985), 1986.

Landfolge nennt man seit dem 13. Jh. die Pflicht der Landeseinw., zur Abwehr äußerer Angriffe wie zur Ergreifung von Räubern und anderen Friedensbrechern dem Aufgebot durch das »Landgeschrei« (→Gerüfte) zu folgen. Eine Unterscheidung der eigtl. L. als »defensio patriae« und der sog. Gerichtsfolge ist nicht mögl. Ein entsprechendes Aufgebotsrecht (nicht zu verwechseln mit der Heeresfolge) ist schon in karol. Zeit für die →Grafen bezeugt. Die L. des hohen und späten MA erscheint allerdings nicht mehr als Attribut der Gf.engewalt. Auf die »generalis necessitas provinciae« gegr., ist sie vielmehr Ausfluß der →Landesherrschaft. Das Aufgebot zur L. war zunächst Sache des Richters im Blutgericht (→Go, →Zent), dem es seit der hochma. Friedensbewegung (→Landfrieden) zukam, Verbrechen an Leib und Leben des Täters zu strafen. Später wurde es meist vom landesherrl. →Amtmann wahrgenommen. Aus der L., die auch

gewisse Dienstpflichten umfassen konnte, entwickelten sich in der frühen NZ verschiedene Formen einer Landmiliz.
K. Kroeschell

Lit.: DtRechtsWb VIII, 379ff. – HRG II, 1448ff. [H.-M. MÜLLER] – H. FEHR, L. und Gerichtsfolge im frk. Recht (Festg. R. SOHM, 1914), 389ff. – K. KROESCHELL, Die Zentgerichte in Hessen und die frk. Centene, ZRGGermAbt 73, 1956, 300ff., bes. 351ff.

Landfriede v. Eger (1389) → Eger, Reichstag v.

Landfrieden

I. Deutschland – II. Frankreich – III. Skandinavien.

I. DEUTSCHLAND: Im alten Rechtsverständnis versteht sich →Friede nicht von selbst, sondern bedarf der konkreten Errichtung. Ansätze zu Friedensgeboten finden sich bereits in karol. Kapitularien oder in Geboten Konrads II. und Heinrichs III. An sie, aber noch mehr an die kirchl. →Gottesfrieden knüpften sich seit der 2. Hälfte des 11.Jh. die von weltl. Gewalten errichteten L. an. Der Terminus L., der seit dem späten MA überliefert ist, wurde von der Wissenschaft auch auf die kgl. Frieden des hohen MA übertragen. Zu den frühen Beispielen von L. zählen lokal begrenzte Friedenseinigungen in Thüringen, in Schwaben und in Bayern (1094). Heinrich IV. verkündete 1103 einen L., der für vier Jahre im ganzen Reich Geltung haben sollte. Inhaltl. geht es darum, bestimmte schutzlose Orte (insbes. die Kirchen) und einen schutzbedürftigen Personenkreis (insbes. Kleriker, Frauen, Kaufleute und Juden) unter einen durch Strafandrohung erhöhten Frieden zu stellen und zumindest teilweise die →Fehde zurückzudrängen. Der Friede erhält seine Verbindlichkeit dadurch, daß die beteiligten Fs.en sich gegenseitig durch einen Eid verbinden, wobei teilweise überliefert ist, daß die Eidleistenden anschließend in ihren eigenen Herrschaften den Frieden auch durch ihre Leute haben beschwören lassen. Friedrich I. setzte sodann den L. als Instrument einer von der ksl. Gewalt zu handhabenden Gerichtsbarkeit ein. Mit Hilfe eines Netzes von Eidverpflichtungen sollte die Einhaltung des Friedens in allen Stufen der Gesellschaft erreicht und die Beschreitung des Rechtsweges erzwungen werden. Bemerkenswerterweise sind die L. von 1152 und 1158, obgleich als Satzung errichtet, durch die Inserierung in die →Libri Feudorum (II. 27 bzw. II. 53f.) bes. gut verbreitet und von der Rechtswiss. des 12. und 13. Jh. rezipiert worden. Das wesentl. Mittel, das die frühen L. zur Durchsetzung der Friedenordnung einsetzten, war die Androhung von zahlreichen schweren Strafen wie Rädern, Enthaupten, Verstümmelung. Auf diese Weise wurde – in Fortsetzung der Bemühungen der Gottesfriedensbewegung – das überkommene Bußsystem durch die peinl. Strafe abgelöst. Die Strafverfolgung wird nicht mehr in erster Linie dem Verletzten zugewiesen, vielmehr wird es als Aufgabe der öffentl. Gewalt angesehen, die Friedensbrecher zu bekämpfen.

Der →Mainzer L. von 1235 gilt als Zäsur in der Entwicklung der L., weil von nun an ausführl. Strafsatzungen in der Regel entfallen und an deren Stelle der Kampf gegen die Fehde in den Mittelpunkt tritt. Deshalb ist es die zentrale Anliegen des Mainzer L.s, die Stellung des Richters auf allen Ebenen des Reiches zu stärken. Durch die Einsetzung eines Hofrichters unterstreicht Friedrich II. die primäre Verantwortung des Kg.s für ein geordnetes Gerichtswesen. Allerdings zeigte sich bald, daß eine Friedensordnung nicht allein von der kgl. Initiative her zu steuern war, daß vielmehr der L. ohne Beteiligung der Fs.en und Städte nicht gewährleistet werden konnte. Die fakt. Abhängigkeit von den territorialen Kräften machte ein Zusammenwirken von Kgtm. und Landesherrschaft,

aber auch der Territorialgewalten untereinander, erforderlich. Typ. Erscheinungen dieser Bemühungen sind die (eigtl.) L. und L.sbünde des 13. und 14.Jh., z. B. in Franken und Schwaben, in Bayern und im Rhein-Maas-Gebiet. Die Beteiligung der kgl. Gewalt hat hier nur bedingt zur Errichtung der L. beigetragen, weil der Kg. vielfach erst nach Errichtung der Schwureinung (→Einung) in Erscheinung tritt. Zur Stabilisierung der L.sbünde und zur Beilegung von Streitigkeiten der Bündnispartner untereinander war die kgl. Gewalt allerdings von großem Nutzen. Neuere Forsch. haben deutl. gemacht, daß vielen L.sbünden dieser Zeit durch ihre Verflechtung mit dem Ausbau der Landesherrschaft staatsbildende Funktion zukommt.

Die Epoche der zeitl. und räuml. begrenzten Schwureinungen zur Errichtung des L.s wurde erst durch die Reichsreformpolitik des 15. Jh. abgelöst. Der Ewige →Reichsl. von 1495 wollte das Fehderecht im ganzen Reich ein für alle Mal beenden und mit der Errichtung des Reichskammergerichts die Spitze einer effektiven Gerichtsbarkeit im Reich schaffen. Erst im Laufe des 16. Jh. konnten diese Ziele annähernd erreicht werden.

H.-J. Becker

Lit.: HRG II, 1451–1485 – H. HATTENHAUER, Die Bedeutung der Gottes- und L. für die Gesetzgebung in Dtl., 1958/60 – H. ANGERMEIER, Kgtm. und L. im dt. SpätMA, 1966 – G. LANDWEHR, Kgtm. und L. (Der Staat 7, 1968), 84–97 – P. FRIED, Zur staatsbildenden Funktion des L.s im frühen bayer. Territorialstaat (Fschr. M. SPINDLER, 1969), 282–307 – W.-D. MOHRMANN, Der L. im Ostseeraum während des Späten MA, 1972 – H. ANGERMEIER, L.spolitik und L.sgesetzgebung unter den Staufern (VuF 16, 1974), 167–186 – W. LEIST, Landesherr und L. in Thüringen im SpätMA 1247–1349, 1975 – G. PFEIFFER, Q. zur Gesch. der frk.-bayer. L.sorganisation im SpätMA 1975 – A. BUSCHMANN, L. und Verfassung (Aus Österreichs Rechtsleben in Gesch. und Gegenwart [Fschr. E. C. HELLBLING], 1981), 449–472 – E. WADLE, Frühe dt. L. (Q. und Forsch. zum Recht ... 4, 1986), 71–92 – M. STERCKEN, Kgtm. und Territorialgewalten in den rhein-maasländ. L. des 14.Jh., 1989 – D. WILLOWEIT, Dt. Verf.gesch., 1990, 53f., 60, 71, 94, 97.

II. FRANKREICH: Die Kapetinger konnten als Erben der von den Karolingern überkommenen monarch. Idee diese zunächst keineswegs in vollem Umfang verwirklichen, insbes. nicht in dem für die ma. Herrschaftsausübung zentralen Bereich der Friedenswahrung. So findet etwa das allgemeine Friedensgebot, das Heinrich I. v. England i. J. 1100 bei seiner Krönung erließ, im frühen kapet. Frankreich keine Entsprechung. Für das 11. Jh. ist hier vielmehr die von frz. Bf.en und Äbten getragene →Gottesfriedensbewegung charakterist.; ihr stand 1023 →Gerhard v. Cambrai, als Reichsbf. von karol.-otton. Tradition geprägt, ablehnend gegenüber, da nach seiner Auffassung nicht den Bf.en, sondern ausschließl. dem Herrscher die Friedenswahrung oblag.

Im frühen 12. Jh. bemühte sich Ludwig VI., die in den letzten Regierungsjahren seines Vaters beeinträchtigte Friedensordnung wiederherzustellen; er stützte sich mit Zustimmung der Bf.e auf die Gottesfriedensbewegung und bezog u. a. die Gemeinschaften in der Krondomäne in seine Friedenspolitik ein. Kg. Ludwig VII., dem bezeichnenderweise die Eidesformel »per pacem Dei« beigelegt wurde, verkündete 1155 auf einem Konzil zu Sens einen zehnjährigen Frieden für das gesamt Kgr., durch den nicht zuletzt Kirchen, Bauern und Kaufleute geschützt werden sollten.

Im 13. Jh. war das Kgtm. bestrebt, die →Fehden der Adligen einzudämmen; Kirchen, Personenverbände und Einzelpersonen wurden der kgl. Schutzherrschaft unterstellt. Ihren Höhepunkt erreichte diese Politik unter dem friedliebenden Kg. Ludwig IX. d. Hl., der zahlreiche Konflikte durch Schieds- und Richtersprüche, aber auch durch militär. Interventionen beendete. 1258 ging er soweit, die private Kriegführung, die Brandstiftung und die Zerstörung von Pflügen zu verbieten. In den »Enseignements« für seinen Sohn betont Ludwig die Abhängigkeit des Friedens von der Gerechtigkeit; der Thronfolger solle in der Krondomäne den kgl. Schutz auf »alle Arten von Menschen, insbes. aber auf die Leute der Kirche« ausdehnen.

1306 untersagte Philipp IV. – mit Rücksicht auf seine Kriege und das »Gemeinwohl« – den Untertanen jede Art privater Kriegführung; seine Nachfolger wiederholten im 14. Jh. mehrfach dieses Verdikt. 1317 wies Philipp V., unter Berufung auf seinen Urgroßvater Ludwig d. Hl., auf seine Pflicht hin, in seinem Kgr. »Recht und Gerechtigkeit zu wahren« und sein Volk in »Ruhe und Frieden« zu erhalten.

→Johannes Carlerius de Gerson gibt zu Beginn des 15. Jh. den offiziellen polit. Ideen Ausdruck, wenn er unterstreicht, daß die Aufgabe der Friedenswahrung »grundsätzlich und gleichsam vollständig der kgl. Autorität unterliegt«; diese ist »so souverän«, daß niemand ohne Erlaubnis des Kg.s »mit vernünftigen Rechtsgründen gegen Untertanen des Kg.s Krieg führen oder die Waffen erheben darf«. Der Kg. führe das Schwert, um einem jeden sein Recht zu verschaffen, andererseits auch einen jeden zu hindern, sich eigenmächtig zum Richter aufzuwerfen. Seit der Mitte des 15. Jh. drang in der öffentl. Meinung immer klarer der Grundsatz durch, daß niemand ohne ausdrückl. Erlaubnis – oder stillschweigende Billigung – des Kg.s Truppen aufstellen, Krieg führen sowie Festungen bauen und unterhalten dürfe. Wer gegen diesen Grundsatz verstieß, beging ein →Majestätsverbrechen. In der Realität fanden allerdings auch noch nach dem Ende des Hundertjährigen Kriegs und der ihn begleitenden Bürgerkriegswirren bewaffnete Übergriffe statt; die monarch. Gewalt war oft außerstande, sie zu zügeln. Bei allen ihren Schwächen bemühte sich die kgl. →Justiz, insbes. durch die Institution des →Procureur du roi, gegen Friedensbrecher dem Gesetz Geltung zu verschaffen. In Paris und anderen Städten war das Waffentragen verboten oder reglementiert. Doch waren um 1500 die →Sergents du roi und →Prévots des maréchaux noch weit davon entfernt, die Aufgaben einer echten Polizei oder Gendarmerie wahrnehmen zu können. Ph. Contamine

Lit.: A. Grabois, De la treve de Dieu à la paix du roi (Mél. R. Crozet, I, 1966), 585–596 – J.-L. Harouel, J. Barbey, E. Bournazel, J. Thibaut-Payen, Hist. des institutions de l'époque franque à la Révolution, 1987, 243–245, 293ff.

III. Skandinavien: Die erste L.gesetzgebung in Skandinavien nach kontinentalem Vorbild stammt aus *Norwegen* und ist Teil einer komplexen Gesetzgebungsinitiative Kg. Magnús Erlingssons (1162–84), des ersten gekrönten Kg.s Norwegens bzw. des gesamten Nordens. Seine Gesetzgebung markiert einen entscheidenden Schritt hin zu einem reichsumfassenden Recht und zur Überwindung der alten Landschaftsautonomie. Die neuen Gesetze sind zwar in einem →Landschaftsrecht, dem sog. Magnustext der →Gulaþingslög, formuliert, haben aber Geltung für das ganze Reich.

Die L.gesetze bedeuten Verschärfung der öffentl. Strafen, eine Ausweitung der sog. *úbotamál* (Strafsachen, die nicht durch →Buße abgegolten werden können, wie z. B. Raub, Vergewaltigung, Bruch eines öffentl. eingegangenen Vergleichs usw.), wobei zum Landesverweis auch die Konfiszierung der persönl. Habe, bisweilen sogar des gesamten Erbes, hinzutreten kann. Grundsätzlich besteht die Auffassung, daß der Missetäter nicht nur den Frieden zw. zwei Familienverbänden gebrochen hat, sondern auch den öffentl. Frieden. Deshalb ist der Kg. als Repräsentant der Gesellschaft berechtigt, zusätzlich zu den von →Herad und Landschaft verlangten Kompensationen auch öffentl. Strafen = Bußen (15 oder 40 Mark) und/oder Friedlosigkeit zu verhängen. Die *úbotamál* werden unter Kg. Sverrir 1189/90 weiter ausgebaut und im »neuen Gesetz« Kg. Hákons IV. (1217–63) auch auf Totschlag und Familienrache (v. a. Totschlag von nichtschuldigen Familienmitgliedern aus Rache) ausgeweitet (Frostaþingslög, Einleitung). Gleichzeitig gewinnt der Gnadengedanke an Raum: Der Kg. kann einem Friedlosen Aufenthalt im Land gewähren *(landsvist)*, auch konnte sich ein Friedloser wieder 'in den Frieden einkaufen' *(friðkaup)*. Der erhöhte Anfall von Bußen an den Kg. stärkte dessen ökonom. Stellung beträchtlich; die norw. Landfriedensgesetze gingen schließlich in das Reichsrecht von 1274 ein.

Zur Landfriedensgesetzgebung in *Schweden* vgl. →Eidschwurgesetzgebung.

In *Dänemark* waren die Bedingungen für eine L.sgesetzgebung wie in Norwegen oder Schweden, die dem Kg. als letztl. alleinigem Garant des öffentl. Friedens eine starke Stellung im gesamten Rechts- und Verfassungssystem zubilligte, wegen der ausgeprägt ständ. Organisation des dän. Adels (→Danehof) nicht günstig. Zwar gab es in den dän. →Landschaftsrechten die einschlägigen Bestimmungen über die Friedlosigkeit (bei Totschlag, Verstümmelung, Vergewaltigung, Mordbrand, Wegelagerei), wobei der Kg. u. a. befugt war zu entscheiden, ob der Friedlose wieder in den Frieden aufgenommen werden sollte (Jyske Lov III, 60.67); die dän. Aristokratie verhinderte jedoch stets die Etablierung eines öffentl., reichsumfassenden Strafsystems, das die Stellung des Kg.s hätte begünstigen können. Immerhin bekam der Kg. im Rigslov von 1284 das Recht zugesprochen, bei Totschlag eines Mannes in seinem eigenen Haus, in der Herberge oder in der Kirche mit dem Instrument der Friedlosigkeit einzugreifen. Insgesamt favorisierte der Adel das alte Fehdewesen.

Erst mit der »L. von 1360« unter Kg. Waldemar IV. Atterdag, der in einer Phase kgl. Stärke (→Dänemark, D. II) entstand und eigtl. einen antifeudalen Herrscherkontrakt zw. Kg. und Volk darstellt, wird das Land (d. h. das Kgr.) als Rechtsgemeinschaft aufgefaßt, die in der Aufrechterhaltung von Recht und Friede gegenüber allen Gewaltverbrechern von einer engen Zusammenarbeit zw. Kg. und Volk geprägt sein soll. H. Ehrhardt

Lit.: K. Helle, Norge blir en stat, 1974, 179ff. – A. E. Christensen, Kongemakt og Aristokrati, 1976, 195ff. – Danmarks hist. I, hg. A. E. Christensen, 1977, 450ff.

Landgemeinde → Gemeinde; →Dorf

Landgericht *(lantreht, lantding, lantteiding;* lat. placitum bzw. iudicium generale, maius, terrae, provinciale). Das L. des hochma. dt. Rechtsraumes fußt auf karol. Basis: Die vom frk. Kgtm. beherrschte Hauptinstanz für die als Gerichtsverband zusammengeschlossenen, gft.sansässigen Vollfreien war das Gf.engericht, das unter Vorsitz des comes durch Schöffenspruch (→Graf, →Schöffen) insbes. Hochgerichtsfälle entschied, als zwei- bis viermal jährl. tagendes echtes →Ding von allen polit. vollberechtigten Rechtsgenossen besucht werden mußte. Die Fortentwicklung des karol. Gf.engerichts zum L. ist eng verknüpft mit dem Wandel vom Volks- (Stammes-)Recht zum →Landrecht. Der →Sachsenspiegel beschreibt das L. als allg. Hochgericht eines judizialen Sprengels mit personaler Zuständigkeit für alle Angehörigen der freien Stände und mit umfassender sachl. Kompetenz, die sich aber vornehml. auf die hohen Fälle zivil- und statusrechtl. Natur (Klage um Erb und Eigen, Freiheit der Person) sowie auf die Aburteilung der mit Strafe an Leib und Leben bedrohten Delikte konzentriert. Dabei sind dem L. wesentl. Bereiche (z. B. die Lehnssachen, v. a. auch die der geistl. Gerichtsbarkeit vorbehaltenen Angelegenheiten) gänzl. entzogen. Die richterl. Gewalt des Vorsitzenden (im Sachsenspiegel regelmäßig *richtere*, häufig auch *greve* ['Graf'] und nur ausnahmsweise *lantrichtere* bzw. *des landes richtere* gen. [Landr. III, 79 § 1, Lehnr. 76 § 2]) wird unmittelbar vom Kg. abgeleitet (Landr. III, 52 § 2); dieser verleiht seinen Gerichtsbann (Kg.sbann; →König) in lehnrechtl. Formen. Empfänger kgl. Gerichtsgewalt ist auch der →Schultheiß, der anstelle des Gf.en als Niederrichter, im echten Ding als notwendiger Beisitzer fungiert (Landr. I, 59 § 2). Urteil finden die Schöffen, die sozial der L.sbezirksansässiger, mit mindestens drei Hufen begüterter Grundbesitzer angehörten. Zum Personal des L.s zählte ferner der →Fronbote.

Mit dem Niedergang der kgl. Zentralgewalt schwindet seit dem 13. Jh. auch die Bindung der L.e an das Reichsoberhaupt. In der Praxis weitet sich das Fs.enprivileg, den Kg.sbann selbständig weiterreichen zu dürfen, zur eigenständigen landesherrl. Gerichtsleihe aus. Das L., dessen hochgerichtl. Funktion im Zuge der Landfriedensbewegung zunehmend als Blutgerichtsbarkeit in den Vordergrund gerückt war, wird so zum wesentl. Element des territorialstaatl. Verwaltungsaufbaues. Den Vorsitz führt der Landrichter, der Amt und richterl. Gewalt im Auftrag des Landesherrn ausübt. Die spätma. Entwicklung verläuft in den einzelnen Territorien unterschiedl. Gemeinsam bleibt den L.en der Charakter eines (nunmehr landesherrl., erstinstanzl.) Hochgerichts, dessen früher umfassende personale Kompetenz sich aber künftig auf Nichtritterbürtige beschränkt. Unmittelbare Verbindung zur Reichsgewalt wahrten die sog. ksl. L.e im süddt. (frk.-schwäb.) Raum, die eine von landesherrl. Legitimation unabhängige, territorial übergreifende Jurisdiktion entfalten konnten. H. Drüppel

Lit.: HRG II, 1495ff. [Lit.] – SCHROEDER-KÜNSSBERG – H. HIRSCH, Die hohe Gerichtsbarkeit im dt. MA, 1958 – R. SCHEYHING, Eide, Amtsgewalt und Bannleihe, 1960 – H. CONRAD, Dt. Rechtsgesch. I, 1962² – J. WEITZEL, Dinggenossenschaft und Recht, 1985 – H. MITTEIS – H. LIEBERICH, Dt. Rechtsgesch., 1988¹⁸ – D. WILLOWEIT, Dt. Verfassungsgesch., 1990.

Landgilde, Landskyld, in den skand. Ländern Bezeichnungen für den vom Zinsbauern gezahlten Pachtzins. In *Norwegen* wurde der (mündl.) Pachtvertrag ursprgl. auf ein Jahr abgeschlossen, was 1274 auf eine Dauer von drei Jahren ausgedehnt wurde. Die Festsetzung des Pachtzinses (*landskyld*) ging vom totalen Gebrauchswert des Hofes aus (Ackerbau, Viehzucht, Fischfang usw.). Schätzungen für die Regionen Romerike und Sogn deuten darauf hin, daß die L. ein Sechstel des Gesamtertrages ausmachte. Wegen der agrar. und demograph. Krisen des 14. Jh. brach die herkömml. L.-Festsetzung zusammen, und der Pachtzins sank beträchtlich. Um 1400 wurde er neu festgesetzt und blieb das SpätMA hindurch unverändert. Normalerweise wurde L. in Naturalien gezahlt, in der Regel repräsentativen Erzeugnissen des jeweiligen Hofes (Getreide, Mehl, Butter, Fische, Felle, aber auch Salz, Holz, Teer u. a.). Bei Erbteilungen wurde der Pachtzins als Ausdruck des Wertes eines Hofes gesehen.

Auf *Island* wurde Land mittels freien Vertrags gepachtet; sowohl das Recht der Freistaatszeit als das der Jónsbók (1281) begrenzten den Pachtzin (*landskyld*) auf höchstens 10% des geschätzten Wertes des Eigentums. Für kgl. oder kirchl. Besitz betrug er normalerweise 5%, im 15. Jh. wurde von bäuerl. Besitz mitunter bis 8% Pachtzins gezahlt.

In *Dänemark* wurde die *Landgilde* bei Beginn des Pachtverhältnisses genau festgesetzt. Um 1300 wurde sie bes. in Geld, im SpätMA überwiegend in Naturalien (auch Erzeugnissen des bäuerl. Handwerks) gezahlt. Als Folge der Krisen des 14. Jh. sank der Pachtzins, obwohl es innerhalb derselben Region (Oldsherred, Seeland) während des letzten Drittels des 14. Jh. sehr große Unterschiede zw. kgl., bfl. und privatem Besitz gab. Seit dem 2. Viertel des 15. Jh. zahlten alle Zinsbauern L. in Naturalien (etwa ein Drittel des Saatgutes). Die Festschreibung des Pachtzinses um 1450 bedeutete eine Ermäßigung der L., wahrscheinl. mit der Absicht, die Abwanderung vom Lande zu verhindern; nach Mitte des 15. Jh. hielt sich oft der Pachtzins unverändert.

Im südl. *Schweden* hieß der Pachtzins *landgilde* wie in Dänemark, doch die geläufigste Bezeichnung war *avrad*. Er wurde in Geld oder Naturalien (z.B. Getreide oder Butter) gezahlt, aber mit häufigen regionalen Variationen. Seine Höhe ist mit der Attung- und Marklandeinteilung verknüpft, wobei die *Attung* bes. in Östergötland verwendet wurde, während das *Markland* (d.h. Land, dessen Saatgut den Wert einer Mark Silber hatte) im Mälargebiet schon Ende des 12. Jh. nachweisbar ist. In Uppland wurde der Avrad durch freie Verabredung festgesetzt. Als Berechnungsgrundlage diente entweder das Saatgut oder der Ernteertrag, aber der Avrad hing auch davon ab, ob das Land bebaut, Brachland oder unbebaut war. Auf den Gütern Skoklosters wurde 1302 der Avrad überwiegend mit Geld, aber 1489 meistens mit Naturalien gezahlt. Auch an adlige Besitzer (Arvid Trolle, † 1505; →Ivar Axelsson Thott) wurde in der 2. Hälfte des 15. Jh. mehr als der halbe Avrad in Naturalien gezahlt. 1350–1450 sank der reale Pachtzins bis auf die Hälfte herab, denn der nominelle Avrad wurde ermäßigt, wozu die Münzverschlechterung kam. Villeicht deshalb wurde der häufigere Gebrauch von Naturalien ein Resultat der agrar. Umstrukturierung.

In *Finnland* zahlte der Pächter einen jährl. Zins, auch von dem zum Hofe gehörenden Vieh. War er *pensionarius*, wurde der Zins in Geld oder Naturalien festgesetzt, aber als *partiarius* zahlte er die Hälfte des Nettoertrages in Getreide (d. h. nach Abzug des Saatgutes für das kommende Jahr). Th. Riis

Lit.: KL X, 204–208, 277–282 – E. LADEWIG-PETERSEN, Jordprisforhold i dansk senmiddelalder (Middelalderstudier A. E. CHRISTENSEN, 1966), 226–234 – P. RASLOW, Ødegarde og landgilde i Ods herred i det 14. århundrede, HTD 75, 1975, 1–38 – E. ULSIG, Landboer og bryder, skat og l. (Fschr. N. SKYUM-NIELSEN, 1981), 137–165 – A. A. SVANIDZE, For Discussion of the Dependent Peasantry in Sweden before the End of the Classical MA (Social and Political Structures of MA, hg. E. V. GUTNOVA u. a., 1990), 7–44.

Landgraf, -schaft. Gegenüber älteren Auffassungen, die in der Lgft. einen Ausläufer der alten (Gau-)Gft. sahen, ist ihre Entstehung im Rahmen einer »Staatsreform der Hohenstaufen« (V. DUNGERN, 1913) zu verstehen (TH. MAYER, 1938). Demnach stellt die Ernennung von L.en (*comes regionis*, *comes provincialis*) eine frühe Stufe des Aufbaus einer bereits als staatl. zu bezeichnenden öffentl. Gewalt dar, die nicht mehr auf der Herrschaft über Grundbesitz, sondern auf der reinen Hoheit über ein Land beruhte. Die klare Definition der →Regalien (Hoftag v. →Roncaglia 1158) und die deutl. Unterscheidung zw. Eigentumsrechten an Grundbesitz einerseits und Hoheitsrechten anderseits (→Gerhoh v. Reichersberg) waren wesentl. Voraussetzungen für eine neue »Staatsauffassung« und eine Neubestimmung öffentl. Herrschaft, die auf eine Abschwächung feudaler und leibherrl. Bindungen und ein unmittelbares Verhältnis freier Bevölkerungsteile zum Kgtm. abzielten. Der Aufbau von »Staatsuntertänigkeit« konnte das Ergebnis einer solchen Entwicklung sein.

Diesem positiven Zweck ist die Absicht an die Seite zu stellen, die Inhaber der hzgl. Gewalt mit ihrer gegen das Kgtm. gerichteten Interessenpolitik in die Schranken zu weisen, wozu eine neue Art von Verwaltungs- und Hoheitsträgern erforderl. war. Das Gefüge öffentl. Gewaltausübung war zu Beginn des 12. Jh. in Bewegung geraten, eine Neugestaltung der Reichsverfassung stand auf der Tagesordnung. Von diesen Voraussetzungen ausgehend ist die Institution der Lgft. zu verstehen.

Vor dem 12. Jh. tritt der Begriff der Lgft. an keiner Stelle auf. Er begegnet erstmals 1130 in →Thüringen, als Kg. Lothar III. den Gf.en Ludwig zum L. ernannte, womit er Thüringen als selbständige territoriale Einheit aus dem Hzm. Sachsen löste. Die aus einer Rodungsherrschaft hervorgegangenen L.en übernahmen den Vorsitz im Landding, sie erhielten die Lgft. als Reichslehen. Ebenfalls unter Kg. Lothar treten 1135 ein habsbg. L. im Sundgau und 1138 ein solcher im elsäss. Nordgau auf, wo sich die Bindungen an das Hzm. Schwaben schon gelockert hatten, weshalb der Kg. die Habsburger von den Hzg.en unabhängig machen und stärker an das Reich binden wollte.

1169 tritt die Lgft. Heiligenberg im Bodenseegebiet auf. Die Staufer hatten sich als Inhaber der Kg.swürde und der stauf. Hzg.sgewalt die neue Einrichtung der Lgft. zunutze gemacht, um sich neben dem Hzm. eine zusätzl. Stütze zu schaffen. Hier im oberschwäb. Raum konnte der L. in Vertretung des Kg.s ein Instrument für den Schutz der Rodungsfreien sein. Weistümer über Rechte und Pflichten der L.en aus dem 14. Jh. führen Gerichtsrechte, Gewerbebann, Kl.vogtei, Burgenbaurecht, Wildbann, Zoll, Geleit, Bergregal, Abhaltung des Landtags und somit Befugnisse der vollen Landeshoheit an, die allerdings ursprgl. nur in Vertretung des Kg.s ausgeübt wurden.

Ihrer sozialen Stellung nach gehörten die L.en dem Hochadel an, stiegen aber nicht automat. in den Reichsfs.enstand auf, den sie freil. aufgrund anderweitiger Rangerhöhung erlangen konnten. Mit dem Zerfall der Reichsgewalt nach dem Ende der Stauferzeit bildeten sich mehrere Lgft.en zu selbständigen Territorien aus, so daß die mit ihrer Errichtung verfolgte Absicht letztl. nicht erreicht wurde. Die Lgft.en blieben vereinzelt, aus dieser Institution entstand kein flächendeckendes System. Die →Lgft. Hessen hatte den längsten Bestand. Außer den gen. gab es noch jene im Aargau, Albgau, Breisgau, Linzgau und Thurgau; die Lgft.en Baar, Leuchtenberg, Nellenburg und Stühlingen waren nur Titulargft.en. K. Blaschke

Lit.: H. EBERHARDT, Die Anfänge des Territorialfsm.s in Nordthüringen (Beitr. zur ma. und neueren Gesch. 2, 1932), 52 – TH. MAYER, Über Entstehung und Bedeutung der älteren dt. Lgft.en, ZRGGermAbt 58, 1938, 138–162.

Landgraf Ludwigs Kreuzfahrt, anonyme Reimpaardichtung, wohl nach 1301 im Auftrag des schles. Hzg.s Bolko I. v. Schweidnitz-Jauer verfaßt. Der Text ist ein Enkomion auf Lgf. →Ludwig III. v. Thüringen als Teilnehmer des 3. Kreuzzugs, eingebettet in eine Gesch. des Hl. Landes, die sich an lat. Chroniken orientiert. Für die legendenmäßig ausgestaltete Vita des Lgf.en schafft das Werk seine eigene Wirklichkeit, die abseits der hist. Realität Fakten und Ereignisse uminterpretiert und zum Lobe Ludwigs neu arrangiert. Neben Ludwig tritt als eine Art zweite Hauptfigur der böhm. Kg. Wenzel II. Mit ihm ist Bolko I. ebenso verwandt wie mit dem Thüringer Herrscherhaus: der Preis des illustren Vorfahren und des regierenden Přemyslidenkg.s dient somit auch der Verherrlichung der eigenen Familie und der Betonung ihres Rechtes auf Herrschaft. H.-J. Behr

Ed.: Die K. des Lgf.en L.s des Frommen v. Thüringen, ed. H. NAUMANN, 1923 – *Lit.*: Verf.-Lex.² V, 372–376 [D. HUSCHENBETT] – M. E. GROLL, Lgf. L.s K., 1972 – H.-J. BEHR, Lit. als Machtlegitimation, 1989, 217–220.

Landgrafschaft Hessen
I. Von den Chatten zu den Hessen – II. Hessen im Frankenreich – III. Ottonisch-salische Zeit – IV. Hessen unter den Ludowingern – V. Hessen unter dem Haus Brabant.

I. VON DEN CHATTEN ZU DEN HESSEN: Die H., erstmals um 738 als 'Hessi' in der Adresse eines in der Briefslg. des Bonifatius (ep. 43) überlieferten Schreibens Papst Gregors III. erwähnt, waren die Bewohner der Beckenlandschaften an unterer Eder, Schwalm und unterer Fulda, wo Bonifatius seit 721 missionierte und seit der 2. Hälfte des 8. Jh. der 'Hessengau' (pagus Hassorum, Hessorum) erscheint. Diese Landschaft war das Kerngebiet des seit 11 v. Chr. wiederholt in antiken Q. gen. germ. Stammes der Chatten. Als Germanicus 15 n. Chr. von Mainz aus einen Feldzug gegen diese unternahm, überschritt er die Eder (Adrana) und verbrannte den Hauptort des Stammes Mattium (bisherige Lokalisierung in dem spätlatènezeitl. Oppidum der Altenburg bei Niedenstein [Schwalm-Eder-Krs.] wohl nicht mehr aufrechtzuerhalten; jedenfalls n. der Eder, der Name lebt im nahen Dorf Metze und im Bach Matzoff fort). Auch archäolog. zeigten sich die Ebene von Fritzlar-Wabern und das Kasseler Becken als Kerngebiet der Chatten. So wurde bei Geismar (w. Fritzlar) eine seit ca. Chr. Geburt bis über das 8. Jh. hinaus ununterbrochen bewohnte chatt. Großsiedlung mit bäuerl., aber auch handwerkl. Betrieben ausgegraben. Das bes. nach S und SW erhebl. größere chatt. Stammesgebiet läßt sich im einzelnen noch nicht eindeutig festlegen. Zumindest darf der n. Teil des Hessenlandes, der n. zw. den Ausläufern des Rothaargebirges im W bis ö. der Fulda sowie von der Diemel im N bis zur Wetterau und zu den Ausläufern des Vogelsbergs im S als chatt. Siedlungsland gelten. Im O grenzten die Chatten an die Hermunduren, denen sie 58 n. Chr. im Kampf um einen salzführenden Grenzfluß (thür. oder frk. Saale, Werra?) unterlagen.

Zuletzt wird der Stamm der Chatten Anfang des 3. Jh. eindeutig bezeugt. Die Siedlung von Geismar und andere archäolog. Fundplätze, ebenso die zahlreichen Ortsnamen der ältesten, vorfrk. Schicht belegen die fortdauernde Besiedlung der n. Beckenlandschaften der Westhess. Senke durch die Völkerwanderungszeit in das FrühMA hinein, bis zum Einsetzen der schriftl. Überlieferung nun für die H. Dieser Befund stützt die seit langem von der Forsch. vertretene Meinung, daß die H. aus den Chatten in ihrem Kerngebiet hervorgegangen sind, zumal auch der Name H. nach allg. Ansicht sprachl. den der Chatten fortsetzt.

II. HESSEN IM FRANKENREICH: Seit ihrem ersten Auftreten in den schriftl. Q. zu Anfang des 8. Jh. gehörten die H. stets zum Frankenreich. Sie waren spätestens bei der Eroberung des ö. benachbarten Thüringerreiches (531/534; →Thüringen, Thüringer), wahrscheinl. aber schon vorher seit dem frühen 6. Jh. auf friedl. Wege unter die Herrschaft der Franken geraten. Jüngst stark vermehrte archäolog. Funde bes. im Fritzlar-Waberner und im Kasseler Becken belegen seit dem 6. Jh. hier frk. Kultureinfluß. Da aber aus merow. Zeit frk. Reihengräber ebenso wie die für frk. Siedlung charakterist. Ortsnamen auf -heim mit wenigen, offenbar erst jüngeren Ausnahmen fehlen, wurde das Land noch nicht frk. besiedelt. Offensichtl. bewahrte die einheim. Bevölkerung zunächst ihre kulturelle Eigenständigkeit und begnügten sich die Franken mit der Anerkennung ihrer Herrschaft durch die führenden Schichten der H.

Seit gegen Ende des 7. Jh. die →Sachsen von N her das Land an der Diemel in Besitz nahmen, bildete sich zw. ihnen und den H. eine breite Grenzzone. Zum Schutz vor sächs. Einfällen begannen die frk. Hausmeier noch vor 700, große Festungen zu errichten, so die →Büraburg (bei Fritzlar), auf dem Christenberg (n. Wetter), auf der Amöneburg (ö. Marburg; 721 gen.), die zugleich die frk. Herrschaft sicherten und stärkten. Ergänzend kamen seit der ersten Hälfte des 8. Jh. zahlreiche weitere Befestigungen, z. B. an Flußübergängen oder als Etappenstationen an Fernstraßen, hinzu. Im Anschluß an die Burgen ist zudem mit einem Verteidigungssystem zu rechnen, das sich auf Kg.sgutsbezirke mit Kg.shöfen und Kg.sleuten stützte, z. B. in der Kasseler Landschaft; ungewiß bleibt, ob der 831 bei Kassel gen. frühere Hzg. Gerhao in diesen Zusammenhang oder zu einer sonst unbekannten älteren Herrschaftsorganisation gehört. Gleichzeitig begann ein intensiver Landesausbau unter starker frk. Beteiligung; sie vermittelte der Bevölkerung ihre künftige frk. Prägung.

Wie der frk. Kg. seine Herrschaft in H. ausübte, lassen die Q. nicht erkennen, ebensowenig Umfang und Verwaltung des Kg.sgutes und der kgl. Forsten. Mit Gf.en dürfte erst seit dem ausgehenden 7. Jh. zu rechnen sein. Sicherl. in diesen Zusammenhang gehören drei 782 gen. 'ministeria', auch wenn sie sich nicht näher lokalisieren lassen. In der 2. Hälfte des 9. Jh. ist jedenfalls mit mehreren Gft.en in H. zu rechnen, von denen eine das Kerngebiet an unterer Eder, Schwalm und unterer Fulda umfaßte. Sie befand sich in der Hand der →Konradiner, denen es trotz ihrer herzogsgleichen Stellung um 900 nicht gelang, ein eigenes frk. Stammeshzm., das auch H. umfaßt hätte, auszubilden. Für den Konradiner Kg. Konrad I. (911–918) bildete H. den wichtigsten Rückhalt seiner immer mehr eingeschränkten Kg.sherrschaft. Der Tod seines Bruders →Eberhard († 939; 2. E.) beendete die konradin. Vormacht auch in H.

Die Christianisierung der H. wurde nach ersten, auch archäolog. faßbaren Anfängen, die nicht, wie früher angenommen, auf »iro-schott.« Mission, sondern zweifellos auf frk. Einfluß zurückgehen, seit 721 von →Bonifatius vollendet. Als Stützpunkte gründete er in der H. Burg Amöneburg und in →Fritzlar nahe der Büraburg 'monasteria' – noch nicht Kl. im benediktin. Sinne, sondern zentrale Seelsorgestationen. 741/742 schloß Bonifatius Mission und Aufbau der Kirchenorganisation in H. mit der Gründung eines Bm.s in der frk. Festung Büraburg ab. Noch er selbst († 754) vereinigte es – wie das zugleich errichtete thür. Bm. Erfurt – mit seinem eigenen Bm. Mainz; seitdem gehörte Althessen wie der größere Teil des späteren H. bis 1803 zur Mainzer (Erz-)Diöz. Durch seinen Schüler Sturmi gründete Bonifatius zudem 744 am SO-Rande H.s das Kl. →Fulda; es ging 765–774 an den Kg. über. Bonifatius' Schüler Bf. Lull v. Mainz errichtete vor 775 in →Hersfeld das zweite große althess. Kl. und übergab es 775 dem Kg.

III. OTTONISCH-SALISCHE ZEIT: Zum Nachfolger Konrads I. erhoben am 12. Mai 919 im konradin. Mittelpunkt Fritzlar, auf frk. Boden, Franken und Sachsen den liudolfing. Hzg. der Sachsen Heinrich zum Kg. Hier wird die Lage H.s im Herzen des ostfrk.-dt. Reiches wie die Fritz-lars im Zentrum H.s bes. deutlich. Künftig traten auch die hess. Pfalzen und Kg.shöfe, v. a. Fritzlar, im Itinerar der Kg.e stärker hervor; in Fritzlar fanden mehrfach Hoftage und Synoden statt. Wie vor 800 wirkte sich die Nähe H.s zu Sachsen in den Kämpfen Heinrichs IV. mit der sächs. Opposition aus, die auch im n. H. ausgetragen wurden. Während bes. die Reichsabtei Hersfeld dem Kg. als Basis für seine sächs. Feldzüge diente, zerstörte 1079 der Gegenkg. Rudolf v. Rheinfelden Fritzlar.

Auch engere persönl. Beziehungen der Kg.e zu H. entwickelten sich in dieser Zeit. Ks. Otto II. wies 974 die H. dicht benachbarte westthür. Pfalz →Eschwege seiner Gemahlin Theophanu als Wittum an, und ihre Tochter Sophia v. Gandersheim errichtete um 1000 hier ein Kanonissenstift. Heinrich II. übergab 1008 Pfalz und Fiskus →Kassel seiner Gemahlin →Kunigunde zu Wittum, die ab 1017 in Kaufungen, nach der Verlegung der Pfalz dorthin, ein Benediktinerinnenkl. gründete. Um 1015 entstand in Wetter (n. Marburg) ein kgl. Kanonissenstift, und schon Ende des 10. Jh. hatte Otto III. das Kl. →Helmarshausen als Reichskl. übernommen. Neben reichen Besitz- und Wildbannschenkungen förderten die otton. Kg.e die Reichskl. und -stifte H.s durch Markt-, Münz- und Zollprivilegien, so 1000 Helmarshausen, 1019 Fulda und Kaufungen; auch der Hersfelder Abt übte unter Heinrich III. das Münzrecht aus.

Das Kg.sgut verringerte sich auch in H. zusehends nicht nur durch Schenkungen v. a. an die Kirchen, sondern bes. z. Zt. Heinrichs IV. durch Entfremdung wohl meist von seiten des grundherrl. Adels und durch ihn wiederum oft zugunsten der Kirchen. Die größten Grundherrschaften unterhielten neben dem Kg. die Reichskirchen, allen voran das Kl. Fulda, gefolgt von Hersfeld, dessen Hauptbesitz aber in Thüringen lag. Die Kl. betrieben wiederum einen umfangreichen →Landesausbau, an dem sich auch zahlreiche weltl. Grundherren beteiligten.

Auch weiterhin nicht in einem Hzm. zusammengefaßt, wurde H. wie in karol. Zeit von Gf.en verwaltet. Nach den Konradinern entstammten sie als Amtsgf.en meist wechselnden Geschlechtern. In ältere Zeit reichten die Gf.en Gozmar an der oberen Eder zurück, wahrscheinl. Vorläufer der Gf.en v. Reichenbach und Ziegenhain; ebenso die Gf.en Thiemo an oberer Lahn und Eder, wohl die Vorfahren der Gf.en v. Wittgenstein-Battenberg; die Gf.en Giso im oberen Lahngau. Landfremd waren die mit der Gft. im H.gau von Konrad II. belehnten schwäb. Edelherren v. Winterthur: Gf. Werner I. und seine drei gleichnamigen Nachfolger, die auch das Amt des Reichsbannerführers versehen, erwarben in den folgenden 100 Jahren noch weitere Gft.en sowie Vogteien über Kl. und Stifte (Fritzlar, Hasungen, Kaufungen, Eigenkl. Breitenau). So überragte Gf. Werner IV. († 1121) zu Anfang des 12. Jh. die übrigen Gf.en in Hessen bei weitem.

Seit dem frühen 12. Jh. entwickelten sich die Gft.en aus Amtsbereichen zu 'Territorien'. Zugleich begannen die Ebf.e v. Mainz, von ihren geistl. und weltl. Mittelpunkten Amöneburg und Fritzlar aus ein geistl. Territorium aufzubauen, das sich nach Thüringen (Erfurt, →Eichsfeld) fortsetzte. Seitdem bestimmte das territorialpolit. Ringen um die Vormacht in H. seine Gesch. bis in das 15. Jh.

IV. HESSEN UNTER DEN LUDOWINGERN: Nachfolger der Gf.en Giso, die 1121 die Gf.en Werner beerbt hatten, wurden 1122 bzw. 1137 die Gf.en (seit 1131 Lgf.en) v. Thüringen aus dem Hause der →Ludowinger. Sie erbten die gison. Allodialgüter an der oberen Lahn um Marburg und am Rhein sowie die Kl.vogteien über Wetter und Hersfeld, dazu die Wernersche Gft. H. (auch Gudensberg oder Maden gen.) an unterer Eder und Fulda und die Kl. vogteien über Breitenau, Fritzlar und Hasungen sowie das Reichslehen Kassel. Die entfernte Lage der hess. Besitzungen veranlaßte die Lgf.en der drei ersten Generationen, sie jeweils den jüngeren Brüdern – Heinrich Raspe I., II. und III. – zu übergeben. Auch als seit 1180 die Lgf.en ihre Westgebiete selbst verwalteten, wurde die Gft. H. neben den Reichsfsm.ern Lgft. Thüringen und Pfgft. Sachsen als selbständiges Nebenland angesehen.

Schwerpunkte der durch die Gft. →Ziegenhain getrennten Landesteile waren im NO das Reichslehen Kassel und im SW die Marburg. Während ihnen der alte Mittelpunkt H.s, die mainz. Stadt Fritzlar, verschlossen blieb, schufen sich die Ludowinger mit ihrer planmäßigen Städtepolitik seit etwa 1180 im Anschluß an ältere oder neu erbaute Burgen neue Zentren für Wirtschaft, Verwaltung und Verteidigung (Alsfeld, Grünberg, Homberg a. d. E., Gudensberg, Kassel, Rotenburg a. d. F. usw.). →Marburg wurde Witwensitz der Lgfn. →Elisabeth († 1231); die von ihr gegründete Hospital und das Grab der Hl.n (1235) übertrugen die Lgf.en dem →Dt. Orden (Kommende Marburg, später Ballei H.).

V. HESSEN UNTER DEM HAUS BRABANT: Nach dem Tode Lgf. →Heinrich Raspes IV. (1247), des letzten männl. Ludowingers, stritten Mgf. Heinrich d. Erlauchte v. Meißen, der Ebf. v. Mainz sowie Hzgn. Sophie v. Brabant u. Lothringen († 1275), Tochter Lgf. Ludwigs IV. und der hl. Elisabeth, für ihren Sohn →Heinrich (50. H.) fast 20 Jahre um das Erbe. Vom Dt. Orden und vom hess. Adel unterstützt, sicherten sich Sophie und Heinrich die ludowing. Besitzungen in H., mußten aber 1263 im Vertrag v. Langsdorf die Gft. H. als mainz. Lehen anerkennen. Im Frieden v. 1264 behauptete Mgf. Heinrich die Lgft. Thüringen und Pfgft. Sachsen; dafür trat er acht thür. Städte und Burgen an der unteren Werra, darunter Eschwege und Witzenhausen, an Sophie ab.

Heinrich I. (1256–1308), der den Titel Lgf. beibehielt, baute die weiterhin getrennten Herrschaftsteile um Kassel und Marburg zum 'Land H.' aus, bald vergrößert durch weitere Erwerbungen (1265 Kauf Gießens). Mit der Erhebung in den Reichsfs.enstand errang er 1292 die rechtl. Gleichstellung mit den väterl. und mütterl. Vorfahren. Die Marburg gestaltete er zur prachtvollen fürstl. Residenz. Die hl. Elisabeth, deren Marburger Kirche den Lgf.en bis zum Ende des MA als Grablege diente, wurde als 'Hauptfrau' der Dynastie und Patronin des Landes verehrt.

Wiederholte Landesteilungen und Bruderkämpfe, zuerst nach Heinrichs I. Tod (1308), gefährdeten den Bestand des Landes nicht grundsätzl. Als stabilisierendes Element der hess. Politik erwies sich die 1373 mit den Mgf.en v. Meißen geschlossene Erbverbrüderung; sie wurde bis 1614 immer wieder erneuert und 1457 als ein Erbverein auch auf die Kurfs.en v. Brandenburg ausgedehnt. Bei ihrer Genehmigung erkannte 1373 Ks. Karl IV. zugleich die Lgft. H. insgesamt stillschweigend als Reichsfsm. an. Damals war die Lgft. durch den machtvollen Ausbau der Landesherrschaft in eine schwere Existenzkrise geraten. Äußere Feinde bedrängten die Lgf.en in wechselnden Koalitionen, so seit 1372 mit dem aufsässigen hess. Adel im 'Sternerbund'. Auch den gefährl. Aufstand (seit 1376) der durch landesherrl. Steuerforderungen bedrängten niederhess. Städte konnte Lgf. Hermann II. (1367/1376–1413) niederwerfen.

Die von den ludowing. Vorfahren ererbte territoriale Rivalität mit Mainz trugen die hess. Lgf.en seit 1264 polit. und militär. nahezu ununterbrochen aus. Erst Lgf. Ludwig I. (1413–58) gelang es, nach zwei Entscheidungsschlachten im Frieden v. Frankfurt (1427) Mainz für immer auszuschalten. Die Mainzer Stiftsfehde (1461–63) sah Ludwigs beide Söhne auf der Seite der ebfl. Rivalen und brachte der Lgft. im Frieden v. Zeilsheim (1463) die meisten hess. Besitzungen des Erzstifts ein. Daneben wuchs im 15. Jh. der hess. Einfluß auch an anderen Orten, bes. im westfäl. Raum: U. a. wurden die Gft.en Waldeck, Lippe, Rietberg und die Herrschaft Plesse lehnsabhängig, wurde mit den Gf.en v. Sayn-Wittgenstein eine Erbvereinigung geschlossen. Die Abteien Hersfeld und Corvey mit Höxter, die mainz. Besitzungen in H. und zahlreiche Städte im n. und ö. Vorfeld wurden in die landgräfl. Schirmherrschaft aufgenommen.

Mit dem Anfall der Gft. Ziegenhain (1450) konnte H. endlich zu einem durchgehenden Territorium vereinigt werden. In ihm führte der erfolgreiche Lgf. Ludwig I. den im 14. Jh. begonnenen Ausbau der Verwaltungsorganisation des Landes trotz ständiger Finanznot planmäßig fort. Durch Landesgesetze suchte er die geistl. Gerichtsbarkeit zurückzudrängen und das sittl. Leben der Untertanen zu leiten. Die jahrelangen Verhandlungen der Söhne Lgf. Ludwigs I. um die Teilung des Landes förderten die Entwicklung der Landstände.

Das Erbe der Gft. →Katzenelnbogen (1479) brachte mit den beiden Landesteilen am Rhein um St. Goar und in Starkenburg um Darmstadt erneut reichen territorialen Zuwachs und eröffnete mit dem Ertrag der Rheinzölle große finanzielle Möglichkeiten. Zugleich griff H. in das Gebiet s. des Mains aus; der Schwerpunkt der hess. Politik begann sich vom N in den S zu verlagern. Als Lgf. Wilhelm II. 1500 die geteilte Lgft. vereinigte, gab er ihr mit dem nun in Marburg errichteten Hofgericht ihr Obergericht. Als landgräfl. Residenz aber hatte Kassel, schon seit 1308 wiederholt Sitz hess. Lgf.en, Marburg in der Mitte des 15. Jh. abgelöst.
K. Heinemeyer

Bibliogr.: Schrifttum zur Gesch. und gesch. LK von H., 1–3, bearb. K. E. DEMANDT (Veröff. der Hist. Komm. für Nassau 17), 1965–68 [Nachdr. 1981]; 1–2: 1965–1970, bearb. W. LEIST (ebd., 31, 1–2), 1973–79; 3–4: 1971–76, bearb. W. PODEHL (ebd. 31, 3–4) 1979–84 – *Lit.*: HOOPS² IV, 377–391 [Lit.]. – K. E. DEMANDT, Gesch. des Landes H., 1972² – H. im FrühMA. Archäologie und Kunst, hg. H. ROTH – E. WAMERS, 1984 – Das Werden H.s, hg. W. HEINEMEYER (Veröff. der Hist. Komm. für Nassau 50), 1986 [Beitr. G. MILDENBERGER, H. ROTH, K. HEINEMEYER, W. HEINEMEYER, P. MORAW; Lit.].

Landherren, österr., seit der Mitte des 13. Jh. in Österreich und Steiermark quellenmäßig nachzuweisende führende Adelsschicht, die sich aus jenen Edelfreien und landesfsl. →Ministerialen zusammensetzte, die nach dem Tode Hzg. Friedrichs II. (1246) die polit. Geschicke des Landes beeinflußten. Materielle Grundlagen und die daraus resultierende Machtentfaltung bestimmten die Zugehörigkeit zur Gruppe. Ihre bes. landrechtl. Stellung, die auf dem Gerichtsstand vor den Landesfs.en beruhte, bewirkte die bevorzugte Rechtsqualität landherrl. Besitzes. Unter Albrecht I. (1282–1308) kam diese Entwicklung zum Abschluß. In Kärnten (und Krain) erfolgte gleichfalls innerhalb des Adels die Ausbildung eines Herrenstands, doch setzte diese erst im 14. Jh. ein. Auf den späteren Landtagen bildeten die L. in Österreich ob und unter der Enns, Steiermark und Kärnten eigene Kurien. Eine Öffnung des Herrenstands wurde erst durch die Standeserhebungen unter Ks. Friedrich III. möglich.
P. Csendes

Lit.: P. FELDBAUER, Herren und Ritter (Herrschaftsstruktur und Ständebildung 1, 1973) – H. DOPSCH, Probleme der ständ. Wandlung beim Adel Österreichs, der Steiermark und Salzburgs ... (Veröff. des Max-Planck-Inst. 51), 1977, 207–253 – M. WELTIN, Landesherr und L., Jb.

für Landesk. von NÖ 44/45, 1978/79, 159-225 – M. WELTIN, Die Gedichte des sog. »Seifried Helbling« als Q. für die Ständebildung in Österreich, Jb. für Landesk. v. NÖ 50/51, 1984/85, 338-416 – F. REICHERT, Landesherrschaft, Adel und Vogtei (Beih. z. AK 23), 1985.

Landini, Francesco (Landino, Magister Franciscus Cecus de Florentia, Francesco degli orghany), it. blinder Organist, Komponist, Musiktheoretiker und Dichter, * um 1325 Fiesole oder Florenz, † 2. Sept. 1397. Seine 154 erhaltenen Werke von erstaunl. stilist. Vielfalt machen ein Viertel des überlieferten Bestandes der Kompositionen der Ars nova aus. Neben Madrigalen und Caccie waren hauptsächl. seine Ballate berühmt. H. Leuchtmann

Ed.: L. ELLINWOOD, The Works of F. L., 1939 – J. WOLF, Der Squarcialupi-Codex Pal. 87 der Bibl. medicea laurenziana zu Florenz, 1955 – L. SCHRADE, The Works of F. L., 1958 – *Lit.*: MGG – NEW GROVE, s. v. [ausführl. Lit.] – RIEMANN – W. APEL, The Notation of Polyphonic Music 900–1600, 1953⁴ – K. v. FISCHER, Stud. zur it. Musik des Trecento und frühen Quattrocento, 1956 – DERS., Ein Versuch zur Chronologie von L.s Werken, MD XX, 1966, 31.

Landino, Cristoforo, Humanist und einer der besten lat. Dichter des 15. Jh., * 1424 in Florenz, † 1498 in Prato Vecchio bei Florenz. Nach Studien in Volterra und Florenz (ab 1456 unter Johannes Argyropulus) lehrte L. 1457–80 Rhetorik und Poetik im Studium Florentinum. 1480 zog er sich nach Prato Vecchio zurück. In seinen Werken suchte er die Lehren des klass. (v. a. neuplaton.) Altertums mit dem Christentum in Einklang zu bringen. Werke: »De vera nobilitate« (1472: Virtus ist die Quelle der vera nobilitas: ed. M. LENTZEN, 1970; M. T. LIACCI, 1970); »De nobilitate animae« (1472: die Seele hat göttlichen Wert; ed. A. PAOLI – G. GENTILE, 1915–17); »Disputationes Camaldulenses« (ca. 1475: über die vita activa und contemplativa und Gott als höchstes Gut; ed. P. LOHE, 1980; dt. Übers.: E. WOLF, 1927). Komm. zu Persius (1462), Juvenal (1462), Vergil (1478) und Dante (1481). C. H. Lohr

Ed. und Lit.: Carmina omnia, ed. A. PEROSA, 1939 – E. GARIN, Testi inediti e rari di C.L. e Francesco Filefo, 1949 – M. LENTZEN, Stud. zur Dante-Exegese C.L.s, 1971 – R. CARDINI, La critica del L., 1973 – Reden C.L.s, ed. M. LENTZEN, 1974 – R. WEISS, C.L.: Das Metaphor. in den »Disputationes Camaldulenses«, 1981 – C. H. LOHR, Commentateurs d'Aristote au MA latin: Bibliogr., 1988, 48f.

Landjuwel. Ndl. *'lantjuweel'* bezeichnete im 15. und 16. Jh. Wettkämpfe zw. Schützengilden verschiedener Städte des Hzm.s Brabant und zugleich den wichtigsten Preis, der auf ihnen gewonnen werden konnte. L.e wurden meist für Handbogenschützen veranstaltet (ältester Beleg: 1411), aber auch von Armbrust- und, ab 1527, von Büchsenschützen organisiert. Gegen Ende des 15. Jh. wurden Name und Struktur des L.s auch auf bestimmte Dichtungs- und Theaterwettkämpfe der brabant. →Rederijker übertragen. Von anderen Wettbewerben unterscheidet sich das exklusiv brabant. L. v. a. durch ein eigentüml. Schalt- und Steigerungsprinzip: der Sieger eines L.s war zur Organisation eines neuen Kampfes verpflichtet, und innerhalb einer Serie von sieben Wettkämpfen hatte der Veranstalter den Preis, der aus silbernen Schalen bestand, für eine Einheit zu vermehren. Von den Rederijker-L.en ist nur ein einziger vollständiger Zyklus bekannt (organisierende Städte: Mechelen [1515, 1535], Löwen [1518], Diest [1521, 1541], Brüssel [1532] und Antwerpen [1561]). Der Hauptpreis wurde für kom. Theaterspiele verliehen. Mehrere der in Antwerpen aufgeführten Texte wurden 1562 in einem prachtvoll ill. Buch herausgegeben (Spelen van Sinnen vol scoone moralisacien..., W. Silvius, Antwerpen). D. Coigneau

Lit.: C. KRUYSKAMP, Het Antwerpse landjuweel van 1561, 1962 – J. u. L. VAN BOECKEL, L.en en haagspelen in de XVe en XVIe eeuw, Jaarboek de Fonteine 1968 – G. JO STEENBERGEN, Het landjuweel van de rederijkers, ebd. – E. VAN AUTENBOER, Organisaties en stedelijke cultuurvormen 15de en 16de eeuw, Varia Historica Brabantica, VI-VII, 1978 – DERS., Het Brabants landjuweel der rederijkers (1515–61), 1981.

Landkarte → Karte

Land und Leute. Diese Paarformel begegnet nicht nur in Urkk. und anderen Rechtstexten dt. Sprache des späten MA und der frühen NZ sowie in der mhd. Dichtung seit dem 12. Jh., sondern ist auch bereits im →Heliand (ia land ia liudi bzw. landes endi liudio) und bei →Notker (lant unde liute bzw. liute ioh lant) belegt. Zumindest bei Notker entspricht dem mit »gens et terra« eine lat. Vorlage recht gut. Darüber hinaus deckt sich der in der Formel angesprochene Inhalt von *lant* mit dem Inhalt des lat. *terra* der Bibel, während die einheim. Wirklichkeit des FrühMA doch stärker von Personenverbänden ausgeht, so daß insgesamt trotz des stabreimenden Charakters der Formel lat. Einfluß nicht ausgeschlossen erscheint. Am Ende des FrühMA gewinnt allerdings dann bekanntl. auch im Reich der territoriale Bezug gegenüber der personalen Abgrenzung an Bedeutung. Deswegen wird nunmehr wohl die Formel »L. u. L.« zu einer Beschreibung für die →Landesherrschaft und bezeichnet sich auf ein bestimmtes Gebiet und die zu ihm gehörenden Bewohner. G. Köbler

Lit.: HRG II, s. v. – E. SEHRT, Notker-Glossar, 1962 – DERS., Vollständiges Wb. zum Heliand und zur as. Genesis, 1966² – B. BAUM, Der Stabreim im Recht, 1986, 332, 362 – K. KROESCHELL, Dt. Rechtsgesch., I, 1987⁸, 114.

Landmeister (magister, praeceptor, superior, commendator, *herrmeister*) blcibt wegen der häufig synonymen Verwendung der Titel in der Frühzeit des →Dt. Ordens unscharf, so insbes. bei der Abgrenzung zum Landkomtur (seit 1212 bezeugt), als Stellvertreter des →Hochmeisters (1221, 1223) oder als Deutschmeister (wohl seit 1216, sicher ab 1236). In Preußen amtierte von 1229 bis zur Verlegung des Hochmeistersitzes in die Marienburg (1309) ein L., beginnend mit Hermann Balk (1229–39). In der Mitte des 13. Jh. werden in den »Gewohnheiten« preceptores provinciales von Armenia, Achaia, Sicilia, Apulia, Theutonia, Austria, Prussia, Livonia und Hispania gen. 1264 (»Gesetze«) hat sich der Kreis der Landkomture nach Rang und Zahl verändert: Livland, Deutschland, Preußen, Österreich, Apulien, Griechenland, Armenien. Nach dem Ausscheiden Preußens aus dem Kreis der L. blieben ab dem frühen 14. Jh. bis in das 16. Jh. in abgestufter Rangordnung die Meister in Deutschland und Livland. C. A. Lückerath

Lit.: H. H. HOFMANN, Der Staat des Deutschmeisters, 1964 – P. G. THIELEN, Die Verwaltung des Ordensstaates Preußen, 1965 – K. MILITZER, Die Entstehung der Deutschordensballeien im Dt. Reich (Q. und Stud. zur Gesch. des Dt. Ordens 16, 1970) – H. KLUGER, Hochmeister Hermann v. Salza (ebd. 37, 1987).

Landnámabók ('Buch von den Landnahmen'), umfangreiche hist. Darstellung der Besiedlung Islands durch Nordleute im 9. und 10. Jh. Verloren sind eine erste Fassung (dürfte auf →Ari enn fróði Þorgilsson zurückgehen, wohl Anfang des 12. Jh. entstanden; im Zusammenhang mit der kürzeren →Íslendingabók ist damit gegeben) sowie eine um 1220 von Styrmir Kárason († 1245) vorgenommene Erweiterung (*Styrmisbók). Bewahrt findet sich der Wortlaut von fünf, miteinander auf komplizierte Weise verbundenen Redaktionen: *Sturlubók, ca. 1275–80 von →Sturla Þórðarson kompiliert (Hs.: 17. Jh.); Hauksbók, ca. 1306–08 von Haukr Erlendsson († 1334) verf.; Melabók, Anfang 14. Jh. in Melar in W-Island entstanden; Skarðsárbók, spätestens 1636 auf der Grundlage von *Sturlubók, Hauksbók geschrieben; Þórðarbók, vor

1670 als Kompilation von Melabók, Skarðbók verf. Nach kurzen einleitenden Hinweisen zu der geogr. Lage der Insel im Nordmeer (u. a. Identifizierung mit Thule) und dem Zeitpunkt der Entdeckung um 870 schildert die L. fast lückenlos, detailliert und unter Einfügung zahlreicher Kurzerzählungen die Landnahmen von über 400 Siedlern bis zur Gründung des →Allthing. Eine erstrangige onomast. Q. sind die über 3500 Personen- und mehr als 1500 Ortsnamen; bes. die Genealogien wurden von den Sagaautoren des 13. Jh. benutzt. Der lange vorherrschenden Meinung, die Kompilierung der L. sei ausschließl. aus antiquar. Interessen erfolgt und das von der sog. Landnahmezeit entworfene Bild decke sich weitgehend mit dem realen Besiedlungsverlauf, wird neuerdings unter Hinweis auf ihre Funktion als ätiolog. Mythos, der u. a. die Landbesitzverhältnisse im 12./13. Jh. z. T. durch genealog. Konstruktionen legitimieren sollte, widersprochen. V. a. wird die zentrale Bedeutung der isländ. Kirche bei der Entstehung der L. um 1100 hervorgehoben. J. Glauser

Ed.: Íslenzk fornrit I-II, 1968 [J. BENEDIKTSSON] – *Übers.*: Thule 23, 1967[2] [W. BAETKE] – The Book of Settlements. L., 1972 [H. PÁLSSON-P. EDWARDS] – *Lit.*: KL X, 214-217 – S. RAFNSSON, Studier i L., 1974 – O. BANDLE, Die Ortsnamen der L. (Fschr. J. BENEDIKTSSON, 1977), 47-67 – E. G. PÉTURSSON, Efling kirkjuvaldsins ritun Landnámu, Skírnir 160, 1986, 193-222 – S. RAFNSSON, Frá landnámstíma til nútíma, Skírnir 192, 1988, 317-329.

Lando, *Papst* Anfang Nov. 913–Ende März 914, ◻ Rom, St. Peter; aus Fornovo in der Sabina stammend. Aus dem kurzen Pontifikat ist keine einzige Urk. erhalten. Laut einer Gerichtsurk. von 1431 soll L. jedoch Schenkungen aus dem Erbe seines Vaters Tainus zur Wiederherstellung des Ende des 9. Jh. durch die Sarazenen zerstörten Doms v. Vescovio in der Sabina gemacht haben, was die Rückkehr des Bf.s in seine Residenz ermöglichte. In Rom stand L. wohl völlig unter der Herrschaft des adligen Stadtherrn →Theophylakt. H. Zimmermann

Q.: LP II, 239 – JAFFÉ[2] I, 448 – RI II 5, Nr. 12-14.

Landolfus Sagax, südit. Gesch.sschreiber, nur aus der Überschrift seiner im späten 10. oder frühen 11. Jh. entstandenen »Historia Romana« (26 Bücher; Titel »Historia miscella« seit P. PITHOU, 1569) bekannt. Es ist eine bearb., erw. Fassung des gleichnamigen Werks von →Paulus Diaconus, das L. bis 813 fortsetzte; einen Anhang bilden Kat. der röm. und byz. Ks. bis Basileios II. und der byz. Ksn.en. L. benützte insbes. die einschlägigen Schr. des Nepotianus (Epitoma einschließl. des heute verlorenen Teils), Ps.-Aurelius Victor (Epitome de Caesaribus), Orosius, Cassiodor/Epiphanios, Anastasius Bibliothecarius. Er kompilierte mit geringer Sorgfalt; das Erzählen und moral. Belehren steht in dem einem Herrscher zugedachten Werk im Vordergrund. Sein Interesse galt v. a. dem Byz. Reich. J. Prelog

Ed.: V. FIORINI – G. ROSSI (MURATORI[2] I, 1, 1900-19) [unvollst.] – A. CRIVELLUCCI, Fonti 49-50, 1912-13 – *Lit.*: WATTENBACH – LEVISON – LÖWE II, 214f. – S. D'ELIA, Quos epitomes de Caesaribus libros Paulus Diaconus et L.S. adhibuerint, Rendiconti dell'Acc. di archeologia, lettere e belle arti (Napoli) NS 43 (1968), 1969, 19-62.

Landolin (Landelin), hl., in →Ettenheimmünster (Wallfahrt seit dem SpätMA) verehrter Missionar der Ortenau. Angebl. ir. Abstammung, gehört L. mit →Fridolin und Trudpert zu jenen Hl.en, die im 7. Jh. am Hoch- und Oberrhein als Einsiedler gewirkt haben und deren Stätten zum Ausgangspunkt späterer Kl. wurden. Seine Vita und Wundergeschichten wurden wohl erst im späten 11. oder frühen 12. Jh. in dem auf Wahrung seines Besitzstandes bedachten Kl. Ettenheimmünster verfaßt, das seinen Ursprung auf L. zurückführt. Nach dieser Überlieferung soll L. einen gewaltsamen Tod erlitten haben, weshalb er als Märtyrer verehrt wird (Fest 21. Sept., in der Erzdiöz. Freiburg 22. Sept.). Nachweisl. seit dem 11. Jh. wird L. in Ettenheimmünster, im benachbarten Münchweier, wo sich sein Grab befindet, in Straßburg und an anderen Orten Mittelbadens und des Elsaß als Patron für kranke Kinder und Augenkranke verehrt. Th. Zotz

Q.: J. VAN DER STRAETEN, La vie de Saint-Landelin, AnalBoll 73, 1955, 66-118 – Q. zur Gesch. der Alemannen, IV, 35-47 – *Lit.*: Bibl. SS VII, 1090 – LCI VII, 369f. – LThK[2] VI, 772ff. – M. BARTH, Der hl. Märtyrer Landelin v. Ettenheimmünster..., Freiburger Diözesan-Archiv 75, 1955, 203-244 – H. SCHWARZMAIER, Die Kl. der Ortenau, ZGO 119, 1971, 1-31 – →Ettenheimmünster.

Landrecht

I. Allgemein und deutscher Bereich – II. Ostmitteleuropa.

I. ALLGEMEIN UND DEUTSCHER BEREICH: Das Wort ist erstmals im as. →Heliand des frühen 9. Jh. an zwei Stellen belegt *(landreht)* und entspricht dem lat. *lex* in zugehörigen bibl. Vorlagen. Da beide Belege wie auch parallele Nachweise für *landsidu* und *landwisa* stabtragend verwendet werden und in den frühma. lat. Q. Zeugnisse für eine bes. *lex* eines Gebietes fehlen, muß davon ausgegangen werden, daß die Bildung dieser Komposita nicht inhaltl., sondern formal bedingt ist. Als nächstes gibt eine Glosse des 10. Jh. zu 2. Reg. 12,1 »responde mihi iudicium« durch die Wendung »irtel mir ein lantreht« wieder, welche auf einen Einzelsatz hinzuweisen scheint. Umgekehrt setzt der Notkerglossator des 2. Viertels des 11. Jh. (→Notker Labeo) zweimal *landrehtin, landrehten* zu *legibus*. Erst eine Glosse des 11. Jh. verbindet dann *(reht uti) lantreht* mit dem lat. *ius bonumque*. Etwa zu dieser Zeit treten in den lat. Q. Belege für *mos provinciae* (1037-52), *ius terre* (1080-88) oder *regionis consuetudo* (Ende 11. Jh.) auf. Dem entspricht das deutl. Zurückweichen der älteren Bezeichnungen, welche das Recht mit den einzelnen Stamm und Volk verbinden (Lex Alamannorum, Lex Baiuvariorum usw.). Beides deutet auf den jetzt beginnenden Übergang vom Personenverband auf das Land hin, welcher sich im Laufe des 12. Jh. sichtl. intensiviert (vgl. →Privilegium minus 1156, Gelnhäuser Reichstag 1180 [→Gelnhausen]). Eine Straßburger Urk. des Jahres 1200 nennt dann das in der mhd. Dichtung seit etwa 1150 (Alexanderlied des Pfaffen →Lamprecht) belegte L. wieder und stellt es als *ius provincie* den *statuta civitatis* gegenüber. Mit dem →Sachsenspiegel (um 1220) wird danach das L. in seinem vollen Umfang sichtbar. Hier ist es v. a. eine Gesamtheit von Rechtssätzen, welche in einem Land für alle gilt, die nicht (zumindest hinsichtl. einzelner Angelegenheiten) einem bes. Rechtskreis angehören. Daneben kann L. auch einen Rechtsstatus und ein Gericht bedeuten. Innerhalb des objektiven Rechts stellt schon der Sachsenspiegel selbst nicht nur des *landes reht* in bewußten Gegensatz zu des *mannes reht* (z. B. der Bayern, Schwaben oder Franken), sondern scheidet aus dem L. auch das Lehnsrecht (→Lehen, Lehnsrecht) aus. Weiter trennt er das Dorfrecht und das geistl. Recht ab. Auf den wichtigsten, der Rechtswirklichkeit angehörigen Gegensatz, näml. das aus dem L. herausgehobene →Stadtrecht, geht er allerdings nicht bes. ein.

Inhaltl. betrifft das L. die unterschiedlichsten Gegenstandsbereiche. Seiner Herkunft nach stammt es v. a. aus der Gewohnheit, aber in vielen Einzelfällen auch aus Privileg, Satzung oder →Einung. Eike v. Repgow sieht letztl. die Q. allen Rechts im christl. Gott. Mit Eikes Sachsenspiegel beginnt, beeinflußt vermutl. durch die Wiederentdeckung der röm. Rechtsq. und durch die Schaffung des →Decretum Gratiani, eine erste große Welle von L. en, in welchen – teils privat – das geltende Recht eines Landes in Schriftform festgehalten wird (→Kulmer Handfeste [1233], Österreich [1237], →Deutschenspiegel, →Schwabenspiegel [um 1275], Landesordnung für Salzburg [1328], oberbayer. L. [um 1335], Breslau [1356] usw.). Sie geht zu Beginn der NZ in die →Reformationen über (Bayern [1518], Tirol [1526], Solms [1571], Geldern [1619] usw.), in welchen das einheim. Recht mit röm. Recht verschmolzen wird. G. Köbler

Lit.: COING, Hdb. I, 597ff. – O. STOBBE, Gesch. der dt. Rechtsq., I, 1, 1860, 286ff., 552ff.; I, 2, 1864, 206ff., 336ff., 414ff. – F. EBEL, Gesch. der Gesetzgebung in Dtl., 1958² [Neudr.: 1988], 51ff. – H. CONRAD, Dt. Rechtsgesch., I, 1962² – K. KROESCHELL, Recht und Rechtsbegriff im 12. Jh. (VuF 12, 1968), 309ff. – G. DROEGE, L. und Lehnrecht im hohen MA, 1969, 21ff. – G. KÖBLER, Land und L. im FrühMA, ZRGGermAbt 86, 1969, 1ff. – DERS., Das Recht im FrühMA, 1971 – H. MITTEIS–H. LIEBERICH, Dt. Rechtsgesch., 1988¹⁸.

II. OSTMITTELEUROPA: Die Bezeichnung L. (lat. ius terrae, atschech. *pravo zemské, poln. prawo ziemskie*) für das 'gemeine Recht im Land' entstand als Antonym zu dem sich seit dem 12. Jh. einbürgernden 'fremden Recht' (v. a. kirchl. oder dt. Recht). Das L. wandelte sich zu Beginn des 13. Jh. zum Ständerecht des Adels – gleichzeitig also mit der Konsolidierung der privilegierten Stellung von Herren und Adel, der Entwicklung der Immunität, der städt. Selbstverwaltung, der Ausdehnung der dominialen Herrschaft und der Entstehung bes. Rechtssysteme, z. B. für Bergbau und Lehenswesen. Von nun an regulierte es sowohl die Verfassungsgrundlagen des Staates als auch die Verhältnisse zw. den Mitgliedern der privilegierten Stände. Die in diesem Bereich auftretenden Zwiste schlichteten bes. Gerichte, die sog. Landgerichte, die auch alle Transaktionen von Grund und Boden registrierten.

Anfängl. basierte das L. hauptsächl. auf den Gewohnheiten, es wurde jedoch mit der Zeit durch die herrscherl. Gesetzgebung erweitert und verändert. In →Böhmen waren dies v. a. die Dekrete des Fs.en →Břetislav I. (1039), die sog. Statuten des Fs.en →Konrad III. Otto (ca. 1189) sowie der von den Ständen abgewiesene Versuch einer allg. Kodifikation, die durch Karl IV. 1355 als sog. →»Maiestas Carolina« initiiert worden war. In →Polen wurde das Gewohnheitsrecht nur Mitte des 14. Jh. mit Hilfe der sog. Statuten Kg. Kasimirs III. d. Gr. ergänzt und z. T. reformiert, wobei die Hauptprov.en →Großpolen und →Kleinpolen gesondert behandelt wurden; später erschienen die Gesetze und Privilegien der ersten →Jagiellonen. Eine ähnl. Funktion hatten in →Masovien (14.–Beginn 16. Jh.) die zahlreichen Statuten der dortigen Herrscher.

Verhältnismäßig früh (13./14. Jh.) und fruchtbar waren die privaten Versuche der Niederschrift des örtl. L.s in Böhmen: Zu nennen sind das tschech. verfaßte »Buch des Herrn auf Roženberk« (13./14. Jh.), die anonyme »Ordo iudicii terrae« (Mitte 14. Jh.), die Traktate des Andreas v. →Dubá (Ende 14. Jh.) und des Meisters Cornelius von Všehrd (Ende 15. Jh.). Dank der Initiative von Herren und Adel entstand 1487–1500 eine allg. Kodifikation des L.s, die vom Kg. bestätigte sog. »Zemská zřízení Kralovstvi českého«. Aus Polen sind nur wenige, lokale und nicht umfassende Slg.en bekannt, so das gegen Ende des 13. Jh. für den Gebrauch des Dt. Ordensstaates geschriebene »Elbinger Buch«, die »Constitutiones terrae Lanciciensis generales de a. 1418–1419«, die rechtl. Gebräuche der Länder Łęczyca und Masovien (1424–34) und das Statut des fürstl. Rates von 1421 für Płock. Verdienst der an den Landgerichten wirkenden Juristen war die Ergänzung der Statuten Kasimirs d. Gr. sowie die Schaffung ihrer einheitl. gesamtpoln. Red. (1489 als sog. »Sintagmata« gedr.). Das poln. L. wurde, mit Ausnahme des Prozeßrechts (1523), nicht als Ganzes kodifiziert. St. Russocki

Q. und Lit.: COING, Hdb. I, 740ff. [A. WOLF] – O. PETERKA, Rechtsgesch. der böhm. Länder I, 1928 – J. BARDACH, Hist. państwa i prawa Polski, 1, 1964² – Introduction bibliogr. à l'hist. du droit et à l'ethnologie juridique, hg. J. GILISSEN, vol. D, no. 12 (Pologne); no. 13 (Tchecoslovaquie), 1965 – Iura Masoviae Terrestria, 1–3, hg. J. SAWICKI, 1972–74 – K. MALÝ – F. SIVÁK, Dějiny státu a práva v československu do r. 1918, 1988.

Landri, Chanson de → Chanson de Landri

Landricus (Landri), Gf. v. →Nevers, † 11. Mai 1028, Sohn des Bodo, Herrn v. Metz-le-Comte und Monceaux (dép. Nièvre), ⚭ Mathilde († 1015), Tochter v. →Otto-Wilhelm, Gf. v. →Burgund. L. fügte seinem ererbten Herrschaftsgebiet zw. 986 und 990 die Gft. Nevers hinzu und erweiterte es auf Kosten der pagi (→pagus) v. →Autun und →Auxerre, indem er mit den Herren v. →Bourbon (990) und v. →Sully Krieg führte; letzterer nahm ihn ca. 1020 gefangen. Den Abteien, u. a. →Vézelay, zwang L. seine Autorität auf. Er war vielleicht Seneschall des frz. Kg.s Hugo Capet und deckte ein Komplott Bf. →Adalberos v. Laon auf, der die Intrigen des L. in einem »Rhythmus satiricus« geißelte. 1002 besetzte L. für Otto-Wilhelm die Stadt Auxerre, die er erst 1005 an Kg. Robert II. zurückgab. L. verheiratete seinen Sohn Rainald (Renaud) mit Hadwig, der Tochter des Kg.s; Rainald erhielt die Gft. Auxerre übertragen (1032). J. Richard

Lit.: F. LOT, Études sur le règne de Hugues Capet, 1903 – DERS., La chanson de Landri, Romania, 1903 – R. DE LESPINASSE, Le Nivernais et les comtes de Nevers, 1, 1909 – Y. SASSIER, Recherches sur le pouvoir comtal en Auxerrois, 1980.

Landsberg, ehem. Mgft. und Stadt in Sachsen-Anhalt, Saalkreis. Der aus dem flachen Land weit herausragende Berg trug die slav. Burganlage, die 961 als civitas Holm dem Magdeburger Moritzkl. gestiftet wurde. Das dabei gelegene heutige Dorf Gollma erhielt eine der ältesten Pfarrkirchen dieses Gebietes (während des MA Sitz eines Erzpriesters). Nach der Teilung der wettin. Länder durch Mgf. Konrad 1156 begann sein Sohn Dietrich 1170 mit dem Bau der Burg L., auf der er als Mgf. der Ostmark (= Niederlausitz [→Lausitz]) residierte. Der von ihm geführte Titel eines Mgf. en v. L. bezeichnet nicht sein angestammtes Reichsfsm. Die Burg blieb nach Dietrichs Tod 1185 wettin. Besitz. Mgf. Heinrich d. Erlauchte schuf für seinen jüngeren Sohn Dietrich 1261 gegen bestehendes Reichsrecht ein selbständiges Reichsfsm. L., das auch die von diesem geförderte Stadt →Leipzig umfaßte. Nach dem Tode von Dietrichs erbenlosem Sohn Friedrich Tuta 1291 verkaufte sein Bruder Albrecht d. Entartete die Mgft. L. an Brandenburg, von dem sie 1347 im Erbgang in Hzg. Magnus v. Braunschweig fiel, um im gleichen Jahr durch Kauf wieder an das Haus →Wettin zu gelangen. Die Burg verfiel im 15. Jh., die bemerkenswerte Doppelkapelle S. Crucis blieb jedoch erhalten. Im 12. Jh. entstand unterhalb der Burg an der Straße von Leipzig nach Magdeburg die Stadt L. mit einer Nikolaikirche. K. Blaschke

Lit.: W. GIESE, Die Mark L. bis zu ihrem Übergang an die brandenburg. Askanier i. J. 1291, Thüring.-sächs. Zs. für Gesch. 8, 1918, 1–54, 105–157 – H. NICKEL, Die Doppelkapelle zu L. (Das chr. Denkmal 5, 1960) – W. R. LUTZ, Heinrich d. Erlauchte (1218–88), 1977, 321–347.

Landsberg am Lech, Stadt im westl. →Bayern. Um 1160 ließ Hzg. →Heinrich der Löwe beim Dorf Phetine (Pfetten) auf dem heut. Schloßberg eine Burg erbauen, die bald »Landespurc« benannt wurde. Sie diente wohl der Sicherung der von Heinrich im Zuge der neuen Salzstraße erbauten Lechbrücke und der dort erhobenen Zollabgaben. Gegen Ende des 12. Jh. nennen sich ehem. welf.

Vasallen nach L. 1261 erscheint die Burg als Sitz eines wittelsbach. Richters. Seit 1280 ist L. eindeutig als Stadt bezeugt. Ihren wirtschaftl. Aufschwung verdankt sie neben ihrer Funktion als bayer. Grenzstadt am →Lech dem Salz- und Italienhandel. Im 14. Jh. kam es zur Vergrößerung der Stadt (Besiedlung des Vorder-, Hinter-Angers durch Bewohner des im Städtekrieg zerstörten Sandau). Sie wurde 1425 mit einem neuen Mauerring umschlossen. Stadtareal im 15./16.Jh. 3191 ha, ungefähre Einw.zahl 2500. P. Fried

Lit.: DtStb V, 1974 [P. Fried] – P. Fried, Die Stadt L. in der Städtelandschaft des frühen bayer. Territorialstaats, ZBLG 32, 1969, 68–103 – P. Fried – S. Hiereth, Die Landgerichte L. und Schongau (HAB, Altbayern 22/23, 1971) – 700 Jahre Stadt L., bearb. H. Regele, 1980.

Landschädliche Leute *(schedeliche lute,* lat. nocivi terrae). Der Begriff taucht seit dem 13. Jh. in verschiedenen Friedensordnungen, Weistümern und Stadtrechten auf, bezeichnet teils einzelne Straftäter, die ein todeswürdiges Verbrechen begangen haben, teils aber auch unstet umherziehendes Volk, das wegen unregelmäßiger Lebensführung und Neigungen zu verbrecher. Handlungen eine dauernde Gefahr für die öffentl. Ordnung bildete. Dem gemeingefährl. Berufsverbrechertum der l. L. begegnete man vornehml. mit Mitteln einer verschärften Strafverfolgung. Demgemäß konnten l. L. in Abweichung von dem sonst üblichen Privatklageverfahren von Amts wegen strafrechtl. belangt werden. Ohne den Nachweis, ein bestimmtes Verbrechen begangen zu haben, konnten sie darüber hinaus mit der von einem Kläger und sechs Eideshelfern beschworenen Erklärung, es handele sich um '*dem lantfride(n) schedeliche lude*', durch sog. →Übersiebnen und später im Verfahren auf →Leumund verurteilt werden. Die Möglichkeit, sich durch einen Reinigungseid der Bestrafung zu entziehen, war ihnen verwehrt. W. Sellert

Lit.: HRG II, 1555–1559 [Lit.] – O. v. Zallinger, Das Verfahren gegen die l. L., 1895 – H. Knapp, Das Übersiebnen der schädl. Leute in S-Dtl., 1910 – G. Radbruch – H. Gwinner, Gesch. des Verbrechens, 1951, 84–100 – H. Hirsch, Die hohe Gerichtsbarkeit im dt. MA, 1958², 90–107.

Landschaft → Stände

Landschaftsmalerei. [1] *Westen:* Als selbständiges Bildthema in der europ. Malerei, von Ausnahmen abgesehen, erst seit dem 16. Jh. verwendet. Älteste erhaltene Ansätze in Wandmalereien aus hellenist.-röm. Zeit, die ihre griech. Vorbilder erahnen lassen: Durchblicke auf Sakrallandschaften, der in der Poesie vorgebildete sog. »locus amoenus« in »idyll.«, von Hirten und Herden bevölkerten Hainen mit Quellen und Heiligtümern (Rom, Villa Albani, 1. Jh.) sowie Landschaften mit mytholog. Szenen (um 20 v. Chr., Rom, Haus der Livia). Enge Wechselbeziehung zur Gartenkunst zeigt das Gartenfresko aus der Villa der Livia bei Primaporta. Mit der Ausbreitung des Christentums reduziert sich bereits in der Spätantike die räuml. Illusion zur flächigen Stilisierung hin (Fußbodenmosaik aus der Villa des Dominus Iulius, 2. Hälfte 4. Jh., Tunis, Bardo-Mus.). Diese Entwicklung zur stilisierten Paradiesbild wird in frühchr. Zeit noch deutlicher (Apsismosaik, S. Apollinare in Classe, vor 549). Im Früh- und HochMA ist die Landschaft nicht mehr bildwürdig, es sei denn als ikonograph. Attribut. Nach Ansätzen bei Giotto (um 1300, Oberkirche v. S. Francesco, Assisi: »Quellwunder«, »Vogelpredigt«) wird erst durch die sienes. Malerei des frühen 14. Jh. die Landschaft wiederentdeckt, und zwar in Form topograph. Porträts (A. Lorenzetti, Freskenzyklus, 1338/39, Siena, Pal. Pubblico). Im N entwickelt sich eine neue L. zum Ende des MA in der frankofläm. Buchmalerei, von der sie auf die Tafelmalerei übertragen wird (Brüder van Eyck). Bes. in den Monatsbildern der Brüder v. Limburg, in denen frz.-fläm. (Jean Pucelle, Boucicaut-Meister) und it. Einflüsse (sienes. Malerei, ferner Jagdbücher und Bestiarien) verarbeitet wurden, zeigt sich der neu erwachte Sinn für präzise Naturbeobachtung, topograph. Genauigkeit und perspektiv. Raumerfassung (»Très riches Heures« des Duc de Berry, 1413–16, Chantilly, Mus. Condé, Ms. 65), der ein Jh. später im Breviarium Grimani (um 1510, Venedig, Bibl. Marc.) voll entwickelt ist. In der Tafelmalerei erhält die Landschaft im Lauf des 15. Jh. immer größere Bedeutung. Trotz des gesteigerten Naturalismus (botan. benennbare Blumen und Früchte, Stadtansichten mit identifizierbaren Gebäuden) bleibt der symbol. Bezug gewahrt. Sie dient entweder als Aktionsraum der bibl. Ereignisse (D. Bouts, Marienaltar, um 1445, Madrid, Prado; Hugo v. d. Goes, Portinari-Altar, um 1475, Florenz, Uffizien; H. Memling, Passionsaltar, 1489, Lübeck, St. Annen-Mus.) oder wird als Paradiesbild verwendet (J. van Eyck, Genter Altar, 1432, Gent, St. Bavo; Geertgen tot Sint Jans, Johannes in der Wüste, um 1480, Berlin-Dahlem). Ansätze einer realist. L. bei Robert Campin: Gegensatz von gebautem Innenraum und natürl. Freiraum im rechten Flügel des Merode-Triptychons (um 1428, New York, The Cloisters, vgl. C. Nordenfalk, Outdoors – indoors, Proc. Amer. Phil. Soc. 117, 1973, 4, 233–258). Landschaftsraum als Fortsetzung der Betrachterebene auch bei J. van Eyck (Rolin-Madonna, um 1435, Paris, Louvre). Erstes lokalisierbares »Landschaftsporträt« der europ. Malerei und damit neben der in Italien entdeckten Perspektive wichtiger Beitrag zur Entwicklung der L. als selbständiger Bildgattung vermutl. von Konrad Witz (Wunderbarer Fischzug, 1444, Genf, Mus. d'Art et d'Hist. Verlegung der bibl. Gesch. auf den Genfer See). M. Grams-Thieme

Lit.: J. Guthmann, L. in der toskan. und umbr. Kunst von Giotto bis Raffael, 1902 – O. Pächt, Early Italian Nature Stud., JWarburg 13, 1953, 13–47 – G. Pochat, Figur und Landschaft, 1973 – G. Roth, Landschaft als Sinnbild, 1979 – U. Feldges, Landschaft als topograph. Porträt, 1980 – E. Steingräber, 2000 Jahre europ. L., 1985 [Lit.] – M. Eberle, Individuum und Landschaft, 1986³ – B. Eschenburg, Landschaft in der dt. Malerei, 1987.

[2] *Byzanz:* Die frühbyz. Kunst übernahm aus der Spätantike den sog. Illusionismus in der Landschaftsdarstellung (Wiener Genesis). Dabei konnte es zu zwar streng komponierter, aber autonomer L. kommen (Mosaiken der Omayyadenmoschee in Damaskus). Andererseits wurde bei überwiegend szen. Darstellungen die Landschaftsdarstellung oft bis auf Standstreifen und luftfarbenen Hintergrund reduziert. Insgesamt war der Stellenwert der Landschaftsdarstellung in Byzanz gattungsbezogen. In der Zeit der sog. Makedon. Renaissance (9./10. Jh.) hatte die L. – auch in szen. Kontext – einen in der Regel bedeutenden Stellenwert in der Buchmalerei und arbeitete weiterhin mit allen aus der Spätantike bekannten Techniken und Motiven, die nach wie vor im einzelnen illusionist., allerdings nicht autonom und nur im Dienste der Komposition des Gesamtbildes und seiner Figuren eingesetzt wurden. In der mittelbyz. Zeit ist der Einsatz dieser Mittel nicht nur gattungs-, sondern zum großen Teil auch szenenbezogen. In der Komnenenzeit kam es häufig zu weitreichender Abstraktion von Teilen relativ umfangreicher Landschafts- und Architekturdarstellungen bei tiefer und starker Grundfarbigkeit (z. B. Hss. des →Jakobos v. Kokkinobaphos). Die Palaiologenzeit neigte zu immer stärkerer Gewichtung und Ausdehnung der landschaftl. Elemente (Mosaiken der Kariye Camii in Konstantinopel, Malereien der Peribleptoskirche in Mistras). Die L. bleibt

in ihrem Charakter stilisiert komponiert aus mehr oder weniger illusionist. aufgefaßten bzw. tradierten Einzelmotiven. Realismus oder »Richtigkeit« wird gelegentl. im Einzelmotiv, nie jedoch im Ganzen angestrebt.

M. Restle

Landschaftsrecht. Der Begriff entstammt der schwed. Rechtsgesch. und rechtshist. Forsch. *(landskapslagar)* und bezieht sich auf solche Rechtsaufzeichnungen, die im Rahmen der autonomen, mit einer jeweils zentralen Dingversammlung, mit Gerichten, Bezirksdingen (→Ding) etc. versehenen schwed., dän. und norw. »Landschaften« (schwed. *land, lagsaga, landskap;* dän. *land;* norw. *lagdöme)* entstanden sind. Die L.e stellen in ihren schriftl. Versionen bereits eine Revision und Systematisierung des älteren, mündl. tradierten Rechts dar; sie sind bedeutende volkssprachl. Zeugnisse. Die Beziehung der Landschaft zu den Institutionen der Kirche findet ihren Niederschlag in den kirchenrechtl. Abschnitten, die Beziehung zum Kgtm. dokumentiert sich an verschiedenen Stellen, v. a. aber in den Abschnitten über Kg.swahl, →Huldigung, Heeresaufgebot, →Friedlosigkeit, →Landfrieden. Das Kgtm. konnte seine eigenen Rechtsvorstellungen nur über die L.e durchsetzen; das betrifft in Schweden und Norwegen insbes. Landfriedensgesetzgebung (→Eidschwurgesetzgebung), Straf- und Bußrecht, Erbrecht etc. Der Einfluß des Kgtm.s auf die L.e verstärkte sich in Schweden im Laufe des 13. Jh., so daß die Rechte der Landschaften Uppland (→Upplandslagh, 1296) und Södermanland (→Södermannalagh, ältere Redaktion um 1280) durch vom Kg. eingesetzte Kommissionen der jeweiligen Landschaften redigiert wurden. Die übrigen erhaltenen L.e gelten als Privatarbeiten (»Rechtsbücher«), wobei insbes. das Recht der Landschaft Östergötland (→Östgötalagh, ca. 1280/90) einen, auch aus der Perspektive des Kgtm.s, offiziösen Charakter hatte. In Schweden werden die L.e um die Mitte des 14. Jh. durch das Reichsrecht (Magnus Erikssons Landslag) abgelöst. Das älteste schwed. L. ist das Recht von Västergötland (→Västgötalagh, ca. 1220/40), das nach 1280 eine Überarbeitung erfuhr. Vom Upplandslagh sind in unterschiedl. Weise Södermannalagh, Västmannalagh und Hälsingelagh abhängig; die Beziehung des →Dalalagh zum Västmannalagh ist umstritten. Vom Recht Smålands ist nur das Kirchenrecht erhalten, während die Rechte Värmlands und Närkes bis auf unbedeutende Splitter verloren sind. Das Recht der Insel Gotland nimmt eine Sonderstellung ein (→Gutalag).

Die Texte der L.e sind v. a. Q. für hochma. Rechtsanschauungen. Der früher hergestellte Bezug zu einem archaisch-altgerm. Recht kann längst nicht mehr aufrechterhalten werden. Auch scheint der mündl. Rechtsvortrag des Rechtsprechers *(lagsaga)* entgegen älterer Ansicht in den Texten keine wirkl. nachvollziehbaren Spuren hinterlassen zu haben. Die dem Rechtsvortrag zugesprochenen Stilformen treten erst in jüngeren, rhetor. geprägten Textteilen auf. Die L.e insgesamt zeigen zudem an vielen Stellen Einflüsse kontinentaler Rechtssetzungen und des kanon. Rechts. Es ist legitim, den Begriff L. auch auf Norwegen und Dänemark zu übertragen. In Norwegen sind nur die Rechtsaufzeichnungen des Westlandes (→Gulaþingslög) und des Tröndelag (→Frostaþingslög), beide ab Ende des 11. Jh., vollständig bewahrt, von den →Borgarþingslög und den →Eidsivaþingslög dagegen nur die kirchenrechtl. Abschnitte. Bereits 1274 werden die norw. L.e von einem Reichsrecht (Magnús Hákonarsons Landslög) abgelöst. In Dänemark waren bes. einflußreich das Recht des schonenschen Rechtskreises (1202-16) und das

auf kgl. Initiative hin redigierte Recht des jüt. Rechtskreises (→Jyske Lov, 1241). Das Recht des seeländ. Rechtskreises ist im sog. Seeländ. Recht Waldemars (Valdemars sjællandske Lov, 1216/41) und in der umfängl. Erweiterung von Erichs Seeländ. Recht (Eriks sjællandske Lov, nach 1216) bewahrt. Ein Reichsrecht gibt es erst seit 1683.

H. Ehrhardt

Lit.: KL VIII, 228-233 - H. EHRHARDT, Der Stabreim in an. Rechtstexten, 1977 - O. FENGER, Romerret i Norden, 1977 - G. HAFSTRÖM, De svenska rättskällornas historia, 1978 - E. SJÖHOLM, Sveriges Medeltidslagar, 1988.

Landshut, Stadt an der Isar (Bayern, Niederbayern), als Zentralort des wittelsbach. Hzm.s (→Wittelsbacher) 1204 von →Ludwig d. Kelheimer gegr., seit 1225 Hauptstadt des Unterlandes, seit Mitte des 15. Jh. des Hzm.s Bayern-Landshut (→Bayern, C.III, IV) bis 1506. Erste Rechtsverordnungen 1256, Bestätigung des Stadtrechts 1279 durch Hzg. Heinrich v. Niederbayern; Rat 1256 belegt; 1392 Stapelrecht bestätigt durch die Hzg.e Friedrich und Heinrich. Handelsbeziehungen des Patriziats mit Regensburg, Böhmen, Paris und Venedig (→Fondaco dei Tedeschi). Beschneidung der bürgerl. Privilegien durch Hzg. →Heinrich d. Reichen; Bürgerverschwörung 1410 niedergeschlagen. Im 15. Jh. ca. 9000 Einw.

Vor 1250 erste Stadterweiterung der »Altstadt« als Doppelstraßenzug mit öffentl. Versorgungsbauten (Fleisch- und Brotbänke), Ende des 13. Jh. »Neustadt«, 1338 »Freyung«. Nach Stadtbrand 1342 Bürgerhäuser in Stein. Mitte 14. Jh. größte Ausdehnung, Stadtmauer mit 9 Haupttoren ca. 40 ha umschließend; dazu die älteren Vorstadtsiedlungen Zwischenbrücken, St. Nikola, Gries (Achdorf) und Hagrain.

Die Burg Trausnitz wurde zusammen mit der Stadt zu bauen begonnen: roman. Georgskapelle, Wittelsbacherturm und got. Dürnitz der Reichen Hzg.e. - Got. Kirchenbauten: St. Martin (1380-1500), St. Jodok (1365/1405-47), Heiliggeist (1407-61) und St. Nikola (14. Jh./1480); L.er Bauhütte des Hans v. Burghausen (→Stethaimer) und seiner Nachfolger. Zisterzienserinnenabtei Seligenthal 1231, Dominikanerkl. 1271. Hzgl. Wirtschaftsbauten: Salzstadel 1425, Herzogskasten nach 1450. - 1475 »L.er Hochzeit« →Georgs d. Reichen mit Hedwig v. Polen (seit 1903 hist. Festspiel).

G. Spitzlberger

Q. und Lit.: A. STAUDENHAUS, Chronik der Stadt L., 1832 - Verh. des Hist. Vereins für Niederbayern, 1846ff. - H. BLEIBRUNNER, L.s Stadtbefestigung nach dem Sandtnermodell 1572, 1955 - L.er UB, 1-2, bearb. TH. HERZOG, 1963 - S. HIERETH, Hzg. Georgs Hochzeit zu L., 1984 - G. SPITZLBERGER, L. in Gesch. und Kunst, 1987.

Landshuter Erbfolgekrieg. Anlaß war das Testament des söhnelosen Hzg.s →Georg d. Reichen v. Bayern-Landshut (→Bayern, C.IV) vom 19. Sept. 1496, in dem er seine Tochter Elisabeth und deren künftigen Gatten, Pfgf. Rupprecht, zu Erben einsetzte und damit die auf das Reichsrecht und die Hausverträge v. 1392 und 1450 gegr. Ansprüche der Hzg.e →Albrecht IV. und Wolfgang v. Bayern-München überging. Noch kurz vor seinem Tode 1503 setzte Hzg. Georg seinen Schwiegersohn zum Statthalter ein. Die Parteien wandten sich an Kg. Maximilian, der zunächst die Münchener Hzg.e unter Vorbehalt belehnte; die pfälz. Hauptleute besetzten jedoch voreilig →Landshut und →Burghausen und lösten damit den Krieg aus. Die Pfälzer hatten nur Kfs. Philipp v. d. Pfalz und den niederbayer. Adel, die Münchener Hzg.e dagegen Kg. Maximilian, den →Schwäb. Bund, Hzg. Ulrich v. Württemberg, Lgf. Wilhelm v. Hessen, Mgf. Friedrich v. Brandenburg und die Reichsstadt →Nürnberg zu Bundesgenossen. Der mit großer Härte geführte Krieg endete mit der Eroberung der Feste Kufstein durch den Kg. und dem sog. »Kehrab« entlang dem Inn. Im Kölner Schied vom 30. Juli 1505 wurde das Landshuter Territorium in der Hauptsache den Münchener Hzg.en zugesprochen, doch wurde für Elisabeths und Rupprechts (beide † 1504) Söhne Ottheinrich und Philipp ein eigenes Fsm., die sog. »Junge Pfalz«, gebildet. Von den Entschädigungen an die Verbündeten wog am schwersten das »Interesse« Kg. Maximilians in Gestalt der Gerichte Kitzbühel, Kufstein und Rattenberg, des Zillertals sowie einiger schwäb. Besitzungen. G. Schwertl

Lit.: I. WÜRDINGER, Kriegsgesch. v. Bayern, Franken, Pfalz und Schwaben von 1347–1506, 1868, II, 174–279 – S. V. RIEZLER, Gesch. Baierns III, 1889 [Neudr. 1964], 580–638 – SPINDLER², II, 318–321.

Landsiedel heißt allg. schon seit dem 9. Jh. ein Bauer, der fremden Boden bewirtschaftet (»lantsidileo der framada erda niuzzit«, Ahd. Gll. I, 40). Seit dem 13. Jh. hat das Wort im heutigen Hessen und einigen angrenzenden Gebieten eine speziellere Bedeutung angenommen. L. ist nun ein Bauer, der seinen Besitz unter den charakterist. Bedingungen des L.rechts besitzt: auf Zeit (12, 24 oder 30 Jahre, höchstens auf Lebenszeit) und gegen einen Getreidezins, der oft als Drittel- oder Halbpacht (→Teilbau) auch dem Grundherrn einen Anteil am wachsenden Bodenertrag sicherte. Ähnl. wie beim süddt. Baurecht oder dem westfäl.-niedersächs. Meierrecht (→Meier) gingen die Güter der L. oft aus aufgelösten →Villikationen hervor. Seine eigtl. Rolle spielte auch das L.recht daher in der Zeit der spätma. →Agrarkrise bei der Wiederbesetzung wüst gewordener Ländereien (→Wüstung). Erst vom 16. Jh. an wird aus dem L.recht vielfach ein erbl. Besitzrecht. K. Kroeschell

Lit.: DtRechtsWb VIII, 628ff. – HRG II, 1570ff. [H. THIEME] – H. THIEME, Zum hess. L.recht (Fschr. A. SCHULTZE, 1934), 207ff. – K. KROESCHELL, Waldrecht und L.recht im Kasseler Raum, HJL 4, 1954, 117ff.

Landsknechte, im Gegensatz zu den Schweizer Fußtruppen Bezeichnung für die vom späten 15. bis zum Ende des 16. Jh. in »ksl. Landen« angeworbenen Fußsöldner. Schon früh ist die Umdeutung »Lanzknecht« belegt. Die L.e wurden in Fähnlein in ca. 500 Mann unter dem Befehl eines Feldhauptmanns zusammengefaßt. Diesen administrativen Einheiten wurden weitgehende Sonderrechte eingeräumt (Recht der langen Spieße). Sie wurden während der ndl. Kriege 1477–93 von Ks. →Maximilian I. (»Vater der L.«) nach Schweizer und auch böhm.-österr. Vorbildern gegr. Ihre nach allen Seiten von Langspießen starrenden Gewalt- oder Gevierthaufen (Igel) bildeten bewegl. Kampfverbände, die von Maximilian im Verbund mit Kavallerie und Artillerie offensiv eingesetzt wurden. Obwohl von Maximilian wiederholt versucht, mißlang eine Einbindung der L.e in die Wehrverfassung des Reiches. →Söldner. P. Thorau

Lit.: ZDPh 17, 1885, 200 – W. ERBEN, Beitr. zur Gesch. der L.e, Mitt. Heeresmus. 3, 1907, 96–120 – Dems., Max imilian I. und die L.e, HZ 116, 1916, 48–68 – G. FRANZ, Von Ursprung und Brauchtum der L.e, MIÖG 61, 1953, 79–98 – H. M. MÖLLER, Das Regiment der L. (Frankfurter Hist. Abh. 12, 1976) – G. KURZMANN, Maximilian I. und das Kriegswesen der österr. Länder und des Reiches [Diss. masch. Graz, 1983] – H. WIESFLECKER, Maximilian I., 5, 1986, 501–562, bes. 545–554.

Landskyld → Landgilde

Landstände → Stände

Landtafel v. Böhmen (registra regalia, Desky zemské), wichtigstes Instrument des böhm. Adels zum Nachweis des angebl. freien adligen Eigentums. Produkt der Verwaltungstätigkeit des böhm. Landgerichts in der 2. Hälfte der Regierungszeit Přemysl →Otakars II., gelangte die L. bald aus dem kgl. Machtbereich in den des Hochadels. Wegen des verheerenden Brandes der Prager Kleinseite und der Burg 1541 ist nur ein Zitationsquaternio von 1316–20 erhalten; alle übrigen Nachrichten müssen aus anderen Q. erschlossen werden. Zu den Zitationsquaternionen, die zu Prozeßsachen benutzt wurden, gesellten sich Kaufquaternionen (quaterni contractuum) zum Nachweis freien Bodenbesitzes, zu denen weitere spezielle Reihen hinzukamen: in Karls IV. Zeit der quaternio obligationum (Schulden), nach der Mitte des 15. Jh. die Libri memoriarum (Landtagsbeschlüsse u. ä.). Die Einträge waren dispositive Charakters und ersetzten die Urkk. Ursprgl. lat., beinhalten sie seit der hussit. Zeit zunehmend auch tschech. Einträge (seit 1495 obligator.). Sie wurden durch das fest strukturierte L.amt geführt und waren normalerweise nur 4 mal im Jahr zugängl. Nach böhm. Vorbild entstanden 1348 L.n in Mähren (zwei Reihen in Olmütz und Brünn) und in der 2. Hälfte des 14. Jh. auch in den Fsm.ern Troppau und Jägerndorf. I. Hlaváček

Ed.: Die L. des Markgrafthumes Mähren, 2 Bde, 1856 – J. EMLER, Reliquiae tabularum terrae regni Bohemiae, 2 Bde, 1870/72 [unvollst.] – *Lit.:* Česká diplomatika do r. 1848, 1971, 134–143 – P. BURDOVÁ, Desky zemské 1541–1869, Inventář, 2 Bde, 1990 [Vorwort].

Landtag → Stände

Landulf

1. **L. IV.,** *Fs. v. Benevent* (✕ 13. Juli 982), älterer Sohn des Herrn über die Langobardia minor, →Pandulf Eisenkopf, wurde im Herbst/Winter 969 von seinem Vater als Fs. v. Benevent anerkannt. Nach dessen Tod (Frühjahr 981) blieb er mit Unterstützung seiner Mutter Aloara in Benevent – vielleicht auch im Dukat Spoleto – an der Macht; in Salerno herrschte hingegen sein jüngerer Bruder Pandulf II. L. setzte die ks.freundl. Politik seines Vaters fort und unterstützte Otto II., der sich zur Vorbereitung eines Feldzugs gegen die Sarazenen in Süditalien aufhielt. Als im gleichen Jahr oder Anfang 982 in Benevent ein Aufstand ausbrach, um die Unabhängigkeit der Stadt von Capua wiederherzustellen, wurde L. vertrieben und ein Vetter von ihm zum Fs.en v. Benevent proklamiert. Zusammen mit seinem Bruder Athenulf fiel L. im ksl. Heer bei der katastrophalen Niederlage gegen die Sarazenen bei Stilo in Kalabrien. S. Gasparri

Lit.: J. GAY, L'Italie méridionale et l'empire byz. (867–1071), 1904, 311ff.

2. **L. VI.,** *Fs. v. Benevent,* † 7. Nov. 1077. Bereits unter Pandulf III. an der Herrschaft beteiligt, wurde L. 1059 Fs. v. →Benevent unter päpstl. Oberhoheit. 1074 erhob er seinen Sohn Pandulf IV. zum Mitregenten. Außerstande, Benevent gegen die Normannen zu verteidigen, unterstellte er sich 1073 formell Papst Gregor VII. und leistete ihm einen Lehnseid. Da er ohne Erben starb (sein Sohn war im Kampf gegen die Normannen gefallen), wurde Benevent fortan von päpstl. Rektoren regiert. S. Gasparri

Lit.: S. GASPARRI, Il ducato e il principato di Benevento (Storia del Mezzogiorno II/1, 1989), 141.

3. **L. d. Ä., L. d. J.** [1] *L. d. Ä.,* Mailänder Chronist, † nach 1085, Identität unbekannt, verfaßte 4 Bücher zur Mailänder Gesch., die weniger historiograph. als vielmehr theol.-pädagog. Intentionen verfolgen: Erhöhung der ambrosian. Kultur und Betonung ihrer Eigenständigkeit, rigorose Ablehnung der Paterener.

[2] *L. Continuator d. J.* (auch L. v. S. Paolo), Mailänder Kleriker niederer Herkunft und antipateraren. Gesinnung,

verfaßte die von 1097 bis 1136 reichende »Historia Mediolanensis« mit z. T. autobiogr. Charakter. R. Pauler

Ed.: L. i historia Mediolanensis usque ad a. 1085, ed. L. BETHMANN–W. WATTENBACH, MGH SS 8, 36–100 – MURATORI² IV, 2, ed. A. CUTOLO – L. i de Sancto Paulo Historia Mediolanensis a 1097–1137, ed. L. BETHMANN–PH. JAFFÉ, MGH SS 20, 17–49 – MURATORI² V, 3, ed. C. CASTIGLIONI – *Lit.:* WATTENBACH-HOLTZMANN 3, 919–922 – O. CAPITANI, Storiografia e riforma della chiesa in Italia (Arnolfo e Landolfo seniore di Milano) (Sett. cent. it. 17/II, 1970), 557–629 – J. W. BUSCH, L. i senioris Historia Mediolanensis – Überlieferung, Datierung und Intention, DA 45, 1989, 1–30 – O. CAPITANI, Da Landolfo seniore a Landolfo iuniore: Momenti di un processo di crisi (Atti dell'11° Congr. Internaz. di Studi sull'alto Medioevo, 1989), 589–622.

Landulfus »Patarinus«, mailänd. Kleriker, † um 1062, entstammte einer Mailänder Adelsfamilie, vielleicht den Capitanei »Da Besana« (nicht »Cotta«, wie traditionell angenommen wurde); gehörte als Notar dem höheren Domklerus an. Nicht zuletzt infolge seiner Bildung und Rednergabe fungierte er unter den Kandidaten für die Nachfolge Bf. →Ariberts II. († 1045). Nach der Weihe des neuen Bf.s Guido da Velate (1045–71) gehörte L. zu den Promotoren der gegen →Nikolaitismus und →Simonie gerichteten →Pataria-Bewegung. Als Mitglied des Capitanealadels und des hohen Klerus galt L. bei den Gegnern der Pataria als Verräter, wurde auf der Provinzialsynode v. Fontaneto (Nov. 1057) exkommuniziert und auf der Reise nach Rom, wo er die päpstl. Unterstützung für die Pataria erwirken wollte, bei Piacenza gefangengenommen und brutal mißhandelt. 1059 unterstützte er Petrus Damiani bei dessen schwieriger Mission in Mailand. 1061 oder 1062 starb er an den Spätfolgen der erlittenen Mißhandlungen.
P. Golinelli

Lit.: →Erlembald – Storia di Milano, III, 1954, 130–157 [G. L. BARNI] – C. VIOLANTE, La pataria milanese e la riforma ecclesiastica I, 1955, 168–170, 177–182, 198 f. – DERS., Studi sulla cristianità mediev., 1972, 145–246 – H. KELLER, Alcune ipotesi sulla discendenza di Landolfo ed Erlembaldo »Cotta« (Le istituz. d. Societas Christiana, 1977), 184–186 – P. GOLINELLI, La Pataria, 1984 – E. WERNER, Ketzer und Hll., 1986, 89–95.

Landvermessung → Vermessung

Landvogt, -vogtei. Unter Kg. Rudolf v. Habsburg und seinen nächsten Nachfolgern wurden zur Verwaltung des aus der Stauferzeit überkommenen oder wiedergewonnenen Reichsgutes L. eien (advocatia provincialis, *langtfautye* u. ä.) eingerichtet. Die wichtigsten waren die in Oberschwaben, in Niederschwaben, im Elsaß, im Speyergau und in der Wetterau. Daneben gab es mehrere kleine L. eibezirke. Die L. eien waren Bereiche meist ohne feste Grenzen, in denen Reichsstädte, ländl. Gerichtsbezirke, Reichswälder, Reichsdörfer, Judenrecht und sonstige nutzbare Rechte zusammengefaßt waren. An ihrer Spitze stand ein L. (advocatus provincialis, iudex provincialis, advocatus terrae, *lantvogt* u. ä.), der vorwiegend dem Kreis der Gf. en oder Territorialherren entstammte. In der Verwaltung des Reichsgutes hatten die L. e weitreichende Befugnisse. Sie waren den lokalen Schultheißen und Amtleuten übergeordnet, zogen die Reichseinkünfte ein (häufig mit Ausnahme der direkten Städtesteuern), übten eine in den einzelnen Amtsbezirken verschieden umfangreiche Gerichtsbarkeit aus. Darüber hinaus stand ihnen eine umfassende Stellvertretung des Kg. s in ihrem Amtsbereich zu, v. a. in der Durchsetzung kgl. Politik und der Wahrung kgl. Herrschaftsrechte gegenüber dort ansässigen Dynasten und Niederadligen. Sie sorgten für den militär. Schutz ihrer Gebiet und konnten dafür im Namen des Herrschers Streitkräfte aufbieten. Vielfach waren sie an der regionalen Landfriedenswahrung beteiligt, sei es als Landfriedenshauptleute oder als Vorsitzende bzw. Urteiler im Landfriedensgericht. Eine Vergütung für ihre Tätigkeit erhielten die L. e aus den Einkünften der L. eien oder durch Überlassung von nutzbaren Reichsrechten bzw. den Erwerb von Reichspfandschaften. Im allg. erfüllten die L. eien die ihnen im Rahmen der Reichsverfassung zugedachten Aufgaben bis in die 2. Hälfte des 14. Jh. hinein, solange der Herrscher Leute seines Vertrauens einsetzen und sie auch wieder abberufen, er also die freie Verfügungsgewalt über das Amt bewahren konnte. Unter Ks. Karl IV. setzte der Niedergang der Institution ein. Die Gründe dafür sind vielfältig: Durch Vergabungen und Verpfändungen wurde die Substanz des Reichsgutes und damit der L. eien gemindert, durch Übertragung des Amtes auf Lebenszeit und durch zunehmende Erblichkeit in einzelnen Familien wurde der Amtscharakter der L. eien ausgehöhlt und damit ihr Nutzen für das Kgtm. gemindert. Schließlich wurden sie als Ganzes zu Pfandobjekten und um polit. Ziele willen an Reichsfs. en vergeben. Im 15. Jh. verschwanden dann die L. eien allmähl. oder verloren ihre Funktion als Herrschafts- und Verwaltungsinstrumente des Kgtm. s weitgehend. F. Schwind

Lit.: HRG II, 1597 f.; IV, 699 ff. – O. REDLICH, Rudolf v. Habsburg, 1903 [Neudr.: 1969], 454–462 – H. NIESE, Die Verwaltung des Reichsgutes im 13. Jh., 1905 [Neudr.: 1969], 267–322 – J. BECKER, Gesch. der Reichslandvogtei im Elsaß..., 1273–1648, 1905 – H. SCHREIBMÜLLER, Die L. im Speyergau, 1905 – F. SCHWIND, Die L. in der Wetterau, 1972 – E. SCHUBERT, Kg. und Reich, 1979, 189–203 – H.-G. HOFACKER, Die schwäb. Reichslandvogteien im späten MA, 1980.

Landwehr (auch Landgraben, Landhege, Stadthagen, Knick, Gebück u. ä.): meist aus Wall und vorgelegtem Graben bestehende →Befestigung eines größeren Gebietes, im Einzelfall auch das von ihr umwehrte Gebiet selbst. Die Wälle waren regelmäßig mit Hecken oder Dornsträuchern bestanden, die verflochten oder geknickt (gebückt) sein konnten. Die lange als röm. angesehenen hoch- bis spätma. (nur selten auch frühnz.) L. en sind oft mehrgliedrig oder fügen einem Einzelwall zwei Gräben an. An den Rändern eines Territoriums bezeichnet meist nicht die L. selbst die Grenze, sondern nutzt leichter zu sperrende Lagen aus und schneidet auch Ausbuchtungen ab; größere Anlagen sind da unterbrochen, wo natürl. Hindernisse (Moore, Steilhänge) ihre Funktion übernehmen, und können gestaffelt sein. Kirchspielsl. en sind hauptsächl. auf Verhinderung von Viehraub abgestellt, Stadthagen schaffen vor den eigtl. Stadtmauern einen gesicherten Wirtschaftsbereich. Durchlässe sind durch (in Kriegszeiten besetzte) Schlagbäume, insbes. bei Stadtl. en oft durch Warten gesichert. H.-K. Junk

Lit.: HOOPS III – W. ENGELS, Die L. en in den Randgebieten des Hzm.s Berg, Zs. des Berg. Gesch.-Vereins 66, 1938 – K. WEERTH, Westfäl. L. en, Westfäl. Forsch. 1, 1938; 8, 1955 – Führer zu vor- und frühgesch. Denkmälern, 1964–82 – H. WOLTERING, Die Landstadt Rothenburg ob der Tauber und ihre Herrschaft über die L. [Diss. Münster 1965] – P. GRIMM, Zu den L. en des oberen Eichsfeldes (Stud. zur europ. Vor- und Frühgesch., hg. M. CLAUS u. a., 1968) – Führer zu archäol. Denkmälern in Dtl., 1983 ff. – E. TAPPE, Die Bedeutung der Lemgoer L. en (800 Jahre Lemgo, hg. P. JOHANEK – H. STÖWER, 1990).

Landwirtschaft, im MA und vor dem endgültigen Durchbruch der industriellen Revolution im 19. Jh. die wichtigste wirtschaftl. Tätigkeit, wurde v. a. von drei Faktoren bestimmt: der wirtschaftl.-sozialen Organisation der Gesellschaft (einschließl. der demograph. Entwicklung), den geogr. Bedingungen und der phys. Beschaffenheit des Bodens, der Verschiedenheit des →Klimas. Unter klimatolog. Aspekten kann der größte Teil Europas in zwei Zonen gegliedert werden, eine nördl. und eine südl., wobei die Grenze zw. den beiden Zonen ungefähr durch den Lauf der Loire und die Alpen markiert wird. Bedingt durch die größere natürl. Feuchtigkeit der nördl. Zone, konnten hier schon seit dem FrühMA Sommerfrüchte (→Getreide, u.a. Gerste und Hafer; →Hülsenfrüchte) in geregelter Weise angebaut werden, während die →Brache rasch zurückgedrängt wurde. Andererseits verhinderte der starke Wasserüberschuß vieler Böden eine schnelle Steigerung der Produktion. In der südl. Zone dagegen war infolge des Wassermangels und der trockenen Sommer eine ständige landwirtschaftl. Nutzung eines Großteils der Böden nur mit Hilfe künstl. →Bewässerung möglich. Hierdurch war der Anbau von Sommerfrüchten stark eingeschränkt. Das Übergewicht des Wintergetreides führte zu einem starken Anteil der Brache innerhalb der Fruchtwechselsysteme. Dennoch verbreiteten sich gerade im mediterranen Bereich, v.a. in Südspanien (al-Andalus), dank der Araber und ihrer hochentwickelten Bewässerungssysteme progressive Agrartechniken und der Anbau neuer Gewächse, doch verfielen diese Neuerungen z.T. infolge der Reconquista. In Italien blieben mancherorts auf lokaler Basis Relikte fortschrittl. röm. Agrikultur erhalten. Seit der Karolingerzeit war es jedoch stärker das nördl. Europa, das auf landwirtschaftl. Gebiet die führende Rolle einnahm, weitgehend parallel zum Verstädterungsprozeß (→Stadt), zu den Wandlungen der sozio-ökonom. Bedingungen und zum Bevölkerungswachstum (→Bevölkerung). Einfache Anbausysteme wie →Feldgraswirtschaft, Einfeldwirtschaft und →Dauerackerbau wurden nun allmähl. von den Flursystemen der →Zweifelderwirtschaft und der – mancherorts seit dem 9.Jh. auftretenden – →Dreifelderwirtschaft verdrängt. In der Periode vom 9. bis zum 13.Jh. durchlief die europ. L. eine zugleich langsame wie schnelle Entwicklung, die sowohl in die Tiefe als auch in die Breite wirkte. Die Erträge konnten während dieses Zeitraumes im Durchschnitt auf das Dreifache erhöht werden. Dieser Aufwärtstrend beruhte stärker auf intensiver Bearbeitung und größerer Effizienz (z.B. Einsatz von Pferden anstelle von Pflugochsen, ermöglicht u.a. durch den Anbau von Hafer) als auf techn. →Innovationen (z.B. tiefer eindringende Pflugtypen), deren Bedeutung heute gegenüber der älteren Forschung (die noch von einer »agrar. Revolution« sprach) stark relativiert worden ist. Noch größere Bedeutung als die Vertiefung und Intensivierung hatte die Ausbreitung der landwirtschaftl. Tätigkeit durch ausgedehnte räuml. Erschließung, die sich seit dem 11.Jh. beschleunigte (→Landesausbau und Kolonisation, →Deich- und Dammbau) und mit der Einführung neuer Techniken (Entwässerung, engl. *ridge-and-furrow-system*, Mergeldüngung seit dem 12.Jh.) sowie Fruchtwechselsystemen, die den neuen Gegebenheiten angepaßt waren (→Driesch), gekoppelt war. Als die Rodungsbewegung im 13.Jh. auslief und in die →Agrarkrise umschlug (→Wüstung), gingen viele Agrarregionen zu spezialisierten Kulturen und Wirtschaftsweisen über (Schafhaltung in England und Spanien, →Mesta; Weinbau in Burgund usw.), während in den urbanisierten Gebieten Flanderns und Nordfrankreichs, z.T. auch in England (Norfolk) die Grundlagen für eine intensive Agrartechnik geschaffen wurden, deren wichtigste Charakteristika Einschränkung der Brache, Anbau von marktorientierten Produkten und →Futterpflanzen sowie Düngung mit Stallmist waren. Dies markiert eine wichtige Etappe innerhalb der Entwicklung der europ. L.; eine revolutionäre Veränderung der Agrartechniken und -methoden stieß aber nicht zuletzt wegen der fundamentalen Probleme der Entwässerung und ausreichenden →Düngung an ihre Grenze. Stets mußte ein großes Kontingent an Brachland zur unmittelbaren Beweidung und Bedüngung durch das Vieh reserviert werden. Unter diesen Voraussetzungen war die Zweifelderwirtschaft in Süd- und Mitteleuropa noch das am meisten angewandte Fruchtwechselsystem. →Ackergeräte, →Agronomie, →Bauer, -ntum, →Dorf, →Flur, →Grundherrschaft u.v.a.

E. Thoen

Lit. L. WHITE jr., Die ma. Technik und der Wandel der Ges., 1958 – G. DUBY, L'économie rurale et la vie des campagnes dans l'Occident médiéval, 2 Bde, 1962 – B. H. SLICHER VAN BATH, The Agrarian Hist. of Western Europe, A.D. 500–1850, 1963 – Dt. Agrargesch. II [W. ABEL] – H. HILDEBRANDT, Stud. zum Zelgenproblem. Unters. über flurl. Anbau... (Mainzer Geogr. Stud. 14, 1980) – A.M. WATSON, Towards Denser and More Continuous Settlement: New Crops and Earning Techniques in the Early MA (Pathways to the Medieval Peasant, 1980) – G. ASTILL-A. GRANT, The Countryside of medieval England, 1988 – A. VERHULST, The »Agricultural Revolution« of the MA reconsidered (Essays B. LYON, 1990), 17–28.

Landwirtschaftliche Literatur (Byzanz). Trotz der großen Bedeutung der L. im Byz. Reich ist die theoret. Lit. gering und wenig originell oder rein techn.-jurist. Charakters. Die Praxis des Landbaus war (wie üblich bis in die NZ) mündl. überliefert und nur die gehobenen gesellschaftl. Schichten hatten Interesse an lit. Traktaten. An erster Stelle stehen die im Kreise des Ks.s →Konstantin VII. aus älteren Schr. (Vindanios Anatolios, 4.Jh.; Cassianus Bassus, 6.Jh.) kompilierten »Geoponika« mit Anweisungen über Weinbau, Öl- und Obstkultur, Gemüse und Ziergewächse sowie Tierzucht, in geringem Umfang über Getreideanbau (in rund 50 unterschiedl. vollständigen Hss. überliefert). Michael →Psellos stellte daraus in eigener Version einen Landbautraktat zusammen. Schon bei Psellos, bes. aber den botan. Gedichten des Manuel →Philes steht eher die Rhetorik als die L. im Mittelpunkt, und verschiedene Pflanzenlexika (z.T. aus den »Geoponika« exzerpiert) sind mehr im Rahmen der Medizin und der Pharmazie als der Agrikultur zu behandeln. Das Gelingen von Saat und Ernte ist ohne abergläub. Praktiken undenkbar, die in den »Geoponika« und der καταρχαί-Lit. (= Rolle der Sternzeichen beim Beginn einer Tätigkeit) eine bedeutende Rolle spielen. Die reiche byz. Überlieferung der »Werke und Tage« Hesiods, oft versehen mit in ihrer Aktualität sehr fragwürdigen Skizzen von Landgeräten, bezeugt das lit. Interesse am Landbau. In der Gesetzgebung widmet sich speziell der Nomos Georgikos der L., dessen Bestimmungen auch von der späteren Gesetzgebung z.T. übernommen werden. Wichtig für den Fiskus war die Berechnung der Größe des Landbesitzes, worüber zahlreiche Feldmessernotizen und einige wenige Finanztraktate existieren. – Zur landwirtschaftl. Literatur im Westen s. →Agronomie.

P. Schreiner

Q. und Lit.: M. Psellus, Περὶ γεωργικῶν, rec. J.-F. BOISSONADE (Anecdota Graeca I, 1829, 242–247) – Geoponica sive Cassiani Bassi scholastici de re rustica eclogae, rec. H. BECKH, 1895 – M.H. THOMSON, Textes grecs inédits relatifs aux plantes, 1955, 50–63 – Nomos Georgikos, rec. I.P. MEDVEDEV, 1984 – Le parafrasi biz. del Περὶ καταρχῶν di Massimo, rec. P. RADICI COLACI, 1988, 111–117 – F. DÖLGER, Beitr. zur Gesch. der byz. Finanzverwaltung bes. des 10. und 11.Jh., 1927, 113–123 – J. KARAYANNOPULOS, Frgm.e aus dem Vademecum eines byz. Finanzbeamten (Polychronion, 1966), 319–334 – G. DERENZINI-C. MACCAGNI, Per la storia degli attrezzi agricoli. Una tradizione iconografica nei codici esiodei? (Le Macchine [= Boll. dell'Inst. It. per la storia della tecnica, 6/7, 1970], 1–29 – J.L. TEALL, The Byz. Agricultural Tradition, DOP 25, 1971, 33–59 – HUNGER, Profane Lit. II, 271–276 – E. SCHILBACH, Byz. metrolog. Q., 1982 – A. BRYER, Byz. Agricultural Implements. The Evidence of Medieval Ill. of Hesiod's Works and Days, The Annual of the British School at Athens 81, 1986, 45–80.

Lanfranc

1. L. v. Canterbury, Ebf. v. →Canterbury seit 1070,

Theologe, * um 1010 in Pavia, † 28. Mai 1089 in Canterbury.

[1] *Leben und Wirken:* L. entstammte einer Familie von 'iudices sacri palatii' in Pavia, studierte an mehreren oberit. Schulen die Artes liberales, begann dann n. der Alpen eine Laufbahn als Lehrer, in Burgund, in Loiretal und schließl. an der Kathedralschule (→Domschule) v. →Avranches (Normandie). Die Überlieferung, daß er in dieser Zeit Recht studiert und gelehrt habe, ist kaum belegbar. Hauptq. für L.s Leben ist →Ordericus Vitalis, der möglicherweise einen – verlorenen – Abschnitt der »Gesta Guilelmi Ducis« des →Wilhelm v. Poitiers benutzt hat. 1042 trat L. in die Abtei Le→Bec-Hellouin ein, damals im wesentl. ein Eremitenverband. Als Prior (1045–63) sorgte L. für die monast. Disziplin und stellte die Abtei auf gesicherte finanzielle Grundlagen, wobei er u. a. durch die Aufnahme zahlreicher Schüler in die Kl.schule einen Fonds für Landkäufe schuf. Einer seiner Schüler war →Anselm, der ihm als Prior v. Le Bec nachfolgte. Hzg. →Wilhelm ernannte L. 1063 zum Abt seiner Gründung St-Étienne de →Caen, nach der Eroberung Englands zum Ebf. v. Canterbury. L. betrieb energ. die Errichtung der norm. Kontrolle über die Kirche Englands. Er hielt Synoden ab, erzwang Treuebekenntnisse (professiones) von den Bf.en und reduzierte die Jurisdiktionsrechte des konkurrierenden Ebm.s →York. Das Bündnis mit Wilhelm d. Eroberer und dessen Sohn und Nachfolger Wilhelm II. Rufus festigte seine vor lokalen Widerständen und äußerer Einmischung geschützte Kirchenpolitik. L. hielt sich 1050 (Leo IX.) sowie 1067 und 1071 (Alexander II.) in Rom auf und erhielt Legationen von Alexander II. und Gregor VII. Die letzte dieser Legationen (1080) umfaßte auch den Auftrag, Kg. Wilhelm d.Eroberer zur Leistung des Lehnseides zu veranlassen. Wilhelms Weigerung (L., Letter 39) und die Weihe des Gegenpapstes Clemens III. führten zu einer umsichtigen Neutralität der engl. Kirche sowohl gegenüber Gregor VII. als auch gegenüber Heinrich IV. In Canterbury baute L. die monast. Gemeinschaft auf, stellte den verfallenen Kathedralbau wieder her und erwarb entfremdete Güter zurück. Auch legte er den Grundstein zu einer patrist. Bibliothek. Über␣L.s monast. Laufbahn berichtet die ›Vita Herluini‹ des →Gilbert Crispin, z. T. auch die im 12. Jh. aus älterem Material kompilierte »Vita Lanfranci«.

[2] *Werke:* L.s theol. Auffassungen der Jahre nach 1050, als er in der Schule v. Le Bec den Psalter und die Paulusbriefe auslegte, waren innovativ, in der späteren Zeit dagegen stärker konservativ. Sein Traktat »De corpore et sanguine domini« (um 1063), der im Eucharistiestreit die Auffassung →Berengars v. Tours widerlegen will, macht ausgiebigen Gebrauch von der auf→Paschasius Radbertus zurückgehenden Väterkatene. Nur in großer Kürze und mit Vorsicht behandelt L. in Zusammenhang mit der Abendmahlslehre die philos. Begriffe 'natura' und 'essentia' (cap. 18). Seine monast. Anleitung, die »Constitutiones«, bewegt sich auf dem sicheren Boden cluniazens. Tradition. Seine eigenständigste Leistung sind wohl die 60 Stücke seiner Briefslg., in denen sie die pastoralen und polit. Aufgaben des Ebf.s v. Canterbury in der Zeit nach der norm. Eroberung reflektiert.

M. T. Gibson

Ed. und Q.: MPL 150 [Nachdr. der Ed. von L. D'Achery, Paris 1648] – *Krit. Ed.:* Constitutiones, ed. D. Knowles, 1951 [Nachdr.: CCM III, ed. K. Hallinger, 1967] – Letters, ed. H. Clover–M. T. Gibson, 1979 – Vita L., ed. M. T. Gibson (L. di Pavia, ed. G. d'Onofrio) [im Dr.] – s. a. Ed. zu →Gilbert Crispin – *Lit.:* B. Smalley, La Glossa Ordinaria: quelques prédécesseurs d'Anselme de Laon, Recherches de Théologie Ancienne et Médiévale 9, 1937, 365–400 – J. de Montclos, L. et Bérenger, 1971 – M. T. Gibson, L. of Bec, 1978 – F. Barlow, The English Church 1066–1154, 1979 – M. Richter, Canterbury Professions, 1979.

2. L. Cigala →Cigala

3. L. v. Mailand ([A]l[l]af[f]ranco; Guido L.chi; Landfrank), bedeutendster Chirurg des SpätMA, * um 1245 in Mailand, † vor 1306 in Paris. Arzt- und Medizinstudium in Bologna; durch Wilhelm v. Saliceto in die →Chirurgie (der Borgognoni) eingeführt, ließ sich L. v. 1270 in Mailand nieder, bei Adel und hohem Klerus als Wundarzt begehrt. Von Matteo Visconti wegen Beziehungen zu den →Ghibellinen verbannt, ging L. zunächst nach Lyon, 1295 nach Paris. Seine unter dem Schutz der Med. Fakultät (Jean Passavant) angebotenen Vorlesungen mit prakt. Operationsübungen erlangten internat. Ruf und sicherten Frankreich nach der Lombardei ab dem 14. Jh. die Führung in der Chirurgie (→Guy de Chauliac). Jan →Yperman und→Heinrich v. Mondeville zählen zu L.s Schülern. Beachtl. sind seine Neuerungen auf operativem und konservativem Gebiet (Schlundsonde; Nervennaht; wundärztl. Pharmazie). L.s wundärztl. Lehrschr., die »Große Chirurgie« (»Liber de chirurgia«/»Ars completa totius chirurgiae«, 1290–1296 verf., sowie die daraus abgeleitete »Kleine Chirurgie« (»Libellus [Opusculum] de chirurgia«) behaupteten sich bis 1575 (Ambroise Paré) an der Spitze chirurg. Lehrbücher. Zahlreiche volkssprachige ma. Übers. (frz., okzitan., span., it., engl., dt., ndl.); eine Imitation des frühen 14. Jh., der »Jonghe Lanfranc«.

G. Keil

Lit.: Verf.-Lex.² IV, 836–838; V, 560–572 – J. Deschamps, Mnl. vertalingen van de Chirurgia Magna van L., VMKVA, 1987, 469–472 – R. Jansen-Sieben, Rep. van de Mnl. artes-literatuur, 1989, 92 u. ö.

Langen, Rudolf v. → Rudolf v. Langen

Langham, Simon OSB, Bf. v. →Ely 1362–66, † 1376, ⌑ zunächst in Avignon, später in Westminster Abbey (Grabmahl von Henry Yevele); 1349 Abt v. St. Peter, Westminster, 1360–63 Treasurer of →Exchequer, 1363–67 Kanzler, 1362 zum Bf. v. Ely gewählt (auch zum Bf. v. London, was er jedoch ablehnte) und eingesetzt, 1366 Ebf. v. →Canterbury; doch resignierte L. 1368, als er zum Kard.-presbyter v. St. Sixtus durch den avign. Papst Urban V. ernannt wurde; 1373 Kard.bf. v. Praeneste; 1374 zum Ebf. v. Canterbury gewählt, aber vom Papst wegen seiner Unabkömmlichkeit in Avignon nicht bestätigt. L. zeigte als Bf. und Ebf. große Disziplin und war ein hoch geachtetes Mitglied der kgl. Verwaltung. Als Pfründen hatte er u. a. die Ämter des Dean of Lincoln, des Treasurer of Wells, des Archidiakons v. Wells, Taunton und West Riding inne. Westminster Abbey wurde von L. bes. gefördert.

E. O. Blake

Lit.: DNB XXXII – J. A. Robinson, S.L., Abbot of Westminster, ChQR 66, 1908 – D. Knowles, The Religious Orders in England, II, 1955.

Langland, William, engl. Dichter, * um 1330, † um 1387 (?); wohl Angehöriger des niederen Klerus aus den sw. Midlands (SW-Worcestershire), lebte z. T. in London, Verf. der »Vision of Piers Plowman« (PPl), einem allegor. Traumgedicht in ungereimten allit. Langzeilen (→Alliteration, C.IV), das in drei Fassungen (A, B, C) vorliegt, wobei B und C L.s Überarbeitungen der jeweils früheren Version darstellen. Die Meinung, daß ein A-Ms. eine Vorstufe (Z) von A zeigt, wird nicht allg. geteilt. Die Verf.schaft L.s wird bereits in einem Ms. von ca. 1400 extern bezeugt, im Text ist Wille der Name des Träumers, und in B.xv.152 sieht man ein Anagramm des Namens. Version A (zw. 1368 und 1374) umfaßt einen Prolog und

11 Passus (und den Anfang eines 12. mit Abschluß durch John But [2441 und 117 Z.], B (zw. 1377 und 1379/81) einen Prolog und 20 Passus (7303 Z.), C (zw. 1379/81 und ca. 1385) einen Prolog und 22 Passus (7344 Z.). Nach B besteht das Werk aus acht Visionen, die auch als themat. Einheiten fungieren: 1 (Prol. und Passus I–IV), 2 (V–VII), 3 (VIII–XII, mit einem inneren Traum in XI), 4 (XIII–XIV), 5 (XV–XVII, mit einem inneren Traum in XVI), 6 (XVIII), 7 (XIX) und 8 (XX). Die Hss. zeigen z. T. eine Gliederung in die »Visio« (bis VII) und die »Vita« (VIII– XX) mit einer weiteren Unterteilung in »Vita de Dowel«, »V. de Dobet« und »V. de Dobest«.

Das Werk charakterisiert durch raschen Szenenwechsel und komplizierte Vielfalt der Bezüge, die ihren Ursprung in der Verflechtung einer horizontal angelegten (Pilger-)Reise durch Gegenwart und Heilsgesch. mit einem vertikal angelegten meditativen Aufstieg haben. Das Ziel ist in beiden Fällen Truth, die gleichzeitig in einer Burg und im Herzen jedes Menschen ihren Sitz hat. Die Eingangsvision des »faire feeld of folk« wird dem Träumer von Holy Church erläutert, die ihn über »treuthe« als wertvollsten »tresor« aufklärt, der als Meed personifiziert auftritt, an deren Gestalt das Problem des gerechten Lohns und der Käuflichkeit diskutiert wird. Eine Predigt von Reason treibt sogar die sieben Todsünden zur Beichte. Den Weg zu Truth kann jedoch nur Piers durch Befolgung der Gebote und Arbeit weisen, wofür er einen zweifelhaften Ablaß erhält. Am Ende, als die Scheune Unité, in die der Ertrag geistl. Landarbeit eingebracht werden soll, durch →Antichrist zerstört ist, ist Piers nicht auffindbar, und Conscience will sich erneut auf die Suche begeben. Dazwischen wird die Pilgerschaft verinnerlicht zum Suchen der einzelnen Seele nach Dowel. Will trifft dabei auf Helfer wie Thought, Wit, Clergy, Scripture und Imaginatif. Später begegnen Conscience, Patience und Will Haukyn the Active Man, dessen Mantel immer wieder befleckt ist. Von Anima (C: »Liberum Arbitrium«) geleitet, wird Will über die Liebe im Bild des arbor caritatis unterrichtet, der in Piers' Garten wächst. Mit Faith und Spes trifft Will auf den Samariter, der das Wesen der Trinität darlegt. In der Palmsonntagsvision tritt uns die Auferstandene in einer Mischung aus Samariter und Piers entgegen, kämpft am Kreuz, und die vier Töchter Gottes streiten über die Bedeutung der Szene, unterbrochen durch die Debatte zw. Christ und Satan. Mit dem »Te deum laudamus« erwacht der Erzähler (zum 6. Mal) und ruft Frau und Tochter herbei (vgl. die »autobiograph.« Passage in C). Der blutige Piers erscheint als Christus, der dem Pflüger die Schlüsselgewalt Petri gibt. Grace verteilt Waffen gegen Antichrist, und Piers erhält vier Ochsen (Evangelisten), vier Pferde (Kirchenväter) und die Eggen des AT und NT, um das Feld der Wahrheit zu bestellen und die Samenkörner der vier Kardinaltugenden zu säen. Jedoch entstehen auch wieder Sünden, und Conscience und die Gläubigen müssen in die Kirche fliehen, die von Antichrist und seinen Anhängern von außen und innen angegriffen wird.

L.s orthodoxes Denken basiert auf der monast. Komm.lit., er kennt aber auch moderne Strömungen. Beides läßt sich in seiner Bildersprache, in der Verwendung von chr. Etymologie und Wortspiel, von gramm. und jurist. Terminologie nachweisen. In den Fragen der temporalia und seinem Eintreten für die Armen steht L. →Wyclif nahe, jedoch sind ihm häret. Ansichten fremd. Sein Traumgedicht beinhaltet auch Elemente anderer Gattungen wie →Allegorie, Debatte und Klage, Predigt-lit., eschatolog. und zeitkrit. Lit. Direkte Q. sind kaum nachweisbar.

Mit 52 Mss. und drei Frgm.en sowie Crowleys Drukken von 1550 (STC², Nr. 19906–07a) ist das Werk gut überliefert. Kennntnis des Textes zeigen ferner →»Pierce the Plowmans Crede« und →»Mum and the Sothsegger«.
K. Bitterling

Bibliogr.: NCBEL I, 533–544 – ManualME 7. XVIII, 1986 – A. J. COLAIANNE, 1978 – V. DIMARCO, 1982 – D. PEARSALL, 1990 – S.a.: The Yearbook of L. Stud. 1ff., 1987ff. – *Ed.:* A: G. KANE, 1960, 1988² – B.: DERS. – E. T. DONALDSON, 1975, 1988² – A. V. C. SCHMIDT, 1978, 1987² – C.: D. PEARSALL, 1978 – Z.: A. G. RIGG – C. BREWER, 1983 – *Lit.:* J. LAWLOR, PPl: An Essay in Criticism, 1962 – E. SALTER, PPl: An Introduction, 1962, 1969² – A Companion to PPl, hg. J. A. ALFORD, 1988 – M. GODDEN, The Making of PPl, 1990 – J. SIMPSON, PPl: An Introduction to the B-text, 1990.

Langley, Thomas, Bf. v. →Durham seit 9. Aug. 1406, * um 1362/63, † 20. Nov. 1437 in Auckland (Durham), 1399–1401 kgl. Sekretär, 1401–05 Keeper of the Privy Seal, 1405–07 und 1417–24 Kanzler; stammte aus einer verarmten Adelsfamilie aus Middleton (Lancashire). Wegen seiner administrativen Fähigkeiten und seiner Loyalität wurde L. sowohl von John of Gaunt als auch nach 1399 von Heinrich IV. sehr geschätzt. L. kümmerte sich um seine zahlreichen Ehrenämter (B. Dekanat v. York, Archidiakonat v. Norfolk). Die päpstl. Ablehnung seiner Ernennung zum Ebf. v. York (1405–06) durch den Kg. erfolgte aus polit. Gründen. Er leitete die engl. Delegation zum Konzil v. →Pisa, war wiederholt im kgl. Rat und stand an der Spitze der engl. Gesandtschaften bei den Verhandlungen mit Frankreich, die der Invasion von Heinrich V. vorangingen. Während der Vormundschaftsregierung für Heinrich VI. durch den uneinigen Regentschaftsrat hatte L. 1422–26 stellvertretende kgl. Gewalt inne. Bis 1435 wurde er wiederholt in den kgl. Rat berufen.
R. G. Davies

Q. und Lit.: R. L. STOREY, The Register of T.L. (Surtees Soc., 1956–70) – DERS., T.L. and the Bishopric of Durham, 1961.

Langmann, Adelheid, Mystikerin, * 1306, † 22. Nov. 1375; aus ratsfähigem Nürnberger Geschlecht, trat etwa fünfzehnjährig in das Dominikanerinnenkl. →Engelthal ein, wo sie ein von Krankheiten, Askese und myst. Erlebnissen geprägtes Dasein führte. Ihre Offenbarungen wurden aus Selbstaufzeichnungen bzw. Diktaten mit anderem Material über sie zu einem mhd. 'Gnaden-Leben' zusammengestellt. Es verzeichnet, dem Kirchenjahr folgend, die an sie gerichteten Tröstungen und oft allegor. Belehrungen Christi, der sie im Minnedialog als Kind, Schwester, Braut anspricht; Höhepunkt ist die wiederholte Unio mystica. Daneben berichtet L. bes. von Christkind-, Marien- und Hl.nerscheinungen. Sehr oft beschäftigt sie sich mit Fegefeuer und Armen Seelen, von denen kraft ihrer Gottesliebe immer wieder viele Tausende freikommen.
P. Dinzelbacher

Bibliogr.: G. J. LEWIS, Bibliogr. zur dt. Frauenmystik des MA, 1989, 261f. – *Ed.:* Die Offenbarungen der A.L., ed. PH. STRAUCH, 1878 – *Lit.:* DSAM IX, 221–223 – Verf.-Lex.² V, 600–603 [S. RINGLER; Lit.] – M. DE VILLERMONT, Un Groupe mystique allemand, 1906, 182–281 – E. BAUER, Die Armen Seelen- und Fegefeuervorstellungen der altdt. Mystik [Diss. Würzburg 1960] – P. DINZELBACHER, Vision und Visionslit. im MA, 1981 [Register] – U. PETERS, Religiöse Erfahrung als lit. Faktum, 1988 [Register].

Langobarden, -reich
I. Archäologie – II. Geschichte.

I. ARCHÄOLOGIE: Eine zusammenfassende Aufarbeitung zum ital.-langob. Fundstoff gibt es ebensowenig wie Analysen zu seinen soziolog. Auswertungsmöglichkeiten und zur Struktur und Verteilung der langob. Siedlung, die aufgrund der sehr unterschiedl. naturräuml. Voraussetzungen zunächst getrennt nach Landschaften vorgenommen werden müßten; hierzu gehört auch die Präsenz der L. in den Städten, ein Untersuchungsstrang, der aufs engste verknüpft ist mit der Kontinuitätsproblematik der ital. Stadt von der Spätantike ins MA. Erst in Ansätzen untersucht ist das Akkulturationsphänomen (Romanisierungsprozeß), wohingegen die Genese der sog. langob. Wehranlagen (castra und castella des Paulus Diaconus) weitgehend gelöst ist: Es handelt sich eindeutig nicht um genuin langob. Wehranlagen, schon gar nicht um limesartige Systeme, sondern um »wehrhafte«, vorostgoten- und vorlangobardenzeitl. Romanensiedlungen in natürl. geschützten Höhenpositionen, die im 5. Jh. im Zuge der Germanengefahr von der roman. Bevölkerung angelegt wurden (Friaul, Trentino, Südtirol).

Der Einwanderungsvorgang der L. nach Italien 568 ist auch ohne Zuhilfenahme der schriftl. Überlieferung längst unstrittig darstellbar und auf dem Hintergrund der archäolog.-frühgesch. Chronologie um die Mitte des 6. Jh. datierbar: Dies ergibt sich aus völlig austauschbaren Grabinventaren in Italien, einschließl. übereinstimmender Grab- und Beigabensitte, mit solchen aus dem Auswanderungsraum zw. 489-568 (Niederösterreich, S-Mähren und W-Ungarn), die zudem nicht mit der älteren ostgot. und auch nicht mit der archäolog. Hinterlassenschaft der roman. Bevölkerung verwechselt werden können. Die Schriftq. steuern also – archäolog. formuliert – »nur«, aber immerhin den Namen dieser einwandernden Kulturgruppe bei und – archäolog.-method. (chronolog.) hochwillkommen – die jahrgenaue Datierung dieses Einwanderungsvorganges. Die langob. Einwanderer lassen sich derzeit an 14 Fundorten in Italien mit einem reichhaltigen Fundstoff gut umschreiben, v. a. in der Hauptstadt des Friulaner Dukates →Cividale; entscheidende Kriterien zur Aussonderung des einwanderungszeitl. Fundstoffes sind in feinchronolog. Hinsicht weniger die Männergräber (Gürtelmode; Waffen), sondern sehr viel besser die Accessoires der Frauentracht (Mehrfibeltracht mit bestimmten Bügelfibeltypen und die Mehrzahl der S-Fibeln); hinzu kommt – in der Aussagekraft etwas eingeschränkter – gestempelte, scheibengedrehte Keramik (beutelförmige, becherartige Gefäße, Ausgußkannen).

Ab Ende des 6. Jh. lassen sich langob. Gräber weiterhin ethn. gesichert als solche erkennen und damit von gleichzeitigen roman. Gräbern und Gräberfeldern des 7. Jh. absetzen: Mögl. ist dies durch die Waffenbeigaben in den Männergräbern (Spatha, Lanze, Schild; nicht Sax), die als konservatives Element bis kurz vor der Aufgabe der Beigabensitte insgesamt (3. Viertel des 7. Jh.) beibehalten werden; anders verhält es sich bei der Bestattung der langob. Frauen, da hier durch die frühzeitige Übernahme der roman. Frauentracht bzw. durch ihre Bestattung mit dieser sich ethn. Unterschiede für den Archäologen nur mehr schwer erkennen lassen. Für eine Kartierung langob. Grabfunde im 7. Jh. ist daher die Waffenbeigabe regelhaft das entscheidende Kriterium.

Die relative und bes. die absolute Chronologie des nacheinwanderungszeitl. Fundstoffes ist umfassend noch nicht untersucht, weder mit Hilfe des Kombinationsverfahrens noch belegungschronol. (große Gräberfelder: Nocera Umbra, Castel Trosino); ihre Erarbeitung ist eng verbunden mit dem Problem der Romanisierung der L. und macht sie daher bes. kompliziert. Das sich verändernde Erscheinungsbild in der zeitl. Tiefe läßt sich, auf das Wesentl. beschränkt, wie folgt zusammenfassen: Der Romanisierungsprozeß setzt bei der langob. Frau bereits früh ein, schon in der zweiten, in Italien lebenden Generation ab der Zeit um 600, d. h. sie lebt ihre althergebrachte germ. Mehrfibeltracht mit Bügelfibelpaaren (mit Tierstil I-Dekor [Einwanderungsgeneration], mit sog. Schlaufenornamentik [Phase zw. Band- und Tierornament] und mit Tierstil II-Ausprägungen) sowie mit S-Fibelpaaren ab und übernimmt die roman. Einfibeltracht (Einzelfibeln in Gestalt von Scheibenfibeln, Kreuz- und Tierfibeln zum Verschluß eines mantelartigen Umhanges), ferner größere Nadeln als Fibelersatz; auch eine Hauben- oder/und Schleiertracht mit mehreren kleineren Nadeln und/oder kleinen Ringen (auch in Dreipaßform) gehen auf roman. Vorbilder zurück. Ein Gleiches gilt ebenso bereits in der Zeit um 600 für die Übernahme der mediterranen-orthodoxen Goldblattkreuzsitte: Kreuze zu Funeralzwecken hergestellt, auf einem Tuch/Leder appliziert und auf dem Kopf (Mund) plaziert (auch bei den Männern). Bei den langob. Männern äußert sich der mediterrane Einfluß u. a. in der Übernahme der vielteiligen Gürtelmode (sog. byz. Garnituren, solche mit Tierstil II-Dekor), ebenfalls schon in der Zeit um 600, sodann in der Einfibeltracht des roman. Mannes im 1. Drittel des 7. Jh. (langob. Männertracht zuvor fibellos).

Sowohl in Gräberfeldern (Cividale, Nocera Umbra, Castel Trosino), in Separatfriedhöfen und in Kirchen lassen sich überdurchschnittl. reiche langob. Gräber (Oberschicht- bzw. »Adels«-Gräber) nachweisen (grundbesitzende →exercitales und Amtsträger).

Über Art und Umfang der Landnahme (568) lassen die 14 Fundorte keine Rückschlüsse zu. Das Gesamtbild der langob. Ansiedlung in Italien – aufgrund der Schriftq. bis in die 2. Hälfte des 7. Jh. weder detailliert noch im Gesamten hinsichtl. der sie leitenden Faktoren und ihrer unterschiedl. Intensität zuverlässig beurteilbar – ist mit Hilfe der Grabfunde gegenwärtig zumindest im überregionalen Vergleich einigermaßen gut beurteilbar: 1. In den alpin geprägten Landschaften Oberitaliens greift die langob. Siedlung nicht in die Hochtäler und ausgesprochenen Mittelgebirgslagen aus (etwa über 800 m), ganz im Gegensatz zur roman. Siedlung; strateg. und/oder verkehrsgeogr. Bezüge sind unverkennbar. 2. In Unteritalien scheint dies hingegen nicht ausgeprägt der Fall gewesen zu sein, wo also weniger das Haupt- und Fernstraßensystem bestimmend war als die Bonität der Böden. 3. Die vielerorts bemerkenswerte Nähe langob. und roman. Gräberfelder (100–300 m) und die gelegentl. gemeinsam benutzten Gräberfelder (Sepulturgemeinschaften; z. B. Romans d'Isonzo in Friaul) liefern wichtige Hinweise für das enge Mit- und Nebeneinander beider Populationen und auch erste Hinweise auf die Installation langob. Siedlung. 4. Präsenz von L. in den Städten (Grab- und Siedlungsfunde); 5. Massierung der langob. Siedlung in den Gebieten n. des Po und hier mit deutl. Schwerpunkten in den Dukaten v. Friaul, Trento und Brescia, wogegen in den Gebieten s. der Emilia in Mittel- und S-Italien – soweit seit 616 in langob. Hand – langob. Grabfunde (und Siedlungen) nahezu völlig fehlen, ein bemerkenswertes Bild, das kaum durch denkmalpfleger. Gründe beinflußt ist. 6. Generell ist ferner hervorzuheben, daß die Landnahme der L. in Italien und die Installation ihrer Siedlung ebensowenig wie zuvor die der Ostgoten nennenswert oder gar ursächl. für Bruchstellen in der Kontinuität in Italien verantwortl. sind, auch nicht für den Niedergang der röm. Städte; die Strukturkrise (ökonom. Abschwung, demograph. und andere Folgen) setzte bereits im 4. Jh. ein und hatte im 5. Jh. einen ersten Höhepunkt erreicht.   V. Bierbrauer

Lit.: O. v. HESSEN, Die langob. Keramik aus Italien, 1968 – J. WERNER, Stand und Aufgaben der frühma. Archäologie in der L.frage (Atti del 6 Congr. internaz. di Studi sull'Alto medioevo, Milano 1978, 1980), 27–46 – V. BIERBRAUER, Frühgeschichtl. Akkulturationsprozesse in den germ. Staaten am Mittelmeer (Westgoten, Ostgoten, L.) aus der Sicht des Archäologen (ebd.), 89–105 – DERS., Aspetti archeologici di Goti, Alamanni e Longobardi (Magistra Barbaritas. I barbari in Italia, hg. P. CARRATELLI, 1984), 445–508 – DERS., Frühma. Castra im ö. und mittleren Alpengebiet: Germ. Wehranlagen oder roman. Siedlungen?, Archäolog. Korrespondenzbl. 15, 1985, 497–513 – DERS., Die germ. Aufsiedlung des ö. und mittleren Alpengebietes im 6. und 7.Jh. aus archäolog. Sicht (Frühma. Ethnogenese im Alpenraum, hg. H. BEUMANN – W. SCHRÖDER, Nationes 5, 1985), 9–47 – DERS., Zum Stand archäolog. Siedlungsforsch. in Oberitalien in Spätantike und frühem MA (5.-7.Jh.) (Genet. Siedlungsforsch. in Mitteleuropa und seinen Nachbarräumen, hg. K. FEHN, Bd. 2, 1988), 637 – DERS., Die Landnahme der L. in Italien aus archäolog. Sicht (VuF, 1991) – DERS., Die Kontinuität städt. Lebens in Oberitalien aus archäolog. Sicht (Kölner Forsch. 4, 1991) – DERS., L'insediamento del periodo tardoantico e altomedievale in Trentino-Alto Adige (V-VII s.) (V. BIERBRAUER, Italia longobarda, hg. C. G. MENIS, 1991).

II. GESCHICHTE: [1] *Ursprünge und frühe Wanderbewegungen:* Die Ursprungssage, der älteste Kern des L.volks habe ein Gebiet im heut. Südschweden bewohnt und sei unter dem Namen Winniler in Gebiete s. des Balt. Meeres gewandert, wobei Elemente anderer Ethnien hinzugetreten seien, wird von einem Teil der Forschung für glaubwürdig erachtet. Durch archäolog. Zeugnisse gesichert ist die Präsenz der L. (Name traditionell als 'langbärtiges Volk' gedeutet) jedoch nur am Unterlauf der Elbe seit dem 1.Jh. v. Chr. und die ganze röm. Ks.zeit hindurch. In augusteischer Zeit von den Römern besiegt, schlossen sie nach dem Sieg des Arminius über die röm. Legionen ein Bündnis mit den Cheruskern. Militär. Stärke und Offenheit für die Integration anderer ethn. Gruppen zeichneten das zahlenmäßig nur kleine Volk aus. 167 erschien ein langob. Schar im Krieg der Markomannen gegen Rom an der Donau, wurde aber von den Feldherren Mark Aurels zurückgeschlagen. Im 5.Jh. verlagerte sich das Zentrum der langob. Herrschaft von der Elbe in den Donauraum. Kurz nach Beginn des 6.Jh. ist die Präsenz der L. in einem Gebiet belegt, das von Mähren zum heut. Westungarn – Pannonien – reichte und sich bis zur Mitte des 6.Jh. weiter nach S ausdehnte.

Während der Wanderungen bildete sich verstärkt eine militär. Strukturierung des L.volks aus, an deren Spitze die Kg.smacht stand. Sie lag im 5. und bis zur Mitte des 6. Jh. in den Händen der Lethingendynastie. Die Nachfolge scheint bisweilen aufgrund von Designierung durch den vorhergehenden Kg. geregelt worden zu sein, z. T. wurde sie jedoch erkämpft. Zur Zeit des Lethingen Godeoc, um 488, drangen die L., wahrscheinl. aus Mähren, in das Rugierland ein, einen Teil des heut. Niederösterreich, wo die Rugier von →Odoaker besiegt worden waren, und gelangten somit in ein von der röm. Kultur geprägtes Gebiet. Bald gerieten sie in Abhängigkeit von den Herulern, die an der mittleren Donau siedelten. Ein Nachkomme Godeocs, Kg. Tato, brachte jedoch um 510 den Herulern eine vernichtende Niederlage bei und dehnte das langob. Herrschaftsgebiet in Pannonien aus. Sein Neffe Wacho tötete ihn kurz darauf und bemächtigte sich der Kg.smacht. In den rund 30 Jahren seiner Herrschaft knüpfte er Heiratsbündnisse und Allianzen mit anderen germ. Dynastien (u. a. Merowinger, Gepiden) und trat in Beziehungen zu Byzanz. Nach dem Tod Wachos um 540 und dem kurz danach erfolgten Erlöschen der Lethingendynastie ging die Kg.smacht an das Geschlecht der Gausen (→Audoin) über. Um die L. als Bundesgenossen (foederati) im Gotenkrieg zu gewinnen, trat Ks. Justinian an Kg. Audoin die ehemals ostgot. Gebiete (Prov. Sevia und Ostteil von Noricum Mediterraneum) ab. In der Folge verstärkte sich in Pannonien die Rivalität zw. L. und Gepiden, wobei sich Audoins Sohn →Alboin im Kampf bes. auszeichnete. Langob. Hilfstruppen kämpften in den Kriegen Justinians sowohl in Italien im Heer des Narses als auch im O gegen die Perser. Da Byzanz jedoch die Erwartungen der L. enttäuschte, verbündete sich Alboin, der seinem Vater auf den Thron gefolgt war, mit den →Avaren an der unteren Donau gegen die Gepiden, die 567 vernichtend geschlagen wurden. Alboin vermählte sich mit der Tochter des erschlagenen Gepidenkg.s Kunimund, Rosemunda.

[2] *Langob. Landnahme und Reichsgründung in Italien:* 568 räumten die L. Pannonien (wo sich die Avaren ausbreiteten) und zogen nach Italien. Auch andere ethn. Gruppen – u. a. zahlreiche Sachsen und Reste der Gepiden – schlossen sich ihnen an. Es handelte sich dabei um die Wanderbewegung einer Krieger-Aristokratie mit ihrem Gefolge, die sich durch die polit. Annäherung mehrerer Volksgruppen im Donauraum gebildet hatte, ohne in ethn. Hinsicht miteinander zu verschmelzen. Sie stellte jedoch in kultureller Hinsicht eine Einheit dar und konnte auf lange militär. Erfahrung aus den Kämpfen zw. den germ. Stämmen und als Hilfstruppen des röm. Reiches zurückgreifen.

Als Alboin über die Ostalpen zog, lagen die verheerenden Gotenkriege in Italien erst wenig mehr als ein Jahrzehnt zurück. Ohne Schwierigkeiten eroberte er ein oder mehrere venet. und lombard. Städte und war im Sept. 569 in Mailand. Die Byzantiner zogen sich auf die Linie Padua-Mantua zurück, um Ravenna, die Residenz des ksl. Statthalters in Italien, zu verteidigen. Die Metropoliten v. Aquileia und Mailand und ihr hoher Klerus flohen nach Grado bzw. nach Genua. Das Heervolk der L. war auf der Wanderung in →Fara-Verbänden organisiert. Ein Fara-Verband wurde von Alboin unter dem Kommando seines Neffen Gisulf in →Friaul zurückgelassen, Keimzelle des späteren mächtigen Hzm.s. Nach hartnäckigem Widerstand ergab sich Pavia 572. Im selben Jahr wurde Alboin in Verona bei einer Verschwörung getötet, an der Kgn. Rosemunda und eine Gruppe von Gepiden- und L.kriegern beteiligt waren. Die Mehrheit der L. zwang jedoch Rosemunda und ihre Anhänger zur Flucht nach Ravenna und erhob Clef zum Kg., einen Heerführer aus hochadligem Geschlecht, der bereits 574 ebenfalls ermordet wurde.

Um Herrscherfunktionen erfüllen zu können und zu einem konsolidierten Volksverband zusammenzuwachsen, bedurften die unter Alboin nach Italien gezogenen germ. Splittergruppen einer vereinheitlichenden Disziplin. Die allg. Übernahme der langob. Rechtsgewohnheiten sollte dazu beitragen. Die Sachsen widersetzten sich diesem Assimilationsprozeß und kehrten deshalb in die Gebiete n. der Alpen zurück. Die Rechtseinheit gewährleistete jedoch nicht den polit. Zusammenhalt. Die territoriale Zersplitterung der Fare, bedingt durch ihre Garnisonsfunktion in den eroberten Gebieten sowie durch die häufigen Raubzüge, war ein Hemmschuh für die Konsolidierung der Kg.smacht. Einige Gruppen zogen über die Westalpen und unternahmen mehrfach Raubzüge in die Provence, wurden jedoch von den Franken zurückgeschlagen; andere ließen sich entlang des mittleren und s. Apennin nieder, wo sie die Dukate →Spoleto und →Benevent begründeten. Rund ein Jahrzehnt lang, von Clefs Ermordung bis zur Kg.swahl seines Sohnes →Authari, operierten die langob. Heerführer – etwa 30 Duces – völlig autonom, ohne einen Kg. zu wählen, teilten das gesamte

Territorium des Kgr.s unter sich auf und setzten sich zumeist in befestigten Städten oder in strateg. wichtigen Burgen fest.

Die Erkenntnis, daß die fehlende Einheit die Herrschaft der L. gefährdete, die zudem von den Franken und den Byzantinern bedroht wurde, führte 584 zur Rückkehr zur Kg.sherrschaft, wobei dynast. Prinzip und Wahlkgtm. eine Verbindung eingingen. Vor Autharis Wahl erkannte die Mehrheit der langob. Duces formell die Oberhoheit der Merowinger unter jährl. Tributverpflichtung an, um einen polit. Keil zw. die Franken und Byzanz zu treiben. Der byz. Plan, nicht nur einzelne, über die Halbinsel verstreute langob. Gruppen, sondern das gesamte Volk unter die Botmäßigkeit zu bringen, erwies sich daher als illusorisch. Unter der Kontrolle von Byzanz verblieben nur einzelne Gebiete: die ligur. Küste, Istrien, der Exarchat Ravenna, die Pentapolis von Rimini bis Ancona, das Gebiet um Perugia, Latium, die kampan. Küste von Neapel bis Amalfi, Mitte und S des heut. Apulien, das heut. Kalabrien und die großen und kleinen Inseln des Tyrrhen. Meers. Alle anderen Gebiete s. der langen Linie der alpinen Wasserscheide unterstanden den L., ausgenommen einige Pässe im O des heut. Südtirol, die von den Merowingern kontrolliert wurden, und das Aosta- und Susatal, die unter frk. Oberhoheit standen. Die Isola Comacina im Comer See, ein byz. Militärstützpunkt, wurde von Authari nach langer Belagerung erobert.

Autharis schwierige Stellung in der Mitte zw. der expansiven Macht der Merowinger und Byzanz wurde noch heikler, als nach dem Bruch zw. den Merowingern und dem Bayernhzg. Garipald dessen Kinder Gundoald und →Theudelinde (Theodolinda) bei ihm Schutz suchten und er Gundoald zum Hzg. v. Asti einsetzte und Theudelinde zu seiner Gemahlin machte. Die Merowinger verwüsteten daraufhin in Abstimmung mit Byzanz Norditalien; einige langob. Hzg.e unterwarfen sich den Franken bzw. den Byzantinern. Als Authari 590 starb, scharte sich jedoch der Großteil der L. um den Hzg. v. Turin, →Agilulf, der thür. Ursprungs war; er vermählte sich mit Theudelinde und wurde zum Kg. akklamiert.

Während der Phasen, in denen keine Kriege geführt wurden, schritt die Reorganisation des Kgr.es fort, und es stellte sich das Problem, wie die Beziehungen zu der unterworfenen roman. Bevölkerung stabilisiert werden konnten. Unter der Herrschaft von Clef und in den folgenden zehn Jahren hatten die langob. Scharen in den eroberten Gebieten weiterhin wie in einem Heerlager gehaust, hatten die Bevölkerung ausgebeutet und noch ärgere Gewalttätigkeiten als zu Alboins Zeiten verübt, v. a. waren ihnen die Großgrundbesitzer zum Opfer gefallen bzw. zur Flucht getrieben worden. Die langob. Heerführer, in erster Linie die Duces, hatten sich jedoch in festen Wohnsitzen niedergelassen, gewaltigen Reichtum angehäuft und begonnen, Territorialherrschaften zu errichten und regelmäßige Abgaben von der roman. Bevölkerung einzuziehen. Als unter Authari das Kgtm. wieder eingesetzt wurde, verzichteten die Duces auf einen beträchtl. Teil ihres Vermögens zugunsten des Kg.s und garantierten ihm dadurch die für eine monarch. Zentralgewalt notwendige wirtschaftl. Basis. Seit Authari führten die langob. Kg.e den Beinamen Flavius, ein Symbol ihres Bestrebens, die Regierungsgewalt in den traditionellen Formen der röm. Hochkultur auszuüben. Bezeichnend für dieses gewandelte Verhältnis ist die allg. Tendenz der L., sich in die Schicht der Grundbesitzer einzugliedern, in der das roman. Element wahrscheinl. noch stark vertreten war.

[3] *Fortschreitende Konsolidierung des Königreichs unter Agilulf und Rothari:* Die Trennung zw. L. und Romanen blieb jedoch weiterhin aufrecht, wozu nicht zuletzt die Verschiedenheit der Religionen beitrug. Die L. hatten während ihres Aufenthalts im Donauraum die arian. Form des Christentums angenommen, vermischt mit starken polytheist. Residuen. Auch in Italien hielten sie lange Zeit an beidem fest, ohne sich gegen die religiösen Traditionen der roman. Bevölkerung als intolerant zu erweisen, traten jedoch in Gegensatz zu der konfessionellen Intransigenz der Amtsträger der kath. Kirche. Die Vermählung des Arianers Authari mit der Katholikin Theudelinde war daher unter diesem Gesichtspunkt polit. bedeutsam, auch wenn der Kg. seinen Landsleuten verbot, ihre Kinder kath. taufen zu lassen, um den Zusammenhalt seines Volkes zu bewahren. Auf Agilulf, der ebenfalls Arianer war, hatte Theudelinde größeren Einfluß, so daß ihr gemeinsamer Sohn Adalwald 603 kath. getauft wurde. Die Beziehungen des Hofs zu der kath. Hierarchie des Kgr.es gestalteten sich auch infolge des sog. →Dreikapitelstreits günstiger, eines christolog. Disputs, in dem die Bf.e v. Norditalien die theol. Position von Byzanz und der röm. Kirche ablehnten, was sie um so gefahrloser tun konnten, als sie sich unter langob., nicht unter byz. Oberherrschaft befanden. Agilulf förderte die Konsolidierung des Kgr.es mit allen Mitteln. Gegen die Widerstände einiger Duces ging er sehr hart vor, war aber klug genug, die Autonomiebestrebungen der mächtigen Dukate →Spoleto und →Benevent zu respektieren. Durch Zahlung des bereits früher vereinbarten Tributs an die Merowinger erkannte er ihre Oberhoheit an und sicherte sich damit den Frieden. Zum Schutz des Reiches an den Ostgrenzen schloß er ein Bündnis mit den Avaren und griff nicht ein, als sie Friaul verheerten und Hzg. Gisulf II. (der bisweilen in Gegensatz zu ihm gestanden hatte) beseitigten. Gegenüber Byzanz nahm Agilulf eine entschlossene Haltung ein und eroberte einige Gebiete zurück, die die L. in früheren Konflikten verloren hatten. Er rückte auch nach Latium vor und bedrohte Rom, gelangte aber mit Papst Gregor d. Gr. zu einem Übereinkommen und zog wieder ab. Bes. zukunftsweisend waren seine guten Beziehungen zu den kath. Kirchen in seinem Reich und seine Förderung der Gründung des Missionskl. →Bobbio durch →Columban. Agilulfs auf die Überwindung der Stammesstrukturen langob. Tradition und eine Staatsbildung nach dem Vorbild des röm. Imperiums ausgerichtete Politik wurde nach seinem Tod 616 von Theudelinde als Regentin für →Adalwald fortgesetzt, die die Bindung zum Katholizismus noch verstärkte. Adalwald betrieb seinerseits die Aussöhnung mit den roman. Elementen im Reich und die Annäherung an Byzanz und das Papsttum mit solchem Nachdruck, daß es zu einer Gegenreaktion der langob. Fs.en kam: sie erhoben den Hzg. v. Turin, →Ariwald (626–636), und danach den Hzg. v. Brescia, →Rothari (636–656), auf den Thron, beide Arianer, jedoch frei von religiöser Intransigenz. Während ihrer Herrschaft befanden sich Arianismus und Katholizismus wieder in polit. Gleichgewicht. Mit Rothari gewann die Auffassung, der Kg. sei der höchste Garant des Friedens zw. seinen Untertanen, neue Kraft. Rotharis berühmter →Edictus vom J. 643 ist Ausdruck dieses Bestrebens. Die Definition und die Ergänzungen der Gewohnheitsrechte der langob. Führungsschicht durch schriftl. Festlegung in lat. Sprache ließ ein staatsbildendes Instrument entstehen, das den Ordnungen des spätantiken Imperiums vergleichbar war und dennoch den Traditionen treu blieb, mit denen sich der Kg., die Machthaber und das gesamte Heer-Volk der →Arimannen identifizierten. Die →Gastalden,

denen die Verwaltung des kgl. Fiskus oblag, gewannen an Bedeutung und übernahmen in einigen Verwaltungsbezirken die richterl. und militär. Funktionen der Duces oder traten zumindest an ihre Seite (beide erscheinen nun in den Q. als »iudices«). Gegenüber Byzanz wurde erneut eine aggressive Politik eingeschlagen, die zur Besetzung der ligur. Küste und zu blutigen Kriegshandlungen gegen den →Exarchat Ravenna führten.

[4] *Die Bayerische Dynastie und ihre Ablösung:* Nach der sehr kurzen Herrschaft des Sohnes Rotharis erhielt wieder ein Mitglied der kath. Familie der Theudelinde die Kg.swürde, ihr Neffe Aripert (653–661), ein Sohn des Gundoald. Der Arianismus war im langob. Volk inzwischen im Rückgang begriffen, nicht zuletzt infolge des langsamen Verschmelzungsprozesses mit der roman. Bevölkerung, der sich innerhalb der besitzenden Schicht abzeichnete. Sogar der arian. Bf. v. Pavia (aufgrund der strateg. Position Hauptstadt des Kgr.es) trat zum kath. Glauben über. Analog der Zunahme des Katholizismus scheint auch das dynast. Prinzip im Vergleich zum Wahlkgtm. an Boden gewonnen zu haben: 661 fiel das Kgr. als Erbe an Ariperts Söhne, →Godepert und →Perctarit, die es untereinander aufteilten und in Pavia bzw. in Mailand residierten. Den bald darauf erfolgenden Zwist der beiden Brüder machte sich Hzg. →Grimoald v. Benevent (aus der Hzg.sfamilie v. Friaul) zunutze, zog nach Pavia und beseitigte Godepert; Perctarit floh aus dem Kgr. Nach seiner Thronerhebung brachte Grimoald, bisweilen mit äußerster Härte, das gesamte langob. Volk unter seine Kontrolle, dabei setzte er auch beneventan. Krieger in den Stützpunkten der Poebene ein. Er vernichtete eine in Piemont eingedrungene Gruppe von Franken, bediente sich der Avaren, um den Aufstand eines friaul. Hzg.s zu unterdrücken und schlug im S die von Ks. Konstans II. geführten byz. Truppen zurück. Er betätigte sich auch als Gesetzgeber, korrigierte einige Normen des Edictus Rothari und kehrte als toleranter Arianer zu einer Gleichgewichtspolitik gegenüber dem Katholizismus zurück; die religiöse Toleranz überdauerte jedoch seine Regierungszeit nicht.

Nach Grimoalds Tod 671 wurde Perctarit von der langob. Volksversammlung zum Kg. akklamiert. Er betrieb eine intensive Katholisierungspolitik im Einverständnis mit der röm. Kirche und ihren missionar. Aktivitäten bei den arian. gebliebenen Gruppen der L. Die kath. Kirche im Kgr. konnte ihre Reetablierung zum Abschluß bringen und gab allmähl. die antipäpstl. Haltung auf, die viele Bf.e während des Dreikapitelschismas eingenommen hatten. Auch die Beziehungen zu Byzanz verbesserten sich. Um den Hzg. v. Trient, Alahis, sammelte sich jedoch der gesamte Widerstand – von den Arianern bis hin zu Resten der Dreikapitelschismatiker – gegen das kath. und philobyz. Programm Perctarits; es kam zu einem Aufstand, der beim Tod des Kg.s 688 wieder aufflackerte, so daß Alahis den Kg.spalast in Pavia besetzen konnte. Er wurde jedoch von Perctarits Sohn →Cunincpert, der nach byz. Sitte vom Vater bereits zum Mitregenten ernannt war, besiegt und fiel im Kampf. Unter ihm konsolidierte sich die Dynastie bayer. Ursprungs, das monarch. Prinzip wurde gestärkt, die Zentralverwaltung in Pavia entwickelte sich weiter, die Hauptstadt, die nun auch in kultureller Hinsicht Gewicht gewann, wurde ausgebaut, die anderen Städte nahmen ebenfalls einen wirtschaftl. u. kulturellen Aufschwung, wozu die fortschreitende Überwindung der relig. Gegensätze beitrug. 698 berief er eine Synode nach Pavia ein, auf der auch die Prälaten der Kirchenprov. Aquileia, die letzten Anhänger des Dreikapitelschismas, von den theol. Thesen abrückten, in denen sie sich von der päpstl. Lehrmeinung entfernt hatten – ein Zeichen für die Autorität, die der langob. Kg. nunmehr als Vertreter der röm. Oböbidenz genoß.

→Ansprand, der nach Cunincperts Tod i.J. 700 die Regentschaft für dessen minderjährigen Sohn Liutpert ausübte, konnte jedoch die schwere Krise innerhalb der Dynastie nicht abwenden und floh schließlich nach Bayern. Aus den blutigen dynast. Zwistigkeiten ging ein Nachkomme Kg. Godeperts, →Aripert II., als Sieger hervor, der die polit. Linie Perctarits und Cunincperts weiterverfolgte. Er gab sogar der röm. Kirche ihre konfiszierten Besitzungen in NW-Italien zurück. 712 kehrte Ansprand mit bayer. Unterstützung nach Italien zurück, schlug Aripert in die Flucht und wurde seinerseits Kg. Nach seinem frühen Tod wurde sein Sohn Liutprand sein Nachfolger.

[5] *Der Höhepunkt der langob. Königsmacht unter Liutprand:* Der Dynastiewechsel beeinträchtigte die Entwicklung des Kgr.es und der langob. Gesellschaft nicht. Vielmehr stellte die lange Regierung →Liutprands (712–744) die bedeutende Phase des Kgtm.s dar, Ausdruck einer langob. Tradition, in der unter den →Exercitales oder Arimanni, die alle dem Kg. einen Treueschwur geleistet hatten, nunmehr auch nicht wenige Romanen vertreten waren. Starken Einfluß auf die langob. Volkstradition hatte auch die sich über zwei Jahrzehnte erstreckende, zumeist das Zivilrecht betreffende Gesetzgebung Liutprands. Eine enge Bindung hatte der Kg. zu seinen Gefolgsleuten (Gasinden), auch Kirchen und Kl. genossen in dem nun vom Katholizismus geprägten ideolog. Klima seinen bes. Schutz. Dennoch war das Verhältnis zum Papsttum nicht frei von Komplikationen: Die Wiederaufnahme der territorialen Expansionspolitik des Kgr.es gegenüber Byzanz wurde von Rom als Gefahr gesehen, in das langob. Reich inkorporiert zu werden, auch wenn Liutprand gegenüber der Religionspolitik Ks. Leons III. (→Bilderstreit), die in einigen byz. Prov.en Italiens zu Aufständen geführt hatte, ostentativ die Position des Papstes in der Frage des Bilderkults vertrat und Castrumsiedlungen, die in Gebieten byz. Oberhoheit lagen, aber zum Patrimonium der röm. Kirche gehörten, eroberte und ihr wieder zurückgab (z.B. 728 →Sutri). Die Beziehungen zw. Kg. und Papsttum wurden auch durch die Dukate Spoleto und Benevent belastet, die sich mehrmals mit dem Papst und dem röm. Heer in Latium verbündeten, um Liutprands Bestreben, die volle Kontrolle über das ganze Reichsgebiet zu gewinnen, entgegenzuwirken. Diese Bündnispolitik führte zu einer kurzfristigen polit. Annäherung zw. Liutprand und dem byz. Exarchen v. Ravenna mit dem Ziel, Rom unter die ksl. Oberhoheit und die beiden langob. Großdukate wieder unter die Kontrolle des Kg.s zurückzubringen. Nachdem der Kg. jedoch die Unterwerfung der Dukate erreicht hatte, kehrte er zu seiner ursprgl. antibyz. Haltung zurück und fiel in den Exarchat Ravenna und in die Pentapolis ein, ohne diese Gebiete jedoch völlig und auf Dauer in das Kgr. eingliedern zu können. Liutprand verfolgte auch aufmerksam die allg. polit. Lage im chr. Abendland und beteiligte sich in der Provence am Kampf des frk. Hausmeiers →Karl Martell gegen die Araber. Diese solidar. Haltung vereitelte die Versuche Papst Gregors III., Karl Martell zu einem Einfall in Italien gegen die L. zu bewegen.

[6] *Das langob. Kgr. unter Liutprands Nachfolgern:* Liutprands Nachfolger Hildeprand, sein Neffe und seit mehreren Jahren Mitregent, wurde nach wenigen Monaten abgesetzt. Das dynast. Prinzip wurde von neuem durchbro-

chen, und der mächtigste Hzg. in N-Italien, →Ratchis (744–749), den Liutprand statt seines Vaters Pemmo (trotz dessen Verdienste bei der Verteidigung des Dukats gegen die Slaven) in Friaul eingesetzt hatte, wurde zum Kg. gewählt. Ratchis nahm die gesetzgeber. Tätigkeit, die Liutprand in seinen letzten Regierungsjahren unterbrochen hatte, wieder auf und zeigte sich bemüht, Mißstände im Rechtswesen abzustellen; er förderte dabei seine Gasinden und definierte ihr Verhältnis zu den öffentl. Amtsträgern, schränkte für seine Macht gefährl. Beziehungen seiner Untertanen zu Fremden und auch zu den L. von Spoleto und Benevent ein und strebte nach dauerhaftem Frieden zw. dem Kgr. und dem Papsttum. Seine nachgiebige Haltung gegenüber dem Papst, der ihn zum Verzicht auf antibyz. Handlungen in Mittelitalien veranlaßte, führte zu einem Aufstand der intransigenteren L. und zu seiner Absetzung. Ratchis trat in das Kl. Montecassino ein, sein tatkräftiger Bruder →Aistulf wurde auf den Thron erhoben.

Kg. Aistulf (749–756) war v. a. um die Neuorganisation des Heeres bemüht. In seiner Gesetzgebung regelte er die Wehrpflicht nach sozialen und ökonom. Kriterien, nicht mehr nach der Volkszugehörigkeit, und teilte alle Grundbesitzer und Kaufleute des Kgr.s zu Waffengattungen ein, die ihren wirtschaftl. Möglichkeiten entsprachen. Er griff den byz. Exarchat an und eroberte Ravenna (womit er Liutprands Pläne realisierte) und hielt die Dukate Spoleto und Benevent unter seiner Kontrolle. Als er jedoch in den byz. Dukat Rom einfiel und dessen Einw. zur Anerkennung seiner Jurisdiktion aufforderte, wandte sich Papst Stephan II. um Hilfe an die Franken (dem Vorbild Gregors III. folgend) und erreichte die militär. Intervention des neuen Kg.s der Franken, →Pippin, des Sohnes von Karl Martell. Zwei Feldzüge Pippins in Italien zwangen Aistulf, die den Byzantinern abgenommenen Gebiete in Mittelitalien an die Franken abzutreten, die sie jedoch nicht an Byzanz zurückerstatteten, sondern trotz vergebl. Proteste des Ksr.es und des Widerstands des Ebf.s v. Ravenna der Röm. Kirche schenkten.

[7] *Das Ende des Langobardenreiches:* Nach Aistulfs plötzl. Tod wenige Monate nach seiner zweiten Niederlage kehrte Ratchis 757 kurze Zeit nach Pavia zurück, machte jedoch bald →Desiderius Platz, der bereits in der Toskana als Vertrauensmann Aistulfs gewirkt hatte und nun von Stephan II. und den Franken unterstützt wurde, da er sich den Anschein gab, im Exarchat Ravenna und in der Pentapolis nicht nur die bereits von Aistulf verlorenen, sondern auch die von Liutprand seinerzeit eroberten Gebiete aufgeben zu wollen. Bald betrieb Desiderius jedoch eine intensive Restaurationspolitik der Kg.smacht. Er unterwarf die Dukate Spoleto und Benevent, die aus den Mißerfolgen Aistulfs ihren Nutzen gezogen hatten, brach einige der Versprechungen, die er vor seinem Thronantritt geleistet hatte und versuchte sogar, mit Byzanz gegen Papst Paul I., den Bruder und Nachfolger Stephans II., zu einer Einigung zu kommen. Durch ein Bündnis mit dem Bayernhzg. →Tassilo III., dem er seine Tochter Liutperga verheiratete, entfernte er sich polit. von den Franken. Nach dem Tod Pauls I. intervenierte Desiderius mehrmals in den Unruhen und Faktionskämpfen, die in Rom herrschten und griff auch bei einer Krise des Patriarchats Ravenna ein.

Nach Pippins Tod (Nachfolger dessen Söhne Karl und Karlmann) kam Desiderius mit dessen Witwe Bertrada überein, daß eine seiner Töchter sich mit Karl vermählen sollte. Die polit. Isolierung des langob. Kgr.es schien auf diese Weise endgültig überwunden und seine Hegemonie in Italien erneut gefestigt. Desiderius' polit. Pläne scheiterten jedoch, als Karl seine langob. Frau verstieß und Karlmanns Söhne daran hinderte, die Nachfolge ihres Vaters anzutreten. Witwe und Söhne Karlmanns flüchteten an den Hof des Desiderius, Papst Hadrian I. weigerte sich jedoch, die jungen Prinzen, die im langob. Reich Schutz gesucht hatten, zu Kg.en zu salben. Desiderius griff deshalb Exarchat und Pentapolis an und fiel in den röm. Dukat ein. Als 773 Karl mit einem frk. Heer nach Italien zog, wurde die Opposition im L.reich gegen Desiderius und seinen Sohn und Mitregenten Adelchis deutlich. 774 löste sich das langob. Heer auf, Desiderius fiel in Gefangenschaft und beendete seine Tage in einem frk. Kl., Adelchis floh nach Konstantinopel. Das langob. Kgr. lebte unter frk. Oberhoheit nominell weiter, die polit. Tradition der L. überdauerte jedoch nur im nunmehr selbständigen Dukat Benevent. G. Tabacco

Lit.: HARTMANN, Gesch. Italiens II – G. ROMANO–A. SOLMI, Le dominazioni barbariche in Italia, 1940 – O. BERTOLINI, Roma di fronte a Bisanzio e ai Longobardi, 1941 – Atti del 1º Congr. internaz. di studi longob., 1952 – E. SESTAN, Stato e nazione nell'alto medioevo, 1952 – C. G. MOR, Lo Stato longob. nell VII sec. (Caratteri del VII sec. in Occidente, 1958) – J. WERNER, Die L. in Pannonien, 1962 – Problemi della civiltà e dell'economia longob., 1964 – P. BOGNETTI, L'età longob., I–IV, 1966–68 – O. BERTOLINI, Scritti scelti di storia medievale, I–II, 1968 – G. TABACCO, Dai possessori dell'età carolingia agli esercitali dell'età longob., StM 10/1, 1969 – C. BRÜHL, Stud. zu den langob. Kg.surkk., 1970 – O. BERTOLINI, Roma e i Longobardi, 1972 – R. SCHNEIDER, Kg.swahl und Kg.serhebung im FrühMA, 1972 – J. JARNUT, Prosopograph. und sozialgesch. Stud. zum L.reich, 1972 – I problemi dell'Occidente nel sec. VIII, 1973 – Atti del Conv. internaz. sulla civiltà dei Longobardi in Europa, 1974 – S. GASPARRI, I duchi longob., 1978 – P. DELOGU, A GUILLOU, G. ORTALLI (Atti del VI Congr. internaz. di studi sull' alto medioevo, Longobardi e Bizantini, 1980) – H. FRÖHLICH, Stud. zur langob. Thronfolge, 1980 – Longobardi e Lombardia, 1980 – J. T. HALLENBECK, Pavia and Rome, 1982 – J. JARNUT, Gesch. der L., 1982 – S. GASPARRI, La cultura tradizionale dei Longobardi, 1983 – Magistra barbaritas, 1984 – W. MENGHIN, Die L.: Archäologie und Gesch., 1985 – S. GASPARRI, Strutture militari e legami di dipendenza in Italia, RSI 98, 1986 – G. TABACCO, Milano in età longob. (Atti del 10º Congr. internaz. sull'alto medioevo, 1986) – G. ARNALDI, Le origini dello Stato della Chiesa, 1987 – W. POHL, Die Awaren, 1988 – Langobardia, 1990.

Langobardisch. Die schriftl. Produktion der Langobarden beginnt erst nach ihrer Siedlung auf it. Boden. Aus ihrer frühen Romanisierung folgt, daß das L.e (wahrscheinl. schon im 7. Jh. zur Reliktsprache geworden) nicht durch Texte bezeugt ist, sondern nur durch: a) ca. 100 isolierte Wörter, die v. a. in dem →Edictum Rothari (z. B. *anagrip*) und in der »Historia Langobardorum« des →Paulus Diaconus (z. B. *gastald*) enthalten sind und später (11.–14. Jh.) in drei langob.-lat. Glossaren gesammelt wurden; b) Personennamen, die in lat. Urkk. (z. T. Wandinschriften) aus der langob. Zeit vorkommen (z. B. *Trasenandus*). Indirekte Erscheinungen des L.en sind it. Ortsnamen (z. B. *Fara*) und zahlreiche, im It. oder in it. Mundarten bezeugte Wörter (z. B. *brodo*), die dem langob. Superstrat zugeschrieben werden. Für die Beschreibung des L.en sind v. a. die Materialien unter a) und b) relevant: Diese sind aber oft latinisiert, und die unter a) gen. Wörter liegen in einer oft unzuverlässigen hs. Überlieferung vor. Die karge Dokumentation ermöglicht nur eine lückenhafte Rekonstruktion der Phonologie und fragmentar. Anmerkungen über die nominale Morphologie.

Lange hat man als Merkmal des L.en seine Teilnahme an der 2. Lautverschiebung betrachtet und es genet. in den obdt. Sprachraum angesiedelt. Kürzl. hat man die Hypothese geltend gemacht, die urspgl. Physiognomie des L.en sei eher 'gotisch' gewesen: Seine endgültige Ausformung sei das Resultat eines relativ späten Verdeutschungsprozesses. F. Albano Leoni

Lit.: W. BRUCKNER, Die Sprache der Langobarden, 1896 [Neudr. 1969] – E. GAMILLSCHEG, Romania Germanica, II, 1935 – F. VAN DER RHEE, Die germ. Wörter in den langob. Gesetzen, 1970 – M. G. ARCAMONE, Per lo studio dell'antroponimia germ. in Italia, SG 10, 1972, 247–269 – M. PFISTER, Langob. Superstratwörter im It., Jb. für internat. Germanistik 11, 1979, 100–110 – Tre glossari longob.-lat., ed. F. ALBANO LEONI, 1981 – P. SCARDIGLI, Goti e Longobardi, 1987 – J. TISCHLER, Zum L.en (Germ. Rest- und Trümmersprachen, hg. H. BECK, 1989), 195–209.

Langobardische Kunst. Bei der Darstellung dessen, was man im echten Wortsinn als l. K. bezeichnen darf, werden im folgenden nur die beiden jüngsten Siedelräume in der l. Gesch., der Auswanderungsraum zw. 489 und 568 (Teile Niederösterreichs, Mährens und Westungarns) und der Einwanderungsraum in Italien nach 568, behandelt.

L. K. läßt sich infolge der spezif. Quellenüberlieferung archäol. Fundstoffes strictu sensu nur auf der Grundlage der Goldschmiedearbeiten definieren und auch das nur sehr eingeschränkt (s.u.). Von einem eigenen, unverwechselbaren l. Kunstschaffen läßt sich – wie auch bei den meisten anderen germ. kontinentalen Stämmen – regelhaft jedoch nicht sprechen, da es Teil einer germ.-merow. »Universalkunst« ist (gemeinsame techn. und künstler. Ausgangspunkte und Entwicklungen; Mode; Tracht usw.); man sollte daher zutreffender regelhaft vom K.gewerbe bei den Langobarden sprechen. Trotz dieser prinzipiellen Einbindung der »l. K.« in das germ.-kontinentale Kunstschaffen gibt es – wie auch bei den anderen germ.-kontinentalen Stämmen – Ausnahmen von dieser Regel, also Besonderheiten, die es erlauben, in Einzelfällen und unter bestimmten Voraussetzungen von spezif.-unverwechselbaren l. Ausprägungen im Kunstschaffen zu sprechen.

Im vorit. Ausgangsraum (489–568) steht hierbei im Vordergrund das sog. klass. Stil-I-Ornament der l. Tierstilentwicklung. Außer den Alamannen sind die Langobarden die einzigen Kontinentalgermanen, die den nord. Stil I der germ. Tierornamentik auf der Grundlage der Stilphase B des Ostseeraums übernommen und weiterentwickelt haben: Es handelt sich um Rücken an Rücken kauernde, vierfüßige Tiere in vollständiger oder abgekürzter Wiedergabe mit Querstrichelung des von Konturlinien eingefaßten Körpers; da diese Stilausprägung so homogen und unverwechselbar ist und ihre selbständige Weiterentwicklung nur bei den Langobarden verfolgbar ist, läßt sich dieser Tierstil – meist auf Bügelfibeln – als kennzeichnendste Ausprägung des l. Kunstschaffens bezeichnen. Weitere techn. Besonderheiten (u.a. sog. Zonenknöpfe in Tierkopfform an Bügelfibeln) und spezif. Formen des Trachtzubehörs (bestimmte S-Fibeln; bes. gestaltete Tierkopfabschlüsse an den Fußplatten von Bügelfibeln) sind zwar ebenfalls weitgehend auf Langobarden beziehbar, jedoch kommt ihnen längst nicht mehr dieselbe Wertigkeit zu wie dem beschriebenen Tierstilornament.

Vergleichsweise selten ist für den l. Ausgangsraum vor 568 eine nennenswerte Beeinflussung durch die mediterran-»byz.« K. nachweisbar (Ausnahme: z.B. qualitätvolles dreizeiliges Flechtband der Fibel v. Szentendre Gr. 56). Dies ändert sich grundlegend nach der l. Einwanderung in Italien (568), als das spezif.-l. und germ.-l. K.gewerbe in den direkten Einflußbereich der mediterran-»byz.« geprägten Kultur geriet. Dieser nun folgende Romanisierungsprozeß ist spätestens ab dem ausgehenden 7. und im 8.Jh. weitgehend abgeschlossen. Im Bereich archäolog.

kontrollierbarer Q.- und Problemstränge setzte dieser Akkulturationsvorgang schon während der Einwanderergeneration bzw. der zweiten in Italien lebenden Langobardengeneration am Ende des 6. und im frühen 7.Jh. ein. Für weite und techn. unterschiedl. Bereiche der Goldschmiedek. ist nun nicht mehr zu entscheiden, ob die Objekte von einem l. oder roman. K.handwerker/Goldschmied gefertigt wurden, womit ein nicht unwichtiges Kriterium bei der Definition einer auch möglicherweise ethnograph. verstandenen l. K. entfällt. Ein bes. markantes Beispiel – außer den Goldgürteln der l. Männertracht, deren Ornamentik auf die mediterrane Palmette zurückgeht – ist das sog. Warnebertus-Reliquiar in Beromünster: in der Mitte oder 2. Hälfte des 7. Jh. in einer oberit. Werkstatt hergestellt, bei dem der Goldschmied jüngeren germ. Tierstil II ebenso qualitätvoll und voll verstanden (!) wiederzugeben vermochte wie die mediterrane Palmettenbzw. Pflanzenornamentik. Die Nationalität des Goldschmiedes tritt also zunehmend in den Hintergrund, Künstler und Werkstätten richten sich nach den Wünschen der Auftraggeber bzw. Abnehmer. Nach einer sehr kurzen Phase des Nebeneinanders spezif.-l. und allgemein germ.-l. (Ausdrucks-)Formen, Stile und Techniken (Tauschierung, Plattierung) mit der einheim. K. läßt sich spätestens ab dem Ende des 7.Jh. nur noch von einer roman.-mediterran geprägten it. K. sprechen. In die Zeit des Nebeneinanders (spätes 6. und 1. Hälfte des 7.Jh.) gehören: 1. Weiterentwicklung des germ. Tierstils I. Prägung (Bügelfibeln, Goldblattkreuze) in einer Phase des Aufeinandertreffens mit dem mediterranen Flechtband mit den Stilausprägungen der »Schlaufenornamentik« (Phase zw. Band- und Tierornament) und des Stiles II (symmetr. Flechtbandbasis, dem Tier unterlegt = Stile II A–B), 2. bestimmte Ausprägungen in Stil II auf tauschierten und plattierten Männergürteln.

Alles andere in der Goldschmiedekunst des 7. (und 8.) Jh. ist nicht mehr mit den Traditionssträngen l. K. in Verbindung zu bringen: weder mediterran geprägtes Trachtzubehör in l. Gräbern des 7. Jh. (z.B. Scheibenfibeln) noch was v.a. an kostbaren, auch liturg. Goldschmiedearbeiten nachweisl. in personenbezogener Verbindung mit Langobarden, auch zum Herrscherhaus stand (z.B. Buchkasten der Theodelinde und Agilulf-Kreuz, Monza).

Gleiches gilt für die Steinmetz- und Stuckkunst (sowie für die Malerei), unabhängig davon, wie gewichtig man die wenigen erhaltenen Denkmäler des 7.Jh. (z.B. Steinplatten v. Monza-S. Giovanni, ein Bau Theodolindes) als vermittelnde Glieder einer Kontinuität zw. dem 5./6. und 8.Jh., v.a. zur sog. Renaissance unter Kg. →Liutprand (712–744; z.B. Platte des hl. Cumanus v. Bobbio mit Nennung Liutprands als Auftraggeber und eines Johannes als Künstler; Platten aus S. Maria-Teodote' della Pusterla; Calixtus-Baptisterium und Pemmo/Ratchis-Altar in Cividale) im Sinne des noch umstrittenen »survival« und/oder »revival« bewerten darf; der Kontinuitätsfaden (survival) erhält dann größeres Gewicht, wenn man – wohl zurecht – die künstler. Strömungen des gesamten Mittelmeerraumes des 6.–8.Jh. angemessen berücksichtigt, also den it. Blickwinkel erweitert um das ö. Mittelmeergebiet, um Gallien und Spanien. Wiederum weitgehend unabhängig von dieser Akzentsetzung bleibt es ferner schwierig, eindeutige Grenzlinien zu ziehen zw. dem, was man dann (2. Hälfte 8.Jh. – frühes 9.Jh.) als sog. spätl. Hofk. und karol. Renovatio immer noch kontrovers diskutiert (z.B. Tempietto, Cividale; S. Salvatore II, Brescia).

V. Bierbrauer

Lit.: N. ÅBERG, The Occident and Orient in the Art of the Seventh C., II: Lombard Italy, 1945 – J. WERNER, Die Langobarden in Pannonien., AAM, phil.-hist. Kl. NF 55, 1962 – H. BELTING, Probleme der Kunstgesch. Italiens im FrühMA, FMSt 1, 1967, 94–113 – H. ROTH, Die Ornamentik der Langobarden in Italien, 1973 – A. PERONI, L'arte nell'età longob. (Magistra Barbaritas, hg. G. P. CARRATELLI, 1974), 229–297 – W. F. VOLBACH, Die I. K. und ihre byz. Einflüsse (La civiltà dei Longobardi in Europa, 1974), 141–155 – I Longobardi e la Lombardia, 1978 – A. M. ROMANINI, Questioni longob., Storia dell'Arte 38/40, 1980, 55–63 – G. HASELOFF, Die germ. Tierornamentik der Völkerwanderungszeit, Stud. zu Salin's Stil, I, 1981, bes. 540–710 – A. PERONI, S. Salvatore di Brescia, Arte Mediev. 1, 1983, 53–80 – G. HASELOFF, Das Warnebertus-Reliquiar im Stiftsschatz v. Beromünster, Helvetia Arch. 15, 1984, 195–218 – A. PERONI, Architettura dell'Italia settentrionale in epoca longob. (Ravenna e Italia fra Goti e Longobardi, 1989), 323–346.

Langobardisches Recht. Das bei der Landnahme noch primitive L. R., in dem Stärke und Macht der Ordnungsfaktoren des Lebens der Gemeinschaft darstellten, erreichte infolge des Zusammentreffens mit der auf dem Legalitätsprinzip basierenden röm. Rechtskultur eine höhere Entwicklungsstufe. Diese Wandlung verlief parallel zu der allmähl. Konversion der arian. Langobarden zum Katholizismus. Die ältesten Stammesrechte der Langobarden sind im →Edictus Rothari gesammelt. Unter den kath. Kg.en →Liutprand, →Ratchis, →Aistulf und ihren Nachfolgern wurden die in techn. und kultureller Hinsicht überlegenen Traditionen des Röm. Rechts – ehemals das Recht der Besiegten –, in das Rechtssystem des Kgr.es aufgenommen, auf gleicher Stufe stehend wie die – allmähl. regredierenden – germ. Rechtstraditionen. In den Notariatsurkk. entstammt die Dispositio-Formel gewöhnl. dem röm. Recht, während die Garantieformel *(wadia)* germ. ist. Es wurde auch der Übergang zum jeweils anderen Recht gestattet. Alte germ. Traditionen regelten noch zur Zeit Rotharis die privatrechtl. Belange: Der Begriff der »jurist. Person« war unbekannt; der Foetus hatte keine Rechte; die volle Handlungsfähigkeit erhielten die Jungen mit 12 (Rothari) bzw. 18 Jahren (Liutprand), den Frauen wurde sie verweigert (→Frau). Die →Familie war die Kernzelle der langob. Kriegergesellschaft, das Gesetz sorgte daher für die Bewahrung ihrer Einheit. Erbfolge durch Willensakte des Erblassers wurde erst spät anerkannt (→Erbrecht). Im Sachenrecht wurden die verschiedenen Formen der Beziehung zw. Person und Sache (→Gewere) als solche vom Recht anerkannt (→Eigentum; →Ersitzung). Die vertragsrechtl. Bestimmungen des Edictus sind entsprechend der frühen Entwicklungsstufe von Wirtschaft und Handel noch sehr rudimentär. Dem menschl. Körper und seinen verschiedenen Teilen korrespondierte ein (entsprechend dem sozialen Stand und gesellschaftl. Rang) gesetzl. festgesetzter Vermögenswert: Durch Zahlung dieses →Wergelds an den Verletzten oder Beleidigten bzw. seine Verwandten entfiel die Blutracheverpflichtung (→Fehde, *faida*). Nach der Aufgabe der primitiven Formen der Faida und der privaten Verfügung über Eigentum und Person des Schuldners, wurden die Streitfälle von der staatl. Justizverwaltung geregelt. Die Klage war im Zivil- und im Strafrecht üblich. G. Vismara

Lit.: E. BESTA, Storia del diritto it., Dir. pubblico I, 1950 – H. CONRAD, Dt. Rechtsgesch. I, 1962 – H. MITTEIS – H. LIEBERICH, Dt. Rechtsgesch., 1974 – A. CAVANNA, La civiltà giuridica longobarda (I longobardi e la Lombardia), 1978.

Langosco, Familie → Pavia

Langres (gallo-röm. Andomatunum; später: Lingonas bzw. civitas Lingonum), Stadt an der oberen Marne (O-Frankreich, dép. Haute-Marne), Bm., Gft.

[1] *Bistum:* Bereits um 300 Bf.ssitz, vermutl. im 3. Jh. im Zuge der Mission durch griech. Christen entstanden. Ob in dieser Zeit der Kult der hl. Drillinge (Speusippos, Eleusippos, Meleusippos) aus Kappadokien nach L. gekommen ist, bleibt unsicher. Die Identifikation des als 3. Bf. gen. Desiderius (Teilnahme an Synode in Köln, 346) mit dem von den Vandalen 407/411 gemarterten Bf. Desiderius erscheint fraglich. Der Bf. v. L. zog sich im 5. Jh. wegen der unsicheren Lage in das castrum Dijon zurück; die Bf.e seit der Mitte des 5.–7. Jh. sind hist. gesichert. Den Bf.en Gregor (507–539/540) und Tetricus (540–573), Verwandten Gregors v. Tours, widmete Venantius Fortunatus Grabinschriften. Das Bm. L. stützte sich auch im 7. und frühen 8. Jh. weitgehend auf das castrum →Dijon und die Kl. der Umgebung. Seit Astoricus 737 war der Bf. über längere Zeit hinweg auch Abt des Kl. St-Bénigne in Dijon. Mit dem Vordringen des Einflusses der Karolinger in Burgund wurde das Bm. L. jahrzehntelang mit Bf.en einer bayer.-alam. Adelsfamilie besetzt, die das Bm. 856 verlor. Der Bf. begann ab dem 9. Jh. sich an den regionalen Auseinandersetzungen in seiner Diöz. zu beteiligen. Seine Tätigkeit als missus des Kg.s (spätestens seit 825) unterstützte den Aufbau seiner weltl. Herrschaft. Der Bf. ließ sich durch ksl. und kgl. Diplome im 9./10. Jh. die Immunität des Bm.s bestätigen und nahm seit dem späten 9. Jh. (Bf. Geilo?) seinen Sitz wieder ausschließl. in L. auf. Karl d. Kahle erlaubte dem Bf., Münzen zu schlagen. Für die weitere Entwicklung des Bm.s war der Episkopat →Brunos v. Roucy (980–1016) entscheidend. Er förderte die Kl.reform und war Gegner der kapet. Politik in Burgund. Die weltl. Macht des Bm.s bildete sich basierend auf örtl. Burgen zw. der oberen Saône und oberen Seine aus. Nach dem Tode Bf. Brunos fiel Dijon an die frz. Kg. Die Machtstellung des Bf.s führte dazu, daß Bf. Robert v. Burgund (1085–1110) von seinem Vetter Kg. Philipp I. unter die optimates des Reiches gerechnet wurde und sein Nachfolger zu Beginn des 13. Jh. einer der sechs geistl. Pairs am Hofe war. Seit 1385 führte der Bf. den Titel eines Hzg.s v. L. Die Bf.e förderten die neuen Orden der Reform in ihrer Diöz. (→Molesme, →Morimond, →Clairvaux). Die polit. Verhältnisse zwangen die Bf.e Anfang des 14. Jh., das Bm. zu reorganisieren und in 13 Burggerichtsbezirke aufzuteilen (im 15. Jh. auf 15 erhöht). Die Verpflichtungen der Vasallen wurden 1329 *(Cartulaire)* neu verzeichnet. Die Bf.e →Isaak († 880) und →Hugo v. Breteuil († 1050) verfaßten Schriften zum Kirchenrecht bzw. zur Eucharistielehre. 1336–37 war der kgl. Kanzler Guy →Baudet Bf. v. L. Die Beziehungen der Bf.e zum Kg. waren seit dem 11. Jh. relativ eng, was L. bei seiner Grenzlage zusätzl. Bedeutung sicherte. Im SpätMA waren weitere bedeutende Bf.e: Guillaume de Poitiers († 1374) und Kard. Louis de Bar (1395–1413).

[2] *Grafschaft:* Vielleicht gab es bereits in der civitas Lingonum in merow. Zeit einen comes, doch liefern erst die Diplome der Karolingerzeit durch Erwähnung des comitatus Lingonicus einen Beleg. Die Gft. dürfte im 9./10. Jh. an Bf. gelangt sein (887?). Hist. sicher ist, daß Bf. Bruno v. Roucy (980–1016) Guillencus de Saulx mit dem Amt des Gf.en v. L. betraute. Dessen Nachkommen behielten die Gft. als Lehen des Bf.s bis um 1170. Dann ging die Gft. an den Hzg. v. →Burgund über, der sie als Lehen des Bf.s v. L. an Gf. Heinrich v. →Bar weiterverlieh. Der Bf. v. L. löste dieses Lehen 1240/45 mit einer Zahlung von 550 *livres* aus. Es ist sicherl. nicht richtig, daß die Gft. L. vor 1179 zu einem Hzm. umgeformt wurde. Das ist erst in der 1. Hälfte des 14. Jh. eingetreten (1328

erstmals Titel eines Hzm.s für die Gft. L.). Der Bf. war mit dem Titel eines Gf.en, dann Hzg.s unmittelbarer Vasall des Kg.s mit Kriegs- und Hofdienst sowie verschiedenen Geldabgaben und gelangte durch die Dienste zur Würde eines Pairs am Hofe der frz. Kg.e. Die Gft. wurde damit die Grundlage für die spätere bfl. Stellung.

[3] *Stadt:* Sie lag auf dem Hochplateau. In gallo-röm. Zeit befestigt, befand sich das Zentrum der Siedlung im n. Teil der heut. Stadt (Gesamtumfang: 55 ha; in der Völkerwanderungszeit: 25 ha). Die Stadt wurde 407/411 durch die Vandalen zerstört, dann verkleinert wiederaufgebaut, 731 vermutl. von den Sarazenen erneut zerstört. Bis zum 12. Jh. wurden St-Martin und St-Amâtre in die Stadt einbezogen; im 14. Jh. hatte sie fast die Ausdehnung der heut. Altstadt nach S.

Stadtherr war in merow. und karol. Zeit der Kg., der seine Rechte durch den Gf.en wahrnehmen ließ. Die Stadt gelangte nach 887 vollständig an den Bf. Die Bürger erhielten von Bf. Gottfried (1140–63) ein städt. Privileg, das von seinem Nachfolger Bf. Gautier 1163/68 sowie von Domkapitel, Hzg. v. Burgund und Papst zusätzl. bestätigt wurde. Dieses Privileg, in dem die Einw. v. L. erstmals als Bürger erwähnt sind, wurde zur Grundlage der künftigen Stadtverfassung. Die Bürgerversammlungen zur Beschlußfassung erscheinen erst im 13. Jh. Bereits Ende des 13. Jh. begann sich die kgl. Zentralverwaltung in die Gerichtsbarkeit einzuschalten. Die Stadt konnte zw. Kg., Bf. und Domkapitel Bedeutung im Bereich von Handel und Gewerbe gewinnen und bis ins SpätMA ausbauen.

I. Eberl

Lit.: DACL VIII, 1267–1291 – M. LE GRAND, Le Chapitre cathédral de L. de la fin du XIIe au Concordat de 1516, 1931 – J. LAURENT, Diocèse de L., Archives de la France monastique 45, 1941 – F. CLAUDON, Un 'condominium' ecclésiastique, RHE 44, 1949, 5–29 – DERS., Hist. de L., 1955 – Aux Origines d'une Seigneurie ecclésiastique. L. et ses Evêques VIIIe–XIe s., 1986 – Topographie chrétienne de cités de la Gaule IV, 1986, 47–54 [J.-C. PICARD] – Hist. de L. des origines à nos jours, hg. H. FLAMMARION u. a., 1988.

Langschild. Der kelt. L. mit abgerundeten Ecken, Buckelbeschlag und Mittelrippe wurde vom kürzeren, stark gewölbten röm. 'scutum' abgelöst, welches seinerseits im 3. Jh. n. Chr. vom germ. Rundschild verdrängt wurde. Um 1300 erschien, namentl. bei it. Fußtruppen, ein vom roman. Mandelschild abgeleiteter, ovaler L. Dieser wandelte sich im 15. Jh. zum 6–7eckigen L. (vgl. Donatellos St. Georg) und wurde auch als Wappenschild verwendet.

O. Gamber

Langspieß, bereits im HochMA gegen die Reiterei eingesetzte →Stangenwaffe des Fußvolks. Im späteren 15. Jh. Hauptwaffe der Schweizer Knechte und dt. Landsknechte. Bei der Infanterie noch im 16. und 17. Jh. unter den Namen 'Pinne' und 'Pike' in Gebrauch.

O. Gamber

Lit.: W. BOEHEIM, Hb. der Waffenkunde, 1890.

Langton

1. L., Stephen, engl. Theologe und *Ebf. v. →Canterbury,* seit 1207, * um 1165, † 9. Juli 1228 Slindon (Sussex); stammte aus Langton bei Wragby (Lincolnshire), Sohn eines kleinen Grundbesitzers, erhielt seine Ausbildung in Paris, wo er wegen seiner bibl. Stud. und seiner Lehre berühmt wurde; Inhaber eines Kanonikats an der Kathedrale v. Notre-Dame und einer Präbende in York; 1206 von Innozenz III. zum Kard. presbyter v. S. Crisogono ernannt. Nach dem Tode des Ebf.s v. Canterbury, Hubert →Walter, 1205 brach ein Streit zw. den Suffraganbf. en der Kirchenprovinz und den Mönchen des Kathedralpriorats v. Canterbury um die Beteiligung an der Neuwahl aus. Prior und Konvent wählten heiml. ihren Subprior Reginald zum Ebf. und sandten ihn nach Rom. Als Suffragane und Mönche auf ihre Appellation an Rom verzichteten, wurde in Gegenwart von Kg. Johann Ohneland John de →Gray, Bf. v. Norwich, zum Ebf. ernannt, den aber der Papst ablehnte. Innozenz annullierte die Wahl Reginalds und befahl den Mönchen des Kathedralpriorats, in Rom einen neuen Ebf. zu wählen. Eine Delegation der Mönche einigte sich auf L., der von Innozenz am 17. Juni 1207 geweiht wurde. Da Johann die Anerkennung L.s verweigerte und die Temporalien v. Canterbury beschlagnahmte, verhängte der Papst das →Interdikt über England. Erst im Juli 1213 konnte L. nach England zurückkehren, wo er bald in die Auseinandersetzung der Kg.s mit einigen seiner Barone (→Magna Carta) verwickelt wurde. Die Unterstützung der baronialen Opposition durch L. führte zu seiner Suspendierung durch den Papst im Sept. 1215, die jedoch während L.s Teilnahme am IV. Laterankonzil aufgehoben wurde, allerdings durfte L. nicht nach England gehen. 1218 gestattete dann Honorius III. die Rückkehr. – L. ist der Verfasser von zwei theol. Summen, Quaestionen, Komm. zu Schriften des AT, den Paulusbriefen, den Sentenzen des →Petrus Lombardus und zur Historia scholastica des →Petrus Comestor. Auch war er beteiligt an vielen Dekreten des Laterankonzils und an den Kanones einer Provinzialsynode in Oxford v. 1222.

D. M. Smith

Q. und Lit.: F. M. POWICKE, St. L., 1928 [Neudr.: 1965] – G. LACOMBE – A. M. LANDGRAF, The Quaestiones of Cardinal St. L., New Scholasticism 3, 1929, 1–8, 113–158; 4, 1930, 115–164 – G. LACOMBE – B. SMALLEY, Stud. on the Comm. of Card. St. L., Archives d'Hist. doct. et litt. au MA 5, 1930, 5–266 – B. SMALLEY, Exempla in the Comm. of St. L., Bull. John Rylands Lib. 17, 1933, 121–129 – Acta of St. L., hg. K. MAJOR, 1950 – L. ANTL, An Introduction to the Quaestiones Theologicae of St. L., FStud 13, 1952, 151–175 – F. A. CAZEL, The last Years of St. L., EHR 79, 1964, 685–694 – P. B. ROBERTS, Stud. in the Sermons of St. L., 1968 – DERS., Selected Sermons of St. L., 1980.

2. L., John, *Bf. v. →Chichester* seit 1305, † 19. Juli 1337. Von Eduard I. 1292 überraschend zum Kanzler ernannt, wurde er 1302 plötzl. ohne Grund entlassen und nach Eduards Tod (1307) wieder Kanzler, doch trat er 1310 zurück. Er sympathisierte mit den Gegnern Eduards II., den Lord →Ordainers, zu denen er gehörte. In den polit. Krisensituationen von 1318 und 1321 (→England, D. II) nahm er eine gemäßigte Haltung ein. Er versuchte gemeinsam mit anderen Bf. en, zw. dem Kg. und →Thomas, Earl of Lancaster, zu vermitteln. Sein Interesse galt zunehmend mehr den Belangen seiner Diöz. (Errichtung eines neuen Kapitelhauses in Chichester) als den polit. Ereignissen.

M. C. Prestwich

Lit.: DNB XXXII, 121 – T. F. TOUT, Chapters in the Administrative Hist. of Medieval England, II, 1920.

3. L., Walter, *Bf. v. Coventry und →Lichfield* seit 1296, † 9. Nov. 1321, einer der bedeutendsten Beamten und Ratgeber Eduards I.; seit 1282 Schreiber im kgl. Haushalt, 1290 controller, dann keeper of the →Wardrobe, 1295 bis kurz nach 1307 treasurer of the →Exchequer, 1296–97 in führender diplomat. Mission tätig, auf der Suche nach Bündnispartnern gegen Philipp IV. v. Frankreich. L. war unpopulär und wurde im Parliament 1301 angegriffen. Eine Anklage gegen ihn, u. a. wegen Mordes und Teufelsverehrung, wurde bei der röm. Kurie eingereicht. Das führte zu seiner Entlassung aus dem Bf. samt 1302, doch wurde er 1303 wieder eingesetzt. L. häufte erhebl. Landbesitz sowie kirchl. Pfründen an und machte sich den Thronfolger (Eduard II.) zum Feind. Bald nach Eduards I. Tod wurde er im Aug. 1307 eingekerkert, sein Prozeß dauerte bis 1311. Er war zweifellos schuldig, seine Gewalt als Schatzmeister Eduards I. mißbraucht zu haben. Trotzdem wurde er 1312 kurzfristig von Eduard II. erneut als Schatzmeister eingesetzt, da er versuchen sollte, das Vermögen der Krone wiederherzustellen. L. spielte anschließend keine bedeutende polit. Rolle mehr und wandte sich seiner Diöz. zu. M. C. Prestwich

Lit.: DNB XXXII, 129 – A. BEARDWOOD, The Trial of W. L., Bishop of Lichfield, 1307–1312, 1964.

Languedoc, nach der →Langue d'oc benannte weiträumige hist. frz. Provinz und heut. Region (L.-Roussillon) in Südfrankreich, westl. des Unterlaufs der Rhône, umfaßte die Gebiete der südfrz. Fsm.er, die im 13. Jh. an die Krone Frankreichs fielen.

Vgl. im einzelnen die Beiträge zu den bedeutenden Territorien, Städten und Bm.ern der Region wie →Toulouse, →Narbonne, →Carcassonne, →Beaucaire, →Nîmes, →Uzès, →Aigues-Mortes, →Montpellier, →Maguelone, →Béziers, →Agde u.v.a.; s.a. →Paris, Vertrag v. (1229), →Albigenser.

Langue d'oc. Bezeichnung für die okzitan. Sprache (→Altprov. Sprache), die von den →Troubadours *lenga romana* oder *lemozi* gen. wurde. In »De vulgari eloquentia« hat →Dante drei roman. Sprachen, das »ydioma tripharium«, nach den Bejahungspartikeln *oc* (okzitan.), *oïl* (frz.) und *si* (it.) unterschieden. Die Region Languedoc umfaßt nur einen Teil des gesamten okzitan. Sprachgebietes.
M.-R. Jung

Lit.: G.-B. PELLEGRINI, Appunti di grammatica storica del provenzale, 1965 – J. M. FERNÁNDEZ GONZÁLEZ, Gramática histórica provenzal, 1985.

Langue d'oïl, Bezeichnung für die →Frz. Sprache; vgl. →Langue d'oc. M.-R. Jung

Lit.: G. MOIGNET, Grammaire de l'ancien français, 1976 – G. ZINK, Phonétique hist. du français, 1986 – DERS., Morphologie du français médiéval, 1989.

Languste → Krustentiere

Langwälle → Befestigungen, A. I

Langzeile → Vers- und Strophenbau

Lann Léire (Dunleer), Kl. im nö. Irland (Gft. Louth), gegr. zu einem unbekannten Zeitpunkt, doch spätestens im 7. Jh. Nach der »Vita Tripartita« des hl. →Patrick war es unter Kontrolle der Fir Rois, deren Herrschaftsgebiet teils in der heut. Gft. Monaghan, teils in der Gft. Louth lag. Eine ältere Tradition verbindet das Kl. mit den Uí Segáin, die wie die Uí Méith, Mugdornai und Fir Rois ein den Airthir (östl. →Airgialla) angehörender Stamm waren, verbunden mit der Hauptkirche →Armagh. Mitglieder der Uí Segáin haben tatsächl. in späterer Zeit erbl. 'sacerdotes' für Armagh gestellt. Den Uí Segáin entstammte auch der bedeutende Dichter →Blathmac (8. Jh.), Verf. eines ir. Gedichts über Kindheit und Passion Christi, der vielleicht Kleriker v. L. war. D. Ó Cróinín

Lit.: E. MACNEILL, St. Patrick, 1934, 212 – F. J. BYRNE, Irish Kings and High-Kings, 1973, 118 – P. Ó RIAIN, Corp.gen.sanctorum Hib., 1985, 187f.

Lannoy, große flandr.-burg. Adelsfamilie, deren ferne Ursprünge zum Gegenstand von Legenden wurden, die v.a. in der Zeit des berühmten Vizekg.s Charles de L. im frühen 16. Jh. gepflegt wurden. Stammsitz des Geschlechts war die Burg L. im französischsprachigen Flandern (Frankreich, dép. Nord, arr. Lille); gemeinsamer Ahn der drei Linien der L. (deren jüngste noch besteht) war *Hugues* († 1349), Herr v. L. und Lys (-lez-L.), ∞ Marguerite de M(a)ingoval (Frankreich, dép. Pas-de-Calais, arr. Arras). Zur älteren Linie zählte *Jean* (1410–93), Herr v. L.

und Ritter vom →Goldenen Vlies, aktiver burg. Diplomat in Frankreich und England, Statthalter von Holland, Seeland und Friesland (1448–62) und von Lille, Douai und Orchies (1459–65), Gründer einer zu Füßen seiner Burg errichteten Neustadt (*ville neuve*), für die er bei Hzg. Philipp dem Guten eine Serie von acht Privilegien erwirkte (1458–62). Kg. Ludwig XI. v. Frankreich, der ihm diese Privilegien bestätigte, betraute ihn 1463 auch mit dem Amt des Bailli v. Amiens. Andere bedeutende Amtsträger der Hzg. e v. Burgund entstammten der jüngeren Linie; zu nennen sind: *Hugues* (1384–1456), Herr v. Santes (Frankreich, dép. Nord, arr. Lille), Statthalter v. Lille, Douai und Orchies (1414–24), dann v. Holland, Seeland und Friesland (1433–40); er trat hervor als Verfasser polit. Denkschriften, die er seinem Hzg. widmete. – *Guillebert* (1386–1462) übte als burg. Rat und Diplomat gleichfalls wichtige Missionen und Ämter aus (u.a. Befehlshaber der strateg. bedeutenden Festung von Sluis vor Brügge) und gehört mit den Berichten über seine ausgedehnten Reisen (Ostseeraum, Hl. Land, Ägypten, Balkanländer) zu den großen burg. Reiseschriftstellern des 15. Jh. Hohen Quellenwert für die Gesch. der balt. Länder besitzt seine Beschreibung der Reise, die ihn 1413–14 nach Dänemark, Danzig, in das Gebiet des Dt. Ordens, nach Livland, Novgorod und Litauen führte und bei der sich Züge einer →Preußenreise (Sommer 1413: Teilnahme an einem Feldzug des Dt. Ordens, Erhebung zum Ritter) vielleicht mit (nicht genannten) diplomat. und handelspolit. Zielsetzungen (Getreidehandel?) verbinden (Empfang G.s an den großen Fürstenhöfen der Ostseeländer). – *Baudouin* (1388/89–1474), gen. 'der Stotterer', Herr v. Molembaix (Molenbaix, Belgien, Prov. Hennegau, arr. Tournai) war ebenfalls Statthalter v. Lille, Douai und Orchies (1424). Alle drei genannten L. rangieren 1430 unter den erstgekürten Rittern vom Goldenen Vlies, mit dem noch 13 weitere Mitglieder der L. ausgezeichnet wurden. Die im Hennegau verwurzelten L. besaßen hier durch Heirat mehrere große Herrschaften (Molenbaix, Audregnies, Solre-le-Château u.a.) und übten in der 2. Hälfte des 15. Jh. hohe Justizämter (u.a. Prévôt in Valenciennes) aus (*Antoine*, † 1465, und sein Sohn *Jean*, † 1498). Berümtestes Mitglied der L. war *Charles* (1482–1527), Sohn v. Jean († 1498), der als Vizekg. v. Neapel und Fs. v. Sulmona zum Kreise der bedeutendsten Ratgeber Karls V. zählte. *Baudouin* († 1501), Sohn des gleichnamigen Vaters, war Statthalter und Kastellan v. Bouchain sowie Statthalter v. Zutphen, dann v. Lille, Douai und Orchies. J.-M. Chauchies

Q. und Lit.: B. DE LANNOY–G. DANSAERT, Jean de L. le Bâtisseur, 1937 – G. ESPINAS, Les origines du capitalisme, III, 1946 – B. DE LANNOY, Hugues de L., 1957 – PH. DE GHELLINCK VAERNEWYCK, Les seigneurs de Molembaix, 1971 – H. REBAS, Die Reise des Ghillebert de L. in den Ostseeraum 1413/14, HGbll 101, 1983, 29–42 – R. VAUGHAN, Hue de L. ... (Das spätma. Kgtm. im europ. Vergleich, hg. R. SCHNEIDER, 1987), 335–345 – A. BERTRAND, Guillebert de L., 1991.

Lantfrid, Hzg. der Alemannen, † 730, einer der Söhne des alem. Hzg.s →Gottfried († 709), begegnet erstmals in der Regierungszeit Karl Martells und im Zusammenhang mit der Gründungsgesch. der Abtei →Reichenau um 724. In dieser Phase, die auf den Feldzug Karls gegen die Alemannen 722 und deren Rebellion von 723 folgte, hat offenbar zw. dem alem. Hzg. und dem Hausmeier Einvernehmen bestanden. Doch bereits 725 und 728 hat Karl auf Kriegszügen nach Bayern seine Macht in Alemannien demonstriert, und auch die Vertreibung →Pirmins von der Reichenau durch L.s Bruder →Theudebald zeugt von der Verschlechterung der frk.-alem. Beziehungen. 730 hat sich Karl schließlich gegen L. selbst gewandt. Dessen Tod im selben Jahr bedeutet eine Zäsur in der Spätphase des alem. Dukats. In Fortsetzung der legitimist., auf formale Unterordnung unter die Merowinger bedachten Einstellung seines Vaters, die zugleich der Abwehr des karol. Zugriffs auf Alemannien diente, hat L. eine Neufassung der Lex Alamannorum (Lantfridana) veranstaltet, in welcher die Bedeutung des merow. Kg.s als dominus des alem. Hzg.s betont und gleichzeitig die Rechte des letzteren als Gerichtsherr, Friedensgarant und Kriegsherr verkündet werden (→Leges). Th. Zotz

Lit.: NDB XIII, 621f. [Lit.] – Die Gründungsurkk. der Reichenau, hg. P. Classen (VuF 24), 1977 – J. Jarnut, Unters. zu den frk.-alem. Beziehungen in der 1. Hälfte im 8. Jh., SchZG 30, 1980, 7–28 – Die Bayern und ihre Nachbarn, hg. H. Wolfram – A. Schwarcz (AAW, phil.-hist. Kl. 179), I, 1985 – C. Schott, Zur Geltung der Lex Alam. (Die hist. Landschaft zw. Lech und Vogesen, hg. P. Fried – W.-D. Sick, 1988), 75–105.

Lantsloot vander Haghedochte, fragmentar. überlieferte mndl. Versbearb. des afrz. »Lancelot en prose«. Erhalten sind 36 Bruchstücke aus einer Hs. des 14. Jh. mit insges. 6073 z. T. beschädigten Versen. L. v. H. stammt wahrscheinl. aus der Mitte des 13. Jh. und ist damit die älteste der drei bekannten mndl. Übers.en des afrz. Prosaromans. In seiner für den mündl. Vortrag bestimmten Bearb. hat der unbekannte, wahrscheinl. fläm. Dichter den afrz. Text sehr frei wiedergegeben, wobei Tendenzen zur Rationalisierung, Entpräzisierung und Idealisierung festzustellen sind; die im afrz. Roman eingeführten Neuerungen (etwa die desillusionierend-realist. Züge) hat er in Richtung auf die Poetik der Versromane zurückgebogen. Die Bearbeitungstechnik weist auf eine beabsichtigte Rezeption durch ein Hofpublikum hin, für das der Roman als ein Spiegel höf. Verhaltensnormen galt. W. P. Gerritsen

Ed.: L. v. H., ed. W. P. Gerritsen, 1987 – *Lit.:* F. P. van Oostrom, L. v. H., 1981.

Lanuza, Juan de, kgl. aragon. Statthalter, † 1507 in Neapel, Ritter, entstammte einem Adelsgeschlecht aus dem Ort L. (Jaca), 3. Sohn von Ferrer, dem Ersten →Justicia Major v. Aragón, und der Inés Garabito; ∞ Beatriz Pimentel. J. de L. war 1479–98 Justicia Major v. Aragón, 1492–93 Statthalter Kg. Ferdinands d. Kath. in Valencia, kgl. Rat und Kämmerer, 1494–95 auf ein Jahr kgl. Statthalter in Katalonien, in Vertretung des Infanten Heinrich Ernennung: 10. Dez. 1493). Der Kg. erwartete von seinem Vertrauensmann L. bessere und schnellere Justiz, Eingriffe in die Machtkämpfe der städt. Oligarchie und gutes Regiment. Beim Empfang in Barcelona schwor L., die Gesetze Kataloniens zu achten. Die *consellers* (Stadträte) lobten die Tätigkeit des hochangesehenen Statthalters als Friedensstifter. Nachdem er am 29. Jan 1495 zum Vizekg. v. Sizilien (bis 1506) ernannt worden war, trat Juan Fernández de Heredia seine Nachfolge an. Von J. stammten die L.-Rocaberti, Barone v. Verges und Escuer, ab.
Carmen Batlle

Lit.: M. Dualde Serrano, La misión moralizadora del lugarteniente general J. de L. en el reino de Valencia, EEMCA 5, 1952, 475–498 – J. Mateu Ibars, Los virreyes de Valencia, 1963, 97 f. – J. Lalinde Abadía, La institución virreinal en Cataluña (1471–1716), 1964 – E. Belenguer Cebrià, València en la crisi del segle XV, 1976 – P. Garcés de Cariñena, Nobilario de Aragón, ed. M. I. Ubieto Artur, 1983, 120, 413.

Lanze, ursprgl. Wurfwaffe der Kelten und Germanen (lat. lancea, vgl. frz. lancer). Im Hoch- und SpätMA wurde der Begriff sinnwidrig auf den Reiterspieß übertragen und bezeichnete auch eine militär. Einheit von 10 Mann. Die L. des Ritters hatte ein rhomb. oder spitzovales Eisen, seit dem 13. Jh. bisweilen auch einschneidiges Eisen (Kerbeisen). Seit Anfang des 14. Jh. erhielt sie eine zunächst flache, bald trichterförmige Handschutzscheibe (Brechscheibe). Im 15. Jh. wurde der lange Schaft oft gerieft und vor der dünnen Handhabe verdickt. In Deutschland verblieb der L. der richtigere Name 'Reißspieß' (von *reise* = 'Kriegszug'). S. a. →Hl. Lanze.
O. Gamber

Lit.: W. Boeheim, Hb. der Waffenkunde, 1890.

Lanzelot → Lancelot

Lanzenfähnchen, kleiner, farbiger Wimpel an der Reiterlanze als Erkennungszeichen der Einheit. Das L. konnte nach Übereinkunft auch durch Fuchsschweife, Vogelflügel, Strohwische, Bänder usw. ersetzt werden.
O. Gamber

Laodikeia. 1. L., Hafenstadt in N-Syrien, zur Unterscheidung von zahlreichen Homonymen auch Λαοδίκεια ἡ ἐπὶ θαλάσσῃ, Laodicia ad mare gen. (arab. al-Lādiqīya, frz. Lattaquié, engl. und dt. Latakia). An der Stelle einer alten phönik. Siedlung (Ramitha) 327 v. Chr. von Seleukos Nikator neu gegr. und nach seiner Mutter Laodike benannt. Wirtschaftl. Bedeutung durch den Hafen, Weinexport und Leinenindustrie. Bm. seit Mitte 3. Jh., wird L. 528 weltl. Hauptstadt der neuen Prov. Theodorias. Wohl 637/638 von den Arabern eingenommen, 719 von einer byz. Flottenexpedition überfallen und zerstört, aber von den Omayyaden neu befestigt und ausgebaut. 969 von Nikephoros Phokas den Ḥamdānīden entrissen. Im späteren 10. Jh. ztw. ṭūlūnidisch. Vor 1086 im Besitz der Banū Munqiḏ v. Šaizar, die L. in diesem Jahr dem Seldschukensultan Malikšāh übergaben. Ende 11./Anfang 12. Jh. zw. Byzanz und den Kreuzfahrern umstritten, aber schließlich dem Fsm. →Antiocheia angegliedert; L., von den Kreuzfahrern »La Liche« gen., wurde nun einer der wichtigsten Häfen des ö. Mittelmeerraumes. 1188 von Saladin erobert, blieben jedoch die Handelsbeziehungen mit den chr. Staaten bestehen (1225 erhält z. B. die ven. Kolonie einen →Bailo mit eigener Gerichtsbarkeit). 1260 nochmals frk. Nach Beschädigung der Befestigungen durch Erdbeben 1287 als letzter Rest des Fsm.s Antiocheia an den Mamlūkensultan Qalāwūn gefallen, in der Folge prächtig ausgebaut. 1366 von Peter I. v. Lusignan, dem Kg. v. Zypern, angezündet. Nach Vertreibung der ven. Kaufleute durch Sultan Barsbai (1436) allmähl. Niedergang.
K. Belke

Lit.: EI² (frz.) V, 593–596 – RE XII/1, 712–718 – Runciman, Kreuzzüge – A Hist. of the Crusades, hg. K. M. Setton, I–VI, 1969–89.

2. L. am Lykos (Laodicia [minor], Lādiq), Stadt und Bm. in Kleinasien (Phrygien), jetzt Ruinenstätte Eskihisar 6 km n. der türk. Prov.hauptstadt Denizli. Eine chr. Gemeinde in L. ist bereits in apostol. Zeit bezeugt. Seit frühbyz. Zeit Hauptstadt der Prov. Phrygia (Kapatiane) und Sitz eines Metropoliten. Ihre wirtschaftl. Blüte beruhte einerseits auf ihrer Lage an den von Ephesos bzw. Smyrna ausgehenden W-O-Straßen, andererseits auf der von der Antike bis in türk. Zeit nachweisbaren Woll- und Textilproduktion. L. gehörte in mittelbyz. Zeit zum Thema Thrakesion. In der Folge der Schlacht bei →Mantzikert (1071) erstmals von den Türken erobert, 1098 und nochmals 1119 von Byzanz zurückerobert. Ende 1147 erreichte Bf. →Otto v. Freising mit dt. Pilgern die Stadt, Anfang 1148 folgte das frz. Heer des 2. Kreuzzuges unter Kg. Ludwig VII.; beide Gruppen erlitten in den Bergen s. v. L. durch türk. Angriffe schwere Verluste. Beim Durchzug des 3. Kreuzzuges 1190 unter Ks. Friedrich Barbarossa war L. bereits eine byz. Enklave in von Turkmenen beherrschtem Gebiet. Große Schäden erlitt L. und seine

Umgebung durch mehrere Rebellionen byz. Magnaten (Pseudolexios 1192; Theodoros Mangaphas 1188, 1193; Manuel Maurozomes 1105), die die türk. Machtübernahme entscheidend beschleunigten. Kurze byz. Zwischenspiele in L. fanden (wahrscheinl.) 1225/26 sowie 1257 statt. Nachfolgesiedlung von L. ist →Denizli. – Die Ruinen der antiken und byz. Stadt liegen auf einer flachen Anhöhe s. des Lykos (Çürük Çay) im fruchtbaren, aber erdbebengefährdeten Becken von Hierapolis. Die Siedlung wurde wahrscheinl. im 12.Jh. an die leichter zu verteidigenden N-Abhänge des Akdağ (s. oder sw. von Denizli) verlegt.   K. Belke

Lit.: EI², s. vv. Deñizli und Lādhik – Tabula imp. byz. 7, 273f., 323–326 [Q., Lit.].

Laon (Laudunensium civitas, Lugdunum clavatum, Mons clavatus), Stadt, Bm. und Gft. in N-Frankreich, →Picardie (dép. Aisne).

I. Von den Anfängen bis zum 12. Jahrhundert – II. Die kommunale Bewegung – III. Vom 13. Jahrhundert bis zum Ende des Mittelalters.

I. VON DEN ANFÄNGEN BIS ZUM 12. JAHRHUNDERT: [1] *Stadt:* Die auf einem markanten Bergsporn gelegene Stadt wird vor dem 6.Jh. nicht in den Q. erwähnt. L. und das Laonnois gehörten zur Belgica II (→Belgica) und waren wohl ein von der civitas Remorum (→Reims) abhängiges Gebiet. Infolge der strateg. günstigen Lage des Ortes dürfte hier, vermutl. gegen Ende des 3.Jh., ein Castrum entstanden sein. Anläßl. der Teilung des →Frankenreiches 511 wurde L. wahrscheinl. von der Civitas v. Reims abgetrennt und mit →Soissons und →Noyon dem Reichsteil Kg. →Chlothars I. zugeschlagen; 561 kam es zu →Austrien. Im 6.–7.Jh. war L. Münzstätte. Zufluchtsort →Grifos, wurde es von dessen Halbbrüdern →Pippin III. und →Karlmann eingenommen (741). Im 9. und 10.Jh. war L. ein in den Auseinandersetzungen zw. Karolingern und Robertinern heftig umkämpfter Stützpunkt. 897 übergab der Robertiner Odo die Stadt dem Karolinger Karl d. Einfältigen, der hier oft residierte und Urkk. ausstellte; er heißt in den Chansons de geste bezeichnenderweise der 'Kg. v. L.' →Heribert II. v. Vermandois († 943) suchte sich in wechselvollen Kämpfen L.s zu bemächtigen, um so seine Vormachtstellung in der →Francia abzusichern. Erst 949 gelang es Ludwig IV., die civitas L. wieder seinem Herrschaftsbereich einzuverleiben. Von nun an diente L. den westfrk. Karolingern erneut als bevorzugte Residenz; es erhielt 955 die Bezeichnung 'palatium' (→Pfalz), die erste Nennung dieses Begriffs in einer authent. Urk. Nachdem sich mit der Wahl von →Hugo Capet 987 die polit. Situation grundlegend verändert hatte, konnte sich 988 mit →Karl v. Niederlothringen noch einmal ein Karolinger L.s bemächtigen, doch wurde er infolge des »Verrats« Bf. →Adalberos v. L. 991 gefangengenommen, womit das Übergewicht Hugos besiegelt war.

[2] *Grafschaft:* L. war Vorort eines →pagus, der erstmals in der 2. Hälfte des 7.Jh. in einem Diplom Chilperichs II. gen. wird; der erste namentl. bekannte Gf. ist Charibert (Heribert), dessen Tochter →Bertrada (Bertha) 749 Pippin III. heiratete. In der Karolingerzeit kann nur Aleaumus, belegt zw. 867 und 877, sicher als Gf. v. L. identifiziert werden. 923 ergriff Gf. Roger die Partei Rudolfs gegen Karl d. Einfältigen, dann gegen Heribert II. v. Vermandois, der bestrebt war, seinem Sohn Odo die Nachfolge als Gf. v. L. zu sichern. 961, nach dem Tode Hugos, des Enkels von Roger, erbte dessen Verwandter Kg. Lothar die Gft. L. Von nun an hatten die Kg.e die Gft. inne, die sie durch praepositi (→Prévôt) verwalten ließen (erstmals 1110 erwähnt). Diese übten im kgl. Auftrag die →Garde über Turm und Pfalz aus. Bei nur eingeschränkter Nutzung der Regalien (Immunitäten, Münzprägung Bf. Adalberos) war die Position des Kgtm.s in L. gleichwohl stärker als in Noyon oder Soissons, wo der Kg. die Gf. engewalt mit dem Bf. zu teilen hatte. Daher betrachtete Guibert v. Nogent am Beginn des 12.Jh. L. als 'civitas regalis'.

[3] *Bistum:* Es wurde wohl zu Anfang des 6.Jh., vielleicht 511, aus der Civitas v. Reims ausgegliedert. Die Anfänge der Kathedrale Notre-Dame liegen im dunkeln. Genebaudus, der erste sicher bezeugte Bf., entsandte 549 einen Vertreter zum Konzil v. Orléans. Für die Merowingerzeit ist die Bf.sliste weitgehend gesichert. In dieser Periode entstanden zwei große Abteien: St-Vincent, das mit Mönchen besetzt war, vom Ende des 9.Jh. bis zur Mitte des 10. Jh. aber Kanoniker beherbergte; St-Jean (ursprgl. Notre-Dame), gegr. um 640 von der hl. Salaberga. Während der Normanneneinfälle war das befestigte L. Zufluchtsort für die Mönche aus St. Bavo zu →Gent mit ihren Reliquien (851 und erneut 879), desgleichen für den Leichnam des hl. Quintinus (881). Die erste stark hervortretende Bf.spersönlichkeit war →Hinkmar, der über eine strittige Benefiziumsfrage in einen heftigen Konflikt mit Karl d. Kahlen und seinem Onkel →Hinkmar v. Reims geriet und 871 abgesetzt wurde. Zw. 888 und 892, unter dem Episkopat Didos, erhielten Bf. und Kapitel von Kg. Odo ein Immunitätsprivileg für ihre Wohnungen und den Kreuzgang. Offenbar war es Bf. →Adalbero (977–1030), der die Gft. im Laonnois erwarb. Unter diesem Rechtstitel übten die Bf.e (durch ihre →Vicedomini/*vidames*) die Jurisdiktion über 17 Dörfer zw. L., Ailette und dem Forst v. St-Gobain aus. Die Bf.e standen in Kontakt mit dem Regionaladel, der auch zuweilen den Bf.sstuhl besetzte: Nach dem Episkopat des Elinand (1052–98), der auf Betreiben des Kg.s v. England Bf. geworden war, erhielt ein Mitglied des Hauses →Coucy, Enguerran (1098–1104), die Bf.swürde. Im allg. übten jedoch die Kg.e v. Frankreich das Nominationsrecht aus.

II. DIE KOMMUNALE BEWEGUNG: [1] *Stadt:* Die Hauptquelle zur Kommunalbewegung im L. des frühen 12.Jh. ist »De vita sua« →Guiberts v. Nogent, der eine von Gegensätzen beherrschte Gesellschaft schildert: L. wurde dominiert von einer Gruppe mächtiger Familien, die z. T. bfl. Vasallen waren und mit dem Regionaladel (Marle, Coucy, Montaigu, Quierzy) in enger Verbindung standen, sich aber beständig untereinander befehdeten. Diesen 'proceres' standen die Bewohner des 'burgus' gegenüber: Bürger, Kaufleute, Handwerker, aber auch Hörige und Leibeigne in starkem sozialen Aufstieg. Der Klerus war in Traditionalisten und Reformanhänger gespalten. Nach dem Tode Ebf. Enguerrans (1104) und zweijähriger Sedisvakanz setzte der Herr v. Coucy erneut die Wahl eines Verwandten durch, des Gaudricus (Gaudry), der Kanzler des engl. Kg.s war. Als Gerhard v. Quierzy, der Vogt v. St-Jean, in der Kathedrale am 7. Jan. 1110 ermordet wurde, fiel der Verdacht der Mittäterschaft auf Bf. Gaudricus. Die Bürger, Anhänger des Erschlagenen, schlossen sich im Gegenzug zusammen und nötigten die 'proceres' und die beiden Archidiakone zur Anerkennung der 'communia' (→Kommune), verbunden mit Steuer- und Abgabenprivilegien. Der Kg. bestätigte die Kommune, doch erreichte Bf. Gaudricus, der zuvor selbst die kommunale Einung beschworen hatte, von Kg. Ludwig VI. am 18. April 1112 gegen eine Zahlung die Aufhebung der kommunalen Rechte. Dies löste einen heftigen Aufstand aus; die Bürger töteten am 25. April 1112 den Bf., zündeten die Kathedrale an und erschlugen mehrere Große. 1128 wurde, auf Initiative Ludwigs VI., ein Kommunalprivileg, das als Kompromiß den sozialen Frieden wiederherstellen sollte, erlassen: Eine 'institutio pacis' wurde eingerichtet; die alten Autoritäten und selbst die (allerdings gemilderte) Leibeigenschaft blieben erhalten; die Rechte des Bürgermeisters (maior, →*maire*) und der Geschworenen (jurati, →*jurés*) wurden jedoch zumindest in Teilen fixiert, die Abschaffung der *mainmorte* (→Tote Hand) und die Milderung der →Frondienste festgesetzt. Trotz der von den 'proceres' gegebenen Garantien blieben noch starke Keime sozialer Konflikte bestehen.

[2] *Laonnois:* Auch die Einw. der kleineren Orte des Laonnois strebten nach dem Vorbild der Bf.sstadt nach kommunaler Freiheit; einige Orte wie Bruyères (um 1129) und Cerny-en-Laonnois (1184) sowie die Leute der Abtei St-Jean de L. (1196) erreichten tatsächl. kommunale Statuten. Die Bf.e bekämpften die vom Gf.en (bzw. Kg.) den Untertanen erteilten Privilegien, so die von Ludwig VII. 1174 erlassene Charte (1177 Sieg der bfl. und grundherrl. Truppen über die kommunalen Milizen). Erst 1259 fanden die Auseinandersetzungen ihr Ende.

III. VOM 13. JAHRHUNDERT BIS ZUM ENDE DES MITTELALTERS: [1] *Der Aufschwung:* Nach den Unruhen von 1112 wurde die polit., soziale und religiöse Restauration von Bf. Barthélemy de Joux (1113–51) in Angriff genommen. Gestützt auf Kg. Ludwig VI., führte er den Kampf gegen Thomas v. Marle und die Anhänger der Kommune, widmete sich der Wiederherstellung des Besitzes der Kathedrale, förderte die seit →Anselm v. Laon hochangesehene Schule (→Laon, Schule v.) und sorgte für die monast. Bewegung (Reform der Kl. St-Nicolas-au-Bois und St-Jean de L., wo er anstelle der Nonnen Mönche einsetzte, Förderung des →Zisterzienserordens – Abteien Foigny, Vauclair, Bohéries, Montreuil-en-Thiérache – und der →Templer – Komturei in L.). Wichtig war aber v. a. sein Einsatz für →Norbert v. Xanten bei der Gründung von →Prémontré (1121), das auf die Diöz. (St-Martin de L., Cuissy, Clairefontaine, Thénailles) und das nördl. Europa ausstrahlte (→Prämonstratenser). L. hatte ein intensives religiöses Leben. Die Kathedrale wurde von Bf. Gautier II. de Mortagne (1155–74) als ein Hauptwerk der Frühgotik neu errichtet. Die Wallfahrt zu Notre-Dame de L. zog große Volksmengen an. Das reiche und mächtige Kathedralkapitel gründete ein Hospital und schuf ein karitatives Hilfswerk, das den Bedürfnissen der im späten 12. und frühen 13. Jh. stark wachsenden Stadt Rechnung trug. Die demograph. und wirtschaftl. Expansion beruhte auf dem Weinbau, dem Getreideanbau und -export, lebhaften Handelsbeziehungen mit Flandern, N-Frankreich und – möglicherweise – England. Die Existenz mehrerer Gerichtshöfe und die Einrichtung des Sitzes des →Bailli des →Vermandois führte zum Zustrom zahlreicher Juristen und Beamten.

[2] *Der Niedergang:* Seit Mitte des 13. Jh. vollzogen sich in der Wirtschaft und Gesellschaft L.s Wandlungen. Die Herrschaftsbeziehungen veränderten sich: Neben Kgtm. und bfl. Gewalt formierte sich das Kathedralkapitel als dominierende Autorität und versuchte, die kommunalen Rechte und Gewohnheiten empfindlich zu beschneiden. Kennzeichnend für das Kapitel war ein Zug zur »Verweltlichung« (1267 Reformansatz zur Wiederherstellung spiritueller Lebensweise) und zunehmende Besetzung mit auswärtigen, stadtfremden Domherren (1250–1350: zahlreiche Italiener, später Südfranzosen). Nachdem selbst das →Parlement gegen die kommunale Charta vorgegangen war (1282–83 Definition der bfl. Jurisdiktionsrechte), entlud sich die explosive Situation 1295 in einem Aufstand.

Da hierbei das →Asyl der Kathedrale verletzt wurde, erfolgte der päpstl. Interdikt und die Aufhebung der Kommune (bis 1297). Kg. Philipp IV. setzte den Konflikten 1331 ein Ende, indem er definitiv die Kommune aufhob und die städt. Verwaltung durch Einsetzung eines kgl. →*Prévôt* in seinem Sinne neu ordnete. Dies bedeutete auch das Ende der Vorherrschaft des Kapitels, das sich 1336 mit einem Bauernaufstand konfrontiert sah.

Das 14. und 15. Jh. waren für L. eine Krisenzeit. Die Stadt litt unter Epidemien (1345, Gr. Pest 1348, 1473, 1493) und Kriegszerstörungen. 1420 traten die Burgunder die von ihnen besetzte Stadt an die Engländer ab; sie wurde von den Franzosen 1429 zurückerobert. Karl VII. versuchte, L. durch Messeprivilegien zu fördern, doch begann erst 1441 eine dauerhafte Friedenszeit. In der 2. Hälfte des 15. Jh. kam es wiederholt zu Schwierigkeiten bei der Getreideversorgung (1450–52, 1493); der Weinbau verfiel. Bevölkerungsrückgang (1383: über 6000 Einw., 1482: unter 3500) und Verlust der religiösen Ausstrahlung sind Anzeichen der Verarmung L.s am Ende des MA.

A. Dufour

Q. und Lit.: DUCHESNE, FE III, 137–140 – R. WYARD, Hist. de l'abbaye de St-Vincent de L., 1858 – A. DE FLORIVAL, Étude hist. sur le XIIe s., 1877 – L. BROCHE, Documents relatifs aux rapports de l'évêque et de la commune de L. au MA, Nouvelle revue hist. de droit français et étranger, 1901 – M. DE SARS, Le Laonnois féodal, 5 Bde, 1924–34 – F. VERCAUTEREN, Étude sur les civitates de la Belgique seconde, 1934 – S. MARTINET, Montloon de 1100 à 1300, 1972 – J. FOVIAUX, Le chapitre cathédral de L. pendant le période communale (1150–1350) [Thèse droit Paris, 1974] – R. KAISER, L. aux XIIe et XIIIe s., Revue du Nord 56, 1974 – C. BRÜHL, Palatium I, 73–82 – F. PICO, Changements dans la composition du chapitre cathédral de L. (1155–1318), RHE 21, 1976 – D. LOHRMANN, PU Frankreich, 1976 – R. KAISER, Bf.sherrschaft zw. Kgtm. und Fs.enmacht, 1981, 580–589 – H. MILLET, Les chanoines du chapitre cathédral de L. (1272–1412), Publ. de l'École française de Rome, 1982 – Abbayes et prieurés de l'Aisne, Mém. des soc.s d'hist. et d'archéol. de l'Aisne XXVIII, 1983 – D. LOHRMANN, Kirchengut im Frankreich, 1983 – A. SAINT-DENIS, Institution hospitalière de société. L'Hôtel-Dieu de L. 1150–1300, 1983 – D. BARTHÉLEMY, Les deux âges de la seigneurie banale, 1984 – DERS., Lectures de Guibert de Nogent (Les origines des libertés urbaines. Actes XVIe congr. Historiens médiévistes de l'enseignement supérieur, Rouen, 1985), 175–192 – Hist. de L. et du Laonnais, hg. M. BUR, 1987 – Guibert v. Nogent.

Laon, Schule v. [1] *Schule, Lehrer, Schüler:* Die frz. Stadt →Laon war gegen Ende des 11. und im 12. Jh. Sitz einer der ersten großen frühscholast. Theologenschulen. Die Bezeichnung »S. v. L.« steht zu dieser Zeit nicht nur für die an der Kathedralschule Lehrenden und Lernenden, sondern auch für einige im Bannkreis der Magister v. L. stehende, deren Systemgedanken und Reformtheologie weiterentwickelnde Theologen, die nicht Schüler dieser S. waren. Seit etwa 1080 wurde die S. geleitet von →Anselm v. L. († 1117). Nach seinem Tod führte sein Bruder Radulf († 1131/33) die S. weiter. Spätestens seit 1142 stand Walter v. Mortagne († 1174 als Bf. v. L.) der S. vor, der er seit ca. 1120 angehörte. Anselm und Radulf waren Schüler Anselms v. Canterbury. Zu ihren Schülern zählten u. a. Wilhelm v. Champeaux, Abaelard, Gilbertus Universalis, der spätere Ebf. v. Bourges, Alberich v. Reims, Gilbert de la Porrée, Hugo v. Amiens und Philipp v. Harvengt. Wilhelm v. Champeaux, der bis zu seinen Kontroversen mit Abaelard an der Kathedralschule in Paris lehrte, pflegte die Zusammenarbeit mit Anselm und Radulf und begründete mit ihnen das bereits von den Zeitgenossen gerühmte, hohe wiss. Ansehen der S.

[2] *Lehrsystem, Lehre und literarische Werke:* Die S. v. L. ist eine der ersten jener Kathedral- und Stiftsschulen des 11. und 12. Jh., in denen der durch die Hl. Schrift und die Kirchenväter überlieferte Glaube reflektiert und eine ra-

tionale, systemat. angelegte Gesamtsicht der Glaubenswahrheiten erarbeitet wurde, im Gegensatz etwa zu den Kl. jener Zeit, in denen theol. Erkenntnisse weithin ledigl. dem religiösen Leben des einzelnen dienten und hierfür aufbereitet wurden. Ihre selbstgestellte Aufgabe ging die S. an durch Glossieren der Hl. Schrift sowie durch Exzerpieren und Zusammenstellen von Vätersentenzen. Der einzelne nahm sich zurück zugunsten des gemeinsamen Werkes (Anonymität der Autoren). Das akrib., auf Vollständigkeit bedachte Sammeln, Kompilieren und Glossieren erbrachte Lehrern und Schülern ein brauchbares und verläßl. Lehr- und Lernmaterial, das eine solide Grundlage für die Vorlesung (Schrift- und Väterlesung) und die theol. Reflexion bot. – Theologie war für Anselm und seine Schule Schrifttheologie (divina pagina). Die aus dem Bibelstudium entwickelte heilsgesch. Dogmatik bestimmte den Aufbau der Sentenzenslg.en. Behandelte Themen: Gottes- und Schöpfungslehre, Christologie und Soteriologie, Angelologie, Urstandslehre, Sakramentenlehre. Näherhin werden thematisiert das Handeln und Wollen Gottes (göttl. Vorauswissen, wegen Auseinandersetzungen mit Rupert v. Deutz: vielfältige Unterscheidungen des Begriffs voluntas Dei, Schöpfung der Engel und Menschen, Altes und Neues Gesetz sowie Erlösung durch die Menschwerdung Jesu Christi), der Mensch in seiner heilsgesch. Situation (Sündenfall und Erbsünde, Erlösung durch die Gnade Christi, moral. Leben, Tugenden), die letzten Dinge und das künftige Leben. Zu den ordines wird der Synodalsermo des Ivo v. Chartres (MPL 162, 513–519) aufgenommen. Die Sakramente der Ehe und Buße, Taufe und Eucharistie (erste systemat. nachberengar. Gesamtdarstellung der Transsubstantiationslehre) werden in den früheren hist.-bibl. aufgebauten Sentenzenslg.en im Anschluß an die Schöpfungslehre bzw. im Kontext des atl. Heilszeichen behandelt, in den späteren systemat.-log. angelegten Slg.en jedoch zusammenhängend in einem Traktat über die Sakramente aufgeführt. Unstrittig scheint die Zuordnung vieler Komm. der Hl. Schrift zur S., allerdings ohne gesicherte Zuweisung an bestimmte Magister. Vermutl. ist Anselm der Verf. des Psalmenkomm., der unter dem Namen Haymo v. Halberstadt (MPL 116) gedruckt ist (SMALLEY, The Study of the Bible, 1952), des in MPL 162, 1187–1228 abgedr. Hld-Komm. sowie des Komm. der ersten Kap. zur Gen. Fraglich bleibt die Zuschreibung der Enarrationes in Matth. (MPL 162, 1227–1500) an Anselm. Teile eines Paulinenkomm. (u. a. ein bisher Anselm v. Canterbury zugeschriebener Text zu 1 Kor sowie ein Komm. zu Hebr sind wohl von Anselm; ein anderer, noch ungedr. Paulinenkomm. vermutl. von Radulf. Noch bedeutsamer als die Komm. zu einzelnen Büchern der Hl. Schrift ist das in der S. v. L. entwickelte Glossenwerk zum AT und NT (späterer Titel »Glossa Ordinaria«). Anselm und seine Mitarbeiter bearbeiteten ältere Kompilationen; sie erklärten den Schrifttext marginal oder interlinear mit Sentenzen von Kirchenvätern und von zeitgenöss. Lehrern (u. a. Berengar v. Tour und Lanfranc) zu Inhalt, Stil, Grammatik und Logik. So entstand die Grundlage für die der Hl. Schrift zugewandte lectio in der Schule. Aus diesem umfangreichen Textmaterial, an dem Robert v. Melun und Abaelard noch die log. Durchdringung vermißten, wurden bereits einzelne quaestiones herausgegriffen (Schulmethode der Hochscholastik) und später separat zusammengestellt. Nach dem gleichen Prinzip des Zusammenstellens von Vätersentenzen zu theol. Einzelfragen, die sich aus der Hl. Schrift ergaben, entstanden auch lit. eigenständige Sentenzenslg.en. Vorlagen bzw. Q. waren etwa der Liber pancrisis und die Sententiae Magistri A., die vermutl. von Ailmerus, einem Schüler Anselms v. Canterbury, stammen. Die wichtigsten der problem- und wissenschaftsgesch. der S. v. L. zugeordneten, in fast allen ma. Bibliotheken Europas verbreiteten Sentenzenslg.en sind: die sog. Sent. Anselmi (ed. BLIEMETZRIEDER; vgl. WILMART, RTh 11, 1939, 120 f.), die sog. Sent. Atrebatenses (ed. LOTTIN, Psych. et mor. V, 1952), die sog. Sent. Berolinenses (ed. STEGMÜLLER, RTh 11, 1939, 33–61), die sog. Klagenfurter Sent. (vgl. WEISWEILER, Schol 26, 1961, 512–549; 37, 1962, 45–84), die Sent. divinae paginae (ed. BLIEMETZRIEDER; vgl. STEGMÜLLER, RTh 11, 1939, 34, und LOTTIN, Psych. et mor. V), die Slg. Deus de cuius principio (ed. WEISWEILER, RTh 5, 1933, 245–274), die Slg. Deus summe atque ineffabiliter bonus (REINHARDT, BGPhMA NF 14) und die Slg. Prima rerum origo (vgl. DERS., ebd.). Darüber hinaus gibt es kleinere Zusammenstellungen ähnl. Art sowie zahlreiche z. T. Anselm v. L. selbst zugeschriebene Sentenzen (WEISWEILER, BGPhMA 33, 1936, disp. und LOTTIN, Psych. et mor. V, disp.).

H. J. F. Reinhardt

Lit.: TRE III, s. v. Anselm v. Laon – F. P. BLIEMETZRIEDER, Anselms v. L. systemat. Sentenzen, BGPhMA 18, 1917 – A. M. LANDGRAF, Werke aus dem Bereich der Summa Sententiarum und Anselms v. L., DT 14, 1936, 209–220 – L. OTT, Unters. zur theol. Brieflit. der Frühscholastik, BGPhMA 34, 1937 – W. WILMART, Un rep. d'exégèse au XIIe s., 1940 – R. SILVAIN, La tradition des Sentences d'Anselme de L., AHDL 22/23, 1947/48, 1–52 – J. DE GHELLINCK, Le mouvement théol. du XIIe s., 1948 – J. DE BLIC, L'œuvre exégétique de Walafrid Strabon et la Glossa Ordinaria, RTh 16, 1949, 5–28 – J. LECLERCQ, Le Comm. du Cantique des Cantiques attribué à Anselme de L., RTh 16, 1949, 29–39 – D. VAN DEN EYNDE, Auteur des »Enarrationes in Ev. St. Mathaei« attrib. à Geoffroi Babion, RTh 26, 1959, 50–84 – H. WEISWEILER, Paschasius Radbertus als Vermittler des Gedankenguts der karol. Renaissance in den Matthäuskomm. des Kreises um Anselm v. L., Schol 35, 1960, 363–402 – H. J. F. REINHARDT, Die Identität der Sententiae Magistri A. mit den Compilationes Almeri..., ThPh 50, 1975, 381–403 – V. I. J. FLINT, The »School of L.«, RTh 43, 1976, 86–110 – R. WIELOCKX, Auteur de la Glossa Ordinaria, RTh 49, 1982, 222–228 – A. BALLENTYNE, A Reassessment of the Exposition on the Gospel according to St. Matthew on Ms. Alencon 26, RTh 56, 1989, 19–57.

Lapidarien (Stein-Bücher, gr. *lithika*). L. im engeren Sinne sind in Spätantike und MA Werke über →Edelsteine und ihre mag. und heilenden vermeintl. Wirkungen in der →Lithotherapie. Im weiteren Sinne sind sie Darstellungen des Mineralreiches (neben Tier- und Pflanzenreich →Tria Regna) in →Enzyklopädien sowie →Arzneibüchern der Antike, des Islams und des w. MA. Zugleich sind L. in der chr. Symbolik (u. a. Apokalypse) und Allegorie (u. a. →Physiologus, auch in der Physica der →Hildegard v. Bingen) von Bedeutung. Erste Klassifizierungsversuche finden sich bei Aristoteles (Meteor. III,6) und Theophrast, welche die Metalle und Erze, wie auch weiterhin geschehen, meist von den »Steinen« trennen. L. mit zunehmend aus dem Orient stammenden mag. und heilkundl. Inhalten stammen von Sotakos, Xenokrates, Bolos Demokritos, mit nachhaltiger Wirkung auf Dioskurides, Plinius d. Ä., Scribonius Largus, Galenos sowie später auf Oreibasios, Aetius v. Amida und Alexander Trallianos. Bes. Plinius hat dem MA als Grundlage der L. gedient. Die »Orphei Lithika« eines Pseudo-Damigeron (Evax) und die →»Kyraniden« bilden eine eigene antike Tradition, welche im 6. Jh. n. Chr. in »De Lapidibus« (774 Hexameter) faßbar wird und auf →Marbods v. Rennes »Liber de lapidibus seu de gemmis« eingewirkt hat. Enzyklopädisten des MA nutzen ihn wie auch Plinius-Frgm.e: Arnold v. Sachsen, Bartholomaeus Anglicus, Thomas v. Cantimpré; später Konrad v. Megenberg (Umarbeitung 1349) und Vinzenz v. Beauvais. Das Material findet sich verwertet in des Albertus Magnus »De mineralibus« (ca. 1254–62), während es in der »Physica« (»Liber simplicis medicinae«) der Hildegard v. Bingen (12.Jh.) durch volkskundl. Beitr. schon erweitert worden war. Im 15./16.Jh. sind die L. in der iatromath. (mag.-astrolog.) Lit. u. a. von Agrippa v. Nettesheim noch genutzt worden, ebenso von Autoren von Werken über Pharmazie und →Materia medica. Doch ist dann über die Verbindung von Bergbau und Chemie-Mineralogie und damit den ersten Klassifizierungen der Bestandteile die Bedeutung dieser Lit. zurückgegangen und auf religiös-mag. sowie astrolog. Aspekte eingeschränkt worden. S. a. →Lehrhafte Literatur. G. Jüttner

Lit.: H. Führer, Lithotherapie, 1902 [Neudr. 1956] – D. Goltz, SudArch Beih. 14, 1972 – H. Lüschen, Die Namen der Steine, 1979 – W. D. Müller-Jahncke, SudArch Beih. 25, 1985 – Angaben zu Edd. usw. bei den Genannten.

Lapislazuli → Edelsteine

Lapis philosophorum → Stein der Weisen

Lapo. 1. L. da Castiglionchio d.J., Humanist, * um 1406 in Florenz (?), † 1438 in Venedig. L. strebte nach dem wirtschaftl. Ruin seiner adligen Familie, der vermutl. mit dem Aufstieg Cosimos de'Medici zur Macht (1434) zusammenhing, einen Posten an der päpstl. Kurie an und trat in den Dienst der Kard.e G. Casanova, P. Colonna, I. Venier, G. Condulmer, vielleicht auch G. Orsini. Eine von seinem Freund Trevisan vermittelte Professur in Bologna mußte er wegen einer Erkrankung rasch wieder aufgeben. In kultureller Hinsicht prägend war für ihn →Filelfo, dessen Schüler er in Florenz gewesen war, wo er seine Griechischkenntnisse vervollkommnete. Sein Ruhm gründet auf seinen zugleich eleganten und wortgetreuen Übers.en aus dem Gr. (v. a. Plutarch, daneben Lukian, Theophrast, Isokrates, Josephus Flavius, Demosthenes, Xenophon) ins Lat. Den Rückzug aus dem öffentl. Leben und die Vorteile der Beschäftigung mit den Geisteswiss. thematisiert L. in der »Comparatio inter rem militarem et studia litterarum« (Vorbild wohl Albertis »De commodis«); das komplexe Verhältnis zur Kurie findet Ausdruck im vermutl. als Polemik intendierten Traktat »De Curiae commodis«, gewidmet Kard. Condulmer. Sein Briefwechsel wurde von L. selbst gesammelt und ediert. Überliefert sind auch einige Verse nach dem Vorbild der »Priapeia« und des »Hermaphroditus« des Panormita (→Beccadelli). D. Coppini

Ed.: F. P. Luiso, Studi su l'epistolario e le traduzioni di L., Studi it. di filologia classica 7, 1899, 205–299 – R. Scholz, Eine humanist. Schilderung der Kuria aus dem Jahre 1438, QFIAB 16, 1914, 108–153 – G. Castelli, Nuove lettere di L. [Diss. Mailand 1966/67] – *Lit.:* DBI XII, 44–51 [R. Fubini].

2. L., Gianni, it. Dichter des →Dolce stil nuovo, vermutl. ident. mit dem florent. Notar L. di Gianni Ricevuti, von dem Urkk. aus den Jahren 1298 bis 1328 bekannt sind. Erhaltenes Oeuvre: 11 Ballate (→Balladen, B.I.2), 3 →Canzonen, 2 Canzonenstrophen und ein Doppelsonett. Dante zitiert ihn in »De vulgari eloquentia« I, XIII, 4 unter den toskan. Dichtern, die die »vulgaris excellentia« erreicht haben, und nennt ihn im Sonett »Guido, i' vorrei che tu e Lapo ed io«; in zwei Sonetten Cavalcantis (»Se vedi Amore, assai ti priego, Dante« und »Dante, un sospiro messager che core«) wird L.G. Dante zur Seite gestellt; in einigen der zitierten Sonette erscheint »monna Lagia«, die von L.G. geliebte, in seinen Gedichten nicht namentl. gen. Frau. Nach Gornis Hypothese ist in diesen Texten L. (G.) jedoch durch Lippo Pasci dei Bardi zu ersetzen. Bleiben auch seine biogr. Daten im dunkeln, so läßt sich ein Bild vom Dichter L.G. und seiner Beeinflussung durch Dante und Cavalcanti aus der erwähnten poet. Korrespondenz gewinnen. In seinen beiden Canzonen auf den Tod und die Liebe (XIII und XIV) zeigt L.G. nicht die gleiche Gedankentiefe wie die großen Stilnovisten. Sein Bestes gibt er hingegen in den anmutigen Ballate, in denen er sich die formalen poet. Innovationen Cavalcantis zu eigen macht (IV, VI, XV), wobei er jedoch Wendungen der →Siz. Dichterschule und →Guittones d'Arezzo in stärkerem Maße aufnimmt als seine Vorbilder. Der L.G. kongeniale »mittlere Stil« ist auch gut mit den syntakt. und stilist. Formen der prov. Gattung des »plazer« (Ballata XVII) zu vereinen. F. Bruni

Ed.: Poeti del Duecento, ed. G. Contini, II, 1960, 569–603, 907f. – Poeti del Dolce stil nuovo, ed. M. Marti, 1969, 267–329 – *Lit.:* M. Marti, Storia dello Stil nuovo, II, 1973, 519–540 – G. Gorni, Il nodo della lingua e il verbo d'amore, 1981 – F. Bruni (Storia della civiltà lett. it., hg. G. Bàrberi Squarotti, I 1, 1990), 391ff.

Lappen → Samen, →Finnisch-ugrische Sprachen

L'Aquila, it. Stadt (Abruzzen), entstand Mitte des 13.Jh. am Fuß des Gran Sasso-Massivs als Ergebnis einer Siedlungskonzentration der Bewohner der Castrumsiedlungen des Tals und erreichte innerhalb von knapp 50 Jahren ihre definitive topograph. Gestalt. Der Staufer Konrad IV. bewilligte die Gründung in einer Urk., Papst Alexander IV. übertrug den Bf.ssitz des antiken Forcona auf die neue Stadt. Nach der Zerstörung durch Manfred gestattete Karl I. v. Anjou nach der Schlacht v. Benevent (1266) ihren Wiederaufbau. Die Demanialstadt L'A. zeigte rasch eine Tendenz, sich an dem polit. Vorbild der oberit. Kommunen zu orientieren. Die Gründe für die Entwicklung der Stadt sind einerseits in den komplexen Nachfolgekämpfen nach dem Tod Friedrichs II. im Kgr. Sizilien zu suchen, andererseits sind auch interne Anstöße wirksam: Am Übergang von der Spätantike zum FrühMA verschwanden die röm. Städte, die das Tal bevölkert hatten infolge des Niedergangs der Landwirtschaft und v. a. der Weidewirtschaft (Schafzucht), für deren Erfordernisse (→Transhumanz) eine ruhige polit. Lage notwendig war. Durch die Reichsgründung der →Normannen wurden die Abruzzenregionen wieder mit den Weideflächen Apuliens verbunden, so daß die Weidewirtschaft wieder aufblühen und beachtl. Kapital angehäuft werden konnte. Der erste Ansatz zur Stadtgründung (1229), zu der auch Papst Gregor IX. seine Zustimmung gab, fällt noch in die Regierungszeit Friedrichs II.; aber erst nach Friedrichs Tod wurde die Gründung realisiert, im Rahmen der Tendenz, die städt. Autonomien wiederzubeleben (vgl. Teramo, Atri). Die Parteinahme der Stadt für die Guelfen und den Anjou ermöglichte weitgehende städt. Selbständigkeit mit Übernahme des Stadtregiments durch die Zünfte (Arti) und in der Folge einen starken wirtschaftl. Aufschwung (v. a. Woll- und Tuchproduktion; Viehzucht, Metalle, Leder, Safran). Die polit. Autonomie der Stadt festigte sich unter den Aragonesen: L'A. erwirkte – trotz der Bestrebungen Ferrantes I., eine absolute Monarchie zu begründen – die größte Zahl von Privilegien anderer Gesch. (Münze, Universität) und erfuhr eine beträchtl. Erweiterung seines Comitatus. Nach dieser Blütezeit wurden die Selbständigkeitsbestrebungen der Stadt jedoch durch Karl V. eingedämmt. A. Clementi

Lit.: R. Colapietra, Dal Magnanimo al Masaniello, 1972 – A. de Matteis, L'A. e il contado-Demografia e fiscalità, 1973 – A. Clementi, Ipotesi sulla nascita di una città (Ders., Momenti del Medioevo Abruzz., 1976) – G. Marinangeli, Alessandro IV e L'A., Bull d. Deputaz. Abruz. di Storia Pat., 1976/78 – Statuta Civitatis Aquilae, hg. A.

CLEMENTI, Fonti, 1977 – E. PONTIERI, Il Comune dell'A. nel declino del Medioevo, 1978 – A. CLEMENTI–E. PIRODDI, Le città nella Storia d'Italia – L'A., 1986.

Lara, kast. Adelsgeschlecht, das neben den →Haro wegen seiner Königsnähe während des HochMA am bedeutendsten war, seine Besitz-, Macht- und Einflußzone im Umkreis der Burg L. sowie in Ojeda, Valdavia und der kast. Estremadura hatte und im N bis hin in die Gebirgsgegend v. Liébana und Asturias de Santillana ausdehnen konnte; darüber hinaus existierten Herrschaftsschwerpunkte um Pancorbo und Cerezo de Riotirón in der Bureba sowie Torremormojón und →Peñafiel. Als erster gesicherter Ahnherr des Geschlechts, das vielleicht als Seitenzweig aus dem Salvadórez-Geschlecht hervorgegangen ist und mit der Stammburg L. einen zentralen Bezugspunkt für die Familienmitglieder begründete, ist entgegen allen nicht zu belegenden Annahmen der 'princeps' bzw. 'potestas' *Gonzalo Núñez* (erwähnt 1073–1105) anzusehen. Außer der Gf.enwürde findet sich anfangs bei den L. wiederholt die Funktion eines kgl. →Alférez, ein Amt, das den Aufstieg in die erste Reihe des Adels signalisierte und auch späterhin dem Geschlecht zur Machtausübung dienen sollte. Bereits *Pedro González* de L. (1089–1130), Sohn (MOXÓ; GARCIA) oder Neffe (REILLY) des Gonzalo Núñez, konnte als Gf. v. L. und →Medinaceli und Herr der Burg Peñafiel sowie als Liebhaber der Kgn. Urraca, mit der er mehrere Kinder hatte, zum Mitregenten des Kgr.es aufsteigen, während sein Bruder *Rodrigo* gar mit der Infantin Sancha, einer Halbschwester der Kgn., verheiratet wurde. Aus dieser Zeit rühren die Beziehungen der L. nach Galicien her, da eine illegitime Tochter Pedros mit dem Sohn des Gf.en v. →Traba verheiratet wurde und Pedro selbst ebenfalls eine Tochter aus diesem Gf.enhaus zur Gattin nahm, womit die legitime Nachkommenschaft der L.-Hauptlinien ihren Ursprung nahm. Gleichzeitig wurde mit dieser Orientierung der Gegensatz zu den →Castro vorgezeichnet, der v. a. in den Parteienkämpfen zw. den L. und ihren Gegnern während der Minderjährigkeit Alfons' VIII. v. Kastilien, als *Manrique* (→Lara de Molina) und *Nuño Pérez* de L. († 1177; ⚭ Teresa Fernández de Traba) die Vormundschaft ausübten und die Stellung der Familie in der n. Meseta ausgebaut wurde, zum Tragen kommen sollte. Als Nuños Witwe Teresa 1178 Kg. Ferdinand II. v. León heiratete, erhielten ihre Söhne aus erster Ehe, die jetzt Kinder einer Kgn. waren, einen bes. Rang, den *Alvaro Núñez* durch seine Vormundschaft über Heinrich I. noch weiter steigern konnte. Andererseits stürzte ein unvorhersehbarer Tod des Thronfolgers das Geschlecht in eine Krise, die erst endete, als *Nuño González 'el Bueno'* († 1275) mit Teresa Alfonso eine illegitime Tochter Alfons IX. v. León heiraten und bei Regierungsantritt Alfons X. als bedeutendster Magnat Kastiliens auftreten konnte. In der Folge fiel die tief in die. Wirren verstrickt, waren die einzelnen Zweige der Familie imstande, durch günstige Eheschließungen, auch mit Mitgliedern des Kg.shauses, ihre Stellung in der Spitzengruppe des Adels zu behaupten, ja sogar Güter der rivalisierenden Haro-Familie in Besitz zu bringen, bevor sie nach der Mitte des 14. Jh. erloschen.

L. Vones

Lit.: L. DE SALAZAR Y CASTRO, Hist. genealógica de la Casa de L., I–III, Madrid 1696–97 – J. GONZÁLEZ, El reino de Castilla en la época de Alfonso VIII, I, 1960, 259–293 – S. DE MOXÓ, De la nobleza vieja a la nobleza nueva, Cuadernos de Hist. 3, 1969, 32–44 [Stammt.] – B. F. REILLY, The Kingdom of León-Castilla under Queen Urraca, 1982 – DERS., The Kingdom of León-Castilla under Alfonso VI, 1988 – J. GARCÍA PELEGRÍN, Stud. zum Hochadel der Kgr.e León und Kastilien im HochMA, 1991, 118–145 [Stammt.].

Lara de Molina, kast. Adelsgeschlecht, das als Nebenlinie der →Lara v. Manrique Pérez de Lara (1134–1164), dem ältesten Sohn des Pedro González de Lara und seiner Gattin Eva Pérez de Traba, abstammte. Manrique Pérez, 1134–1137 →Alférez Kg. Alfons' VII. v. Kastilien-León und in der Folge immer in bedeutenden Machtpositionen bis hin zur Regentschaft und Vormundschaft während der Minderjährigkeit Alfons' VIII. v. Kastilien zu finden, begründete den Señorío v. Molina de Aragón als Herrschaftsbasis, verlieh Molina einen →Fuero und schloß eine Ehe mit der Vizegfn. Ermesinde v. Narbonne, wodurch die Lara auch Einfluß im Languedoc erhielten. Manriques Nachkommen konnten die Stellung der L. noch weiter ausbauen und trotz ztw. Gegensätze zur Kgs.gewalt behaupten. Als Mafalda de L. mit dem kast. Infanten Alfons, Bruder Ferdinands III., verheiratet wurde, mußte ihr Bruder auf kgl. Druck auf seine Erbrechte am Señorío v. Molina verzichten, so daß die Herrschaft auf den Infanten überging und der Señorío schließlich 1292 der Krone einverleibt wurde.

L. Vones

Lit.: M. SANCHO IZQUIERDO, El Fuero de Molina de Aragón, 1916 – J. SANZ Y DÍAZ, Hist. verdadera del Señorío de Molina, 1982 – s.a. Lit. zu →Lara [S. DE MOXÓ, 1969, 44–46].

Largitiones, sacrae → Comes sacrarum largitionum

Largs, Schlacht bei (1263) → Schottland

Laris(s)a (antik L. Pelasgis), Hauptstadt v. →Thessalien (Griechenland); frühchr. Bm., seit der kirchl. Eingliederung des ö. →Illyricum in den Patriarchat v. Konstantinopel im 8. Jh. Metropolitensitz (1204–1219 lat. Ebm.). Nach Zerstörung der Stadt durch die Ostgoten (Ende 5. Jh.) Wiederaufbau durch Justinian I. (ab 527). L. war Hauptstadt der frühbyz. Eparchie Thessalia (→Hierokles) und gehörte zum Thema Hellas (ztw. zu Makedonia) des →Byz. Reiches (im 12. Jh. Hauptstadt des *horion* L.). Slav. Besiedlung des Umlandes ab Ende 6. Jh., bulg. Überfälle (um 900; 976–983, verteidigt durch →Kekaumenos) und kurze Eroberung durch Zar Samuel 986; 1082/83 Belagerung durch die Normannen (Bohemund). Spätestens seit 1198 ven. Handelsniederlassung, nach der Eroberung Konstantinopels im 4. Kreuzzug (1204) von Bonifaz v. Montferrat dem Lombarden Guillelmus verliehen, wird es vor 1241 wieder griech. und geht 1252/53 (Vertrag mit Michael II. v. Epirus) an den byz. Ks. Nach serb. Besetzung (1348–73) 1393 erstmalig türk. Eroberung durch die Truppen Bāyezīds I.; 1420 durch Turachan endgültige Eingliederung in das →Osman. Reich.

J. Koder

Lit.: RE XII/1, 845–871 – J. KODER – F. HILD, Hellas und Thessalia, Tabula Imperii Byz. 1, 1976, 198f. – J. DARROUZÈS, Notitiae Episcopatuum Ecclesiae Constantinopolitanae, 1981 – F. HILD–J. KODER, H βυζαντινή Θεσσαλία, 1987, 64–68.

La Rochelle, Hafenstadt in W-Frankreich, in der Landschaft →Aunis (dép. Charente-Maritime), erwähnt erstmals Ende des 10./Anfang des 11. Jh. in Zuammenhang mit den Salzsümpfen, deren Salz gemeinsam mit Wein seit dem 12. Jh. eine begehrte Handelsware im Austausch gegen Getreide war. Die Bucht von La R. war von zwei vorspringenden Landzungen sowie von den vorgelagerten Inseln Ré, Aix und Oleron hervorragend geschützt. Schon vor 1137 verlieh Hzg. Wilhelm v. Aquitanien den Einwohnern, »Ansässigen und Fremden«, Privilegien; die Stadt wuchs bald auf fünf Pfarrbezirke an, unter ihnen St-Nicolas (mit dem für Seeleute und Kauffahrer bezeichnenden Nikolaipatrozinium). 1175 gewann die Stadt, dank der Förderung durch →Eleonore 'v. Aquitanien', die Kommunalverfassung. Da Kg. Johann v. England die Stadt nicht gegen die Übergriffe der benachbarten Herren schützte, trat La R. in den frz. Machtbereich über; 1224 bestätigte ihr Ludwig VIII. die städt. Privilegien. Wegen der guten Behandlung durch die kapet. Regierung, die sich auf bloße Kontrolle der städt. Selbstverwaltung beschränkte, stand die Stadt durchweg loyal zur Krone Frankreichs: 1360, nach dem Vertrag v. →Brétigny, wies La R. die Rückkehr unter engl. Herrschaft zurück; 1372 ermöglichte es in seinen Gewässern einen frz.-kast. Seesieg über die Engländer, deren Angriffen (bes. 1419) die Stadt stets widerstand. Nachdem La R. schon um 1422 Karl VII. als Kg. v. Frankreich anerkannt hatte, beteiligte es sich an der frz. Rückeroberung der →Guyenne. Im Kreuzungspunkt zw. den großen Halbinseln →Bretagne und →Galicien gelegen, erlangte La R. rasch internationale Bedeutung: Marco Polo nennt den Atlantik das »Meer von La R.«, und der Name der Stadt ist auf den ältesten Portulanen verzeichnet. Zu den Einwohnern zählten Genuesen (seit 1224), Kastilier und Portugiesen; neben den Engländern, die von hier Wein importierten, erschienen seit dem Ende des 14. Jh. Hansekaufleute aus Deutschland und Holland, die in großen Mengen Salz zum Einpökeln der Heringe ausführten, während Kastilier hier Wolle und Eisen verkauften. Im 15. Jh. liefen die bret. Transportschiffe allen anderen den Rang ab. Die Kauffahrer von La R. drangen seit dem 15. Jh. über →Brügge hinaus in den Ostseeraum vor, wo ihre Karavellen (z. B. die »Pierre« in Danzig, 1462) dem neuen hansischen Schiffstyp (→Kraweelbau) als Vorbild dienten. M. Mollat

Lit.: L. E. ARCERE, Hist. de la R. ..., 1756 [Neudr. Marseille 1975] – J. CRAEYBECKX, Les vins de France aux anciens Pays Bas, 1958 – H. TOUCHARD, Le commerce maritime breton à la fin du MA, 1967 – Y. RENOUARD, Le rayonnement de La R. en Occident à l'aube du XIIIe s. (DERS., Études d'hist. médiévale II, 1968), 1019–1033 – M. MOLLAT, Les marais salants charentais, carrefour du commerce internat. XIIe–XVIe s. (Publ. de l'Univ. francophone d'été Saintonge-Québec, sess. 1979, 1980) – R. FAVREAU u. a., Hist. de La R., 1985.

La Sale, Antoine de → Antoine de La Sale

La Sauve Majeure, große Abtei OSB in Aquitanien, nahe Bordeaux, zw. Garonne und Dordogne (Landschaft Entre-deux-Mers), gegr. 1079 vom hl. Gerhard v. Corbie in einem weiträumigen Forst (Silva maior), der vom Hzg. v. Aquitanien, Wilhelm VIII., geschenkt wurde. Dank reicher Schenkungen der regionalen Kleinadels, dessen jüngere Söhne häufig in die Abtei eintraten, wurde La S. rasch wohlhabend und mächtig. Bis zum Tode des hl. Gerhard (1095) gründete die Abtei 24 Priorate; 1197 hatte sie bereits 76. Das Netz dieser Priorate dehnte sich bis in die Diöz.n Beauvais, Soissons, Reims, Orléans, nach England und Aragón aus. Bedeutender Etappenort am Jakobsweg (→Santiago de Compostela), widmete sich La S. auch dem Landesausbau in Entre-deux-Mers (Urbarmachung, Anlage von Mühlen, Straßenbau). Nach der Blüteperiode des 12. und 13. Jh. geriet La S. in der Zeit des Hundertjährigen Krieges in Schwierigkeiten (12.–13. Jh.: 60–70 Mönche, 1462: 8). Nach 1789 verödet. A. Higounet-Nadal

Lit.: ABBÉ CIROT DE LA VILLE, Hist. de l'abbaye de la Grande Sauve, 2 Bde, 1845 – Hist. d'Aquitaine, hg. CH. HIGOUNET, 1971.

Las Huelgas, Zisterzienserinnenabtei bei →Burgos (Kastilien). Von Kg. Alfons VIII. und seiner Frau Eleonore 1179/87 zugleich als →Grablege des kast. Kg.shauses gegr., besiedelt von Tulebras. Der Stifter verschaffte 1187 der Äbt. (meist Töchter aus dem Kg.shaus) mit Erlaubnis des Generalkapitels der Zisterzienser den Vorsitz im Generalkapitel aller zisterziens. Frauenkl. in Kastilien und León; 1199 wurde seine Gründung zur speziellen Tochter von →Cîteaux erklärt. Die Äbt. übte in 64 Ortschaften die volle Ziviljurisdiktion aus, wie sie z. T. auch eine quasi-bfl. Jurisdiktion wahrnahm, die allerdings vor dem 15. Jh. nicht bestanden zu haben scheint; das Kl. zählte 14 von ihr abhängige Frauenkl. Es wurde 1835 nicht säkularisiert. O. Engels

Lit.: DHEE 1576–1578 [Liste der Äbt.nen] – LThK^2 V, 505 – A. RODRÍGUEZ LÓPEZ, El Real Monasterio de l.H. y el Hospital del Rey, 2 Bde, 1907 – A. RODRÍGUEZ, La hist. del monasterio de l.H., 1916 [Q.] – J. M. ESCRIVÁ, La Abadesa de l.H., 1944 – M. GÓMEZ MORENO, El panteón real de l.H. de Burgos, 1946 – J. GONZÁLEZ, El reino de Castilla en la época de Alfonso VIII, 3 Bde, 1960, I, 526f., 529–539.

Laskaris, byz. aristokrat. Familie; Name wird entweder von dem kappadok. Dialektwort δασκάρης 'Lehrer' oder vom arab. al-ʿaskar 'Soldat' abgeleitet. Erstmals begegnet mit Georgios L., der 1034–42 als Theodoros III. den Patriarchenthron v. Antiochien einnahm, ein Träger dieses Namens. Mit →Theodoros L., der um 1200 Anna, die Tochter →Alexios III. Angelos (1195–1203) heiratete und zum Despotes ernannt wurde, und seinem Bruder Konstantinos, der am 12./13. April 1204 zum Ks. ausgerufen wurde, stieg die Familie zu den höchsten Würden auf. Konstantin starb wahrscheinl. schon 1205, während Theodoros im selben Jahr zum Ks. ausgerufen und im Frühjahr 1208 in Nikaia gekrönt wurde. Ihm folgte 1222 der seit 1212 mit Theodosius' Tochter Eirene verheiratete →Johannes Dukas Vatatzes auf den Thron, der Theodoros' I. Brüder, die Sebastokratoren Alexios und Isaak, 1224 bei Poimanenon besiegte und blenden ließ. Zwei weitere Brüder Theodoros' I., Manuel und Michael Tzamanturos L., kehrten erst 1254 aus dem Exil zurück, als ihr Neffe →Theodor II. Dukas L. (1254–58) Ks. wurde. Theodors II. minderjähriger Sohn Johannes IV. L. wurde am 25. Dez. 1261 auf Befehl des Usurpators Michael Palaiologos geblendet und in der Festung Dakibyze eingekerkert. Johannes' IV. Schwestern, Eirene und Maria, waren zu dieser Zeit bereits mit dem bulg. Zar →Konstantin Tich (1257–77) und dem epirot. Despoten Nikephoros I. (1271–96) verheiratet.

Auch nach 1261 waren die Laskareis stark in der byz. Aristokratie vertreten. So diente Michael L. dem ersten Palaiologen bis 1269 als Megas Dux. 1320 amtierte ein Manuel L. als Statthalter v. Thessalonike. Zahlreiche Laskareis lassen sich im 14. Jh. als Großgrundbesitzer bei Chrysopolis und v.a. in der Umgebung von Strumitza und Serrhai nachweisen. In der Gefolgschaft Manuels II. (1391–1425) findet man 1407 und 1409 Alexandres und Matthaios Palaiologos L. Eine wichtige Rolle als Humanisten spielten Konstantinos L. (1434–1501) und Janos L. (ca. 1445–1534). K.-P. Todt

Lit.: PLP VI, 142–151, Nr. 14487–14556 – A. GARDNER, The Lascarids of Nicaea, 1912 [Neudr. 1964] – D. I. POLEMIS, The Doukai, 1968, 106–111, 139f. – M. ANGOLD, A Byz. Government in Exile, 1975.

Laskaris

1. **L., Janos**, byz. Humanist, * 1445 Konstantinopel, † 7. Dez. 1534 Rom. Nach Studien als Schützling →Bessarions in Venedig und Padua Griechischprofessor an der Univ. Florenz und an der Bibl. Medicea beschäftigt (1492–96), deren Bestand er in im O erworbene Hss. bereicherte. Die Beziehungen zu den rivalisierenden Intellektuellen (v. a. Poliziano) waren konfliktreich (vgl. die Antrittsvorlesung mit dem Anspruch, die Überlegenheit der gr. Sprache und Kultur über die lat. zu erweisen). Bis 1503 in Frankreich im Dienste Karls VIII. stehend, vermittelte er dort Literaten und Philosophen die gr. Sprache und verfertigte Übers., u. a. ihm erst kürzl. zugewiesene esoter. Texte (Orph. Hymnen, Hymnen des Proklos, Magica dicta). Unter Ludwig XII. Gesandter Frankreichs in Venedig (1504–09) wurde er nach der Wahl

Leos X. nach Rom berufen, gründete und leitete dort das gr. Gymnasium und war in diplomat. Missionen tätig. Neben Übers. gr. Autoren sind Epigramme, Briefe und Reden erhalten. Seine Bedeutung liegt v. a. in der Vermittlung der gr. Kultur in Italien durch Lehrtätigkeit und Editionen. D. Coppini

Ed.: Giano L., Epigrammi greci, ed. A. MESCHINI, 1976 – La prolusione fiorentina di Giano L. (Fschr. V. BRANCA, III, 1983), 69–113 – *Lit.:* S. GENTILE, Giano L., Germain de Ganay e la »Prisca theologia« in Francia, Rinascimento, s. II, XXVI, 1986, 51–76.

2. L., Johannes, byz. Melograph und Gesangslehrer, 1. Hälfte des 15. Jh., * letztes Viertel des 14. Jh. in Konstantinopel. Um 1411 kam L. nach Kreta und bekleidete das Amt eines Lampadarios in Chandax. Gemäß dem Stil der Zeit setzte er Worte zu den kalophon. Hymnen des Ioannes Kladas (Athous Laura E-108, um 1400), vertonte Hymnen und verfaßte eine Lehrschr. über die Parallage.
Chr. Hannick

Lit.: PLP, 14535 – M. VELIMIROVIĆ, Two composers of Byz. music: John Vatatzes and John L. (Fschr. G. REESE, 1966), 818–831 – DERS., Byz. composers in Ms. Athens 2406 (Essays presented to E. WELLESZ, ed. J. WESTRUPP, 1966), 16 – CH. J. BENTAS, The treatise on music by John L., Stud. in Eastern chant 2, 1971, 21–27 – CHR. HANNICK, Byz. Musik (HUNGER, Profane Lit. II, 208 – A. JAKOVLJEVIĆ, Δίγλωσση παλαιογραφία καὶ μελφδικό – ὑμνογράφοι τοῦ κώδικα τῶν ᾿Αθηνῶν 928, 1988, 76–79.

3. L., Konstantinos, byz. Humanist, * 1434 in Konstantinopel, † 1501 in Messina an der Pest. Schüler des J. Argyropoulos. Wirkte nach dem Fall Konstantinopels als Griechischlehrer in Italien: seit 1460 in Mailand, 1465 in Neapel, seit 1468 in Messina, wo er mit Hilfe →Bessarions einen Lehrstuhl erhielt. Er hinterließ der Stadt seine Bibliothek. Zu seinen Schülern zählte P. Bembo. Neben zahlreichen Übers. en gr. Klassiker ins Lat., Briefen, z. T. noch uned. Traktaten, einer Chronik sowie »Vitae illustrium philosophorum Siculorum et Calabrorum« (Erstdr. 1499 Messina) verfaßte er um 1465 in Mailand für seine Schülerin Ippolita Sforza eine – wie die Erotemata des →Chrysoloras – in Dialogform gestaltete gr. Grammatik (᾿Επιτομὴ τῶν ὀκτὼ τοῦ λόγου μερῶν καὶ ἄλλων τινῶν ἀναγκαίων, Mailand 1476, 2. Aufl. Titel ᾿Ερωτήματα, erstes datiertes ganz gr. gedr. Buch), der trotz einer lat. Übers. jedoch weniger Erfolg beschieden war als der Grammatik des Chrysoloras. D. Coppini

Lit.: A. DE ROSALIA, La vita di Costantino L., ASS, s. 3, IX, 1957–58, 21–70 – A. PERTUSI, ᾿Ερωτήματα, IMU V, 1962, 321–351 – Graecogermania, 1989.

Lastadie (von frz. *lastage;* Nebenform in den Q. auch Lastagie, Plural lastadies) ist die in den an der See gelegenen Hansestädten (z. B. Rostock, Lübeck, Danzig, Wismar, Stettin, Königsberg, Riga, Stralsund 1449: »up der lastadyen«) übliche Bezeichnung für das Werftgelände, auf dem hauptberufl. Schiffbauer dem Großschiffbau oder der Schiffsreparatur nachgingen (→Schiff). Der L.grund war städt., die Baumeister zahlten zumeist Pacht für die Benutzung des direkt am Wasser gelegenen, großen freien Platzes, der über eine zum Wasser abgeschrägte Fläche für den Stapellauf verfügte. Die L. ist heute noch zumeist im Stadtbild erkennbar oder zumindest lagemäßig bekannt (Straßennamen). F. B. Fahlbusch

Lit.: K.-F. OLECHNOWITZ, Der Schiffbau der hans. Spätzeit ... (Abh. zur Handels- und Sozialgesch. III, 1960), 111ff. [mit Belegen] – D. ELLMERS, Frühma. Handelsschiffahrt in Mittel- und Nordeuropa (Offa-Bücher 28, 1972), 171 – P. HEINSIUS, Das Schiff der hans. Frühzeit, 1986² (QD zur Hans. Gesch. NF XII), 151 [mit Belegen] – H. STOOB, Über Wachstumsvorgänge und Hafenausbau ... (See- und Flußhäfen, hg. DERS. [Städteforsch. A/24], 1986), 1–65.

Laster → Tugenden und Laster

Latakia → Laodikeia

Laţcu (Laţco), Fs. der →Moldau 1367 (traditionelle Chronologie: 1365)–1375, * ca. 1325/30 als 2. Sohn und Nachfolger des Moldaufs.en →Bogdan I., † 1375 ohne männl. Erben, ⚭ Ana, ▭ Rădăuţi, Fs.en-Grablege. L., dessen Mutter kath. war, sandte die beiden Franziskaner Paul v. Schweidnitz und Nikolaus v. Mehlsack zu Papst Urban V., um die Einrichtung eines Rom unterstellten Bm.s an seinem Hof zu erbitten. Dieses wurde am 9. März 1371 in Siret (Sereth) errichtet und mit dem Franziskaner Andreas Wasilo aus Krakau besetzt, 1375 aber dem Ebm. Halyč untergeordnet. Damit scheiterte L.s Bestreben, die Eigenständigkeit der Moldau durch die Verbindung mit der abendländ. Kirche, der er selbst 1370 beitrat, zu festigen und ihr sein Volk zuzuführen. K. Zach

Lateinische Sprache und Literatur

I. Die lateinische Sprache des MA – II. Die lateinische Literatur des MA.

I. DIE LATEINISCHE SPRACHE DES MA: Die l. S. d. M. beruht auf den Voraussetzungen, die in der spätröm. Ks.zeit, an die sie anknüpft, entstanden waren. Von den zwei Hauptformen oder -richtungen der Sprache, die die Schrift- oder Hochsprache, die man in dem gen. Zeitraum als *Spätlat.* bezeichnet, durch zahlreiche Denkmäler unmittelbar belegt; die tragende, in vollem Umfang lebende Schicht der Volkssprache, das Vulgärlat., muß erschlossen werden aus lit. Denkmälern, die mehr oder minder starken vulgärlat. Einfluß aufweisen (v. a. Fachschrifttum), aus Inschriften und Einzelheiten der hs. Überlieferung sowie aus den Ergebnissen, die in den roman. Sprachen zu Tage treten. Da sich an der Lit. seit dem 2. Jh. auch Christen beteiligen, deren Anteil am Schrifttum seit dem 4. Jh. sowohl dem Umfang wie auch der Bedeutung nach die profanantike Lit. übertrifft, und sich bei diesen Schriftstellern manche Besonderheiten finden, so glaubte man vielfach, von einem »chr. Latein« sprechen zu sollen. Es war nur natürl., daß sich die chr. Schriftsteller für Gegenstände und Vorstellungen, die mit ihrer Religion zusammenhingen, eigene Begriffe schufen; soweit der allg. Wortschatz ausreichte, genügte eine spezielle Bedeutung (z. B. fides 'Glaube', gratia 'Gnade'); in anderem Zusammenhang blieb die herkömml. Bedeutung erhalten. Im übrigen behalf man sich mit gr. Fremdwörtern (z. B. *ecclesia* 'Kirche'). Aus dem Bibelübers., die natürl. bes. stark die Formulierung der sich allmähl. entwickelnden Liturgiesprache beeinflußten, drang manche Wendung oder auch Konstruktion, die dem Geist der lat. Sprache an sich fremd war, in diese ein; alle übrigen Erscheinungen, die bei chr. Schriftstellern auftraten, fügen sich in das allg. Spätlat. der Zeit, und es ist weniger eine Frage des Erkennens als eine Sache der Gewichtung, ob man die Gesamtheit der gen. Erscheinungen als altchr. Sondersprache bezeichnen zu müssen glaubt oder sich mit dem Hinweis auf chr. Elemente im Spätlat. begnügt.

Die Übergangszeit vom 6. bis 8. Jh.: Daß das Lat. über den Zusammenbruch des weström. Reiches hinaus auch in den neuen staatl. Gebilden, die im Verlauf der Völkerwanderung entstanden waren, weiterlebte und herrschend blieb, beruht v.a. auf dem Umstand, daß die Kirche als einzige aus der Römerzeit erhaltene Einrichtung, an der man sich zu orientieren vermochte, am Lat. als der Sprache ihrer Hl. Schrift und ihrer Liturgie festhielt. *Afrika* scheidet aus dem Raum der lat. Kultur aus. In den anderen Prov.en des röm. Reichs sank infolge der Wirren der Völkerwanderungszeit das allg. Bildungsniveau stark ab. Während in *Italien* in der frühen Langobardenzeit kräftige Vulgarisierungstendenzen zu bemerken sind (langobard. Gesetze, Urkk.), wird doch die alte Tradition, zumal in den Schulen, festgehalten, so daß später aus Oberitalien Männer hervorgehen konnten, die maßgebl. zur karol. Erneuerung beitragen sollten. Auf der *Pyrenäenhalbinsel* hält sich in der Zeit des Westgotenreiches bis zur Abriegelung vom übrigen Europa nach 711 das traditionelle Spätlat. in bemerkenswerter Gepflegtheit; Einflüsse des span. Vulgärlat., in lit. Werken zunächst gering, werden seit dem 8. Jh. v.a. in Urkk. sehr deutlich.

In *Gallien* zieht infolge des starken kulturellen Niedergangs in der Merowingerzeit ein kräftiger Vulgarisierungsprozeß schon im Laufe des 6. Jh. auch die Schriftsprache in seinen Bann. Während bei Gregor v. Tours († 594) das syntakt. Gerüst des Spätlat. noch nahezu vollständig gewahrt ist und das volkssprachl. Element sich fast nur in der Aussprache und deren Konsequenzen in der Orthographie geltend macht, nähert sich vielfach schon zu seiner Zeit, v.a. aber im Laufe des 7. und 8. Jh. mit zunehmendem Verfall der Bildung auch die Schriftsprache immer weiter der gesprochenen Sprache an, so daß aus Unkenntnis oft die ärgste Verwilderung Platz greift. In diese Zeit gehört wohl auch das wunderl. Gebilde der Hisperica famina (= westl. Sprache, d.h. Lat.). Entstanden möglicherweise im Breton. (die Überlieferung ist festländ.), nach anderen in Irland, besteht die abstruse Gelehrten- und Geheimsprache aus entlegenen und vielfach durch Vulgarismen entstellten Glossenwörtern, gr. oder vielmehr gräzisierenden und hebr. oder davon beeinflußten Wortbrocken und kann als Ausdruck von ihrer Beschränktheit nicht so recht bewußten Gelehrtenkreisen verstanden werden. Die Neigung der Iren zum Entlegenen, Absonderl. ließ sie nicht ungern einzelne Brocken aus der H. aufnehmen.

Anders verläuft die Entwicklung bei den Völkern, die erst im frühen MA missioniert und in die lat. Welt einbezogen worden sind. Im Zuge der fortschreitenden Christianisierung drang in unserem Zeitraum die lat. Sprache erstmals über die Grenzen des Imperium Romanum hinaus vor, und dabei traten Verhältnisse ein, welche für die ma. Latinität bestimmend werden sollten. Die Glaubensboten mußten, wenn ihren Bemühungen Dauer beschieden sein sollte, immer bestrebt sein, eine einheim. Geistlichkeit heranzubilden. Dies erforderte von den künftigen Geistlichen das Erlernen der lat. Sprache: einmal, weil die Kirche eine lat. war, zum anderen, weil der überlegenen lat. Bildung nirgends (nicht einmal von den ir. *filid*) auch nur annähernd Gleichwertiges entgegengesetzt werden konnte. Wenn nun überall, wo es möglich war, Unterricht erteilt wurde, so kam doch – woran man nicht zu denken pflegt – selbst im Hinblick auf das Erlernen der lat. Sprache die größte Bedeutung der Liturgie, zumal dem Offizium, zu. Durch die regelmäßige Teilnahme an dem über den Tag verteilten Offizium, dem insgesamt mehrere Stunden gewidmet waren, wuchs der Kleriker nicht nur in eine von chr. Geist geprägte Denk- und Lebensweise hinein, er erlebte zugleich durch das regelmäßige Hören und Mitsprechen der liturg. Texte eine Einübung in die l. S., wie sie kein Unterricht hätte erreichen können. Es war von großer Wichtigkeit, daß es sich dabei um geformte (nicht willkürl. gewählte) Texte handelte: die Psalmen, Lesungen aus verschiedenen Büchern des AT und NT sowie aus Werken der Kirchenväter, die mitunter sprachl. recht anspruchsvoll waren; gewiß erschloß sich mancher Text erst, nachdem sich der Wortlaut bereits eingeprägt hatte. Die Sprache aber war einem jeden schon vertraut und der Umgang mit dem Lat. zur Selbstverständlichkeit geworden, als der Grammatikunterricht auf bessere Sprachbeherrschung hinzuarbeiten begann. So entstand in den neu christianisierten Gebieten ein Lat., das so gut wie ausschließl. eine Sprache der Gebildeten war, eine Sprache, der die tragende Schicht der gesprochenen Sprache, das Vulgärlat., fehlte. Trotzdem gibt es Unterschiede in den gen. Gebieten. In *Irland,* das seit der Mitte des 5. Jh. christianisiert wurde, weist die l. S. Eigentümlichkeiten auf, die sich auch im Vulgärlat. des Kontinents finden; dabei handelt es sich wahrscheinl. um Merkmale, die auf die Sprachgewohnheiten der aus Gallien gekommenen Missionare zurückgehen und eine gewisse Fixierung erfahren haben. In *England,* wo die Einwanderung der Angeln, Sachsen und Jüten (5. Jh.) von der ehemals röm. Besetzung und von chr. Bevölkerung so gut wie nichts übriggelassen hatte und wo seit dem späten 6. Jh. die Iren, aber auch röm. Missionare den chr. Glauben und mit ihm die l. S. einführten, entwickelte sich ein bemerkenswert reines Spätlat. (»frühes Mittellatein«), wenn auch in recht verschiedenen Stilformen (→Beda; →Aldhelm).

Die wenigen Denkmäler aus den nachmals dt. Stammesgebieten zeigen die Merkmale der Bildungsstätte, wo die l. S. erlernt wurde (→Arbeo) denn den vorerst recht bescheidenen Stand der Lat.kenntnisse in einem Gebiet, in dem die Christianisierung erst im 7./8. Jh. größere Fortschritte gemacht hatte.

Das karolingische Latein: Die karol. Erneuerung des geistigen Lebens, für die der Hof Karls d. Gr. mit seinen Gelehrten, Künstlern und Dichtern aus verschiedenen Teilen des Reiches und von den Inseln vorbildl. wurde, wirkte zunächst einmal im Sinne einer Besserung der Sprache und ihrer Reinigung von Vulgarismen aller Art. Grundlage war nach wie vor vorzugsweise das Spätlat., wie es an der Liturgie und kirchl. Texten sonstiger Art sowie bei den Kirchenvätern erlernt wurde. Trotzdem unterscheidet sich dieses Lat. (das eigentliche Mittellatein) durch eine wesentl. Eigenschaft vom Spätlat. Während dieses von der lebendigen Unterschicht des gesprochenen Lat. getragen wurde, entbehrt das ma. Lat. im eigtl. Sinn weitgehend und schließlich völlig – die Entstehung der roman. Sprachen erfolgte nicht überall zur gleichen Zeit, in Italien z. B. später als in Gallien – dieser natürl. regulierenden Instanz für das sprachl. Mögliche. An deren Stelle tritt in der »Sprache ohne Volk« die Gesamtheit des schriftl. Überlieferten; es ist von nun an mögl., aus dem Schatz der Tradition, d.h. aus den geschriebenen lat. Denkmälern hervorzuholen und anzuwenden, was irgend einmal lat. gewesen, von einem lat. Autor gebraucht worden war, ohne Rücksicht darauf, ob es sich um einen ma., einen patrist. oder profanantiken Autor handelte. Dieses nun erst in vollem Sinne ma. Lat., die Sprache aller Gebildeten der abendländ. Welt, die Sprache der Schule und der Wiss., des Rechts, der Verwaltung und Diplomatie, insbes. aber der Kirche, wurde auch gesprochen und war insoweit eine lebende Sprache. Wahrscheinl. hängt es mit diesem Charakterzug zusammen, daß bestimmte Eigentümlichkeiten bevorzugt wurden, die sich auf die mündl. Umgangssprache zurückführen lassen (z. B. Bevorzugung der Konjunktionalsätze statt Infinitiv- und Partizipialkonstruktionen). Der Gebrauch des Lat. auf fast allen Gebieten des Lebens führte naturgemäß auch dazu, daß zu allen Zeiten neue Begriffe, wie sie das Leben erforderte, in das Lat. aufgenommen wurden, vielfach auch als Lehn- und Fremdwörter aus den Volkssprachen. Die tieferen Schichten der Sprache wurden davon allerdings nicht berührt. Dies geschah erst infolge von Entwicklungen, die im späten 11. Jh. einsetzten.

Das scholastische Latein: Das hohe und späte MA bringen

noch einmal kräftige Veränderungen in das traditionelle Mittellat. Während die seit dem späten 11. Jh. einsetzende, bis tief hinein in das 13. Jh. anhaltende Übersetzungsbewegung zwar die Oberfläche der l. S. verändert, indem zahlreiche Wörter und Begriffe, Fremd- und Lehnwörter erscheinen für Dinge, die bisher unbekannt gewesen waren, bewirkt das Erstarken einer geistigen Bewegung eine Umgestaltung der Sprache, die deren tiefste Schichten ergreift und mit der Wiederentdeckung der Wiss. zusammenhängt. Das scholast. Lat., auf der Grundlage des traditionellen Mittellat. im wiss. Raum entstanden und in Verbindung mit der Entstehung der abendländ. Univ.en ausgebildet, hat bis zu einem gewissen Grade die Züge einer Sondersprache an sich, wirkt indessen weit in die allg. ma. Sprache und Lit. hinein und ist als deren letzte Entwicklungsphase anzusehen. Scholast. Lat. ist als Sprache der Schule auch gesprochenes, lebendiges Lat. Es muß als solches in seinem Aufbau überschaubar sein. Diese Forderung führt zu einem einfachen, durchsichtigen Satzbau. Als Sprache einer Wiss. ist sie rational betont, strebt nach Klarheit und Eindeutigkeit des Ausdrucks und weist eine starke Tendenz zum Abstrakten auf. Wie die scholast. gewordene Wiss. an der Autorität der Bibel, am Dogma der Kirche, an ihren jurist. (kanonist.), med., naturwiss. Autoritäten festhält, jedoch über diese hinausstrebt in Anwendung einer dialekt. Methode, bildet analog dazu die scholast. Sprache die Traditionssprache weiter, indem sie sich an ihr angelegten Möglichkeiten bedient und sich dem Gesetz der sprachl. Logik fügt, d. h. der Analogie. Ebenso wie die Wiss. der scholast. Zeit eine gewaltige Bereicherung und mannigfache Anregung aus zahlreichen Übers.en erfuhr, bes. aus dem Gr. und Arab., nimmt das Mittellat. der scholast. Zeit aus den Übers.en nicht bloß Fremdwörter und typ. Übersetzungsausdrücke auf, sondern wird auch zu zahlreichen Neubildungen angeregt, die allmähl. einen Teil der Fremdwörter ersetzen und verdrängen. Neben manchen semasiolog. sind die lexikal. Neuerungen am auffälligsten. Infolge ihrer großen Zahl verändern sie sogar den Charakter des Lat. Die primär wiss. gerichtete Verwendung des scholast. Lat. führt zu einem Vordringen des nominalen Elemente wie nie zuvor in der Gesch. der l. S. Nach dem Prinzip der Analogie werden zahlreiche Substantiva durch längst bekannte, aber vorher nur in beschränktem Umfang gebrauchte Suffixe, ferner durch die jetzt in weitestem Maße angewandte Möglichkeit der Substantivierung von Adjektiven und Partizipien, auch im Komparativ und Superlativ, von Adverbien und Infinitiven neu gebildet. Auch Adjektive werden bei Bedarf durch Suffixe neu gebildet, desgl. Verba; doch ist die Zahl der letzteren entsprechend dem Bedarf geringer. Wesentl. an dem angedeuteten sprachschöpfer. Vorgang ist, daß die im Lat. angelegten Bildungsmöglichkeiten gleichsam freigegeben werden; es kommt nicht mehr darauf an, ob ein Wort früher schon gebraucht wurde oder nicht. In das weiterbinden traditionelle Lat. sind zahlreiche neue Wörter aufgenommen. Das Wort ist legitim, wenn es korrekt gebildet ist. Auf syntakt. Gebiet führt das Bedürfnis nach Klarheit und Einfachheit zu stärkster Beschränkung der Partizipialkonstruktionen, die vielfach nur in formelhaften Wendungen noch erscheinen. Der Gebrauch mehrdeutiger Konjunktionen wird eingeschränkt oder ihre Bedeutung verengt, andere Konjunktionen treten an ihre Stelle als Ersatz ein. Die Sprache verliert zusehends an Dichte. – Die große Mehrheit derer, die im späten MA mit lit. Werken in l. S. hervorgetreten sind, ist irgendwann einmal und meist jahrelang mit der scholast. Wiss. gleich welcher Disziplin vertraut gemacht worden

und hat sich an die scholast. Richtung der Sprache gewöhnt. Das macht sich auch dann mehr und mehr bemerkbar, wenn der Gegenstand an sich nichts mit Scholastik zu tun hat. Ähnl. wie einst das Spätlat. und frühe Mittellat. von der tragenden Unterschicht des Vulgärlat. begleitet war, erfolgte ein Einfluß vom scholast. Lat. her auf die traditionelle Sprache, nur in umgekehrtem Sinne, gleichsam von oberhalb der Gemeinsprache, als eine Richtung, die ganz vom Geistigen her bestimmt und geprägt wird. Diese Wirkung war nicht ohne Gefahr. Wohl hat das scholast. Lat. die Sprache bereichert wie solches nie zuvor geschehen war; aber die Bereicherung war einseitig rationaler Art. Je stärker sich das Streben nach Eindeutigkeit der Sprache durchsetzt, umso mehr verengt es den Gehalt der Worte und die Aussagekraft der Sprache. – Das scholast. Lat. hatte die Tendenz zur Klarheit, Eindeutigkeit sowie zum durch und durch Rationalen. Hätte es sich ungehindert weiterentwickelt, so wäre die Folge eine Sprache von bestechender Klarheit und Durchsichtigkeit, aber auch einer erschreckender Armut gewesen. Es ist, trotz des vielfältigen Einflusses, den die scholast. Latinität auf das traditionelle Mittellat. ausgeübt hat, nie so weit gekommen. – In gleicher Richtung wirkten jene Kräfte, die auf eine Verinnerlichung (religiöse Vertiefung) im geistigen Leben des MA abzielten. Die Mystiker entwickeln kein bes. Mittellat., nur ihre eigene Terminologie. Das ma. Lat. ist eine Sprache, die gleichsam nichts vergißt, die bewahrt und weitergibt, was im Laufe der Gesch. sich in lat. Rede niedergeschlagen hat. Wiewohl seit dem 12. und 13. Jh. von den Volkssprachen stark zurückgedrängt, hat es als Gemeinsprache der Gebildeten seine zentrale Stellung bis zum Ende des MA bewahrt und ist zu einem Kulturfaktor von einzigartiger Bedeutung geworden. Zumal die im sog. scholast. Lat. geschaffenen Neuerungen und Möglichkeiten haben auch die modernen Sprachen beeinflußt und wirken bis heute in zahlreichen Kunstwörtern.

II. Die lateinische Literatur des Mittelalters: Die l. L. d. M. (vielfach – irreführend – mlat. L. gen.) ist kein nationales Schrifttum. Als Erbe der röm., der profanantiken wie der frühchr. Lit. und als bevorzugter Träger alles dessen, was an antiker Kultur den Zusammenbruch des imperium Romanum und die Völkerwanderung überdauert hat, war sie für alle abendländ. Sprachen und Lit.en das unbestrittene Vorbild; die europ. Volkssprachen, die zunächst keine Schriftlichkeit besaßen, haben vom Lat. gelernt und sich am lat. Schrifttum zu eigener Literaturfähigkeit emporgerankt. Die l. L. d. M., die von den Gebildeten aller europ. Völker getragen wurde, war neben der einen Kirche das stärkste Band, das die Völker des werdenden Europa zu geistiger Einheit verband. Unmittelbarer und v. a. zuverlässiger als in jeder nationalen Lit. spiegeln sich in der lat. alle Züge, welche als die der abendländ. Kultur gemeinsamen anzusehen sind, und alle geistigen Bewegungen, welche die Völker der abendländ. Christenheit in dem Jt. der größten geistigen Einheit durchschritten haben.

Ein wesentl. Element der l. L. d. M. ist gewesen, daß der letztl. den Ausschlag gebende Teil der geistig Tätigen befähigt war, in den Resten der antiken Welt die Größe zu erkennen (auch wenn sie nur zu einem Teil verstanden wurde) und bereit war – durch Nachahmung – davon zu lernen. Ein halbes Jt. hat Europa dazu gebraucht, das Stadium des Lernens im Nachahmen zu durchschreiten, ehe man es wagte, über die Autorität des großen Vorbildes hinaus und, wo es nötig war, auch gegen sie zu denken. Begonnen hat die l. L. d. M. auf den Trümmern der antiken Welt. Erhaltung und Rettung dessen, was an elementaren Gütern des geistigen Lebens noch vorhanden war, tat not; die Weitsichtigen unter den Autoren haben dies wohl erkannt. So war die l. L. d. M. von Anfang an und jahrhundertelang im vorzugsweise sachbezogenes Schrifttum, schulmäßig gelehrt, geistl. oder kirchl. oder sonstwie belehrend oder erbaul. ausgerichtet. Zur reinen Zweckbestimmtheit aber trat alsbald ein immer stärker werdendes Streben nach Ordnung und Schönheit, nach lit. Form. Auf diesem Weg ist das lat. Schrifttum zu den Höhen lit. Kunst emporgewachsen. Man kann in diesem Schrifttum mehrere unterschiedl. Epochen erkennen.

[1] *Das Zeitalter des Übergangs von der Mitte des 6. bis zum Ausgang des 8. Jh.*: Man wird den Beginn der ma. l. L. dort erkennen, wo die Schriftsteller selbst zum Ausdruck bringen, daß sie die voraufgegangene Zeit als eine vergangene Epoche und sich selber als einem neuen Zeitalter zugehörig betrachten. Überraschend deutl. läßt sich dies etwa um die Mitte des 6. Jh. wahrnehmen. Ein Schriftsteller wie →Cassiodor gibt dieser Auffassung geradezu durch die Änderung seines äußeren Lebens Ausdruck. Hatte sein Zeitgenosse →Boethius noch an die Zukunft Roms geglaubt und sein letztes Werk gleichsam als Vermächtnis des Besten, was die antike Philosophie zu bieten hatte, der Nachwelt, die für ihn eine römische war, zu hinterlassen gesucht, so erlebte Cassiodor im Zusammenbruch des Ostgotenreiches das endgültige Zerbrechen der antiken Kultur. Er zog sich aus dem öffentl. Leben ins Kl. zurück, änderte aber auch seine Art zu schreiben von Grund auf: ältere Autoren werden ihm zu Autoritäten, die er zitiert (Psalmenkomm.), und an die Stelle des Spiels mit rhetor. Kunst (Variae) tritt die Betonung des Inhalts (Institutiones, Übers.en u. dgl.). Das ist eine Grundhaltung, mit der die l. L. d. M. beginnt.

Nach Cassiodor und dem sich aufs Geistl. beschränkenden →Eugippius erscheint noch einmal die Gestalt eines Schriftstellers von Rang in Papst →Gregor I., der eigentl. geistig noch der Patristik angehört; dann aber wird die Apenninenhalbinsel für anderhalb Jh.e, in denen nur kleinere gesch. Darstellungen (origo gentis Langobardorum, Secundus v. Trient) und einiges Hagiograph. entstehen, nahezu stumm, bis der aus Gallien gekommene →Ambrosius Autpertus zu S. Vincenzo am Volturno (Mitte 8. Jh.) einen bemerkenswerten Apokalypsenkomm. und den (sehr verbreiteten) conflictus vitiorum et virtutum verfaßt und →Alanus v. Farfa ein Homiliar erarbeitet, das sich rasch n. der Alpen verbreitet. – Von den außeren ehemaligen Prov.en des röm. Reiches scheidet *Afrika* nach der Zerstörung des Vandalenreiches durch Byzanz (Mitte 6. Jh.) und dann infolge des Vordringens des Islam (7. Jh.) endgültig aus der lat. Welt aus. – Auf der *Pyrenäenhalbinsel*, wo infolge der Völkerwanderung das Reich der Westgoten und, im NW, der Sueben entstanden war, befaßt sich im späten 6. Jh. der Missionar →Martinus, Abt v. Dumio und späterer Bf. v. Bracara, auch mit schriftstell. Tätigkeit: sein aus der Praxis erwachsenes Schrifttum fand z.T. sehr weite Verbreitung (auch im volkssprachl. Raum). – Im Westgotenreich hatte der Übertritt Kg. Rekkareds vom Arianismus zur kath. Kirche (587) den inneren Ausgleich mit der roman. Bevölkerung eingeleitet: um die Wende zum 7. Jh. setzt eine geistige Blüte ein, die erst gegen Ende des Jh. zu welken beginnt. Das bewußt auf das Sammeln und Bereitstellen verlorenen oder vergessenen Wissensgutes gerichtete Lebenswerk des →Isidor v. Sevilla steht am Beginn. Ein starker Kulturwille, ein Streben über den reinen Zweck hinaus nach lit. Kunst in Anknüpfung an das, was sich von der Spätantike noch erkennen

ließ, prägt die Bemühungen dieser Epoche, die vom hohen Klerus getragen und von der Teilnahme auch der westgot. Kg.e gefördert werden (→Braulio, →Eugenius v. Toledo, →Ildefons v. Toledo, →Taio v. Zaragoza, →Leander v. Zaragoza, →Julian v. Toledo, →Sisebut). Der ermattenden, aber noch immer lebendigen lit. Kultur, in der die mozarab. Hymnendichtung eine bes. Stellung einnimmt, bereitet die islam. Eroberung 711 ein jähes Ende. Nur unter größten Schwierigkeiten wird in den Jh.en der Reconquista ein Grundstock lat. Bildung erhalten. – In *Gallien* hat die Eroberung durch die Franken einen deutl. Niedergang des geistigen Lebens zur Folge. Schon im späten 6. Jh. ist der aus Oberitalien gekommene Venantius Fortunatus der einzige bekannte namhafte Dichter; sein Zeitgenosse →Gregor, Bf. v. Tours, ein Romane, mit seiner in die Gesch. der Franken einmündenden Weltgesch. der einzige große Geschichtsschreiber und Hagiograph. Das 7. Jh. bringt mit kleineren Geschichtsdarstellungen, zahlreichen Hl.enleben, aber auch vermischten Dichtungen zumeist sehr geringen Umfangs noch sichtbare Zeichen eines zwar verengten, doch immer noch vorhandenen lit. Bemühens, zugleich aber einen Verfall des geistigen Lebens, der bis ins späte 8. Jh. anhält. (→Fredegar, →Dares Frigius). – Neues entsteht infolge der Christianisierung zuerst der Iren, dann auch der Angelsachsen. In *Irland* traf die mit der Christianisierung einziehende l. L. auf die hohe einheim. Kultur, als deren Träger namentl. die →filid in Erscheinung treten. Die Auseinandersetzung erfolgte in der Regel ohne Gewalt, mancher fili wurde christl. Geistlicher oder Mönch, und wahrscheinl. ist manche Eigentümlichkeit, die nachmals im lat. Schrifttum auftritt, als Relikt oder Eigenheit, die im kelt. Bildungswesen vorhanden war, zu erklären. Hatte schon Patrick im 5. Jh. mehr zu seiner Rechtfertigung denn als Schriftsteller einiges verfaßt, so entstand auch bei den Iren im Laufe des 6. Jh. ein lat. Schrifttum. Das Schwergewicht liegt auf d. Hagiographie (→Adamnanus), der Bibelexegese und später auch der Grammatik; in manchem eigenartig ist die ir. Hymnendichtung (→Lorica). Auf allen diesen Gebieten kommt die bei den Iren herrschende Neigung zu oft absonderl. Gelehrsamkeit zum Ausdruck. Erst seit den um die Wende zum 7. Jh. einsetzenden Wanderungen und Pilgerreisen auf dem Kontinent werden die Iren mit profanantiker Lit. bekannt. – Von Irland sind wichtige Impulse auf die lat. Bildung der Angelsachsen ausgegangen. Seit dem späten 6. Jh. fassen ir. Mönche im N *Englands* Fuß (→Hy, Iona; Adamnan); von N her dringt die ir. Mission ein und trifft sich mit der von S her kommenden römischen (Theodor, Hadrian, Benedict Biscop), in deren Gefolge auch das antike Element in die neugegr. Bildungseinrichtungen übertragen wird. Aber noch der erste namhafte ags. Schriftsteller →Aldhelm lernte bei einem Iren, bevor er ags. Bildung empfing. Ein Gelehrter von höchstem Rang war der Angelsachse →Beda Venerabilis (†735), dessen geistiges Erbe die Schule v. York übernahm, aus der →Alkuin hervorging. – Die nachmals dt. *Stammesgebiete*, zuerst vorzugsweise durch ir.,. dann ags. Missionare christianisiert, treten im fortgeschrittenen 8. Jh. mit →Arbeo in die l. L. ein. Noch um die Mitte des 8. Jh. waren in der Salzburger Gegend ir. Mönche auch lit. tätig (→Virgil v. Salzburg; Ps.-Isidor, Liber de numeris); Angelsachsen wirken gelegentl. auch in ihrem Missionsgebiet (→Hugeburc, Willibald) als Schriftsteller.

[2] *Die karolingische Erneuerung*: Dem auf dem Kontinent weithin fortschreitenden Niedergang der allg. Bildung und des geistigen Lebens gebot eine Bewegung Einhalt,

die im späten 8. Jh. einsetzt und auch für die Lit. einschneidende Bedeutung gewann. Ziel und Ergebnis dieser Bewegung waren eine allg., aus christl.-ma. Geist hervorgegangene Erneuerung und Hebung der Bildung, von der mittelbar auch die Pflege der antiken Lit. Gewinn gezogen hat (insofern ist die Bezeichnung »karol. Renaissance« wenig glückl. gewählt). Ausgangspunkt und Mitte der Bewegung war der frk. Hof, auch wenn es da und dort Ansätze zu einer Behebung der desolaten Verhältnisse gegeben haben mag. Die Neigung Karls d. Gr., in seinem Hofstaat auch hervorragende Vertreter des geistigen Lebens zu versammeln, führte dazu, daß Gelehrte und Schriftsteller, Künstler und Dichter aus allen Teilen des Reiches und von den Inseln vielfach lange Zeit in der Umgebung des Herrschers verweilten (→Petrus v. Pisa, →Paulinus v. Aquileia, →Paulus Diaconus, →Theodulf, →Einhard, →Angilbert, →Hrabanus Maurus; →Alkuin). In ihrem Kreise erwuchsen gemeinsame Vorstellungen und Ideale bezügl. allg. Bildung, Wiss., Lit. und Dichtung. Maßgebl. Anteil daran hatte Karls engster Berater in Bildungsfragen, der Angelsachse →Alkuin. Der Herrscher trug durch entsprechende Erlasse dazu bei, Bildung und geistiges Leben in den Kl. und an den Bf.ssitzen zu fördern. In dem Schrifttum, das am Hof und in Verbindung mit ihm entstand, wurde erstmals eine geistige Einheit und gemeinsame Lit. der abendländ. Völker Wirklichkeit. In den Generationen nach Karl d. Gr. verbreitete sich die erneuerte, die karol. Bildung in den Kl. und Bf.skirchen des Reiches und gab den folgenden Jh. en das Fundament und wies die Richtung. – Die karol. Lit ist in der Regel in gereinigter, von Vulgarismen freier Sprache abgefaßt; Zitate oder Anspielungen auf antike Lit. gelten als bes. Schmuck. Der Charakter des Schrifttums insgesamt ist vorwiegend schulmäßig oder gelehrt, geistl. oder kirchl. Das System der Wiss.en, das zumal durch Alkuin bestimmt wurde, setzte über den stufenartigen Aufbau der →artes liberales als oberste Stufe die Theologie. Demgemäß nimmt theol. Schrifttum den breitesten Raum ein: insbes. Bibelexegese als die wichtigste Disziplin; schon Alkuin schafft die erste Dogmatik des MA. In der →Hagiographie, die in merow. Zeit bes. reich vertreten war, macht sich v.a. der formale Anspruch geltend: man bearbeitet ältere Viten stilist., setzt sie wohl auch in Verse um. Auf dem Gebiet der – sonst noch kaum entwickelten – Geschichtsschreibung ist das bedeutendste Werk der Zeit die Langobardengesch. des →Paulus Diaconus. Für die Fächer der artes verfaßt knappe didakt. Anleitungen Alkuin selbst; die rechnenden Disziplinen des Quadriviums treten erst um die Mitte des 9. Jh. stärker hervor. Am sichtbarsten erscheint die geistige Erneuerung in der Dichtung. Versemachen ist die höchste Stufe des Unterrichts in der Grammatik; so wird das schulmäßige Verfertigen von Versen fast zu einer Selbstverständlichkeit. Dabei wird in erster Linie die quantitierende Dichtkunst nach antikem Muster gelehrt und geübt; Hexameter und Distichen stehen im Vordergrund, lyr. Formen – vermittelt durch Boethius und Prudentius – gebrauchen nur die Gewandtesten. Das meiste ist mehr oder minder routinemäßige Gelegenheitsdichtung (tituli, Epitaphien, Inschriften), moral. und sonst belehrende Poesie, Verse über bibl. Gegenstände, Lyrisches. Vereinzelt ist es auch schon zu Versuchen ep. Dichtung gekommen (Karolus Magnus et Leo papa). Gelegentl. versucht man sich in eleg. Dichtung nach antikem Vorbild (→Elegie; →Modoin). Außer den versifizierten Hl.enleben wurde eigentl. geistl. Dichtung vergleichsweise wenig geübt. – In den Generationen nach Karl d. Gr. wird in der ersten Phase der Erneuerung Gewonnene hinausgetragen in alle Teile des Reiches. In dieser Zeit entsteht die klass. Herrscherbiographie des →Einhard. Manche Gebiete der Lit. gelangen erst jetzt zu voller Entfaltung: das schon zu Karls Zeiten begonnene Werk der Erschließung der gesamten Hl. Schrift durch eingehende Komm. wird verwirklicht (→Hrabanus Maurus, →Walahfrid, →Paschasius Radbertus); die Welt der Realien, wie sie Isidor v. Sevilla aus Büchern zusammengetragen, erhält eine neue, durch allegor. Deutung vertiefte Darstellung (Hraban. de rerum naturis); es entsteht die erste lesbare Weltchronik des MA (→Frechulf), der weitere folgen. In all diesen Werken wird das für die Karolingerzeit typ. Verfahren der wiss. Darstellung, die Kompilation, angewandt, durch welche die Schätze des Wissens der Vergangenheit gewonnen, für neue Zwecke geordnet und für Gegenwart und Zukunft verwendbar gemacht werden. Die karol. Poesie tritt mit Dichtern wie →Gottschalk und Walahfrid ins Stadium der vollen Reife, während →Sedulius Scottus, der lat. Verse nach Art eines ir. fili dichtet, die supranationale Sprache zum Vermittler auch fremden Kulturguts werden läßt, und sein Landsmann →Johannes Scottus als erster philos. Spekulationen großen Stils wagt.

[3] *Die Zwischenzeit vom Ausgang des 9. zur Mitte des 11. Jh.* ist als eine Epoche zw. zwei Höhepunkten – der karol. Erneuerung und der vollen Blüte des lat. Schrifttums im 12. Jh. – nicht durch eine einheitl. Entwicklung gekennzeichnet, vielmehr sind verschiedene, z.T. einander widersprechende Tendenzen zu beobachten. Im allg. wird die karol. Bildung und Wiss. beibehalten und weitergepflegt, mehr und mehr routinemäßig mit allen sich daraus ergebenden Folgen. Die günstigen bestehen im sicheren Umgang mit der gepflegten karol. Sprache und dem gewandten Gebrauch ihrer Kunstmittel, der weithin zu einer gleichsam mühelos geübten Fertigkeit geworden war; dazu kommt, daß sich die Nachahmung von Vorbildern, zumal der Antike, nicht mehr bloß – wie üblich – auf sprachl. Details erstreckt, sondern daß die Schriftsteller mehr und mehr die Fähigkeit erlangten, die Art eines bestimmten Autors (z.B. des Sallust) nachzuahmen. Eine nachteilige Folge der gewonnenen Sicherheit war die Neigung zu übersteigerter Rhetorik und künstl. Schwulst. – Im Werk des →Notker Balbulus zeigen sich bereits wesentl. Züge der beginnenden Epoche: die neu gewonnene Kunst des Erzählens (Gesta Karoli Magni) und, als die überzeitl. Schöpfung des Dichters, nach manchen Vorstufen und frühen Versuchen die klass. →Sequenz (Liber ymnorum). Diese v.a. hat als ureigene Schöpfung des MA in Tausenden von Beispielen nicht nur in der Liturgie der Messe, ihrem ursprgl. Ort, sondern weit darüber hinaus auch im nicht-sakralen Raum, v.a. in der weltl. Dichtung stärkste Wirkung ausgeübt. Neu ist in diesem Zeitalter das starke Hervortreten schriftsteller. Individualitäten (→Rather, →Liudprand), bes. in Italien. Die Aufnahme griech. Stoffe durch Übers.en (schon im 9. Jh., bes. durch →Anastasius bibliothecarius begonnen), verstärkt sich (→Theophilus; Alexanderroman, →Leo von Neapel). Sehr bemerkenswert ist die Entwicklung der Historiographie. Das Zerbrechen des karol. Großreiches führt zu einer Verengung des Blickfeldes: nach →Regino verschwindet für mehr als ein Jh. die Universalchronik. An ihre Stelle treten enger begrenzte Geschichtsdarstellungen (→Richer v. Reims), vielfach nur Bm.s- und Kl.gesch.en, bis im frühen 11. Jh. →Hermann v. Reichenau wiederum eine Weltgesch. wagt. Die Neubegründung des Ksm.s unter den Sachsenks.n erweitert in Dtl. den Horizont auch der eigentl. partikulären Geschichtsschreibung: →Wipo

schreibt Stammesgesch. der Sachsen mit Blick auf die Herrscher aus sächs. Hause; →Thietmars Bm.sgesch. erweitert sich zur Gesch. des Reiches unter Heinrich II. mit Blick auf die slav. Völker. – Theologie gibt es wenig; ein →Otloh ist religiöser Schriftsteller, kein Theolog. Sonst begnügt man sich mit dem in der Karolingerzeit Erreichten. Von den artes erhalten auch die Fächer des Quadriviums verstärkte Pflege (→Gerbert; →Abbo v. Fleury). – In der Dichtung gewinnen rhythm. Formen wieder mehr Gewicht. Die Tierdichtung erhebt sich erstmals über die Einzelerzählung oder -fabel hinaus zum Tierepos (→Ecbasis cuiusdam captivi), was auch die Antike nicht erreichte.

[4] *Die Blütezeit. Das Jahrhundert der Vielfalt:* In dem Zeitraum vom späten 11. bis zum Beginn des 13. Jh. erreicht die l. L. ihre volle Blüte, wahrscheinl. sogar den absoluten Höhepunkt ihrer zweieinhalbtausendjährigen Geschichte. Ohne etwas von dem bisher Erreichten zu verlieren oder aufzugeben, empfängt das Schrifttum neue Impulse bisher nicht gekannten Ausmaßes. Das geschieht infolge von äußeren Vorgängen und geistigen Bewegungen, welche die ma. Welt zutiefst ergreifen. Der Kampf des Ksm.s und des Papsttums erschüttert zutiefst die abendländ. Christenheit. Wer immer als Schriftsteller daran teilnahm, mußte Stellung nehmen für diese oder jene Partei. Kaum je gelingt einem noch der bei aller inneren Bewegtheit ruhige, sachl. Ton, wie ihn der Eremit und Kard. →Petrus Damiani zu wahren wußte. In der Regel trat die bis dahin allenthalben erstrebte Sachlichkeit zurück, die Schriftsteller neuer Art suchten ihren Standpunkt zu begründen, die Gegenseite zu treffen oder zu schwächen, oft genug in polem. Ton. Die Lit. dieser Art wird zur Tagesschriftstellerei, zur Publizistik. Auf kirchl. Seite verbindet sich die Auseinandersetzung mit dem wichtigeren Anliegen der inneren Reform, der Beseitigung von Mißständen wie der Simonie, der Durchführung des Zölibats und dgl. Die Lit. aber übt sich in den mannigfachen Formen der Kritik an der Kirche – die immer bestimmten Personen, nie den Institutionen als solchen galt – in Spott und Scherz, in Parodie, Invektive und Satire auf bisher ungekannte Weise. Ähnlich, wiewohl nicht in gleichem Maße, wirkt der von →Berengar v. Tours entfachte zweite Abendmahlstreit. Die Bewegung, die man *Frühscholastik* zu nennen pflegt – in Wahrheit nichts anderes als die Wiederentdeckung der Wiss. –, ergreift nicht nur die Theologie und das philos. Bemühen, sondern alle wiss. Disziplinen und verändert den Charakter des Schrifttums, in das mehr und mehr die Dialektik, das spekulative Element, eindringt. Daß im norm. Kl. Bec →Anselm, später Ebf. v. Canterbury, die ersten kühnen Schritte der Spekulation über die Autoritäten der Väter hinaus wagt und das auf Geheiß der Mitbrüder tut, bezeichnet vielleicht am deutlichsten das in der Zeit liegende Heraustreten aus dem Stadium des altgewohnten Lernens. Es ist die Zeit, da die Kathedralschulen aufblühen und bedeutende Magister Schüler an sich ziehen und zu Autoritäten neben den Vätern werden, die Zeit auch, da erstmals im geistigen Leben Paris eine Stätte des Wirkens hervorragender Gelehrter wird, unter denen →Abaelard in meisterhaftem Umgang mit dem in Mode gekommenen Werkzeug der Dialektik Tausende von Wissensdurstigen an sich zieht.

Die aufblühende neue Wiss. ist keineswegs ident. mit dem geistigen Leben der Zeit schlechthin, und es hat manche Reserven, manchen direkten Widerstand gegeben. In der Schule v. St. Victor entwickelt sich eine Richtung, in der das traditionelle Wissensgut fast als das Bestimmende erscheint (→Hugo v. St. Victor); daß im Kreise der Viktoriner die religiöse Dichtung einen Höhepunkt erreicht (→Adam v. St. Victor), kommt nicht von ungefähr. Als zumindest mittelbar auch gegen den rationalist. Geist der neuen Wiss. gerichtet kann eine stark um sich greifende Bewegung religiöser Vertiefung verstanden werden, die sich lit. u.a. in Schriften und Gedichten de contemptu mundi ausspricht. Auch in Reformorden (z.B. OCist), die in Wort und Schrift ähnl. Zielen Ausdruck verleihen (→Bernhard v. Clairvaux), treten mitunter deutl. Vorbehalte gegen die neue Wiss. und entschiedene Hinwendung zur Tradition der Väter hervor. In Dtl. greift mit beachtl. lit. Geschick →Honorius Augustodunensis das Neue auf, ohne der Dialektik zu verfallen, und erzielt mit seinen die Wiss. der Zeit popularisierenden (nicht trivialisierenden) Schriften breite Wirkung. – Literarisch von hoher Bedeutung ist eine Richtung (»Renaissance des 12. Jh.«), deren Häupter →Marbod v. Rennes und →Hildebert in Werken vollendeter Schönheit, Prosa wie Versen, rein ma. Haltung mit humanist. Geist verbinden. Bei den Gelehrten, Schriftstellern und Dichtern, die mit der Schule v. →Chartres zusammenhängen (→Bernhard v. Chartres, Bernhardus Silvestris, Johannes v. Salisbury) verbindet sich humanist. Haltung mit einem starken naturphilos. Interesse. Letzte Steigerung erfährt solches Denken in dem universalen Geist des vielseitigen →Alanus ab Insulis. Auch sonst war in dieser Zeit die Vertrautheit mit antiker Lit. größer als je zuvor und die Fähigkeit der Imitation erreichte einen ungewöhnl. hohen Grad. Auf dem Gebiet der Dichtung erlangte die formale Gewandtheit und Sicherheit ihren Höhepunkt. Im Zusammenhang damit steht Beliebtheit von Nachbildungen und Umformungen antiker Versformen unter Anwendung der mannigfachsten Reimbindungen; oft genug auch gingen ursprgl. metr. Formen in rhythm. Versformen über, wie überhaupt die rhythm. Dichtung sich längst aufs freieste entfaltet hatte. Weltl. Lyrik v.a. bringt die glanzvollsten Schöpfungen hervor; es ist die Zeit, da in der Umgebung Friedrich Barbarossas der →Archipoeta seinen genialen Versen und in Frankreich →Hugo Primas v. Orléans seinen lebensvollen, oft von scharfem Witz und beißendem Spott erfüllten Gedichten in selbstverständl. Leichtigkeit das passende sprachl. Gewand verleiht. – In derselben Zeit erfüllt sich die Entwicklung des geistl. Spiels. Seit fast zwei Jh.en ohne antikes Vorbild in den verschiedenen Teilen der lat. Welt als liturg. Spiel geübt, erlangt das ma. Drama im Tegernseer Ludus de Antichristo seine großartige Vollendung. Auch die geistl. Lyrik erreicht in den traditionellen Gattungen der Hymnen und Sequenzen wie auch in Dichtungen anderer Art einen hohen Grad der Vollendung. Der ep. Dichtung gelingen Werke hoher Kunst in freier Nachahmung klass. Vorbilder (Alexandreis des →Walter v. Châtillon) ebenso wie solche aus durchaus ma. Geist (als Bibelepen, →Petrus Riga, als allegor.-naturphilos. Dichtung, Anticlaudianus des →Alanus, als Tierepos, →Ysengrimus u.a.). Von sonstiger erzählender Lit. bevorzugt die Hagiographie – wie stets in Zeiten der Blüte – die stilist. Umformung bereits vorhandener Darstellungen, oft auch in metr. Form.

Die Kreuzzugbewegung öffnet den Abendländern die Welt des Orients, erweitert ihren Horizont und macht sie mit manchen lit. Stoffen der ö. Welt bekannt. Die erhaltenen Werke zeigen die verschiedenen Stufen der Entwicklung: vom schlichten, aber von der Unmittelbarkeit des Miterlebenden getragenen Augenzeugenbericht bis zur romanhaften Darstellung des →Albert v. Aachen und der umfassenden Kreuzzugsgeschichte des →Wilhelm v. Tyrus.

Für die Geschichtsschreibung ist vielleicht nichts so charakterist. wie die Vielfalt der Darstellungsarten und Themen, die in unserem Zeitraum behandelt werden; mit der Weltchronik des →Otto v. Freising erreicht sie ihren Höhepunkt. Andere Autoren sind wichtig wegen der bes. Gebiete, die sie behandeln, wie →Adam v. Bremen mit seiner Hamburger Kirchengesch., zugleich Darstellung der Mission im N und der Auseinandersetzungen mit den ö. benachbarten Slaven, oder, gegen Ende des Zeitabschnitts, →Saxo Grammaticus, der als erster die sagenhafte Überlieferung der Völker des N.s zusammenfassend darstellt, kaum daß jene dem Christentum gewonnen und der lat. Welt eingegliedert waren. Sage und Gesch. verbinden sich auch anderwärts; im Ps.-Turpin beispielsw. sind die Kämpfe Karls d. Gr. mit den Sarazenen und die Rolandsage erzählt, als handle es sich um reine Geschichtserzählung. Aus der Fülle historiograph. Darstellungen ragt das wunderl. Geschichtsbild des →Gottfried v. Viterbo heraus; sein Erzählen weist bereits ins folgende Jh.

Die norm. Geschichtsschreibung der frühen Zeit findet in den Gesta Normannorum ducum des →Wilhelm v. Jumièges ihre Krönung, indes sein jüngerer Zeitgenosse →Wilhelm v. Poitiers die Taten des Eroberers besingt.

[5] *Das Spätmittelalter:* Mit dem frühen 13. Jh. tritt die l. L. d. M. in ihr letztes Stadium. Äußerl. gesehen nimmt die Zahl derer, die am geistigen Leben in l. S. teilnehmen, beträchtl. zu, das Schrifttum selbst wächst bis in die Zeit des Buchdrucks so gewaltig an wie nie zuvor, und noch im 15. Jh. übertrifft die Menge des lat. Geschriebenen bei weitem das, was die europ. Volkssprachen insgesamt in der gleichen Zeit hervorgebracht haben. Und dennoch hat die l. L. auf verschiedenen Gebieten den Rückzug angetreten. Nahezu völlig versiegt ist die weltl. Lyrik; große Sammlungen wie die Carmina Burana bezeichnen nur deren Ende. Andere Lit.gattungen nehmen mehr oder minder deutl. epigonalen Charakter an.

Zwei Vorgänge tragen wesentl. zur Veränderung der allg. Verhältnisse und, in deren Gefolge, auch des lit. Lebens bei: Die Entstehung der abendländ. Univ.en und das Auftreten der Bettelorden. – Die Univ.en, deren älteste seit dem 13. Jh. als festgefügte Organisation in Erscheinung treten, werden dank der Internationalität ihrer Lehrkörper und Studenten sowie ihrer relativ großen Unabhängigkeit in kurzer Zeit zu den vornehmsten Trägern des geistigen Lebens. Eine Riesenmenge an Schrifttum ist hier und im Zusammenhang mit ihnen entstanden, manches davon auch als geformte Lit. anzusehen. Die bisher führenden Bildungseinrichtungen, Kl.- und Kathedralschulen, sinken schlagartig zu provinzieller Bedeutung ab. – Die neuerstehenden →Bettelorden tragen sowohl durch die große Zahl ihrer Angehörigen, bes. aber mit ihrer Grundeinstellung, sich nicht, wie die alten Orden, in die Stille abgelegener Kl. zurückzuziehen, sondern die eben zu ihrer Zeit Bedeutung gewinnenden Städte aufzusuchen, zu einer Veränderung der Voraussetzungen des lit. Lebens bei. Mit dem Aufblühen des Bürgertums ändert sich auch die Zusammensetzung der Lat. verstehenden Schichten; es treten von nun an immer mehr Laien auch im geistigen Leben hervor. Infolge der stark anwachsenden Zahl der Lateinkundigen sank das Niveau des Schrifttums. – Das Anliegen der Seelsorge und das Herumwandern der Mendikanten förderte v.a. das erbaul.-unterhaltsame Schrifttum und wurde eine der Voraussetzungen für das Entstehen eines reinen Unterhaltungsschrifttums.

In der Unmasse des lat. Geschriebenen lassen sich Merkmale erkennen, die für die Würdigung dieses Schrifttums geeignet sind. Unverkennbar ist erstens der Zug ins Große, das Streben nach dem Zusammenfassen und Systematisieren. Zumal das 13. Jh. (Zeit der *Hochscholastik*) ist das Zeitalter der Summen und Specula, in denen man ganze Wissensgebiete oder -zweige zusammenzufassen und geordnet darzustellen strebt. Das geschieht nicht nur im Raum der scholast. gewordenen Wiss. (→Alexander v. Hales, →Thomas v. Aquin u.a.), sondern auf allen Gebieten des Wissens, was v.a. die großen Enzyklopädien zeigen (→Bartholomaeus Anglicus, →Vinzenz v. Beauvais). Aber auch die mächtig anwachsende erzählende Lit. macht sich die Neigung zum Zusammenfassen des Verstreuten in großen Werken zu eigen (→Caesarius v. Heisterbach; →Jacobus a Voragine). – Demgegenüber steht der Zug ins Einzelne, zum Detail. Dieselbe Neigung kann etwa in der Geschichtsschreibung zur besseren Erfassung von Einzelheiten sowie zu genauerer Beschreibung eines Geschehens, in der Biogr. beispielsw. zu schärferer Charakterisierung führen, andererseits aber zu einer Verengung des Blickes auf Unwichtiges, verschiedentl. zu Kasuistik und Haarspaltereien Anlaß geben. Den gen. Gegensätzen entspricht auf dem Gebiet gesch. Darstellung die Neigung zur Behandlung fernster sagenhafter Ereignisse, das vermehrte Interesse für Zeitgesch. sowie von Geschehnissen rein lokaler Bedeutung. – Ein wichtiges Merkmal des spätma. Geisteslebens ist die Beobachtung der Natur und der Wirklichkeit, die Berücksichtigung des menschl. Lebens und der Praxis. Seit der Antike hatte man sich daran gewöhnt, die Welt durch die Brille der Gelehrten zu sehen, der Autorität des Geschriebenen mehr vertraut als den eigenen Augen. Das ändert sich seit dem 13. Jh., indem einzelne die Wirklichkeit der sie umgebenden Welt zu beobachten beginnen, in bes. Fällen sogar das Experiment als Mittel der Naturerkenntnis gebrauchen: in diesem Jh. liegt der Beginn der modernen Naturwiss. (→Albertus Magnus, →Roger Bacon). Doch lebt zur gleichen Zeit die traditionelle, auf das Bücherwissen gestützte Weise der Naturbetrachtung weiter. – Die gen. Tendenzen sind zumeist Ausdruck einer starken Säkularisierung des Denkens und der allg. Haltung. Ihr wirkt ein nicht minder starker Zug zur religiösen Verinnerlichung entgegen, der weit über die als »Mystik« bezeichnete Bewegung oder Richtung hinausgeht und sich in Schr. der verschiedensten Art äußert. Zu allen Zeiten ist im MA die Neigung zum Lehrhaften stark vorhanden. Im späten MA werden so gut wie alle Gebiete des menschl. Lebens von der didakt. Dichtung erfaßt. Dabei sind die Grenzen zu dem ebenfalls im SpätMA wuchernden mnemotechn. Schrifttum fließend. Angefangen von Merkversen über alles und jedes bis zu schier endlosen didakt. Dichtungen über Kirchenrecht oder Med. oder Grammatik usf. wird die poet. Technik zum Mittel sprachl. Routine, mit dem man glaubt, alles befördern zu können. Erstaunl., ja bewundernswert ist angesichts dieser Entwicklung und des vielfach so starken Verlustes an Substanz die Stärke des Formbewußtseins, die das MA immer ausgezeichnet und wesentl. Anteil am Werden der abendländ. Welt gehabt hat. Dieses Formbewußtsein hielt an auch in einer Zeit, da sich die Last des Epigonalen weithin über Schrifttum und geistiges Leben legte. So mannigfaltig und an Denkmälern überreich uns das spätma. Schrifttum erscheint, so sehr wird das Gesamtbild vom Eindruck der Masse und des Durchschnittl. bestimmt, so selten trifft man Werke an, die sich über das Mittelmaß erheben; und wirkl. Großes kommt – nach bedeutenden Leistungen im rein wiss. Raum in der Zeit der Hochscholastik im 13. Jh. – höchst selten (→Bonaventura) vor. – Nur die geistl., vielmehr die religiöse Dichtung lebt nach dem Ausscheiden der weltl. Lyrik kraftvoll weiter, ja hat gerade im späten MA ihre schönsten Werke geschaffen (→Stabat mater, →Dies irae, →Adoro te devote), darunter manche, die in den Volkssprachen Nachdichtungen (→Julian v. Speyer) fanden. Infolge einer veränderten Geisteshaltung erwuchs aus der seit ihren spätantiken Anfängen immer liturg. Hymnendichtung und unter Verwendung hergebrachter Formen eine früher nur in Spuren angedeutete Art religiöser Poesie, die dem meditativen Grundzug der neuen Innerlichkeit mitunter vollkommenen Ausdruck verlieh. Der letzte noch aus der Tradition lebende Zweig ist lat. Dichtung begann um die Wende zum 16. Jh. zu verkümmern. Das Konzil v. Trient verschloß auch der Hymnen- und Sequenzendichtung den sakralen Raum. – Die l. L. d. M. endet nicht allenthalben zur gleichen Zeit. Die Humanisten (die frühen it. wie diejenigen des 15./16. Jh.) sind in der Umgebung ma. L. und Bildung herangewachsen und haben an ma. Lehrbüchern gelernt. Das ermattende Zeitalter geht überall dort zu Ende, wo der neue Geist sich bewußt von ihm distanziert und dieser Haltung im eigenen lit. Bemühen Ausdruck gibt. F. Brunhölzl

Lit.: zu I.: L. TRAUBE, Einl. in die lat. Philolgie des MA, Vorl. u. Abh. II, 1910 – K. STRECKER, Einf. in das Mlat.., 1929² [Engl. Übers. und Überarb. R. P. PALMER, 1971⁶] – W. BULST, Über die mittlere Latinität des Abendlandes, 1946 – Études sur le latin des Chrétiens, hg. CH. MOHRMANN, 4 Bde, 1958–1977 – E. LÖFSTEDT, Late Latin, 1959 – B. LÖFSTEDT, Stud. über die Sprache der Langob. Gesetze (Stud. Lat. Upsal. I, 1961) – Der hibernolat. Grammatiker Malsachanus, hg. DERS. (ebd. 3, 1965) – DERS., Zum span. Mlat., Glotta 54, 1976, 117–157 – A. ÖNNERFORS, Mlat. Philologie (WdF 292, 1976) [Lit.] – ALMA 1924 ff. – *zu II.:* BRUNHÖLZL I und II – GromPhil II, 1 – MANITIUS – A. EBERT, Allg. Gesch. der Lit. des MA im Abendlande, 1889 [Neudr. 1971] – F. J. E. RABY, A Hist. of Christian Lat. Poetry..., 1927 – DERS., A Hist. of Secular Lat. Poetry in the MA, 1934 – J. DE GHELLINCK, Litt. lat. au MA, 1939 – DERS., L'essor de la litt. lat. au XII⁰ s., 1946 – DERS., Le mouvement théol. du XII⁰ s., 1948 – K. LANGOSCH, Die dt. Lit. des lat. MA, 1964 – F. BRUNHÖLZL, Die l. L., Neues Hb. d. Lit. wiss., hg. K. v. SEE, 8: Europ. SpätMA, ..., 519–563.

Lateinisches Kaiserreich. [1] *Allgemein. Zur Vorgeschichte:* L. K., Bezeichnung für das im eroberten →Konstantinopel und in Teilen des →Byz. Reiches errichtete, als Lehnsverband konstituierte Ksr. (1204–61). Die Einnahme von Konstantinopel durch die Kreuzfahrer führte das Ende des Byz. Reiches als große Mittelmeermacht und eine Zersplitterung der romäischen Ökumene in ein Konglomerat lat. und griech. Staaten herbei, die sich untereinander bekämpften und in starkem Maße in wirtschaftl. Abhängigkeit von westl. Handelsmächten geraten waren.

Ursachen und Motive dieses folgenschweren hist. Geschehens sind begründet in den Entwicklungen und Wandlungen der letzten Jahrzehnte des 12. Jh., v.a. der Zeit seit dem Tode Ks. Manuels I. Komnenos (1180); als wichtige Faktoren der Vorgesch. des 4. Kreuzuges und des L. K. es sind zu nennen: das Vordringen der →Selǧuqen unter →Qilič Arslan in Anatolien (→Myriokephalon, 1176); der Machtzuwachs →Bulgariens; die Annäherung zw. Papst und Ks. nach jahrzehntelangem, von Byzanz mitbeeinflußtem Kampf (Friede v. →Venedig, 1177) und das Heiratsbündnis der Staufer mit den siz. Normannen (1184/86), wodurch eine tendenziell antibyz. Politik entstand (Verbindung von westl. Universalismus, norm. Expansionsstrebungen und päpstl. Unionsbestrebungen); die bereits beim Durchzug der Kreuzfahrer des 3. Kreuzuges spürbaren heftigen Spannungen und Ressentiments; die dynast. Ansprüche abendländ. Fs.enhäuser, die mit byz. Dynastien verschwägert waren, auf den byz. Thron; die massive Präsenz westl. Kaufleute, v.a. der Venezianer, die ihre Privilegien in Byzanz bedroht sahen. Unter diesen Vorzeichen war die traditionell lateinerfreundl. Politik der Komnenen und Angeloi problemat. geworden, was in der Polemik zw. Papst Innozenz III. und Ks. Alexios III. Angelos (Briefwechsel 1198–99) deutlich wird.

[2] *Vom 4. Kreuzzug zur Errichtung des Lateinischen Kaiserreiches:* Der von Innozenz III. verkündete 4. Kreuzzug zur Befreiung des Hl. Landes (zum Verlauf im einzelnen →Kreuzzüge, B. IV) wurde vorwiegend von frz. und fläm. Adligen getragen und geriet wegen unzureichender Finanzierung bald unter starken Druck Venedigs, das den Schiffstransport übernommen hatte und zum mächtigen Gläubiger der Kreuzfahrer geworden war. Die polit. Lenkung des Kreuzzugs entglitt allmähl. den Händen des Papstes, zumal der Tod des anfängl. Kreuzzugsführers, des Gf.en Tedbald v. Champagne, die kaiserfreundl. ghibellin. Gruppierung im Kreuzheer hatte die Oberhand gewinnen lassen (Bonifaz I. v. Montferrat). Nachdem die Kreufahrer auf Betreiben Venedigs →Zadar (Zara) erobert hatten, begab sich der Thronprätendent Alexios Angelos, der Sohn des von Alexios III. im Zuge dynast. Konflikte abgesetzten Ks.s Isaak II., 1202 zu ihnen. Er war 1201 auf einem pisan. Schiff in den W geflohen und von seinem Schwager Philipp v. Schwaben an Innozenz III. weiterverwiesen worden, der angesichts der ghibellin. Allianz des Prinzen von offener Unterstützung absah, diesen aber als Druckmittel gegen den regierenden Ks. Alexios III., den er für die Kirchenunion gefügig machen wollte, einsetzte. Prinz Alexios erhielt Gelegenheit, die Kreuzfahrer in Zadar zur Intervention gegen Alexios III. aufzurufen; als Gegenleistung bot er 200000 Silbermark, die Kirchenunion sowie langfristige byz. Militär- und Finanzhilfe im Kgr. Jerusalem an und konnte so die Mehrheit der Kreuzfahrer für den Zug gegen Konstantinopel gewinnen.

Trotz päpstl. Verbotes und Bannes rückten die Kreuzfahrer gegen Konstantinopel vor (5. Juli 1203), eroberten die Stadt (17. Juli 1203) und ermöglichten so die Wiedereinsetzung Isaaks II. und Alexios' IV. (Krönung: 1. Aug. 1203). Nicht in der Lage, die vereinbarte Summe zu zahlen, bewog Alexios IV. die Kreuzfahrer zur Verlängerung ihres Aufenthalts vor Byzanz (in →Galata). Er suchte nun Annäherung an die anfängl. feindl. gesonnene byz. Aristokratie, wurde aber im Jan. 1204 von einem Aufstand unter Führung des antilat. Generals Alexios V. Dukas beseitigt. Als die Lateiner von der neuen Regierung für ihren Abzug 90000 Silbermark und Privilegien, die als unannehmbar betrachtet wurden, forderten, kam es zum offenen Konflikt. Im März 1204 beschlossen die Führer des Kreuzzugs die Gründung eines Ksr.es im Herzen des byz. Staates. Zum Ks. wurde →Balduin v. Flandern, zum Patriarchen Tomaso →Morosini gewählt. Die Aufteilung der zu erobernden byz. Gebiete in Lehen (»Partitio«) wurde unter sorgfältiger Beachtung der militär. Gleichgewichts vorgenommen (ein Viertel für den Ks., der Rest für Venedig und die von Bonifaz v. Montferrat geführten franko-lombard. Kreuzfahrer). Sämtl. mit Lehen bedachte Kreuzfahrer (mit Ausnahme des Dogen, der Feudatare benannte) leisteten dem Ks. dem Lehnseid.

Am 12. April 1204 wurde Konstantinopel von den Kreuzfahrern eingenommen und in furchtbarer Weise geplündert; aus der Beute zahlten die Kreuzfahrer den Venezianern die Schulden zurück. Um Lehnsherrschaften einrichten zu können, mußten die Eroberer, die bereits teilweise über das Kron- und Fiskalgut verfügten, auch einen Teil des Kirchengutes konfiszieren und die öffentl. Einkünfte und Abgaben aufteilen. Die Einnahmen aus öffentl. Rechten und Abgaben wurden zu einem Viertel dem Ks. zugewiesen, der Rest je zur Hälfte unter Venezianer und Franko-Lombarden aufgeteilt.

Die Innen- und Außenpolitik war durch die enge Bindung an die Interessen Venedigs eingeschränkt; ihm war im Vertrag vom März 1204 Anerkennung der bestehenden Handelsprivilegien und Schließung der Grenzen gegenüber allen Feinden Venedigs eingeräumt worden. Bei der Ks.wahl, an der die Venezianer bestimmenden Anteil hatten, war Balduin (gegen Bonifaz v. Montferrat) als militär. stärkster, aber nur wenig mit den polit. Verhältnissen des O vertrauter Kandidat gewählt worden; damit sollte auch der Aufbau einer starken Zentralgewalt verhindert werden.

[3] *Das Lateinische Kaiserreich und seine Gegner:* Der Verlauf des Eroberungsfeldzuges dämpfte die Erwartungen der Kreuzfahrer. Venedig hatte nicht genügend Truppen, um das gesamte Gebiet, das es sich hatte zuweisen lassen, erobern zu können und griff daher auf Privatinitiativen seines Adels zurück (Ägäische Inseln). Die Peloponnes dagegen wurde von Geoffroy de →Villehardouin erobert.

Dem Vormarsch des L. K.es trat nicht nur Bulgarien, das seine eigene Expansion bedroht sah, entgegen, sondern es bildeten sich rasch mehrere regionale byz. »Nachfolgestaaten« (→Epiros, →Nikaia, →Trapezunt). Die lat. Kreuzfahrerstaaten, zumeist beherrscht von frz. oder ven. Adligen, waren nicht in der Lage, dem Vordringen der Bulgaren (1205-07), der Türken und der neu konsolidierten byz. Regionalstaaten wirksam entgegenzutreten.

Venedig, dessen Gebiete - mit Ausnahme Kretas - unter der formalen Oberhoheit des Ks.s standen, beherrschte durch seine Finanzmacht, Kreditpolitik und Schiffskontingente den ganzen Bereich des L. K.es und begründete ein Kolonialreich, das v.a. die größeren Inseln (Ion. Inseln, Negroponte/Euböa, Kreta, Kykladen), aber auch eine Reihe wichtiger Häfen in der Peloponnes, Mittel- und Nordgriechenland umfaßte und das - neben dem Territorialstaat →Morea - den Untergang des L. K.es überdauern sollte.

[4] *Der Aufstieg Nikaias und das Ende des Lateinischen Kaiserreiches:* Schien der Aufstieg des Ksr.es v. Nikaia zunächst im Zeichen einer polit. Neuorientierung auf Kleinasien zu stehen (Sieg über die Selğuquen v. Rum, 1210-14), so trat angesichts der Schwäche des L. K.es das Ziel der Rückeroberung Konstantinopels in den Vordergrund. Hierauf richtete sich aber auch die Expansion der Fs.en v. Epiros (1224 Kaiserkrönung, Thessalonike), die aber durch den Sieg der Bulgaren (→Klokotnica, 1230) bald gebrochen wurde. 1241 entriß der Ks. v. Nikaia den Bulgaren Makedonien und Thrakien. Nach dem Sieg Nikaias über den Despoten v. Epiros und seinen Verbündeten, Geoffroy de Villehardouin, bei Pelagonia (1259) war der Weg zur Einnahme Konstantinopels frei. Am 15. Aug. 1261 zog Michael VIII. Palaiologos in die infolge der langen Kriegszeit verarmte Hauptstadt ein. Hatten die Genuesen, die auf Brechung des ven. Handelsmonopols bedacht waren, den Palaiologen durch gezielte Flottenhilfe unterstützt, so kam auch der Wiederaufschwung des Handels nicht den Byzantinern, sondern den mächtigen it. Seestädten zugute (byz.-gen. Vertrag von Nauplion, 1261; Übertragung →Galatas an Genua usw.).

[5] *Das Verhältnis zw. Lateinern und Byzantinern:* Das Wirtschaftssystem und der Verwaltungsapparat der it. Seestädte steigerten den Haß der Griechen, die auch die Errichtung einer kath. Hierarchie mit landfremden westl. Bf.en ablehnten. Die wirtschaftl. Ausbeutung des Landes im Zeichen einer ersten, von Italien ausgehenden »Kolonialisierung« führte u.a. zur Entstehung von Monokulturen (Getreide, Seide, Wein in →Morea, Zuckerrohr auf Zypern und Kreta), gestützt auf ein (im Abendland in dieser Form bereits überlebtes) feudales Latifundiensystem, das auch von den griech. Großgrundbesitzern verstärkt übernommen wurde (→Feudalismus, B). Nach den Erfahrungen der Aufstände kret. 'Archonten' (13.-14. Jh.) betrieb Venedig eine für seine Herrschaft vorteilhafte Eingliederung der lokalen Aristokratie in die ven. Nobilität. Der ven. »Merkantilismus« (Monopolisierung des Fernhandels, Anpassung der lokalen Produktion an den internat. Markt) eröffnete den griech. Großgrundbesitzern zwar zunächst Absatzmärkte für ihre Produkte (Getreide, Salz), wurde aber zunehmend mißliebig und trug - gemeinsam mit der Ablehnung der röm.-kath. Kirche - dazu bei, daß Teile der griech. Bevölkerung den türk. Eroberern, die den unteren Schichten religiöse Autonomie gewährten, zuneigten.

Die Dezentralisierung des Verwaltungsapparates seit 1204 ließ andererseits neben Konstantinopel erstmals neue polit. und kulturelle Zentren entstehen (u.a. Adrianopel, Thessalonike, Ioannina, Monemvasia), deren mittlere und untere Schichten einen gewissen Aufstieg erlebten. Im Zuge dieses Prozesses trat eine »hellen.« Identität, die bislang durch das supranationale Konzept der »Romania« überlagert worden war, verstärkt an die Stelle des alten »romäischen« Selbstverständnisses der Byzantiner.

A. Carile

Lit.: A. CARILE, Per una storia dell'impero lat. di Constantinopoli, 1978.

Lateran, Palast und Basilika → Rom

Lateranensische Chorherren. Paulus Diaconus zufolge lebten während des Pontifikats Gregors d. Gr. am Lateranspalast (→Rom) Priester und Kleriker in Vita communis. Unter Eugen II. versahen Kleriker, die ebenfalls in Vita communis lebten, abwechselnd mit Mönchen den Gottesdienst an der Lateransbasilika: Auf dem röm. Konzil v. 826 wurde für sie die Errichtung eines Kl. beschlossen. Unter Sergius III. (904-911) scheint die Vita communis einen neuen Aufschwung genommen zu haben. Nach der Lateransynode v. 1059, auf die man gewöhnl. die Reform des Gemeinschaftslebens der Kleriker auf Betreiben Hildebrands v. Soana (später Gregor VII.), und damit die Entstehung des Ordens der Regularkanoniker des hl. Augustinus (→Augustiner-Chorherren) zurückführt, reformierte sich auch der Klerus des Laterankapitels (Ende des 11. Jh.) und erlebte im 12. Jh. eine neue Blüte. Dem Laterankanoniker Johannes Diaconus zufolge ging diese Reform von Alexander II. aus; dessen Vorbild folgte Gregor VII., der - nach Bonizo v. Sutri - den röm. Klerus zu geistl. Armut verpflichtete und ihn damit zum Leben in der Gemeinschaft bestärkte. Die wirksamste Erneuerung des Laterankapitels erfolgte jedoch von Lucca aus, wo das in der 1. Hälfte des 11. Jh. entstandene Regularkanonikerpriorat S. Frediano bereits gegen Ende des Jh. zu solchem Ansehen gelangt war, daß Paschalis II. 1105 eine Kanonikergruppe an den Lateran holte. Das Laterankapitel war in der Folgezeit eng mit dem Mutterhaus verbunden, wie Urk. von Gelasius II. (1118), Calixtus II. (1124), Honorius II. (1125-29) und Innozenz II. (1132) bezeugen. 1154 wurden die L. Ch. von Anastasius IV. aus der Abhängigkeit von S. Frediano herausgenommen und dem Papst direkt unterstellt (1227 Bestätigung Gregors IX.). Der erhaltene prachtvolle Kreuzgang zeugt noch von der Präsenz der Kanoniker von S. Frediano am Lateran. Ihre augustin. geprägte Spiritualität widersetzte sich lange dem Einfluß des benediktin. Mönchtums und hatte in den internen Kämpfen der röm. Kurie im 12. und 13. Jh. eine gewisse Bedeutung. 1299 wurden sie von Bonifatius VIII. durch 15 Säkularkanoniker ersetzt, die als geeigneter für den bewaffneten Schutz des Eigentums der Basilika angesehen wurden. 1446 berief Eugen IV. wieder Regularkanoniker an den Lateran, die »Reformierten« der 1421 entstandenen Kongregation von S. Maria di Fregionaia (Lucca), die aus den Mortariensern hervorgegangen war: 1083 hatte Adamo dal Bosco v. Mortara, ein Freund Gregors VII., mit einigen Angehörigen des Ortsklerus die Propstei S. Croce in Mortara begründet. Die Mortarienser Kanoniker, die gegen Mitte des 12. Jh. die Augustinerregel annahmen, verbreiteten sich in N- und Mittelitalien und sogar im Hl. Land. 1215 reformierten sie in →Pavia das Kl. bei S. Pietro in Ciel d'Oro. Die von Pavia aus zu Beginn des 15. Jh. in S. Maria di Fregionaia durchgeführte Reform gab infolge ihrer Observanz und ihrer von der »devotio moderna« beeinflußten Spiritualität den religiösen Instituten in ganz Italien fruchtbare Impulse. Eugen IV. verlieh den von ihm nach Rom berufenen Kanonikern den Namen L. Ch. und stattete sie mit Besitz und Privilegien aus. 1473 ersetzte sie Sixtus IV. durch ein Kapitel aus dem röm. Klerus; sie erhielten als Ersatz die Kirche S. Maria della Pace in Rom sowie die Bestätigung der spirituellen Privilegien der L. Ch. Noch heute ist die (zur 1959 geschaffenen Konföderation der Augustinerchorherren gehörige) Kongregation in Europa, Afrika, Nord- und Südamerika verbreitet. L. M. Loschiavo

Lit.: G. PENNOTTO, Generalis totius sacri ordinis clericorum canonicorum hist. tripartita, 1624 – N. WIDLOECHER, La Congregazione dei canonici regolari lateranensi, 1929 – M. GIUSTI, Le canoniche della città e dioc. di Lucca, St. Greg. II, 1947, 321–367 – U. NICOLAI, L'Abbazia nullius di S. Frediano in Lucca, 1974 – L. M. LOSCHIAVO, Da Mortara a Fregionaia, 1985 – C. EGGER, I Papi ed i canonici regolari, Ordo Canonicus, n. 3, 1986, 76–87 – L. M. LOSCHIAVO, Spiritualità lateranense, 1988 – I. S. ROBINSON, The Papacy 1073-1198, 1990.

Laterankonzil. Seit Leo IX. (1049–54) hatten die Päpste vielfach 'Generalsynoden' abgehalten, um zusammen mit Bf.en verschiedener Länder allgemeinverbindl. Beschlüsse zu fassen. Im Mittelpunkt stand die Kirchenreform, was immer man darunter verstand. Nur schwer zu begründen ist, warum von den zahlreichen 'Generalsynoden' des hohen MA nur die L.ien von 1123, 1139, 1179 und 1215, die alle in Lateran bei der Kirche des hl. Johannes im →Rom abgehalten wurden, später in die Reihe der Ökumen. Konzilien (herkömml. kath. Zählung) aufgenommen wurden.

1. L., I. (1123). Das I.L. ist das erste im Abendland – nach der endgültigen Trennung von den Ostkirchen (1054) – abgehaltene päpstl. Konzil, das (als IX. Allg. Konzil) ökumen. Geltung erlangt hat. Es wurde von Papst Calixtus II. einberufen und unter seiner Leitung vom 18. bis 27. März/6. April 1123 durchgeführt, von mehr als 300 Bf.en und zahlreichen Äbten besucht. Durch das Konzil ließ Calixtus II. die größte Leistung seines Pontifikats, den Abschluß des →Wormser Konkordats (23. Sept. 1122) mit Ks. Heinrich V., feierl. bestätigen und verkünden. Damit wurden die (ältere) Phase des Reformpapsttums und der →Investiturstreit mit dem Imperium beendet. Den Widerstand der strengen Gregorianer, bezeugt durch →Gerhoh v. Reichersberg, überwand der Papst durch die Erklärung, die Zugeständnisse an den Ks. sollten nicht gebilligt, doch um des Friedens willen geduldet sein.

Neben der Bestätigung des Wormser Konkordats trat der abschließende Charakter des Konzils in den Dekreten (17 oder 22 Kanones, wegen verschiedener Überlieferung unterschiedl. Zählung; Akten fehlen) deutl. zutage. Die Bestimmungen fassen zusammen, erneuern und bekräftigen, was die Reform vorher verfügt hat: gegen→Simonie; zur Sicherung der kanon. Bf.swahl; Nichtigkeitserklärung der Weihen des Gegenpapstes Gregor VIII.; Einschärfung des →Zölibats und Verbot der Eheschließung von Priestern, Diakonen und Subdiakonen; gegen Einmischung von Laien in kirchl. Dinge und Falschmünzerei; über→Gottesfrieden, →Ablaß und bes. Schutz (auch für Familien und Eigentum) der Kreuzfahrer, Schutz der Rompilger und des Kirchenbesitzes in Rom und im Kirchenstaat. Zur Seelsorge und Sakramentenspendung fällt die Betonung der Diözesangewalt des Bf.s gegenüber dem eigenen Klerus und den Ordensleuten (Seelsorgeverbot für Mönche) auf. Nach der grundsätzl. Durchsetzung der Reform, einschließl. der neuen Geltung des päpstl. Primates, sollte sie weitergeführt werden in der Mitarbeit der Bf.e und neuer, als Klerus und Mönchtum wachsender Kräfte. Viele Bestimmungen des I. L.s gingen ein in das Decretum Gratiani. Auf dem Konzil erfolgte die förml. Kanonisation Bf. Konrads v. Konstanz († 975); verhandelt wurden die Wiedereinsetzung des Ebf.s v. →Hamburg-Bremen in seine alten Rechte, der Primatsstreit zw. →Canterbury und York, Jurisdiktionsfragen im Mittelmeerraum und Konflikte zw. Kl. und Bf.en. G. Schwaiger

Q. und Lit.: COD³, 187–194 [Q. und Lit.] – DHGE XXI, 1433–1436 [Gregor VIII., Gegenpapst] – DThC VIII, 2628–2637 – HEFELE-LECLERCQ V, 630–644 – HKG III/1, 442, 456–461 – JAFFÉ I, 805, 809–812 – MANSI XXI, 277–286, 299–304 – LThK² VI, 815f., 818 – TRE XX, 481–489 [Q. und Lit.].

2. L., II. (1139). Papst Innozenz II. berief spätestens zu Mittfasten 1139 (2. April) eine synodus plenaria ein, die am 2. oder 3. April begann und am 12. April endete. Die Teilnehmerzahlen schwanken; neben einer unbestimmten Zahl von Kard.en nennen die erzählenden Q. 500–800 Bf.e und bis zu 800 Äbte und Pröpste (nachweisbar 12 Patriarchen und Ebf.e, 36 Bf.e, 82 Äbte und Pröpste sowie zahlreiche Laien). Wohl am 3. April hielt Innozenz die Eröffnungsrede. In Fortführung der in Reims 1119 von Calixtus II. geäußerten Gedanken meinte er, daß die Bf.e nur mit Erlaubnis des Papstes ihre Würde, gleichsam nach Lehnrecht, rechtmäßig innehätten. Reihenfolge und Anzahl der Entscheidungen sind unbekannt. U. a. wurde ein Streit zw. Cluny und St-Bertin, das gegen die Unterstellung unter Cluny geklagt hatte, zugunsten von St-Bertin entschieden; Bf. Hermann v. Konstanz wurde geweiht, Abt Sturmi v. Fulda († 779) heiliggesprochen und das Bm. Ferrara Ravenna unterstellt. Sämtl. Schismatiker wurden gebannt, und alle von Bf. Gerhard v. Angoulême (1101–36) oder Kard.bf. Aegidius v. Tusculum (1123–39) geweihten Altäre sollten durch Bf. Gaufred v. Chartres (1116–49) zerstört werden. Aegidius und Kard. Petrus v. Pisa, die 1137 zu Innozenz übergetreten und in ihren Ämtern verblieben waren, wurden am 12. April abgesetzt und ihrer Insignien entkleidet.

Die 30 Kanones wiederholten z. T. altes Kirchenrecht; ungewöhnl. ist jedoch die bereits in Clermont (1130), z. T. erstmals auf einer päpstl. Synode, verkündete Zahl der Kanones. Schon 1130 hatte Innozenz gegen aufwendige Kleidung sowie Medizin- und Jurastudium (seelsorger. Begründung) der Kleriker, gegen Turniere, Tätlichkeiten an Klerikern, Plünderung und Brandschatzung Sätze erlassen (Kan. es 2, 5f., 9f., 13), die jetzt wiederholt wurden. Sie erfuhren durch Sätze gegen Zinsnahme, Sakramentenmißbrauch, private Häuser religiös lebender Frauen, gemeinsames Chorgebet von Mönchen und Nonnen eine

Ergänzung. Innozenz forderte die Beteiligung von Religiosen an den Bf.swahlen und die Beschränkung der Sedisvakanz auf drei Monate; auch sprach er sich gegen Fernwaffen aus (Kan.es 13, 23f., 26–29). Diese Kanones suchten den Klerus zu disziplinieren und gewiß auch die Gesellschaft zu humanisieren, enthielten aber auch Ansätze, in den eigtl. laikalen Bereich auszugreifen; 13 von ihnen wurden in das Decretum Gratiani aufgenommen.

F.-J. Schmale

Q. und Lit.: COD³, 197–203 – JAFFÉ, 7953–8031 – MANSI XXI, 521–546 – TRE XX, 481–489 [Q. und Lit.] – Annales Gottwicenses MGH SS IX, 602 – LibCenc. I 330, 339 – Chronique de Morigny, éd. L. MIROT, 1912, 72ff. – CL. LEONARDI, Per la tradizione dei concili..., BISI 75, 1963, 57–70 – R. FOREVILLE, Latran I–IV, 1970.

3. L., III. (1179). Papst Alexander III. lud zu einer allg., lange vorbereiteten Synode ein, die am 5. April 1179 begann. Nach Teilnehmerlisten (unvollständig) fanden sich 289 Patriarchen, Ebf.e und Bf.e ein; 12 weitere Bf.e sind in den Q. nachweisbar, andere erzählende Q. sprechen gar von 310, 312 oder 314. Aus dem Hl. Land kamen allein 8; dagegen fehlten Polen, aus Skandinavien war nur der Bf. v. Lund anwesend. Von den Kard.en wurden ledigl. zwei unter den Bf.en in den Listen gen., vier andere wurden auf der Synode gekürt. Außerdem sind rund 120 Äbte und Pröpste erwähnt; unbestimmbar bleibt die Zahl der Laien. Die Synode wurde mit einer Ansprache Bf. →Rufinus' v. Assisi eröffnet, die den 'Jurisdiktionsprimat' des Papstes festhielt. Weitere Plenarversammlungen folgten am 14. und am 19. April, dem letzten Tag (Verabschiedung der Kanones). Auf Kommissionssitzungen wurde u. a. der Fall Bertholds v. Bremen verhandelt und dessen Weihe abgelehnt, ein Einigungsplan mit der Kirche v. Korfu erörtert, der aber scheiterte. Von →Walter Map wurden Abgesandte der →Waldenser befragt, denen daraufhin von Alexander ein Predigtverbot erteilt wurde. Während den dt. Bf.en Dietrich v. Metz, Rudolf v. Straßburg und Ludwig v. Basel in Verfolgung des Friedens v. →Venedig ihre Würde von Alexander aberkannt wurde, durfte Gero v. Halberstadt seine Würde behalten, sie jedoch nicht im ehemals eigenen Bm. führen. →Johannes v. Salisbury erhob ganz allg. Einspruch gegen den Erlaß immer neuer Kanones oder die Bekräftigung und Verschärfung alter. Mit Sicherheit fand eine Vorberatung für den Kanon 27 statt; von Ebf. Wilhelm v. Sens sollte eine Verurteilung der Lehre des →Petrus Lombardus vorbereitet werden, doch widersprach dem v. a. Bf. Adam v. St. Asaph, und mehrere Bf.e verließen die Versammlung.

Die 27 oder 28 Kanones (Teilung des letzten Kanons in einigen Überlieferungen) wurden z. T. themat. auch auf früheren Reformsynoden schon behandelt, nun aber genauer begründet und präzisiert oder schärfer gefaßt (Kan.es 5,7,11–15, 17–22, 25); einige wenige waren grundsätzl. bereits in Tours 1163 verkündet worden. Kanon 2 diente der Bereinigung des Schismas. Die übrigen Kanones sind neu und vornehml. der Disziplin des →Klerus gewidmet: Allg. Vorschriften über die Besetzung kirchl. Ämter (Kan. 3), über den zulässigen Aufwand bei Reisen (4), gegen den Mißbrauch von Exkommunikationen (6), gegen vorzeitiges Versprechen von Ämtern, aber auch gegen Vakanzen von mehr als sechs Monaten (8), über Verstöße gegen das →Interdikt (9), gegen Sondereigentum von Mönchen (10), Vorrechte der maior et sanior pars (16), über das Patronatsrecht (17), über Leprosen (23), Sarazenen (24). Sehr alt, aber für das Reformpapsttum neu war das Verbot für Christen, bei Juden zu dienen, das jetzt auf Sarazenen ausgeweitet wurde (26). Kanon 27 wurde auch auf →Brabanzonen ausgedehnt. Grundlegend wurde v. a. Kanon 1. Er regelte nach dem Vorbild von Alexanders eigener Wahl in bis ins 20. Jh. gültiger Weise, daß zum Papst gewählt sein solle, wer 2/3 der Stimmenzahl auf sich vereine (Decr. »Licet de vitanda«). In die Quinque compilationes antiquae sind diese Dekrete aufgenommen worden, Kanon 1 auch in den Liber Extra.

F.-J. Schmale

Q. und Lit.: COD³, 211–225 – JAFFÉ, 13070, 13291–13403 (?) – MANSI XXII, 209–248, 453–468 – TRE XX, 481–489 [Q. und Lit.] – Walter Map, De nugis curialium, ed. M. R. JAMES, 1914, 60f. – Iohannes Cornubiensis, Eulogium, MPL 199, 1043–1086 – Petrus Cantor, Verbum abbreviatum, MPL 205, 164 – M. PACAUT, Alexandre III, 1956 – R. FOREVILLE, Latran I–IV, 1970.

4. L., IV. (1215). [1] *Vorbereitung und Verlauf:* Schon zu Beginn seines Pontifikates erwog Innozenz III. bei Kontakten mit Byzanz, die Union der gr. mit der lat. Kirche im Rahmen eines Generalkonzils herbeizuführen, aber das Projekt wurde nicht weiterverfolgt. Die Einberufung des IV. L.s durch das Rundschreiben »Vineam Domini Sabaoth« (19. April 1213) und der in den folgenden Tagen verkündete Aufruf zum Kreuzzug (»Quia maior nunc«) zeigen die enge Verbindung zw. dem Ziel der Kirchenreform und der Wiedergewinnung des Hl. Landes. Die Einberufung zum 1. Nov. 1215 richtete sich nicht nur an den hohen Säkular- und Regularklerus, sondern auch an Fs.en und Städte. Zur Vorbereitung sollten Gravamina gesammelt werden, worüber aber keine Zeugnisse vorliegen. Zur Eröffnungszeremonie am 11. Nov. 1215 versammelten sich über 400 Bf.e, darunter die vornehmsten Glieder der lat. Hierarchie im O, mehr als 800 Äbte und Prioren und viele weltl. Vertreter in der Lateranbasilika, wodurch das IV. L. das am besten besuchte Konzil des MA wurde. Der lat. Ks. v. Romania und die meisten europ. Kg.e schickten Gesandte, mehrere Fs.en aus S-Frankreich kamen persönl., und zahlreiche Städte, bes. in Oberitalien, waren ebenfalls vertreten. Innozenz III. hielt eine tief in seinem Gedankengut verankerte Eröffnungspredigt, und Ansprachen des Patriarchen v. Jerusalem über die Leiden des Hl. Landes und des Bf.s v. Agde über die Häresie in S-Frankreich und ihre Bekämpfung folgten. Bis zur zweiten Session verhandelte man über die strittige Wahl des lat. Patriarchen v. Konstantinopel, die der Papst zugunsten des Ebf.s Gervasius v. Herakleia entschied. Die primatialen Ansprüche des Ebf.s v. Toledo gegenüber den Ebf.en v. Braga, Compostela, Tarragona und Narbonne wollte Innozenz III. zunächst nur als Ehrenvorrang gelten lassen und verschob die definitive Entscheidung, die erst Honorius III. 1218 zugunsten von Toledo fällte. Die anwesenden Gf.en v. Foix und Toulouse appellierten an das Konzil, ihnen ihre Gft.en zu restituieren, aber die feindselige Stimmung gegen die →Albigenser gab den Ausschlag: Auf der dritten Session wurde Simon v. →Montfort in seinem Besitz belassen, →Raimund VI. – nicht aber sein Sohn – seiner Ansprüche für verlustig erklärt. Auf der zweiten Session am 20. Nov. befaßte sich das Konzil mit der Frage der rechtmäßigen dt. Kg.s, aber da zw. den gegner. Abgesandten ein Tumult ausbrach, unterblieb eine Entscheidung. In der dritten Session am 30. Nov. wurde das Credo approbiert und die Häresie, bes. jene des →Joachim v. Fiore und des Amalrich v. Bena (→Amalrikaner), verworfen. Die Kreuzzugskonstitution »Ad liberandam« (c. 71) sollte das Unternehmen straff organisieren und somit die Fehler des vorausgegangenen 4. Kreuzzuges vermeiden. Mit der ungehinderten Vorbereitung des Zuges begründete der Papst auch die Exkommunikation der engl. Barone, die sich gegen Kg. Johann erhoben hatten. Er bestätigte schließl. Friedrich II. als dt.

Kg. und verwarf endgültig Otto IV. Erst zum Abschluß wurden die Konstitutionen verkündet, von denen nur die dogmat. (c. 1–3) und die den Kreuzzug betreffende diskutiert worden waren. Abstimmung gab es keine.

[2] *Konstitutionen:* Die 71 Konstitutionen lagen bei Abschluß des Konzils noch nicht völlig ausformuliert vor und die Endredaktion und Verteilung an die Bf.e zog sich wohl noch mehrere Monate hin. Sie können als persönl. Werk Innozenz' III. betrachtet werden, der in ihnen zahlreiche frühere Aussagen wieder aufnahm und so seine dogmat. und kirchenreformer. Absichten durch das Konzil bestätigen ließ. Andere Q. sind ebenfalls mitverarbeitet (Dekrete der früheren L.en, Decretum Gratiani, Compilationes I, II, III, Kanones von Konzilien der Alten Kirche). Die Provinzialkonzile der Jahre vor 1215, die zum Teil unter dem Vorsitz päpstl. Legaten tagten (Avignon 1209, Paris 1212, Montpellier 1215) und ähnl. Kanones verabschiedeten, sind weniger als Vorstufen, denn als Ausdruck verwandter Geistigkeit zu werten. – Das einleitende Glaubensbekenntnis »Firmiter« (c. 1) hatte eine antihäret. Stoßrichtung und verarbeitete in der Sakramentenlehre Erkenntnisse der Frühscholastik (z.B. den Begriff der Transsubstantiation bei der Eucharistie). Die anderen dogmat. Konstitutionen (c. 2, 3) waren ebenfalls gegen die Häretiker gerichtet, verschärften die Strafmaßnahmen und generalisierten den Kreuzzugsablaß für Ketzerbekämpfung. – Die Reformkonstitutionen erstreckten sich auf fast alle Gebiete kirchl. Lebens. Die Bemühungen um die sittl. Verbesserung des Klerus bewirkten z.T. detaillierte Verhaltensvorschriften (c. 14–20) und verdammten von neuem alle Formen der →Simonie (c. 63–66). Die Verantwortung der Bf.e für die Seelsorge wurde betont und ihnen dabei die Verpflichtung auferlegt, für geeignete Prediger und Beichtväter zu sorgen (c. 10), an Kathedralkirchen und anderen bedeutenden Kirchen Lehrer zur Ausbildung des Klerus zu bestellen (c. 11), und überhaupt auf die solide Unterweisung der Weihekandidaten zu achten (c. 27). Eine Vakanz von mehr als drei Monaten an Bf.s- und Stiftskirchen sollte bei Androhung der Devolution (→Devolutionsrecht) an die nächsthöhere Instanz untersagt sein (c. 23). Die Bestimmungen über den erlaubten Wahlmodus (per inspirationem, per scrutinium, per compromissum) und die Berufung auf die maior et sanior pars der Wähler wirkten sich für Jahrhunderte aus (c. 24). Die kanon., von weltl. Beeinflussung freie Wahl und die sorgfältige Wahlbestätigung durch den kirchl. Oberen wurden eingeschärft (c. 25, 26). Unter den Konstitutionen über die religiösen Orden spiegelte der Auftrag, in dreijährigen Abständen Provinzialkapitel einzurichten und die Ordensprov.en regelmäßig visitieren zu lassen, die Nähe des Papstes zum Zisterzienserorden deutl. wider (c. 12). Diese Maßnahme, die auf eine Straffung der Zucht zielte, wurde unterschiedl. befolgt, stärker in England und Spanien, weniger in Frankreich, Italien und Deutschland. Das Verbot, neue Orden zu gründen (c. 13), sollte die Gefahr bannen, religiös Eifrige in die Häresie abgleiten zu lassen. Die Gemeinschaft des Franziskus, dessen Anwesenheit beim IV. L. nur in späten, legendären Berichten erwähnt wird, und die Predigergemeinschaft des Dominikus, der damals in Rom weilte, waren davon nicht betroffen, und die Bestimmung wurde von Päpsten bald nicht mehr beachtet. Die Zehntverpflichtung wurde auch den Kl. auferlegt (c. 55, 56), und wegen der Nähe zur Simonie untersagte das Konzil, Geld beim Eintritt eines Kandidaten in ein Kl. zu fordern (c. 64). – Die Verpflichtung aller Gläubigen zur Jahresbeichte und zur Osterkommunion (c. 21) hatte die am längsten anhaltende Wirkung. Da die bisherige Regelung, wonach Verwandte bis zum 7. Grad keine Ehe miteinander eingehen konnten, viel Mißbrauch bei Annullierungen bewirkt und Eheverbindungen unter der adligen Führungsschicht fast unmögl. gemacht hatte, wurde das Ehehindernis der Verwandtschaft auf den 4. Grad ermäßigt und die affinitas secundi et tertii generis abgeschafft (c. 50, 52). Klandestinehen wurden verboten und dem Ortspfarrer die Verpflichtung auferlegt, beabsichtigte Eheschließungen zu veröffentlichen (c. 51). – Das Verbot der →Cumulatio beneficiorum wurde eingeschärft (c. 29), und eine Verbesserung der materiellen Lage der Vikare angeordnet (c. 32). – Die in großer Zahl seit 1204 (4. Kreuzzug) ins Abendland gebrachten Reliquien und die daraus entstandenen Mißbräuche bewirkten, daß hinfort Reliquien nicht mehr verkauft und die Verehrung neuer Reliquien an die Bewilligung des apostol. Stuhles geknüpft waren (c. 62). – Umfangreiche Bestimmungen ergänzten das Verfahren bei kanon. Straf- und Zivilprozessen: Unterscheidung von Inquisitions-, Akkusations- und Denunziationsverfahren (c. 8, 24), Ordnung des Appellationswesens (c. 42, 61), Abgrenzung von weltl. und geistl. Gerichtsbarkeit (c. 42), Ablehnung eines Richters (c. 48). – Die wohl auch aus Gründen einer ängstl. Seelsorge erlassenen Bestimmungen gegen Juden (Verbot des Handels und der Übertragung öffentl. Ämter, Kennzeichnung der Kleidung, c. 67–70) vertieften das allg. Bewußtsein ihrer Zweitrangigkeit und trugen zur Diskriminierung bei.

[3] *Rezeption und Wirkung:* Schon bald nach Abschluß des Konzils setzte der Wettlauf prominenter Kanonisten ein, die Konstitutionen zu kommentieren: →Johannes Teutonicus, →Vincentius Hispanus und →Damasus verfaßten Apparate. Über die Compilatio IV kamen die Dekrete in den Liber Extra (außer c. 42, 49, 71). Obwohl im Detail noch zu erforschen, prägte das IV. L. die Kirche bis zum Tridentinum mehr als alle anderen ma. Konzile.

W. Maleczek

Q.: Constitutiones Concilii quarti Lateranensis una cum Commentariis glossatorum, ed. A. García y García, 1981 [damit ist COD 227–271 überholt] – S. Kuttner–A. García y García, A New Eyewitness Account of the Fourth Lateran Council, Traditio 20, 1964, 115–178 [mit Erg. S. Kuttner, Medieval Councils, 1980] – Lit.: DIP V, 474–495 – R. Foreville, Lateran I–IV, 1970 [dt. Übers. der Dekrete] – A. García y García, Iglesia, sociedad y derecho, 1987 (mit früheren Beitr. zum Thema) – *zu Einzelfragen:* S. Grayziel, The Church and the Jews in the 13th Century, 1966² – W. Imkamp, Sermo ultimus, quem fecit Dominus Innocentius papa tercius in Laterarensi Concilio generali, RQ 70, 1975, 149–179 – P. M. Gy, Le précepte de la confession annuelle, RSPhTh 63, 1979, 529–547 – F. Cardini, Il Concilio Lateranense IV e la »Fraternitas« francescana, Studi francescani 78, 1981, 239–250 – M. Maccarrone, Cura animarum e parochialis sacerdos nelle costituzioni del IV Concilio lateranense (Pievi e parrochie in Italia. Atti del VI Convegno di storia della Chiesa in Italia, 1984), 81–195 – P. B. Pixton, Watchmen on the Tower (Proc. of the Sixth Internat. Congr. of Medieval Canon Law, Berkeley, 1985), 579–593 – J. M. Powell, Anatomy of a Crusade, 1213–1221, 1986.

Lateransynode v. 1059. Nach seiner Wahl in Siena und der Verdrängung des Gegenpapstes Benedikt X. aus Rom versammelte Nikolaus II. mit den Kard.en der Reformpartei (u.a. →Humbert v. Silva Candida, →Petrus Damiani, Hildebrand [→Gregor VII.]) von Mitte April bis Anfang Mai 1059 eine Synode von 113 Bf.en und Kard.-klerikern, darunter über 80 namentl. bekannten, anscheinend ausschließl. it. Herkunft. Hauptziel war die Legalisierung des jüngsten Pontifikatswechsels durch eine Präzisierung des Prinzips der kanon. Wahl, wonach den Kard.bf.en der ausschlaggebende Vorrang vor niederem Klerus und Volk (Adel) Roms zustehen und daneben eine

Mitsprache des röm.-dt. Kg.s gewahrt bleiben sollte (→Wahl [Papstwahldekret]). Auf eine Rede Hildebrands hin, der die →Institutiones Aquisgranenses v. 816 als zu großzügig verwarf, machte sich die Synode das Ideal der »vita apostolica« für eine Erneuerung des kanonikalen Gemeinschaftslebens zu eigen. Wie sich aus anschließenden päpstl. Rundschreiben ergibt, wandte man sich ferner u.a. gegen Simonie und Klerikerehe sowie gegen laikale Verfügung über Kirchenämter, was zu Unrecht als erstes Verbot der →Investitur gedeutet worden ist. Vorgeladen waren Ebf. →Wido v. Mailand, der Gehorsam versprach, und →Berengar v. Tours, der ein von Humbert aufgesetztes Glaubensbekenntnis beeidete. Wahrscheinl. ist auch das polit. Verhältnis zu den bis dahin von Rom bekämpften Normannen Unteritaliens beraten worden. Insgesamt zeugt die L. vom Behauptungswillen der Reformer nach dem Tode Ks. Heinrichs III. und schuf mit dem Wahlrecht der Kard.e eine dauerhafte Verfassungsnorm der röm. Kirche; ihre weiteren Bestimmungen festigten die hierarch.-zentralist. Wendung seit Leo IX., auch wenn sie in Dtl. zunächst keine erkennbare Beachtung fanden und ihre Rezeption im Kirchenrecht spärl. blieb. R. Schieffer

Lit.: JDG H. IV., I, 1890, 134ff. – M. BOYE, Q.kat. der Synoden Dtl.s und Reichsitaliens von 922–1059, NA 48, 1930, 89f. – R. SCHIEFFER, Die Entstehung des päpstl. Investiturverbots für dt. Kg. (MGH Schr. 28, 1981), 48ff., 208ff. – J. LAUDAGE, Priesterbild und Reformpapsttum im 11. Jh., 1984, 207ff. [dazu: AK 68, 1986, 479ff.] – D. JASPER, Das Papstwahldekret v. 1059, 1986, 34ff. – G. TELLENBACH, Die westl. Kirche vom 10. bis zum frühen 12. Jh. (Die Kirche in ihrer Gesch. 2, Lfg. F 1, 1988), 128ff., 146ff., 158f.

Laterculum. Das Wort wird seit Tertullian (um 200) allg. für »Verzeichnis, Liste« gebraucht. Im großen Staatshandbuch, der →Notitia Dignitatum (um 430), findet sich das L. maius, eine Auflistung aller zivilen und militär. Ämter, nach welchen der primicerius notariorum die Anstellungsdekrete auszufertigen hatte. In den Anfängen, bis in die Zeit Konstantins d. Gr. zurückgehend, wurde es durch ständige Zusätze und Änderungen wie ein loser Zettelkasten geführt. Daneben gab es seit Theodosius I. im Ostreich das L. minus, in welchem Titel und Kompetenzen der Tribunen, Präfekten und weiterer Offiziere enthalten waren. Aus diesen erstellte der quaestor sacri palatii die Ernennungsurkk. dieser Amtsträger. Für die Führung der Verzeichnisse gab es eigene laterculenses. R. Klein

Lit.: RE XII, 904ff. – JONES, LRE, 574ff.

Laterculus regum Visigothorum, unter dem Titel »Cronica regum Visegotorum« überlieferte, der westgot. Gesetzeslg. beigefügte, mit →Athanarich beginnende Kg.sliste; endete wohl ursprgl. mit →Reccesvinth, wurde später mit immer präziseren, ausführlicheren Angaben bis →Ervig fortgesetzt, dann bis →Witiza, in jüngeren Fassungen noch weiter; als Q. wertvoll. Vorbild war die Kaiserliste des →Codex Theodosianus. J. Prelog

Ed.: MGH AA 13, 461–469 – MGH LNG 1, 457–461 – L. A. GARCÍA MORENO, AST 47, 1974, 1–10 [Fassung des 11.Jh.].

Laterculus Veronensis, röm. Prov.verz. aus der diokletianisch-konstantinischen Zeit, benannt nach der einzigen erhaltenen Hs. in der Stiftsbibl. in Verona (7. Jh.). Es enthält die 12 neugeschaffenen →Diöz.en mit insgesamt knapp 100 Prov.en. Während noch TH. MOMMSEN die gesamte Liste auf 297 datierte (Ges. Schr. 5, 561ff.), nimmt man heute aufgrund einiger Zusätze und Änderungen an, daß der Verz. für die östl. Reichshälfte die Provinzorganisation zw. 314 und 324, für die westl. diejenige zw. 303 und 314 wiedergibt. R. Klein

Ed.: Notitia Dignitatum, 1983³ [Nachdr.], 247ff. [O. SEECK] – Lit.: A.

H. M. JONES, Journal of Roman Stud. 44, 1954, 21ff. – T. D. BARNES, The new Empire of Diocletian and Constantine, 1982, 201ff.

Lathcen → Laidcenn

Lathe (oder *last*), eine engl. Verwaltungseinheit zw. *county* und →*hundred*, die sich in dieser Bezeichnung nur in →Kent und den benachbarten Teilen von →Sussex findet, obwohl sie z.B. vergleichbar ist mit *riding* in Yorkshire. Gruppierungen von *hundreds* wie die fünf l.s v. Kent könnten auf ein frühes Abgabensystem zurückgehen, das etwa zu einer zentralen *villa regalis* (→*feorm*) gehört haben dürfte. Nach einer anderen Interpretation stellen die l.s eine Gemeindeinstitution dar, die jüt. Siedler eingeführt haben könnten. Die l.s werden auch in Verbindung gebracht mit anderen Merkmalen der kent. Gesellschaft, so mit dem →*gavelkind*-Landbesitz und der gemeinschaftl. Nutzung des Weald-Waldes, von dem jedem l. ein Teil zugewiesen wurde. A. Harding

Lit.: J. E. A. JOLLIFFE, Pre-Feudal England: The Jutes, 1933 – H. R. LOYN, Anglo-Saxon England and the Norman Conquest, 1962, 40, 162, 175.

Latifundienwesen → Großgrundbesitz

Latilly, Pierre de, 1313–14 Kanzler v. Frankreich unter Philipp IV., † 15. März 1328. Als →*clerc du roi* war Magister P. de L. 1292–1313 mit verschiedenen Missionen betraut: Er war *commissaire aux nouveaux* →*acquêts* (1292–95), dann Kollektor des →*Centième* in der Baillie v. Mâcon, *commissaire royal* im Toulousain (1303). *Maître clerc* am →Parlement (1306), übte er wichtige Missionen aus (u. a. Zeuge der Ratifizierung des franko-fläm. Vertrags v. →Athis durch die Vertreter der Stadt Gent, 1305; Vertragsverhandlungen mit dem röm.-dt. Kg., 1310–11; Gesandtschaften an: Papst Clemens V. 1305, 1308; den Kg. v. England 1309, 1311). Im Zuge seiner kirchl. Laufbahn erlangte er u. a. Kanonikate in Soissons, Tournai, Châlons, Paris. Am 26. April 1313 zum Kanzler ernannt, seit Mai 1313 Bf. v. Châlons. Nach dem Tode Kg. Philipps IV. (29. Nov. 1314) abgesetzt (an seine Stelle trat Étienne de Mornay) und wegen Verdachts des Giftmords am Kg. gefangengenommen. Erst 1322 erhielt er seine Ämter und die Temporalien seines Bms. zurück. E. Lalou

Q.: Arch. Nat. Paris, Dossier Corpus philippicum – Lit.: GChr IX, 891.

Latini (Wale, ung. *olasz*), im 11.Jh. Sammelbegriff für Angehörige der röm. Kirche, im 12.Jh. für alle Einwanderer aus dem roman. Sprachraum, oft auch 'Francigene', 'Galli', 'Italici', 'Lombardi' gen. Sie kamen im 11.–12. Jh. aus Frankreich (Toulouse, Dioz. Vienne), Lothringen, Flandern, Lüttich, waren teils Bürger, die sich in den Hauptstädten (Gran, Stuhlweißenburg) und Bf.ssitzen (Großwardein, Fünfkirchen, Zagreb) in gesonderten Wieken (*vicus, contrata Latinorum*) niederließen und eine bedeutende Rolle beim Ausbau des Städtewesens spielten. Bauern gründeten die 'Wallendörfer' (ung. *Olaszi*, slow. *Vlachy*; 11 belegt), bauten Weingebiete an der Donau (Francavilla in der Fruškagora) und bei Tokaj aus. Vereinzelt schlossen sie sich auch den Zipser und Siebenbürger Sachsen an. Der Begriff 'L.' wurde Anfang des 14. Jh. von dem der 'Gallici' abgelöst. E. Fügedi

Lit.: H. AMMAN, SOF 14, 1955, 406–428 – B. SURÁNYI, G. BÁRCZI, D. PAIS, GY. SZÉKELY, Magyar Nyelv '53, 1957, 450–454; 54, 1958, 100–103 – K. K. KLEIN, Transsylvanica, 1963, 226–255.

Latini, Brunetto, florent. Notar, * um 1220, † 1294; führte 1258 in der amtl. Korrespondenz in Florenz den von →Petrus de Vinea in der ghibellin. Kanzlei angewandten hohen Stil ein. Überzeugter Guelfe, verbrachte die Zeit der florent. Ghibellinenherrschaft (1260–66) in Frankreich. Nach seiner Rückkehr spielte er eine wichtige Rolle in der Führungsschicht der Stadt. Dante, der ihn zum Protagonisten von Inferno XV (Sodomiten) macht, nennt B.L. seinen Lehrer. Werke: Poet. Korrespondenz mit Bondie Dietaiuti; »Favolello«, dictamen in Versform über die Freundschaft, nach dem Vorbild der »Amicitia« des Bologneser Magisters →Boncompagnus; »Tesoretto«, unvollendete Verspartien eines allegor. Prosimetrum, in dem die metaphys. Thematik der Schule v. Chartres in säkularisierter Form abgehandelt wird; »Tresor«, in Frankreich entstandene frz. verf. Enzyklopädie in drei B. (Weltgeschichte, breite naturwiss. Partien, Rhetorik, Staatskunst); Übers. mit Komm. zu einem Teil von »De inventione« und zu drei Reden Ciceros. Der aufblühenden florent. Kultur nach der Mitte des 13. Jh. gab B.L. durch die Einführung frz. und bolognes. Themen neue Impulse.

F. Bruni

Ed.: Poeti del Duecento, ed. G. Contini, II, 1960, 169–284, 869–874 [Tesoretto, Favolello] – D'A. S. Avalle, Ai luoghi di delizia pieni, 1977 [Canzone] – Li livres dou Tresor. ed. F. J. Carmody, 1948 – Rettorica, ed. F. Maggini – C. Segre, 1968 – Le tre orazioni di Marco Tullio Cicerone ... per M. Marcello, Q. Ligario e il Re Dejotaro, ed. L. M. Rezzi, 1832 – *Lit.*: EDant III, 579–588 – J. Thomas, B.L.s Übers. der drei »Caesarianae« Pro Marcello, Pro Ligario, Pro Rege Deiotaro, 1967 – H. Wieruszowski, Politics and Culture in Mediev. Spain and Italy, 1971, 515–550 – P. Sgrilli, Retorica e società. Tensioni anticlassiche nella »Rettorica« di B.L., MR 3, 1976, 380–393 – G. C. Alessio, B.L. e Cicerone..., IMU 22, 1979, 123–169 – C. T. Davis, Dante's Italy and other Essays, 1984, 137–197 – H. R. Jauss, Alterità e modernità della lett. mediev., 1989, 135–174 – Storia d. civiltà letter. it., hg. G. Bàrberi Squarotti, I 1, 1990, 174ff., 348ff. [F. Bruni].

Latitudines formarum, philos.-math. (med., theol.) Begriff. Die 'latitudo' einer Form besteht in ihrer Ausdehnung (πλάτος, latus) innerhalb eines bestimmten intensiven Spielraums. In den med. Werken eines Galen und Avicenna bedeutet 'latitudo sanitatis' den entsprechend der menschl. 'complexio' abgestuften Spielraum des Gesundheitszustandes. Besteht nach der →Temperamentenlehre die normale, gesunde 'qualitas' eines Menschen in einer ausgewogenen Mischung seiner Säfte (weder zu heiß noch zu kalt, weder zu feucht noch zu trocken), so werden oberhalb dieses normalen gemäßigten Zustandes vier Grade der Erhitzung (unmerklich, merklich, schädlich, tödlich) angesiedelt; Entsprechendes gilt für die Abkühlung und auch für feuchte und trockene Qualitäten.

Die latitudo einer Form ist durch zwei Grundtatsachen charakterisiert: 1. Sie besteht nicht in einem einzigen unteilbaren Grad, sondern in einem Folge von Graden (z. B. Schwanken der Körperwärme einer Person innerhalb eines bestimmten Spielraums, ohne daß diese dadurch erkrankt). 2. Sie hat andererseits eine Grenze, an der die variierenden Grade enden (z. B. Tod des Menschen bei Überschreiten eines bestimmten Hitzemaximums).

Mit der Verbreitung des Begriffs der latitudo in der Philosophie und Theologie seit dem 13. Jh. wurde er auch auf Probleme wie die →Gnade angewendet. Sentenzenkommentare behandelten auf der Grundlage von →Petrus Lombardus, Sent. I, d. 17, die Frage, ob die Gnade durch gute Werke des Menschen und durch göttl. Wirken anwachsen könne und ob es eine Grenze für die Möglichkeiten des Menschen, Gnade zu erfahren, gebe. In solchen Fällen wurde die in Frage stehende Form als nur in einer Dimension variierend angesehen.

In »De configurationibus qualitatum et motuum« baute →Nikolaus v. Oresme die Idee der l. f. zu einem vollentwickelten System aus, in dem 'qualitates' und 'motus' zumindest zwei Dimensionen besitzen, nämlich der Intensität und der räuml. Ausdehnung. Die Dimensionen der räuml. Ausdehnung werden hier als 'longitudo', die Dimension der Intensität als 'latitudo' bezeichnet. Die Gesamtfigur, die die Linie der longitudo und die (entsprechend den verschiedenen Punkten eines Körpers) unendlich zahlreichen Linien der latitudo umfaßt, heißt bei Oresme die 'configuratio' der Form, wurde aber von späteren Autoren auch 'latitudo' genannt.

In Beziehung zu den l. f. stehen die Grade, von denen jede latitudo eine mehr oder weniger große Anzahl umfaßt. Bei Bewegungen (→Bewegung, →Kinematik) handelt es sich um Grade der Geschwindigkeit; eine latitudo der Bewegung ist eine Folge von Geschwindigkeitsgraden.

E. Sylla

Lit.: A. Maier, An der Grenze von Scholastik und Naturwiss., 1952², 26, 29, 39, 257–384 – M. Clagett, Nicole Oresme and the Medieval Geometry of Qualities and Motions, 1968 – A. Maier, Zwei Grundprobleme der Scholast. Naturphilosophie, 1968³, 32ff. – E. Sylla, Medieval Concepts of the Latitude of Forms: The Oxford Calculators, AHDL 40, 1973, 223–283.

Latium → Patrimonium Petri

La Tour Landry, Geoffroy, adliger frz. Schriftsteller (»Chevalier«) des 14. Jh. Verfaßte zw. 1371 und 1372 eine moral.-didakt. Prosaabhandlung »Livre pour l'enseignement de ses filles«. Vor dem geistigen Hintergrund eines strengen Katholizismus, der dem mondänen Hedonismus des »Höfischen« ferne steht, wird eine Reihe von Normen entwickelt, die moral. Verhaltensmuster und detaillierte Benimmregeln geben, und sich u.a. gegen Wallfahrten und die Mode der »chaperons« wenden. Obwohl sich der Autor an einer Stelle nachsichtig zeigt (wenn er im Gegensatz zu seiner Frau zugibt, daß ein Mädchen sich vor der Ehe verlieben könne), und trotz des Einflechtens von Erzählungen zur Erläuterung der Sinnsprüche, besitzt der Text infolge obsessionsartigen Insistierens auf der Sünde der Unkeuschheit – wie manche Traktate der lat.-kirchl. Tradition – etwas beklemmend Düsteres.   G. E. Sansone

Lit.: A. de Montaiglon, Le Livre du Chevalier de L.T.L. pour l'enseignement de ses filles, 1854 – P. Stolingwa, Zum Livre du chevalier de L.T.L., 1911 – G. E. Sansone, Gli insegnamenti di cortesia in lingua d'oc e d'oil, 1953, 116–119.

La Tour-du-Pin, Adelsfamilie, Stadt im Dauphiné (SO-Frankreich, dép. Isère). Die Gesch. der Familie ist schlecht dokumentiert. Für das 12.Jh. sind als Herren v. La T. bezeugt: Berlion (1107), Gérard (1121–30), Albert I. (1185). Die 1228 geschlossene Ehe Alberts III. v. La T. mit Béatrix v. →Coligny, Erbin einer reichen Herrschaft in Bresse und Revermont, markiert den Aufstieg des Geschlechts, dessen Besitzungen 1250, durch einen Vertrag mit Peter IV. v. Savoyen, größtenteils in den Lehensverband der Gf.en v. →Savoyen überführt wurden. Der Machtzuwachs der La T. um die Mitte des 13.Jh. wird deutl. anhand eines Wegzolls *(péage)*, den Ks. Friedrich II. an Albert verlieh, und der Würde des Seneschalls v. Arelat, die Albert während des Interregnums von dem röm.-dt. Kg. Alfons X. v. Kastilien empfing. Durch die Heirat →Humberts, des Herrn v. La T. und Coligny, mit der Tochter von Béatrix v. Faucigny (Sept. 1273) wurden die La T. zum Fs.enhaus des →Dauphiné (1282). – Die Stadt La T. blieb stets eine bescheidene Siedlung (1339: 200 Herdstellen); sie erhielt am 18. Mai 1290 von Humbert I. Statuten *(franchises)* verliehen.   V. Chomel

Lit.: Du Bouchet, Preuves de la maison de Coligny, 1662 – Valbonnais, Hist. de Dauphiné, 2 Bde, 1722 – Riollet, Hist. de la T...., 1930–31 – P. Vaillant, Les libertés des communautés dauphinoises, 1951, 121.

La Trémoille, aus dem Poitou stammende frz. Adelsfamilie, benannt nach der Herrschaft La T. (heute: La Trimouille, dép. Vienne, arr. Montmorillon), die sie schon um die Mitte des 11. Jh. besaßen. Lange Zeit nur in lokalem Radius wirksam (Grablege mehrerer Mitglieder des 13. und 14. Jh.: Abtei SOCist Colombe), erlebten die La T. seit dem späten 14. Jh. ihren großen Aufstieg. Hatte *Guy (III.)* († 1360) dem Kg. Philipp VI. gedient, so durchlief sein Enkel *Guy (V.)* (1343–97), der der Ehe *Guys (IV.)* († 1350) mit Radegonde Guénaud entstammte, als befähigter Kriegsmann und Politiker eine steile Karriere: Protegiert von Hzg. Philipp d. Kühnen v. Burgund, dessen Erster →*Chambellan* er war, wurde er 1382 als Hüter der →Oriflamme ausgezeichnet, lehnte das Amt des →Connétable de France (anstelle des in Ungnade gefallenen Olivier de →Clisson) aber ab. Bei →Nikopolis kam er 1396 in türk. Gefangenschaft. Reiche Heirat mit Marie, der Erbtochter von Louis de →Sully und Isabelle de →Craon (1382).

Der Sohn Guys (V.), *Georges,* Sire de La T., Sully und Craon (um 1385–1446), wurde am Hofe des Hzg.s v. Burgund, Johann Ohnefurcht, erzogen und dessen Erster Chambellan (1407). Nicht ohne Zögern (der Rest seiner Familie blieb der Partei der 'Bourguignons' verbunden) wechselte er auf die Seite Karls (VII.) über (→Armagnacs et Bouguignons), wohl weil seine großen Besitzungen im Machtbereich des Dauphins lagen. Er heiratete 1416 Johanna, Gfn. v. Boulogne und Auvergne († 1423), die Witwe Johanns v. Berry. 1426 gelangte er dank der Protektion des Connétable →Richemont in den engsten Höflingskreis Karls VII. und löste bald heftige, den Handlungsspielraum des Kg.s beeinträchtigende Intrigen und Machtkämpfe aus. 1427–33 heißt La T. »principal conseiller et gouverneur« des Kg.s. Er förderte 1429 →Jeanne d'Arc, sicherte den »voyage du sacre« nach →Reims ab, wandte sich aber gegen den Versuch einer Rückeroberung von Paris (wohl aus Rücksichtnahme auf den Hzg. v. Burgund) und veranlaßte Jeanne schließlich zu – erfolglosen – Kämpfen gegen einen seiner persönl. Gegner, Perrinet Gressart, den Capitaine v. La →Charité-sur-Loire. Als Jeanne im Frühjahr 1430 gegen La T.s Willen aus seinem Schloß Sully fortzog, überließ er sie ihrem Schicksal. *Conseiller* und *Grand Chambellan* (1430) Karls VII., wurde La T. 1433 zur Zielscheibe eines Mordanschlags und anschließend durch eine Koalition von Fs.en und Adligen von der Macht verdrängt. Ein Versuch, anläßl. der →Praguerie (1440) mit Hilfe des Dauphins Ludwig (XI.) seinen Einfluß zurückzugewinnen, scheiterte.

Seine Söhne aus 2. Ehe (mit Catherine de l'Ile-Bouchard, Witwe des Sire de Giac, an dessen Ermordung La T. 1426 mitgewirkt hatte), waren der polit. und militär. desinteressierte *Louis (I.),* Sire de La T. (um 1430–84), und *Georges,* Sire de Craon (um 1437–81), Ritter des Michaelsordens, einer der wichtigsten militär. und polit. Helfer Ludwigs XI. (u.a. Inbesitznahme von Hzm. und Gft. Burgund, ab 1477).

Louis (II.) (1460–1525), Sohn von Louis (I.) und Marguerite v. →Amboise, der Tochter Louis' v. Amboise, des Vicomte v. Thouars, war als Ritter (»chevalier sans reproche«) und militär. Befehlshaber hochangesehen; er fiel bei Pavia. Einer seiner Brüder, *Jean* († 1507), machte eine große kirchl. Karriere (Ebf. v. Auch, 1490; Bf. v. Poitiers, 1505; Kard. v. S. Martino ai Monti). Das Geschlecht wurde (nach dem frühen Tod des Sohnes von Louis II., *Charles,* Fs.en v. Talmont, bei Marignano, 1515) von dem Enkel, *François,* fortgesetzt. Die Familien- und Besitzgesch. der La T. ist durch ihr erhaltenes Archiv (sog. 'Chartrier de Thouars') ungewöhnl. reich dokumentiert.

Ph. Contamine

Lit.: L. DE LA TRÉMOILLE, Les la T. pendant cinq siècles, 5 Bde, 1890–96 – W. STEPHENS, From the Crusades to the French Revolution: a Hist. of the La T. Family, 1914 – CH. SAMARAN, Archives de la maison de la T., 1928 – PH. CONTAMINE, Un serviteur de Louis XI dans sa lutte contre Charles le Téméraire: Georges de la T., Annuaire – Bull. de la Soc. de l'hist. de France, 1976–77 (1978), 63–80 – W. A. WEARY, La maison de la T. pendant la Renaissance (La France à la fin du XVe s., hg. B. CHEVALIER–PH. CONTAMINE, 1985), 197–212.

L'Atre périlleux, arthur. Versroman (→Artus) aus der Mitte des 13. Jh., verfaßt in einem westfrz. Dialekt. Im Mittelpunkt steht →Gawain (Gauvain), der in einer Reihe von Aventuren die Mörder eines unbekannten Ritters, der unter seinem Namen getötet worden ist, und den Namen ihres Opfers herausfindet und so die eigene Identität wiederherstellt. Das Motiv der Suche nach der Identität sowie das auftretende Personal und die Wendungen der Geschichte verraten große Vertrautheit des Verfassers mit der arthur. Lit. Der Titel bezieht sich auf Gawains erste Heldentat: Er besiegt nachts in einem Friedhof einen Teufel, der ein Mädchen als seine Geliebte in einem Grabe gefangenhält; diese Episode findet sich in ähnl. Weise in »Amadas et Ydoine« und wird später in »Claris et Laris« wiederaufgenommen.

M. Zink

Ed.: B. WOLEDGE, CFMA 76, 1936 – Frz. Übers.: M.-L. OLLIER (La légende arthur., hg. D. REGNIER-BOHLER, 1989) – Lit.: GRMLA IV/1, 384–387; IV/2, n° 52 – A.-M. CADOT, Le motif de l. 'a. p...', Marche Romane 30, 1980, 27–36 – B. SCHMOLKE-HASSELMANN, Der arthur. Versroman..., 1980 – M.-L. CHENERIE, Le chevalier errant..., 1986 – K. BUSBY (The Legacy of Chrétien de Troyes, hg. N. J. LACY, II, 1988).

Latwerge → Elektuarien

Latzkapuze, um die Mitte des 13. Jh. in Deutschland aufkommende, vom Panzerhemd getrennte Kapuze, deren latzartige, rechteckige Enden über Brust und Rücken herunterhingen. Die L. wurde schon gegen Ende des 13. Jh. von der westeurop. Kapuze mit rundem Schulterkragen verdrängt.

O. Gamber

Lit.: A.V.B. NORMAN, Waffen und Rüstungen, o.J.

Laube (it. *Loggia*), ebenerdiger hölzerner oder gemauerter, häufig eingewölbter Anbau an der Front eines Gebäudes, der nach einer oder mehreren Seiten offen ist und von Säulen oder Pfeilern getragen wird; in langgestreckter Form als L.ngang bezeichnet (Prinzipalmarkt in Münster, Basel, Bern). Die L. diente zu Gerichtszwecken, zum Warenverkauf oder auch nur zur Bereicherung der Fassade. Sie kann auch mehrgeschossig sein (Rathaus-L. in Köln 1569–73 von Wilhelm Vernucken) und den Hof- (Loggienhof) oder Außenfront entlangziehen; aus dem Baukörper ausgespart und gangartig heißt sie →Galerie. Als eigenständiger öffentl. Bau in Italien (Loggia dei Lanzi 1376–82 von Benci di Cione und Simone di Simone Talenti). Repräsentative Loggien an Palästen bestimmen die it. Renaissance (Villa Medici in Poggio a Caiano 1480).

G. Binding

Lit.: G. LEINZ, Die Loggia Rucellai. Ein Beitr. zur Typologie der Familienloggia [Diss. Bonn 1977] – E. PLONNER, Arkadenhöfe n. der Alpen [Diss. München 1988; Lit.].

Laubengericht, das in der (Gerichts-)L. abgehaltene, meist der Regelung von Marktstreitigkeiten (→Markt) dienende Niedergericht. Die Gerichtsl. war entweder eine offene Vorhalle des Rathauses (z. B. Münster), eine Rathausfront vorgelagerte L. (z. B. Lübeck), vereinzelt auch ein freistehender L.enbau (z. B. Dortmund, Freiburg i. Br.) oder der offene Untergeschoßteil des Rathauses (z. B. Michelstadt 1484).

F. B. Fahlbusch

Lit.: E. G. NEUMANN, Das ma. Richthaus in Dortmund (Beitr. zur Gesch. Dortmunds 63, 1966), 197–212.

Lauber, Diebold → Diebold Lauber

Laubhölzer → Nadel- und Laubhölzer

Lauch (Allium-Arten/Liliaceae). Von den zahlreichen teilw. seit frühesten Zeiten bekannten L.arten wurden in der Antike v. a. drei angebaut und vielfach beschrieben, die auch im MA als Küchengewächse wie als Arzneipflanzen Verwendung fanden und bereits im »Capitulare de villis« (70) als *alium, porrus(-um)* und *unio/ascalonica/cepa* verzeichnet sind. Dabei handelt es sich zunächst um den bes. in Vorderasien und Südeuropa verbreiteten, wegen seines Geruchs freilich nicht allseits geschätzten Knoblauch (A. sativum L.), dessen ahd. Name *chlofalauh, chlobilouh* u.a. (von *klioban* 'spalten') auf das Aussehen der sog. Zehen Bezug nimmt; die Bezeichnung 'Bauerntheriak' verdankt der Knobl. indes seinem breitgefächerten Einsatz in der Med., wie ihn schon Dioskurides (Mat. med. II, 152) empfohlen hatte: so z.B. bei Schlangen- und Hundebiß, Lungen- und Hautleiden, gegen Zahnschmerzen und Haarausfall, als giftwidriges, menstruationsförderndes, wurm- und harntreibendes Mittel. – Manche dieser Indikationen galten auch für den Porree (A. porrum L.), auf den sich im übrigen allmähl. die (etymolog. unsichere) ahd./mhd. Benennung *lou(c)h* semant. einengte. – Von der gleichfalls med. gebrauchten Küchenzwiebel (A. cepa L.) schließlich waren schon den antiken Autoren mehrere Sorten bekannt, wobei sich speziell aus der *ascaloni(c)a* gen. die Bezeichnung 'Aschlauch' bzw. 'Schalotte' entwickelte, während ad. *unelouh* wie frz. oignon (daraus engl. onion) auf *unio* zurückgeht; 'Zwiebel' hingegen leitet sich von ahd. *cibolla, zwibolla* u.ä. her, das seinerseits aus lat. cepula (Dim. zu cepa) entstanden ist. – Unter dem Namen *britla* (von mlat. brittula) führt das »Capitulare« ferner den in der Antike nicht angebauten Schnittlauch (A. schoenoprasum L.) auf, dessen Kultur wohl erst aus Italien über die Alpen gelangte und der im ma. Fachschrifttum auch als *pri(e)s(e)lauch* u.ä., doch vergleichsweise selten begegnet (Circa instans, ed. WÖLFEL, 18f.; Hildegard v. Bingen, Phys. I, 79–83; Albertus Mag., De veget. VI, 284, 295f., 409 und 410; Konrad v. Megenberg V, 5 und 17; Gart, Kap. 4, 30, 103, 303 und 358). – Ebenfalls nur von untergeordneter Bedeutung sind zwei weitere L.arten: der schon durch Pfahlbau-Funde belegte Bärenlauch (A. ursinum L.), der n. der Alpen gelegentl. als Ersatz für den Knobl. diente, sowie der v.a. als Amulett beliebte Allermannsharnisch (A. victorialis L.), der zudem erst spät (→Brunschwig) Erwähnung findet. – In Aberglaube und Sympathiemedizin spielten auch die Zwiebel und bes. der Knobl. eine große Rolle, da man ihm aufgrund des starken Geruchs zauberkräftige, apotropäische Wirkungen zuschrieb. P. Dilg

Lit.: MARZELL I, 195–217 – DERS., Heilpflanzen, 60–64 – DERS., Allermannsharnisch, Kosmos 58, 1962, 206–208 – HWDA I, 264–267; V, 1–6; IX, 964–971 – R. v. FISCHER-BENZON, Altdt. Gartenflora, 1894 [Neudr. 1972], 137–143 – K. HEYSER, Die Alliumarten als Arzneimittel im Gebrauch der abendländ. Med., Kyklos 1, 1928, 64–102 – H. KÜSTER, Wo der Pfeffer wächst. Ein Lex. zur Kulturgesch. der Gewürze, 1987, 23f., 104–108, 232–235, 298–301.

Lauda, L.endichtung. [1] Die lyr. *L.* in it. Volgare setzt die mlat. Tradition fort, während das Alleluia der Messe sowie während der Laudes (→Stundengebet), volkstüml. Hymnen zu singen, die früh volkssprachl. Interpolationen aufwiesen. Die lit. Wurzeln der L. sind umstritten: Herleitung von der in Italien verbreiteten Zejel-Strophe iber. Provenienz oder von afrz. Alexandrinerquartinen sowie Thesen einheim. Ursprungs der L. werden vertreten. So gilt einigen →Guittone, der fünf Ballate religiösen Inhalts verfaßt hat, als ihr Erfinder, andere schreiben dieses Verdienst dem fälschl. als Urgroßvater Petrarcas angesehenen Garzo zu, der vier Stücke im Laudar v. Cortona signiert hat. Die L. entstand im franziskan. Umkreis in Umbrien (vgl. das Schlüsselwort »laudato« im »Sonnengesang« des hl. →Franziskus). →Jacopone da Todi gab ihr die definitive lit. Form: er glich sie im Stil an die zeitgenöss. volkssprachl. Liebeslyrik an. Von Umbrien ausgehend verbreitete sich die L. in der Toskana und im übrigen Italien. Mehrere religiöse Laienbewegungen (zumeist Bußbruderschaften, die vom franziskan. Armutsideal geprägt waren) trugen zu ihrer Verbreitung bei: die sog. Laudesi, die den L.-Gesang in bes. Maße pflegten und danach benannt sind; die Servi B. Mariae Virginis, anscheinend Anfang des 13.Jh. in Bologna gegründet, und v.a. die Disciplinati, deren Gründung in die Jahre 1259/60 fällt, sowie die Ende des 14.Jh. entstandene Bianchi-Bewegung. Die L., als paraliturg. Lobgesang, ist v.a. an die Jungfrau Maria, daneben auch an Gott, Christus und die Hl.en gerichtet oder preist die Tugenden. In formaler Hinsicht weist die L. (abgesehen von den frühen Beispielen) das metr. Schema der Ballata auf (Strophen des Typs aaax/bbby/cccx/etc., Versform gewöhnl. Acht/Neunsilber, bisweilen auch mit Elfsilbern abwechselnde Siebensilber); die Strophe wurde vom Solisten, die Reprise (im allg. Distichon in Paarreimen) vom Chor gesungen. Von den rund 200 erhaltenen Laudarien ist am ältesten und berühmtesten das Laudar v. Cortona (ms. 91, Bibl. Com., ebd.), das neben signierten zumeist anonyme L. en enthält, v.a. an die Jungfrau Maria gerichtete. Auch ihre Noten sind erhalten. Die anderen Laudarien stammen aus den direkt mit diesem religiösen und lit. Phänomen verbundenen Städten wie Perugia, Urbino, Assisi, Arezzo und sind auf Ende des 13.Jh. oder Anfang des 14.Jh. zu datieren. Die Blüte der L.endichtung fällt in das 14. und 15.Jh.: unter den Autoren seien Neri Pagliaresi und Bianco da Siena, aber auch profane Schriftsteller wie Sacchetti oder Lorenzo de'Medici genannt.

[2] *Dramatische Lauda:* Der Übergang von der lyr. zur dramat. L. ist durch die Zuweisung der Dialogpartien an mehrere Vortragende gekennzeichnet. Bereits Jacopone hatte Ansätze zur dramat. L. entwickelt: in seiner L. »Donna de Paradiso« führt er den Dialog zw. einem Gläubigen (wohl der Lieblingsjünger Jesu, Johannes), der trauernden Jungfrau Maria und Christus am Kreuz ein, wobei die Juden die negative Folie der Szene abgeben. Das heilsgesch. Thema der Kreuzigung und das trag. Thema des Schmerzes der Gottesmutter bilden die Grundmotive der dramat. L., die gewöhnl. am Karfreitag, z.T. von Laienbruderschaften (v.a. Disciplinati), aber auch von den Priestern selbst vorgetragen oder gesungen wurde. Aus diesen frühen dramat. Ansätzen entwickelte sich später die »Sacra rappresentazione« (Geistl. Spiel). Die ersten eigtl. szen. Darstellungen, die eines Bühnenapparats bedurften, scheinen jedoch erst im 4.Jahrzehnt des 14.Jh. stattgefunden zu haben, vorher handelte es sich eher um Rezitationen der Dialogpartien mit verteilten Rollen, wobei ein Sprecher die erzählenden Zwischentexte vortrug. Die frühesten dramat. L.entexte finden sich im Cod. Illuminati (Assisi, Bibl. Com., ms. 705, Anfang 14.Jh.). Die früheste Verbreitung der dramat. L. erfolgte ebenfalls in Umbrien: v.a. in Perugia, wo die wichtigste Slg. dramat. L.en des 14.Jh. entstand (Bibl. Com., cod. 955).
M. Picone

Ed. und Lit.: zu [1]: Il movimento dei Disciplinati nel settimo Centenario dal suo inizio, 1962 [bes. A. RONCAGLIA, I. BALDELLI] – L.e dugentesche, hg. G. VARANINI, 1972 – L. cortonesi dal sec. XIII al XIV, hg. G. VARANINI, L. BANFI, A. CERUTI BURGIO, 1981–85 – *zu [2]:* V. DE BARTHOLOMAEIS, Laude drammatiche e rappresentazioni sacre, 1943 [Nachdr. 1968] – Le laude drammatiche umbre delle origini, 1981 [Bibliogr.].

Laudabiliter, päpstl. Bulle Hadrians IV., Text überliefert bei →Giraldus Cambrensis. In ihr billigt der Papst die Absicht Kg. Heinrichs II. v. England, nach →Irland zu fahren, und reserviert sich zugleich die päpstl. Rechte über Irland und andere Inseln (gemäß der →Konstantin. Schenkung). Den Text erhielt →Johannes v. Salisbury vom Papst wohl zw. Nov. 1155 und Juli 1156, nach dem Konzil v. Winchester (Winter 1154-55), auf dem der engl. Episkopat und Klerus eine Invasion Irlands vorgeschlagen hatten. L. wurde in den Diskussionen des späten 13. und 14. Jh. um die Rechtmäßigkeit der engl. Herrschaft über Irland oft herangezogen.　　　　　　　G. MacNiocaill

Lit.: K. Norgate, The Bull L., EHR 8, 1893, 18-51 - J. F. O'Doherty, Rome and the Anglo-Norman Invasion of Ireland, Irish Ecclesiastical Record 42, 1933, 131-145 - J. A. Watt, L. in Medieval Diplomacy and Propaganda, ebd. 87, 1957, 420-432 - M. P. Sheehy, The Bull L.: A Problem in Medieval Diplomatical and Hist., Galway Arch. Soc. Journal 29, 1960/61, 45-70 - M. P. Sheehy, Pontificia Hibernica I, 1962 - J. A. Watt, The Church and the Two Nations in Medieval Ireland, 1970, 36-40 - M. Richter, Giraldiana, IHS 21, 1979, 430f.

Laudemium (laudimium), in seiner sprachl. Herkunft unklar, als mlat. Terminus seit dem frühen 14. Jh. v. a. in →Weistümern bezeugt, mit dt. Synonymen wie u. a. Anfall, Einfahrtgeld, Handlohn, Vorgewinn, Weinkauf glossiert; verweist auf eine Abgabe oder Zahlung, die bei Besitzerwechsel (Erbe, Kauf, Tausch und dgl.) v. a. bäuerl. Lihegüter zugunsten des Obereigentümers fällig wurde und zw. 2-15% des Immobilienwertes betragen konnte und im Falle des Erbganges zur Abgabe des →Besthauptes hinzutrat. Das L. wurde als starke Belastung empfunden, zumal die Zahlung in einer Summe zu erfolgen hatte. Zunächst wohl eher als herkömml. Ehrengabe ('laudare' als Zustimmung des Herrn zum Besitzerwechsel) angesehen, wurde das L. im Laufe der frühen NZ mehr und mehr als Rechtsinstitut begriffen und im Interesse der Landesherren in seinen Anwendungsmöglichkeiten erweitert. Im Gegensatz zum strikt lehnrechtl. →relevium konnte das L. im Dt. Reich auch die Lehnware (oder Lehngeld) bezeichnen, die als Zahlung an den Lehnsherren, v. a. an den Kg., bei der Neuvergabe von →Lehen in der Agnatenfolge und v. a. bei Standeserhöhungen (→Reichsfürstenstand) häufig fällig wurde und deren Leistung vereinzelt seit 1002, vermehrt seit Ausgang des 12. Jh., bezeugt ist.　　　　　　　D. Hägermann

Lit.: HRG III, 1643-1647 [Lit.] - F. Lütge, Die mitteldt. Grundherrschaft, 1957², 85ff., 176ff. - F. L. Ganshof, Was ist das Lehnswesen, 1961, 147-151 - W. Goez, Der Lehnzwang, 1962, 149-171 - F. Lütge, Unters. über die Laudemialabgabe der bayr. Agrarverfassung des 17. und 18. Jh. (Stud. zur Sozial- und Wirtschaftsgesch., 1963), 145-173.

Laudes → Stundengebet

Laudes Domini, Gedicht eines Anonymus in 148 Hexam., zw. 316-326 in Autun entstanden; Bericht eines Wunders: Eine Tote empfängt im Sarkophag ihren verstorbenen Gemahl mit liebevoller Handbewegung. Christus hat dieses Wunder gewirkt, das den Glauben an die Auferstehung und die Wiederkunft des Herrn stärken will. Den Schluß bildet ein Gebet für den siegreichen Ks. Konstantin und seine Familie. Der Dichter orientiert sich an der Sprache Vergils, Horaz' und Ovids.　　　K. S. Frank

Ed.: P. van der Weijden, 1967 - *Lit.:* J. Fontaine, Naissance de la Poésie dans L'Occident chrétien, 1981, 101f. - Hb. der lat. Lit. der Antike V, 1989, § 560.

Laudes regiae, seit dem späten 8. Jh. bezeugte liturg. →Akklamationen für den Herrscher zu feierl. Anlaß. Sie wurzeln in der röm.-byz. Tradition, dem Ks. vor der Krönung zu akklamieren, aber auch bei anderer Gelegenheit ihm ebenso wie Mitgliedern seines Hauses und diesem nahestehenden höchsten Würdenträgern gute Wünsche (z. B. Polychronien) zuzusprechen. Nachdem diese Huldigungen durch die Kirche seit dem 4. Jh. in Gebetsform abgewandelt und auch auf geistl. Würdenträger wie Papst und Bf.e angewandt worden waren, entwickelte sich im Zuge der Begegnung des frk. Kgtm.s mit dem Papsttum wohl seit der Zeit Kg. Pippins oder spätestens seit der Frühzeit Karls d. Gr. die für die Folgezeit maßgebl. Form der L. innerhalb des Gottesdienstes. Erstmals für die Ks.-Krönung Karls d. Gr. bezeugt, wurden die L. fester Bestandteil im →Zeremoniell der →Krönung bzw. Inthronisation der höchsten Würdenträger; auch bei einer Festkrönung konnten L. gesungen werden. Von diesen liturg. L. sind andere Formen der Akklamation wie die Huldigung beim →adventus des Herrschers oder die L. als rechtskonstitutiver Bestandteil der Kg.serhebung zu scheiden, wenngleich bisweilen wohl auch den l. divinae legitimierende Funktion zukam (Quedlinburger Kg.serhebung Heinrichs d. Zänkers 984). Auch die Nähe der L. zu den einen Sieg feiernden l. hymnidicae verdient Beachtung.

Die seit dem späten 8. Jh. zunächst selbständig, vom 12. Jh. an im Rahmen der Krönungsordines (→Ordo) überlieferten Texte der L. spiegeln in der Verbindung von Elementen des vorchristl. Herrscherkults (z. B. 'multos annos') und von Hl.nlitaneien ir.-ags. Ursprungs die Auffassung vom frühma. Herrscher als Stellvertreter Christi: Der vor der Lesung eingeschobene Wechselgesang von Priester und Klerus oder von Kantor(en) und Schola wurde durch das dreifach gerufene triumphale Trikolon 'Christus vincit, Christus regnat, Christus imperat' eingeleitet; ihm folgte die Anrufung Christi mit der Bitte um Heil bzw. Heil und Sieg oder Ruhm für den Papst, den Ks. bzw. Kg., die Kgn., die kgl. Nachkommenschaft, alle iudices (kgl. Amtsträger) und den gesamten exercitus (das »Staatsvolk«), jeweils ergänzt durch eine Litanei mit dem Antwortruf 'Tu illum (illam, illos) adiuva'. Dabei war die Auswahl der Hl.n auf den Status des Akklamierten abgestimmt. Eine auf Christus beschränkte →Doxologie beschloß die L.

Für die ältere Zeit (8.-11. Jh.) sind nach Kantorowicz zwei Typen von L. zu unterscheiden, die älteren gallikan.-frk. und die jüngeren frk.-röm., wobei der Einfluß Roms in letzteren umstritten ist. Ein grundlegender Wandel in den Texten läßt sich seit dem 12. Jh. beobachten, als im Unterschied zu den die höchste geistl. und weltl. Gewalt verbindenden frühen L. nun zuerst auf päpstl., seit dem 13. Jh. auch auf ksl.-kgl. Seite diese Gemeinschaft nicht mehr zum Ausdruck gebracht wurde, sondern jede Seite nur sich selbst akklamieren ließ und auch der reiche Formenschatz der Frühzeit reduziert wurde.

Seit dem 11. Jh. sind auch außerhalb von Imperium und Papsttum L. bezeugt, so für den norm. Hzg. Wilhelm (d. Eroberer), für den Kg. v. England, Frankreich und Sizilien, während L. aus Dalmatien auf das herrscherl. Zeremoniell im Dogat v. Venedig hinweisen.　　Th. Zotz

Q.: B. Opfermann, Die liturg. Herrscherakklamationen im Sacrum Imperium des MA, 1953 - Ordines coronationis imperialis, ed. R. Elze (MGH Fontes IX), 1960 - *Lit.:* Dict. of the MA VII, 384f. - LThK² VI, 825f. - RAC I, 216-233 [s.v. Akklamationen] - R. Elze, Die Herrscherl. im MA, ZRGKan Abt 40, 1954, 201-223 - E. Kantorowicz, L. Regiae, 1958² - P. Classen, Karl d. Gr., das Papsttum und Byzanz (Braunfels, KdG, I), 537-608 - P. E. Schramm, Kaiser, Könige und Päpste, 1968-71 - M. McCormick, Eternal victory, 1986 - J. Nelson, Politics and Ritual in Early Medieval Europe (Hist. ser. 42), 1986.

Laudus (Lauto, frz. Laud, Lô), hl., Bf. v. →Coutances (w. Normandie, dép. Manche), wohl 2. Viertel des 6. Jh. Die Verfasser der beiden (vielleicht in Rouen verfaßten) Viten des Hl.n (BHL 4728, zw. der 2. Hälfte des 9. Jh. und dem 11. Jh.; BHL 4729, 11.-12. Jh.) machen keine präzisen Angaben; daher bleiben die Herkunft (frk., bret. oder sächs.?), die Datierung des Episkopats (ca. 525 bis ca. 565?) und der Begräbnisort (Coutances oder Briovère?) unsicher. L. nahm an den Konzilien in Orléans 533, 538, 541 (durch Stellvertreter) und 549 teil; er soll auch Kontakte zu anderen Hl.n seiner Zeit unterhalten haben.

Nach den skand. Invasionen waren seine (verstreuten) Reliquien Gegenstand von Translationen, die durch Überlieferungen sehr ungleichen Quellenwerts bezeugt sind; sie sollen nach Rouen (über Bayeux) am Ende des 9. Jh./Anfang des 10. gelangt sein (BHL 4730), von dort aus nach Angers (über Mont-Glonne?) im 10. Jh. (BHL 4731, Text von 1234), dann weiter nach Tulle (über Thouars?) im 10. Jh. (BHL 4732, Text von 1153).

1441 durchreisten Bettelmönche aus Rouen mit einem Arm des Hl.n das Bm. Coutances; er erhielt 1470 einen neuen Schrein in St-Lô. Coutances bekam 1629 aus Rouen, 1632 aus Angers Teile der Reliquien zurück, Notre-Dame de St-Lô dagegen Reliquienfragmente aus Tulle i. J. 1678. Das Hauptfest, 21. Sept., ist in alten Martyrologien nicht enthalten. J.-C. Poulin

Lit.: Bibl.SS VII, 1121f. – Catholicisme VII, 924f. – B. Jacqueline, S. Lô, évêque de Coutances, Notices Soc. archéol. Manche 56, 1946, 4–27.

Lauenburg → Sachsen-Lauenburg

Laufenberg, Heinrich v. → Heinrich v. Laufenberg

Laufenburger Hammerbund. Dank der idealen Lage – der Rhein als Verkehrsweg, der Schwarzwald (Hotzenwald) als Holzkohle- und das Fricktal als Erzlieferant – erwuchs die Stadt Laufenburg während des MA zum Zentrum der Eisenverarbeitung am Oberrhein. Schon in einer Urk. von 1207 werden die Laufenburger Hammerschmieden als längst bestehende Gewerbebetriebe angeführt, doch erst im 15. Jh. wird vermehrt über diesen Wirtschaftszweig am Oberrhein berichtet. Die große ökonom. Bedeutung des Eisengewerbes wird mit der Stiftungsurk. des Eisen- und Hammerbundes am Oberrhein vom 21. Jan. 1494 statuiert, die am 26. Juli 1498 von Ks. Maximilian I. anerkannt wurde.

Als Grund für den Beschluß des L.H. es, dem 33 Hammerschmieden (18 in Laufenburg) angehörten, wird die im dortigen Eisengewerbe herrschende »Unordnung« angegeben, die v. a. in der gegenseitigen Konkurrenz bestand. Die neue Ordnung schränkte sowohl Produktion wie Größe der einzelnen Unternehmen ein: Keines durfte jährl. mehr als 10 Schiffspfund zu 167 kg Roheisen und sechs 'burdj' zu 36 kg 'Pflugscharren', als Fertigprodukt, produzieren. Nach der Gründung des Bundes betrug die jährl. erlaubte Produktionsmenge rund 62 t. Der Bund ermöglichte auch eine Mitsprache beim Arbeitsmarkt. Festgesetzt wurde, daß kein entlassener Geselle von einem anderen Meister ohne Bewilligung des früheren eingestellt werden durfte. Wer gegen die Ordnung verstieß und die Buße nicht zahlte, erhielt weder Erz noch Masseln. Daneben enthalten die Satzungen Vorschriften über Qualität, Preis und Gewicht der Erzeugnisse und verbieten die Erstellung weiterer Werke. So wurde erreicht, daß die Fricktaler Erzlieferanten und ihre Masselbläser für den Verkauf ihrer Produkte ausschließl. auf den L.H. angewiesen waren. Dies wurde mit dem Ensisheimer Gerichtsentscheid von 1519 dem Bund bestätigt; dieser verpflichtete sich seinerseits, jährl. eine bestimmte Menge Fricktaler Eisenerz zu verhütten. C. Moser

Lit.: E. Gothein, Wirtschaftsgesch. des Schwarzwaldes, 1892, 652–672 – A. Münch, Die Erzgruben und Hammerwerke im Frickthal und am Oberrhein, 1893 – K. Schib, Gesch. der Stadt Laufenburg, 1951, 145–157 – R. Sprandel, Das Eisengewerbe im MA, 1968 – R. Bühler, Bergwerk Herznach, 1986.

Lauffen, Gf. en v. Eine Familie mit den Leitnamen Poppo und Heinrich errichtete vermutl. um die Wende vom 11. zum 12. Jh. bei dem am Neckar gelegenen ehemaligen frk. Kg.shof L. (Baden-Württemberg, Krs. Heilbronn) eine Burg, nach der sie sich fortan nannte, wie erstmals 1127 sichtbar wird; ein Konrad, Sohn »comitis Bopponis de Loufo«, erscheint. Brüder dieses Gf. en Poppo v. L. waren »Heinricus de castro quod Loufe dicitur« und Ebf. →Bruno v. Trier (1102–24). Mit einiger Wahrscheinlichkeit dürfte die Familie auf jenen Poppo zurückgehen, der 1012 als Gf. im Lobdengau fungierte. Den »comitatum in pago Lobedengouue situm« hatte Heinrich II. 1011 der Würzburger Kirche geschenkt, gleichwohl handelte Gf. Poppo 1012 im Auftrag des Kg.s. Weitere Nachrichten im 11. Jh. lassen überdies Herrschaftsrechte in der Wingartenba, im Kocher- und Maulachgau, im Remstalgau sowie im Elsenz-, Kraichgau (→Bretten) und Enzgau erkennen. Zu Beginn des 12. Jh. gründeten sie unter Hirsauer Einfluß das Kl. Odenheim im Kraichgau. Die Aktivitäten der Gf. en v. L. verlagerten sich im 12. Jh. immer mehr in das untere Neckargebiet, wo sie die Burgen Hornberg, Eberbach und Dilsberg besaßen und sich auf dem Wege zur Territorialherrschaft befanden. Mit dem Tod Gf. Poppos v. L. kurz nach 1212 erlosch die Familie im Mannesstamm. Um ihre Herrschaftsrechte und ihren Besitz kam es zur Auseinandersetzung, die bes. den Staufern bedeutenden Gewinn verschaffte. S. Lorenz

Lit.: H. Bauer, Die Gf.en v. L., Württ. Franken 7, 1865–67, 467–488 – F. Trautz, Das untere Neckarland im früheren MA, 1953, 81–83 – H. Schwarzmaier, Die Reginswindis-Tradition von L., ZGO 131, 1983, 163–198 – U. Uffelmann, Der Dilsberg im MA, 1985, 11–33 – H. Schwarmaier, Gesch. der Stadt Eberbach a. N., 1986, 30–54.

Laufgang → Galerie

Läuflinge, in →Livland flüchtige Bauern, die im SpätMA infolge Erbuntertänigkeit, Arbeitsbedarf der Gutsbetriebe und Verschuldung an die Scholle gebunden gewesen waren. Außer Hakenbauern (→Haken) waren neue Sozialschichten entstanden: Einfüßlinge (Kleinbauern), landlose Badstüber und Lostreiber (Taglöhner), aber keine Drellen (Sklaven) mehr. Fron und Verschuldung gaben Grund zum Entlaufen mit der Folge einer allg. Auslieferungspraxis unter Gutsherren. Die Städte hielten sich ursprgl. an das Asylrecht, anerkannten aber, trotz Eigenbedarf an Arbeitskräften, die Erbuntertänigkeit als Rechtsverhältnis. So kam es zu unterschiedl. Verfahren der Auslieferung oder Ausweisung, auch hinsichtl. der sozialen Gruppen. Konflikte zw. den Städten und Ritterschaften, bes. der von →Harrien-Wierland und Reval, wurden auf den allg. Landtagen (seit 1492) durch L. seinungen beigelegt. H. von zur Mühlen

Lit.: V. Niitemaa, Die undeutsche Frage, 1949 – P. Johansen – H. v. z. Mühlen, Deutsch und Undeutsch im ma. Reval, 1973.

Laupen, Schlacht bei. Vor dem durch ihre Feinde belagerten L. (Schweiz, Kt. Bern) schlugen am 21. Juni 1339, dem Vortag der 10000 Ritter, die durch Oberländer und besoldete Krieger aus den Waldstätten verstärkten Berner eine aus Freiburgern und zahlreichen Gf. en und Herren aus der Waadt, der Gruyère und Kleinburgund gebildete Koalition. In der für spätma. Strategie und früheidgenöss. Taktik bezeichnenden Entsetzungsschlacht hielt das leichtbewaffnete Fußvolk aus der Innerschweiz der ritteradeligen Reiterei in offener Feldschlacht stand. →Bern. W. Schaufelberger

Lit.: Der Achetringeler 64a, 1989 [Sondernr. z. Schlacht].

Laura, Geliebte Petrarcas →Petrarca, Francesco

Laura, Lavra (gr. λαύρα, 'Straße', 'Siedlung', vgl. lat. vicus), seit dem 4. Jh. zur Bezeichnung von Einsiedlerkolonien jeweils unter einem gemeinsamen Vorsteher (→Hegumenos), in der 'Wüste v. Juda' (Bergland ö. von Jerusalem), verwendet. Erste Gründungen (seit 328/335) gehen auf Chariton († um 350) zurück, der seine Anregung in Ägypten erhalten hatte: L. v. Pharan, Douka. Er fand Gesinnungsgenossen und Nachfolger: Euthymios d. Gr. († 473), Gerasimos († 475), Sabas († 532) u. a. Das Besondere der L.n war eine Verbindung des anachoret. (→Anachoreten) und des gemeinsamen Mönchslebens: Die Mönche lebten an 5 Tagen allein in ihren Zellen, meist Höhlen in den schwer zugängl. Bergschluchten, unter Gebet, Fasten und Handarbeit; am Sonntag versammelten sie sich zur Feier des Gottesdienstes und zu einer Mahlzeit mit gekochten Speisen. Früh schon wurde von den neu Ankommenden verlangt, sich zuerst einer mehrjährigen Einführung in das Mönchsleben in einem Koinobion (→Koinobiten) zu unterziehen, bevor sie eine Einzelzelle in einer L. zugewiesen erhielten. In den theol. Auseinandersetzungen ihrer Zeit spielten die L.n eine bedeutende Rolle, so die L. des Firminos im Streit um Origenes; Euthymios und Sabas im Ringen um das christolog. Dogma. Der Name L. blieb als eine Art Ehrenbezeichnung für einige Kl. bis heute erhalten: Mar Saba (Kidrontal), Megiste Lavra (Athos), Pečerskaja Lavra (Höhlenkl. v. Kiev), Troice-Sergieva Lavra (h. Zagorsk). H. M. Biedermann

Lit.: DACL VIII, 1961–1988 – LThK² VI, 828f. – ThEE 8, 154f. – S. VAILLHÉ, Les premiers Monastères de Palestine, Bessarione 3, 1897, 39–58; 4, 1898, 334–356 – E. SCHWARTZ, Kyrillos v. Skythopolis, 1939 – I. SMOLITSCH, Russ. Mönchtum, 1953, 67, 90f. – A.-J. FESTUGIÈRE, Les Moines d'Orient III/1–3: Les Moines de Palestine, 1962/63.

Laurentios-Chronik, älteste Abschrift der Kiever Chronik →Povest' vremennych let, vom Mönch Lavrentij im Auftrag des Gfs.en →Dmitrij v. Suzdal'-Nižnij Novgorod und des Bf.s →Dionisij v. Suzdal' 1377 angefertigt (Leningrad, GPB, F. n. IV. 2). Die Erzählung wird bis zum Jahr 1305 geführt, in sechs Fällen Textverluste. Die 173 Pergamentbll. wurden innerhalb von drei Monaten abgeschrieben. Bis zum Jahr 1110 (f. 96r) ist die L. eine Abschrift der Redaktion des Abtes Silvestr († 1123) des Vydubickij-Kl. des hl. Michael bei Kiev. In der L. sind Verträge der Rus' mit Byzanz 944 und 971 sowie die Belehrung (*poučenie*) des →Vladimir Monomach (ad a. 1096) enthalten. Für die Untergliederung der Kompilationsschichten (*svod*) erweist sich ein Chronistenvermerk in der 1. Person ad a. 1227 als bedeutend. Ch. Hannick

Ed.: Lavrent'evskaja letopis' I: Povest' vremennych let, II: Suzdal'skaja letopis' po lavr. spisku (Polnoe sobranie russkich letopisej 1), 1846 (JA. I. BEREDNIKOV), 1926–27² (E. F. KARSKIJ) – Povest' vremennych let po Lavrentievskomu spisku, 1872 – M. D. PRISELKOV, Troickaja letopis', 1950 (benutzt die L. zur Rekonstruktion) – O. V. TVOROGOV–D. S. LICHAČEV (Pamjatniki lit. Drevnej Rusi XI–načalo XII v., 1978), 23–277, 417–451 – The Russian Primary Chronicle Laurentian Text, übers. S. H. CROSS–O. P. SHERBOWITZ-WETZOR, 1953 – *Lit.:* Słow StarSłow III, 21–22 – G. M. PROCHOROV, Kodikologičeskij analiz Lavrent'evskoj Letopisi, Vspomogatel'nye istoričeskie discipliny 4, 1972, 83–104 – JA. S. LUR'E, Lavrent'evskaja letopis'-svod načala XIV v., TODRL 29, 1974, 50–67 – Hb. zur Nestorchronik, hg. L. MÜLLER 1977 – JA. S. LUR'E (Slovar' knižnikov i knižnosti Drevnej Rusi I: XI–pervaja polovina XIV v.; 1987), 241–245 – DERS., Schema istorii letopisanija A. A. Šachmatova i M. D. Priselkova i zadači dal'nejšego issledovanija letopisej, TODRL 44, 1990, 185–195.

Laurentius, Märtyrer
I. Kultverbreitung – II. Darstellung.

I. KULTVERBREITUNG: L., Märtyrer in Rom (Fest 10. Aug.), als Diakon gemäß dem Edikt Ks. Valerians vom Aug. 258, das eine sofortige Exekution für erkannte Klerikervorsah (Cypr., Ep. 80,1), wohl enthauptet. Nach dem Liber Pontificalis geschah dies vier Tage nach der Passion des Sixtus II. (ed. DUCHESNE, 155). L. fand sein Grab auf dem ager Veranus an der Via Tiburtina in einer Krypta, über der Ks. Konstantin überbaut haben soll (ebd., 181). Die Festfeier dort ist beim →Chronograph v. 354 belegt (MGH AA 9, 72). Inschriften bezeugen frühe Popularität. – Annahmen über eine Folterung des L. mit allen Mitteln einschließl. des Feuers (Damasus I., Epigrammata, 166f.) erleichterten es, das Motiv der Tortur auf glühendem Eisenrost aufzunehmen. Die Tradition erzählt, wie der Diakon seinem verhafteten Papst begegnete, den gefährdeten Kirchenschatz verteilte, die Armen vorführte und dem Peiniger vom Rost aus zurief: Versa, manduca (Ambros., ep. 37,36). Die vielbesuchte Grabkirche zählte zu den 5 alten Hauptkirchen Roms. Ihr folgten nach S. Lorenzo in Damaso, der ersten Titelkirche eines Hl. in der Stadt, bis ins 9. Jh. 8, bis ins 12. Jh. insgesamt 30 L.kirchen. Weitere gab es um 400 in Ravenna und Fossombrone. Auch in Afrika wurde L. verehrt (Aug., sermo 302–305). Seiner Aufnahme in den westl. Martyrologien entsprachen im byz. O die Synaxarien (Mart. Hieron. 432). Eine Kirche in Konstantinopel entstand vor 453; Ks. Justinian erbat von Papst →Hormisda (Ep. 77) Späne vom Rost. In Spanien verband sich der im 6. Jh. nachweisbare Kult mit der Verehrung des Sixtus II.; nach den um 500 aufgezeichneten Passionen stammte L. von dort. Für das Frankenreich erwähnte Gregor eine Kirche bei Tours vor 491 und weitere in Clermont, Paris und Le Mans; man besorgte in Rom Reliquien des Petrus, Paulus und L. (MGH SRM 1, 275). Unter den Karolingern wurde das Fest zunächst ein Hauptfeiertag in den Kl.n, im Westfrankenreich um 850 öffentl. Festtag. Das werdende Dtl. schloß sich bis 932 an. Otto I. griff den schon verwurzelten Kult des Tages-Hl. vom Ungarnsieg 955 zur Festigung des Reiches auf und stiftete ihm das Bm. →Merseburg. – Patron der Armen, der Bäcker, Bibliothekare, Glasbläser, Köche und Köhler, Helfer bei Verbrennungen, Hexenschuß und Fegefeuerqualen. K. H. Krüger

Lit.: BHL 4752–4789 – MartHieron, 431f. – DACL VIII/2, 1917–61 – HWDA V, 942–1033 – LCI VII, 374–379 – Vies des Saints VIII, 175–186 – LThK² VI, 830f. – Bibl. SS VIII, 108–121/129 – Catholicisme VII, 51–53 – C. GARCÍA RODRÍGUES, El culto de los santos, 1966, 176f. – L. WEINRICH, L.-Verehrung in otton. Zeit, JGMODtl 21, 1972, 45–66 – H. BEUMANN, L. und Mauritius (Fschr. W. SCHLESINGER 2, 1974), 238–275 – CH. PIETRI, Roma christiana, 1976, 37–40 – P. JOUNEL, Le culte des saints, 1977, 271f. – E. VALENTINI, Benedictina 33, 1986, 455–457 – A. MANDOUZE, Hist. des saints 2, 1987, 202–210.

II. DARSTELLUNG: Die drei wichtigsten Attribute des als Diakon stets jugendl. dargestellten L. sind bereits im frühesten erhaltenen Bild, einem Mosaik im Mausoleum der Galla Placidia in Ravenna, vorhanden (2. Viertel 5. Jh.): Kreuzstab als allgemeiner, Rost als spezieller Martyriumshinweis, Evangelienbuch als Zeichen des Diakons. Ein Kelch oder Beutel mit Münzen als Andeutung der legendären Vermögensverteilung (s. o.) sind ma., liturg. Geräte des Diakons ö. Attribute. Eine Parallelisierung zum Diakon und 'Erzmärtyrer' →Stephanus erfolgte im späten 6. Jh. im Mosaik des Triumphbogens in S. Lorenzo f. l. m. in Rom. In der byz. Kunst erscheint L. regelmäßig unter den zum Ausstattungsprogramm der Kirchen gehörenden Diakonen; Altar- und Wandbilder w. Kirchen des MA zeigen ihn aufgrund spezieller Anlässe. Die Szenen der L.-Legende wurden einzeln dargestellt oder zykl. aneinandergereiht; ältester Zyklus in Rom, S. Lorenzo f. l. m. (Portikus, 12. Jh.), bekanntester

Zyklus die Fresken von Fra Angelico in der Kapelle Nicolaus' V. im Vatikan. Denkmälerverz.: PETZOLD.

J. Engemann

Lit.: DACL VIII, 2, 1917-1961 – LCI VII, 374-380 [PETZOLD] – A. MUÑOZ, La basilica di S. Lorenzo f. l. m., 1944 – P. COURCELLE, Le gril de Saint Laurent au Mausolée de Galla Placidia, CahArch 3, 1948, 29-39.

Laurentius

1. L. O'Toole (Lorcán Ua Tuathail), hl., Ebf. v. →Dublin, * wahrscheinl. 1128, † 14. Nov. 1180 in Eu (Normandie), ⌑ ebd., kanonisiert von Honorius III. am 11. Dez. 1225. Sohn des Muirchertach Ua Tuathail, Herrn des Familienverbandes der Uí Muiredaigh (in der südl. Gft. →Kildare in →Leinster), lebte L. nach 1141 als Geisel am Hofe des Kg.s v. Leinster, Diarmait mac Murchada (→Dermot mac Murrough). Nach seiner Freilassung trat L. in →Glendalough ein und wurde, wohl 1153, gegen Opposition zum Abt gewählt; die ihm angetragene Bf.swürde der neuorganisierten Diöz. Glendalough lehnte L. jedoch ab. Vor 1162 setzte er in Glendalough Arroasianer (→Arrouaise) ein (Priorat St. Saviour's). L. wurde als Nachfolger von Gréne (Gregor) zum Ebf. v. Dublin gewählt, vermutl. auf der Synode v. Clane (1162). Bald darauf führte er auch im Kathedralkapitel Christ Church arroasian. Gewohnheiten ein. Er vermittelte u.a. im Konflikt zw. Strongbow (Richard FitzGilbert de →Clare) und Kg. Ruaidrí Ua Conchobair (→Rory O'Connor) v. Connacht (1171). Auch war er beteiligt (und fungierte als Zeuge) am Vertrag v. Windsor (1175), in dem Ruaidrí die Oberherrschaft *(overlordship)* Kg. Heinrichs II. v. England anerkannte. Am 3. Laterankonzil (1179) nahm er als einer von sechs ir. Prälaten, mit Zustimmung Heinrichs II., teil, verärgerte aber den Kg., als er den Diöz. Dublin und Glendalough päpstl. Schutz erwirkte und sich selbst zum päpstl. Legaten ernennen ließ. Als solcher hielt er 1180 die Synode v. Clonfert ab. Heinrich II., der in L.' kirchenpolit. Tätigkeit eine Bedrohung seiner kgl. Rechte über Irland sah, verbot dem Ebf. nach einem Aufenthalt in Oxford (Febr. 1180: Intervention L.' zugunsten Kg. Ruaidrís, der mit den Tributen im Rückstand war) die Rückkehr nach Irland; L. starb im norm. Exil. G. MacNiocaill

Lit.: J. F. O'DOHERTY, St. Lawrence O'Toole and the Anglo-Norman invasion, Irish Ecclesiastical Record 50, 1937, 449-477; 600-625; 51, 1938, 131-146 – A. GWYNN, St. Lawrence O'Toole as legate in Ireland, 1179-1180, AnalBoll 68, 223-240 – M. P. SHEEHY, Pontificia Hibernica I, 1962 – A. GWYNN-R. N. HADCOCK, Medieval Religious Houses: Ireland, 1970 – M. F. ROCHE, The Lat. lives of St. Laurence of Dublin [Diss. Dublin 1981]. – M. T. FLANAGAN, Irish society..., 1989, 101ff., 260ff.

2. L. v. Amalfi, † 1049, Mönch in Montecassino unter Abt Theobald, Ebf. v. Amalfi (wohl 1030). Infolge polit. Unruhen vertrieben, lebte L. zunächst in Florenz, dann bis zu seinem Tod in Rom, wo er mit Theophylactus (Benedikt IX.), Joh. Gratianus (Gregor VI.), Hildebrand (Gregor VII.), dessen Lehrer er vermutl. war, und Odilo v. Cluny befreundet war. Werke: Passio s. Wenzeslai regis (mit kurzen Verspartien), Vita s. Zenobii; Sermo in vigilia s. Benedicti (u.a. im Vat. lat. 1202 enthalten), ein Gedicht auf den hl. Maurus, Gelegenheitsverse, ein math. Traktat sowie Frgm. e exeget. Inhalts. B. Gansweidt

Ed.: MGH QG 7 [F. NEWTON] – Lit.: W. HOLTZMANN, StGreg I, 1947, 207-236 – D. TŘEŠTÍK, MBohem I, 1969, 73-92 – F. NEWTON, Benedictina 20, 1973, 91-107 – U. SCHWARZ, Amalfi im frühen MA (Bibl. des DHI Rom 46, 1978), bes. 99-104 – J. VESELSKY, Listy Filologické 107, 1984, 77-84.

3. L. de Aquilegia, aus Cividale del Friuli, 1269-1304 als Kanoniker v. Aquileia bezeugt, Rhetoriklehrer an der Univ. Bologna, ztw. auch in Rom und Neapel, zuletzt in Paris tätig, verfaßte sieben Werke über Ars dictandi, Brieftheorie, Redekunst sowie eine Briefslg. Gedruckt sind nur seine »Practica dictaminis« und einige Briefe. Seine vielbenutzten Werke sind in mindestens 90 Hss. überliefert. H. M. Schaller

Ed.: S. CAPDEVILA, AST 6, 1930, 207-229 – G. DE LUCA, Archivio It. per la Storia della Pietà 1, 1951, 230-234 – Lit.: P. PASCHINI, Studi Aquileiesi offerti a G. BRUSIN, 1953, 407-422 – P. GLORIEUX, La faculté des arts et ses maîtres au XIIIe s., 1971, 245 – CH. FAULHABER, 'Abaco 4, 1973, 227-232 – K. JENSEN, The works of Lawrence of Aquileia, Manuscripta 17, 1973, 147-158.

4. L. v. Březová (de Brzezova, Vavřinec z Březové), * 1371, † nach 1437, vermutl. niederadliger Herkunft, 1390 Bacc., 1394 Mag. der Prager Univ., verwaltete einige Pfarreien in Böhmen, pflegte Beziehungen zum kgl. Hof und zur reformgesinnten Gruppe der Univ.smagister um Johannes →Hus. Während des Hussitenkriege Schreiber der Prager Neustadt, nahm L. als Vertreter der Univ. an wichtigen polit. Verhandlungen teil. Er verfaßte mehrere lit.hist. Werke, vor allem die lat. Hussit. Chronik (→Chronik, M.I) und die tschech. Übersetzungen der Reisebeschreibung von Jean de →Mandeville.

M. Polívka

Ed.: FontrerBohem V, 1893 – Lit.: M. BLÁHOVÁ, Mistr Vavřinec z Březové a jeho dílo (Husitská kronika Vavřince z Březové, 1979) – J. BUJNOCH, Vavřinec z Březové, Die Hussiten. Die Chronik des L. v. B., 1988.

5. L. v. Durham, * um 1114 in Waltham, Essex, † 1154, seit ca. 1128 Mönch im OSB-Kl. Durham, ca. 1133-41 Hofkaplan beim Fs.bf. v. →Durham, verwickelt in die Kämpfe mit dem Usurpator William Cumin, seit 1149 Prior des Kl. im Abtsrang, 1152 Kandidat bei der Bf.swahl, im Kampf um die päpstl. Bestätigung des schließlich gewählten Hugh du Puiset gebannt vom Ebf. v. York, nach öffentl. Kirchenbuße in York und erfolgreicher Postulation beim Papst verstorben auf der Rückreise von Rom in Frankreich. Erstlingswerk (1133/34) ist die Überarbeitung der Vita s. Brigidae (ed. C. DE SMET-J. DE BACKER, Acta sanctorum Hiberniae, 1896, 1-76; W. W. HEIST, SubHag 28, 1965, 1-37), gewidmet seinem Freund →Ælred v. Rievaulx. Noch 1134 entstand das in 21 Hss. überlieferte Bibelepos »Hypognosticon de veteri et novo testamento« (2342 'eleg.' Distichen), das bibl. Themen von der Erschaffung der Welt bis in die Heilsgesch. nach Christus behandelt. Im Zusammenhang wohl mit der Lehrtätigkeit im Kl. verfaßte L., vielleicht angeregt von einer auch rechtspfleger. Tätigkeit als Hofkaplan fünf lat. Prosa-Gerichtsreden für Schulzwecke. 1141 schuf L. sein reifstes Werk »Consolatio de morte amici« (polymetr. Prosimetrum), inhaltl. eine Forts. der antiken, längst christianisierten Trostschr. zu Todesfällen, jedoch hier verbunden mit der (boethian.) Tradition des philos. Trostbuches. Polyrhythm. ist ein voll dialogisiertes Emmaus-Spiel (109 Strophen), gefolgt von einer Ostersequenz in Stabatmater-Strophen. Unter dem Titel »Dialogi« (1101 Distichen; ed. J. RAINE, Surtees Soc. 70, 1880) beschreibt L. die Zustände unter dem fürstbfl. Usurpator in Durham mit stark autobiogr. Zügen. Nicht datierbar ist ein kurzes hexametr. Gedicht über die Unbeständigkeit.

U. Kindermann

Ed. und Lit.: M. LIGUORI MISTRETTA, The Hypnognosticon of Lawrence of D.... [Diss. masch. New York, 1941] – A. HOSTE, A Survey of the Uned. Work of Laurence of D. With an Ed. of His Letter to Aelred of Rievaulx, Sacris erudiri 11, 1960, 249-265 – U. KINDERMANN, Das Emmausgedicht des L. v. D., MJb 5, 1968, 79-100 – DERS., L. v. D., Consolatio de morte amici... [Diss. Erlangen 1969] – DERS., Die fünf Reden des L. v. D., MJb 8, 1971, 108-141 – C. BRAUN-IRGANG, Unters.

zum Verhältnis von spätantiker und mlat. Bibelepik (Fschr. P. KLOPSCH, 1988), 1-45.

6. L. de Florentia (Lorenzo de Firenze, Ser Laurentius Masii/Masini [Patronymikon Tomaso]), it. Komponist, † Dez. 1372 oder Jan. 1373 Florenz. Priester und Magister, komponierte er geistl. (Sanctus), weltl. (Ballate, Madrigali, Caccia) und pädagog. Werke (Antefana), von denen nur sehr wenige erhalten sind, die bezeugen, daß sie wohl kaum über seinen Wirkungsort Florenz hinauskamen. Charakterist. für seine Werke sind reiche Oberstimmen-Verzierungen, sangl. Melodik, Imitation zw. den Stimmen, Neuerungen in Chromatik und Notation sowie kontrapunkt. Techniken der Isometrie. H. Leuchtmann

Ed.: J. WOLF, Der Squarcialupi-Codex Pal. 87 der Bibl. medicea laurenziana zu Florenz, 1955 – *Lit.:* MGG – NEW GROVE, s.v. [ausführl. Lit.] – RIEMANN – A. v. KÖNIGSLÖW, Die it. Madrigalisten des Trecento, 1940 – K. v. FISCHER, Stud. zur it. Musik des Trecento und frühen Quattrocento, 1956 – F. A. GALLO, Lorenzo Masini e Francesco degli Organi in San Lorenzo, Stud. music. IV, 1975.

7. L. Hispanus, bedeutender Kanonist, † 15. Dez. 1248; um 1200 Studium in Bologna, Schüler Azos, Lehrer des Tankred, Bartholomaeus Brixiensis und Sinibaldo Fieschi (des späteren Papstes Innozenz IV.), hier auch Tätigkeit als Advokat, seit 1214 in Orense (NW-Spanien) als Mag. scholarum nachweisbar, am 30. Nov. 1218 zum Bf. v. →Orense gewählt, das er bis zu seinem Tod regierte. Er schrieb 1210-14 einen bedeutenden Glossenapparat zum Dekret, der in verschiedenen Redaktionsstufen, darunter in der sog. Glossa Palatina, überliefert ist und vornehml. auf die Glossen des Apparatus 'Ordinaturus Magister' und die Summe des Huguccio zurückgreift und selbst wiederum als Vorlage für die Glossa ordinaria des Johannes Teutonicus dient. Die Siglierung in sog. Laurentiustyp der bartholomäischen Glossa ordinaria, die vermutl. auf Guido de Baysio zurückgeht, bezeugt die nachhaltige Wirkungsgesch. des Werkes. L.H. verfaßte auch einen Apparat zur Compilatio III, außerdem Glossen zu den Compilationes I und II. N. Höhl

Lit.: KUTTNER, 76-92, 116-122, 326, 356 u. ö. – A. GARCÍA Y GARCÍA, L.H., 1956 – A. M. STICKLER, Il decretista L.H., SG 9, 1966, 461-549 [Lit.] – ST. KUTTNER, Gratian and the Schools of Law 1140-1234, 1983, passim – R. WEIGAND, Die Glossen zum Dekret Gratians, SG 26 [im Dr.].

8. L. Mellifluus (Beiname wegen seiner Beredsamkeit bei Sigebert v. Gembloux, de script. eccl. 120), Bf. des 5. Jh. – entweder in Novae (Sistov, Bulgarien) oder in Novara/Italien. – Verf. der Traktate »De poenitentia« (auch »De duobus temporibus«) und »De eleemosyna« und Übersetzer einer gr. Homilie (→Johannes Chrysostomos?). Vertrat eine bes. Bußtheologie: Nach der Taufe Vergebung der Sünden ohne priesterl. Vermittlung, allein durch gute Werke (Almosen und Tränen). K. S. Frank

Ed.: MPL 66, 89-124 – *Lit.:* DSAM IX, 402-404.

9. L. Valla → Valla, Lorenzo

Lauria → Lluria

Lauriacum (Lorch, Oberösterreich), röm. Legionslager und Zivilstadt. Bald nach der 15 v. Chr. erfolgten Besetzung Norikums durch die Römer wurde das Mündungsgebiet der Enns, wie Inschriften lehren, militär. gesichert. Im 1. Jh. entstand die erste Siedlung. Im Zuge der Grenzsicherung während der Markomannenkriege (167-180) errichtete die Legio Italica II zunächst ö. der Ennsmündung bei Albing und später w. des Flusses ihr Stadtlager. Gleichzeitig wurde auch das municipium L. gegr., das 212 n. Chr. Stadtrecht erhalten hat. Lager und Zivilstadt sind im Zuge der wiederholten Germaneneinfälle mehrmals zerstört und wieder aufgebaut worden. Das Christentum hat hier verhältnismäßig früh Fuß gefaßt. Am 4. Mai 304 erlitt der Vorsteher der Statthalterkanzlei, →Florian, den Märtyrertod. Zwei Kirchenbauten künden vom Christentum, einer im Spital des Legionslagers, der zweite, mehrmals umgebaute liegt unter der heute stehenden Laurentiuskirche, auch der frühma. Vorgängerbau ist gefunden worden. L. hat die Völkerwanderungszeit, wie Grabfunde lehren, überstanden. Um 700 war der Ort unter Hzg. →Theodo bayer. S. a. →Enns. H. Vetters

Lit.: H. VETTERS, L. (Aufstieg und Niedergang der röm. Welt II/6, 1977), 355-379 – DERS., Die Laurentiuskirche v. Lorch, AAWW 121, 1984, 39-54 – K. GENSER (Röm. Limes in Österreich 33, 1986), 126-179 [Lit. bis 1986] – M. KANDLER – H. VETTERS, Der röm. Limes in Österreich, ein Führer, 1989², 92-109.

Laurin, mhd. Heldendichtung in Reimpaarversen aus dem Kreis der aventiurehaften Dietrichsepik (→Dietrich v. Bern), vielleicht noch vor der Mitte des 13. Jh. von einem unbekannten (Tiroler?) Dichter verfaßt, in mehreren Fassungen (darunter auch eine stroph.) breit überliefert (mindestens 18 Hss. und 11 Drucke Ende des 13.-Ende des 16. Jh.; außer den dt. Fassungen existieren eine tschech. und eine dän. Bearb. sowie eine offenbar aus dieser geflossene färöische Ballade). Erzählt wird, wie Dietrich v. Bern und seine Gesellen den im Waldgebirge Südtirols gelegenen Rosengarten des Zwergenkg.s L. zerstören und die Schwester des Dietrichhelden Dietleib, die L. entführt hatte, aus dessen unterird. Reich befreien. Die Erzählung von der Zerstörung des Rosengartens wird auf eine tirol. (ladin.) Sage von der Entstehung des Alpenglühens zurückgeführt. Die Annahme ist plausibel, kann aber nicht hinreichend gesichert werden. Wenn sie zuträfe, hätte der Verf. des L. die ätiolog. Lokalsage auf den Stoffkreis um Dietrich v. Bern übertragen und mittels gattungstyp. Erzählmuster (Herausforderungs- und Befreiungsschema) um- und ausgestaltet. Im Zusammenhang der zeitgenöss. Lit. kann man den Text in seinen verschiedenen Fassungen als Auseinandersetzung mit der Aventiure-Ideologie des höf. Romans lesen. Seit ihrer Wiederentdeckung durch die Germanistik ist die L.-Gesch. in Südtirol zu einer Art Lokalmythos geworden. J. Heinzle

Ed.: G. HOLZ, L. und der kleine Rosengarten, 1897 – *Lit.:* Verf.-Lex.² V, 625-630 [J. HEINZLE] – M. COMETTA, Il 'L.' nella tradizione tedesca del XV e XVI sec., ACME 37, 1984, 29-74.

Laus, lat. pediculus, den »Liber rerum« bei Thomas v. Cantimpré (9,34 = Vinzenz v. Beauvais, 20, 151 = Albertus Magn. animal. 26, 22, Konrad v. Megenberg III.F. 19 nach Thomas III) zufolge nach ma. Ansicht ein »Wurm«, durch Urzeugung aus Schweiß oder Körperporen bzw. – nur bei Albert – aus verzehrten Früchten entstehendes, in verschiedenen Arten bei Mensch und Tier verbreitetes →Insekt. Pathogene Arten bei Bartholomaeus Angl. 18, 86 und Albert nach med. Q. Empfohlene Gegenmittel: Waschungen, z. B. mit Salzwasser, Einreibungen mit fetthaltigem Quecksilber, Räucherungen. Ch. Hünemörder

Q.: →Albertus Magnus, →Bartholomaeus Anglicus, →Konrad v. Megenberg – Thomas Cantimpr., Liber de nat. rer., T. 1, ed. H. BOESE, 1973 – Vinc. Bellov., Speculum nat., 1624 [Neudr. 1964].

Lausanne (lat. Lousanna, belegt erstmals 108 v. Chr.; Leusonna, Lausonna, seit dem 9. Jh. Lausanna, Name angebl. von 'abgeflachter Stein'), Stadt und ehem. Bm. im alten Kgr. →Burgund (heute Hauptstadt des Kantons Waadt [Vaud], W-Schweiz).

I. Stadt – II. Bistum.

I. STADT: Entstehung und Bedeutung verdankt L. der günstigen Lage am Nordufer des Genfersees (Lacus Lemannus) wie am Kreuzungspunkt mehrerer Landwege in die Innerschweiz über Alpen und Jura. Prähist. Besiedlung ist zumindest im Bereich der Civitas (s. u.) seit dem 4. Jh. v. Chr. belegt; vom 1. Jh. v. Chr. bis ins 4. Jh. n. Chr. bestand in einer Seebucht, im Bereich des heut. Vororts Vidy, der gallo-röm. vicus Lousonna, dessen – unbefestigtes – Areal 25 ha umfaßte. Er wurde seit dem 3. Jh. infolge wirtschaftl. Unsicherheit und der Alamanneneinfälle allmähl. zugunsten der höhergelegenen Civitas *(Cité)* aufgegeben.

Die Errichtung des Bf.ssitzes in L. gegen Ende des 6. Jh. (s. Abschn. II) und die 896 und 1011 im Bf.en durch den Kg. v. Burgund übertragenen Gft.srechte förderten die städt. Entwicklung (Höhepunkt im 13. Jh. mit 8000–9000 Einw.). Ohne feste Plangestalt bildeten sich entsprechend topograph. Gegebenheiten und wirtschaftl. Bedürfnissen an den Hängen der Cité mehrere Stadtviertel aus: als ältestes das *Quartier de la Palud,* dann der Burgus *(Bourg)* im 9. Jh., *St-Laurent* im 10. Jh. sowie vor dem 13. Jh. das die Verbindung zw. Bourg und la Palud bildende *Quartier du Pont.* Die erst im 16. Jh. abgeschlossene Ummauerung folgte der topograph. Entwicklung z. T. mit beträchtl. zeitl. Abstand. Zeichen der Vitalität L.s im 13. Jh. waren: Entstehung einer Reihe von Vorstädten (Marterey, Etraz, Chêne, Ale, la Barre u. a.), der Bau der got. Kathedrale Notre-Dame (Weihe 20. Okt. 1275) mit dem ihr angeschlossenen Hospital (1277, 1279) sowie die Niederlassung zahlreicher Orden (Dominikaner 1234 in la Palud; Franziskaner 1258 in Bourg; Zisterzienserinnen 1267 in Bellevaux; Dominikanerinnen 1280 in Chissiez). Es bestanden in der Stadt mehrere ältere Pfarreien (St-Étienne, seit dem 7.–9. Jh.; St-Paul, vor 906; St-Pierre, um 906; St-Laurent, seit Ende 10. Jh./Anfang 11. Jh., Ste-Croix), zu denen nach 1228 St-Maire hinzutrat, während der Seelsorge in der Cité ein Altar an der Kathedrale diente. An altvorstädt. Pfarreien sind St-Théodule in Ouchy und die Kirche v. Vidy zu nennen.

Seit Mitte des 14. Jh. vollzog sich ein allmähl. städt. Rückgang, bedingt durch Schwächung der bfl. Gewalt, Verlagerung der Verkehrswege und Bevölkerungsschwund (Ende des 15. Jh. nur mehr ca. 4000 Einw.). L. besaß zwar seit der Merowingerzeit eine Münzstätte, war im übrigen jedoch eine Stadt ohne größere Handels- und Gewerbeinitiativen; die Lebensmittelversorgung erfolgte im wesentl. aus dem ca. 10 500 ha umfassenden städt. Bannbezirk *(ressort),* der von der Venoge bis zur Paudèze, vom Seeufer bis zum Forst de Jorat reichte. Die Bildung dieses abhängigen Bereichs vollzog sich z. T. im Zusammenhang mit der kommunalen Emanzipationsbewegung gegen den bfl. Stadtherrn.

L. war – neben der seit früher Zeit bestehenden Aufteilung in fünf *bannières* (ursprgl. stadtherrl. Bann- und Aufgebotsbereiche) – in zwei unterschiedl. verfaßte und manchmal rivalisierende städt. Gemeinden unterteilt: Civitas *(Cité,* ca. 4,5 ha) und Unterstadt *(Ville inférieure,* ca. 14,1 ha). Die bfl. Rechte über die Stadt wurden 1144 in den Statuten *(franchises)* Bf. Amadeus' d. Hl.n gefaßt; städt. Institutionen sind in dieser Urk. nicht erkennbar. Vom 13. Jh. an kämpften die Stadtbewohner für ihre Selbständigkeit und wurden dabei von den Gf.en (später Hzg.en) v. →Savoyen, ztw. auch vom Kathedralkapitel unterstützt. Nach Mißerfolgen (1280, 1303, 1313) sind seit der Mitte des 14. Jh. erste Ansätze städt. Selbstverwaltung faßbar; anläßl. des *Plaict* (Gerichtsversammlung) vom 3. Mai 1368 anerkannte Bf. Aymon de Cossonay Freiheiten und Gerechtsame der Stadt. Am 6. Juli 1481 vereinigten sich Cité und Ville inférieure. Seit 1518 näherte sich L. – in Abkehr vom bisherigen Bündnis mit Savoyen – den eidgenöss. Städten →Freiburg (im Üchtland) und →Bern *(Combourgeoisie,* Burgrecht vom 7. Dez. 1525) und fiel schließlich 1536 gemeinsam mit der Waadt unter Berner Herrschaft (bis 1798).

II. BISTUM: Die im wesentl. das Gebiet der späteren W-Schweiz umfassende Civitas Helvetiorum, aus der die Diöz. v. L. hervorgegangen ist, gehörte zum Verband der Sequania (Maxima Sequanorum). Die Bf.e der Frühzeit residierten teils in →Avenches (Aventicum), teils in Windisch (Vindonissa im Aargau). Das Christentum setzte sich Ende des 4. Jh. oder Anfang des 5. Jh. durch, während sich die Nachbarbm.er (Wallis/Sitten, Genf, Basel) wohl bereits im späten 4. Jh. konstituiert hatten. Unter dem Episkopat des Marius wurde in den letzten Jahren des 6. Jh. der Bf.ssitz nach L. verlegt. Durch Ausgrabungen wurden Substruktionen der Kathedrale vom Ende des 6. Jh. festgestellt; schriftl. Q. zum Bm. liegen jedoch erst für die Zeit ab 814 vor. Während die Bm. zunächst der Metropole →Lyon unterstand, kam es seit dem 7. Jh. in den Verband der Erzdiöz. →Besançon.

Drei ma. Bf.slisten (Annales Lausannenses 10. Jh.; Einfügung in das Kartular des Kapitels von Notre-Dame de L., 1225; 15. Jh.) und nur zwei Visitationsprotokolle (1416–17, 1453) sind erhalten. Seit ca. 1226 tagten Diözesansynoden in weitgehender Regelmäßigkeit, doch allein zwei Konstitutionen (18. April 1447; 1523) sind überliefert. Q.zeugnisse zu Bf.swahlen sind seit 878/879 (Wahl des Bf.s Hieronimus aufgrund päpstl. Intervention) vorhanden: bis zum II. Laterankonzil (1139) lag die Bf.seinsetzung in den Händen der Kg.e v. Burgund bzw. der Ks.; im 13. Jh. erfolgte dann die Wahl durch das Kathedralkapitel, unter Kontrolle und seit dem 14. Jh. fast durchgängiger Intervention des Papstes. Die Bf.e entstammten nur selten der Diöz., doch zumeist dem näheren regionalen Umkreis.

Neben seinen geistl. Funktionen war der Bf. Inhaber der →Regalien. Spätestens seit 896 übte er die Gft.srechte in der Stadt und in ihrem näheren Umland aus; am 25. Aug. 1011 wurde er vom Kg. v. Burgund, Rudolf III., mit Rechten in der gesamten Waadt (deren Umfang nicht den Bm.sgrenzen entsprach) investiert. Seit dem Übergang Burgunds an das Imperium (1032) war der Bf. geistl. Reichsfs. Die Verwaltung der Temporalien oblag dem bfl. Vogt; Inhaber dieses Amtes war spätestens seit 1056 der Gf. v. →Genf, der damit die weltl. Macht des Bf.s bedrohl. eingeengt. 1156 verlieh Friedrich Barbarossa die ksl. Vogtei und die Investitur der Regalien in den Bm.ern Genf, L. und Sitten dem Hzg. v. →Zähringen, der um 1160 die Bm.svogtei hinzuerwarb und damit den Bf. v. L. in eine noch prekärere Lage brachte. Erst 1226 konnte der Bf. die Vogtei wieder an sich ziehen. Seit dieser Zeit und bis ins 16. Jh. war der Bf. v. L. mit dem territorialen Machtstreben der Gf.en/Hzg.e v. Savoyen konfrontiert; diese erwirkten von Karl IV. 1356 die Appellationsgerichtsbarkeit im Bm. L., 1365 das Reichsvikariat; außerdem unterstützten sie die städt. Bewegung. Doch gelang es den Savoyern nicht, die Bf.e aus ihrer weltl. Position zu verdrängen. Mit dem Auszug des Bf.s am 21. März 1536, kurz vor der bern. Eroberung und der Einführung der Reformation, erlosch das Bm.

Feste Bm.sgrenzen entstanden wohl vor dem 12. Jh.; 561 kam das Gebiet von Windisch infolge der Aufteilung der Civitas Helvetiorum an die entstehende Diöz. v. →Konstanz. Das Bm. L. umfaßte den heut. Kanton Waadt (ohne Aigle, Aubonne, Rolle und Nyon), die Kantone Freiburg und Neuenburg sowie Teile der Kantone Bern und Solothurn (d. h. fast ausschließl. Gebiete in der späteren Schweiz). Das Pfarrwesen wird durch zwei Q. (1228, 1493) erhellt, wobei sich zw. beiden Dokumenten nur geringe Unterschiede ergeben; so blieben Struktur und Ausdehnung der neun Dekanate im wesentl. gleich; auch die Zahl der Pfarreien (1228: 306; 1493: 292) erfuhr keine größeren Veränderungen. Die früheste Erwähnung des Kathedralkapitels datiert vom 28. Juli 814, Kanoniker werden erstmals am 13. Aug. 885 gen. Gemeinsames Leben bestand wohl bis ins frühe 11. Jh. Wichtigste Aufgaben des Kapitels waren – neben der Leitung der Seelsorge an der Kathedrale und der Administration des Bm.s während Sedisvakanzen – die Aufsicht über den Diözesanklerus, Bau- und Instandhaltungsmaßnahmen der Kathedrale und ihres Hospitals, Pflegschaft des 1419 gestifteten Waisenhauses. Um 1200 wurde die Zahl der Domherren auf 30 begrenzt. Seit dem frühen 9. Jh. mit eigenen Gütern ausgestattet, ist seit etwa dem 14. Jh. Ämter- und Pfründenkumulierung feststellbar. Stand das Kapitel bis zum späten 12. Jh. unter Kontrolle des Bf.s, so erlangte es in der Folgezeit mehr und mehr das Recht zur selbständigen Wahl seiner Mitglieder sowie der Würden- und Amtsträger und errang nach zahlreichen Streitigkeiten mit dem Bf. Unabhängigkeit (1453). An Diözesanämtern sind Propst, Kanzler (aufgehoben um 1276), Thesaurar und Kantor früh (z. T. schon seit 896) belegt; in späterer Zeit treten Cellerar (seit ca. 1160), Offizial (1245) und Generalvikar (1341) auf.

Das Bm. L. zählte vor der Reformation 124 Abteien und Kollegiatkapitel; wichtigste Orden waren Benediktiner, Cluniazenser, Franziskaner, Prämonstratenser, Zisterzienser und Kartäuser; der Johanniterorden hatte acht Niederlassungen. G. Coutaz

Lit.: *zu* [I]: M. Grandjean, La ville de L., 3 Bde, 1965–81 – D. Anex-Cabanis, La vie économique à L. au MA, 1978 – Hist. de L., hg. J.-Ch. Biaudet, 1982, 19–150 – G. Coutaz, Hist. des Archives de la ville de L. des origines à aujourd'hui, 1986, 5–17 – *zu* [II]: Helvetia Sacra I/4, 1988 [Lit.] – Dossier 'Échanges et réseaux monastiques au MA. Franche-Comté–Pays de Vaud', Zs. für schweizer. Kirchengesch. 82, 1988, 51–210.

Lausavísur (altisländ., 'lose Strophen'), Einzelstrophen in einem skald. Metrum (zumeist →*Dróttkvætt*), die in einem erzählenden Prosatext, einer Saga, eingebunden überliefert sind. Sie werden dabei einer der Figuren der Handlung, häufig einem →Skalden, aber auch anderen hist. Persönlichkeiten in den Mund gelegt. Der Inhalt der L. kann ganz unterschiedl. sein: Er reicht vom Liebesgedicht bis zur Totenklage, von beschreibenden Gedichten bis zu Spott- und Fluchtversen (→*Níð*). Ihre Funktion innerhalb des Erzählkontextes ist vielfältig: Sie enthalten oft einen Komm. zu den Ereignissen oder drücken eine persönl. Einstellung des Sprechers zu der Situation oder seine Gefühle aus. In der künstler. Gestaltung der Erzählung bieten sie die Möglichkeit, die Gefühle der Protagonisten darzustellen, sie können aber auch als Retardationsmittel vor Höhepunkten eingesetzt werden. In hist. Schriften wiederum haben sie die Funktion einer Quellenberufung.

Obwohl es für jüngere Sagas wahrscheinl. ist, daß Strophe und Prosa vom selben Verf. stammen, ist für eine Vielzahl von Strophen anzunehmen, daß sie früher entstanden sind als der Prosatext, in dem sie überliefert werden (Problem der »echten« L., d. h. der bestimmten Dichtern oder anderen hist. Persönlichkeiten zugewiesenen L., die in vielen Fällen um Jahrhunderte älter sein müßten als der sie umgebende Text; mögl. Tradierung von originären Einzelstrophen innerhalb von anekdotenhaften mündl., vorlit. Erzählungen, aber auch Einbettung von Einzelstrophen aus größeren Gedichten in einen Erzählzusammenhang). E. Marold

Lit.: KL X, s.v. – F. Jónsson, Sagaernes l., ANOH, 1912, 1–57 – K. v. See, Der Skalde Torf-Einarr Jarl, Beitr. zur Gesch. der dt. Sprache und Lit. 82, 1960, 31–43 – A. Wolf, Zur Rolle der vísur in der anord. Prosa (Fschr. L. Franz, Innsbrucker Beitr. zur Kulturwiss. 11, 1965), 459–484 – R. G. Poole, Scaldic Poetry in the Sagas, the Origins, Authorship, Genre and Style of some L., 1975 – D. Hofmann, Sagaprosa als Partner von Skaldenstrophen, MSc 9, 1976, 138–145 – H. Magerøy, Skaldestrofer som retardasjonsmiddel i islendingesogene (Fschr. J. Benediktsson, Bd. 2, 1977), 586–599 – K. v. See, Skaldenstrophe und Sagaprosa, MSc 10, 1977, 58–82 – Ders., Mündl. Prosa und Skaldendichtung, MSc 11, 1978/79, 1982, 82–91.

Lausitz (Nieder- und Oberlausitz)
I. Bevölkerung, Siedlung und Wirtschaft – II. Herrschaftsstrukturen – III. Kirchengeschichte.

I. Bevölkerung, Siedlung und Wirtschaft: Größere Bedeutung erlangte das Gebiet der L. zuerst in der Zeit der L.er Kultur (seit Mitte des 2. vorchr. Jahrtausends in der Oberl. stärker verbreitet). Seit ca. 500 v. Chr. drängten Germanen von NW her die L.er Kultur (Illyrer) nach S ab. Seit etwa 200 v. Chr. bewohnten Vandalen den O der Niederl., im 2. Jh. n. Chr. zogen Burgunder in das Gebiet ein. Nach dem Abzug der Germanen (bis etwa 400) wanderten seit 600 von O Slaven ein, die erstmals beim →Geographus Bavarus (840/850) faßbar werden, der je 30 Burgen (civitates) bei den Stämmen der Lunsizi im N und der Milzeni (→Milsener) im S erwähnt. Sie siedelten in kleinen weilerartigen Dörfern und trieben überwiegend Ackerbau. Die slav. Bevölkerung hat sich in Nieder- und Oberl. über das MA hinaus bis zur Gegenwart erhalten, wobei aber ihre heutige Bezeichnung 'Sorben' nicht der ursprgl. Bedeutung entspricht (→Sorben, Stammesgruppe im Elbe/Saale-Gebiet).

In der Niederl. verteilte sich die slav. Bevölkerung auf mehrere kleine Siedlungskammern und bes. den Landstrich s. des Spreewaldes zw. Lübben und Cottbus, während in der Oberl. ein Gebiet geschlossener slav. Besiedlung zw. Kamenz und Löbau mit dem Mittelpunkt →Bautzen entstand. Neben der bäuerl. Tätigkeit entwikkelten sich frühe Formen des Handwerks, einschließl. der Eisenverarbeitung; Handelsplätze sind nachzuweisen.

Gegen 1200 setzte die dt. Kolonisation ein, die bisher unbewohnte Landstriche erfaßte: das s. Bergland und den n. Höhenrücken der Oberl. und die noch siedlungsfreien Gegenden der Niederl. In die nach dt. Recht durchgeführte Kolonisation (→Landesausbau und Kolonisation) wurden in nennenswertem Umfang slav. Siedler einbezogen. Frühe Kaufmannssiedlungen entstanden im 12. Jh. an den Fernstraßen, die von Leipzig aus durch die Niederl. nach Frankfurt/O. und durch die Oberl. nach Breslau führten. Daraus entwickelten sich die bedeutenderen landsässigen Städte, deren wichtigste Grundlage die Tuchmacherei war. Die Landwirtschaft herrschte im Wirtschaftsleben vor, im NO der Oberl. wurde das anstehende →Raseneisenerz seit dem 15. Jh. von Hammerwerken ausgebeutet.

II. Herrschaftsstrukturen: Mit der Auflösung gentiler Beziehungen entwickelte sich seit dem 9. Jh. adlige Herrschaft in enger Anlehnung an die Burgen. Die wohl wichtigste von ihnen, →Liubusua, zerstörte Kg. Heinrich I. 932. Etwa gleichzeitig wurde das Land der Milsener um Bautzen unter dt. Herrschaft gebracht, die aber noch nicht dauerhaft war. Die Zehntrechte im Land Lusici, die dem Bm. Brandenburg 948 bzw. dem Magdeburger Moritzkl. 961 verliehen wurden, konnten offenbar nicht durchgesetzt werden und gingen 972 (wie in Milzane) an das Bm. Meißen. Etwa seit dieser Zeit waren Ober- und Niederl.

Bestandteil der von Ks. Otto I. begründeten Marken. Gleichzeitig ist aber auch der slav. Senior →Dobromir als Fs. (?) nachzuweisen. Vom Slavenaufstand 983 wurden beide Gebiete nicht erfaßt.

Von 1002 bis zum Frieden v. →Bautzen 1018 herrschte Kampf in den L. en, die von →Bolesław I. Chrobry als Reichslehen beansprucht wurden. Erst mit dem Sturz Mieszkos II. gelangten die Länder dauerhaft an das Reich. Die Ostmark wurde an die →Wettiner gegeben, bei denen sie mit Ausnahme einer böhm. Periode 1075–81 verblieb. Der Wettiner Konrad erhielt 1144 auch das Land Bautzen, das sein Sohn Otto 1158 wieder aufgeben mußte.

Niederlausitz: Sie gelangte bei der wettin. Landesteilung 1156 an →Dietrich v. Landsberg (5.D.), fiel aber 1210 an die Hauptlinie zurück. Mgf. →Heinrich d. Erlauchte (60.H.) nutzte sie als Basis für seinen erfolglosen Versuch, in den Raum s. und ö. von Berlin vorzudringen. Sein Enkel →Diezmann verkaufte sie an Brandenburg. Nach dem Aussterben der brandenburg. Askanier 1319 gerieten Teile der L. an Hzg. Rudolf v. Sachsen und Hzg. Heinrich v. Jauer, der Hauptteil war von den →Wittelsbachern 1323–28 an die Wettiner verpfändet. Eine erneute wettin. Pfandschaft von 1353 endete 1364, 1368 ging die Niederl. an →Böhmen über, bei dem sie bis 1635 verblieb.

Im Zusammenhang mit der Kolonisation begann die territoriale Aufgliederung des Landes. Neben dem Mgf.en erschien 1156 ein Burggf. v. →Cottbus. Seit dem letzten Viertel des 13. Jh. treten Angehörige edelfreier und reichsministerial. Geschlechter aus dem Saale-Mulde-Raum als Inhaber der großen Herrschaften auf, die für das polit. Gefüge der Niederl. kennzeichnend waren. Daneben bestand ein zahlenmäßig starker Kleinadel auf Rittergütern. Seit 1411 sind die Landstände als Korporation erkennbar. Die seit dem 14. Jh. auswärtigen Landesherren ließen sich durch Landvögte vertreten, die seit dem späten 15. Jh. in Lübben saßen, wo sich eine Zentralverwaltung ausbildete. Im späten MA ist die Niederl. mehrfach verkleinert worden. An Brandenburg fielen Teupitz 1431, Cottbus 1445/55, Zossen 1478, an Sachsen Finsterwalde 1425, Senftenberg 1448, Beeskow, Storkow und Sonnewalde 1477.

Land Bautzen: Es gelangte 1253 an Brandenburg, 1268 wurde ein eigenes Land →Görlitz abgetrennt, das 1319–39 und 1377–96 unter eigenen Hzg.en stand, während Bautzen 1319 wieder böhm. wurde. Gegen die schwache Herrschaft der Habsburger übertrug der Oberl.er Adel 1469 die Landesherrschaft dem ung. Kg. Matthias Corvinus. 1490 wurde Kg. Władysław v. Polen Herr über die Oberl., die 1526 den Habsburgern zufiel. Erst in der 2. Hälfte des 15. Jh. wurden die 'Länder' Bautzen, Görlitz und Zittau in Anlehnung an das Land (Nieder-)L. als Oberl. bezeichnet. Die territoriale Entwicklung vollzog sich ähnl. wie in der Niederl., begann jedoch schon zu Anfang des 13. Jh. mit der Ausbildung einiger Standesherrschaften, neben denen ein sehr zahlreicher Kleinadel mit seinen Rittergütern das soziale Gefüge bestimmte. Die großen landsässigen Städte Bautzen, Görlitz, →Zittau, Kamenz, Lauban und Löbau schlossen sich 1346 im Oberl.er Sechsstädtebund zusammen, womit sie neben der Ritterschaft eine starke Stellung erlangten und im Bunde mit dem auswärtigen Landesherrn den Landfrieden sicherten. Da die Landesherren niemals im 'Mgf.entum' Oberl. residierten, setzten sie Landvögte ein, neben denen seit dem ausgehenden MA die von den Landständen ernannten Landeshauptleute standen. Das Land war tatsächl. von den Landständen regiert. Territoriale Verluste sind durch die Territorialbildung der Bf.e v. Meißen um Stolpen und Bischofs-

werda und durch den Übergang s. Randgebiete an Böhmen 1253 eingetreten, während das böhm. Land Zittau nach 1346 hinzugewonnen wurde.

III. KIRCHENGESCHICHTE: Die urspr̄gl. territoriale Einheit der beiden Mgf.entümer spiegelt sich in den beiden gleichnamigen Archidiakonaten des Bm.s →Meißen wider, die 1216 (Oberl.) und 1228 zuerst gen. werden. Beide Länder gehörten dem Bm. Meißen seit seiner Gründung 968 an. Die slav. besiedelten Gebiete wurden wohl schon am Ende des 10. Jh. durch Burgwardkirchen mit umfangreichen Urpfarreien missioniert. Die dt. Kolonisation des frühen 13. Jh. ließ zahlreiche Siedlerpfarreien entstehen, während die großen Standesherrschaften weitflächige Herrschaftspfarreien formierten.

Das Zisterzienserkl. →Doberlug entstand 1165 als Hauskl. in der wettin. Ostmark. Zisterzienserinnen wurden 1234 in Marienthal bei Zittau und 1248 in Marienstern bei Kamenz angesetzt (beide Oberl.). 1235 bestand das Benediktinerinnenkl. vor der Stadt Guben, in Bautzen wurde 1221 ein Kollegiatstift errichtet. Von den Hussitenzügen wurde die Oberl. als Nachbarland Böhmens 1419–34 bes. schwer heimgesucht. K. Blaschke

Q.: R. Lehmann, Urkk.inventar zur Gesch. der Niederl. bis 1400 (Mitteldt. Forsch. 55, 1968) – Cod. diplomaticus Lusatiae superioris, hg. G. Köhler–R. Jecht, 1851–1931 – Lit.: K. Blaschke, Hist. Ortsverz. von Sachsen, 4: Oberl., 1957 – M. Reuther, Die Oberl. als Gesch.sraum, BDLG 93, 1957 – Oberl.er Forsch., hg. Ders., 1961 – R. Lehmann, Gesch. der Niederl., 1963 – Herrmann, Siedlung – K. Blaschke u.a., Die Kirchenorganisation in den Bm.ern Meißen, Merseburg und Naumburg um 1500, 1969 – H. Ludat, An Elbe und Oder um das Jahr 1000, 1971 – Gesch. der Sorben. Gesamtdarstellung, 1, hg. J. Šolta, 1977 – R. Lehmann, Hist. Ortslex. für die Niederl., 2 Bde, 1979 – Chr. Lübke, Reg. zur Gesch. der Slaven an Elbe und Oder, T. II–IV, V [Ind.], 1985ff. – →Brandenburg, Mark – →Elb- und Ostseeslaven – →Sachsen.

Lausitzer Städtebund → Städtebünde

Lautbert → Lambertus

Laute → Musikinstrumente

Lautere Brüder (v. Baṣra), arab. Iḫwān aṣ-ṣafā', hermet.-philos. Gemeinschaft, deren »Sendschreiben« aus der 2. Hälfte des 10. Jh. als eine enzyklopäd. Lehrslg. Einfluß auch auf die →Alchemie gehabt haben, v. a. auf das pseudo-aristotel. »Secretum secretorum«. Diese arab. Kompilationen vermittelten u. a. Esoterik, Philosophie, Alchemie und Gesundheitslehre und haben zur Überlieferung antiken Wissens beigetragen. In 51 Traktaten werden u. a. Logik mit Propädeutik, Naturlehre mit Anthropologie, Lehre von der Weltseele und Theologie abgehandelt. Obgleich dem Islam angehörend, ist aristotel., neuplaton. und neupythagoreisches Gedankengut bestimmend.
  G. Jüttner

Lit.: EI² III, 1071ff., s. v. Ikhwān al-Ṣafā' – S. Diwald, Arab. Philos. und Wiss. in der Enzyklopädie, 1975 – Convegno sugli Ikhwān aṣ-Ṣafā', ed. A. Bausani, 1981 – I. R. Netton, Muslim Neoplatonists: An Introduction to the Thought of the Brethren of Purity, 1982.

Läuterung → Fegfeuer

Lauto → Laudus

Lautrec (dép. Tarn, arr. Castres), Vizgft. (Vicomté) und weitverzweigte Adelsfamilie des westl. Languedoc; ihr Territorium umfaßte den südl. Teil der Diöz. Albi. Die Vicecomites des 10. und 11. Jh. (*Sicard, Isarn,* dann wieder *Sicard*) waren ein Geschlecht vor wohl frk. Herkunft, das gemeinsam mit den Vicecomites v. →Albi – einen jüngeren Zweig der Vicecomites v. →Nîmes bildete (s.a. →Trencavel), die wiederum mit den Gf.en v. →Toulouse verbunden waren. Im 12. Jh. waren *Isarn* (vor 1144) und

Sicard IV. (1144–† nach 1158) Vasallen der Gf. en v. Toulouse und der Vicecomites v. →Béziers; *Sicard V.* (vor 1160–93) heiratete die Tochter von Raimund Trencavel. Die Güter *Sicards VI.* († vor 1226) wurden während des Albigenserkreuzzugs (→Albigenser) konfisziert, von den →Montfort jedoch der Witwe Sicards, Agnès de Mauvoisin, und ihren Kindern zurückerstattet.

Eine erste Erbteilung wurde im April 1242 zw. den Erben Sicards V. (*Bertrand I.* und seinen Neffen, den Söhnen von Sicard VI.) vorgenommen, wobei Gerichtsrechte und Lehnseide ungeteilt blieben und der Titel des Vicecomes stets von allen Erben, auch den abgeteilten, getragen wurde. *Bertrand I.* (1235–† nach 1258) behielt eine Hälfte der Vicomté; nach Streitigkeiten mit der kgl. Justiz verstarb er wohl im Hl. Land. Ihm folgte sein Sohn *Sicard VII.* (Sicardet; * vor 1248, † nach 1300), dann dessen Sohn *Bertrand III.* (1287–† nach 1321), der ohne Nachkommen war und 1306 von Kg. Philipp IV. die Vicomté Caraman (Carmaing, dép. Haute-Garonne, arr. Toulouse) erhielt, im Austausch gegen seine Hälfte der Vicomté L., die der Kg. 1338 gegen entsprechende Pfandleistung dem Gf. en v. →Foix übergab. Daher wurde der Titel des Vicomte v. L. auch vom Hause Foix geführt (seit →Jean I., † 1436, bei jüngerer Linie; bedeutendster Vertreter: Odet de Foix, 1485–1528, Marschall v. Frankreich).

Die andere Hälfte der Vicomté L. wurde am 17. Aug. 1255 zw. den vier überlebenden Söhnen Sicards VI. geteilt (Pierre, Isarn, Bertran und Amalric), der Anteil *Pierres I.*, Herrn v. Labruguière (1240–† vor 1267), nochmals zw. seinen drei Brüdern. Ein Teil der Herrschaft *Isarns I.* (1242–75), mit der Seigneurie Montfa, ging um 1354 an die Herren v. Arpajon über (bis 1430), ein anderer Teil, mit der Seigneurie Montredon, an *Amalric II.* (1325–38) und dessen Nachkommen, bis *Pierre IV.* 1430 Montredon gegen Montfa tauschte und so den Titel von den Arpajon zurückerwarb. – Der Bruder Pierres I., *Bertrand II.* (1242–90), besaß die Seigneurie Sénégats und war Ratgeber →Alfons' v. Poitiers sowie Vormund des jüngeren Sicard Aleman (→Alamand) und erhielt als Universalerbe dessen große Besitzungen. Durch Bertrands Erbtochter Béatrix (⚭ 1296/97 Philippe de Lévis) kamen die Güter dieser Linie der L. sowie der Aleman an das Haus →Lévis. – Als weitere Zweige der L. sind zu erwähnen: die auf *Amalric I.*, Herrn v. Ambres (1242–95, † vor 1301), zurückgehende Linie sowie die Herren v. Vénès.

Nach der kgl. Enquête von 1306 umfaßte die Vicomté 32 Orte (davon 24 Konsulatsstädte; →Konsulat), hatte um die 60 Vasallen (unter ihnen der Äbt. des Kl. Vielmur, das als Grablege des Geschlechts diente und dessen Äbt.nen 1256–1392 ausschließl. dem Hause L. entstammten). 1338 zählte die Hälfte der Vicomté, die Gf. Gaston de Foix gegen eine Pfandleistung von 28 842 l. erwarb, 2925 Feuerstätten.
N. de Peña

Lit.: COMPAYRE, Études hist. et documents inédits sur l'Albigois, 1841 – J. VAISSÈTE–C. DEVIC, Hist. Générale du Languedoc, 1872ff., VII, n. XVIII; X n. IV; III–XI, passim – Cart. et divers actes des Alaman, des de L. et des de Lévis, ed. E. CABIE–L. MAZENS, 1882 – B. DE CHANTERAC, Odet de Foix, vicomte de L., maréchal de France, 1930 – E. MAGNOU-NORTIER, La Société laïque et l'église dans la province ecclésiastique de Narbonne, 1974.

Lavaix (Lavagus, bis 10. Jh. Vilanova), kurz vor Mitte des 9. Jh. in Ribagorza (Spanien, Katalonien, Prov. Lérida) gegr. Kl. unter dem Patrozinium Maria und Petrus (seit der 2. Hälfte 10. Jh. auch Johannes und Laurentius), anfängl. in der Tradition noch überkommener Formen des westgot. Mönchtums stehend und mit Schutz (der kgl. Immunität nachgebildet) des Gf. en v. Toulouse. Letzter Abt starb 1064; nach einer Verfallsperiode durch den Bf. v. Urgell um 1110 in ein Kanonikerstift (nach Aachener Regel) umgewandelt, das der Domkirche von Seu d'Urgell eng, aber nicht besitzrechtl. verbunden blieb. 1223 in ein Zisterzienserkl. umgewandelt.
O. Engels

Lit.: DHEE III, 1528 [D. YÁÑEZ] – R. D'ABADAL I DE VINYALS, Catalunya carolíngia III. Els comtats de Pallars i Ribagorça 2, 1955, 244–248 – J. J. BAUER, Die vita canonica der katal. Kathedralkapitel vom 9. bis zum 11.Jh. (Homenaje J. VINCKE, 1962/63), 103f. – O. ENGELS, Anuario de Estudios Medievales 6, 1963 – DERS., Reconquista und Landesherrschaft, 1989 [Ind.].

Laval, große westfrz. Adelsfamilie; Leitname: Guy. Die Burg L. (heute Stadt L., dép. Mayenne) wurde errichtet vor 1039 von *Guy I.* († nach 1064), der wohl Herr v. Déneré in der 'Champagne' v. →Maine und dort Gründer des Priorats Auvers war. Sein 2. Sohn, *Haimon* († um 1080), folgte ihm nach, diesem *Guy II.* (um 1080–um 1110). 'Guy III.' bleibt dagegen hypothetisch. *Guy IV.* (um 1110–um 1130) war wohl mit einer natürl. Tochter Kg. Heinrichs I. v. England verheiratet. *Guy V.* (um 1130–1185) hinterließ als erster der Herren v. L. ein eigenes Siegel; er gründete die Abtei Clermont als →Grablege des Hauses. *Guy VI.* (1185–1210) reihte sich ins Lager des frz. Kg.s, Philipp II., gegen die Plantagenêt, ein. Da sein Sohn Guyonnet einjährig starb, fiel der gesamte Lehensbesitz an die Tochter *Emma*, die ihn unter der Munt ihres jeweiligen Ehemannes innehatte. Aus der zweiten ihrer drei Ehen, mit Mathieu II. v. →Montmorency, stammte *Guy VII.* († um 1267), der durch Heirat mit Philippa (1239) die Baronie Vitré erhielt und 1250 Miterbe der Montmorency war. Unter *Guy VIII.* (um 1267–95) wurden L. und Vitré vereinigt (bis zur Frz. Revolution). Durch Heirat mit Béatrice de Gavre gewann *Guy IX.* seinem Haus für zwei Jahrhunderte reichen Landbesitz in Flandern. *Guy X.* (1333–47), verheiratet mit einer Tochter des Hzg.s v. →Bretagne, verlor als Parteigänger →Karls v. Blois sein Leben auf dem Schlachtfeld v. La Roche-Derrien. *Guy XII.* (ursprgl. Name: Jean), der 1348–1412 regierte, heiratete in 2. Ehe die Witwe des Kriegshelden →Du Guesclin, seine Base Jeanne de L.-Châtillon. Einziges überlebendes Kind war *Anne* († 1466), die Jean, Herrn v. →Montfort (Bretagne), heiratete, der sich fortan *Guy XIII.* nannte († um 1414). Unter *Guy XIV.* (1466–86) erreichte das Haus L. den Zenit seiner Macht. 1429, anläßl. der Königsweihe Karls VII. zu Reims, wurde die Baronie L. zur Gft. erhoben. Zur gleichen Zeit war Guys Vetter, *Gilles de L.-Retz* (der nachmals berüchtigte Gilles de →Rais), Marschall v. Frankreich; dieses Amt fiel an seinen Bruder *André de →Lohéac*, der Schwiegersohn Hzg. Johanns V. v. Bretagne wurde. Seine Tochter *Jeanne* heiratete den Kg. René v. Anjou. Auch *Guy XV.* (1486–1501), kgl. Großhofmeister, zählte zu den Spitzen des frz. Adels.
A. Chédeville

Q. und Lit.: A. BERTRAND DE BROUSSILLON, La maison de L., 5 Bde, 1895–1905 – R. LATOUCHE, Hist. du comté de Maine pendant le Xe et le XIe s., 1910, 116–126 – A. ANGOT, Généalogies féodales mayennaises du XIe au XIIIe s., hg. A. LAURAIN, 1942.

Lavant, ehem. Bm. in →Kärnten (1859 nach Marburg a. d. Drau verlegt). Das untere L.tal war durch die Schenkung Ludwigs d. Dt. 860 an das Ebm. →Salzburg gekommen. Ebf. →Eberhard II. gründete 1223/25 in St. Andrä ein Augustiner Chorherrenstift. Nachdem Honorius III. 1225 sein Einverständnis gegeben hatte, erfolgte 1226 die Errichtung des vierten und letzten Salzburger »Eigenbm.« L. mit Sitz in St. Andrä. Die Rechtsverhältnisse wurden 1228 fixiert, die endgültigen Diözesangrenzen aber erst 1244 zugeteilt. Der Salzburger Ebf. besaß das

Recht, den Bf. ohne Zutun von Ks. und Papst auszuwählen, einzusetzen und mit geistl. und weltl. Hoheitsrechten auszustatten. Die Gründung von L. war einerseits gegen die Unabhängigkeitsbestrebungen der Bf. e v. →Gurk gerichtet, andererseits nahm der Bf. v. L. wichtige Verwaltungsaufgaben für den Salzburger Ebf. wahr. Das Augustiner Chorherrenstift St. Andrä bildete zugleich das Domkapitel, der Propst war Dompropst und seit 1244 auch Archidiakon. Das Bm. hatte eine geringe Ausstattung (Pfarren St. Andrä, Lavamünd und fünf in der Steiermark). H. Dopsch

Lit.: I. OROŽEN, Das Bm. und die Diöz. L., 4 Bde, 1875–89 – H. DEXLER, Beitr. zur Gesch. der Bf. e v. L. im MA [Diss. masch. Wien 1952] – M. PAGITZ-ROSCHER, Das Augustiner Chorherrenstift St. Andrä im L.tal, Carinthia I, 1967, 296–319 – J. RICHTER, Ustanovitev lavantinske škofije (Časopis za zgodovino in narodopisje, nova vrsta 6, 1970), 11ff. – Fschr. 750 Jahre Bm. L. (1228–1978), 1978.

Lavendel (Lavandula angustifolia Mill./Labiatae). Obwohl in den Mittelmeerländern weit verbreitet, wird der Echte L. von den antiken Autoren nicht erwähnt; vielmehr scheint er mit einer nahe verwandten Art: dem von Dioskurides (Mat. med. III, 26) beschriebenen stoichas, auch mit einem Baldriangewächs: der Ind. Narde (lat. spica nardi) verwechselt worden zu sein. Im MA war *lavendula* (Hildegard v. Bingen, Phys. I, 35) – der Name galt wohl bes. für den bei Albertus Magnus (De veget. VI, 433) gen. Schopf-L. (L. stoechas L.) und den Großen Speik (L. latifolia Medik.) – ebenfalls nicht sehr bekannt und wurde erst seit Ende des 15. Jh., zunächst in England und Frankreich, angebaut. Außer als Badezusatz (daher die Bezeichnung [von lat. lavare 'waschen']) verwendete man die aromat. Pflanze med. bei Schlagfluß, Magen-, Leber-, Gebärmutterleiden u. a., ferner zur Läusevernichtung und als Antaphrodisiacum (Gart, Kap. 234). Wie anderen stark duftenden Kräutern schrieb man auch dem L. apotropäische Kräfte zu. P. Dilg

Lit.: MARZELL II, 1211–1214 – DERS., Heilpflanzen, 194f. – HWDA V, 950 – H. KÜSTER, Wo der Pfeffer wächst. Ein Lex. zur Kulturgesch. der Gewürze, 1987, 125–128.

La Vigne, André de, * um 1465 in La Rochelle, † vor 1527, frz. Autor, u.a. im Dienst von Karl VIII., Anne de Bretagne (→Anna [8.]) und Franz I. Wie G. →Cretin der Poetik der →Rhétoriqueurs verpflichtet, verfaßte er neben Balladen, Rondeaux, Totenklagen, Versepisteln, mytholog., burlesken und polit. Stücken eine Beschreibung des Italienfeldzuges 1494–95 (»Le Voyage de Naples«, Prosimetrum) im Auftrag des Kg.s. Unter dem Titel »Le Vergier d'Honneur« gab er um 1500 selbst einen Teil seiner Werke heraus. Theater: Soties und Moralitäten sowie ein »Mystère de Saint Martin« (1496 in Seurre, Burgund, aufgeführt). L. ist der erste frz. Autor, der ein →Sonett, allerdings auf It., geschrieben hat; als erster hat er auch vier Heroidenepisteln selbst erfunden, novellenartige Liebesgeschichten, die mit Ovids »Heroides« wenig gemein haben. M.-R. Jung

Ed.: Sotise à huit personnages, ed. E. PICOT, Rec. gén. des sotties, 2, 1904 – Mystère de s. Martin, ed. A. DUPLAT, 1979 – Voyage de Naples, ed. A. SLERCA, 1981 [Bibliogr.] – Moralités franç., ed. W. HELMICH, 1980 – *Lit.:* E. L. DE KERDANIEL, Un rhétoriqueur, A., 1919 – DERS., Un auteur dramatique du XVᵉ s., A., 1923 – A. SLERCA, A. petrarchista, Le moyen français 11, 1982, 7–53 – C. J. BROWN, The Evolution of L.'s »La Ressource de la Chrestienté«, Bibl. d'Humanisme et Renaissance 45, 1983, 115–125 – F. LESTRINGANT, De la défloration aux ossements (La Mort dans le texte, hg. G. ERNST, 1988), 65–83.

Laxativa → Purgantia

Laxdœla saga ('Saga von den Bewohnern des Laxárdalr') zählt zu den umfangreichsten und künstlerisch bedeutendsten →Íslendingasögur. Die um die Mitte des 13. Jh. entstandene L. s. ist größtenteils im w. Island lokalisiert und erzählt von den Nachfahren des aus Norwegen stammenden Ketill flatnefr (»Flachnase«) und seiner Tochter Unnr in djúpúðga («Die Tiefsinnige»). Das ausführl. präsentierte Geschehen gipfelt in der Darstellung der Guðrún Ósvífrsdóttir, der Hauptheldin der Saga, ihres Geliebten Kjartan Óláfsson und ihres Mannes Bolli Þorleiksson, deren Konfliktkonstellation unter dem strukturellen Einfluß des Heldensagenstoffes von Brynhild/Sigurd steht. Wie kaum eine andere Isländersaga weist die L. s. enge Verflechtungen mit hist. und lit. Werken der altnordischen Literatur auf. Zu den direkt verwerteten Q. gehören →Ari enn fróði und andere →Konungasögur, was keineswegs einen Gegensatz zum hohen Fiktionalisierungsgrad des Textes darstellt; vielmehr läßt sich die L. s. durchaus als dezidierte Deutung der isländ. Gesch. des 9.–11. Jh. aus der Sicht des 13. Jh. lesen. Dabei wird mit so außergewöhnl. Konsequenz eine weibl. Erzählperspektive durchgeführt, daß die anonym überlieferte L. s. einer Frau zugeschrieben worden ist. Doch muß eine solche Zuweisung – genauso wie die an namentl. bekannte Verfasser, z. B. die Brüder Sturla Þórðarson oder Óláfr Þórðarson, ja sogar Snorri Sturluson – äußerst hypothet. bleiben. J. Glauser

Ed.: Íslenzk fornrit V, 1934 [E. Ó. SVEINSSON] – *Dt. Übers.:* Isländersagas I, 1982 [R. HELLER] – *Lit.:* P. HALLBERG, Ólafr Þórðarson hvítaskáld, Knýtlinga saga och L. s., 1963 – M. MUNDT, Sturla Þórðarson und die L. s., 1969 – A. M. A. MADELUNG, The L. s.: Its Structural Patterns, 1972 – R. HELLER, Die L. s., 1976 – H. BECK, L. s. – A Structural Approach, Saga-Book XIX, 1977, 383–402 – P. CONROY, L. s. and Eiríks saga rauða: Narrative Structure, Arkiv för nordisk filologi 95, 1980, 116–125 – H. KRESS, Meget samstavet må det tykkes deg, (Svensk) Historisk tidskrift 1980, 266–280 – G. ZIMMERMANN, Isländersaga und Heldensage, 1982 – P. M. SØRENSEN, Norge og Irland i L. s. (Fschr. A. JAKOBSEN, 1987), 185–195 – P. CONROY-T. C. S. LANGEN, L. s.: Theme and Structure, Arkiv för nordisk filologi 103, 1988, 118–141 – H. BECK, L. s. und Textwiss. (Arbeiten zur Skandinavistik, hg. O. WERNER, 1989), 371–389.

Laxenburg, Vertrag v. (1461), zw. Friedrich III. und seinem einzigen und jüngeren Bruder Albrecht VI. In den ersten Regierungsjahren Friedrichs führte wohl v. a. auf das →Privilegium maius gestützte Machtanspruch Friedrichs als Senior des Hauses Österreich zum Zerwürfnis zw. Friedrich und seinem Bruder, da der Ältere – v. a. 1439 und nach 1457 – die auf Hausverträge bezogenen Forderungen Albrechts nicht erfüllte. Dieser gab sich zwar nach 1440 mit dem ihm zugewiesenen Machtbereich am Oberrhein zufrieden, griff aber, als er nach dem Tode des Ladislaus V. Postumus mit Österreich ob der Enns abgespeist werden sollte, zu den Waffen und fand Hilfe bei den benachbarten Kgr. en. Friedrich konnte jedoch bald wieder Kg. Georg v. Böhmen für sich gewinnen, der als Schiedsrichter am 6. Sept. 1461 einen Waffenstillstand vermittelte, der bis zum 24. Juni 1462 gelten sollte. Unklarheiten der Vereinbarungen ließen aber die Kämpfe bald wieder ausbrechen, die erst mit dem Tode Albrechts am 2. Dez. 1463 ein Ende fanden. H. Koller

Lit.: M. VANCSA, Gesch. Nieder- und Oberösterreichs, II, 1927, 378ff. – P. CSENDES, Wien in den Fehden der Jahre 1461–63, 1974, 8 – A. ZAUNER, Ehzg. Albrecht VI. (Oberösterreicher, Lebensbilder zur Gesch. Oberösterreichs, II, hg. A. ZAUNER-H. SLAPNICKA, 1982), 18ff.

Laȝamon's Brut, früheste me. Verschronik (16095 Langzeilen), entstanden wohl ca. 1190–1215 in Worcestershire, überliefert in zwei Hss. (ca. 1275 und ca. 1300), deren eine (Cotton Caligula A.IX) dem Original sprachl. recht nahe steht, während die andere (Cotton Otho C.

XIII) eine modernisierte gekürzte Fassung bietet. An Hand von →Waces »Roman de Brut« erzählt L., Geistlicher in Ardeley Kings (Worces.), die sagenhafte Gesch. Britanniens von Brutus' Ankunft nach dem Untergang Trojas bis zum Tode Cædwallas (689), des letzten brit. Kg.s, und liefert mit ihr die erste engl. Bearb. des Artusstoffes (→Artus, V). Zentrale Gestalt ist Arthur; ihm gilt fast ein Drittel der Darstellung.

Zu L.s Q. gehören außer Waces »Brut« die Werke →Geoffreys v. Monmouth, z. T. mündl. tradiertes walis. Erzählgut, u. a. Prophezeiungen (→Armes Prydein), und hagiograph. Lit. Durch die Art und Weise, in der sich L. formal wie inhaltl. von Wace löst, gewinnt sein weniger höf. als heroisch geprägter »Brut« eigene lit. Qualität, die ihn weit über den Rang einer Übertragung ins Engl. erhebt. Unter Verwendung von Assonanz und Binnenreim greift L. auf die heim. Tradition der alliterierenden Langzeile zurück (→Alliteration). Dem frz. Vokabular höf. Kultur zieht er mitunter archaisierend gebrauchtes germ. Wortgut vor, wie v. a. viele, hernach nicht mehr bezeugte poet. Komposita zeigen, die er in häufigen Naturvergleichen und – formelhaft abgewandelt – in den wiederkehrenden Schilderungen von Schlachten oder Festen eindrucksvoll einsetzt. Stil und Erzähltechnik erinnern an ae. Dichtart. Die Fokussierung auf die Hauptfiguren und die Folgen ihres Handelns verleiht der anschaul. und geradlinigen Darstellung dramat. Spannung. Eigentüml. ist die kelt. Sagen verpflichtete Märchenatmosphäre, die im Bericht von Arthurs Tod beispielhaft zum Ausdruck kommt.   K. Dietz

Bibliogr.: ManualME 8.XXI, 1989, 2611–2617, 2781–2798 [Nr. 3] – NCBEL I, 460–463 – Ed.: F. MADDEN, L.'s B., or Chronicle of Britain, I-III, 1847 [Nachdr.: 1967, 1970] – G. L. BROOK–R. F. LESLIE, L.: B., EETS 250, 277, 1963/78 – Lit.: J. A. W. BENNETT–D. GRAY, ME Lit. 1100–1400 (Oxford Hist. of Engl. Lit., 1986), 68–89 – F. LE SAUX, L.'s B.: The Poem and its Sources, 1989 – D. DONOGHUE, L.s Ambivalence, Speculum 65, 1990, 537–563.

Lazar. 1. L. Hrebeljanović, serb. Fs., ca. 1329–89; sein Vater Pribac war Logothet am Hof Zar Dušans, wo L. seine Karriere als *stavilac* begann. Als nach dem Tode Dušans eine Zentralgewalt prakt. fehlte, gelangte er zu selbständiger Herrschaft über ein Gebiet, das er nach der Schlacht an der →Marica 1371 erweiterte. Im Kampf gegen Nikola Altomanović gewann er den bosn. Ban →Tvrtko für sich. Den Sieg über Nikola, dessen Besitzungen er sich mit Tvrtko teilte, bezahlte er mit der Vasallenbindung an den ung. Kg. Ludwig I. Durch Verdrängung von Radič Branković-Rastislalić, dem Herrn v. Kučevo und Braničevo, vereinte er das ganze Gebiet an der Morava. Als Schwiegervater von Alexander, Sohn des bulg. Zaren Šišman, von Nikola Gorjanski d.J., dem ung. Ban v. Mačsó, von Vuk →Branković und Djuradj Stracimirović Balšić sicherte er sich stabilere nachbarl. Beziehungen. Er genoß die Unterstützung der von ihm reich beschenkten Kirche und errichtete die Kl. Ravanica, Lazarica und Gornjak; die Aussöhnung zw. dem Patriarchat Konstantinopel und der serb. Kirche ist zu einem guten Teil sein Verdienst. Die Gebiete L.s, Vuk Brankovićs und Vuk Stracimirovićs bildeten eine geogr., jedoch keine polit. Einheit. L. genoß im Familienverband nur das größte Ansehen unter gleichberechtigten, selbständig handelnden Partnern. Zwar gelang es L., den zeitweiligen Angriffen der Türken zu widerstehen, doch war ihr Vordringen nicht aufzuhalten. L. gewann die Unterstützung Vuk Brankovićs und Tvrtkos für den Entscheidungskampf in →Kosovo polje (1389), wo er fiel. Die serb. Kirche sprach L. heilig.   R. Mihaljčić

Lit.: I. RUVARAC, O knezu Lazaru, 1887 – JIREČEK II/1 – M. A. PURKOVIĆ, Kćeri kneza Lazara, 1957 – O knezu Lazaru, 1971 – R. MIHALJČIĆ, L. H. – istorija, kult, predanje, 1984, 1989², 1989³ – DERS., The Battle of Kosovo in Hist. and Popular Tradition, 1989.

2. L. Branković, serb. Herrscher, * um 1421, † 20. Jan. 1458, jüngster Sohn des Despoten Đurađ B. 1440 war L. Prätendent auf den ung. Thron. Zum Nachfolger seines Vaters wurde er erst erklärt, als Murad II. die Brüder L.s, Grgur und Stefan, hatte blenden lassen. L. erhielt anläßl. seiner Heirat mit Helene, der Tochter des Despoten Thomas Palaiologos, von byz. Ks. die Insignien der Despotenwürde (1446). Während der kurzen Zeit seiner Alleinherrschaft nach dem Tode des Vaters (24. Dez. 1456) konnte L. dank des Friedens mit den Türken eine aktive Politik in Ungarn führen; er bemächtigte sich der Donaustadt Keve (Kovin). Unbekannt bleiben die Ursachen seiner Konflikte mit der Mutter und Verwandten, die Serbien verließen (1457). L. hinterließ nur Töchter, ein Umstand, der zu inneren Streitigkeiten führte.   S. Ćirković

Lit.: V. ĆOROVIĆ, Ženidba despota Lazara, Glas 156, 1933 – B. NEDELJKOVIĆ, Dubrovnik u svatovima Lazara Đurđevića, Zbornik Filos. Fak. u Beogradu 8, 1964.

Lazarević → Stefan Lazarević

Lazariten, Hospitalorden, entstanden in Jerusalem am Ende des 11.Jh., befolgte die →Augustinusregel, von Anfang an auf Leprosenpflege (→Aussatz) spezialisiert. Neben dieser karitativen Tätigkeit trat seit der Verlegung des Spitals nach Akkon der militär. Einsatz (Ausrüstung von Rittern zur Verteidigung der lat. Ostens). Gefördert von den Päpsten (Bestätigungsbullen Innozenz' IV., 1255; Clemens IV., 1265; u. a.) und von weltl. Fs.en im Abendland, konnten sich die L., namentl. seit ca. 1254, im westl. Europa ausbreiten (Frankreich, Deutschland, auf dem Gebiet der heut. Schweiz, Italien, England, Schottland). Zu ihrem Haupthaus wurde Boigny (bei Orléans), mit dem sie Kg. Ludwig VII. v. Frankreich 1154 belehnt hatte. Im 15. und 16. Jh. traten, u. a. bedingt durch den Rückgang der Lepra, wirtschaftl. Schwierigkeiten und Konflikte innerhalb des Ordens auf. 1490 entschied Innozenz VIII. die Aufhebung des Ordens und seine Inkorporation in den →Johanniterorden, was aber von den frz. Häusern abgelehnt wurde. Im 16. Jh. erfolgte die Teilung in einen vom Papst approbierten Zweig (Herrschaftsgebiete Karls V. in Italien, unter dem Prior v. Capua, seit 1572 zum Mauritiusorden unter dem Hzg. v. Savoyen) und in den kgl.-frz. Zweig.   A.-M. Legras

Lit.: DIP VIII, 579–582 – P.-E. GAUTIER DE SIBERT, Hist. des ordres royaux hospitaliers-militaires de N.D. du Mont-Carmel et de St-Lazare de Jérusalem, Paris 1772 [Nachdr. 1986] – E. NASALLI-Rocca, Sulle origini e sulla natura giuridica degli ordini s.s. Maurizio e di s. Lazaro (Studi di storia ospedaliera piemontese..., 1958), 207–225 – P. BERTRAND DE LA GRASSIÈRE, L'ordre militaire et hospitalier de St-Lazare de Jérusalem, 1960 – E. FEIGL, Der militär. und hospital. Orden des hl. Lazarus v. Jerusalem, 1989 – S. SHAHAR, Des lépreux pas comme les autres, RH 541, 1982, 19–41.

Lazarus. Mit L. aus Bethanien und seinen Schwestern Maria (schon früh fälschl. mit →Magdalena gleichgesetzt) und Martha war Jesus bes. befreundet; die Auferweckung des L. vom Tode (Joh 11,1–45, mit Betonung allg. Auferstehungshoffnung an Jesus Glaubenden in 11,24–27) gehört zu den →Wundern Christi (→Leben Christi), die im 3.Jh. in der röm. Grabkunst, seit dem 4.Jh. auch in anderen Bereichen dargestellt wurden. Das Grab, aus dem der in Leichenbinden gewickelte L. von Jesus mit dem Zauberstab gerufen wird (virga thaumaturga; später durch Kreuzstab oder Handgeste ersetzt), ist hier als röm. Aedikula aufgefaßt; im O wird es seit dem 6.Jh. als Höhle wiedergegeben, in der w. Kunst des MA meist als Sarkophagkasten. Die Zugehörigkeit des L.-Wunders zu den Szenen des byz. Festbildzyklus (→Bildprogramm, →Dodekaortion) sicherte seine bes. häufige Darstellung in der ö. Kirchenkunst. – Spätere Legenden führten dazu, daß es neben den Bildern der ntl. Szene in der ma. Kunst im O und W Darstellungen des L. als Hl.r gibt, meist als Bf. Im 8. Jh. entstand die Legende vom zweiten Tod des L. in Kition auf Zypern, im 11./12. Jh. wurde erzählt, L. und seine Schwestern seien nach Marseille oder Autun geflohen, wo L. als Bf. das Martyrium erlitten habe. Verschiedene Orte besaßen angebl. Reliquien des L., Autun auch sein Grab. – Mit der gleichnamigen Gestalt aus dem Gleichnis Jesu vom reichen Prasser und dem armen L. im Schoß →Abrahams (Lk 16,19–31; ma. Darstellungen: PLOTZEK) hat L. v. Bethanien nichts zu tun; vereinzelt Beispiele für Vermischung von Gleichnis und Auferweckung (L. als Aussätziger) seit dem 16. Jh.: BRAUNFELS.

J. Engemann

Lit.: LCI III, 31–33 [PLOTZEK]; II, 33–38; VII, 384f. [BRAUNFELS] – RByzK II, 388–414 – R. H. L. HAMANN, Das L.-Grab in Autun, MarbJbKunstwiss 8–9, 1936, 182–328.

Lazarus v. Pharpi (Pʿarp), armen. Geschichtsschreiber, † nach 491, setzte die von →Faustus v. Byzanz geschriebene »Geschichte der Armenier« für die Jahre 388–483 fort. Nach eigenem Zeugnis wurde er im kgl. Palast erzogen und ist später Mönch geworden. K. S. Frank

Ed. und Lit.: →Faustus v. Byzanz – G. J. F. DOWSETT, Armenian Historiography (B. LEWIS–P. M. HOLT, Historians of the Middle East, 1962), 259–261.

Lazika. 1. **L.** (gr. Λαζική), Kgr. in W-Georgien (Hauptstadt Archaiopolis), im O des Schwarzen Meeres, Land der Lazen (südkaukas., den Georgiern verwandter Stamm), die im 1. Jh. v. Chr. in der antiken Kolchis, beiderseits des Flusses Phasis und nach S bis zum Fluß Akampsis siedelten. Das 66 v. Chr. von den Römern unterworfene L. wurde ab dem 4. Jh. schrittweise christianisiert (später eigener Metropolit mit 4 Suffraganen); ab 325 auf Konzilien präsent, entsandte es Bf.e zu Nachbarstämmen. Die byz. Handelspolitik führte L. trotz seines Föderatenverhältnisses ab der Mitte des 5. Jh. zur Absicherung bei den →Sāsāniden, wodurch L. bes. 539–562 und bis ins frühe 7. Jh. zum umkämpften Gebiet zw. Byzanz und dem pers. Reich wurde. Die Expansion der Araber ab 640 bedrängte auch L., das zwar weiterhin eher im byz. Machtbereich blieb, doch seine Gesch. wurde nun von den beiden Großmächten bestimmt.

2. **L.** (Tzaneti, heute Lazistan), sö. und ö. Hinterland von →Trapezunt, Siedlungsgebiet der Tzanoi, in welches die Lazen seit der frühbyz. Zeit (verstärkt ab der Mitte des 7. Jh.) von NO her einwanderten, byz. Verwaltungsbezirk (*kommerkiarioi*-Siegel ab 689), nach Anfang 9. Jh. Teil des byz. Themas →Chaldia, nach 1203/04 des Ks.reichs v. Trapezunt. J. Koder

Lit.: EI² (frz.) V, 717–719 – A. BRYER, Some Notes on the Laz and Tzan, I–II, Bedi Kartlisa 21/22, 1966, 174–195; 23/24, 1967, 161–168 – N. LOMOURI, Hist. of the Kingdom of Egrissi (Lazica) from its Origins to the 5th Cent. A.D., 1968 [georg.; engl. Zusammenfassung] – G. ZACOS-A. VEGLERY, Byz. Lead Seals I/1, 1972, 181 – N. LOMOURI, Essays on the Hist. of the Kartlian (Iberian) Kingdom in the 3rd and Early 4th Cent. A.D., 1975 [georg.; engl. Zusammenfassung] – K. SALIA, Hist. de la nation Géorgienne, 1980, 103ff. – W. SEIBT–T. SANIKIDZE, Schatzkammer Georgiens. Ma. Kunst aus dem Staatl. Kunstmus. Tbilisis, 1981.

Leabhar → Lebor

Leal (estn. Lihula). Estenburg und Gau in der Wiek, 1211 vom ersten Bf. v. Estland, →Theoderich († 1219), zur Residenz ausersehen, 1220 Missionszentrum der Schweden, die von den Öseler Esten vertrieben wurden. Theoderichs Nachfolger, Bf. Hermann, verlegte 1224 das Bm. nach →Dorpat. Nach Unterwerfung der Öseler 1227 stiftete Bf. →Albert v. Riga das Bm. →Ösel-Wiek. Erst 1234, nachdem der päpstl. Legat→Wilhelm v. Modena die Bm.sgrenze festgelegt und Bf. Hermann auf L. verzichtet hatte, traten mit Bf. Heinrich, einem Dominikaner, geordnete Verhältnisse im Bm. ein, dessen Sitz bis 1251 L. war. Nach Vertreibung zweier aufsässiger bfl. Vasallen durch den Dt. Orden ließ dieser sich 1238 mit der Hälfte des Gebietes L. entschädigen und errichtete mit dem Bf. eine steinerne Burg nebst Ordenshof als Sitz einer Komturei, die bis 1480 bestand und dann mit der Komturei →Pernau vereinigt wurde. Bei der Burg entstand ein →Hakelwerk mit Elisabethkirche: beide wurden 1298 im Kampf gegen den Bf. vom Orden zerstört, dann wieder aufgebaut. 1270 wurde ein Zisterzienserinnenkl. gegr., das noch 1513 bestand, neben einem Franziskanerkloster.

H. v. zur Mühlen

Q.: Liv-, Est- und Kurländ. UB, 1852ff. – *Lit.:* P. JOHANSEN, Die Estlandliste des Liber Census Daniae, 1933 – →Hapsal (C. RUSSWURM, 1877).

Leander v. Sevilla, hl., Metropolit v. Sevilla, † 599/601, älterer Bruder der Bf.e Fulgentius v. Écija und →Isidor v. Sevilla. Er wurde Mönch und erlangte vor 580 die Metropolitenwürde. Um die Konversion der Westgoten zum Katholizismus durchzusetzen, unterstützte er gegen den arian. Kg. →Leovigild dessen in Sevilla residierenden, unter L.s Einfluß zum kath. Glauben bekehrten rebell. Sohn Hermenegild. Einige Jahre verbrachte L. in Konstantinopel, wo er Hilfe für seinen Kampf gegen den Arianismus erlangen wollte und mit dem späteren Papst Gregor d. Gr. Freundschaft schloß. Wegen seiner Rolle in Hermenegilds gescheitertem Aufstand mußte er wohl bis zum Todesjahr Leovigilds (586) seinem Bf.ssitz fernbleiben. Die Konversion Kg. →Reccareds (587), die zum Konfessionswechsel der Westgoten führte, machte L. zu einer der einflußreichsten Persönlichkeiten des Reichs. Als das 3. Konzil v. Toledo 589 den Triumph des Katholizismus besiegelte, stand L. auf der Höhe seiner Macht. – Er verfaßte für seine Schwester eine Schrift »De institutione virginum et contemtu mundi«; überliefert ist ferner seine auf dem Toledaner Konzil gehaltene Predigt. Verloren sind seine zahlreichen Briefe sowie zwei antiarian. Werke. Nach Isidors Zeugnis (De viris ill. 28) stammen von ihm auch Gebete zu allen Psalmen sowie liturg. Gesänge.

J. Prelog

Ed.: Leandro de S.: De la instrucción de las vírgenes y desprecio del mundo, ed. J. VELÁZQUEZ, 1979 – *Lit.:* U. DOMÍNGUEZ DEL VAL, Leandro de S. y la lucha contra el arrianismo, 1981 – J. MADOZ, San Leandro de S., Estudios Eclesiásticos 56, 1981, 415–453 – L. NAVARRA, Leandro di Siviglia, 1987.

Leben, apostolisches → Vita apostolica

Leben Christi (Ikonographie)

I. Frühchristentum – II. Abendländisches Mittelalter – III. Byzanz.

I. FRÜHCHRISTENTUM: Die übliche Einteilung des im NT erzählten und in den →Apokryphen ausgeschmückten L.C. in die vier Abschnitte der →Kindheitsgeschichte Jesu (→Geburt C.-Darstellungen; →Drei Könige), des öffentl. Wirkens seit der →Taufe im Jordan, der mit dem →Einzug in Jerusalem beginnenden Leidensgeschichte (→Kreuzigung C., →Passionsbilder) und der Verherrlichung (→Auferstehung C., →Himmelfahrt C.) läßt sich in der frühchr. Bildüberlieferung trotz deren Lückenhaftigkeit aufzeigen. Allerdings kommen Passionsbilder in frühchr.

Zeit selten ohne Hinweis auf die Herrlichkeit C., zumindest seine Auferstehung, vor, wie man auch schon die sog. Passionssarkophage des 4. Jh. eigtl. Triumphalsarkophage nennen müßte. Zur Abtrennung der Kindheitsgeschichte Jesu vom öffentl. Wirken und der Leidensgeschichte vgl. oben Sp. 1151ff. In der chr. Kunst des 3. und frühen 4. Jh., die mit wenigen Ausnahmen (z. B. →Dura Europos) Grabkunst ist, wurden neben atl. Ereignissen bes. häufig Szenen aus dem öffentl. L. C. dargestellt, überwiegend ↔Wunder C. wie die Auferweckung des →Lazarus, das Weinwunder in Kana, die Brotvermehrung und die Heilungen des Blinden, des Gichtbrüchigen und der Blutflüssigen. Diese Betonung der Wunderkraft C. in den Katakomben und auf den frühesten Sarkophagen läßt sich mit Erlösungshoffnungen erklären, wenn auch die oft versuchte präzisere Bestimmung der zugrundeliegenden Vorstellungen fragl. bleibt, weil die zeitgenöss. lit. Überlieferung keinen Bezug zum Grabbereich und zu bildl. Darstellungen hat und sich auf einem viel höheren theol. Niveau bewegt, als es für die Auftraggeber der Malereien und Sarkophagreliefs angenommen werden kann. Spätestens in der Mitte des 4. Jh. wird (zunächst über Reflexe in der Grab- und Kleinkunst, dann auch unmittelbar) eine 'offiziellere' kirchl. Bildkunst greifbar. Auffälligstes Merkmal für diese ist jedoch nicht die Einführung neuer Ereignisse aus dem L.C. (z. B. →Einzug C. in Jerusalem, Pilatusszene), sondern das Aufkommen von Darstellungen, die keine Szenen aus dem L.C. wiedergeben und seine zeitlose Herrlichkeit zum Inhalt haben: Thronender Christus zw. den Apostelfürsten, im Kollegium der Apostel, bei der →Gesetzesübergabe. Im 5./6. Jh. kommt die Einführung von Hll. und Stiftern durch die Apostelfürsten oder Engel bei Christus hinzu. Zwar ist der Denkmälerbestand recht lückenhaft: zu den Darstellungen der Kindheitsgeschichte am Apsisbogen in S. Maria Maggiore in Rom (um 430) und zu den Langhausmosaiken des öffentl. L. C. und der Passion in S. Apollinare nuovo in Ravenna (frühes 6. Jh.) fehlen die jeweiligen Apsiden, in S. Vitale in Ravenna (Mitte 6. Jh.) sind zwar das zeitlose Apsismosaik und die heilsgesch. Presbyteriumsmosaiken erhalten, aber die Stufe sub gratia ist hier nicht durch Szenen aus dem L. C. vertreten, sondern durch die vier Evangelisten. Doch reichen die erhaltenen oder überlieferten Apsisbilder und andere Zeugnisse (z. B. die fünfteiligen Elfenbeintafeln) aus, um festzustellen, daß Darstellungen aus dem L.C. stets den Bildern zeitloser Herrlichkeit untergeordnet wurden. Unter den für den Höhepunkt des frühchr. Kirchendekors (→Apsisbild) gesicherten Themen befinden sich nur zwei Ereignisse aus dem L.C., nämlich die im ö. Bereich dargestellten Szenen der →Verklärung und der →Himmelfahrt C. Doch handelt es sich hierbei nicht zufällig um Ereignisse, deren Charakter als Theophanie bereits im neutestamentlichen Text ausdrückl. betont ist; im Denkmälerbereich wurde die 'histor.' Komponente dieser Szenen aus dem L. C. zusätzl. zugunsten von Andeutungen der zeitlosen Herrlichkeit und Wiederkehr C. zum Gericht zurückgedrängt.

J. Engemann

Lit.: LCI III, 39–85 – Ch. Ihm, Die Programme der chr. Apsismalerei vom 4. Jh. bis zur Mitte des 8. Jh., 1960 – E. Dassmann, Sündenvergebung durch Taufe, Buße und Martyrerfürbitte in den Zeugnissen frühchr. Frömmigkeit und Kunst, 1973 – Volbach, Elfenbeinarbeiten – F. W. Deichmann, Einführung in die chr. Archäologie, 1983.

II. Abendländisches Mittelalter: Die bildl. Umsetzung des öffentl. L.s C. zw. →Kindheitsgeschichte und →Passion (→auch Kreuzigung Christi) sowie von der →Auferstehung bis →Pfingsten hat als bedeutende Aufgabe eine ausgeprägte Tradition in ma. Kunst, sowohl in Form zykl. Reihung wichtiger Geschehnisse nach nicht genau festgelegtem Schema eines Gesamtprogramms wie in der autonomen Darstellung wesentl. Einzelepisoden. Abgesehen von den →Wundern Christi boten neben der Illustrierung der häufig auf gleicher Realitätsebene geschilderten Gleichnisse nur noch wenige Szenen für eine Übertragung ins Bild an; v. a. die Taufe, die Hochzeit zu Kana, die Versuchungen Jesu, die Auferweckung des →Lazarus, das Gastmahl des Simon und die büßende →Magdalena sowie die Verklärung: teilweise mit eigener typengesch. Tradition seit der Spätantike. Kriterien für die Auswahl bestimmter Szenen in größerem Kontext sind oft nur schwer zu bestimmen; im Gegensatz zu Kindheit oder Passion wird das öffentl. L.C. nie Thema einer eigenständigen Bildfolge. Wichtiges Medium der Darstellungen seit karol. Zeit zunächst Buchmalerei, bes. Evangelienhss. und Psalterien (Stuttgarter Psalter), außerdem die Goldschmiedekunst (Mailänder Paliotto) und, unter Reduzierung größerer Zyklen, auch Buchdeckel; dabei z. T. Rückgriff auf frühchr. Vorbilder (Oxforder Buchdeckel). Ferner Zeugnisse aus der Wandmalerei bekannt (Müstair; S. Angelo in Formis). Höhepunkt der Buchausstattung mit L.C.-Bildern in otton. Kunst (erstes bedeutendes Beispiel Cod. Egberti in Trier) bes. die Miniaturmalerei Echternachs (Nürnberg: Cod. aureus) und Kölns (Darmstadt: Hitda-Cod.). Nachdruck wird v. a. auf die Wunder gelegt. Die Skriptorien verfügen über einen vielfältigen Vorlagenschatz (Quellenfrage z. T. nicht eindeutig gelöst). Von hier gehen Anregungen auf Zyklen noch des 13. Jh. aus (Pommersfelden: Cod. aureus). Jetzt sind auch extrem selten ins Bild übertragene Szenen zu finden (Steinigung, Berufung des Apostels Matthäus), die teilweise Wirkung bis ins späte MA zeigen (Ulm, Münster: Glasmalerei). Im 12. Jh. dann auch Umsetzung der Abstrakta – Seligpreisungen – in Malerei (München: Hildegard-Gebetbuch). Boten Evangelistare keine Probleme hinsichtl. der Text-Bild-Kombination, so konnte der Wunsch nach chronolog. Bildfolge, auf den Gesamtbestand der Evangelien verteilt, eine feste Zuordnung entstehen lassen: Kindheit zu Mt, Wunder zu Mk, Gleichnisse zu Lk, Passion zu Joh. Daneben aber auch andere Illustrierungsfolgen mögl. (Wolfenbüttel: Evangeliar Heinrichs d. Löwen). Neben ganzseitigen Miniaturen die Beschränkung des Bildschmuckes auf Initialen nicht unüblich (Boulogne-sur-Mer: Odbert-Psalter). L.C.-Folgen gehören seit dem 12. Jh. zur Grundausstattung von Psalterien (Hildesheim: Albani-Psalter). Oftmals typolog. Gegenüberstellungen mit Szenen aus dem AT in Bibelhss. und Evangeliaren (London: Bibel aus Floreffe; Lüttich: Evangeliar aus Averbode). Diese Kombination im 13. Jh. in der →Bible moralisée, danach in der →Biblia pauperum und im →Speculum humanae salvationis. Seit dem 12. Jh. L.C.-Zyklen zunehmend auch in der Bauskulptur v. a. in Italien (Monreale) und Frankreich (Moissac, Chartres-West) sowie an liturg. Geräten. Im Gegensatz zu der hier wie in der Buchmalerei oft friesartigen Reihung der Bilder (vgl. auch Hildesheim: Bernwardsäule) fördert die Übernahme einzelner Szenen in das strenge Raster etwa eines Türflügels (→Ghiberti: Nordportal des Baptisteriums in Florenz) oder eines Glasfensters eher die punktuelle Betrachtung einzelner Geschehnisse in konzentriertem Ausschnitt. Eine seit Beginn des 14. Jh. neue, auch volkssprachl. Lit., die der Schilderung und Betrachtung des L.s C gewidmet ist (→Ludolf v. Sachsen, →Ps.-Bonaventura), trägt entscheidend zur Popularisierung des Themas und zur Verbreitung auch der

Bilderfolgen im späten MA bei. Bilderbibeln und Andachtsbücher sind Zeugnisse solcher bes. auf Kindheit und Passion Jesu ausgerichteten Frömmigkeit. Während große Zyklen der Monumentalmalerei häufig in Italien seit dem 14. Jh. (→Giotto: Arenakapelle in Padua) einzelne Episoden des L. s C. höchstens durch wechselnde Formate oder die Anordnung an exponierter Stelle im Kirchenraum akzentuieren, ist die Gesch. Jesu im spätma. Altarretabel n. der Alpen durch gemalte und plast. Szenen sowie die Möglichkeit mehrfacher Wandlung stärker rhythmisiert. Die oftmals in Ansätzen zu erkennende chronolog. Abfolge vom geschlossenen Zustand des Altars mit der Verkündigung (Lochner: Altar der Stadtpatrone, Köln; van Eyck: Genter Altar) bis zu zentralen Themen des L. s C., zum Weltgericht oder dem Paradies, begleitet nicht nur die Liturgie des Kirchenjahres, sie ist, wie das Durchschreiten der ma. Kirche von W nach O, Gang durch die Heilsgesch. (Kalkar, Passionsaltar).

B. Braun-Niehr/K. Niehr

Lit.: LCI I, 165–167, 270f., 513f., 580–583; II, 156–162; III, 39–73, 134–136, 210f.; IV, 24–29, 82–85, 148f., 247–253, 347–351, 416–421, 446–450, 542–549 – K. LASKE-FIX, Der Bildzyklus des Breviari d'Amor, 1973 – A. L. TOWNSLEY, Zur Ikonographie des L.-Jesu-Zyklus in der St.-Martins-Kirche von Zillis, ZAK 30, 1973, 40–53 – W. KAHN, Romanesque Bible Illumination, 1982 – R. HAUSSHERR, Überlegungen zu spätgot. Bildzyklen mit Szenen aus der öffentl. Wirksamkeit Christi (Fschr. E. J. BEER, 1986), 124–134 – W. KEMP, Sermo corporeus, die Erzählung der ntl. Glasfenster, 1987 – R. KAHSNITZ, Der christolog. Zyklus im Odbert-Psalter, ZK 51, 1988, 33–125 – L. A. ADAMS, The Temptations of Christ: The Iconography of a Twelfth-Century Capital in the Metropolitan Mus. of Art, Gesta 28/2, 1989, 130–135 – H.-W. STORK, Eine Hs. des L. s Jesu in Lüttich – aus Trier? (Fschr. F. RONIG, 1989), 411–434 – U. WOLF, Die Parabel vom reichen Prasser und armen Lazarus in der ma. Buchmalerei, 1989 – K.-E. GEITH, Die L.-Jesu-Übers. der Schwester Regula aus Lichtenthal, ZDA 119, 1990, 22–37.

III. BYZANZ: Das L. C. mit seinen drei, bereits oben (Abschnitt I) gen. Abschnitten ist in der byz. Kunst nie als rein narrativer Illustrationskomplex behandelt worden. Am ehesten könnte dies in der Buchmalerei für die beiden komnen. Tetraevangeliare in Paris (BN gr. 74) und Florenz (Bibl. Laur. Plut. VI. 23) aus dem 11. bzw. 12. Jh. vermutet werden, doch auch hier ist die durch die Theophanie bestimmte liturg. Konnotation der Zyklen durch die jeweiligen Eingangsminiaturen eindeutig zum Ausdruck gebracht (vgl. SH. TSUJI, DOP 29, 1975, 165–203). Bereits im 6. Jh. (Rabalus-Cod, Florenz, Bibl. Laur. Plut. I. 56) werden ein Großteil der ntl. Szenen des L. C. als Randminiaturen zu den Kanonestafeln (auch in Verbindung mit Propheten wie bei den Purpurevangeliaren von Rossano bzw. aus Sinope) und nur wenige ausgewählte Heilsereignisse (Kreuzigung mit Ostermorgen, Himmelfahrt mit Parusie-Elementen, Pfingsten) als Themen ganzseitiger Bilder benützt. Dies kann als Fortsetzung der bereits oben festgestellten Dominanz der Theophanie- bzw. Parusiegedanken über die narrativ-hist. Komponente bei Zyklen des L. C. in frühchristl. Zeit gelten. Die beliebte Verbindung von Szenen des L. C. mit Autoren-(Evangelisten-)Porträts bleibt in der Buchmalerei bis in die spätbyz. Zeit erhalten. Die Auswahl der Szenen des L. C. in Mosaik und Monumentalmalerei der Kirchen war durch die Liturgie und ihre Texte bedingt, in denen die eucharist. Liturgie als Parusie Christi verstanden wird. Da sich die Festreihe des Kirchenjahres unter demselben Gesichtspunkt bildete, konnte es zum mißverständl. Begriff des »Festtagszyklus« kommen, der – zurückgeführt auf die eigtl. Wurzeln – ein Theophanie-Parusie-Zyklus war. Dabei konnten die Gewichte im Laufe der Zeit unterschiedl. gesetzt werden, ohne die Grunddeutung als solche in Frage zu stellen. So ist z. B. die auffällige Reduktion der Szenen aus dem öffentl. L. C. ab dem 11. Jh. bei gleichbleibendem Gewicht der Kindheits- (einschl. der apokryphen) und Passionsszenen durch die Liturgie vorgegeben, wo die im Hinblick auf die Theophanie wichtigsten Ereignisse des L. C. (Magieranbetung, Taufe im Jordan, erstes [Wein-]Wunder im Kana – ursprgl. auch die Geburt) bereits im allg. Theophaniefest am 6. Jan. subsumiert waren mit Ausnahme des auch erst im 6. Jh. aufkommenden Festes der Verklärung Christi (Metamorphosis). Ab ca. 1200 erhalten die Ereignisse des öffentl. L. C. allerdings wieder neues Gewicht in den Malereizyklen. Die Ursache dafür ist bislang unbekannt, es sei denn, daß der Wegfall aufwendiger Wandinkrustation und die Verkleinerung der Fenster zu mehr Wandfläche insgesamt und die Überhandnahme der Malerei gegenüber dem aufwendigen Mosaik zu mehr Szenenbedarf geführt haben. Die Kleinkunst, v. a. die Ikonen, ob als Zyklus mit mehreren Tafeln oder als mehrzenige (»Festtags«-)Ikonen (ausgehend von ihrer urspgl. liturg. Funktion als Schmuck der Ikonostas), folgen dem Trend in der Monumentalkunst. Dies wird auch bei Ikonen, die als Gegenstände der privaten Andacht dienen, beibehalten.

M. Restle

Lit.: G. MILLET, Recherches sur l'Iconographie de l'Évangile, 1916 [Neudr. 1960].

Leben, ewiges (vita aeterna). Die ma. Theologie nennt sowohl das ungeschaffene Leben Gottes wie das vollendete Heil der Seligen des Himmels e. L. Als Bezeichnung des jenseitigen Heils wurde der Begriff e. L. in der Frühscholastik häufig synonym mit dem der →Seligkeit gebraucht. Die Hochscholastik hob allmähl. das Spezifische des e. L. im Ganzen der formalen Seligkeit heraus, wobei freilich e. L. als bloßer Wechselbegriff zu Seligkeit gelegentl. weiter vorkommt.

Die Theologie des 12. Jh. setzte bei ihren Bemühungen um das Verständnis des e. L. s beim Schriftwort vom Gotterkennen als e. L. (Joh 17,3) ein. Die meisten Autoren verstanden diese Aussage nicht als Definition des e. L. s, da sie als Augustinisten das Wesen der Seligkeit in der fruitio, dem Genuß Gottes, sahen. Das e. L. ist Leben, mit dem der Genuß von Gnaden unzertrennl. verbunden ist. Die Gottesschau wird vorzugsweise vor den anderen Gnaden e. L. gen., weil sie den größten Genuß gewährt (Petrus v. Poitiers).

Zu einer differenzierten Sicht des e. L. s kam es erst im 13. Jh. unter dem Einfluß der Aristotelesrezeption. Die in der scholast. Gnadenlehre übernommene aristotel. Unterscheidung von Seins- und Tätigkeitsprinzip (Gnade und Tugenden) wurde bald auf das e. L. angewandt, weil die Theologie letzteres in Analogie zur Gnade sah: die habituelle Gnade ist der Anfang des e. L. s, das e. L. vollendete Gnade. Dementsprechend bestimmten Alexander v. Hales, Johannes de Rupella, Odo Rigaldus (Eudes Rigaud), Albertus Magnus u. a. das e. L. als das Leben, der im Habitus der Glorie in den Seligen gegenwärtige Gott in die Substanz der Seele einströmen läßt. Es ist ein Seinsakt. Alexander v. Hales nennt es ersten Akt der Seligkeit und unterscheidet so e. L. und formale Seligkeit. Es belebt sekundär auch die Potenzen der Seele, die, zusätzl. mit den dotes animae ausgerüstet, die Akte der Gottesschau, der Liebe und des Genusses Gottes hervorbringen.

Ganz anders verstehen das e. L. jene Theologen, für die mit Aristoteles die Seligkeit in der Tätigkeit besteht, sei es, daß sie diese im höchsten Akt des Verstandes, in der visio beatifica (Albert, Thomas, Meister Eckhart), oder des Willens, im liebenden Genuß Gottes (Bonaventura, Johannes Duns Scotus) sehen. Nach ihnen ist das e.L. Lebenstätigkeit, zweiter Akt. In diesem Verständnis ist die Gottesschau, ja die wesentl. formale Seligkeit überhaupt e.L. (Thomas v. Aquin I–II q. 3 a. 2 ad 1). Diese Auffassung des e.L.s ist durch das Lehramt bestätigt worden in der Konstitution »Benedictus Deus« Benedikts XII. (1336; DENZINGER-SCHÖNMETZER, 1000).

Gott ist als beseligendes Objekt das e.L. der Seligen. Da Gott allein e.L. ist, können diese e.L. nur haben, indem sie Gott besitzen. Gott wird aber ihr Besitz durch Erkenntnis. Er ist auch die Ursache des e.L.s, insofern er seine aktuelle Erreichung durch die Ausstattung mit dem habitus gloriae bzw. dem lumen gloriae, wirkt. Dagegen ist Gott nicht das subjektive e.L. der Seligen. Dieses ist jedem einzelnen eigen und in sich etwas Geschaffenes.

Die Ewigkeit des jenseitigen L.s wird fast ausnahmslos mit der Gottesschau begründet. In ihr nehmen die Seligen an der Tätigkeit Gottes und seiner Ewigkeit teil. Scotus sieht den Grund im Willen Gottes und nimmt als Maß der Dauer des e.L.s das →Aevum an. Da die Tätigkeit am unmittelbarsten mit Gott verbindet, der reiner Akt ist, stellt das e.L. die engste mögl. Vereinigung der Seligen mit Gott dar. Zugleich ist in den Seligen die Gottebenbildlichkeit am vollkommensten verwirklicht (imago patriae). N. Wicki

Lit.: DThC VI, 1393–1426 – HDG IV, 7b – H. DOMS, Ewige Verklärung und ewige Verwerfung nach dem hl. Albertus Magnus, DT 10, 1932, 143–161 – J. AUER, Die Entwicklung der Gnadenlehre in der Hochscholastik, I, 1942 – J. M. RAMIREZ, De hominis beatudine, III, 1947 – N. WICKI, Die Lehre von der himml. Seligkeit, 1954 – A. EMMEN, Die Glückseligkeitslehre des Matthaeus v. Acquasparta, WuW 22, 1959, 43–59, 101–118, 174–189.

Lebensalter (-darstellungen), Gliederung des Menschenlebens in Abschnitte, die durch Vertreter der bestimmten Stufe bei einer charakterist. Beschäftigung und manchmal von Tieren begleitet oder durch dem Alter entsprechende Personifikationen dargestellt werden. Die Aufteilung in verschiedene Lebensphasen stammt größtenteils aus der Antike. Häufig Anordnung in einer Reihe, im Kreis (beeinflußt von der ma. Vorstellung des Fortuna-Rades), ab dem 16. Jh. auch in Form einer Treppe (Stufenbrücke). Die Anzahl der L. richtet sich nach dem jeweiligen allegor. Sinn. Die drei L. können den Hl. Drei Königen entsprechen (Kaspar = Jüngling, Melchior = reifer Mann, Balthasar = Greis; Rogier v. d. Weyden, Columba-Altar, Mittelbild mit Anbetung der Könige, ca. 1455; München, Alte Pinakothek). Die vier L. werden mit anderen Vierergruppen (Jahreszeiten, die vier Säfte des menschl. Körpers, Temperamente, Elemente, Weltalter, Propheten usw.) in Zusammenhang gebracht. Das System der sechs L. entspricht z. B. der von Augustinus geschaffenen Einteilung in sechs Weltalter (Glasgemälde in der Kathedrale v. Canterbury, um 1180) oder den sechs Werken der Barmherzigkeit. Sieben L. stehen zusammen mit den sieben Planeten (Guariento, Fresken in Padua, Eremitanikirche; 14. Jh.) und/oder den Wochentagen. Eine Darstellung der zehn L. wird erst im späteren MA geläufig (Psalter des Robert de Lisle, Frankreich vor 1339; London, British Libr., Arundel 83, fol. 126v.). L.darstellungen begegnen seit roman. Zeit und finden noch bis ins 20. Jh. Verwendung. M. Grams-Thieme

Lit.: LCI III, 38f. – F. BOLL, Die L., 1913 – J. SEZNEC, Youth, Innocence and Death, J Warburg 1, 1937/38, 298–303 – Die Lebenstreppe, Ausst.-Kat. Kleve, 1983 – E. SEARS, The Ages of Man, Medieavel Interpretations of the Life Cycle, 1986.

Leber. Die L. galt im MA als Sitz der Seele und Lebenskraft, des Zorns (Produktion der gelben Galle), der Begierde (Isidor v. Sevilla) der Liebe (vgl. Horaz, Sueton) sowie anderer Affekte. Nach dem hippokrat.-galen. Humoralpathologiemuster ist die L. Ort der zweiten Verdauung und produziert Blut (vgl. Isidor) sowie gelbe und schwarze Galle, die in Gallenblase bzw. Milz gespeichert werden. Die Hitze der L. ('ignis') unterhält die erste Digestion im Magen. Nach Hildegard v. Bingen sammelt die L. die Körpersäfte, um sie anderen Organen zuzuleiten. In Hildegards Werk »De operatione dei« symbolisiert die rechtsseitige L. zudem die göttl. Gerechtigkeit. Ausgehend von Plinius werden im MA mit Tierl.n Dämonen vertrieben und Krankheiten geheilt, z. B. Bißwunden durch Hundel., Epilepsie durch Eselsl., Augenerkrankungen durch Fischl. (Tobiasgesch.). K. Bergdolt

Lit.: HWDA V, 976–985 – W. HOFMANN, Die Kenntnisse und Anschauungen der Alten über den Bau und die Funktion der L., 1912 – E. BARGHEER, Eingeweide, 1931 – Hildegard v. Bingen, Welt und Mensch, hg. H. SCHIPPERGES, 1965.

Lebor Gabála Érenn ('Buch der Eroberung Irlands'), pseudohist. ir. Kompilation, die über die angebl. 'Invasionen' Irlands vor und nach der Sintflut (und bis in die christl. Periode) berichtet. Das Werk enthält eine Reihe von 'Kg.e v. Irland' von den Fir Bolg bis zur Einführung des Christentums, mit Zusätzen bis zum 12. Jh. (Erwähnung von Schlachten usw.). Obwohl die hs. Überlieferung des L.G. erst im 12. Jh. einsetzt, muß mit weitaus älteren Versionen (9. Jh. oder früher) gerechnet werden. Bereits der älteste Kompilator der sog. »Hist. Brittonum« (wohl frühes 9. Jh.) hat Material des L.G. verarbeitet. Als durchgängig fiktives Werk besitzt der L.G. keinen Quellenwert für die vor- und frühgesch. Bevölkerungen Irlands. Beispiele für den legendar. Charakter des Werks sind: der Name der 'letzten' Eroberer Irlands, der Söhne des Míl (Míl Espáine), der auf Entstellung einer Stelle ('miles Hispaniae') in der »Hist. contra paganos« des Orosius beruht, und die etymolog. Ableitung der 'Scotti', der Iren, von 'Scotta', einer angebl. Pharaonentochter. Hauptziel der Kompilation des L.G. war wohl der Wunsch, eine 'offizielle' Gesch. des alten Irland nach dem Muster des Geschichtswerks des Hieronymus oder der atl. Gesch. der Israeliten zu besitzen. D. Ó Cróinín

Lit.: R. A. S. MACALISTER, L.G.E., 5 Bde, 1932–42 – A.G. VAN HAMEL, Zs. Celt. Philologie 10, 1915, 97–197 – T. F. O'RAHILLY, Early Irish Hist. and Mythology, 1946, 193ff.

Lebor na gCert ('Buch der Rechte', Book of Rights), pseudohist. ir. Traktat des 12. Jh.s, der ein (fiktives) Verzeichnis der Tribute und gegenseitigen Geschenke der ir. Kg.e darstellt. Nahm die ältere Forschung (MAC NEILL) ein frühes Datum der Abfassung an, so gilt das Werk heute allg. als Propagandatext, geschrieben im Auftrag der Uí Briain-Kg.e v. →Munster, die auf →Brian Bóruma (†1014) zurückgehen. Der Traktat verzeichnet detailliert die 'Gaben', die der →Hochkönig und die Provinzialkg.e den nachgeordneten Kg.en reichen lassen und entwirft dabei das Bild eines von Munster beherrschten polit. Gefüges. Die hist. Substanz des L. im einzelnen ist jedoch nicht völlig unecht. Ein Unterschied des L. gegenüber älteren Q. besteht in der Einteilung Irlands in sieben großen Kgr.e (Ailech: Nördl. →Uí Néill; →Airgialla; Temair, →Tara: Südl. Uí Néill; →Laigin: Leinster; Caisel, →Cashel: →Munster; Connachta: →Connacht), die das traditionelle Gliederungsschema in 'Fünftel' (→*cóiceda*) ablöst. Dieses neue Bild ist ein Ausdruck des erfolgreichen Bestrebens der Uí Briain des späten 11. Jh., die älteren Hegemonien aufzubrechen. D. Ó. Cróinín

Ed. und Lit.: M. DILLON, Lebor na Cert, 1962 – F. J. BYRNE, Irish Kings and High-Kings, 1973, 43-47, 192-198.

Lebor na hUidhre → Book of the Dun Cow

Lebuin (fries. Liafwin oder Liebwin), hl. (Fest. 12. Nov.), Missionar, † um 780 in Deventer, benediktin. Priestermönch ags. Herkunft, der um 770 im Zuge der Missionsbewegung (Spätphase der →Angelsächs. Mission) auf den Kontinent kam und sich in den Dienst Gregors, des Abtes des St. Martinskl. zu →Utrecht und Administrators der Utrechter Diöz., stellte. Dieser entsandte ihn zur Bekehrung der Friesen des Ijsselgebiets, einer zw. Friesen, (heidn.) Sachsen und (mehr oder weniger christianisierten) Franken umkämpften Region. Während L. bei den Friesen einige Missionserfolge verzeichnen konnte, lehnten die Sachsen, aus Gegnerschaft zu den Franken, das Christentum ab. L. konnte dennoch in →Deventer um 776 eine erste Kirche erbauen; sie wurde später vom hl. →Liudger, der L.s Wirken fortsetzte, neuerrichtet und mit den Reliquien L.s ausgestattet. Die Verehrung L.s ist, ohne je populäre Ausmaße zu erreichen, seit dem 9. Jh. bezeugt; Zentren waren die Benediktinerabteien, die mit Herkunft oder Wirken des Hl. en verbunden waren, insbes. aber Deventer, das Bm. Utrecht, Haarlem und Groningen. Wohl identisch mit L. ist der hl. Livinus v. Gent (fläm. Lieven, frz. Liévin). – Drei Viten: 1. die »Vita antiqua« eines Anonymus um 840/864, der wohl in →Werden, der von Liudger gegr. Abtei, schrieb (mit einer in der Geschichtsforsch. vieldiskutierten Quellennachricht zur Stammesverf. der→Sachsen); 2. eine Vita→Hucbalds v. St-Amand († 930), lit. Umarbeitung der »Vita antiqua«; 3. eine Vita des 15.Jh., wohl verfaßt von einem Windesheimer Kanoniker. – In der Ikonographie als Priester dargest., mit ornamentierten liturg. Gewändern, Buch und kreuzförmigem Krummstab, an den eine Fahne (ebenfalls mit Kreuzesmotiv) geheftet ist.

M. Van Uytfanghe

Q. *[Viten]:* BHL 4810b; MGH SS 30, 2, 789-795 – BHL 4812; MPL 132, 977-894 – BHL 4814d – AnalBoll 34-35, 1915-16, 319 – 330 – *Auswahl-Übers. der »Vita antiqua«:* Q. zur Gesch. des 7. und 8.Jh., hg. H. HAUPT, 1982, 381-391 – *Lit.:* Bibl. SS VII, 1163-1165 – LCI VII, 387 – Vies des saints XI, 381-384 – W. LEVINSON, Eine neue Vita L.i, NA 37, 1912, 286-289 – A. HOFMEISTER, Über die älteste »Vita L.i« und die Stammesverf. der Sachsen (Gesch. Stud. A. HAUCK, 1916), 85-107 [abgedr. in: Entstehung und Verf. des Sachsenstammes, hg. W. LAMMERS, WdF, 1967, 1-31] – M. LINTZEL, Unters. zur Gesch. der alten Sachsen, VIII (SaAn VII, 1931), 78-108 – F. HESTERMANN, Das hl. Westfalen, Der hl. L., 1935 – M. COENS, L'auteur de la Passio Livini s'est-il inspiré de la Vita L.i?, AnalBoll 70, 1952, 285-305 – K. HAUCK, Die Herkunft der Liudger-, L.- und Marklo-Überlieferung (Fschr. J. TRIER, 1964), 221-239 – K. HAUCK, Ein Utrechter Missionar auf der altsächs. Stammesversammlung, Das erste Jt., Textbd. II, 1964, 734-745 – W. KRONSHAGE, Die Entstehung der »Vita L.i«, NdsJb 36, 1964, 1-27 – H. LOEWE, Entstehungszeit und Q.wert der Vita L.i, DA 21, 1965, 345-370 – W. LAMMERS, Formen der Mission bei Sachsen, Schweden und Abotriten, in: L., BDLG 106, 1970, 23-32.

Lebus, Stadt, Krs. und Bm. in der Mark →Brandenburg. Spätestens im 9.Jh. entstand auf einem 550m langen, steilen Bergrücken (Turm-, Schloß- und Pletschenberg) in strateg. günstiger Lage w. der Oder eine slav. Burgstadt, zu deren Füßen die von Brandenburg nach O ziehende Straße den Strom überquerte und sich mit einer N-S-Straße kreuzte. L. war Hauptort der nur bei →Adam v. Bremen gen. Leubuzzi (Bewohner des beiderseits der Oder des ehem. Krs.e L. und W- und O-Sternberg umfassenden Landes). Seit Ende des 10.Jh. piast., erhielt L. eine Schlüsselfunktion in den dt.-poln. Beziehungen. Die Kastellanei war nach 1124/25 zugleich die räuml. Basis eines Bm.s, das die Havel- und Spreeslaven missionieren sollte. Es war wohl aus Rotrußland hierher verlegt worden, worauf der umfangreiche Grundbesitz um Lemberg, Přzemysl und Halič verweist, und unterstand bis 1424 dem Ebm. →Gnesen, dann →Magdeburg. Die Bf. e bildeten mit den beiden anderen der Mark das vornehmste Glied der Stände und waren im 14.Jh. quasi, seit 1447 de iure landsässig. Kathedralort war bis 1276 L. (Schloßberg?), dann Göritz, seit 1385 Fürstenwalde. Die Burg L. war mehrfach Ziel dt. militär. Züge (1005, 1015, 1109 Ebf. v. Magdeburg?). Seit 1138 zum schles. Teilfsm. gehörend, konkurrierten nach 1200 verschiedene Mächte um den Besitz von Land und Ort, bis schließl. Bolesław 2. Kahle v. Glogau »alienavit clavem terre [Schlesien], castrum videlicet et territorium Lebusanum« (SS rer. Sil. II, 45), als 1249/50 eine Hälfte an den Magdeburger Ebf., die andere kurz darauf an die Mgf.en v. Brandenburg kam, die 1287 Herren des ganzen Landes waren. Schon zuvor hatte Heinrich II. v. Niederschlesien mit Hilfe von Zisterziensern und Templern Dörfer und Städte nach dt. Recht angelegt. Im 11. und 12.Jh. hatten sich nw. und s. der Burg zwei Suburbien (aus letztem ging der →Kietz hervor) gebildet. Unabhängig von ihnen entstand zw. Burgberg und Oder eine neue, mit dt. Stadtrecht begabte Siedlung (1226 civitas, 14.Jh. oppidum), die aber wegen der Neugründung →Frankfurts (1253) keine Bedeutung mehr gewann. Dort, in L. und Müncheberg, errichteten die Mgf.en Vogteien. Um 1340 gingen diese in den Landvogtei L. auf, die nicht über die Oder reichte, sondern als Bezirk der Landfriedenswahrung, mgfl. Beritt und ständ. Krs. Basis des Krs.es L. war.

E. Bohm

Lit.: S. W. WOHLBRÜCK, Gesch. des ehem. Bm.s L. ..., Bd. 1-3, 1829-32 – H. LUDAT, Bm. L., 1942 – DERS., Das L.er Stiftsregister, 1965 – E. BOHM, Das Land L. und seine Vogteien w. der Oder, JGMODtl 25, 1976, 42-81 – A. WEISS, Organizacja diecezji Lubuskiej w średniowieczu, 1977 – Archäologie in der DDR 2, hg. J. HERRMANN, 1989, 639-643.

Lecan, Book of → Book of Lecan; → Book of Lecan, Yellow

Lecce, Stadt und Gft. in S-Apulien; wahrscheinl. vor dem 5.Jh. christianisiert, Mitte des 6.Jh. von Totila erobert, erlitt L. (Lupiae, Lippiae, Aletium, Lycium) auch Schäden in den →Gotenkriegen und durch die Raubzüge der Langobarden v. Benevent. Der 595 als vakant bezeugte Bf.ssitz ist bis zum 11.Jh. nicht mehr dokumentiert, wohl infolge der Verheerungen der Diöz. durch Sarazenen, Ungarn und Slaven v. a. im 10.Jh., die die byz. Herrschaft im Thema Italia, zu dem L. gehörte, untergruben. Nach der Eroberung durch die Normannen wurde L. Gft. und Sitz des in Ritus und Obödienz lat. Suffraganbf.s v. Otranto. Das it.-gr. Mönchtum in der Diöz. L. blieb jedoch erhalten (Kl. S. Maria di Cerrate mit Skriptorium). Norm. Gründungen waren das noch bestehende Frauenkl. OSB S. Giovanni Ev. (1133 durch Gf. Accardus) und das Männerkl. OSB SS. Niccolò e Cataldo (1179 durch Tankred, den späteren Kg. v. Sizilien). Nach Tankreds Tod übertrug Heinrich VI. die Gft. Robert de Biccaro (1199 von Papst Innozenz III. bestätigt). 1201 erkannte der Papst jedoch die Rechte Gualtiers III. v. Brienne, des Gatten der Tochter des letzten Normannenkg.s, Albiria, auf die Gft. an. Nach dem Tod von Albirias 3. Gatten Tegrino de Modigliana wurde L. als Apanage der Krone von Friedrich II. Manfred verlehnt (zusammen mit dem Fsm. Tarent). Nach der Kapitulation der Stadt vor den Anjou kehrten die Brienne an die Macht zurück. Gf. Hugo benutzte L. als Basis für die Unternehmungen auf dem Balkan und hielt den Angriffen der Katalanen im Vesperkrieg stand. Neben dem weiterhin blühenden Levantehandel (gr. und Ragu-

saner Kaufleute) eröffneten sich neue Kontakte durch die Errichtung florent., ven. und genues. Fondaci und verstärkten sich die Beziehungen zur Hauptstadt Neapel sowie zu den übrigen Teilen Italiens und zu Frankreich, nicht zuletzt infolge der Präsenz der Bettelorden in der Stadt. Im Lauf dieser Entwicklung gab sich die »Universitas Licii« eigene Statuten, erhob Zölle, erwirkte Privilegien und gliederte das Siedlungsgebiet in die Stadtviertel *(pittaci)* S. Biagio, S. Giusto, S. Martino und Ruge. Nach dem Tod Gualtiers VI. v. Brienne (1356) ging die Gft. L. an die verwandte Familie d'Enghien über. Giovannantonio del Balzo Orsini, der Sohn Marias d'→Enghien, seit 1420 Fs. v. Tarent, ergriff gegen Johanna II. Partei. Im Namen der Kgn. belagerte Ludwig III. v. Anjou 1434 die Stadt, konnte den Fs. v. Tarent jedoch nicht bezwingen, unter dessen Regierung L. (trotz Pestepidemien und der Folgen der dynast. Wirren, die 1442 mit dem Sieg der Aragonesen endeten) aufblühte und sich erweiterte, wozu auch die Aufnahme einer aktiven Judengemeinde beitrug. Nach der Ermordung Giovannantonios Nov. 1463 fiel L. an die Krone und wurde Ferrante v. Aragón übertragen, der alle Privilegien bestätigte und die Verwaltung der »Universitas« den *sindaci* übertrug. Die Gefahr einer türk. Invasion, vor der bereits Bf. Roberto Caracciolo (→Robert v. L.) in seinen Predigten gewarnt hatte und deren Anzeichen die Einwanderung zahlreicher Albaner war, bewahrheitete sich 1480 mit der Einnahme Otrantos und dem daraus resultierenden Krieg. 1485–87 war L. Lehen Friedrichs v. Aragón, der den Widerstand gegen die Truppen Karls VIII. v. Frankreich organisierte. Nach seiner Thronbesteigung 1496 bestätigte er L. alle Privilegien einschließl. des Münzrechts. 1506 erwirkte L. von Ferdinand II. d. Kath. die Bestätigung der Privilegien, die seine Rolle als Hauptstadt der Terra d'Otranto und Kulturzentrum ermöglichten.
P. De Leo

Lit.: IP IX, 422–427 – N. Kamp, Kirche und Monarchie, I, 2, 1975, 729–736; I, 4, 1982, 1321f. – Le carte del monastero dei SS. Niccolò e Cataldo in L. (secc. XI–XVII), hg. P. De Leo, 1976 – C. D. Poso, Il Salento normanno, 1986 – Otranto 1480, hg. C. D. Fonseca, 2 Bde, 1986 – Ad ovest di Bisanzio il Salento medioevo., hg. B. Vetere, 1990.

Lech. Laut einer Interpolation der Großpoln. Chronik (14. Jh.) hieß der Urvater der Polen L. Der Name ist vom Volksnamen 'Lechiten', 'Lechen' herzuleiten, der von →Vincencius Kadłubek (12./13. Jh.) und seinen Nachfolgern verwendet wurde. Das Wort leitet sich wahrscheinl. von der aruss. Bezeichnung 'Lachen' für nordwestslav. Völker (insbes. für die Polen) ab, vermutl. der Stammesname der Bevölkerung zw. Weichsel und Bug (Lędzanie, Lęchy, von lęd 'unbebautes Feld'), der im 10.–11. Jh. auf andere w. Nachbarn der Rus' ausgedehnt wurde.
L. Leciejewicz

Lit.: SłowStarSłow III – A. Małecki, Lechici w świetle historycznej krytyki, 1907 – K. Potkański, Lechici, Polanie, Polska, 1965 – H. Łowmiański, Początki Polski V, 1973 – G. Labuda, Studia nad początkami państwa polskiego 2, 1988.

Lech, südl. Nebenfluß der →Donau auf der schwäb.-bayer. Hochebene, entspringt am Arlberg in Vorarlberg, tritt bei Füssen aus dem Gebirge und mündet bei Rain (a. Lech) in die Donau. Sein Name wird bereits von antiken Schriftstellern erwähnt und ist vorgerm. Ursprungs (Likka, Licius). Plinius d. J. nennt unter den Völkerschaften, die 15 v. Chr. von den Feldherren Drusus und Tiberius in Raetien unterworfen wurden, auch den kelt. Stamm der 'Likatier'. Etwa 40 n. Chr. entstand am Zusammenfluß von Lech und Wertach das röm. Augusta Vindelicum (→Augsburg), später Provinzhauptstadt von →Raetien. Bedeutende Römerorte am Lech waren noch Epfach (Lorenzberg, spätantike Militärstation) und →Füssen (Fauces) am Austritt des L.s aus dem Gebirge. Nach dem Untergang der Römerherrschaft begegnet der L. bei Venantius Fortunatus um 565 erstmals als Grenze zw. den Alemannen (Schwaben) und Bajuwaren (heute noch bestehende Stammesgrenze, Landschaft: Lechrain). Bis 1803 war der L. auch polit. Grenze zw. dem Hzm. →Bayern und den schwäb. Territorien, insbes. zum Hochstift Augsburg. Einer der wichtigsten, heute jedoch verschwundenen hist. Orte am L. war im MA der Gunzenlee (zw. Kissing und Mering), Heeressammelort der dt. Kg.e vor ihren Italien- und Romzügen (10.–13. Jh.). Die Augsburger Diözesangrenze überschreitet der L. bis heute in östl. Richtung, entweder in der Nachfolge eines spätantiken-frühma. Augstgaues oder/und durch (Wieder-)Vereinigung mit dem Bm. Neuburg/Staffelsee i. J. 800 durch Karl d. Gr. Wirtschaftl. war der L. durch die bis ins ausgehende 19. Jh. betriebene Lechflößerei (→Flößerei) von Bedeutung. Seinen Ufern entlang verlief seit röm. Zeit die Via Claudia und auf bayer. Seite eine Rottstraße.
P. Fried

Lit.: P. Fried, Zur Entstehung und frühen Gesch. der alem.-baierischen Stammesgrenze am L. (Augsburger Beitr. zur Landesgesch. Bayerisch-Schwabens 1, 1979), 47–67 – K. Filser, Flößerei auf Bayerns Flüssen (Hefte zur Bayer. Gesch. und Kultur 11, 1991) – R. Miller, Der L., 1991².

Lechfeld, Schlacht auf dem (955). Wie bereits ein Jahr zuvor zog im Sommer 955 ein großes Heer ung. Reiter unter Heerführer Pulsci nach S-Deutschland, wo es unbefestigte Orte plünderte und die Bf.sstadt →Augsburg zu belagern begann. Anders als 954, als die heidn. Ungarn vom liudolfing. Aufstand profitierten, konnte Kg. Otto I. ausreichenden militär. Widerstand organisieren. Seinem allg. Aufgebot folgten v.a. bayer., schwäb. und frk. Truppen, während der größte Teil des sächs. Heeres im Kampf gegen Slaven gebunden war und lothring. Truppen nicht schnell genug herbeiziehen konnten. Beim Herannahen des kgl. Heeres ließ das ung. Heer von der Belagerung Augsburgs ab und stellte sich auf dem L. unweit der Stadt dem Kampf, dessen Verlauf im wesentl. durch die Sachsengesch. →Widukinds v. Corvey und die Vita des Bf.s →Ulrich v. Augsburg überliefert ist. Im Morgengrauen des 10. Aug. (Laurentiustag) eröffneten die otton. Truppen nach Gottesdienst und kgl. Gelöbnis zugunsten des hl. Laurentius die Kampfhandlungen. In einem überraschenden Manöver teilten sich die Ungarn, griffen auch von hinten an und konnten so den Troß erbeuten und das schwäb. Kontingent in die Flucht schlagen. Erst der Entlastungsangriff der gut trainierten Reiterei unter →Konrad d. Roten, der wenig später fiel, brachte die christl. Seite wieder in Vorteile, so daß der Hauptangriff der Truppen um den Kg. u. seine→hl. Lanze vollen Erfolg erzielte. Den fliehenden Ungarn wurde nachgesetzt, die Beute abgejagt und ein Großteil von ihnen getötet. Die Reste des ung. Heeres zogen über Böhmen in ihre Heimat zurück. Der Sieg Kg. Ottos über die heidn. Ungarn, der den seines Vaters Heinrich I. (933 bei →Riade) an Bedeutung noch übertraf, hatte weitreichende polit. Folgen: Die Epoche der ung. Einfälle in das Reich war beendet, und Ottos Sieg wurde von den Zeitgenossen als ein entscheidender polit. Erfolg für die gesamte (westl.) Christenheit bewertet.
E. Karpf

Q. und Lit.: RI II 1, Nr. 240 d-k – B. Eberl, Die Ungarnschlacht auf dem L. (Gunzenlê) i. J. 955, 1955 – L. Weinrich, Tradition und Individualität in den Q. zur L.schlacht 955, DA 27, 1971, 291–313 – H. Beumann, Laurentius und Mauritius (Fschr. W. Schlesinger, hg. H. Beumann [Mitteldt. Forsch. 74/2], 1974), 238–275.

Le Clerc, Jean, Kanzler v. Frankreich, † 14. Aug. 1438 in Nevers. Als Sohn eines kgl. Sekretärs aus St-Sauveur-en-Puisaye war Le C. eng verbunden mit den Familien, die aus Auxerre und seinem Umland stammten und über den Weinhandel im Pariser Bürgertum, in der kgl. Finanzverwaltung und im Parlement Fuß gefaßt hatten und die dominierende Position des Hzg.s v. Burgund, →Jean sans peur, in Paris nachhaltig festigten. Le C., Laie und Ritter, war 1411 Maître des Requêtes am Hôtel du roi, gehörte zu den Unterhändlern von →Troyes (1420) und wurde dafür mit dem Amt des Kanzlers (→Chancelier) belohnt (Ernennung 20. Nov. 1420 ohne Wahl, in Nachfolge des verstorbenen Eustache de Laître). Aktiv in den Jahren 1420-22, gab Le C. das Kanzleramt am 6. Febr. 1425 auf, zugunsten des von Hzg. →Johann v. Bedford begünstigten Ludwig v. Luxemburg, Bf.s v. Thérouanne. Doch blieb Le C. Mitglied des Grand →Conseil. Infolge der Einnahme von Paris durch Karl VII. zog er sich nach Nevers zurück. Er war Protagonist einer denkwürdigen Affäre der →Ämterkäuflichkeit. F. Autrand

Lit.: A. BOSSUAT, Le Parlement de Paris pendant l'occupation anglaise, RH 229, 1963 – F. AUTRAND, Naissance d'un grand corps de l'État. Les gens du Parlement de Paris 1345-1454, 1981 – DIES., Vénalité des offices ou arrangements de famille (Ämterhandel im SpätMA und im 16. Jh., hg. I. MIECK, 1984).

Le Coq, Robert, frz. Prälat und Staatsmann, * um 1310, † 1372, entstammte einer Familie aus Montdidier (bei Amiens), die, im Staatsdienst reichgeworden, 1329 nobilitiert wurde. Sein Vater war kgl. Legist, Bailli v. Rouen, dann v. Orléans, schließlich Mitglied des Pariser →Parlement. R. le C. studierte Zivilrecht in →Orléans, war 1340 Avocat, 1347 →*Avocat du roi* am Parlement, dann →*Maître des Requêtes* am →Hôtel du roi, dessen Leitung er als *premier maître-clerc* innehatte. Kgl. Gunst verschaffte ihm eine Reihe von kirchl. Benefizien (Amiens, Thérouanne, Rouen, Soissons, Tournai, Seclin; Kanonikat an Notre-Dame de Paris). Er begleitete Kg. Johann II. an die Kurie und wurde zum Bf. v. Laon, im Range eines Hzg.s und →Pairs der Krone Frankreichs, erhoben. Seit 1340 kgl. Rat (*conseiller*), führte er 1353 (Calais) und 1354 (Guînes) Verhandlungen mit den Engländern. Von dieser Zeit an war er einer der bedeutendsten Ratgeber →Karls 'd. Bösen' v. Navarra. Nach →Poitiers (1356) stand er in den →États généraux, die gegen die frz. Monarchie opponierten, in vorderster Reihe, in Anlehnung an die Pariser Revolution Étienne →Marcels. Le C. verfocht ein kühnes polit. Reformprogramm zur Durchsetzung einer kontrollierten Monarchie und unterstützte die Aktivitäten Karls v. Navarra in Paris. Das Scheitern der Bewegung zwang Le C. zur Flucht nach Avignon. Da ein Pardon des Kg.s ausgeschlossen war, wurde Le C. 1362 auf die kast. Bf.ssitz →Calahorra, an der Grenze zu Navarra, transferiert. Seine reiche Bibl. von 76 Bänden wurde vom Kg. konfisziert.
F. Autrand

Lit.: E. FARAL, R. le C. et les États généraux de 1356, RHDFE, 1945 – R. CAZELLES, La société politique et la crise de la royauté sous Philippe de Valois, 1958.

Lector. Bezeichnet das Wort 'l.' im klass. Lat. lediglich 'denjenigen, der liest', so wurde es im MA auf verschiedene Typen von Funktionen angewandt. In der kirchl. Hierarchie (→Klerus, 2) war der l. seit dem Frühchristentum Inhaber des zweiten der niederen Weihegrade, befaßt mit bestimmten liturg. Lesungen. In den Kl., später in den →Collegia, war der l. ein Mönch bzw. Schüler, der im Refektorium die vorgeschriebene Schriftlesung vorzunehmen hatte. Im 13. Jh. tritt der Begriff dann im Vokabular des Schulwesens in Erscheinung. Bei den Bettelorden ist der l. ein Professor, den jeder Konvent, aber auch jedes →studium (artium, theologiae) des Ordens oder einer Ordensprovinz haben mußte. Die l.es, die in der Regel universitäre Titel trugen, wurden vom Provinzial- oder Generalkapitel ernannt und oft von einem Konvent zum anderen versetzt. Dem l. stand ein 'sublector' zur Seite.

Im Universitätsleben entsprach die Bezeichnung 'l.' zwar wohl keinem offiziellen →Grad, doch wird sie angesichts der Bedeutung der 'lectura' von Autoritäten in den Quellen häufig genannt. Bei einem l. konnte es sich um einen Professor aus dem Bereich der Bettelorden, der in eine theol. Fakultät integriert war, handeln, oder aber um einen Lehrer, der nicht den Rang eines ordentl. →Doctor bekleidete, z. B. um einen theol. →Baccalarius (biblicus, sententiarius), einen Lizentiaten oder außerordentl. Doctor. In manchen Texten ist 'l.' aber nur die Bezeichnung für den Vorlesung haltenden 'doctor' oder 'magister actu legens'. J. Verger

Lit.: O. WEIJERS, Terminologie des univ. au XIIIe s., 1987, 160-166.

Lectoure, ehem. Bm. und Stadt in der →Gascogne (dép. Gers). Der erste sicher bezeugte Bf. der civitas der Lactorates war Vigilius, anwesend auf dem Konzil v. Agde (506). Nach 675 ist die Bf.sliste für drei Jahrhunderte unterbrochen, ähnlich wie in anderen Bm.ern der Gascogne. Die Wiederherstellung erfolgte im Zusammenhang mit der Gründung des Kl. St-Gény durch den Gf.en der Gascogne, Wilhelm Sancho, um 982. Anfangs eingeschlossen in das weiträumige Gascogne-Bm., das dem Bruder des Gf.en, Gombald, unterstand, erhielt L. um 988 einen eigenen Bf. Gegen Ende des 11. Jh. wurde die Bf.skirche auf einen Bergsporn, der die wüstgewordene antike Siedlung beherrscht, verlegt. Hier entstand auch der ma. Burgus von L., der der bfl. Stadtherrschaft unterstand. Bf. Géraud de Monlezun (1265-94) trat in *paréage* die Hälfte der Stadtherrschaft an den Kg. v. England, Eduard I., ab, baute aber andererseits sein Netz befestigter Plätze aus. 1380 umfaßte das Bm. L. 70 Pfarreien, verteilt auf acht Archipresbyterate (von denen drei der Vicomté →Lomagne entsprachen).

Während des →Abendländ. Schismas blieben die Bf.e v. L. der avign. Obödienz treu, insbes. Raimund de Cambavelha (1383-1406), der Diözesanstatuten erließ. Während des Konflikts zw. Kg. Ludwig XI. v. Frankreich und Gf. →Jean V. v. Armagnac (1450-73), der L. zu seiner Bastion machte, scheint der Bf. aus seiner Bf.sstadt entfernt gewesen zu sein. Nach der Plünderung L.s (1473) wurde im Zuge des Wiederaufbaus die Kathedrale in ihrer monumentalen Form neuerrichtet. B. Cursente

Lit.: GChr I, 1870, 1073-1084 – GAMS, 561 – L. DUCHESNE, FE II, 97 f. – J. PANDELLÉ, L'ancien dioc. d'Auch et ses évêques, 1965 – R.-A. SENAC, Essai de géographie et d'hist. de l'évêché de Gascogne, Bull. Philologique et hist., 1980, 11-25.

Łęczyka, Stadt in →Polen, an der Bzura, ca. 40 km nö. von Łódź. Ursprgl. vermutl. Zentrum einer Stammesgruppe, lag das alte Ł. ö. der heutigen Stadt, auf dem Gebiet des heutigen Dorfes Tum. Dort wurde im 6./7. Jh. die erste Burg errichtet, die, durch Bolesław III. Krzywousty 1107 renoviert und ausgebaut, vom 12.-14. Jh. Sitz der Kastellanei und Zentrum einer aus mehreren Kastellaneien bestehenden Prov. war. W. der Burg entstand eine Marktsiedlung, die im 13. Jh. etwas nach N verlegt wurde. Ł. ist ein typ. Beispiel einer vorkolonisator., irregulären Stadtgründung, die später (Stadtrecht vor 1267) reguliert wurde. Nach der Teilung Polens zu Kleinpolen gehörig, wechselte Ł. mehrmals die polit. Zugehörigkeit, um ca. 1352 endgültig mit dem poln. Kgr.

vereinigt zu werden. Wegen der zentralen Lage fanden in Ł. häufig weltl. Versammlungen und kirchl. Synoden statt (z. B. 1141, 1161, 1180, 1285), und nach der Wiedervereinigung Polens war Ł. Sitz einer Wojewodschaft, eines Landgerichts und einer Burgstarostei. Nachdem das alte Ł. vom Dt. Orden 1331 niedergebrannt worden war, wurde die Stadt an die heutige Stelle verlegt. Kasimir III. d. Gr. ließ die neue Burg errichten und die Stadt ummauern. Seit dem 14.Jh. wird in Ł. Tuchmacherei erwähnt; 1456 zehn Zünfte. In Tum befindet sich die mehrmals umgebaute, 1161 geweihte roman. Kollegiatkirche, unter der die Überreste eines älteren Sakralbaus entdeckt wurden, der wahrscheinl. mit der in der Gnesener Bulle 1136 gen. St. Marien-Abtei (OSB, vom hl. Adalbert gegr.?) ident. ist. Kirchenrechtl. gehörte Ł. zum Ebm. →Gnesen und war Sitz eines Archidiakonats.   J. Strzelczyk

Lit.: SłowStarSłow III, 116-119 – A. NADOLSKI, Ausgrabungen in Ł. (Frühe poln. Burgen, 1960), 64-73 – DERS., Early medieval Ł., Archaeologia Polona 5, 1962, 101-122 – DERS., Die Entstehung der Stadt Ł., Ergon 3, 1962, 502-509 – Ł. wczesnośredniowieczna. Dokumentacja kartograficzna, I, 1966 – Sztuka polska przedromańska i romańska do schyłku XIII w. (Dzieje sztuki polskiej, I, 1971), 729-733, 820f. – J. BIENIAK-A. SZYMCZAKOWA, Urzędnicy łęczyccy, sieradzcy i wieluńscy XIII-XV w. Spisy, 1985, 38-92.

Leden van Vlaanderen ('Glieder von Flandern'), ständ. Gremium in der Gft. →Flandern. Im verstädterten Flandern waren die demograph. und wirtschaftl. weitentwickelten großen Städte die wichtigsten Gegenspieler der Grafengewalt. Sie verteidigten die kollektiven Belange durch repräsentative Organe, die auf der fakt. Machtstellung der Städte, nicht aber auf schriftl. Verfassungsurkk. beruhten.

Das polit. Zusammenwirken der fläm. Städte, das erstmals während der dynast. Krise von 1127 stark hervortritt, umfaßte zunächst sieben Städte, nach der starken Verkleinerung der Gft. Flandern 1191 noch fünf (→Gent, →Brügge, →Ypern, →Douai und →Lille), von denen 1312 nur noch Gent, Brügge und Ypern übriggeblieben waren. Diese machtvolle Gruppe wurde seit 1241 als 'scabini Flandrie' (auch: 'bonae villae') bezeichnet, im 14.Jh. jedoch zumeist als die '(Drie) Leden van Vlaanderen'. Das reichste ländl. Gebiet in Flandern, das →Brugse Vrije, war (sporadisch seit 1310, regelmäßig seit 1384) an diesem (nun als 'Vier L.' bezeichneten) Kollegium beteiligt, das somit eine einzigartige Koalition von städt. Eliten und ländl. Großgrundbesitzern darstellte.

Die L. traten in der Regel spontan, ohne vorherige Einberufung, zusammen. Ihre »Parlamente« waren de facto zur Bewilligung der Steuer- und Abgabenlasten der Gft. befugt, befaßten sich aber auch mit allen anderen denkbaren polit. Fragen und verhandelten selbständig mit auswärtigen Städten und Fürstenhäusern.

Trotz ihrer dominierenden Stellung besaßen die L. nicht das Monopol ständischer Repräsentation. Seit Anfang des 14. Jh. berief der Fürst mehrmals die L. gemeinsam mit den kleineren Städten und Kastellaneien ein, seit 1384 zusammen mit Adel und Klerus, Ausgangspunkt für die späteren 'Staten van Vlaanderen' (→États, →Stände). Gleichwohl wurden zw. 1384 und 1506 83% der Ständeversammlungen ausschließl. von den Repräsentanten der L. bestritten.   W. Prevenier

Lit.: W. PREVENIER, Les États de Flandre depuis les origines jusqu'au 1790, Standen en Landen 33, 1965, 17-59 – W. BLOCKMANS, De volksvertegenwoordiging in Vlaanderen (1384-1506), 1978.

Leder (germ., kelt. von *lethar;* mhd. L., ahd. *ledar;* lat. corium; it. *cuoio,* frz. *cuir* [1080 *quir*]; ndl. *le(d)er,* engl. *leather,* schwed. *läder*), die enthaarte Tierhaut, die durch den Gerbvorgang (→Gerber), d. h. einen chem. Umwandlungsprozeß, haltbar gemacht wird. Gegerbt werden kann jede Haut, bes. geläufig sind die L. unserer Haustiere. Man unterscheidet nach dem verwendeten Material, z. B. Rinds-, Schweins-, Kalbs-, Ziegen-, Schaf-, Reptil-L., sowie nach den Gerbstoffen: Vegetabile (Loh-), Sämisch- (Fett-), Rauch- oder Alaun-Gerbung. Mit Fetten und Rauch wurde bereits in paläolith. Zeit gegerbt, die vegetabile Gerbung ist wohl seit der Bronzezeit bekannt. Durch die angewandten Gerbstoffe erhält das L. eine Eigenfarbe: hellbraun bei der Lohgerbung, gelb bei der Fettgerbung und weiß für alaungare L. Andere Farbgebungen werden mit natürl. Farbstoffen (ähnlich der Tuchfärbung; →Farbe) erreicht. Die Haut läßt sich auch ohne Gerbung haltbar machen, indem sie, gereinigt, enthaart und getrocknet, auf der Fleischseite mit gesiebter Kreide eingerieben oder mit Fett (Glyzerin) behandelt und mit Bimsstein geglättet wird. Sie wird zu →Pergament.

Die Häute unterscheiden sich in der Größe der Felle, in Stärke und Festigkeit sowie im Narbenbild, das durch die Dichte und Gruppierung der Haarporen geprägt wird. Abhängig sind diese Faktoren von dem Tier, das als Hautlieferant dient. Das natürl. Narbenbild kann durch Schäden (Narben, Insekten, Krankheiten) beeinträchtigt sein, wurde aber auch schon seit dem späten MA künstl. verändert oder entfernt. Durch Abschleifen läßt sich die Dicke der Haut abschwächen und egalisieren. Die Haut kann auch in Schichten gespalten werden. Die obere Narbenseite wird für künstler. Arbeiten verwendet, während die Fleischseite (Spaltl.) wegen des lockeren Gewebes nur bedingt dazu dienen kann.

[1] *Verarbeitung:* L. wird zu Schuhen, →Kleidung und anderen Gebrauchsgütern verarbeitet. Die Schuhmacher unterscheiden sich in die Schwarzschuster für L. aus Rinderfellen und die Korduaner für solches aus Ziegen- und Kalbsfellen. Die Dehn-und Formbarkeit des L.s im feuchten Zustand sowie die Formstabilität nach dem Trocknen ermöglichten schon seit der Bronzezeit die Herstellung von Futteralen und anderen Behältnissen. Im MA entstanden im profanen Bereich Truhen und Minnekästchen, Schmuck-, Geschenk- und Hochzeitskästchen zur Morgengabe, Waffenschilde, Futterale und Etuis für Urkk., Bücher und Bestecke sowie Bucheinbände und Möbel. Im liturg. Bereich fand das L. in Reliquienschreinen, Monstranzfutteralen und Meßgewändern Verwendung. Um 1400 erscheinen im Raum Offenbach L.skulpturen (Pietà), Reliefs sonst erst um 1500. Die Herstellung von L.tapeten erfolgte zuerst in der →Córdoba (deshalb 'Korduanl.' oder 'Peaux d'Espagne'), seit dem 16. Jh. auch in Holland, Frankreich und Italien. In den europ. Fernhandelsq. werden überwiegend Häute, in geringerem Maße auch L. und L. waren genannt.

[2] *Schmucktechniken und Werkstätten:* Die Schmucktechniken entwickelten sich im wesentl. im Orient und wurden vom Abendland aufgegriffen. Während ägypt. Funde aus dem Neuen Reich auf eine kopt. Zeit auf eine Tradition des L.handwerks von hoher Qualität hinweisen, läßt sich im Okzident keine unmittelbare Filiation aus gr.-röm. Zeit erkennen. Die Araber übernahmen im 7.Jh. den →Codex von den Abessiniern und schützten ihn mit reich dekorierten Buch»kisten«, später mit Buchdeckeln mit Überschlag (daneben bleiben L.- und Pergamentrollen im Gebrauch; →Bucheinband). Frühislam. Einbände weisen von Technik und Formgesch. her Beziehungen zu kopt. Traditionen auf, bes. in Ritz-, Schäl-, Flecht- und unterlegten Ausschneidearbeiten (ähnlich dem kopt. Schuhwerk). Neben Rankenmotiven erscheint eine Flächentei-

lung mit Rahmen und Vierecken, die mit punzierten Flechtwerk- und Knotenmotiven sowie Zopfmustern in Bordüren gefüllt werden. Diese Motive werden aus bogenförmigen Stempeln verschiedener Kurvung zusammengesetzt. In Kairuan werden im 9. und 10. Jh. Linienreliefs durch unterlegte Schnüre erzielt. Im 11./12. Jh. tauchen die für die folgende Zeit wegweisenden, stern- und rosettförmigen Mittelmotive im sonst leeren Spiegel auf, der weiterhin von Flechtwerk- und Blindlinienrahmen begrenzt wird. Vergoldete Punkte, Linien und Rosetten erzielen eine farbl. Auflockerung. Geogr. Unterschiede lassen sich kaum ausmachen, da die Dekorelemente mit der islam. Religion eine rasche Ausbreitung auf den gesamten arab. Bereich erfuhren.

Im Okzident sind vor dem 13. Jh. nur wenige L.arbeiten bekannt. Ihre Dekoration erfolgte durch Einschlagen von Bandwerk- und Blattornamenten. Durch Treiben von der Rückseite entstandene L.reliefs wurden mit einer kittartigen Masse unterlegt (bes. bei L.schilden). Die erste bedeutende Schmucktechnik, die das Abendland ausbildet und die sich um 1300 allg. durchgesetzt hatte, ist die aus dem Orient übernommene Blindpressung: Geschnittene Platten oder Stempel aus Buchsbaumholz wurden in das nasse L. eingedrückt und hinterließen nach dem Trocknen ein Relief (Kaltdruck oder 'décor à froid'). Schon vor 1300 wurde der Holzstempel durch erwärmte Metallstempel ersetzt. Mit kleinen Ornamentstempeln überzog man große Flächen mit einer gleichmäßigen, oft diagonal versetzten Ornamentierung. Große Stempel, ähnlich den Münzstempeln der Zeit, versahen das L. mit christl. oder herald. Motiven. Blindlinien erzeugten zudem eine Felderteilung. Die Blindpressung bot jedoch keine Möglichkeit für eine künstler. Entfaltung, da die Motive nur aneinandergereiht werden konnten.

Versuche, zu einer freien Reliefgestaltung zu kommen, führten im 14. Jh. über das Modellieren zum L.schnitt: Mit einem Dreikantmesser wurden nach einer Vorzeichnung ca. 0,5–0,7 mm tiefe Linien in das L. geschnitten und mit einem heißen Eisen nachgezogen, um durch Verhornung der Ränder ein Verschließen zu verhindern. Durch Punzung und Treibarbeit konnten die einzelnen Formen zusätzl. voneinander abgesetzt, das Relief plast. durchgearbeitet werden. Eine Bemalung mit Ölfarben konnte einzelne Partien zusätzl. hervorheben.

Anhand überlieferter Objekte lassen sich bedeutende Werkstattregionen ausmachen: Nach 1350 die böhm. und die oberrhein. Werkstätten (Meister mit dem Eber, Bodensee, 1. Hälfte 14. Jh.); in der 2. Hälfte des 14. Jh. entstanden in N-Frankreich und Flandern hervorragende Minnekästchen; um 1400 fertigten die österr. Kl.werkstätten wichtige L.schnittarbeiten; in der 1. Hälfte des 16. Jh. entstanden in Mailand erstklassige Futterale und Prunkschilde mit einer Kombination aus L.schnitt, Punzung und Treibarbeit in hohem Relief. Ausschließlich im 16. Jh. zeigte sich in Flandern und Frankreich im Goldlederschnitt eine neue Variante: Nach der Vergoldung der gesamten Oberfläche mit Goldbronze wurden wie beim klass. L.schnitt kräftige Schnitte mit dem heißen Eisen fixiert, während eine feine Binnenzeichnung und Schraffuren nur eingeschnitten wurden. Auf Punzung und Treibarbeit wurde verzichtet, so daß sich Ähnlichkeiten mit den graph. Techniken der Zeit erkennen lassen. Figürl. und ornamentale Motive konnten zusätzl. farbig gegen den Goldgrund abgesetzt werden. Inspiriert hat sich diese Technik sicher an der im 15. Jh. aus dem Orient übernommenen Handvergoldung, die zuerst auf Bucheinbänden zu finden war und bald auch auf Futterale und Kabinette, Kästchen und Schilde übertragen wurde. Damit übernimmt auch das typ. oriental., gefärbte Maroquinl. (Ziegenl.) eine dominierende Rolle im Kunsthandwerk und in der Buchbinderei, wohingegen für den L.schnitt Rinds- und Kalbsl., für die Blindpressung im 16. Jh. auch Schweinsl. bevorzugt worden waren.

[3] *Bildliche Darstellungen:* Das Enthaaren und Entfleischen der Haut am 'Baum' wird seit dem MA zur symbol. Darstellung des Gerberhandwerks. Die Schmuckformen und -inhalte der Darstellungen auf den L.objekten folgen dem allg. Stilwandel. In frühma. Zeit, bes. bei kopt. Arbeiten, finden sich vorwiegend geometr. Motive sowie Rosetten, Ranken und Bogenformen (Beutel und Buchdeckel). In den wenigen abendländ. Bucheinbänden mit Blindpressung, die vor 1000 entstanden sind, dominieren einfaches Rankenwerk unter insularem Einfluß, ähnlich wie in der Buchmalerei, und ungeschickte Tierfiguren.

Die ikonograph. Darstellungen auf den ma. Kästchen hängen stark von deren Verwendungszweck ab. Urkk.laden und Futterale für Herrscherattribute tragen herald. Motive (→Adler, →Löwe) und Reiter, ähnlich wie bei den Münzen. Im liturg. Bereich finden sich Szenen des AT und NT, bevorzugt Apostel und Hl.e. Auf den Minnekästchen, Laden und Futteralen, die für die höf. Ges. gefertigt wurden, dominieren Jagdszenen, Liebespaare und Bilder des höf. Lebens, aber auch Fabelwesen. Bei Kombinationen christl. und profaner Motive läßt sich die Funktion des Objektes nicht immer festschreiben, jedoch gehören bes. die Darstellungen des hl. Georg mit dem Drachen in den Zusammenhang des Minnedienstes.   R. Nenno

Lit.: H. PRALLE, Der L.schnitt als Kunsthandwerk und häusl. Kunst, 1903 – H. BARTENSTEIN, Das L.gewerbe im MA in Köln, Lübeck und Frankfurt, 1920 – A. GROHMANN – TH. W. ARNOLD, Denkmäler islam. Buchkunst, 1929 – E. ELSTERMANN, Die L.arbeiter in Bremen, 1941 – G. MARÇAIS – L. POINSSOT, Objets kairouanais XIe au XIIIe s., 1948 – G. A. BRAVO, Storia del cuoio e dell'arte conciaria, 1964 – G. GALL, L. im europ. Kunsthandwerk (Bibl. für Kunst und Antiquitätenfreunde 44, 1965) [Lit.] – G. A. BRAVO – J. TRUPKE, 100000 Jahre L. – eine Monogr., 1970 – F. A. SCHMIDT-KÜNSEMÜLLER, Corpus der got. L.schnitteinbände aus dem dt. Sprachgebiet, 1980 – G. BOSCH, J. CARSWELL, G. PETHERBRIDGE, Islamic Bindings and Bookmaking, 1981.

Lederer, Jörg, dt. Bildhauer, * wahrscheinl. 1475/77 in Füssen, Allgäu, Bürgerrecht ebd. 1499, Ausbildung in der Werkstatt Jörg →Syrlins d.J. in Ulm, ab 1507 bis zum Tod um 1550 in Kaufbeuren, 1513 Zunftmeister der Bildhauer, 1530 Ratsmitglied. Musterbeispiel eines süddt. Exporteurs von Altären bis weit in die s. Alpentäler. Gut erhaltene Retabel wie der Altar aus Hindelang in Oberdorf (1519) und der Hochaltar der Spitalkirche zu Latsch, Vintschgau (um 1520), vertreten seinen zierl. schwäb. Spätstil.   A. Reinle

Lit.: P. DUSSLER, TH. MÜLLER, A. SCHÄDLER, J. L., 1963 – M. BAXANDALL, The Limewood Sculptors of Renaissance Germany, 1980, 118–120.

Leding, Ledung → Leiðangr

Leechbooks → Arzneibücher, III

Leere → Vakuum

Leeuwarden, Stadt in den Niederlanden (Provinz Friesland), gelegen an der früheren Middelzee, wurde in der 1. Hälfte des 11. Jh. als Münzstätte bekannt. Die damalige Handelsniederlassung lag entlang des Wasserlaufs Ee auf der Doppelwurt (→Wurt, terp) Nijehove. Auf der westl. davon gelegenen Wurt Oldehove lag ein Hof des Kl. →Corvey, gestiftet im 9. Jh., mit St. Vitus-Kirche (abgebrochen 1595). Eine Stadtrechtsverleihung ist nicht bekannt. Doch dürfte Nijehove in der 1. Hälfte des 13. Jh.

städt. Charakter gehabt haben; hierauf deutet ein wohl um die Mitte des 13. Jh. (vor 1345) gegr. Dominikanerkl. hin. Am Ende des 13. Jh. war L. als Stadt in den Verband der →Hanse einbezogen. Das Stadtrecht, das zunächst auf die Niederlassung Nijehove beschränkt blieb, wurde 1435 auf die Wurtdörfer Oldehove und Hoek (östl. von Nijehove) ausgedehnt. Am Ende des 15. Jh. wurde um das Stadtgebiet ein Graben (gracht) gezogen, unter Einschluß der südl. von Nijehove gelegenen Neustadt (Nieuwstad). Damals zählte die Stadt ca. 4000 Einw. Seit 1492 ist L. Hauptstadt von →Friesland. J. C. Visser

Lit.: J. R. G. SCHUUR, L. voor 1435, 1979 – K. P. KARSTKAREL, L., 700 jaar bouwen, 1985.

Lefèvre

1. L. (d'Étaples), Jacques, frz. Humanist (→Humanismus), Bibelübersetzer und -kommentator, * um 1460 in Étaples (Picardie), † 1536 in Nérac, am Hofe der Kgn. v. Navarra. Nach Studien am Collège de Boncourt, dann am Collège du Cardinal Lemoine erwarb L. 1480 den Grad des Magister artium. Er wurde zu einem unbestimmten Zeitpunkt Professor am Collège du Cardinal Lemoine. 1492 (und erneut 1500 sowie 1507) begab er sich nach Italien; hier traf er u. a. folgende führende Humanisten: Ermolao →Barbaro, der bemüht war, →Aristoteles in seiner vollen Authentizität wiederzuentdecken; Marsilio →Ficino, der ihm die Kenntnis des →Dionysios Are(i)opagites und des →Hermet. Schrifttums vermittelte; Giovanni →Pico della Mirandola, der ihn zum Studium der Hl. Schrift ermutigte. Nach Frankreich zurückgekehrt, nahm er seine Lehrtätigkeit am Collège du Cardinal Lemoine wieder auf. Darauf bedacht, seinen Studenten klare und verbindl. Grundlagenwerke zur Verfügung zu stellen, nahm er systemat. die Edition des gesamten aristotel. Werks in Angriff; seine Kenntnisse der Philosophie, Dichtung und antiken Gesch. ermöglichten ihm, das Verständnis für das aristotel. Denken durch Übers. und Komm. entscheidend zu fördern. 1508 lud →Guillaume Briçonnet, der Abt v. St-Germain des Prés war, L. ein, in seiner Abtei, die sich im Zuge einer Reform befand, zu residieren und den Studien nachzugehen. L. widmete sich bis 1520 intensiver Editionstätigkeit, wobei er von den bedeutenden Druckern Josse Bade und Henri →Estienne, sowie Humanistenfreunden und Schülern wie Josse Clichtove und Charles de Bovelles unterstützt wurde. Er gab u. a. heraus: den »Primander« (in der Übers. Marsilio Ficinos, 1494 und 1505), Dionysios Are(i)opagites, Apokryphen der ersten chr. Jahrhunderte, Schriften von →Raimundus Lullus (1499, 1505), »De Trinitate« des →Richard v. St-Victor (1510), myst. Schriften des MA, Werke von →Nikolaus v. Kues (1514), die »Contemplationes idiotae« (1519) usw.

In seinen späten Jahren beschäftigte er sich mit dem Studium der Bibel. Bereits 1509 edierte er den »Quincuplex Psalterium«, wobei er philol. Methoden auf das Bibelstudium anwandte. 1522 folgten die »Commentarii initiatorii« zu den Evangelisten; 1523 das NT und der frz. Psalter, 1525 die »Épîtres et les Évangiles des dimanches«, 1530 eine Bibelübers., die in Antwerpen gedruckt wurde. Durch seine Arbeiten über Bibeltexte rief L. erbitterte Gegnerschaft der theol. Fakultät hervor. 1521 suchte er Zuflucht in Meaux, wo Briçonnet seit 1516 Bf. war. 1525 floh er nach Straßburg. 1526 kehrte er nach Frankreich zurück und genoß hier den Schutz Kg. Franz' I. und insbes. von dessen Schwester Margarete v. Navarra, an deren Hof er die letzten Lebensjahre verbrachte. A. Charon

Lit.: C. H. GRAF, Essai sur la vie et les écrits de J. L. d' É., 1842 [Nachdr.: 1970] – A. RENAUDET, Préréforme et humanisme à Paris au temps des guerres d'Italie (1494-1517), 1953² – J. DAGENS, Humanisme et évangélisme chez L. d'É. (Courants religieux et humanisme à la fin du XVᵉ s. et au début du XVIᵉ s., Colloque de Strasbourg, 9-11 mai 1957, 1959), 121-134 – E. F. RICE, The Humanist Idea of Christian Antiquity. L. d'É. and his Circle (Stud. in the Renaissance 9, 1962), 126-160 – H. HELLER, The Evangelism of L. d'É., 1520-1525 (ebd. 16, 1969), 42-77 – E. F. RICE, Humanist Aristotelianism in France: J. L. d' É. and his Circle (Humanism in France, hg. A. H. T. LÉVI, 1970), 123-149 – G. BEDOUELLE, L. d' É. et l'intelligence des Écritures (Travaux d'Humanisme et Renaissance 152, 1976) – N. BALLEY, Le rôle de J. L. d' É. dans la redécouverte et la diffusion des traductions latines des grecs (1490-1525) (Positions de thèses de l'École des chartes) [im Dr.].

2. L. (Le Fèvre), Jean, frz. Dichter und Übersetzer, * um 1320 in Ressons (dép. Oise), † nach 1387, Lic. jur. und Procurator am Pariser →Parlement, machte eine nur bescheidene Karriere, hinterließ aber ein Œuvre von insgesamt 26 500 V. Als Übersetzer schuf er frz. Versionen von Schultexten, bestimmt für ein außerschul. Publikum: →»Ecloga Theoduli« (10. Jh.) und →»Disticha Catonis«, beide übers. in Zehnsilbern, dann die Ovid zugeschriebene »Vetula« (in Achtsilbern), deren dritter Teil eine Zusammenfassung des Standes der Wissenschaften im 13. Jh. gibt.

Nach einer schweren Krankheit im Okt. 1386 schrieb L. den »Respit de la mort«, eine Gerichtsallegorie, in welcher der Autor vor einem Tribunal (das Züge des Gerichtshofes trägt, an dem L. diente) gegen die Vollstreckung des von Gott verhängten Todesurteils appelliert und um Aufschub ('respit') bittet. Danach übertrug er liturg. Hymnen und verfaßte »Mathieu le Bigame«, eine weitverbreitete Übers. der »Lamentations Matheoli« des →Matthaeus v. Boulogne, einer Ehestandssatire, dies wohl auch aus autobiograph. Motiven (L.s Frau galt als zänkisch). Zw. 1380 und 1387 ließ er eine regelrechte Widerlegung des Matheolus, »Livre de Leesce«, folgen. Eine (verlorene) Totentanzdichtung könnte als frühestes frz. Werk dieser Gattung gelten. L.s lehrhafte und satir. Dichtungen genossen, wenn auch z. T. in entstellenden Bearbeitungen, bis ins 16. Jh. die Gunst des Publikums. P. Bourgain

Ed.: La Vieille, ed. H. COCHERIS, 1861 – Lamentations et Livre de Leesce, ed. A. G. VAN HAMEL, 1892 – Le Respit de la Mort, ed. G. HASENOHR-ESNOS, 1969 (SATF, 91) – Lit.: E. RUHE, Unters. zu den altfrz. Übers. der Disticha Catonis, 1968, 211-232 – G. HASENOHR, La locution verbale figurée dans l'œuvre de J. le F., Le Moyen Français, 14-15, 1984, 229-281.

3. L., Raoul, 'prestre', † um 1467, Verf. zweier Romane für Hzg. Philipp den Guten v. Burgund: »L'Histoire de Jason« (gegen 1460) und »Le Recoeil des Histoires de Troyes« (gegen 1464), erhalten in zahlreichen meist ill. Hss. und Frühdrucken sowie in Übers.en in mehrere Sprachen (William →Caxtons Übers. des »Recoeil« ist der erste gedr. engl. Text). Der »Recoeil« ist eine Biogr. von Herkules und dessen Vorfahren Jupiter, Perseus, etc. (Q. v. a. →Boccaccios »genealogie Deorum Gentilium libri« und die span. Chronik v. Leomarte). Die Biogr.en von Jason und Herkules sind als Vorgesch. der →Trojalegende zu verstehen. M. Aeschbach

Ed. und Lit.: G. PINKERNELL, L'Hist. de Jason, 1971 – M. AESCHBACH, Le Recoeil des Hist. de Troyes, 1987.

4. L. de St-Remy, Jean (gen. Toison d'or), burg. Chronist, * um 1396 in Abbeville, † 1468 in Brügge, zunächst im Dienst des Kg.s v. England, dann unter dem Namen 'Charolais' Wappenherold (héraut d'armes; →Herold) des burg. Hzg.s Johann (→Jean sans Peur), 1431 Wappenkg. (roi d'armes) des Ordens vom →Goldenen Vlies, daher sein Beiname. Aufgrund seines Amtes unternahm er ausgedehnte Reisen (Abhaltung von Turnieren und Waffengängen, Botendienste, diplomat. Missionen für den Hzg., Einziehung von Erkundigungen über die

Taten der Ritter vom Goldenen Vlies). Er verfaßte – neben reinen →Heroldsdichtungen – eine Chronik, die auf derjenigen →Monstrelets basiert und die Jahre 1408–36 behandelt, mit deutl. Vorliebe des Autors für Waffentaten, diplomat. Verhandlungen, Empfänge und Zeremoniell. Auch pries er in einer »Épitre« die Heldentaten Jacques' de →Lalaing; diese Schrift (wie andere Arbeiten L.s eher Materialsammlung denn ausgeformtes lit. Werk) wurde von einem unbekannten Autor in romanhafte Form gebracht. P. Bourgain

Ed.: Chronique, ed. F. Morand, 1876–81 (SHF) – Épitre, ed. Ders., ABSHF, 1884, 177–239 – *Lit.:* J. B. Aquarone, Un chapitre de la chronique de J. L. (Mél. P. Le Gentil, 1973), 35–54.

Lefranc, Martin, * um 1410 in der Normandie, † 8. Nov. 1461 in Genf. Päpstl. Sekretär unter Felix V., 1443 *prévot* v. Lausanne, 1460–61 Administrator der Abtei Novalesa. Sein für den burg. Hzg. und zum Lob der Frauen 1440–42 verf. enzyklopäd. Werk »Champion des dames« (über 24000 Vv.), in dem auch →Jeanne d'Arc gelobt wird, findet nicht das erhoffte Echo (»Complainte du livre du Ch. d. d.«). Die Verseinlagen des Prosimetrum »L'estrif de Fortune et Vertu« (1447–48) sind der erste Versuch einer frz. philos. Dichtung. Ferner: Übers. des Jer. Prol. in der frz. Bibel des J. Servion; Trostschrift »De bono mortis« (mit Fortunaproblem); 16 lat. Hexam. gegen den Koran. L.s lat. Texte sind unediert. M.-R. Jung

Ed.: »Champion«, Vv. 1–8144: A. Piaget, 1968; 11221–14886: D. A. Fischer, 1981; 23865–24336: J. C. Brooks, 1976 – »Complainte«: Paris, Romania 16, 1887, 383–437 – *Lit.:* A. Piaget, M.L. 1888 – O. Roth, Stud. zum »Estrif de Fortune et Vertu« de M.L., 1970 – Ders. (Il Petrarca ad Arquà, 1975), 240–255 – J. C. Brooks, La filiation des mss. du »Champion…« de M.L., 1976 – D. A. Fischer, Ed. and Study of M.L.s »Le Champion…«, 1981 – M.-R. Jung (Rhetoric Revalued, hg. B. Vickers, 1982), 241–246 – Helvetia Sac. I, 4: Lausanne, 1988, 386f. – P. F. Dembowski, M.L. (Continuations Fschr. J. L. Grigsby, hg. N. J. Lacy, 1989), 261–276.

Lega lombarda → Lombardische Liga

Legat → Testament

Legat, päpstlicher. Seit der Mitte des 11. Jh. beauftragten die Päpste L.en mit der Wahrung ihrer Interessen außerhalb Roms, bes. in den entfernteren Gegenden der abendländ. Christenheit. Gregor VII. betonte die Stellvertreter-Funktion schon durch die Titel »legatus Romane ecclesie«, »apostolice sedis« oder »legatus Romanus«, »apostolicus«. Der L. war dem lokalen Episkopat übergeordnet und führte den Vorsitz der Partikularsynode, richtete über Bf.e, führte →Visitationen durch und sorgte für die kirchl. Reform. Die L.en haben wesentl. zur Durchsetzung der Lehre vom →Primat beigetragen. Das Ansehen des Papsttums förderten sie auch durch ihre diplomat. Tätigkeit (Anerkennung von Kg.swahlen, Friedensstiftung) und den aus späterer Zeit bekannten Aufwand bei ihren Reisen. An wichtigen Aufgaben kamen die Vorbereitung und Leitung von Kreuzzügen sowie im →Schisma die Propaganda für den einen oder anderen der konkurrierenden Päpste hinzu. Anfangs hatte die L.en zuweilen nur den Rang eines Bf.s oder gar eines päpstl. Kaplans, doch mit zunehmender Ausschließlichkeit wurden Kard.e beauftragt. Diese waren die eigtl. »legati a latere« (entsandt »von der Seite« des Papstes), während die rangniedrigeren in den →Dekretalen und später manchmal »legati missi« hießen, meist jedoch »nuntii«. Einen dritten Typus bildete der »legatus natus« mit der Vollmacht päpstl. Stellvertretung für ein ganzes Kgr., wie die Ebf.e v. Canterbury, Köln und Salzburg. Ein Sonderfall ist die Einsetzung des Gf.en →Roger I. als L.en (1098). Später beanspruchten deshalb die Kg.e v. Sizilien die Rechtsstellung geborener L.en. Eine bes. Position bekleideten auch diejenigen Kard.l.en, die während des späteren MA jeweils langjährige Aufgaben in der Verwaltung des →Kirchenstaates ausübten (vgl. päpstl. Statthalter in Bologna). →Gesandte, B. III. D. Girgensohn

Lit.: J. Deér, Der Anspruch der Herrscher des 12. Jh. auf die apostol. Legation, AHP 2, 1964, 117–186 – H. Ollendiek, Die päpstl. L.en im dt. Reichsgebiet von 1261 bis zum Ende des Interregnums, 1976 – C. I. Kyer, L. and Nuntius as Used to Denote Papal Envoys: 1245–1378, MSt 40, 1978, 473–477 – R. C. Figueira, »L. apostolice sedis«…, StM Ser. 3, 27, 1986, 527–574 – P. Blet, Hist. de la représentation diplomatique du St-Siège, 1990² [Bibliogr.].

Legatus (legare), Titel röm. Gesandter in republikan. Zeit für verschiedene Aufgaben, dazu für die Gruppe der offiziell ernannten Begleiter von Obermagistraten im Felde. In der Republik im wesentl. auf Mitglieder der Nobilität beschränkt, erhielt der Titel in der Kaiserzeit zur Bezeichnung insbes. der dem Senatorenstand entstammenden höchsten Amtsträger der ksl. Verwaltung einen neuen Bereich. An der Spitze steht der L. Augusti pro praetore als Statthalter einer Provinz mit Legionsgarnison, dazu tritt der rangniedere L. legionis. Im übrigen wird der Titel für andere, z. T. kurzfristige Aufgaben verwendet; aus dem L. iuridicus als Berater des Statthalters entsteht die Amtsbezeichnung für eine Gruppe von Statthaltern der nachdiokletian. Zeit. Die Spätantike vermeidet den L.-Titel für den offiziellen Bereich, auch im kirchl. Dienst ist er keine Amtsbezeichnung. G. Wirth

Lit.: RE XII, 1133 – Mommsen, Röm. Staatsrecht II², 675 – O. Hirschfeld, Die ksl. Verwaltungsbeamten, 1904² – A. C. Domaszewski, Die Rangordnung des röm. Heeres, 1, 1908, 1967² – G. Jacopi, Diz. epigr., s. v., 1949.

Legenda aurea
A. Werk – B. Überlieferung und Rezeption
A. Werk

Von →Jacobus de Voragine OP um 1263–67 erstellte Slg. von Hl.nviten und bibl. Episoden, deren Anordnung dem Kirchenjahr folgt. Ihr waren die von Bartholomäus v. Trient OP und Jean de Mailly OP verfaßten Slg.en von »Legenden in Kurzfassung« (knappe Zusammenfassungen älterer Viten und Passionen) vorausgegangen, die jedoch nur begrenzte Verbreitung erfuhren. Die L.a. hatte hingegen sofort sehr großen Erfolg: mehr als 1000 ma. Hss. sind erhalten. Von den ursprgl. wohl 176 Kap. sind 153 einzelnen Hl.n gewidmet, der Rest den Hauptfesten des Kirchenjahres. Die Forschung hat mehrmals den »konservativen Charakter« der L.a. betont, die den »modernen« Hl.n nur wenig Platz einräumt: von den Hl.n des 13. Jh. werden nur Dominikus, Franziskus v. Assisi, Elisabeth v. Thüringen und Petrus Martyr gefeiert. Der Autor vermag es jedoch, mittels sorgfältiger Auswahl aus der reichen hagiograph. Lit. die neuartige Form der Heiligkeit dieser mit den Bettelorden verbundenen Persönlichkeiten herauszustellen. Die große Zahl frühchr. Hl.r erklärt sich wohl daraus, daß Jacobus o.a. den Gestalten viel Platz einräumen wollte, die im chr. Europa seit altersher große Verehrung genossen (in der Mehrzahl Apostel und Märtyrer); eine derartige Auswahl gewährleistete den universellen Charakter der Slg. Offen ist, ob die L.a. in erster Linie als Materialslg. für Predigten, v. a. für die noch relativ seltenen sermones de sanctis, oder ordensintern zur Erbauung dienen sollte (analog der Funktion der Hl.nviten in den Mönchsorden), oder vielleicht als Versuch gedacht war, eine Art Heilsgeschichte in einem wesentl. präzisen chronolog. Rahmen darzustellen. Die L.a. wurde in ihrer Gänze oder in Auszügen in lat. Sprache bzw. in Übers. von Klerikern und Laien im ganzen chr. Europa gelesen, diente als Meditationsvorlage und lieferte zahlreichen Predigern, die nur schwer aus den Primärquellen schöpfen konnten, Material. Verbreitung und Einfluß sind auch durch eine reiche, von ihr inspirierte Ikonographie bezeugt. G. Barone

Ed.: TH. GRAESSE, 1890³ – A. BOUREAU, La légende dorée, 1984 – L.a., sept. siècles de diffusion, 1986 – B. FLEITH, L.a.: destination, utilisateurs, propagation (Raccolte di vite di santi dal XIII al XVIII sec., hg. S. BOESCH, 1990), 41-43.

B. Überlieferung und Rezeption

I. Italien – II. Frankreich – III. Iberische Halbinsel – IV. Deutschland – V. England – VI. Mittelniederländischer Bereich – VII. Skandinavien – VIII. Böhmen und Mähren – IX. Polen.

I. ITALIEN: Die L.a. findet im it. Raum sehr frühe Verbreitung, sie gelangt Ende des 13. Jh. bereits nach S-Italien wie Frgm. in Beneventana-Schrift bezeugen. Die Slg. ist jedoch vorwiegend in der lat. Urfassung verbreitet, it. Übers.en sind sehr spärlich. Die erste Übers. (A) aus der 2. Hälfte des 14. Jh. ist in 2 Hss., deren toskan. Provenienz gesichert ist, überliefert (Florenz, Bibl. Ricc., 1254 und 1388); die zweite (B) aus dem 15. Jh. stammt von einem Giovanni Chierici aus Florenz (Florenz, Bibl. Ricc. 1390); sie beruht auf einer teils lat., teils frz. Vorlage und weist beträchtl. Interpolationen auch außerit. Ursprungs auf (z. B. Cucuphas, dessen Kult v. a. in Katalonien, aber auch in Frankreich verbreitet war); C (Florenz, Bibl. Naz. Pal. 97) aus dem 15. Jh. stammt von einem anonymen Übersetzer (Schreibersubskription Mariano da Ciegoli 1430); D (Rom, Bibl. Casan. 586) ist ebenfalls anonym, unvollständig und stammt wahrscheinl. aus der s. Toskana oder aus Latium. Diese volkssprachl. hs. überlieferten Texte waren außerhalb ihrer Entstehungsstätte nicht verbreitet und weisen – vielleicht mit Ausnahme der Version A – keine lit. Ambitionen auf. Ungemein erfolgreich war hingegen die Übers. des Kamadulensers Nicolò Manerbi aus dem Kl. S. Mattia, Murano (Erstdr. Nicolas Jenson, Venedig 1475, ferner 11 Drucke aus dem 15. Jh. und 12 aus dem 16. Jh. [Venedig, ein Druck aus Mailand]). Sie wurde im Hinblick auf die Verbreitung in ganz Italien auf Wunsch des ven. Autors von einem Florentiner sprachl. revidiert und erfuhr später zahlreiche unterschiedl. Interpolationen.
A. Vitale-Brovarone

Lit.: Legenda a., Volgarizzamento toscano del Trecento, hg. A. LEVASTI, 1924 – V. MORUCCI, Mss. e stampe antiche della L.A. ... volgarizzata, Filologia e critica 5, 1980, 30-50 – E. SPINELLI, Frammenti agiografici in beneventana. Note a margine della Legenda a. e della sua diffusione nell'Italia meridionale, AnalBoll 106, 1988, 143-151.

II. FRANKREICH: [1] Die lat. L.a.: Schon in den 70er Jahren des 13. Jh. entstanden die ersten Abschriften der L.a. auf frz. Boden: 1273 die Hs. Metz, B.m. 1147 (verbrannt), 1281 die Hs. Paris, BN. nouv. acq. lat. 1800. Wahrscheinl. von den nordit. dominikan. Ordensschulen herkommend, wurde das Legendar auch in den anfängl. v. a. nordfrz. Ordensschulen eingeführt und z. T. innerhalb ordensinterner Peciasysteme abgeschrieben. Rezeptionsgeschichtl. wichtig ist seine Benutzung an der Pariser Univ. seit dem 13. Jh. (Aufnahme in das Pariser Peciasystem, Benutzung in den Studienkollegien). Wohl infolge der ständigen Überwachung des Textes innerhalb der Peciasysteme ist ein Großteil der in Frankreich entstandenen Hss. relativ text- und corpustreu, obwohl das Legendar auch hier die üblichen Modifikationen im Rahmen lokaler Kultinteressen erfuhr. Insgesamt darf man von einer ausgedehnten Rezeption des lat. Werkes in Frankreich sprechen, da in einem Fünftel der erhaltenen Hss. bis zum Jahre 1500 Merkmale auf Entstehung oder Benutzung in Frankreich schließen lassen.

[2] Die französischsprachigen Übersetzungen: Aus den vor 1500 unabhängig voneinander entstandenen Übers. treten zwei Versionen aufgrund ihrer Mehrfachüberlieferung hervor: »Pseudo-Belet«-Übers. (nach 1325, 5 Hss.); »Légende Dorée« (35 Hss.), 1333/34 in Paris von Jean de Vignay geschaffen, mit relativ treuer Übernahme der Syntax der lat. Vorlage, teilw. Kommentierung des Wortschatzes und eigenem Prolog, die mit Abstand erfolgreichste Übertragung und Q. für die »Gilte Legende«. Anfang des 15. Jh. wurden dieser Vignay-Übers. 42 »Festes nouvelles« hinzugefügt, laut Prolog auf J. →Golein zurückgehend. In einer dritten Überlieferungsphase des Vignay-Textes (von →Caxton für seine »Golden Legend« benutzt) wurde die Abfolge leicht verändert und weitere Legenden hinzugefügt. Die reiche Ausmalung von 29 Hss. der Vignay-Übers. trug sicher zur guten Überlieferungslage bei. Eine letzte Überarbeitung erfuhr die Vignay-Übers. durch den Pariser Dr theol. Jean Batailler OP (Erstdr. 1476 in Lyon, 13 Neuaufl. bis 1529). B. Fleith

Lit: zu [1]: B. FLEITH, Stud. zur Überlieferungsgesch. der lat. L.a., Subhag [im Dr.] – zu [2]: CHR. KNOWLES, Jean de Vignay, Romania 75, 1954, 353-383 – R. HAMER, Three Lives from the Gilte Legende (ME Texts 9), 1978 – B. DUNN-LARDEAU, D. COQ, Fifteenth and Sixteenth-Cent. Ed. of the Lég. Dorée (Bibl. d'Humanisme et Renaissance 47, 1985), 87ff. – L.a., Sept sièc. de diffusion, hg. B. DUNN-LARDEAU, Act. Coll. Internat. sur la L.a., 1986.

III. IBERISCHE HALBINSEL: Die Verbreitung der L.a. auf der Iber. Halbinsel setzt im ö. Pyrenäenraum ein, wo aufgrund einer wahrscheinl. schon im letzten Viertel des 13. Jh. aus Italien herübergekommenen lat. Hs. (Exzerpt?) eine katal. Fassung von Viten international bekannter Hl.r hergestellt wurde. Die genaue Beziehung dieser in einer Reihe von Hss. erhaltenen Zusammenstellung zur lat. Textüberlieferung ist nicht geklärt. Die Kompilation diente als Handreichung zur Predigt. Spuren der Nachwirkung der L.a. sind auch in der katechet.-erbaul. katal. Lit. des 14. und 15. Jh. nachweisbar. →Joan Rois de Corella beschäftigte sich als Übersetzer und hagiograph. Schriftsteller mit Hl.nleben in der Tradition der L.a. Der älteste katal. Wiegendruck (Flos sanctorum romançat) erschien 1494.

Im kast. Sprachraum muß es Übers.en gegeben haben, die ihrerseits die Vorlage für ptg. Übertragungen bildeten. Die Filiation der kast. Frühdrucke, die auf hs. Überlieferungen zurückgehen, ist noch nicht erforscht (z. B. Leyenda de los sanctos la qual se llama historia lombarda, o. O. u. J., einziges Ex. in der Brit. Library). Der älteste ptg. Druck des Flos Sanctorum (1513) geht auf eine kast. Sammlung zurück. Den Texten sind die Viten weiterer ptg. bzw. in Portugal verehrter Hl.r beigegeben.
D. Briesemeister

Ed. und Lit.: GRLM V, t. 1/2, fasc. 2, 63ff., 170 – B. JORGENSEN CONCHEFF, Bibliogr. of Old Catalan Texts, 1985, 139f. – M. C. DE ALMEIDA LUCAS, Hagiografia medieval portuguesa 1984 – Legenda àuria, ed. N. REBULL, 1976 – Vides de Sants Rosselloneses, ed. CH. S. KNIAZZEH-E. J. NEUGAARD, 1977 – F. BAÑOS VALLEJO, La hagiografia como género literario en la Edad Media, 1989.

IV. DEUTSCHLAND: Die früheste Rezeption in einem dt. Legendar findet sich Ende des 12. Jh. in den Schlußteilen des →»Väterbuchs«; wohl von ihr als Hauptq. angeregt, entsteht ein →»Passional« desselben Dichters, das umfassendste und qualitätsvollste dt. Verslegendar, sodann der Hl.n-Zyklus des Schwarzwälder Predigers (noch 13. Jh.?). Um 1350 entsteht zu Straßburg in souveräner Prosaübers. die »Elsäss. L.a.«, hervorragend in Bayer. Staatsbibl. cgm 6 von 1362 mit 178 noch uned. Miniaturen überliefert. Stark variierend und um insgesamt 51 Texte angereichert, dient sie, bes. in reformierten Frauenkl., aber auch von D. →Lauber verbreitet, bis 1470 als Standardlegendar des SW (hg. W. WILLIAMS-KRAPP, U. WILLIAMS, K. KUNZE, 1980–90), während im NW, v. a. im Rahmen der →Devotio moderna, noch dichter und variantenreicher die »Südmndl. L.a.« herrscht (→Abschnitt VI). Das im 14. Jh. im O, seit dem Buchdruck dann überall dominierende Legendar »Der Heiligen Leben« ist entgegen verbreiteter älterer Meinung keine Übers. der L.a., sondern benutzt diese nur als Ergänzung seiner dt. Q. (→Hagiographie, III). Gegenüber diesen Werken konnten sich die »Mnd.«, zwei ostmitteldt. und vier obdt. L.a.-Übers.en nur schwach verbreiten (alle 15. Jh.). Die Wirkung in sonstiger hagiograph., aber auch nichthagiograph. dt. Lit. ist noch unübersehbar (z. B. »Innsbrucker Spiel von Mariä Himmelfahrt«; »15 Vorzeichen des Jüngsten Gerichts«; →Heinrich v. München; →Geiler v. Kaisersberg; Chroniken von →Jakob Twinger, E. Kiburger usw.).

K. Kunze

Lit.: Verf.-Lex.² IV, 448–466 – B. DERENDORF, Die mnd. Bearbeitungen der L.a., Nd. Jb. 107, 1984, 7–31 – W. WILLIAMS-KRAPP, Die dt. und ndl. Legendare des MA, 1986 [Lit.; Karte der Legendarregionen 376] – K. KUNZE, Fridolins Weg in die Legendenslg. bis zur Reformation (Frühe Kultur in Säckingen, hg. W. BERSCHIN, 1991), 77–104.

V. ENGLAND: Nach Ausweis der Zahl der erhaltenen, in England abgeschriebenen Hss. in lat. Sprache wie nach Zahl und Zeitpunkt der me. Übers.en/Bearbeitungen scheint der Einfluß der L.a. im Vergleich zum Kontinent eher gering gewesen zu sein. Die L.a. tritt um 1280–90 als Zusatzq. des →»South English Legendary« (SEL) auf: nach GÖRLACH (1974) wurde eine frühere, auf liturg. Q. beruhende Slg. teilweise überarbeitet, indem ganze Legenden oder einzelne Teile aus der L.a. ergänzt oder bestehende Texte stärker an die L.a. angenähert wurden. Eine ostmittelländ. Fassung des SEL zeigt in einzelnen Legenden erneute Nutzung der L.a. (Georg, Martin usw.). Die Wirkung der L.a. auf das nordengl. Legendar des frühen 14. Jh. (im wesentl. eine Homilienslg.) ist nicht gesichert; jedenfalls kann die L.a. für die 34 Legenden nicht als einzige Q. gedient haben. Die schott. Legendenslg. des späten 14. Jh. (früher fälschl. John →Barbour zugeschrieben) basiert nach Aussage des anonymen Autors in der Hauptsache auf der L.a., ist jedoch hierarch. (und nicht nach dem Kirchenjahr) geordnet. →Chaucers Bearbeitung der Caccilienlegende (um 1380, später von ihm als »Second Nun's Tale« in die »Canterbury Tales« eingefügt) folgt der L.a. eng bis Vers 357, setzt dann aber eine viel ausführlichere Q. voraus. Im 15. Jh. verfaßte Osbern →Bokenham zwei Slg.en auf der Grundlage der L.a.; nur die kleinere (1443–46, mit 13 Frauenlegenden) ist erhalten. John →Mirk benutzte in seiner Predigtslg. »Festial« (1382–90?) die L.a. als Hauptq., jedoch mit weitgehender Umgestaltung. Die zwei me. Übers.en der L.a. im engeren Sinne erscheinen erst sehr spät und basieren auf frz. Slg.en: die anonyme »Gilte Legende« von 1438, im wesentl. übersetzt aus der »Légende dorée« (a), und →Caxtons »Golden Legend« von 1483, die auf einer erweiterten »Légende dorée« (c, Druck Lyon 1482) mit Nutzung einer lat. Fassung und der »Gilte Legende« von 1438 zurückgeht. Selbst die letztgenannten Slg.en enthalten neben den Texten der Original-L.a. zahlreiche Zusätze, bes. von Legenden frz. und engl. Hl.er. S.a. →Hagiographie, B. VII.

M. Görlach

Bibliogr.: ManualME 2.V., 1970, 430–439, 559–561 – *Ed.:* M. GÖRLACH, An East Midland Revision of the South English Legendary, 1976 – R. F. S. HAMER, Three Lives from the Gilte Legende, 1978 – *Lit.:* G. H. GEROULD, Saints' Legends, 1916 – T. WOLPERS, Die engl. Hl.enlegende des MA, 1964 – M. GÖRLACH, The Textual Tradition of the South English Legendary, 1974.

VI. MITTELNIEDERLÄNDISCHER BEREICH: Es bestehen zwei mndl. Übers. der L.a.: eine süd- und eine nordndl. Die südndl. Übers. (am 9. Jan. 1357 vollendet) geht auf einen aus Ostflandern stammenden Ordensgeistlichen (OCart aus Herne oder OSB aus Affligen?) zurück, den sog. Bibelübersetzer von 1360. Der Inhaltsangabe in der ältesten Hs. zufolge zählte die südndl. Übers. 174 Legenden. Sie ist in ca. 110 Hss. überliefert, inbegriffen die Umsetzungen in dt. Dialekte. Die meisten Hss. enthalten nur den Winter- oder Sommerteil oder einzelne Legenden. In späteren Hss. sind oft Legenden lokaler Hl.r hinzugefügt. Die südndl. Übers. ist eine getreue Wiedergabe des Originals. Zw. 1478 und 1516 wurde sie unter dem Titel »Dat passionael« in jeweils zwei Bänden, ohne die Etymologien, 13 mal gedruckt. Von der urspgrl. vollständigen nordndl., wohl knapp vor 1450 entstandenen, ebenfalls anonymen Übers. sind nur 128 Legenden überliefert, am vollständigsten der Winterteil. Nur 3 der 15 Hss. mit Legenden in nordndl. Übers. enthalten ausschließl. solche. Die nordndl. Übers. ist freier als die südndl. Ihrer Verbreitung außerhalb der n. Niederlande stand offenbar die ältere, weitverbreitete südndl. Übers. im Wege.

J. Deschamps

Lit.: J. DESCHAMPS, Middelnederl. hss. uit Europese en Amerikaanse bibl., 1972, 197–202, Nr. 69 und 70 – B. DERENDORF, Die mndt. Bearb. der »L.a.«, Jb. des Vereins für nd. Sprachforsch. 107, 1984, 16–31 – W. WILLIAMS-KRAPP, Die dt. und ndl. Legendare des MA, 1986, 53–187 – L. SCHEURKOGEL, Dat ander Pasenael, de Noordnederlandse vertaling van de L.a., 1990.

VII. SKANDINAVIEN: Die L.a. war in allen nord. Ländern verbreitet; Teile davon sind in dän., schwed. und norw.-isländ. Hss. bewahrt. In Dänemark etwa wird die L.a. im Bibliotheksverzeichnis des Kl. Øm aufgeführt. Eine Reihe von Legendenübersetzungen (Cäcilia, Clemens, Bartholomäus) beruhen auf der L.a. In Schweden ist die L.a. Hauptq. für das innerhalb der skand. Legendenlit. herausragende »Fornsvenska Legendariet«, eine um 1300 entstandene, chronolog. angeordnete Legendensammlung in altschwed. Übersetzung, die in Hss. des 14. Jh. überliefert ist. Neben den Legenden handelt das Legendarium zudem von der Kirche im allg. (jedoch nur am Rande von der nord. Kirche) und ist somit auch von kirchenhist. Bedeutung. Die Verbreitung der L.a. in Finnland bezeugen ein Dutzend fragmentar. Pergamenthss. In der westnord. Legendenlit. wurde die L.a. für eine Sammlung von Marienwundern genutzt und war Grundlage einer isländ. Legendenhs. vom Anfang des 16. Jh. (Holm 3 fol.). Sie enthält 25 Heiligenlegenden, zum größten Teil Übers. des nd. gedruckten »Passioneel«, einer bearbeiteten Übers. der L.a. Die Hs. Holm 3 fol. ist eine der jüngsten Legendenslg.en des Nordens, gilt aber als ein Hauptwerk der komplexen ma. Lit. Skandinaviens. P. Meulengracht Sørensen

Lit.: V. JANSSON, Fornsvenska legendariet, 1959 – T. GAD, Legenden i danks middelalder, 1961 – O. WIDDING – H. BEKKER-NIELSEN, Low German Influence on Late Icelandic Hagiography (DIES. – L. K. SHOOK, The Lives of Saints in Old Norse Prose. A Handlist. Mediaeval Stud. 25, 1963), 294–337.

VIII. BÖHMEN UND MÄHREN: Die L.a. gelangte etwa Ende des 13. Jh. in das Gebiet der heut. Tschechoslowakei. Zu dieser Zeit wurden einige Hss. vermutl. bayer. Provenienz abgeschrieben. In der in Böhmen entstandenen Redaktion der L.a. wurden häufig weniger bekannte oder unbekannte Hl. fortgelassen und »Nationalheilige« (Wenzel, Adalbert, Ludmila, Prokop usw.) eingefügt. Diese Typologie weisen 32 Hss. auf. Anfangs nur in Kl. und

Konventen bekannt, wurde die L.a. seit der Mitte des 14. Jh. auch in der neugegr. Univ. Prag gelesen und war zu Beginn des 15. Jh. in den Prov.pfarren bekannt. Um 1360 wurde die L.a. von einem Dominikaner (einer der Übers. der alttschech. Bibelversion) ins Alttschech. übers. bzw. frei übertragen und bearbeitet. Er ließ alle etymolog. Einleitungen, die sich bei Jacobus de Voragine finden, fort, verzichtete auf 31 Legenden, fügte neun neue Viten hinzu (Hedwig, Barbara, Dorothea, Arnold, Adalbert, Prokop, Ludmila, Wenzel und die »quinque fratres«) und bearbeitete viele andere Hl.nleben. Bes. interessant sind die Wenzel und Arnold gewidmeten Viten, da beide Hl. als Vorfahren des Herrschers, für den das Werk bestimmt war, Karls IV., galten. Aufgrund seines großen Erfolges und seiner Eigenständigkeit wurde das Passional, wie die Übers. bzw. Überarbeitung benannt wurde, seinerseits ins Lat. übers. und übte auch auf die tschech. Lit. der NZ großen Einfluß aus. G. Barone

Lit.: A. VIDMANOVÁ, La branche tchèque de la Légende dorée (L.a., sept siècles de diffusion, 1986), 291–298 – DIES., Die Belletrisierung der Goldenen Legende im alttschech. Passional (Raccolte di vite di santi dal XIII al XVIII sec., Fasano di Brindisi 1990), 49–63.

IX. POLEN: Die L. a. wurde seit Ende des 13. Jh. wahrscheinl. durch den OP verbreitet. Es sind 20 Hss., meist Passionale de sanctis gen., des ausgehenden 13., des 14. und 15. Jh. bekannt. Viten im Lande verehrter Hl.r wurden vorwiegend interpoliert (Adalbert, Stanislaus, Wenzel, Hedwig, Florian, sporad. Kyrill und Method, vereinzelt Werner, Bf. v. Płock). Erhalten sind zudem ein anonymes Frgm. poln. Übers. (de passione Domini) und ein Teil der stellenweise wörtl. übertragenen Blasiusvita (Ende 14. Jh.). Nach Długosz, Ann. X, 232, besaß Kgn. →Hedwig, Gattin →Władysławs II., ein poln. Passionale. Ferner schenkte das kgl. Paar der Kathedrale zu Wilna eine Hs. der L. a. (1398; Cod. 57). Die poln. Fassung der L. a. (Volltext oder Teile) diente als Vorlage für eine aruss. Übers. (u.a. Judas und Alexius-Viten). Die erste Resonanz im einheim. Schrifttum ist in der vor 1297 vom poln. Provinzialprior OP, dem »Peregrinus Opoliensis«, niedergeschriebenen lat. Predigtslg. faßbar. Von ihr aus wirkte die L. a. auf die poln. verfaßten »Gnesener Predigten« (15. Jh.) sowie auf andere, z. T. gereimte Texte ein. K. Liman

Bibliogr.: Bibliogr. literatury polskiej. Nowy Korbut I, 1963, 255, 338 – Q.: J. Długosii, Annales ... X, 1985 – Cod. dipl. eccl. cath. Vilnensis I (1387–1507), 1948 – *Lit.:* M. PLEZIA, Eine neue poln. Übers. der »L. a.« (Aus der altertumswiss. Arbeit Volkspolens, hg. J. IRMSCHER–K. KUMANIECKI, 1959), 97f. [DERS.: Einl. zur Übers.] – J. de Voragine, Złota legenda, tłumaczyła J. PLEZIOWA, 1983², 47–58 [Lit.].

Legende, legenda, im MA Abschnitt der liturg. Textlesung (Sacr. Gallic., MPL 72, 451), dann auch Bezeichnung für Hl.nleben (Vita Liutbirgae c. 36, ed. MENZEL, 45) sowie spätma. Slg.en wie die →Legenda aurea: Auch Hl.nleben wurden für liturg. Gebrauch bzw. zur Lesung bei der klösterl. Mahlzeit geschrieben oder bearbeitet. Im roman. wie engl. Sprachgebrauch meint *légende, legenda, legend* sagenhafte Überlieferung (nicht Märchen) profanen wie geistl. Inhalts, im Dt. blieb der Begriff auf die hagiograph. Erzählung beschränkt, häufig synonym mit Hl.nvita. Eine Einigung auf hagiograph. Texte von schwerlich hist. Inhalt (z. B. Christophoroslegende) ist nicht abzusehen. L. unterliegt der Problematik aller Gattungsbegriffe, insbes. wenn aus dem Gattungsbegriff Aussagen über das Einzelwerk deduziert werden sollen, zumal die Gattung Vita-L. höchst uneinheitl. Werke umfaßt. Weiterhin stört die pejorative Bedeutung der dt. Adjektive legendenhaft, legendär. Die damit gemeinte Unglaubhaftigkeit ist weniger durch den Mangel an bestätigender Überlieferung bedingt, als durch das heutige Verständnis von Natur und Geschichte, vor dem das Überlieferte den beanspruchten Glauben nicht zu verdienen scheint. Vorzuziehen ist der Begriff Vita; jeder Text wäre eigens zu bewerten.

Neuere Überlegungen wollen die L. von der Vita lösen und postulieren eine vor- und außerschriftl. Überlieferungsgattung. Solche L. ist freilich nirgends erhalten, Bruchstücke werden nicht ohne Willkür in Viten und anderen Texten isoliert. Anders gesagt: Die Wiss. beansprucht die Fähigkeit, den Vorgang der Textentstehung zu textkrit. Verwertung reversibel machen zu können. Somit zielen neuere Definitionsversuche auf die Rekonstruktion einer verlorenen Gattung in Anlehnung an die kaum besser greifbare »Volkssage« (LOTTER): Erzählungen, die – an Glaubensinhalte gebunden – hist. oder als solche ausgegebene Personen als Vorbilder gottgefälligen Lebenswandels darstellen, darin Gottes Allmacht und Gnade sichtbar machend; Ortsbindungen weisen auf tradierende Gemeinschaften (Kl., Stifte). Dies ergibt keine klare Grenze zur Vita, selbst wenn man gemäß zeitl. Ferne zum Hl.n Erlebnisl., Erinnerungsl., Traditionsl. unterscheidet (LOTTER). Durchweg wird L. als kollektives Produkt, der Vitenautor als Redaktor der vom »Volk« zu verantwortenden L. angesehen, die oft als kirchl. Schwindellit. eingestuft wurde. GRAUS stellt sich den Trägerkreis aristokrat.-kirchl. vor, die Vorstellung von der »Volkstümlichkeit« der L. ablehnend. Volk, Volkstümlichkeit – heute oft als Kollektivität bezeichnet – beruhen auch hier letztl. auf romant. Gedankengut und erklären weder Erfindung noch Überlieferung der Stoffe wirklich. Besser wäre eine genaue Bezeichnung der Personengruppen, die solche Stoffe als bedeutend erkannten und überlieferten; Kollektivität unterstellt einen gleichmäßigen Anteil aller, was der hist. Wirklichkeit widerspricht. – Vgl. →Hagiographie. D. v. d. Nahmer

Zu Legendensammlungen →Hagiographie, →South English Legendary.

Lit.: DACL VIII, 2, 2309–2456 – LThK² VI, 876–878 – RGG³ V, 1300–1314 – FR. LANZONI, Genesi, svolgimento e tramonto delle leggende stor., 1925 – H. GÜNTHER, Psychologie der L., 1949 – TH. WOLPERS, Die engl. Hl.nl. des MA, 1964 – FR. GRAUS, Volk, Herrscher und Hl. im Reich der Merowinger, 1965 – H. DELEHAYE, Les l.s hagiogr., 1968⁵ – H. ROSENFELD, L., 1972³ – FR. LOTTER, Severin v. Noricum, 1976.

Legendenspiele → Mirakelspiele, →Mysterienspiele

Leges (auch Volks-, Stammesrechte, L. barbarorum), eine Rechtsq.ngattung des 5.–9. Jh., die sich im Rahmen germ. Reichsgründungen und Stammesorganisationen als umfassende Gesetzgebungsakte versteht. Die Reihe eröffnen die Westgoten, die vom →Edictum Theoderici (Zuschreibung bestritten) bis ins 8. Jh. eine kontinuierl. Gesetzgebung aufzuweisen haben (→Lex Visigothorum). Für die röm. Bevölkerung wird mit der →Lex Romana Visigothorum eine eigene Kompilation erlassen. Anfang des 6. Jh. geben sich die Burgunder die →Lex Gundobada, dem röm. Volksteil die →Lex Romana Burgundionum. Ebenfalls zu Beginn des 6. Jh. schließen sich die Franken mit der →Lex Salica an, der im 7. Jh. mit der →Lex Ribuaria eine revidierte Fassung folgt. Im 7. Jh. leiten die Langobarden mit dem →Edictum Rothari eine erfolgreiche Kodifikationstätigkeit ein. Die unter frk. Oberherrschaft stehenden Stämme der Alamannen und Baiern erhalten im 7. und 8. Jh. ebenfalls eigene Stammesrechte (→Lex Alamannorum, →Lex Baiuvariorum). Steckengeblieben sind die hochfliegenden Kompilationspläne Karls

d. Gr., die aber immerhin zu den Aufzeichnungen der →Lex Chamavorum, →Lex Frisionum, →Lex Saxonum und →Lex Thuringorum geführt haben dürften.

Für die Einordnung der L. ist aufschlußreich, daß die germ. Gesetzgebung bei den Konföderatenstämmen ihren Ausgang genommen hat und durch die sich vom Reich emanzipierenden Franken fortgesetzt und schließl. den von ihnen beherrschten Stämmen mitgeteilt wurde. Damit wird deutlich, daß die germ. Völker das Steuerungsmittel der Gesetzgebung als Organisationsinstrument der röm. Universalmonarchie kennengelernt und übernommen haben. Die Vorzugsstellung der Konföderaten bestand v. a. darin, daß ihnen nach eigenem Recht zu leben (suis legibus uti) erlaubt war. Mit einer Gesetzgebung wurde daher die germ. Gens zu einem Rechts- und Gesetzesvolk erhoben und damit dem röm. Volksteil gleichgestellt. Da eine Einbeziehung in die röm. Rechtsgemeinschaft wegen zu großer gesellschaftl. Unterschiede zunächst nicht mögl. war, erhielten die barbar. Volksteile ihre eigenen Kodifikationen. Die L. sind also von ihrer Genese her ein Ausdruck des germ. Akkulturationsprozesses, entwickelten sich jedoch dann zu einem Wesenselement von Herrschaft überhaupt. Als Gesetzgeber erscheint regelmäßig der →princeps, der sich je nach Verfassungshintergrund der Akzeptanz des Adels und Volkes, v. a. aber der Kirche versichert und sich der noch vorhandenen oder neugeschaffenen Verwaltungsinstitutionen bedient. Wie weit dabei Beschluß- oder Zustimmungsformeln wörtl. genommen werden dürfen oder als überlieferte Phraseologie anzusehen sind, bleibt umstritten und ist jeweils im einzelnen zu ermitteln. Inhaltl. zielen die L., soweit sie nicht überhaupt vulgar-röm. rechtl. Kompilationen darstellen, primär auf die Etablierung dauerhafter Strukturen ab, indem sie das Fehdeverhalten einer noch archaischen Gesellschaft durch ein System materieller Sühneleistungen ersetzen und die Schwachstellen der neuen Zentralgewalt abschirmen wollen. Damit einher geht die Absicht, durch Schaffung eines einheitl. Adressatenkreises, wie er im Freiheitsbegriff zum Ausdruck kommt (→Freiheit), einen Staatsverband zu konstituieren und chr. Wertvorstellungen zur Durchsetzung zu verhelfen. Die L. geben reichen Aufschluß über die polit., religiöse, wirtschaftl., soziale, rechtl. und kulturelle Situation des FrühMA. Ihr hochgestecktes Ziel verbietet es indessen, stets aus den jeweiligen Regelungsinhalten eine unmittelbare Realität abzulesen. Gerade die L. des großfrk. Reichsbodens, die meist als Sammelhss. u. a. zusammen mit →Kapitularien überliefert sind, nahmen mit der Zeit immer mehr den Charakter von ehrwürdigen Monumenten eines frk. Verfassungs- und Rechtspathos an. C. Schott

Lit.: SCHRÖDER-KÜNSSBERG, 246ff. – WATTENBACH – LEVISON – LÖWE II, 1953, 4 – BRUNNER, DRG I, 1961³, 417 – G. KOEBLER, Das Recht im frühen MA, FDRG 7, 1971 – G. DILCHER, Gesetzgebung als Rechtserneuerung (Fschr. A. ERLER zum 70. Geb., 1976), 13–35 – H. NEHLSEN, Zu Aktualität und Effektivität germ. Rechtsaufzeichnungen (VuF 23, 1977), 449–502 – C. SCHOTT, Der Stand der L.-Forsch., FMASt 13, 1979, 29–55 – DERS., Zur Geltung der Lex Alamannorum, Veröff. des Alem. Inst. 59, 1988, 75–105 – R. SCHMIDT-WIEGAND, Stammesrecht und Volkssprache, 1991.

Leges fiscales, byz. Rechtsbuch, entstanden in der Zeit der Makedonendynastie (867–1056). Der unbekannte Epitomator hat Texte zum Fiskal- und Nachbarrecht vermutl. aus den Schriften der →antecessores ausgewählt und diese Fragmente unter fünf Sachtiteln zusammengestellt. Das Werk ist bloß durch den erst vor kurzem entdeckten cod. ZABORDA 121 überliefert, der freilich nur den Text der ersten drei Titel enthält; doch macht der am Anfang der Hs. stehende Index resümierende Angaben zu den verlorenen Kapiteln. Die Bedeutung der neuen Quelle liegt v. a. darin, daß sie auch für die Epoche der Rückwendung zum justinian. Recht die Anfertigung sachorientierter Sonderkompilationen belegt. Entsprechend dem Zeitgeist steht der Text der aufgenommenen Fragmente den gr. Bearbeitungen des →Corpus iuris civilis weitaus näher, als dies bei den vergleichbaren Kompilationen der Isaurierzeit der Fall war. Daraus resultiert die Relevanz der l. f. für die Restitution von Antezessorenschriften und vielleicht auch von Basilikentexten (→Basiliken). P. E. Pieler

Lit.: L. BURGMANN – D. SIMON, Ein unbekanntes Rechtsbuch (Fontes Minores I), 1976, 73–101.

Leges Henrici Primi, ein Rechtsbuch, das ca. 1116–18 zusammengestellt wurde und alle während der Regierung →Heinrichs I. v. England angewendeten Rechtsnormen umfassen sollte (in sechs ma. Hss. erhalten, ca. 1200–ca. 1330 entstanden; alle in engl. Bibl.). Abgesehen von einigen wenigen Ausnahmen (z. B. Krönungsurk. von 1100), enthält es nicht die vom Kg. selbst erlassenen Gesetze. Verschiedenen Vorschriften für die Geistlichen folgt eine Auslegung des weltl. Rechtes in unregelmäßiger Weise. Das Strafrecht wird relativ durchgängig behandelt, ebenso Einzelheiten des Gerichtsverfassungsrechts und der grundherrl. Gerichtsbarkeit. Die die Kirche betreffenden Ausführungen werden hauptsächl. der patrist. Lit. entnommen, während sich das weltl. Recht ausführl. auf die Gesetze der ags. Kg.e, bes. von Knut d. Gr., bezieht. Es läßt sich in den L. kein durchgängiges Leitthema finden, doch wird die Bedeutung der kgl. Rechtsprechung betont. – Der Verf., dessen Name unbekannt ist, war Franzose, vielleicht Normanne, und Geistlicher und war möglicherweise Gerichtsbeamter niederen Ranges. L. J. Downer

Q.: LIEBERMANN, Gesetze – L. J. DOWNER, L. H. P., 1972 – Lit.: F. LIEBERMANN, Über das engl. Rechtsbuch L. H., 1901 – H. G. RICHARDSON – G. O. SAYLES, Law and Legislation from Æthelbert to Magna Carta, 1966 – D. KORTE, Unters. zu Inhalt, Stil und Technik ags. Gesetze und Rechtsbücher, 1974.

Leges Langobardorum → Langob. Recht →Edictus Rothari.

Leges Visigothorum. Im westgot. Tolosan. Reich entstanden einige, verlorene, Gesetze Theoderichs I., das →Edictum Theoderici II., der Cod. Euricianus (→Eurich) sowie die →Lex romana Visigothorum Alarichs II. Im Reich v. Toledo setzte sich die kgl. Gesetzgebung fort mit einem Gesetz des Teudis (531–548) sowie dem Cod. revisus →Leovigilds, einer Revision des Cod. Eur.; viele seiner Gesetze sind im Liber iudiciorum (LI) (oder Lex Visig.) überliefert, einer von →Chindaswinth angeregten, unter →Reccesvinth (654) fertiggestellten Kompilation, die in techn. Hinsicht ausgereifteste Gesetzesslg. der germ. Reiche dieser Zeit. Es folgten weitere Gesetze Reccesvinths sowie Wambas und Ervigs. Eine von Wamba angeordnete, 681 von Ervig publizierte Revision des LI modifizierte zahlreiche Gesetze durch »interpretationes«, ließ einige Bestimmungen fort und nahm neue auf. Ob die 693 von Egica geplante Revision fertiggestellt wurde, steht nicht fest. Die Gesetze der Westgotenkg.e galten stets generell für alle Untertanen, seit Reccesvinths Verbot der Anwendung Röm. Rechts auch ausschließl. Vorbild für fast alle Gesetze der germ. Reiche, trug der LI zur Bewahrung und Verbreitung des theodosian. vulgarröm. Rechts im FrühMA bei und legte damit auch das Fundament für eine kulturelle Einheit. Neben lokalen Gewohnheitsrechten in den Randgebieten ergänzende oder interpretierende Edikte der Prov.gouverneure (Fragm. Gaud., 6. Jh.). G. Vismara

Q.: L.v. (ed. K.Zeumer), MGH LNG I,1, 1902 – Lit.: A. García Gallo, Manual de hist. del derecho español, 1971⁴, 343–345 – G. Vismara, Fragmenta Gaudenziana (Scr. di storia giurid., 1, 1987), 384ff.

Legierung → Metalle

Legisten. 1. L., allg. die Kenner der »leges«, d. h. des →Corpus iuris civilis und des Zivilrechts, im Unterschied zu den Kanonisten, den Kennern der »canones«, d. h. des →Corpus iuris canonici und des kanon. Rechts.

2. L. (frz. *legistes*), Bezeichnung für die gelehrten jur. Räte Kg. →Philipps IV. des Schönen (1285–1314) v. Frankreich und seiner Söhne. Seit der liberalen und romant. Historiographie des 19.Jh. (Guizot, A. Thierry, Michelet) galt der 'Legist', der, »durchdrungen vom röm. Recht«, im Codex Iustinianus die »Idee des Fs. en wie die des Volkes« wiederentdeckt habe, gleichsam als myth. Anherr des frz. Staatsgedankens und Beamtentums. Die Geschichtsforschung des 20.Jh. (F. J. Pegues, J. R. Strayer, R. H. Bautier) hat dieses Bild stark modifiziert und den tatsächl. Einfluß der als L. bezeichneten Räte genauer eingegrenzt (J. Favier). Sozialgesch. Untersuchungen haben gezeigt, daß die L. nicht als Repräsentanten des »Dritten Standes« *(Tiers État)* gelten können. Zwar waren die Mitglieder einiger kgl. Beamtengruppen, z. B. die Kanzleischreiber (→Clercs de →Chancellerie), tatsächl. zumeist von geringer Herkunft, doch die großen L. des →Conseil royal waren von adliger, z. T. kleinadliger (Guillaume de →Mussy) Abstammung oder wurden vom Kg. nobilitiert (Guillaume de →Nogaret). Viele von ihnen machten als Kleriker eine doppelte Karriere in Kirche und Staat (Gilles Aycelin, Ebf. v. Narbonne, dann Rouen). Die L. verdankten Machtstellung und sozialen Aufstieg nicht ihrer Herkunft, sondern ihren Fähigkeiten. Voraussetzung der Karriere war die Absolvierung eines Studiums; diesem folgte eine prakt. jurist. Betätigung für Städte, geistl. Institutionen, Prälaten, adlige Herren usw. Wenn sich ihr Ruf gefestigt hatte, konnten sie durch Vermittlung einer einflußreichen Persönlichkeit (z. B. Kgn. →Jeanne v. Champagne-Navarra, →Karl v. Valois, Gaucher v. →Châtillon) in den Königsdienst gelangen.

Die berühmtesten der L. waren Rechtsprofessoren (Guillaume de Nogaret in →Montpellier, →Pierre de Belleperche in →Orléans); das (gelehrte) Recht war zu einem machtvollen Faktor im polit. Leben des ausgehenden MA geworden (→Juristen). Doch trieben die Räte Philipps des Schönen Politik keineswegs mit dem Codex unter dem Arm. Sie waren vielmehr Männner der aktiven Praxis, deren Erfolge in Regierung, Verwaltung und Fiskalwesen nicht zuletzt darauf beruhten, daß Konzeption und Ausführung in einer Hand lagen; Rationalität und Effizienz waren Leitsterne ihres Handelns. Doch zeichneten sich die L. auch durch geistige Interessen aus (u. a. Stiftung von Studienkollegien: Collège de Montaigu, de Presles, du Plessis). Im Sinne ihrer polit. Zielsetzungen trugen sie zur intellektuellen Annäherung an die Doktrin von Staat und Machtausübung bei; so war Raoul de →Presles, der natürl. Sohn des gleichnamigen Legisten, einer der Übersetzer des Kreises um Kg. →Karl V. Die starke Hinwendung der L. zu Staat und Königshaus wurde bereits von der Historiographie des 19.Jh. erkannt (Testamente: Stiftung von Kapellen zu Ehren →Ludwigs d. Hl.n, Gebetsstiftungen für Kg. und Königshaus). F. Autrand

Lit.: F. J. Pegues, The Lawyers of the Last Capetians, 1962 – J. Favier, Les l. et le gouvernement de Philippe le Bel, Journal des Savants, 1969 – J. R. Strayer, Les gens de justice du Languedoc sous Philippe le Bel, 1970 – R. H. Bautier, Le personnel de la Chancellerie royale sous les derniers Capétiens (Prosopographie et genèse de l'État moderne, hg. F. Autrand, 1986).

Legnano, Schlacht bei (29. Mai 1176). Nach dem Vorfrieden v. →Montebello (April 1175) scheiterten die Friedensverhandlungen mit den oberit. Städten, und Friedrich Barbarossa warb in Deutschland erneut um militär. Hilfe. Anfang 1176 bemühte er sich in →Chiavenna vergebl. um die Unterstützung Heinrichs d. Löwen. Als der Ks. im Frühjahr dennoch einen Angriff auf Mailand unternahm, erwarteten ihn nw. L.s überlegene Truppen des Lombardenbundes, die das ksl. Heer aus der Defensive heraus erstmals in offener Feldschlacht besiegten. Der Ks. selbst war einige Tage verschollen und galt als tot. Obwohl die Niederlage nicht vernichtend war, bewog sie Barbarossa zu einer grundlegenden Neuorientierung seiner Italienpolitik, indem er nunmehr eine friedl. Lösung erstrebte (→Anagni, Vertrag v., →Venedig, Friede v., →Konstanz, Friede v.). Th. Kölzer

Lit.: F. Güterbock, Ancora L.!, 1901 – O. Masnovo, La battaglia di L., 1926 – P. Santarone, La battaglia di L., 1971 – L. e la battaglia, hg. G. D'Ilario, E. Giannazza, A. Marinoni, 1976 – G. Martini, La battaglia di L.: la realtà e il mito, Nuova Antologia 528, 1976, 357–371.

Legnaticum, Kollektivrecht wohl vorröm. Ursprungs, Brennholz oder Bauholz aus Wäldern oder Ländereien, die Allmende oder Eigentum der öffentl. Hand oder eines Feudalherren sind, für den Eigenbedarf zu entnehmen. Auf verschiedene Weise von den Leges barbarorum sowie der ma. und der modernen Gesetzgebung geregelt und von den Juristen im Hinblick auf seine Natur und die Modalitäten seiner Ausübung verschieden interpretiert, wurde das L. zumeist unter die Dienstbarkeiten oder die Gebrauchsrechte und Allmendnutzung eingeordnet.

C. Storti Storchi

Lit.: Merlin, Rep. univ. et rais. de jurisprudence, XXXV, 1828⁵, s. v. usage – G. P. Bognetti, Studi sulle origini del comune rurale, hg. F. Sinatti D'Amico, C. Violante, 1978, 63, 65, 148, 168, 239f., 296 – U. Petronio (La proprietà e le proprietà, 1988), 491–542.

Le Goulet, Vertrag v. (22. Mai 1200). Als wichtige Etappe in der Auseinandersetzung Kg. →Philipps II. v. Frankreich mit den angevin. Kgtm. sicherte der Vertrag v. L. (dép. Eure) die während der Gefangenschaft Kg. Richards I. v. England und 1199 gemachten frz. Eroberungen. Über die Bestimmungen des Friedens v. 1195/96 hinaus mußte Kg. →Johann Ohneland [4.J.] dem Kapetinger weitere Zugeständnisse machen (Gebietsabtretungen um Evreux, Mitgift für seine Nichte →Blanca [3.B.], die am folgenden Tag den frz. Thronfolger heiratete, Geldzahlung, Lehnshuldigung für den Festlandbesitz etc.). Damit sicherte Philipp II. im Vorfeld des Lehnsprozesses gegen Johann seine Positionen zur späteren Eroberung der →Normandie. B. Schneidmüller

Q.: Recueil des actes de Philippe Auguste roi de France 2, 1943, Nr. 633 – Lit.: A. Cartellieri, Philipp II. August, 4, 1921/22, 39ff. – M. Powicke, The Loss of Normandy 1189–1204, 1961², 134ff. – W. Maleczek, Petrus Capuanus, 1988, 102ff.

Legrand Jacques → Jacobus Magni

Legstück, im 14./15.Jh. schweres Belagerungsgeschütz, das am Boden liegend abgefeuert wurde. Kleinere L.e waren bereits fix mit einer Bettung aus Holz verbunden, für größere mußte erst am Einsatzort eine auf dem Boden liegende Holzbettung zum Richten des Geschützes und Abfangen des Rückstoßes gezimmert werden. Bei geeignetem Gelände wurden L.e aber auch direkt auf den Boden gelegt, wobei am Ende des Geschützes in den Boden getriebene Pfähle den Rückstoß abfingen. E. Gabriel

Lit.: W. Hassenstein, Das Feuerwerkbuch von 1420, 1941.

Lehen, -swesen; Lehnrecht
I. Allgemein; Frankenreich und Deutsches Reich – II. Reichsitalien – III. Frankreich – IV. England – V. Königreich Sizilien – VI. Skandinavien – VII. Polen und Böhmen – VIII. Ungarn – IX. Iberische Halbinsel – X. Lateinischer Osten.

I. ALLGEMEIN; FRANKENREICH UND DEUTSCHES REICH: [1] *Zum Begriff:* Das Wort 'L.', das eigtl. nur 'etwas Geliehenes' bedeutet, ist im heutigen wiss. Sprachgebrauch mit dem vasallit. oder adligen L.swesen verbunden. Die Q. kennen eine solche Beschränkung nicht. Zahlreiche Komposita belegen das weite Anwendungsspektrum im bäuerl. wie städt.-gewerbl. Bereich. Das ahd. oder mhd. *lehen, lên, leyn* wird in lat. Q. mit 'feudum, beneficium, praedium' wiedergegeben. Vom Wort 'beneficium' leitet sich die im 19. Jh. gebräuchl. Bezeichnung 'Benefizialwesen' für 'L.swesen' ab. Zugleich wird mit diesem Rechtsterminus eine Brücke geschlagen zu dem rechtl. ähnl. strukturierten kirchl. Pfründenwesen (→Pfründe). Beide Rechtsgebiete sind deshalb vergleichbar, weil sowohl nach Kirchen- als auch nach L. recht dem Begünstigten Gut zur Nutzung übertragen wurde, um ihm die Erfüllung von Pflichten im Dienste des Verleihers zu ermöglichen.

Das Wort 'feudum' ist mit ahd. *fihu* (got. *faihu*) verwandt und bezeichnete noch im 9. Jh. nicht Grundbesitz, sondern bewegl. Güter, woraus zu schließen ist, daß der Herr dem Mann für seine Dienste ursprgl. nur Unterhalt gewährte. Noch in karol. Zeit, als die Belehnung mit Grundbesitz zur Regel geworden war, gab es »vassi beneficium non habentes«, die offenbar so fest in das Haus des Herrn eingegliedert waren, daß es der bes. Ausstattung mit einem L. nicht bedurfte. Ein weiterer Hinweis auf eine alte Verwurzelung der Vasallität (→Vasall) in einem unfreien Hörigkeitsverhältnis ist die Bezeichnung des L.smannes als »vassus« oder »vassallus«, abgeleitet von kelt. *gwas* ('Knecht'), der die Rechtsform der →Kommendation in Gestalt des homagium, des Handganges, entspricht. Das Einlegen der gefalteten Hände in die offenen Hände des Herrn ist ein typ. Verknechtungsritus. Er wurde auch dann noch beibehalten, als die Vasallität jegl. Erinnerung an diese unfreie Herkunft abgeschüttelt hatte, was sich insbes. in der seit der Mitte des 8. Jh. notwendigen Leistung des Treueides (→Eid, A.IV) offenbart. Nunmehr jedenfalls gibt es – unabhängig von dem Streit darüber, ob Vasallität und L. von Anfang an zusammengehörten – die für das vasallit. L.swesen typ. Verbindung zw. Kommendation (homagium), Treueid und →Investitur mit dem L.

Vom Wort 'feudum' leitet sich die Bezeichnung →Feudalismus ab, die sowohl in der marxist. Geschichtstheorie als auch bei universalhist. Vergleichen benutzt wird.

[2] *Frankenreich:* Das abendländ. L.swesen entwickelte sich in verschiedenen Stufen während des 6. und 7. Jh. im frk. Reich. Widerlegt ist die Meinung, daß es im Zusammenhang mit dem Abwehrkampf Karl Martells gegen die Araber entstanden sei. Ein wichtiger Schritt auf dem Wege der Feudalisierung des Heerwesens war die Heeresreform Karls d. Gr., durch die zwar grundsätzl. an der Verpflichtung aller Freien zum Kriegsdienst festgehalten, dieser aber nur noch differenziert eingefordert wurde. Damit blieb das Volksaufgebot prinzipiell erhalten, wurde aber funktional zunehmend durch die aus den L.smannen gebildete Reiterei verdrängt. Die großen Kronvasallen bildeten eigene L.smannschaften. Diese stellten potentiell eine Gefahr für das Kgtm. dar. Dem versuchten die Karolinger dadurch zu steuern, daß sie einen allg. Treueid von allen Freien und jedem Vasallen einforderten, was jedoch ohne nachhaltige Folgen blieb. Nicht nur für die Umgestaltung des Heeres erhielt das L.swesen grundlegende Bedeutung, sondern auch für die rechtl. Strukturierung des Großreiches. Zwar hielten die karol. Herrscher stets an der Auffassung fest, daß die Hzm.er, Mgft.en und Gft.en kgl. Ämter seien. Aber zu diesen Ämtern gehörte Amtsgut, das wie ein beneficium verliehen wurde, wobei sich – genau wie im Pfründenrecht der Kirche – die Tendenz durchsetzte, →Amt und Amtsgut als Einheit anzusehen und schließl. die Ämter selbst als L. aufzufassen. Mit dieser allmähl. Feudalisierung des Ämterwesens verwandelte sich die Struktur des spätkarol. Frankenreiches in ein System von Herrschaftsbereichen, die dem Kg. lehnrechtl. verbunden waren. Diese Tendenz griff sogar auf die →Reichskirche über, weil die Herrscher die Einsetzung der Bf.e und Äbte in lehnrechtl. Formen mittels Ring und Stab vollzogen. Da die Kg.e die Bf.e und Äbte zum Heereszug aufboten, glichen auch deren Verpflichtungen denen weltl. Kronvasallen.

[3] *Deutsches Reich:* Diese frk. Grundlage des abendländ. L.swesens bildete sich in den Nachfolgestaaten des karol. Großreiches unterschiedl. fort. Es wurde auch nach England und sehr spät sogar nach Skandinavien übertragen. Im ostfrk.-dt. Reich versuchten die Ottonen und Salier, das Amtsrecht gegenüber dem L.recht wieder stärker zur Geltung zu bringen. Doch setzte sich im HochMA die Tendenz zur Feudalisierung der Reichsverfassung endgültig durch. Zwei parallele Strukturveränderungen trugen entscheidend dazu bei. Zum einen lösten sich die Stämme auf, so daß die Stammeshzm.er durch neue, dynast. geprägte Territorialeinheiten abgelöst wurden. Zum anderen bewirkte das →Wormser Konkordat von 1122, daß die geistl. Reichsfsm.er nun wirkl. zu L. wurden. Durch die Feudalisierung der Reichskirche blieb diese bis zum Ende des Alten Reiches eine feste Stütze der dt. Herrscher. Auch für die weltl. Reichsfs.en bildete die Belehnung ein so festes Rechtsband, daß dadurch das Reich bis zu seinem Ende zusammengehalten wurde. Theoret. Ausdruck dieser sich im 12. Jh. durchsetzenden Feudalisierung der Reichsverfassung und der hochma. Ges. war die →Heerschildordnung, wie sie im Sachsenspiegel (Landrecht I. 3 § 2; Lehnrecht 1) vorgestellt wurde. Dieses Modell systematisierte idealtyp. noch einmal die schon im 12. Jh. komplex und damit undurchschaubar gewordenen L.sverhältnisse als eine auf den Kg. ausgerichtete Struktur. Doch gelang es den dt. Herrschern im Gegensatz zu den engl. und frz. nicht, sich in Vollendung dieser Vorstellung zum Oberlehnsherrn im ganzen Reich zu machen. Vielmehr lief die Entwicklung auf eine Spaltung in ein Reichs- und zahlreiche Territoriall.rechte hinaus. H. MITTEIS versuchte, die Erkenntnis, daß das L.recht im Reich nicht zentripetal, sondern zentrifugal wirkte, durch strukturelle Schwächen des dt. Reichsl.rechtes zu erklären. Nicht zuletzt sei an dieser Entwicklung der sog. →»Leihezwang« schuld. Die jüngere Forsch. hat das Annehmen eines solchen Leihezwanges widerlegt (W. GOEZ, H.-G. KRAUSE). Zudem liegt der These von MITTEIS eine verfehlte Funktionsbestimmung von Recht zugrunde. Selbst bei Vorhandensein eines solchen Rechtsgrundsatzes würde damit die Entwicklung nicht richtig erklärt. Der Kg. war nicht schwach, weil er von Rechts wegen genötigt war, heimgeführte L. wieder auszugeben, sondern er war zu schwach, um solche L. einbehalten zu können. Die polit. Entwicklung verhinderte, daß die dt. Herrscher sich gegenüber den Territorialgewalten durchsetzten und für das Reich – mit Ausnahme der Zentralgerichte – Verwaltungsstrukturen ausbildeten, die einen modernen Staat ausmachen.

So blieb das Dt. Reich bis zu seinem Ende ein L.sstaat. Doch sollte diese Kennzeichnung nicht darüber hinwegtäuschen, daß das Reich bis zuletzt durch die L.sbande rechtl. zusammengehalten wurde. Das L.recht war ein wesentl. Bestandteil des Reichsstaatsrechts.

Ganz anders verlief die Entwicklung bei den Territorien, in denen sich die modernen Verwaltungsstrukturen durchsetzten. Ämterwesen und besoldete Beamte machten die Wahrnehmung der öffentl. Funktionen durch L.sträger überflüssig. Im Militärwesen trat an die Stelle des schwerbewaffneten L.sritters das Söldnerfußvolk. Damit waren die beiden entscheidenden öffentlichrechtl. Funktionen des L.swesens obsolet geworden. Gleichwohl gewann es in den Territorien eine neue Bedeutung. Die personale Seite des L.sverhältnisses schuf und bewahrte Loyalitäten, die die Ges. und das Land wie ein Netz überzogen. In nicht wenigen Territorien wurde die Innehabung eines L.sritterguts zur Grundlage der Landstandschaft, weil die im L.sverhältnis vorhandene bes. Treuepflicht sich ausgezeichnet dafür eignete, die in der Landstandschaft liegende bes. Bindung an das durch den Landesherrn repräsentierte Land zu begründen. Auf der anderen Seite nutzten die Landesherren zur rechtl. Legitimation ihrer Landeshoheit (→Landesherrschaft und -hoheit) die sich in Deutschland seit dem 16. Jh. aus dem oberit. →Liber feudorum entwickelnde L.rechtswiss., die Feudistik. Anhaltspunkt war der dann enthaltene Regalienkatalog. Die Feudistik verlor im 17. und 18. Jh. an Bedeutung. Der Zusammenhang des L.rechts mit dem ius publicum ging verloren, es wanderte ab in das Privatrecht, wo das L.sverhältnis nur noch als eine bes. Form des Bodennutzungsrechtes verstanden wurde (→Leihe).

[4] *Lehnrecht:* Ein Überblick über das L.recht und seine Institutionen muß davon ausgehen, daß das L.sverhältnis eine personale und eine dingl. Seite hat. Die personale Seite wird durch Kommendation mittels Handgangs (homagium) sowie die Leistung des Treueides begründet. Sie besteht aus gegenseitigen Treuepflichten zw. Herrn und Mann. Der Herr schuldet dem Vasallen »Schutz und Schirm«, was in einer personal strukturierten Ges. und einer durch rechtl. erlaubte, in der →Fehde sich konkretisierende Selbsthilfe geprägten Rechtsordnung von grosser Bedeutung sein konnte. Aus der Treue des Vasallen folgt die Pflicht zu »Rat und Hilfe«, die sich im ritterl. Kriegsdienst sowie in der Pflicht zur Hoffahrt, um im Gefolge des Herrn zu dienen, auswirkte. Eine Verletzung dieser Pflicht, dem Herrn »hold und gewärtig« zu sein, galt als →Felonie, als L.suntreue, mit der Folge, daß dem Vasallen sein L. aberkannt werden konnte. Ursprgl. war die Treue uneingeschränkt, weshalb ein Vasall L. nur von einem Herrn empfangen durfte. Doch schon im HochMA begann eine Paralysierung des Treuegedankens dadurch, daß ein L.smann L. von bis zu 20 und 25 L.sherren empfing, weil die Einkünfte eines L.sgutes nicht mehr ausreichten. Dies führte zu Loyalitätskonflikten, wenn zwei L.sherren miteinander Fehde führten und denselben Mann dazu aufboten. Ein Versuch, diese Interessenkollision von vornherein zu kanalisieren, war die Übernahme des in Frankreich entwickelten ligischen L.sverhältnisses im W des Reiches. Dabei hatte der ligische L.sherr in jedem Fall den Vorrang, weshalb der Vasall bei Begründung anderer L.sverhältnisse den ligischen Herrn gegenüber den neuen Herrn von der Treuepflicht ausnehmen mußte. Dieses Institut spielte insgesamt jedoch keine entscheidende Rolle. Vielmehr ergab sich bei solchen Treuekollisionen eine andere, das L.swesen innerl. zersetzende Möglichkeit: daß näml. der Vasall beiden Herren erklärte, daß er wegen der Pflichtenkollision neutral bleiben müsse. Mit einem vasallit. L. konnte nur ein Adliger belehnt werden. Gleichwohl gab es schon seit dem SpätMA auch Bürger als L.smannen, wobei die Belehnung eines Bürgers dessen Übertritt in die Welt des Adels indizieren konnte, zumal wenn sie von einer Nobilitierung begleitet war (→Bürgerlehen). Doch gab es auch bürgerl. L.sleute, die keine adligen Dienste leisten mußten.

Um dem Vasallen die Erfüllung seiner Pflichten zu ermöglichen, wurde er mit einem L.sgut belehnt – oder, wie es im kirchl. Pfründenrecht hieß: »beneficium datur propter officium«. Dieses Verhältnis kehrte sich im späten MA um: Der Vasall diente, weil er belehnt war und soweit die Einkünfte es ihm ermöglichten. Man spricht von einer Verdinglichung des L.swesens, also einer Zurückdrängung des personellen Momentes durch die vermögensrechtl. Komponente. Das L.sgut konnte dem Vermögen des Herrn entnommen worden sein, konnte aber auch Eigengut des Mannes sein, das dieser dem Herrn aufgetragen hatte, um es als L. zurückzuerhalten. Durch ein solches »feudum oblatum« gewann der Mann »Schutz und Schirm« des Herrn, während dieser dadurch seine Einflußsphäre erweitern konnte. Entsprechend der Verwurzelung des L.swesens in der Naturalwirtschaft sollte das »feudum« Grundbesitz, ein Amt oder ein Recht sein, die Einkünfte erbrachten. Mit der Durchsetzung der Geldwirtschaft im SpätMA gab es auch »Geldl.«, bei denen das vom Herrn gegebene Kapital als »pecunia feudalis« L.sobjekt war. Eine bes. Form war das »Kammer-« oder »Kellerl.«, bei dem die Einkünfte nicht auf ein Grundstück, Amt oder Recht radiziert waren, sondern ledigl. auf eine Sammelstelle l.sherrl. Einkünfte angewiesen wurden. Diese Form des Rentenl.s war deshalb bes. effektiv und flexibel, weil der Herr bei L.suntreue kein umständl. Einziehungsverfahren durchführen mußte, sondern nur die Auszahlung sperren mußte.

Das L.sgut wurde vom Vasallen genutzt. Dieser besaß in der Terminologie des Gelehrten Rechtes, die auch für das kirchl. Pfründenwesen galt, das dominium utile. Dem Herrn verblieb das dominium directum oder Obereigentum, das den Vasallen an der freien Verfügung über die Substanz des L.s ohne Zustimmung des Herrn hinderte. Das dominium directum aktualisierte sich auch beim Tode des Herrn (Herrenfall) oder des Mannes (Mannfall). In beiden Fällen endete das personale L.sverhältnis und damit der Rechtsgrund für die Innehabung des Gutes. Dieses fiel dem Herrn heim. Anfangs war dieser frei darin, ob und ggf. wem er es wieder zu L. ausgab. Doch schon im FrühMA setzte sich die Erblichkeit der L. durch, die aber keine Erblichkeit stricto sensu war, sondern nur ein Anspruch auf Neubelehnung, so daß man besser von L.folgeberechtigung sprechen sollte. L.folgeberechtigt waren anfangs nur die Söhne des verstorbenen Vasallen. Im Laufe der Entwicklung weitete sich der Kreis der L.folgeberechtigten jedoch aus auf weibl. Berechtigte und Seitenverwandte, so daß der →Heimfall wegen Fehlens von Berechtigten fakt. immer seltener eintrat. Das feudum fiel auch dann heim, wenn der Vasall seine Pflichten verletzte, indem er etwa gegen seine Herrn Krieg führte oder indem er das L. dadurch verschwieg, daß er es nicht mutete (→Mutung). Dies war deshalb ein bes. schwerwiegender Fall von Pflichtverletzung, weil es zum Verlust der Rechte des Herrn führen konnte. Um die L.sbindung ständig aufrechtzuerhalten, wurden L.stage durchgeführt, bei denen die zusammengekommenen Vasallen auch als L.sgericht fungieren konnten, das über Felonie und andere Heimfallgründe zu entscheiden hatte. B. Diestelkamp

Lit.: [allg.]: HRG I, 122f. – H. MITTEIS, L.recht und Staatsgewalt, 1933 [Neudr. 1958] – DERS., Der Staat des hohen MA, 1940 – W. KIENAST, Rechtsnatur und Anwendung der Mannschaft (homagium) in Dtl. während des MA (Dt. Landesref. zum IV. Internat. Kongr. für Rechtsvergleich in Paris 1954, 1955), 266ff. – O. BRUNNER, Feudalismus (Abh. der Geistes- und Sozialwiss. Kl. der Akad. der Wiss. und Lit. Mainz 10, 1958) – W. EBEL, Über den Leihegedanken in der dt. Rechtsgesch. (VuF 5, 1960), 11ff. – F. L. GANSHOF, Qu' est-ce que la féodalité? 1957³ (dt.: Was ist das L.swesen?, 1961) – H. PATZE, Neue Typen des Geschäftsschriftgutes im 14.Jh. (VuF 13, 1970), 33ff. – →Leihezwang [W. GOEZ, H.-G. KRAUSE] – [Reich]: H. THOMAS, Die l.rechtl. Beziehungen des Hzm.s Lothringen zum Reich von der Mitte des 13. bis zum Ende des 14.Jh., RhVjbll 38, 1974, 166ff. – K.-F. KRIEGER, Die L.shoheit der dt. Kg.e im SpätMA, 1979 [Lit.] – [Territorien]: G. THEUERKAUF, Land und L.swesen vom 14. bis zum 16.Jh., 1961 – E. ENGEL, Bürgerl. L.sbesitz, bäuerl. Produktenrente und altmärk.-hamburg. Handelsbeziehungen im 14. bis zum 16.Jh., HGBll 82, 1964, 21ff. – DIES., L.bürger, Bauern und Feudalherren in der Altmark um 1365 (Abh. zu Handels- und Sozialgesch. 7, 1967), 31ff. – G. DROEGE, Landrecht und L.recht im frühen MA, 1969 – B. DIESTELKAMP, Das L.recht der Gft. Katzenelnbogen, 1969 [Lit.] – DERS., L.recht und spätma. Territorien (VuF 13, 1970), 65ff. – V. HENN, Das ligische L.swesen im W und NW des ma. dt. Reiches [Diss. München 1970] – W. MARTINI, Der L.shof der Mainzer Ebf.e im späten MA [Diss. Mainz 1971] – K.-H. SPIESS, L.recht, L.spolitik und L.sverwaltung der Pfgf.en bei Rhein im SpätMA, 1978 – DERS., Das älteste L.sbuch der Pfgf.en bei Rhein vom Jahr 1402, 1981 [Lit.] – L. FENSKE – U. SCHWARZ, Das L.sverz. Gf. Heinrichs I. v. Regenstein 1212/1227, 1990 [Lit.].

II. REICHSITALIEN: Das L.swesen fand im Langobardenreich Eingang als Institution des frk. Imperiums; die Geltung gemeinkarol. Normen war schon durch die Dominanz nordalpiner Zuwanderer unter den Vasallen der karol. Herrscher Italiens gesichert. Erhebl. Bedeutung kam in Italien dem beneficium verbo regis zu, d. h. den auf Anweisung des Kg.s gegebenen L. aus Kirchengut, die kein Vasallitätsverhältnis zum Bf. oder Abt begründeten, allerdings of zusätzl. über Pachtverträge zw. Kirche und Kg.svasallen abgesichert wurden. Die Ausweitung dieser Praxis und der vermehrte Eintritt langob. Grundherren in die Vasallität des Kg.s oder der Großen leiteten in spätkarol. Zeit weitreichende gesellschaftl. Veränderungen ein.

Wie im westfrk. Reich haben sich im Regnum Italiae Kg.svasallen bis hin zu einzelnen Gf.en nach 875/888 in die Vasallität der Großen (duces, marchiones) begeben. Sie blieben Herren über eigene Vasallen und vergrößerten oft ihre eigene L.sausstattung. In otton. Zeit nahm die Feudalisierung der adlig-krieger. Führungsschicht stark zu. Mit dem Ausbau der bfl. Stadtherrschaft wurden vermehrt kirchl. Güter und Rechte, v. a. auch →Zehnten, als L. ausgegeben. In der Lombardei wurden damals die L.smannschaften geformt, die als bfl.-städt. L.skurien die frühe Gesch. der →Kommunen mitbestimmt haben. Im Herrschaftsbereich der Mgf.en wurden deren Höfe zu Zentren großer L.skurien, so daß die bfl. L.smannschaften sich hier zunächst weniger stark entwickelten. In diesem Prozeß festigte sich die vierstufige L.spyramide, die seit der spätkarol. Zeit entstanden war: Kg., fsl. Kronvasallen, Adel mit eigenen Herrschaftsrechten, Vasallenkrieger mit Herrschaftsteilhabe vermittelnder L.sausstattung.

Die seit dem späten 10.Jh. in Oberitalien auftretenden Rebellionen der Vasallen gefährdeten schon 1002 sowie 1024 den Bestand des Imperiums und gipfelten 1035 in einem allg. Aufstand der →»Valvassoren«. Der weltl. L.sadel erzwang von Konrad II. eine schriftl. Garantie für die Erblichkeit der L. und für das bei berechtigtem L.sentzug einzuhaltende Verfahren (Urteil der curia parium), die 1037 in der →Constitutio de feudis gegeben wurde. Das L.sgesetz Konrads II. wurde seit ca. 1100 zum Bezugspunkt der Kodifizierung lehnrechtl. Normen im →Liber feudorum. L.sinvestituren durch Übergabe des Stabes (per fustem) sind seit Mitte des 11.Jh. auch urkundl. bezeugt. Der Vasall leistete einen Treueid; dagegen war das homagium in Italien unüblich. Der bis dahin unscharfe Begriff 'beneficium' nahm präzise Bedeutungen an und wurde im L.swesen durch 'feudum' abgelöst. Dabei unterschied man zw. dem echten, erbl. L. der Vasallengeschlechter (feudum paternum, honoratum oder gentile) und dem feudum conditionatum, das für Boten-, Küchen- und Verwaltungsdienste gegeben wurde, mit gewissen Privilegien verbunden, aber de iure nicht erbl. war. Inhaber solcher L. bildeten am Hofe des Herrn eine eigene curia parium. Da adlige Vasallen im 11./12.Jh. auch feste Summen aus Altareinkünften vom Bf. zu L. trugen, ist hier ein Übergang zum Rentenl. erkennbar, wie es die Kommunen seit dem 12.Jh. vergaben.

Die auch in Reichsitalien wirksame Tendenz, den Krieger gleichzusetzen mit dem berittenen Vasallen, dessen Status auf herrschaftl. organisiertem Grundbesitz basiert, mündete im 11.Jh. in der rechtl. Abgrenzung eines Standes der Ritter oder des Adels. Dieser wird auf der Grundlage der Constitutio de feudis im Sinne des lehnrechtl. ordo militum definiert, umfaßt also die herrschaftstragenden Familien (→Capitanei) und die Familien der Vasallenkrieger (Valvassoren), grenzt aber diejenigen aus, die erst im 11./12.Jh. an L. gelangten und als berittene Krieger bzw. als Waffenknechte dienten. Diese Grenze zw. Adel und Volk (→Popolo) spielte in Verfassung und Gesch. der it. Kommunen eine zentrale Rolle, obwohl der vom L.recht her definierte Ritterstand nicht nur die unteren Stufen der L.sinhaber, sondern auch gesellschaftl. als Ritterfamilien anerkannte städt. Geschlechter ausschloß.

In Reichsitalien begann sich die funktionale Bedeutung des L.swesens seit dem 11.Jh. zu relativieren. Hier hatte ein Element nichtfeudaler Wehrverfassung überlebt in der städt. Miliz, die seit der Mitte des 11.Jh. um den →Fahnenwagen reorganisiert wurde. Seit ca. 1200 banden die Kommunen die Verpflichtung zum Kriegsdienst zu Pferde an die Höhe des versteuerten Vermögens, ohne den Leistungspflichtigen die Privilegien des adligen »Ritterstandes« zuzugestehen. Umgekehrt war der Vasallenadel aufgrund seines Standes, nicht seiner Lehnsausstattung zum Kriegsdienst für seine Kommune verpflichtet. Der Abbau lehnrechtl. begründeter Herrschaftsmacht und eine Beschränkung der Vasallendienste auf seltene, v. a. repräsentative Pflichten greifen in diesen Wandel der polit.-militär. Organisation ein. In Verbindung mit einer zunehmenden Kommerzialisierung von Grund und Boden, die auch L.sgüter voll erfaßte, und gefördert durch die Gewohnheit des Adels, den Familienbesitz ungeteilt zu gesamter Hand zu vererben (→Consorteria), ging die mit dem L. verbundene Dienstverpflichtung oft verloren; wo L. verkauft bzw. verpachtet oder L.sgut als fromme Stiftung in Form des »feudum sine fidelitate« weiterverliehen wurde, war die materielle Basis des Vasallendienstes endgültig entfremdet.

Für die öffentl.-rechtl. Gestaltung der polit. Ordnung Reichsitaliens hat das L.swesen im SpätMA an Bedeutung eher gewonnen. Die Stadtgemeinden setzten ihre Herrschaft im →Contado gegenüber dem Adel v. a. in lehnrechtl. Formen durch, wobei die Familien Herrschaftsbesitz an die Kommunen aufließen und ihn von ihnen als L. zurückkämpfingen. Ks. Lothar III. (1136) und Friedrich Barbarossa (1154, 1158) versuchten durch Gesetze, der Reichsgewalt die Dienste dauerhaft zu sichern, die dem Ks. aufgrund der L. aus Reichs- oder von Reichskirchengut geschuldet wurden. Unter Friedrich wurde als Folge des →Wormser Konkordats die lehnrechtl. Stellung der Bf. e zum Ks. betont und seit dem Reichstag v. →Roncaglia 1158 auch das Verhältnis der Kommunen zur Reichsgewalt mehr und mehr als L.sverhältnis gedeutet. Nach dem Frieden v. →Konstanz 1183 galten Heerfolge und andere Leistungen der Stadtkommunen für den Ks. als lehnrechtl. begründete Verpflichtungen. Die längerfristigen Wirkungen sind im Detail noch wenig erforscht. Doch war die L.shoheit, seit der Stauferzeit oft durch Bündnisse und Verträge verstärkt, zweifellos die entscheidende Basis der spätma. Ks.herrschaft in Italien. Bei der Durchsetzung der →Signorien und bei deren Entwicklung zu fsl.-monarch. Territorialstaaten hat die lehnrechtl. Legitimierung durch den Ks. eine wichtige Rolle gespielt. Für die Organisation ihrer Herrschaft griffen die Signori selbst auf feudale Rechtsformen zurück, so daß hier das L.swesen noch einmal festen Fuß faßte.

Die für Reichsitalien erlassenen L.sgesetze der Ks. Konrad II., Lothar III. und Friedrich I. haben über den Liber feudorum und dessen Kommentierung in der Rechtsschule v. →Bologna das gesamte spätma.-frühnz. L.recht mitgeprägt. H. Keller

Lit.: HRG II, 1995–2001 – H. Mitteis, L.recht und Staatsgewalt, 1933, bes. 385ff., 577ff., 613ff., 680f., 693f. – P. Brancoli Busdraghi, La formazione storica del feudo lombardo..., 1965 – A. Haverkamp, Herrschaftsformen der Frühstaufer in Reichsitalien, 2 Bde, 1970/71, 313–557 – La crisi degli ordinamenti comunali..., hg. G. Chittolini, 1979, 7–50 – Structures féodales et féodalisme dans l'occident méditerranéen (Xᵉ–XIIIᵉ s.), 1980, 219–454 – H. Keller, Adelsherrschaft und städt. Ges. in Oberitalien (9.–12. Jh.), 1980 – Ders., Adel, Ritterstand und Ritterstand nach it. Zeugnissen des 11.–14. Jh. (Institutionen, Kultur und Ges. im MA [Fschr. J. Fleckenstein, 1984]), 581–608 – G. Sergi, I rapporti vassalatico–beneficari (Atti del X Congr. internaz. di studi sull'alto medioevo, 1986), 137–163 – G. Tabacco, Vassalli, nobili e cavalieri nell'Italia precomunale, RSI 99, 1987, 247–268 – F. Menant, Aspetti delle relazioni feudo-vassalatiche nelle città lombarde dell'XI s. (L'evoluzione delle città italiane nell'XI s., 1988), 223–239 – C. Danusso, Ricerche sulla »Lectura feudorum« di Baldo degli Ubaldi, 1991.

III. Frankreich: Die feudo-vasallit. Strukturen, wie sie sich im Innern des Kgr.es →Frankreich v. a. seit dem 11. Jh. verbreiteten und institutionalisierten, betrafen bis zum Ende des MA (und darüber hinaus) den zahlenmäßig kleinen Bevölkerungsteil der Lehnsleute (Vasallen) und Lehnsherren *(seigneurs)*, wobei ein Lehnsherr selbstverständl. Lehnsmann eines anderen sein konnte, ein Lehnsmann wiederum Lehnsleute haben konnte. Allg. handelte es sich bei den Lehnsherren und Lehnsleuten um Angehörige des Adels bzw. der waffenführenden Aristokratie im weitesten Sinne, doch konnten auch Prälaten (Bf.e, Äbte) über Vasallen verfügen, während Kleriker (unter persönl. Rechtstitel) sowie Bürger L. zumindest nehmen konnten. Ein Ergebnis der Gregorian. Reform und des Investiturstreites war, daß die Kirche zu einem großen Teil aus den L.sverhältnissen ausschied.

Zw. dem Lehnsmann und seinem Herrn bestand ein persönl., üblicherweise lebenslanges Band, das grundsätzl. der freien Entscheidung beider Partner entsprang. Dieses Band wurde hergestellt durch den zeremoniellen Rechtsakt des Homagium *(hommage)*, an dessen Beginn der künftige Vasall, waffenlos und mit unbedecktem Haupt, vor seinem künftigen Lehnsherrn niederkniete und die geschlossenen Hände in die offenen Hände des Herrn legte. Darauf hob der Herr (dominus, *seigneur*) seinen Lehnsmann (homo) vom Boden auf, gab ihm den →Kuß als Zeichen des Friedens und der Liebe, woraufhin der Vasall den →Eid der Hulde und Treue (als religiösen Teil der Zeremonie) ablegte. Der Herr versprach seinerseits, den Vasallen zu schützen, gerechtes Gericht über ihn zu halten und seine Macht gegen ihn nicht ohne vorherige Unterredung einzusetzen. V. a. aber übertrug der Lehnsherr seinem Vasallen für dessen Dienste ein Landgut, dessen Größe und Wert ganz unterschiedl. sein konnten, das aber in den meisten Fällen als L. (feudum, *fief*) bezeichnet wurde. Die Einsetzung des Vasallen in das L. (→Investitur I) erfolgte durch den Herrn oder dessen Vertreter. Der Lehnsmann mußte als Gegenleistung für das empfangene L. seine Person und sein Vermögen in den Dienst des Herrn stellen, ihm loyal raten und helfen (bes. wenn er zum Hof des Herrn fuhr bzw. dorthin gerufen wurde), ihm finanzielle Beihilfe geben (insbes. bei →Kriegsgefangenschaft des Herrn zur Zahlung des Lösegeldes, bei dessen Kreuzzugsteilnahme, bei Verheiratung der ältesten Tochter und Erhebung des ältesten Sohnes des Herrn zum →Ritter, bei Zuerwerb von Ländereien durch den Herrn, da dies das Ansehen und die Möglichkeit, den Vasallen zu schützen, erhöhte), ihm militär. Dienste leisten (Heeresaufgebot, *ost*; Burgwacht, *garde*; berittener Dienst, *chevauchée*). Die vasallit. Verpflichtungen wurden zusammenfassend als →consilium et auxilium *(aide et conseil)* bezeichnet. Sie wurden zunehmend präzisiert und eingegrenzt, im Laufe der Jahrhunderte faktisch gemildert.

Seit Beginn des 14. Jh. tritt im Frz. der Begriff des →*suzerain* auf; er bezeichnet den hohen, an der Spitze der Lehnshierarchie stehenden Lehnsherrn.

Wenn der Lehnsmann seinen Pflichten, v. a. den militär., nachkam, durfte ihm sein Herr das L. nicht entziehen; der Vasall konnte dieses als 'dominium utile' an seine männl. oder weibl. Nachkommen weitervererben, unter Entrichtung einer Abgabe *(relief, rachat)*, die ursprgl. drückend war (z. B. Einkünfte eines Jahres), in späterer Zeit aber oft symbol. Charakter annahm (Falke, Schwert, Goldstück, Rose). Der Lehnsmann durfte sein L. sogar weiterveräußern, wobei dem Herrn aber ein Vorkaufsrecht verblieb (→Retraktrecht). Seit dem 13. Jh. kam gar die Praxis auf, L. an Nichtadlige, die als nicht waffenfähig galten (→Waffen, -recht), zu übertragen. Dies wurde bei Zahlung des *franc-fief*, einer Entschädigung an den Herrn (insbes. den Kg. v. Frankreich), durchaus akzeptiert. Die (regional unterschiedl.) frz. Gewohnheitsrechte (→Coutume) enthielten Bestimmungen über Weitergabe und Vererbung von L. (insbes. bei Minderjährigkeit der Erben, Fehlen von Söhnen oder unmittelbar Erbberechtigten, Einbeziehung von L. in →Wittümer usw.). Es sollte v. a. der Zerstückelung der L. Einhalt geboten werden. Daher wurde (in unterschiedl. Rechtsformen) das Erbrecht des Ältesten eingeführt. Kg.e und Fs.en nahmen eine Umgruppierung der Lehnsgüter vor (→Kastellanei, Baronie), um eine stärkere Zentralisierung und Vereinheitlichung, die im Interesse des Lehnsherrn wie des Vasallen lag, zu erreichen. Das *ligische* L. (homagium ligium), das im Frankreich des 11. Jh. aufkam, beinhaltete ein engeres und verpflichtenderes Band zw. dem (kgl.) Lehnsherrn und dem Vasallen als das einfache Homagium. Im Zuge eines fortschreitenden Prozesses wurde im Innern des Kgr.es Frankreich ein Großteil der Herrschaften zu Lehnsbesitz; die Zahl der Allodialgüter (→Allod) schwand kontinuierlich, doch hatte sich in manchen Gegenden noch um 1500 Allodialbesitz erhalten.

Im 13. Jh. setzte sich die Praxis durch, dem Vasallen statt der Verleihung von Landbesitz eine jährl. zahlbare Geldsumme zu übertragen; dies war das *Rentenl.*, von dem das frz. Kgtm. zur Erreichung seiner polit. und militär. Zielsetzungen starken Gebrauch machte, v. a. im Zeitraum von ca. 1280 bis 1350. Nach 1350 begannen dagegen die

→Pensionen, auf Lebenszeit, bes. aber jährl., an die Stelle der Rentenl. zu treten. Die L.sinvestitur wurde, v. a. seit dem 14. Jh., durch einen Lehnsbrief (→*aveu et dénombrement*) schriftl. fixiert.

Die Ausbildung der feudo-vasallit. Institutionen, zw. dem frühen 11. und frühen 13. Jh., mündete ein in die Errichtung einer Lehnshierarchie (auch als »Lehnspyramide« bezeichnet). Vom 12. Jh. an war die Vorstellung fest verwurzelt, daß der Kg. v. Frankreich niemandes Vasall sein könne; bei L., die er ererbte oder erwarb, wurden daher bes. Verfahrensweisen angewandt, während sich andererseits der Gedanke durchsetzte, daß alle L. im Kgr. in unmittelbarer oder mittelbarer Weise dem Kg. unterstanden. Parallel hierzu, konstituierten oder festigten sich die großen Territorialherrschaften und Fsm.er (»Lehnsfürsten«) nicht zuletzt dank konsequentem Aufbau der feudo-vasallit. Institutionen. Die Einführung der monarch. geprägten Feudalordnung Frankreichs vollzog sich zu einem großen Teil unter den Kg.en →Philipp II. August und →Ludwig IX. d. Hl.en. Die zugunsten der jüngeren Kg.ssöhne geschaffenen →Apanagen waren eine Form des L.s, bei der die Krone in starkem Maße ihre Rechte zu wahren wußte.

Stand auch die dingl. Verbindung, das empfangene L., meist stärker im Vordergrund, so behauptete doch das persönl. Band zw. Herrn und Vasall während des gesamten MA seinen gewichtigen Platz. Die Vasallen und Aftervasallen eines großen Herrn, Fs.en oder gar des Kg.s waren seine 'fideles', auf die er in jeder Situation zählte. Untreue und Ungehorsam des Lehnsmannes wurden daher als Kapitalverbrechen (→Felonie) mit schweren Strafen, stets aber mit der Konfiskation (*commise*) des L.s, geahndet. Noch im 14. Jh. folgte ein Herr der Aufforderung zum kgl. Heeresaufgebot (*ost*) nicht nur gemeinsam mit Verwandten und Freunden, sondern auch in Begleitung seiner Vasallen. Anders als in England, wo das Lehnswesen zu einer bloßen Anhäufung von Abgaben und Diensten absank, blieb es in Frankreich bis zum Ende des MA eine lebendige Einrichtung.

In den polit. Auseinandersetzungen des Kgr.es Frankreich mit benachbarten, lehnspflichtigen Staaten spielten lehnrechtl. Streitfragen eine beträchtl. Rolle: Am Beginn des →Hundertjährigen Krieges stand der feudale Konflikt zw. dem Hzg. v. →Guyenne (und Kg. v. →England) und seinem ligischen Lehnsherrn, dem Kg. v. Frankreich, der zu wiederholten Malen die Konfiskation des Hzm.s wegen Verweigerung des Lehnseides, Insubordination und Felonie aussprach. Im 15. Jh. stellte sich der Hzg. v. →Bretagne auf den Standpunkt, daß er dem Kg. v. Frankreich nur den einfachen Lehnseid (der nur geringe Verpflichtungen beinhaltete), nicht aber den ligischen schuldete. Die Valois-Hzg.e v. →Burgund (Philipp d. Gute und mehr noch Karl d. Kühne) strebten als letztes Ziel die Herauslösung ihrer im Bereich des Kgr.es Frankreich gelegenen Territorien aus der Lehnsbindung an den Kg. und die Krone an.

Bis zum Ende des 15. Jh. und darüber hinaus besaßen die Fs.en im Innern des Kgr.es, die Kg.e auf der Ebene des Reichens, das Recht, die Gesamtheit ihrer Vasallen und Aftervasallen (und auch deren Lehnsleute) aufzubieten; zwar hatte sich seit Philipp d. Schönen eingebürgert, daß ein Sold für diesen Dienst zu zahlen war, doch blieb die mit dem feudalen Heeresdienst verbundene hohe Ehre in vollem Umfang erhalten.

Ph. Contamine

Lit.: R. Boutruche, Seigneurie et féodalité, Bd. II, 1970 – F.-L. Ganshof, Qu'est-ce que la féodalité?, 1982⁵ – D. Barthélemy, L'ordre seigneurial, XI^c–XII^c s., 1990 (Nouv. hist. de la France méd., 3) – J.-P. Poly – E. Bournazel, La mutation féodale, X^c–XII^c s., 1991² – B. Guenée, L'Occident aux XIV^c et XV^c s., Les États, 1991².

IV. ENGLAND: [1] *Voraussetzungen in angelsächsischer Zeit:* Der ae. Begriff *læn* ('Leihe'), übersetzt als *precarium* in ags. Glossaren, wurde gebraucht, um eine Form der Landvergabe im ags. England seit dem 8. Jh. zu beschreiben. Diese Leihe erfolgte für eine, zwei oder drei Generationen und gegen Natural- oder Geldabgaben, aber auch gegen Dienste wie den Gefolgschaftsdienst. Im 10. Jh. wurde es allg. üblich, für die Landverleihungen die Leistung von drei wichtigen Diensten im Namen des Kg.s zu fordern: Kriegsdienst, Beteiligung am Brücken- und Burgenbau. Der Kriegsdienst wurde gebietsweise durch eine Geldabgabe im Verhältnis zu den besteuerbaren Landeinheiten (*hides*) ersetzt. Dieses System beruhte v. a. erstens auf einer herausragenden Gruppe von kgl. Kriegern (king's →*thegns*) und zweitens auf der Truppenaufstellung der großen Landbesitzer, bes. derjenigen, die über →*hundreds* herrschten und für die Führung eines Kontingents bei militär. Unternehmungen oder im frühen 11. Jh. für die Vorbereitung eines Kriegsschiffes verantwortl. waren. Spätestens seit dem 10. Jh. verliehen die Landbesitzer vorzugsweise Land an Landnehmer, die selbst militär. Pflichten erfüllen oder Stellvertreter entsprechend dem Anteil an dem geliehenen Land stellen konnten. Ags. Herren versuchten bei dem Aufbau ihrer Klientel, Gefolgsleute nicht in erster Linie durch Landvergabe, sondern durch Bereitstellung von Waffen zu gewinnen. Die Kommendation als ein Akt, bei dem ein Mann seinem Herrn Gehorsam schwor, war nicht notwendigerweise mit einer Landübertragung verbunden. Jedoch waren Prekarie-Abmachungen üblich. Von vielen Landnehmern vor der norm. Eroberung wird im Domesday Book überliefert, daß sie ihren Herrn wechseln konnten.

[2] *Nach der normannischen Eroberung:* In der Forsch. wurde früher häufig die Frage diskutiert, ob die Normannen das L.swesen in England eingeführt haben. J. H. Round, F. M. Stenton und R. A. Brown haben die Theorie von einer norm. »Überschwemmung« aufgestellt. F. W. Maitland, M. Hollings und E. John befürworteten die Kontinuitätstheorie, die sich auf das Fortbestehen von Landeinheiten, die aus fünf hides bestanden, stützte, wobei jeder hide nach Q. des 11. Jh. einen Krieger für das kgl. Heer stellen mußte. Diese Einheiten bildeten nach der norm. Eroberung die Grundlage für einige L. der Ritter (→*knights*). In der Regel entstanden die Ritterl. aus einer sehr unterschiedl. Anzahl von hides. Eine Untersuchung der Belehnungen der *tenants-in-chief* ('Kronvasallen') und der *subtenants* ('Untervasallen') zeigt einen bedeutenden Wandel bei der Landvergabe zw. 1066 und dem späten 11. Jh. Die Verfechter der sog. »Überschwemmungstheorie« gehen aber zu weit, wenn sie die Existenz von feudalen Beziehungen im ags. England leugnen. Außerdem zeigt sich ein Kontinuitätsfaktor auch in der führenden Rolle, die der Kg. bei der Einberufung zum Kriegsdienst einnahm, sei es bei den aus fünf hides bestehenden Landeinheiten vor der norm. Eroberung oder bei den später eingerichteten Kontingenten (*quotas*). Der Ursprung des L.swesens nach der norm. Eroberung liegt – wie Round gezeigt hat – in diesen Kontingenten für den Ritterdienst, den Wilhelm I. von seinen tenants-in-chief verlangte. Neben einer großen Zahl kleiner Kontingente von 1–4 Rittern umfaßten die normalerweise aufgestellten Kontingente ein Vielfaches von 5 oder 10 Rittern. Rounds Erklärung dieser Anzahl mit der Einteilung in constabulariae (vgl. →*constable*), d. h. Gruppen von jeweils 10 Rittern, stieß auf Kritik. Die Begründung, daß die Anzahl der

Ritter mit Fiskalabgaben zusammenhing, scheint überzeugender. Die Größe der Kontingente stand in keinem genauen Verhältnis zu dem Vermögen der tenants-in-chief und beruhte wahrscheinl. eher auf strateg. Erfordernissen. Die erste Einsetzung der Kontingente wird allg. auf 1070–72 datiert, nach einem →writ Wilhelms I. an Abt Æthelwig v. Evesham, in dem dessen fünf Ritter angefordert werden. Doch könnte der writ – nach D. BATES von zweifelhafter Authentizität – gefälscht worden sein, um eine Vergrößerung des kleinen Kontingents von Evesham zu verhindern. Man darf wohl annehmen, daß um 1070 die meisten Kontingente eingeteilt waren.

Tenants-in-chief konnten ihre L.sverpflichtungen erfüllen, indem sie Ritter in ihrem Haushalt unterhielten oder sie belehnten. In den 70er Jahren des 11. Jh. waren im Haushalt lebende Ritter bei verschiedenen großen Kirchen anzutreffen, z. B. in Abingdon, Worcester, Ely und Glastonbury. Seit den 80er Jahren des 11. Jh. belehnten viele Kirchen wegen des zu leistenden Ritterdienstes ihre Ritter mit Land, und einige (z. B. Bury St. Edmunds, Canterbury und später Abingdon) stellten Listen ihrer Ritter mit L. auf. Diese Listen dokumentieren, daß die Kirchen bestrebt waren, möglichst keinen Domanialbesitz zu übertragen, dagegen aber abseits gelegene Teile des Grundbesitzes *(berewicks)* oder Teile von Grundbesitzungen, über die die Kirchen nicht allein verfügten. Jedoch wurden Kirchen auch gezwungen, mächtige adlige Nachbarn und Günstlinge des Kg.s zu belehnen, die häufig die Belehnung mit wertvollem Grundbesitz beanspruchten, so mußte die Kirche v. →Hereford 1085 einen tenant-in-chief, Roger de →Lacy, mit Domanialbesitz belehnen. Auch versuchten die Kirchen, die Entstehung einer Erbfolge bei den L. zu verhindern, so bes. Worcester, wo in den 90er Jahren des 11. Jh. Vorschriften über die Nichtvererbbarkeit der alten læn-L. in das Hemming-Chartular aufgenommen wurden. Belehnungen auf Lebenszeit erscheinen bis um 1100 in den Urkk., erbl. L. nach ca. 1110. Das Wort feodum, das zunehmend mit Erblichkeit verbunden wurde, taucht im Domesday Book und im Hemming-Chartular auf, ist jedoch in engl. Q. bis ca. 1120 selten. Der Wert der Ritterl. war sehr unterschiedl. Das Domesday Book erwähnt über 500 milites, von denen die meisten 1–2 hides zu L. hatten, während die dort genannten subtenants und tenants-in-chief oft größere L. besaßen. Aufgeteilte L. erscheinen bereits im späten 11. Jh. Die kleinsten L. konnten für das Einkommen eines Ritters im späten 11. Jh. ausreichen, doch erfüllten sie diese Funktion wegen der Inflation im 12. Jh. nicht mehr. Die feudalen Kontingente wurden nun im allg. nicht mehr zur Aushebung eines Heers zusammengestellt, sondern für die Entrichtung der →scutage, mit der Söldner bezahlt werden konnten. Dies wurde v. a. bei den Seefeldzügen notwendig, bei denen ein Ritterdienst von 40 Tagen nicht mehr ausreichte. 1166 sollten die tenants-in-chief der Krone über die Zahl der Belehnungen, die ehrenhalber stattgefunden hatten, berichten, da viele von ihnen Ritter über den Umfang ihrer Kontingente hinaus belehnt hatten. Als die L. weiter aufgesplittert wurden, erhob die Krone 1224 mit Hilfe der →»distraint of knighthood« feudale Abgaben. Diese zwangsweise Verleihung der Ritterwürde machte alle Landbesitzer zu Rittern, die ein bestimmtes Einkommen hatten, das 1275 auf £ 15 festgelegt war. Sie hatte bereits einen Vorläufer in der »Assize of Arms« Heinrichs II. von 1181, nach der alle Freien, die Land mit einem Wert von 16 Mark zu L. hatten, eine der Ritterrüstung vergleichbare Rüstung haben sollten. Im 14. Jh. wurde es für die tenants-in-chief sehr schwierig, von ihren subtenants das homagium zu verlangen. Bis zum späten 15. Jh. verloren die feudalen Bindungen an Bedeutung.

J. Barrow

Lit.: J. H. ROUND, Feudal England, 1909 – V. H. GALBRAITH, An Episcopal Landgrant, EHR 44, 1929, 353–372 – F. R. DU BOULAY, The Lordship of Canterbury, 1961 – F. M. STENTON, The First Century of English Feudalism, 1961² – C. W. HOLLISTER, Military Organization of Norman England, 1965 – S. HARVEY, The Knight and the Knight's Fee, PP 49, 1970, 3–43 – E. J. KING, Peterborough Abbey, 1973 – N. P. BROOKS, Arms, Status and Warfare (Ethelred the Unready, hg. D. HILL, 1978) – C. C. DYER, Lords and Peasants in a Changing Society, 1980 – J. C. HOLT, The Introduction of Knight Service (Anglo-Norman Stud. 6, 1984), 89–106 – R. P. ABELS, Lordship and Military Obligation, 1988 – J. HUDSON, Life-grants of Land (Anglo-Norman Stud. 12, 1990), 67–80.

V. KÖNIGREICH SIZILIEN: L. sähnl. Elemente finden sich in S-Italien vor der Normannenzeit allenfalls in den langob. Gebieten, waren aber noch nicht durchgebildet wie im stärker karol. geprägten N. So wirkte das L.swesen in der Phase der norm. Herrschaftsbildungen im S zunächst von außen, indem es – kaum mehr als formal, aber doch legitimierend – die Beziehungen der norm. Heerführer zu den Fs.en v. Salerno und zum röm. Kg. (Rainulf I. 1038 von Konrad II. mit einer Fahnenlanze belehnt, Drogo und Rainulf II. 1047 durch Heinrich III.) sowie zum Papst (1059 Belehnung Richards I. und Roberts Guiscard) bestimmte. Auf diese Legitimation gestützt, ersetzte Robert Guiscard die prinzipielle Gleichrangigkeit der norm. Heerführer, die einander unter Wahrung ihrer Eigeninteressen durch amicitia verbunden waren, gewaltsam durch lehnrechtl. Abhängigkeiten norm. Prägung. Gleichwohl blieb die Erinnerung an den ursprgl. durch Eroberung begründeten norm. Polyzentrismus wach und förderte immer wieder aufflackernde Emanzipationsbestrebungen v. a. in den n. Prov.en des späteren Kgr.es. Im nicht feudal geprägten Sizilien hingegen, das Roger I. im ausgehenden 11. Jh. als L.smann seines Bruders Robert eroberte, blieb der Großteil des Landes dem demanium inkorporiert, so daß sich feudale Strukturen nur schwach entwickeln und kleinere Gft.en sich nur in frühstauf. Zeit vorübergehend behaupten konnten. Von dieser Basis aus gelang Roger II. die Vereinigung der norm. Herrschaftsgebiete in seiner Hand und die Anerkennung als L.sherr und Kg., dessen pax das gewaltsam durchgesetzte Herrschaftsfundament bildete. Die Insel blieb der eigtl. Rückhalt der Krone und lieferte das Beispiel, das die Kg.e auch auf dem unterit. Festland zu realisieren versuchten, näml. die Beschränkung und funktionale Unterordnung der L.sträger. Die allmähl. Ausbildung eines zentral gelenkten Beamtenstates (→Beamtenwesen, VI) drängte das L.swesen als tragendes Element der Staatsverwaltung zurück, ließ ihm allenfalls die Rolle eines »Bindegewebes« (MAZZARESE FARDELLA). Keimzelle kgl. Verwaltung war das an die Interessen des Herrschers gebundene Amt, nicht ein L.snexus, und nur über das Amt, v. a. des Justitiars, vermochte der Adel wirkl. an der Kg.sherrschaft teilzuhaben. Gerade in diesem Amt trug er aber dazu bei, die älteren Rechte der Feudalherren, etwa auf dem Gebiet der Jurisdiktion, auszuhöhlen und zusammen mit den comestabuli und Kämmerern strikt auf die Einhaltung der L.spflichten zu achten. Waren die Verwaltungseinheiten auf prov. Ebene zunächst noch an ältere feudale Strukturen angelehnt, so sprengte die Ausbildung größerer Einheiten, v. a. in der Zeit Friedrichs II., diese alten Bezüge. – Die gesetzl. Normierungen seit Roger II. und v. a. unter Friedrich II. erstrebten eine reichsweite Eindämmung der zentrifugalen Tendenzen des L.swesens zugunsten einer stärkeren Nivellierung und Einbindung der L.sträger in einen einheitl. Rechtsrahmen unter kgl. Kontrolle (→Assisen, →Liber Augustalis), die v. a. der Zersplitterung der L.sstruktur entgegenzuwirken versuchte. Wichtigstes Instrument war die geforderte Heiratserlaubnis für Kronvasallen und L.serben, die wohl schon auf Roger I. zurückgeht. Weitere Vorgaben betrafen z. B. Wittum, Mitgift, Assekuration durch Hintersassen, Pflichten des L.sherrn und L.smannes, das adiutorium sowie das Erbrecht. Parallel einher gingen die Privilegienrevokationen Rogers II., Heinrichs VI. und Friedrichs II. (seit Heinrich VI. mit allg. Widerrufsvorbehalt), allg. die Fixierung kgl. Prärogativen sowie in der Kg.szeit schließlich die Tätigkeit der reintegratores feudorum, die entfremdete L. in kgl. Hand zurückzuführen hatten. Die Zahl der Gft.en verringerte sich unter Friedrich II. drast. (in Sizilien wurden alle beseitigt); die verbleibenden waren meist in Händen ksl. Verwandter. Wurde das L.swesen so allmähl. aus seiner tragenden Rolle herausgedrängt, so blieb es v. a. wichtig für die Stellung des militär. Aufgebots (→Catalogus baronum), wenngleich am Ende der Stauferzeit zunehmend auch Söldner herangezogen werden mußten und eine extensive Burgenbaupolitik (unter Aufsicht der provisores castrorum) neue Akzente in der Beherrschung und Verteidigung des Landes setzte. – Diese nur grob skizzierte Entwicklung ist nur in längerer Perspektive geradlinig verlaufen; tatsächl. waren immer wieder Rückschläge zuungunsten des Kgtm.s zu verzeichnen (Minderjährigkeit Wilhelms II., stauf. Eroberung, Anarchie nach dem Tod Konstanzes, Aufenthalt Friedrichs II. in Dtl.), die letztl. Friedrich II. nur unter Aufbietung aller Kräfte überwinden konnte. Unter seinen Nachfolgern und vollends nach der siz. Vesper (1282) schlug das Pendel zurück, mußte das Kgtm. aus Eigeninteresse auf dem angevin. Festland und im aragon. Sizilien eine Zunahme des feudalen Gewichts und erneute Feudalisierung der staatl. Organisation hinnehmen. Für die L.spraxis wäre regional und zeitl. zu differenzieren, weshalb über einige allg. Bemerkungen hinaus auf die Lit. (etwa JAMISON, CAHEN) verwiesen werden muß. Die L.spyramide im Rahmen einer Gft. umfaßt den L.sherrn (Gf.), die Vasallen (barones in baroniae mit einem castellum als Zentrum) und die milites/homines (in casalia/villae). Verlangt werden vom L.smann Treueid (LA 3.18), homagium sowie bemessene Abgaben (adiutorium, collecta; letzteres seit 1235 allg. direkte Steuer) und Dienste, v. a. Kriegsdienst. Für all dies sind die L.sherren in aufsteigender Linie verantwortl. Sie herrschen in ihren L. mit weitgehenden, vom Kg. abgeleiteten Kompetenzen, beschränkt freilich durch allg. gesetzl. Vorgaben und das konkurrierende Wirken der kgl. Beamten. In capite (ohne Zwischeninstanz) verliehene L. verpflichten den Inhaber zum persönl., nach der Größe des L.s bemessenen Kriegsdienst. Im Cat. bar. haben nur sechs L. 20 und mehr Ritter zu stellen; die große Masse stellt max. vier, oft auch nur Anteile. – Seit Beginn des 12. Jh. sind die L. durchweg erbl., auch Frauen (subsidiär), Minderjährige und Seitenverwandte können berücksichtigt werden; Teilung und Kollektivbelehnung sind mögl. Die Kronvasallen sind mit ihren L. und Verpflichtungen in den am Hof geführten L.sregistern (quaterniones curie) verzeichnet; diesbezügl. Inquisitionen sind Aufgabe der comestabuli bzw. Kämmerer im Auftrag der (seit 1174) doana baronum (→Curia regis). Th. Kölzer

Lit.: F. CHALANDON, Hist. de la domination norm. en Italie et en Sicile, II, 1907 [Neudr. 1960] – H. NIESE, Die Gesetzgebung der norm. Dynastie im Regnum Siciliae, 1910, 152ff. – E. JAMISON, The Norman Administration of Apulia and Capua, Papers of the Brit. School at Rome 6, 1913, 211–481 [erg. Neudr. 1987] – DIES., The Administration of the County of Molise, EHR 44, 1929, 529–559; 45, 1930, 1–34 – CL. CAHEN, Le régime feodal dans l'Italie norm., 1940 – G. FASOLI, La feudalità sic. nell'età di Federico II, RSDI 24, 1951, 47–69 – I. PERI, Signorie feudali della Sicilia norm., ASI 110, 1952, 166–204 – M. CARAVALE, Il regno norm. di Sicilia, 1966 – V. D'ALESSANDRO, Fidelitas Normannorum (Ann. Fac. Mag. Univ. Palermo, 1969), 245–358 – J. DEÉR, Papsttum und Normannen, 1972 – M. CARAVALE, La feudalità nella Sicilia norm. (Atti Congr. internaz. di studi s. Sicilia norm., 1973), 21–50 – E. MAZZARESE FARDELLA, I feudi comitali di Sicilia dai Normanni agli Aragonesi, 1974 – DERS., Problemi preliminari allo studio del ruolo delle contee nel regno di Sicilia (Società, potere e popolo nell'età di Ruggero II, 1979), 41–54 – V. D'ALESSANDRO, Corona e nobiltà nell'età dei due Guglielmi (Potere, società e popolo nell'età dei due Guglielmi, 1981), 63–77 – J.-P. CUVILLIER, Milites in servitio (Fschr. J. FLECKENSTEIN, 1984), 639–664 – E. CUOZZO, Cat. baronum, Comm., FSI 101**, 1984 – J.-M. MARTIN, L'organisation administr. et milit. du territorio (Potere, società e popolo nell'età sveva, 1985), 71–121 – W. JAHN, Unters. zur norm. Herrschaft in Süditalien (1040–1100), 1989.

VI. SKANDINAVIEN: Es war lange Zeit umstritten, ob die nord. Länder überhaupt zu den Feudalstaaten kontinentaler Prägung zu rechnen seien. Hauptargument gegen die Annahme einer Feudalisierung war die weitgehend fehlende Erblichkeit des Lehens (ERSLEV). Unter dem Einfluß der Forschungen BLOCHS, MITTEIS', JOLLIFFES, STENTONS u. a. (ausschlaggebend waren v. a. die Aspekte der persönl. L.sbindung, der Vasallität, der Übertragung von Hoheitsrechten etc.) setzte sich dann die Erkenntnis durch, daß Dänemark und Schweden, in geringerem Maße auch Norwegen, durchaus Anschluß an die entwickelten Feudalsysteme Mitteleuropas gefunden hatten, wobei jedoch wichtige graduelle Unterschiede zu beachten sind.

Das L. verbreitete sich im N erst zu einem Zeitpunkt, als die →Landschaftsrechte des 12. und 13. Jh. bereits eine schriftl. Form gefunden hatten. L.rechtl. Prinzipien finden sich in diesen konstituierenden und z. T. bis in die folgenden Jh. gültigen Texten höchstens ansatzweise. Ein daneben existierendes L.recht hat es im N nicht gegeben. Zu den wichtigsten Q. gehören einige L.briefe v. a. des 14. Jh., Prozeßakten aus dem dän. Kirchenkampf des 13. Jh. (→Dänemark) und Handfesten. Die spärl. Q.lage läßt nur ein lückenhaftes, teilweise auf Analogieschlüssen beruhendes Bild des skand. L.swesens zu.

Eine wichtige Voraussetzung für die veränderte Übernahme des kontinentalen L.swesens war der seit alters her bestehende mehr oder minder ausgedehnte Allodialbesitz des dän. und schwed. Herrenstandes, so daß das Prinzip »Land gegen Kriegsdienst« im N kaum eine Rolle spielte, sondern vielmehr das Prinzip »Kriegsdienst gegen Privilegien« (A. E. CHRISTENSEN). Hiermit war insbes. eine Befreiung von Grundabgaben gemeint, die sich nicht allein auf adliges Domänenland, sondern auch auf Verwaltergut und auf Pächter ausgetanes Land bezog (→Frälse). Bei diesen eigentumsrechtl. Verhältnissen gab es in Dänemark und Schweden keinen Unterschied zw. dominium directum und dominium utile. Mit dem Privilegienwesen eng verbunden war die durch den Manneid konstituierte Vasallität. Allerdings hatte sich dabei im N die Erblichkeit der meisten L.sformen nicht durchgesetzt, auch erhielten die Inhaber eines L.s in der Regel keine Jurisdiktions- oder sonstige Hoheitsrechte, so daß in der Tendenz stets die jurist. Oberhoheit der Zentralmacht und eine Präsenz der Reichssouveränität festzustellen ist.

Den europ. Verhältnissen am nächsten standen die dän. Fs.en-L. (N- und S-Halland, S-Jütland [Schleswig]), den jüngeren Linien des Kg.shauses im Rahmen eines Vasallitätsverhältnisses als Erb-L. übertragen wurden. Anfang des 14. Jh. wurde die Heerfolgepflicht in den

Fs.en-L. kontingentiert und damit der kgl. Nutzen aus dem Vasallitätsverhältnis gemindert. Es herrschte zudem ein ständiger Streit um die verbliebenen Regalien sowie über die Frage, ob der Inhaber eines Fs.en-L.s das Recht habe, seinerseits Untervasallen zu nehmen. Im Bereich der Fs.en-L. wird die Feudalauflösung in Dänemark am deutlichsten. Der Bf. als Inhaber des Bf.sgutes hatte dem Kg. gegenüber eine ähnl. Stellung wie der Inhaber des Fs.en-L.s, denn nach dän. Gepflogenheit war der Bf. mit dem Kg. durch einen Treueid verbunden, gemäß der herrschenden Vorstellung, die Bm.er seien ursprgl. kgl. Stiftungen gewesen. Die Schenkungen bzw. die jeweilige Übertragung des L.s an den bfl. Amtsinhaber, hatten danach feudalen Charakter, der Bf. war, nach Ansicht des Kgtm.s, Vasall des Kg.s. Dagegen forderte die Kirche die Einsetzung in die kgl. Souveränitätsrechte.

Auch die Inhaber eines kgl. Amts-L.s *(len/län; exactio; ombud)* hatten dem Kg. einen Treueid zu leisten. Amtsbezirke konnten kleinere Krongüter sein, der →Herad, Burg-L. oder größere Gebiete wie Schonen, Fünen oder Lolland. Das Kgtm. versuchte einer Feudalisierung der Amts-L. vorzubeugen, indem dem Amtmann beispielsweise untersagt wurde, seinen Amtsbezirk durch einen eigenen Dienstmann verwalten zu lassen (Jyske Lov II 55).

Eine herausragende Stellung innerhalb der kgl. Verwaltung hatten die Burg-L. als Unterhaltsbezirke der großen Burganlagen, die im 13.Jh. als neue Faktoren kgl. Zivil- und Militärverwaltung entstanden. Amtsinhaber war der Vogt (advocatus) oder Burghauptmann (capitaneus). Eine bes. starke feudale Prägung erhielten diejenigen Burg-L., die seit Beginn des 14.Jh. vornehml. an norddt. Fs.en (Holstein, Mecklenburg, Anhalt etc.) als Pfand gegeben wurden (»Pfand-L.«). Hier entstanden komplexe L.s-verbindungen, wobei allerdings der einheim. dän. und schwed. Adel nur geringen Nutzen aus der staatl. Liquidation ziehen konnte. Bei Einlösung der Pfandsummen fielen die Pfand-L. immer wieder an den Kg. zurück. Gerade im Bereich der kgl. Amts-L. konnte die Erblichkeit in der Regel verhindert werden. Da auch in den übrigen L.sformen – mit Ausnahme der Fs.en-L. – die Jurisdiktionsrechte und andere hoheitl. Befugnisse, wenn auch zeitweise nur formal, beim Kgtm. verblieben, ist trotz starker feudaler Tendenzen eine Feudalauflösung kontinentalen Ausmaßes im N nicht eingetreten.

Die Beziehungen zw. Adel (»Hirdaristokratie«) und Kg. im hochma. norw. Gefolgschaftsrecht (→Hird, →Hirdskrá) trägt bis in den zeremoniellen Bereich hinein alle Züge der Vasallität, der norw. Adel hatte indessen eine zu schwache ökonom. Stellung, um eine ernsthafte Bedrohung für die Vormachtstellung des Kg.s darzustellen.

H. Ehrhardt

Lit.: Kr. Erslev, Valdemarernes Storhedstid, 1898 – L. Holberg, Kirke og Len under Valdemarerne, 1899 – Kr. Erslev, Europæisk Feudalisme og dansk Lensvæsen, Dansk Historisk Tidskrift 7. r. II, 1899–1900 – P. J. Jørgensen, Dansk Retshistorie, 1947² – J. Rosén, Kronoavsöndringar under äldre medeltid, 1949 – K. Helle, Norge blir en stat 1130–1319, 1974 – A.-E. Christensen, Kongemakt og Aristokrati, 1976.

VII. Polen und Böhmen: In der Form eines Systems, bei dem Land gegen Kriegsdienstpflicht vergeben wird und sich Grundherr und Vasall durch ein gegenseitiges, genau festgelegtes Treueverhältnis verbinden, erschien das L.swesen in Ostmitteleuropa erst im 13.Jh. als Ergebnis der Rezeption dt. Vorbilder. Frühere Güterverleihungen durch den Herrscher (bona deservita) und die Belohnung der Klienten (ministeriales) der großen Herren mit Land sind eher den frühfrk. Benefizien oder der byz. →Pronoia vergleichbar. In der böhm. Historiographie wird die Meinung vertreten, daß die Landverleihung durch den Herrscher die Hauptq. des Besitzes sowohl der Herren als auch der aus dem herrscherl. Gefolge stammenden Ritter war. Seit dem 11.Jh. sollen diese Verleihungen den Charakter von Belehnungen angenommen haben, deren Erbfolge durch die sog. Statuten des Fs.en Konrad Otto 1189 eingeführt wurde (vgl. u. a. F. Graus, dagegen F. Seibt, St. Russocki, Maiestas).

Die L. wurden zuerst in den Territorialherrschaften Böhmens üblich, bes. im Bm. Olmütz. Auf den gesamten Staat wurden sie von Ks. Karl IV. ausgedehnt, indem er die in bes. Registern eingeschriebenen L.smänner einem neugeschaffenen Höf. Gericht unterordnete. In Polen entwickelte sich das L.recht nicht. Im 13.Jh. erschienen L.smänner in einigen Fsm.ern Schlesiens, im nachfolgenden Jh. in den eingegliederten Ländern Rutheniens und Podoliens. Einen den L. ähnl. Charakter hatten im 14.–15.Jh. die Güterverleihungen »ad servitia communia« in Masovien. Vom 14.Jh. an verfestigte sich in den poln. Kronländern der Grundsatz, daß der Ritterdienst von solchen Landbesitzern zu fordern war, die bestimmte Privilegien, v. a. Immunität, besaßen (sog. ius militare). In beiden Staaten gab es keine Ämterl. Die einzelnen Beamten wurden mit Einkünften aus den von ihnen verwalteten Gebieten ausgestattet. Aus diesem Grund hießen sie beneficiarii. Sowohl in Böhmen als auch in Polen begann man im 13.Jh., die Lokatoren von Städten und Dörfern aufgrund des dt. (sächs.) Rechts als L.smänner zu behandeln (advocatus feodatus). Gemäß den Grundsätzen des L.rechtes bemühte sich das Ksm. bis über das 13.Jh. hinaus, beide Staaten von sich abhängig zu machen. Ähnl. verfuhren die Přemysliden gegenüber Schlesien und die Piasten gegenüber Masovien. Auf ähnl. Grundsätzen beruhte wahrscheinl. 1385 die erste Vereinigung von Litauen und Polen.

St. Russocki

Lit.: O. Peterka, Rechtsgesch. der böhm. Länder I, 1933² – F. Graus, Prawo lenne w Czechach, Sobótka VI, 1951, 30ff. – J. Bakala, K počátkům lenního zřízení v Čechách, Slezský Sborník 57, 1959, 387ff. – W. Weizsäcker, L.swesen in den Sudetenländern (Stud. zum ma. L.swesen [VuF 5], 1960), 229ff. – J. Bardach, Hist. państwa i prawa Polski I, 1964² – T. Manteuffel, On Polish Feudalism, Mediaev. et humanist. 16, 1964, 94ff. – V. Vaněček, Dějiny státu a práva v Československu, 1964 – F. Graus, Die Entstehung der ma. Staaten in Mitteleuropa, Historica 10, 1965, bes. 43ff. – F. Seibt, Land und Herrschaft in Böhmen, HZ 200, 1965, bes. 298ff. – St. Russocki, Maiestas et communitas..., MBohem 70–73, 1971, bes. 30ff. – Ders., Le rôle de la fidelitas et du beneficium dans la formation des états slaves, ActaPolHist 26, 1972, 171ff. – Ders., Warunkowe nadania ziemi w procesie centralizacji feudalnych monarchii środkowo-wschodniej Europy..., Przg. Humanistyczny 28, 1984, no. 1, 3ff. – K. Buczek, The Knight Law and the Emergence of the Nobility Estate in Poland (The Polish Hist. Libr. 5], 1984], 87ff. – K. Malý – F. Sivak, Dějiny..., 1988.

VIII. Ungarn: Das L.swesen kam in Ungarn weder bei der Gründung des Kgtm.s noch beim Ausbau des Staates zur Geltung. Feudum bedeutete 'Pacht', das dt. Lehen (laneus) 'Bauernhof'. Die Amtsträger waren gefolgschaftl. an den Kg. gebunden, die Ämter wurden niemals erbl. Gründe für das Fehlen des L.swesens waren die relativ starke kgl. Macht und das Übergewicht der kgl. Güter. Trotzdem bildeten sich L.sbeziehungen bei den Predialisten und Familiaren aus.

[1] Ein L.sverhältnis entstand beim Ausbau bewaffneter Gefolgschaften, v. a. der Prälaten, die ihre iobagiones exercituales 1250–1350 als nobiles prediales mit einem abgabefreien Gut belehnten bzw. Freie samt ihren Gütern ihrem Schutz unterstellten. Diese leisteten den Treueid

und gelobten Kriegsdienst, während der L.sherr Schutz und Erhaltung des L.smannes in seinen Freiheiten zusicherte. Das so begründete Verhältnis war erbl., wobei alle Söhne als erbberechtigt (mit Güterteilung) galten. Im 15. Jh. führte man für die Predialisten die Komitatsverfassung ein, die die L.selemente beseitigte. In einigen Gebieten Ungarns, z. B. im Wagtal, verfügten auch weltl. Magnaten über Predialisten, die gegen Ende des 14. Jh. im Kleinadel aufgingen.

[2] Die Familiarität wird von den Historikern ebenfalls als eine abgestufte Form des L.swesens angesehen. Die Grundlage bildete eine Übereinkunft zw. Herr und familiaris, der Aufnahme in die →familia des Herrn fand. Dafür leistete er dem Herrn den Treueid und sicherte ihm die Wahrung seiner Interessen sowie die Verrichtung festgelegter Dienste (auf dem Gut oder im Amt, Kriegsdienst) zu. Bei Auseinandersetzungen um den Dienst war das Gericht des Herrn zuständig. Diese L.sbeziehungen konnten zwar leicht gelöst werden, doch kam es de facto zur Erblichkeit, da die Mitglieder einer Familie immer demselben adligen Geschlecht dienten. E. Fügedi

Lit.: Gy. Szekfü, Serviensek és familiárisok, 1912 – Gy. Bónis, Hűbériség és rendiség a középkori magyar jogban, 1947.

IX. Iberische Halbinsel: Das Problem des Feudalismus im Bereich der Iber. Halbinsel ist seit 1970 innerhalb der span. Geschichtswissenschaft Gegenstand einer heftigen Kontroverse, in deren Verlauf der traditionellen polit.-rechtl. Auffassung andere Konzepte entgegengestellt wurden.

Nach S. de Moxó war in León, Kastilien, Portugal und Navarra – bei Feudalisierung der Sozialstrukturen und voller Entfaltung der Herrschaftsstrukturen in ihrem wirtschaftl. Kontext – der Feudalisierungsprozeß der staatl. Führungsgruppen zwar weniger weit fortgeschritten als in anderen Ländern, dennoch habe sich, nicht zuletzt bedingt durch den Grenzlandcharakter der Kgr.e Spaniens, ein Lehnswesen mit eigenständigen Zügen ausgebildet.

In der Westgotenzeit und im astur. Reich des FrühMA wurden Dienste »vorvasallit.« Typs (fideles regis, milites palatii) mit bewegl. Gütern, manchmal mit zeitlich begrenzten Landverleihungen entlohnt. Es gab auch Immunitätsverleihungen (immunitas; cautum, →coto) für einzelne Klosterherrschaften, doch weniger zahlreich als im Karolingerreich. Seit dem späten 11. Jh. breitete sich unter frz. Einfluß das Lehnswesen aus. Zugleich nahmen Landvergaben auf Zeit oder Lebenszeit, bisweilen auch erbl., stark zu (honores: Aragón und Navarra; →prestimonios: Kastilien); sie erfolgten in Form der römischrechtl. →Prekarie. Dabei bestand zumindest keine direkte Beziehung zw. diesen Landvergaben und dem Lehnsdienst als solchem, obwohl auch das Kgtm. erbl. Landvergaben (»pro bono et fideli servitio«), oft zur Förderung von Besiedlung und Landesausbau (→Repoblación), vornahm. Die vom Kg. verliehenen grundherrl. Rechte (Herrschaften über →solariegos) sind mit L. westeurop. Typs nicht vergleichbar. Die Vasallen erhielten ihr Entgelt seit dem 13. Jh. immer häufiger in Geldleistungen auf die Einkünfte des Kgtm.s (tierra, sueldo, später acostamiento). Die seit dem 14. Jh. zahlreich entstandenen Gerichtsherrschaften, die hohe und niedere Gerichtsbarkeit sowie Rechte des militär. Aufgebots und der Steuereinziehung umfaßten, ordneten sich als eine Spätform des Lehnswesens durchaus der Entwicklung des monarch.-absolutist. Staatswesens ein.

Lediglich in Katalonien, das zum Karolingerreich gehört hatte, bestand ein vollausgebildetes Lehnswesen mit einer hierarch. Feudalgesellschaft, die seit dem 10. Jh. auf den Gf.en v. →Barcelona als »princeps« ausgerichtet war. Sie setzte sich aus den Gf.en, Vizgf.en, *comitores* (hoher Adel) und Vasallen sowie den niederen Adligen, *milites* und *cavallers* (»Ritter«), zusammen. Die charakterist. Merkmale des katal. Lehnswesens, insbes. die gegenseitigen Rechte und Pflichten des Herren und des Vasallen, sind in detaillierter Weise in den Rechtsbüchern (→Usatges, 11. Jh.; mehrere Gewohnheitsrechte: *costums*; →Commemoraciones de Pere Albert, 13. Jh.) verzeichnet.

M.-A. Ladero Quesada

Lit.: C. Sánchez-Albornoz, En torno a los orígenes del feudalismo, 3 Bde, 1942 [Nachdr. 1974–79] – S. de Moxó, Feudalismo europeo y feudalismo español, Hispania 24, 1964 – H. Grassotti, Las instituciones feudovasalláticas en León y Castilla, 2 Bde, 1969 – S. de Moxó, Sociedad, Estado y Feudalismo, Revista de la Unv. de Madrid 20 (78), 1972 – Th. N. Bisson, The problem of feudal monarchy: Aragon, Catalonia and France, Speculum 53, 1978, 460–478 – Structures féodales et féodalisme dans l'Occident méditerranéen (X^c–XIII^c s.), 1980 – L. García de Valdeavellano, El feudalismo hispánico y otros estudios de hist. medieval, 1981 – La formació i expansió del feudalisme català, 1986 – En torno al feudalismo hispánico. I Congr. de Estudios Medievales, 1989 – Th. N. Bisson, Medieval France and her Pyrenean Neighbours, 1989.

X. Lateinischer Osten: Die Kreuzfahrer führten in den von ihnen eroberten Ländern die Vorstellungen und Institutionen des westl. Lehnswesens ein, wobei die Ausprägung von Regeln und Gewohnheiten hinsichtl. der militär. Dienstverpflichtungen, der Vererbung und Veräußerung von L. einen gewissen Zeitraum beanspruchten. Doch war dieser Prozeß in großen Zügen um die Mitte des 12. Jh. abgeschlossen; definitive Formen des Lehnswesens haben sich lange vor den berühmten, um die Mitte des 13. Jh. verfaßten Lehnstraktaten →Johanns v. Ibelin und →Philipps v. Novara (s. a. →Assisen v. Jerusalem) herausgebildet. Ein bald nach 1180 entstandenes Verzeichnis der Lehnsdienste gibt wertvollen Aufschluß über die feudalen Strukturen des Kgr.es →Jerusalem in dieser Zeit: Zum einen bestand eine Reihe mächtiger Lehnsherrschaften (Gf. v. →Jaffa, Fs. v. Galiläa, Herren v. Caesarea, Sidon, Oultrejourdain und Beirut), die eine große Zahl von Rittern (Jaffa und Galiläa gar 100) zu stellen hatten; zum andern gab es die Ritter des kgl. Hofhalts, die zumeist im Umkreis der wichtigsten Städte der kgl. Domäne (Jerusalem, Nablus, Akkon, Tyrus) ansässig waren und oft nur in eigener Person (oder mit ein oder zwei Waffengefährten) dem Kg. dienten. Die Gesamtzahl der für den Kg. verfügbaren Ritter betrug 677; hinzu kamen mindestens 100 Ritter aus der Gft. →Tripoli; aus anderen, früheren Quellen läßt sich das Aufgebot der Gft. →Edessa auf ca. 300 Ritter bemessen.

Neben den – vorherrschenden – L. mit militär. Verpflichtung sind auch andere genannt (z. B. Verwaltungsdienst). Die L. bestanden zwar vielfach in Land, doch waren auch feste Rentenl. durchaus üblich. Im 13. Jh. ließen die Territorialverluste, denen jedoch ein Aufblühen der Handelstätigkeit gegenüberstand, das Rentenl. zu einer weiterverbreiteten Form des feudalen Besitzes werden. V. a. im frühen 12. Jh. hatte der lat. Osten stark unter dem Mangel an waffenfähiger Mannschaft zu leiden; dies spiegelt sich in den lehnrechtl. Vorschriften und Gewohnheiten wider, die darauf bedacht waren, daß für jedes L. ein Krieger gestellt wurde. Ein selbst nicht kampffähiger Vasall mußte einen Ersatzmann finden; ein Vasall durfte ohne Erlaubnis des Herrn nicht Teile seines L.s an die Kirche übertragen, damit nicht eine Schmälerung der Einkünfte den Vasallen an der Erfüllung seiner militär. Pflichten hindere; bei Teilung eines L.s sollte die proportionale Aufteilung der Verpflichtungen so erfolgen, daß keine »Fraktionierung« eintrat. Im Unterschied zu England wurde nie ein System der Ablösung des feudalen Militärdienstes durch Geldabgaben institutionalisiert. Andererseits waren die Rechte des Kg.s und anderer Lehnsherren im Vergleich zu Westeuropa eingeschränkt: Erben eines L.s mußten keinen Mannfall zahlen; dem Lehnsherrn stand im Falle eines minderjährigen Erben nicht die Vormundschaft zu (diese lag üblicherweise bei den Verwandten des Erben); eine lehnsherrl. Kontrolle über die Heirat von Erbinnen war in der Frühzeit unbekannt, später stark beschränkt. Auch konnten bei Ausbleiben von direkten Nachkommen entferntere Verwandte das Erbe an einem L. beanspruchen; erst von der Mitte des 12. Jh. an begrenzten manche Herren das Erbrecht auf die unmittelbaren Nachkommen des Lehnsmanns, um so einen mögl. Heimfall des L.s zu begünstigen. Offenbar mußten die Herren des lat. Ostens, die in einer Situation starken militär. Drucks dringend auf kriegstüchtige Lehnsleute angewiesen waren, auf manche Vorrechte, wie sie in Westeuropa bestanden (vgl. die Beschwerden der Vasallen in der Magna Carta, England, 1215), verzichten. Als die Anspannung in späterer Zeit nachließ, war eine grundlegende Änderung der feudalen Gewohnheiten nicht mehr durchführbar. P. W. Edbury

Q. und Lit.: RHC Lois, I – P. W. EDBURY, Feudal Obligations in the Latin East, Byzantion 47, 1977 – J. PRAWER, Crusader Institutions, 1980 – S. TIBBLE, Monarchy and Lordships in the Latin Kingdom of Jerusalem, 1989.

Lehensretrakt → Retraktrecht

Lehm. Durch ihre günstige Zusammensetzung aus Sand-, Ton- und Schluffanteilen zählen L.böden zu den landwirtschaftl. ergiebigen Böden und waren im MA, bes. in den milden Klimazonen Mittel- und Westeuropas, bevorzugte Flächen für den Getreideanbau.

Daneben ist L. allg. ein zerreibl. Erdgemenge magerer und rauher Beschaffenheit aus feinen Quarzkörpern und Ton, das, mit Wasser zu einem Brei vermengt, als Baumaterial und als hitzebeständiger Werkstoff – allerdings weniger plast. als Ton – im ganzen MA genutzt wurde. So bestanden in ma. Häusern Herdstellen vielfach aus einem mit L. verfugten (Ton-)Scherben- oder Steinpflaster oder aus einem einfachen L.sockel. Als Verstrich-, Verfugungs- oder Baumaterial wurde L. auch im gewerbl. Bereich eingesetzt, für Schmiede-, Töpfer-, Glasöfen sowie bei der Metallgewinnung: Eingetiefte Herde von Rennöfen oder Werkplätze zur Aufbereitung von Eisen (-luppen) wurden häufig mit L. ummantelt. An Verhüttungsplätzen konnten vereinzelt L.aufbereitungsgruben nachgewiesen werden, in denen der Baul. für die Schächte von Schmelzöfen mit geeignetem Material (Sand, Quarz, Tonscherben, Häcksel, Pferdemist) gemagert wurde; verschiedentl. verstärkte man den Schacht mit Steinen. Auch Gußformen, mitunter offene, konnten aus gebranntem L. (Forml.) hergestellt werden. In der frühma. Saline von Bad Nauheim, wo man Solereinigungsbecken und Gerinne aus L. konstruierte, fand man große, offene Gußformen aus L. für Bleiplatten, die zu Siedepfannen weiterverarbeitet wurden.

Fußböden in Bauernhäusern bestanden oft aus festgestampftem L. Verbreitet war das Verfahren, Wände aus Flechtwerk mit L. zu bewerfen und glattzustreichen; in Feddersen Wierde fand man spachtelartige Scheibenbretter aus Eichenholz, mit denen der L. aufgetragen und geglättet wurde. Diese Technik wandte man seit dem späten 13. Jh. auch zur Gefachfüllung im →Fachwerkbau

an. Massive Befestigungsumwallungen verfügten seit früher Zeit vielfach über L.bewurf bzw. -verstrich. Der eigtl. »L.bau« war im MA hingegen bes. in den trockenen Regionen Europas, Asiens und Afrikas heim., in Mittel- und Westeuropa war er vereinzelt anzutreffen (Vita Cuthberti, c. 29). Zwei Verfahren lassen sich unterscheiden: Beim L.ziegelbau wird dem L. zur Erhöhung der Festigkeit Häcksel o. ä. beigemengt und die Masse anschließend in Holzformen an der Luft getrocknet (detaillierte Abb. im Pentateuch v. Tours, 7. Jh.) – je nach Tongehalt können auch Backsteine hieraus gebrannt werden (→Backsteinbau). Beim Weller- und Stampfbau erhärtet das L.gemenge als Wand in einer Schalung aus Holz, die später abgenommen wird. →Theophilus Presbyter (12. Jh.) beschreibt diese Methode für den Ofenbau. A. Hedwig

Lit.: L. Süss, Die frühma. Saline von Bad Nauheim (Materialien zur Vor- und Frühgesch. von Hessen 3, 1978) – W. HAARNAGEL, Die Grabung Feddersen Wierde 2, 1979 – J. CHAPELOT – R. FOSSIER, Le village et la maison au MA, 1980, 118f., 255ff. – H. DRESCHER, Metallhandwerk des 8.–11. Jh. in Haithabu (AAG 123, 1983), 174–192 – J. GÜNTZEL, Zur Gesch. des L.baus in Dtl., 1988.

Lehnin, Abtei OCist in der Mark →Brandenburg, an der SW-Grenze des askan. Machtbereichs als Filiation von Sittichenbach durch Mgf. Otto I. um 1180 gegr., diente als Hauskl. und seit dessen Tod (1184) als Grablege des askan. Hauses (→Askanier). Mgf. Otto IV. († 1304) wurde Mönch in L. Von L. aus wurden die Kl. (Mariensee) →Chorin (um 1260), Paradies (nach 1284) und →Himmelpfort (1299) besiedelt. Durch mgfl. Schenkungen, aber auch durch eigene Finanz- und Güterpolitik wurde L. reichstes Kl. in der Mark mit dem Schwergewicht auf dem Grundherrschafts- bzw. Rentenbesitz (ledigl. vier →Grangien). Nach dem Aussterben der Askanier konnte die Rolle des Kl. als Machtmittelpunkt in der Zeit der wittelsbach. Herrschaft ztw. behauptet werden, doch begannen die bis in die Zeit des bedeutenden Abts Heinrich Stich (1400–32) dauernden, z. T. zu Fehden auswachsenden Auseinandersetzungen mit Adelsgruppen. Seit dem Beginn der Hohenzollernherrschaft bis zu dem Kfs. Joachim II. verfügten Verbot einer neuerl. Wahl eines Abtes (1542) dienten diese als kfsl. Räte. F. Escher

Lit.: GS I/1, 251–302 – Hist. Stätten Dtl. X, 257f. – G. SELLO, L. Beitr. zur Gesch. von Kl. und Amt, 1881 – H. ASSING, Neue Überlegungen zur ursprgl. Funktion der Kl. L., Jb. für Gesch. des Feudalismus 10, 1985, 99–119 – U. CREUTZ, Bibliogr. der ehem. Kl. und Stifte im Bereich des Bm.s Berlin, des bfl. Amtes Schwerin und angrenzender Gebiete, 1989², 139–153.

Lehnrecht → Lehen

Lehnsgericht → Lehen I

Lehre, Lehramt. Im ma. Lat. bedeutet doctrina sowohl Unterricht als auch die Lehrsätze (sententiae) eines Lehrfachs (→disciplina). Im Unterschied zu der monast. →collatio, die die bibl. Weisheit darzulegen suchte, war es seit dem 12. Jh. Aufgabe der Lehrer (magistri) in städt. Schulen, in der lectio sowohl Bibel und Kirchenväter als auch die Standardtexte der →artes liberales zu erklären. Da L. bzw. Wiss. nicht als Gewinnung neuer Erkenntnisse, sondern vielmehr als Aneignung der Tradition verstanden wurde, wurden die überlieferten Lehrsätze in Lehrbüchern für die einzelnen Disziplinen zusammengefaßt und geordnet. Als sie aber zusammengefaßt wurden, traten auch Unstimmigkeiten hervor. Die ma. quaestio suchte divergierende Lehrsätze in Übereinstimmung (concordia discordantium) zu bringen. Zum Amt des magisters gehörte die Lösung der quaestio durch die Definition der wahren L. (determinatio). In der 2. Hälfte des 12. Jh. bemühten sich die L.er, Prinzipien (regulae) sowohl für die Fächer des Triviums als auch für die Theologie aufzuweisen, um so die L. nach dem durch →Boethius übermittelten Modell der Wiss. darzustellen. Nach dem Bekanntwerden der aristotel. Analytiken wurde in der 1. Hälfte des 13. Jh. »scientia« als die durch den L.er vermittelte Fertigkeit verstanden, syllogist. bewiesene Schlüsse zu ziehen. Dementsprechend wurden die Lehrsätze des Quadriviums nach der aristotel. verstandenen axiomat. Methode des Euklid als Schlüsse (conclusiones) aus unableitbaren Erstprinzipien (axiomata), Postulaten (petitiones) und Definitionen dargestellt. Nach dem 4. Laterankonzil (1215) suchten auch die Theologen, die Theol. streng aristotel. als eine »sacra doctrina« zu entwerfen. Es wurde vorgeschlagen, die Glaubensartikel des Symbolums als die Erstprinzipien einer wiss. Darlegung der Theol. aufzufassen. Nach dieser Konzeption sind die großen theol. Summen des 13. Jh. entstanden. Es galt aber nicht nur die auctoritates der lat. kirchl. Tradition, sondern auch die umfangreichen, neu übersetzten griech., arab. und hebr. philos. Q. zu bewältigen. Die Schriften des Aristoteles wurden als deduktive Darstellung der philos. L. verstanden, in der die neuen Wiss. ihren gesicherten Platz fanden. Mit diesem Anspruch gerieten die Philosophen in Widerspruch zu der theol. L., die ihren Wahrheitsanspruch durch die Tradition begründet sah. In dieser Situation nahm die Kirche die lehramtl. Aufgabe der determinatio veritatis für sich in Anspruch. 1277 verurteilte der Bf. v. Paris 219 theol. und philos. Irrlehren. Diese Verurteilung veranlaßte einerseits die Philosophen des SpätMA, ihre L. unabhängig von aristotel. Positionen zu entwickeln, und andererseits die Theologen sich weniger mit der systemat. Darstellung der kath. L. als mit der Auffindung ihrer Prinzipien zu befassen. Ch. Lohr

Lit.: A. C. CROMBIE, Robert Grosseteste and the Origins of Experimental Science, 1953 – A. LANG, Die theol. Prinzipienl. der ma. Scholastik, 1964 – CH. LOHR, Ma. Theologien (Neues Hb. theol. Grundbegriffe III, 1985), 127–144 – DERS., Modelle für die Überl. theol. Doktrin. Von Thomas v. Aquin bis Melchior Cano (Dogmengesch. und kath. Theol., hg. W. LÖSER u. a., 1985), 148–167.

Lehre von den Zeichen des Hirsches → Jagdtraktate

Lehrgedicht → Lehrhafte Literatur

Lehrhafte Literatur

I. Begriff – II. Antike Vorbilder – III. Lateinische Literatur des Mittelalters – IV. Französische Literatur – V. Provenzalische Literatur – VI. Italienische Literatur – VII. Spanische Literatur – VIII. Katalanische Literatur – IX. Portugiesische Literatur – X. Deutsche Literatur – XI. Mittelniederländische Literatur – XII. Englische Literatur – XIII. Skandinavische Literaturen – XIV. Slavische Literatur – XV. Byzantinische Literatur.

I. BEGRIFF: Der überwiegende Teil der Lit. des MA war von seinem Anspruch her belehrend, ja das Versprechen der Unterweisung diente weitgehend zur Selbstlegitimation dieser lit. Werke. Geistl. und weltl. Belehrung waren dabei noch nicht explizit getrennt. Die volkssprachl. l.L. ist im bes. Maße an den mit dem 12. Jh. verstärkt einsetzenden Laisierungsprozeß gekoppelt. Dieser wurde legitimiert durch den Beschluß des 4. Laterankonzils (1215–16), der Unwissenheit des niederen Klerus und der Laien entgegenzuwirken. Lat. und volkssprachl. Versionen entstehen so gleichberechtigt nebeneinander und in gegenseitiger Abhängigkeit. In der Verwendung von Poesie und Prosa läßt sich kein chronolog. Nacheinander und auch keine Wertdifferenzierung feststellen. U. Ebel

II. ANTIKE VORBILDER [1] *Griech. Literatur:* Jedes lit. Werk, das nicht wie in gewissen lyr. Formen (→Lyrik) primär Selbstaussage ist, enthält in der Regel auch Elemente der Belehrung und Unterweisung. Der archaische Dichter kündet seinem Publikum, was er als Belehrung »von den Musen« erfahren hat. Partien wie der »Schiffskatalog« (Hom. Il. 2, 484f.) stehen am Anfang der Katalogdichtung. Mit Hesiod beginnt das Lehrgedicht, mit dem →Epos neben der hexametr. Form (später gelegentl. auch Distichen und Iamben) zahlreiche sprachl.-stilist. Gestaltungselemente gemeinsam hat und in der antiken Lit.theorie auch wiederholt mit diesem zusammengenommen wird (anders Aristoteles, Poetik 1, 1447 b 16f.; Diomedes, GLK I, 484, 31). Gegenstände der frühgr. hexametr. Lehrdichtung sind Mythologie und eth.-paränet. sowie lebensprakt. Themen. Auch die vorsokrat. Philos. bedient sich wiederholt der Form des Lehrgedichts (Xenophanes, Parmenides, Empedokles), dessen Funktion nach der »sokrat. Wende« weitgehend vom philos. →Dialog sowie vom systemat. Lehrbuch und vom Lehrbrief (→Brieflit.: Platon, Epikur) übernommen wird. Ausgeprägte didakt. Elemente enthält auch die paränet. Elegie (Tyrtaios, Theognis, Solon), deren Anliegen in klass. Zeit ebenfalls von der philos. Prosa aufgegriffen werden, sowie die Fabeln. Artifizielles Spiel und Freude an der poet. Bewältigung schwieriger Stoffe kennzeichnen das hellenist. Lehrgedicht, dessen Gegenstände von der Astronomie (u. a. Aratos, Hephaistion), Geographie (Ps.-Skymnos, Dionysios Periegetes), Jagd und Fischfang (Oppian) bis zu med.-pharm. Inhalten (u. a. Nikander, Lithika) reichen.

[2] *Lat. Literatur:* a) *Pagane Autoren:* Die in der gr. Lit. entstandenen Gattungen und Tendenzen werden in Rom fortgesetzt. L. Dichtung erscheint als Übers. oder Nachdichtung (Cicero, Aratea; Germanicus; →Avienus), als neu gestaltende, umfassende Weltdeutung (Lukrez; Vergil, Georgica; Manilius), als lit.-intellektuelles Spiel in den eleg. Lehrgedichten Ovids, als Form der poet. Lehrepistel (Horaz, Ars poetica; vgl. V, 124) oder als Darstellung einzelner Fachdisziplinen und Themenbereiche, denen auch die Spätantike bes. Aufmerksamkeit widmete, so in der Tradition des Columella dem Landbau (→Palladius), Jagd und Fischfang (Nemesianus), der Medizin (→Serenus), Geographie (Avienus, Ora maritima; →Priscianus, Periegesis), Philologie (Vergil-Vita des Focas), während das eth.-paränet. Element außer in →Satire und Fabeldichtung in den →Disticha Catonis erscheint. Für Schulzwekke entstand Memorialdichtung, Terentianus Maurus (2./3. Jh.) verf. drei in der Spätantike viel benutzte, im MA unbekannte metr. Lehrgedichte (GLK VI, 313ff.), anonym entstehen um 400 das Carmen de figuris (schemat. Darstellung rhetor. Figuren) und das →Carmen de ponderibus et mensuris. b) *Christliche Autoren:* Dichtungen, die die Inhalte chr. Glaubens verbreiten, dogmat. Fragen erörtern oder die Lebenspraxis durch eth.-moral. Vorschriften und Normen regeln wollen, sind lehrhaft geprägt; formal orientieren sie sich in der Regel an der paganen Lehrdichtung. Zu den Einzelheiten vgl. →Apologetik, →Bibeldichtung, →Commodianus, →Orientius, →Prosper Tiro, →Prudentius, →Ps.-Tertullianus (Carmen adv. Marcionitas). Zur l. Prosa s. a. →Brief, →Dialog, →Enzyklopädie. J. Gruber

Lit.: KL. PAULY II, 4f. – LAW, 1699–1703 – RE XII, 1842–57 – E. PÖHLMANN, Charakteristika der röm. Lehrgedichts (Aufstieg und Niedergang der röm. Welt I, 3, 1973), 814–901 – B. EFFE, Dichtung und Lehre, 1977 – S. DÖPP, Die Blütezeit lat. Lit. der Spätantike (350–430 n. Chr.), Philologus 132, 1988, 19–52.

III. LATEINISCHE LITERATUR DES MITTELALTERS: Die lat. Lit. des MA war in hohem Maße von der Absicht zu belehren bestimmt, so daß sich zumindest vor und nach dem 12. Jh. 'schöne Lit.', wo dergl. erscheint, gewöhnl. mit ihrem 'höheren' Zweck rechtfertigt. Andererseits ist Wissensstoff etwas überaus Angesehenes, er kann wie etwa in C. Buranum 62 ohne Bruch selbst in hochstehende Lyrik einfließen. Im gesamten MA ist die Neigung bemerkbar, mit Zitaten, Anklängen und Anspielungen an Autoritäten den Werken einen Charakter der Gelehrsamkeit und gebildeter Beziehung zu anderen Werken zu verleihen, der je nach der Fähigkeit des Autors von einer gewissen Aufdringlichkeit bis zu höchster Kultiviertheit reichen kann. – Das Hauptgebiet der Belehrung ist Moral und Lebensklugheit, so schon in der ersten →Schullektüre (→Disticha Catonis, →Avian), aber auch z. B. in der →Satire; dann der chr. Unterweisung, von der ebenfalls in der Schule gelesenen spätantiken →Bibeldichtung und der →Ecloga Theoduli bis zu den Hl.nleben (→Hagiographie), die z. T. das Unterhaltungsbedürfnis befriedigten. Unter den Dichtungen, die sich bestimmten Fächern zuwenden, ragen im frühen MA →Walahfrids Verse über den Gartenbau, später von Vergils Georgica inspirierte Poesie den lehrhaften Zweck überwiegt, oder z. B. →Wandalberts Kalenderdichtung hervor. Die Darstellungskunst, die etwa →Matthäus v. Vendôme auf seine Ars versificatoria wendet, läßt poet. und didakt. Absicht in einem ausgewogenen Verhältnis erscheinen. Im späten MA wird die Versform zunehmend als Mittel der leichteren Einprägung angesehen und auf regelrechte Lehr- und Schulbücher angewendet (z. B. →Alexander v. Villa Dei, →Eberhard v. Béthune, →Johannes de Garlandia). Vgl. auch →Didakt. Lit., →Enzyklopädie, →Exempel, →Fachlit., →Lat. Lit. des MA, →Merkverse. G. Bernt

Lit.: GRomPhil II, 1, 1893.

IV. FRANZÖSISCHE LITERATUR: [1] bis 1300: [a] *Geistliche Literatur:* Die l. lit. Tradition in Frankreich beginnt mit bibl. (→Bibelübersetzungen) und liturg. Texten. Ungefähr ab 1150 treten die ersten →Bibeldichtungen auf, die zugleich allegor. sind. Dazu entstehen volksspachl. Versionen bibl. Gesänge (Magnificat, Bußpsalmen u. a.), liturg. Gebete und Beichtformeln. Im 13. Jh. werden die ersten Stundenbücher für Laien geschaffen. Als Autoren zumeist metr. Gebetsslg.en sind Rutebeuf, Huon le Roi de Cambrai, Gautier de Coinci, Philippe de Beaumanoir, Baudouin de Condé zu nennen. Eine eigene l. Gattung bilden ferner die →Predigten, wobei die in großer Zahl im 13. Jh. entstehenden metr. Predigten neben religiöser auch allg.-moral. Belehrung vermitteln. Dringt hier schon Ständekritik in die Predigt ein, so zeigt diese Tendenz noch stärker die Gruppe der »Vers de la mort« (→Helinant de Froidmont u. a.). Die Grenze zum Moraltraktat wird hier überschritten, ebenso wie in dem gesellschaftskrit. »Roman des romans« von ca. 1200, im »Poème moral« (Ende 12. Jh.) und im »Miroir« oder »Evangiles des domnées« des Robert de Gretham (ca. 1235). Religiöse Traktate über Fragen des chr. Glaubens und Lebens entstehen im Gefolge des 4. Laterankonzils (u. a. »Miroir du monde« und »Somme le roi« von Laurent le Bois, »Lucidaire« des Gillebert de Cambres). Didakt. Motivik liegt auch vielfach den poet. →Streitgesprächen zugrunde (z. B. »Débats de l'âme et du corps«, 12. Jh.).

[b] Eine eigene *weltl. Didaktik* entwickelt sich seit dem 12. Jh. Sie reicht von Tischzuchten über prakt. Ratschläge für das Familienleben (z. B. »Les droiz« von Clerc de Vaudois, vor 1265) bis zu allg. Anstandsregeln (»De courtoisie«, 1. Hälfte 13. Jh.) und schichtenspezif. Verhaltensregeln (»Enseignements Trebor«, Ende 12./Mitte 13. Jh.). Nachklänge der prov. →Ensenhamens bilden »Des quatre âges de l'homme« (um 1260) des Philippe de Novare, Robert de Blois' »Chastoiement des dames« (2. Drittel 13. Jh.). Einige →Dits wenden das Thema der Ensenhamens über ritterl. Verhalten zurück ins Chr.-Moral. →Fürstenspiegel werden – unabhängig von Übers.en des »De regimine principum« – verfaßt von Robert de Blois (vor 1260), Pierre d'Abernun (nach 1267), Ludwig d. Fr. (vor 1270), Jofroi de Waterford und Servais Copale (Ende 13. Jh.) u. a. Neben Sentenzenslg.en (z. B. →Disticha Catonis-Versionen oder den in der 2. Hälfte des 13. Jh. entstandenen →Sprichwortslg.en) und dem didakt. Dit gehören zur weltl. l.L. auch zahlreiche →Lapidarien aus der Zeit vor 1200. Der Orientierung innerhalb der Zeit, des Kirchenjahres, der bäuerl. Jahresabläufs, aber auch der Sternumlaufbahnen, dienen →Kalendarien (→Philippe de Thaon und der jetzt auch an Laien gerichtete »Art de calendrier« des Rauf de Lanham). Lehrbücher über Jagd und Tierhaltung werden seit dem 12. Jh. zusammengestellt (→Falken-, →Jagdtraktate). Die Landwirtschaft einschließl. ihrer finanziellen Probleme wird abgehandelt von Walter of Henley (2. Drittel 13. Jh.), Robert Grosseteste (?) (1240 oder 1241) u. a. Daß nicht jeder Lebensreich für wert erachtet wird, lit. behandelt zu werden, beweisen die →Schachbücher und andere Spielebücher des 13. und 14. Jh. (z. B. von Nichole de Saint Nicholai oder der anonymen »Livres Bakot«). Während die med. Traktate meist Übers.en lat. Originale sind, stehen im Bereich des Rechts Slg.en von Gewohnheitsrechten neben solchen mit l. Intention (z. B. »Conseil« des Pierre des Fontaines, 3. Viertel 13. Jh., »Livre en forme de plait«, 1252-57, des →Philippe de Novare). – Die meistverbreitete →Enzyklopädie ist die »Ymage du monde« (1240) des Gossouin de Metz. In Dialogform befaßt sich »Placides et Timeo« (vor 1303-04) mit metaphys., astrolog., metereolog., kosmograph., polit., med. und hygien. Fragen.

[c] *Die allegorisch-didaktische Literatur:* Die Bibelexegese nach dem vierfachen Schriftsinn zeitigt hier ihren Einfluß in der Predigtlit. (»Prophétie de David«, vor 1180; »Vers de la mort« des Helinant de Froidmont, 1194/97). Religiös-allegor. Topoi der Homiletik werden zu selbständigen Predigten oder traktathaften Dichtungen ausgebaut (z. B. über die vier Töchter Gottes, die drei Feinde des Menschen). Das »Château d'amour« (1215/30 des →Robert Grosseteste sowie v. a. der »Roman de miserere« (ca. 1230) des Reclus de Molliens demonstrieren die geistl. Allegorie im Gewand höf. Vorstellungen, die kurz darauf Guillaume de Lorris zur weltl. Minneallegorie ummünzt (»Roman de la rose«). Auch Buchstabenallegorese u. ä. findet sich in der Volkssprache: »Abecés par ekivoche« von Huon le Roi, »Dit des cinq lettres de Marie« und »Fief d'amour« (2. Hälfte 13. Jh.) von Jacques de Baisieux, anon. »Corps humain« (13. Jh.). Die neue Gattung des Dit stellt sich in der 2. Hälfte des 13. Jh. als spezif. allegor. Form dar (z. B. »Dit du vrai anneau« nach 1270). Er setzt sich entschieden ab von der als fiktiv angeprangerten höf. Dichtung, integriert sogar das Hist.-Singuläre (Schicksal des →Pierre de la Brosse) und wird damit zum bevorzugten Genus zeitkrit. Satire (z. B. bei Sauvage, Hue Archevesque, Rutebeuf). – Die selbständigen Jenseitsvisionen (→Visionslit.) ordnen ird. Verhalten des Menschen und eschatolog. Schicksal einander zu und leisten moral. Abschreckung und Ermunterung zugleich. Hervorragende Exponenten der allegor. Didaktik sind die →Bestiarien. Richart de Fournival vollzieht Mitte des 13. Jh. mit seinem »Bestiaire d'amour« die Wende vom chr. zum weltl. Bestiar. Tiersymbol und lyr. Exegese übernehmen die

Funktion einer ars amatoria. Zu den wenigen typolog. Lapidarien gehören die des Philippe de Thaon und der »Lapidaire chrétien« von 1265. – Eine Weiterbildung der mit der »Psychomachia« des Prudentius initiierten Tradition stellen die roman. Versionen des Kampfes zw. Tugenden und Lastern dar. Abgesehen von dem »Dit des sept vices et des sept vertus« (2. Hälfte 13. Jh.) treten sie zumeist in satir. Werken auf (→Rutebeuf, →Huon de Méry, →Henri d'Andeli, anon. »Bataille d'enfer et de paradis«. Das allegor.-didakt. Werk des Martianus Capella »De nuptiis Philologiae et Mercurii« wurde im roman. Bereich nur bedingt traditionsbildend (»Mariage des sept arts«, 3. Drittel 13. Jh.). – Themat. und motiv. Übereinstimmungen verknüpfen »De amore« des →Andreas Capellanus und den →»Roman de la rose« des Guillaume de Lorris. Nicht auf die Liebesethik beschränkt, sondern enzyklopäd. ausgeweitet ist der zweite Teil des Rosenromans von Jean de Meun.

[2] *1300 bis 1500:* [a] Auch im 14./15. Jh. ist die *religiöse Lit.* reich vertreten, allerdings z. T. mit neuen Akzentsetzungen (massiver Einbruch des Säkularen, des Zeitgesch., des Polit., stärkere Ausrichtung auf die Stände). Die l.L. strebt jetzt bewußt kunstvollen ornatus an, denn die Dichter sind geschult an den antiken Schriftstellern, haben ihre Bildung in Lateinschulen und z. T. auf den neu gegr. Univ. erworben und sind häufig zu Hofbeamten bzw. -dichtern aufgestiegen. Adressaten dieser Lit. sind allg. die Laien, z. T. sogar die niederen Schichten (»Doctrinal aux simples gens« des Guy de Roye (?) 1409, →Taillevent). Neben den traditionsgebundenen bibl. und liturg. Gattungen wird weiterhin der →dit als vorzügl. Mittel religiöser und säkularer Didaktik gepflegt. Pierre Nesson und →Joh. Carlerius de Gerson repräsentieren die Homiletik des 14. Jh. Das Motiv der Jenseitswanderung reaktiviert →Guillaume de Digulleville. Religiös- und moral.-didakt. Werke verfassen →René d'Anjou, Jean Germain (»Mappemonde espirituelle«, vor 1457, ein Panorama geistl. Tugenden), →Guillaume Alexis, J. →Castel u. a.

[b] Von der religiösen ist die *säkulare* l.L. wie in der vorangehenden Zeit schwer zu trennen. Ein seit dem 14. Jh. wiederholt geschriebener Traktat sind die »Enseignements nouveaux d'un père à son fils«. Moralkritik mit Zeitkritik verbinden Philippe de Vitry (»Le chapelet des fleurs de lis«, 1335, →Gilles li Muisis, J. →Molinet u. a.). In das polit. Geschehen einzuwirken versucht Philippe de →Mezieres, der →»Songe du vergier«. Didaktik und Zeitgeschehen verknüpft Guillaume de la Perene in seinem »Livre du bon Jehan, duc de Bretagne« (Ende 14. Jh.). Unvollendet hinterließ Eustache →Deschamps einen »Traictié du mauvais gouvernement de ce royaume«. In das polit. Geschehen beschwörend einzugreifen, ist Anliegen der →Christine de Pisan. Zahlreiche Autoren dieser Zeit verfassen Werke, die der Fürstenspiegel- und Ständelit. zuzurechnen sind (A. →Chartier, J. →Meschinot, G. →Chastellain, Jacques →Le Grand u. a.). Bes. scharfe Kritik an den Sitten der Zeit übt Pierre Michault im »Doctrinal du temps présent« (1466). Erziehungsbücher für Jugendliche der verschiedenen Stände verfassen Jehan Dupin (1340), Geoffroi de →la Tour Landry und →Antoine de la Sale. Neben der Vermittlung enzyklopäd. Wissens (→Jean d'Outremeuse, Jean de Courcy) steht die Behandlung einzelner Interessengebiete: so Kriegskunst (z. B. Geoffroy de Charny, 1. Hälfte 14. Jh., »Arbre des batailles«, 1386–89, des Honoré Bovet, »Livre des tournois« Hzg. Renés d'Anjou), Haushaltslehre (»Le Mesnagier de Paris«, 1392), Nationalökonomie (→Nikolaus Oresme »Traité des monnais«), Schafzucht (Jean de Brie »Vrai régime et gouvernement des bergers« (2. Hälfte 14. Jh.), Diätetik (E. Deschamps »Enseignement pour continuer santé en corps d'omme«). Hierher gehören die →Jagdlit., Rechtstraktate (→Jean le Boutillier) und sogar »kunsttheoret.« Reflexionen (»L'art de dictier ou fere chansons« des E. Deschamps, »Doctrinal de la seconde retorique« des Baudet-Herenc, »Art de rhétorique vulgaire« des J. Molinet). – Die auch im 14./15. Jh. sehr vielschichtige Tradition der ars amandi reicht von der Mystifizierung der weltl. Liebe bis zur Wiederbelebung ovidian. Vorstellungen, abgehandelt in allegor. und nicht-allegor. Traktaten, in Débats, Romanen und Dits. Eine Reihe von allegor. lehrhaften *traities* oder *dicties* über die Liebe verfaßt J. →Froissart. E. Deschamps setzt sich im »Miroir de mariage« krit. mit der Ehe auseinander. Jean Lefèvre entschuldigt sich zur gleichen Zeit in seinem »Livre de leesse« bei den Frauen für die Fülle der von ihm hervorgebrachten misogynen Werke, womit er – ungewollt – den Prozeß der Rehabilitation der Frauen einleitet, der von Christine de Pisan, die eine bes. Rolle innerhalb der ersten Liebeslit. der Zeit spielt, fortgeführt wird. Zur profeminist. Dichtung sind auch einige Werke des A. Chartier, Gedichte des Hzg.s →Charles d'Orléans, der »Livre du champion des dames« des Martin →le Franc, der »Miroir des dames« des Bouton, der »Parement des dames« des Olivier de →la Marche zu rechnen. Auszugleichen versucht Robert de Herlin mit dem »Acort des mesdisans et biendisans« (1493).

U. Ebel

V. PROVENZALISCHE LITERATUR: [1] *bis 1300:* [a] *Religiöse Texte:* Neben dem Frgm. einer Joh.-Übers. (11. oder 12. Jh.) sind aus dem späten 12. Jh. zwei Predigtslg.en überliefert. Prov. Beichtformeln lassen sich für das 13. Jh., Paternoster-Fassungen erst für das 14. Jh. nachweisen. Eine Version des Ev. Nicodemi bietet »Livre de la mort de Notre Seigneur« dar (13. Jh.). Die erste komplette, glossierte Evangelienparaphrase aus dem 13. Jh. zeichnet sich durch ihren populären Duktus aus. Religiöse Traktate sind das »Doctrinal« des Raimon de Castelnou (2. Hälfte 13. Jh.) sowie der anon. »Repentir du pécheur« (2. Viertel 13. Jh.), der in der Verbindung von Autobiogr. und Meditativem eine neue Form der Belehrung bietet. – [b] *Weltl. Didaktik:* Der in der Provence entstandene, zumeist an den Adel gerichtete →Ensenhamen kodifiziert das Ideal höf. Verhaltens. Sordello und N'At de Mons überhöhen das ritterl. *cortesia*-Ideal zu einem allg. verbindl. Ideal chr.-moral. Verhaltens. Zur Didaktik des 13. Jh. sind »El romans de quatre vertutz cardenals« des →Daude de Pradas, die mit satir. Elementen durchsetzte »Predicanca« des Peire →Cardenal zu rechnen sowie der unvollendete »Roman de →mondana vida« des Folquet de Lunel. Das Gebiet der artes liberales repräsentieren die »Razos de trobar« des Ramon →Vidal de Besalú sowie die »Doctrine de compondre dictatz« (Anfang 13. Jh.; s. a. →Grammatik). Fragmentar. erhalten ist ein katal.-prov. Lexikon, »Summa magistri Guillelmi« (13. Jh.). In der Provence entstand der einzige nichtfrz. Comput in Versen (Raimon Feraut?, 2. Hälfte 13. Jh.). Zu den Lehrbüchern prakt. Disziplinen gehört der »Romans des auzels cassadors« (1. Hälfte 13. Jh.) des Daude de Pradas über die Falkenjagd sowie ein chirurg. Traktat. Die ars amandi ist im 13. Jh. vertreten durch die anon. »Cour d'amour« in Débatform, die in ihrer allegor. Ausgestaltung höf. und chr. Züge aufweist. Enzyklopäd. Charakter tragen der »Tesaur« des Peire de Corbian (1. Hälfte 13. Jh.) sowie der »Breviari d'amor« des Matfre →Ermengaud. – Lehrhafte prov. Prosawerke (2. Hälfte 13. Jh.) sind eine anon. Version des »Enfant sage«, d. i. ein Dialog zw. Hadrian und Epiktet über Religion und Moral, sowie ein anon. »Livre de Sidrac« über naturwiss. und moral. Fragen.

[2] *1300–1500:* Die *religiöse l. L.* ist u. a. mit einer Predigt über die Leidensgesch. Christi, Traktaten (Namen bzw. »Rüstung« Marias) und Visionen vertreten. Aus dem 14. Jh. stammen Fachkompendien. Im Rahmen der →Waldenserbewegung entsteht eine umfangreiche Débat-Lit. (u. a. »Nòbla leicon«). Die Rhetorik vertreten →Raimon de Cornet und die →»Leys d'amors«. U. Ebel

VI. ITALIENISCHE LITERATUR: [1] *bis zu Dante:* Die frühesten l. Texte sind religiöser Herkunft: eine singuläre umbr. Beichtformel (11. Jh.), der »Ritmo cassinese« (Ende 12. oder Anfang 13. Jh.), d. i. ein allegor.-didakt. Dialog über vita activa und contemplativa, dazu Bearbeitungen des AT und NT (2. Hälfte 13. Jh.), Paternoster-Paraphrasen (spätes 13. Jh.), Verspredigten (→Predigtlit.). Der »Libro de'vizi e delle virtudi« des ersten Verf.s von Moraltraktaten, Bono →Giamboni, ist ebenso allegor. ausgerichtet wie →Giacomos da Verona Darstellungen von Himmel und Hölle und der »Libro delle tre scritture« (1274) des →Bonvesin de la Riva. Themat. ähnl., aber auf die »Psychomachia« zurückweisend, ist die »Giostra delle virtù e dei vizi« (2. Hälfte 13. Jh.); der »Fiore di virtù« belegt mit über 70 Hss. die Beliebtheit des Moralthemas zu Beginn des 14. Jh. Erbaul., aber auch weltl. »Moral« thematisiert die gnom. Dichtung (u. a. Bonvesin, G. →Patecchio). Erbaul.-belehrenden Charakter hat auch die Brieflit. (→Guittone d'Arezzo, »Favolello« des B. →Latini u. a.). – Der zunehmende Gebrauch der it. Volkssprache geht einher mit der theoret. Reflexion darüber: Vom 13. Jh. an wird die Rhetorik im Rahmen der artes liberales u. a. von Guido Faba, Giovanni da Viterbo und B. Latini abgehandelt. Um 1300 entstehen zweisprachige Glossarien (lat.-it.; prov.-it.). – Bes. gepflegt wird der med. Traktat, der auf gr. und arab. Vorlagen fußend, ab dem 11. Jh. in Lat. eigene diagnost. und therapeut. Erkenntnisse, seit dem 13. Jh. auch in It., formuliert. – Die sog. Tischzuchten (z. B. von Bonvesin) können auch in umfangreichere allg. Verhaltenstraktate eingehen (z. B. »Documenti d'amore«, 1308/13, »Reggimento e costumi di donna«, 1295/1324–25, des Francesco da Barberino; →Kommentar). Enzyklopäd. Wissen verarbeiten u. a. B. →Latini und →Ristoro d'Arezzo. – Der Bestiarienstoff wird im »Trésor« des B. Latini – wie später in →Cecco d'Ascolis »Acerba« – seines traditionellen typolog.-heilsgesch. Bezugs entkleidet und »naturwiss.« verwendet. Allegor. Tugendlehre unter dem Mantel der Naturweisheit dagegen verkörpert der »Bestiario eugubino« (2. Hälfte 13. Jh.). Entgegen der moral. Säkularisierung des Bestiarienstoffes (»Libro della natura degli animali«, Ende 13. Jh.) reiht sich der »Diretano bando« (spätes 13. Jh.) in die Tradition von Richart de Fournivals »Bestiaire d'amour«. Etwa gleichzeitig besorgt der Autor des »Mare amoroso« die iron. hyperbol. Aufhebung der innerhalb der Bestiarienlit. tradierten Liebesdoktrin. – Eine toskan. Liebeslehre »Insegnamento d'ame« stammt vom Ende des 13. Jh. – Im Gefolge des zweifachen frz. Rosenromans entstehen in Italien zwei Traditionsstränge: Der eine verbindet moral. Unterweisung und enzyklopäd. Wissensvermittlung mit einer allegor. Liebeshandlung (B. Latini, »Tesoretto«), der andere reduziert die Elemente der beiden frz. Vorläufer auf die Minneallegorie und wendet diese rein materiell (»Fiore« und »Detto d'amore«, dem jungen Dante zugeschrieben). Innerhalb der l. L. Italiens nimmt Dante einen wichtigen Platz ein. Die »Vita nuova« beansprucht mit der autobiogr. Darstellung des Weges von der ird. zur überird. Liebe exemplar. Bedeutung im Sinne von Augustins »Confessiones«, mit ihren Aufbauanalysen früher dantesker Liebeslyrik erfüllt sie einen poetolog. Zweck. »Convivio« und »De vulgari eloquentia« zusammen bilden die erste originale roman. Dichtungslehre. Zur »Divina Commedia«, einem Höhepunkt der l. L. des MA sowie zu den lat. Traktaten →Dante.

[2] *Nach Dante:* Im Zuge der Laisierung und Verbürgerlichung der religiösen Bildung entsteht im 14. und 15. Jh. eine kaum überschaubare Fülle didakt.-religiöser Werke (z. B. Ristoro→Canigiani, der anon. »Virtù e vizio«, Ende 14. Jh.). Der zunehmende Spiritualismus schlägt sich nieder in →Predigtslg. en und Traktaten. Ein anderes religiösdidakt. Genus bilden die Briefe (G. →Colombini, →Giovanni delle Celle, →Katharina v. Siena). – Unter dem Einfluß von Dantes »Divina Commedia« entstehen eine Reihe didakt. Werke, zumeist Enzyklopädien mit katechet. und popularisierender Intention (→Cecco d'Ascoli, J. →Alighieri, Fazio degli →Uberti, F. →Frezzi). U. Ebel

VII. SPANISCHE LITERATUR: [1] *bis 1300:* Zu den frühesten l. span. Texten gehören →Streitgespräche, wie die »Disputa del alma y el cuerpo« (2. Hälfte 12. Jh.) und die »Disputa entre un cristiano y un judío« (1. Hälfte 13. Jh.). Zur *religiös-didakt.* Lit. des 13. Jh. hat →Gonzalo de Berceo (»De los signos que aparesçeran ante del Juiçio«, »Sacrificio de la Misa«) beigetragen. Ein »Purgatorio de San Patricio« steht für die gering vertretene volkssprachl. Visionslit. des span. MA. Zur *weltl. l. L.* ist die kast. »Semejança del mundo« (nach 1222) zu rechnen, die u. a. Geographisches, eine Höllendarstellung, die Abhandlung über den Himmel, die Planeten sowie eine Beschreibung von Steinen und Tieren enthält. – Auf Veranlassung von Kg. →Alfons X. d. Weisen entstanden l. Werke, darunter astronom.-astrolog. Traktate, ein Lapidar, ein Buch über Gesellschaftsspiele, »Libro axedrez, dados e tablas« betitelt, sowie zwei Jagdbücher. Der →Fürstenspiegel Sanchos IV. »Castigos e documentos« (1292) bietet ebenso wie der Maestre Pedro zugeschriebene »Libro del consejo e de los consejeros« (Anfang 14. Jh.) allg. moral. Belehrung. Zahlreiche →Sprichwortslg. en vermitteln Lebensweisheiten und Verhaltensregeln (»Flores de filosofia«, →»Bocados de oro«). Pedro López de Baeza zieht aus den »Flores de filosofia« seine »Dichos de santos padres« (Anfang 14. Jh.). Zw. Exemplum und Sentenzenlit. stehen die »Historia de la donzella Teodor« und der »Lucidario«, zwei wahrscheinl. unter Sancho IV. entstandene Werke über Naturphänomene und theol. Probleme.

[2] *1300–1500:* Im 14. Jh. nimmt die volkssprachl. l. L. zu. Pedro de Veragüe verfaßt mit seiner »Doctrina de la discreçion« ein katechet. Lehrbuch. J. →Ruiz, Arcipreste de Hita (1312–50), wird durch sein »Libro de buen amor« bekannt, das neben narrativen und satir. auch moral. und religiös-didakt. Teile enthält. In stärkerem Maße dringen zeitgesch. Betrachtungen in die l. L. ein, so z. B. im »Rimado de palaçio« des P. →Lopez de Ayala (1332–1407). Belehrung in den verschiedensten Lebensbereichen erteilt →Juan Manuel. Religiös-didakt. Werke stammen u. a. von Martín Perez und Alonso de →Madrigal (El Tostado, †1455), der u. a. den »Tractado como al ome es necesario amar« verfaßte. Luis de Lucena bildet dazu mit seiner »Repetición de amores« (ca. 1497) einen misogynen Gegensatz. Sind auch weltl. und geistl. Tugendlehre noch nicht streng getrennt, so kann man doch García Gómez, Hernando de Talavera (1428–1507), Lope Fernández de Minaya der religiösen Didaktik zuordnen, Diego de Vale-

ra, Juan de Alarcón und Martín Alfonso de Córdoba eher der weltlichen. Sowohl religiöse wie weltl. Traktate schreiben →Alfonso de Cartagena und →Juan de Lucena. Zu den allegor.-didakt. Werken gehört die »Visón deleitable« über die sieben freien Künste des Alfonso de la Torre und die »Doce trabajos de Hércules« des Enrique de →Villena (1384-1434). Der »Invencionario« des Alfonso de Toledo ist als Enzyklopädie zu werten. U. Ebel

VIII. KATALANISCHE LITERATUR: Das möglicherweise früheste Zeugnis l.L. stellen fünf Predigten aus Organyà dar (Ende 12./Anfang 13. Jh.). Bf. Pere →Pasqual (1227-1300) verfaßte eine »Impunación de la seta de Mahomah«. Eine wichtige Sparte innerhalb der kat. Lit. bildet wie im Kast. die Gnomik (→Sprichwortslg.en). Zu den bedeutendsten l. Werken des Ramon Llull (→Raimundus Lullus) zählen der enzyklopäd. »Libre de contemplació en Déu«, der »Libre del gentil e los tres savis« über die drei Weltreligionen, der »Libre del Blanquerna«; didakt.-allegor. sind ferner »Arbre de ciència«, »Arbre de filosofia d'amor« und »Libre de consolació d'ermità«. Arnau (→Arnald) de Vilanova verfaßt religiöse Traktate, in denen er seine millenarist. Erwartungen zum Ausdruck bringt. Jaufre de Foixa schreibt am aragones. Hof v. Sizilien die »Regles de trobar« (1286-91). Ein anon. »Tractat poetic« (Ende 13. Jh.?) definiert die lyr. Genera. Francesc →Eiximenis wendet sich in seinem unvollendeten enzyklopäd. Traktat »Lo Crestià« an den »kleinen Mann«. Vincent →Ferrer entwirft Predigten für das einfache Volk. Bernat →Metge († 1413) verbindet in »Lo Somni« Autobiogr. mit dem Dialog über die Unsterblichkeit der Seele sowie antikem und patrist. Lehrgut. U. Ebel

Lit.: [zu IV-VIII]: GromPhil – GRLMA I, 585ff. [W. D. STEMPEL]; VI passim; IX, 2, fasc. 7; X, 322-330 [U. EBEL] – Neues Hb. der Lit. wiss. VII, 121ff. [A. KARNEIN]; VIII, 427ff. [I. GLIER]; 357ff. [M. MANCINI] – R. BOSSUAT, Coup d'oeil sur la litt. didact., L'Esprit Créateur 2, 1962, 101ff. – N. SAPEGNO, Il Trecento (Storia lett. d'Italia, 1963) – G. BEAUJOUAN, La Science en Espagne aux XIVᵉ et XVᵉ s., 1967 – R. LAFONT – C. ANATOLE, Nouvelle hist. de la litt. occit., 1970-71 – R. AMATURO, Il Trecento (La Lett. it., 1971) – M.-R. JUNG, Ét. sur le poème allégor. en France au MA, 1971 – B. SOWENSKI, L. Dichtung im MA, 1971 – H. WIERUSZOWSKI, Politics and Culture in Medieval Spain and Italy, 1971 – G. A. JONEN, Allegor. und späthöf. Dichtung, 1974 – C. SCHLUMBOHM, Jocus und Amor, 1974 – F. LOPEZ ESTRADA, Introducción a la lit. medieval española, 1987 – F. BRUNI, Tradizioni intermittenti: poesia comica e lett. didattica fra Due e Trecento (Storia della civiltà lett. it., II, 1990), 515-593 – →Allegorie, →Bestiarium, →Enzyklopädie, →Französische Lit., →Italienische Lit., →Katalanische Lit., →Kommentar, →Predigt, →Reisen, →Sprichwortsammlungen, →Visionslit.

IX. PORTUGIESISCHE LITERATUR: Bei den Prosaschriften l. Inhalts (14./15. Jh.; Älteres und Dichtung sind nicht erhalten) handelt es sich mit wenigen Ausnahmen um Übers.en. Die Glaubenslehre betreffen eine Auslegung der Zehn Gebote (6005), ein Katechismus (6047), ein Dialog zw. einem chr. Theologen und einem heidn. Philosophen (6013), das »Viridiarium consolationis« (»Virgeu de consolaçon«) des Jacopo da Benevento (6023), das »Sacramental« von Sánchez de Vercial (6043); alles aus bzw. über das Span. – Apologet. ausgerichtet sind ein Dialog zw. Vertretern verschiedener Religionen (»A Corte Imperial«; 6051) und eine Übers. des span. »Libro declarante« (6097). – Zu dem Frgm. eines Beichtspiegels (6117) kommen die »Horas da confissão« von Fr. João Claro (6121), die Übers. des »Libro de las confesiones« von Martín Pérez (6141) und ein 1489 gedr. »Tratado de confissom« (6145). – Übersetzt worden sind Predigten von Augustinus (6149), die »Postilla super epistolas et evangelia« von Gulielmus Parisiensis (über das Span.: 6164), die »Meditationes« (6213) und die »Soliloquia« (6219) des Ps.-Augustinus, »De meditatione passionis Christi« (6233) und »Meditationes piissimae« (6241, 6243) des Ps.-Bernardus, der »Specchio della Croce« des Domenico Cavalca (über das Span., 6281), Guymbart de Laon's »Douze prouffiz que la devote âme reçoit« (6352), Ludolphus de Saxonia, »Vita Christi« (6409); Frère Robert, »Le Chastel perilleux« (»Castelo Perigoso«; 6455); Thomas a Kempis, »Imitatio Christi« (6477); zwei Traktate (aus dem Frz.) über die Freuden des Paradieses (6481) und die Qualen der Hölle (6482). Fr. João Claro schrieb über das Gebet (»Como se deve fazer a oraçam«; 6285). Meditationen und Exempla enthält der »Orto do Esposo« (6435). Übers.en sind vermutl. auch Traktate über Tod, Jüngstes Gericht und Hölle (6372), über die Freundschaft (6380), die Erkenntnis Gottes (6381), die drei Wege zu Gott (6382). – Das Mönchtum betreffen Übers.en der »Disciplina monachorum« von Bernhard v. Clairvaux (6491), Lorenzo Giustinianis »De disciplina monastica« (6495) und »De vita solitaria« (6497); Isaak v. Ninive, »De contemptu mundi« (6505, 6507); Johannes Cassianus, »Collationes Patrum« (6513) und »De institutis coenobiorum« (6515); Johannes Klimakos, »Scala Paradisi« (6517, 6521); eine anonyme kurze Abhandlung über Gewissen, Gebet, Kontemplation (6492). – Themen der Moral behandelt, verbunden mit prakt. Ratschlägen, Dom Duarte (→Eduard, 11.E) im »Leal Conselheiro« (6659). Senecas »De Beneficiis« war Ausgangspunkt des »Tratado de Virtuosa Bemfeitoria« des Infanten Dom →Pedro (6681), der auch einen Brief über die Regierungskunst (6849) verfaßt hat. Übersetzt wurden das »Livre des Trois Vertus« (über die Frauenerziehung) von Christine de Pisan (6790) und das ps.-aristotel. »Secretum secretorum« (6865). – Reitkunst: Dom Duarte, »Livro do cavalgar« (6881). – Eine Fechtungslehre ist nur als Frgm. erhalten (6911). – Zu zwei astronom. Almanachen (6941, 6945) treten zwei judenptg. Übers.en astrolog. Traktate: von Ibn Abī Rigāl (über das Span.; 6959); »Livro de mágica« (aus dem Hebr. über das Kat.? 6965). – Judenptg. ist auch ein Text über die Herstellung von Farben (7703). – Kochbuch (7071). – Jagdbücher: »Cetraria do Rei Dancos« (7085), »Citraria e falcoaria velha (7087), João I, »Livro da montaria« (7093), »Livro de citraria (7105), »Livro que fez Enrique Emperador« (7107); Pero Menino, »Livro de falcoaria« (7111). – Pferdeheilkunde: Mestre Giraldo, »Livro d'alveitaria« (7149). Humanmed.: Übers. von Gui de Chauliac, »Inventorium« (7225), Johannes Jacobi, »Tractatus de pestilentia« (7239). W. Mettmann

Lit.: GRLMA IX, 2, Fasz. 7, 1984 [die Nummern im Text verweisen auf die Artikel].

X. DEUTSCHE LITERATUR: *Vorbemerkung:* Im MA galt auch die Wissensvermittlung als ein bevorzugter Bereich poet. Gestaltung. Wie in der Antike sollten die Autoren, dem Prinzip des Horaz gemäß, erfreuen und belehren. Diese Belehrung konnte mittelbar intentional in der fiktiven oder hist. Lit. erfolgen oder unmittelbar (wie hier erläutert) in der Form didakt. Dichtung. Man kann in dieser Lit. verschiedene Gattungen unterscheiden, die hier nach dem Inhalt vereinfacht als religiöse Belehrungen, adlige Sozial- und Verhaltensethik, Minnedidaktik und als allg. Wissensvermittlung gekennzeichnet werden sollen.

Religiöse Belehrung: Die neben Bibelepik und Legendendichtung bestehende religiöse Lehrdichtung ist vorwiegend Dogmenvermittlung und -erläuterung oder Textexegese. Die dogmat. Didaktik setzt erst in der frühmhd. Zeit mit dem →»Ezzolied« des Bamberger Klerikers Ezzo (um 1065) ein. Das umfangreichste Gedicht dieser Art ist des Armen Hartmanns »Rede vom Glauben« mit 3800 V. (um 1140); hier werden Trinität, Artikel des Credo und Lehren zum Hl. Geist mit Mahnungen zu Buße und Weltabkehr verbunden. Im wenig späteren →»Anegenge« (um 1160) stehen Sündenfall und Erlösung im Mittelpunkt. Themat. noch umfassender ist der als →»Lucidarius« bekannte Prosadialog (nach Honorius Augustodunensis »Elucidarium«), den Heinrich der Löwe um 1190 verfassen ließ. Hier werden zu den gen. Inhalten auch die Lehren über die letzten Dinge zugefügt. Ähnl. umfangreiche Belehrungen finden sich auch in einigen Legendenepen. So umfaßt die Katechese im »Laubacher Barlaam« rd. 6000 V. Noch zu Beginn des 14. Jh. findet sich der umfangreiche Überblick über die Heilslehren in der sog. »Erlösung« (6593 V.). Auch →Heinrich v. Neustadts »Gotes zuokunft« (um 1300, 8129 V.) ist ein solches Lehrgedicht, wenn auch hier die Allegorie um die Schaffung eines vollkommenen Menschen (entsprechend Alanus de Insulis »Anticlaudianus«) großen Raum einnimmt. Ein Kompendium religiöser Lehren findet sich zudem im »Gespräch mit der Weisheit« →Heinrichs des Teichners (um 1300–75), des mit rd. 700 Lehrgedichten produktivsten Lehrdichters der mhd. Lit. Weit häufiger als die Gesamtdarbietungen der Heilslehren sind Lehrdichtungen, die sich auf einzelne Teile der Glaubenslehre beziehen. So sind z. B. im 12. Jh. Ausmalungen des Himmels nach Angaben der Offb beliebt, vgl. etwa »Das Himmlische Jerusalem« (430 V., um 1150). Mehrere größere und kleinere Lehrgedichte dieser Art stammen von dem auch sonst als Lehrdichter bekannten →Stricker (um 1230), so »Vom Heiligen Geiste« (748 V.), »Die Messe« (1202 V.) und »Der Processus Luciferi«, der Streit um den Anspruch des Teufels auf die Seele. Im 13. Jh. steht auch das Weltgericht im Zentrum mehrerer Lehrgedichte. Eine bes. beliebte Gruppe religiöser Lehrgedichte waren symbol. oder allegor. Auslegungen von Einzelheiten christl. Lehren sowie von Gebeten und bekannten Texten. So gab es z. B. schon im 12. Jh. mehrere Gedichte, die die myst. Siebenzahl betonten, etwa »Von der Siebenzahl« von einem Priester Arnold oder das kärntn. »Paternoster« (mit mehreren Heptaden). Die sieben Siegel der Offb wurden ebenfalls mehrfach erklärt, zuletzt 1331 in Tilos v. Kulm »Von siben ingesigeln« (6284 V.). Weitere Gedichte dieser Art sind »Das Himmlische Jerusalem« (mit 4er- und 12er-Zahlen), »Die vier schiven« (= Räder) des Wernher vom Niederrhein (um 1160), mit einer allegor. Ausdeutung des Wagens des Aminadab (Cant. 6,11). Die allegor. Deutung greift häufig auf das Mhd zurück, bis wie in Williams v. Ebersberg Hld-Bearbeitung (um 1065), im St. Trudperter Hld (um 1150) und in der umfangreichen Versbearbeitung des Magdeburger Patriziers Brun v. Schönebeck (um 1275, 12500 V.) vorliegt. Auch das Vaterunser, das im 12. Jh. nur in kleineren Gedichten kommentiert wurde, erscheint um 1250 bei Heinrich v. Kröllwitz in einer Auslegung von rd. 4900 V. Neben myst. und allegor. Lehrdichtungen existieren im SpätMA auch zahlreiche moraldidakt. geprägte Gedichte.

Sozial- und Verhaltensethik: Neben der religiösen Lehrdichtung existiert eine ähnl. umfangreiche Laienbelehrung über weltl. Themen, die v. a. für den Adel bestimmt war. Sie rückt bes. die höf. Leitbegriffe sowie das entsprechende höf.-ritterl. Verhalten in den Mittelpunkt, vermittelt daneben aber auch eine religiöse Grundbildung sowie Lehren zum rechten moral. Verhalten und Lebenserfahrungen. Zwischenstufen zw. religiöser und weltl. Belehrung sind nicht selten. Zu den frühesten Texten dieser Art zählen »Die Erinnerung an den Tod« eines →Heinrich v. Melk (1042 V., um 1150?) und die beiden allegor. Gedichte »Die Hochzeit« (um 1140, 1088 V.) und »Vom Rechte« (553 V.). Ein als Der wilde Mann benannter Dichter schreibt um 1179/80 ein Gedicht gegen Habsucht (424 V.). Das Hauptwerk höf. Lehrdichtung ist jedoch »Der wälsche Gast« des →Thomasin v. Cerclaere, eines Domherrn aus Aquileia (14752 V.). Das im 13. Jh. weitverbreitete Werk bietet in zehn Teilen eine umfassende Erklärung, v. a. für die adlige Jugend. Kleinere Werke dieser Art sind »Winsbecke« (560 V., um 1210/20), »Winsbeckin« (450 V., um 1240) und »Der Magezoge« (404 V., um 1250) sowie Konrad v. Haslaus »Der Jüngling«. Den Verfall höf. Tugenden und Sitten kritisiert »Die Klage« des Stricker (708 V., um 1230) und »Das Buch der Rügen« (1656 V.), eine Art Ständesatire. Eth. Lehren und Mahnungen finden sich in den liedhaften Spruchdichtungen des 13. und 14. Jh. seit →Walther von der Vogelweide sowie in den weitverbreiteten knappen Sprüchen (in der Art der Cato-Sprüche) des sonst unbekannten →Freidank aus seiner Slg. »Bescheidenheit« (rd. 4700 V., um 1200–1300). Didakt. sind auch die 15 vorwiegend zeitkrit. Gedichte des sog. →Seifried Helbling (rd. 8500 V., Ende 13. Jh.). Die bürgerl. Lehrdichtungen des SpätMA, die häufig moral. Kasuistik und Paränetik enthalten, beginnen mit dem »Renner« des →Hugo v. Trimberg (um 1300). Eine reiche Fortführung findet diese Lehrdichtung in den verschiedenen »Schachallegorien«, in denen die Schachfiguren mit den Ständen verglichen und bloßgestellt werden (so bei Heinrich v. Beringen, →Konrad v. Ammenhausen, Pfarrer zum Hecht u. a.). Ständekritik und -belehrung finden sich auch in den »Blumen der Tugend« (10172 V., 1411) des Bozener Hans Vintler und in »Des Teufels Netz« von einem Unbekannten (13657 V., um 1420). Auch die ep.-didakt. Mischdichtung »Der Ring« des Heinrich →Wittenwiler (rd. 9700 V., um 1400) bietet umfangreiche didakt. Einschübe.

Andere Lehrdichtungen: Als weitere didakt. Gattungen müssen noch →Minnereden und Minneallegorien, →Fürstenspiegel, →Chronikdichtungen sowie →Tischzuchten genannt werden. Die ausschließl. l. artes-Lit., die seit dem späten 13. Jh. zunimmt, bedient sich kaum noch rhetor.-poet. Gestaltungsformen, sondern bevorzugt – wie schon die ahd. und frühmhd. Physiologus-Lit. – die schmucklose Prosa der Wissenschaftstexte. B. Sowinski

Lit.: W. RICHTER, L. Dichtung (Reallex. der Dt. Lit. Gesch. II, 1965), 31–39 – B. SOWINSKI, L. Dichtung des MA, 1971 – M. BOESCH, L.L. ..., 1977 – J. BUMKE, Gesch. der dt. Lit. im hohen MA, 1990, 327ff. – TH. KRAMER, Gesch. der dt. Lit. im späten MA, 1990, 43ff., 96ff., 165ff., 258ff.

XI. MITTELNIEDERLÄNDISCHE LITERATUR: Neben wohl zu Erziehungszwecken verwendeten gereimten Tugendlehren wie »Boec van Seden« und »Dietsche Catoen« und einem Fabelbuch wie »Esopet« übermitteln bis um 1260 hauptsächl. Ritterroman und Tierepos die moral. Belehrung in fiktionaler Einkleidung. →Jacob van Maerlants Fürstenspiegel »Heimelijcheit der heimelijheden« (um 1266) regt in den folgenden Generationen zu systemat. angelegten, gereimten Glaubens- und Tugendspiegeln an, die ein aristokrat. und später auch bürgerl. Publikum in Dogmatik und Morallehre einführen (Jan van Boendale, Jan Praet, Jan de Weert u. a.). Anonym überliefert sind die »Dietsche Lucidarijs«, die »Dietsche Doctrinael«, der »Spiegel der Sonden« und der »Sidrac« (letzterer in Prosa). Die zwei mndl. Bearb. des →Roman de la Rose gaben den Anstoß zur Gattung der moral. Traumdichtung (z. B. Hs. Gruuthuse). Gegen Ende des 14. Jh. tritt die Kurzdichtung in den Vordergrund (sog. sproken, moral. novellenhafte Verserzählungen). Kurz nach 1400 dichtet Dirc →Potter »Der minnen loep«, eine umfassende Ars amandi.

W. P. Gerritsen

Lit.: J. TE WINKEL, De ontwikkelingsgang der Nederlandsche Letterkunde, 1-2, 1922², 1973 – J. VAN MIERLO, De letterkunde van de MA, 1-2, 1949-50².

XII. ENGLISCHE LITERATUR: Auch für die englischsprachige Lit. des MA gilt, daß eine belehrende Komponente in fast allen Werken anzutreffen ist, so daß unter den Begriff der lehrhaften Lit. eine Vielzahl von Texten subsumiert werden kann, die von der Exemplaslg. bis zur Unterweisung in der Kriegskunst reichen. Die Belehrung steht im Vordergrund bei all denjenigen Schriften, die primär ein Wissen vermitteln wollen, wobei die dichter. Form hier sekundär ist, auch ganz fehlen kann. Die Grenzen zw. schöner Lit. und Fachschrifttum sind fließend: Das näml. Werk kann in Prosa oder Vers abgefaßt sein, die näml. Materie im Rahmen eines fakt. Handbuchs (→Enzyklopädie, III,2) oder einer Traumallegorie behandelt werden. Kompendienartig sind auch die »divisiones philosophiae«, Übersichten über die verschiedenen Wissenszweige mit kurzen Charakterisierungen ihres Gegenstands. Vom sog. aristotel. Typ ist die Wissenschaftsaufteilung, die sich in John →Gowers Erzähllsg. »Confessio Amantis« (14. Jh.) findet (Buch VII; →Aristoteles, C.II). Auf →Martianus Capella gehen dagegen allegor. Darstellungen der »artes« in spätme. Dichtungen wie dem »Court of Sapience« zurück (15. Jh.). Wie das letztgen. Werk knüpfen eine Reihe von spätma. didakt. Dichtungen an die Tradition des →»Roman de la Rose« in der Fortsetzung des Jean de Meung an. Die →Allegorie der Liebe weitet sich hier zur enzyklopäd. Unterweisung aus, die allegor. Darstellung der Liebespsychologie macht zunehmend den lehrhaften Diskurs allegor. und mytholog. Gestalten Platz. Typ. Beispiele sind John →Lydgates »Reason and Sensuality« (15.Jh.), wo allerdings der mehr enzyklopäd. ausgerichtete zweite Teil der frz. Vorlage (»Les échecs amoureux«) nicht übernommen wurde, oder Stephen →Hawes' »Pastime of Pleasure« (15.Jh.).

Was die Einzeldisziplinen angeht, so sind aus dem Bereich des Triviums eine Reihe von grammat. Schriften (→Grammatik, D.I) überliefert, im Ae. →Ælfrics Grammatik und Kolloquium (um 1000), im Me. eine Reihe von Elementargrammatiken (Übers.en von Donats »Ars minor«, Konstruktionshilfen für das Lat., z. T. in Versform, u. a.). Auch die math. und naturwiss. Schriften sind ganz auf die prakt. Bedürfnisse der Benutzer abgestimmt. Sie reichen von Rechenlehren (»The Craft of Nombrynge«, 15.Jh., u. a.; →Mathematik), Einführungen in den Gebrauch des →Astrolabiums (→Chaucers »Treatise on the Astrolabe«, 14.Jh.), komputist. und astronom. Traktaten (im Ae. →Byrhtferths »Handbuch«, in dem sich auch Passagen zur Rhetorik finden; →Ælfrics Schrift »De temporibus anni« u. a.; →Astronomie) und astrolog. Werken über den Einfluß der Planeten (auch in Versform, 14.Jh.; →Astrologie) bis hin zu alchimist. Abhandlungen, Lapidarien, Herbarien und Bestiarien. Beliebte alchimist. Traktate (→Alchemie) sind Th. Nortons »Ordinal of Alchemy« (15.Jh.) und G. Ripleys »Compend of Alchemy« (15.Jh.), beide in Versform. Herbarien (→Pflanzenkunde) und Lapidarien sind bereits im Ae. überliefert, im Me. sind sie häufig gereimt. Bei den →Bestiarien (VII.) ist die Grenze zw. Naturbeschreibung und allegor. Naturdeutung verwischt; drei Bestiariumsstücke finden sich im ae. →Exeter-Buch; der me. metr. →»Physiologus« stammt aus dem 13.Jh.

Unter den →artes mechanicae nehmen v. a. med. Schriften (→Ars medicinae) einen breiten Raum ein; sie umfassen →Arzneibücher (von denen es bereits im Ae. eine Reihe gibt: »Bald's Leechbook«, »Medicina de quadrupedibus«, »Lacnunga«) und chirurg. Werke (me. Übers.en von→Lanfrancs und→Guy de Chauliacs »Chirurgia« u. a.; →Chirurg, Chirurgie); auch med. Traktate in Versform sind überliefert. Daneben werden v. a. im späten MA die mannigfachsten Fertigkeiten und Kenntnisse vermittelt: Jagdtraktate (auch in Versform), Abhandlungen über den Ackerbau (Versübers. des Werks von →Palladius, 15. Jh.) und die Kriegskunst (Versübers. des Werks von →Vegetius, 15.Jh.), Traumbücher (z. B. in Versen aus dem 13./14. Jh.) und »Courtesy Books« (auch diese sind z. T. in Versen abgefaßt), →Tischzuchten. Als Reiseführer für Jerusalempilger will auch »Mandeville's Travels« (→Mandeville, Sir John) prakt. Zwecken dienen (14.Jh.). Den Charakter eines →Fürstenspiegels haben die me. Übers.en der pseudo-aristotel. Schrift »Secreta Secretorum«, in der auch der Physiognomie und der Gesundheit ein breiter Raum eingeräumt wird (eine Versfassung von →Lydgate und Benedict →Burgh aus dem 15.Jh.). Auf Bibelwissen und mancherlei Abstruses beschränken sich im wesentl. die ae. Prosadialoge von »Salomon and Saturn« bzw. →»Adrian and Ritheus« sowie die me. Entsprechung des »Salomon and Saturn«, näml. »The Maister of Oxford's Catechism«, →Dialog, IX.

Bei der geistl. Lit. können zur lehrhaften Lit. gerechnet werden: die ae. und me. →Bibeldichtung (ae. Bibelepen, me. →»Cursor Mundi«), Werke der engl. →Mystik (→Rolle, →Hilton u. a.), die engl. Schriften →Wyclifs und seiner Anhänger, die ae. und me. →Homilien- und Predigtslg.en (→Ælfric; →Blickling-Homilien; →»Ormulum«, 13.Jh.; Festial »von John →Mirk, 15.Jh., u. a.), die →Exemplaslg.en und die Unterweisungen in der Seelsorge (Kg. →Alfreds ae. Übers. der »Cura Pastoralis« von Gregor d. Gr.; John Mirks gereimte »Instructions for Parish Priests«, 15.Jh., u. a.). In vielfältiger Weise werden die sieben Todsünden, die zehn Gebote, die Kardinaltugenden usw. vermittelt: im Rahmen eines kompendienartigen Exemplaslg. wie in Robert →Mannyngs »Handlyng Synne« (me. Übers. des »Manuel des péchés«; Anfang 14.Jh.), als monast. Regel (→»Ancrene Riwle«, 12.Jh.), als Katechismus (»The Lay Folks' Catechism«, 14.Jh.), in Handbuchform, so in den verschiedenen Übers.en des »Elucidarium« von →Honorius Augustodunensis (aus dem 12. und 14./15.Jh.) oder in der »Somme le roi« (→»Ayenbite of Inwyt«, 1340; »The Book of Vices and Virtues«, 14.Jh.), oder auch als systemat. Sentenzenslg. wie in der ae. Interlinearversion von Defensors »Liber Scintillarum« oder im me. »Speculum Christiani« (14.Jh.). Auch die Unterweisung in der Liturgie (»The Lay Folks' Mass Book«), im Ablaßwesen (»The Stations of Rome«, 13.Jh.; →Ablaß) und in der Beichte (→Beichtformeln) sind hier zu nennen. Inhaltl. eng verbunden mit der Dichtung von Tod, Vergänglichkeit und Weltverachtung (→Contemptus Mundi) sind moralisierende Dichtungen wie das me. →»Poema Morale« (13.Jh.) oder →»Pricke of Conscience« (14.Jh.), die ae. Rede der Seele an den Leichnam im Exeter-Buch und die me. Dialoge zw. Seele und Leichnam (→Dialog, IX) sowie Anleitungen zum christl. Sterben (»Craft of Deying«, 15.Jh.; →Hoccleves »Ars moriendi«, 15. Jh., u. a.); →Ars moriendi, bes. B.III.

Auch in allegor. Form wird christl. Lehre in vielfältiger Weise vermittelt (→Allegorie, V, 3). Die Allegorie der vier Töchter Gottes findet sich u. a. in der frühme. Prosaschrift »Sawles Warde« (12. Jh.; →Katherine-Gruppe) und in den me. Übers.en von →Robert Grossetestes »Château d'amour«; die Pilgerschaft der Seele zu Gott ist der Handlungsrahmen für →Guillaume de Degullevilles Dichtung »Le pèlerinage de la vie humaine«, die im 15. Jh. von John →Lydgate ins Engl. übersetzt wurde. Hier sind auch die allegor.-symbol. Dichtungen »Pearl« (→»Pearl«-Dichter) und »Piers Plowman« von →Langland (beide aus dem 14. Jh.) zu nennen, auch wenn sich die poet. Aussage dieser vielschichtigen Werke nicht auf einige christl. Lehrsätze reduzieren läßt. – In den Rahmen der lehrhaften Lit. gehören schließl. auch die →Fabeldichtung und die →Spruchdichtung. Neben Vaterlehren wie »Ratis Raving« (15. Jh.), Sprichwörterslg.en wie den »Proverbs of Alfred« (12. Jh.) und den »Proverbs of Hendyng« (13. Jh.) gehören zu letzterer Gattung auch die ae. gnom. Dichtung und die Slg.en von Spruchweisheit wie sie die engl. Übers.en und Bearbeitungen der →»Dicta philosophorum« und der →»Disticha Catonis« darstellen.   K. Reichl

Bibliogr.: J. E. WELLS, A Manual of the Writings in ME. 1050–1400. With two suppl., 1923 – C. BROWN–R. H. ROBBINS, The Ind. of ME Verse, 1943; Suppl.: R. H. ROBBINS–J. L. CUTLER, 1965 – H. S. BENNETT, Science and Information in English Writings of the Fifteenth Century, MLR 39, 1944, 1–8 – MANUAL ME 2, 1970; 3, 1972 – CAMERON, OE Texts, bes. B 7, 12, 20–22 – P. S. JOLLIFFE, A Check-List of ME Prose Writings of Spiritual Guidance, 1974 – R. M. SCHULER, English Magical and Scientific Poems to 1700, 1979 – D. THOMSON, A Descriptive Cat. of ME Grammatical Texts, 1979 – ME Prose..., hg. A. S. G. EDWARDS, 1984 [bes. Kap. 15, 16, 18] – *Lit.:* M. W. BLOOMFIELD, The Seven Deadly Sins, 1952 – W. C. CURRY, Chaucer and the Medieval Sciences, 1960 [Rev.] – G. R. OWST, Lit. and Pulpit in Medieval England, 1961² – A. C. BAUGH–K. MALONE, The MA (A Lit. Hist. of England, I, hg. A. C. BAUGH, 1967²).

XIII. SKANDINAVISCHE LITERATUREN: Der weitaus größte Teil der l. L. Skandinaviens ist westnord. Ursprungs. Mytholog. Götterlieder, die vermutl. auf Belehrung und Vermittlung von Initiationswissen abzielten, wurzeln in der vorchr. Periode. In den Götterliedern der →Edda (→Grímnismál, →Vafþrúðnismál, →Völuspá, Hyndluljóð, →Hávamál, Sigrdrífumál) erteilen mytholog. Persönlichkeiten (u. a. der Gott →Odin) Lebenslehren und offenbaren Geheimwissen (z. B. Runenmagie: Sigrdrífumál).

Für die Ausbildung der →Skalden wurden zudem Reihungen von →*heiti*, poet. Synonymen, sog. *þulur*, erstellt. Ein orkneyisch-island. Lehrgedicht, →Háttalykill (um 1150), enthält ausführl. Beispiele für skald. Versmaße. Ein ähnl. Werk mit über 100 verschiedenen Versmaßen, →Háttatal, verfaßte →Snorri Sturluson um 1220 als Teil seiner Edda, die deshalb – zumindest nach einem ihrer Aspekte – als Lehrbuch für Skalden gelten kann.

Ab ca. 1200 liegt originale l. L. in altnord. Übers. vor, so →Physiologus und →Disticha Catonis; letztere wurden auf Island in Versform übersetzt und haben möglicherweise zu einem frühen Zeitpunkt die →Hávamál beeinflußt. Aus der gleichen Zeit stammen altnord. Übers. einzelner Werke Augustins, Gregors, Alkuins, Prospers v. Aquitanien und anderer chr. Theologen. Auch Universalgesch. (Veraldar saga: »Weltgesch.«) wurde übersetzt. Der →Lucidarius ist in allen drei nord. Sprachen belegt. Der berühmte norw. »Konungs skuggsjá« (→Fürstenspiegel, B. IV) entstand um die Mitte des 12. Jh. Als spezielle Arbeit lehrhaften Inhalts kann die Beschreibung der Pilgerroute von Island ins Hl. Land durch den island. Abt Nikulás v. Munkaþverá (ca. 1150) gelten.

Aus Schweden sind ein Königsspiegel des 14. Jh. (→Fürstenspiegel, B.IV) und ein Jungfrauenspiegel des 15. Jh. (→Speculum virginum), beide nach kontinentalen Vorlagen, überliefert. Aus Dänemark stammen die moralisierenden »Dyrerimene«, eine auf der nd. »Vogelsprake« beruhende Übersetzung. Eine umfassende nord. Sprichwörtersammlung (Peter Laale, Dänemark, um 1400) wurde in der 2. Hälfte des 15. Jh. ins Schwedische übersetzt.
   P. Meulengracht Sørensen

Lit.: G. W. WEBER, Die Lit. des Nordens (Neues Hb. der Lit., 8, 1978), 487ff. – K. SCHIER, Die Lit. des Nordens (ebd., 7, 1981), 535ff. – sowie zu den einzelnen Stichwörtern.

XIV. SLAVISCHE LITERATUREN: Wie im Falle der →Bibeldichtung erwies sich der Mangel an einem syllab. Versmaß bei den S- und Ostslaven im MA als Hindernis bei einer Übernahme der didakt. Dichtung aus der byz. Lit. Daher blieben Versuche in dieser Richtung spärlich. Wird die Akrostichis als dichter. Mittel gewertet, so können einige alphabet. »Lehrgedichte« hier angeführt werden, deren didakt. Zielrichtung außer Zweifel steht.

Im Bulgarien des 9.–10. Jh. entstand, wahrscheinl. von →Konstantin v. Preslav verfaßt, ein paränet. Alphabet, das vorwiegend aus bibl. und liturg. Zitaten besteht und das daher kaum als ein geschlossenes »Gedicht« interpretiert werden kann. Ähnl. alphabet. »Verse« – selbstverständl. ohne Versmaß – sind auch in zahlreichen ma. Hss. überliefert. Nach einer alphabet. Akrostichis angeordnet sind auch die Sentenzen des Menandros (342/341–293/292 v. Chr.), die in südslav. und russ. Hss. ab dem 14. Jh. erhalten sind und deren Übertragung ins Slav. vielleicht ins 13. Jh. anzusetzen ist. Mehr der Gattung der λόγοι παραινετικοί gehört die moralisierende Satire »Spanos« bzw. »Spaneas« an, die vermutl. im 12. Jh. entstand und in zwei südslav. Übers. bekannt ist.

Religiös-didakt. Züge weist die altkroat. Dichtung auf, meist in Zwölfsilbern, ab dem 13.–14. Jh. Eine didakt. Poesie im strengen Sinn des Wortes begegnet im Böhmen des 14. Jh. Es sind zunächst Übers. aus dem Lat. wie die anon. Umsetzung der →Disticha Catonis (Kato) in achtsilbige, gereimte Verse. Die allegor. Darstellung der Vereinigung des religiösen Lebensideals mit dem weltl., die →Alanus ab Insulis im »Anticlaudianus« entwarf, liegt ebenfalls in einer versifizierten (achtsilbig mit Reim) alttschech. Übers. des 14. Jh. vor. Um dieselbe Zeit entstand eine Versübertragung der Fabeln des Äsop aus der lat. versifizierten Fassung des 12. Jh., während die Äsop-Rezeption in Polen auf Biernat v. Lublin (ca. 1465–ca. 1529) zurückgeht. Einen in der Tradition des alttschech. Alexanderromans stehenden Fürstenspiegel, Nová Rada (»Der neue Rat«), in 2100 Vv. verfaßte Ende des 14. Jh. der Neffe des ersten Prager Ebf.s, Smil Flaška aus Pardubice († 1402). Damit inhaltl. verwandt sind die anonymen »Ratschläge eines Vaters an seinen Sohn« (Rada otce synovi). Zur didakt. Prosa →Enzyklopädie, →Bibelübersetzungen.
   Ch. Hannick

Lit.: V. JAGIĆ, Das byz. Lehrgedicht Spaneas in der kirchenslav. Übers., SAW 127, 1892 – DERS., Die Menandersentenzen in der akslav. Übers., SAW 126, 1892 – M. N. SPERANSKIJ, Perevodnye sborniki izrečenij v slavjanorusskoj pis'mennosti, 1904 – J. HRABÁK, Smilova škola, 1941 – B. HAVRÁNEK – J. HRABÁK, Výbor z české literatury od počátků po dobu Husovu, 1957, 472–522 – N. S. DEMKOVA – N. V. DROBLENKOVA, K izučeniju slavjanskich azbučnych stichov, TODRL 23, 1968, 27–61 – K. M. KUEV, Azbučnata molitva v slavjanskite literaturi, 1974 – D. DRAGOJLOVIĆ, Filozofske antologije i florilegiji u staroj srpskoj književnosti, Književna istorija 9/34, 1976, 197–247 – J. MATEŠIĆ, Die Versdichtung in der kroat. ma. Lit. (Gattungsprobleme der älteren slav. Lit.en, 1984), 234–244.

XV. BYZANTINISCHE LITERATUR: Gattungsmäßig läßt sich die l. Dichtung im griech. MA schwer von →Satire, →Fabel, Sentenz (Gnomologion), von der Paramythie oder →Allegorie trennen. Als antike Vorbilder gelten

neben Hesiod v. a. die in Hexametern verfaßte Erdbeschreibung des Dionysios Periegetes (2. Jh. n. Chr.) oder das Lehrgedicht über den Fischfang (Ἁλιευτικά) des Oppianos (frühes 3. Jh. n. Chr.). Aus der verlorenen Chrestomathie in iamb. Trimetern des Helladios v. Antinupolis (4. Jh.) exzerpierte →Photios in der »Bibliotheke« Cod. 279. Ebenfalls in byz. Zwölfsilbern verfaßte →Georgios Pisides im 7. Jh. ein aus 1910 Vv. bestehendes Lehrgedicht über die Erschaffung der Welt (Ἑξαήμερον ἢ κοσμουργία), das Dimitrij Zograf 1385 in eine kirchenslav. Prosa-Fassung übersetzte. Hier sind wohl auch die »Jamben auf verschiedene Gegenstände« u. a. über Klosterämter des →Theodoros Studites (759–826) zu nennen. Die Blüte der didakt. Poesie fällt in die Zeit der Polyhistoren des 11.–12. Jh. So verfaßten Johannes →Mauropus ein etymolog. Lehrgedicht (Ἐτυμολογικὸν ἔμμετρον) in 470 Zwölfsilbern sowie ein Gedicht auf die Gesetze, Michael →Psellos (11. Jh.) u. a. ein Πόνημα ἰατρικὸν ἄριστον δι' ἰάμβων in 1373 Zwölfsilbern (ed. IDELER I, 203–243), eine an den späteren Ks. Michael VII. gerichtete Zusammenfassung der wichtigsten Punkte der Jurisprudenz (Σύνοψις τῶν νόμων) in Fünfzehnsilbern, Gedichte über Grammatik, Geometrie, Konzilien und Dogmen, die Titel der Psalmen. Auf →Christophoros v. Mitylene (11. Jh.) geht eine wenig verbreitete Gattung der didakt. Dichtung zurück: der versifizierte Kalender (BHG 1617q I–II). Der Grammatiker Johannes →Tzetzes (12. Jh.) behandelte die Mythenallegorie in seinen in polit. Versen verfaßten umfangreichen Komm. zur Ilias (ca. 6000 Verse) und zur Odyssee (ca. 3000 Verse). Für den Unterricht faßte er die antike Lehre über Metrik (nach dem Encheiridion des Hephaistion), Tragödie und Komödie in Versform. Aus 12000 polit. Versen besteht sein Komm. zu seinen gesammelten 107 Briefen, die sog. Chiliaden (Βίβλος ἱστοριῶν). Neben der in Fünfzehnsilbern verfaßten Weltchronik, die in Bulgarien um 1335–40 ins Slav., selbstverständl. unter Aufgabe des Versmaßes, übersetzt wurde, schrieb Konstantinos →Manasses (ca. 1130–87) ein astrolog. Lehrgedicht in Fünfzehnsilbern. Sein Zeitgenosse, Johannes Kamateros, widmete Ks. Manuel I. Komnenos zwei mit Fragen der Astrologie bzw. Astronomie befaßte Gedichte, Περὶ ζῳδιακοῦ κύκλου in Zwölfsilbern und Εἰσαγωγὴ ἀστρονομίας in rund 4100 polit. Versen. Nach der Form und dem Versmaß der liturg. Dichtung verfaßte Nikephoros Blemmydes (1197–1272) Lehrschriften zur Medizin (Blut, Urin). Dem vielseitigen Dichter der frühen Palaiologenzeit, Manuel →Philes (ca. 1275–1345), gehören Gedichte über Zoologie und Botanik sowie, ähnl. wie Theodoros →Prodromos im 12. Jh., über die Eigenschaften der 12 Monate (IDELER I, 290f., 418–420). Unter w. Einfluß entstand das 1060 Fünfzehnsilber umfassende Lehrgedicht Εἰς τὴν σωφροσύνην des Archidiakons Theodoros Meliteniotes aus dem 14. Jh. (Begegnung des Dichters mit der ihm in Frauengestalt erscheinenden Enthaltsamkeit in allegor.-moralisierender Ausdeutung). Aus der Fülle der anonymen Lehrgedichte seien erwähnt: die erbaul. Alphabete, die Hermeneiai in jeweils zwei Zwölfsilbern zu den Sprichwörtern der Moskauer Slg. aus dem 14. Jh. (ed. KRUMBACHER 1900), die Reihe von jeweils 6 Zwölfsilbern auf die 8 Kirchentöne in der Ὀκτώηχος. Zur didakt. Prosa vgl. →Byzantinische Literatur, →Enzyklopädien, →Fürstenspiegel.
Ch. Hannick

Lit.: D. N. ANASTASIJEWIĆ, Die paränet. Alphabete in der griech. Lit., 1905 – DERS., Alphabete, BZ 16, 1907, 479–501 – J. DARROUZÈS, Les calendriers byz. en vers, RevByz 16, 1958, 59–84 – HUNGER, Profane Lit. II, 115–119 – N. RADOŠEVIĆ, Šestodnev Georgija Piside i njegov. slovenski prevod, 1979 – K. METSAKES, Βυζαντινὴ καὶ νεοελληνικὴ παραμυνογραφία, Κληρονομία 4, 1972, 303–372.

Lehrling. Über ein geregeltes L.swesen erfahren wir erstmals etwas im Zusammenhang mit der Entstehung der →Zünfte im 12./13. Jh. (frühester Beleg: Urk. der Kölner →Richerzeche für die Bruderschaft der Drechsler von etwa 1180). Bei den Kölner Tuchscherern findet sich 1270 die Festschreibung der Lehrzeit auf zwei Jahre und im Augsburger Stadtrecht von 1278 wird, ganz ähnl. wie im Schwabenspiegel, den Handwerksmeister das Recht zugebilligt, den L. zu züchtigen, ohne ihn allerdings zu verletzen. Nach einer Probezeit von 2–4 Wochen erfolgte die Annahme des L.s vor der Zunft, in der Regel ohne größere Förmlichkeiten vor wenigen Vertretern derselben (Zunftmeister und -schreiber). Wichtiger war die in den Zunftstatuten nicht verzeichnete Vereinbarung von Eltern bzw. Vormund mit dem Lehrmeister über Lehrzeit, -geld, Unterbringung und Versorgung sowie u. U. über die Qualität der Ausbildung. Außerdem wurde oft der Eventualfall des Entlaufens geregelt, für den →Bürgschaft zu leisten war. Die Lehrzeit betrug in der Regel 2–3 Jahre, bei hochspezialisierten Gewerben (z. B. Goldschmiede) auch erhebl. länger. Ansätze (in einigen Zünften schon im 15. Jh.), über die Verlängerung der Lehrzeit den Nachwuchs zahlenmäßig zu begrenzen, erlangten jedoch kein größeres Gewicht. Statt dessen bediente man sich häufig seit dem 16. Jh. eines zunftmäßig verordneten Lehrstillstands. Üblich war ein L.salter von 14/15–18 Jahren. Für diese Zeit war der L. in Haus und Kost des →Meisters, für Bekleidung und Bettzeug hatte die eigene Familie aufzukommen. Lehrgeldzahlungen sind schon für das 14. Jh. bezeugt und treten anfangs bes. in Verbindung mit regionalen Absprachen der Handwerkerbünde hervor. Es konnten auch längere Lehrzeiten (Nachdienen) vereinbart werden, wofür in manchen Gewerben feste Relationen fixiert waren. Das Abkaufen von Lehrzeit galt als unzulässig, kam dennoch gelegentl. vor. Die persönl. Voraussetzungen, bes. bzgl. der Ehelichkeit und der Ehrlichkeit, erlangten seit dem SpätMA eine wachsende Bedeutung. Eine größere ausgrenzende Wirkung hatte die sich am Übergang vom 15. zum 16. Jh. ausbildende Norm, daß eine ordentl. Lehre nur in Städten mit einer Zunft erfolgen könne. Im MA und auch nach 1500 entstammten, sofern L.sverzeichnisse vorliegen, die L.e nur zu einem geringen Teil als Meistersöhne dem Gewerbe selbst. In manchen Gewerben (Goldschmiede, Schmiede, Tuchveredelung) kam es schon im 14./15. Jh. vor, daß L.e an einen fremden Ort geschickt wurden, und es gibt durchaus auch Hinweise auf die Lehre im Ausland, z. B. für London, Venedig und Rom. Die Beendigung der Lehre erfolgte ohne jede förml. Prüfung durch den Akt des Ledig- oder Freisprechens. Die Ausfertigung von Lehrbriefen ist, von Ausnahmen abgesehen, erst für die frühe NZ bezeugt. An die Lehrzeit schloß sich z. T. noch eine Übergangsphase für den L. (nun Lohnknabe oder Junge[r] gen.) beim selben Meister an. Erst mit der förml. Aufnahme in den Kreis der →Gesellen war die Lehrzeit beendet.
K. Schulz

Lit.: A. v. DIRKE, Die Rechtsverhältnisse der Handwerksl.e und Gesellen nach den dt. Stadtrechten und Zunftstatuten des MA, 1914 – W. EBEL, Gewerbl. Arbeitsvertragsrecht im dt. MA, 1934 – H. AMMANN, Ma. Wirtschaft im Alltag, 1942–54 – H. GUTSWILER, Das Handwerksl.swesen in Freiburg i. Ue. im Ausgang des 14. und zu Beginn des 15. Jh., 1956 – K. LANDOLT, Das Recht der Handwerksl.e vor 1798 im Gebiet der heutigen Schweiz [Diss. Freiburg i. Ue., 1977] – K. WESOLY, L.e und Handwerksgesellen am Mittelrhein, 1985.

Leib Christi, urprgl. Begriff in der paulin. Theologie (Röm 12,4f., 1 Kor 12,12–27, Eph 4,1–16), erfuhr durch Augustinus die in der lat. Theologie und Kirche gültige Bedeutung für das Verständnis der Einheit Christi mit der Kirche, der Fülle und der Ganzheit des 'totus Christus, caput et membra', der auch die atl. Gerechten umfaßt, die Sünder aber ausschließt (→Exkommunikation), und des Lebensaustausches im Geist des L.es Ch. In der patrist. Theologie (v. a. Augustinus') wurde mit Paulus die Kirche einfach als L.Ch. bezeichnet, der sakramentale als der myst. (spirituale), im Mysterium gegebene, L.Ch. In der karol. Theologie (Paschasius Radbertus, Ratramnus v. Corbie, Hrabanus Maurus) ist dieser Sprachgebrauch ebenso gegeben wie bei Berengar v. Tours. Diese komplexe, ungebrochene Einheit 'Christus im Geheimnis seines Leibes' mußte in den beiden →Abendmahlstreiten des 9. und 12.Jh. entsprechend den unterschiedl. Seinsweisen des fleischgewordenen, gekreuzigten, verherrlichten und sakramentalen L.es Ch. differenziert werden, um das Unterscheidende des wahren L.es Ch. in der Eucharistie zu verstehen. Dieser wurde als der wirkl.-wahre L. bekannt, die Kirche wurde seit der Mitte des 12.Jh. als der myst. (spirituale) L.Ch. bezeichnet. Das Sakrament des L.es Ch. schafft nach den dt. Symbolisten (Rupert v. Deutz, Honorius Augustodunensis, Gerhoch v. Reichersberg) die Kirche: den L.Ch. essen heißt, der L.Ch. werden (Wilhelm v. St-Thierry). In der Theologie der gregorian. Reform wird das L.Ch.-Sein von Anselm v. Canterbury (ep. 35) zur Erklärung der eschatolog., himml. Communio verwendet (ähnl. Gregor VII., Register IV, 5; VI, 35; IX, 21). In den Traktaten »De Christo capite« im 12.Jh. (→Petrus Lombardus, Sent. III d.13) und »De gratia Christi« im 13.Jh. (Wilhelm v. Auxerre, Summa aurea III, tr. 1 c.4) wird das umfassende Heilsgeheimnis des L.es Ch. in der Schule behandelt. In der Synthese von wahrem und myst. L.Ch. lehrte der Magister Simon (Ende 12.Jh.) die ekklesiale und personale Weite der eucharist. Kommunion. Später begründeten die Theologen (Thomas v. Aquin, Sent. IV, d.18 q.1 a.1 qu.2 ad 2, Thomas v. Bailly, Johannes v. Paris u. v. a.) mit der Unterscheidung die wichtige Differenz zw. unverfügbarer, sakramental. Weihegewalt und kirchl. geordneter Jurisdiktion. Der Begriff des 'corpus Christi mysticum' ging auch in die Lehrsprache der Kirche ein (vgl. Bonifatius' VIII. Bulle »Unam sanctam«, DENZINGER-SCHÖNMETZER, 70). Mit dem Hinweis auf die Einheit des myst. L.es Ch. wurde in den ma. Schismen die Einheit angemahnt (z. B. Anselm v. Havelberg) und in den spätma. Reformbewegungen die Erneuerung der Kirche. Der Begriff diente schließlich auch der Begründung der 'Ecclesia spiritualis', die sich mehr und mehr von der sichtbaren, konkreten Kirche abhob.

L. Hödl

Lit.: HDG III, 3c – LThK² VI, 907–912 [Lit.] – H. DE LUBAC, Corpus Mysticum…, 1949² [dt. Übers. 1969] – Virtus politica (Fschr. A. HUFNAGEL, 1974), 107–125 [M. SECKLER].

Leibeigenschaft. [1] *Begriff:* L. oder Leibherrschaft bezeichnet den Zustand eines Menschen, der aufgrund dauernder persönl. Abhängigkeit in der Herrschaft eines anderen steht (Herreneigentum am Menschen). Ursachen der L. sind Kriegsgefangenschaft, Schuldknechtschaft, Selbstverknechtung, v. a. aber entsprechende Geburt nach dem Stand der Mutter oder der »ärgeren Hand«. L. als moderner Ordnungsbegriff beschrieb zunächst, mit polit.-aufklär. Tendenz, die rechtl. Lage der Bauern im Zuge der Bauernbefreiung um die Wende zum 19.Jh., wurde von hier in verschiedenen Bedeutungen auf frühere Zeiten übertragen und kennzeichnet seither teils im engen Sinne nur die personenbezogene Abhängigkeit, teils im weiten Sinne die Abhängigkeit von einem Herrn schlechthin. Auf das MA bezogen, überschneidet sich L. daher sowohl mit →Unfreiheit wie mit →Hörigkeit und wird in vielen Arbeiten – begriffl. zu Unrecht, sachl. aber durchaus gerechtfertigt – synonym mit diesen Begriffen verwendet, während in anderen erst die spätma. Abhängigkeit als L. gilt. Lassen sich Grund-, Leib- und Gerichtsherrschaft nach ihren verschiedenen Ursprüngen im frühen und hohen MA vielleicht rechtl. – Grundherrschaft haftet am Boden, Leibherrschaft an der Person –, kaum aber von ihrer konkreten Ausgestaltung und Anwendung her trennen, so began man im spätem MA die verschiedenen, zuvor in der →Grundherrschaft zusammengeflossenen Herrschaftsrechte auch terminolog. zu unterscheiden, ohne daß es eine begriffl. Klarheit gegeben hätte. »L.« (proprietas de corpore) begegnet – in verschiedenen Bedeutungen und nicht zu häufig – seit dem 13. Jh., in vielen Gegenden sogar erst seit dem 15. Jh., doch sind »Eigenleute« (proprii oder homines proprii) als *ein* Begriff teils für die Hörigen, teils im engen Sinne, etwa für Hofleute, die zu Herrendiensten herangezogen wurden, schon vorher bekannt. »Eigen« nennt auch der Sachsenspiegel (III, 32,2; III, 42,3) die von einem Herrn Abhängigen. Patristik und ma. Theologie betrachten die L. als eine »natürl.« Institution und sehen keinen Anlaß, sie abzuschaffen. Wenn Sachsen- (III, 42,3) und Schwabenspiegel (139; 323) sich später gegen das Halten von Eigenleuten wenden, so bezeugen sie anderseits doch ständig deren Existenz.

[2] *Entwicklung:* Erbl. Abhängigkeit von einem Herrn ist das Kennzeichen des überwiegenden Teils der Menschen in der ma. Feudalgesellschaft und Wesensmerkmal der ma. Unterschichten. Prototyp des Leibeigenen ist der weitgehend rechtlose, antike Sklave, der in dieser Form, trotz Weiterverwendung desselben Begriffs (servus), nach vorherrschender Ansicht schon seit der Spätantike an Bedeutung verlor und schließlich seit dem 9./10. Jh. nicht mehr anzutreffen ist. Die Abhängigkeit der Unterschichten im frühen MA äußerte sich in zwei, sich überschneidenden Formen: v. a. in der rechtl. Unfreiheit (im Gegensatz zum liber-ingenuus), die am ehesten als L. angesehen werden kann, seit dem 9.Jh. jedoch ihre sachl., nicht ihre rechtl. Bedeutung verlor, dann aber auch in der grundherrschaftl. Hörigkeit (→Hörige). Innerhalb der Grundherrschaft kann man funktional wie auch von der Entstehung her zw. leibeigenen, der Hausherrschaft des Herrn unterstehenden Unfreien am Herrenhof (servi non casati) und auf grundherrschaftl. Land angesiedelten Zinsbauern (servi casati) unterscheiden, doch relativierte sich dieser Unterschied bald, insofern er sich vom Rechtsstand löste, es Übergangsformen gab und die Hörigen sich im Verband der →familia zusammengeschlossen fühlten. Die L. ging damit in der ma. Hörigkeit auf, in der die Unterschiede zw. persönl. und sachl. Abhängigkeit (→Munt und →Gewere) verblaßten. Die Hörigen, die eine sehr unterschiedl. Stellung bekleiden konnten, waren gewissermaßen Eigentum des Herrn und konnten verkauft oder verschenkt werden, sie unterstanden dessen Vormundschaft und Strafgewalt, waren nur beschränkt rechtsfähig, zu grundherrschaftl. Diensten und Abgaben verpflichtet und nicht ohne Erlaubnis des Herrn freizügig.

Während sich die persönl. Abhängigkeit in den Städten des 13. Jh. durchweg lockerte, besserte sich die Stellung der bäuerl. Leibeigenen auf dem Lande zumindest teilweise durch die allmähl. Ablösung der Frondienste zugunsten einer »Rentengrundherrschaft«. Die im Zuge des Ausbaus der Städte einsetzende Landflucht und die →Agrarkrise des späten MA bewirkten als Maßnahme der Herren gegen die Abwanderung und zum Ausgleich wirtschaftl. Einbußen v. a. im 14./15. Jh. dann vielerorts eine erneute Verschärfung der L. als des entwicklungsfähigeren Faktors zum Ausbau der Herrschaft. Es wurden Herrschaftsrechte intensiviert und zusätzl. Dienste gefordert. Die nun konkreter faßbaren rechtl. Folgen der L. waren eine beschränkte Rechtsfähigkeit, die Unauflösbarkeit des Abhängigkeitsverhältnisses ohne Einwilligung des Herrn, der Herrenanspruch auf Arbeitsleistung des Leibeigenen, eine beschränkte →Freizügigkeit sowie Heiratsbeschränkungen: Die Herren suchten die Heirat auf den Kreis der eigenen Leibeigenen einzugrenzen und die sog. ungenoßsame Ehe zu verbieten. Wirtschaftl. Folgen waren – im Umfang eher geringe – Abgaben und das Fehlen eigenen Besitzrechtes am Boden, der im Todesfall samt eines Teils des Nachlasses (beispielsweise Halbteil) an den Herrn zurückfiel; an die Stelle des Erbfalls trat bei der Frau die Abgabe des besten Kleides (→Gewandfall), beim Mann des besten Stück Viehs (→Besthaupt). Ausprägung und Entwicklung der L. waren in den einzelnen Territorien aber sehr unterschiedl. Einerseits war die L. eine entscheidende Herrschaftsform, die als Mittel der Territorialpolitik auch polit. Bedeutung gewann, indem die Herren durch Tausch und Kauf die L. über geschlossene Gebiete zu erlangen und auf neue, auch freie Untertanenschichten auszudehnen suchten; L. näherte sich damit vielerorts einer allg. Untertänigkeit an. Andererseits wurden die Folgeerscheinungen der L., bes. sofern sie nicht in eine allg. Untertänigkeit einmündeten, energ. bekämpft, bewirkten bäuerl. Forderungen und bäuerl. Widerstand in stark urbanisierten Gebieten wie Flandern schon im 12.–13. Jh., in anderen erst gegen Ende des MA einen allmähl. Abbau der leibherrschaftl. Rechte, v. a. hinsichtl. der Freizügigkeit und der Ehebeschränkungen. Statt eines Verbots der ungenoßsamen Ehe trat die Ehefrau in die Leibherrschaft des Herrn ihres Mannes ein; Besthaupt und Gewandfall wurden durch Geldabgaben abgelöst. Vielerorts ist daher eine Verbesserung hinsichtl. der L. zu beobachten, die insgesamt, auch als Begriff, oft als diffamierend empfunden wurde – schon die Reformatio Sigismundi (1439) forderte ihre Abschaffung –, und eine entsprechende Forderung findet sich – meist an vorderer Stelle wie in den 12 Bauernkriegsartikeln von 1525, allerdings nicht in allen Gegenden – in 90% der bäuerl. Gravamina. Ob die L. ein wesentl. Grund für die Bauernrevolten war, ist strittig. In der Folgezeit führte die erneute Verknüpfung von Grundherrschaft und L. in den ostelb. Gebieten zu einer neuen Verschärfung (sog. »zweite L.«), während sich die L. im W zu einem ökonom. und polit. unbedeutenden Abhängigkeitsverhältnis (als Rechtsbasis der Abgabeerhebung) entwickelte, das sich überlebte und durch die Agrarreformen seit dem Ende des 18. Jh. abgeschafft wurde. H.-W. Goetz

Lit.: CH.-E. PERRIN – G. VEZNADSKY, Le servage en France, en Allemagne et en Russie au MA (X. Congr. Int. de Scienze Storiche, Roma, 1955), Relazioni, III, 213–272 – A. SANDBERGER, Entwicklungsstufen der L. in Altbayern seit dem 13. Jh., ZBLG 25, 1962, 71–92 – F. LÜTGE, Gesch. der dt. Agrarverfassung vom frühen MA bis zum 19. Jh. (Dt. Agrargesch. 3, 1963²) – M. TISCHLER, Die L. im Hochstift Würzburg vom 13. bis zum beginnenden 19. Jh., 1963 – F. LÜTGE, Die Agrarverfassung des frühen MA im mitteldt. Raum vornehml. in der Karolingerzeit, 1966² – H. NEHLSEN, Sklavenrecht zw. Antike und MA, 1972 – K. BOSL, Die Unfreiheit im Übergang von der archaischen zur Aufbruchsepoche der ma. Ges. (SBA.PPH 1973, 1) – W. MÜLLER, Entwicklung und Spätformen der L. am Beispiel der Heiratsbeschränkungen (VuF Sonderbd. 14, 1974) – H. RABE, Das Problem der L., 1977 – C. ULBRICH, Leibherrschaft am Oberrhein im SpätMA, 1979 – Aufruhr und Empörung, hg. P. BLICKLE, 1980 – DERS., Dt. Untertanen, 1981 – PH. DOLLINGER, Der bayer. Bauernstand vom 9. bis zum 13. Jh., 1982 [frz.: 1949] – L. GENICOT, L'économie rurale namuroise au bas MA, III, 1982 – Die Grundherrschaft im späten MA, hg. H. PATZE (VuF 27, 1983) – H. WUNDER, Serfdom in Later Medieval and Early Modern Germany (Social Relations and Ideas, Fschr. R. H. HILTON, 1983), 249–272 – P. BLICKLE, Unruhen in der ständ. Ges., 1300–1800, 1988 – DERS., Stud. zur gesch. Bedeutung des dt. Bauernstandes, 1989 – K. ANDERMANN, L. im pfälz. Oberrheingebiet während des späten MA und der frühen NZ, ZHF 17, 1990, 281–303.

Leibesübungen → Spiele

Leibgeding (*lipgeding, leipgeding, liffghedinge, leibrecht* o. ä.; auch oft Leibzucht; lat. *vitalitium* o. ä.), bezeichnet generell ein lebenslängl. Nutzungsrecht an Liegenschaften, aber auch an anderen Ertrag abwerfenden Objekten (wie Zins- und Lehnrechten, Regalien, Bergwerksanteilen u. ä.). Es erscheint im System der dingl. Rechte als inhaltl. und zeitl. beschränktes Recht an fremder Sache, das lediglich (bestimmte) Nutzungen und diese nur auf Lebenszeit des Berechtigten (L.ers, Leibzüchters o. ä.) gewährt. Dieser konnte das L.sgut also innehaben, nutzen und nießen, aber ohne Minderung oder Verschlechterung der Substanz. V. a. war das L. eine Form der bäuerl., seltener auch der städt. →Leihe. Im ehel. Güterrecht bezeichnete L. das lebenslängl. Nutzungsrecht der Witwe (seltener des Witwers) an den zur Versorgung des überlebenden Gatten bestimmten Gütern. – Häufig wurden auch Leibrenten als L. (*liffrente*, *redditus vitalitius* o. ä.) bezeichnet. W. Ogris

Lit.: DtRechtswb VIII, 7/8, 1076ff., 1121ff. – HRG I, 322–325; II, 1800–1802, 1805–1810, 1820–1824 – W. OGRIS, Der ma. Leibrentenvertrag, 1961, 27ff., 269ff. – U. FLOSSMANN, Österr. Privatrechtsgesch., 1983, 90, 182ff., 275, 317ff.

Leib – Seele → Seele

Leibwache (Garde). Es kann als sicher gelten, daß sich Fs.en und Mächtige zu allen Zeiten des MA mit Bewaffneten umgaben, die in der Burg oder Residenz wie auf Reisen, in Krieg und Frieden für die Sicherheit ihres Herrn zu sorgen hatten. Eine solche L. konnte aus einfachen Knechten bestehen, aber auch Personen von hohem sozialen Rang umfassen, wodurch das Ansehen des geschützten Herrn betont wurde.

Im Hoch- und SpätMA führte die Stabilisierung der polit., sozialen und institutionellen Verhältnisse zu einem Rückgang der L.n und militär. Gefolgschaften. So schloß etwa das Vertrauensverhältnis zw. dem Kg. v. Frankreich und seinen Untertanen, insbes. der Ritterschaft, Furcht vor Attentaten weitgehend aus; temporäre Sicherheitsvorkehrungen wurden lediglich in Gefahrensituationen getroffen. Sicherheit und Ordnung im Pfalzbereich wurden im allg. von Torwächtern (→*huissiers*) und *sergents d'armes* aufrechterhalten. Ludwig IX. der Hl. verfügte zu seinem Schutz auch über eine Truppe von →*arbalétriers*, kgl. Armbrustschützen.

Gegen Ende des MA kündigte sich dagegen ein auffälliger Wandel an, der zum verstärkten Einsatz von Wachmannschaften führte und Ausdruck eines gewachsenen Sicherheits-, aber auch Repräsentationsbedürfnisses war. Hauptgründe und -charakteristika dieser Entwicklung sind: 1. Die Zahl und Schwere der polit. Morde nahm zu (vgl. die weitreichenden Folgen der Attentate auf die Hzg.e →Ludwig v. Orléans, 1407, und →Jean sans Peur, 1419). – 2. Stehende Truppen wurden allg. zur verbreiteten Erscheinung. – 3. Für die Kriegführung wurde der Vorteil einer ergebenen und schlagkräftigen Garde, die den Kg. oder Fs.en als Kerntruppe umschloß, erkannt. – 4. Eine einheitlich und prunkvoll gekleidete Garde (geschmückt mit dem Emblem ihres Herrn) war ein Instrument der zeremoniellen Machtentfaltung des Fs.en. – 5. Eine Garde bot die Möglichkeit des Einsatzes von Fremden (die als zuverlässiger galten oder deren Aufstellung Ausdruck von diplomat. Beziehungen mit einem befreundeten Staat war). Die Schaffung von starken Gardeverbänden entsprach auch dem Zug zur Aufwertung, ja Sakralisierung des kgl. 'Leibes' oder der kgl. 'Person'.

Die Entwicklung verlief an den einzelnen abendländ. Höfen unterschiedl. Die päpstl. L. war zunächst recht bescheiden, ebenso diejenige des röm.-dt. Kg.s, mangels finanzieller Mittel. In England wandte sich die öfftl. Meinung lange gegen die Aufstellung einer (aus Fremden bestehenden) L. Dagegen machten die Signorien Italiens reichen Gebrauch von L.n. In Frankreich kam die Wende im 15. Jh. mit Karl VII., der prakt. seit seinem Regierungsantritt Schotten, in geringerem Maße auch Deutsche als Leibwächter anwarb. Ludwig XI. und seine Nachfolger vergrößerten die Gardeverbände; um 1500 besaß der Kg. eine schott., eine Schweizer und eine frz. Garde. Außerdem dienten am Hofe die *gentilshommes de l'Hôtel*, deren Zahl nach einer Etatliste von 1485 70 betrug. Die unterschiedl. nationale Herkunft (z. B. 18 Angehörige der »nation de France«, 47 Picarden, einzelne Bretonen, Burgunder, Savoyarden, Schweizer, Schotten usw.) weist auf den mögl. Integrationscharakter dieses Gardeverbandes am Kg.shof hin. Neben dem Kg. unterhielten mehrere frz. Fs.enhöfe des 15. Jh. L.n in kleineren Dimensionen.

Ph. Contamine

Lit.: PH. CONTAMINE, La guerre au MA, 1986², 297–300.

Leibzucht → Leibgeding

Leicester, Stadt (Leicestershire, Mittelengland) am Soar und Bm.
[1] *Stadt:* Die Ursprünge der Stadt sind mit der kelt. Mythologie verbunden. Nach →Geoffrey v. Monmouth (1150) wurde sie von Leir, Sohn von Bladud, erbaut und nach ihm brit. Kaerleir (sächs. Leicester) gen. Neuere archäolog. Ausgrabungen erbrachten den Nachweis einer eisenzeitl. Siedlung, die sicher vor der röm. Eroberung zu datieren ist. Die röm. civitas wurde Hauptort der Coritani (Ratae Coritanorum, Ratas) und bedeutendes Handelszentrum. Um 380 scheint das städt. Leben plötzl. erloschen zu sein. Auf eine ags. Eroberung weist nur die Anlage der heidn. Friedhöfe hin. Nach dem Übertritt des Kgtm.s v. Mittel-Anglia zum Christentum (nach Beda 655) erscheint 803 zuerst ein Legorensis civitatis episcopus. Nach der dän. Eroberung des. Kgr.es v. Mercien im 9. Jh. gehörte L. zu den →Five Boroughs. In der Zeit nach der norm. Eroberung war L. zunächst nur kirchl. civitas, erst als Gft.sstadt der neuen shire v. L. und als caput honoris einer umfangreichen Lehnsherrschaft, die das Earldom v. L. am Beginn des 12. Jh. wurde, erhielt L. neue Funktionen. Die Earls v. Robert Bossu bis zu Simon de →Montfort beherrschten die Stadtgemeinde, errichteten Abtei und Burg und förderten die Bedeutung L.s als Handelsort. Die 1265 erfolgte Einbeziehung von Stadt und Earldom in das Appanage-Earldom, dem späteren Hzm. v. →Lancaster, brachte der Stadt, die Handelsmittelpunkt des landwirtschaftl. Umlandes war, Schutz und Förderung. Bescheiden waren die Herstellung von Wolltextilien und Lederverarbeitung und -handel. Der Einfluß der großen Lords des →Honour of L. hinderte lange die Emanzipation von Stadt und Bürgern, erst 1589 erhielt L. den Status eines →borough und eine charter. Die kgl. Förderung des Hzm.s v. Lancaster führte in L. zur Errichtung eines Hospitals (of the Newark) und der St. Mary's Kirche und bewahrte die Stadt vor dem wirtschaftl. Niedergang im SpätMA sowie den Auswirkungen der Rosenkriege. Bis ins 17. Jh. waren Einfluß des Hzm.s und Förderung durch die neuen Earls of →Huntington bestimmend für L.

D. T. Williams

Lit.: J. NICHOLS, Hist. and Antiquities of the County of L., 4 Bde, 1795–1815 – M. BATESON, Records of the Borough of L., I, II, 1899 – A. HAMILTON-THOMPSON, Wyggeston Hospital Records, 1933 – J. SIMMONS, L. Past and Present, 2 Bde, 1974 – J. S. WACHER, The Towns of Roman Britain, 1975 – C. ELLIS, Hist. of L., 1976 – D. WILLIAMS, L.: the Dignity of a City, 1990.

[2] *Bistum:* Eine mittelangl. Diöz. mit Bf.ssitz in L. kann vielleicht bis 679 zurückdatiert werden, als Ebf. →Theodorus v. Canterbury die merc. Diöz. in vier oder fünf Bf.ssitze unterteilte. Wenn es ein Bm. v. L. zu diesem frühen Zeitpunkt gegeben haben sollte, so muß es einige Jahre später mit →Lichfield vereinigt worden sein, da bis 737 kein eigener Bf. v. L. überliefert ist. In diesem Jahr bezeichnet die Errichtung einer Diöz. v. L. die Existenz eines eigenständigen Volkes in Mittel-Anglia. 803 erscheint Bf. Werenberht als Meditanorum Anglorum episcopus und Legorensis civitatis episcopus. Die s. Diözesangrenze verschob sich je nach Erfolg oder Mißerfolg der Kg.e v. Mercien, das Gebiet entlang der mittleren Themse für sich zu erwerben. Bei ihrer größten Ausdehnung umfaßte die Diöz. auch die Kirche v. →Dorchester. Die dän. Eroberung des ö. Mercien 877 bewirkte, daß der Bf. L. verlassen mußte. Dorchester wurde nun der bfl. Hauptsitz für das Gebiet zw. mittlerer Themse und Humber.

A. J. Kettle

Lit.: VCH Staffordshire XIV, 1990, 3–4 – STENTON³, s. v. – A. W. HADDAN – W. STUBBS, Councils and Ecclesiastical Documents III, 1871, 128f.

Leich, lyr. Großform der mhd. Lit., verwendet vom Ende des 12. Jh. (→Ulrich v. Gutenburg; →Friedrich v. Hausen, nicht erhalten) bis ins 14. Jh. Formal kennzeichnend ist eine längere Abfolge formverschiedener Strophen (Versikel) sowie deren metr. Untergliederung. KUHN unterscheidet drei Bautypen in Analogie zur verwandten lat. →Sequenz, frz. →Estampie und zum frz. →Lai. Inhaltl. gliedert sich das Repertoire folgendermaßen: Religiöse L.s haben meist eine usuelle Themenanordnung (Trinität – Maria – Christus – Schlußgebet), so bei Walther v. d. Vogelweide, →Reinmar v. Zweter und →Konrad v. Würzburg; von →Heinrich v. Meißen (Frauenlob) und dessen Nachfolgern sind reine Marienl.s überliefert. Die Minnel.s behandeln die Themen Minneklage und Frauenpreis z. T. konventionell (u. a. bei Dem v. Gliers, Rudolf v. Rotenburg, →Hadlaub), z. T. zeigen sie Tendenzen zur Generalisierung und Objektivierung, zu gelehrter Allegorese und komplexer Minnelehre (bes. Konrad v. Würzburg, der Wilde Alexander, Frauenlob); ein Sondertypus ist der Tanzl. (→Tannhäuser, Ulrich v. Winterstetten). Der hohe Anspruch der Gattung zeigt sich nicht nur im formalen Raffinement und in der z. T. esoter. Darbietung des Wissens, sondern auch in der sprachl. Elaboriertheit des sog. geblümten Stils (v. a. Frauenlob). Zur Überlieferung →Liederhandschriften.

M. Egidi

Lit.: MERKER-STAMMLER² II, 39–42 – MGG VIII, 81–87 – K. BERTAU, Über Themenanordnung und Bildung inhaltl. Zusammenhänge in den religiösen L.dichtungen des 13. Jh., ZDPh 76, 1957, 129–149 – DERS., Sangverslyrik, 1964 – H. KUHN, Minnesangs Wende, 1967², 91 ff. – I. GLIER, Der Minnel. im späten 13. Jh. (1969) (Der dt. Minnesang II, hg. H. FROMM, 1985), 433–457 – H. SPANKE, Stud. zu Sequenz, Lai und L., 1977 – CH. MÄRZ, Frauenlobs Marienl., 1987 – T. BEIN, 'Sus hup sich ganzer liebe vrevel', 1988.

Leichenpredigt → Predigt

Leichenschau, gerichtliche. Sie beschränkte sich zunächst auf die äußerl. In-Augenschein-Nahme des Leichnams, bevor im SpätMA ausnahmsweise auch die Obduktion als Unterfall der patholog. Sektion zur Anwendung gelangte. Erste Anklänge an das Rechtsinstitut finden sich bereits in der sog. →Bahrprobe, bei der die Wunden des Getöteten wieder zu bluten beginnen sollten, wenn der Täter der Leiche ansichtig wurde oder mit ihr in Berührung kam. Nach dem Sachsenspiegel sollte ein Leichnam als »corpus delicti« für die Dauer eines Totschlagsverfahrens unbestattet bleiben. Eingang in das →gemeine Recht findet die L. als rationales Instrument zur Schuldfeststellung mit ihrer Anerkennung durch Innozenz III. und der Übernahme in den Liber Extra 1234 unter Gregor IX. Mit der Vornahme der L. waren in den oberit. Kommunen regelmäßig Ärzte betraut. Forens. Sektionen zur Feststellung der Todesursache sind seit 1300 (Bologna) nachgewiesen. Als deren med. Wegbereiter gilt →Salimbene v. Parma. Vorherrschend blieb die ledigl. äußerl. Besichtigung, wie sie unter der frz. Krone rechtsbräuchl. und seit dem 14. Jh. vorgeschrieben war. In dt. Stadtrechten war die L. seit dem 15. Jh. Wundärzten und Barbieren übertragen, mitunter wurden wegen der Praxiserfahrung auch Nachrichter zu Rate gezogen. G. Jerouschek

Lit.: G. WOLFF, Leichen-Besichtigung und -Unters. bis zur Carolina als Vorstufe gerichtl. Sektion, Janus 42, 1938, 225–286 – M. GASPAR, Med.hist. Aspekte der Leichenöffnung, Der Med. Sachverständige 82, 1986, 104–108.

Leichensynode → Formosus

Leichudes (dt. 'Lecker'), **Konstantinos (III.)**, Patriarch v. →Konstantinopel, 2. Febr. 1059 – † 9./10. Aug. 1063; * Ende 10. Jh. ebd., nach rhetor., philos. und jurist. Studien Mitglied des Senats, unter Ks. Konstantin IX. bis zu seiner Entlassung ca. 1050 leitender Staatsmann (μεσάζων). Er gehörte zum engeren Freundeskreis des wesentl. jüngeren Michael →Psellos (* 1018). Von Konstantin IX. zum Charistikarier des Manganakl. in Konstantinopel eingesetzt, konnte L. nach seiner Absetzung von den Einnahmen aus dieser Pfründe leben. Die Vermutung, er sei Mönch geworden, beruht auf einem Mißverständnis. Am Sturz Michaels VI. (31. Aug. 1057) zugunsten des Usurpators Isaak Komnenos wohl nicht unbeteiligt, erhielt er zunächst sein früheres Staatsamt zurück, wurde aber nach dem Tod des Patriarchen →Michael I. Kerullarios auf Betreiben Ks. Isaaks aus dem Laienstand zum Patriarchen erhoben. Von ihm ist außer dem Text eines einzigen Synodalaktes nichts Schriftliches erhalten. F. Tinnefeld

Lit.: ThEE VII, 1244f. – H.-G. BECK, Der byz. 'Ministerpräsident', BZ 48, 1955, 309ff. – J. N. LJUBARSKIJ, Michail Psell, 1978 [russ.] – U. CRISCUOLO, Michele Psello, Orazione in memoria di Costantino Lichudi, 1983 [für Biogr. grundlegend] – V. GRUMEL – J. DARROUZÈS, Les Reg. des Actes du Patriarcat de Constantinople, I/2-3, 1989².

Leidang, Leding, Ledung (adän. *lething*/expedicio; aschw. *leþunger*; anorw. *leiðangr*) bezeichnet in Dänemark, Schweden und Norwegen das System der Bereitstellung, Ausrüstung und Bemannung von Kriegsschiffen durch die Bewohner v. a. der Küstenregionen samt der Heerfahrt unter Führung des Kg.s, in zweiter Linie eine allg. jährl. Steuer. Die Wurzeln des L. können im alten Volksaufgebot liegen, in dem jeder waffenfähige Mann in den jeweiligen lokalen Bezirken wie →*fylke*, →*herad*, *hundare* etc. teilzunehmen hatte, doch scheint es, daß in erster Linie die militär. und polit. Verhältnisse der Wikingerzeit, die Bedürfnisse eines auf landesweite Machtausübung ausgerichteten Kgtm.s und wohl auch die Begegnung der Skandinavier mit dem ags. Heeresaufgebot zur Organisation des L. geführt haben. Nach den skand. Landschafts- und Reichsrechten des 12.–14. Jh., den norw. Königssagas (→Konunga sögur) und den Werken der norw. und dän. Geschichtsschreibung, die alle ein ausgereiftes Entwicklungsstadium des L. widerspiegeln, beruhte die L.sorganisation auf den Schiffsgestellungsbezirken, deren Bewohner ein Kriegsschiff bauen, ausrüsten und bemannen mußten (Norwegen: *skipreiðr*, Dänemark: *skipæn*; Schweden: *skipslagh*). Die Aufstellung, Bewaffnung und Verproviantierung eines L.smannes oblag jeweils einer Gruppe nachbarschaftl. verbundener Höfe, den Manngestellungsbezirken (norw.: *manngerðar*; dän.: *hafnæ*; schwed.: *hamna*) als Grundeinheiten der Schiffsgestellungsbezirke. Vorsteher eines Schiffsgestellungsbezirkes war der *styrimaðr*/*styræs man*/gubernator ('Steuermann'), der Schiffsausrüstung, Musterung und Abgabenleistung überwachte, auf der Heerfahrt als Kapitän fungierte, jurisdiktionelle Rechte, insbes. auf See, besaß und einen Anteil an Naturalabgaben und Bußen (bei Verstößen: *leþungslami*, Ledungslähmung) erhielt. Im 13. Jh. wurde der bäuerl. *styrimaðr* in Norwegen zunehmend durch Mitglieder der kgl. →Hird ersetzt. In Dänemark waren die *styræs maen* erblich mit einem Manngestellungsbezirk belehnt (*styræs hafnæ*) und zugleich Kern einer feudalen, mit Harnisch und Armbrust gerüsteten Reitertruppe.

Das Recht, den L. aufzubieten, lag beim Kg. (Norwegen: »konungr skal ráða boðe ok banne«, G. 295; Schweden: »kunungær biuþær leþung utt«, UL Mh 11 etc.). Die Bedingungen des L.saufgebots unterlagen Verhandlungen zw. Bauern und Kg., wobei es um eine zeitl. und räuml. Begrenzung (max. 2–3 Monate; Heerfolge zumeist nur zur Landesverteidigung; nach dem →Gutalag nur gegen heidn. Länder) sowie um die Höhe der Natural- und Materialleistungen ging.

Die skand. →Landschaftsrechte dokumentieren den Übergang vom Kriegs-L. zum Steuer-L., der – nach Ansätzen in der 2. Hälfte des 12. Jh. (Dänemark, Norwegen) – während des 13. Jh. allg. durchgesetzt wurde. In Friedenszeiten waren in der Regel die Hälfte der Naturalabgaben eines Kriegs-L.s auf 3 Monate fällig (norw. *bordleiðangr*, 'Tisch-L.'); sie wurden allein im Verhältnis zum Grundzins (→Landskyld) bemessen. In Kriegszeiten allerdings wurde der Kriegs-L. (norw. *útfrarleiðangr*, 'Ausfahrts-L.') weiterhin aufgeboten. In Dänemark und Schweden scheint im 13. Jh. das bäuerl. L.sheer rasch an Bedeutung verloren zu haben (zugunsten des feudalen Vasallen- und Ritterheeres), so daß der L. in Friedens- wie Kriegszeiten als feste jährl. Steuer, in die nun auch die Binnenregionen einbezogen waren, fortlebte.

Der L., der nach den norw. Königssagas Hakon dem Guten (935–961), nach dän. Traditionen Knut d. Hl. (1080–86) zugeschrieben wurde, ist in allen skand. Ländern die älteste Einteilungsordnung, die – bei regionalen Besonderheiten – das gesamte Land umfaßte und Ausgangspunkt einer gesamtstaatl., auf Kgtm. und Reich ausgerichteten Territorial-, Militär- und Fiskalordnung wurde. H. Ehrhardt

Lit.: KL X, 432ff. – A. STEINNES, L. og landskyld, 1927 – DERS., Gamal skatteskipnad i Noreg, I–II, 1930–33 – A. E. CHRISTENSEN, Kongemakt og Aristokrati, 1943, 50, 102, 107f. – G. HAFSTRÖM, Ledung og Marklandsindelning, 1949 – K. HELLE, Norge blir en stat 1130–1319, 1974, 190ff. – I. SKOVGAARD-PETERSEN u. a., Danmarks historie, I, 1977, 141ff., 170ff. – P. SVEAAS ANDERSEN, Samlingen av Norge og kristningen av landet 800–1130, 1977, 262ff.

Leiðarvísan (an.: 'Wegweisung'), eine anonyme, die Sonntagsheiligung propagierende Dróttkvættdrápa (→Dróttkvætt), wohl aus der 2. Hälfte des 12. Jh. Ausgangspunkt ist (nach noch der Preisdichtung verpflichteten Eingangstopoi) der →Himmelsbrief. Der Mittelteil schildert Gottes Sonntagstaten im AT und NT, der *slœmr* evoziert das Jüngste Gericht und mündet in Ermahnungen. Der trotz vieler →Kenningar relativ schlicht schildernde, in manchem ungelenke Dichter dankt einem Priester Rúnolfr für die theol. Grundlegung und bleibt der Predigtlit. nah. Die L. blieb aber nicht ohne Einfluß auf das SpätMA und ist als →Drápa mit 2 Stef sehr überlegt gebaut. Die vorgegebenen Formelemente gliedern den Inhalt und sind so proportioniert, daß sich ein Spiel mit der Symbolzahl 3 ergibt. H. Schottmann

Ed.: H. RYDBERG, Die geistl. drápur und Dróttkvættfrgm. e des Cod. AM 757 4to [Diss. Lund 1907] – F. JÓNSSON, Den norsk-islandske skjaldedigtning I, 1912, 1967², A 618–626, B 622–633 – *Übers.:* W. LANGE, Chr. Skaldendichtung, 1958, 39–45 – *Lit.:* F. PAASCHE, Kristendom og kvad, 1914, 1948² – W. LANGE, Stud. zur Dichtung der Nordgermanen 1000–1200, 1958 – R. ASTÅS, Om L., Edda 1970, 257–276 – DERS., Forkynnelse og diktning på 1100-talet, Edda 1980, 129–137.

Leiden, Stadt in den Niederlanden (Prov. Südholland), entstanden um 1000 als Deichdorf (heut. Breestraat) am südl. Rhein (Rijn). Bald nach 1100 wurde westl. der Siedlung am Rhein ein Hof des Gf.en v. →Holland mit Peterskirche (geweiht 1121) errichtet. Vor 1150 folgte im N des Rheins eine Ringburg (Durchmesser: 35 m), deren Verwaltung Burggf.en übertragen war. Ein zu Beginn des 13. Jh. verliehenes Stadtrecht wurde 1266 vom Gf.en →Floris V. erneuert und erweitert. Im 13. Jh. wurde der älteste Teil der Stadt, der gfl. Hof, mit einem Graben *(gracht)* umzogen. Eine erste Stadterweiterung erfolgte am Ende des 13. Jh. in östl. Richtung (de Waard, 1294, mit St.-Pankratius-Kirche, der 'Hooglandse Kerk', 1314), der sich im 14. Jh. weitere anschlossen (1355: Maredorp, 1386). Gegen Ende des 14. Jh. erreichte das L.er Tuchgewerbe seine Blüte. Das 15. Jh. war eine Periode des Verfalls, von dem sich die Tuchproduktion erst um 1600 erholte. Um die Mitte des 16. Jh. hatte L. ein ummauertes Stadtareal von 95 ha und zählte ca. 14000 Einwohner.
J. C. Visser

Lit.: B. A. MOURIK, Oud L., 1968 – H. A. VAN OERLE, L. binnen en buiten de vesten, 2 Tle, 1975.

Leiden. Die ma. Reflektion des L.s war bibl. geprägt: L. ist durch die →Sünde in die ursprgl. heile Schöpfung gekommen (Gn 1,31; 3,16–19). Gott läßt L. als Strafe (→Buße) zu und nimmt sie als stellvertretende Sühne des Gerechten für die Sünden anderer an (Jes 53,4–12). Durch L. wird der Gott-Gläubige geprüft (Iob). In der Kreuzesbotschaft des NT offenbart sich Gott als derjenige, der sich liebend dem L. der sündenverfallenen Welt zuwendet. In der durch Verfolgung und →Martyrium signierten patrist. Tradition kam das L. im Blick auf Christus zur Geltung. Im L. dieser Welt wurde das L. des Herrn wiederentdeckt und *geduldiges* L. als Voraussetzung für den Empfang der 'Krone der Schmerzen und L.' gepriesen (Cyprianus, De bono patientiae 20). In der Anleitung zur (Selbst-)Erziehung ging es um das in Zucht nehmende Erleiden eigener L.schaften, aber auch um das tätige Sich-Kümmern um fremdes L. (Krankenpflege, →Exorzismus). Weisheitl. Denken brachte Trost im L., das, vorsehungsgläubig gedeutet (Stoa), *seelenruhig* ertragen (Boethius) oder auch in demonstrativer →Askese *märtyrerhaft* ausgelitten wurde. In der mönch. Tradition ging es darum, 'der Welt zu sterben, um Christus anzugehören'. Nicht ohne Einfluß der Theopathie des Ps.-Dionysius (De div. nom. 3,9) wurde dieses christusförmige L.sverständnis kultiviert: Es galt den jenseitig-österl. Menschen zu verwirklichen. In der theol. Tradition wurde v. a. Augustinus' L.sverständnis tradiert, als Übel (*malum*) reflektiert (Contra Adimantum 26) und als *malum peccati* (getanes Übel) wie *malum poenae* (erlittenes Übel) differenziert. Das L. reinigt die Guten und vernichtet die Bösen. Entscheidend ist hier nicht die Art des L.s, sondern die Weise des Leidenden, mit dem L. umzugehen (De civ. I,8; u. ö.). Diese L.sverinnerlichung wie heilsgesch. Integration des L.s kam im 12./13. Jh. verstärkt im Blick auf den Durchbohrten zur Sprache. Das L. am und im menschl. Erdenleben sowie das Mitl. (Abaelard, In parasceue Domini, zur 3. Nocturn) wurde zum Signum der *ecclesia praesens* wie des einzelnen, der sich in die Nachfolge Christi begab (Hugo v. St. Viktor, In Joel, MPL 175, 338; u. ö.). Der L.sweg des Menschen ist Nachvollzug des L.sgangs Christi (Honorius Augustodunensis, Eucharistion 12, MPL 176, 1256; Gemma animae 1, 33, MPL 172, 554). →Kirchengesch. kommt als L.sgesch. (→Heilsplan) mit bleibenden (Sünde, status viatoris, Tod) wie wechselnden L.setappen und L.sbringern (percussores) in Sicht (Juden, Heiden, Naturkatastrophen, Seuchen, falsche Christen). Hinter und nach diesen ist schließl. die diabol. Macht des →Antichrist und der Seinen zu erkennen (Gerhoch v. Reichersberg, De inv. antichristi 1,4). Bernhard v. Clairvaux betonte die Gleichförmigkeit mit Christus (L.smystik) und forderte auf, dem L. geduldig, freiwillig und schließl. sehnsüchtig zu begegnen (serm. de diversis, serm. XVI). Das Liebesl. wurde als 'Fernliebe' und Trennungsl. in der Troubadourdichtung und im Minnesang hoffähig. In der kirchl. Bußpraxis erhielt das L. satisfaktor. wie meritor. Funktion (→Fegfeuer, →Hölle). Franziskus v. Assisi erfuhr im L. die Nähe der Schmerzen Christi (Stigmata). Bonaventura entwickelte eine Kreuzestheologie (→Kreuz), in der die Liebe zum L. die Vollkommenheit ist, weil sie ihre ganze Hoffnung auf den Gekreuzigten setzt. Thomas v. Aquin begriff das L. einerseits als Folge der Ursünde, andererseits als Beitrag zur Verwirklichung des Guten: L. fordert Gottes fürsorgende Vorsehung heraus und vermag so zur ewigen →Glückseligkeit zu führen (Expos. super Job XIV, 3). Sofern das äußere und inwendige L. als →contritio über die eigenen Sünden und als Anregung des Mitleidens mit Christus zum Zuge kommen, wurde es bei Meister Eckhart als *Gottesleiden*, als *L. des leidlosen Gottes* aufgehoben und endl. als *Gelassenheit* und *Abgeschiedenheit* gewürdigt. Die L.stheologie der dt. Mystik (Mechthild v. Magdeburg, Seuse, Tauler, Franckforter) regte den Menschen an, jede Gelegenheit wahrzunehmen, sich die Passion Christi zu vergegenwärtigen. Die bittere Begegnung mit der 'Pest lehrte die 'Kunst zu sterben' und neu nach Trost zu suchen, brachte aber auch L. und Tod vor Gottes Richterstuhl (Johannes v. Tepl). »Wenige nur werden durch körperl. L. gebessert«, hieß es in der →devotio moderna, die das inwendige L. zum 'Kg.sweg' der Imitatio Christi (II, 12) erklärte, während in der affektiven Passionsmystik Maria als Mater Dolorosa zum Vor- und Hochbild der compassio Christi wurde (Pietà-Darstellungen, Marienpredigten, Bernardinus v. Siena, Bernardinus de Bustis). M. Gerwing

Lit.: TRE XX, 688–691, 706ff. [Lit.] – K. RUH, Zur Theologie des ma. Passionstraktates, ThZ 6, 1950, 17–39 – F. MAURER, Leid. Stud. zur Bedeutungs- und Problemgesch., bes. in den großen Epen der stauf. Zeit, 1951 – A. AUER, L.stheologie im SpätMA, 1952 – L. STIEHL, Meister Eckharts 'Buch der göttl. Tröstungen' ... [Diss. Wien 1954] – M. ZINGEL, Die Passion Christi in der Mystik des dt. MA [Diss. Berlin 1956] – R. RUDOLF, Ars moriendi ... (FVK 39, 1957) – J. CHORON, Der Tod im abendl. Denken, 1963 – CH. PLEUSER, Die Benennungen und der Begriff des Leides bei J. Tauler, 1967 – P. v. MOOS, Consolatio ..., 1971/72 – H. GIELEN – H.-F. NACKAERTS, Bibl. Stauros. Souffrance humaine et Passion du Christ, 1975 – K. BEYSCHLAG, Das Problem des L.s in der frühen Christenheit (Evangelium als Schicksal, hg. DERS., 1979), 93–112 – Lerne L. L.sbewältigung in der Mystik, hg. W. BÖHME, 1985 – M. HIMMELMANN, Das L.sverständnis der 'Imitatio Christi' im Vergleich zu Heinrich Seuses 'Büchlein der Ewigen Weisheit, Erbe und Auftrag 61, 1985, 283–301 – M. F. WACK, Lovesickness in the MA, 1990.

Leiden Christi → Kreuz, Kruzifix; →Passion

Leidenschaften → Passiones animae

Leidenswege der Muttergottes, gr. apokryphe Apokalypse, nach der Maria in Begleitung des Erzengels Michael die Hölle durchwandert und von diesem über die Ursachen der Strafen aufgeklärt wird (BHG 1050–1054). Wegen mehrfacher Anwendung von Chairetismoi (→Akathistos Hymnos) und der Beschreibung von Sünden (cf. Poenitentialia) kann der Text nicht vor dem 6.–7. Jh. entstanden sein. Infolge seiner Beliebtheit wurde er in die Liste der verbotenen Bücher aufgenommen (bereits im aruss. Izbornik v. 1073). Sehr früh wurden die L. ins Slav. übersetzt (Choždenie bogorodicy po mukam) und dem slav. Milieu durch Nennung slav. Götter (Veles, Perun) adaptiert. Älteste slav. Hs. ab 12.–13. Jh. Die südslav. Überl., kyrill. und glagolit. (Petrisov zbornik 1468), entstammt einer 2. Übersetzung. Ch. Hannick

Ed.: A. V. VASIL'IEV, Anecdota graeco-byz., 1893, 125–134 – H. PERNOT, Descente de la Vierge aux enfers, REG 13, 1900, 239–256 – R. TRAUTMANN, Aruss. Lesebuch I, 1949, 26–38 – Pamjatniki literatury Drevnej Rusi XII v., 1980, 166–183 – Lit.: L. MÜLLER, 'Die Offenbarung der Gottesmutter über die Höllenstrafen' (Die Welt der Slaven, 6, 1961), 26–39 – A. DE SANTOS OTERO, Die hs. Überl. der altslav. Apokryphen, I, 1978, 188–195 – ST. LAMPAKES, Οἱ καταβάσεις στὸν κάτω κόσμο στὴ βυζαντινὴ καὶ μεταβυζαντινὴ λογοτεχνία, 1982, 46 – M. V. ROŽDESTVENSKAJA (Slovar' knižnikov i knižnosti Drevnej Rusi XI – pervaja polovin XIV v.), 1987, 463–465.

Leidenswerkzeuge → Arma Christi

Leidrad, Bf. v. Lyon 797/798 (Ebf. vor 809) – 814/816, † 28. Dez. nach 816, aus bayer. Adel stammend (verwandt mit →Arn v. Salzburg), seit 779 als Kleriker der Freisinger Kirche bezeugt. Ztw. vielleicht kgl. Hofkaplan und Schüler →Alkuins, empfahl sich L. Karl d. Gr. als Erneuerer der heruntergekommenen Kirche von Lyon. Karl übertrug ihm wichtige Legationen zur Abwehr des →Adoptianismus. Nach der Ausschaltung →Felix' v. Urgel übernahm L. auch dessen Bm. als Administrator. In Lyon entfaltete er eine bedeutende Reformtätigkeit: Hebung des kirchl. wie kl. Lebens, Bildung des Klerus (wichtige Domschule, Skriptorium), Liturgiereform, Restauration der Kirchen u. a. m. Auch als Theologe war er geschätzt (Traktate über die Taufe für den Hof). Unter seinem Pontifikat entstand wohl in Lyon die Collectio →Dacheriana. Aus L.s Rechenschaftsbericht spricht das hohe Pflichtgefühl eines bedeutenden karol. Bf.s für Kirche und Kgtm., der 814 erstmals, 816 endgültig resignierte, um sein Leben im Kl. St-Médard/Soissons zu beschließen. H. Mordek

Ed.: MPL 99, 853–886 – MGH Epp. IV, 539–546 – A. COVILLE, Recherches sur l'hist. de Lyon du Vme s. au IXme s. (450–800), 1928, 283ff. – Lit.: DACL X, 232–244 – DUCHESNE, FE II, 171f. – J. SEMMLER, Zu den bayr.-westfrk. Beziehungen in karol. Zeit, ZBLG 29, 1966, 402ff. – R. FÉDOU (Le dioc. de Lyon, hg. J. GADILLE, 1983), 50ff.

Leif Eriksson »der Glückliche« (aisl. Leifr inn heppni Eiríksson), * ca. 970 auf Island, Sohn →Erichs d. Roten, des Entdeckers von →Grönland. Ein Jahr kurz vor 1000 nach Norwegen und wurde in →Drontheim getauft. Wieder zurück in Grönland, überredete er die Grönländer zur Annahme des Christentums. Von den Berichten Bjarni Herjólfssons angeregt, beschloß L. kurz nach 1000, →Amerika zu erforschen. Es ist umstritten, wie weit er nach S vordrang. Spuren skand. Siedlung im N Neufundlands stehen nicht notwendigerweise mit L.s Expedition in Verbindung, und die Tatsache, daß sie Wein fanden, spricht dafür, daß sie weiter nach S gelangten. Ein Versuch, den Namen »Vinland« von vin 'Weide' herzuleiten, darf als mißlungen gelten. Seinen Beinamen erhielt L. wegen seiner erfolgreichen Expedition und weil er unterwegs 15 Schiffbrüchige rettete. Zurückgekehrt, übernahm L. von seinem Vater den Hof Brattahlid und lebte dort bis zu seinem Tode. N. Lund

Q. und Lit.: →Amerika – →Erich d. Rote – E. WAHLGREN, The Vikings and America, 1986 – H. INGSTAD, The Norse Discovery of America, 2, 1985.

Leighlin, Kl. und Bm. im sö. Irland, Leinster (Gft. Carlow), gegr. um 600, angebl. von einem gewissen Gobbán, doch galt späteren Jahrhunderten gewöhnlich der hl. →Laisrén († 639) als Gründer. Über die Gesch. des Kl.s bis zum 12. Jh. ist wenig bekannt (außer Todesnotizen einer kleinen Anzahl von monast. Amtsträgern). Auf der Synode v. →Ráith Bresail (1111) wurde in L. eines der fünf Bm.er v. Leinster errichtet; der erste bezeugte Bf. war Sluaigedach O Catháin († 1145). Nach der anglonorm. Eroberung litt L. gelegentl. unter seiner Lage an der Grenze der engl. Kolonie; 1248 wurde vorgeschlagen, den Bischofssitz an einen sichereren Ort zu verlegen, was aber unterblieb. Die kleine Stadt, die sich um das Kl. entwickelte, gehörte zum 'Lordship' v. Leinster und empfing von William Marshal ein Statut (charter) des übl. Typs. Ein hier entstandenes Augustinerpriorat war 1432 so verfallen, daß es der Kathedrale inkorporiert wurde. G. MacNiocaill

Lit.: G. MACNIOCAILL, Na Buirgéisí XII–XV Aois, 1964 – A. GWYNN – R. N. HADCOCK, Medieval Religious Houses: Ireland, 1970.

Leihanstalten → Bernardinus de Bustis; →Montes (pietatis)

Leihe. [1] Allgemein: Unter L. ist die Weitergabe von Grundstücken zu verstehen, die von einem L.geber unter bestimmten Bedingungen vorgenommen wurde. Man unterscheidet dabei zw. höheren Formen der L., die ein persönl. Treueverhältnis zur Folge hatten und sich im adeligen Lehnrecht (→Lehen) entfalteten, und der niederen L., die sich im bäuerl. und städt. Bereich ausprägte. Die Tatsache, daß bei der L. im wesentl. alle an einem Grundstück haftenden Nutzungsrechte vom Eigentümer auf den L.nehmer übergingen, so daß der Beliehene eine eigentumsähnl. Position erlangte, ließ unter den Rechtsgelehrten die Lehre vom geteilten Eigentum entstehen. Der L.geber wurde demnach als Obereigentümer bezeichnet, der ein dominium directum am L.gut besaß; der L.nehmer wurde dagegen als Untereigentümer angesehen, der über ein dominium utile verfügte. Da der weitaus größte Teil des Bodens sich im MA in der Hand weltl. und geistl. Grundherren befand, die ihre Besitzungen unter verschiedenartigen Bedingungen an die bäuerl. Bevölkerung verliehen, muß die wirtschaftl., soziale und polit. Dimension der L.rechte hoch eingeschätzt werden.

[2] Formen der Leihe: Das zu einer →Grundherrschaft gehörige Land wurde den Grundholden zu unterschiedl. L.rechten überlassen. Je nach der persönl. Rechtsstellung und der Größe des überlassenen Besitzes hatte der Beliehene an den Grundherrn Natural- und Geldabgaben zu leisten; im Rahmen der frühma. Grundherrschaft waren die mit einem L.gut ausgestatteten Bauern in der Regel auch zu →Frondiensten verpflichtet. Die L.rechte der frk. Zeit gehen teilweise auf die verschiedenen Arten der röm. rechtl. →Prekarie (precaria data, p. oblata, p. remunerata) zurück. Die Prekarie hatte zunächst nur eine wirtschaftl.

Bedeutung und veränderte keineswegs den Rechtsstatus des Beliehenen; allmähl. führte die Entwicklung aber dahin, daß mit der Übernahme von grundherrl. Land auch eine Eingliederung in den Fronhofsverband und eine persönl. Freiheitsminderung verbunden war. Die freien Formen der L. sind daher von den unfreien Formen der L. zu unterscheiden. Bei der freien L. behielt der L.nehmer seine persönl. Freiheit, während die unfreie L. den Beliehenen in das System der Grundherrschaft eingliederte und ihn dem Hofrecht unterwarf. Die freie L., die stark zur Erblichkeit tendierte, fand sich bes. in Rodungsgebieten, wo zahlreiche Kolonisten zu Erbzinsrecht angesiedelt wurden. Die hofrechtl. L. entwickelte sich ebenfalls von zeitl. befristeten Formen (Freistift, Leiblehen, Handlehen) zu erbl. gesicherten (Erblehen). Insgesamt gab es eine Vielzahl von unterschiedl. L.rechten (Meierrecht, Landsiedelrecht, Erbpachtrecht, etc.), die zudem nach einzelnen Wirtschaftsbereichen differierten.

Im städt. Bereich kam die L. bes. in Gestalt der sog. Gründerleihe zur Geltung: Bei Stadtgründungen überließ der Stadtherr in der Regel jedem Neubürger ein Grundstück zu erbl. Nutzungsrecht. Im Laufe der Zeit entwickelten sich neben der Gründerleihe auch andere Arten der L. Diese städt. Formen der L. waren zumeist vererbl. und hatten keinerlei persönl. Abhängigkeit des L.nehmers zur Folge. W. Rösener

Lit.: HRG II, 1820ff. – H. CONRAD, Dt. Rechtsgesch. I, 1962², 82ff., 142ff. – K. S. BADER, Rechtsformen und Schichten der Liegenschaftsnutzung im ma. Dorf, 1973, 16-51.

Leihezwang, nach den →Rechtsbüchern (Sachsenspiegel, Ldr. III 60 § 1; III 53 § 3; Lnr. 71 § 3 – Schwabenspiegel, Ldr. 132b/c; 121c; Lnr. 133) Verpflichtung zur Wiederausgabe heimgefallener (→Heimfall) Gerichtslehen, nämlich reichsunmittelbarer →Fahnlehen und von einem Reichsfs.en lehnsrühriger →Gft.en, binnen →Jahr und Tag. Abweichend hiervon ist in Fs. enweistümern (→Weistum) dem dt. Kg. mehrmals im 13. Jh. das Einbehaltungsrecht für alle heimgefallenen Reichslehen zuerkannt worden; doch Einbehaltungsversuche scheiterten letztlich. Seit dem 19. Jh. herrschte lange die Auffassung vor, durch den L. sei, da er sich seit der Wiederausgabe der Heinrich d. Löwen 1180 entzogenen Lehen nur im Reich, nicht in den Territorien durchgesetzt habe, dem Föderalismus in Dtl. der Weg bereitet worden. Heute wird vielfach bezweifelt, daß es in der Rechtswirklichkeit einen L. gegeben habe. – Als L. im weiteren Sinne wird auch die Verpflichtung zur Wiederausgabe von Lehen und Bauernhufen aufgrund erbrechtl. Ansprüche und staatl. Bauernschutzes bezeichnet. S. a. →Lehen. H.-G. Krause

Lit.: HRG II, 1826-1829 – H. MITTEIS, Lehnrecht und Staatsgewalt, 1933, 441-444, 685-705 – W. GOEZ, Der L., 1962 [Lit.] – H.-G. KRAUSE, Der Sachsenspiegel und das Problem des sog. L.s, ZRG Germ Abt 93, 1976, 21-99 – H. LEPPIN, Unters. zum L., ZRG Germ Abt 105, 1988, 239-252.

Leihverkehr. Die ma. Kl.bibl. baute ihren Buchbestand durch Schenkung, Tausch und Abschreiben im eigenen →Skriptorium auf. Die Vorlagen kamen häufig vom Mutterkl., das in der Regel auch schon den Grundbestand der Neugründung geschenkt hatte. Bücher wurden aber auch von Kl. entliehen, mit denen man eine Gebetsverbrüderung hatte oder die einfach benachbart waren. So deckten sich die ca. 350 Hss., die das Kl. Murbach besaß, inhaltl. großenteils mit denen das Mutterkl. Reichenau. Aus einem der frühesten Ausleihverz.se, das aus Weißenburg überliefert ist (9. Jh.), geht hervor, daß Hss. in die elsäss. Kl. Andlau und Klingenmünster, aber auch ins ferne Freising ausgeliehen wurden. Wie der erhaltene Briefwechsel des →Lupus v. Ferrières († 862) beweist, konnte das Bedürfnis nach zuverlässigen Texten oft nur über weitläufige Ausleihbeziehungen gestillt werden. Im Kl. Tegernsee beteiligten sich im 10./11. Jh. selbst die Äbte am Aufspüren guter Vorlagen für das eigene Skriptorium. Vom L. im eigtl. Sinne ist die Ausleihe zur Benutzung am Ort zu unterscheiden. Aus mancher Kl.bibl. konnten auch Laien entleihen, wie den Ausleihverz.sen von Weißenburg und Köln z. B. (9. Jh.) zu entnehmen ist. Manche ma. Univ. verfügte nicht nur über eine Pultbibl., wo die Hss. angekettet waren, sondern auch über eine Ausleihbibl. In Italien entlieh der →Stationarius die von der Univ. approbierten Texte zur Abschrift. Auch die frühen Buchdrucker mußten sich ihre Vorlagen durch Ausleihe beschaffen.
S. Corsten

Lit.: HBW III, 1, 1953 – L. BUZAS, Dt. Bibl.sgesch. des MA, 1975 – Bibl. Palatina, Textbd., 1986, 494-508 [Skriptorium].

Lein (Linum usitatissimum L./Linaceae). Der weitverbreitete L., dessen Heimat unbekannt ist, gehört zu den ältesten Kulturpflanzen und wird v. a. zur Fasergewinnung (→Flachs, →Leinen) angebaut. Doch finden auch die ölhaltigen Samen der ahd. *lin, flahs* oder *haru* gen. Pflanze (STEINMEYER-SIEVERS I, 283 u. ö.; III, 502) seit frühester Zeit Verwendung. Die ma. Heilkunde übernahm z. T. die schon in der Antike erwähnten Indikationen: so empfahl man den *linsamo* zum äußerl. wie innerl. Gebrauch als erweichenden Umschlag bei Geschwüren und Brandwunden, als Klistier bei Verstopfung, als Mittel gegen Husten, Gebärmutterleiden, (Seiten-)Schmerzen u. a. m. (Hildegard v. Bingen, Phys. I, 150 und 194; Albertus Magnus, De veget. VI, 435; Gart, Kap. 236). Nicht zuletzt spielte der L. in Aberglauben und Volksbrauchtum eine bedeutende, bes. vom Analogiezauber beherrschte Rolle.
P. Dilg

Lit.: MARZELL II, 1333-1336 – HWDA V, 1176-1200 – K. und F. BERTSCH, Gesch. unserer Kulturpflanzen, 1947, 201-210.

Leinberger, Hans, dt. Bildhauer, 1510-30 in Landshut, 1535 vielleicht Bürger in München. Der Hochaltar von 1513/15 in Moosburg ist das einzige an alten Platz befindl. Werk, vom vertragl. belegten Figurenprogramm des 'welschen' Altarschreins in Polling 1526/28 erhielt sich die thronende Muttergottes im Bayr. Nationalmus. München. Weitere Werke können zugeschrieben werden: Die Hängefigur der Gottesmutter in St. Martin zu Landshut, eine Muttergottes in Seeon, St. Jakobus im Bayer. Nationalmus. München, Christus in der Rast im Mus. Berlin-Dahlem, St. Georg in der Münchner Frauenkirche. Eine Bronzestatuette der Muttergottes in Berlin-Dahlem (vgl. dazu: Kat. Ex aere solido. Mus. Berlin-Dahlem, 1983, 117-121 [H. KROHN]), byz. gekleidet wie die von Moosburg, erinnert als Gußversuch an die Experimente für die Bronzefiguren am Grabmal Maximilians I. in Innsbruck, für welche man 1514 L. das Holzmodell Albrechts v. Habsburg verdingte. L.s Figuren von quellenden Formen und die Gewänder zeigen protobarocke Tendenzen, die Reliefs stehen unter it. Einfluß. Als bedeutendster Meister Niederbayerns ist er Zeit- und Stilgenosse von Malern der sog. Donauschule. A. Reinle

Lit.: V. LIEDKE, H.L., 1976 – A. SCHÄDLER, Zur künstler. Entwicklung H.L.s, MüJb XVIII, 1977, 59-90 – M. BAXANDALL, The Limewood Sculpture of Renaissance Germany, 1980, 309-316 – C. BEHLE, H.L., 1984.

Leinen. Die Leinwandherstellung verbreitete sich, seit der Antike von Kleinasien, dem Vorderen Orient und Afrika kommend, im MA in ganz Europa. Schwerpunkte sind schon früh in den für den Anbau von →Flachs geeigneten feuchten Gebieten festzustellen. L. wurde durch einen langwierigen Arbeitsvorgang aus den harten Fasern des Flachs gewonnen; diese mußten mehrfach gewässert und mit Hilfe von teilweise mechan. Flachsbrechern (um 1300 vermutl. in Holland erstmals entwickelt) gebrochen werden. Nachdem das Flachsgarn versponnen und verwebt war, wurden die Tuche in einer Aschenlauge und im Freien gebleicht. Die L.tuche waren v. a. in den warmen südeurop. Ländern beliebt. Aus L.tuch wurden Bett- und Tischwäsche, liturg. Gewänder, Handtücher, Vorhänge, aus schweren und groberen Qualitäten Tauwerk, Schiffsegel (→Hanf), Gepäckbehälter und Fischernetze, aus feinen Qualitäten Handschuhe, Batist, Spitzen, Schleier und Leibwäsche hergestellt. Seit dem 14. Jh. wurde L. zu →Barchent verarbeitet. Techn. Neuerungen konzentrierten sich auf den Produktionsprozeß des Garns (→Textilien) und auf das sehr zeitaufwendige, bis zu einem halben Jahr dauernde Bleichen der Leinwand (z. B. in Haarlem mit Buttermilch). Gelegentl. wurden diese Innovationen gezielt gefördert (1359 Privileg Karls IV. für die Stadt Breslau zur Anlage einer Bleiche). Die Flachsanbaugebiete bewirkten die Entstehung von L.gewerbelandschaften: N-Frankreich, Flandern, Brabant; in Deutschland das Bodenseegebiet zw. Konstanz/St. Gallen und Ulm/Augsburg sowie Westfalen/Niedersachsen zw. Osnabrück, Münster, Bielefeld, Herford, Göttingen, außerdem Sachsen (→Chemnitz), Lausitz und Niederschlesien. Das L.gewerbe war überwiegend ein ländl., das als Nebenerwerb zur Landwirtschaft betrieben wurde. Zahlreiche Urbare und Güterverzeichnisse des Früh- und HochMA erwähnen L.abgaben auf den großen Grundherrschaften, z. T. als Rohstoff oder zu Garn und Tuch verarbeitetes L. Der Flachs stammte von den Höfen der Hörigen oder wurde vom Grundherrn gestellt. In größeren Grundherrschaften konnte Flachs auch in →Gynäceen von Frauen verarbeitet werden. Die Verbindung mit Agrarwirtschaft war mögl., da L. ursprgl. nicht gewalkt, gebleicht und gefärbt wurde. Erst mit dem Aufstieg des städt. Handwerks seit dem 11./12. Jh. und der wachsenden Nachfrage nach qualitätvolleren Tuchen konzentrierten sich die kapitalintensiven Arbeitsgänge der Weiterverarbeitung und Veredelung in der städt. Walkmühle, der Bleiche und im Färbehaus. Der Vertrieb der marktfähigen Leinwand wurde von städt. Händlern übernommen. Dabei wurde der Bezug des Rohstoffes und der Laken seit dem 14./15. Jh. zunehmend in der Form des →Verlags oder auch des Zunftkaufs organisiert. Die Kaufleute gewannen zusätzl. durch die Einfuhr der →Baumwolle für die Barchentherstellung seit der Mitte des 14. Jh. größeren Einfluß auf Produktion und Vertrieb. Städt. Leineweber schlossen sich vermehrt seit etwa 1300 zu Leineweberzünften zusammen (bereits 1149 Ordnung der sehr spezialisierten Bettziechenweber in Köln). Diese Zünfte waren meist produktions- und nicht absatzorientiert. Sie sorgten für eine gleichmäßig qualitativ hochwertige Produktion, um den Lebensstandard ihrer Mitglieder zu sichern. Der Einhaltung und Kontrolle allg. Qualitätsstandards diente auch die Einrichtung von Leinwandschauen seit Ende des 14. Jh., die sämtl. Laken, die auf dem städt. Markt verkauft werden sollten, passieren mußten. Die Laken erhielten dafür einen Stempel oder eine Bleiplombe als Gütesiegel (→Beschauzeichen). Schlechte oder minderwertige Ware wurde meist zerschnitten. In einigen nord- und mitteldt. Städten, in denen die Leineweber als unehrenhaft galten und deshalb keine Zünfte bilden durften, wurden die Leinwandschauen als Legge bezeichnet und vom Rat eingerichtet. Für die Begutachtung bei Schau oder Legge mußten Gebühren gezahlt werden. Seit dem Ende des 15. Jh. versuchten die Zünfte verstärkt, Produktionszahlen durchzusetzen, um eine gleichmäßigere Vermögensverteilung unter ihren Mitgliedern zu erreichen. Dies geschah durch die Beschränkung der Zahl der Lehrlinge oder Gesellen, der Zahl der Webstühle je Meister oder der jährl. zu webenden Textilstücke. Die Durchsetzung der städt. Schau- und Produktionsvorschriften bei den Landwebern führte z. T. zu heftigen Konflikten. Soweit die Abschließung gegenüber ihnen gelang, wirkte sich dies regelmäßig zum Nachteil der betreffenden Städte aus. Die kaufmänn. Verleger nutzten dies aus, umgingen die Kontrolleinrichtungen und besorgten sich die Leinwand direkt bei den Landwebern. Durch das Vordringen des Barchents kam es zu Rückschlägen in der L.produktion. Bedeutend blieb im SpätMA nur die Garnherstellung, wobei das Kölner Garn mit dem aus Erfurt konkurrierte. L. aus Konstanz oder vom Bodensee wurde um 1200 über Genua oder Marseille in die Mittelmeerländer exportiert. Noch im 12./13. Jh. importierten it. Kaufleute L. aus Syrien nach Italien. Die Große →Ravensburger Handelsgesellschaft, die L. bes. aus Ravensburg und Umgebung bezog, exportierte im 14. Jh. meist nach Spanien. Die →Champagnemessen oder die Messen von →Frankfurt vermittelten seit dem 13./ 14. Jh. Bodenseeleinwand nach N/NW-Europa. Konstanz gab seit Mitte des 15. Jh. seine frühe Vormachtstellung am Bodensee an St. Gallen ab. L. aus N-Frankreich, den Niederlanden und auch aus Mitteldeutschland gelangte meist nach England. Das westfäl. L., das zunächst sehr beliebte gröbere Sorten umfaßte, findet man konkurrierend zum ndl. in ganz N-Europa, z. T. über Frankfurt vermittelt auch im S. Die beherrschende Stellung oberdt. Kaufleute und Verleger im Handel mit O-Europa führte seit der Mitte des 15. Jh. zur verstärkten L.produktion in Mitteldeutschland. Das südndl. L.gewerbe, dessen Feinl. bis nach Italien gelangte, profitierte seit Anfang des 15. Jh. von dem durch den Hundertjährigen Krieg stark geschwächten frz. L.gewerbe.

Ch. Reinicke

Lit.: H. Hohls, Der Leinwandhandel in N-Dtl. vom MA bis zum 17. Jh., HGBll 51, 1926, 116–158 – G. Aubin – A. Kunze, L.erzeugung und L.absatz im ö. Mitteldtl. zur Zeit der Zunftkäufe, 1940 – H. Aubin, Die Anfänge der großen schles. L.weberei und -handlung, VSWG 35, 1942, 105–176 – F. Wielandt, Das Konstanzer L.gewerbe, 2 Bde, 1950–53 – H. Ammann, Die Anfänge der L.industrie des Bodenseegebietes und der O-Schweiz, Alem. Jb. 1953, 251–313 – D. Lösche, Zur Gesch. der Entwicklung der Produktionsverhältnisse in der L.- und Barchentproduktion oberdt. Städte von 1450–1750, 1953 – G. Heitz, Gründung, Kapazität und Eigentumsverhältnisse der Chemnitzer Bleiche (1357–1471) (Vom MA zur NZ, Fschr. H. Sproemberg, 1956), 240–277 – H. C. Peyer, Leinwandgewerbe und Fernhandel der Stadt St. Gallen von den Anfängen bis 1520, 2 Bde, 1959–60 – G. Heitz, Ländl. L.produktion in Sachsen (1470–1555), 1961 – H. Aubin, Das westfäl. L.gewerbe im Rahmen der dt. und europ. Leinwanderzeugung bis zum Anbruch des Industriezeitalters (Vortr.srcihe der Ges. für Westfäl. Wirtschaftsgesch. 11, 1964) – K.-H. Kirchhoff, Hinweise auf die L.-Legge zu Münster 1456–1569, WF 31, 1981, 119–123.

Leiningen, Gf.en v., Adelsfamilie (L., heute Altleiningen, Rheinland-Pfalz, Krs. Frankenthal). 1128 wird *Emich* als erstes gesichertes Mitglied des 1. Hauses L. genannt, das mit den Raugf.en, den →Wildgf.en und den Gf.en v. →Veldenz stammverwandt war. Es wurde ca. 1212 von *Friedrich* v. →Saarbrücken, dem Sohn der Lukarde v. L., beerbt. Er wurde der Stammvater des 2. Geschlechtes v. L., das heute noch besteht. Im SpätMA teilte sich das Haus in die drei Linien *L.-Dagsburg*, *L.-Hardenburg* und *L.-Rixingen*. Ausgangspunkt der Territorialherrschaft war die Amtsgft. in drei alten Landgerichten des Wormsgaues.

Hinzu traten Lehen vom Reich, der →Pfalzgft. bei Rhein, den Kl. →Hornbach, →Murbach und →Weißenburg, die Vogtei über Kl. →Limburg, Allodien und nicht eingelöste Reichspfandschaften. Es gelang nicht, ein größeres zusammenhängendes Herrschaftsgebiet zu schaffen; der Besitz verteilte sich im Wormsgau – mit Stammburg L. und Hausstift Höningen (gegr. ca. 1120) – und im Speyergau. Hinzu kamen als Mitgift 1225 →Dagsburg (Dabo, Frankreich, dép. Bas-Rhin), 1242 Ormes (dép. Meurthe-et-Moselle) und Rixingen (Réchicourt, dép. Moselle). Mitglieder des Geschlechtes waren Bf.e v. Speyer.

H.-W. Herrmann

Lit.: I. TOUSSAINT, Die Gft.en L., Pfalzatlas, K. 67, 68, Textbd. II, 1056–1107 – DERS., Die Gf.en v. L., 1982.

Leinster → Laigin

Leinster, Book of → Book of Leinster

Leipzig, Stadt in →Sachsen. Auf einem Geländesporn an der Elster-Pleißen-Aue wurde spätestens um 900 eine slav. Siedlung angelegt, neben der die seit 929 vorhandene dt. Herrschaft im 10. Jh. die 1015 gen. urbs Libzi errichtete. Da an dieser Stelle die W-O-Fernstraße vom Rhein-Main-Gebiet nach dem s. Polen (→Hohe Straße) die Flußaue überschritt, entstand am Brühl im Kreuz der N-S-Straße ein Straßenmarkt mit späterer Katharinenkirche. Eine Kg.skirche (spätere Thomaskirche?) wurde 1017 von Kg. Heinrich II. dem Bm. Merseburg übergeben. Wohl noch im 11. Jh. wurden Jakobsparochie und Peterskirche errichtet. Bald nach 1100 bildete sich eine Kaufmannssiedlung mit Nikolaikirche. Um die Mitte des 12. Jh. war das Gebiet der späteren Altstadt mit mehreren selbständigen Siedlungen, einer Burg und fünf Pfarrkirchen ausgefüllt. Mgf. Otto v. Meißen griff ohne erkennbaren Rechtstitel in die Stadtentstehung ein, als er Mitte der 60er Jahre mit der Gewährung von Halle→Magdeburger Recht die Formierung der Bürgergemeinde ermöglichte; das topograph. Wachstum zum Abschluß brachte und sich zum Stadtherrn machte. Die junge Stadt entwickelte sich so günstig, daß sie 1215 den Versuch wagte, die fsl. Botmäßigkeit gegen die kgl. zu tauschen. Mgf. Dietrich d. Bedrängte verhinderte das nach anfängl. Zugeständnissen 1217. So vollzog sich der Ausbau der städt. Selbstverwaltung im Rahmen der Mgft. →Meißen. 1263 wurde die Gerichtsbarkeit des stadtherrl. Vogtes aufgehoben, 1270 der Rat bestätigt, 1292 der Schultheiß durch den Bürgermeister ersetzt. 1423 erhielt die Stadt das Gericht. 1213 erfolgte die Gründung des Augustinerchorherrenstifts zu St. Thomas, 1229/31 des Dominikanerkl., um 1230 des Georgennonnenkl., vor der Mitte des 13. Jh. des Franziskanerkl. und 1409 der Univ. Die seit 1248 nachzuweisende Judengemeinde bezeugt den hohen Stand der Geldwirtschaft. Seit 1367 schuf der Rat sukzessive eine rund 20 Dörfer umfassende städt. Grundherrschaft zur Sicherung wirtschaftl. Interessen im Umland, in das auch das L.er Weichbildrecht hineinragte. Das seit 1380 nachweisbare Niederlagsrecht wurde zu einem 15 Meilen-Stapelzwang erweitert. Gefördert von den Landesherren wurden die Jahrmärkte zu Ostern und Michaelis, seit 1458 auch zu Neujahr, zu überregionalen →Messen ausgebaut. Die kgl. Messeprivilegien v. 1497 und 1507 sicherten L.s Vorrang im mitteldt. Handel. Enge Wirtschaftsbeziehungen bestanden in die Niederlande und nach Nürnberg. Der Buchdruck blühte seit 1481 mächtig auf. Um 1500 besaß L. 7000–8000 Einw. bei einer Fläche von ca. 50 ha.

K. Blaschke

Bibliogr.: Bibliogr. zur Stadt L., Hauptbd. 1–2, 1971–77; Sonderbde: I (Messe), 1957; II (Univ.), 1961; III (Kunst), 1964; IV (Buch), 1967 –

Lit.: G. WUSTMANN, Gesch. der Stadt L., 1, 1905 – Mitteldt. Heimatatlas, 2.T., B. 32, 1960 – H. KÜAS, Das alte L. in archäolog. Sicht, 1976.

Leipziger Teilung. Nach 20jähriger gemeinsamer Regierung mit seinem Bruder Albrecht entschloß sich Kfs. →Ernst v. Sachsen aus unerfindl. Gründen zur Teilung des Kfsm.s, die am 17. Juni 1485 in Leipzig beschlossen und am 11. Nov. ebd. rechtsgültig vollzogen wurde. Sie schuf zwei später reichsrechtl. anerkannte Fsm.er, das Kfsm. und das Hzm. Sachsen, und teilte die →Wettiner in eine ernestin. und eine albertin. Linie. Die Teilung hat wegen ihrer komplizierten Durchführung viele Konflikte verursacht, die wettin. Stellung in Deutschland empfindl. geschwächt, den Zwist der wettin. Vettern im Schmalkald. Krieg herbeigeführt und die Entwicklung selbständiger Staaten in Sachsen und Thüringen eingeleitet. K. Blaschke

Lit.: K. BLASCHKE, Die L.T. der wettin. Länder v. 1485, Sächs. Heimatbll. 31, 1985, 277–280.

Leire, S. Salvador de → S. Salvador de Leire

Leiria, ptg. Ort in Estremadura, s. des Mondego. 1135 ließ →Alfons I. dort eine Burg errichten, zum Schutz des Hinterlandes um →Coimbra und als Stützpunkt seiner →Reconquista. Doch während seiner Kämpfe mit →Alfons VII. v. Kastilien-León eroberten die Sarazenen 1140 L., Anlaß für die →»Chronica Adefonsi Imperatoris«, ihm die Lektion zu erteilen: Hätte er mit den Ks. Frieden gehalten, wäre L. nicht verlorengegangen. 1142 gab Alfons I. den Einwohnern des zurückeroberten L. Fueros, die kirchl. Rechte schenkte er S. Cruz de →Coimbra. In L. tagten wiederholt →Cortes: z.B. 1254 (zum ersten Mal mit Vertretern der Städte), 1372 (sie hielten Kg. →Ferdinand I. in 25 Artikeln die Mißstände im Reich vor) und 1438 (über die von Kg. →Eduard gestellte Frage, ob mit der Preisgabe →Ceutas der gefangene Infant Ferdinand freigekauft werden solle). P. Feige

Lit.: L. COELHO CRISTINO, As Cortes de L. de 1372, 1973 – J. MATTOSO, A Cidade de L. na história medieval de Portugal, Ler história 4, 1985, 3–18 – I. GONÇALVES, Alcobaça e L., História 4, 1987, 89–102 – L. VERDELHO DA COSTA, L., 1989.

Leischaft, Laischaft (lat. legio, nd. *leysscapp*; Etymologie unklar; ältere Bezüge zu ahd. *leitjan* werden von kirchenlat. laicus [Laie ↔ Klerus] überlagert), eine – v. a. in Münster und Osnabrück – gebräuchl. Bezeichnung für eine bürgerl. Verwaltungseinheit, die in ähnl. Funktion andernorts unter vielfältigen Namen auftritt: Quartier, Teil, Viertail, Gemeinde, Hof (Soest, Wiedenbrück), Hude, Nachbarschaft, Bannier, Banner, Gft., comitatus, Espel (Kampen), Porte, porta, Ort usw. (→Stadtviertel). Bis in die NZ hinein bildeten die L.en die Grundlage für die kommunale Wehr-, Wach- und Feuerlöschordnung und für die Steuererhebung. Sie besaßen zwar keine direkte Vertretung in den Räten, konnten aber die Aufstellung der Wahlmänner organisieren (Osnabrücker Ratswahlordnung v. 1348). Die L.en traten durchweg erst im späten MA hervor und lösten die Kirchspiele in den meisten Verwaltungsaufgaben ab; eine Rückführung auf (präurbane) →Burschaften oder Genossenschaften ist hist. nicht haltbar. Auch die Bauerschaften (Dortmund) und Schreinsbezirke (Köln) sind sachl. von den L.en zu trennen. Die Grenzen der L.en überschneiden und überlagern die Pfarrterminationen und greifen meist strahlenförmig auf das benachbarte städt. Umland jenseits der Mauern über. Ihre Bezeichnungen werden von den Kirchenpatronen, Ortsteilen oder den Stadttoren übernommen. Genauere Studien zu den L.en stehen noch aus. B.-U. Hergemöller

Lit.: F. PHILIPPI, Zur Verfassungsgesch. der westfäl. Bf.sstädte, 1894 – G. SCHULTE, Die Verfassungsgesch. Münsters im MA, 1898 – W.

JAPPE-ALBERTS, Beitr. zur Gesch. der ostndl. Stadt im SpätMA (Westfäl. Forsch. 13, 1960), 36-51.

Lei das Sesmarias, von →Ferdinand I. v. Portugal während der Cortes v. Santarém verkündetes Gesetz zur Reform der Landwirtschaft und Bekämpfung der →Agrarkrise (26. Mai bzw. 1. Juni 1375). Seinen Namen hat es erst spät erhalten (durch Überlieferung im Titel LXXXI »Das Sesmarias« der →Ordenações Afonsinas). Im 14. und 15. Jh. ist die vom →pressura-System geprägte Praxis belegt, daß die Ratsgemeinden und der Kg. *sesmeiros* (im Prinzip sechs, für jeden Wochentag einen) damit beauftragten, brachliegende Felder neuen Besitzern zuzuteilen und die weitere Nutzung dieser »sesmarias« und Abgabenleistungen zu überwachen. Die L., in der diese Begriffe selbst nicht vorkommen, sollte zum einen die Besitzer von Land zwingen, es auch zu kultivieren oder zu verpachten, zum anderen sollte mit ihr dem von der Pest, aber auch von der Anziehungskraft der Städte verursachten Arbeitskräftemangel auf dem Land begegnet werden: Ganze Bevölkerungsgruppen (u. a. Söhne und Enkel von Bauern, Personen, die eine nicht dem »allg. Wohl« dienliche Tätigkeit ausübten, »Müßiggänger«, Landstreicher und Bettler) sollten zur Landarbeit gezwungen werden. Kranke und Alte mußten sich ihre Arbeitsuntauglichkeit von den Behörden bescheinigen lassen. Für die Arbeit wurden Höchstlöhne und für deren Überschreitung Strafen festgesetzt. Diese Politik der S. hat unter Johann I., Eduard und Alfons V. ihre Weiterentwicklung gefunden; sie ist wie auch das engl. →Statute of Labourers ein frühes Beispiel staatl. Arbeits- und Zwangsgesetzgebung.

P. Feige

Q. und Lit.: Ordenações do D. Afonso V, Bd. IV, 1782, 281-285 - V. RAU, S. Medievais Portuguesas, hg. J. M. GARCIA, 1982² - J. M. GARCIA, S.: uma lei que alançou a popularidade, História (Lisboa) 51, 1983, 79-83.

Leis geraes, in den »Portugaliae Monumenta Historica« Bezeichnung derjenigen Gesetze, die nicht für einzelne Personen oder Munizipien bestimmt waren, sondern für ganz →Portugal. In größerem Umfang gilt das erstmals für die Verfügungen →Alfons' II. im Zusammenhang mit den →Cortes von 1211. Im engeren Sinne sind v. a. Gesetze →Alfons' III. als L. bezeichnet worden, aber auch seine Nachfolger →Dinis, →Alfons IV., →Pedro I. und →Ferdinand I. haben L. verkündet. Die generelle Gültigkeit bestimmter Gesetze ergibt sich aus ihrem Inhalt, aus den Adressaten (»a todos os do meu senhorio«, Alfons IV.) und aus der Bestimmung über ihre Bekanntmachung (wöchentl. oder monatl. Verlesung durch die *tabeliães*, die Notare). Aus dem Anfang des 15. Jh. stammen die beiden bedeutendsten Abschriften (»Livro das Leis e Posturas«, »Ordenações de D. Duarte«).

P. Feige

Q. und Lit.: Portugaliae Mon. Hist., Leges et Consuetudines, I, 1856, [143-160: Einl. zu den L.] - As »Ordenações de D. Duarte«, Anais das Bibl. e Arquivos 12, 1936-37, 18-22 - Livro das Leis e Posturas, hg. N. ESPINOSA GOMES DA SILVA - T. CAMPOS RODRIGUES, 1971 - N. ESPINOSA GOMES DA SILVA, Hist. do Direito Portgues, I, 1985.

Leisnig, ehem. Bgft. und Stadt in Sachsen, Krs. Döbeln. Ks. Heinrich IV. gab die auf langgestrecktem Felsen über der Freiberger Mulde wohl schon in otton. Zeit erbaute Burg (1046 gen.) 1084 an →Wiprecht v. Groitzsch, von dem sie im Erbgang 1143 an den Bamberger Stiftsvogt Rapoto v. Abenberg gelangte. Friedrich Barbarossa erwarb sie 1147 als Hausgut, tauschte sie 1158 als Reichsgut ein und machte sie zu einem Herrschaftszentrum im pleißenländ. Reichsterritorium. Als Licendice erscheint sie im Tafelgüterverz. des röm. Kg.s. Die seit 1158 nachweisbaren Bgf.en v. L. schufen durch Rodung ein Herrschaftsgebiet, vor 1192 gründeten sie ihr Hauskl. Buch mit Zisterziensern aus Sittichenbach, beim Zerfall der Reichsgewalt im 13. Jh. waren sie auf dem Wege zu eigener Landesherrschaft. Die →Wettiner nahmen ihnen 1329 die Reichsunmittelbarkeit, zwangen sie 1365 zum Verkauf der Bgft. und verleibten diese der Mgft. Meißen ein. Die Burg 'Mildenstein' wurde Sitz eines meißn.-sächs. Amtes. Die Bgf.en behielten kleinere Gebiete im Muldenland, 1538 starben sie aus.

Unterhalb der Burg entstand im frühen 12. Jh. die Kaufmannssiedlung Alt-L., das oppidum novum von 1214, das 1286 als vetus civitas gen. wird, weil unterdessen vor der Burg eine neue Stadt angelegt worden war. Deren Ratsverfassung ist seit 1363 bezeugt, 1386 erwarb sie den 3. Pfennig am Stadtgericht, das 1423 vollständig in ihre Gewalt kam.

K. Blaschke

Lit.: F. SCHELLENBERG, Chronik der Stadt L. und ihrer Umgebung, 1842 - H. HELBIG, Der wettin. Ständestaat, 1955, 229-235.

Leithund →Jagdhunde

Leitmeritz (tschech. Litoměřice), Stadt im nw. Böhmen, am Zusammenfluß von Elbe und Eger. Die an der rechten Uferanhöhe befindl. Burg L. war eines der wichtigsten Verwaltungszentren im frühma. Böhmen. Die Kastellane von L. gehörten zu den bedeutendsten Amtsinhabern im Land. Um 1057 wurde im Burgareal das Domkapitel des hl. Stephan gegr. Die Burg wurde bald Mittelpunkt einer ausgeprägten Siedlungskonzentration mit einem Netz von Kirchen, Kapellen und Magnatenhöfen. Die Entfaltung der Gewerbeproduktion und des Marktes begünstigte den Elbehandel mit Sachsen. Als Vorgänger der Stadt kann der 1219 angeführte »Novus mons«, der in ö. Nachbarschaft der Burg lag, gelten, wo namentl. dt. sächs. Kaufleute wohnten. Wahrscheinl. um 1225 wurde nö. der Anhöhe mit der Burg die Stadtgemeinde L. vom Kg. gegründet (erstmals 1234 gen.). Eine führende Rolle spielten dabei die Bürger dt., v. a. sächs. Herkunft. Die Stadt wurde das wirtschaftl. Zentrum des fruchtbaren Gebietes an der unteren Eger, und ihr Markt beherrschte eine Reihe von umliegenden Städten und Marktflecken. L. (Stadtbefestigung 1257; Dominikanerkl. und Minoritenkl.) führte bald das →Magdeburger Recht ein. Die Versuche →Přemysl Otakars II., im Burgareal eine neue Stadtsiedlung zu begründen (1253, 1262), scheiterten. L. gewann auch auf kulturellem Gebiet an Bedeutung (1298 städt. Schule, 1349 Kapitelschule). In der 2. Hälfte des 14. Jh. weitete sich die Stadt nach S und bes. nach O aus. In die zunächst dt. Oberschicht drangen seit Ende des 14. Jh. vermehrt Tschechen ein. L. konnte nach den Hussitenkriegen seinen polit. und wirtschaftl. Einfluß bewahren. Seine polit. Bedeutung wuchs, als ab 1420 ein Teil des früher kirchl. Besitzes in der Umgebung (Kl. Doksany, Propstei in L. u. a.) an die Stadt überging. Im 14. und 15. Jh. kam es zu Streitigkeiten mit anderen Elbestädten um das Monopol von Getreide und Wein im Elbehandel.

J. Žemlička

Lit.: J. LIPPERT, Gesch. der Stadt L., 1871 - R. HOHMANN, Die Anfänge der Stadt L., 1923 - J. TOMAS, Počátky města L. II, Ústecký sborník historický, 1983, 59-108 - J. SMETANA, L. von der Urzeit bis zur Gegenwart, 1986.

Leitomischl (tschech. Litomyšl), Stadt in Ostböhmen, 17 km nw. von Svitavy. Möglicherweise gehörte L., wie →Cosmas v. Prag berichtet, zu den ö. Grenzpunkten der Herrschaft Slavniks († 981; →Slavnikiden). Die Anfänge L.s stehen wohl im Zusammenhang mit der strateg. günstigen Lage an der Hauptverbindung von Böhmen nach Mähren am Rand des Grenzwaldes. Die Existenz einer

Festung (oppidum) in L. wird ebenfalls durch Cosmas zum Jahr 1108 erwähnt, doch ist bis heute ihre Beziehung zum Burgwall in Benátky (2,5 km s. von L.) ungeklärt. Ende des 11. Jh. war L. Marktsiedlung. →Břetislav II. (1092–1100) stiftete auf dem Areal des Burghügels ein Kl., das um 1150 mit Prämonstratensern besetzt wurde (Reste der roman. Prämonstratenserkirche [ŏ Maria] wie des got. Umbaus erhalten). 1259 hat Přemysl →Otokar II. L. zur Stadt erhoben. Ihr Grundriß dokumentiert die Verbindung der älteren Siedlungstradition mit regelmäßiger Stadtplanung. Der reiche Grundbesitz der prämonstratens. Kanonie diente zur Ausstattung des 1344 gegr., in den Hussitenkriegen untergegangenen Bm. s. 1356 wirkte in L. ein Augustinereremitenkl., bald danach die Stadtbefestigung aus Stein errichtet. L. war v. a. in der Regierungszeit Karls IV. (→Johann v. Neumarkt) ein wichtiges Kulturzentrum. J. Žemlička

Lit.: K. Reichertová, Litomyšl, 1977 – M. Bláhová, Castrum sub silva situm, nomine Lutomysl (Litomyšl 981-1981, 1981) 13–23 – P. Charvát, Hrutov – včerejšek a dnešek jednoho problému, Folia Historica Bohemica 2, 1980, 39–76 – Ders., Slovanské osídlení Vraclavska do poloviny 13. století, Archeologické rozhledy 32, 1980, 274–279 – J. Sláma, Střední Čechy v raném středověku II, 1986, 36.

Leiturgia. Die als l. bezeichnete »unentgeltliche Inanspruchnahme der Dienste der Bürger und ihres Vermögens für staatl. und soziale Zwecke« (Karayannopulos) existierten mit diesem Terminus nur bis ins 6. Jh., obwohl noch Gesetzbücher des 14. Jh. den Ausdruck kennen. Da die l. in erster Linie von Bewohnern der Städte getragen wurde, verschwand sie mit deren Niedergang (7./8. Jh.) oder wurde von staatl. Stellen übernommen.

Anstelle der meist reichen Bürgern auferlegten l. traten seit mittelbyz. Zeit die als ἀγγαρεῖαι bezeichneten Dienstleistungen, unter denen bes. die ländl. Bevölkerung zu leiden hatte (Hand- und Spanndienste, Brücken- und Wegebau, Festungsbau, Versorgung von Beamten und durchziehenden Truppen u. a.). P. Schreiner

Lit.: J. Karayannopulos, Das Finanzwesen des frühbyz. Staates, 1958, Ind. s. v. l. – A. Harvey, Economic Expansion in the Byz. Empire 900–1200, 1989, Ind. s. v. angareia.

Lejre, legendärer (?) dän. Königssitz. In der westnord. Dichtung gilt L., noch 1062, als Symbol der dän. Kg.s-macht. Doch erst die Geschichtsschreibung der Zeit um 1200 (→Svend Aggesen, →Saxo Grammaticus, Chronicon Lethrense und die verlorene Skjöldunga saga) kombiniert die Sagen mit dem Ortsnamen L. Svend Aggesen identifiziert den Ort L. westl. von Roskilde (Seeland) mit L., der Residenz des (im →Beowulf erwähnten) legendären Kg.s Hrolfr Kraki.

Arch. Untersuchungen in L. haben ein Hügelgrab (wahrscheinl. 6. Jh.) nachgewiesen, Siedlung seit dem 8. Jh. Der auf hohen sozialen Status des Verstorbenen hindeutende Charakter der Funde (golddurchwirktes Tuch) scheint die spätere Überlieferung, nach der L. Königssitz (als Vorgänger →Roskildes?) war, zu bestätigen. Die Beschreibung →Thietmars v. Merseburg von Kultfeiern in L. mit Menschen- und Tieropfern ist wegen des zeitl. und räuml. Abstandes kaum zuverlässig. Th. Riis

Lit.: KL X, 1965, 483–486 – A. Fang (Trap, Danmark⁵, Københavns amt, 1960), 1140 – H. Søgaard, Om forholdet mellem Roskildekrøniken og Lejrekrøniken (Historie. Jyske Samlinger, Ny rk. VIII), 1968–70, 149–172 – Danmarks Historie, hg. O. Olsen II, 1988, 352f. [L. Hedeager]; III, 1988, 39, 47, 140f., 323 [P. H. Sawyer].

Lekno, Burg, Sitz eines Kastellaneibezirks am w. Ufer des Ł.-Sees in der hist. Region Pałuki, nö. →Großpolen; erwähnt 1136. Dort entstand Anfang 12. Jh. (vielleicht 11. Jh.) eine kleine Kirchenrotunde mit Apsis (Ausgrabungen seit 1982). In der Umgebung wird 1153 ein Markt (forum cum taberna) gen. Grenzen und Zeit der Auflösung der Kastellanei sind strittig. Zbylut aus der Familie Pałuki stiftete 1142–1153 in der Burgkirche eine OCist Abtei, Tochterkl. von Altenburg bei Köln. In den ersten Jahren des 13. Jh. beteiligte sich das Kl., entgegen der Ordensregel, an der Prußenmission. 1206 bestätigte Innozenz III. bfl. Rechte des Abtes Gottfried, der nach anfängl. Missionserfolgen in Pomesanien wahrscheinl. bald starb (→Christian [7. Ch.]). Wachsender Grundbesitz und wirtschaftl. Entwicklung ermöglichten um 1250 den Neubau der Kirche. Gegen Ende des 14. Jh. wurde das Kl. in die vor 1381 gegr. Stadt Wongrowiec (Wągrowiec) verlegt. Auf dem Gebiet der Familie Pałuki entstand am ö. Ufer des Ł.-Sees vor 1370 eine Stadt, die 1444 →Magdeburger Recht bekam. S. Gawlas

Lit.: W. Depdolla, Gesch. des Kl. Ł.-Wongrowitz, 1917 – Hist. i kultura cystersów w dawnej Polsce i ich europejskie związki, 1987, 181ff., 241f., 305ff., 328ff. – Studia i materiały do dziejów Pałuk, 1, hg. A. M. Wyrwa, 1989 – Die Ritterorden zw. geistl. und weltl. Macht im MA, hg. Z. H. Nowak (Universitas Nicolai Copernici Ordines militares Colloquia Torunensia Historica V, 1990), 77ff.

Lektionar, Oberbegriff für ein liturg. Buch, das Lesungen für den chr. Gottesdienst enthält; in den Hss. als lectionarium plenum oder →comes (liber comitis) bezeichnet. Im L. sind Lesungen aus dem AT (Propheten) und aus den Evangelien wie aus den Apostelbriefen in der Ordnung des Kirchenjahres zusammengestellt. Die Lesungen für Sonntage, eventuell auch Mittwoch, Freitag und Samstag (Temporale) und für Hl.nfeste (Sanktorale) sind entweder getrennt nacheinander aufgeführt oder ineinandergeschoben. Das L. entstand aus den bibl. Perikopenlisten, indem man die dort ausgewählten Textstellen für die Lesungen von Messe und Stundengebet gesondert abschrieb und zu einem eigenen Buch zusammenstellte. Es ist ein seit dem 7. Jh. (möglicherweise auch schon im 6. Jh.) auftretender Buchtyp; bereits ab dem 8. Jh. wurde es teilweise mit anderen liturg. Büchern (Sakramentar, später v. a. mit dem Graduale) zum Missale vereinigt und im SpätMA weitgehend von diesem verdrängt. Entsprechend den verschiedenen liturg. Riten unterscheiden sich die L. inhaltl. voneinander (s. Gamber). - Gelegentl. werden in der Lit. auch Epistolare und Evangelistare als L. bezeichnet (vgl. Everger-L. in Köln, Diöz. und Dombibl. Dom Hs. 143 – Köln, Ende 10. Jh. –; eigtl. ein Epistolar; s. auch Weis).

Soweit L.e mit Buchschmuck ausgestattet sind, handelt es sich häufig um Initialen, gelegentl. kommen verzierte Titelseiten hinzu (vgl. L. von Luxeuil, Paris BN. Lat. 9427 – Luxeuil, Ende 7. Jh.; Paris, BN. Lat. 9451 – Norditalien, 8./9. Jh.; München, Bayer. Staatsbibl. Clm 6424 – Freising, um 815–825; Fulda, Hess. Landesbibl. B 5 – Weingarten, 1. Drittel 13. Jh.). Teilweise besitzen L.e auch bildl. Schmuck (Miniaturen), so das L. des Custos Perhtold, aus St. Peter in Salzburg (letztes Viertel 11. Jh.; New York, Pierpont Morgan Libr. M 780) mit Darstellungen aus dem Leben Christi, der Steinigung des Stephanus u. a.; z. T. auch mit Maiestas Domini, vier Evangelisten, Pfingsten, Marientod (New York, Pierpont Morgan Libr. M 299 – Halle?, 13. Jh.) oder das L. des Pietro Donato, Bf. v. Padua, dat. 1436 (New York, Pierpont Morgan Libr. M 180) mit 51 Szenen aus dem Leben Christi und Darstellungen von Hl.n und Märtyrern. →Epistolar, →Evangeliar, →Homiliar. K. Bierbrauer

Lit.: LThK VI – P. Salmon, Le lectionaire de Luxeuil. Collectanea Bibl. Lat. 7 und 9, 1944, 1953 – K. Gamber, Cod. Liturgici Lat. Antiquiores, 1968² – A. Weis, Die spätantike L.-Illustration im Skriptorium der Reichenau (Die Abtei Reichenau, hg. H. MAURER, 1974), 311f. – G. STREITER, Das L. v. Pfäfers, Zs. für Schweizer. Kirchengesch. 78, 1984, 11ff. – P.-M. GY, La Liturgie dans l'hist., 1990, 75–89.

Lektor → Weihegrade

Le Maçon, Robert, Herr v. Trèves (dép. Maine-et-Loire, arr. Saumur), Kanzler und Rat des Dauphins →Karl (VII.), * um 1365 in Château-du-Loir (dép. Sarthe, arr. Le Mans), † 28. Jan. 1443 (ohne Nachkommen), ⌑ Trèves, Pfarrkirche (Grabmal erhalten). Der Vater, Henri, hatte bereits im Dienste Ludwigs II., Hzg.s v. Anjou und Kg.s v. Sizilien, gestanden. Le M. selbst wurde 1401 geadelt, war Rat Ludwigs II., dann *Maître des Requêtes* am *Hôtel du roi* Karls VI. (1414), einer der Gouverneure Hzg. Ludwigs v. Guyenne, 1415–16 Kanzler der Kgn. Isabella, schließl. Kanzler des Dauphins Karl, dem er 1418 zur Flucht aus dem von feindl. Burgundern (→Armagnacs et Bourguignons) besetzten Paris verhalf, indem er ihm das eigene Pferd abtrat. Bei den Gegnern als »un des plus gros de la bande (armagnacque)« verhaßt, doch auch als »bien prudent et sage clerc« anerkannt, war er einer der führenden Räte des »Kg.s v. Bourges« (häufige Teilnahme am →Conseil royal, 1418–36). Dem Mordanschlag auf Hzg. →Jean sans peur (1419) stand er ablehnend gegenüber. 1422 zugunsten von Martin Gouge de Charpaignes, Bf. v. Clermont, als Kanzler abgesetzt, gewann Le M. erst 1427–29 das alte Vertrauen des Kg.s wieder. Als einer der ersten förderte er →Jeanne d'Arc; Le M.s Frau, Jean de Mortemer (Tochter des Herrn v. Couhé), war zweimal mit der Untersuchung der Jungfräulichkeit Jeannes betraut. Le M.s Anwesenheit bei der Nobilitierung der Pucelle (Dez. 1429) war Höhe- und zugleich Endpunkt seiner hist. Rolle. 1436 schied er definitiv aus den polit. Geschäften aus. Ph. Contamine

Lit.: G. DU FRESNE DE BEAUCOURT, Hist. de Charles VII, 6 vol., 1882–88.

Lemaire de Belges, Jean, frz. Dichter und Humanist, * 1473 in Bavai, Frz. Hennegau (Beiname irrig von lat. 'Belgis' abgeleitet), † nach 1515. War L. ein Nachfahre der Grands →Rhétoriqueurs (allegor. Totenklagen) und der mytholog. gefärbten Chronistik und Epik des MA (historiograph. Texte), so wurde er von C. Marot und den Dichtern der »Pléiade« im 16. Jh. auch als Meister originaler Dichtkunst gefeiert und noch im 18. Jh. als gelehrter Humanist bewundert. Als Mensch der Renaissance reiste er nach Italien, um dort nach Q. zu forschen, schrieb aber im Dienste des Hauses Savoyen und bliebt stets dem franko-burg. Milieu verbunden. Diese vielfältigen Perspektiven seines umfangreichen Werkes lassen L. als eine charakterist. Gestalt des Übergangs vom MA zur Renaissance erscheinen. A. Schoysman

Ed. und Lit.: ed. J. STECHER, 1882–91, 1969² – P. JODOGNE, J.L. de B., 1972 – J. ABÉLARD, Les »Illustrations de Gaule…«, 1976 – U. BERGWEILER, Die Allegorie im Werk von J.L. de B., 1976 – M. F. O. JENKINS, Artful Eloquence, 1980 – Hommages à la Wallonie, hg. H. HASQUIN, 1981 [ed. P. JODOGNE].

Le Mans, Bm. und Stadt in Westfrankreich (dép. Sarthe), zur Gesch. der Gft. →Maine.

I. Bistum – II. Stadt.

I. BISTUM: Die alte Diöz. Le M. umfaßte die heut. Départements Sarthe und Mayenne sowie einige Cantons der Départements Orne und Eure-et-Loir. In ihr waren die beiden galloröm. Civitates der Cenomanni (das spätere Maine) und der Diablintes (Jublains, ohne eigenen Bf.) aufgegangen. Die Anfänge der Christianisierung, wohl seit dem 3. Jh., liegen im dunkeln (Fortleben pagan-animist. Kulte). Verläßl. Bischofslisten bestehen seit dem 5. Jh. In der Merowingerzeit fungierten dem Königshof nahestehende Aristokraten als Bf. e; einer von ihnen, Badegisilus (581–586), machte sich durch ungerechtes Regiment verhaßt. Von den zahlreichen monast. Gemeinschaften dieser Zeit überlebten nur wenige die Säkularisierungsmaßnahmen Karl Martells.

Neue Ansätze zur Besserung der kirchl. Zustände setzten im 9. Jh. ein; Bf. Aldric (832–857) hielt 840 eine Reformsynode ab. Durch die Einfälle der Normannen und Bretonen, v. a. seit 880, verfiel das kirchl. Leben erneut; nahezu alle Kl. der Diöz., mit Ausnahmen von →St-Calais, gingen zugrunde. Im 10. und frühen 11. Jh. war das Bm. in den Händen der Laienaristokratie, namentl. der mächtigen norm. Familie →Bellême. Der als Simonist verschriene Bf. Sigefridus (971–996) hatte gar eine 'episcopissa'. Bemühungen um kirchl. Reform sind seit dem Episkopat des Gervasius v. Château-du-Loir (1036–55) festzustellen. Lange vor der Gregorian. Reform wurden erste Maßnahmen zur Rückführung der kirchl. Besitzungen und Ämter aus Laiengewalt eingeleitet. Neue Abteien und zahlreiche Priorate wurden gegr. bzw. ältere reorganisiert (St-Vincent du M., Évron, Lonlay). Bf. e wie Vulgrinus und Arnaldus (Arnaud) waren um die Hebung der Disziplin ihres Klerus besorgt. →Hildebert v. Lavardin (1096–1125) vereinte in seiner Person die Eigenschaften des brillanten Intellektuellen und des tatkräftigen Reformprälaten. Der Aufenthalt Papst Urbans II. in der Diöz. (1096) gab den Reformbestrebungen weiteren Auftrieb. Es konnten alle Kirchen (bis auf 26, die meist im Passais, nahe der Grenze zur Normandie, lagen) der Laiengewalt entzogen werden; mehr als ein Viertel der Pfarrkirchen (210 von insgesamt 760) wurde dem bfl. Patronat unterstellt, während das Kathedralkapitel über nur 45 Pfarrkirchen verfügte. Wie andernorts unterstand der Großteil der Pfarrkirchen Abteien und – in geringerem Maße – Kollegiatstiften. Die reichsten Abteien waren Évron und La Couture du M. Der große Besitz von auswärtigen Abteien in der Diöz. (v. a. der bedeutenden Abteien →Marmoutier, St-Laumer de →Blois und →Vendôme) erschwerte freilich den administrativen und jurisdiktionellen Zugriff der Bf.sgewalt.

Die Diöz. Le M., v. a. die Waldzone im W des Maine, war seit dem 11. Jh. ein Sammelbecken weltflüchtigen Eremitentums, das durch religiöse Persönlichkeiten wie →Robert v. Arbrissel, Vitalis v. Savigny, →Bernhard v. Tiron, Guillaume Firmat, Robert de la Futaie u. a. geprägt wurde. Derartige Wanderprediger, die sich der Kontrolle durch die geistl. Autorität entzogen, überschritten bisweilen die Grenze der →Häresie. Dies gilt für →Heinrich »v. Lausanne«, der 1116, anfängl. mit Erlaubnis Hildeberts v. Lavardin, predigte, als Ketzer und Aufwiegler jedoch die Diöz. verlassen mußte. Mehrere Eremiten sahen die Notwendigkeit, ihre Anhängerschaft an einen festen Ort und eine monast. Regel zu binden, was Robert v. Arbrissel zunächst in La Roe, dann in →Fontevraud verwirklichte. Im 12. und 13. Jh. schlossen sich die meisten Eremitengemeinschaften dem →Zisterzienserorden an (Perseigne, Tironneau, Clermont, Champagne, Fontaine-Daniel, L'Épau).

Im 13. Jh. setzte die bfl. Gewalt ihr Bemühen um die Errichtung geordneter Diözesanverhältnisse fort (Wiedergewinnung des Kirchenzehnten, 1247 Publikation eines Synodalstatuts). Um 1230 ließen sich in Le M. Bettelorden nieder, konnten in anderen Städten der Diöz. aber erst gegen Ende des 14. Jh. Fuß fassen (Franziskaner in Laval, 1397).

Wie andernorts kam es in der Krisenzeit des 14. und

15. Jh. auch im Bm. Le M. zu erneuter Desorganisation, der eine ostentative Frömmigkeit (Kapellenstiftungen, Bruderschaften, Hl.nverehrung) gegenüberstand.

II. STADT: Die auf einem Hügel über der Sarthe gelegene Bf.sstadt des FrühMA war in den Mauern der spätröm. Civitas eingeschlossen. Beherrschend war die Kathedralgruppe (roman. Bau ab 1060, got. Neubau ab 1158). Im HochMA in die Konflikte der Gft. (→Maine) verstrickt, erhob sich die Bürgerschaft dreimal: 1070 schloß sie gegen →Wilhelm den Eroberer eine kommunale Einung (*commune jurée*; →Kommune); 1092 revoltierte sie gegen Bf. Hoel; 1116 ließ sie sich von dem Häretiker Heinrich v. Lausanne zum Aufstand gegen Bf. Hildebert entflammen. Im 12. Jh. wuchs Le M. über die alten Mauern hinaus (mehrere 'burgi' um Abteien). Es blieb jedoch unter den Plantagenêt und Kapetingern eine eher ländl. geprägte, von kleinen Handwerkern und Gewerbetreibenden bewohnte Stadt.

G. Devailly

Q. und Lit.: Actus Pontificum Cenomannensium..., Arch. hist. du Maine, 1902 – L. CELIER, Cat. hist. des actes des évêques du M. jusqu'à la fin du XIII^c s., 1910 – R. LATOUCHE, La commune du M. (1070), Études méd., 1966 – G. OURY, Hist. religieuse du Maine, 1978 – A. MUSSAT, La cathédrale du M., 1981 – Hist. du Mans et du pays manceau, éd. F. DORNIC, 1980 – s. a. →Maine, →Hildebert v. Lavardin.

Lemberg (mlat. Leona, Leopolis, russ. L'vov, ukrain. L'viv, poln. Lwów), Stadt in →Halič-Volhynien (heute UdSSR). Um die Mitte des 13. Jh. errichtete Fs. Daniel v. Halič-Volhynien (seit 1253 Kg., † 1264) auf dem L.er Schloßberg eine Burg, die die Residenz seines Sohnes Lev (Leo, 1264–1300; L. nach diesem benannt) wurde. Aus der Vorburg und dem im Tal der Poltva angelegten Markt entwickelte sich um die Wende zum 13. Jh. eine städt. Siedlung mit mehreren orthodoxen Kirchen, einer Dominikanerkirche sowie einer dt., armen. und jüd. Gemeinde mit jeweils eigenem Vorsteher (später Errichtung einer kath. und armen. Pfarrkirche). Vermutl. vor 1340 erhielt L. dt. Recht. Unruhen nach der Ermordung des letzten Haličer Fs.en Jurij-Boleslav (1340) führten zur Verwüstung der dt. Gemeinde. Nachdem Kg. Kasimir III. v. Polen das ehemalige Fsm. Halič erobert und es in Personalunion mit Polen verbunden hatte (1349/50), verlegte er das 1350 durch die Litauer verwüstete L. an eine andere Stelle (ca. 1352) und stattete diese Neugründung mit →Magdeburger Recht aus, unter dem Vorbehalt, daß die ruthen., armen., jüd. und tatar. Gemeinden ihre Rechte und Gewohnheiten behalten konnten (Lokationsurk. von 1356). Als Sitz des capitaneus Lemburgensis (capitaneus Russiae generalis), der als Statthalter des Kg.s fungierte, war L. 1351 Hauptstadt Rotreußens. Während die alte Stadt zur Vorstadt absank, wurde an der Stelle der Burg ein Schloß errichtet und die neue Stadt rasch ummauert. Die Dominikaner zogen hierher, und um 1363 gründeten die Minoriten ein Kl. Während der Zugehörigkeit Rotreußens zu Ungarn (1371–87) wurde das dt. Patriziat in L. bevorzugt. Der Rat, zu dem nur Katholiken Zugang hatten, erwarb 1378 die Stadtvogtei. Dadurch wurden die armen. und ruthen. Gemeinden beeinträchtigt. 1379/80 bekam L. das Stapelrecht und wurde Drehscheibe des Handels in Ostmitteleuropa, so daß sich im 15. Jh. Mitglieder von Kaufmannsfamilien aus Schlesien, Franken und Oberitalien in L. niederließen, gleichzeitig auch Juden und Griechen aus Chilia und Konstantinopel. Nach der Übertragung der poln. Rechtsordnung 1433/34 war L. Hauptstadt der Wojewodschaft Russia. Die Sonderrechte des L.er capitaneus wurden abgeschafft. Gegen Ende des 15. Jh., als die Zahl der Einw. von ca. 8000 zu Beginn des Jh. auf ca. 12000–15000 gestiegen war, beeinträchtigten die türk. Eroberungen auf dem Balkan den L.er Handel. Seit 1412/14 war L. Sitz des 1375 in Halič errichteten kath. Ebm.s, seine Pfarrkirche wurde zur Kathedrale erhoben.

S. Trawkowski

Lit.: SłowStarSłow III, 106ff. – A. CZOŁOWSKI, Lwów za czasów ruskich, KH 5, 1891, 779–812 – G. RHODE, Die Ostgrenze Polens, I, 1955, 260–290 – Istorija gorodov i sel Ukrainskoj SSR: L'vovskaja oblast', 1978, 87ff. – A. JANACZEK, Polska ekspansja osadnicza w ziemi lwowskiej w XIV–XVI w., PrzgHist 69, 1978, 597–620; Istorija L'vova, hg. V. V. SEKRETARJUK, 1984.

Lemgo, Stadt im Weserbergland (Gft. Lippe). Ö. einer frühen Siedlung mit Pfarrkirche des 9. Jh. (♁ St. Johannes, 1231 Archidiakonatssitz des Bm.s Paderborn) gründete Edelherr Bernhard II. zur Lippe um 1190 am n. Begaufer die Altstadt L. an der Trasse eines O-W-Fernweges (Bestätigung der Stadtrechte 1245). Um 1235 ließ die jetzt siegelführende 'civitas' Münzen prägen. 1283 verlieh Edelherr Simon I. der s. entstandenen Neustadt Stadtrechte (1279 Pfarrkirche St. Marien erwähnt, der 1305 ein Dominikanerinnenkonvent angegliedert wurde). Die ca. 27,5 ha umfassende, durch Fernhandel geprägte Altstadt (ab 1215 Pfarrkirche St. Nikolai, Wandschneiderprivileg 1253) und die stärker handwerkl. orientierte Neustadt (25 ha) wurden 1365 vereinigt, wodurch L. (im Verbund mit →Lippstadt) seinen Einfluß auf die gfl. Politik erhebl. stärkte. Zugleich sicherte sich die Gemeinde auch die Kontrolle der städt. Finanzverwaltung. Seit dem 14. Jh. nahm L. an Landfriedensbünden, in der 1. Hälfte des 15. Jh. an hans. Tagfahrten teil. Enge Verbindungen bestanden zu →Herford. Handel, v. a. mit Produkten der heim. Leinen- und Wollweberei, bis in den Ostseeraum war im SpätMA für die um 1300 max. 3500 Einw. zählende Gemeinde ein bedeutender wirtschaftl. Faktor.

F.-W. Hemann

Bibliogr. und Lit.: H. STOOB, L. (Westfäl. Städteatlas, 2. Lfg., Bl. 8, 1981) – Bau- und Kunstdenkmäler Stadt L., 1983 – 800 Jahre L., 1990.

Lemnos, griech. Insel (476 km^2) in der nö. Ägäis, etwa 70 km vom Eingang der Dardanellen und ebenso weit vom Berg Athos entfernt. Die baumlose und mäßig fruchtbare Insel exportierte seit der Antike die *terra limnia*. Hauptsiedlung ist Kastron ('Festung'), das antike Myrina (frühchr. Bm., vor 901 autokephal. Ebm., im 15. Jh. Metropolis). Frühbyz. zur Prov. Hellas bzw. Achaia (Metropole Korinth), mittelbyz. zum →Thema Aigaion Pelagos gehörig. Ab der mittelbyz. Zeit zu einem erhebl. Teil im Besitz von →Athos-Kl. Nach der Eroberung des Byz. Reichs durch die Teilnehmer des IV. Kreuzzuges 1204 wurde L. der *secunda pars domini imperatoris* zugeschlagen; 1207–77 Herrschaft der Familien Navigajoso, →Gradenigo und Foscari. Die byz. Rückeroberung erfolgte kurzzeitig 1264, dann 1277–79 durch den byz. Admiral Licario (LOENERTZ). Kurz vor 1453 Belehnung des Dorino →Gattilusi (Herrn v. →Lesbos) mit L., welche 1455 (durch Vermittlung des →Kritobulos v. Imbros) von Meḥmed II. bestätigt wurde; 1457 Besetzung durch die päpstl. Flotte, 1459 erneute osman. Eroberung und nach 1460 Belehnung des ehem. Despoten →Mistra Demetrios Palaiologos; im Peloponnes-Krieg 1464 ven. Besetzung von Stalimine (1470 ca. 6000 Einw.). Durch den Frieden von 1479 fiel L. an das Osman. Reich.

J. Koder

Lit.: EI V, 769–771 – RE XII, 1928–1930 – SP. LAMPROS, Νέος Ἑλληνόμνημων 7, 1910, 362f. – W. MILLER, Essays on the Lat. Orient, 1925 [1964] – A. PHILIPPSON – E. KIRSTEN, Die gr. Landschaften, IV, 1959, 224–232 – R.-J. LOENERTZ, Byz. et Franco-Graeca, 1970, 566, Nr. 43 – J. HALDON u. a., Continuity and Change on the Island of L. (Continuity and Change in Late Byz. and Early Ottoman Society, hg. A. BRYER –

H. LOWRY, 1986), 159–259 – E. MALAMUT, Les îles de l'Empire byz., 1988.

Lemoine, Jean, Kard., * 1250 in Crécy (Ponthieu), † 22. Aug. 1313 in Avignon, ▭ Kapelle des von ihm gegr. Kollegs, entstammte einer mittleren Adelsfamilie, wurde Dr. theol. in Paris, Auditor der →Audientia sacri palatii (Rota), Kanoniker in Paris, Dekan in Bayeux (1288–92), Kard. presbyter v. S. Marcellino und S. Pietro durch Papst Coelestin V. (1294). Als Legat Bonifaz' VIII. sollte er Kg. Philipp IV. v. Frankreich, der in heftigem Konflikt mit dem Papst stand, zu einer nachgiebigeren Haltung bewegen, was mißlang. L., der als Kanonist zwei Dekretalenkommentare verfaßte (BN lat. 4116 fol 183, 4701 fol 50), wurde bekannt als Stifter des später (16. Jh.) so berühmt gewordenen 'Collège du card. L.' zu Paris (heut. Rue du card. Lemoine), das, mit Schenkungen reich bedacht (z. B. Legat des Bruders André L., Bf.s v. Noyon, von 4000 fl, April 1315), Stipendiaten der Artistenfakultät aufnahm.
E. Lalou

Lit.: CH. JOURDAIN, Le collège du card. L., Mém. de la soc. hist. de Paris et de l'Ile de France, III, 1877, 42–81.

Lemos, 1. L., galic. Adelsgeschlecht, Stammvater *Vasco López de L.,* der mit Alfons I. an der Wiederbesiedlung von →Lugo teilnahm, wo er seinen Stammsitz errichtete. Seine Nachkommen waren *Sancho Fernández de L.,* Meister des Santiagoordens, der in der Schlacht v. Alarcos (1195) fiel; *Lupo López de L.,* gen. 'O Cavaleiro', der bei Peter I. in hoher Gunst stand und *Diego de L.,* dem Heinrich II. 1376 als Dank für seine Unterstützung im Bürgerkrieg das Majoratsrecht zugestand. Im 15. Jh. wirkten die L. bei der Niederwerfung der *Irmandiño*-Bewegung mit und dienten den Kath. Kg.en durch ihre Teilnahme an der Eroberung Navarras. Sie waren Herren v. Sober und Ferreira.

2. L. und Sarria, Gf.en v., besaßen dank der Ehe des Pedro Alvarez Osorio, Herrn v. Cabrera und Ribera, mit Beatriz v. Castro, Herrin v. Monforte de L., der Schwester und Erbin des Fadrique →Enríquez, Gf.en v. Trastámara und Hzg.s v. Arjona, eine mächtige Territorialherrschaft zw. León und Galicien südl. des Flusses Sil. Pedro Alvarez († 19. Febr. 1483, Cornatelo) wurde von Heinrich IV. (26. Juni 1456) zum Gf.en der Tierra de L. ernannt. Er unterstützte die Kath. Kg.e in den Thronstreitigkeiten und anläßl. der Einrichtung der Santa →Hermandad v. Galicien. Die Gf.en v. L. waren eines der bedeutendsten galic. Adelshäuser und zeichneten sich als Staatsmänner, Soldaten und Gelehrte aus.
R. M. Montero Tejada

Lit.: G. VÁZQUEZ, Hist. de Monforte y su Tierra de L., T. I, 1970 – J. GARCÍA ORO, La nobleza gallega en la Baja Edad Media. Las casas nobles y sus relaciones estamentales, 1981, 267ff. – DERS., Galicia en los siglos XIV y XV, 2 Bde, 1987.

Lendermenn (anorweg. *lendr menn,* Sing. *lendr maðr,* »geländete«, mit Kg.sland belehnte Leute). Die L. dürften in ihrer Mehrzahl ursprgl. der bäuerl. Führungsschicht angehört haben, die sich durch größeren Grundbesitz und vornehme Geburt von der übrigen Bevölkerung in den ländl. Bezirken unterschieden. Von ihrer gesellschaftl. Stellung her können die L. in der Wikingerzeit durchaus mit den →Hersen ident. gewesen sein. In der ausgehenden Wikingerzeit, nach gängiger Meinung zuerst unter →Olav d. Hl. Haraldson (1015–30), stützte sich die Lokalverwaltung des angehenden Reichskgtm.s zunehmend auf die einflußreichen L.geschlechter. Zw. Kg. und L. etablierte sich ein Dienst- und Treueverhältnis feudalen Charakters: für die Wahrnehmung kgl. Interessen in den lokalen Bezirken erhielten die L. vom Kg. Land und zogen die Abgaben (Landskyld) der darauf wirtschaftenden Pächter ein. Die auf Allodialbesitz, Einkünften aus Kg.s land und Kg.sdienst beruhende gesellschaftl. und polit. Position der L. führte jedoch nicht zur territorialen Absplitterung von festen Lehensbezirken, eher stärkten die L. ihre Stellung über das Prestige der Kg.smacht. Auf lokaler Ebene hatten die L. Pflichten im Bereich der Rechtspflege, u. a. als Ankläger (Gulaþingslög 187) und bei der Verfolgung von Missetätern (G 152). Sie bestimmten, welche lokalen Repräsentanten an den Versammlungen des gesetzl. Dings (Lagding; →Ding) teilnehmen sollten. An der Rechtsprechung waren sie jedoch nicht beteiligt (G 37, Frostaþingslög X 16). Im militär. Bereich standen mit eigenem Gefolge an der Spitze des Leidangsaufgebots (→Leidang), für dessen richtige Durchführung sie u. a. verantwortl. waren; auch hatten sie Einfluß auf die Auswahl der Kommandanten für die Leidangsschiffe. Mit der lokalen Finanzverwaltung (kgl. Einkünfte, Abgaben etc.) hatten sie nur am Rande zu tun.
H. Ehrhardt

Lit.: P. SVEAAS ANDERSEN, Samlingen av Norge og kristningen av landet 800–1130, 1977, 279ff.

Lendit-Messe → St-Denis

Lendner, eng anliegender, kurzer Leibrock der 2. Hälfte des 14. Jh. Der L. wurde auch als Waffenrock über der Rüstung getragen oder hatte – als Nachfahre des →Plattenrocks – eiserne Platten und Schienen eingenietet. Aus dem armierten L. entstand die →Brigantine.
O. Gamber

Lit.: Dt. Kulturatlas II, hg. G. LÜDTKE, 1936.

Lengenfeld-Pettendorf, Herren v., 1119 erloschenes, hochadliges Dynastengeschlecht auf dem bayer. →Nordgau, hauptsächl. benannt nach seinen beiden Hauptsitzen (Burg-)Lengenfeld und Pettendorf n. von Regensburg, seltener nach Hopfenohe in der n. Oberpfalz. Ob ein in einer St. Emmeramer Traditionsnotiz um 1028 genannter Friedrich v. Pettendorf als Ahnherr gelten darf, ist strittig. Über die letzten drei Generationen berichten die Pegauer Annalen (Mitte des 12. Jh.). Danach heiratete Sigena, Witwe des →Wiprecht v. Groitzsch († um 1050), in 2. Ehe *Friedrich (I.) v. L.* Aus dieser Ehe gingen ein Sohn *Friedrich (II.),* der kinderlos verstarb, und eine Tochter hervor. Diese hatte aus der Ehe mit einem Ebf. von Ruotger zwei Söhne: *Friedrich (III.) v. L.* und *Ruotger,* 1119–25 Ebf. v. →Magdeburg. Friedrich (III.) wurde Erbe der L.er Besitzungen auf dem Nordgau und heiratete mit Hadalwig (Heilica) eine Tochter Hzg. →Friedrichs I. v. Schwaben, so daß er mit den →Staufern versippt war. Ohne Söhne, fiel nach seinem Tod 1119 der größte Teil seiner umfangreichen nordgauischen Besitzungen an seine beiden Schwiegersöhne Pfgf. →Otto I. v. →Wittelsbach und Gebhard v. →Leuchtenberg. Das Erbe Pfgf. Ottos (beschrieben im ältesten bayer. Herzogsurbar von ca. 1237) bildete die Keimzelle der wittelsbach. Herrschaft auf dem Nordgau. In Erfüllung eines Vermächtnisses seines Schwiegervaters stiftete Pfgf. Otto I. unter Mitwirkung Bf. →Ottos I. v. Bamberg 1121 das Benediktinerkl. Ensdorf.
K.-O. Ambronn

Q. und Lit.: NDB XIV, 205f. [W. STÖRMER] – M. v. FREYBERG, Slg. hist. Schriften und Urkk. 2, 1829, 180f. – MonBoica 36/I, 1852, 115–121 – MGH SS 16, 1859, 235, 250 – H. ZITZELSBERGER, Die Gesch. des Kl. Ensdorf..., Verh. d. Hist. Vereins f. Oberpfalz und Regensburg 95, 1954, 19–25 – Staufer III, 348f. – Ausst.-Kat. Wittelsbach und Bayern I/1, 1980, 142f.

Lennox (eigtl. 'the L.'), eine der alten Provinzen und →Earldoms v. Schottland, umfaßte das Becken von Loch Lomond und den Fluß Leven, einschließl. einiger benachbarter Gebiete. Der Name des Hauptortes →Dumbarton (gäl.: dún nam Breatann, das Alcluith bei Beda) weist daraufhin, daß L. den n. Teil des brit. Kgtm.s v. →Strathclyde oder →Cumbria bildete. Wahrscheinl. wurde L. im späten 9. Jh. gälischsprachig und kam zum schott. Kgtm. Die Earls of L. sind zuerst Mitte des 12. Jh. quellenmäßig nachweisbar als eine aus Schottland stammende Familie, die bis ins 15. Jh. fortbestand. In dieser Zeit gelangte das Earldom durch Heirat an die Stewarts v. Darnley, einen jüngeren Zweig der kgl. →Stewarts. Earl Malcolm I. († um 1305) und sein Sohn Earl Malcolm II. (1305–33) spielten eine bedeutende Rolle in den schott. Unabhängigkeitskriegen (→Wars of Independence), der letztere unterstützte Robert I. Bruce, als dieser den schott. Thron 1306 bestieg, und diente ihm loyal. Im Juli 1333 wurde er in der Schlacht v. →Halidon Hill erschlagen, als er den jungen →David II. gegen das Heer Eduards III. verteidigte. Obwohl Dumbarton Hauptort des Earldoms blieb, wurde es 1222 kgl. *burgh*. Seine Burg gehörte dem Kg., und die Verbindung mit der Krone wurde unter Robert I. betrieben, nachdem der Kg. Cardross (in der Nähe von Dumbarton) erworben und es zu seiner unbefestigten Hauptresidenz gemacht hatte. G. W. S. Barrow

Lit.: W. FRASER, The L., 2 Bde, 1874 – J. IRVING, The Book of Dumbartonshire, 3 Bde, 1879.

Leno, 1783 aufgelassene Abtei OSB (Prov. Brescia, Lombardei). Dem »Chronicon regum Langobardorum« zufolge gründete der spätere Langobardenkg. →Desiderius vor 757 in L. eine dem Erlöser, der Jungfrau Maria und dem Erzengel Michael geweihte Kirche, Keimzelle des späteren Kl.s, das auf sein Verlangen 758 von Montecassino mit 11 Mönchen unter dem Abt Ermoldus besiedelt wurde, die eine Reliquie des hl. Benedikt dorthin übertrugen. Mit kgl. und ksl. sowie päpstl. Privilegien ausgestattet, war L. im Früh- und HochMA eines der bedeutendsten Kl. Italiens. Seinen Reichtum bezeugt das unter Abt Gonterius 1192 angelegte Güterverzeichnis. Aus den kgl. und ksl. Urk. von Berengar II. (958) bis Heinrich VI. (1194) und den päpstl. Privilegien von Silvester II. (999) bis Urban III. (1185) läßt sich eine starke Güterkonzentration im Gebiet von Brescia erkennen, mit Ausstrahlungen in die Lombardei, Emilia-Romagna, Piemont, Toskana, Trentino und Venetien. Mit der Krise des Fronhofsystems begann für L. ein langsamer Niedergang, der in der Umwandlung zur Kommende (1479) kulminierte.
M.-A. Dell'Omo

Q.: Chron. reg. Langob., Muratori, 4, 939–944 – Chron. Brix., ed. G. H. PERTZ, MGH SS 3, 238–240 – Cat. reg. Langob. et Italic. Brixiensis et Nonantulanus, ed. G. WAITZ, MGH SSrL, 501–503 – Lib. Privileg. Monast. Leon., Miscell. ab a.1060 ad a.1669, FF.I.: Roma, Arch. Capit. di S. Giovanni in Lat.; Liber Privilegiorum Monasterii Leonensis C. II: Firenze, BN. Nuovi acqu. n.14 – *Lit.:* G. MERCATI, RQ 9, 1895, 337–349 – G. MORIN, RevBén 19, 1902, 337–356 – G. ANGARONI, L'antica badia di L., 1968 – L. CIRIMBELLI, Dove sorgeva un'antica abbazia, 1971 – A. BARONIO, Monasterium und populus. Per la storia del contado lombardo: L., 1984 – M. SANDMANN, Herrscherverz. als Geschichtsqu., 1984, 101–118, 198–261, 362–416.

Lentini, Alaimo da, † 1287, entstammte einr norm. Familie von *milites castri*, benannt nach einer Burg in Ostsizilien. 1254 Teilnehmer am guelf. Widerstand gegen →Manfred, wurde er daraufhin verbannt und kehrte erst mit Karl I. v. Anjou in das Kgr. Sizilien zurück. Er wurde Capitaneus v. Randazzo und war führend an der Niederschlagung des Aufstands der Stauferanhänger unter Konrad Capece beteiligt. Schließl. wurde er Mitglied des kgl. Rats und fungierte 1272 als Justitiar der Capitanata und der Terra di Lavoro sowie (1274) des Prinzipats und Benevents. 1280 hatte er gemeinsam mit Simone Fimetta u. a. die Sekretie v. Sizilien inne. Auf guelf. Seite beteiligte er sich an der →Siz. Vesper und rief den päpstl. Schutz für die »communitas Siciliae« an, einen Versuch einer polit. Organisation kommunalen Zuschnitts, der ein 1254–56 fehlgeschlagenes Experiment wieder aufgriff. Nach päpstl. Anregung unternommenes Experiment wieder aufgriff. Nach der Niederlage bei Milazzo (24. Juni 1282) wurde er zum Capitaneus v. Messina, Catania (das von seiner zweiten Frau Macalda Scaletta regiert wurde) und ganz NO-Sizilien akklamiert. Zudem war er auch Magister portulanus citra Salsum. Er verteidigte Messina gegen die angiovin. Belagerer und verhandelte mit Kard. →Gerhard v. Parma. Zu seinen ersten Amtshandlungen gehörte die Anerkennung des *dominium eminens* des Papstes über Sizilien und die Rückerstattung der von den Anjou eingezogenen Güter an die Kirche v. Messina. Infolge der feindseligen Haltung Martins IV. bot er unter Verzicht auf alle siz. Autonomiepläne Peter III. v. Aragón die Krone an. Er begleitete diesen auf dem Feldzug in Kalabrien, erhielt vom Kg. einige Lehen und wurde auf Lebenszeit zum Großjustitiar des Kgr.s ernannt. Involviert in die aragones. Repressionsmaßnahmen gegenüber den des Zusammenspiels mit den Anjou beschuldigten siz. Guelfen, versuchte er anfangs vergebl. zu vermitteln, fiel jedoch schließl. selbst in Ungnade, als sich die siz. Krise nach dem Scheitern der guelf.-republikan. Lösung verschärfte und Ghibellinen und Aragonesen die Oberhand gewannen. Unter der Anklage, mit der päpstl. Kurie in Verbindung gestanden zu haben, wurde er von dem Infanten Jakob v. Aragón am 19. Nov. 1284 in Trapani gefangengenommen und nach Barcelona gebracht, um von Kg. Peter gerichtet zu werden. Nach dem Tod Peters III. von Kg. Alfons v. Aragón wieder an Jakob überstellt, fand er im Aug. 1287 während der Rückfahrt vor der Küste Siziliens den Tod im Meer. S. Fodale

Lit.: G. LA MANTIA, Cod. diplom. dei re aragonesi di Sicilia, 1917 – M. AMARI, La guerra del Vespro sic., hg. F. GIUNTA, I, 1969 – L. SCIASCIA, I Fimetta, Medioevo 8, 1983, 9–29.

Lenzburg, Gf.en v.; Gft. Als erstes sicher nachweisbares Mitglied der Familie gilt Ulrich († vor 1050), vermutl. ein Nachkomme von Arnold (um 972/976), Reichsvogt v. Zürich und Vogt des Kl. Schänis. Ulrich hatte auch die Vogtei über das Stift Beromünster und die Gft. Aargau inne. Konrad, einer seiner Söhne, war vermutl. Bf. v. Genf († 1031). Arnold, ein anderes Familienmitglied, war 1036/64 Gf. im Frick- und Aargau. Sein Bruder oder Sohn Ulrich erhielt 1077 für seine Parteinahme für Heinrich IV. die Gft. im Zürichgau verliehen. Die Söhne Ulrichs, Arnold († vor 1130) und Rudolf (1086/1133), teilten ihr Erbe in eine Badener und eine L.er Linie. Arnolds Söhne Kuno († 1168/69) und Werner († vor 1167) erhielten die Gft.en Blenio und Leventina von den Staufern verliehen. Ihr Erbe fiel an ihren Bruder Arnold († 1172), mit dem der Badener Familienzweig erlosch. Durch dessen Tochter Richenza gelangte das Erbe an Gf. Hartmann (III.) v. →Kiburg. Der L.er Zweig der Familie erlosch mit Ulrich († 1173), dem Sohn Rudolfs. Dieser vermachte sein Erbe Ks. Friedrich I., der die Reichslehen unter die Kiburger und Habsburger, die auch den L.er Besitz im Oberaargau und in der Innerschweiz übernahmen, aufteilte. Die Gft. im Aargau mit der Burg L. übergab Friedrich I. seinem Sohn Otto, der sich 1188 als Gf. v. L. bezeichnete. Nach dessen Tod fiel die Gft. an Philipp v. Schwaben, der sie den Habsburgern weiterverlieh, während die Vogteien an die Kiburger gelangten. I. Eberl

Lit.: HBLS, s. v. L., Gf.en v. – E. ATTENHOFER, Die Gf.en v. L., L.er Neujahrsbll., 1943, 5ff. – J.-J. SIEGRIST, L. im MA und im 16. Jh., Argovia 67, 1955, 26ff. – H. KLÄUI, Das Aussterben der Gf.en v. L. und die Gründung der Stadt Winterthur, Winterthurer Jb., 1973, 39ff.

Lenzen. Die an einem strateg. wichtigen Elbübergang – dem einzigen zw. Bardowieck und Magdeburg – gegenüber dem frk. Kastell auf dem →Höhbeck gelegene Hauptburg (Lunkini, Lontio, nw. Wittenberge) der slav. Linonen wird in den Q. zum ersten Mal zum Jahr 929 erwähnt, als L. nach der Niederlage eines slav. Heeres an die Sachsen übergeben wurde. Mit der Landschaft Linagga gehörte L. seit 948 zum Bestand des Bm.s →Havelberg. Nach dem großen Slavenaufstand von 983 gelangte die Burg offenbar im weiteren Verlauf unter die Oberherrschaft der →Abodriten, deren Fs. →Gottschalk hier um die Mitte des 11. Jh. ein Kl. gründete, das aber der heidn. Reaktion von 1066 zum Opfer fiel. Unter dt. Herrschaft war L., in der Folge des Wendenkreuzzuges (1147), zuerst im Besitz der Herren →Gans v. Putlitz, dann in der Hand der Mgf.en v. →Brandenburg. Albrecht II. belehnte 1219 die Gf.en v. Schwerin mit Burg und Dorf, die eine städt. Siedlung gründeten und mit Privilegien versahen, die 1252 von Mgf. Otto III. bestätigt wurden (Salzwedeler Stadtrecht). Burg, Stadt und Land L. blieben bis 1319 im Besitz der Mgf.en und wechselten dann mit dem dort erhobenen lukrativen Elbzoll laufend die Besitzer (u. a. Herren v. Quitzow in der 1. Hälfte des 15. Jh.). Erst 1484 wurde L. zum ständigen Sitz eines landesherrl. Amtmannes. Ch. Lübke

Lit.: W. Hoppe, L. 929–1929, 1929 – J. Schultze, Gesch. der Mark Brandenburg, 1–3, 1961 ff. – Corpus archäolog. Q. zur Frühgesch. auf dem Gebiet der DDR I, 1973, 75 ff.

Leo

1. L. I. (II.), *Herr* (1187–98) und *Kg.* (1198–1219) *v. Kilikisch-Armenien* (→Armenien, II), * um 1150, † 2. Mai 1219, folgte seinem Bruder Rupen II. nach. Armen. Truppen nahmen am 3. Kreuzzug teil, doch galt L.s Hauptinteresse der Festigung und territorialen Erweiterung seiner Herrschaft. Das brachte ihn in Gegensatz zu den →Templern, deren Burg →Gaston er einnahm, und zum Fsm. →Antiochia, das er (über die Unterstützung der Ansprüche seines Großneffen Raimund Rupen) zu beherrschen trachtete. L. erbat bei Papst Coelestin III. und Ks. Heinrich VI. eine Kg.skrone, die ihm unter der Bedingung einer Union der armen. Kirche mit Rom gewährt wurde. Der armen. Klerus, wohl in der Meinung, es handle sich um einen Formalakt, konnte hierfür gewonnen werden; am 6. Jan. 1198 erfolgte zu Tarsus die Krönung. Unter L. erreichte das kilik.-armen. Reich seinen Höhepunkt. Der Kg. war mit den Häusern →Lusignan und →Brienne (→Zypern, →Jerusalem) und den byz. →Laskariden (→Nikaia) verschwägert. Er machte Schenkungen an →Johanniter und →Dt. Orden. Durch Privilegien für italienische Kaufleute förderte er den blühenden Handel, dessen wichtigstes Zentrum die Hafenstadt →Ayas war. Der Prozeß der Verwestlichung des Gerichtswesens und der Grundbesitzverhältnisse (Feudalisierung) schritt rasch voran. J. Riley-Smith

Lit.: W. Rüdt-Collenberg, The Rupenides, Hethumides und Lusignans, 1963 – The Kingdom of Cilician Armenia, hg. T. S. R. Boase, 1978, 15–22 – A Hist. of the Crusades, II, hg. K. M. Setton, 1989, 644–651 (S. de Nersessian).

2. L. II. (III.), *Kg. v. Kilikisch-Armenien* (→Armenien, II) 1269–89, * 1236, † 6. Febr. 1289, ⚭ 1262 Kyranna v. Lampron. 1266 von den →Mamlūken gefangengenommen, wurde er in einer Zeit starken muslim. Drucks nach seiner Freilassung Nachfolger seines Vaters Hethum I. Sein Vater hatte ihn am Hof der mongol. →Ilchāne eingeführt, um ihn als Erbe anerkennen zu lassen. L. setzte das Bündnis mit den Mongolen fort, für die er im Westen unermüdlich warb. Eine Pause im Kampf mit den Mamlūken nutzte er zum Wiederaufbau Kilikiens, insbesond. der 1266 geplünderten Hafenstadt →Ayas. Nach dem Wiederaufflammen der mamlūk. Angriffe (1275) suchte er erneut Waffenhilfe bei den Mongolen und nahm an ihrer Syrien-Invasion teil (1281). Vielleicht aus Furcht vor den Mongolen schlossen die Mamlūken 1285 mit Kilikisch-Armenien Waffenstillstand. L.s Treue zum chr. Glauben wurde in Balladen gefeiert. J. Riley-Smith

Lit.: →Leo I.

3. L. I. d. Gr., *Papst* (hl.) seit Aug. (Weihe 29. Sept.) 440, † 10. Nov. 461, ⌑ Rom, St. Peter (als erster Papst); entstammte einer tusz. Familie, stieg in der röm. Kirche zum Archidiakon auf. Sein bfl. Wirken in der Stadt wird vornehml. durch 97 überlieferte Predigten beleuchtet, die ihn als eifrigen Seelenhirten zeigen. Demgemäß ging er scharf gegen die röm. →Manichäer vor und leistete viel für die kirchl. Bauten sowie die Ausgestaltung der Liturgie. Sein umfängl. Briefcorpus (173 Stücke, davon 30 an ihm), das von hoher lit.-jurist. Schulung zeugt, läßt erkennen, daß L. die päpstl. Autorität auch nach außen zur Geltung zu bringen wußte, gegenüber den Kirchen des W sowohl durch theol. Unterweisung, z. B. gegen den →Pelagianismus und den Priszillianismus, wie durch jurisdiktionelle Eingriffe, die bes. das Illyricum (→Thessalonike) und Südgallien (→Hilarius v. Arles) betrafen. Dazu kommt eine ganze Reihe disziplinärer Einzelentscheidungen in Dekretalen, u. a. nach Ober- und Mittelitalien, Sizilien, Spanien und Mauretanien. Mit der kirchl. Entwicklung im O kam L. erst durch den Streit um →Eutyches in engere Berührung, als er dessen Verurteilung durch →Flavian v. Konstantinopel bestätigte und an diesen ein christolog. Lehrschreiben (Tomus Leonis; Jaffé², Nr. 423) richtete, das in Abwehr des →Monophysitismus die Zweinaturenlehre als doppelte Konsubstantialität der einen Person entfaltete. Auf der (bald von L. sog.) Räubersynode v. →Ephesos (449) wurde der Lehrbrief vom alexandrin. Patriarchen →Dioskoros unterdrückt, doch bot sich die Doktrin des unbeirrt widersprechenden Papstes nach dem Tod Ks. Theodosios' II. (450) für dessen Nachfolger Markianos als Basis eines neuen konziliaren Einigungsversuchs an. Auf dem Konzil v. →Chalkedon prägte der Tomus Leonis daher maßgebl. die Glaubensdefinition, die eben deshalb der w. Kirche fortan stets unantastbar blieb, während sie im O zur Wurzel weiterer Auseinandersetzungen wurde. Der primatiale Erfolg in Chalkedon wurde indes getrübt durch den Beschluß des sog. 28. Kanons, der Konstantinopel dieselben kirchl. Vorrechte einräumte wie Rom; die sofortigen Proteste der päpstl. Legaten konnten dies ebenso wenig außer Kraft setzen wie die zähe Verweigerung der Anerkennung durch L., der 453 seine Billigung des Konzils explizit auf die Glaubenslehre beschränkte. Angesichts unüberwindl. Widerstände in weiten Teilen des O sah er sich dennoch immer mehr und mehr gezwungen, die theol. Rezeption von Chalkedon anzumahnen und den Versuchen einer Revision entgegenzuwirken, wofür er sich am meisten vom engen Kontakt mit den Ks.n in Konstantinopel versprach. Bei ihnen richtete er eine ständige päpstl. Gesandtschaft ein, und ihnen schrieb er mehrfach mahnend eine eigenständige Verantwortung für die Sache des Glaubens-, ebenso wie für die Reichseinheit zu. Im W dagegen, wo sich der Niedergang des Imperiums beschleunigte, kam L. bereits unmittelbare polit. Autorität zu, als er 452 bei Mantua die Hunnen unter →Attila zum Abzug bewog und 455 von →Geiserich eine Schonung der röm. Bevölkerung erwirkte.

Dem MA war L. hauptsächl. durch seine Schriften in

Erinnerung, die in Kirchenrechtsslg.en bzw. in Homiliaren weiteste Verbreitung fanden. Nicht nur prägnante Formulierungen der Primatslehre (→Primat) hielten seinen Namen lebendig, sondern auch spezielle Normen aus seinen Dekretalen (z. B. zur Bf.swahl) und theol. Dicta. Das sog. »Sacramentarium Leonianum« ist jedoch eine apokryphe Slg. röm. Liturgietexte des 5./6. Jh.

R. Schieffer

Q.: JAFFÉ[2] I, 58–75; II, 692, 735f. – LP I, 90–93, 238–241; III, 85f. – CPL, Nr. 1656–1660 – Ed.: MPL 54–56; Suppl. III, 329–350 – ACO II/2, 24–33 [Tomus Leonis]; II/4 [Briefe in den O] – S. Leonis Magni Tractatus, rec. A. CHAVASSE, CCh 138/138A, 1973 – Lit.: TRE XX, 737–741 – E. CASPAR, Gesch. des Papsttums I, 1930, 423–564, 610–617 – P. STOCKMEIER, L.s d. Gr. Beurteilung der ksl. Religionspolitik, 1959 – A. GRILLMEIER, Jesus der Christus im Glauben der Kirche I, 1979, 734–764; II/1, 1986, 107–220 – M. WOJTOWYTSCH, Papsttum und Konzile von den Anfängen bis zu L., 1981, 304ff. – H. ARENS, Die christolog. Sprache L.s d. Gr., 1982 – A. CHAVASSE, Le sacramentaire, dit léonien, conservé par le Veronensis LXXXV (80), Sacris erudiri 27, 1984, 151–190.

4. L. II., *Papst* (hl.) seit 17. Aug. 682, † 3. Juli 683; gelehrter Sizilianer (wie sein Vorgänger →Agatho). Sein Bestätigungsschreiben des VI. ökumen. Konzils v. →Konstantinopel an Ks. →Konstantin IV. wurde später von→Pseudo-Isidor verwendet. Er begann die lat. Übers. der Konzilsakten und entwarf für Spanien vier Briefe für die Übersendung und Billigung der Akten (in der Collectio →Hispana überliefert). In einem Brief an den Ks. und in zwei Briefen nach Spanien bestätigte er die Verdammung von Papst →Honorius I. durch das Konzil wegen Begünstigung der Häresie, während er den Primat der röm. Kirche hervorhob. Er beseitigte die Autokephalie von →Ravenna. Vielleicht sind die Glaubensbekenntnisse von 682–685 (im Liber Diurnus V 83, V 85, vgl. V 73, überliefert) Benedikt II. zuzuschreiben.

P. Conte

Q.: JAFFÉ I, 240f. – LP I, 359f. – Lit.: E. CASPAR, Gesch. des Papsttums II, 1933, 610ff. – P. CONTE, Il significato del primato papale, AHP 15, 1977, 7–111 – →Martin I.

5. L. III., *Papst* (hl.) seit 26. Dez. 795, † 12. Juni 816, ▢ Rom, St. Peter. Als gebürtiger Römer im Vestiarium des Laterans erzogen und zum Kleriker ausgebildet, bekleidete L. die Ämter eines Vestiars und Presbyters v. S. Susanna, bevor er noch am Begräbnistag seines Vorgängers Hadrian I., angebl. einstimmig, zum Papst gewählt wurde. Mit der Wahlanzeige sandte er Karl d. Gr. die Schlüssel vom Grabe Petri und das Banner Roms, um den Patricius enger an das Papsttum zu binden. Am 25. April 799 entluden sich innerröm. Spannungen unter Führung von Verwandten Hadrians I., des Primicerius Paschalis und des Sacellarius Campulus, in einem blutigen Anschlag, dem L. während einer Bittprozession fast zum Opfer gefallen wäre. Mit Hilfe loyaler Anhänger aus der Haft befreit, zog er hilfesuchend mit großem Gefolge zu Karl d. Gr. nach Paderborn. Den dortigen Verhandlungen (Aachener Karlsepos [→Karl d. Gr., B. I, 5]) schloß sich eine röm. Unters. an, die auch Klagen der Insurgenten gegen die Person des Papstes nachging und sich erst nach Karls Eintreffen und dem vieldiskutierten Reinigungseid L.s vom 22. Dez. 800 – der Papst war nicht judizierbar – erledigte. Am Weihnachtstag vollzog L. in der Petersbasilika die Ks.krönung, ein epochales Ereignis, dessen Hintergründe bis heute nicht völlig geklärt sind. Obwohl sicher nicht unabgesprochen, scheint der Akt eher nach päpstl. Vorstellungen verlaufen zu sein. Das von L. initiierte Mosaik im Triklinium des Laterans zeigte den Papst als Nachfolger Petri, Karl als den in der imperialen Tradition Roms stehenden neuen Konstantin und verrät, wie sich der Papst die Erneuerung des w. Ksm.s gedacht hat.

Unklar ist das Motiv für L.s zweiten Besuch bei Karl (804 gemeinsames Weihnachtsfest in Quierzy). Daß er polit. nicht im Abseits stand, verdeutlichen v. a. seine bleibenden Beziehungen zum frk. Hof (Zustimmung zur →Divisio regnorum v. 806) und nach England. Im →Filioque-Streit (808/809) wahrte er eine unabhängige Position, als er gegen w. Ks. und Kirche an der dogmat. Ökumene mit Byzanz festhielt. Viele röm. Kirchen ließ er restaurieren und ausstatten. Sein Pontifikatsende überschatteten eine Adelsrevolte, deren Rädelsführer ohne Wissen und Billigung Ludwigs d. Fr. hingerichtet wurden, und ein Aufstand der arg bedrängten Landbevölkerung. Der persönl. wohl nicht ganz unbescholtene L. – seine Amtszeit zählt mit über 20 Jahren zu den längsten der Papstgesch. – verstand es mit Geschick, bei aller polit. Dominanz des Frankenherrschers handlungsfähig zu bleiben und sich zu behaupten, ohne je Größe und Ansehen seines Vorgängers zu erreichen.

H. Mordek

Q.: JAFFÉ[2] I, 307–316; II, 701f. – LP II, 1–48; III, 117–121 – MGH Epp. V, 58–68, 87–104 – MGH PP I, 366–379 – Lit.: ECatt VII, 1144–1146 – HALLER[2] II, 16–25, 520–522 – HKG III/1, 103–116 – SEPPELT[2] II, 184–199 – E. CASPAR, Das Papsttum unter frk. Herrschaft, ZKG 54, 1935, 214–264 [Nachdr. 1956, 115–179] – H. ZIMMERMANN, Das Papsttum im MA, 1981, 69–75 – P. CLASSEN, Karl d. Gr., das Papsttum und Byzanz, 1985[3] [Bibliogr.] – J. FRIED, Die Päpste im Karolingerreich (Das Papsttum 1, hg. M. GRESCHAT, 1985), 120–122 – V. PERI, Il »Filioque« nel magistero di Adriano I e di Leone III, RSCI 41, 1987, 5–25 – L. E. PHILLIPS, A Note on the Gifts of L. III …, EL 102, 1988, 72–78.

6. L. IV., *Papst* seit 10. April 847, † 17. Juli 855, ▢ Rom, St. Peter, Porträt in S. Clemente. Der Sohn des Römers Radoald war schon durch Erziehung (Kl. St. Martin) und frühe Karriere fest mit der Stadt Rom und dem röm. Klerus verbunden. Angebl. wegen der Sarazenenzüge wurde der im Jan. 847 gewählte L. ohne die Zustimmung des Ks.s Lothar I. geweiht. Seine Sorge um die Stadt Rom bezeugt v. a. die Vita des Liber Pontificalis. 848–852 errichtete er mit ksl. und anderer Unterstützung die sog. Leostadt (civitas Leonina). Gegen die Sarazenen bewährte sich L. 849 mit südit. Hilfe bei Ostia. In Zusammenarbeit (850 Ks.krönung Ludwigs II.), aber auch in Auseinandersetzung mit der ksl. Gewalt steigerte L. das päpstl. Ansehen und brachte diese Autorität gegenüber dem Ost- und Westfrankenreich sowie gegenüber England (Kg. Alfred d. Gr.) zur Geltung. Ebenso beweisen die Auseinandersetzungen mit Konstantinopel und den Ebf.en →Hinkmar v. Reims, Johannes VII. v. Ravenna sowie mit →Anastasius (Bibliothecarius) seine entschlossene Herrschaft. Die meisten seiner Briefe sind nur als kanonist. Frgm. erhalten und zeigen neben den (kirchen)polit. Aspekten auch die Sorge um die Durchsetzung röm. Kirchendisziplin, wie v. a. aus seiner Antwort an die Bretonen, aber auch aus den Konzilsakten vom Dez. 853 deutl. wird, welche die reformer. Kanones Papst Eugens II. erneuerten.

K. Herbers

Q.: JAFFÉ[2] I, 329–339; II, 702f., 744 – LP II, 106–139 – MGH Epp. V, 585–612 – MGH Conc. III, 185–193, 216, 230f.; 298f., 308–346, 495–502 – Lit.: DThC IX, 312–316 – HKG III/1, 161–164 – LThK[2] VI, 948 – HALLER[2] II, 51–68 – SEPPELT II, 225–230 – W. ULLMANN, Nos si aliquid incompetenter … (Ephemerides Iuris Canonici 9, 1953), 3–11 [Nachdr.: DERS., The Church and the Law in the Earlier MA, 1975, Nr. VII] – I. L. NELSON, The Problem of Alfred's Anointing, JEcH 18, 1967, 145–163 [Nachdr.: DIES., Politics and Ritual in Early Medieval Europe, 1986, 309–328] – SH. GIBSON – B. WARD-PERKINS, The Surviving Remains of the Leonine Wall I/II, Papers of the Brit. School 47, 1979, 30–57; 51, 1983, 222–239.

7. L. V. (zuweilen irrig L. VI.), *Papst* seit Ende Juli oder Anfang Aug. 903, † Okt. 905 (?). Der formosian. gesinnte Presbyter L. stammte wohl aus der s. von Rom gelegenen

Stadt Ardea. Nach der im 11./12. Jh. entstandenen Version der Vita Tugduali soll L. als breton. Pilger in Rom zum Papst erhoben worden sein. Eine eigenständige Politik ist nicht erkennbar, denn L. blieb – wegen seiner auswärtigen Herkunft (?) – nur 30 Tage Papst. Der röm. Kard. priester und anschließende (Gegen-)Papst Christophorus stürzte L. und kerkerte ihn ein.   K. Herbers

Q.: E. DÜMMLER, Auxilius und Vulgarius, 1866 – JAFFÉ² I, 444; II, 746 – LP II, 234 – Lit.: →Formosus – DThC IX, 136 – LThK² VI, 948 – Bibl. SS XII, 723f. – HALLER² II, 193 – SEPPELT II, 346 – H. ZIMMERMANN, Papstabsetzungen des MA, 1968, 63 – Dict. hist. de la Papauté [K. HERBERS; im Dr.].

8. L. VI., *Papst* von Mitte Juni 928 bis Anfang Jan. 929, ▭ Rom, St. Peter. Der Sohn des röm. Primicerius Christophorus und Kard. priester v. S. Susanna wurde nach Absetzung Johannes' X., wohl unter dem Einfluß der röm. Senatrix →Marozia, erhoben und dürfte damals schon betagt gewesen sein. Aus dem kurzen Pontifikat ist nur eine Papsturk. erhalten, die Bestätigung von Beschlüssen einer dalmatin. Synode in →Split über die Metropolitanrechte in Kroatien zugunsten von Split und gegen den 'Kroaten'bf. v. Nin.   H. Zimmermann

Q.: JAFFÉ² I, 453 – LP II, 242 – RI II 5, Nr. 90–94 – H. ZIMMERMANN, Papsturkk. 896–1046, I, 1988², 99f. – Lit.: H. ZIMMERMANN, Das dunkle Jh., 1971, 62 – DERS., Die ersten Konzilien v. Split im Rahmen der Gesch. ihrer Zeit, Medioevo e Umanesimo 49, 1982, 14.

9. L. VII., *Papst* von Anfang Jan. 936 bis Anfang Juli 939, ▭ Rom, St. Peter; Römer und zuvor Kard. priester v. S. Sisto, unter der Herrschaft des röm. Fs. en →Alberich II. (3. A.) erhoben. Mit ihm gemeinsam setzte sich L. für die Kl. reform in und um Rom ein. Abt →Odo v. Cluny wurde dazu und zur Friedensvermittlung zw. Alberich und dem it. Kg. →Hugo v. Arles nach Rom berufen. Die meisten der 16 echten Papsturkk. seines Pontifikates sind für Kl. ausgefertigt worden, sechs für Odos Abteien. Aus Frankreich erhielt der Papst auch den Besuch des Historikers →Flodoard v. Reims. Dem Ebf. v. →Hamburg-Bremen wurde das Pallium verliehen; dem zum Apostol. Vikar ernannten Ebf. →Friedrich v. Mainz riet L. zur Vertreibung bekehrungsunwilliger Juden.   H. Zimmermann

Q.: JAFFÉ² I, 455–457 – LP II, 244 – RI II 5, Nr. 119–153 – H. ZIMMERMANN, Papsturkk. 896–1046, I, 1988², 115–165 – Lit.: G. ANTONELLI, L'opera di Odone di Cluny in Italia, Benedictina 4, 1950, 19–40 – H. ZIMMERMANN, Das dunkle Jh., 1971, 84ff.

10. L. VIII., *Papst* seit 4. Dez. 963; †Anfang März 965, ▭ Rom, St. Peter; Römer und zuvor, wie sein Vater Johannes, Protoskriniar. Noch als Laie wurde er als Repräsentant der röm. Beamtenaristokratie nach der Deposition Johannes' XII. von einer Synode unter Vorsitz Ks. Ottos d. Gr. erhoben, mußte aber, von Mordanschlägen bedroht, schon im Febr. 964 vor dem von den Römern wieder aufgenommenen Johannes XII. aus der Stadt zum Ks. nach Spoleto fliehen. Johannes XII. ließ L.s Erhebung durch ein Synodalurteil für ungültig erklären und ihn als Neophyten und Usurpator absetzen. Nach dem plötzl. Tod des Johannes wählten die Römer im Mai 964 Benedikt V., doch wurde L. VIII. von Otto im Juni 964 mit Waffengewalt restituiert. Mit dem Namen dieses als ksl. Kreatur geltenden Papstes wurden später viele Urkk. fälschungen verbunden, v. a. die sog. 'falschen Investiturprivilegien' zugunsten des Ks.s, die diesem für die Zukunft auch die Papsternennung zugestanden und den Kirchenstaat zurückerstatteten. Keine einzige völlig echte Papsturk. ist von L. erhalten.   H. Zimmermann

Q.: JAFFÉ² I, 467–469 – LP II, 246, 250 – RI II 5, Nr. 329–380 – C. MÄRTL, Die falschen Investiturprivilegien, MGH Fontes NS 13, 1986 – H. ZIMMERMANN, Papsturkk. 896–1046, I, 1988², 294–333 – Lit.: H. ZIMMERMANN, Parteiungen und Papstwahlen in Rom z. Z. Ks. Ottos d. Gr., RHMitt. 8–9, 1966, 29–88 [Nachdr. WdF 450, 1976, 325–414] – DERS., Papstabsetzungen des MA, 1968, 77ff., 235ff. – DERS., Das dunkle Jh., 1971, 150ff.

11. L. IX. (Bruno), *Papst* (hl.) seit 12. Febr. 1049, † 19. April 1054 in Rom, ▭ ebd., St. Peter. Der 1002 als Sohn des elsäss. Gf. en Hugo v. Dagsburg-Egisheim, eines Vetters der Mutter Ks. Konrads II., geb. Bruno wurde in Toul zum Kleriker erzogen. Konrad übernahm ihn in seine Hofkapelle und verlieh ihm 1026 auf dem Italienzug das Bm. →Toul (Weihe 1027). Als Bf. sorgte Bruno bes. für die Kl. St-Evre, St-Mansuy und Moyenmoutier, in denen er die cluniazens. Reformrichtung des Abtes →Wilhelm v. Volpiano durch dessen Schüler Widrich ausbreiten ließ. Polit. unterstützte er die sal. Herrscher, indem er an der SW-Grenze auch militär. gegen Gf. Odo v. d. Champagne einschritt (1037) und im Streit um →Burgund (1033) sowie erneut beim lothr. Aufstand (1037) →Gottfrieds III. des Bärtigen (1048) Zusammenkünfte des Ks.s mit Kg. Heinrich I. v. Frankreich vermittelte, um einem frz. Eingreifen vorzubeugen.

Im Dez. 1048 bestimmte ihn Ks. Heinrich III. in Worms für den Stuhl Petri. Bruno machte die Annahme von einer kanon. Wahl durch Klerus und Volk Roms abhängig, die im Febr. 1049 erfolgte, und legte sich, wohl nach Leo I., den Namen L. zu, behielt aber das Bm. Toul bis 1051 bei. Die Isolierung seiner dt. Vorgänger Clemens II. und Damasus II. in Rom suchte er dadurch zu überwinden, daß er bedeutende Helfer aus seiner lothring. Heimat wie Friedrich (→Stephan IX.), →Humbert (v. Silva Candida) und →Hugo Candidus mitbrachte sowie Hildebrand (→Gregor VII.) nach Rom zurückführte. Sie bildeten den Kern des neu formierten Kard. kollegs, das durch L. zu einem Gremium mit gesamtkirchl. Verantwortung wurde (→Kardinal). L.s vornehml. Reformziele waren die Überwindung von →Simonie und Klerikerehe, ein gewissenhafteres Verständnis von kanon. Wahl und (mittelbar) eine wirksamere Autorität des Apostol. Stuhls. Er erneuerte und intensivierte das päpstl. Urkk. wesen; richtungsweisend wurden seine Kl. privilegien, die Schutz und Appellationsrechte gewährten, ohne die Befugnisse von Eigentümern und Vögten als solche zu schmälern. Überhaupt ist eine prinzipielle Wendung gegen die traditionellen Laienrechte in der Kirche bei L. nicht zu beobachten, wie zumal das enge Zusammenwirken mit Heinrich III. zeigt, dessen Gegner Gottfried den Bärtigen er freiwillig bannte. Neuartig war sein Regierungsstil: L. übernahm nicht nur in Rom, in Unter- und Oberitalien, sondern auf drei ausgedehnten Reisen (1049, 1050/51, 1052) auch in Frankreich und Deutschland persönl. die Leitung von Reformsynoden und machte dort durch Strafmaßnahmen seine universale Amtsgewalt in ungekannter Weise fühlbar. Beim dritten Besuch begleitete er Ks. Heinrich III. auf seinem Kriegszug nach SO und vermittelte einen Frieden mit Ungarn. Folgenreich wirkte sich das wachsende röm. Selbstbewußtsein gegenüber Byzanz aus, mit dem L. eigtl. ein Bündnis gegen das Vordringen der Normannen in Süditalien suchte, doch erwuchs aus dem Konflikt des Patriarchen →Michael Kerullarios mit Kard. Humbert, den L. an den Bosporus entsandt hatte, drei Monate nach L.s Tod das Schisma, das die Entfremdung zw. O und W endgültig verfestigte. Schon zuvor waren die Normannen L. zum Verhängnis geworden, als er ohne die Hilfe des Ks.s gegen sie zu Felde zog und am 18. Juni 1053 die Niederlage von →Civitate erlitt. Nach achtmonatiger Gefangenschaft in Benevent kam er nach Rom zurück, starb aber kurz darauf. L., der sogleich als Hl. verehrt und von einem Touler Kleriker (nicht Humbert) durch eine noch zu seinen Lebzeiten begonnene Vita gewürdigt wurde, war der hist. bedeutendste der dt. Päpste und hat weniger in seinen Zielen als in der Art ihrer Durchsetzung den Aufstieg des hochma. Papsttums eingeleitet.

R. Schieffer

Q.: JAFFÉ² I, 529–549; II, 709f., 749–LP II, 275f.; III, 133 – WATTERICH I, 127–170 [dazu: H.-G. KRAUSE, Über den Verf. der Vita L.nis IX papae, DA 32, 1976, 49–85] – U.-R. BLUMENTHAL, Ein neuer Text für das Reimser Konzil L.s (1049)?, DA 32, 1976, 23–48 – Lit.: JDG H. III, 1–2, 1874–81 – NDB XIV, 238f. – TRE XX, 742–744 – E. HLAWITSCHKA, Die Anfänge des Hauses Habsburg-Lothringen, 1969, 102–153 [zur Herkunft] – E. PETRUCCI, Rapporti di Leone IX con Costantinopoli, 1975 – DERS., Ecclesiologia e politica di Leone IX, 1977 – W. GOEZ, Gestalten des HochMA, 1983, 100–121 – J. LAUDAGE, Priestertum und Reformpapsttum im 11. Jh., 1984, bes. 156ff. [dazu: AK 68, 1986, 479ff.] – G. TELLENBACH, Die w. Kirche vom 10. bis zum frühen 12. Jh. (Die Kirche in ihrer Gesch. II, Lfg. F 1, 1988), 124ff., 154ff. – J. DAHLHAUS, Aufkommen und Bedeutung der Rota in den Urkk. des Papstes L., AHP 27, 1989, 7–84.

12. L. X. (Giovanni de' →Medici), *Papst* seit 9. März 1513, * 11. Dez. 1475 Florenz, † 1. Dez. 1521 Rom; 2. Sohn von Lorenzo I. il Magnifico de' Medici und Clarissa Orsini; Inhaber von zahlreichen Pfründen, ausgebildet von Humanisten, Studium des kanon. Rechts, 1489 zum Kard. ernannt, aber erst 1492 in das Kard.samt eingesetzt. Unter den ihm übertragenen Legationen war die bedeutendste die zum Heer der Hl. Liga 1511. 1512 wurde er in der Schlacht v. Ravenna gefangengenommen, konnte aber entfliehen und stand an der Spitze des Heers, das die Machtstellung seiner Familie in Florenz 1512 wiederherstellte. Während seines Pontifikats setzte er auf friedvollere Art und Weise die Politik Julius' II. fort, konnte die Kontrolle über das Kirchenstaat stärken und versuchte, Italien von fremder Oberherrschaft zu befreien. Am Beginn und am Ende seines Pontifikats mit den Habsburgern verbündet, gelang es ihm, 1513 das Pisaner Schisma zu beenden und 1515 Frieden mit Kg. Franz I. v. Frankreich zu schließen. Die darüber in Bologna geführten Verhandlungen schlossen die Aufhebung der →Pragmat. Sanktion von Bourges sowie ein neues Konkordat mit ein. Bemühungen, die weltl. Interessen seiner Familie durch neue Adelsherrschaften im n. Mittelitalien und Heiratsverbindungen zu fördern, wurden durch den Tod seines Bruders Giuliano 1516 und seines Neffen Lorenzo 1519 vereitelt. Sein →Nepotismus zeigte sich u. a. in der Erhebung seines Vetters Giulio de'Medici, seines engsten Ratgebers, zum Kard. und der Vorbereitung von dessen Papstwahl (als Clemens VII.). Seine Bestrebungen, einen Türkenkreuzzug anzuregen, scheiterten ebenso wie sein Versuch, die Ks.wahl von 1519 zu beeinflussen. 1521 erfolgte die Bannbulle gegen Martin Luther, dessen theol. Ansichten L. ablehnte. L. führte das V. Laterankonzil (1512–17) zu Ende. Durch seine Förderung von Kunst und Lit. machte er Rom zum kulturellen Zentrum Italiens. N. H. Minnich

Lit.: DThC IX, 329–332 – ECatt VII, 1150–1155 – HKG III, 2, 671–676; IV, 53ff. – LThK² VI, 950–952 – NCE VIII, 643–645 – F. S. NITTI, Leone X e la sua politica, 1892 – L. PASTOR, Gesch. der Päpste IV, 1, 1906 – G. B. PICOTTI, La giovinezza di Leone X, 1928, 1981² – N. H. MINNICH, Healing of the Pisan Schism, AHC 16, 1984, 59–192 – K. M. SETTON, The Papacy and the Levant III, 1984, 142–197 – C. FALCONI, Leone X, 1987 [dazu: Cath. Hist. Review 76, 1990, 835–838].

13. L., *Bf. v.* →Vercelli 998–1026, bedeutender Reichsbf. Italiens in der Zeit Ottos III. und Heinrichs II. Seit 996 gehörte der durch seine umfassende Bildung, Rednergabe und Rechtskenntnis hervorragende Italiener der Hofkapelle an. Er hatte maßgebl. Anteil an der Verurteilung des Gegenpapstes Johannes XVI. Philagathos, der Abfassung Italien betreffender Kapitularien und der berühmten Urk. Ottos III. für Silvester II. (DO.III. 389). Vier Gedichte v. a. programmat.-polit. Charakters sind von ihm erhalten (z. T. nur fragmentar.). Nach Ottos III. Tod gehörte L. zu den führenden Anhängern Heinrichs II. in Italien, wurde ztw. aus seinem Bm. vertrieben und floh an den Hof des Ks.s nach Deutschland, wo er Einfluß auf dessen Italienpolitik nahm. Materielle Unterstützung hat der Ks. seinem aktivsten Anhänger in Italien kaum gewährt. Nach Heinrichs II. Tod setzte sich L. für die Durchsetzung der Herrschaftsansprüche Konrads II. über Italien ein.

R. Pauler

Ed.: MGH PP V/2, 476ff. – Lit.: H. BLOCH, Beitr. zur Gesch. des Bf.s L. v. V. und seiner Zeit, NA 22, 1897, 11–136 – F. SAVIO, Gli antichi vescovi d'Italia dalle origini al 1300. Piemonte, 1898, 463–465 – WATTENBACH-HOLTZMANN III, 323f., 104f. – R. PAULER, Das Regnum Italiae in otton. Zeit, 1982, 33–45.

14. L. Africanus → Al-Wazzān az-Zajjātī

15. L. Archipresbyter (v. Neapel) → Alexander d. Gr.

16. L. v. Assisi OFM, * Ende 12. Jh., † nach 1278 (nicht 14./15. Nov. 1271), Vertrauter, Sekretär und Beichtvater von →Franziskus, 1223 Zeuge der Neuredaktion der Ordensregel, lebte zurückgezogen bis zum Tode in kleinen Niederlassungen bei Assisi. In scharfer Kritik der Ordensentwicklung wahrte L. urfranziskan. Lebensformen und lehnte den Aufbau großer städt. Konvente, erleichterte Armutspraxis, Wissenschaftsförderung etc. ab. Seine Ordensvorstellungen vertrat L. in eigenen Werken (»S.P. nostri Francisci intentio regulae«, »Verba S. Francisci«, »Vita b. Aegidii«) und in Gemeinschaftsschr. (Gefährtenlegende, »Speculum Perfectionis« [Red. I]). Später dienten seine »rotuli« u. a. →Ubertino da Casale als Material zur Kritik der angebl. verfehlten Ordensentwicklung.

D. Berg

Lit.: Chronica 24 Generalium, 1897, 65–74 – Scripta Fr. L.nis, ed. L. LEMMENS, 1901 – S. CLASEN, Legenda antiqua S. Francisci, 1967, 371ff. – Scripta L.nis, Rufini et Angeli sociorum s. Francisci, ed. R. B. BROOKE, 1970 – La questione francescana dal Sabatier ad oggi, 1974, 199ff. – R. MANSELLI, Nos qui cum eo fuimus, 1980 – E. GRAU, T. v. Celano, WuW 52, 1989, 124ff.

17. L. de Balneolis → Levi ben Gerson

18. L. de Monumento → Monumento, Leo de

19. L. v. Ostia (L. Marsicanus, nach seiner Herkunft aus dem Marserland), * kurz vor 1050, † 22. Mai 1115; trat 1060/63 ins Kl. Montecassino ein und erlebte dort den Aufschwung unter Abt Desiderius (Papst Viktor III.). Gegen Ende des 11. Jh. für Papst Urban II. in Unter- und Mittelitalien tätig, wurde er zw. 1102 und 1107 Kard.bf. v. Ostia/Velletri, beteiligte sich 1111 an der Kardinalsfronde gegen Paschalis II., lenkte dann aber ein. Sein Hauptwerk ist die Chronik v. Montecassino (bis III 33; ed. H. HOFFMANN, MGH SS 34, 1980). Sie enthält neben der Gesch. des Kl. wertvolle Nachrichten zur it. Gesch. und zur Ks.- und Papstgesch. Vorstudien dazu waren die »Narratio de consecratione ecclesiae Casinensis« und die »Breviatio de monasterio s. Sophiae«. Weitere Werke: u. a. »Translatio s. Mennatis I, II«, ein persönl. gehaltener liturg. Kalender. Unsicher und verloren sind eine Kreuzzugsgesch., ein Traktat »De signis«, »Sermones de pasca« und de nativitate«.

H. Hoffmann

Lit.: A. M. FAGNONI, Un cronista medievale al lavoro, Scripta Philologa 2, 1980, 53–129 – H. BLOCH, Monte Cassino in the Middle Ages, 1–3, 1986, passim.

20. L. Tuscus, † nach 1182, Bruder des →Hugo Etherianus, Übersetzer am Hofe des Ks.s Manuel I. Komnenos in Konstantinopel. Übersetzte u. a. die Chrysostomosliturgie sowie die Schr. des Photios »Contra Francos« ins Lat. R. Peppermüller

Lit.: →Hugo Etherianus.

Leodegar (Leudegarius, frz. Léger), hl. (Fest: 2.–3. Okt.), Bf. v. →Autun, * ca. 616, † 2./3. Okt. 677 (678/679?), aus einer großen frankoburg. Adelsfamilie, in →Poitiers unter Obhut seines Onkels, Bf. Dido, erzogen, Diakon und Archidiakon v. Poitiers, dann Abt v. →St-Maixent, erhielt um 662 durch Kgn. →Balthild das Bm. Autun. Der →Vetus Gallica ließ er einige Vorschriften über das monast. Leben anfügen (Canones Augustodunenses). Als einer der führenden Köpfe der frankoburg. Aristokratie stand L. in heftiger Opposition zu den Zentralisierungsbestrebungen des neustr. Hausmeiers →Ebroin. Als dieser nach dem Tode →Chlothars III. (673) nach Luxeuil ins Exil gehen mußte, stieg L. zum engen Ratgeber (nicht aber Hausmeier) →Childerichs II. auf. Doch fiel er Ostern 675 in Ungnade und wurde gleichfalls in Luxeuil interniert. Nach der Ermordung Childerichs II. vermochte Ebroin L. zu verdrängen, ließ ihn 676 in Autun belagern, nach der Auslieferung blenden und verbannen (Champagne, dann Fécamp). L.s Mutter kam in Kl. haft, sein Bruder wurde hingerichtet, L. selbst durch ein Konzil (wohl in Mâlay, 677) abgesetzt und in einem Forst des Artois enthauptet. Schon unmittelbar nach seinem Tod als Märtyrer betrachtet, setzte nach Ebroins Ermordung (680/681) die Verehrung ein: Überführung seines Leichnams nach St-Maixent (682), dort Errichtung einer Basilika. Während der Normanneneinfälle gelangten seine Reliquien nach Plélan (vor 870) und Ebreuil (924), ein Teil kam um 942 nach St-Maixent zurück. Die ältesten seiner Viten (BHL 4850–4855) sind: die fragmentar. Vita Iª, verfaßt von einem anonymen Mönch aus St-Symphorien i. Autun (vor 693; die Vita II (um 684/696) von Ursinus v. Ligugé, Hauptq. der späteren Biographien. J.-C. Poulin

Ed.: Brief: MGH Epp. 3, 464–467 – Kanones: H. MORDEK – R. E. REYNOLDS, Bf. L. und das Konzil v. Autun (Fschr. R. KOTTJE, 1991) – Lit.: Bibl. SS 7, 1190–1193 – Catholicisme 7, 216–218 – G. BIANCHI, La fonte latina del »Sant Lethgier« StM Ser. III, 13, 1972, 701–790 – J.-C. POULIN, St-L. d'Autun et ses premiers biographes, Bull. Soc. antiqu. de l'Ouest 14, 1977, 167–200 – E. EWIG, Die Merowinger und das Frankenreich, 1988, 160ff. – H. MORDEK, Bf. sabsetzungen in spätmerow. Zeit (Fschr. H. FUHRMANN, 1991), 31–53.

Leofric. 1. L., Earl of Mercia seit oder bald nach 1023, † 1057, ▢ Coventry Abbey; Sohn von Leofwine, ealdorman v. →Hwicce unter Kg. Knud d. Gr.; ∞ Godgifu, L. erneuerte die Gründung von Stowe Minster (Lincolnshire) und förderte Kl. in Leominster, Wenlock, Chester, Worcester und Evesham. Sein Neffe Leofric war gleichzeitig Abt v. Burton, Coventry, Crowland, Thorney und Peterborough. Es ist zieml. sicher, daß L.s Sohn Ælfgar eine Base zweiten Grades von →Ælfgifu geheiratet hat. Zahlreiche Besitzungen in Mittel- und N-England, die das Domesday Book überliefert, gehörten 1066 L.s Enkeln Edwin und Morcar, einschließlich vieler, von Ælfgifus Familie ererbter Ländereien. 1035 unterstützte L. →Haralds ('Harefoot') Anspruch als Nachfolger Knuds, und 1051–52 spielte er eine führende Rolle bei der Verbannung →Godwins und dessen späterer Versöhnung mit Eduard d. Bekenner. P. H. Sawyer

Lit.: F. E. HARMER, Anglo-Saxon Writs, 1952, 561, 565f. – F. BARLOW, Edward the Confessor, 1970 – P. H. SAWYER, Charters of Burton Abbey, 1979, XLIII.

2. L., Bf. v. →Exeter, † 10. Febr. 1072, bei Johannes (oder →Florentius) v. Worcester Brytonicus gen., stammte wohl aus Cornwall. Ausgebildet in Lothringen, begleitete er 1041 Eduard d. Bekenner nach England. Als kgl. Kaplan wurde er 1046 zum Bf. der getrennten Diöz. n v. Cornwall und Devon mit Bf. ssitz in →Crediton ernannt und am 19. April geweiht. 1049 erreichte er von Leo IX. die Verlegung seines Bf. ssitzes nach Exeter. Kg. Eduard bestätigte die Vereinigung der Diöz. n und übertrug L. die aufgelassene Kathedrale St. Peter in Exeter, wo er L. 1050 in sein Amt einsetzte. L. errichtete ein Stiftskapitel, dessen Kanoniker die Regel des hl. →Chrodegang befolgten. Er konnte den Besitz von Bm. und Kathedrale wiederherstellen und einige neue Ländereien für seine Kirche erwerben. Diese Besitzungen hat er in seinem Testament verzeichnet, das auch Sachschenkungen und viele Hss. aufführt, zu denen das berühmte →Exeter-Buch, das L.-Missale und eine zweisprachige Version der Chrodegang-Regel gehören. P. H. Sawyer

Lit.: F. BARLOW, The English Church 1000–1066, 1963, 83f., 116f., 213–215 – →Exeter-Buch.

León

I. Königreich – II. Stadt und Bistum.

I. KÖNIGREICH: [1] *Vom asturischen zum leonesischen Reich:* Das Kgr. L. war Nachfolger des 711 nach der muslim. Invasion entstandenen astur. Reiches (→Asturien), das aus Herrschaftsbildungen einheimischer Bevölkerungsgruppen (Kantabrer, Asturier), dem von Rom und then westgot. Reich v. Toledo nur oberfläch. unterworfen worden waren, hervorging, nicht aber als Erbe des →Westgotenreichs gelten kann. Mitte des 9. Jh. verfügte das astur. Reich, das mit der Hauptstadt →Oviedo auch die Gebiete des heut. →Galicien umfaßte, über ein Kgtm. auf rein agnat. Grundlage. Zur gleichen Zeit wurde das Reichsgebiet zum Duero hin erweitert.

Das Land w. des Duero (Oporto, Chaves, 868) wurde zuerst erobert, wobei es rasch zur Ausbildung adliger Machtzentren kam. Die Eroberung von L. und →Astorga durch Ordoño I. (850–866) war der Beginn einer weiteren Expansionsphase, die mit der Einnahme von →Zamora (893) und Dueñas ihren krönenden Abschluß fand. Die in dieser Phase eroberten Gebiete wurden zwar als völlig unbesiedeltes (strateg.) Niemandsland v. dem astur. Reich und →al-Andalus angesehen; tatsächl. gab es dort aber kein absolutes Bevölkerungsvakuum. Noch wichtiger als die bloße polit. Kontrolle war die Inbesitznahme, Gestaltung und Beherrschung des Raumes, zusammenfassend mit dem Begriff »Wiederbesiedlung« (→*repoblación*) bezeichnet; der Kg. wie der Hochadel bedienten sich dazu der →*presura* (Landnahme). Vorreiter der Wiederbesiedlung waren neben Herrschern und Adligen die Kl. und Kirchen sowie die genossenschaftl. organisierten Bauern (*comunidades de aldea*). Bereits im 10. Jh. setzte jedoch ein allmähl. Prozeß des Aufgehens der kleinen Bauerngüter in den großen adligen und kirchl. Ländereien ein.

Die Eroberungen und Wiederbesiedlungen führten unter den Nachfolgern Alfons III. (866–910), García (910–914) und Ordoño II. (914–924), zur Verlagerung des Zentrums des Reiches in das Gebiet um L., das unter Ordoño II. als Hauptstadt an die Stelle von Oviedo trat. Erst von da an kann man von einem »leones.« Reich im eigtl. Sinn sprechen. Auch in dieser Epoche wurden Herrschaftsausbau und Wiederbesiedlung weitergeführt, so daß sich die Duerolinie stabilisierte; nach dem Sieg Ramiros II. (931–950) über Abdarraḥmān III. bei Simancas (939) kam es zu einem Vorstoß s. des Duero mit Ansätzen zu einer Wiederbesiedlung →Salamancas.

In der 2. Hälfte des 10. Jh. vollzog sich ein gewisser Niedergang des astur.-leones. Reiches, nicht nur wegen der Einfälle →al-Manṣūrs, die zur Zerstörung von L. und Compostela sowie zum Verlust von Zamora (Rücknahme der Duero-Grenze) führten, sondern auch infolge der Adelsaufstände in Galicien und der erfolgreichen Unabhängigkeitsbestrebungen der Gf.en des geeinten →Kastilien (→Fernán González, 932–970); zudem gab es auch zw. Cea und Pisuerga fakt. unabhängige Machthaber wie die Gf.en v. →Saldaña, →Carrión (→Beni-Gómez) und →Monzón (Ansúrez). Doch konnte das Kgtm. unter Alfons V. (999–1028) ztw. gegenüber dem Hochadel wieder an Boden gewinnen. Eine geplante Reorganisation des Reiches fand ihren Ausdruck u. a. in der Territorialgesetzgebung des sog. →Fuero v. L. (1017).

Auf Verwaltungsebene war das Reich in *commissos* oder *mandationes* (Galicien) und in *territoria* (Asturien und L.) eingeteilt. Die Verbreitung von →Grundherrschaften war bereits wesentl. weiter fortgeschritten als in der Gft. Kastilien; die – noch bedeutenden – freien Landgemeinden gerieten in einen Auflösungsprozeß.

[2] *Das leonesische Kaisertum:* Seit Ordoño II. führten die astur. Kg.e den Titel *imperator*, weshalb man von der polit. und institutionellen Wirklichkeit eines leones. Ksm.s gesprochen hat. Dabei ging man von der Überlegung aus, daß das astur. Reich mit Sitz in L. der Nachfolger des Westgotenreiches von Toledo sei, eine ideolog. Fiktion, die ihre Entstehung der Ausweitung des Reiches zum Duero hin verdankt. Die astur.-leones. Kg.e führten diesen Titel als Zeichen ihrer Vorrangstellung vor anderen chr. Fs.en, ohne daß damit aber eine wirkl. Oberherrschaft verbunden gewesen wäre.

[3] *León und Kastilien:* Das astur.-leones. Reich erlosch infolge der Expansionspolitik der navarres. Herrscher (→Navarra) mit Vermudo III. (1028–37). Der Nachfolger Sanchos III. el Mayor, der seit 1029 auch Gf. v. Kastilien war, Ferdinand, machte dem Kg. v. L. die Gebiete zw. Cea und Pisuerga streitig (1035). Durch die Niederlage und den Tod Vermudos 1037 bei Támara wurde Ferdinand Kg. v. L.

Als leones. Kg. war Ferdinand I. (1037–65) Erbe des astur. Kgtm.s wie auch des Ks.titels, der an L. haftete. Nach dem Tode Kg. Garcías v. Navarra bei Atapuerca (1054) war der Ks.titel gleichbedeutend mit einem Suprematieanspruch (Ausdehnung der →Parias, der Tributherrschaften, auf die wichtigsten Taifenreiche). Zugleich knüpfte Ferdinand I. Beziehungen mit →Cluny an (als Gegengewicht zur Einschaltung des Hl. Stuhls in die Kreuzzugsfrage in Spanien) und baute die Königsstadt L. aus (S. Isidoro, 1063). V. a. im äußersten W des Reiches kam es zur Eroberung muslim. Gebiete (→Viseu und →Lamego, 1055; →Coimbra, 1064), was eine Ausdehnung des Reiches bis zum Mondego zur Folge hatte.

Bei →Ferdinands I. Tod wurde das Reich unter seine Söhne aufgeteilt (s. dazu →Kastilien II,1); L. fiel mit dem Land zw. Cea und Pisuerga und dem Ks.titel an den Zweitgeborenen, Alfons (VI.). Bedeutsam ist die Abtrennung Galiciens als eigenständiges Kgr. vom alten astur.-leones. Reich, was wohl mit dem Unabhängigkeitsstreben des mächtigen weltl. und geistl. Adels in Galicien zusammenhing.

Unter Alfons VI. (1065–1109), der seit 1072 auch über Kastilien herrschte, kam es in den chr. Reichen Spaniens zu wichtigen Umwälzungen. Die Gesellschaft des Kgr.es L. war eine reine Feudalgesellschaft. Alfons unterstrich die Vorrangstellung seines Ksm.s, indem er seit 1077 in Übereinstimmung mit Cluny und als Reaktion auf die theokrat. Ansprüche Gregors VII. den Titel »imperator totius Hispaniae« führte (→Hispania, 2). Die Eroberung →Toledos (1085), der Hauptstadt des ehemaligen Westgotenreiches, sollte nicht zuletzt den Ks.titel mit einem glaubwürdigen Inhalt füllen. Aus muslim. Sicht war der Verlust Toledos so schwerwiegend, daß er die Invasion der nordafrikan. →Almoraviden nach sich zog, was gleichbedeutend mit dem Beginn einer neuen Epoche in der Gesch. von al-Andalus war.

In den neueroberten Gebieten s. des Duero (→Estremadura) bildeten sich →*Concejos* mit ausgedehnten Territorien, den sog. *alfoces*; eine Grenzgesellschaft mit städt. Milizen und freien Bauern entstand, in der sich jedoch allmähl. die Umwandlung in eine echte Feudalgesellschaft mit einer typ. Sonderform der Grundherrschaft, dem *señorío concejil*, vollzog. N. des Duero war die Entwicklung inzwischen bereits klar zugunsten des weltl. oder geistl. Großgrundbesitzes entschieden; dazu kamen noch die Verallgemeinerung der Abhängigkeit der Landbevölkerung, die Gewährung von *prestimonia* (→*prestimonio*) und die Existenz vasallit. Bindungen innerhalb des Adels. Andererseits fungierten die Adligen als Repräsentanten des Kgtm.s (Verwaltung von kgl. Burgen und Herrschaften), übten aber zugleich Eigengewalt, die in ihrem Allodialbesitz gründete, aus. In den w. Territorien kam es eindeutig zu einer Feudalisierung im polit. Sinn; die Schwiegersöhne Alfons' VI., Raimund und Heinrich, erhielten ihre Herrschaft – der eine über Galicien, der andere über das Territorium portucalense (→Portugal, Gft., Kgr.) – als eine Art Lehnsfsm.; im Falle Heinrichs bedeutete dies die Grundlage für die rasche Entstehung des Kgr.es Portugal.

In der polit. Krise nach dem Tode Alfons' VI. konnte seine Tochter, Kgn. →Urraca (1109–26), gerade noch die Herrschaft über die eigtl. leones. Gebiete behaupten, während Galicien von ihrem Sohn Alfons (VII.) Raimundez weitgehend eigenständig regiert wurde und Portugal unter →Teresa, der Witwe Heinrichs, die Konsolidierung seiner Unabhängigkeit, wenn auch in lehnrechtl. Bindung an Kastilien-L., errang (1115, 1121).

Unter Alfons VII. gewann das Kgtm. (1126–57) jedoch seine Handlungsfähigkeit zurück; Kastilien-L. stellte sich als Feudalgesellschaft mit mächtiger monarch. Spitze dar, die erneut die Eroberungstätigkeit in Angriff nahm. Höhepunkt des span. Ksm.s war die Krönung Alfons' VII. in L. (1135); er knüpfte damit an seinen Großvater Alfons VI. an, wodurch die Bindung des Ks.titels an L. erhalten blieb; die tatsächl. Wirkung des imperialen Anspruchs zeigte sich in den lehnrechtl. Beziehungen anderer Herrscher (v. a. Alfons I. Henriques als Kg. v. Portugal) zum Ks. Nach Alfons' Tod (1157) kam es erneut zur Reichsteilung: →Ferdinand II. als der Zweitgeborene erhielt L. und Galicien. Der Vertrag von Sahagún (1158) setzte den Cea als Grenze fest.

[4] *León als unabhängiges Königreich:* Unter Ferdinand II. (1157–88) und Alfons IX. (1188–1230) war L. unabhängiges Kgr.; seine Herrscher nannten sich Kg.e v. L. und Galicien, da das Kgtm. seine Vorrangstellung dort ausbauen wollte. Die Trennung zw. Kastilien und L. verhinderte weder das Kommen und Gehen des Hochadels zw. den beiden Reichen noch eine weitgehende Angleichung der gesellschaftl. und institutionellen Strukturen. Die Idee eines span. Ksm.s wurde von der Vorstellung der weitgehend gleichrangigen Fünf Reiche (L., Kastilien, Navarra, Aragón und Portugal) abgelöst. Polit. gesehen standen die Kgr.e Portugal und Kastilien, doch auch die Einfälle der →Almohaden (1184) einer weiteren Expansion L.s im Wege. Andererseits führte die von Ferdinand II. und Alfons IX. aktiv betriebene innere Ausbaupolitik (sog.

repoblaciones interiores) zu einer Reorganisation des Kg.sgutes (→*realengo*) in den angestammten Reichsgebieten; Mayorga, →Benavente, Villalpando und Mansilla entstanden zw. 1167 und 1181.

Die Konflikte zw. Kastilien und L. waren von solcher Tragweite, daß sie andere Kgr.e wie Aragón und Portugal in Mitleidenschaft zogen und die Beziehungen zu den Almohaden beeinflußten. Die Friedensverträge zw. den beiden Reichen (Medina de Ríoseco 1181, Fresno-Lavandera 1183, Tordehumos 1194, Cabreros 1206) dienten zur Absicherung der Grenzen, machten aber auch die wechselseitige Einmischung des Adels und der Herrscher deutlich. →Alfons IX. gelang eine Stärkung der Kg.sgewalt; das Reich erfuhr unter seiner Regierung mit der Eroberung von Cáceres (1229), Mérida und Badajoz (1230) seine größte Ausdehnung.

Grundlage für die Macht der Concejos im Gebiet s. des Duero und den Transfer dieser Herrschaftsform in den N (z. B. nach L.) war die Konsolidierung der führenden städt. Schichten (→*caballería villana, boni homines*). Durch den Aufstieg neuer sozialer Gruppen erfolgte eine allmähl. Umwandlung der kgl. *Curia* und letztl. die Ausbildung der späteren →Cortes; die Hoftage v. L. (1188/1208) und Benavente (1202) belegen bereits diesen Reifungsprozeß der leones. Feudalmonarchie, der demjenigen in Kastilien unter Alfons VIII. und Ferdinand III. entsprach.

[5] *Die erneute Vereinigung:* Unter dem Sohn Alfons' IX., →Ferdinand III., der seit 1217 Kg. v. Kastilien und seit 1230 Kg. v. L. war, kam es nach dem Verzicht der Töchter Alfons' IX. und Teresas, Sancha und Dulce, auf ihre Thronansprüche zur definitiven Vereinigung beider Reiche. Zu diesem Zeitpunkt war die Feudalmonarchie bereits deutl. gefestigt. Kastilien-L. stand am Beginn einer neuen Phase der Expansion in die andalus. *Betica* (→Reconquista). Dies bewirkte endgültig einen Verzicht auf patrimoniale Vorstellungen, die in älterer Zeit zu Erbteilungen geführt hatten. Die Kg.sgewalt (*senorío del Rey*) erschien nun immer deutlicher als die übergeordnete Wirklichkeit, die sowohl in Kastilien als auch in L. die verschiedenen anderen Herrschaftsformen (*realengo, abadengo,* →*solariego,* →*behetría*) einschloß. C. Estepa Díez

Lit.: Colección »Fuentes y Estudios de Hist. Leonesa«, bisher ca. 45 Bde, 1969ff. – J. GONZÁLEZ, Reg. de Fernando II, 1943 – DERS., Alfonso IX, 2 Bde, 1944 – A. SÁNCHEZ CANDEIRA, El regnum-imperium leonés hasta 1037, 1951 – J. GONZÁLEZ, El reino de Castilla en la época de Alfonso VIII, 3 Bde, 1960 – C. SÁNCHEZ-ALBORNOZ, Despoblación y repoblación en el valle del Duero, 1966 – CH. J. BISHKO, Fernando I y los orígenes de la alianza castellano-leonesa con Cluny, CHE 47/48, 1968, 31–135; 49/50, 1969, 50–116 – J. RODRÍGUEZ, Ramiro II. rey de L., 1972 – C. SÁNCHEZ-ALBORNOZ, Orígenes de la nación española. El reino de Asturias, 3 Bde, 1972–75 – M. DEL CARMEN CARLÉ, Gran propriedad y grandes proprietarios, CHE 57/58, 1973, 1–224 – R. PASTOR DE TOGNERI, Conflictos sociales y estancamiento económico de la España medieval, 1973 – A. BARBERO – M. VIGIL, La formación de la Península Ibérica, 1978 – J. Mª. MÍNGUEZ, El dominio del monasterio de Sahagún en el siglo X, 1980 – R. PASTOR DE TOGNERI, Resistencias y luchas campesinas en la época del crecimiento y consolidación de la formación feudal. Castilla y L., siglos X–XII, 1980 [1990²] – E. PROCTER, Curia and Cortes in L. and Castile 1072–1295, 2980 – J. RODRÍGUEZ, Los Fueros del Reino de L., 2 Bde, 1981 – B. F. REILLY, The Kingdom of L. – Castilla under Queen Urraca (1109–1126), 1982 – J. RODRÍGUEZ, Ordoño III, 1982 – C. ESTEPA DÍEZ, El nacimiento de L. y Castilla (siglos VIII–X) (Hist. de Castilla y L. 3, 1985) – DERS., El reinado de Alfonso VI, 1985 – J. A. GARCÍA DE CORTAZAR u. a., Organización social del espacio en la España medieval. La Corona de Castilla en los siglos VIII y XV, 1985 – P. MARTÍNEZ SOPENA, La Tierra de Campos occidental entre los siglos X y XIII, 1985 – J. Mª. MÍNGUEZ, Ruptura social e implantación del feudalismo en el noroeste peninsular, Studia Historica 3, nr. 2, 7–32 – L. M. VILLAR GARCÍA, La Extremadura castellano-leonesa, 1986 – J. RODRÍGUEZ FERNÁNDEZ, Sancho I y Ordoño IV, reyes de L., 1987 – El reino de L. en la Alta Edad Media I, 1988 – En torno al feudalismo hispánico, 1989 – B. F. REILLY, El reino de L. y Castilla bajo el Rey Alfonso VI, 1989 – Ciudades y Concejos en la Edad Media hispánica, 1990.

II. STADT UND BISTUM: [1] *Die Stadt im Früh- und Hochmittelalter:* L. ging aus dem Castrum der Legio VII Gemina (68 n. Chr.) hervor. Münzstätte und militär. Stützpunkt in westgot. Zeit, wurde L. nach der muslim. Eroberung von Alfons I. v. →Asturien besetzt (Mitte 8. Jh.), doch erst Ordoño I. (850–866) eroberte L. endgültig zurück, machte es zum Sitz der kgl. Verwaltung für die neuen Gebiete und richtete ein Bm. ein (856), dessen Sitz seit Ordoño II. (914–924) die Kirche Sta. María war. Von da an war L. Hauptstadt bzw. Kg.ssitz des astur. Reiches. Die civitas, in den (erhaltenen) Mauern der röm. Stadt, umfaßte eine locker besiedelte Fläche von ca. 20 ha, mit ca. 30 Kl.n (2. Hälfte des 10. Jh./1. Hälfte des 11. Jh.) und grundherrl. Höfen (*cortes*). Im 11. Jh. dehnte sich die Stadt nach S aus, in Richtung des seit 997 belegten Marktes, verbunden mit beginnenden handwerkl. Aktivitäten (Viertel S. Martín). Seit Ende des 11. Jh. bildete sich ein Frankenviertel (*vico francorum*) bei Sta. María del Camino aus. Die Zusammenlegung beider Viertel führte im 12. Jh. zur Entstehung des von Handwerkern geprägten *Burgo Nouo* (im Gegensatz zur befestigten Altstadt, der *civitas*); der Markt wurde dagegen zur Kirche Santo Sepulcro verlegt (1122). Im Laufe des 12. Jh. nahm der Bereich innerhalb der Stadtmauern stärker städt. Charakter an (Verschwinden der *cortes* und vieler Kl.). Außerhalb der Stadtmauern entstanden neue Siedlungen: Renueva, S. Marcos, Fajeros, Quintanilla u. a.

[2] *Bistum:* Die Grenzen des Bm.s L. waren anfängl. nicht festumrissen. Nach dem Konzil v. →Coyanza (1055) und der Rezeption der Kirchenreform führte die Forderung nach Abgabe eines Drittels aller kirchl. Einkünfte an den Bf. zu einer Konsolidierung. Das Gebiet der Diöz., das sich auch auf zum Kgr. →Kastilien gehörende Bezirke wie Campos, Saldaña und →Liébana erstreckte, wurde nun festgelegt. Die Klerikergemeinschaft (Kanoniker) v. Sta. María unterwarf sich einer Regel (daher die Bezeichnung Sta. María de Regla). 1120 fand eine Teilung zw. *mensa episcopalis* und *capitularis* (→Mensalgüter) statt. Das Bm. war seit 1105 exemt. 1224 erhielt das Kapitel neue Statuten, die die Zahl der Kanoniker auf 50 festsetzten, wozu noch 24 Altaristen und 12 Chorkleriker kamen. Ende des 13. Jh. gab es elf Würdenträger: Dekan, Kantor, Schatzmeister, Scholast, Prior und sechs Archidiakone (für: Valderas, Mayorga, Saldaña, Cea, Benamariel und Triacastela).

[3] *Die Stadtentwicklung im 12.–15. Jh.:* Im 12. und 13. Jh. lagen die wichtigsten kirchl. Machtzentren innerhalb der alten Stadtmauern. Sta. María und das angrenzende Sta. Marina waren Viertel mit klerikaler Prägung. Nahe dem kgl. *palatium*, im Viertel v. San Pelayo, gründete →Ferdinand I. 1063 S. Isidoro als Kirche und →Grablege der Königsfamilie. 1148 wurde hier mit Regularkanonikern ein Kapitel oder Kollegiatstift eingerichtet, das eine bedeutende Herrschaft besaß. Im Gegensatz zu Sta. María, Sta. Marina und S. Pelayo war das vierte Altstadtviertel, S. Salvador de Palat, handwerkl. geprägt, ähnl. dem Frankenviertel, S. Martín und S. Marcelo, die bereits zu Beginn des 13. Jh. den geschlossenen Komplex der Neustadt bildeten. L. insgesamt hatte vor 1110 eine Einw.zahl von ca. 2000, die sich um 1200 bereits verdoppelt hatte. Handwerkl. Spezialisierung ließ im 13. Jh. bis zu 60 Werkstätten entstehen.

L. war Verwaltungszentrum eines ausgedehnten Gebietet; im 12. Jh. konstituierte sich der Stadtrat (→*concejo*) als jurist. Person. Die *boni homines* bildeten die Führungsschicht, mit eigenen Richtern, Gerichts- (*alcaldes*) und Verwaltungsbeamten (→*Merinos/vílicos*). Mit der Gewährung eines *alfoz*, eines Immunitätsbereichs der Stadt, fand die Ausbildung der städt. Herrschaft ihren Abschluß (1219).

Das Wachstum der Stadt zwang 1324 zur Anlage einer neuen Befestigung, die die Neustadtviertel einschloß. Die nun erreichte hohe Einw.zahl von 5000 blieb im 14. und 15. Jh. im wesentl. bestehen. Die Stadt war seit Mitte des 13. Jh. in 12 Pfarreien eingeteilt. Dem entsprachen in der städt. Verwaltung Viertel (*collaciones*). Andere Stadtteile wie das Judenviertel (bei Santo Sepulcro) und S. Lázaro mit den Bettelordenskl.n (Dominikaner, Franziskaner) lagen unmittelbar außerhalb der Stadtmauern. Seit dem 13. Jh. wuchs die Besitzkonzentration in der Hand des Kapitels (1490: 232 Häuser in der Stadt, ausgedehnte Besitzungen im Umland, v. a. Weinberge und Ackerland). Diese Machtfülle führte immer wieder zu wirtschaftl. und rechtl. Auseinandersetzungen mit dem Stadtrat. C. Estepa Díez

Lit.: Fuentes y Estudios de Hist. Leonesa, 1969ff. – A. Represa, Evolución urbana de L. en los s.s XI–XIII, Archivos Leoneses 45/46, 1969, 243–282 – T. Villacorta, El Cabildo Catedral de L., 1974 – C. Sánchez-Albornoz, Una ciudad de la España cristiana hace mil anos, 1976⁶ – C. Estepa Díez, Estructura social de la ciudad de L. (s.s XI–XIII), 1977 – J. A. Fernández Flórez, El »Becerro de Presentaciones«. Un parroquial leonés de los s.s XIII–XV (L. y su hist. V, 1984), 263–565 – Ders., El patrimonio del Cabildo catedralicio de L. en la segunda mitad del s. XV, 1985 – C. Estepa Díez, El realengo y el señorío jurisdiccional concejil en Castilla y L. (s.s XII–XV), 1990, 465–506.

Léon, Plateaulandschaft, bildet die NW-Spitze der →Bretagne, in gallo-röm. Zeit zur civitas der Os(s)ismi, mit Vorort Vorgium (heute Carhaix) und den vici Brest, Morlaix und Landerneau (reiche arch. Funde). Im 4.–7. Jh. wanderten Inselkelten aus →Wales, →Cornwall und →Devon ein (Ortsnamen-Präfix »plou«); der Waliser →Paulus Aurelianus gründete um 530 das Kl. Castel-Pol (→St-Pol de Léon). Nach den Wikingerinvasionen wurde dieses kelt. Klosterbm. im Zuge der hochma. Wiederbesiedlung neubelebt. In dieser Zeit erscheint die mächtige Adelsfamilie der Vicecomites v. L., deren Ahnherr, Even d. Gr., legendär bleibt und die erstmals mit Guiomarch I. hist. faßbar wird. Dieses krieger. Geschlecht, das starken Druck auf die Bf.e v. St-Pol ausübte, gründete seine Macht nicht zuletzt auf die Ausübung der Strand- und Fischereirechte. In bedrohl. Nachbarschaft zu den →Plantagenet, errichteten die Vicomtes im 12. Jh. Burgen, aus denen sich Städte entwickelten (Brest, Landerneau, Lesneven, Morlaix).

Im 13. Jh. dehnten die Hzg.e der Bretagne (Pierre Mauclerc, 1213–37; Jean I. le Roux, 1237–86) ihren Einfluß auf Kosten der schwindenden Macht der Vicomtes aus. Das hzgl. Gerichts- und Fiskalwesen wurde im L. in einer Baillie und Kastellaneien (Landerneau, Lesneven, St-Renan) organisiert. L. bewahrte bei günstiger demograph. Entwicklung seinen durch den bret. Erbfolgekrieg des 14. Jh. kaum beeinträchtigten Wohlstand (vielseitige Landwirtschaft, Fischerei, Seehandel, Leder- und Leinenproduktion). Eine Reihe got. Sakral- und Profanbauten (»Kreisker«-Kapelle in St-Pol) sind Zeugen dieser Blüte.
J. P. Leguay

Lit.: H. Guillotel, Les vicomtes de L., Mém. Soc. d'hist. et d'arch. de Bretagne 51, 1971 – L. Pape, La Civitas des Osismes, 1978 – J. P. Leguay, Le L., Bull. Soc. Arch. du Finistère, 106–107, 1978–79 [1979–80].

Leon

1. L. I., oström. Ks. 7. Febr. 457–18. Jan. 474; Thraker, orth., Soldat einfacher Herkunft; Tribun in Selymbria, von →Aspar, Kaisermacher und Heermeister, zum Nachfolger Markians bestimmt. L.s Gotenbündnis (461) brachte Theoderich, den Neffen Kg. Valamers, als Geisel für 10 Jahre nach Konstantinopel. Der Vandalenfeldzug (468) unter L.s Schwager →Basiliskos war ein militär. und finanzielles Desaster. Dagegen besiegte der got. Heermeister v. Thrakien, Anagast, die →Hunnen 469. Gegen den einflußreichen, aber in Konstantinopel als Arianer unbeliebten Aspar protegierte L. seit 466 den Isaurierfs.en →Zenon. Mit ihm, seit 467 Gatte seiner Tochter Ariadne, brachte er 471 Aspar und dessen Sohn Ardabur um (daher Beiname 'Macelles' 'Schlächter'). Die Germanenherrschaft auf dem Balkan blieb erhalten, denn Theoderich Strabo unterstützte Aspars Goten. Als Westkaiser ernannte L. 466 →Anthemius, 473 Julius Nepos. Leons Nachfolger war sein Enkel Leon II., der Sohn Zenons.
L.-M. Günther

Lit.: RE XII, 2, 1947–1961 – H. E. del Medico, Le couronnement d'un Empereur Byz., Byzslav 16, 1955, 43–75 – A. Demandt, Die Spätantike, 1989 (HAW III, 6), 185–188.

2. L. III., *byz. Ks.* (717–741), † 18. Juni 741; Begründer der nach ihm benannten »isaur.« (syr.) Dynastie (→Isaurier); ∞ Maria, Kinder: Anna, spätere Gemahlin des →Artabasdos; →Konstantin V.; →Irene u. a. L. putschte gegen →Theodosios III. und konnte die arab. Belagerung Konstantinopels 717/718 abwehren. Ein Finanzausgleich zugunsten der betroffenen Gebiete führte zum Widerstand Roms und zu einem Aufstand des Themas Hellas. Beides wurde später zu einem Widerstand gegen L.s bilderfeindl. Maßnahmen umgedeutet. Den Ausbruch eines Vulkans bei Thera (726) interpretierte L. als göttl. Zeichen, wieder das →Kreuz (in der Tradition Konstantins d. Gr.) zu verehren und dadurch das Reich in seiner alten Größe wiederherzustellen. Am Eingang seines Palastes ließ L. das Bild Christi durch ein Kreuz ersetzen. Einige Bf.e wandten sich gleichfalls gegen die vor einigen Jahrzehnten aufgekommene Bilderverehrung (→Bilderstreit). Patriarch →Germanos I., der den Streit nicht zu schlichten vermochte, trat (auf Drängen L.s?) zurück (730). Weiterer Widerstand war nicht sichtbar, allerdings entwickelte sich eine Debatte über die Bilderverehrung. Trotz militär. Erfolge gegen die Araber konnte L. nicht die hohen Ansprüche einer restitutio imperii erfüllen. P. Speck

Lit.: P. Speck, Ikonoklasmus und die Anfänge der Makedon. Renaissance, Varia I (Ποικίλα Βυζαντινά 4), 1984, 175–210 – Ders., Ks. L. III. [in Vorber.] – s. a. →Konstantin V.; →Irene.

3. L. IV., *byz. Ks.* 775 – † 8. Sept. 780, * 25. Jan. 750; Eltern: Konstantin V. und die Chazarin Irene (daher Beiname 'Chazare'). Mitks. seit 6. Juni 751; Alleinherrscher seit 14. Sept. 775. 769 ∞ →Irene, Sohn: Konstantin VI. Betrieb eine im Gegensatz zu seinem Vater gemäßigte bilderfeindl. Politik. Er mußte Umsturzversuche, u. a. der Söhne Konstantins V. und der Eudokia, abwehren. In krieger. Auseinandersetzungen mit den Arabern errang er 777/778 einen großen Sieg.
I. Rochow

Lit.: P. Speck, Ks. Konstantin VI., 1978, 53–103.

4. L. V., *byz. Ks.*, * wohl zw. 770 und 780, † Weihnachten 820, entstammte Theophanes Continuatus zufolge einer pers.-armen. Familie, ∞ Theodosia, Tochter des Patrikios und Quästors Arsaber, ebenfalls Armenier. L.s militär. Karriere begann mit Verrat am Usurpator Bardanes Turkos (803) und führte ihn bis zum Amt des Strategen τῶν Ἀνατολικῶν, als der er am 11. Juli 813 →Michael I.

stürzte. L. setzte den Kampf gegen die Bulgaren (Khan →Krum, dann →Omurtag) fort; 816 kam es zu einem dreißigjährigen Frieden. Auch an der Ostgrenze gelang L. ein längerer Friedensschluß. Die byz. historiograph. Lit. sieht in L. aber in erster Linie den Initiator der 2. Phase des →Bilderstreites (→Ikonoklasmus), mit dem er seit 814 die Politik seiner Vorbilder Leon III. und Konstantin V. fortsetzte. Sie führte (in der Synode v. 815) zur Absetzung des Patriarchen →Nikephoros, zur Verbannung des Geschichtsschreibers →Theophanes und des →Theodoros Studites. Am Weihnachtstag 820 wurde L. im Auftrag seines Waffengefährten →Michaels (II.) am Altar der H. Sophia ermordet. P. Schreiner

Q. und Bibliogr.: Theophanes Continuatus, ed. I. BEKKER, 1838, 6–40 – Iosephi Genesii regum libri quattuor, rec. A. LESMUELLER-WERNER, 1989, 29–49 – P. J. ALEXANDER, The Patriarch Nicephorus of Constantinople, 1958 – OSTROGORSKY, Gesch., 168–170.

5. L. VI. d. Weise, byz. Ks. 29. Aug. 886 – † 11. Mai 912, * 866, Schüler des Patriarchen →Photios, 6. Jan. 870 Augustus, Thronfolger seit dem Tod seines älteren Bruders Konstantin 879, wegen Teilnahme an einer Verschwörung gegen seinen Vater Basileios I. (883) bis 20. Juli 886 in Haft, ersetzte alsbald nach Thronbesteigung Photios durch seinen Bruder Stephanos, regierte (zusammen mit seinem Bruder Alexander) zunächst unter dem Einfluß des Stylianos Zautzes († 899), Vater seiner zweiten Gemahlin Zoë. Seine Maßnahmen gegen den bulg. Warenhandel im Reich provozierten 894 einen Krieg mit dem bulg. Khan →Symeon, der mit dessen Sieg 896 und einem Abkommen über byz. Tributzahlungen endete. Auch die →Araber dehnten während seiner Herrschaft ihre Macht aus. Ein Angriff →Olegs v. Kiev auf Byzanz und nachfolgende Handelsverträge (907, 911) sind hist. umstritten. Seinen Beinamen verdankt L. seiner Bildung und Publikationstätigkeit. Er vollendete die von seinem Vater und Photios begonnene Rechtsslg. in 60 Büchern, erließ 113 Novellen und war Hg. eines kurzgefaßten Rechtshandbuches für den prakt. Gebrauch (907). Ferner verfaßte er Kirchenhymnen, Predigten, strateg. Werke, Epigramme und Gedichte. Um seine unkanon. vierte Ehe mit Zoë Karbonopsina, Mutter seines einzigen Sohnes Konstantin (VII.) 'Porphyrogennetos', entbrannte der sog. Tetragamiestreit. Ermutigt durch päpstl. Dispens, ersetzte er Patriarch →Nikolaos Mystikos, der die Genehmigung der Ehe ablehnte, durch →Euthymios. F. Tinnefeld

Lit.: Tusculum-Lex.[3], 466–468 – C. MANGO, The Legend of Leo the Wise, ZRVI 6, 1960, 59–93 – OSTROGORSKY, Geschichte[3], 194–216 – N. TOBIAS, Basil I [Diss. Rutger State Univ. 1969], 472–478 [zu L.s Jugend] – R. J. H. JENKINS, Stud. on Byz. Hist. of the 9th and 10th Cent., 1971 – P. KARLIN-HAYTER, Stud. in Byz. Political Hist., 1981 – E. KISLINGER, Eudokia Ingerina, JÖB 33, 1983, 119–136 [zu L.s Abstammung] – A. SCHMINCK, Stud. zu mittelbyz. Rechtsbüchern, 1986 – Unters. zu Handel und Verkehr der uns. und frühgesch. Zeit, IV, hg. K. DÜWEL u. a., 1987 [Beitr. J. FERLUGA, M. HELLMANN].

6. L. Choirosphaktes, hochrangiger Würdenträger am byz. Hof, Dichter, * um 845/850, † bald nach 919, aus angesehener Familie, nah verwandt (Bruder?) der Zoë Karbonopsina, der vierten Gemahlin Ks. Leons VI., war unter diesem 893 und 904 Gesandter beim Bulgarenkhan Symeon, 906/907 beim Kalifen v. Bagdad, verhandelte auch mit ö. Patriarchen wegen der unkanon. vierten Ehe Leons VI., wurde aber bald darauf von diesem verbannt, wohl wegen seiner u. a. von →Arethas getadelten angebl. heidn. Gesinnung. 913 begnadigt, nahm er am Staatsstreich des Konstantin Dukas teil und verbrachte nach dessen Scheitern den Rest des Lebens als Mönch im Studioskl. in Konstantinopel. Von ihm sind Briefe und Gedichte (Abriß der Theologie in Versen, Epigramme, Ekphrasen u. a.) und epitomierte Katenen erhalten. F. Tinnefeld

Lit.: Tusculum-Lex.[3], 468f. – G. KOLIAS, L. Ch., 1939 [Ed. von Briefen und Gedichten; ausführl. biogr. Abriß] – BECK, Kirche, 594f. – P. KARLIN-HAYTER, Arethas, Ch. and the Saracen Vizir, Byzantion 35, 1969, 455–481 – HUNGER, Profane Lit., I, 171, 235; II, 111, 169 – P. MAGDALINO, The Bath of Leo the Wise, Maistor, 1984, 225–240; Forts., DOP 42, 1988, 97–118 [Ekphrasis eines Palastbades].

7. L. Diakonos, byz. Gesch.sschreiber, * um 950 in Kaloë am Tmolos, in Konstantinopel ausgebildet, nach 976 als Diakon in den Palastklerus aufgenommen, begleitete Ks. Basileios II. 986 auf dem Bulgarenfeldzug. Vielleicht war er gegen Ende seines Lebens Metropolit v. Aphrodisias-Stauropolis in Karien. Sein Gesch.swerk, 992 oder bald danach fertiggestellt, in Stil und Vorbildern ganz der Antike verpflichtet, umfaßt den Zeitraum 959–976 (mit wenigen späteren Einschüben), wobei die Berichte über Bulgaren und Russen von bes. Bedeutung sind. Die Q.frage – Autopsie oder schriftl. Vorlage, bes. Kriegstagebücher – bleibt umstritten. In jedem Fall ist der Anteil der eigenen Gestaltung sehr hoch und macht das Werk zu einer der bedeutendsten zeitgesch. Darstellungen in Byzanz. Er verfaßte auch Briefe und ein Enkomion auf Basileios II. P. Schreiner

Ed. und Lit.: L.is Caloensis historiae libri decem, rec. C. B. HASE, 1828 – dt. Übers.: F. LORETTO, Byz. Gesch.sschreiber 10, 1961[2] – N. PANAGIOTAKES, EEBS 34, 1965, 1–138 – HUNGER, Profane Lit. I, 367–371 – Tusculum-Lex.[3], 469f.

8. L. Grammatikos, Kompilator oder Redaktor einer im Par. gr. 1711 überlieferten, 1013 abgeschlossenen und bis 949 reichenden Version der Chronik des →Symeon Metaphrastes. Der Abdruck des Textes im Bonner Corpus (1842), zu einer Zeit, als die Abhängigkeitsverhältnisse noch ungeklärt waren, läßt ihm zu Unrecht eine eigenst. Bedeutung zukommen. P. Schreiner

Ed. und Lit.: L.is grammatici chronographia, rec. I. BEKKER, 1842 – A. TH. MARKOPULOS, Ἡ χρονογραφία τοῦ Ψευδοσυμεών καὶ οἱ πηγές της, 1978 – HUNGER, Profane Lit. I, 354 – Tusculum-Lex.[3], 470.

9. L. der Mathematiker (der Philosoph), * um 790 wohl in Konstantinopel, † nach 869, einer der bedeutendsten byz. Gelehrten, Autodidakt, Privatgelehrter in Konstantinopel, bis ihm Ks. Theophilos um 838 eine staatl. besoldete Stelle verschaffte. 840 erhielt er den Metropolitenstuhl v. →Thessalonike, den er als Anhänger des Ikonoklasmus (→Bilderstreit) 843 wieder verlassen mußte. Er wirkte nachher wieder in Konstantinopel an der von →Bardas gegr. (privaten) Hochschule. Ein letztes Mal ist er in Zusammenhang mit dem Erdbeben von 869 erwähnt. L. war einer der ersten privaten Sammler von (v. a. math.-naturwiss.) Hss., die z. T. bis heute erhalten sind oder in Abschriften Spuren seiner Tätigkeit tragen; dadurch verdankt man ihm zu einem beträchtl. Teil das Weiterleben wichtiger wiss. Werke. Er verfaßte in der Anthologia Palatina überlieferte Epigramme sowie astronom.-astrolog. Gebrauchsschr. In der Überlieferung biswelien mit denen des Ks.s →Leon VI. vermischt). Unter seinem Namen finden sich auch eine Homilie auf die Verkündigung, liturg. Dichtungen (bei Identität mit Leon μαΐστωρ) sowie eine med. Enzyklopädie. Die byz. hist. Lit. schreibt ihm die Erfindung eines opt. Telegraphen und mechan. Apparaturen in Ks. palast zu. P. Schreiner

Ed. und Lit.: DSB VIII, 190–192 – Tusculum-Lex.[3], 470f. – P. LEMERLE, Le premier humanisme byz., 1971, 148–176 – V. ASCHOFF, Über den byz. Feuertelegraphen und L.d.M., Dt. Mus., Abh. und Ber. 48, 1980, H.1 – N. G. WILSON, Scholars of Byzantium, 1983, 79–88.

10. L. v. Ochrid, Chartophylax der Großen Kirche in Konstantinopel, um 1025 zum Bf. der autokephalen Kirche v. Bulgarien (→Ochrid) gewählt. Während der byz. Hof mit Papst Leo IX. über gemeinsame militär. Aktionen gegen die Normannen in Süditalien und über die Frage der kirchl. Einheit verhandelte, sandte L. wohl im Frühjahr 1053 im Einvernehmen mit dem Patriarchen →Michael Kerullarios ein an den Bf. Johannes v. Trani in Apulien adressiertes antilat. Schreiben an die 'Franken', in dem er sich gegen den Gebrauch der →Azyma, das Samstagsfasten, das Essen des Fleisches erwürgter Tiere und das Auslassen der Halleluja bei den liturg. Akoluthien der Fastenzeit vor Ostern der Lateiner wandte und sie des Judaismus bezichtigte. Mit der Widerlegung dieses Schreibens, das erhebl. zum Schisma beitrug, wurde→Humbert v. Silva Candida beauftragt. Von L. stammen noch ein zweiter Brief über die Azyma und ein dritter zur Kontroverse. Unbewiesen ist die Echtheit einer asket. Schr. im Vindob. theol. gr. 214 (50 Kap.).   E. Konstantinou

Lit.: ThEE VIII, 276f. – BECK, Kirche, 534f.

11. L. v. Tripolis → Thessalonike

Leonardo

1. L. Cremonensis (L. de Antoniis), * um 1380, Todesdatum unbekannt. L. verfaßte 1404/05 in Bologna Schriften zur Geometrie und bis 1438 weitere Arbeiten, darunter eine prakt. Geometrie in it. Sprache (»Artis metrice practice compilatio«), Arbeiten zur Bruchrechnung (»Practica minutiarum«, »Algorismus minutiarum«), Bemerkungen zu →Campanus' Euklid-Bearbeitung und eine Kosmographie. Er ist nicht mit Leonardo Mainardi ident., einem Philosophen und Arzt, der in der 2. Hälfte des 15. Jh. in Cremona wirkte.   M. Folkerts

Ed.: M. CURTZE, Die »Practica geometriae« des Leonardo Mainardi aus Cremona, Urkk. zur Gesch. der Mathematik im MA und der Renaissance, 2. Theil, 1902, 337–433 – *Lit.*: A. FAVARO, Nuove ricerche sul matematico Leonardo Cremonese, Bibl. Math., 3.F., 5, 1904/05, 326–341.

2. L. Fibonacci (L. v. Pisa, L. Bigollo Pisano; Namensform L. Fibonacci wohl erst im 15./16. Jh. aus »filio Bonacci« oder »de filiis Bonaccii«), it. Kaufmann, erster bedeutender Mathematiker des Abendlandes, * 1170/80 in Pisa, † nach 1240 ebd. L.s Vater Guglielmo Bonaccio war Sekretär der Republik →Pisa und wurde um 1192 mit der Leitung der pisan. Handelsniederlassung in Bugia (heute Bejaïa, Algerien) betraut, wohin er L. nachkommen ließ, damit dieser sich dort die neuen ind.-arab. Rechenmethoden aneigne (→Rechenkunst, →Zahl). Auf späteren Handelsreisen nach Ägypten, Syrien, Byzanz, Sizilien und der Provence besuchte L. ortsansässige Mathematiker und vervollständigte so sein Wissen. Seine Vaterstadt Pisa setzte ihm 1240/41 ein jährl. Salarium aus. Er pflegte den Kontakt mit Hofgelehrten→Friedrichs II. und wurde dem Ks. bei dessen Besuch in Pisa um 1225 vorgestellt.

L.s umfangreichstes Werk, der »Liber ab(b)aci« (1202 [überarbeitete Fassung 1228]) bezweckte die Einführung des Zifferrechnens in Italien. Behandelt werden die elementaren Rechenoperationen mit den neuen ind.-arab. Ziffern und deren Anwendung auf prakt. Probleme wie Umrechnung von Geldeinheiten, Mischrechnung, Zinsrechnung usw., nebst Algebra. Dabei führt L. nach dem Vorbild der Araber (und lat. Übersetzungen) für die Unbekannte Bezeichnungen (z. B. *res*) ein und versucht, über sie hinausgehend, gelegentl. sogar negative Gleichungslösungen zu deuten. Aus der Vielzahl der Übungs- und Anwendungsbeispiele sind bes. hervorzuheben die wohl ursprgl. aus ind.-chin. Quellen stammende Restaufgabe und die sog. Kaninchenaufgabe, die später E. LUCAS (1842–91) Anlaß zur Untersuchung der 'Fibonacci Zahlen' und der rekurrenten Reihen gab. L.s zweitgrößtes Werk, die »Practica geometriae« (um 1220), befaßt sich mit der Berechnung und Teilung von Figuren. Sie enthält Resultate aus Euklid, Archimedes, Heron usw. und gleicht in weiten Teilen dem »Plato v. Tivoli übersetzten »Liber embadorum« (1145) des →Abraham bar Ḥiyya, über den sie inhaltl. weit hinausgeht. Die Schrift »Flos« (1225) behandelt, ausgehend von Fragen der Hofgelehrten Friedrichs II., v. a. unbestimmte Gleichungssysteme 1. Grades sowie eine Gleichung 3. Grades. Der Friedrich II. gewidmete »Liber quadratorum« (1225) diskutiert die Auflösung einer gewissen Gattung unbestimmter Systeme 2. Grades.

L. hat in seinen Werken unzählige numerische Beispiele aus arab., byz. und lat. Q./Übers. übernommen und durch zahlreiche eigene Ergänzungen bereichert. Seine Schriften haben auf sämtliche it. Abakisten bis zu Luca →Pacioli entscheidend eingewirkt. Sie gerieten in der Folge, weil nicht gedruckt, allmähl. in Vergessenheit und wurden erst im 19. Jh. (v. a. durch P. COSSALI, G. LIBRI, B. BONCOMPAGNI) einer breiteren Öffentlichkeit bekannt gemacht.   E. Neuenschwander

Ed.: Scritti di L., ed. B. BONCOMPAGNI, 2 Bde, 1857–62 – E. PICUTTI, Il »Libro dei Quadrati« di L., Physis 21, 1979, 195–339 – Il »Flos« di L. Traduzione e commenti di E. PICUTTI, Physis 25, 1983, 293–387 – L. The Book of Squares, übers. und komm. L. E. SIGLER, 1987 – *Lit.*: DSB IV, 604–613 [weitere W., ältere Lit., Ed.] – H. SCHMIDT, Eine diophantische Aufgabe des L., SBA, Math.-Nat. Kl. 1975, 189–195 – S. GLUSHKOV, On Approximation Methods of L., Historia Mathematica 3, 1976, 291–296 – I. G. BAŠMAKOVA, The »Liber quadratorum« of L., Hist. and Methodology of the Nat. Sciences 20, 1978, 27–37 [Russ., engl. Zus.fassung] – N. MIURA, The Algebra in the Liber Abaci of L., Hist. Scientiarum 21, 1981, 57–65 – E. PICUTTI, Sui numeri congruo-congruenti di L., Physis 23, 1981, 141–170 – DERS., Le Scienze, Nr. 164, Apr. 1982, 96–105 – R. FRANCI, L. TOTI RIGATELLI, Towards a Hist. of Algebra from L. to Luca Pacioli, Janus 72, 1985, 17–82 – P. SINGH, The So-called Fibonacci Numbers in Ancient and Medieval India, Hist. Mathematica 12, 1985, 229–244 – J. SESIANO, The Appearance of Negative Solutions in Mediaeval Mathematics, AHES 32, 1985, 105–150 – H. L. L. BUSARD, The Mediaeval Latin translation of Euclid's Elements. Made directly from the Greek, 1987 [weitere Werke] – B. S. DAVIS – T. A. DAVIS, Fibonacci Numbers and the Golden Mean in Nature, The Mathematical Scientist 14, 1989, 89–100.

3. L. v. Pisa → Leonardo Fibonacci

Leone Ebreo → Abravanel, Jehuda

Leonhard (hl.), **Leonhardiwallfahrt** (Festtag: 6. Nov.), Einsiedler v. Noblac b. Limoges (heute →St-Léonard-de-Noblat), † 6. Jh., 6. Nov.; Patron der Gefangenen, Kranken und Wöchnerinnen, v. a. Viehpatron. Gefördert durch hohe geistl. Stellen und Orden (Zisterzienser), verbreitete sich der L.kult seit der Niederschrift von Vita und Legende um 1030 (BHL 4862–4879) rasch über Frankreich, England, Italien und Deutschland. Von dem Historiker J. N. SEPP stammt für das MA die lange geläufig gewesene These von L. als 'bayer. Herrgott' und als Ersatz für eine frühere germ. Gottheit (1895). Die heutige Forsch. hat sie durch das Faktum der erst nachma. Volksverehrung widerlegt.

In Schwaben, Bayern und Österreich gehört L. zu den beliebtesten Volkshl.en. Dargestellt wird L. meist als Mönch mit Kette in der Hand oder mit Gefangenen zu seinen Füßen, seit dem 17. Jh. auch mit einem Pferd oder Rind als Attribut und bisweilen im Gewand der Benediktiner, denen man im MA bes. Fähigkeiten auf dem Gebiet der →Tiermedizin nachsagte.   H. Alzheimer

Lit.: HWDA V, 1215–1219 – LCI VII, 394–398 [Lit.] – LThK² VI, 965f. – A. MAYER-PFANNHOLZ, St. L.s Einzug in Altbayern (Bayer. Heimat [Beilage zur 'Münchner Ztg.', 3. Nov. 1931]) – L. KRETZENBACHER,

Die Ketten um die L.-Kirchen im Ostalpenraum (Kultur und Volk, 1954 [= Fschr. GUGITZ]), 165-202 – R. KRISS – L. KRISS, Das Eisenopfer, 1957.

Leonianum → Sakramentar

Leoninische Hexameter → Hexameter

Leonor (s. a. Eleonore)

1. L., Kgn. v. →Navarra, † 1414, ▫ Pamplona, Kathedrale, Tochter des Kg.s v. →Kastilien, →Heinrich II. Trastámara. Sie wurde zur Besiegelung des Waffenstillstands mit Navarra 1375 dem navarres. Infanten → Karl III. (seit 1387 Kg.) vermählt. Aus der Ehe gingen fünf Töchter sowie zwei (im Kindesalter verstorbene) Söhne hervor. 1388-95 zog sich L. wegen Ehestreitigkeiten an den Hof v. Kastilien zurück, beteiligte sich dort aktiv an Parteikämpfen und Hofintrigen und kehrte erst zurück, nachdem ihr Mann mehrfach offiziell gute Behandlung L.s versprochen hatte. Ab 1395 war sie im polit. und Hofleben Navarras in vollem Umfang präsent, wurde 1403 in Pamplona gekrönt und übte mehrmals für ihren in Frankreich weilenden Gemahl die Statthalterschaft mit voller Regierungsbefugnis aus. Sie verstand es, freundschaftl. Beziehungen zw. Karl III. und ihren Verwandten aus dem Hause Trastámara (Johann I. und Heinrich III. v. Kastilien, Ferdinand v. Antequera, seit 1412 Kg. v. Aragón) anzuknüpfen. Auf ihren Einfluß geht die Ansiedlung zahlreicher kast. Adliger in Navarra zurück (Hzg. e v. →Benavente, aber auch →Zuñiga, →Mendoza, →Dávalos); zu ihrem aus Kastilien bestehenden Gefolge zählten auch jüd. Ärzte.
B. Leroy

Lit.: M. GAIBROIS DE BALLESTEROS, L. de Trastámara, Príncipe de Viana 26, 1947, 35-70 – J. R. CASTRO, Carlos III el Noble, rey de Navarra, 1967 – E. MITRE, Evolución de la nobleza en Castilla bajo Enrique III, 1968 – J. M. LACARRA, Hist. del Reino de Navarra, III, 1973.

2. L., Infantin und Kgn. v. →Navarra, * 1426, † 12. Febr. 1479, jüngere Tochter Kg. →Johanns II. v. Aragón und Navarra (aus dem Hause →Trastámara) und der Blanche v. Navarra, verbrachte ihre Jugend am glänzenden Hofe ihres Bruders v. Karl v. Viana. Sie heiratete den Gf.en Gaston IV. v. Foix; durch diese Allianz mit dem mächtigen Fürstenhause →Foix wollte sich der Kg. v. Aragón die Kontrolle über Gebiete beiderseits der Pyrenäen sichern. L. gebar ihrem Ehemann zehn Kinder (u. a. Franz Fébus, † 1483; Katharina, ∞ Johann III. v. Albret). In einer Zeit schwerer polit. Konflikte (Bürgerkrieg zw. →Beaumonteses und →Agramonteses, Separationsbestrebungen in Katalonien, Krieg Kastiliens mit Navarra) handelte sie stets in vollem Einklang mit ihrem Gemahl, der als Meister wechselnder Bündnisse eine Schaukelpolitik zw. Frankreich, Aragón und Kastilien betrieb, oft gegen L.s Vater Johann II. gerichtet. L. konnte auch nach dem Tode des Gatten (1472) ihre Stellung als 'Statthalter' *(lieutenant)* des Kgr.es Navarra (und des Hzm.s →Nemours) wahren. Kgn. nur in den Wochen nach dem Tode des Vaters (19. Jan. 1479) und dem eigenen Ableben, hinterließ sie ein von Bürgerkriegen zerrüttetes Kgr. Navarra, dessen Selbständigkeit von seinen mächtigen Nachbarn, Frankreich und Kastilien-Aragón, bedroht wurde.
B. Leroy

Q.: →Leseur, Guillaume – *Lit.*: P. BOISSONNADE, Hist. de la réunion de la Navarre à la Castille, 1893 – Hist. de España, hg. R. MENÉNDEZ PIDAL, XV, 1966, 1-318 [L. SUÁREZ FERNÁNDEZ].

3. L. de Guzmán, Konkubine des Kg.s →Alfons XI. v. Kastilien, † 1351 in Talavera, Tochter des Pedro Núñez de →Guzmán und der Beatriz →Ponce de León. Als Witwe des Juan de →Velasco lernte sie Alfons XI. 1327 oder 1330 in Sevilla kennen. Er wandte sich von seiner rechtmäßigen Gattin Maria v. Portugal ab und überhäufte L., die er in Sevilla mit einem regelrechten Hof umgab, mit Zuwendungen (u. a. Herrschaften Cabra, Huelva, Lucena, Oropesa, Tordesillas, Medina Sidonia). Unter den zehn Kindern, die L. dem Kg. gebar, sind zu nennen: →Heinrich (II.), Gf. v. →Trastámara, der 1369 durch Ermordung →Peters I. die Krone an sich riß; Fadrique, Herr v. →Haro, Ahnherr der Adelsfamilie Enríquez; Tello, Herr v. Aguilar und (durch seine Ehe mit Johanna v. Lara) Herr v. →Lara und Vizcaya; Sancho, Gf. v. Alburquerque, der Vater von Leonor (∞ Ferdinand v. Antequera, Kg. v. Aragón). Nach dem Tode Alfons XI. wurde L. auf betreiben der verwitweten Kgn. und ihres Sohnes Peter I. hingerichtet.
M. del Pilar Rábade Obradó

Lit.: A. BALLESTEROS BERETTA, D. L. de G., España moderna 182, 1908, 67ff. – DERS., D. L. de G. a la muerte de Alfonso XI, BRAH 100, 1932, 629-636 – E. GONZÁLEZ CRESPO, El patrimonio dominical de L. de G., En la España Medieval 14, 1991, 201-219.

4. L. Tellez, Gattin →Ferdinands I. v. →Portugal, * um 1350 in Tras-os-Montes, † 1405 in Valladolid, Tochter des Martín Alfonso Telo, Kusine des ersten Gf.en v. Barcelos, Gattin des João Lourenço de Cunha. L. war Hofdame der Infantin Beatrix, als sich Kg. Ferdinand I. (1367-83) in sie verliebte und seine Verlobung mit der Infantin Leonor v. Kastilien auflöste, die Ehe L.s annullieren ließ und sie trotz Widerstand im Volk 1371 heiratete. 1383 brach als Folge der Heirat der einzigen Tochter des kgl. Paars, Beatrix, mit Johann I. v. Kastilien ein Thronfolgestreit aus, bei dem L. eine wichtige Rolle spielte (→Avis). Trotz des Vertrages v. →Elvás (1383) kam es zu einem Aufstand, an dessen Spitze Johann, der Sohn Peters I. und der Inês de →Castro, stand. L., die für ihre Tochter die Regentschaft führte, bat ihren Schwiegersohn um Hilfe. Unstimmigkeiten zw. beiden führten zur Gefangensetzung L.s in Sta. Clara de →Tordesillas. Nach dem Tode Johanns I. verlegte sie ihren Aufenthalt nach Valladolid, wo sie den Konvent der →Mercedarierinnen gründete.
M. del Pilar Rábade Obradó

Lit.: S. DIAS ARNAUT, A crise Nacional dos Fins do Século XIV, 2 Bde, 1960 – L. SUÁREZ FERNÁNDEZ, Hist. del reinado de Juan I de Castilla, 1, 1977.

Leontij, Bf. v. →Rostov, † 1076/77, wurde als erster Mönch des Kiever Höhlenkl. zw. 1073 und 1076 zum Bf. des neugegr. Bm.s Rostov geweiht. Nach dem Kiever Paterikon soll er um 1077 bei einem Aufstand der heidn. Bevölkerung den Märtyrertod erlitten haben, nach der Vita jedoch nach deren Bekehrung friedl. gestorben sein. Bei Ausschachtungsarbeiten für die neue Maria-Himmelfahrtskirche anstelle der 1160 abgebrannten fand man am 23. Mai 1164 (nach anderen 1161/62) seine unversehrten Gebeine. L. wurde 1194 von seinem Nachfolger auf dem Rostover Bf.sstuhl, Ioann II., kanonisiert, der auch die entsprechende Gottesdienstordnung *(služba)* verfaßt haben soll. Die Gestalt L.s spielte im Unabhängigkeitsstreben des Fsm.s →Suzdal eine bestimmte Rolle. H.-J. Härtel

Lit.: G. PODSKALSKY, Christentum und theol. Lit. in der Kiever Rus' (988-1237), 1982 – N. S. BORISOV, Russkaja cerkov' v političeskoj bor'be XIV-XV vekov, 1986 – A. ST. CHOROŠEV, Političeskaja istorija russkoj kanonizacii, XI-XVI vv., 1986 – Der Himmel im Herzen. Altruss. Heiligenlegenden, hg. F. v. LILIENFELD, 1990.

Leontios

1. L. →Anthologie

2. L. v. Byzanz, Zeitgenosse →Justinians I., bekämpfte bes. →Severus v. Antiochien, den Wortführer der →Monophysiten. Von den ihm zugeschriebenen Schr. sind echt nur »Libri III adversus Nestorianos et Eutychianos« (MPG 86/1, 1267-1396), »Capitula XXX contra

Severum« (MPG 86/2, 1901–1916) und »Solutio argumentorum Severi« (ebd., 1915–1946). Er verwendete in der christolog. Diskussion aristotel. Logik (Substanz-Akzidentien: z. B. Quantität und Relation), sah aber nicht, daß die Monophysiten zw. Wesenheit und Natur unterschieden. Irrtüml. wurde schon ihm der bahnbrechende Gedanke der Enhypostasie zugeschrieben, wonach die konkrete Menschennatur Christi ihren Bestand in der Hypostase des Logos hat.

H. J. Vogt

Lit.: A. GRILLMEIER, Leontius v. B. als Christologe (DERS., Jesus der Christus im Glauben der Kirche, 2, 2, 1989), 194–241.

3. L. v. Neapolis, Bf. v. Neapolis (Zypern), Hagiograph und theol. Schriftsteller, 1. Hälfte des 7. Jh. Von den unter seinem Namen laufenden Schr. sind ihm nur die Vita des hl. Johannes Eleemosynarius (BHG 886–886c; entstanden 641/Anfang 642 auf Anregung des Ebf.s Arkadios v. Konstantia) und die Vita des hl. Symeon Salos (BHG 1677–1677b; wohl nach der Vita Iohannis verf.) mit Sicherheit zuzuweisen. In chronolog. Angaben unzuverlässig, bietet L. in den beiden großteils stark volkssprachl. eingefärbten Viten ein anschaul. Bild vom Alltagsleben und von den allg. wirtschaftl. und sozialen Verhältnissen des ö. Mittelmeerraumes im 6. und beginnenden 7. Jh. Eine dritte Vita aus L.' Feder, die im Prolog der längeren Fassung der Vita Iohannis erwähnte Lebensbeschreibung des hl. Spyridon v. Trimithus, dürfte nicht mit der im Cod. Laur. XI 9 anonym überlieferten Spyridon-Vita (BHG 1648a) zu identifizieren sein. Der genaue Umfang des homilet. Œuvres des L., das auf dem 7. ökumen. Konzil (787) rühmend erwähnt wird, läßt sich wegen schwankender hs. Zuweisungen an verschiedene Leontioi nicht exakt abgrenzen (vgl. CPG Nr. 7880–7881). Seine Autorschaft an einer Schr. gegen die Juden in fünf Büchern, die nur in Exzerpten bei →Johannes Damaskenos, in den Akten des 7. ökumen. Konzils und bei →Euthymios Zigabenos vorliegt, ist umstritten.

O. Kresten

Ed.: CPG III, Nr. 7880–7885 – L. de N., Vie de Syméon le Fou et Vie de Jean de Chypre, éd. A. J. FESTUGIÈRE – L. RYDÉN, 1974 – K. CHATZEIOANNU, Λεοντίου ... Βίος τοῦ ἁγίου Ἰωάννου..., 1988 – *Lit.:* DSAM IX, 666–670 – BECK, Kirche, 455f. – L. RYDÉN, Bemerkungen zum Leben des hl. Narren Symeon L. v. N., 1970 – O. KRESTEN, L. v. N. als Tachygraph?..., Scrittura e Civiltà 1, 1977, 155–175 – C. MANGO, A Byz. Hagiographer at Work: L. of N., SAW. PH 432, 1984, 25–41 – P. SPECK, Ikonoklasmus und die Anfänge der Makedon. Renaissance. Anhang: Zu dem Dialog mit einem Juden des L. v. N. (Varia I. Beitr. v. R.-J. LILIE – P. SPECK, 1984), 242–249, 268–272 – V. DÉROCHE, L'authenticité de l'»Apologie contre les Juifs« de L. de N., BCH 110, 1986, 655–669.

Leontius (s. a. →Leontios, →Leonzio)

Leontius (L. II., L. junior), *Bf. v. Bordeaux* seit 541/549, * ca. 515/516, † ca. 570 im Alter von 54 Jahren (Fest 11. Juli). Aus senator. Familie der Pontii Paulini (Bordeaux), Verwandter seines Vorgängers L. I. und vielleicht Sohn des Pariser Bf.s Amelius (LOMBARD-JOURDAN), war er mit Placidina, Urenkelin des Ks.s Avitus, verheiratet. 531 Teilnahme am Westgotenfeldzug Childeberts I. Als 13. Bf. v. Bordeaux Teilnahme an mehreren Konzilien: 549 (Orléans, Vertretung), 551/552 und 561/562 (beide Paris), von ihm geleitete Provinzialsynode v. Saintes (562/563?, nach Gregor v. Tours, Hist. IV 26) auf der er den unter Chlothar I. eingesetzten Bf. v. Saintes absetzte und eine Neuwahl betrieb, was ihm eine hohe Geldstrafe durch Kg. Charibert einbrachte. Seine Tätigkeiten als Organisator von Landpfarreien und als Bauherr von Kirchen (sie betrifft u. a. Bordeaux, Saintes, Le Mas d'Agenais, vielleicht St-Denis) sind aus den ihm und seiner Frau gewidmeten Gedichten des →Venantius Fortunatus bekannt, der (567) sein Gast war.

M. Heinzelmann

Lit.: Catholicisme 7, 375 – MARQUISE DE MAILLE, Recherches sur les origines chrétiennes de Bordeaux, 1960, 79–97 – M. HEINZELMANN, Bf.sherrschaft in Gallien, 1976, 217–220 – A. LOMBARD-JOURDAN, Du nouveau sur les origines chrétiennes de Paris, Paris et Ile-de-France 32, 1981, 131–135 – C. SETTIPANI, Ruricius Ier év. de Limoges et ses relations familiales, Francia 18/1, 1991, Kap. II b.

Leonzio Pilato, Philologe, Übersetzer, Kommentator, † Dez. 1365, aus dem griech. Süditalien stammend, trug wesentl. – vor →Chrysoloras – zur Wiedergewinnung des direkten Zugangs zur klass. griech. Lit. im Abendland bei (v. a. Homer). L. war »auditor« →Barlaams, wohl in Gerace, und hielt sich längere Zeit in Kreta auf. Im Winter 1358/59 traf er in Padua Petrarca, für den er einen Übersetzungsentwurf der Ilias anfertigte. Von Boccaccio Jan. 1360 nach Florenz geholt, erhielt er dort einen Lehrstuhl für Griech., führte die Homerübers. (Codd. Marc. gr. IX 2 und 29) fort, übertrug ferner die Euripid. »Hecuba« (Codd. Laur. XXXI 10 und S. Marco 226), wohl auch Aristoteles sowie die griech. Teile der Digesten. Sommer 1363 hielten sich L., Petrarca und Boccaccio gemeinsam in Venedig auf. Bei der Rückreise aus Konstantinopel, wo er u. a. für Petrarca griech. Hss. beschaffen sollte, wurde er durch Blitzschlag getötet (Petr. Sen. VI 1 an Boccaccio).

D. Coppini

Lit.: DCL II, 181–385 – A. PERTUSI, L. P. fra Petrarca e Boccaccio, 1964 – F. DI BENEDETTO, L., Omero e le »Pandette«, IMU II, 1969, 53–112.

Leopold

1. L. I. (Liutpald, Luitpold), *Mgf. v. Österreich,* † 10. Juli 994 Würzburg, ▭ ebd.; ⚭ Richwara (Richardis), Tochter des Gf.en Ernst v. Sualafeldgau; Söhne: u. a. →Heinrich I., Mgf. v. Österreich, →Ernst I., Hzg. v. Schwaben, →Poppo, Ebf. v. Trier. Die Herkunft des Stammvaters der jüngeren →Babenberger ist umstritten. Name und Besitzungen deuten auf liutpolding. Provenienz; kognat. Beziehungen zu den älteren →Babenbergern sind wahrscheinl. Erstmals urkundl. 963 anläßl. eines Gütertauschs der Salzburger Kirche gen. (Codex Fridarici, nr. 2) – ob man das »signum Liupen« im Ottonianum von 962 (MGH D O I., 235) auf ihn beziehen kann, ist unsicher –, erscheint der »marchio Liutpaldus« 976 als Intervenient für das Kl. Metten in einer Urk. Ks. Ottos II. (MGH D O II., 133). 976 ist wohl seine Amtseinsetzung im Zuge der Umgestaltung →Bayerns erfolgt. Verfügte der neue Mgf. über Gft.en im unteren Donaugau, wahrscheinl. auch im Sunder- und Traungau, so war seine besitzmäßige Fundierung in der Mark bescheiden. Mittelpunkt seiner Herrschaft wurde →Melk. Mit Hilfe Hzg. →Heinrichs d. Zänkers konnte er 991 die Ostgrenze der Mark über den Wiener Wald bis zur Fischa vorschieben. Für eine gleichzeitige Festigung der kirchl. Organisation sprechen die Synoden des Bm.s Passau in Lorch und Mautern. 994 fiel L. einem Mordanschlag zum Opfer, der →Heinrich v. Schweinfurt galt.

G. Scheibelreiter

Lit.: K. LECHNER, Die Babenberger, 1976, 39ff. – H. DIENST, Die Dynastie der Babenberger und ihre Anfänge in Österreich (Das babenberg. Österr., hg. E. ZÖLLNER, 1978), 18ff.

2. L. II., *Mgf. v. →Österreich,* aus der Familie der (jüngeren) →Babenberger, † 12. Okt. 1095, ▭ Melk (?); Sohn des Mgf.en →Ernst und der Adelheid v. Meißen; ⚭ Itha (v. Formbach?, † 1101?). Der Tod des Vaters auf der Seite Ks. Heinrichs IV. sicherte L. die Nachfolge und wohl auch die ksl. Unterstützung von Expansionsbestrebungen im N seines Machtbereiches (umfangreiche Schenkung 1076). Doch wechselte L. nach anfängl. Lavieren zw. den

Parteien bald in das gregorian. Lager. Maßgebend dafür war neben dem Einfluß des in das Markgebiet geflüchteten Passauer Bf.s →Altmann die Tatsache, daß die Mehrheit des in der Mark einflußreichen grundbesitzenden Adels für Gregor VII. Partei ergriffen hatte, mit der er auf einem Taiding in Tulln dem Ks. im Sommer 1081 abschwor. Ein verheerender Einfall aus dem N war eine der Folgen; das mangelhaft ausgerüstete Heer des Babenbergers wurde am 12. Mai 1082 auf dem Feld vor der Haderichburg Mailberg vernichtend geschlagen, das Land bis zur Donau verwüstet. L. unterwarf sich endgültig 1084 und überstand den Konflikt ohne Schaden für seine Herrschaft, die er im Gegenteil ausbaute. H. Dienst

Lit.: K. Lechner, Die Babenberger, 1976 – M. Weltin, Die »tres comitatus« Ottos v. Freising und die Gft.en der Mark Österreich, MIÖG 84, 1976 – H. Dienst, Die Dynastie der Babenberger und ihre Anfänge in Österreich (Das babenberg. Österreich, 1978) – Dies., Gesch. (Nieder-)Österreichs 976–1141 (Gesch. Österreichs, hg. v. der Österr. AW, IV, 1991).

3. L. III. d. Hl., *Mgf. v. Österreich* seit 1095/96–1136, aus dem Hause der →Babenberger, * um 1075, † 15. Nov. 1136, ◻ Stift Klosterneuburg; Sohn Leopolds II. und der Itha; ⚭ 1. (?) mit einer namentl. nicht bekannten hochfreien Adligen, 2. (1.?) 1105/06 Agnes, Tochter Ks. Heinrichs IV. und Witwe Hzg. →Friedrichs I. v. Schwaben; 17 (18) Kinder, u. a. →Heinrich II., Mgf./Hzg. v. Österreich; →Leopold IV., Mgf. v. Österreich, Hzg. v. Bayern; →Otto, Bf. v. Freising; →Konrad, Bf. v. Passau, Ebf. v. Salzburg. L. verließ das Heer Heinrichs IV. kurz vor der drohenden Schlacht am Fluß Regen zw. dem Ks. und seinem gleichnamigen Sohn im Sept. 1105. Der Lohn für diesen Schritt, der von den späteren Historiographie mitunter als Verrat gebrandmarkt wurde, war die Heirat L.s mit Agnes, der seit dem Frühjahr 1105 verwitweten Schwester Heinrichs V., die schließl. die Voraussetzung für die Belehnung Leopolds IV. mit Bayern (1139) und für die Umwandlung der Mark in ein Hzm. (1156) schuf. L. bemühte sich um eine effiziente kirchl. Organisation, die ihm einen möglichst großen Spielraum in kirchenpolit. Belangen ließ, in Zusammenarbeit bzw. Auseinandersetzung mit den Bf.en Ulrich und Reginmar v. Passau. Seine kirchenpolit. Aktivitäten, bes. die Stiftung von →Klosterneuburg (1114), neben dem er eine großangelegte »Pfalz« errichtete, und →Heiligenkreuz im Wienerwald (1133/36), ließen ihn bald nach seinem Tod als den pius marchio erscheinen. Das Bild des pius marchio als Symbol für gerechte Herrschaft und prosperierendes Land wurde zunächst in Klosterneuburg entwickelt (Chronicon pii marchionis, um 1170), von den frühen Habsburgern aufgegriffen und von Hzg. →Rudolf IV. befestigt. Am 2. Febr. 1485 wurde L. heiliggesprochen; seit 1663 Patron von (Nieder-)Österreich. H. Dienst

Lit.: St. L.-Fschr., hg. S. Wintermayr, 1936 – K. Lechner, Die Babenberger, 1976, 118ff. – Kat. Der Hl. L. (Klosterneuburg), 1985 – F. Röhrig, Der hl. L., 1985 – H. Dienst, Agnes, 1985 – Dies., Regionalgesch. und Ges., MIÖG Ergbd. 27, 1990, 23–85.

4. L. IV., *Mgf. v. Österreich, Hzg. v. Bayern,* aus dem Hause der →Babenberger, † 18. Nov. 1141 Niederaltaich, ⚭ Heiligenkreuz im Wienerwald; Sohn Leopolds III. und der Agnes, Bruder →Heinrichs II., Mgf./Hzg. v. Österreich. Vermutl. auf Betreiben der Mutter folgte L. unter Übergehung der älteren Brüder Leopold III. als Mgf. in Österreich. Kg. Konrad III. verlieh das dem Welfen →Heinrich d. Stolzen aberkannte Hzm. Bayern seinem Halbbruder L. im Frühjahr 1139. L. suchte durch militär. Erfolge im Hzm. tatsächl. Fuß zu fassen; zunächst besuchte der Großteil des bayer. Adels seine Gerichtstage, doch verstärkte sich dessen Widerstand zusehends. L. starb noch vor einer militär. oder polit. Entscheidung.
H. Dienst

Lit.: K. Lechner, Die Babenberger, 1975, 143ff. – W. Koch, Zu den Babenbergergräbern in Heiligenkreuz, Jb. für LK von Niederösterreich NF 42, 1976, 193–215.

5. L. V., *Hzg. v. Österreich* (seit 1177) *und Steier* (seit 1192), aus dem Hause der →Babenberger, * 1157, † 31. Dez. 1194 in Graz, ◻ Heiligenkreuz im Wienerwald; Sohn Hzg. →Heinrichs II. und der Theodora Komnene, ⚭ Helena († 1199), Tochter Kg. →Gézas II. v. Ungarn; Söhne: Hzg. Friedrich I. v. Österreich, Hzg. →Leopold VI. v. Österreich und Steier. L. wurde bereits zu Lebzeiten des Vaters 1174 mit dem Hzm. Österreich belehnt. Der Wiederholung der Belehnung 1177 folgten zahlreiche Aufenthalte L.s am Hof Ks. Friedrichs I. Im Friedensschluß mit Böhmen 1179 wurde die österr. Nordgrenze schriftl. festgelegt. L. stärkte seine Stellung im Innern durch wirtschaftl. Maßnahmen (Mauten, Zölle) sowie durch planmäßige Erweiterung seiner Herrschaftsrechte. Neben der Vogtei über die Landeskl. erwarb er auch Vogteien von Kl. außerhalb seines eigtl. Machtbereiches wie z. B. über das steirische →Admont. Die Verträge mit Hzg. →Otakar IV. v. Steier († 8. Mai 1192) auf dem Georgenberg (→»Georgenberger Handfeste« vom 17. Aug. 1186) bereiteten die Herrschaft L.s und seines Sohnes Friedrich im Hzm. Steier vor. L., der bereits 1182 eine Pilgerreise ins Hl. Land unternommen hatte, schloß sich im Aug. 1190 dem 3. Kreuzzug an. Bei der Belagerung und Eroberung →Akkons (12. Juli 1191) soll der engl. Kg. Richard Löwenherz ein österr. Feldzeichen herabgerissen haben. Der beleidigte österr. Hzg. kehrte nach Hause zurück, ließ den aufgrund der polit. Situation auf Umwegen heimkehrenden engl. Kg. Ende Dez. 1192 bei Wien gefangennehmen (Gefangenschaft auf der Burg →Dürnstein [?]) und lieferte ihn 1193 an Heinrich VI. aus. L. erhielt dafür einen Teil des Lösegelds. Doch wurde er von Papst Coelestin III. wegen der Gefangennahme Richards exkommuniziert. Er starb nach einem Sturz vom Pferd, ohne von der Exkommunikation gelöst worden zu sein.
H. Dienst

Lit.: K. Lechner, Die Babenberger, 1975, 171ff. – H. Fichtenau, Akkon, Zypern und das Lösegeld für Richard Löwenherz (Beitr. zur Mediävistik 1, 1975), 239ff.

6. L. VI. d. Glorreiche, *Hzg. v. Österreich und Steier(mark),* aus dem Hause der →Babenberger, * 1176/77, † 28. Juli 1230 S. Germano, ◻ Lilienfeld; Sohn Leopolds V. und der Helena, Tochter Kg. Gézas v. Ungarn; Bruder Hzg. Friedrichs I., ⚭ Theodora, Enkelin Ks. Isaaks II. Angelos; vier Töchter, drei Söhne, u. a. Hzg. →Friedrich II. Als jüngerer Sohn von der Nachfolge ausgeschlossen, erhielt er am Sterbebett seines Vaters entgegen den Bestimmungen des Vertrags v. →Georgenberg die Steiermark, doch wurde er durch den Tod seines Bruders Friedrich I. 1198 zum Herrn beider babenberg. Hzm.er. Im dt. Thronstreit zählte er zu den Reichsfs.en, die Philipp v. Schwaben unerschütterl. die Treue hielten. 1208 erkannte er Otto IV. an, seit 1212 war er wieder auf stauf. Seite. Die enge Beziehung zu Ks. Friedrich II. ermöglichte 1225 die Verheiratung seiner Tochter Margarete mit Heinrich (VII.). Trotz seiner Nähe zum Ks. war der Hzg. auch an der Kurie angesehen, wo er seinen Plan, in Wien ein Landesbm. zu errichten, wohlwollend gefördert sah (1206/08). Doch scheiterte dieses Vorhaben am Widerstand des Bf.s v. Passau. Erfolgreicher war L. bei der Unterstützung österr. Kl., die sich von der bfl. Gewalt lösen wollten: ihre Bestrebungen lagen im Interesse landesfsl. Kirchenherrschaft. Ähnl. Tendenzen kamen bei der Gründung des Zisterzienserkl. →Lilienfeld zum Ausdruck. Der Hzg. beteiligte sich nicht nur an Kreuzzügen gegen Albigenser sowie Mauren in Spanien, sondern verfolgte auch Ketzer in Österreich. Seit 1226 bereiteten böhm. Aggressionen und die Empörung seines Sohnes Heinrich († 1227) L. Schwierigkeiten. Er gehörte zu den Fs.en, die 1230 in Ceprano und S. Germano den Frieden zw. Friedrich II. und Gregor IX. vermittelten. – L.s Herrschaft bedeutete den wirtschaftl. und kulturellen Höhepunkt des babenberg. Österreich. Durch Gebietserwerbungen (u. a. Linz, Wels), den Bau einer Straße über den Semmering und Handelsbegünstigungen (Privileg für die flandr. Färber in Wien 1208) schuf er dafür die Grundlage. In Klosterneuburg baute er die alte Pfalz aus (Capella speciosa). →Enns erhielt 1212 Stadtrecht. Bes. förderte er →Wien (1221 Stadtrecht). Der Hzg.shof war eines der maßgebl. Zentren höf. dt. Kultur. G. Scheibelreiter

Lit.: F. EHEIM, Hzg. L. VI. (Gestalter der Geschicke Österreichs, hg. H. HANTSCH, 1962), 51ff. – K. LECHNER, Die Babenberger, 1976, 194ff. – F. HAUSMANN, Österreich unter den letzten Babenbergern (Das babenberg. Österreich, hg. E. ZÖLLNER, 1978), 54ff. – H. DIENST, Zum Grazer Vertrag zw. Hzg. L. VI. v. Österreich und Steier und Kg. Andreas II. v. Ungarn, MIÖG 90, 1982, 1ff.

7. L. I., *Hzg. v.* →Österreich 1306–26, aus dem Hause →Habsburg, * Anfang Mai 1290 in Wien (?), † 28. Febr. 1326 in Straßburg, ▭ →Königsfelden, heute St. Paul im Lavanttal. Eltern: Kg. Albrecht I. und →Elisabeth v. Görz-Tirol; ∞ Katharina v. Savoyen (Tochter des Gf.en →Amadeus V. v. Savoyen). Töchter: Katharina (∞1338 Enguerrand de Coucy) und Agnes. Nach der Ermordung des Vaters (1. Mai 1308) verfolgte und bestrafte L. die Kg.smörder mit unnachsichtiger Härte. Nach dem Tod der Mutter (1313) leitete er die dynast. Politik Habsburgs, darin den etwas älteren Bruder Friedrich d. Schönen zurückdrängend, dem aber L.s Politik der Annäherung an Luxemburg willkommen war (Teilnahme L.s am Romzug Kg. Heinrichs VII.). Entschiedener Feind der →Wittelsbacher, betrieb L. die Wahl Friedrichs d. Schönen zum dt. Kg. (Doppelwahl am 19. Okt. 1314, eine Mehrheit wählte aber Ludwig d. Bayern). In den sich verschärfenden Auseinandersetzungen mit den eidgenöss. Waldstätten, die auf der Seite Ludwigs d. Bayern standen, erlitt L. mit einem gut gerüsteten Ritterheer am →Morgarten (15. Nov. 1315) eine vernichtende Niederlage, die die Position des Hzg.s im der Doppelwahl folgenden Kleinkrieg mit den Wittelsbachern schwächte. In diesen Kämpfen operierte Friedrich d. Schöne von Österreich aus, L. aus Schwaben, dessen Hzm. er restaurieren wollte. Zur Entscheidungsschlacht bei →Mühldorf (28. Sept. 1322) mit seinem Heer nicht rechtzeitig eingetroffen, bemühte sich L. aber seither militär. und diplomat. um die Freilassung seines Bruders Friedrich d. Schönen und die Lösung der Thronfolgefrage (u. a. bei Papst Johannes XXII. in Avignon, 1324 in Bar-sur-Aube beim frz. Kg. Karl IV.). Am 1. Sept. 1325 wurde der Konflikt im Münchener Vertrag gelöst, der als Novum eine Doppelregierung im Reich vorsah. L., dem dieser Kompromiß nicht zusagte, weil er die habsbg. Politik in harten Gegensatz zum avign. Papsttum brachte, und der dabei vielleicht auch mit dem Gedanken eines Reichsvikariats unter einem dt. Kapetingerkg. gespielt hat, starb kurze Zeit später. G. Hödl

Lit.: NDB XIV, 285ff. – K. MOMMSEN, Eidgenossen, Ks. und Reich, 1958 – G. HÖDL, L. I. v. Ö. [Diss. Wien 1964] – A. LHOTSKY, Gesch. Österreichs seit der Mitte des 13.Jh., 1967 – Die Zeit der frühen Habsburger (Ausst.-Kat. Wiener Neustadt, 1979), 162f. [H. DIENST] – G. HÖDL, Habsburg und Österreich 1273–1493, 1988.

8. L. III., *Hzg. v.* →Österreich, * 1351 wohl in Wien, ✕ 9. Juli 1386 in der Schlacht b. →Sempach, ▭ Königsfelden (Aargau), seit 1770 St. Blasien, seit 1809 St. Paul i. Lavanttal (Kärnten). Eltern: →Albrecht II., Hzg. v. Österreich, und Johanna v. Pfirt; ∞ Viridis Visconti († 1414), Tochter des Bernabó →Visconti, seit 23. Febr. 1365. Kinder: s. Stammtafeln, Habsburger. Die Verwaltung der habsbg. Vorlande und seit 1368 der Gft. Tirol vermochte L. nicht zu befriedigen; er forderte gegenüber seinem älteren Bruder vehement seinen Anteil an den Herrschaftsrechten und Einkünften und drängte auf Länderteilung. Auf verschiedene Vorstufen folgte schließl. die Realteilung der habsbg. Territorien im Vertrag v. Neuberg an der Mürz (Steiermark) vom 25. Sept. 1379 und damit die Teilung des Hauses in zwei Linien, die albertin. und die leopoldin. Während →Albrecht III. die Länder Österr. ob und unter der Enns erhielt, wurden L. alle übrigen Territorien zugesprochen: Steiermark, Kärnten, Krain, die Wind. Mark, Tirol, die Vorlande sowie Istrien, Pordenone, Feltre und Belluno, dazu der erhebl. Betrag von 100000 Goldgulden. Der Gegensatz der beiden Linien äußerte sich sogar im kirchenpolit. Bereich: L. anerkannte seit dem →Abendländ. Schisma (1378) den Papst in Avignon, während Albrecht III. dem röm. Papst Obödienz leistete. Die Aktivitäten L.s konzentrierten sich namentl. auf Oberitalien und den Südwesten des Reiches. Seine inkonsequente Politik vermochte nur wenige dauerhafte Erfolge zu erzielen. In Oberitalien führten wechselnde Parteinahmen L.s in den Auseinandersetzungen zw. Francesco da →Carrara und Venedig zur Erwerbung der Territorien v. Feltre und Belluno (1373) bzw. der Stadt Treviso und der Gft. Ceneda (1381), doch verlor L. in der Folge – nicht zuletzt wegen des ungeheuren Finanzbedarfes für seine vorländ. Unternehmungen – alle seine oberit. Besitzungen an Carrara. Von Dauer war nur die Erwerbung von Triest (1382). Im SW des Reiches baute L. seine Machtpositionen aus. Er versuchte auch, eine territoriale Verbindung zw. Tirol und den Vorlanden zu schaffen. Die Expansionsbestrebungen riefen sowohl den →Schwäb. Städtebund als auch die Schweizer →Eidgenossenschaft auf den Plan. In der Folge des Bündnisses der beiden (1385) kam es zum Krieg zw. Eidgenossen und L. Bei Sempach erlitt das Ritterheer L.s eine vernichtende Niederlage. W. Stelzer

Lit.: NDB XIV, 287–289 [Lit.] – A. HUBER, Gesch. Österreichs, II, 1885 – J. RIEDMANN (Gesch. des Landes Tirol I, 1985) – G. P. MARCHAL, Zum Verlauf der Schlacht bei Sempach, SchZG 37, 1987, 428–436.

9. L. IV., *Hzg. v.* →Österreich, * 1371, † 3. Juni 1411 Wien, ▭ ebd., St. Stephan. Eltern: Leopold III., Hzg. v. Österreich, und Viridis Visconti; ∞ Katharina († 1426), Tochter Hzg. Philipps d. Kühnen v. Burgund, seit 15. Aug. 1393; kinderlos. Die Lebenszeit L.s ist durch die diversen Vormundschaften der habsbg. Linien und die Rivalitäten unter den Brüdern der leopoldin. Linie geprägt. Im Gegensatz zu seinen Brüdern war L. einer der wichtigsten Parteigänger Ruprechts v. d. Pfalz und unterstützte dessen Italienzug. Kirchenpolit. hielt L. bis zum Konzil v. →Pisa (1409) an der avign. Oböldienz fest. Der Schwerpunkt seiner Herrschaftstätigkeit lag in den habsbg. Vorlanden (1392–1406), Tirol (1396–1407) bzw. der Steiermark (1404–06). Nach dem Tod Hzg. Wilhelms (1406) übernahm L. Kärnten, Krain, Triest, Pordenone und Istrien sowie die Vormundschaft über Hzg. Albrecht V. († 1439) und damit die Herrschaft in Österreich. Die Vormundschaftsansprüche Hzg. Ernsts führten letztl. zum Bürgerkrieg. Die Vormundschaft beider Hzg.e fand mit der Entführung Albrechts V. durch die Stände (1411) ein Ende. W. Stelzer

Lit.: NDB XIV, 289f. [Lit.] – A. HUBER, Gesch. Österreichs, II, 1885 – M. VANCSA, Gesch. Nieder- und Oberösterreichs, II, 1927 – J. RIEDMANN (Gesch. des Landes Tirol I, 1985).

10. L. v. Österreich, Astronom des ausgehenden 13. Jh., verfaßte eine »Compilatio de astrorum scientia« in 10 Büchern, die eine Zusammenstellung »in unum volumen« aus lat. Übersetzungen arab. astrolog. Werke ist. Eine ma. frz. Übersetzung davon (die ersten 8 Bücher erhalten) stellt eine der frühesten astronom. Abhandlungen in einer Volkssprache dar.
J. Sesiano

Ed. und Lit.: Compilatio Leupoldi ducatus Austriae filii de astrorum scientia, Augsburg 1489¹, Venedig 1520² – L. of Austria, Li compilacions de la science des estoilles, I–III, ed. F. CARMODY (Univ. of Calif. publications in modern philol., 33. 2), 1947 – NDB, s. v. [Lit.].

Leovigild, westgot. Kg. 568–586, ∞ Gosvintha, Witwe Kg. →Athanagilds; Bruder des 567 in Narbonne zum Kg. erhobenen, 572 gestorbenen Liuva I., der sich auf Septimaniens beschränkte und die Iber. Halbinsel L., den er zum Mitregenten einsetzte, überließ. L.s Regierung war von bedeutenden Erfolgen geprägt: Zurückdrängung der Oströmer 570–571, Einnahme Córdobas 572, Beseitigung regionaler Selbständigkeit von Stämmen und Vornehmen (u. a. Unterwerfung Kantabriens 574, Eroberung bask. Gebiets 581, Vernichtung des →Suebenreichs 585). L. besiegte seinen aufständ. Sohn Hermenegild und vermochte den Adel niederzuhalten. Bei der Erneuerung der monarch. Gewalt war ihm das Kaisertum Vorbild. Das westgot. Recht ließ er neu kodifizieren. Die flexible Kirchenpolitik des arian. Kg.s bewog viele Katholiken, zum Arianismus überzutreten.
J. Prelog

Lit.: K. F. STROHEKER, Germanentum und Spätantike, 1965 – B. SAITTA, Un momento di disgregazione nel regno visigoto di Spagna, Quaderni Catanesi 1, 1979, 81–134.

Lepanto → Naupaktos

Lepra → Aussatz

Leprosenhäuser (Byzanz). Die Aussätzigenbetreuung war ein spezielles Feld der seit dem 4. Jh. in diversen Anstalten institutionalisierten chr. Fürsorge. Gleich anderen kirchl. Wohltätigkeitseinrichtungen sind derartige Heime (λωβοτροφεῖον, τῶν λελωβημένων νοσοκομεῖον / ξενών, πτωχεῖον λεπρῶν, λωβῶν γηροκομεῖον) zunächst in Kleinasien (Sebasteia, Kaisareia) und Ägypten (Alexandreia) belegt. Ihre Existenz kann späterhin trotz nur sporad. Q.nachrichten generell für größere Zentren (etwa Nikomedeia; Vita des Theophylaktos, AnBoll. 50, 1932, 75; Nikaia; Theodoros Metochites, Νικαεύς, ed. SATHAS, MB I 145) angenommen werden. Wegen der grundsätzl. erkannten Übertragung durch (in)direkte Kontakte wurden die Erkrankten außerhalb der Siedlungen abgesondert. So befand sich das legendär auf Ks. Konstantinos zurückgeführte L. des Zotikos am Konstantinopel gegenüberliegenden Ufer des Goldenen Hornes. Der wiederholte Ausbau der Anlage im 10. und 11. Jh. mag – analog zum ma. Okzident – auf Zunahme der akuten Lepra-Fälle (L-Typ) hinweisen. Topische (?) in der Ks.tugend der φιλανθρωπία begr. Berichte über persönl. Pflegeeinsatz byz. Ks. ebendort zeigen eine rein lokalsymptomat., der Schulmedizin entsprechende Behandlungsweise: Salben, Verbände, Badetherapie. Die sonstige Fürsorge gegenüber den Insassen konzentrierte sich wohl auf Bereitstellung von Nahrung und Kleidern (Gregor v. Nazianz, Rede 14, MPG 35, 893). Zum Okzident→Aussatz.
E. Kislinger

Lit.: A. HOHLWEG (Aussatz–Lepra–Hansen-Krankheit II, 1986) 69–78 – A. PHILIPSBORN, Byzantion 33, 1963, 223–230 – K. MENTZU-MEIMARE, Byzantina 11, 1982, 234–308 – R. VOLK (Misc. Byz. Monac. 28, 1983) v. a. 39–48, 176–181 – M. AUBINEAU, AnBoll. 93, 1975, 67–108 – D. J. CONSTANTELOS, Byz. Philanthropy and Social Welfare, 1968, v. a. 122, 164–167, 233, 264.

Le Puy, Stadt, Bm. und Marienwallfahrtsort im südl. Massif central (Frankreich, dép. Haute-Loire). Als alter Vorort der Civitas Vellavorum gilt traditionell Ruessium (heute St-Paulien, ca. 15 km von Le P. entfernt). Doch war er mit Sicherheit schon im 6. Jh. in Anicium, dem heut. Le P., angesiedelt, erwähnt bei Gregor v. Tours als Bischofssitz und belegt durch Münzlegenden. Der Zeitpunkt der Gründung des Bistums (Ende des 4. Jh.?) und die frühen Bischofslisten bleiben unsicher. Die älteste Kathedralgruppe könnte wohl tatsächlich an den Hängen des Mont Corneille im heutigen Kathedralviertel gelegen haben.

Die entscheidende Phase in der Gesch. von Le P. war das 10. Jh. 924 übertrug der westfrk. Kg. Rudolf dem Bf. den bei der Kathedrale gelegenen Burgus mit Gerichtsbarkeit, Rechten am Handel und Münzrecht; dieses Immunitätsprivileg wurde später mehrfach erneuert. In dieser Zeit verschwand die alte Benennung Anis zugunsten des neuen Ortsnamens 'Podium Beatae Mariae', worin sich der Aufstieg zum Marienwallfahrtsort (Notre-Dame-du-P.) ausdrückt. Das hohe Ansehen des Bf.s v. Le P. manifestiert sich in der führenden Rolle Bf. →Widos v. Anjou beim Entstehen der →Gottesfriedensbewegung (994 Friedenskonzil). Mit der päpstl. Verleihung des →Palliums (1052) wurde die selbständige Stellung des Bm.s v. Le P. gegenüber dem Ebm. →Bourges unterstrichen. Am Ende des 11. Jh. war Bf. →Adhémar v. Monteil († 1098) mit der Wiederherstellung der Ordnung in der Diöz. und als Legat Urbans II. mit Vorbereitung und geistl. Leitung des 1. Kreuzzugs betraut.

Auch in der Zeit der →Kapetinger zählte Le P. stets zu den kgl. Bm.ern. Das kapet. Kgtm. unterstützte die Bf.e im 11. und 12. Jh. gegen die Vicecomites v. Polignac; Kg. Ludwig VII. bestätigte dem Bf. den Besitz der Burg Corneille und der Regalienrechte in der Stadt, gegen Leistung des Treueids und Anerkennung des kgl. Nutzungsrechts an den bfl. Burgen (1146, 1158). Die Vicecomites v. Polignac dagegen wurden vom Kgtm. hinsichtlich ihrer Ansprüche auf Wegzölle, Burgen und Münzrecht zu einem Vergleich mit dem Bf. genötigt (1171–73). In dieser Zeit verschwand der alte Titel der Gf.en v. Velay. 1182–84 war Le P. die Wiege der Bewegung der 'Capuchonnés', die als spontane Reaktion auf die Übergriffe von Söldnern begann, bald aber der Kontrolle des Bf.s entglitt und eine antiseigneuriale Stoßrichtung annahm. Der mächtige roman. Neubau der Kathedrale im 11. und 12. Jh. ist Zeichen blühender Wallfahrt und ungebrochener Bischofsmacht.

Im 13. Jh. war es den Bf.en gelungen, alle Herren in der Diöz. in ihre Vasallität zu zwingen und so zu einer beherrschenden Feudalgewalt der Region aufzusteigen. In der Bischofsstadt dagegen stellte sich ihnen nicht nur das Kathedralkapitel, das sich im 13. Jh. die Jurisdiktion über die geistl. Oberstadt ('ville haute') gesichert hatte, entgegen, sondern auch die Bürgergemeinde, die dank kgl. Vermittlung 1219 einige Freiheiten der Selbstverwaltung erhielt, diese aber 1277, nach einem Aufstand gegen den Bf., wieder einbüßte. Zugleich erstarkte die Machtposition des Kgtm.s: Ein kgl. Mandat von 1258 unterstützte den Bf. in seinen Bemühungen um die Aufrechterhaltung des Friedens; seit 1270–80 häuften sich Appellationen vom bfl. Gericht an die kgl. Justiz. Schließlich schloß der Kg. 1305 mit dem Bf. ein *paréage*, das eine Teilung der Stadtherrschaft beinhaltete und so die bfl. Position schwächte, andererseits aber jedes Freiheitsprivileg für die Stadt ausschließen sollte.

Dessenungeachtet bewilligte das Kgtm. der Stadt 1344 ein →Konsulat und zugleich kgl. *sauvegarde*, wodurch die Macht des Bf.s weiter geschmälert wurde. Im Zuge eines langen Konflikts (1374 Aufhebung des Konsulats, 1404 Wiedererrichtung, 1445 Bestätigung) setzten sich die Konsuln als alleinige Träger städt. Souveränität durch; der Kg. verlieh der in der 2. Hälfte des 14. Jh. durch die Grandes →Compagnies geschädigten Stadt reiche fiskal. Privilegien.

In der 2. Hälfte des 13. Jh. erhielt die Stadt, auf der Grundlage der älteren Befestigung des geistl. Stadtviertels, eine Mauer; 1265 wurde sie an die Bürger übertragen, anläßl. der Unruhen um 1276 jedoch wieder dem Bf. unterstellt. Seit dem späten 13. Jh. ließen sich mehrere Orden 'extra muros' nieder (Dominikaner: St-Laurent, Karmeliter, Minoriten, Johanniter). Ein bedeutendes Wallfahrtsziel war auch die vorstädt., auf einer Felsnadel um die Mitte des 10. Jh. errichtete Kapelle St-Michel d'Aiguille, die dem Kathedralkapitel unterstand.

G. Fournier

Lit.: U. ROUCHON, Les Fortifications de la ville du P., Congr. arch. de France, 1904, 358–372 – J. MONICAT, Les Grandes Compagnies en Velay, 1358–92, 1928 – E. DELCAMBRE, Le Paréage du P., BEC, 1931, 112–169, 285–344 – DERS., Le consulat du P.-en-Velay des origines à 1610, 1933 – P. R. GAUSSIN, La Ville du P. en Velay et les pélerinages, Revue de Géographie de Lyon, 1951, 243–271 – X. BARRAL I ALTET, St-Paulien-le P. (Topographie chrétienne des cités de la Gaule des origines au milieu du VIIIe s.), 6, 1989, 87–91 – P. CUBIZOLLES, Aux origines chrétiennes du P.-en-Velay, Bull. de la Soc. académique du P. [im Dr.].

Lerchen, bräunl.-graue Bodenvögel, seit der Antike in zwei Arten unterschieden: 1. Feldl. (alauda), im HochMA gut beschrieben beim Singflug als Tagesbote bei schönem Wetter (Alex. Neckam. laud. 2, 765ff. und nat. rer. 1,68; geistl. Bezug auf kontemplative Männer; nach »Liber rerum« und »Experimentator« u. a. bei Thomas v. Cantimpré 5,13) und in Gefangenschaft. Fang im Winter (Vinzenz 16, 24) zum Verzehr, volksmed. Verwendung nur bei Hildegard (phys. 6,45). – 2. Haubenl. (a. galeata u. ä./cristata), im Gesang nur von Alex. bevorzugt. Neu für das MA ist die im Käfig singfreudige (vgl. Albert, 23, 37) Kalanderl. (calan-/endris; Heidel.?) nach dem »Liber rerum« bei Thomas (5, 30) u. a. Ch. Hünemörder

Q.: →Albertus Magnus, →Alexander Neckam, →Hildegard v. Bingen – Thomas Cantimpr., Liber de nat. rerum, T. 1, ed. H. BOESE, 1973 – Vinc. Bellov., Speculum nat., 1624 [Neudr. 1964].

Lérida (katal. Lleida), Stadt und Bm. im sw. →Katalonien (Comarca Segrià).
I. Stadt – II. Bistum.

I. STADT: L., das antike Ilerda, am Segre (Sicoris), einem Zufluß des Ebro, gelegen, wurde 419 vom Kg. der Sueben, Rechiar, erobert. Um 716/719 schloß der westgot. Gf. Cassius einen Vertrag mit dem muslim. Emir al-Ḥūr, der seiner Familie gegen Tributzahlung die Herrschaft über L. garantierte. Sein Sohn Fortunio konvertierte zum Islam und gründete die Dynastie der Banū-Qāsī in L. 801 eroberte Ludwig d. Fr., Kg. v. Aquitanien, die Stadt und zerstörte sie. 882 baute Ismail aus der Familie der Banū-Qāsī L. zum strateg. Vorposten der muslim. Herrschaft gegen →Urgell und →Barcelona aus (Feldzüge →al-Manṣūrs und seines Sohnes 985 und 1003 gegen Barcelona). Nach der Auflösung des Omayyaden-Kalifats v. →Córdoba (der letzte Kalif, Hišām III., starb 1036 in L.) wurde L. Sitz eines Taifenreiches (→mulūk-aṭ-ṭawā'if) unter den →Hūdiden (Banū-Hūd) v. →Zaragoza und war Münzstätte. Al-Muqtadir vereinte L. mit →Denia und →Tortosa. 1102 wurden die Hudiden, die sich unter den Schutz des →Cid gestellt hatten, von den →Almoraviden verdrängt. 1149 wurde die Stadt von einem christl. Heer unter den Gf.en →Raimund Berengar IV. v. Barcelona, der sich von nun an auch Mgf. v. L. nannte, und Ermengol VI. v. →Urgel erobert. Dieser erhielt die Herrschaft über die Stadt zugleich mit einem Drittel derselben von Raimund Berengar IV. zu Lehen. Als Vertreter des Gf.en v. Barcelona fungierten bis zum Anfang des 13. Jh. die →Montcada, für den Gf.en v. Urgel die →Cervera. 1228 löste Jakob I. in seinem Vertrag mit Gfn. →Aurembiaix die Rechte der Gf.en v. Urgel ab; L. wurde zu einer Stadt mit vom Kg. garantierten Rechten.

Die Wiederbesiedlungsurkunde von 1150 bildete die Grundlage des künftigen Stadtregiments. 1197 richtete Peter II. v. Aragón ein →Konsulat (4 Konsuln, 8 Räte) ein, das 1264 von Jakob I. durch die Einsetzung eines korporativen Stadtregiments, der *Paheria*, ergänzt wurde.

Die »Consuetudines Ilerdenses«, ein Corpus lokalrechtl. Bestimmungen, wurden 1227 von Guillem Botet kompiliert. 1300 gewährte Jakob II. der Stadt, auf Bitten der *pahers*, ein →Studium Generale, die erste Univ. der Krone Aragón. Im 13. Jh. bildeten Ackerbau und Textilgewerbe die Wirtschaftsgrundlage der Stadt, die eigene Münzen prägte; es folgte Zuzug von Leuten aus Languedoc, Gascogne und Poitou. Zeugen der Blüte von L. sind die Kathedrale *(Seu Vella)* und das Rathaus *(Paheria)*, Aufbewahrungsort des »Llibre vert petit« (1434), eines städt. Kartulars. L. konnte durch Gewährung der *vecindad*, des Nachbarschaftsrechts, im 14. Jh. seine Kontrolle weit in das Umland ausdehnen (u. a. über das Kl. →Poblet). Der Niedergang der Stadt setzte im 15. Jh. ein.

J. Mateu Ibars

II. BISTUM: Das Bm. L., zur Kirchenprovinz Narbonne/Tarragona gehörend, bestand schon in röm. Zeit (Bf.e Licerus, 268–311, und Petrus, 500, Provinzialkonzil 546). Unter den →Westgoten sind von 589 bis 688 die Namen von fünf Bf.en in den Konzilsakten v. →Toledo überliefert. Nach dem Einfall der Muslime bestand zunächst eine mozarab. Gemeinde (→Mozaraber) weiter. 955 wurde der Bf.ssitz zuerst nach →Roda, dann nach →Barbastro transferiert. Nach der →Reconquista L.s (1149) verlegte Bf. Wilhelm Petri v. Ravidats (1143–76) den Sitz von Roda wieder nach L. 1168 gab er dem Domkapitel, das bis Mitte des 13. Jh. nach der Augustinusregel lebte, neue Statuten. Sein Nachfolger war der spätere Ebf. v. Narbonne, →Berengar (1177–91). Von 1173 bis 1298 wurden acht Provinzialkonzilien in L. abgehalten. Seit dem 13. Jh. wuchs der Einfluß des Kg.s v. →Aragón auf die Bf.swahl. Die Bf.e v. L. spielten eine wichtige polit. Rolle: Ponç de Aguilaniu (1308–13) führte für Jakob II. Verhandlungen mit Frankreich, Romeu de Sescomes (1360–80) war Ratgeber Kg. Peters IV., Domingo Ram einer der Schiedsrichter beim Kompromiß v. →Caspe (1412). Im SpätMA versuchten die Bf.e, letztlich erfolglos, starken Einfluß auf die Univ. zu nehmen.

Die Diöz. war in vier Archidiakonate gegliedert; neben L. blieb Roda Sitz eines Kollegiatstiftes. Eine wichtige Rolle spielten die Kl. und Stifte Alaón, Sta. Maria de →Lavaix, Sant Pere de Ager, Tolva, Litera und Sant Ruf in L., ferner die Templerkomturei Gardeny. Ende des 12. Jh. wurde der Bau einer neuen Kathedrale begonnen, die 1278 von Bf. Wilhelm v. Montcada (1257–82) geweiht wurde.

U. Vones-Liebenstein

Lit.: zu [I]: E. MUT REMOLA, La vida economica en L. de 1150 à 1500, 1956 – J. LLADONOSA PUJOL, Hist. de Lleida, 2 Bde, 1972/74 [Bibliogr.] – J. M. FONT I RIUS, Estudios sobre els drets i institucions locals en la Catalunya medieval, 1985 – F. MATEU Y LLOPIS, Jarique de Numismática hispano árabe, 1988 – *zu [II]:* DHEE II, 1291–1295 – General Enc.

Catalana IX, 215ff. – L. A. GARCÍA MORENO, Prosopografía del reino visigodo de Toledo, 1974, 216f. – J. LLADONOSA PUJOL, L. medieval, 2 Bde, 1974/75 – M. ESCOLÀ I PONS, Bisbat de Lleida: el segle XIIIe, AST 59, 1986, 67–103.

Lérins (Lerinum, heut. St-Honorat de L.), südfrz. Abtei auf der kleineren der Lerinischen Inseln (bei Cannes, dép. Alpes-Maritimes), gegr. 400/410 vom hl. →Honoratus, später Bf. v. Arles. Das Kl. wurde rasch zu einem der bedeutendsten Zentren frühen abendländ. Mönchtums. Es verband eremit. und koinobit. Lebensweise, gemäß der ö. Tradition, auf die Bf. →Eucherius v. Lyon ausdrückl. verweist. Die von Honoratus eingeführte monast. Lebensweise wurde in einer Regel kodifiziert, deren erste Redaktion, die »Regel der Vier Väter«, die älteste dieser Art in Gallien war. In seiner ein gutes Jahrhundert dauernden frühen Blütezeit war L. zugleich Schule klösterl. Lebens und Pflegestätte monast. Theologie, geprägt von großen Persönlichkeiten wie dem hl. →Hilarius v. Arles, dem Nachfolger Honoratus' im Bf.samt, den hll. Maximus und →Faustus, beide Äbte v. L. (2. und 3. Abt) und dann Bf.e v. →Riez, dem hl. →Lupus v. Troyes, dem hl. Salvianus v. Marseille und dem hl. →Caesarius v. Arles. Einige von ihnen, namentl. Eucherius, Faustus und Caesarius, haben ein theol.-spirituelles Werk von hoher Bedeutung hinterlassen. Die bis heute verbreitetste Schrift, die aus der Schule v. L. hervorging, stellt jedoch das »Commonitorium« des →Vincentius v. L. dar, das die Kriterien der authent. christl. Lehre, in Abgrenzung von den Irrlehren, entwickelt. Auch das berühmte Symbolum »Quicumque«, das dem hl. →Athanasius zugeschrieben wird, ist mit großer Wahrscheinlichkeit in L. entstanden. L. hat, nicht zuletzt als »Pflanzschule der Bf.e«, zur Verankerung des Christentums in der Provence entscheidend beigetragen, doch reicht seine Ausstrahlung viel weiter: Der hl. →Benedict Biscop, Gründer des Beda-Kl. →Jarrow, erhielt seine Formung in L. In den späteren Jahrhunderten hatte L. stark unter den Sarazeneneinfällen zu leiden. Daher wurde zw. 1073 und 1181 ein Festungskl. neben dem alten Kl. errichtet, das noch heute das seltene Bild einer Klosterfestung bietet. 1787 aufgehoben, wurde es 1869 als Zisterzienserkl. wiedererrichtet. Frère André

Ed.: SC 297, 298 (Les Règles des Saints Pères) – Cart. de l'abbaye de L., hg. H. MORIS, 1883, 1905 – *Lit.:* Catholicisme 29, 435–437 – DACL VIII, 2596–2627 [Lit.] – DIP V, 609–613 – LThK² VI, 975f. – H. MORIS, L'Abbaye de L., 1909 – L. CRISTIANI, Lérins et ses fondateurs, 1946 – E. GRIFFE, La Gaule chrétienne à l'époque romaine, 1965, III, 332ff. – F. PRINZ, Frühes Mönchtum im Frankenreich, 1965, 47ff. – J. ANTIER, L., 1973 – S. PRICOCO, L'Isola dei santi, 1978 [Lit.] – C. KASPER, Fortschritt durch Tradition: Spiritualität, Theologie, Kirchenpolitik und Archäologie des lerin. Mönchtums, 1982 [Lit.] – I. GOBRY, Les moines en Occident, 1985, II, 235ff. – R. NOUAILHAT, Saints et Patrons, les premiers moines de L., 1988 [Lit.].

Les Baux, Burg der Adelsfamilie der →Baux und kleine Stadt in Südfrankreich, Provence (dép. Bouches-du-Rhône), auf steiler Kalkklippe, einem Ausläufer der Alpilles, in beherrschender Lage über der weiten 'Grau'-Ebene gelegen. Die Burg ist seit dem späten 10. Jh. belegt (»Balcium Castrum«), gehörte dem Stammvater der Baux, Pons d. J. (973–1028), und blieb bis zum Tode des letzten weibl. Nachkommen in direkter Linie, Alix de Baux († 1426), in Familienbesitz. Sie trug primär Residenzcharakter; eine militär. Bedeutung ist nur für 1161 belegt (Belagerung durch →Raimund Berengar, Gf.en v. →Provence). Ältester Bauteil ist die Burgkapelle (12. Jh.); Donjon und Mauerzug im Kern vor 1250 (Ausbau durch Hugo v. Les B. oder seinen Sohn Barral).

Die Stadt, deren ältester Siedlungskern die benachbarte Talmulde (um St-André) ist, entwickelte sich hauptsächl. zu Füßen der Burg. Im 16. und 17. Jh. baulich umgestaltet, bewahrt Les B. noch die roman. Kirche St-Vincent und einen got. Stadtpalast (Tour du Brau).   O. Maufras

Lit.: →Baux, Familie (L. BARTHÉLEMY, 1882).

Lesbos, ma. und frühnz. auch Mytilene, ma. T. bergige (bis 968 m) griech. Insel (1614 km²) in der nö. Ägäis, nur 10 km vor der kleinasiat. Westküste gelegen, mit zwei *poleis*, dem Haupthafen Mitylene (Bm. seit dem 4. Jh., Metropolis vor 536) im O und dem Hafenort Methymna (vor 787 Bm., 869 autokephal) im N. Die landwirtschaftl. bedeutende Insel gehörte administrativ frühbyz. zur Prov. Nesoi (Metropole Rhodos), mittelbyz. zum →Thema Aigaion Pelagos. 1090 für kurze Zeit Eroberung durch den Emir v. Smyrna, Tzachas, der aber von der byz. Flotte vertrieben wurde, 1124/25 Angriff einer ven. Flotte. Um 1165 nach Benjamin v. Tudela 10 jüd. Gemeinden in 10 Orten. Nach der Errichtung des →Lat. Kaiserreiches (1204) gehörte L. zur *secunda pars domini imperatoris*, um 1225 jedoch vom Ks. v. Nikaia, Johannes III., zurückerobert. 1354 ging L., damals bedeutender byz. Flottenstützpunkt, als Mitgift der Irene-Maria, Schwester Ks. Johannes' V., an den Genuesen Francesco →Gattilusio, blieb aber byz. Territorium. 1450 türk. Flottenunternehmung gegen Kallone auf L., im Sept. 1462 Eroberung der Insel durch Meḥmed II., wobei ein Drittel der Bewohner Mitylenes nach Konstantinopel deportiert wurde, und Eingliederung in das Osman. Reich. J. Koder

Lit.: DACL XII, 573–575 – RE XII, 2107–2133 – W. MILLER, Essays on the Latin Orient, 1925 [1964] – A. PHILIPPSON – E. KIRSTEN, Die gr. Landschaften, IV, 1959, 233–244 – P. SCHREINER, Die byz. Kleinchroniken, I–III, 1975–79 – J. KODER, Chios–L.–Thasos... (Europ. Science Found., Activité Byz. Rapports des Missions effectuées en 1983), 115–140 – E. MALAMUT, Les îles de l'Empire byz., 1988.

Lescar, Bm. und Stadt in SW-Frankreich, in →Béarn (nahe Pau, dép. Pyrénées occidentales), galloröm. civitas Beneharnum. 506 erscheint in den Akten des Konzils v. Agde ein Bf. v. Beneharnum namens Galactorius; weitere Bf.e sind zu 585 und 675 erwähnt. Nachdem das Bm. in der Zeit der Normanneneinfälle verfallen war, treten Ort und Diöz. unter der Bezeichnung L. im 11. Jh. wieder auf. Zu Beginn dieses Jh. gründeten die Hzg.e der →Gascogne hier eine Abtei St. Maria; 1101 wurden die Kathedralkanoniker der Augustinusregel unterstellt. In dieser Zeit erhielt die Diöz. feste territoriale Umrisse: Sie umfaßte Gebiete beiderseits des Gave de Pau, an dessen rechtem Ufer das gesamte Béarn bis zur Grenze mit dem Hzm. Gascogne. An Bedeutung gewannen Bm. und Stadt unter Bf. Gui de Lons (1115–41), der den Bau der roman. Kathedrale begann und sich aktiv an den Reconquistakämpfen im Ebrotal beteiligte, in deren Verlauf er fiel. Im 12. und 13. Jh. war L. ein bedeutender Etappenort der Compostela-Route (Hospiz Sainte-Christine am Somport-Paß, kontrolliert von den Augustinerchorherren v. L.). Bf. Odon de Mendousse († 1403) wurde von →Gaston Fébus zeitweilig exiliert. Sein Nachfolger Pierre de Foix (1405–22) kumulierte das Amt des Bf.s mit der Kardinalswürde (ab 1414). Bis zum Ende des MA unterstand das Bm. der Kontrolle des Fürstenhauses der Foix-Béarn. P. Tucoo-Chala

Lit.: D. LABAU, Les évêques et la cathédrale de L...., 1972 – P. TUCOO-CHALA, Gaston-Fébus, 1991.

Lesen, Lesegewohnheiten im MA. Die Fähigkeit zu l. mußte im MA nicht mit der Fähigkeit zu schreiben verknüpft sein, beides wurde im Unterricht getrennt gelehrt und gelernt. Schreiben war eine gewöhnl. von Spezialisten ausgeübte Technik, während die Lesefähigkeit den Gebildeten (→lit(t)eratus) auszeichnete. Nach der Auflösung des antiken →Erziehungs- und Bildungswesens und dem Rückgang der Schriftlichkeit war die Lesefähigkeit von Laien die Ausnahme. Lesekundig – und zumindest bis zum 12. Jh. hieß dies im lat. W lat.kundig – waren gewöhnl. nur Kleriker, denen das Kirchenrecht die Fähigkeit zu l. vorschrieb. Erst seit der allmähl. Verschriftlichung der gesellschaftl. Verkehrsformen, dem damit korrespondierenden Entstehen neuer Schul- und Bildungsformen (→Schulwesen, →Universität) sowie der Verschriftlichung der volkssprachl. Überl. nimmt die Lesefähigkeit auch unter Laien zu, bleibt jedoch – allerdings mit beträchtl. sozialen, regionalen und religiösen Unterschieden (→Erziehungs- und Bildungswesen: B., C., D.) – auch dann auf eine Minderheit der Bevölkerung beschränkt. Die Lesefähigkeit etwa im dt. Reich zu Beginn der Reformation wurde auf 10 bis 30% der städt. Bevölkerung geschätzt (A. WENDEHORST). Innerhalb des Adels war die Lesefähigkeit bes. bei →Frauen verbreitet, innerhalb der Städte im SpätMA v. a. bei →Kaufleuten. Ob die Äußerungen höf. Dichter wie →Wolfram v. Eschenbach über ihre Schreib- und Leseunfähigkeit der Wahrheit entsprechen oder nur Stilisierungen eines adligen Standesbewußtseins sind, das sich von einer am Lat. orientierten Bildungstradition abgrenzt, ist umstritten. Doch betonen neuere Arbeiten (M. G. SCHOLZ), daß die höf. Dichtung im 12. und 13. Jh. nicht nur für den Vortrag vor einem weitgehend schreib- und leseunkundigen Publikum bestimmt, sondern auch deren Lektüre intendiert war. Bis zum HochMA wurde ausschließl. laut und meist in Gemeinschaft (vor)gelesen. Stilles und privates L. läßt sich seit dem 9. Jh. in klösterl. Skriptorien nachweisen, wurde dann neben der scholast. Unterrichtsformen lectio und disputatio auch an den entstehenden Univ. praktiziert und verbreitete sich seit der Mitte des 14. Jh. auch innerhalb des Adels. Das Aufkommen der stillen, privaten Lektüre bezeugt etwa Hugo v. St. Victor (Didascalicon, ed. C. H. BUTTIMER, III, 7). Im Gefolge der stillen Lektüre entstanden neue gelehrte Techniken, und ganz generell veränderte sich unter ihrem Einfluß der Umgang mit der schriftl. Überlieferung. War die oralisierte Lektüre intensiv, langsam und auf Aneignung weniger Bücher konzentriert, zudem auch phys. anstrengend, so ermöglichte das ausschließl. visuelle, stille L. nicht nur ein schnelleres und extensiveres, sondern auch ein ungebundeneres L. Der neuen Leseweise entsprachen neue Formen der Textgestaltung (u. a. Kapitelüberschriften, Register), wie umgekehrt die Praxis des L.s durch Veränderungen des Schriftbildes (z. B. Worttrennung), begünstigt worden war. Die individuelle, private Lektüre eröffnete neue Möglichkeiten, Texte aufzuschlüsseln und in Beziehung zu setzen. Zugleich spiritualisierte das stille L. die Lektüre im Kontext neuer Frömmigkeitsformen (→Mystik) und trug wesentl. zur Herausbildung eines inneren Erfahrungsraumes und zur Wahrnehmung des 'Selbst' bei. S. a. →Buch, →Elementarunterricht, →mündl. Lit. tradition, →Scholastik, →Schullektüre. H. Zedelmaier

Lit.: J. LECLERQ, L'Amour des lettres et le désir de Dieu, 1963² – M. G. SCHOLZ, Hören und L., 1980 – P. SAENGER, Viator 13, 1982 – R. CHARTIER, Zs. f. Lit.wiss. u. Linguistik 57/58, 1985 – A. WENDEHORST (Schulen und Studium..., hg.) J. FRIED, VuF 30), 1986 – K. SCHREINER, FMASt 24, 1990 – I. ILLICH, Im Weinberg des Textes, 1991.

Lesepult. Format und Gewicht der ma. Codices erforderten L.e insbes. dann, wenn z. B. im Chordienst eine Gruppe daraus singen sollte. Es gibt sie in vielen Kirchen als selbständige Möbel oder – unverrückbar – an →Ambonen, →Lettnern und →Kanzeln für die feierl. Lesung des Evangeliums an den Hochfesten. Wenn der Diakon, begleitet von Kerzen und Weihrauch, das Evangeliar zum L. trägt, steht dieses im Zentrum der Meßfeier. Deswegen sind die ältesten L.e überreich geschmückt, in Italien mit Marmorreliefs und Inkrustationen, in Dtl. ausnahmsweise auch mit Elfenbein, Kristall, Edelsteinen und vergoldetem Filigran (Ambo Heinrichs II. in Aachen, 1002, Pültchen ergänzt) oder mit plast. Figuren der Evangelisten versehen, über denen aus ihren Symbolen Weihrauch in alle vier Himmelsrichtungen strömte (Freudenstadt, 12. Jh.). Ob steinerne Figuren von Diakonen (am Mittelrhein Atzmann gen.) nur für die Evangelienlesung bestimmt waren oder auch für die der Epistel bzw. für den Chorgesang, läßt sich nicht entscheiden (u. a. in Naumburg, Straßburg und Fritzlar, alle 13. Jh.). Ferner wurden bes. prächtige Holzstühle zu Chorpulten umgearbeitet (Kl. Isenhagen, Minden, Dom). Häufig trägt ein →Adler das L., in Italien meistens aus Marmor, im N aus Holz oder Bronze (Hildesheim, Dom, Anfang 13. Jh.). In der Gotik wurden kunstvolle Zierarchitekturen üblich, über denen sich ein Adler erhebt, dessen ausgebreitete Schwingen das Buch tragen (Zeichnung von Villard de Honnecourt). Messinggüsse dieser Art stellten im 14./15. Jh. die Werkstätten von Dinant in großer Zahl her (z. B. Dortmund, Reinoldikirche). – Kleine Altarpulte für das Missale waren reich geschnitzt (Salzwedel, Marienkirche, um 1300) oder schlicht, wenn ein Tuch oder eine kostbare Stickerei sie bedeckte (Kl. Ebstorf). Solche genügten auch in der Studierstube (Dürer: Hieronymus, Kupferstich).

H. Appuhn†

Lit.: RDK I, s. v. Adlerpult, Altarpult, Atzmann – LThK² VI, s. v.

Leseur, Guillaume, frz. Chronist, Verf. der »Histoire de Gaston IV.«, gehörte dem unmittelbaren Gefolge des Gf.en Gaston IV. v. →Foix (1436–72) an, der als Vicomte v. →Béarn, Gf. v. →Bigorre und Prinzgemahl v. →Navarra (Gatte der Kgn. →Leonor) eine wichtige polit. Rolle spielte, nicht zuletzt auch Vertrauensmann der frz. Kg.e Karl VII. (Vertreibung der Engländer aus Aquitanien) und Ludwig XI. war. – L., der seinen Fs.en auf mehreren Feldzügen und Repräsentationsreisen (Tours, Nancy, Barcelona) begleitete, beschreibt minutiös militär. Operationen, Turniere und zeremonielle Einzüge. Seine in der Mittelalterforschung zu wenig beachtete Chronik kann sich an Quellenwert mit den Werken eines Monstrelet oder Commynes messen. P. Tucoo-Chala

Ed.: H. COURTEAULT, Hist. de Gaston IV comte de Foix par G.L., 2 Bde, 1893–96 (SHF).

Lesnovo, Kl. mit Erzengel-Michael-Kirche im gleichnamigen Dorf bei Zletovo (Makedonien/Jugoslawien). Bestand schon im 11.–12. Jh. zu Lebzeiten des Eremiten und Lokalhl.n →Gabriel v. Lesnovo. Auf den Fundamenten der alten Kirche errichtete der serb. Magnat Jovan Oliver (dargestellt als Sebastokrator) 1340/41 eine neue Kirche mit gleichem Patronat. Als das Kl. wahrscheinl. 1347 Sitz eines Bf.s wurde, erweiterte man die vom einen 1349 ausgemalten Narthex. Hier ist J. Oliver, diesmal als Despot, zusammen mit seiner Familie unter der Familie Zar Dušans, dargestellt. Die Ausmalung, die sich durch Vielfalt von Themen (u. a. Pantokrator, christolog. und atl. Zyklen, Zyklen der Erzengel) auszeichnet (bes. zu beachten ist der Erzengel Michael mit rotem Gesicht), ist das Werk von vier oder fünf Malern (Verwandtschaft mit den Fresken in Ohrid, Dečani, Markov Manastir, Treskavac). Im Umkreis des Kl. befinden sich mehrere Sakralstätten und Einsiedeleien. S. Gabelić

Lit.: N. L. OKUNEV, L'art byz. chez les Slaves, I/II partie, 1930, 222–263 – S. RADOJČIĆ, Gesch. der serb. Kunst. Von den Anfängen bis zum

Ende des MA, 1969, 80-83 – V. J. ĐURIĆ, Vizantijske freske u Jugoslaviji, 1974, 64-66 [dt. Übers. 1976] – S. GABELIĆ, Crveni konjanički lik arhanđela Mihaila u L., Zograf 8, 1977, 55-58 – DIES., Novi podatak o sevastokratorskoj tituli Jovana Olivera i vreme slikanja lesnovskog naosa, ebd. 11, 1980, 54-62.

Lesterps (lat. Stirps), Abtei in SW-Frankreich (Bm. Limoges, dép. Charente, cant. Confolens). Aufgrund der Genealogie der Herren v. Chabanais, die den einzigen Anhaltspunkt für die Gründung liefert, wurde L. am Ende des 10. Jh. v. Jourdain I. v. Chabanais, seiner Gemahlin und weiteren Familienangehörigen zu Ehren der Hl. Dreifaltigkeit unter dem Patronat des hl. Petrus gestiftet und dem Hl. Stuhl unterstellt. 1032 führte Abt Gautier die Augustinusregel ein. Audebert v. d. →Marche verbrannte 1040 die Abtei, wobei viele Menschen umkamen, mußte aber, um sich von der Exkommunikation zu lösen, anschließend für den Wiederaufbau sorgen. Nach Gautier († 1070, als Heiliger verehrt) hatte Adémar, ein Sohn des Gf. en v. →Angoulême, die Abtswürde inne (1090 Kirchweihe), wurde 1096 aber Bf. v. Angoulême. Ein bedeutender Abt war Ramnulf (1110-40, Epitaph). Im 15. Jh. unterstanden L. 43 Pfarreien (in den Bm.ern Limoges und Poitiers). 1457 wurde die Abtei zur →Kommende umgewandelt. Bedeutender roman. Glockenturm mit Portalvorbau erhalten. R. Favreau

Q.: GChr II, Instr., 1194-1198 – P. E. ROUGERIE, La vie de s. Gautier, abbé de l'E., MPL 162, 1877, 88f. – G. BABINET DE RENCOGNE, Not. et diss. sur un fragment du cart. de l'abbaye de l'E., Bull. Soc. archéol. et hist. Charente, 1862, 47-63 – *Lit.:* J. NANGLARD, Pouillé hist. du dioc. d'Angoulême, III, 1900, 71-82 – CH. DARAS, Les églises au XIᶜ s. en Charente, Bull. Soc. Antiq. Ouest, 1959, 182-186.

Lesung
I. Lateinische Kirche – II. Ostkirchen.

I. LATEINISCHE KIRCHE: Herausgehobenen Zeiten des Kirchenjahres (Ostern, Pfingsten, Weihnachten, Epiphanie, Quadragesima, Advent, später bedeutenden Hl.enfesten) werden etwa seit dem 5. Jh. stets gleichbleibende Perikopen (Capitula) aus der Bibel »apta diei« zugeordnet, während »per annum« fortlaufend, aber in Auswahl, gelesen wird (keine lectio continua!). Wachsende Perikopenzahl bedarf kalendermäßig geordneter Hilfsmittel zum Auffinden (→Comes, →Kapitular, →Perikopenbücher). Die Zahl der L.en variiert (2 oder 3); sie umfassen atl. und v. a. ntl. L.en. Die →Epistel- und Evangeliumsreihen (→Evangeliar) bilden sich getrennt heraus. Hochschätzung des Evangeliums bewirkt Unterschiede u. a. im Ort der Verkündigung, in der Person des Vortragenden, im Zeichen der Verehrung. Im →Stundengebet sind L.en aus Bibel, Patristik, Hl.enviten und Homilien bezeugt. K. Küppers

Lit.: TH. KLAUSER, Das röm. Capitulare Evangeliorum, LQF 28, 1935 – G. KUNZ, Die L.en, Leiturgia II (1955), 87-180 – H. B. MEYER, Eucharistie (Gottesdienst der Kirche 4, 1989), 176, 192f. [Lit.].

II. OSTKIRCHEN: Die L. war stets ein wesentl. Bestandteil des Gottesdienstes, v. a. der euchar. Liturgie (zw. 2 und 5, die letzte aus den Evangelien) und der Vigilfeier (12 bis 15). Für Antiocheia und Konstantinopel bezeugt Chrysostomos die Dreizahl: AT (Propheten), Apostel (Paulinen, Apg), Evangelium, Maximos Homologetes zufolge auch noch im 7. Jh. (MPG 91, 700). Vielleicht im gleichen Jh. verschwand hier die atl. L. Bewegl. war die Tradition der syr. (»monophys.«) Kirche (bis zu 3 atl. und 2 ntl. L.en vor dem Evangelium), während die kopt. Kirche die atl. offenbar schon im 4. Jh. verloren hat. – Es gab Bahnl.en eines ganzes Buches, v. a. in nichteuchar. Gottesdiensten; Festtage hatten eigene L.en, andere waren den hl. Stätten zugeordnet (Egeria: Sinai, Jerusalem). H. M. Biedermann

Lit.: LThK VI, 983f. – ThEE II, 460-462 – A. BAUMSTARK, Nichtevang. syr. Perikopenordnungen des ersten Jt., 1921 [1971] – DERS., Liturgie Comparée, 1953 – J. A. JUNGMANN, Missarum Sollemnia, 1958 – F. VAN DE PAVERD, Zur Gesch. der Meßliturgie in Antiocheia und Konstantinopel gegen Ende des 4. Jh., 1970 – R. KACZYNSKI, Das Wort Gottes in Liturgie und Alltag der Gemeinden des Johannes Chrysostomus, 1974 – R. SOLZBACHER, Mönche, Pilger, Sarazenen, 1989.

Leszek. 1. L. →Piasten; →Polen

2. L. Biały (d. Weiße), Fs. v. Krakau-Sandomir seit 1194, * um 1186/87, † 24. Nov. 1227 in Marcinków bei Gąsawa (ermordet); Eltern: →Kasimir II. d. Gerechte, Fs. v. Polen, und Helena, Tochter Konrads III. v. Znaim; ∞ 1207 Grzymisława, Tochter Ingwars v. Łuck. Kleinpoln. Oligarchen setzten 1194 den minderjährigen L. auf den Thron und verteidigten ihn gegen →Mieszko III. Stary (1195 unentschiedene Schlacht an der Mozgawa). Mieszko erlangte 1198 nach Verhandlungen Krakau, L. behielt Sandomir. 1202 fiel Krakau wieder an L. (endgültiger Zusammenbruch des Prinzipatsprinzips in Polen). 1205 besiegte L. den Fs.en v. →Halič-Volhynien, →Roman Mistislavič, bei Zawichost, wo Roman den Tod fand. L. griff in die nachfolgenden Erbstreitigkeiten ein, bald gegen, bald mit Kg. Andreas II. v. Ungarn. In Polen verband er sich mit den Befürwortern der Kirchenreform um Ebf. Heinrich Kietlicz und suchte Unterstützung bei Innozenz III. (päpstl. Bestätigung der Privilegien für die poln. Kirche 1210 und 1215). 1222 und 1223 nahm L. an den Kreuzzügen gegen die →Prußen teil. In seiner Titulatur erhob L. als letzter Fs. Ansprüche auf die Oberhoheit in ganz Polen und versuchte 1217, diese in Pomerellen durchzusetzen. 1227 trafen sich poln. Fs.en, um sich gegen den Fs.en Swantopolk v. Pomerellen und Władysław Odonic v. Großpolen zu beraten, in Gąsawa, wo L. bei einem plötzl. Überfall ermordet wurde. S. Gawlas

Lit.: PSB XVII, 155ff. – G. RHODE, Die Ostgrenze Polens, 1955, 102ff. – B. WŁODARSKI, Polska i Ruś 1194-1340, 1966 – B. ZIENTARA, Henryk Brodaty i jego czasy, 1975 – Der Deutschordensstaat Preußen in der poln. Gesch.sschreibung der Gegenwart, hg. U. ARNOLD – M. BISKUP, 1982, 86ff.

Letald v. Micy, Hagiograph und Dichter, * um 950 im Orléannais, † um 1010, trat als 'infantulus' in das Kl. →Micy bei Orléans ein, dem früher ein Mitglied seiner Familie als Abt vorgestanden hatte. Spätestens 973 wurde L. cancellarius seiner Abtei. Nach 980 verfaßte er die »Miracula Maximini«, in denen er neben den Wundern des Schutzpatrons v. Micy auch die Gesch. der Abtei beschreibt. Nachdem Robert v. Blois in den Jahren nach 990 Constantinus als Abt v. Micy abgelöst hatte, schrieb L. für das von Constantinus nunmehr geleitete Kl. →Nouaillé die »Delatio corporis Juniani«, in der er des Konzils v. →Charroux (989) gedenkt. Weitere Arbeiten sind die »Vita et miracula Martini« für Vertou, die »Vita et miracula Eusicii« für Selles-sur-Cher; beide Abteien waren mit Robert v. Blois verbunden. Alle diese Werke verarbeiten mündl. wie schriftl. Zeugnisse. 1104 führte L. die Mönche v. Micy bei einem erfolgreichen, von →Abbo v. Fleury verurteilten Absetzungsversuch gegen Abt Robert an. Danach verfaßte L. die »Vita Juliani« auf Wunsch des Bf.s Avesgaud v. Le Mans, eines Widersachers Roberts. L.s Q. war eine karol. Abhandlung, deren Glaubwürdigkeit er im Prolog seines Werkes krit. untersucht. L.s Dichtungen können nicht sicher datiert werden. Am bekanntesten ist ein schwankhaftes Gedicht auf einen Mann, der von einem Wal verschlungen wird – ein Zeugnis für die klass. Bildung wie den Humor des Autors. Th. Head

Ed.: MPL 137, 781-826 – AASS Oct. 10, 805-817 – MGH SRM 3, 567-575 – Vita et miracula Eusicii, ed. PH. LABBE, Nova bibl. mss. 2, 372-376, 463-466 – MGH PP 2, 146-149 – P. PASCAL (Hrotsvit of

Gandersheim: Rara avis in Saxonia?, hg. K. WILSON, 1987), 211–228 – *Lit.:* MANITIUS 2, 426–432 – J. P. BONNES, Un lettré du X^c s.: Introd. au poème de L., Rev. Mabillon 33, 1943, 23–47 – J. ZIOLKOWSKI, Folklore and Learned Legend in L.'s Whale Poem, Viator 15, 1984, 107–118 – TH. HEAD, L. of M. and the Hagiographic Traditions of Selles-sur-Cher, AnalBoll 107, 1989, 393–414 – DERS., Hagiography and the Cult of Saints, 1990 – BRUNHÖLZL II, 1991, 199ff., 585.

Letrados bezeichnet im Bereich der Krone Kastilien seit der 2. Hälfte des 13. Jh. die gelehrten →Juristen, die in Justiz und Staatsdienst eine bedeutende Rolle spielten. Wird ihnen, ähnlich wie den frz →Legisten, in der traditionellen Geschichtsschreibung auch die Rolle einer »noblesse d'épée«, zugeschrieben, so war ihr eigtl. Wirkungsfeld Hof und kgl. Rat. In Aragón wurde Peter IV. schon 1355 von einem aus zwei →Caballeros und zwei Juristen zusammengesetzten Gerichtshof (→audiencia) begleitet; die Vertreter des unter Alfons III. (1285–91) begründeten kgl. Rates waren zuerst L. In Kastilien waren seit den Verfügungen von 1387, 1406, 1442 und 1459 L. und Rechtsgelehrte im Rat vertreten (1480: acht oder neun L.); der Machtzuwachs des Kgtm.s wurde durch die Kontinuität der darin vertretenen L.s aufgefangen. Diese hatten die Ämter der *oidores* und *alcaldes* in der →Audiencia Real in ihrer Hand, standen anderen Kronbeamten, wie den aus dem Ritterstand hervorgegangenen →Adelantados und →Corregidores zur Seite und fungierten in den Stadtgemeinden als Prokuratoren und Advokaten. Dennoch konnten sie den Adel nicht völlig verdrängen. Im Kastilien der kath. Kg.e hatten L. von 1500 Ämtern nur 11% inne, davon 59% in richterl. Funktionen, 40% als →Corregidores, doch nur 5% die militär. oder Regierungsaufgaben, und nur wenige sind im kgl. Hofhalt selbst bezeugt.

M. A. Ladero Quesada

Lit.: S. DE MOXÓ, La promoción política y social de los »l.« en la Corte de Alfonso XI, Hispania 35, 1975, 5–30 – S. DE DIOS, El Consejo Real de Castilla, 1981 – W. D. PHILLIPS, University Graduates in Castilian Royal Service in the 15th Cent. (Homenaje... SANCHEZ ALBORNOZ, IV, 1986).

Letten, Lett(en)land. Die L. (lett. Latvji, Latviеši) sind das östlichste der →Balt. Völker. Sie dürften schon v. Chr. Geburt in ihre Siedelgebiete eingewandert sein; ihnen rückten Ostslaven (→Krivičen) nach. An der Wende vom 12. zum 13. Jh. wohnten sie in einem Gebiet im N bis an den Burtneck-See (Siedelgrenze der Esten), im W bis an die obere Livländ. Aa, im S bis an die Düna, im O entlang kleiner Flüsse, die zur Velikaja gehen, bis hinab zur Düna. Nach dem Zeugnis →Heinrichs v. Lettland nannten sie sich selbst 'Lettgaller' (Lethigalli), waren sprachl. eng mit den Selen, →Semgallern und →Kuren verwandt. Ende des 12. Jh. standen sie unter der Tributherrschaft russ. Fs.en, so die Landschaft Tolowa (lett. Tālava) unter der von Pleskau/→Pskov, die ö. Gebiete und das Dünaland unter der von →Polock; der russ. Unterfs. Wissewalde (Wiscewalde) v. →Gerzike war vielleicht ein orth. getaufter Lette. In dem Fsm. →Kokenhusen lebten L. zusammen mit Selen, in der Landschaft Ydumäa (Name latinisiert aus Idu-maa) an der Livländ. Aa (später Kirchspiel Roop) zusammen mit Liven.

Der Name 'Lettland' (lett. Latvija, lat. Lettia, Lettonia) taucht im MA nur vereinzelt auf, verschwindet im 15. Jh. nahezu völlig; er wird von →'Livland' verdrängt und erst im 16. Jh. nach dem Untergang Alt-Livlands gelegentl. gebraucht, bleibt aber auch dann selten und wird erst im 19. Jh. in der Lit., seit 1918 als Staatsbezeichnung verwendet.

M. Hellmann

Lit.: HOOPS² II, 14ff. [W. SCHMID] – Die L., 1930 [Beitr. J. PLĀĶIS, J. ENDZELINS, E. BLESE, F. BALODIS u. a.] – A. GĀTERS, Die lett. Sprache und ihre Dialekte, 1977 [Lit.] – →Livland.

Lettner (lectorium, pulpitum, mhd. lecter), im Hoch- und SpätMA monumentaler raumteilender Einbau (Stein, seltener Holz) zw. Klerikerchor und Laienschiff in abendländ. Kathedralen, Kl.-, Stifts- und Pfarrkirchen (mit Kapitel), für gottesdienstl. Schriftlesungen sowie Predigt (frühma. Vorgänger →Ambo). Zusätzl. Verwendung als Sängerbühne, oft mit Orgel. Die übermannshohe L.-mauer enthielt zumeist die frontalen Eingänge des Chores und war mit Laienaltären (Kreuzaltar, Triumphkreuz) verbunden. Verbreitung im heut. Frankreich und davon beeinflußten Nachbargebieten (Dtl., Oberitalien, Spanien). Sonderentwicklung in England. Am ursprgl. Standort erhaltene L. u. a.: Magdeburg, Halberstadt, Breisach, Marburg (Lahn), Ste-Madeleine, Troyes. Für den ursprgl. Einbau des L.s war jeweils die Struktur des abgeschrankten Chores maßgebend. Bei Dom- und Stiftskirchen ergab sich für den hochma. L. sowie für die seitl., damit verbundenen Schranken zumeist Anschluß an die Vierungspfeiler. Bei einigen dt. Domen mit Doppelchören (Worms, Mainz, Naumburg) sind zwei einander gegenüberstehende Einbauten nachweisbar. Der dreijochige, mit der spätroman. Krypta verbundene Ostl. des Naumburger Doms ist das einzige erhaltene Beispiel für diesen verschwundenen, auch in Modena rekonstruierbaren L. typus. Von diesem unterscheidet sich der got. L. mit freistehender Rückwand, an der sich die Treppen zur Lesebühne befanden (Meißen). Die hochma. Entwicklung der monumentalen, mit erhöhter Bühne versehenen L. umfaßt verschiedene liturg. bedingte Typen, deren architekton. Ausbildung von ihrer Verbindung mit dem bestehenden, fallweise älteren Kirchengebäude abhing. Zur Vorgesch. gehören die hohen, mit Chortüren versehenen Mauerschranken der Ordenskirchen, verbunden mit Kreuzaltar und Triumphkreuz. Bei spätroman. Doml.n ist sowohl die Queranlage mit breiter Bühne (Modena) nachweisbar als auch die axial errichtete Kanzelziborium. Für den freistehenden got. Kanzell. ist im dt. Sprachraum die Anordnung des axialen, von zwei Chortüren flankierten Kreuzaltars (z. B. Gelnhausen, Marienkirche) typisch. Andere Lösungen im frz. Bereich, z. B. frühgot., als Querschranke mit Blendarkaden gegliederter Mauerl. an der Kathedrale Valeria in Sitten (Sion) mit betontem Mitteleingang. Letzterer bestimmt auch die Anlage des maßgebenden nordfrz. Hallenl.s, dessen gewölbter Unterbau vorne in Arkaden geöffnet war; die einzelnen Joche fungierten als Ziborien von Laienaltären, deren strukturale Einbeziehung für diesen Typus vorbildl. und bis ins späte MA verbreitet war (Chartres, Bourges, Straßburg). – Zur plast. Ausstattung des L.s: Im Rückblick auf langob. Flachreliefs, Evangelistensymbole am Pulpitum des Patriarchen Sigvald (Cividale); neue Ansätze im HochMA. An den L. des 12. und 13. Jh. Skulpturen an der fassadenartigen, den Laien zugewendeten Schauseite, z. B. Kindheit Christi (Chartres, 2. Viertel 13. Jh.), Apostel (Chur; Bourges; Straßburg); Weltgericht (Mainz, Diöz. mus.; Gelnhausen). Sinnvoller Bezug auf das Weltgericht ergab sich aus der erweiterten Funktion des L. bühne als Ort der geistl. Rechtsprechung sowie amtl. Verlautbarungen. Die Verbindung des L.s mit Kreuzaltar und Triumphkreuz manifestiert sich an seiner hochma. Schauseite in Zyklen der Passion: ehem. Kanzelbrüstung des Nikolaus v. Verdun (Klosterneuburg); got. L.-Skulpturen, u. a. jene der Kathedrale Bourges (Louvre); Brüstung des Naumburger Westl.s spätroman. Passionsreliefs (Dome zu Modena und Parma [Antelami]). Infolge häufiger Sekundärverwendungen abgehobener L.bildwerke (z. B. St-Gilles, L.-frgm. mit Abendmahlrelief über Mittelportal), wird ihre ursprgl. Funktion oft nicht in Betracht gezogen. E. Doberer

Lit.: LThK² VI, 987f. – O. Schmitt, Zum Straßburger L., Oberrhein. Kunst 2, 1926/27 – J. Mallion, Le Jubé de la Cath. de Chartres, 1964 – A. Peschlow-Kondermann, Mainzer Westl. und Ostchoranlage, Forsch. zur Kunstgesch. und christl. Archäologie 8, 1972, 133ff. – F. Röhrig, Der Verduner Altar, 1975⁵ – E. Doberer, Die ehem. Kanzelbrüstung des Nikolaus v. Verdun im Stift Klosterneuburg, ZDVKW 31, 1977, 3–16 – E. Doberer, Roman. Figurenfriese und ihre rem. Bildträger (Kunst als Bedeutungsträger, Gedenkschr. G. Bandmann, 1978), 77–93, Abb. 1–7 – E. Hütter – H. Magirius, Der Wechselburger L., 1983.

Lettre → Litterae

Lettre de noblesse → Adel A V.

Letzte Ölung → Krankensalbung

Leubus, ältestes und bedeutendstes schles. Zisterzienserkl. an der mittleren Oder, gegr. von Hzg. →Bolesław I. v. Schlesien nach dessen Rückkehr aus dem Exil in Deutschland (1163) und mit dt. Zisterziensern aus dem Kl. →Pforta besetzt. Der berühmte Stiftungsbrief v. 1175, ztw. heftig umstritten, ist echt und enthält das früheste Zeugnis für dt. Bauernsiedlung in Schlesien unter Befreiung vom poln. Landrecht. Das Kl. beteiligte sich intensiv an Rodung, Landesausbau, Dorf- und Stadtsiedlung v. a. in Niederschlesien, versah zahlreiche Stiftspfarreien seelsorger. und entwickelte sich rasch zu einem führenden und weit ausstrahlenden wirtschaftl., kulturellen und geistig-religiösen Zentrum des Oderlandes, in dem sich neben Hzg.en und Bf.en zahlreiche weltl. und geistl. Große begraben ließen. Die 1307–40 erbaute Stiftskirche mit kreuzförmiger Fs.enkapelle (um 1312) wurde um 1500 erneuert. Von L., das 1205 die geistl. und 1220 die weltl. Aufsicht über das Zisterzienserinnenkl. Trebnitz erhielt, wurden die Tochterkl. Mogiła b. Krakau (1222), →Heinrichau (1227) und Kamenz (1246) gegr. Im 15. Jh. setzte ein zeitweiliger, durch die schweren Verwüstungen der Hussitenkriege verstärkter Niedergang ein, dem jedoch durch die Entsendung eines neuen Konvents aus Pforta wirksam entgegengesteuert werden konnte. J. J. Menzel

Q. und Lit.: Mon. Lubensia, hg. W. Wattenbach, 1861 – Hist. Stätten Schlesien, 1977 – H. Grüger, Zisterzienserabtei L., Jb. der Schles. Friedr.-Wilh.-Univ. zu Breslau 22, 1981 [Q. und Lit.] – J. J. Menzel, Die Anfänge der Cistercienser in Schlesien (Die Cistercienser, hg. A. Schneider, 1986³).

Leuchtenberg, Burg, Herrschaft und Lgft. in der mittleren →Oberpfalz (Bayern, Krs. Vohenstrauß). Ursprgl. Name L(i)ukenberge von einem Personennamen Liuko abgeleitet; erst im 14. Jh. setzte sich der heute gebräuchl. Name L. durch. Die mit Gebhard I. 1118 erstmals den Herren v. L. waren Vasallen der →Diepoldinger. Großen Besitzzuwachs in der n. Oberpfalz erhielt Gebhard I. durch seine Ehe mit Heilwig, der jüngeren Tochter Friedrichs v. →Lengenfeld-Pettendorf († um 1119), durch welche er auch Schwager Pfgf. →Ottos I. v. →Wittelsbach wurde. Sein Sohn Gebhard II. begleitete Ks. Friedrich Barbarossa auf den Italienzügen und stieg in die Gf.enstand auf (nach 1158). Nach dem Erlöschen der Lgf.en v. Stefling 1196 wurden deren territorienübergreifende lgfl. Rechte samt dem Lgf.entitel auf die L.er übertragen. Die machtvolle Expansion des wittelsbach. Hzm.s drängte im 13. Jh. die Lgf.en v. L. in die Defensive. 1283 mußten sie nicht nur die Herrschaft Waldeck aus dem Erbe des Friedrich v. Lengenfeld-Pettendorf, sondern auch ihre mit dem Lgft. verbundenen Rechte (Landgericht, Geleit) auf dem →Nordgau an den Hzg. v. →Bayern veräußern. Im 14. Jh. gewannen sie in Diensten Ludwigs d. Bayern, Karls IV. und Wenzels erneut polit. Einfluß. In diesem und im 15. Jh. bildete sich das um verschiedene Erwerbungen vergrößerte Territorium der sog. jüngeren Lgft. L. heraus, mit welchem die Lgf.en v. L. seit dem 15. Jh. als Reichsfs.en anerkannt waren. Die nicht zur Lgft. L. gehörende, von Lgf. Ulrich I. 1332 im Tauschweg erworbene Stadt Pfreimd wurde wegen ihrer günstigeren Verkehrslage anstelle der Burg L. zur Residenz der Lgf.en.
K.-O. Ambronn

Lit.: M. Doeberl, Die Lgft. der L.er, 1893 – I. Wagner, Gesch. der Lgf.en v. L., 6 Bde, 1940–56 – HAB, T. Altbayern, H. 39, 1977 (D. Bernd) – Ausst.-Kat. Wittelsbach und Bayern I/2, 1980, 177f.

Leuchter

I. Abendland – II. Byzanz – III. Islam.

I. Abendland: [1] *Voraussetzungen:* Ma. L. sind in zahlreichen Komponenten von spätantiken Vorbildern abgeleitet. Der seit dem 1. Jh. belegte Gebrauch von Kerzen statt der verbreiteten Öllampen hat darauf nur bedingt Einfluß. Vielmehr läßt sich die Kontinuität formaler Grundkomponenten bis weit ins MA und z. T. darüber hinaus verfolgen. Seit frühchr. Zeit sind Stiftungen von L.n für den kirchl. Gebrauch nachweisbar (LP I, 173–181). Es könnte sich dabei um hochschaftige L. ähnl. den Akolythen-L.n gehandelt haben, die nach der Einzugsprozession zu Seiten des Altars oder vor ihm auf dem Boden plaziert wurden (vgl. Metzer Elfenbeintafel, 10. Jh., Frankfurt, Liebieghaus). Wohl nur mittelbar beeinflußt von der Stellung des Priesters am Altar setzt sich seit dem 11. Jh. die liturg. Praxis durch, neben den zum Vollzug der Hl. Messe unbedingt erforderl. vasa sacra auch Kreuz(e) und L. auf die Altarmensa zu stellen.

[2] *Material und Verarbeitung:* Aus dem Bestand ma. L. läßt sich keine lückenlose Entwicklungskette rekonstruieren. Als leicht transportable und einschmelzbare Geräte sind sie (bis heute) ganz bes. gefährdet. Daher hat sich nur eine Handvoll früher L. aus Silber oder mit Edelmetalleinlagen erhalten (vgl. z. B. die beiden Bernwardsl., Hildesheim, Magdalenenkirche, vor 1022). Die weitaus meisten hochma. L. wurden in Bronze oder Messing gegossen, einige zudem vergoldet, doch gibt es auch Beispiele aus emailliertem Kupfer, bemaltem Holz und anderen Materialien. Vom ursprgl. großen Bestand an L.n aus Bergkristall oder mit Kristallknäufen sind nur noch wenige erhalten (z. B. im Schatz v. S. Marco, Venedig, Mitte 13. Jh.). Häufig sind Standl. aus mehreren Teilstücken additiv zusammengefügt. Nach Materialverarbeitung, typisiertem Dekor und serieller Ausführung bilden die L. aus Limoges eine eigene Gruppe.

[3] *Typen:* Am Anfang der Reihe erhaltener Schaftl. steht das sog. Tassilo-L.paar im OSB-Kl. Kremsmünster (zw. 8. und 11. Jh.). Hier schließen die hochma. Bronzel. an mit ihrer in der Regel dreiseitigen Basis auf Drachenfüßen (Drachenl.) oder Pranken, durchbrochen-vegetabilem Rankendekor, häufig ergänzt mit figuralen Eckbetonungen (Reiter, Lektoren etc.). Schlichte L., die meist Schaft und Nodi zugunsten eines gedrungeneren Erscheinungsbildes reduzieren, und der Prachtl. aus Gloucester (London, Victoria and Albert Mus., zw. 1107 und 1113) verweisen auf das breite, nach Gestalt und Funktion differierende Spektrum: Bei den Elefanten-, Drachen-, Engel-, Ritter-, Kentauren- und Simsonl.n fungiert ein Tier (mit oder ohne Reiter) als Träger von Topfschale und Dorn. Die Tradition anthropomorpher L. (z. B. Wolfram-L., Erfurt, um 1157) mit seitl. abgespreizten Armen als Kerzenständer reicht von byz. Vorbildern des 6. Jh. bis ins 17. Jh. (L.männchen). Etwa seit Beginn des 13. Jh. wandelt sich in Analogie zu anderen Geräten auch der L. grundlegend: Zunehmend prägen funktionale und deko-

rative Komponenten sein Erscheinungsbild. In diesem Sinne vermitteln u. a. die norddt. Rundl. zu den Formvereinfachungen des 14./15.Jh. Dabei verbinden sich oft gestrecktere Proportionen, mehrpassige oder polygonale Standplatten und glatte, kantige Flächen mit architekturhaft durchbrochenen Komponenten. Daneben bilden mittelhohe Messingl. mit wuchtigem Glockenfuß, flachen Nodi oder spulenförmigem Balusterschaft und z. T. noch mit formelhaft reduzierten Löwenfüßen den im 15.Jh. verbreiteten Grundtypus des got. Altar- und Hausl.s. Erweitert zum Doppell. mit zwei Tüllen, ähnelt er gelegentl. dem zweiarmigen Aufsatzl. mit Schraubengewinde. In unterschiedl. Maße dürften auch Polykandelaber (Wand-, Arm-, Hänge-, Rad-, Kronl., Kerzenrechen, Tenebrae-L.) im sakralen wie im profanen Kontext verwendet worden sein.

[4] *Osterleuchter:* Der für die Osterkerze bestimmte Osterl. bildet eine ausgeprägte Sonderform mit eigener Bedeutungstradition. Als chr. Gegenstück zu den Kandelaber-Säulen des röm. Ks.kults, verbunden mit der Ikonographie des arbor vitae, ist die Baum-Säule des prächtigen Osterl.s v. S. Paolo fuori le mura in Rom (um 1190) komplexes Zeichen chr. Auferstehungshoffnung. Die Verbindung des Lichterbaumes mit Opfer und Auferstehung Christi lebt, stellvertretend für eine ganze Gruppe verwandter spätgot. Osterl. aus Messing, im 1483 datierten Osterl. der Leonhardskirche in Léau (Belgien) weiter.

L. waren als Träger des →Lichtes zugleich Objekte inhaltl. Ausdeutung und symbol. Überhöhung ihrer Funktion. Grundlage ist die für das Christentum zentrale Bedeutung der Lichtsymbolik. Doch ist nur bei einer Minderheit eindeutig eine Überwindungsmetaphorik nachweisbar. P. Springer

Lit.: LThK² VI, 99of. [Lit.] – A. Springer, Ikonograph. Stud. IV. Der Bilderschmuck an roman. L.n (Mittheilungen der K.K. Central-Commission zur Erforsch. und Erhaltung der Baudenkmale, V.Jg., 1860), 309ff. – J. Braun, Das chr. Altargerät in seinem Sein und in seiner Entwicklung, 1932, bes. 492–530 [Neudr. 1973] – O. v. Falke – E. Meyer, Roman. L. und Gefäße, Gießgeräte der Gotik, 1935 [Neudr. 1983: Bronzegeräte des MA, I)] – H. Torp, Monumentum resurrectionis (Acta ad Archaeologiam et Artium Historiam Pertinentia I, 1962), 79–112 – V. Baur, Kerzenl. aus Metall. Gesch. – Formen – Techniken, 1977 – H. P. Lockner, Aufsatzl. des MA (Kunst und Antiquitäten V, 1979), 59–64 – M. Schneider-Flagmeyer, Die ma. Osterl. in Süditalien … [Diss. Frankfurt/Bern/New York 1986] – U. Mende, Ma. Elefantenl. und die Magdeburger Gußwerkstatt (Anz. des Germ. Nationalmus. 1986), 7–18 – H. Hoos u.a., Kerzenl. aus acht Jahrhunderten (Ausst.Kat. Mus. für Kunsthandwerk Frankfurt a. M., 1987/88) [Lit.]. – Suppellettile ecclesiastica I, hg. B. Montevecchi – S. Vasco Rocca (Dizionari terminologici, 1988), bes. 47–62.

II. Byzanz: Als L. wird ein Ständer bezeichnet, auf den vorwiegend Kerzen, aber auch →Lampen auf einem Dorn befestigt werden. Seit der Antike in profaner Verwendung bekannt, erhalten L. in christl. und byz. Zeit vorwiegend liturg. Verwendung, sei es an Gräbern (vgl. Grabmosaiken aus Tabarka in N-Afrika, Mus. Le Bardo, Tunis), auf dem Altar (Mosaik ebd.), vor Ikonen und damit der Ikonostas (bis heute gebräuchl.), aber auch bei Prozessionen (vgl. Darst. der Koimesis bzw. des Begräbnisses Mariens, z. B. in →Sopoćani u. v. a.). L. aus Bronze und Silber sind erhalten (z. B. aus dem Hama-Schatz). Die traditionelle und bis heute gebräuchl. Form besteht aus einem säulenartigen Schaft in der Mitte, mit Basis(knoten) und Kapitell auf einer trompetenartig aufgeweiteten Basis mit meist drei auch Tierprotome aufweisenden Füßen. Der Dorn sitzt in der Regel auf einem Teller, den wieder ein konusartiger Teil tragen kann. M. Restle

Lit.: M. M. Mango, Silver from Early Byzantium, Kat., Baltimore, Walters Art Gallery 1986, Nr. 11f. [Lit.].

III. Islam: L. für Kerzen gibt es aus Keramik und Bronze; in religiösen Bauten, v. a. neben dem Miḥrāb, sind sie manchmal mannshoch und aus Silber oder Gold. Die Mehrheit der erhaltenen Kerzenl. ist mittelgroß, entweder mehreckig oder rund aus übereinander gefügten konvexen oder konkaven runden Abschnitten. Viele sind mit Silber- oder Goldtauschierung dekoriert in Bändern, die mit Schrift und Ornament gefüllt sind und häufig einer figuralen Ikonographie mit höf., aber auch chr. Themen. Bronzekandelaber mit übereinander gestellten Kugelderivaten, Polyedern und Scheiben, glatt oder ornamental durchbrochen, sind ebenfalls zahlreich. K. Brisch

Lit.: →Lampen.

Leuchtkugel. L.n wurden seit dem 15.Jh. zur Beleuchtung des Geländes bei Dunkelheit verwendet. Nach der im Feuerwerkbuch von 1420 enthaltenen Anleitung zur Herstellung von L.n reichten »ein wenig Spießglas (Antimon), ein Pfund Harz, 3 Pfund Schwefel, ein Pfund Salpeter und ein Pfund Kohle« für siebzig L.n. Die von mitgekneteten Werg zusammengehaltenen Kugeln sollen sehr lange gebrannt haben. E. Gabriel

Lit.: W. Hassenstein, Das Feuerwerkbuch von 1420, 1941.

Leuchtturm. [1] *Byzantinischer Bereich:* In röm. Tradition unterhielten vermutl. wichtige byz. Häfen L.e (denkbar in Thessalonike, Smyrna [Izmir], Attaleia [Antalya]), doch sind hierzu keine lit. oder archäolog. Q. erhalten. Berühmt war der Pharos (bezeugt seit dem 8.Jh., im Gebiet des Großen Kaiserpalastes auf einer Geländestufe über dem Ufer des Marmarameeres) als Endstation des Feuertelegraphen, der SO-Kleinasien mit Konstantinopel verbinden sollte. Ein weiterer L. stand am Bosporus. Ein dreigeschossiger Turm der Seemauer am Bukoleonpalast diente in osman., vielleicht auch in byz. Zeit als L. H. Hellenkemper

[2] *Nord- und Westeuropa:* Die ersten Nachtseezeichen W-Europas, nach mittelmeer. Vorbild von den Römern errichtet (Boulogne und Dover, 44 n. Chr.; La Coruña, ca. 100 n. Chr.), verfielen mit dem Ende der röm. Herrschaft; Versuche einer Wiedereinführung durch Karl d. Gr. (Boulogne) und Ludwig d. Fr. (Cordouan) blieben erfolglos. Erst nach dem Aufschwung der Seeschiffahrt um 1200 begann eine neue Epoche: 1201 Erwähnung eines *phararius* für Dover, um 1200 Bau des L.s von Hook Point, Irland. Im 13.Jh. wurden viele neue Leuchtfeuer an den engl. und frz. Küsten, ab ca. 1280 auch in Flandern entzündet (Nieuwpoort, Brielle), von wo die Technik im 14.Jh. an die Ostseeküsten übernommen wurde: Travemünde 1316 (custos lucerne), Stralsund 1306, Warnemünde 1348/49, zur Markierung von Hafeneinfahrten. Dabei wurden auch ältere Seezeichen befeuert (Falsterbo, Travemünde). Ma. Feuer an skand. Küsten waren Warnfeuer, keine Seezeichen. Leuchtquellen waren Holz-, Torf-, Reet- und später Kohlefeuer auf Plattformen oder in Feuerkörben, aber auch Kerzen in »Laternen« und Öllampen; die Unterhaltskosten wurden oft durch Schiffahrtsabgaben aufgebracht. →Navigation. U. Schnall

Lit.: zu [1]: W. Karnapp (A. M. Schneider, Byzanz, Istanbuler Forsch. 8, 1936), 8–12 – R. Janin, Constantinople byz., 1964², 409 – V. Aschoff, Über den byz. Feuertelegraphen und Leon den Mathematiker, Dt. Mus. Abh. und Berichte 48, 1980, H. 1, 5–28 – zu [2]: KL XV, 342–348 – A. W. Lang, Entwicklung, Aufbau und Verwaltung des Seezeichenwesens an der dt. Nordseeküste, 1975.

Leuda (span. *lezda*, frz. *leude*, von lat. lauda, laudaticum) erscheint seit dem 11.Jh. in den Urkk. mit verschiedenen

Varianten, darunter *leza, laedia* u. a. Die L. ist ein Wegzoll (→*péage*), zahlbar, um die Erlaubnis des Kg.s oder des zuständigen Herrn zur Einfuhr von Waren zum Verkauf auf dem Markt einer Ortschaft zu erhalten; bei Nichtverkauf wurde beim Verlassen des Ortes keine L. mehr erhoben. Die L. entspricht also dem →*portazgo*; die Bezeichnung findet sich im allg. Sinn in Südfrankreich, Navarra, Aragón, Katalonien und auch in Ostkastilien, im Geltungsbereich der Fueros v. Logroño oder San Sebastián, wobei sie hier allgemein dem →Zoll entspricht, während sie in den anderen Gebieten gleichbedeutend mit portazgo ist. Die Register für L. oder portazgo stellen eine wertvolle Q. für die Kenntnis des ma. Handels dar.

M.-A. Ladero Quesada

Lit.: M. Gual Camarena, Vocabulario del comercio medieval. Colección de aranceles aduaneros de la Corona de Aragón (s. XIII y XIV), 1976² – Ders., Aranceles de lezdas y peajes del reino de Valencia (siglo XV), Anuario de Hist. Económica y Social, I–II, 1968/69 – A. Riera Melis, La Corona de Aragón y el Reino de Mallorca en el primer cuarto del siglo XIV, I, 1986 – C. González Mínguez, El portazgo en la Edad Media, 1989.

Leudes (Leudesamio [leodi, leodardi], begegnet im Frankenreich der Merowinger als Terminus zur Bezeichnung von ständ. freien Angehörigen einer krieger. Gefolgschaft, die v. a. dem Kg. als »Leute« (fideles ac l.) durch Treueid verpflichtet waren und dafür von diesem zumindest mit Kg.sgut ausgestattet wurden, worauf u. a. der Vertrag v. →Andelot von 586 (oder 587?) bzw. das →Edictum Chlotharii von 614 verweisen. Als militär. Kontingente der sich bekämpfenden Teilkg.e waren sie offenbar von so großer Bedeutung, daß es nicht an häufigen wechselseitigen Versuchen gefehlt hat, sie zu bestechen bzw. zu abzuwerben. Dieser Treueid und das mit diesem geschaffene personale Rechtsverhältnis zw. Kg. und »Dienstleuten« waren vorbildl. für die Leistung von fidelitas und leudesamio, die nach den Formulae Marculfi (→Formel, -slg.en) von der generalitas populi den Merowingerherrschern zu schwören war. Der Charakter dieses Eides als versuchter »allg. Untertaneneid« muß aber verneint werden. Mit dem Aufkommen der karol. vassi verschwanden die l., ebenso wie die pueri regis oder die antrustiones, aus dem Sprachgebrauch der Q. Im westgot. Recht des Kg.s Rekkeswind findet sich der leudis als erwachsener »Gemeinfreier«, eine Bedeutung, die auch in den sprachl. Ableitungen leodi bzw. leodardi der →Malberg. Glossen der Lex Salica zur Bezeichnung von Manngeld (→Wergeld) für den Totschlag des freien Mannes bzw. als »Verletzung« seiner Rechte (Diebstahl) erhalten ist.

D. Hägermann

Lit.: HRG II, 1846ff. – U. Eckardt, Unters. zur Form und Funktion der Treueidleistung im merow. Frankenreich [Diss. Marburg 1974] – R. Schmidt-Wiegand, Frk. und frankolat. Bezeichnungen für soziale Schichten und Gruppen in der Lex Salica (Dies., Stammesrecht und Volkssprache. Ausgew. Aufsätze zu den Leges barbarorum, Festg., 1991), 240f.

Leumund (ahd. *hliumunt*, mhd. *liumunt, liumd(e)*; lat. *infamia*) meinte ursprgl. 'das über jemanden Gehörte', 'Gerücht'. Als Inbegriff der öffentl. Reputation war er in Schamkulturen wie der ma. von kategorialer Bedeutung für das – statusbezogene – Sozialprestige und konnte auch von Verwandtschaftsverbänden, Korporationen und Institutionen in Anspruch genommen werden. Im SpätMA geriet der L. zu einem zentralen Anknüpfungspunkt für die Strafverfolgung, indem bei Vorliegen eines – zumeist deliktbezogenen – üblen L.s die aus dem →Akkusationsprozeß stammenden Exkulpationsmöglichkeiten (Reinigungseid, Eideshilfe) erschwert oder verlegt wurden. Seine Bedeutung erlangte das Richten auf L. v. a. im →Inquisitionsprozeß. Der L.sprozeß korrespondiert mit den Beweiserleichterungen im sog. Übersiebnungsverfahren (→Übersiebnen) und wurde v. a. gegen →landschädl. Leute eingesetzt, ohne auf diese beschränkt zu bleiben. Bei unerweisl. oder widerlegter Berüchtigung konnten sich dergestalt Bescholtene zur Rufwahrung obrigkeitl. L.szeugnisse ausstellen lassen.

G. Jerouschek

Lit.: HRG II, 1856–1858 – M. Schröter, Staatsbildung und Triebkontrolle (Macht und Zivilisation, hg. P. Gleichmann, J. Goudsblom, H. Korte, II, 1984), 148–192 – G. Jerouschek, Die Herausbildung des peinl. Inquisitionsprozesses im SpätMA und in der frühen NZ (Akten des 28. dt. Rechtshistorikertags 1990, 1991).

Leutald (Liétaud) v. Mâcon, Gf. v. →Mâcon, † 961/962, Sohn des Albericus (Albéric), der seinerseits ein Sohn des Vizgf.en Maiolus (Mayeul) v. →Narbonne war und die Gft. Mâcon durch Heirat mit Atala/Etola erhielt. L.s Bruder war Humbert, Herr v. →Salins. L. war verheiratet mit: 1. Ermengarde, Tochter des Manasse v. →Chalon (935); 2. Berta, möglicherweise Tochter →Hugos des Schwarzen; 3. Richildis (vor 949). L., der bereits zu Lebzeiten des Vaters (vor 943) Gf. v. Mâcon war, hatte bereits Güter im Bereich jenseits der Saône, in den 'pagi' v. Escuens und Varais (→Burgund, Freigft.). Er trat hier das Erbe Hugos des Schwarzen († 952) an, führte als erster den Titel eines 'comes Burgundiae' (955) und war nun →'fidelis' Kg. Lothars v. Westfranken. Es folgte ihm sein Sohn Albericus II. († 986) nach; L.s Gft.en fielen anschließend an den 2. Ehemann der Witwe Albericus' II., →Ott-Wilhelm († 1027), dann an die Nachkommen von dessen Sohn und einer Urenkelin L.s.

J. Richard

Lit.: →Burgund, Kgr. [R. Poupardin, 1907] – →Burgund, Hzm. A [M. Chaume, 1925; S. de Vajay, 1962] – G. Duby, La société aux XI et XIIᵉ s. dans la région mâconnaise, 1953, 88ff., 91ff. – H. de Chizelle, Aperçu sur le comté de Chalon, Ann. de Bourgogne, 1986 – J. Nospickel, Gf. L. v. Mâcon als Förderer des Kl. Cluny (Fschr. J. Wollasch, 1991), 157–174.

Leutard gilt als erstes Beispiel häret. Ausprägung einer seit der Wende vom 10./11. Jh. kontinuierl. zu beobachtenden, auf die radikale Befolgung der evangel. Gebote gestützten religiösen Bewegung im MA. Als Bauer im damaligen Dorf Vertus (Champagne) lebend, träumte er bei einer Ruhepause während der Feldarbeit, ein Schwarm stechender Bienen durchdränge seinen Körper und trüge ihm beim Entweichen aus seinem Munde vieles Menschenunmögliche auf. Heimgekehrt, schied er sich unter Berufung auf das Evangelium von seiner Frau, zerstörte in der Dorfkirche das Kruzifix und begann unter der Landbevölkerung eine Anhängerschaft zu sammeln, die er u. a. lehrte, Zehntgeben sei überflüssig und nicht jede prophet. Botschaft der Bibel besäße Gewicht. Von Bf. Gebuin II. v. Châlons-sur-Marne öffentl. der Häresie überführt und daraufhin von seinem Anhang verlassen, stürzte er sich in einen Brunnen.

A. Patschovsky

Q.: Raoul Glaber, Hist. II 11, ed. G. Cavallo – G. Orlandi, 1989, 104–106 mit 320f. [Bibl.] – *Weitere Lit.*: A. Borst, Lebensformen im MA, 1973, 588–590 – R. Gorre, Die ersten Ketzer im 11.Jh. ..., 1982, 12–55 [problemat.] – G. Rottenwöhrer, Der Katharismus 3, 1990, 144–147.

Leutfried, Hzg. der →Alamannen, nach 580 als Amtsträger des merow. Kg.s →Childebert II. bezeugt. Im Zusammenhang mit dem geplanten Mordanschlag einiger optimates auf Childebert fiel auch L. in die Ungnade des Kg.s, doch vermochte er, der Todesstrafe zu entgehen. An seiner Stelle wurde Uncelen als dux Alamannorum eingesetzt. Nach seiner Begnadigung gehörte L. zu den 21 duces, die Childebert nach Absprache mit Ks. Maurikios

zur Befreiung Italiens von den Langobarden aufbot. Über L.s Wirken in Alamannien ist nichts Näheres bekannt, doch dürfte sich seine Herrschaft auf die linksrhein. Gebiete beschränkt haben.
Th. Zotz

Lit.: K. Selle-Hosbach, Prosopographie merow. Amtsträger 511–613, 1974 – B. Behr, Das alem. Hzm. bis 750 (Geist und Werk der Zeiten 41, 1975) – H. Keller, Frk. Herrschaft und alem. Hzm. im 6. und 7. Jh., ZGO 124, NF 85, 1976, 1–30.

Leuthari, Hzg. der →Alamannen, griff in die Auseinandersetzungen am austras. Kg.shof nach dem Tod Kg. →Dagoberts I. 638/639 und des Hausmeiers →Pippin d. Ä. 640 ein. Zusammen mit Bf. →Kunibert v. Köln unterstützte er die Anwartschaft von Pippins Sohn →Grimoald auf das Majordomat und tötete dessen Konkurrenten Otto, den Erzieher des austras. Kg.s →Sigibert III.
Th. Zotz

Lit.: H. Ebling, Prosopographie der Amtsträger des Merowingerreiches 613–741 (Beih. der Francia 2, 1974) – →Leutfried, Hzg. der Alamannen.

Leutpriester → Pfarrei

Levantehandel

I. Vom Frühmittelalter bis zu den Kreuzzügen – II. Die Zeit der Kreuzzüge und das Spätmittelalter.

I. Vom Frühmittelalter bis zu den Kreuzzügen: Handelsbeziehungen der okzidentalen Welt mit der 'Levante' ('Sonnenaufgang, Osten'), d. h. den Regionen des östlichsten Mittelmeerraumes und des 'Nahen Ostens', die das Tor zu Zentral- und Ostasien bildeten, bestehen nicht erst seit den →Kreuzzügen. Bereits das Röm. Reich bezog Produkte aus dem Fernen Osten (v. a. Seide und Gewürze), über den Seeweg (Pers. Golf, Ägypten) oder über die »Seidenstraße«, deren Routen →China mit Turkestan, Sogdien und Persien verbanden.

Dieser Handelsverkehr bestand auch im FrühMA fort, verteilte sich aber auf verschiedene Handelsnationen. Unter Justinian I. und Herakleios I. befreite sich das Byz. Reich von der Abhängigkeit gegenüber Persien und begründete die eigene Seidenproduktion (→Seide). 'Syrer' exportierten oriental. Handelsgüter (Seide, fernöstl. →Gewürze; ägypt. →Papyrus) bis nach Gallien, während 'Griechen' in den byz. beherrschten Gebieten Unteritaliens lebhaften Handel trieben. Jedoch gelangten vor der Karolingerzeit nur wenige westl. Kaufleute in den Orient.

Die arab. Eroberung seit Mohammed (→Araber) hatte (entgegen der Auffassung von H. Pirenne) kaum Einbrüche des Orienthandels zur Folge; dieser wurde im FrühMA, in allerdings mäßigem Volumen, über →Alexandria, →Trapezunt und →Konstantinopel weitergeführt. Um 716 war →Fos nahe der Rhônemündung Einfuhrhafen für Gewürze; fries. Tuche (→Friesenhandel) wurden in den O exportiert. Eine Belebung des Handelsverkehrs mit dem O ging von Italien aus, v. a. von →Venedig und den mit Byzanz verbundenen unterit. Seestädten. Seit den Anfang des 8. Jh. erschienen Venezianer in Syrien und Ägypten, von wo sie die Reliquien des hl. →Markus in ihre Heimatstadt brachten. Sie importierten aus Konstantinopel Seidenstoffe, die sie in Pavia und Rom weiterverhandelten. Zur gleichen Zeit begann →Amalfi seinen Seehandel mit dem O. Nach dem arab. Schriftsteller Ibn Ḫordāḏbeh knüpften die rhadanitischen Juden um 850 ein weiträumiges Netz von Handelsbeziehungen, das von Südfrankreich und Spanien bis nach Indien und China reichte. Aus dem W gelangten Sklaven, Pelze, frk. Schwerter, Holz und Waffen in die arab. Länder, Weizen nach Byzanz. Im Gegenzug wurden Seidenstoffe, Gewürze, →Alaun und Farbstoffe eingeführt. Venezianer und Amalfitaner unterhielten in Konstantinopel ständige Handelsniederlassungen, während die Städte Kampaniens (→Neapel, →Salerno, →Gaeta und wiederum Amalfi) auf direkte Beziehungen mit den Muslimen setzten.

Die Machtübernahme der →Fāṭimiden (969) in →Ägypten begünstigte den Handel der Abendländer. Der Warenstrom aus dem Fernen Osten wurde vom Pers. Golf und Syrien auf das Rote Meer und Ägypten umgeleitet. Um 996 hielten sich in →Kairo über 200 amalfitan. Handelsleute auf; ihnen folgten bald Kaufleute aus →Pisa und →Genua. Unter Führung des Comes Mauro und seines Sohnes Pantaleo reisten andere nach →Jerusalem, →Tripoli und →Antiochia, um byz. Kunstgegenstände (Bronzetüren) für Italien zu erwerben. Venedig baute dank seiner in Konstantinopel erwirkten reichen Privilegien (942, 1082, am Ende des 11. Jh. völlige Zollfreiheit) den Handel mit dem Byz. Reich stark aus.

II. Die Zeit der Kreuzzüge und das Spätmittelalter: Durch die Kreuzzüge wurden bestehende Handelsverbindungen intensiviert. Die it. Seerepubliken, die mit ihren →Flotten den Kreuzfahrern Hilfe boten, konnten in den frk. beherrschten Levantehäfen (→Hafen, F) eigene Stadtviertel (→Fondaco) errichten und Zollbefreiungen erwirken (→Akkon, →Tyrus, →Beirut, Tripoli, →Laodikeia). Die Genuesen lenkten den größten Teil ihres Investitionskapitals unter dem Monopol einiger großer vizegfl. Familien in das frk. Syrien, erst in zweiter Linie nach Alexandria, während Konstantinopel für sie noch geringere Bedeutung hatte. Demgegenüber setzte Pisa offenbar stärker auf die Beziehungen mit Ägypten, während sich Venedig, bis zur Vertreibung i. J. 1171, in Byzanz engagierte.

Im 13. Jh. erlebte der L. infolge großer polit. Umwälzungen (4. Kreuzzug → Lat. Ksr. v. Konstantinopel, Errichtung des Mongol. Reiches und Öffnung des →Schwarzen Meeres für die westl. Kaufleute, Niedergang der →Ayyūbiden v. Ägypten, Sturz des Abbasiden-Kalifats in Bagdad) starke Wandlungen. Der Transithandel über das frk. Syrien kam um 1260 zum Erliegen, dreißig Jahre vor dem Fall Akkons (1291). Die päpstl. →Embargos gegen den Sarazenenhandel führten zum Rückgang, jedoch nicht zur Einstellung der Geschäfte mit Ägypten. Zur wichtigsten Route wurden die beiden mongol. Fernhandelswege, die in →Tana bzw. Trapezunt endeten. Neue Handelsmächte knüpften Kontakte mit der muslim. Geschäftswelt an: →Katalonien, →Sizilien und die Seestädte in →Apulien. Im letzten Jahrzehnt des 13. Jh. erreichte der L. Genuas seine höchste Blüte; er umfaßte zum einen den Export von Textilien, Agrarprodukten (Wein, Öl) und Metall in den Orient, zum andern den Import von Gewürzen, Seide, aber auch von Getreide, Pelzen, Alaun und Sklaven.

Am Beginn des 14. Jh. stand die strikte Anwendung des päpstl. Embargos gegen den Handel mit Muslimen. Die it. Kommunen wie auch die Kaufleute aus Katalonien und →Marseille wandten sich dem Schwarzmeerraum, →Zypern und Kilikisch-Armenien (→Armenien, II) zu. Auf den Spuren Marco →Polos wagten manche Kaufleute die Reise nach →Indien und China. Gleichwohl rissen die Verbindungen mit Alexandria, das weiterhin Fondachi der abendländ. Handelsnationen beherbergte, nicht ab. Seit 1330 wurde das Papsttum immer wieder zu Lockerungen seiner Embargopolitik genötigt. Infolge von Wirren in den Tatarenkhanaten verlagerte sich um 1345 die Achse des interkontinentalen Handels vom Schwarzen Meer wieder an den Pers. Golf und nach Ägypten. Venedig erneuerte seine regulären Handelsbeziehungen *(mude)* mit Alexandria und wandte sich verstärkt auch Zypern und Beirut zu; es entriß den Genuesen die Führungsposition im L., nicht aber im Einzugsgebiet des Schwarzen Meeres.

Von 1370 an erreichte der Handelsverkehr mit Alexandria und Beirut eine bis dahin ungekannte Dimension. Neben Venedig und Genua unterhielten auch die Katalanen, →Florenz, Sizilien, Neapel, →Ancona, Dubrovnik (→Ragusa), Marseille, →Montpellier und →Narbonne hier ständige Konsulate und Niederlassungen. Der Export in den O umfaßte Textilien (Tuche, Leinwand), Metall (Kupfer, Zinn, Blei), Agrarprodukte (Öl, Honig, Früchte, →Safran) und selbst einige Luxuswaren (Pelze, →Koralle, →Ambra); aus dem O wurden dagegen bevorzugt Gewürze (→Pfeffer, →Ingwer), aber auch syr. →Baumwolle bezogen. Am Ende des 14. Jh. investierten westl. Kaufleute jährl. fast 1 Million Denar im Syrien- und Ägyptenhandel; etwa die Hälfte dieser Summe entfiel allein auf Venedig.

Im 15. Jh. festigte Venedig seine führende Rolle, während der Handel über die 'Romania' und den Schwarzmeerraum, dem sich Genua nach wie vor widmete (→Caffa, →Galata/Pera, →Chios), zusehends an Bedeutung verlor. Nach einem Konflikt mit dem Mamluken-Sultan Barsbai (1422-38), der zu seinen Gunsten ein Pfeffermonopol errichtet hatte, normalisierten sich die Handelsbeziehungen wieder, wobei der Anteil des Konkurrenten Venedigs ständig schrumpfte. Der ven. L. zog, zumindest indirekt, Nutzen aus dem Vordringen der →Osmanen, dem Verfall einer eigenen gewerbl. Tätigkeit in den Levante-Ländern und dem niedrigen Gewürzpreis. Die Geschäfte Venedigs mit dem →Mamluken-Reich erreichten ihren Höhepunkt am Vorabend der großen Entdeckungen. Die Entdeckungsfahrten der Portugiesen (→Expansion) lenkten jedoch den L. in andere Bahnen und versetzten der ven. Hegemonie einen empfindlichen Schlag.

M. Balard

Lit.: A. LEWIS, Naval Power and Trade in the Mediterranean A.D. 500-1100, 1951 - J. HEERS, Il commercio nel Mediterraneo alla fine del s. XIV e nei primi anni del XV, ASI 113, 1955, 157-209 - F. THIRIET, La Romanie vénitienne au MA, 1959 - L'Occidente e l'Islam nell'alto Medioevo, 2 Bde (Sett. cent. it., 1964-65) - S. Y. LABIB, Handelsgesch. Ägyptens im SpätMA, 1965 - K. H. ALLMENDINGER, Die Beziehungen zw. der Kommune Pisa und Ägypten im hohen MA, 1967 - S. D. GOITEIN, A Mediterranean Society, I, 1967 - R.-H. BAUTIER, Les relations économiques des Occidentaux avec les pays d'Orient au MA (Sociétés et compagnies de commerce, hg. M. MOLLAT, 1970), 263-331 - M. DEL TREPPO, I mercanti catalani e l'espansione della corona d'Aragona nel s. XV, 1972 - Venezia e il Levante fino al s. XV (Atti del I° Convegno internaz. di storia della civiltà veneziana, 2 Bde, 1973) - J. RICHARD, Orient et Occident au MA, 1976 - La navigazione mediterranea nell'alto Medioevo, 2 Bde (Sett. cent. it., 1977) - M. BALARD, La Romanie génoise, 2 Bde, 1978 - E. ASHTOR, Levant Trade in the later MA, 1983 - C. CAHEN, Orient et Occident au temps des Croisades, 1983 - M. BALARD, La mer Noire et la Romanie génoise, 1989.

Levantestädte → Levantehandel

Levevre, Jean → Lefèvre

Levi ben Gerson, geb. 1288 in Bagnols (dép. Gard), gest. 20. April 1344, von jüd. Autoren auch RaLBaG (<u>R</u>abbi <u>L</u>. <u>b</u>. <u>G</u>.), lat. Gersoni, Gersonides, Leo de Bannolis oder Balneolis, L. Judaeus, L. Hebraeus gen., lebte in Orange und Avignon. Mathematiker und Astronom, zeichnete er sich auch als Physiker, Philosoph und Verf. von Bibel- und Talmudkomm. aus. Seine Kenntnisse der arab. oder lat. Sprache sind nicht erwiesen: die von ihm zitierten Werke waren auch in hebr. Übers. zugänglich.

Seine math. Schr. umfassen das »Sefär ha-mispar« ('Buch der Zahlen', auch »Ma'aseh ḥošeb« 'Werk des Rechners' gen.; um 1321/22), ein Traktat über Arithmetik und Algebra; das 1342 auf Bitten des Bf.s v. Meaux, Philipp v. Vitry, verfaßte, in lat. Übers. erhaltene Werk »De harmonicis numeris«; den 1343 Clemens VI. gewidmeten Traktat über die Trigonometrie »De sinibus, chordis et arcubus«, in dem er das wahrscheinl. dem »Islāḥ al Maǧisṭī« des →Ǧābir b. Aflaḥ entliehene Theorem des Sinussatzes für ebene Dreiecke formulierte; einen Komm. zu den ersten fünf Büchern der Elemente Euklids und einen nur fragmentar. erhaltenen Traktat über Geometrie »Ḥibbur ḥokmat ha-tishboret«.

In seinem 136 Kap. umfassenden »Sefär Tekunah« ('Buch der Astronomie' = erster Teil des 5. Buches des philos. Werkes »Milḥamot Adonai« 'Die Kriege des Herrn'), 1328, rev. 1340, erweist er sich als einer der eigenständigsten Astronomen des MA. Er beschreibt dort neue Instrumente (z. B. →Jakobsstab), entwirft den Transversalmaßstab zur genaueren Einteilung der Meßskalen der Instrumente und verwendet wie →Ibn al-Haiṭam die Camera obscura zu astronom. Beobachtungen. Durch den Gebrauch des Jakobsstabs suchte er das Zentrum des Sehsinnes im menschl. Auge zu bestimmen: ein Fehler beim Experiment verführte ihn (wie Galen und Ibn al-Haiṭam) dazu, dieses in der Augenlinse zu lokalisieren. Zw. 1321 und 1339 gemachte Observationen ließen ihn das ptolemäische System ablehnen (→Ptolemaios, →Planetenbewegung) und regten ihn zum Entwurf neuer geometr. Modelle an, die er wahrscheinl. nicht auf die Planeten abstimmen konnte. Sein Mondmodell vermied den Gebrauch des ptolemäischen Epizykels und brachte bessere Ergebnisse. Er arbeitete eine Slg. absolut eigenständiger →Tafeln zur sphär. Astronomie und zur Bestimmung der Sonnen- und Mondpositionen aus.

J. Samsó

Lit.: DSB VIII, 279-282 [ältere Lit.] - B. R. GOLDSTEIN, The Astronomical Tables of L. b. G., 1974 - J. J. STAUB, The Creation of the World According to Gersonides, 1982 - B. R. GOLDSTEIN, The Astronomy of L. b. G., 1985 - DERS., L. b. G.'s Theory of Planetary Distances, Centaurus 29, 1986, 272-313.

Lévis, große südfrz. Adelsfamilie, stammt aus der Ile-de-France (L.-St-Nom, dép. Yvelines, arr. Rambouillet), dort belegt seit dem späten 12. Jh. Ihr Aufstieg begann mit *Gui* (1190, † vor 1230), der Simon de →Montfort auf dem Albigenserkreuzzug (→Albigenser, II) begleitete (Titel eines »maréchal de la foi«) und die konfiszierten Besitzungen der Herren v. Mirepoix (dép. Ariège, arr. Pamiers), die Vasallen der Gf.en v. Foix gewesen waren, empfing (Land v. Mirepoix, Tal des Flusses Hers, Güter in der Diöz. Béziers). Nach dem Vertrag v. →Meaux-Paris (1229) war Gui unmittelbar Lehnsmann des Kg.s v. Frankreich. *Gui III.* (1261-86) machte Karriere unter →Alfons v. Poitiers sowie unter →Karl v. Anjou im Kgr. →Neapel. Drei seiner Söhne begründeten die Hauptlinien des Hauses: Auf *Jean I.* (∞ Konstanze v. Foix) gehen die Herren v. *Mirepoix*, mit Leitname Jean, zurück, in engen Beziehungen zum Fs.enhaus →Foix (*Jean II.*, * 1299, † vor 1372; *Jean V.*, 1500-30, →Seneschall v. →Carcassonne und →*lieutenant général* im Languedoc); Heiratsverbindungen mit Montfort, Alaman, Foix und →Armagnac, doch auch Pflege der Beziehungen zur Ile-de-France. Die Rolle der zweiten Linie, der von *Thibaut I.* begründeten und mit den →Comminges verbundenen Herren v. *Montbrun* (dép. Hte-Garonne, arr. Muret), blieb bescheiden. Die dritte Linie, v. *Florensac* (dép. Hérault, arr. Béziers), erlebte einen glanzvollen Aufstieg. Der Stammvater, *Philipp I.* (1279-1304), gewann durch Heirat mit Béatrice de →Lautrec (1296/97) den Vicomte-Titel und ein reiches Erbe (Burg Lafox, dép. Lot-et-Garonne, arr. Agen; Güter der Alaman im Albigeois). Seine Söhne teilten in weitere

Linien, von denen die Herren v. *La Roche en Régnier* (dép. Hte-Loire, arr. Le Puy), die zu Gf. en v. →Villars (*Philipp IV.*, 1387–1440) im savoy. Lehensbereich aufstiegen, hervorgehoben seien. N. de Peña

Lit.: →Lautrec [COMPAYRE, VAISSETE-DEVIC, CABIE-MAZENS] – CH. HIGOUNET, Les Alamans, Annales du Midi, 1956, 227–253 – J. FABRE DE MORLHON, Les seigneurs de Florensac, 43. Congr. Soc. Savantes, 237–251.

Levita, Elia, berühmter Masoraforscher (→Bibel, C. I), geb. 1469 in Neustadt a. d. Aisch, gest. 1549 in Venedig, Sohn eines Rabbiners. L., Grammatiker der hebr. und aram. Sprache und Autor von Wörterbüchern zu beiden Sprachen, verbrachte den größeren Teil seines Lebens in Italien. Teile seiner Schr. wurden zu seinen Lebzeiten durch Sebastian Münster ins Lat. übersetzt, mit dem er nebst anderen chr. Humanisten persönl. und briefl. verkehrte. In seinen masoret. Stud. vertrat er entgegen der traditionellen jüd. Anschauung vom antiken Uralter der Vokalisierung und Akzentuierung des hebr. Bibeltextes die Auffassung, daß beides erst in frühma. Zeit entwickelt worden sei. Auch als Autor jüd.-dt. Lit. machte er sich einen Namen (u. a. Psalmenübers. ins Jiddische; weltl. Liebesgedichte). H.-G. v. Mutius

Lit.: G. E. WEIL, Elie Lévita – humaniste et massorète, 1963.

Levitenstuhl → Zelebrantensitz

Levold v. Northof, Chronist, * 3. Febr. 1279, † 3. Okt. 1359 (?), aus ritterbürtiger märk. Familie, Studium in Erfurt und Avignon. Er folgte 1314 dem 1313 zum Bf. gewählten Adolf v. d. Mark nach Lüttich. Als Domkanoniker, Verwaltungsfachmann, Kenner des Lehnrechts und polit. Berater mit guten Beziehungen zur Kurie genoß L. das Vertrauen Adolfs. Unter Adolfs Nachfolger, Engelbert v. d. Mark (1345–64), sank sein polit. Einfluß, doch avancierte er zum Erzieher der märk. Gf. ensöhne. Neben hist. unbedeutenderen Werken und der Anlage des Lütticher Lehnbuchs (um 1343) verfaßte L. 1357/58 eine Chronik der Gf. en v. d. →Mark, der ein kurzer →Fürstenspiegel vorangestellt ist, der sich mit prakt. Hinweisen zum Regieren an Fs. und Lehnsleute wendet. W. Herborn

Ed.: L. v. N., Die Chronik der Gf. en v. d. Mark, hg. F. ZSCHAECK, 1929 (MGH SRG NS 6) [Nachdr. 1984] – *Übers.:* H. FLEBBE, GdV 99, 1955 – *Lit.:* Verf.-Lex.² V, 742–746 – D. SCHELER, L. v. N. (Von Soest – Aus Westfalen, hg. H.-D. HEIMANN, 1986), 181–196 [Lit.] – s. a. →Mark, Gft. [N. REIMANN, 1973].

Levý Hradec, slav. →Burgwall auf dem linken Ufer der Moldau, 9 km n. der Prager Burg, heute in der Gemeinde Roztoky u Prahy, Ortsteil Žalov. Der Burgwall wurde auf der flachen Landzunge zw. dem Moldautal und dem Žalov-Bach errichtet. Seine Fläche ist durch die zur Moldau hin entstandene Mulde in zwei Blöcke unterteilt. Umfangreiche Ausgrabungen (I. BORKOVSKÝ) bezeugen, daß die Fläche des Burgwalles in der Urzeit besiedelt wurde. Die erste slav. Niederlassung entstand im Verlauf des 8. Jh. im ö. Teil. Um die Mitte des 9. Jh. wurde sie mit Wall umgeben, später wurde auch die Dorfsiedlung im w. Teil einbezogen. Während die auf dem ö. Block gefundene Siedlung wie eine Akropolis der přemyslid. Burg wirkt, hatte der w. Teil die Funktion einer Vorburg. Ende des 9. Jh. und Anfang des 10. Jh. stellten die beiden Teile des L.H. einen stark befestigten Komplex dar. Nach verschiedenen Umbauten sank aber offenbar schon vom Ende des 10. Jh. an die Bedeutung des Burgwalles. Vor der Mitte des 11. Jh. waren die Burgwallmauern verfallen. Mit den archäolog. Funden korrespondieren auch die hist. Nachrichten. L.H. sollte wohl ursprgl. das přemyslid. Machtzentrum in Mittelböhmen werden. Bereits →Cosmas v. Prag erwähnte L.H. bei der Schilderung der Regierungszeit des sagenhaften Fs. en Neklan. →Christian berichtet, daß →Bořivoj I. nach seiner Taufe die älteste Kirche in Böhmen (☉ hl. Clemens) in L.H. in den 80er Jahren des 9. Jh. erbauen ließ. Fundamente dieses Sakralbaus in Rotundenform wurden unter der in der Akropolis gelegenen jüngeren Hl.-Clemens-Kirche entdeckt. 982 wurde in L.H. der hl. →Adalbert (Vojtěch) als der zweite Prager Bf. gewählt. Damals verlor L.H. seine Rolle zugunsten →Prags, das bereits Ende des 9. Jh. eines der Zentren přemyslid. Herrschaft war. L.H. gehörte nun zur fsl. Grundherrschaft und wurde vor der Mitte des 13. Jh. dem Benediktinerkl. St. Georg auf der Prager Burg übertragen. J. Žemlička

Lit.: I. BORKOVSKÝ, L.H., 1965 – J. SLÁMA, Střední Čechy v raném středověku III, 1988, 30–35.

Lewes, ehem. OSB-Priorat (☉ hl. Pankraz) in der gleichnamigen Stadt (East Sussex, S-Engl.), v. a. berühmt als das erste engl. Cluniazenserkl. (→Cluny, B. V; →Benediktiner, B. VI). Obwohl Kg. Wilhelm I. bald nach der norm. Eroberung Abt →Hugo v. Cluny um die Entsendung von zwölf Mönchen nach England gebeten hatte, konnte erst →Wilhelm v. Warenne 1077 Hugo veranlassen, einen Prior und drei Mönche aus Cluny zur Errichtung eines Kl. in der Nähe der neuen Warenne-Burg L. zu schicken. Wilhelm v. Warenne und seine Frau waren, als sie während einer Pilgerreise nach Rom auch Cluny besuchten, so sehr von der cluniazens. Liturgie beeindruckt, daß sie beschlossen, Ländereien in Sussex einer Kommunität von zwölf cluniazens. Brüdern in L. als Schenkung zu übertragen. Dieses Priorat entwickelte sich rasch zu einem der reichsten Kl. in S-England (1535: jährl. Einkommen von fast £ 1000), dessen Bedeutung auch durch die ersten, im Rufe der Heiligkeit stehenden Mönche erhöht wurde, bes. durch den ersten Prior Lanzo (1077–1107). L. war Vorbild für die Errichtung anderer cluniazens. Kl. durch engl. Barone im anglo-norm. England. Das Priorat hatte sechs Tochterkl., das bedeutendste war →Castle Acre in Norfolk. Der große Konvent (1279: 50 Mönche, 1391: 48, im 15. Jh. normalerweise 36) war im SpätMA nicht wie die meisten Priorate in England von den unsicheren Verhältnissen und Plünderungen betroffen. 1351 war L. das erste cluniazens. Kl. Englands, das sich vom Mutterkl. Cluny ablöste, und nach dem →Abendländ. Schisma wurde sein Prior Generalvikar für alle cluniazens. Mönche Englands. Im 15. Jh. war die Verbindung zw. L. und Cluny fast völlig erloschen, einer der Gründe, warum Prior und Kapitel als eine der ersten monast. Kommunitäten ihr Kl. Heinrich VIII. (11. Nov. 1537) übertragen mußten. 1538 wurden die Kl. gebäude zerstört. R. B. Dobson

Lit.: F. LIEBERMANN, The Annals of L. Priory, EHR 17, 1902, 83–89 – B. M. CROOK, General Hist. of L. Priory in the Twelfth and Thirteenth Centuries (Sussex Archaeological Coll. 81, 1940), 68–96 – D. KNOWLES, The Monastic Order in England, 940–1216, 1963² – The Heads of English Religious Houses: England and Wales 940–1216, hg. D. KNOWLES, C. N. L. BROOKE, V. LONDON, 1972.

Lewes, Schlacht v. (14. Mai 1264), Entscheidungsschlacht zw. dem engl. Kg. Heinrich III. und Simon de →Montfort. Nachdem die Einnahme von →Northampton den Krieg der →Barone eröffnet hatte, wandte sich Heinrich südwärts, um Montfort zur Aufgabe der Belagerung der Festung →Rochester zu zwingen; dieser flüchtete mit seinen Anhängern nach London. Während der Kg. versuchte, sich der Loyalität der →Cinque Ports zu versichern, verließ Montfort plötzl. London und stieß am 12. Mai 1264 in L. auf den Kg. Nachdem Heinrich die Forderung Montforts einer erneuten Bestätigung der Provisions of →Oxford und eine Entscheidung über umstrittene Punkte abgelehnt hatte, kam es zur Schlacht. Der Kg. griff die ihm zahlenmäßig überlegenen Opponenten außerhalb von L. an und schlug die Londoner, die Montfort begleitet hatten. Doch konnte dieser, als Eduard (I.) die Londoner Truppen verfolgte, den größten Teil des kgl. Heeres zerstreuen. Am 15. Mai kam es zu einem Vergleich (»Mise of L.«). Der Kg. blieb bis Aug. 1265 in Gefangenschaft, Eduard sowie sein Vetter Heinrich, Sohn →Richards v. Cornwall, wurden als Geiseln genommen.

C. H. Knowles

Lit.: F. M. POWICKE u. a., The Battle of L. 1264, 1964 – D. A. CARPENTER, The Battles of L. and Evesham 1264/65, 1987.

Lewis v. Caerleon (Caerlyon, Kaerlion usw.), kgl. engl. Arzt und Astronom, * ca. 1440, † nach 1495, stammte aus Wales, war Mag. art. der Univ. Cambridge und Dr. med., wurde Leibarzt der →Elisabeth Wydewille, Witwe Kg. Eduards IV., sodann Heinrichs, Earl of Richmond (des späteren Kg.s →Heinrich VII.). Kg. Richard III. ließ L. wohl 1485 im Londoner Tower gefangensetzen; von hier aus beobachtete er eine Sonnenfinsternis und stellte nach den Methoden →Richards v. Wallingford (»Tractatus albionis«) Eklipsentabellen auf. Bei seinen astron. Berechnungen benutzte er auch die sog. Alfonsin. Tafeln (→Finsternisse, →Tafeln, astron. und math.). Die Machtübernahme Heinrichs VII. (nach dem Sieg v. →Bosworth, 22. Aug. 1485) gab L. die Freiheit wieder; er erhielt vom Kg. eine jährl. Pension von 40 Mark Sterling auf Lebenszeit. L. überreichte den Univ. Oxford und Cambridge sowie dem →Merton College zu Oxford Abschriften seiner astron. Tafeln. Seine oft mit 'Lewys' signierten Mss. geben Einblick in die Tätigkeit eines frühen engl. Hofastrologen.

J. D. North

Lit.: A. B. EMDEN, A Biographical Reg. of the Univ. of Oxford to AD 1500, Bd. 1, 1957, 337f. – J. D. NORTH, Richard of Wallingford, 3 Bde, 1976, passim – P. KIBRE, Stud. in Medieval Science, 1984, chapt. 15.

Lex Alamannorum. Das alem. Stammesrecht ist in zwei Fassungen überliefert: als Pactus Legis Alamannorum (P.) in einer einzigen Hs. des 9./10. Jh. und als eigtl. L. in etwa 50 Hss. einer älteren und einer jüngeren karol. Textstufe. Beide enthalten auch volkssprachiges Wortgut, wobei sich in der L. eine eigene obdt. Rechtssprache abzeichnet. Der P. dürfte in den ersten Jahrzehnten des 7. Jh. unter Chlothar II. entstanden sein, während die L. infolge ausdrückl. Erwähnung im Introitus zweier Hss. dem alem. Hzg. Lantfrid (→Alamannen) zugeschrieben und in die Jahre 724–730 datiert wird. Die Tatsache, daß die meisten Hss. der L. jedoch Chlothar als Urheber bezeichnen, wird als spätere Interpolation und Anknüpfung an den Gesetzgeber des P. erklärt. Inhaltl. stellt sich der P. ausschließl. einen Bußenkatalog (→Bußen) dar, der dann in der umfangreicheren L. den Grundstock des dritten Teils bildet. Die L. gliedert sich in Kirchen-, Herzogs- und Volkssachen. Der starke Einfluß der Kirche und deren Vorzugsstellung ist augenfällig. Der Hzg. erscheint schlechthin als Repräsentant einer organisierten Zentralgewalt. Der umfangreichste Teil der Volkssachen dient dem Versuch, durch eine allg. Taxierung der Personen und Vermögenswerte eine Friedensordnung zu etablieren. Sozialbild: Freie (ingenui/liberi), Halbfreie (liti) und Unfreie (servi usw.), die Freien weiter differenziert in primi/meliorissimi (nur P.), mediani/medii und minofleti (P.)/liberi (L.). Enge Textverwandtschaft mit der →Lex Baiuvariorum und Muster der →Lex Frisionum.

C. Schott

Ed.: L.A., hg. K. LEHMANN – K. A. ECKHARDT (MGH LNG V, 1, 1966) – L.A., hg. K. A. ECKHARDT (Germanenrechte NF, Westgerm. Recht, I, 1958) – Lit.: HRG II, 1879–1886 [Lit.] – C. SCHOTT, Pactus, Lex und Recht, Veröff. des Alem. Inst. 34, 1974, 135ff. – Beitr. zum frühalem. Recht, hg. DERS., ebd. 42, 1978, 51ff. – DERS., Zur Geltung der L.A., ebd. 59, 1988, 75–105.

Lex Baiuvariorum, in der 1. Hälfte des 8. Jh. aufgezeichnet, Entstehung wird kontrovers beurteilt, als stufenweise oder einheitl.; in über 30 Hss. des 9.–16. Jh. überl. Der Prolog berichtet, daß Kg. →Dagobert I. der L.B. die endgültige Form gegeben habe. Die Bestimmungen über den Hzg. (II und III) wie der Bezug auf →Tassilo (IV) legen indessen die Jahre 743/744 für die Redaktion und eine Aufzeichnung im Kl. Niederaltaich nahe. Dies würde den Einfluß des westgot. Rechts (Codex Euricianus; →Eurich) erklären. Die durchgehende Benutzung der Lex Alam. scheint die Einheitsthese zu bestätigen; doch läßt sich auch der Einfluß älterer Rechte (Lex Burg., Lex Sal., Lex Rib., Leges Lang.) feststellen. Bei den 15 Hss. aus Bayern, die allein die L.B. enthalten, handelt es sich um typ. Gebrauchshss. Der planvolle Aufbau scheint für einheitl. Entstehung zu sprechen. Nacheinander werden die Angelegenheiten der Kirche (I), des Hzg.s (II) und die sog. Volkssachen (IV–XXII) behandelt. Regelungen wie die Sonntagsheiligung, die Bf.swahl durch das Volk, das Inzestverbot u. a. m. zeigen Einfluß des Kirchenrechts; das Kaufrecht mit der einzigartigen Regelung der Sachmängelhaftung (XVI, 4) geht auf die westgot. Vorlage zurück. Wergeld- und Bußenkat. unterscheiden den liber, *frilaz* und servus, wobei die Schwankungen in den Ansätzen deutl. machen, daß die liberi keine homogene Schicht gewesen sind, sondern vom homo potens (II, 5) bis zum pauper (VII, 5) das ganze Spektrum sozialer Möglichkeiten umfaßten, also nicht pauschal als Kg.s- und Hzg.sfreie bezeichnet werden können. Bemerkenswert gegenüber den anderen Stammesrechten ist die Garantie von Freiheit, Eigen und Leben (II, 1; VII, 5).

R. Schmidt-Wiegand

Ed. und Lit.: HRG II, 1887–1901 – L.B., ed. E. v. SCHWIND (MGH LNG V/2, 1926) – H. KRAUSE, Die liberi der L.B. (Fschr. M. SPINDLER, hg. D. ALBRECHT, A. KRAUS, K. REINDEL, 1969), 41–73 – G. KÖBLER, Die Begründungen der L.B. (Gedächtnisschr. W. EBEL, hg. G. LANDWEHR, 1982), 69–85 – A. WEBER, 'liber-ingenuus' (Bochumer hist. Stud., Ma. Gesch. 3, 1983) – R. KOTTJE, Die L.B. – das Recht der Bayern (Überl. und Geltung normativer Texte des frühen und hohen MA, hg. H. MORDEK, 1986), 9–23 – G. v. OLBERG, Die Bezeichnungen für soziale Stände, Schichten und Gruppen in den Leges barbarorum, 1991, 180ff. u. ö.

Lex Burgundionum (Lex Gundobada, 'Loi Gombette'), eines der ältesten germ. Rechte. Die Zuschreibung an →Gundobad († 516), Kg. der Burgunder, beruht im wesentl. auf der Tatsache, daß ein die Abfassung dieses Rechts anordnendes Edikt des Kg.s in mehreren Hss. als Prolog fungiert. Doch beginnen einige Hss. mit einer am 29. März 517 erlassenen 'prima constitutio' des Kg.s →Sigismund († 523/524), die aber wiederholt auf das »2. Jahr Gundobads (502?) datiert wird. Denkbar ist, daß eine auf Kg. Gundobad zurückgehende Fassung der L.B. auf Weisung seines Sohnes 517 neubearbeitet wurde. Die L.B., als 'liber constitutionum' nach dem Vorbild röm. Gesetzbücher konzipiert, faßt die von den älteren Kg.en erlassenen Rechtsnormen und die »Novellen« Gundobads oder Sigismunds, die auf den von 501 bis zum 10. Juni 517 (tit. 1–88) abgehaltenen Versammlungen verkündet worden sind, in einem Recht zusammen. Angefügt sind weitere Konstitutionen, die z. T. die vorhergehenden wiederaufnehmen (tit. 89–105) sowie vier 'constitutiones extravagantes', deren letzte von Kg. →Gundomar (belegt bis 534) stammen dürfte. Ziel der Kompilation war v. a. die ausschließl. Festlegung der für die Burgunder geltenden Normen des Privatrechts (Heirat, Erbfolge, Freiheit) und der

Verfahrensweise; außerdem sollte das Recht definiert werden, das in Fällen angewandt wurde, die gleichermaßen Burgunder und Römer betrafen. Wegen der sozialen Ebenbürtigkeit wurde beiden Gruppen das gleiche →Wergeld zugestanden; der Einfluß des röm. Rechts ist auch bei den nur für die Burgunder geltenden Bestimmungen festzustellen. Die L.B. blieb nach der frk. Eroberung für die burg. Reichsuntertanen in Kraft und hinterließ ihre Spuren in den Gewohnheitsrechten der alten burg. Gebiete.

J. Richard

Ed.: L. R. v. SALIS (MGH LNG I, 2/1, 1892) – F. BEYERLE, Gesetze der Burgunden, 1936 – *Lit.*: HRG II, 1901–1915 [Lit.] – P. WALLISER, Burg. Rechtskultur im alten Solothurn, Jb. für Solothurn. Gesch. 26, 1953.

Lex Chamavorum, in zwei Hss. des 10. Jh. und einer jüngeren Abschrift überl., hier mit der Überschrift »Notitia vel commemoratio de illa ewa quae se ad Amorem habet« versehen, dürfte für den pagus oder comitatus →Hamalant (Ann. Bert. a. 839) mit Kern zw. Yssel und Rhein (c. 26, 28) bestimmt gewesen sein. Nach der L.Ch. lebten in diesem Völkerschaftsgau (c. 30) neben den Chamaven (→Franken, B.I) auch Friesen und Sachsen (c. 28, 29). Die Erwähnung des Kg.sboten (→missus) wie seines Sendungsbereiches (missaticum) zeigen, daß die Aufzeichnung dieses Rechts im Zusammenhang mit dem Aachener Reichstag v. 802/803 erfolgt ist (c. 8). Es handelt sich um ein →Weistum von insgesamt 48 Titeln, offensichtl. Antworten auf Rechtsfragen, die der missus rechtskundigen Männern gestellt hatte. Die Aufzeichnung sollte den kgl. Bann im Stammesrecht verankern und die Zahlung des Wergeldes wie der Bußen für die homines Franci (c. 3) und den *wargengus* 'Fremden' (c. 9) wie die Höhe des Friedensgeldes *(fredus)* regeln. Lex Ribuaria und Lex Salica sind dabei Vorbilder gewesen. Sozialgesch. bemerkenswert die homines Franci, die einerseits den nobiles der Lex Saxonum, andererseits den homines in truste dominica der Lex Salica zu vergleichen sind. R. Schmidt-Wiegand

Ed. und Lit.: HRG II, 1915f. – Lex Ribuaria und L. Francorum Ch., ed. R. SOHM (MGH Fontes, 1883), 111ff. – K. A. ECKHARDT, Germanenrechte II, 3, 1934, 50–59 – E. EWIG, Die civitas Ubiorum, die Francia Rinensis und das Land Ribuariens, 1954 [Wiederabdr.: DERS., Spätantikes und frk. Gallien I, 1976, 472–503] – Lex Ribvaria II: Text und Lex Francorum Ch., hg. K. A. ECKHARDT (Germanenrechte NF, Westgerm. Recht, 1966), 87–97.

Lex Frisionum. Die älteste Aufzeichnung des →fries. Rechts ist in einem Druck B. J. Herolds (1557) überl. Sie gliedert sich in die Lex (XXII Titel) und die Additio sapientium (XI Titel). Einige, zur Additio gehörige Kap. hat Herold als Bestandteil der Lex Thuringorum abgedruckt. Die Art der Kompilation läßt eher an eine Privatarbeit oder ein Konzept als an eine amtl. Kodifikation mit abgeschlossener Redaktion denken. Trotzdem liegt ein Zusammenhang mit dem Aachener Reichstag v. 802/803 nahe: Der Einfluß der Lex Alamannorum ist von hier aus zu erklären. Grundstock bildet das mittelfries. Recht zw. Vlie und Lauwers. Abweichungen des ostfries. und westfries. Rechts sind verzeichnet. Gegenstand ist das Strafrecht mit Wergeld und Buße. Die Friesen sind danach sozial in die nobiles, liberi, liti und servi gegliedert gewesen. R. Schmidt-Wiegand

Ed. und Lit.: HRG II, 1916–1922 – H. H. MUNSKE, Der germ. Rechtswortschatz im Bereich der Missetaten, I: Die Terminologie der älteren westgerm. Rechtsq., 1973, 106–110 – H. SIEMS, Stud. zur L.F., 1980 – L.F., hg. und übers. K. A. ECKHARDT – A. ECKHARDT (MGH Fontes XII, 1982) [Lit.].

Lex Gundobada → Lex Burgundionum

Lex Ribuaria, kein Stammesrecht im übl. Sinne, sondern ein merow. Gesetzbuch, eine Lex Salica revisa für die Franken im Land Ribuarien (entsprach etwa der röm. civitas →Köln; im 7. Jh. in der Regierungszeit Kg. →Dagoberts I., dessen gesetzgeber. Werk im sog. bayer. Prolog bezeugt ist, aufgezeichnet. Der Bezug auf das Land wird in Tit. 68 bis 91 wiederholt durch den Zusatz Ribuarius zu homo, ingenuus, francus u. a. m. betont, so daß mit seiner Hilfe ältere und jüngere Textschichten unterschieden werden können. Tit. 1–67 mit dem Verz. der Wund- und Gliedbußen wie dem Wergeldkat., die sich bes. eng an die Lex Salica anlehnen, dürften so in die Zeit Chlothars II. gehören. Einfluß der Lex Burgundionum ist bei der Freilassung (Tit. 60), beim Latenrecht (Tit. 65), bei der Aufnahme der Urkk. beweises nach röm. Vorbild (Tit. 59 und 60) zu beobachten. Die L.R. hat auch Einschübe aus karol. Zeit. Sie ist in 35 Hss. und Frgm. überliefert, die sich auf zwei Fassungen (A, B) verteilen. Diese unterscheiden sich in Sprache und Stil, kaum im Inhalt, und lassen eine stufenweise Entwicklung des Textes erkennen, von einem Reichsgesetz Chlothars II. über das Gesetzbuch für das Kleinreich Ribuarien zu einer überarb. Version in karol. Zeit. R. Schmidt-Wiegand

Ed. und Lit.: HRG II, 1923–1927 – L.R., hg. F. BEYERLE – R. BUCHNER, MGH LNG III, 2, 1954 – K. A. ECKHARDT, Germanenrechte II, 1, 1959[2] [Text, Übers.] – E. EWIG, Die civitas Ubiorum, die Francia Rinensis und das Land Ribuariens, 1954 [Wiederabdr.: DERS., Spätantikes und, frk. Gallien I, 1976, 472–503] – DERS., Die Stellung Ribuariens in der Verfassungsgesch. des Merowingerreiches, 1969 [Wiederabdr.: ebd., 450–471] – DERS., Die Merowinger und das Frankenreich, 1988.

Lex Romana Burgundionum, Rechtstext, um 516, hs. einmal als 'capitula legis romanae' bezeichnet. Während einige Autoren diesen Text für eine private Kompilation halten, ist eher anzunehmen, daß er die 'forma et expositio legis' darstellt, deren Gebrauch das am Anfang der →Lex Burgundionum stehende Edikt des burg. Kg.s →Sigismund (516–523) den Richtern vorschrieb, um so den im Burgunderreich lebenden Römern ihr eigenes Recht zu erteilen. Die ersten der 47 Titel des Textes entsprechen denjenigen der Lex Burgundionum; danach ist der Aufbau freier. Der Verf. hat die jurist. Gegenstände dem →Codex Theodosianus und spätantiken Juristenschriften (v. a. den Paulussentenzen) entlehnt, behandelt die Materie aber mit einiger Originalität und unter Einbeziehung der Rechtsbräuche seiner Zeit. Ob die L.R.B. nach dem Untergang des Burgunderreichs (→Burgund, 2) in der Rechtspraxis noch eine Rolle spielte, ist umstritten. J. Richard

Ed.: L. R. v. SALIS, MGH LL I, 2/1, 1892 – *Lit.*: HRG II, 1927–1934 [H. NEHLSEN] – W. ROELS, Onderzoek naar het gebruik ... in de L.R.B., 1958 – G. CHEVRIER – G. PIÉRI, La loi romaine des Burgondes, IRMAE I, 2 b aa ∂, 1969.

Lex Romana canonice compta, systemat. Slg. des röm. Rechts wohl für den kirchl. Gebrauch, deren Vorschriften neben Klerus und kirchl. Strafrecht auch die Laienwelt berücksichtigen. Von den 371 Texten der 324 Kap. stammen die meisten aus Julians Novellenauszug, dem Codex Iustinianus (lib. II–VIII), den Institutiones und den Scholia ad Iulianum. Q. wie Nachwirkung (Collectio canonum Anselmo dedicata) sprechen für Oberitalien (Bobbio, Ravenna?) als Heimat der um die Mitte des 9. Jh. entstandenen Slg., die nur im Cod. Paris. Lat. 12448 erhalten ist.

H. Mordek

Ed.: C. G. MOR, L.R.c.c., 1927 – *Lit.*: F. MAASSEN, Gesch. der Q. und der Lit. des canon. Rechts im Abendlande, 1870, 888–896 – M. CONRAT, Die L.R.c.c., 1904 – C. G. MOR, Diritto romano e diritto canonico, Sett. cent. it. 22/2, 1975, 705–722.

Lex Romana Curiensis, einziger nicht im gallofrk., sondern, gegen Ende des 8. Jh., im rät. Raum geschriebener, dort und vereinzelt in Oberitalien verbreitet gewesener und früher besser als »Epitome S. Galli« bezeichneter Auszug aus dem Breviarium Alaricianum, der →Lex Romana Visigothorum. Die in der neueren Lit. übliche Bezeichnung als »lex« ist irreführend, denn es handelt sich nicht um ein gesetzgeber. Werk oder um eine Aufzeichnung des damals in Churrätien geltenden Gewohnheitsrechtes weström.-vulgarrechtl. Prägung, sondern um ein dürftiges Erzeugnis aus der Lit. zum Breviarium, welches jedoch dessen Überlieferung auch im abgelegenen Rätien beweist. Die enge Anlehnung an die Vorlage in Aufbau und Inhalt ist trotz gewisser Besonderheiten unverkennbar. Die häufigen jurist. Fehl- und Umdeutungen in dieser Bearbeitung der Lex Romana Visigothorum erlauben für die Rechtsgesch. wertvolle Rückschlüsse auf Rechtsvorstellungen des Bearbeiters, welche mit einer gewissen Wahrscheinlichkeit von der zeitgenöss. Rechtswirklichkeit geprägt sind. Der Bearbeiter mag das Werk zum Zweck einer allg. jurist. Orientierung oder für die Bedürfnisse eines elementaren Rechtsunterrichts geschrieben haben – als »Rechtsbuch für die Praxis« war es kaum gedacht und jedenfalls ungeeignet. Es war somit nicht die sog. L.R.C., welche die rät. Rechtswirklichkeit im MA gestaltet, sondern das rät. Gewohnheitsrecht, welches in der L.R.C. an manchen Stellen die lit. Tradition des Breviars bis zur Unkenntlichkeit verfremdet hat. C. Soliva

Ed.: L.R.C., bearb. v. E. Meyer-Marthaler (Slg. Schweizer. Rechtsq. XV.I.1), 1966² – *Lit.*: HRG II, 1935-1940 [E. Meyer-Marthaler; Lit.] – E. Meyer-Marthaler, Röm. Recht in Rätien, 1968 – C. Soliva, Röm. Recht in Churrätien, Jb. 1986 der Hist.-Antiquar. Ges. v. Graubünden, 1987, 189–206 – K. H. Baumeister, Zur Bedeutung der sog. L.R.C für die Vorarlberger Landesgesch., Montfort 42, 1990, 82–90.

Lex Romana Visigothorum (Breviarium Alarici), fast alle Bereiche des röm. Rechts umfassende Slg. von leges und iura mit interpretationes, 506 von →Alarich II. promulgiert, letzter offizieller Text des röm. Rechts im W und Ausdruck der Romanisierungspolitik des Westgotenkg.s. Der Entstehungsort entspricht der relativ hohen Rechtskultur Galliens im 5. Jh. Auf diese »Summe« des theodosian. röm. Rechts zum Gebrauch der neuen Völkerschaften im W folgten verschiedene Epitomen (Aegidii, Scintilla, Guelferbitana, Monachi, Lugdunensis), ferner die in der Raetia II und einigen Gebieten N-Italiens angewandte →Lex romana curiensis. Die L.R.V. repräsentiert den Übergang vom spätantiken röm. zum ma. Recht, v. a. im Bereich des Privatrechts; sie vermittelte die röm. Rechtskultur in die germ. Reiche der zweiten Generation. G. Vismara

Lit.: J. Gaudemet, Le Bréviaire d'Alaric et les Epitomes, IRMAe I bb aa β, 1965 – P. Riche, Enseignement du droit en Gaule du VIe au XIe s., IRMAe, I 5 b bb, 1965 – W. Kienast, Fortleben des got. Rechts in Südfrankreich und Katalonien (Fschr. J. Balon, 1968) – M. B. Bruguiere, Litt. et droit dans la Gaule du Ve s., 1974.

Lex Salica, das legislative Werk des frk. Kg.s Chlodwig I., das nach 507, nach der Eingliederung der westgot. Gebiete Galliens in das frk. Reich (Tit. 47), entstanden sein dürfte. Sie schließt an die Gesetzgebung der Westgoten (Codex Euricianus; →Eurich) und Burgunder (→Lex Gundobada) an, ist aber in Form und Inhalt urwüchsiger als diese. Ihr Lat. ist mit Vulgarismen durchsetzt; der Anteil volkssprachiger Wörter (→Malberg. Glossen) ist größer als in anderen Stammesrechten. Sie enthält kaum Spuren antiken Rechts. Ausnahmen sind die Bestimmungen über Unfreie (Tit. 40) und die Anstiftung zum Meuchelmord (Tit. 28). Dem kürzeren Prolog nach gehört die L.S. zum Typ der Konsensgesetzgebung (pactus), wobei das Recht durch Rechtssprecher gefunden wurde. Die L.S. weist zwei ungleiche legislative Typen auf: Bußtitel und Konstitutionen. Die Bußtitel gelten der Friedenssicherung und benennen den Sühnespruch gegenüber dem Unrechtstäter. Die Konstitutionen gestalten den Rechtsweg und Ausschnitte der sozialen Lebensordnung. Es sind »Rechtsschöpfungen aus eigener Zeitlage heraus« (Beyerle), mit denen auch die Belange des Fiskus gewahrt werden (Fehde- und Friedensgeld). Schon in den ältesten Teilen ist eine Ausweitung der Rechtsgenossenschaft auf die Provinzialen (Romani) festzustellen, die in die Bußenskala einbezogen werden (Tit. 41 u. ö.). Der bes. Lage der Franken in Gallien entspricht »De migrantibus« (Tit. 45), der vom Zuzug in eine Nachbarschaft handelt und möglicherweise im röm. Vulgarrecht ein Vorbild hat.

Die L.S. hat eine reiche Überl.: 87 Hss. und Frgm. (meist 8.–10. Jh.) verteilen sich auf acht Fassungen unterschiedl. Umfangs (65, 70, 80, 100 und 99 Titel). Außer den merow. Fassungen (A, C) sei die Lex emendata (K) aus der Zeit Karls d. Gr. hervorgehoben; ferner das Bruchstück einer ahd. Übers. von K (9. Jh.) aus Fulda. Nach dieser Überl.slage gehört die L.S. zu den Stammesrechten, die eine bes. große und nachhaltige Wirkung gehabt haben. R. Schmidt-Wiegand

Ed. und Lit.: HRG II, 1949-1962 – F. Beyerle, Über Normtypen und Erweiterungen der L.S., ZRGGermAbt 44, 1924, 216–261 – Pactus legis Salicae, ed. K. A. Eckhardt (MGH LNG IV, 1, 1962) – L.S., ed. Ders., (ebd. IV, 2, 1969) [maßgebl. Ausg.] – R. Buchner, Kleine Unters. zu den frk. Stammesrechten I, DA 9, 1952, 59–104 – H. Nehlsen, Zu Aktualität und Effektivität der älteren germ. Rechtsaufzeichnungen (VuF 23, 1977), 449–502 – R. Schmidt-Wiegand, Stammesrecht und Volkssprache, 1991.

Lex Saxonum, in zwei Hss. des 9./10. Jh. und in den Drucken von Herold (1557) und Tilius (1573) überl.; mit der →Capitulatio de partibus Saxoniae von 782/785 und dem →Capitulare Saxonicum von 797 ist sie in die rechtl. Fixierungs- und Reformbestrebungen Karls d. Gr. einzuordnen. Ihre Aufzeichnung in mehr oder weniger amtl. Auftrag dürfte nach 802/803 erfolgt sein, was jedoch nicht ausschließt, daß auch eine ältere Überl. in sie eingegangen ist. Dies legt der uneinheitl. Aufbau nahe. Der erste Teil (c. 1-20) enthält Wergelder und Wundbußen. Die Einbeziehung der nobiles oder →Edelinge als bes. Stand scheint hier innovativ zu sein. Der zweite Teil (c. 21-30) mit Bestimmungen über Vergehen, auf die die Todesstrafe steht, berührt sich zwar mit der Capitulatio (c. 3-10); doch fehlen der L.S. die Bestimmungen, die dort der Durchsetzung des Christentums gelten. Der dritte Teil (c. 40-49), der das Ehe- und Erbrecht betrifft, ist bes. archaisch. Durch die Aufnahme der nobiles sind die ingenui sozial herabgedrückt, scheinen die Liten oder Hörigen sozial angehoben. R. Schmidt-Wiegand

Ed. und Lit.: HRG II, 1962-1965 – L.S. und Lex Thuringorum, ed. C. v. Schwerin (MGH Fontes, 1918) – K. A. Eckhardt, Germanenrechte II, 3, 1934 – R. Wenskus, Sächs. Stammesadel und frk. Reichsadel, AAGPhil.-hist. Kl. III, F. 93, 1976 – C. Schott, Der Stand der Leges-Forsch., FMASt 13, 1979, 41f. – G. Landwehr, Die Liten in den ma. Rechtsq. (Gedächtnisschr. W. Ebel, hg. G. Landwehr, 1982), 117–142 – G. v. Olberg, Die Bezeichnungen für soziale Stände, Schichten und Gruppen in den Leges barbarorum (Arbeiten zur Früh-MAforsch. 11, 1991).

Lex Thuringorum, in einer Hs. des 10. Jh. und in B.J. Herolds Druck (1557) überl., der wohl auf eine weitere, verlorene Hs. zurückgeht. Hier ist der Text mit »Lex Angliorum et Vuerinorum hoc est Thuringorum« überschrieben. Die L.Th. ist danach für die Angeln und Warnen s. der Unstrut bzw. zw. Saale und Elster bestimmt gewesen. Die Aufzeichnung dürfte 802/803 im Zusammenhang mit dem Aachener Reichstag erfolgt sein. Die L.

hat Weistumscharakter und ist, wie der Aufbau und einzelne Formulierungen nahelegen, anhand der Lex Ribuaria von rechtskundigen Angeln und Warnen erfragt worden. Die vorhandenen Gemeinsamkeiten mit der Lex Saxonum und der Lex Frisionum betreffen den Wergeld- und Wundbußenkat., die Bestimmungen über das Erbrecht, die soziale Ordnung und die volkssprachigen Wörter. Trotz ihrer knappen Form enthält die L.Th. eine eigenständige Überl., die über die karol. Stammesrechte hinausgeht: die ältesten Zeugnisse für →Heergewäte (Tit. 27) und →Gerade (Tit. 35), das Vorbehaltsgut des Mannes und der Frau. R. Schmidt-Wiegand

Ed. und Lit.: Leges Saxonum et L.Th., ed. C. FRHR. V. SCHWERIN (MGH Fontes, 1918), 51–75 – Recht der Thüringer, ed. K. A. ECKHARDT (Germanenrechte II, 3, 1934) – G. BAESECKE, Die dt. Worte der germ. Gesetze (Beitr. zur Gesch. der dt. Sprache und Lit. 59, 1935), 67f. – H. H. MUNSKE, Der germ. Rechtswortschatz im Bereich der Missetaten, 1973, 246.

Lex Visigothorum → Leges Visigothorum

Lexicon plantarum (Cod. Hommel), →Kräuterbuch (Typ→»Secreta Salernitana«), dem sein oberdt. Redaktor um 1430 die oberit. »Historia plantarum« Roderich Fonseccas zugrunde legte und das er mit Versatzstücken aus dem »Dyascorides alphabeticus«, →Ps.-Apuleius, →»Aggregator«, →Isaak Judaeus (»De diaetis particularibus«), →Avicenna (»Kanon«) und Plinius ergänzte. Vereinzelte Exzerpte zeigen Kenntnis des »Liber graduum« des →Constantinus Africanus, von »De vegetabilibus« des →Albertus Magnus und einer der gängigen »Macer«-Fassungen (→Odo v. Meung). Geplant war die Aufnahme von fast 700 Drogenmonographien, zur Ausführung kamen jedoch weniger als 500. Beachtung hat das »L.p.« durch seine 408 aquarellierten (oft bloß vorgezeichneten) Pflanzenbilder gefunden (nur bedingt in der ikonograph. Tradition der »Secreta Salernitana«). Abwegig ist die Einstufung des Textes als 'Lexikon' wie die Vermutung, es handle sich um einen Vorläufer der dt. Kräuterbuchinkunabeln. G. Keil

Lit.: Das L.p. (Hs. 604 der Münchener UB). Ein Vorläufer der dt. Kräuterbuch-Inkunabeln, I, hg. R. MAUS; II, hg. G. BAHN; III, hg. W. THODE (Texte und Unters. zur Gesch. der Naturwiss. 2–4), 1941–43.

Lexikon
I. Lateinische Literatur – II. Byzantinischer Bereich.
I. LATEINISCHE LITERATUR: 'L.' wird als Terminus anscheinend erst seit der NZ gebraucht (vereinzelt 'lexicus' bei Hinkmar v. Reims, opusc. LV capit.), oft in gleicher Bedeutung wie 'Glossar'; im MA wird 'vocabularius' ('-ium'), 'glossarium', auch 'tabula' u. a. verwendet. Lexika (L.a) verbinden einzelne, systemat., alphabet. oder nach einem kombinierten System geordnete Wörter mit Erklärungen (manchmal durch Zitate aus Autoritäten). Der Stoff kann mehrere Wissensgebiete umfassen (→Enzyklopädie) oder spezieller ausgerichtet sein, auch vorwiegend semant. und gramm. Information (→Glossen, Glossare; dt.-lat. seit dem 14.Jh., vgl. GRUBMÜLLER 1967, 12). Schon im frühen MA wurden z. T. in Fortführung spätantiker Tradition, L.a etwa zur Prosodie (Aldhelm, Micon v. St-Riquier) oder zur Bibel-Allegorese (Clavis Melitonis) geschaffen. Seit dem 12./13. Jh. entstehen L.a zur Exegese und zur Theologie überhaupt (→Distinktion), zur Seelsorge und Predigt (z. B. Konrad v. Halberstadt), zur Morallehre (z. B. Johannes de Fayt, 'tabula moralium'), zu naturkundl. und philos. Studien ('tabulae', in denen Belegstellen aus den Schriften des Aristoteles und anderer Autoren vereinigt sind). Der Konkordanz näherten sich die tabulae zu einzelnen Autoren, z. B. Ambrosius und Augustinus (Bartholomaeus de Urbino) oder Thomas v. Aquin (u. a. Petrus v. Bergamo). Erzählstoffe (für Predigtzwecke) verzeichnen Arnold v. Lüttich ('Alphabetum narrationum') und Konrad v. Halberstadt. G. Bernt

Lit.: M. GRABMANN, Ges. Akademieabh. 2, …, 1570–1601 [tabulae zu philos.-naturkundl. Schr.] – K. GRUBMÜLLER, Vocabularius Ex quo, 1967, 3–74 [lat., bes. lat.-dt. L.graphie] – 'Vocabularius Ex quo', hg. v. B. SCHNELL u. a., 1, 1988, bes. 23–40 – M. W. BLOOMFIELD u. a., Incipits of Lat. Works on the Virtues and Vices etc., 1979, 0039–0172 passim, 0308, 0406 u. ö. [Morallehre] – R. H. ROUSE – M. A. ROUSE (Hist. de l'éd. frc., I, hg. H.-J. MARTIN – R. CHARTIER, 1983), 77–85 – G. STEIN, The English Dictionary before Cawdrey, 1985 – La l.graphie au MA, hg. C. BURIDANT, 1986 [Gesch. u. Methoden, u. a. Alphabetisierung; Bibliogr.] – E. RAUNER, Konrads v. Halberstadt O.P. 'tripartitus moralium', 1, 1989, 30–42.

II. BYZANTINISCHER BEREICH: In der griech. Antike führten die Bedürfnisse der Schriftstellerlektüre, aber auch die Notwendigkeit, sich in verschiedenen lit. Genera bestimmter Dialekte (insbes. der homer. Formen) zu bedienen, zunächst zur Slg. von Worterklärungen, dann zu alphabet. geordneten Lexika (L.a) (wobei sich die alphabet. Ordnung in den antiken und byz. L.a meist auf die ersten 1–3 Buchstaben der Wörter erstreckt). Im 2.Jh. n. Chr. entwickelte sich aufgrund des Auseinanderklaffens der allg. gesprochenen Sprache (Koine) und des in der Lit. wieder angestrebten reinen Att. (Typ der attizist. L.a (erhalten: Phrynichos, Julios Polydeukes; Ailios Dionysius und Pausanias nur aus Zitaten bei Eustathios v. Thessalonike rekonstruierbar; erst seit kurzem bekannt Oros, 5. Jh.). – All diese Bedürfnisse (mit Ausnahme der aktiven Anwendung der Dialekte, abgesehen vom Att. und vom ep. Wortschatz) blieben durch die byz. Jh.e bestehen. Die alten L.a wurden daher weiterhin benützt, immer wieder epitomiert, aber auch ergänzt und zu neuen L.a kompiliert. Dadurch ergibt sich ein äußerst verschlungenes Geflecht von Überlieferungssträngen, dessen Entwirrung erst teilw. gelungen ist. – Eines der wichtigsten griech. L.a, jenes des Hesychios aus Alexandreia, im 6. Jh. entstanden, fußt auf mehreren älteren L.a, v. a. jenem des Diogenianos (2. Jh.), ist jetzt für die griech. Philologie und Sprachwiss. eine außerordentl. wichtige Q. Das sog. Kyrillos-L. (noch nicht vollständig ed.) geht in seinem Grundbestand noch auf die frühchr. Zeit zurück (was Kyrillos v. Alexandreia damit wirkl. zu tun hat, ist unklar). In zahlreichen Hss. überliefert, ist es außerdem in die späteren byz. L.a als wesentl. Q. bestandteil eingegangen. Wesentl. auf Kyrill fußend, bildet die in mehreren Versionen überlieferte συναγωγὴ λέξεων χρησίμων (»Sammlung nützlicher Wörter«, vermutl. 7./8.Jh.) ihrerseits die Hauptq. für mehrere L.a, so für jenes des Photios (Jugendwerk des Patriarchen, zw. 830 und 840 zu datieren). Der Palaiologenzeit schließl. gehören die beiden Slg.en att. Wörter des Thomas Magistros und des Ps.-Manuel Moschopulos an. – In byz. Zeit entstand eine Reihe etymolog. L.a, deren überaus komplizierte wechselseitige Abhängigkeitsverhältnisse hier nicht dargestellt werden können. Am Anfang stehen das (nicht streng alphabet. angeordnete) Etymologikon des Orion (5.Jh.) und das Etymologicum Genuinum (9.Jh.), beide von späteren Lexikographen viel benützt. Hier sind v. a. das Etymolog. Gudianum (Ende 10.Jh.), das Etymolog. Magnum (11./12. Jh.) und das reich überlieferte Zonaras-L. (1. Hälfte 13. Jh.; mit dem Chronisten hat es nichts zu tun) zu nennen. – Eine Sonderstellung nimmt die etwa um das Jahr 1000 entstandene →Suda (in Hss. und Lit. auch als L. des Suidas bezeichnet) ein, eine äußerst umfangreiche Slg. (über

31.000 Nummern) von Artikeln sehr unterschiedl. Charakters. Sacherklärungen zu geograph. und ethnograph. Fragen enthalten die in einer Kurzfassung erhaltenen Ethnika des Stephanos v. Byzanz (6. Jh.). Auch zu einer Reihe anderer Fachgebiete, etwa Medizin, Botanik, aber auch Jurisprudenz, wurden alphabet. Glossare angelegt.

W. Hörandner

Ed.: K. ALPERS, Das attizist. L. des Oros, 1981 – Hesychii Alexandrini Lexicon, rec. M. SCHMIDT, I-V, 1857–68; rec. K. LATTE, I: A-Δ, 1953; II: E-O, 1966 – Photii Lexicon, ed. R. PORSON, I.II, 1822; CH. THEODORIDIS, I: A-Δ, 1982 – Orionis Thebani Etymolog., ed. F. G. STURZ, 1820 – Etymolog. Genuinum, ed. E. MILLER, Mél. de litt. grecque, 1868, 11–318 – Etymolog. Magnum Genuinum ..., ed. F. LASSERRE – N. LIVADARAS, I, 1976 – Etymolog. Magnum, rec. TH. GAISFORD, 1848 – Etymolog. Gudianum, ed. F. G. STURZ, 1818; rec. A. DE STEFANI, I: A-B, 1909, II: B-Z, 1920 – Iohannis Zonarae Lexicon, ed. I. A. H. TITTMANN, I.II, 1808 – Thomae Magistri Ecloga vocum Atticarum, ed. F. RITSCHL, 1832 – Suidae Lexicon, ed. A. ADLER, I-V, 1928–1938 – Stephanos v. Byzanz, ed. A. MEINEKE, 1849 – A. DELATTE, Le lexique de botanique du Paris. gr. 2419, Serta Leodensia, 1930, 59–101 – Anecd. Atheniensia II, ed. A. DELATTE, 1939 – *Lit.*: R. REITZENSTEIN, Gesch. der griech. Etymologika, 1897 – A. B. DRACHMANN, Die Überl. des Cyrillglossars, 1936 [mit Textproben] – HUNGER, Profane Lit. II, 33–50; 78–83 [Bibl.] – K. ALPERS, Das L. des Photios und das lexicon rhetoricum des Etymolog. Genuinum, JÖB 38, 1988, 171–191 – DERS., Griech. L.graphie in Antike und MA (Welt der Information, hg. H.-A. KOCH – A. KRUP-EBERT, 1990), 14–38 – Lexicographica Byz., hg. W. HÖRANDNER – E. TRAPP, 1991, 11–52 [K. ALPERS], 61–79 [L. BURGMANN], 137–153 [H. HUNGER].

Leyburn, Roger, enger Vertrauter Eduards I., † 1271; Grundbesitzer in Kent und in den Walis. Marken; seit 1253 im kgl. Dienst, 1258 Eduards→steward, 1259→constable der Burg →Bristol. 1262 angeklagt, Geldzahlungen veruntreut zu haben, unterstützte L. jedoch während des Kriegs der →Barone Eduard. Er hielt sich in →Rochester auf, als die Festung von den Baronen belagert wurde, und gehörte nach der Niederlage Heinrichs III. bei →Lewes zu den Gefangenen. Nach der Schlacht v. →Evesham spielte L. eine bedeutende Rolle bei der Wiederherstellung des Friedens in England und wurde für seine Dienste belohnt; 1269 zum →lieutenant Eduards in der Gascogne ernannt. 1270 schloß er sich mit Eduard dem Kreuzzug Ludwigs d. Hl. an, kehrte jedoch bald nach England zurück.

M. C. Prestwich

Lit.: DNB XXXIII, 209–211 – A. LEWIS, R.L. and the Pacification of England, 1265–67, EHR 54, 1939 – M. C. PRESTWICH, Edward I, 1988.

Leys d'amors, didakt. Hb. der Troubadourdichtung, verfaßt in →Toulouse von Guilhem Molinier u. a., im Auftrag des »Consistori del Gay Saber«. Das Werk war in mehreren Fassg.en verbreitet, von denen drei überliefert sind: eine wohl 1332/1340 entstandene Prosaversion in fünf B. (Definition des 'trobar'. Phonetik, Poetik, Teile der Rede, Rhetorik, Anleitung zum Versemachen); zwei auf ihr beruhende, stärker von katal. Sprachformen bestimmte Fassg.en in sechs B., eine in Prosa, eine in Versen (»Las Flors del Gay Saber«); die 1356 vollendete definitive Prosafassg. (3 B.), die – bei Streichung der beiden Schlußkapitel – als neue Elemente eine Gesch. der Stiftung der →Jeux Floraux und einen ethischen Traktat enthält. Im Sinne des Titels will das Werk nicht nur poet. Regeln, die sich auf die Kunst der Troubadours berufen, vermitteln, sondern auch eine neue moral. Ordnung, insbes. im Liebesverhalten, propagieren.

F. Zufferey

Ed. und Lit.: DLFMA, 461 – A.-F. GATIEN-ARNOULT, Monumens de la litt. rom., 1841–43 – J. ANGLADE, Las L., 1919–20 – A. JEANROY, HLF 38, 1949, 139–233 – R. LAFONT, Les L. et la mutation de la conscience occit., RLR 77, 1966, 13–59 – J. H. MARSHALL, Observations on the sources of the treatment of rhetoric in the L., MLR 64, 1969, 39–52 – G.

GONFROY, L'écriture poét. et ses modèles dans les L., Littérales, 1988, 213–226.

Lezda → Leuda

Lhota (atschech.), apoln. *Wola* (in Schlesien *Lgota* oder *Ligota*), bedeutungsgleich mit 'libertas', erscheint in der Toponomastik Böhmens im 12., in der Polens im 13. Jh. und benennt 'in cruda radice' errichtete Siedlungen. Den Kolonisten wurde die Befreiung von jegl. Dienstleistungen und Verpflichtungen gegenüber dem Grundeigentümer gewährt. Ihre Dauer hing von den Schwierigkeiten ab, die bei der Bewirtschaftung des Bodens auftraten. Die Ortsnamen mit L. wurden vom Namen des Eigentümers, des Lokators oder der ursprgl. Siedlung abgeleitet.

St. Russocki

Lit.: SłowStarSłow VI, 558.

Liard, ursprgl. im Dauphiné entstandene, seit 1467 in Frankreich geprägte Silbermünze mäßigen Silbergehalts, die auf der Vorderseite den Delphin des Dauphiné, auf der Rückseite ein Kreuz, in dessen Winkeln Kronen bzw. Lilien zeigt. Der L. entsprach dem Wert von drei →deniers tournois und sollte 1,27 g wiegen.

P. Berghaus

Lit.: J. LAFAURIE, Les monnaies des rois de France I, 1951, 117 – J. BELAUBRE, Hist. numismatique et monétaire de la France médiévale, 1986, 129f.

Libanios, gr. Rhetor, * 314 in Antiochia, studierte Rhetorik in Aachen und kehrte über Konstantinopel und Nikomedien 354 in seine Heimat zurück, wo er einen Lehrstuhl für Rhetorik erhielt und 393 starb. Über sein Leben unterrichtet seine Autobiographie (or. 1). Sein umfangreiches erhaltenes Werk (64 Reden, 1544 Briefe) bietet ein vielseitiges Bild von Unterrichtsbetrieb, Verwaltung und öffentl. Leben seiner Zeit in der Osthälfte des Reiches. Seine Sprache ist der klass. att. Vorbildern geschult, seine Schriften gelten der byz. Lit. als vorbildlich.

J. Gruber

Ed.: R. FOERSTER – E. RICHTSTEIG, 1903–1927 [ND 1963] – A. F. NORMAN, L.' Autobiogr. (Oration I), 1965 [mit engl. Übers. und Komm.] – A. F. NORMAN, L' selected works I, 1969; II, 1977 [mit engl. Übers.] – J. MARTIN – P. PETIT, Discours I, 1979 (or. 1); II, 1988 (or. 2–10) [mit frz. Übers. und Komm.] – *Übers.*: P. WOLF, L.' Autobiograph. Schr., BAW 1967 – G. FATOUROS – T. KRISCHER L., Briefe, 1980 – *Lit.*: KL. PAULY III, 612–615 [Lit.] – LAW 1724ff. [Lit.] – RE XII, 2485–1551 – O. SEECK, Die Briefe des L. zeitl. geordnet, 1906 – P. PETIT, L. et la vie municipale à Antioche au IV^c s. après J.-C., 1955 – DERS., Les étudiants de L., 1956 – A. J. FESTUGIÈRE, Antioche paienne et chrétienne. L., Chrysostome et les moines de Syrie, 1959 – G. FATOUROS – T. KRISCHER L., WdF 621, 1983 – B. D. HERBERT, Spätantike Beschreibungen von Kunstwerken. Archäolog. Komm. zu den Ekphraseis von L. und Nikolaos [Diss. Graz 1983] – B. SCHOULER, La Tradition Hellénique chez L., 2 Bde, 1983 – G. FATOUROS – T. KRISCHER – D. NAJOCK, Concordantiae in L., 1987–89.

Libanon. Der Name des modernen Staates L. rührt von dem Gebirgszug her, den die Griechen bereits Λίβανος nannten, und der sich in etwa vom Nahr al-Kabīr im N bis zum Nahr al-Līṭānī im S parallel zur Küste des Mittelmeeres erstreckt. Der schmale und fruchtbare Küstensaum und die (früher) dicht bewaldeten Westhänge des L. sind seit frühgesch. Zeit besiedelt. Als Teil des Byz. Reiches wurde er mit seiner muttersprachl. meist Aramäisch sprechenden, vom Hellenismus geprägten Bevölkerung in den Jahren 634–641 von den islam. Heeren erobert und ging für Jh. an die →Omayyaden und dann der →ʿAbbāsiden auf, wobei die Kontrolle der schwer zu beherrschenden Gebirgsgegenden, die zum Rückzugsgebiet für ethn. und religiöse Minderheiten wurde, stets locker war und die Herrschaft lokaler Dynastien begünstigte. Später wurde der L. von den ägypt. Dynastien der Ṭūlūniden, →Iḫšīdiden und der schiit. →Fāṭimiden beherrscht. Nach dem

Tode des fatimid. Kalifen al-Ḥākim (1021) flüchteten viele seiner Anhänger, die Sekte der →Drusen, in den s. L., während im N die monothelet. →Maroniten Zuflucht fanden. Infolge des 1. Kreuzzuges gehörte der s. L. zum Kgr. →Jerusalem und der n. L. zur Gft. →Tripoli. Die Hafenstädte, wichtige Umschlagplätze für den Warenaustausch zw. Orient und Okzident, wurden stark befestigt und auch auf den Höhen zur Sicherung Burgen angelegt. Nach der Vertreibung der Kreuzfahrer 1291 durch die →Mamlūken stagnierte die Bevölkerungs- und Wirtschaftsentwicklung des L. Allein →Beirut, wo die Venezianer, von den Mamlūken begünstigt, eine Handelsniederlassung hatten, blieb weiterhin ein wichtiger Exporthafen für oriental. Luxusartikel (Gewürze). 1516 wurde der L. von den Osmanen erobert. P. Thorau

Lit.: EI² V, 787-798 – M. GAUDEFROY-DEMONBYNES, La Syrie à l'époque des Mamelouks, 1923 – PH. K. HITTI, Lebanon in Hist., 1967³ – M. ᶜALĪ MAKKĪ, Lubnān 635-1516, 1977.

Libel of English Policy, Wehr- und Wirtschaftsmemorandum, verfaßt nach Schließung des Steelyard in London (1423), Hansekrieg (1427), Frieden v. →Arras (1435), Schutzgesuch Irlands (1435), Flanderns Handelsverbot mit England (Mai 1436) und Belagerung v. →Calais (Juli 1436); in 18 Mss. überl. me. Langgedicht von grober Textur aus rund 1150 paarreimenden (meist) Zehnsilblern: Prolog; 12 Kap., unterteilt nach Handelsrivalen (1-10: europ. Stadt- und Flächenstaaten), insularen→Fürstenspiegeln (11: Edgar, Eduard III., Heinrich V.) und dem Aufruf (12: Frieden durch Stärke und Beherrschung der Seewege); Epilog. Trotz Flottenbedarfs, bret. Seeräuber, Tiefststandes im Tuch- und Wollhandel über Calais, Bruches des Handelsverbots durch Hanse und fläm. Häfen sowie it. Kredithandels stellten Kard. →Beaufort und der engl. Kronrat gegen Nordburgund und Frankreich ein Landheer auf. Kurzfristig stützte das »L.« ab 1436 (wie Frulovisis »Humphroidos« 1437) →Humphrey v. Gloucesters Friedensgarnison und den Stapel v. Calais. Langfristig warnte es die Insel vor Notstand und stimmte das später hymn. »Rule, Britannia, rule the waves« an. Die 10 realist. Kap. des hofnahen Anonymus (kaum Adam Molyneux/Moleyns) beruhen auf journalist. Epik, die zwei nationalist.-patriot. auf Chronikq. wie →Ælred v. Rievaulx. H. Weinstock

Bibliogr.: Manual ME 5.XIII, 1975, 1507-1509, 1707f. [Nr. 249] – Ed.: The L. of E.P., ed. G. F. WARNER, 1926 – Lit.: G. A. HOLMES, The »L. of E.P.«, EHR 76, 1961, 193-216 – V. J. SCATTERGOOD, Politics and Poetry in the Fifteenth Century, 1971 – V. HENN, »The L. of E.P.«, HGBll 101, 1983, 43-65.

Libelli de lite, moderner Sammelbegriff für die theoret.-polem. Schriften, die die kirchenpolit. Auseinandersetzungen des →Investiturstreits widerspiegeln und vorantrieben. Hauptthemen waren Simonie und Zölibat, die geistl. Strafgewalt über Kg.e und die Konsequenzen des Banns, das Papstschisma, die Laieninvestitur und überhaupt der Antagonismus von Regnum und Sacerdotium, wodurch der Gattung rein inhaltl. bestimmt wird. Formal herrscht wenig Einheitlichkeit, denn es gehören neben (offenen) Briefen, Traktaten, Dialogen und ähnl. Prosaformen auch Gedichte dazu, und fließende Übergänge bestehen zur Geschichtsschreibung und zu kirchl. Rechtsslg.en.

Obgleich seit der MGH-Ausg. auch Texte der sog. Frühreform aus den 1040/50er Jahren zu den L. gerechnet werden (»De ordinando pontifice«, →Petrus Damiani, →Humbert v. Silva Candida, u. a.), setzt die kontinuierl. Entwicklung erst 1076 ein, als Heinrich IV. und Gregor VII. durch bedachtsame Verbreitung ihrer gegenseitigen Manifeste eine neuartige propagandist. Wirkung zu erzielen suchten. Die Streitfragen wurden beiderseits der Alpen nach den Entscheidungen von 1080 verstärkt aufgegriffen und teils in einseitigen Plädoyers (Wenrich v. Trier, →Anselm v. Lucca, u. a.), teils in Konkordanzversuchen (→Wido v. Ferrara) zur Sprache gebracht. Große Unterschiede zeigen sich in der Entschiedenheit der Parteinahme, die von eifernder Polemik (→Manegold v. Lautenbach) bis zu abwägender Suche nach Ausgleich (→»Liber de unitate ecclesiae conservanda«) reicht. Die Verf. bleiben nicht selten anonym und waren, soweit erkennbar, stets Kleriker, in Dtl. vornehml. Dom- und Stiftsscholaster, in Italien mehr Bf.e und Kard.e. Eigentuml. Zurückhaltung übte das Mönchtum, z. B. →Cluny. Nach 1106 werden für manche L. ein engerer Zusammenhang mit den Investiturverhandlungen und die gedankl. Anbahnung des →Wormser Konkordats kennzeichnend (»Tractatus de investitura episcoporum«, →Rangerius v. Lucca, u. a.).

Die spärl. Überl. der meisten Werke, mehrfach nur in einer Hs., läßt vermuten, daß ihre Resonanz von vornherein gering gewesen und unser Bild der Debatte nicht wenig vom Zufall bestimmt ist. Gleichwohl vermitteln die L. wertvolle Einblicke in Denk- und Argumentationsstile, in Rechts- und Geschichtskenntnisse der Zeit und lassen besser als andere Q. die Beweggründe des hist. Wandels erkennen. Die Orte ihrer Entstehung und die Wege ihrer Verbreitung geben Aufschluß über Bibliotheken, Schulen und Reformzentren. R. Schieffer

Ed.: MGH L.d.L. I-III, 1891-97 [teilw. durch Einzel-Ausg. überholt], danach: Q. zum Investiturstreit, übers. I. SCHMALE-OTT (AusgQ 12b, 1984) – Lit.: C. MIRBT, Die Publizistik im Zeitalter Gregors VII., 1894 – C. ERDMANN, Die Anfänge der staatl. Propaganda im Investiturstreit, HZ 154, 1936, 491-512 – K. J. LEYSER, The Polemics of the Papal Revolution (Trends in Medieval Political Thought, ed. B. SMALLEY, 1965), 42-64 – I. S. ROBINSON, Authority and Resistance in the Investiture Contest, 1978 – C. MÄRTL, Regensburg in den geistigen Auseinandersetzungen des Investiturstreits, DA 42, 1986, 145-191 – H.-W. GOETZ, Gesch. als Argument, HZ 245, 1987, 31-69 – T. STRUVE, Das Problem der Eideslösung in den Streitschr. des Investiturstreites, ZRGKanAbt 75, 1989, 107-132.

Libellus (Diminutiv v. liber, 'Buchrolle') heißt jedes insbes. private Schriftstück; auch mochte ein Autor sein Werk bescheiden als »Büchlein« bezeichnen. Das Scrinium libellorum war in der Spätantike die ksl. Kanzlei für die Entgegennahme und Beantwortung der Eingaben von Privatpersonen. L. repudii hieß der Scheidebrief (→Ehe), L. famosus eine Schmähschrift (→Beleidigung, I). L. oder Contractus libellarius war im langob. Recht eine Form der Landleihe (→Livellus/Libellus). L. conventionis (v. convenire, 'anfordern', 'einklagen') oder einfach L. bedeutet aber v. a. die Klageschrift, durch die der spätantike sog. Libellprozeß und der ma. gemeine Zivil- und Strafprozeß in Gang gesetzt wurden. Die ma. gelehrten Juristen befaßten sich theoret. mit der Prozeßeinleitung im allg. in ihren Ordines iudiciorum (→Gerichtsverfahren, I) und mit dem Inhalt der Klagen im bes. in ihren Schriften »De actionibus« (→Actio). Zur Befriedigung prakt. Bedürfnisse wurde es seit dem Anfang des 13. Jh., gleichzeitig mit dem Aufkommen der →Ars notarie, üblich, den Darstellungen der verschiedenen Klagen entsprechende Klageformulare beizufügen; sie wurden zum Kennzeichen einer neuen Lit. gattung, der »Libellwerke«. Die ersten drei L. werke werden drei Schülern →Azos verdankt: →Bernardus Dorna (um 1215), →Roffredus Epiphanii, der sein umfangreiches »Opus de libellis« (1217/43) mit einem Ordo iudiciorum verband, und →Martinus de Fano, der seinen »Liber formularii« (1232) zu einem Notariatshandbuch erweiterte (→Ars notarie). L. werke schrieben ferner: →Salathiel (schon früh zu Unrecht→Odofredus zugeschr.; um 1240), Jean de →Blanot (1256), Guilelmus →Duranti, dessen monumentales »Speculum iudiciale« (1. Fassung, 1271–76, 2. Fassung, 1289–91) allerdings den Rahmen eines L.werks sprengt; Guillaume de Ferrière (→Ferrière, Pierre de; um 1285, ungedr.), Petrus Jacobi (Pierre Jame aus Aurillac; 1311) sowie Johannes Petrus de Ferrariis (Gianpietro Ferrari aus Parma; angefangen 1400). P. Weimar

Ed.: V. a. unter den Verf.namen; ferner: Petrus Jacobi, Aurea practica libellorum, Köln 1575 – Johannes Petrus de Ferrariis, Aurea practica, Turin 1587 – *Lit.:* Savigny, V–VI – M. A. v. Bethmann-Hollweg, Der Civilprozeß des gemeinen Rechts in geschl. Entwicklung VI, 1874, 27–53 – Coing, Hdb. I, 392f., 396 [K. W. Nörr].

Libellus de imperatoria potestate in urbe Roma, erstmals von den Magdeburger Centuriatoren 1556 ed. anonymer Traktat (bis heute keine hs. Vorlage aufgefunden), entdeckt von Flaccius Illyricus in einem 'manuscriptum satis vetustum' Eutrops, heute gebräuchl. Titel von G. H. Pertz 1839 eingeführt. Der Traktat behandelt die Rechte des Ks.s in Rom von Konstantin d. Gr. bis zum Tode Karlmanns († 880) mit einer deutl. Anspielung auf das Constitutum Constantini in der Zeit Ks. Ludwigs II. (ed. Zucchetti, 200, Z. 4–8). Versuche, den Autor zu identifizieren, blieben erfolglos. Auch die Entstehungszeit ist umstritten (Ende 9.Jh. bis Anfang 11.Jh.), doch tendiert die neuere Forsch. gegen Zucchetti zur Datierung in das späte 9.Jh. Somit gibt der Vf. eine wertvolle Ergänzung des Kenntnisstandes über die rechtl. Stellung des Ks.s im Rom des 9. Jh. C. Brühl

Q.: G. H. Pertz, MGH SS III, 1839, 719–722 = MPL 189, 49–56 – G. Zucchetti, FSI 55, 1920 [kaum var. Nachdr. der ed. pr.] – *Lit.:* B. Simson, Zur Q.kritik, I, 1885, 374f. – A. Lapôtre, L'Europe et le Saint-Siège à l'époque carol. ..., I, 1895, 120ff. – C. Brühl, Aus MA und Diplomatik, I, 1989, 5f., 7f.

Libellus de temporibus ac dilationibus *(Rhopai),* eine gewöhnl. unter der Überschrift Περὶ χρόνων καὶ προθεσμίας 'ἀπὸ ῥοπῆς ἕως ρ' ἐνιαυτῶν überlieferte byz. Slg. von Rechtsnormen, die Fristen (im weitesten Sinne) betreffen und den griech. Übers. und Paraphrasen des →Corpus iuris civilis entnommen sind. Durch Aufnahme in die Appendices mittel- und spätbyz. Rechtsbücher erfuhren versch. Redaktionen der Rhopai weite Verbreitung. Die vielleicht in einigen Fragmenten faßbare Originalfassung geht nach herrschender Meinung auf das 6.Jh. zurück, würde aber mindestens ebenso gut in das letzte Viertel des 9.Jh., also in die Anfangsphase der Wiederaneignung des justinian. Rechts, passen. L. Burgmann

Ed. und Lit.: F. Sizia, Le Rhopai, 1984.

Liber Albus, 1419 von John Carpenter († wahrscheinl. 1441) verfaßt, dem Testamentsvollstrecker des Londoner Bürgermeisters Richard Whittington. Carpenter hatte 1417–38 das Amt des Schreibers von London inne und vertrat zweimal London im Parliament. Der L. A. ist in vier Bücher unterteilt, die jeweils wieder untergliedert sind. Buch I,1 führt die Beamten der Stadt London auf, Buch I,2 wurde im frühen 14.Jh. geschrieben, ist aber verbunden mit dem restl. Werk. Buch II überliefert die Königsurkk. seit der norm. Eroberung, Buch III, in vier Teile untergliedert, verzeichnet Abgaben und gerichtl. Verfahren, die weitgehend Handelsfragen betreffen. Buch IV ist eine Liste der Bücher, Rolls und Urkk. im Londoner Stadtarchiv. J. Hudson

Ed. und Lit.: Munimenta Gildhallae Londoniensis I, ed. H.T. Riley, 1859 – Liber Albus, übers. Ders., 1861.

Liber Angeli → Book of the Angel

Liber Ardmachanus → Book of Armagh

Liber Augustalis, seit dem 19.Jh. (Capasso, 394) Bezeichnung für das Gesetzeswerk, das Ks. Friedrich II. 1231 für das Kgr. Sizilien verkündete, einschließl. der später von ihm erlassenen Novellen; in den Drucken schon seit Mitte des 16.Jh. meist »Constitutiones regni utriusque Siciliae« gen.

Nach seiner Rückkehr vom Kreuzzug begann Friedrich, wohl bestärkt durch den Verlauf der Friedensverhandlungen mit Papst Gregor IX., im Sommer 1230 die umfassende rechtl. Neuordnung seines Kgr.es vorzubereiten. Eine Befragung von Rechtskundigen des ganzen Landes nach den Gesetzen und Gewohnheiten z. Z. seiner norm. Vorgänger bildete den Ausgangspunkt für die gesetzgeber. Arbeit einer Kommission bewährter kgl. Ratgeber, in der Ebf. Jakob v. Capua und vermutl. auch der Großhofrichter →Petrus de Vinea maßgebl. Einfluß ausübten. Im Aug. 1231 beriet ein Hoftag in →Melfi die von dem Gremium vorgelegten Gesetze, im Sept. wurden sie verkündet (Konstitutionen v. Melfi). Nach Ausweis der Hss. war das Konstitutionen-Corpus von Anfang an in drei Bücher gegliedert und enthielt zunächst insgesamt 219 Einzelgesetze. Erfordernisse der Praxis und polit. Veränderungen führten in der folgenden Zeit zur Überarbeitung und Erweiterung einzelner Konstitutionen sowie v. a. zur Ergänzung des Gesetzbuches durch etwa 65 Novellen. Deren Datierung ist in der Forsch. umstritten, die Zuordnung zu einzelnen Hoftagen (etwa Foggia 1240, Grosseto 1244, Barletta 1246) meist kaum zweifelsfrei möglich.

Als Q. für Friedrichs Gesetzgebung dienten seine eigenen älteren Vorschriften und jene der norm. Kg.e, bes. die →Assisen v. Ariano, v. a. jedoch das →Corpus iuris civilis Ks. Justinians, dessen Einfluß in über die Hälfte der Bestimmungen erkennbar wird. Nur ein Fünftel des L.A. entstand 1231 und danach völlig neu. Dennoch hatten seine Verf. klare, eigenständige Zielvorstellungen, niedergelegt in dem nach Justinians Vorbild das Werk einleitenden Prooemium. Inhaltl. dominieren im L. A. das allg. Verfahrens- und das Prozeßrecht, das Straf- und daneben das Verwaltungsrecht mit weitem Abstand vor dem Lehn- und Zivilrecht. Bes. Gewicht legte Friedrich auf den eindeutig geregelten, raschen und nachprüfbaren Ablauf der Prozesse sowie auf die Befähigung und Unbestechlichkeit seiner Richter und Beamten. Die Anrufung des ksl. Namens sollte jedem von Gewalt oder Unrecht Bedrohten den direkten ksl. Schutz sichern (defensa).

Bedeutend sowohl als erster ma. Versuch einer umfassenden staatl. Kodifizierung der Rechtsordnung als auch durch zahlreiche Einzelnormen, blieb der L.A., ohne je voll in die Praxis umgesetzt zu werden, in Neapel und Sizilien bis Anfang des 19.Jh. in Geltung. W. Stürner

Ed.: Constitutiones Regni Siciliae. 'L.A.', Neapel 1475 [Faks. mit Glossa ordinaria, eingel. H. Dilcher, 1973] – Die Konstitutionen Friedrichs II. für sein Kgr. Sizilien, ed. H. Conrad, Th. von der Lieck-Buycken, W. Wagner, 1973 – *Lit.:* Coing, Hdb. I, 698–701 – HRG III, 470–476 [H. Dilcher] – B. Capasso, Sulla storia esterna delle Costituzioni di Federico II. (Atti dell'Acc. Pontaniana 9, 1871), 379–502 – H. Dilcher, Die siz. Gesetzgebung Ks. Friedrichs II., 1975 [Lit.] – W. Stürner, Rerum necessitas und divina provisio, DA 39, 1983, 467–554 – Il 'L.A.' di Federico II di Svevia nella storiografia, A. L. Trombetti Budriesi, 1987 – F. Martino, Federico II: il legislatore e gli interpreti, 1988.

Liber de causis, pseudo-aristotel. lat. Übers. des arab. Kalam fi mahd al-khair (Abh. über das reine Gute), durch ihre Wirkungsgesch. für die Geistesgesch. des MA bedeutsam. Erst die neuere Forsch. brachte einiges Licht in die Verf.-, Entstehungs- und Übersetzer-Problematik.

Der L.d.c. ist kein bloßes Exzerpt aus der Elementatio theologica des Proklos. Ist diese zwar die Hauptq., so konnte doch die Verwertung anderer neuplaton. Texte (Plotin durch Vermittlung der Theologia Aristotelis) nachgewiesen werden. Durch Verwertung der exzerpierten Texte und neue Zusammenstellung beabsichtigte der Verf., die neuplat. Emanationslehre für eine monotheist. Schöpfungslehre verwertbar zu machen. Ihm lagen arab., evtl. auch syr. Übers. der neuplaton. Texte vor. Entstehungszeit aufgrund sprachl. Verwandtschaft mit den arab. Übers. der neuplaton. Texte: 9. Jh. Die Wirkungsgesch. des L.d.c. in der islam. Philos. ist nicht so bedeutsam wie die der lat. Übers., geschaffen durch → Gerhard v. Cremona, die als Ergänzung zur Metaphysik des Aristoteles und somit als Vollendung von dessen Theologie angesehen wurde. Die Wirkung wurde auch nicht durch die Erkenntnis des nichtaristotel., sondern neuplaton. Ursprungs aufgehalten. In einer Hs. um 1250 findet sich bereits eine Notiz über den Zusammenhang des L.d.c. mit der Elementatio theol. des Proklos, der 1268 auch von Thomas v. Aquin erkannt wurde. 1255 Aufnahme des L.d.c. in den offiziellen Lehrkanon der Univ. Paris. Bis ca. 1500 sind 29 Komm. erhalten. Die erste Wirkung auf das ma. Geistesleben ging von Form und Methode des L.d.c. aus: Aufstellung einer Propositio mit anschließendem Komm. Die eigtl. Wirkung des im L.d.c. entfalteten Systems von Ursachen auf die Metaphysik des MA beginnt erst mit den großen Komm. von Albertus Mag. und Thomas v. Aquin (v. a. Schöpfung).   H. Schnarr

Ed.: O. Bardenhewer, Die ps.-aristotel. Schrift ... L.d.c., 1882 – C. Taylor, The L.d.c. [Diss. Univ. of Toronto 1981] – *lat. Text:* A. Pattin, Le L.d.c., TPh 28, 1966, 90–203 – *Lit.*: Fr. Pelster, Gregorianum 30, 1949, 46–77 – H.-D. Saffrey, S. Thomae de Aquino Super librum de c. expositio, 1954 – K. Kremer (»Ecclesia«, Fschr. M. Wehr, 1962), 321–344 – H.-D. Saffrey, Misc. Mediev. 2, 1963, 267–281 – W. Beierwaltes, Philos. Rundschau 11, 1964, 192–215 – R. C. Taylor, Bull. philos. ma. 25, 1983, 63–84 – Ders. (Ps.-Aristotle in the MA, ed. J. Kraye, W. F. Ryan, C. B. Schmitt, 1986), 38–52 – Ch. Lohr, The pseudo-aristotelian L.d.c. ..., ebd., 53–62 – R. C. Taylor, Remarks on the Lat. Text and the Translator of the Kalam fi mahd al-Khair/L.d.c., Bull. philos. ma. 31, 1989, 75–83.

Liber census Daniae → Erdbuch Waldemars II.

Liber censuum Ecclesiae Romanae, Slg. von Aufzeichnungen der päpstl. → Kurie: 1. vom Kämmerer Cencio Savelli (→ Honorius III.) 1192 angelegtes und bis ins 15. Jh. in mehreren Exemplaren fortgeführtes Verz. der dem Hl. Stuhl zinspflichtigen Kirchen, Städte und Einzelpersonen, systemat. nach Provinzen und Diöz.n geordnet; 2. Liste der exemten Bm.er und Kl.; 3. → »Mirabilia urbis Romae«, eine röm. Stadtbeschreibung; 4. ein päpstl. Zeremoniale, der vom J. Mabillon sog. Ordo Romanus XII von 1191/92, und der Ks.krönungsordo Cencius II; 5. zwei Papstchroniken (bis Coelestin III. bzw. Eugen III.); 6. das Kartular mit Reg.exzerpten, Urkk., Lehnseidformeln und sonstigen Notizen über Besitztitel der röm. Kirche. – Die Urhs. liegt vor im Cod. Vat. lat. 8486, ein darin fehlender Fasz. ist in der Hs. Paris, Bibl. nat. lat. 4202. *Q.*: → Deusdedits Collectio canonum, Liber politicus des → Benedikt v. St. Peter (17. B.), Kard. → Bosos Zinsregister, Gesta des Kard.s Albinus.   T. Schmidt

Ed.: P. Fabre – L. Duchesne, Le L.c. de l'Église Romaine (Bibl. des Écoles françaises d'Athènes et de Rome, 2. sér. 6, 3 Bde, 1889–1952) – *Lit.*: LThK² VI, 1012f. – T. Schmidt, Die älteste Überl. von Cencius' Ordo Romanus, QFIAB 80, 1980, 513–522 – Th. Montecchi Palazzi, Cencius camerarius et la formation du »L.c.« de 1192, MEFRM 96, 1984, 49–93.

Liber claritatis, eine Kompilation aus der Frühz. der ma. lat. Alchemia practica-Lit., vermutl. um 1300 in Italien entstanden. Ihr Textbestand speist sich aus dem → »Buch der Alaune und Salze« und anderen Werken des alchem. Experimenta-Schrifttums und bietet eine Vielzahl von Anweisungen zur chem. Behandlung bestimmter Substanzen. Die auf Ergebnisse laborant. Nacharbeiten gestützte Auffassung, manches stoffkundl. Kenntnisse hätten im »L.c.« erstmals ihren fachlit. Niederschlag gefunden (Darmstaedter), bedürfte einer Sicherung.   J. Telle

Lit.: E. Darmstaedter, L.c. totius alchimiae artis, dem arab. Alchemisten Geber zugeschrieben, Arch. di storia d. scienza 6, 1925, 319–330; 7, 1926, 257–265; Archeion 8, 1927, 95–103, 214–226; 9, 1928, 63–80, 191–208, 462–482 [mit Ed.] – J. Ruska, Über die Q. des L.c., Archeion 16, 1934 145–167 – R. P. Multhauf, The origins of chemistry, 1966, 170.

Liber constitutionum Sancte Romane Ecclesie → Constitutiones Aegidianae

Liber consuetudinum Mediolani, älteste schriftl. systemat. Aufzeichnung Mailänder Gewohnheitsrechte aus d. J. 1216, betrifft Teile des Zivil- und Prozeßrechts (Straf- und Zivilsachen), lehnrechtl. Bestimmungen im allg. sowie Zehnte, Wasserrechte und Zölle (de rippis) und hatte anscheinend offiziellen Charakter. Die 1215 von dem Podestà Brunasio Porca angeregte schriftl. Niederlegung der geltenden Gewohnheitsrechte sollte die Entstehung neuer oder widersprüchl. Gewohnheiten vermeiden helfen. Die zu diesem Zweck 1216 ernannte Juristenkommission leistete einen Eid darauf, bei Unsicherheit über Existenz oder Inhalt einzelner Normen die Entscheidung durch Mehrheitsbeschluß herbeizuführen. Der Text ist nur in zwei untereinander variierenden Hss. des 17. Jh. erhalten. Besta und Barni zufolge bildete sich der L.c.m. in »dynam.-progressiver Weise« auf der Grundlage einer älteren Slg. von Gewohnheitsrechten eines »Petrus iudex« (1145–1162). H. Keller zufolge ist hingegen der L.c.m. 1216 »aus einem Guß« verfaßt worden, um den Frieden zu konsolidieren, den Uberto da Vidalta 1214 zw. den Adligen und den Popolaren vermittelt hatte.   C. Storti Storchi

Lit.: H. Keller (Atti dell'11 Congr. internaz. di Studi sull'Altomedioevo, Milano 26–30 ott. 1987, t.I, 1989), 147–171 [mit Q. und Lit.].

Liber diurnus. Der »Liber Diurnus Romanorum Pontificum« findet sich unter diesem Titel erstmals erwähnt in der »Collectio canonum« bzw. im »Libellus contra invasores et symoniacos« des Kard.s → Deusdedit. Der L.d. gehört zu den umstrittensten Q. des früheren MA. So werden Entstehungszeit und Schriftheimat der den L.d. überliefernden, in → karol. Minuskel geschriebenen und nach ihrer Bibliotheksheimat benannten drei Pergamentcodices V (= Vaticanus), C (= Claromontanus) und A (= Ambrosianus) genauso kontrovers diskutiert (Ende des 8. bis Anfang des 10. Jh.) wie Fragen nach dem strukturellen Aufbau, der Abgrenzungsproblematik einzelner L.d.-Schichten, dem Umfang sowie der Intensität der L.d.-Benutzung und dem Zeitpunkt der Entstehung einzelner Formeln. Weitgehend einig ist man sich in der Annahme, daß der L.d. eine »Formelslg. darstellt«, wofür insbes. der Gebrauch von Blankettwörtern spricht. Völlig unterschiedl. Meinung ist man jedoch in der Frage, ob es sich beim L.d. nur um ein »Schulbuch« zur Ausbildung päpstl. Notare (so in Anlehnung an ältere Auffassungen jüngst wieder Pitz) oder tatsächl. um ein in Gebrauch stehendes Formelbuch gehandelt hat. Der von Santifaller hervorgehobene relativ geringe Benutzungsgrad des L.d. sollte dabei nicht überraschen, da ihm die päpstl. Kanzlei doch v. a. die sie interessierenden Formalteile (Sanctiones, Palliumformulare) entnahm. Dabei wird man – wie jüngst zu zeigen versucht wurde – von einer großen Nähe der drei

»Bibliothekshss.« V, C und A zu den in der päpstl. Kanzlei tatsächl. verwendeten Gebrauchshss. ausgehen müssen, denn die Papsturkk. des 10. und 11. Jh. weisen häufig mit dem L.d. ident. »Fehler« bzw. Vulgarismen auf.

H.-H. Kortüm

Ed. und Lit.: TH. SICKEL, L. d. Romanorum Pontificum ex unico codice Vaticano..., 1889 – H. FOERSTER, L.d. Romanorum Pontificum, 1958 – L.d., Stud. und Forsch. von L. SANTIFALLER, hg. H. ZIMMERMANN, 1976, 235–238 [Lit.] – H.-H. ANTON, Der L.d. in angebl. und verfälschten Papstprivilegien der früheren MA (Fälschungen im MA III, 1988), 115–142 – E. PITZ, Papstreskripte im frühen MA, 1990, 261–276 – H.-H. KORTÜM, Formular und Urk. [masch. Habil.-Schr. Tübingen 1991].

Liber de duobus principiis, von P. A. DONDAINE entdeckter kathar. Text, lange Zeit →Giovanni da Lugio zugeschrieben, nach dem neuesten Forschungsstand jedoch nur Auszug des Werks dieses bergamask. Autors, zw. 1250 und ca. 1276/80 zu datieren. Mit dem it. Katharismus, d. h. der Kirche von →Desenzano, verbunden und demzufolge Ausdruck eines radikalen Dualismus, stellt der L. das Problem der Realität des Bösen in den Mittelpunkt, das mit Gott, dem absoluten Guten, unvereinbar ist. Der Autor postuliert als Lösung die Konzeption zweier spiegelbildl., nebeneinander bestehender Welten. Die Argumentation wird anhand verschiedener Themen entwickelt (freier Wille, Universalien, Verfolgungen). E. Pásztor

Ed. und Lit.: A. DONDAINE, Un traité néo-manichéen du XIII° s., le L. de d.p., 1939 – A. BORST, Die Katharer, 1953, 254–318 – CHR. THOUZELLIER, Livres des deux principes (éd. crit.), 1973 – R. MANSELLI, L'eresia del male, 1980², 131–370, passim – G. ROTTENWÖHRER, Der Katharismus, I/1, 1982, 31f.

Liber Extra → Corpus iuris canonici

Liber feudorum (Mss. regelmäßig: L. usus f., Consuetudines f. oder Constitutiones f.), Lehnrechtsbuch, Hauptq. des lombard. und gemeinen Lehnrechts (→Lehen, I. 4, II). Der L.f. ist in drei Fassg. überliefert: der sog. Obert. Rezension, entstanden in den 50er Jahren des 12. Jh. in Mailand, der sog. Ardizon. Rezension (→Jacobus, 5), entstanden ebd., gegen Ende des 12. Jh., und der sog. Accurs. Rezension oder Vulgata, entstanden um 1235/40 in Bologna. Die Obert. Rezension (7 Mss.) enthält mehrere kurze lehnrechtl. Abhandlungen (LF. 1, 1-1, 26), deren Entstehungsverhältnisse noch nicht befriedigend geklärt sind, deren Verf. aber anscheinend noch keine Kenntnis von dem Lehngesetz Ks. Lothars II. (III.) v. J. 1136 hatten – darunter: De feudis (LF. 1, 1–1, 6), die Capitula Ugonis de Gambolado (Pfalzrichter in Pavia, 1112; LF. 1, 13–1, 17) und die rätselhafte, unechte Lex »Quicumque« eines Kg.s Lothar (LF. 1, 18–1, 23) –, sowie zwei briefl. Unterweisungen des Mailänder Konsuls Obertus de Orto über das Lehnrecht für seinen in Bologna Jus studierenden Sohn Anselmus (1137/52; LF. 2, 1–2, 22, ohne 2, 6–2, 7 pr., und LF. 2, 23–2, 24; dazwischen noch einmal die Capitula Ugonis de Gambolado). Die Ardizan. Rezension (21 Mss.) enthält weitere Texte (LF. 2, 25–2, 55), darunter den Reichslandfrieden Kg. Friedrichs I. v. J. 1152 sowie →Consilien. Alle ihre Mss. haben sog. Extravagante, das sind lehnrechtl. Texte, die nicht zum Stamm des L.f. gehören. In dieser Fassg. wurde der L.f. erstmals von einem gelehrten Juristen, →Pilius, kommentiert. Dessen (unvollendeten) Glossenapparat hat →Accursius, nicht →Jacobus Columbi, benutzt und erweitert. Da Accursius auch die Extravaganten seiner Hs. glossierte, wurden diese bald als Bestandteile des L.f. selbst betrachtet. Es handelt sich um LF. 2, 6–2, 7 pr. sowie um LF. 2, 52–2, 57 – darunter: das Lehngesetz Ks. Lothars v. 1136, der Landfrieden, der Regalienkatalog und das Lehngesetz Ks. Friedrichs I. v. →Roncaglia (1158) – und um die →Krönungsgesetze Ks. Friedrichs II. v. 1220; zugleich wurde die Doppelüberlieferung der Capitula Ugonis hinter LF. 2, 22 gestrichen. Der Accurs. Glossenapparat dürfte auch ausschlaggebend für die Aufnahme des L.f. in das →Corpus iuris civilis (III. 4) gewesen sein, so daß – nach erneuter Standardisierung – der Text in dieser Form als Vulgata (132 Mss.) und der Apparat als Glossa ordinaria allg. Anerkennung erlangten. Der L.f. wurde Gegenstand des Rechtsunterrichts und einer reichen Lit. (→Andreas de Isernia, →Baldus de Ubaldis, Jean de →Blanot, →Henricus de Segusio, Jacobus Alvarottus, † 1453, →Jacobus de Ardizone, →Jacobus de Belvisio, →Jason de Mayno, Johannes Antonius de Sancto Georgio, † 1509, →Johannes Blancus, Johannes Fasolus († 1286), Martinus Syllimanni († 1306), Mattheus de Afflictis, † 1528, →Odofredus, Jacques de →Revigny) und blieb bis zur Abschaffung des Lehnswesens im Gefolge der Frz. Revolution gemeinrechtl. Grundlage. Verschiedene systematisierende Bearbeitungen der Rechtsq., sog. Rekonzinnationen, vermochten sich in der Praxis nicht durchzusetzen. P. Weimar

Ed.: Corpus iuris civilis, III: Novellae, ed. E. OSENBRÜGGEN, Ed. ster. Lipsiae 1843, 1887¹⁷ – Consuetudines f., I: Compilatio antiqua, ed. K. LEHMANN, 1892 – DERS., Das langob. Lehnrecht, 1896 [Q. angaben oben im Text nach dieser Ausg.] – Consuetudines f., ed. K. LEHMANN; Ed. altera cur. K. A. ECKHARDT, 1971 [Neudr. der Edd. v. 1892 und 1896] – *Lit.*: HRG II, 1995–2001 [G. DILCHER] – C. F. DIECK, Literärgesch. des Longobard. Lehenrechts, 1828 [Neudr. 1969] – E. A. LASPEYRES, Über die Entstehung und älteste Bearbeitung der Libri f., 1830 [Neudr. 1969] – E. SECKEL, Q. funde zum lombard. Lehenrecht (Festg. O. GIERKE, I, 1910 [Neudr. 1969]), 47–168 – P. WEIMAR, Die Hss. des L.f. und seiner Glossen, Riv. Int. di Dir. Com. 1, 1990, 31–98.

Liber floridus, ill. Enzyklopädie, an der →Lambert v. St. Omer, Kanoniker der dortigen Kollegiatskirche, bis zu seinem Tod 1121 gearbeitet haben dürfte. Das Autograph (Gent, Univ. bibl., ms. 92), wenn auch nicht vollständig erhalten, gibt Aufschluss über den Entstehungsprozeß der eher unsystemat. Slg. von Exzerpten aus über 100 Q. (neben antiken v. a. frühma. und zeitgenöss. Autoren), wobei Text und Bild (Karten, Schemata, Ill.) zu einer sich wechselseitig erhellenden Einheit verschmelzen. In mehr als 300 Kap. breitet Lambert, geprägt von den Ereignissen seiner Gegenwart, mit stark eschatolog. Intention ein von chr. Symbolik durchdrungenes Wissen u. a. zu Gesch., Geographie, Astronomie, Naturwiss. aus, ergänzt durch Wundergeschichten und Dichtungen. 7 erhaltene Kopien (12.–16. Jh.), bes. der Wolfenbütteler Cod. Guelf. 1 Gud. lat., belegen nicht nur die Wertschätzung des L.f., sondern erlauben die Rekonstruktion von im Autograph verlorenen Teilen, v. a. zur Apokalypse. B. Braun-Niehr

Lit.: Lamberti S. Audomari canonici L.F. Cod. autographus..., ed. A. DEROLEZ, 1968 – L.f. Colloquium..., hg. DERS., 1973 – Wolfenbütteler Cimelien, Ausst.-Kat. 1989, 108–121.

Liber historiae Francorum, von einem anonymen Neustrier geschriebene, 726/727 fertiggestellte knappe Darstellung der Frankengesch. seit dem sagenhaften trojan. Ursprung (→Trojaner). Der dem Merowingergeschlecht ergebene, nur an Neustrien interessierte Autor befaßte sich primär mit Kriegstaten und -beute und dem Geschick der Kg.e und Hausmeier, kaum mit Kirchengesch. Man hat ihn in →St-Denis vermutet; er scheint mit der Gegend von Soissons verbunden gewesen zu sein. Für die ältere Zeit ist das in vulgärem Lat. abgefaßte Werk weitgehend von den »Historiae« →Gregors v. Tours (B. II–VI) abhängig. Eine bearbeitete Fassung lag dem ersten Fortsetzer der sog. →Fredegar-Chronik vor. Die Nachwirkung des L.h.F. war bis ins SpätMA stark. Für die Zeit vom Ende der Fredegar-Chronik an ist er eine wichtige Quelle. J. Prelog

Ed.: MGH SRM 2, 1888, 215–328 [B. Krusch] – Lit.: P. Taylor, The Latinity of the »L.H.F.«, 1924 – R. A. Gerberding, The Rise of the Carolingians and the L.H.F., 1987 – Ders., Paris, Bibl. nat. Lat. 7906, Traditio 43, 1987, 381–386.

Liber Hymnorum, Bezeichnung für eine Hymnenslg., die in zwei Hss. im wesentl. gleichen Inhalts (Trinity Coll. Dublin 1441 [E.4.2], Ende 11.Jh.; Dublin Franciscan Convert Merchant's Quay A.2, 11./12.Jh.) überliefert ist. Sie enthält lat., vereinzelt altir. Hymnen (z. B. auf Christus, die Jungfrau Maria, Patrick, Brigida, Ciarán, Laisrén, Michael, Martin; →»Amra Choluim Cille«), abecedar. Gebete sowie die Lorica des Gildas (oder Lathcenn); die einzelnen Texte sind mit Vorreden in ir.-lat. Mischsprache versehen. Der L.H. ist kein liturg. Buch, sondern eine Slg. des altir. Hymnenschatzes, die spätestens im 11.Jh. angelegt wurde. P. Ní Chatháin

Ed. und Lit.: J. H. Bernard – R. Atkinson, The Irish L.H.I., 1898 – Texte auch: AnalHym 51 (veränderte Reihenfolge) – L. Bieler, The Irish Book of Hymns, Scriptorium 2, 1948, 177–194 – F. Henry – G. L. Marsh-Micheli, A cent. of Irish Illumination (1070–1170), PRIA 62 c 5, 1962, 101–165, bes. 129–134.

Liber in excelsis → Compilatio maior

Liber iste (Ps.-Platearius-Glossen), pharmakolog. Komm. zu den 70 gebräuchlichsten Komposita des frühsalernitan. »Antidotarius magnus«, zu Beginn des 12.Jh. von einem Salerner Autor verfaßt, der das Übers.-Korpus des →Constantinus Africanus (v. a. »Liber graduum«) kannte, das →»Antidotarium Nicolai« jedoch noch nicht. Nicht ident. mit Johannes →Platearius, wahrscheinl. auch nicht mit Matthaeus →Platearius, steht er indes vielleicht in Beziehung zum Verf. des ähnl. angelegten Breslauer »Liber noster (de simplici medicina)«. Die zahlreich eingestreuten Drogenmonographien machten den »L.i.« zur wichtigsten Salerner Drogenkunde neben dem → »Circa instans«. Die Auswahl nahezu derselben Komposita durch Nicolaus Salernitanus ließ den Text ab 1300 auch als Komm. für das »Antidotarium Nicolai« geeignet erscheinen. Landessprachige Übertragungen setzen bereits im 13.Jh. ein, sind jedoch erst für die dt. Fachprosa belegt. Häufig begegnen »L.i.«-Versatzstücke in Enzyklopädien (Vinzenz v. Beauvais, Bartholomaeus Anglicus) und Kompendien (Rufinus, »Secreta Salernitana«). G. Keil

Ed.: E. Müller, Der Traktat L.i. (die sog. Glossae Platearii) aus dem Breslauer Cod. Salernitanus (Texte und Unters. zur Gesch. der Naturwiss. 7, 1942) [dazu: K. Goehl, Kurzind. zum pseudoplatear. L.i. (Fschr. W. F. Daems, hg. G. Keil [Würzburger med. hist. Forsch., 24, 1982]), 655–666 – Lit.: Verf.-Lex.² V, 759–762.

Liber iudiciorum, bedeutendes Zeugnis der westgot. Gesetzgebung (→Leges Visigothorum) und des spätröm. Vulgarrechts, blieb unter der islam. Herrschaft erhalten. Toledo hatte einen chr. →Qadi, der nach dem L.i. (de rebus hispaniae IV, 3) richtete. Die arab. Autoren (Ibn Ḥazm) erwähnen ihn Córdoba einen chr. *comes del Andalus*, der von einem judex (vgl. L. i. XI, 14) sekundiert wurde. In Toledo wurden Kopien des L.i. in westgot. Schrift hergestellt, aber die von Isidor v. Sevilla beeinflußte mozarab. Kultur legte mehr Wert auf Rhetorik als auf das Recht (vgl. Alvaro v. Córdoba, Brief v. 861). Die Erhaltung des L.i. war während der →Reconquista im mozarab. Bewußtsein mit der islam. Liturgie verbunden. Alfons VI. gestattete den Mozarabern von Toledo den Gebrauch des L.i. im Fuero v. 1101. J. Bastier

Lit.: F. J. Simonet, Hist. de los mozárabes de España, 1903 [Neudr. 1967] – J. Madoz, Epistolario de Alvaro de Córdoba, 1947, 184f. – AHDE 43, 1973, 429–443 – J. Cerda Ruiz, L.i., nueva encicl. jurid. Seix, t. XV, 1974 – M. C. Díaz y Díaz, La Lex Visigothorum y sus manuscritos, AHDE 46, 1976, 163–224.

Liber de lapidibus → Mineralogie

Liber Maiolichinus (richtig wohl: Maiorichinus) de gestis Pisanorum illustribus; hist. →Epos des 12.Jh., 3556 Hexameter umfassend, über den Eroberungszug der Pisaner 1114/15 gegen das von arab. Seeräubern besetzte Mallorca. In den beiden überliefernden der drei, wohl zwei Redaktionen überliefernden Hss. wird ein Laurentius Veronensis als Verf. genannt, sonst auch →Heinrich v. Pisa erwogen. Daß der Verf. selbst am Kriegszug teilgenommen hat, ist aus der auffallend genauen Namenkenntnis aller Heerführer zu vermuten. Die gewandt erzählende Sprache des Epos läßt, bes. bei Reden der Helden und Kampfbeschreibungen, den Einfluß Vergils erkennen. B. Gansweidt

Ed.: Fonti, 1904 [C. Calisse] – Lit.: Manitius III, 672–675 – Wattenbach-Schmale III, 935 [Lit.] – G. Scalia, BISI 69, 1957, 243–273; 71, 1959, 39–112 – Ders., StM 20, 1979, bes. 633f.

Liber medicinalis, Kompilationsform frühma. med. Kleinschrifttums, die zu umfangreichen Kompendien bzw. Corpora führte; gegliedert in 'capitula' (Aneinanderreihung von Textbausteinen) oder 'capitulationes' (Traktate). – Die zu einem Textkonglomerat verschweißten 'capitula' repräsentieren die Gattungsvielfalt des Kleintexte: Kurz- und Vollrezepte, Lehrbriefe, Monatsregeln, Diätetika, Harn-, Puls- und Blutschautraktate, Todeszeichen, Kleinschriften zur →Standesethik, Drogenmonographien, Drogenaustauschlisten, Instrumentenkataloge ('ferramenta'), →Aderlaß-Texte, →Kritische Tage, Lunare, Wunderdrogentexte u. a. – Die L.i.m.es wenden sich an den Praktiker (Mönchsarzt) und erheben den Anspruch, sämtl. Indikationen abzudecken. Beachtung verdient der oft progressive Inhalt (Herzglykosidtherapie [Scillaren der Meerzwiebel], Antibiotika [Penicillin], Kostendämpfung auf dem Arzneimittelsektor); beispielhafte Vertreter sind die 'Tereoperica' (Petroncellus) und das 'Lorscher Arzneibuch' (→Bamberger Codex). G. Keil

Lit.: Beccaria 148, 161, 170f., 200, 266, 320 – E. Wickersheimer, Les ms. de méd. du haut MA dans les bibl. de France, Docum., étud. et répert. 11, 1966, 72f., 98, 147, 159–169, 173 u. ö. – Das Lorscher Arzneibuch, hg. G. Keil, I–II, 1989 – U. Stoll – B. Müller, Alte Rezepte modern betrachtet, Zur Gesch. der Pharm. 42, 1990, 33–40.

Liber monstrorum de diversis generibus, handbuchartige Beschreibung von Monstren (I) menschl. Gestalt, (II) von Land- und Meeresungeheuern und (III) Schlangen. Vermutl. 7./8.Jh., am ehesten aus Gallien – Sprache ist deutl. vulgär gefärbt –, kaum ags. Ursprungs. Der gelehrte Verf. beginnt mit Monstren, deren Existenz ihm glaubwürdig erscheint, und fügt aus antiken (z. T. vielleicht mittelbar bekannten) Q. solche hinzu, die er für phantast. hält. Die skept. Haltung des Verf. und seine knappe Sachlichkeit scheinen stärkere Verbreitung nach dem 10./11.Jh. beeinträchtigt zu haben. F. Brunhölzl

Ed.: M. Haupt, Opuscula, II, 1876, 218–252 – F. Porsia, L.m., 1976 – C. Bologna, L.m., 1977 – Lit.: M. Lapidge (StM, serie terza 23, 1982), 151–192 – G. Princi Braccini (a.a.O. 25, 1984), 681–720.

Liber pontificalis bezeichnet seit 1724 die in vielen Hss. verbreitete quasi-offiziöse Geschichtsschreibung des röm. Papsttums im MA. Der schon ma. Titel »Gesta pontificum Romanorum« verrät den historiograph. (Gesta-)Typus. Die Anfänge repräsentieren Papstlisten, wie zuerst der sog. Catalogus Liberianus im röm. →Chronograph v. 354. Die Fortsetzung mit reicheren Berichten dürfte in Etappen erfolgt sein, nach Felix IV. und 530 im Catalogus Felicianus, bei Konon 687 endend im Catalogus

Cononianus, ehe seit dem 8. Jh. mit kontinuierl. Eintragungen durch kuriale Beamte während oder nach jedem Pontifikat zu rechnen ist. Zu den biograph. Grunddaten (Namen, Nationalität, Vater, Sedenzzeit, Datierung, Weihen, Grab, Vakanz) kommen die meist positiv, manchmal auch krit. gewerteten Ereignisse des Pontifikates. Die ältesten, auch paläograph. aufschlußreichen Hss. des L.p. aus dem späten 7. und vom Anfang des 8. Jh. stammen aus Bobbio und Lucca. Seit →Martin v. Troppau meinte man aufgrund eines schon im Codex Lucensis begegnenden unechten Briefwechsels zw. Hieronymus und Damasus I., daß dieser den ältesten Teil des L.p. auf Bitten des Kirchenvaters aus röm. Akten verfaßt habe. Im 16. Jh. galt →Anastasius Bibliothecarius als Autor, was aber nur für die Papstviten seiner Zeit zutrifft. Nach 870 bricht der L. p. ab, und die päpstl. Historiographie lebt erst in der Epoche Gregors VII. wieder mit →Bonizo v. Sutri auf. Pandulf, einem Kard. Anaklets II., verdankt man seine Überarbeitung und Fortsetzung des L.p., die aber nur in parteiisch gereinigter Fassung von 1142 durch Petrus Guillermus, Bibliothekar in St-Gilles bei Reims, überliefert ist, später irrig dem Kard. Petrus Pisanus zugeschrieben. In Rom setzte Kard. →Boso den alten L.p. bis 1178 fort. Seither gibt es nur mehr Einzelviten von Päpsten. Seit im Abendland im 13. Jh. Kirchengesch. mit Papstgesch. weitgehend ident. geworden war, bestand offenbar in Rom kaum Bedarf. Allerdings ließ Mitte des 14. Jh. der aragones. Kard. Niccolo Roselli den Text Bosos revidieren, und Pierre Bohier glossierte dann die Fassung des Petrus Guillermus. Dessen damals in Rom befindl. Hs. wurde bis 1281 ergänzt, und unter Eugen IV. erfolgte eine neue Rez. Der »Liber omnium pontificum« des Platina von 1479 kann als letzte ma. Bearbeitung des L.p. gelten. H. Zimmermann

Ed.: L. Duchesne, Le L.p., 3 Bde, 1886–92, 1957 – Th. Mommsen (MGH GPR, 1898) – J. M. March, L.p. prout extat in codice manuscripto Dertusensi, 1925 – U. Přerovský, L.p. nella recensione di Pietro Guglielmo e del card. Pandolfo ..., 3 Bde – *Lit.:* A. Brackmann, Ges. Aufs., 1967², 382–396 – O. Bertolini, Sett.cent.it. 17, 1970, 387–455 – H. Geertmann, Il L.p. e gli edifici ecclesiastici di Roma, 1975 – H. Zimmermann, Das Papsttum im MA im Spiegel der Historiographie, 1981.

Liber rerum, bisher unidentifizierte, von Thomas v. Cantimpré (Prol., Z. 3 5f.) häufig zitierte Schrift geringen Umfanges, vielleicht ein Reallex. des 12. oder frühen 13. Jh., von einem an Etymologie und realist. Beschreibungen v. a. von Tieren (Hünemörder, 261ff.) interessierten Anonymus. Erwähnungen in späteren gedr. und hs. (z. B. München, B.S. clm. 9649, 14. Jh., 202r, clm. 8132 v. J. 1474, 214r und 270v) Enzyklopädien (z. T. mit spiritueller Intention) sind wohl immer einer der Thomasversionen entnommen. Ch. Hünemörder

Q.: Thomas Cantimpr., Liber de nat. rerum, T. I, ed. H. Boese, 1973 – *Lit.:* Ch. Hünemörder, Die Vermittlung med.-naturwiss. Wissens in Enzyklopädien (Wissensorganisierende ... Lit. im MA, hg. N. R. Wolf, 1987), 255–277.

Liber sacerdotum, Sammlung alchem. Fachtexte aus dem 13. Jh., die zu den Hauptschriften der frühen lat. Secreta-Lit. europ. Alchemiker zählt. Ihr Textbestand stammt großteils aus arab. Erbschaft, doch bedürfen das Verhältnis zum »K. al-Asrār« (»Die Geheimnisse«) von →ar-Rāzī, zur →»Mappae clavicula« und anderen Werken einer weiteren Klärung. Ihren inhaltl. Schwerpunkt bilden handwerkl.-techn. Vorschriften; insbes. wird über metalltransmutator. Verfahren, über die Präparation mineral. Substanzen, Herstellung von Farben, Tinten und Edelsteinfalsifikaten u. a. chem.-techn. Praktiken unterrichtet. Ihre Nachwirkung auf die Alchemia practica-Lit. der Folgezeit liegt weitgehend im dunkeln. J. Telle

Lit.: Berthelot, I (reprogr. Nachdr. 1967), 179–228 [mit Ed.] – J. Ruska, Stud. zu den chem.-techn. Rezeptslg. en des L.S., QStGNM 5, 1936, 275–317 – R. P. Multhauf, The origins of chemistry, 1966, 159.

Liber Sancti Jacobi, bezeichnet ein zw. 1139 und 1173 abgefaßtes fünfteiliges Sammelwerk zum Kult des Apostels →Jacobus d. Ä. in →Santiago de Compostela. Der angebl. Verf., Papst Calixt II., hat zu der – heute meist für die älteste Hs. reservierten – Bezeichnung →Cod. Calixtinus geführt. Der L.S.J. besteht aus einem liturg. Buch (mit musikhist. wichtigen Notationen), einer Mirakelslg., dem Translationsbericht, dem Ps.-→Turpin und einem (in dieser Art einmaligen) Pilgerführer. Vielleicht wurden Buch III–V den schon früher zusammengestellten Büchern I–II zugefügt. Bezügl. der Entstehung sind nach weitgehender Zurücknahme der These einer cluniazens. Provenienz v. a. Verfechter eines poitevin.-burg. (z. T. Aimeric Picaud als Autor bzw. Kompilator) von denjenigen eines span.-galic. Ursprungs zu unterscheiden. Kunsthist. Forsch. der Miniaturen und Initialen deuten auf norm. Einflüsse. Die Abfassungszeit der Compostelaner Hs. liegt nach kodikolog.-paläograph. Stud. um 1160–70 (Vorformen aus der 1. Hälfte des 12. Jh. nicht auszuschließen). Die Reform der Jacobusliturgie, Propaganda für das Pilgerzentrum und die -fahrten, Inanspruchnahme karol. Traditionen sowie antiröm. Tendenzen ordnen sich dem generellen Ziel unter, die Jacobus-Verehrung zu fördern. Die Verbreitung des L.S.J. in vollständiger Form ist eingeschränkt; Auszüge (insgesamt ca. 300 Hss., v. a. der sog. 'Libellus'-Fassung) lassen jedoch die Popularität bestimmter Passagen (Mirakel, Ps.-Turpin, Teile des Pilgerführers) erkennen. K. Herbers

Ed.: L.S.J., Cod. Calixtinus, ed. W. M. Whitehill, I, 1944 [vollständig] – Teiled. und Übers. in Díaz y Díaz und Herbers – →Pilger (Pilgerführer) – Ps.-→Turpin – *Q. und Lit.:* →Jacobus d. Ä. – P. David, Études sur le livre de St-Jacques ..., I–IV, Bull. des Études portugaises 10, 1945, 1–41; 11, 1947, 113–185; 12, 1948, 70–223; 13, 1949, 52–104 – K. Herbers, Der Jakobuskult des 12. Jh. und der »L.S.J.«, 1984 – M. C. Díaz y Díaz, El Códice Calixtino de la Catedral de Santiago, Monografias de Compostellanum 2, 1988 – K. Herbers, Der Jakobsweg, 1991⁴ [Lit.] – J. Williams – A. Stones, The Cod. Calixtinus and the Shrine of St. James (Jakobus-Stud. 3) [im Dr.].

Liber Scivias → Hildegard v. Bingen

Liber Sextus, schon in der Promulgationsbulle Bonifatius' VIII. vom 3. März 1298 festgelegte Bezeichnung der späteren dritten Slg. im →Corpus iuris canonici (vgl. dort Abschnitt IV), um den Anschluß an die fünf Bücher der →Decretales Gregorii IX. anzuzeigen. Wie diese in fünf Bücher (mit insges. 76 Titeln und 359 Kap.) eingeteilt, verläßt der L.S. jedoch den traditionellen kompilator. Charakter und kann als systemat. Kodifikation der seit den Dekretalen Gregors IX. ergangenen päpstl. Gesetze gelten. Die bekanntesten Apparate dazu stammen von →Johannes Andreae (Glossa ord.), →Johannes Monachus und →Guido de Baysio. H. Zapp

Q. und Lit.: →Corpus iuris canonici – TRE IXX, 29f. – D. Williman, A L.S. from the Bonifacian library: Vat. Borgh. 7, BMCL 7, 1977, 103–108.

Liber statutorum civitatis Ragusii → Ragusa (Dubrovnik)

Liber statutorum et legum Venetorum → Venedig

Liber Trinitatis → Buch der Heiligen Dreifaltigkeit

Liber de unitate ecclesiae conservanda. Die 1519 von Ulrich v. Hutten in Fulda aufgefundene und mit dem seither gebräuchl. Titel versehene Schrift ist zw. 1092/93

von einem unbekannten Mönch des Kl. Hersfeld verfaßt worden. Der in der patrist., kanonist. und hist. Lit. bewanderte Autor – vielleicht ein Schüler des Gesch.sschreibers →Lampert v. Hersfeld – trat hierin in enger Anlehnung an den gedankl. verwandten Traktat »De ecclesiae unitate« →Cyprianus' v. Karthago für die Wiederherstellung der auf der Eintracht von regnum und sacerdotium beruhenden Einheit der Kirche ein. In dem auf drei Bücher angelegten Werk, einer der reifsten Leistungen der Publizistik des →Investiturstreits, erfolgte eine krit. Auseinandersetzung mit Gregor VII., insbes. hinsichtl. seines Einschreitens gegen Heinrich IV., sowie mit einer die gregorian. Position verteidigenden (nicht erhaltenen) Hirsauer Streitschrift; ein zur Verteidigung des ksl. Gegenpapstes Clemens (III.) bestimmtes 3. Buch bricht bereits kurz nach Beginn ab. Unmißverständl. wurde hierbei der Standpunkt des theokrat. Kgtm.s zum Ausdruck gebracht. Auf der Grundlage der Gelasian. →Zweigewaltenlehre wurde eine strikte Scheidung der Kompetenzbereiche von Priestertum und Kgtm. gefordert. T. Struve

Ed.: W. Schwenkenbecher – E. Sackur (MGH L.d.l. 2, 1892), 173–284 – zweisprachige Ausg. von I. Schmale-Ott, AusgQ 12b, 1984, 272–579; Einl.: 28–39 – Lit.: Manitius III, 40–43 – Wattenbach – Holtzmann – Schmale II, 406–409 [Lit.]; III, 129* – G. Meyer v. Knonau, JDG H.IV und H.V., Bd. 3, 1900, 591–605; 4, 1903, 299–332 – B. Schütte, Stud. zum L. (Hist. Stud. 305, 1937) – K. Pellens, »Unitas Ecclesiae« im sog. L., Freiburger Gesch.sbll. 52, 1963/64, 14–37 – Z. Zafarana, Ricerche sul L., StM 3. ser. 7, 1966, 617–700 – W. Affeldt, Kg.serhebung Pippins und Unlösbarkeit des Eides im L., DA 25, 1969, 313–346 – I. S. Robinson, Authority and Resistance in the Investiture Contest, 1978, passim.

Liberale da Verona, Maler und Miniaturist, * um 1445 in Verona, † zw. 1529 und 1536 ebd. 1467–76 (mit Unterbrechungen) in Siena tätig; zunächst 1467–69 im Kl. Monte Oliveto Maggiore bei Siena (Miniaturen in Gradualien, heute Chiusi bei Perugia, Dom); zur gleichen Zeit begann die L. d. V. mit Arbeiten für die Domopera in Siena, an denen u. a. ab 1470 auch →Girolamo da Cremona beteiligt war, der seinen Stil beeinflußt hat (Siena, Dom, Libreria Piccolomini). Wieder in Verona, beschäftigt v. a. als Maler von Altarbildern (z. B. Anbetung der Kg.e, Verona, Dom). Vereinzelt auch Freskenmalerei (Verona, S. Anastasia). Die späteren Werke weniger qualitätvoll. K. Bierbrauer

Lit.: E. Carli, Miniature di L.d.V. dai Corali per il Duomo di Siena, 1953 – C. del Bravo, L.d.V., 1967 – H. J. Eberhardt, Die Miniaturen von L.d.V., Girolamo da Cremona und Venturino da Milano in den Chorbüchern des Doms v. Siena, 1983.

Liberius. 1. L., *Papst* seit 17. Mai 352, † 24. Sept. 366, Römer. Der schwierige Pontifikat war völlig überschattet von den arian. Streitigkeiten (→Arius). L. trat zwischen für den Glauben des Konzils v. →Nikaia (325) und für dessen Vorkämpfer →Athanasios v. Alexandria ein. Ks. Constantius II. betrieb seit 351 die Ausschaltung aller arianerfeindl. Bf.e und erzwang auf seinen Synoden zu Arles 353, Mailand 355 und →Sirmium 357–359 die Verdammung des Athanasios. Als L. in Mailand vor dem Ks. nicht widerrief, wurde er Ende 355 nach Beroia verbannt. In Rom ließ sich nun ein Diakon als →Felix II. zum röm. Bf. bestellen und weihen. Die Qual der Verbannung ist in den Exilbriefen 357 bezeugt (bei →Hilarius v. Poitiers überliefert). L. unterwarf sich dem Ks., stimmte dem Ausschluß des Athanasios zu und unterschrieb eine mehrdeutige Glaubensformel (wohl die 1. sirmische Formel, 351) sowie die 3. sirmische Formel, mit dem Zusatz, daß der Sohn dem Vater dem Wesen nach und in allem »ähnlich« sei. 358 nach Rom zurückgekehrt, sollte L. nach ksl. Willen gemeinsam mit Felix II. die röm. Kirche leiten, der jedoch vertrieben wurde. Zu der Doppelsynode v. Rimini-Seleukia 359 wurden Vertreter Roms weder geladen noch entsandt. Hier und abschließend in Konstantinopel 360 feierte der Ks. den Triumph seiner Politik der arianerfreundl. Zwangsunion. Unter Ks. Julianus gesellte sich L. den Friedensbemühungen der führenden Vertreter des Nicaenum zu. Während seines Pontifikats entstand der →Chronograph v. 354. G. Schwaiger

Q.: Jaffé² I, 32–36; II, 691 – LP I, 207–211; III, Reg. – MPL 8, 1341–1410; 10, 678–680 – Briefe bei Hilarius: CSEL 65 – Lit.: HKG II, 1, 42–65, 254–259 [Q.] – E. Caspar, Gesch. des Papsttums I, 1933, 166–196, 588–592 – Altaner-Stuiber, 1980⁹, 354 [Q.] – J. Speigl, Die Päpste in der Reichskirche des 4. und frühen 5. Jh. (M. Greschat, Das Papsttum I, 1985), 43–55 – J. Doignon, Un cri d'alarme d'Hilaire de Poitiers sur la situation de l'Église..., RHE 85, 1990, 281–290.

2. L., Petrus Marcellinus Felix, * wahrscheinl. um 465, † nach 554. Vor 493 im Dienst →Odoakers, schloß sich L. nach dessen Tod →Theoderich an; 493–500 Praefectus Praetorio Italiae, organisierte die Stationierung der Ostgoten, 500 Patricius. Im Schisma stand er auf der Seite von Papst Symmachus. 510–535 Praef. Praet. per Gallias. Eine von L. in Orange errichtete Basilika wurde am 3. Juli 529 mit einer Synode feierl. eröffnet. 534 kurzfristig auch Patricius praesentalis. Nach der Gefangennahme der Kgn. →Amalaswintha durch Theodahad (Ende 534) führte L. mit Opilio die senator. Gesandtschaft, die Justinian in Theodahads Auftrag vom Machtwechsel im Ostgotenreich unterrichtete, und blieb als Exulant in Byzanz. 538/539 wurde L. auf Betreiben der Kgn. Theodora und des päpstl. Apokrisiars in Byzanz, Pelagius (des späteren Papstes Pelagius I.), Praefectus Augustalis. Seiner Ablösung durch Johannes Laxarion widersetzte sich L. 542 mit Waffengewalt im Vertrauen auf ein ihm von Pelagius erwirktes ksl. Bestätigungsschreiben, wobei Laxarion getötet wurde. Mai 550 erhielt L. das Kommando über bedeutende Truppenverbände und eine Flotte, mit der er Sizilien Entsatz bringen sollte. Wegen seines hohen Alters löste ihn der Ks. bald darauf ab. Der Befehl zur Rückkehr nach Byzanz erreichte L. jedoch erst in Palermo. Frühjahr 552 wurde er zum Kommandanten des Heeres gegen die Westgoten bestimmt. Anfang Mai 553 verhandelte er im Auftrag des Ks. s mit Papst Virgilius über dessen Haltung im →Drei-Kapitel-Streit und erstattete darüber am 5. Ökumen. Konzil v. →Konstantinopel Bericht. Er starb bald nach der Heimreise nach Italien und wurde mit seiner Frau Agretia in Rimini begraben (Grabinschrift CIL XI, 382). A. Schwarcz

Lit.: RE XIII, 94–98 – R. J. Martindale, The Prosopography of the Later Roman Empire 2. A.D. 395–527, 1980, 677–681 – J. O'Donnel, L. the Patrician, Traditio 37, 1981, 31–72.

Libertas ecclesiae, Schlagwort für die im →Investiturstreit v. a. von Gregor VII. gegenüber dem dt. Herrscher erhobene Forderung, dann für die Rechte der Kirche überhaupt. Der Bedeutungswandel des Q.-Begriffs spiegelt die Gesch. der Ecclesia. Vom 4.–7. Jh. (Verdammung des →Monotheletismus) trat er beinahe ausschließl. in der Form »L. apostolicae (catholicae) fidei« auf und bedeutete Freiheit und alleinige Gültigkeit des von Rom vertretenen Dogmas. Die eigtl. Begriffsentwicklung setzte erst im Merowingerreich auf der einzelkirchl. Ebene ein: Seit dem 7. Jh. sind bfl. L.-Privilegien für Kl. erhalten, die deren Freiheit vor Übergriffen der Diözesanen zu sichern suchten. Die einen urkundl. fixierten Rechtsstatus implizierende, einzelkirchl. Freiheit gewann seit der Karolingerzeit neue Konturen: Herrscherl. Schutz und →Immunität erschienen jetzt als beste Garantie der kl. L. gegenüber eigenkirchl. Bestrebungen weltl. wie geistl. Art; es waren nun die Bf.e, die durch eine weitgehende Einbeziehung in die weltl. Herrschaftsgeschäfte des Kg.s ihre L. episcopalis gefährdet sahen. In otton.-sal. Zeit nahm die L., die erst jetzt expressis verbis in Herrscherdiplomen einer Vielzahl von einzelnen kirchl. Instituten verliehen wurde, klar umrissene Züge an: eine »ecclesia libera« bzw. ein »monasterium liberum« war ein vom Kg. beschütztes, aber auch direkt beherrschtes Institut mit kgl. Immunität, ein Bestandteil der →Reichskirche. In Frankreich, wo es nicht zur Ausbildung einer vergleichbar starken und sakral überhöhten Kg.smacht kam, setzte sich eine entsprechende Terminologie nicht durch, vielmehr tauchte hier der Gedanke einer ohne jeden herrscherl. Zugriff auskommenden einzelkirchl. L. auf und gewann durch die Ausstrahlung →Clunys bes. Gewicht, wobei diese Rechtssituation in päpstl. Urkk. erst seit den 80er Jahren des 11. Jh. als →L. Romana bezeichnet wurde. Auf dem Boden des dt. Reiches fühlte sich der Herrscher für den durch seine Privilegien geschützten, freiheitl. Rechtsstatus der Kirchen verantwortl. und betrachtete sich als Garant der L. ecclesiarum (Heinrich IV.). Papst Gregor VII. operierte in der gleichen Vorstellungswelt und verlangte, auf das Gedankengut und die Ziele der Reformkreise (→Gregorian. Reform) gestützt, als erster die L.e. – die Freiheit nicht mehr der Einzel-, sondern der Gesamtkirche –, d. h. die Gültigkeit des in seinen Augen von Christus v. a. mit Mt 16,18–19 verliehenen, durch falsches Gewohnheitsrecht (prava consuetudo) in Vergessenheit geratenen Freiheitsprivilegs. Dieses Freiheitsanliegen trug für ihn zugleich jurist. und transzendente Züge – denn christl. Freiheit bestand in der absoluten Unterwerfung unter Gott und dessen Stellvertreter auf Erden –, war aber auch ein in der Welt zu verwirklichendes Postulat, dessen Realisierung er sich mit einzigartiger Energie widmete. Die der Kirche von Christus verliehene, im einzelnen nicht ausgeführte L. war für Gregor VII. durch folgende Kriterien klar umrissen: absolute innerkirchl. Führungsgewalt des Papstes (→Primat), Nichteinmischung der Laien, auch des Kg.s, in die kirchl. Entscheidungen – dies betraf v. a. die Bf.sinvestituren – sowie oberste Leitungsbefugnis des Petrusnachfolgers innerhalb der »christianitas«. Erst nach schweren Auseinandersetzungen mit Heinrich IV., der an seinen traditionellen Rechten festhielt, und erst nach dem Tode Gregors VII. engte sich in der Streitschriftenlit. der nun häufig verwandte Begriff auf die Auseinandersetzung mit dem Herrscher und das Recht einer von Laien unbeeinflußten Investitur hin ein. Die Flut der L.e.-Belege nahm nach der grundsätzl. Lösung dieses Problems eher noch zu. Denn die Juristenpäpste des 12. und 13. Jh. machten sich daran, den von Gregor VII. weit gesteckten Rahmen des Begriffs im einzelnen auszufüllen. Dabei entwickelte sich die L.e. zur Gesamtheit ihrer konkrten Rechtstitel göttl. wie menschl. Ursprungs, diejenigen jeder Einzelkirche inbegriffen: vom röm. Primat über das Verbot der Einmischung von Laien in kirchl. Angelegenheiten (Wahl etc.) bis hin zu Gerichtsbarkeitsprivilegien (→privilegium fori), Steuerfreiheiten (→privilegium immunitatis) und Besitztiteln jedweder Art, so daß Innozenz IV. schließl. feststellen konnte: »ecclesiastica l. consistit in privilegiis«. In seiner gewandelten Funktion als »advocatus ecclesiae« unterstützte nun auch der Herrscher die L.e., oder aber er versündigte sich an ihr, wie es den Päpsten z. B. im Falle Friedrichs II. schien. Trotz des starken Ausbaus ihres rechtl. Aspekts hat sich die L.e nie zu einem Begriff mit ausschließl. jurist. oder weltl. Dimensionen entwickelt: ihre heilsbezogenen Implikationen (vgl. etwa Thomas Becket oder Joachim v. Fiore) blieben immer präsent.

B. Szabó-Bechstein

Lit.: G. Tellenbach, L. (Forsch. zur Kirchen- u. Geistesgesch. 7, 1936) – P. Johanek, Die »Karolina de ecclesiastica libertate«, BDLG 114, 1978, 797–831 – F.-D. Maass, L.e. (Fschr. E. Beyreuther, 1982) – K. Arnold, Freiheit im MA, HJb 104, 1984, 1–21 – R. L. Benson, L. in Italy (1152–1266) (La notion de liberté au MA, Penn-Paris-Dumbarton-Oaks-Coll. IV, Sess. 1982, 1985), 191–213 – G. Constable, Liberty and Free Choice in Monastic Thought and Life, spec. in 11th and 12th Cent. (ebd.), 99–118 – J. Fried, Über den Universalismus der Freiheit im MA, HZ 240, 1985, 313–361 – B. Szabó-Bechstein, L.e., StGreg 12, 1985 [Lit.] – R. Schieffer, Freiheit der Kirche: Vom 9. zum 11. Jh. (VuF 39, 1991) – B. Szabó-Bechstein, L.e. vom 12. bis zur Mitte des 13. Jh. (ebd.).

Libertas Romana, in frühma. liturg. Q. und in Freilassungsurkk., v. a. aber in Papstprivilegien auftauchender Begriff: [1] In liturg. Texten wie dem Altgelasianum (einem im 7. Jh. in Rom und auch schon in der frk. Kirche verwandten Sakramentar) bedeutete die L.R. »die freie Kulturgemeinschaft des christl. Römerreiches« (G. Tellenbach), für deren Erhalt gebetet wurde. Hier wie in [2] lebten Erinnerungen an die antike, röm. »Freiheit« in christl. Gewande sprachl. fort. – [2] Ohne jemals den Charakter eines Terminus technicus anzunehmen, kennzeichnete die L.R. in Urkk. den Rechtsstatus eines Freigelassenen. Diesen Zusammenhang bestätigen auch frühma. Formelbücher und Volksrechtskodifikationen. – [3] Mit L.R. wird in der Forsch. der Rechtsstatus eines Kl. beschrieben, das sich nach Tradition an den Apostol. Stuhl im ausschließl. päpstl. Schutz und im Obereigentum der röm. Kirche befand. Die »Romunmittelbarkeit« der L.R. gilt als Gegenstück der »Reichsunmittelbarkeit« (E. E. Stengel), die »Romfreiheit« als Pendant zur »Kg.sfreiheit« (J. Fried).

In den Papsturkk. selbst taucht der Begriff vor der Mitte des 11. Jh. nicht auf; 1083, unter Gregor VII., läßt sich die L.R. erstmals in der spezif. Bedeutung einer von jedem herrschaftl. Zugriff befreienden päpstl. Schutzverleihung und ausschließl. Unterstellung unter die röm. Kirche nachweisen. Die →Exemtion war kein Bestandteil der L.R., wurde aber – um Unabhängigkeit von schismat. Bf.en zu garantieren – des öfteren gleichzeitig verliehen. Während die herrscherl. Freiheitsgarantien ihre Bedeutung einbüßten, kam es seit Urban II. zu einer Vielzahl von L.R.-Verleihungen an Kl., Kanonikerstifte und Bm.er, die sich gegen die Kirchenherrschaft der Laien abzusichern suchten; in den Papsturkk. entwickelte sich dafür die Zinszahlungsformel »ad indicium perceptae huius a Romana ecclesia libertatis«. Letztl. lag es außerhalb der Möglichkeiten der röm. Kirche, Schutz gegenüber weltl. Machtbestrebungen, d. h. »Freiheit«, zu garantieren. Daher kam es im Laufe des 12. Jh. zu einem allmähl. Bedeutungswandel des L.-Begriffes: Die Zinszahlung für die von Rom verliehene »Freiheit« wurde von Alexander III. auf rein kirchl. Gebiet verwiesen und ausdrückl. als ein Kriterium für Exemtion verstanden. Damit hatte die L.R. gerade diejenige Bedeutung angenommen, die bei ihrem Auftauchen unter Gregor VII. und Urban II. ausgeschlossen war.

B. Szabó-Bechstein

Lit.: →L. ecclesiae – G. Schreiber, Kurie und Kl. im 12. Jh. (Kirchenrechtl. Abh. 65–68), 2 Bde, 1910 – E. E. Stengel, Die Immunität in Dtl., I, 1910 – G. Tellenbach, Röm. und christl. Reichsgedanke in der Liturgie des frühen MA (SAH.PH, 1934/35, 1934) – H. Jakobs, Die Hirsauer (Köln. Hist. Abh. 4, 1961) – H. E. J. Cowdrey, The Cluniacs and the Gregorian Reform, 1970 – A. Becker, Urban II. und die dt. Kirche (VuF 17, 1973), 241–275 – G. Briacca, Le 'cartulae libertatis' novaresi dei sec. X e XI... (Misc. del Centro di Studi Medioevali 8, 1977), 521–535 – J. Fried, Der päpstl. Schutz für Laienfs.en, 1980.

Liberti → Freilassung

Liberum arbitrium → Willensfreiheit

Libice, Fs.ensitz der →Slavnikiden im Gebiet der gleichnamigen Gemeinde im ö. Mittelböhmen am Fluß Cidlina, 5 km sö. von Poděbrady. Der slav. →Burgwall (ca. 40 ha) bestand aus zwei benachbarten, im sumpfigen Cidlinagebiet gelegenen Terrassenhügeln mit ovalem und dreieckigem Grundriß. Auf dem ö. Hügel entstand die Akropolis. Der Burgwall, dessen Anfänge bis ans Ende des 8. Jh. reichen, wurde mehrmals verändert. Nach 950 beseitigte man im inneren Areal die Besiedlung und errichtete die Residenz der Slavnikiden. Es entstand ein »Fs.enbezirk«, wo die nach otton. Vorbild errichtete Steinkirche mit dem Kirchhof und der einstöckige Holzpalast standen. In der Vorburg befanden sich u. a. gewerbl. Betriebe, seit den 80er Jahren des 10. Jh. wurde hier auch die Münze geschlagen. Zum Jahr 981, als Slavnik starb, bezeichnet →Cosmas v. Prag L. als »metropolis«. 995 ermordeten Gefolgsleute Boleslavs II. hier die Familie Slavniks. L. gehörte danach zu den přemyslid. Verwaltungszentren, doch verlor es an Bedeutung und Umfang. Laut Cosmas wurde in L. auf Befehl der Fs.en →Svatopluk 1108 das Geschlecht der Vršovci ausgeschaltet. Seit dem 13. Jh. wird L. in den Q. nur noch als Dorfsiedlung beschrieben. Damals gehörte es zum Besitz des Benediktinerkl. St. Georg auf der Prager Burg. J. Žemlička

Lit.: R. TUREK, Libice, knížecí hradisko, X. věku, 1966/68 – J. JUSTOVÁ, Archeologický výzkum na libickém předhradí v letech, 1974-79 – Předběžná zpráva, Archeológické rozhledy 32, 1980, 241-264 – R. TUREK – J. HÁSKOVÁ, J. JUSTOVÁ, Livbvz Metropolis, 1981 – J. SLÁMA, Střední Čechy v raném středověku II, 1986, 78.

Liborius, Bf. v. →Le Mans, hl., † 9. Juni 397 (?), in den Bf.slisten an 4. Stelle. Nach den Actus pontificis Cenomannis (9. Jh.) begleitete Martin v. Tours sein Sterben und Begräbnis. Bf. →Aldrich nahm L. unter die Hll. der erneuerten Kathedrale auf, erlaubte am 29. April 836 die Translation nach →Paderborn (28. Mai) und schloß die fraternitas beider Bm.er. In Paderborn entstanden um 890 eine Vita und eine sächs. Translatio, der zwei frk. Fassungen nach 836 bzw. nach 857 vorausgingen. Seit dem 11. Jh. wurde der Diözesan-Hl. dort und in N-Deutschland am 23. Juli gefeiert, seit dem 14. und 15. Jh. in Westfalen, Ostsachsen und Thüringen. Da L. bei Steinleiden (Galle, Blase, Nieren) half, wird er mit Kieseln auf einem Buch abgebildet. K. H. Krüger

Lit.: BHL 4910-4915 – Bibl. SS VIII, 32f. – Catholicisme VII, 705f. – LCI VII, 404f. – LThK² VI, 1020 – DUCHESNE FE II, 313-336 – M. ZENDER, Hl.enverehrung zw. Rhein und Elbe (Kunst und Kultur im Weserraum 3, 1970), 288-290 – WATTENBACH – LEVISON – LÖWE V, 593-596; VI, 849-851 – M. BALZER, Paderborn (Dt. Kg.spfalzen 3, 1979), 40-43 – M. HEINZELMANN, TS 33, 1979, 54, 95, 107 – H. LÖWE, Lat.-chr. Kultur im karol. Sachsen (Sett. cent. it. 32, 1986), 494f., 504, 509f., 518f., 525 – AnalBoll 105, 1987, 213-215, 465 [Jubiläums-Lit.].

Libra → Apotheke, V

Libre del Consolat del Mar → Consolat del Mar de Barcelona

Libre dels Feyts → Llibre dels Feyts

Libri Carolini, traditionelle Bezeichnung für die Antwort Karls d. Gr. auf das 2. Konzil v. →Nikaia (787), ursprgl. »Opus Caroli regis contra synodum« gen.; vier Bücher. Das Werk ist die längste und ehrgeizigste Abhandlung aus karol. Zeit und weist bereits auf die ksl. Führungsrolle hin, die Karl d. Gr. auch bei seiner Ks.krönung 800 einnahm. Er argumentiert in den L. C. als von Gott legitimierter Verteidiger des christl. Glaubens im lat. Westen. Eine fehlerhafte Übers. der Konzilsdekrete ins Lat. überzeugte die Theologen am frk. Hof, daß die Dekrete eine götzenhafte Anbetung der Bilder forderten (→Bild, Bilderverehrung). Sie fühlten sich außerdem von den Ehrentiteln →Konstantins VI. und der Ksn. →Irene beleidigt, die sie als anmaßend interpretierten. Eine Slg. der Auszüge der bes. zu beanstandenden Passagen (»Capitulare adversus synodum«) wurde 792 an Hadrian I. gesandt mit der Erwartung, daß der Papst diese Irrtümer der Griechen korrigieren würde. In der Zwischenzeit verfaßte →Theodulf, der spätere Bf. v. Orléans, die L. C. Seine Autorschaft zeigt sich in Wiederholungen westgot. liturg. Formeln bei Bibelzitaten und in der westgot. Orthographie der Arbeitskopie, die erhalten ist (Vat. lat. 7207). Dieses Ms. enthält auch Kommentare am Rand, die Karl d. Gr. zugeschrieben werden können. Obwohl Hadrians Antwort auf das »Capitulare adversus synodum«, das die Griechen und ihre Position verteidigte, Karl eine Veröffentlichung des Opus unmögl. machte, behielt die Schrift ihren Wert als wichtige Q. für Theologie und Kirchengesch. der karol. Zeit. A. Freeman

Ed.: L.C., ed. H. BASTGEN (MGH Conc. II Suppl., 1924); ed. A. FREEMAN [im Dr.] – *Lit.:* W. SCHMANDT, Stud. zu den L.C., 1966 – L. WALLACH, Diplomatic Stud. in Latin and Greek, 1977 – P. MEYVAERT, The Authorship of the L.C., RevBén 89, 1979, 29-57 – G. ARNALDI, La questione dei L.C., La cultura 17, 1979, 3-19 – A. FREEMAN, Carolingian Orthodoxy and the Fate of the L.C., Viator 16, 1985, 65-108 – DIES., Additions and Corrections to the L.C., AAM 99, 1988, 159-169 – A. MELLONI, L'Opus Caroli regis contra synodum o L.C., StM 29, 1988, 873-886.

Libri poenitentiales → Bußbücher

Libro (auch: **Ordenamiento**) **de Alcalá,** von →Alfons XI. v. Kastilien 1348 auf den →Cortes v. Alcalá de Henares erlassenes Rechtsbuch, nimmt Vorschriften früherer Cortes (1328, 1347), der →Siete Partidas und des gefälschten (adelsfreundl.) Ordenamiento v. Nájera (angebl. erlassen von Alfons VII. um die Mitte des 12. Jh.) auf. Neben aus dem früheren MA überkommenen Vorstellungen sind im L. auch Einflüsse des neueren röm.-kanon. Rechts enthalten (J. M. PÉREZ-PRENDES). Bedeutsam ist, daß der L. (und die auf ihm beruhenden späteren Rechtssammlungen) im Rechtsleben Kastiliens bis ins 19. Jh. Priorität hatten; neben ihnen kamen auch die örtl. →Fueros, soweit sie »in Gebrauch« waren und »nicht gegen Gott und die Vernunft« verstießen, zur Anwendung, erst in dritter Linie jedoch die Siete Partidas. Der L. gestand den Adligen die rechtmäßige Ausübung der Gerichtsbarkeit in ihren Herrschaften zu, wenn sie diese dort bereits 40 Jahre wahrgenommen hatten, selbst dann wenn es um zinspflichtige Besitzungen (señoríos de →solariegos) handelte. Auch regelte der L. den Heeresdienst der kgl. Vasallen entsprechend dem bezogenen Sold sowie Fragen der Thronfolge kraft Designation (derecho de representación), den Wucher sowie den Rechtsstatus der hombres de →behetría.
M. A. Ladero Quesada

Lit.: G. SÁNCHEZ, Sobre el O. de A. (1348) y sus fuentes, Revista de Derecho privado 9, 1922, 353-368 – COING, Hdb. I, 673ff. [A. WOLF] – A. IGLESIA FERREIRÓS, La creación del Derecho. Una hist. del Derecho español, II, 1989, 332ff.

Libro Becerro de las Behetrías → L. d. l. Merindades

Libro de los buenos proverbios beruht auf einer im 9. Jh. entstandenen Spruchslg. des Nestorianers Ḥunain ibn Isḥāq, die im 13. Jh. auch ins Hebr. übertragen wurde. Über gemeinsame Q. steht der L.d.l.b.p. in Verbindung mit →Bocados de oro und der verbreiteten Überlieferung altkast. Weisheits- und Spruchlit. Die Sentenzen und Beispiele, z. B. über Tod, Lob des Helden, werden weisen Lehrmeistern wie Sokrates, Plato und Aristoteles in den Mund gelegt. Breiten Raum nimmt auch das Exemplum der Alexandervita ein. D. Briesemeister

Lit.: H. KNUST, Mittheil. aus dem Eskurial, 1879 – ed. H. STURM, 1971 – M. STEINSCHNEIDER, Span. Bearb. arab. Werke, Jb. für roman. und engl. Lit. 12, 1871, 353–376 – W. METTMANN, Spruchweisheit und Spruchdichtung in der span. und katal. Lit. des MA, ZRPh 76, 1960, 94–117 – M. ARIZA, Diferencias textuales en los mss. del L.d.l.b.p., Anuario de Estud. Filológ. 5, 1982, 7–16 – T. A. PERRY, Judeo-Christian Forces and Artistic Tension in Medieval Span. Letters (La CHISPA, hg. G. PAOLINI, 1987).

Libro de los doze sabios o Tractado de la nobleza e lealtad, um 1237 verfaßt, steht in der umfangreichen Überlieferung altspan. Florilegien mit Lehrsprüchen und Exempla. Er enthält als Fürstenspiegel Verhaltensregeln für den Herrscher sowie Ratschläge zur Pflichten- und Tugendlehre, die eine Versammlung von Weisen erteilt.

D. Briesemeister

Ed. und Lit.: ed. J. K. WALSH, 1975 – H. J. PEIRCE, Aspectos de la personalidad del rey español en la lit. hispano-arábiga, Smith College Stud. in Modern Language 10, 1929, 1–39 – G. RICHTER, Stud. zur Gesch. der älteren arab. Fürstenspiegel [Diss. Leipzig 1932] – W. BERGES, Die Fürstenspiegel des späten MA, 1938, 108ff. – H. BIZZARI, Consideraciones en torno a la elaboración de El l. de los d. s., Coronica 18, 1989, 85–89.

Libro de los engaños e los asayamientos de las mugeres (Sendebar), 1253 für den Infanten Fadrique, Bruder →Alfons' X. v. Kastilien, hergestellte Übertragung einer arab. Fassg. der Erzählung von den Sieben Weisen Meistern, bietet als Rahmengesch. 23 Exempla, die vor Frauenlist warnen, aber auch Lebens- und Verhaltensregeln vermitteln. Unterhaltung und Belehrung verbinden sich dabei für ein höf. Publikum. D. Briesemeister

Ed. und Lit.: GRLMA V, 1/2, fasc. 2, 120–128 – ed. J. E. KELLER, 1959[2] – ed. E. VUOLO, 1980 – J. FRADEJAS LEBRERO, Sendebar, 1981 – A. GONZÁLEZ PALENCIA, Versiones castellanas del Sendebar, 1946 – J. M. LACARRA, Cuentística medieval en España, 1979 – A. D. DEYERMOND (The spirit of the court, hg. G. S. BURGESS, R. A. TAYLOR, 1985), 158–167.

Libro de los Gatos, span. Übers. der »Fabulae« →Odos v. Cheriton († 1247); entstanden zw. 1350 und der 1. Hälfte des 15.Jh. Der durch den Inhalt der Fabelslg. kaum gerechtfertigte Titel 'Katzenbuch' wird z. T. als Übertragungsfehler – *gatos* statt *quentos (cuentos)* oder arab. *khatta* ('Erzählung'), *quattu* ('Lügengeschichten') –, aber auch als eine Anspielung auf die im MA für unwürdige Geistliche übliche Bezeichnung *gatos religiosos* interpretiert. Das Fabelbuch verbindet moralisierende Intentionen mit gesellschaftskrit. Satire, die sich v. a. gegen den Klerus und das Mönchtum der Zeit richtet. J. Pögl

Ed.: GRLM IX, 2, 4, 20f. – Escritores en prosa anteriores al siglo XV., BAE 51, 1884 [P. DE GAYANGOS] – G. T. NORTHUP, Modern Philol. 5, 1908, 491ff. – J. E. KELLER, 1958 – B. DARBORD, Annexes du Cah. de linguistique hispanique médiévale 3, 1984 – *Lit.:* M. R. LIDA DE MALKIEL, 'L. d. l. g.' o 'L. de los cuentos', Romance Philol. 5, 1951, 46–49 – W. METTMANN, Zum Titel 'El L. d. l. g.', RF 73, 1961, 391f. – J. F. BURKE, More on the Title 'El L. d. l. g.', Romance Notes 9, 1967, 148–151 – J. M. SOLÁ-SOLÉ, De nuevo sobre el 'L. d. l. G.', Kentucky Romance Quarterly 29/4, 1972, 471–481 – B. DARBORD, 'El L. d. l. g.': sur la structure allégorique de l'exemple, Cah. de linguistique hispanique médiévale 6, 1981, 8–109 – M. J. LACARRA, Cuentos de la edad media, 1986, 35–44, 227–239 – DIES., El l. d. l. g.: hacia una tipología de enxiemplo (Formas breves del relato, ed. A. EGIDO – Y. R. FONQUERNE, 1986), 19–34.

Libro de las Merindades (Libro Becerro de las Behetrías), angelegt 1352 auf Beschluß der →Cortes v. Valladolid (1351), auf denen der Adel (→Hidalgos) Nordkastiliens, unter Führung von Juan Alfonso de Alburquerque, von Peter I. eine Vergrößerung der weltl. Grundherrschaften zu Lasten des Königsgutes (→realengo) forderte, um so die negativen Auswirkungen der Schwarzen Pest auf die Einkünfte des Adels aufzufangen. Der L. verzeichnet (als offizielles Ergebnis der zu diesem Zweck durchgeführten Untersuchung) alle nördl. des Duero gelegenen Orte Kastiliens (ausgenommen die Orte der Bezirke [→merindades] v. Bureba, Rioja-Montes de Oca, Logroño und Allende Ebro), einschließlich. der →Wüstungen, ferner diejenigen Personen, die in den gen. Orten Rechte (Gastung, Frondienste, Münzrecht usw.) besaßen. Die im L. enthaltenen zuverlässigen Daten wurden bis ins 18. Jh. in den Kanzleien verwandt. M. del Pilar Rábade Obradó

Ed. und Lit.: A. FERRARI, Castilla dividida en dominios según el L. de las Behetrías, 1958 – G. MARTÍNEZ DÍEZ, L. Becerro de las Behetrías. Estudio y texto crítico, 3 Bde, 1981 – I. ÁLVAREZ BORGE, El feudalismo castellano y el L. de las Behetrías: La Merindad de Burgos, 1987.

Libro de la Monteria → Jagdtraktate

Libros de caballerías, Ritterromane iberoroman. Provenienz; entstanden als Prosaauflösungen der karol., bret. und gr.-oriental. Heldenepik durch simplifizierende Zyklenbildung (Kg. Artus' Tafelrunde [→Artus], Gralszyklus [→Gral]). Die ungeheure Beliebtheit dieser im Laufe der Jahrhunderte immer mehr verflachenden Unterhaltungslit. höf. wie bürgerl. Kreise erklärt sich aus der Vermengung hist., legendärer und phantast. Erzählinhalte. Frühe Formen des span. Ritterromans sind »Historia del caballero Cifar« und »Gran conquista de ultramar« (14.–15. Jh.). Als Stammvater des Genres gilt jedoch der 1492 entstandene Amadís-Roman. Eine verlorene Urfassung des »Amadís de Gaula« dürfte durch Romane des gr.-byz. Motivkreises wie den »Libro del paso honroso, defendido por el excelente caballero Suero de Quiñones« (1434) verdrängt worden sein. Durch wesentl. Züge von vergleichbaren span. Werken unterscheiden sich die ptg. »História dos Cavaleiros da Mesa Redonda e da Demanda do Santo Gral« (14.–15. Jh.) sowie die um 1450 in Katalonien entstandenen Romane »Tirant lo Blanch« und »Curial i Güelfa«. J. Pögl

Ed.: L.d.C. Españolas: El Caballero Cifar. Amadís de Gaula. Tirante el Blanco, ed. F. BUENDÍA, 1954 – L.d.c. Hispánicos: Castilla, Cataluña y Portugal, ed. J. AMEZCUA, 1973 – *Lit.:* H. THOMAS, Spanish and Portuguese romances of chivalry ..., 1920 – A. RODRÍGUEZ-MOÑINO, El primer ms. del 'Amadís de Gaula'. Noticia bibliogr., BRAE 36, 1956, 199–216 – D. EISENBERG, The Pseudo-Historicity of the Romance of Chivalry, Quaderni ibero-americani 6/45–46, 1974/75, 253–259.

Libros del saber de astronomía, Slg. kast. Texte über astronom. →Instrumente, ca. 1276–77 von Isaac ibn Sīd und anderen, meist jüd. Gelehrten für Alfons X. verfaßt bzw. aus arab. Q. übersetzt. Der angebl. dafür abgehaltene Kongreß (→Astronomie) ist eine spätere Fiktion. Die 16 Bücher der L.d.s. enthalten einen Fixsternkatalog (1) und behandeln sodann Himmelsglobus (2), Geräte zur Bestimmung des →Tasyīr (3,16), →Astrolabien (4–7), →Armillarsphären (8), →Äquatorien (9), →Quadranten (10) und Uhren (11–15). Der L.d.s. wurden im 14. Jh. ins Florent. übersetzt. Im gleichen Gelehrtenkreis wie die L.d.s. entstand auch der »Libro de las taulas alfonsíes« (ed. RICO IV, 111–183). Dieser diente als Begleittext zu den nicht erhaltenen für →Alfons X. erstellten astronom. →Tafeln. J. Thomann

Ed.: M. RICO, L.d.s., 1863–67 – L. KASTEN – J. NITTI, Concordance and texts of the royal scriptorium mss. of Alfonso X, 1978 – *Lit.:* DSB I, 122 – SARTON II, 2, 835–840 – A. WEGENER, Die astronom. Werke Alfons X., Bibl.math. 3. F., 6, 1905, 129–185 – A. J. CÁRDENAS, A Medieval Spanish Collectanea of Astron. Instruments, Journal of the Rocky Mountain Medieval and Renaissance Association 1, 1980, 21–28 – J. VERNET, Nuevos estudios sobre astronomía española en el siglo de Alfonso X, 1983 – J. SAMSÓ – M. COMES, Al-Ṣūfī and Alfonso X, AIHS 38, 1988, 67–76.

Libussa (tschech. Libuše), Gemahlin des ersten Fs.en der →Tschechen in der Přemyslidensage. Bei →Christian (992–994) erscheint sie als namenlose Wahrsagerin, die dem Volk der Tschechen die Gründung der Stadt →Prag und die Berufung eines Fs.en, der sie heiraten soll (Přemysl d. Pflüger; →Přemysliden), empfiehlt. Bei →Cosmas v. Prag (um 1120) ist L. Tochter und Nachfolgerin des Richters Krok, die auf Verlangen des Volkes einen geeigneten Mann (Přemysl d. Pflüger) aus dem Dorf Stadice (in Nordböhmen bei Teplice) findet, der durch die Heirat mit L. zum Fs.en wird. Erst dann gründet L. Prag. Eine eindeutige Analogie zu L. stellen Frauengestalten der ir. Mythologie dar. D. Třeštík

Q.: Cosmae Pragensis Chronica Boemorum, ed. B. BRETHOLZ (MGH SRG NS II, 1923), 9–19 – Legenda Christiani-Kristiánova legenda, ed. J. LUDVIKOVSKÝ, 1978, 16–18 – *Lit.:* V. KARBUSICKY, Anfänge der hist. Überl. in Böhmen, 1980 – A. MERHAUTOVÁ – D. TŘEŠTÍK, Ideové proudy v českém umění 12. století, 1985, 5–28.

Licentia ('Erlaubnis') nimmt im schul.-universitären Bereich seit der 1. Hälfte des 12. Jh. den bis heute gebräuchl. Inhalt des 'universitären Grades' an. Der intellektuelle Aufschwung des 12. Jh. führte zu zahlreichen Schulgründungen, vielfach von selbständigen →Magistern. Doch wahrte die Kirche ihr seit dem FrühMA bestehendes Lehrmonopol; manche Bf.e und Scholaster, bes. in Frankreich, forderten von allen, die in der betreffenden Diöz. Unterricht erteilen wollten, eine Lehrerlaubnis (l. docendi). Ursprgl. wurde diese von den kirchl. Autoritäten frei verliehen. Voraussetzung war wohl eine Prüfung der Fähigkeit des Kandidaten, v. a. aber Ablegung eines Gehorsamseides und Zahlung einer Gebühr. Seit ca. 1170 nahm Alexander III. Einfluß auf dieses Verfahren, das er schließlich durch can. 18 des III. Laterankonzils (1179) allg. regelte (freier Zugang aller befähigten Kandidaten, deren Fähigkeit aber ausschließl. die Scholaster zu beurteilen hatten, weitgehend kostenloser Erwerb der l.). Als sich zu Beginn des 13. Jh. die Schulen zu Univ. entwickelten (Paris, Oxford), war die Verleihung der l. ein steter Stein des Anstoßes zw. örtl. kirchl. Gewalt und Magistern, die nicht nur Eid und Aufnahmegebühr ablehnten, sondern auch die Mitwirkung eines Magister-Gremiums bei den Prüfungen, mit verbindl. Empfehlungen an den Vertreter des Bf.s, forderten. Durch päpstl. Intervention wurde 1213 den Pariser Magistern ein solches System gewährt. Die l., somit zum Univ.grad geworden, wurde dem Kandidaten auf Initiative der Magister zuerkannt, nach öffentl. Examen (→Disputation) und Nachweis ordnungsgemäßer Studien und persönl. Würdigkeit. Die feierl. Verleihung der l. oblag dem →Kanzler der Univ., der nicht nur als Repräsentant der bfl., sondern auch der päpstl. Autorität fungierte, die die Oberaufsicht über alle studia generalia hatte. Die l. war somit ein in der gesamten Christenheit anerkannter Grad (l. ubique docendi). In der Praxis erschwerten jedoch manche Univ. (bes. Paris) die Anerkennung auswärtiger Lizentiate. – Obwohl ursprgl. eines der wesentlichsten Elemente des Univ.slebens (Anerkennung des erfolgreich abgeschlossenen Studiums), wurde die l. schließlich zu einer bloßen Etappe innerhalb eines hierarchisierten Gradsystems; ihr ging der Grad des →Baccalaureus (ursprgl. nur Bezeichnung für fortgeschrittene Studenten) voraus, ihr folgte der Grad des Magister oder →Doctor, der (ohne weitere Studien) die feierl. Aufnahme des 'Lizentiaten' (licentiatus, erstmals belegt um 1215 in Paris) in das →Collegium doctorum und damit das Recht zu lehren markierte. Der Erwerb der l. gewährte nicht mehr die Lehrbefugnis, zumindest nicht im universitären Bereich. Doch begnügten sich viele Studenten (bes. in den jurist. Fächern), die kein universitäres Lehramt anstrebten, aus Ersparnisgründen mit der l. – Dieses System der l. setzte sich überall durch. Auch in den großen jurist. und med. Univ. des Mittelmeerraumes (→Bologna, →Montpellier), die aus Laienschulen hervorgegangen waren, führte der Papst zu Beginn des 13. Jh. bei der Gewährung von Gründungsprivilegien, die l. ein, die von der kirchl. Autorität (Archidiakon in Bologna, Bf. v. Maguelone in Montpellier) verliehen wurde. J. Verger

Lit.: G. POST, Alexander III, the L. docendi and the Rise of the Univ., Haskins Annivers. Essays, 1929, 155–177 – H. RASHDALL, passim – A. E. BERNSTEIN, Magisterium and Licence, Viator 9, 1978, 291–307 – O. WEIJERS, Terminologie des univ. au XIIIe s., 1987, 46–51, 385–390.

Licet iuris, nach seinen Anfangsworten benanntes, am 4. Aug. 1338 in Frankfurt erlassenes Gesetz Ks. Ludwigs IV., demzufolge das Recht auf Ausübung ksl. Herrschaft allein auf der einmütigen oder mehrheitl. Wahl durch die Kfs.en beruht und keiner Bestätigung durch den Papst oder einer sonstigen Instanz bedarf. Das »L.i.« war die Reaktion auf das Weistum des →Rhenser Kurvereins vom 16. Juli 1338, in dem eine ähnl. Feststellung gegen den Approbationsanspruch der Kurie getroffen worden war. Über dieses hinaus erklärt das »L.i.«, daß dem Gewählten als rechtmäßigem Ks. (nicht also nur als Kg.) Gehorsam zu leisten sei, andernfalls mache man sich des crimen laesae maiestatis schuldig. In einem gewissen Widerspruch dazu steht, daß die Datierung auch nach Kg.sjahren erfolgte. Das Gesetz ist nicht im Original erhalten. Maßgebl. ist die Überlieferung in der Aktensammlung des Nicolaus Minorita, hinzuzuziehen ist eine gekürzte Version in einer Schrift →Wilhelms v. Ockham. H. Thomas

Ed.: K. ZEUMER, Ludwigs d. Bayern Kg.swahlgesetz »L.i.«, NA 30, 1905, 85–112 – L. WEINRICH, AusQ 33, Nr. 89 [mit Übers.] – *Lit.:* H.-J. BECKER, Das Mandat »Fidem catholicam« Ludwigs d. Bayern, DA 26, 1970, 454ff. – E. SCHUBERT, Die Stellung d. Kfs.en ..., Jb. für w. dt. Landesgesch. I, 1975, 97ff. – J. MIETHKE, Ks. u. Papst im SpätMA, ZHF 10, 1983, 421ff. – H. THOMAS, Dt. Gesch. d. SpätMA, 1983, 200ff.

Lichfield, Stadt (Staffordshire, Mittelengland) und Bm. 669 berief Ebf. →Theodorus v. Canterbury Chad (→Ceadda), den er zugunsten von Wilfrid als Bf. v. York abgesetzt hatte, auf das vakante merc. Bm. und übertrug ihm L., einen geeigneten Missionsstützpunkt, als Bf.ssitz. Obwohl die Diöz. ihre entfernt liegenden Gebiete 679 verlor, blieb sie umfangreich. Als Mercien im 8. Jh. seine Macht ausdehnte, stieg auch die Bedeutung L.s als kirchl. Zentrum im merc. Kgr. Auf der sog. Streitsynode v. →Chelsea 787 löste Kg. Offa einen Teil des Metropolitanbereichs des Ebm.s Canterbury ab und unterstellte ihn dem Bf. v. L. mit Metropolitangewalt. Diese Veränderung wurde von Papst Hadrian I. 788 bestätigt, und L. wurde zum Zentrum eines Ebm.s, das von der Themse bis zum Humber reichte. Nach Offas Tod wurden die Metropolitanrechte von Canterbury wiederhergestellt, und die Synode v. Clovesho löste 803 das Ebm. v. L. auf. 822 wurde die Kanonikergemeinschaft der Kathedrale auf 20 Mitglieder festgelegt. 1075 erfolgte die Verlegung des Bf.ssitzes von L. (villa exigua bei Wilhelm v. Malmesbury) nach →Chester, 1102 nach →Coventry. Trotz seines Funktionsverlustes als Bf.ssitz entwickelte sich L. im 12. Jh. zu einem kirchl. Zentrum, wo die norm. Bf.e die Kathedrale erneut aufbauten, den Kirchhof befestigten und ein Kapitel nach norm. Regeln einrichteten, das an den Bf.swahlen von 1161 beteiligt war. Der Bf.ssitz gelangte wohl zeitweise erneut an L., als das Priorat v. Coventry 1143 in eine Burg umgewandelt wurde. Erst 1228 erhielt L. seine Stellung als Bf.ssitz endgültig zurück, als Papst Gregor IX. den Anspruch des Kanonikerkapitels v. L. anerkannte, die Bf. swahlen mit dem Mönchskapitel v. Coventry zu teilen. Künftig sollten beide Kapitel wählen und sich abwechselnd in Coventry und L. zur Wahl versammeln. Bf. Alexander Stavensby (1224-38) legte den Titel eines Bf.s v. Coventry ab und gab sich selbst den Titel eines Bf.s v. Coventry und L., den die Bf.e bis zum Episkopat von John Hacket (1661-70) führten, der den Titel in Bf. v. L. und Coventry abänderte. – Der heutige Kathedralbau, der v. a. aus dem 13. Jh. stammt, besitzt eine bedeutende Westfront. A. J. Kettle

Lit.: VCH Staffordshire XIV, 1990, 1-7, 9-11 – STENTON[3], s. v.

Lichfield Evangeliar (Gospels) → Book of Chad

Licht, Lichtmetapher

I. Quellen – II. Lichtterminologie – III. Symbolismus des Lichtes – IV. Philosophie – Theologie – Mystik – V. Lichtmetaphysik – VI. Literatur – Kunst – Architektur – VII. Naturwissenschaften – VIII. Übergänge.

I. QUELLEN: Die ma. L.theorien, auch wenn sie eigene Ausarbeitungen darstellen, sind von griech., neuplaton. und arab.-jüd. Q. abhängig. Das L. wurde in der Antike, der Patristik und der arab.-jüd. Tradition im Rahmen der →Optik, →Wetterbeobachtung, Ophtalmologie, →Physik, →Mathematik, Philosophie und Theologie untersucht. Die gesch. Rezeptionen, die zum MA führen, sind weitgehend geklärt (LINDBERG, 1975, 1976). Dabei ist zu beachten, daß die vielfältigen Methodenansätze der Tradition dazu beitragen, den ma. Bedeutungen von 'L.' eine Extension zu verleihen, die hermeneut. angemessen nur von versch. Zugängen – nicht von der Optik allein – zu klären ist.

II. LICHTTERMINOLOGIE: Das 'L.' (lumen) – gegenüber den privativen Begriffen tenebrae, caligo, umbra, caecitas abgegrenzt – hat seine 'Ursache' (als lux) in den astralen Körpern (sol, luna, sidera) und den unvergängl. Regionen (empyreum, caelum cristallinum, firmamentum, sphaerae, aether), deren Einflüsse durch 'Strahlen' (radii) in die sublunare Welt gelangen. Es manifestiert sich in den kosm. Erscheinungen (dies, nox, iris), durchwaltet die Elemente (ignis, aer, aqua, terra), ordnet die Stufen der Natur und die Skala der Farben, die nach ihrem L.wert bemessen werden. Als Akt des Diaphanum wird das 'sinnfällige L.' (lumen) vom höchsten, maximal lichten Sinn (visus, oculus, aspectus) wahrgenommen. Es ist in seinen Gesetzen, Ausbreitungsformen und Wirkungen geometr. explizierbar (linea, reflexio, refractio, multiplicatio, emissio, focus, pyramis, sphaera) und in einer differenzierten Semantik begriffl. bestimmbar als lux, lumen, color, fulgor, radius, ardor, splendor, claritas, diaphanum.

Diese Terminologie, die noch zu erweitern wäre (KOCH, 1960), gründet – neben gesch. Einflüssen – sachl. darin, daß das 'L.' die forma nobilissima der materiellen Welt ist und als Medium der visuellen, höchsten Sinneserkenntnis (excellentia inter omnes) eine Vorzugsstellung besitzt, die es nahelegt, die L.terminologie über das Materielle hinaus metaphor. auf das Gebiet immaterieller, geistiger Realitäten auszudehnen. Die L.metaphern sind für das MA auf den Gebieten der Lit., Malerei, Architektur, Ästhetik, Perspektive, Liturgie, Spiritualität, Volkskunde und Politik detailliert untersucht worden. Aber diesen Übertragungen liegen philos. und theol. Konzeptionen zugrunde.

III. SYMBOLISMUS DES LICHTES: Für die L.deutungen des frühen MA ist das L. auf der Rezeptionslinie der Areopagitica (→Dionysios, hl., C), weniger der auctoritas Augustini, ein 'Symbol', das im Sinnfälligen das Unsinnliche repräsentiert. Die Hermeneutik dieser Gleichnisbezüge setzt sachl. voraus, daß die Natur ein 'Abbild' (similitudo) des Schöpfers ist. Die frühen L.interpretationen stehen daher in naturalen, religiösen und sakralen Kontexten, die sich überschneiden, während sie hermeneut. den tradierten Verfahren von Metaphorik, Symbolik, Korrespondenz, Etymologie, Allegorie, Tropologie und Anagogie folgen. Diese Vielschichtigkeit der Sinnschichten ist zu beachten, wenn die Naturdinge, Steine, Pflanzen, Tiere, Farben und Artefakte, aber auch der Aufbau und Sehvorgang des Auges (oculus) lichtsymbol. gedeutet werden. Ähnliches gilt vom Kosmos, der als theophania verstanden wird (Johannes Scottus Eriugena), von den Korrespondenzen zw. Mensch, Weltordnung und Gesch., dem Ausdruck des 'lebendigen L.es' sind (Hildegard v. Bingen), von den astralen L.regionen, die antikisierend (Bernardus Silvestris) und allegor. (Alanus ab Insulis) interpretiert werden. Die L.symbolik geht ebenso in die Struktur der myst. Einigung als lucens in luce ein (Viktoriner), aber auch in die Interpretation der Gesch., deren Verlauf (Rupert v. Deutz) und Vollendung (Joachim v. Fiore) als manifestatio Trinitatis erscheint. Dabei ist zu beachten, daß in diesen Auslegungen das exakte Verhältnis zw. 'Natur' und 'Symbol' noch ungeklärt bleibt, so daß neben physikal. L.deutungen secundum naturam et litteram (Chartres) unvermittelt die dionys. Spekulationen stehen, die dann später – in der Mystik – auf eine 'theopanist. Einheit' tendieren, vergleichbar dem L., das im Erleuchteten mit 'eins' ist.

IV. PHILOSOPHIE – THEOLOGIE – MYSTIK: Die Rezeption des Corpus Aristotelicum (→Aristoteles), der gr. Schr. zur Optik (Galen, Euklid, Ptolemaios, Tideus, Heron v. Alexandria) und der arab. Werke (Al-Kindī, Ḥunain [→Johannitius], Ibn al Haiṭam, Avicenna, Averroes) hat dazu beigetragen, die ma. L.studien auf die Gebiete der →Geometrie, →Anatomie und Physiologie auszudehnen. Die Optik wurde in den Kanon der 'subalternativ' gestuften Wissenschaften integriert, an deren Spitze die Philosophie stand. Für die Theologie ist der Einfluß der Areopagitica zu beachten. Da die Grenzen zw. den Wissenschaften durchlässig blieben, sind method. versch. L.deutungen – häufig für denselben Autor – kennzeichnend. Die eindrucksvollste, in ihrer gesch., exeget. und systemat. Synthese einzigartige Konzeption einer L.kosmologie gibt Robert Grosseteste: das 'L.' (lux) – als primum motivum corporale – dehnt, von einem L.punkt expandierend, in einer multiplikativ, unendl. und gleichmäßig verlaufenden Radiation die simultan geschaffene Materie zur Weltkugel (sphaera) aus, an deren Peripherie das Firmament entsteht, ebenso das sichtbare 'L.' (lumen), durch dessen Rückstrahlung die astralen Regionen und die Formen der sublunaren Regionen konstituiert werden, so daß entsprechend der L.ausbreitung, wie Grosseteste im Detail darlegt, die Bewegungen der Dinge secundum angulos, lineas et figuras explizierbar sind (MCEVOY, 1982). Da das 'L.' als prima forma corporalis, geometr. explizierbar ist, könnte man von einer beginnenden 'Mathematisierung der Natur' sprechen. Ähnl. vielschichtige, aber weniger geschlossene L.theorien findet man bei Bonaventura, Albertus Magnus, Roger Bacon und Witelo. Dagegen unterstreicht Thomas v. Aquin, daß das 'L.' (lux, lumen), das der Erfahrungswelt angehört, nicht die 'substantielle Form' der Dinge ist und als manifestatio über die Analogie nur 'metaphor.' auf den Intellekt, den Engel und Gott übertragen werden kann. In der späten Mystik zeichnet sich eine geänderte Bewertung der L.motivik ab, weniger für Meister Eckhart, der die Einheit der Seele, auch des Seienden mit Gott noch im Rahmen der lumen-aer-Analogie bestimmt. Aber die Implikationen des L.modells ändern sich, wenn Gott als 'hellichtes Dunkel', der kreatürl. Lebensweg als 'vinster weg' (Tauler) und die Vernunft als 'falsch liecht' (Franckforter) verstanden werden. Die philos. L.begriffe, die die Strukturen des Seienden, auch der Vernunft, an opt. Modellen auslegen, treten zurück.

V. Lichtmetaphysik: Der von Baeumker (1908) geprägte Terminus 'L.metaphysik' hat eine überraschend breite Resonanz gefunden. Der Begriff wurde ursprgl. in der Interpretation Witelos und des Liber de intelligentiis gebraucht, um zu verdeutlichen, daß die aus der göttl. 'Quelle' ausstrahlenden Formen, Kräfte und Ordnungen durch das 'sichtbare L.' (lumen) übertragen werden, das selbst die allg. körperl. Form der Dinge (corporeitas) ist. Diese 'L.metaphysik' ist auf die neuplaton. Konzepte von Exemplarität, Influenz und Form zugeschnitten. Aber wenn man – in der Nachfolge des Aristoteles – das Gegenstandsgebiet (subiectum) der Metaphysik kausal analysiert, dann ist die Ursache des Seienden, insofern es seiend ist, nicht als 'L.' anzugeben. Der Terminus 'L.metaphysik', der sich im MA nicht findet, wäre besser – wie es heute zunehmend geschieht – durch 'Philosophie des L.es' zu ersetzen.

VI. Literatur – Kunst – Architektur: Für die Lit. ist die L.metaphorik des →'Auges' detailliert untersucht (Schleusener-Eichholz, 1985). Aber grundsätzl. ist dabei zu beachten, daß die ma. L.ästhetik auf versch. Ebenen konzipiert wird. In philos. Hinsicht, bei Ulrich v. Straßburg, manifestiert das 'über die Materie glänzende L.' (splendens super materiam) die claritas, auch die consonantia der 'Form', durch die ein Ding ontolog. 'schön' ist. Dagegen führt für Dante der 'in L. modellierte' Heilsaufstieg des Menschen in die 'blitzartig' überlichtete Schau des 'dreieinigen', 'sich selbst leuchtenden', 'ewigen L.es' (luce eterna), dessen 'Widerschein' (riflissione) in den Ordnungen des Kosmos aufglänzt. Die Frage, inwieweit sich die Bedeutungsschichten des L.es nicht nur exegetisch, sondern konstruktiv auf die Kunst und v. a. auf die Malerei (Schöne, 1954) ausgewirkt haben, ist für die ma. Sakralarchitektur – mit Blick auf Suger v. St-Denis – kontrovers beantwortet worden. Der Annahme einer Beziehung zw. 'dionys. L.metaphysik und got. L.fülle' (v. Simson, 1962) steht entgegen, daß die 'gebaute Kathedrale', auch in ihrer 'diaphanen Struktur' (Jantzen, 1957), eigenen, techn. Gesetzen folgt, deren anagog. Interpretation (ut eant per lumina vera ad verum lumen, ubi Christus ianua vera) 'nachträgl.' ist.

VII. Naturwissenschaften: Die opt. Studien, die im MA noch philos. Implikate – etwa die multiplicatio specierum – enthalten, erstrecken sich auf die Gebiete der Perspektive, Augenanatomie, Wetterbeobachtung und Astronomie. Während bei Grosseteste die L.theorie eine kosmolog. Extension besitzt, gewinnt die geometr. und physiolog. Optik bei Bacon, Peckham, Witelo u. a. Autoren – auch in zunehmender Verarbeitung der griech.-arab. Q. – eine bemerkenswerte Präzision: Es handelt sich bei die Analyse des Sehfeldes, des visuellen Strahlenverlaufs, der Augenanatomie, die allerdings noch geometr. Gesetzen nachgeordnet bleibt, der L.ausbreitung in Linie, Pyramide und Sphäre, der Reflexion, Refraktion und Projektion des L.es in Medien, Linsen, Spiegeln u. um die Skala der Farben, in der erstmals die Strahlenbrechung der Iris geklärt wird (Lindberg, 1976). Aber entscheidender sind die method. Auswirkungen, da die Optik, die der Geometrie 'subalterniert' ist, nicht nur eine mathemat. Rekonstruktion der L.ausbreitung zuließ, sondern auch exakte Beobachtung, ansatzhaft Experimente und tabellar. Auswertungen nach sich zog und zur Konstruktion von →Instrumenten führte (Glas, Linsen, beryllus), durch das visuelle Erfahrungsfeld erweitert wurde. Dies scheint der Moderne nahe. Aber es bleibt zu berücksichtigen, daß die ma. Optik noch prinzipiell die Korrespondenz von 'L.' und 'Auge' unterstellt, daß man die Frage des 'Experimentes' zurückhaltend beantworten muß und daß die scientia experimentalis nicht primär inventiv angelegt ist, sondern retrospektiv, da sie theoret. Erkenntnisse nachträgl. durch Erfahrung bestätigt und traditionell nach den 'Ursachen' sucht. Daher ist die These, daß in der Optik die 'Anfänge der experimentellen Wissenschaft' (Crombie, 1953) liegen, nur mit erforderl. Differenzierungen zu rechtfertigen.

VIII. Übergänge: Die L.theorien des späten MA sind im Detail noch nicht erforscht. Es scheint aber, daß sich Kontinuität und Neuansatz auf vielfache Weise überschneiden. Dafür paradigmat. ist Nikolaus v. Kues, der einerseits die alte L.symbolik übernimmt, aber sie doch in das neue, vom 'Geist' (mens) geometr. konstruierte Modell der pyramis lucis et tenebrarum integriert, das ein inventives Mittel zur Erforschung der Welt ist. Man findet vergleichbare Überschneidungen in der Analyse der opt. und semant. Implikate der 'intuitio', der Entwicklung der 'Zentralperspektive' oder in der erstmals korrekten Darstellung des Sehvorganges, die Kepler durch den Aufweis des umgekehrt-seitenverkehrten 'Bildes' (pictura) auf der Netzhaut gibt. Andererseits aber bleibt es bemerkenswert, daß mit der beginnenden Übertragung der L.motivik auf die Epochenbegriffe von enlightment, siècle des lumières, secolo di luce, época de la ilustración oder 'Aufklärung' gerade die Zeit, die die Erkennbarkeit der Dinge vorrangig am Leitfaden der L.metapher expliziert hatte, nunmehr als 'temps ténébreux' verstanden wurde.

K. Hedwig

Lit.: Cl. Baeumker, Witelo, BGPhMA III, 2, 1908 – A. J. Crombie, R. Grosseteste and the Origins of Experimental Science, 1953 – W. Schöne, Über das L. in der Malerei, 1954 – O. v. Simson, The Gothic Cathedral, 1956 [dt. Übers. 1968] – H. Jantzen, Kunst der Gotik, 1957 – J. Koch, Über die L.symbolik, Studium Generale 13, 1960, 653–670 – G. Federici Vescovini, Studi sulla prospettiva medievale, 1965 – D. C. Lindberg, A Catalogue of Medieval and Renaissance Optical Mss., 1975 – Ders., Theories of Vision from Al-Kindi to Kepler, 1976 [dt. Übers. 1988] – K. Hedwig, Sphaera Lucis, 1980 – J. McEvoy, The Philosophy of R. Grosseteste, 1982 – G. Schleusener-Eichholz, Das Auge im MA, 2 Bde, 1985 – P. Rossi (Hg.), Metafisica della luce, 1986 – K. H. Tachau, Vision and Certitude in the Age of Ockham, 1988.

Lichtgaden → Obergaden

Lichtsymbolik → Licht

Licicaviki. In der ältesten sicheren Nachricht zur Gesch. Polens bezeichnet Widukind v. Corvey mit L. slav. Untertanen des Fs.en →Mieszko I. (einzige Erwähnung des Namens in ma. Q.). Da er die L. im Zusammenhang mit den Kämpfen zw. Sachsen, →Redariern und Polen (zum Jahr 963) erwähnt, hat man in ihnen einen Stamm nahe der Oder vermutet: in Westpommern (als Beleg für die frühe poln. Expansion n. über die Netze hinaus) oder w. der Oder (im Bereich poln. Herrschaft im Raum →Lebus – so zuletzt Fritze). Möglicherweise bezeichnete der Chronist alle Untertanen Mieszkos. Die Bezeichnung L. ist dann – als Patronymikon – vom Namen 'Lestik' (= Leszek) abzuleiten, den Mieszkos Großvater trug, und sie könnte sich in den bei Konstantin Porphyrogennetos gen. 'Litzike' wiederfinden (Łowmiański). Ch. Lübke

Lit.: SłowStarSłow III, 56 – H. Łowmiański, Początki Polski V, 1973, 481f. – W. H. Fritze, Zur Frage der L. bei Widukind v. Corvey (Fschr. der landesgesch. Vereinigung..., 1984), 49ff. – O. Kossmann, Polen im MA II, 1985, 59f.

Licinius, röm. Ks. 308–324. Aus bäuerl. Verhältnissen stammend, zeichnete er sich in den Kriegen des →Galerius militär. und diplomat. aus. Von →Diokletian adoptiert, wurde er auf der Ks.konferenz in Carnuntum (308) zum Augustus der w. Reichshälfte (mit Rätien und Pannonien als unmittelbarem Herrschaftsbereich) erhoben. Als Konstantin gegen →Maxentius vorrückte, schloß L. mit Konstantin ein Bündnis, das nach dessen Erfolg an der Milvischen Brücke durch eine Eheschließung mit →Constantia, der Schwester des Siegers, besiegelt wurde. Im sog. Toleranzedikt v. Mailand (313) versprach L. unter Konstantins Druck den bedrängten Christen des O völlige Religionsfreiheit. Durch einen Sieg gegen →Maximinus Daia bei Adrianopel wurde er Herr sämtl. ö. Prov.en. Sein brutaler Charakter offenbarte sich bei der Ausrottung der Familien des Maximinus, Severus und Galerius. Trotz vorübergehender Versöhnung begann er mit einer Benachteiligung der Christen (Verbot von Synoden, Absetzung chr. Beamter usw.), so daß sich Konstantin zur endgültigen Ausschaltung der Rivalen entschloß. Nach der entscheidenden Niederlage bei Chrysopolis (324) wurde L. zunächst begnadigt und in Thessalonike interniert, wegen eines Versuches, mit Hilfe der Goten den Thron zurückzuerlangen, durch ein Urteil des röm. Senats hingerichtet (325). Sein Name verfiel der damnatio memoriae, seine Gesetze wurden aufgehoben. R. Klein

Lit.: RE XIII, 222ff. – H. Feld, Der Ks. L., 1960 – A. Demandt, Die Spätantike, HAW III 6, 64ff.

Lidwina (Liedewij, Lydewy), **Peterdochter v. Schiedam,** hl. Mystikerin, * 18. März 1380 in Schiedam, † 14. April 1433 ebd. Etwa fünfzehnjährig brach sich L. eine Rippe und erkrankte zunehmend. Nach und nach stellten sich zahlreiche Visionen und Erscheinungen ein, desgleichen Hostienwunder. Seit ihrem 34. Lebensjahr konnte L. keine Nahrung mehr zu sich nehmen und blieb schlaflos. Sie wurde als lebende Hl. bekannt, besucht u. a. von Gfn. Margareta v. Holland und Hzg. Johann v. Bayern. 1425 mißhandelte sie die Soldateska des burg. Hzg.s Philipp d. Guten, die in ihr nur ein Beispiel von Hypokrisie oder ein natürl. Mirabile sah. – Mndl. und mehrere lat. Viten.
P. Dinzelbacher

Lit.: BHL 4922–4927 – Bibl.SS VIII, 45f. – DSAM IX, 1269f. – P. J. Stolk, De maagd van Sch., 1980 – H. van Oerle, Liedwy v. Sch. (Religiöse Frauenbewegung und myst. Frömmigkeit im MA, hg. P. Dinzelbacher–D. Bauer, 1988), 395–404 – L. Jongen – C. Schotel, Niet alleen de lasten, ook de lusten, Tweemaandelijks tijdschrift over Nederlandse letterkunde 7, 1990, 203–211 – P. Dinzelbacher, Mirakel oder Mirabilien? [im Dr.].

Liébana, Santo Toribio de, span. Kl. (bei Potes in der Gegend von L., Prov. Santander), soll schon in der Westgotenzeit bestanden haben, ist aber erst 828 urkdl. bezeugt (damals Martinspatrozinium; Turibiuspatrozinium seit dem 12.Jh.). Die übl. Identifizierung mit dem Kl., in welchem im 8.Jh. →Beatus v. L. wirkte, ist nicht zweifelsfrei gesichert. Um die Mitte des 10.Jh. erlebte die Mönchsgemeinschaft unter Abt Opila einen kräftigen Aufschwung, doch schon nach kurzer Blütezeit scheint der Verfall eingesetzt zu haben; die spärl. Überlieferung läßt nichts Bedeutendes mehr erkennen. 1183 wurde S.T. Priorat der Abtei San Salvador de →Oña (Prov. Burgos).
J. Prelog

Q.: Cartulario de S.T. de L., ed. L. Sánchez Belda, 1948 – *Lit.:* A. Linage Conde, Los orígenes del monacato benedictino en la Península Ibérica II, 1973, 689–697.

Liebe

I. Theologiegeschichtlich – II. Mentalitäts- und literaturgeschichtlich.

I. Theologiegeschichtlich: Der auch im antiken Sprachgebrauch affektbetonte Begriff L. = caritas (amor dilectio) wurde im Chr.-Lat. mit neuen Deutelementen der bibl. Botschaft von der agape angereichert. »Gott ist die L.« (1 Joh 4,16). »Die L. Gottes ist durch den Hl. Geist ... in unsere Herzen ausgegossen« (Röm 5,5). In der Theol. des →Dreifaltigkeit Gottes und in der Gnadenlehre reflektieren die patrist. und scholast. Theologen die Offenbarung und die Entäußerungsbewegung der L. Gottes in Schöpfung und Heilsgesch.: Identität und Differenz der ungeschaffenen und geschaffenen L., sich schenkenden und verlangenden L. (agape und eros), gnadenhaften und tugendl. L., ont.-phys. und ekstat. L. sind Themen der ma. Theologen. Augustinus hat in einer für die lat. Kirche und Theol. bestimmenden Weise die trinitar., pneumatolog. und gnadentheol. Bedeutung der L. in der Schriftauslegung (v. a. zu Joh), in den systemat. Werken (v. a. De trin.) und in den antipelagian. Schriften (v. a. De spiritu et littera) begründet. In der Synthese von schenkender und erhebender, suchender und findender L. (caritas und amor) schuf er (v. a. in den Confessiones) den komplexen Typos der neuplaton.-augustin. Tradition der L. (im Unterschied zur neuplaton.-dionys.). Erkennen und Lieben begründen sich wechselseitig. Gegen die erbsündige Begehrlichkeit (eros = cupiditas) muß die obsiegende Kraft der caritas wirksam werden. Der selbstliebende eros wird aufgehoben in die gnadenhafte caritas. Die ekstat. L. bleibt aber immer eine Frucht der demütigen Selbsterniedrigung in der Nachfolge Christi. – In der Augustinus-Renaissance des 12.Jh. wurde dieses Erbe fruchtbar. Der frühscholast. Traktat »De caritate« (ed. Wielockx) aus der Schule des Anselm v. Laon und dessen Nachfolger Walter v. Mortagne wirkte weiter in Abaelards Theologia, in der Summa Sententiarum (c. 1138–40), in De sacram. des Hugo v. St. Viktor und bei Petrus Lombardus (Sent. III. d.27 c.1, ed. 162). Gnadenhafte Gottesl. in ihrer Vollform ist die selbstlose »desinteressierte« L., die v. a. Abaelard in seinen Schriften geltend machte (vgl. Römerbriefkomm. 7,13). Von den drei Denkmodellen der L., Gatten-, Freundes- und Kindesl. wurde in der patrist. Theol. für die Gottesl. das letztere bevorzugt; im 12.Jh. wurde das 2. Paradigma wirksam. Petrus Lombardus beschrieb Sent. III d.27–32 die caritas in der ganzen Bandbreite von Gottes-, Selbst- und Nächstenl. bis zur Feindesl. Die Gattenl. erwähnt er im Ehetraktat (Sent. IV d.26 c.6). Seine These: Die L., mit der wir Gott lieben, ist keine andere als die L., mit der Gott uns liebt (ebd. d.32 c.1, ebenso I d.17 c.1–3), ist in der scholast. Theol. umstritten. Wie Petrus Lombardus erörtern fortan die Kommentarwerke die L. als →Tugend, und zwar in ihrem Akt und Habitus (Bonav. Sent. III d.27), als spezielle und größte Tugend, als »forma virtutum« (Thomas v. Aquin, S.th. II^a, II^a q.23). – Im trinitäts- und gnadentheol. Kontext erfuhr der Begriff der L. die unvergleichl. theol. Vertiefung. Richard v. St. Viktor entwikkelte mit der trinitar. Idee des Liebenden, Geliebten (»condilectus«) und des Bandes der L. eine Phänomenologie der L., deren trinitar. Dynamik auch in der menschl. L. erfüllt. Mit der Unterscheidung von »amor gratuitus« und »a. debitus«, geschenkter und geschuldeter L. (De trin. V. c.16), bezog er auch die leidende L. ein. Bonaventura nahm diese Tradition der erbarmenden Kreuzesl., die sich dem Schuldigen zuwendet und in diesem aus vergebender L. Gegenl. erweckt, in seine systemat. und myst. Schriften auf. – Im 12. und 13.Jh. wurde die augustin.-neuplaton. Tradition der L. angereichert durch die dionys. Theol. der übernatürl.-ekstat. L. sowie durch die Idee der antiken Freundschaftsl. Diese Elemente verbanden sich in der L. der Braut→Mystik (des Hld), der Gottesfreundschaft, der franziskan. und dominikan. Mystik und der→devotio moderna zu einer neuen Einheit (s. Abschnitt II). Die neuplaton.-dionys. Überlieferung der seinsformenden, schöpfer. L. (vgl. Dionysius, De divin. nomin. c. 4) ist von Joh. Scottus (9. Jh.) an über Honorius Augustodunensis (Clavis physicae, c. 67) bis in die Dominikanerschule des 13. und 14. Jh. und darüber hinaus bis ins SpätMA (Nikolaus v. Kues) wirksam. Die L. (amor) ist zielbestimmende Kraft jeder kosm. Bewegung (vgl. Boethius, De philos. cons. II me 8; Dante, Div. Comm. Par. c. 33 Schlußvers). Wilhelm v. Auxerre, Philipp d. Kanzler, Albertus Mag., Sup. Dionysium De divin. nomin. c. 44 n. 124–146 und Thomas v. Aquin begründeten die ont. Dignität der L. schöpfungstheol. und metaphys. (vgl. Thomas v. Aquin S. th. II^a II^{ae} q. 23 a. 2). In der neuplaton. Dominikanerschule in Paris blieb diese Idee dominant (vgl. auch Berthold v. Moosburg, Expos. sup. Element. theol. Procli, ed. STURLESE, 122, 202f.). Thomas verband die sog. phys. und ekstat. L. in der Lehre von der übernatürl., erhebenden L., die alle partialen Tugenden umfaßt und auf das allumfassende Gute hin aufhebt, so daß die sittl. Vollkommenheit im »uti« der zeitl. Güter ihre eschatolog. Vollendung im »frui« der Gottesl. erfährt. In dieser Anspannung ist die Gottesl. intensiv unendl. steigerbar; kann aber auch verlustig gehen. Die gnadenhafte L. ist nicht nur Formalgrund, sondern zugleich Wirk- und Finalgrund. Weil die schöpfer. L. alles Seiende in seiner transzendentalen Einheit und Güte bestimmt, ist die Selbstl. des geistbegabten Geschöpfes Spiegel der Selbstl. Gottes. Während Thomas v. Aquin das Paradigma von der freundschaftl. L. für die zeitl. und ewigkeitl. Gottesgemeinschaft gelten ließ, weil Gottes gnadenhafte L. die Ungleichen gottähnl. macht, fordert Joh. Duns Scotus für die Gottesl. »superamicitia« (Oxon. III d. 27 q. n. 20), weil die Ungleichheit mit Gott auch in den Gerechtfertigten bleibt. – In der spätma. Theol. ist eine fortschreitende ont. Depotentierung und Moralisierung der L. zu beobachten: die übernatürl. erhebende L. wird weitgehend mit der psych. erfahrbaren L. gleichgesetzt, der dialog.-korrespondierende Charakter der göttl. L. wird verkannt und der inwendige Bezug der L. zur eschatolog. Seligkeit übersehen. L. Hödl

Lit.: DSAM II, 569–600 – DThC II, 2217–2266 – HThG III, 7–26 [Lit.] – HWPh V, 296–303 – LThK VI, 1031–1038 – H. ARENDT, Der L. begriff bei Augustin, 1923 – A. NYGREN, Eros und Agape, 1930, 1937 – P. ROUSSELOT, Pour l'hist. du problème de l'amour au MA, 1934^2 – Z. ALSZEGHY, Grundformen der L. ... beim hl. Bonaventura, 1946 – R. ROQUES, L'univers dionysien, 1954 – Dt. Thomas Ausg. 17 A-B (H. M. CHRISTMANN), 1959, 1966 – D. BARSOTTI, La dottrina dell'amore nei Padri della Chiesa fino a Ireneo, 1963 – R. WIELOCKX, La sentence »De caritate« ..., EThL 58, 1982, 50–86, 334–356; 59, 1983, 26–45 [50–54 Lit.].

II. MENTALITÄTS- UND LITERATURGESCHICHTLICH: L., hier verstanden als die zw. zwei Individuen bestehende gegenseitige emotionelle Anziehung, impliziert (zumindest tendenziell) Sexualität, erstreckt sich aber auch auf alle Seinsgebiete, an denen die geliebte Person idealiter partizipiert und wird als zentrales Lebenselement empfunden. Wiewohl die Gesch. der Emotionen einen Kernbereich der Mentalitätsgesch. bildet, wurde L. im MA bislang meist eingeengt als bloß lit. Konzept und kaum als hist. Größe untersucht. Die herkömml. Betrachtungsweise von L. als epochenunabhängiger anthropolog. Konstante ist entspringt einer quellenmäßig nicht abgedeckten Rückprojektion gegenwärtiger Gegebenheiten. Die jeweils zeittyp. Form der Entwicklung muß aus den profanen wie aus den geistl. Q. erschlossen werden.

Die Q. des FrühMA kennen L. im oben gen. Sinn nicht. Es gibt zw. dem 5. und 10. Jh. im W weder profane L.slyrik, noch L.sromane, noch chronikal. Nachrichten von L.sbeziehungen oder Selbstmord aus unglückl. L. Die in diesem Zusammenhang oft gen. ae. »Frauenlieder« sind in ihrer Deutung derart umstritten (z. B. geistl. Allegorien, Beziehung eines Gefolgsmannes zu seinem Herrn), daß sie nicht herangezogen werden können; die Jarchas sind erst ab Mitte des 11. Jh. belegbar und entstammen einem chr.-roman./jüd./islam.-arab. Mischgebiet, werden von hebr. schreibenden Dichtern zitiert und sind auf den mozarab. Bereich beschränkt, daher für das w. FrühMA nicht aussagekräftig. Die strukturell ähnl. – höf. – altptg. Cantigas de amigo sind erst vor dem 12. Jh. nachweisbar. Daß die vielzitierten ahd. »winileodos« anderes als Geselligkeit oder Fruchtbarkeit besangen, bleibt unerweisl. Die Gedichte des Venantius Fortunatus an Radegunde bedienen sich zwar Formeln der antiken L.selegie, mit denselben wendet er sich aber auch an ihm unbekannte Empfänger. »In amorem ruere« meint im FrühMA nachweisl. nicht 'sich verlieben', sondern 'von sexueller Begierde ergriffen werden' (z. B. Gregor v. Tours, Hist. Fr., 9, 27). Die myst. L. zw. Gott und Seele wird nach Gregor d. Gr. kein Thema des religiösen Schrifttums mehr; namentl. die Unio mystica bleibt unbekannt. Der frühma. Gläubige erscheint gefangen im Timor Dei, der Gottmensch steht ihm noch deutl. weniger als Liebender und Leidender vor Augen, denn als kgl. Richter. – Die karol. Freundschaftsbriefe (z. B. zw. Bonifatius und Eadburg) und -gedichte (bes. Alkuins) enthalten gelegentl. Formulierungen individuellen gegenseitigen Fühlens, jedoch handelt es sich um geistl. Geschwisterliebe – das intensivste, was im frühen MA formuliert wurde. Alkuin spricht Christus als »habitator in pectore« (MGH Epp. IV, 143, 151) an. Ihn paraphrasiert Otfrid v. Weißenburg, den den Erlöser als »süßes Lieb«, »Herzensliebi« apostrophiert (V, 11, 30; V, 7, 29f.).

Diese Gegebenheiten werden unterschiedl. interpretiert. Die mangelnde Schriftlichkeit der Laien hinderte nicht, daß von Mönchen u. a. zahlreiche unchr. Zaubersprüche und Rätsel aufgezeichnet wurden; hätte es L.sdichtung gegeben, müßten wenigstens Frgm. e erhalten sein. Nimmt man das Fehlen einer emotionellen Gottes- oder Christusl. im wohlüberlieferten geistl. Schrifttum dazu, kann der Befund nur lauten, daß die der röm. Kultur in etwa bekannte Konzeption von L. nach der Vereinigung mit den mentalitätsgesch. auf anderer Stufe stehenden Germanen nicht weiterexistierte. Die Beziehungen zw. den Geschlechtern erscheinen auf Sexualität und habituelle Vertrautheit reduziert. Die Beziehung zu Gott ist geprägt von respekt- bis angstvoller Distanz. Nur bei wenigen karol. Intellektuellen zeigt sich eine darüber hinausgehende, aber nicht ausgeführte Tendenz zu L. im Sinne der weiteren Entwicklung.

Zur »bestürzend neuen« (H. EGGERS) Entdeckung der L. im HochMA kommt es im geistl. wie weltl. Bereich erst im späten 11. und im 12. Jh. Zwei soziale Orte (mit zahlreichen Interrelationen) sind es, an denen sich diese Entdeckung vollzieht: das Kl. und der Hof, beide nicht mehr unbeeinflußt von der neuen Stadtkultur. Zwei Richtungen nimmt diese L. – programmat. für die weitere europ. Gesch. –, die der nach der Vereinigung schon im Leben drängenden myst. Christusl. und der ird. L., der Sehnsucht zw. den Geschlechtern. Folgende Neuerungen verweisen auf einen tiefgehenden Mentalitätswandel: L. wird Zentrum des lyr. wie des ep. Dichtens: →Vagantendichtung, →Trobadors, →Trouvères, →Minnesang; höf. →Roman. Die Reflexion des (Rollen-)Ichs auf seine Empfindungen, der Dialog des L.spaares werden (teilw. nach antikem Modell) in die Lit. eingeführt. Dazu kommen die ersten theoret. Reflexionen über L., das minnedidakt. Fachschrifttum der Artes amandi, →Andreas Capellanus, »De amore«; →Hartmann v. Aue, »Büchlein«. Antike L.sdichtung erlebt durch hs. Verbreitung und volkssprachl. Bearb. eine Renaissance (→Ovid im MA). Die Geschichtsschreibung berichtet erstmalig von »romant.« L.sbeziehungen, z. B. zw. Sibylle v. Jerusalem und Guy v. Lusignan (Heirat 1180). Ausdrucksstärkste Zeugnisse sind der Briefwechsel zw. Abaelard und Heloise, sei er authent., sei er eine geniale Fälschung (spätestens Anfang 13. Jh.), und die Tristandichtung Gottfrieds v. Straßburg. L. wird etwa gleichzeitig zum Zentrum des geistl. Schrifttums: in der neu entstehenden Mystographie, den Christus-Meditationen (etwa Anselms v. Canterbury), der Exegese des Hld (grundlegend Bernhard v. Clairvaux), der Mariendichtung, den zahlreichen theol. Traktaten über die L. zw. Gott und Mensch und zw. den Personen der Trinität (z. B. Wilhelm v. St. Thierry, »De natura et dignitate amoris«; Bernhard v. Clairvaux, »De diligendo Deo«; Richard v. St. Viktor, »De Trinitate«). In der Ehelehre werden erstmals Zuneigung und Gegenseitigkeit thematisiert (Hugo v. St. Viktor, Petrus Lombardus). Als wohl erster beschreibt Rupert v. Deutz ein als Unio mystica zu deutendes L.serlebnis (intimer Kuß) mit Christus (»Super Matth.« 12, CCCM 29, 373, 383). Analoge Szenen werden bes. in der Frauenmystik sehr häufig, die bei Hadewijch und Mechthild v. Magdeburg Höhepunkte erot. Gottesminne erreicht. Dazu treten seit ca. 1100 ikonograph. Neuschöpfungen (Braut und Bräutigam, Ecclesia-Christus, in liebender Umarmung, einander küssend). Sehnsucht nach L. und Leid um das geliebte Wesen in sentimentaler Weise sowie der Wunsch nach Gegenseitigkeit kennzeichnen das (im profanen Bereich fast ausschließl. von Männern formulierte) hochma. L.sideal – damit wird erstmals, wenn auch beschränkt auf diesen einen Bereich, eine nichteschatolog. Gleichstellung der Geschlechter gedacht.

Im SpätMA sind mehrfach Lebensschicksale bezeugt, für die L.serlebnisse entscheidend waren: Peter I. v. Kastilien – Inés de Castro; Albrecht III. v. Bayern-München – Agnes Bernauer. Das anfängl. elitäre L.skonzept dringt ab dem 14. Jh. auch ins Bürgertum ein, wo es z. B. im Meistersang und im Volksbuch (»Tristan und Isolde«) (nach)formuliert wird. Auch die Großen der spätma. Dichtung wie Dante oder Chaucer scheinen keine grundsätzl. Änderungen im L.sverständnis mehr zu bringen. Allerdings werden neue Formen seines Ausdrucks entwickelt, bes. →Minneallegorien. Analoges gilt für den religiösen Bereich, speziell für die Christusmystik z. B. einer Angela v. Foligno, Adelheid Langmann, Margareta Ebner usw., die in persönl. Erleben umsetzen, was Bernhard noch allegor. beschrieben hatte. Die archaisierenden Formen der Geschlechter- und Gottesbeziehung bleiben daneben jedoch weiter existent. – Es scheint, daß die homosexuelle L. (→Homosexualität) in die skizzierte Entwicklung einbezogen war (J. BOSWELL). Die L. zw. Eltern und Kindern dürfte dagegen im ganzen MA von mehr Konstanz geprägt gewesen sein als die zw. den Geschlechtern (→Kind). P. Dinzelbacher

Lit.: R. NELLI, L'érotique des troubadours, 1963 – P. DRONKE, Medieval Latin and the Rise of European Love-Lyric, 1965/66 – L. POLLMANN, Die L. in der hochma. Lit. Frankreichs, AnalRom 18, 1966 – L. SEPPÄNEN, Zur L.sterminologie in mhd. geistl. Texten, 1967 – J. E. MOORE, Love in Twelfth-C. France, 1972 – H. KUHN, L., Gesch. eines Begriffes, 1975 – D. D. R. OWEN, Noble Lovers, 1975 – L. TH. TOPSFIELD, Troubadours and Love, 1975 – R. BOASE, The Origins and Meanings of Courtly Love, 1977 – J. CHYDENIUS, Love and the Medieval Tradition, 1977 – L'érotisme au MA, hg. B. ROY, 1977 – H. EGGERS, Die Entdeckung der L. im Spiegel der D. Dichtung der Stauferzeit, Herrenalber Texte 2, 1978, 10–25 – J. LECLERCQ, Love and Marriage in Twelfth-C. Europe, 1978 – P. DRONKE, The Song of Songs and Medieval Love-Lyric, Mediaev. Lovan. I/VIII, 1979, 236–262 – J. LECLERCQ, Monks and Love in Twelfth-C. France, 1979 – Love and Marriage in the Twelfth C., Mediaev. Lovan. I/VII, 1981 – P. DINZELBACHER, Über die Entdeckung der L. im HochMA, Saeculum 32, 1981, 185–208 – L. als Lit., hg. R. KROHN, 1983 – L. D. BENSON (15th C. Stud., hg. R. F. YEAGER, 1984), 237–257 – G. DUBY, Que sait-on de l'amour en France au XIIe s.?, 1984 – Amour, marriage et transgression au MA, hg. D. BUSCHINGER – A. CREPIN, 1984 – L., Ehe, Ehebruch in der Lit. des MA, hg. X. v. ERTZDORFF – M. WYNN, 1984 – R. SCHNELL, Causa amoris, 1985 – P. DINZELBACHER (Höf. Lit. – Hofgesellschaft – Höf. Lebensformen um 1200, hg. G. KAISER – J.-D. MÜLLER, 1986), 213–241 – DERS. (minne ist ein swaerez spil, hg. U. MÜLLER, GAG 440, 1986), 75–110 – DERS. (The Medieval Mystical Tradition in England, hg. M. GLASSCOE, Exeter Symposium IV, 1987), 111–131 – DERS., Pour une hist. de l'amour au MA, Le M-A 93, 1987, 223–240 – P. DINZELBACHER (Konzepte der L. im MA, hg. W. HAUBRICHS, Zs. für Lit.wiss. und Linguistik 19/74, 1989), 12–38 – K. RUH, Geistl. L.slehren des XII. Jh., PBB 111, 1989, 157–177 – A. W. ASTELL, The Song of Songs in the MA, 1990 – L. A. MATTER, The Voice of my Beloved, 1990 – M. F. WACK, Lovesickness in the MA, 1990 – E. WILLMS, L.sleid und Sangeslust, 1990 – →Sexualität.

Liebstöckel (Levisticum officinale W. D. J. Koch/Umbelliferae). Bereits im 'Capitulare de villis' (70), im St. Galler Klosterplan und bei Walahfrid Strabo (Hortulus, ed. STOFFLER, 229–234) erwähnt, gehörte das vielleicht aus Persien stammende, v. a. in Deutschland und England verbreitete *levisticum* bzw. *lybisticum* zu den beliebtesten Heil- und Gewürzkräutern ma. Gärten. Der volksetymolog. vielfach umgedeutete Name der ahd. *lubestechel, lubistekul* u. ä. (STEINMEYER-SIEVERS II, 768; III, 387, 571 u. ö.) gen. Pflanze geht auf das bei Dioskurides (Mat. med. III, 51) angeführte, hauptsächl. in Ligurien wachsende 'ligystikon' zurück; ob jene damit auch ident. ist, bleibt allerdings zweifelhaft. Med. nutzte man bes. die Samen z. B. bei Milz- und Leberleiden, Blähungen, Magen- und Darmschmerzen, als menstruationsförderndes, harn- und schweißtreibendes Mittel (Circa instans, ed. WÖLFEL, 70; Gart, Kap. 225), während sich die aus der Volksheilkunde bekannte Anwendung des *lubestuckel* gegen Halskrankheiten nur bei Hildegard v. Bingen (Phys. I, 139) findet. Außerdem diente das stark aromat. riechende Doldengewächs – dem Namen entsprechend – im Liebeszauber sowie als Apotropäum. P. Dilg

Lit.: MARZELL II, 1264–1273 – DERS., Heilpflanzen, 159–163 – HWDA V, 1297–1299 – H. LECLERC, La livèche, Janus 37, 1933, 281–292 – H. KÜSTER, Wo der Pfeffer wächst. Ein Lex. zur Kulturgesch. der Gewürze, 1987, 129–132.

Liechtenstein, steir. und (nieder)österr., seit der 1. Hälfte des 12. Jh. nachweisbare Ministerialengeschlechter wohl hochfreier Herkunft, deren genealog. Zusammenhang ungeklärt ist. Die steir. Linie verfügte über reichen Besitz in →Steiermark und →Kärnten und erlangte v. a. im 13. und 14. Jh. bedeutenden polit. Einfluß, bes. in der Person des Minnesängers →Ulrich v. L. Nach Erbteilungen im SpätMA starb die Familie 1619 mit der Linie L.-Murau aus. Die österr. L., im 13. Jh. gleichfalls zu →Landherren aufgestiegen, erwarben auch in →Mähren namhaften Besitz (Linie L.-Nikolsburg). Aus dem österr. Zweig gingen die späteren Fs.en v. L. hervor. Die Burg L. südl. von Wien gilt, allerdings unbewiesen, als ihr Stammsitz. P. Csendes

Lit.: J. FALKE, Gesch. des fsl. Hauses L., 3 Bde, 1858–82 – H. PIRCHEGGER, Landesfs.en und Adel in Steiermark während des MA, 1958, 47–68 – H. DOPSCH, Der Dichter Ulrich v. L. und die Herkunft seiner Familie (Fschr. F. HAUSMANN, 1977), 93–118.

Lied

I. Deutsche Literatur – II. Englische Literatur – III. Romanische Literaturen.

I. DEUTSCHE LITERATUR: Das dt. L. bildet zusammen mit dem →Leich die Sangverslyrik des MA. Es besteht aus einer oft variablen Reihe von Strophen von gleichem metrischen Bau und derselben Melodie (mhd. *daz liet* = die Strophe; pl. *diu liet* = eine Reihe von Strophen, ein 'Lied' im nhd. Wortsinn); die häufigste Strophenform ist die dreiteilige Stollen-Strophe. Text *(wort)* und Melodie *(wîse)* bilden den 'Ton' *(dôn)*, der ursprgl. einem zuhörenden Publikum durch gesungenen Vortrag vermittelt wurde, und zwar bei Gelegenheiten aller Art; erst im Laufe des späten MA gab es offenbar eine Entwicklung hin zur Leselyrik, was dann durch die neue Technologie des Buchdrucks noch verstärkt wurde. Eigenarten der Überlieferung (Unterschiede im Wortlaut, in der Anzahl und Reihenfolge der Strophen) hängen wohl mit den Vortragssituationen und der Rücksicht auf Publikum und Mäzene/innen zusammen. Das Publikum war wohl dasselbe wie der sonstigen mhd. Lit., und es verbreitete sich im späten MA immer mehr.

Im Gegensatz zur Romania sind aus dem dt. Sprachraum keine weibl. L.-Autoren bekannt: Vergleichbar den modernen Liedermachern, waren die Autoren damals wohl zumeist Verfasser der Texte *und* Melodien und trugen anfangs ihre Werke auch selbst vor; dabei ist unbedingt zw. der ersten Aufführung, Reprisen durch den Autor sowie der Übernahme ins Repertoire bloßer Sänger zu unterscheiden. Die L.-Autoren waren entweder →Berufsdichter mit zumeist wechselnden Engagements (→Fahrende) oder gelegentl. auch einer Art Dauerstellung (Hofdichter) oder sie gehörten als Dilettanten-Dichter zur Führungsschicht oder sie waren Gelegenheitsdichter der unterschiedlichsten Art; eine Sondergruppe des späten MA waren jene städt. Handwerker, die sich in Meistersinger-Gesellschaften (→Meistersinger) organisierten.

Wiewohl weitgehend mündlich dem Publikum vermittelt, wurde das ma. L. mutmaßlich von Anfang an schriftlich fixiert. Aus dem 13. und frühen 14. Jh. sind v. a. Sammelhss. überliefert (→Liederhss.), später auch spezielle Autoren-Sammlungen, wobei zw. der Entstehung des entsprechenden Liedes und der erhaltenen Hs. bis zu 150 Jahre liegen können; authentische, d. h. vom Autor in Auftrag gegebene Hss. sind erst bei Hugo v. Montfort und Oswald v. Wolkenstein tradiert, Autographe erst von Michel Beheim, Hans Folz oder Hans Sachs. Wieviele der mhd. Lieder verloren gingen, läßt sich heute nicht mehr feststellen, doch scheint das Erhaltene zumindest von einer Art repräsentativen Vollständigkeit zu sein. Oft wurden nur die Texte aufgeschrieben, erst im späten MA wird die kombinierte Text-/Melodie-Überlieferung häufig.

Thematisch ist zw. den religiösen Gemeinschafts-L.ern (für verschiedene paralitur. Zwecke, für Wallfahrten etc.; oft aus dem Lat. übersetzt) sowie der weltl. Liedkunst im engeren Sinn zu unterscheiden. Seit Beginn des weltl. L.es Mitte des 12. Jh. lassen sich folgende dominante Inhalte erkennen: 1. Liebe, 2. Moral und Ethik, 3. Politik, 4. Religiöses (außerhalb der Liturgie, z. B. Marienlyrik); die Liebesl.er reichen von expliziter Erotik bis zur sublimierenden Entsagungs-Lyrik (Lieder der »Hohen Minne«: →Minnesang), wobei letztere in den Volkssprachen, im Gegensatz zum Mittellat., eine erhebl. Rolle spielt. Die anderen Inhaltsgruppen werden oft mit dem mißverständl. Begriff »Spruchdichtung/Sangspruchlyrik« zusammengefaßt; im späten MA nimmt bes. die Gruppe der polit. Erzähll.er zu (s. a. →Historisches L.). Bei allen Themen handelt es sich weniger um Erlebnis-, sondern eher um Rollenlyrik.

Anregungen aus Frankreich und Italien gibt es im 12. Jh., später dann hinsichtl. der im Dt. sehr verzögerten →Polyphonie, wobei immer wieder die Technik der Kontrafaktur, d. h. des Neutextierens existierender Melodien, angewandt wurde. Bes. Blütezeiten des deutschsprachigen L.es sind die 2. Hälfte des 12. Jh. (»Minnesangs Frühling«) und die Zeit um 1200; aber auch im späten MA gibt es qualitativ Hervorragendes. Insgesamt zeichnet sich das dt. L. des MA durch eine kaum mehr erreichte formale und themat. Vielfalt aus; bes. herausragende Autoren sind etwa →Heinrich v. Morungen, →Reimar der Alte, →Walther von der Vogelweide, →Neidhart; im späteren MA der →Mönch v. Salzburg →Michel →Beheim und insbes. →Oswald v. Wolkenstein.   U. Müller

Lit.: Reihe WdF: Der dt. Minnesang I/II, hg. H. FROMM, 1961/1985; Walther v. d. Vogelweide, hg. S. BEYSCHLAG, 1971; Mhd. Spruchdichtung, hg. HUGO MOSER, 1972; Oswald v. Wolkenstein, hg. U. MÜLLER, 1980; Neidhart, hg. H. BRUNNER, 1986 – Minne ist ein swaerez spil. Neue Unters. zum Minnesang und zur Gesch. der Liebe im MA, hg. U. MÜLLER, 1986 – H. J. Moser, Gesch. der dt. Musik von den Anfängen bis zum Dreißigjährigen Krieg, 1920 – J. JANOTA, Stud. zu Funktion und Typus des dt. geistl. L.es im MA, 1968 – U. MÜLLER, Unters. zur polit. Lyrik des MA, 1974 – DERS., Ein Beschreibungsmodell zur mhd. Lyrik – ein Versuch, ZDPh 98, 1979, 53–73 – O. SAYCE, The Medieval German Lyric 1150–1300, 1982 – U. MÜLLER, Die mhd. Lyrik (Lyrik des MA, hg. H. BERGNER, II, 1983), 7–227 – F. SCHANZE, Meisterl. Liedkunst zw. Heinrich v. Mügeln und Hans Sachs, 1983/1984 – K. BAASCH – H. NÜRNBERGER, Oswald v. Wolkenstein, 1986 – Rep. der Sangsprüche und Meisterl.er des 12. bis 18. Jh., hg. H. BRUNNER – B. WACHINGER u. a., 1986ff. – B. RATTAY, Entstehung und Rezeption polit. Lyrik im 15. und 16. Jh., 1986 – D. SITTIG, Vyl wonders machet minne. Das dt. Liebesl. in der 1. Hälfte des 15. Jh., 1987 – G. SCHWEIKLE, Minnesang, 1989 – DERS., Neidhart, 1990 – MGG – NEW GROVE, s.v. Lied und Song.

II. ENGLISCHE LITERATUR: Aus ae. Zeit (7. bis 11. Jh.) ist keine Musik zu nichtlitur. volkssprachl. Texten erhalten. Der Wortlaut nur zweier religiöser Lieder ist überliefert: von →Cædmons Hymnus (2. Hälfte des 7. Jh.) und von →Bedas Totenlied (8. Jh.). Ansonsten gibt es in Predigten, Chroniken u. ä. zahlreiche Hinweise auf – v. a. weltl. – Lieder, die vorgetragen, doch nicht aufgeschrieben wurden. Aus me. Zeit (12.–15. Jh.) sind zwar sehr viele lyr. Gedichte überliefert (ca. 3200), doch wenige eindeutig zum Gesangvortrag bestimmte Texte und noch weniger Musiknotationen (ca. 200; davon bis 1400 nur 33). Aus dem 12. Jh. sind nur die drei kurzen, doch kunstvollen Lieder des hl. Godric (mit Musik) erhalten. Im 13. Jh. entstanden die heute so bekannten weltl. Lieder »Mirie it is while sumer ilast«, »Fuweles in the frith« und der vierstimmige Kanon »Sumer is icumen in« (→Cuckoo Song); die meisten aus dieser Zeit erhaltenen Lieder sind jedoch religiösen Inhalts. Im 14. Jh. gelegentl., seit dem 15. Jh. häufiger, werden Lieder nicht mehr verstreut notiert, sondern in Slg.en. Diese enthalten entweder nur die Texte der Lieder oder auch die zugehörige Musik. Als größte formal definierte Gruppe von me. Liedern hebt sich die der →*carols* heraus: Von ihnen sind etwa 500 erhalten, davon ca. 120 mit Musik. Sie bestehen regelmäßig aus einem vorangestellten *burden,* der refrainartig nach jeweils einer Strophe wiederholt wird. Die Tradition der spätme. *songbooks,* die einen beträchtl. Teil der uns bekannten carols enthalten, setzt sich in der frühen Tudorzeit (1485 bis ca. 1530) fort. Text und Musik vieler Lieder, die in den drei großen *Tudor songbooks* notiert sind, tragen noch spätma. Züge.   Th. Stemmler

Bibliogr.: The Ind. of ME Verse, hg. C. BROWN – R. H. ROBBINS, 1943 – R. H. ROBBINS – J. L. CUTLER, Supplement to the Ind. of ME Verse, 1965 – Manual ME, 6. XIV, 1980 [R. L. GREENE, Carols] – *Ed. und Lit.:* English Lyrics of the XIIIth Century, hg. C. BROWN, 1932 u. ö. – DERS., Religious Lyrics of the XVth Century, 1939 u. ö. – DERS., Religious Lyrics of the XIVth Century, 1952 [rev. Ausg.] – Secular Lyrics of the XIVth and XVth Centuries, hg. R. H. ROBBINS, 1955² u. ö. – J. STEVENS, Music and Poetry in the Early Tudor Court, 1961 – The Early English Carols, hg. R. L. GREENE, 1977² – Medieval English Songs, hg. E. J. DOBSON – F. LL. HARRISON, 1979 – New Oxford Hist. of Music, II, 1954, 250ff., 341ff.; III, 1960, Kap. 4 – NEW GROVE.

III. ROMANISCHE LITERATUREN →Chanson, →Canzone, →Canso

Liederbücher, Liederhandschriften, Bezeichnungen für hs. Sammlungen von Liedern mit und ohne Melodien (gedruckte dt. Liedersammlungen erschienen erst seit 1512; vgl. →Chansonnier, →Canzoniere, →Cancionero. Im MA ist der Terminus *liederbuoch* durch →Hadlaubs Preislied auf die Zürcher Sammler Rüdiger und Johann →Manesse bezeugt; 'Lhs.' bürgert sich anscheinend erst im 19. Jh. ein. Bei der Benennung der fast durchweg titellosen dt. Sammlungen bevorzugt die Forschung 'Lhs.' für solche Hss., die Minnesang und Spruchdichtung sowie Meisterlieder nach (Ton-) Autoren geordnet darbieten oder die das lyr. Œuvre eines Autors umfassen und 'Lb.' für – zumeist spätma. – Sammlungen, die vorwiegend Anonyma vereinen.

[1] *Liederhandschriften des 13. und 14. Jh.:* Die Lhss., auf denen hauptsächl. unsere Kenntnis der neuen volkssprachigen Liedkunst lit. Anspruchs beruht, die in Dtl. seit dem späten 12. Jh. im Zuge der Adaptation der Trobador- und Trouvèrelyrik entstand, wurden zw. ca. 1270 und ca. 1350 – also im selben Zeitraum wie die meisten der zahlreichen prov. und frz. Sammlungen – angefertigt. Zu nennen sind v. a. vier Hss., an erster Stelle die 'Große Heidelberger oder Manessische Lhs.' (C, wohl Zürich, kurz nach 1300 bis ca. 1330/40; über 5200 Strophen und 36 Leichs, mehr als die Hälfte des Bestands nur hier bezeugt). Hinzu kommen die 'Kleine Heidelberger Lhs.' (A, wohl elsäss., ca. 1270/75; fast 800 Strophen und 2 Leichs), die 'Weingartner Lhs.' (B, wohl Konstanz, 1. Viertel des 14. Jh.; rund 860 Strophen) sowie die 'Jenaer Lhs.' (J, nd. Herkunft, ca. 1330/40; über 900 Strophen und 3 Leichs; ein zugehöriger erster Bd. verloren).

A, B und C überliefern nur Texte – wie fast ausnahmslos die Trobadorhss. prov. und it. Provenienz –; ledigl. J bietet auch die Melodien (in Quadratnotation) und ist darin der Mehrzahl der nordfrz. Chansonniers vergleichbar. C sammelt, ausgehend vermutl. von den *liederbuochen* der Manesse, Lieddichtung aller Genres – Minnelied, Neidhartiana, Sangspruch, Leich, vielstrophige lehrhafte und geistl. Gedichte u. a. –, soweit die Texte nur irgend mit Namen verbunden waren. In A sind fast alle Genres präsent, doch hat das Minnelied aus klass. und früher nachklass. Zeit eindeutig Vorrang. Noch klarer ausgeprägt ist die Dominanz des Liedes von der hohen Minne in B, wo auch die Dichter von 'Des Minnesangs Frühling' vor Reinmar und →Heinrich v. Morungen gut vertreten sind. J dagegen konzentriert sich – soweit der Torso erkennen läßt – auf Spruchdichtung, vorzugsweise von jüngeren md. und norddt. Autoren, greift aber bis zu →Spervogel zurück.

Alle vier Sammlungen sind nach dem Autorprinzip gegliedert und ordnen innerhalb der Corpora nach Tönen. Die Reihung der Corpora orientiert sich, wie in den Chansonniers, am Stand oder lit. Rang der Autoren: An der Spitze von B und C thront, als vornehmster Sänger, Ks. →Heinrich (VI.), es folgen Fürsten und *herren* und in C schließlich *meister*. A beginnt mit den Œuvres der berühmtesten Minnesänger, →Reinmars des Alten und →Walthers v. d. Vogelweide. Wie J einst eröffnet wurde, ist nicht sicher zu erschließen.

B und C stellen jedem Corpus eine ganzseitige Miniatur (oft mit Wappen und Helmzier des Sängers) voran; ähnl. heben einige Chansonniers den Corpusbeginn durch figürl. Initialen oder kleine Titelminiaturen (in Nordfrankreich mit dem Wappen des Autors) und zusätzl. durch Biographien der Trobadors hervor. Die Miniaturen sind der Funktion nach sämtl. Autorenbilder, doch entfaltet sich zumal im 137 Illustrationen umfassenden Zyklus des großformatigen Manesse-Codex die Lust an Abwechslung, wobei die Bildthemen z. T. durch Liedpassagen, sprechende Namen oder 'lit. hist.' Kenntnisse inspiriert sind, und die Maler im übrigen Vorlagen verschiedenster Art herangezogen haben; C gilt daher als herausragendes Beispiel profaner Buchmalerei der Zeit. J gemahnt durch die große kalligraph. Schrift, Notation und verschwender. Umgang mit dem kostbaren Pergament an liturg. Codices; im Format (56 × 41 cm) hat wohl eine einzige deutschsprachige Hs. des MA J ursprgl. übertroffen: die Bibel aus der Werkstatt Kg. →Wenzels.

Den vier Lhss. aus dem Südwesten und dem Norden treten einige bedeutende Autorensammlungen zur Seite: das →Neidhart-Corpus in der Riedegger Epenhs. (Niederösterr., Ende 13. Jh.), die Hs. des 'Frauendienst', in den →Ulrich v. Lichtenstein seine Lieder integriert hat (bair., gegen 1300), der →Reinmar-v.-Zweter-Faszikel der 'Heidelberger Lhs. cpg 350' (rheinfrk., um 1300), das Walther- und Reimar-Corpus im 'Hausbuch' des →Michael de Leone ('Würzburger Lhs.', vor 1350).

Daß die Liedtradierung in Buchform wesentl. reicher und breiter gewesen sein muß, bezeugen u. a. Bruchstücke wie die jüngst entdeckten Bll. der 'Budapester Lhs.' (Bu, bair., gegen 1300, mit Autorenbildern wie B und C). Aus der Zeit vor ca. 1270 sind Aufzeichnungen von dt. Lieddichtung allerdings bisher nur innerhalb der →'Carmina Burana' (um 1230) und als Beischriften zu größeren lat. und dt. Werken bekannt. Doch führt der Vergleich der Lhss. und Lhss.-Fragmente auf die Existenz ähnl. Sammlungen – z. B. einer Hs. *BuBC – spätestens um 1250. Entscheidend für den Beginn der umfassenderen Kodifizierung von Lieddichtung war offenbar das Interesse am ranghöchsten Genre, am →Minnesang. Versuche, den Prozeß der Verschriftlichung lückenlos bis zurück zu den Autoren und ersten Rezipienten zu rekonstruieren, bleiben hypothet., obschon außer Zweifel steht, daß die primär für die Aufführung bestimmten Lieder bereits in der Frühzeit nicht ausschließl. mündl. weitertradiert worden sind. Eine Initiative zur schriftl. Corpusbildung seitens der Autoren ist erst für die Mitte des 13. Jh. gesichert (Ulrich v. Lichtenstein, vermutl. Reinmar v. Zweter).

[2] *Liedersammlungen des 15. Jh.:* Liedersammlungen sind nach längerer Pause in großer Zahl und Vielfalt wieder aus dem 15. Jh. (bes. 1440–80) überliefert. Mit alten Liedtraditionen, die abgewandelt fortleben, konkurrieren mehrere neue; ebenso unverkennbar wie die Tendenz zur Sonderung – ein Indiz des Typenbewußtseins der Sammler – ist die Neigung zu 'Grenzüberschreitungen'.

Zwei Hss. kodifizieren umfassend zwei mit Namen des 13. und 14. Jh. verbundene Traditionen und haben unter jüngerem viel altbezeugtes Gut aufgenommen: die Neidhart-Sammlung c (wohl Nürnberg, um 1465; rund 1100 Strophen, mit Noten) und die 'Kolmarer Lhs.' (rheinfrk. [Speyer?], um 1460; fast 4400 Strophen, mit Noten), geordnet nach Tonautoren, mit Frauenlob (→Heinrich 'v. Meißen') und →Regenbogen an der Spitze – ein Monument der Meisterlieddichtung, zu dem später Meistersänger wallfahrteten.

Liedœuvres aus früherer Zeit wurden, sofern die Autornamen noch lebendig waren, neu abgeschrieben (Frauenlob: 'Weimarer Lhs.', ca. 1460; →Heinrich v. Mügeln: Göttinger Corpus, 1463) oder neu zusammengetragen (die geistl. und weltl. Lieder des →Mönchs v. Salzburg in der 'Mondsee-Wiener Lhs.', ca. 1455/70, mit Noten). In Hss., die in der Umgebung des Dichters, in seinem Auftrag oder von ihm selbst hergestellt wurden, sind dann vielfach Liedœuvres seit ca. 1400 bewahrt, z. T. mit Melodien: von Eberhard v. Cersne, →Hugo v. Montfort, →Oswald v. Wolkenstein (mit Dichterporträt), von →Heinrich (v.) Laufenberg, von →Muskatblut, Michel →Beheim, Hans →Folz.

Ein allenfalls peripheres Interesse an Namen bekunden die zahlreichen Liebeslied-Sammlungen aus städt.-patriz., adligem oder student. Milieu und Sammlungen geistl. Liedguts, vorwiegend von und für Nonnen veranstaltet. Die 'Berliner Lhs. mgf 922' und die sog. 'Haager Lhs.' (die v. a. unsangl. Minne- und Tugendlehren enthält, beide aus dem Nordwesten vom Anfang des 15. Jh., tradieren noch Reste alten Minnesangs. Das Repertoire der hd. Lb.er wird vom Liebeslied jüngeren Stils ('Gesellschaftslied') bestimmt. Es sind teils eher Lesebücher ('Augsburger Lb.', 1454; 'Lb. der Klara Hätzlerin', 1471), teils kodifizieren sie das in einer engeren Gemeinschaft gebrauchte Liedgut ('Königsteiner Lb.', um 1470) und darüber hinaus ihre Musizierpraxis ('Lochamer-Lb.,' 1451–53, auch mit mehrstimmigen Stücken). In Hartmann →Schedels Lb. (ca. 1460–67) und erst recht im 'Glogauer Lb.' (um 1480; z. Z. Krakau) gewinnt die musikal. Aufzeichnung Vorrang, sie vertreten eher den Typ der Musikhs. mit mehrsprachigem Repertoire. Das 'Rostocker Lb.' (aus dem Umkreis der Universität →Rostock) und das 'Wienhäuser Lb.' (aus dem Zisterzienserinnenkl. →Wienhausen), beide mit Melodien, leiten um 1465/70 die lange Folge md. Lb.er ein.   G. Kornrumpf

Lit. [Auswahl]: Einzelartikel in Verf.-Lex.² [Ed., Faks., Lit.], s. Sammelverweisungen V, 818 – RIEMANN – H. PAUL, Krit. Beitr. zu den Minnesängern, 8. Die Lb.er, PBB 2, 1876, 437–487 – C. v. KRAUS, Nachwort zu: Die kleine Heidelberger Lhs. in Nachbildung, 1932 – E. JAMMERS, Das Kgl. Lb. des dt. Minnesangs, 1965, bes. 115–122 – H. RUPPRICH, Die dt. Lit. vom späten MA bis zum Barock, 1. T.: 1370–1520, 1970, 193–197 – Des Minnesangs Frühling, bearb. H. MOSER – H. TERVOOREN, II, 1977³⁶, 39–63 [Lit.] – G. SCHWEIKLE, Die mhd. Minnelyrik, I, 1977, bes. 5–35 – HUGO KUHN, Die Voraussetzungen für die Entstehung der Manesseschen Hs. und ihre überlieferungsgesch. Bedeutung (DERS., Liebe und Gesellschaft, hg. W. WALLICZEK, 1980), 80–105 – B. WACHINGER, Liebe und Lit. im spätma. Schwaben und Franken, DVjs 56, 1982, 386–406 – F. H. BÄUML – R. H. ROUSE, Roll and Codex, PBB 105, 1983, 192–231, 317–330 – H. BRUNNER, Tradition und Innovation im Bereich der Liedtypen um 1400 (Textsorten und lit. Gattungen, 1983), 392–413 – G. KORNRUMPF, Dt. Lieddichtung im 14. Jh. (Zur dt. Lit. und Sprache des 14. Jh., hg. W. HAUG u. a., Reihe Siegen 45, 1983), 279–304 – F. SCHANZE, Meisterl. Liedkunst zw. Heinrich v. Mügeln und Hans Sachs I, II (MTU 82, 83, 1983/84) – J. BUMKE, Höf. Kultur II, 1986, 758–780, 844f. – M. ZIMMERMANN, Liedersammlungen und Lb.er des österr. SpätMA (Die österr. Lit. I, hg. H. ZEMAN, 1986), 491–509 – TH. KLEIN, Zur Verbreitung mhd. Lyrik in Norddtl., ZDPh 106, 1987, 72–113 – K. SCHNEIDER, Got. Schriften in dt. Sprache I, 1987 – G. KORNRUMPF, Die Anfänge der Maness. Lhs. (Dt. Hss. 1100–1400, hg. V. HONEMANN, N. F. PALMER, 1988), 279–286 – DIES., Konturen der Frauenlob-Überl. (Wolfram-Stud. X, 1988), 26–50 – A. VIZKELETY, Die Budapester Lhs., PBB 110, 1988, 387–407 – L. VOETZ, Überlieferungsformen mhd. Lyrik (Codex Manesse, hg. E. MITTLER, W. WERNER, 1988), 224–274 – B. WACHINGER, Der Mönch v. Salzburg (Hermaea NF 57, 1989) – Edele frouwen –

schoene man. Die Maness. Lhs. in Zürich, Kat., hg. C. BRINKER, D. FLÜHELER-KREIS, 1991 – H. BRUNNER, B. WACHINGER, Rep. der Sangsprüche und Meisterlieder des 12.–18. Jh., I: Verz. der Hss. und Drucke [im Dr.] [Lit.].

Liège → Lüttich

Lieger. Das Wort bezeichnete in N-Deutschland im Sinne von →Faktor den selbständig tätigen Vertreter einer Handelsges. Die bekannten Zeugnisse stammen überwiegend aus dem preuß. Deutschordensstaat. Die obersten für den Handel des Ordens zuständigen Amtsträger, die Großschäffer in Königsberg und in Marienburg, hatten in der 2. Hälfte des 14. und im 1. Hälfte des 15. Jh. L., Diener und Wirte in den preuß. Handelsstädten, aber auch in Lübeck, Brügge und anderen Zentren des hans. Handels. Die L. wurden vom Orden honoriert und waren an dessen Handel als Kommissionäre und Gesellschafter beteiligt. Meistens entstammten sie den Kaufleutefamilien der großen preuß. Städte, z. B. der Thorner Familie →Falbrecht. In einigen Fällen sind mehrere L. aus derselben Familie bezeugt. Die L. Gerhard Voisan und Ludike Palsad traten dem Orden bei und wurden Großschäffer.

H. Boockmann

Lit.: P. G. THIELEN, Die Verwaltung des Ordensstaates Preußen vornehml. im 15. Jh. (Ostmitteleuropa in Vergangenheit und Gegenwart 11, 1965), 101–103 – E. MASCHKE, Domus Hospitalis Theutonicorum (Q. und Stud. zur Gesch. des Dt. Ordens 10, 1970), 90–103.

Liegnitz. [1] *Stadt:* Einer der ältesten Hauptorte →Schlesiens, strateg. und verkehrsgünstig am Katzbachübergang zweier sich kreuzender Straßen zw. Oder und Bober-Katzbachgebirge einerseits sowie Breslau und der w. schles. Landesgrenze am Queis andererseits gelegen. Hier befand sich vielleicht bereits die Hauptburg der slav. Trebowanen. Die aus dem 11. Jh. stammende Burg, 1149 erstmals (mit Benedikt-Kapelle) urkundl. bezeugt, war 1175 Sitz eines landesherrl. Kastellans und häufiger Aufenthaltsort der schles. Hzg.e. Bei der Burg entstand früh eine Marktsiedlung, die mit ihren Kirchen im Mongolensturm 1241 zerstört wurde. An ihrer Stelle gründete Hzg. Bolesław II. zw. 1242–52 die dt. rechtl. Stadt L. als Plananlage mit einem rechteckigen Marktplatz mit Rathaus (1320), Tuchhallen und Marktbuden, zw. zwei leicht gekrümmten Hauptstraßen. Innerhalb des 1281–1326 errichteten Mauerrings befanden sich 366 brauberechtigte Häuser. L. erhielt 1315 das Zoll-, 1352 das Münzrecht, 1372 erwarb es die Erbvogtei und strebte im 15. Jh. (nach dem Vorbild von →Breslau) nach Landbesitz. Nach einem verheerenden Stadtbrand 1338 wurde das Stadtgebiet nach W, N und O auf eine Fläche von insgesamt ca. 750 × 450 m erweitert und mit einer neuen Mauer umgeben. Die von Handel, Handwerk (Tuchmacherei) und Landwirtschaft lebende Stadt L. war stets auch das kirchl. und kulturelle Zentrum des nw. Schlesiens: seit 1262 Archidiakonatssitz bei der Hl.-Geist-Kirche, seit 1348 Kollegiatstift in der »Domvorstadt«; Pfarrkirchen St. Peter und Paul in der Oberstadt und Liebfrauen in der Unterstadt; Dominikanerkl. Hl. Kreuz (1277), Franziskanerkl. St. Johannes (1294), Benediktinerinnenkl. Hl. Leichnam (1348), Kartäuserkl. Leiden Christi (1423), Bernardinerkl. Hl. Dreifaltigkeit (1475), vier Hospitäler und drei Schulen.

[2] *Herzogtum:* Es entstand 1248 durch piast. Erbteilung des Hzm.s Schlesien und umfaßte anfängl. dessen gesamten Westteil, schrumpfte aber durch weitere Teilungen und Absonderungen, v. a. von Glogau 1251, Jauer und Löwenberg 1278, Brieg 1311, auf den Umfang etwa der späteren Landkreise L., Goldberg-Haynau und Lüben. Beim Aussterben der direkten L.er Piastenlinie 1419 fiel

deren Land an die Brieger, dann an die Lübener Linie, doch blieb L. bis 1675, als die neue Brieg-L.er Linie als letzte des schles. Gesamthauses ausstarb, Residenz. Die Piastengruft befindet sich in der Johannes-Kirche. J. J. Menzel

Q. *und Lit.:* UB der Stadt L. und ihres Weichbildes bis zum Jahre 1455, hg. F. W. SCHIRRMACHER, 1866 – Dt. Städtebuch I, 1939, 807–810 – T. SCHÖNBORN, Chronik v. L., 1940 – Beitr. zur L.er Gesch., Bde 1–20, 1971–90 – W. ELSNER, L.er Stadtgesch. von ihren Anfängen bis 1812, 1971 – Hist. Stätten Schlesien, 1977, 283–295.

Liegnitz, Schlacht bei (9. April 1241). →Heinrich II., Hzg. v. Schlesien, unterlag auf der Wahlstatt, ca. 5 km sö. von L., mit seinem schles., durch Reste der geschlagenen kleinpoln. und Teile der großpoln. Ritterschaft sowie durch Kontingente der Templer, Johanniter und des Dt. Ritterordens verstärkten Heer einem über Krakau und Breslau geführten Angriff der Mongolen, die auf ihrem Vorstoß nach Ungarn zur Flankensicherung eine Armee unter dem Heerführer Baida gegen Kleinpolen und Schlesien entsandt hatten. Über den genauen Verlauf des Kampfes, die Heeresstärken und dergl. ist aus den zeitgenöss. Q. wenig bekannt. Die Detailangaben des Krakauer Domherrn Jan →Długosz sind unzuverlässig, desgl. die bildl. Darstellungen im Brieger Hedwigs-Codex von 1353. Die nach Schlesien vorgedrungenen Mongolen zogen nach ihrem Sieg bei L. an den Sudeten entlang zum Haupttheer nach Ungarn ab und kehrten mit diesem 1242 nach Asien zurück. Heinrichs Mutter →Hedwig und seine Frau Anna stifteten auf dem Schlachtfeld eine Benediktinerpropstei. Die verlorene Schlacht wurde bald legendär verklärt und als Verteidigung Europas und der Christenheit überhöht. J. J. Menzel

Lit.: Wahlstatt 1241. Beitr. zur Mongolenschlacht b. L. und zu ihren Nachwirkungen, hg. U. SCHMILEWSKI, 1991 [Lit.].

Liemar, Ebf. v. →Hamburg-Bremen seit 1072, † 16. Mai 1101, ⌂, Bremen, Dom. Der einem bayer. Ministerialengeschlecht entstammende L., vermutl. Kanoniker zu Goslar und Mitglied der kgl. Hofkapelle, wurde von Heinrich IV. unter Umgehung des Domkapitels zum Nachfolger Ebf. →Adalberts (9. A.) bestellt. Obgleich er bereits zu Beginn des Sachsenkrieges (1073) sein Bm. verlassen mußte, gehörte er zeitlebens zu den verläßlichsten Stützen des sal. Kg.s. Gegenüber den vom Reformpapsttum ausgehenden zentralist. Tendenzen vertrat er selbstbewußt die Interessen des dt. Reichsepiskopats, weshalb ihn Gregor VII. 1075 des Amtes enthob und exkommunizierte. 1076/77 begleitete er Heinrich IV. nach →Canossa, wo er zusammen mit dem Kg. die Absolution empfing. Nach dem Scheitern seiner Anfang 1080 in kgl. Auftrag unternommenen Mission, Gregor VII. zum Einschreiten gegen den Gegenkg. Rudolf v. Schwaben zu bewegen, wirkte er auf der Synode v. →Brixen an der Erhebung Wiberts v. Ravenna zum Gegenpapst (→Clemens III.) mit. L. begleitete Heinrich IV. bei den militär. Vorstößen auf Rom 1081–83 und war wohl auch bei dessen Ks.krönung Ostern 1084 zugegen. Seine Dienste hatte Heinrich IV. bereits 1083 nach Einnahme der Leostadt durch die Verleihung der Abtei (Hoch)Elten (DH. IV. 351) honoriert. Ende 1088 geriet L. bei der Belagerung der Burg Gleichen in sächs. Gefangenschaft, aus der er sich erst durch Abtretung der Vogteirechte an Lothar v. Süpplingenburg loskaufen konnte. Zwar mußte die Bremer Kirche empfindl. Einbußen, bes. im skand. Raum, hinnehmen; ihre hervorragende Stellung im Reich blieb jedoch unter L. erhalten.

T. Struve

Q.: C: ERDMANN – N. FICKERMANN (MGH Epp. DK 5, 1950), 32–38, Nr. 14(?)–16 – *Lit.:* GAMS V/2, 34–37 [Lit.] – NDB XIV, 526–528 – G. MEYER v. KNONAU, JDG H. IV. und H., Bd. 2–5, 1894–1904, passim – O. H. MAY, Reg. der Ebf.e v. Bremen I, 1937, 80–97 – G. GLAESKE, Die Ebf.e v. Hamburg-Bremen als Reichsfs.en, 1962, 98–120 – K. REINECKE, Stud. zur Vogtei- und Territorialentwicklung im Ebm. Bremen, 1971, 88–103 – W. SEEGRÜN, Das Ebm. Hamburg in seinen älteren Papsturkk., 1976, 83–100 – DERS. – TH. SCHIEFFER, GP 6, 1981, 61–67 – P. JOHANEK, Die Ebf.e v. Hamburg-Bremen und ihre Kirche ... (Die Salier und das Reich 2, 1991), bes. 102–105.

Lieutenant (Stellvertreter), Titel der frz. Verwaltung des MA, bezeichnete Ämter (verschiedener Ränge); wurde in seiner militär. Bedeutung (Offiziersrang) allgemein üblich.

[1] *Verwaltung und Justiz:* Schon im 13. Jh. treten in der frz. Verwaltung gelegentl., bald zahlreicher, *l.s* auf; so werden die →Baillis und →Seneschälle während ihrer Abwesenheit von einem ihrer Untergebenen vertreten *(lieu tenants).* Wohl schon während der Regierungszeit Philipps IV., sicher 1320 in der *Prévôté de Paris,* 1328 im *bailliage de Vermandois,* ist der L. ein ständiger Vertreter seines Vorgesetzten. Schon 1333 hat der →*Prévôt de Paris* zwei L.s, den *l. civil* und den *l. criminel,* die jeweils die Zivil- und Strafprozesse im Namen des Prévôt aburteilen; seine L.s wählt er unter den hohen kgl. Beamten des →*Châtelet de Paris,* zunächst den zwei →Auditeurs und dem Kg.sanwalt, aus; im 14. Jh. waren zwei L.s Kleriker. Mehrere wurden in das bedeutende Amt eines *maître des requêtes de l'Hôtel,* mehrere andere zu Baillis oder Seneschällen ernannt, Beförderungen, die ihre gerichtl. Amtsbefugnis hervorheben. Bereits am Ende des 14. Jh. war der ständige Dienst der L.s auch in der Provinz zu einem *office* geworden, dort hatten Baillis und Seneschälle zwei L.s mit versch. Zuständigkeitsbereichen, den *l. général,* und, diesem unterstellt, den *l. particulier;* sie entstammten dem örtl. Bürgertum oder niederen Adel. Manche waren studierte →Juristen; im 15. Jh. trugen jedoch nur wenige den Titel eines *licencié es lois* (→Licentia). Mehrere einflußreiche Juristenfamilien gehen auf derartige L.s zurück.

[2] *Politik und Heer:* In der schwierigen Lage Frankreichs am Anfang des Hundertjährigen Krieges übertrug der Kg. Hochadligen die kgl. Vollmacht, die als *l.s généraux* des Kg.s eine Provinz, ja das Kgr. verwalteten; mehrere davon hießen auch →Gouverneure und ernannten ihrerseits L.s. Als *l.s généraux* des Kg.s befehligten Hochadlige auch kgl. Heere, worin der Ursprung der militär. Bedeutung von *l. (général)* liegt.

Der Titel des L. war u. a. auch gebräuchl. im Johanniterorden, der bei Abwesenheit oder Verhinderung des Meisters von einem L. geleitet wurde. J.-M. Roger

Lit.: G. DUPONT-FERRIER, Les officiers royaux des bailliages et sénéchaussées ..., 1902 (BEHE, 145) – DERS., Gallia regia ..., 6 Bde, 1942–61 – B. GUENÉE, Tribunaux et gens de justice dans le bailliage de Senlis à la fin du MA ..., 1963 – R. FÉDOU, Les hommes de loi lyonnais à la fin du MA, 1964 – PH. CONTAMINE, Guerre, État et société à la fin du MA..., 1972 – J.-M. ROGER, Les l.s du prévôt de Paris au XIVᵉ s. (Actes du 100ᵉ Congr. nat. des sociétés savantes Paris 1975, section de philol. et d'hist. II, 1978), 101–128.

Lieutenant of England, Stellvertreter des engl. Kg.s bei dessen Abwesenheit, in der Regel zur Wahrnehmung seiner Rechte in Frankreich (→England). Für die Zeit ihrer Abwesenheit beauftragten die Kg.e einzelne Personen, häufig Mitglieder der kgl. Familie, Adlige oder bis in das frühe 14. Jh. Bf.e, mit der Ausübung der kgl. Gewalt. Auch der →Justitiar, dessen Amt sich im späten 12. Jh. ausprägte, erhielt stellvertretende Gewalt usw., wenn der Kg. sich im Ausland aufhielt, bis in die Mitte des 13. Jh. wahr. Seit dieser Zeit, mit Ausnahme der Regierung Eduards II., wurde sie von männl. Mitgliedern der kgl. Familie ausgeübt, die unter verschiedenen Titeln (regens, rector, custos) unterschiedl. Befugnisse – je nach ihrem Status und den Umständen sowie der Dauer der Abwesenheit des Kg.s-innehatten. Manchmal fungierten sie gemeinsam mit einem bedeutenden Amtsinhaber, so z. B. dem →Chancellor. Gegen Ende des MA wurden ihre Befugnisse durch die notwendige Hinzuziehung des King's →Council, der dem Kg. normalerweise nicht ins Ausland folgte, begrenzt. C. T. Allmand

Lit.: HBC³, 31f.

Lieutenant du roi → Lieutenant

Ligatur. [1] Der paläograph. Begriff bezeichnet die Verbindung von Strichelementen sowohl innerhalb eines Buchstabens (ligature de séquens, POULLE, 458; Innenl., RÜCK, 112) als auch zw. zwei aufeinanderfolgenden Buchstaben (l. de tête en pied; Außenl., ebd.), wobei häufig beiden Buchstaben einzelne Teile gemeinsam sind. Innenl.en und insbes. Außenl.en können Buchstaben verändern, v. a. in kursiven Schriften. Die röm. Minuskelkursive weist äußerst vielfältige L.bildungen auf (TJÄDER, 99ff.), die L.en in den vorkarol. Schriften sind mehr oder weniger ausgeprägt (→Insulare, →Beneventana). In der →karol. Minuskel dagegen sind L.en weitgehend ausgeschlossen. Erst die got. →Kursiven verwenden wieder ausgiebig Innen- und Außenl.en. In der →Humanistenschrift ist der Gebrauch von L.en reduziert.

[2] In der Modal- und Mensuralnotenschrift verbindet die L. zwei oder mehrere Notenzeichen zu einer außer den Tonhöhen auch die Tondauer bezeichnenden Figur.
P. Ladner

Lit.: RIEMANN – NEW GROVE – J. O. TJÄDER, Die nichtlit. lat. Papyri Italiens I, 1954 – E. POULLE, La cursive gothique à la chancellerie de Philippe Auguste (La France de Philippe Auguste, hg. R.-H. BAUTIER; Coll. Internat. du C.N.R.S. 602, 1982) – B. BISCHOFF, Paläographie des röm. Altertums und des abendländ. MA, 1986² – P. RÜCK, L. und Isolierung: Bemerkungen zum kursiven Schreiben im MA (Germanist. Linguistik [Marburg] 93-94, 1988).

Lige → Lehen, III.

Lignano (Legnano), Johannes v. (Giovanni da Legnano), Bologneser Jurist und Kriegstheoretiker, * zu Beginn des 14. Jh. in Mailand, † 16. Februar 1383, ☐ Bologna, S. Domenico; studierte Philosophie, Artes liberales, Medizin und Astrologie, dann in Bologna die Rechte. 1350 erstmalig als Dr. legum belegt, 1351 als Dr. utriusque iuris an die Univ. →Bologna berufen; 1360 dort Prof. für röm. Recht, einige Jahre später Inhaber des Lehrstuhls für kanon. Recht. Seit 1358 wiederholt Unterhändler der Stadt, u. a. am Hl. Stuhl, dessen Oberherrschaft Bologna 1360 anerkannt hatte. 1368 Verleihung der Pfalzgrafenwürde durch Ks. Karl IV.; 1377 von Gregor IX. erstmals zum päpstl. Vikar in Bologna ernannt. Sein umfangreiches wiss. Werk umfaßt Schriften zur Astrologie, Philosophie, Theologie und zum röm. und kanon. Recht. In seiner Abhandlung »De Iuribus ecclesiae in civitatem Bononiensium« (um 1376) rechtfertigt und begründet er die päpstl. Herrschaft über die Städte der Romagna. Mit der »Epistola ad Cardinalem de Luna« (den späteren →Benedikt XIII.) und den beiden Schriften »De Fletu ecclesiae« und »Pro Urbano tractatus secundus« ergriff er 1378/79 zu Beginn des Schismas Partei für Urban VI. Sein wichtigstes Werk ist der 1360 zunächst Kard. Aegidius →Albornoz gewidmete »Tractatus de Bello, de Represaliis et de Duello«, der früheste Versuch in der chr. Abendland, sich mit dem Wesen des Krieges und seinen vielfältigen Aspekten (Voraussetzungen, Kriegführung, Taktik, Söldnerwesen, Gefangene etc.) theoret. auseinanderzusetzen. P. Thorau

Ed. und Lit.: COING, Hdb. I, s. v. Reg. – F. BOSDARI, Giovanni da Legnano, 1901 – J. de L., Tractatus de Bello..., ed. T. E. HOLLAND, 1917 – G. ERMINI, I trattati della guerra e della pace di G. da Legnano, Studi e memorie univ. Bologna 8, 1924 – J. P. MCCALL, The Writings of John of Legnano, Traditio 23, 1967, 415-437.

Ligue du Bien public, Bezeichnung für eine großangelegte 'Verschwörung', der sich 1465 große Teile der Fs.en und hohen Adligen des Kgr.es →Frankreich anschlossen, die – unter Berufung auf das 'gemeine Wohl' – Kg. →Ludwig XI. mit Waffengewalt zur Abkehr von seiner 'schlechten Regierung' zwingen wollten. Einsichtsvollen Zeitgenossen wurde bereits deutlich, daß sich hinter dieser lauteren Zielsetzung recht eigensüchtige Motive verbargen (Zugriff der Fs.en auf Territorien, zivile und militär. Ämter sowie Pensionen). Die Anhänger der L., die bestrebt waren, die öffentl. Meinung zu mobilisieren, arbeiteten auf eine Absetzung Ludwigs XI. zugunsten seines jungen und willfährigen Bruders →Charles de France hin.

Im Hintergrund der L. standen die – oft ungeschickten – Maßnahmen, die Ludwig XI. in seinen ersten Regierungsjahren gegen Adel und Kirche durchgesetzt hatte. Durch den Rückerwerb der →Sommestädte brachte der Kg. den künftigen Hzg. v. →Burgund, →Karl (d. Kühnen), gegen sich auf, während der Hzg. der →Bretagne, →Franz II., durch den Streit um die Stellung der bret. Bm.er verärgert war. Nach Meinung von Zeitgenossen war der Gf. v. →Dunois der polit. Kopf der Verschwörung.

Im Zuge einer Vorwärtsverteidigung zog Ludwig XI. zunächst gegen Hzg. →Jean II. v. Bourbon zu Felde, brach dieses Unternehmen aber ab, um die drohende Vereinigung der Armeen der Bretagne und Burgunds zu unterbinden. Er entschloß sich, die Burgunder anzugreifen; der Gf. v. Charolais (Karl d. Kühne) behauptete jedoch bei →Montlhéry (16. Juli 1465) das Schlachtfeld. Die verbündeten Fs.en konnten nun gar an eine Einnahme v. →Paris denken. Doch verstand es Ludwig, die Pariser Bevölkerung auf seiner Seite zu halten. Es kam zu Verhandlungen (Verträge von Conflans, 5. Okt. 1465, und St-Maur, 29. Okt. 1465), in denen der Kg. weitreichende Zugeständnisse machen mußte (u. a. Einsetzung einer Reformkommission von 36 Mitgliedern). Ludwig ging geschwächt aus dieser Krise hervor, rettete aber seine Krone und konnte das bedrohlichste Resultat des Aufstandes, die Übertragung der →Normandie an Charles, rasch wieder rückgängig machen und seinen Bruder ins bret. Exil treiben. Ph. Contamine

Lit.: H. STEIN, Charles de France, 1921 – H. DE SURIREY DE SAINT-REMY, Jean II de Bourbon, 1944.

Ligugé, Abtei in Westfrankreich (Bm. →Poitiers, dép. Vienne), gegr. 361 vom hl. →Martin, der nach dem Bf. →Hilarius v. Poitiers in dessen Bf.stadt zurückgekehrt war und unweit von Poitiers eine Einsiedelei begründete (vgl. →Sulpicius Severus, Vita s. Martini VII 1,2). Hier schloß sich ihm ein Katechumene als Schüler an, desgleichen weitere Brüder, wie aus der Erzählung der wunderbaren Erweckung des Schülers durch den hl. Martin hervorgeht. Der Eremit war zum spirituellen Meister einer kleinen Gemeinschaft geworden; L. ist das älteste Zeugnis des Koinobitentums im Abendland.

Der bei →Gregor v. Tours (»De virtutibus s. Martini« IV, 30) und →Venantius Fortunatus (»Vita s. Hilarii« XII, 31) genannte Ortsname (in der Adjektivform 'Locotigiacensis') kann auf ein keltolat. Toponym 'Locoteiacum' oder 'Locoticiacum' zurückgeführt werden (J. FONTAINE, Ed. der »Vita Martini«, t. 2, SC 134, 613). Ausgrabungen (DOM J. COQUET, 1954-61) haben Reste einer villa, Kultbauten des ursprgl. Kl.s und einer späteren Wallfahrt sowie die Apsis der Kirche des 7. Jh. ergeben. Eine Inschrift (5.-6. Jh.?) enthält eine Anrufung des hl. Martin.

Das Kl. erlebte im 7. Jh. seine Blütezeit unter Abt Ursinus, der als Bauherr und Autor einer »Passio s. Leodegarii« hervortrat. Unter ihm verfaßte →Defensor v. L. seinen »Liber scintillarum«.

Nachdem die Abtei 732 dem Ansturm der Araber zum Opfer gefallen war, erlebte sie in den folgenden Jahrhunderten einen Wiederaufstieg, dank der Förderung durch die Gf. en v. Poitiers (Gfn. Almodis, 11. Jh.; →Alfons v. Poitiers, 13. Jh.). 1307–08 residierte hier Papst Clemens V. Die erhaltene Kirche im Flamboyantstil wurde im 16. Jh. errichtet (Prior Geoffroy d'Estissac, dessen Sekretär Rabelais war). Durch die Frz. Revolution aufgehoben, entstand neues monast. Leben 1853 mit Mönchen aus Solesmes. In L. erscheint die 1905 von DOM BESSE begründete »Revue Mabillon«. J. Fontaine

Lit.: DIP 5, 647–649 – P. DE MONTSABERT, Le monastère de L., 1929 – DOM G. LEMAITRE u. a., L'abbaye de L., 1960 – J. COQUET, L'intérêt des fouilles de L., 1968² – C. STANCLIFFE, St. Martin and his hagiographer, 1983.

Ligurien, oberit. Region. In augusteischer Zeit umfaßte L., die IX Regio Augustea, das Gebiet zw. Var, Alpen, Trebbia, Apennin und Magra, in diokletian. Zeit das heut. Piemont und einen Großteil der Lombardei. Durch die diokletian.-konstantin. Reichsreform wurde »Liguria«, das zuerst mit »Aemilia« verbunden, dann von ihr getrennt war, eine der Prov. en der Dioecesis Italia bzw. Italia Annonaria, wobei gegen Ende des 4. Jh. auch die transpadan. Region eingegliedert wurde. Das Gebiet war von wichtigen Konsularstraßen durchzogen (Via Aemilia, V. Postumia, V. Aemilia Scauri); in augusteischer Zeit trat noch als bedeutende Verkehrsader die Via Julia Augusta hinzu. Genua fungierte als ein Knotenpunkt im nordit. Straßennetz, stand aber dabei in Konkurrenz zu Vada Sabatia sowie zu →Luni. Die jahrhundertelange Rivalität zw. Vada Sabatia (→Savona) und Genua setzte sich im MA fort, während die Rivalität zw. Genua und Luni infolge der Verlandung des Hafens v. Luni im FrühMA gegenstandslos wurde. Der Genueser Hafen spielte schon in konstantin. Zeit eine führende Rolle im w. Mittelmeer.

Genua war vielleicht bereits im 3. Jh. Bf.ssitz, die christl. Basilika extra moenia (ö Zwölf Apostel, später S. Siro) geht auf das 4. Jh. zurück. Im 5. Jh. sind die ersten Bf.e v. Luni und v. Albenga belegt. Ventimiglia ist vermutl. seit dem 6. Jh. Bf.ssitz. Anscheinend wurde Vado, nicht das aufständ. Savona, von Rom zuerst zum Bf.ssitz erhoben. Die zw. Vado (seit 680) und Savona (seit 999) schwankende Titulatur des Bf.s wird erst seit dem 11. Jh. auf »Saonensis« festgelegt. – Verteidigungspolit. Gründe (Einfälle der Vandalen, der Westgoten unter Alarich und der Scharen des Radagaisus), führten Anfang des 5. Jh. zu einer Änderung der Verwaltungsstruktur, wobei der Name L. verschwand. Die Region war nun in die Prov. en »Alpes Cottiae« und »Alpes Appenninae« unterteilt, die sich am Gebirgskamm entlang von Susatal bis zum Oberlauf des Tiber erstreckten. Genua, zuerst Teil der »Appenninae«, später jedoch der »Cottiae«, übte während der Herrschaft Odoakers und Theodosius' und deren Nachfolger weiterhin seine Funktion als Hafen aus und erreichte eine gewisse Selbständigkeit. In byz. Zeit umfaßte die Prov. »Alpes Appenninae« wieder Genua und vielleicht die gesamte Riviera di Ponente, dehnte sich bis zum Po aus und schloß auch die »Tuscia annonaria« bis jenseits des Arno ein. Die administrative Zusammenfassung von Poebene und Arnotal entsprach der geograph., wirtschaftl. und militär. Homogenität der Gebiete am Ligur. Meer.

Infolge der von den Byzantinern am Ligur. Apennin aufgehaltenen langob. Invasion (568/569) zerfiel die tyrrhen. »Maritima« in die »Maritima Langobardorum« (toskan. Maremma) und die »Maritima Italorum« (L.). Durch den neuen byz.-langob. »Limes« (keine feste Grenze, sondern eine Reihe von nicht miteinander verbundenen Castra) wurde die Po-Linie endgültig aufgegeben. Dieser »Limes« wurde unter dem Druck der langob. Eroberungen und Infiltrationen langsam immer weiter zurückgezogen. Zur Bildung L.s als neuer hist. Einheit trug die Übersiedlung des Ebf.s v. Mailand nach Genua (solange dies byz. blieb) nicht unwesentl. bei.

Die »Provincia Maritima Italorum« blieb rund 75 Jahre bestehen und nahm – nicht zuletzt durch Zustrom aus Sardinien – Einflüsse der griech. Kultur und Lebensform auf. Das Gebiet der Prov. umfaßte den gesamten Küstenbogen zw. Monaco und Luni. Erstmals bildeten sich dabei Ansätze des Bewußtseins ligur. Eigenständigkeit heraus, mit deutl. Abgrenzung von den benachbarten Regionen. Sie war der letzte nw. Vorposten des Reiches am Tyrrhen. Meeer bis um 641–643 das Heer Kg. →Rotharis die byz. Verteidigungslinien bei Fontanabuona durchbrach und L. in das Regnum Langobardorum eingliederte. Die röm.-byz. Tradition blieb in Genua erhalten, wo die Langobarden offenbar nicht stadtsässig wurden. Das Gebiet trug jedoch nicht den Charakter eines Dukats: die verschiedenen judiciariae, die an die Stelle der spätröm. Municipien getreten waren und von einem gastaldus civitatis regiert wurden, bildeten einen Verwaltungsbezirk des Kgr.es unter der allg. Bezeichnung »Litora maris«. Der Übertritt der Langobarden zum Katholizismus, der Friedensschluß mit den Byzantinern, die Auswirkungen des Toleranzedikts sowie Liutprands umfassende Förderung des Mönchtums ermöglichten den Liguriern, die eigenen Gewohnheiten zu bewahren und eine gewisse Eigenständigkeit zu genießen. Die Eroberung Italiens durch die Franken 774 brachte keine Veränderungen der langob. Verwaltungsstrukturen mit sich. Die Errichtung des Regnum Italiae (780) führte allerdings zu einer Ersetzung der Duces und Gastalden durch Gf.en. Gegen die aus Afrika und Spanien expandierenden Araber wurde an der Küste eine Mark eingerichtet (846). In dieser Mgft. Tuszien war für L. die Einheit des tyrrhen. Küstenbogens vom Ligur. Meer bis zur Toskana wiederhergestellt. Gleichwohl hatte L. im 10. Jh. unter Einfällen der Sarazenen aus Afrika oder Spanien zu leiden, v. a. von ihrem Stützpunkt Fraxinetum in der Provence aus (um 935 Angriff auf Genua mit Stoßrichtung bis in die Poebene).

Die Gesch. L.s ist von zwei gegenläufigen Tendenzen gekennzeichnet: einerseits zeigt sich das Bestreben, eine territoriale Einheit (entlang der beiden Rivieren von Nizza bis etwa zur Magramündung, im N im wesentl. der alpinapennin. Wasserscheide folgend), zu bilden, deren wirtschaftl. wie polit. Interesse auf das Meer ausgerichtet war, andererseits kommt es zur Bildung wirtschaftl.-polit.-militär. Organismen, die sowohl Küstenzonen wie Binnenland umfaßten und deren wirtschaftl. wie polit. Ressourcen und Interessensphären sich gleichmäßig auf Meer und Land verteilten. Dieser zweiten Tendenz entsprachen die von den Kg.en Berengar II. und Adalbert 950/951 im Hinblick auf die arab. Bedrohung eingerichteten Marken, die das heut. L. und das heut. Piemont umfaßten: die Otbertin. Mark mit der Riviera di Levante und einem Teil des Montferrat, Zentrum in Genua; die Aleramid. Mark mit dem Ostteil der Riviera di Ponente und den heut. Langhe, Zentrum in Savona; die Arduin. Mark mit dem Westteil der Riviera di Ponente und dem Hinterland jenseits des Apennin, Zentrum in Ventimiglia. Nach dem Sieg über die Sarazenen von Fraxinetum Ende des 10. Jh.

dank der vereinten Anstrengungen der drei w. Marken und des Gf.en v. Provence und über den Emir der Balearen Ibn Muǧāhid durch die genues. und pisan. Flotte unter dem Kommando Mgf. Adalberts 1016 blieben in der Folgezeit in L. weiterhin die Feudalherrschaften der Otbertiner, Aleramiden und der Nachkommen Arduins bestehen, daneben wurden jedoch zunehmend die autonomist. und expansionist. Tendenzen der größten Küstenstädte wirksam. Die Region wurde auch zum Ziel der Vorstöße der Machthaber des Binnenlandes jenseits des Ligur. Apennins; ferner trachteten Bm.er und Kl. ihren religiösen und territorialen Einflußbereich in L. auszudehnen. Im HochMA und der Folgezeit teilten sich die Mgf.en v. Savona, die Del Carreto, Clavesana, Saluzzo und die Gf.en v. Ventimiglia im W, die Mgf.en v. Gavi und Parodi, Bosco und Montferrat im N, die Mgf.en Malaspina und die Gf.en v. Lavagna im O die Macht über das Land. Den Bf.en v. Luni wurde 1183 von Friedrich I. die Gft. verliehen.

Hatte während der Karolingerherrschaft Vado-Savona infolge seiner Lage im Westteil L.s Vorteile erfahren, so bedeutete der Dynastiewechsel auf die Ottonen den Aufschwung und seit dem 11. Jh. die Vorrangstellung in L. für Genua (Verkehrsachse Mailand–Genua). Der bereits in der byz. Provincia Maritima Italorum im Ansatz eines kollektiven Bewußtseins vorhandene Gedanke einer ligur. Nation wurde von Genua durch das Programm der Bildung eines Territorialstaates vorangetrieben. Der völligen Verwirklichung dieses Plans stand jedoch die allmähl. Bildung eines euro-mediterranen, später euro-atlant. genues. »Commonwealth« im Wege, an dem Menschen und Ressourcen aus ganz L. beteiligt waren, so daß die Gesch. L.s im späten MA gleichermaßen die Gesch. →Genuas und die der im Ausland lebenden Ligurier ist.

Die Entwicklung der →Kommunen bietet in L. ein vielfältiges Bild, v. a. in Genua wird ein eigenständiges Modell ausgebildet. Kämpfe innerhalb der Kommunen sind Ausdruck starker polit. und wirtschaftl.-sozialer Spannungen, die sich auch in den Beziehungen zw. den Kommunen sowie zw. diesen und den Feudalherren und Signorien der Region entluden, wobei sowohl Genua wie die rivalisierende Nachbarstadt Savona bei der Ausweitung ihres Herrschaftsgebietes ebenfalls auf feudale Strukturen zurückgriffen. Genua wandte zur Erweiterung seines Territoriums die verschiedensten Mittel an: Kauf (Portovenere 1110, Voltaggio 1121), Neugründung (Chiavari 1167 und 1178), Bündnisverträge (Noli 1202 und 1207) und Auferlegung harter Bedingungen (Albenga 1150, 1199, Savona 1153, 1168, 1181, 1202 etc. und Ventimiglia 1253). Ziel war die völlige Freiheit des eigenen Seehandels und schwere Beschränkungen der Handelsschiffahrt der anderen Küstenstädte. Gleichzeitig baute die »Superba« (Petrarca) ein dichtes Lokal- und Fernhandelsnetz auf, an dem die gesamte Region aktiv beteiligt war.

»Nationale« Ansätze lassen sich in L. auch in kirchenpolit. Hinsicht erkennen. Als einer der Angelpunkte des genues. Expansionismus innerhalb L.s und darüber hinaus ist die Errichtung des Ebm.s Genua (1133), dem Bobbio, Brugnato und das Tino-Kl. unterstanden, anzusehen (1162 kam Portovenere hinzu), ferner die Errichtung von Suffraganbm.ern wie Noli 1239 und die Abtretung des ehemals mailänd. Bm.s Albenga an die Erzdiöz. Genua (1162). Die Päpste Innozenz IV., Hadrian V., Nikolaus V., Sixtus IV., Innozenz VIII., Julius II. sind genues. oder ligur. Herkunft.

Die rechtl.-formale Einigung L.s unter der Oberhoheit Genuas auf lehnrechtl. Basis wurde 1162 erreicht, als Ks. Friedrich I. der Kommune Genua die »districtio« über die »Maritima« von Monaco bis Portovenere gewährte, ausgenommen jedoch die bestehenden Rechte der Gf.en und Mgf.en. Die territorialpolit. Verwirklichung der ksl. Privilegs war jedoch ein langer und mühsamer Prozeß, der nie zur Vollendung gelangte. Der Grund dafür lag im 12. und 13.Jh. im Widerstand der größeren Kommunen und Lehnsherrschaften v. a. an der Riviera di Ponente. Im 14. und 15.Jh. kam es mit der Bildung der it. Territorialstaaten und der großen europ. Nationalkgr.e häufig zu Interventionen it. und fremder Mächte in L., nicht zuletzt als direkte Folge der geopolit. Struktur der Region und der internationalen Bedeutung Genuas: Lucca, Pisa, Florenz und Mailand griffen in der Lunigiana ein; die Aragonesen besetzten die Kastelle Portovenere und Lerici (1426–1436/37); in →Genua wechselten sich verschiedene it. und fremde Mächte ab; Hindernisse für eine Einigung waren auch die seit altersher bestehenden Feudalherrschaften (z. B. Del Carretto in Finale) und die neuen Territorialherrschaften großer genues. Familien (z. B. Doria in Oneglia). An der Riviera di Ponente verlor Genua Monaco im 15.Jh. definitiv an die →Grimaldi. An der Riviera di Levante folgte auf das Verschwinden der bfl. Gft. Luni zu Beginn des 14.Jh. infolge des Druckes der mächtigen Nachbarn eine Periode der Instabilität, aus der Sarzana als ö. Grenzort des genues. Teils L.s hervorging. Im Apenninhinterland errang Genua, das seit Anfang des 12.Jh. Vorstöße in die obere Poebene unternommen hatte, Stützpunkte in Novi und Ovada, Spuren seiner kulturellen Tradition sind dort bis heute erhalten. Das genues. oder genues. beeinflußte L. hatte keine einheitl. Verfassung. Der Territorialstaat in L. blieb nicht nur in geograph. Hinsicht unvollendet, sondern bot bis 1797 das Bild eines in verschiedenen rechtl. und polit. Formen an Genua gebundenen Konglomerats einzelner Territorien. G. Pistarino

Lit.: Allg.: N. LAMBOGLIA, Liguria romana, 1939 – DERS., L. antica, 1940 – G. PISTARINO, L.: la storia (AA.VV., »Liguria«, 1967) – DERS., L.: regione nazione, Atti accad. ligure scienze lettere, XXVIII, 1971, 3–30 – DERS., La L. nella storia d'Italia, Cultura e scuola, X.40, 1971, 85–94 – G. AIRALDI, Genova e la L. nel medievo, 1986 – G. PISTARINO, L. storica, Columbus 92, VI, m.4, 1990, 35–40 – *Spätantike, Früh- und HochMA*: A. FERRETTO, I primordi e lo sviluppo del Cristianesimo in L., Atti Soc. ligure storia patria, XXXIX, 1907 – B. LUPPI, I Saraceni in Provenza, in L. e nelle Alpi occidentali, 1952 – AA. VV., L. monastica, Italia benedettina, II, 1979 – CH. PIETRI, Note sur la christianisation de la »Ligurie«, Centro Studi Lunensi-Quaderni, X–XII, 1985–87, 351–386 – *SpätMA*: G. C. SCARSELLA, Storia di Genova, 1942 – N. CALVINI, Relazioni medioevali tra Genova e la L. occidentale, Collana stor. della L. Occid., 1950 – L. BALLETTO, Genova Mediterraneo Mar Nero (secc. XIII–XV), 1976 – G. PISTARINO, Pagine sul medioevo a Genova e in L., 1983 – DERS., Diocesi, pievi e parrocchie nella L. medievale (VI Conv. di storia della Chiesa. Pievi e parrocchie in Italia nel Basso Medioevo (secc. XIII–XV), 1984), II, 625–676 – →Genua.

Ligurinus (liber), hexametr. Epos, das die ersten Regierungsjahre Ks. Friedrichs I., bes. seine Kämpfe mit den lombard. Städten und Mailand (= urbs Ligurina) bis zum Fall Cremas 1160 darstellt, nach den Gesta Friderici II–IV von Otto v. Freising und Rahewin. Das im MA kaum verbreitete Werk, das nur in der von Conrad Celtis 1507 besorgten ed. pr. nach einer Hs. des Kl. Ebrach überliefert ist, stammt laut humanist. Kolophon von einem Gunther (nach ASSMANN nicht ident. mit Gunther v. Pairis), der vor dem L. den fragm. überlieferten »Solimarius«, eine Versifizierung der Historia Hierosolymitana des Robert v. St-Remi, schuf. Der Verf., mit dem alemann.-elsäss. Raum vertraut, war wahrscheinl. Hofkaplan Friedrichs I. und vielleicht Erzieher von dessen Kindern: der L. ist dem Ks. und seinen fünf Söhnen gewidmet und wurde vermutl.

vor März 1188 überreicht. Der Hauptteil des L. entstand wohl 1181/84, die Endredaktion 1186/87. Die Dichtung besticht durch ihre antikisierende, hohe Formbeherrschung in Vers und Diktion und galt bis zum Nachweis ihres ma. Charakters durch PANNENBORG auch als humanist. Fälschung. Als hist. Q. zeigt sie die offiziöse Auffassung der 1180er Jahre nach dem Frieden v. Konstanz (1183) von der frühen stauf. Italienpolitik und die stauf. Vorstellungen vom sacrum imperium. M. Wesche

Ed.: Der 'L.' des Gunther v. Pairis, hg. F. P. KNAPP, 1982 – Gunther der Dichter, L., hg. E. ASSMANN, MGH SRG (in us. schol.) [63], 1987 [Lit.] – *Lit.:* Verf.-Lex.² III, 318–322 – A. PANNENBORG, Über den L., Forsch. z. dt. Gesch. 11, 1871, 161–300 – J. STURM, Der L., 1911 – W. STACH, Polit. Dichtung im Zeitalter Friedrichs I., 1937, WdF 589, 1983, 48–82.

Líknarbraut (an. 'Gnadenweg'), gelehrter Kreuzpreis in Form einer einfachen →Drápa im →Dróttkvætt, wohl nicht vor dem späten 13. Jh. Der *bálkr* begründet durch die Vergegenwärtigung von Passion und Jüngstem Gericht die ausholende Adoratio crucis (→Karfreitag) des *slœmr*, der so ein stärkeres Gewicht als üblich erhält. Der Dichter steht in der Tradition der isländ. geistl. Dichtung des 12. Jh., will aber zu einer persönl. nacherlebenden Leidensfrömmigkeit anleiten. Das erzwingt lebendige Details und eine Vereinfachung des Stils, die schon zur →Lilja hinführt. Die L. wurde Vorbild für eine ganze Stilrichtung des SpätMA. H. Schottmann

Ed.: F. JÓNSSON, Den norsk-islandske skjaldedigtning, II, 1915, 1967², A 150–159, B 160–174 – G. S. STATE, A Scaldic Drápa on the Cross [Diss. masch. Cornell, 1974] – *Lit.:* F. PAASCHE, Kristendom og kvad, 1914, 1948² – G. S. Tate, Good Friday Liturgy and the Structure of L., Scandinavian Stud. 50, 1978, 31–38 – DERS., The Cross as a Ladder, MSc 11, 1978/79, 258–264.

L'Ile-Barbe, OSB-Abtei in →Lyon. Auf der wenige km n. der civitas von Lyon gelegenen, von der Saône umflossenen insula barbara etablierten sich seit den Anfängen des Christentums in Gallien eremit. Formen der vita religiosa. Im Kontext einer umfassenden Kl.reform durch Ebf. →Leidrad und unterstützt von →Benedikt v. Aniane wurden kurz nach 800 auf der Insel 20 Mönche aus Aniane angesiedelt. Das neu gegr. OSB-Kl. (Kirche ŏ St. Martin) blühte schnell auf (fast 100 Mönche). Inwieweit L. selbst wiederum zu einem Zentrum der anian. Reformen wurde, ist umstritten. Privilegien Ludwigs d. Frommen und späterer Kg.e unterstützten auch die wirtschaftl. Stellung: die Gemeinschaft genoß Zollprivilegien für die von ihr eingesetzten Schiffe, der Güterbesitz konzentrierte sich am Unterlauf der Saône, an der oberen Loire sowie bei Orange. Die gegen Ende des 9. Jh. erbaute Kirche wurde an der Wende zum 12. Jh. durch einen roman. Bau ersetzt. Der Kl.bereich wurde durch starke Befestigungsanlagen geschützt. Im 13. Jh. begann ein Niedergang: Verringerung der Zahl der Mönche, Lockerungen der Disziplin, wirtschaftl. Einbußen. Kl.reformen gegen Ende des MA konnten keine dauerhaften Erfolge erzielen. 1551 wurde L. Kommendatarabtei, 1742 aufgelöst; nach 1789 wurden die Kl. gebäude fast vollständig zerstört. H.-J. Schmidt

Q. und Lit.: L. NIEPCE, L'I.-B., 1898 – Grande Pancarte ou cartulaire de l'abbaye de l'I.-B., hg. CONTE DE CHARPIN-FEUGEROLLES – G. GUIGUE, 1923 – A. COVILLE, Recherches sur l'hist. de Lyon du 5ᵉ s. au 9ᵉ s., 1928 – Obituaires de la prov. de Lyon, T. 2/2, hg. J. LAURENT – P. GRAS, 1965 – H. GERNER, Lyon im FrühMA, 1968, 200–210 – O. G. OEXLE, Forsch. zu monast. und geistl. Gemeinschaften im westfrk. Bereich, 1978, 148–153.

Lilie (Lilium candidum L./Liliaceae). Ungeachtet dessen, daß der Name 'L.' für verschiedene Gewächse gilt, ist darunter i. a. die aus den ö. Mittelmeerländern stammende Weiße L. zu verstehen, die bereits im alten Persien bekannt war und mehrfach im Hld erwähnt wird. Im 'Capitulare de villis' (70) verzeichnet und von Walahfrid Strabo (Hortulus, ed. STOFFLER, 248–261) besungen, gehörte *lilium* seit dem frühen MA zu den häufig anzutreffenden Zier- und Arzneipflanzen, während die Feuer-L. (l. bulbiferum L.) und die für den Volksglauben bedeutsame, auch Goldwurz gen. Türkenbund-L. (L. martagon L.) wohl erst im 15. Jh. in die Gärten gelangten. Med. nutzte man – wie schon in der Antike – das aus den Blüten bereitete Öl, die Blätter und Zwiebeln u. a. gegen Geschwüre, Hämorrhoiden und giftigen Tierbiß, bei Gebärmutterleiden und Brandwunden sowie zu kosmet. Zwecken (Circa instans, ed. WÖLFEL, 66; Albertus Magnus, De veget. VI, 370f.; Konrad v. Megenberg, V, 47), wobei es nicht selten zur Verwechslung bzw. Vermengung bes. mit der →Schwert-L. kam (Gart, Kap. 229). Im übrigen ist die L. als Sinnbild der Reinheit und Unschuld zusammen mit der →Rose die bevorzugte, meist der Jungfrau Maria zugeordnete Symbolpflanze der christl. Kunst. P. Dilg

Lit.: MARZELL II, 1290–1308 – HWDA V, 1300–1302; VIII, 1209–1212 – LCI III, 100–102 – H. PETERS, Aus der Gesch. der Pflanzenwelt in Wort und Bild, 1928, 43–48.

Heraldik: Die L. (frz. *fleur de lis, f. de luce*; wahrschl. von *f. de Louis*) gehört in die Gruppe der gemeinen, natürl. Figuren. Sie ist neben der herald. →Rose die am häufigsten vorkommende Pflanze in der →Heraldik. Die Darstellung ist stark stilisiert und ähnelt der natürl. L. nur entfernt, da bloß drei Blütenblätter dargestellt werden, die an der unteren Hälfte zusammengebunden sind, so daß das mittlere Blatt gerade steht und die äußeren Blätter im Bogen nach unten herabfallen. Die unteren Enden der Blätter wiederholen diese Anordnung spiegelweise und verkleinert. In stilisierter Form erscheint die L. schon bei den Karolingern (sog. L. nszepter oder -kronen), doch als Symbol erst im 12. Jh. in Frankreich auf einem kgl. Siegel Ludwigs VII. Unter Philipp II. August war die L. schon eine herald. Figur. Sie kann in allen Tinkturen oder Pelzdarstellungen vorkommen; im Schild erscheint sie einzeln oder in der Mehrzahl als besät oder bestreut. Teile der L. können zur Unterscheidung anderer herald. Figuren verwendet werden. V. Filip

Lit.: D. L. GALBREATH – L. JÉQUIER, Lehrbuch der Heraldik, 1978 – J. P. BROOKE-LITTLE, Boutells's Heraldry, 1983.

Lilienfeld, OCist-Kl. in Niederösterreich, 1202 von dem babenberg. Hzg. →Leopold VI. (▢ in L.) gegr. und mit ausgedehntem Besitz ausgestattet (zwei Gründungsurkk. 1213, 1217), 1206 von →Heiligenkreuz b. Wien aus besiedelt. 1210 erteilte Innozenz III. die Bestätigungsbulle. 1217 nahm Kg. Friedrich II. in Reichsschutz und verlieh ihm das Landrecht. 1219 brachte Leopold VI. seinem Kl. vom Kreuzzug eine große Kreuzreliquie mit. Die Weihe des Kl. und des Ostteils der Kirche erfolgte am 30. Nov. 1230. In der Bestätigungsurkunde Hzg. Friedrichs II. von 1230 wurde erstmals der österr. Bindenschild verwendet. 1263 erfolgte die Vollendung der Stiftskirche (größte Kirche Niederösterreichs, Bautyp Cîteaux II). Das Konvent des größten ma. Kl. Österreichs umfaßte bis zu 100 Mönche. 1267 wurde Margarete, Gemahlin →Ottokars II. Přemysl, in L. beigesetzt. Die »Concordantiae caritatis« des Abtes Ulrich v. L. (1345–51) stellen die umfangreichste Hs. der »Armenbibeln« (→Biblia pauperum) dar. In L. wirkten die liturg. →Dichter Christan v. L. († vor 1332) sowie die Gelehrten Johannes Pfaffenkron († 1355) und Johannes v. Langheim († 1412). 1789 wurde L. aufgehoben und 1790 wiedererrichtet. N. Mussbacher

Lit.: DIP V, 649ff. – K. OETTINGER, Die Entstehung v. L. (Fschr. zum 800-Jahrgedenken des Todes Bernhards v. Clairvaux, 1953) – G. WINNER, Die Urkk. des Zisterzienserstifts L. 1111–1892, Fontes rerum Austriacarum, Österr. Akad. der Wiss., 1974 – Kat. »1000 Jahre Babenberger in Österreich«, 1976 – N. MUSSBACHER, Das Stift L., 1976 [Lit.].

Lilja (an. 'Lilie'), 100strophige →Drápa von Eysteinn Ásgrímsson auf die entscheidenden heilsgesch. Ereignisse von der Schöpfung bis zum Jüngsten Gericht, im Versmaß *hrynhent*, der um zwei Silben erweiterten Dróttkvættzeile, später *liljulag* genannt. Die Identifikation des geistl. Dichters ist umstritten, das Gedicht entstand wahrscheinl. vor 1345 und wurde rasch zum bis in die protestant. Zeit bewunderten Vorbild. Eysteinn gießt das in den Volkssprachen meist episch und mit gelehrten Ausdeutungen abgehandelte Thema in die Form eines Preislieds, nun auf den Mensch gewordenen Kg. des Himmels, der den Sündentod überwand; der leidenschaftl. Dank des seiner Sündhaftigkeit Bewußten verleiht diesem Preis seine Intensität. Die theol. Interpretation geht in die Darstellung der heilsgesch. Stationen ein, die so in ihrer Bedeutung durchsichtig werden. Abhängigkeit von Q. ist nur in Einzelheiten zu sichern, Eysteinn vertritt noch das vorscholast. Erlösungsverständnis vom Mißbrauch der Macht durch den Teufel (→Soteriologie). Die Bedeutung Marias wird in diesem Gedicht auf eine für Island neue Weise hervorgehoben. Eysteinn führt konsequent die lang angebahnte Vereinfachung der Skaldik zu Ende, weist programmat. die →Kenningar sowie die komplizierte Syntax als sinnverstellend zurück und lehnt sich in der Diktion an die kirchl. Verkehrssprache an. Dafür akzentuieren jetzt rhetor. Preisformen den Inhalt. Die alte Drápaform mit zwei Stef wird leicht abgewandelt und in den Dienst der Aussage gestellt. H. Schottmann

Ed.: F. JÓNSSON, Den norsk-islandske skjaldedigtning, II, 1915, 1967², A 363–395, B 390–416 – G. FINNBOGASON, Eysteinn Ásgrímsson, 1974 – *Übers.:* W. LANGE, Chr. Skaldendichtung, 1958, 57–72 – *Lit.:* F. PAASCHE, L., Et kvad til Guds moder, 1915, 1948² – H. SCHOTTMANN, Die Jugendgesch. Marias in den drápur der L.-Nachfolge, ASNS 205, 1968, 81–101 – TH. HILL, Eve's Light Answer, MSc 2, 1969, 129–131 – DERS., Number and Pattern in L., JEGP, 1970, 561–567 – H. SCHOTTMANN, Die isländ. Mariendichtung, 1973 – P. FOOTE, Latin rhetoric and Icelandic poetry, Saga och sed 1982, 107–127.

Lille (lat. Insula, Isla, fläm. Rijsel), Stadt in Nordfrankreich, im MA zum Bm. Tournai, heute Sitz des dép. Nord. – Der Ort entstand im 10.–11. Jh. an der unteren Deûle, am Grenzraum der fruchtbaren Ebene des Mélantois; eine Identität mit dem in der Karolingerzeit (Brevium exempla/Capitulare de villis) erwähnten Ort 'Treola' bleibt hypothetisch. L. ist erstmals 1054 in den Q. genannt. Um 1066 heben sich die Siedlungskerne ab: die alte Dorfsiedlung Fins, vielleicht 874 erwähnt (Pfarrei St-Maurice); ein »castellum« des Gf. en v. Flandern mit der Kollegiatkirche St-Pierre (gegr. um 1055) und eine vorstädt. Kaufmannssiedlung (St-Étienne). Im 12.–13. Jh. vollzog sich ein Aufstieg, über den aber wenig bekannt ist. Die Befestigung des 13. Jh. umschloß ein Areal von 100–115 ha. Das den Gf. en v. →Flandern gehörende L. wurde 1213 und erneut 1297–1304 vom Kg. v. →Frankreich eingenommen; →Philipp IV. ließ eine Burg ('Château de Courtrai') zur Überwachung der Stadt, die der →Krondomäne angeschlossen wurde, errichten. 1369 kam L. wieder an den Gf. en v. Flandern. Mit dem Anfall Flanderns an die Hzg.e v. Burgund wurde L. zur bevorzugten Residenz: Philipp der Kühne (1364–1404) errichtete hier 1386 seinen Rechnungshof (Chambre des Comptes), Philipp der Gute (1419–67) 1463 den Herzogspalast (Palas Rihour).

L. hatte sieben Pfarreien: die drei obengenannten des 11. Jh., St-Sauveur (vor 1144), Ste-Marie-Madeleine (1233), St-André (vor 1245), Ste-Catherine (vor 1283). Die Dominikaner ließen sich hier 1224 nieder, die Franziskaner vor 1226; ein Beginenhof entstand 1245, ein Dominikanerkonvent (L'Abbiette) 1274. Im 13. Jh. wurden sieben Hospitäler gegr., unter ihnen das berühmte »Hospice Comtesse«, gestiftet von →Johanna, Gfn. v. Flandern; weitere Hospitäler entstanden im SpätMA, desgleichen vier Frauenkonvente.

Die Stadt wurde von einem 25köpfigen Rat (Charta v. 1235) regiert: 12 Schöffen, 12 Geschworene, ein *rewart* (respector Amicitiae). Die →Kommune des 12. Jh. hinterließ nur geringe Spuren (Geschworene) »Amicitia« oder »Amitié«: der kommunale Verband); die Macht lag in den Händen der →Schöffen, die vom Gf. en ernannte Richter, zugleich aber Repräsentanten der Bürgerschaft waren und zu einem guten Teil der wohlhabenden Kaufmannsschicht entstammten. L. war auch Sitz einer gfl. →Kastellanei, später eines →Bailliage-Verwaltungszentrums. Um 1182 ist der Verkauf von Tuchen aus L. in Italien bezeugt, später auch in Spanien und England. Dieses Tuchgewerbe kam nach 1330 zum Erliegen, doch wurde weiterhin die Färberei (→Farbe, Färber) importierter Tuche betrieben. Einer der wichtigsten Wirtschaftszweige war der Handel mit Weizen (→Getreidehandel) aus dem Mélantois und →Artois, der über die – zu diesem Zweck von den Bürgern regulierte – Deûle transportiert wurde. Der Handel mit anderen Gütern (Wein, Häute) entwickelte sich allmählich. In L. wurde eine der großen fläm. →Messen abgehalten (erwähnt seit 1127); die Stadt gehörte der →Hanse v. London und der →Hanse der 17 Städte an. 1302/03 hatte L. 30000–35000 Einw., nach der demograph. Krise des 14. Jh. nur noch 15000 (1455). B. Delmaire

Lit.: allg.: Hist. de L., I, 1970 – Hist. d'une métropole: L., Roubaix, Tourcoing, 1977 – *zu Einzelfragen:* E. HAUTCOEUR, Hist. de l'église collégiale et du chapitre de St-Pierre de L., 3 Bde, 1896–99 – R. MONIER, Le Livre Roisin, coutumier lillois de la fin du XIIIe s., 1932 – A. DERVILLE, Le problème des origines de L. (Mél. E. PERROY, 1973), 65–78 – A. DERVILLE, Le marché lillois du blé à l'époque bourguignonne, Revue du Nord, 1977, 45–62 – P. DESPORTES, Réceptions et inscriptions à la bourgeoisie de L. aux XIVe et XVe s., ebd., 1980, 541–571 – A. DERVILLE, L. au XIIe s. (Alain de L., Gautier de Chatillion, Jakemart Gielée et leur temps, 1980), 9–25 – A. DERVILLE, Finances et politique à L. pendant la periode bourguignonne, 1982 – M. AUBRY, Les mortalités lilloises (1328–69), Revue du Nord, 1983, 327–342 – A. DERVILLE, Le nombre d'habitants des villes de l'Artois et de la Flandre wallonne (1300–1450), ebd., 1983, 277–299 – D. CLAUZEL – S. CALONNE, Artisanat rural et marché urbain: la draperie à L. et dans ses campagnes à la fin du MA, ebd., 1990, 531–573.

Limburg (Limbourg), ehem. Gft. und Hzm. (Limbourg-sur-Vesdre, heut. Belgien, Prov. Lüttich).

[1] *Der Aufstieg des Hauses Limburg im 11. und 12. Jahrhundert:* Keimzelle des späteren Fsm.s war die alte kgl. Grundherrschaft Baelen, die →Friedrich (II.) v. Luxemburg, der spätere Hzg. v. Niederlothringen (1046–65), von seiner Mutter geerbt hatte und auf der er um 1020 die Burg L. errichten ließ. Friedrichs 'dominium', das Besitzungen zw. Maas und Aachen sowie um Sprimont (südl. v. Lüttich), desgleichen die Vogtei über die Abteien →St-Truiden (St-Trond) und →Stablo-Malmedy umfaßte, kam (mit Ausnahme der an die Gf. en v. →Namur gefallenen Vogtei über Stablo-Malmedy) 1065 an Friedrichs Schwiegersohn Walram-Udo, Gf. v. →Arlon (∞ Judith, Erbtochter Friedrichs). Da Walram-Udo bereits in einer Urkunde von 1064 (?) als »egregius comes Udo de Lemborch« genannt wird, liegt die Annahme nahe, daß er die Gf. engewalt schon zu Lebzeiten seines Schwiegervaters ausübte.

Die Nachkommen Walram-Udos regierten in L. bis 1283. 1101 wurde sein Sohn, *Heinrich I.* v. L. und Arlon

(1081–1119), von Ks. Heinrich IV. zum Hzg. v. →Niederlothringen ernannt; Hzg. Heinrich hielt dem Ks. auch nach dessen Absetzung durch Heinrich V. (1105) die Treue. Der junge Kg. entzog ihm daher 1106 die Hzg.swürde und verlieh sie Gf. →Gottfried (VI.) v. Löwen. Diese Maßnahme war Ausgangspunkt des langen Kampfes zw. den konkurrierenden Häusern L. und Löwen-Brabant (→Brabant). 1128 belehnte Ks. →Lothar III. wiederum den Sohn und Nachfolger Heinrichs I., *Walram II.* (1119–39), mit der niederlothr. Hzg.swürde, gegen Gottfried v. Löwen. Kg. Konrad III. dagegen restituierte das Hzm. 1139 an das Haus Löwen-Brabant.

Zweimal mit dem niederlothr. Hzm. belehnt, nannten sich die Gf.en v. L. nun durchgängig Hzg.e; dies ist der Ursprung des Titels 'Hzg. v. L.', der schließlich von Friedrich Barbarossa anerkannt wurde (1165), wozu sicher die Tatsache beitrug, daß *Heinrich II.* v. L. (1139–67) zu den häufig am Ks.hof präsenten Großen zählte. Doch erreichten die die L.er trotz aller Bemühungen nicht, zum Range von →Reichsfürsten aufzusteigen; gleichwohl waren sie – in Ausübung ihrer Herzogswürde – in bemerkenswerter Weise bemüht, im Gebiet zw. Maas und Rhein die Aufgaben der Landfriedenswahrung zu erfüllen.

1136, unter Walram II., bemächtigten sich die L.er der Herrschaft Rolduc (Herzogenrath) und machten reiche Stiftungen an die Abtei →Klosterrath, die sie zu ihrer →Grablege wählten. Durch Heirat erwarb Walram II. die nördl. von Herzogenrath gelegene Herrschaft Wassenberg. Er leitete im hzgl. Forst (Hertogenwald) eine starke Rodungstätigkeit ein.

[2] *Vom frühen 13. Jh. bis zur Schlacht von Worringen:* Um 1200 hatten die L.er eine angesehene und gesicherte Position errungen. Hzg. *Heinrich III.* (1167–1221) unternahm Anstrengungen, um seinem Sohn Simon das Bm. →Lüttich zu verschaffen (1193–95). 1214 wurde ein anderer Sohn Heinrichs III., *Walram III.,* durch Heirat mit Gfn. Ermesinde Gf. v. Luxemburg (1214–26) und begründete das Haus der →Luxemburger-L.er. Die aus d. limburg. Patrimonium herausgelöste Gft. Arlon wurde der Gfn. Ermesinde übertragen und damit luxemburgisch (1214). Walram III. trat 1221 auch das väterl. Erbe in L. an. Der älteste der Söhne Walrams III. aus dessen 1. Ehe, *Heinrich (IV.),* heiratete Ermengarde, die Erbtocher des Gf.en v. →Berg, und regierte sowohl in Berg (1225–47) als auch in L. (1226–47). Nach seinem Tode wurde das Erbe geteilt: Der ältere Sohn, *Adolf,* erhielt die Gft. Berg, der jüngere, *Walram IV.* (1247–80), das Hzm. L.

Nicht zuletzt infolge dieser Erbteilung war das durch territoriale Verluste geschwächte Hzm. L. zu einem Fsm. zweiten Ranges geworden, isoliert zw. den beiden großen Territorialmächten der Region, dem Hzm. Brabant und dem Ebm. →Köln. An der großen Handelsroute gelegen, die →Brügge mit →Köln (über →Löwen, St-Truiden und →Maastricht) verband, wurde L. in Anbetracht seiner großen strateg. Bedeutung zum Zankapfel der mächtigen Nachbarn.

Nach dem Tode Walrams IV. fiel das Hzm. an dessen einzige Tochter *Ermengarde* († 1283) und ihren Gemahl, Gf. Rainald I. v. →Geldern. Hatte Adolf v. Berg zunächst Erbansprüche auf L. erhoben, so trat er diese 1283 an Hzg. →Johann I. v. Brabant ab. Der 1283 mit dem Ebf. v. Köln, →Siegfried v. Westerburg, verbündete Rainald verkaufte seine Rechte an →Heinrich III. v. Luxemburg (1288). Am 5. Juni 1288 vernichtete Johann I. v. Brabant seine Gegner in der Schlacht v. →Worringen, eroberte das Hzm. L. und sicherte so seine Hegemonialstellung im Rhein-Maas-Gebiet ab.

[3] *Das Herzogtum Limburg im Verband mit Brabant und Burgund:* Seit Worringen war L. in der Person des Hzg.s mit Brabant verbunden; diese Union wurde durch die 1356 vom Hzg. v. Brabant-L. beschworene →Joyeuse Entrée konstitutionell untermauert. Die beiden Territorien behielten, auch unter den Hzg.en v. →Burgund (definitive Übernahme der Herrschaft 1430) und bis zum Ende des Ancien Régime, ihre eigenen Gewohnheitsrechte sowie Autonomie in Verwaltung und Gerichtswesen.

Das zu einem großen Teil von Wald, Heide und Moor bedeckte Hzm. L. war – trotz des seit dem 12. Jh. durchgeführten Landesausbaus – kein reiches Agrarland. Im 15. Jh. nahm jedoch dank der Förderung durch die Burgunderhzg.e (v. a. Philipp d. Guten) der Bergbau seinen Aufschwung (reiche Vorkommen an Eisenerz, Blei und namentl. →Galmei: Altenberg/Vieille Montagne). Das schon im 14. Jh. ausgeübte Tuchgewerbe entwickelte sich in den Jahren um 1500, insbes. in der Stadt L. J. L. Kupper

Q. und Lit.: S. P. ERNST, Hist. du L., hg. E. LAVALLEYE, 7 Bde, 1837–52 – J. THISQUEN, Hist. de la ville de L., Bull. Soc. verviétoise d'archéologie et d'hist. 9–10, 1907–08 – M. YANS, Hist. économique du duché de L. sous la maison de Bourgogne, 1938 – H. LAURENT – F. QUICKE, Les origines de l'État bourguignon, 1939 – J. THISQUEN, La coutume ancienne du duché de L. (XVe s.), 1958 – W. SCHOPPMANN, La formation et le développement territorial du duché de L. du XIe s. jusqu'en 1288, übers. F. PAUQUET, Bull. Soc. verviétoise d'archéologie et d'hist. 51, 1964 – A. BUCHET, Le duché de L. ..., ebd. 52, 54, 1965, 1967 – K. J. TH. JANSSEN DE LIMPENS, Rechtsbronnen van het hertogdom L. en in de Landen van Overmaze, 1977 – F. R. ERKENS, Zur verfassungsrechtl. Stellung der Hzg.e v. L. im 12. und 13. Jh., RhVjbll. 43, 1979, 169–195 – Les sources de l'hist. économique et sociale du MA. Les États de la maison de Bougogne, I, 2, hg. R. H. BAUTIER, J. SORNAY, F. MURET, 1984, 507–520 – Bailus-Baelen, 888–1988. Mélanges, 1988 – Der Tag bei Worringen, hg. W. JANSSEN – H. STEHKÄMPER, 1988 – L. WINTGENS, Weistümer und Rechtstexte im Bereich des Hzm.s L., Q. zur Regionalgesch. des 14.–18. Jh., 1988 – F. LETOCART, Les domaines forestiers dans le duché de L. [Diss. masch. Lüttich 1989].

Limburg a. d. Haardt, OSB-Kl. (Rheinland-Pfalz, Gem. Bad Dürkheim). An der Stelle einer Salierburg errichtete Kg. Konrad II. nach seiner Wahl wahrscheinl. ein Kanonikerstift, das vor 1032 unter dem Einfluß →Poppos v. Stablo in ein Benediktinerkonvent lothring. Observanz umgewandelt wurde. Poppo wurde der erste Abt. Die Einweihung der Kirche erfolgte 1042 (□ 1038 Gunhild, erste Gemahlin Heinrichs III.). Das mit reichem Besitz ausgestattete Kl. stand in engem Verbund mit dem Bm. →Speyer. Am 30. Aug. 1065 wurde es durch Kg. Heinrich IV. förml. an Speyer übertragen. Seine reichspolit. Bedeutung wurde dadurch gemindert. Speyerer Bf.e waren wie in →Weißenburg auch wiederholt in L. Äbte. Als Q. zur Verfassungs- und Sozialgesch., bes. zur Frühentwicklung der →Ministerialität, höchst bedeutsam ist das in eine Schenkung Kg. Konrads und seiner Gemahlin →Gisela eingekleidete L.er →Hofrecht vom 17. Jan. 1035; ein Gegenstück zum Hofrecht des Bf.s →Burchard v. Worms. Die in den Kämpfen Ks. Heinrichs IV. auf seiner Seite ausharrende Abtei wurde 1116 von den opponierenden Großen vergebl. belagert. Als Vögte sind zunächst die Salier selbst, dann die Gf.en v. →Saarbrücken, die Staufer und ab 1206 die Gf.en v. →Leiningen nachweisbar, die ebenso wie die →Pfgf.en b. Rhein das Schicksal der Abtei bestimmten. L. wurde 1504 zerstört und 1571 säkularisiert; Ruinen der roman. Kirche und des Konventsgebäudes sind erhalten. A. Gerlich

Q. und Lit.: Hofrecht (MGH DK. II, 1909), 295, Nr. 216 [= MGH Const. I, 1893, 87, Nr. 43] – A. DOLL, Überlegungen zur Grundsteinlegung und zu den Weihen des Speyerer Domes, Archiv für mittelrhein. Kirchengesch. 24, 1972, 9–25 [Lit.] – P. SPIESS, Das L.er Hofrecht

(Fschr. K. KROESCHELL, 1987), 468–485 – Die Salier und das Reich, 1–3, hg. St. WEINFURTER, 1991 [DERS., Bd. 1, 55–96, bes. 57ff., 67, 88; I. HEIDRICH, Bd. 2, 187–224, bes. 200, 214; H. SEIBERT, Bd. 2, 503–569; bes. 517, 523, 568; TH. ZOTZ, Bd. 3, 3–50, bes. 23, 27ff.; W. RÖSENER, Bd. 3, 51–74, bes. 58].

Limburg a. d. Lahn, Kanonikerstift, Stadt a. d. Lahn in Hessen.

[1] *Kanonikerstift:* 910 gründete der Konradiner Konrad Kurzbold, Gf. im Niederlahngau, mit Unterstützung Kg. Ludwigs d. Kindes und Ebf. →Hattos v. Mainz auf dem über der Lahn aufragenden Kalkfelsen nahe seiner Burg das Stift L. Die Burg, das Stift und die spätere Stadt waren durch ihre Lage im Zentrum des fruchtbaren L.er Bekkens, am Schnittpunkt mehrerer wichtiger Straßen und an der Lahnfurt, dann der Brücke, bes. begünstigt. Neben dem Gründer trugen mehrere frk.-dt. Herrscher, von Ludwig d. Kind bis zu Heinrich IV., zur Ausstattung des Stifts bei; auf Otto I. geht die Immunität des Stiftsbesitzes zurück. Später verbreiterten Adelsgeschlechter der Umgebung und Bürgerfamilien aus L. und benachbarten Städten, die auch die Mehrzahl der Kanoniker stellten, durch Schenkungen und Vermächtnisse die wirtschaftl. Grundlagen des Stifts, das mit 16 Kanonikerstellen ausgestattet war. Der Propst wurde – wohl aufgrund eigenkirchl. Rechte – bis ins 16. Jh. vom Mainzer Ebf. eingesetzt, obwohl der Trierer Ebf. der zuständige Diözesan war. Die vita communis der Kanoniker löste sich bis zum 13. Jh. auf, und die Stiftsherren bezogen eigene, z. T. in der Stadt gelegene Kurien. Der Neubau der spätroman. Stiftskirche (ô St. Georg) wurde 1235 geweiht. Die Stiftsvogtei lag in den Händen der Inhaber der Burg; sie bildete zusammen mit Burg und Stadt den Grundbestand der Herrschaft L., die seit etwa 1220 die Herren v. Isenburg-L. innehatten. Dabei besaßen sie Burg und Stadt zu je einem Drittel vom Reich, vom Mainzer Ebf. und von den Landgf.en v. Hessen zu Lehen.

[2] *Stadt:* Sie ist aus einer Burg- und einer Marktsiedlung am Fuße des Burgberges entstanden. Anfang des 13. Jh., als auch die ersten Organe der Stadtgemeinde genannt werden (Schultheißen, Schöffen; 1293 Bürgermeister, 1344 Rat), dürfte die Stadt ummauert gewesen sein und hatte einschließlich des Burg- und Stiftsgeländes eine Ausdehnung von ca. 13 ha. Eine Stadterweiterung von 1343 vergrößerte das Stadtgebiet (mit der Brückenvorstadt) auf etwa 40 ha. Die in der Lit. für die Mitte des 14. Jh. angegebene Bevölkerungszahl von etwa 5000 erscheint zu hoch. Stadtherren waren die Herren v. (Isenburg-)L., jedoch hat sich die Stadt bis ins 14. Jh. eine Bindung an das Kgtm. und die wetterauischen Reichsstädte bewahrt. Seit 1277 ist Frankfurt als Oberhof des L.er Schöffengerichts bezeugt. Neben dem Kaufleuten sorgten v. a. das exportorientierte Wollweberhandwerk und der intensive Weinbau für eine wirtschaftl. Blüte der Stadt im 14. Jh. Die Bürgergemeinde, die in der 1. Hälfte des 14. Jh. pfandweise Rechte des Stadtherrn erwarb, konnte nicht verhindern, daß der Trierer Ebf. Anteil an der Herrschaft L. gewann und im 15. Jh. Stadtherr wurde.

Tilemann Elhen v. Wolfhagen (1347–nach 1411), ksl. Notar und L.er Stadtschreiber, verfaßte die L.er Chronik, die von 1336–1398 reicht und neben Reichs- und Landesgesch. eine lebendige Fülle kulturhist. Stoffs sowie wertvolle Nachrichten zur L.er Stadtgesch. bietet. F. Schwind

Q. und Lit.: W.-H. STRUCK, Das St. Georgstift, die Kl., das Hospital und die Kapellen in L. a. d. Lahn, Reg. 910–1500, 1956 – Die L.er Chronik des Tilemann Elhen v. Wolfhagen, ed. A. WYSS (MGH DC IV, 1, 1883) – E. SCHIRMACHER, L. a. d. Lahn, 1963 – E. STILLE, L. a. d. Lahn und seine Gesch., 1971 – Der Dom zu L., hg. W. NICOL, 1985 – W.-H. STRUCK, Das Stift St. Georg zu L. a. d. Lahn, HJL 35, 1985, 1–36 – DERS., Die Gründung des Stifts St. Georg und die Erbauung der heutigen Kathedrale in L. a. d. Lahn, Nassau. Annalen 97, 1986, 1–31.

Limburg, Brüder v., Paul (Pol), Jan (Jehannequin, Johan) und Herman (Hermant), bedeutende ndl. Miniaturisten, deren Beitrag für die Entwicklung der →Tafelmalerei, namentl. für die Brüder van →Eyck, von eminenter Bedeutung ist; * zw. 1385 und 1390 in Nimwegen, † 1416 in Bourges (Pest?), Söhne des Bildschnitzers Arnold v. L., Neffen von Johan Maelwael (Jean →Malouel), des Hofmalers Philipps d. Kühnen v. Burgund. Um 1400 Goldschmiedelehre in Paris. 1402 stehen Paul und Jan, vermutl. auch Herman, in burg. Hofdiensten. 1411 als Nachfolger des Hofminiaturisten Jacquemart de Hesdin († 1409) in den Diensten des Hzg.s →Jean II. v. Berry, 1413 als 'valets de chambre' gen. Der Stil der Brüder, als deren Haupt Paul gilt, ist in Mss., Einzelbll. und Zeichnungen nachweisbar. Früheste Miniaturen in einer »Bible moralisée« (Paris, Bibl. Nat., ms. fr. 166, Titelbl., fol. 1–24; wohl um 1402). Hauptwerke: »Belles Heures« (New York, The Cloisters, Inv.-Nr. 54. 1.1; 1410–13, nach MEISS 1405–08); »Très Riches Heures« des Hzg.s v. Berry (Chantilly, Mus. Condé, Ms. 65; 1413–16, um 1485 von Jean Colombe vollendet), das Meisterwerk der Brüder und zugleich einer der Höhepunkte dieser Kunstgattung. Hier zeigen die Monatsdarstellungen des einleitenden Kalendariums erstmals in größerem Ausmaß naturalist. Darstellungen von Landschaft und Raum. M. Grams-Thieme

Lit.: THIEME-BECKER 23, 227–229 – J. J. RORIMER – M. FREEMAN, The Belles Heures of Jean, Duke of Berry, 1958 – M. MEISS, French Painting in the Time of Jean de Berry. The Limbourgs and their Contemporaries, 1/2, 1974 – DERS., Die Très Riches Heures des Jean Duc de Berry im Mus. Condé Chantilly, 1974.

Limburger Sermone, Slg. von 48 Predigten und Traktaten in der um 1300 im (w.) Limburg. entstandenen Hs. Den Haag, K.B., cod. 70 E 5 (= H) mit Texten unterschiedl. Herkunft und Prägung (nur z. T. ursprgl. Mnld.). Hauptteil: 35 der 39 Predigten der hd. →St. Georgener Predigtslg. in einer spezif. mnld. Bearb. (tlw. mosaikartige Textbindungen, Hadewijch-Zitate, Betonung der Predigtform; hd. Ursprungs ist auch 'Hern Selpharts Regel'; ursprgl. mnld. sind 7 Passionspredigten, der Eucharistie-Traktat →Guiards in Laon, die »Seven manieren van heiliger minnen« der →Beatrijs v. Nazareth sowie 6 weitere Predigten und Traktate. Die mnld. Kompilation, die neben H auch anderen mnld. Hss. als Vorlage diente und nicht alle Texte von H enthielt, dürfte in der 2. Hälfte des 13. Jh. im Limburg.-Brabantischen entstanden sein. Frömmigkeitshaltung und häufige Zitierung Bernhards v. Clairvaux lassen für L. S. wie für die St. Georgener Slg. an eine Entstehung in Zisterzienserkreisen denken.
K. O. Seidel

Ed.: J. H. KERN, 1895 – K. RIEDER, Der sog. St. Georgener Prediger, 1908 – K. O. SEIDEL, Die St. Georgener Predigten, 1982 – Lit.: ST. AXTERS, Geschiedenis van de Vroomheid in de Nederlanden II, 1953, 138–149 – E. LÜDERS, Zur Überl. der St. Georgener Predigten, StN 30, 1958, 50–59 – W. FRÜHWALD, Der St. Georgener Prediger, 1963 – W. RAEVEN, Zur Bezeichnung 'De L. S.' für die Hs. 70. E. 5 der K.B. im Haag, Amsterdamer Beitr. zur älteren Germanistik 14, 1979, 149–174 – J. P. GUMBERT (Fschr. DESCHAMPS, I, 1987), 167–181.

Limbus patrum/L. puerorum. Der erst gegen Ende des 12. Jh. (Cod. Bamberg. Patr. 136, f. 63, ed. LANDGRAF, Dogmengeschichte 3/1, 344; Burchard v. St. Johann, Ep. 3, ed. F. STEGMÜLLER [Mél. J. DE GHELLINCK, 1951, 736]) in die Theol. eingetretene Begriff L., der eine Aporie der spätaugustin. Gnadenlehre zu lösen versucht, bezeichnet einen von Himmel, Purgatorium und Hölle unterschiedenen, weder Verdammung noch Seligkeit verschaffenden Ort oder Zustand am 'Rand' des Infernums (sog. 'Vorhölle'). Im L. patrum, der dem traditionellen 'Schoß Abrahams' (sinus Abrahae) bisweilen gleichkommt (Praepositinus v. Cremona, Summa c. haeret. 15,7), befinden sich die atl. Gerechten und die frommen Heiden (Dante, Div. Com., Inf. 4, 45; Purg. 22, 14), denen erst nach der →Höllenfahrt Christi ewige Seligkeit zuteil wird. Im L. puerorum sind die nicht zu Vernunftgebrauch gekommenen, ohne Taufe verstorbenen Kinder zu denken, denen wegen der Straffolgen der Erbsünde die Anschauung Gottes versagt ist, aber wegen fehlender aktueller Sünde Schonung vor den Höllenstrafen widerfährt (Wilhelm v. Auxerre, Summa aurea 2, tr. 15,3,5). Ausführlicher als den quasi-örtl. Charakter (Dietrich v. Freiberg, De cogn. ent. sep. 40,2.6f.; De subst. spir. 27,8; Heinrich v. Gent, Qdl. 8,32) disputiert man in Anschluß an Petrus Lombardus 2 Sent. 33; 4 Sent. 45, die dortige Strafart (Alexander v. Hales, Glossa in 2 Sent. 29,3; 33,9). Augustinus, Ench. 93, nimmt eine äußerst gelinde, aber wahre Strafe an, doch wird der Zustand des L. puerorum fortschreitend milder ausgedeutet (Thomas v. Aquin, 3 Sent. 22,2; S. th. Suppl. 69,5–7; De malo 5,1–3).   M. Laarmann

Lit.: Cath. Dict. of Theol. III, 1971, 208–211 – Catholicisme VII, 792–800 [Lit.] – Dt. Thomas-Ausg. 35, 1958, 503–508 – R. WEBERBERGER, RThAM 35, 1968, 83–133, 241–259 – Enc. Dant., ed. U. BOSCO, III, 1971, 651–654 [Lit.].

Limerick, Stadt und Bm. im sw. Irland, am Shannon (Munster, Gft. L.), entstand als frühstädt. Hafenort der Dänen im frühen 10. Jh. Der erste Bf. v. L., das sich im Unterschied zu den meisten ir. Bischofssitzen nicht an ein frühma. Kl., sondern an eine Dänenstadt anlehnte, war Gilbert (Bf. seit ca. 1101, † 1140), Freund →Anselms v. Canterbury, päpstl. Legat und Vorkämpfer der ir. Kirchen- und Liturgiereform des 12. Jh. (Synode v. →Ráith Bresail, 1111). Unter Gilbert wurde L. zum Suffraganbm. v. →Cashel. 1180/90 wurde die Kathedrale (St. Mary) errichtet, gefördert vom Kg. v. →Munster. L. wurde zu einem Zentrum engl. Herrschaft in Irland (Errichtung der mächtigen Burg unter Kg. Johann, um 1200). Der von Iren bewohnte Stadtbezirk wurde erst im frühen 14. Jh., unter Eduard II., in die Ummauerung einbezogen.   U. Mattejiet

Lit.: LThK² VI, 1059 (J. HENNIG).

Limes. Ausgehend von dem durch die »Reichs-L.-Kommission« seit 1892 intensiv erforschten »obergerm.-rät. L.«, verband die Moderne den Terminus mit ähnl. (v. a. hochksl.) Kastell-/Wachturmketten und Wällen anderer röm. Grenzprovinzen (z. B. dem vallum Britanniens). Wurde sie damit bestenfalls einer Komponente des lat. Wortes gerecht, die sie zudem isolierte, so fügte sie der terminolog. Problematik dadurch oft eine konzeptionelle hinzu, daß sie sich den »L.« als »Reichsgrenze« (→imperium), gar als »Maginotlinie« dachte, die als militär. Fehlplanung (z. B. im Dekumatland des 3. Jh.) »versagt« habe. Ursprgl. wohl der Feldrain/-weg und damit sowohl als Zugangsmöglichkeit wie als vom Menschen festgelegte Begrenzung aufzufassen, begegnet »l.«, eine Vokabel mit engem Bezug zur religiös-administrativen Landvermessungslehre, im 1. Jh. für Stichstraßen, die zu militär. Zwecken vom Rhein aus in die Wildnis jenseits des Stroms vorgetrieben wurden, und verband sich so mit der ersten Phase röm. Germanienpolitik. Als deren zweite Phase darin Gestalt gewann, daß Ende des 1. Jh. auch im Bereich von Mittel-/Oberrhein und oberer Donau die Expansion zum Stillstand kam, so waren es – neben Flüssen – limites als von Wachtürmen kontrollierte Postenwege, die das Gebiet der Provinzen Germania superior und Raetia umgürteten und vom barbaricum absonderten. Unter Ks. Hadrian mit einem Palisadenzaun und darin integrierten Steintürmen ausgestattet und ca. 145, ohne Berücksichtigung strateg. Gesichtspunkte, nochmals vorgeschoben, symbolisierten sie – Markierungen der Provinzaußengrenze und Mittel der Regulierung des »kleinen Grenzverkehrs« – auch darin den Zustand der hohen Ks.zeit, so daß ihre militär. Aufgabe sich auf die Abwehr numer. schwacher Räuberbanden beschränkte. Der L., der vom →Rhein über den Main nach Rätien verlief und bei Abusina die →Donau erreichte, wurde nachträgl. zum Bollwerk gegen die neuen Gegner des ausgehenden 2. und 3. Jh. umgerüstet (letzte Ausbauphase mit Wall und Graben bzw. Mauer), doch war sein Versagen in dieser Rolle zwangsläufig (»Fall des L.« ca. 253–260). Analog zur Entwicklung einer veränderten strateg. Konzeption (v. a. Tiefengliederung der Defensive) wurde »l.« im 4. Jh. Ausdruck für die einem dux limitis unterstellte Grenzregion, den Verteidigungsraum, worin die Entwicklung zum rein territorialen Begriff für die Ostgebiete des byz. Reiches gründete. Vgl. →Befestigung, A. I, III.   A. Pabst

Lit.: E. DE RUGGIERO, Diz. epigrafico..., 4,2, 1946–85, 1074–1376/80 – W. GEBERT, L., BJ 119, 1910, 158–205 – H. SCHÖNBERGER, The Roman Frontier in Germany, Journal of Roman Stud. 59, 1969, 144–197 – J. GARBSCH, Der spätröm. Donau-Iller-Rhein-L., 1970 – E. LUTTWAK, The Grand Strategy of the Roman Empire, 1976 – B. ISAAC, The Meaning of the Terms L. and Limitanei, Journal of Roman Stud. 78, 1988, 125–147 – Q. Aurelius Symmachus, Reden, Komm. A. PABST, 1989.

Limes Belgicus, wurde als Ursache für die Bildung der wallon.-fläm. Sprachgrenze angeführt. Spätröm. Befestigungen im Zuge der Römerstraße Köln-Bavai dienten als Beleg. Die großflächige Kartierung spätröm. Fundstellen in der Kölner Bucht zeigt keinen Bezug auf eine solche Grenze; die Burgi und Kleinkastelle lassen sich zwanglos als Sicherung der wichtigen Nachschublinie erklären. Es hat offensichtl. keinen L.B. gegeben.   H. Hinz

Lit.: L. VANNÉRUS, Les limes et les fortifications gallo-romaines de Belgique, 1959 – H. v. PETRIKOVITS, Das röm. Rheinland. Archäolog. Forsch. seit 1945, 1960, 83 – H. HINZ, Archäolog. Funde und Denkmäler des Rheinlandes, 3: Krs. Bergheim, 1969, 93.

Limes Saxoniae, erstmals erwähnt bei →Adam v. Bremen und etwa zeitgleich in einer Urk. Kg. Heinrichs IV. aus dem Jahre 1062. Der Grenzsaum (Markenbildung), eine Ödlandzone zw. Elbe und Kieler Förde, ist mit hoher Wahrscheinlichkeit um 810 durch Karl d. Gr. nach Verhandlungen mit den →Abodriten, denen er 804 zunächst ganz Nordalbingien übergeben hatte, eingerichtet worden. Er diente zur Sicherung des damals wieder dem Frankenreich eingegliederten Nordalbingiens gegen die im ö. Holstein siedelnden slav. Stämme der Wagrier und Abodriten.   L. Dralle

Q.: Magistri Adami Bremensis Gesta, lib. II, c.18, hg. B. SCHMEIDLER (MGH SRG, 1917), 73f. – Mecklenburg. UB, Bd. 1, 1863, Nr. 27 – *Lit.:* H. HOFMEISTER, L.S., ZSHG 56, 1926, 67–169 – F. ENGEL, Die ma. Manhagen und das Problem der L.S., BDLG 88, 1951, 73ff. – A. JENKIS, Die Eingliederung »Nordalbingiens« in das Frankenreich, ZSHG 79, 1955, 81ff. – W. LAMMERS, Germanen und Slawen in Nordalbingien, ebd., 17ff.

Limes Sorabicus, Terminus, der allein in den Ann. Fuld. zu den Jahren 849, 858, 873 und 880 erwähnt wird. Als »dux Sorabici limitis« fungierte zw. 849 und 873 Thakulf, nach seinem Tod Poppo, den wir zw. 880 und 893 auch als dux Thuringorum kennenlernen. Wie weit sich diese, die frk. Grenze sichernde Mark in slav. Gebiet erstreckte, ob sie durch Burganlagen auf dem ö. Ufer der Saale gesichert war bzw. welche Landstriche und slav. Stämme zu ihr

gehörten, ist aus den Q. nicht zu erkennen und in der Forsch. umstritten.
L. Dralle

Q.: Ann. Fuldenses, hg. F. KURZE (MGH SRG, 1891), 38, 58, 81, 100, 122 – Lit.: P. HONIGSHEIM, Der »l. S.«, Zs. des Ver. für thür. Gesch. und Altertumskunde, NF 15, 1905, 303ff. – M. BATHE, Die Sicherung der Reichsgrenze an der Mittelelbe durch Karl d. Gr. (Sachsen und Anhalt 16, 1940), 28ff. – H. BRACHMANN, Slav. Stämme an Elbe und Saale, 1978, 241ff.

Limia, Gft. des 12. Jh. und Geschlecht galic. Ursprungs, das seinen Namen von der Tierra de L. ableitete, die *Juan Fernández de L.*, kgl. Hofmarschall und →*Alférez Mayor*, der Sohn des Fernando Arias Baticela und der Teresa Vermúdez de Traba, zur Zeit Alfons' IX. v. León (1188–1230) zu Lehen hatte *(tenente)*. Er heiratete María Páez de Ribeira, Herrin v. Villa de Conde, und hatte zwei Söhne: *Fernán Yáñez*, seinen Nachfolger, und *Gonzalo Yáñez* (⚭ 1243 Juana Ruiz de →Castro). *Fernán Yáñez* erhielt wegen seiner Leistungen bei der Eroberung v. →Sevilla große Besitzungen aus Königsgut. Aus seiner Ehe mit Teresa Annes hatte er zwei Söhne, *Juan Fernández de L. II.* und *Fernán Fernández Pancenteno* (⚭ Sancha Vázquez). Juan Fernández II. hatte unter Alfons X. und Sancho IV., der ihn zum →*Adelantado Mayor* v. Andalusien ernannte, das Amt eines →*Pertiguero Mayor* der Tierra de Santiago inne. 1286 wurden ihm die Einkünfte der Häfen zu Wasser und zu Lande übertragen. Er heiratete Sancha González Girón, in 2. Ehe María García de Sotomayor, die Schwester des Gómez García, des Abtes v. Valladolid und Vertrauten Kg. Sanchos IV. Da er 1293 ohne Nachkommen starb, erhielt sein Neffe *Juan Fernández Pancenteno III.* das Erbe. Mit dessen Söhnen begann der Niedergang des Geschlechts, dessen Mitglieder Mitte des 14. Jh. endgültig nach Portugal auswanderten.
R. M. Montenero Tejada

Lit.: S. DE MOXÓ, De la nobleza vieja a la nobleza nueva, Cuadernos de Hist. 3, 1969, 90–93 [Stammtafel] – J. GARCÍA ORO, La nobleza gallega en la baja edad media, 1981.

Limitanei, erstmals 363 bezeugt (CTh 12, 1, 56), definiert der Terminus einer der beiden Hauptteile der spätantiken Armee (Komplement: comitatenses) als jene Soldaten, die unter dem Kommando eines dux limitis der Grenzregion des →limes zugeordnet sind. In dem auf Diokletian und Konstantin I. zurückgehenden System, das der Erfordernis einer permanent verfügbaren Einsatztruppe und der militär. Präsenz im feindnahen Raum gleichermaßen Rechnung zu tragen sucht, fällt den »Grenzsoldaten« die Aufgabe zu, gegen kleinere Bedrohungen von innen und außen die Ordnung aufrechtzuerhalten (solcher Einsatz z. T. auch in Binnenprovinzen), bei massiven gegner. Invasionen aber die im Hinterland garnisonierten comitatenses zu informieren und das Vordringen des Aggressors zu verzögern. Resultierend geringerer Rang und weniger strenge Auswahlkriterien u. a. aus dieser Rolle, so bleiben sie auf lange Sicht nicht ohne negative Folgen. Die Deklarierung der l. als »Wehrbauern« ist für das 4. Jh. falsch, später immerhin problemat.
A. Pabst

Lit.: E. DE RUGGIERO, Diz. epigrafico..., 4,2, 1946–85, 1376/77f. – RE Suppl. XI, 876–888 – B. ISAAC, The Meaning of the Terms Limes and L., Journal of Roman Stud. 78, 1988, 125–147.

Limoges, Stadt und Bm. im sw. Mittelfrankreich, in →Aquitanien (Sitz des dép. Haute-Vienne).
I. Stadt und Bistum – II. Abtei Saint-Martial.

I. STADT UND BISTUM: L. war Vorort der gallo-röm. Civitas Lemovicum und wohl seit dem 3. Jh. Bm. Als erster Bf. gilt der hl. →Martialis, der seit dem Früh- und HochMA (offiziell seit dem 11. Jh.) als »Apostel« verehrt wurde (→Ademar v. Chabannes) und über dessen Grab 848 die Abtei St-Martial entstand (→Abschnitt II). Unter den frühen Bf.en sind Ruricius I. (484–506/535), →Ruricius II. (506/535–nach 549), Ferreolus (um 585), Lupus (um 620) und Sacerdos († 720) zu nennen.

Die Stadt entwickelte sich aus mehreren Siedlungskernen, zw. denen im MA Flächen mit lockerer Bebauung erhalten blieben. Entscheidend für die Stadtgesch. war der Dualismus zw. der vom Bf. (später z. T. auch vom Kathedralkapitel) beherrschten 'Civitas' *(Cité)* und der um die Abteikirche St-Martial und das Castrum entstandenen selbständigen Burgus-Siedlung, des *Château*, das als Sitz von Handwerkern und Kaufleuten eine stärkere Dynamik entfaltete als die von geistl. Institutionen geprägte Cité. Eine bedeutende Rolle spielten die Vgf.en *(Vicomtes)* v. L. als Vasallen der Hzg.e v. →Aquitanien und Vögte der Abtei →Ségur).

Das Bm. L. hatte Anteil an der Gottesfriedensbewegung und an der Kirchenreform des 11. Jh.; Konzile fanden statt 1029 (Verkündigung des Apostolats des hl. Martialis), 1031 (Gottesfrieden) und 1095 (unter Leitung Papst Urbans II., Vorbereitung des →Kreuzzugs). Urban II. sicherte den Äbten v. St-Martial für einen längeren Zeitraum starken Einfluß auf die Besetzung des Bm.s.

Zu Beginn des 13. Jh. setzten die Bürger in heftigen Auseinandersetzungen mit Abt und Vicomte die Konsulatsverfassung (→Konsulat) durch; sie erhielten 1212 ein vom Kg.-Hzg. bestätigtes städt. Statut, das mehrfach erneuert wurde. Nach dem Übergang an Frankreich (1369 bzw. 1371) wurde L. zum Sitz von Zentralinstitutionen (kgl. →Bailliage, →Sénéchausée, Münze, Finanzbehörde usw.). Unter den in L. ausgeübten Gewerben ragt die einzigartige →Emailkunst, mit allgemeineurop. Ausstrahlung, hervor.
U. Mattejiet

Lit.: GChr II, 498ff. – DUCHESNE, FE II, 47–54, 104–117 – LThK² VI, 1059f. [Lit.] – DACL IX, 1063–1167 – P. DUCOURTIEUX, Hist. de L., 1925 – R. LIMOUZIN-LAMOTHE, Le Dioc. de L. des origines à la fin du MA, 1951 – BRÜHL, Palatium I, 177–188 – R. KAISER, Bischofsherrschaft zw. Kgtm. und Fürstenmacht, 1981, 210–225.

II. ABTEI SAINT-MARTIAL: Die bedeutende Abtei OSB bestand 848–1535, bis 1791 als Kollegiatstift, Anfang des 19. Jh. abgetragen. Um die Kirche mit dem Grab des ersten Bf.s v. Limoges, →Martialis († 3. Jh.), entwickelte sich seit merow. Zeit der burgus. Die Klerikergemeinschaft an seinem Grab unterstand bis 848 dem Bf. Karl der Kahle unterstützte ihre Konstituierung als monast. Kommunität gegen den Widerstand des Bf.s Stodilus. Damit war die Grundlage für die Herausbildung zweier städt. Zentren geschaffen, die um die Kl.- und Kathedralkirche entstanden. Bes. das hochma. L. wurde von dieser bipolaren Machtstruktur zw. Abt und Konvent auf der einen, Bf. und Kathedralkapitel auf der anderen Seite geprägt.

Spätestens im letzten Jahrzehnt des 10. Jh. ging die Abtei in den Besitz des Adelsgeschlechts →Ségur über. Hzg. Wilhelm VIII. v. Aquitanien (1058–86), dessen Vorfahren bereits das Kl. an der Wallfahrtsstraße v. →Vézelay nach →Santiago de Compostela gefördert und auch →Cluny gegründet hatten, ließ Vgf. Ademar III. v. Ségur St-M. 1062 an die burg. Abtei übertragen. Fortan war der Vgf. dem Kl. als Vogt und Vasall verbunden. Die traditio war in die Klösterpolitik des Hzg.s eingebettet, die mit Abt →Hugo v. Cluny abgestimmt war.

Abt Ademar (1063–1114) führte St-M. zum Höhepunkt. Er entwickelte die Abtei zum Haupt einer Klostergruppe und zu einem regionalen Subzentrum der Cluniacensis ecclesia. Die Auswirkungen seines Reformwerkes werden sichtbar in der Liturgie, der Gemeinschaft stiftenden Verbindung von Totengedächtnis und Armensorge, der Bibl., dem Skriptorium und dem Streubesitz des Kl. (vom Atlantik bis zu den Voralpen, vom Berry bis zum Mittelmeer). Die umfangreiche Memorialüberlieferung spiegelt ein Beziehungsnetz bis nach England, Spanien und Süditalien. Der Aufstieg der Abtei zu einem geistigen und geistl. Mittelpunkt Aquitaniens wurde von der hzgl. Familie, Hugo v. Cluny und dem Reformpapsttum begünstigt. Urban II. sicherte 1096 dem Abt v. St-M. entscheidenden Einfluß auf die Bf.swahl in L. und dauernde Mitsprache in allen wichtigen Angelegenheiten der Diöz. zu. Ademar belebte die Verehrung des hl. Martialis als Apostel neu, als sein Prior Wilhelm Bf. der Viennestadt (1096–1100) war.

Nach Ademars Tod ging der Einfluß seiner Nachfolger auf die Bf.swahl und die Leitung des Bm.s zurück. Spannungen im eigenen Konvent und mit Cluny, zunächst im Konflikt um Pontius, traten hinzu. Das klösterl. Leben verlor an Ausstrahlungskraft. Zu Anfang des 13. Jh. sah sich der Konvent genötigt, die Konsulatsverfassung (→Konsulat) der burgenses anzuerkennen. Die weitere Entwicklung der Abtei im SpätMA bedarf noch vertiefender Untersuchung. Gleiches gilt für die »Herrscherkrönungen« in L. seit dem 12. Jh. – Unter den Chronisten des Kl. ragen →Ademar v. Chabannes († 1034), Gaufredus v. Vigeois († 1184) und Bernardus Iterius († 1225) heraus.

A. Sohn

Q. und Lit.: CH. DE LASTEYRIE, L'abbaye de St-M. de L., 1901 – J. CHAILLEY, L'école musicale de St-M. de L. jusqu'à la fin de XIe s., 1960 – D. GABORIT-CHOPIN, La décoration des mss. à St-M. de Limoges et en Limousin du IXe au XIIe s., 1969 – J.-L. LEMAITRE, Mourir à St-M., 1989 – A. SOHN, Der Abbatiat Ademars v. St-M. de L. ..., 1989.

Limoges, Email von → Email, III.

Limpurg, Schenken v., Adelsfamilie, hervorgegangen aus der stauf. →Reichsministerialität. *Konrad Bris* übte das Amt des Schenken am Hofe Kg. Konrads III. aus (1138–46). Die Söhne seines Bruders *Walter v. Schüpf* (nach der Reichsburg Ober-Schüpf bei Königshofen/Main-Tauber-Kreis), *Konrad* und *Ludwig*, erbten von ihm das Schenkenamt. Die Hauptlinie wurde von Konrads Sohn *Walter* fortgesetzt. Dieser, seit 1200 urkdl. genannt, war Schenk am Hofe Philipps v. Schwaben, Ottos IV., Friedrichs II. und Heinrichs (VII.). In dessen Aufstand verwickelt, wurde er seines Amtes enthoben und verlor seine Stammburg. Er nannte sich aber seit 1230/34 nach seiner neuen Burg L. über →Schwäbisch Hall. Obwohl bis zu Konradin auf der Seite der Staufer, gelang es Schenk *Walter v. L.* (urkdl. 1249–83), aus Reichsgut (Wälder zw. Kocher und Lein) und Eigengut eine Landesherrschaft zu errichten. Die Goldene Bulle (1356) sicherte der Familie das Amt des Untermundschenken. Die Genealogie der sehr kinderreichen Familie ist im SpätMA in einer Reihe von Einzelheiten nicht aufzuhellen.

I. Eberl

Lit.: H. PRESCHER, Gesch. und Beschreibung der Reichsgft. L., 1–2, 1789–90 [Neudr. 1978] – K. O. MÜLLER, Das Geschlecht der Reichserbschenken zu L., Zs. für württ. LG 5, 1941, 215ff. – G. WUNDER, M. SCHEFOLD, H. BEUTTER, Die Schenken v. L. und ihr Land, 1982 – H.-M. MAURER, Die Schenken v. Schüpf-L. und die Burg Hohenstaufen, Zs. für württ. LG 44, 1985, 294ff.

Linacre (Linacer), **Thomas**, engl. Humanist, Gräzist, Latinist, Arzt und Kleriker, * um 1460, † 20. Okt. 1524. Wohl seit ca. 1481 in Oxford (1484 'fellow' des All Souls College), 1487–99 in Italien (Florenz, Rom, Venedig), studierte 1488–90 bei D. →Chalkondyles und A. →Poliziano Griech. und Lat., erwarb Aug. 1496 einen med. Grad in Padua und beteiligte sich als Mitarbeiter von Aldus →Manutius an der Ed. pr. des Aristoteles. Nach England zurückgekehrt, wirkte er als Prinzenerzieher (u. a. Prinz Arthur) sowie kgl. Arzt (1509 Ernennung durch Heinrich VIII.) und hatte eine Reihe kirchl. Pfründen inne. Er wurde von seinen Humanistenfreunden G. Budé, Erasmus, Th. More, J. Colet, W. Grocyn u. a. hochgeschätzt. L.s bedeutendste grammat. Werke sind: »Rudimenta grammatices« (1523) und »De emendata structura Latini sermonis« (1524). Bes. Verdienste erwarb er sich um die Medizin, sowohl durch die Gründung des Royal College of Physicians in London (1518, Statut 1523) als auch durch seine Übersetzungstätigkeit, die med. griech. Texte in lat. Fassg. der ärztl. Wiss. zugängl. machte. Seine Übers. der wichtigsten Werke →Galens (De sanitate tuenda, Methodus medendi, De temperamentis, De naturalibus facultatibus, De pulsuum usu, De symptomatum differentiis) setzten neue Maßstäbe.

J. B. Trapp

Ed. und Lit.: Contemporaries of Erasmus, edd. P. G. BIETENHOLZ, T. B. DEUTSCHER, II, 1986 – BRUO, 1147 – L. Stud.: Essays on Life and Work of T. L., edd. F. MADDISON, M. PELLING, C. WEBSTER, 1977 [Lit.] – K. JENSEN, JWarburg 49, 1986, 106–125.

Lincoln, Stadt (Lincolnshire, O-England) am Witham und Bm.

I. Stadt – II. Bistum.

I. STADT: Die röm. colonia wurde um 85–95 v. Chr. als Veteranensiedlung errichtet. Nach den dän. Invasionen seit dem späten 9. Jh. gehörte L. zu den →Five Boroughs des →Danelaw. Nach der norm. Eroberung wurde der borough ein blühendes Handelszentrum mit vielleicht 7000 Einw. Seine strateg. Bedeutung zeigte sich durch die Errichtung der kgl. Burg 1068. Neben der Kathedrale gab es im 13. Jh. 48 Pfarrkirchen in der Stadt und ihrer s. Vorstadt Wigford. Die Lage am Witham mit einem alten röm. Kanal, dem Foss Dyke, verband L. mit dem Fluß Trent. Der dadurch mögliche Wollexport wurde aber im 15. Jh. überwiegend vom Hafen →Boston übernommen. L. verlor an Bedeutung. Nach 1500 war die Zahl der Pfarrkirchen auf 15 gesunken.

II. BISTUM: [1] *Geschichte:* Das Bm. wurde 1072 wegen der Verlegung des Bf.ssitzes von →Dorchester in Oxfordshire nach L. errichtet. Der erste Bf. war Remigius, ein Mönch aus →Fécamp (Normandie), der Hzg. Wilhelm 1066 nach England begleitet hatte und bald darauf zum Bf. v. Dorchester ernannt wurde. Die von Remigius geleitete Diöz. war eine Zusammenlegung der sächs. Diöz.en v. Dorchester, Leicester und Lindsey; sie umfaßte die Gft.en v. Lincoln, Leicester, Rutland, Northampton, Oxford, Buckingham, Bedford, Huntingdon, Cambridge und den größten Teil von Hertford. Die von Remigius errichteten sieben Archidiakonate stimmten im allg. mit den Gft.sgrenzen überein, nur Rutland wurde mit Northampton und Cambridgeshire sowie Hertfordshire mit Huntingdon zusammengeschlossen. Im 12. Jh. wurde ein achtes Archidiakonat (Stow) errichtet, das den nw. Teil von Lincolnshire umfaßte. 1109 wurde aus dem herausgelösten Cambridgeshire das neue Bm. →Ely gebildet. Die restl. Diöz. bestand bis 1541. Auch nach der Abtrennung von Ely war sie eine der größten im w. Europa. Im frühen 4. Jh. verfügte sie über 2000 Pfarrpfründen. Die Größe der Diöz. hatte zur Folge, daß der Bf. häufig auf Reisen war. Neben dem bfl. Palast in L. gab es Residenzen in Stow, Nettleham und Sleaford (in Lincolnshire), Lyddington (in Rutland), Banbury (in Oxfordshire), Fingest und Wooburn (in Buckinghamshire), Buckden (in Huntingdonshire) und ein Haus in Holborn.

[2] *Bischöfe:* Bf. Remigius starb 1092, zwei Tage vor Einweihung der Kathedrale. Ihm folgte Robert Bloet (1092–1123), Kanzler Kg. Wilhelms II. Der nächste Bf.

war →Alexander (1123–48), der bfl. Burgen während der unruhigen Regierungszeit Kg. Stephans v. Blois in Newark, Sleaford und Banbury errichtete. Der Kartäuser Hugh (→Hugo) of Avalon (1186–1200) verteidigte die Rechte der Kirche, sogar gegen den Kg., und genoß wegen seiner vorbildl. Lebensführung große Verehrung (Heiligsprechung 1220). Bf. Hugh of Wells (1209–35) schuf erstmals ein Registriersystem für die bfl. Urkk. Sie wurden nun auf erhaltenen Pergamentrollen registriert. Ihm folgte im Amt →Robert Grosseteste (1235–54). Richard Gravesend (1258–79) konnte eine Stiftung für die Kathedralchoristen erlangen. Sein Nachfolger Oliver Sutton (1280–99) begann die Errichtung des Vikarhofes zur Versorgung der Priestervikare. Henry →Beaufort (1398–1404), Sohn von John of Gaunt, wurde später Bf. v. Winchester und Kard. Das Anwachsen häret. Bewegungen wurde von Richard Fleming (1420–31) bekämpft, der das L. College in Oxford für die Ausbildung der künftigen Priester gründete. John Russell (1480–94) war Kanzler Kg. Richards III.

[3] *Kathedrale:* Von dem Bau des Remigius ist nur der Mittelteil der Westfassade erhalten. Die roman. Kirche wurde 1185 zum größten Teil zerstört. Der Wiederaufbau erfolgte von 1192–ca. 1250. Zw. 1256 und 1280 wurde das Presbyterium erneuert (»Angel Choir«). Nach 1280 folgten nur noch wenige Veränderungen, so die Errichtung des Mittelturmes 1307–11. N. Bennett

Q. und Lit.: Henry of Huntingdon, Hist. Anglorum, ed. T. ARNOLD (RS, 1879) – Rotuli Hugonis de Welles, ed. W. P. W. PHILLIMORE (L. Rec. Soc., 1912–14) – Registrum Antiquissimum, ed. C. W. FOSTER – K. MAJOR (L. Rec. Soc., 1931–73) – The Rolls and Register of Bishop Oliver Sutton, 1280–99, ed. R. M. T. HILL (L. Rec. Soc., 1948–86) – J. W. F. HILL, Medieval L., 1948 – K. MAJOR, A Handlist of the Records of the Bishop of L. and of the Archdeacons of L. and Stow, 1953 – Magna Vita Sancti Hugonis, ed. D. L. DOUIE – H. FARMER, 1962–62 – D. M. OWEN, Church and Society in Medieval L.shire, 1971 – D. M. SMITH, The Rolls of Hugh of Wells, Bishop of L. 1209–35, Inst. of Hist. Research Bull. 45, 1972, 155–195 – John Le Neve, Fasti Ecclesiae Anglicanae 1066–1300, III, ed. D. E. GREENWAY, 1977 – D. M. SMITH, Guide to Bishops' Registers of England and Wales, 1981, 105–132 – D. M. OWEN, The Norman Cathedral at L. (Anglo-Norman Stud. 6, 1984), 188–199 – R. W. SOUTHERN, Robert Grosseteste, 1986 – N. PEVSNER – J. HARRIS, The Buildings of England: L.shire, 1989.

Lincoln, Earls of. Die Zustände unter Stephan v. Blois führten zur Ernennung von drei Earls of L.: um 1139 William II. d'Aubigny, Earl of Arundel († 1176), Anhänger Stephans, der nach 1154 zu Heinrich II. wechselte; seit 1141 William de Roumare († 1159/61); um 1147/48 Gilbert de Gant († 1153/68). Während der Auseinandersetzungen zw. Kg. Johann Ohneland und seinen Baronen wurde der Titel erneuert. 1217 wurde →Ranulph de Blundeville, Earl of Chester, der Johann gegen die rebell. Barone unterstützt und entscheidend zum kgl. Sieg in der Schlacht v. →Lincoln beigetragen hatte, Earl of L. Doch opponierte er unter der Regentschaft von Hubert de →Burgh und verzichtete 1231 zugunsten seiner Schwester Hawise († 1242) auf den Titel, der nun an deren Schwiegersohn John de →Lacy, Constable of Chester († 1240), überging. Dieser wurde, obwohl er 1215 (→Magna Carta) zu den rebellierenden Baronen gehörte, ein enger Vertrauter von Ranulph de Blundeville und trat nach dem Ende der Minderjährigkeit Heinrichs III. in kgl. Dienste. Das Earldom of L. blieb bei der Lacy-Familie unter Edmund de Lacy († 1257), Henry de Lacy († 1311) und Alice de Lacy, die 1348 ohne direkte Nachkommen starb. Henry de Lacy, Enkel von John de Lacy, erhielt unter Eduard I. viele hohe Ämter. Er war Diplomat und Heerführer in Frankreich und bei den Feldzügen gegen die Waliser und Schotten. Auch gegenüber Eduard II. verhielt er sich zunächst loyal, aber kurz vor seinem Tod schloß er sich den →Ordainers an. J. Critchley

Lit.: I. J. SANDERS, English Baronies, 1960.

Lincoln. 1. L., Schlacht v. (2. Febr. 1141), zw. dem engl. Kg. Stephan v. Blois und Ranulph, Earl of Chester, der Ende 1140 gegen den Kg. rebelliert hatte, weil er mit der Übertragung des größten Teils v. Northumbrien an den schott. Prinzen Heinrich nicht einverstanden war. Ranulph besetzte Lincoln mit einer List. Doch als Stephan die Belagerung begann, entfloh Ranulph und erkannte Ksn. →Mathilde an. Er stellte ein Heer im W auf und griff die zahlenmäßig überlegenen kgl. Streitkräfte an. Obwohl sein walis. Verbündeten bald in die Flucht geschlagen wurden, besiegte er das kgl. Reiterheer und zwang Stephan, trotz heftigen Widerstandes, sich zu ergeben. Dieser Ausgang der Schlacht hätte das Ende von Stephans Kgtm. bedeuten können, doch brachte ihm seine ungewöhnl. harte Gefangenschaft (bis zum 1. Nov. 1141) viele Sympathien ein, und das unkluge polit. Verhalten Mathildes schwächte ihre Position. C. H. Knowles

Lit.: R. H. C. DAVIS, King Stephen 1135–1154, 1977 – J. BRADBURY, Battles in England and Normandy, 1066–1154 (Anglo-Norman Stud. VI, 1983), 1–12.

2. L., Schlacht v. (20. Mai 1217). Der Regent William the →Marshall überwältigte mit dem minderjährigen Heinrich III. ergebenen Truppen die rebellierenden Barone, die →Lincoln eingenommen hatten und seine Burg belagerten. Dieser Erfolg zwang Ludwig (VIII.) v. Frankreich, den die Opponenten als Kg. v. England anerkannt hatten, Friedensverhandlungen einzuleiten. →Kingston-on-Thames, Vertrag v. R. L. Storey

Lit.: D. A. CARPENTER, The Minority of Henry III, 1990, 36–42.

Lindau (Schwaben), Reichsstadt und Insel im ö. Teil (am n. Ufer) des Bodensees. Urzelle ist das 810/820 gegr. Kanonissenstift (839 Immunitätsprivileg). Im Investiturstreit mußte die am n. Festlandufer entstandene Marktsiedlung Äschach (röm. Siedlungsreste) auf die besser geschützte Insel verlegt werden. Das unter stauf. Vogtei gelangte Kl. errichtete um 1180 für die Marktsiedlung die Stephanskirche, bei der in spätstauf. Zeit unter Führung des stift. 'magister civitatis' (1216) eine bürgerl. Plansiedlung entstand, deren um 1200 begonnener Steinbering um 1500 knapp 20 ha mit gut 2000 Einw. umfaßte. Kgl. Privilegierung (1274/75: Befreiung vom Gf.engericht, Nichtverpfändung der Vogtei) und wirtschaftl. Aufschwung der Stadt bei zeitgleicher finanzieller Schwäche des Stiftes waren Voraussetzung für die Lösung aus der Grundherrschaft der Äbt.nen. Die kgl. Rechte an Zoll, Münze und Ammannamt wurden im Pfandwege durch den Rat (1264 consules) erworben. 1345 erzwangen die Zünfte ihre Beteiligung am den Geschlechtern vorbehaltenen Rat, die Befugnisse des Ammannes wurden zurückgedrängt. Der Erwerb des Blutbanns 1396 beendete die Entwicklung zur kg.sunmittelbaren Stadt. Bedeutung hatte L. als Knotenpunkt alter Land- und Wasserstraßen im Fernhandel (bes. Getreide, Wein, Salz, Leinwand) nach Italien, S-Frankreich und dem Schweizer Raum.
M. Tönsing

Bibliogr.: W. DOBRAS, Bibliogr. zur Gesch. der Stadt L. (Neujahrsbl. 22 des Museumsvereins L., 1972) – Lit.: DtStb V/2, 340–350 – K. O. MÜLLER, Die oberschwäb. Reichsstädte..., 1912; Kartenbd., 1914 – M. OTT, L. (Hist. Atlas v. Bayern, T. Schwaben H. 5, 1968).

Linde (Tilia cordata Mill. und Tilia platyphyllos Scop./ Tiliaceae). Von der ahd. *linta* oder *linda* gen. Baum sind in Europa zwei nahe verwandte Arten: Winter- und Sommer-L. verbreitet. Albertus Magnus (De veget. VI, 232f.)

bezeichnet ihn als allg. bekannt und lobt den aromat. Honig seiner Blüten wie seinen wohltuenden Schatten als einzigartig (so auch Konrad v. Megenberg IV A, 53). Während man Holz und Bast zu Schnitzereien, Flechtwerk u. a. nutzte, wurde *tilia* in der Heilkunde offenbar nur wenig verwendet (Hildegard v. Bingen, Phys. III, 24); der noch heute beliebte L. blütentee kam sogar erst nach dem 16. Jh. in Gebrauch. Hingegen schrieb man dem Baum apotropäische und sympathet. Kräfte zu. P. Dilg

Indes nimmt die L. weder in populären Glaubensformen noch innerhalb der Volksfrömmigkeit eine von anderen Baumarten unterschiedene Stellung ein. Pauschal auf Baumkulte bezog sich die frühchr. und ma. Superstitionenkritik. Von hier aus einen direkten Kontinuitätsstrang zu den zahlreichen mit Bäumen verbundenen Marienwallfahrtsorten zu ziehen, ist ebensowenig mögl. wie die Kategorisierung der L. als 'Marienbaum' schlechthin. Zwar führen u. a. Albendorf (Schlesien), Weihenl. n (Obb.), Maria L. n (Baden) oder Heilige L. (Oberschlesien) ihren Ursprung auf eine L. zurück, doch zeigen die Ätiologien (Erscheinungen in Bäumen oder in diesen aufgefundene Bilder) eine gleichmäßige Verteilung auf verschiedene Baumarten. Spezif. Funktion besaß die L. hingegen als Gerichtsplatz. Unter den in Franken und Thüringen oft kunstvoll 'geleiteten L. n' wurde dörfl. Recht gesprochen; zudem dienten sie als Tanz- und Kommunikationsstätte. Ch. Daxelmüller

Lit.: MARZELL IV, 717-722 – DERS., Heilpflanzen, 127-129 – DERS., Die L., Mitt. der Dt. Dendrolog. Ges. 47, 1935, 196-204 – HWDA V, 1306-1309 – LCI I, 258-268 – Marienlex. I, 328-334 – B. H. RÖTTGER, Bayer. Heimatschutz 24, 1928, 24-30 – W. FUNK, Alte dt. Rechtsmale, 1940, 57-64 – H. DÜNNINGER (Maria Buchen, hg. W. BRÜCKNER, 1979), 46-58 – P. WERNER, Volkskunst 11, 1988, 18-24.

Lindholm Høje, Siedlung und Gräberfeld (belegt 6.-11. Jh.), n. des Limfjordes, gegenüber Aalborg, durch Dünensand überdeckt, z. T. darin eingegraben. Die Brandgräber sind durch dreieckige, dann ovale, dann schiffsförmige Steinsetzungen eingehegt. Die Siedlung, die sich später auch über die Gräber ausdehnte, verdichtet sich an einem mit Holzstämmen befestigten Weg. Über 20 →Grubenhäuser mit Firstpfosten, doch alle ohne Herde, Webgewichte und Spinnwirtel zeigen die Funktion an; Eisengewerbe nachgewiesen. Langhäuser sind zuerst rechteckig, dann erscheinen gebogene Seitenwände mit Innengerüsten, einmal ist Wohnstallhalle mögl. Ein großer, durch Zäune begrenzter Hof wird als Vierkant gedeutet, Form jedoch eher durch Überlagerungen entstanden. Die Siedlung war nicht nur agrar. bestimmt, sie hatte teil am Limfjordhandel. Eine fossile Ackerflur mit schmalen parallelen Hochbeeten wurde freigelegt. Wegen Versandung aufgegeben. H. Hinz

Lit.: TH. RAMSKOU, Acta Archaeologica, 1953-57 – DERS., L. H., Nationalmus. blå bøger, 1960.

Lindisfarne, Insel (seit dem 11. Jh. als Holy Island bekannt), etwa 1,5 km vor der nordengl. Küste von Northumberland, und ehem. OSB-Abtei. Die Bedeutung des Hafens der strateg. wichtigen Insel geht aus →Nennius' Bericht hervor, nach dem der Kg. v. →Bernicia, Theoderich (572-579), von den brit. Führern dort belagert wurde. Kurz nach oder i. J. 635 übertrug Kg. Oswald v. Northumbrien die Insel an →Aidán, der hier ein Kl. errichtete, das gleichzeitig Bf. ssitz für Northumbrien war und zunächst dem Kl. →Iona unterstellt wurde, doch scheint diese Verbindung nach der Synode v. →Whitby 664 beendet worden zu sein. Urspr gl. Bf. ssitz für ganz Northumbrien, wurde das Kl. seit ca. 678 Zentrum einer verkleinerten Diöz. Sein Ansehen erhöhte sich durch die Heiligsprechung des Bf. s →Cuthbert († 687). Nach den Q. aus dem 11. und 12. Jh. dürfte das Kl. sehr reich gewesen sein und über großen Grundbesitz auf dem Festland verfügt haben; es war wohl das Haupt einer Reihe ihm unterstellter Kl. In der Nähe von →Bamburgh, einem kgl. Zentrum von Northumbrien, gelegen, besaß L. polit. Bedeutung. Dort zog sich Kg. Ceolwulf zurück, der 737 abgedankt hatte. Auch stand das Kl. in Verbindung mit den northumbr. patricii (→Northumbrien) und dem Ætheling Offa.

Die archäolog. Überreste des ersten Kl. baues sind dürftig, sie bestehen vorwiegend aus Grabinschriften und Kreuzfragmenten. Die Abfassung der anonymen »Vita Sancti Cuthberti« im Kl. zeigt, daß es ein kulturelles Zentrum war. Nach allg. Ansicht wurde hier das berühmte →Book of L. erstellt, wahrscheinl. auch die →Durham-Evangeliarfragmente. Doch ist der Einfluß des Skriptoriums v. L. auf die hiberno-sächs. Buchmalerei umstritten. Der »Liber Vitae« v. Durham (Brit. Library Hs. Cotton Domitian A. VII), früher als »Liber Vitae« v. L. angesehen, dürfte wohl aus →Jarrow und Monkwearmouth stammen. L. wurde 793 von den Wikingern geplündert. Doch bestand das Kl. weiter und erwarb im 9. Jh. Landbesitz. Der Bf. ssitz wurde allerdings nach Norham am Tweed verlegt. Angesichts der Wikingergefahr ist L. 875 vermutl. verlassen worden. Bf. ssitz und Reliquienschrein des hl. Cuthbert waren jedoch seit 883 in →Chester-le-Street bis zur endgültigen Verlegung des Bm. s nach →Durham 995. L. wurde nicht aufgegeben, wie einige erhaltene Kreuzfragmente aus dem 10. Jh. und die archäolog. Ausgrabung einer dörfl. Siedlung in Green Shiel auf der Insel aus der späten ags. Zeit beweisen. Doch wird angenommen, daß die Einw. von York 941 L. plünderten und viele Bewohner töteten. Nach 1083 wurde die Insel den neu eingesetzten Benediktinern des Kathedralpriorats v. Durham übertragen, die im Laufe des 12. Jh. ein von Durham abhängiges Priorat errichteten. Die erhaltenen Ruinen zeigen, wie sehr der Bau der Prioratskirche der Kathedrale v. Durham glich, was vielleicht ihre Verbindung symbolisieren sollte. Das Priorat wurde gegen die Schotten im 14. Jh. befestigt und auf Befehl Heinrichs VIII. 1537 aufgelöst. D. W. Rollason

Lit.: DIP V, 651ff. – J. RAINE, The Hist. and Antiquities of North Durham, 1852 – C. D. MORRIS, Archaeologia Aeliana 5th ser., V, 1977 – R. CRAMP, Corpus of Anglo-Saxon Stone Sculpture, I: County Durham and Northumberland, 1984 – J. P. MCALEER, Durham Archaeological Journal 2, 1986; 3, 1987 – J. GERCHOW, Die Gedenküberlieferung der Angelsachsen, 1988 – G. BONNER, D. W. ROLLASON, C. STANCLIFFE, St. Cuthbert, his Cult and his Community to AD 1200, 1989.

Lindisfarne, Book of (Gospels) →Book of Lindisfarne

Lindsay, eine der größten und mächtigsten Adelsfamilien im ma. Schottland, die aus dem Gebiet von Lindsey stammte. Sie war offenbar norm. Herkunft und verbunden mit den Earls v. →Chester, von denen die ersten Mitglieder der L.-Familie Land in Lincolnshire zu Lehen erhielten. Zwei Brüder, *Walter* und *William*, waren die ersten, die sich unter Kg. David I. in Schottland niederließen. Von William stammten verschiedene Linien der L. ab, eine von ihnen endete mit einer Erbin, die um 1282 Enguerran, Gf. v. →Guines (später Sire v. →Couci), heiratete, während eine andere Linie die Herrschaft Crawford in Clydesdale erhielt. Oberhaupt dieser Linie war in der Mitte des 14. Jh. *James* L. (∞ Halbschwester Kg. Roberts II.; ohne männl. Nachkommen). Sein Bruder *Alexander* erbte umfangreiche Besitzungen in Angus (→Óengus) von seiner Mutter und heiratete eine Erbin in dieser Gft., die ihm einen noch größeren Besitz mit in die

Ehe brachte. Deren gemeinsamer Sohn *David* († 1407) verehelichte sich mit einer Tochter Roberts II. Nachdem er die Herrschaft v. Crawford 1397 von seinem Vetter geerbt hatte, wurde er 1398 zum Earl v. Crawford erhoben. Er diente dem Hzg. v. Orléans und wurde 1403 Admiral v. Schottland. Sein Sohn *Alexander*, der 2. Earl, der sich kurzzeitig zur Sicherung der Lösegeldzahlung für Jakob I. als Geisel in England aufhielt, schlug keine erfolgreiche Laufbahn ein. Dessen Sohn *David*, der 3. Earl, wurde v. a. berühmt wegen seines Streits mit James →Kennedy, Bf. v. St. Andrews. *Alexander* († 1453), der 4. Earl, rebellierte gegen Jakob II. 1452, wurde aber begnadigt. Sein älterer Sohn *David* († 1495) war ein loyaler Diener der Krone. Er hielt sich oft als Gesandter in England auf und hatte das Amt des Great Chamberlain inne. 1488 wurde er zum Duke of Montrose ernannt. Doch erbte sein Sohn *John* († 1513) nur das Earldom, da der Hzg.stitel infolge der Loyalität seines Vaters gegenüber Jakob III. aberkannt wurde, den der neue Kg. Jakob IV. in der Schlacht v. →Sauchieburn besiegt hatte. Neben den Earls v. Crawford gab es einige weniger bedeutende Familien mit dem Namen L., deren Oberhäupter Grundherren (Oberlehnsträger der Krone) in verschiedenen Teilen des schott. Tieflandes waren. Aus den L.-Familien gingen viele Kirchenmänner hervor, u. a. *William L.*, Chamberlain v. Schottland († um 1330), *John L.*, Bf. v. Glasgow (1318–36), und *Ingram L.*, Bf. v. Aberdeen (1441–58). G. W. S. Barrow

Lit.: Lord L., Lives of the L., 1858³ – Scots Peerage, 9 Bde, 1904–14.

Lindsay (Lyndsay), **David,** Sir, schott. Dichter, * ca. 1486, † 1555; stammte aus schott. Landadel. L. trat früh in die Dienste des schott. Kg.s Jakob V., der ihn 1529 zum Kronherold ernannte und zum Ritter schlug. L. schrieb 1542 das herald. Werk »The Register of Arms of the Scottish Nobility and Gentry« (Druck: 1821) und verfaßte eine Vielzahl von Schriften, u. a. »Testament and Complaint of our Soverane Lordis Papyngo«, 1530 (→Rhyme royal, 1190 Verse); »Ane Pleasant Satyre of the Thrie Estaitis in Commendation of Vertew and Vituperation of Vyce«, vor 1540 (über 4000 Verse, einzige erhaltene schott. »Moralität); »The Historie of the Squyer Meldrum« (→Romanze in Paarreimen, 1848 Verse). In seinen Werken benutzte L. traditionelle Formen wie Traumvisionen, Verssatire oder Tierallegorie, verknüpfte diese jedoch mit aktuellen Inhalten wie der Kritik an der verweltl. kath. Kirche, aber auch allg. an den gesellschaftl. Mißständen und einer deutl. Parteinahme für die Sorgen des einfachen Mannes. Dabei zeigte sich ein immer stärker werdendes Engagement für reformator. Gedankengut.
M. L. Thein

Bibliogr.: Manual ME, 5. XIII, 1975, 1451, 1452, 1461, 1525 – NCBEL I, 1405, 2426f. – *Ed.*: D. LAING, The Poetical Works of Sir D.L., 2 Bde, 1871; 3 Bde, 1879 – D. HAMER, The Works of Sir D.L. of the Mount 1490–1555 (STS III, Bd. 1–4, 1931–36) – *Lit.*: W. MURISON, Sir D.L., 1938 – J. S. KANTOROWITZ, Dramatic Allegory, 1975.

Lindsey, n. Teil der mittelengl. Gft. Lincolnshire, ein frühes ags. Kgr. und Bm., über das sehr wenig bekannt ist. Es wird neuerdings angezweifelt, daß das Kgr. seinen Ursprung in einer nachröm. Siedlung auf einem Vorsprung s. der befestigten Stadt →Lincoln hatte. Im 7. Jh. stand die führende Familie dieser Siedlung an der Spitze eines Kgr.es, das weit in den S hineinragte und bis n. an Lincoln reichte. Im Tribal Hidage werden L. 7000 hides bzw. abgabepflichtige Haushalte zugewiesen. Die führende Dynastie leitete ihre Herkunft von Woden ab, aber keines ihrer Mitglieder hatte entscheidenden Anteil an der ags. Politik, und das Kgr. wurde im 7. Jh. entweder von Northumbrien oder von Mercien beherrscht. Der letzte bekannte Kg. in der Genealogie, Aldfrith, war zw. 787 und 796 im Gefolge →Offas v. Mercien. In den siebzig Jahren des 9. Jh. siedelte sich in dem ehemaligen Kgr. ein dän. Heer an. Ebf. →Theodorus v. Canterbury schuf 679 eine eigene Diöz. für das Kgr. v. L. Der Bf.ssitz bestand, abgesehen von einigen längeren Unterbrechungen im späten 9. Jh. und frühen 10. Jh., bis ca. 1011. Am Beginn des 11. Jh. geriet L. zunehmend unter die Kontrolle der Bf.e v. →Dorchester. Die Kirche, die der ursprgl. Sitz des Bf. v. L. war, stand möglicherweise auf dem Vorsprung (heute Vorstadt Wigford), wo das Kgr. v. L. seinen Ursprung hatte, wurde aber wahrscheinl. weiter nach N innerhalb des befestigten Lincoln verlegt als die dän. Herrschaft über die Stadt im 10. Jh. endete. A. J. Kettle

Lit.: STENTON³, s. v. – S. BASSETT, Lincoln and the Anglo-Saxon See of L. (Anglo-Saxon England 18, 1989), 1–32.

Lindwurm → Drache, D; →Heraldik

Liniensystem → Notation

Linköping, Bm. und Stadt in →Schweden, entstand am Dingort Lionga (Ljung) der Prov. Östergötland in Anlehnung an den Kg.shof Stångån s. des Sees Roxen, als Abzweigung des Bm.s Skara (Västergötland) um 1100 (Florenzliste 1122), spätestens 1139 mit einem Marktort (*Kaupinga*) verbunden und in engem Zusammenwirken mit der Abtei Vreta am w. Ufer des Roxen. Nahe am günstigsten Flußübergang des W-O-Hauptverbindungsweges von Västergötland in die Mälargegend und im Grenzgebiet von vier Harden (→Herad) entstand die St. Lars (Laurentius)-Pfarrei, w. davon Markt und Dom St. Peter. Das spät (1287) gegr. Franziskanerkl. wurde Haupt der südschwed. Franziskaner-Kustodie. Das Bm. L. umfaßte Östergötland und Gotland sowie bis zur Errichtung von Växjö (um 1170) die gesamte Provinz Småland, später große Teile davon, einschließl. →Kalmar mit Öland. Ab 1164 war L. das reichste und am meisten entwickelte Bm. der Kirchenprov. →Uppsala (Zisterzienserkl. Alvastra und Nydala, Nonnenklöster, drei Propsteien: L., Skänninge, Söderköping), hatte aber eine starke, v.a. liturg. Ausrichtung nach dem nord. Metropolitansitz →Lund (HELANDER). Auf den roman. Vorgängerbau aus Stein folgte unter Bf. Bengt († 1236), dem Bruder von →Birger Jarl, der got. Neubau des Doms mit der Einrichtung eines Domkapitels. Seit dem 14. Jh. hatte das Bm. ca. 500 Pfarreien, auf acht Propsteien verteilt. Eine eigene Bistumshl. erhielt L. in der hl. →Birgitta, deren Vertrauter Nils Hermansson, Bf. v. L. (1375–91) und Gönner von →Vadstena, später ebenfalls als Hl.r verehrt wurde. Adlige Bf.e wie Knut Bosson (1391–1436) nahmen an der Reichspolitik regen Anteil, während Bf.e bürgerl. Abstammung wie Henrik Tidemansson (1465–1500) und der aus L. stammende Hans Brask (1513, seit 1527 im Exil, † 1538 in Polen) sich stärker der geistl. Zustände annehmen. T. Nyberg

Lit.: Breviarum Lincopense, ed. K. PETERS (Laurentius Petri Sällskapets Urkundsserie 5), 1950–58 – S. HELANDER, Ordinarius Lincopensis c: a 1400 och dess liturgiska förebilder, 1957 – H. SCHÜCK, Ecclesia Lincopensis, 1959 – S. KRAFT, L.s historia I, 1975² – L.s domkyrka, I–II (Sveriges Kyrkor 200–201), 1986/87 – T. NYBERG, L'encadrement pastoral dans les pays Scand. (L'église et le peuple chrétien, Coll. de l'École Française de Rome 128, 1990), 29–45.

Linz, Stadt in Oberösterreich an der Donau. Die Kontinuität zur antiken Vorgängersiedlung (lat. Lentia; kelt. Wurzel) ist fragl. Um 800 werden Burg und Kirche erwähnt (Linze), eine spätere Abhängigkeit von Passau ist ungeklärt. Um 900 war L. wichtige kgl. Zollstation und

Marktort für den Donauhandel (Zollordnung v. →Raffelstetten). Um 1200 erfolgte die erste Ummauerung, und L. kam in den Besitz der Babenberger. Durch die österr. Landesfs.en erhielt L. eine systemat. Förderung: Stadtwerdung in der 1. Hälfte des 13. Jh.; um 1260 planmäßiger Ausbau (ummauerter Bereich: 14 ha) mit Platz (60 × 220 m) und (Pfarr-)Kirche; 1286 Verlegung der Pfarre von der Burg (St. Gangolf) in die Stadt. Im 13. Jh. wurde die Donaumaut reaktiviert, und für den kreuzenden N-S-Handelsweg (Böhmen, Venedig) erhielt L. Privilegien. Belegt sind seit 1242 der Stadtrichter, seit 1256 das Siegel der Bürgergemeinde und seit 1288 der Rat. L. erhielt 1336 das Stadtrecht, seit 1369 gab es eine Ratswahl, seit 1490 eine Bürgermeisterwahl. 1490 wurde L. erstmals als Landeshauptstadt bezeichnet. Von Bedeutung war der regionale Salz- und Weinhandel. L. besaß seit 1362 das Meilen- und Repressalienrecht, seit dem 14. Jh. zwei überregionale Jahrmärkte und war von 1458-63 Münzstätte. Um 1500 wurde die erste Donaubrücke errichtet; 1489-93 Residenz Ks. Friedrichs III. G. Marckhgott

Lit.: Österr. Städtebuch I, 1968, 195-238 [W. RAUSCH] – W. RAUSCH, Handel an der Donau, I, 1969 – O. RUHSAM, Hist. Bibliogr. der Stadt L., 1989 – F. MAYRHOFER – W. KATZINGER, Gesch. der Stadt L., I, 1990, 35-107.

Lioba (ags. Leobgyth), hl., † um 782, Sept., ▢ Kl. Fulda; Vater: Dynne, Mutter: Aebbe, eine Verwandte des →Bonifatius. L. trat als einziges Kind einer sozial hochgestellten ags. Familie in das Doppelkl. Wimborne ein und wurde ztw. im Kl. v. Thanet erzogen, wo Äbt. Eadburg sie die Dichtkunst (Vorbild →Aldhelm v. Malmesbury) lehrte. 732/735 folgte L. Bonifatius' Ruf; er machte sie zur Äbt. v. →Tauberbischofsheim. L. missionierte durch die theol. Unterrichtung junger Mädchen. Karl d. Gr. und Hildegard schätzten sie. L. lebte im Alter zurückgezogen auf dem Fiskalgut Schornsheim, das ihr Karl d. Gr. zur privaten Nutzung zugewiesen hatte. Ihre von →Rudolf v. Fulda um 838 verfaßte Vita (BHL 4845; ed. G. WAITZ, MGH SS XV, 118-131) beruht auf den Berichten von vier Schülerinnen. B. Kasten

Lit.: TH. SCHIEFFER, Winfrid-Bonifatius und die chr. Grundlegung Europas, 1954 – J. SEMMLER, Pippin III. und die frk. Kl., Francia 3, 1975, 88-146 – H. DICKERHOF, Zum monast. Gepräge des Bonifatius-Kreises, Sammelbl. des Hist. Vereins Eichstätt 71/72, 1978/79, 61-80 – E. ENNEN, Frauen im MA, 1985.

Lion de Bourges, eine späte →Chanson de geste oder Chanson d'aventures, in zwei frz. Fassungen vorliegend. Die frühere, aus dem 14. Jh., umfaßt ca. 34 296 Alexandriner und ist nur in einer Hs. des 15. Jh. (B.N. fr. 22555) überliefert. Die jüngere, bisher nur z. T. ed. Fassung des 15. Jh., die vorwiegend achtsilbige Reimpaare aufweist, ist noch länger (B.N. fr. 351). Daneben gibt es drei dt. Übers. des 15. Jh. und vier Volksbücher mit Prosabearb. des 16. Jh. L. d. B., eine geschickte und ansprechende Kompilation zahlreicher beliebter Epenstoffe und volkstüml. Motive, bezeugt mit anderen Epen (»Tristan de Nanteuil«, »Charles le Chauve«, »Hugues Capet«, »Belle Hélène de Constantinople«, »Baudouin de Sebourc«, »Bâtard de Bouillon«) eine wichtige späte Wiederbelebung und Erneuerung ep. Themen im Hennegau, einer pikardischsprachigen Gegend. W. W. Kibler

Ed. und Lit.: A Partial Ed. of the Octosyllabic Version of L. d. B., ed. T. S. FENSTER [Diss. masch. Texas, 1976] – L. d. B., poème épique du XIVe s., hg. W. W. KIBLER, J.-L. G. PICHERIT, T. S. FENSTER, 1980.

Lionel, Hzg. v. →Clarence seit 13. Nov. 1362, * 29. Nov. 1338 in Antwerpen, † 17. Okt. 1368 in Pavia; 3. Sohn Eduards III. und der Philippine v. Hainaut; ∞ 1. Elizabeth († 1363), einzige Tochter von William de →Burgh, 3. Earl v. Ulster, am 9. Sept. 1342 (vollzogen 1352), 2. Violanta, Tochter Galeazzos →Visconti, 1368; einzige Tochter von 1.: Philippa (Begründerin der Familie→Mortimer und des Hauses →York). Durch seine Heirat mit Elizabeth erhielt L. Besitzungen in Irland sowie nach dem Tod ihrer Großmutter Elizabeth, Lady of Clare († 1360), Besitzungen in England, durch die er zum Hzg. v. Clarence erhoben wurde. Nachdem er zweimal guardian of England gewesen war (1345-46), besaß er als lieutenant in Irland (1361-64, 1364-65, 1367) ein unabhängiges Kommando und hatte dort einige militär. Erfolge, doch verstärkte seine Anwesenheit die Trennung zw. Anglo-Iren und Westminster (im Gegensatz zu den Statuten v. →Kilkenny, 1366). M. Jones

Lit.: DNB XI, 1214-1217 – Peerage III, 257f. – R. FRAME, English Lordship in Ireland, 1318-1361, 1982.

Lipany, Schlacht bei (30. Mai 1434). Als die seit 1433 in ihrer Existenz bedrohten hussit. →Feldheere unter dem wachsenden Druck der neu entstandenen Koalition der kath. und gemäßigten hussit. Herren und Städte ihre Übermacht in Böhmen verloren, mußten Taboriten und Orebiten ihre Stellungen in Prag und vor Pilsen räumen. Auf dem Hügel nahe dem 30 km ö. von Prag gelegenen Dorf L. wurden ihre Heere von den Koalitionstruppen geschlagen. Der Kern der hussit. Militärmacht wurde vernichtet, der radikale Flügel bedrängt und der Weg zu den→Basler Kompaktaten geebnet. M. Polívka

Lit.: P. ČORNEJ, L. ve světle pramenů, Husitský Tábor, 1985, 155-184 – M. POLÍVKA, Böhmen in der Endphase der hussit. Revolution, Historica 29, 1989, 161-224.

Lipljan, Stadt im s. Teil der Ebene von Kosovo polje, ma. Nachfolgerin der röm. Stadt Ulpiana (Iustiniana Secunda), die bereits Bf. ssitz war. Während der avar.-slav. Einfälle zerstört, wurde sie in der Zeit des ersten bulg. Reiches (9.-10. Jh.) wieder errichtet. Einwohner von 'Lipenion' wurden anläßl. ihrer Unterwerfung unter Ks. Basileios II. erwähnt (1018), die Stadt wird auch in den Urkk. Basileios' II. für das Ebm. Ohrid als Bf. ssitz verzeichnet (1018-20). Die strateg. günstige Lage an der Kreuzung wichtiger Straßen machte L. im 11./12. Jh. zum Ziel serb. Angriffe. Als Stadt und gleichnamiges Gebiet kam L. unter die serb. Herrschaft Stefan Nemanjas (1168-96) und war Bf. ssitz der autokephalen Kirche Serbiens (1219/20). Um 1315 wurde das Bm. L. ins Kl. Gračanica verlegt, die Stadt sank zum Marktflecken ab, der dem Pyrgos v. Hilandar als Metochion geschenkt wurde. 1455 kam L. unter türk. Herrschaft. S. Ćirković

Lit.: M. JANKOVIĆ, Lipljanska episkopija i Gračanička mitropolija, Istorijski časopis 29/30, 1984, 27-37.

Lippe, Edelherren (1528 Gf.en) **zur**. Die erste Erwähnung des um →Lippstadt begüterten Geschlechts (de Lippe) findet sich 1123. Nach 1180 bauten → Bernhard II. und sein Enkel Bernhard III. durch eine konsequente Städtepolitik (Gründung von Lippstadt um 1184, →Lemgo um 1190, Horn, Blomberg und →Detmold) den allodialen Streubesitz beiderseits des Teutoburger Waldes aus und verdichteten ihn durch den Erwerb Paderborner und Osnabrücker (→Enger) Lehngüter im ö. Weserbergland. Bes. im 13. Jh. bestimmten die Edelherren durch Besetzung der ndt. Bm.er und Domkapitel in hohem Maße die Politik dieses Raumes mit. Eine ö. Gebietserweiterung gelang durch den Erwerb der Gft.en Schwalenberg (1323/58) und Sternberg (1405), während die Erbverbrüderung mit den Gf.en v. →Everstein (1403) keinen Erfolg hatte. Die Herrschaft Rheda ging infolge der Landesteilung von 1344 nach langer Fehde (1365-1400) an die Tecklenburger

Gf.en verloren. Diese krieger. Auseinandersetzungen sowie die Soester Fehde führten zu einer Schwächephase des Landes, die erst ab der 2. Hälfte des 15.Jh. überwunden wurde (1488: ca. 21 000 Einw.; 1590: 35 338 Einw.). Den Ursprung der Landstände bildet das »Pactum unionis« (1368), das die Lehnsträger und Städte zur Huldigung nur eines Manneserben und zur Sicherung der Unteilbarkeit der Herrschaft verpflichtete. Eine an die acht Landesburgen angelehnte Ämterverfassung wurde seit Anfang des 13.Jh. aufgebaut. F.-W. Hemann

Bibliogr.: Lippische Bibliogr., 2 Bde, 1957/82 – Neues Schrifttum über das L. Land und seine Bewohner, 1967–75 – Lippische Jahresbibliogr., 1976–86.

Lippi

1. L., Fra Filippo, * um 1406 Florenz, † 1469 Spoleto. Florentiner Maler. Als Waisenkind im Kl. S. Maria del Carmine in Florenz erzogen, legte er dort 1421 die Ordensgelübde ab (1461 mit päpstl. Dispens widerrufen). Die umstrittene Anbetung der hl. drei Kg.e, Washington, möglicherweise sein frühestes Werk und später von anderer Hand vollendet, spiegelt noch die internationale Gotik um 1400, vermittelt von Lorenzo Monaco; die Fresken Masaccios und Masolinos in der Kl.kirche bilden die andere Komponente seines Stils (Fragm. des Freskos »Bestätigung der Regel des Karmeliterordens« 1432). Seine (zerstörten) Fresken im Santo in Padua (1434) vermittelten die Florentiner Frührenaissance nach Oberitalien. Nach der Rückkehr entstanden die Madonna aus Tarquinia (1437, Rom, Gall. Naz.), die Sacra Conversazione mit Augustin und Fredianus (Paris), eine Marienkrönung (1441/1447; Florenz, Uff.) und mehrere, von Fra Angelicos Stil berührte Verkündigungen (ebd., München, Rom). Sein psycholog. meisterhaft durchkomponiertes Hauptwerk (1452/1464) sind die Chorfresken im Dom v. Prato (Johannes- und Stephanus-Leben). In seinen letzten drei Lebensjahren stattete er die Chorapsis des Domes v. Spoleto mit einer »Krönung Mariae«, »Verkündigung« und »Geburt Christi« aus.

Lit.: R. Oertel, F.F.L., 1942 – A. Chastel, F.L. 1948 – G. Marchini, F.F.L., 1979² – J. Ruda, F.L. Stud., 1982 – Ders., Mitt. Kunsthist. Inst. Florenz 28, 1984, 363–384 – M. Boskovits, Arte Cristiana 74, 1986, 235ff.

2. L., Filippino, * 1457 Prato, † 1504 Florenz, Florentiner Maler, Sohn von 1; von dessen Schüler Botticelli ausgebildet. Seine ersten Werke sind präzis erzählende Cassone-Tafeln (Chantilly, Florenz, Pal. Pitti, Paris), ähnl. die Anbetung der Kg.e (London). Die beiden 1483 für San Gimignano gemalten Verkündigungstondi und die Altartafel »Maria erscheint dem hl. Bernhard« (Florenz, Badia) zeigen seinen Stil bereits voll ausgeprägt; Botticellis reich bewegter Linienfluß wird ins Unruhige gesteigert und die Plastizität intensiviert; Häufung dekorativer Elemente und ausgeprägte Realismen deuten auf die fläm. Malerei (»Begegnung an der Goldenen Pforte«, 1497 dat., Kopenhagen). Anstelle von Leonardos nicht vollendetem Altarbild für San Donato malt L. die »Anbetung der Könige« (1496 dat., Uff.). Neben weiteren Altartafeln (Florenz, London) und kleineren Andachtsbildern entstehen drei Freskenzyklen: Ergänzung der von Masaccio unvollendet hinterlassenen Brancacci-Kapelle; Carafa-Kapelle, S. Maria sopra Minerva, Rom 1488/89; Strozzi-Kapelle, S. Maria Novella, Florenz, 1487–1502; letztere zeichnen sich durch ihre die antiken Grotesken rezipierenden illusionist. Dekorationsschemata aus. Auch darin weist L. bereits auf den Florentiner Manierismus voraus.
Ch. Klemm

Lit.: A. Scharf, F.L., 1935 – L. Berti – U. Baldini, F.L., 1957 – F. Gamba, F.L. ..., 1958 – J. R. Sale, The Strozzi Chapel by F.L., 1979 – A. Cecchi – A. Natali: L'Adorazione di F. restaurata., Gli Uffizi 2, 1985 – G. L. Geiger, F.L.'s Carafa Chapel, 1986.

3. L., Franco OCarm (Francus de Senis), sel., * 3. Dez. 1211 Grotti (Siena), † 11. Dez. 1297 Siena. Der ältesten Vita zufolge (nur im 16.Jh. kopierte Frgm.e erhalten) wurde er, früh verwaist, Söldner, bekehrte sich mit 65 Jahren und tat öffentl. Buße; danach führte er ein Einsiedlerleben und unternahm Wallfahrten (Compostela, Rom, Bari). 1279 oder 1281 trat er in den Orden ein. In den letzten Lebensjahren wurden ihm Visionen und Prophezeiungen offenbart. Nach seinem Tode geschahen an seinem Grab Wunder. Die öffentl. Verehrung seiner Gebeine wurde 1308 von Clemens V. bestätigt. Trotz einiger Verwirrung (Gebeine in der Karmeliterkirche v. Siena oder in Cremona; mögl. Verwechslung mit zwei anderen Franco v. Siena: DHGE XVIII, 766–777) behauptete sich der Kult in Siena und wurde 1670 für die ganze Diöz. und für den OCarm genehmigt (Fest 11. Dez.). J. Decorte

Lit.: DHGE XVIII, 667f. – ECatt VII, 1408 – Vie des saints XII, 369–372 – Stanislas di S. Teresa, Il b. F.L. (La Stella del Carmelo, XIX, 1941), 67–79 – Cat. ss. OCarm (B. Xiberta, De visione S. Simonis Stock, 1950).

Lippiflorium → Iustinus v. Lippstadt

Lippspringe, Hoftag (782). Schon 780 hatte Karl d. Gr. in L. (nö. von Paderborn) nach der Niederschlagung eines von →Widukind angeführten sächs. Aufstandes die seit 777 bestehende Einteilung Sachsens in Missionsbezirke bekräftigt. 782 erfolgte dann im Juli auf dem H. zu L. durch die Errichtung von →Gft.en die formelle Einbeziehung Sachsens in den frk. Reichsverband; auch sächs. Adlige wurden als Gf.en eingesetzt. Die frk. Kg.sherrschaft und der christl. Glaube wurden von einem großen Teil des sächs. Adels anerkannt. Frühestens im Zusammenhang mit dem H. zu L. hat Karl d. Gr. als Sieger die →»Capitulatio de partibus Saxoniae« erlassen, die als Gesetz den Sachsen die Alternative Taufe oder Tod verkündete. Der Widerstand der Sachsen gegen die Frankonisierung war jedoch 782 noch nicht gebrochen. Am H. zu L. nahmen auch dän. und avar. Gesandte teil.
G. Spreckelmeyer

Q. und Lit.: RI I, 1908² [Neudr. 1966], nr. 251b–254 – S. Abel – B. Simson, JDG K.d.Gr., I, 1888², 415ff. – Die Eingliederung der Sachsen in das Frankenreich, hg. W. Lammers (WdF 185, 1970) [Lit.: 527ff.].

Lippstadt (1129 Lippia), am Kreuzungspunkt der Fernwege Frankfurt–Bremen (Lübeck) und Münster–Paderborn (Friesenweg) an einem Flußbogen der oberen Lippetalung am Rande des ostmünsterländ. Teiles der Westfäl. Bucht gelegen, verdankt seine Stadtwerdung der Lippefurt und dem benachbarten Herrenhof (Hermelinghof) des Edelherren Hermann I. zur Lippe (1113–69), dem Ausgangspunkt und Zentrum lipp. Herrschaftsbildung, die sich zunächst auf vogteil. Rechte stützte. Bereits Mitte des 12.Jh. bildete sich hier um die Nicolaikirche (1150, zerstört 1177, ab ca. 1180 Wiederaufbau) eine Marktsiedlung, die nach 1187 (Privileg Friedrichs I. zum Ausbau L.s) von →Bernhard II. zur Lippe um den neuen Markt mit Marienstadt und -kirche (Weihe 1221) ö. der lipp. Burganlage planmäßig erweitert und befestigt (10,5 ha) wurde. Bereits 1194 besaß die neue Stadt (Marien- und Nicolaisiedlung) mit den maiores cives ein rechtsfähiges Leitungsorgan. Nachdem Bernhard II. 1221 das Stadtrecht erteilt hatte, folgte ein befestigter Ausbau L.s im S (30 ha, 1229). Durch den Bau der Jakobikirche (1260) und der Stadtmauer (1262/94) wuchs das Areal auf 48 ha an. Der Ortsherr hatte vor 1207 Teile des Hermelinghofes zur

Förderung der Stadtbildung zur Verfügung gestellt; ab 1240 (erneuertes Stadtrecht) wurde er bis 1355 gänzl. aus L. gedrängt. Das von der Bürgerschaft geführte Stadtsiegel (1220/29), die Münze (1230 monetarius), der 1231 gen. iudex Lippensis, das 1238 erwähnte Rathaus, die Beteiligung 1253 am Werner und 1260 am Rhein. Städtebund, die Bedeutung in der →Hanse unterstreichen die starke Position der Stadt, deren wirtschaftl. Kraft ab 1500 einen deutl. Rückgang erfuhr. Seit 1317 wurde der Rat von je zwei Wahlmännern aus den vier 'Hofen', ab 1341 per Kooptation gewählt. 1376 an die Gfn. v. d. Mark verpfändet, unterstand die Stadt seit der Einlösung 1445 der Landesherrschaft →Kleves und →Lippes (Kondominium). Die Stadt besaß bei ca. 3000 Einw. vier Pfarrkirchen und drei Kl. (1281 Augustinereremiten, 1435 Frauenkl. St. Annen-Rosengarten); 1524 war sie Ausgangspunkt der Reformation in Westfalen. A. Cosanne

Lit.: L. Beitr. zur Stadtgesch., hg. W. EHBRECHT (Q.forsch. zur Gesch. der Stadt L. 2, 1985) – DERS., Mittel- und Kleinstädte in der Territorialkonzeption westfäl. Fs.en ..., Jb. für Regionalgesch. 14, 1987, 104-141 – H. WALBERG, L. (Westfäl. Städteatlas, 3. Lfg., Bl. 4, 1990).

Lipsanothek → Reliquiar

Lira. In Italien seit der Karolingerzeit die Bezeichnung für das →Pfund als Rechnungseinheit. 1472 erstmals in Venedig in Silber ausgemünzt. P. Berghaus

Lit.: F. v. SCHROETTER, Wb. der Münzkunde, 1930, 355.

Lisene, schwach vorspringender, vertikaler Mauerstreifen, häufig ohne Basis und →Kämpfer (im Unterschied zum Wandpfeiler und →Pilaster); sie kann durch →Friese, meist Bogenfriese, mit benachbarten L.n verbunden sein. Sie dient der Wandgliederung, bes. am Außenbau, betont als Eckl. die Ecken von Baukörpern, die dadurch als begrenzte, gerahmte, zu Körpern zusammengesetzte Wandflächen aufgefaßt werden (seit otton. Zeit). Ebenso betont sie die Grenzen der inneren Gewölbejoche am Außenbau der Seitenschiffe oder der Sargwand, wo in der Gotik Strebepfeiler an ihre Stelle treten können. Normalerweise ist die L. aus dem gleichen Material und im Schichtverband mit der anschließenden, zurückspringenden Mauer gemauert, wird aber auch aus Quadern aufgesetzt und mit Rücksprüngen versehen (Burgund) oder von Rundstäben (frühstauf.) oder Kehlen begleitet. Die L. ist ein wesentl. Element der altchr. und byz. Baukunst, wird dann allg. in der 2. Hälfte des 10. Jh. wiederaufgenommen und bleibt bis zur Auflösung der Wand durch den got. Skelettbau ein wichtiges vertikales Wandgliederungselement. In der niederrhein. Baukunst der 1. Hälfte des 12. Jh. erhält die L. gelegentl. einen wulstförmigen Kämpfer, der auch nur an den Seiten vorspringen kann; den L.n können auch Pilaster (bes. an stauf. Apsiden) vorgeblendet sein.

G. Binding

Lit.: RDK II, 890-907, 1010-1026 – G. BINDING, Architekton. Formenlehre, 1987².

Lisieux, Stadt und ehem. Bm. in der oberen →Normandie, dép. Calvados. Die alte Diöz. (vor 1790) entsprach im wesentl. der gallo-röm. Civitas der 'Lexovii', doch war eine größere Enklave (um Cambremer) an das Bm. →Bayeux übergegangen. Das Bm. L. erscheint erst um die Mitte des 6. Jh., als letztes der Bm.er der Kirchenprov. →Rouen. Der erste bedeutende Bf. v. L. war der karol. Geschichtsschreiber →Frechulf (2. Viertel des 8. Jh.). Nach den Normanneninvasionen wurde die reguläre Bischofsreihe um 990 mit einem Bf. Roger, der eine gewisse Rolle in den Verbindungen zw. der Normandie und England spielte, wieder aufgenommen. Erst um 1020 wurde die Südgrenze, gegenüber dem Bm. →Sées, festgelegt.

Die Bf.sstadt, ö. des Flusses Touques, lag im Bereich der alten Römerstadt, deren Straßennetz sie z. T. übernahm. Erst für die Zeit seit der Mitte des 11. Jh. verfügen wir über nähere hist. Kenntnis: 1055 Neubau der Kathedrale St-Pierre; in dieser Zeit auch Entstehung eines im W der Stadt gelegenen Nonnenkl.s Notre-Dame du Pré, gegr. von der Gfn. Lesceline v. →Eu, mit seit 1060 belegtem →Burgus. L. wurde von den krieger. Auseinandersetzungen des 12. Jh. geschädigt (Kämpfe zw. den Häusern →Blois und →Angers/Plantagenêt).

Während der anglonorm. Periode gehörten dem Klerus v. L. mehrere bedeutende Persönlichkeiten an: Der Chronist →Wilhelm 'v. Poitiers' war hier am Ende des 11. Jh. Archidiakon. Bf. Johann I. (1107-41) verwaltete in Abwesenheit Kg. Heinrichs I. die Normandie. Bf. →Arnulf (1141-82) war Freund und Korrespondent zahlreicher führender Männer seiner Zeit und ließ um 1170 die Kathedrale – als erstes Bauwerk der Normandie in got. Stil – errichten (erhaltener Baubestand jedoch zumeist aus dem 13. Jh.). Die Bf.e nahmen unter ungeklärten Voraussetzungen den Grafentitel an. Die städtische Entwicklung manifestierte sich unter anderem in der Errichtung eines Hospizes (Hôtel Dieu) am Ende des 12. Jahrhunderts.

Unter frz. Herrschaft (ab 1204) profitierte L. im 13. Jh. von dem beständigen Friedenszustand. Bettelorden (Dominikaner, Trinitarier) errichteten ihre Niederlassungen; im O und W der Stadt bildeten sich Vorstädte. Das Wirtschaftsleben umfaßte wohl Gerberei und Tuchwesen.

Wie andere Gebiete der Normandie litt auch das Bm. L. im 14. und 15. Jh. unter den militär. Auseinandersetzungen (→Hundertjähriger Krieg); die Stadtmauer wurde wiederaufgebaut und im W verstärkt. Trotz der Verleihung eines städt. Statuts am Anfang des 14. Jh. (1448 präzisiert) blieb L. von der bfl. Gewalt abhängig. Die Stadt hatte vier Pfarreien (St-Pierre, St-Jacques und St-Germain innerhalb der Mauern, St-Désir in der w. Vorstadt). Ein beachtl. Teil L.s mit seinem reichen Fachwerkbestand des 15. Jh. überdauerte bis zur Zerstörung von 1944.

Unter den Bf.en des 14. und 15. Jh. waren drei Persönlichkeiten von intellektueller Bedeutung: der Normanne →Nikolaus Oresme (Bf. 1378-82), Freund Kg. Karls V., einer der großen Wissenschaftler des SpätMA; unter engl. Herrschaft Pierre →Cauchon (1432-42) aus Reims, Protégé der Partei der 'Bourguignons' sowie des Hzg.s v. →Bedford und Vorsitzender des Ketzergerichts über →Jeanne d'Arc; der Geschichtsschreiber Thomas →Basin (1447-74), ein Normanne, der zunächst die engl. Herrschaft (bis 1448/49) unterstützte, dann Ratgeber Kgs. Karls VII. v. Frankreich wurde, um von Ludwig XI. schließl. ins Exil gedrängt zu werden. Zw. diesen Episkopaten war das Bm. eine Zeitlang mit it. Prälaten besetzt (1420-32). L. Musset

Lit.: H. DE FORMEVILLE, Hist. de l'ancien évéché-comté de L., 1873 – V. HARDY, La cathédrale St-Pierre de L., 1917 – L. SERBAT, L., 1926 – G. HUARD, Étude de topographie lexovienne, 1934 – A. ERLANDE-BRANDENBURG, La cathédrale de L., Congr. Archéologique de France 132, 1974, 139-172 – F. NEVEUX, L. au MA, Art de Basse Normandie, 89-91, 1985, 32-46; 129-132.

Lismore (Lios Mór 'großer Hof'), Bm. und Stadt im s. Irland (Munster, Gft. Waterford), hervorgegangen aus dem Kl., das durch den hl. Cathach (frühes 7. Jh.) berühmt wurde und kirchl. Zentrum des Stammesverbandes der

Déisi (→Dál Cais) war. Die Schule v. L. war namentl. im 9. Jh. bedeutend. Auf der Reformsynode v. →Ráith Bresail (1111) wurde L. als territorial verfaßtes Bm. konstituiert und der entstehenden Diözesanstruktur Irlands eingegliedert (Kirchenprovinz →Cashel). L., das an der Kirchenreformbewegung des 12. Jh. beteiligt war, wurde vom hl. →Cellach, Ebf. v. →Armagh († 1129), zum Begräbnisort gewählt. In Tarent entstand die Legende von einer Identität des Bistumshl. en →Cathaldus v. Tarent mit dem hl. Cathach v. L. Nach der Einverleibung L.s in den engl. Herrschaftsbereich wurde die Burg errichtet (um 1185), die den Bf. en als Sitz diente. 1362 wurde das Bm. L. mit →Waterford vereinigt. Aus L. stammen der prachtvolle Krummstab (um 1100, heute im Nat. Mus. Dublin), ein Meisterwerk der hiberno-skand. Kunst, und das →Book of L. (15. Jh.). U. Mattejiet

Lit.: LThK² VI, 1073f. [J. HENNIG].

Lismore, Book of → Book of Lismore

Lissabon (Olisippo, Ulixbona, Lisbonen., röm. Felicitas Julia, ptg. Lisboa), Stadt und Bm. in Portugal, am Tejo. Der antike Bf.ssitz wurde 409 von den Alanen, 469 von den Sueben, 585 von den Westgoten und 716 von den Muslimen erobert. Als Glied der lusitan. Kirchenprov. mit ihrer Metropole →Mérida erscheinen in den Konzilsakten unter westgot. Herrschaft acht Bf.e v. Olysipona. Die christl. Kontinuität wurde durch den Einfall der Araber für Jahrhunderte unterbrochen, doch scheint bei der Reconquista der Stadt, die 1147 durch Kg. Alfons I. v. Portugal und ein 'umgeleitetes' dt.-fläm.-engl. Kreuzfahrerheer nach vorherigen vergebl. Versuchen (1140, 1142) erfolgte, ein mozarab. Bf. im Amt gewesen zu sein. Da dieser bei der Einnahme von L. ermordet wurde, erhielt die Diöz. mit dem engl. Priester Gilbert v. Hastings einen Bf. aus der Mitte der Kreuzfahrer; als neue Kathedrale wurde die ehem. Moschee *(Mesquita)* genutzt. Da die einstige Metropolitanwürde von Mérida auf →Santiago de Compostela übergegangen war, wurde L. Suffraganbm. der galic. Erzdiöz., ein Zustand, der andauern sollte, bis 1393 L. selbst durch Papst Bonifatius IX. zum Ebm. erhoben wurde und die Diöz. Évora, Lamego, Guarda und Silves als eigene Suffragane zugewiesen bekam.

Aufgrund ihrer für den Handel günstigen Lage nahm die Stadt schon bald nach der Rückeroberung einen bedeutsamen wirtschaftl. Aufschwung, der in geordnete Bahnen gelenkt wurde, als das Kgtm. 1179 ein Statut *(Foral)* verlieh, das den gleichzeitig für Coimbra und Santarém entworfenen Privilegien entsprach, und damit v. a. die fiskal. Belange regelte, aber auch eine Rechts- und Sozialordnung festlegte und dem *Concelho* (→Concejo) die Grundlage gab, ohne die kgl. Verwaltung durch Alcaides und andere Amtsträger einzuschränken. Im 13. Jh. stieg L. zur Hauptstadt und kgl. Residenz auf, nachdem die handelsorientierte Stadtgesellschaft großen Anteil daran gehabt hatte, daß Alfons III. (1248-79) den ptg. Kg.sthron besteigen konnte. Eine vielleicht noch entscheidendere Rolle kam ihr ein Jahrhundert später beim Dynastiewechsel und der damit verbundenen Staatskrise von 1383 zu, in dem Johann I. v. →Avís sich das ptg. Kgtm. gegen die Ansprüche Johanns I. v. Kastilien sichern konnte. L. war im SpätMA häufig Tagungsort der →Cortes und stieg infolge des ptg. England-, Frankreich- und Afrikahandels und der Aktivität der Hanse zu einem der wichtigsten Handelszentren Europas auf.

Eine Univ. war bereits 1288 auf Initiative von Kg. Dinis errichtet und durch Privilegien Papst Nikolaus' IV. bestätigt worden. Bereits 1308 wurde sie jedoch nach →Coimbra verlegt, wechselte mehrfach den Standort (um 1338 L., 1354 wieder Coimbra, 1377 erneut L.), bevor sie 1537 endgültig in Coimbra eingerichtet wurde. L. Vones

Lit.: DHP II, 543f.; III, 532; IV, 7-25 - LThK VI², 1074f. - RE XXXIV, 2482 - EUBEL, Hier. cath. I², 506f. - R. DA CUNHA, História ecclesiastica da Igreja de L., Lisboa 1642 - E. FREIRE DE OLIVERA, Elementos para a História do Município de L., 17 Bde, 1887-1911 - M. CAETANO, A Administração Municipal de L. durante a primeira dinastia (1179-1383), Revista da Fac. de Direito, Univ. de Lisboa 7, 1950, 5-112; 8, 1951, 149-212 - A. BOTELHO DA COSTA VEIGA, Doc. da Bibl. Nac. relativos a L. (séc. XIII a XV), 1953 - T. DE SOUSA SOARES, O Foral concedido a Coimbra, Santarém e L., Anais da Acad. Portuguesa de Hist., II série, 10, 1960 - L. A. GARCÍA MORENO, Prosopografía del reino visigodo de Toledo, 1974, 184f., Nr. 491-498 - G. PRADALIÉ, L. da Reconquista ao fim do século XIII, 1975.

Lit de justice, im Frankreich des Ancien Régime feierl. Sitzung des →Parlement unter persönl. Vorsitz des Kg.s als höchstem Richter. Diese Institution bestand im SpätMA noch nicht. Zwar tritt seit dem späten 14. Jh. im Zusammenhang mit der Anwesenheit des Kg.s bei Sitzungen des Parlement der Begriff 'l. de j.' auf, doch ist seine Verwendung selten und bleibt unscharf. Im Sprachgebrauch der Parlementskreise bezeichnet er zunächst das dekorative Zubehör des kgl. Sitzes (Unterbau, Baldachin, Vorhänge, mit der →Lilie geschmückte Kissen usw.), das der Obhut der →*huissiers* anvertraut war. Hiervon ausgehend, hießen die Prunksitzungen in Gegenwart des Kg.s 'l.s de j.', doch wurden im Zeitraum von 1388 bis 1413 davon nur sechs abgehalten. Außerhalb des Parlement sind - neben der Erwähnung des Begriffs durch einige Schriftsteller - die 'l.s de j.' zu nennen, die bei Einzügen des Kg.s als Symbol kgl. Gerechtigkeit und Souveränität in den Pariser Straßen aufgestellt wurden. Die Ikonographie des 15. Jh. bietet berühmte Beispiele für l.s de j. (Prozeß des Hzg.s v. Alençon zu Vendôme 1458, Jean →Fouquet zugeschrieben). Trotz der Wiederbelebung der kgl. Sitzungen im Parlement am Ende des 15. Jh. trat der Begriff erst wieder im 16. und 17. Jh. auf und erhielt nun seine spezifische Bedeutung. F. Autrand

Lit.: S. HANLEY, The »L. de J.« of the Kings of France. Constitutional Ideology in Legend, Ritual, and Discourse, 1983.

Litanei
I. Ostkirche - II. Westkirche.

I. OSTKIRCHE: L. (Ektenie und Synapte), öffentl. Fürbittgebet für Kirche und Welt, für alle Stände, für Lebende und Tote und in den Anliegen menschl. Lebens. Angeregt vom Vorbild des synagogalen Gottesdienstes, ist sie vermutl. schon von Justin (Apol. I,65) bezeugt, sicher in den Apost. Const. (VIII, 35ff.) und von den Vätern (z. B. Chrysost., MPG 60, 266) und noch im 14./15. Jh. in den Liturgieerklärungen (Nikolaos Kabasilas, MPG 150, 396; Symeon v. Thess., MPG 155, 600f.; 561 BC) nach Sinn und Wert befragt und dargelegt, v. a. aber im Gottesdienst (Eucharistie, Stundengebet) durchgehalten als Zeugnis chr. Verantwortung »für alle und für alles«.

H. M. Biedermann

Lit.: DACL IX, 1540-1571 [Lit.] - ThEE 1, 1118-1120 - J. M. HANSSENS, Institut. Liturg. de ritibus Oriental. III, 1932, 230-260 - A. BAUMSTARK, Liturgie Comparée, 1953, 80-90.

II. WESTKIRCHE: Gebet im Stile der L. (griech. Flehgebet) zählt zu den religiösen Urphänomenen. Es kommt aus dem O in die w. Liturgie; die Gebetsrufe sind ursprgl. Christus-Anrufungen. Auf die vom Vorbeter (-sänger) vorgetragenen Intentionen antwortet die Gemeinde mit einem gleichbleibenden Ruf (u. a. →Kyrie eleison; Ora pro nobis). Seit dem 6. Jh. ist litania (maior, litaniae minores) in Rom Name für Bittprozessionen. Im W ist zunächst die Anliegen-L. bezeugt (5.-7. Jh.), zu Beginn der Messe und am Ende von Laudes und Vesper; im 7. Jh. bildet sich als Mischtyp aus Anliegen- und Anrufungs-L. die Allerheiligen-L. heraus. Sie verbreitet sich als letania romana bzw. gallica und italica; aus ihnen erwachsen weitere L.en, u. a. die frk. →Laudes regiae. Im 8. Jh. wird die Allerheiligen-L. u. a. bei Bittprozessionen, Ordinationen und Weihen, in der Ostervigil, bei Sterbegebeten gebraucht. Eine mit Gebeten, Sündenbekenntnissen, Lobpreisungen und erzählenden Partien angereicherte Fassg. im Stile der Allerheiligen-L. »dizze gibet heizzet letanie« (Ende des 12. Jh.) ist unter dem Namen ihres Verf. Heinrich überliefert. Die marian. Lauretan. L. (Name vom Gebrauch in Loreto) geht auf eine um 1200 in Paris bezeugte Reim-L. zurück, die vom →Akathistos-Hymnos geprägt ist. K. Küppers

Lit.: DSAM IX, 865–872 [Lit.] – LThK² VI, 1075–1077 – MERKER-STAMMLER² II, 62f. – P. DE CLERCK, LQF 62, 1977 [Lit.].

Litauen, Litauer

I. Land und Volk – II. Das Königreich Litauen – III. Das Großfürstentum Litauen.

I. LAND UND VOLK: Das Siedlungsgebiet der Litauer umfaßt die Kleinlandschaften an der Ostseeküste bis zum Mittellauf der Düna, reicht im N bis zur kurländ.-litauischen Endmoräne, im SW bis Suwalki (Suvalkiai) und ist nach O und SO offen. Die Achse bildet die Memel (lit. Nemunas, poln. Njemen) und ihr rechter Nebenfluß, die Wilija (lit. Neris). Die beiden großen Landschaften →Žemaiten und →Aukštaiten, getrennt durch die von der Dubissa durchflossene Senke, sind auch die Siedelgebiete der beiden Dialektgruppen der Litauer.

Diese sind das südöstlichste und größte der balt. Völker und in einem langsamen Prozeß von nachrückenden Ostslaven (Kriviĉen) gegen NW gedrängt worden. Ihre Sprache weist sehr viele alte indoeurop. Formen auf. Zu Beginn der hist. Zeit – der Name *Litwa* wird 1008 erstmals in den Annales Quedlinburgenses genannt – waren sie Viehzüchter und Ackerbauern, lebten in Einzelhofgruppen und kleinen Weilern, hatten zahlreiche Holz-Erde-Wälle als Burgberge, Flucht- und Herrenburgen errichtet und waren durch ihre weite Strecken überwindenden Raubzüge bei den Nachbarn gefürchtet. Schon Ende des 12. Jh. ist eine Schicht von Burgherren mit krieger. Gefolge erkennbar; Angriffe auf die benachbarten altruss. Teilfsm.er (→Polock a. d. Düna, →Grodno a. d. Memel) führten zu zeitweiligen Besetzungen durch litauische Adlige oder Verbindungen mit altruss. Fs.engeschlechtern.

II. DAS KÖNIGREICH LITAUEN: In den 30er Jahren des 13. Jh., erstmals in der Galizisch-Wolhynischen Chronik, wird ein Fs. →Mindowe (litauisch Mindaugas, russ. Mendog), genannt, der aus Aukštaiten stammte, aber Beziehungen auch zu Fs.en in Žemaiten hatte. Einer seiner Neffen, Tautwil (litauisch Tautvilas), der sich seit 1246 in Polock festgesetzt hatte, ließ 1248 vom Bf. v. →Riga taufen. Mindowe wandte sich an den livländ. Ordensmeister und bot diesem die Taufe an; die Kurie wurde sofort verständigt, und Innozenz IV. erhob Mindowe zum Kg., ließ ihn 1253, vielleicht in →Wilna, taufen und bestätigte ein Bm. Litauen. Mindowe verschrieb die Hälfte Žemaitens dem livländ. Zweig des →Dt. Ordens, damit sollte die Verbindung zw. den livländ. und preuß. Besitzungen des Ordens gesichert werden. Aber der Orden erlitt bei →Durben in Kurland (13. Juli 1260) eine schwere Niederlage gegen die →Kuren, Semgaller und Žemaiten. Sie löste einen allg. Aufstand der Kuren, Semgaller, Prußen und Žemaiten aus, der jahrzehntelang den Dt. Orden bedrohte. Mindowe schloß sich den Aufständischen an, wurde aber 1263 ermordet; sein Reich zerfiel in viele kleine Burgherrschaften. Erst Ende des 13. Jh. konnte sich ein neues Burgherrengeschlecht in Aukštaiten gegenüber den Rivalen durchsetzen, dessen erste Vertreter, Pukuwer und sein Sohn →Witen (litauisch Vytenis), bereits von den Ordenschronisten →Peter v. Dusburg als »reges Lithowie« bezeichnet werden.

III. DAS GROSSFÜRSTENTUM LITAUEN: Als Witen 1315 starb, erbte sein Bruder →Gedimin (lit. Gediminas) die Herrschaft. Wie schon seine Vorgänger sah er sich fast jährl. »Litauerreisen« (→Preußenreise) des Dt. Ordens und abendländ. Adliger ausgesetzt, die er alle zurückweisen konnte. 1322 schloß er Frieden mit allen livländ. Bf.en und dem Dt. Orden; 1323 richtete er Briefe an den Papst, die Franziskaner und Dominikaner und an eine Reihe von Ostseestädten, lud Handwerker, Kaufleute, auch Geistliche in sein Land ein und stellte gar dem Papst die Taufe in Aussicht. Gedimin, an dessen Hof Franziskaner und Dominikaner (auch als Schreiber) wirkten, ebenso wie orth. russ. Djaken für den Schriftverkehr mit dem Osten, zeigte bemerkenswerte Toleranz und ließ in →Wilna, das er zur Residenz ausbaute, eine dt. und eine russ. Handelskolonie zu. In weitem Ausgriff nach O gelang es ihm, eine Anzahl altruss. Fsm.er zu unterwerfen oder L. anzugliedern (von →Smolensk und →Vitebsk bis nach →Kiev) und damit L. zur stärksten Macht an der Grenze zw. abendländ. und osteurop. Bereich zu machen. Mit der Stadt →Riga unterhielt er seit 1320 Beziehungen, schützte den Handelsverkehr auf der Düna und dem Dnepr, sicherte sich nach W durch Verträge mit Polen und Masowien und konnte 1340 auch →Luck in Wolhynien an L. bringen. Nach seinem Tode (Winter 1340/41) folgte ihm sein Sohn Jawnut (litauisch Jaunutis) in Wilna nach, wurde aber wegen Unfähigkeit 1345 von seinen Brüdern →Olgerd und →Kynstute verdrängt, die sich die Herrschaft teilten. Olgerd wurde Gfs. in Wilna und betrieb die Ostpolitik; Kynstute verteidigte L. im W gegen den Dt. Orden. Olgerd gelang 1362/63 die Angliederung der alten russ. Hauptstadt Kiev, und er besiegte die →Tataren an den »Blauen Wassern« (Sinye Vody), während er →Moskau trotz mehrerer Angriffe (1368, 1370) nicht einnehmen konnte. Auch gelang ihm nicht die Errichtung einer orth. Metropolie für L., wie sie schon Gedimin angestrebt hatte, so daß Moskau das kirchl. Zentrum auch für L. blieb. Versuche, die Litauerfs.en für das westl. Christentum zu gewinnen, angeregt von Johannes XXII., den Kg.en v. Polen und Ungarn sowie Ks. Karl IV., hatten keinen Erfolg. Als Olgerd im Mai 1377 starb, folgte ihm sein ältester Sohn aus 2. Ehe, →Jagiełło (litauisch Jogaila, in dt. Q. Jagal), der zunächst mit Kynstute zusammenwirkte, aber bereits Geheimverhandlungen mit dem Dt. Orden begann, worauf Kynstute Wilna besetzte und Jagiełło vertrieb, doch wenig später durch Verrat in Wilna festgenommen wurde und umkam; seinem Sohne →Witowt (lit. Vytautas, poln. Witold) gelang die Flucht ins Ordensland. Schon kurz vorher hatte Jagiełło sich mit dem Orden geeinigt und ihm Westžemaiten abgetreten (1. Nov. 1382), doch hinderte das den Orden nicht, auch Witowt aufzunehmen; Jagiełło übertrug seinem Bruder →Skirgaila (Skirgiełło) das Erbe Witowts, während dieser dem Dt. Orden Gehorsam versprach. Jagiełło, der nicht daran dachte, dem Dt. Orden Žemaiten zu überlassen, brach 1383 die Verhandlungen ab. Der Orden erpreßte nun von Witowt weitgehende Zugeständnisse, u. a. die Lehnsnahme seines väterl. Erbes vom Hochmeister. Damit aber machte der Orden Witowt nur bereit zur Annahme eines Versöhnungsangebots Jagiełłos (Sommer 1384: Übertragung Schwarzrußlands, Podlachiens mit Brest und Grodnos an Witowt).

Inzwischen war die jüngere Tochter des 1382 ohne männl. Erben verstorbenen Kg.s →Ludwig v. Ungarn und Polen, →Hedwig (Jadwiga), in →Krakau zum Kg. (rex) v. Polen gekrönt worden. 1383 nahmen kleinpoln. Herren Fühlung mit Jagiełło auf, der am 14. Aug. 1385 auf der Burg →Krewo (litauisch Kriava) einen Vorvertrag abschloß (Annahme des röm. Christentums, Heirat mit Hedwig und Krönung zum Kg. v. Polen, Angliederung Litauens an die Krone Polens, Wiedergewinnung der dem Kgr. entfremdeten Gebiete). Am 15. Febr. 1386 wurde Jagiełło in Krakau auf den Namen Władysław getauft (mit ihm seine Brüder und Witowt), am 18. Febr. mit Hedwig getraut und am 4. März zum Kg. v. Polen gekrönt (→Jagiellonen). In L. regte sich Widerstand, den Skirgiełło niederwarf. Witowt blieb vorerst Fs. in Grodno; Jagiełło gab seinem Adel ein umfassendes Privileg, das dessen Angleichung an die rechtl. und soziale Stellung der poln. Adels in die Wege leitete, ließ in Aukštaiten die Taufe durchführen und begründete am 17. Dez. 1387 das Bm. Wilna als Suffragan des Ebm.s Gnesen. Die Stadt Wilna erhielt →Magdeburger Recht. Eine Schranke wurde zw. den orth. russ. Untertanen und den kath. Litauern errichtet, die erst später beseitigt wurde. Witowt konnte in L. eine führende Stellung wahren, erhielt sein Vatererbe zurück, nahm seinen Vetter an der Seite in Wilna, ersetzte nach und nach die orth. Teilfs.en in den russ. Gebieten durch Statthalter, schloß mit dem Dt. Orden am 12. Okt. 1398 den Vertrag v. →Sallinwerder, in dem er Westžemaiten dem Orden überließ, griff im Juni 1399 die Tataren an, erlitt aber eine schwere Niederlage. In einem in Wilna und →Radom geschlossenen Vertrag (Jan. und März 1401) übertrug Jagiełło seinem Vetter die Herrschaft über L. auf Lebenszeit. Der Friede v. Sallinwerder wurde am 22. Mai 1404 zu Raciąz in Masowien erneuert. Witowt wandte sich dem Osten zu.

Als sich die Žemaiten gegen den Dt. Orden auflehnten, unterstützte sie Witowt. Es kam zum Krieg (Aug. 1409), der sich hinzog und auch durch einen Schiedsspruch Kg. Wenzels nicht beigelegt werden konnte, sondern dank der geschickten Heerführung Jagiełłos zu der vernichtenden Niederlage des Ordens bei →Tannenberg (poln. Bezeichnung der Schlacht nach dem Ort Grunwald/Grünfelde) am 15. Juli 1410 führte. Im Ersten →Thorner Frieden (1. Febr. 1411) trat der Orden Žemaiten den Litauern ab, kam aber trotz einer großen Entschädigungszahlung glimpflich davon.

In Verhandlungen zu →Horodło am Bug (1413) erklärten sich Adlige Polens bereit, 47 litauische Adelsgeschlechter in ihre Wappengemeinschaft aufzunehmen. Jagiełło und Witowt sicherten ihnen die freie Abhaltung von Zusammenkünften und die freie Verfügung der litauischen Adligen über die ihnen übergebenen gfsl. Dienstgüter zu, außerdem die freie Wahl eines Gfs.en nach Witowts Tod. In L. wurden Ämter und Institutionen nach poln. Vorbild eingerichtet. Bei der Festlegung der Grenze zw. Žemaiten und dem Ordensland kam es trotz eines von Kg. Sigmund ergangenen Schiedsspruchs (1412) zu blutigen Feindseligkeiten. Der Streitfall beschäftigte auch das Konzil v. Konstanz (1414–18). 1422 brach erneut der Krieg aus, der Dt. Orden wurde zum Friedensschluß am →Melnosee im Kulmerland (27. Sept. 1422) genötigt, in dem die Grenze zw. Žemaiten und dem Ordensland so festgelegt wurde, wie sie bis 1920 bestanden hat. Witowt hatte schon 1417 ein Bm. in →Medininkai im žemaitischen Hügelland begründet und mit der Missionierung der Bevölkerung beginnen lassen. Er selbst griff in den folgenden Jahren nach SO aus und baute den Hafen von Belgorod (türk. →Aqkerman) am Schwarzen Meer aus. Er bemühte sich auch, L. allmähl. von Polen zu lösen. Für Anfang 1429 lud er Kg. Sigmund, Jagiełło, den Sohn seiner Tochter, den jungen Gfs.en →Vassilij II. v. Moskau und andere nach Luck ein, um über die Krönung zum Kg. v. L. zu verhandeln, zumal Sigmund ihm schon vorher die Krone angeboten hatte, obwohl er noch nicht röm. Ks. war. Die Krönung wurde auf den 8. Sept. 1430 in Wilna festgesetzt, mußte aber verschoben werden. Als bereits viele Gäste versammelt waren, starb Witowt (23. Okt. 1430). Jagiełło ernannte sofort seinen jüngsten Bruder Skirgiełło zum Gfs.en, der Witowts Politik fortsetzte. Die Polen fanden in Witowts Bruder →Sigismund einen Parteigänger und erhoben ihn zum Gfs.en. Jahrelang währten die Kämpfe der Rivalen, während derer Jagiełło starb (1. Juli 1434).

Sigismund erteilte am 6. Mai 1434 dem orth. russ. Adel des Großfsm.s ein Privileg, das ihn dem kath. Adel gleichstellte. Die bäuerl. Hintersassen wurden von Naturalabgaben an den Gfs.en befreit, damit allein den Adligen unterstellt, die ihrerseits nur durch öffentl. Gerichtsurteil bestraft werden konnten. Es war ein weiterer Schritt zur Gleichstellung mit den poln. Standesgenossen. Weitere Bestimmungen beseitigten Nachteile des orth. gegenüber dem kath. Adel. Auch sie konnten nun in die Wappenverbände des poln. Adels aufgenommen werden.

Gfs. Sigismund wurde am 20. März 1440 von einer litauischen Adelsgruppe ermordet. L. fiel an den Kg. v. Polen zurück, an Władysław III., den Sohn Jagiełłos. Bf. Zbigniew →Oleśnicki v. Krakau, und der Kanzler, ließ den minderjährigen jüngeren Sohn Jagiełłos, Kasimir, zum Statthalter in L. erheben, aber die Mitglieder des gfsl. Rates wählten ihn zum Gfs.en. Der Kg. weilte in Ungarn. Eine Trennung L.s von Polen schien mögl., zumal es in L. gärte. Als Kg. Władysław III. am 10. Nov. 1444 bei →Varna gegen die Türken fiel, bot der poln. Adel Kasimir die Krone an. Erst nach langen Verhandlungen war dieser dazu bereit. Am 17./19. Nov. 1446 wurde in →Brest am Bug die neue Union geschlossen, die ausdrückl. von zwei Staaten sprach; es war eine reine Personalunion, die dem Herrscher freistellte, in einem der Länder, Polen, L., der lit. Rus', zu residieren. →Kasimir IV. Jagiellończyk, gekrönt am 25. Juni 1447 in Krakau, konnte während seiner langen Regierungszeit – er starb am 7. Juni 1492 in Grodno – den Verfall der gfsl. nicht verhindern. Macht in L. Er erteilte dem gesamten Adel L.s noch vor der Krönung am 2. Mai 1447 ein Privileg, in dem der Schutz vor Willkür durch die Zusage öffentl. Gerichtsverhandlungen erneut betont wurde. Auch das Eigentum an den Patrimonialgütern und Schenkungen des Gfs.en wurde bekräftigt, das weibl. Erbrecht bestätigt. Der Gfs. verzichtete auf alle Naturalabgaben der auf adligem Grund sitzenden Bauern, auf die Aufnahme von Flüchtlingen auf seinen Gütern, beschränkte damit die bäuerl. Freizügigkeit und gestand dem Adel richterl. Funktionen gegenüber seinen Bauern zu; damit war der größte Teil der Bauern seinem Einfluß entzogen. Dem Adel wurde Freizügigkeit, Abgabenfreiheit und die ausschließl. Besetzung der Landesämter zugesagt.

Außenpolit. beschränkte Kasimir IV. sich im O auf die Abwehr von Angriffen und schloß einen Grenzvertrag mit Moskau (1444), wandte sich aber dann dem W zu, als ihm Danzig, Thorn und die preuß. Stände die Oberhoheit anboten. Er erklärte am 6. März 1454 die Inkorporation des Ordenslandes Preußens in Polen, verlieh dem preuß.

Landadel die Rechte des poln. Adels und bestätigte den Städten ihr Stadtrecht. Der ausbrechende Krieg schleppte sich 13 Jahre lang hin. Im Zweiten →Thorner Frieden (9. Okt. 1466) mußte der Dt. Orden auf Pomerellen, das Kulmer Land, die Michelau, die Städte Danzig, Thorn und Elbing verzichten. Auch das Ermland schloß sich Polen an. Der Hochmeister sollte dem Kg. den Treueid und Heeresfolge leisten. Das bedeutete die Ausschaltung eines alten Gegners. Der älteste Sohn des Kg.s, Władysław, wurde 1449 zum Kg. v. →Böhmen gewählt, dann auch v. →Ungarn, wobei es zu Auseinandersetzungen mit den Habsburgern kam (Friede v. →Preßburg, 7. Mai 1491).

Erst 1479 kam Kasimir IV. wieder nach L. Unter →Ivan III. begann das Gfsm. Moskau, L. zu überflügeln (Unterwerfung Novgorods). Der Khan der Krimtataren eroberte 1483 im Bündnis mit den →Osmanen Kiev, 1484 ging Belgorod verloren. Ein Feldzug Kasimirs (1485) schlug fehl. Orth. Adlige L.s im Grenzgebiet traten zu Moskau über. 1486–94 kam es zum ersten einer Reihe von litauisch-moskowit. Kriegen. Während desselben starb Kasimir. Ihm folgte in L. sein Sohn→Alexander, in Polen sein Sohn →Johann Albrecht.

Alexander verlieh am 6. Aug. 1492 dem Adel L.s ein Privileg, das dasjenige von 1447 bestätigte, darüber hinaus aber die Außenpolitik von der Zustimmung der →Rada, des von mächtigen Adligen dominierten gfsl. Rates, abhängig machte; sie erhielt Einfluß auf innere Verwaltung, Rechtsprechung und Finanzwesen; der Adel wurde von den anderen sozialen Gruppen rechtl. getrennt und in seiner herausgehobenen Stellung bestätigt und geschützt. Ohne die Rada hätte Alexander den Angriff Ivans III. im Jahre 1500 nicht abwenden können. Ein Waffenstillstand beließ ausgedehnte Gebiete im O und SO der Grenze bei Moskau, das die Oberläufe von Düna und Dnepr erreichte. Als →Johann Albrecht starb (17. Juni 1501), wählten die Polen→Alexander zum Kg. (3. Okt. 1501). Er stattete die L.er wie Polen mit Privilegien aus, die die Adelsherrschaft in beiden Ländern stabilisierten. In L. setzte er seinen jüngeren Bruder Sigismund zum Statthalter ein und zog sich nach Polen zurück, wo er bald starb (19. Aug. 1506). Sigismund I., der vorletzte der Jagiellonendynastie, wurde im Okt. 1506 Gfs. v. L., im Jan. 1507 Kg. v. Polen. Er, der am 1. April 1548 starb, und sein Sohn Sigismund II. August, seit 1544 Gfs. v. L., nach seines Vaters Tode auch Kg. v. Polen († 1572), haben die beiden Länder, die seit Jan. 1569 in der Union v. Lublin zusammengeschlossen waren, als Adelsrepubliken mit monarch. Spitze weiterregiert und in eine neue Zeit gehen lassen. M. Hellmann

Q.: Cod. diplomaticus regni Poloniae et magni ducatus Lithuaniae, ed. M. Dogiel, I, 1758; IV, 1764; V, 1775 – Zbiór praw litewskich od roku 1389 (1387) do roku 1529 ..., 1891 – Sobranie drevnych gramot et aktov gorodov Vil'ny, Kovna, Trok pravoslavnych monastirej, cerkov i po raznym predmetam, 1–2, 1843 – Sobranie gosudarstvennych i častnych aktov kasajuščichsja istorii Litvvy i soedinennych s neju vladenij, I (1387–1710), ed. M. Krupovič, 1858 – Vetera Monumenta Poloniae et Lithuaniae ex tabulis Vaticanis deprompta, ed. A. Theiner, I (1217–1409), II (1410–1572), 1860–62 – Skarbiec diplomatów do dziejów Litwy, Rusi litewskiej i ościennych im Krajów, I–II, 1860–62 – Petrus de Dusburg Chronicon terrae Prussiae, ed. M. Toeppen, SSrerPrussI, 1861 – Gramoty Velikich Knjazej litewskich 1390–1569, ed. V. Antonovič – V. Kozlovskij, 1868 – Długosz, Johannes, Opera omnia, 11–14, 1873–78 – Cod. epistolaris Vitoldi, magni ducis Lithuaniae (1376–1430), ed. A. Prochaska, 1882 – Cod. epistolaris saeculi decimi quinti, ed. J. Sokołowski, J. Szujski, A. Lewicki, I–III, 1876, 1891, 1894 – Akty Litowskoj Metriki, ed. F. Leonotovič, I, 1–2, 1896/97 – Ipatevskaja letopiś, 1908² – H. Paszkiewicz, Regesta Lituaniae ab origine usque ad Magni Ducatus cum Regno Polonico unionem, I (bis 1315), 1930 – Akta unii Polski z Litwa 1385–1791, ed. St.

Kutzreba – Wł. Semkowicz, 1932 – Pskovskie letopisi, ed. A. Nasonov, 1941 – Cod. Diplomaticus Ecclesiae Cathedralis necnon Dioeceseos Vilnensi, ed. J. Fijale – Wł. Semkowicz, I (1387–1507), 1948 – Heinrici Chronicon Livoniae, ed. L. Arbusow – A. Bauer, 1955 – Chronikia Bychovsa, ed. N. N. Ulaščik, 1966 – M. Jučas, Lietuvos Metraščiai, 1968 – Lit.: V. B. Antonovič, Očerk istorii Velikogo Knajažestva Litovskogo do poloviny XV. stoletija, 1878 – N. Lju-bavskij, Oblastnoe delenie i mestnoe upravlejnija Litovsko-russkogo gosudarstva ko vremeni izdanja pervogo Litovskogo Statuta, 1892 – M. V. Dovnar-Zapol'skij, Gosudarstvennoe chozjastvo Velikogo Knjažestva Litovskogo pri Jagiellonach, 1901 – Polska i Litwa w dziejowym stosunku, 1914 – O. Halecki, Dzieje Unii Jagiellońskija, I–II, 1919–20 – H. Mortensen, L. Grundz. einer LK, 1924 – L. Kolankowski, Dzieje Wielkiego Księstwa Litewskiego za Jagiellonów, I (1377–1499), 1930 – H. Łowmiański, Studja nad początkami społeczeństwa i państwa Litewskiego, I–II, 1931–32 – A. Avižonis, Die Entstehung und Entwicklung des litauischen Adels bis zu litauisch-poln. Union 1385, 1932 – Z. Ivinskis, Gesch. des Bauernstandes in L., 1933 – H. Paszkiewicz, Jagiellonowie a Moskwa w. XIII i XIV wieku, 1933 – J. Stakauskas, Lietuva i Vakarų, Europa XIII. amžiaus, 1934 – A. Kučinskas, Kęstutis lietuvių tautos gynejas, 1938 – J. Matusas, Švirrigaila, Lietuvos didysis kunigaikštis, 1939 – W. Kamieniecki, Społeczeństwa litewskie w XV. w, 1947 – H. Jablonowski, Westrußland zw. Wilna und Moskau, 1955 – G. Rhode, Die Ostgrenze Polens, I (bis z. J. 1401), 1955 – M. Hellmann, Zu den Anfängen des litauischen Reiches, JbGO, NF 4, 1956, 159ff. – Historia Polski, I (bis 1764), ed. H. Łowmiański, 1959 – J. Ochmański, Historia Litwy, 1969 – R. Volkaité-Kulikauskiené, Lietuva IX–XII amžiaus, 1970 – J. Ochmański, Biskupstwo wileńskie w średniowieczi. Ustrój i uposażenie, 1972 – J. Bardach, Studia u ustroju i prawa Wielkiego Księstwa Litewskiego XIV–XVII w, 1974 – Z. Ivinskis, Lietuvos istorija iki Vytauto Didžiojo mirties, 1978 [Bibliogr. S. 16ff.] – S. Ekdahl, Die Schlacht bei Tannenberg 1410, I, 1982 – Vitoldiana. Cod. privilegiorum Vitoldi, Magni Ducis Lithuaniae 1386–1430, ed. J. Ochmański, 1986 – P. Rabikauskas SJ, Die Taufe L.s, Analecta Cracoviensia 19, 1987, 91–104 – M. Hellmann, Das Gfsm. L. bis 1569, HGeschRußlands, I, 2, 718–851, 1989 – Ders., Die Päpste und L. (La Cristianizzione della Lituania, 1989), 27ff. – W. Paravicini, Die Preußenreisen des europ. Adels, I, 1989 – M. Hellmann, Gesch. L.s und des litauischen Volkes, 1990⁴ – vgl. →Dt. Orden, →Mindowe, →Gedimin, →Jagiełło, Jagiellonen, →Kasimir IV., →Kynstute, →Witowt.

Litauerreise → Preußenreise

Liten (Laten, Lazen, Leten), nachzuweisen seit dem 6. Jh. zunächst in frk., dann süddt. Rechtsq. und in Kapitularien, sind als »Halbfreie«, funktional auch als waffenfähige Mitglieder krieger. Gefolgschaften anzusehen, die ständ. zw. ingenui und servi standen, vergleichbar den »Freigelassenen« (liberti), woraufder frankolat. Terminus »letus« verweist. Diesem Sachverhalt entspricht die Systematik der Lex Salica, welche die L. sowohl den pueri regis als auch den servi in bezug auf Delikte zuordnet, ihnen als Opfer aber das halbe Freien-Wergeld zuspricht, sie (grundbesitzenden) Romani und – in einer kgl. Satzung – gar den Freien gleichstellt; in Kapitularien von 801 bzw. 803 werden sie mit Fiskalinen bzw. Kirchenleuten verglichen. Im Zuge der Vergrundholdung seit dem 7. Jh. wurden auch die L. in das sich entfaltende bipartite System der →Grundherrschaft einbezogen. So bezeugt das →Polyptychon der Pariser Abtei St-Germain-des-Prés, daß der L. stand in Auflösung begriffen war: mansi lidiles (→Hufe) wurden kaum noch von L. gehalten, die bevorzugt Verbindungen mit Statusfremden eingingen, v. a. mit coloni/ae. Sehr häufig waren L. im ndt. Raum anzutreffen; insbesond. die Lex Saxonum dokumentiert, daß L. bis in das 8. Jh. abhängige Bauern – sozial besser gestellt als servi, doch schlechter als →Frilinge –, aber persönl. frei, fast uneingeschränkt rechtsfähig und neben den Frilingen waffentragende Gefolgsleute der →Edelinge waren. Durch die Grundherrschaft, die sich nach der Unterwerfung der Sachsen auch im nw. Deutschland ausbreitete, verschlechterte sich die Lage der L. im 9. Jh.: Zwar standen sie sozial noch über den servi, doch waren sie nun ebenfalls hörige, schollen- und leistungspflichtige Bauern, unterlagen einem Heiratszwang und der hausherrl. Gerichtsgewalt des dominus, der für Straftaten seiner L. haftete. Gegen die soziale Herabstufung setzten sich die sächs. Laten/Lazzen gemeinsam mit den Frilingen im →Stellinga-Aufstand (841) zur Wehr. An die frühere Sonderrolle der L. erinnerte später eine spezielle Kopfsteuer, das litimonium. Somit ging im gesamten Frankenreich die ehemals personale Abhängigkeit der »halbfreien« L. im dingl. Geflecht der grundherrschaftl. Hörigkeit auf und glich den L. stand der →Kolonen soweit an, daß der Begriff »Lite« um 1000 synonym mit Kolone verwendet wurde (Vita Bernwardi, c. 8).

Während die L. w. des Rheins im Laufe des 9. Jh. weitgehend verschwanden und nur noch vereinzelt in den Q., etwa im Limburger Hofrecht (1035), auftauchen, gehörten sie im Hoch- und SpätMA im ndt. Raum zu den persönl. »unfreien« Eigenleuten und standen sozial mit leibherrl. hörigen mancipia, servi, homines proprii, coloni, *egen lude* auf einer Stufe, über die der dominus wie über Erbgut verfügen konnte. In der Regel blieben L. eng an die Scholle gebundene, doch mit einem weitgehenden Verfügungsrecht ausgestattete, leistungspflichtige Bauern, von denen der Grundherr eine zusätzl. Heirats- und Sterbefallabgabe forderte; in Einzelfällen konnten sie bes. Dienste übernehmen oder selbst Güter zu Meierrecht (→Meier) halten. Neben dem Hof, den sie iure litonico bewirtschafteten, konnten L. – mit Genehmigung des Grundherren – auch weitere Güter nutzen, z. B. pachten. Die hierdurch mögl. Anhäufung von Vermögen führte mitunter zum Freikauf, was im SpätMA immer häufiger zu beobachten ist. Nicht zuletzt die Freikäufe bewirkten, daß das L. recht seit dem SpätMA vom Meierrecht verdrängt wurde.

D. Hägermann/A. Hedwig

Lit.: G. Franz, Gesch. des dt. Bauernstandes, 1976², passim – A. E. Hofmeister, Besiedlung und Verfassung der Stader Elbmarschen, II, 1981, 167ff. – G. Landwehr, Die L. in den ags. Rechtsq. (Stud. zu den Volksrechten, Gedächtnisschr. W. Ebel [Rechtshist. R. 1], 1982), 117–142 – R. Schmidt-Wiegand, Frk. und frankolat. Bezeichnungen für soziale Schichten und Gruppen in der Lex Salica (Dies., Stammesrechte und Volkssprache, 1991), 244ff.

Literaturkritik

I. Lateinische Literatur des MA – II. Deutsche Literatur – III. Romanische Literaturen – IV. Englische Literatur.

I. Lateinische Literatur des MA: Äußerungen in Vorreden mlat. Werke verraten sehr oft die Erwartung berechtigter, unangebrachter oder böswilliger Kritik an den Mitteln der Darstellung. Tatsächl. zielt Tadel jedoch meist auf Inhaltliches, ausführl. ästhet. Kritik wie die des →Arnulf v. Lisieux an den Dichtungen des Ennodius, →Rathers Äußerung über seinen eigenen Stil (Briefe S. 58, 14) zählen zu den Ausnahmen. Lob wird gewöhnl. in allg. preisenden Ausdrücken gespendet. Die ma. 'Literaturschichten' sind zumeist nüchterne Kataloge, Schriftsteller und Werke aufzählend, nicht wertend. Dagegen ist Literarästhetisches und -kritisches naturgemäß in den Dichtungslehren und in den Anweisungen für den Brief- und Urk.stil zu finden (→Ars poetica, →Ars dictaminis). Die Überarbeitungen älterer Hl.nviten zeigen, oft auch in den Vorreden, daß bestimmten Formen der ästhet. Ansprüchen einer anderen Zeit nicht mehr entsprachen. Auch die Stilsicherheit mancher Werke aus verschiedenen Epochen – z. B. der Vita Karoli Magni →Einharts, der Schriften des →Johannes v. Salisbury – verraten, wie Werte der Darstellung erkannt, nachgeahmt oder auf eigene Weise neu geschaffen wurden.

G. Bernt

Lit.: P. Lehmann, Lit.gesch. im MA, Erforsch. des MA I, 1941, 82–113 – F. Quadlbauer, Die antike Theorie der genera dicendi im lat. MA, SAW.PH 241, 1962 – P. v. Moos, L. im MA: Arnulf v. Lisieux etc. (Mél. R. Crozet, II, 1966), 929–935 – Ders., Consolatio, 1972, Indexbd., 136 – W. Berschin, Biogr. und Epochenstil im lat. MA, I, 1986, 24–26 – A. J. Minnis, A. B. Scott u. a., Mediaeval literary Theory and Criticism: ca. 1100–1375, 1988.

II. Deutsche Literatur: L. ist in der dt. Lit. des MA keine Erscheinung sui generis, sondern integriert in die lit. Gattungen, in denen sie sich teilweise verselbständigt. Ihr wesentl. Gestus ist die Polemik, ihre Argumentstruktur gewinnt sie v. a. aus den Topoi und causae der antiken Rhetorik. Beide Momente finden sich so in den Anfängen der lit. K. in der Frühzeit der dt. Lit., bei Otfrid, im »Heliand«, im »Himmlischen Jerusalem«. Die dezidierte Ablehnung weltl. Lit. und die vergleichende Wertung von geistl. und profaner Thematik ist hier gemeinsames Anliegen, das Vorbild und Form aus den rhetor. Elementen des Legendenprologs gewinnt und Argumentweisen der lat. Lit. aufnimmt (z. B. Meinhard v. Bamberg). Die dort vorgebrachte Kritik wird sich auf mündl. tradierte Heldendichtung bezogen haben, über deren Form nichts bekannt ist, deren Existenz aber u. a. durch die Kritik, die sie hervorruft, bezeugt wird. Eine mehr sachl. als polem. Gegenüberstellung von alten Heldenliedern und heilsgesch. Thematik bietet die 1. Strophe des →»Annoliedes«. Das Kontrastschema selbst, das fortlebt in der schon im MA vorgenommenen problemat. Scheidung zw. »hoher« und »niederer« Lit., begegnet in unterschiedl. Akzentuierung immer wieder in der dt. Lit. des MA (didakt. Lit.; Kreuzzugslyrik), so auch im Prolog zu Hartmanns v. Aue »Gregorius«, in dem eine weitere Funktion der lit. K. deutl. hervortritt: die Publikumsansprache. Der »Gregorius« ist ein lit. Mischtyp, in dem sich Struktur- und Erzählelemente der Legende, die eine entsprechende Argumentation im Prolog ermöglichen, mit der Ästhetik des höf. Romans verbinden. Im höf. Roman entsteht eine neue Form der lit. K., deren speziel. Merkmal in der ästhet. Kriterienbildung und dem Bewußtsein ihrer Historizität besteht. Wesentl. Dokument dieser Entwicklung, die eng verbunden ist mit dem Entstehen einer laikal-höf. Kultur und der Emanzipation von Dichter und Publikum gegenüber dem geistl. Kulturmonopol, ist der sog. »Literaturexkurs« aus Gottfrieds v. Straßburg »Tristan«. Gottfried verknüpft, wie dies in der Gesch. der L. immer wieder geschehen wird (Rudolf v. Ems), Kritik mit Q. kritik und Lit.geschichtsschreibung. Er setzt wohl unter formalen Gesichtspunkten den Beginn der dt. Lit. mit Heinrich v. Veldeke an, d. h. unter der dt. Lit. versteht er nur die höf. Lit., die er wiederum in deutl. Abstufung in Epik und Liedkunst unterteilt. Dichterlob und -schelte sind eingebunden in eine Darstellung seiner ästhet. Auffassungen und der Aufgabe von Lit. (Stellvertreterfunktion, Lit. als »Lebenshilfe«), die die programmat. Vorgaben des Prologs ebenso fortführen wie die dort begonnene Publikumsansprache. Gottfried verteidigt eine lit. Tradition (Heinrich v. Veldeke und Hartmann v. Aue, der bei Gottfried zum poeta laureatus wird), die ihre Poetik und Rhetorik aus der antiken Lit. gewinnt. Hartmanns an strengen rhetor. Regeln orientierter Prolog zum »Iwein« belegt dies nachdrücklich. Hinter dem ungenannt bleibenden Gegner, den Gottfrieds Polemik trifft, vermutet man Wolfram v. Eschenbach, der mit Kritik, Ironie und Parodie in »Willehalm« und »Parzival« nicht nur andere Dichter trifft, sondern auch die Kritik selbst (»Parzival«-Prolog) und die eigene lit. Position reflektiert. In der Liedkunst verbindet sich ästhet. Kritik mit inhaltlicher, in der

Auseinandersetzung, die von ganz unterschiedl. Ausgangspunkten geführt wird und sich vornehml. am strengen Formalismus des Minnesangs Reimarscher Prägung entzündet, mischen sich dabei Parodie, Zitat und Fehde immer wieder mit urteilender Publikumsansprache (Walther v. d. Vogelweide, Neidhart, Tannhäuser). Die hier begründete Form der L. setzt sich bis zum SpätMA fort, ohne jedoch eine gleiche Dichte der poetolog.-inhaltl. Reflexion zu erreichen, wenn auch neue Kritikmöglichkeiten hinzutreten, wie z. B. die Auseinandersetzung über das richtige Übersetzen, wie sie im 15. Jh. geführt wird, oder Überlegungen zum Lit.sammeln (Hadlaub, Püterich v. Reichertshausen). I. Erfen

Lit.: M. WEHRLI, Lit. im dt. MA, eine poetolog. Einführung, 1984 – W. HAUG, Lit.theorie im MA von den Anfängen bis zum Ende des 13. Jh., 1985.

III. ROMANISCHE LITERATUREN: [1] *Französische Literatur:* Kritik an einzelnen Autoren ist im frz. MA zunächst selten. In den Gattungen, die vom mündl. Vortrag geprägt sind (→Chanson de geste, →Fabliau), richtet sich Kritik – im Prolog artikuliert – gegen Konkurrenten (→Spielmann), denen vorgeworfen wird, den Stoff nicht wahrheitsgemäß wiederzugeben. Die Thematik begegnet aber auch im höf. Roman, dort in Exkursen und oft persönl.: so grenzt →Thomas v. Britannien seine Q. der →Tristansage explizit von anderen, falschen ab, und der Autor des Ovide Moralisé (→Ovid) legitimiert mit analogen Vorwürfen gegen →Benoîts de Ste-Maures Bearb. der →Trojalegende sein eigenes Schaffen. →Chrétien de Troyes ist für den arthur. Versroman (→Artus) derart modellbildend, daß spätere Autoren (z. B. →Raoul de Houdenc) explizit von ihm ausgesparte Ereignisse behandeln. L., die auf die eigtl. Aussage eines Werkes zielt, sind in gewisser Weise auch Chrétiens Cligès, ein 'Anti-Tristan' gegen Thomas, der Roman de →Renart oder gewisse Fabliaux (z. T. Parodie der höf. Lit.). Aus späterer Zeit sind der débat um den →Roman de la Rose und die »Belle Dame sans Merci« (A. →Chartier) sowie →Guillaumes de Machaut »Jugement du Roi de Bohême« zu nennen.

[2] *Provenzalische Literatur:* Rund zehn Prozent der prov. Lyrik (→Prov. Lit.) enthalten poetolog. Äußerungen, die sowohl allg. dichtungstheoret. Natur als auch auf einzelne, namentl. erwähnte Dichter bezogen sein können. Einzelne Gedichte sind als Antworten auf solche Kritik zu verstehen (→Kommentar, →Peire d'Alvernhe, →Bernart Marti, →Raimbaut d'Aurenga, →Guiraut de Bornelh; aber auch →Guiraut de Calanson und Guiraut →Riquier). Die ältere Forsch. glaubte, anhand solcher Aussagen die →Troubadoure zwei antagonist. Stilen, entstanden aus verschiedenen Traditionen (→Rhetorik, →Ars poetica), zuordnen zu können: dem *trobar leu* (< levis), einer leichter zugängl., auch unterhaltsameren Dichtweise (→Bernart de Ventadorn), und dem *trobar clus* (< clausus), einem hermet., bewußt schwer verständl. gehaltenen (eventuell auch aristokrat.) Stil (→Marcabru). Eine Vermittlerposition zw. den beiden Polen nimmt das *trobar ric* (→Arnaut Daniel) ein, das allerdings durch die völlige Unterwerfung des Inhalts unter Klang und Form zum *trobar clus* tendiert. Es ist indessen unklar, ob die in den Texten auftretenden Begriffe stets ein wirkl. Programm bezeichnen und nicht vielmehr Versuche der Dichter sind, sich voneinander abzugrenzen. Der Eindruck der 'Dunkelheit' für die moderne Forsch. kann wohl auch aus dem extrem hermet. Charakter überhaupt der prov. Lyrik resultieren (RONCAGLIA). In den Texten erreicht Dichtungstheorie als Thema ihren Höhepunkt gegen 1200 und verschwindet nach den →Albigenserkreuzzügen weitgehend bis zu den →Leys d'amors. R. Trachsler

Lit.: zu [1]: GRLMA IV, 1; VIII, 1 [Bibliogr.] – The Legacy of Chrétien de Troyes, hg. N. LACY, 2 Bde, 1987–88 – zu [2]: GRLMA II, 1, 3 – U. MÖLK, Trobar clus, trobar leu, 1968 – A. RONCAGLIA, 'Trobar clus – discussione aperta', Cultura Neolatina, 1969, 5–55 – J. GRUBER, Die Dialektik des Trobar, 1983 – CH. SCHWEICKARD, Sobr.l vieill trobar e.l novel, 1984.

[3] *Italienische Literatur:* Am Anfang der it. L. im 14. Jh. steht das Bestreben, die bei den klass. auctores und zuvor in der Bibel-lectio angewandten Interpretationsmethoden auch auf die junge Lit. in Volgare zu übertragen. Diese literarkrit. Aktivität äußert sich einerseits in Monographien über einen Autor bzw. in »Literaturgeschichten«, andererseits in mehr oder weniger systemat. Kommentaren zu Einzelwerken. Zum ersten Typus gehört die wichtigste poetolog. und literarkrit. Schrift des MA, →Dantes »De vulgari eloquentia« (1303–04), deren Ziel es ist, die auctoritas der zeitgenöss. Dichter (von den Troubadours zu den Stilnovisten und zu Dante selbst) und damit die Gleichrangigkeit der jungen roman. Lit.en gegenüber den antiken Klassikern aufzuzeigen. Ähnl. Denkmodellen verpflichtet wie »De vulgari eloquentia« ist →Boccaccios »Trattatello in laude di Dante«, der als Vita konzipiert ist, die als Einleitung zum liber Dantis, einer Werkauswahl, dienen sollte (vergleichbar den Vergilviten des Servius und des Donatus). Näher der von Petrarca eingenommenen Position steht hingegen die »Genealogia deorum gentilium«: In den beiden letzten Büchern dieser großen mytholog. Enzyklopädie gibt Boccaccio eine Darstellung seiner Ästhetik, in der er die Poesie als eine der Philos. und Theol. gleichgestellte »scientia« einstuft. Der zweite Typus lit. Kritik ist mit der Textexegese und Glossierung verbunden, die – ähnl. wie bei den auctores – den allegor. Sinn, der sich hinter den poet. Fiktionen verbirgt, enthüllen sucht. Als erstes Werk dieses Traditionsstranges können die philos.-naturwiss. Glossen des Arztes Dino →Del Garbo zur programmat. Canzone →Cavalcantis »Donna me prega« angesehen werden. Einen wichtigen Übergang bilden die Komm., die Dante zu seinen eigenen Werken gibt: Vita Nuova, Convivio und der Brief an Cangrande, ein →Accessus zum »Paradiso«, der die Reihe der großen Divina Commedia-Komm. des 14. Jh. eröffnet. Nach den frühen hist. und den Literalsinn erklärenden (Iacopo Alighieri 1322) oder symbol.-moral. Interpretationsversuchen (Iacopo della Lana 1324–28) sind v. a. das allegor.-moral. »Comentarium« des Pietro Alighieri (1340) sowie die typolog.-myst. ausgerichtete »Expositio« zum Inferno des Guido da Pisa (1345–50) bedeutsam, die auf Boccaccios »Esposizioni« der ersten 17 Canti des Inferno (1373–74) und das »Comentum« des →Benvenuto da Imola eingewirkt hat. M. Picone

Lit.: B. WEINBERG, A Hist. of Lit. Criticism in the It. Renaissance, 1961, II, 819–911 – B. SANDKÜHLER, Die frühen Dantekomm. und ihr Verhältnis zur ma. Komm.tradition, 1967 – L. JENARO-MACLENAN, The Trecento Comm. on the Divina Commedia and the Epistle to Cangrande, 1974 – A. J. MINNIS – A. B. SCOTT u.a., Ma. lit. Theory and Criticism: c.1100–c.1375, The Comm. Tradition, 1988, 373–519.

IV. ENGLISCHE LITERATUR: Literaturkrit. Werke und Poetiken finden sich in engl. Sprache erst ab der Renaissance. Dennoch fehlt es auch in der ma. engl. Lit. weder an literarkrit. Reflexionen noch an der Auseinandersetzung mit der lat. rhetor. Tradition. Dichtungslehren, die noch der germ. Welt verhaftet sind, sind aus dem ma. England nicht überliefert; zwar ist die germ. Dichtungstradition in der ags. Zeit noch lebendig, doch wird sie nur vereinzelt thematisiert. Den Haupteinfluß auf literaturkrit. Passagen in der ma. engl. Dichtung übten lat. rhetor. und poetolog. Werke aus. Rhetor. Gedankengut ist bereits in das ae. Schrifttum eingeflossen, am ausführlichsten in →Byrhtferths »Handbuch« (→Lehrhafte Lit.). Das erste rhetor. Werk, das in England von einem Engländer verfaßt wurde, ist →Bedas lat. »Liber de schematibus et tropis«. Auch in der me. Periode entstehen in England lat. Rhetoriken und Poetiken (→Johannes v. Salisbury, →Johannes de Garlandia, →Galfridus de Vino Salvo u. a.), die die me. Dichtung nachhaltig beeinflußt haben. Bereits in der frühme. Zeit zeigt das Streitgedicht von →»Owl and Nightingale« eine nähere Vertrautheit mit der Rhetorik und Dialektik des 12. Jh. und kontrastiert in den beiden Protagonisten der Dichtung zwei unterschiedl. Kunstauffassungen. Ansätze zu einer Poetik finden sich im Hoch-MA v. a. bei Geoffrey →Chaucer, der sich in seinen Werken wiederholt zu Dichter und Dichtkunst äußert. In der »Confessio Amantis« seines Zeitgenossen John →Gower findet sich die erste ausführl. Diskussion der Rhetorik in engl. Sprache. Ähnl. Darstellungen der Rhetorik als Teil der artes liberales finden sich auch in der spätme. Dichtung (z. B. Stephen →Hawes, »Pastime of Pleasure«).

Neben lat. Rhetoriken und Poetiken sind im ma. England auch Komm. zu den Klassikern und Lehrtexten des Triviums entstanden (z. B. von Nikolaus →Trevet zu Senecas Tragödien); inwieweit diese Komm. sowie Schriften zur allegor. Interpretation der Lit., zum vierfachen Schriftsinn u. ä. Einfluß auf die literaturkrit. Vorstellungen der englischsprachigen Dichter ausgeübt haben und der Interpretation ihrer Werke zugrunde zu legen sind, ist jedoch umstritten. Deutlicher ist die Beeinflussung der me. Dichtung durch die lat. →artes praedicandi, von denen eine ganze Reihe in England entstanden sind (Alexander v. Ashby [→Essebi, Prior de], »De modo praedicandi«; Ranulph →Higden, »Ars componendi sermones«, u. a.). Nicht nur sind in der me. Zeit zahlreiche Predigthandbücher, v. a. in der Form von Exemplaslg.en (z. B. →»Fasciculus Morum«), verfaßt worden, sondern es zeugt auch eine der bedeutendsten me. Dichtungen, William →Langlands »Piers Plowman«, von der intensiven Auseinandersetzung eines Dichters mit der Kunst der Predigt. K. Reichl

Bibliogr.: J. J. MURPHY, Medieval Rhetoric, 1989² – *Lit.*: J. W. H. ATKINS, English Literary Criticism: The Medieval Phase, 1934 – A. C. SPEARING, Criticism and Medieval Poetry, 1964 – R. O. PAYNE, Chaucer and the Art of Rhetoric (Companion to Chaucer Stud., hg. B. ROWLAND, 1968), 38–57 – Medieval Eloquence: Stud. in the Theory and Practice of Medieval Rhetoric, hg. J. J. MURPHY, 1978 – A. J. MINNIS, 'Moral Gower' and Medieval Literary Theory (Gower's »Confessio Amantis«: Responses and Reassessments, hg. DERS., 1983), 50–78 – Medieval Literary Theory and Criticism: c.1100–c.1375 (The Comm. Tradition, hg. A. J. MINNIS u. a., 1988).

Lithotherapie, Heilbehandlung mit Mineralien, »Steine und Erden«, insbes. mit →Edelsteinen seit der Antike und dem MA, bis ins 18. Jh. verbreitet. Neben Arzneibüchern und Enzyklopädien (seit Plinius d. Ä.) überliefern die im MA sehr beliebten →Lapidarien diese meist mag.-astrolog.-religiös orientierte Tradition und beschreiben die angenommenen Heilkräfte (virtutes) der Edelsteine, insbes. von Granat, Hyacinth, Saphir, Sarder, Smaragd, Amethyst und Diamant sowie der »Organica«: Perle, Bernstein und Koralle und des Bezoarsteins (tier. Konkrement). Die ursprgl. dem Orient entstammenden, im Christentum und Islam allegor. intensivierten Heilvorstellungen (→Physiologus) orientierten sich an Wert, Farbensymbolik (u. a. Apokalypse) und der späteren astrolog. Ausrichtung der Iatromathematik (Amulette, Monatssteine). Im 16. Jh. wurde die L. durch Agrippa v. Nettesheim (1486–1535) noch einmal in ein neuplaton.-mag. Konzept einbezogen. – Hellenist. Ursprünge der L. wurden über Ps.-Damigeron (Evax), die »Kyraniden«, in die arab. Med. (u. a. Mesue) übernommen und ausgeweitet. Seit dem 10. Jh. verbreitet sich die L. im europ. MA. Indikationen gegen Herzerkrankungen, Epilepsie und Melancholie sowie als Stärkungs- und Seuchenmittel (Pest) entstammen vielfach mag. Analogiedenken. – In der →Alchemie wird seit dem 14. Jh. die Nutzung des ersehnten →Steins der Weisen als Allheilmittel häufiger diskutiert. G. Jüttner

Lit.: H. FÜHNER, L., 1902 [Nachdr. 1956] – D. GOLTZ, SudArch, Beih. 14, 1972 – W. F. DAEMS, Edelsteine in der Med. (»die Drei« 7/8, 1981) – W. D. MÜLLER-JAHNCKE, SudArch Beih. 25, 1985.

Littera Bononiensis → Corpus iuris civilis, II.

Litterae

I. Päpstliche Litterae – II. Litterae der Kaiser und Könige.

I. PÄPSTLICHE LITTERAE: L. apostolicae heißen im MA alle päpstl. Urkk., ohne Rücksicht auf ihre Ausstattung. Die moderne wiss. Terminologie bezeichnet als L. nur den nachfolgend beschriebenen Typus, nicht aber die →Breven, →Bullen (im engeren Wortsinn), Konsistorialbullen, →Privilegien und →Sekretbriefe.

[1] *Allgemein*: Man unterscheidet äußerl. l. cum filo canapis mit Siegel an Hanffäden und l. cum serico (selten: l. cum filo serico) mit Siegel an zweifarbigen, gewöhnl. rotgelben Seidenfäden, inhaltl. l. gratiae (Gnadenbriefe, erteilen dem Empfänger ein Recht oder erweisen ihm eine Gnade) und l. iustitiae (Justizbriefe, erteilen dem Empfänger einen Befehl oder ein Verbot oder verkünden ein Urteil). Weitere Bezeichnungen (l. dandae, legendae, de curia, communes usw.) beziehen sich auf den Geschäftsgang (→Expeditio, →Kanzlei). Alle L. beginnen mit der →Intitulatio in der Form »N. episcopus servus servorum dei«. Es folgt die Adresse im Dativ (mit den übl. ehrenden Prädikaten, stilus curiae), die bis zu drei Einzelpersonen (namentl. gen. oder nur durch ihren Titel bezeichnet), eine Gruppe von Personen oder alle Christgläubigen aufführt. Den Abschluß des Protokolls bildet die Grußformel »salutem et apostolicam benedictionem«, an deren Stelle bei exkommunizierten oder nichtchristl. Adressaten eine Mahnung zur Bekehrung tritt. Auf den →Kontext mit oder ohne →Arenga folgen bei den l. cum serico (jedoch nicht bei Ablaßurkk.) die beiden Korroborationsformeln »Nulli ergo ...« und »Si quis autem ...«. Ohne Siegelankündigung schließt sich die sog. kleine Datierung an; sie enthält den Ort im Lokativ bzw. Ablativ (in Rom mit Angabe der Kirche: Rome apud S. Petrum; Ausnahme: bei Datierung aus dem Lateran heißt es nur Laterani, ohne Nennung Roms), das Datum nach Kalender, seit 1431 das Inkarnationsjahr nach Florentiner Stil (Jahresanfang: 25. März) und das Pontifikatsjahr. Die gesamte Urk. wird in einem Textblock geschrieben. Die Schrift ist die kuriale →Minuskel, die in die got. Minuskel bzw. →Bastarda übergeht. Als Siegel dient stets die päpstl. Bleibulle (→Bulle). Die l. cum serico weisen, im Vergleich zu den l. cum filo canapis, eine reichere Ausstattung auf: die Initiale wurde gespalten oder durch Aussparungen oder Blumenmuster verziert, die folgenden Buchstaben des Papstnamens in Elongata oder got. →Majuskel ausgeführt; ct und st erscheinen als zerdehnte →Ligatur. Die genannten Regeln wurden seit dem 13. Jh. konsequent angewandt. In der älteren Zeit kommen Abweichungen vor, z. B. Abkürzung des Papstnamens, unvollständiges Datum usw. Die spätma. L. weisen eine ständig zuneh-

mende Fülle von Kanzleivermerken auf; am auffälligsten ist die Unterschrift des Schreibers rechts auf der Plika.

[2] *Sonderformen:* Die l. cum filo canapis können verschlossen versandt werden (→l. clausae); dann wird die Adresse außen wiederholt. Der Verschluß erfolgt zur Geheimhaltung, zur Ehrung des Empfängers oder traditionsgemäß (z. B. bei den Eidesformeln für die Bf.e). L. clausae mit Sekretärsunterschrift heißen auch brevia sub plumbo. Wenn der Papst nach seiner Wahl, aber vor seiner Krönung L. ausstellt, werden diese mit der bulla dimidia besiegelt, auf welche in einer eigenen Formel unmittelbar vor dem Datum hingewiesen wird. Auch die Reformkonzilien des 15. Jh. stellten L. aus. Neben den erforderl. stilist. Änderungen (bei Intitulatio und Grußformel) sind Inkarnationsjahr nach Weihnachtsstil sowie häufige Fehler bei der Ausstattung der Urkk. zu beobachten.
Th. Frenz

Lit.: L. SCHMITZ-KALLENBERG, Die Lehre von den Papsturkk., 1913², 95f., 101f., 110 – H. BURGER, Beitr. zur Gesch. der äußeren Merkmale der Papsturkk. im späteren MA, AU 12, 1931/32, 206-243 – P. RABIKAUSKAS, Diplomatica pontificia, 1968², 114-116, 143-145 – P. HERDE, Audientia litterarum contradictarum, Bd. 2, 1970, 1ff. – TH. FRENZ, Zur äußeren Form der Papsturkk. 1230-1530, ADipl 22, 1976, 347-375 – G. GUALDO, »L. ante coronationem« agli inizi del'400, Atti dell'Ist. Veneto di scienze, lettere ed arti 140, 1981/82, 175-198, 289-306 – TH. FRENZ, Die Kanzlei der Päpste der Hochrenaissance 1471-1527, 1986, 61-64 – DERS., Papsturkk. des MA und der NZ, 1986, 19-22, 81f.

II. LITTERAE DER KAISER UND KÖNIGE: Unter dieser Bezeichnung versteht man Schriftstücke, die sich nach ihrem Inhalt und ihrer Bestimmung in Urkk. und →Briefe einteilen lassen. Für die Urkk. der röm. Ks. wurde seit dem 4. Jh. die Form des Briefes benutzt. Abweichungen davon finden sich nur bei den Edikten. In der Kanzlei der dt. Ks. und Kg.e ist seit der Mitte des 12. Jh. – ohne Zweifel nach dem Vorbild der päpstl. L. – das Aufkommen kleinformatiger Urkk. zu beobachten. Sie sind formloser gestaltet als die feierl. Diplome (→Kaiser- und Königsurkk.). In der Regel wird auf die →Invocatio verzichtet. Die Elongata der ersten Zeile ist meistens auf den Ks./Kg.snamen beschränkt, der sich auch nur mit dem ersten Buchstaben gekürzt findet. Das →Eschatokoll fehlt bis auf eine verkürzte →Datierung. Diese Formen setzten sich neben dem feierl. Diplom immer mehr durch, und es bildeten sich zwei Urkk.typen heraus: die l. patentes und die →l. clausae. Die feierl. Diplome wurden weiterhin mit dem Hängesiegel beglaubigt; das aufgedrückte Siegel war den l. patentes und den l. clausae vorbehalten. In Frankreich ist der Patentbrief zum ersten Mal 1089 (Regierungszeit Philipps I.) bezeugt. Im 13. Jh. waren die *lettres patentes* der vorherrschende Urkk.typ. Seit dem 14. Jh. sind zwei Formen der l. patentes zu unterscheiden: die mit einem Hängesiegel aus grünem Wachs besiegelten »chartae« und die (hauptsächl. im administrativen Bereich verwendeten) mit einem gelben Wachssiegel besiegelten l. patentes. Daneben gab es seit dem 13. Jh. die *lettres closes*. In England entwickelten sich aus den →*writs* die *letters patent* und die *letters close* (bei ersteren begann der Text häufig mit »sciatis«). Das Beglaubigungsmittel war das große angehängte Siegel aus weißem Wachs.

Briefe wurden für polit. Korrespondenzen und für Schreiben mehr persönl. Art verwendet. Da viele Briefe am Schluß einen Befehl oder eine Bitte enthalten, lassen sie sich nur schwer von den →Mandaten unterscheiden. Die Zahl echter Briefe ist bei den Herrschern der merow. Zeit bis ins 11. Jh. sehr gering. Auch Originalbriefe gehörten lange zu den Seltenheiten (die ersten Beispiele stammen aus karol. Zeit). Unter Heinrich IV., dem ersten dt. Kg., von dem eine namhafte Zahl von Briefen erhalten ist, entwickelte sich der Brief zum propagandist. Manifest. Im Zuge des zentralist. Ausbaus von Justiz und Verwaltung und des damit verbundenen Anwachsens der Schriftlichkeit kam es unter Friedrich II. erstmals dazu, daß die Zahl der Briefe, Mandate und Manifeste die der Urkk. überstieg. Auch die Nachfolger Friedrichs II. haben viele Briefe hinterlassen. In ihrer Ausstattung bleiben die Briefe in der Regel wesentl. hinter den Diplomen zurück. Im äußeren Bild unterscheiden sich noch in sal. Zeit Herrscherbriefe kaum von Privatbriefen (kleines Format, einfache Buchschrift). Das Formular ist stark reduziert. Wurden Briefe verschlossen, so erfolgte dies durch das aufgedrückte →Siegel. Das karol. Verschlußverfahren war ein anderes als das spätere (→l. clausae). – Den byz. Auslandsbriefen wurde zuweilen eine bes. feierl. Form gegeben.
A. Gawlik

Lit.: BRESSLAU I, 65ff.; II, 394, 502, 578, 587f. – TH. SICKEL, von den Urkk. der ersten Karolinger, 1867, 394ff. – W. ERBEN, Die Ks.- und Kg.surkk. des MA in Dtl., Frankreich und Italien, 1907, 180ff., 235ff. – T. F. TOUT, Chapters in the Administrative Hist. of Mediaeval England, I-VI, 1920-33, passim – C. ERDMANN, Unters. zu den Briefen Heinrichs IV., AU 16, 1939, 184ff. – G. TESSIER, Diplomatique royale française, 1962, 15f., 122ff., 229ff. – F. DÖLGER – J. KARAYANNOPULOS, Byz. Urkk.lehre I, 1968, 89ff. – P. CLASSEN, Ks.reskript und Kg.surk., 1977, 54f., 60ff., 79ff. – W. KOCH, Die Reichskanzlei unter Friedrich I., ADipl 31, 1985, 348f.

Litterae clausae, Bezeichnung für private →Briefe wie für amtl. Schreiben, die verschlossen versandt wurden. Geheimhaltung des Inhalts vor den Boten war ein wichtiger, wenn auch nicht der einzige Anlaß zum Verschließen. Die Zahl der noch im Original vorliegenden L. c. ist vor dem 12. Jh. sehr gering (ältester Brief von Bf. Wealdhere v. London, 704/705). Kgl. und ksl. L. c. sind aus der karol. Zeit und dann erst wieder seit Heinrich IV. überliefert. Die älteste päpstl. Littera clausa datiert von 1120. Die Briefe wurden gefaltet und umschnürt (wohl gängiges Verschlußverfahren der Karolingerzeit) oder mit einer durch Löcher oder Einschnitte im Pergament durchgezogenen Schnur bzw. einem Pergamentstreifen verschlossen und besiegelt. Beim Öffnen mußte das Siegel zerbrochen oder abgeschnitten werden. Um dies zu verhindern, sind zunächst in der päpstl. Kanzlei, verschiedene Methoden entwickelt worden. Nicht alle L. c. erhielten eine Außenadresse.
A. Gawlik

Lit.: BRESSLAU I, 65ff. – H. FUHRMANN, Eine im Orig. erhaltene Propagandaschrift des Ebf.s Gunthar v. Köln (865), ADipl 4, 1958, 1-51, bes. 12ff. – H. HOFFMANN, Zur ma. Brieftechnik (Fschr. M. BRAUBACH, 1964), 141-170 – P. HERDE, Beitr. zum Kanzlei- und Urkk.wesen im dreizehnten Jh., 1967², 72ff. – P. CHAPLAIS, The letter from Bishop Wealdhere of London... (Essays pres. to N. R. KER, 1978, 3-23 [DERS., Essays in medieval diplomacy..., 1981]) – H. FUHRMANN, Ein in Briefform verschicktes Constitutum Constantini aus der Zeit des Investiturstreits (Fschr. H. LÖWE, 1978), 346-355 – Die Fs.enkanzlei des MA (Ausstellungskat.), 1983, Nr. 9, 139f. – TH. FRENZ, Papsturkk. des MA und der NZ, 1986, 24f., passim.

Litterae formatae. Die L.f. waren vom Bf. für reisende Kleriker ausgestellte Empfehlungsschreiben. Diese sind hauptsächl. in Kanones- und Formelslg.en überliefert und gehören zur großen Gruppe der litterae commendatitiae, sind aber innerhalb dieser Gattung durch ihre Beschränkung auf bfl. Aussteller und Empfänger nur in einem engeren Sinn zuzurechnen. Die frühesten Zeugnisse stammen aus dem 4. Jh. Beispiele finden sich noch bis ins 12. Jh. Als Zeitpunkt der Einführung für die L. f. kommt wohl das Konzil v. →Nikaia (325) in Betracht. Um sie vor Mißbrauch zu schützen, wurden die L. f. durch Chiffren verschlüsselt, die in einem komplizierten Verfahren aus griech. Buchstaben des Textes zusammengesetzt wurden.

In der Paläographie ist Littera (textualis) formata die Bezeichnung für eine sorgfältig und kunstvoll ausgeführte Schrift der →Textura und der →Rotunda. A. Gawlik

Lit.: A. GIRY, Manuel de diplomatique, 1894, 811 – C. FABRICIUS, Die L.f. im FrühMA, AU 9, 1926, 39–86, 168–194 – J. P. GUMBERT, Nomenklatur als Gradnetz (Codices manuscripti 1, 1975), 122ff. – O. MAZAL, Paläographie und Paläotypie, 1984, 9ff.

Lit(t)eratus, im lat. MA Bezeichnung des Schreib- und/oder Lesekundigen sowie – da zumindest bis zum 12. Jh. die schriftl. Überlieferung beinahe ausschließl. in lat. Sprache vorlag – zugleich auch des Lateinkundigen. Entsprechend war 'litterae' auch Synonym für die lat. Sprache.

In der Antike heißt l. zunächst nur schreib- und lesekundig, d. h. l. ist, wer die Buchstaben (litterae) gelernt hat und mit ihnen umgehen kann. Seit dem 1. Jh. v. Chr. verbindet bes. Dichter, Redner und Philosophen mit l. auch eine gelehrte Bildungsnorm. L. zu sein erfordert Belesenheit, daraus resultierende sprachl. Ausdrucksfähigkeit, auch lit. Urteilssicherheit. Illiteratus ist nun nicht mehr nur der Analphabet, sondern auch der nicht oder nicht ausreichend in den auctores Gebildete. Im Übergang von der Spätantike zum frühen MA wird Latein zur schul. erlernten Bildungssprache, auch zur Amts-, Liturgie- und Wissenschaftssprache kirchl. Stände. Die laici, also die vom Bauern bis zum Hochadel reichenden Bevölkerungsschichten, sind bis zum 12. Jh. gewöhnl. illiterati, d. h. sie können nur ausnahmsweise (Latein) lesen. Dies wird hinsichtl. des Adels von Gelehrten seit dem 11. Jh. z. T. kritisiert (→Bonizo, →Walter Map). Geradezu sprichwörtl. ist seit dem 12. Jh. die Wendung 'rex illiteratus asinus coronatus'. Zugleich erhält 'l.' bei einigen Gelehrten wiederum jene wertenden Konnotationen, die es schon in der Antike hatte. Nicht einfach die Lese- oder Schreibfähigkeit charakterisiert z. B. bei →Johannes v. Salisbury den l., sondern vielmehr die Kenntnis der →auctores. Was für Johannes und andere Gelehrte eine Auszeichnung ist, beurteilen Vertreter neuerer religiöser Bewegungen seit dem 12. Jh., die sich z. T. ausdrückl. illiterati oder auch idiotae nennen, häufig negativ. Seit der Aufzeichnung und Verschriftlichung der volkssprachl. Überlieferung waren Lesen und Schreiben auch nicht mehr in jenem Ausmaß und Sinn wie bis zum 11. Jh. mit der lat. Sprache verknüpft. Damit aber differenziert und verändert sich die Bedeutung der Begriffe 'l.' und 'illiteratus'. 'L.' bezeichnet nun nicht mehr nur den lateinkundigen Kleriker und 'illiteratus' nicht mehr nur den unkundigen Laien: Lesen und Schreiben ist jetzt in den Volkssprachen mögl., und umgekehrt lernen nun auch Laien vermehrt Latein. L. bezeichnet dann bis zum 18. Jh. v. a. den in der lit. und gelehrten Überlieferung geschulten und gebildeten Gelehrten. →Antikenrezeption, →Erziehungs- und Bildungswesen, →Schrift. H. Zedelmaier

Lit.: H. GRUNDMANN, L.-illiteratus, AK 40, 1958 – F. H. BÄUML, Varieties and Consequences of Medieval Literacy and Illiteracy, Speculum 55, 1980 – M. G. SCHOLZ, Hören und Lesen, 1980 – W. ONG, Orality and Literacy, 1982 – Lit. und Laienbildung im SpätMA und in der Reformationszeit, hg. L. GRENZMANN – K. STACKMANN, 1984 – R. MCKITTERICK, The Carolingians and the written Word, 1989.

Littleton, Sir Thomas, engl. Jurist, † 23. Aug. 1481, ▢ Worcester Cathedral; seine Laufbahn läßt sich seit den vierziger Jahren des 15. Jh. verfolgen, 1453 Rechtsanwalt, 1455 kgl. Anwalt und Richter am Geschworenengericht, 1466 Richter am Court of the →Common Pleas, 1475 →knight. Berühmt ist sein Traktat »Of Tenures«, seit →Henricus de Bracton der erste große Traktat des engl. Rechts, geschrieben in fließendem Rechtsfrz. Er behandelt systemat. das schwierige Landrecht der Zeit: im 1. Buch die verschiedenen Besitzmöglichkeiten, im 2. Buch verschiedene feudale Geschäfte (z. B. Kauf, Vererbung), im 3. Buch verschiedene andere Elemente des Grundbesitzrechts. Ursprgl. für die Rechtsstudien des Sohnes verfaßt, blieb L.s Traktat für drei Jahrhunderte grundlegend für Studenten. Cokes Komm. des Traktats bildet den ersten Teil seiner »Institutes«. J. Hudson

Ed. und Lit.: L.'s Tenures in English, ed. E. WAMBAUGH, 1903 – W. HOLDSWORTH, Hist. of English Law, III, 1923.

Liturgie
I. Allgemein; Abendland – II. Ostkirche – III. Judentum.

I. ALLGEMEIN; ABENDLAND: Das erst in der theol. Wiss. der NZ aufgekommene Gelehrtenwort bezeichnet die Gesamtheit der gottesdienstl. Handlungen der chr. Kirche. Wie die Spätantike kannte auch das abendländ. MA eine solche Abstraktion nicht. Dort wird mehr die einzelne gottesdienstl. Handlung gesehen. Allenfalls die Zeitzyklen (Jahr, Woche) mit den wiederkehrenden (Fest-)Tagen und Tageszeiten übergreifen das einzelne Geschehen. Am ehesten bezeichnet im MA das Wort »Officium (divinum)« das Gesamtsystem der gottesdienstl. Usancen. Zu einem Thema der Reflexion wird dieses erst, als im FrühMA »L.« und (Volks-)Frömmigkeit sich auseinander zu entwickeln beginnen und das »Officium« das dem Klerus (und den Mönchen, für das Stundengebet auch den Nonnen) mögliche, auch vorbehaltene und für ihn typ. Tun wird.

Es ist während des ganzen MA keine Frage, daß die »L.« als unbedingt wichtig erachtet wird; ihre Feiern bestimmen das öffentl. und private Leben. Die Öffentlichkeit und viele einzelne bringen aus der religiösen Überzeugung der Gott fraglos schuldigen Ehrfurcht Zeit und Mittel auf, die eine Bedingung der rechten, inhaltl. gefüllten Feier der L. sind, ungeachtet, daß im einzelnen die religiös lauteren Motive auch mit anderen, weniger hohen gemischt sein mochten.

Vom FrühMA an gibt es ein die L. erklärendes Schrifttum, oft anonym, zunehmend auch in Traditionsketten miteinander verbunden. Sein Anlaß sind weniger, wie in der chr. Spätantike, die Notwendigkeiten einer Mystagogie zur Glaubensbegründung als vielmehr der Zwang, die aus der antiken Kulturwelt entstammenden Kultformen den Klerikern aus dem germ. Völkern nahe zu bringen. Die »Lit.geschichte« des ma. Schrifttums zur Erklärung der »L.« ist allerdings noch nicht geschrieben; auch sind viele Texte noch nicht krit. ediert. Deshalb kann hier nur eine sehr grobe Übersicht gegeben werden.

→Amalar v. Metz formulierte die →Allegorie als ein (in diesem Kontext als neu empfundenes) Erklärungsprinzip; es gewann erst ein Jh. nach seinem Tod (von dann an freilich eine fast jedes andere Interpretament ausschließende) Bedeutung. Ihm trat sein Zeitgenosse →Florus v. Lyon mit einem Rückgriff auf die Theol. der Kirchenväter entgegen. Hingegen zeichnet sich der Reichenauer Abt →Walahfrid Strabo (De exordiis et incrementis quarundam in rebus ecclesiasticis rerum) durch einen ungewöhnl. Sinn für philolog. und hist. Ableitungen aus, bildete darin allerdings keine Schule. →Hrabanus Maurus (De institutione clericorum) erweist L.-Verständnis als Teil der Klerikerbildung. Seither gehören L.-erklärende Schriften in das Pflichtenheft versierter Theologen des MA (z. B. →Rupert v. Deutz, De officiis). →Honorius Augustodunensis, →Johannes Beleth, →Sicard v. Cremona und der meistverbreitete Guillelmus →Duranti d. Ä. (Rationale divinorum officiorum) kodifizieren die Normalkenntnis des ma. L.-Verständnisses. Das gewöhnl. Maß an krit. Einsicht und sachgerechtem Urteil überschreitet der letzte namhafte L.-Erklärer des MA, →Radulfus de Rivo (ca. 1350-1403). Die Erklärung des Canon missae des spätma. G. →Biel, inhaltl. zwar nicht sonderlich originell, aber gerade darin typ. ma., beeinflußt auch Luther und wirkt damit über das MA hinaus. Mehr als üblich liegt Biel aber an einer theol. Interpretation des Rituals und der Gebetstexte, die freilich auch bei ihm nicht aus sich selbst sprechen, sondern nach der zeitüblichen Hermeneutik verstanden werden. – Im übrigen ist festzuhalten, daß die L. des abendländ. MA zwar in lat. Sprache vollzogen wird (→Liturg. Sprachen), diese aber keine eigentl. Kult-(»Geheim«-)sprache ist, sondern jedem zeitüblich Gebildeten offen steht, ja daß eine offenbar von England ausgehende und mit Bonifatius auf dem Festland bekanntgemachte (und nie ganz abgebrochene) Tradition zu finden ist, die Wert auf ein wörtl. Verstehen und sogar das Übersetzen der L.-Texte in die Muttersprache legt. (Dieser Sachverhalt bedarf allerdings noch der genaueren Erforschung.) – Die meisten Schriften, die die L. erklären, sind Anweisungen und Hilfen zum korrekten Vollzug. Theol. bestimmte Aussagen über das Wesen der L. werden von der späten Karolingerzeit an zunehmend seltener, bis sie schließl. in den theol. Systemen der Scholastik zu Randbemerkungen absinken, ungeachtet der bleibenden prinzipiellen Hochschätzung des Gottesdienstes.

Da »L.« nicht abstrakt verstanden wird, erscheint sie unter den Ortskirchen in durchaus unterschiedl. Gestalt. Auch der exemplar. Vorrang der Kirche Roms, im 8. und 9. Jh. programmat. im Frankenreich promulgiert, im 11. Jh. (unter Gregor VII.) auch in Spanien durchgesetzt, ebnet die lokalen Unterschiede nicht einfach ein. Von den verschiedenen liturg. Handlungen hat die Feier der Messe noch die meisten gemeinsamen Strukturen und Texte: der zentrale Text (Canon missae) ist schon vor der Jahrtausendwende im ganzen Okzident normiert, während andere Elemente, zumal die Ordnung der bibl. Perikopen und das Ritual der Gabenbereitung, in den Ortskirchen (diese meist orientiert auf den Sitz des Metropoliten oder, bei Kl. und Kl. verbänden, nach der Gründungsprovenienz) das ganze MA hindurch nicht normiert werden. Auch im Bereich des Stundengebetes bleiben erhebl. Verschiedenheiten. Hier fällt bes. die Scheidung in den Ordo der Bf.s- (und Kanoniker-)kirchen (»ordo romanus«, »o. canonicorum«) und den monast. Kl. (»ordo monasticus«) auf (bei letzteren unter Berufung auf die Benediktregel); unterschiedl. ist u.a. die Aufteilung des Psalmenzyklus auf die Horen des Stundengebetes und die Ordnung der Lesungen mit den zugehörigen Responsorien. An Einzelheiten sei weiter der örtl. verschiedene Kalender der (Hl.n-) Feste genannt, ferner sind, innerhalb des Stundengebetes, die Auswahl und Anordnung der Responsorien des Nachtoffiziums ein Indiz lokalkirchl. Besonderheiten. (Exemplar. als Aufweis für die Entstehung einer eigenen »Ordens-L.« in der Studie von WITTWER benutzt.) Bes. aber die L. der Sakramentenfeiern (z. B. Taufe, Eheschließung) und der Sakramentalien (z. B. Agenda mortuorum) weisen eine Vielfalt des Rituals, der Texte und Gesänge auf. Für die phänotyp. so wichtige Komponente der nachgewiesenermaßen unterschiedl. ortstyp. Gesangspraxis versagen aber die tradierten Primärquellen für Detailerkenntnisse weithin.

Der hist. Sachverhalt wird noch dadurch kompliziert, daß einerseits die L.n der Ortskirchen mehrfach (8./9., 11. und 13. Jh.) Schübe einer Romanisierung erleben, andererseits die n. der Alpen im 11. Jh. erreichte Stand der liturg. Entwicklung wieder auf Rom zurückwirkt. Einzelne Ortskirchen haben aber z. B. die Verbreitung der kurial-röm. L., im 13. Jh. gefördert v. a. durch die Franziskaner, nicht mehr mitvollzogen. Doch gibt es nicht nur die Austauschbeziehungen mit Rom (und sogar mit den Kirchen des O), sondern auch der Ortskirchen untereinander; man übernimmt voneinander bewährte und »moderne« Texte (und Gesänge), Riten, Feste. Zunehmend wirkt dann auch nie mehr oder weniger anerkannte Weisungsbefugnis der röm. Kurie ein (1264 erstmals päpstl. Verordnung eines neuen Festes [→Fronleichnam]). Sie ist nur eine, die letzte, der Tendenzen, die auf eine raumgreifende Vereinheitlichung der L. drängen. Die Sorge der kirchl. (und auch weltl.) Leitungsinstanzen an korrekten Texten hat schon vom FrühMA an eine normierende Wirkung ausgeübt, ebenso auch die Erfahrung, daß gleiche L. (bes. gleiche Festtermine und -feiern) öffentlichkeitswirksame Einheit bezeugt. Deshalb schreckt der Preis von Vereinheitlichung, eine Verarmung des Repertoires, nicht ab.

Bemerkenswert ist, daß im 9. Jh. die später kaum mehr veränderte Struktur der »L.« im ganzen, der sprachl. Stil der Gebete (nicht der Dichtungen [Hymnen, Tropen, Sequenzen]) und sogar das Ensemble der normativen Texte (von den Hl.nfesten abgesehen) zieml. ausgebildet vorliegt und nicht mehr wesentl. verändert (allenfalls quantitativ bereichert, aber an anderen Stellen auch verkürzt) wird, die Veränderungen des Verständnisses der L. und die kulturelle Weiterentwicklung sich also weniger in den Kerntexten als im begleitenden Ritual (Zeremoniell, Paramente, Gestik, Dichtungen) auswirkt. Die Entwicklung zeitigt »Moden«, stellt aber nie einen prinzipiellen Traditionsbruch dar (quellenmäßig schwer faßbare Randgruppen, wie Katharer u. ä., ausgenommen).

Trotz einer wachsenden Tendenz der Vereinheitlichung haben zahlreiche Bf.skirchen mehr oder weniger unterschiedene L.n entwickelt oder bewahrt, während die Kl. und Orden die bes. L. der Ortskirchen ihrer Herkunftsregion festhalten und verbreiten (so z. B. bes. typ. für die Dominikaner). Orden kennen aber auch programmat. gesteuerte Vereinheitlichungen (Reformen) (so Cluny, Zisterzienser, Kartäuser, Bursfelder Kongregation). Die Franziskaner hingegen entscheiden sich schließlich für die L. der röm. Kurie, werden dank ihrer länderübergreifenden Verbreitung zu deren einflußreichsten Propagandisten und bereiten einen Wandel der Mentalität vor, der ohne erkennbare Krisen zu Ende des MA (und dann definitiv in der frühen NZ) eine recht einheitl. L. hervorbringt.

Die L.-Wiss. erkennt mit einigem Recht (das genauere Zusehen muß freilich differenzierter urteilen) in den Zeugnissen der röm. L. einen Hang zur Nüchternheit, sogar zur (Wort-)Kargheit, und eine Scheu vor Aussagen und Riten, die Emotionen Ausdruck geben oder solche bewirken; Klarheit der Aussage, Orthodoxie im liturg. Formular, auch eine gewisse Hierarchisierung zeichnet sie aus. Das ist anders bei der räuml. verbreitetsten nicht-röm. L., die von der Wiss. als »*(alt-)galli(kani)sch*« bezeichnet wird, von der allerdings nur relativ wenige (direkte und auch nicht sehr viele, in der Aussage aber meist unklare, erzählende) Q. tradiert sind. Ihr Raum ist das spätantike Gallien einschließl. großer Teile Italiens. Aus den quellenmäßig und in lebendiger Tradition belegten Sonder-L.n hat die auffallendste die Kirche v. Mailand entwickeln können (»*ambrosianische L.*«, →Ambrosianischer Gesang). Obwohl auch sie im 9. Jh. eine »Romanisierung« erfuhr, hat sie in der Struktur (Aufbau des Rituals), in Textgefüge (Euchologie und Perikopenordnung) und Gesang archaische Elemente und auch Besonderheiten des gall. Ritus (über das MA hinaus) bewahrt. Andere Kirchen Italiens, etwa *Benevent* oder *Aquileia*, scheinen ihre bes. L.n schon zu Beginn oder noch während des MA aufgegeben zu haben. In *Gallien* ist es v. a. der Primatialsitz *Lyon*, der (ebenfalls über das MA hinaus) eine gallische (vorkarol., freilich eine schon, zwar unterschiedl. intensiv, romanisierte) Sonder-L. behalten hat. In *Spanien* ist der weitere Bestand der (in zwei hist. Formen vorliegenden) »altspanischen« (ungenau auch »mozarabisch« gen.) L. im 11. Jh. abgebrochen worden; sie blieb indes in einer relativ umfangreichen Hinterlassenschaft der Hss. leicht erschließbar (und auch wirksam). Schon früher waren die (unterschiedl. ausgeprägten) bes. L.n in *Irland* (»keltische L.«), *Schottland* und *England* zugunsten der röm. L. zurückgetreten. In *Deutschland* waren, soweit die Q. Rückschlüsse erlauben, bes. L.n vom Range Mailands und Lyons nie in Blüte. Die alten Metropolien des Rheinlandes und Bayerns (Salzburg) (und die ihnen zugeordneten Diöz.n) haben indes manche Besonderheiten aufzuweisen (etwa eigene Perikopenordnung), vielfach sogar über das MA hinaus. Sie scheinen aber nicht die Bandbreite der im MA generell möglichen Vielfalt überschritten zu haben. Eine Gesamtdarstellung der L. der dt. Ortskirchen fehlt noch (Forschungsübersicht bei REIFENBERG).

Zu einzelnen Ordensliturgien s. →Dominikaner, →Franziskaner, →Kartäuser, →Zisterzienser.

A. Häußling

Lit.: A. A. KING, L.s of the Religious Orders, 1955 – DERS., L.s of the Primatial Sees, 1957 – DERS., L.s of the Past, 1959 – C. VOGEL, Les échanges liturg. entre Rome et les pays francs jusqu'à l'époque de Charlemagne (Chiese nei regni dell'Europa occidentale e i loro rapporti con Roma sino all'800, Sett. cent. it. 7, 1960), 185–295 – TH. KLAUSER, Kleine abendländ. L.gesch., 1965 – A. L. MAYER, Die L. in der europ. Geistesgesch. (Ges. Aufsätze, hg. und eingel. v. E. V. SEVERUS, 1971) – A. ANGENENDT, Religiosität und Theol., ALW 20/21, 1978/79, 28–55 – H. A. J. WEGMAN, Gesch. der L. im W und O, 1979 – H. REIFENBERG, Gottesdienst in den Kirchen des dt. Sprachgebietes, ALW 22, 1980, 30–92 – C. VOGEL, Medieval Liturgy. An Introduction of the Sources. Rev. and transl. by W. G. STOREY – N. K. RASMUSSEN, 1986 [erw. engl. Bearb. des 1966 und 1981 ersch. frz. Originals] – H. B. MEYER, Eucharistie, 1989 (Gottesdienst der Kirche 4), 152–164: Eucharistie in den nichtröm. Riten des W [Lit.] – A. ANGENENDT, Das FrühMA, 1990 (bes. § 57, § 72, 1; Lit. S. 484f.) – P. WITTWER, Q. zur L. der Chorherren v. Marbach. Zugleich ein Beitr. zur Erforsch. der Bildung von Ordensl.n, ALW 32, 1990, 307–361 – H. A. WEGMAN, Riten en mythen. L. en de geschiedenis van het christendom, 1991.

II. OSTKIRCHE: »L.« bedeutet im ostkirchl. Verständnis eucharist. L.; im weiteren Sinne (der abendländ. Wiss.) Gottesdienstordnung, umfassend die (liturg.) »Mysterien«, das Tagzeitengebet und die Sondergottesdienste und veränderl. Texte der Kirchenjahrfeier. Die Begriffe »Göttliche L.« (Eucharistiefeier) und »Mysterien« (Sakramente) weisen hin auf die typolog. (atl.-ntl.-eschatolog.) und anamnet., d. h. die Heilstaten Christi gedenkend-vergegenwärtigende Struktur der ostkirchl. L. Diese entwickelt sich seit dem 4. Jh. gemäß der Patriarchatsverfassung und entfaltet symbolreich das Erbe der ntl. und der frühchristl. L.

[1] Fruchtbarster Boden hierfür sind *Jerusalem* und *Syrien*. a) In *Jerusalem* setzt die L. der Mystagog. Katechesen des →Kyrill (→Jakobus-L.) ein schon trinitar.-pneumatolog. stark entwickeltes Glaubensbekenntnis und eine die Wandlung der Gaben durch den Hl. Geist betonende →Epiklese voraus. Seit den Kirchenbauten Konstantins im Hl. Land, die Pilger aus aller Welt anziehen, übt bes. die Kirchenjahrfeier Jerusalems weitreichenden Einfluß aus durch topograph. und chronolog. die Phasen des Lebens und Leidens Christi bes. in der Karwoche vergegenwärtigende Gottesdienste und durch Sonntagsfeiern, die Vigilelemente der Osternacht nachbilden. b) Jerusalemer, antiochen. und kleinasiat. Q. bezeugen als Grundstock der syr.-byz. L. seit dem 4. Jh. eine →Anaphora, die strukturell der frühchr. des Hippolyt entspricht: dreigliedrig-trinitarisch; im Danksagungsteil für das Heilswerk des Sohnes noch den Einsetzungsbericht umfassend, in der Anamnese das vom Herrn aufgetragene Gedächtnis als Darbringungsvollzug kennzeichnend, mit anschließender Bitte um Heiligung der Gaben (Epiklese) und ihrer Empfänger, abschließend mit der Doxologie; im 4. Jh. erweitert durch die Interzessionen nach der Epiklese und das Dreimalheilig (gemäß Jes 6) nach dem ersten Teil der Danksagung. Diese Struktur eignet der Anaphora der Jakobus-L. Jerusalems, der →Basilius-L. Kappadokiens, der Apostelanaphora Antiochiens, der ebenfalls ursprgl. antiochen. byz. →Chrysostomus-L. und allen Anaphoren der syr.-byz. L.familie (1c–2d). c) Die L. in *Antiochien und Nordsyrien*, ähnl. auch die in Jerusalem und Kleinasien, umfaßt laut dem VIII. Buch der Apostol. Konstitutionen (um 380) die L. der Katechumenen mit mehrgliedriger Schriftlesung aus AT und NT und umfangreiches diakonales Fürbittgebet bes. für Katechumenen und Büßer, jeweils abgeschlossen durch Priestergebet und Entlassung. Die Gläubigen-L. beinhaltet Fürbitten für die Gläubigen mit Friedenskuß; die Übertragung der Gaben (Brot und Wein) durch Diakone zum Altar und ein voranaphor. Priestergebet; die →Anaphora, weitere Interzessionen (in Parallelordnungen des 4. Jh. auch das Vaterunser), die Erhebung des Hl. Brotes unter dem Ruf »Das Heilige den Heiligen« und die Akklamation des Volkes; Kommunion, Danksagung und Entlassung.

[2] a) Characterist. für die spätere L. im *Patriarchat v. Antiochien* sind die symbol. ausgestalteten Riten zur Bereitung und Übertragung der Gaben und bes. das reich entfaltete Ritual der Brechung des Hl. Brotes (davon beeinflußt das Agnus Dei der röm. Messe, als Gesang zur Brotbrechung eingeführt durch den syr. Papst Sergius I.; †701). b) Weiterentwicklungen der L. des Patriarchats v. Antiochien sind: α) die gr. →Jakobus-L. der Melkiten, die jedoch zunehmend byz. überfremdet und Ende des 12. Jh. zugunsten der byz. L. aufgegeben wird; β) die *westsyr.* L. der nichtchalkedon. Syr.-Orthodoxen, die neben der Anaphora der Jakobus-L. mehr als 70 andere Eucharistiegebete ausbildet (seit dem 17. Jh. auch L. der Malankar. Kirche Indiens). – Bes. characterist. sind für die westsyr. L.: der doppelte Ritus der vor dem Wortgottesdienst vollzogenen Gabenbereitung, das dreimalige Vorkommen der »Sedro« gen. Gebetsordnung, die noch weiter entwickelten Riten der Brechung, »Bezeichnung« und Mischung, sowie die durchgängig angewandte sekundäre Aufbrechung der Priestergebete in »Stillegebete«, überdeckt von diakonalen Fürbitten bzw. Gesang, und »Lautgebete«; γ) die *maronitische* L., die ursprgl. der chaldäisch-ostsyr. nähersteht, aber sich der westsyr. zunehmend annäherte, mit Anaphoren, die nach Petrus benannt sind. c) Die größte Bedeutung unter allen ostkirchl. L.n erlangte die *byz.* L. nach der Ordnung der →Chrysostomus-L., die sich Ende des 12. Jh. auch in den orth. Patriarchaten v. Alexandrien, Antiochien und Jerusalem durchsetzt (MPG 138, 953). α) Das altantiochen. Erbe erhält in der byz. L. seit dem 6. Jh. seine unter allen L.n faszinierendste Gestalt. Der Große Einzug der Gabenübertragung erscheint als Kommen des »Königs der Herrlichkeit«, der von Engel-

scharen begleitet wird (Cherubikon); der Kleine Einzug mit dem Evangelienbuch wird durch den Gesang des Trishagion und das Hinaufsteigen des Bf.s zur Kathedra dramatisiert und versinnbildlicht das Kommen Christi zur Verkündigung seines Evangeliums und seine Präsenz im Wort der Schrift. Die vom 6.–8. Jh. entfaltete Ikonographie und Ikonologie (→Ikone; →Bilderstreit; →Nikaia, II. Konzil v., 787) führen seit Patriarch →Germanos zur Ausbildung neuer bilderreicher Riten (→Proskomidie) und schaffen der L. einen genau entsprechenden Ausdruck in den ikonograph. Themen des Kirchenraums (Pantokrator, Theotokos, Apostelkommunion, hl. Hierarchen) und auf der →Ikonostase. β) Die örtl. Verhältnisse Konstantinopels mit Stationsprozessionen und Bittgottesdiensten auf dem Weg zur H. Sophia werden auf die Eröffnungsordnung der byz. L. in Form der Enarxis mit drei Fürbittenreihen (Ektenie, 2. und 3. Synapte) und drei Antiphonen übertragen (J. MATEOS). Auf die Raumgliederung der H. Sophia, in der die ausgedehnte Gabenbereitung in einem Nebenraum parallel zum Einzug des Patriarchen und zur Katechumenen-L. geschieht, geht der Proskomidievollzug der Presbyter-L. in seiner Position vor dem Wortgottesdienst zurück (mit Vorbild in der ursprgl. Gabenspende vor L.beginn in Nebenräumen in allen oriental. L.n: R. F. TAFT). γ) Anleihen beim Ks. zeremoniell bewirken die Dramatisierung des Großen Einzugs und bes. der Pontifikal-L. δ) Seit dem 9. Jh. wird die byz. L. in kirchenslav. Sprache zur L. der orth. Slaven; bald auch bei den Rumänen in der eigenen Sprache gefeiert; vorgängig dazu schon in Georg. und Arab.; heute auch in allen modernen Sprachen. d) Die armen. L. steht im Schnittpunkt der Einflusses von Kappadokien und Antiochien. Die Tauf-L. weist zudem starke Elemente ostsyr. Herkunft auf (G. WINKLER). Vor dem 10. Jh. löst die Athanasiusanaphora die des Basilius ab. Das Zeitalter der Kreuzzüge bringt Überfremdungen durch die röm. Messe (z. B. Joh-Prolog als »Schlußevangelium« zur Bekräftigung des Segens).

[3] Stark durch semit. Einfluß geprägt ist die ostsyr. L. Ihre Anaphora der »hl. Apostel Addai und Mari« entstammt dem 3. Jh. Sie ist hs. ohne Einsetzungsbericht überliefert, vielleicht ursprgl. tatsächl. unter bloßem Gebetsausdruck der Anamnese und hochgestimmter Bitte um eschatolog. Erfüllung des Mahlgeschehens, gemäß dem urkirchl. Gebetsruf »Komm, Herr Jesus!« (Offb 22, 20; Did. 10,6), vollzogen worden (so G. DIX; G. KRETSCHMAR, TRE I, 258ff.; anders B. BOTTE). Import der nestorian. Kirche des 5. Jh. sind die Anaphora des →Theodor v. Mopsuestia und des Nestorios (Überarbeitung der durch Chrysostomos in Konstantinopel gebrauchten antiochen. Apostelanaphora, vielleicht durch Nestorios selbst). Der ostsyr. L. folgt auch die Malabar. Kirche Indiens.

[4] Von der syr.-byz. L. unterscheidet sich markant die Struktur der *alexandrin. L.*, von der die äthiop. L. abstammt (während die röm. L. der alexandrin. L. des 4. Jh. nahesteht). a) Die bodenständige Anaphora ist nach dem Evangelisten Markus benannt (der als Gründer der alexandrin. Kirche gilt), bei den Kopten jedoch nach Kyrillos. Import des 4./5. Jh. aus Kappadokien und Syrien sind die ägypt. →Basiliusanaphora (in ihrer noch nicht von Basilius ausgebauten Form) und die Gregoriusanaphora. α) Für die Struktur der Markusanaphora ist kennzeichnend der mehrmalige Wechsel von Dank zur Bitte, die Überleitung mit den Anfangsworten des Sanctus von diesem zur Heiligungsbitte für die Darbringung (Epiklese I) und die Anführung des Einsetzungsberichts als Begründung der Heiligungsbitte. Die Konsekrationsepiklese nach Einsetzungsbericht und Anamnese gehört zur ursprgl. Struktur (ist kein syr. Import und hat im 1. Teil des Kanongebets »Supplices te rogamus« eine funktionale Entsprechung). Eine Opferannahmebitte mit Bezugnahme auf Abel, Abraham und Melchisedek hat ihren richtigen Platz im 1. Interzessionsteil (entgegen dem gleichartigen, jedoch nach der Anamnese deplazierten Kanongebet »Supra quae«). β) Die (nur örtl. und ephemer gebrauchte) Anaphora des Serapion († nach 362), die selbst wohl authent. ist, besitzt ebenfalls zwei Epiklesen (an die »Kraft Gottes« und an den Logos) entsprechend der Emphatik alexandrin. Christologie. Die Darbringung wird in der Epiklese I als »homoíōma« ('Abbild') des Abendmahls, der Opfervollzug im anamnet. Übergang vom Brotwort zum Kelchwort Christi als »homoíōma« des Kreuzestodes bekundet, während eine formelle, den Herrenworten nachgeordnete Anamnese fehlt. b) Die spätere gr. *Markus-L.* entwickelt sich unter byz. Überfremdung bis zur Ersetzung durch die byz. L. im 12. Jh., die kopt. dagegen eigenständig und in kopt. Sprache (unter Beibehaltung griech. Gruß- und Rufformeln). Die fragmentar. Q. bis zum 12. Jh. erlauben keine Rekonstruktion. Für die spätere Zeit sind stark monast. Überformung mit reichhaltiger, ausschließl. ntl. Schriftlesung, überwuchernde Sühnegebetsordnung, hypertroph. Gabenbereitungsriten mit Prozessionen und lange christolog. dogmat. Gebete charakteristisch. – c) Zusätzl. Verschmelzung mit ausgedehntem monast. Morgengebet und starke Überformung durch bodenständiges Brauchtum kennzeichnen die in der Ge'ez-Sprache gefeierte *äthiop. L.*   H.-J. Schulz

Q. und Bibliogr.: J. A. ASSEMANI, Cod. liturg. eccles. univ., 13 Bde, 1749–1766 – BRIGHTMAN – F. X. FUNK, Didascalia et Constit. Apostolorum, 1905 – A. HÄNGGI – I. PAHL, Prex eucharistica, 1968 – O. HEIMING – A. RAES, Anaphorae Syr., 1939ff. – R. STORF, Gr. L.n, 1912 – M. TARCHNISCHVILI, Le grand lectionnaire de l'Église de Jérusalem, CSCO, 188f., 204f. – TRE I, 250–278 [G. KRETSCHMAR] – Hb. der Ostkirchenkunde, hg. W. NYSSEN u. a., II, 3–181 [I.-H. DALMAIS; H.-J. SCHULZ] – J. M. SAUGET, Bibliogr. des Liturgies Orientales (1900–1960), 1962 – S. JANERAS, Bibliogr. delle l. orientali (1961–1967), 1969 – Lit.: J. M. HANSSENS, Institut. Liturg. de ritibus Oriental., II/III, 1930–32 – S. SALAVILLE, L.s orientales, 2 Bde, 1942 – G. DIX, The Shape of the Liturgy, 1949 – A. BAUMSTARK, L. Comparée, 1953 – J. BETZ, L. in der Zeit der gr. Väter, I/1, 1955 – *zu [1]:* H. ENGBERDING (→Basiliusl.) – DERS., OrChr 29, 1932, 32–48; 34, 1937, 213–247; Jg. 45, 1961, –49, 1965 – G. KHOURI-SARKIS, OrSyr Jg. 4, 1959, –8, 1963 – F. VAN DE PAVERD, Zur Gesch. der Meßl. in Antiocheia und Konstantinopel gegen Ende des 4. Jh., 1970 – R. F. TAFT, The Authenticity of the Chrysostom Anaphora Revisited, OrChrP 56, 1990, 5–51 – A. TARBY (→Jakobusl.) – G. WAGNER (→Chrysostomusl.) – *zu [2a-b]:* H. W. CODRINGTON, Stud. on the Syr. L.s, 1952 – G. KHOURI-SARKIS, CATAIX, OrSyr 9, 1964, –11, 1966 – Symposium Syr. 1972, 1974 – W. F. MACOMBER, OrChrP 37, 1971, 55–84; 39, 1973, 235–242 – J. MAGNE, OrChrP 53, 1987, 107–159 – *zu [2c]:* Chrysostomusl. (R. BORNERT; J. MATEOS; H.-J. SCHULZ; R. F. TAFT) – *zu [2d]:* G. WINKLER, OrChr 58, 1974, 154–172 – DIES., Das armen. Initiationsrituale, 1982 – *zu [3]:* B. RAES, OrChrP 10, 1944, 216–226 – B. BOTTE, OrChrP 15, 1949, 259–276; OrSyr 10, 1965, 89–106; OrChrP 32, 1966, 335–371 – G. VAVANIKUNNEL, Die eucharist. Katechese, 1976 – S. H. JAMMO, La Structure de Messe Chaldéenne, 1979 – *zu [4]:* E. HAMMERSCHMIDT, Die kopt. Gregoriosanaphora, 1957 – O. H. E. BURMESTER, The Egypt. or Coptic Church, 1967 – A. GERHARDS, Die gr. Gregoriosanaphora, 1984.

III. JUDENTUM: →Gottesdienst (im Judentum)

Liturgieerklärung. Das für die ostkirchl. Theol. charakterist. lit. Genus der symbol. L. unterscheidet sich von der symbolist.-allegor. L. der karol. Zeit und des späteren MA, wie auch von der heutigen westl. hist.-funktionalen L., die hinsichtl. des Symbolverständnisses meist auf die sakramentalen Zeichen und Vollzüge und die anthropolog. Aspekte beschränkt ist. In der ostkirchl. L. werden die sakramentalen Vollzüge, bes. die der (eucharist.) →Liturgie im Geschehenskontext einer umfassenden heilsgesch.-anamnet., kosm. und eschatolog. Symbolik gesehen, die Motive der antiochen. Patristik (Joh. Chrysostomus, Theodor v. Mopsuestia) und der alexandrin. und areopagit. Weltdeutung aufgreift und sich im Zuge der byz. Ikonentheol. im Bezug auf die bildhaft-liturg. Riten vollendet. Der L. bes. zugängl. sind Proskomidie (Gabenbereitung), Übertragung der Gaben und Niederlegung auf dem Altar, Brechung des Brotes und Mischung der Gestalten (→Liturgie, II, 2; →Chrysostomusliturgie). Die wichtigsten L.n sind die des Maximos Homologetes († 662): kosm.-eschatolog. und aszet.-myst.; die an Einzelheiten des Lebens Jesu hängende und stark allegorisierende L. des Patriarchen Germanos († 733) sowie die Germanos verwandten des Theodoros und des Nikolaos v. Andida (12. Jh.); die des Nikolaos Kabasilas († nach 1391), der wieder an die großen heilsgesch.-sakramententheol. Perspektiven der Patristik insbes. bei Joh. Chrysostomos anknüpft, sowie die des Symeon v. Thessalonike († 1439), der eine Synthese der Deutungsmotive mit rubrizist. Erörterungen verbindet. Die L. der russ. Kirche bleibt auf der Linie der gr. L. Große Volkstümlichkeit erlangte die als kirchl. authent. erachtete des Dichters Gogol.

H.-J. Schulz

Lit.: →Chrysostomusliturgie [R. BORNERT, H.-J. SCHULZ] – F. v. LILIENFELD (Wegzeichen [Fschr. H. BIEDERMANN, 1971]), 377–404 – K. CHR. FELMY, Die Deutung der Göttl. Liturgie in der russ. Theol., 1984.

Liturgische Bücher
I. Allgemein; Abendland – II. Ostkirche.

I. ALLGEMEIN; ABENDLAND: L.B. werden notwendig, sobald mit fortschreitendem Entwicklungsstand die liturg. Vorgänge, weil komplizierter geworden, nach Text und Ritual festgeschrieben werden müssen, die Sorge um orth. Aussagen und Fixierung der Texte drängt, schließlich auch, weil mit dem Übergang von einer Vorbildsituation in eine neue kulturelle Umwelt eine nachprüfbare Normierung gewünscht wird. All diese Bedingungen erforderten schon zu Beginn des MA l.B. Sie werden meist nach ihren Benutzern, dann auch nach den unterschiedl. liturg. Vorgängen eingeteilt. Das älteste l.B. ist die Bibel als Buch der Schriftlesung (→Lektionar, →Evangeliar, →Psalterium; vgl. auch →Epistel). Die dem Bf. (und Priester) eigenen eucholog. Texte enthält das →Sakramentar. Den Kantoren dienen die verschiedenen Typen des →Chorbuchs (→Antiphonar; Hymnar für die →Hymnen). Die zeremoniellen Vorgänge bei liturg. Feiern wie auch der Feiern im Verlauf des Kirchenjahres sind in den Ordines (→Ordo, Ordinarium, Liber ordinarius; Consuetudo, Liber consuetudinarius, u. ä., Ordines Romani) beschrieben. Die Spendung der Sakramente und Sakramentalien ist im Pontifikale und Rituale (für letzteres noch eine Reihe anderer Bezeichnungen: Sacerdotale, Agenda u. a.) festgeschrieben. Eine neue Phase wird mit dem 11. Jh. eingeleitet, wo verschiedene Bücher für die einzelnen liturg. Handlungen zusammengefaßt werden; es entsteht für die Meßfeier das →Missale, für das Stundengebet das →Brevier. Daneben gibt es weiterhin die »Libelli«, Einheiten von wenigen Blättern also, die etwa die Texte einer bestimmten Messe enthalten, ferner Hss., die für den Gebrauch vor Ort das nötige Textmaterial den Hauptbüchern entnehmen (»Excarpsus«), wie überhaupt, mit der Zeit zunehmend, einzelne Benutzer sich zum eigenen Gebrauch ihre l.B. zusammenstellen, bes. für das Chorgebet. Weil l.B. Gebrauchsbücher sind, ist der Verschleiß groß; auch werden sie, wenn durch die Entwicklung veraltet, leichter als andere Bücher abgetan. Man schätzt, daß nur wenige Promille der hs. l.B. des MA erhalten geblieben sind.

A. Häußling

Lit.: V. FIALA – W. IRTENKAUF, Versuch einer liturg. Nomenklatur (Zur Katalogisierung ma. und neuerer Hss., 1963), 105–137 – E. J. THIEL, Die l.B. des MA. Ein kleines Lex. zur Hs.kunde, Börsenbl. für den dt. Buchhandel, Frkf. Ausg. 23, 1967, 2379–2395 – K. GAMBER, Codd. liturg. lat. antiquiores, 1–2, 2ª, ed. aucta, 1968, Suppl. ebd. 1988 – A. HUGHES, Medieval Mss. for Mass and Office, A guide to their organization and terminology, 1982.

II. OSTKIRCHE (BYZ.): Die l.B. der Ostkirchen folgen dem im kirchl. Altertum und MA üblichen Prinzip der Aufgliederung nach Gottesdienstart und Träger der liturg. Funktion, kennen also kein dem Missale oder dem Breviarium vergleichbares Buch. Byz. Einteilungsprinzip und gr. Terminologie werden im wesentl. auch den übrigen ostkirchl. Riten (→Liturgie, Ostkirchen) gerecht, während die lat. Terminologie der älteren Fachlit. inzwischen aufgegeben wird und die Eigentermini der altorientanzi. Riten und Sprachen den Spezialunters. zu überlassen sind. Für die eucharist. →Liturgie werden neben dem Buch für Priester und Diakon (Leitourgikon; Hieratikon) noch Apostolos (mit den nicht-evangel. ntl. Lesungen) und Euangelion sowie für die nach Festtag, Sonntag bzw. Wochentag veränderl. Gesänge die verschiedenen Hymnare des Tageszeitengebets benötigt, deren wichtigste Sonn- und Festtagsteile für Liturgie und Hauptgemeindegottesdienste (Hesperinos am Vorabend und Orthros) in Auswahlbüchern (Anthologion; slav. Sbornik) vereinigt sind. Die Gebete des Priesters und Diakons für das Tageszeitengebet sind im Hieratikon bzw. Euchologion, die für die sakramentalen Handlungen im Hagiasmatarion (bzw. dem Archieratikon des Bf.s) enthalten. Für das Tageszeitengebet ist grundlegend das Psalterion (mit Aufteilung der 150 Psalmen in 20 Kathismata, zur vollständigen Absolvierung in einer Woche, während der Fastenzeit zweimal in der Woche) und das Horologion (mit unveränderl. Gebets- und Gesangsteilen und häufig wiederkehrenden Hymnen). – Der Hauptanteil der Hymnen im jeweiligen Gottesdienst (Troparien, Kontakien, Stichoi, Oden-Kanones) ist kombinieren je nach den Festen mit fixem Kalenderdatum aus den Menaia (→Menäen; den 12 Monatsbüchern) und nach der Kirchenjahreszeit (Fastenzeit; Osterzeit) bzw. der Stellung des Tages im Sonntags- und Wochentagszyklus (der Kl. bzw. Gr. Oktoechos). Einen bes. hohen Anteil an altertüml. Hymnen des 6. bis 7. Jh. (viele schon im Georg. Kanonar des 7. Jh. bezeugt) mit weiteren Anteilen des 8. Jh. (Andreas v. Kreta, Kosmas, Johannes Damaskenos) enthält das Triodion. Der Name stammt von den in der Fastenzeit bewahrten 3-Oden-Kanones (samstags auch 4-Oden-Kanones), während sonst die Ordnung des 8-Oden- bzw. 9-Oden-Kanons vorherrscht. Oden und Kanon, die gegenüber dem alten Troparion und Kontakion des 6. Jh. eine jüngere Hymnenform darstellen, waren dazu bestimmt, die 9 bibl. Cantica, deren letztes aus Magnificat (Lk 1, 46–56) und Benedictus (Lk 1, 68–79) besteht, zu paraphrasieren. – Dem Triodion entspricht das Pentekostarion für die Osterzeit. Die Pentekoste findet jeweils Widerhall in einem Zyklus von Auferstehungshymnen für je 8 aufeinanderfolgende Sonntage, der bis zum Eintritt der Vorfastenzeit wiederholt wird. Diese Texte bilden den Inhalt der Oktoechos. Die Gr. Oktoechos (Parakletike) umfaßt entsprechende Hymnen unterschiedl. Thematik auch für dazwischenliegende Wochentage. – Das Typikon enthält die Anweisungen und Auszüge (z. B. die Initia der Hymnen) für die einzelnen liturg. Tage und ihre Gottesdienste. Das sog. Sabas-Typikon bezeichnet generell jene Typika, die Spiegel des Verschmelzungsprozesses konstantinopolitan. und Jerusalemer Ordnung im 11. Jh. unter wachsendem Anteil der (zum Triodion) gen. Hymnographen des Sabas-Kl. bei Jerusalem sind. Das eigtl. Sabas-Typikon ist dessen Kl.regel (nicht zu verwechseln mit dem liturg. Buchtyp). H.-J. Schulz

Bibliogr. und Q.: A. v. MALTZEW, 1892–1911 [alle byz.-slav. Bücher mit Übers.] – Hb. der Ostkirchenkunde, hg. W. NYSSEN u. a., II, 1989, 24, 88ff., 130ff. [H.-J. SCHULZ] – E. FOLLIERI, Initia hymnorum, 5 Bde, 1960 – J. GOAR, Euchologion, Venedig 1730² [Neudr. 1960] – J. HABERT, Archieratikon, Paris, 1643 – N. BORGIA, Horologion, 1929 – *Lit.:* M. ARRANZ (Euchologionforsch.): OrChrP ab Jg. 37 (1971) – BECK, Kirche 246–253 – CH. HANNICK, Le texte de l'Oktoechos, Dimanche, 1968 – H. LEEB, Die Gesänge im Gemeindegottesdienst von Jerusalem vom 5.–8. Jh., 1979.

Liturgische Musik → Musik

Liturgische Sprachen
I. Ostkirche – II. Westkirche.

I. OSTKIRCHE: Die Sprache Jesu und der Erstapostel, das Aramäische, die Sprache Palästinas zu dieser Zeit, war sicher auch die Ursprache chr. Gottesdienstes. Es lebt fort im Syr., in seinen beiden Zweigen, dem Ostsyr. (sog. Nestorianer[-Assyrer], [unierte] Chaldäer und Malabaren in Südindien [Thomaschristen]) sowie dem Westsyr. (getrennte wie unierte syr. Christen, Maroniten und Malankaren in Südindien [erst seit dem 17. Jh.]). Die Mission trug das Evangelium in Gebiete, in denen man v. a. griech. sprach. So wurde das Griech. auch die Sprache des Gottesdienstes, vermutl. überall, wohin die Mission innerhalb des röm. Reiches gelangte: in Kleinasien, Makedonien, Achaia wie in Rom und Südgallien. In Ägypten gesellte sich früh das aus der alltägl. Sprache entwickelte Kopt. dazu, bes. in den Landbezirken (Oberägypten) und in den Kl., um später, v. a. nach Chalkedon (451), das Griech. ganz abzulösen, im Zuge der Trennung von der Reichskirche. Von Alexandreia aus wurde Äthiopien missioniert (4. Jh.). L. wurde Gheez, das Altäthiop., schriftl. Zeugnisse seit dem 6. Jh. Sicher war seit dem 5. Jh. das Armenische L., nach Schaffung eines eigenen Alphabets (→Armenien, →Gregor d. Erleuchter). →Georgien (Christentum seit Mitte des 4. Jh. Staatsreligion) benutzte sicher ebenfalls seit dem 5. Jh. seine eigene Sprache in der Liturgie. Die lat. Sprache fand wohl zuerst in Nordafrika Eingang in die Liturgie, setzte sich dann seit dem 3. Jh. im W allg. durch. Die slav. Sprache erhielt ihre liturg. Würde durch die Brüder →Konstantin/Kyrill und Methodios im 9. Jh. (→Kirchenslav. Sprache, →Alphabet, III). Diese altslav. (kirchenslav.) Form empfing durch die jeweilige Landessprache später ihre bes. Prägung. Die von den Brüdern vorgenommene Übers. der lat. Liturgie erhielt sich als glagolit. Liturgie in Kroatien. H. M. Biedermann

Lit.: DACL VIII/1, 1297–1312 – DThC VIII/2, 1581–1591 – LThK² VI, 257–259 – RGG III, 1523f. – ThEE IV, 570–573 – TRE XIX, 74–92 [Lit.] – F. E. BRIGHTMAN, Liturgies Eastern and Western, 1846, passim – A. RAES, Introd. in Liturgiam Orientalem, 1947 – A. A. KING, The Rites of Eastern Christendom, 1947/48, passim.

II. WESTKIRCHE: Unter Berufung auf die Kreuzesinschrift in Hebr., Lat. und Griech. (Joh 19,20) galten nur diese »tres linguae sacrae« als für die Liturgie erlaubt, so z. B. Hilarius, Instr. psalm. 15 (CSEL 22, 13). In der röm. und den nichtröm.-w. Liturgiefamilien wirkte der Primat des Lat. als einziger Kultursprache zugleich als wichtige Klammer für die röm., die altgalli(kani)sche, die altspan. (mozarab.), die kelt. und die ambrosian. (Mailänder) Liturgie. In Rom wurden im 7. Jh. für die dortigen Griechen einzelne Riten zweisprachig vollzogen (z. B. Lesungen, Katechumenatsriten: Ordo Rom. 11 [ANDRIEU II, 417–447]. Die Übernahme des Slav. in die röm. Liturgie durch Konstantin/Kyrill und Methodios in Mähren wurde 880 von Johannes VIII. als Liturgiesprache ausdrückl. anerkannt (MMFH III, 1969, 197–208); obwohl später Gregor VII. widerrufen, blieb es als kirchenslav. (glagolitisch) teilw. erhalten. V. a. im Bereich der Sakramentenspendung dringen früh muttersprachl. Elemente in die Liturgie, wenn die Betroffenen ihren Willen bekunden bzw. Fragen beantworten (Taufe, Trauung, Buße, Abschwörformeln). Fragmente von ahd. Missale-Übers.en, später des Vollmissale, reichen bis in die 2. Hälfte des 9. Jh. zurück. Die Predigt sollte in »rusticam Romanam linguam aut Thiotiscam« (Konzil v. Tours 813, MGH Conc. II, 1, 288) erfolgen. Im Bereich des (Volks-)Gesangs finden sich volkssprachl. Elemente. Bei den Gottesdiensten der Katharer, der Waldenser, der Hussiten wurde die jeweilige Muttersprache gebraucht. →Liturgie, I.
K. Küppers

Lit.: LThK² VI, 257–260 – Liturg. Woordenboek 2637–2646 [Lit.] – CHR. MOHRMANN, Ét. sur le latin des chrétiens, 1958 – A. HÄUSSLING, Liturgiesprache, Sacramentum mundi 3, 1969, 278–282 – DERS., Das Missale deutsch, I, LQF 66, 1984.

Liturgische Tücher werden vorkonstantin. funktional verwendet, später dienen sie der symbol. Ausdeutung der Liturgie und des liturg. Raumes. [1] *Okzident:* Das *Altart.* (belegt im 4. Jh., im Gebrauch wohl älter) dient dem Schutz des Altars (deshalb Übereinanderlegen mehrerer Tücher) und ist Ausdruck der Ehrfurcht. Das T. des Christus repräsentierenden Altars soll u. a. auf die bei der Inkarnation angenommene Seele und den Leib Christi oder die Hl.en als Schmuck Christi hinweisen (vgl. die denudatio altarium an Gründonnerstag). Die neben dem Altar aufgehängten *Altarvelen* schützen den Priester vor Störungen, heben den 'hl. Ort' hervor und deuten das Bundeszelt des AT an. In der Fastenzeit aufgehängte *Fastenvelen* verdecken die Kreuze und Bilder, das *Fastent.* (»Hungert«), kurz vor 1000, verdeckt den Altar vom Aschermittwoch/1. Fastensonntag bis zum Vorabend des Gründonnerstags. Man versagt sich den Anblick des Eucharistie, eventuell um sich mit den in der Fastenzeit ausgeschlossenen Büßern symbol. zu verbinden. Mit gewandelter Bußpraxis und wachsendem Drang nach Schau der Eucharistie verkümmern die unterschiedlichst gestalteten Tücher zu kleinen, hoch aufgehängten Stoffzeichen. Das *Korporale*, auf dem der sakramentale Leib (corpus) Christi liegt, dient auch zum Bedekken des Kelches. So gefaltet, daß man nicht Anfang und Ende erkennt, weist es auf die Gottheit Christi, die ohne Anfang und Ende ist, hin. Man sieht im Korporale u. a. ein Abbild des Leichent.es Christi. Wegen seiner Nähe zur Eucharistie geht man mit dem Korporale bes. ehrfürchtig um, verbrennt ausgediente Korporalia oder gibt sie zu den Reliquien. Auch ist abergläub. Umgang bezeugt. Die *Palla* deckt in der Messe den Kelch ab, ein *Kelcht.* dient zum Trocknen von Mund und Fingern sowie zum Abputzen des Kelches. Zur Händewaschung nach Entgegennahme der eucharist. Gaben und nach der Kommunion verwendet man das *Lavabo-T.* Das *Gremiale* legt man v. a. dem Bf. zum Schutz der Gewänder und aus Förmlichkeit auf die Knie. →Antependium.
B. Kranemann

Lit.: RDK VII, 826–848 [J. E. EMMINGHAUS] – F. BOCK, Gesch. der liturg. Gewänder des MA III, 1871 – J. BRAUN, Die liturg. Paramente in Gegenwart und Vergangenheit, 1924.

[2] *Ostkirche:* Im byz. Bereich lassen sich in drei Gruppen einteilen: 1. T. zur Bekleidung des Altars, 2. T. zum Gebrauch während liturg. Zeremonien zum Bedecken der eucharist. Gaben und der liturg. Gefäße wie Kelch oder

Patene sowie 3. T. zur Bedeckung anderer liturg. Gegenstände wie Evangelienbuch, Kreuze oder Ikonen. Etymologie, Herleitung, Bedeutung bzw. Sinnzuschreibung, aber auch erstes Auftreten der einzelnen Benennungen sind noch nicht für jeden Fall völlig erforscht. Als Sammelbegriff für alle Stoffe und Paramente wird häufig Amphion verwendet, ohne daß dies zu einem festen liturg. Terminus für Altarbekleidung geworden ist, wie auch andere, teils auf Kirchenväter zurückgehende Namen (Skepasma, Emblema, Kalymma, Peplon, Trapezophoron). In Anlehnung an das Leichentuch des Josef v. Arimathia wird die Altarbekleidung anfangs Sindon genannt. Ab dem 9. Jh. ist Endyte der wichtigste Terminus für das Altartuch. Im späten MA kommen zur Endyte das Katasarka und vier Hyphasmata oder Antimensia hinzu, die unter die Endyte zu liegen kommen. Als unmittelbare Unterlage der eucharist. Gaben dient das Eileton, das zu Beginn der Liturgie der Gläubigen auf dem Altar über die Endyte ausgebreitet wird und damit dem lat. corporale entspricht. Zum Bedecken von Kelch und Patene dienen Aeres (Megas Aer und Mikroi Aeres bzw. speziell als Diskopoterokalymmata, Diskokalymma, Poterokalymma bezeichnet). Mit einem Aer wird auch das Evangelienbuch bedeckt und so in Prozession auf der Schulter getragen. Ähnl. wird beim Karfreitagsoffizium nicht nur das Evangelienbuch, sondern auch ein Bild des toten Christus unter einem Aer in der feierl. Prozession auf den Schultern getragen und zur Verehrung, mit dem Aer bedeckt, unter einem Baldachin niedergelegt (Grablegungsritus). Ein für diesen Zweck mit dem Bild Christi im Grabe liegend geschmückter Aer erhält den speziellen Begriffsnamen Epitaphios. Tücher zum Bedecken von Ikonen werden Podea, Mandelion, Encheirion, Skepe, Parapetasma, russ. *pokrov*, genannt. Verzierung, auch aufwendiger Art und mit figuralen bzw. szen. Darstellungen, ist durchgehend belegt. M. Restle

Lit.: D. I. PALLAS, Die Passion und Bestattung Christi in Byzanz, Misc. Byz. Monac. 2, 1965 – T. PAPAS, Stud. zur Gesch. der Meßgewänder im byz. Ritus, Misc. Byz. Monac. 3, 1965 – P. SPECK, Die *ENAYTH*. Literar. Q. zur Bekleidung des Altars in der byz. Kirche, JÖBG 15, 1966, 323–375 – Medieval Pictorial Embroidery. Byzantium, Balkans, Russia. Kat. Moskau, 1991.

Liturgisches Drama → Geistliches Spiel

Liturgisches Gewand → Kleidung, II

Litus Saxonicum, spätröm. Verteidigungssystem für den Schutz der sö. Küste Britanniens und der nö. Küste Galliens gegen sächs. Überfälle von der See her. Die →»Notitia Dignitatum« verzeichnet neun Einheiten in neun Kastellen im sö. England, die unter dem Befehl des »Comes Litoris Saxonici per Britanniam« standen. Dieser Befehlsinhaber wurde wahrscheinl. im 3. Jh. eingesetzt, als sich die sächs. Überfälle verstärkten. Das Verteidigungssystem bestand aus benannten Küstenkastellen, die an Flußmündungen lagen und vielleicht durch Wachtürme und Signalstationen verbunden waren. Viele dieser Kastelle sind auch durch Ausgrabungen und erhaltene Überreste überliefert. Zeitweise erstreckte sich die Befehlsgewalt des L. S. auf die n. Küste Galliens, doch war dies anscheinend nicht mehr der Fall, als die »Notitia Dignitatum« erstellt wurde, da die zwei hier als »in litore Saxonico« erwähnten gall. Kastelle (Grannona, Marcae) von anderen duces befehligt wurden. Der L. S. brach als organisiertes militär. Verteidigungssystem während der Invasionen und der Kriege des frühen 5. Jh. zusammen. B. Ward-Perkins

Lit.: S. JOHNSON, The Roman Forts of the Saxon Shore, 1976.

Liub, Fs. (rex) der →Wilzen, regierte Ende 8./Anfang 9. Jh. Er teilte mit seinen Brüdern das 'regnum'. Als Ältestem fiel ihm aber die 'totius regni summa' zu. In dieser Funktion als Oberherrscher war er möglicherweise der direkte Nachfolger →Dragowits. L. fiel einige Jahre vor 823 in einem Krieg mit den ö. →Abodriten. In der Oberherrschaft folgte ihm, so bestimmte es vermutl. der 'populus Wiltzorum', sein ältester Sohn →Milegastus. L. Dralle

Q.: Annales regni Francorum, ed. F. KURZE (MGH SRG VII, 1891), ad a. 823 – Vita Hludowici imperatoris, ed. G. H. PERTZ (MGH SS II, 1829), c. 36 – Lit.: M. HELLMANN, Grundzüge der Verfassung der Liutizen (Siedlung und Verfassung der Slawen..., 1960), 105f. – L. DRALLE, Slaven an Havel und Spree, 1981, 119ff.

Liubusua, Zentrum des slav. Stammes der Lusici (nach neuesten Forsch. wohl bei Freesdorf, Krs. Luckau, gelegen), bestand nach dem Bericht →Thietmars v. Merseburg (Chronicon I, 16; VI, 59, 80) aus einer Hauptburg und einer befestigten Vorburgsiedlung. L. wurde 932 von Kg. Heinrich I. erobert und zerstört. Acht Jahrzehnte später erlangte L. Bedeutung in den Kämpfen zw. Ks. Heinrich II. und dem Polenfs.en →Bolesław Chrobry, dem die Eroberung der durch eine dt. Besatzung gesicherten Burg gelang. Ch. Lübke

Lit.: Corpus archäolog. Q. zur Frühgesch. auf dem Gebiet der DDR, IV, 42ff.

Liudger (Ludgerus), hl. (Fest: 26. März; Translation nach Werden/Ruhr: 26. April), erster Bf. v. Münster, * um 742 (?) Zwesen (Utrecht), † 809 Billerbeck (Münsterland). Gebürtig aus westfries. Adelsgeschlecht, das die Mission →Willibrords unterstützte, zu St. Martin in →Utrecht erzogen und in →York 767–772 von →Alkuin ausgebildet, gehört L. zu den bedeutendsten Glaubensverkündern ags. Prägung auf dem Kontinent. 784 aus dem Missionsgebiet an der Ijssel (→Deventer) und im Ostergau (Dokkum) durch heidn. Widerstand vertrieben, blieb L. als Pilger in Rom und Montecassino, ehe er 787–792 die Mission zw. Ems und Lauwers übernahm. 790/791 schrieb L. eine Vita seines Lehrers Gregor v. Utrecht, in der auch der Schülerkreis des →Bonifatius gewürdigt ist. Das Amt des Ebf.s v. Trier soll L. abgelehnt haben. Die gewünschte Dänen-Mission (Helgoland) wurde von Karl d. Gr. nicht gefördert. Stattdessen erhielt L. den Sprengel im westfäl. Ems- und Münsterland, an dessen Hauptort 793 ein monasterium (→Münster) errichtet wurde, das zusammen mit dem 799 auf Eigengut gegründeten →Werden/Ruhr ein →Doppelkl. unter L.s Rektorat bildete. Obwohl erst 805 zum Bf. geweiht, war L. das Haupt einer Bf.ssippe ('Liudgeriden'), deren Mitglieder Münster (bis 849), Werden und →Halberstadt (bis 886) in Personalunion leiteten. Von dem am Grabort gepflegten L.-Kult zeugen drei Vitae et Miracula (geschrieben 840–875), L.-Krypta (847) und -Basilika (875), ebenso zahlreiche L.-Patrozinien (→Helmstedt) im ehem. Missionsraum und in der Grundherrschaft Werdens. E. Freise

Q.: L., Vita s. Gregorii abbatis Traiectensis (MGH SS 15, 1, 1887), 63–79 – Vitae s. L., hg. W. DIEKAMP, 1881 – D. P. BLOK, De oudste particuliere oorkonden van het klooster Werden, 1960 – Lit.: NDB XIV, 716 – LThK² VI, 1104f. – Verf.-Lex.² V, 852–854 – Bibl. SS VIII, 290–292 – Ser. epp. eccl. cathol. occ. V, 1, 113–115 – A. SCHRÖER, Chronolog. Unters. zum Leben L.s (Westfalia Sacra 1, 1948), 85–138 – W. STÜWER, Die Verehrung des hl. L. (ebd.), 182–294 – H. LÖWE, L. als Zeitkritiker, HJb 74, 1955, 79–91 – R. SCHIEFFER, Zur Frühgesch. des Domstifts von Münster (Westfäl. Forsch. 28, 1976/77), 16–29 – K. SCHMID, Die 'Liudgeriden' (DERS., Gebetsgedenken und adliges Selbstverständnis im MA, 1983), 305–335 – B. SENGER, L., 1984² – K. HAUCK, Apostol. Geist im genus sacerdotale der Liudgeriden (Sprache und Recht, Fschr. R. SCHMIDT-WIEGAND, I, 1986), 191–219.

Liudolf, Hzg. v. →Schwaben, * ca. 930 wohl in Magdeburg, † 6. Sept. 957 in Piomba s. Lago Maggiore, ⌑ in St. Alban bei Mainz; Eltern: Otto I., →Edgith, ⚭ 947 Ita, Tochter Hzg. →Hermanns I. v. Schwaben; Sohn: →Otto († 982). L. wurde schon früh für hohe polit. Aufgaben vorgesehen. Nach der Niederschlagung des Aufstands von 939 verlobte Otto I. L. mit Ita und gründete mit der liudolfing.-konradin. Allianz L.s Anwartschaft auf die Nachfolge im schwäb. Hzm., das dieser dann von 950 bis 954 bekleidete. Nach dem Tod Edgiths 946 bestimmte Otto L. zum Thronfolger. In der Folgezeit nahm L. daher einen hohen Rang bei Hofe ein, und Ita figurierte offenbar als Kgn. Als schwäb. Hzg. verwaltete L. mehrere Gft.en, ließ in Zürich, Breisach sowie in Esslingen Münzen schlagen und pflegte enge Beziehungen zu den Kl. St. Gallen, Reichenau, Pfäfers und Einsiedeln. Zwistigkeiten zw. Ottos Bruder, Hzg. →Heinrich I. v. Bayern, und L. wegen it. Ansprüche spitzten sich 951 zu, als Heinrich den seinem Vater nach Italien vorauseilenden L. militär. Erfolge vereitelte. Diese Kränkung und wohl auch L.s Sorge, infolge der Heirat Ottos mit →Adelheid in seinem Thronfolgeanspruch gefährdet zu sein, bewogen L. dazu, in Saalfeld 951 das Weihnachtsfest mit kgl. Pomp zu feiern und so seinen Anspruch auf die Krone zu bekräftigen. Zusammen mit seinem Schwager Hzg. →Konrad d. Roten rebellierte L. seit 953 gegen Otto I.; auch Ebf. →Friedrich v. Mainz und zahlreiche Adlige (Pfgf. →Arnulf v. Bayern, →Luitpoldinger; →Billunger) schlossen sich dem Aufstand an, dessen Ausweitung ihren Grund v.a. im Unmut über Heinrichs Stellung am Kg.shof hatte. Nach krieger. Auseinandersetzungen mit den Schwerpunkten Mainz und Regensburg, die für Otto erfolglos blieben, schwenkte 954 die Stimmung im Reich zugunsten des Kg.s um, als L. beschuldigt wurde, mit den eindringenden Ungarn kooperiert zu haben. Im Herbst 954 unterwarf sich L. schließlich dem Vater und wurde ebenso wie Hzg. Konrad Ende 954 seines Dukats entkleidet, aber wieder in Gnaden aufgenommen. 956 sandte Otto L. zur Sicherung der Reichsposition nach Italien. L. erlag jedoch bereits 957 einem Fieberanfall. Th. Zotz

Lit.: NDB XIV, 717f. – G. Althoff, Zur Frage nach der Organisation sächs. coniurationes in der Ottonenzeit, FMASt 16, 1982, 129–142 – W. Glocker, Die Verwandten der Ottonen und ihre Bedeutung in der Politik, 1989 – H. Beumann, Die Ottonen, 1991².

Liudolfinger → Ottonen

Liutbert, Ebf. v. Mainz 863–889, * ?, † 17. Febr. 889. Der vielleicht zur Sippe der Hattonen zu zählende Reichenauer Mönch wurde Abt in →Herrieden und auf Betreiben Kg. Ludwigs d. Dt. am 30. Nov. 863 Ebf. v. Mainz. 864 erhielt er von Nikolaus I. das Pallium. Hervorstechend im Wirken des wegen seiner Gelehrsamkeit Hochgeschätzten ist die synodale Initiative (u. a. 867 Konzil in Mainz, 868 in Worms, 877 in Mainz). An den Kölner Synoden v. 871 und 873 nahm er aktiv teil. L. war besorgt um die Kl.zucht und versicherte sich der päpstl. Zustimmung im Kampf gegen →Gottesurteile. Seine reichspolit. Bedeutung beruht auf der seit der Erhebung zum Ebf. bis zu seinem Tod anhaltenden Vermittlung zw. den ostfrk. Karolingern und Karl d. Kahlen gegen Ks. Lothar II. Die Eingliederung Lothringens in das Ostreich durch den Vertrag v. →Meerssen wurde von ihm maßgebl. gefördert. Entscheidend war seine Mitwirkung als einer der Leiter der Reichsversammlung in Tribur 887, auf der Karl III. abgesetzt und das Kgtm. Arnulfs v. Kärnten grundgelegt wurde, u. a. durch L.s Parteiwechsel. Für die verfassungsgesch. Stellung von Mainz ist die erstmals am 25. Sept. 870 nachweisbare Würde des Ebf.s als Erzkaplan (→Erzkanzler) bedeutend. Kl. Herrieden tauschte er 887 mit Kg. Arnulf gegen →Ellwangen; neben dem Ebm. behielt er die Abteien →Weißenburg und →Stablo, die ihm Kg. Ludwig d. Dt. übertragen hatte. A. Gerlich

Q. und Lit.: Reg. zur Gesch. der Mainzer Ebf.e, bearb. J. F. Böhmer – C. Will, I, 1877, XXVIf., 73–83, Nr. 1–67 – J. Bärmann, Zur Entstehung des Mainzer Erzkanzleramtes, ZRGGermAbt 75, 1958, 1–92, bes. 34f., 54ff., 65, 68–72 – H. Keller, Zum Sturz Karls III., DA 22, 1966, 333–384 – H. Büttner, Ebf. L. v. Mainz und die Rechtsstellung der Kl. (Landschaft und Gesch. [Fschr. F. Petri, 1970]), 104–115 – G. Althoff, Über die von Ebf. L. auf die Reichenau übersandten Namen, FMASt 14, 1980, 219–242 – H. Büttner, Mittelrhein und Hessen..., hg. A. Gerlich, 33, 1989 [H. Büttner: 1–50, bes. 16ff.; 83–88].

Liutgard. 1. L. (Liudgard), Kgn., † 4. Juni 800, ⌑ St. Martin, Tours; aus edlem alem. Geschlecht, nach dem Tod der Kgn. Fastrada (10. Aug. 794) Geliebte und wohl seit 796 letzte Gemahlin →Karls d. Gr.; von den Hofgelehrten, bes. →Alcuin, →Angilbert und →Theodulf, hochgeschätzt, die sie wegen ihrer Schönheit, ihrer Freigebigkeit und ihrer hohen Bildung priesen. In dem Epos »Karolus Magnus et Leo papa« wird sie (V. 182–194) als pulcherrima coniux Karls beim festl. Auszug zur Jagd an der Spitze des kgl. Gefolges geschildert. Ihre Ehe blieb kinderlos. J. Fleckenstein

Lit.: S. Abel–B. Simson, JDGKdG 2, 1883 – S. Konecny, Die Frauen des karol. Kg.shauses, 1976.

2. L., * 931 Magdeburg (?), † 18. Nov. 953 Mainz (?), ⌑ Mainz, St. Alban; Vater: Kg. Otto I.; Mutter: →Edgith, Tochter Kg. Eduards d. Ä. v. England. Wie ihr Bruder →Liudolf für dynast. Verbindungen mit den Großen im W und S des Reiches ausersehen, wurde L.s Lage, seit 947 Gemahlin →Konrads d. Roten, infolge der Aufstände von Gemahl und Bruder schwierig. Sie konnte weder Konrads Empörung gegen Otto noch dessen Angriff auf die Stellung des Mainzer Ebf.s →Friedrich (47. F.) verhindern. Ihrer Ehe entsproß ein Sohn Otto, später ztw. Hzg. v. →Kärnten und Rivale Heinrichs II. vor der Kgs.wahl 1002. A. Gerlich

Lit.: R. Holtzmann, Gesch. der sächs. Ks.zeit, 1941, 111, 141, 159, 169, 223, 263, 384 – H. Sproemberg, Die lothring. Politik Ottos d. Gr., RhVjbll 11, 1941, 1–101, bes. 36ff. – Otto d. Gr. hg. H. Zimmermann (WdF 450, 1976), 56–69, bes. 60 [G. Wolf]; 70–136, bes. 130f. [H. Naumann].

Liutizen → Lutizen

Liutold v. Eppenstein, Hzg. v. →Kärnten 1077–90, * um 1045/50, † 12. Mai 1090, ⌑ wohl in St. Lambrecht/Steiermark; Sohn des Markwart v. Eppenstein und der Liutbirg. Nach der Wahl Rudolfs v. Rheinfelden zum Gegenkg. sprach Kg. Heinrich IV. 1077 dessen Parteigänger →Berthold v. Zähringen das Hzm. Kärnten ab und verlieh es an L., den Enkel des 1035 abgesetzten Hzg.s →Adalbero. Dieser ermöglichte ihm die Rückkehr ins Reich über »die steilen Engpässe Kärntens«. Da der Kg. 1077 neben Istrien und Krain auch die Gft. Friaul an Patriarch Sigehard v. Aquileia vergab und die Kärntner Mark in der Hand der Otakare v. Steyr verblieb, übernahm L. nur ein verkleinertes Hzm. und die Mark Verona. Gemeinsam mit seinen Brüdern Ulrich und Heinrich (→Eppenstein) konnte L. eine starke Position seines Geschlechts im Ostalpenraum aufbauen. Nachdem er in Gegensatz zu Ks. Heinrich IV. geraten war, hinterließ er bei seinem »unvorhergesehenen Tod« trotz zweier Ehen keine Kinder. H. Dopsch

Lit.: A. v. Jaksch, Gesch. Kärntens I, 1928, 195ff. – K. E. Klaar, Die Herrschaft der Eppensteiner in Kärnten (Archiv für vaterländ. Gesch.

und Topographie 61, 1966) – C. FRÄSS-EHRFELD, Gesch. Kärntens I, 1984, 144f.

Liutpert, langob. Kg. 700–701, Sohn Kg. →Cunincperts. Ansprand, der Vater Kg. →Liutprands, führte für den minderjährigen L. die Regentschaft. Gegen sie empörte sich →Raginpert, der Hzg. v. Turin, ein Neffe Cunincperts. Nach seinem Sieg ließ er sich zum Kg., seinen Sohn →Aripert II. zum Mitkg. erheben. Dieser ließ nach dem Tod seines Vaters L. 701 beseitigen.   J. Jarnut

Lit.: HARTMANN, Gesch. Italiens II, 2, 122f. – R. SCHNEIDER, Kg.swahl und Kg.serhebung im FrühMA, 1972, 50f. – H. FRÖHLICH, Stud. zur langob. Thronfolge [Diss. Tübingen 1980]), 166f. – P. DELOGU, Il regno longobardo (Storia d'Italia, hg. G. CALASSO I, 1980), 121f. – J. JARNUT, Gesch. der Langobarden, 1982, 64, 80.

Liutpoldinger → Luitpoldinger

Liutprand. 1. L., langob. Kg. 712–744, Sohn Kg. →Ansprands und der Theoderada, ⚭ Guntrud, bayer. →Agilolfingerin, Onkel Kg. →Hildeprands, ▭ S. Adriano, Pavia. L., der einzige Sohn Kg. Ansprands, der die Verfolgungen seiner Familie durch Kg. →Aripert II. im bayr. Exil überlebt hatte, gelangte 712 nach der nur dreimonatigen Herrschaft seines Vaters auf den Thron. In seiner langen Regierungszeit intensiv um innere Festigung des Reiches bemüht, trat er als Gesetzgeber und demonstrativ Katholizität und Gottesgnadentum betonender Förderer der Kirche hervor und baute sowohl die Paveser Zentral- als auch die kgl. Regionalverwaltung aus. Er nutzte die durch den →Bilderstreit hervorgerufenen Erschütterungen der byz. Stellung in Italien, um seine Herrschaft, v. a. in der Emilia und der Romagna, auszuweiten, verzichtete 742 jedoch auf seine Eroberungen im Dukat v. Rom und auf andere röm. Kirchengüter aufgrund der Bitten Papst Zacharias'. Seine Bemühungen, die beiden Großhzm.er →Spoleto und →Benevent unter seine Kontrolle zu bringen, hatten wenigstens ztw. Erfolg. L. griff nach dem Tod Hzg. Theodos (717) zugunsten seiner Verwandten in innerbayer. Auseinandersetzungen ein und verbündete sich mit dem frk. Hausmeier Karl Martell, dessen Sohn Pippin er 737 adoptierte. 738 intervenierte er auf Karl Martells Wunsch siegreich gegen die Sarazenen in der Provence. Seit 735/736, als Hildeprand während einer schweren Erkrankung L.s zum Kg. erhoben worden war, beteiligte er diesen an der Herrschaft. Für die Langobarden wurde der erfolgreiche und wohl auch menschl. anziehende Kg. zum Idealherrscher, wie →Paulus Diaconus (VI, 58) und andere nach seinem Tod entstandene Q. bezeugen.   J. Jarnut

Lit.: HARTMANN, Gesch. Italiens II, 2, 125–146 – R. SCHNEIDER, Kg.swahl und Kg.serhebung im FrühMA, 1972, 52–55 – H. FRÖHLICH, Stud. zur langob. Thronfolge [Diss. Tübingen 1980], 182–197 – P. DELOGU, Il regno longobardo (Storia d'Italia, hg. G. CALASSO I, 1980), 125–163 – J. JARNUT, Gesch. der Langobarden, 1982, 80–97.

2. L. v. Cremona, * ca. 920, † 970/972, durch Biographie und lit. Werke einer der wichtigsten Zeugen der Gesch. Italiens im 10. Jh. und der Politik Ottos I. gegenüber Rom und Byzanz. Da bereits Vater und Stiefvater durch Gesandtschaften nach Konstantinopel im Dienste Kg. →Hugos standen, kam L. als Junge an den Hof zu Pavia. An der dortigen Schule erhielt L. eine geistl. und lit. Ausbildung, auf die seine guten Kenntnisse antiker Autoren und sein gewandter Schreibstil zurückgehen. Zum Diakon geweiht, übernahm L. für →Berengar v. Ivrea 949 eine Gesandtschaft nach Konstantinopel, fiel dann aber aus unbekannten Gründen in dessen Ungnade und flüchtete über die Alpen an den Hof Ottos I. Dort begann er sein Geschichtswerk, dessen Name »Liber antapodoseos« (Vergeltung) das persönl. Motiv der Rache an Berengar verrät. Sein Anspruch, die Herrschergesch. von »ganz Europa« zu schildern, setzt sich fast ausschließl. nur in die Darstellung der it., byz. und frk.-sächs. Ereignisse ab ca. 880 um. Das zumindest für seine it. Teile einzigartige Werk schließt unvollendet mit dem Bericht zu L.s erster Gesandtschaftsreise nach Byzanz (949). 961 zog L. im Gefolge Ottos I. nach Italien und wurde von diesem zum Bf. v. Cremona erhoben. Auf der röm. Synode zur Absetzung Johannes' XII. (963) führte L. für Otto I. das Wort und faßte das Geschehen einschließl. seiner polit. Vorgesch. in einem ausführl. Bericht (»Historia Ottonis«) zusammen. Nach einer weiteren Gesandtschaft nach Rom (965) und der Teilnahme an Ottos II. Ks.krönung (967) wurde L. 968 von Otto I. zu Ks. Nikephoros Phokas nach Konstantinopel geschickt, um durch die Werbung der Ks.tochter Anna für Otto II. den militär.-polit. Konflikt der beiden Ksr.e zu beenden. Zu dieser Reise, die sich als diplomat. Fehlschlag erwies, schrieb L. als Rechtfertigung eine umfassende Schilderung (»Legatio ad imperatorem Constantinopolitanum Nicephorum Phocam«), die, ergänzt durch die Darstellungen der »Antapodosis«, trotz ihrer polem. Absicht wichtige Aufschlüsse über den byz. Hof und sein Umfeld geben.
   E. Karpf

Ed. und Lit.: ed. J. BECKER, MGH SS rer. Germ., 1915 – dt. Übers. A. BAUER – R. RAU, AusQ VIII, 1971, 233ff. – M. LINTZEL, Stud. über L. v. C., 1933 – G. ARNALDI, L.o e l'idea di Roma nell'alto medioevo, ASRSP 79, 1956, 23ff. – W. OHNSORGE, Die Anerkennung Ks. Ottos I. durch Byzanz, BZ 54, 1961 – DERS. (Fschr. F. DÖLGER, hg. P. WIRTH, 1966), 388ff. – G. ARNALDI (La storiografia altomedievale 2, Sett. cent. it. 17, 1970), 479ff. – K. HAUCK (Fschr. W. SCHLESINGER, II, hg. H. BEUMANN, 1974), 276ff. – J. D. SUTHERLAND, The Mission to Constantinople in 968 and L. of C., Traditio 31, 1975, 55ff. – M. RENTSCHLER, Gr. Kultur und Byzanz im Urteil w. Autoren des 10. Jh., Saeculum 29, 1978, 324ff. – J. KODER – TH. WEBER, L. v. C. in Konstantinopel., Byz. Vindob. 8, 1980 – M. RENTSCHLER, L.v.C., 1981 – E. KARPF, Herrscherlegitimation und Reichsbegriff in der otton. Gesch.sschreibung des 10. Jh., HF 10, 1985, 5ff.

Liutward, Bf. v. →Vercelli seit 879/880, Kanzler, Erzkanzler und einflußreicher Vertrauter Ks. Karls III. Beim Ks. u. a. wegen Ehebruchs mit dessen Frau →Richardis und Häresie verklagt, verlor L. 887 seine Hofämter und schloß sich Arnulf v. Kärnten an. 899 wurde er von den Ungarn erschlagen.   R. Pauler

Lit.: F. SAVIO, Gli antichi vescovi d'Italia dalle origini al 1300, 1898, 445f. – E. HLAWITSCHKA, Lotharingien und das Reich an der Schwelle der dt. Gesch., 1968, 36–39.

Liuva I., II. → Westgoten

Livellus/Libellus (it. Livello), Bezeichnung für einen Agrarvertrag, eine Form der Landleihe, der v. a. in Italien seit dem 7. Jh., bes. jedoch zw. dem 9. und 13. Jh. verbreitet war (vgl. Anselmus de Orto, De libello, 12. Jh.). Der Leihegeber gab für eine Zeitspanne (von 29 bis 100 Jahren oder von der 2. bis zur 7. Generation) dem Leihewerber (livellarius/libellarius) ein Stück Land zur Nutzung. Der Libellar verpflichtete sich und seine Nachfolger zur Bestellung und Melioration des Bodens zu vereinbarten Bedingungen. Der Vertrag wird nach den gleichlautenden Urk. (libelli) bezeichnet, die die Vertragspartner einander ausstellten. Leihegeber war häufig eine Kirche oder ein Kl., bisweilen auch ein Laie. Urprgl. diente der Libellarvertrag dem Unterhalt bäuerl. Familien, die sich in den Schutz kirchl. Einrichtungen gestellt hatten. Später fungierte er als wirksames Instrument der Binnenkolonisation und förderte die Verbesserung der Lebensbedingungen. In jurist. Hinsicht läßt sich häufig in der Praxis – abgesehen von formellen Kriterien – keine klare Unterscheidung zu anderen Agrarverträgen (Prekarie, Emphyteusis, Pastinatus) treffen, die gleichen Zwecken dienten.

G. Vismara

Lit.: HRG II, 1987f. – E. Besta, Le obbligazioni nella storia del diritto it., 1937, 297–300 – P. Grossi, Problematica strutturale dei contratti agrari nella esperienza giuridica dell'alto medioevo, Riv. diritto civ., 1966, 276–303.

Liven. Es ist noch ungeklärt, ob die den →Esten sprachl. nahe verwandten ostseefinn. L. in Nordkurland eingewandert sind oder zu der älteren Schicht der Landesbevölkerung gehören. Nachweisen kann man sie seit dem 2. Jh. mit abschnittartigen Steinsetzungen (Tarandgräbern) und flachen Erdhügelgräbern. Beide Gräberformen sind auch auf den Inseln Ösel (estn. Saaremaa) und Moon (estn. Muhu), aber mit anderem Grabinventar bzw. anderen Beigaben, verbreitet. Im 9. Jh. hören diese Gräber mit Kollektivbestattungen auf, und an ihrer Stelle erscheinen kleine Erd- und Hügelgräber mit Einzelbestattungen, die in den Beigaben eine unverkennbare Angleichung an die benachbarten ostbalt. →Kuren und →Semgaller zeigen. Seit dem 11. Jh. geraten die L. unter so starken Einfluß der Kuren, daß mit Ausnahme der Körperbestattung (im Gegensatz zu der Feuerbestattung der Kuren) in den materiellen Kulturhinterlassenschaften keine Unterschiede mehr bestehen. Die Burgen sind noch nicht hinreichend untersucht, als daß man sie vorbehaltlos den L. zuordnen könnte. Seit der 2. Hälfte des 11. Jh. sind L. in einem ca. 1000 km² großen Gebiet an der livländ. Aa und auf dem rechten Ufer des unteren Dünalaufs nachweisbar (auf dem linken Ufer sind bisher nur zwei livische Gräberfelder bekannt geworden). Es wird eine Übersiedlung des größeren Teils der kurländ. L. infolge der Ausweitung des Fernhandels angenommen. Belegbar ist sie bei den Wenden von der Windau über Riga nach Wenden (lett. Cēsis) in Livland aufgrund der Funde, die man mit denen aus Nordkurland vergleichen kann. Hier sind 16 z. T. sehr große, mehrere hundert Brand- und Körperbestattungen enthaltende Gräber bekannt. Zum größten Teil sind es Hügelgräber. Bei den Düna-L. überwiegen dagegen die Flachgräber mit Brand- und Körperbestattungen und sehr reichen Beigaben. In der Nähe der Gräberfelder befinden sich auch die z. T. sehr großen Siedlungen. Die 2–3 m × 5–6 m großen, mit Vorratsgruben, Herdstellen und in einigen Fällen mit Kellern ausgestatteten Häuser waren gruppenweise angeordnet, eng aneinandergebaut und auch mit 1–1,5 m breiten gepflasterten Gassen zw. ihnen versehen. Neben unbefestigten Siedlungen gab es auch solche, die mit Wall und Palisade umgeben waren. Aus Münz- und Importfunden läßt sich auf lebhafte Handelsbeziehungen über die livländ. Aa nach Pleskau und über die Düna nach Gotland im W und Smolensk im O schließen. Die Analyse des Fundmaterials zeigt hier eine Mischkultur mit skand. und balt. Komponenten in einer bes. ausgeprägten Formenvielfalt. →Livland.

J. Ozols

Lit.: C. Engel, Führer durch die vorgesch. Slg. des Dommuseums, 1933 – E. Šturms, Zur Vorgesch. der L., Eurasia Septentrionalis Antiqua 10, 1936 – Latvijas PSR arheoloğija, 1974.

Livius, Titus

I. Mittelalter – II. Humanismus.

I. Mittelalter: Der röm. Geschichtsschreiber T. L. erlangte mit seinem Gesch.swerk Ab urbe condita, das in 142 B. bis zum Jahre 9 v. Chr. führte, schon zu Lebzeiten höchstes Ansehen, verdrängte die ältere Annalistik nahezu vollständig und wurde zur Autorität für alle Späteren. Aus seinem Werk wurden Auszüge unter bestimmten Gesichtspunkten entnommen, von Valerius Maximus (Beispiele), Frontinus (Kriegslisten), Julius Obsequens (Vorzeichen) u. a. Die Lesemüdigkeit der späteren Ks.zeit und die Mode, umfangreiche Werke zu verkürzen, schadete auch dem L.: Schon für das späte 1. Jh. n. Chr. vermutet man eine epitome als Vorlage der späteren periochae (2. Jh.?) sowie der epitome v. Oxyrhynchos (Fragm. 3. Jh., 1. Hälfte?: CLA II² 208), für die auch eine Chronik benutzt zu sein scheint. Zu den Auszügen gehört auch das Werk des L. Annaeus Florus (Anfang 2. Jh.); mit dem Verlust anderer ist zu rechnen. Mit diesen epitomae bürgerte sich die Gewohnheit ein, L. als Gewährsmann zu nennen, tatsächl. aber einen der Auszüge zu benutzen. Diese haben wahrscheinl. schon im späten Altertum das vollständige Werk weitgehend verdrängt, so daß es fragl. ist, ob bei der Umschrift der Papyrusrollen in Pergamentcodices (etwa im 4. Jh.) überhaupt noch ein vollständiges Exemplar vorhanden war. Es ist charakterist. für die Überlieferung des L., daß das Werk offenbar schon in der Zeit der Papyrusrolle auf Dekaden oder Pentaden verteilt war, von denen dann eine jede ihr eigenes Schicksal hatte. Die von Q. Aurelius Symmachus im J. 401 geäußerte Absicht (epist. 9,13), den ganzen L. durchzukorrigieren, d. h. erst einmal ein vollständiges Exemplar herstellen zu lassen, scheint nicht über die 1. Dekade hinausgelangt zu sein: Symmachus starb bereits 402. Vier Fünftel des Livian. Werkes sind offenbar noch im Altertum verlorengegangen. Ins MA gelangt sind außer der 1. Dekade die 3, mit Lücken die 4. sowie von der 5. die erste Pentade; als Rest eines Exemplars der 10. Dekade aus einer unbekannten, an Klassikern reichen Bibliothek ist ein Fragm. von B. 91 als Palimpsest im Vatic. Pal. lat. 24 erhalten, der sich vielleicht schon im 8. Jh. in Lorsch befand.

Neben einem spätantiken Exemplar glaubt man die unmittelbare ma. Abschrift zu besitzen von der 3. Dekade (cod. Puteaneus: Paris. lat. 5730, hier aber die angebl. Abschrift doch wohl erst nach Zwischenkopien) und für die 4. Dekade (Fragm. 5. Jh. in Bamberg Class. 35a; Kopie Class. 35, 11. Jh.); die B. 41–45 sind überhaupt nur durch das aus Italien stammende, seit etwa 800 in Lorsch befindl. Exemplar (Wien lat. 15) erhalten geblieben. Im MA erscheint L. niemals unter den Schulautoren und verhielt sich ihm gegenüber ähnl. wie schon das späte Altertum: man nennt L. häufiger, als daß man sein Werk benutzt. Bei den angebl. aus L. stammenden Passagen handelt es sich in der Regel um hist. Begebenheiten, die zwar bei L. berichtet, im konkreten Fall aber aus einer epitome, aus Valerius Maximus oder einem anderen Autor angeführt werden. Aber schon seit dem 12. Jh. wird L. zusehends seltener genannt, und selbst ein so belesener Autor wie Johannes v. Salisbury hat das Werk nicht unmittelbar in Händen gehabt. Im frühen 14. Jh. verfaßte Nicolaus Trevet OP einen Komm. zur 1. und 3. Dekade.

F. Brunhölzl

Lit.: Manitius, I–III – Schanz-Hosius, II⁴, 315–319 – L. Traube, Paläograph. Forsch. IV: Bamberger Fragm. der vierten Dekade des L., AAM III. Kl., XXIV, 1, 1904 – R. Sabbadini, Le scoperte dei codd. lat. e greci ne' secc. XIV e XV, I, 1905, Reg.; II, 1914, 231ff. – A. H. McDonald (Catal. Translationum et Commentariorum, II, 331–348; 1971; III, 445–449, 1976) – Texts and Transmission (ed. L. D. Reynolds), 1983, 205–214.

II. Humanismus: L. ist der Klassiker unter den röm. Historikern im Humanismus (wie Cicero als Orator und Vergil als Dichter); er wird früh kommentiert, bald übersetzt und spät »suppliert«. Petrarca hat die Beschäftigung mit L. sanktioniert (annotierte Hs. Paris BN lat. 5690; teils Autograph London BL Harl. 2493, »il Livio del Petrarca e del Valla«, Faks. 1981); seit L. →Valla wird er philolog. behandelt (emendationes). Die Komm. setzen mit Nicolaus Trevet (gegen 1320) ein, es folgen (nach der Ed. pr.

Rom 1469 und zahlreichen Ausg. vor und nach 1500) u. a. Komm. des schweizer. Humanisten Glarean (Freiburg i. Br. 1540) und von Franciscus Modius (Frankfurt a. M. 1588). Pierre →Bersuire übersetzte L. ins Frz. (um 1350), →Boccaccio ins It.; dt. Paraphrasen eher als Übers. geben Bernhard Schöfferlin und Ivo Wittich seit 1505, in Mainz und Lorsch gefundene und edierte Hss. (Mainz 1519, Basel 1531) werden alsbald übersetzt. Die Supplemente der fehlenden Bücher des L. durch den Philologen Johannes Freinsheim († 1660) seit 1649 und anfänglich 'stilo Patavino' sind ein einst vielgerühmter Fall und eine vielgeübte Marotte barocker Philologie aus dem Wunsch, was nicht überliefert ist, nach den Inhalten der Periochen zu rekonstruieren. R. Düchting

Lit.: P. G. Schmidt, Supplemente lat. Prosa in der NZ, 1964, 25-36 – A. H. McDonald, Art. L.: Catalogus transl. et comment. 2, 1971, 331-348, Add. et corrig. 3, 1976, 445-449 – J. H. Whitfield, Livy >Tacitus: Classical influences on European culture A.D. 1500-1700, 1976, 281-293 – F. J. Worstbrock, Dt. Antikerezeption 1450-1550, 1, 1976, 94-98 – E. Kessler, Petrarca und die Gesch., 1978, 66ff. [L.-Philologie 1328] – R. Seider, Beitr. zur Gesch. der antiken L. hss., Bibl. und Wiss. 14, 1980, 128-152 – G. Billanovich, La tradizione del testo di Livio e le origini dell'umanesimo, I, 1ff., 1981ff. [mit Lit.] – H. A. Gärtner, Kat. Bibl. Palatina, 1986, 452f. [zur Ausg. v. J. Gruter, Frankfurt a. M. 1612 und zum cpl 875] – W. Ludwig, Röm. Historie im dt. Humanismus, 1987.

Livland

A. Land und Völker – B. Die Eroberungszeit – C. Spätmittelalter

A. Land und Völker

Unter L. (Livonia) wird im MA nicht nur das Siedelgebiet der →Liven im engeren Sinne verstanden, sondern auch – pars pro toto – das der ostseefinn. →Esten und der balt. →Letten (Lettgaller), →Kuren, →Semgaller und →Selen, aus denen sich bis zur frühen NZ das Volk der Letten entwickelt hat, das auch die Liven bis auf geringe Reste in Fischerdörfern an der Nordspitze Kurlands sprachlich und ethnisch aufgesogen hat. Die Grenzen L.s im MA waren nur im O und S künstliche und reichten von der Mündung der Narva in den Finnischen Meerbusen entlang dem Peipussee nach S zur Düna oberhalb Dünaburgs und von dort in westl. Richtung entlang der kurländ.-litauischen Endmoräne bis Heiligenaa (litauisch Šventoji) an der Ostsee.

B. Die Eroberungszeit

I. Die politischen und sozialen Strukturen der einheimischen Bevölkerung – II. Missionsgeschichtliche Anfänge. Verhältnis zum Papsttum – III. Entstehung der deutschen Landesherrschaften – IV. Entstehung der livländischen Städte. Verhältnis zur Hanse.

I. Die politischen und sozialen Strukturen der einheimischen Bevölkerung: Alle Völker und Stämme L.s waren spätestens seit der älteren Eisenzeit (4. Jh.) seßhafte Viehzüchter und Ackerbauern, die den Landbau in Form der Schwende (→Brandwirtschaft) oder →Feldgraswirtschaft betrieben, daher große Flächen der Waldungen in ihrer Gestalt veränderten, höhergelegene trockene Böden in der Nähe von Gewässern aufsuchten, schwere Niederungsböden vermieden. Je nach der Geländebeschaffenheit siedelten sie in Einzelhofgruppen, kleinen Weilern, nur vereinzelt (in Estland) in Dörfern. Burgen mit Holz-Erde-Wällen und Palisaden, zunächst wohl als Fluchtburgen, später (10.-12. Jh.) als Herrensitze sind überall nachgewiesen, an die sich mitunter offene Siedlungen von Handwerkern und Gewerbetreibenden anlehnten.

Ständige Kämpfe zw. den einzelnen Stämmen und Völkerschaften hatten verhindert, daß es zu größeren Herrschaftsbildungen gekommen war, ehe die Dänen in Estland, die Schweden in Kurland, wo sie zeitweilig Niederlassungen (→Grobin/Saeburg, Apuole) begründeten, endlich von →Gotland aus die Deutschen an der unteren →Düna und der Mündung der kurländ. Aa (»portus Semigallorum«) erschienen (70er Jahre des 12. Jh.). Vom NO und SO her waren Russen nach L. vorgerückt, schon im 11. Jh. Fs. Jaroslav d. Weise (→Estland) in die Gegend um →Dorpat; die Fs.en v. →Polock hatten als Tributherren über Letten und Liven an der Düna die Kleinfsm.er →Kokenhusen (Kukenois) und →Gerzike begründet, auf deren Hauptburgen orth. Kirchen errichtet wurden. Von Pleskau (→Pskov) aus wurde bei den Letten von Tolowa missioniert, wie russ. Lehnworte für kirchl. Gegenstände und Begriffe bezeugen.

II. Missionsgeschichtliche Anfänge. Verhältnis zum Papsttum: Erste, von Dänemark ausgehende Missionsunternehmungen in den balt. Ländern blieben ohne Erfolg (→Estland). Feste Konturen gewann erst die Tätigkeit des Augustinerchorherren →Meinhard aus dem Stift Segeberg in Holstein (ab 1182/84) unter den Düna-Liven bei →Üxküll, der seinen Begleiter, den Zisterzienser Theoderich, zu den Liven an der livländ. Aa entsandte. 1186 wurde Meinhard von Ebf. →Hartwig II. v. Bremen zum Bf. der Liven geweiht, 1188 vom Papst bestätigt und als Suffragan dem Ebm. →Hamburg-Bremen zugeteilt. Der Papst ermutigte die von Rückschlägen bedrohte Missionsarbeit Meinhard zu, hierfür Mönche und Kleriker je nach Bedarf heranzuziehen. Nach Meinhards Tod (14. August 1196) wude auf Bitten der chr. Liven vom Ebf. v. Bremen 1197 ein Nachfolger eingesetzt, der Zisterzienser →Berthold aus Loccum, der mit einem Kreuzfahrerheer ins Land zog und im Kampf mit den Liven im Juli 1198 umkam.

III. Entstehung der deutschen Landesherrschaften: Nach Bertholds Tod ernannte Ebf. Hartwig II. v. Bremen am 28. März 1199 einen Stiefneffen, →Albert v. Bekeshovede (Buxhövden) aus einer erzstift. Ministerialenfamilie, dem von Anfang an die Schaffung eines geistl. Territorialfsm.s in L. vorschwebte. Er beschaffte sich eine Kreuzzugsbulle Innozenz' III. (5. Okt. 1199), in der der L.kreuzzug dem Kreuzzug ins Hl. Land gleichgestellt wurde, sicherte sich polit. in Dänemark und durch Besuch am Hof Kg. Philipps v. Schwaben ab, warb um ritterl. Vasallen aus der Ministerialität und Kreuzfahrer (»Pilger«) und erschien im Frühjahr 1200 mit einer großen Flotte in L. Er begründete die Stadt →Riga (1201), tat Üxküll und andere Burgen an der Düna an Vasallen aus. 1202 gründete Theoderich v. Treyden den →Schwertbrüderorden (fratres miliciae Christi de Livonia) als ständige, dem Bf. zur Obödienz verpflichtete ritterl. Schutztruppe. 1207 gewann Albert die Hälfte des Fsm.s und der Burg →Kokenhusen, 1208 die Hauptburg der Selen, die sich taufen ließen, 1209 die Lehnherrschaft über →Gerzike. Durch Klage in Rom erreichten die Schwertbrüder, daß ihnen ein Drittel der bisher erworbenen Gebiete zugeteilt wurde. 1211 erhob Albert den →Theoderich, seit 1205 Abt des Zisterzienserkl. →Dünamünde, zum Bf. der Esten. Der Orden ließ sich 1212 von Ks. Otto IV. seinen Besitz bestätigen, während Albert ganz Gerzike gewann und den Verzicht des Fs.en v. Polock auf die Tributherrschaft über die Liven durchsetzte. 1215 wurde das Bm. L./Riga exemt und allein der Kurie unterstellt. 1219 eroberte Waldemar II. v. Dänemark die Estenfeste →Lyndanisse (Reval) – dabei fiel Bf. Theoderich –, unterwarf Nordestland (→Harrien, Wierland, →Jerwen) und ließ bei den Esten missionieren. Albert ernannte seinen Bruder →Hermann, Abt. v. St. Paul bei Bremen, zum Bf. der Esten. Dieser erwirkte 1225 für sich und seinen Bruder Albert von Kg. Heinrich (VII.) Reskripte, in denen beiden Bf.en die Regalien verliehen, ihre Bm.er als »Marken« des Reiches bezeichnet wurden. Rechtl. war über ihr Verhältnis zum Reich nichts gesagt. In L. kam es zu Kämpfen zw. Dänen und Deutschen und zu einem Aufstand der Esten, mit Hilfe der Russen von Novgorod und Pleskau. Auf die Bitte Alberts um Entsendung eines päpstl. Legaten kam Bf. →Wilhelm v. Modena 1225 nach L.; er regelte u.a. das Verhältnis zw. Albert und den Schwertbrüdern, bestimmte die Diözesangrenzen zw. Riga und Estland (seit 1224 Sitz in Dorpat), hielt 1226 im neuen Dom v. Riga ein Provinzialkonzil ab, mobilisierte auf der Rückreise in Gotland ein Kreuzfahrerheer, konnte aber die Rivalitäten in Estland nicht beseitigen. 1228 begründete Albert das Bm. →Ösel-Wiek. Am 17. Jan. 1229 starb er, ohne sein Ziel, eine eigene Erzdiöz., erreicht zu haben.

Zum Nachfolger wählte das Domkapitel den Magdeburger Propst und Prämonstratenser →Nikolaus; Ebf. Gerhard II. v. Bremen ernannte dagegen seinen Domscholaster Magister →Albert Suerbeer. Der päpstl. Vizelegat →Balduin v. Alna erkannte Nikolaus an, beschwor aber durch seine Tätigkeit in L. Streitigkeiten herauf, so daß Wilhelm v. Modena seit Herbst 1234 abermals schlichten mußte. Er schuf 1234 das Bm. →Kurland. Nach der vernichtenden Niederlage des Schwertbrüderordens bei →Saule gegen die verbündeten Kuren, Semgaller und Litauer (22. Sept. 1236) befahl Gregor IX. am 12. Mai 1237 die Aufnahme der Reste des Ordens in den →Dt. Orden, der alle Rechte, aber auch Verpflichtungen gegenüber den Bf.en übernehmen mußte, Nordestland an Dänemark zurückzugeben hatte (Vertrag v. Stensby, 7. Juni 1238) und nur die kleine estn. Landschaft →Jerwen behielt. Der Angriff des Dt. Ordens gegen Novgorod, wohl auf Veranlassung der ehem. Schwertbrüder, führte zur Niederlage auf dem Eise des →Peipussees (5. April 1242, →Alexander »Nevskij«). Der Orden wandte sich Semgallen, Kurland, v.a. Litauen zu, wo sich eine Machtkonzentration unter dem jungen Fs.en →Mindowe anbahnte. 1246 erhob Innozenz IV. in Lyon Albert Suerbeer zum Ebf. für Preußen (4 Diözesen) und Livland (3 Diözesen), der seinen Sitz nach Nikolaus' Tod in Riga nehmen sollte. Hier hatte freilich Nikolaus 1248 den litauischen Fs.en Tautwil (litauisch Tautvilas) v. Polock getauft, der der Errichtung einer Kathedralkirche in seiner Stadt zustimmte. Darauf wandte sich Mindowe an den livländ. Ordensmeister und erklärte sich zur Taufe bereit. 1253 wurde Mindowe, wohl in Wilna, getauft und zum Kg. v. →Litauen erhoben. Er trat →Schemaiten an den Dt. Orden ab, doch wehrten sich dessen Bewohner. 1260 brach ein Aufstand der Prußen, Kuren, Semgaller gegen den Dt. Orden aus, den Schemaiten und Litauer unterstützten. 1263 wurde Mindowe ermordet. Litauen löste sich in kleinere Burgherrschaften auf. Die Kuren konnten zuerst unterworfen werden, 1283 die Prußen, erst 1290 die Semgaller, während Schemaiten und Litauen unter einem neuen, aus →Aukštaiten stammenden Geschlecht, den späteren Gediminiden (→Jagiellonen), zu einem immer mächtiger werdenden Herrschaftsgebilde zusammenwuchsen, gegen das der livländ. Zweig des Dt. Ordens eine Ostgrenze n. und s. der 1312 wiederaufgebauten Dünaburg sichern konnte. Ebf. Albert Suerbeer geriet darüber in Streit mit dem Ordensmeister (1268). Die Stadt Riga wehrte sich, seit 1297 gewaltsam, gegen die Ordensherrschaft, mußte aber 1330 kapitulieren, den Ordensmeister neben dem Ebf. als Stadtherrn anerkennen und u.a. ein neues Ordensschloß als Wachtposten errichten. Schon 1305 hatte der Orden Dünamünde gekauft und eine feste Komturei als Überwachung der Dünamündung erbaut. Um 1300 hatte er erreicht, daß das Erzstift durch Ordensgebiet in eine lettische und eine livische Seite geteilt war; er besaß fast die Hälfte des Bm.s. Dorpat, Teile von Ösel, Dagö und der Wiek, dazu im Lettenland ein Stück der Landschaft Adsel, fast ganz Lettgallen, sowie Semgallen und zwei Drittel des ihm inkorporierten Bm.s Kurland, sowie seit 1330 auch die Oberherrschaft über Riga, war unter den sechs Landesherren (mit Riga) zweifellos der mächtigste.   M. Hellmann

IV. ENTSTEHUNG DER LIVLÄNDISCHEN STÄDTE. VERHÄLTNIS ZUR HANSE: An der Stelle oder im Bereich älterer Handelszentren wurden mit →Riga (1201), →Dorpat (nach 1224) und →Reval (1230) jene frühen Städte gegr., die auf dem Gebiet L.s stets auch die bedeutendsten blieben. Initiativ waren dabei die Landesherren – die Bf.e v. Riga und Dorpat sowie der Schwertbrüderorden –, denen die Städte zur Herrschaftssicherung dienten. Auch die weiteren livländ. Städte sind bei landesherrl. Residenzen und bei Burgen entstanden. Beteiligt an der Stadtgründung waren die frühhans. Kaufleute der Gotländ. Genossenschaft (→Gotlandfahrer), die am Aufbau fester Stützpunkte des Handels interessiert waren. Die Städte L.s gehörten deshalb zumindest potentiell von vornherein der →Hanse an, in deren Rahmen sie v.a. als Stationen des Handels mit der Rus' dienten. Eine allg. Handelsfreiheit erstreckte sich in ihnen zunächst auf die vorübergehend aus →Visby und Norddtl. kommenden und auf die ortssässigen Kaufleute jeden Volkstums. Da die »Undeutschen« jedoch über weniger Kapital verfügten, konnten sie am Fernhandel nur begrenzt teilnehmen. Bedeutend war aber ihre Rolle im örtl. Kleinhandel sowie im Handwerk und sonstigen Gewerbe.   N. Angermann

C. Spätmittelalter

I. Kampf um die Vorherrschaft im Lande – II. Livland im politischen Gefüge des Ostseeraumes – III. Entstehung von Ständewesen und Landtag – IV. Städtewesen, Wirtschaft und Bauerntum – V. Abwehrkämpfe gegen die Nachbarn. Der Ausklang.

I. KAMPF UM DIE VORHERRSCHAFT IM LANDE: Das 14. und 15. Jh. der Geschichte L.s ist beherrscht vom Machtkampf zw. dem Ebf. und dem livländ. Zweig des Dt. Ordens. Ebf. Johannes III. (1295–1300) aus dem Gf.enhaus v. →Schwerin wehrte sich als erster mit seinen Suffraganen Dorpat und Ösel-Wiek mit bewaffneter Hand gegen den livländ. Ordensmeister, wurde aber besiegt und ztw. in Gewahrsam genommen. Nach dem kurzen Episkopat des Ebf.s Isarnus, eines Südfranzosen aus Carcassonne (1300–02), weilte Ebf. →Friedrich v. Pernstein (1304–41), Sproß eines mähr. Adelsgeschlechts, zumeist an der Kurie, um gegen den Dt. Orden zu klagen. Dieser hatte 1305 mit dem Kauf von Dünamünde die Dünamündung unter seine Kontrolle gebracht. Trotz päpstl. Bannes (1312) erreichte der Orden, der sich mit Domkapitel und Vasallen verbündete (Segewold, 1316), daß der Kauf von Dünamünde legalisiert wurde. Das Bündnis der Stadt Riga mit →Gedimin konnte ihre Niederlage nicht verhindern: sie mußte sich am 30. März 1330 unterwerfen. Auch über das Erzstift übte der Dt. Orden die Oberhoheit aus, da Ebf. Engelbert v. Dolen (1341–48) gar nicht ins Land kam. 1343 schlug der Dt. Orden einen allg. Estenaufstand nieder und kaufte 1346 dem Kg. v. Dänemark Nordestland ab; der Bf. v. Reval, der keine landesherrl. Rechte besaß, blieb weiterhin dem Ebm. →Lund unterstellt. Der Dt. Orden einigte sich mit der Stadt Reval und der harrisch-wierischen Ritterschaft. Nach erneutem Streit mit Ebf. Fromhold v. Vifhusen (1348–70), der außer Landes ging, trat Ks. Karl IV. auf Bitten Clemens' VI. für die

Belange des Erzstifts ein und ließ Riga aufgrund des Reskripts von 1225 zum Ebm. des Reiches erklären. Ein Tag zu Danzig (1366) brachte zwar einen Vergleich, doch kehrte sich niemand daran. Ebf. Siegfried v. Blomberg (1370–74) verwandelte das Domkapitel aus einem Prämonstratenser- in ein Augustinerchorherrenstift (10. Okt. 1373). Dagegen protestierte der Dt. Orden und besetzte die erzstift. Schlösser. Der Ebf. ging nach Avignon. Sein Nachfolger, Ebf. Johannes IV. v. Sinten (1374–93), setzte den Streit fort, mußte aber vor dem Dt. Orden, der die Stiftsgüter besetzte und an der Kurie durch seine materielle Überlegenheit obsiegte, nach Lübeck fliehen. 1393 ließ der Dt. Orden einen Ordenspriester, →Johann (VI.) v. Wallenrode, zum Ebf. erheben. 1397 wurde bestimmt, daß künftig nur ein Ordenspriester Ebf. werden dürfe; das Domstift wurde dem Orden inkorporiert. Das Ziel des Dt. Ordens schien erreicht, zumal der Ebf. bald außer Landes ging und die Güter des Erzstifts vielfach verpachtete. Als Johann v. Wallenrode Bf. von Lüttich wurde (1418), wurde der Bischof von Chur, Johannes (VII.) Ambundi, sein Nachfolger (1418–24), der die Inkorporation des Erzstifts in den Dt. Orden aufheben und das Domstift wieder in ein Augustinerchorherrenstift umwandeln ließ. Sein Nachfolger Henning Scharpenberg (1424–48) hielt das zweite livländ. Provinzialkonzil in Riga ab (1438), um die verwahrlosten kirchl. Zustände in Ordnung zu bringen; als seine Gesandtschaft nach Rom vom Dt. Orden abgefangen und umgebracht wurde, ging der Ebf. energisch gegen ihn vor, sah sich aber zu einem Vergleich genötigt (1431). Auf einem Landtag in Walk (Anfang Dez. 1435) einigten sich die Landesherren und Stände auf ein Bündnis. Mit viel Geld erreichte der Dt. Orden die Erhebung des Kanzlers des Hochmeisters und Ordenspriesters Silvester →Stodewescher, eines Thorner Bürgersohnes, zum Ebf. (1448–79). Er schloß mit dem livländ. Ordenszweig den sog. Vertrag v. Kirchholm, der eine Teilung der Herrschaft über die Stadt Riga bedeutete (1452), aber das führte bald zu erneutem Streit und offenen Kämpfen, während derer der Ebf. starb. Sein vom Papst ernannter Nachfolger Stefan Grube (1480–83) ließ sich in Rom die alleinige Herrschaft über Riga zusprechen; in harten Kämpfen siegten die Rigenser. Erst unter Ebf. Michael Hildebrand (1484–1509), einem Revaler Bürgersohn, kam es zu einem Vergleich mit Riga, der »Wolmarschen Afspröke« (Absprache) von 1491. Am 13. Sept. 1502 konnte der livländ. Ordensmeister →Wolter v. Plettenberg gemeinsam mit dem Ebf. v. Riga durch den Sieg über die Russen Ivans III. für ein halbes Jh. die Existenz L.s sichern (Friede v. 1503). Angesichts der tödl. Bedrohung durch das Gfsm. →Moskau hatten die innerlivländ. Auseinandersetzungen ihre Bedeutung verloren.

M. Hellmann

II. LIVLAND IM POLITISCHEN GEFÜGE DES OSTSEERAUMES: Von seinen Nachbarschaftsbeziehungen zu den Ostslaven und Litauern abgesehen, besaß L. sehr enge Verbindungen zu Preußen und zur Hanse, es war vielfältig mit Dänemark und Schweden-Finnland verknüpft und stand in vereinzelten Kontakten zu den Hzm.ern Pommern und Mecklenburg. Der preuß. und der livländ. Deutschordenszweig gewährten einander militär. und sonstige Unterstützung, die aber nach den Niederlagen Preußens seit dem frühen 15. Jh. für L. geringer wurde. Die Beziehungen zur Hanse boten den Städten L.s polit. Rückhalt. Was Dänemark betrifft, bedeutete der Verkauf Nordestlands an den Orden 1346 kein Ende seines Interesses an diesem Gebiet. Für den Orden wurde dies um so bedrohlicher, als die skand. Kg.e von seinen innerlivländ. Gegnern sehr oft um Schutz gebeten wurden. Auseinandersetzungen zw. Dänemark und Schweden um ihre Union und weitere Faktoren verhinderten jedoch ein dauerhaft wirksames skand. Engagement in L.

N. Angermann

III. ENTSTEHUNG VON STÄNDEWESEN UND LANDTAG: Als Landesherren der geistl. Stifter waren die Bf.e polit., wirtschaftl. und militär. auf den Adel und die Städte angewiesen. Die Autonomie der Städte, insbes. Rigas, Revals und Dorpats, entsprach ihrer Eigenständigkeit, ihrer Finanzkraft und Gerichtshoheit. Der Adel in →Harrien und Wierland war schon im 13. Jh. unter ein. Herrschaft durch Manntage und Landesrat an Landesverwaltung und Rechtsprechung beteiligt und bildete eine korporativ-familiäre Vereinigung, die auch außerhalb des Territoriums als polit. Partner begehrt war (1304 Konföderation v. Dorpat). Durch die »Jungingensche Gnade« des Hochmeisters →Konrad v. Jungingen (1393–1407) wurde die harrisch-wierische Ritterschaft 1397 mit einem erweiterten Erbrecht an den Lehngütern privilegiert. Die stiftischen Vasallen erlangten eine gleicherweise privilegierte Stellung erst 60 Jahre später (»Silvesters Gnade« des Ebf.s Silvester Stodewescher, i. J. 1457 im Erzstift). Im 14. Jh. erforderten die polit. Probleme wiederholt Zusammenkünfte, an denen sich zunehmend der Orden beteiligte. Seit 1419 verdichteten sich die bedarfsweise einberufenen Tagungen zu einer festen Institution, dem Landtag, meist in Walk, Wenden oder Wolmar, wo Landesherren und Stände nach Kurien getrennt (I. Bf.e, II. Ordensherren, III. Deputierte der Ritterschaften, IV. Städte) berieten und dann zu Einigungen über Fragen des inneren Friedens (Konföderation v. Walk 1435), der Münze, der Läuflinge, der Folgewirkungen der Reformation, über militär. Fragen u.a. gelangten. Seit 1422 wurden die Ergebnisse in Rezessen festgehalten. Der Staatenbund wurde durch diese ständ. Querverbindungen fester aneinander geschlossen.

H. von zur Mühlen

IV. STÄDTEWESEN, WIRTSCHAFT UND BAUERNTUM: In Riga, Dorpat und fast allen Kleinstädten galt rigisches Stadtrecht, in Reval, →Narva und →Wesenberg lübisches. Schon frühzeitig erlangten die Städte die Gerichtshoheit. Oberste Gerichte und Verwaltungsbehörden waren die Magistrate, die sich selbst aus den »ratsfähigen« Kaufmannsfamilien ergänzten. Die Bürger (→Bürger, -tum, H. II) hatten von Anfang an zu gegenseitigem Schutz, wirtschaftl. Förderung und religiös-geselligen Gelagen →Gilden gebildet, denen bis Ende des 14. Jh. auch fremde Kaufleute angehörten. Nach deren Ausscheiden repräsentierten die Gilden, jetzt erst in solche der Kaufleute (Große Gilde) und Handwerker (Kleine G., »Ämter« vereinigend) geteilt, die Stadtgemeinde, die auch polit. und finanzielle Mitsprache erlangte. Dagegen verloren die »Undeutschen« als bloße »Einwohner« der Städte (meist unter 50%) ihre Gleichberechtigung.

Im Handel dominierte neben Getreideexport und Salzimport der Transit zw. dem W und den russ. Handelsstädten Novgorod, Pleskau und Polock, die u.a. Salz und Hering bezogen und Wachs, Talg, Tran, Häute, Flachs und Hanf lieferten. Auch Schweden, Finnland und Litauen waren gesuchte Handelsziele. Die Fremden, auch Hansen, wurden durch Einzelhandelsverbot und Stapelrecht (1346) stark benachteiligt. In Novgorod erlangten die Livländer die Vorherrschaft und übernahmen 1494 die Funktionen des von Ivan III. geschlossenen Handelshofes. Das Handwerk mußte sich trotz Zuwanderung aus Dtl. mühsam gegen die Konkurrenz von Importen behaupten; die Undeutschen wurden nach Verdrängung aus dem Fernhandel meist auch vom zünftigen Handwerk ausgesperrt. Groß war aber der Bedarf an Arbeitskräften im Transport- und Baugewerbe sowie an Dienstboten und demzufolge an Zuwanderung vom Lande. Vor der drükkenden Fron und Schuldenlast (→Bauer, -ntum, D. X) suchten viele Zuflucht (→Läuflinge) in den wachsenden Städten, wo sie nach dem Grundsatz »Stadtluft macht frei in Jahr und Tag« Schutz vor der Ausforderung ihrer Gutsherren fanden.   H. von zur Mühlen

V. ABWEHRKÄMPFE GEGEN DIE NACHBARN. DER AUSKLANG: Äußere Feinde haben während der Eroberungszeit und nach Ausbildung und Festigung der livländ. Territorien fast nie ganz L. angegriffen, sondern meist den Dt. Orden, die russ. Pleskauer auch das in ständige Grenzkonflikte mit ihnen verstrickte Stift Dorpat. Selbst die Litauer, die schon seit dem Ende des 12. Jh. L. auf ihren Raubzügen durchstreiften, wollten nach der Konsolidierung der dt. Territorien in der Regel den Dt. Orden treffen, waren aber mit der Stadt Riga lange Jahre unter Duldung der Ebf.e verbündet, schon im 13. Jh., v.a. aber unter Gedimin und seinen Nachfolgern. Das änderte sich erst, als das aufsteigende Großfsm. Moskau, seit Ivan III., Novgorod unter seine Herrschaft zwang (1471, 1478) und Pleskau folgte (1499, 1510). Jetzt wurden Besitzansprüche auf livländ. Territorium geäußert und die livländ. Mächte gezwungen, sich gegen diesen gefährlichsten äußeren Feind zusammenzuschließen. Der Ordensmeister Wolter v. Plettenberg kämpfte gemeinsam mit dem Ebf. Michael Hildebrand v. Riga gegen die Russen am Smolina-See (13. Sept. 1502). Wilhelm v. Brandenburg-Ansbach, der letzte dt. Ebf. v. Riga (1539–63), unterwarf sich gemeinsam mit dem letzten livländ. Ordensmeister Gotthard Kettler (1559–62) am 28. Sept. 1561 dem Kg. v. Polen und Gfs.en v. Litauen, indes Nordestland mit Reval die Schweden als Herren anerkannte, Ösel-Wiek und Dorpat zeitweilig dän. Herrschaft huldigten, die sich freilich bald zurückzog. Allein die Stadt Riga wahrte bis 1581 ihre Unabhängigkeit, ehe sie dem Kg. v. Polen huldigte.   M. Hellmann

Bibliogr.: E. WINKELMANN, Bibliotheca Livoniae hist., 1878[2] [Nachdr. 1969] – E. BLUMFELDT–N. LOONE, Bibliotheca Estoniae hist. (1877–1917), 1933 [Nachdr. 1987] – Balt. Bibliogr. (Ausw.), hg. H. WEISS u.a., ZOF 3, 1954 f. – Stud. zu den Anfängen der Mission in L., hg. M. HELLMANN, 1989 – Q. und Quellenkunde [s. auch die Angaben zu →Chronik, M. IV sowie zu einzelnen Chronisten und Werken, v.a. →Heinrich v. Lettland, →Hermann v. Wartberge, →Livländ. Reimchronik u.a.]: SS rerum Livonicarum, I/II, 1848–53 – Liv-, Esth- und Kurländ. UB, I. Abt., 1–5, hg. F. G. v. BUNGE, 1852 f.; II. Abt., 10–12, 1859 f. – SS rerum Prussicarum, 2, 1863 – K. HÖHLBAUM, Beitr. zur Quellenkunde Alt-Livlands, Beih. der Gelehrten Estn. Gesellschaft 7, 1873, 21 f. – Est. und Livländ. Briefladen, I–IV, 1881–85 – H. HILDEBRAND, Livonica, 1887 – Akten und Rezesse der livländ. Ständetage, I–III, 1907–33 – Livländ. Güterurkk., hg. H. v. BRUININGK–N. BUSCH I, II, 1908, 1923 – Fontes historiae Latvii medii aevi, hg. A. ŠVĀBE, 1, 2, 1937–40 – L. ARBUSOW, Liturgie und Geschichtsschreibung im MA, 1951 – Lit.: Gesamtdarst.: K. P. KUPFFER, Balt. Landeskunde, 1911 – L. ARBUSOW, Grdr. der Gesch. Liv-, Est- und Kurlands, 1918[2] – A. SPEKKE, Hist. of Latvia. An Outline, 1931 – H. KRUUS, Grdr. der Gesch. des estn. Volkes, 1932 – Eesti ajalugu, hg. H. MOORA–E. LAJD u.a., 1935–40 – BL I, 1939 – R. WITTRAM, Gesch. der balt. Dt., 1939 – DERS., Balt. Gesch. 1954 – M. HELLMANN, Das Lettenland im MA, 1954 – Latviju enciklopēdija, hg. A. ŠVĀBE, 1–14, 1959 f. – Vorzeit: A. BUCHHOLTZ, Bibliogr. der Archäologie Liv-, Est- und Kurlands, 1896 – K. LÖWIS OF MENAR, Burgenlex. für Alt-L., 1922 – L. ARBUSOW, Frühgesch. Lettlands, 1933 – A. TUULSE, Die Burgen in Estland und Lettland, 1942 – Latvijas PSR Arheoloģija, 1974 – Einzelstud.: F. G. v. BUNGE, Die Revaler Rathslinie, 1874 – W. MOLLERUP, Dänemarks Beziehungen zu L. vom Kauf Estlands bis zur Auflösung des Ordensstaates, 1884 – G. A. DONNER, Kard. Wilhelm v. Sabina, Bf. v. Modena, 1929 – Genealog. Hb. der balt. Ritterschaften, 1931 f. – V. NIITEMAA, Der Binnenhandel in der Politik der livländ. Städte im MA, 1932 – N. BUSCH, Gesch. und Verfassung des Bm.s Ösel, 1934 – M. FRHR. v. TAUBE, Russ. und litauischen Fs.en an der Düna zur Zeit der dt. Eroberung L.s, JKGS NF 11, 1935 – A. M. AMMANN, Kirchenpolit. Wandlungen im Ostbaltikum, 1936 – P. JOHANSEN, Die Bedeutung der Hanse für Livland, HGbll 65/66, 1941 – V. NIITEMAA, Die undeutsche Frage in der Politik der livländ. Städte im MA, 1949 – P. JOHANSEN, Nord. Mission, Revals Gründung und die Schwedensiedlung in Estland, 1951 – B. ÅBERS, Zur päpstl. Missionspolitik in Lettland und Estland zur Zeit Innozenz' III., Commentationes Balticae 4/5, 1956/57, 1 ff. – F. BENNINGHOVEN, Rigas Entstehung und der frühhans. Kaufmann, 1961 – J. AHVENAINEN, Der Getreidehandel L.s im MA, 1963 – F. BENNINGHOVEN, Der Orden der Schwertbrüder, 1965 – P. JOHANSEN–H. V. ZUR MÜHLEN, Deutsch und Undeutsch im ma. Reval, 1973 – V. BIĻKINS, Die Autoren der Kreuzzugszeit und das dt. Milieu L.s und Preußens, Acta Baltica 14, 1974, 233 ff. – M. HELLMANN, Die Stellung des livländ. Ordenszweiges zur Gesamtpolitik des Dt. Ordens vom 13. bis zum 16. Jh. (Fschr. M. TUMLER, 1978) – Z. IVINSKIS, Lietuvos istorija iki Vytauto Didžiojo mirties, 1978 – Tartū ajalõgū, hg. R. PULLAT, 1980 – S. VAHTRE, Jüriöö, 1980 – Gli inizi del Cristianesimo in Livonia-Lettonia, hg. M. MACCARRONE, 1989.

Livländische Reimchronik (mhd.), die mit 12015 paarweise gereimten Versen umfangreichste Dichtung, die im Umkreis des →Dt. Ordens entstanden ist (in zwei Hss. [Riga, Aufenthalt z. Zt. unbekannt; Heidelberg] sowie einigen Frgm.en vertreten und häufig auch außerhalb Livlands benutzt). Sie ist entweder von einem ungenannten und unbekannten Mitglied des Dt. Ordens oder von einem ihm sehr Nahestehenden wohl als »Tischbuch« zum Vorlesen in den Ordensräumen verfaßt worden. Er beschreibt die Eroberung →Livlands als Christentum, wobei die Kämpfe des Dt. Ordens immer mehr in den Mittelpunkt rücken. Die Amtszeit der Ordensmeister und auch der →Schwertbrüder ist das Gliederungsprinzip des Stoffes. Die polit. Geschehnisse sowie die anderen livländ. Landesherren, die Bf.e und die Domkapitel lassen ihn gleichgültig; für die Weltgeistlichen hat er manches spött. Wort übrig, so daß er keinesfalls Geistlicher gewesen sein kann. Das Werk besteht aus zwei Teilen. Der erste Teil stützt sich – vor seiner Ankunft im Lande – auf schriftl. und mündl. Überlieferung, u.a. auch auf die Chronik des Lettenpriesters →Heinrich (123. H.), und enthält zahlreiche Irrtümer, v.a. in der Chronologie. Der zweite Teil entstand, als der Verf. im Lande weilte und Augenzeuge der Geschehnisse, der Kämpfe des Dt. Ordens gegen Kuren, Semgaller und Litauer wurde, viel im Lande herumkam, dabei viele Beobachtungen machen und in sein Werk einfügen konnte, das nach 1290 abbricht. Es ist nicht in einem Zuge entstanden, Hinweise auf benutzte ndt. Q. sind ganz vereinzelt. Der Dichter bevorzugt einen einfachen Stil, bequeme Reimwörter, hat aber Freude an lebendigen Dialogen und lebendiger Erzählung.   M. Hellmann

Ed.: maßgebende Ausg.: L. R., hg. L. MEYER, 1876 – Lit.: Kindlers Lit. Lex. XIII, 57 f. – R. LINDER, Zur älteren »L. R.« [Diss. Leipzig 1891] – P. ECKE, Die »L. R.« [Diss. Greifswald 1910] – W. MEYER, Stilist. Unters. zur »L. R.« [Diss. Greifswald 1912] – K. HELM–W. ZIESEMER, Die Lit. des Dt. Ritterordens, 1951, 147 ff. – L. MACKENSEN, Zur dt. Lit.gesch. Alt-Livlands (BL I), 393 ff. – The Livonian Rhyme Chronicle, ed. J. C. SMITH–W. L. URBAN, 1977.

Livno (Hlivno, Hlěvno), Burg und Burgbezirk (Gau) in →Bosnien und →Herzegowina. Ursprgl. war Hlevena (Cleuna) einer der elf Gaue des ältesten kroat. Staates (9.–11. Jh.). Zentrum des auf die Karstebene Livanjsko polje beschränkten Gebietes war die Hochburg oberhalb des Flusses Bistrica, daher auch Bistrički Grad genannt. Unter ung. Herrschaft (seit dem frühen 12. Jh.) wurden die →Arpaden, wie vorher die Kg.e v. →Kroatien, durch einen →Župan (juppanus) vertreten. Ende des 13. Jh. kam L. in die Hände der Fs.en v. Bribir (Šubići, später Zrinjski), nach dem Sturz →Mladens II. (1322) unter den →Banus v. Bosnien, Stefan II. Kotromanić (→Kotromanići).

Im Austausch gegen Besitzungen in →Slavonien erwarb Kg. Ludwig I. v. Ungarn die Burg von dem lokalen Adligen Grgur (1356) und ließ die Feudalrechte der Burg feststellen und in den Registern *(leištrom)* verzeichnen. In den Wirren nach 1386 bemächtigten sich die Herrscher v. Bosnien der Burg und des Gaus (1400–16 im Besitz von Hzg. Hrvoje). 1463 von den Türken erobert, dann befreit, wurde L. von Kg. Matthias Corvinus dem Vladislav Kosača (→Kosače) geschenkt. Um 1469 erfolgte die türk. Eroberung. S. Ćirković

Lit.: V. KLAIĆ, Grada za topografiju i historiju Hlivanjske županije i grada Hlivna, Vjesnik Hrvatskog arheološkog društva 15, 1928, 13–24.

Livorno, Hafenstadt in der Toskana, erstmals 1017 als Castellum in einer Urk. Bf. Attos erwähnt. 1103 schenkte Mathilde v. Tuszien dieses Castellum der Dom-Opera v. →Pisa, die danach jahrhundertelang umfangreiche, meist verpachtete Besitzungen im Burgus und in den umliegenden Gebieten besaß. Eine Urk. d. J. 1121 erwähnt »castellum et curtem« von L. Diese befanden sich unmittelbar s. von Porto Pisano, das zuerst neben dem Flußhafen von Pisa als Hafen fungierte und später diesen völlig ersetzte. In den Pisaner Statuten v. 1286 (Kap. 85) ist L. Sitz eines Capitaneats mit eigenem Territorium; in kirchenrechtl. Hinsicht unterstand das Gebiet der Pieve S. Giulia. Rund um das Castellum entstanden kleine Siedlungskerne (häufig Wohnsitz der in Porto Pisano Beschäftigten), die später in den Mauerring einbezogen wurden. Um die Mitte des 14. Jh. begann der Hafen v. L., der ein mit Porto Pisano gemeinsames, aus vier (Leucht)türmen bestehendes Verteidigungssystem besaß, sich zu einem eigenständigen Hafen zu entwickeln, da Porto Pisano zunehmend verlandete. Der 1392 von Pisa erbaute erste Mauerring umfaßte knapp einen Hektar bewohntes Gebiet. 1405 wurde L. von dem Visconti, dem damaligen Signore v. Pisa, an →Boucicaut abgetreten, der als Statthalter des Kg.s v. Frankreich über Genua regierte. 1421 fiel L. an Florenz. Im Kataster v. 1429 erscheint L. mit 118 Feuerstellen und 423 censuspflichtigen Personen als sehr verarmt und ohne jede nennenswerte Bedeutung als Hafenstadt; 1481 wurden 146 Feuerstellen und 538 censuspflichtige Einwohner gezählt. Erst seit der 1. Hälfte des 16. Jh. erlebte L. durch die Förderung der Medici-Großhzg.e einen großen Aufschwung. M. Tangheroni

Lit.: B. CASINI, Catasto di L. del 1427–29, 1988 – G. CICCONE – S. POLIZZI, Case e terreni dell'Opera di S. Maria di Pisa in L. nel 1233, 1990 – O. VACCARI, L. Le origini di una città portuale [im Dr.].

Livre. In Frankreich seit der Karolingerzeit die Bezeichnung für das →Pfund als Rechnungseinheit. P. Berghaus

Lit.: F. V. SCHROETTER, Wb. der Münzkunde, 1930, 357.

Livre de chasse → Jagdtraktate

Livre des faicts du marechal Boucicaut → Boucicaut, Jean II.

Livre d' heures → Stundenbuch

Livre des métiers, Pariser Rechtsbuch, auf Weisung des →Prévot de Paris, Étienne →Boileau, wohl 1268 angelegt, im Rahmen der Verwaltungsreform, die Kg. →Ludwig IX. nach seiner Rückkehr aus dem Hl. Land einleitete. Nur zwei der drei vorgesehenen Teile des Werkes wurden ausgeführt: der erste (101 Titel) enthält die Statuten oder Consuetudines (→*Coutume*) der einzelnen Pariser Korporationen, der zweite Teil die dem Kg. geschuldeten Abgaben. Die Redaktion beruhte auf den Angaben der Korporationsvorsteher, die vor dem Prévot zu erscheinen hatten, um ihre (zumeist mündl. tradierten) Rechte und Gewohnheiten ('ordonnances', 'établissements', 'statuts') schriftl. niederlegen zu lassen. Diese Kodifikation ließ durchaus eine gewisse Weiterentwicklung zu; dies zeigt die älteste erhaltene Hs., eine zeitgenöss. Kopie des Originals, die zahlreiche Korrekturen, Streichungen und Zusätze aufweist. Das L. des m. blieb bis zum Ende des 15. Jh. in Gebrauch. F. Autrand

Lit.: R. DE LESPINASSE – F. BONNARDOT, Les métiers et corporations de Paris au XIIIᵉ s.: Le L. des m. d'Étienne Boileau, 1879 – B. MAHIEU, Le L. des m. d'Étienne Boileau (Le siècle de Saint Louis, 1976), 64–75.

Livros de Linhagens, im 13. und 14. Jh. in Kl. niedergeschriebene Bücher über ptg. Adelsgeschlechter, z. T. nur in Abschriften mit vielen Abwandlungen überl., so z. B. die verlorene, in Pombeiro (oder in Refojos de Basto) entstandene Genealogie der Sousas, die im »Livro Velho de Linhagens« (1270–80 in Santo Tirso [?] verfaßt) verarbeitet worden ist, oder das »Livro de L.« (Mitte 13. Jh.), das Gf. Pedro de Barcelos (Ende 14. Jh.) bei der Erstellung seines eigenen Buches über die Daten und Taten von etwa 4000 Adligen benutzt hat. Die L. berichten über den Alltag des Volkes, das sich ständig mit dem Adel auseinandersetzen mußte, über die Politik des Kgr.es, bei dessen Kampf um Erringung und Bewahrung der Unabhängigkeit bestimmte Teile des Adels sich bes. bewährt hatten, v. a. aber über die Adelsfamilien selbst. P. Feige

Q. und Lit.: Portugaliae Mon. Hist., Scriptores, I, 1856, 143–390 – L. de L., Vorw.: L. STUBBS SALDANHA MONTEIRO BANDEIRA, Livro Velho, 3 Bde, 1960–62; Indice: 1964 – M. A. NORTON, Livro velho de L. (Armas e Troféus, Braga, Sér. 2, 12, 1971), Nr. 2, 145–197 – L. velhos de L. (Livro Velho de L. und Livro de L. do Deão), hg. J. M. PIEL – J. MATTOSO (Portugaliae Mon. Hist., NS, I, 1980) – Livro de L. do Conde D. Pedro, hg. J. MATTOSO (ebd., NS, II [2 Bde], 1980) – DERS., A Nobreza Medieval Portuguesa, 1981 – DERS., Ricos-Homens, Infanções e Cavaleiros, 1982, 1985² – Narrativas dos L. de L., hg. DERS., 1983.

Lizentiat → Licentia

Ljoðaháttr (altisländ. »strophisches Metrum«, im Dt. auch »Liedton«), bevorzugtes Metrum der altnord. Spruch- und Wissensdichtung. Die Grundeinheit des L. besteht aus einer stabenden Langzeile (zwei durch Zäsur voneinander getrennte, durch Stabreim verbundene Halbzeilen) und einer zäsurlosen, in sich stabenden, sog. »Vollzeile«. Diese beiden Zeilen (altnord. *helmingr* 'Strophenhälfte') verbinden sich in der Regel mit einem weiteren Zeilenpaar (Langzeile + Vollzeile) zu einer Strophe (altnord. *ljóð*). Die Vollzeile eignet sich insbes. dazu, die Aussage in der Langzeile (resp. im ersten Helming) zu einer prägnanten, häufig sprichwortartigen Formulierung zusammenzufassen. Spruchstrophen finden sich, meist in einem epischen Rahmen, in der eddischen Jung-Sigurd-Dichtung (Reginsmál, Fáfnismál, Sigrdrífumál), der eddischen (mytholog.) Wissensdichtung (Vafþrúðnismál, Grímnismál, Alvíssmál) und dann v. a. in der eddischen Spruchsammlung →Hávamál und in den Hugsvinnsmál, der altisländ. Nachdichtung der →Disticha Catonis. H. Ehrhardt

Lit.: K. V. SEE, Germ. Verskunst, 1967, 52–56 [Lit.].

Ljubeč, Burg und Stadt am Dnepr, nördl. v. →Kiev. Die Burg war 1097 Ort eines Fürstentreffens der Kiever Rus', das auf Initiative →Svjatopolks und →Vladimirs II. Monomach zustandekam, um – in einer Situation äußerer Bedrohung (→Kumanen) – den langandauernden Erbstreitigkeiten zw. den Enkeln →Jaroslavs des Weisen ein Ende zu setzen und so den Frieden wiederherzustellen. Wichtigstes Ergebnis war die Anerkennung des Prinzips, daß »ein jeder in seinem Vatererbe herrsche«. Damit wurde – unter grundsätzl. Beibehaltung des →Seniorats –

der Prozeß der Ausbildung und Verselbständigung von Teilfsm.ern auf dynast. und regionaler Herrschaftsgrundlage begünstigt; diese sollten bis zum Aufstieg →Moskaus die Gesch. Altrußlands in starkem Maße bestimmen.

U. Mattejiet

Lit.: H. Gesch. Rußlands, I, 331 [H. Rüss] – →Kiev, A.

Ljubljana (Laibach), Stadt in Slowenien, Knotenpunkt zw. den Verkehrswegen Obere Adria – Pannonien und Kärnten – kroat. Grenze. Eine Siedlungskontinuität zw. dem antiken Emona und der ma. Siedlung ist nicht bezeugt. Die Umgebung L.s, die wahrscheinl. im Besitz der →Hemma v. Gurk († um 1045) war, ging vor dem Ende des 11. Jh. und bis 1269 an die →Spanheimer (1122–1279 Hzg.e v. →Kärnten) über, die auf dem Schloßberg von L. ein Castrum Capitale hatten, wo als Burggrafen ihre (aus Kärnten stammenden) Ministerialen saßen. 1144 ist erstmals der dt. Name, 1146 der sloven. Name (Luwigana) erwähnt. Die Anfänge der Bürgersiedlung reichen spätestens in die 2. Hälfte des 12. Jh. (drei Stadtteile: Mesto, Stari trg, Novi trg). Einen Wochenmarkt erhielt L. am Ende des 12. Jh., Stadtrechte 1220, verbunden mit der Errichtung der Stadtmauer (1230). In dieser Zeit wurden auch der →Deutsche Orden und die →Franziskaner in L. ansässig. Eine mächtige Stellung innerhalb der städt. Gemeinde hatten Familien aus →Friaul bzw. Italien. Zu Anfang des 14. Jh. siedelten sich auch Juden an (vertrieben 1515). Vertreter der Stadtherrn war der Stadtrichter. Unter der Herrschaft der Gf.en v. →Görz (bis 1335) fungierten in der Regel drei Stadtrichter. 1335 fiel L. an die →Habsburger. Unter ihrer Herrschaft wurde L. Hauptstadt des Hzm.s →Krain mit Sitz des Landeshauptmanns, des Viztums (→Vicedominus) und des Gerichts für den Krainer Adel; 1461 wurde das Bm. L. gestiftet. P. Štih

Lit.: Zgodovina Ljubljane, Prispevki za monografijo, 1984.

Ljudevit Posavski, kroat. Fs., † 823, »Liudevitus dux Pannoniae inferioris« in den frk. Reichsannalen und davon abhängigen Q. 819 erhob er sich gegen die frk. Zentralgewalt, Ursachen und Anlaß des Aufstands sind ungeklärt. L.s Versuche, vor allem der n. Adria, Krain und Kärnten bis an den Timok in Ostserbien weiträumig Verbündete zu gewinnen, schlugen weitgehend fehl. An der Drau besiegte ihn Mgf. Balderich v. Friaul; an der Kupa traf er auf →Borna, der in den Küstengebieten Kroatiens herrschte. Nach dem Sieg über Borna drang L. in dessen Land ein, doch gelang ihm Bornas Gefangennahme nicht. Auf dem Reichstag zu Aachen 820 beschloß Ludwig d. Fr. die Entsendung von Heeren auf drei verschiedenen Wegen, doch blieben die Heerzüge erfolglos. Der Angriff wurde 821 und 822 wiederholt; erst 822 floh L. aus Sisak, wo er sich verborgen gehalten hatte, nach S, wahrscheinl. nach Dalmatien. In der Burg Srb an der Una wurde er mittels einer List umgebracht. L. war der erste Herrscher auf kroat. Gebiet, der versuchte, gleichzeitig über Pannonien und Dalmatien zu herrschen. I. Goldstein

Lit.: BLGS III, 41 – F. v. Šišić, Gesch. der Kroaten, 1917 – Ders., Povijest Hrvata u vrijeme narodnih vladara, 1925 [Nachdr. 1990] – N. Klaić, Povijest Hrvata u ranom srednjem vijeku, 1970, 1975² – I. Goldstein, Ponovno o Srbima u Hrvatskoj u 9. stoljeću, HZbor 37, 1984 – N. Klaić, Povijest Hrvata u srednjem vijeku, 1990.

Llanbadarn Fawr, Mutterkirche des →cantref v. Penweddig (in →Ceredigion/Cardigan, sw. →Wales, Diöz. →St. David's). L. F. könnte im frühen MA sogar den Status eines eigenen Bm.s erreicht haben. L. F. war ein Zentrum lat. Bildung im 11. und 12. Jh. Auch nachdem der norm. Baron Gilbert de →Clare nach seiner Eroberung von Ceredigion die Kirche von L. F. an St. Peter's zu Gloucester übertragen hatte (um 1115), scheint das Kl. fortbestanden zu haben, wie die Verärgerung des →Giraldus Cambrensis über einen gewappneten Laienabt v. L. F. zeigt. Die Vita des Patrons v. L. F., des hl. Padarn, entstand wohl in Gloucester im frühen 12. Jh. Nach 1136 kam L. F. wieder unter walis. Kontrolle, war aber auf den Status einer Pfarrkirche abgesunken. Seit 1246 im Besitz der engl. Krone, war die Kirche die reichste Pfründe in der Diöz. St. David's und wechselte daher als kgl. Gunsterweis wiederholt den Nutznießer. 1359/60 kam L. F. an die Zisterze Vale Royal (Cheshire). J. M. H. Smith

Bibliogr.: M. Lapidge–R. Sharpe, A Bibliogr. of Celtic-Latin Lit., 1985, Nr. 31–33; 103; 123 – Übers.: F. R. Lewis, The Rectors of L. F. from 1246 to 1360, Archaeologia Cambrensis 92, 1937, 233–246 – D. Huws, A Welsh ms. of Bede's De Natura Rerum, BBCS 27, 1976–78, 491–504 – K. W. Hughes, Celtic Britain in the Early MA, 1980, 53–66.

Llancarfan, Kl. im sö. Wales, vom hl. →Cadoc im Tal von Nant Carban (Carbani Vallis, Nantcaruan) gegr., eines der ältesten und bedeutendsten walis. kirchl. Zentren. Die erhaltenen Q. dokumentieren den großen Landbesitz in Glamorgan und Gwent und zeigen, daß der Konvent (clas) im 11. Jh. 36 Kanoniker (mit eigenen Präbenden) umfaßte. Von den Wikingern 987 und den Angelsachsen 1022 geplündert, wurde die Kirche wahrscheinl. niemals völlig wiederhergestellt. Eine bereits früh erfolgte Vereinigung mit →Llandaff (8.–9. Jh.) wurde im 11. Jh. mit der Unterstellung unter die Bf.e v. Llandaff erneuert. Bis in die Mitte des 13. Jh. besetzten Kleriker aus L. die höchsten Ämter in der Diöz. v. Llandaff. Obwohl →Robert Fitzhamon L. um 1100 an St. Peter in Gloucester übertrug, beanspruchten sowohl geistl. als auch Laien-Mitglieder der Familien aus L. Ämter und alte Dotationen der Kirche. In L. waren die Hagiographen Lifris und Caradog tätig. J. M. H. Smith

Q. und Lit.: J. C. Davies, Episcopal Acts and Cognate Doc.s relating to Welsh Dioc. 1066–1272, II, 1948 – Glamorgan County Hist., II: Early Glamorgan, hg. H. N. Savory, 1984 – C. N. L. Brooke, The Church and the Welsh Border in the Central MA, 1986.

Llandaff, Stadt und Bm. im SO von →Wales (Glamorgan). Die Gesch. des Bm.s beginnt im frühen 12. Jh., als im Rahmen der allg. Kirchenreform in Wales territoriale Diöz.n errichtet wurden. L. hatte unter Bf. Urban (1107–33) eine bes. intensive Konfrontation mit →St. David's (Menevia), das im 12. Jh. wiederholt die kirchenpolit. Führung in Wales beanspruchte, ohne die Unterstützung von L. dafür zu erhalten. In einem aus den 70er Jahren des 12. Jh. erhaltenen Cod., »Liber Landavensis« ('Book of L.'), sind umfangreiche Q. verschiedenster Art zur Gesch. von L. erhalten, darunter weitgehend fiktive Viten walis. Hl.er aus dem FrühMA, eine reiche Dokumentation zur Errichtung des Bm.s sowie v. a. zahlreiche urkundenähnl. lat. Dokumente mit längeren Passagen in walis. Sprache und ausführl. Zeugenlisten aus dem 6.–11. Jh.; heute im Kern als echt betrachtet, sind sie von größtem hist. Wert für die allg. eher schlecht bezeugte frühma. Zeit in Wales. Im Rahmen des norm.-engl. Vordringens (Marcher Lords) war L. seit dem 12. Jh. starkem Einfluß aus England ausgesetzt. M. Richter

Q.: The Text of The Book of Llan Dâv, ed. J. G. Evans–J. Rhys, 1893 – Lit.: W. Davies, The L. charters, 1979 – Dies., Wales in the early MA, 1982.

Llantadilla (Llantada), **Schlacht v.** (19. Juli 1068). Kleineres Treffen, das von späterer Tradition zu einem Entscheidungskampf mit dem Charakter eines →Gottesurteils zw. den Brüdern Sancho II. v. Kastilien und Alfons VI. v. León hochstilisiert wurde. Er endete mit dem Sieg des Kg.s v. Kastilien. Obwohl die Brüder zuvor in einem

Abkommen festgelegt haben sollen, der Verlierer habe sein Reich seinem Bezwinger auszuliefern, soll der besiegte Alfons nach León geflohen sein und sich geweigert haben, den Vertrag zu erfüllen, indem er die Schlacht für nicht entschieden erklärte. Im Kern handelte es sich wohl um einen wenig bedeutenden Grenzkampf, an dem Alfons VI. vielleicht gar nicht teilgenommen hat. L. Vones

Lit.: R. MENÉNDEZ PIDAL, La España del Cid, 1956[5], I, 166; II, 701ff. – B. F. REILLY, The Kingdom of León-Castilla under King Alfonso VI, 1988, 43f.

Llanthony, Priorat der Augustinerchorherren (☉ Johannes Baptista) in Monmouthshire (Wales), gegr. 1103/08 durch William, einen Ritter im Gefolge von Hugh de →Lacy. Polit. Unruhen in diesem engl.-walis. Grenzraum gegen Ende der Herrschaft Kg. Heinrichs I. führten dazu, daß der zweite Prior, Robert de Béthune (später Bf. v. →Hereford), für die Gemeinschaft eine neue Bleibe errichtete, die in Unterscheidung zur ursprgl. Gründung (fortan L. prima gen.) L. secunda oder L. by Gloucester hieß. Die Besitzverhältnisse dieser beiden Einrichtungen blieben kompliziert, bis Innozenz III. 1205 die Unabhängigkeit und Selbständigkeit der beiden Gemeinschaften verfügte, die 1481 durch Kg. Eduard IV. erneut unter Leitung v. L. secunda vereint wurden. L. hatte vielfältigen Besitz in der Gft. Meath in Irland (gut dokumentiert). Erhalten ist als Frgm. eine Gesch. der Gründung L.s, mit der Darstellung des ersten Jh. seiner Existenz. Eine frühe Fassung wurde bereits von →Giraldus Cambrensis für seine »Descriptio Kambriae« benutzt. M. Richter

Lit.: J. C. DICKINSON, The Origins of the Austin Canons..., 1950 – E. ST. J. BROOKS, The Irish Cart. of L. Prima et Secunda, 1953 – M. RICHTER, Giraldus Cambrensis and L. Priory, Studia Celtica 12/13, 1977/78, 118–132.

Llantwit Major (auch: Llanilltud Fawr), bedeutendes Kl. an der Küste der südl. Glamorgan (sö. →Wales). Die Zeugnisse zur Gesch. des Kl., enthalten im »Liber Landavensis« (Mitte des 7. Jh.–spätes 11. Jh.; →Llandaff), bereichern entscheidend unsere lückenhafte Kenntnis über das sö. Wales des FrühMA. Das Kl. L. M. entstand in unmittelbarer Nähe einer röm. Villa, die im späten 4. Jh. aufgegeben wurde, deren Gelände aber später als Begräbnisplatz diente. L. M. könnte ein kgl. Kl. gewesen sein, in Verbindung mit dem nahegelegenen Königssitz in Llysworney; die Inschriften zweier Kreuze deuten darauf hin, daß die Kirche v. L. M. im ausgehenden 9. Jh. kgl. Bestattungsort war. Der berühmte Patron des Kl., der hl. →Illtud, soll nach früher hagiograph. Legende in L. M. eine berühmte Schule unterhalten haben. Nach der norm. Eroberung Glamorgans gegen Ende des 11. Jh. unterstellte Robert FitzHamon L. M. seiner neuen Gründung in Tewkesbury; damit wurde die Kirche von L. M. bedeutungslos. J. M. H. Smith

Lit.: V. E. NASH-WILLIAMS, The Early Christian Monuments of Wales, 1950 – W. DAVIES, An Early Welsh Microcosm, 1978 – Glamorgan County History, II: Early Glamorgan, ed. H. N. SAVORY, 1984.

Lleida → Lérida

Llibre del Consolat de mar, umfangreichste Seerechtssammlung (→Seerecht, →Consolat de mar) des europ. MA, deren ältester Kern wohl in →Barcelona, zw. 1266 und 1268, entstand. 1283 wurde diese ursprgl. Fassung vom Seekonsulat in →Valencia übernommen und um zwei neue zentrale Themenkomplexe erweitert, deren älterer zw. 1283 und 1307, deren jüngerer zw. 1332 und 1343 (beide in Valencia) aufgezeichnet wurden. 1343 wurde diese Sammlung durch das Seekonsulat v. →Mallorca übernommen; hier erfolgte eine Redaktion durch das Richterkollegium. Diese Fassung wurde 1348 vom Seekonsulat in Barcelona eingeführt, bereichert allerdings um die 1340 von Kg. Peter IV. v. Aragón erlassenen Ordonnanzen über die Seefahrt. Mit diesem letzten Zusatz war das Corpus des L. del C., wie es sich heute präsentiert, abgeschlossen. Es fand Eingang in mehreren Häfen des westl. Mittelmeeres und einigen des Atlantik.
A. García Sanz

Q.: G. COLÓN – A. GARCÍA, L. del C., 4 Bde, 1981–88 – Lit.: S. HERNÁNDEZ IZAL, Els costums marítims de Barcelona, 2 Bde 1986–90 – a. →Consolat del mar.

Llibre dels Feits. [1] *Zum Werk:* »Tatenbuch« Kg. Jakobs I. v. Aragón, Bezeichnung für eine auf Altkatal. verfaßte Chronik (→Chronik, K. II) dieses Herrschers, die in der 1. Person Pl. erzählt, als eine der wenigen ma. Autobiographien gilt und zu den bedeutendsten historiograph. Werken des Kgr.es Aragón-Katalonien zählt. Sie reicht von der Geburt des Kg.s (1207) bis zu seinem Tod (1276), enthält auch Schilderungen aus den Regierungen Alfons' II. und Peters II. Eine eigenhändige Abfassung durch den Kg. gilt als sehr zweifelhaft, wahrscheinlich ist eine Entstehung unter Oberaufsicht des Herrschers, der die Berichte der Schreiber selbst konzipierte und durch eigene Betrachtungen ergänzte. Die insges. 566 Kap., in die dokumentar. Quellen, bereits vorliegende Historiographie und sogar volkstüml. Erzählungen einflossen, gehören verschiedenen Redaktionen an. Eine erste Stufe (bis Kap. 327) wurde 1244 in Játiva erarbeitet und bis 1252 zumindest bis Kap. 360 erweitert, ohne daß eine darsteller. Lücke der Jahre 1245 bis 1264 wirklich geschlossen worden wäre; die zweite Stufe (bis Kap. 493) wurde 1270/71 in Valencia fertiggestellt und 1274 in Barcelona bis Kap. 546 fortgeführt. Der Prolog (20 Kap.) wurde zw. Mitte 1276 und Mitte 1277 durch den kgl. Kanzler Jaume Sarroca hinzugefügt. Weitere Mitarbeiter waren der mit ihm verwandte Guillen Sarroca und der Jurist Bernat Vidal.
L. Vones

[2] *Handschriftliche Überlieferung:* Erhalten ist der L. in der Hs. Nr. 1 (1343; 201 Folios, 362 Schmuckinitialen, got. Schrift) der Univ.bibl. Barcelona, deren Abschrift Celestí Destorrents am 17. Sept. 1343 auf Anordnung von Ponç de Copons, des Abtes d. Kl. SOCist →Poblet, Grablege Jakobs I., anfertigte. Die Hs. weist Ähnlichkeiten m. d. Chronik d. Pere Marsili OP (1314 [Barcelona, Bibl. Univ. ms. 64]) auf. Es existieren zwei Abschriften (Barcelona, Bibl. de Catalunya, ms. 1734, von 1380 und Madrid, Bibl. Palacio real ms. II-475, 14. Jh.). J. Mateu Ibars

Ed.: J. M. DE CASACUBERTA–M. COLL I ALENTORN, Jaume I. Crònica, 9 Bde, 1926–62 – F. SOLDEVILA, Les Quatre Grans Cròniques, 1971, 7*–64*, 1–402 – Libre dels feyts del Rey En Jacme, 1972 [Faks. der Hs. aus Poblet, 1343] – Lit.: Gran Enc. Cat. IX., 250f. – M. DE RIQUER, Hist. de la lit. cat. I, 1964, 373–408 – F. SOLDEVILA, Al marge de la Crònica de Jaume I, 1967 – J. MATEU IBARS, El ms. del »Libre dels feyts«, SFGG. GAKGS 30, 1982, 146–192.

Lluchmayor (katal. Llucmajor), **Schlacht v.** (25. Okt. 1349), Entscheidungsschlacht zw. den Truppen Peters IV. v. Aragón unter der Führung des Gilabert de Centelles und Jakobs III. v. Mallorca, der, unterstützt von Philipp VI. v. Frankreich, Papst Clemens VI., Teilen des Kard.kollegiums und von der Kgn. →Johanna I. v. Neapel (10. J.), sein besetztes Kgr. zurückerobern wollte (Landung am 10. Juni in Pollensa), unterlag und auf dem Schlachtfeld den Tod fand. Jakobs einziger Sohn, Jakob IV. v. Mallorca, wurde gefangengesetzt und zuerst in Játiva, dann in Barcelona eingekerkert. Erst 1362 gelang ihm die Flucht. Obwohl Jakob IV. zeit seines Lebens seine Thronansprüche aufrechthielt, wurde das Kgr. Mallorca der Krone Aragón inkorporiert. L. Vones

Lit.: J. E. Martínez Ferrando, La tràgica hist. dels reis de Mallorca, 1960 – Hist. de Mallorca, III, ed. J. Mascaró Pasarius, 1970 – A. Santamaría, Mallorca en el siglo XIV, Anuario de Estudios Medievales 7, 1970/71, 165–238 – s. a. Lit. zu →Jakob III. v. Mallorca.

Llull, Ramón → Raimundus Lullus

Lluria (ursprgl. Lauria, auch: L[l]oria), aus dem Ort Lauria in der Basilicata (Unteritalien) stammende Adelsfamilie. Sie zählte zur Anhängerschaft Kg. →Manfreds; *Roger* fiel 1266 in der Schlacht v. →Benevent. Seine Witwe Bella d'Amichi diente Kgn. →Konstanze v. Sizilien (⚭ Peter III. v. Aragón) in Katalonien. Der Sohn von Roger und Bella, der berühmte Admiral *Roger de L.* (→Lluria, Roger de), empfing das Baronat Concentaina im Kgr. →Valencia. Die Söhne des Admirals schlossen zahlreiche Heiratsverbindungen mit der frz. Aristokratie und hohen angevin. Beamtenfamilien des Kgr.es →Neapel. *Rogerone* verstarb früh in Neapel (1307); *Carlo* etablierte sich dagegen in Kalabrien und diente später Jakob II. v. Aragón als Gesandter (Djerba, Tunis). Das Baronat Lauria fiel an Carlos Schwester (vermählt Roger →Sanseverino), während das Baronat Concentaina an ihren Bruder *Berengar* fiel, der an der aragon. Eroberung von →Sardinien teilnahm und – wie Carlo – ohne Erben verstarb.

Nach dem Erlöschen der Hauptlinie wurde der Name in der katal. Form 'Lloria' vom Enkel des Admirals, *Jaume de Xérioa,* der *coper* (Vertrauter) Kg. Peters IV. und Baron v. Concentaina war, weitergeführt. Eine andere Linie geht auf einen Bastardsohn des Admirals, *Perellò,* zurück. Mehrere ihrer Mitglieder zeichneten sich in Griechenland aus: *Roger* de L. war Marschall der →Katal. Kompagnie; er regierte →Theben und →Athen. Nach dem Zusammenbruch der katal. Herrschaft wurde die Familie bedeutungslos. Der Aufstieg der L. in Sizilien, Aragón und Sardinien markiert die Entstehung einer »transnationalen« Aristokratie im Dienste des Hauses Aragón und deren enge Verbindung mit der großen angevin. Adelsgesellschaft Neapels. H. Bresc

Lit.: L. Fullana, La Casa Lauria en Valencia (Congr. Hist. Corona de Aragón, I, 1923) – A. Rubiò I Lluch, Diplomatari de l'Orient català, 1947.

L. (Lauria), Roger de, Admiral, * um 1250 in Scalea (Kalabrien), † 1305 in Valencia, Sohn von Roger de L. und Bella d'Amichi, gehörte dem Hof Jakobs I. v. Aragón und des Infanten Peter III. an. 1273 Schwertleite und Heirat mit Margherita Lancia, einer Verwandten der Kgn. →Konstanze v. Sizilien, Verleihung von Cocentaina (Valencia). 1282 begleitete er Peter II. nach Afrika und →Sizilien. 1283 zum Admiral der katal. Flotte erhoben, gehörte er zum Kern der aus Aragonesen und Sizilianern bestehenden Gruppierung, die Inselsizilien regierte und die Eroberung des Festlands vorantrieb. Erfahrener Seemann, doch wegen seiner brutalen Kriegführung (Massenschlächtereien, Sklavenjagden) gefürchtet, besiegte er in den Jahren 1283–89 wiederholt die provenzal. Flotte der Anjou. Parallel hierzu entriß L. den →Ḥafṣiden die Inseln Djerba (1284) und Kerkenna (1286), die er als Lehnsfsm. des Hl. Stuhls (1295) beherrschte.

Mitglied der aragon. Regierung unter der Generalstatthalterschaft →Friedrichs III. (II.) v. Aragón, wurde er bald nach dessen Königsproklamation (1296) als Verräter gefangengenommen. Durch Flucht nach Rom entging er dem Schicksal seines in Messina enthaupteten Neffen Johann. Als päpstl. Vizeadmiral (1297) befehligte L. siegreich die vereinigte aragon. und angevin. Flotte; Friedrich

III. unterlag 1299 am Capo d'Orlando, sein Admiral Corrado Doria 1301 bei →Ponza. Durch den Frieden v. →Caltabellotta (1302) erhielt L. seine Güter in Sizilien zurück, doch zog er sich in sein Baronat Cocentaina zurück. Von hier aus bereitete er einen Kreuzzug vor, dessen Freiwillige nach L.s Tod an der Expedition der →Katal. Kompagnie teilnahmen. Durch sein seemännisches Genie, verbunden mit katal. Seefahrtstradition, trug L. zur Verschiebung des Kräftegleichgewichts im Mittelmeer auf Kosten der an der Peripherie lebenden Völker, der Griechen und Nordafrikaner, bei. H. Bresc

Lit.: C. E. Dufourcq, L'Espagne catalane et le Maghrib aux XIIIe et XIVe s., 1966 – Marseille et ses rois de Naples, la diagonale angevine, 1365–1583, hg. I. Bonnot, 1988.

Llywelyn ap Gruffydd, Fs. v. Wales, † 1282, ⌑ Cwm Hir-Abtei, Enkel von →Llywelyn ab Iorwerth. Als 2. Sohn von Gruffydd ap Llywelyn wurde er wohl von seinem Onkel →Dafydd ap Llywelyn als Erbe berücksichtigt. Doch zunächst beschränkte Heinrich III. v. England ihn und seinen älteren Bruder Owain auf →Gwynedd w. des Flusses Conwy. 1255 erhielt er die Oberherrschaft und dehnte unter Ausnutzung der Schwierigkeiten des engl. Kg.s seine Herrschaft ö. des Conwy aus. Er überfiel weiter s. Glamorgan, Gwent und Dyfed. Die meisten walis. Herrscher betrachteten ihn als ihren Oberlehnsherrn (1258), und er nahm den Titel eines Fs.en v. Wales an. Simon de →Montfort stimmte dem Titel und den Ansprüchen 1265 zu, ebenso der Heirat seiner Tochter mit L. Auch Heinrich III. erkannte den neuen Fs.en im Vertrag v. Montgomery 1267 an. Doch L.s ruchlose Methoden entfremdeten ihn den engl. Lords in den Marken, einigen Grundbesitzern und dem Klerus in Wales sowie seinem Bruder David. Mit seiner Weigerung, seine Verpflichtungen als Vasall des engl. Kg.s zu erfüllen, mißachtete er Eduard I. Nach dem Krieg von 1276–77 beschränkte der Friede v. Aberconwy L. auf die Gebiete ö. des Conwy. Bei dem Aufstand Davids 1282 wurde L. in der Nähe von Builth erschlagen. Seine Erbin mußte in ein Kl. gehen, David wurde hingerichtet (1283). Die walis. polit. Unabhängigkeit hatte damit ein Ende gefunden. R. A. Griffiths

Lit.: A. D. Carr, L.a.G., 1982 – D. Stephenson, The Last Prince of Wales, 1983 – J. B. Smith, L.a.G., 1986. – M. Prestwich, Edward I, 1988.

Llywelyn ab Iorwerth, Fs. v. →Gwynedd, † 1240, ⌑ Aberconwy-Abtei; der einzige walis. Herrscher, der den Beinamen »Great« erhielt; Sohn von Iorwerth 'Flat nose' und Margarete, Fsn. des benachbarten Kgr.es v. →Powys; ⚭ Johanna († 1237, ⌑ Aberconwy-Abtei), der illegitimen Tochter des engl. Kg.s Johann. Nach langem Kampf (seit 1188) setzte L. sich selbst als alleiniger Herrscher von Gwynedd 1203 ein. Er förderte das freundschaftl. Verhältnis zu England, insbes. durch seine Heirat mit Johanna. Der engl. Einfluß im n. Wales wurde verstärkt. Doch ließen sich Übergriffe auf Powys Kg. Johann Vergeltung üben, und L. wurde auf das Gebiet w. des Flusses Conwy (1210–11) beschränkt. 1212 schloß L. ein Bündnis mit Frankreich. Auch nutzte er den Krieg der →Barone in England, indem er sich mit den Rebellen verband und seine Kontrolle auf das s. und w. Wales sowie auf Powys 1216 ausdehnte. Heinrich III. erkannte diesen Gebietszuwachs in dem Vertrag v. Worcester 1218 an. Obwohl L. sich 1220 und 1230 die Feindschaft der engl. Lords in den Marken zuzog, behielt er die Kontrolle über den größten Teil von Wales und suchte erneut die Verbindung zu England, indem seine Töchter in engl. Adelsfamilien einheirateten. Seinen Sohn Dafydd setzte er 1229 als alleinigen Erben ein, obwohl sich ihm dadurch sein älterer, illegitimer Sohn Gruffydd entfremdete. L. nahm 1230 den Titel eines Fs. en v. →Aberffraw, seiner Residenz auf der Insel Anglesey, und v. Snowdon an, womit seine Stellung als Oberlehnsherr von allen anderen walis. Herrschern dokumentiert wurde, während er gleichzeitig dem engl. Kg. den Lehnseid leistete. R. A. Griffiths

Lit.: J. E. LLOYD, A Hist. of Wales, 2 Bde, 1939³ – Dict. of Welsh Biogr., 1959 – D. STEPHENSON, The Governance of Gwynedd, 1984 – R. R. DAVIES, Conquest, Coexistence and Change: Wales 1067–1415, 1987.

Loaysa (Loaisa), **Jofré de**, † 1307 Toledo (?), Sohn des García Jofré de Loaysa, Herrn v. Petrel, *Copero Mayor* (Erzmundschenk) und Testamentsvollstrecker Alfons' X., *Adelantado Mayor* des Reiches v. Murcia z. Z. Sanchos IV., und der Maria Fernández, von denen er ausgedehnte Besitzungen im Kgr. Murcia erbte. Abt v. →Santander von 1272 bis wenigstens 1287 (Ernennung zum Archidiakon v. Toledo). Er zählte zu den 'clerigos del Rey' und wurde immer wieder mit dem Magistertitel belegt. Verf. der hist. wertvollen, möglicherweise im Auftrag des Toledaner Ebf.s Gonzalo García Gudiel geschriebenen »Crónica de los Reyes de Castilla« (1248–1305; Forts. von →Rodrigo Jiménez de Radas »De Rebus Hispaniae«). Ursprgl. roman. abgefaßt, ist sie nur in einer gekürzten lat. Version des Toledaner Kanonikers Armando de Cremona überliefert. Zu Unrecht werden L. die »Tercera Crónica General« und die »Crónica de Veinte Reyes« zugeschrieben. M. Rábade Obradó

Ed.: A. MOREL-FATIO, BEC 59, 1898, 335–374 – Crónica de los Reyes de Castilla de J. de L., ed. A. GARCÍA MARTÍNEZ, 1982² – Lit.: B. SÁNCHEZ ALONSO, Hist. de la Historiografía española, 1, 1947.

Lobbes, St-Pierre de (Laubias, Laubacus), Abtei OSB (heute Belgien, Prov. Hainaut). Um 660/670 errichtete der frk. Adlige und Hl. Landelin mit Einverständnis Bf. Autberts v. →Cambrai auf seinem Eigengut (?) in L. ein Kl. Schon bei der Bestellung des ersten Abts, →Ursmar (ca. 680/689–713), wirkten die Pippiniden (→Karolinger) mit. Sie bauten L. als polit. Stützpunkt und Gegengewicht zu Cambrai aus. Von 751/754–881/889 war L. Kg.skl. (Nekrologbeziehungen zu →Remiremont), das der Vertrag v. →Meerssen (870) Karl d. Kahlen zusprach. 864 leitete die Usurpation der Abtswürde durch Hubert, den Bruder Kgn. →Theutbergas, eine erste Welle von Besitzentfremdungen ein. Nach mehreren Laienäbten (868/869 Erstellung eines Polyptychons zur Besitzrestitution) erhielt Bf. Franco v. →Lüttich 881 die Abtswürde, 889 übertrug Kg. Arnulf L. an Lüttich. Bis 957 waren die Bf.e v. Lüttich zugleich Äbte v. L., mit der Verwaltung L.s betrauten sie dessen Propst.

Die Äbte →Folcuin (965–990) und →Heriger (990–1007) führten L. durch Reorganisation des Kl.besitzes, Erneuerung des monast. Lebens und urkundl. Sicherung des rechtl. und wirtschaftl. Bestandes zu seiner größten Blüte und machten L. zu einem der führenden geistigen Zentren Niederlothringens. Die Bibliothekskat.e des 10.–12. Jh. bezeugen ein bedeutendes, noch kaum erforschtes Skriptorium. Seit dieser Zeit nahm der Abt v. L. im Bm. Lüttich den zweiten Platz hinter dem Bf. ein. Trotz des Widerstands von Abt und Konvent hielten 1130/31 die Gewohnheiten Clunys Einzug, die L. auf seine Priorate und weitere Kl. (St-Jean-Baptiste de →Florennes) übertrug. Der im 13. Jh. einsetzende Niedergang war durch viele kurze Abbatiate auswärtiger Äbte und zunehmende Besitzverluste geprägt. Die historiograph. und hagiograph. Produktion verebbte auch im späten MA nicht völlig (Jean Ansiel [1447–72]). Um 1497 schloß sich das Kl. der →Bursfelder Reform an. L. unterstanden die von Landelin gegr. cellae Aulne und Wallers, die Priorate Moustier-en-Fagne, Heigne b. Jumet, Houdain/Artois und die 973 in ein Kollegiatstift umgewandelte Coemeterial- und Pfarrkirche Notre-Dame-et-Saint-Ursmer in L.
H. Seibert

Lit.: J. VOS, L., son abbaye et son chapitre ..., 2 Bde, 1865 – Monasticon Belge I, 1890, 197–228 – A. G. HORNADAY, The Estate and Archive of St. Peter of L. c. 650–c. 1050 [Diss. S. Diego 1984, Ann Arbor 1986] – A. DIERKENS, Abbayes et chapitres entre Sambre et Meuse (VIIe–XIe s.), 1985 – Le polyptyque et les listes de biens de l'abbaye St-Pierre de L. (IXe–XIe s.), hg. J.-P. DEVROEY, 1986 – M. ARNOULD u. a., Comté de Hainaut, I, 1986 – R. A. GERBERDING, The Rise of the Carolingians and the Liber historiae Francorum, 1987, 88f. – H. SEIBERT, Unters. zur Abtsnachfolge in den Hzm.ern Lothringen und Schwaben in der Salierzeit (1024–1125), 1991.

Lobdeburg, ein nach der Burg L. bei →Jena in →Thüringen gen. Geschlecht Freier Herren (nobiles). Von einem 1133 bezeugten Hartmann v. Auhausen (bei Nördlingen, mit Hauskl.) geht die Familienbeziehung zu den 1166 in Camburg/Saale gen., mehrfach im Gefolge der Bf.e v. Naumburg und Ks. Friedrich Barbarossas auftretenden Brüdern Hartmann und Otto. Der sich schnell verzweigenden Familie entstammten mehrere Prälaten in Bamberg, Würzburg und Naumburg. Nach 1200 teilten sich fünf Linien ab: eine auf der Rodungsherrschaft Saalburg, eine zweite auf Berga a. d. Elster (oder Burgau b. Jena?), die 1358 das Unterschloß L. an die Wettiner abtrat, mit dem Verlust der Reichsunmittelbarkeit in die wettin. Landstandschaft absank, im Erzgebirge und in Böhmen Besitz erwarb und Mitte des 14. Jh. als letzte der Gesamtfamilie erlosch. Die Stammlinie Leuchtenburg gründete 1247 das Zisterzienserinnenkl. Roda. Auf ehem. Reichsland bildete sich im Orlagau die Linie Arnshaugk, deren letzter Sproß Elisabeth als Gemahlin des Mgf.en →Friedrich des Freidigen v. Meißen den Besitz als Erbe an die →Wettiner brachte. Vor der Mitte des 14. Jh. stand die Linie Elsterberg an der Spitze des Abwehrkampfes des osterländ. Adels gegen den Aufbau des wettin. Territorialstaates, aber schon 1354 geriet sie unter wettin. Lehnshoheit. Das Geschlecht besaß im 13. Jh. weite Teile des s. Saale-Elster-Gebietes, verlor diese aber stückweise an die Vögte, die →Schwarzburger und die Wettiner.
K. Blaschke

Lit.: H. GROSSKOPF, Die Herren v. L. bei Jena ..., 1929 – PATZE-SCHLESINGER II, 1, 193–199 – H. HELBIG, Der Wettin. Ständestaat (Mitteldt. Forsch. 4, 1980²), 174–183.

Lobkowicz und Hassistein, Bohuslav v. (gen. Hassisteinský, Hassisteinius), * um 1461, † Nov. 1510, bedeutender Repräsentant des Humanismus; von adliger Herkunft, studierte in Bologna und Ferrara, wo er vom Utraquismus zum Katholizismus konvertierte. Nach Prag zurückgekehrt, wurde er zum Vyšehrader Propst (1483) und zum Titularkanzler des Kgr.es Böhmen ernannt. Er entfaltete eine rege polit. Tätigkeit am Hof Vladislav II., gründete in Hassistein eine humanist. orientierte Schule und Bibliothek, korrespondierte mit Conradus →Celtis u. a. und verfaßte mehrere Werke, u. a. Hodoeporicon, Gedichts- und Redeslg. en.
M. Polívka

Ed.: A. RYBA, Spisy B.H. z L., 1933 – J. MARTINEK – M. MARTINKOVA, B.H. a L. epistulae I-II, 1969, 1980 – Lit.: Repfont II, 550f. – Rukovĕt humanist. básnictví v Čechách a na Moravĕ III, 1969, 170–203.

Lobo el Rey → Ibn Mardanīš

Loca credibilia ('glaubwürdige Orte'), seit Beginn des 13. Jh. vom Kg. ermächtigte und mit Siegel ausgestattete Dom- und Stiftskapitel, Kl. und Ordenshäuser in Ungarn, die für Privatpersonen Urkk. ausstellten und ein Exemplar in ihrer Sakristei aufbewahrten. Daneben verfertigten sie auch →Transsumpte fremder Urkk. 1231 wurden zehn l. c. in das Gerichtsverfahren eingeschaltet, indem sie über Handlungen des homo regius (Vorladungen, Zeugenverhör usw.) schriftl. zu berichten hatten. Als l. c. waren 15 Dom- und zehn Stiftskapitel tätig sowie 60 Ordenskonvente, deren Zahl 1351 auf 45 beschränkt wurde. In Kapiteln führten lectores die Kanzleien, in Ordenshäusern und Kl. die Äbte bzw. Pröpste, die seit dem 14. Jh. diese Aufgabe angestellten Notaren übertrugen. Die Autorität der l. c. war mächtig, das Vertrauen in sie groß. Sie spielten im ung. Rechtsleben eine entscheidende Rolle, verhinderten sie doch die Entwicklung des Notariatswesens nach westl. Vorbild und damit die Rezeption röm. und kanon. Rechts. Doch sorgten ihre gut organisierten Kanzleien für eine einheitl. Rechtspraxis.   E. Fügedi

Lit.: F. ECKHARDT, Die glaubwürdigen Orte Ungarns, MÖIG Ergbd. 9, 1914.

Locarno, Stadt in der heut. Schweiz, am n. Ende des Lago Maggiore; röm. Vicus und Umschlagplatz (Muralto-L.); im Ruinenfeld Friedhof des 5./6. Jh. und Friedhofskirche S. Stefano des 6./7. Jh. Unter der um 1100 erbauten heut. Plebankirche S. Vittore (erst 1152 erwähnt) ist eine nach 500 entstandene dreischiffige Pfeilerbasilika faßbar. Ks. Ludwig II. löste 866 den Kg. shof L. aus der Gft. Stazzona und schenkte ihn seiner Frau Angelberga. Die wohl zw. 1002 und 1004 von →Mailand ans Bm. →Como gefallene Pieve L. umfaßte den heut. Bezirk L. ohne Brissago. Im Rahmen der it. Kommunalbewegung (→Kommune) entwickelte sich eine aus vielen Nachbarschaften bestehende Landgemeinde, in der die Capitane (→Capitaneus) von L. (v. a. Muralt und Orelli) führend waren. Friedrich I. verlieh diesen 1164 einen Monatsmarkt in L. und 1186 der ganzen Pieve die Reichsunmittelbarkeit, doch unterstellte sie Heinrich VI. wieder Como. L. fiel 1342 an die Visconti (neues Schloß), 1439 als Lehen an die Gf. en Rusca und 1513/16 an die →Eidgenossenschaft.   L. Deplazes

Lit.: G. WIELICH, Das Locarnese im Altertum und MA, 1970 – V. GILARDONI, I monumenti d'arte e di storia del Canton Ticino I-III, 1972-83 – Helvetia Sacra II/1, 1984, 17ff., 105ff. – W. DRACK – R. FELLMANN, Die Römer in der Schweiz, 1988, 188–191, 447–450.

Locator → Lokator

Loccum, Kl. OCist (Niedersachsen, Krs. Nienburg), Diöz. Minden, 1163 von Gf. Wulbrand v. Hallermunt gegr., mit Mönchen aus Volkenrode (Thüringen) besetzt. L. gilt heute als die besterhaltene ma. Kl.anlage Norddeutschlands. Die dreischiffige Basilika nach dem Vorbild des burg. Kl. OCist →Fontenay wurde im roman. Stil begonnen und in got. Zeit beendet (Weihe um 1277). Im 12. Jh. war L. unter Abt Berthold an der Missionierung →Livlands beteiligt. 1190 entsandte es einen Tochterkonvent in das Kl. Gf. Adolf v. Holstein gegr. Kl. OCist Reinfeld b. Lübeck, die erste Ordensniederlassung der →Zisterzienser n. der Elbe. Durch zahlreiche Schenkungen und planmäßige Erwerbungen konnte sich das Kl. einen beträchtl. Güterbesitz aufbauen, blieb aber von den Krisen des 14. Jh. nicht unberührt und mußte einen Großteil seiner →Grangien aufgeben.   A. v. Boetticher

Q.: Calenberger UB, hg. W. v. HODENBERG, 3. Abt.: Archiv des Stifts L. 1168-1763, 1855 – *Lit.:* DIP V, 712f. – N. HEUTGER, L., eine Gesch. des Kl., 1971 – Geschichten aus dem Kl. L. Stud.-Bilder-Dokumente, 1980 – Germania Benedictina XII [G. STEINWASCHER; in Vorb.].

Lochamer-Liederbuch → Liederbücher, 2

Loches, Burg (mit →Donjon) und Stadt in Westfrankreich, sö. von Tours (dép. Indre-et-Loire), galloröm. Vicus, seit ca. 450 mit Kirche, um 490 Eremitengemeinschaft unter dem hl. →Ursus. Die Befestigung des Vicus wurde 752 von Pippin d. K. zerstört. Eine neuerrichtete karol. Befestigung übertrug Karl d. K. an Adalande; eine seiner Enkelinnen heiratete am Ende des 9. Jh. den Gf. en v. →Angers, Fulco d. Roten. Das castrum L. wurde von den Angevinen in ihren Kriegen gegen die konkurrierenden →Blois benutzt. →Fulco Nerra befestigte es 1007 und gründete die Abtei →Beaulieu-les-Loches, seine Grablege. Eine kleine Stadt entstand unterhalb der Burg (bereits 1007 Nennung von burgenses). 1080 Errichtung einer Kollegiatkirche (12 Kanoniker) in der Burg; die Neuerrichtung erfolgte im 12. Jh. (Hohlpyramiden). Loches wurde wie andere angevin. Burgen 1205 von Kg. Philipp II. v. Frankreich eingenommen, an Dreux de →Mello verliehen, 1249 jedoch der Krondomäne einverleibt. Die Stadt hatte unter dem Hundertjährigen Krieg zu leiden (1412 wurde ein Angriff des Hzg.s v. Clarence zurückgeschlagen). Seit dem 14. Jh. kgl. Wohntrakt: häufige Aufenthalte Karls VII. und Ludwigs XI., der im Donjon polit. Gegner einkerkern ließ.   G. Devailly

Lit.: ABBÉ HAT, Hist. de la ville de L., 1878 – E. GAUTIER, Hist. du donjon de L., 1881 – J. VALLERY-RADOT, L., 1926 – RANJARD, Touraine romane, 1957, s. v. – J. RAUST, L. au cours des siècles, 1981.

Lochner, Stefan, Maler * um 1400 vermutl. in Meersburg, † 1451 in Köln, möglicherw. an der Pest. Die auf eine Erwähnung des »maister Steffan« im Zusammenhang mit dem Altar der Kölner Stadtpatrone (sog. Dom-Altar) in Dürers Niederländ. Tagebuch vom Okt. 1520 zurückgehende Identifikation des Malers durch J. F. BÖHMER (1823) ist unsicher (WOLFSON 1986). In Köln ist L. ab 1442 durch Hauserwerb und durch einen städt. Auftrag nachweisbar. 1447 in das Bürgerbuch aufgenommen, wurde er 1447 und 1450 in den Kölner Rat gewählt.

Seine Kunst zeigt Einflüsse von R. →Campin und setzt Kenntnis von Werken der Brüder van →Eyck voraus. In Köln wendet er sich deutl. der Kölner Malerei des weichen Stils zu und hat sich vermutl. an Arbeiten des Meisters der Hl. Veronika und des Älteren Meisters der Hl. Sippe orientiert. In seinem Schaffen reifte die Verbindung von Kölner Maltradition und ndl. Einfluß zu einem sehr eigenständigen Stil, der zum Inbegriff der got. Malerei wurde. In seinen großformatigen Altären sowie kleinen Andachtsbildern bemüht er sich um eine neue Durchdringung der Bildthemen und um eine Verdichtung tradierter Ikonographien. Sein Einfluß auf Zeitgenossen und auf die nachfolgende Generation war bedeutend. Als direkte Schüler werden der Meister des Heisterbacher Altars und der Meister der Verherrlichung Mariae gesehen. Reflexe seiner Kunst lassen sich bis zum Ende des 15. Jh. v. a. in der Kölner Malerei feststellen.

Die Zusammenstellung seines Œuvres ging vom Altar der Kölner Stadtpatrone (um 1440–45) im Kölner Dom aus. Als seine möglicherweise früheste erhaltene Kölner Arbeit gilt »Das Weltgericht« (Wallraf-Richartz-Mus. Köln) um 1435, jüngst als Gerechtigkeitstafel für das Kölner Rathaus erkannt (ZEHNDER 1990). Die ebenfalls wohl um 1435 entstandenen Flügelaußenseiten mit je drei Hl. en (Alte Pinakothek, München) und die zugehörigen Innenseiten mit Apostelmartyrien (Städel, Frankfurt/M.) gehörten vermutl. zu einem 12-Boten-Altar. Weitere eigenhändige Hauptwerke: Veilchen-Madonna (Ebfl. Diöz.-Mus. Köln, um 1439-43), Hl.entafeln eines Flügel-Altars (Wallraf-Richartz-Mus. und Nat. Gallery London, 1445-50), Kreuztafel der Familien von Dallem und Struyss zum Campe mit Hl.en (Germ. Nat.mus. Nürnberg, um 1440), Geburt Christi (Alte Pinakothek, München), Darbringung im Tempel (Hess. Landesmus. Darmstadt, datiert 1447), kleine Darbringung im Tempel

(Gulbenkian-Mus. Lissabon 1445), Muttergottes in der Rosenlaube (Wallraf-Richartz-Mus. 1450–51, reifste Arbeit). Ungeklärt ist das Frühwerk (bislang Hieronymus im Gehäuse, Raleigh; Jungfrau von Engeln gekrönt, Cleveland/Ohio; Madonna mit der blühenden Erbse, Ottawa). F. G. Zehnder

Lit.: O. H. Förster, St. L., 1938 – Kindlers Malerei-Lex. IV, 1967, 183–191 – G. Goldberg–G. Scheffler, Altdt. Gemälde, Bestandskat. der Bayer. Staatsgemäldeslg.en, 1972, 193 ff. – Ausstellungskat. »Vor St. L.«, Köln Wallraf-Richartz-Mus., 1974, Nr. 47, 49 – W. Stechow, On an Early Painting by St. L. (»Vor St. L.«. Ergebnisse der Ausst. und des Colloquiums, 1977, 122–126) – M. Wolfson, Hat Dürer das »Dombild« gesehen?, ZKG, 49, 1986, 229–235 – F. G. Zehnder, Kat. der Altkölner Malerei, Bestandskat. des Wallraf-Richartz-Mus., 1990.

Loci → Topik

Loci theologici, wohl erst nach 1500 aufgekommener, durch M. Canos Schr. »De locis theologicis« (verf. 1543–50, ed. princ. 1563 postum) verbreiteter Begriff, steht am Ende einer das Problem der Prinzipienbegründung berührenden Methodendiskussion der scholast. Theol. Während die Glaubenserkenntnis bereits in den Glaubensartikeln selbst gründet, hat die Theol. als der method.-reflexive Nachvollzug dieser von ihr aufgefundenen, vorgängigen Glaubenserkenntnis sich der Q. und Beweisörter ihres eigenen Erkennens ('locus' = 'sedes argumenti', Cic. Topica 2, 8) zu vergewissern (→Topik). Beim argumentativen Ineinanderspiel von 'auctoritates' (Hl. Schrift, 'patres' bzw. 'sancti', 'magistri', 'philosophi' usf.), die von der einen Wahrheit in je verschiedener Vorgehensweise (inspiriert-autoritativ, log.-dialekt., hist.-exemplar. o. a.) Zeugnis geben, sind dessen Herkunft und Stellenwert zu bestimmen (Bonaventura, In hex. IX, 19; XIX, 6, Op. omn. 5, 375. 421; Thomas v. Aquin, S. theol. I, 1, 8; Wilhelm v. Ockham, Dialogus I 2, ed. Goldast 2, 410ff.; Pierre d'Ailly, Apol. facult. theol. Paris., ed. Du Pin, Op. Gersonii, 1, 709ff.). Dabei wird von der ma. Theol., für die die Hl. Schrift uneinholbar allen übrigen Glaubenszeugnissen voraus ist, fortschreitend das kirchl. Leben in der gesch. Breite und Varianz seines Erkennens im Glauben als Eigenwirklichkeit erkannt und konstitutiv zur theol. Wahrheitsfindung hinzugezogen. Im Streit um das Verhältnis von philos. und vom Glauben erleuchteter Vernunft, von Hl. Schrift und kirchl. Lehre, von universitärer Doktrin (theol. Zensuren) und kirchl. Lehre (13./14. Jh.) sowie von Papst und Konzil (14./15. Jh.) diskutiert man den Ort determinierender lehramtl. Verlautbarungen (veritates catholicae).

M. Laarmann

Lit.: A. Lang, Die theol. Prinzipienlehre der ma. Scholastik, 1964 – E. Schillebeeckx, Offenbarung und Theol., 1965, 178–191 – N. J. Green-Pedersen, The Tradition of the Topics in the MA, 1984 – Dogmengesch. und kath. Theol., hg. W. Löser u. a., 1985, 148–167 [Ch. H. Lohr; Lit.]; 513–528 [K. Lehmann] – Kath. Theologen der Reformationszeit, 3, hg. E. Iserloh, 1986, 76–87 [U. Horst] – M. Seckler (Fschr. J. Ratzinger, 1987), 37–65 – Hb. der Fundamentaltheol., hg. W. Kern u. a., IV, 1988, 124–152 [H. J. Pottmeyer] – L. Hödl, Studi Tomisti 37, 1990, 49–68.

Locmaria (Notre-Dame du Grand L.), Benediktinerinnen-Priorat in der westl. Bretagne, Gft. →Cornouaille, nahe der Bf.sstadt →Quimper (dép. Finistère). L. entstand, am Platz eines gallo-röm. Vicus, um 1020–22, wohl als Gründung des Gf.en und Bf.s v. Cornouaille, Bénédic (Budic), und seines Sohnes, des berühmten Gf.en Alain Canhiart. Von Hzg. →Conan IV. v. Bretagne (1155–66) wurde L. der Abtei St-Sulpice bei Rennes, deren 33 Priorate sich über zwölf Diöz. in der Bretagne, Frankreich und England verteilten, unterstellt. Der reiche Besitz von L. beruhte auf Stiftungen zunächst der Bf.e und Gf.en v. Cornouaille, dann der Hzg.e v. Bretagne und der Kg.e v. England (Heinrich II.), schließlich auch des Regionaladels, der hier seine Töchter erziehen ließ. Seit dem 15. Jh. wurde das Priorat in den städt. Siedlungsraum von Quimper einbezogen. In L., dessen Kirche baugeschichtl. und archäolog. Fragen aufwirft (vorroman. Vorgängerbau?), entstand im 11. Jh. das Kirchenschiff (sechs Joche), im 12. Jh., unter Einfluß von St-Sulpice, das Querschiff sowie eine neue Apsis und der Glockenturm. J. P. Leguay

Lit.: H. Waquet, L'église de L. Congr. arch. de France 81, 1914, 156–159 – R. Grand, L'art roman en Bretagne, 1958, 398–400 – A. Mussat, Dict. des Églises de France, IV a, 1968, 12 c – J. P. Leguay, Le rôle des établissements religieux dans l'organisme urbain, L'information Hist. 48, 1986, Bde 3–5.

Locri → Gerace

Locus amoenus. *[1] Spätantike:* L. a., der liebl. Ort, 'Lustort', bildet seit der röm. Ks.zeit als idealer Naturausschnitt das Hauptmotiv von Natur- und Landschaftsschilderungen. Er konnte mit wechselnden, als bes. erfreulich angesehenen Einzelzügen ausgestattet und in die verschiedensten Zusammenhänge eingeordnet werden (z. B. Goldenes Zeitalter, Tierfrieden). In der Lit. (s. u.) lassen sich durchgehende Entwicklungslinien zeigen, etwa von den Schilderungen der Elys. Felder bei Vergil zu den Paradiesbeschreibungen chr. Dichter oder zur Commendatio mortuorum des röm. Rituale (vgl. Curtius). Bildl. wurde der L. a. gern als Meeres- oder Flußlandschaft dargestellt, mit Bevorzugung des fröhl. Lebens am Nil, oder als paradies., öfters von Hirten (→Bukolik) belebte Natur. In der von polit. und wirtschaftl. Krisen heimgesuchten Spätantike waren solche Darstellungen als Ausdruck von Glücks- und Friedenssehnsucht nicht nur in dekorativer Kunst weitverbreitet; sie verdrängten im 3. Jh. auch im Grabbereich die myth. Themen. Zum Weiterleben des L. a. in der frühchr. Kunst sei an die Uferlandschaft unter atl. Szenen im Kuppelmosaik in S. Costanza in Rom erinnert, das in Zeichnungen überliefert ist. Ein ähnl. spätantikes Vorbild läßt auch das ma. Apsismosaik der röm. Kirche S. Clemente vermuten. J. Engemann

[2] Mittelalter: Gerade auch die nur angedeutete Szenerie (wie Gregor I. d. Gr., Vita s. Benedicti 13) verdeutlicht die lit. Tradition und die formalen Konstanten (Frühling, Bach, Vogelsang usw.) dieses Topos als eines Terminus technicus in und seit der Idyllendichtung, im Epos, auch erzählender Dichtung und sonst. Als hochma. Theoretiker der →ars poetica, ars versificatoria hat →Matthäus v. Vendôme ein Muster von Descriptio (ekphrasis) loci et naturae aus dem Geist der Rhetorik gegeben für die lat. und volkssprachl. Lit. des MA. Der l. a. hat im l. terribilis sein Gegenstück; die Geschichtsschreibung der Urbarmachung (gleich Christianisierung) einst dämon. Inseln (wie Lérins, Reichenau) verbindet z. B. beide Formen ebenso wie Dante das Inferno mit dem Paradiso. R. Düchting

Lit.: E. Faral, Les arts poétiques du XIIe et du XIIIe s., 1924, 147ff. – Bibliogr. zur antiken Bildersprache, 1964, 609 – Curtius, 1948, 191–209 – Kap. 10: Die Ideallandschaft – Ders., Rhetor. Naturschilderung im MA, RF 56, 1942, 219–256 – G. Schönbeck, Der l. a. von Homer bis Horaz [Diss. Heidelberg, 1962] – D. Thoss, Stud. zum l. a. im MA, 1972 [171ff. neue Ed. nach Hs. Wien ÖNB 246 fol. 49] – K. Garber, Der l. a. und der l. terribilis, 1974 – H. Brandenburg, Die Darstellungen maritimen Lebens, Spätantike und frühes Christentum, Ausst.-Kat. Frankfurt/M. 1983/84, 249–256.

Locus imaginis → Bildort

Löddeköpinge, Dorf im Krs. Harjager, Westschonen/ Schweden, am Nordufer des bis in die NZ hinein schiffbaren Flüßchens Lödde, ca. 3,5 km von der Mündung in den Öresund entfernt gelegen, Fundstätte einer wikingerzeitl.-frühma. Siedlung (9.–11. Jh.; Grabungen seit 1965). Die alte Siedlung bestand aus einer bäuerl. Dauersiedlung, auf die das heutige Dorf L. zurückgeht, und einem außerhalb des Dorfbereichs gelegenen wikingerzeitl. Handelsplatz (»Vikhögsvägen«) des 9. Jh. mit Hafenanlage. Nach Beschaffenheit der →Grubenhäuser, der wenigen Abfallgruben etc. zu schließen, wurde der Handelsplatz nur saisonal genutzt. Das Fundmaterial gibt Hinweise auf die Herstellung von Gütern des tägl. Bedarfs. Importiert wurden Salz und Metalle. Die Keramik weist auf slav. Vorbilder (Mecklenburg); ein slav. Bevölkerungsteil in L. ist nicht auszuschließen. Die übrigen Produkte belegen Handelsverbindungen mit W-Europa. Der Handelsplatz ist von einem 750 m langen, halbkreisförmigen Wall umgeben, bei dem unsicher ist, ob er ursprgl. zur Siedlung gehörte. Der wikingerzeitl. Hafen wurde Ende des 11. Jh. wegen Versandungsgefahr aus dem Mündungsbereich des Flusses verlegt. Der neue Hafen (Lödde kar) scheint noch im 13. Jh. benutzt worden zu sein. H. Ehrhardt

Lit.: The L. Investigation I (Meddelanden från Lunds universitets historiska museum 1975–76), 59–161; II, ebd., 1979–80, 68–111 [T. Ohlsson]; III, ebd., 112–131 [H. Cinthio]; IV, ebd., 1983–84, 84–127 [H. und E. Persson, J. Boldsen, H. Cinthio] – G. Rausing, L., Lund and Lödde kar, ebd., 1989–90, 143–148.

Lodève, Bm. (bis 1801) und Stadt in Südfrankreich, in →Septimanien (dép. Hérault), röm. Stadt Civitas Lutevensium, Bischofssitz wohl seit dem späten 4. Jh. (Metropole: →Narbonne); die Bischofsliste ist bis zum 10. Jh. lückenhaft, erster bekannter Bf. ist Maternus (506 Teilnahme am Konzil v. Agde). Nach der Herrschaft der Westgoten (seit der 1. Hälfte des 6. Jh.) und dem Vordringen der Araber begann seit der Mitte des 8. Jh. die Eingliederung Septimaniens in das Karolingerreich (unter Pippin, 752–759). Der wichtigste Vertreter der karol. Eroberungspolitik in diesem Grenzbereich, Gf. →Wilhelm v. Toulouse († 812), gründete im östl. Teil der Diöz. L. das Kl. Gellone (später ihm zu Ehren →St. Guilhem-le-Désert genannt). Die Erneuerung des kirchl. Lebens in der Diöz. war das Werk des hl. →Fulcrannus (949–1006), des berühmtesten Bf.s v. L., der auch an der →Gottesfriedensbewegung beteiligt war. Im 11. und 12. Jh. erfolgte ein starker Ausbau des Besitzes und der Machtstellung der Bf.e: 1162 verlieh Kg. Ludwig VII. dem Bf. Gauzlin (1162–87) die Regalien (einschließl. des nur bis zum Ende des 13. Jh. und in wohl geringem Umfang von den Bf.en wahrgenommenen Münzrechts). 1188 erwarb sein Nachfolger Raimund v. Montpellier (1187–1201) vom Gf.en v. →Rodez die Vizgft. v. L. Die Bf.e, die das Katharertum (→Albigenser) bekämpften (1165 Verurteilung dieser Häresie durch Bf. Gauzlin), sahen sich wegen ihrer machtbewußten Territorialpolitik seit dem späten 12. Jh. mit dem erbitterten Widerstand des Regionaladels, aber auch der Bürger ihrer Bischofsstadt konfrontiert (1207 städt. Aufstand, Ermordung des Bf.s Pierre Frotier). Die herausgehobene Stellung der Bf.e drückte sich bis zum Ende des Ancien Régime in der Führung des Grafentitels (seit 1372) aus. – 1324–31 war der Dominikaner Bernard Gui (→Bernardus Guidonis) Bf. v. L.; er behandelt in einem seiner Werke die Gesch. des Bm.s und (aufgrund einer verlorenen älteren Vita) insbes. das Wirken des hl. Fulcrannus.

U. Mattejiet

Lit.: GChr VI, 525–609; Instr. 263–294 – Catholicisme VII, 936–938 [Lit.] – LThK² VI, 1113 [Lit.] – E. Magnou-Nortier, La société laique et l'Église dans la prov. ecclésiastique de Narbonne, 1974 – Une dioc. languedocienne: L.-St-Fulcran, 1975 – R. Kaiser, Bischofsherrschaft zw. Kgtm. und Fürstenmacht, 1981.

Lodi, oberit. Stadt (Lombardei). Die heut. Stadt an der Adda (Laus nova) ist eine Neugründung (1158) durch die Restbevölkerung des von den Mailändern zerstörten 7 km entfernten Laus Pompeia (h. Lodivecchio). Die Gesch. von Alt-L. (in röm. Zeit municipium, seit 4. Jh. Bf.ssitz) in der Zeit der Goten, Langobarden und Franken ist nur spärlich dokumentiert. In den letzten Jahrzehnten des 10. Jh. gewann die Stadt an Bedeutung: Otto II. verlieh dem Bf. v. L. 975 den Gf.entitel und reiche Privilegien. Die Erweiterung und Befestigung der Stadt ging mit einem dichten →Incastellamento-Prozeß des Territoriums einher. L.s Aufstieg führte zu Konflikten mit der expansionist. Politik Mailands, das während des gesamten MA v.a. aus handelspolit. Gründen stets bestrebt war, das Lodigiano zu kontrollieren: 1027 wurde Laus Pompeia durch Ebf. Aribert v. Mailand belagert, 1111 zum ersten Mal von Mailand zerstört. Die Kommune (1142 erste Nennung von Konsuln) trat auf die Seite Ks. Friedrichs I., ihres Schutzherrn gegen Mailand. Gleichwohl belagerten die Mailänder die Stadt und zerstörten sie am 22. April 1158 von Grund auf (erhalten blieb die im 4. Jh. gegr. Basilika S. Bassiano). Nach nur drei Monaten begannen die Lodianer mit Hilfe des Ks.s und der Stadt Cremona mit dem Bau von »Laus Nova«. 1158–60 entstanden die Befestigungen. 1163 wurden die Reliquien des Stadtpatrons S. Bassiano übertragen, ein Zeichen, daß man die Kontinuität zw. der alten und der neuen Stadt betonen wollte. Erst nach einer erneuten Belagerung durch Mailand (1167) trat L. der →Lombardischen Liga bei. 1198 wurde schließlich der Konflikt mit Mailand durch ein Bündnis, das beiden Städten v.a. wirtschaftl. Vorteile brachte, beigelegt. Seit 1180 traten vielfach auswärtige Podestà an die Stelle der Konsulen. 1196 hatte die Kommune schwere Konflikte mit dem Feudaladel zu bestehen. Soziale Spannungen führten zu Beginn des 13. Jh. zur Entstehung der »Credenza di S. Bassiano«, einer Organisation des »popolo«. Die Folgezeit war durch Faktionskämpfe zw. den Guelfen (angeführt von den Sommariva) und Ghibellinen (geschart um die Overgnaga), geprägt, die häufig durch Intervention der Mailänder beigelegt wurden (1225–26). Nunmehr bestanden enge polit. und wirtschaftl. Beziehungen zw. L. und Mailand. Auf eine Periode ghibellinischer Machtausübung (1237–51) folgte die Signorie des Podestà del popolo Sozo Vistarini, die bald¹ durch die Signorie der Mailänder Familie →Della Torre abgelöst wurde (1259–69). Nach deren Sturz in Mailand blieb L. das Bollwerk der Torriani-Partei in der Lombardei bis zum Frieden v. S. Colombano (1295). Nach erneuten Kämpfen zw. Guelfen und Ghibellinen gelangten die Vistarini wieder an die Macht (1311–28), wurden jedoch von dem päpstl. Vikar Ismacoldo (1328–34) vertrieben, der seinerseits 1335 von den →Visconti besiegt wurde. Als neue Stadtherrn bemächtigten sich die Visconti systemat. des Territoriums auf Kosten der Kirche in L. Nach dem Tod Gian Galeazzos (1402) kam Antonio Fissiraga 1403 zur Macht, wurde jedoch bald von dem Guelfen Giovanni Vignati verdrängt, der 1413 von Ks. Siegmund mit L. und dessen Territorium investiert, 1416 jedoch von Filippo Maria Visconti vertrieben wurde. L. blieb – mit einem kurzen ven. Zwischenspiel – auch unter den →Sforza Teil des Mailänder Territorialstaats.

Laus Nova ist eines der wenigen Beispiele einer it. Gründungsstadt aus dem 12. Jh. Den Stadtkern bilden Piazza maggiore, Piazzetta del Broletto und Piazza del mercato (»platea minor«). Bedeutende ma. Gebäude sind u.a. der teilw. roman. Dom (1160–1250), das Rathaus (seit

1284), Broletto und Bf.spalast (seit 1163). Das Kastell aus der Visconti-Sforza-Zeit (nach 1370) ist z. T. erhalten.

G. Albini

Q. und Lit.: Ottonis Morenae et continuatorum Historiae Friderici I, ed. F. GÜTERBOCK, MGH SS n.s. 7, 1930 [Nachdr. 1964] – Cod. Diplom. Laudense, hg. C. VIGNATI, I, 1879; II, 1883–85 – F. OPLL, Federico Barbarossa e la città di L., Arch. Stor. Lodigiano, 1987, 5–47 – AA. VV., Diocesi di L., 1989.

Lodi, Friede v. (9. April 1454), beendete den am 16. Mai 1452 mit einem Überraschungsangriff →Venedigs gegen das Hzm. →Mailand begonnenen Krieg. Motive für den Friedensschluß waren mutl. die in der ven. Führungsschicht durch den Fall Konstantinopels geweckten Ängste und die beträchtl. militär. und finanziellen Probleme F. →Sforzas nach der Rückkehr des Truppenkontingents Renés d'Anjou nach Frankreich und der Androhung der Kompagnie des B. →Colleoni, zum Gegner überzugehen. Auf Initiative Venedigs wurden durch den Augustiner Simone da Camerino geheime Friedensverhandlungen geführt, parallel zu dem von Nikolaus V. Anfang 1454 einberufenen Friedenskongreß in Rom, der jedoch scheiterte. Dem von F. Sforza, Fra Simone und dem ven. Prokurator Paolo Barbo unterzeichneten Vertrag zufolge mußte der Hzg. v. Mailand Brescia, Bergamo und Crema an Venedig abtreten, behielt jedoch Cremona und das ehemals ven. Ghiara d'Adda. In Geheimvereinbarungen wurde Mailand die Rückeroberung der an die Herren v. Savoyen, Monferrato und Da Correggio verlorenen Gebiete zugestanden. Die Unterzeichnung des Vertrags durch die anderen it. Staaten und die von Mailand und Venedig abhängigen Gebiete schuf die Voraussetzung für die Liga v. 30. Aug., die auch Florenz umfaßte, und für die Ital. Liga v. 1455, mit der die Phase des sog. »Gleichgewichts« in Italien (1454–1494) begann.

P. Margaroli

Q. und Lit.: J. DUMONT, Corps univ. dipl. du Droit des gens, 1726–31, III – F. ANTONINI, La pace di L. e i segreti maneggi che la preparano, ASL LVII, 1930 – F. FOSSATI, F. Sforza e la pace di L., Arch. ven. LX–LXI, 1957 – G. PILLININI, Il sistema degli stati it. 1454–1494, 1970.

Lodi, Konzil v., zum 16. Jan. 1161 nach Cremona einberufen, auf Wunsch des Ks.s für den 19.–22. Juni 1161 nach →Lodi verlegt und von Viktor IV. geleitet. Behandelt wurden: Bestätigung des Konzilsbeschlusses von Pavia; die Kg.e v. Böhmen, Dänemark, Norwegen und Ungarn erklärten sich (z. T. durch Boten und z. T. erneut) gegen Alexander III. für Viktor; die durch Boten vertretenen Kg.e v. England und v. Frankreich und der Hzg. v. Polen gaben keine Stellungnahme ab; it. Bf.e und Konsuln der Obödienz Alexanders wurden bestraft. Anwesend war ebenfalls Rudolf v. Zähringen, den die Mainzer zum Ebf. gewählt, dem aber der rhein. Pfgf. Konrad und der Thüringer Lgf. Ludwig im Merseburger Dompropst →Christian v. Buch einen zweiten Elekten entgegengestellt hatten; der Ks. entschied sich für →Konrad v. Wittelsbach (26.K.) und belegte alle Mörder des Mainzer Ebf.s →Arnold v. Selenhofen mit dem Bann.

O. Engels

Lit.: W. v. GIESEBRECHT, Gesch. der dt. Ks.zeit, 1880, V, 267–269; VI, 393f. – B. BRINKEN, Die Politik Konrads v. Staufen in der Tradition der Rhein. Pfgft., 1974, 44–52, 61 – W. GEORGI, Friedrich Barbarossa und die auswärtigen Mächte, 1990, 54f., 390f.

Lödöse, ehem. Stadt in der Mitte zw. dem Vänner-See und dem Kattegat, an der Stelle, wo der Landweg den Göta-Älv traf, im Mündungsgebiet der beiden Ljubaarme. In der Blütezeit des 12.–14. Jh. gab es drei Kirchen und eine Münze, später ein Kl. Der Kern auf der Ljubainsel wurde am Göta-Älv durch die Burg L.hus gesichert. Durch Grabungen ist eine dichte Reihe (z. T. Doppelreihe) von Handwerker- und Kaufmannshäusern, zuerst in Stab- und Bohlenbau, ab 1400 auch in Blockbau, belegt. Im 15. Jh. erfolgten der Niedergang des Handels infolge der norw. Flußzölle und die Verlegung der Stadt. Nur noch kleine Restsiedlung.

H. Hinz

Lit.: Acta Visbyensia V. Häuser und Höfe der handeltreibenden Bevölkerung im Ostseegebiet und im N, 1976, 107–116 [R. BERKE; Lit.].

Lodovico → Ludovico

Loéguire mac Néill ('L., Sohn des Niall mit den Neun Geiseln'), hist. nicht eindeutig faßbarer früher 'Hochkönig' v. Irland aus dem Geschlecht der →Uí Néill, soll (nach späten, unzuverlässigen Annalenberichten) 461 gest. sein. Die früheren, mit der Patrick-Kirche →Armagh verbundenen Propagandisten stellen ihn als heidn. Gegenspieler des hl. →Patrick dar; →Muirchú (um 700) vergleicht ihn mit Nebukadnezar, seine 'Hauptstadt' Tara mit Babylon. L.s Konflikt mit Patrick wird am Ostertag angesiedelt; die Entzündung des Osterfeuers durch Patrick galt symbol. als erste 'offizielle' Auseinandersetzung zw. Christentum und Heidentum in Irland. Die Episode ist gänzlich legendarisch; es gibt weder zuverlässige Belege über L.s Regierungszeit noch gar über Kontakte mit Patrick. Der fiktive Charakter läßt sich auch an widersprüchl. Angaben über L.s Haltung zum Christentum ablesen. Nach Muirchú soll er sich schließl. bekehrt haben, nach →Tirechán hielt er am Heidentum fest. Muirchú nennt L.s Vater Niall um 700 den »Begründer des kgl. Geschlechts, das fast ganz Irland beherrschte« – einer der ältesten Belege für den Anspruch der Uí Néill auf die Würde des →Hochkönigs.

D. Ó Cróinín

Lit.: F. J. BYRNE, Irish kings and High-kings, 1973, 64f., 254f.

Löffel, Eßgerät, hergestellt v. a. aus Holz, Bein, Bronze und Silber. Für die röm. Eßkultur sind L. unterschiedl. Bezeichnung und Ausformung überliefert (cochlear, ligula). Zw. dem 3. und 4. Jh. entsteht eine L.form, die Merkmale des cochlear und der ligula verbindet. Sie besitzt eine langovale Laffe, einen spitz zulaufenden Griff und dazwischen eine offene Rolle. Die als cochlear bezeichneten L. des 5.–7. Jh. gehen auf diese L.form zurück, besitzen aber eine geschlossene Rolle. Daneben treten weitere L.formen wie z. B. Schwanenhals- und Weinsiebl. auf. Im Raum n. der Alpen liegen L.funde in das erste Drittel des 6. Jh. vor. Als repräsentatives Eßbesteck finden sich Silberl., vermittelt durch und in Anlehnung an das provinzialröm. Gallien und Germanien, als Teil umfangreicher Tafelsätze, am Ende des 3. Jh. in überdurchschnittl. reichen Gräbern in Mitteldeutschland. Als Beigabe treten Silberl. noch in reichen Gräbern im frk.-alem. Raum des ersten Drittels des 6. Jh. auf. Im ostgot. Italien der Jahrzehnte um 500 sind Silberl. ausschließl. in Schatzfunden vertreten. Für den O sind Silberl.funde nicht vor dem 7. Jh. belegt. Neben der w. Laffenform gibt es L. mit birnenförmiger Laffe. Die Griffe und Stielenden werden zunehmend künstler. gestaltet. Zahlreiche L. tragen chr. Symbole, Inschriften oder Monogramme. Insgesamt ist eine beständige Gewichts- und Größenzunahme festzustellen. Der vielfach vermutete kult. Gebrauch in der Spätantike ist nicht belegbar: Im W nicht im Rahmen der Eucharistie verwendet, läßt sich dieser Gebrauch von L.n im O nicht vor dem ausgehenden 8. Jh. nachweisen. Bis in die NZ bleiben L. aus Edelmetall Bestandteil repräsentativer Tafelsätze im profanen und klerikalen Bereich.

M. Schmauder

Lit.: J. BRAUN, Das chr. Altargerät, 1932 – Der spätröm. Silberschatz v. Kaiseraugst, 1984, 69–96 [M. MARTIN] – S. HAUSER, Spätantike und frühbyz. Silberl., JbAC Ergbd. 19, 1991 [Lit.].

Loggia → Laube

Logik

I. Allgemeine Charakteristik – II. Geschichtliche Entwicklung – III. Systematische Bedeutung.

I. ALLGEMEINE CHARAKTERISTIK: Die L. gehörte im MA sowohl als *Instrumentar* rationaler Textauslegung als auch wegen ihres Beitrags zur *Wissenschaftslehre* zum zentralen Bestand des Fächerkanons. Der Schwerpunkt ihrer Aufgabenstellung wurde jedoch im Verlauf der Zeit zw. dem 8. und dem 15. Jh. unterschiedl. festgelegt: Das Spektrum reicht von der Bestimmung der L. als eines argumentativen Hilfsinstruments zur Klärung theol. Streitfragen über die Auffassung, die L. habe es vorwiegend mit der Frage der formalen Korrektheit wiss. Schlußfolgerungen zu tun, bis hin zu der These, die L. gelte der Analyse der semant. Voraussetzungen wiss. Begrifflichkeit und Argumentation. So verschiedenartig diese und ähnl. Bestimmungen sind, so werden doch in ihnen Gemeinsamkeiten des ma. Denkens deutlich: der beständige Umgang mit Texten und Autoritäten, die der rationalen Auslegung bedürfen; das gegenüber theol. Ansprüchen sich artikulierende Selbstverständnis der natürl. Vernunft; schließlich die in der Untersuchung der semant. Voraussetzungen der antiken, v. a. der aristotel. L. eigene Beiträge entwickelnde ma. Sprachlogik. – In Anknüpfung an stoische Traditionen, v. a. an Ciceros Topik, erhielt die L. die Bezeichnung 'dialectica', Wiss. vom gelungenen Argumentieren ('scientia bene disputandi', so Johannes Scottus [Eriugena]). Dieses Verständnis von 'Dialektik' verengte sich im Zuge der fortschreitenden Aristoteles-Rezeption, da der Stagirite unter 'Dialektik' die Lehre von den Wahrscheinlichkeitsschlüssen (im Unterschied zur Analytik, die sich mit notwendigen Schlußfolgerungen beschäftigt) verstand. Im Zuge der Übernahme des strengeren Wiss.sideals der Zweiten Analytiken im 13. und 14. Jh. wurde aus der »Kunst, Wahres von Falschem zu unterscheiden« (ars discernendi verum a falso), die L. als Wiss. von den Bedingungen wahrer Sätze und →Beweise. Damit trat neben die Verwendung der Bezeichnung 'dialectica', die fortan dem Bereich des Probablen zugeordnet blieb, im Hinblick auf das den Erfordernissen der Notwendigkeit und Allgemeingültigkeit unterliegende Beweiswissen zunehmend die Bezeichnung 'logica'.

In der Charakterisierung der ma. L. ist zw. Funktionsbestimmung und Sachbenennung zu unterscheiden: Im Hinblick auf ihre Funktion war die L. ein Instrument für den (richtigen) Umgang mit Begriffen und deren Verknüpfung zu Aussagen sowie von Aussagen mit deren Verbindung zu →Argumenten und Schlußfolgerungen (→Syllogismus). Dies mußte beherrschen, wer Wiss. betreiben wollte. Die L. galt insofern als eine »Kunst« (ars), eine Bestimmung, die in Anknüpfung an den aristotel. Wiss.shabitus der téchne nicht auf das Wesen der L. abhob, sondern auf dasjenige, was sich mit ihrer Hilfe bewerkstelligen ließ. Der Sache nach aber stellte die L. einen eigenen Wissenszusammenhang dar, dessen Kenntnis den korrekten Umgang mit Begriffen, Aussagen, Argumenten und Schlüssen allererst mögl. machte: Gemeint war das Wissen von den formalen Beziehungen zw. Begriffen, Aussagen, Argumenten und Schlüssen sowie von den sprachl. und semant. Voraussetzungen und Weiterungen derselben. Die L. des MA ist insoweit von der Theorie der Sprache, der Zeichen und ihrer Bedeutung (Semantik) sachl. nicht zu trennen. War die L. ihrer Funktionsbestimmung nach eine 'Kunst', so ihrer Sachaufgabe nach eine Wiss. (scientia), ja sie war, weil Vorbedingung des Vorgehens in allen anderen Wiss., scientia scientiarum, Wiss.slehre, dies jedoch nicht im Sinne einer alle Wiss. umfassenden, sondern einer allen anderen Wiss. *vorausgehenden* Disziplin. Diese doppelte Bestimmung als ars und als scientia, die man ab der Mitte des 13. Jh. auch mit der Unterscheidung zw. logica docens und logica utens in Zusammenhang brachte, wurde im Verlauf der Entwicklung der ma. L. unterschiedl. gewichtet.

II. GESCHICHTLICHE ENTWICKLUNG: [1] *Das Erbe der Antike:* Die L. des MA wurde nachhaltig von derjenigen der Antike, insbes. von der aristotel., aber auch von der stoischen sowie der boethian. L. beeinflußt. Die in Schüben erfolgende Rezeption der aristotel. L. gilt als Abgrenzungsgrund für die verschiedenen Stadien der Entwicklung dieser Disziplin. Diese Rezeption begann in der L. mit dem Studium der aristotel. Kategorienschrift und der Hermeneutik, die zusammen mit der 'Isagoge' des Porphyrios und den Komm. des Boethius zu diesen drei Werken sowie des Boethius eigenen Schriften den Textbestand der sog. »alten L.« (logica vetus) bildeten. Mit dem zunehmenden Bekanntwerden der Werke des Stagiriten im 12. Jh. traten zur 'logica vetus' die drei übrigen Schriften des aristotel. Organon – die beiden Analytiken, die Sophist. Widerlegungen sowie die Topik – hinzu und formten so den Textbestand der sog. »neuen L.« (l. nova). Das wachsende Interesse an einer L. der Sprache führte ab dem ausgehenden 12. Jh. zu einer Beschäftigung mit den Eigenschaften der Terme ('proprietates terminorum'), und zwar nicht für sich genommen, sondern im Satz, so daß die Term-L. insoweit die Satz-L. miteinbegriff. Diese wegen der vorrangigen Beschäftigung mit den Termeigenschaften auch 'terministisch' gen. L. wurde im 13. und 14. Jh. weiter ausgebaut, in ihr finden sich die wichtigsten eigenständigen Beiträge der ma. L., wie z. B. die Suppositionstheorie und die Konsequenzenlehre, die weit über das MA hinaus von Bedeutung sind. Zwar spielte die »traditionelle L.« (l. antiqua), wie nunmehr die 'l. vetus' und die 'l. nova' zusammengefaßt hießen, wegen der für das gesamte MA wichtigen aristotel.-boethian. Tradition auch weiterhin eine Rolle, doch traten zunehmend systemat. konzipierte eigenständige L. en auf den Plan, die unter dem gemeinsamen Namen »moderne L.« (l. moderna) im 13. und 14. Jh. bekannt wurden und im sog. 'Wegestreit' zw. den →antiqui und den moderni eine nicht unwichtige Rolle spielten. Die Stadien dieser Entwicklung werden jedoch erst auf dem Hintergrund der Institutionen des ma. Lehr- und Forschungsbetriebs begreiflich.

[2] *Vorscholastik:* Die L. im Kontext der *'Sieben freien Künste':* Schon vor der eigtl. Aristoteles-Rezeption spielte die L. unter ihrem Namen 'dialectica' vom 8. Jh. an eine wichtige Rolle im Wissenscorpus der →artes liberales. Für die Disziplin der 'Dialektik' verfaßte man einschlägige Lehrbücher. Die erste 'Dialectica' stammt von →Alkuin, der ein Lehrbuch für Unterrichtszwecke schrieb, in dem Teile der aristotel. L. zusammen mit der Einleitung des Porphyrios sowie den Komm. des Boethius Verwendung fanden. Zweck der 'dialectica' sollte die Herausbildung der Fähigkeit zur Klarheit und Folgerichtigkeit des Denkens und zur Entscheidung argumentativer Kontroversen sein. Einen wichtigen Schritt weiter ging →Johannes Scottus (Eriugena), der auf die Verwendung und Einhaltung log.-formaler Vorschriften im Wiss.sbetrieb größten Wert legte. Die 'dialectica' war ihm mehr als nur Kanon von Denkregeln: sie sollte die formale Grundlage von Wiss. überhaupt sichern helfen und dazu beitragen, Streitfragen auf eine wiss. Grundlage zu stellen und damit allererst entscheidbar zu machen. In seinem Gutachten zum sog. Prädestinationsstreit, das er im Auftrag Kg. Karls d. Kahlen ausarbeitete, suchte Eriugena mit den

Mitteln der L. in einer für die natürl. Vernunft und damit für jedermann nachvollziehbaren Weise Wahrheit von Irrtum zu trennen. In Verfolgung dieses Zieles ging es ihm darum, die Aussagen der Schrift und die darauf sich berufende kirchl. Lehre als in sich widerspruchsfrei aufzuweisen. Auch wenn dabei Lehrtradition und Autoritätsbeweis noch eine Rolle spielten, so war doch das eigtl. Neue das Bemühen, in Glaubensfragen die entscheidende Rolle log.-wiss. Argumentation zur Geltung zu bringen. Einen Schritt weiter gingen im 11. Jh. die sog. 'Dialektiker', indem sie die Hinwendung zur Dialektik als eine solche zur Alleinherrschaft der Vernunft begriffen. Der hier zum Ausdruck kommende Anspruch der Vernunft (ratio) gegenüber den Glaubensautoritäten (auctoritates) führte zum Streit zw. 'Dialektikern' (wie →Berengar v. Tours) und 'Antidialektikern' (wie →Petrus Damiani).

[3] *Frühscholastik: Anselm und Abaelard:* Die etwa ab der Mitte des 12. Jh. verstärkt einsetzende Übers. der Werke des Aristoteles aus dem griech. Original in das Lat. gaben dem Wiss.sbetrieb und damit auch der L. neue Impulse: Die L. sollte die wiss. Einsicht (ratio philosophica) absichern, und d. h.: Textauslegung und Disputation regeln. So diente die L. →Anselm v. Canterbury zur korrekten Auslegung von Glaubenssätzen und zur Aufdeckung von Fehlschlüssen. Aus diesem Grunde beschäftigte er sich u. a. mit Untersuchungen zu den Modalbegriffen. Bei ihm und anderen Denkern des 12. Jh., wie den Parvipontanern, den Porretanern (→Gilbert v. Poitiers) und den Melidunensern, erhielt die L. die Aufgabe, Klarheit und Eindeutigkeit der Wiss.ssprache sicherzustellen, vor mögl. Fallstricken der Sprache zu bewahren und zur Sprachbeherrschung anzuleiten. Dabei führte das Bewußtsein, daß die L. nicht mit der Welt, wie sie ist, sondern mit der Sprache, mit deren Hilfe Aussagen über die Welt gemacht werden, zu tun hat, zunehmend zu einem Eingehen auf semant. und sprachlog. Zusammenhänge. Man fragte nach der Bedeutung sprachl. Ausdrücke und untersuchte die Funktion von Subjekt- und Prädikatausdrücken im Satz. Zu nennen sind hier die 'Ars disserendi' (1132) des →Adam Parvipontanus, in der der enge Zusammenhang zw. L. und Sprache thematisiert wurde, sodann die 'Ars Meliduna' (zw. 1154 und 1180), in der der Zusammenhang zw. L. und Grammatik im Vordergrund stand, sowie das 'Compendium logicae Porretanum' (um 1170/80), in welchem log. und semant. Fragen mit ontolog. in Zusammenhang gebracht wurden. Dem standen in Oxford die sog. 'Logica Cum sit nostra' und die 'Logica Ut dicit' gegenüber. – Stand in der ersten Hälfte des 12. Jh. eher der Charakter der L. als Kunstlehre (ars) im Vordergrund, so in der zweiten Hälfte der Charakter als Wiss.slehre (scientia). Diese Schwerpunktsetzung war eng mit →Abaelard verbunden. Ihm ging es darum, die Thematisierung des Zusammenhangs zw. Worten und Begriffen auf eine neue Grundlage zu stellen, indem er nachdrückl. zw. lautl. Erscheinung und intentionalem Gehalt der in der Wiss.ssprache verwendeten Termini unterschied. Bedeutung hat mit Begriffen, Bezeichnung mit Dingen zu tun. Hinsichtl. der Aussagen galt es zw. Inhalt, der stets rein mentaler Natur ist, und Referenz, die stets an die Dinge gebunden ist, zu unterscheiden. Auch war zw. Bedeutung und Benennung zu differenzieren, da eine Reihe bedeutungstragender Ausdrücke nicht als Namen fungiert. Am bekanntesten sind in diesem Zusammenhang die Universalien, die nach Abaelard mentale Bedeutung (significatio intellectuum), aber keine Sachbenennungsfunktion (significatio rerum) besitzen. Die Bedeutung ist keine Qualität der Dinge, noch ist sie mit dem Erkenntnisakt, dem sie sich verdankt, identisch; vielmehr stellt sie nach Abaelard ein Drittes dar, näml. die Bezeichnungsweise. Ähnliches galt von den Aussagen: Ihre Bedeutung, die sowohl vom Sprecher als auch von den Dingen zu unterscheiden ist, besteht in den Beziehungen zw. den Termini, die ihrerseits für Dinge stehen können. In der Frage, welcher Art der Bezug zw. Subjekt- und Prädikatterm eines Satzes ist, vertrat Abaelard in seiner 'Logica ingredientibus' die sog. Inhärenztheorie (→Inhärenz); danach ist der Prädikatterm im Subjektterm »enthalten«. In seiner 'Dialectica' hingegen zog Abaelard die sog. 'Identitätstheorie' vor (Subjekt- und Prädikatterm sind in einer wahren Aussage für ein und dasselbe. Der sich hier andeutende Zusammenhang wurde im 13. und 14. Jh. in Form der sog. Suppositionstheorie weiter ausgebaut. Auch finden sich bei Abaelard Ansätze zu einer Modal-L. im Kontext der Diskussion zukünftiger Kontingenzaussagen (futura contingentia), einer Diskussion, die im 13. Jh. von Denkern wie →Thomas v. Aquin und im 14. Jh. von →Wilhelm v. Ockham u. a. fortgesetzt wurde. Abaelards Beitrag zur Entwicklung der ma. L. kann kaum überschätzt werden: Deutl. zeigt sich hier der Übergang von einer überwiegend an der Auslegung eines Textkanons orientierten L. zu einer systemat. konzipierten philos. Disziplin.

[4] *Hoch- und Spätscholastik:* Die Gründung der Univ.en im 13. und 14. Jh. verlieh der L. einen neuartigen institutionellen Rang. Zu den Komm. zum Textkorpus der 'l. vetus' und 'l. nova' traten infolge institutioneller Bedürfnisse systemat. Abhandlungen ('Tractatus', 'Summae') hinzu. Zw. 1230 und 1240 entstanden die 'Introductiones in logicam' des Wilhelm v. Shyreswood, in denen Komm. zu den Texten der 'l. antiqua' verbunden wurden mit Abhandlungen, welche die 'l. moderna' kennt: die Untersuchung der Termeigenschaften und ihrer Funktion als Subjekt und Prädikat von Aussagen. Auch die 'Tractatus' (sog. Summulae logicales) des →Petrus Hispanus enthalten gleichermaßen Abhandlungen zur traditionellen wie zur neueren L. Zur letzteren zählen die Suppositionstheorie, die Klassifizierung der relationalen Ausdrücke ('relativa'), die Behandlung von Termeigenschaften wie die Erweiterung (→'ampliatio') der Supposition durch Vergangenheits- oder Zukunftsangaben sowie deren Gegenteil, die Einschränkung ('restrictio'), und schließlich die Benennung (→'appellatio'), welche stets den Bezug zum existierenden Gegenstand voraussetzt, sowie die Verteilung ('distributio'). Die Tractatus des Petrus Hispanus gehörten fortan in die Artistenfakultät des 13. und 14. Jh. zu den Standardtexten der L. und blieben es weit über das MA hinaus bis ins 17. Jh. Was sich schon im 12. Jh. bei Abaelard gezeigt hatte, trat nunmehr immer deutlicher in den Vordergrund: Von der L. wurde die Analyse der in den Wiss. verwendeten Sprache erwartet, die L. galt, wie schon bei Abaelard, als sermocinalis scientia, als Wiss. der an die Rede (lat. sermo) gebundenen Argumentation. Die Verbindung von L. und Grammatik führte darüber hinaus zur sog. 'Grammatica speculativa', einer Art Sprachl., die nicht Theorie einzelner Sprachen, sondern Theorie einer Fundamental- oder Universalgrammatik war (→Spekulative Grammatik). So stand im Mittelpunkt der 'Grammatica speculativa' des →Thomas v. Erfurt die Lehre von den Bedeutungsweisen (modi significandi) sprachl. Zeichen, denen Seinsformen (modi essendi) zugeordnet wurden. Eine gewisse Sonderstellung nahm die 'Ars magna' des →Raimundus Lullus ein. Nach Lullus hat die L. die Aufgabe, die allen Wiss. zugrundeliegenden Begriffe zu bestimmen und zu systematisieren. In seiner 'Logica nova' vertrat er die These, daß die Begrifflichkeit der einzelnen

Wiss.en auf eine 'ars generalis ultima', eine Art Fundamentalkompetenz, zurückgeführt werden könne, deren Beherrschung in Form einer Kombinatorik Wiss. allererst möglich mache. Bei Lullus war dieser – später von Leibniz aufgenommene – Ansatz mit einer engen Verbindung zw. L. und Ontologie verknüpft: Die Kombinatorik sollte die begriffl. Erfassung der Wirklichkeit sichern.

Ebenfalls neu, aber ganz anders geartet war der Ansatz Wilhelms v. Ockham, dessen 'Summa logicae' (zw. 1324 und 1328), ursprgl. nur als ein Hb. für den prakt. Unterricht gedacht, eine geschlossene und systemat. aufgebaute Theorie der ma. L. einschließl. der Neuerungen der 'l. moderna' darstellt. Den Ausgangspunkt bildeten, anders als in der aristotel.-boethian. Tradition, der einzelne Terminus sowie die Kategorisierung der verschiedenen Term-Klassen. Es folgte eine Abhandlung über singuläre und universelle Termini bzw. solche mit singulärer bzw. universeller Referenz. Da Termini im Satz die Funktion von Subjekt und Prädikat übernehmen können, der Wahrheitswert von Sätzen aber nur nach Prüfung der Referenzbeziehung entscheidbar ist, behandelte Ockham die Theorie der Supposition als eine Grundvoraussetzung für die Lehre vom Satz und vom Beweis. Das Werk schließt mit der Behandlung der (für die Aussagenlehre wichtigen) Konsequenzenlehre. In teilw. Auseinandersetzung mit Ockhams 'Summa logicae' stand →Walter Burleighs 'De puritate artis logicae' (zw. 1325 und 1329), in der sich neben der Suppositions- und Konsequenzenlehre eine Theorie der hypothet. Syllogismen findet. Die L. Ockhams, Burleighs und anderer Denker der ersten Hälfte des 14. Jh. stand ganz unter dem Einfluß des inzw. weitgehend rezipierten strengeren Wiss.begriffs der Zweiten Analytiken des Aristoteles. Danach konnte Wissen nur dasjenige heißen, was sich durch Beweis ausweisen ließ. Den damit erforderl. Charakter der Notwendigkeit erhielt das Wissen jedoch angesichts der als durchgehend kontingent angesehenen Wirklichkeit nicht von seinen Gegenständen, sondern aus der Besonderheit der Verknüpfung von Aussagen über die Welt; Notwendigkeit war keine ontolog. verstandene Dingqualität, sondern eine log. begriffene Schlußmodalität. Dies galt gleichermaßen für Vertreter des Realismus (z. B. Walter Burleigh) wie für Vertreter des Nominalismus (z. B. →Johannes Buridan), mit der Besonderheit freilich, daß bei den ersteren noch immer intensionale, bei den letzteren hingegen rein extensionale Deutungen des Strukturverhältnisses zw. Zeichen und Bezeichnetem vorherrschten. Dieser fruchtbare und zugleich krit. reflektierte Zusammenhang zw. Ontologie und L. verlor sich in der Spätscholastik zugunsten einer rein innerlog. Betrachtungweise.

III. SYSTEMATISCHE BEDEUTUNG: Zu den wichtigsten Innovationen der L. des MA gehört die *Suppositionstheorie*, die in der sog. locica modernorum bzw. moderna eine zentrale Rolle spielte. Mit ihrer Hilfe sollten die verschiedenen Formen der Beziehung zw. sprachl. Ausdruck, seiner Bedeutung und dem bezeichneten Gegenstand systemat. erfaßt werden. Supposition ist eine Eigenschaft, die den Termini insofern zukommt, als sie in Aussagen an Subjekt- oder Prädikatstelle auftreten. Die Unterscheidung zw. den verschiedenen Suppositionsmöglichkeiten sollte u. a. Unklarheiten hinsichtl. der semant. Funktion und damit log. Fehlschlüsse vermeiden helfen. Gemäß der unterschiedl. Weise der Beziehung zw. dem Begriff als Zeichen und dem von ihm Bezeichneten unterschied man im wesentl. drei Grundformen der Supposition: suppositio personalis, s. materialis und s. simplex. *Personale* Supposition liegt dann vor, wenn der Subjektbegriff einer Aussage für dasjenige steht, was er bezeichnet, d. h. für Individuelles (»Sokrates ist ein Mensch«). *Materiale* Supposition liegt dann vor, wenn ein Ausdruck im Satz nicht für dasjenige steht, was er bezeichnet, sondern für sich selbst (»'Mensch' ist ein einsilbiges Wort«). *Einfache* Supposition ist dann gegeben, wenn ein Ausdruck in einem Satz für einen Allgemeinbegriff steht (»Der Mensch ist eine Spezies«). Die Suppositionstheorie suchte die unterschiedl. Weise der Stellvertreterfunktion zu regeln, die die Termini im Satz einnehmen können; sie war nicht nur ein Instrument zur Klärung unterschiedl. semant. Bezüge in Sätzen, sie vermittelte zugleich ein Wahrheitskriterium für die Überprüfung solcher Aussagen, indem sie präzise zw. objekt- und metasprachl. Ebene unterscheiden half. Ob man die ma. Suppositionstheorie freilich mit der modernen Quantorenl. in Zusammenhang bringen kann, wie dies heute öfters geschieht, bleibt fraglich. Zwar gibt es bestimmte Übereinstimmungen hinsichtl. der Funktion beider Theorien, nicht jedoch hinsichtl. ihrer Struktur: Man quantifizierte im MA anders als in der modernen Quantorenl. nicht über individuelle Variablen, sondern über allg. Terme.

Eine weitere wichtige Innovation stellt die *Konsequenzenlehre* dar. Eine log. Konsequenz ('consequentia') liegt dann vor, wenn es unmögl. ist, daß in einer aus zwei Teilaussagen bestehenden Proposition der Vordersatz (antecedens) wahr, der Nachsatz (consequens) hingegen falsch ist. Konsequenzen, die immer gelten, heißen 'einfach' (c. simplex); sie sind zu unterscheiden von solchen, die nur zu einem gegebenen Zeitpunkt gelten (c. ut nunc). Ob sich hinter ersterer die heutige strikte, hinter letzterer die materiale Implikation verbirgt, ist umstritten. Im MA zerfielen Konsequenzen in formale und materiale. *Formal* hieß eine Konsequenz, die unabhängig von ihren Bestandteilen rein aufgrund ihrer log. Form wahr war, *material* nannte man eine Konsequenz, deren Gültigkeit von ihren Bestandteilen abhing. Die Konsequenzenlehre wurde wesentl. von Wilhelm v. Ockham und Walter Burleigh entwickelt und von Logikern wie Johannes Buridan, →Albert v. Sachsen, →Paulus v. Venedig u. a. weiter ausgebaut. Systemat. gesehen lassen sich von der ma. Konsequenzenlehre her Bezüge sowohl zur stoischen L. als auch zur modernen Junktorenl. herstellen.

Weitere eigenständige Beiträge der ma. L. finden sich im Bereich der *Modall.* (→Albertus Magnus, Wilhelm v. Shyreswood, Petrus Hispanus, →Johannes Duns Scotus, Wilhelm v. Ockham, Johannes Buridan). Grundlegend war hier die Unterscheidung zw. objektsprachl. (de re) und metasprachl. (de dicto) Aussagen. Die Modall. ermöglichte u. a. eine Lösung des Problems, wie in einer als durchgängig kontingent geltenden Welt notwendig wahre Aussagen mögl. sein konnten: indem nämlich die Modalität der Notwendigkeit aus dem Bereich der Dinge in den der Sätze transferiert wurde. Außerordentl. fruchtbar für die L. war auch das Problemfeld der sog. 'futura contingentia', in dem es um die L. des Zusammenhangs zw. Freiheit, Weltkontingenz und göttl. Vorherwissen ging (Anselm v. Canterbury, Abaelard, Petrus Lombardus, Thomas v. Aquin, Johannes Duns Scotus, Wilhelm v. Ockham). Wichtige Beiträge enthielten auch die Unters. über den Unterschied zw. kategoremat. und synkategoremat. Ausdrücken (→Kategorema) sowie die Behandlung log. Fehlschlüsse ('fallaciae') und der an diesen beteiligten Sophismen, insbes. der sog. 'unlösbaren Probleme' ('insolubilia'), deren bekanntestes, das sog. Lügner-Paradox, bei Logikern wie Johannes Buridan, Wilhelm Heytesbury und Paulus v. Venedig zu eigenständigen Lösungsansätze führte. Mit Neuerungen der gen. Art hat die ma. L., der es nach der heute weithin akzeptierten Auffassung (E. A. MOODY, J. PINBORG) wesentl. um die Aufklärung der semant. und syntakt. Voraussetzungen der aristotel. L. zu tun war, nicht nur wichtige Beiträge zur Gesch. und Entwicklung der L., sondern darüber hinaus auch Anknüpfungspunkte für einen systemat. orientierten Brückenschlag zur modernen L. geliefert.

J. P. Beckmann

Lit.: PH. BOEHMER, Medieval Logic, 1952 – E. A. MOODY, Truth and Consequence in Medieval Logic, 1953 – L. M. DE RIJK, Logica Modernorum, 1962, 1967 – J. PINBORG, Die Entwicklung der Sprachtheorie im MA, 1967 – P. T. GEACH, Reference and Generality ..., 1968² – D. P. HENRY, Medieval Logic and Metaphysics, 1972 – J. PINBORG, L. und Semantik im MA, 1972 – E. A. MOODY, The Medieval Contribution to Logic, 1966 (DERS., Stud. in Medieval Philos., Science and Logic, 1975), 371–392 – J. ASHWORTH, The Tradition of Medieval Logic and the Speculative Grammar ..., 1978 – P. V. SPADE, Recent Research on Medieval Logic, Synthese 40, 1979, 3–18 – K. JACOBI, Die Modalbegriffe in den log. Schriften des Wilhelm v. Shyreswood und in anderen Kompendien des 12. und 13. Jh., 1980 – Sprache und Erkenntnis im MA, hg. J. P. BECKMANN u. a., 2 Bde, 1981 – The Cambridge Hist. of Later Medieval Philos., hg. N. KRETZMANN, A. KENNY, J. PINBORG, 1982 – W. und M. KNEALE, The Development of Logic, 1984³ – J. P. BECKMANN, Präsenz oder Präsentation? Zur Frage der heut. Bedeutung log., semant. und ontolog. Diskussionen des MA (Philos. der Gegenwart, Gegenwart der Philos., hg. H. SCHNÄDELBACH u. a.) [im Dr.].

Logos (gr., lat. verbum), 'Wort', 'sinnvolle Rede', 'Vernunft', 'Wahrheit', im Johannesprolog auf Jesus Christus, die zweite göttl. Person, angewandt: »und das Wort ist Fleisch geworden« (Joh 1,14). Diese Aussage hat im MA eine weitreichende und tiefgehende Gesch. der Reflexion (→Christologie, →L.mystik) initiiert. Der L. wird als der in personaler Gottverbundenheit und wesenhafter Göttlichkeit allem vorausgehende und die Welt-Wirklichkeit tragende schöpfer. Sinn erkannt und glaubend verkündet. Im L. spricht Gott sich selbst, sein ganzes Wesen und die Fülle seiner Ideen aus (1 Joh 1,1; Hebr. 1,1–4; Kol 1,15–20; Offb 19,13). Die 'verbum'-Spekulationen der Patristik und der ma. Scholastik verstehen sich als ein Beitr. zur Metaphysik des Erkennens und des Erkannten.

M. Gerwing

Lit.: Catholicisme VII, 963–994 – HWP V, 491–502 – A. GERKEN, Theol. des Wortes ... bei Bonaventura, 1963 – R. SCHNACKENBURG, Das Johannesevangelium, I, 1965 – H.-J. MÜLLER, Die Lehre vom 'verbum mentis' in der span. Scholastik [Diss. Münster i. Westf. 1968] – Sprache und Erkenntnis im MA, hg. J. P. BECKMANN – L. HONNEFELDER, 1981 – TH. KOBUSCH, Sein und Sprache, 1987 – G. WATSON, St. Augustin and the Inner Word ..., The Irish theol. quarterly 5, 1988, 81–92.

Logosmystik, Begriff von W. VÖLKER eingeführt, steht für die Theologie von der durch die Taufgnade begründeten Einwohnung des →Logos in den Herzen der Gläubigen, zusammengefügt zu dem einzigen Leib der Kirche. Sie wird verstanden als »eine geheimnisvolle Nachbildung und Fortsetzung der ewigen Geburt des Logos aus dem Vater und der zeitl. Geburt aus der Jungfrau« (H. RAHNER, 13). Die zugrundeliegende Glaubensvorstellung von der Einwohnung des Herrn in den Glaubenden ist schon den frühesten Vätern vertraut (Ignatios: χριστοφόροι; Irenäus: portare verbum). Hippolyt v. Rom spricht zuerst von der Logosgeburt im Herzen der Kirche und im Herzen der Hl. n. Origenes führt diesen Gedanken weiter und entfaltet ihn nach allen Seiten, bes. nach der des sittl. asket. Strebens: der einwohnende Logos will wachsen, will tägl. zunehmen. Sein Hereinkommen in die Seele ist myst. Empfängnis und hl. Geburt zugleich. Das geistige Geschehen vollzieht sich als eine Nachbildung des im Schoß der Jungfrau heranreifenden Logoskindes, d. i. als Frucht des sittl. Wachstums in den Gläubigen. V. a. im Gebet ereignet sich diese wunderbare 'Befruchtung' der Seele. Das ontisch einmalige Ereignis der Geburt des Logos aufgrund der Taufgnade verbindet sich mit und setzt sich fort in der tägl. Neu- und Umgestaltung des Menschen, die gleichbedeutend ist mit dem Gestaltgewinnen des Logos im Herzen dessen, der der Kirche Christi eingegliedert ist. Die Lehre von der Gottes (Logos)-Geburt machte ihren Weg weiter durch die griech. Theologie, bes. durch die Vermittlung Gregorios' v. Nyssa und Maximos' Homologetes. In die lat. Theologie fand sie Eingang durch Ambrosius, der von Hippolyt wie von Origenes befruchtet war. Von ihm wurde Augustinus in seiner Theologie von der Gottesgeburt angeregt. Beide betonen, getreu lat. Spiritualität, v. a. die sittl. Seite und hier den Glauben, nach dem Vorangang Mariens, die im Glauben den Logos empfangen hat. Ihre Lehre blieb bestimmend für die (lat.) MA bis herab zur dt. Mystik des 13./14. Jh.

H. M. Biedermann

Lit.: DSAM IX, 958f. – LThK² VI, 1128 [Lit.] – F. BERTRAND, La mystique de Jésus chez Origène, 1951 – H. RAHNER, Die Gottesgeburt. Die Lehre der Kirchenväter von der Geburt Christi aus dem Herzen der Kirche und der Gläubigen (Symbole der Kirche. Ekklesiologie der Kirchenväter, 1964), 11–87 – H. J. VOGT, Das Kirchenverständnis des Origenes, 1974, 210–229.

Logothet (λόγος 'Rechnung'; τίθημι oder τιθέω 'festsetzen', 'bestimmen'), Beamter in Byzanz und in den Balkanländern. Verschiedene L.en erscheinen in Byzanz schon im 6. Jh. als Nachfolger der röm. rationales (→procuratores); doch erst seit dem 7. Jh. verselbständigte sich das Amt, als im Rahmen der damals begonnenen allg. Reform der Staatsverwaltung zahlreiche Ämter (λογοθέσια) der Zentralverwaltung entstanden, deren Vorsteher, die L.en, primär für die Finanzverwaltung zuständig waren, aber auch sonstige zumeist zivile, seltener militär. Aufgaben wahrnehmen. So kontrollierten die L.en τῶν ἀγελῶν (Amtsträger seit dem 9. Jh. namentl. bekannt) einen großen Teil des ksl. Vermögens, insbes. die Domänen mit Viehhaltung in Kleinasien. Der L. τοῦ στρατιωτικοῦ verwaltete die Militärkasse und die Verzeichnisse der Militärgüter. Der L. τοῦ γενικοῦ (λογιστηρίου, später ταμείου), dem zwölf Ämter unterstanden, war zuständig für das allg. Steuersystem, Bergwerke und Aquädukte. Der L. τοῦ (ε) ἰδικοῦ kümmerte sich um die bes. ksl. Kasse und die Staatswerkstätten. Im 8. Jh. erscheint der L. τοῦ δρόμου, der einen Großteil der Aufgaben des ehem. →magister officiorum übernahm (Aufsicht über Post, ksl. Kuriere, Entsendung von Gesandtschaften, Dolmetscher, teilweise auch Polizeiaufgaben). Er hatte wie auch die L.en τοῦ γενικοῦ im 9. und 10. Jh. eine bes. starke Stellung. Seit dem 11. Jh. erscheinen der L. τῶν σεκρέτων, der verschiedene Ämter der zivilen Verwaltung leitete, und der L. τῶν οἰκειακῶν (Nachfolge des L.en τοῦ ἰδικοῦ), der verantwortl. für das Privatvermögen des Ks.s war. L.enamt bestand in der kirchl. Hierarchie, auch finden sich Geistliche unter den L.en der Staatsverwaltung. Das Amt war ebenfalls bekannt in der Provinz-, Stadt- und Hauptstadtverwaltung (L. τοῦ πραιτωρίου, τῶν ὑδάτων). Einige Träger der L.enwürde erlangten den Ks.thron (Nikephoros I., Michael VI.). In den Jahren vor dem →IV. Kreuzzug verschwanden einige L.enämter, andere verloren an Bedeutung. Doch noch am Ende des 13. Jh. kontrollierte der L. τοῦ γενικοῦ einen bedeutenden Teil der öffentl. Finanzen. Gleichzeitig wurde der wichtigste L. μέγας λογοθέτης und war am Anfang des 14. Jh. häufig Leiter der Zivilverwaltung, v. a. im Bereich der Außenpolitik. Bereits in dieser Zeit erhielt das Amt zunehmend den Charakter eines Ehrentitels (12., dann 9. Platz in der offiziellen Hierarchie). Im Laufe des 14. Jh. wurden die anderen L. enämter endgültig zu Ehrenteiteln.

Im Balkanraum erscheinen L. en in Bulgarien, der Valachei, Serbien, Bosnien und Dubrovnik. Die bedeutendste Stellung nahmen sie im Bulgarien des 13. Jh. und in Serbien seit den 20er Jahren des 14. Jh. (als Leiter der Herrscherkanzlei) ein. Lj. Maksimović

Lit.: A. SEMENOV, Über Ursprung und Bedeutung des Amtes der L. en in Byzanz, BZ 19, 1910, 441–449 – S. STANOJEVIĆ, Studije o srpskoj diplomatici, XIV, Glas 106, 1923, 50–96 [1928, I, 396–442] – DÖLGER, Beiträge – L. BREHIER, Le Monde Byz., 1949, 1970² – EncJugosl. V, 1957, s. v. – H. GLYKATZI-AHRWEILER, Recherches sur l'administration de l'empire byz. aux IX^c–XI^c s., Bull. de Corresp. Hellen. 84, 1960, 1–109 [Neudr.: Var. Repr. 1971, VIII] – OSTROGORSKY, Geschichte³ – L.-P. RAYEAUD, Le gouvernement et l'administration centrale de l'empire byz. sous les premiers Paléologues, 1968 – R. GUILLAND, Les logothètes, RevByz 29, 1971, 5–115 – N. OIKONOMIDES, Les listes de préséance byz. des IX^c et X^c s., 1972 – J. VERPEAUX, Pseudo-Kodinos Traité des Offices, 1976² – Istorija na Bulgarija III, 1982, 258ff. – F. WINKELMANN, Byz. Rang- und Ämterstruktur im 8. und 9. Jh., 1985 – P. SCHREINER, Byzanz, 1986.

Logroño, Stadt im n. →Kastilien (Rioja), war 926 Landgut des Kl. →S. Millán de la Cogolla, eines der Zentren für die Wiederbesiedlung der Rioja im 10. und 11. Jh. L. gehörte zu →Navarra, bis Alfons VI. die Region 1076 Kastilien eingliederte und die Stadtentwicklung L. s als eines Ausgangspunktes des Santiagoweges förderte. Unter Gf. García und seiner Frau Urraca erfolgte die Wiederbesiedlung L. s. Alfons VI. gewährte den Bewohnern um 1092 einen →*Fuero,* der die *Fueros francos* v. →Jaca und Estella zum Vorbild hatte und 1148 sowie 1157 erweitert wurde. Dieser Fuero erwies sich als wertvolles Rechtsinstrument zur Erzielung eines städt. Aufschwungs und wurde deshalb im 12. und 13. Jh. auch vielen anderen Orten in Rioja, Álava (Vitoria), Guipúzcoa und an der Kantabr. Küste Kastiliens (Santander, Laredo, Castro Urdiales) gewährt. Die Grenzstadt L., die den Ebro-Übergang beherrschte, hatte große strateg. Bedeutung für die Beziehungen zw. Kastilien, Navarra und Aragón, wurde daher ztw. von Navarra erobert (1160–76, während der Minderjährigkeit Alfons'VIII., 1336, 1375, 1460) und war Stätte bedeutender Herrschertreffen, so 1272 zw. Alfons X. v. Kastilien und Heinrich I. v. Navarra sowie 1295 zw. Sancho IV. v. Kastilien und Jakob II. v. Aragón. L., von betont kast. Charakter, war Sitz einer →*Merindad* des Reiches und erhielt zu Beginn des 15. Jh. das Stadtrecht einer *ciudad.* M.-A. Ladero Quesada

Lit.: J. M.ª RAMOS Y LOSCERTALES, El derecho de los francos de L. en 1095, Berceo 2, 1947, 347–377 – L. GARCÍA DE VALDEAVELLANO, Orígenes de la burguería en la España medieval, 1975², 146ff. – I. RODRÍGUEZ-R. DE LAMA, Colección Diplomática Medieval de la Rioja, 3 Bde, 1976–79 – E. SAINZ RIPA, Colección Diplomática de las Colegiatas de Albelda y L., 3 Bde, 1981–83 – Hist. de la Rioja, II, hg. J. GARCÍA PRADOS, 1983 – A. M.ª BARRERO GARCÍA-M.ª L. ALONSO MARTÍN, Textos de derecho local español en la Edad Media, 1989, 283.

Lögsögumaðr → Rechtssprecher

Logudoro, Judikat → Sardinien

Løgum, Kl. (Logum, Lügum), Diöz. Ribe (Dänemark), wurde zunächst als Kl. OSB in Seem b. Ribe gegr., 1173 von Bf. Radulf v. Ribe nach L. verlegt und mit Zisterziensern aus Herresvad (heute Schweden) besetzt. Die um 1225/70 erbaute Backsteinkirche mit Staffelgiebeln ist in ihrer Grundsubstanz seit ihrer Errichtung unverändert. Das Kl. L. konnte wichtige Privilegien erlangen: 1212 Abgabenfreiheit für die Kl. bauern, 1251 Befreiung von Ledingsabgaben (→Leidangr), 1257 Zollfreiheit in mehreren Häfen. 1490 bis zur Reformation gehörte L. zum Gottorfer, seit 1544 zum Hadersleber Herrschaftsbereich, 1580 wieder zur Gottorfer Linie. 1548 erfolgte die Schließung des Kl.; Anfang des 16. Jh. wurden Teile der Kl. gebäude abgerissen und die Steine zum Bau des Schlosses der Hzg. e v. Holstein verwendet. A. v. Boetticher

Lit.: J. WISSING, Kl. L., Schr. der Heimatkundl. Arbeitsgemeinschaft für Nordschleswig, H. 26, 1972.

Lohéac, André de Laval, Sire de, Maréchal de France, * wohl 1408, † 29. Dez. 1485 in Laval, 2. Sohn von Guy XIII. (→Laval), ⚭ um 1451 Marie de Laval-Retz († 1457), Tochter von Gilles de →Rais; die Ehe war kinderlos. L. erhielt mit 16 Jahren anläßl. der Schlacht v. La Gravelle die Ritterwürde. 1429 war er in Chinon am Hofe Karls VII. bei der Ankunft von →Jeanne d'Arc anwesend; seine Schilderung (Brief) ist berühmt. Er nahm am Feldzug teil, der zur Königsweihe in Reims führte. 1436 wurde er zum →*Amiral de France* ernannt, gab dieses Amt aber drei Jahre später auf und wurde →Maréchal de France. Als solcher nahm er an allen Feldzügen der Jahre 1440–53 teil. 1456 wurde er nach Lyon entsandt, um den Umtrieben des Dauphins→Ludwig (XI.) entgegenzutreten. Dieser setzte ihn nach der Thronbesteigung (1461) ab wie so viele Ratgeber des Vaters. L. trat in die Dienste des (gegen den Kg. frondierenden) Hzg. s v. →Bretagne, der ihn 1463 zum Baron v. Lanvaux ernannte. Führender Teilnehmer der →*Ligue du Bien public* (1465), wurde L. nach Abschluß des Vertrages v. Conflans wieder in sein Marschallamt eingesetzt. Er diente fortan loyal dem Kg. und zählte zu den ersten Rittern des kgl. →Michaelsordens (1469). Nach seinem Tode fiel Lohéac an den jüngeren Bruder, Louis de Laval-Châtillon. A. Chédeville

Q. und Lit.: →Laval [A. BERTRAND DE BROUSSILLON, Bd. 3] – A. ANGOT, Dict. de la Mayenne, 1901, s.v. – PH. CONTAMINE, Guerre, Etat et société à la fin du MA, 1972.

Lohengrin

I. Romanische Literaturen – II. Deutsche Literatur – III. Englische Literatur.

I. ROMANISCHE LITERATUREN: Die Überl. der L. sage ist älter als das Erscheinen des Namens des Schwanenritters, der in den ältesten frz. Texten (s. u.) namenlos bleibt. Der Name »L.« leitet sich her von afrz. *Loherangrin* 'der Lothringer Garin'. Garin ist der Held des ältesten Liedes des Lothringerzyklus. Ein direkter Zusammenhang zw. ihm und L. wurde in der älteren Forschung noch nicht hergestellt. Der Name »L.« wird erstmals vom Sohn Parzifals im Roman Wolframs v. Eschenbach getragen. Die Sage vom Schwanenritter erscheint im »Parzifal« als Entlehnung aus einer früheren roman. Sage. Der roman. Ursprung der Gestalt des L. wird aus der lothring. Sagenüberl. deutl., außerdem sind die Zeugnisse der kelt. Volksmärchen und Mythologie heranzuziehen. Die Verbindung zw. der Sage vom Schwanenritter und dem Garin des Lothringerzyklus wird hergestellt durch die Familie Bouillon. Ein Brief des Guido v. Bazoches von etwa 1180 bezeichnet Balduin, den Bruder Gottfrieds, als Enkel des *miles cygni.* Wilhelm v. Tyrus weist 1184 ebenfalls auf diese märchenhafte Abstammung hin. Die »Chanson d'Antioche« stellt die gleiche Verbindung zw. Gottfried v. Bouillon und dem Schwanenritter her. Sein Vorfahr wurde von einem ruderlosen und von einem Schwan gezogenen Kahn nach Nimwegen gebracht. Der Ks. gab ihm das Lehen von Bouillon sowie eine Gemahlin, und der geheimnisvolle Ritter blieb in seinem Dienst bis zur Rückkehr des von dem Schwan gezogenen Bootes. Seine Tochter war die künftige Mutter Gottfrieds v. Bouillon. – Die Sage vom Schwanenritter ist nicht zu trennen von der Sage der Schwanenkinder. Von letzterer sind vier Fassungen erhalten sowie eine Erwähnung derselben in einem lat. Komm. zur Apokalypse (1187-88) des Gottfried v. Auxerre. Nach der lat. »Historia Septem Sapientium« des lothring. Mönchs Johannes de Alta Silva (um 1190) raubt ein junger Edelmann einer badenden Fee ihre goldene Kette und zwingt sie dadurch, ihn zu heiraten. Später gibt sie in einem einzigen Geburtsakt sechs Söhnen und einer Tochter das Leben. Alle Kinder tragen eine goldene Kette um den Hals. Wenn sie die Kette ablegen, verwandeln sie sich in Schwäne. Eines dieser Schwanenkinder soll in seiner Tiergestalt den Kahn eines bewaffneten Ritters gezogen haben, der sich noch nicht L. nennt. Die »Historia Septem Sapientium« hat gegen 1230 eine frz. Bearb. durch Herbert v. Paris erfahren unter dem Titel »Li roman de Dolopathos«, die eine Verbindung herstellt zw. Gottfried v. Bouillon und dem Schwanenritter. Nach einer anderen Fassung, »Elioxe«, heißt der Vater der Schwanenkinder Lothar; wiederum wird hier das Bindeglied zu Lothringen offenbar. In einer Fassung heißt die Mutter der Schwanenkinder Beatrix. So aber lautet auch der Name der Mutter Garins im Lothringerzyklus, insbes. im Lied von »Hervis v. Metz«.

Die Sage vom Schwanenritter birgt eine Anzahl mytholog. Motive kelt. Ursprungs. Für die Kelten wie für andere indoeurop. Völker ist der Schwan ein Sonnensymbol. Die Verwandlung von Menschen in Vögel (Gänse, Enten, Schwäne) und umgekehrt gehört zur idg. Mythologie. In ihrer kelt. Form hat sie zahlreiche Spuren in den Volksmärchen hinterlassen. Diese Tierverwandlung ist charakterist. für die kelt. Zauberwelt. Sie steht oft im Zusammenhang mit Zeitzyklen. Die Barke L.s erscheint zu festen Daten. Die mytholog. Texte Irlands, die am besten die kelt. Überl. im MA festgehalten haben, befassen sich mit der Verwandlung von Menschen in Vögel (z. B. in der »Krankheit v. Cuchulainn« oder dem »Schicksal der Lir-Kinder«). Auch das Thema der Zauberbarke, die sich ohne Steuermann fortbewegt oder mittels eines verzauberten Tieres, ist gleichfalls belegt, z. B. im »Guigemar«-Lai der Marie de France. In bestimmten Legenden wurde dieses Motiv verchristlicht (z. B. Jakobus v. Compostela). Wie viele andere Epen wurde Ende des MA auch die Sage vom Schwanenritter in frz. Prosa erzählt. Es war das Interesse der Fs.en v. Cleve an der Sage, das diese neue Fassung veranlaßte. Dies wiederum bestätigt die lothring. Verwurzelung der L.sage. Ph. Walter

Bibliogr.: Bossuat, Manuel, 3ᵉ suppl., ind., Chevalier au cygne – Ed.: G. C. Pukatzki, Le Chevalier au Cygne. A Crit. Ed. [Diss. masch. Univ. of Alabama, 1971] – E. J. Mickel – J. A. Nelson, La Naissance du Chevalier au cygne: Elioxe & Beatrix with an Essay on the Ms. of the Old French Crusade Cycle by G. M. Myers, 1977 – Gran Conquista de Ultramar, hg. P. de Gayangos, 1858 – Herbert de Paris, Li romans de Dolopathos – A. de Montaiglon, 1856 – Lit.: F. Lot, Le mythe des enfants cygnes, Romania 21, 1892 – G. Paris, Le chevalier au cygne, Hist. litt. 22, 1895 – G. Huet, Sur quelques formes de la légende du Chev. au cygne, Romania 34, 1905 – R. Jaffray, The two knights of the swan: L. and Helias, 1920 – R. L. Schurfranz, The French swan-knight Legend [Diss. masch. Chapel Hill, Univ. of North Carolina, 1959] – H. Dontenville, La France mythologique, 1966, 78–84 – W. R. J. Barron, Versions and texts of the Naissance du Chev. au cygne, Romania 89, 1968 – F. Gastaldelli, Una sconosciuta redazione lat. della Chanson du Chev. au cygne, Aevum 42, 1968 – E. Emplaincourt, Le Chev. au cygne et G. de Bouillon, Romania 95, 1974 – G. L. Evans, Mythic Structures in an Epic Frame [Diss. masch. Univ. of Massachusetts, 1978] – A. Birner, Das Motiv der Schwanenkinder in Le Chev. au cygne und Gran conquista de Ultramar (Fschr. R. Baehr, 1981) – C. Lecouteux, Mélusine et le Chev. au cygne, 1982 – E. Emplaincourt, Le Chev. au cygne, Romania 104, 1983.

II. Deutsche Literatur: L., stroph. Dichtung über den Schwanenritterstoff. Der Verf. nennt sich im Stollen-akrostichon der Schlußstrophen 'Nouhuwius' oder 'Nouhusius'. Seine Benutzung des »Buchs der Könige alter e und niuwer e«, der »Sächsischen Weltchronik« und des »Schwabenspiegels« ebenso wie seine mutmaßl. Beziehung zu Rudolf v. Habsburg legen den Gedanken einer Verbindung mit der Augsburger Schwabenspiegel-Kanzlei nahe. Dies setzt die Richtigkeit der gängigen Datierung 1283/89 voraus, gegen die H. Thomas eine Spätdatierung in die Zeit Ludwigs d. Bayern vorgeschlagen hat.

Die Geschichte des Schwanenritters L. bildet den Rahmen für eine weit umfangreichere, teilweise fiktionale Erzählung über die Herrschaft Heinrichs I. In seinem Kampf gegen die Sarazenen und dem angebl. Lohn durch die Kaiserkrönung bilden sich polit. Tendenzen der Dichtung ab: ein Bild imperialer Ordnung wird entworfen, in dem die europ. Vormachtstellung eines von innenpolit. Harmonie bestimmten Imperiums unangefochten und in seinem Verhältnis zur Kurie konfliktfrei ist. In der Figur L.s verbinden sich das Geheimnis seiner Herkunft, seine Gottgesandtschaft und seine weltl.-ritterl. Machtausübung zu quasi mytholog. Qualität. Das polit. Programm der Dichtung ist damit religiös sanktioniert.

Für die Schwanenritterpartien ist keine der überlieferten frz. oder dt. Fassungen der Sage als Q. nachzuweisen. Die Strophenform (»Klingsors Schwarzer Ton«) ist ebenso wie die Anfangspartie aus dem →»Wartburgkrieg« übernommen; der Einfluß des »Jüngeren →Titurel« Albrechts v. Scharfenberg ist wahrscheinlich. Mit drei vollständigen Hss. und einem Fragment relativ schmal überliefert, sind Nachwirkungen des Werks, abgesehen von den Bearbeitungen in Ulrich →Füetrers »Buch der Abenteuer« und im »Lorengel« nicht zu erkennen. Th. Cramer

Lit.: Th. Cramer, L. Ed. und Unters., 1971 – Lit.: Verf.-Lex.² V, 899–904 – H. Thomas, Der L., eine polit. Dichtung der Zeit Ludwigs d. Bayern, RhVjbll 37, 1973, 152–190 – C. Lecouteux, Zur Entstehung der Schwanenrittersage, ZDA 107, 1978, 18–33 – A. Kerdelhué, L. Analyse interne et étude critique des sources, 1986.

III. Englische Literatur: Die früheste engl. Entsprechung zur L.-Sage ist die kurze (370 Zeilen), in reimlosen alliterierenden Langzeilen geschriebene →Romanze »Chevelere Assigne«, entstanden im späten 14. Jh. in den nw. Midlands (Ms. ca. 1460). Q. ist die »Naissance du Chevalier au Cygne«. Die me. Version kondensiert das Geschehen auf die märchenhaften Elemente der Schwanenkindersage. Die sieben Kinder eines Kg.s werden von ihrer bösen Großmutter verfolgt. Sechs von ihnen verwandeln sich in Schwäne, als ihnen die silbernen Ketten abgenommen werden, die sie von Geburt an tragen. Nur der spätere Schwanenritter Enyas, der engl. L., behält seine menschl. Gestalt. Er erlöst seine Geschwister bis auf einen Bruder, dessen Kette zu einem Becher umgearbeitet worden war. Enyas ist eine →Parzival-Figur, deren Naivität ebenso amüsant wie didakt. wirkt. Wenn der Held durch bloße Aufzählung ritterl. Attribute das Handwerk in Minuten lernt, ist das Beweis göttl. Erwählung. Im letzten Viertel strafft der Autor seinen Stoff bis zur lakon. Kargheit. Von den späteren Abenteuern des Ritters mit dem Schwan findet sich nicht einmal eine Andeutung im me. Text. Ausführl. dargestellt wird die Gesch. des Schwanenritters in dem 1512 von W. de Worde gedruckten Prosaroman »Helyas, Knight of the Swanne« von Robert Copland. →Kreuzzugsdichtung, V; →Gottfried v. Bouillon, II. J. und K. H. Göller

Bibliogr.: Manual ME, 1. I, 1967, 101–103, 267f. – Ed.: Helyas, Knight of the Swanne, ed. W. J. Thoms (Early English Prose Romances, III, 1858²) [Repr. 1970] – Chevelere Assigne, ed. H. H. Gibbs, EETS, ES 6, 1868 [Repr. 1973] – Lit.: W. R. J. Barron, 'Chevalere Assigne' and the

'Naissance du Chevalier au Cygne', MAe 36, 1968, 25–37 – Ders., Alliterative Romance... (ME Alliterative Poetry..., hg. D. Lawton, 1982), 80–83.

Loher und Maller, Prosaroman der Hzgn. →Elisabeth v. Nassau-Saarbrücken († 1456), geht auf eine nicht erhaltene Vorlage einer Chanson de geste-Dichtung zurück. Die dt. Bearbeitung wurde 1437 abgeschlossen und steht in themat. und stoffl. Verbindung mit zwei anderen Prosaromanen der fsl. Autorin, dem »Hugschapler« und dem »Herpin«. Der Text ist in fünf Hss. des 15. Jh. und drei Drucken des 16. Jh. überliefert.

Die Historie, die in den Stoffkreis der Dichtungen um →Karl d. Gr. gehört, berichtet von zwei getreuen Gesellen, Loher (Lotharius), Sohn Karls des Großen, und dessen Freund Maller, Sohn Kg. Galiens. L., ein galanter Liebling der höf. Damenwelt, erregt Verdruß bei der Ritterschaft, wird »verklafft« und, vom Ks. wohlausgestattet, für sieben Jahre aus Frankreich verbannt. Er begibt sich mit M. und seinem Troß nach Konstantinopel zu Kg. Orscher, besiegt als »frommer Ritter« die Heiden und gewinnt die Liebe der Königstochter Zormerin; nach dem Sieg über die Heiden findet die Hochzeit statt. L., M. und deren Frauen ziehen gen Paris, werden aber vom falschen Ott überfallen: L. gerät in Gefangenschaft. M. und Zormerin eilen nach Paris, um Hilfe für L.s Befreiung zu holen, aber Ludwig und die Räte lehnen ab. Als Spielleute verkleidet, ziehen beide zu L. und dann nach Konstantinopel, um dort Hilfe zu holen, die Orscher aber versagt. Da geht M. nach Frankreich und findet bei seinem Vater und den Verwandten Unterstützung. Derweilen überlistet Zormerin den erneut werbenden Ott und bewirkt durch eine List die Freilassung L.s in Pavia. Die Entdeckung der Intrige bringt Zormerin in Todesnot, aus der sie aber L. im Zweikampf rettet. M. kommt mit seinem Heer bis nach Konstantinopel; die Ordnung stellt sich her: Ott wird hingerichtet, L. Kaiser v. Konstantinopel. Zormerin wird schwanger mit L.s Sohn Marphone, bei dessen Geburt sie später stirbt.

L. wird vom Papst zu Hilfe gegen Rom belagernde Heiden gerufen und zieht mit M. und großem Heer dorthin; im Kampftreffen sich die Brüder L. und Ludwig; nach dem Sieg wird L. röm. Ks. und zieht mit Ludwig gen Paris. Dort wird Verrat an ihm geübt: um spätere Erbansprüche zu verhindern, wird L. überwältigt und entmannt. L.s Rachefeldzug gegen Frankreich wird zu seinen Gunsten entschieden, als sein Sohn Marphone mit großem Heer dem Vater Beistand leistet. L. hält Gericht: Verzeihung für Bruder Ludwig, qualvolle Hinrichtung der Verräter in siedendem Öl. L. zieht nach Rom, M. wird Einsiedler. Als er Jahre später nach Rom kommt, wird er von L. ahnungslos getötet. Daraufhin nimmt M.s Sippe den Rachekampf auf; eine Kette neuer Kämpfe beginnt in Frankreich. Auch diesmal befreit Marphone den Vater aus der Gefangenschaft. Am Ende leben nur noch Marphone, Ludwig, Isembart und L. Der Papst setzt die neue Ordnung fest: Frankreich bleibt Kgtm. unter Ludwig und seinen Nachkommen, der dt. Ks. wird von seinem Land gewählt und erhält den Segen des Papstes, Marphone hat keinen Anspruch auf den dt. Kaisertitel. L. zieht sich in die Einsiedelei zurück. In Frankreich kommt es aber erneut zum Streit, als Ludwig Isembarts Schwester Fröhlich den Sohn eines der L.-Verräter verheiraten möchte. Dagegen protestiert Isembart, der Ludwigs rechter Neffe ist. Der Hof entledigt sich seiner, indem man ihn aus der Christenheit verbannt. Er zieht mit seinem Vetter Ludemann zu Marphone und führt gegen die Heiden Kriege. In Gefangenschaft tritt er zum heidn. Glauben über, wird als

künftiger Regent aufgenommen und zieht mit großer Heeresmacht nach Frankreich, um seine Ansprüche geltend zu machen. Ludwig überwindet seinen Neffen persönl. im Kampf; als Sterbender zeigt er Reue und legt den heidn. Glauben ab. Bald darauf wird Ludwig von Widersachern seines Landes in Metz vergiftet. Der Kampf um die Königswürde in Frankreich wird nun von Hugschapler weiter geführt.

Der 'historische Roman' hat unbedenklich viele geschichtl. Elemente anachronistisch geklittert. Dennoch ist er in seiner dreiteiligen Struktur und in der episch-formalen Realisierung des Erzählvorgangs ein interessantes und ansprechendes Prosawerk des 15. Jh. Man muß ihn eher als Ausdruck seiner Zeit sehen und weniger auf die »Maschinerie des Zeitgeschmacks« (Liepe) achten; eine bemerkenswerte, wenn auch verdeckte Kritik an der frz. Krone und am Feudalismus ist erkennbar. Der Text ist stark durchsetzt von allg. moral. Maximen und funktionaloberflächl. dogmat. Implikationen, die ihrerseits ebenso wie die auffällige Geldwertsystematik die Mentalität des 15. Jh. reflektieren. Die Gefährdung der heilen Welt durch das Böse und durch die Unbeständigkeit und Zweckorientiertheit feudalen Fürstentums wird überdeutlich. Hinter den Tableaux ausführlicher Kampfschilderungen und der techn. Verwendung von epischen Versatzstücken wird mehr Kritik sichtbar, als man diesem frühen Roman zubilligen möchte. H.-G. Roloff

Ed.: L. und M., Ritterroman, erneuert von K. Simrock, 1868; wiss. Neuausg. in Vorber. – *Lit.:* Verf.-Lex.² II, 482–488 [H. H. Steinhoff] – W. Liepe, E. v. N.-S., 1920.

Lohn, -arbeit

A. Westlicher Bereich – B. Byzanz

A. Westlicher Bereich

I. Früh- und Hochmittelalter – II. Spätmittelalter – III. Bergbau.

I. Früh- und Hochmittelalter: Eine Gesch. der L.arbeit im Früh- und HochMA steht noch aus. Freie L.arbeit läßt sich zunächst im außeragrar. Bereich nachweisen. Das langob. Volksrecht (7.–8. Jh.) nennt im Gegensatz zu anderen germ. leges in Tradition spätantiker Verhältnisse die Arbeit gegen L. im Bauwesen. So übernahmen magistri comacini gegen einen festen Betrag (mercedes) die Instandsetzung bzw. den Bau eines Hauses oder konnten zur Bauaufsicht angemietet (conducere) werden. Ein mit diesen leges überliefertes Merkbuch handelt im wesentl. von der Entlohnung der Bauleute, ein Thema, mit dem sich um 800 auch →Alkuin in didakt., aber praxisnahen Rechenbeispielen beschäftigte. Ein Kapitular Ludwigs d. Frommen (818/819) stellt bezügl. der Kirchenzehnten frei, statt Baufronden Geldäquivalente zur Anwerbung von Bauarbeitern (operarios) zu zahlen. Im landwirtschaftl. Bereich nennen urbariale Q. Geldäquivalente für Dienste von Hörigen und belegen damit die Vorstellung fixierter Relationen zw. Geldwert und Arbeitsleistung. Dies betraf Tätigkeiten in Feld, Hof und Weinberg (Weißenburg) sowie hörige Fuhrdienste (Montierender, Reims). In der frühma. →Grundherrschaft werden Personen, die sich als L.arbeiter verdingten, in den ländl. Unterschichten der curtes und villae greifbar. Sie verfügten nicht über Haus und Hof und hatten im Gegensatz zu mancipia oder prebendarii keinen Versorgungsanspruch an den Grundherrn. L.arbeit bezeugen das Polyptychon v. Lobbes, das Capitulare Missorum Silvacense (853) und das Edictum Pistense (862). →Regino v. Prüm (um 900) berichtet über Normannenflüchtlinge, die sich als mercenarii bei örtl. Grundherren verdingt hatten und von diesen in die Knechtschaft gedrückt wurden. Freie L.arbeit (Stück- oder Tagesl.) war in der frühma. Agrarwirtschaft verbreitet, doch stellte sie zu den hörigen Diensten nur eine Komplementärerscheinung dar. Nach den Statuten →Adalhards v. Corbie (822) warb man bei zusätzl. Bedarf sowohl L. kärrner für Zehntfuhren als auch Tagelöhner für die Arbeiten in den Kl. gärten an.

Die erneuerte Konjunktur im agrar. und außeragrar. Bereich und das demograph. Wachstum auf dem Land und in den präurbanen Zentren verstärkten seit dem 11. Jh. den Stellenwert der freien L. arbeit. Dies gilt v. a. für ländl. Unterschichten, die ohne eigene Höfe auf Arbeit gegen Zubrot oder L. angewiesen waren. Zu ihnen zählen auch die 1222 im Komm. des Exabtes Caesarius v. Prüm zum Prümer Urbar v. 893 als *hoveiungere* erwähnten Unfreien. V. a. im agrar. Sektor begegnen beim Anbau von Sonderkulturen (Wein) und im Kontext fortgeschrittener Betriebsstrukturen L. arbeiter, so nennt ein hochma. Nachtrag zum Polyptychon v. St-Germain-des-Prés Geldzahlungen ad expensam an Arbeiter bei der Weinlese. In der Grangienwirtschaft der Zisterzienser wurde seit dem 13. Jh. verstärkt auf mercenarii zurückgegriffen, da die Zahl der Konversen für die Arbeit nicht ausreichte.

Das Wachstum der hochma. Städte – auch durch den Zuzug vom Land – geht einher mit der zunehmenden Abhängigkeit bestimmter Bevölkerungsteile vom Einkommen aus L. arbeit in einigen Zweigen des Handwerks und in den Produktionszentren der Textilherstellung in Flandern und Italien (Florenz), wo insbes. Hilfstätigkeiten gegen L. ausgeübt wurden. Eine zentrale Bedeutung kommt auch dem Bauhandwerk zu, da die rege Bautätigkeit in den Städten – u. a. durch die got. Dombauhütten – ohne Formen der freien L. arbeit, so Tagel. für minder qualifizierte Arbeiten, nicht zu bewältigen war, wie dies L. listen aus Mailand (14. Jh.) belegen.

K. Elmshäuser/D. Hägermann

Lit.: H. Hon-Firnberg, L. arbeit und freie L. arbeit im MA und zu Beginn der NZ, 1935 [Neudr. 1978] – A. Dopsch, Die Wirtschaftsentwicklung der Karolingerzeit 2, 1962³ – L. R. Ménager, Considérations sociologiques ... (Études pour G. le Bras, 1965) – Die Zisterzienser, hg. K. Elm-P. Joerissen, 1980 – Das Handwerk in vor- und frühgesch. Zeit, I, hg. H. Jankuhn u. a., 1981, Abh. 3 F., Nr. 122 [D. Claude, H. Nehlsen] – Lavorare nel medio evo. Rappresentazioni ed esempi dall' Italia dei s. X–XVI, 1983 – Le travail au MA, hg. J. Hamesse – C. Muraille-Samaran, 1990.

II. Spätmittelalter: Im Vgl. zum HochMA wuchs im SpätMA die Bedeutung des Einkommens aus Löhnen sowohl in den Städten (Ausbildung des Marktes) als auch auf dem Land (Sonderkulturen, agrar. Nebengewerbe). In den Städten, bes. den Exportgewerbestädten, arbeiteten neben Handlungsgehilfen, Lehrlingen und Gesellen auch viele Handwerksmeister gegen L. Hauptq. des SpätMA für Löhne und daraus erzielbare Einkommen sind mikroökonom. Buchhaltungen und obrigkeitl. Reglementierungen. Gegenüber der reichen Überl. weltl. und geistl. Institutionen und Anstalten bleiben die Daten aus privaten Unternehmen und Haushaltungen weit zurück. Belegbar sind überwiegend Gehälter, Stück- und Tagelöhne (städt. Bedienstete, Geistliche, Lehrer, Söldner, Knechte und Mägde, Knappen, Landarbeiter, Transportarbeiter, Gesellen). Am dichtesten aber ist die Überl. der Tagelöhne aus dem gesamten Bauhandwerk, während für die zahlenmäßig sehr viel bedeutenderen Textilarbeiter nur wenige Aussagen möglich sind.

Da feste Jahreslöhne (Gehälter, Gesindelöhne) in der Regel nur einen Teil des Gesamteinkommens darstellen (dazu kommen Amtsgebühren bzw. Naturalleistungen), sind Tagelöhne die wichtigste Q. zur spätma. L.- und Einkommensentwicklung. Nur sie sind auch in langen Reihen überliefert und erlauben so Rückschlüsse auf die säkulare Entwicklung von Wirtschaft und Realeinkommen, allerdings nur bei einer umfassenden Quelleninterpretation: Zu unterscheiden sind etwa obrigkeitl. oder zünft. reglementierte und tatsächl. bezahlte Löhne, die sowohl über als auch unter der Taxe liegen konnten. Vielfach war der vorgeschriebene bzw. bar bezahlte Tagel. auch nicht die einzige Einkommensquelle. Von Naturalleistungen einmal abgesehen, konnten Meister wie Gesellen durch Überstunden, Gefahrenzulagen oder ein zusätzl. Arbeitsverhältnis Mehreinkünfte erzielen. Auch evtl. bezogene Unterstützung (Almosen) in Notzeiten oder bei Arbeitslosigkeit wäre dem tatsächl. Jahreseinkommen zuzurechnen. Zu beachten sind ferner die saisonalen Schwankungen des L. niveaus. Spitzenbeträge, die beispielsweise während der Erntezeit gezahlt wurden, sind für die Ermittlung des Jahresdurchschnitts nicht repräsentativ. Allg. verbreitet war die z. T. mehrfach gestufte Unterscheidung von Sommer- und Winterl. Entsprechend der längeren Arbeitszeit (13–14 Stunden gegenüber 7–8 Stunden im Winter) wurden im Sommer, speziell im Baugewerbe, 10 bis 30% mehr Tagel. bezahlt. Gerade in den saisonabhängigen Berufen mit jahreszeitl. bedingter Arbeitslosigkeit ist neben der Höhe des Tagel.s die Zahl der tatsächl. erreichbaren Arbeitstage entscheidend für die Ermittlung von Jahreseinkommen. Darüber informieren punktuell überlieferte Bauabrechnungen, die selbst bei durchgehender Beschäftigung aufgrund der zahlreichen kirchl. Feiertage nur rund 265 Arbeitstage pro Jahr und im Durchschnitt die 5-Tagewoche als spätma. Regel belegen. Das danach errechenbare Maximaleinkommen aus Tagelöhnen wurde aber mit Sicherheit nur vereinzelt auch tatsächl. erreicht.

Um die L. einkommen zur Ermittlung des Lebensstandards zu deflationieren, ist man im wesentl. auf die Berechnung von Brotgetreide-Äquivalenten angewiesen, da ein komplexerer »Warenkorb« nicht verfügbar ist, auch nicht für die Städte. Für das SpätMA ergibt dieses Verfahren auch zu optimist. Werte für die Kaufkraft der Löhne. Die L. höhe war abhängig von einem von den in vorindustrieller Zeit weniger wandlungsfähigen strukturellen Faktoren (obrigkeitl. Festsetzungen, Arbeitsmarktfunktion) sowie von den zeitspezif. rascher wechselnden konjunkturellen Einflüssen, wie monetäre Verhältnisse, Produktivität, »Mensch-Boden-Relation«. Davon hatte im SpätMA die gravierendsten Auswirkungen zweifellos die für Mitteleuropa bes. von W. Abel untersuchte Veränderung der »Mensch-Boden-Relation« als Folge v. a. der Pestzüge seit 1347/51. Die anhaltende demograph. Depression bewirkte ein säkulares Absinken der Getreidepreise, das bis über die Mitte des 15. Jh. anhielt. Da sich neben den Gewerbegüterpreisen auch die Löhne als widerstandsfähiger erwiesen (»Lohn-Preis-Schere«), ergibt sich während der Getreidepreistäler die auffallend hohe Weizen- bzw. Roggenkaufkraft der Löhne. Diese Entwicklung ist zwar in weiten Teilen Europas zu konstatieren, doch ergeben sich auch beträchtl. regionale Unterschiede (R. Sprandel). So ist das Schlagwort vom »Goldenen Zeitalter« für L. arbeiter im SpätMA (W. Abel) zu modifizieren: Mit maximal 20 bis 50 rhein. Gulden pro Jahr blieben die Verdienstmöglichkeiten aus der L. arbeit begrenzt, jedenfalls im Hinblick auf die Vorsorge für Alter und Krankheit. Im Vergleich zu den hochma. und frühnz. Verhältnissen behält Abels Charakterisierung des SpätMA ihre Gültigkeit aber unverändert.

U. Dirlmeier

Lit.: W. Abel, Strukturen und Krisen der spätma. Wirtschaft (Q. und Forsch. zur Agrargesch. 32, 1980) – Ch. de La Roncière, Prix et salaires à Florence au XIVième s., 1982 – U. DIRLMEIER, Zu Arbeitsbedingungen und Löhnen von Bauhandwerkern im SpätMA (Göttinger Beitr. zur Wirtschafts- und Sozialgesch. 9, 1983), 35–54 – K. SCHULZ, Handwerksgesellen und L.arbeiter, 1985 – R. SPRANDEL, Die spätma. Wirtschaftskonjunktur und ihre regionalen Determinanten (Hist. Socialis et Oeconomica, Fschr. W. ZORN, 1987), 168–179 – C. DYER, Standards of Living in the Later MA, 1989.

III. BERGBAU: Die ältere Auffassung, daß bei der Entstehung eines Bergwerks ausschließl. Angehörige einer genossenschaftl. organisierten Gewerkschaft (→Gewerken) gleichermaßen mit selbständiger Handarbeit engagiert gewesen seien, ist heute einer differenzierteren Betrachtungsweise gewichen. Die frühma. Q. fließen zwar nicht breit genug, um L.arbeit, zunächst im Bereich der Eisenproduktion, genauer nachzuweisen, doch wird sie nach übereinstimmender Ansicht der neueren europ. Forsch. z. Z. der Freierklärung des (Edelmetall-)Bergbaus (»Bergbaufreiheit«) und seines Personals durch die entstehende Landesherrschaft (→Bergrecht) bzw. durch Stadtrepubliken im HochMA allerorts vergeben. Mit Sicherheit erstreckte sich L.arbeit auf die verschiedenen Hilfskräfte (Wasserknechte, Scheider, Hüttenknechte usw.), in Trient 1185 im Bereich der Erzaufbereitung auch auf die Wäscher. Demgegenüber strebten die qualifizierten »laboratores« des Bergbaus als zunehmend ständ. auftretende Spezialisten (»Knappen«) nach freien vertragl. geregelten Beteiligungen in der Gewerkschaft oder der Lehenschaft oder, beim Schachtabteufen und Streckenvortrieb im Tiefbau, nach der Vertragsarbeit im Gedinge. Unselbständige L.arbeit kam für sie nur bedingt in Frage. Seit dem 15. Jh., bes. in der neuen Konjunkturphase ab der Mitte dieses Jahrhunderts, wird die gesamte Bergarbeit »umb lone« (so im Schladminger Bergbrief 1408) mit Arbeiterschutzbestimmungen bis hin zum Verfahren der L.klage (gegen Gewerken, Freiberg schon 1328) allmähl. besser geregelt. In einer Tiroler Bergordnung taucht 1449 die gedanklich anspruchsvolle Wortzusammensetzung »Lohnarbeiter« auf. Die eher pejorative Benennung »Herrenarbeiter« sowie die Wortreihung »Gewerken, Knappen und Arbeiter« weisen diejenigen, die ihre Arbeit nicht vertragl. organisierten, sondern gegen L. verrichteten, als untere Schicht der bergmänn. Bevölkerung aus. Der Versuch, starre L.grenzen zu fixieren, scheitert in den großen Revieren des süddt.-alpenländ. Raumes am freien Arbeitsmarkt. Eine andere Entwicklung nimmt das sächs. Bergbaugebiet, wo seit dem 15. Jh. das sog. Direktionsprinzip durchgesetzt wird: die Gesamtleitung der Produktion durch landesfsl. Beamte. Gewerken und Knappen sehen sich von selbständiger unternehmer. Tätigkeit ausgeschlossen. Auch der qualifizierte Bergmann der Vertragsarbeit wird L.arbeiter (→Bergbau, IV). K.-H. Ludwig

Lit.: K. SCHWARZ, Unters. zur Gesch. der dt. Bergleute im späteren MA, 1958 – D. BALESTRACCI, Alcune considerazioni su miniere e minatori nella società Toscana del tardo medioevo (Siderurgia e miniere in Maremma tra '500 e '900, hg. I. TOGNARINI, 1984), 19–35 – Bergbau und Arbeitsrecht, hg. K.-H. LUDWIG–P. SILKA, 1989.

B. Byzanz
Aussagen über L.e (ῥόγαι) sind spärl. und punktuell, wobei mehr Nachrichten über die früh- und mittelbyz. Zeit als über die spätbyz. Zeit vorliegen. L.e wurden zum größten Teil in Geldwährung und nur selten ausschließl. in Naturalien gezahlt, bisweilen jedoch auch in gemischter Form. In der Staatsverwaltung wurde die Entlohnung gewöhnl. einmal jährl. durchgeführt und war vielfach von zusätzl. Geschenken begleitet. Zu unterscheiden ist zw. Beamtengehältern und solchen für Würdenträger; letztere waren wohl immer an eine Kaufsumme gebunden. Im Heeresdienst waren die (erstmals aus dem 10. Jh. bekannten) Gehälter für die Themengouverneure (wie die der früheren Provinzpraefekten) entsprechend der strateg. Bedeutung gestaffelt. Die (einfachen) Soldaten wurden nur bisweilen jährl., meist aber in mehrjährigem Abstand bezahlt. Die an Bf.skirchen tätigen Kleriker wurden entsprechend ihrem Rang und dem Reichtum des Bf.ssitzes entlohnt, die Papades auf dem Land verfügten nur selten über Einnahmen aus Grundbesitz und waren auf Gebühren für Weihehandlungen angewiesen. L.arbeiter, u. a. in der Landwirtschaft, wurden tägl. entlohnt. P. Schreiner

Lit.: G. OSTROGORSKY, L.e und Preise in Byzanz, BZ 32, 1932, 293–333 – H. ANTONIADIS-BIBICOU, Démogr., salaires et prix à Byz. au XIe s., Annales 27, 1972, 215–246 – J. IRMSCHER, Einiges über Preise und L.e im frühen Byzanz (Stud. zum 8. und 9. Jh. in Byzanz, 1983), 23–33 – N. OIKONOMIDIS, Middle-byz. Provincial Recruits... (Gonimos. Neopl. and Byz. Stud. pres. to L. G. WESTERINK, 1988), 121–136 – P. SCHREINER, Texte zur spätbyz. Finanz- und Wirtschaftsgesch. ..., 1991, 403f.

Lohndrucker. Viele Unternehmen der Frühdruckzeit vereinigten die verschiedenen Stufen der Buchherstellung (Verlag, Buchdruck) sowie den Vertrieb unter einem Dach. Neben diesen 'Druckerverlegern' gab es eine große Zahl nicht oder nur zuweilen auf eigene Rechnung arbeitender Offizinen. Diese L. erhielten Aufträge von den großen Druckerherren, häufig auch von Wissenschaftlern und Mäzenen, denen an der Herstellung eines bestimmten Titels gelegen war. Aber auch Druckerverleger haben nicht selten als L. für andere Auftraggeber gearbeitet. Das war z. B. der Fall beim Druck von Liturgica. Derartige Abhängigkeitsverhältnisse sind mitunter durch schriftl. Abmachungen gesichert. S. Corsten

Lit.: S. CORSTEN, Die Anfänge des Kölner Buchdrucks, 1955 – F. GELDNER, Inkunabelkunde, 1978, 149–155 – S. CORSTEN, Unters. zum Buch- und Bibl.swesen, 1988, 123–148.

Loígis (Loíchsi, von loíg 'Kalb' und Kollektivsuffix), ir. Stammesgruppe, eine der beiden *prímforsluinnti* ('hauptsächl. unterworfenen Stämme') in Leinster (→Laigin). Der Name weist auf hohes Alter hin. Wahrscheinl. waren die L. in vorgeschichtl. Zeit noch ein machtvoller Stammesverband, in der hist. Periode aber bereits auf den Status von Vasallen abgesunken. Gemeinsam mit den Fotharta (→Fothairt) galten die L. als *cliathaire* ('Phalanx'), da sie als eine Art Puffer die Angriffe aus dem benachbarten →Munster zurückzuschlagen hatten. Ein Kg. der L., Berach mac Beccaín, soll das Kl. Cluain Ferta (→Clonfert Mulloe, Gft. Laois) dem Lugaid moccu Óchae (Molua) übertragen haben, während ein anderer Hl. dieses Stammes, Colmán mac Congaill, auf der berühmten Versammlung von →Druim Cett (Gft. Sligo) wohl eine Vermittlerrolle spielte. Die Genealogien behaupten eine Abstammung der L. von den →Pikten (Cruithni). Nach den L. ist die heut. Gft. Laois (Leix) benannt. D. Ó Cróinín

Lit.: M. A. O'BRIEN, Corpus gen. Hib. 1, 1962, 87–95 – F. J. BYRNE, Irish Kings and High-kings, 1973, 13–133.

Loingsech mac Oéngusso (L., Sohn des Oéngus), ✠ 704, ir. →Hochkg. der Uí Néill (neben seinem Großvater →Domnall mac Aédo, † 642, der einzige Uí Néill-Kg., der in den Todesnotizen der zeitgenöss. Annalen mit der Bezeichnung Hochkg. geehrt wird). Als Kg. der →Cenél Conaill, desjenigen Zweigs der Uí Néill, dem auch der hl. →Columba entstammte, war L. bestrebt, dem wachsenden Druck seiner östl. Vettern, der →Cenél nEógain, die den Herrschaftsbereich der Cenél Conaill umklammerten, entgegenzutreten. Er zog mit einem Heer nach →Connacht, erlitt aber bei Corann (Gf. Sligo) eine vernichtende Niederlage, bei der er selbst sowie drei seiner Söhne und andere Fs.en aus seinem Geschlecht den Tod fanden. Diese Schlacht markiert die entscheidende Wende im polit. Schicksal der Cenél Conaill; L.s Sohn →Flaithbertach war der letzte Repräsentant dieses Geschlechts, der die Hochkönigswürde einnehmen sollte.   D. Ó Cróinín

Lit.: F. J. BYRNE, Irish Kings and High-kings, 1973, 247f., 256-258.

Loire, entspringt im frz. Zentralmassiv am Fuß des Gerbier de Jonc und mündet nach einem Lauf von 1012 km in den Atlantik. Sie fließt bis Decize (ca. 500 km) in einem Engtal, bildet dann das breite 'Val de L.' mit den großen Landschaften Orléanais, Touraine und Anjou, verengt sich bei Ancenis erneut und durchfließt das Armorikan. Massiv, um unterhalb von Nantes eine Mündungsbucht (Ästuar) zu bilden. Nachteilig für die Schiffahrt wie für die Anwohner ist die stark schwankende Wasserführung (sommerl. Niedrig-, winterl. Hochwasser). Die L., die nie ein großer Verkehrsweg war, diente seit der Merowingerzeit dem Transport von atlant. →Salz, seit dem 13. Jh. flußaufwärts der Ausfuhr von →Wein. Seit dem 11. Jh. Errichtung hölzerner und steinerner Brücken; um die Mitte des 12. Jh. Hochwasserdämme *(turcies)*, gefördert von Heinrich II. Plantagenêt; erst durch Ludwig XI. Baumaßnahmen zugunsten der Schiffahrt. Seit dem 6. Jh. markiert die L. die Grenzscheide zw. der Francia (mit ihrer franko-gallo-röm. Kultur) und Aquitanien (mit rein lat.-roman. Kultur). Im Hundertjährigen Krieg bildete die L. ztw. die Grenze zw. dem Frankreich Karls VII. und dem anglo-burg. Herrschaftsbereich. Bis ins 16. Jh. waren die Schlösser der Touraine die bevorzugten Residenzen der Kg.e v. Frankreich.   A. Chédeville

Lit.: R. DION, Le Val de L., Étude de géographie régionale, 1933 – DERS., Hist. des levées de la L., 1961 – F. LEBRUN, Hist. des pays de la L., 1972 – J. VERRIÈRE, La L. et Paris, 1990.

Lokasenna (an.; 'Lokis Zankreden'), Götterlied der Älteren →Edda im Versmaß →Ljóðaháttr, überliefert im Codex Regius, einige Strophen auch in →Snorri Sturlusons »Gylfaginning« (um 1200). Es handelt sich um ein reines Dialoggedicht, in dem der Gott →Loki die bei einem Trinkgelage versammelten Göttinnen und Götter des nord. Pantheon mit Schmähreden überzieht (→Schmähdichtung), dabei aber auch selbst von den Göttern gescholten wird. Die Göttinnen bezichtigt er allesamt eines unzüchtigen und wollüstigen Lebenswandels, während er jeden der Götter an bezeichnende Episoden erinnert (die teilweise aus anderen Götterliedern und der Prosa-Edda bekannt sind), in denen sie Feigheit, Versagen, Ungerechtigkeit, zauber.-weib. Wesen und Perversität bewiesen haben. Immer gegenwärtig bei den treffsicheren, bisunden und entlarvenden Vorhaltungen Lokis ist der Untergang der Götter (→Ragnarök), der gerade durch den sittl. Verfall der Götterwelt unvermeidbar scheint. Zuletzt kommt Thór, der beim Gelage nicht zugegen war, mit seinem Hammer herbei und vertreibt Loki, ohne jedoch von dessen Schmähreden verschont zu bleiben.

Es ist nach wie vor umstritten, in welche Zeit die L. zu setzen sei. In der heidn. Mythologie sind Göttersatiren und Götterschwänke durchaus denkbar. Wegen der Schärfe der häufig moral. motivierten Angriffe auf die alte Götterwelt neigt man jedoch verstärkt zu der Annahme, daß die L. nur in nachheidn. Zeit entstanden sein kann. Hinzu tritt der Hinweis auf die verblüffende Nähe der L. zur antiken Symposion-Lit. v. a. des im MA bekannten Lukian.   H. Ehrhardt

Ed.: G. NECKEL-H. KUHN, Edda, 1983⁵, 96ff. – Übers.: Die Edda, übertr. F. GENZMER, 1987⁶, 75ff. – Lit.: KL X, 678-680 – KINDLER, Lit.-Lex. VII, 5791f. – A. G. v. HAMEL, The Prose Frame of L., Neophil. 14, 1929, 204-214 – H. DE BOOR, Die religiöse Sprache der Voluspá, 1930 –
F. R. SCHRÖDER, Das Symposium der L., ANF 76, 1952, 1-29 – H. B. D. WIEDEN, Einige Bemerkungen zum religionsgesch. Ort der L., ZDPh 83, 1964 – P. MEULENGRACHT SØRENSEN, Lokis Senna in Ægir's Hall (Idee, Gestalt, Gesch., Fschr. K. v. SEE, 1988), 239-259.

Lokator. Der urkundl. lat. Terminus technicus 'locare' (dazu: locatio) bezeichnet prägnant und umfassend das Siedelgeschehen im Rahmen des ma. →Landesausbaus ö. von Elbe und Saale und meint die Gründung eines Dorfes oder einer Stadt zu dt. Recht (→Ius Teutonicum, anfängl. auch Ius Hollandicum) oder, im weiteren Verlauf, die Verleihung dt. Rechts an eine schon bestehende Siedlung. Die L.en waren selbständige Unternehmer, die im Auftrag des Grundherren die Ansiedlung organisierten. 'Locator' heißen sie aber in den Q. verhältnismäßig selten (in Mecklenburg und Pommern: possessor). Ihre Vorläufer waren führende Vertreter der Siedlergruppen (magister incolarum), die eine solche Funktion schon in deren Heimat innegehabt hatten, oder Ministeriale des Grundherren, die in seinem Auftrag die Anwerbung durchführten. Zuerst begegnen die L.en 1149 im Stedinger Land (w. der Weser) und auf dem Territorium des Ebf.s v. Magdeburg (1159, 1164; →Wichmann) bei der Ansiedlung von Niederländern. Sie warben die Siedler an, mit denen sie bindende Übereinkünfte trafen, und sie waren vor Ort mit der Vermessung, Aufteilung und Urbarmachung des vom Grundherrn zugewiesenen Landes befaßt. Zw. Grundherr und L. wurde – mündl. oder schriftl. – ein Vertrag abgeschlossen, der neben den Rechten und Pflichten der künftigen Siedler auch die Pflichten und Vorrechte des L.s – je nach Region verschieden – festlegte. Meist sicherte der Lokationsvertrag, und zwar »iure hereditario«, dem L. in der zu gründenden Siedlung eine größere Ausstattung mit Hufen, die geringer belastet waren (auch Freihufen), die Beteiligung an den Zinseinkünften der Dorfhufen, häufig die Rechte auf Monopolbetriebe (Mühle, Schenke) sowie das Schulzenamt (scultetus, villicus) zu, das ihm Einkünfte aus der dörfl. Gerichtsbarkeit brachte. Die Besiedlungsaktionen erwiesen sich so, wenn sie auch mitunter fehlschlugen, oft als einträgl. Unternehmungen, so daß die Grundherren dazu übergehen konnten, das Ansiedlungsrecht gegen ein hohes Entgelt zu veräußern (etwa in Schlesien seit der 2. Hälfte des 13. Jh.). Seit den ersten Dorf-Lokationen im Elbegebiet wurden mit dem Vordringen des Landesausbaus nach O die Aufgaben des L.s noch erweitert. Hzg. Heinrich I. v. Niederschlesien etwa ließ Gebiete weiträumig erschließen und mit einer Infrastruktur (zentraler Marktort) versorgen. Die Besiedlung der Stadt führte hier der beauftragte Siedelunternehmer selbst durch, der – neben einer höheren Dotierung aus dem Weichbildgebiet (mindestens die Erträge der sechsten Hufe) – auch das Amt des Vogtes (advocatus) und Richters (prefectus) mit entsprechenden Einnahmen erlangte, während er wiederum andere L.en mit der Ansetzung der Dörfer betraute. Unter den L.en finden sich Bauern, Geistliche, aber v. a. auch Bürger und Vertreter des niederen Adels, die überwiegend gleicher Sprache und Herkunft wie die Kolonisten waren; doch erscheinen seit dem 13. Jh. auch Vertreter der heim. Ritterschaft als L.en. Manche L.en übernahmen mehrere Gründungen nacheinander, und ihre Söhne waren oft ebenfalls als Siedelunternehmer tätig, so daß im Verlauf des 13. und 14. Jh. eine Gruppe von Vögten und Schultheißen entstand, die nach gesellschaftl. Aufstieg in den Adelsstand oder ins reiche Bürgertum trachtete.   Chr. Lübke

Q.: AusgQ XXVIa-b, 1968-70 – Lit.: R. KÖTZSCHKE, Das Unternehmertum in der ostdt. Kolonisation, 1894 – K. SCHÜNEMANN, Zur Gesch. des dt. Landesausbaus im MA, Südost. Forsch. 1, 1936, 30-46 –

A. Körmendy, A soltész (»more scultetorum«) telepitette falvak a Szepességben (XIII–XIV sz.), Agrártörténeti Szemle 4, 1974 – B. Zientara, Działalność lokacyjna jako droga awansu społecznego w Europie środkowej XII–XIV w., Sobótka 1, 1981, 43–57 – →Landesausbau und Kolonisation.

Loki, nord. Gottheit, die dem Göttergeschlecht der →Asen angehört. Er tritt bisweilen als Gefährte Óðins und Thórs auf, dann wieder als Gegner und Schädiger der Götter, mit denen er oft ein intrigantes, undurchsichtiges Spiel treibt. Häufig bringt er die Götter in bedrohl. Situationen, aus denen er sie dann durch Schlauheit, erfindungsreich-phantasievolle Aktionen wieder befreit. In zahlreichen Episoden ist sein Wirken für die Götterwelt ausgesprochen positiv, so beim Bau des Göttersitzes Asgard, bei der Geburt von Óðins Pferd Sleipnir, bei der Rückgewinnung von Thórs Hammer und v.a. bei der Beschaffung der wichtigen Götterkleinodien. Andere Episoden zeigen ihn dagegen auf der Seite der Göttergegner: so bringt er Idun in die Hände der Riesen, schneidet die goldenen Haare Sifs, der Gattin Thórs, ab, gewinnt aber bei der Wiedergutmachung seiner Untat die Götterkleinodien. Mit einer Riesin zeugt L. den Wolf Fenrir und die Midgardschlange (beide sind im Endzeitkampf Gegner der Götter) sowie die Hel, die Herrscherin der Totenwelt. Schließlich ist L. Anstifter des Mordanschlags auf den guten Gott Baldr. Wegen dieses von allen Göttern beklagten Verbrechens wird L. von den Asen in einer Höhle an drei Steine gefesselt. Eine Giftschlange über ihm läßt ihr Gift auf ihn niederträufeln. Beim Endzeitkampf (→Ragnarök) kommt L. frei und kämpft (nach der →Vǫluspá) an der Spitze der Riesen gegen die Götter. Dabei töten sich der Gott Heimdall und L. gegenseitig.

L. hat als Göttergestalt keine eigene Funktion; auch ein L.-Kult ist nicht belegt. In der Forsch. sind zahlreiche Deutungen der L.-Figur vorgelegt worden, die aber meist nur Einzelaspekte seiner vielschichtigen Natur berücksichtigen (L. als Feuer- oder Wasserwesen, als Luzifer, als Hypostase Óðins etc.). Es scheint, daß L. – ähnl. wie Prometheus – als Kulturheros gesehen wurde, der dann in einer typ. Doppelfunktion auch als Betrüger (»trickster«) und Gegner der Götterwelt auftrat (DE VRIES).

H. Ehrhardt

Lit.: A. Olrik, Myterne om L. (Fschr. Feilberg, 1911) – J. de Vries, The Problem of L., 1933 – G. Dumézil, L., 1948 – E. O. G. Turville-Petre, Myth and Religion of the North, 1964 – U. Drobin, Myth and epical Motifs in the L.-Research, Temenos 3, 1968 – J. de Vries, Altgerm. Religionsgesch., 1970³.

Lollarden (Wyclif(f)iten). [1] *Auftreten und Verbreitung:* Die L.bewegung, die als einzige →Häresie in England (→England, G. V) größere Anhängerschaft fand, beruht auf den Lehren von J. →Wyclif, selbst dort, wo sie ältere Kritik der engl. Kirche artikuliert. Doch war lange Zeit umstritten, in welchem Ausmaß Wyclif selbst an der Verbreitung seiner Gedanken über die Univ. →Oxford hinaus und innerhalb von Laienkreisen, mitgewirkt hat; neuere Forschung weist in diesem Zusammenhang auf Wyclifs Predigttätigkeit in den Jahren zw. 1370 und 1380 in London hin und nähert sich einer älteren Auffassung, derzufolge Wyclif zwar keineswegs für die Tätigkeit der 'armen Prediger' oder für die Übersetzung lat. Texte, insbes. der Bibel, verantwortl. zeichnete, Aktivitäten dieser Art aber als log. Folge seiner Ideen angesehen werden müssen.

Seit 1382–84 sind erkennbare wyclifit. Tendenzen v.a. in London, Leicester, Northampton und Bristol belegt, verbreitet durch die Predigt der Oxforder Schüler Wyclifs; erste kirchl. und staatl. Verfolgungsmaßnahmen setzten ein (Fahndung nach Anhängern Wyclifs, nach einschlägigen Büchern und Pamphleten). Mit zunehmender Stärke der lollard. Bewegung wurde in den folgenden Jahren die Ketzergesetzgebung verschärft, 1401, erstmals in England, Häretikern die Todesstrafe angedroht; 1409 erließ Ebf. →Arundel seine »Konstitutionen« (strenge Vorschriften für die theol. Lehrausübung in Oxford und Cambridge; Anordnungen gegen Priester, die außerhalb des Sprengels, in dem sie bepfründet waren, predigten, gegen Bibelübers.en und den Besitz volkssprachl. religiöser Texte). 1413/14 brach eine Revolte aus, angeführt von dem lollard. Niederadligen Sir John →Oldcastle, bei der sich ziviler Ungehorsam und theol. Heterodoxie verbanden; sie lieferte die Rechtfertigung für härtere Verfolgungsmaßnahmen. Dennoch vermochte das L.tum während des gesamten 15. Jh. zu überleben und gewann in den letzten fünf Jahrzehnten vor dem Bekanntwerden der luther. Ideen in England wachsende Sympathien. Nach 1409 waren seine Anhänger (mit Ausnahme weniger Kleriker) zumeist Laien, vielfach Handwerker, gegen Ende des 15. Jh. auch Mitglieder bessergestellter Familien. In einigen Gebieten (London, Bristol, ländl. Regionen der Chilterns und Berkshire Downs, östl. Teil von Kent) sind L.-Gemeinden kontinuierlich belegt; in anderen Gegenden (East Anglia in den Jahren zw. 1420 und 1430, Umland von Coventry, zw. 1480 und 1511) werfen die aufgrund der Verfolgungen entstandenen Q. Licht auf vielleicht nur kurzzeitig existierende Gruppen. Obwohl Wyclifs Einfluß auf die →Hussiten evident ist, bleiben Art und Umfang der Kontakte zw. den L. und ihren böhm. Vettern undeutlich.

[2] *Lollardische Glaubensvorstellungen und Kritik an der kirchlichen Doktrin:* Von allen Vorstellungen der L. erregte ihre Abendmahlsauffassung (→Eucharistie) bei den kirchl. Autoritäten den größten Anstoß. Im Anschluß an Wyclif lehnten die L. die überkommene →Transsubstantiationslehre ab und betonten, daß geweihte Hostie und Abendmahlswein ihre materielle Substanz behielten, die Gegenwart Christi eine bloß symbolische sei. Anstelle des Abendmahles und der anderen kirchl. Sakramente priesen sie die Hl. Schrift, die dem Laien vollständig und in volkssprachl. Übers. zugängl. sein müsse und die von jedem gläubigen Christen, nicht nur von einem ordinierten Priester, verkündigt werden könne. Alle Erscheinungen der zeitgenöss. Kirche seien am Prüfstein der Evangelien und Apostelbriefe zu messen; was nicht unmittelbar aus diesen Q. hervorgegangen sei, müsse verworfen werden, so insbes. der Primat des Papstes, die Satzungen des kanon. Rechtes, das formale Verfahren der 'Ohrenbeichte' und der priesterl. Absolution, die 'vier Sekten' der 'privaten Religion' (Kurie, Kanoniker, Mönche, Bettelorden), Wallfahrten, Bilderverehrung, kirchl. Zeremonien und – allen voran – der weltl. Besitz der Kirche. Nicht deutl. wird, welche Strukturen die L. an die Stelle der überkommenen kirchl. Institutionen setzen wollten; in der Praxis bevorzugte das verfolgte L.tum die 'Hauskirche' mit allg. Priestertum eines jeden Gläubigen. Trotz des Oldcastle-Aufstandes und harter Verfolgungen wurde jedoch die staatl. Autorität (Kg., Adel, Parliament) von den L. hochgeschätzt und wiederholt aufgefordert, der Geistlichkeit den Besitz zu entziehen.

[3] *Das lollardische Schrifttum:* Seit Wyclif und bis in die Zeit nach 1530 spielten Bücher bei der Verbreitung des lollard. Gedankenguts eine zentrale Rolle. Wurde in älterer Zeit ein beträchtl. Teil der Texte Wyclif zugeschrieben, so wird seine Verfasserschaft heute durchgängig in Frage gestellt. Das bedeutendste und am häufigsten abge-

schriebene Werk ist die Bibelübers., die erste vollständige in engl. Sprache; obwohl nach 1409 geächtet, besaßen im 15. Jh. nicht nur L., sondern auch zahlreiche Rechtgläubige den engl. Bibeltext. Schloß sich die älteste Version noch eng an die Vulgata an, so wurde der Text in späteren Redaktionen, in Annäherung an die volksspracht. Idiomatik, freier gestaltet. Das große Werk war eine Gemeinschaftsarbeit, zentriert wohl auf Oxford, das mit seinen Gelehrten und Bibliotheken allein die Möglichkeit zur Bewältigung einer solchen Aufgabe bot. Einen ähnl. Hintergrund dürften sich andere lollard. Texte haben, v.a. das sog. »Floretum«, eine umfangreiche Slg. lat. 'distinctiones' (Kurzfassung »Rosarium«); der engl. Bibelkommentar (»Glossed Gospels«), die lollard. Revision von Rolles Psalmenkommentar sowie ein großer engl. Predigtzyklus von 294 Homilien. Zahlreiche weitere Traktate, Slg.en und Predigten sind bekannt; sie entstanden zumeist wohl vor 1430, wurden z. T. aber erst später durch Abschriften stärker verbreitet. Ein kleiner Teil von ihnen wurde von den Reformatoren nach 1530 mit erstaunl. geringen Änderungen zum Druck befördert. Zahlreiche der frühen Hss. mit klarem Schriftbild, Kapiteleinteilung und Rubrizierung sind Arbeiten von Berufsschreibern. Hauptq. des lollard. Denkens sind die von L. verfaßten Texte. Die zeitgenöss. Chronisten vermitteln dagegen ausnahmslos ein negativ verzerrtes Bild und betonen den destruktiven Charakter und minderen Wert des lollard. Ideenguts. Bfl. Register und Gerichtsakten sowie wenige weltl. Q. (bei starken Verlusten) liefern manche Nachrichten über lokale Anhänger der L. Die Traktate von Gegnern, wie William →Woodford OFM oder Thomas Netter OCarm, obwohl meist unmittelbar mit Wyclif befaßt, geben einigen Aufschluß über die Anfänge der Bewegung. A. Hudson

Bibliogr.: C. T. BERKHOUT – J. B. RUSSELL, Medieval Heresies: A Bibliogr. 1960-79, 1981 – E. W. TALBERT – S. H. THOMSON, Wyclif and his Followers (A Manual of the Writings in Middle Engl. 1050-1500, 2, hg. J. BURKE SEVERS, 1970) – *Ed.*: The Holy Bible... made from the Lat. Vulgate by J. Wycliffe and his Followers, ed. J. FORSHALL – F. MADDEN, 1850 – Select Engl. Works by J. Wyclif, ed. T. ARNOLD, 1869-71 – Engl. Works on Wyclif hitherto unprinted, ed. F. D. MATTHEW, EETS 74, 1902 – Engl. Wycliffite Sermons, ed. A. HUDSON – P. GRADON, Bd. 1-3, 1983-90; Bd. 4 [in Vorber.] – L. Sermons, ed. G. CIGMAN, EETS 294, 1989 – *Lit.*: K. B. McFARLANE, John Wycliffe and the Beginnings of Engl. Nonconformity, 1952 – M. ASTON, L.s and Reformers, 1984 – A. HUDSON, The Premature Reformation, 1988.

Lomagne, Vicomté (Vizgft.) des Hzm.s →Gascogne (SW-Frankreich). Während der Herrschaft des Gf.en Wilhelm Sancho erscheint 988 der erste Vizgf.; die Umstände seiner Herrschaft und seines Titels 'Vicecomes der Gascogne' sind jedoch ungeklärt. Das Gebiet der Vizgft. lag im Grenzbereich zw. Gascogne und →Agenais; das Condomois (→Condom) und Bruilhois wurden bald abgetrennt, so daß sich die Vicomté im wesentl. auf das Lectourois (→Lectoure) beschränkte.

Seit den Jahren um 1060 nannten sich die Herren 'Vizgf.en v. L. und Auvillars' (eine benachbarte Seigneurie). Die Mitglieder dieses eng mit den Gf.en v. →Armagnac verbundenen Hauses führten abwechselnd die Leitnamen Odon und Vézian. Seit der 2. Hälfte des 12. Jh. sahen sie sich dem wachsenden Druck der konkurrierenden →Plantagenêt (Kg.-Hzg.e v. Aquitanien) und Gf.en v. →Toulouse ausgesetzt. 1280 fiel die Vizgft. an eine Erbtochter, Philippe, die den Gf.en v. →Périgord, Hélie VII. Talleyrand, heiratete. Dieser übertrug die L. 1301 an den Kg. v. →Frankreich, Philipp IV., der sie um 1305 an Arnaud Garsie v. →Got, den Bruder des Papstes Clemens V., übertrug. 1325 fiel die L. an dessen Nichte Régine (Reine) v. Got, die sie in ihre Ehe mit dem Gf.en Johann I. v. Armagnac einbrachte. Von nun an gehörte die L. zu den Besitzungen des Hauses Armagnac. B. Cursente

Lit.: J. DE JAURGAIN, La Vasconie, 1902, 2, 15-28 – CH. SAMARAN, La maison d'Armagnac au XV^c s., 1908, passim – R. MUSSOT-GOULARD, Les princes du Gascogne, 1982, passim.

Lombarda und verwandte Rechtsquellen. Der Liber papiensis (ursprgl. Liber legis longobardorum) und die (lex) L. sind die wichtigsten Slg.en von Gesetzestexten, die in Schulen des langobard. Rechts entstanden. Ersterer wurde wahrscheinl. seit der 1. Hälfte des 11.Jh., letzterer gegen Ende des 11.Jh. zusammengestellt. Der Liber papiensis vereinigt in chronolog., die L. in systemat. Ordnung das Material des Edictum regum longobardorum und des Capitulare italicum (bis zur Mitte des 11.Jh.). Sie waren keine offiziellen Gesetzesslg.en, sondern dienten für Schulgebrauch und Praxis. In der Walcausinus-Rezension des Liber papiensis modifiziert der Autor die Gesetzestexte entsprechend einer im Früh- und HochMA verbreiteten Praxis. Die L. wurde in der Vulgata-Rezension von der Bologneser Rechtsschule übernommen. Das wichtigste langobardist. Werk ist die höchstwahrscheinl. in Pavia entstandene »Expositio ad librum papiensem«, ein Komm. zu den Edikten und Kapitularien in der systemat. Ordnung der L., der zw. dem Ende des 11. und dem Beginn des 12. Jh. bzw. kurz nach 1070 datiert wird. Erstmals nach jahrhundertelanger Unterbrechung wird dabei eine Reihe von Gesetzestexten mit einem method. Komm. versehen. Der Autor besitzt gute Kenntnisse der in reichem Umfang zur Auffüllung der Lücken der frühma. Gesetzgebung verwendeten justinian. Rechtsquellen und diskutiert kontroverse Interpretationen z. T. namentl. gen. älterer Juristen. Wohl ebenfalls in Pavia entstanden ist die umfangreiche Slg. von Prozeßformeln für die Gerichtspraxis, die in einigen Hss. dem Liber papiensis beigegeben ist und in die Jahre 1019-37 datiert wird.

G. Vismara

Lit.: E. BESTA, Fonti, 1, 1923, 359ff. – F. CALASSO, Medioevo del diritto, 1: Le fonti, 1954, 309ff. – A. PADOA SCHIOPPA, La cultura giuridica (Storia di Pavia, 2, 1986), 219ff.

Lombardei. Der Begriff Lombardia bezeichnet im MA ein viel größeres Gebiet als die heut. Region L., das das heutige Piemont umfaßte und sich s. des Po bis zum Panaro erstreckte. Der Name *Longobardia* (in einem Spurium Dagoberts I. zu 629 belegt) kam in den byz. Teilen Italiens in Gebrauch, um die Gebiete Mittel- und Norditaliens unter langob. Herrschaft zu bezeichnen, im Gegensatz zur byz. »Romania«, wobei sich jedoch der Begriff allmähl. auf »Neustria« einengte, d. h. auf das Gebiet w. der Adda. In der Spätzeit des röm. Imperiums erlebte die Region einen tiefgreifenden Christianisierungsprozeß (→Ambrosius), durch den nicht zuletzt in den ländl. Gebieten ein dichtes Gefüge kirchl. Strukturen entstand, aus dem sich später das Taufkirchen-System entwickelte (→Pieve). Die Munizipalstrukturen blieben jedoch weiter bestehen: die Städte überdauerten in einer Art Erstarrungszustand (C. CATTANEO) die Verfallsphase während der Herrschaft Odoakers und der Ostgoten. Katastrophale Auswirkungen hatten hingegen die →Gotenkriege: U. a. verwüsteten die Goten unter Uraia 539 Mailand, das die Byzantiner aufgenommen hatte. Die byz. Herrschaft übte ihrerseits eine strenge Steuergesetzgebung aus, zu der noch die mit dem →Dreikapitelstreit verbundenen polit. Probleme hinzutraten. Inzwischen hatten die Bf.e auch im weltl. Bereich zunehmend Einfluß gewonnen. Die schismat. Position des Bf.s v. Mailand ist bezeichnend für die Autonomiebestrebungen gegenüber Rom. Die Landnahme der →Langobarden zwang den Ebf. v. Mailand zur Flucht nach Genua. Erst seit dem 7. Jh. kam es zu einer Annäherung und Zusammenarbeit zw. der Mailänder Kirche und den Langobardenherrschern, deren Ergebnis eine Reihe bedeutender Kirchen- und Kl.gründungen war: u. a. S. Giovanni in Monza, S. Pietro in Ciel d'Oro in Pavia, die Kl. S. Giulia in Brescia und S. Colombano in →Bobbio. Der Friedensschluß zw. Langobarden und Byzantinern i. J. 680 förderte die Entwicklung des Handels zw. den Häfen von Comacchio und Venedig und den wichtigsten lombard. Städten, die sich auf diese Weise im Zentrum eines »Handelsringes« (C. VIOLANTE) mit dem O befanden, der durch die arab. Expansion keine Einbußen erfuhr. Daß auch im langob. Italien eine Schicht von »negotiatores« (Händler) bestand, geht aus den Ergänzungen Aistulfs (754) zum Edictus Rothari hervor, die sich auf die Regelung der Wehrpflicht bezogen. 774 fiel das Regnum Langobardorum an Karl d. Gr., behielt seine Eigenständigkeit jedoch als »Regnum Italiae« bei. Die langob. Hzg. e wurden allmähl. durch frk. Gf. en ersetzt; der langob. Adel und die Grundbesitzer konnten jedoch ihr Vermögen behalten und ihre Rechtstraditionen bewahren. Pavia blieb die Hauptstadt des Kgr. es und entwickelte sich zunehmend zu einem Zentrum des Fernhandels der Poebene, wobei die lombard. Kaufleute allmähl. an die Stelle der handeltreibenden »milites« von Comacchio traten und sich auch unter ksl. Schutz stellten. Nach dem Niedergang der Karolingerherrschaft und während der Herrschaft Ks. →Widos v. Spoleto wurden die Marken Ivrea und Lombardia geschaffen, wobei letztere die Comitate Mailand, Como, Pavia, Seprio, Bergamo, Lodi, Cremona, Brescia, Mantua, Piacenza, Parma, Reggio und Modena umfaßte. Die Städte fungierten also weiterhin als Basis der Verwaltungsbezirke; bestimmend blieb in ihnen der Einfluß der Bf.e, deren Autorität in den Zeiten der Ungarneinfälle und der inneren Krisen des Reichs wuchs. Unter diesem Gesichtspunkt sind einige ksl. Konzessionen von bes. Bedeutung: so ermächtigte etwa 904 Berengar I. Bf. Adalbert v. Bergamo zum Wiederaufbau der Stadtbefestigung (ähnl. in bezug auf die Bf.e v. Asti, Vercelli, Pavia, Como und Cremona); vergleichbar ist die vorausgegangene Erlaubnis Ludwigs II. zur Befestigung einiger kirchl. Gebäude (S. Maria Teodote in Pavia, das Auferstehungskl. [später S. Sisto] in Piacenza). Bezeichnenderweise ließ jedoch der Mailänder Ebf. Anspert die Mauern als eigener Initiative ausbessern und nahm damit eine entschieden selbständige Haltung gegenüber Papst Johannes VIII. ein. Die Machtsphäre der Mailänder Kirche erstreckte sich bis zum Lukmanierpaß und zum Gr. St. Bernhard, die Mailand mit Konstanz, Zürich und Chur (dessen Bf. Suffragan des Ebf.s v. Mailand war) verbanden. Auch Lodi, Cremona und Como hatten große Diöz.n; letztere umfaßte den Comitat Bellinzona, einen Teil des Comitats Lecco und die Klausen und Brücken von Chiavenna. Durch diese Beziehungen waren günstige Voraussetzungen für den Handel zw. der L. und den Ländern n. der Alpen gegeben.

Seit dem 8. Jh. bildeten sich in der L. große Grundherrschaften, gleichzeitig setzte jedoch eine fortschreitende Zersplitterung der Untereigentumsrechte ein und in der Folge eine Krise des →Fronhofsystems. V. a. im 9.–11. Jh. fielen beträchtl. Teile des Grundbesitzes mehrerer großer Familien an kirchl. Einrichtungen oder an jene Schicht von Händlern, Geldwechslern, Richtern und Notaren, die durch den Erwerb von Ländereien und Häusern in der Stadt und auf dem Land in der Form von Libellarverträgen (→Livello/libellus), tatsächl. aber von heiml. Verkäufen, in die städt. Führungsschicht aufstieg. Es gab dabei keine strenge Trennung der Einflußsphären in Stadt und Land: so strebten etwa die Capitanei, die 983 vom Ebf. Landulf mit Kirchenlehen investiert worden waren, im Lauf des 11. Jh. nach der Macht in der Stadt; andererseits blieben die Gf.en, die die Selbständigkeit des Regnum Italiae wiederherstellen wollten (→Arduin v. Ivrea), eng mit den ländl. Gebieten verbunden. Gleiches gilt für die Valvassoren oder »secundi milites«, die sich des Kirchengutes zu bemächtigen suchten und regionale Bündnisse mit polit. Gegnern Mailands wie den Contadi des Seprio und der Martesana und den Einwohnern des Gebiets v. Lodi, Pavia und Cremona schlossen. Eine bedeutende Rolle in der L. des 11. Jh. spielten die Bf.e →Aribert und →Leo v. Vercelli.

Zu gleicher Zeit intensivierte sich das religiöse Leben; es entstanden dabei auch häret. Bewegungen (→Monforte, →Pataria; im folgenden Jh. Arnaldisten, →Pauperes Lombardi und später →Humiliaten).

Das Zeitalter der Kommunen brachte einerseits Kriege zw. einzelnen lombard. Städten mit sich (Mailand gegen Lodi und Como, Cremona gegen Crema, Bergamo gegen Brescia, Pavia gegen Tortona), andererseits aber auch die Bildung umfassender Gruppierungen (→Lombardische Liga) und erste Ansätze zu einem größeren Territorialstaat, da Mailand Ende des 12. Jh. seine Rechte auf das Territorium der Diöz., die Comitate Seprio, Martesana, Burgaria, Lecco und Stazzona (Angera) nachdrückl. geltend machte.

Im 13. Jh. lieferten sich Faktionen und Familiengruppen innerhalb der lombard. Städte Machtkämpfe, im Contado hingegen gewannen verschiedene Grundherrschaften, v. a. kirchl. Institutionen, wieder an Macht, die von den Städten niemals völlig unter ihre Kontrolle gebracht werden konnten: z. B. hatte der Abt v. S. Ambrogio seine Herrschaft u. a. auf die Landgemeinde Origgio ausgedehnt. Bedeutende Grundherrschaften hatten auch das Kl. Chiaravalle bei Mailand, das Domkapitel v. Monza, das Kl. S. Abbondio in Como und das Kl. S. Benedetto in Polirone bei Mantua. Gleichzeitig verbesserten sich die traditionellen Methoden der Landwirtschaft, und der Grundbesitz wurde in größeren und rationelleren Einheiten organisiert (nach dem Vorbild der Grangien des Kl. OCist Chiaravalle). Ebenfalls seit dem 13. Jh. errangen die Mailänder Kaufleute endgültig die Vorrangstellung im Fernhandel und verdrängten die Kaufleute von Asti, Piacenza, Genua und Tortona, die bis dahin auf den →Champagnemessen eine führende Rolle gespielt hatten, alle unterschiedslos als »Lombarden« bezeichnet (zugleich Synonym für »Italiener« schlechthin).

Die Tendenz, in der L. einen Territorialstaat zu errichten, die bereits in den expansionist. Bestrebungen der Kommune Mailand zutage getreten war, verdeutlichte sich während der Signorie der →Della Torre, die gleichwohl fest in den städt. Einrichtungen verwurzelt war. 1259 errichteten Martino della Torre (ernannt durch die Mailänder Credenza di Sant'Ambrogio) und Oberto Pelavicino (ein Nachkomme der Otbertiner) eine Doppelsignorie, die Mailand, Pavia, Alessandria, Tortona, Cremona, Parma und Piacenza umfaßte. Mit dem Aufstieg der →Visconti zur Macht (1227) setzte sich der Prozeß der Bildung eines Territorialstaats weiter fort, der gleichwohl formal und lehnrecht. noch vom Reich abhing, in der Form des »Reichsvikariates«, das Matteo Visconti 1294 verliehen wurde, der über 11 Städte herrschte. Nur ephemeren Charakter trug hingegen die Verbindung der Städte Brescia, Bergamo, Como, Pavia, Novara, Vercelli,

Cremona, Parma, Reggio, Modena, schließlich auch Lucca und Mailand (unter Azzone Visconti), die sich 1330-31 freiwillig Johann v. Luxemburg, dem Sohn Ks. Heinrichs VII., unterstellten.

1317 gewann die von Bertrand de la Tour und Bernard Gui (Bernardus Guidonis) geleitete päpstl. Gesandtschaft den deutl. Eindruck, daß sich aus der Visconti-Alleinherrschaft ein großer Staat entwickelte, der die »patria Lombardie« befrieden konnte. In Wahrheit ging der Expansionismus Mailands weit über die Grenzen der L. hinaus: Die Visconti, die sich auf die Großkaufleute und Bankiers der »Universitas Mercatorum Mediolanensis« stützten, suchten den Direktiven von Handel und Wirtschaft zu folgen, besetzten 1353 Genua (1356 wieder verloren) und kauften 1350 →Bologna von den →Pepoli. Unter Gian Galeazzo Visconti, der 1395 von Ks. Wenzel als Hzg. v. Mailand und 1397 als Hzg. der Lombardei investiert wurde, kam es zum Zusammenstoß mit →Florenz. Als sich nach dem Tod des Hzg.s († 1402) der polit. Zusammenhalt des Hzm.s auflöste, wurden die Schwächen eines derartigen Staatsgebildes sichtbar: Das »visconteische Staatsmodell« ist großenteils das Ergebnis eines Kompromisses mit einer Reihe lokaler Mächte, über die keine volle Kontrolle möglich war, da eine effiziente Bürokratie fehlte. Lehnrechtl. Beziehungen mußten die auf andere Weise nicht zu eliminierenden Formen des Partikularismus regeln: z. B. die zahlreichen Signorien in der Poebene (Pallavicini, Rossi, da Correggio, Sanvitale, Landi, Anguissola, Scotti) oder in den Apenninengebieten (Fieschi, Malaspina), die sich den Hzg.en schließlich mittels der lehnrechtl. Formen eines »Kammerlehens« oder eines Adhärenzvertrags unterstellten.

Unter Filippo Maria Visconti kam es wieder zu Gebietsverlusten (Bergamo und Brescia nach der Niederlage gegen Venedig bei Maclodio 1427). Auf die kurze Periode der →Ambrosianischen Republik (1447–50) folgte der Dynastiewechsel zu den →Sforza, der trotz der Eroberung Genuas 1464 eher einen Rückschritt des Zentralisierungsprozesses des Territorialstaats bedeutete, da eine Reihe von Burgen und quasistädt. Gemeinden (u. a. Monza, Vigevano, Voghera, Mortara, Soncino, Chiari, Borgo San Donnino, Castell'Arquato, Borgomanero, Cerano) die Autonomie erhielten (»Abtrennung« von den beherrschenden Städten und »unmittelbare Abhängigkeit« von den Zentralbehörden). Mit der Einnahme Mailands durch Ludwig XII. (1499) und die Gefangennahme von →Ludovico il Moro endete die polit. Selbständigkeit der L.: Sie fiel an den Kg. v. Frankreich, mit Ausnahme von Cremona und Ghiaradadda, die an Venedig, und von Bellinzona und dem Tessin, die an die Schweizer Kantone kamen. Die Wirtschaft der L. war im Lauf des 15. Jh. durch einen Rückgang der traditionellen Barchent-Exporte und durch einen starken Aufschwung der Waffenproduktion gekennzeichnet. Auch in der Landwirtschaft traten bedeutende Veränderungen ein, v. a. durch die Einführung des Reisanbaus in der Lomellina und in den Gebieten s. von Mailand. Der Ausbau des Kanal- und Bewässerungssystems (zum Naviglio Grande traten die Verbreiterung der Muzza, der Naviglio Pavese und der Martesana-Naviglio) förderte die zunehmend marktorientierte Agrarproduktion; der Anbau sowohl von Getreide- wie von Futterpflanzen erforderte die Entwicklung neuer Formen landwirtschaftl. Betriebe, der sog. »Cascine«, die die Landschaft der lombard. Tiefebene einschneidend prägten.

P. Margaroli

Lit.: C. CATTANEO, Notizie naturali e civili su la L., 1844 – C. VIOLANTE, La società milanese nell'età precomunale, 1953 – Storia di Milano, I–VII, 1953–56 – R. ROMEO, La signoria dell'abbate di Sant' Ambrogio di Milano sul comune rurale di Origgio nel sec. XIII, RSI 69, 1957 – G. BARBIERI, Origini del capitalismo lombardo, 1961 – G. P. BOGNETTI, L'età longobarda, 1966–68 – G. ROSSETTI, Società e istituzioni nel contado lombardo durante il Medioevo: Cologno Monzese, I (sec. VIII–X), 1968 – G. SOLDI RONDININI, Nuovi aspetti e problemi della »signoria rurale«, NRS 57, 1973 – V. FUMAGALLI, Terra e società nell'Italia padana, I: sec. IX e X, 1976 – Felix Olim L. (Fsch. G. MARTINI, 1978) – G. CHITTOLINI, La formazione dello stato regionale e le istituzioni del contado, 1979 – Gli Sforza a Milano e in L. e i loro rapporti con gli stati it. ed europei 1450–1535, 1982 – A. A. SETTIA, Castelli e villaggi nell'Italia padana, 1984 – G. SOLDI RONDININI, Saggi di storia e storiografia visconteo-sforzesche, 1984 – G. CHITTOLINI, »Quasi-città«. Borghi e terre in area lombarda nel tardo Medioevo, Società e storia 47, 1990 – L. CHIAPPA MAURI, Paesaggi rurali di L., 1990.

Lombarden (Lumbarden, Lambarten[r], mlat. lombardus/lumbardus).

I. L. Der Begriff bezeichnete zunächst »Italien« bzw. den »Italiener« überhaupt, nimmt dann im Laufe des 13. Jh. daneben eine eher techn. Bedeutung an und meint den im kanon. untersagten, 'wucher.' Geldgeschäft (→Wucher) kraft Ausnahmerecht tätigen fremden, meist it. Kaufmann. In diesem engeren Sinne wird der Begriff austauschbar mit demjenigen des →Kawer(t)schen, den er im 14. Jh. schließlich verdrängt.

Die hohen Anforderungen einer sich seit dem späten 12. Jh. stärker entfaltenden Wirtschaft (→Frühkapitalismus, →Geldwirtschaft) wie der werdenden Territorialstaaten überstiegen zunehmend die Möglichkeiten einheim. Kräfte; gleichzeitig geriet der zunehmende Kreditbedarf (→Kredit) aller Gesellschaftsschichten in wachsendem Gegensatz zum kanon. Zinsverbot (→Zins). It. Gesellschaften mit ihrer hohen Finanzkraft, v. a. ihren überlegenen Finanz-, Buchhaltungs- und Verwaltungskenntnissen eröffneten sich so vielfältige Möglichkeiten in Groß- und Fernhandel, im Geldwechsel und Geldgeschäft sowie im Verwaltungsdienst der werdenden Territorialstaaten. Bereits um 1250 beherrschten sie die Finanz-, Steuer- und Münzpolitik Englands, in der zweiten Jahrhunderthälfte die von Frankreich (Betin Coucinel, 1278), nach 1300 schließlich auch die niederrhein. Territorien (Erzstift Köln, Geldern, Jülich, Berg). Als sich nach 1300 mit dem Niedergang der →Champagnemessen die Handelsachse Italien–Nordwesteuropa ins Rheintal verlagerte, siedelten sich entlang des Handelsweges L. von Genf über die rhein. Bf.sstädte bis ins Niederrheingebiet an; letzteres wird mit einem dichten Netz von Stationen bis in die kleinen Märkte überzogen.

Die Umformung des Begriffs 'L.' zur Bezeichnung des ausländ. Wucherers dürfte noch nicht in England erfolgt sein, zumal den großen Gesellschaften namentl. aus Rom und Florenz (→Frescobaldi, dann →Bardi und →Peruzzi) das Kreditgeschäft v. a. zum Erwerb von Vergünstigungen im Wolle- und Weinhandel gedient hat. It. Wucherer werden dagegen schon um 1240/50 nach Matthaeus Paris im Volk *Caursini* bezeichnet (Kawer[t]schen). Auch die zur gleichen Zeit auf dem Kontinent *Caturcenses* oder *Cahorsins* gen. Wucherer stammen überwiegend nicht aus →Cahors, sondern aus Italien und immer wieder aus den zentral gelegenen lombard. Städten →Asti und →Chieri, deren Bewohner sich nach örtl. Überlieferung (Ogerio Alfieri, um 1250) seit 1226 dem Wuchergeschäft zugewandt haben. Gerade in Gebieten, in denen it. Kaufmannsgesellschaften im Warenhandel keine größere Rolle spielten und sich auf das Kreditgeschäft konzentrierten – in Flandern, den Niederlanden, im Rheintal und in der Schweiz –, konnte sich so im Laufe des 13. und 14. Jh. der

Begriff des L. mit der Vorstellung des fremden, ausländ. Wucherers verbinden und allmähl. die ältere Bezeichnung 'Kawertschen' ersetzen, schließlich verdrängen. Der ursprgl. Bedeutungsinhalt zur Herkunftsbezeichnung bleibt freilich hier, erst recht außerhalb dieses Gebietes erhalten und erschwert vielfach die Deutung.

Gesellschaftl. Stellung und Handelspraktiken der L. (= Kawertschen) ähnelten in vielem denjenigen der mit ihnen konkurrierenden Juden. Wie diese standen sie außerhalb der religiösen wie polit. Gemeinschaft; Niederlassungsrechte wie die Konzession zu Kredit und Handel erhielten sie nur befristet und gegen Zahlung hoher Schutzgelder, ein chr. Begräbnis – wie die L. Bingens vom Ebf. Gerlach v. Mainz – nur aufgrund ausdrückl. Privilegs. Ihre kurzfristigen hochverzinsl. Kredite teils beträchtlichen, meist aber geringeren Umfangs vergaben sie an alle Schichten der Bevölkerung, einschließl. des hohen und niederen Klerus, meist gegen Pfandsetzung. Anders als die Juden scheinen sie aber überwiegend im Rahmen einer Gesellschaft, oft verbunden mit dem it. Stammhaus, gehandelt zu haben.

Das Aufkommen kapitalkräftiger einheim. Kaufleute, die zunehmende Verbreitung von Buchhaltungs- und Verwaltungskenntnissen wie die Entwicklung neuer, langfristiger Anleiheformen (Leib-, Erbrente [→Rente]) ließen die Bedeutung der L. gegen Ende des 14. Jh. zurücktreten. Wie zuvor die Juden, werden nach 1400 vielfach auch die L. vertrieben. A. Schlunk

Lit.: C. PITON, Les L. en France et à Paris, 2 Bde, 1892/93 – F. PATETTA, Caorsini Senesi in Inghilterra nel. sec. XIII con documenti inediti, Bollettino Senese 4, 1897, 311–344 – F. DONNET, Les L. dans les Pays-Bas, Annales Cercle archéolog. de Termonds, 2ᶜ s., 8, 1900, 126–161 – H. v. VOLTELINI, Die ältesten Pfandleihbanken und L.privilegien Tirols, Beitr. zur Rechtsgesch. Tirols, 1904, 1–69 – L. GAUTHIER, Les L. dans les deux Bourgognes, 1907 – J. KULISCHER, Warenhändler und Geldausleiher im MA, Zs. für Volkswirtschaft, Sozialpolitik und Verwaltung 17, 1908, 29–71, 201–254 – K. H. SCHÄFER, Eine Niederlassung der Kawerschen in Bonn um 1320–30, AHVN 86, 1908, 157–161 – F. AHRENS, Analekten zur Gesch. des spätma. Geldhandels im Dauphiné, VSGW 21, 1928, 293–318 – E. v. ROON-BASSERMANN, Die ersten Florentiner Handelsgesellschaften in England, VSWG 39, 1952, 97–128 – F. BLOCKMANS, Les L. à Anvers du XXIIIᶜ à la fin du XIVᶜ s., Tablette du Brabant 1, 1956, 229–270 – P. DUBUIS, L. et paysans dans le vidomnat d'Archen-Chamoson et dans la paroisse de Leytron de 1331 à 1340, Vallesia 32, 1977, 275–305 – W. v. STROMER, Funktionen und Rechtsnatur der Wechselstuben als Banken im internationalen Vergleich (Credito, Banche e investimenti s. XIII–XIV, hg. A. V. MARX, 1985), 229–254 – H.-J. GILOMEN, Wucher und Wirtschaft im MA, HZ 250, 1990, 265–301 – H. KELLENBENZ, Köln und Italien vom ausgehenden MA bis zum Beginn des 19. Jh., o. J. – →Kawer(t)schen.

2. L., häufige ma. Bezeichnung für Bauleute und Bildhauer, die, v. a. aus der Region des Comer und Luganer Sees im Bm. Como stammend, als Wandermeister, vereinzelt, in Familien oder Trupps, in Italien und weiten Teilen Europas tätig waren. Seit dem FrühMA bezeugt, leben sie als tragendes Element bis ins 19. Jh. weiter. Seit dem →Edictus Rothari (643) erscheint häufig die Bezeichnung 'magistri comacini' für Bauleute überhaupt. Ein und derselbe Meister kann generell als L. e, regional als Comaske oder nach dem Heimatort wie z. B. Arogno, Bisone, Campione, Carona, Lugano etc. benannt werden. Um 1146 wurden in Regensburg an Kirchenbauten beschäftigte Meister und Arbeitertrupps wegen ihrer Lohnstreitigkeiten an den heimatl. Bf. v. Como verwiesen. Verträge und Bauinschriften lassen die Kontinuität von Baumeisterfamilien an einem Werk sichtbar werden, so Magister Adam v. Arogno und seine Nachkommen 1212–95 am Dom zu Trient, im 13. und 14. Jh. eine Familie aus Campione am Dom zu Modena. A. Reinle

Lit.: R. STROBEL, Roman. Architektur in Regensburg, 1965, 93ff. – T. ERB, Magistri Comacini oder Commacini..., Philologus 126, 1982, 111–137.

Lombardische Liga (Lombardenbund), bekanntester Städtebund im ma. Italien. Dieser erstrebte den Schutz der kommunalen Autonomien gegenüber der zentralist. Politik der Staufer, die mit dem Reichstag v. →Roncaglia (1158) einsetzte. Gegen die restriktiven Maßnahmen Friedrichs I. (Zerstörung Mailands 1162) wurden zw. 1164 und 1167 zwei Städtebünde gegründet (Veroneser Bund und sog. Liga v. Pontida), die sich 1167 zur L.n L. vereinigten. Zeitweise gehörten auch Städte dem Bund an, die traditionsgemäß kaisertreu und mit Mailand verfeindet waren. Nach Beilegung interner Differenzen verpflichteten sie sich 1169 zum Wiederaufbau Mailands. 1168–73 gewann die L.L. an Macht durch den (bisweilen erzwungenen) Anschluß weiterer Städte und Feudalherren, durch die Unterstützung Papst Alexanders III., Venedigs und des Kg.s v. Sizilien, die Bildung einer einheitl. Organisationsform mit Rektoren (Vertretern der verschiedenen Städte) an der Spitze sowie durch die Gründung von →Alessandria. Der Bund blieb trotz der Versuche Friedrichs, eine Spaltung herbeizuführen, Alessandria zu zerstören (1174–78) und Friedensverhandlungen in die Wege zu leiten (→Montebello 1175) relativ festgefügt und konnte dem Ks. schließlich die entscheidende Niederlage v. →Legnano (1176) beibringen. Nach Legnano wurde der innere Zusammenhalt der L.n L. brüchig, da Mailand eine Vorrangstellung beanspruchte und die Rivalitäten zw. den einzelnen Städten wieder aufflackerten. Im Frieden v. →Konstanz (1183) wurde die Existenz der L.n L. von Friedrich I. anerkannt und die Autonomie ihrer Mitglieder bestätigt. Trotz Erneuerungsmaßnahmen (1198, 1208) trat die L. erst wieder gegen den Versuch Friedrichs II. auf, die volle Reichsgewalt über die Städte durchzusetzen. 1226 beschlossen verschiedene Kommunen und Signorien der Poebene ein anti-ksl. Verteidigungsbündnis (Liga v. S. Zenone, sog. »Zweiter Lombardenbund«). Friedrich II. antwortete mit der Annullierung des Friedens v. Konstanz. Gregors IX. Unterstützung der L. und der Widerstand einiger L.-Städte machten den Sieg des Ks.s bei →Cortenuovo (1237) über die von Mailand gescharte anti-ksl. Front jedoch zunichte: mit Hilfe der päpstl. Legaten festigte sich die anti-ksl. Allianz wieder und die Truppen der L. besiegten das Heer Friedrichs II. bei Parma (1248). R. Perelli Cippo

Lit.: C. VIGNATI, Storia diplomatica d. Lega Lomb., 1866 [Neued. mit Vorwort und revid. Bibliogr., hg. R. MANSELLI, 1966) – G. FASOLI, La Lega Lomb. Antecedenti, formazione, struttura, VuF XII, 1974 – DIES., Federico II e la Lega Lomb., Ann. Ist. Stor. it.-germ. Trento 2, 1977 – A. HAVERKAMP, La Lega Lomb. sotto la guida di Milano (La pace di Costanza 1183), 1984.

Lombardus → Petrus Lombardus

London, Stadt an der Themse in der so.-engl. Gft. Middlesex, Hauptstadt des Kgr.es England; Bm.

A. Stadt – B. Bistum

A. Stadt

I. Antike – II. Mittelalter.

I. ANTIKE: Das röm. Londinium entstand als typ. Brücken- und Hafenstadt dort, wo die Themse flußaufwärts erstmalig durchfurtet werden konnte. Der archäolog. Befund eines geplanten Straßenrasters mit einer Via Principalis (in O-W Richtung nachweisbar am w. Ende von Fenchurch Street) deutet auf ein röm. Militär- oder Versorgungslager hin (vor 50 v. Chr.). Nahe der Walbrookmündung in die Themse errichteten die röm. Truppen die erste hölzerne L. Bridge. Der früheste zivile Siedlungskern lag im Bereich von Cornhill. Diese vermutl. unbefestigte Siedlung brannte 60 n. Chr. bei einem Aufstand völlig nieder. Die neue Siedlung, die bis ca. 90 n. Chr. einen Hafen zu beiden Seiten der Brücke im Bereich des Fish Street Hill erhielt, wurde in Flavischer und Hadrianischer Zeit als colonia bezeichnet. Die archäolog. Überreste eines Tempels sowie eines Forums mit Basilika (mit 3,2 ha größte Forumsanlage in Britannien) deuten darauf hin, daß L. Sitz einer Regional- und Finanzverwaltung war. Im frühen 2. Jh. erfolgte nw. des Forums (im Bereich von Cripplegate) der Bau eines 4,5 ha umspannenden Forts. Gleichzeitig dehnte sich das besiedelte Areal primär nach O und im W bis über den Walbrook hinaus aus. Nach 197 n. Chr. wurde Londinium die Hauptstadt der Provinz Britannia Superior mit ständig steigender Bedeutung als Handelszentrum der Region (bis 326 eigene Münze), während sich in dieser Phase die polit. und militär. Macht in →York konzentrierte. Von ca. 194/195 bis 200/205 n. Chr. erfolgte die Anlage einer bis zu 2,7 m breiten und bis 6 m hohen Steinbefestigung, die für die nächsten 1000 Jahre die Stadtgestalt prägen sollte. Die Mauer erstreckte sich an der Landseite über mehr als 3 km; sie verlief vom heutigen Tower im O bis zu Blackfriars im W und bezog das Fort im Bereich von Cripplegate mit ein. Es ist sicher, daß auch die Flußseite befestigt war. Aufgrund der Verlagerung der Flußlinie nach S und der daraus resultierenden weiteren Bebauung finden sich hier keine archäolog. Zeugnisse der Befestigung. Die Gesamtfläche der ummauerten Areals betrug 133,5 ha. In der Mauer befanden sich wenigstens sieben Toranlagen; durch Aldgate, Bishopsgate, Newgate und Ludgate verliefen die wichtigsten Ausfallstraßen, an denen aber kaum eine Bebauung erfolgte. Außerhalb der befestigten Siedlung ist Southwark an der S-Seite der Themsebrücke als einzige Vorstadt zu bezeichnen. B. Brodt

II. MITTELALTER: [1] *Archäologie:* Die ma. Stadtmauer wurde auf der röm. Befestigung errichtet, eine Verlängerung um das Dominikanerkl. (1278-1300) enthielt auch frühe Backsteine. Die bedeutendste Erneuerung fand 1477 statt, als Backsteinbögen zur Verstärkung hinter der Mauer angefügt wurden. Die Außenbastionen an der Ostseite der Stadt stammen wahrscheinl. aus spätröm. Zeit, die an der Westseite aus dem MA. Die ma. Tore, die vermutl. an der Stelle der röm. lagen, wurden im MA erneuert. L. besaß drei norm. Burgen (White Tower im O, 1097 beendet; zwei kleinere Befestigungsanlagen im W: Baynard's Castle I [1087?] und Montfichet's Towr [1136]; Baynard's Castle II, Thames Street, 1428 erneuert). Der früheste erhaltene Teil der Guildhall (im 12. Jh. erwähnt) ist der W. Kellerraum (um 1280?). Sie wurde 1411-30 erneuert (Größe der Halle: 46×15 m) und besaß neben Westminster Hall (1394-1402) die größte Spannweite im ma. England. Leadenhall, die als Markthalle und öffentl. Kornspeicher diente, wurde 1440-ca. 1450 errichtet. Von der ma. L. Bridge (1176-1207 errichtet; mit 19 steinernen Bögen und einer Zugbrücke; 276 m lang) erhielten sich mindestens Teile von zwei n. Pfeilern im Schwemmland. Das Anwachsen des ma. L. und auch die Entwicklung von Handel und Gewerbe sind an der Veränderung des Themseufers ablesbar. Infolge der Landanschwemmung vom 12.–16. Jh. hatte sich der Kai i. J. 1500 teilweise bis zu 80 m s. der Thames Street, dem Verlauf des spätröm. Ufers, verlagert. Dieser Prozeß konnte seit 1972 an vielen Stellen nachgewiesen werden. Bodenstrukturen zeigen u. a. Futtermauern. Diese Mauern hielten Teile des angeschwemmten Landes zurück, das sich aus zeitgenöss. Schutt zusammensetzte. Die dort gefundenen Keramiktypen und andere ma. Funde konnten mit Hilfe dendrochronolog. Untersuchungen der Futtermauern datiert werden. Die archäolog. feststellbaren Häusergrundstücke lassen sich in zwei Zonen einteilen: am Flußufer (s. der Thames Street), wo der Boden der Grundstücke infolge der häufigen Erhöhung des Bodenniveaus zur Themse hin absank, und auf dem Gebiet der Innenstadt, wo ma. Überreste durch eine spätere Bebauung weitgehend zerstört wurden. 1200 besaßen bes. die Gebiete am Flußufer und an der Cheapside Steinbauten. Grundmauern von Häusern aus dem 13. oder 14. Jh. sind überliefert, vier sind erhalten. Auch Holzhallen, Küchen und Speicher konnten nachgewiesen werden. Gewerbebetriebe lagen in allg. am Rand des Siedlungsareals innerhalb oder außerhalb der Mauern. – Die ma. Kirchen und Kl. sind teilweise erhalten. St. Paul's Cathedral wurde ab 1087 errichtet, der größte Teil des Kirchenschiffs entstand nach einer Feuersbrunst von 1136. Die norm. Anlage von St. Paul (Kirchenbau 1175 abgeschlossen, 1221 Ausbau des Ostendes der Kirche, 1256 erneute Erweiterung) bestimmte bis zum großen Stadtbrand von 1666 das Bild L.s. Die früheste Kl. waren Holy Trinity Priory Aldgate (1108; Chor: 1. Hälfte des 12. Jh.) und St. Bartholomew's Hospital und Priorat (1123; Chor aus dem 12. Jh.). Weitere Hospitäler, Nonnenkl. und Häuser der Ritterorden folgten: Templer 1161, Hospital v. St. Mary without Bishopsgate (1197), St. Helen Bishopsgate (Benediktinerinnenkl., Pfarrkirche vor 1216, Kirche und Kreuzgang aus dem 13. Jh., Kapelle aus dem 14. Jh.), Hospital v. St. Thomas of Acre, Cheapside (frühes 13. Jh.), Hospital v. St. Mary of Bethlehem (1247), Elsyng Spital (gegr. 1329). I. J. 1200 gab es mindestens 100 Pfarrkirchen, deren Architektur mittels archäolog. und schriftl. Q. rekonstruiert werden konnte.

J. Schofield

[2] *Stadtgeschichte, Topographie, Wirtschaft:* a) 410-899: Für die Phase nach dem Abzug der röm. Truppen aus Britannien bis ca. 600 liegen kaum Zeugnisse zur Gesch. und einer ständigen Besiedlung L.s vor. Bes. auffällig ist das völlige Fehlen ags. Belege auch außerhalb der Mauern, wo sich im Umkreis von ca. 14 km keine Begräbnisstätten nachweisen lassen. Gegen 600 n. Chr. war L. Hauptstadt des Kgr.es →Essex. Im frühen 7. Jh. unterstand L. wohl der Herrschaft des Kg.e v. →Kent. Von der Regierung Æthelbalds bis zur Eroberung durch die Dänen i. J. 851 war L. ein Zentrum des Kgr.es →Mercien. Westl. der ummauerten Siedlung war seit ca. 650 am N-Ufer der Themse im Bereich von Fleet bis zum n. Ende von Trafalgar Square eine unbefestigte Handelssiedlung (vicus [Strand/Aldwych] von ca. 40 ha Größe) entstanden, für die aus den Jahre 672-674, 790 und 857 Privilegien erhalten sind. Es ist anzunehmen, daß die Kirchen in diesem Areal (St. Bride's, St. Dunstan, St. Mary le Strand, St. Martin) im 8. und 9. Jh. gegründet wurden, obgleich die frühesten schriftl. Zeugnisse erst aus dem 11. Jh. stammen. L. war Sitz eines kgl. Gerichtshofes unter Vorsitz des Stadtvogts (*wic-gerefa*). Zw. der für das 8. Jh. anzunehmenden kgl. Residenz im Bereich des röm. Forts vom Cripplegate und dem Bf.ssitz in St. Paul lag im Bereich des 1988 ergrabenen röm. Amphitheaters das *folkmoot*, die Versammlungsstätte der Bürgerschaft. Die besiedelten Areale innerhalb der ummauerten Stadt lagen primär im Bereich des w. Hügels. Die Dänen eroberten und besetzten die Stadt 851 und nutzten sie als Handels- und Koordinationszentrale für ihre Truppen in Kent und East Anglia, bis sie 885 durch

Ethelred und Kg. Alfred vertrieben wurden. Alfred setzte Ethelred als Stadtvogt ein und verstärkte die Mauern. Das ummauerte Areal wurde unter Alfred systemat. durch Straßenzüge erschlossen und erhielt Steuer- und Handelsprivilegien; im Bereich von Westcheap und Eastcheap entstanden zwei große Märkte, und der Hafen gewann weitere Bedeutung für den Handel, der sich bes. auf Skandinavien konzentriert haben dürfte. Das Gebiet des vicus verlor seine herausragenden Handelsfunktionen, seine Bewohner siedelten sich in der befestigten Siedlung, bes. im Bereich w. des Walbrook, an. 959 wurde der frühere vicus an die Abtei v. →Westminster überschrieben.

b) *899-ca. 1215:* Kg. Æthelstan ernannte für die Stadt, die seit 910 unmittelbar dem Kg. unterstand, acht Münzpräger gegenüber sechs in seiner Hauptstadt Winchester. 1013 wurde die Stadt erneut von den Dänen erobert. Seit ca. 1000 belegen die Q. einen Ausbau des Handels zum Kontinent. Kg. Eduard d. Bekenner machte L. zu seiner Haupt- und Residenzstadt; in seinem Sitz Westminster errichtete er, wohl als Gegenstück zu St. Paul, die Abtei von St. Peter. Nach der Schlacht v. →Hastings ergab sich L. Wilhelm d. Eroberer, der Weihnachten 1066 in Westminster gekrönt wurde und anschließend den Bf., den Bürgern und ihrem *Portreeve* in einem Freibrief ihre Rechte bestätigte. Unter Wilhelm I. begann der Bau von drei Burgen zur stärkeren Sicherung der Stadt. Wie Winchester ist L. nicht im →Domesday Book erwähnt. Für den Ausgang des 11. Jh. ist von einer Bevölkerungszahl von ca. 14-16000 auszugehen. Das früheste schriftl. Zeugnis einer städt. Selbstverwaltung findet sich in einer Urk. Æthelstans aus den Jahren um 935, die die Satzungen einer *frithgilde* erwähnt. Für ca. 1127 ist ein Verzeichnis der *wards*, der Bezirke der Stadt, erhalten, die unter Führung eines ebenfalls im Verzeichnis gen. Aldermannes (→*ealdorman*) die kleinste Einheit der lokalen Administration bildeten. Um 1200 war die Einteilung der Stadt in insgesamt 24 wards abgeschlossen. Bis in das 14. Jh. liegen keine verläßl. Bevölkerungszahlen vor. Aus den Jahren 1131-33 datiert der Freibrief Kg. Heinrichs I., in dem er den Bürgern der Stadt das Recht gewährte, die zwei wichtigsten kgl. Beamten, den →Sheriff und den →Justitiar, selbst zu wählen. Gegen eine *fee farm* (feste Jahresrente) von £ 300 unterstellte er der Stadt die Gft. Middlesex, betraute sie mit der niederen Gerichtsbarkeit und berechtigte sie zum Bezug des Ertrages der dortigen Krongüter. Darüberhinaus gewährte das Privileg den Bürgern Zollfreiheit für ihre Handelsgüter im gesamten Kgr. In der Stadt entstanden nun zahlreiche Gilden und Zünfte (Fischhändler, Weber, Bäcker u. a.). Rhein. und v. a. Kölner Händler gewannen zunehmend an Bedeutung; die Gildehalle der Kölner in der Nähe von Dowgate ist für 1157 belegt. Im Verlauf des 12. Jh. wurden die einer eigenen Gerichtsbarkeit unterstehenden Siedlungen von Westminster und Southwark immer mehr in die Wirtschaft L.s inkorporiert. Das 12. Jh. markiert zusätzl. den Beginn der Phase, in der die Herrschaft über L. maßgebl. für die polit. Kontrolle des Landes wurde. Bes. deutlich zeigte sich dieses während des Bürgerkrieges zw. Kg. Stephan v. Blois und der Ksn. Mathilde. Nach dem Tod Heinrichs I. sprachen sich die L.er Bürger für Stephan aus, der im Dez. 1135 in Westminster gekrönt wurde. Im Gegenzug für ihre Unterstützung anerkannte dieser (nach Angaben der →Gesta Stephani) das Recht der Bürger L.s zur Kg.swahl. Stephan versprach, L. unter seinen bes. Schutz zu stellen. Nach der Gefangennahme des Kg.s in der Schlacht v. Lincoln (1141) besetzte Mathilde die Stadt und setzte →Geoffrey de Mandeville als Sheriff ein. Ein Aufstand als Folge ihrer Besteuerungspolitik zwang Mathilde zur Flucht aus der Stadt, die weiterhin militär. und finanziell Stephan unterstützte. Heinrich II. bestätigte 1155-58 die Rechte und Freiheiten L.s, berührte jedoch in dem Privileg nicht die Frage der städt. Administration, die nach wie vor dem Sheriff unterstand. Das Amt des Sheriffs wurde im 12. Jh. zumeist mit Vertretern der führenden Familien Buccuint, Cornhill und Haverhill besetzt. Aufgrund der Staatsreform Heinrichs II. gewann die Hauptstadt des Reiches als Sitz der Zentralbehörden zunehmend an Bedeutung. Erst während der Regentschaft Johann Ohnelands bildete sich nach kontinentalem Vorbild (→Rouen) eine kommunale Stadtverfassung aus; ein Bürgermeister (→*mayor*) ist erstmalig für 1192 belegt. Seit 1206 bestand ein Rat von 24 gewählten Mitgliedern. Diese kommunale Stadtverfassung wurde erst 1215 von Kg. Johann bestätigt; Artikel 13 der →Magna Carta enthält die L.er Stadtrechte. Das Stadtregiment wurde durch den jährl. am 28. Okt. vom folkmoot gewählten mayor, der Aldermann sein mußte, zwei ebenfalls jährl. von der Bürgerschaft gewählten Sheriffs und 24, seit 1249 ebenfalls gewählten Aldermännern gebildet. Sie hatten ihren Sitz in der im 12. Jh. erstmalig erwähnten Guildhall. In der Stadt bildeten sich vier Gerichtshöfe aus. Der mayor präsidierte über das bedeutendste Stadtgericht, den Mayor's Court in der Guildhall; die Sheriffs, die u. a. mit der Verwaltung der drei städt. Gefängnisse in Newgate, Ludgate und Comptors betraut waren, führten den Vorsitz im Sheriff's Court, während die Aldermänner mit der Abhaltung des Court of Aldermen betraut waren. Der Court of Common Council löste den aus ags. Zeit datierenden Court of Husting ab.

c) *ca. 1215-ca. 1500:* Im 13. Jh. hatten sich alle vier Mendikantenorden in L. etabliert, doch blieb keine der Niederlassungen, die sich innerhalb der ummauerten Stadt befanden, erhalten. Seit 1283 entsandte L. Vertreter zum →Parliament. In der Mitte des 13. Jh. hatte sich die Stadtverwaltung weiter ausgebildet. Zusätzl. Ämter waren das des *chamberlains*, des einzigen besoldeten Beamten der Stadt, des *recorders*, der die Stadt in auswärtigen Angelegenheiten und am kgl. Gerichtshof vertrat, des *serjeant-at-law*, dessen Aufgabenbereich bes. die Fürsorge für die städt. Waisen umfaßte, sowie des *town clerk*, des Stadtschreibers und Vorsitzenden der städt. Kanzlei. Gegen 1300 entstand das Amt der *bridgemasters*, zwei jährl. von der Bürgerschaft gewählten Beamten, die mit der Verwaltung und Instandhaltung von L. Bridge betraut waren und ihren Sitz im Bridge House in Southwark hatten. Grundlage der städt. Verwaltung, die 1319 durch ein Privileg Kg. Eduards II. bestätigt wurde und in der die Aldermänner zunehmend an Bedeutung gewannen, blieb nach wie vor die topograph. Einteilung der wards; erst im 14. Jh. gelang es den →Gilden, größeren Einfluß auszuüben. Der zunehmende Einfluß der Gilden und Zünfte resultierte auch aus der ständig wachsenden Bedeutung L.s als Handelszentrum Englands. Im 12. und 13. Jh. waren es v. a. die Außenhandelsbeziehungen zur Gascogne, nach Spanien und Flandern, die zur Niederlassung zahlreicher Kaufleute dieser Länder in der Stadt führten. It. und dt. Kaufleute folgten nach (Kölner Gildehalle seit 1157, Lübeck erhielt das erste Schutzprivileg 1267 von Heinrich III.). Die Hansen, die 1281 den Stalhof errichteten und im folgenden Jahr mit der Instandhaltung des Bishopsgate betraut wurden, waren im 14. Jh. die wohl einflußreichste und mit den weitestgehenden Privilegien ausgestattete Gruppe auswärtiger Kaufleute in L., bevor gegen Ende dieses Jh. die Konkurrenz durch einheim. Händler zunahm (→Hanse).

Die Zentren des Handels befanden sich in der Nähe des Hafens, in den wards von Billingsgate und Bridge, in Woolchurchhaw, in der Vintry sowie am Cheap. Haupthandelsgüter waren Wolle und Tuche, Luxusgüter, Wein sowie Fische. Im 14. Jh. lassen sich zahlreiche der wenigstens 81 Handwerkszünfte und Gilden sowie ihre Verbindung zu L.er Kirchen und Spitälern dokumentieren, u. a. Tuchmacher (St. Mary of Bethlehem), Brauer (All Hallows, London Wall), Maler (St. Giles Cripplegate), Salzer (All Hallows, Bread Street). Die Bevölkerungsdichte nahm nach W hin zu. Im März 1327 wurde die Vorstadt Southwark in die Stadt inkorporiert. L. wurde bei den Lay Subsidies (→Bede) seit 1327 mit dem 15. Teil besteuert. In diesem Jahr entrichtete die Stadt eine Steuersumme von £ 733,6 s, 8 d, was einem Gesamtwert von ca. £ 11 000 entsprach. Vor dem Ausbruch der Pest i. J. 1349 dürfte die Einw.zahl bei ca. 40000 gelegen haben. Trotz großer Verluste durch die Pest wuchs die Bevölkerung rasch wieder an, die →Poll Tax verzeichnet 23 314 steuerpflichtige Einw. i. J. 1377, so daß von einer Gesamtzahl von ca. 35 000 auszugehen ist. Die Unruhen der →Peasant's Revolt (1381) griffen auch auf L. über. Gegen Ende des 14. Jh. zeigte sich immer deutlicher, daß L. einen eigenständigen polit. Kurs verfolgte. Kg. Richard II. zog 1392 die Freiheiten der Stadt ein und gewährte nur gegen die Zahlung von £ 30000 einen neuen Freibrief. Die polit. führenden Gruppen in der Stadt verhielten sich in den Auseinandersetzungen um Richard II. zunächst neutral, unterstützten dann jedoch den erfolgreichen Heinrich v. Lancaster, der der Stadt schon 1400 alle früheren Rechte und Freiheiten bestätigte. Die Herrschaft des Hauses Lancaster bedeutete dann auch für L. eine Phase inneren Friedens und wirtschaftl. Prosperität. Es gelang der Stadt, während der →Rosenkriege eine neutrale Position zu vertreten.

B. Bistum

Der erste schriftl. Beleg für einen Bf. von L. datiert aus d. J. 314 n. Chr., als Restitutus zusammen mit zwei weiteren brit. Bf.en am Konzil v. Arles teilnahm. Dieses ist die einzige Q. bis 601; es ist anzunehmen, daß das Bm. aufgelöst wurde. 601 designierte Papst Gregor I. L. zum Sitz des Primas von Britannien, doch wurde letztl. eine Entscheidung zugunsten von →Canterbury getroffen. 604 wurde Mellitus zum Bf. der Ostsachsen mit Sitz in L. ernannt. Aufgrund der Konvertierung des Stammes zum Christentum errichtete Æthelberht v. Kent die Titularkirche von St. Paul im selben Jahr. In der Zeit von 616/617 bis 654 war die Bf.swürde vakant. Das Bm. L. umfaßte im gesamten MA in etwa die Region des früheren Kgr. es →Essex; in dieser Gft. lag ein großer Teil des Grundbesitzes des Bm.s. Bf. Eorcenwald (ca. 675–693), Gründer u. a. der Kl. von Chertsey und Barking, ist als einer der bedeutendsten ags. Bf.e zu bezeichnen; Theodred (ca. 926–950/951) zeichnete sich in der Restituierung des Bm.s nach der dän. Eroberung aus. Die Regel von St. Paul aus dem 11. Jh. belegt, daß zu diesem Zeitpunkt die administrative und pfarrkirchl. Organisation des Bm.s abgeschlossen war; es umfaßte im MA die Diöz.n L., Essex und Colchester. 1085 ernannte Kg. Wilhelm I. seinen früheren Kanzler Maurice (1085–1107) zum Bf. Eine von ca. 1090 bis zum Beginn des 14. Jh. reichende Liste der Kanoniker von St. Paul benennt die Anzahl der jeweils gleichzeitig amtierenden von 30. Bes. für das 12. bis 14. Jh. sind zahlreiche Bf.e belegt, die im Verlauf oder im Anschluß an dieses Amt weitere klerikale und polit. Funktionen wahrnahmen, u. a.: →Richard v. Ely (1189–98; Schatzkanzler 1158–96), Ralph Baldock (1304–13; Kanzler 1307), Simon →Sudbury (1361–75, Ebf. v. Canterbury 1375–81; Kanzler 1380–81) und William →Courtenay (1375–81, Ebf. v. Canterbury 1381–96; Kanzler 1381). B. Brodt

Q. und Lit.: zu [A]: Q.: J. LUFFMAN, The Charters of L. complete, 1793 – Munimenta Gildhallae Londoniensis, hg. H. T. RILEY, 1859–62 (= RS 12, I–III) – W. DE G. BIRCH, Hist. Charters and Constitutional Doc. of the City of L., 1884 – J. M. SIMS, L. and Middlesex publ. Records, a Handlist, 1970 – Chroniken: A Chronicle of L. from 1089 to 1483 ..., hg. E. TYRELL, 1827 – Chroniques de L., hg. G. J. AUNGIER, 1844 – De antiquis legibus liber ... ab anno 1178 ad annum 1274, hg. T. STAPLETON, 1846 – William Gregory's Chronicle of L. (1189–1469), hg. J. GAIRDNER, 1859 – Lit.: W. J. LOFTIE, A Hist. of L., 2 Bde, 1884 – R. R. SHARPE, L. and the Kingdom, 3 Bde, 1884–85 – VCH of L., hg. W. PAGE, I, 1909 [auch zu B] – M. WEINBAUM, Verfassungsgesch. L.s, 1066–1268, 1929 [= VSWG Beih. 15] – Ders., L. unter Eduard I. und II., 1933 [= VSWG Beih. 28f.] – S. THRUPP, The Merchant Class of Medieval L. 1300–1500, 1948 – E. EKWALL, Stud. on the Population of Medieval L., 1956 – G. UNWIN, Gilds and Companies of L., 1963⁴ – G. WILLIAMS, Medieval L., 1963 – T. BAKER, Medieval L., 1970 – M. BIDDLE, D. HUDSON, C. HEIGHWAY, The Future of L.s Past, 1973 – C. M. BARRON, The Medieval Guildhall of L., 1974 – CH. N. L. BROOKE-G. KEIR, L. 800–1216, 1975 – G. MILNE-C. MILNE, Medieval Waterfront Development at Trig Lane, 1978 (L. and Middlesex Archaeological Soc., 1982) – R. B. MERRIFIELD, L. City of the Romans, 1983 – J. SCHOFIELD, The Building of L. from the Conquest to the Great Fire, 1984 – Historic Towns Atlas, hg. M. D. LOBEL, III: L., 1990 – Reihen: Guildhall Stud. in L. Hist., 1–4, 1973–81 – L. Topographical Soc. Annual Record, 1, 1900ff. – zu [B]: Q.: R. NEWCOURT, Rep. ecclesiasticum parochiale Londoniensis, 2 Bde, 1708–10 – Doc. illustrating the Hist. of St. Paul's Cathedral (1140–1712), hg. W. S. SIMPSON (Camden Soc., NS 26, 1880) – M. GIBBS, Early Charters of the Cathedral Church of St. Paul, L. (Camden Soc., 3rd ser. 58, 1939) – Lit.: A Hist. of St. Paul's Cathedral and the Men associated with it, hg. W. R. MATTHEWS – W. M. ATKINS, 1957.

London, Vertrag v. (16. Juni 1373), erster Freundschaftsvertrag zw. England und Portugal, der gegenseitigen militär. Beistand zu Land und zur See vereinbarte und in St. Paul (London) geschlossen wurde. Er war Teil einer Reihe von diplomat. Abmachungen, die nicht nur England und Portugal, sondern auch Frankreich, Kastilien, Navarra und Aragón betrafen. Der eigtl. Vertragstext wurde mit dem Anspruch von →John of Gaunt auf den kast. Thron und mit der Fehde →Ferdinands I., Kg. v. Portugal, mit →Heinrich II. Trastámara verknüpft. Nachdem sich Ferdinand der kast. Macht im Vertrag v. →Santarém (19. März 1373) hatte beugen müssen, versuchte er, engl. Hilfe zu erhalten, doch blieb der V. v. L. wirkungslos, bis er 1386 durch João I. (Vertrag v. →Windsor) erneuert wurde und bis heute in Kraft blieb. M. Jones

Lit.: Rymer, Foedera ..., ed. A. CLARKE u. a., 4 Bde, 1816–69, III, 2, 983 – P. E. RUSSELL, The English Intervention in Spain and Portugal in the Time of Edward III and Richard II, 1955.

Londonderry → Derry

Longchamp, Notre-Dame de, Kl. der →Klarissen bei Paris, gegr. 1256 von der sel. Isabella v. Frankreich, Schwester Kg. Ludwigs d. Hl.n. Sie setzte am 23. Juni 1260 vier Klarissen aus Reims in L. ein und entwarf mit dem Rat bedeutender Franziskaner (→Bonaventura, →Wilhelm v. Militona, Odo v. Roni) eine an der Regel der Daminianistinnen (→Franziskanerinnen 2, 4) orientierte Regel, die Papst Urban IV. im Juli 1263 approbierte und (mit einigen Abänderungen) im Okt. 1263 dem gesamten Orden auferlegte. Die als 'sorores minores inclusae' bezeichneten Schwestern in L. legten als erste das Gelübde der →Klausur ab. 60–80 an der Zahl, entstammten sie zumeist dem hohen Adel (reiche Güterausstattung). Die Aufnahme von vornehmen Damen als Gäste verlieh L. später einen stärker weltl. Charakter. Während der Kriegszeiten des 15. und 16. Jh. suchten die Schwestern öfter Zuflucht in Paris. 1792 aufgehoben; an der Stätte des Kl. befindet sich heute die Pferderennbahn.

M. C. Roussey OSC

Lit.: G. Trouillard, Études sur les abbayes urbanistes, principalement l'abbaye de L. [Thèse Éc. des chartes, 1896] – A. Garreau, La Bienheureuse Isabelle de France, 1955.

Longchamp, William → William Longchamp

Longinus, Soldat, der Joh zufolge die Seite Christi öffnete. Die Legende des MA kennt L. als blinden Hauptmann, der durch einen Tropfen des Hl. Blutes sehend geworden ist. Kirchl. Augenbenediktion und Waffensegen, Gebete und Passionsspiele (wo L. seit dem späteren MA als Jude gilt) zeugen vom Glauben des ma. Menschen an eine mag. Wirkung des blutenden L.speeres. Der oriental. Kult der Hl. Lanze ist laut Burdach in Form der karfreitägl. Kreuzadoration in die abendländ. Liturgie eingedrungen. Das L.-Motiv spielt in der Gralserzählung eine wichtige Rolle.

H. Alzheimer

Lit.: HWDA V, 1327-1348 – LCI VII, 410-411 – LThK² VI, 637-638 – A. Franz, Die kirchl. Benediktionen im MA, 1909, 1960² – G. Spahr, Kreuz und Blut Christi in der Kunst Weingartens, 1962 – K. Burdach, Der Gral. Forsch. über seinen Ursprung und seinen Zusammenhang mit der L.legende, 1974.

Longinussegen, Zauberspruch der chr. Magie, als Analogieerzählung (→Longinus) angelegt. Mit blutstillender Zielsetzung (seit dem FrühMA auch entzündungshemmende Indikation) ist die Formel seit dem 9. Jh. belegt ('Bamberger Blutsegen' [I], 'Abdinghofer B.', erster 'Trierer B.', 'Straßburger B.'), wobei sich gleich von Anfang an Überschneidungen mit dem →Jordansegen zeigen. Die Aufnahme in die Sammelformel des Dreigute-Brüder-Segens erfolgte im 12. Jh.; Verwendung als Pfeilsegen erstmals im spätma. Schlesien; Anwendung auf Pferde seit dem 14. Jh. ('Schlegler Albrant-Anhänge').

G. Keil

Ed.: C. L. Miller, The Old High German and Old Saxon Charms [Diss. Washington Univ., St. Louis 1963] – *Lit.:* Verf.-Lex.² I, 6, 27f., 593 – I. Hampp, Beschwörung, Segen, Gebet, 1961, 201-216 – J. van Haaver, Longinus en de Longinuslegende in het Nederlandse taalgebied, Handelingen koninkl. Zuidnl. Maatschappij Taal-Letterk. Gesch. 17, 1963, 397-459; 18, 1964, 324-364.

Longjumeau, Andreas v., franz. Dominikanermönch, † nach 1270, nimmt unter den Reisenden, die im Zuge hochgespannter religiöser und polit. Aspirationen um die Mitte des 13. Jh. in die – irrig als aktuelle Hoffnungsgebiete bewerteten – Herrschaftsbereiche der →Mongolen in Zentralasien entsandt wurden, hinsichtl. der Reichweite eine Spitzenposition ein. Als Missionar und Diplomat in zwei Fernfahrten so gut wie erfolglos, ist seine zweite Reise doch geogr. sehr beachtenswert, wenn auch keine entsprechenden Reiseberichte L.s überliefert sind. Die erste Reise (1245-47), in päpstl. Auftrag, brachte ihn von Lyon über Akkon, Antiochien, Aleppo zu einem Mongolenheer jenseits von Mossul, wo er chr. Kontakte (Nestorianer) unwesentlicher Art wahrnahm; der längere Aufenthalt in Persien vor seiner Heimkehr brachte ihm beachtl. Sprachkenntnisse ein. Im Auftrag des durch irreführende Nachrichten getäuschten Kg. Ludwig IX. v. Frankreich leitete L. seine zweite große Reise (1249-51): von Zypern über Antiochien und Persien in die Mongolei, wo er in die Hauptstadt →Karakorum einziehen konnte. Nach seiner Rückkehr 1251 war L. noch als Missionar in Tunis tätig.

M. Kratochwill

Lit.: B. Altaner, Die Dominikanermissionen des 13. Jh., 1924, 110f., 128ff. – R. Hennig, Terrae Incognitae III, 1953² [bes. Kap. 120] – G. Dainelli, Missionari e mercadanti rivelatori dell'Asia nel Medio Evo, 1960 [= La Conquista della Terra..., 5, 133ff.].

Longjumeau, Verhandlungen v., Episode des →Hundertjährigen Kriegs. Am 15. März 1360, vielleicht in der Absicht, Jean II., Kg. v. Frankreich, aus seiner Gefangenschaft nach der Schlacht v. →Poitiers zu befreien, wagte die frz. Kriegsflotte einen Überfall in England und nahm die Feste v. Winchelsea (→Cinque Ports) ein. Nach Plünderungen kehrte sie nach Boulogne zurück. Eduard III. ließ zur Vergeltung die engl. Kriegsflotte an der Mündung der Seine landen und zog unter Verheerungen nach Paris. Am 31. März quartierte er bei Chartres (heute Arpajon, dép. Essone, arr. Palaiseau) ein; sein Heer zog bis Corbeil (heute C.-Essonnes) und Longjumeau (arr. Palaiseau). Papst Innozenz VI. blieb bei seiner Politik der Vermittlung zw. Frankreich und England. Am Karfreitag (3. April) verhandelten Eduard III. und Karl, Regent v. Frankreich (→Karl V.), in der *maladière* v. L. Anwesend waren u. a. für Frankreich Robert de →Fiennes und Jean →Boucicaut I.; für England →Heinrich v. Grosmont, Duke of Lancaster, Jean →Chandos, William →Bohun, Earl of Northampton, Thomas →Beauchamp, Earl of Warwick. Die Verhandlungen mißlangen, doch am 8. Mai wurde der Frieden v. →Brétigny geschlossen.

J.-M. Roger

Lit.: R. Delachenal, Hist. de Charles V, II, 1927, 176-189.

Longpont, 1. L., Priorat von →Cluny (dép. Essonne, arr. Corbeil, bei Monthléry, Diöz. Paris), gegr. 1061/65 von dem bfl. miles Guido v. Monthléry und seiner Frau Hodierna, die Abt →Hugo v. Cluny dazu bewog, Mönche für diese erste Niederlassung seines Verbandes in der Diöz. Paris zur Verfügung zu stellen. Belegt sind die Zustimmung des Bf.s Gaufred und die Unterstützung durch Adelsfamilien der engeren Umgebung, während der Kg. bis zum Erwerb der Herrschaft Monthléry offenbar nicht beteiligt war (Schutzversprechen 1108). Danach erreichte L. den Höhepunkt seiner Entwicklung. Bis in die Zeit des →Hundertjährigen Krieges konnte es mit 20-27 Mönchen (Soll: 23) offenbar das geistige und materielle Niveau halten. Die Kirche wurde im 12. Jh. errichtet und später umgestaltet.

F. J. Felten

Q. und Lit.: J. Marion, Cart. du prieuré N.-D. de L. de l'ordre de Cluny..., 1879 – Statuts, Chapitres généraux et Visites de l'ordre de Cluny, ed. B. Charvin, 1965ff. – D. Poeck, L., 1986 [= MMS 38; Teil II = Ed. des Cartulaire II] – A. Müssigbrod, Zur Nekrologüberl. aus cluniacens. Kl., RevBén 98, 1988, 62-113.

2. L., OCist-Abtei (dép. Aisne, arr. und Diöz. Soissons), gegr. 1132 mit Mönchen aus Clairvaux von Bf. Goscelinus (v. Vierzy), der mit seinem Domkapitel reichen Besitz und weitgehende Jurisdiktions- und Zehntfreiheit verlieh, und Gf. Radulf I. v. Valois-Vermandois, der Mittel für den Bau der ersten (1144 geweihten) Kirche und großen Grundbesitz schenkte (Grablege), sowie weiteren Adligen der Region. Mit ihrer Hilfe und dank eigener Kultivierungsarbeit und (früh kritisierter) energ. Erwerbspolitik blühte die Abtei rasch auf. Hier starb 1217 der als Hl. verehrte, im Alter von 45 Jahren konvertierte Jean de Montmirail. Von dem zweiten Kirchenbau (1227 geweiht) zeugen noch großartige Ruinen. Im →Hundertjährigen Krieg und während der Kämpfe mit den →Armagnaken schwer getroffen, geriet L. in die Hand von Kommendataräbten. Nach den Hugenottenkriegen aufgegeben, wurde das Kl. seit 1605 wieder aufgebaut.

F. J. Felten

Q. und Lit.: Abbé Poquet, Monogr. de l'abbaye de L., 1869 – Papsturkk. in Frankreich, NF 7, bearb. D. Lohrmann, 1976, 151ff. – DIP V, 727f. [Lit.] – Div. Aufsätze: Mél. A. Dimier, II, III, 1982/84 – L. Duval-Arnould, BEC 145, 1987, 203-209.

Longueil, Richard Olivier de, Kard., * vor 1415 in der Normandie, † 1470 in Rom, ▢ St. Peter, entstammte einer Familie des Königsdienstes, war Lizentiat der Rechte, in der Kirchenprovinz →Rouen reich bepfründet, seit 1453 Bf. v. →Coutances. Mitglied des Rates (→Conseil) Kg. Karls VII., gehörte er u.a. der Kommission zur Rehabilitierung von →Jeanne d'Arc an (1455) und war Erster Präsident der →Chambre des Comptes. 1456 zum Kard. ernannt, widmete er sich gleichwohl den Belangen seiner Diöz. (1460 Visitation). Unter Ludwig XI. aus der kgl. Administration verdrängt, wurde er zu Papst Pius II. entsandt, um ihm die Aufhebung der →Pragmatique Sanction de Bourges zu verkünden. L. geriet über die Frage der kgl. bzw. päpstl. Gewalt über die Kirche Frankreichs (s.a. →Gallikanismus) in Konflikt mit dem Kg., der seine Güter einziehen ließ, so daß L. bis zum Lebensende in Rom verblieb. F. Autrand

Lit.: Catholicisme, s.v. – MGR. JACQUELINE, Le cardinal R.O. de L., Rev. du dép. de la Manche, II, 1960, 176–181.

Looz (Loon), Gft. v., lag im Gebiet der alten, im Vertrag v. →Meerssen (870) genannten karol. Gft.en Hasbanien, Maasgau und Toxandrien, aus denen sich im 10. Jh. weitere kleinere Gft.en (Hocht, Avernas, Haspinga) herausbildeten, aus deren Zersplitterung auch L. Gewinn zog. Schwierigkeiten bereitet der Forsch. die frühe Lehnsbindung an das Bm. →Lüttich. Wahrscheinl. ist die These, daß 1040 bei der Übergabe der Gft. Haspinga an Lüttich durch Heinrich III. auch die Lehnsrechte über L. übertragen wurden, die bis zu seinem Tod 1040 Gf. Arnold, der Bruder des ersten L.er Gf.en Giselbert († 1044/46), innehatte. Die Bindung an Lüttich bestimmte die künftige Politik von L. für Lüttich gegen Brabant. Die L.er besaßen im 14. Jh. auch noch Reichslehen (ein Stück der Kg.sstraße Nijmegen–Maastricht, den Leinpfad an der Maas, die hohe Gerichtsbarkeit). Die Nachfolger Giselberts erwarben, v. a. durch Heirat, die Herrschaft Kolmont-Bilzen, zeitweise den Fiskus von Maastricht, die Gft. Duras, die Gft. Rieneck und die Bgft. v. Mainz (12.–13. Jh.), schließlich noch die Gft. Chiny und die Vogtei über die Stadt Lüttich. Vorstöße in den Maasraum (Maastricht), das Projekt, Gf.en in Holland zu werden, und der Griff nach der Vogtei des Bm.s Lüttich mißlangen. Die Vergabe gfl. Domänen an Familienmitglieder leitete zu Beginn des 14. Jh. den Zerfall der Gft. ein. Nachdem 1336 Gf. Gerhard IV. kinderlos verstorben war, setzte sich nach zähen Kämpfen mit brabant. Hilfe sein Neffe Dietrich v. Sponheim–Heinsberg durch. Dessen Tod (1361) bot dem Bm. Lüttich die Möglichkeit, die Gft. seinem Besitz einzuverleiben. L. war wirtschaftl. unterentwickelt. Neben Hasselt gab es mehrere kleine, teilweise schon im 12. Jh. gegründete Städte, die mit Lütticher Recht begabt waren. Hauptgewerbe war die Tuchherstellung. Es gab keine Stände. Fünf Gerichtshöfe sprachen Recht. Von den L.er Gf.en wurden im Verlauf des 12. Jh. zwei Abteien gegründet, →Averbode (Prämonstratenser) und Herkenrode (Zisterzienserinnen). W. Herborn

Lit.: Het oude Land van L. 1, 1946ff. [Zs.] – J. BAERTEN, Het graafschap L. (11de–14de eeuw) (Maas–Landse Monogr. 9, 1969).

Lope

1. L. Barrientos OP, * 1382 Medina del Campo, † 30. Mai 1469 in Cuenca, zweiter Sohn des 1410 im Feldzug gegen Antequera gefallenen *Caballero* Pedro Gutiérrez de B. L., schon in jugendl. Alter Dominikaner, studierte in Salamanca, war 1406 Prof. theol. am dortigen Colegio San Esteban und erhielt 1415 in Salamanca einen Lehrstuhl für Theologie. Seit 1324 war er Erzieher des Prinzen Heinrich und Beichtvater Johanns II. und gewann als überzeugter Verteidiger der Kg.sgewalt immer mehr polit. Profil. Nach dem Tode Alvaros de →Luna 1453 erreichte sein polit. Ansehen den Höhepunkt. L., Testamentsvollstrekker Johanns II., war zu Beginn der Regierungszeit Heinrichs IV. der einflußreichste kgl. Ratgeber und oberster Kanzler, bevor Meinungsverschiedenheiten mit dem Herrscher zur Entfernung vom Hofe führten.

1438 Bf. v. Segovia, 1441 Bf. v. Avila, lehnte L. den Erzstuhl von Santiago de Compostela ab und wurde Bf. v. Cuenca. Als Kirchenfs. wußte er polit. Aktivitäten mit seinen Aufgaben als Seelsorger und Reformer zu vereinen (Synode v. Turégano 1440). Er gründete das Hospital de la Piedad in Medina del Campo, wo er auch begraben wurde.

J. M. Nieto Soria

Lit.: C. EUBEL, Hierarchia cath. ...., II, 1914², 78, 133, 234 – L. GONZÁLEZ-ALONSO GETINO, Vida y obras de Fray L. de B., Anales Salmantinos I, 1927 – J. DE MATA CARRIAZO, Estudio preliminar (Refundición de la Crónica del Halconero, 1946) – L. SUÁREZ FERNÁNDEZ, Monarquía y nobleza, 1975².

2. L. Díaz de Haro III., Günstling Sanchos IV. v. Kastilien, Sohn des Diego López de →Haro und der Konstanze v. Béarn. Seit 1254 Herr v. Vizcaya, ∞ Johanna, Tochter des Infanten Alfonso de Molina. 1282 unterstützte er aus Opposition zu den kg.streuen →Lara den Aufstand des Infanten Sancho gegen seinen Vater Alfons X., legte aber zu Beginn von Sanchos Regierungszeit aus Mißtrauen gegen den Abt v. Valladolid, Gómez García, der beim Kg. in Gunst stand, eine zwiespältige, ja feindl. Haltung an den Tag. Erst nach dem Tode des Abtes wurde er dank seines Einflusses beim Kg. zum Hofmeister *(Mayordomo), Alférez Mayor* und Gf.en ernannt und erhielt die Schlüssel der Kanzlei sowie alle befestigten Orte des Kgr.es übertragen (1. Jan. 1287). Sein Einfluß war dergestalt, daß er sich, nachdem er den Kg. davon überzeugt hatte, die Einkünfte Kastiliens auf zwei Jahre dem Juden Abraham 'el Barchilon' zu verpachten, der kgl. Finanzen, das Münzrecht inbegriffen, zu bemächtigen vermochte (Mai 1287). Unzufriedene Adlige verlangten vom Kg., daß er L. entmachte, und Alvar Núñez de Lara, verbündet mit dem Infanten Alfons, dem Bruder Kg. Dinis' I. v. Portugal, hob Truppen an der Grenze aus. Der ptg. Herrscher und sein künftiger Günstling, der Bf. v. Astorga, Martín García, rieten Sancho IV., L. fallen zu lassen. Ein außenpolit. Problem führte schließlich zu L.s Sturz. Bei Verhandlungen über die Friedensangebote Aragóns und Frankreichs auf dem Hoftag in Toro vom Februar 1288 unterstützten L. und der Infant Johann, Bruder des Kg.s und Schwiegersohn L.s, den aragones., die Kgn. und die Mehrheit der Anwesenden jedoch den frz. Vorschlag. Bei Treffen in Villasirga und Overuela gestattete der Kg. L., Verhandlungen mit Aragón zu führen, änderte dann aber seine Meinung, schickte Gesandte nach Frankreich, und bestellte L. und den Infanten Johann auf den 8. Juni nach Alfaro, wo er ihre Festnahme verfügte. Während einer blutigen Auseinandersetzung erstach der Kg. L. eigenhändig. In der Herrschaft Vizcaya folgte ihm sein Sohn Diego López de Haro IV. nach. R. M. Montero Tejada

Lit.: M. GAÏBROIS DE BALLESTEROS, Reinado de Sancho IV de Castilla, 3 Bde, 1922/23.

3. L. de Salazar y Salinas OFM, * 1393/94 Burgos (?), † 1463 Medina de Pomar. Als Klosterreformer verfaßte er ein Memorial de los oficios de la Religión de los Frailes Menores (1461) in Anlehung an seinen hl. Ordensbruder Pedro de Villacreces, einen Traktat über die Messe sowie weitere geistl. Lehrschriften zur Ordenszucht und für kirchl. Bruderschaften. Sein umfangreiches Testament setzte er 1458 auf. D. Briesemeister

Lit.: Arch. Iberoamericano 17, 1957 [mit Ausg. des Memorial und Testamento].

Lopes, Fernão, * 1380/90 – † 1460/70, 1418–54 Archivar der Torre do Tombo in Lissabon. Als Geschichtsschreiber der ptg. Krone verfaßte er die Chroniken D. Pedros I. (1357–67), D. Fernandos (1367–83) und D. Joãos I. (1385–1433), die wahrscheinl. Teil einer umfassenden ptg. Herrschergesta bilden sollten. F.L. bekleidete am Hof hohe Ämter als Sekretär, Ratgeber und Bibliothekar. V. a. die unvollendete Chronik D. Joãos ist ein Meisterwerk spätma. Geschichtsschreibung. Die spannungsreiche Darstellung beruht auf sorgfältiger Q.auswertung, persönl. Erfahrung, scharfer Beobachtung der Personen und Zustände sowie der Erzählkunst des Chronisten.
D. Briesemeister

Ed.: Chronica del Rey D. Pedro, I, ed. D. Peres, 1964; ed. G. Macchi, 1966/86 – Chronica do Senhor Rei D. Fernando, ed. D. Peres, 1933/35; ed. G. Macchi, 1975; 1983 – Chronica del Rei D. João I, ed. A. Sérgio, 1945/49; ed. W. J. Entwistle, 1968, 1988 – *Lit.:* A. E. Beau, F.L. und die Anfänge der ptg. Geschichtsschreibung (Portugal-Fschr. Univ. Köln 1940), 26–52 – P. E. Russell, As fontes de F.L., 1941 – G. Macchi, Bibliogr. di F.L., Cultura Neolat. 24, 1964, 210–287 – A. J. Saraiva, F.L., 1965 – J. V. Serrão, A historiogr. portug., 1, 1972, 40–64 – T. Amado, C. de D. João de F.L., 1980 – M. Ferdinandy, Die hispan. Kg.sgesta, 1984, 22–39.

López de Ayala, Pedro, * Vitoria 1332, † Calahorra 1407; Eltern: Fernán Pérez de A., Elvira de Cevallos, ∞ Leonor de Guzmán; bekleidete unter vier kast. Kg.en hohe Ämter (u. a. Großkanzler v. Kastilien). Wichtige diplomat. Missionen führten ihn nach England und Frankreich. Er nahm an der Schlacht v. Aljubarrota (1385) teil. Seine Chroniken der Regierungszeit von Peter I., Heinrich II., Johann I. und Heinrich III. sind bedeutende Zeugnisse spätma. kast. Historiographie. Die Darstellung Peters des Grausamen prägte das volkstüml. und lit. Bild des Herrschers. Der sog. Rimado de palacio (zw. 1379–1403 entstanden, rd. 8200 V., ed. J. Joset, 1978; M. García, 1978; G. Orduna, 1988) ist eines der letzten Beispiele der →cuaderna via. Auf eine Beichte nach dem Schema katechet. Traktate folgen ein Fürstenspiegel, religiöse Gedichte sowie ein Lehrgedicht über Tugenden und Laster mit Ratschlägen zur Lebenslehre, Ständesatire und Zeitkritik. Sein 1386 verfaßtes Jagdbuch Libro de cetrería (GRLM Nr. 7109, ed. M. Montandon-Hummel, 1986) war bis in das 17. Jh. verbreitet. L.d.A. hat zahlreiche Übers. gefertigt bzw. in Auftrag gegeben (Livius nach frz. Vorlage, Boethius, De cons. Philos., Boccaccio, De casibus virorum illustr., Guido de Columna, Historia destructionis Troiae, Gregor d. Gr., Moralia, Isidor v. Sevilla, De summo bono [GRLM Nr. 6555]).
D. Briesemeister

Ed.: Chroniken, BAE 66 und 68, 1953 – El libro de Job, ed. F. Branciforti, 1962 – Poesías, ed. A. F. Kuersteiner, 1920 – Las Décadas de Tito Livio, ed. C. J. Wittlin, 1983 – Cronica del rey D. Pedro, ed. C. L. Wilkins, 1985 – *Lit.:* GRLM IX, 2, 7, Nr. 6749 – H. L. Sears, The R. de P. and the De regimine principum Tradition, HR 20, 1952, 1–27 – C. Sánchez Albornoz, El Canciller A. historiador, Humanitas (Tucumán) 2, 1953, 13–46 – M. Meregalli, La vida política del Canciller A., 1955 – F. Branciforti, Regesto delle opere di P.L. de A. (Gedenkschr. E. Li Gotti, I, 1962), 289–317 – F. Rubio, La lit. sentenciosa y Flores de los Morales de Job, Ciudad de Dios 175, 1962, 684–709 – M. García, Obra y personalidad del Canciller A., 1982 – J. L. Coy, El Rimado de Palacio, 1985 – M. García, Las traducciones del Canciller A. (Fschr. R. B. Tate, ed. I. Michael – R. A. Cardwell, 1986), 13–25.

Lorbeer (Laurus nobilis L./Lauraceae). Der im Mittelmeergebiet verbreitete, immergrüne Strauch oder Baum, der bekanntl. dem Apollon geweiht und in der gr.-röm. Antike als Kult-, Symbol-, Zauber-, Gewürz- und Heilpflanze hoch geschätzt war, genoß auch im MA großes Ansehen. In den n. Ländern konnte der bereits im 'Capitulare de villis' (70) sowie im St. Galler Klosterplan (um 820) zum Anbau empfohlene *laurus* (dem ahd. *lor[boum]* bzw. *lor[beri]* entlehnt) allerdings wohl nur als Kübelpflanze gedeihen. Med. nutzte man die Blätter, die Beeren und das daraus gewonnene Öl u. a. zur Magenstärkung, bei Hautkrankheiten, Gicht, Glieder- und Nervenschmerzen, Ohrenleiden bzw. Taubheit sowie gegen Insektenstiche (Circa instans, ed. Wölfel, 69; Albertus Magnus, De veget. VI,123 und 124; Konrad v. Megenberg IV A, 21; Gart, Kap. 228). Zudem hat die frühchr. Kunst den L.kranz als Zeichen des Sieges und Ruhmes aus der Antike übernommen und auch in der Pflanzenornamentik ma. Kirchen ist der L. als Symbol der Unvergänglichkeit häufig vertreten.
P. Dilg

Lit.: Marzell II, 1209f. – HWDA V, 1349–1351 – LCI III, 106f.

Lorch. 1. L. (Oberösterreich) →Lauriacum

2. L., Kl. OSB (Baden-Württemberg, Krs. Schwäb. Gmünd), um 1100 gegr., mit der Urk. vom 3. Mai 1102 dem Papst übergeben; als Gründer erscheinen: Hzg. →Friedrich v. Schwaben (36. F.) und seine Gemahlin Agnes, Tochter Heinrichs IV., sowie die Söhne →Friedrich (37. F.) und Konrad, der spätere Kg. Konrad III. Nicht zuletzt die Bestimmung, daß der jeweilige Senior des Hauses die L.er Vogtei innehaben sollte, weist L. als stauf. Hauskl. (→Staufer) aus. Vermutl. besaß der Ort die Funktion eines wehrhaften Herrensitzes, den die Familie nach der Erbauung der Burg Hohenstaufen schließlich zur Einrichtung eines der →Hirsauer Observanz verbundenen Kl. verwendete. Bereits um die Mitte des 11. Jh. hatte die Familie an der L.er Pfarrkirche ein Kollegiatstift gegr., das später ganz unter den Einfluß der Abtei geriet. Es diente als Grablege, bis Konrad III. wohl 1139 eine Umbettung der Gebeine seiner Vorfahren in die Kl.kirche veranlaßte. Nach dem Untergang der Staufer gelang es →Württemberg, die Vogtei zu übernehmen und das Kl. als ein württ. Mannskl. zu behandeln. 1462 wurde das Kl. L. von der →Melker Reform erfaßt, die Reformation brachte das Ende des monast. Lebens.
S. Lorenz

Lit.: Germania Benedictina V, 1975, 370–381 [W. Seiffer] – L.-Beitr. zur Gesch. von Stadt und Kl. L. (Heimatbuch der Stadt L., I, 1990) [bes. K. Graf, Kl. L. im MA, 39–95].

Lorcher Fälschungen, fünf auf die Namen der Päpste Symmachus, Eugen II., Leo VII., Agapet II. und Benedikt VI. (oder VII.) wohl vom Passauer Bf. →Pilgrim (971–991) persönl. gefälschte Urkk. und ein (wahrscheinl. niemals expediertes) Schreiben dieses Bf.s an Benedikt VI./VII., die den Zweck verfolgten, eine Kontinuität zw. dem antiken 'Erz'bistum Lorch und dem Bm. →Passau sowie gleichzeitig den Metropolitanrang der Passauer Kirche zu beweisen. Kirchenpolit. Ziel dieser Fälschungsaktion, die begleitet wurde durch die Verunechtung einer Urk. Arnulfs v. Kärnten und die Stilisierung echter Urkk. Ottos I. und Ottos II. unter dem Einfluß und im Sinne des kanzleierfahrenen Bf.s, war die Herauslösung der Passauer Diöz. aus der Salzburger Kirchenprov. und die Schaffung eines donauländ. Kirchenverbandes mit Passau als Metropole, dem in der Ungarn (und in Mähren?) zu gründende Bm.er unterstellt werden sollten. Pilgrim ist mit seinen weitausgreifenden Plänen nicht durchgedrungen, hat aber mit der von ihm formulierten L.er Tradition das Passauer Gesch.sbild bis ins 20. Jh. hinein geprägt.
F.-R. Erkens

Ed.: W. Lehr, Piligrim, Bf. v. Passau, und die L. F., 1909, 30–51 – *Lit.:* H. Fichtenau, Zu den Urkk.fälschungen Pilgrims v. Passau (Ders., Beitr. zur Mediävistik 2, 1972), 157–179 – F.-R. Erkens, Die Rezeption der L.er Tradition im hohen MA (Ostbair. Grenzmarken 28, 1986), 195–206 [Lit.].

Lord Ordainers → Ordainers

Lords, the House of. Obwohl es im 13. Jh. über 200 baroniale Familien in England gab, berief Eduard I. nur die Hälfte der engl. →Barone in seine →Parliaments. Während der polit. Auseinandersetzungen unter Eduard II. erlangten die baronialen Opponenten die Kontrolle über das Parliament, und die →Ordinances von 1311 wurden in einem Parliament verkündet, zu dem Vertreter der Commons nicht geladen worden waren. Nach dem Ausbruch des →Hundertjährigen Krieges 1337 ermöglichten die finanziellen Erfordernisse Eduards III. den engl. Magnaten, bedeutende Zugeständnisse von der Krone zu erlangen. 1341 wurde ihnen durch ein Statut das Recht auf Verhöre im Parliament durch ihre Pairs (→peers) eingeräumt. 1341 begannen die geistl. und weltl. Lords, sich im Parliament gemeinsam zu beraten. Diese Sitzungen waren der Ursprung des Oberhauses *(upper house)*, wie das H. of L. im spätma. England genannt wurde (frühester Beleg dieser Bez.: 1540, lat.: Domo Procerum; Journ. of the H. of L., I, 161). Die White Chamber im Westminster Palace wurde der übliche Sitzungsort des Oberhauses bis 1801. V. a. wegen des Erlöschens von vielen baronialen Familien in der männl. Linie sank die Zahl der weltl. Magnaten, die mit einem →*writ of summons* ins Parliament berufen wurden, von etwa 70 in den ersten Jahren der Regierung Eduards III. auf 49 i. J. 1399. In dieser Zeit bedeutete eine Vorladung zum Parliament weder eine erbl. Würde, noch ein Recht auf einen Sitz im Parliament. Sowohl Eduard III. als auch Richard II. luden einige wenige Heerführer ins Parliament, die sich in den Kriegen gegen Frankreich verdient gemacht hatten, aber diese Gunstbeweise führten selten zur Begründung neuer baronialer Familien. Die Entscheidung Richards II., Sir John →Beauchamp of Holt mittels eines Patentbriefs *(letters patent)* 1387 zum Baron zu erheben, war ein bemerkenswerter Präzedenzfall, der sich erst 1441 wiederholte. Beauchamps Gerichtsverfahren und seine Hinrichtung durch die kgl. Opponenten mit Hilfe von erfundenen Beschuldigungen des Verrats im Merciless Parliament 1388 waren ein Justizmord, der polit. Konsequenzen hatte: Richard II. ernannte keine weiteren Barone. Zw. 1388 und 1426, als zwei neue peers writs of summons erhielten, entwickelte sich das Oberhaus mit seiner schwindenden Mitgliederzahl zu einer geschlossenen Körperschaft. Bereits 1400 wurde der engl. Hochadel mit der parlamentar. Pairswürde *(peerage)* verbunden. Die Minderjährigkeit Heinrichs VI. erhöhte das polit. Ansehen und den konstitutionellen Status der weltl. Lords, die 1422 die Ansprüche →Humphreys, Duke of Gloucester, dem jüngsten Bruder Heinrichs V., auf die Regentschaft einmütig abwehrten. Die Regierung Heinrichs VI. bedeutete den Höhepunkt der Macht des Oberhauses. Im Parliament von 1460 entschieden die Lords, daß →Richard Plantagenet († 1460), Hzg. v. York, der rechtmäßige Kg. v. England sei, und sprachen dem Kg.stitel dem Haus v. Lancaster ab, das England seit 1399 regierte. Die erste Vergrößerung des Oberhauses erfolgte infolge der Schaffung von Pairswürden *(peerages)* durch Heinrich VI.; 1453 gab es 64 peers. Nachdem die Umwälzungen der →Rosenkriege den engl. Hochadel geschwächt und geteilt hatten, wurden 1485 nur 34 weltl. Lords zu dem ersten Parliament Heinrichs VII. geladen. Obwohl es nur 55 Familien im Pairsrang zu diesem Zeitpunkt gab, verfügten die großen engl. Magnaten niemals wieder über eine so große Machtstellung. Zu den geistl. Lords gehörten zwei Ebf.e (Canterbury und York), 15 engl. Diözesanbf.e und vier walis. Bf.e, außerdem die Äbte und Prioren der bedeutenden Ordenshäuser, von denen nur 27 nach 1364 ins Parliament berufen wurden. Da nur eine kleine Zahl der weltl. Lords ständig am Parliament teilnahm, bildeten die geistl. Lords manchmal die Mehrheit im Oberhaus. Infolge der erneuten Schaffung von Pairswürden wurde das H. of L. bereits vor der Auflösung der Abteien und Priorate durch Heinrich VIII. eine in erster Linie weltl. Versammlung. →England, D.; →Impeachment.

T. B. Pugh

Lit.: Peerage – Reports from the L.' Committees ... touching the Dignity of a Peer, 5 Bde, 1820–29 – Journals of the H. of L., I, 1846 – L. O. PIKE, A constitutional Hist. of the H. of L., 1894 [Repr.: 1964] – J. E. POWELL – K. WALLIS, The H. of L. in the MA ..., 1968 – J. S. ROSKELL, Parliament and Politics in the Late Medieval England, 3 Bde, 1981–83.

Loré, Ambroise de, frz. Heerführer des →Hundertjährigen Krieges, * um 1396, † in der Nacht 23.–24. Mai 1466 in Paris, aus niederem Adel des Maine (Oisseau bei Mayenne) stammend. Teilnehmer der Schlacht v. →Agincourt, blieb L. unversöhnl. Feind der Engländer. Nacheinander →*Capitaine* v. Fresnay-le-Vicomte (F.-sur-Sarthe, dép. Sarthe), Ste-Suzanne und St-Céneri (St-C.-le-Bérei, dép. Orne), führte L. unablässig Krieg und eroberte bedeutende Plätze in Maine und Perche. 1429 begleitete er →Jeanne d'Arc auf ihrem Feldzug bis zur Krönung Karls VII. Vom *Connétable de Richemont* (→Arthur III.) am 12. März 1437 zum →*prévôt* der zurückeroberten, aber von den Engländern bedrohten Hauptstadt Paris eingesetzt, diente er in diesem Amt Karl VII. treu und erfolgreich bis zu seinem Tod.

J.-M. Roger

Lit.: A. LÉVESQUE-BÉRANGERIE, Notice biographique sur A. d. L., Annuaire de la Mayenne, 1836, 14–48 [Neudr. 1891] – Revue hist. et archéol. du Maine 1, 1876, 28–42 [J. LE FIZELIER]; 3, 1878, 279–303 [R. TRIGER]; 6, 1879, 322–336 [J. LE FIZELIER]; 19, 1886 [R. TRIGER]; 50, 1901, 113–181 – C. DUPONT-FERRIER, Gallia regia IV, 1954, Nr. 16506, 315f. – J. DURAND DE SAINT-FRONT, Hist. de la famille de L. (XIII^c–XVII^c s.), La Province du Maine 69, 1967, 389–405.

Lorenzetti. 1. L., Ambrogio, um 1290–1348(?), Bruder von 2., wie dieser einer der Hauptvertreter der sienes. Malerei des 14. Jh. Mit Figuren von ruhiger Monumentalität und großer Ausdruckskraft, die starken Einfluß →Giottos verraten, verbindet sich in A. L.s Gemälden eine strenge perspektiv. Raumkonstruktion und eine eingehende Schilderung der Topographie, die der Landschafts- und Stadtdarstellung erstmals einen großen Eigenwert beimißt. Sein frühestes gesichertes Werk ist die 1319 dat. Madonnentafel aus Vico l'Abate (Mus. Arcivescov. di Cestello/Florenz). 1327 wurde er in die Arte dei Medici e Speziali in Florenz immatrikuliert. Zw. 1335 und 1340 schuf er in Siena mehrere, heute nur noch z. T. erhaltene Fresken, von denen am bedeutendsten die Allegorien des Guten und Schlechten Regiments im Palazzo Pubblico sind. Altarwerke seiner Spätzeit sind u. a. die Darbringung im Tempel (1342; Florenz, Uffizien) und die Verkündigung (1342; Siena, Pinakothek).

2. L., Pietro, um 1280–1348(?), Bruder von 1., ging zunächst von →Duccio aus, zeigt sich nach 1320 jedoch zunehmend →Giotto verpflichtet. Neben der erzähler. Vielfalt und der Expressivität seines Figurenstiles sind detaillierte Milieuschilderung und Vorliebe für Genremotive für ihn kennzeichnend. Gesicherte Werke sind u. a. das Polyptychon in der Pieve v. Arezzo (1320) und das 1342 für den Sieneser Dom geschaffene Triptychon mit der Darstellung der Geburt Mariens (Siena, Domopera). 1335 schuf P. L. zusammen mit seinem Bruder die heute verlorenen Fresken am Ospedale della Scala in Siena, um 1336 diejenigen im Kapitelsaal von S. Francesco in Siena. Umstritten ist die Entstehungszeit seiner Fresken in der Unterkirche von S. Francesco in Assisi, von denen das Triptychon in der Johanneskapelle noch vor 1320, die Passionsszenen erst gegen Ende der 20er Jahre entstanden sein dürften. J. Poeschke

Lit.: zu [1]: G. ROWLEY, A.L., 1958 – E. BORSOOK, A.L., 1966 – C. FRUGONI, P. und A.L., 1988 – zu [2]: E. CARLI, I.L., 1960 – J. POESCHKE, Die Kirche S. Francesco in Assisi und ihre Wandmalereien, 1985 – C. VOLPE, P.L., 1989.

Lorenzo. 1. L. il Magnifico →Medici, Lorenzo

2. L. Monaco (Piero di Giovanni bzw. Don L. di Giovanni), * um 1370/75 in Siena (?), † um 1423/24, war der führende Maler von Florenz unmittelbar vor Masaccio. Hervorgegangen aus der Giotto-Nachfolge, wurde er unter dem Einfluß Ghibertis zum Hauptvertreter der Internationalen Gotik in der Florentiner Malerei. 1390 trat er in das Kamaldulenserkl. S. Maria degli Angeli in Florenz ein. Dort zunächst als Buch- und Tafelmaler tätig, richtete er Ende der 90er Jahre eine Malerwerkstatt außerhalb des Kl. ein. Hauptwerke: Altar für S. Bartolomeo in Monte Oliveto (Florenz, Akad.; dat. 1410), Marienkrönung (Florenz, Uff.; um 1420/22) sowie Fresken und Altarbild in der Capp. Bartolini Salimbeni in S. Trinita, Florenz (um 1422/23). J. Poeschke

Lit.: O. SIRÉN, Don L.M., 1950 – M. EISENBERG, L.M., 1989.

Lorica. 1. L., lat. Bezeichnung für den →Panzer und das Panzerhemd. Letzteres war entweder ein kurzärmeliger Schuppenpanzer (l. squamata) oriental. Ursprungs oder ein ebenso geschnittener Ringelpanzer (l. serta) kelt. Herkunft. Während sich der Schuppenpanzer mehr in Ostrom erhielt, bevorzugte man im W während des MA den geschmeidigeren Ringelpanzer. O. Gamber

Lit.: J. ALFS, Der bewegl. Metallpanzer im röm. Heer, ZHW NF 7, 1941.

2. L. ('Brustplatte'), im frühma. Irland ein Gebet oder eine Litanei in Versform, abgefaßt als Bitte um Schutz vor dem Bösen. Diese chr. Gattung ging wohl hervor aus vorchr. Beschwörungsformeln, gerichtet an eine Gottheit oder an Naturgewalten (Sonne, Mond, Meer, Wind, Feuer usw.). Einige Hymnen auf Hl.e erlangten offenbar als L.e große Volkstümlichkeit; es wurden ihnen magische Kräfte, die vor physischen oder spirituellen Gefahren schützten, zugeschrieben. Bekanntestes Beispiel ist die sog. 'Breastplate of St. Patrick', in air. Sprache, wohl aus der Zeit Patricks (5. Jh.) stammend. In diesem Text wird nicht nur um Schutz vor Heidentum, falschen Propheten und Häretikern gebeten, sondern auch die Hilfe gegen »Zaubersprüche der Frauen, Schmiede und Druiden und gegen jede Art von Wissen, das Leib und Seele des Menschen verdirbt«, erfleht. Im →Book of Armagh (um 807) wird als Verpflichtung gegenüber dem hl. Patrick das beständige Singen dieses Hymnus genannt (»canticum eius Scotticum semper canere«). Das berühmteste Beispiel der Gattung in lat. Sprache ist eine dreiteilige, wohl von →Laidcenn mac Báith Bandaig († 661) verf. L.; sie enthält: 1. eine Anrufung der Trinität und der himml. Mächte gegen Gefahren und Feinde; 2. eine Aufzählung der Körperteile, die geschützt werden sollen; 3. eine weitere ähnl. Liste. Diese L. wird auch dem brit. Kleriker →Gildas († um 570) zugeschrieben; der esoter. Wortschatz (griech. Wörter, 'hisperische' Vokabeln [→Hisperica famina], spezif. Sachbegriffe, diese wohl aus den »Etymologiae« →Isidors v. Sevilla entlehnt) deutet eher auf eine Verfasserschaft Laidcenns hin. Ein weiterer, air. verfaßter Text, »Cétnad n-aíse« ('Das Lied vom langen Leben'), beschwört »Wissen (*Senach*) der Sieben Weltalter, mit denen feenhafte Frauen die Brust in Fülle gewappnet haben«. Demgegenüber handelt es sich bei der »Leidener L.«, die Gebete »pro amore meo« umfaßt, wohl um einen Liebeszauber. Zwei andere Hymnen, »Noli pater« und »Benedictus in saecula«, werden in einigen Hss. dem hl. →Columba († 597) zugeschrieben; zumindest der erstgenannte Hymnus könnte tatsächl. auf die Zeit Columbas zurückgehen. Die Herkunft der Gattung ist schwer bestimmbar; die Nennung von Gildas als mögl. Verfasser von L.e könnte auf eine Entstehung im Bereich der brit. Kirche hindeuten, doch wurde das Genre der L. von den ir. Autoren enthusiastisch aufgenommen. D. Ó Cróinín

Lit.: L. GOUGAUD, Bull. d'anc. litt. et d'archéol. chrétiennes I, 1911, 265–281; 2, 1912, 33–41, 101–127 – J. F. KENNEY, Sources for the Early Hist. of Ireland, 1929, 254, 270ff. – M. HERREN, Ériu 24, 1973, 35–51.

Loritello, südit. Gft. Robert v. Hauteville, nach 1068 Gf. der →Capitanata, begründete eine ausgedehnte Herrschaft, die nach ihrem Zentrum Rotello (Prov. Campobasso, Molise) »Gft. v. L.« genannt wurde. Nach dem Tod Roberts Guiscard unterwarf sich der Gf. v. L. nicht dem Hzg. v. Apulien, sondern nannte sich Gf. v. Gottes Gnaden. Seine Unabhängigkeitspolitik gegenüber der Zentralgewalt wurde von seinen Nachfolgern, den Gf.en Robert II., Wilhelm und Robert III., fortgeführt und hatte mehrfach die vorübergehende Aufhebung der Gft. zur Folge, zuletzt nach dem Tod des schließlich mit dem Kg. wieder versöhnten und zum magister iustitiarius ernannten Gf. Robert III. (1182). Erst 1200 wurde die Gft. L. wieder erneuert und Robert de Say übertragen, der als deren Inhaber bis 1218 belegt ist. E. Cuozzo

Lit.: E. CUOZZO, L'unificazione normanna e il Regno normanno svevo (Storia del Mezzogiorno, II, 2, 613–614) – DERS., Catalogus Baronum, Comm., 1984, 87f.

Lorrains, Geste des → Lothringerepen

Lorreinen, Roman der, mndl. Karlsepos aus der 2. Hälfte des 13. Jh., fragm. überliefert (etwa 11000 V.). Das vollständige Werk zählte mindestens 150000 V. in drei Büchern. B. I war eine Übers. der afrz. chansons de geste 'Garin le Loherain' und 'Gerbert de Mez': zw. den Lothringern und dem Geschlecht v. Bordeaux entsteht eine unversöhnl. Fehde, die in B. II (wahrscheinl. ohne frz. Vorlage) mit neuen Personen weitergeführt wird: Karl d. Gr., den Lothringern Yoen und Ritsart, dem Verräter Gelloen (Ganelon). Der geogr. Hintergrund erweitert sich, die Sarazenen fallen in Europa ein, und das Buch endet mit einer Schlacht bei Roncevaux. B. III setzte die Fehde wohl bis ins 13. Jh. fort. Nur das 2. B. ist von den erhaltenen Frgm. repräsentiert. Das Werk entstand vermutl. für einen der Hzg.e v. Brabant, die auch den Titel 'Hzg. v. Lothringen' führten. J. B. van der Have

Lit.: J. B. VAN DER HAVE, R.d.L.: de fragmentten en het geheel, 1990.

Lorrha (Lothra), Kl. in Irland (Munster, Gft. Tipperary), im Baronat Lower Ormond (→Ormond), nahe dem See Lough Derg gelegen. Es soll vom hl. →Brendan v. Cluain Ferta (→Clonfert, Gft. Galway) gegr. worden sein, der seinen Platz (nach glaubwürdiger Überlieferung) aber dem hl. Ruadán, einem Schüler des hl. →Finnian v. Clonard, abtrat. Das Kl. litt um die Mitte des 9. Jh. unter den Wikingereinfällen, blieb aber bestehen. Doch verfiel es – wie die meisten anderen Kirchen in Munster – infolge von Verarmung und inneren Streitigkeiten (1015). Im 12. Jh. wurde L. als Priorat der Augustinerchorherren wiederhergestellt; die neuen Bauten entstanden wohl im N der älteren Kirche. Das berühmte Sakramentar des späten 8. Jh., Stowe Missal, das seit dem 11. Jh. in L. in einem eigenen Schrein (*cumdach*) lag, dürfte wohl in L. geschrieben worden sein. Verloren ist ein Kartular des 11. oder 12. Jh. (Lebor Sochair Lothar), das wertvolle genealog.

Nachrichten überlieferte, die aber großenteils in einer Oxforder Hs. (Rawl. B 486) überkommen sind.

D. Ó Croínín

Lit.: T. F. O'Rahilly, Ériu 10, 1926–28, 95–109 – A. Gwynn–D. F. Gleeson, Hist. of the dioc. of Killaloe, 1961, 47–49, 210–213 – A. Gwynn–R. N. Hadcock, Medieval Religious Houses Ireland, 1970, 185.

Lorris, Charte de → Statut v. Lorris

Lorris, Guillaume → Roman de la Rose

Lorsch (Lauresham), Kl. OSB (☉ St. Nazarius), ab 1248 Prämonstratenserstift, Hessen (Krs. Bergstraße).
I. Geschichte – II. Skriptorium, Bibliothek, Geschichtsschreibung.

I. Geschichte: In der Nähe wichtiger Straßen (Metz-Worms-Augsburg) gründeten →Cancor, Gf. im Oberrheingau, und seine Mutter Williswinth um 762/763 auf einer Insel in der Weschnitz, an der Stelle eines röm. Gutshofes, ein adliges Eigenkl. zu ihrem und ihrer Familie (→Rupertiner) Seelenheil. Mit der Übergabe an ihren Verwandten, Bf. →Chrodegang v. Metz, sicherten sie L.s Anschluß an die frk. Kirchenreform. Den Gründungskonvent entnahm Chrodegang seinem Kl. →Gorze; zum Nachfolger als Abt bestellte er seinen Bruder Gundeland (764/765–778). Die feierl. Translation der Reliquien des röm. Märtyrers →Nazarius, die am 11. Juli 765 die Gründungsphase (774 Weihe der Kl. kirche durch Ebf. →Lul v. Mainz) abschloß, ließ die Schenkungen von Adel und Volk gewaltig ansteigen (ab 766: ca. 100 Schenkungen pro Jahr).

Den Streit mit der Gründerfamilie um Rechtsstatus und vermögensrechtl. Ansprüche entschied das Kg.sgericht zugunsten Abt Gundelands. Er tradierte 772 sein Eigenkl. an Karl d. Gr., der L. zum Kg.skl. erhob. Die Übertragung der Heppenheimer Mark (773) zur herrschaftl. und kirchl. Erschließung des s. Odenwalds unterstreicht L.s überragende Bedeutung als zentraler kgl. Stützpunkt am Mittel- und Oberrhein. Von L.s Blüte unter dem Alkuinschüler Richbod (784–804, ab 791 zugleich Ebf. v. Trier) zeugen die vom Rheinmündungsgebiet bis zum Bodensee reichenden Besitzungen (Schwerpunkte in der →Wetterau, im Lahn-, Oberrhein-, Worms-, Speyer-, Lobden- und Elsenzgau), ein bedeutendes Skriptorium, die neuen steinernen Kl.gebäude und die erhaltene berühmte Torhalle.

Zunächst auf Seiten der 'Reichseinheitspartei' schloß L. sich unter Abt Samuel (837–856) seit 847 eng an Ludwig d. Dt. an, der wertvolles Reichsgut schenkte. Die Bedeutung L.s für die ostfrk. →Karolinger wird v. a. in der kgl. Grablege für Ludwig d. Dt., Ludwig d. J. und dessen Sohn Hugo sichtbar, die in der von Ludwig d. J. gestifteten Grabkapelle (ecclesia varia; 880/881) beigesetzt wurden. Polit. und reformer. Gründe veranlaßten das Kgtm., 895–948 L. einzelnen Bf.en (→Adalbero v. Augsburg, →Hatto I. v. Mainz, Evergis v. Minden) anzuvertrauen. Nach Anschluß an die sog. Gorzer Reform (951) durch →Brun v. Köln restituierte Otto I. L. 956 seine →libertas als Reichskl. Die Ottonen förderten auch den weiteren wirtschaftl. Ausbau L.er Herrschaftszentren durch Verleihung von Markt- und Zollprivilegien für Bensheim (956), Wiesloch (965), Weinheim (1000) und →Oppenheim (1008).

Die am Widerstand der L.er Lehnsleute und Ministerialen gescheiterte Übergabe L.s an Ebf. →Adalbert v. Hamburg-Bremen 1065/66 durch Heinrich IV. hat die engen Kontakte L.s zum sal. Kgtm. nicht nachhaltig belastet. Die Äbte Winither (1077–88), Gebhard (1105–07) und Erminold (1107–08) versuchten vergebl., in L. die →Hirsauer Reform einzuführen.

Die seit dem 11. Jh. wachsende Entfremdung von Kl.gütern durch den Adel und die hohen finanziellen Belastungen im Reichsdienst unter Heinrich V. und Lothar III. beschleunigten den wirtschaftl. Niedergang L.s. Als der päpstl. Reformauftrag an Ebf. →Siegfried II. v. Mainz 1229 am Widerstand der L.er Mönche scheiterte, befahl Gregor IX. 1231 ihre Entfernung und Ersetzung durch Zisterzienser. Im Febr. 1232 inkorporierte der Papst L. dem Erzstift →Mainz, während Ks. Friedrich II. im April 1232 Ebf. →Siegfried III. v. Mainz Reichsgut und Fsm. L. übereignete. Pfgf. →Otto v. Wittelsbach verhinderte 1232–34 zweimal die Inbesitznahme L.s durch die Mönche von →Eberbach. Erst nach Beilegung des Konflikts zw. Ebf. Siegfried und Pfgf. Otto (1247) konnten 1248 Prämonstratenser aus Allerheiligen i. Freiburg in L. Einzug halten, die hier bis zur Aufhebung ihres Stifts durch Kfs. Ottheinrich 1557 wirkten.

II. Skriptorium, Bibliothek, Geschichtsschreibung: Abt Richbod richtete unter Rückgriff auf ags. Traditionen ein vorbildl. Skriptorium (Beziehungen zu →St-Riquier und St-Vaast/→Arras) mit Kl.schule ein. Rund 20 heute erhaltene Hss. weisen den sog. älteren L.er Stil (runder Minuskel-Typ mit ags. Einschlag) auf. Unter Abt Adalung (804–837) erreichte das L.er Skriptorium seinen Zenit. Die meisten der bis 860 in L. angefertigten Hss. (ca. 100 Hss. erhalten) sind im sog. jüngeren L.er Stil (seit ca. 820; regelmäßige Minuskel, wenig Kürzungen und Ligaturen) geschrieben. Einen letzten künstler. Höhepunkt brachte der Abbatiat Salemanns (972–999) mit kunstvollen Goldschmiedearbeiten und der Herstellung liturg. Prachtcodd. Die vier karol. Bibl.skataloge (830–860) zeugen von einer der bedeutendsten ma. Kl.bibliotheken. Unter ihren 500–600 codd. aus dem 9. Jh. ragt der einzigartige Bestand an patrist. Hss. heraus. Einige Werke von →Livius und Cicero (Briefe) sind nur in L.er Hss. und Palimpsesten überliefert. Während die Kl. Eberbach (Patristica) und Arnstein im 13. Jh. L.er Hss. erwarben, wurde der Großteil der L.er Bibl. 1557/58 der Palatina in Heidelberg einverleibt, mit der sie 1623 nach Rom gelangte. Die historiograph. und hagiograph. Produktion hat in L. nur eine untergeordnete Rolle gespielt. Die von 703–803 reichenden Annales Lauresham enses (ab 785/786 in L. abgefaßt) bieten zahlreiche, nur hier überlieferte Nachrichten. Das 806–814 entstandene Chronicon Laurissense breve und den Annalen des 10. Jh. haben dagegen nur kompilator. Wert (→L. er Codex). H. Seibert

Q.: GP IV, 1978, 220–236 [H. Jakobs] – *Lit.*: Die Reichsabtei L., 1–2, 1973/77 – Beitr. zur Gesch. des Kl. L., 1980² – Bibl. Palatina, 1–2, hg. E. Mittler, 1986, 114–126 – Das L.er Arzneibuch, 1–2, hg. G. Keil, 1989 – B. Bischoff, Die Abtei L. im Spiegel ihrer Hss., 1989² – F. Staab, Die wirtschaftl. Bedeutung der Reichsabtei L. (8.–12. Jh.), Gesch.bll. Krs. Bergstraße 22, 1989, 5–36 – H. Seibert, Libertas und Reichsabtei (Die Salier und das Reich, II, 1991), 503–569.

Lorscher Arzneibuch, →Liber medicinalis, angelegt um 788 in der Abtei OSB Lorsch wahrscheinl. unter Rîchbôdo nach unterschiedl. Vorlagen. Kern des Werkes sind fünf Rezeptbücher, die den Inhalt – meist Materia medica – nach anatom. oder pharm. Gesichtspunkten strukturieren. Überraschend innovativ ist die Glykosidtherapie mit Scillaren, Wundbehandlung mit Penicillin. Von den ummantelnden Texten haben die »Verteidigung der Heilkunde« (Argumentation für einen Autonomieraum der Medizin gegenüber dem Christentum) und die »Kosmas-und-Damian-Verse« die meiste Beachtung gefunden (Modell zur Arzneimittelkostendämpfung, das für die karol. Medizinalpolitik [→»Capitulare de villis«] entscheidende Bedeutung erlangte [→Walahfrid Strabo, →»Macer«-Odo v. Meung]). Zur Überlieferung→Bamberger Codex.

G. Keil

Lit.: U. STOLL–G. KEIL, ZfdA 117, 1988, 274–277 – Das L. A. Faks. und Übers., hg. G. KEIL, 2 Bde, 1989 – Brief d. ... Anthimus an Theoderich ... Auszug aus dem L. A., hg. R. JANSEN-SIEBEN, 1989 – U. STOLL – B. MÜLLER, Gesch. der Pharm. 42, 1990, 33–40 – Das L. A. und die frühma. Med., hg. G. KEIL – P. SCHNITZER, 1991.

Lorscher Bienensegen, ahd. Beschwörungsformel (rheinfrk.) zur Rückkehr und Bannung eines Bienenschwarms, im 10. Jh. auf eine seit ca. 900 in →Lorsch aufbewahrte lat. Sermoneshs. des frühen 9. Jh. (cod. Pal. 220, Vaticana) am unteren Rand von fol. 58^r auf dem Kopf stehend eingetragen. Der Zaubersegen besteht aus sechs alternierenden Langzeilen, deren Halbverse reimend gebunden sind, z.T. mit zusätzl. Stabreim; die beiden Eingangszeilen sind – wohl aufgrund fehlerhafter Überlieferung – metrisch ungenau. Bemerkenswert ist die chr. Umdeutung des Magischen: Durch das Einbeziehen von Christus und Maria sowie die liturg. Schlußformel ist der L. B. zum Gebet stilisiert.

R. Bauschke

Ed.: Denkmäler dt. Poesie und Prosa, 1964^4 I, 34 f. (Nr. 16); II, 90–92 – W. BRAUNE, Ahd. Lesebuch, 1979^4, 89 f. – Lit.: Verf.-Lex.^{2} V, 911 f. [Lit.] – A. SCHIROKAUER, Form und Formel einiger altdt. Zaubersprüche, ZDPh 73, 1954, 353–364 – H. KROES, Zum 'L. B.', GRM 41, 1960, 86 f. – M. WEHRLI, Gesch. der dt. Lit., 1980, 26.

Lorscher Codex, ein ganz in goldener Tinte und fast ausschließl. in Unziale geschriebenes Evangeliar (ca. 370×270 mm), auch Cod. Aureus gen., befand sich vom 9. Jh. (ältester Bibl.skatalog) bis 1479 (Eintrag bezügl. Neubindung) in →Lorsch. Zu unbekanntem Zeitpunkt geteilt – möglicherweise bei der Neubindung –, befindet sich der erste Teil des L. C. (p. 1–222, Vorreden, Kanontafeln, Matthäus- und Markusevangelium) heute im Nationalmus. Bukarest, der zweite Teil (fol. 1–124 mit Vorsatzblatt A; Lukas- und Johannesevangelium) in der Vatikan. Bibl. (Pal. lat. 50). Zur künstler. Ausstattung gehören zwölf Kanontafeln (p. 13–24), vier Evangelistenbilder (p. 26, p. 148., fol. Av, fol. 67v), eine Darstellung der Vorfahren Christi (p. 27) und eine Maiestas Domini (p. 36). Der Text des Matthäusevangeliums beginnt mit einer Initialseite (p. 37); die zweispaltig geschriebenen Textseiten besitzen ornamentierte Seitenrahmungen. Der L. C. ist ein Spätwerk der Hofschule Karls d. Gr. (um 810). Die spätantiken, in der Hofschule aufgenommenen Vorbilder treten am unmittelbarsten in den Kanontafeln und der Johannes-Miniatur in Erscheinung. Auf weitere, ältere, sonst in der Hofschule unbekannte Bildvorlagen gehen die Bilder der Vorfahren Christi und die Maiestas Domini zurück. Von gleicher Bedeutung wie die Hs. ist der Einband des L. C., der zur gleichen Zeit in der Hofschule Karls d. Gr. entstand. Die Rückseite (mit Christusplatte im Zentrum) gelangte zusammen mit dem zweiten Teil der Hs. nach Rom (Museo Sacro); der Vorderdeckel (Marienplatte) ist seit 1861 im Victoria and Albert Mus. in London.

K. Bierbrauer

Lit.: W. KOEHLER, Die Hofschule Karls d. Gr. (Die Karol. Miniaturen II, 1958), 88–100 – F. MÜTHERICH, Die Buchmalerei am Hofe Karls d. Gr. (Karl d. Gr., III, 1965), 9 ff. – Kat. der Ausstellung 'Bibl. Palatina' Heidelberg 1986, Nr. C 4.

Lorscher Reichsurbar. Von K. GLÖCKNER als »→Urbar des rheinfrk. Reichsgutes aus Lorsch« angesprochener Teil einer Niederschrift des Codex Laureshamensis (12. Jh.). GLÖCKNERS Datierung des L. R.s auf die Jahre 830–850 wurde von der Forsch. bestätigt (v. a. GOCKEL), METZ hält auch eine frühere Entstehung für möglich. Das L. R. (CL 3671–3675) beschreibt mit Gernsheim, Nierstein, Tribur (Frankfurt), Worms, Kaiserslautern und Florstadt sechs grundherrl. Güterkomplexe aus Fiskalgut, von denen sich nur einer – Gernsheim – im Besitz der Abtei Lorsch befand. Wohl anläßlich der Übertragung von Gernsheim 897 durch Bf. →Adalbero v. Augsburg an Lorsch wurde eine Abschrift aus einem »Reichsurbar« angefertigt, deren Inhalt zwar über diesen fiscus hinausging, gleichwohl andere wichtige Fiskalgüter dieser Region (Ingelheim, Kreuznach) nicht erfaßte. Das im Codex Laureshamensis mit Gernsheim einsetzende Urbar begann urspgl. mit Worms. Die Domänenbeschreibungen enthalten in dinumeratio und summa in unterschiedl. Vollständigkeit meist knappe Angaben zum Salland (in dominico usu), d. h. Acker-, Wiesen- und Weinbergbesitz, zum Bestand an ingenuilen und servilen mansi, partes, Kopfzinsen, Erträgen aus Mühlen und insbes. geordnet nach Referenzmansen Angaben zu den Geld- und Naturalabgaben sowie den Arbeitsleistungen aus census und servitium. Der Charakter des L. R.s wird weniger durch die descriptio der Güter, als durch die summierten Erträge bestimmt. Dies rechtfertigt die Bezeichnung des Stückes als Urbar. Als »Reichsurbar« unterscheidet es sich aber trotz sprachl. Anklänge deutlich von den Kg.shofinventaren der →Brevium Exempla oder den Forderungen zur Rechnungslegung im →Capitulare de villis.

K. Elmshäuser

Lit.: K. GLÖCKNER, Ein Urbar des rheinfrk. Reichsgutes aus Lorsch, MIÖG 38, 1920, 381–398 – M. GOCKEL, Karol. Kg.shöfe am Mittelrhein (Veröff. des Max-Planck-Inst. für Gesch. 31, 1970) – W. METZ, Zum L. R., HJb 106, 1986, 407–417 – D. HÄGERMANN, Quellenkrit. Bemerkungen zu den karolingerzeitl. Urbaren und Güterverzeichnissen, hg. W. RÖSENER (Veröff. des Max-Planck-Inst. für Gesch. 92, 1989), 47–73.

Lorvão, Kloster in →Portugal östl. von →Coimbra. Das Benediktinerkl. L. (S. Mamede) wurde im späten 9. Jh. gegr., bald nach der ersten Rückeroberung von Coimbra (878), und überstand dank seiner mozarab. Prägung leidlich die lange muslim. Herrschaft (bis 1064). Die Maßnahme des Gf.en →Heinrich v. Portugal, L. 1109 an die (nach röm. Ritus lebende, an →Cluny orientierten) Kirche v. Coimbra zu tradieren, traf L. hart. Kg. Sancho I. erwirkte den Verzicht der Benediktiner auf ihr Kl. (1205) zugunsten der Königstochter Theresa, die – nach Auflösung ihrer Ehe mit Alfons IX. v. León – hier ein Zisterzienserinnenkloster begründete, in dem sie als Äbt. lebte (erste Hinweise auf den Einzug der Nonnen: März 1206). Aus dem Widerruf des Verzichts durch Abt Julian entspann sich ein ins Grundsätzliche gehobener Streit zw. Kg. Sancho I. und Papst Innozenz III., der die »libertas ecclesiastica per secularem insolentiam« besudelt sah, während der Kg. andererseits keine fremde Einflußnahme auf sein Handeln im Kgr. hinnehmen wollte. Entsprechend sah sich Innozenz gezwungen, seinen Befehl vom 15. Nov. 1210, in dem er unter bestimmten Voraussetzungen eine Zustimmung zum Einzug Theresas und ihrer Nonnen aussprach, an den Ebf. v. Compostela (statt an den zuständigen Bf. v. Coimbra) zu richten, der ihn 1211 an den Bf. v. →Lamego weitergab. Die in L. beigesetzten Prinzessinnen, Äbt. Theresa († 1250) und ihre Schwester Sancha (um 1215 Gründerin der nahegelegenen Zisterze Celas, † 1229), wurden 1705 von Clemens XI. heiliggesprochen.

P. Feige

Lit.: R. PINTO DE AZEVEDO, O Mosteiro de L. na Reconquista Cristã, Arquivo Hist. de Portugal 1, 1932–34, 183–239 – M.ª A. FERNANDES MARQUES, Inocencio III e a Passagem do Mosteiro de L. para a Ordem de Cister, RevPort 18, 1980, 231–283.

Los, -entscheid. Das L. en begegnet in frk. und ags. Q. als →Gottesurteil. Im Pactus pro tenore pacis (511–558) und im Edictum Chilperici, c. 8, (561–584) dient es zur Überführung (des Diebstahls) beschuldigter Unfreier und →Liten. Sein entwicklungsgesch. Verhältnis zu der in der Lex Salica (40) dafür vorgesehenen →Folter ist streitig. Anzunehmen ist, daß die Folter den aus vorchr. Zeit überkommenen L.entscheid im Sklavenrecht allmähl. verdrängt hat. Der Pactus pro tenore pacis, c. 10, kennt den L.entscheid ferner als Ermittlungsordal gegen mit Diebesgut ergriffene Freie. Nach der Lex Ribuaria (35, 5) konnte der (zugewanderte) Stammesfremde, der keine Eidhelfer fand, sich durch L.entscheid oder Kesselfang reinigen. Die Lex Frisionum (14) nutzt den L.entscheid, um die Folgen eines Totschlags im Tumult zu bewältigen. Zunächst wurden sieben Mann verdächtigt. Schworen sie alle den Reinigungseid, schnitt man zwei Holzstäbchen zu, kennzeichnete eines mit einem Kreuz und legte beide mit weißer Wolle umwickelt auf der Altar. Nahm nun der Priester oder ein unschuldiger Knabe das Stäbchen mit dem Kreuz auf, so galten alle sieben als unschuldig. Andernfalls mußte jeder der Beschuldigten ein Reis kennzeichnen. Auch diese sieben Stäbchen wurden umwickelt auf den Altar gelegt. Das letzte von dort weggenommene L. bezeichnete den bußpflichtigen Täter. Unter Hinweis auf das in Tac. Germ., c. 10, geschilderte Verfahren und anderweit bezeugte fries. L.orakel wird meist die vorchr. Herkunft dieses L.ordals bejaht. Für die spätere Zeit sind (Vorschriften über) L.entscheide nicht mehr überliefert, was wohl auf den Einfluß der Kirche zurückzuführen sein wird, die das L.en wirksam bekämpft oder (nur) die Folter gestützt hat. J. Weitzel

Lit.: BRUNNER, DRG II, 553–555, 582 – HRG III, 41–46 – H. NEHLSEN, Sklavenrecht zw. Antike und MA, 1972, 334–341 – H. SIEMS, Stud. zur Lex Frisionum, 1980, 316–318.

Loschi, Antonio, it. Humanist, * wahrscheinl. 1368 in Vicenza, † 1441 ebd. Führte das für viele Humanisten typ. Wanderleben, auf der Suche nach Unterweisung und lukrativen Aufträgen, wobei sich polit., diplomat. und Kanzleitätigkeit mit lit. Aktivitäten abwechselten. Vermutl. in Padua 1379–1382 Schüler des Giovanni Conversini, war er danach in Verona, in Florenz im Kreis des C. Salutati, dann wieder in Verona sowie in Pavia als Schüler des Grammatikers Giovanni Travesio. Schließlich erhielt L. von Bonifaz IX. das Kanonikat von S. Jacopo in Padua und bekleidete 1391–1406/07 hohe Ämter in der Kanzlei der Visconti. Nachdem sich Vicenza Venedig ergeben hatte, wurde er Gesandter der Seerepublik. Papst Gregor XII., dem er die Gratulation Venedigs zu dessen Wahl übermittelt hatte, machte ihn zu seinem »secretarius et familiaris«. Bis 1435 (Eugen IV.) blieb L. päpstl. Sekretär. Seine letzten Jahre verlebte er in Vicenza. Erhaltene Werke: Vers- und Prosaepisteln, Gedichte, Reden, eine »Inquisitio super orationes Ciceronis« sowie die Tragödie »Achilles«, wahrscheinl. ein Jugendwerk, das lange A. Mussato zugeschrieben wurde. D. Coppini

Ed. und Lit.: V. ZACCARIA, Le epistole e i carmi di A.L. durante il cancellierato visconteo (con 13 inediti), Atti Accad. Naz. Lincei. Mem. Cl. Sc. mor., Stor. e filol., s. VIII, 8, 1975, 367–443 – Achilles, hg. V. ZACCARIA, 1981 – M. L. KING, Goddness and Captive: A.L.'s Poetic Tribute to Maddalena Scrovegni (1389), Mediev. et Humanist. 10, 1981, 103–127.

Lösegeld → Kriegsgefangene, I

Loses Gut (aschwed. *lösörar, løsæ øræ*; anorw./aisländ. *lauss eyrir,* pl. *lausir aurar, lausafé, lausapeningr, fé, aurar;* adän. *boscap, bofæ;* lat. *bona mobilia*), in den ma. skand. Rechts- und Gesetzbüchern Bezeichnung der →Fahrhabe. Bestimmungen über l.G. finden sich v. a. in folgenden Rechtsbereichen: Kauf und Kaufanfechtung, Überlassungen anderer Art, Leihe, Ehe- und Erbrecht. Hier galten für l.G. jeweils andere Regeln als beim immobilen Gut (v. a. Grund und Boden). Zum l.n G. rechnete man danach Waffen, Schmuck, Hausrat, Geräte, Vieh und Sklaven, bisweilen (etwa in Schweden) auch Häuser bzw. Hausteile, die nicht im Boden verankert waren. Nach einigen jüngeren schwed. Rechten konnten Anteile an der Allmende wie l.G. erworben werden. Gemäß den norw. →Gulaþingslög 270 sollte aller Grund und Boden, der nicht nach der entsprechenden Definition Erbeigentum war (in familienrechtl. Sinne), wie l.G. behandelt werden. In Schweden unterschied man zw. l.m G., das mit 'Garant und Zeuge' *(vin ok vitne)* gekauft werden mußte (v. a. hochwertige und verarbeitete Waren, wie etwa »Pferd, Rind, Hufvieh, Hornvieh, zugeschnittene Kleider und geschäftete Waffen«, so Älteres Westgötenrecht Tjb 19: 2), und unverarbeiteten Waren, die im Straßen- und Kramhandel ohne Beisein von Kaufgaranten und Zeugen erworben werden konnten. Bei Kaufanfechtung mußte die Ware dem Garanten überstellt werden, der durch Hinzuziehung der vorherigen Garanten und Verkäufer die Verkaufsberechtigung an der Ware festzustellen hatte (Gewährenzug). Rechtl. wirksame Unterscheidungen zw. wertvollem und weniger wertvollem Gut finden sich auch in Norwegen *(kvikfé-dauttfé)* und Island *(fritt-ófritt)*. H. Ehrhardt

Lit.: KL XI, 156–158 – E. ESTLANDER, Bidrag till en undersökning om klander å lösöre enligt äldre svensk rätt, 1900 – K. v. AMIRA, Grundriß des germ. Rechts, 1913 – Å. HOLMBÄCK, Ätten och arvet enligt Sveriges medeltidslagar, 1919 – A. E. ALMQUIST, Den svenska fastighetsrättens hist., 1949 – DERS., Den svenska familjerättens hist., 1951.

Losse, Rudolf, Jurist aus thür. Ministerialgeschlecht, * um 1310, † 4. Jan. 1364. Nach dem Studium des Kanon. Rechts in Montpellier trat L. 1332 als Notar in die kurtrier. Kanzlei ein, erhielt 1340 die niederen Weihen und wurde 1344 Offizial der Diöz. Trier (→Offizialat). 1354–64 übte er das Amt des Mainzer Domdekans aus. Der reichspolit. bedeutsame Ebf. →Balduin v. Luxemburg betraute L. mit zahlreichen wichtigen Gesandtschaften; wichtige Verträge (z. B. wohl der Kurverein v. →Rhens 1338) sind von L. verfaßt. Die spezif. Ausformung der kurtrier. Urkundensprache unter L. wirkte in der Prager Kanzlei →Karls IV. weiter. Einen Eindruck von L.s weitgespannten Interessen vermittelten 7 Sammelhss., darunter ein Kasseler Codex, in dem er um 1340 zwei lit. hist. bedeutsame Corpora lat. und dt. Gedichte (v. a. Lieder) aufzeichnen ließ. G. Kornrumpf

Lit.: Verf.-Lex.² V, 913–919 [A. HOLTORF; Lit.] – NDB XV, 199f. [P. J. SCHULER] – E. E. STENGEL, Nova Alamanniae, 1. H., 1912; 2. H., I 1930; 2. H., II (unter Mitwirkung v. K. SCHÄFER), 1976 [mit Ed. der Gedichte].

Lot, atl. Patriarch. Wichtigste Ereignisse aus der Erzählung in Gen sind: 1. Trennung L.s von seinem Bruder →Abraham (13, 5–13); 2. Rettung L.s vor den mit Blindheit bestraften Sodomiten durch die Engel (19, 1–11); 3. Flucht vor der Brandzerstörung von Sodom und Gomorra mit den beiden Töchtern und seiner Frau, die zur Salzsäule erstarrt, weil sie sich umwendet (19, 12–26); 4. Überlistung L.s durch die Töchter, die von dem Trunkenen Söhne empfangen (19, 30–38). Bereits die frühesten Darstellungen lassen einen umfangreicheren L.zyklus vermuten, z. B. 2. und 3. im mittleren 4. Jh. auf dem 'L.'-Sarkophag in der röm. Katakombe S. Sebastiano und in der Ausmalung der 'Via-Latina'-Katakombe, 1. im Mosaikzyklus in S. Maria Magg., Rom (frühes 5. Jh.). Cotton-Gen, Oktateuche und ma. Hss. bieten meist 7 Szenen. Bildl. Darst. von 4. – erstmals in der Wiener Gen, 6. Jh. – blieb im MA selten und wurde erst im 16./17. Jh. wegen des erot. Gehalts bes. beliebt. Seit dem 13. Jh. w. Skulpturenzyklen (z. B. Salisbury, Lyon). J. Engemann

Lit.: LCI I, 107–112 – J. G. Deckers, RQ 7, 1975, 121–148 – H. Kunz, Materialien und Beobachtungen zur Darst. der L.gesch. (Gen 19,12–26) von den Anfängen bis 1500, 1981 – U. Koenen, JbAC 29, 1986, 118–145 – Dies., Actes XI^c Congr. Internat. Archéol. chrét. 1986 (1989), II, 1355–1367.

Lotbüchse (mhd. *lot* 'Blei'), im 14./15. Jh. eine meist kleinkalibrige Feuerwaffe, aus der Kugeln aus Blei verschossen wurden. →Bleibüchse, →Handbüchse, →Hakenbüchse, →Tarrasbüchse. E. Gabriel

Lit.: B. Rathgen, Das Geschütz im MA, 1928.

Lothar

1. L. I., *Ks., frk. Kg.* 817/840–855, * 795, † 29. Sept. 855; ▭ Kl. →Prüm; ⚭ Irmingard seit 821 († 851). Der älteste Sohn Ks. Ludwigs d. Fr., seit 814 Unterkg. v. Bayern, wurde 817 in Aachen zum Mitks. gekrönt und nach der dort beschlossenen →'Ordinatio imperii' als Ks. und Nachfolger des Vaters vorgesehen, unter dessen Oberhoheit die Brüder (Ludwig d. Deutsche, Pippin v. Aquitanien) stehen sollten. Die Folgezeit (822–825) verbrachte L. als Regent in Italien (Ks.krönung Ostern 823). Bei der Erhebung der Söhne gegen Ks. Ludwig von 830 als Reaktion gegen die zur Ausstattung des nachgeborenen Sohnes Karl (d. Kahlen) von Ludwigs zweiter Gemahlin →Judith notwendig gewordene Neuregelung der Reichsteilung spielte der am meisten Betroffene L. die führende Rolle und wurde anschließend weitgehend entmachtet. Bei der zweiten, ebenfalls von L. angeführten Empörung der drei älteren Söhne (833) trat L., im Bund mit dem Papst, als Verfechter der Einheitsidee auf. Nach Ludwigs Wiedereinsetzung verharrte L. im Widerstand und hielt an seinem ksl. Alleinvertretungsanspruch fest, war aber fakt. bereits auf Italien beschränkt, das er kaum mehr verließ. Erst 839 kam es zur Aussöhnung zw. L. und Karl. In den nach Ludwigs Tod offen ausbrechenden Brüderkriegen mit wechselnden Parteiungen stand der zunächst erfolgreiche L., der alle Rechte aus der Ordinatio imperii beanspruchte, zuletzt gegen Ludwig und Karl; in der Schlacht v. →Fontenay (25. Juni 841) unterlag er den Brüdern. Der nach vielen Verhandlungen geschlossene Vertrag v. →Verdun (Aug. 843) wurde zur Grundlage der künftigen territorialen Entwicklung. L. erhielt das Ksm. und die Herrschaft über das 'Mittelreich', das sich von der Nordsee bis nach Italien erstreckte, und übte aber keine Oberhoheit über die Teilreiche der Brüder im O und W aus. Auf den sog. Frankentagen der karol. Kg.e – L. nahm seit 840 an 21 Kg.streffen teil – stand die Idee der Eintracht und der ideellen Reichseinheit bereits neben Tendenzen zur Ausgestaltung zwischenstaatl. Beziehungen. Das auf den ersten Blick unförmige und als »künstl. Gebilde ohne innere Einheit« (Mühlbacher) bezeichnete Teilreich L.s war tatsächl. das Ergebnis vorangegangener Teilungspläne, umfaßte die karol. Kerngebiete mit Aachen als Mittelpunkt und war keineswegs von vornherein zum Scheitern verurteilt, wie oft behauptet worden ist, es wurde aber durch äußere Bedrohungen erschüttert. Während Friesland seit 845 durch jährl. Normanneneinfälle erschüttert wurde – im Zuge der Brüderkämpfe hatte L. 841 der Herrschaft der norm. Brüder Harald und Rorik über die Insel Walcheren zugestimmt (850 Ansiedlung Roriks in →Dorestad) –, wurde Italien, das L. nach 840 nicht mehr betrat, von den Sarazenen heimgesucht. L.s ältester Sohn Ludwig II. übernahm die Regentschaft in Italien, wurde 844 zum Kg. der Langobarden und Ostern 850 zum Mit-Ks. gekrönt. L., der sich auf zuverlässige Bf.e (→Drogo v. Metz als Erzkaplan) und Gf.en (Adalhard, →Matfrid) stützen konnte, beschränkte sein Itinerar, in dem Aachen Residenzcharakter gewann, auf wenige lothring. Pfalzen. Letztl. ist es ihm weder gelungen, seinen Vorrangsanspruch unter den Kg.en durchzusetzen noch das Mittelreich zu stabilisieren. Eine hofnahe Geschichtsschreibung entstand hier, anders als im W und O, nicht, von daher sind die Nachrichten über L. aber auch negativ verzerrt. Am Ende seiner Regierungszeit teilte er, zeit seines Lebens Verfechter der Einheitsidee, sein Reich zur Sicherung gegen Ansprüche seiner Brüder unter seine Söhne Ludwig (Italien), Lothar II. (N) und Karl (Provence) und trat in das Kl. Prüm. ein, wo er sechs Tage später verstarb.

H.-W. Goetz

Q.: MGH DD Karol. III, ed. Th. Schieffer, 1966 – Lit.: R. Parisot, Le royaume de Lorraine sous les Carolingiens, 1899, 843–923 – R. Schneider, Brüdergemeine und Schwurfreundschaft, 1964 – E. Hlawitschka, Lotharingien und das Reich an der Schwelle der dt. Gesch., 1968, 10ff. – W. Köhler–F. Mütherich, Die karol. Miniaturen, IV: Die Hofschule Ks. L.s, 1971 – H. Tiefenbach, Stud. zu Wörtern volkssprachiger Herkunft in karol. Kg.surkk. Ein Beitr. zum Wortschatz der Diplome L.s I. und Lothars II., 1973 – E. Boshof, Lotharingien – Lothringen: Vom Teilreich zum Hzm. (Zw. Gallia und Francia, Frankreich und Dtl., hg. A. Heit, 1987), 129ff. – B. Schneidmüller, Regnum und Ducatus, RhVjbll 51, 1987, 81–114 – E. Boshof, Einheitsidee und Teilungsprinzip in der Regierungszeit Ludwigs d. Fr. (Charlemagne's Heir..., hg. P. Godman–R. Collins, 1990), 161–189 – J. Jarnut, Ludwig d. Fr., L. I. und das Regnum Italiae, ebd., 349–362 – W. Kienast, Die frk. Vasallität, 1990, 211ff.

2. L. II., *frk. Kg.* 855–869, † 8. Aug. 869, ▭ Kl. St. Antonin b. Piacenza. Der zweitälteste Sohn Lothars I. (Brüder: Ludwig II. und Karl v. der Provence) erhielt mit der Reichsteilung von 855 die n. Gebiete mit Aachen als residenzartigem Vorort. Das Reich Karls v. der Provence wurde bei dessen Tod 863 unter L. und Ludwig II. aufgeteilt. L. setzte die diplomat. Tätigkeit seines Vaters fort und nahm an 29 meist in seinem Reich stattfindenden Kg.streffen teil. In den Q. wie in der Forsch. steht seine Regierung ganz im Zeichen seines 'Ehestreites': Seit 855 mit →Theutberga, der Schwester des Laienabts Hubert v. St-Maurice verheiratet, suchte L. die kinderlose Ehe seit 857 zugunsten einer Verbindung mit seiner früheren Friedelfrau Waldrada zu lösen, von der er einen Sohn (Hugo) hatte. Auf Aachener Synoden wurde die Ehe 860 geschieden und 862 als nicht rechtmäßig anerkannt, so daß L. noch im gleichen Jahr Waldrada heiraten konnte. Dieses Vorgehen stieß jedoch auf den erbitterten Widerstand zunächst des westfrk. Ebf.s →Hinkmar v. Reims, dann des Papstes Nikolaus I., der das Bestätigungsurteil der Metzer Synode v. 863 verwarf, die federführenden Bf.e Gunthar v. Köln und Thietgaud v. Trier suspendierte und L. 865 zur Wiederaufnahme Theutbergas zwang, die bald darauf aber selbst vergebl. um Annullierung ihrer Ehe bat. Unter Hadrian II. setzte L. seine Scheidungsversuche fort und erreichte auf einer Romreise ein Wiederaufnahmeverfahren, doch blieb der Streit bis zum Ende seiner Regierungszeit ungeklärt, da L. auf der Rückreise in Piacenza verstarb. Der Prozeß zeigt den zunehmenden kirchl. Einfluß auf das Eherecht (→Ehe, C. I) und den päpstl. Autoritätsanspruch als Hüter der Moral, ist w. a. aber vor dem polit. Hintergrund der Sicherung seit 863 erneut auch von den Normannen heimgesuchten Reichs zugunsten des eigenen Sohnes und gegen die Ansprüche der Oheime im W und O zu sehen. Während die lothring. Großen zu L. hielten, erreichte dieser 867 von Ludwig d. Dt. gegen Gebietsabtretungen (Elsaß) die Zusicherung der Erbfolge. Nach seinem Tod aber stritten Karl d. K., der sich am 9. Sept. 869 in Metz zum Kg. krönen ließ, und Ludwig d. Dt. um L.s Reich, das sie im Vertrag v. →Meerssen 870 unter Ausschluß der Ansprüche Ludwigs II. und Hugos unter sich entlang der Maas-Mosellinie aufteilten. Langfristig aber konnte L.s aus zufälliger dynast. Teilung entstandenes Reich (regnum Lotharii) als →'Lotharingien' eine eigenständige räuml. Tradition im Rahmen der Reichsstruktur entwickeln. H.-W. Goetz

Lit.: →Lothar I. – K. SCHMID, Ein karol. Kg.seintrag im Gedenkbuch von Remiremont, FMASt 2, 1968, 96–134 – W. SCHLESINGER, Zur Erhebung Karls d. K. zum Kg. v. Lothringen 869 in Metz (Fschr. F. PETRI, 1970), 454–475 [DERS., Ausgew. Aufsätze, 1987, 173–198] – S. KONECNY, Die Frauen des karol. Hauses, 1976, 103–117 – R. KOTTJE, Kirchl. Recht und päpstl. Autoritätsanspruch (Fschr. F. KEMPF, 1983), 97–103.

3. L. III. (v. Süpplingenburg), Ks., dt. Kg., Hzg. v. →Sachsen, * Anfang Juni 1075, † 4. Dez. 1137 in Breitenwang b. Reutte (Tirol), ◻ Gebeine in →Königslutter. Eltern: Gf. Gebhard, Sohn des Gf. en Bernhard und der Ida v. →Querfurt, und Hedwig v. →Formbach, Tochter des Gf.en Friedrich und der Gertrud v. →Haldensleben; ∞ 1100→Richenza v. Northeim. Tochter: →Gertrud (3. G.). Vom Großvater und Vater erbte L. Komitatsrechte im halberstädt. Harz- und Derlingau. Süpplingenburg (so der heutige Ortsname, w. Helmstedt) ist als Herkunftsbezeichnung L.s in der sächs. Annalistik des 12. Jh. überliefert, womit sie einen dortigen Herrschaftsschwerpunkt L.s andeutet. Die näheren Umstände seiner Erhebung zum sächs. Hzg. durch Heinrich V. 1106 sind unbekannt. In der Nachfolge des Billungers Hzg. →Magnus übernahm L. Komitate in den Bm.ern Verden, Minden und Paderborn sowie die Vogtei über das Bm. Verden. Wohl erst nach 1106 trat er in das Erbe seiner Großmutter Gertrud († 1116) ein (u.a. Königslutter); 1115/17 fielen an ihn und Richenza Teile der Güter →Heinrichs d. Fetten (62. H.) sowie der Besitzungen seiner Schwiegermutter Gertrud v. Braunschweig († 1117). 1112 kurzfristig durch Otto v. Ballenstedt als sächs. Hzg. ersetzt, stand L. seitdem an der Spitze der sächs. Fs.enopposition gegen Heinrich V. Der Sieg L.s 1115 über den Ks. in der Schlacht am →Welfesholz entzog Sachsen weitgehend dem Einfluß des Saliers. Gegen dessen Willen erhob L. 1123 →Konrad v. Wettin (15. K.) zum Mgf.en v. →Meißen und →Albrecht d. Bären zum Mgf.en der →Lausitz. Diese Maßnahmen und die eigenmächtige Einsetzung Bf. Ottos v. Halberstadt führten zur Konfrontation auch mit dem mit L. seit 1116 verbündeten Ebf. →Adalbert I. v. Mainz (11. A.).

Aus der Mainzer Wahlversammlung (24. Aug. 1125) ging nicht Heinrichs V. Neffe, der Staufer →Friedrich v. Schwaben (37. F.), sondern L. als Kg. hervor, wobei er nicht Wunschkandidat des Mainzer Ebf.s war. Die Usurpation der Kg.swürde am 18. Dez. 1127 durch Friedrichs Bruder →Konrad (3. K.) ahndete der dem Kg. ergebene Reichsepiskopat unter der Führung von Adalbert v. Mainz, →Konrad I. v. Salzburg (31. K.) und L.s Vertrautem →Norbert v. Magdeburg mit der Verhängung der Exkommunikation (25. Dez. 1127; am 18. April 1128 auch von Honorius II. verkündet). Nach Kämpfen im Elsaß (1126), um Speyer (1128, 1129/30), Nürnberg (1127, 1130) und einem gemeinsam mit →Heinrich X. d. Stolzen (39. H.) unternommenen Zug durch Schwaben nahm L. 1134 die Unterwerfung Hzg. Friedrichs und 1135 die Konrads an, durch dessen Gegenkgtm. L. zwar behindert, aber nicht gelähmt worden ist. Die sächs. Annalistik rühmt die Herrschaft L.s als Friedenszeit. Im SW stützte sich L. insbes. auf →Konrad v. Zähringen (seit 1127

Rektor in Burgund), in Bayern auf Hzg. Heinrich d. Stolzen (∞ 1127 L.s Tochter Gertrud), seit 1126 auch Hzg. in Sachsen, und in Niederlothringen auf den von ihm 1128 zum Hzg. erhobenen Walram v. →Limburg. Auch die Reichsministerialität an Mittel- und Niederrhein sowie in Sachsen hat er gefördert und an sich gebunden.

L.s angebl. Verzicht auf Anwesenheit bei den Bf.swahlen unter Aufgabe von Rechten aus dem →Wormser Konkordat ist Fiktion des reformer. gesinnten Verf.s der »Narratio de electione Lotharii« (MGH SS 12, 511). L. wirkte an vielen Wahlen persönl. mit und forderte 1131 und 1133 von Innozenz II. eine Revision des Konkordats. Das Röm. Konkordat v. 1133 (MGH Const. I, 168 Nr. 116) verbriefte die in Worms nicht ausdrückl. bestätigte Lehnsherrschaft des Kg.s über die Temporalien der Reichskirchen. Während Ludwig VI. v. Frankreich in dem im Febr. 1130 ausgebrochenen röm. Schisma sich bereits im Mai auf die Seite Innozenz' II. stellte, hat L. diesen erst auf der Würzburger Synode (Okt. 1130) anerkannt. L. führte den vom Gegenpapst Anaklet II. vertriebenen Innozenz II. nach Rom zurück und empfing von ihm am 8. Juni 1133 in der Lateranbasilika die Ks.krone. Am selben Tage anerkannte L. das Obereigentum der Röm. Kirche an den →Mathild. Gütern, ließ sich in deren Besitz einweisen und die zukünftige Belehnung Heinrichs d. Stolzen und Gertruds verbriefen. Damit unterlief L. erbrechtl. begründbare Ansprüche der Staufer.

Unter L. war Sachsen zum letzten Mal die Kernlandschaft des Reiches und, schon in L.s Hzg.szeit, Ausgangspunkt einer konstruktiven Politik gegenüber den slav. Nachbarn. Ein Slavenfeldzug L.s 1110 galt wohl der Unterstützung →Heinrichs v. Alt-Lübeck; die gleichzeitige Einsetzung Adolfs v. Schaumburg als Gf. in →Holstein und →Stormarn war rein defensiv. Züge von 1114 und 1121 galten den Ranen und Lutizen. 1124/25 leistete L. dem Abodritenfs.en Waffenhilfe gegen Rügen. Dessen Nachfolger →Knud Laward krönte er wohl 1129 zum Kg. und nahm ihn als Lehnsmann an. Daß er ebenfalls wohl 1129 den Hevellerfs.en →Přibislav-Heinrich v. Brandenburg zum Kg. krönte, gilt als wahrscheinlich.

Hzg. →Soběslav I. v. Böhmen hatte 1126 dem Kg. gehuldigt. Hzg. →Bolesław III. v. Polen nahm 1135 Pommern und Rügen vom Ks. zu Lehen. Die ksl. Lehnshoheit über Dänemark wurde 1134 durchgesetzt. Mit der Erhebung Albrechts d. Bären zum Mgf.en in der Nordmark 1134 und Konrads v. Wettin zum Mgf.en auch der Lausitz 1136 schuf L. die Voraussetzungen zur Ausbildung der Landesherrschaften der Askanier und Wettiner, die für die →Ostsiedlung wichtig wurden.

Auf Intervention des vor Anaklet II. und Kg. Roger II. v. Sizilien nach Pisa ausgewichenen Innozenz' II. und Roberts v. Capua und nach Abschluß eines Bündnisses mit Ks. Johannes II. Komnenos (3. J.) und mit Venedig brach L. 1136 zu seinem zweiten Italienzug auf, setzte sich in der Lombardei durch, erhob Heinrich d. Stolzen zum Mgf.en v. Tuszien und eroberte 1137 Apulien und im Bunde mit Pisa Salerno. Ein Friedensangebot Rogers hat L. verworfen. Die Lehnshoheit über Apulien und Montecassino war zw. Ks. und Papst umstritten; L. konnte in Montecassino →Wibald v. Stablo als Abt investieren. Die Belehnung Rainulfs v. Alife mit Apulien nahmen Ks. und Papst gemeinsam vor. L. hinterließ die Normannenfrage ungelöst. Als seinen Nachfolger bestimmte L. seinen Schwiegersohn Heinrich d. Stolzen. Die Wahl Konrads III. hat die Stiftung einer süpplingenburg.-welf. Kg.sdynastie vereitelt und den Ausbau der von L. neu gefestigten Grundlagen der kgl. Herrschaft in Deutschland und

Reichsitalien verzögert. L., dessen angemessene biograph. Würdigung noch aussteht, zählt – gerade auch in seiner Italien- und Kirchenpolitik – zu den bedeutenden, auch im W Europas anerkannten Ks.gestalten. Im O war seine Regierungszeit Ausgangspunkt der künftigen Territorialentwicklung. W. Petke

Q.: MGH DD L. III., ed. E. v. Ottenthal–H. Hirsch, 1927 – RI IV, 1,1 v. W. Petke [in Vorb.] – *Lit.:* HEG II, 320–330 – NDB XV, 220–225 – W. Bernhardi, JDG L. v. Supplinburg, 1879 – H. W. Vogt, Das Hzm. L.s v. S. 1106–25, 1959 – R. L. Benson, The Bishop-Elect, 1968, 251–283 – F.-J. Schmale, L. III. und Friedrich I. als Kg.e und Ks. (VuF 12, 1968), 33–52 – E. Wadle, Reichsgut und Kg.sherrschaft unter L. III., 1969 – H. Beumann, Das päpstl. Schisma v. 1130 ..., 1971 (Ders., Wiss. vom MA, 1972), 479–500 – H. Stoob, Die Kg.swahl L.s v. Sachsen im Jahre 1125 (Hist. Forsch. für W. Schlesinger, hg. H. Beumann, 1974), 438–461 – Ders., Gedanken zur Ostseepolitik L.s III. (Fschr. F. Hausmann, hg. H. Ebner, 1977), 531–551 – M.-L. Crone, Unters. zur Reichskirchenpolitik L.s III., 1982 – H. Stoob, Westfalen und Niederlothringen in der Politik L.s III. (Fschr. K. Hauck, hg. N. Kamp–J. Wollasch, 1982), 350–371 – L. Speer, Ks. L. III. und Ebf. Adalbert I. v. Mainz, 1983 – W. Petke, L. v. S. (Ks.gestalten des MA, hg. H. Beumann, 1984), 155–176 – Ders., Kanzlei, Kapelle und kgl. Kurie unter L. III. (1125–37), 1985 – R. Hildebrand, Hzg. L. v. Sachsen, 1986 – U. Schmidt, Kg.swahl und Thronfolge im 12.Jh., 1987, 34–77 – H. Stoob, Über den Schwerpunktwechsel in der ndt. Adelsführung ... (Fschr. F.-J. Schmale, hg. D. Berg–H. W. Goetz, 1989), 121–137 – Th. Vogtherr, Die Herkunft Bf. Richberts v. Verden (1060–76/84), StaderJb NF 79, 1989, 45–50 – Th. Gross, L. III. und die Mathild. Güter, 1990 – W. Petke, Zur Hzg.serhebung L.s ..., DA 46, 1990, 60–84.

4. L., *Kg. v.* →Frankreich 954–986, * 941, † 2. März 986 Laon, ▭ Reims, St-Remi. Sohn Kg. Ludwigs IV. und →Gerbergas; ∞ 966 →Emma, Tochter Ksn. →Adelheids (aus 1. Ehe mit Kg. Lothar v. Italien). L.s Kg.swahl (Reims, 12. Nov. 954), von der Mutter mit ihren Geschwistern →Hadwig, Otto I. und →Brun betrieben, kam mit Zustimmung →Hugos d. Gr. zustande, der dafür die Dukate Aquitanien und Burgund erhielt. Hugos Tod 956 eröffnete die bis 965 währende Phase vormundschaftl. Regierung durch Angehörige der liudolfing. Familie mit ihrem Höhepunkt auf dem Kölner Hoftag 965 (Verlobung L.s mit Emma). Der Tod Bruns (965) und Gerbergas (969) ließen L.s Selbständigkeit wachsen, deren Grundlage – trotz geringen Kg.sguts – ein 960 mit Hugo Capet gefundener Ausgleich und der Bund mit nordfrz. Adligen (→Heribert III. v. Vermandois, →Arnulf I. v. Flandern) wurde. L.s auf karol. Tradition fußendes Selbstbewußtsein äußerte sich 967 in offener Kritik an der otton. Rompolitik. Nachdem Ks. Otto II. s Bruder →Karl (33. K.) zum niederlothring. Hzg. erhoben hatte, machte L. 978 Ansprüche auf das regnum Lotharii in einem Heerzug nach Aachen und Metz geltend, dem Otto II. und seine Gattin nur mit Mühe entkamen. Die Stärke der karol. Monarchie erwies sich beim otton. Rachefeldzug 978 bis vor Paris: Mit Unterstützung des Adels, v. a. Hugo Capets, konnte L. Otto II. zurückschlagen. Erst im Mai 980 wurde der Konflikt auf einem Herrschertreffen in →Margut-sur-Chiers beigelegt. Seine lothring. Ziele verfolgte L. nach Ottos II. Tod 983 weiter und besetzte 984, im Bund mit der ostfrk. Opposition, Verdun.

Hatte L. seine Nachfolge bereits am 8. Juni 979 in der Erhebung des Sohnes Ludwig V. zum Mitkg. in Compiègne gesichert, so scheiterte er 984 mit der Erhebung Ludwigs zum aquitan. (Unter)kg. Obwohl L. weder direkte kgl. Herrschaft im S noch polit. Ansprüche auf Lothringen durchzusetzen vermochte, kann sein Kgtm. als bedeutsame Phase für die Konsolidierung der Monarchie, v. a. als Markstein im endgültigen Zerfall des karol.

Großreiches wie für die Ausbildung frz. Sonderbewußtseins in Auseinandersetzung mit dem otton. Ksm. gelten. B. Schneidmüller

Q.: Recueil des actes de Lothaire et de Louis V, rois de France, ed. L. Halphen–F. Lot, 1908 – *Lit.:* F. Lot, Les derniers Carolingiens, 1891 – HEG I, 748 ff. – B.Schneidmüller, Karol. Tradition und frühes frz. Kgtm., 1979, 156ff. – K. F. Werner, Les origines, 1984, 481 ff. [dt. 1989] – C. Brühl, Dtl. – Frankreich. Die Geburt zweier Völker, 1990.

5. L., *Kg. v. Italien,* * 926/928, † 22. Nov. 950 in Turin, ▭ S. Ambrogio/Mailand. Sohn Kg. →Hugos und der Alda, nach seinem Urgroßvater Kg. Lothar II. benannt, wurde 931 zum Mitkg. erhoben und 937 mit Adelheid, Tochter Rudolfs II. v. Hochburgund, verlobt. Nachdem Hugo während des Machtkampfes mit dem Mgf.en Berengar v. Ivrea in Arles gestorben war (10. April 947), regierte L. unter bestimmendem Einfluß →Berengars (II.), der ihm am 15. Dez. 950 als Kg. nachfolgte. Der Herrscherwechsel löste Interventionen Hzg. →Liudolfs v. Schwaben und Kg. Ottos I. aus, der L.s Witwe →Adelheid (Ksn.) heiratete. H. Keller

Q. und Lit.: I diplomi di Ugo e Lotario, ed. L. Schiaparelli, 1914 – Liudprandi Liber Antapodosis, ed. J. Becker (MGHSSrer.Germ.), 1915³ – L. M. Hartmann, Gesch. Italiens im MA, III/2, 1911, 197ff., 208ff. – HEG I, §85 – H. Keller, Zur Struktur der Kg.sherrschaft im karol. und nachkarol. Italien, QFIAB 47, 1967, 177ff.

6. L. v. Segni → Innozenz III.

Lothar-Evangeliar (Berlin, Staatsbibl. Preuß. Kulturbesitz, Ms. theol. lat. fol. 260). Bei der Hs. dürfte es sich um eines der in dem Schatzverzeichnis des Kl. →Prüm v. 1003 erwähnten Evangeliare handeln, die Ks. Lothar I. dem Kl. 852 schenkte. Die prachtvoll ausgestattete und ausschließl. in goldener Tinte geschriebene Hs. ist fast vollständig erhalten (243 Bll., 325 × 245 mm). Sie enthält 11 Kanontafeln (fol. 9r–14r) mit einfachen Bogenstellungen (in Gold) und Blattmotiven in den Zwickeln und als Eckmotive. Durch den Verlust der Incipitseiten zu Markus und Johannes ist die ehemals vorhandene Anlage des Buchschmuckes zu Beginn der Evangelien gestört: ursprgl. folgte auf das Evangelistenbild (verso) eine leere Seite (recto), dann eine Incipit-(verso) und eine Initialseite (recto). In den Evangelienbildern (fol. 15v, 75v, 120v, 184v) wurden sowohl Vorlagen der Hss.gruppe um das Wiener →Krönungsevangeliar wie auch solche der Reimser Buchmalerei unter Ebf. →Ebo (v. a. des Psalters v. Troyes) verarbeitet; die Initialornamentik ist ebenfalls vorwiegend aus Reims abzuleiten. Die Hs. entstand in der Hofschule Ks. Lothars. K. Bierbrauer

Lit.: W. Koehler–F. Mütherich, Die Hofschule Ks. Lothars ... (Die Karol. Miniaturen IV, 1971), 7ff., 52–59.

Lotharingien, zw. dem West- und Ostfrankenreich gelegenes 'Regnum' des →Frankenreiches; zu den späteren Hzm.ern Ober- und Niederlothringen s. →Lothringen, →Niederlothringen.

I. Das Regnum der 'Francia media' (855–900) – II. Das Herzogtum Lotharingien (900–959) – III. Landesbegriff und Raum.

I. Das Regnum der 'Francia media' (855–900): Nach dreijährigem Kampf zw. den Söhnen →Ludwigs d. Fr. (→Karolinger), in dessen Verlauf verschiedene Reichsteilungspläne diskutiert wurden, erfolgte im Vertrag v. →Verdun (Aug. 843) die Erbfolgeregelung: An →Ludwig d. Dt. fielen die Reichsgebiete östl. des Rheines, an →Karl d. K. die Gebiete westl. von Maas und Saône (diese Flüsse bildeten jedoch nur theoret. die Grenze, die in der Realität keineswegs so exakt definiert war); →Lothar I., dem die beiden Hauptstädte →Rom und →Aachen zugesprochen worden waren, erhielt diejenigen Länder, die diese beiden

Zentren umgaben bzw. verbanden, d. h. einen langgestreckten Gebietsstreifen, der von Friesland bis nach Mittelitalien reichte und – z. T. in recht vager Weise – →Italien, →Burgund und Teile des – stark verkleinerten – →Austrien umfaßte. Dieses Regnum wurde als 'Francia media' (gegenüber 'F. occidentalis' und 'F. orientalis'; →Francia) bezeichnet. Nach dem Tode Lothars I. († 855) wurde es unter seine Söhne geteilt: Ludwig II. erhielt Italien, →Lothar II. den Nordteil (von Friesland bis Burgund), Karl die Provence.

Wird der Begriff 'Lotharii regnum' (Lotharingia) in der Sehweise von Historikern bisweilen zur Bezeichnung des weiträumigen Reiches Lothars I. gebraucht, so steht er im engeren Sinne für das Reich Lothars II., das sich zw. Maas und Rhein, der Nordseeküste und dem Gebiet v. Besançon erstreckte – während einer Periode, die einerseits geprägt war von der funktionierenden karol. 'Brüdergemeine' (fraternitas) (regelmäßige Begegnungen der frk. Herrscher), andererseits aber auch von Konflikten, die maßgebl. von Lothars II. 'Ehestreit' (Streben nach Scheidung von →Theutberga und Anerkennung der Verbindung mit Waldrada) ausgelöst wurden. Schon zu Lebzeiten Lothars II. hatten sich seine Onkel Ludwig und Karl über eine Teilung des Erbes Lothars abgesprochen. Konnte Karl nach Lothars Tod († 8. Aug. 869) infolge einer Erkrankung seines Bruders rasch in →Metz einziehen und sich zum alleinigen Kg. (des Lothar-Reiches) krönen lassen (Sept. 869), so mußte er unter dem Druck Ludwigs im folgenden Jahr einer gerechteren Teilung L.s zustimmen (Vertrag v. →Meerssen, Sept. [?] 870). Anhand der Aufteilung der Bischofsstädte, Gft.en und Abteien, die →Hinkmar v. Reims in den →Annalen v. St-Bertin nennt, läßt sich das Reich Lothars II. rekonstruieren. Durch die Teilung erhielt Ludwig die Bm.er →Lüttich, →Trier und Metz, das →Elsaß und das Toulois (→Toul).

Seit 882 führten Verhandlungen zw. den Kg.en des Ost- und des Westfrk. Reiches zu einer Neuorganisation L.s unter der Herrschaft der ostfrk. Karolinger Ludwig 'd. J.', Karl 'd. Dicken' und Arnulf 'v. Kärnten'. Letzterer entschloß sich zu einer Wiederherstellung des 'Regnum Lotharii', in das er 895 seinen Sohn →Zwentibold als Kg. einsetzte. Dieser verstrickte sich in Konflikte mit der örtl. Aristokratie, angeführt von Gerhard und Matfrid, in deren Verlauf er fiel (900). Damit fand das eigenständige lotharing. Kgtm. sein Ende.

II. Das Herzogtum Lotharingien (900–959): Die Ratgeber Ludwigs des Kindes designierten den Franken Gebhard zum Hzg. des »regnum quod Hlotharii dicitur«. Von der örtl. Aristokratie kaum anerkannt, verteidigte Gebhard die kgl. Autorität mit Mühe. Nach seinem Tode (⚔ 910 im Kampf gegen die Ungarn) fungierte mehrere Jahre lang kein Hzg. mehr; eine wichtige Rolle spielten Aristokraten wie →Reginar I. und vielleicht Ricuin, dann v. a. Reginars Sohn →Giselbert, der hier seit 920 den ersten Platz einnahm und das Vertrauen des dt. Kg.s Heinrich I. besaß. 911–925 unterstellten die lotharing. Großen das Regnum dem westfrk. Karolinger →Karl III. 'dem Einfältigen', der allerdings durch schwere polit. Fehler, v. a. starke Begünstigung seines Vertrauten →Hagano, in Mißkredit geriet. Konnte Karl noch seine Kandidaten als Bf.e durchsetzen (→Richer in Lüttich, →Gauzlin in Toul) und einen Ausgleich mit dem dt. Kg. finden (→Bonn, Vertrag v., 921), so gelang es Heinrich I. nach der Niederlage Karls III. und dem Tode →Roberts I. (923), L. zurückzuerobern, eigene Kandidaten auf Bischofssitze zu bringen und Giselbert, den er zu seinem Schwiegersohn machte, als Hzg. einzusetzen (928).

Nach Heinrichs Tod brachen unter den Gf.en und Bf.en Auseinandersetzungen aus; Otto I. wandte zur Durchsetzung seiner Autorität Waffengewalt an. Nach dem Tode Giselberts (Okt. 939) und dem vorübergehenden Eingreifen →Ludwigs IV. v. Westfranken wurde die Situation wieder stabiler, wenngleich die krieger. Aristokratie L.s stets ein Unruheherd blieb. Als otton. Hzg.e fungierten nacheinander →Heinrich, der Bruder des Kg.s; Otto v. Verdun, der Sohn Ricuins; →Konrad d. Rote, Schwiegersohn des Kg.s; nach Konrads Empörung (951) dann Ebf. →Brun v. Köln, der Bruder Ottos I. Brun stützte sich auf L., v. a. bei seinen Interventionen in Frankreich, wo seine beiden Schwestern (→Gerberga als Kgn., →Hadwig als Hzgn.) einflußreich waren. Der mit Aufgaben überhäufte Brun ernannte 959 (dieses Datum ist erwiesen) zwei Helfer, die den Herzogstitel (den Brun nie geführt hat) erhielten: →Friedrich († 978) für den S des Landes (das spätere Ober-→Lothringen), →Gottfried (⚔ 964) für den N (das spätere →Niederlothringen).

III. Landesbegriff und Raum: [1] Landesbegriff: L. wurde während seines Bestehens durchgängig 'Hlotharii regnum' oder 'regnum quondam Hlotharii' genannt. Der knappere Begriff 'Lotharingien' tritt erst seit dem letzten Viertel des 10. Jh. auf. Gebräuchl. waren ebenso 'Francia media' und 'Gallia'; die Bewohner hießen 'Lotharienses': d. h. Untertanen des Kg.s Lothar, analog zu 'Carlenses', den Westfranken/Franzosen.

[2] Der lotharingische Raum: Er ist anläßl. des Vertrags v. Meerssen definiert worden (vgl. die Karte bei R. Parisot, 1898, s. u.), umfaßte im wesentl. die Bm.er →Cambrai, →Utrecht, →Lüttich, →Köln, →Trier, →Straßburg, →Metz, →Toul und →Verdun; doch gehörten in der Realität die rechtsrhein. Gebiete der Diöz. v. Köln, Trier und Straßburg nicht zu L., während die gesamten Diöz. Mainz, Worms und Speyer, auch ihre linksrhein. Gebiete, vom ostfrk. Kg. beherrscht wurden. Das alte Hzm. →Elsaß löste sich von L. ab, als der Westfranke Karl 'der Einfältige' die Herrschaft an sich zog (seit 910/911), und wurde zum Teil des Hzm.s Alemannien. Im W galt die Maas (theoretisch) als Grenzlinie, doch reichten auf weite Strecken die Diöz. Verdun sowie die Landschaften Barrois und Bassigny darüber hinaus; andererseits erstreckten sich einige →Pagi des Ebm. Reims über die Maas hinweg. Die Kartographie der Begegnungsorte der west- und ostfrk. Kg.e im 10. Jh. zeigt, daß die Herrscher für ihre Treffen Plätze bevorzugten, bei denen theoret. und prakt. Grenzziehung weitgehend identisch waren (z. B. Mouzon–Margut, Tusey–Gondreville). Die Gft.en behielten im wesentl. ihr altes Gefüge, doch wurden in Niederlothringien die alten Großgrafschaften z. T. in zwei oder vier Teile aufgegliedert. Die bedeutenden Abteien verteilten sich im N entlang der Sambre und der Maas, im S entlang der Mosel, während der Ardennenraum eine siedlungsarme Region blieb, mit der größten Zahl an Fiskalgütern (→fiscus), von Aachen und →Herstal bis Paliseul und Longlier (z. B. Mertens).

[3] Die lotharingische Achse: Die S-N-Richtung der großen Flüsse (Mosel, Maas, Sambre, Schelde) begünstigte die Handelsverbindungen zw. Italien und dem Nordseeraum, so daß der Raum des späteren L. seit der Antike eine wichtige Verkehrsachse war; Handelsströme (in beiden Richtungen) gingen vom Mittelmeer über die Alpen- und Jurapässe, durch L. und die Champagne nach Flandern und zu den Brit. Inseln. Das Durchgangsland L. war auch eine wichtige Achse spiritueller Strömungen (→Lotharing. Reform), deren Zentren im 10. und 11. Jh. die großen Reformabteien →Fruttuaria (in Italien), →Dijon (St-Bé-

nigne), →Toul, →Gorze, →Trier (St. Maximin) und →Brogne waren. Die Aufteilung in die beiden Hzm.er beeinträchtigte die soziale, polit. und religiöse Einheit L.s im Früh- und HochMA ebensowenig wie die Sprachgrenze, die L. durchschnitt, so daß Metz und Lüttich zum frz. Sprachgebiet gehörten. Ein wichtiges Element der lotharing. Einheit waren neben den eng miteinander kommunizierenden Bm.ern und Abteien die großen Aristokratengeschlechter (→Etichonen, Matfridinger, →Widonen), die, als bes. kriegerisch bekannt (vgl. die Annalen →Reginos v. Prüm), im Westfrankenreich u. in Italien mächtige Positionen einnahmen, gestützt auf reiches Allodialgut, Bischofssitze und große Abteien, deren Verfügungsgewalt sie vom Kgtm. erlangt hatten.

Während des 10. Jh. war L. eine Quelle der Spannungen zw. dem West- und Ostfrankenreich; die westfrk. Karolinger strebten nach Rückeroberung des Landes, das sie als Wiege ihrer Vorfahren beanspruchten. Erst seit der Thronbesteigung der →Kapetinger (987) war L. unangefochtener Besitz der dt. Kg.e. M. Parisse

Lit.: →Lothringen – R. PARISOT, Le royaume de Lorraine sous les Carolingiens (843–923), 1898 – L. VANDERKINDERE, La formation territoriale des principautés belges au MA, 1902 – V. CHATELAIN, Le comté de Metz et la vouerie épiscopale du VIIIe au VIIIe s., Jb. der Ges. für lothr. Gesch. und Altertumskde 10, 1908, 72–129 – H. SPRÖMBERG, Die lothr. Politik Ottos d. Gr., RhVjbll 11, 1941, 1–101 – TH. SCHIEFFER, Die lothr. Kanzlei um 900, DA 14, 1958, 16–148 – E. HLAWITSCHKA, L. an der Schwelle der dt. Gesch. (MGHSchr. 21, 1968) – DERS., Die Anfänge des Hauses Habsburg–Lothringen, 1969 – W. MOHR, Die Rolle Lothringens im zerfallenden Karolingerreich, RBPH 47, 1969, 361–398 – B. SCHNEIDMÜLLER, Frz. Lothringenpolitik im 10. Jh., Jb. für westdt. Landesgesch. 5, 1979, 1–31 – H. H. ANTON, Trier im frühen MA (Q. und Forsch. aus dem Gebiet der Gesch. NF 9, 1987) – B. SCHNEIDMÜLLER, Regnum und Ducatus. Identität und Integration in der lothr. Gesch. des 9. und 11. Jh., RhVjbll 51, 1987, 81–114.

Lotharingische Reform, Bezeichnung für die in →Lotharingien entstandene monast. und kirchl. Reformbewegung des 10. und 11. Jh., die auch von einigen Historikern als wichtige Antriebskraft für die →Gregorian. Reform angesehen wird. Die L.R. zeichnet sich dadurch aus, daß sie einerseits die Gewalt des Bf.e und des Papstes, andererseits aber auch diejenige des Ks.s anerkennt, beide allerdings sorgfältig voneinander abhebt. Lotharingien wurde durch seine geogr. Mittellage im karol. regnum zum Ausgangspunkt der Reform.

[1] *Anfänge im 10. Jahrhundert:* Die lotharing. Kl. befanden sich an der Wende des 9. Jh. infolge der instabilen Herrschaftsverhältnisse, der Normannen- und Ungarneinfälle und des Verhaltens mancher Laienäbte in einer schwierigen Situation. Laien, Kanoniker, Eremiten sowie einige Mönche und Nonnen versuchten, der →Regula Benedicti und dem geregelten monast. Leben unter Leitung eines Regularabtes wieder Geltung zu verschaffen (→Benediktiner; →Gerhard v. Brogne; →Brogne). Vielfältige Initiativen führten dank der Unterstützung der Bf.e, des Hzg.s und mehrerer Gf.en zu konkreten Ergebnissen. Bf. →Gauzlin v. Toul führte in St-Evre die Regula Benedicti und monast. Gewohnheiten (aus →Fleury) ein; auch gründete er das Frauenkl. →Bouxières. 934 übertrug Bf. →Adalbero v. Metz einer Gruppe von Mönchen die Abtei →Gorze, die sie unter der Leitung des Touler Archidiakons →Eginold und des Klerikers →Johann v. Vandières zum bedeutendsten Zentrum der L.R. ausbauten. Propst Ogo reformierte in ähnl. Weise die Abtei St. Maximin in →Trier. Rasch strahlten diese Reformkl. auf andere Kl. des weiteren Umfelds aus: Brogne auf →Gent; St-Evre auf →Montier-en-Der in der Champagne (935); Gorze auf St-Hubert in den Ardennen, St. Martin vor Metz und →Stablo (935/938); St. Maximin auf →Magdeburg (937). Otto I. unterstützte diese Reformansätze und bestätigte die Rückerstattung und Schenkung von Gütern an die Reformkl. Die L.R. beinhaltete stets die (Wieder-) Einführung der Regula Benedicti, die Einsetzung eines Regularabtes, der oft aus einem der Reformzentren kam, die Anerkennung der Gewalt von Laienvogt und Herrscher, die Wiederherstellung des Besitzes der betreffenden Abtei und die Einordnung in die kirchl. Hierarchie. Von eigenen monast. 'consuetudines' kann noch nicht gesprochen werden, ledigl. im Sinne der 'Institutiones Aquisgranenses' →Benedikts v. Aniane. Brogne und St. Maximin entsandten Reformmönche in andere Abteien (Brogne nach Gent, →St-Bertin, St-Vaast d'→Arras, →St-Riquier; St. Maximin nach Magdeburg; Gorze nach Stablo, →Senones, Toul, Verdun). Die reformierten Abteien behielten stets ihre Unabhängigkeit. Zur L.R. gehörten im weiteren Sinne auch die Kl. Mönche, die in →Waulsort und St-Michel de Thiérache ansässig waren und Beziehungen zu Gorze unterhielten (→Cadroë v. Waulsort). Die Reformbewegung dehnte sich in der 2. Hälfte des 10. Jh. aus: St. Maximin restaurierte St. Pantaleon in →Köln, →Echternach, →Ellwangen, →Tegernsee, St. Emmeram in →Regensburg; Gorze erreichte im O →Moyenmoutier, Marmoutier, Neuwiller.

[2] *11. Jahrhundert:* Zw. 995 und 1030 wurde die L.R. neu belebt; auf Ersuchen der Bf.e v. Metz und Toul ging →Wilhelm v. Volpiano, der Abt v. St-Bénigne de →Dijon, nach St-Arnoul de Metz und Gorze, dann nach Toul (St-Evre, St-Mansuy) und Moyenmoutier. Sein Wirken kann jedoch als Zeichen des Niedergangs des lotharing. Mönchtums gewertet werden (vgl. die Reformtätigkeit Immos, Abt v. Gorze, in →Prüm und →Reichenau und des Abts v. St-Félix de Metz in St-Vanne de Verdun). Um 1015 war Wilhelm der aktivste Vorkämpfer der monast. Reform, die er zugleich in Lotharingien und in der →Normandie vorantrieb. Ab 1025 erreichten die von →Richard de St-Vanne initiierten Ansätze die Champagne und Flandern; an ihre Stelle traten um 1050 die Reformansätze des Schülers von Richard, →Poppo v. Stablo. Das in seiner Aktivität nun nachlassende St. Maximin beeinflußte noch →Utrecht und →Hersfeld.

In der 2. Hälfte des 11. Jh. entsandte St-Airy de Verdun, gegr. 1037 durch Lütticher Mönche, Reformmönche in lotharing. und flandr. Abteien. Gorze wurde wieder zur Stätte der Formung von künftigen Äbten großer Reichsabteien (Köln, →Siegburg, Halberstadt, →Mainz); auch St. Maximin setzte das Reformwerk fort. Insgesamt entstand zw. 934 und 1075 in Lotharingien ein dichtes Netz von reformierten Kl., darüber hinaus auch in der Champagne, in Flandern, im Rheinland, in Bayern und Sachsen.

[3] *Verhältnis zu Cluny:* Offensichtl. zeigen sich bei der L.R. bestimmte cluniazens. Einflüsse (Gründung von Prioraten im Reich, Übernahme cluniazens. Gewohnheiten; →Cluny), die aber keineswegs klar hervortreten. Nicht angemessen ist es, Wilhelm v. Volpiano die Einführung cluniazens. Praktiken in Lotharingien zuzuschreiben. Die Spuren von consuetudines des 10. und 11. Jh., die sich in Lotharingien und seinem Einflußbereich feststellen lassen, weisen vielmehr nach Fleury, dessen Gewohnheiten sich nicht mit denen Clunys vermischten. Die Treue zum Diözesanbf., die Beibehaltung der Vogtei und die Loyalität gegenüber dem Herrscher (→Eigenkirche) sind die vorherrschenden Kennzeichen der L.R. Diese Grundhaltung ließ – im Unterschied zu Cluny – keinen organisierten Orden mit Vorherrschaft eines Abtes oder einer

Abtei über mehrere Kl. entstehen. Ämterkumulationen, die stets an die Person eines bestimmten Abtes gebunden waren, blieben die Ausnahme. Die lotharing. geprägten consuetudines (im Gegensatz zu den cluniazens.) erschienen von der Loire bis zur Donau (Regensburg) und bis nach Sachsen.

[4] *Verhältnis zu Rom:* Die Reformtätigkeit →Leos IX. kann unter bestimmten Gesichtspunkten als L.R. bezeichnet werden, da dieser Papst – unter Anerkennung der Gewalt und der religiösen Initiativen des Ks.s – volle, unabhängige Autorität besaß (im Sinne der Grundsätze →Wazos v. Lüttich). Er führte einen entschlossenen Kampf gegen die →Simonie und für die freien Bf.swahlen, wobei er den Abteien ihre Stellung als ksl. Eigenkl. beließ. Doch war dieser Reformansatz zugleich auch das Anliegen von Burgundern und Italienern (Halinard v. Lyon; →Hugo, Ebf. v. Besançon; Hildebrand/→Gregor VII.; →Petrus Damiani u.a.). Es kann also von einer 'lotharing.' Bewegung nur in einem weiteren Sinne gesprochen werden, die von Lüttich über Burgund nach Rom, nicht jedoch von Lüttich über Trier nach Toul verlief. M. Parisse

Lit.: DHGE XX, 724–740 – K. HALLINGER, Gorze-Kluny, 1950/51 – J. CHOUX, Décadence et réforme monastique dans la province de Trèves, 855–959, RevBén 70, 1960, 204–223 – E. WISPLINGHOFF, Die lothring. Kl.reform in der Erzdiöz. Trier, Landeskdl. Vjbll. 10, 1964, 145–159 – K. U. JÄSCHKE, Zur Eigenständigkeit der Junggorzer Reformbewegung, ZKG 71, 1970, 17–43 – E. WISPLINGHOFF, Unters. zur frühen Gesch. der Abtei St. Maximin bei Trier von den Anfängen bis etwa 1150, 1970 – N. PARISSE, Le nécrologe de Gorze, 1971 – N. BULST, Unters. zu den Kl.reformen Wilhelms v. Dijon (962–1031), 1973 – K. HALLINGER, Willigis v. Mainz und die Kl...., 1975, 93–134 – Corpus Consuetudinum Monasticarum VII, 1–4, 1988 – M. MARGUE, Aspects politiques de la »réforme« monastique en Lotharingie, RevBén 98, 1988, 31–61 – M. PARISSE, L'abbaye de Gorze dans le contexte politique et religieux lorrain ... (Gorze au Xe s., 1991).

Lothian, Provinz im sö. Schottland. Ursprgl. bezeichnet der Name (wahrscheinl. abgeleitet von einem kelt. Wort für den Wasserlauf) ein kleines Gebiet unmittelbar s. von →Edinburgh, im 11.Jh. dann die heutige L.-Region, die hist. aus den →*sheriffdoms* v. Linlithgow (West L.), Edinburgh (Midl.) und Haddington (East L.) entstanden ist. Bis zum 14. Jh. war L. üblicherweise die Bezeichnung für das sö. Schottland, manchmal auch für das s. Schottland. Als das Kerngebiet von L. darf wohl der nördlichste Teil des alten Kgr.es v. →Bernicia gelten, das wiederum den n. Teil von →Northumbrien darstellte. Dieses Gebiet wurde seit dem Ende des 6.Jh. von englischsprechenden Angeln besiedelt, die nach N vorstießen, um Edinburgh einzunehmen. Viele erhaltene Ortsnamen vom »P-kelt.« Typ beweisen, daß die Angeln die alte brit. Bevölkerung nicht verdrängen konnten. Um die Mitte des 10.Jh. fiel Edinburgh an die Schotten, die aus dem Stirling-Gebiet und dem Land n. des Forth kamen. Das bedeutete, daß die schott. Kg.e sich L. und das Gebiet bis zum Fluß Tweed einverleiben konnten. Diese schott. Eroberung wurde von Edgar, Kg. v. England, vor 975 anerkannt (→Kenneth II.) und ging mit einer Besiedlung (v. a. im W) durch eine gälischsprechende Bevölkerung einher. Die Schlacht v. →Carham-on-Tweed (1018) bedeutete für L. die endgültige Verbindung mit dem schott. Kgr., obwohl der alte Name Scotia ('Schottland') nicht vor ca. 1250 auch L. einschloß. Die schott. Kg.e hielten sich vorzugsweise in L. auf, bes. in Edinburgh und Linlithgow. In dem Jh. vor dem Ausbruch der →Wars of Independence (1296–1328) erreichte L. den Höhepunkt seiner Prosperität. Leith, Musselburgh und →Dunbar waren bedeutende Import- und Exporthäfen, doch blieb Berwick-upon-Tweed bis 1296 Schottlands größte Stadt. L. litt bes. unter den engl. Invasionen 1296–1356. Es bildete mit dem ö. Stirlingshire und Berwickshire ein Archidiakonat der Diöz. v. St. Andrews; bedeutende Abteien: →Holyrood, Newbattle.

G. W. S. Barrow

Lit.: G. W. S. BARROW, L. in the first War of Independence, SHR 55, 1976, 151–171 – DERS., The aftermath of War, TRHS, 5th ser., 28, 1978, 103–125 – DERS., Midl. or the Shire of Edinburgh? (Book of the Old Edinburgh Club 35, 1985).

Lothier → Niederlothringen

Lothringen (Oberlotharingien, Oberlothringen; [Haute-]Lorraine u. a.).
I. Landesbegriff – II. Territorialentwicklung im Mittelalter – III. Das Herzogtum Lothringen – IV. Wirtschaftliches und kulturelles Leben – V. Der Ausgang des Mittelalters.

I. LANDESBEGRIFF: Bereits 959 zweigeteilt, umfaßte das karol. Regnum →Lotharingien als nördl. Bereich →Niederlothringen (Niederlotharingien), als südl. Oberlothringen (Oberlotharingien, auch: Mosel-Lothringen). Der lat. Begriff 'Lotharingia' wurde im Zuge der volkssprachl. Entwicklung zu 'Loheraigne', dann zu 'Lorraine'. Dieser Name stand nur mehr für den französischsprachigen Bereich, der im wesentl. mit den Diöz. v. →Metz, →Toul und →Verdun korrespondierte. Gleichermaßen bezeichnete er aber auch das Hzm. L., das lediglich noch einen Teil des geograph. Raumes L.s umfaßte. – In paralleler sprachl. Entwicklung bildete sich für Niederlotharingien der Begriff 'Lothier' aus.

II. TERRITORIALENTWICKLUNG IM MITTELALTER: Um mächtige Burgen bildeten sich seit dem 11.Jh. eine Reihe von Gft.en und feudalen Herrschaften *(seigneuries);* zu nennen sind: →Vaudémont, →Bar, →Saarbrücken, →Saarwerden, →Blieskastel, →Apremont, →Commercy u. a. Insgesamt blieb der Grafentitel in den deutschsprachigen Gebieten stärker erhalten als im frankophonen westl. Grenzgebiet (Sorcy, Brixey, Reynel). Die Gft.en der Bf.e verklammerten Rechte an Territorien mit der Vogtei über den bfl. Grundbesitz und über bestimmte Abteien. Markantester Charakterzug der institutionellen Entwicklung des 10. und 11.Jh. ist die Entstehung der großen Fürstbm.er, begünstigt durch die Verleihung von →Immunitäten: Die Bf.e v. Metz, Verdun und Toul, die aufgrund einer langen Entwicklung dem Imperium und der (otton.-sal.) Reichskirche angehörten, bildeten im 11.Jh. mächtige Territorialherrschaften aus, die allerdings infolge des Investiturstreits und der Lehnsvergabe an weltl. Große wieder geschwächt wurden, dennoch bis in die NZ innerhalb der Gesch. L.s einen Faktor von fundamentaler Bedeutung darstellten und am Ende des MA bevorzugtes Objekt der Rivalität Frankreichs und des Dt. Reiches um Einfluß und Macht in dieser Grenzregion waren.

Im 11.Jh. war dem Hzg. v. L. die Kontrolle über einen Teil des alten Oberlotharingien entglitten; das Trierer Land sowie die Bm.er und die auf Allodialbesitz beruhenden Gft.en entzogen sich seinem Einfluß. Seit dem 11.Jh. bauten die Hzg.e aus dem sog. Hause Elsaß durch Eroberungen, Landerwerb und Infeodation in einem allmähl. Prozeß ein territoriales Hzm. auf. Ausgangspunkte dieser Territorialbildung waren im N die hzgl. Besitzkomplexe um Bouzonville und →Bitsch, im zentralen L: die Vogteien v. Prény und Nancy, im S die Zone zw. Neufchâteau und →Remiremont (Diöz. Toul). Im westl., der →Champagne benachbarten Grenzraum vollzog sich unterdessen die Expansion der Gf.en v. Bar, die sich in das Territorium des Bf.s v. Verdun förmlich hineinfraß. Im späteren MA, vom 12.Jh. an, war die polit. Gesch. L.s von den Gegensätzen der fünf großen Fsm.er bestimmt: der Fürstbm.er Metz, Toul, Verdun, des Hzm.s L. und der Gft. Bar.

III. DAS HERZOGTUM LOTHRINGEN: Das erste Hzg.shaus bestand von 959 bis 1033 (→Friedrich I., Dietrich/ →Thierri I., →Friedrich II. und III.). Nach dem Tode Friedrichs I. wußte dessen Witwe Béatrice, Schwester von Hugo Capet, als Vormund die Erbfolge des jungen Thierri I. zu wahren. In dieser sonst wenig ereignisreichen Periode traten Abkömmlinge des Hzg.shauses (über Sophie, die Tochter Hzg. Friedrichs II.) auch in der Gft. Bar die Herrschaft an.

1033–47 stand L. unter der Herrschaft von Mitgliedern des niederlothr. Hzg.shauses (→Gozelo, →Gottfried der Bärtige). Ks. Heinrich III. entschloß sich 1047, das Hzm. an Adalbert zu übertragen; er war der erste Hzg. aus dem sog. Hause Elsaß, das die Metzer Matfridinger beerbt hatte. Sein Bruder →Gerhard (1048–70) schuf erste Grundlagen der Hzg.smacht; er errichtete die Burgen Prény und Nancy und stützte sich auf die Abteien Remiremont, →St-Dié und St-Evre de →Toul einerseits, St-Pierre und St-Martin de →Metz andererseits. Doch hat die Hzg.sfamilie bis ins 13. Jh. eher eine zweitrangige Rolle gespielt. Simon I. (1115–39), Halbbruder Ks. Lothars III., und →Matthäus I. (1139–78), Schwager von Friedrich Barbarossa, mußten sich zumeist auf die Beilegung regionaler Konflikte der Abteien und Gft.en beschränken. Das Hzm., von dem 1070 die Gft. Vaudémont abgetrennt worden war, wurde Gegenstand eines erbitterten Streites zw. →Simon II. (1176–1206) und seinem Bruder →Friedrich (Ferri), der das gesamte deutschsprachige Gebiet zu Lehen erhielt. Unter seinem Sohn →Friedrich III. (Ferri II., 1206–13) wurde die Einheit des Hzm.s wiederhergestellt. Thiébaut I. (1213–20) vereinigte eine Zeitlang das reiche Metzer und Elsässer Erbe der Gf.en v. →Dagsburg, konnte es aber, in Gegensatz zu Ks. Friedrich II. geraten, nicht halten und verstarb ohne Erben. Hzg. Matthäus II. (1220–51), der sich eng an den Gf.en v. →Champagne anschloß, führte im Hzm. frz. Institutionen, u. a. das →Baillage, ein. Seit 1220 traten Konflikte mit den Gf.en v. Bar auf, die bis zur Vereinigung der beiden Fsm.er im 15. Jh. andauern sollten.

Die Regierung →Friedrichs IV. (Ferri III., 1251–1303) markiert eine wichtige Etappe in Errichtung und Festigung der Fürstengewalt; bes. der nö. Herrschaftsbereich, später als 'bailliage d'Allemagne' bezeichnet, wurde ausgebaut. In Nancy, das bereits seit dem 12. Jh. zentraler Hzg.ssitz war, wurde unter Friedrich IV. mit dem Schloßbau begonnen, doch erhielt die Stadt erst unter →Raoul (1328–46) stärkeren Residenzcharakter (Schöffenamt, Kollegiatkirche St-Georges).

Die Politik (bes. die Heiratspolitik) der Hzg.e zeigt während des gesamten 14. Jh. wechselnde Orientierung nach Deutschland und Frankreich. Die Gf.en v. Bar, von Karl IV. 1354 zu Mgf.en v. Pont-à-Mousson, vom Kg. v. Frankreich zu Hzg.en erhoben, bildeten für das Hzm. L. eine starke Bedrohung. →Karl II. (1390–1431) war bestrebt, durch Heirat seiner Tochter Isabella mit dem Erben des Hzm.s Bar, →René I. v. Anjou, die Vereinigung der beiden Hzm.er einzuleiten. Doch durchkreuzte ein Vetter, Gf. Antoine de Vaudémont, diesen Plan, indem er die Militärmacht →Burgunds zu Hilfe rief (Schlacht v. Bulgnéville, 1431). Die Union von L. und Bar konnte erst unter dem Enkel Renés I. und Isabellas, →René II., durchgesetzt werden (1488). Zu diesem Zeitpunkt waren die Bm.er, zunächst Verdun und Toul, dann auch Metz, bereits unter starken Einfluß Frankreichs geraten, das sie 1552 annektierte.

IV. WIRTSCHAFTLICHES UND KULTURELLES LEBEN: L. entwickelte dank seiner geograph. Situation als Durchgangsland zw. Italien und Flandern und als Nahtstelle zw. Frankreich und Deutschland ansehnl. wirtschaftl. Aktivitäten, ohne jedoch eine Spitzenstellung zu erreichen. Die großen Handelsströme des Hoch- und SpätMA erfaßten, oft unter Umgehung L.s, eher das Rheintal und die Champagne. Größere Bedeutung hatte lediglich eine Handelsroute, die, vom Jura herkommend, das Moseltal berührte und über den Col de Bussang Nancy und Metz erreichte. Die Wirtschaft L.s hatte vorwiegend agrar. Grundlagen (Getreide-, Pferdehandel); eine vorindustrielle Gewerbetätigkeit (Eisen, Silber, Glas, Tuche) entwickelte sich allmählich. Das begehrte Salz aus Saulnois trug zum Reichtum von Metz bei, bis der Hzg. seine Hand auf einen Teil der Salineneinkünfte legte (Château-Salins). Das einzige große Zentrum war Metz (ca. 30000 Einw.) mit Münzprägung, Wechselgeschäft und Geldverleih an Adel und Klerus; seit dem 13. Jh. entwickelten sich weitere städt. Mittelpunkte (Verdun, Toul, Neufchâteau, St-Dié, →Épinal, Remiremont u. a.). L. blieb von den großen Krisen des 14. Jh. nicht verschont.

In sozial- und kulturgesch. Hinsicht ist als lothr. Besonderheit bemerkenswert, daß Rittertum und Adelskultur eine zweifache Ausprägung erhielten: im W nach frz., im NO nach dt. Vorbild. Die großen Metzer Patrizierfamilien, zugleich bürgerl. wie adligen Charakters, erlebten, in *paraiges* zusammengeschlossen, einen starken Aufstieg. Ähnl. Züge, wenn auch in abgeschwächter Form, bietet Verdun.

Auch in der geistig-kulturellen und kunstgesch. Entwicklung war L. ein charakterist. Übergangsland, dessen großer europ. Beitrag die →Lotharing. Reform des 10. und 11. Jh. war. In der lothr. Kunst herrschten in der Zeit der Romanik Einflüsse Italiens (Lombardei) und der rhein.-maasländ. Kunst vor, während das Land in der Epoche der Gotik eine Eingangspforte der frz. Kathedralgotik bildete (Kathedralen v. Metz und Toul, ab 1220–25). Im 13. und 15. Jh. bestanden Bildhauerwerkstätten (u. a. Marienstatuetten); die Buchmalerei hatte ihren Höhepunkt zw. 1280 und 1400. Das wichtigste intellektuelle Zentrum war Metz, dessen Patriziat als Auftraggeber von künstler. und lit. Werken (Chronistik, 15.–16. Jh.) hervortrat. Im 15. Jh. ging die Rolle des Mäzenatentums zunehmend an den glanzvollen Hof der Anjou in Nancy und an mit ihm verbundene große Adelsfamilien (meist Angevinen und Provenzalen) über.

V. DER AUSGANG DES MITTELALTERS: Ab 1473 besetzte der Hzg. v. →Burgund, →Karl d. Kühne, das Land, dessen Hauptstadt Nancy er zur Kapitale eines wiedererstandenen Lotharingien machen wollte. Der erfolgreiche Widerstand Hzg. Renés II. v. Anjou und seines Adels (1477: Tod Karls d. K. bei Nancy) gab L. seinen alten Platz im Verband des Reiches zurück. Gleichwohl bilden die Schlacht v. Nancy und die Regierung Renés II. einen tiefen Einschnitt; sie kündigen das L. der Renaissance und der frühen NZ an, geprägt von dem zum Reich gehörenden Hzm.ern und den an Frankreich orientierten Bm.ern.

M. Parisse

Lit.: H. WITTE, L. und Burgund, Jb. der Ges. für lothr. Gesch. und Altertumskde, 2-4, 1890–92 – R. PARISOT, Les origines de la Haute-Lorraine et sa première maison ducale (959–1033), 1909 – CH. AIMOND, Les relations de la France et du Verdunois de 1270 à 1552, 1910 – R. PARISOT, Hist. de la Lorraine, I, 1919 – Hist. de la Lorraine, 1939 – J. SCHNEIDER, Hist. de la Lorraine (Que sais-je?), 1965² – J. A. SCHMOLL GEN. EISENWERTH, L. und die Rheinlande. Ein Forsch.sber. zur lothr. Skulptur der Hochgotik (1280–1340), RhVjbll 33, 1969, 60–77 – Hist.

de la Lorraine, 1977 – J. Schneider, Charles le Hardi, duc de Bourgogne et de Lorraine, Le Pays Lorrain 58, 1977, 19–40 – Cinq-centième anniversaire de la bataille de Nancy (1477), 1978 – A. Girardot, Les Angevins, ducs de Lorraine et de Bar, Le Pays Lorrain 59, 1978, 1–18 – W. Mohr, Gesch. des Hzm.s L., III–IV, 1979–86 – Écriture et enluminure en Lorraine médiévale, 1984 – J.-L. Fray, Nancy-le-Duc, 1986 – Enc. illustrée de la Lorraine, I, II, 1987, 1988 – M. Parisse, Austrasie, Lotharingie, Lorraine (Enc. illustrée de la Lorraine), 1990.

Lothringerepen, Zyklus von vier →Chansons de geste, die sich geogr. um die alte austras. Hauptstadt Metz konzentrieren und ein imaginäres →Lothringen entwerfen, das im Mittelpunkt des Spiels der polit. und kulturellen Kräfte steht. Zustände des 12. und 13. Jh. spiegelnd, sind die L. nicht hist. Analyse gesch. Vorgänge, sondern diese geben allein den Handlungsrahmen ab.

»Hervis de Metz«, das jüngste der Lieder (um 1240/50), erzählt die Geschichte des Begründers der lothring. Dynastie. Durch Sieg über den Kg. v. Köln erringt Hervis das Hzm. Brabant sowie das heutige Lothringen. Im Falle des Hervis hat die edle Herkunft der Mutter die Oberhand über die niedere des bürgerl. Vaters gewonnen. Die bürgerl. Welt hat, trotz der Macht ihres Geldes, die aristokrat. Ideale nicht erstickt. Aber die gesellschaftl. Umwälzungen, die das Lied mittelbar bezeugt, bewirken eine gewisse Schwächung der aristokrat. Werte.

Im Gegensatz dazu triumphieren im »Garin le Loherain«, dem ältesten Lied des Zyklus, die ritterl. Ideale: Hervis v. Metz unterstützt den Kg. v. Frankreich, Karl Martell, im Kampf gegen die heidn. Horden. Nach dem Tode des Kg.s läßt Hervis dessen Sohn Pipin krönen. Nach dem Tode des Hervis stehen dessen Söhne Bègue und Garin mit allen Lothringern an der Seite des frz. Kgtm.s. Kg. Pipin vergilt diese Treue mit der Verleihung von Lehen und Adelstiteln, was den Neid Fromonts und Wilhelms v. Monclin aus dem Stamme der Bordelais weckt. Kämpfe, Hinterhalte, Belagerungen und Massaker können ihren Haß nicht befriedigen. Bègue stirbt auf einer Wildschweinjagd auf dem Gebiet des Fromont und Garin wird aus einem Hinterhalt ermordet. Ihre Söhne Gerbert, Hermant und Gerin setzen den Kampf mit den Bordelais fort.

In allen bekannten Hss. folgt »Gerbert de Metz« auf das »Garin«. Nachdem Gerbert den Bf. Lancelin getötet hat, bittet er Kg. Pipin um Hilfe, um seinen Vater zu rächen. Die Hilfe wird ihm gewährt, hingegen versagt der Kg. den Bordelais und Fromont seine Unterstützung. Die Bordelais werden besiegt und fliehen, brennen jedoch alle Burgen Gerberts bis auf eine nieder. Durch Geschenke gewinnt Fromont Kg. Pipins Beistand. Enttäuscht wenden sich Gerbert und Gerin dem Kg. v. Köln zu, dem sie im Kampf gegen die Sarazenen beistehen. Als Folge ihrer Siege vergrößert sich der Reichtum der Lothringer. Nun hält auch die Liebe Einzug: Gerbert weist das Werben der Kgn. v. Köln und deren Tochter ab, mit der jedoch Gerin die Ehe eingeht. Hermant ehelicht die Tochter Fromonts. Fromont verbindet sich mit den Sarazenen, um die Lothringer zu schlagen, stirbt aber, ohne Gerbert zu besiegen, was auch seinem Sohne Fromondin nicht gelingt. Unterdessen hat auch Gerbert geheiratet und seinen Sohn Yon gezeugt. Hier nun teilt sich die Thematik in zwei Parallelfassungen: das »Yon-Lied« bildet das Ende des Epenzyklus (Gerbert ist getötet), in »Anseïs de Metz« (in dieser Fassung ist Gerbert und der Sohn Gerbert) wird Gerbert von Loeys, dem Sohn der Ludia und des Hermant, getötet. Die Zwietracht im Lager der Lothringer nimmt zu. Anseïs kämpft mit seinen Lothringern gegen Hermant, Gerin gegen die Bordelais. Anseïs wird Kg. v. Köln. Die von Ludia zu Hilfe gerufenen Bordelais, verstärkt durch ein Heer von 20 000 Frauen, schlagen Pipin und die Lothringer vernichtend. Ludia stirbt, aber Anseïs verzichtet nicht auf seine Rache an den Bordelais. Der Krieg wird bis zum Tode der bedeutendsten Lothringer Helden und ihrer Gegner fortgesetzt. Nach dem Tode seiner Frau ehelicht Kg. Pipin Bertha.

Die Sachlichkeit des Garinliedes einerseits und die romanhafte Ausschmückung des Hervis-Epos andererseits sind charakterist. für die Entwicklung des ep. Stils im Frankreich des 12. und 13. Jh. Der wechselseitige Einfluß zw. benachbarten ep. Zyklen (z. B. »Kg.szyklus«) und zeitgenöss. Romanen bezeugt die Veränderungen des ep. Geschmacks. Am Ende des Zyklus ändern sich Form und Inhalt grundlegend. In »Anseïs« finden sich gereimte Abschnitte, welche an die Stelle der traditionellen Assonanz treten. Das zunehmende Eindringen von Märchenhaftem oder höf. Thematik lassen jedoch die myth. Grundlagen nicht vergessen, die den gesamten Zyklus durchdringen. Die Person der Beatrice sowie andere weibl. Figuren des Zyklus stehen mit der Fee Pédauque und den Epiphaniasdamen in Verbindung. Der Name Garin, in Bezug gesetzt zum *loup-garou*, dem myth. Werwolf, erinnert an die idg. Überlieferung der Heldenkrieger mit totemist. (zeichenhaftem) Namen (z. B. *Ulfdnar* 'Krieger im Wolfshemd'). In den L. wird ein Schwanken zw. zwei gegensätzl. Auffassungen von Kgtm. sichtbar, die die Wandlung und das wachsende Ansehen der Kg.swürde im Frankreich des 13. Jh. sichtbar machen: der Kg. ist entweder ein Held der Kreuzzüge und Heerführer oder ein geachteter Verwalter, der sich um den geordneten Gang der inneren Angelegenheiten des Kgr.s kümmert. Verf. des »Garin« könnte ein gewisser Jean v. Flagy sein, doch ist seine Autorschaft für die übrigen Lieder fragl. Die moderne Forsch. betont die Rolle lothring. Kl. bei Ausarbeitung und Verbreitung der L.: Für den Verf. des »Garin« werden Verbindungen zur Abtei von St-Vanne oder dem Kl. v. Flavigny-sur-Moselle vermutet, evtl. Zugehörigkeit zum Kl. St-Amand-sur-Elnon. Ph. Walter

Bibliogr.: Bossuat, Manuel, 24–26, 40f., 46, 52f., 84; 1er suppl. 24, 26; 2e suppl. 19f., 3e suppl., 101, 113f., 118 – Ed.: Hervis v. Metz, ed. E. Stengel, 1903 – Yon or la Venjance Fromondin, ed. S. R. Mitchneck, 1935 – Anseys de Mes, ed. H. J. Green, 1939 – Garin le Loheren, ed. J. E. Vallerie, 1947 – Gerbert de Mez, ed. P. Taylor, 1952 – Lit.: DLFMA, s. v. Geste des Loherains – W. Vietor, Die Hss. der Geste des Loherains, 1876 – L. Gleich, Der landschaftl. Charakter der Geste des Loherens, 1925 – R. K. Bowmann, The connections of the Geste des Loherains with other French Epics and Mediaeval Genres, 1940 – J. L. R. Elanger, Damedieus: the Religious Contexts of the French Epic. The Loherain Cycle Viewed against other Early French epics, 1975 – *Garin:* F. Lot, L'élément hist. de G. (Études d'hist. dédiées à G. Monod, 1896) – Ders., Bègues, Romania 26, 1897 – Ders., Héloïs de Peviers, sœur de G., ebd. 27, 1899 – R. Parmly, The Geographical References in the Chanson de G., 1935 – E. R. Curtius, G. der Lothringer, RF 61, 1948 – A. Iker Gittleman, Le style épique dans G., 1967 – J. H. Grisward, Essai sur G., Romania 88, 1967 – J. Zezula, G. et l'abbaye de St-Amand, Romania 91, 1970 – *Gerbert:* H. J. Green, Fromont, a traitor..., MLN 56, 1941 – F. Lecoy, Sur G.: Lieux et date, Romania 77, 1956 – M. Rossi, Figures royales..., dans G., Sénéfiance 1, 1976 – Dies., Les traîtres dans G., ebd. 5, 1978 – *Anseïs:* A. Adler, Note on the Amazons in A., MLN 61, 1946 – J. Zezula, L'élément hist. et la description d'A., Romania 97, 1976 – *Hervis:* A. Prost, Études sur l'hist. de Metz: les légendes, 1865 – A. Adler, H. and the Matrilineal Nobility of Champagne, RR 37, 1946 – Ph. Walter, H.: le griffon et la 'fée', Vox Romania 45, 1986 – Ders., Géographie et géopolitique dans la légende d'H., Olifant 13, 1988.

Louchard, große Bürgerfamilie in →Arras. Mitglieder des wohl aus der Gegend v. Bucquoy, 20 km südl. von Arras, stammenden Geschlechts treten um 1170 als Lehnsleute der Abtei St-Vaast zu Arras auf. Seit 1232 zählten die L. zu den Großen unter den in Arras so zahlreichen Geldverleihern; nahezu 30 Angehörige der Familie sind als Kreditgeber namentl. bekannt, ihre Klientel fand sich unter den fläm. Städten, dem Adel und den Fs.en. Sieben L. sind als →Schöffen v. Arras belegt. Die bedeutendsten Mitglieder sind *Audefroi* (tätig zw. 1244 und 1273), der das Magdalenenspital stiftete, und *Jacques* gen. *Garet* (1255–95), in seiner Generation der größte Financier, Schwiegervater von Baude Crespin, der als *sergent* und *panetier* einflußreiche kgl. Ämter bekleidete; seine Tochter war Äbt. der Abbaye des Prés zu Douai. Nachdem 1355 in einem Aufstand drei L. erschlagen worden waren, setzte der Abstieg der Familie ein. B. Delmaire

Lit.: E. van Hende, Jacques L., bienfaiteur des pauvres, 1880 – G. Bigwood, Les financiers d'Arras, RBPH, 1924–25 – J. Lestocquoy, Deux familles de financiers d'Arras, L. et Wagon, 1954 [Neudr.: Études d'hist. urbaine, 1966, 163–178] – R. Berger, Littérature et société arrageoises au XIIIᵉ s. Les Chansons et Dits Artésiens, 1981.

Loudun, Burg und Stadt in Westfrankreich (dép. Vienne). Der Hügel v. L. ist seit dem Neolithikum besiedelt; röm. und merow. Siedlungsspuren sind festgestellt worden. Am Ende des 9. Jh. fiel der Ort an die Gf.en v. Anjou (→Angers), die ihn von den Hzg.en v. →Aquitanien zu Lehen hatten. Wie andere Orte der Region litt L. unter den Kämpfen zw. den Häusern der Anjou (Plantagenêt), Blois und Hzg.e v. Aquitanien. Seit dem 11. Jh. entwickelte sich um den mit einem →Donjon befestigten Hügel eine städt. Siedlung, die im 14. Jh. mit einer Mauer umwehrt wurde. Ein von →Tournus abhängiges Priorat entstand im Bereich des castrum, während sich in der aufstrebenden Unterstadt mehrere Pfarreien mit eigenen Kirchen herausbildeten. Karmeliter ließen sich im 14. Jh. nieder. G. Devailly

Lit.: L. Charbonneau-Lassay, Les châteaux de L., Mém. soc. antiquaires de l'Ouest, 1915 – R. Crozet, Châteaux de la Vienne, 1967 – Ders., Églises de la Vienne, 1967 – R. Labande, Hist. du Poitou, 1976 – J. Pitié, La Vienne, 1980.

Louis → Ludwig

Louppy, Raoul de, Gouverneur des →Dauphiné 1361–69, † 3. Jan. 1388, aus hoher lothr.-frz. Adelsfamilie (Stammburg L.-le-Château, dép. Meuse), ⚭ Marie de Conflans aus dem Hause →Dampierre (Champagne). R. de L. lebte am Hofe der mit Frankreich verbündeten Hzg.e v. →Bar. Am 7. Okt. 1361 als Nachfolger Guillaumes de →Vergy († 5. Juni 1365) zum kgl. Gouverneur des Dauphiné ernannt. Dank der wohlerhaltenen Abrechnung sind wir über L.s Amtstätigkeit gut unterrichtet: Sie umfaßte: ausgedehnte Verteidigungsmaßnahmen (u. a. Befestigungen gegen die Angriffe der 'Grandes Compagnies', 1364; Offensiv- und Defensivbündnis mit dem Gf.en v. →Savoyen); 1365 Empfang →Karls IV., der zur Krönung nach Arles (→Arelat) zog (Erhebung einer Subsidie); Abhaltung von →États provinciaux (1366–68); Führung eines Krieges mit dem Gf.en v. →Provence. R. de L. wurde am 10. Dez. 1369 abberufen und kehrte in seine Heimat zurück. V. Chomel

Lit.: E. Maignien, Raoul de Vienne, Bull. de l'Acad. delphinale 16, 1880–81, 35–62 – U. Chevalier, Compte de R. de L...., Bull. d'hist. ecclésiastique ... des dioc. de Valence, Gap ..., 7, 8, 1886–87 – A. Dussert, Les États du Dauphiné aux XIVᵉ et XVᵉ s., 1914, 48–70.

Lovato Lovati, * 1241 in Padua, † 1309 ebda, stammte aus einer Familie von Notaren und war Richter in seiner Heimatstadt. Mit ihm beginnt der sog. Paduaner Prähumanismus: als Kenner und Entdecker einer gr. Zahl lat. Klassiker (u. a. Catull, Tibull, »Silvae« des Statius) kann er zu Recht als Vorläufer Petrarcas (der ihm in Rerum Memorandarum II, 61 hohes Lob zollt) angesehen werden. Grundlegend sind seine Studien zu den im Cod. Etruscus der Abtei Pomposa aufgefundenen Tragödien Senecas. Diese philolog. Arbeit gab nicht nur seinem Schüler A. →Mussato (der mit der »Ecerinis« eine »moderne« Tragödie in der Art Senecas verfaßte) entscheidende Impulse, sondern beeinflußte auch die Diskussion über die lit. Genera, die letztl. den Titel für Dantes »Commedia« liefern sollte. Früchte seiner Vertrautheit mit den auctores sind vier Versepisteln und die mit Mussato gewechselte Tenzone »de prole« in Hexam., die in einer von G. →Dondi zusammengestellten Anthologie überliefert sind. L. schenkte auch der volkssprachl. Lit. große Aufmerksamkeit, v. a. dem Artussagenkreis, den er in klass. Formen darzustellen versuchte. Boccaccio überliefert (ms. Laur. XXXIII, 31) sechs Hexam. eines lat. Gedichtes, das L. über Tristan und Isolde verfaßte. M. Picone

Lit.: R. Weiss, L.L., It.Stud., VI, 1951, 3–28 – G. Billanovich, Il preumanesimo padovano, Storia d. cultura veneta, II, 1976, 19–110 – D. Delcorno Branca, Boccaccio e le storie di re Artù, 1991, 51–68 (Bibliogr.)

Love, Nicholas OCart, Rektor und 1409/10–1421 Prior der Kartause von Mount Grace (North Riding of Yorksh.), † 1424. L.s »Myrrour of the Blessed Lyf of Jesu Christ« stellt die bedeutendste me. Version der →'Meditationes vitae Christi' dar. Die Abfassungszeit läßt sich durch die in einigen Hss. beigegebene, auf 1410 datierte Approbation »ad fidelium edificacionem et hereticorum siue Lollardorum confutacionem« durch Ebf. Thomas →Arundel näher bestimmen. Angehängt ist eine Abh. über das Sakrament der Eucharistie mit einem abschließenden Gebet aus →Seuses »Horologium Sapientiae«. Das Verhältnis zu den lat. Vorlagen und anderen me. Bearb. sowie die Nachwirkung sind noch ungeklärt, jedoch hat L. wohl frühere Übers. benutzt. Auch kennt er me. devotionale Lit., insbes. Walter →Hilton. Im Anhang wird in England entstandenes lat. Schrifttum zitiert. L.s Werk ist breit überliefert (Salter, 1981, nennt 56 ursprgl. vollständige Hss.; vgl. auch STC², Nr. 3259–3268). K. Bitterling

Ed.: L. F. Powell, 1908 [Nachdr.: J. Hogg – L. F. Powell, 2 Bde, 1989] – *Lit.:* E. Salter, N.L.'s »Myrrour ...«, 1974 – Dies., The Mss. of N.L.'s »Myrrour ...« and Related Texts (ME Prose: Essays on Bibliogr. Problems, ed. A. S. G. Edwards – D. Pearsall, 1981), 115–127 – B. Nolan, N.L. (ME Prose: A Critical Guide to Major Authors & Genres, ed. A. S. G. Edwards, 1984), 83–95 – M. G. Sargent, Bonaventura English ... (Spätma. geistl. Lit. in der Nationalsprache, 2, 1984), 145–176.

Lovelich, Henry, 2. Hälfte des 15. Jh. (um 1425), war von Beruf Kürschner *(skinner)* in London. In seiner Freizeit schrieb er für seinen Kollegen Henry Barton, der zweimal auch Oberbürgermeister v. London war, zwei lange Gedichte über Themen aus dem Bereich der Artussagen (→Artus, →Gra(a)l, →Merlin), näml.: 1. »Merlin« mit knapp 28000 Verszeilen und 2. »The History of the Holy Grail« mit knapp 24000 erhaltenen Verszeilen, dessen Anfang jedoch verloren ist. Beide Gedichte entstanden wohl um 1425 und sind in der Hs. Cambridge Corpus Christi College 80 überliefert. Beide sind in vierhebigen, paarweise gereimten Versen abgefaßt und beruhen auf frz. Q.: »Merlin« geht auf den frz. Vulgata-Merlin zurück, die Gralsdichtung auf die »Estoire del Saint Graal«, d. h. beide letztl. auf Robert de Boron. Der lit. Wert von L.s Werk wird gewöhnl. als gering eingeschätzt: es ist aber interessant für die Rezeption der Artusdichtung im engl. Bürgertum des 15. Jh. und für die Entstehung eines Lesepublikums in dieser Zeit. H. Sauer

Bibliogr.: NCBEL I, 398, 414, 686f. – Manual ME 1.I, 1967, 49, 74, 236, 252f. [Nr. 20, 41] – *Ed.:* F. J. FURNIVALL – D. KEMPE, The Hist. of the Holy Grail by H.L., EETS ES 20, 24, 28, 30, 95, 1874–1905 – E. A. KOCK, Merlin, by H.L., EETS ES 93, 112; EETS OS 185, 1904–32 – *Lit.:* R. W. ACKERMAN, H.L.'s Merlin, PMLA 67, 1952, 473–484 – Arthurian Lit. in the MA, hg. R. S. LOOMIS, 1959, 486–488, 506f. [Nachdr. 1961].

Löwe. [1] *Zoologie:* L. (gr.-lat. leo), im MA meist nur aus antiken Q. bekannte Großkatze mit zwei Arten. Die naturkundl. Enzyklopädiker (Alexander Neckam, nat. rer. 2, 148f.; Bartholomaeus Anglicus 18, 63f.; Konrad v. Megenberg III. A. 37; Thomas v. Cantimpré 4, 54 mit gelehrter Erklärung der angebl. Erweckung der Jungen; Vinzenz v. Beauvais 19, 66–75) beschränkten sich fast nur auf die z.T. richtigen Angaben zu Aussehen, Lebensweise und Verhalten (v.a. gegenüber Menschen) des symbolträchtigen (vgl. u.a. den →Physiologus und Hrbanus Maurus, univ. 8, 1) »Königs der Tiere« aus den zoolog. Schriften des Aristoteles, Plinius (bes. n.h. 8, 41–58) und Solinus (27, 13–22). Organotherapeut. Verwendung, vgl. Vinz. 19, 75, stammt meist aus Plinius (n.h. 28, 89–90), bei Albertus Magnus (animal. 22, 108) aus Ps.-Rasis (c. 1).

Ch. Hünemörder

Q.: →Albertus Magnus, →Alexander Neckam, →Bartholomaeus Anglicus, →Hrbanus Maurus, →Konrad v. Megenberg – Ps.-Rasis, De fac. part. animal. (Abuberti ..., Rhazae opera exquisitiora, Basel 1544) – Solinus, Collectanea rerum memorabilium, ed. TH. MOMMSEN, 1895[2] [Neudr. 1958] – Thomas Cantimpr., Liber de nat. rerum, T. 1, ed. H. BOESE, 1973 – Vinc. Bellov., Speculum nat., 1624 [Neudr. 1964].

[2] *Ikonographie:* Ausgehend von altoriental.-myth. Vorstellungen des L. (Herrscher-, Sonnen- und Todessymbol, Tempel- und Grabeswächter) beruht die ma. Symbolik wesentl. auf bibl. Q.: zwei L. stehen an den Lehnen, zwölf auf den Stufen des Throns Salomos (3 Kge 10, 18–20); der L. ist Symbol des Bösen bzw. des Teufels (Ps 22 [21], 14, 1 Petr 5,8); als »L. vom Stamme Juda« (Gen 49,9) ist er nur auf Christus bezogen (Offb 5,5) und auch im →Physiologus auf Menschwerdung, Tod und Auferstehung Christi gedeutet. Entsprechend vielfältig ist der bildl. Symbolgehalt des L.: meist kämpfend, mit Beute oder aufgesperrtem Rachen dargestellt, verkörpern sie generell das Dämonische. Als Bauplastik dienen sie, oftmals an untergeordneter Stelle und in dienender Funktion (Säulenträger, Türzieher), zugleich als Zeugen dämon. Machtlosigkeit, als Wächter oder als Hinweis auf die Funktion der Kathedrale als Sitz bf. Macht. L. zu Füßen von Grabmalsfiguren (→Grab) sind Attribut, Wächter, Auferstehungssymbol oder Zeichen der Überwindung des Bösen. Der Sieg Christi und Mariens über den Teufel wird nach Ps 91 (90), 13 durch den Triumph Christi (»Psalm-Christus«) und Mariens über Drache und L. gefaßt und auch auf andere Themen (Verkündigung, Kreuzigung) übertragen. Umstritten ist die Herleitung der auf L. stehenden oder thronenden »L.madonnen« des 14. Jh.s. »Psalm-Christus«, Maria als Thron Salomonis, der L. als Attribut Davids. Die Höllenfahrt Christi ist in den L.kämpfen Davids (1 Sam 17,34f.) oder Simsons (Ri 14,5), die Überwindung des Todes im Aufenthalt Daniels in der L.grube (Dan 6,2–29) präfiguriert. Als direktes Christussymbol erscheint der L. in Illustrationen zu Offb. 5,5 (Grandval-Bibel; London, Brit. Libr. Ms. Add. 10546; Tours, 835–840; fol. 449r) sowie als Richter und Erlöser (Tympanon, W-Portal, Kathedrale v. Jaca, Aragón; vor 1100). Häufiger sind durch den Physiologus beeinflußte Bidlformulierungen: der Gekreuzigte mit offenen Augen (Rabbula-Cod.; Florenz, Bibl. Med. Laur. Plut. I 56; syr., 586; fol. 13 a) ist von dem mit offenen Augen schlafenden L. herzuleiten; der L. selbst (Bamberger Evangeliar; München, Clm 4454; Reichenau, um 1020; fol. 86v) bzw. die Erweckung der totgeborenen L.jungen durch den Hauch des Vaters sind Symbol bzw. Typus der Auferstehung Christi. Der L. ist Symbol des Markus (→Evangelistensymbole) und Teil der →Maiestas Domini (vgl. Ez 1; Offb 4,1–11). Die zwölf L. am Thron Salomos, Vorbild vieler ma. Herrscherthrone, verkörpern die zwölf Stämme Judas, die Apostel und das Credo. Der L. ist Attribut von Tugenden (Beharrlichkeit, Mäßigkeit, Stärke) und Lastern (Stolz), ebenso, im Sinne kirchl. Dienstbarmachung, zahlreicher Hll., so des →Hieronymus. S. a. Tierkreis.

U. Liebl

Lit.: LCI III, 112–119 – F. GANDOLFO, Il 'Portico lombardo' ..., Storia dell'arte 34, 1978, 211–220 – P. G. J. POST, Conculcabis leonem ... – Some Iconographic and Iconologic Notes on an Early Christian Terracotta-Lamp with an Anastasis-Scene, Rivista di Archeologia Crist. 58, 1982, 147–176 – C. DAVIS-WEYER, »Aperit quod ipse signaverat testamentum« (Studien zur ma. Kunst, 800–1250. Fschr. F. MÜTHERICH, hg. K. BIERBRAUER – P. K. KLEIN – W. SAUERLÄNDER, 1985), 64–74 – P. REUTERSWÄRD, The Lion, the Lily and the Tree of Life, Konsthistorisk Tidskrift 54, 1985, 147–151.

[3] *Heraldik:* Der L. gehört herald. in die Gruppe der gemeinen, natürl. Figuren ist neben dem →Adler das am häufigsten vorkommende Tier in der →Heraldik. Er gilt als Symbol für Kraft und Gewandtheit, ihm wird der Titel des Kg.s der Tiere zugeschrieben. Im MA sorgte für die Beliebtheit des L.n der →Physiologus, dessen Charakterisierung ihn mit Christus vergleichen ließ. Der L. erscheint oft in der Verbindung mit Herrschenden, z. B. auf kgl. Majestätssiegeln, Grabsteinen oder als Schildhalter. Sehr viele Kg.s- und Fs.engeschlechter trugen und tragen den L., wahrscheinl. einer der ersten Wappentiere, auf ihren Wappen (z. B. die Staufer, die Welfen [Welf = Welp = junger L.; vgl. →Heinrich der L.], die Kg.e v. England, Schottland, Böhmen, León, Dänemark, Norwegen etc.). Auf dem Schild wird der L. stark stilisiert dargestellt, entweder springend (= *lion rampant*) oder schreitend (= *léopard*). Die Ausführung auf dem Wappen paßt sich dem zeitgenöss. Stil an. In der Gotik findet man einfache, klare Darstellungen, die dann immer üppiger wurden. In der Renaissance trägt der L. eine phantasievoll flatternde Mähne und Haarbüschel an den Gliedergelenken. Er ist stets bewehrt, d. h. er hat eine ausgeschlagene Zunge und deutlich gezeichnete Krallen. Der L. kann mit allen Farben, beiden Metallen sowie Pelzwerk tingiert werden; die Bewehrung ist in der Regel anders tingiert. Dies ermöglicht eine sehr große Zahl von unterschiedlichsten Wappen. Der L. kann »verstümmelt« sein, d. h. ohne Zunge und Krallen. Dem L.n können sog. Beizeichen beigegeben werden: verschiedene Gegenstände (Waffen, Blumen etc.) in den Vorderpranken, er ist gekrönt, trägt eine Halskrause oder ein Halsband mit Kette, er wird mit Sternen, Kreuzchen etc. belegt oder geteilt, gespalten etc. Manche dieser Beizeichen sind sog. Wappenbesserungen (z. B. der doppelte Schweif des böhm. L.n) oder -minderungen (z. B. die sogenannte Verkappung, d. h. dem L.n wird ein Helm aufgesetzt; so im Wappen der böhm. Stadt Außig/Elbe).

V. Filip

Lit.: O. NEUBECKER, Heraldik, 1977 – D. L. GALBREATH – L. JÉQUIER, Lehrbuch der Heraldik, 1978.

Löwen (ndl. Leuven, frz. Louvain), Stadt in →Brabant (heute Belgien, Prov. Brabant), im MA zum Bm. →Lüttich (seit 1559 Bm. Mecheln).

[1] *Anfänge:* Im NO außerhalb des ma. Stadtareals ist ein 'oppidum' (Schutzhügeltypus) aus der Hallstatt- und La Tène-Zeit (650 v.Chr. – 25. n.Chr.) festgestellt worden. In

der Römerzeit (Ende 1. Jh. – Mitte 3. Jh.) existierte eine bescheidene Siedlung nahe der Kreuzung der Dijle mit einer Römerstraße von sekundärer Bedeutung. Eine karol. Grafenburg wird weiter südl. am linken Ufer angenommen ('Vetus Castellum'), wohl identisch mit »dem Ort genant Lovon«, der von 884 bis zum Herbst 892 festes Lager der Normannen war (891: Sieg Arnulfs v. Kärnten), danach wieder Sitz der Nachkommen der karol. Gf.en.

Die Existenz einer feudalen Befestigung an diesem Platz um 1000 ist kaum zu bezweifeln. In der Nähe fand man eine Wurt, einen 'Ham' (d. h. eingehegte Weide), mehrere grundherrl. Mühlen und eine Kapelle, geweiht St. Quintin (wohl nach →St-Quentin, dem Verbannungsort des L.er Gf.en Lambert). Um 1000 verlegte Gf. Lambert seinen Hof weiter stromabwärts in die Nähe des alten Flußübergangs und einer älteren Siedlung. Die zugehörige Peterskirche wurde von ihm vielleicht in Stein erbaut und vor 1015 mit einem Stift für sieben Kanoniker dotiert. Die nahe Insel, auf der sich die neue Burg erhob, wurde vermutl. künstl. angelegt.

L., zentraler Sitz der Gf.en v. L., seit 1106 Hzg.e v. →Niederlothringen (später v. →Brabant), gewann mit der wachsenden Macht seiner Herren an Bedeutung. Möglicherweise hat schon Hzg. →Gottfried VI. (I.) († 1139) hier Münzen geschlagen; in der Nähe gründete er die Prämonstratenserabtei Park (1128–29) und das Benediktinerpriorat Vlierbeek (1125–38). →Gottfried VII. (II.) († 1142) gab der Peterskirche, jetzt hzgl. Grablege, weitere Schenkungen. Er oder sein Nachfolger war beteiligt am Bau einer steinernen Befestigung um die Burg, St. Peter und einige Siedlungen (60 ha); sie ließ aber andere Viertel ungeschützt.

[2] *Stadtgemeinde:* Außer hzgl. Lehnsleuten und →Ministerialen wohnten dort Freie und halbfreie →Zensualen (Zinsleute) von St. Peter ('St.-Petermannen'). Beide Gruppen zahlten Zins an den Hzg. oder St. Peter für die Bodennutzung und genossen einen privilegierten Status. Da der Hzg. Vogt des Stiftes war, galt sein Gericht für beide Gruppen, die allmählich verschmolzen und das *L.er Schöffengericht* (belegt seit 1131/40) bildeten. Ihr Gewohnheitsrecht ('Leges lovanienses') wurde seit 1160 vom Hzg. vielen befreiten Orten und Dörfern verliehen. Die geschützte und verkehrsgeograph. vorteilhafte Lage an der schiffbaren Dijle und an einem Straßenkreuz zog viele Landbewohner aus der Umgebung an. Durch Verschwägerung gelang es einigen dieser Zuzügler, an den polit. und rechtl. Privilegien der alten Geschlechter teilzuhaben. Im 12. Jh. gewann der Ort, angeregt durch den aufblühenden Handelsverkehr zw. Nordsee und Rhein, städt. Charakter und entwickelte eine differenzierte wirtschaftl. Struktur (Märkte, Kaufhäuser, Kaufleutegilde, mehrere Kapellen). Schon um 1080 wird ein Spital für Reisende, 1140 ein hzgl. Zoll erwähnt.

Neue Kl. (St.-Gertrudis-Abtei der regulierten Augustinerchorherren, Templer, Viktorinerinnen und bes. die Bettelorden: Dominikaner 1233, Franziskaner um 1233, Augustinereremiten um 1236), zwei Beginenhöfe, ein Leprosorium, Schulen (alle belegt in der 1. Hälfte des 13. Jh.) und die Teilung der Pfarrei (1252) illustrieren die wachsende Bedeutung L.s. Einige neue Pfarreien wurden auch außerhalb der Stadtmauer gegründet. Hzg. →Heinrich I. v. Brabant überließ die Befestigung 1234 der Stadt, da er seine Residenz in eine Burg am Stadtrand verlegt hatte. Durch innere Streitigkeiten zerfiel das L.er →Meliorat in zwei Parteien ('Geschlechter'): *Kölner* und *Blankarde*. Während eines Kampfes um die brabant. Erbfolge um 1265 vertrieben die Kölner ihre Gegner, die den jüngeren Herzogssohn →Johann (I.) unterstützten, aus der Stadt. Nach dessen Thronbesteigung mußte die rebellische Stadt sich fügen (1267), doch bevorzugten die Hzg.e seitdem →Brüssel als Residenz. Von nun an wurden die sieben →Schöffen jährlich vom Hzg. ernannt. Mittlerweile hatte die Stadtgemeinde, neben den hzgl. Schöffenrichtern, eigene Vertreter (zwei Bürgermeister und Ratsherren) gewählt (belegt 1234).

[3] *Tuchgewerbe und städtische Auseinandersetzungen im 14. Jh.:* In der 2. Hälfte des 13. Jh. entwickelte L. ein hochwertiges Tuchgewerbe, dessen Produkte in den gesamten europ. Raum exportiert wurden. Bereits vor der Mitte des 14. Jh. geriet es jedoch in Schwierigkeiten. Diese Krise, verbunden mit der hohen städt. Steuer, die z. T. der Finanzierung einer neuen riesigen Stadtmauer (410 ha) diente, trieb die Weber und sonstigen Handwerker zum Aufstand. Unter Führung des hzgl. Meiers Peter →Coutereel erhielten die Zünfte 1360 erstmals polit. Mitspracherecht, doch blieb die Stadt bis 1383 Schauplatz erbitterter Auseinandersetzungen zw. dem erbl. Meliorat und den Zünften. Dies führte zu einer Machtteilung, wobei aus dem Meliorat (nur einige hundert Familienoberhäupter) einer der Bürgermeister, vier der sieben Schöffen (zwei Kölner, zwei Blankarde), elf der 21 Ratsherren (sechs Kölner, fünf Blankarde) und die Hälfte der acht Vorsteher der Tuchgilde hervorgingen. Die Mitglieder der Tuchgilde und der Zünfte (in zehn 'Körperschaften' gegliedert) stellten die übrigen städt. Amtsträger und die vier Schatzmeister. Ein 'Breiter Rat', in dem die vier 'Glieder' (Stadtrat, Vertreter des alten Meliorats, Vorsteher der Tuchgilde, Vorsteher der Zünfte) vertreten waren, stimmte über neue Steuern und Anleihen sowie hzgl. »Beden« ab.

Der Bürgerkrieg und die hohen Reparationszahlungen an den Hzg. steigerten die städt. Steuern, die die Produktionskosten der L.er Gewerbe in die Höhe trieben. Die polit. Unruhe und die Beschlagnahme von L.er Tuchen und anderen Waren durch Gläubiger verschärften die Krise. Die Ansätze einer Erneuerung des Tuchgewerbes waren zu zögernd, um gegen die Konkurrenz der engl. und einheim. ländl. Textilproduktion aufzukommen. Mehr Erfolg hatte die Umstellung auf Luxusgewerbe (feine Lederwaren und Leinwand, Teppichweberei).

[4] *Universität:* L. bemühte sich mit wechselndem Erfolg, den hzgl. Hof wieder in seine Mauern zu ziehen. Seit 1418 gab die Stadt jährl. Beihilfen zum Aufbau eines hochwertigen Unterrichtswesens, das viele Studenten anlockte. 1425 ersuchte die Stadt Hzg. →Johann IV. v. Brabant, den Papst dringend um ein 'Studium Generale', eine Universität, zu bitten. Hzg. und Stadt versprachen, die materielle Ausstattung der Univ. und die Gehälter der Professoren zu tragen und Lehrern wie Studenten weitreichende jurist. und fiskal. Immunität zu gewähren. Am 7. Sept. 1426 wurde die Univ. feierlich inauguriert kraft der Stiftungsbulle Martins V. (9. Dez. 1425). 1432 erhielt L. von Eugen IV. eine theol. Fakultät. Die 'Artes'-Fakultät wurde 1435 in vier 'Nationen' eingeteilt: Brabantia, Gallia, Flandria und Hollandia. Zahlreiche Vorlesungen wurden gehalten in den vier Pädagogien (Lilie, Falke, Burg, Schwein) und seit 1432 in einem Teil der Tuchhalle, den die Stadt den Fakultäten für Theologie, Rechte und Medizin überlassen hatte. Probleme der steuerl. Immunität führten zu Auseinandersetzungen zw. Stadt und Univ. 1428 und 1432 wurde die Univ. von Hzg. Philipp und Papst Eugen IV. mit je 15 Präbenden an St. Peter dotiert, deren Vergabe den L.er Bürgermeistern oblag und die die finanzielle Bürde der Stadt beträchtl. erleichterten.

[5] *Ausgang des Mittelalters:* In der burg. Ära brachten

eine bedächtigere Finanzpolitik und aufblühende Luxusgewerbe, die über die brabant. Messen exportiert wurden, der Stadt Wohlstand, der sich in reicher Bautätigkeit (got. Rathaus 1448, Kirchen) und einer eigenen Malschule (D. →Bouts) ausdrückte. Die seit dem 14. Jh. rückläufige Bevölkerung scheint sich bei 18 000 Einw. eingependelt zu haben. Vermutl. stieg aber die Zahl der Notleidenden; Handwerksgesellen, denen die Zünfte zunehmend den Schutz versagten, und ungelernte Arbeiter litten unter zykl. Krisen und unter dem Niedergang des Tuchgewerbes und Weinbaus.

Nach dem Tode Karls d. Kühnen (1477) brach wie in anderen Städten der burg. Niederlande ein Aufstand gegen den Stadtrat aus, dem Korruption und Willfährigkeit gegenüber der burg. Herrschaft vorgeworfen wurde. Die Empörer errichteten neue Zünfte (Weingärtner, Säger) oder wechselten eigenmächtig die Zunftvorstände aus. Die Stadtgemeinde organisierte sich in militär. Aufgeboten unter Zehn- und Hundertmännern; ihr Hauptmann ('Kapitän') Paul Leunkens war ein wohlhabender Fleischer. Das der Hzg.stochter Maria v. Burgund abgerungene Privileg (29. Mai 1477) gestand den Hundertmännern gemeinsam mit den Vertretern der Zünfte die Teilnahme am 'Breiten Rat' als viertes 'Glied' zu. Bereits im Dez. 1477 widerrief Maximilian jedoch alle diese Neuerungen. Seine autoritäre Regierung löste neue Aufstände in L. und anderen Städten Brabants und Flanderns aus. Die hohen Militärausgaben, die ungeheure Buße, die der Stadt nach dem Scheitern der Erhebung auferlegt wurde, und die starken Zerstörungen haben L. finanziell und wirtschaftlich zugrundegerichtet. Es mußte fortan, unter Verzicht auf die angestrebte Vormachtstellung, als eine der vier 'Hauptstädte' Brabants, finanzielle Bevormundung durch die Zentralregierung hinnehmen. R. van Uytven

Lit.: Mededelingen (heute: Jaarboek) v. d. Geschied- en Oudheidk. Kring voor L. en omgeving I, 1961ff. – J. CUVELIER, La Formation de la Ville de L. des origines à la fin du XIVe s., 1935 – DERS., Les institutions de la Ville de L. au MA, 1935 – R. van UYTVEN, Stadsfinanciën en Stadsekonomie te L. van de XIIe tot het e. der XVIe e., 1961 – DERS., Leuven 'De Beste Stad van Brabant' I, 1980 – J. ROEGIERS – E. LAMBERTS, De universiteit te L. 1425-1985, 1988.

Löwengroschen (ndl. *Leeuwengroot*). Mit der Trennung von der frz. Währung wurde in Flandern 1337 der L. (offiziell *grand blanc*) zu 12 Pfennigen eingeführt und bis 1384 in großer Menge geprägt. Er zeigt auf der Vorderseite den flandr. Löwen, auf der Rückseite ein Langkreuz mit doppelter Umschrift. Der L. wurde als gemeinsamer Münztyp verschiedenen Verträgen (→Münzvereine), u. a. 1339 zw. Flandern und Brabant, zu Grunde gelegt. Er wurde in zahlreichen ndl. Münzstätten nachgeahmt.
P. Berghaus

Lit.: F. v. SCHROETTER, Wb. der Münzkunde, 1930, 359 – H. ENNO VAN GELDER, De Nederlandse munten, 1976^6, 32-34, 263.

Löwenstein, Gf.en v., Gft. Nach dem Tode Gf. Adalberts II. v. →Calw 1099 übernahm sein Sohn Gottfried II. († um 1131) das Erbe weitgehend. Adalbert, der Sohn des vor dem Vater verstorbenen Bruders Gottfried, wurde mit Burg und Gft. L. abgefunden. Als Gottfried II. ohne Söhne starb, konnte Adalbert († um 1146) in heftiger Fehde mit dessen Schwiegersohn, Hzg. →Welf VI. Calw, die Vogtei über Kl. →Hirsau und einen Teil der Calwer Erbschaft erlangen. Unter seinen Söhnen wurde die neue Herrschaft Calw-L. neuerl. aufgeteilt. Die Gft. L. fiel an Berthold (1152/67; Söhne wohl: Gottfried, Adalbert). In der nächsten Generation stand Gf. Gottfried (erw. 1231/35), dessen Sohn Gottfried die Gft. L. mit den Burgen L. und Wolfsölden und der Vogtei über Kl. →Murrhardt

1277 an das Bm. →Würzburg verkaufte. Mit Gottfrieds Töchtern Richinza und Agnes erlosch die erste Familie der Gf.en v. L. Das Bm. Würzburg verkaufte die Gft. L. 1281 an Kg. Rudolf v. Habsburg weiter, der sie Ende 1282/Anfang 1283 seinem illegitimen Sohn Albrecht v. Schenkenstein verlieh. Von Gf. Albrechts acht Kindern hatte nur Nikolaus († 1339) Söhne: Albrecht († 1380/82) und Rudolf († 1380/81), Domherr in Würzburg. Die vier Söhne Albrechts hatten keine Nachkommen. 1453 verzichtete dessen Sohn Georg († 1464), Domherr in Bamberg, auf alle Rechte zugunsten des Pfgf.en. I. Eberl

Lit.: CH. F. V. STÄLIN, Wirtemberg. Gesch., 2, 1847, 366ff. – G. FRITZ, Die Gesch. der Gft. L. und der Gf.en v. L.-Habsburg vom späten 13. bis zur Mitte des 15. Jh., 1986.

Löwlerbund → Ritterbünde, -gesellschaften

Lübeck, Hafenstadt an der sw. Ostseeküste (Schleswig-Holstein); Bm.
A. Stadt – B. Bistum
A. Stadt
I. Topographie, Stadtentwicklung und Archäologie – II. Geschichte – III. Gesellschaftliche Entwicklung und Verfassung – IV. Wirtschaft und Hanse.

I. TOPOGRAPHIE, STADTENTWICKLUNG UND ARCHÄOLOGIE: Gf. Adolf II. v. Holstein gründete 1143 die (erste) civitas L. auf der von Trave und Wakenitz umflossenen Halbinsel in seinem neuen Herrschaftsgebiet →Wagrien. Name und Funktion als Fernhandelsplatz übernahm sie von dem weiter flußabwärts gelegenen slav. Liubice (→Alt-Lübeck). Die genaue Lage der civitas ist unbekannt, jedoch deuten neuerdings archäolog. Befunde auf den Bereich um St. Petri. Germ. und slav. Vorbesiedlung auf der Halbinsel ist archäolog. belegt, spätslav. Siedlungen sind aber nicht in situ nachgewiesen. Die für Kaufleute aus dem Hzm. Sachsen günstig zur Ostsee gelegene Stadt entwickelte sich rasch und schmälerte die Einkünfte Hzg. Heinrichs d. Löwen in →Bardowick. 1147 sind zahlreiche Schiffe im Hafen des dreiteiligen Siedlungsgefüges (urbs/castrum, civitas, forum) erwähnt. Der Hzg. verbot um 1156 den Fernhandelsmarkt in L. und erzwang schließlich nach der mißglückten Gründung einer Stadt wakenitzaufwärts die Abtretung der Halbinsel, wo er 1159 die (zweite) civitas wieder aufbauen ließ (Lage unbekannt). 1160 verfügte er die Verlegung des Bf.ssitzes des Bm.s →Oldenburg auf den s. Teil der Halbinsel (Domweihe 1163, Grundsteinlegung der steinernen Domkirche 1173/74). Der Bereich zw. Hafen (Uferbefestigung archäolog. um 1157 datiert) und Marienkirche wurde spätestens nach 1160 besiedelt, um 1220 die Stadtmauer weiter an die Trave vorgeschoben; →Gründerkonsortium und Gründungsparzellen einheitl. Größe sind von der Forsch. inzwischen widerlegt. Die bürgerl. Stadt (Einwanderung v. a. aus Westfalen) entwickelte sich nach O auf das 1172/77 gegründete Johanniskl. zu, das um 1182 erreicht wurde. 1181/88 fiel das Gebiet von Bf. und Domkapitel unter das Stadtrecht, wodurch die Einkreisung der bürgerl. Stadt verhindert wurde. Eine vielleicht um 1190 von Gf. Adolf III. im N der Halbinsel gegründete Gegenstadt bildete wohl 1217, als Burg und Stadt gemeinsam ummauert wurden, spätestens aber 1226 mit der civitas zusammen einen geschlossenen Rechtsbezirk. Die in den 1180er Jahren begonnenen Baulandgewinnungsmaßnahmen in den sumpfigen Einbuchtungen der Trave im NW und SW der Halbinsel scheinen um 1250 abgeschlossen gewesen zu sein, Teile des NO werden Ende des 13. Jh. als nova civitas bezeichnet. Mit der dritten Aufstauung der Wakenitz (1291) bekam die Halbinsel ihre bis ins 19. Jh. hinein

gültige Form. L. entwickelte bis dahin keine Vorstädte. Größe und Form der fünf Kirchspiele weisen auf den Gang der Aufsiedlungsgesch. (Dom/St. Nikolai 1163, forensis ecclesia = Marienkirche [?] 1163, St. Petri 1163/70, Aegidienkirche 1227, Jakobikirche 1227). Der Innenausbau der Stadt mit Kapellen (Johanniskapelle 1175), Kl. (Franziskanerkl. St. Katharinen 1225, Dominikanerkl. St. Maria-Magdalena 1229), dem Hl.-Geist-Hospital (erste Gründung 1234, Verlegung an den Koberg 1284) und dem Rathaus/Gewandhaus (1230/40) wurde durch zwei Stadtbrände 1251 und 1276 nicht nachhaltig gestört und war um 1300 im wesentl. abgeschlossen; das Straßennetz blieb vom 12./13. Jh. bis heute nahezu unverändert. Vorherrschender Haustyp war seit dieser Zeit in den übergeordneten Straßen das giebelständige Dielenhaus, in den nachgeordneten Straßen das traufständige Haus, oft mehrere Häuser »unter einem Dach«. Die Gesamtfläche betrug ca. 113 ha, die Einw. zahl um 1300 bei 1736 Grundstücken ca. 15000; 1399 bei 1876 Grundstücken ca. 20000.
    R. Hammel-Kiesow

II. GESCHICHTE: Nach dem Sturz Hzg. Heinrichs d. Löwen eroberte Ks. Friedrich I. L. 1181 und legte im Privileg von 1188, das nur als L.er Fälschung von ca. 1225 überliefert ist, aber von Ks. Friedrich II. 1226 vollinhaltl. bestätigt wurde, die Grenzen des L.er Territoriums gegenüber den mecklenburg., lauenburg. und holstein. Nachbarn fest (Trave bis zur Mündung, mit ihren Ausbuchtungen Pötenitzer Wiek, Dassower See mit Zuflüssen, Stecknitz bis Möllner See, Wakenitz bis Ratzeburger See). Nach seiner Restitution wurde Hzg. Heinrich wieder Stadtherr, seit 1192 von Gf. Adolf III. v. Holstein, 1201–25 von Knut VI. und Waldemar II. v. Dänemark abgelöst. Die Zugehörigkeit zum dän. Ostseeimperium nutzte das aufstrebende L., indem es bei der Christianisierung und Erschließung des O die Funktion als Ausschiffungshafen für Kaufleute und Ordensritter auf dem Weg ins Baltikum und nach Preußen übernahm. Bewidmung mit →lüb. Recht zeugt von L.s Mitwirkung (verwandtschaftl. Verbindungen!) bei den von O her beginnenden Stadtgründungen am s. Ostseesaum. 1226 verlieh Ks. Friedrich II. L. die Reichsfreiheit (bis 1937) und bestimmte benachbarte Fs.en als rectores oder Schirmvögte (z. T. auch von L. selbstherrl. ernannt), die bis 1317 (Kg. Erich VI. Menved v. Dänemark) fungierten. Die Zoll- und Handelsbestimmungen der ksl. Privilegien realisierte L. durch die notwendige Sicherung der über den schleswig.-holstein. Isthmus nach S verlaufenden Handelsstraßen aufgrund von Bündnissen zuerst mit Hamburg (1230, 1241), später im Rahmen einer stark von L. getragenen Landfriedenspolitik (1283–1354). Für denselben Zweck, aber auch als Kapitalanlage erwarben L., seine Bürger und seine Stifter seit Anfang des 13.Jh. Dörfer im Hzm. Sachsen-Lauenburg, in Mecklenburg, in Ostholstein, bis nach Pommern (1320/29 Befestigung und Dorf Travemünde, Pfandschaften wie Vogtei Segeberg, Trittau, Stadt Kiel nur zeitweise L.s Besitz, Vogtei Mölln 1369–1683, 1420 Eroberung Bergedorfs durch L. und Hamburg). 1398 wurde der Stecknitz-Kanal zw. L. und Lauenburg/Elbe eröffnet. Streitigkeiten zw. Bürgerschaft und Rat auf der einen und dem Bf. v. L. auf der anderen Seite um die Kirchenhoheit in den 1230er Jahren, 1277–86, 1296–1317 wurden zugunsten der Stadt beigelegt. Die erfolgreiche Auseinandersetzung mit dem dän. Kg. Waldemar IV. 1361–70 (Friede v. →Stralsund) sah L. auf dem Höhepunkt polit. und wirtschaftl. Bedeutung. Der Besuch Karls IV. 1375, äußeres Zeichen für das damalige Gewicht L.s im polit. Kalkül des Ks.s, blieb Episode; de facto war L. autonom. L. war zwar keine »Freistadt« im staatsrechtl. Sinn des 14. und 15. Jh., leistete aber dennoch keine Huldigung jeweils bei Regierungsantritt eines neuen Kg.s, sondern nur jeder neugewählte Ratsherr huldigte dem Reich. Von 1284–1805 wurde eine Reichssteuer von 750 Mlüb. gezahlt. Das 15. Jh. zwang L. zur mühsamen Wahrung seines polit. Einflusses sowohl gegen Dänemark als auch gegen innerhans. Zentrifugalbestrebungen; nicht immer lassen sich lübeck. und hans. Belange trennen. Die machtpolit. Folgen der Personalunion Schleswigs und Holsteins mit Dänemark seit 1460 werden erst in der Zeit der reformator. Unruhen für L. virulent, als L. seine europ. Bedeutung verlor. Bleibend war jedoch die Vermittlung kultureller Errungenschaften, wie des Baustils (Backsteingotik), der nd. Sprache als Verkehrssprache (bedeutende L.er Chronistik), des Buchdrucks seit 1475 und des westeurop. Kunstschaffens nach Nord- und Osteuropa.
    A. Graßmann

III. GESELLSCHAFTLICHE ENTWICKLUNG UND VERFASSUNG: Im 13. Jh. versuchte die wohl seit der Stadtgründung tonangebende Fernhändlerschaft, sich als Führungsgruppe aus der Gesamtbürgerschaft (bis Ende 13. Jh. in Vollbürger, Bürger und Einw./Beisassen gegliedert) herauszulösen (Bildung von →Bruderschaften; seit 1365 →Fahrerkompanien, 1379 Zirkelges., Mitte des 15. Jh. Kaufleute- und Greveradenkompanie), bildete jedoch während des MA kein geschlossenes Patriziat. Bürgerl. Unruhen sind bis zur Reformation aus nur dem Ende des 14. Jh. (1380 und 1384 Knochenhauerunruhen und -aufstand) und aus dem Beginn des 15. Jh. (1408 neuer Rat, Auszug zahlreicher Mitglieder des alten Rats, 1415 Rückkehr des alten Rats) überliefert. Die soziale Struktur der Einw.schaft war aufgrund der wirtschaftl. Bedeutung der Stadt relativ ausgeglichen. Eine Polarisierung von reich und arm setzte erst gegen Ende des 15. Jh. nach jahrzehntelangem wirtschaftl. Abschwung ein. Der Rat (erstmals 1201) entwickelte sich nach dem Erwerb der Reichsfreiheit von einer Verwaltungskörperschaft zur Obrigkeit (1263 Hochgerichtsbarkeit beim Rat) und erreichte das Kooptationsrecht (gefälschte Ratswahlordnung Heinrichs d. Löwen, Ende 13. Jh.).
    R. Hammel-Kiesow

IV. WIRTSCHAFT UND HANSE: Die günstige verkehrsgeogr. Lage ließ L. im Laufe des 13. Jh. zur führenden Handelsstadt des Ostseeraums werden. Zunächst unter dem Schutz Hzg. Heinrichs d. Löwen (1161 Gotlandprivileg), später unter dem Schutz des dän. Ostseeimperiums (1201–25), gelang es den Kaufleuten der Stadt, gestützt auf die Hauptwaren Salz, Heringe, Tuche, wohl seit dem 13. Jh. auch Getreide, die Führungsrolle der Gotländer und die Konkurrenz der dän. Kaufleute der St. Knutsgilde im Ostseehandel zu beseitigen. Waren während der 1. Hälfte des 13. Jh. die L.er in den Verträgen der Gotländ. Genossenschaft nur mitgenannt (1189 Novgorod, 1229 Smolensk, 1237 England), so schoben sie sich seit der Mitte des Jh. im Ostseeraum in den Vordergrund (1252 Schweden, 1259/60 und 1269 Novgorod, 1280 Bündnis L.-Visby). 1293 war mit der Verlegung des »Oberhofes« (Berufungsinstanz) für das Novgoroder Kontor von Visby nach L. die Führungsrolle im Ostseehandel erreicht. In Norwegen werden L.er bereits im 12. Jh. erwähnt (feste Niederlassung in →Bergen nach 1248), als Teil der »Osterlinge« 1237 in England, wo sie laut Reichsfreiheitsprivileg bereits von 1226 Streitigkeiten mit Kölner Kaufleuten hatten (1267 erstes Schutzprivileg von Kg. Heinrich III.). Nach Flandern (→Brügge) kamen L.er seit 1220/30 und waren an der Aushandlung der Privilegien von 1252 und 1253 mit der Gfn. v. Flandern beteiligt. Belegt sind auch Besuche der →Champagnemessen. Wesentl. für die Sicherheit des Handels und den Aufstieg L.s innerhalb der frühen Hanse war der Zusammenschluß der wend. Städte (L., Wismar, Rostock, Stralsund, Greifswald, Lüneburg, Hamburg) durch Bündnisse. 1340 erhielt L. als erste dt. Stadt von Ludwig d. Bayern das Recht, Goldgulden zu prägen, 1379 schloß L. mit den oben gen. Städten den wend. Münzverein. Das Bankwesen konnte in der spätma. Stadt nicht Fuß fassen. L. war eine Fernhandelsstadt, die vom O-W- und vom N-S-Handel lebte, und verfügte über einen natürl. Stapel. Haupthandelsgebiete waren bis ins 15. Jh. hinein Livland und Rußland (Novgorod), Preußen und Polen, Skandinavien, Flandern (Brügge) und das Altreichsgebiet (hauptsächl. Frankfurt a. M., das seit dem späten 14. Jh. von Nürnberg abgelöst wurde), doch reichten die Handelsverbindungen bis nach Portugal und Venedig. Der größte Umsatz wurde im Skandinavienhandel getätigt (→Schon. Messen). Über das Volumen des L.er Handels ist wenig bekannt. Mindestzahlen des Werts der im L.er Hafen umgeschlagenen Waren sind für 1368, 1379, 1381, 1383/84 und 1492-96 überliefert und entsprechen auch dem Verlauf der für L. rekonstruierten wirtschaftl. Wechsellagen. Nur Indizien können das 13. Jh. als wirtschaftl. Hochzeit erweisen; das 14. Jh. trotz starker Rezessionen prosperierend, seit der Wende zum 15. Jh. folgte eine über 100 Jahre dauernde wirtschaftl. Abschwungphase, die erst in den 1520er Jahren wieder umschlug. Ursachen für den Niedergang waren u. a. die Konkurrenz der Engländer und Holländer (Direktfahrt in Nord- und Ostsee) sowie die Landstraßenverbindung Frankfurt a. M.-Breslau-Krakau. Trotz des Verlustes an wirtschaftl. Bedeutung behielt L. die polit.-diplomat. Führungsrolle in der →Hanse bis 1669. Die meisten Hansetage wurden in L. abgehalten (zw. 1356 und 1480 54 von 72). L. verkörperte den Typ der Fernhandelsstadt, in der die wirtschaftl. Bedeutung der Kaufleute bei weitem überwog. Zwar gab es Gewerbezweige, die für den Export produzierten, wie z. B. die Bierbrauer, Bernsteindreher und vermutl. die Gerber, doch konnte sich die gewerbl. Produktion nicht zu einem bedeutenden Wirtschaftszweig entwickeln. Um 1500 gab es ca. 50 Handwerksämter (Ämterwesen im Stadtrecht von 1240 bereits bezeugt). Von überregionaler Bedeutung waren Ende des 15. Jh. Buchdruck (seit 1475) und Kunsthandwerk (Bildschnitzer und Maler). R. Hammel-Kiesow

B. Bistum

Mit seinen 300 von Hzg. Heinrich d. Löwen 1156 verliehenen Hufen (um Eutin, Oldenburg und w. von L.) gehörte das Bm. L., dessen Diöz. (Bm. →Oldenburg) ganz Wagrien und die Insel Poel umfaßte, zu den kleinsten dt. Bm.ern und mußte in der Auseinandersetzung mit der Stadt L. unterliegen, so daß sich der Bf. um 1350 nach Eutin zurückzog und im L.er Dom nur noch Repräsentationspflichten wahrnahm. Das Domkapitel, dem L. geistl. unterstand, war jedoch mit seinen allmähl. auf 39 anwachsenden Präbenden eines der größten im Reich. 1400 waren zwei Drittel der Domherren bürgerl. Abkunft (meist aus L.). Das Bm. L. blieb nach Reformation und Westfäl. Frieden (1648) als einziges ev. Bm. des Reiches bestehen. Bedeutende Bf.e waren u. a.: Gerold (1155-63), der erste Bf., Johannes Schele (1420-39), Diplomat auf dem Konstanzer Konzil, Albert Krummedick (1466-89), Auftraggeber des Triumphkreuzes von Bernt Notke im Dom. A. Graßmann

Bibliogr.: G. MEYER-A. GRASSMANN, L. - Schrifttum 1900-75, 1976 - G. MEYER-A. GRASSMANN, L. - Schrifttum 1976-86, 1987 - Q. und Lit.: zu [A]: Q.: UB der Stadt L., 1-11 und Reg., 1841-1932 - Die Chroniken der niedersächs. Städte: L. 1-5, 1.2, 1884-1914 - Lit.: Zs. des Ver. für lüb. Gesch. und Altertumskde 1, 1860ff. - HGBll 1, 1871 ff. - Mitt. des Ver. für lüb. Gesch. und Altertumskde 1, 1884-16/1, 1941 - Die Bau- und Kunstdenkmäler der freien und Hansestadt L., 1-4, 1906-74 - L.er Schr. zur Archäologie und Kulturgesch. 1, 1978ff. - W.-D. HAUSCHILD, Kirchengesch. L.s, 1981 - Lübeck. Gesch., hg. A. GRASSMANN, 1989² - zu [B]: Q.: UB des Bm.s L., I, 1856 - Lit.: A. FRIEDERICI, Das L.er Domkapitel im MA 1160-1400, 1988.

Lubiń, OSB Abtei in →Großpolen, gegr. Ende 11. oder Anfang 12. Jh., Filiale des St.-Jakob-Kl. in Lüttich (♂ St. Jakob und Nativitas BM Virginis). Die späte chronikal. Tradition bezeichnet den großpoln. Magnaten Michael aus dem ritterl. Geschlecht der Awdaniec ('Habdank') als Gründer. Großer Landbesitz mit zwei Burgen und die Verleihung von abhängigen Zehntleuten weisen jedoch eher auf einen herrscherl. Stifter. Die Forsch. schwankt zw. Kg. →Bolesław II. Śmiały (um 1075) und Hzg. →Bolesław Krzywousty (um 1112/14). Nach den archäolog. Funden wurde die erste kirchl. und kl. Anlage unmittelbar nach der Gründung, die zweite, roman., um die Mitte des 12. Jh. errichtet. Die Mönche haben eigene, sehr wertvolle Annalen (erhalten für die Jahre 1143-1275) und einen »Liber fraternitatis Lubinensis« sowie einen »Liber mortuorum« geführt. G. Labuda

Q. und Lit.: P. DAVID, Les benedictins et l'Ordre de Cluny, 1939, 56ff. - Annales Poloniae Maioris, ed. B. KÜRBIS (MPH NS 6, 1962), 111-122 - Diplomata abbatiae Lubinensis saec. XIII-XV, rec. Z. PERZANOWSKI (Cod. diplomat. Maioris Poloniae NS, fasc. 1, 1975) - Liber fraternitatis et liber mortuorum abbatiae S. Mariae Lubinensis, ed. DERS., 1976 - DERS., Opactwo benedyktyńskie w Lubiniu, 1978 - Z. KURNATOWSKA, Opactwo benedyktyńskie w Lubiniu (Studia i Materiały do dziejów Wielkopolski 32, H. 2, 1987), 5-23.

Lübisches Recht. Als L.R. bezeichnet man - im Gegensatz zu dem nur in →Lübeck geltenden und in Privilegien sowie →Burspraken überlieferten lübeck. Recht - das in zahlreichen Rechtscodices überlieferte, nicht nur in Lübeck, sondern auch in weiteren, mit L.R. bewidmeten Städten geltende Gewohnheitsrecht und dessen Ergänzungen und Änderungen durch lübeck. Ratsdekrete sowie Rechtsweisungen.

Herkunft und Inhalt des ältesten L.R.s liegen im dunkeln. Vermutl. handelt es sich um eine überwiegend eigenständige städt. Rechtsschöpfung mit anfängl. Einflüssen des Soester (nicht des Kölner) Rechts und auf der Grundlage älterer Rechte Holsteins und kaufmänn. Gewohnheiten des Ostseeraums. Im SpätMA gehen Rechtssätze aus dem Hamburger Recht, dessen Neustadt bis zur Vereinigung mit der Altstadt (1215) mit L.R. bewidmet war, in die Hss. des L.R.s ein.

Die Ausbreitung des L.R.s beginnt Ende 12. Jh. (Neustadt→Hamburg 1188). Entlang des s. Küstenraumes der Ostsee erhalten über 100 Städte bei ihrer Gründung oder aufgrund späteren Privilegs durch den Stadtherrn das L.R. als Stadtrecht, darunter →Kiel, →Wismar, →Rostock, →Stralsund, →Greifswald, →Elbing, →Memel sowie →Reval. Kleinere Städte werden mit dem Recht einer nahegelegenen Stadt L.R.s bewidmet. Das L.R. beeinflußt daneben die Stadtrechte von →Visby und →Stockholm und gilt z. T. in den hans. Auslandskontoren. Es bildet damit neben dem →Magdeburger Recht die größte und bedeutendste →Stadtrechtsfamilie des dt. MA.

Für die meisten Städte mit L.R. ist Lübeck Oberhof, so daß im Wege der Urteilsschelte gegen das →Urteil des Rats einer Stadt L.R.s an den Rat von Lübeck appelliert werden kann. Durch Rechtsweisungen aufgrund einzelner Anfragen und die Ratsurteile aus Lübeck wird das L.R. ständig ergänzt und modifiziert. Das führt zu Unterschieden in den zahlreichen amtl. wie privaten Hss. des L.R.s, dessen einheitl. Fortgeltung jedoch erst im 15. und 16. Jh.

in Frage gestellt wird, als immer mehr Landesherrn zur Festigung ihrer Territorialhoheit ihren Städten L.R.s die Appellation an den Lübecker Rat verbieten.

Kennzeichen der Verfassung von Städten L.R.s ist die beherrschende Stellung des Rats, der seine Mitglieder durch geheime Zuwahl auf Lebenszeit selbst bestimmt und schon bald von Kaufleuten beherrscht wird. Die Gerichtsbarkeit liegt beim Vogtgericht als Niedergericht, das vom ursprgl. stadtherrl. Vogt geleitet wird, und beim umfassend zuständigen Rat ('omnia civitatis decreta consules iudicabunt', um 1222/25 verfälschtes Privileg Ks. Friedrichs I. von 1188). Auch das Vogtgericht, gegen dessen Urteile die unbeschränkte Appellation an den Rat zulässig ist, tagt unter Mitwirkung zweier Ratsherren. Für die Findung von Strafurteilen ist der Rat ausschließl. zuständig, dem Vogtgericht obliegt nur die Urteilsverkündung und -vollstreckung. Für die Rechtsverwaltung bes. bedeutsam ist das von auswärtigen Einflüssen unabhängige Aufkommen des Stadtbuchwesens; die zunächst als Memorialbücher für die vor dem Rat geschlossenen Geschäfte geführten Stadtbücher gehen bald in bes. Reihen auf (Schuld-, Rentenbücher), von denen die Verzeichnisse von Grundstücksgeschäften (Erbebücher) für die nz. Entwicklung des dt. Grundbuchsystems (→Grundbuch) Bedeutung erlangen. Zur Verfügung über die von ihnen frei besessenen Grundstücke ('torfacht eigen') sind die Bürger den Stadtherrn gegenüber von Anfang an befugt. Die ursprgl. an den →Grundbesitz anknüpfende Zinspflicht ihm gegenüber wird zu einer von der Stadt pauschal zu entrichtenden Abgabe (Orbör) abgeschwächt.

Das Lüb. Privatrecht ist reich an eigenständigen Bildungen, die von den Bedürfnissen eines entwickelten Handelsverkehrs geprägt sind. Zu nennen sind ein ausgefeiltes →Konkurs- sowie das →Wechselrecht. Für die Seehandel treibenden Städte L.R.s ist das →Seerecht wichtig, dessen Entwicklung im Rahmen der hans. Rechtssatzungen wesentl. vom Lübecker Rat geprägt wird. Den Handel fördernde Besonderheiten zeigen das Erb- und das Ehegüterrecht, das vom Prinzip der Gütergemeinschaft geprägt ist. Zum Schutz der Ansprüche erbberechtigter Verwandter ist das Recht zur Verfügung über ererbte Liegenschaften beschränkt; 'wohlgewonnenes' (selbsterworbenes) Gut wird davon nicht betroffen.

Die letzte große rechtsetzer. Leistung des L.R.s ist das »Revidierte Lübecker Stadtrecht« v. 1586 (hd. Druckausg. bei J. Ballhorn), das aber im Zeitalter der erstarkten Landesherrschaft nicht mehr alle Städte L.R.s erreicht. Damit beginnt eine eindrucksvolle wiss. Bearb. des L.R.s, bis es ins 19. Jh. in einem dem röm. Recht entgegengesetzten dt. Privatrecht aufgeht, aber durch die Rechtsprechung des Oberappellationsgerichts in Lübeck auch im 19. Jh. bis in die großen dt. Gesetzgebungswerke hinein Einfluß behält. L. Weyhe

Lit.: HRG III, 77–84 – W. EBEL, Jurisprudentia Lubecensis, 1980 [Lit.] – G. MEYER – A. GRASSMANN, Lübeck-Schrifttum 1976–86, 1988, Nrn. 692ff. – H. G. WALTHER, Ks. Friedrich Barbarossas Urk. für Lübeck, Zs. des Vereins für Lübeck. Gesch. 69, 1989, 11–48.

Lublin, Stadt im sö. Polen. Um die Jahrtausendwende wurde eine Kastellanei-Burg ö. eines Übergangs über die Bystrzyca angelegt. Vermutl. zu Beginn des 12. Jh. entstand eine Marktsiedlung (Nikolaikirche) neben der Vorburg (Urpfarrkirche, ŏ Michael), und Mitte des Jahrhunderts war L. Zentrum eines Archidiakonats. Infolge mongol., ruthen. und litauischer Einfälle ins sö. Polen von 1241 bis zur Mitte des 14. Jh. verlor L. trotz der Umlegung zu Dt. Recht (1317) an Bedeutung, doch gaben der Bau der Stadtmauer und die Festlegung des Handelswegs von Thorn über L. nach Vladimir (1349) neue Impulse. In der 2. Hälfte des 14. Jh. entstand in L. eine jüd., vor 1390 eine ruthen. Gemeinde. Die Stabilisierung nach der polnisch-litauischen Union (1386) ermöglichte ein schnelles Wachstum Lublins als Schnittpunkt der Straßen von Krakau nach Wilna sowie von Danzig und Breslau nach Vladimir und Lemberg; Gründung von Spital 1419, Dominikanerkl. um 1260, Brigittenkl. 1412, Franziskanerkl. 1456. S. Trawkowski

Lit.: SłowStarSłow III, 99 – Dzieje Lublina, I, hg. J. MAZURKIEWICZ, 1965 – Słownik hist.-geogr. woj. lubelskiego w średn., bearb. S. KURAŚ, 1983, 62, 124–134, 185.

Lucania → Lukanien

Lucanus im Mittelalter. Hochgeschätzt von vielen, von manchen mit krit. Urteilen bedacht – L. sei eigtl. kein Dichter, sondern Geschichtsschreiber oder mehr dem Redner als Muster zu empfehlen –, ist die Dichtung des L. de bello civili, wie es scheint, doch das ganze Altertum hindurch ziemlich viel gelesen worden. Zwei große Massen von Scholien aus dem späteren Alterum, die als commenta Bernensia und annotationes super Lucanum erhalten sind, bezeugen das lebhafte Interesse an dem Dichter in der Spätantike. Die Überlieferung ist nicht klar erkennbar; ziemlich sicher dürfte sein, daß mehrere Exemplare die existenzbedrohende Schwelle des Umschreibens der Papyrusrolle auf das Pergament überwunden haben und daß das Werk auf ausreichend breiter Grundlage ins MA gelangt ist. Erhalten haben sich von spätantiken Exemplaren allerdings nur Palimpsestfragm. (4. Jh.?) in Neapel, Lat. 2 (Vindobon. lat. 16) + IV.A.8: CLA III 392 und im Vatic. pal. lat. 24: CLA I 70 (wahrscheinl. schon im 8. Jh. in Lorsch) – beide wohl aus Italien stammend.

Das Werk scheint von Italien aus einmal nach England (Aldhelm), zum anderen in die Mitte des Frankenreiches gekommen zu sein; von hier aus dürfte die Verbreitung vom 9. Jh. an ziemlich rasch vor sich gegangen sein. Im 9. Jh. schon mehrfach benutzt, wird L. im Laufe des 10. Jh. Schulautor und gehört von da an zu den verbreitetsten Autoren nach Vergil und Ovid. Um 1100 kommentierte ihn Anselm v. Laon; aus dem späten 12. Jh. stammen die glosule super Lucanum des Arnulf v. Orléans.

F. Brunhölzl

Lit.: MANITIUS, I–III – SCHANZ-HOSIUS, II⁴, 500–505 – G. GLAUCHE, Schullektüre im MA, 1970, Register – R. J. TARRANT (Texts and Transmission, ed. L. D. REYNOLDS, 1983), 215–218 – Praefationes der krit. Ausgg., zuletzt D. R. SHACKLETON-BAILEY, 1988.

Lucas. 1. L., Bf. v. → Túy vor Dez. 1239 (deshalb oft 'el Tudense' gen.), † Ende 1249, verfaßte einen Traktat gegen die Albigenser, die »Vita et translatio sancti Isidori«, die »Miraculae« dieses Hl.n und v. a. das »Chronicon mundi« (1236 abgeschlossen). Seine Auftraggeberin, Kgn. →Berenguela v. León (S. B.), wünschte eine Forts. der Chronik →Isidors v. Sevilla bis ins 13. Jh.; deshalb handelt es sich um eine Weltgesch. mit zunehmender Verengung der Blickrichtung auf Spanien und quantitativ mit einem Übergewicht der westgot. Epoche. Die hist. Zuverlässigkeit auch der von L. selbst erlebten Teile ist nicht zweifelsfrei; diese spiegeln aber den Erwartungshorizont z. Z. der endgültigen Vereinigung von Kastilien und León im Sinne der Auftraggeberin wider. O. Engels

Ed.: De altera vita fideique controversiis adversus Albigensium errores libri tres, ed. J. Mariana, Ingolstadt 1612 – L.ae diaconi Tudensis Chronicon mundi (Hispaniae illustratae, IV, ed. A. Schott, Frankfurt/M. 1608), 1–116 – L., obispo de T. Crónica de España, ed. J. PUYOL, 1926 [kast. Übers. des 13. Jh.] – España Sagrada XXII, 1767; XXXV, 1784, 379–407 – Lit.: C. EUBEL, Hierarchia cath. ..., I, 1913², 501 – B. SÁNCHEZ ALONSO, Hist. de la historiografía española I, 1947, 125–130,

161 – P. LINEHAN, The Spanish Church and the Papacy in the Thirteenth Century, 1971 [Ind.].

2. L. de Penna, Jurist und Humanist, * um 1310, † um 1390 Penna (Abruzzen); in Neapel Studium, Doktorat (um 1343), kgl. Verwaltungsdienst; ab 1347 evtl. Aufenthalt in Frankreich und in Umbrien und in der Toskana, Kontakt mit Paulus Perusinus; Wiederaufnahme seiner Tätigkeit in Neapel. Nach der Rückkehr von Papst Urban V. nach Rom wurde L. de P. 1367 Sekretär des Apostol. Stuhls; Kontakt mit Pierre Roger de Beaufort (später Gregor XI.), dem er sein »Commentarium ad Valerium Maximum« (1370-78) widmete. Briefkontakt mit Petrarca und anderen führenden Humanisten seiner Zeit; nach dem Tod Gregors XI. 1378 vermutl. Rückkehr nach Penna. Sein Hauptwerk, »Commentarium ad tres libros Codicis« (1354-62 mit Nachträgen bis 1372), wurde bereits im 16. Jh. mehrfach gedruckt. Er schrieb zwei Repetitionen, »De iurisdictione omnium iudicum« und »De iuris interpretatione« (beide verloren), ebenso einen Traktat »De praesumptionibus« (vermutl. in sein Komm. werk integriert) und Glossen zu kgl. Gesetzen.   N. Höhl

Lit.: DDC VI, 1343-1346 [Lit.] – FR. CALASSO, Studi sul Commento ai tres libri di L. da P., RSDI 5, 1932, 400-457 – W. ULLMANN, The Medieval Idea of Law as represented by L. de P., 1946.

Lucca, Stadt und Bm. in der Toskana; vermutl. ligur. Ursprungs, 89 v. Chr. municipium. Wichtiger Straßenknotenpunkt in republikan. Zeit und in der röm. Ks. zeit (als Teil der »Etruria«, später der »Tuscia annonaria«), wurde L. früh christianisiert und hatte unter der Leitung der ersten Bf.e (am berühmtesten der hl. Fredianus) eine wichtige polit. und milit. Funktion an der Wende von der Spätantike zum FrühMA. Umkämpft von Goten und Byzantinern, wurde die Stadt in der Folge von den Langobarden eingenommen (um 570) und zum Sitz des wichtigsten der drei toskan. Dukate erhoben. Ein bedeutendes administratives, kirchl. und wirtschaftl. Zentrum (Sitz einer das ganze MA hindurch berühmten Münze) auch unter der Frankenherrschaft, behielt L., zur Gft. umgewandelt, seine Rolle als führende Stadt der Toskana. V. a. im 9. Jh., unter Bonifaz II. sowie den »Mgf.en v. Tuszien«, Adalbert I. und Adalbert II., bildete L. den Mittelpunkt einer Reihe von kleineren Mächten, die netzartig ein weites Gebiet überzogen, das über die Toskana hinausreichte (Korsika; Verteidigung der Küsten des Tyrrhen. Meeres gegen die Sarazenen). Obgleich sich die Autonomie der Gf.en v. L. gegenüber der Macht des Kg.s bzw. des Ks.s (unter den Ottonen) reduzierte, blieb die führende Bedeutung L.s auch im 10. Jh. bestehen, wie die Arduin v. Ivrea gegen Heinrich II. 1002-04 geleistete Unterstützung und in deren Folge der Zusammenstoß mit Pisa bezeugen, ferner die Handelsbeziehungen mit Oberitalien sowie England und Westeuropa im allg., die zahlreichen Kirchengründungen dieser Zeit, die Entwicklung des Volto-santo-Kults, die außergewöhnl. Ausdehnung der Besitzungen des Bm.s (vom Gebiet um Parma bis zu den Südgrenzen der Toskana), die Niederlassung einer bedeutenden Judengemeinde sowie L.s Rolle als Station auf der Pilgerstraße nach Rom (Via Francigena). Obgleich formell weiterhin Bestandteil der Mgft. Tuszien, die an die →Canossa übergegangen war, und unter deren Einfluß stand, entwickelte L. im 11. Jh. die ersten Ansätze einer freien Kommune. Eine wesentl. Rolle spielten dabei kirchenpolit. Vorgänge: einer der bedeutendsten Protagonisten war Anselm v. Baggio, seit ca. 1056 Bf. der Stadt, der auch nach seiner Papstwahl (Alexander II., 1061) bis zu seinem Tod (1073) seinen Bf.ssitz beibehielt. Seine Reformtätigkeit wurde von seinem Nachfolger und Neffen Anselm II. fortgesetzt; die dabei auftretenden Spannungen innerhalb der städt. Bevölkerung trugen dazu bei, daß die städt. Führungsschicht sich mit den Kathedralkanonikern im Sinne einer ks. freundl. Politik verbündete und die autonome städt. Selbstverwaltung anstrebte (Ausdehnung der Oberhoheit auf den unmittelbar angrenzenden Contado, Erwirkung ksl. Handelsprivilegien, Ernennung der ersten Konsuln zu Beginn des 12. Jh.). – Im frühen 12. Jh. nunmehr eine mächtige Kommune, beteiligte sich L. mit einem Kontingent von Kreuzfahrern und Händlern am 1. und an den folgenden →Kreuzzügen, führte, gestützt auf das Bündnis mit Genua, häufig Kriege mit der Nachbarstadt Pisa und leistete dem Druck Ks. Friedrichs I. Widerstand, der schließlich 1162 L.s Autonomie anerkannte (Reichstag v. San Genesio). Durch eine Reihe bewaffneter Auseinandersetzungen mit dem lokalen Adel (der allmähl. neutralisiert und zur Stadtsässigkeit gezwungen wurde) und mit den umliegenden Kommunen, dehnte die Stadt im 12./13. Jh. ihren Einfluß auf ein großes Territorium aus, das im W und N die Versilia, Garfagnana und das Val di Lima umfaßte, im S an den Monte Pisano und im O an den Contado von Pistoia grenzte. Noch umfassender war die Jurisdiktionsgewalt der meist mit dem Stadtregiment verbündeten Bf.e v. L., die sich auch auf weite Gebiete des Territoriums von Pisa erstreckte. Innerhalb dieses Herrschaftsgebietes, das im wesentl. in einen direkt von der Stadt unterstehenden Teil (die sog. »Sei Miglia« rund um das Stadtzentrum) und in Vikarien zerfiel, die von Vertretern der Kommune verwaltet wurden, bestanden zahlreiche »Inseln« lokaler Grundherrschaften weiter (teils Kirchengut), ein Anzeichen dafür, daß L. einen vergleichsweise mäßigen Druck auf die ländl. Bevölkerung ausübte. (Nicht von ungefähr setzte sich auch das Mezzadria-System [→Teilbau] in der Folge nicht durch.) Da der landwirtschaftl. Ertrag der unterworfenen Gebiete nicht übermäßig hoch war (jedoch, abgesehen vom Getreide, zur Versorgung der Stadt ausreichte, die im MA wohl nicht mehr als 20000 Einw. zählte), verlegte L. bald den Schwerpunkt seiner Wirtschaft auf Wechselgeschäfte, Handel, Bankwesen und Unternehmertum mit Kompagnien wie den Riccardi (Bankiers der Krone v. England), den Castracani, Guiduccioni etc. Trotz Aktivität in Geldleihe und Bankwesen bildete das wirtschaftl. Hauptgewicht der Lucchesen im 12. bis zum Beginn des 14. Jh. der Handel, v. a. mit Westeuropa, jedoch auch mit Süditalien und der Levante, wobei neben dem Zwischenhandel der Vertrieb eigener Erzeugnisse vorrangig war. Da im Territorium von L. Erze und Metalle abgebaut wurden und kleine metallurg. Betriebe bestanden, hatten Goldschmiedekunst und Waffenherstellung gewisse Bedeutung; v. a. erreichte aber die Seidenproduktion europ. Rang. Die Seidenweberei, die vielleicht durch die Juden aus Süditalien oder direkt aus dem Vorderen Orient nach L. gelangte, wurde im Lauf des 13. Jh. durch die Einführung von Filier- und Zwirnmaschinen (deren Verwendung bereits das Fabriksystem vorwegnahm) perfektioniert, so daß L. die techn. Vorrangstellung auf diesem Sektor erreichte. Die wirtschaftl. Interessen der Stadt bestimmten im 12.-14. Jh. auch die Innen- und Außenpolitik. Ohne heftige Konflikte zw. Adel und Populus fand der Übergang des Stadtregiments von Konsuln zu Podestà und schließlich zu einem Popolarenregime ziemlich undramat. statt (Mitte 13. Jh.), mit Einrichtung eines Collegio degli →Anziani (10 Mitglieder, darunter ein Fahnenträger [Vessillifero], als Vertreter der Stadtteile) sowie von Consigli (Räten) mit legislativer Kompetenz. In der Außenpolitik rückte L. von seiner ks. freundl. Orientierung Ende des 12. Jh. allmähl. ab, nicht zuletzt, da es der wachsenden Macht Pisas Widerstand bieten mußte. V. a. nach dem Tod Friedrichs II. (1250), auf den sich L. gestützt hatte, trat die Stadt in fast allen Kämpfen der toskan. Kommunen im 13. Jh. auf die guelf. Seite und damit auf die Seite der Kirche und der Anjou. Aus noch ungeklärten Gründen trat in der Entwicklung L.s Ende des 13. Jh. eine Krise ein. Symptomat. dafür war der Zerfall der Bürgerschaft in zwei Faktionen, geführt von den Familien Antelminelli (ghibellinophil, »Bianchi«) und Obizzi (guelfophil, »Neri«). Der Triumph der Neri (ihrerseits durch Ausschluß der Magnaten von der Regierung [1308] gespalten) war nicht von langer Dauer, da sie dem Druck der toskan. ghibellin. Streitkräfte nicht standhielten, so daß 1314 L. für kurze Zeit an den Signore v. Pisa, →Uguccione della Faggiola, fiel und 1316 Castruccio →Castracani degli Antelminelli an die Macht kam und eine Signorie errichtete. In einer Reihe erfolgreicher Feldzüge versuchte dieser, einen großen Territorialstaat zu begründen, der von der Lunigiana bis Pistoia die ganze w. Toskana – mit Ausnahme von Pisa – umfassen sollte. Castruccio erhielt von Ludwig d. Bayern den Hzg. stitel. Nach seinem Tod (1328) fiel der lucches. Territorialstaat wieder in seine früheren Grenzen zurück und wurde von verschiedenen Signorien regiert, wirtschaftl. stark geschwächt durch die (anfangs des 14. Jh. beginnende) Auswanderung vieler Seidenweber nach Venedig und Bologna. L. trat somit in eine Phase polit. und wirtschaftl. Instabilität, im Innern bedroht durch die Ansprüche der Erben Castruccios, von außen durch die Ambitionen v. a. von Florenz, das sich als viel gefährlicherer Gegner erwies als der Erbfeind Pisa. Unter diesen Umständen war es für L. das geringere Übel, sich 1342 Pisa zu unterwerfen. Die rund 25jährige pisan. Herrschaft bedeutete keine gravierende Schädigung des lucches. Wirtschaft; auch die Institutionen und Verwaltungsstrukturen blieben bestehen. Die dennoch lange angestrebte Unabhängigkeit erhielt L. 1369 durch Eingreifen Ks. Karls IV. Unter der Ägide des Reichs, das sein traditioneller Schutz und Garant war, konnte L. bis in napoleon. Zeit die »libertas« bewahren, welche die Devise seines Wappens war. Noch im letzten Drittel des 14. Jh. übernahm eine zum Großteil aus Kaufleuten bestehende Oligarchie die Leitung des »pacifico et populare stato« L. und legte die Basis für ein vielfältig strukturiertes Regierungs- und Verwaltungssystem, das bereits auf Statuten aus d. J. 1308 zurückgreifen konnte (1372 erneuert). Dieses System sah neben den ständigen Institutionen (Anzianen, Räte, verschiedene »Kurien« wie c. della mercanzia) und »Ämtern« (Podestà, Capitano del Contado etc.) auch fallweise die Einberufung von Kommissionen mit beratender, bisweilen auch beschließender Funktion vor: so die »Colloqui« (Versammlungen, in denen die einflußreichsten Bürger den polit. Kurs festlegten), die auch denjenigen de facto die Teilnahme an der Regierung ermöglichten, die zeitweise von den Ämtern ausgeschlossen oder durch ein »Verbot« nicht wählbar waren, wie Ärzte und Juristen. Gleiches gilt für die Schätzungskommissionen, die Grundlage eines relativ gerechten Steuersystems. Auf diese Weise konnte man die kontrastierenden Einflüsse der großen oligarch. Familien neutralisieren, den Druck der unteren Schichten in Grenzen halten (einschließl. der Landbevölkerung, die v. a. im Bergland am Rande des Existenzminimums lebte) und schließlich auch verhindern, daß die Nachbarmächte (v. a. die Visconti und Florenz) innere Konflikte in L. ausnutzten, um den Territorialstaat unter ihre Herrschaft zu bringen. In den ersten 60 Jahren nach Wiedererlangung der Freiheit geriet jedoch dieses Regierungssystem mehrmals in eine Krise, die zuerst zu heftigen Konflikten zw. den Familien Guinigi und Forteguerri und schließlich zur persönl. Signorie des P. →Guinigi führte (1400). 1430 eliminierte eine städt. Oligarchie unter der Leitung von Pietro Cenami und Lorenzo Buonvisi P. Guinigi und setzte wieder eine republikan. Regierung ein. Von diesem Zeitpunkt an herrschten in der Innenpolitik sehr stabile Verhältnisse (stets mit Unterstützung der auch an der Kurie sehr einflußreichen Ortskirche). Durch ein geschicktes Bündnissystem (v. a. mit Mailand, Genua und Neapel) konnte man der florentin. Gefahr begegnen, obleich einige Gebiete wie Massa und Pietrasanta verlorengingen. Die Unterstützung, die L., gemeinsam mit Genua und Siena, Pisa bei seiner Rebellion gegen Florenz gewährte (1494-1509), ist der letzte Versuch, der florentin. Übermacht in der Toskana aktiv Widerstand zu leisten, die L. in Zukunft nur durch Diplomatie zu umgehen trachtete. Diese Diplomatenarbeit baute auf der wirtschaftl. und finanziellen Stärke der Republik auf, deren Kaufleute-Oligarchie (Buonvisi, Cenami, Rapondi, Arnolfini, Burlamacchi, Guinigi etc.) der Seidenweberei neue Impulse gegeben und W-Europa von Venedig bis Brügge und von Rom bis London mit einem dichten Netz von Banken und Handelskontoren überzogen hatten, das ihnen Einfluß an den Höfen der großen Monarchien sicherte. Infolge seiner polit. Stabilität sorgte der lucches. Territorialstaat im Lauf des 15. Jh. für die Melioration großer Teile des Contados (gleichzeitig Errichtung der ersten »Villen« im Umland) und für die Ausrüstung seines kleinen Hafens in Viareggio.

M. Luzzati

Lit.: A. Mancini, Storia di L., 1950 [Nachdr. 1981] – H. M. Schwarzmaier, L. und das Reich bis zum Ende des 11. Jh., 1971 – C. E. Meek, L. 1369-1400, 1978 – V. Tirelli, L. nella seconda metà del sec. XII (I ceti dirigenti dell'età comunale nei secc. XII e XIII, 1982), 157-231 – L. Green, Castruccio Castracani, 1986 – R. Manselli, La magistratura di L., 1986 [Lit.] – M. Luzzati, Siena, L. e Pisa fra Trecento e Cinquecento (Storia della società it. 8, 1988), 381-398, 471-474 – C. J. Wickham, The Mountains and the City, 1988 – L. e l'Europa degli affari, secc. XV-XVII, hg. R. Mazzei-T. Fanfani, 1990.

Luccreth moccu Chérai ('Luccreth vom Stamme der Ciarraige'), air. Dichter, dessen Verse im Rahmen gelehrter Sammelwerke, die Genealogie, Herkunftssagen und Ätiologie behandeln, überliefert sind. Er wird üblicherweise auf die 2. Hälfte des 7. Jh. datiert, gestützt auf eine seiner umfangreichsten Dichtungen, die versifizierte Genealogie des Cathal Cúc en-máthair († 664/666), Kg.s v. →Cashel aus der Dynastie der →Eóganachta, dessen Geschlecht auf Adam zurückgeführt wird. Jedoch sind die bibl. Passagen dieses Werks eine wörtl. Entlehnung aus einem ähnl. Gedicht über die Abstammung der →Laigin. Ein Forscher datiert L. dagegen auf das ausgehende 6. oder den Beginn des 7. Jh., unter Hinweis auf das Gedicht »Conailli Medb míchuru« ('Medb schwor unrechte Eide'), das eine frühe Version der später in dem berühmten Rinderraub-Epos (→»Táin Bó Cúailgne«) erzählten Ereignisse enthält. L.s Gedicht leitet die Herkunft der →Ciarraige von Fergus mac Róich, dem myth. Krieger aus Ulster, her.

D. Ó Cróinín

Lit.: F. J. Byrne, Irish Kings and High-kings, 1973, 179 – J. Carney, Éigse 19/2, 1983, 177-216.

Lucena

1. **L., Juan de** →Juan de Lucena (4. J.)

2. **L., Vasco de,** portug. Humanist, * Diöz. Coimbra, um 1435, † Löwen (?), 31. Dez. 1512, studierte in Köln und Paris (Mag. artium) und trat in den Dienst der Hzg.e v.

Burgund. Er übersetzte als erster die »Historiae Alexandri Magni« von Q. Curtius Rufus ins Frz. (»Quinte Curce Ruffe des Fais du grant Alexandre«; 1468 Karl d. Kühnen gewidmet; zahlreiche Drucke ca. 1500–1555), ferner Xenophons »Kyrupädie« (»Traité des Faiz et haultes prouesses de Cyrus«; 1470), nach der lat. Übers. von Poggio. Die ihm zuweilen zugeschriebene Übers. des »Triunfo de las donas« von Juan Rodríguez de la Cámara (J. R. del Padrón) ins Frz. (1460, Philipp d. Guten gewidmet) stammt von Fernando de L., wohl ein älterer Bruder. V. de L. wurde häufig verwechselt mit dem Juristen V. Fernandes de L. (vermutl. sein Vater oder Onkel). W. Mettmann

Ed. und Lit.: A. PAZ Y MELIA, Obras de Juan Rodríguez de la Cámara, 1874, 329–368 [Ausg. der »Triunfo«-Übers.]. – CH. SAMARAN, V. de L. à la cour de Bourgogne, 1938 – R. BOSSUAT, Vasque de Lucène, traducteur de Quince-Curce (1468), Bibl. d'Humanisme et Renaiss. VIII, 1946, 197–245 – A. J. DE COSTA PIMPÃO, Hist. da Lit. Portug., Idade Média, 1959², 305–307.

3. L., Vasco Fernandes de, ptg. Jurist und Diplomat, †um 1499, war mit hohen Ämtern betraut; u. a. Mitglied des Kronrats, Reichschronist (offenbar nur als Ehrenamt, da keine hist. Werke bekannt), Leiter des Staatsarchivs. Er trat als kgl. Gesandtschaftsredner 1435–42 und 1450 auf dem Konzil v. Basel sowie in Bologna, Ferrara, Florenz auf, 1485 vor Innozenz VIII in Rom, wo seine Rede »De Obedientia« im Druck erschien. Im Hinblick auf die Erziehung des Thronfolgers übersetzte er Ciceros »De Senectute«, Plinius' d. J. »Panegyricus« auf Trajan und den Erziehungstraktat von P. P. Vergerio. Dem späteren Alfons V. ist seine Schrift »Tratado de virtudes que ao Rey pertencem« (1442) gewidmet. Keines dieser Werke ist erhalten. W. Mettmann

Lit.: Dicionário de Hist. de Portugal, hg. J. SERRÃO, II, 1965, 817f. – GromPhil II, 2, 252–253 [C. MICHAELIS DE VASCONCELLOS].

Lucera, Stadt in →Apulien (Capitanata), gelegen an den Abhängen des beneventan. Apennin. Auf Befehl Ks. →Friedrichs II. wurde hier die wichtigste Kolonie der nach den Feldzügen von 1222–23, 1229, 1243, 1245 und 1246 deportierten siz. Muslime (→Sizilien) errichtet. Schätzungen zufolge dürften insgesamt etwa 15–20000 wehrfähige Männer mit ihren Familien deportiert worden sein, so daß die Einw.zahl von L. nicht mehr als 50–60000 betragen haben wird. Trotz ihres abhängigen Status als Kammerknechte (servi curiae) hatte die Sarazenengemeinschaft v. L. weitgehende Selbstverwaltungsrechte (unter qāʾids und Richtern) sowie völlig freie Religionsausübung (faqīhs und šaihs), unterlag aber drückenden Steuern (ein Sechstel des Gesamtsteueraufkommens der Prov.), die durch die Bewirtschaftung eines Agrargebiets von 30000 ha aufgebracht wurden. Die Stadt stellte – in oriental. und norm. Tradition – Kriegsleute für die militär. Expeditionen der Staufer und Anjou sowie für die Palastgarde in L.; hierzu gehörten bereits im Knabenalter rekrutierte Mannschaften sowie Geiseln. Die Führungsschicht der Stadt bildeten sarazen. Ritterfamilien, deren Mitglieder in aller Form die Schwertleite empfingen; zu nennen sind bes. ʿAbd ar-Raḥmān (gen. Richard v. L.) und seine Söhne. Als L. 1268–69 gegen →Karl v. Anjou rebellierte, erhielt der Unmut gegen diesen skandalösen, der Ghibellinenfreundschaft verdächtigten Fremdkörper neue Nahrung; seit 1274 versuchten die Anjou, als Gegengewicht 140 prov. Familien in L. anzusiedeln. Nicht zuletzt um einen finanziellen Engpaß zu überwinden, beschlossen Kg. Karl II. und Giovanni Pipino im Juli 1300 die Zerstörung der Kolonie und die Versklavung ihrer Bewohner; Konfiskationen und der Verkauf von 6000 Muslimen erbrachten tatsächl. mehr als den zweifachen Ertrag der direkten Steuern des Kgr.es. L. wurde rechristianisiert (Umbenennung in 'Civitas Sancte Marie', Bau einer got. Kathedrale) und war fortan ein mit durch den Vesperkrieg vertriebenen Kalabresen besiedelter Marktflecken. H. Bresc

Q. und Lit.: Cod. dipl. dei Saraceni di L., ed. P. EGIDI, 1917 – DERS., La colonia saracena di L. e la sua distruzione, ASPN 36–39, 1911–14 (Sep. 1915) – E. PONTIERI, L. svevo-angioina, Atti Acc. Pontaniana NS 17, 1968, 5–26.

Luchs (gr.-lat. lynx), bereits in der Antike als scharfsichtig berühmt (Plinius, n. h. 28, 122). Nach Jakob v. Vitry (hist. orient., cap. 88, zit. bei Thomas v. Cantimpré 4, 58; krit. dazu Albertus Magnus, animal. 22, 113 und Konrad v. Megenberg III. A. 41) soll der Blick feste Körper durchdringen und nach Alexander Neckam (nat. rer. 2, 138 mit Zweifel; vgl. 2, 158) Fleisch durch neun Wände hindurch erkennen. Statt der charakterist. Ohren erwähnen Isidor (etym. 12, 2, 20), Thomas und Albert einige angebl. Kennzeichen des Raubtieres. Die Entstehung des zu Heilzwecken (u. a. bei Plinius, n. h. 8, 137; 37, 34 und 52, vgl. Vinzenz v. Beauvais 19, 79–80) begehrten, wegen Farbe und Anziehungskraft (Jakob, c. 91, Thomas 14, 44 = Konrad VI, 48) mit →Bernstein ident. »lync(=lig-)urius« suche der L. aus Neid (vgl. geistl. Deutung bei Hrabanus Maurus, univ. 8, 1 und Alexander) vergebl. durch Verscharren seines Urins zu verhindern. Ch. Hünemörder

Q.: →Albertus Magnus – →Alexander Neckam – →Hrabanus Maurus – →Isidorus Hispalensis – →Jakob v. Vitry – →Konrad v. Megenberg – Thomas Cantimpr., Liber de nat. rerum, T. 1, ed. H. BOESE, 1973 – Vinc. Bellov., Speculum nat., 1624 [Neudr. 1964].

Luci, Richard de → Lucy, Richard de

Lucia v. Syrakus, hl. Ältestes Kultzeugnis ist die in Syrakus gefundene Grabinschrift der Euskia mit einem Hinweis auf das Fest der Hl.n (Ende 4./Anfang 5. Jh.). Im Martyrolog. Hieronym. wird ihr Gedächtnis am 6. Febr. und am 13. Dez. (setzte sich in den liturg. Texten der West- und Ostkirche durch) begangen. Die – unhist. – griech. Passio geht vermutl. auf das 5. Jh. zurück, die lat. erweiterte Fassung ist noch vor dem Ende des 7. Jh. entstanden. Ihr zufolge erlitt die gottgeweihte Jungfrau L. in der Diokletian. Christenverfolgung den Märtyrertod. Im 6. Jh. wird L. in den Mosaiken v. S. Apollinare Nuovo in Ravenna dargestellt; ihr Name wird in den ambrosian. Meßkanon und durch Gregor d. Gr. in den röm. Kanon eingeführt. Gregor bezeugt auch die Existenz eines L.-Klosters in Syrakus und eines Andreas- und L.-Klosters in Rom. Ende 7./Anfang 8. Jh. bearbeitet →Aldhelm die lat. Passio der hl. L. in »De laudibus virginitatis« und »De laudibus virginum«. →Sigebert v. Gembloux († 1112) verfaßt u. a. eine metr. Passio. In Konstantinopel ist die Kenntnis der L.-Passio seit dem 9. Jh. belegt. – Ein Loculus in den Katakomben v. Syrakus wird traditionell als das Grab der Märtyrerin identifiziert. Den Besitz ihrer Reliquien machen sich Metz (wohin sie im 10. Jh. aus Corfinium/Abruzzen) und Venedig (wohin sie 1204 aus Konstantinopel gelangt seien) streitig. – L. gilt als Patronin der Augenkranken (volksetymolog. lux – L.). Die seit dem 14. Jh. ikonograph. wirksame Tradition, L. seien in der Tortur die Augen herausgerissen worden oder sie selbst habe dies getan, um sich dem Werben eines Mannes zu entziehen, ist sehr spät und hat keinen Beleg in der Passio. Die L.-Verehrung führte in verschiedenen Teilen Europas zu Ausprägungen der Volksfrömmigkeit und v. a. des Brauchtums. Der L.-Tag, der bis zur Gregorian. Kalenderreform mit der Wintersonnenwende zusammenfiel, war u. a. ein beliebter Los- und Orakeltag.

F. Scorza Barcellona

Q.: BHG 995-996 – BHL 4992-5003 – S. Costanza, Arch.stor. sirac. 3, 1957, 5-53 – G. Rossi Taibbi, Martirio di S. L., 1959 – *Lit.*: Bibl.SS VIII, 1171f., 1173 – LCI VII, 415ff. – LThK² VI, 241 – Vies des Saints 12, 401-411 – O. Garana Capodieci, S.L. nella tradizione nella storia nell'arte, 1958 – Storia della Sicilia e tradizione agiogr. nella tarda antichità, hg. S. Pricoco, 1988), 95-135 (V. Milazzo – F. Rizzo Nervo); 137-154 (T. Sardella).

Lucianus. 1. L. v. Beauvais, hl., Apostel des Beauvaisis, Patron des Bm.s →Beauvais (zahlreiche ihm geweihte Kirchen), erlitt das Martyrium wahrscheinl. Ende des 3.Jh. Eine über seinem Grab errichtete Basilika wurde mehrfach von den Normannen zerstört. In der nach ihm benannten Abtei OSB nahe der Stadtmauer v. Beauvais wurden seine Reliquien verehrt. Das Diplom, das die Gründung dieses Kl. Kg. Chilperich († 581) zuschreibt, ist eine Fälschung des 11.Jh. Der hl. →Eligius († 660) soll die Reliquien des hl. L. wiederaufgefunden haben. – Es sind drei →Passiones des Hl.n überliefert. Die älteste Hs. der ersten Passio entstammt erst dem 8.Jh., ist anonym überliefert, strotzt von Anachronismen, bezeugt aber ältere Verehrung. Odo I., Bf. v. Beauvais (861–881/888), erweiterte die erste Passio beträchtl., hielt er doch L. (zu Unrecht) für seinen ersten Amtsvorgänger. In Anlehnung an Hilduins Passio des hl. →Dionysius (Denis) machte er L. zum kopftragenden Hl.n. Das Martyrolog. Romanum kommemoriert L. am 8. Jan. J. van der Straeten

Lit.: AASS, dec. 11 – BHL, n° 5008-5010 – Catholicisme VII, 1246f. – LThK² VI, 1172 – Cotttineau I, 1936, 313 – F. Vercauteren, Ét. crit. d'un diplôme attribué à Chilpéric, I, RBPH VII, 1928, 83-112 – H. Moretus Plantin, Les Passions de S. Lucien et leurs dérivés céphalophoriques, 1953.

2. L. v. Samosata, Priester in Antiochien und Märtyrer unter Ks. Maximin Daia i. J. 312 (Eusebius, Hist. eccl. VIII 13,2; IX 6,3). Er lehrte in Antiochien, wo Arius zu seinen Schülern zählte. Vermutl. bestimmte er das Verhältnis von Gott-Vater zu Gott-Sohn als strengen Subordinatianismus und gilt deshalb als Wegbereiter des →Arianismus. Von seinen Schriften blieb fast nichts erhalten; ihm wird textkrit. Bibelarbeit zugeschrieben. Diese Nachricht (Hieronymus, De vir. ill. 77) macht ihn zum »Begründer der antiochenischen Schule«. Von einer eigtl. antiochen. Schule kann freilich erst in späterer Zeit gesprochen werden. K. S. Frank

Ed. und Lit.: Ed. Fragm.: CPG 1720-1723 – Altaner-Stuiber, § 53; 57,2 – Diz. Patristico II, 2042-2044 – R. P. C. Hanson, The Search of the Christian Doctrine of God, 1988, 79-83.

Lucidarius (Elucidarium), **-rezeption**
I. Allgemeiner Überblick – II. Deutsche Literatur – III. Mittelniederländischer Bereich – IV. Romanische Literaturen.

I. Allgemeiner Überblick: Das lat. »Elucidarium« (E.) des →Honorius Augustodunensis wie auch volkssprachl. Rezeptionsformen dieses Textes werden unter den Titeln »Elucidarium«, »Elucidarius« oder »L.« überliefert. Das um 1100 als Lehrdialog abgefaßte Werk stellt in heilsgesch. Ordnung die Inhalte der christl. Glaubenslehre von der Entstehung der Welt bis zu ihrem Ende dar. Es wird in einer beeindruckenden Zahl von Textzeugen (ca. 300 erhaltene Hss.) vom 12. bis ins 16.Jh. im gesamteurop. Raum tradiert. Dabei kam es immer wieder zu Versuchen, dieses theol.-katechet. Hb. auch lateinunkundigen Rezipienten zugängl. zu machen. Die volkssprachl. Umsetzungen des »Elucidarium« reichen von der wörtl. Übers. über die Auswahl einzelner Passagen und Zitate bis zur frei gestaltenden Bearbeitung, von denen einige ihrerseits eine beachtl. Wirkung entfalten. Das E., das auch in der lat. Fachlit. seiner Zeit Beachtung findet – →Gottfried v. Viterbo schreibt im philos.-theol. Vorspann seines »Panthe-

on« (um 1190) das erste Buch des E. fast vollständig aus – wird in umfassender Breite in die Volkssprache übernommen. Aus der Forschung sind anonyme Prosaübers. in frz., prov., engl., walis., it., span., dt., dän., schwed. und isländ. Sprache bekannt (Schorbach). Die Übersetzungstätigkeit beginnt bald nach Abfassung des lat. Textes und setzt sich nach dem Zeugnis der erhaltenen Hss. bis ins 15.Jh. fort. Auch Versübertragungen liegen vor: der anonym verfaßte mndl. »Dietsche Lucidarius« (14.Jh.) und der sog. »Lucidaire en vers« des Gillebert de Cambres (13.Jh.), die beide weitere Q. mit einarbeiten. Im deutschsprachigen Raum wirkt sich das E. auf die frühmhd. didakt. Dichtung und auf die Predigt des 12.Jh. aus. E.-Zitate finden sich in der »Mfrk. Reimbibel« der sog. mhd. »Summa theologiae« und im →»Anegenge«. Die Predigt »Von dem jungsten Tage« setzt sich aus aneinandergereihten E.-Passagen zusammen. Vergleichbare Teilrezeptionen sind in didakt. Texten des frz. Sprachraumes zu beobachten (Kleinhans, 1990). Den Endpunkt in der Auswahlrezeption scheint →Dirc van Delf zu setzen, der eine Reihe von Dialogeinheiten des E. in sein theol. Kompendium »Tafel van den Kersten Ghelove« (1404) einbaut, um die Dialogführung als ideale Unterrichtsform im innerkirchl. Lehrbetrieb vorzustellen. Der Inhalt ist in diesem Stadium nicht mehr wichtig.

Eine breite Wirkung erzielten die Bearbeitungen des E., die krit. mit ihrer lat. Vorlage umgehen und je nach Interesse und Bedürfnis ihrer volkssprachl. Rezipienten zusätzl. Q.texte heranziehen, wie der anonyme »Second Lucidaire«, der bes. scholast. Material einbaut, der anonyme dt. »L.«, der durch Zusatzq. ein naturwiss. Profil erhält, der »Livre de Sidrac« und die E.-Bearbeitung des Pierre de Peckham (vgl. Abschnitt IV). D. Gottschall

Ed. und Lit.: K. Schorbach, Stud. über das dt. Volksbuch L. und seine Bearb.en in fremden Sprachen, Q. und Forsch. zur Sprach- und Culturgesch. der germ. Völker, 74, 1894 – Y. Lefevre, L'Elucidarium et les Lucidaires, 1954 – L. Nach der Berliner Hs., hg. F. Heidlauf, DTMA 28, 2, 1970 [Neuausg. in Vorber.: D. Gottschall–G. Steer] – D. Düwel, Eine afrz. Übers. des E., Beitr. zur roman. Philol. des MA 7, 1974 – M. Degli Innocenti, L'Elucidario. Volgarizzamento in antico Milanese dell'E. di Onorio Augustodunense, Medioevo e Umanesimo 55, 1984 – D. Gottschall, Das E. des Honorius Augustodunensis. Unters. zu seiner Überl.- und Rezeptionsgesch. im dt.sprachigen Raum mit Ausg. der nd. Übers. [Diss. masch., Eichstätt 1989, im Dr.; Texte und Textgesch.] – M. Hessenauer, La lumière as Lais – Pierre de Peckhams Vermittlung scholast. Theologie, 1989 – M. Kleinhans, ZRPh 106, 1990, 289-313 – D. Ruhe, Cristanesimo nella storia 11, 1990, 29-60 – M. Kleinhans, Lucidere vault tant a dire comme donnant lumiere – Ersted. der Prosaversionen 2,4 und 5 des Elucidarium, 1991 – E. Ruhe, Himmel und Hölle – Heilswissen für Zisterzienser. Der Lucidaire en vers des Gillebert de Cambres, 1991 – D. Ruhe, Gelehrtes Wissen und pastorale Praxis im frz. SpätMA – Der »Second Lucidaire« und seine Rezeption im 14.-17.Jh. Unters. und Ed. [im Dr.].

II. Deutsche Literatur: Der dt. »L.«: Das von einem Anonymus des 12.Jh. im alem. Raum in der Volkssprache verfaßte Werk gliedert sich in drei Bücher: B.I behandelt Gott und die Schöpfung, die Ordnung des Kosmos und der ird. Welt; B.II beschäftigt sich mit der Christenheit und ihrem liturg. Leben; B.III schildert das Schicksal der Seelen nach dem individuellen Tod und nach dem Jüngsten Gericht. Dem dt. L., der in der Form eines Lehrdialogs das naturwiss., philos. und theol. Wissen seiner Zeit vermittelte, war im ausgehende MA großer Erfolg beschieden; 68 Hss. und ca. 80 Dr. sind erhalten. Der Autor des L. stützte sich bei seiner Arbeit auf lat. Q., darunter v.a. die »Imago mundi«, die »Gemma animae« und das »Elucidarium« des Honorius Augustodunensis, die »Philosophia mundi« des Wilhelm v. Conches und

»De divinis officiis« des Rupert v. Deutz. Souverän entnahm er aus den lat. Texten die Bausteine, die er im dt. L. zu einem neuen Ganzen zusammenfügte. Namen- und strukturgebend war das »elucidarium« des Honorius, das inhaltl. für das erste Buch des L. nur das Baugerüst (Schöpfer und Schöpfung) lieferte – die heilsgesch. Darstellung des »Elucidarium« wurde zugunsten der naturwiss. Interessen des L.-Autors aufgegeben –, im zweiten Buch des L. ganz ausgeklammert blieb, für das dritte Buch jedoch die gesamte und einzige Textgrundlage bildete. Der dt. L. wurde im Laufe seiner Tradierung wechselnden Bearbeitungskonzepten unterworfen. Ein späterer Redaktor, dem nur noch das erste und Reste des zweiten Buches vorlagen, brachte den dt. L. mit dem Welfenhof in Verbindung, indem er das Werk im Prolog als eine Auftragsarbeit Heinrichs des Löwen vorstellte, das von den Kaplänen des Hzg.s in Braunschweig verfaßt worden sei – eine lit. Fiktion, die den stark reduzierten L. möglicherweise neu aufwerten sollte. D. Gottschall

Lit.: L. STURLESE, Filosofia e scienza della natura nel 'L.' medioaltotedesco, Giorn. crit. d. filosofia it. 68, 1989, 161–183 – G. STEER, Der dt. L. – ein Auftragswerk Heinrichs des Löwen?, DVjs 64, 1990, 1–25.

III. MITTELNIEDERLÄNDISCHER BEREICH: Die bekannteste der beiden sehr unterschiedl. mndl. Bearbeitungen des lat. »Elucidarium« ist der gereimte »Dietsche Lucidarius« aus der 1. Hälfte des 14. Jh. Der anonyme Bearbeiter ist sehr frei mit seiner Vorlage umgegangen, hat gekürzt und vereinfacht und vielfach Q. wie die »Rijmbijbel« des Jacob van Maerlant und den dt. Prosa-L. verwendet. Der D. L., für Laien bestimmt, hat eine ausgeprägt moral.-didakt. Zielsetzung mit häufigen Ermahnungen zu tugendhaftem und gottesfürchtigem Leben. Wahrscheinl. erst im 15. Jh. entstanden ist der weniger bekannte Prosa-Elucidarius, eine fast wörtl. Übers. des Elucidarium. Der Text ist vereinfacht; zur Verdeutlichung hat der anonyme Bearbeiter Zitate aus Bibel und Kirchenvätern verwendet. Einschübe über die Schöpfung und den Antichrist, u. a. aus »Scivias« von Hildegard v. Bingen und Adsos »De ortu et tempore antichristi«, ordnen diese Summa in die Heilsgesch. ein. Der Text war wohl zur Vertiefung der Kenntnisse einfacher Ordensmitglieder bestimmt. Ferner ist eine Übers. von Buch 1 und 2 des dt. Prosa-L. aus dem Anfang des 14. Jh. überliefert. C. A. M. Muusers

Ed.: PH. BLOMMAERT, Oudvlaemsche gedichten dl 3, 1851 – R. TH. M. VAN DIJK, TNTL 90, 1974, 106–131 – Lit.: R. TH. M. VAN DIJK, TNTL 89, 1973, 269–291 [Lit.] – O. S. H. LIE, Mndl. didact. lit. in verzen en in proza (Studie v. d. Mndl. lett.kunde: stand en toekomst, o. r. v. F.P. VAN OOSTROME/F. WILLAERT, 1989), 201–221.

IV. ROMANISCHE LITERATUREN: Das vornehml. theol.-dogmat. konzipierte lat. Elucidarium fand in der Romania weite Verbreitung als Katechismus des prakt. Glaubens und Wissens mit enzyklopäd. Bildungsbestrebungen und wirkte vielfältig bis in die NZ. Die Rezeption des lat. Textes verlief jedoch nicht ganz ohne Widerstand. In seinem 1393 verfaßten Elucidarius elucidarii übt der katal. Inquisitor Nicolas →Eymeric rigorose Kritik, jedoch ohne Erfolg, da sich das 'Erleuchtungsbuch' schon längst nicht mehr an Fachspezialisten, sondern direkt oder als Predigtbuch an ein interessiertes Laienpublikum wendet. Die meisten der aus dem 13.–15. Jh. stammenden Texte sind anonym. In den Hss. werden sie oft durch weitere Texte der didakt. Lit. ergänzt.
Aus dem frz. Sprachraum sind fünf voneinander unabhängige Übersetzungsversionen erhalten, die ihrerseits übers., umgearb. oder teilrezipiert wurden, so in der afrz. Bearbeitung »Le Second Lucidaire« (mit zusätzl. naturkundl. Ausrichtung), im Lehrdialog »L'enfant sage à trois ans« oder in der später in mehrere Sprachen, darunter ins Okzitan., übers. enzyklopäd. Prosakompilation des »Livre de Sidrach«. Teilübers. en liegen vor im afrz. »Sermo de Sapientia«, im »Lucidaire en vers« des Gillebert de Cambres sowie in der ebenfalls in Versen gehaltenen, scholast. umgearb. anglonorm. »Lumiere as lais« von Pierre de Peckham. Überliefert ist auch eine okzitan. Fassg. »Lucidari«. Die Verfasserfrage der im Auftrag von Sancho IV. um 1293 entstandenen ältesten span. Version ist nicht endgültig geklärt. Das in 5 Hss. vorliegende kosmolog.-naturkundl. stark ausgeweitete Werk wurde aus griech.-lat. und arab. Q. kompiliert. Aus dem 18. Jh. liegt eine lat. Rückübers. vor. Der it. »Lucidario« präsentiert sich in drei it. Übers. en aus dem Lat. (8 Hss.) und einer in drei verschiedenen Redaktionen erhaltenen Umarbeitung aus dem Frz. (27 Hss.). R. Meyenberg

Q. und Lit.: GRLMA VI, VIII – Y. LEFÈVRE, L'Elucidarium et les Lucidaires, 1954 – R. P. KINKADE, Los lucidarios españoles, 1968 – D. RUHE, Gelehrtes Wissen und pastorale Praxis im frz. SpätMA [im Dr.] – s. a. →Abschnitt I und II.

Lucifer v. Cagliari, Bf., theol. Schriftsteller, † 370/371. Als Bf. v. Caliaris (Cagliari/Sardinien) protestierte er gegen die Religionspolitik des Ks.s Constantius II. und wurde 355 in den O verbannt. Nach 362 lehnte er eine Aussöhnung unter den rechtgläubigen Bf.en ab, da er unbeweglich an seinem Verständnis des nizän. Glaubens festhielt. In Antiochien weihte er einen Bf. für eine ihm gleichgesinnte Gemeinde und begründete damit das lange dauernde antiochen. Schisma. Danach trennte er sich ganz von der Kirche und versuchte eine eigene Kirchengründung (Luziferianer). Während seiner Verbannung schrieb er 5 Streitschriften, an Constantius II. adressiert (z. B. De non conveniendo cum haereticis; De non parcendo in Deum delinquentibus; Moriendum esse pro Dei Filio): Sie sind theol. ohne Bedeutung, zeigen aber den groben Polemiker, der in seinen Pamphleten seine Gegner schonungslos angreift. Wichtig sind sie für die lat. Sprachgesch. und die Rekonstruktion der altlat. Bibel. K. S. Frank

Ed.: CChrL 8, 1978 [Lit.].

Lucius

1. L. I., Papst, hl. (Fest: 4. März), Weihe: 25. Juni (?) 253, † 5. März 254, ◻ Rom, Calixtuskatakombe; Römer. Von Ks. Gallus sofort verbannt, konnte er bald (wohl beim Amtsantritt des Ks.s Valerianus) zurückkehren. In der Bußpraxis vertrat er wie Papst Cornelius die mildere Richtung den strengeren gegenüber (Novatianern. →Cyprianus v. Karthago rühmt überschwengl. seinen Bekennermut (Ep. 61 und 68). Erst die spätere Legende macht ihn zum Märtyrer. G. Schwaiger

Lit.: LP I, 66–68, III [Reg.] – LThK² VI, 1176 – E. CASPAR, Gesch. des Papsttums I, 1930, 70.

2. L. II. (Gerhard Caccianemici), *Papst* seit 12. März 1144, † 15. Febr. 1145 in Rom, ◻ ebd., Lateran; aus Bologna, Kanoniker v. S. Frediano in Lucca, seit 1123 Kard.priester v. S. Croce in Gerusalemme, mehrfach Legat in Deutschland und seit 1141 päpstl. Kanzler. Als Papst suchte L. den Ausgleich mit Roger II., die Lehnsauftragung Portugals behandelte er abwartend, die militär. Beseitigung der röm. Kommune mißlang. Der Bericht über L.' Tod durch einen Steinwurf (Gottfried v. Viterbo, Panth. 23, 48) ist unhist. M. Horn

Q.: GP – JAFFÉ² II, 7–19 – IP – LP II, 385f. – MPL 179, 819–938 – PU – Lit.: LThK² VI, 1178 – SEPPELT III, 187ff., 604–607 – R. HÜLS, Kard.e, Klerus und Kirchen Roms 1049–1130, 1977 – J. FRIED, Der päpstl. Schutz für Laienfs.en, 1980.

3. L. III. (Ubaldo Allucingoli), *Papst* seit 1. Sept. 1181

(Wahl; Konsekration: 6. Sept.), * um 1110 in Lucca, † 25. Nov. 1185 in Verona, ⌑ ebd., Dom. Der diplomat. gewandte und schon von seinen Vorgängern mit zahlreichen Legationen (u. a. nach Byzanz) und Verhandlungen (Vertrag v. →Konstanz 1152, Vertrag v. →Benevent 1156, Friede v. →Venedig 1177) betraute L. zählte zu den treuesten Anhängern Alexanders III. Nur wenige Monate nach seiner Wahl mußte der betagte Papst der stadtröm. Bewegung weichen. In den Verhandlungen in Verona im Okt. 1184 mit Ks. Friedrich I., die der Lösung der zahlreichen im Frieden v. Venedig offengebliebenen Fragen dienen sollten, kam der auf Ausgleich bedachte L. den Wünschen des Ks.s entgegen (gemeinsames Vorgehen gegen Ketzer, Zukunft der Mathild. Güter, schismat. Weihen, Krönung Heinrichs VI. zum [Mit-]Ks.). Sicherl. ging aber von ihm nicht die Initiative zur stauf.-siz. Eheverbindung des jungen Kg.s mit →Konstanze aus. Wachsender Widerstand aus dem Kard.skollegium führte zum Abbruch der Verhandlungen. U. Schmidt

Q.: Jaffé² II, 431–492, 725f., 766–769 – Watterich II, 650–662 – MPL 201, 1071–1380 – *Lit.:* K. Wenck, Die röm. Päpste zw. Alexander III. und Innozenz III. ... (Fschr. P. Kehr, 1926), 442–474 – G. Baaken, Unio regni ad imperium ..., QFIAB 52, 1972, 219–297.

Luck (Luzk, aruss. Lučesk, im SpätMA lat. Name Luceoria), in Volhynien am Styr gelegene Stadt, am Verkehrsweg von →Kiev nach W. Entstanden aus einer ostslav. Siedlung der →Duleben (9.–10. Jh.), entwickelte sich L. im 11.–12. Jh. zu einer burgstädt. Anlage. Das Teilfsm. L., das sich im Gebiet des Styr um die Mitte des 12. Jh. gebildet hatte, wurde nach dem Zerfall des Fsm.s →Halič-Volhynien um 1340 in das Gfsm. →Litauen eingegliedert. Die zweiteilige Burganlage, 1261 auf Befehl der Mongolen geschleift, wurde im 14. und 15. Jh. von den Gediminiden (v. a. den Fs.en Lubart und →Witowt) in Backstein neuerrichtet (oberes und unteres Schloß). Auf dem oberen Schloß lag die steinerne orth. Kirche Hl. Johannes Apostel, seit 1230/50 Kathedrale des von Bm. →Vladimir in Volhynien abgetrennten orth. Bm.s. Das Gelände des unteren Schlosses beherbergte seit 1428 die Dreifaltigkeitskathedrale (Holz-, erst 1539 Quaderbau) des aus Vladimir verlegten röm.-kath. Bm.s. L. besaß eine armenische (mit eigenem Bf.) und eine jüd. Gemeinde. Die Stadt erhielt 1432 Magdeburger Recht, 1444 (als eine der 15 führenden Städte des Gfsm.s Litauen) weitere Privilegien. 1429 fand in L. ein großes Herrschertreffen statt, unter Teilnahme des dt. Kg.s →Siegmund. A. Poppe

Lit.: M. Hruševsky, Ist. Ukrainy-Rusi, II–IV, 1905–07 [Ind.] – M. Malevskaja, Architekturno-archeologičeskoje issledowanie w Luckom zamke, Archeologičeskije otkrytia, 1984 (1986), 267f. – N. Kučinko, Issledovania w Luckom zamke, 1986 (1988), 303f., 306f.

Lucka, Schlacht bei (Mai 1307). Während der von Lgf. →Albrecht (20. A.) verursachten Wirren im Haus →Wettin war es der wieder aufstrebenden Reichsgewalt gelungen, in Mitteldeutschland Fuß zu fassen. Kg. Albrecht v. Habsburg hielt an dem von seinem Vorgänger Adolf v. Nassau 1294 besorgten Ankauf der Lgft. →Thüringen fest und legte 1306 ein kgl. Heer ins Pleißenland unter dem Reichsküchenmeister Heinrich v. Nortenberg. Gegen diese Streitmacht zogen die wettin. Brüder →Friedrich I. der Freidige und →Diezmann in Leipzig Truppen zusammen, mit denen sie den Heerführer des Kg.s im Mai 1307 bei L. (s. von Leipzig) besiegten. Damit war das jahrelange Ringen zw. dem Kgtm. und den Wettinern zu deren Gunsten entschieden. K. Blaschke

Lit.: G. Kammrad, Die Ereignisse des Jahres 1307 in der meißn. Frage, vornehml. die sog. Schlacht bei L., Zs. des Vereins für thür. Gesch. und Altertumskde 29, NF 21, 1913, 41–124 – A. Schirmer, Das angebl. Treffen bei Leipzig-L., ebd. 210–216 – Patze-Schlesinger II/1, 66.

Lucretius im Mittelalter. Titus Lucretius Carus, der Dichter des Werkes de natura rerum, hat niemals zu den vielgelesenen Autoren gehört. Ins MA sind nur sehr wenige Exemplare, vielleicht überhaupt nur ein einziges gelangt. Daß in Spanien Isidor v. Sevilla noch ein Exemplar zur Verfügung stand, ist mögl., aber nicht beweisbar. Die uns zugängl. hs. Überlieferung läßt sich in gerader Linie sehr weit (vor 3. Jh.) zurückverfolgen. Ursprung unseres Textes ist Italien. Spätestens im 8. Jh. ist eine Minuskelhs. über das Bodenseegebiet (Murbach?) an eine unbekannte Stätte in NO-Frankreich – wie Corbie – gelangt, von wo aus im frühen 9. Jh. eine geringe Verbreitung erfolgte; erhaltene Abschriften sind der sog. Quadratus (Leiden Voss. lat. 4° 94) aus St-Bertin und der Oblongus (Leiden Voss. lat. 2° 30; im 15. Jh. in Mainz) sowie Fragmente.

Gelegentl. Spuren der Kenntnis glaubt man in karol. Zeit beobachten zu können; am ehesten im prosod. Florileg des Micon v. St-Riquier, vielleicht auch sonst noch gelegentl. in Westfranken, während Hrabanus Maurus und andere wohl aus zweiter Hand zitieren. Später kommt nur noch vereinzelt Erwähnung des Namens, kaum Kenntnis des Werkes vor, bis Poggio Bracciolini anläßl. des Konstanzer Konzils (1417) eine Hs. (vielleicht das Murbacher Exemplar) entdeckte und eine Abschrift vornahm. Von dieser stammen alle jungen humanist. Hss. ab. Das erneute Interesse für L. spiegelt sich in den ersten Komm. (drei allein im 16. Jh.). F. Brunhölzl

Lit.: Manitius, I–III – Schanz-Hosius, I⁴, 280–284 – F. Brunhölzl, Zur Überl. des L., Hermes 90, 1962, 97–104 – W. B. Fleischmann (Catal. Translationum et Commentariorum, II, 349–365), 1971 – Texts and Transmission (ed. L. D. Reynolds), 1983, 218–222.

Lucrezia Borgia (Borja), * 18. April 1480 in Subiaco, † 14. Juni 1519 in Ferrara, Tochter des Rodrigo de Borja y de Borja (später Papst Alexander VI.) und der Vannozza Catanei. Früh ein Instrument der Politik ihres Vaters und Bruders, wurde sie nach zwei wieder gelösten Verlobungen 1494 mit Giovanni Sforza, Gf. v. Cotignola, aus der Familie der Hzg.e v. Mailand verheiratet, da zu dieser Zeit ihr Vater an einer Freundschaft mit dem Hzm. Mailand interessiert war. Nach der Änderung seiner polit. Ziele annullierte Alexander VI. 1498 diese Ehe als nicht vollzogen und betrieb im selben Jahr die Vermählung L.s mit Alfons v. Aragón, Hzg. v. Bisceglie, dem unehel. Sohn von Alfons II. v. Neapel, von dem ihr nach dessen Ermordung durch ihren Bruder →Cesare i. J. 1500 ein Sohn blieb, Rodrigo v. Aragón, Hzg. v. Bisceglie. Im folgenden Jahr heiratete L. →Alfonso d'Este († 1534), den Sohn Ercoles I., Hzg. v. Ferrara. Aus dieser Ehe entstammten Ercole II., Kard. Ippolito (auf den die Villa d'Este in Tivoli zurückgeht), Alfonso, Francesco und Eleonora (Nonne). Ihr Hof in Ferrara wurde zu einem Zentrum der Künste und Wissenschaften. Dichter und Humanisten rühmten ihre Schönheit und ihre Tugenden (u. a. Ariost, Trissino, M. Equicola) und widmeten L. ihre Werke (z. B. P. Bembo seine »Asolani«). Über inzestuöse Beziehungen zw. L. und ihrem Vater, denen Juan de Borja, Hzg. v. Nepi, entstammen soll, widersprechen sich die Q. L.s letzte Lebensjahre standen im Zeichen religiöser Einkehr.

M. Batllori

Q. und Lit.: F. A. Gregorovius, L. B., 1874 – M. Bellonci, L. B., 1939 [dt. 1979: lit. Biogr. unter Verwendung von Originaldokumenten] – M. Mallett, The Borgias, 1969 – M. Battlori, A través de la hist. i la cultura (Bibl. Abat Oliva 16, 1979), 185f. – M. Grillandi, L. B., 1984².

Lucy, engl. Adelsfamilie. *Reginald de L.* († um 1198), dessen Familie über Landbesitz in Cumberland verfügte und das Forstamt erbl. innehatte, stieg im Dienst Heinrichs II. auf. Er war wahrscheinl. verwandt mit Richard de →L., dem Justitiar. Reginalds Sohn, der auch *Richard de L.* († 1213) hieß, folgte dessen Tochter *Alice* († 1287/88), die den Familiennamen trotz ihrer Heirat mit Thomas de Multon beibehielt und auf ihren Sohn *Thomas* († 1305) übertrug. Dessen Sohn *Thomas* († 1308) folgte sein Bruder *Anthony* († 1343). *Thomas de L.* († 1365), Sohn von Anthony, hinterließ einen Sohn, der ebenfalls *Anthony* († 1368) hieß. Bei dem Tod von dessen Tochter *Joan de L.* († 1368/69) wurde die Erbschaft auf deren Schwester *Maud* († 1398) übertragen, die ohne Erben starb. Der Besitz der L. gelangte nun an einen entfernten Vetter.

J. S. Critchley

Lit.: I. J. SANDERS, English Baronies, 1960.

Lucy (Luci), **Richard de,** † nach 1179, stammte aus einer kleineren Grundbesitzerfamilie in Ostanglien und Kent und begann seine Laufbahn im Dienst Stephans v. Blois, wo er Kastellan, Sheriff und Richter wurde. Nach 1154 gehörte er zur Gefolgschaft Heinrichs II. und spielte eine bedeutende Rolle bei den Ereignissen um →Thomas Becket. Er vermittelte später zw. Heinrich und Becket, obwohl er ein Anhänger des Kg.s war. 1166 und 1169 wurde er von Becket exkommuniziert, wahrscheinl. weil dieser ihn für den Initiator der Konstitutionen v. →Clarendon (1164) hielt. 1173-74 war er wesentl. an der Niederschlagung des Aufstandes gegen Heinrich II. in England und der Zurückdrängung der schott. Invasion unter Wilhelm I. d. Löwen im N beteiligt. L. war während dieser Zeit bis zur Rückkehr Heinrichs aus Frankreich im Juli 1174 dessen Stellvertreter in England. Er hatte das Amt des →Justitiars inne, als der →Dialogus de Scaccario erstellt wurde. 1179 zog er sich aus dem öffentl. Amt in die Westwood Abbey, seine Gründung, zurück, wo er bald darauf starb.

J. S. Critchley

Lit.: F. WEST, The Justiciarship in England 1066-1232, 1966 - W. L. WARREN, Henry II, 1973.

Luder, Peter, dt. Frühhumanist, * um 1415 in Kislau bei Heidelberg, † 1472, immatrikulierte sich im Wintersemester 1430/31 an der Univ. →Heidelberg, deren Matrikeln ihn als pauper ausweisen. Seit etwa 1434 verbrachte er 22 Jahre in Italien, u. a. als Schüler des →Guarino Veronese. Seine humanist. Bildung und Kenntnisse in Grammatik, Poesie und Rhetorik bestätigen ein 1444 in Venedig ausgestelltes Notariatsdiplom, das zugleich belegt, daß L. zeitweise zum Hofgefolge des Dogen Francesco →Foscari gehörte. Seit 1456 lehrte er im Auftrag Pfgf. Friedrichs I. die studia humanitatis (am Bildungsprogramm Guarinos orientiert) an der Univ. Heidelberg. Nach 1460 wirkte er an verschiedenen dt. Univ., u. a. in Erfurt und Leipzig. 1462-64 studierte er wie schon während seines früheren Italienaufenthaltes in Padua Medizin und erwarb den Doktorgrad. Dies ermöglichte es ihm, seine wenig lukrative Tätigkeit als humanist. Lehrer in Basel (1464-68) mit einer Professur für Medizin zu verbinden. Nach kurzer Tätigkeit im Dienst Hzg. Sigmunds v. Tirol lehrte er ab 1470 an der Univ. Wien. Neben Inauguralreden zur Propagierung der studia humanitatis hielt L. u. a. Vorlesungen über Rhetorik und Verslehre und verfaßte lat. Gedichte. Als Programmatiker und Vermittler der Ideen der it. humanist. Bewegung hatte er auf die nachfolgende Generation dt. Humanisten (z. B. Hartmann Schedel) großen Einfluß.

H. Zedelmaier

Ed. und Lit.: Lit. Lex., hg. W. KILLY, VII, 1990, 362f. – NDB XV, 292f. – Verf.-Lex.² V, 954–959 [Lit.] – L. BERTALOT, Humanist. Vorlesungsankündigungen in Dtl. im 15.Jh. (1915) (L. B. Stud. zum it. und dt. Humanismus, hg. P. O. Kristeller, 1975) – F. BARON, The Beginnings of German Humanism... P. L. [Diss. Berkeley 1966] – E. BOCKELMANN, Die Metrikvorlesungen des ... P. L., Gratia 14, 1984.

Ludger → Liudger

Ludlow (Shropshire), Burg und Stadt am Fluß Teme, von der norm. Familie der →Lacy (1086–94) gegr. Als beherrschender Stützpunkt an der walis. Grenze wurde die Burg befestigt (Mauern, Türme, im 12.Jh. ein *keep* [→Donjon]). Im 13.-15.Jh. war die Stadt ein bevorzugter Wohn- und Verwaltungsort für die Familien Geneville (1241), →Mortimer (1306) und das Haus →York (1425) sowie ein bedeutender Markt und ein Zentrum der Textilherstellung. Die Stadtmauer mit sieben Toren wurde im 13.Jh. errichtet, im späteren MA folgten zwei Niederlassungen der Bettelorden, Hospital und Armenhaus, im 15.Jh. der von den Zünften mitfinanzierte Bau von St. Laurence, eine der größten Pfarrkirchen Englands. Für →Richard, Hzg. v. York († 1460), war L. Residenz- und Zufluchtsort sowie Ausgangspunkt für seine Auseinandersetzung mit Heinrich VI. Unter dem nachfolgenden Haus York (1461) war L. bedeutendes Verwaltungszentrum für die walis. Herrschaft über die Marken und seit 1476 Sitz des für die Marken zuständigen Rates der Princes of Wales.

R. A. Griffiths

Lit.: N. PEVSNER, The Buildings of England: Shropshire, 1958 – R. A. GRIFFITHS, The Reign of King Henry VI, 1981.

Ludmila, hl., * 860, † 15. Sept. 921, Tochter Slavibors, wahrscheinl. Fs. der Sorben, nach einem Zweig der Überlieferung Fs. v. Pšov; ⚭ 874/875 →Bořivoj, Fs. v. Böhmen, mit dem L. die Taufe annahm (wohl 883). Nach Bořivojs Tod (ca. 888/889) blieb sie während der Regierung ihrer Söhne Spytihněv (889–915) und Vratislav (915–921) einflußreich. Als Vratislav starb (13. Febr. 921), waren seine Söhne →Wenzel und →Boleslav noch unmündig. Wenzel wurde inthronisiert, doch die Regierungsgewalt hatte seine Mutter Drahomíra inne. Beide Brüder blieben zur weiteren Erziehung in der Obhut L.s. Das führte zu Streitigkeiten zw. den Frauen, wahrscheinl. mit polit. Hintergrund. Als sich Hzg. Arnulf v. Bayern im Juli 921 überraschend mit Kg. Heinrich I. arrangierte, sah Drahomíra darin eine Gefahr für Böhmen, während L., offenbar unter Einfluß des in Prag tätigen Regensburger Archipresbyters Paul, sich für Arnulf erklärte. Drahomíra ließ L. daher auf der Burg Tetín durch ihre (norm.?) Gefolgsleute Tuna und Gommon erdrosseln und verwies die bayer. Kleriker des Landes. Arnulf reagierte 922 mit einem Einfall in Böhmen und zwang Drahomíra zur Unterwerfung. L. galt vielleicht schon bei den bayer. Klerikern in Prag als Hl.e, wenn auch die Überführung ihres Leichnams in die St.-Georgskirche auf der Prager Burg durch Wenzel 925 keine eigtl. Translation gewesen sein muß. Als 972 hier ein Frauenkl. entstand, wurde L. als Kl.heilige verehrt.

D. Třeštík

Lit.: BHL 5026–5032 – LThK² VI, 1179 – F. STEJSKAL, Sv. Lidmila, její doba a úcta, 1919 – O. KRÁLÍK, Sázavské písemnictví XI. století, Rozpravy ČSAV 71, 1961, H. 12, 36–61 – D. TŘEŠTÍK, Počátky Přemyslovců, 1981.

Ludolf

1. L., *Ebf. v.* →*Magdeburg* seit 1192, † 16. Aug. 1205 (1206), ⌂ Magdeburg, Dom. L.s Abstammung von einer bäuerl. Familie aus Kroppenstedt (Bm. Halberstadt) wird heute bezweifelt. Stiftsschüler in Halberstadt, Studium an der Univ. Paris, ztw. zusammen mit →Thomas Becket; Domscholaster am Magdeburg. Domstift, erstmals als Domherr erwähnt am 27. Sept. 1168, 1179–87 Propst v. St. Wipert in Nienburg, am 26. Dez. 1184 zum Domdekan in Magdeburg bestellt. L. ergriff verschiedentl. Partei im

Konflikt zw. Ks. und Papst und im stauf.-welf. Thronstreit. Er zählte Ende 1186 zu einer Delegation des dt. Episkopats, die Papst Urban III. die Beschwerden Ks. Friedrichs I. gegen die Kurie überbrachte. Als Nachfolger Ebf. →Wichmanns setzte er dessen stauferfreundl. Politik fort. Angefangen mit seiner Unterstützung der Kg.swahl zugunsten Philipps v. Schwaben (1198), vertrat er fortan entschlossen dessen Interesse und wurde zu einem der führenden Vertreter der stauf. Partei in Sachsen. Er geriet dadurch in zunehmenden Gegensatz zur päpstl. Politik und wurde von Innozenz III., der seit 1200/01 eine welfenfreundl. Stellung einnahm, mehrfach gebannt.

Mgf. Otto II. v. →Brandenburg und sein Bruder Albrecht übertrugen 1196 ihre askan. Eigengüter an Erzbf. L.; sie galten fortan als vom Erzstift ausgegebene Lehen (im folgenden häufig umstritten, 1336 nochmals bestätigt, seit der Übernahme der Mark Brandenburg durch die Luxemburger 1373 hinfällig). 1200 gründete L. in der Magdeburger Vorstadt Sudenburg das Stift St. Peter und Paul (später in die Neustadt verlegt). M. Kintzinger

Lit.: LDG, 742 – NDB XV, 296f. [Lit.] – GS I/1, 1.2., 1972 – D. CLAUDE, Gesch. des Ebm.s Magdeburg bis in das 12.Jh. (Mitteldt. Forsch., 67/1.2., 1972/75) – J. EHLERS, Dt. Scholaren in Frankreich während des 12.Jh. (VuF 30, 1986), 113f.

2. L. v. Hildesheim, Mag., 1229–35 Scriptor, 1236 Notar Bf. Konrads II. v. Hildesheim (1221–47), Kanoniker des Kreuzstifts, ist vermutl. identisch mit dem dortigen Scholasticus (1239) und Dekan (1253–59). Seine umfangreiche Summa dictaminum besteht aus einem theoret. Teil und zahlreichen, z. T. der sächs. Summa prosarum dictaminum entlehnten, meist auf echten Texten beruhenden Brief- und Urkundenformularen für die Zwecke einer bfl. Kanzlei. Die mehr auf die Praxis als auf rhetor. Ausschmückung bedachte Summa war, erstmals bei einem dt. Autor, sehr erfolgreich; sie ist in mindestens 18 Hss. überliefert, wurde ausgiebig im Baumgartenberger Formelbuch benutzt und noch im 14.Jh. von Johannes v. Wien und von dem westfäl. Mag. Simon (v. Dudinghe) kommentiert. In Passau erstellte man eine Kurzfassung des theoretischen Teils. H. M. Schaller

Ed.: L. ROCKINGER, Briefsteller und formelbücher des eilften bis vierzehnten jh. 1, 1863, 347–402 – DERS., Über Briefsteller und Formelbücher in Dtl. während des MA, 1861, 31–41 [Kurzfass.] – *Lit.:* Verf.-Lex. V², 962–964 – O. HEINEMANN, Beitr. zur Diplomatik der älteren Bf.e v. Hildesheim, 1895 – Urk.buch des Hochstifts Hildesheim, bearb. v. H. HOOGEWEG, 2, 1901.

3. L. v. Sachsen, * um 1295/1300, † 10. April 1378, zunächst Dominikaner, dann 1339/40 Kartäuser in Straßburg, Koblenz, dort Prior von 1343 bis 1348, Mainz und wieder Straßburg. Verf. von Psalmen- und Hoheliedkomm. Predigten und Erbauungsschriften, namentl. der Flores et fructus arboris vitae Jesu Christi. Sein Hauptwerk (nach 1348), Vita Christi (ed. A.-C. BOLARD, L. M. RIGOLLOT, J. CARNAUDET, 1878²), ist eine auf bibl., apokryphem und patrist. Gedankengut fußende Betrachtung des Lebens Jesu von zisterziens. wie franziskan. Intensität. Jeder Abschnitt der Vita Chr. besteht aus lectio, meditatio und oratio. Es geht darum, sich ganz in das Leben Jesu hineinzuversenken und so fortschreitend die göttl. Herrlichkeit Christi zu gewahren. Das Werk gehörte zu den meistgelesenen Büchern des 15./16.Jh. Es beeinflußte die →Imitatio Christi sowie die Exerzitien des Ignatius v. Loyola. M. Gerwing

Lit.: Verf.-Lex.² V, 967–977 – Wb. der Mystik, hg. P. DINZELBACHER, 1989, 331f. [P. NISSEN; Lit.] – W. BAIER, Unters. zu den Passionsbetrachtungen in der Vita Christi des L. v. S., 3 Bde, 1977 – I. TELLECHEA, Ignatius v. Loyola, 1991.

Ludolfus de Luco (oder: **Lucohe**). Um 1300, Verf. einer grammat. Lehrdichtung von ca. 1020 Hexametern, inc. Flores grammatice propono scribere, Christe, die sehr schnell populär wurde und schon in den ältesten Hss. mit ausführl. Komm. versehen ist, der vermutl. auf den Autor selbst zurückgeht. Die schwer verständl. Schrift will eine Paraphrase von B.17 und 18 von Priscians Institutiones (»Priscianus minor«) sein und behandelt Syntax und Stilfiguren. Der Verf. war in der Regel nur unter dem Beinamen »Florista« bekannt und wurde von den Humanisten mit Alexander v. Villadei auf eine Stufe gestellt und bekämpft. G. Silagi

Ed. und Lit.: Flores grammatice sive Florista cum commento, o. O. u. J. (Basel?) ca. 1505) – Flores artis grammatice alias Florista cum familiari commento correspondens Syntactice et sequnde parti Doctrinalis magistri Alexandri, Köln, 1505 – 57 Hss. nachgewiesen bei BURSILL-HALL, A Census of Medieval Lat. Grammatical Mss., 1981, 315 – Verf.-Lex.², V, 965ff. [G. SILAGI].

Ludovico il Moro, Hzg. v. Mailand, * 27. Juli 1452 in Vigevano, † 27. Mai 1508 in Loches. Eltern: Francesco →Sforza, Bianca Maria Visconti. Nach dem gewaltsamen Tod des Galeazzo Maria →Sforza (26. Dez. 1476) einer der Führer der »ghibellin.« Oppositionsgruppe, wurde L. nach dem Mißlingen des Staatsstreichs gegen die Regentin →Bona v. Savoyen nach Pisa verbannt. Im Juli 1479 vom Kg. v. Neapel mit dem Hzm. Bari investiert, kehrte er im Sept. nach Mailand zurück, bemächtigte sich der Regentschaft, verurteilte den einflußreichen Sekretär Cicco →Simonetta zum Tode und übernahm die Vormundschaft über seinen Neffen Gian Galeazzo (3. Nov. 1480). Seine Italienpolitik war gekennzeichnet durch das Bündnis mit dem Kgr. Neapel und eine geschickte Heiratspolitik (1489 Gian Galeazzo ∞ Isabella v. Aragón, 1491 L. ∞ Beatrice d'Este). Trotz der Impulse, die die Mailänder Wirtschaft in diesen Jahren durch L. erfuhr, erwiesen sich die Sanierungsmaßnahmen, zu denen ihn die enormen Rüstungs- und Hofhaltungskosten, zwangen, in der Folge als schwere Belastung, so die von der neugeschaffenen Behörde »deputati del denaro« durchgeführte umfangreiche Veräußerung von Einkünften und Zöllen des Hzm.s. L.s Fehleinschätzung der gesamteurop. polit. Situation führte zu einer widersprüchl. Schaukelpolitik (Bündnisse mit Karl VIII. v. Frankreich, mit Venedig und mit Ks. Maximilian, von dem er 1494 mit dem Hzm. investiert wurde), die 1494 dem Italienzug Karls VIII. den Weg bahnte. Die Eroberung Novaras durch Ludwig v. Orléans (13. Juni 1495), die Schlacht bei →Fornovo (6.Juli) und der anschließende Separatfrieden mit Frankreich brachten den Bruch mit Venedig mit sich; 1499 versuchte L. sogar, sich mit den Türken zu verbünden. Im gleichen Jahr zwang ihn die Einnahme Mailands durch die Truppen Ludwigs XII. unter dem exilierten Mailänder Gian Giacomo Trivulzio zur Flucht nach Innsbruck. L.s Versuch, im April 1500 sein Hzm. zurückzuerobern, scheiterte am Verrat der Schweizer Truppen. L. brachte seine letzten acht Lebensjahre in frz. Gefangenschaft zu. Mit Ausnahme des sachl. Berichterstattung des B. →Corio zeichnet die zeitgenöss. it. Geschichtsschreibung im allg. ein negatives Bild von L. und macht ihn v.a. für die Ereignisse von 1494 verantwortlich. Unter L. war d. Mailänder Hof ein kultur. Zentrum, an dem u.a. Bramante, Leonardo, Gian Cristoforo Romano sowie G. →Merula, Gaspare Visconti, B.→Bellincioni und A.→Cammelli wirkten. Bedeutende Impulse erfuhren auch die Wiss.en (Univ. Pavia und Mailänder Akad.) sowie Stadtplanung und Baukunst. P. Margaroli

Lit.: F. MALAGUZZI VALERI, La corte di L. il M., 1913 – Storia di Milano, VII, 1956 – Milano nell'età di L. il M., 1983.

Ludovicus Bologninus → Bologninus, Ludovicus

Ludowinger, Dynastie in →Thüringen. Von den im mittleren Maingebiet beheimateten Gf.en v. →Rieneck zweigten sich mit den 1069-84 gen. Gf.en Ludwig und Beringar die L. ab, die als Gf.en v. Schauenburg diese Stammburg des Geschlechts im Thüringer Wald bei Friedrichroda erbauten, wo sie eine kleine Rodungsherrschaft errichteten. Über Gf. Ludwig d. Bärtigen († um 1080), dem seine Gemahlin Cäcilie ihr Erbgut um Sangerhausen einbrachte, setzte sich die Familie zu Ludwig d. Springer fort. Er gewann durch die Ehe mit Adelheid, der Witwe des Pfgf.en Friedrich III., Güter an der unteren Unstrut, erbaute die 1080 zuerst gen. →Wartburg über →Eisenach als neuen Stammsitz und stiftete 1085 das mit Hirsauer Mönchen besetzte Kl. →Reinhardsbrunn als Grablege des Geschlechts, das in Gegnerschaft zum sal. Kgtm. und an der Seite der sächs. Opposition zu größerer Bedeutung aufstieg. Seine Söhne Ludwig und Heinrich erheirateten Güter um Marburg und s. von Kassel vor 1122, womit das Geschlecht in Hessen Fuß faßte. Ludwig I. († 1140) eröffnete, seit 1131 als solcher bezeugt, die Reihe der →Lgf.en, denen in einer vom Reich anerkannten hzg.sähnl. Stellung die Führung im polit. zersplitterten thür. Raum zugedacht war. Der erste Lgf. ging von Lothar v. Süpplingenburg 1138 zu Kg. Konrad III. über, womit sich Thüringen von seiner langen Bindung an das Stammeshzm. Sachsen befreite. Sein Sohn →Ludwig II., verheiratet mit Jutta, der Nichte Konrads III., erschien oft im Gefolge Friedrich Barbarossas, trat für die stauf. Ordnung im Reich ein, brachte aber auch den territorialen Aufbau der Lgft. voran. →Ludwig III. nutzte den Sturz Heinrichs d. Löwen für die Festigung der Lgft. Mit seinem Bruder →Hermann I. (8. H.) betrieb dann ein Mann mit ungehemmtem Machtstreben die Fortführung des Geschlechts. Mit seinen acht Kindern baute er polit. Beziehungen zw. Holstein und Ungarn aus. Sein Sohn →Ludwig IV. trat in die schicksalhaften Beziehungen zum Hause →Wettin ein, dessen Besitz er nach dem 1226 erlangten Eventualbelehnung zu gewinnen hoffte. Da sein Sohn Hermann II. 1241 19jährig starb, übernahm sein Bruder →Heinrich Raspe die Lgft., während ein zweiter Bruder Konrad († 1240) seit 1231 die hess. Güter innehatte, 1234 jedoch in den →Dt. Orden eintrat. Heinrich Raspe, in drei Ehen kinderlos, sah dem Anfall der in seiner Hand vereinigten Lgft. an die Wettiner bewußt entgegen, weshalb er 1243 bei Ks. Friedrich II. die Eventualbelehnung von Mgf. →Heinrich v. Meißen (60. H.) mit der Lgft. erwirkte. Seitdem wandte er sich gegen die ludowing. Tradition vom Staufer ab und wurde als Mann der Kurie 1246 zum dt. (Gegen)kg. gewählt. Mit seinem Tod 1247 starb das ludowing. Haus im Mannesstamm aus. Sein Erbe fiel nach langen krieger. Wirren mit seinem thür. Teil 1264 endgültig an Mgf. Heinrich v. Meißen. In Hessen (→Lgft. Hessen) setzte sich Sophie, die Tochter Lgf. Ludwigs IV., durch und sicherte ihrem Sohn →Heinrich (50. H.) die Herrschaft.   K. Blaschke

Lit.: PATZE-SCHLESINGER II, 1, 10-48.

Ludus de Antichristo, neuerer Verlegenheitsname für das ersterhaltene zur Aufführung bestimmte Drama aus Deutschland (Festspiel für den ersten Reichstag Barbarossas als Ks., Regensburg 1155?), auch Tegernseer Antichristspiel gen. Der kunstvolle lat. Versstext bietet ein eindrucksvolles Denkmal ma. Eschatologie und zugleich frühstauferzeitl. Gegenwartskritik *sub specie aeternitatis,* vermittelt durch Korrespondenz zweier streng parallel gebauter Akte (I. die letztmalige Herstellung gottgewollter ird. Ordnung; II. deren letztmalige fundamentale Verwirrung unter dem Antichrist). Der anonyme Dichter (Mönch im Kl. →Tegernsee?), ein bemerkenswert unabhängiger, schöpfer. Geist, vertritt die abendländ.-röm. Reichsidee der Zeit (Trennung von geistl. und weltl. Gewalt; Abwehr frz. und byz. Ansprüche), verurteilt jedoch übertriebenen dt. 'Nationalismus'. Der Ks. hat die Christenheit polit. zu ordnen und ihren Besitzstand zu wahren, am Ende aber abzudanken, auch wenn dies apokalypt. Unheil bringt; Massenbewegungen, die Herrschaft von unten zu schaffen, zugleich häret., werden abgelehnt. Verworfen werden auch Kreuzzug und Schwertmission, Pogrome und religiöse Drangsalierung, unbeschadet der alleinigen Wahrheit des Christentums; nur der defensive Heidenkrieg wird bejaht. Der Papst hat dabei keine polit. Aufgaben. Eigenwillig genutzte Hauptq. ist eine sibyllin. angereicherte Bearb. von →Adsos Schr. über das Kommen des Antichrist.   H.-D. Kahl

Ed.: W. MEYER, Ges. Abh. zur mlat. Rhythmik, I, 136-170 – G. VOLLMANN-PROFE, L.d.A., 1981 (Litterae 829) [mit dt. Übers.] [dazu H.-D. KAHL, MIÖG 91, 1982, 282f.; K. LANGOSCH, MJb 19, 1984, 295ff.] – *Lit.:* W. GREISENEGGER, Die Realität im religiösen Drama des MA, 1978, 85-151 – H.-D. KAHL, Der sog. L.d.A. (De finibus saeculorum) als Zeugnis frühstauferzeitl. Gegenwartskritik, Mediaevistik 4 [im Druck].

Ludus Coventriae, traditioneller Name eines nicht aus Coventry stammenden, sprachl. nach Norfolk gehörenden →Mysterienzyklus (heute meist »N-Town Plays«), der, anders als →»Chester Plays« und →»York Plays«, sicher nicht von städt. Zünften aufgeführt wurde. Die Kompositionsgesch. des Textes und der Hs. (Brit. Library, Cotton Vespasian D VIII, spätes 15. Jh.) ist äußerst komplex. Die Ankündigung »A sunday next ... In N.-town« (Proclamation, 525-527) deutet auf wandernde Schauspieler, ähnl. wie bei der →Moralität »The Castle of Perseverance«, ist aber älter als die überlieferte Gestalt des Zyklus. Das sog. »Mary Play« (Wurzel Jesse bis Prozeß Mariä und Josephs) und die beiden »Passion Plays« (Verschwörung der Hohenpriester bis Gefangennahme Jesu; Verhöre Jesu bis Hortulanus) müssen ursprgl. selbständige Stücke gewesen sein, deren Integration in den Gesamtzyklus unvollkommen geblieben ist. Sonst nicht auftretende Erklärerfiguren (insbes. Contemplacio) schaffen Distanz zw. Publikums- und Spielsphäre. Detaillierte engl. Regieanweisungen deuten auf sonst unübliches Bühnenaufwand. Das »Mary Play«, in England einzigartig wegen seiner breiten Ausgestaltung der Herkunft und Jugend Marias, macht den Zyklus zum bedeutendsten Zeugnis der Marienfrömmigkeit im me. Drama. Von allen engl. Zyklen bemüht sich L.C. am stärksten um die bühnengerechte Umsetzung theol., insbes. soteriolog. Gehalte (Paradiesprozeß, Abendmahl, Christi Höllenfahrt). Diese dramat. Qualität ist wegen der Armut an kom. Szenen erst spät erkannt worden. Aufführungen insbes. in der Kathedrale v. Lincoln haben L.C. jedoch die verdiente Beachtung verschafft.   H.-J. Diller

Bibliogr.: Manual ME 5, XII, 1975, 1338-1343, 1586-1589 [Nr. 12] – NCBEL I, 733f. – *Ed.:* K. BLOCK, L.C., EETS ES 120, 1922 – P. MEREDITH, The Mary Play, 1987 – DERS., The Passion Play, 1990 – S. SPECTOR, The N-town Play, EETS Suppl. Ser., 1991 – *Lit.:* T. FRY, The Unity of the L.C., Stud. in Philol. 48, 1951, 527-570 – C. GAUVIN, Un Cycle du théâtre religieux anglais au MA, 1973 – S. SPECTOR, The Genesis of the N-town Cycle, 1988.

Ludwig (s. a. →Ludovico)
(Abfolge der Namensträger: Frankenreich/Karolinger: Ost- und Westfranken, Italien; Deutschland [röm.-dt. Reich]; Kg.e v.: Frankreich, Sizilien, Ungarn; Hzg.e, Mgf.en, Gf.en v.: Anjou; Bayern, Mark Brandenburg, Pfalzgft. [Wittelsbacher]; Évreux; Flandern; Hes-

1. L. (I.) der Fromme, *Ks.*, * Juni/Aug. 778 in Chasseneuil b. Poitiers, † 20. Juni 840 b. Ingelheim, ⌐ St. Arnulf in Metz. Eltern: Karl d. Gr. und Hildegard; Kinder: Lothar I., Pippin, Ludwig d. Deutsche, Karl d. Kahle und Gisela. Der jüngste Sohn Karls d. Gr., dessen Zwillingsbruder gleich nach der Geburt gestorben war und der zum Zeichen der Ansippung an das verdrängte Kg.sgeschlecht den Merowingernamen L. ('Chlodwig') erhielt, wurde bereits 781 von Papst Hadrian I. zum Kg. gesalbt und von Karl als Unterkg. v. Aquitanien eingesetzt. Er kümmerte sich seit seiner Mündigkeit (791) bes. um den Ausbau der kirchl. Organisation des Landes und sicherte in mehreren Feldzügen seine Grenze im SW. Da seine Brüder Karl († 811) und Pippin († 810) vor ihm starben, wurde er von Karl d. Gr. im Sept. 813 in Aachen zum Mitks. erhoben, und zwar in Form der Selbstkrönung, der die Akklamation der Franken als Reichsvolk folgte. So trat L. beim Tod Karls d. Gr. (28. Jan. 814) sofort in die vollen ksl. Rechte ein, doch deutet sich im Wechsel seiner wichtigsten Berater an, daß er von vornherein ein neues Programm anvisierte, das unter der Formel der →'Renovatio imperii Francorum' auf eine umfassende neue Ordnung hinauslief. Sie wurde bereits um 817 im Reichsgesetz der →Ordinatio imperii offenbar, das die (auffallend frühe) Regelung der Nachfolge zum Anlaß nahm, die Einheit des Reiches zu sichern. L. folgte in dem Gesetz, das dem ältesten Sohn Lothar mit der Ks.krone eine Vorrangstellung vor seinen Brüdern Pippin und Ludwig zuwies, Bestrebungen der frk. Einheitspartei, die gegenüber dem alten Teilungsprinzip die unitas imperii als notwendiges Korrelat zur unitas ecclesiae verstand und sie als Forderung der göttl. Weltordnung interpretierte. Da L. sich selbst die Oberherrschaft über Lothar ausdrückl. vorbehielt, erwuchsen daraus zunächst noch keine Konsequenzen. L. setzte vielmehr die Kirchenreform, die unter Karl zuletzt an Kraft verloren hatte, verstärkt fort. Wie die kirchl., so intensivierte er auch die weltl. Reformgesetzgebung, deutl. ablesbar an der Zunahme der →Kapitularien, die allerdings bald wieder abflaute. Ein entsprechender Wechsel zeichnet sich auch in L.s Verhältnis zum Papsttum ab, dessen Autorität zunächst nicht etwa eine stärkere, sondern eine geringere Rolle als unter Karl d. Gr. spielte, was aber offenbar in Einklang mit dem Programm der Renovatio imperii Francorum stand. Bezeichnend dafür, daß die Vereinbarungen mit Stephan IV. und Paschalis I. (816/817), die das Hludowicianum als Besitz- und Autonomiegarantie der röm. Kirche verbriefte, auf eine »Angleichung der röm. an die frk. Kirchen« (J. Fried) hinauslief. Durch einen Wechsel der Berater wurde diese Lösung 824 im Sinne Karls d. Gr. korrigiert, und zwar in der Weise, daß die Papstwahl wieder der ksl. Kontrolle unterworfen wurde. Die neuen Berater, v. a. →Ebo v. Reims, standen auch hinter der 822 einsetzenden Dänenmission, die, durch Thronkämpfe in Dänemark ermöglicht, durch die Taufe des Prätendenten Harald 826 in Ingelheim eingeleitet, →Ansgar auf den Weg nach Skandinavien wies, doch bereits 834 ihr vorläufiges Ende fand. Es ist stets das gleiche Bild: es bleibt bei stolzen Anfängen, die früher oder später erlahmen, und stets spielt dabei der Wechsel der Berater eine Rolle. Wie die Reichs- und Kirchenreform der frühen Jahre von →Benedikt v. Aniane und dem Kanzler →Helisachar beeinflußt war, so traten seit 821 v. a. →Adalhard v. Corbie, →Wala, →Agobard v. Lyon u. a. an ihre Stelle. Schon den Zeitgenossen war klar, daß L. von seiner Umgebung abhängig war. Dies wurde vollends deutl., als der Ks. sich in 2. Ehe mit der Welfin →Judith verband, die seit der Geburt ihres Sohnes Karl d. K. (823) alle anderen Berater in den Schatten stellte. Als L. 829 auf ihr Drängen Karl gegen die Bestimmungen der Ordinatio v. 817 einen eigenen Reichsteil zuwies, löste er mit dem Widerstand der älteren Söhne und der Anhänger der Einheitspartei eine Krise aus, die er nicht mehr beizulegen vermochte. Denn auch Lothar, der ihm nach der v. a. gegen Judith gerichteten Empörung v. 830, die Macht entriß, vermochte sie nicht zu halten, so daß es in wechselnden Kombinationen zu immer neuen Kämpfen kam. Sie erreichten ihren Tiefpunkt 833 auf dem 'Lügenfeld' bei Colmar, auf dem das Heer L.s unter Mitwirkung des von Lothar getäuschten Papstes Gregor IV. zu den Söhnen überlief, worauf L. als Gefangener seiner Söhne in Soissons mit seinem erzwungenen Sündenbekenntnis die tiefste Demütigung erfuhr. Damit war der Bogen überspannt, und die allg. Reaktion wandte sich nunmehr gegen Lothar, der sich 834 mit seinen Anhängern nach Italien verwiesen sah. Doch kehrte keine Ruhe ein, da L. nach wie vor darauf bedacht war, den Reichsteil des nachgeborenen Karl zu vergrößern. So hielten die Spannungen nicht nur an, sondern verstärkten sich noch durch die Bedrohung durch äußere Feinde (Normannen, Slaven, Araber). Obwohl es L. in dieser Bedrängnis gelang, Karl d. K. nach dem Tode Pippins 839 mit dessen Erbteil w. von Rhône, Saône und Maas auszustatten, war die Entscheidung noch nicht gefallen, als L. starb. Die weiteren Kämpfe zeigten vielmehr an, daß die Einheit des Großreiches nicht mehr zu retten war; sie sollten unter dem Druck des Adels 843 in den Vertrag v. →Verdun einmünden.   J. Fleckenstein

Q.: Böhmer-Mühlbacher, RI 1, 1908² [Nachdr. 1966] – Thegan, Vita Hludowici, MGH SS II, 505–603 – Astronomus, Vita Hl.i, ebd. 2, 607–648 – Ermoldus Nigellus, In honorem Hl.i ... elegiarum carmen, MGH PP II, 4–79; ed. E. Faral, CHF 14, 1932 – *Lit. [allg.]:* B. V. Simson, JDG L. d. Fr., 2 Bde, 1874 [Neudr. 1969] – A. Kleinclausz, L'Empire carol., 1902 – Hauck, 487–524, 578–688 u. ö. – H. Fichtenau, Das karol. Imperium, 1949 – J. M. Wallace-Hadrill, The Frankish Church (Oxford Hist. of the Christian Church, 1983) – J. Semmler, L. d. Fr. (Ks.gestalten des MA, hg. H. Beumann, 1984) – *zu Einzelfragen:* F. L. Ganshof, The Pious reconsidered, History 42, 1957, 171–180 – Th. Schieffer, Die Krise des karol. Imperiums (Fschr. G. Kallen, 1957), 1–15 – J. Fleckenstein, Die Hofkapelle der dt. Kg.e, I, 1959 – J. Semmler, Die Beschlüsse des Aachener Konzils v. 816, ZKG 74, 1963, 15–82 – P. Classen, Karl d. Gr. und die Thronfolge im Frankenreich (Fschr. H. Heimpel, 3, 1972), 109–143 – A. Hahn, Das Hludowicianum, ADipl 21, 1975, 15–135 – R. McKitterick, The Frankish Church and the Carol. Reforms 789–895, 1977 – P. R. McKeon, The Empire of L. the Pious, RevBén 90, 1980, 50–62 – H. Beumann, Unitas ecclesiae – unitas imperii – unitas regni (Sett. cent. it. 27, 1981), 531–571 – H. Fuhrmann, Das Papsttum und das kirchl. Leben im Frankenreich, ebd., 419–456 – R. Schieffer, L. d. Fr., Zur Entstehung des karol. Herrscherbeinamens, FMASt 16, 1982, 58–73 – J. Semmler, Jussit ... princeps renovare praecepta (Fschr. K. Hallinger, 1982 [= StAns 85]), 97–124 – P. Godman, L. the Pious and the Poets, Frankish Politics and Carol. Poetry, 1987, 116–130 – Charlemagne's Heir, ed. Ders.– R. Collins, 1990 [Beitr. J. Fried, R. Schieffer, K. F. Werner u. a.].

2. L. II. d. Deutsche, *ostfrk. Kg.*, * um 805, † 28. Aug. 876 in Frankfurt/Main, ⌐ Kl. →Lorsch. L., dritter Sohn Ks. Ludwigs d. Frommen, verbrachte seine Jugend am Hofe des Vaters. In der →Ordinatio imperii wurde 817 dem noch Minderjährigen als Teilkg. Bayern zugesprochen, freilich unter der Oberhoheit des Vaters. Um auf diese Aufgabe vorbereitet zu werden, erhielt er 817/818 einen bayer. paedagogus namens Egilolf. Nachdem er 824 an einem Bretonenfeldzug teilgenommen hatte, wurde er 826 nach Bayern entsandt. Kaum saß L. in Regensburg, griffen 826/827 im O die Bulgaren Pannonien an, um hier eigene polit. Strukturen aufzubauen. Hinter dem anfängl. Schweigen über die Tätigkeit L.s wird man wohl intensive, weitgehend konfliktlose Aufbauarbeit im bayer. Raum und im Vorland der ö. slav. Herrschaftsbildungen sehen dürfen. Bes. in den ö. Grenzzonen scheint er sich entschieden durchgegriffen zu haben. Nachdem Karl d. Gr. und Ludwig d. Fr. den bayer. O durch ksl. →Missi verwaltet hatten, setzte L. rasch →Gf.en ein, die zunächst weitgehend aus Main- und Rheinfranken stammten, während der alem. Einfluß im Verwaltungsbereich zurückging. Maßgebl. polit. Amtsträger L.s in Bayern war bis ca. 860 Gf. →Ernst. Ein wichtiges Aufbauelement im O waren für L. die Kirchen (Bm.er und Abteien), die Grundherrschaften v. a. in der Donauzone, dem Aufmarschgebiet der Heere, erhielten. Auch die Slavenmissionierung durch bayer. Kirchen scheint L. sehr geschickt delegiert zu haben.

Die Vermählung L.s mit →Hemma, der jüngeren Schwester der zweiten Gemahlin seines Vaters, sollte auf das Sohn-Vater-Verhältnis offenbar stabilisierend wirken, war auch sicherl. als Bevorzugung gedacht. In der Tat nahm L. an den ersten Auseinandersetzungen seiner Brüder mit dem Vater wegen der Ausstattung Karls d. Kahlen mit einem w. Herrschaftsteil bis 831 kaum teil. Die neue Erbteilung Ludwigs d. Fr. von 831 sah demnach für L. in Umrissen bereits das spätere ostfrk. Reich als Herrschaftsraum vor. Als L. aber 832 Schwaben besetzte und bis zum Rhein vordrang, mußte er sich bald dem Vater unterwerfen. Die Maßregelungen der Söhne führten zur Reichskrise von 833, dem Aufstand der drei älteren Söhne gegen den Vater und zu dessen Sturz. Daraufhin vereinbarten die siegreichen Brüder eine Dreiteilung des Reiches; L. erhielt zu Bayern Schwaben, Elsaß, Rhein- und Ostfranken und wohl auch Thüringen und Sachsen. Seither urkundete L. als selbständiger rex ohne Bezugnahme auf den Ks. 834 trug L. zur Restitution des inhaftierten Ks.s bei, doch kam es 838 zum erneuten Zerwürfnis, als Ludwig d. Fr. seinem jüngsten Sohn Karl d. K. seinen w. Herrschaftsbereich endgültig zuwies, dagegen L. alle außerbayer. Regionen absprach.

Obgleich nach dem Tode des Vaters (20. Juni 840) auch Lothar I., Nachfolger Ludwigs d. Fr., seinem Bruder L. nur Bayern zugestand, konnte sich dieser dennoch von Ostfranken, Thüringen und Sachsen huldigen lassen. Er warf den von Lothar unterstützten sächs. →Stellinga-Bund nieder und verbündete sich mit Karl d. K. Nach dem gemeinsamen Sieg bei →Fontenoy (25. Juni 841) über Lothar bekräftigten beide ihren Bund durch die →Straßburger Eide (14. Febr. 842). Nachdem Lothar seine Pläne aufgegeben hatte, kam 843 der Vertrag v. →Verdun zustande, der L. die frk. Gebiete ö. der Aare-Rhein-Linie (mit Ausnahme der Ausbuchtung am Mittelrhein und Frieslands) zusprach. Zwar wurde künftig in verschiedenen Treffen die brüderl. fraternitas beschworen und ein leidl. Friede erhalten, doch blieben Mißtrauen und Spannungen. Seit dem Vertrag v. Verdun konnte L. die zugesprochenen Regionen zum Ostfrk. Reich verbinden. Die Westgrenze dieses Reiches wurde 870 durch den Vertrag v. →Meerssen bis zur Maas-Mosel-Linie vorgeschoben. Im O bildeten Elbe, Saale, Böhmer- und Wienerwald, im S Kärnten und weitgehend der Alpenhauptkamm, im N die Elbmündung die Grenze der Francia orientalis L. s. 875 entbrannte ein neuer erbitterter Kampf zw. L. und Karl d. K. um das it. Erbe Lothars bzw. Ludwigs II., der beim Tode L.s noch nicht entschieden war.

L. hat zunächst in Bayern, dann im ganzen Ostfrankenreich stabilisierend gewirkt – nicht zuletzt auch durch seine lange Regierungszeit. Hier blieb – im Gegensatz zum Westfrankenreich – die ältere karol. Struktur auch mit Hilfe der Reichskirche weitgehend erhalten. Kg.sgericht, →Hofkapelle, →Kanzlei und Kirchenregiment hat der erste ostfrk. Kg. in seinem Teilreich tatkräftig zur Geltung gebracht. Schon früh wurden Bf. Baturich v. Regensburg († 848) sein Erzkapellan, Abt →Grimald v. Weißenburg Kanzler, seit 840/854 Abt Ratleik v. Seligenstadt, als Grimald oberster Hofkapellan geworden war. Wichtige ihm nahestehende Geistliche erhob er zu Bf.en: 842 Abt →Gozbald v. Niederaltaich zum Bf. v. Würzburg, 855 den Bayern Arn zu dessen Nachfolger, 847 den gelehrten Fuldaer Abt →Hrabanus Maurus zum Ebf. v. Mainz.

Die Adelsherrschaft verstärkte sich zwar in seinem Ostreich, bes. in Sachsen und in den bayer. Marken, blieb jedoch in die Kg.sherrschaft eingebunden. Konflikte mit dem Mgf.en im bayer. O, zunächst im Rahmen des Reichseinheitsproblems entstanden, standen aber später vorwiegend im Zusammenhang mit den Herausforderungen des Großmähr. Reichs (→Mähren). 846 übertrug L. dem Mährer →Rastislav die Herrschaft, der sich aber zum erbitterten Gegner L.s entwickelte und eine eigene unabhängige mähr. Kirche zu errichten suchte, sich dabei an Rom und Byzanz wandte. Durch den kirchl. Gegensatz verschärfte sich der polit. Konflikt. Innermähr. Auseinandersetzungen mit Rastislavs Neffen →Svatopluk besserten nur zwischenzeitl. die Situation. Um die eigenen Wege der ö. Mgf.en zu bremsen, setzte L. 856 seinen Sohn →Karlmann (3. K.) in der bayer. Ostmark ein, der aber ebenfalls 862 gegen den Vater rebellierte. Bei allen Schwierigkeiten und Rückschlägen in den gefährdeten Kontaktzonen mit den Slaven hat L. doch insges. eine zielstrebige Politik durchgesetzt. L. hat neben →Frankfurt v. a. →Regensburg zur zentralen Pfalz ausgebaut, die beide polit. und kulturelle Zentren seiner Herrschaft wurden.

W. Störmer

Lit.: NDB XV, 318–323 – DÜMMLER² I, II – P. KEHR, Die Kanzlei L.s d. D., 1932 – J. FLECKENSTEIN, Die Hofkapelle der dt. Kg.e, I, 1959 – M. MITTERAUER, Karol. Mgf.en im SO, 1963 (AÖG 123) – K. REINDEL, Bayern im Karolingerreich (Karl d. Große, I, 1965) 220–246 – W. SCHLESINGER, Die Auflösung des Karlsreiches, ebd., 820–858 – G. EITEN, Das Unterkgtm. im Reiche der Merovinger und Karolinger, 1970 – W. EGGERT, Das ostfrk.-dt. Reich in der Auffassung seiner Zeitgenossen, 1973 – K. BRUNNER, Oppositionelle Gruppen im Karolingerreich, 1979, 141–148.

3. L. III. d. Jüngere, *ostfrk. Kg.*, † 20. Jan. 882 Frankfurt/M., ☐ Lorsch; Sohn Kg. Ludwigs d. Dt. und Hemmas, ∞ Liutgard (Liudolfingerin [→Ottonen]). Vom Vater wurde L. mit militär. Operationen in W-Franken (854 Einladung des westfrk. Adels, Vormarsch bis in den Raum Limoges) und an der Slavengrenze betraut und bei einer 865 vorgenommenen und 872 bestätigten Teilung des ostfrk. Reichs unter →Karlmann (3.K.), →Karl III. (5.K.) und L. mit der ostfrk. Francia, Sachsen und Thüringen bedacht, trotz zw. Aufstände 866, 871 und 873 gegen den Vater. Den Expansionsversuch Karls d. Kahlen nach →Lotharingien nach Ludwigs d. Dt. Tod stoppte L. am 8. Okt. 876 in der Schlacht bei →Andernach. L. und Karl III. profitierten von der Krankheit des ältesten Bruders Karlmann, der 878 seinen Anteil an Lotharingien aufgab und 879 L. Bayern überließ. Nach seinem Eingreifen in westfrk. Nachfolgestreitigkeiten nach dem Tod Ludwigs des Stammlers, befördert von der Einladung westfrk. Adliger um →Gauzlin (2.G.), erlangte L. in d. Verträgen v. Verdun und →Ribemont (879/880) das w. Lotharingien; damit war, unter Rückgriff auf den Teilungsvertrag v. →Verdun 843, die künftige Grenze zw. O- und W-Franken bestimmt. Während L.s Herrschaft in Lotharingien durch Ansprüche →Hugos (6.H.) gefährdet blieb, gelang ihm in O-Franken durch Bindungen zu führenden Adelsfamilien die Akzentuierung einer stärkeren kgl. Herrschaft, seit 881 durch zunehmende Krankheit freilich bedroht. Die seit 879 erneuerten Normanneneinfälle vermochte L. nur z. T. aufzuhalten: 880 gelang ihm in Thiméon (bei Charleroi) ein partieller Erfolg, und im gleichen Jahr vertrieb er die Normannen aus der kgl. Pfalz →Nijmegen. Da L. ohne Erben starb, kam es 882 zur Wiedervereinigung des ostfrk. Reichs unter Karl III.

B. Schneidmüller

Q.: MGH DD Karol. dt. I – *Lit.*: HEG I, 608f., 616–620 – NDB XV, 328f. – P. Kehr, Die Kanzleien Karlmanns und L.s, 1933 – J. Fried, Kg. L. in seiner Zeit, Gesch.sbll. Krs. Bergstraße 16, 1983, 5–26 – C. Brühl, Dtl.-Frankreich. Die Geburt zweier Völker, 1990.

4. L. IV. das Kind, *ostfrk. Kg.*, * (wohl Sept./Okt.) 893 (Alt-)Ötting, † (20. oder 24. Sept.) 911 Frankfurt?, ▭ Regensburg, St. Emmeram (unwahrscheinl.). Der einzige Sohn Ks. Arnulfs v. Kärnten aus gültiger Ehe wurde am 4. Febr. 900 zu Forchheim zum Kg. erhoben. Seine Krönung ist die erste gesicherte Kg.skrönung der ostfrk.-dt. Gesch. Im März 900 nahm er auch die Huldigung der lothring. Großen entgegen. Trotz seines kindl. Alters blieb L. der Mittelpunkt des staatl. Lebens. In seinem Namen wurden die Reichsverslg.en von 901 (Regensburg), 903 (Forchheim) und 906 (Tribur) durchgeführt. Der Schwerpunkt seiner Herrschaft lag eindeutig in den s. Stammeshzm.ern, zunächst in Bayern, später in Franken. Eine eigenständige Regierung vermochte das stets kränkelnde Kind aber nicht zu verwirklichen. Die Herrschaft ging auf Adel und Episkopat über. Entscheidende Berater waren Ebf. →Hatto v. Mainz und Bf. →Salomo v. Konstanz. Die Schwäche der Zentralregierung begünstigte das Wiedererstarken der früheren Mittelgewalten der Hzm.er, die sich als »jüngere« Stammeshzm.er erneut als Kräfte des Verfassungslebens verfestigten (→Herzog, Herzogtum). Dazu trug auch die äußere Bedrohung durch die Ungarn bei, zu deren Abwehr das Kgtm. außer der Niederlage auf dem Lechfeld 910 keinen nennenswerten Beitrag leistete. Mit dem glücklosen L.d.K. erlosch die ostfrk. Linie der →Karolinger.
A. Schmid

Lit.: ADB XIX, 451–455 – NDB XV, 329–331 – G. Taddey, Lex. der dt. Gesch., 1977, 744 – Dümmler² III – P. Kehr, Die Kanzlei L.s d. K.es, 1940 – H.-W. Goetz, Dux und ducatus, 1977 – H. Beumann, Die Einheit des ostfrk. Reichs und der Kg.sgedanke bei der Kg.serhebung L.s d. K.es (ADipl 23, 1977), 142–163 [Lit.].

5. L. (II.) 'der Stammler', *westfrk. Kg.* 877–879, * 1. Nov. 846 (?), † 10. April 879 Compiègne, ▭ ebd., S. Marien; Sohn Karls d. Kahlen. 856 mit einer Tochter →Erispoës verlobt und in Neustrien, 867 nach dem Tod Karls d. Kinds in Aquitanien als Unterkg. eingesetzt, wurde L. erst spät (Reimser Hoftag vermutl. 876) vom Vater als Erbe gefördert. Die 877 im →Capitulare v. Quierzy vor dem 2. Italienzug Karls festgelegte Regelung einer Regierung L.s gemeinsam mit dem Adel seiner Umgebung erwies sich bei Karls Tod als wenig tragfähig. Erst energ. Widerstand der primores regni unter Führung der Äbte →Gauzlin (2. G.) und →Hugo (5. H.) gegen L.s Vergabe von Gft.en und Abteien und der Ausgleich mit →Rorgoniden und →Welfen ebneten den Weg für L.s Krönung am 8. Dez. 877 in Compiègne durch Ebf. →Hinkmar v. Reims. Das dabei errichtete Vertragsverhältnis (→Kommendation des Adels, professio des Kg.s) und die Formen von Krönung und Weihe prägten die westfrk.-frz. Herrschererhebung.

Wegen wiederholter Krankheitsschübe kaum regierungsfähig, blieb L. auf den Konsens adliger Gruppen angewiesen. Papst Johannes VIII. erkannte L.s mangelnde Idoneität für die Nachfolge im Ksm., sicherte aber die kgl. Position durch eine Befestigungskrönung am 7. Sept. 878 in Troyes; Bedenken gegen die Rechtmäßigkeit von L.s zweiter Ehe mit Adelheid verhinderten die Krönung der Kgn. Im Nov. 878 suchte L. den Ausgleich mit seinem ostfrk. Vetter, Ludwig d. J., über die Teilung →Lotharingiens, Italiens und des burg.-prov. Raums (Treffen in Fouron); schwer erkrankt, designierte L. noch seinen Sohn Ludwig III. Die Entscheidung von Adel und Episkopat, die Legitimität der beiden Söhne aus erster Ehe mit Ansgard, Ludwigs III. und Karlmanns, anzuerkennen, erlaubte deren Herrschaftsfolge und eine Reichsteilung, verstellte aber vorerst die Herrschaftsansprüche des als Postumus geborenen →Karl (7. K.) aus zweiter Ehe.

B. Schneidmüller

Q.: Recueil des actes de L. II le Bègue, Louis III et Carloman II, rois de France, ed. R.-H. Bautier u. a., 1978 – *Lit.*: P. E. Schramm, Der Ks.kandidat Johanns VIII., DA 32, 1976, 193–208 – K. F. Werner, Hist. de France, I, 1984, 417f. – W. Kienast, Die frk. Vasallität, 1990, 414ff.

6. L. III., *westfrk. Kg.* 879–882, † 5. Aug. 882 St-Denis, ▭ ebd., Sohn Kg. Ludwigs II. und Ansgards. Führende Adelsgruppen unter →Hugo Abbas (5. H.) und →Gauzlin (2. G.) ermöglichten nach dem Tod Ludwigs II. die Nachfolge der Söhne L. und Karlmann. Der Weihe im Sept. 879 durch Ebf. →Ansegis v. Sens in Ferrières folgten Verträge mit Kg. Ludwig d. J. (Abtretung des w. Lotharingien, →Ribemont) und im März 880 eine Reichsteilung in Amiens (L. erhielt Franzien und Neustrien, Karlmann den S) zur Sicherung der durch Ansprüche →Hugos (6. H.) und →Bosos (v. Vienne) gefährdeten Kgtm.s. In seiner kurzen Regierung konnte L. die Normanneneinfälle im Sieg v. →Saucourt (3. Aug. 881; →Ludwigslied) nur ztw. abwehren.

B. Schneidmüller

Q.: Recueil des actes de Louis II le Bègue, L. III et Carloman II, rois de France, ed. R.-H. Bautier u. a., 1978 – *Lit.*: K. F. Werner, Gauzlin v. St-Denis und die westfrk. Reichsteilung v. Amiens (März 880), DA 35, 1979, 395–462 – Ders., Hist. de France, I, 1984, 417–419.

7. L. IV. (Transmarinus, d'Outre-Mer), *westfrk. Kg.* 936–954, † 10. Okt. 954 Reims, ▭ Reims, St-Remi, Sohn Kg. →Karls (III.) 'd. Einfältigen', ⚭ 939 →Gerberga, Schwester Ottos I. Die Kämpfe mit dem Haus →Vermandois um die →Francia ließen 936 →Hugo d. Gr. (7.H.) die Restitution des karol. Hauses und die Rückholung L.s aus seinem engl. Exil betreiben. Am 19. Juni 936 in Laon gekrönt, mußte L. dafür Hugos Sonderstellung anerkennen, konnte aber seit 937 selbständige Politik betreiben und 939 in den ostfrk. Aufstand gegen Otto I. eingreifen. Der Erwerb →Lotharingiens scheiterte, und 940 sah sich L. beim Feldzug Ottos I. nach W einer Koalition des westfrk. Adels gegenüber (Huldigung Hugos und Heriberts II. an Otto I. in →Attigny). Der im 942 gefundenen Ausgleich stand schon 945 wieder in Frage, als L. in Rouen gefangengenommen und an Hugo ausgeliefert wurde, der für die Freilassung des Kg.s dessen Hauptort Laon erhielt. Nur durch massives Eingreifen Ottos I. wurde das karol. Kgtm. gerettet: Der Streit um das für L. wichtige Ebm. Reims konnte auf einer gemeinsam mit Otto I. in Ingelheim durchgeführten Synode (Juni 948) zugunsten der kgl. Kandidaten entschieden werden, 949 gelang die Rückeroberung Laons. Der 950 vom lothring. Hzg. →Konrad (11.K.) vermittelte Friede sicherte dem Reich vorübergehende Ruhe, dem karol. Kgtm. seine bescheidenen Ressourcen v. a. um Laon und Reims, erwies aber auch die machtvolle Entscheidungsgewalt Ottos I. im Sinne einer 'Familienpolitik'. Obwohl es Hinweise für eine versuchte Reichsteilung unter L.s Söhne Lothar und Karl 953 in der Tradition frk. Sukzession gibt (BRÜHL), sicherte Lothars Sohnesfolge 954 das in Ostfranken schon 936 beachtete Prinzip der Unteilbarkeit des Reichs auch für Westfranken/Frankreich.

B. Schneidmüller

Q.: Recueil des actes de L. IV, roi de France, ed. P. LAUER, 1914 – Lit.: P. LAUER, Le règne de L. IV d'O.-M., 1900 – W. KIENAST, Dtl. und Frankreich in der Ks.zeit (900–1270), I, 1974², 59ff.; III, 1975², 663ff. – HEG I, 745ff. – B. SCHNEIDMÜLLER, Karol. Tradition und frühes frz. Kgtm., 1979, 147ff. – K. F. WERNER, Hist. de France, I, 1984, 463ff. [dt. 1989] – C. BRÜHL, Karol. Misz., DA 44, 1988, 385ff. – DERS., Dtl.-Frankreich. Die Geburt zweier Völker, 1990, 461ff.

8. L. II., *Kg. v. Italien, Ks.*, * um 825, † 12. Aug. 875 bei Brescia (Oberit.), ⌑ Mailand, S. Ambrogio. Ältester Sohn Ks. →Lothars I., folgte wohl bald seinem von Ludwig d. Fr. nach Italien verwiesenen Vater. Schon 839 scheint ihm Ludwig d. Fr. im Zuge eines familiären Interessenausgleichs Italien als künftigen Herrschaftsbereich zugewiesen zu haben, wo er seit 840 als Unterkg. in Vertretung Lothars I. tatsächl. geherrscht hat. Während eines im Auftrag Lothars I. 844 nach Rom unternommenen Heereszugs wurde er von Papst Sergius II. zum *rex Langobardorum* gekrönt. Die Plünderung von St. Peter durch sarazen. Korsaren 846 hatte einen auf einem Treffen zw. L. und Lothar in der Francia 847 beschlossenen Heereszug nach Süditalien unter Leitung L.s zur Folge, der aber scheiterte. Mit der Salbung zum Mitks. in Rom i. J. 850 durch Papst Leo IV. begann die selbständige Herrschaft L.s. Sein nach dem Tode Lothars I. (855) erkennbarer Verzicht auf die nordalpinen Länder des Mittelreiches, wo seine Brüder →Lothar II. und →Karl v. d. Provence herrschten, kam der Stabilität seiner Regierung in Italien zugute, wo er seine Herrschaft auch über Rom und den Kirchenstaat, schließlich seit 860 auch in dem lange selbständigen langob. S (Fsm.er →Benevent und →Salerno) zur Geltung bringen konnte. Sein Ziel, ganz Südit. unter seiner Führung zu einen, kulminierte 871 in der Einnahme →Baris, Sitz eines arab. Emirs, nach mehrjähriger Belagerung mit byz. Hilfe. Noch im selben Jahr kam es aber zum Aufstand der auf ihre Unabhängigkeit bedachten südit. Fs.en (Gefangennahme durch →Adelchis v. Benevent). Im Herbst 873 kehrte L. nach vergebl. Versuchen, Benevent wieder zu unterwerfen, nach Oberit. zurück. Polit. gescheitert ist L. aber nicht an den labilen Verhältnissen in Südit., sondern an der Nachfolgefrage, da aus seiner Ehe mit →Angilberga nur zwei Töchter (darunter Ermengard) hervorgegangen waren. Die Versuche des Ks.paares, die Nachfolgefrage zugunsten der ostfrk. Karolinger zu regeln, scheiterten an der Uneinigkeit beider. Großen und am Herrschaftsanspruch →Karls d. Kahlen, dem der Papst wohl schon 872 die Nachfolge im Ksm. zugesichert hatte. Mit dem Tode L.s endete eine lange Periode der Stabilität im Regnum Italiae, das in der Folgezeit rasch wechselnde, instabile Regierungen erlebte (Karl d. Kahle, Karlmann, Karl III., Berengar I., Wido). Wäre L.s Politik auch dynast. Kontinuität gewesen, hätte Italien – ähnl. wie Westfranken-Frankreich und Ostfranken-Dtl. – schon im hohen MA zu eigenständigen staatl. Grundlagen finden können.

H. Zielinski

Q. und Lit.: NDB XV, 323–327 – Reg. Imp. I/3, T. 1: Die Karolinger im Regnum Italiae 840–887 (888), nach J. F. BÖHMER – E. MÜHLBACHER, neu bearb. v. H. ZIELINSKI, 1991.

9. L. der Blinde, *Ks.*, * um 880, † wohl 928, Sohn →Bosos v. Vienne († 887) und der Ermengard, der Tochter Ks. Ludwigs II. L. zählt in spätkarol. Zeit zu jenen frk. Herrschern, die, gestützt auf die Herrschaft über Italien und die Ks. würde, den Versuch unternommen haben, ein frk. Großreich beiderseits der Alpen zu behaupten. Voraussetzung seines Aufstiegs war die legitimist. Politik seiner Mutter, die nach dem Tode seines von den legitimen Karolingern nie anerkannten Vaters Ks. Karl III. auch als Herrscher der Rhôneländer huldigte (887), wofür jener die Legitimität und kgl. Würde L.s anerkannte. Daß Karl III., der wenige Monate später selbst gestürzt wurde, L. damals sogar als Gesamterben vorgesehen hatte, ist nicht wahrscheinlich. Ks. Arnulf übernahm als Rechtsnachfolger Karls III. 889 den Schutz des jungen L. und stimmte als Oberlehnsherr auch seiner Kg.swahl durch die prov. Großen im Aug. 890 in Valence ausdrückl. zu. Im Herbst 900 zog L. auf Einladung der mit →Berengar I. unzufriedenen ital. Großen nach Oberitalien, wo er aus dem Erbe seiner Großmutter, der Ksn. →Angilberga, wohl immer noch reichen Familienbesitz besaß. Im Febr. 901 weihte ihn Benedikt IV. in Rom zum Ks. Etwa zu dieser Zeit muß L. eine erste Ehe mit Anna, der Tochter Ks. Leons VI. v. Byzanz, eingegangen sein. Der Name des wohl aus dieser Ehe hervorgegangenen Sohnes Karl Konstantin belegt den weit überzogenen Rahmen der damaligen Pläne, die schon ein Jahr später, als es Berengar gelang, L. wieder aus Italien zu vertreiben, scheiterten. 905 noch einmal für kurze Zeit nach Oberitalien zurückgekehrt, wurde L. von Berengar in Verona gestellt und geblendet, so daß er in der Folgezeit als prakt. regierungsunfähiger Herrscher in Niederburgund nur noch ein Schattendasein geführt hat. Fakt. Regent war dort jetzt Mgf. →Hugo v. Arles und Vienne. Im größeren Zusammenhang steht L. am Anfang jener Entwicklung, die im 11. Jh. zur Angliederung →Burgunds an das ostfrk.-dt. Reich geführt hat.

H. Zielinski

Q. und Lit.: →Burgund, Kgr. – NDB XV, 331–334 – E. HLAWITSCHKA, Von der ostfrk. zur dt. Gesch. ..., 1988 – C. BRÜHL, Dtl. – Frankreich. Die Geburt zweier Völker, 1990, 371, 516f.

10. L. IV. der Bayer, *röm.-dt. Ks.* aus dem Haus →Wittelsbach, * wohl Ende 1281/Anfang 1282 München, † 11. Okt. 1347 Puch bei Fürstenfeldbruck, ⌑ München, Frauenkirche (dort Kenotaph); Eltern: Hzg. →Ludwig II. der Strenge v. Oberbayern und Mechthild v. Habsburg; seit 1294 Hzg. v. →Bayern, am 20. Okt. 1314 Wahl zum röm. Kg. zu Frankfurt, am 25. Nov. 1314 Krönung zu Aachen, Ks.krönung zu Rom 17. Jan. 1328; ⚭ 1. um 1309 Beatrix v. Glogau; 2. 1324 Margarete v. Holland; Kinder: von 1.: Ludwig, Mgf. v. Brandenburg, Hzg. v. Oberbayern, Gf. v. Tirol, Stephan II., Hzg. v. Niederbayern-Landshut, u. a.; von 2.: Ludwig VI., Mgf. v. Brandenburg, Otto V., Hzg. v. Brandenburg, u. a.

[I] *Anfänge:* Über die Jugend L.s ist kaum etwas bekannt. Nach dem Tod seines Vaters 1294 wurde er zusammen mit den Söhnen seines Onkels Albrecht v. Österreich zur Erziehung nach Wien geschickt. Die Beteiligung an der Regierung der oberbayer.-pfälz. Stammlande mußte er sich erst mit Unterstützung Albrechts I. 1301 gegen seinen älteren Bruder Rudolf I. erkämpfen. Die 1310 erfolgte Teilung des väterl. Erbes hielt bis zum Sommer 1313 an, als es wegen der Vormundschaft über die minderjährigen Kinder der Hzg.e Stephan I. († 1309) und Otto III. († 1312) v. Niederbayern zu einer vorübergehenden Annäherung kam. Obwohl L. das Sorgerecht erhielt, unterstellten sich die Hzg.switwen dem Schutz des verwandten

Hauses Habsburg, das auf dieser Grundlage die Regentschaft in Niederbayern beanspruchte. Den Krieg, der über dieser Frage ausbrach, entschied L. bei →Gammelsdorf (9. Nov. 1313) zu seinen Gunsten und sicherte damit die wittelsb. Herrschaft in Niederbayern.

[2] *Königsjahre:* Dieser Sieg veranlaßte die lux. Partei, nach dem Tod Heinrichs VII. Hzg. L. bei der Kg.swahl als ihren Kandidaten gegen das Haus Österreich zu unterstützen. Das Ergebnis war die Doppelwahl von 1314. Im Okt. wurden →Friedrich d. Schöne und L. von unterschiedl. Gruppierungen zum röm. Kg. gewählt und im Folgemonat gekrönt. Der dadurch ausgelöste Thronkampf zog sich über fast acht Jahre hin. Die Entscheidungsschlacht wurde am 28. Sept. 1322 bei →Mühldorf a. Inn geschlagen und endete mit einer vernichtenden Niederlage des Habsburgers, der bis zum Frühjahr 1325 auf der Burg Trausnitz (Oberpfalz) inhaftiert wurde. L. bemühte sich vergebl. um die Anerkennung der röm. Kurie. Johannes XXII. berief sich auf das päpstl. Vikariat für Italien und war entschlossen, die ihm dadurch ermöglichte polit. Handlungsfreiheit in Italien zum weiteren Ausbau der päpstl. Position zu nutzen. Er bot deswegen L. ledigl. die Vermittlung im Thronkonflikt an, um die Verhältnisse offen zu halten. Dadurch drängte er L. in eine Gegenposition. Dieser nahm in der Folgezeit eine betont antikuriale Politik auf, die sich zunächst v. a. in der Erneuerung der herkömml. kgl. Italienpolitik äußerte. Der dadurch in seinen Kompetenzen beeinträchtigte Papst eröffnete daraufhin ein Rechtsverfahren gegen L., in dem die Frage der päpstl. Approbation des Kg.s in den Vordergrund gerückt wurde. Doch wies L. in zwei Appellationen zu Nürnberg (18. Dez. 1323) und Frankfurt (7. Jan. 1324) die Zuständigkeit des ohnehin befangenen päpstl. Gerichts zurück. Wegen dieser Mißachtung der Kurie verhängte diese am 23. März 1324 den Kirchenbann über den Kg. und drohte ihm überdies mit Aberkennung aller aufgrund der Kg.swahl erworbenen Rechte und Ansprüche. L. antwortete mit der Sachsenhäuser Appellation (24. Mai 1324), in der er nun sogar die Rechtgläubigkeit des Papstes in Frage stellte. Der Vorwurf wurde mit der Stellungnahme der Kurie im »Theoret. Armutsstreit« begründet, aufgrund derer ihr keine gerichtl. Kompetenzen mehr zukommen könnten. Deswegen betrieb der Kg. nun die Einberufung eines Konzils, das den Papst in die Schranken weisen sollte. Tatsächl. ließ dieser daraufhin am 11. Juli 1324 L. alle aus der Kg.swahl herrührenden Rechte aberkennen. Angesichts dieser Rückschläge suchte L. eine Aussöhnung mit dem Haus Habsburg, die im Münchener Vertrag (5. Sept. 1325) zustandekam, in dem Friedrich d. Schöne als Mitregent anerkannt wurde und dem Haus Habsburg alle während des Thronkampfes gemachten Erwerbungen zugesichert wurden. Im Ulmer Vertrag erklärte sich der Kg. (7. Jan. 1326) sogar zum Verzicht auf die Krone bereit, falls die Kurie dem Habsburger ihre Zustimmung geben würde.

[3] *Kaisertum:* Johannes XXII., dem es in erster Linie um die Wahrung der kurialen Machtposition in Italien ging, ließ sich aber zu einer derartigen Entscheidung nicht drängen. L. entschloß sich zum Italienzug (1327–30), den er durch die Sicherung der Verbindungslinien mit Hilfe von Absprachen mit den Habsburgern und durch die Verstärkung der Zusammenarbeit mit den antikurialen Gruppierungen in Italien vorbereitete. Am 17. Jan. 1328 empfing L. die Ks.krone in Rom. In beabsichtigter Abkehr vom päpstl. Krönungsanspruch wurde die Zeremonie von vier Vertretern der Stadt vorgenommen. Am 18. April 1328 wurde Johannes XXII. für abgesetzt erklärt und am 12. Mai Peter v. Corbara zum Gegenpapst (Nikolaus V.) erhoben, der die Krönungszeremonie noch einmal wiederholte.

L. versuchte seine Position durch den Ausbau der Zusammenarbeit mit dem antipäpstl. Kräften zu festigen. Neben →Marsilius v. Padua nahm L. auch die wichtigsten Akteure im sog. »Theoret. Armutsstreit« an seinem Hof auf: →Michael v. Cesena, →Bonagratia v. Bergamo und →Wilhelm v. Ockham. Wegen dieser Begünstigung von Ketzern erneuerte Johannes XXII. den Bannfluch von 1324. Das von L. angestrebte Konzil wußte er auch jetzt zu verhindern. Der im Okt. 1335 eröffnete Absolutionsprozeß wurde 1337 abgebrochen, weil sich seit den frühen dreißiger Jahren auch der frz. Kg.shof in die Angelegenheit einschaltete und die Kurie in ihrem Widerstand bestärkte. Deswegen nützte es dem Ks. polit. nur wenig, daß die Kfs.en am 16. Juli 1338 im →Rhenser Kurverein in eindeutiger Proklamation betonten, daß der von ihnen Gewählte selbst bei zwiespältiger Wahl nicht der päpstl. Bestätigung bedürfe (→»Licet iuris«).

Auch als nach dem Tod Friedrichs d. Schönen dessen Brüder im Vertrag v. Hagenau (6. Aug. 1330) noch einmal ihre Unterstützung gegen alle Feinde in Deutschland zusicherten, konnte der Thronkampf nicht beendet werden. Denn nun meldete das Haus Luxemburg immer nachdrücklicher seine Thronansprüche an. Die entscheidende Förderung erfuhr es von seiten der Kurie, als Papst Clemens VI. 1343 die Kfs.en zur Neuwahl aufforderte, die am 11. Juli 1346 stattfand. Mgf. Karl v. Mähren wurde zum Gegenkg. gewählt. Diesen Umschwung der Verhältnisse konnte auch das spektakuläre Bündnis L.s mit Kg. Eduard III. v. England nicht mehr verhindern. Der unumgängl. Entscheidungsschlacht mit Karl IV. kam der unerwartete Tod L.s zuvor.

[4] *Territorialpolitik:* Die Reichspolitik L.s steht in untrennbarem Zusammenhang mit seiner Territorialpolitik. Als Grundlinie zeichnete sich das Bestreben ab, die Erblande im Innern so zu stärken und nach außen so sehr auszubauen, daß von dieser gefestigten Basis aus eine kraftvolle und erfolgreiche Reichspolitik in Angriff genommen werden konnte. Deswegen hat L. seine hart erkämpften Mitregierungsrechte zielstrebig erweitert. Die entscheidenden Stationen auf diesem Weg waren die Ausschaltung Hzg. Rudolfs I. dúrch den Vertrag vom 26. Febr. 1317 und die Abgrenzung der Interessenbereiche mit dessen Söhnen im Hausvertrag v. Pavia (4. Aug. 1329), v. a. aber die Wiedervereinigung der bayer. Lande nach dem Aussterben der niederbayer. Teillinie 1340. Der innere Ausbau des Landes wurde v. a. über die erfolgreiche Landfriedens- und eine gezielte Städtepolitik vorangetrieben, um sich über ein erhöhtes Steueraufkommen größeren Handlungsspielraum zu verschaffen. →München wurde zur führenden Residenzstadt in Süddeutschland. Durch die großen Privilegien von 1329 und 1330 wurden die Kl. als Faktoren des herrschaftl. Lebens in Bayern anerkannt. Bedeutend waren die Gründung von →Ettal und die Förderung von →Fürstenfeld. Das oberbayer. →Landrecht v. 1334/35 (1346) schuf eine brauchbare Grundlage für eine einheitl. Rechtsprechung im Hzm. L. nutzte seine Stellung als Kg. zum Ausbau der Position seiner Familie. 1323 belehnte er den Sohn Ludwig mit der Mark Brandenburg. Auf dem Wege der Heiratspolitik wurden die Gft.en Tirol (1342), Holland, Seeland und Friesland (1346) erworben. →Deutschland, E. I, 3.

A. Schmid

Q.: RI VII – MGH Const. 5,6 – Die Register der Kanzlei L.s d. B., hg. H. BANSA, 1971–74 – Bayer. Chroniken des XIV. Jh., hg. G. LEIDIN-

GER, 1918 – *Lit.:* ADB XIX, 457-476 – NDB XV, 334-347 – SPINDLER II, 1988², 149-195 [Lit.] – H. BANSA, Stud. zur Kanzlei L.s d. B. ..., 1968 – H.-O. SCHWÖBEL, Der diplomat. Kampf zw. L.d.B. und der röm. Kurie, 1968 – A. SCHÜTZ, Die Prokuratorien und Instruktionen L.s d. B. für die Kurie, 1973 – H.-D. HOMANN, Kurkolleg und Kgtm. im Thronstreit von 1314-1330, 1974 – G. BENKER, L.d.B., 1980 – P. MOSER, Das Kanzleipersonal Ks. L.s d. B. in den Jahren 1330-1347, 1985.

11. **L. V.**, *Kg. v.* →Frankreich 986-987, † 22. Mai 987, ◻ Compiègne, St-Corneille; Sohn Kg. Lothars und →Emmas (3. E.). Vom Vater am 8. Juni 979 in Compiègne zum Mitkg. bestimmt, von Hugo Capet und dem frz. Adel bestätigt, sollte L. durch seine Ehe mit Adelheid, Schwester Gottfrieds I. v. Anjou und Witwe Gf. Stefans v. Gévaudan, als aquitan. Unterkg. alte karol. Rechte in Südfrankreich bekräftigen helfen. Das Scheitern der Ehe ging mit dem Fehlschlag des Ausgriffs nach Aquitanien einher. Dem am 2. März 986 verstorbenen Vater im Kgtm. folgend, geriet L. in die Konflikte um die Zugehörigkeit →Lotharingiens und sah sich im Spannungsfeld divergierender Parteien am Hof: Gegen die liudolfing. Interessen (Emma, Ebf. →Adalbero v. Reims) Partei ergreifend, trieb L. den Reimser Ebf. an die Seite Hugo Capets. Vor der endgültigen Auseinandersetzung auf einem Hoftag in Compiègne starb L., erst 20jährig, bei einem Jagdunfall. Da sich der Adel gegen L.s Onkel →Karl v. Niederlothringen für Hugo Capet als Kg. entschied, endete mit L. das karol. Kgtm. im Mannesstamm. Anders, als es sein Beiname 'der Nichtstuer' (le fainéant) seit Odorannus v. Sens glauben machen will, müssen L.s Bemühungen um kgl. Suprematie als konsequente Fortsetzung karol. Politik verstanden werden. Erst spätere Historiographie konstruierte eine Parallele zum Ende der Merowinger im Sinne einer erneuten translatio regni zur »troisième race des rois de France«. B. Schneidmüller

Q.: Recueil des actes de Lothaire et de Louis V, rois de France, ed. L. HALPHEN – F. LOT, 1908 – *Lit.:* F. LOT, Les derniers Carolingiens, 1891 – HEG I, 751ff. – B. SCHNEIDMÜLLER, Karol. Tradition und frühes frz. Kgtm., 1979, 162ff. – K. F. WERNER, Hist. de France, I, 1984, 494f. [dt. 1989] – C. BRÜHL, Dtl.-Frankreich. Die Geburt zweier Völker, 1990.

12. **L. VI.**, *Kg. v.* →Frankreich aus dem Hause der →Kapetinger 1108-37, * wohl Ende 1081, † 1. Aug. 1137 in Paris, ◻ →St-Denis; Sohn von Philipp I. und Bertha (Berthe) v. Holland, verwandt väterlicherseits mit den Häusern →Vermandois, →Burgund und →Normandie (Heinrich I., Kg. v. England), mütterlicherseits mit den →Welfen und den Gf.en v. →Flandern (Robert II., Karl d. Gute). L., dessen Erzieher (pedagogus) Hellouin v. Paris war, hatte als Sohn der von Kg. Philipp (zugunsten von Bertrada v. Montfort) verstoßenen Bertha v. Holland eine schwere Kindheit. Er erhielt die Gft. →Vexin, wurde ca. 1098 zum 'rex designatus' erhoben, nahm seit ca. 1101 für den regierungsunfähig gewordenen Vater faktisch die Herrschaft wahr und erhielt die Gft. Vermandois (zw. 1101 und 1105). Nach dem Tode Philipps I. († Ende Juli 1108, ◻ →Fleury-St-Benoît) ließ sich L. in überstürzter Weise durch Ebf. Daimbert v. Sens (Orléans, 3. Okt. 1108) zum Kg. weihen, um so die Ansprüche Philipps, des Sohnes der Bertrada v. Montfort, auszuschalten. Über den bisherigen Einflußbereich der kapet. Kg.e, den Raum von Paris und Orléans, hinausgreifend, ging L. dann unverzügl. gegen den Herrn v. →Bourbon, Aimon II., vor (Belagerung von Germigny-l'Exempt).

Wie ungefestigt die Macht der Kapetinger immer noch war, zeigt der Versuch Gf. Roberts v. Meulan, Paris während einer Abwesenheit des Kg.s im Handstreich einzunehmen (1111). Das Fehlen legitimer Erben (L. hatte 1107 sein Verlöbnis mit Lucienne de Rochefort annulliert) erweckte nach dem Zeugnis →Ivos v. Chartres bei manchen Aristokraten Hoffnungen. Diese durchkreuzte L., indem er überraschend Adélaïde v. Maurienne heiratete (Fastenzeit 1115). Adélaïde gebar ihm (mindestens) sieben Kinder. Der älteste Sohn, Philipp (* 29. Aug. 1116), wurde am 18. April 1120 für den Thron designiert, am 14. April 1129 zum (Mit-)Kg. gekrönt, erlag am 13. Okt. 1131 aber einem Sturz vom Pferd. Umgehend ließ L. daraufhin →Ludwig (VII.) d.J. (* 1120) krönen (25. Okt. 1131).

Bei diesen Aktionen treten beherrschende Züge des Charakters und polit. Handelns des Kg.s hervor: die Unruhe angesichts von Bedrohungen, das übereilte Vorgehen (dem oft eine Phase der Entschlußlosigkeit vorausging), zugleich aber der Wille, die Krondomäne (und das Kgr.) zu befrieden und zu ordnen. L.s sprunghafter Charakter war wohl auch Folge einer chron. Krankheit (erbl. Fettsucht) und der schweren Verwundungen in heftigen Kämpfen (1128 vor Burg Livry). Die Atmosphäre am Hof war von Intrigen mächtiger Clans (v. a. der →Garlande, bedeutendstes Mitglied: Étienne) geprägt.

Um die geringe Ausdehnung und starke Zersplitterung der →Krondomäne zu überwinden, bekämpfte L. nicht nur die Umtriebe lokaler Herren (Hugues du Puiset, 1111-18; Thomas de Marle, 1115-30), sondern nahm unter dem Einfluß seiner bedeutenden Ratgeber (Ivo v. Chartres, † Ende 1115; v. a. aber →Suger v. St-Denis, seit März 1122) die Neuordnung der Krondomäne und des Kgr.es in Angriff. Er bewegte sich dabei z. T. in den Bahnen seiner Vorgänger, beschritt aber insofern Neuland, als er (jedoch nur außerhalb der Krondomäne) die Bildung von städt. →Kommunen akzeptierte – Ausdruck einer umsichtigen Haltung gegenüber einer Bewegung, deren Dimensionen der Kg. und sein Umkreis noch kaum abschätzen konnten. Auf den eigenen Besitzungen beschränkte sich L. dagegen auf die Gewährung bestimmter wirtschaftl. und finanzieller Privilegien für eine Reihe von Gemeinden (z. B. Charte v. Lorris).

L. führte eine aktive »Außenpolitik«. Im W (Vexin, Normandie) kämpfte er mit wechselndem Erfolg (20. Aug. 1119: schwere Niederlage bei →Brémule) gegen Heinrich I. v. England und seinen Verbündeten Tedbald IV. v. Blois. Seit 1120 verzeichnete L. zumeist militär. Erfolge: 1122 und 1126 führte er zwei Feldzüge gegen Wilhelm VI. v. Auvergne durch; 1124 konnte er dank seiner Vasallen die Invasion Heinrichs V. zurückschlagen; 1127 intervenierte er nach der Ermordung Karls des Guten in →Flandern.

Kirchenpolit. trug L. Konflikte mit zahlreichen Prälaten aus (Ebf. Raoul le Vert v. Reims; Bf. Étienne de Senlis v. Paris; →Hildebert v. Lavardin, Ebf. v. Tours), unterstützte dagegen häufig das Papsttum, so Gelasius II. (1118-19), bes. dann Calixt II. (1119-24), den Onkel seiner Gemahlin Adélaïde, dem er freundschaftl. verbunden war, und schließlich Innozenz II. (1130-43) der dank der gewichtigen Stimme L.s über seinen Gegner Anaklet II. triumphierte.

Kurz vor seinem Tode verheiratete L. seinen Sohn Ludwig d. J. mit der Erbin des Hzm.s Aquitanien, →Eleonore, und vergrößerte so die Krondomäne beträchtlich. J. Dufour

Lit.: A. LUCHAIRE, Louis VI le Gros, 1890 [Nachdr. 1964] – F. GASPARRI, L'écriture des actes de Louis VI, Louis VII et Philippe Auguste, 1973 – E. BOURNAZEL, Le gouvernement capétien au XIIᵉ s. (1108-80), 1975 – J. DUFOUR, Un faux de Louis VI relatif à Liancourt (Oise), BECH 144, 1986, 39-67 – A. W. LEWIS, Le sang royal, 1986 – DERS., La date du mariage de Louis VI et d'Adélaïde de Maurienne, BECH 148, 1990, 5–16 – J. DUFOUR, Louis VI, roi de France, à la lumière des actes royaux et des sources narratives, C.R. A.I., 1990, 456–482 – Recueil des actes de Louis VI, ed. J. DUFOUR, [im Dr.] – M. BUR, Suger, 1991.

13. L. VII., *Kg. v.* →*Frankreich* 1137–80, † 18. Sept. 1180 Paris, ▭ Notre-Dame-de-Barbeau; ⚭ 1. 1137 →Eleonore, Erbin des Hzm.s Aquitanien (geschieden 1152), 2. 1153/54 Konstanze v. Kastilien († 1160), 3. 1160 →Adela v. Champagne. Nach dem Tod des älteren Bruders Philipp am 25. Okt. 1131 auf dem Konzil v. Reims durch Papst Innozenz II. geweiht, folgte L. seinem am 1. Aug. 1137 verstorbenen Vater, Ludwig VI. Wesentl. Aufgaben und Entwicklungen seiner Herrschaft waren vorgezeichnet: Die langsame Konsolidierung der Krondomäne stellte das Kgtm. in Konkurrenz zu mächtigen Vasallen, unter denen die Häuser →Blois-Champagne und Anjou (→Angers) herausragten. Die Durchsetzung Gf. Gottfrieds v. Anjou als norm. Hzg. und seines Sohnes, Heinrichs II., 1154 als engl. Kg. bedrohten im ganzen 12. Jh. die kapet. Monarchie. Durch wiederholte Eingriffe in familiäre Auseinandersetzungen der Plantagenêts vermochte L. zwar seine Lehnshoheit für den angiovin. Festlandbesitz zu behaupten. Doch der aus der Ehe mit Eleonore erhoffte Anfall Aquitaniens und der Ausgriff ins Midi, dem L. 1137–54 durch die erweiterte Intitulatio *rex Francorum et dux Aquitanorum* Ausdruck verlieh, scheiterte: Angebl. wegen zu naher Verwandtschaft, tatsächl. wegen tiefer Entfremdung der Eheleute kam es 1152 zur Scheidung, Eleonore führte ihr Erbe dem zweiten Gemahl, Heinrich II., zu.

Im Kerngebiet seiner Monarchie, in der →*Francia*, fand L. einen 'entourage du roi' vor, der sich in tiefgreifendem sozialen und funktionalen Wandel befand. Die großen Hofämter des Feudaladels wurden zunehmend zu Ehrenämtern, während das Kgtm. zur Bewältigung der administrativen Aufgaben in einer sich verdichtenden Herrschaft auf neue Gruppen kleiner Dienstleute, loyal ergeben und durch Heiratsverbindungen Konsistenz gewinnend, zurückgriff. Die monarch. Suzeränität fand seit 1145 in der Bezeichnung aller Vasallen ohne Ansehen ihres Ranges in der Lehnshierarchie als *barones* (→Baron, II) Ausdruck, und die Konsolidierung erwies sich im Wiederauftreten großer Versammlungen von Prälaten und Baronen (1146 Vézelay, 1147 Étampes, 1155 Soissons, 1173 Paris, 1179 Reims), wo unter L.s Vorsitz Grundzüge der Politik beraten wurden. Ihre Bewährung bestand die kapet. Verwaltung während L.s Kreuzzug 1147–49, als Abt →Suger v. St-Denis mit Ebf. Samson v. Reims und Seneschall Rudolf v. Vermandois die Regentschaft führte. Die Lösung administrativer Handlungen von der konkreten Person des Kg.s beförderte eine transpersonale Institutionalisierung von Herrschaft.

Offenbar aus eigenem Antrieb, vielleicht durch ein persönl. Bekehrungserlebnis befördert, hatte sich L. 1145 zum Kreuzzug entschlossen. Nach Verhandlungen mit der Kurie, beeinflußt von der Kreuzzugspredigt →Bernhards v. Clairvaux, nahm L. 1146 in Vézelay das Kreuz und zog 1147 mit einem frz. Heer nach Konstantinopel. Der weitere Vormarsch führte in die katastrophale Niederlage bei Laodikeia Anfang 1148; zu Schiff nach Antiochia gerettet, beteiligte sich L. an einem Feldzug gegen Damaskus und kehrte 1149 nach Frankreich zurück. Das Bündnis mit dem Papsttum vertiefte sich im Alexandrin. Schisma seit 1159. Nach anfängl. Zögern und nach dem Scheitern einer Begegnung mit Ks. Friedrich I. bei St-Jean-de-Losne (29. Aug. 1162) ergriff L. die Partei Alexanders III., der 1162–65 in Frankreich Zuflucht fand. Der

Sieg über die ksl. Gegenpäpste stärkte den eigenständigen Rang der westeurop. Monarchien und trug in der Kontinuität frk.-frz. Bindungen an die Nachfolger Petri zur Kennzeichnung des frz. Kg.s als *rex christianissimus* bei.

Im eigenen *regnum* festigte L. seinen Einfluß auf den Kronepiskopat. Fernen Bm.ern und Abteien bot der Kg. vielfältigen Rückhalt gegen lokale Potentaten und baute damit neue Ansatzpunkte in kg.sfernen Regionen (Burgund, Languedoc) auf, gekoppelt mit einem neuen Interesse am frz. Süden im Gefolge der Auseinandersetzungen mit Heinrich II. v. England. Die unangefochtene Stellung im Reich demonstrierte L. 1179 auf einem Hoftag in Paris, wo er der Versammlung seinen 1165 geborenen Sohn, Philipp II., als Kg. präsentierte und nur noch die Akklamation entgegennahm. B. Schneidmüller

Q. und Lit.: A. LUCHAIRE, Études sur les actes de L. VII, 1885 – Vie de L. le Gros par Suger suivie de l'hist. du roi Louis VII, ed. A. MOLINIER (CTSEH), 1887, 147ff. – R. HIRSCH, Stud. zur Gesch. Kg. L.s v. Frankreich, 1892 – Odo v. Deuil, De profectione L.i VII regis Francorum in orientem, ed. H. WAQUET, 1949 – M. PACAUT, L. VII et les élections épiscopales dans le royaume de France, 1957 – DERS., Louis VII et son royaume, 1964 – E. BOURNAZEL, Le gouvernement capétien au XIIe s., 1108–1180, 1975 – J. FAVIER, Hist. de France, II, 1984, 101ff. – J. EHLERS, Gesch. Frankreichs im MA, 1987, 87ff. – HEG II, 703ff. – B. SCHNEIDMÜLLER, Nomen patriae, 1987, 134ff. – K. LOHRMANN, Die Titel der Kapetinger bis zum Tod L.s (Intitulatio III, 1988), 251ff.

14. L. VIII., *Kg. v.* →*Frankreich* 1223–26, * 5. Sept. 1187 Paris, † 8. Nov. 1226 Montpensier (dép. Puy-de-Dôme), ▭ St-Denis; ⚭ 1200 →Blanca v. Kastilien (3. B.). Als Sohn Philipps II. und →Elisabeths v. Hennegau (8. E.) wurde L. in der zeitgenöss. Historiographie als Verkörperung der Einheit des karol.-kapet. Kgtm.s gesehen. Mit dem Vater gegen das engl. Kgtm. kämpfend, stoppte L. 1214 den Vormarsch Kg. Johanns auf die kapet. Domäne. 1216 folgte L. der Wahl zum engl. Kg. durch rebellierende Barone (1217 Verzicht im Vertrag v. →Kingston-on-Thames). 1217–19 zog er im Gefolge nordfrz. Kreuzfahrerheere ins Languedoc. Nach dem Tod des Vaters – erstmals ohne vorherige Adelsversammlung – am 6. Aug. 1223 in Reims geweiht, eroberte L. 1224 nach einem Sieg über den mit dem engl. Kg. verbündeten poitevin. Adel →La Rochelle und gewann die Saintonge. Verhandlungen mit Papst Honorius III. führten 1226 zum Kreuzzug des Kg.s gegen die Gf.en v. Toulouse und den kathar. Adel S-Frankreichs. Auf die Eroberung Avignons hin öffneten sich die südfrz. Städte (→Albigenser, II). L., dem in zahlreichen Ketzerprozessen die konfiszierten Güter des Adels zufielen, errichtete unter Rückgriff auf die von Simon de →Montfort erlassenen Statuten v. Pamiers (1212) eine kapet. Verwaltung (Zentren: Beaucaire, Carcassonne) und bereitete damit den Weg für die Integration des S in die frz. Monarchie.

Die immensen Landgewinne im W und SW Frankreichs vergab L. 1225 in seinem Testament als →Apanagen an die nachgeborenen Söhne Robert (Artois), Johann (Maine, Anjou) und Alfons (Poitou, Auvergne). Dem Thronfolger, Ludwig IX., verblieb die um die Normandie vermehrte Krondomäne. B. Schneidmüller

Lit.: CH. PETIT-DUTAILLIS, Étude sur la vie et le règne de L. VIII, 1894 – E. BERGER, Hist. de Blanche de Castille..., 1895 – C. T. WOOD, The French Apanages and the Capetian Monarchy 1224–1328, 1966 – A. W. LEWIS, Royal Succession in Capetian France, 1981, 119ff. – J. FAVIER, Hist. de France, II, 1984, 143ff. – HEG II, 715ff. – J. EHLERS, Gesch. Frankreichs im MA, 1987, 146ff.

15. L. IX. d. Hl., *Kg. v.* →*Frankreich*, * 25. April 1214 in Poissy, † 25. Aug. 1270 in Karthago, ▭ St-Denis; Sohn von →Ludwig VIII. († 8. Nov. 1226) und →Blanca v. Kastilien († 1252), gekrönt am 29. Nov. 1226 in Reims,

∞ →Margarete v. Provence (27. Mai 1234); 11 Kinder, unter ihnen Ludwig († 1260) und →Philipp III. Seine Mutter führte bis 1235 die Regentschaft, während derer sie v. a. die Adelsopposition (Gf. en v. der Marche, Bretagne, Champagne u. a.) erfolgreich bekämpfte. Nach Erreichen der Volljährigkeit setzte L. seine Brüder →Robert v. Artois und →Alfons v. Poitiers in ihre Apanagen ein; gegen die Installierung Alfons' erhob sich ein erneuter Aufstand des Gf. en v. der →Marche, Hugo v. →Lusignan, unterstützt von Kg. →Heinrich III. v. England. L. ließ Hugos Burgen im Poitou schleifen und schlug die Verbündeten bei Taillebourg und Saintes (20. und 22. Juli 1242). Gf. →Raimund VII. v. →Toulouse, der sich gleichfalls erhoben hatte, mußte sich im Jan. 1243 unterwerfen. Nach der Zerschlagung letzter Widerstandszentren (→Montségur, Quéribus) sicherte der Kg. die Befriedung des Languedoc durch die Gründung der Hafenstadt →Aigues-Mortes (1246) und die Befestigung von →Carcassonne ab. Auch der Hzg. v. Burgund und der Gf. v. Champagne mußten Gehorsam versprechen. Der Kg. behandelte die Barone, die sich ihm unterworfen hatten, großmütig.

L. führte die traditionell guten Beziehungen der Kapetinger gegenüber den →Staufern weiter, ohne sich jedoch der antipäpstl. Politik →Friedrichs II. anzuschließen, der die Großen Frankreichs auf seine Seite zu ziehen suchte. Zwar war L. nicht zu einem Empfang Papst →Innozenz' IV. in Frankreich bereit, doch sicherte er dem Konzil v. →Lyon (1245) bei einem eventuellen Anschlag der Kaiserlichen seinen Schutz zu und war bestrebt, eine Versöhnung zw. Papst und Ks. zu erreichen. 1244 nahm er das Kreuz, bereitete seinen →Kreuzzug mit großer Sorgfalt vor und brach 1248 von Aigues-Mortes in den Osten auf. Nach Überwinterung auf Zypern landete er in Ägypten und nahm →Damietta am 5. Juni 1249 ein. Auf seinem Marsch gegen Kairo bei Mansura aufgehalten und mit den Resten seines Heeres gefangengenommen, kam er gegen Lösegeld frei. Er blieb bis 1254 im Hl. Land, um dessen Verteidigung zu konsolidieren und richtete hier eine ständige Garnison ein. 1267 nahm L. erneut das Kreuz und landete 1270 in der Nähe von Tunis, starb aber bald an einer Epidemie.

Schon seit 1248 hatte der Kg. Kontakte mit dem Hof der →Mongolen angeknüpft (Gesandtschaftsreise des Andreas v. →Longjumeau) und damit die Mongolen zum Gedanken einer Allianz gegen das Ägypten der →Mamlūken angeregt; die Perspektive dieses bereits 1262 von dem →Ilchān Hülägü vorgeschlagenen Bündnisses bestimmte den Kreuzzug von 1270 mit.

Die Vorbereitung des ersten von L. durchgeführten Kreuzzuges war Anlaß für eine weitgespannte Untersuchung (inquisitio, *enquête*) der Mißbräuche, die im Namen des Kg.s und seiner Vorgänger stattfanden. Nach seiner Rückkehr (1254) erließ L. eine große →Ordonnanz, der weitere folgen sollten. Er reformierte die Justiz, das Pariser Zunftwesen (→Livre de métiers), ließ das →Parlement regelmäßig zusammentreten, verbot den gerichtl. →Zweikampf und die private Fehde, um den Preis eines Konflikts mit seinen Baronen (Affäre des Sire de →Coucy). Der Kg. schuf eine neue Münze (silberner *gros tournois d'argent, agnel d'or*), bekämpfte den Wucher und befahl gar die Vertreibung der jüd. und lombard. Wucherer. Er respektierte die Rechte der Kirche, unterband aber eine Ausweitung der kirchl. Jurisdiktion und war mit Nachdruck bemüht, die Besteuerung des Klerus (Zehnten) wiederherzustellen. Häufig wurde L. als Schiedsrichter aufgerufen, so im Erbfolgestreit der Gft. en →Flandern und →Hennegau (1256) sowie in den Konflikten um Namur, Ligny, Lyon und die Freigft. Burgund. Sein Vermittlungsversuch im Streit zw. Kg. Heinrich III. und den engl. Baronen (sog. Mise d'→Amiens, 1264) scheiterte jedoch. Zu diesem Zeitpunkt hatte L. ein friedl. Verhältnis zum England Heinrichs III. hergestellt, indem er für die an die Kapetinger verlorengegangenen Gebiete der Plantagenêts finanzielle Kompensationen geleistet und d. Lehnseid Kg. Heinrichs III. für die Guyenne empfangen hatte (1259). Auch mit →Aragón, dem er die frz. →Suzeränität (Lehnshoheit) über →Katalonien abtrat (1258), erreichte er einen Ausgleich. Nicht ohne Zögern erteilte er seinem Bruder →Karl v. Anjou die Zustimmung zur Eroberung →Siziliens (1265).

Fromm erzogen, erfüllte L. mit äußerster Gewissenhaftigkeit seine Christenpflicht. Dem Reliquienkult und Ablaßwesen tief verbunden, ließ L. die →Sainte-Chapelle zu Paris als Aufbewahrungsort der Passionsreliquien erbauen. Er gründete und beschenkte zahlreiche Kl., u. a. →Royaumont, förderte die Bettelorden und erweiterte die karitativen Werke in großem Maße (→Aumônerie), wobei er sich in demutsvoller Haltung persönl. der Armenpflege widmete. Im Bestreben, Juden und Muslime zum Christentum zu bekehren, zeigte er sich aufgeschlossen für die Mongolenmission →Wilhelms v. Rubruk. Er ließ den →Talmud verbrennen (1242), erhielt aber im allg. die Toleranz seiner Vorgänger aufrecht, wenn er auch die Katharerverfolgung der Kirche unterstützte. Nach seiner Kreuzfahrt wurde er zum strengen Büßer. Die seiner Lebensführung zuerkannte Heiligkeit führte rasch zur Eröffnung eines Kanonisationsprozesses, der mit der Heiligsprechung durch Bonifatius VIII. (1297) seinen Abschluß fand. J. Richard

Bibliogr.: J. RICHARD, Saint Louis [engl. Übers. von J. BIRRELL, im Dr.] – *Q.*: LE NAIN DE TILLEMONT, Vie de saint Louis, 6 Bde, 1849 – *Lit.*: J. RICHARD, Saint Louis, 1983 – G. SIVÉRY, Saint Louis et son siècle, 1983.

16. L. X. (Louis Hutin, auch: Hustin, 'Ludwig Zank'), Kg. v. →Navarra 1305–14, *Kg. v. →Frankreich* 30. Nov. 1314–16, * 4. Okt. 1289 in Paris, † 5. Juni 1316 in Vincennes, ältester Sohn von →Philipp IV. dem Schönen und →Jeanne de Navarre; ∞ 1. Margarete v. Burgund, die L. 1314 wegen Untreue verstieß und die im Kerker starb; Tochter: Jeanne, Gfn. v. Champagne und Kgn. v. Navarra, Mutter →Karls des Bösen; 2. →Klementia v. Ungarn, postumer Sohn: →Johann I. – Während seiner kurzen Regierung sah er sich mit einer feudalen Reaktion konfrontiert, den schon zu Lebzeiten des Vaters gegr. »Ligen« der großen Adligen; L. gestand ihnen Privilegien zu (→Chartes aux Bourguignons, Picards, Champenois, Normands usw.). Andererseits bekämpften mächtige Persönlichkeiten am Kg.shof, insbes. L.s Onkel →Karl v. Valois, die Räte Philipps des Schönen; der einst einflußreiche Ratgeber Enguerran de →Marigny wurde 1315 gehenkt, andere verloren ihre Güter. Außenpolit. versuchte die Regierung L.s ohne größeren Erfolg, →Flandern wieder zu unterwerfen (Heeresaufgebot/ost von 1315). E. Lalou

Lit.: CH. PETIT, Charles de Valois, 1900 – J. FAVIER, Un conseiller de Philippe le Bel: Enguerran de Marigny, 1963 – J. GUÉROUT, Les reg. du Trésor des Chartes, hg. R. FAWTIER, II: Règnes des fils de Ph. le Bel. 1ere partie. Règnes de Louis X et de Philippe le Long, 1966 – J. M. LACARRA, Hist. del Reino de Navarra, II, 1972, 251–269 – E. A. R. BROWN, Reform and resistance to Royal authority in Fourteenth Century France (Parliaments, Estates and Representation, 1, n° 2, déc. 1981), 109–137.

17. L. XI., *Kg. v. →Frankreich* 1461–83, * 3. Juli 1423 in Loches, † 30. Aug. 1483 in Plessis-du-Parc bei Tours,

◻ Notre-Dame-de-Cléry (von ihm gefördertes Marienheiligtum in der Touraine). Ältester Sohn von Kg. Karl VII. und Maria v. Anjou, erhielt L. die im frz. Kg.shause übliche sorgfältige sowohl klerikale wie militär. Erziehung. Die 1436 geschlossene, aber erst später vollzogene Ehe mit Margarete († 1445), Tochter Kg. Jakobs I. v. Schottland, war unglücklich und blieb kinderlos. L. durfte seit 1436 den Vater auf seinen Reisen begleiten. 1440 ließ sich der frühreife Dauphin in den Fs.enaufstand der →Praguerie hineinziehen, mit dem Ziel einer Entmachtung des Vaters; die darauffolgende Versöhnung zw. Vater und Sohn gelang nur unter Schmerzen.

1443 zwang er die Engländer zur Aufhebung der Belagerung von Dieppe. Tatendurstig übernahm er die Führung des Truppenverbandes der *Écorcheurs* (→Armagnaken), die 1444 als Verbündete →Friedrichs III. einen verheerenden Krieg gegen die Eidgenossen führten (Alter →Zürichkrieg). Nach Beendigung seines Teils seiner Mission (→St. Jakob an der Birs, →Ensisheim) begab er sich zum Vater nach Lothringen. Wegen neuer Intrigen verbannte ihn der Kg. ins →Dauphiné. Als Fs. des Dauphiné erreichte L. in ausdauernden Bemühungen eine staatl. und administrative Reorganisation, die – in ihrer zugleich autoritären wie aufgeklärten Haltung – seine spätere Regierungsweise im Kgr. Frankreich vorwegnahm. Zur Bekräftigung seines Bündnisses mit Hzg. →Ludwig v. Savoyen heiratete er 1451 dessen Tochter →Charlotte, gegen den erbitterten Widerstand Karls VII. L., der Freiheit und Leben durch den Vater bedroht sah, floh zum Hzg. v. Burgund, →Philipp d. Guten (1456). Auf dem Brabanter Schloß Genappe erwartete er ungeduldig den Tod des Vaters, der 1461 eintrat.

L.s Befürchtungen eines schwierigen Regierungsantritts erfüllten sich nicht. Er konnte sich aus der Abhängigkeit von Burgund lösen und durch Auswechslung eines großen Teils des polit., militär. und administrativen Personals die Voraussetzungen für eine Neuordnung in seinem Sinne schaffen. 1462 besetzte er das zur Krone Aragón gehörende →Roussillon. Im folgenden Jahr erreichte er den Rückerwerb der von Philipp d. Guten verpfändeten →Sommestädte. Die Klerus und Adel beunruhigenden Maßnahmen zur Straffung der Königsgewalt, der lastende Steuerdruck (hohe Militärausgaben) und die brüske Ausschaltung der alten Räte Karls VII. führten zu tiefer Unzufriedenheit, die sich in der →Ligue du Bien public artikulierte (1465).

Nur unter großen Zugeständnissen konnte L. dieser Revolte von Adel u. Fs.en Herr werden. 1468 billigten die →États généraux v. Tours seine Politik; u.a. erhielt L. die Zustimmung der Ständeversammlung zur Deklarierung des Hzm.s →Normandie, das er seinem aufstäd. Bruder →Charles de France entzogen hatte, als unveräußerl. Krongut. Doch türmte sich im gleichen Jahr mit der Heirat Hzg. →Karls d. Kühnen v. Burgund und →Margaretes v. York vor ihm die Gefahr des burg.-engl. Bündnisses auf. L. suchte die Begegnung mit Hzg. Karl; das Treffen v. →Péronne (14. Okt. 1468), nach Commynes »la grande folie de P.«, erwies sich als krasser, lebensbedrohl. Mißgriff, der die Autonomie Burgunds stärkte und es dem Hzg. erlaubte, unbehelligt das mit Frankreich verbündete →Lüttich zu zerstören.

1470 kam es zum offenen Bruch mit Burgund: Der Kg. sagte sich, gestützt auf eine Notabelnversammlung in Tours, von seinen Verpflichtungen gegenüber dem Hzg. los, der als rebellischer Vasall bezeichnet wurde. Als Rückendeckung konnte L. damals auf die Hilfe, zumindest aber wohlwollende Neutralität Englands unter →Heinrich VI. zählen, der allerdings bereits 1471 →Eduard IV., dem Bundesgenossen Karls d. Kühnen, unterlag und ermordet wurde.

Ein Vorstoß der burg. Armee in das Gebiet südl. der Somme wurde durch den tapferen Widerstand der Stadt →Beauvais (1472) gebrochen. Roussillon und Cerdagne erhoben sich gegen die frz. Präsenz. Der Tod Charles' († 1472), der von L. mit dem Hzm. →Guyenne abgefunden worden war, befreite den Kg. von der Bedrohung eines unberechenbaren Thronprätendenten, die sich aber durch die Geburt des Dauphins →Karl (VIII.) (* 1470) verringert hatte.

Es waren in erster Linie die polit. Fehlgriffe Karls d. Kühnen, die L. aus seiner prekären Lage befreiten: das Scheitern der Begegnung Karls mit Friedrich III. (→Trier, 1473) und die fehlgeschlagene Belagerung v. →Neuss. Eduard IV., der in der Hoffnung auf burg. Unterstützung in Frankreich eingefallen war, schloß – isoliert – den Waffenstillstand v. →Picquigny (1475). Im selben Jahr konnte auch die frz. Herrschaft über das Roussillon wiederhergestellt werden. Ein Waffenstillstand mit Karl d. Kühnen lenkte diesen auf den SW des Reiches ab (Lothringen, Oberrhein, Eidgenossenschaft).

Nachdem Karl bei →Nancy gefallen war (1477), gelang es L., um den Preis eines bis dahin ungekannten Steuerdrucks, ein Heer von beachtl. Größe aufzustellen und – trotz mancher militär. Mißerfolge – einen Teil der burg. Länder in seine Hand zu bekommen. Im Vertrag v. Arras (1482), den L. mit →Maximilian abschloß, erhielt Frankreich das Hzm. Burgund und die Gft. Boulogne, während die Gft.en Artois und Burgund von Margarete, der Tochter der Maria v. Burgund, in ihre Ehe mit dem Dauphin als Mitgift eingebracht werden sollten. Nach dem Tode des kinderlosen Karl v. Anjou zog L. die (dem Reich unterstehende) Gft. Provence und die (zum Kgr. Frankreich gehörenden) Gft.en Anjou und Maine an sich.

L. hat die Grenzen Frankreichs vorgeschoben und innerhalb des Kgr.es die Domäne – zum Nachteil der großen Fs.enhäuser – in einzigartiger Weise erweitert. Er verheiratete seine ältere Tochter →Anna mit →Peter v. Beaujeu, dem künftigen Hzg. v. Bourbon; seine verwachsene jüngere Tochter →Johanna nötigte er dem Hzg. Ludwig v. Orléans (→Ludwig XII.) als Gattin auf, in Erwartung der Kinderlosigkeit dieser Ehe, um so den Heimfall der Länder des Hauses Orléans an die Krone herbeizuführen.

L., dessen Tod von seinen Untertanen nicht betrauert wurde und dem die öffentl. Meinung keinerlei Ehrungen bereitete, war ein mißtrauischer und realistisch-berechnender Charakter, Verächter allen Herrscherprunks, von grausamer Entschlossenheit, passionierter Jäger und von einer an Aberglauben grenzenden Frömmigkeit, zugleich hochgebildet, von scharfer Menschen- und Sachkenntnis und starker Wißbegierde geprägt. Er hatte einen hohen Begriff von seinen intellektuellen Fähigkeiten und den Pflichten und Rechten des Kg.s. Seine von den Zeitgenossen als Tyrannei verachteten Methoden der Machterweiterung und Herrschaftssicherung umfaßten nicht zuletzt den massiven Einsatz von Geldmitteln, mit denen er systemat. seine Gegner und deren Ratgeber kaufte, andererseits seine Getreuen verschwenderisch belohnte.

L.s Ziel bestand darin, sich eine ergebene Kirche (möglichst mit Unterstützung des Papsttums), einen gebändigten Adel und eine lenksame Untertanenschaft heranzuziehen, die den fiskal. Forderungen pünktlich nachkam. Sein polit. Handeln wurde durch eine insgesamt günstige Konjunkturentwicklung, v.a. seit 1470, erleichtert. Gegen Ende seiner Regierung kam es jedoch im nördl. Frankreich zu einer schweren Hungersnot.

L. wünschte den Wohlstand seines Landes und betrieb aktive Förderung des Handels. Erfolgreich war seine Belebung der Messen v. →Lyon, die diejenigen von →Genf überflügelten, weniger glückl. sein Kampf gegen den Messeplatz →Antwerpen. Die Vorstellung eines in sich geschlossenen Wirtschaftsraums war ihm nicht fremd. Er war in gewissem Sinne kg. der Kaufleute, die er durch seine Initiativen allerdings oft abstieß. Auch wollte er den frz. Adel, nach dem Vorbild Italiens, zur Handelstätigkeit anregen. Er strebte offensichtl. nach einer für Verdienst und Begabungen offeneren Gesellschaft. Seine Regierung ist, bei allen Fehlgriffen, die er jedoch oft in flexibler Weise auszugleichen verstand, durch einen unübersehbaren Fortschritt der monarch. Institutionen geprägt.

Ph. Contamine

Lit.: A. GANDILHON, Contribution à l'hist. de la vie privée et de la cour de Louis XI, 1906 – P. CHAMPION, Louis XI, 2 Bde, 1927 – J. CALMETTE–E. DÉPREZ, Les premières grandes puissances, 1939, 1–131 (Hist. du MA, hg. G. GLOTZ, VII, 2) – R. GANDILHON, Politique économique de Louis XI, 1941 – K. BITTMANN, L. und Karl d. Kühne. Die Memoiren des Philippe de Commynes als hist. Q., 3 Bde, 1964–70 – P. M. KENDALL, Louis XI, 1971 – P.-R. GAUSSIN, Louis XI, un roi entre deux mondes, 1976 – La France de la fin du XVe s., renouveau et apogée, hg. B. CHEVALIER–PH. CONTAMINE, 1985.

18. L. XII., *Kg. v.* →*Frankreich* 1498–1515, * 27. Juni 1462 in Blois, † 1. Jan. 1515; spätgeborener Sohn seiner schon bejahrten Eltern, →Charles d'Orléans (des Dichters) und der Maria v. Kleve. Da Kg. Ludwig XI. (dem selbst der männl. Erbe fehlte) verhindern wollte, daß L. Nachkommenschaft hatte, ließ er ihn mit seiner verwachsenen Tochter →Johanna verheiraten. L., nach dem Tode →Karls VIII. selbst Kg. geworden, erreichte bei Papst Alexander VI. die Annullierung der erzwungenen Ehe und heiratete die Kg. witwe →Anna v. Bretagne.

Der Kg. nahm das »it. Abenteuer« seines Vorgängers wieder auf, im Zeichen der von seiner Großmutter Valentina Visconti ererbten Ansprüche auf →Mailand. Er stützte sich auf →Cesare Borgia, der dabei eigene polit. Ziele (Eroberung der →Romagna) verfolgte.

Nach dem Tode Francescos I. → Sforza ließ sich L. zum Hzg. v. Mailand proklamieren und zog feierl. in die Stadt ein. Es folgten mit rücksichtsloser Härte geführte Kämpfe gegen →Maximilian I. War L.s Eroberung des Kgr.es →Neapel zunächst erfolgreich, so mußte er seine Gewinne mit →Ferdinand 'd. Kath.' v. Aragón teilen, um zuletzt alle Besitzungen wieder zu verlieren.

Der Kg. hatte aus seiner Ehe mit Anna v. Bretagne († 1514) zwei Töchter, von denen Claude (durch Vermittlung des führenden Ratgebers Georges v. →Amboise) dem Hzg. v. Valois-Angoulême vermählt wurde, der als Franz I. die Nachfolge antreten sollte. L., der bald nach seiner Wiederverheiratung mit der jungen Tudor-Prinzessin Maria einer schweren Krankheit erlag, galt wegen seiner milden Fiskalpolitik als 'Pater patriae'.

Y. Labande-Mailfert

Lit.: R. DE MAULDE–LA CLAVIÈRE, Hist. de Louis XII, 6 Bde, 1889–96 – J. d'Auton, Chroniques de Louis XII, hg. R. DE MAULDE–LA CLAVIÈRE, 4 Bde, 1889–95 – F. ERCOLE, Da Carlo VIII a Carlo V, 1932 – s.a. Lit zu →Karl VIII.

19. L. v. Frankreich, *Dauphin v. Frankreich,* * 22. Jan. 1397 im Hôtel St-Pol, Paris, † 18. Dez. 1415, 8. Kind von Karl VI. und Isabella v. Bayern, seit 1401 (nach dem Tode seines Bruders Karl) Dauphin. Wegen der Krankheit des Vaters setzte 1403 eine kgl. Ordonnanz in Abänderung der bisherigen Regelung fest, daß L. im Falle des Todes Kg. Karls selbst in minderjährigem Alter Kg. sein solle. Damit wurde der Dauphin zum Spielball der Rivalitäten der Hzg.e v. →Burgund und →Orléans. Im selben Jahr noch wurde L.s Ehe mit Margarete v. Burgund, der Tochter des burg. Erbprinzen Johann (→Jean sans peur), beschlossen. Unter dem Einfluß Hzg. →Ludwigs v. Orléans, im Zeichen einer aggressiven Haltung gegenüber dem England Heinrichs IV. v. Lancaster, erhielt L. den Titel 'Hzg. v. Guyenne'. Mit 15 Jahren – L. hatte nun eine eigene Hofhaltung (Kanzler: Jean →Jouvenel) – begann der Dauphin mit seinen (zumeist verkannten) polit. Aktivitäten: 1412 Initiative zum Frieden v. Auxerre, 1413 Auseinandersetzungen mit den 'Cabochiens', 1414 Durchsetzung des Friedens v. Arras. Gestützt auf die Beamten, wollte L. die Monarchie dem fsl. Parteienstreit entziehen. Am 18. Dez. 1415 starb er eines plötzl. Todes.

F. Autrand

Lit.: F. AUTRAND, Charles VI. La folie du roi, 1986 – R. FAMIGLIETTI, Royal Intrigue. French Monarchy in Crisis, 1986.

20. L. I., *Kg. v.* →*Sizilien* 1342–55, * 1337, † 16. Okt. 1355; älterer Sohn von Peter II. und Elisabeth v. Kärnten, Namengebung zu Ehren des hl. →Ludwig v. Toulouse, seines Verwandten. Im Aug. 1342, nach dem Tode des Vaters, zum Kg. proklamiert, am 8. Sept. trotz des Interdikts in Palermo gekrönt, stand unter Vormundschaft seines energischen Onkels, des Infanten Johann, Mgf.en v. Athen, der quasi als polit. Erbe Friedrichs II. die antikatal. Adelsfraktion der 'Lateiner' zurückdrängte, 1342–47 die kommunalen Aufstände (→Messina, 1342) unterdrückte, die angevin. Brückenköpfe (Milazzo 1345, Lipari 1347) zerschlug und →Neapel einen Waffenstillstand abrang. Nach Johanns Tod († 1348 an der Pest) rief Elisabeth den Führer der 'Lateiner', Matteo Palizzi, verbündet mit den siz. →Chiaramonte, an die Macht zurück. 1353 ging die Regentschaft effektiv an die Schwester des Kg.s, Äbt. Konstanze, über. Innerhalb der Krisensituation (Tötung Matteo Palizzis in Messina, vergebl. Appell der Chiaramonte an →Ludwig v. Tarent und Niccolo →Acciaiuoli) versuchte der erst fünfzehnjährige Kg., die monarch. Tradition wiederherzustellen und erneuerte die monarch. Allianz mit Aragón, mußte aber noch den fakt. Zugriff der →Barone auf die Städte der Krondomäne anerkennen. L. starb zu einem Zeitpunkt, als er erste militär. und polit. Erfolge errungen hatte.

H. Bresc

Lit.: F. GIUNTA, Aragonesi e Catalani nel Mediterraneo, I, 1953.

21. L. I. d. Große (Nagy Lajos), *Kg. v.* →*Ungarn* 1342–82, *Kg. v.* →*Polen* 1370–82, * 5. März 1326 in Visegrád, † 11. Sept. 1382 in Thyrnau (Nagyszombat), □ Stuhlweißenburg (Székesfehérvár), Eltern: →Karl I. (23. K.), Kg. v. Ungarn, und →Elisabeth (11.E.), Tochter Kg. Władysławs Łokietek v. Polen; ∞ 1. 1345 Margarete v. Luxemburg († 1349), Tochter Karls IV., 2. 1353 Elisabeth († 1387), Tochter des Banus v. Bosnien, Stjepan II.; Töchter von 2.: Katharina, Maria (∞ Ks. Siegmund), Hedwig (∞ Jagiello, Gfs. v. Litauen). L. setzte 1343/44 durch Zahlung von 44000 Mark die Ernennung seines jüngeren Bruders →Andreas (1.A.) zum Kg. v. Neapel durch; nach dessen Ermordung führte L. 1347/48 und 1350 Rachezüge gegen Andreas' Witwe →Johanna (10.J.), doch scheiterten seine Thronprätentionen am Widerstand Clemens' VI. L. nahm den 1346 eingestellten Krieg gegen →Venedig wieder auf und eroberte →Dalmatien mit Ragusa 1356–58 (Friede v. Zara).

In seiner Balkanpolitik suchte L., letzten Endes ohne dauerhaften Erfolg, die ung. Vorherrschaft zu sichern, betrieb die Ausbreitung des Katholizismus und bekämpfte die →Bogomilen. 1355 wandte er sich gegen →Stefan Dušan v. Serbien, 1356-57 und 1363 gegen Bosnien, 1366 unterstützte er den Banus →Tvrtko, der jedoch weiterhin fakt. unabhängig blieb. 1365-69 wandelte L. das westbulg. Zarentum Vidin in ein ung. Banat um und unterwarf mehrmals (1344, 1365, 1368/69) die Valachei der Lehenspflicht; das Moldaugebiet geriet allmähl. unter poln. Herrschaft. Trotz der osman. Eroberungen verweigerte L. 1366 dem byz. Ks. Johannes V. Palaiologos aus Glaubensgründen seine Hilfe. 1378-81 war L. am →Chioggiakrieg gegen Venedig beteiligt. Im Frieden v. Turin (1381) wurde L.s Oberherrschaft über Dalmatien erneut bestätigt. 1380-82 setzte er →Karl III. v. Anjou-Durazzo (21.K.) auf den Thron v. Neapel.

L.s ung. Politik stand unter dem Einfluß seiner Mutter Elisabeth, eine große Rolle spielten dynast. Rücksichten. Das Verhältnis zu den Luxemburgern war von Konflikten (bes. 1359-64 mit Ks. Karl IV., Friede v. Brünn, 1364) geprägt. L. stützte sich auf das Bündnis mit Polen, das durch Thronfolgeverträge (seit 1335) intensiviert wurde. Er unterstützte 1351/52 seinen Onkel Kasimir III. beim Krieg um das Fsm. →Halič-Volhynien. L.s Erbrechte wurden während des Kriegszugs 1351 vom poln. Adel anerkannt und 1355 bestätigt (sog. Privileg v. Ofen).

Der in der ritterl. Kultur erzogene, fromme L. ließ in Ofen eine neue Residenz errichten. Er setzte die inneren Reformen seines Vaters fort. Auf dem Landtag v. 1351 bestätigte L. die →Goldene Bulle Kg. Andreas' II. und kodifizierte die Grundrechte des Adels (u. a.: Gleichheitsprinzip und Unteilbarkeit der Landgüter). Aus fiskal. Gründen förderte L. die Entwicklung der Städte und des Bergbaus. 1360 vertrieb er die Juden aus Ungarn. 1367 gründete L. die Univ. in →Fünfkirchen (Pécs).

1370 erbte L. nach dem Tod Kasimirs III. den poln. Thron. Seine Herrschaft stützte sich auf die kleinpoln. Magnaten, als Statthalterin setzte er wiederholt seine Mutter ein. In Großpolen gab es Kämpfe mit dem Thronprätendenten Władysław Biały v. Kujavien. In Rotreußen (Halič-Volhynien) ernannte L. 1372-78 den Piastenfs.en Władysław v. Oppeln zum Statthalter, später übernahmen ung. Beamte die Verwaltung. 1374 erteilte L. in Kaschau dem poln. Adel das erste Ständeprivileg, in dem Erbrechte seiner Töchter anerkannt wurden.

S. Gawlas

Lit.: BGLS III, 51-54 - A. Pór, Nagy Lajos 1326-82, 1892 - J. Dąbrowski, Ostatnie lata Ludwika Wielkiego 1370-82, 1918 - J. Matuszewski, Przywileje i polityka podatkowa Ludwika Węgierskiego w Polsce, 1983 - Louis the Great, hg. S. B. Vardy, G. Grosschmidt, L. S. Domonkos, 1986 [Bibliogr.] - →Anjou, III.

22. L. I. v. Anjou, *Hzg. v. Anjou,* 2. Sohn von Kg. Johann II. (→Jean) v. Frankreich, * 23. Juli 1339, † 20. Sept. 1384. L. war Gf. v. Anjou (1350), Gf. v. Maine, Herr v. Montpellier (1351), →*lieutenant* des Hzg.s v. Normandie (1356), kgl. lieutenant für die Gft.en Anjou, Maine und Touraine (1359), Hzg. und Pair v. →Anjou (1360) und kgl. lieutenant in Languedoc, Guyenne und Dauphiné (1364). Der Kg. verlieh ihm auf Lebenszeit das Hzm. Touraine. Als der minderjährige Karl VI. entgegen den kgl. Ordonnanzen von 1374 nach dem Tode Karls V. († 16. Sept. 1380) Königsweihe und Krönung empfangen sollte, wurde L. für die Zwischenzeit zum Regenten des Kgr.es mit allen Vorrechten ernannt (u.a. Intitulierung der kgl. Ordonnanzen unter seinem Namen, Gebrauch des eigenen Siegels für kgl. Regierungshandlungen). L. war Präsident des Regentschaftsrates vom 30. Nov. 1380 bis zu seiner Abreise nach Italien (Avignon, 31. Mai 1382). 1380 adoptierte ihn Kgn. →Johanna I. v. Neapel; dies wurde am 21. und 22. Juli 1380 von Papst Clemens VII. bestätigt. Als Kg. v. Sizilien erscheint L. am 30. Aug. 1383. Er starb ein Jahr später in Apulien. Der prachtliebende Fs. ist Auftraggeber des berühmten Apokalypsen-Teppichs v. Angers (→Apokalypse, C.). Ch. de Mérindol

Lit.: Ch. de Mérindol, Le roi René et la seconde maison d'Anjou, 1987 - Ders., Nouvelles observations sur la tenture de l'Apocalypse d'Angers, Bull. Soc.nat. des antiquaires de France, 1987, 52-61 - Ders., Ducs d'Anjou rois de Sicile et de Jérusalem, seconde maison d'Anjou (Les Valois, hg. P. van Kerrebrouck, III, 1990), 269-323.

23. L. II. v. Anjou, *Hzg. v. Anjou,* ältester Sohn von 22, * 5. Okt. 1377, † 25. Mai 1417 in Angers (Testament: 27. Mai 1417), ⌒ ebd., Kathedrale (wie sein Vater). L., seit 1383 als Hzg. v. Kalabrien (offizielle Würde der Erbprinzen v. Neapel-Sizilien) intituliert, folgte seinem Vater, unter der Vormundschaft der Mutter, Maria v. Blois, nach. Er empfing am 2. Mai 1389 zu St-Denis v. Kg. Karl VI. v. Frankreich die Ritterwürde; am 1. Nov. 1389 wurde er von Papst Clemens VII., in Gegenwart Karls VI., in Avignon zum Kg. v. Sizilien gekrönt. 1390 besetzte er →Neapel, das sein Gegenspieler →Ladislaus v. Anjou-Durazzo 1399 zurückeroberte. 1400 heiratete L. in Arles die Tochter Kg. Johanns I. v. Aragón, Violante (Yolande). Er erstattete Papst Alexander V. 1409 den Besitz von →Rom zurück; am 19. Mai 1411 schlug er Ladislaus bei Roccasecca, mußte aber dennoch sein Kgr. wieder verlassen. In Frankreich war er Mitglied des kgl. Rates (→Conseil); am 18. Dez. 1413 wurde die Verlobung seiner Tochter Maria mit →Karl (VII.), Gf. v. Ponthieu, gefeiert. Im Jan. 1412 suchte der Hzg. v. Burgund, Johann (→Jean sans peur), das Bündnis mit L., der im Nov. 1413 wieder mit dem Burgunder brach. 1416 war L. das wichtigste Mitglied des kgl. Rates. Mit →Savoyen führte er Krieg um d. Besitz der Gft.en Ventimiglia u. Nizza. Ch. de Mérindol

Lit.: →Lit. zu Ludwig I.

24. L. III. v. Anjou, *Hzg. v. Anjou,* ältester Sohn von Ludwig II., Kg. v. Sizilien, * 25. Sept. 1403, † 12. Nov. 1434. Nach dem Tode des Vaters wurde er Titularkg. v. →Sizilien. Papst Martin V. erklärte ihn 1420 zum präsumptiven Erben des Kgr.es →Neapel. Kgn. →Johanna II., die zunächst Alfons V. v. Aragón, Kg. v. Neapel, adoptiert hatte, nahm nun den Anjou an Sohnes statt an und berief ihn nach Italien. Unterstützt von der Kgn., vertrieb er die Katalanen und siegte 1429 bei L'Aquila. 1433 nach Neapel zurückgekehrt, starb er eines jähen Todes. Zunächst mit Katharina v. Burgund, dann mit Isabella v. Bretagne verlobt, heiratete er 1431 Margarete v. Savoyen. Ch. de Mérindol

Lit.: →Lit. zu Ludwig I. v. Anjou.

25. L. I. d. Kelheimer, *Hzg. v.* →*Bayern* seit 1183, * 23. Dez. 1174, † 15. Sept. 1231; ⚭ Ludmilla, Nichte Kg. Ottokars v. Böhmen. Vor einem Aufstand des bayer. Adels rettete ihn 1192 Ks. Heinrich VI., zu dessen engem Gefolge L. in den nächsten Jahren gehörte. Nach Heinrichs Tod unterstützte er Kg. Philipp v. Schwaben, der 1208 von L.s Vetter, Pfgf. Otto v. Wittelsbach, ermordet wurde. Als erster Reichsfs. erkannte L. jetzt den bisherigen Gegenkg. Otto IV. an, der ihm zum Dank die Erblichkeit der bayer. Hzm.s bestätigte und ihm die Reichslehen des Mörders (außer dem Pfgf.enamt) übertrug sowie die des in die Bluttat verwickelten Mgf.en Heinrich v. Istrien aus dem Hause der →Andechs-Meranier. L. ging energ. daran, »das Hzm. Bayern in einen wittelsb. Territorialstaat umzuwandeln« (W. STÖRMER). Mittel dazu waren auch die Ausnutzung des Heimfallrechts (→Heimfall), das auf Allodialgüter ausgedehnt wurde, und die Gründung von Städten (→Straubing, →Landshut). 1211 schloß L. sich Friedrich II. an. Er nahm am 4. Kreuzzug teil, auf dem er in ägypt. Gefangenschaft geriet. 1225 wurde er nach der Ermordung Ebf. →Engelberts v. Köln Vormund Kg. Heinrichs (VII.), der ihn 1228 des Verrats bezichtigte und ihn 1229 militär. niederzwang. Ob die Staufer bei seiner Ermordung auf der Donaubrücke bei Kelheim die Hand im Spiel hatten, ist indes fragl. P. Thorau

Lit.: ADB XV, 355–357 – SPINDLER II², 21–36 – Wittelsbach und Bayern I, 1, 1980, 165–200, 201–222.

26. L. II. d. Strenge, *Pfgf. bei Rhein, Hzg. v.* →*(Ober-)Bayern,* * 13. April 1229 in Heidelberg, † 1. oder 2. Febr. 1294 ebd., ▭ Kl. Fürstenfeld; ⚭ 1. Maria, Tochter Hzg. Heinrichs II. v. Brabant, 2. Aug. 1254; 2. Anna, Tochter Hzg. Konrads II. v. Schlesien-Glogau, 24. Aug. 1260; 3. Mechthild, Tochter Kg. Rudolfs I., zw. 24. und 27. Okt. 1273 (Sohn: →Ludwig d. Bayer). Nach zweijähriger gemeinsamer Regierung teilten L. und sein Bruder Heinrich XIII. 1255 die wittelsb. Besitzungen, wobei L. die Pfgft. bei Rhein, Oberbayern und Teile des Nordgaus erhielt. Beide Hzg.e vertraten die Ansprüche ihres Neffen →Konradin. Der Anfall des konradin. Erbes brachte dem Hzg. L. 1269 den Lechrain und Gebiete im n. Nordgau ein. 1273 setzte er sich nach anfängl. eigener Kandidatur lebhaft für die Kg.swahl Rudolfs v. Habsburg ein, den er auch militär. im Kampf gegen Ottokar v. Böhmen unterstützte. Zur Sühne für die Hinrichtung seiner fälschl. der Untreue verdächtigten ersten Gattin stiftete L. das OCist-Kl. →Fürstenfeld. G. Schwertl

Lit.: NDB XV, 357–360 – S. v. RIEZLER, Gesch. Baierns II, 1880 [Neudr. 1964], 100–167 – SPINDLER II², 72–109, 540ff.

27. L. V. d. Brandenburger, *Hzg. v.* →*(Ober-)Bayern, Mgf. v.* →*Brandenburg, Gf. v.* →*Tirol,* * Mitte Mai 1315, † 16. Sept. 1361 in Zorneding b. München, ▭ München, Dom; ⚭ 1. Margarethe, Tochter Kg. Christophs II. v. Dänemark, 30. Nov. 1324; 2. →Margarethe »Maultasch«, 10. Febr. 1342. L. wurde 1323 von seinem Vater Ludwig IV. mit der Mark Brandenburg belehnt und erhielt durch seine zweite Ehe Tirol. Nach 1347 mußte er sich in Brandenburg gegen den von Kg. Karl IV. unterstützten falschen →Woldemar behaupten und in Tirol gegen die Bf.e v. Brixen und Trient und den aufständ. Adel durchsetzen. Der von ihm 1349 als Gegenkg. aufgestellte Gf. →Günther v. Schwarzburg konnte sich nicht lange halten. Durch die 2. bayer. Landesteilung v. 1349 übernahm L. gemeinsam mit Ludwig VI. und Otto V. zu Brandenburg und Tirol auch Oberbayern. Die Belehnung mit Brandenburg (zusammen mit seinen Halbbrüdern) und Tirol durch Karl IV. erfolgte erst im Frieden v. Bautzen 1350. 1351 trat L. Brandenburg an Ludwig VI. und Otto V. ab und behielt nur Oberbayern und Tirol. G. Schwertl

Lit.: NDB XV, 382–385 – S. v. RIEZLER, Gesch. Baierns II, 1880 [Neudr. 1964], 344ff., 473–479; III, 1889 [Neudr. 1964], 3–60 – SPINDLER II², 162f., 192–211.

28. L. VI. d. Römer, *Hzg. v.* →*(Ober-)Bayern, Mgf. v.* →*Brandenburg,* * 12. Mai 1330 in München, † zw. 11. Nov. 1364 und 27. Febr. 1365 in Berlin; ▭ ebd., Franziskanerkl.; ⚭ 1. Kunigunde, Tochter Kg. Kasimirs III. v. Polen, vor Mai 1352; 2. Ingeburg, Tochter Hzg. Albrechts I. v. Mecklenburg, 15. (?) Febr. 1360. L. regierte ab 1347 gemeinsam mit seinen fünf Brüdern im Hzm. Bayern, nach der Teilung von 1349 in Oberbayern und ab 1351 zusammen mit Otto V. in der Mark Brandenburg. Dort konnte er gegenüber Ritterschaft und Ständen zwar bis 1355 seine Herrschaft durchsetzen, mußte sich aber wegen seiner finanziellen Schwierigkeiten der Kontrolle der Ritterschaft unterziehen. Beim Anfall des oberbayer. Erbes 1363 übergangen, schloß er mit Ks. Karl IV. einen Erbvertrag, womit er seinen Bruder Stephan II. in dessen Krieg um die Behauptung Tirols schwächte. G. Schwertl

Lit.: NDB XV, 385f. – S. v. RIEZLER, Gesch. Baierns II, 1880 [Neudr. 1964], 453f.; III, 1889 [Neudr. 1964], 18–47, 70–101 – SPINDLER II², 186ff., 200–215.

29. L. VII. d. Bärtige, *Hzg. v.* →*Bayern-Ingolstadt,* * 1368, † 1./2. Mai 1447 in Burghausen, ▭ Kl. Raitenhaslach; ⚭ 1. Anna, Witwe Johanns v. Berry, Gf.en v. Montpensier, Tochter Johanns v. Bourbon, 1. Okt. 1402; 2. Katharina, Witwe Peters v. Navarra, Gf.en v. Mortain, Tochter Peters II., Gf.en v. Alençon, 1. Okt. 1413. L.s Persönlichkeit wurde entscheidend geprägt von seinen langjährigen Aufenthalten am frz. Hof. Seine schon vor Regierungsantritt (1413) hartnäckig vertretenen Ansprüche an Hzg. →Heinrich XVI. v. Bayern-Landshut auf territorialen Ausgleich veranlaßten diesen zur Gründung der Kelheimer Sittichge. (→Ritterges.en), dann der Konstanzer Liga (1415) mit fast allen Nachbarn L.s. Sein Haß auf seinen Vetter Heinrich, der ihn in Konstanz überfiel (1417), und seine Differenzen mit Mgf. →Friedrich I. v. Brandenburg und seinen Verbündeten führten zum Bayer. Krieg (1420–22), der aber den Konflikt nicht löste. Im Preßburger Schied v. 1429 erhielt L. ein Viertel des Straubinger Erbes. Wegen seiner Rechtsbrüche 1420–23 und erneut ab 1425 im Kirchenbann, wurde er 1434 infolge der Klage von sechs oberbayer. Kl. vom Konzil v. Basel mit dem verschärften Bann belegt und von Ks. Siegmund in die Reichsacht erklärt. 1438 erhob sich sein ihm benachteiligter Sohn →Ludwig VIII. gegen ihn, verdrängte ihn aus der Herrschaft und nahm ihn 1443 gefangen. Nach dessen Tod 1445 von Mgf. →Albrecht Achilles übernommen, starb er in der Haft Hzg. Heinrichs XVI. v. Bayern-Landshut. G. Schwertl

Lit.: NDB XV, 360–363 – S. v. RIEZLER, Gesch. Baierns III, 1889 [Neudr. 1964], 173–351 – TH. STRAUB, Hzg. L. d. Bärtige v. Bayern-Ingolstadt und seine Beziehungen zu Frankreich..., 1965 – SPINDLER II², 232–287.

30. L. VIII. d. Bucklige, *Hzg. v.* →*Bayern-Ingolstadt,* * 1. Sept. 1403 in Paris, † 13. April 1445 in Ingolstadt, ▭ ebd., Liebfrauenkirche; ⚭ Margarethe, Tochter Mgf. Friedrichs I. v. Brandenburg, 20. Juli 1441. L., 1416 mit der Gft. Graisbach ausgestattet, vertrat in den 20er Jahren mehrmals seinen abwesenden Vater, Hzg. →Ludwig VII., in der Regierung, distanzierte sich jedoch zunehmend von dessen starrer Politik. Die Benachteiligung gegenüber seinem illegitimen Halbbruder Wieland v. Freyberg trieb L. 1438 zum Aufstand gegen den Vater im Bündnis mit Hzg. →Albrecht II. v. Bayern-München und Mgf. →Friedrich II. v. Brandenburg. Den Krieg, der sich mit Unterbrechungen bis 1443 hinzog, konnte L. zwar durch die Eroberung der Stadt Neuburg a. d. Donau und die Gefangennahme des Vaters erfolgreich beenden, doch den Ausbau seiner Herrschaft nicht mehr abschließen. G. Schwertl

Lit.: NDB XV, 363–365 – S. v. RIEZLER, Gesch. Baierns III, 1889 [Neudr. 1964], 335–342 – SPINDLER II², 283–286.

31. L. IX. d. Reiche, *Hzg. v.* →*Bayern-Landshut,* * 21. Febr. 1417 in Burghausen, † 18. Jan. 1479 in Landshut, ▭ ebd., Kl. Seligenthal; ⚭ Amalia, Tochter Kfs. Friedrichs II. v. Sachsen, 21. Febr. 1452. L. trat im Erdinger Vertrag v. 1450 einen kleinen Teil des Ingolstädter Erbes an Hzg. →Albrecht III. v. Bayern-München ab und schloß mit ihm und Kfs. →Friedrich I. v. d. Pfalz einen Landfrieden, 1458 mit diesem allein ein Bündnis auf Lebenszeit. Im Städtekrieg zw. Mgf. →Albrecht Achilles v. Brandenburg-Ansbach und der Reichsstadt →Nürnberg vermittelte L. 1453 eine Einigung. Die von ihm 1458 besetzte Stadt →Donauwörth konnte der in die Reichsacht erklärte L. gegen den Mgf.en als deren Vollstrecker und Ks. Friedrich III. nicht halten. Dagegen gelang es dem Hzg., gestützt auf sein Bündnis mit Böhmen, im →Markgrafenkrieg (1459–63) seine Gerichtshoheit gegenüber den Bestrebungen des Mgf.en auf Ausweitung seines ksl. Landgerichts zu Nürnberg zu behaupten. Der Prager Friede v. 1463 brachte für L. nur einen Achtungserfolg. L.s weitere Außenpolitik wurde bestimmt von Landfriedenseinungen und Bemühungen um eine Reichsreform. 1472 gründete er die Universität →Ingolstadt und erließ als erste niederbayer. Rechtskodifikation 1474 die Landshuter Landesordnung. G. Schwertl

Lit.: NDB XV, 365f. – S. v. RIEZLER, Gesch. Baierns III, 1889 [Neudr. 1964], 369–457 – SPINDLER II², 287, 291–310, 929ff.

32. L. III. d. Bärtige, *Pfgf. bei Rhein, Hzg. v. Bayern, Kfs. v. d. Pfalz,* * 23. Jan. 1378, † 30. Dez. 1436 Heidelberg, ⌑ ebd., Heiliggeistkirche; Sohn Kfs. →Ruprechts III. v. d. Pfalz (1400–10 röm.-dt. Kg.). Bereits während der umstrittenen Kg.sherrschaft seines Vaters, den er während dessen mißglückten Romzuges (1401/02) als Reichsvikar vertrat, übernahm L. wichtige polit. Aufgaben im Reich. Durch seine Heirat (1402) mit Blanca, der Tochter Heinrichs IV. v. England, sollte Ruprechts Kgtm. außenpolit. abgesichert werden. 1408 mit der Reichsvogtei im Elsaß belehnt, verzichtete L. beim Tod des Vaters 1410 auf eine eigene Thronkandidatur und unterstützte die Wahl des Luxemburgers Siegmund, der ihm dafür die umfangreichen, von Ruprecht verfügten Verpfändungen des Reiches an die Pfalz bestätigte. In engem Zusammenwirken mit Kg. Siegmund konnte L. erhebl. Einfluß auf den Verlauf des Konzils v. →Konstanz gewinnen: als Anhänger der röm. Obödienz trug er zur freiwilligen Abdankung Papst Gregors XII. bei; als Protektor des Konzils sorgte er u. a. für die Inhaftierung des abgesetzten Papstes Johannes XXIII. in der pfälz. Feste Mannheim und überwachte die Exekution des als Ketzer verurteilten Johannes Hus. Seit 1417 in immer stärkerem Gegensatz zu Siegmund, wurde L. schließlich zum Exponenten der ksfl. Opposition gegen den Kg. L. bemühte sich um Ausbau und finanzielle Sicherung der Univ. →Heidelberg. Nach einer Pilgerfahrt nach Jerusalem (1426/27) schwer erkrankt, übertrug er 1430 seinem Bruder Otto die Regentschaft in der Pfalz. F. Fuchs

Lit.: NDB XV, 409ff. [Lit.] – M. SCHAAB, Gesch. der Kurpfalz 1, 1988, 170ff. – S. WEFERS, Das polit. System Ks. Sigmunds, 1989.

33. L. IV., *Pfgf. bei Rhein, Hzg. v. Bayern, Kfs. v. d. Pfalz,* * 1. Jan. 1424 Heidelberg, † 13. Aug. 1449 Worms, ⌑ Heidelberg, Heiliggeistkirche; Sohn Pfgf. →Ludwigs III. Für den beim Tod seines Vaters (1436) erst 13jährigen L. übernahm zunächst sein Onkel, Pfgf. Otto I. aus der Mosbacher Linie der pfälz. →Wittelsbacher, die Vormundschaft. 1442 wurde L. für mündig erklärt und von Kg. Friedrich III. mit der pfälz. Kurwürde belehnt. Als Schwiegersohn des Konzilspapstes Felix V. unterstützte L. die Basler Reformbestrebungen (→Basel, Konzil v.) und trug zur ksfl. Neutralitätspolitik bei. Als Reichshauptmann bewährte er sich bei der Bekämpfung der →Armagnaken (Schlacht bei Illkirch 1445). Bei seinem frühen Tod hinterließ L. den einjährigen Sohn Philipp als Nachfolger in der Kurwürde. F. Fuchs

Lit.: NDB XV, 411f. [Lit.] – M. SCHAAB, Gesch. der Kurpfalz 1, 1988, 172f.

34. L. v. Évreux, Sohn →Philipps III., Kg.s v. Frankreich, und der Maria v. Brabant, * Mai 1276, † 19. Mai 1319, ⚭ 1300 Margarete v. Artois, Söhne: →Philipp v. Évreux, Karl v. Étampes. – L., der (aufgrund einer Bestimmung v. 1298) von seinem Halbbruder Kg. →Philipp IV. 1307 eine Apanage empfing, die u. a. die Gft. Évreux und die Herrschaft →Étampes umfaßte, ist Begründer des Hauses →Évreux(-Navarra).

Lit.: →Évreux, Abschnitt II.

35. L. II. v. Nevers, *Gf. v. →Flandern* 1322–46, * um 1304, † 25. Aug. 1346 bei →Crécy, Sohn Ludwigs I. →Nevers und der Johanna, Gfn. v. →Rethel, ⚭ 21. Juli 1320 Margarete, Tochter Kg. Philipps V. v. Frankreich. – Da L. 1322 seine Erbfolge gegen konkurrierende Prätendenten durchsetzen mußte, suchte und fand er eine Stütze im Kg. v. Frankreich. Dieser ließ sich seine Hilfe durch die Abtretung von Wallonisch-Flandern honorieren; der Gf. mußte auch Anhänger Frankreichs in seinen Rat aufnehmen. Diese Abhängigkeit schwächte die Machtstellung L.s im Lande. Bereits 1324 erhoben sich die Bauern der flandr. Küstengebiete, deren Aufgebote der Gf. nur mit massiver Waffenhilfe Frankreichs niederwerfen konnte (Schlacht v. →Cassel, Aug. 1328). Lag die Ursache des Bauernaufstandes noch vorwiegend in strukturellen ökonom. Problemen, so hatte der schwere Konflikt mit →Gent und den anderen fläm. Städten (1338–45) eindeutig polit. Motive. Die bedingungslose Parteinahme des Gf.en für Frankreich im →Hundertjährigen Krieg schädigte erhebl. das von der engl. Wolle abhängige fläm. Tuchgewerbe. Daher gaben die Städte, unter dem Einfluß Jakobs van →Artevelde, 1340 ihre neutrale Haltung auf. Der polit. weitgehend ausgeschaltete Gf. zog es vor, nach Frankreich zu fliehen. Er fiel in der Schlacht v. Crécy. W. Prevenier

Lit.: NBW V, 523f. – H. S. LUCAS, The Low Countries and the Hundred Years' War, 1326–47, 1929.

36. L. v. Male, *Gf. v. →Flandern* 1346–84, * 29. Nov. 1330 in Brügge, † 30. Jan. 1384 in St-Omer; Sohn von 35 und Margarete v. Frankreich; ⚭ 1. Juli 1347 Margarete, Tochter Hzg. Johanns III. v. Brabant. Weit mehr als sein Vater war L. von Anfang an bestrebt, ein gutes Verhältnis zu seinen Untertanen herbeizuführen und die für Flandern lebenswichtigen internat. Handelsverbindungen wiederherzustellen. Dennoch konnte er in seinen späten Regierungsjahren einen Konflikt mit der →Hanse nicht vermeiden (1377). Auf internat. Ebene vermochte er im frz.-engl. Konflikt eine neutrale, für die Wirtschaft der Gft. günstige Haltung zu wahren. Er zögerte nicht, wegen der Heirat seiner einzigen Tochter →Margarete sowohl mit dem engl. als auch mit dem frz. Kg. zu verhandeln, um sie schließlich 1356 mit →Philipp (Philippe de Rouvres, † 1361), Hzg. v. Burgund, zu vermählen. Nach dessen Tod (die Ehe war kinderlos geblieben) erhielt Hzg. →Philipp der Kühne v. Burgund, ein Sohn Kg. Johanns (→Jean II.), die Hand der flandr. Erbtochter (1369), was wieder zu nachhaltiger Verstärkung des frz. Einflusses führte: L.s Schwiegersohn griff, gestützt auf die frz. Militärmacht, in den Konflikt des Gf.en mit seinen Untertanen (1379–85) ein, 1382 militär. (→West-Rozebeke), 1385 (schon nach L.s Tod) diplomat. (Friede v. Tournai). In seiner inländ. Politik hat L. es verstanden, einen stark zentralisierten Regierungs- und Verwaltungsapparat (Finanzwesen, Justiz) aufzubauen. W. Prevenier

Lit.: NBW VI, 575–585 – F. QUICKE, Les Pays-Bas à la veille de l'unification bourguignonne, 1356–84, 1947.

37. L. I., *Lgf. v. Hessen* aus dem Haus →Brabant 1413–58, * 6.Febr. 1402, † 17.Jan. 1458; Eltern: Lgf. Hermann II. und Margarete, Tochter des Bgf.en Friedrich V. v. Nürnberg; ⚭ Anna, Tochter des Kfs.en →Friedrich I. v. Sachsen (32.F.); Kinder: Lgf.en Ludwig II. und Heinrich III. v. Hessen, Ebf. →Hermann IV. v. Köln (16.H.), Elisabeth (⚭ Gf. Johann II. v. Nassau-Saarbrükken). L. führte die unter dem Vater schwer erschütterte Lgft. zu neuer Blüte. Das jahrelange Ringen mit den Ebf.en v. Mainz um die Vormacht in Hessen entschied er endgültig für die Lgft. (1425/27). Die Erneuerung der Erbverbrüderung mit dem kfsl. Haus Sachsen (1431) und die Ausdehnung als Erbverein auf Kurbrandenburg (1457) gaben ihm Rückhalt nach außen. Geschickt dehnte er den hess. Einfluß weit über das eigene Territorium bes. nach N und O aus (u.a. Schirmherrschaft über Hersfeld, Corvey). Der Erwerb der Gft. →Ziegenhain (1450) verband die getrennten Landesteile Ober- und Niederhessen zu einem geschlossenen Territorium und schob die Lgft. mit dem Landesteil Nidda in die Wetterau vor. Mit der Vorbereitung des Anfalls der Gft. →Katzenelnbogen gab L. der hess. Politik eine neue Richtung, allerdings unter Inkaufnahme der künftigen Teilung der Lgft. Den Aufbau der inneren Verwaltung führte er planmäßig fort. Wegen seiner erfolgreichen Vermittlertätigkeit verlieh ihm der Papst 1450 den Titel eines 'princeps pacis'. K. Heinemeyer

Lit.: NDB XV, 387–389 [Lit.] – F. Küch, Eine Q. zur Gesch. des Lgf.en L. I., Zs. des Ver. für hess. Gesch. und LK 43, NF 33, 1909, 144–277 – K. E. Demandt, Gesch. des Landes Hessen, 1972², 196–201.

38. L., *Hzg. v.* →*Orléans*, * 13. März 1372 in Paris, † 23. Nov. 1407 ebd.; Sohn v. Kg. →Karl V. und →Jeanne de Bourbon. Einer seiner Taufpaten war Bertrand →Du Guesclin. 1376 zum Gf. en v. →Valois ernannt. Nach dem Tode des Kg.s wurde L. der Vormundschaft seiner Onkel (Hzg.e v. Anjou, Berry und Burgund sowie Bourbon) unterstellt, die seine Vermählung mit Valentina →Visconti († 4. Dez. 1409) aushandelten. 1386 Hzg. v. →Touraine und durch seine Frau Gf. v. →Vertus, war L. reicher an Geld als an Territorialbesitz. Schon in frühen Jahren knüpfte L. an die polit. Traditionen des Vaters an: Ausbau des Staates, intellektuelle Annäherung an die monarch. Gewalt. Als sein Bruder →Karl VI. die Herrschaft übernahm, sorgte L. für die Rückkehr der Räte des Vaters, der →*Marmousets*, an den Hof. Nach dem Ausbruch des Wahnsinns Karls VI. (er hatte während seines ersten Anfalls versucht, den Bruder zu töten) kursierten Gerüchte, nach denen Valentina den Kg. verhext habe und L. der Magie ergeben sei. L. war auch während der Regentschaft bestrebt, die polit. Linie der wieder entmachteten Marmousets fortzusetzen. Seit 1391 begann er mit der Bildung eines Territorialfsm.s: Kauf der Gft.en Blois und Dunois, kgl. Übertragung des Hzm.s Orléans (1392) sowie der Gft.en Angoulême (1394), Périgord (1400) und Dreux; weitere Käufe (Herrschaften in der Champagne; Gft. Porcien, 1400; Herrschaft Coucy); Erwerb von Rechten am Hzm. →Luxemburg (1402). In seiner Territorialpolitik wie seiner Bündnispolitik am Hofe sah der Hzg. v. →Burgund, →Philipp der Kühne, eine Bedrohung. Beide Fs.en rivalisierten auch um die Regierung des Kgr.es. Im Gegensatz zu seinen Onkeln strebte L. die Modernisierung und Stärkung des Staatswesens an, Erhebung der Steuern ohne Konsultation der →États généraux, Territorialerweiterung des Kgr.es (aggressive Haltung gegenüber England und Deutschland). L. war Anhänger des avignones. Papsttums, das ihn bei seinen it. Ambitionen (Errichtung eines oberit. Kgr.es) unterstützte. Seit 1401 mündete die Spannung mit Burgund in offene Feindschaft ein: bewaffnete Auseinandersetzungen, Rivalität um die Steuereinnahmen, die mögl. Regentschaft und die Vormundschaft über die Kinder des Kg.s (1403). Nach dem Tode Philipps des Kühnen (1404) war L. faktisch Beherrscher des Kgr.es, v.a. auf dem Gebiet der Finanzen. 1404–05 stammten L.s Einkünfte zu 90% aus kgl. Zuwendungen und Pensionen, während er den neuen Hzg. v. Burgund, Johann (→Jean sans peur), von dieser Einnahmequelle abdrängte. 1405 bekämpften sich die Heere der beiden Fs.en in der Umgebung von Paris. Die von L. inspirierte Wiederaufnahme des Krieges gegen England (1406), mit Zielrichtung auf Calais und Guyenne, erwies sich als Fehlschlag. L. zögerte die neue Entziehung der Obödienz an →Benedikt XIII. hinaus. Die Steuern, in Form der *grandes* →*tailles*, lasteten schwer auf der Bevölkerung, bei der Johann mit seinem Reformprogramm (Wiederherstellung traditioneller Freiheiten und der Kircheneinheit) große Popularität genoß. Johann ließ seinen Gegner am 23. Nov. 1407 an einer Ecke der Rue Barbette in Paris ermorden und dieses Attentat durch den Pariser Magister Jean →Petit als Tyrannenmord rechtfertigen. L., der Freund der Gelehrsamkeit und Künste, der mit Philippe de →Mézières befreundet war und die frühen Humanisten in Paris zu seinen Ratgebern zählte, war stets darauf bedacht, die Wirksamkeit staatl. Machtausübung zu steigern. Er hinterließ drei legitime Söhne (→Charles d'Orléans, den Dichter, Hzg. seit 1407; Philippe, Gf. v. Vertus, † 1420 ohne Nachkommen; Jean, Gf. v. Angoulême) sowie den *Bâtard d'Orléans*, Gf. Jean v. →Dunois, den Heerführer. F. Autrand

Lit.: E. Jarry, La vie politique de Louis de France, duc d'Orléans, 1889 – M. Nordberg, Les ducs et la royauté, 1964 – F. Autrand, Charles VI. La folie du roi, 1986.

39. L., *Hzg. v.* →*Savoyen* 1440–65, † 1465, Sohn des 1. Hzg.s, →Amadeus VIII. Als dieser sich in die Kartause →Ripaille zurückziehen wollte (1434), wurde L. mit der Generalstatthalterschaft betraut und nach Amadeus' Papstwahl (→Felix V.) 1440 zum Hzg. ernannt. L. überließ die Regierung weithin seiner schönen und verschwenderischen Gattin Anna v. Zypern und wurde der Hofintrigen nicht Herr (1446 Hinrichtung des Kanzlers Guillaume de Bolomier). Vom Dauphin Ludwig, dem späteren Kg. →Ludwig XI., seinem Schwiegersohn, ließ sich L. in einen verderbl. Krieg mit dem Kg. v. Frankreich hineinziehen. L.s Italienpolitik war erfolglos, doch gelang es ihm, Protektor v. →Freiburg i. Ü. zu werden (1450). 1453 hielt er zu →Genf eine Versammlung der Drei Stände zur Reform der Justiz ab. 1459 schuf er den Hofrat zu →Turin. L., der 1452 das →'Turiner Grabtuch' erwarb, unterhielt in Thonon und Chambéry eine erlesene Hofhaltung; Guillaume →Dufay war Meister seiner Hofkapelle. B. Demotz

Lit.: S. Guichenon, Hist. généalogique de la Royale Maison de Savoie [Neuausg. 1976], I, 504–521 – s. a. →Amadeus VIII. [Marie-José].

40. L. II. v. Savoyen, Sire de →Vaud (Herr des Waadtlandes), * um 1269, † 1349, folgte 1302 seinem Vater Ludwig I., der das Waadtland als Apanage erhalten hatte, nach L. unterstützte seinen Onkel, Gf. →Amadeus V. v. →Savoyen, in den Kriegen gegen den Dauphin des Viennois (→Dauphiné). 1310 wurde er auf Vorschlag Amadeus' V. von Papst Clemens V. zum Senator v. →Rom ernannt. Als solcher ebnete er (durch Waffengewalt oder Diplomatie) →Heinrich VII. den Weg zur Kaiserkrönung (1312) und stellte in einem Teil des →Kirchenstaates wieder geordnete Verhältnisse her. Ins Waadtland zurückgekehrt, nötigte er dem Bf. v. →Lausanne die Teilung der Jurisdiktion über die Bischofsstadt ab und betrieb eine geschickte Politik der Städteförderung. Unter Gf. →Eduard seit 1322 Statthalter des Canavese (nördl. Piemont), zeichnete er sich im Dienste Frankreichs bei →Cassel aus (1328) und kämpfte im Hundertjährigen Krieg weiterhin auf frz. Seite. Beherrschender Ratgeber Gf. →Aymons, war er 1343-48 Vormund von dessen Sohn →Amadeus VI. L. hinterließ ein hochverschuldetes Erbe; 1359 mußte seine Tochter Catherine ihre Rechte an Gf. Amadeus VI. verkaufen. B. Demotz

Lit.: A. DE GERBAIS DE SONNAZ, Mém. hist. sur Louis II sire de Vaud, 1908 – MARIE-JOSÉ, La Maison de S.: les origines, 1956, 75-82, 116.

41. L. v. Tarent, * 1320, † 24. Mai 1362 in Neapel, ▭ Kl. Montevergine (nw. Avellino). Dritter Sohn Philipps II. v. Anjou, Fs.en v. Tarent, und der Katharina v. Valois, Titularksn. v. Konstantinopel; von den Zeitgenossen sehr ungünstig beurteilt. Auf Betreiben der Mutter († 1346) und seines engen Vertrauten N. →Acciaiuoli ⚭ (3. Sept. 1347) die skandalumwitterte Kgn. →Johanna I. v. Sizilien, die Enkelin Kg. Roberts v. Neapel und Witwe Kg. Andreas' v. Ungarn († 1343), an dessen Ermordung L. wohl beteiligt war. Der Mitwisserschaft beschuldigt, floh Johanna mit L. im Jan. 1348 vor der Rache ihres ung. Schwagers, Kg. Ludwigs d. Gr., in ihre Gft. Provence und an die Kurie v. Avignon, wo die Ehe nachträgl. den päpstl. Dispens erhielt. Johanna verlieh L. den Titel eines Gf.en der Provence, doch vermochte L. sie dort wie auch im Kgr. völlig in den Hintergrund zu drängen: die Politik machte im wesentl. Acciaiuoli. Nach erneuter Intervention (1350) kam ein Friede mit Ungarn erst 1352 zustande, und kurz darauf (27. Mai) wurde L. mit seiner Gemahlin von einem päpstl. Legaten in Neapel zum siz. Kg. gekrönt. Die Rückeroberung des seit der Siz. Vesper (1282) verlorenen Sizilien machte zunächst gute Fortschritte (1354/56), doch setzten die schwere Niederlage v. Acireale (1357), die frz. Bedrohung der Provence und Revolten auf dem Festland (Familien Durazzo und Pipino) dem Unternehmen ein Ende. 1358 erfolgte der Ausgleich mit Ludwig v. Durazzo, 1359/60 mit dem Papst. Weitergespannte polit. Pläne, v.a. bezügl. Siziliens, verhinderte L.s Tod, der Johanna die Alleinregierung brachte. Beide Töchter aus der Ehe mit Johanna starben jung noch zu Lebzeiten L.s. Th. Kölzer

Lit.: DBI XXII, 379-381 (Caterina di Valois) – E. G. LÉONARD, Hist. de Jeanne Ire, reine de Naples, 3 Bde, 1932-37 – DERS., Les Angevins de Naples, 1954 – B. HÓMAN, Gli Angioini di Napoli in Ungheria, 1938.

42. L. II. der Eiserne, Lgf. v. →Thüringen, * um 1128, † 14. Okt. 1172 Neuenburg b. Freyburg/Unstrut, ▭ Kl. →Reinhardsbrunn. Der Sohn des ersten ludowing. Lgf.en trat durch seine Ehe mit Jutta (Halbschwester Friedrich Barbarossas) in den Kreis der stauf. Politik; mit seinem ksl. Schwager stand er stets in engem Vertrauen. Er nahm an Feldzügen nach Polen und Italien teil und neben dem Staufer auf Hoftagen auf. Gegenüber dem Ebf.en v. Mainz war er um den Ausbau seiner Landesherrschaft bemüht, wobei er die ludowing. Machtstellung in Thüringen festigen konnte. 1166-68 kämpfte er mit seinen Bundesgenossen gegen Heinrich d. Löwen, dessen sächs. Besitzungen bis nach Thüringen reichten. Seinen Beinamen erhielt er als Beschützer der Armen und Schwachen gegen den Adel, dessen Rache fürchtend er stets im Harnisch gewesen sein soll, wie es die spätma. Volkssage berichtet.
K. Blaschke

Lit.: PATZE-SCHLESINGER, II, 1, 20ff.

43. L. III. der Fromme, Lgf. v. →Thüringen, * 1151 oder 1152, † 16. Okt. 1190, ▭ Kl. →Reinhardsbrunn. Der staufertreue L., Sohn Lgf. Ludwigs II., wurde in den Konflikt mit Heinrich d. Löwen gezogen, zumal dessen Güter und Rechte bis in den landgräfl. Machtbereich hineinragten, trat aber gemeinsam mit dem Welfen gegen die Askanier auf, um die Pfgft. Sachsen zu erlangen. Nach der →Gelnhäuser Urk. (1180) brach er mit Heinrich und wurde mit der Pfgft. belehnt, die er damit für sein Haus gewann. 1184 kämpfte er gegen den Ebf. v. Mainz als den mächtigsten Konkurrenten im thür. Raum, im gleichen Jahr brach der Konflikt mit Mgf. Otto v. Meißen aus, da sich die beiderseitigen Interessen im Gebiet um Naumburg überkreuzten; Otto wurde gefangen auf die Wartburg geführt. 1188 brach L. zum Kreuzzug auf, bei der Belagerung v. Akkon galt er als Führer des Heeres. Infolge eines Leidens trat er die Heimreise an, auf der er starb.
K. Blaschke

Lit.: L. M. FROMMANN, Lgf. L. III. ..., Zs. des Vereins für thür. Gesch. und Altertumskde 26, 1908, 175-248 – PATZE-SCHLESINGER, II, 1, 24-29.

44. L. IV. der Hl., Lgf. v. →Thüringen, Pfgf. v. →Sachsen, * 28. Okt. 1200, † 11. Sept. 1227 Otranto, ▭ Kl. →Reinhardsbrunn. L., Sohn des Lgf.en →Hermann I., trat 1217 die Regierung an, geriet bald in schwere Konflikte mit dem Ebf. v. Mainz, wandte sich aber nach deren Schlichtung durch Ks. Friedrich II. nach O, wo ihm die Vormundschaft über seinen Neffen Mgf. →Heinrich v. Meißen (60.H.) neue Möglichkeiten territorialer Entfaltung zu bieten schien. Unter Anwendung militär. Gewalt trat er in der Mgft. Meißen als Herr auf, stieß bis in die damals wettin. Niederlausitz vor, fand aber am Widerstand seiner Schwester Jutta, der Mutter Heinrichs, seine Grenzen. Die 1226 vom Ks. erlangte Eventualbelehnung mit der Mgft. Meißen zeigt an, welche weitgesteckten Pläne L. verfolgte. Als enger Vertrauter und Beistand Ks. Friedrichs II. ordnete er sich in dessen Kreuzzugvorhaben ein, starb jedoch noch vor der Abfahrt in Italien. Seine 1221 eingegangene Ehe mit der Ungarin →Elisabeth (16.E.) verband zwei streng kirchl.-fromme Eheleute, sie brachte ihm die kanon. nicht bestätigte Verehrung als Hl. ein.
K. Blaschke

Lit.: PATZE-SCHLESINGER, II, 1, 32-35.

45. L. I., Gf. v. →Württemberg (-Urach), * Waiblingen 1412, † 23. (oder 24.) Sept. 1450 Urach, Stadtschloß, ▭ Kartause Güterstein, seit 1554 Tübingen, Stiftskirche, Sohn Gf. →Eberhards IV.; ⚭ →Mechthilde, Tochter →Ludwigs III., des Pfgf.en bei Rhein. Folgte gemeinsam mit seinem Bruder →Ulrich V. 1419 dem Vater unter Vormundschaft der Mutter Henriette v. →Montbéliard. Nach der Volljährigkeitserklärung 1426 regierte er allein bis 1433, dann mit Ulrich als Mitregenten. Trotz eines 1426 abgeschlossenen Bündnisses mit den Reichsstädten verbündete er sich 1437 mit Pfgf. Otto bei Rhein und Hzg. Ludwig v. Bayern, 1438 mit der Ritterschaft des →St. Jörgenschildes. 1442 wurde die Gft. Württemberg geteilt: Ulrich V. erhielt den Stuttgarter, L. den Uracher Anteil. Nach dem Tod der Mutter (1444) übernahm er die Regierung in Montbéliard (Mömpelgard) zunächst gemeinsam mit Ulrich, 1446 allein. Durch sein neuerl. Bündnis mit der Ritterschaft des St. Jörgenschildes (1446) und süddt. Fs.en wurde er in die Kämpfe Ulrichs und seiner Verbündeten gegen die Reichsstädte 1449/50 miteinbezogen. L. hat durch territoriale Erweiterungen (z. B. Burg Teck, Stadt und Amt Blaubeuren, Balingen) die Erfolge der Regierung seines Sohnes →Eberhard V. im Bart vorbereitet.
I. Eberl

Lit.: CH. F. V. STÄLIN, Wirtemberg. Gesch. 3, 1856 [Neudr. 1975] – H. DECKER-HAUFF, Gesch. der Stadt Stuttgart 1, 1966 – K. WELLER – A. WELLER, Württ. Gesch. im südwestdt. Raum, 1971[6] – Die territoriale

Entwicklung Württembergs bis 1796..., bearb. E. BLESSING (HABW VI, 2, 1974) – G. RAFF, Hie gut Wirtemberg allewege, 1988.

46. L. II., *Gf. v. →Württemberg (-Urach),* * 3. Sept. 1439 Waiblingen, † 3. Nov. 1457 Urach, Stadtschloß, ⌑ Kartause Güterstein; Sohn des Gf.en →Ludwig I. und der →Mechthilde. Er folgte 1450 dem Vater unter der Vormundschaft seines Onkels, Gf. →Ulrich V. von der Stuttgarter Linie. Doch konnte Mechthildes Bruder →Friedrich I. (31. F.), Pfgf. bei Rhein, 1452 durchsetzen, daß L. der Vormundschaft des pfälz. gesonnenen Landhofmeisters Albrecht Speth unterstellt wurde, der seine Kanzlei von Urach nach →Tübingen verlegte. Auf Druck Friedrichs hin übernahm L. 1453 die Regierung selbst. Da L. durch Epilepsie körperl. geschwächt war, regierten jedoch de facto seine Onkel Friedrich I. und Ulrich V. Die Abhängigkeit L.s einerseits und die durch die seit 1442 bestehende Teilung bedrohte Situation des Landes andererseits ließen 1457 die Landstände erstmals in Leonberg zusammentreten. Die territoriale Erweiterung des Landes durch den Erwerb von Burg und Weiler Jettenburg (bei Tübingen) konnte jedoch fortgesetzt werden.

I. Eberl

Lit.: →Ludwig I., Gf. v. Württemberg (-Urach).

47. L. v. Neindorf, *Bf. v. →Brandenburg* 1327–47, † 28. Juli 1347, aus der Familie der Schenken v. Neindorf, seit 1311 als Mitglied des Domkapitels in Merseburg, seit 1318 als Domherr in Halberstadt und (1322) Naumburg bezeugt. Ende 1324/Anfang 1325 zum Bf. v. Halberstadt gewählt, konnte L. sich gegen den mächtigeren Rivalen aus dem Haus der Hzg.e v. Braunschweig nicht durchsetzen. Papst Johannes XXII. hat ihn nach Verhängung des →Interdikts über die Mark Brandenburg, mit der er der Anerkennung Ludwigs d. Bayern und seines mit der Mark belehnten Sohnes Ludwig V. begegnen wollte, im Mai 1327 in Avignon unter Zurückweisung der Ansprüche des Elekten Heinrich v. Barby zum Bf. v. Brandenburg providiert und weihen lassen. Handlungsspielraum gewann L. erst, als er 1329 in das wittelsb. Lager wechselte. In seiner Diöz. veranlaßte er die Verbrennung angebl. Luziferianer in Angermünde (1336) und die Befreiung Berlins und Cöllns von der Exkommunikation (wegen der Ermordung des Bernauer Propstes [1324]). Unter L. festigte Ziesar, wo er auch ein Zisterzienserinnen-Kl. einrichtete, seine Rolle als bfl. Residenz.

D. Kurze

Lit.: D. KURZE, L. v. N., Bf. v. Brandenburg 1327–1347, Jb. für Berlin-Brandenburg. Kirchengesch. 58, 1991, 39–86.

48. L., *Bf. v. →Halberstadt, v. →Bamberg, Ebf. v. → Mainz, v. →Magdeburg;* * 25. Febr. 1341 Wartburg, † 17. Febr. 1382 Calbe/Saale, ⌑ Magdeburg, Dom. Der dritte, für die geistl. Laufbahn bestimmte Sohn Mgf. →Friedrichs II. des Ernsthaften v. Meißen (16. F.) wurde noch als Kind mit Domstiftspfründen in Mainz, Magdeburg und Würzburg ausgestattet. Durch päpstl. Verleihung erhielt er 1357 das Bm. Halberstadt, 1366 das Bm. Bamberg und wurde 1374 vom Papst auf das Ebm. Mainz transferiert. Das entsprach zwar den Interessen Ks. Karls IV. in bezug auf die bevorstehende Wahl seines Sohnes Wenzel zum dt. Kg. und der mit Mainz in Thüringen rivalisierenden wettin. Politik, stand jedoch im Widerspruch zur einstimmigen Wahl →Adolfs v. Nassau, gegen den sich L. in Mainz nicht durchsetzen konnte, obwohl er dank ksl. und päpstl. Unterstützung im Kurfürstenkolleg die Mainzer Stimme wahrnahm. Am Ende dieses achtjährigen Mainzer Bm.sstreits zog sich L. in das ihm nunmehr verliehene Ebm. Magdeburg zurück, das er schon 1361 vergebl. zu erlangen gehofft hatte.

K. Blaschke

Lit.: F. VIGENER, Ks. Karl IV. und der Mainzer Bm.sstreit (1373–78), 1908 – A. GERLICH, Die Anfänge des großen abendländ. Schismas und der Mainzer Bm.sstreit, HJL 6, 1956, 25–76 – PATZE-SCHLESINGER, II, 1, 107–116.

49. L. v. Luxemburg, *Ebf. v. →Rouen* 1438–43, † 18. Sept. 1443 Hatfield, ⌑ Ely, Kathedrale; zweiter Sohn des Jean, Herrn v. Beauvoir, und der Marguerite v. Enghien. 1415 zum Bf. v. →Thérouanne gewählt, erst 1418 vom Papst anerkannt. Wie seine Familie Anhänger der Partei des Hzg.s v. Burgund, wurde L. Erster Präsident der →Chambre des comptes (22. Juli 1418). Am 7. Febr. 1425 erwählte das *Parlement de Paris* ihn zum Kanzler v. Frankreich unter →Heinrich VI. (15. H.), damit zum Statthalter →Johanns, Duke of Bedford (∞ Jacquetta, L.s Nichte). Im April 1436 verteidigte L. erfolglos Paris gegen Truppen Karls VII. Mit Simon →Morhier, einem der angesehensten Franzosen, die Heinrich treu blieben, floh er in die Normandie, wo er am 24. Okt. 1436 zum Ebf. v. Rouen erhoben wurde. Seit 27. Sept. 1437 päpstl. Administrator des Bm.s →Ely, am 18. Dez. 1439 Kard., hatte er sein Amt als Kanzler v. 'Frankreich und Normandie' bis zur Abreise nach England am 3. Juni 1443 inne.

J.-M. Roger

Lit.: C. EUBEL, Hierarchia catholica Medii Aevi I, 1913², 351; II, 1914, 61f., 150, 225 – J.-M. ROGER, Simon Morhier en Normandie, Bull. philol. et hist. 1980 (1983), 101–164 – C. T. ALLMAND, Lancastrian Normandy (1415–50), 1983 – GChr X, 1564ff.; XI, 89.

50. L., *Abt v. →St-Denis,* Kanzler Karls d. Kahlen, † 9. Jan. 867, Sohn Gf. Roricos I. und Rotruds, Tochter Karls d. Gr. L., →Rorgonide, Mitglied des Verwandtenkreises um Bf. →Ebroin v. Poitiers (2. E.), bereits 838 Abt gen., leitete seit 840/841 bis zu seinem Tod die kgl. Kanzlei und das Kl. St-Denis, war ztw. auch Abt der Kl. →St-Riquier (844) und →Fontenelle de St-Wandrille (853/854). Während der Auflehnung seiner Verwandten gegen Karl d. K. 853/858 und ihrer Zuwendung zum ostfrk. Kgtm. schien L. loyal zu seinem Kg. zu stehen, der sich 858 bemühte, ein ungeheures Lösegeld zum Freikauf L.s und seines (Halb-) bruders →Gauzlin (2. G) aus norm. Gefangenschaft aufzubringen. Neben der protonotarius L. trat Gauzlin dann 860 als Kanzler in die kgl. Kanzlei ein, deren Leitung er nach dem Tod des Bruders übernahm. Mit seinen Verwandten Ebroin und Gauzlin zählt L. zu den herausragenden Beratern des Kgtm.s im 9. Jh., die – gestützt auf geistl. Leitungsämter, familiäre Verknüpfungen und Kontakte über die Grenzen der Teilreiche hinweg – die Konsolidierung der westfrk. Monarchie Karls d. K. und seiner Nachfolger nach innen und außen maßgebl. betrieben.

B. Schneidmüller

Lit.: Recueil des actes de Charles II le Chauve, roi de France, 3, ed. G. TESSIER, 1955, 38–42 – J. FLECKENSTEIN, Die Hofkapelle der dt. Kg.e, I, 1959, 142ff. – K. F. WERNER, Bedeutende Adelsfamilien im Reich Karls d. Gr. (Karl d. Große, I, 1965), 137ff. – O. G. OEXLE, Bf. Ebroin v. Poitiers und seine Verwandten, FMASt 3, 1969, 138–210 – K. F. WERNER, Gauzlin v. St-Denis und die westfrk. Reichsteilung v. Amiens (880), DA 35, 1979, 407ff.

51. L. v. Anjou, *Bf. v. Toulouse,* OFM, hl., * Febr. 1274 in Brignoles (Provence, dép. Var), † 19. Aug. 1297 ebd.; 2. Sohn →Karls II. v. Anjou, Kg.s v. →Sizilien, erzogen in Neapel und in der Provence. 1288–95 war er mit seinen beiden jüngeren Brüdern Geisel für den aus aragon. Gefangenschaft freigelassenen Vater und stand bei seinem Aufenthalt auf mehreren katal. Burgen unter dem Einfluß der beiden Franziskaner Franziskus Brun und Petrus Scarrier, die ihn mit dem großen Spiritualen Petrus Johannis →Olivi in Verbindung brachten. Dieser schrieb L. im Mai 1295 einen ausführl. Mahnbrief. Nach der Freilassung

Ende 1295 ersuchte der Prinz um Aufnahme bei den Minoriten, die ihm aber wegen der ablehnenden Haltung des Vaters verweigert wurde. Karl II. hatte seinen Sohn bereits durch Papst Coelestin V. für das Ebm. Lyon nominieren lassen. Bonifatius VIII. widerrief diese Entscheidung, erlaubte L. aber gleichwohl den Eintritt in den geistl. Stand. L., der durch den Tod seines älteren Bruders präsumptiver Thronerbe Siziliens geworden war, verzichtete Anfang 1296 zugunsten seines jüngeren Bruders Robert auf seine Rechte. Am 19. Mai 1296 in Neapel zum Priester geweiht, wurde er vom Papst zum Bf. v. →Toulouse ernannt, nahm dies jedoch nur unter der Bedingung an, daß er in den Minoritenorden eintreten dürfe, was am 24. Dez. 1296 (Rom, Ara Coeli) erfolgte. Doch bestand Papst Bonifatius darauf, daß er das Ordensgewand nur heimlich tragen dürfe (Einkleidung erst Febr. 1297). L. begab sich nach Paris, wo er im Konvent der Cordeliers Gespräche mit Pariser Theologen führte. Anschließend zog er in seine Bischofsstadt Toulouse ein. Sein kurzer Episkopat war bestimmt durch eine Friedensmission in Katalonien (Versöhnung zw. Kg. Jakob II. v. Aragón und dem Gf.en v. Foix). Bald darauf reiste er wieder nach Rom, um dem Papst seine Demission anzutragen, starb aber auf dem Weg dorthin in seinem Geburtsort Brignoles.

Im Minoritenkl. v. Marseille beigesetzt, häuften sich die Nachrichten über zahllose Wunder an seinem Grab. 1306 erbaten die Bf.e der Provence beim Papst seine Kanonisation. Clemens V. ordnete daraufhin 1307 eine Untersuchung (inquisitio) an. Sie fand im Febr. 1308 zu Marseille statt; 33 Zeugen, unter ihnen zahlreiche Franziskaner, gaben Kunde von L.s Heiligkeit und Wundertätigkeit. Dieses Protokoll, von höchstem Quellenwert bei den beginnenden Armutsstreit (→Bettelorden, 3), dokumentiert, daß die Gestalt L.s für die Spiritualen das höchste Ideal der Armut und Verachtung aller weltl. Macht, im Sinne von Petrus Johannis Olivi, verkörperte, wohingegen die franziskan. Hierarchie in keiner Weise für die Verehrung L.s eintrat. Papst Johannes XXII., der in Toulouse einige Monate Helfer L.s gewesen war, kanonisierte ihn am 7. April 1317 durch die Bulle »Sol oriens mundo«, die die Heiligkeit L.s in durchaus konventioneller Art preist, unter Vermeidung der kontroversen Thematik. Der Kult L.s verbreitete sich nachhaltig in Italien, unter dem Einfluß der Minoriten, in den von den Guelfen beherrschten Städten und im Bereich der neapolitan. Anjou, desgleichen in Frankreich, hier gefördert von den Kapetingern. Im 15. Jh. schwand seine Popularität, nachdem Alfons V. v. Aragón 1423 die Reliquien aus dem eroberten Marseille entführt und der Kathedrale v. Valencia übergeben hatte.   A. Vauchez

Q.: Processus canonizationis ... s.i Ludovici, Analecta Franciscana VII, 1951, 1–254 – Vita (= BHL.5055), AnalBoll 9, 1890, 281–340 – Liber miraculorum: Analecta Franciscana VII, 275–331 – *Lit.:* DSAM IX, 1038f. – E. BERTAUX, Les saints Louis dans l'art it., Revue des deux mondes 158, 1900, 610–644 – M. TOYNBEE, Louis of Toulouse and the Process of Canonization in the Fourteenth Century, 1929 (1966²) – C. VIELLE, S. Louis d'Anjou, sa vie, son temps, son culte, 1930 – M. H. LAURENT, Le culte de Louis d'Anjou à Marseille au XIVe s., 1954 – E. PASZTOR, Per la storia di Ludovico d'Angiò, 1955, Bibl. SS VIII, 1967, 300–307 – J. PAUL, S. Louis d'Anjou franciscain et év. de Toulouse, Cah. de Fanjeaux 7, 1972, 59–90 – DERS., Évangélisme et franciscanisme chez Louis d'Anjou, ebd. 8, 1973, 375–401 – DERS., Témoignage hist. et hagiographique dans le procès de canonisation de Louis d'Anjou, PH 23, 1973, 305–317 – DERS., Le Liber miraculorum de S. Louis d'Anjou, AFrH 69, 1976, 209–219.

52. L. v. Bar, *Bf. v. Verdun* →Bar, Ludwig v.

53. L. v. Eyb →Eyb, Ludwig v.

Ludwigslied, ahd. Fs. enpreislied in Strophen zu je 2 bis 3 binnengereimten Langzeilen (insgesamt 59), entstanden zw. Aug. 881 und Aug. 882, aufgezeichnet bald danach unter dem Titel »Rithmus teutonicus de piae memoriae Hluduico rege filio Hluduici aeque regis« in unbekanntem nordaustras. Skriptorium von einem wohl zweisprachigen Schreiber zusammen mit dem »Eulalialied« (→Eulalie, Chanson de Sainte) und neben lat. Sequenzen in der Hs. Valenciennes B.M. 150 aus St-Amand. Gegenstand des Liedes ist der überwältigende Sieg des westfrk. Kg.s →Ludwig III. über ein norm. Heer bei →Saucourt-en-Vimeu (3. Aug. 881). Das Lied stellt den Fs.en in die Nachfolge der alttestamentl. Kg.e David und Salomo. Dem vaterlosen Kind wird Gott selbst Erzieher, gibt ihm *dugidi* ('Herrschertugenden'), *fronisc githigini* ('herrschaftl. Gefolge') und den Thron der Franken. Der Erziehung folgt die Prüfung durch den Heideneinfall, der zugleich als Strafe für die Sünden des frk. Reichsvolkes verstanden wird. In höchster Not ruft Gott selbst den Kg. seinem Volk zu Hilfe. In der Schlacht wird – z. T. in Anlehnung an Sprachformeln des Heldenliedes – der persönl. Anteil des Kg.s am Sieg hervorgehoben. Das Lied endet in akklamierenden »Laudes« auf den durch Gottes Erwählung und den Heidensieg zur Herrschaft legitimierten Kg. Wegen des »Laudes«-Charakters und der starken Hervorhebung des Gefolges als tertiärem Handlungsträger im Lied wird man Verf. und Publikum wohl am Hofe Ludwigs III. zu suchen haben, der von einem Miteinander ost- und westfrk. Familien geprägt war, wozu die rhfrk. Grundsprache, die gleichwohl von westfrk. Eigentümlichkeiten durchzogen wird, gut zu passen scheint.   W. Haubrichs

Ed.: W. BRAUNE – E. A. EBBINGHAUS, Ahd. Lesebuch, 1969^{15}, Nr. XXXI – *Lit.:* Verf.-Lex.² V, 1036ff. – W. HAUBRICHS, Die Anfänge (Gesch. der dt. Lit. von den Anfängen bis zum Beginn der NZ, hg. J. HEINZLE I, 1, 1988), 172ff. – D. KARTSCHOKE, Gesch. der dt. Lit. im frühen MA, 1990, 168ff.

Luft → Elemente

Lugano (alte Namensformen Luano, Leguano), Stadt in der it. Schweiz (Kt. Tessin). Für das FrühMA gibt es kaum Nachrichten. Im 5. Jh. war L. Pieve der Diöz. →Como. Die langob. Landnahme ist u.a. durch die Namen von Grundbesitzern der Gegend belegt. Kg. Liutprand schenkte 724 seine Besitzungen in L. der Kirche S. Carpoforo in Como. 901 übertrug Ludwig der Blinde dem Bf. v. Como die Fiskalrechte über den Markt von L. und trug damit zur Stärkung der weltl. Herrschaft des Bf.s v. Como bei. Seit dem 12. Jh. gehörte der Burgus L. zum Herrschaftsbereich der Kommune Como, lag aber auch in der Interessensphäre von Mailand, da das Sottoceneri ursprgl. einen Teil des Contado Seprio bildete (→Lombardei). L. wurde daher in die Konflikte zw. Mailand und Como um die Kontrolle des Verbindungswegs zum Monte Ceneri einbezogen. Während der Kämpfe der lombard. Städte gegen die Reichsgewalt stand L. auf der Seite Mailands gegen Como, blieb jedoch weiterhin von Como abhängig, das auch die →Podestà einsetzte. Ende des 13. Jh. wurden ein Kastell und der Mauerring errichtet und die Talschaft »Valle di L.« (Pieven L., Agno und Capriasca) geschaffen, der ein »Capitaneus« vorstand. Die von den →Humiliaten eingeführte Tuchweberei führte im 14. Jh. zu einem wirtschaftl. Aufschwung. 1303 eroberte Matteo Visconti L. für Mailand; in der Folge löste sich L. aus der Abhängigkeit von Como und gab sich eigene Statuten. Im 15. Jh. war L. Lehen der →Rusca und der →Sanseverino und zuletzt Besitz der →Sforza. Die internen Kämpfe zw. den guelf. und ghibellin. Faktionen bereiteten den Boden für die Einnahme L.s durch die Franzosen (1499) und schließl. für die Eroberung durch die Schweizer→Eidgenossenschaft (1512). P. Margaroli

Lit.: E. POMETTA, L. dall'epoca romana al 1400, Arch. Stor. d. Svizzera It., III, 1928 – P. SCHAEFER, Das Sottoceneri im MA, 1931 – G. VISMARA, A. CAVANNA, P. VISMARA, Ticino medievale, 1990².

Lüge. Die kirchl. Moralverkündigung hob im MA den Wert der Wahrhaftigkeit stark hervor. Nach einigem Schwanken bei einzelnen Kirchenvätern des Altertums setzte sich seit Augustinus, der zwei Werke zum Thema schrieb (»De mendacio« und »Contra mendacium«), in der Morallehre in wachsendem Maße die Überzeugung von der Verwerflichkeit jeder L. durch. Das bedeutet nicht, daß man jede L. für eine schwere Sünde hielt, vielmehr unterschied man verschieden zu bewertende Arten der Unwahrheit, unter denen L.n bezügl. Glaubenslehre und Schadenl.n zum Nachteil eines anderen als bes. schwer galten. Dann folgten Notl.n und die Gefälligkeitsl.n: die mildeste Beurteilung erfuhren die Scherzl.n, bei denen man sich im FrühMA darüber stritt, ob sie überhaupt als L.n anzusehen seien (vgl. Petrus Lombardus, Sent. III d. 38 [mit Komm.]). In den Bußbüchern dieser Zeit stößt man noch auf die unwissentl. L.n, die man darin erblickte, daß jemand in gutem Glauben etwas Unwahres sagte. Daß man auch in diesem Fall eine, wenn auch geringfügigere Verschuldung annahm, hängt mit der damals noch unvollkommenen Lehre von der menschl. Verantwortlichkeit zusammen, die auch auf sittl. Gebiet die Erfolgshaftung nicht ausschloß und insofern im Irrtum ein Art L. fand.

Eine häufig benutzte Q. zum Thema L. war für die ma. Prediger die »Summa virtutum ac vitiorum« des →Wilhelm Peraldus OP († 1271), die in zahlreichen Hss. und später bis ins 17. Jh. hinein in vielen Druckausg.n verbreitet war. Ihre für lange Zeit maßgebl. Ausgestaltung erfuhr die Lehre von der L. durch Thomas v. Aquin (S.th. II II 9. 110). Er sah ihre ausnahmslose Verwerflichkeit begründet in der Verkehrung des Zeichencharakters der menschl. Sprache sowie in der Verletzung des Persönlichkeitswertes derselben, nicht zuletzt auch in ihrer gemeinwohlschädl. Auswirkung. R. Bruch

Lit.: G. MÜLLER, Die Wahrheitspflicht und die Problematik der L. ..., 1962 [Lit.].

Lugo, Stadt und Bm. in →Galicien (nw. Spanien). Die Stadt Lucus Augusti gehörte zur röm. Provinz Gallaecia, ihre Kirche zur gleichnamigen Kirchenprovinz mit Braga als Metropole. Die Bm.er des Reiches der →Sueben (5.–6. Jh.), das v.a. im S weit über Galicien hinausragte, wurde in die beiden Bezirke Braga und L. (bei Fortbestand der Kirchenprovinz Galicien) eingeteilt (s. im einzelnen →Braga, Abschnitt I). Wegen der Dürftigkeit der Quellen bleibt allerdings ungeklärt, ob L. damals tatsächl. ein echter Metropolitansitz (neben Braga) war. Mit der Eroberung des Suebenreiches durch die →Westgoten (585) verschwand die Sonderstellung L.s. 713 wurde L. von den Arabern eingenommen, um 745 von Alfons I. v. Asturien zurückerobert. Ein aus dem muslim. besetzten Spanien in den N entflohener Bf. Odoarius nahm den Titel »Bracarensis episcopus« an, ließ sich aber nicht in dem verwaisten Braga, sondern in dem geschützteren L. nieder und begründete so die (anfängl. noch lückenhafte) Reihe der in L. residierenden Metropolitanbf.e, die seit dem Ende des 10. Jh. nicht mehr Bezug auf Braga als ihren eigtl. Metropolitansitz nahmen (»Pelagius metropolitanus et Lucensis episcopus« u. ä.). Nach der Wiederherstellung des Bm.s und Ebm.s Braga (ca. 1070 bzw. 1100) und seiner Kirchenprovinz (1103) zählte auch L. zu den Bracarenser Suffraganbm.ern. In dieser Zeit der Restauration der span. Kirchenprovinzen kam es zu zahlreichen →Fälschungen, die echte oder vermeintl. Ansprüche untermauern sollten; in L. wurde ein angebl. 569 abgehaltenes Konzil erfunden (→Divisio Teodemiri), das L. eine Metropolitanstellung neben Braga zuerkannt habe. Diese Fälschung konnte an der Abhängigkeit L.s von Braga jedoch nichts ändern. L., das Gebiete an die umliegenden Diöz. →Orense, →Oviedo, →Mondoñedo und →León abtreten mußte, stand im Schatten des nahen →Santiago de Compostela, von dessen Pilgerverkehr es wegen ungünstiger Lage nur wenig profitierte, doch entstanden in der Stadt mehrere Hospitäler (Armen-, Pilgerspital, Leprosorium St. Lazarus). In der Zeit des Schismas unterstellte der avignones. Papst →Clemens VII. 1394 die leones. Bm.er, unter ihnen L., Compostela (nachdem 1393 →Lissabon die ptg. Bm.er Compostelas als Suffragane erhalten hatte). Eines der wichtigsten Kl. in der Diöz. war →Samos. P. Feige

Lit.: B. CAÑIZARES, Los grandes pleitos de la Iglesia de L., Boletín de la Comisión Provincial de Monumentos Hist. y Artísticos de L., 1, 1944, 229–232, 296–298, 308–312; 2, 1946, 137–152 – L. VÁZQUEZ DE PARGA, Los documentos sobre las presuras del obispo Oduario de L., Hispania 10, 1950, 636–703 – DERS., Los obispos de L.-Braga en los siglos VIII y IX (Estudios MENÉNDEZ PIDAL, VII, 1, 1957), 459–475 – E. VALIÑA SAMPEDRO, El camino de Santiago. Estudio hist.-jurídico, 1971 – R. A. FLETCHER, Obispos olvidados del siglo XII de las diócesis de Mondoñedo y L., Cuadernos de Estudios Gallegos 28, 1973, 318–325 – M. C. DÍAZ DÍAZ, Orígenes Cristianos en L. (Actas del Coloquio Internacional sobre el Bimilenario de L., 1977), 237–250 – J. RODRÍGUEZ FERNÁNDEZ, Fueros de la ciudad de L., Archivos leoneses 33, 1979, 321–344 – L. VONES, Die »Hist. Compostellana« und die Kirchenpolitik des nordwestspan. Raumes 1070–1130, 1980 – s.a. Lit. zu Braga (DAVID, 1947).

Luitpold s. a. → Leopold

Luitpold, Mgf., † 4. Juli 907 bei Preßburg; ∞ Kunigunde v. Schwaben; Söhne: →Arnulf, →Berthold. L.s Aufstieg vom frk. Reichsaristokraten zum mächtigsten Mann in den sö. Reichsgebieten nach dem Ks. steht in Zusammenhang mit dem Niedergang der ostfrk. Karolinger und der aufziehenden Ungarngefahr. L. war mit Ks. Arnulf v. Kärnten verwandt und wurde von diesem 893 als Mgf. in Karantanien und Oberpannonien eingesetzt. Durch den Erwerb der Gft.en im bayer. Nordgau und im Donaugau baute er seine Stellung aus und verschaffte sich den Vorrang vor den anderen Adelsgeschlechtern in diesem Raum. Er erlangte auch Einfluß auf die Reichspolitik. 898 wurde er im Auftrag der Karolinger in Mähren tätig. 903 erscheint er als »dux Boemanorum«. L. organisierte v. a. die Ungarnabwehr. Bei der schweren Niederlage vor Preßburg erlitt er den Tod. A. Schmid

Lit.: SPINDLER I, 1988², 278f. – K. REINDEL, Die bayer. Luitpoldinger 893–989, 1953, 1–70 – Bayer. Biogr., hg. K. BOSL, 1983, 498.

Luitpoldinger, Hzg.sgeschlecht. Die L. gehörten zur frk. Reichsaristokratie und stiegen im Rahmen des Kg.sdienstes im ausgehenden 9. Jh. zu einer der führenden Familien im SO des Karolingerreiches auf. Sie stehen in einem nicht genau aufzudeckenden Verwandtschaftsverhältnis zu den Karolingern, mit deren Protektion sie 893 in die Positionen der Wilhelminer in Karantanien und Oberpannonien einrückten. Der namengebende Spitzenahn ist Mgf. →Luitpold, der die Schwäche der letzten Karolinger zum Aufbau einer bedeutenden Machtposition nutzte. Grundlage seines Aufstiegs waren neben der Kg.snähe beträchtl. Eigenbesitz mit Schwerpunkt im Donauraum um Regensburg und der Erwerb der dortigen Gft.en im Donau- und Nordgau. Entscheidend aber war die Sonderlage der Ungarnkriege, wodurch die Ausbildung starker

Regionalgewalten gefördert wurde. Sein Sohn und Nachfolger →Arnulf bemühte sich von Anfang an um den weiteren Ausbau dieser Position. Dabei fand er die Unterstützung des heim. Adels, der seinen alten Wahlrechten neue Geltung verschaffte. Durch die Mobilisierung aller Kräfte, wobei er auch vor der Inanspruchnahme des Kirchengutes nicht zurückschreckte, gelang es ihm 913, die Ungarngefahr zumindest für sein Hzm. zu bannen. Dieser Sieg festigte seine Position so sehr, daß er nun auch den Bemühungen der Kg.e Konrad I. und Heinrich I. um die Eingliederung Bayerns ins Reich Widerstand entgegensetzen konnte. Er kämpfte um die Eigenständigkeit seines Territoriums bis hin zur Erringung einer Kg.skrone, wurde aber nach wechselvollen Kämpfen von letzterem im Regensburger Vertrag v. 921 zu einem Arrangement gezwungen, das ihm im Innern eine königgleiche Stellung zuerkannte, nach außen hin aber Zurückhaltung auferlegte. Diese machtvolle Stellung wollte Arnulf seinem 935 designierten Sohn →Eberhard weitergeben. Doch benutzte Otto I. dessen Widerstand gegen den liudolfing. Herrschaftsanspruch 938 zur Absetzung. Er übergab das Hzm. →Berthold, dem Bruder Arnulfs. Die geplante Heirat Bertholds mit Ottos Schwester →Gerberga kam nicht zustande. Nach Bertholds Tod vertraute Otto I. das Hzm. Bayern seinem Bruder →Heinrich an, der 936/937 mit →Judith, der Tochter Arnulfs, verheiratet worden war. Dabei war die luitpolding. Hauptlinie absichtl. übergangen worden, die sich nachhaltig in den liudolfing. Aufstand (seit 953) einschaltete. Während dieser Kämpfe fiel Pfgf. Arnulf, Sohn Hzg. Arnulfs, 954 vor Regensburg. Dessen Sohn Berthold suchte sogar die Verbindung zu den Ungarn. Da sich Hzgn. Judith nicht an den Aufständen beteiligt hatte, betraute sie Otto I. nach dem Tod ihres Gatten 955 mit der Vormundschaft über den unmündigen →Heinrich II. Volljährig geworden, erhob sich dieser jedoch gegen das otton. Kgtm., und Otto II. benutzte seinen Sieg 976 zur scharfen Abrechnung mit den L.n, deren Position durch eine Reihe von wirkungsvollen Maßnahmen sehr beschnitten wurde. Hzg. Heinrich »der Zänker« wurde seines Amtes enthoben, das 983 →Heinrich III. aus der 947 übergangenen Linie Hzg. Bertholds übertragen wurde. Erst 985 erhielt Heinrich II. das Hzm. wieder zurück. Heinrich III. wurde mit dem seit 976 geschaffenen Hzm. Kärnten entschädigt, dem auch die seit 952 von Bayern aus verwalteten Marken in Italien zugeschlagen wurden. Mit ihm starb 989 der letzte nachzuweisende männl. L. Inwieweit genealog. Verbindungen von den L. zum bayer. Adel des HochMA (v. a. den Wittelsbachern) führen, bedarf noch der Klärung. A. Schmid

Lit.: NDB XV, 508f. – Spindler I, 1988², 277–302 – K. Reindel, Die bayer. L. 893–989, 1953 – K. Bosl, Das jüngere bayer. Stammeshzm. der L., ZBLG 18, 1955, 144–172 – H. Stingl, Die Entstehung der dt. Stammeshzm.er am Anfang des 10. Jh., 1974 – H.-W. Goetz, Dux und ducatus, 1977.

Luka Židjata → Židjata

Lukanien (Lucania), südit. Region, gen. nach den bereits im 4. Jh. v. Chr. ansässigen sabell. Λευκανοι. In august. ischer Zeit bildete sie zusammen mit Brutium die Regio III, unter Diokletian die Provincia suburbicaria IX. Die Nordgrenze verlief entlang des Sele vom Tyrrhen. Meer bis s. von Serra Falcone: der Fluß trennte L. von der Regio I und II. Die Ostgrenze zur Regio II verlief entlang des Bradano, ihr nö. Winkel läßt sich nicht eindeutig festlegen. Von dichten Wäldern bedeckt, besaß L. das ganze MA hindurch nur ein dünnes Straßennetz: die Küstenstraße am Ion. Meer (von Tarentum über Metapontum, Heraclea, Thurii bis Rhegium) sowie die in der Tabula Peutingeriana verzeichnete Straße am Tyrrhen. Meer, die von Salerno ausging und Paestum, Cesernia, Blanda und Lavinium berührte. Im Inneren erfüllte die Straße von Rhegium nach Capua Zubringerfunktionen für den Verkehr an der Tyrrhen. Küste, die Straßen von Venusia nach Heraclea, von Potentia nach Grumentum und nach Nerulum verbanden die wichtigsten Orte im Inneren der Region. Neben diesen Zentren waren noch Atina, Bantia, Buxetum, Consilinum, Eburum, Tegianum, Velia und Volcei von einiger Bedeutung. Judengemeinden sind im 4./5. Jh. in Venosa, Potenza und Grumento belegt. Das Christentum war in L. bereits im 5. Jh. verbreitet. In den Briefen Papst Gelasius' sind Bf.e v. Potenza, Venosa, Acerenza und von Consilinum genannt, Gregor I. erwähnt die Diöz. Blanda, Velia und Buxetum. Cassiodor zufolge fand ein für ganz Unteritalien wichtiger Jahrmarkt im Vallo di Diano statt. Infolge der Invasion →Alarichs und der Raubzüge Zottos (571–591) entvölkerten sich die Städte, und die Landbevölkerung floh in die gebirgigeren Landesteile. Als sich die Langobardenherrschaft konsolidierte, wurden die Gastaldate Acerenza, Conza, Laino, Latiniano und Lucania eingerichtet, die im Teilungsvertrag der Fsm.er Benevent und Salerno (849) zu Salerno kamen. Im 9. Jh. siedelten siz.-byz. Mönche, die bei Palinuro gelandet waren, im Landesinneren und machten Teile des Mercuriongebietes urbar. Seit der 2. Hälfte des 10. Jh. wurde das Gebiet zw. den Flüssen Lao und Agri erneut durch eine massive Einwanderungswelle aus Sizilien und Südkalabrien kolonisiert. 968 begründete →Nikephoros Phokas die Bm.er Tursi, Gravina, Matera und Tricarico, die er dem autokephalen Ebf. v. Otranto unterstellte. Mit der Gründung des Katepanats Italia wurde das byz. Thema Lukania errichtet. In der 2. Hälfte des 10. Jh. wurde L. von den Raubzügen der Sarazenen und Bulgaren stark betroffen. Zur Verarmung trug auch das Erdbeben d. J. 990 bei. Während ein dichtes Netz byz. Kleinklöster den S L.s überzog, war der Einfluß des lat. benediktin. Mönchtums weiterhin im Inneren und an den Grenzen zu Apulien und Kampanien präsent (v. a. durch das Kl. S. Maria in Banzi, das die Kg.e Hugo und Lothar als Besitz von Montecassino anerkannten); er verstärkte sich durch die Wiedererrichtung des Metropolitansitzes in Salerno Ende des 10. Jh. Nach der norm. Eroberung wurde die Region →Basilicata genannt. P. De Leo

Lit.: IP, IX, 449–518 – A. Guillou, Aspetti della civiltà biz. in Italia, 1976 – V. von Falkenhausen, La dominazione biz. nell'Italia meridionale dal IX all'XI sec., 1978 [dt. 1967] – Minoranze etniche in Calabria e in Basilicata, hg. P. de Leo, 1988.

MITARBEITER DES FÜNFTEN BANDES

Das Verzeichnis beruht auf Angaben der Mitarbeiter der Lieferungen 1–10, die von 1990 bis 1991 erschienen sind.

Aeschbach, Marc, Zürich
Ahrens, Karl-Heinz, Göttingen
Albano Leoni, Federico, Napoli
Albini, Giuliana, Milano
Allmand, Christopher T., Liverpool
Alonso-Núñez, José M., Oviedo
Althoff, Gerhard, Münster (Westf.)
Alzheimer, Heidrun, Würzburg
Ambronn, Karl-Otto, Amberg
Anawati, Georges C. OP, al-Kāhira (Kairo)
André, Frère SOCist, Notre-Dame de Lérins
Andrei, B., Bastia
Angenendt, Arnold, Münster (Westf.)
Angermann, Norbert, Hamburg
Anton, Hans H., Trier
Appuhn, Horst †, Lüneburg
Armbruster, Adolf, München
Arnold, Klaus, Hamburg
Aßfalg, Julius, München
Autrand, Françoise, Paris
Avella-Widhalm, Gloria, München
Avonds, Piet, Antwerpen

Bagge, Sverre, Bergen
Bak, János M., Vancouver/Budapest
Balard, Michel, Paris
Barone, Giulia, Roma
Barrow, Geoffrey W. S., Edinburgh
Barrow, Julia S., Nottingham
Bartl, Peter, München
Bartunek, Franz, Maria Laach
Bastier, Jean, Lyon
Batlle, Carmen, Barcelona
Batlle, Columba OSB, Gerona
Batllori i Munne, Miquel, Madrid/Roma
Battenberg, J. Friedrich, Darmstadt
Bauer, Franz A., München
Baum, Hans-Peter, Gerbrunn
Baumeister, Theofried, Mainz
Bäumer, Remigius, Freiburg i. Br.
Baumgartner, Emmanuèle, Paris
Bauschke, Ricarda, Berlin
Becker, Alfons, Mainz
Becker, Hansjakob, Mainz
Becker, Hans-Jürgen, Regensburg
Beckmann, Jan P., Hagen
Behr, Hans-Joachim, Münster (Westf.)
Belke, Klaus, Wien
Benl, Rudolf, Heidelberg
Bennet, Nicholas, Lincoln
Berg, Dieter, Hannover
Bergdolt, Klaus, Venezia
Berghaus, Peter, Münster (Westf.)
Bergmann, Werner, Bochum
Bermejo Cabrero, José L., Madrid
Bernhard, Michael, München
Bernt, Günter, München
Bertini, Ferruccio, Genua
Bibikov, Michail, Moskva
Biedermann, Hermenegild M. OSA, Würzburg
Biemans, Joseph A. A. M., Leiden
Bierbrauer, Katharina, München
Bierbrauer, Volker, München
Biesterfeldt, Hans H., Bochum
Binding, Günther, Köln
Birkfellner, Gerhard, Münster (Westf.)
Bitterling, Klaus, Berlin
Blagojević, Miloš, Beograd
Blake, Ernest O., Southampton
Blaschke, Karlheinz, Friedewald
Blockmans, Willem P., Leiden
Blok, Dirk P., Amsterdam
Boetticher, Annette v., Hannover
Bohm, Eberhard, Berlin
Bóna, István, Budapest
Boockmann, Friederike, München
Boockmann, Hartmut, Göttingen
Boone, Marc, Gent
Bordone, Renato, Torino
Bormann, Karl, Köln
Bourgain, Pascale, Paris
Bowman, Steven, Cincinnati, Ohio
Božilov, J., Sofia
Brand, Paul, London
Brandes, Wolfram, Frankfurt a. M.
Brandmüller, Walter, Augsburg
Braun-Niehr, Beate, Berlin
Braunstein, Philippe, Paris
Brednich, Rolf W., Göttingen
Bresc, Henri, Paris
Breuning, Wilhelm, Bonn
Breure, Leendert, Utrecht
Briesemeister, Dietrich, Berlin
Brieskorn, Norbert SJ, München
Brisch, Klaus, Berlin
Brodt, Bärbel, Münster (Westf.)
Brooks, Nicholas P., Birmingham
Brown, Alfred L., Glasgow
Bruch, Richard, Roth
Brühl, Carlrichard, Düsseldorf
Brunhölzl, Franz, München
Bruni, Francesco, Venezia
Buck, August, Marburg a. d. Lahn
Bulst, Neithard, Bielefeld
Bumke, Joachim, Köln
Bur, Michel, Nancy
Burgmann, Ludwig, Frankfurt a. M.
Busard, Hubertus L. L., Venlo
Busse, Winfried, Berlin
van Buuren, Alphonsus M. J., Amersfoort

Caie, Graham D., København
Cameron, Alan, Edinburgh
Carile, Antonio, Bologna
Carlen, Louis, Fribourg
Cauchies, Jean-Marie, Bruxelles
Cavanna, Adriano, Milano
Charles-Edwards, Thomas M., Oxford
Charon, Annie, Paris
Chédeville, André, Rennes
Chevalier, Bernard, Tours
Chomel, Vital, Grenoble
Chrysos, Evangelos, Joannina
Ciccarelli, Diego OFM, Palermo
Ćirković, Sima, Beograd
Claassens, Geert H. M., Nijmegen
Claude, Dietrich, Marburg a. d. Lahn
Clementi, Alessandro, L'Aquila
Coigneau, Dirk, Gent
Colberg, Katharina, Hannover
Contamine, Philippe, Paris
Conte, Pietro, Milano
Conti, Pier M., La Spezia
Coppini, Donatella, Firenze
Coppola, M. Augusta, Messina
Cordes, Albrecht, Freiburg i. Br.
Corner, David J., St. Andrews
Corsten, Severin, Bonn
Cosanne, Annette, Münster (Westf.)
Courth, Franz SAC, Vallendar
Coutaz, Gilbert, Lausanne
Cramer, Thomas, Berlin

Cramer, Winfried OSB, Münster (Westf.)
Crist, Lary S., Nashville, Tennessee
Critchley, John S., Exeter
Csendes, Peter, Wien
Cuozzo, Errico, Napoli
Cursente, Benoît, Nice

Davies, Richard G., Manchester
Daxelmüller, Christoph, Regensburg
Decker, Klaus P., Büdingen
Declercq, Georges, Gent
Decorte, Jos N. J., Leuven
Degler-Spengler, Brigitte, Basel
De Leo, Pietro, Roges di Rende/Cosenza
Dell'Omo, Mariano-Antimo OSB, Abbazia di Montecassino
Delmaire, Bernard, Lille
Delort, Robert, Paris
Demotz, Bernard, Lyon
Demurger, Alain, Paris
Deneke, Bernward, Nürnberg
Deplazes, Lothar, Küsnacht
Deschamps, Jan, Bruxelles
Despy, Georges, Bruxelles
Devailly, Guy, Rennes
Dienst, Heide, Wien
Diestelkamp, Bernhard, Frankfurt a. M.
van Dieten, Jan-Louis, Amsterdam
Dietz, Klaus, Berlin
Dilg, Peter, Marburg a. d. Lahn
Dilger, Konrad, Hamburg
Diller, Hans-Jürgen, Bochum
Dinzelbacher, Peter, Salzburg
Dirlmeier, Ulf, Siegen
Ditsche, Magnus, Bonn
Djurić, Ivan, Beograd
Djurić, Vojislav J., Beograd
Doberer, Erika, Wien
Dobson, Richard B., Cambridge
Donnat, Lin OSB, St-Benoît-sur-Loire
Dopsch, Heinz, Salzburg
Downer, Leslie G., Canberra
Dralle, Lothar, Gießen
Dresden, Sam, Leiden
Dröge, Christoph, Köln
Drüppel, Hubert, Würzburg

Dubois, Jacques, Paris
Ducellier, Alain, Toulouse
Düchting, Reinhard, Heidelberg
Dufour, Annie, Paris
Dufour, Jean, Paris
Duinhoven, Anton M., Amsterdam
Durán Gudiol, Antonio, Huesca

Ebel, Uda, Würzburg
Eberl, Immo, Ellwangen
Ebner, Herwig, Graz
Eck, Werner, Köln
Eckermann, Willigis, Vechta
Edbury, Peter W., Cardiff
Egidi, Margret, Berlin
Ehlers, Joachim, Braunschweig
Ehrhardt, Harald, Oberursel
Elbern, Victor H., Berlin
Elders, L., Kerkrade
Elm, Kaspar, Berlin
Elmshäuser, Konrad, Bremen
Engels, Odilo, Köln
Engemann, Josef, Bonn
Erdmann, Hanna, Bonn
Erfen, Irene, Berlin/Greifswald
Erkens, Franz-Reiner, Passau
Ernst, Stephan, Paderborn
Ersland, Geir A., Nordås
van Esbroeck, Michel SJ, München
Escher, Felix, Berlin
Eßer, Ambrosius OP, Roma
Estepa Díez, Carlos, Madrid

Fahlbusch, Friedrich Bernward, Warendorf
Falque, Emma, Sevilla
Faroqhi, Suraiya, München
Favreau, Robert, Poitiers
Feige, Peter, Madrid
Felten, Franz J., Berlin
Feo, Michele, Pisa
Ferjančić, Božidar, Beograd
Ferluga, Jadran, Münster (Westf.)/Motovun
Filip, Václav, Würzburg
Fleckenstein, Josef, Göttingen
Fleischer, Cornell H., St. Louis, Missouri
Fleith, Barbara, Genf
Flemming, Barbara, Leiden
Flüeler, Ch., Fribourg

Fodale, Salvatore, Palermo
Folkerts, Menso, München
Fontaine, Jacques, Paris
Forstner, Martin, Mainz-Germersheim
Fossier, Robert, Paris
Foulet, Alfred, Princeton, New Jersey
Fouquet, Gerhard, Siegen
Fournier, Gabriel, Clermont-Ferrand
Frank, Karl Suso OFM, Freiburg i. Br.
Fray, Jean-Luc, Trier
Freedman, Paul, Nashville, Tennessee
Freeman, Ann, Cambridge, Mass.
Freise, Eckhard, Münster (Westf.)
Frenken, Ansgar, Augsburg
Frenz, Thomas, Passau
Fried, Pankraz, Augsburg
Fuchs, Franz, Mannheim
Fügedi, Erik, Budapest
Fuhrmann, Horst, München
Fumagalli, Vito, Bologna
Fürst, Carl G., Freiburg i. Br.

Gabelić, Smiljka, Beograd
Gabriel, Erich, Wien
Gamber, Ortwin, Wien
Gansweidt, Birgit, München
García y García, Antonio, Salamanca
García Sanz, Arcadio, Vall d'Uxó
Garcin, Jean-Claude, Aix-en-Provence
Gärtner, Kurt, Trier
Gasparri, Stefano, Roma
Gawlas, Sławomir, Warszawa
Gawlik, Alfred, München
Geith, Karl-Ernst, Genève
Gerbet, Marie-Claude, Paris
Gerlich, Alois, Mainz
Gerritsen, Willem P., Utrecht
Gerwing, Manfred, Bochum
Gesing, Reinhard, Benediktbeuren
Gibson, Margaret T., Liverpool
Gieysztor, Aleksander, Warszawa
Gilomen-Schenkel, Elsanne, Basel

Girgensohn, Dieter, Göttingen
Glauche, Günter, München
Glauser, Jürg, Zürich
Gligorijević-Maksimović, Mirjana, Beograd
Göckenjan, Hansgerd, Gießen
Goetz, Hans-Werner, Hamburg
Goetze, Jochen, Heidelberg
Goez, Werner, Erlangen-Nürnberg
Goldstein, Ivo, Zagreb
Golinelli, Paolo, Verona
Göller, Jutta, Regensburg
Göller, Karl H., Regensburg
Görlach, Manfred, Köln
Gössmann, Elisabeth, Tokyo/München
Gottschall, Dagmar, Eichstätt
Grams-Thieme, Marion, Köln
Graßmann, Antjekathrin, Lübeck
Grassotti, Hilda, Buenos-Aires
Griffiths, Ralph A., Swansea
Groenke, Ulrich, Köln
Grohe, Johannes, Augsburg
Große, Rolf, Paris
Groten, Manfred, Köln
Gruber, Joachim, München
Grubmüller, Klaus, Göttingen
Guerout, Jean, Paris
Guillemain, Bernard, Gradignan
Guillot, Olivier, Paris
Gündisch, Konrad G., Tübingen
Günther, Linda-Marie, Freiburg i. Br.
Guyotjeannin, Olivier, Paris
Györffy, György, Budapest

Haas, Renate, Duisburg
Haase, Claus-Peter, Kiel
Hafner, Stanislaus, Graz
Hägermann, Dieter, Bremen
Haider, Siegfried, Linz
Hajdukiewicz, Leszek, Kraków
Halm, Heinz, Tübingen
Hammel-Kiesow, Rolf, Lübeck
Hannick, Christian, Trier

Harbison, Peter, Dublin
Harding, Alan, Liverpool
Harriss, Gerald L., Oxford
Härtel, Hans-Joachim, München
Haubrichs, Wolfgang, Saarbrücken
Haubst, Rudolf, Mainz
Häußling, Angelus A. OSB, Maria Laach/Benediktbeuern
van der Have, Ben, Bodegraven
Haverkamp, Alfred, Trier
Hayez, Anne-Marie, Avignon
Head, Thomas, Claremont, Calif.
Heck, Eberhard, Tübingen
Hedwig, Andreas, Bremen
Hedwig, Klaus, Kerkrade
Heers, Jacques, Paris
Heinemeyer, Karl, Marburg a. d. Lahn
Heintze, Michael, Gießen
Heinzelmann, Martin, Paris
Heinzle, Joachim, Marburg a. d. Lahn
Heit, Alfred, Trier
Hellenkemper, Hansgerd, Köln
Hellmann, Manfred, München
Helmrath, Johannes, Köln
Hemann, Friedrich-Wilhelm, Münster (Westf.)
de Hemptinne, Thérèse, Gent
Henn, Volker, Trier
Herbers, Klaus, Tübingen
Herborn, Wolfgang, Bonn
Herde, Peter, Würzburg
Hergemöller, Bernd-Ulrich, Münster (Westf.)
Herren, Michael, Toronto
Herrmann, Hans-Walter, Riegelsberg
Herrmann, Joachim, Berlin
Heyse, Elisabeth, München
Hiestand, Rudolf, Düsseldorf
Higounet-Nadal, Arlette, Bordeaux
Hild, Friedrich, Wien
Hilsch, Peter, Tübingen
Hinz, Hermann, Tübingen
Hlaváček, Ivan, Praha
Hödl, Günther, Klagenfurt
Hödl, Ludwig, Bochum
Hoeges, Dirk, Hannover
Hoffmann, Dietrich, Kiel
Hoffmann, Erich, Kiel
Hoffmann, Fritz, Erfurt
Hoffmann, Hartmut, Göttingen
Höhl, Norbert, Würzburg
Holbach, Rudolf, Trier
Holenstein, Stefan, Zürich
Holter, Kurt, Wels
Hörandner, Wolfram, Wien
Horn, Michael, Darmstadt
Hörsch, Waltraud, Luzern
Hösch, Edgar, München
Houben, Hubert, Lecce
Hucker, Bernd U., Vechta
Hudson, Anne, Oxford
Hudson, John G. H., St. Andrews
Hünemörder, Christian, Hamburg
Hunger, Herbert, Wien
Hye, Franz-Heinz, Innsbruck

Illian, Martina, Köln
Ineichen, Gustav, Göttingen
Irgang, Winfried, Weimar-Wolfshausen
Irmscher, Johannes, Berlin

Jacobsen, Peter Christian, Köln
Jäger, Helmut, Würzburg
Jährig, Bernhart, Berlin
Jandesek, Reinhold, Pfaffenberg
Jank, Dagmar, Berlin
Jaritz, Gerhard, Krems a. d. Donau
Jarnut, Jörg, Paderborn
Jászai, Géza, Münster (Westf.)
Jerouschek, Günter, Hannover
Jeudy, Colette, Paris
Johanek, Peter, Münster (Westf.)
Jones, Michael, Nottingham
Joris, André, Sart-Lez-Spa
Juan i Tous, Pedro, Bochum
Jung, Marc-René, Zürich
Junk, Heinz-K., Münster (Westf.)
Jüttner, Guido, Berlin

Kaczynski, Reiner, München
Kahl, Hans-Dietrich, Gießen
Kaminsky, Hans H., Gießen
Karpf, Ernst, Frankfurt a. M.
Karpov, Sergej P., Moskva
Kartschoke, Dieter, Berlin
Kasten, Brigitte, Düsseldorf
Katičić, Radoslav, Wien
Kazhdan, Alexander P., Washington
Keil, Gundolf, Würzburg
Kellenbenz, Hermann †, Warngau
Keller, Hagen, Münster (Westf.)
Keller, Hans-Erich, Columbus, Ohio
Kellner-Heinkele, Barbara, Frankfurt a. M.
Kerber, Dieter, Koblenz
Kettle, Ann J., St. Andrews
Kibler, William W., Austin, Texas
Kindermann, Udo, Erlangen-Nürnberg
King, Edmund J., Sheffield
Kintzinger, Martin, Stuttgart
Kirmeier, Josef, München
Kislinger, Ewald, Wien
Klaniczay, Tibor, Budapest
Klein, Richard, Erlangen-Nürnberg
Klein-Ilbeck, Bettina, Heidelberg
Kleinschmidt, Harald, Tsukuba, Japan
Klemm, Christian, Zürich
Knackstedt, Wolfgang, Münster (Westf.)
Knapp, Fritz P., Passau
Knebel, Sven K., Berlin
Knefelkamp, Ulrich, Jena
Knorr, Wilbur, Stanford, CA
Knowles, Clive H., Cardiff
Köbler, Gerhard, Innsbruck
Koch, Walter, München
Koder, Johannes, Wien
Köhler, Theodor W., Salzburg
Koller, Heinrich, Salzburg
Kölzer, Theo, Gießen
Königsen, Ewald, Bonn
Konstanciak, Franz-Josef, München
Konstantinou, Evangelos, Würzburg
Köpf, Ulrich, Tübingen
Korać, Vojislav, Zemun
Körmendy, Adrienne, Warszawa
Kornrumpf, Gisela, München
Körntgen, Ludger, Bonn
Kortüm, Hans-Henning, Tübingen
Kottje, Raymund, Bonn
Krafft, Fritz, Mainz
Kranemann, Benedikt, Münster (Westf.)
Kratochwill, Max, Wien
Krause, Hans-Georg, Hamburg
Kreiser, Klaus, Bamberg
Kresten, Otto, Roma
Kreutzer, Gert, Köln
Kreuzer, Georg, Augsburg
Krieger, Gerhard, Bonn
Krieger, Karl-Friedrich, Mannheim
Krissl, Michaela, Wien
Kroeschell, Karl, Freiburg i. Br.
Krogh, Knud J., København
Krüger, Karl-Heinrich, Münster (Westf.)
Kuhlen, Franz-Josef, Marburg a. d. Lahn
Kühn, Norbert, Köln
Kühnel, Harry, Krems a. d. Donau
Kunze, Konrad, Freiburg i. Br.
Kupper, Jean-Louis, Liège
Küppers, Kurt, Regensburg
Kurze, Dietrich, Berlin

Laarmann, Matthias, Lünen
Labande-Mailfert, Yvonne, Ligugé
Labuda, Gerard, Poznań
Lackner, Wolfgang, Graz
Ladero Quesada, Miguel A., Madrid
Ladner, Pascal, Fribourg
Lalinde Abadía, Jesús, Barcelona
Lalou, Elisabeth, Paris
Lauer, Hans H., Marburg a. d. Lahn
Lauterer, Kassian SOCist, Wettingen-Mehrerau
Leciejewicz, Lech, Wrocław
Legras, Anne-Marie, Orléans
Leguai, André, Dijon
Leguay, Jean-Pierre, Aix-les-Bains
Lenglet, Marie-Odile OCSO, Abbaye Notre-Dame Chambarand

Leonardi, Claudio, Firenze
Leroy, Béatrice, Biarritz
Leuchtmann, Horst, München
Lewis, Peter S., Oxford
Liebl, Ulrike, Heimstetten
Lienert, Elisabeth, Würzburg
Liman, Kasimierz, Poznań
Lindgren, Uta, Bayreuth
Linehan, Peter A., Cambridge
Litavrin, Gennady, Moskva
Lohr, Charles, Freiburg i. Br.
Lorch, Richard, München
Lorenz, Sönke, Tübingen
Loschiavo, L. M. CRL, Napoli
Lotter, Friedrich, Kassel
Lübke, Christian, Berlin
Lückerath, Carl A., Köln
Ludat, Herbert, Gießen
Ludwig, Dieter, Münster (Westf.)
Ludwig, Karl-Heinz, Bremen
Lund, Niels, København
Luzzati, Michele, Pisa
Luzzati Laganà, Francesca, Pisa
Lyon, Bryce, Providence, R.I.

Maaz, Wolfgang, Berlin
Macek, Josef, Praha
Machilek, Franz, Bamberg
Macken, Raymond, Leuven
Mac Niocaill, Gearóid, Galway
Maddicott, John R. L., Oxford
Maier, Johann, Köln
Maisano, Riccardo, Napoli
Maksimović, Ljubomir, Beograd
Maleczek, Werner, Graz
Marckhgott, Gerhart, Linz
Mareš, Franz, Wien
Margaroli, Paolo, Milano
Markus, Manfred, Innsbruck
Marold, Edith, Saarbrücken
Martin, Norbert, München
Marzolph, Ulrich, Göttingen
Mateu Ibars, Josefina, Barcelona
Matheus, Michael, Roma
Mattejiet, Ulrich, München
von Matuschka, Michael Graf, Erlangen-Nürnberg
Maufras, Odile, Velaux
Maurer, Helmut, Konstanz
Mazal, Otto, Wien
McDiarmid, Matthew P., Aberdeen
Mehl, Dieter, Königswinter
Meinhardt, Helmut, Gießen
Melville, Charles, Cambridge
Menestò, Enrico, Perugia
Menne, Albert, Dortmund
Menniti Ippolito, Antonio, Roma
Menzel, Josef J., Mainz
de Mérindol, Christian, Charenton
Mertens, Volker, Berlin
Mettmann, Walter, Köln
Meulengracht Sørensen, Preben, Århus
Meyenberg, Regula, Zürich
Meyer, Hans Bernhard SJ, Innsbruck
Meyer, Matthias, Berlin
Michels, Georg, Bonn
Mihaljčić, Rade, Beograd
Minnich, Nelson H., Washington, D.C.
Möhring, Hannes, Tübingen
Mojsisch, Burkhard, Bochum
Mollat, Michel, Paris
Mollay, Károly, Budapest
Montanari, Massimo, Bologna
Montero Tejada, Rosa M., Madrid
von Moos, Peter, Münster (Westf.)
Moraw, Peter, Gießen
Mordek, Hubert, Freiburg i. Br.
Mörschel, Ulrike, Gießen
Moser, Clemens, Zug
Mrass, Marcus, Bonn
von zur Mühlen, Heinz, Neubiberg
Mühlethaler, Jean-Claude, Baden
Mulder-Bakker, Anneke B., Groningen
Müller, C. Detlef G., Remagen
Müller, Heribert, Frankfurt a. M.
Müller, Ulrich, Salzburg
Munzel, Dietlinde, Taunusstein
Mussbacher, Norbert, Lilienfeld
Musset, Lucien, Caen
von Mutius, Hans-Georg, München
Muusers, Christianne A.M., s'Hertogenbosch

Nagel, Tilman, Göttingen
von der Nahmer, Dieter, Hamburg
Naumann, Hans-Peter, Zürich
Nehring, Karl, München
Neitmann, Klaus, Berlin
Nellmann, Eberhard, Bochum
Nenno, Rosita, Offenbach a. M.
Neuenschwander, Erwin A., Zürich
Neumann, Christoph K., München
Neumann, Josef N., Freiburg i. Br.
Ní Chatháin, Próinséas, Dublin
Nicol, Donald M., Cambridge
Niehr, Klaus, Berlin
Nieto Soria, José M., Madrid
Nilgen, Ursula, München
Noble, Thomas F. X., Charlottesville, Virginia
Noelke, Peter, Köln
Nonn, Ulrich, Bonn
North, John D., Groningen
North, Michael, Kiel
Nothhelfer, Ulrich, München
Nuchelmans, Gabriel, Wassenaar
Nyberg, Tore S., Odense

Ochmański, Jerzy, Poznań
Ó Cróinín, Dáibhi, Galway
Ogris, Werner, Wien
von Olberg, Gabriele Gräfin, Heidelberg
Onasch, Konrad, Halle (Saale)
Orselli, Alba, Bologna
Osborne, Marijane, Davis, CA
Ott, Norbert H., München
Otterbein, Armin, Berlin
Ozols, Jakob, Bonn

Pabst, Angela, Erlangen-Nürnberg
Pagani della Seta, Ileana, Roma
Pailhes, Claudine, Foix
Parisse, Michel, Nancy
Pásztor, Edith, Roma
Patschovsky, Alexander, Konstanz
Pauler, Roland, München
Peña, Nicole de, Angers
Peppermüller, Rolf, Bochum
Perelli Cippo, Roberto, Milano
Pérez Ramírez, Dimas, Cuenca
Petersohn, Jürgen, Marburg a. d. Lahn
Petke, Wolfgang, Göttingen
Philippart, Guy, Namur
Philippe, Joseph, Liège
Piazzoni, Ambrogio M., Roma
Picone, Michelangelo, Zürich
Pieler, Peter E., Wien
Pietschmann, Horst, Hamburg
Pischke, Gudrun, Bühren
Pistarino, Geo, Genova
Pitz, Ernst, Berlin
Plank, Peter, Würzburg
Plötz, Robert, Kevelaer
Plotzek, Joachim M., Köln
Plümer, Erich, Einbeck
Podossinov, Alexander, Moskva
Podskalsky, Gerhard SJ, Frankfurt a. M.
Poeschke, Joachim, Senden (Westf.)
Pögl, Johann, Salzburg
Polívka, Miloslav, Praha
Poppe, Andrzej, Warszawa
Poulin, Joseph-Claude, Quebec
Poulle, Emmanuel, Paris
Pozza, Marco, Mestre-Venezia
Prelog, Jan, München
Prestwich, Michael C., Durham
Prevenier, Walter, Gent
Pringle, Denys, Edinburgh
Prinzing, Günter, Mainz
Pugh, Thomas B., Southampton
Puhle, Matthias, Braunschweig
Pulega, Andrea, Milano/Bergamo
Puza, Richard, Tübingen

Quadlbauer, Franz, Kiel
Rábade Obradó, María del Pilar, Madrid
Rabikauskas, Paulius, Roma
Raddatz, Alfred, Wien
Rapanić, Željko, Split
Rapp, Francis, Strasbourg
Rauner, Erwin, München
Reichl, Karl, Bonn
Reinhardt, Heinrich J. F., Münster (Westf.)
Reinhardt, Klaus, Trier
Reinicke, Christian, Düsseldorf
Reinle, Adolf, Zürich
Reinsch, Diether R., Bochum
Restle, Marcell St., München
Richard, Jean, Dijon
Richter, Michael, Konstanz
Richter-Bernburg, Lutz, Bonn
Riddle, John M., Raleigh, N.C.
Riedlinger, Helmut, Freiburg i. Br.
Riedmann, Josef, Innsbruck
Riehle, Wolfgang, Graz
Rigaudière, Albert, Paris
Riis, Thomas, København
Riley-Smith, Jonathan, London
Roberg, Burkhard, Bonn
Rochow, Ilse, Berlin
Rödel, Dieter, Würzburg
Roger, Jean-Marc, Poitiers
Röhrig, Floridus Can. Reg., Klosterneuburg
Rokaj, P., Beograd
Rollason, David W., Durham
Roloff, Hans-Gert, Berlin
Romano, Andrea, Messina
Romer, Hermann, Zürich
Rösener, Werner, Göttingen
Ross, David J. A., London
Rossi, Luciano, Zürich
Rossi, Marguerite, Aix-en-Provence
Rottenwöhrer, Gerhard, München
Roussey, Marie-Colette OSC, Nice
Rüegg, Walter, Veytaux
Rüß, Hartmut, Versmold
Russocki, Stanisław, Warszawa
Rüther, Andreas, Berlin
Ryckaert, Marc, Gent

Sachs, Klaus-Jürgen, Erlangen-Nürnberg
Sagù, Maria L., Roma
Samsó, Julio, Barcelona
Sansone, Giuseppe E., Roma
Sappler, Paul, Tübingen
Sauer, Hans, Würzburg
Sawyer, Birgit, Alingsås
Sawyer, Peter H., Alingsås
Schäfke, Werner, Köln
Schalk, Fritz †, Köln
Schaller, Dieter, Bonn
Schaller, Hans M., München
Schaller, Stephan OSB, Ettal
Schaufelberger, Walter, Zürich
Scheffczyk, Leo, München
Scheibelreiter, Georg, Wien
Schein, Sylvia, Haifa
Scherner, Karl O., Mannheim
Schieffer, Rudolf, Bonn
Schild, Wolfgang, Bielefeld
Schimmelpfennig, Bernhard, Augsburg
Schipperges, Heinrich, Heidelberg
Schlager, K., Erlangen-Nürnberg
Schlosser, Horst D., Frankfurt a. M.
Schlunk, Andreas, Erlangen-Nürnberg
Schmale, Franz-Josef, Bochum
Schmalzbauer, Gudrun, Trier
Schmauder, Michael, Bonn
Schmid, Alois, Eichstätt
Schmid, Bernhold, München
Schmid, Hans, München
Schmid, Hans U., München
Schmid, Karl, Freiburg i. Br.
Schmidt, Hans-Joachim, Berlin
Schmidt, Heinrich, Oldenburg
Schmidt, Paul G., Freiburg i. Br.
Schmidt, Roderich, Marburg a. d. Lahn
Schmidt, Tilmann, Tübingen
Schmidt, Ulrich, Tübingen

Schmidt-Wiegand, Ruth, Münster (Westf.)
Schmidtke, Dietrich, Heidelberg
Schmieder, Felicitas, Frankfurt a. M.
Schminck, Andreas, Frankfurt a. M.
Schmitz, Rolf P., Köln
Schmolinsky, Sabine, München
Schnall, Uwe, Bremerhaven
Schnarr, Hermann, Trier
Schneider, J. Hans-Josef, Tübingen
Schneider, Joachim, Würzburg
Schneidmüller, Bernd, Braunschweig
Schnith, Karl, München
Schofield, John, London
Schott, Clausdieter, Zürich
Schottmann, Hans, Münster (Westf.)
Schoysman-Zambrini, Anne, Firenze
Schreiner, Peter, Köln
Schrimpf, Gangolf, Fulda
Schuba, Ludwig, Heidelberg
Schubert, Ernst, Göttingen
Schubring, Klaus, Lörrach
Schuler, Peter-Johannes, Erfurt
Schuller, Wolfgang, Konstanz
Schulz, Hans-Joachim, Würzburg
Schulz, Knut, Berlin
Schulze, Ursula, Berlin
Schüpp, Heinrich-Wilhelm, Papenburg
Schwaiger, Georg, München
Schwarcz, Andreas, Wien
Schwarzmaier, Hansmartin, Karlsruhe
Schwenk, Bernd, Niedererbach
Schwenk, Sigrid, Göttingen
Schwertl, Gerhard, Landshut
Schwind, Fred, Marburg a. d. Lahn
Scorza Barcellona, Francesco, Roma
von See, Klaus, Frankfurt a. M.
Seibert, Hubert, Mainz
Seibt, Werner, Wien
Seidel, Kurt O., Bielefeld
Selirand, Jüri, Tallinn
de la Selle, Xavier, Reims

Sellert, Wolfgang, Göttingen
Semmler, Josef, Düsseldorf
Sergi, Giuseppe, Torino
Sesiano, Jacques, Lausanne
Sesma Muñoz, José A., Zaragoza
Sieben, Hermann-Josef, Frankfurt a. M.
Sigurðsson, Jón V., Laudås
Silagi, Gabriel, München
Simon, Jürgen, Düsseldorf
Singer, Hans-Rudolf, Mainz-Germersheim
Smith, David M., York
Smith, Julia M. H., Hartford, Conn.
Sobrequés Callicó, Jaume, Barcelona
Sohn, Andreas, Roma
Soliva, Claudio, Zürich
Solymosi, László, Budapest
Sosson, Jean-Pierre, Bruxelles
Soustal, Peter, Wien
Sowinski, Bernhard, Köln
Spahr, Kolumban SOCist, Bregenz-Mehrerau
Speck, Paul, Berlin
Speer, Andreas, Köln
Speigl, Jakob, Würzburg
Spilling, Herrad, Stuttgart
Spinelli, Giovanni OSB, Pontida
Spitzlberger, Georg, Landshut
Spreckelmeyer, Goswin, Braunschweig
Springer, Peter, Oldenburg
Spuler, Berthold †, Hamburg
Staab, Franz, London
Stabel, P., Gent
Steer, Georg, Würzburg
Stefánsson, Magnús, Bergen
Steindorff, Ludwig, Münster (Westf.)
Stelzer, Winfried, Wien
Stemmler, Theo, Mannheim
Stih, Peter, Ljubljana
Stoeckle, Bernhard, Freiburg i. Br.
Storey, Robin L., Carlisle
Störmer, Wilhelm, München
Storti Storchi, Claudia, Milano

Strätz, Hans-Wolfgang, Konstanz
Struve, Tilman, Düsseldorf
Strzelczyk, Jerzy, Poznań
Stupperich, Robert †, Münster (Westf.)
Stürner, Wolfgang, Stuttgart
Suárez Fernández, Luis, Madrid
Sudbrack, Josef, München
Sylla, Edith, Raleigh, N.C.
Szabó-Bechstein, Brigitte, Göttingen

Tabacco, Giovanni, Torino
Taeger, Burkhard, München
Tangheroni, Marco, Pisa
Telle, Joachim, Stuttgart
Thein, Marie-Luise, Würzburg
Thoen, Erik, Gent
Thomann, Johannes, Zürich
Thomas, Heinz, Bonn
Thorau, Peter, Tübingen
Thoss, Dagmar, Wien
Tietz, Manfred, Bochum
Tietze, Andreas, Wien
Tinnefeld, Franz, München
Toch, Michael, Jerusalem
Todt, Klaus-Peter, Mainz
Tönsing, Michael, Konstanz
Toubert, Pierre, Paris
Trachsler, Richard, Zürich
Trapp, Erich, Bonn
Trapp, Joseph B., London
Trawkowski, Stanisław, Warszawa

Třeštík, Dušan, Praha
Troianos, Spyros, Athen
Trusen, Winfried, Würzburg
Tuck, J. Antony, Bristol
Tucoo-Chala, Pierre, Pau
Turner, A.-J., Le Mesnil-Le-Roi

Udina Martorell, Federico, Barcelona
Ulsig, Erik, Århus
Utz-Tremp, Kathrin, Fribourg

Vahtola, Jouko, Oulu
Van Houtte, Jan A., Leuven
Van der Straeten, Joseph, Bruxelles
Van Uytfanghe, Marc, Gent
Van Uytven, Raymond, Antwerpen
Vasina, Augusto, Bologna
Vauchez, André, Paris
Vavra, Elisabeth, Krems a. d. Donau
Verger, Jacques, Paris
Verhulst, Adriaan, Gent
Vetters, Hermann, Wien
Vicaire, Marie-Humbert OP, Fribourg
Vielliard, Françoise, Paris
Vintr, Josef, Wien
Virgoe, Roger, Norwich
Vismara, Giulio, Milano
Visser, Jacobus C., Maasland
Vitale-Brovarone, Alessandro, Torino
Vitolo, Giovanni, Napoli
Vogelsang, Reinhard, Münster (Westf.)

Vogt, Hermann-Josef, Tübingen
Vollmann, B. Konrad, Eichstätt
Vollrath, Hanna, Bochum
Vones, Ludwig, Köln
Vones-Liebenstein, Ursula, Köln
Vultaggio, Claudia, Napoli

Wagner, Bettina, Würzburg
Wagner, Fritz, Berlin
Walsch, Katherine, Innsbruck
Walter, Philippe, Grenoble
Ward-Perkins, Bryan, Oxford
Watt, John A., Newcastle upon Tyne
Wędzki, Andrzej, Poznań
Weigand, Rudolf, Würzburg
Weimar, Peter, Zürich
Weinstock, Horst, Aachen
Weitzel, Jürgen, Frankfurt a. M.
Wellas, Michael B., Athen
Wendehorst, Alfred, Erlangen-Nürnberg
Wensky, Margret, Bonn
Wenzel, Siegfried, Swarthmore, PA.
Werner, Hans-Joachim, Karlsruhe/Freiburg i. Br.
Wesche, Markus, München
Wetzel, Claus-Dieter, Göttingen
Weyhe, Lothar, Hamburg
Wicki, Nikolaus, Luzern
Williams, Daniel Th., Leicester

Willoweit, Dietmar, Würzburg
Windeatt, Bany A., Cambridge
Winkelman, Friedhelm Berlin
van Winter, Johanna M., Utrecht
Wirth, Gerhard, Bonn
Wisplinghoff, Erich, Neuss
Wittig, A. M., Würzburg
Wolf, Norbert R., Würzburg
Wolff-Dunschen, Margret, Berlin
Wormald, Jenny, Oxford
Worstbrock, Franz J., München

Zach, Krista, München
Zapp, Hartmut, Freiburg i. Br.
Zedelmaier, Helmut, München
Zehnder, Frank G., Köln
Žemlička, Josef, Praha
Zernack, Klaus, Berlin
Zielinski, Herbert, Gießen
Zimmermann, Albert, Köln
Zimmermann, Harald, Tübingen
Zink, Michael, Paris
Zotz, Thomas, Freiburg i. Br.
Zufferey, François, Corseaux
Zug Tucci, Hannelore, Trieste
Zumkeller, Adolar OSA, Würzburg
Župančič, Matej, Koper
Zurstraßen, Annette, Köln

ÜBERSETZER DES FÜNFTEN BANDES

Englisch: Mattejiet, Roswitha, München
Französisch: Mattejiet, Ulrich, München
Englisch (anglistische Beiträge): Steppe, Wolfhard, München
Italienisch: Avella, Antonio, München
Niederländisch: Gerritsen, Gisela, Utrecht
Portugiesisch, Spanisch: Heinz, Wolfgang, München;
  Vones-Liebenstein, Ursula, Köln
Serbokroatisch: Steindorff, Ludwig, Münster
Skandinavische Sprachen: Ehrhardt, Harald, Oberursel

ABBILDUNGEN

	Spalte
Insulare Minuskel	455–456
Insulare Halbunziale	455
Schema der acht Kirchentonarten	1183–1184
Stammtafel der Kräuterbücher	1479

ERSCHEINUNGSDATEN DER LIEFERUNGEN ZUM FÜNFTEN BAND DES LEXIKONS DES MITTELALTERS

1. Lieferung: März 1990
2. Lieferung: Juni 1990
3. Lieferung: August 1990
4. Lieferung: November 1990
5. Lieferung: Dezember 1990
6. Lieferung: Februar 1991
7. Lieferung: Mai 1991
8. Lieferung: Juli 1991
9. Lieferung: Oktober 1991
10. Lieferung: November 1991